付録

索引

略号・記号一覧

区分	略号・記号	内容
表記	▼	常用漢字表外字
	▽	常用漢字表外音訓
	《 》	常用漢字表付表の語
	〈 〉	熟字訓
品詞・活用	【 】	品詞表示
	（ ）	造語成分表示
	名	名詞
	代	代名詞
	自	自動詞
	他	他動詞
	動	動詞（補助動詞の用法や、複合動詞をつくる用法がある動詞）
	補動	補助動詞
	五	五段活用
	四	四段活用（文語）
	上一	上一段活用
	上二	上二段活用（文語）
	下一	下一段活用
	下二	下二段活用（文語）
	カ変	カ行変格活用
	サ変	サ行変格活用
	ナ変	ナ行変格活用（文語）
	ラ変	ラ行変格活用（文語）

区分	略号・記号	内容
品詞・活用	特活	特殊活用
	形	形容詞
	補形	補助形容詞
	ク	ク活用（文語）
	シク	シク活用（文語）
	形動	形容動詞
	トタル	トタル型活用
	ナリ	ナリ活用（文語）
	連体	連体詞
	副	副詞
	ト	語尾「と」を伴う用法のあるもの
	ニ	語尾「に」を伴う用法のあるもの
	接	接続詞
	感	感動詞
	助動	助動詞
	五型	五段型の活用
	四型	四段型の活用（文語）
	下一型	下一段型の活用
	下二型	下二段型の活用（文語）
	ナ変型	ナ行変格型の活用（文語）
	ラ変型	ラ行変格型の活用（文語）
	形型	形容詞型の活用
	形動型	形容動詞型の活用
	特活型	特殊活用

区分	略号・記号	内容
品詞・活用	格助	格助詞
	接助	接続助詞
	副助	副助詞
	終助	終助詞
	接頭	接頭語
	接尾	接尾語
	造	造語成分
	連語	連語
意味分類の番号	一 二 三	大分類
	❶ ❷ ❸	小分類
	㊀ ①	解説中で分類を特定する場合
	A B	意味が多い語や解説が長い語の、おおまかな意味ごとの区切り
位相	〔古風〕	古風な語
	〔俗〕	俗語（卑俗な語）
	〔新〕	新しく生まれた語や意味
参考情報	▽	意味分類が一つであるとき、その項目についての解説。また、意味分類が複数ある項目の、ある意味についての解説
	◈	意味分類が複数ある項目の、その項目全体（または複数の意味）についての解説

区分	略号・記号	内容
参考情報	書き方	書き方
	書き分け	漢字や送り仮名の書き分け
	使い方	使い方
	語源	語源
	✓注意	注意
	読み分け	読み分け
	数	数え方
	文	文語形
	可能	可能動詞
	派生	「げ」「さ」「み」「がる」を伴う派生形
	名	名詞への転成
	動	動詞への転成
	旧	常用漢字表に示されている康熙字典体（旧字体）
	異形	異形の動詞
	品格	品格（コラム）
	⇕	対義語
	⬇	○○を参照
その他	◉	子見出し
	＝	語釈と用例の区切り

MEIKYO

明鏡国語辞典

第三版

北原保雄
編

大修館書店

〔編者〕
筑波大学名誉教授
北原 保雄

〔編集委員〕
東京都立大学名誉教授
小林 賢次
筑波大学名誉教授
砂川 有里子
辞書学
鳥飼 浩二
筑波大学教授
矢澤 真人

〔編集・執筆協力〕
フリージャーナリスト
加藤 博康
日本新聞協会用語専門委員
関根 健一
筑波大学准教授
橋本 修
明星大学准教授
永田 里美

編者のことば

国際化、電子化が、急速に進んでいる。国際化、電子化についてはいろいろなご意見もあるだろうが、あらがえない時の流れであり、また、私たちは多大な恩恵を被っている。ともかく、新しい時代においても変わらず重要なのは、ことばの力、中でも、語彙の力である。新しい時代に力強く生きてゆくためには、ことばを適切に使う能力を身につけることが大切だ。それには、辞書を愛用して、語彙力を養うことである。

明鏡国語辞典は、そういうことを意識して編集し、改訂を重ねてきた。初版から高い評価をいただき、第二版も好評をいただいたが、今般、さらに上を目指して改訂を行うこととした。以下に、改訂第三版の特色の一部を紹介する。

一、紙面デザインを一新し、二色刷りにして、知りたいことを探しやすくした。重要語は意味の近いものどうしを並べて「仕切り」を入れ、調べやすくした。新語や、近年新しく使われるようになった意味には、〔新〕のマークを表示し、また、用例を見つけやすくするためのマークを入れた。

二、誤用と正しい使い方についての詳しい解説は初版以来の特色であるが、新しい項目を加え、また解説を一層充実させた。これも大きな特色である。

三、新しく「品格」欄を設け、改まった場面で使えることばを用例を添えて列挙した。この欄は語彙力増強に役立つことが期待される。

四、「書き分け」欄を新設して、たとえば、「開く・空く・明く」など、どういう意味のときにどの漢字を使うか、同音異義の漢字について解説した。

五、同様に、「読み分け」欄を新設して、たとえば、「注ぐ（つぐ・そそぐ）」、「帰す（かえす・きす）」など、同じ漢字で意味が似ているものや、読み間違えそうなものの読み分けを示した。

六、新しいコラム「ことば比べ」と「ことば探究」を新設して、「ことば比べ」では、たとえば、「釜（かま）」「窯（かま）」「竈（かまど）」など、日本文化に関わることばを比較して解説した。

七、そして、「ことば探究」では、たとえば、「いぶかる」「かつて」「すこぶる」など、文学作品でよく見られることばの使い方を解説した。

八、最新のことば、たとえば、「ＳＤＧｓ」「食品ロス」など時代を反映する語や、「サブスク」「キャッシュレス」「睡眠負債」といった生活に密着した語、「エモい」「いけボ」「ほぼほぼ」などの新語をはじめ、多方面にわたる語、約三五〇〇語を増補した。

九、巻末付録に「伝えるためのことば」を新しく設け、敬語、接続詞、挨拶のことば、手紙の書き方、季節のことばをまとめた。

十、第二版で好評だった索引を、第三版では本体に組み込んで新たに編集した。そして、誤用、気になることばの使い方、品格語、どこを引いたらよいか分からないことば等々から引ける「明鏡 利活用索引」、アルファベットから引ける「アルファベット索引」、読み方が難しい漢字の画数から引ける「難読語索引」の三種類構成とし、充実させた。

少し細かくなったが、特色は他にもたくさんある。この第三版は、新しいもう一冊の辞書を編集するような気持ちで、渾身の力を込めて改訂した。どうぞ手にとってご覧ください。特長がご理解いただけると思う。

令和二年九月

鏡郷文庫主人

北原保雄

凡例

一 基本方針

(1)本辞典の特色

日本語運用の〝達人〟への指標となるべく、表記・意味・用法の的確な情報を盛り込む。

・語の用いられ方や文型を踏まえて、それぞれの語の意味を記述する。特に、基本的な用言や助詞・助動詞は意味用法の記述を充実させる。
・日常生活で頻繁に用いられる重要語には特に用例を多く載せる。また、古い用法や修辞的用法では適宜小説などから実例を引き、より具体的な使い方を示す。
・漢字の使い分けや送り仮名について簡明かつ懇切に解説する。特に、どのような場合にその表記形を使うか、その表記形を使った場合にどのようなニュアンスが生じるかなどについて、例を示しながら丁寧に解説する。
・特徴的な語法や、類義語との違い、敬語表現、注意すべき誤用など、より深く日本語を理解し的確に表現するための解説を行う。

(2)収録語

現代日本の言語生活に必要な約七万三〇〇〇項目を収録する。

・基本的な現代語を中心に、ビジネス関連の新語や、主に話し言葉で用いられる俗語なども収録する。
・連語項目を多く立てる。
・現代語だけでなく、古語も適宜収録する。

二 見出し

(1)見出しの示し方

和語・漢語は平仮名で、外来語は片仮名で示す。ただし、外来語であっても、「たばこ」など慣用の久しい語は平仮名で示す。

原則として「現代仮名遣い」(昭和六一年七月内閣告示)と「外来語の表記」(平成三年六月内閣告示)による。

(2)見出し語の語構成

複数の要素から構成されている複合語の場合、最大の切れ目にあたる最終結合部分に「-」(ハイフン)を入れる。

「狐(きつね)の嫁入り」など助詞「の」によって結びつくものや、「都道府県」など切れ目が一か所に限定できないものは、語の切れ目ごとにハイフンを入れる。

和語の区切りには語源を勘案する。ただし、語が変化し熟合して、区切りの示せないものにはハイフンを入れない。

さか-な【魚】… 語源 「酒菜(さかな)」の意。
うつせみ【▽現身・▽空▾蟬・▽虚▾蟬】… 語源 「うつしおみ(現し臣)」→「うつそみ」→「うつせみ」と転じた。

外来語はおおむね原語の綴(つづ)りの区切りによる。和製語は、結合部分にハイフンを入れる。

アイス-クリーム [ice cream]
オーダー-メイド [和製 order＋made]

連語や、多くの要素からなる副詞や接続詞は、おおむね、一文節のものは語の区切りごとに、二文節以上のものは文節の区切りごとにハイフンを入れる。

と-する-と 一 [接]
さも-あらば-あれ【〈遮▾莫〉】[連語]

地名や年号にはハイフンを入れない。

えど【江戸】
れいわ【令和】

動詞・形容詞は、語幹と活用語尾の間に「・」(ナカグロ)を入れる。連語については、これに準ずる。

あつか・う【扱う】(アツカフ) [他五]
あつ・い【熱い】[形]
あまり-あ・る【余りある(余り有る)】[連語]

語幹と活用部分の区切りを示すナカグロとハイフンが重なる場合には、ハイフンを省略する。ただし、連語の場合は、語の区切りを明示するためにハイフンを省略しない。

あい・する【愛する】[他サ変]
ことに-・する [連語]

(3) **見出し語の配列**

(ア)五十音順に並べる。五十音順で決まらないものは、次の順に並べる。

・清音→濁音→半濁音
・小字(促音・拗音・ぁぃぅぇぉ)→普通字(直音)
・長音(ー)は直前の母音と同じ扱いとする。また、長音がないもの→長音があるもの
・平仮名→片仮名

(イ)見出しの仮名が同じであるものは、次の品詞の順に並べる。
名詞→代名詞→動詞(自五段→他五段→自四段→他四段→自上一→他上一→自上二→他上二→自下一→他下一→自下二→他下二→自カ変→他カ変→自サ変→他サ変→自ナ変→他ナ変→自ラ変→他ラ変→特殊活用)→形容詞→形容動詞→連体詞→副詞→接続詞→感動詞→助動詞→助詞→接頭語→接尾語→造語成分→連語

(ウ)品詞が同じであるものは、次の語種の順に並べる。
和語→漢語→混種語(洋語＋和語・漢語)

(エ)品詞・語種が同じであるものは、表記欄に掲げた最初の表記の字数の少ない語→多い語の順に並べる。

(オ)字数が同じであるものは、最初の表記の一字目の漢字の画数の少ない語→多い語の順に並べる。

(カ)見出しの仮名・品詞が同じである外来語は、原語の綴(つづ)りのアルファベット順に並べる。

三　表記情報

表記情報を、見出しの次に示す表記欄【　】、❶❷…の次に示す使い分け【　】、書き分け欄や書き方欄の解説の三種の方法によって示す。

(1) **見出し語の表記**

標準的と思われる表記形を見出しの後の【　】に示す。【　】内の漢字に次のような記号を付ける。

(ア)「常用漢字表」(平成二二年一一月内閣告示)にない漢字(表外字)は、文字の右肩に「▼」を付ける。「常用漢字表」にある漢字のうち、「常用漢字表」で認められていない音訓(表外音訓)で用いるものには、文字の右肩に「▽」を付ける。

(イ)二字以上からなる漢字の列の意味をくみ取って、まとめて訓にして読む、いわゆる熟字訓の表記形は、全体を〈　〉で囲んで示す。〈　〉内の文字については、表外音訓の「▽」の表示は省略する。

(ウ)「常用漢字表」の付表にある語の表記形は、全体を《　》で囲んで示す。付表に示されていない語でも、付表で示されている読み方を含む語については、付表相当語と考え、同じく全体を《　》で囲んで示す。

いちげん-こじ【一言《居士》】 *付表は「居士」をあげる。
かあ-ちゃん【《母ちゃん》】 *付表は「母さん」をあげる。

標準的な表記形が複数あるものについては、より一般的と思われる表記形を初めに示し、以下にそれ以外の表記形を「・」(ナカグロ)で列挙する。

表記欄で(　)を用いて示すものは、おおむね次の方針による。

(エ)「同音の漢字による書きかえ」(昭和三一年七月、国語審議会総会報告)などによって実際に行われることが少なくなった表記形や、標準的ではないが、語源を示すなど、有用である表記形は、(　)で囲んで示す。

も-ほう【模倣(▼摸倣)】
いろ-どり【彩り(色取り)】

(オ)「常用漢字表」にある漢字(表内字)で、かつ同表にある音訓(表内音訓)であっても、意味が形式化するなどして、平仮名で書くことが広く定着していると思われる語は、漢字表記を(　)で囲んで示す。

やはり【(矢張り)】[副]
ゆる-ゆる【(緩緩)】━[副ト]
きっ-かけ【(切っ掛け)】[名]

(カ)複合語で(オ)を含むものは、平仮名表記を初めに示し、(　)で漢字表記を示す。

いのち-からがら【命からがら(命辛辛)】[副]
はなし-か・ける【話しかける(話し掛ける)】[他下一]

(キ)その語の特定の意味に部分的に用いられる表記形は(　)で示す。これについては、書き方欄や書き分け欄でその使い方を解説する。

うち-こ・む【打ち込む(撃ち込む)】…❻弾丸を発射して標的の中に撃ち入れる。当てる。命中させる。「砲弾を敵艦に━」書き方「撃ち込む」と書く。

送り仮名は「送り仮名の付け方」(昭和四八年六月内閣告示)により、原則として、本則に従う。

字体は、常用漢字・人名用漢字はその字体による。「表外漢字字体表」（平成一二年一二月国語審議会答申）で「印刷標準字体」が示されているものは、その字体による。それ以外は、原則として、康熙（き）字典体を用いる。

画数の多い漢字について、適宜、その漢字を拡大して示す。

一般にローマ字で書くものも【　】によって示す。

エヌ-ピー-オー【ＮＰＯ】

外来語の原語の綴（つづ）りは見出しの後に［　］によって示す。英語以外の言語名、ならびに和製英語については綴りの前後にそれを示す。

アウトソーシング［outsourcing］
アップリケ［appliqué フランス］
アフターファイブ［和製 after＋five］

ロシア語・ギリシア語・朝鮮語などは、ローマ字にかえて示す。

中国語は日本通用の漢字で示すが、その際、「▼」「▽」のマークは示さない。

(2) 意味・用法による使い分け

その語の意味や用法によって表記形の使い分けがある場合、次のような形で示す。

(ア) ❶❷❸などの意味分類によって表記形の使い分けがはっきりしている語では、❶❷❸の次に【　】に囲んでそれぞれの表記形を示す。【　】では、送り仮名などを省略し、使い分けの対象となる漢字の部分のみを示す場合もある。また、書き分け 欄で適宜詳しい解説を行う。

うに【〈海胆〉・〈海▼栗〉・〈雲丹〉】［名］❶【海胆・海栗】ウニ綱に属する棘皮（きょくひ）動物の総称。… ❷【雲丹】食用にするウニの卵巣。…

あと【跡・痕（▼址）】［名］❶【跡】何かが通っていったしるしとして残るもの。… ❷【跡・痕】ある物事が行われたり、あるものが存在したりしたしるしとして残るもの。… ❸【跡】跡目（あとめ）。家督（かとく）。… 書き分け (1)【跡】は①〜③で広く使う。【痕】は根絶できないあと、くっきりと残ったあとの意で②で使う（傷の痕・血の痕）。【址】は建物のあとの意で「城の址」などと書くが、今は「跡」が一般的。

(イ) その語の全体にわたって用いられる表記形以外に、部分的に用いられる表記形は、書き方 欄や 書き分け 欄で解説する。

て-まえ【手前】ヘ▽ ㊀［名］… ❹茶の湯の作法。また、茶の湯を立てる手並み。書き方 多く「▽点前」と書く。

(ウ) ❶❷❸などの意味分類によってはっきりとした表記形の使い分けがないものは 書き分け 欄や 書き方 欄で説明する。

おく・れる【遅れる（後れる）】［自下一］… ◈書き分け (1)⑤⑥は多く【後】を使う。⑤⑥以外で、歩みが遅くて後になる意で「時計［発育］が後れる」「流行に後れる」などと【後】を使うこともあるが、今は【遅】が一般的。(2)「先頭から後れる／遅れる」では、前者は後ろになる意に、後者は先頭より進み方が遅い意に注目していう。

(3) その他の表記情報

【　】に掲げるには至らない、補足的な表記形を適宜 書き方 欄や 書き分け 欄に示す。なお、【　】内に掲げていない表記形をその項目の 書き方 欄や 書き分け 欄で示す際には、それが常用漢字表外字、表外音訓である場合には、それぞれ「▼」「▽」の記号を付ける。熟字訓である場合には、〈　〉で囲んで示す。

あつま・る【集まる】［自五］… ◈書き分け「▼聚まる」「▼蒐まる」「▼輯まる」とも。「民家が聚まる（聚落（じゅらく））」「切手が蒐まる（蒐集（しゅうしゅう））」「原稿が輯まる（編輯（へんしゅう））」などと使い分けることもあるが、今は一般に【集】を使う。

あこが・れる【憧れる（▽憬れる）】［自下一］… 書き方「〈憧憬〉れる」とも当てる。

「文部省公用文送り仮名用例集」（昭和五六年一二月）の、公用文での標準的な送り仮名が、本書の【　】に示した送り仮名と異なる場合、書き方 欄に次のような解説をする。

うけ-もち【受け持ち】［名］… 書き方 公用文では「受持ち」。

「送り仮名の付け方」（昭和四八年六月内閣告示）の通則7によって、送り仮名をつけない慣用が固定している複合の語（名詞）について、次のような解説をする。

うり-あげ【売り上げ】［名］… 書き方 …。慣用の固定した「売上（金・高・残高）」などは送りがなを付けない。

「同音の漢字による書きかえ」（昭和三一年七月、国語審議会総会報告）や新聞の用字の取り決めなどに見られる表記形の新しい用い方について、適宜「代用［表記］」として解説する。

けつ-べつ【決別(▼訣別)】〔名・自サ変〕…書き方「決別」は代用表記。
いっかく-せんきん【一▼攫千金】イックワクー〔名〕…書き方新聞では「一獲千金」で代用。

そのほか、表記に関するさまざまな解説を書き方欄や書き分け欄で行う。

四　歴史的仮名遣い

歴史的仮名遣いが見出しの仮名遣いと異なるものは、【　】(【　】のないものは見出し)の後に小字・片仮名で示す。語構成を示すハイフンによる区切りに基づき、歴史的仮名遣いが異なる部分を文字で示し、現代仮名遣いと共通する部分は「ー」(ダッシュ)で示す。

あい-おい【相生い】アヒオヒ
あい-かた【相方】アヒー
あい-じょう【愛情】ージャウ

【　】に複数の表記形があり、その歴史的仮名遣いが異なる場合には、そのすべてを「・」(ナカグロ)で並べる。

あつ-よう【厚様・厚葉】ーヤウ・ーエフ

五　品詞等

品詞等と活用の種類を〔　〕で示す。造語成分としたものは(造)で示す。

品詞等は、名詞・代名詞・動詞・補助動詞・形容詞・補助形容詞・形容動詞・連体詞・副詞・接続詞・感動詞・助動詞・格助詞・接続助詞・副助詞・終助詞・接頭語・接尾語・造語成分・連語に分類する。

本書の品詞等の略記の仕方については前見返し裏の「略号・記号一覧」に示す。また、それぞれの品詞等について本文で行った文法的な記述については、付録一八一六ページの「品詞解説」で解説する。

六　意味・用法の解説

(1) 意味の分類

一般に、品詞が異なる場合の分類は[一][二][三]…を用いる。意味による分類は❶❷❸…を用いる。

特に意味の多い動詞や記述の長い助詞など、一部の語については、近い意味を並べて示し、それらをABC…を用いて分類する。

解説中で分類の番号を示す場合には、[一]①を用いる。

(2) 位相

現代では日常的にはあまり使わない古風な語、改まった場では使いにくい俗語、比較的新しく生まれた語や意味については、解説の冒頭でそれぞれ〔古風〕〔俗〕〔新〕によって示す。

あか-がね【▽銅】〔名〕〔古風〕…
おっき・い〔形〕〔俗〕…
エモ・い〔形〕〔新〕…

なお、解説の読みやすさに配慮して、適宜、位相情報を◈や▼の後ろなどに置くこともある。

(3) 語連続・接続

特定の語連続で用いられたり、特定の語に接続したりする場合には、〈　〉によってその語連続・接続情報を示す。

おう-おう【往往】ワウワウ〔副〕〈多く「往々にして」の形で〉そうなることがしばしばあるさま。ときどき。‖「美点はーにして見落とすものだ」
あい【相】アヒ〔接頭〕❶〈動詞・形容詞などに付いて〉互いに。一緒に。‖「ー知る・ー等しい・ー乗り」

七　用例

用例は「　」によって示し、語釈・解説と別の書体にする。語釈・解説と用例の区切りには‖を入れる。

一般に、用例中の見出し語に相当する部分は「―」で示す。活用する語は、見出しと同形の用例（終止形・連体形など）は「―」で示し、それ以外の活用形では語幹を「―」、活用語尾を「・」以下に示す。ただし、形容動詞と［名・自サ変］でのサ変動詞の用例は、「・」を用いない。

次のものは「―」は用いず、文字で示す。

(ア)複数ある表記形の中で、特定の表記形を示す用例

あげ【上げ・挙げ・揚げ】［名］❶【上・挙】…「重量挙げ」

(イ)助動詞と、語幹と活用語尾の区別のない動詞の、見出しと同形でない活用形

よう-だ ヤウ［助動 形動型］…❶比況 …〓「もみじのような手だ」「あたかも夢の―」

にる【似る】［自上一］…〓「姉妹は体つきも性質も似ている」

(ウ)口語の活用の見出し語に、例外的に掲げる文語の活用の用例

うたがわし・い【疑わしい】ウタガハシイ［形］…❶…〓…「疑わしきは罰せず」

(エ)助詞

か 一［副助］❶…〓「玄関に誰か来たようだ」

複数の用例を示す場合、適宜［ ］を用いる。

きず・く【築く】クツ［他五］❶…〓「城［ダム］を―」

複数の助詞を示す場合、／によって示す。

かく・れる【隠れる】［自下一］❶…〓…「顔が帽子に／で―」

慣用句やことわざなどの意味を示す場合、（＝ ）によって示す。

あい-そ【愛想】［名］❶…〓「―が尽きる（＝あきれ果てて好意や信頼感を失う）」

小説や詩歌などからの用例は〈 〉によって出典（作者名や作品名）を示す。特に高等学校の国語の教科書によく採録される小説等については、作者名と作品名の両方を示すこともある。

作者名について、芥川竜之介・泉鏡花・尾崎紅葉・島崎藤村・田山花袋・夏目漱石・樋口一葉・二葉亭四迷・森鷗外などは、それぞれ〈芥川〉〈鏡花〉〈紅葉〉〈藤村〉〈花袋〉〈漱石〉〈一葉〉〈二葉亭〉〈鷗外〉などと略記する。

八 参考情報

(1) 書き方 書き分け 使い方 語源 ✓注意 読み分け 数 品格

表記に関するさまざまな事柄を 書き方 欄と 書き分け 欄に解説する（三-(3)参照）。漢字や送り仮名の書き分けに関することを主に 書き分け 欄に記し、表記全般に関することを 書き方 欄に記す。

漢字の書き分けについては、「『異字同訓』の漢字の使い分け例」（平成二十六年、文化審議会報告）を参考にした。

文法的な事柄や、比喩用法・類義語との比較・敬語表現など、その語の用法全般について、使い方 欄に解説する。「ボールを打つ」「ホームランを打つ」など、動詞がどのような名詞を「～を」でとることができるかについても、適宜解説する。⬇付録一八一六ページ「品詞解説」

語源に関する事柄を 語源 欄に解説する。

語の用法・表記・アクセントなどの情報で、特に注意が必要と思われるもの（誤用など）を ✓注意 欄に示す。

アクセントは、高く発音する部分を太字で示す。

あか-とんぼ【赤▽蜻▼蛉】［名］… ✓注意 アクセントは、もとアカトンボ、最近ではアカトンボ。

同じ漢字で読みが異なる語で、意味が似るなどして読みがまぎれやすいものを 読み分け 欄に解説する。

伝統的・特徴的な物の数え方を 数 欄に示す。

改まった場面でも使える品格のある類語の一例を 品格 欄に示す。その目次を裏見返しの「『品格』欄一覧」に示す。

書き方 書き分け 使い方 語源 ✓注意 読み分け 数 の欄は、その見出し語の特定の意

味分類に関わるものは、その意味分類の語釈・用例の後に置く。見出し語全体に関わるものや複数の意味分類にわたって解説をしているものは、◈以下に置く。また、[品格]欄は、項目の末尾に置く。

(2) ▼と◈

そのほか、さまざまな解説を▼と◈で適宜行う。

▼は、意味が一つである項目で用いる。また、❶❷のように意味分類が複数ある項目で、特定の意味分類について解説する場合に用いる。

アイ-ティー【IT】［名］情報技術。☰「—革命」▼information technologyの略。

おう-どう【王道】ダウ［名］❶儒教で、有徳(うとく)の君主が仁徳をもって国を治める政治の道。☰「—楽土」⬍覇道(はどう)▼孟子(もうし)が説いた。❷安易な方法。近道。☰「学問に—なし」▼royal roadの訳語。❸…

◈は、意味分類（❶❷……）が複数ある項目で、その見出し語全体または複数の意味分類について解説する場合に用いる。

しょい-こ・む【▽背▽負い込む】ショヒ［他五］❶しっかりと自分の背中にせおう。…❷やっかいなことなどをしかたなく引き受ける。…◈「せおいこむ」の転。

(3) [文][可能][派生][名][動][旧][異形]

五段動詞を除く動詞には、その文語形を[文]欄に示す。新語・俗語である動詞は適宜文語形を省略する。

あ・ける【明ける】［自下一］…[文]**あ・く**

五段動詞には、それから派生した可能動詞を[可能]欄に示す。ただし、複合動詞では省略する。

[可能]欄に可能動詞の用例を掲げる場合には、可能動詞の部分を「—」を使わず文字で示す。

う・つ【打つ・撃つ・討つ】［他五］…[可能]**打てる**「ワープロなら打てる」

形容詞・形容動詞には、その語幹に接尾語「げ」「さ」「み」「がる」が付いてできた派生語を[派生]欄に示す。

[派生]欄にそれら派生語の用例を掲げる場合には、派生語の活用しない部分を「—」で示し、活用語尾（「がる」の終止・連体形以外の活用語尾）を文字で示す。

かわい・い【可▽愛い】カハイ［形］…[派生]**-げ**／**-さ**「—余って憎さ百倍」／**-がる**

うとまし・い【疎ましい】［形］…[派生]**-げ**／**-さ**／**-が・る**「しつこくつきまとって—られる」

名詞への転成がある動詞には、その名詞形を[名]欄に示す。

あけ-わた・す【明け渡す】［他五］…[名]**明け渡し**

動詞への転成がある名詞には、その動詞形を[動]欄に示す。ただし、その動詞形を見出し語として立てている場合には省略する。

あま-くだり【天下り（天▽降り）】［名・自サ変］…[動]**あまくだ・る**（自五）

「常用漢字表」に康熙(こうき)字典体（旧字体）が添えてある漢字には、その音による見出し語で康熙字典体を[旧]欄に示す。「滝」など、音のない漢字には、その訓による見出し語で同じく示す。

あ【亜】（造）…[旧]亞

たき【滝】［名］…[旧]瀧

「愛する」と「愛す」、「信じる」と「信ずる」のような、活用の違いによる異形の語がある動詞には、[異形]欄にその語形を示す。

あい・する【愛する】［他サ変］…[異形]**愛す**

(4) **対義語**

対義語を語釈または用例の後に⬍によって示す。意味分類（❶❷……）が複数ある項目で、すべての意味分類にその対義語が該当する場合には◈⬍〇〇の形で示す。部分的に該当する場合には◈①③⬍〇〇、◈①〜④⬍〇〇などと示す。

あっ-か【悪貨】クワ［名］地金が悪質な貨幣。⬍良貨

あら-て【新手】［名］❶…❷…❸…◈⬍古手(ふるて)

おも-さ【重さ】［名］❶…❷…❸…❹…◈②③⬍軽さ

(5) **参照**

他の項目や意味分類を参照する場合には、「⬇」によって示す。

九 子見出し

見出し語の中に、その語から始まる慣用句やことわざを、◉を先頭に打って子見出しとして立てる。

いし【石】〔名〕…
◉石の上にも三年 物事は辛くとも根気よく続ければ、最後にはきっと成功するということ。…

子見出しは漢字仮名交じりで示し、読みにくい漢字に小字でルビを振る。活用する場合には、活用しない部分と活用部分の間に「・」を入れる。配列は五十音配列とする。

用例は、子見出しに相当する部分は「—」で示す。活用する場合には、活用しない部分を「—」で示し、活用部分を「・」以下の文字で示す。

十 コラム・図版

さまざまな表現に役立つ次のようなコラムを、関連する項目の近くに囲みにしてまとめる。コラムの目次は前見返しの「総目次」に示す。

「ことば探究」…文学作品に見られる言葉の使い方を解説したコラム。
「ことば比べ」…日本文化と関わりの深い言葉などを比較・解説したコラム。
「文型表現」…その語を用いた文型表現を集めたコラム。
「注意したい表現」…「重言のいろいろ」ほか注意したい表現のコラム。
「○○の比喩表現」…その語の比喩表現を集めたコラム。
「○○を修飾する表現」…その語を修飾する表現を集めたコラム。
「イメージと表現」…その語のもつイメージと表現を集めたコラム。
「○○を表す表現」…その語と同じ意味を表す表現を集めたコラム。
「さまざまな○○」…その語を含む複合語を集めたコラム。

敬語、接続詞、手紙の書き方、挨拶や季節に関する言葉についてのコラムを付録にまとめる。一七九七ページに付録の目次を示す。

着物や筋肉などの各部の名称を、それぞれの項目の末尾に図にして示す。

十一 索引

この辞典をより便利に使えるように、「明鏡 利活用索引」「アルファベット索引」「難読語索引」を巻末に設ける。索引の先頭に凡例を示す。

『明鏡国語辞典』協力者

〔第三版 編集協力〕

塚本知佳　木下洋美　東野元昭　石田知子　大内薫子　浅水和佳　福島裕子　玉城久美子

〔初版〜第二版 執筆・校閲協力〕

天野みどり　石塚修　大倉浩　小川栄一　金子守　北原博雄　島田康行　白川博之
須賀一好　竹島千春　田中大士　橋本修　山岡政紀　楊髙郎　吉見孝夫　受川史彦
大塚盛男　奥田諭吉　下山晃　本橋信義　松倉公憲　山根國男

あ

あ [感] ❶驚いたり感動したり急に思い出したりしたときなどに発する語。あっ。≡「—そうか」「—財布を忘れてきた」❷⬇ああ(感)②≡「—いいとも」

あ【亜】(造) ❶次ぐ。第二の。≡「—鉛・—流・—熱帯」❷「亜細亜」の略。≡「大東—・欧—」◈書き方「▾堊」の代用字とする(白亜)。旧亞

あ【▾阿】(造) ❶山や川の曲がって入り組んだ所。くま。≡「曲—」❷おもねる。≡「曲学—世」「—諛追従」◈梵語など、外国語の音写に使う。≡「—吽・—弥陀・—片」

あ【▾啞】(造) 言葉を発声することができないこと。≡「—鈴・聾—」書き方「唖」は簡易慣用字体。

あ【▾堊】(造) ❶灰白色の石灰岩。≡「白—紀」❷白壁。≡「白—の殿堂」◈書き方⬇あ(亜)

あ【▾蛙】(造) かえる。≡「井—」

あ【▾痾】(造) こじれて治りにくい病気。≡「宿—」

ああ [副] ❶話し手と聞き手の双方が知っているある状態や場面のようすをさしていう語。あのように。≡「—まで言わなくてもいいだろう」「—強くては歯が立たない」❷〈「ああ…こう…」の形で〉口に出して言ったことや、心の中で考えていることを漠然とさしていう語。≡「—でもない、こうでもない」

◉ああ言えばこう言う 人が何を言っても、あれこれと理屈をつけて従おうとしない。

ああ [感] ❶驚き・嘆き・悲しみ・喜びなど、物事に感動したときに発する語。≡「—びっくりした」「—忙しい」「—うれしい」書き方「〈▾嗚呼〉」「▾嗟」「▾噫」などと当てる。❷軽い応答や呼びかけに使う語。あ。≡「—そうですか」「—ちょっと君」

アーカイブ [archive] [名] ❶記録・資料などを集めて保管すること。また、その場所。記録保存館。アーカイブス。❷コンピューターで、複数のファイルを一つにまとめること。またそのもの。

アーガイル [argyle] [名] セーター・靴下などに使われる、菱形をした格子縞の編み模様。▽Argyllshire(=スコットランドの古い州名)から。

アーキテクチャー [architecture] [名] コンピューターシステムの基本構造や、その元になっている考え方。▽建築学・建築様式の意。

アーケード [arcade] [名] ❶洋風建築で、「アーチ」①を連ねた構造物。また、その通路。❷商店街などの通路を覆う屋根。また、そのような屋根をもった通路。≡「—街」

アーケード-ゲーム [arcade game] [名] ゲームセンターなどに設置されるゲーム機。クレーンゲーム・メダルゲームなど。⬇コンシューマーゲーム

アース [earth] [名] ❶地球。大地。❷[自他サ変] 電気機器と地面の間に電路を作ること。そのようにして、電気を大地に逃がすこと。また、その器具。接地。

アーチ [arch] [名] ❶門や橋桁などに見られる、石材などを積み重ねて造った、上方が半円形の構造物。迫持。❷歓迎・祝賀などのために設けた、上方が半円形の門。骨組みをスギ・ヒノキなどで覆う。緑門。❸弧形。≡「打球が—を描く」❹野球で、ホームランのこと。

アーチェリー [archery] [名] 西洋式の弓(を用いた競技)。洋弓。

アーティスティック [artistic] [名・形動] 芸術的。≡「—インプレッション(=アーティスティックスイミングで、芸術的評価点)」

アーティスティック-スイミング [artistic swimming] [名] 音楽に合わせて水中で演技を行い、技の完成度・同調性などを競う競技。AS。▽旧称はシンクロナイズドスイミング。

アーティスト [artist] [名] 芸術家。特に、美術家や歌手・演奏家。アーチスト。⬇アルチザン

アーティチョーク [artichoke] [名] 夏、アザミに似た紫色の花をつけるキク科の多年草。つぼみの花托と萼の肉質部は食用。地中海沿岸原産。チョウセンアザミ。

アーティフィシャル [artificial] [形動] 人工的。人為的。また、不自然なさま。≡「—な造作」

アート [art] [名] 芸術。特に、美術。≡「モダン—・ポップ—」

アート-ディレクター [art director] [名] ❶映画・演劇などで、美術監督。❷出版・広告で、デザイン面を総括する人。◈ADと略す。

アート-ペーパー [art paper] [名] 色刷りや写真印刷などに使う、つやのある上質紙。アート紙。

アーバン [urban] [名] 都会的であること。≡「—ライフ・—デザイン」⬍ルーラル▽他の語と複合して使う。

アーミー [army] [名] 軍隊。特に、陸軍。≡「—ルック」「—ナイフ(=折り畳み式の多機能ナイフ)」

アーム [arm] [名] 腕。また、機器で物を支える腕状のもの。≡「—チェア(=ひじ掛け椅子)」「—ホール(=洋服のそでぐり)」

アームチェア [armchair] [名] ひじ掛け椅子。

アーム-レスリング [arm wrestling] [名] 腕相撲。

アーメン [amenヘブライ] [感] キリスト教徒が祈りの終わりなどに唱える言葉。▽確かに、そうでありますようにの意。

アーモンド [almond] [名] 葉・花・実がモモに似るバラ科の落葉高木。その種子の仁を食用・薬用にする。巴旦杏。扁桃。アマンド。アメンドー。

アール [areフランス] [名] メートル法で、面積を表す単位。一アールは一〇〇平方メートル。坪にすると約三〇・二五坪。記号a

アールエッチ-いんし【Rh因子】 [名] 赤血球に含まれる凝集素の一つ。これに基づく血液型を「Rh式血液型」といい、その有無によってRhプラスとRhマイナスに分ける。プラスの人が大半で、マイナスの人は極めて少ない。▽Rhはこの因子が発見されたアカゲザル(rhesus monkey)にちなむ。

アール-エヌ-エー【RNA】 [名] リボースを含む核酸。機能によってリボソームRNA・メッセンジャーRNA・トランスファーRNA・ウイルスRNAに分かれ、ディーエヌエー(DNA)とともに遺伝情報の保存・伝達などに関与する。リボ核酸。▽ribonucleic acid の略。

アール-グレイ [Earl Grey] [名] ベルガモットで風味をつけた紅茶。▽「アール」は伯爵の意。イギリスのグレイ伯爵が紹介したことから。

アール-してい【R指定】[名] 映倫の規定で、映画作品が青少年の鑑賞に不適切であることを示す指定。▽Rは「restricted (制限された)」の略。

アール-デコ【art déco フランス】[名] 一九一〇年代から三〇年代にかけてフランスを中心に流行した装飾様式。実用的で、単純・直線的なデザインを特徴とする。▽装飾美術の意。

アール-ヌーボー【art nouveau フランス】[名] 一九世紀末から二〇世紀初頭にかけてフランスを中心にヨーロッパ各国で流行した芸術様式。植物的なモチーフと優美な曲線文様を特徴とする。▽新芸術の意。

アール-ピー-ジー【RPG】[名] ➡ロールプレーイングゲーム

アール-ブイ【RV】[名] レクリエーション用の自動車の総称。ワンボックス車・ステーションワゴン・オフロード車・バンなど。▽recreational vehicle の略。

あい【藍】キア [名] ❶秋、赤い小花を穂状につけるタデ科の一年草。葉・茎から藍染めの染料をとるために古くから各地で栽培された。タデアイ。❷藍からとる濃青色の染料。また、その色。

藍

あい【愛】[一][名] ❶価値あるものを大切にしたいと思う、人間本来の温かい心。「親の―を一身に集める」「自然への―」「人類―・郷土―・師弟―」❷(特に恋愛の対象として)人を慕う心。「―を告白する」❸神仏の慈しみ。恵み。特に、キリスト教で、神が人類に示す無限の慈しみ。アガペー。❹仏教で、ものに執着する心。愛執(あいしゅう)。愛着(あいじゃく)。[二](造) ❶親・きょうだいなどをいとおしむ。「―児」「友―・溺(でき)―」❷恋愛の対象として人を慕う。「恋―・純―」❸大切にする。「―護・―顧」❹好ましく思う。「―好・―飲・―読」❺おしむ。「―惜」「割―」❻「愛蘭(アイルランド)」の略。

あい【相】ヒア [接頭] ❶〈動詞・形容詞などに付いて〉互いに。一緒に。「―知る・―等しい・―乗り」❷〈動詞に付いて〉語調を整えたり、荘重感を出したりする。「―成る・―整う・―済まぬ」

あい【▽間】ヒア (造) あいだ。ま。「谷―・山―」「―服」

あい【合い】ヒア (造) ❶互いに〜すること。「にらみ―」❷そのような様子。おおよその感じ。「雲―・色―・風(ふう)―・意味―」

あい【哀】(造) ❶かわいそうに思う。あわれむ。「―憐(あいれん)」「悲―」❷心を痛める。かなしむ。かなしい。「―愁・―悼」

あい【▼埃】(造) ちり。ほこり。砂けむり。「塵(じん)―」

あい【挨】(造) おす。おしすすめる。「―拶(あいさつ)」

あい【▼隘】(造) せまい。けわしい。「―路」「狭―」

あい【曖】(造) くらい。ほのぐらい。「―昧(あいまい)」

アイ【eye】[名] 目。また、それに似た(働きを持つ)もの。「―バンク」「カメラ―」▽他の語と複合して使う。

アイ-アール【IR】[名] ❶国際会議場・商業施設・ホテル・映画館・カジノなどが一体となった、大型の観光施設。統合型リゾート。▽integrated resort の略。❷企業が投資家向けに行う広報活動。▽investor relations の略。

あい-あい【▼藹▼藹】[形動タリ] 打ちとけて和やかなさま。「和気―」

あいあい-がさ【相合い傘】アヒアヒ [名] 一本の傘を二人(特に男女)で差すこと。相がさ。▽落書きで傘の絵の下に二人の名を書くなど、親密さの象徴とする。

アイアン【iron】[名] ゴルフのクラブで、球を打つ部分が金属製のもの。アイアンクラブ。「五番―」▽鉄の意。➡ウッド②

あい-いく【愛育】[名・他サ変] 愛情を持って大切に育てること。

あいいれ-な・い【相▽容れない】アヒイレ [連語] 二つの立場や考えが相反して一緒に成り立たない。

あい-いん【合印】アヒ [名] 帳簿や書類を引き合わせたしるしに押す印。合判。合印(あいじるし)。「―を押す」

あい-いん【愛飲】[名・他サ変] 特定の飲料をいつも好んで飲むこと。「吟醸酒(ぎんじょうしゅ)を―する」

アイウエア【eyewear】[名] 目に付ける装具。眼鏡・サングラス・ゴーグル・コンタクトレンズなど。

あい-うち【相打ち・相撃ち・相討ち】アヒ [名] 剣道などで、両者が同時に相手をうつこと。また、勝負がつかないこと。書き分け「剣道の相打ち」「短銃の相撃ち」「果たし合いの相討ち」のように使い分けるが、【打】は広く使える。

アイ-エイチ【IH】[名] 交流磁界に導体を置くと、電磁誘導によって渦電流が流れて発熱することを利用して、加熱すること。誘導加熱。「―調理器(=電磁調理器)」▽induction heating の略。

アイ-エー-イー-エー【IAEA】[名] 国際原子力機関。原子力の平和利用の促進と軍事利用への転用防止を目的として、一九五七年に発足した国連機関。▽International Atomic Energy Agency の略。

アイ-エス-オー【ISO】[名] 国際標準化機構。各国の工業規格や品質管理規格などの標準化を目的とする国際機構。また、それが定める国際規格。イソ。アイソ。▽International Organization for Standardization の略。

アイ-エス-ディー-エヌ【ISDN】[名] デジタル総合サービス網。デジタル化した通信回線一本で音声・データ・画像などを総合的に提供する通信網。▽Integrated Services Digital Network の略。

アイ-エス-ビー-エヌ【ISBN】[名] 国際標準図書番号。流通業務の合理化のために、市販されている書籍に付ける番号。一三桁の数字で国籍・出版者(社)・書名記号などを表す。▽International Standard Book Number の略。

アイ-エム-エフ【IMF】[名] 国際通貨基金。国際通貨制度の安定、為替取引の自由化などを目的とするブレトンウッズ協定に基づいて一九四五年に設立された国連の専門機関。▽International Monetary Fund の略。

アイ-エル-オー【ILO】[名] 国際労働機関。一九一九年、ベルサイユ条約に基づく国際連盟の一機構として創設、四六年、国際連合の専門機関となった。国際的規模での労働条件の改善、完全雇用の推進、生活水準の向上などを目的とする。▽International Labour Organization の略。

あいえん-か【愛煙家】[名] たばこを好んで吸う人。

あいえん-きえん【合縁奇縁】アヒエン [名] 人が出会い、気心が合って親しく交わることができるのも、理屈を超えた不思議な縁によるものだ。書き方「相縁奇縁」とも書き、「愛縁奇縁」「▼逢縁機縁」なども当てる。

あい-おい【相生い】アヒオヒ [名] ❶一つの根から幹が二つに分かれて生えること。「―の松」❷〈「相老い」に掛けて〉夫婦がともに長生きすること。「―の夫婦」◈

書き方 ②は「相老い」とも。

アイ-オー【I／O】[名] 入出力。特に、コンピューターの入出力装置。▼input/output の略。

アイ-オー-シー【IOC】[名] 国際オリンピック委員会。▼International Olympic Committee の略。

あい-か【哀歌】[名] 悲しい気持ちを詠んだ詩歌。悲歌。エレジー。

あい-かぎ【合鍵】[名] 一つのかぎのほかに、その錠に合うように作った別のかぎ。スペアキー。

あい-がけ【相掛け・合い掛け】[名] ご飯に複数の具やソースをかけること。また、その料理。

あい-かた【合方】[名] ❶歌い手・語り手に対して、三味線の伴奏者。❷邦楽で、三味線の合いの手の長いもの。‖「—を入れる」❸能楽で、伴奏する楽器の総称。はやし方。

あい-かた【相方】[名] ❶相手。特に、漫才の相棒。❷遊郭で、その客の相手となる遊女。書き方〈敵▼娼〉とも当てる。

あい-がも【▽間▼鴨・合▼鴨】[名] マガモとアオクビアヒルとの雑種。食肉用に飼育される。

あいかわら-ず【相変わらず】[連語] 前と変わらず。いつものとおり。‖「—お元気で何よりです」「—のふがいなさ」使い方「相も変わらず」は、多く進歩や変化のないさまをさげすんで言う。‖「相も変わらずテレビばかり見ている」

あい-かん【哀感】[名] もの悲しい感じ。‖「秋の風情に—を覚える」

あい-かん【哀歓】[名] 悲しみと喜び。悲喜。‖「人生の—を共にする」「—交々至る」

あい-がん【哀願】[名・自他サ変] 同情心に訴えて願い頼むこと。また、その願い。‖「涙声で—する」

あい-がん【愛玩(愛▼翫)】[名・他サ変] 大切なものとして、かわいがったり、慰みにしたりすること。‖「—してやまないカメラ」「—動物」

あい-き【愛機・愛器】[名] ❶【機】飛行機・カメラなど、大切に使っている機械。❷【器】楽器・文具など、大切に使っている器具。

あい-ぎ【合着・▽間着】[名] 春と秋に着る衣服。➡合服 ▼夏と冬の合間に着るものの意。和服にも洋服にも言う。

あいき-どう【合気道】[名] 関節技を主とし、攻撃よりも護身を重んじる武道。植芝盛平が古流柔術を学んで創始。合気。

あい-きゃく【相客】[名] ❶訪問先で、たまたま同席した(見知らぬ)客。❷宿屋で、同じ部屋に泊まり合わせた見知らぬ客。

アイ-キャッチャー【eye-catcher】[名] 広告で、人目を引きつけるもの。また、特定の会社や商品を連想させる広告用のイラストや写真など。アイキャッチ。

アイ-キュー【IQ】[名] 知能指数。▼intelligence quotient の略。

あい-きょう【愛郷】[名] 故郷を愛すること。

あい-きょう【愛▼嬌(愛▽敬)】[名] ❶にこやかで、親しみやすさやかわいらしさがあること。‖「—のある丸顔」「町内の—者」▼仏教語の「愛敬相(=仏の慈相)」から。❷言動や表情などで、人の心を和ませる要素となるもの。‖「—を振りまく」「—たっぷりに話しかける」使い方 (1)「ご」「お」をつけて、謙遜の気持ちを添える。‖「ご—に一曲歌いましょう」(2)「愛嬌がある／愛想がよい」はともに人を評価して言うが、前者は個人の顔立ちや性向が自然に備わったものとして言い、後者は対人関係のあり方として個人の社会的(または人為的)側面に注目して言う。「愛嬌／愛想を振りまく」でも、後者には、無理をして、こびてなどといった趣が感じられる。

あい-きょうげん【▽間狂言】[名] 能の曲中で、狂言方が出て演じる部分。間。間能。

あい-ぎん【愛吟】[名・他サ変] 好きな詩歌を好んで口ずさむこと。‖「我が—する歌集」

あい-くち【〈▼匕首〉】[名] つばのない短刀。九寸五分。どす。‖「懐中に—を呑む」▼「合口」と同語源。鞘の口と柄の口が合う意。「匕首」とも言うが、これは元来中国で匙形の、つばのない短刀のこと。書き方 語源に従って「合口」とも書く。

あい-くち【合口】[名] 話や性格などが互いにうまく合うこと。‖「彼とは—が悪い」

あい-くるし・い【愛くるしい】[形] 子供などがあどけなくて大変かわいらしいさま。‖「—笑顔」派生 -げ／-さ

あい-けん【愛犬】[名] ❶かわいがって飼っている犬。‖「—ポチ」❷犬をかわいがること。‖「—家」

あい-こ【相子】[名] 互いに勝ち負け・損得がないこと。‖「これでお—だ」「じゃんけんぽん、—でしょ」

あい-こ【愛顧】[名] 商人や芸人、あるいは目下の者をひいきにして引き立てること。使い方「ご—」の形で、ひいきされる側から言う。‖「ご—を賜り光栄に存じます」注意「ご愛顧を承り…」は誤り。「承る」はある役割や仕事を謹んで受ける意。

あい-ご【愛護】[名・他サ変] 大切なものだとして、大事にすること。‖「伝統芸能を—する」「動物—週間」

あい-こう【愛好】[名・他サ変] (趣味として)物事を愛すること。‖「音楽[園芸]を—する」「—家」

あい-こう【愛校】[名] 母校を愛すること。

あい-こく【愛国】[名] 自分の国を愛すること。‖「—心」「—者」

あい-ことば【合い言葉】[名] ❶互いが味方であることを知らせ合うために、前もって決めておく合図のことば。「山」と言ったら「川」と答える類。❷団体などで、主義・主張の旗印として掲げることば。標語。モットー。

アイコン【icon】[名] コンピューターで、プログラムやファイルの特徴や機能を小さな絵にしてディスプレー上に表示したもの。▼ある物事を象徴する人や物についてもいう。‖「ファッション—」

アイ-コンタクト【eye contact】[名] 相手の目を見ること。視線を合わせて意思疎通を図ること。

あい-さい【愛妻】[名] ❶愛し大切にしている妻。‖「—弁当」❷妻を愛し大切にすること。‖「—家」

あい-さつ【挨拶】[名] 一 [自サ変] ❶人と会ったときや別れるときに、儀礼的なことばを言ったり、動作をしたりすること。また、そのことばや動作。‖「笑顔で—する」「朝[別れ]の—」▼相手に対する敵意のなさを表し、人間関係を円滑化する。❷会合や儀式などで、改まってお祝いや感謝などのことばを述べること。また、そのことば。‖「披露宴で—する」「一言ご—を申し上げます」▼時に応じて儀礼的な贈り物をする意にも使う。‖「盆暮れの—を忘れない」❸相手の働きかけにこたえること。また、そのことば。受け答え。‖「いまだに何の—もない」❹

〔俗〕仕返し。≡「いずれたっぷりと—をさせてもらうぜ」二〈「ご挨拶」の形で〉相手の意外な返答にあきれたとき、皮肉をこめて言う語。≡「これはご—だね」◈語源「挨」は押す、「拶」は迫る意。もと禅宗で問答をして相手の修行の程度を試すこと。⬇挨拶のことば(一八〇六㌻)

あい-し【哀史】[名]悲しい出来事(を記した歴史)。

あい-じ【愛児】[名]親が愛している子。いとしご。≡「—を事故で失う」▼普通、他人の子について言う。

あいし-あ・う【愛し合う】アフ[自五]❶互いに愛情を寄せ合う。❷互いに愛の行為を交わす。

アイ-シー【IC】[名]❶集積回路。▼integrated circuit の略。❷インターチェンジ。

アイシー-カード【ICカード】[名]ICチップを内蔵したカード。キャッシュカード・クレジットカード・電子マネー・定期券などに使われる。スマートカード。

アイ-シー-ティー【ICT】[名]情報通信技術。≡「—教育」▼Information and Communication Technology の略。

アイ-シー-ユー【ICU】[名]重症患者の容態を常時管理し、集中的に治療を行う病室。集中治療室。▼intensive care unit の略。

あい-しゃ【愛社】[名]勤務している会社を大切に思うこと。≡「—精神」

あい-しゃ【愛車】[名]その人が日ごろ大切にしている自動車。

あい-じゃく【愛着(愛▽著)】ヂャク[名・自サ変]〔古風〕愛着あいちゃく。▼もと仏教で、欲望に執着する意。書き方「じゃく」は呉音で、「ちゃく」の連濁ではない。現代仮名遣いでは「じゃく」。

アイ-シャドー【eye shadow】[名]まぶたに塗る化粧品。また、それによる化粧。

あい-しゅう【哀愁】シウ[名]もの悲しい感じ。≡「—を帯びた民族音楽」

あい-しゅう【愛執】シフ[名]仏教で、愛着あいじゃく。一般に、愛情に執着すること。≡「—の念を断ち切る」

あい-しょ【愛書】[名]❶本が好きなこと。≡「—家」▼読むことにも集めることにも言う。❷好きな本。愛読書。≡「—を手離す」

あい-しょう【相性(合性)】アヒシヤウ[名]❶陰陽道で、男女二人の性しょう(=生年月日を五行に配したもの)がうまく適合すること。≡「—を気にする」❷しっくりいくかどうかで見た、人と人、人と物などの関係。≡「左腕投手とは—がいい」「このパソコンとは—が悪い」

あい-しょう【哀傷】シヤウ[名・他サ変]ものに感じ、悲しみに心を痛めること。≡「—歌(=人の死を悲しみ悼いたむ歌)」使い方 人の死を悲しむ意では、今は多く「哀悼あいとう」を使う。

あい-しょう【愛称】[名]正式な名前のほかに、親愛の気持ちをこめて呼ぶ名前。ペットネーム。

あい-しょう【愛唱】シヤウ[名・他サ変]ある歌を日ごろから好んで歌うこと。≡「わが—歌」

あい-しょう【愛▼誦】[名・他サ変]ある詩歌や文章を、日ごろから好んで口ずさむこと。≡「漢詩を—する」

あい-じょう【愛情】ジヤウ[名]❶人やものに注ぐ温かな気持ち。慈愛。≡「娘に—を注ぐ」「仕事に—を込める」❷恋愛の対象として人を恋い慕う気持ち。恋愛の情。≡「ほのかな—を抱く」

あい-じょう【愛嬢】ヂヤウ[名]かわいがっている娘。まな娘。⬍愛息あいそく▼普通、他人の娘について言う。

あい-じるし【合印】アヒ[名]❶仲間・同類であることを示す目印。❷組み合わせを間違えないようにつけるしるし。特に、裁縫で布を正しく縫い合わせるためにつけるしるし。書き方 裁縫の場合は「合▽標」とも。

あい-じん【愛人】[名]❶社会的に認められた夫婦や恋人などの関係から外れた恋愛相手。❷〔古風〕恋人。

アイシング【icing】[名]❶粉砂糖に卵白を加え、練ったもの。菓子などの表面に塗る。糖衣。❷氷などで患部を冷やすこと。❸アイスホッケーで、センターラインの手前から打ったパックがノータッチで相手のゴールラインを越えること。アイシング・ザ・パック。

あい・す【愛す】[他五]⬇愛する 可能 **愛せる**

アイス【ice】[名]❶氷。≡「—ボックス・—ホッケー」「ドライ—」▼多く他の語と複合して使う。❷飲み物などの、氷で冷やしたもの。≡「—とホット、どちらにしますか」❸「アイスクリーム」「アイスキャンディー」の略。

あい-ず【合図(相図)】アヒヅ[名・自他サ変]前もって約束された簡単な方法で、ある意思を知らせること。また、その内容や方法。≡「賛成の意思を目で—する」

アイス-キャンディー【和製ice＋candy】[名]果汁などを凍らせた棒状の氷菓子。アイス。アイスキャンデー。

アイス-クリーム【ice cream】[名]牛乳・砂糖・卵黄などに香料を加え、混ぜ合わせて柔らかく凍らせたもの。アイス。

アイス-コーヒー[名]氷で冷やしたコーヒー。▼iced coffee から。西日本では「コールコーヒー」「冷れコー」とも言う。

アイス-スケート[名]⬇スケート①▼ice skating から。

アイス-ダンス[名]フィギュアスケートの一競技種目。音楽に合わせて男女一組がダンスステップを主体に踊りながら氷上を滑走し、その技術と芸術性を競う。アイスダンシング。▼ice dancing から。

アイス-バーン【Eisbahnドイ】[名]路面やスキーコースなどで、堅く締まった雪面。氷となった雪面。

アイス-ピック【ice pick】[名]氷を細かく砕くのに使う錐きり状の道具。

アイス-ブレイク[名]会議・集まりなどの前に、緊張をほぐしコミュニケーションを円滑にするための方法。自己紹介や簡単なゲームなど。▼icebreaker から。

アイス-ホッケー【ice hockey】[名]氷上で行うホッケー。スケートをはいた一チーム六人の競技者が、円盤状のパックをスティックで打って相手のゴールに入れることを競い合う。

あい・する【愛する】[他サ変]❶人や生き物にとても好きだという気持ちをもつ。≡「子供を心から—」「犬[蘭らん]を—」❷恋愛の対象として人を恋しく思う。焦がれる。慕う。≡「彼を—・している」「—二人」使い方「好きだ」は、その気持ちを自然な感情として言う、ごく普通の言い方。「惚れる」は、すっかり参って頭がぼうっとなる意を込めて自制しがたい感情を言う、やや俗な言い方。「慕う」は、心がひかれる気持ちを言う、古風な言い方。「愛する」は、しばしば重厚感を伴う言い方。❸ある物事を価値あるものとして心から大切に思う。≡「下町[彼の人柄]を—」❹あることが好きで、親しみや楽しみや喜びの気持ちをもつ。好む。愛好する。≡「山[酒・孤独]を—」◈

使い方 口頭語の言い切りでは「愛している」となることが多い。「愛しない・愛しよう・愛せよ」とサ変にも活用するが、今では「愛さない・愛そう・愛せ」のように五段化する傾向が強い。文 あい・す 異形 愛す

あい-せき【相席(合席)】 [名・自サ変] 食堂などで、見知らぬ客と同じ席に着くこと。

あい-せき【哀惜】 [名・他サ変] 人の死などを悲しみ惜しむこと。「訃報に接し—の念に堪えない」

あい-せき【愛惜】 [名・他サ変] 親しみ愛するがゆえに惜しむこと。「青春の日々を—する」▼古くは「あいじゃく」といった。

あい-せつ【哀切】 [名・形動] あわれでもの悲しいこと。「—を極めた旋律」「—な思い」

アイゼン [名] 登山靴に取り付ける滑りどめの金具。鉄かんじき。▼「シュタイクアイゼン(Steigeisen ドイ)」の略。

あいぜん-みょうおう【愛染明王】 [名] 真言密教で、愛欲の神。全身赤色で、三つ目、六本の腕を持ち、怒りの相を表す。恋愛成就の信仰の対象ともする。

あい-そ【哀訴】 [名・自他サ変] 同情を求めて訴えること。また、その訴え。哀願。「窮状を—する」

あい-そ【愛想】 [名] ❶人に対する応対のしかた。「—がよい」「—は悪いが根はいい人だ」❷人に好感を与える応対のしかた。特に、人に対する親しみの気持ち。「—が尽きる(=あきれ果てて好意や信頼感がなくなって、見限る)」「—を尽かす(=好意や信頼感を失う)」❸➡お愛想 ◈「あいそう」の転。「あいそう」とも言うが、「あいそ」が一般的。書き方 古くは「愛相」とも。使い方➡愛嬌

◉**愛想もこそも尽き果・てる** 「愛想が尽きる」を強めて言う。▼「こそ」は語調を整えるために添えた語。注意「愛想もくそも〜」は誤り。「小想」と当てる。

アイソ【ISO】 [名]➡アイエスオー

あい-そう【愛想】 [名]➡あいそ(愛想)

あい-ぞう【愛憎】 [名] 愛と憎しみ。

あい-ぞう【愛蔵】 [名・他サ変] 大切にしてしまっておくこと。「—してやまない名陶」

あい-そく【愛息】 [名] かわいがっている息子。⇕愛嬢 ▼普通、他人の息子について言う。

あいそ-づかし【愛想尽かし】 [名] 好意や親しみがなくなって、いやになること。「—を言う」

アイソトープ [isotope] [名] 原子番号が同じで質量数の異なる元素。水素と重水素の類。同位元素。イソトープ。

アイソトニック [isotonic] [名] 体液とほぼ等しい浸透圧をもつこと。等張。等浸透圧。「—飲料(=成分が体液に近い清涼飲料)」⇕ハイポトニック

あいそ-わらい【愛想笑い】 [名] 相手の機嫌をとるような笑い。お世辞笑い。「—を浮かべる」

あいだ【間】 [名] ❶空間的に、二つのものに挟まれて空いている部分。また、基準となる二つのものを結ぶ部分。「列の—に割り込む」「本の—にしおりを挟む」「東京と大阪の—を往復する」❷時間的に、〈物事がとだえた〉ある一定の範囲。「留守をしていた—の出来事」「しばらくの—様子を見よう」❸〈範囲を表す数値を伴い〉数量的に、ある一定の範囲。「体温は三五から三六度の—で一定している」❹〈「AとBの間」などの形で〉二者間に存在する抽象的な空間。転じて、両者間の親密な関係。「両者の—に立って仲裁する」「二人の—を裂く」❺一定の集団などの内側。「若者の—で評判の歌手」❻候文などで、原因・理由を表す。…によって。…ゆえに。…であるから。「失念仕り候—、宜しく御教示下されたく候」

アイ-ターン【Iターン】 [名・自サ変] 大都市の出身者が地方の企業などに就職・再就職すること。また、地方に移住すること。

あい-たい【相対】 [名] 第三者を入れず、双方が直接向かい合って事を行うこと。「—で話し合う」

あいたい-ずく【相対ずく】 [名] 双方が納得のうえで、事を行うこと。書き方「相対▽尽く」とも。現代仮名遣いでは「〜づく」も許容。

あい-たい・する【相対する】 [自サ変] ❶互いに向かい合う。「両雄—・してにらみ合う」❷互いに対立する。「—両者の意見」文 あひたい・す

あいだ-がら【間柄】 [名] 人と人との関係。「親子の—」▼「続き柄」は親族間の関係をいう。

あい-ちゃく【愛着】 [名] 心がひかれて、大切にしたい、手放したくないと思うこと。また、その思い。「—のある遺品」▼古い言い方で「あいじゃく」とも。

あい-ちょう【哀調】 [名] もの悲しい調子。

あい-ちょう【愛鳥】 [名] ❶かわいがっている飼い鳥。❷鳥(特に、野鳥)をかわいがって大切にすること。「—家」「—週間(=五月一〇日から一週間。バードウイーク)」

あい-ちょう【愛聴】 [名・他サ変] 音楽や放送を日ごろ好んで聴くこと。「—盤」

あ-いつ【▽彼▽奴】 [代] ❶〈三人称〉軽蔑または親愛の気持ちを込めて、話題の人を指し示す語。「—のことなど構うな」「—はいいやつだよ」❷乱暴な言い方で、事物を指し示す語。「—よりこいつが安い」◈「あやつ」の転。

あい-つ・ぐ【相次ぐ】 [自五] 類似の物事が次から次へと起こる。「事故が—」▼「—・いで」の形で、副詞としても使う。「—・いで巨匠が逝く」

あい-つぐな・う【相償う】 [自五] よい面と悪い面とが補い合って釣り合いを保つ。「功罪—」

あい-づち【相▼槌(相▼鎚・合▼槌・合▼鎚)】 [名] 相手の話に調子を合わせて受け答えをすること。「—を打つ」▼鍛冶などで、交互に槌を打ち合う意の慣用句「—を打つ」から。注意「あいずち」は誤り。

あい-て【相手(▽対手)】 [名] ❶ある物事をするとき、それを受ける側の人。また、物事を一緒に行う人。同伴者。パートナー。「—の目を見て話す」「誰も—にしてくれない」「相談—」❷相対して争う人。競争者。敵。「—の出方を探る」「—にとって(=競争者として)不足はない」「弱すぎて—にならない」「—チーム」

アイディア [idea] [名] よい結果を生み出す、思いつき。着想。アイデア。「—が浮かぶ」「グッド—」「—マン(=着想の豊かな人)」

アイディアリズム [idealism] [名] ❶観念論。❷理想主義。

アイ-ティー【IT】 [名] 情報技術。「—革命」▼information technology の略。

アイ-ディー【ID】 [名] 身分証明。また、識別番号や暗証番号。▼identification の略。

アイディー-カード【IDカード】 [名] 身分証明書。▼identity card または identification card

の略。

あいて-かた【相手方】［名］相手に当たる人。先方。相手がた。「—の出方を見る」

あい-でし【相弟子】［名］同じ先生のもとで一緒に学ぶ人。兄弟弟子。

あいて-ど・る【相手取る】［他五］争いなどの相手とする。特に、訴訟の相手とする。「国を—って訴訟を起こす」

アイテム［item］［名］❶項目。事項。また、品目。❷服飾で、衣服の品目。❸コンピューターゲームで、その中に出てくる武器や道具。

アイデンティティー［identity］［名］❶自己が他と区別されて、ほかならぬ自分であると感じられるときの、その感覚や意識を言う語。自己同一性。自我同一性。「—の喪失」❷組織体で、それを他と区別し特徴づけるもの。独自性。「企業の—」

あい-とう【哀悼】［名・他サ変］人の死を悲しみいたむこと。「謹んで—の意を表します」

あい-どく【愛読】［名・他サ変］特定の書物を好んで読むこと。「冒険小説を—する」「—者」

アイドリング［idling］［名］自動車などのエンジンを、負荷をかけないで低速で回転させること。

アイドル［idol］［名］崇拝や敬愛の対象となる人。「若者の—」▽崇拝の対象となる偶像の意から。

アイドル-コスト［idle cost］［名］企業の設備や労働力などが十分稼働されないことで発生する損失。遊休費。不働費。

アイドル-タイム［idle time］［名］❶無作業時間。遊休時間。❷コンピューターで、CPUなどが作動していない時間。

あい-なかば・する【相半ばする】［自サ変］相反する二つのものが半分ずつの状態を保つ。五分五分である。「功罪—」文あひなかば・す

あい-なめ【鮎並・鮎魚女】［名］近海の岩礁域に分布するアイナメ科の海水魚。体は黄褐色または緑褐色で、体側に五本の側線がある。食用。アブラメ。アブラコ。

あい-な・る【相成る】［自五］「成る」の改まった言い方。「風薫る候と—りました」

あい-にく【生憎】［副・形動］物事が予想や目的どおりに進まなくて、残念だという気持ちを表す。「—席を外しております」「—なことに持ち合わせがありません」「—の雨で遠足は延期だ」▽「あやにく」の転。「あや」は感動詞。「にく」は「憎し」の語幹。「生」は当て字。使い方 副詞は「—と」の形で使うこともある。「—と病気で伺えません」

［ことば探究］「あいにく」の使い方

▼誰かの責任ではなく、タイミングや運の悪さによる、期待に反したこと、のニュアンスがある。

▼多くの場合、「あいにく」「あいにくと」の形で、副詞として用いられる。

「あいにく／あいにくと 課長は不在にしております」

▼「おあいにくさま(でした)」は尊敬表現にも皮肉表現にもいう。また、「あいにくだった」も多くは皮肉となる。

「あなたと一緒には行きません。おあいにくさま」

「あいにくだったな、仲間はもう逮捕されている」

▼皮肉以外では、それほど深刻でないことについて言う。

「×あいにく流れ弾に当たって負傷した」

「○あいにく留守で、受け取れなかった」

アイヌ［名］主として北海道に住む先住民族。古くから固有の言語・宗教・文化をもち、現在に受け継いでいる。▽アイヌ語で人の意。

あい-の-こ【合いの子（間の子）】［名］❶人種・民族の異なる男女の間に生まれた子。▽その人を貶めていった語。❷種類の違う生物の間に生まれたもの。雑種。「ウマとロバの—」❸どちらともつかない中間の性質をもったもの。

あい-の-て【合いの手（間の手・相の手）】［名］❶邦楽で、歌と歌の間に入る、楽器だけで演奏される部分。❷歌や踊りの間にはさむ手拍子やかけ声。❸会話などの進行に合わせてはさむ、ちょっとした言葉やしぐさ。

◉**合いの手を入・れる** ❶歌と歌との間に楽器による演奏を入れる。また、歌や踊りの間に手拍子などをはさむ。❷会話などに合わせて、ちょっとしたことばやしぐさを差しはさむ。「演説に野次の—」◈注意「合いの手を打つ」は誤り。「相槌を打つ」と混同したもの。

あい-のり【相乗り】［名・自サ変］❶（連れでない人と）一緒に乗り物に乗ること。「タクシーに—する」❷便宜的に共同で事を行うこと。「企画に—する」

あい-ば【愛馬】［名］❶かわいがっている馬。❷馬をかわいがること。「—クラブ」

アイ-バンク［eye bank］［名］死後、角膜移植待機患者などに眼球を提供したい人の登録、斡旋などをする公的機関。眼球銀行。

あい-はん・する【相反する】［自サ変］互いに対立して一致しない。「—両者の意見」文あひはん・す

アイビー［ivy］［名］❶蔦類の総称。❷観葉植物として栽培されるウコギ科のつる性常緑低木。ヨーロッパ原産。西洋木蔦。

アイピー-アドレス【IPアドレス】［名］インターネットなどのIPネットワークに接続されている個々の装置（ノード）に割り当てられる識別のためのアドレス情報。▽IPはinternet protocolの略。

アイピー-でんわ【IP電話】［名］固定回線ではなく、インターネットのデータ通信による回線を用いた通話サービス。

アイビー-ルック［和製 ivy＋look］［名］アメリカ東部八大学（アイビーリーグ）の男子学生間に流行し、一般化した服装。襟の細い上着はなで肩で、三つボタン。ズボンは細め。アイビースタイル。

あい-びき【合い挽き】［名］牛と豚の肉を合わせて、ひき肉にしたもの。「—肉」

あい-びき【逢い引き】［名・自サ変］〔古風〕愛し合っている二人が人目を忍んで会うこと。ランデブー。密会。忍び会い。「女と—する」書き方「媾曳」とも。

あい-びょう【愛猫】［名］❶かわいがっている猫。❷猫をかわいがること。「—家」

あい-ぶ【愛撫】［名・他サ変］いつくしんでなでさすること。また、なでさするようにかわいがること。「頰をやさしく—する」

あい-ふく【合服・間服】［名］春と秋に着る服。

⬇合着▽寒暑の間に着る服の意。多く洋服にいう。

あい-ふだ【合札】(アヒ) [名] ❶金品を預かったしるしに渡す札。預かり札。❷割り符。割り札。

アイブロー [eyebrow] [名] ❶まゆ。まゆ毛。❷まゆ墨。◈「アイブラウ」とも。

あいべつりく【愛別離苦】 [名] 仏教で、八苦の一つ。愛する人と別れる苦しみ。

あい-べや【相《部屋》】(アヒ) [名] ❶旅館などで、見知らぬ客と同じ部屋に泊まること。❷下宿・寮などで、部屋を同じくすること。同室。

あい-ぼ【愛慕】 [名・他サ変] 愛し慕うこと。

あい-ぼう【相棒】(アヒ) [名] 物事を一緒にする相手。また、いつも行動を共にする相手。▽駕籠などの棒を担ぐ相手の意から。

あい-ぼし【相星】(アヒ) [名] 相撲の取組で、勝ち星の数が互いに同じであること。‖「七勝七敗同士の━対決」

アイボリー [ivory] [名] ❶象牙。象牙でできた物。❷象牙色。❸象牙色の光沢のある厚手の洋紙。

あい-ま【合間】(アヒ) [名] ❶物事のとぎれた短い時間。‖「勉強の━に雑誌を読む」❷すき間。‖「木立の━を縫うように進む」

あい-まい【曖昧】 曖 [一] [形動] 物事がはっきりしないさま。不明瞭。あやふや。‖「態度が━だ」「━な表現」[二] [名] 表向きとは違って、いかがわしいこと。‖「━茶屋(=料理屋などを装って娼婦を置いた店)」▽他の語と複合して使う。

あいまい-もこ【曖昧模▼糊】 [形動タリ] 物事があやふやではっきりしないさま。‖「━とした言い方」

アイ-マスク [和製eye＋mask] [名] 明るい所で睡眠をとるためなどに使う目かくし。

あい-まって【相▼俟って】(アヒ) [連語] 互いが作用し合って。‖「努力と才能が━今日の成功を見た」

あいみ-たがい【相身互い】(アヒミタガヒ) [名] 同じ境遇にある人は互いに思いやりをもって助け合うものだということ。‖「武士は━」▽「相身互い身」の略。書き方 俗に「相見互い」とも当てる。

あい-みつもり【合い見積もり(相見積もり)】(アヒ) [名] 複数の業者から見積もりを出させること。また、その見積もり。見積もり合わせ。あいみつ。‖「━を取る」

あい-よう【愛用】 [名・他サ変] ある品物を好んでいつも使うこと。‖「布製の手提げを━する」

あい-よく【愛欲(愛▼慾)】 [名] 性的な欲望。情欲。肉欲。‖「━におぼれる」▽もと仏教語で、肉親・女性などに執着する心の意。

あい-よつ【相四つ】(アヒ) [名] 相撲で、得意の差し手が同じであること。‖「右の━」⬍喧嘩四つ

アイ-ライン [和製eye＋line] [名] 目もとを引き立たせるために目のふちに描く線。‖「━を入れる」

あい-らく【哀楽】 [名] 悲しみと楽しみ。‖「喜怒━」

あい-らし・い【愛らしい】 [形] 小さいものや幼い子供などが特有の魅力を持っていて心がひかれるさま。かわいらしい。可憐だ。‖「━赤ちゃんの手」派生 -げ／-さ

アイラッシュ-カーラー [eyelash curler] [名] まつげを挟んで上向きにカールさせる道具。ビューラー。▽「ビューラー」は商標名。

アイランド [island] [名] 島。また、島のように、趣などが周りと異なる所。‖「リゾート━」

アイリス [iris] [名] 園芸種として栽培されるアヤメ科アヤメ属の植物の総称。ジャーマンアイリス・ダッチアイリスなど。

あい-れん【哀▼憐】 [名] 悲しみあわれむこと。あわれみ(の心)。‖「━の情を催す」

あい-れん【愛▼憐】 [名] いつくしみあわれむこと。いつくしみ(の心)。‖「━の思いをかき立てられる」

あ-いろ【▽文色】 [名] 〔古風〕物の色・形などの様子。また、物事の筋道。文目。‖「━も分かたぬ真の闇」▽「あやいろ」の転。

あい-ろ【▼隘路】 [名] ❶狭くて通りにくい道。‖「山間の━」❷物事を進めるうえで妨げとなるもの。難関。ネック。‖「資金難が━となる」

アイロニー [irony] [名] ❶皮肉。❷反語(法)。◈「イロニー」とも。

アイロン [iron] [名] ❶布地のしわを伸ばすのに使う金属製の器具。こて。‖「ズボンに━を掛ける」❷髪を整えるのに使うこて。◈鉄の意。

あい-わ【哀話】 [名] かわいそうな物語。悲話。

あ・う【会う・遭う・▼逢う】(アフ) [自五] ❶【会・逢】約束して対面する。顔を合わせる。また、偶然に人と出会う。‖「友人と━」「駅でばったり先生と━・った」⬍別れる ❷【会・逢】物事と出会う。‖「試練に━」「親の死に目にも━・えない」❸【遭】好ましくないことに出会う。ぶつかる。遭遇する。‖「災難に━」◈「合う」と同語源。

書き分け (1)【会】は、本来人と人が約束してあう意。偶然にあう意や物事との出会いの意に転用して広く使う。【遭】は、本来偶然にあうの意(ばったり旧友に遭った)だが、今は「事故に遭う・にわか雨に遭う」など災難にあう意で使う。【逢】は、「会」の美的な表記で、親しい人との対面や貴重なものとの出会いの意で好まれる。「恋人と逢う」(2)動物とでくわす意ではかな書きが多い(山道でクマにあう)が、災難の意を重視して【遭】とも書く。「動物園でパンダに会った」と書けば、待望の意が加わる。(3)❷は偶然にあう意で「▽遇う」「▼邂う」「▼逅う」とも書くが、今は【会】が一般的。使い方「〜と会う」は双方が移動しあって対等の相手と対面する意に、「〜に会う」は主体が相手のいる場所に移動して対面する意に使うことが多い。‖「喫茶店で友達と会う約束がある／先生にお会いしたく伺います」可能 会える

品格 落ち合う「ここで━ことになっている」邂逅「恩師と━する」顔合わせ「両家の━を行う」対面「首脳同士の初━」面会「━時間」

◉**会うは別れの始め** この世で出会った人とはいつか必ず別れなくてはならないこと。人生の無常をいう。

「会う」を表す表現

【自分が上位者に会う】お目にかかる・お目通りがかなう・お目文字がかなう・尊顔［尊容］を拝する・謦咳に接する・謁を賜る・拝顔の栄に浴する・拝面［拝謁／謁見／拝眉］する
【上位者が自分に会う】お会い下さる・御面会［面接／面談／引見／接見］下さる
【互いに会う】顔を合わせる・相まみえる・旧交を温める・久闊を叙する
【二人が会う】逢瀬を楽しむ
【多数で会う】一堂に会する

あ・う【合う】ァフ［動五］一［自］❶二つ以上のものが集まって一つになる。合する。合わさる。〓「二つの川がここで―」「視線が―」❷すき間なくぴたりと接する。また、大きさや度合いなどが適合する。〓「電球がソケットに―・わない」「足のサイズに―・った靴を探す」❸重なり合うように一致する。特に、話や意見などが一致する。〓「二つの時計がぴたりと―・っている」「二人は趣味が―」「彼女とは意見が―・わない」❹基準に一致する。〓「答え［計算・ピント］が―」「道理に―・わない考え」❺好みなどに合致する。また、適合してつり合いがとれる。〓「洋酒は私の口に―・わない」「背広に―・ったネクタイ」❻〈打ち消しを伴って〉引き合わない。〓「日当一万円では―・わない」「割りが―・わない」二〈動詞の連用形に付いて複合動詞を作る〉❶互いに～する。〓「愛し―・殴り―・認め―・話し―」❷互いの動作の結果そうなる。〓「込み―」❸～して一緒になる。〓「落ち―・解け―」可能 合える

品格 一致「主張が―する」合する「ライン川がマイン川に―付近」合致「目的に―する」適う「お眼鏡に―」整合「論理的―性」

アウェー【away】［名］サッカーなどで、相手チームの本拠地。アウエー。〓「―ゲーム」▽自チームの本拠地はホームという。使い方 スポーツ以外にも転用する。〓「―の状況で発表する」

アウター【outer】［名］❶「アウターウエア」の略。上着類の総称。❷外部の。外側の。▽他の語と複合して使う。◈⬍インナー

アウタルキー【Autarkieドイ】［名］自給自足（経済）。

アウト【out】［名］❶テニス・バレーボールなどで、球が規定の線の外に出ること。❷野球で、打者・走者が攻撃する資格を失うこと。❸ゴルフで、一八ホールのコースの前半の九ホール。❹外の。外側。〓「―カーブ」「チェック―」▽他の語と複合して使う。❺失格・失敗・不成功などの意。〓「寝坊して危うく―になる（=遅刻する）ところだった」◈①③④⬍イン ①②⑤⬍セーフ

アウト-コース【和製out+course】［名］❶野球で、打者にとって遠いほうを通る球の通り道。❷競走・競馬などで、円形の競技場の外側の走路。◈⬍インコース

アウト-コーナー【和製out+corner】［名］野球で、ホームベースの、打者に遠い側。外角。⬍インコーナー

アウトサイダー【outsider】［名］❶同業者の協定に参加しない人・団体。❷局外者。特に、既成の枠から外れた独自の思想に基づいて行動をとる人。◈⬍インサイダー

アウトサイド【outside】［名］❶外側。〓「―ポケット」❷テニスなどで、コートの境界線の外側。❸野球で、アウトコーナー。◈⬍インサイド

アウトソーシング【outsourcing】［名］業務の一部を外部の専門業者に委託すること。外部委託。

アウトドア【outdoor】［名］屋外。野外。〓「―スポーツ［用品］」⬍インドア

アウトバーン【Autobahnドイ】［名］ドイツの、高速自動車専用道路。

アウトバウンド【outbound】［名］❶海外旅行。また、海外旅行客。▽「アウトバウンドツーリズム」の略。❷中から外へ向かうこと。◈⬍インバウンド

アウトプット【output】［名・他サ変］出力。特に、コンピューターの出力。⬍インプット

アウトライン【outline】［名］❶輪郭。❷物事のあらまし。大要。〓「事件の―を報告する」

アウトレット【outlet】［名］❶メーカーが自社商品の在庫処分を目的に工場と直結させて販売する店。ファクトリーアウトレット。❷有名ブランドの在庫品などをメーカーから大量に仕入れ、格安に販売する店。アウトレットストア。◈出口・はけ口の意。

アウトロー【outlaw】［名］無法者。無頼漢。

アウフヘーベン【Aufhebenドイ】［名・他サ変］弁証法で、矛盾・対立する二つの概念を、その矛盾・対立を保ちながらより高次の段階で統一すること。止揚。

あ-うん【▼阿▼吽・▼阿▼呍】［名］吐く息と吸う息。呼吸。▽梵語 a-hūm の音訳。悉曇字母の最初の音「阿（開口音）」と最後の音「吽（合口音）」から。宇宙原理の象徴として、一対の仁王像や狛犬の相に刻まれる。

あうん-の-こきゅう【▼阿▼吽の呼吸】キフ［名］二人以上で物事をするときに、互いが感じる微妙な心の動き。〓「スタッフたちの―で作業が進む」

あえか［形動］〔古風〕かよわいさま。〓「―に匂う桜花」▽美しいものとみなして言う。

あえ・ぐ【▼喘ぐ】アヘ［自五］❶苦しそうに息をする。息を切らす。〓「高熱に―」❷生活などがうまくいかないで苦しむ。〓「経営難に―」名 あえぎ

あえ-ず【▽敢えず】アヘ［連語］完全には…しきれないで。〓「取るものも取り―駆けつける」「言いも―泣き出した」▽「敢ふ（=我慢して…する）」の未然形＋打ち消しの「ず」から。「動詞連用形＋（も）敢えず」の形が多い。

あえ-て【▽敢えて】アヘ［副］❶困難な状況や心理的抵抗をおして物事を行うさま。そうする（または、そうしない）だけの価値があるものとして言う。しいて。〓「君のために―言おう」「将来を慮り、責任は―追及しない」❷とりたてて～する必要や価値がない。別に。特別に。ことさらに。〓「―泣くことはない」「―断るまでもない」❸〔古風〕〈打ち消しを伴って〉全く。少しも。また、必ずしも。〓「壊滅と言うも―誇張ではない」

あえ-な・い【▽敢え無い】アヘ［形］もろくはかないさま。〓「―最期を遂げる」「―・くなる（=死ぬ）」

あえ-もの【▽和え物（▼韲え物）】アヘ［名］野菜・魚介類などを味噌・酢・ゴマなどであえた食品。

あ・える【▽和える（▼韲える）】アヘル［他下一］野菜・魚介類などを味噌・酢・ゴマなどとまぜ合わせて調理する。〓「ネギを酢味噌で―」文 あ・ふ

あ-えん【亜鉛】［名］青白色で光沢のある金属元素。延性・展性に富み、トタン板・青銅・真鍮などの合金材料に使う。ジンク。記号Zn 〓「―鉄板」「硫酸―」

あお【青（▼蒼・▼碧）】アヲ 一［名］❶色の三原色の一つで、晴天の空や海のような色。ブルー。シアン。青色。〓「―緑・―鉛筆」❷同系統の色として、緑色を言う。〓「―田・―物市場」❸血の気のない顔、月の光、夕もやなどの色合い。▽古く、赤を明るい感じの、青を暗い感じの色合いに使ったことから。❹馬の毛並みが濃い青みを帯びたつやのある黒毛であること。また、その馬。青毛。転じて、馬一般を言う。〓「―よ、進め」❺青信号。⬍赤
二（造）若く未熟な。〓「―二才」「―臭い」

◉**青は藍より出でて藍より青し** 弟子が先生の学識や技量を越えること。出藍の誉れ。▽荀子のことば

で、本来は学問や努力によってもって生まれた本性を越えることができる意。

「青」のイメージと表現

①安全である。(青信号)
②若い。また、若くて未熟である。(青年・青春・青い季節・青二才・青田買い・青臭い)
③生長繁茂する植物や新鮮な野菜などを連想。(青い山脈・目には青葉・青物市場)
④病気や恐怖で血の気がない。(青い顔色・青ざめる・青くなる・真っ青になる)
⑤赤(明るい色一般)に対して、暗い色合いやほのかな明るさを言う。(青の三歳馬・鬱蒼(うっそう)と茂る・月光に青く輝く・青い夜霧・青い夕もや)
⑥沈静・清涼の気分を喚起。(青くすがすがしい山気・涼しげな水色のワンピース)
⑦海一般を言う。(青い大陸・青い珊瑚(さんご)礁)
＊陰陽五行説では、東に配し春の色とする(青春・青房)。欧米では憂鬱(ゆううつ)の象徴(ブルーマンデー)。

あおあお-と【青青と】アヲアヲ〔副〕いかにも青いさま。「草木が―茂る」「―広がる大海原」

あお-あざ【青▼痣】アヲ〔名〕内出血などによってできる青黒いあざ。「転んで腕に―ができる」

あお-あらし【青嵐】アヲ〔名〕青葉の季節に吹くさわやかな風。▽「青嵐(せいらん)」を訓読した語。

あおい【▼葵】アフヒ〔名〕❶タチアオイ・ゼニアオイ・フユアオイなど、アオイ科の植物の総称。❷ウマノスズクサ科のフタバアオイ。❸フタバアオイの葉を図案化した紋所。▽徳川家の家紋は三つ葉葵(葵巴(あおいどもえ))で、江戸幕府の象徴とされた。

あお・い【青い(▼蒼い・▼碧い)】アヲイ〔形〕❶青の色をしている。「―空、―海」❷緑色である。「―ミカン」「梅の実」❸青に似た感じの暗い色合いである。「―夜霧」❹血の気がなく不健康な感じがする。顔色が悪い。また、恐怖や心配のために血の気のない顔色をしている。「―顔をした病人」「不合格の知らせに―・くなる」❺人格や処世の態度などが未熟である。一人前でない。「考え方がまだ―」◈書き分け【青】は三原色のあおを中心として、緑を含む色合いや未熟の意など広く使う。【蒼】は草色から深くくすんだ青色、【碧】は浅緑から濃い青緑の色合いに使い、「(血の気のない)蒼い顔」「(薄暗い光の)蒼い月夜」「碧い海」などと書くが、今は一般に【青】を使う。派生-さ／-み

あおいき-といき【青息吐息】アヲイキ〔名〕苦しいときや困ったときにつくため息。また、そのため息が出るような状態。▽「青息」は、青い顔をしてつくため息の意。

あおい-とり【青い鳥】アヲイ〔名〕(身近にあるのに気がつかない)幸福。▽メーテルリンクの同名の童話劇から。

あおいろ-しんこく【青色申告】アヲイロ〔名〕所得税と法人税についての申告納税制度。主に事業所得に適用され、さまざまな特典がある。▽申告用紙が青色であったことから。

あお-うなばら【青《海原》】アヲ〔名〕青々として広がった海。青海。蒼海(そうかい)。

あお-うま【青馬】アヲ〔名〕❶毛が黒くてつやのある馬。青毛。青。❷〔古風〕白馬(しろうま)。また、葦毛(あしげ)の馬。白馬(あおうま)の節会(せちえ)(＝正月七日に行われた宮中の年中行事)で用いた。書き方②は慣用的に「▽白馬」と書く。

あお-うめ【青梅】アヲ〔名〕まだ熟していない緑色の梅の実。

あお-えんどう【青▼豌豆】アヲエンドウ〔名〕エンドウの一品種。完熟前の緑色の実(グリンピース)を食用にする。

あお-がい【青貝】アヲガヒ〔名〕螺鈿(らでん)の材料にする、アコヤガイ・オウムガイ・アワビなどの総称。貝殻の内側が青白く光る。

あお-がえる【青▼蛙】アヲガヘル〔名〕❶アマガエル・トノサマガエルなど、緑色をしたカエルの通称。❷アオガエル科のカエルの総称。モリアオガエル・シュレーゲルアオガエルなど。

あお-かび【青▼黴】アヲ〔名〕緑色・青緑色などの胞子をつけるアオカビ属の菌類の総称。餅(もち)・パン・革製品などに生える。ペニシリンの製造に用いる種もある。

あお-がり【青刈り】アヲ〔名〕肥料や飼料にするために、作物を葉の青いうちに刈り取ること。

あお-き【青木】アヲ〔名〕❶青々とした木。なま木。⇕枯れ木 ❷春、紫褐色の小花をつけ、冬、赤い実を結ぶミズキ科の常緑低木。若い枝は緑色を帯びる。庭木にもする。

あお-ぎり【青▼桐】アヲ〔名〕庭木・街路樹として植えるアオギリ科の落葉高木。樹皮は緑色。大形の葉は掌状に三〜五裂し、柄が長い。材は家具・楽器用。梧桐(ごとう)。碧梧(へきご)。

あお・ぐ【仰ぐ】アフグ〔他五〕❶頭を上にむけてそこを見る。見上げる。「天を―・いで嘆息する」❷優れた者として尊敬する。うやまう。尊ぶ。「先輩を師と―」❸尊敬してある地位に就いてもらう。敬い迎える。奉る。「A氏を会長に―」❹下の者が上の者からの働きかけを願い求める。請う。「先生に指示を―」「医者に診察を―」使い方「〜から仰ぐ」とも言うが、「〜に仰ぐ」が標準的。❺毒などを上を向いて一気に飲む。呷(あお)る。「毒杯を―」可能 仰げる

あお・ぐ【▽扇ぐ・▼煽ぐ】アフグ〔他五〕団扇(うちわ)などを動かして風を送る。「扇子で顔を―」

あお-くさ・い【青臭い】アヲ〔形〕❶青草のようなにおいがするさま。❷未熟である。幼稚だ。「―意見[議論]」派生-さ

あお-さ【〈石▼蓴〉】アヲ〔名〕浅海の岩石に生える緑藻類アオサ科の海藻の総称。アナアオサ・ボタンアオサなど。食用。

蓴

アオ-ザイ【ao dai ベトナム】〔名〕ベトナムの民族衣装。腰までのスリットのある長い上着と、クワンと呼ぶズボンを組み合わせたもの。▽長い服の意。

あお-ざかな【青魚】アヲ〔名〕背の色が青みを帯びた魚。イワシ・サンマ・サバなど。青身。青物。

あお-ざ・める【▼蒼▼褪める・青▼褪める】アヲ〔自下一〕顔色が青白くなる。血の気がうせる。「恐怖に―」「病気で―・めた顔」文 あをざ・む

あお-しお【青潮】アヲシホ〔名〕硫化物やプランクトンの色素により海水が青色になる現象。酸素の欠乏で魚類の大量死を招く。⬇赤潮

あお-じそ【青紫▼蘇】アヲ〔名〕シソの一品種。葉・茎ともに緑色。香りのよい葉と実を食用にする。

あお-じゃしん【青写真】アヲ〔名〕❶設計図などを青地に白く焼き付けた写真。青焼き。ブループリント。❷未来の構想。未来図。「開発はまだ―の域を出ない」

あお-じる【青汁】[名] 生の緑葉野菜をしぼった汁。特に、アブラナ科のケールの絞り汁。

あお-じろ・い【青白い(▼蒼白い)】[形] ❶青みを帯びて白いさま。≡「―月の光」❷顔に血の気がなく不健康なさま。≡「―顔をしている」[派生]-さ

あお-しんごう【青信号】[名] ❶交通で、安全に進行できることを表す青または緑色の信号。進めの信号。青。❷物事が支障なく進行できることを表すし。ゴーサイン。≡「新企画の推進に―が出る」◈⇕赤信号

あお-すじ【青筋(青▽条)】[名] 静脈が皮膚の表面に青く浮き出してみえるもの。
◉**青筋を立・てる** 静脈が顔の表面に浮き出るほど、激しく怒ったり興奮したりする。≡「―・てて怒る」

あお-ぞら【青空(▼蒼空)】[名] ❶青く晴れた空。≡「雲間に―がのぞく」❷屋外。野外。≡「―教室[駐車・市場]」▼他の語と複合して使う。

あお-た【青田】[名] 稲の葉が青々と育った田。特に、まだ稲の実りきらない時期の田。≡「―売買」

あお-だいしょう【青大将】[名] 人家の近くにすみネズミ・鶏卵などを食う、暗緑褐色をしたヘビ。日本のヘビの中で最大。無毒。

あおた-がい【青田買い】[名] ❶稲の収穫高を見越して、青田のうちに買うこと。⇕青田売り ❷企業が卒業見込みの学生の採用を早々と内定すること。▼俗に「青田刈り」とも。

あお-だけ【青竹】[名] 切り取って間もない、幹がまだ青い竹。あおたけ。

あお-だたみ【青畳】[名] 新しくて、表の青々とした畳。≡「―を敷いたよう」

あお-だち【青立ち】[名] 稲が低温などのため、未熟のまま青い状態で生えていること。また、その稲。

あお-たん【青たん】[名]〔俗〕青痣。

あおっ-ぽ・い【青っぽい】[形] ❶青みを帯びているさま。❷若くて世間に慣れていない。未熟だ。≡「―意見」[派生]-さ

あお-てんじょう【青天井】[名] ❶青空を天井に見立てて言う語。❷上限がないことを果てしない空に見立てて言う語。天井知らず。≡「株価は―だ」

あお-な【青菜】[名] 青い色をした(新鮮な)野菜。菜っぱ。
◉**青菜に塩** 元気をなくしてしょげることのたとえ。

あお-にさい【青二才】[名] 年が若くて経験に乏しい男性。≡「―の分際で何を言う」▼「青」は未熟の意。「二才」は「新背(=若者)」からともいう。[注意] 古くから「青二歳」と書いた例もあるが、標準的ではない。

あおの・く【▽仰のく】[自五]〔古風〕あおむく。

あお-のり【青〈海▼苔〉】[名] 浅海や河口付近の岩に生える緑藻類アオサ科アオノリ属の海藻の総称。食用。

あお-ば【青葉】[名] 初夏のころの、青々と生い茂った若葉。≡「―が茂る」「―若葉の季節となりました」

あお-ばえ【青▼蠅・▼蒼▼蠅】[名] イエバエ・クロバエなど、大形で体が青黒く光るハエ。≡「―のように(=うるさく)まとわりつく」

あお-ばな【青▼洟】[名] 子供などが垂らす青みを帯びた鼻汁。青っぱな。[注意]「青鼻」と書くのは誤り。

あお-びょうたん【青▼瓢▼簞】[名] ❶まだ熟していない青いヒョウタン。❷やせて顔色が青い人をあざけって言う語。

あお-ぶくれ【青膨れ(青▼脹れ)】[名] 顔や皮膚が青くむくんでいること。また、その人。

あお-まめ【青豆】[名] ❶大豆の一品種。緑色で大粒のもの。❷グリンピース。

あお-み【青み】[名] ❶ある色に含まれた青色の度合い。青い感じ。≡「―を帯びる」❷吸い物・刺身などに添える緑色の野菜。≡「―をあしらう」◈[書き方]「青味」とも当てる。

あお-み【青身】[名] サバ・イワシなど、体色の青い魚。あおざかな。あおもの。

あお-みどろ【〈水綿〉・青味泥】[名] 水田・池沼などで繁殖するホシミドロ科の緑藻の総称。円筒状の細胞が連なった糸状体がからみ合って、水中に群生する。

あお-む・く【▽仰向く】[自五] 顔や物の表面・前面が上を向く。あおむきになる。あおのく。≡「―・いて嘆息する」⇕うつむく [名]仰向き

あお-むけ【▽仰向け】[名] あおむけること。あおむき。≡「赤ん坊を―に寝かせる」⇕うつむけ

あお-む・ける【▽仰向ける】[他下一] 顔や物の表面・前面を上に向ける。あおむけにする。あおのける。≡「顔を―・けて慨嘆する」⇕うつむける [文]あふむ・く [名]仰向け

あお-むし【青虫】[名] チョウ・ガの幼虫で緑色をしたものの総称。特に、モンシロチョウの幼虫。

あお-もの【青物】[名] ❶緑色の野菜。また、野菜類の総称。≡「―市場」❷体の色の青い魚。あおざかな。あおみ。

あお-やき【青焼き】[名] 青写真。特に、オフセット・グラビア印刷で、製版用のフィルムから複写した校正用の印画。藍焼き。

あお-やぎ【青▽柳】[名] ❶青々と茂った柳。❷バカガイのむき身。すし種にする。

あおり【▼煽り】[名] ❶強い風による衝撃。≡「強風の―を受けて塀が倒れる」❷物事の及ぼす影響。≡「不況の―を食って倒産する」❸扇動。≡「―に乗る」

あおり【〈障泥〉・〈泥障〉】[名] 馬の腹の両わきをおおうように垂らして泥よけにする、皮革製の馬具。

あお・る【▼呷る】[他五] あおむいて一気に飲む。あおぐ。≡「毒を―」▼「煽る」と同語源。

あお・る【▼煽る】[他五] ❶風が物を吹き動かす。また、風が火の勢いを強める。≡「戸が風に―・られてガタガタいう」「樹木が強風に―・られて倒れる」▼多く受身で使う。❷うちわなどで風を起こして、火の勢いを強める。あおぐ。≡「七輪の火を―」❸広い布などをかきわけるように動かす。また、周囲に風を起こすような激しい動作をする。≡「蚊帳のすそを―・って入る」「―ようにして寄り切る」❹他人を刺激して(激しい)行動に駆り立てる。≡「競争心[群衆]を―」❺取引で、相場をあやつるために大量の売買をする。≡「相場を―」❻〔古風〕あぶみをけって馬を急がせる。[可能]あおれる [名]あおり

あか【赤(▽紅・▽朱)】[名] ❶三原色の一つで、火や血のような色。マゼンタ。レッド。赤色。≡「―のネクタイ」「―鉛筆」❷①と同系統の色として、茶・橙・桃色などを言う。特に、茶色。≡「―靴」「―犬」「―毛」❸共産主義(者)。社会主義(者)。▼革命旗の色が赤いことから。❹赤信号。[書き方]「アカ」とカタカナで書くことも多い。

⬍青 ❺校正で、赤字。朱(しゅ)。‖「ーを入れる」❻会計で、欠損。‖「今月はーだ」▽「赤字」の略。❼「赤ワイン」の略。‖「肉にはーが合う」⬍白 ❽銅(どう)。‖「ーの薬罐(やかん)」▽「銅(あかがね)」の略。書き方「▽銅」とも。❾〈「赤の」の形や、名詞に付いて〉むき出しで隠すところがない意。全くの。明らかな。‖「ーの他人」「ー裸・ー恥」▽「真っ赤な嘘(うそ)」も同趣の表現。◈「明るい」の「あか」と同語源。

「赤」のイメージと表現

①危険である。（赤信号・赤ランプ）
②革命、共産主義、労働運動などを喚起。（赤軍・赤色革命・赤旗・赤の広場・赤い思想）
③興奮の気分や暖かい感じを喚起。（闘志が赤く燃える・臙脂(えんじ)系の暖色が流行）
④顔色が、恥・怒り・興奮・発熱・酒気帯び・健康などを表示。（顔を赤らめてうつむく・冷やかされて赤面する・真っ赤な顔をして怒る・高熱で顔が赤い・金時(きんとき)の火事見舞い・りんごのような赤い頬）
⑤情熱・闘志の象徴。（赤き血潮・赤い闘魂）
⑥欠損・訂正・落第。（今月は赤字だ・赤字が入る・赤点）
⑦〔白と対比させて〕そのもう一方。（赤勝て白勝て・平氏の赤旗・紅白戦・紅白まんじゅう）
＊一般に、最も目立つ色として注意を喚起するのに使う（赤いペンキで「立入禁止」と書くなど）。陰陽五行説では、南に配し、夏の色とする（赤房）。

あか【▼垢】〔名〕❶汗・脂・ほこりなどが皮膚(ひふ)の上皮細胞と混じってできた汚れ。‖「つめのー」❷俗世間の汚れ。俗塵(ぞくじん)。‖「浮き世のーにまみれる」❸水あか。また、湯あか。

あか【▼閼▼伽】〔名〕仏に供える水。‖「ー棚(あかだな)・ー桶(あかおけ)」▽梵語 argha（＝功徳水）から。

あかあか-と【赤赤と】〔副〕色合いがきわめて赤いさま。‖「火がー燃える」

あかあか-と【明明と】〔副〕光があってきわめて明るいさま。‖「街の灯がー輝く」

あか・い【赤い(▽紅い・▽朱い)】〔形〕❶赤の色をしている。‖「ー風船[夕日]」「ー羽根(＝共同募金に応じたしるしに、胸につける赤く染めた羽根)」❷茶・橙(だいだい)・桃色など、赤に近い色合いである。‖「ー髪の毛」「柿がーく色づく」「ーダイヤ(＝相場で、小豆)」❸〈人の顔について言って〉恥ずかしがっている、怒っている、興奮している、熱がある、酒を飲んでいる、健康で血色がよい、日焼けしたなどの意を表す。‖「ー顔をしてうつむく」「コップ一杯のビールでーくなる」❹共産主義者・社会主義者である。左翼的である。◈書き分け【▼赭い】【▽丹い】【▼緋い】とも。【赤】は三原色のあかを中心として、茶・橙・桃色を含む色合いに広く使う。【紅】は薄い鮮やかな赤、【朱】は黄を帯びた深赤色、【赭】は赤土色、【丹】は浅い赤色、【緋】は火のような鮮やかな赤で、「紅い唇」「朱い鳥居」「赭い山肌・赭ら顔」「丹い砂」「緋い絨毯(じゅうたん)」などと書くが、今は一般に【赤】を使う。派生 -さ／-み

あか-いえか【赤家蚊】〔名〕赤褐色をしたカ科の昆虫。家屋内で最も普通に見られるカで、人畜の血を吸う。

あか-いわし【赤▼鰯】〔名〕赤くさびたなまくらの刀。▽塩漬けにして赤くなったイワシに似ることから。

アカウンタビリティー【accountability】〔名〕行政・企業などが社会に対して事業内容や収支の情報公開をする責任。説明責任。

アカウント【account】〔名〕❶貸借の勘定。また、勘定書。❷銀行口座。❸コンピューターやネットワークなどの利用権限を識別するための番号・呼称。

あか-えい【赤▼鱏・赤▼鱝】〔名〕本州中部以南の沿岸に分布するエイ目アカエイ科の海水魚。暗褐色の頭胴部は扁平(へんぺい)なひし形で、長い尾には有毒のとげがある。食用。

あか-がい【赤貝】〔名〕浅海の泥中にすむフネガイ科の二枚貝。殻表には放射状の肋(ろく)が四二本ほどあり、肉は赤い。すし種などにする。

あか-がえる【赤▼蛙】〔名〕アカガエル科のカエルのうち、背面が赤褐色または暗褐色のものの総称。ニホンアカガエル・ヤマアカガエル・エゾアカガエルなど。

あか-がし【赤▼樫】〔名〕本州中部以南の山地に自生するブナ科の常緑高木。赤みを帯びた材は堅く、農具・船具用。オオガシ。オオバガシ。

あか-がね【▽銅】〔名〕〔古風〕銅。あか。▽金を黄金(こがね)、銀を白銀(しろがね)、鉄を黒金(くろがね)というのに対する。書き方「赤金」とも。

あか-かぶ【赤▼蕪】〔名〕根の(表皮が)赤いカブ。温海(あつみ)カブ・大野紅(おおのべに)の類。

あか-がみ【赤紙】〔名〕❶赤色の紙。❷旧軍隊の召集令状。❸差し押さえの張り紙。◈②③は赤い紙を使うことから。

あか-ぎ【赤木】〔名〕❶ウメ・紫檀(したん)・赤ガシなど、材質の赤い木。❷皮をはいだ木。⬇黒木

あ-がき【▽足▼掻き】〔名〕あがくこと。‖「最後のー」「悪ー」「ーが取れない(＝身動きできない)」

あか-ぎれ【▼皹・▼皸】〔名〕寒さなどのため、手足の皮膚が乾燥して深く裂けた状態。

あ-が・く【▽足▼掻く】〔自五〕❶馬などが前に進もうとして地面を蹴立(けた)てる。❷手足を振り動かしてもがく。じたばたする。‖「ーけばーくほど捕縄(とりなわ)が手足に食い込む」❸苦境などから逃れようとして必死になる。あくせくする。‖「今さらーいても始まらない」名 あがき

あか-げ【赤毛】〔名〕❶赤みを帯びた髪の毛。‖「ーのアン」❷動物の毛色で赤みがかった茶色のもの。また、その動物。‖「ーの馬」

あか-ご【赤子(赤▽児)】〔名〕〔古風〕赤ちゃん。赤ん坊。

◉赤子の手を捻(ひね)る　たやすくできることのたとえ。赤子の手をねじる。‖「優勝なぞはーようなものだ」

あかざ【▼藜】〔名〕畑地や路傍に自生するアカザ科の一年草。紅紫色の若葉は食用に、茎は干して杖(つえ)にする。‖「ーの羹(あつもの)(＝粗末な食事のたとえ)」

あか-ざとう【赤砂糖】〔名〕精製していない、薄茶色の砂糖。

あか-さび【赤▼錆】〔名〕鉄の表面にできる赤茶色のさび。

あかし【▽灯】〔名〕〔古風〕ともしび。明かり。灯火。‖「みー」▽「明かす」の連用形から。書き方「灯し」とも送る。

あかし【▽証し】〔名〕確かであるという証拠(をはっきりと示すこと)。‖「身のーを立てる(＝無実であることを証明する)」▽「灯(あかし)」と同語源。

あか-じ【赤字】〔名〕❶赤色で書いた文字。❷収入

より支出が多いこと。欠損。あか。||「—になる」「財政—」⬍黒字▼記帳するとき不足額を赤色で示すことから。❸校正で、訂正・加筆した文字。朱。あか。||「—を入れる」▼赤色で書き込むことから。

アカシア【acacia】〔名〕❶マメ科アカシア属の常緑樹の総称。初夏、黄色の頭花を穂状につける。❷街路樹・公園樹などとして植えるハリエンジュの通称。初夏、白色の蝶形花を房状につける。ニセアカシア。▼歌などでアカシアと呼ばれるものはこれ。

あか-しお【赤潮】〔名〕プランクトンの異常発生によって海の色が赤く変わる現象。魚介類に大きな被害を与える。にが潮。くされ潮。⬇青潮

あか-じ・みる【▼垢染みる】〔自上一〕あかがしみついて汚れる。||「—・みた襟」文 **あかじ・む**

あか-しんごう【赤信号】〔名〕❶交通で、止まれや危険の意を表す赤い信号。赤。❷前途に危険が迫っていることを表すしるし。赤ランプ。||「会社経営に—がともる」◈⬍青信号

あか・す【▽証す】〔他五〕確かであることをはっきりと示す。証明する。証拠立てる。||「身の潔白を—」▼「明かす」と同語源。

あか・す【明かす】〔他五〕❶隠れていた物事などをはっきりと表に出す。明るみに出す。明らかにする。||「秘密〔本名〕を—」「手品の種を—」❷(眠らないで)夜を過ごして朝を迎える。||「まんじりともせずに不安の一夜を—」「語り—・飲み—・泣き—」

あか・す【飽かす】■一〔他五〕〔古風〕飽きさせる。||「人を—・さない巧みな話術」使い方 今は「飽かす」より「飽きさせる」「飽かせる」が一般的。■二〔自五〕〈「〜に飽かして」の形で〉満足するまで惜しげもなく使って。〜をいいことにして。||「金に—・して豪遊する」異形 **飽かせる**

あか-ず【開かず】〔連語〕〈「開かずの」の形で〉開いたことがない。また、めったに開くことのない。||「—の間〔踏切〕」

あか-ず【飽かず(▼厭かず)】〔連語〕飽きることなく、いつまでも。||「大輪の菊を—眺める」

あか・せる【飽かせる】〔自他下一〕⬇飽かす 文 **あか・す**

あか-せん【赤線】〔名〕❶赤色の線。❷売春を目的とした特殊飲食店街。公娼制度が廃止された昭和二一年以降行われたが、三三年に廃止。||「—地帯〔区域〕」▼警察の地図にその地域が赤い線で示されたことから。

あか-だし【赤出し・赤〈出汁〉】〔名〕赤みそで作った(関西風の)みそ汁。

あかちゃ・ける【赤茶ける】〔自下一〕日に焼けたり色があせたりして、赤みを帯びた茶色になる。赤っ茶ける。||「畳が—」「—・けた土」

あか-ちゃん【赤ちゃん】〔名〕❶(肌の色が赤いことから)生まれて間もない人の子。あかご。赤ん坊。||「—が生まれる」▼胎児を指すこともある。||「おなかに—ができた」❷生まれて間もない動物の子。||「象〔タコ〕の—」

あか-ちょうちん【赤▽提▽灯】〔名〕店先に赤い提灯をつるした大衆向きの飲食店。一杯飲み屋。赤ぢょうちん。

あか-チン【赤チン】〔名〕マーキュロクロムという有機水銀化合物の水溶液の通称。殺菌消毒剤に使った。▼名称は「赤いヨードチンキ」の意だが、ヨードチンキとは成分が異なる。

あか-つき【暁】〔名〕❶夜が明ける前のほの暗いころ。明け方。夜明け。||「—に鶏鳴を聞く」▼「明時」の転。古くは、夜が白む以前をいった。❷念願が実現した、その時。||「成功の—には…」

あがっ-たり【上がったり】〔名・形動〕商売や仕事がふるわないで、どうしようもなくなること。お手上げ。||「不況で商売は—だ」▼「上がる」の連用形＋完了の文語助動詞「たり」から。「上がる」は、だめになる意。

あか-つち【赤土(▼赭土)】〔名〕鉄分を含んだ(粘土質の)赤い土。赭土。

アカデミー【academy】〔名〕❶学問・芸術に指導的役割を果たす人の団体。学士院。翰林院。❷大学・研究所など、研究教育機関の総称。◈古代ギリシアのプラトンが創設した「アカデメイア」という学園に由来。

アカデミー-しょう【アカデミー賞】〔名〕アメリカ映画芸術科学アカデミーが最優秀映画の作品・俳優・監督などに毎年与える賞。オスカー。▼Academy Award の訳。

アカデミズム【academism】〔名〕❶学問・芸術で、理論を重視し、純粋に真理や美を追究しようとする立場。学問至上主義。❷大学・研究所などで、保守的・形式的・権威主義的な学風を固持しようとする立場。官学的な伝統主義。

アカデミック【academic】〔形動〕❶学問の上で正統的で堅実なさま。学究的。学問的。||「—な研究〔雰囲気〕」❷学問・芸術が、保守的・形式的・権威主義的などの傾向をもって、実際的でないさま。官学的。

あか-てん【赤点】〔名〕落第点。||「—をもらう」▼赤字で記入することから。

あか-とんぼ【赤〈▼蜻▼蛉〉】〔名〕アキアカネ・ナツアカネなど、やや小形で体の赤いトンボの総称。群がって飛ぶ。アカネ(トンボ)。注意 アクセントは、もとアカトンボ、最近ではアカトンボ。

あがな・う【▽購う】〔他五〕〔古風〕買う。買い求める。||「古書肆にて一本を—」可能 **あがなえる**

あがな・う【▼贖う】〔他五〕金品などを差し出して罪のつぐないをする。埋め合わせする。贖罪する。||「財貨で罪を—」▼「購う」と同語源。可能 **あがなえる** 名 **あがない**

あか-ぬ・ける【▼垢抜ける】〔自下一〕洗練されて野暮なところがなくなる。いきですっきりしている。||「—・けた着こなし〔芸風〕」「—・けないメイク」名 **あか抜け**

あか-ね【▼茜】〔名〕❶秋、淡黄色の小花をつけるアカネ科のつる性多年草。本州以南の山野に自生する。赤黄色の根は染料や薬用にする。▼「赤根」の意。❷茜の根からとった染料。また、それで染めたくすんだ赤色。暗赤色。||「夕日で野山が—に染まる」「—雲」❸アカトンボの別称。

あか-の-たにん【赤の他人】〔連語〕全く関係のない他人。||「顔も名前も知らない—」

あか-はじ【赤恥】〔名〕「恥」を強めていう語。ひどい恥。大恥。あかっぱじ。||「—をかく」

あか-はた【赤旗】〔名〕赤色の旗。特に、源氏の白旗に対して平氏の旗、危険を表す旗、革命派・共産党・労働者の旗。

あか-はだ【赤肌(赤▽膚)】〔名〕❶皮がむけて赤くなった肌。❷草木がなく、山の地肌がむきだしになっていること。また、その地肌。❸⬇赤裸①

あか-はだか【赤裸】〔名〕❶全くの裸であること。す

つぱだか。まっぱだか。赤肌。▽家財などがない状態のたとえにいう。‖「焼け出されて—になる」❷鳥獣が毛や皮をむかれた状態。また、山などの草木がなくなって下地がすっかり現れた状態。‖「—の山肌」

あか-はら【赤腹】［名］❶本州中部以北の山林で繁殖し、冬、暖地に渡るツグミ科の鳥。背面は暗緑褐色、腹の両脇は橙(だいだい)色。繁殖期の雄は美しい声でさえずる。❷ウグイの別称。繁殖期に腹部が赤くなることから。❸イモリの別称。

アカ-ハラ［名］大学などで、教員がその権力を濫用して行う嫌がらせ行為。学生や他の教員に対する差別・指導拒否・研究妨害など。▽「アカデミックハラスメント〈和製academic＋harassment〉」の略。

あか-ひかり【▼垢光り】［名・自サ変］あかが染みついて衣服が薄汚く光ること。‖「—のした襟元」

あか-ふだ【赤札】［名］赤い色の札。特に、その品物が特売品・売約済みであることを示す赤い札。また、その品物。‖「—付き」

アガペー［agapeギリシア］［名］キリスト教における精神的な愛。神の人間に対する愛、主イエスの受難に見るような自己犠牲的愛や隣人愛など。性的な愛、エロスとは区別される。

ア-カペラ［a cappellaイタリア］［名］楽器の伴奏を伴わない合唱曲(の様式)。▽原義は、礼拝堂風にの意。一般に、無伴奏での意に転用する。‖「—で歌う」

あか-ぼう【赤帽】［名］❶(運動会などで使う)赤い帽子。❷駅で、旅客の手荷物を運ぶのを職業とした人。ポーター。▽赤い帽子をかぶっていたことから。

あか-ほん【赤本】［名］❶江戸中期に流行した草双紙の一つ。子供向けのおとぎ話絵本で、赤色の表紙を用いた。❷内容・体裁ともに粗悪な本。

あか-まつ【赤松】［名］山野に自生するマツ科の常緑高木。樹皮は赤褐色。材は建築・パルプ用。雌松(めまつ)。▽マツタケは主にこの林に生える。

あか-み【赤み】［名］赤い色合い。また、その程度。‖「頬(ほお)に—が差す」「—の勝った紫」書き方「赤味」とも当てる。

あか-み【赤身】［名］❶魚肉の赤い部分。また、マグロ・カツオなど、肉の赤い魚。‖「—魚(ざかな)」⇔白身 ❷牛肉などで、脂身がほとんどない赤い部分。❸木材の中心部で赤みを帯びて堅く締まったところ。心材。‖「—材」⇔白太(しらた)

あか-みそ【赤味▼噌】［名］赤黒い色をした味噌。熟成度が高く、塩けの強いものが多い。仙台味噌・八丁味噌・田舎味噌など。

あか-むけ【赤▽剝け】［名］皮膚がすりむけて赤くなること。また、その傷。

あか-め【赤目】［名］❶充血した目。❷虹彩(こうさい)色素の欠乏などのため、眼底の血の色が赤く透けて見える目。ウサギなどに見られる。❸フラッシュを用いた写真撮影で、人の瞳が赤く写る現象。また、その赤く写った瞳。❹あかんべえをすること。また、その目。‖「—をむく」

あかめ-がしわ【赤芽▼柏】ガシハ［名］新芽と葉柄が赤いトウダイグサ科の落葉高木。赤柏。

あか・める【赤める】［他下一］〔古風〕あからめる。文あか・む

あが・める【▽崇める】［他下一］神聖なもの、絶対的なものとして尊び敬う。崇拝する。尊崇する。‖「神仏を—」「聖人として—められる」文あが・む　崇

あか-もん【赤門】［名］❶朱塗りの門。❷東京大学正門の南にある朱塗りの門。▽もと、加賀藩前田家の上屋敷の正門。❸東京大学の通称。‖「—の出」

あから-がお【赤ら顔(▼赭ら顔)】ガホ［名］赤みを帯びた顔。日焼けしたり酒焼けしたりした顔にいう。

あから-さま［形動］❶包み隠されたところがなく、はっきりと表に現れるさま。あらわ。おおっぴら。‖「—に非難する」「—な背任行為」❷〔古風〕〈「あからさまにも」の形で、打ち消しを伴って〉かりそめにも。〜ない。全く〜ない。‖「—にも慢心してはならぬ」◈書き方「〈明白〉」などと当てる。

あから・む【赤らむ】［自五］赤みを帯びる。赤くなる。赤るむ。‖「顔[柿の実]が—」「夕焼けで西の空が—」

あから・む【明らむ】［自五］(夜が明けて)あたりが明るくなる。白む。明るむ。‖「東の空が—」

あから・める【赤らめる(▼赧らめる)】［他下一］恥じて顔を赤くする。‖「恥ずかしそうに顔を—」使い方「赤(あか)める」ともいうが、「赤らめる」のほうが一般的。✓注意 単に色が赤くなる意で使うのは誤り。‖「×泣きじゃくりながら、赤らめた目を向けた」文あから・む

あか-ランプ【赤ランプ】［名］赤い灯火。特に、赤信号。‖「経営に—がともる」

あかり【明かり】［名］❶周りを明るくする自然の光。‖「窓から—が差し込む」「夕暮れの薄—」「月[雪]—」❷周りを明るくする人工の光。ともしび。灯火(とうか)。‖「—をともす」書き方「灯(り)」「〈灯火〉」とも当てる。

あがり【上がり】■［名］❶位置・地位・値段・程度などが高くなること。‖「—下がり」「しり—・逆(さか)—」⇔下がり ▽普通、他の語と複合して使う。❷売り上げ。収入。収益。‖「今月は—が少ない」❸できあがること。また、そのでき具合。できばえ。‖「二丁—」「色の—が思わしくない」❹物事が終わること。‖「今日の作業はこれで—にする」❺双六(すごろく)・トランプ・マージャンなどで上がること。‖「一の目が出たら—だ」❻料理屋で、お茶をいう語。‖「—一丁」▽「上がり花」の略から。■(造)❶続いていた物事が終わって間がない意。‖「雨—・病み—」❷〈職業や身分を表す語に付いて〉以前に〜であった、の意。‖「教員—・役人—」✓注意 そこから成り上がったという意味合いがこもることがある。

あがり-がまち【上がり▼框】［名］上がり口の床に渡した横木。上がりかまち。

あがり-ぐち【上がり口】［名］土間から座敷などに上がる所。また、階段や坂などののぼり口。

あがり-こ・む【上がり込む】［自五］人の家などに(無断で)入り込む。また、入って座り込む。‖「土足で—んで部屋を荒らす」「茶の間に—んで長話をする」

あがり-さがり【上がり下がり】［名・自サ変］値段や成績などが上がったり下がったりすること。‖「株価の—が激しい」

あかり-とり【明かり取り】［名］明かりを取り入れること。また、そのための窓。明かり窓。

あがり-はな【上がり▽端】［名］❶土間や庭から家に上がってすぐの所。❷物価や勢いが上がり始めたところ。◈「上がりばな」とも。

あがり-め【上がり目】［名］❶目じりのつり上がった目。‖「—、下がり目、ぐるっと回って猫の目(＝子供の遊びの唱えことば)」❷物価や勢いが上がる傾向にあること。のぼり坂。‖「株価はやや—」◈⇔下がり目

あがり-ゆ【上がり湯】[名] 風呂で、体を流し清めるために湯槽とは別にわかした湯。かかり湯。陸湯。

あが・る【上がる・挙がる・揚がる（▽騰がる）】

A 上方へ移動する

[動五] 一 [自] ❶【上・揚】人・動物が低い所から高い位置に移る。のぼる。‖「エレベーターで一階から六階に／へ—」「階段を—」「空高くひばりが揚がる」「丘の上に駆け—」⬍下がる・下りる・下る 使い方「上る（登る・昇る）」は「山道を走って登る」のように経過（経由点）に注目し、「上がる」は本来一気に高くなる意で、「はしごをのぼって屋根にあがる」など、高くなった結果（到着点）に注目していうことが多い。⬇のぼる①

❷【上・挙】体の一部分が高い位置に移る。‖「怒るとすぐに手が—」「『賛成！』と、勢いよく手が挙がる」「先輩に頭が—・らない」⬍下がる・下りる

❸【上・揚】物が空間を動き進んで高い位置に移る。‖「熱気球が空中を—・ってゆく」「炎［噴煙・花火］が—」「凧が揚がる」⬇【書き分け】(2)

❹【上・揚】持ち上げられたり巻き上げられたりして物が高い位置に移る。‖「幕［軍配・遮断機］が—」⬍下がる・下りる

❺【上】釣り合いを失って、一方が高い位置にある。つり上がっている。‖「右の肩が少し—・っている」⬍下がる

❻【上】演じるために周囲より一段高くしつらえられた所に移る。‖「舞台［土俵・リング］に—」

❼【上】「行く」「訪ねる」の謙譲語。行ったり訪問したりする先の人物を高める。伺う。参上する。‖「今すぐお宅にお届けに—・ります」

❽【上】京都の市内で、北へ向かって行く。‖「先斗町を少し—・った所」⬍下がる ▼御所が町の北部にあったことから。

B 別の（高い）場所へ移動する

❾【上・揚】水上・水中から陸に移る。‖「海兵隊が上陸用舟艇で岸に—」「風呂から—」

❿【上・揚】魚などが水中・海底から陸に上げられる。また、死体などが水中から浮かび出る。浮き上がる。‖「今日はマダイが五匹—・った」「水死体が—」

⓫【上】室内に入る。‖「座敷に—・って待つ」

C 程度や段階が進む

⓬【上】上の段階や等級に進む。特に、（上の）学校に進む。‖「初段から二段に—」「六歳で小学校に—」

⓭【上】今までより物事の程度が高くなる。‖「投票率が五パーセント—」「気温が—」「質［評価］が—」「スピードが—」⬍下がる

⓮【上】値段や給料が高くなる。‖「物価［基本給］が—」⬍下がる 書き方「騰がる」とも。

D 生じる

⓯【上・挙】はっきりと目立つ形で好ましい結果が生み出される。‖「アパートから家賃が—」「利益［効果］が—」

⓰【上・挙】感動の声やものの音、意気込みなどが勢いよく起こる。わき上がる。‖「歓声［悲鳴］が—」「あちこちで不満の声が—」「気勢が—」⬇【書き分け】(3)

E 終了・完成する

⓱【上】続いていた現象が終わりになる。終わる。‖「夕立［梅雨・生理］が—」「脈が—（＝絶命する）」

⓲【上】仕事が終わ（って作品ができあが）る。‖「仕事が—・ったら映画に行こう」「染め物がきれいに—」

⓳【上】稽古事などで、一つの作品を習い終わる。‖「一年がかりでやっと初級が—・った」

⓴【上】双六などで、駒が最後の場所に到達して勝負に勝つ。また、トランプ・マージャンなどで、役がそろったり手札がなくなったりして勝負が決まる。‖「真っ先に—」

㉑【上】機械の機能が停止する。だめになる。‖「車のバッテリーが—」

F その他

㉒【上・揚】遊郭に入って遊ぶ。登楼する。‖「妓楼に—」書き方「〈登楼〉る」とも当てる。

㉓【挙】はっきりと目立つ形で名前や事柄が掲げ示される。‖「有力候補として三人の名前が—・っている」「証拠が—」「非難のやりだまに—」

㉔【挙】検挙される。‖「犯人が—」

㉕【上】（血が頭に上がる意から）緊張が過ぎて平常心を失う。‖「人前に出ると—」書き方「〈逆上〉る」とも。

㉖【揚】食材が熱い油で煮られる。また、そのようにして揚げ物ができる。‖「エビがからりと—」「天ぷらが—」

㉗【上】神仏に供えられる。‖「お供えが—」⬍下がる

㉘【上】使用人として仕える。奉公に出る。‖「お屋敷に—」⬍下がる

㉙【上】ある金額（特に、安い金額）の費用で済む。まかなえる。‖「引っ越しは五万円で—・った」

G 尊敬語で使う

二【他】【上】「食べる」「飲む」「吸う」の尊敬語。召し上がる。‖「たんと—・ってください」

H「〜あがる」の形で使う

三〈動詞の連用形に付いて複合動詞を作る〉

❶【上】その動作が終わる。‖「でき—・焼き—・編み—」

❷【上】その動作・作用が極点にまで達する。すっかり…する。‖「震え—・のぼせ—・縮み—」「晴れ—・干—」

◆書き分け (1)【上】は広く使う。【挙】ははっきりと生じる・示される意（②⑮⑯㉓㉔）、【揚】は高く掲げる、浮かべる、陸上に移るなどの意（①③④⑨⑩㉒㉖）で使う。【騰】は値段が高くなる意（⑭）で好まれるが、やや特殊。他動詞「あげる」の場合も同じ。
(2)③の「花火」は一般に【揚】を使うが、高い方向への移動に注目して言うときは【上】を使う。「花火が揚がる／勢いよく花火が上がる」
(3)⑯は一般には【上】。意味を強めて【挙】とも。可能 上がれる「やっとのことで一軍に上がれた」名 上がり

あかる・い【明るい】[形] ❶あたりに光があふれて物がよく見える。‖「夏の夕暮れは—」「部屋が—」「—夜道」❷そのものの発する光の量が十分である。‖「満月が—・く照る」「—電灯」使い方「明るい」はそのものの性質について、「まぶしい・まばゆい」は主体の感覚について言う。❸澄んだ鮮やかな色をしている。‖「色調が—」「—ブルー」❹比較的高めの声や音が軽やかでいきいきしている。‖「—トランペットの響き」❺性格・態度や作品の与える印象などが陽気で快活である。‖「性格が—」「—笑顔」❻隠しごとがなく、公明正大である。‖「—政治［選挙］」❼未来に期待がもてる状態である。ばら色だ。‖「今後の見通しは—」「—社会を築く」❽〈「〜に明るい」の形で〉そのことについて詳しい知識をもっている。通じている。精通している。‖「鳥の生態［内部の事情］に—」◆⬍暗い 派生 -さ／-み

あかる-み【明るみ】[名] ❶光が差して明るくなったところ。特に、暗がりの中でほの明るくなったところ。‖「—にかざして見る」❷表だったところ。公の場所。‖「事件が—に出る」「隠された真実を—に出す」◆「明るい」の

語幹＋場所を表す接尾語「み」から。注意「明るみになる」は「明るみに出る」「明らかになる」との混同、「明るみにする」は「明るみに出す」「明らかにする」との混同で、どちらも誤り。

あかる・む【明るむ】［自五］空が明るくなる。明らむ。〓「東の空が―」

あか-ワイン【赤ワイン】［名］濃色種のブドウを果皮・種子ごとつぶして発酵させ、のち果皮・種子を除いて熟成させた赤色の葡萄酒。赤葡萄酒。

あか-ん［連語］主に関西で、うまくいかない、よくない、〜してはいけないなどの意。〓「投げたら―」▼「埒が明かぬ」から出た語。丁寧語は「あきまへん」。

あ-かんたい【亜寒帯】［名］寒帯と温帯の間にある気候帯。冷帯。〓「―気候」

あかん-べえ［名］指で下まぶたを引き下げ、目の赤い部分を出すこと。また、そのときに言う語。あっかんべえ。あかんべ(い)。あかべ。▼「赤目」の転。子供が相手をからかったり拒否の気持ちを表したりするときに使う。

あかん-ぼう【赤ん坊】［名］生まれて間もない子。赤ちゃん。あかんぼ。▼比喩的に、邪気がない、幼稚で子供っぽい意で使う。〓「―のように無邪気だ」

あき【秋】［名］四季の一つで、夏の次、冬の前にくる季節。陽暦では九〜十一月、陰暦では七〜九月。暦の上では立秋から立冬の前日まで、天文学では秋分から冬至まで。生活感覚では、朝夕の涼しさを実感するころから木枯らしが吹き始めるころまで。

◉**秋の日は釣瓶落とし**　井戸を滑り落ちる釣瓶のように、秋の日は急速に暮れること。釣瓶落としの秋の暮れ。

「秋」のイメージと表現

①涼しくさわやかな季節。（天高く馬肥ゆる秋・食欲の秋・秋涼［秋冷］の候・秋晴れの好天に恵まれる・雲一つない秋の空・仲秋の名月）
②昼が短く夜が長い。（秋の日は釣瓶落とし・秋の夜長）
③暑くもなく寒くもなく、催しなどを行うのに最適の時節。（読書の秋・スポーツの秋・文化［芸術］の秋・行楽の秋・灯火親しむの候）
④実りの季節。（実りの秋・収穫の秋・紅葉の秋）
⑤物事が盛りを過ぎて終わりが近づく時期。（桐一葉落ちて天下の秋を知る・人生の秋にさしかかる）
⑥ものさびしさ、ものがなしさを喚起。（感傷の秋・さびしげに木の葉が舞う）
⑦（「秋」を「とき」と読んで）事に当たって特に重大なとき。（危急存亡の秋・千載一遇の秋）
⑧（「飽き」にかけて）男女の愛情がさめることにいう。（二人の間に秋風が立つ）
＊陰陽五行説は、方角では「西」に、色では「白」に見立てる（白秋）。台風と長雨の季節であり、また天候の変わりやすい季節でもある（野分・秋霖・秋雨・秋の長雨・秋雨前線・男心と秋の空）。

あき【空き（明き）】［名］❶物がつまっていないで、すき間や空白があること。また、その部分。〓「行間の―をたっぷりとる」「―瓶・―缶」❷座席・ポストなどがふさがっていないこと。また、その座席やポスト。〓「会場の観客席に―が目立つ」「ポストに―ができる」❸時間や物に使う予定がなく、それが宙ぶらりんの状態にあること。〓「開演まで二時間の―がある」「―地」

あき【飽き（▼厭き）】［名］飽きていやになること。〓「―がくる」

あき-あき【飽き飽き】［名・自サ変］すっかり飽きていやになること。うんざり。〓「うわさ話にはもう―だ」

あき-あじ【秋味】［名］鮭の別称。▼アイヌ語「アキアチップ（＝秋、産卵のため川をさかのぼるサケ）」からという。

あき-おち【秋落ち】［名］❶秋になって米の収穫高が予想より少なくなること。❷（豊作のため）秋になって米相場が下がること。⇔秋高

あき-かぜ【秋風】［名］秋に吹く（涼しい）風。

◉**秋風が立・つ**　恋人同士の愛情がさめる。秋風が吹く。▼「秋」を「飽き」にかけていう。

あき-かん【空き缶】［名］中身がからになった缶。

あき-くさ【秋草】［名］秋に花の咲く草。

あき-ぐち【秋口】［名］秋になったばかりのころ。〓「―までには完成する」

あき-ご【秋▽蚕】［名］夏ごろから晩秋にかけて飼うカイコ。あきこ。しゅうさん。⇩夏蚕・春蚕

あき-さく【秋作】［名］❶秋に栽培する作物。❷秋に収穫する作物。特に、稲。

あき-ざくら【秋桜】［名］コスモスの別称。

あき-さむ【秋寒】［名］秋になって感じられる寒さ。特に、朝夕の寒さ。秋冷。

あき-さめ【秋雨】［名］秋に降る雨。特に、秋の長雨。秋雨。秋霖。⇔春雨

あきさめ-ぜんせん【秋雨前線】［名］九月中旬から十月中旬にかけて日本列島の南岸沿いに現れる前線。停滞して秋の長雨をもたらす。秋霖前線。

あき-しょう【飽き性（▼厭き性）】［名］物事に飽きやすい性質。

あき-す【空き巣】［名］❶鳥のいない巣。❷留守にして不用心になった家。❸留守宅に忍び込んで盗みを働くこと。また、その人。〓「―に入られる」▼「空き巣狙い」の略。

あきた-いぬ【秋田犬】［名］秋田県原産の日本犬。大型頑丈で性質は穏和。番犬などにする。▼「秋田ケン」ともいうが、正式には「秋田イヌ」。

あき-だか【秋高】［名］（不作のため）米相場が秋になって上がること。秋上げ。⇔秋落ち

あきたりな・い【飽き足りない】［連語］十分に満足する気持ちになれない。満足できない。飽き足らない。〓「現状に―」▼「飽き足りる」の未然形＋助動詞「ない」。「飽き足らない」は「飽き足る」から出た古風な言い方。使い方⇩「ない」のコラム（二〇三ペ）

あき-ち【空き地】［名］建築や耕作などのために使われていない土地。〓「―で遊ぶ」

あきつ-しま【秋津島・秋津▼洲・▽▼蜻▼蛉▽洲】［名］〔古風〕日本国。また、大和国。あきつしま。

あきっぽ・い【飽きっぽい】［形］すぐに飽きてしまう性格である。〓「―たちで長続きしない」派生-さ

あぎ-と【▼腭▽門・▼腭・▽顎・▼鰓】［名］〔古風〕❶【腭門・腭・顎】あご。おとがい。❷【鰓】魚のえら。

あき-ない【商い】［名］❶売り買いをすること。商売。〓「小―」❷売り上げ。売上高。❸株や通貨の売買。〓「―は閑散としている」「薄―」

あき-な・う【商う】 フナ［他五］品物を売買する。商売をする。⦀「金物(かなもの)を―」名 **商い**

あき-なす【秋〈▼茄子〉】［名］秋の末になるナス。実がしまって味がよい。

◉**秋茄子は嫁に食わすな**　秋ナスはおいしい（または、体が冷える、また、種子が少ないので子供に恵まれなくなる）から嫁に食べさせるな。姑(しゅうとめ)が嫁をいびる（または、大切にする）ことのたとえとも、単に秋ナスがおいしいことのたとえともする。秋なすびは嫁に食わすな。

あき-の-おうぎ【秋の扇】 ーアフギ［連語］男性から愛されなくなった女性。班女(はんじょ)が扇。秋扇(しゅうせん)。語源 秋が来て不要になった扇の意で、漢の成帝の宮女班婕妤(はんしょうよ)が君寵(くんちょう)を失ったとき、わが身を秋には不要になる扇にたとえて詩を詠んだという故事による。

あき-の-そら【秋の空】［連語］❶秋の季節の（高く澄み渡った）空。また、秋の天候。❷（秋の天候が変わりやすいことから）男性の女性に対する愛情が変わりやすいこと。⦀「男心と―」▽男性の立場からこれをもじって「女心と―」ともいう。

あき-の-ななくさ【秋の七草】［名］秋に咲く代表的な七つの草花。ハギ・オバナ（ススキ）・クズ・ナデシコ・オミナエシ・フジバカマ・キキョウ（または、アサガオ）の七つ。⇔春の七草

あき-ばしょ【秋場所】［名］毎年九月に東京の両国国技館で行われる大相撲の本場所。九月場所。

あき-ばれ【秋晴れ】［名］秋の空がすがすがしく晴れ渡っていること。⦀「―の上天気に恵まれる」

あき-びより【秋《日和》】［名］秋晴れのよい天気。⦀「さわやかな―」

あき-ま【空き間】［名］❶使っていない部屋。空き部屋。空室(くうしつ)。⦀「―あり」❷物と物との間にできた空間。すき間。

あき-まき【秋▼蒔き】［名］秋に植物の種子をまくこと。また、その植物。⦀「―の大根」⇔春まき

あき-め・く【秋めく】［自五］秋らしくなる。⦀「日ごとに―・いてくる」

あき-めくら【明き▽盲】［名］❶外見は物が見えるようだが、実際は目の見えない人をいう、差別的な語。❷文字の読めない人。▽視覚障害を比喩に使った、差別的な言い方。

あき-や【空き家（空き屋）】［名］人の住んでいない家。廃屋(はいおく)。また、借家で借り手の決まっていない家。あきいえ。

あき-らか【明らか】［形動］❶はっきりしていて疑う余地のないさま。明白。⦀「彼の無実は誰の目にも―だ」「―な証拠」「真相を―にする」❷［古風］光が満ちてすみずみまで照らすさま。明るい。⦀「―な満月が中天にかかる」

あきらめ【諦め】［名］あきらめること。断念。⦀「―がつかない」「―の悪い人」

あきら・める【諦める】［他下一］望んだことの実現が不可能だと思って、望みを捨てる。思いを断ち切る。断念する。また、仕方のないことだと知って、その事態を甘んじて受け入れる。受容する。観念する。諦観(ていかん)する。⦀「進学をきっぱりと―」「優勝は潔く―・めた」▽「明らめる」と同語源。文 **あきら・む** 名 **あきらめ**

あきら・める【明らめる】［他下一］［古風］はっきりとさせる。明らかにする。⦀「真相を―」文 **あきら・む**

あ・きる【飽きる（▼厭きる）】［動上一］■［自］❶十分に満足してこれ以上はいらないという気持ちになる。⦀「―ことを知らない貪欲(どんよく)さ」❷同じ物事が長く続いていやになる。うんざりする。飽きがくる。⦀「勉強に―」「連日の肉料理に―」◈書き分け もと①は【飽】、②は【厭】を使った。今はともに【飽】を使う。②は「▼倦きる」とも。■《動詞連用形に付いて複合動詞を作る》いやになるほど十分に〜する。⦀「聞き―・食べ―」◈文語四段動詞「飽く」が上一段化した語。

品格　倦(う)む「倦まず弛(たゆ)まず歩む」倦怠(けんたい)「政治に倦怠した国民」辟易(へきえき)「長広舌(ちょうこうぜつ)に―する」

あきれ-かえ・る【▼呆れ返る】 ーカヘル［自五］「あきれる」を強めて言う語。⦀「あまりの非常識に―」

アキレス-けん【アキレス▼腱】［名］❶ふくらはぎの筋肉をかかとの上の骨に結びつけている腱。切れると歩けなくなる。⬇筋肉（図）❷強い人がもっている唯一の弱点。▽ここを射られて死んだギリシア神話の英雄アキレウスに由来する。◈Achilles tendon の訳語。

あき・れる【▼呆れる（▼惘れる）】［自下一］物事の異常さや言動の非常識さなどに驚いてとまどいを感じる。あっけにとられる。⦀「あまりの厚かましさに―」「―・れて物が言えない」「―・れた話だ」使い方 ふつう驚きとともに非難や愛想づかしの意がこもる。「―ほどに巧みだ」のように感嘆賛美の意で使うこともある。「あきれ返る」「あきれ果てる」と使ってさらに意味を強める。文 **あき・る**

あきんど【▽商▽人】［名］［古風］商人(しょうにん)。▽「あきびと→あきゅうど→あきんど」と転じた。

あく【〈灰汁〉】［名］❶灰を水につけて得る上澄みの液。アルカリ性を呈し、昔から洗濯や染め物などに使う。あくじる。❷植物に含まれる渋みのある成分。⦀「ゴボウの―を抜く」❸肉などを煮たときに煮汁の表面に出る灰色に濁ったもの。⦀「―をすくう」❹人やその作品に現れる個性的などぎつさ。⦀「―の強い人物［文章］」◈書き方 かな書きが多い。④を「悪」と書くのは誤り。

◉**あくが抜・ける**　性質・趣味などに嫌みやあくどさがなくなる。洗練される。あか抜けがする。

あく【悪】■［名］道徳や法律などにてらして、悪いこと。⦀「―と闘う」「―人」「旧―・凶―・罪―」⇔善(ぜん) ■（造）❶好ましくない。劣っている。⦀「―筆・―食・―条件」「粗―・劣―」❷芝居で、敵役(かたきやく)。⦀「実―・色―」❸荒々しく強い。⦀「―源太・―僧」旧 惡

あ・く【開く・空く・明く】■［自五］❶【開】隔てや覆いなどが取り除かれて、閉まっていたものが開(ひら)いた状態になる。⦀「戸［ふた・鍵(かぎ)］が―」「初日が―（＝催しが始まる）」「票が―（＝開票が始まる）」
❷【開・空】穴などの空間ができる。⦀「壁に穴が―」「帳簿に穴があく」⬇書き分け(2)
❸【空】中身が全部使われて器がからになる。⦀「瓶が―」「一晩でウイスキーが―・いた」
❹【空】占めていたものがなくなって、場所・時間・身体・道具などが使用できる状態になる。⦀「駐車場が―」「午後は時間が―・いている」「手［体(からだ)］が―」
❺【空】欠員ができてその地位に誰も就いていない状態になる。⦀「副社長のポストが―・いたままだ」
❻【開】（入り口の戸を開けて始めることから）商店などの業務が始まる。また、その業務が行われる。ひらく。⦀「この店は九時に―」「駅前の書店は夜十一時まで―・いている」
❼【開・空・明】空間的・時間的間隔が生じる。⦀「壁と本

棚との間がわずかに開いている」「ローテーションの間隔が空く」「行間がたっぷりと明く」「水があく(＝先行・後行者間にはっきりと差がつく)」 ❽【明】目が見えるようになる。‖「目が―」 ❾【明・開】衣服の部分が広く開かれたりつなぎ目がなかったりして、開放された状態にある。‖「胸元の―・いたドレス」 ❿【明】〔古風〕物忌みや契約の期間が終わる。明ける。‖「喪も〔年季〕が―」

■二〔他五〕(自分で口や目を)開(あ)けた状態にする。‖「大きく口を―・いてください」「薄目を―・いて眠る」▼「開く」を他動詞に使うのは本来は誤り。

◈①⑥⬍閉まる・閉じる ④⑤⬍ふさがる

書き分け (1)【開】は、「閉じる・閉まる」の対語として使う。【空】は、空になる、空白が生じる意で使う。【明】は、期間が終わる、明るくなって見通しが開けるなどの意で使うほか、「開・空」でまかなえないものなどに使う。「あける」の場合も同じ。(2)②の「穴が開く/空く」には、それぞれ、開放・開通する/空間ができるの意がこもる。明るくなって見通しが開けるの意で、まれに「明く」も使うが、全般にかな書きも多い。「一升瓶が開く/空く」はそれぞれ、栓が抜かれる①/瓶が空になる③意。

読み分け 「手が空く」は「あく」とも「すく」とも読み、意味は同じ。どちらで読んでも構わないが、「あく」と読む場合が多い。名 空き

◉**開いた口が塞がらな・い** あきれてものが言えない。‖「あまりのばかばかしさに―」 ✔注意 素晴らしい活躍に驚く意で使うのは誤り。‖「×ホームランの連発に開いた口がふさがらない」

あ・く【飽く(▼厭く・▼倦く)】〔自五〕〔古風〕飽きる。‖「―ことを知らない」▼「あくなき」「あくまで」など、固定的な用法が多い。西日本では普通に使う。‖「勉強に―・いてテレビを見る」

あく【握】(造) ❶にぎる。‖「―手・―力」 ❷しっかり自分のものとする。‖「掌―・把―」

アクアチント【aquatint】〔名〕銅版技法の一つ。銅版の表面に松脂などの粉末をふって定着させ、腐食液に浸すもの。アクアティント。

アクアマリン【aquamarine】〔名〕❶緑柱石のうち、青緑色で透明なもの。磨いて宝石にする。藍玉。▼三月の誕生石。❷青と緑の中間の色。◈英語では海の水の意。

アクアラング【Aqualung】〔名〕酸素ボンベを備えた潜水用具の商標名。▼「水中肺」の意。一般名詞としては「スキューバ」。

アクアリウム【aquarium】〔名〕❶水族館。❷魚類などの水生生物を飼育する水槽。

あく-い【悪意】〔名〕❶人を憎み害を加えようとする、邪悪な心。わるぎ。‖「―を持つ」 ❷悪い意味。‖「発言を―に取る」 ❸法律上の効力に影響を及ぼすような事実を知っていること。盗品と知りつつ買うなど。‖「―の占有」◈⬍善意

あく-いん【悪因】〔名〕仏教で、悪い結果をもたらす原因。⬍善因

あくいん-あっか【悪因悪果】〔名〕仏教で、悪い行いには必ず悪い結果が生じるということ。⬍善因善果

あく-うん【悪運】〔名〕❶運が悪いこと。不運。非運。❷悪いことをしても報いを受けることなく、かえって栄えるような運。‖「―が強い」

あく-えき【悪疫】〔名〕悪性の流行病。

あくえき-しつ【悪液質】〔名〕癌などで、病気が進行したときにみられる著しい衰弱状態。全身が痩せ、貧血のために皮膚が黄灰色になり、まぶたや足にむくみが現れる。

あく-えん【悪縁】〔名〕好ましくない人間関係。特に、離れたくとも離れられない(男女の)関係。腐れ縁。

あく-がた【悪形・悪方】〔名〕歌舞伎で、悪人の役(を演じる役者)。

あく-かんじょう【悪感情】〔名〕人に対しても つ不愉快な感情。あっかんじょう。⬍好感情

あく-ぎゃく【悪逆】〔名〕人の道にはずれたひどい悪事。‖「―の限りを尽くす」「―無道の振る舞い」

あく-ぎょう【悪行】〔名〕人の道にはずれた悪い行い。悪事。悪行。‖「―を働く」⬍善行

あく-ごう【悪業】〔名〕仏教で、(悪い報いをもたらす)悪い行い。悪業。‖「―の報い」⬍善業

あく-さい【悪才】〔名〕悪事をする才能。悪知恵。

あく-さい【悪妻】〔名〕夫にとって悪い妻。⬍良妻

あく-じ【悪事】〔名〕❶悪い行い。悪行。‖「―を企む」⬍善事 ❷悪い出来事。災い。災難。‖「―が重なる」

◉**悪事千里を走る** 悪い行いはすぐに知れ渡る。

あく-じき【悪食】〔名〕❶普通には食べないものを好んで食べること。いかもの食い。あくしょく。‖「―家」 ❷仏教で、禁じられている獣肉を食べること。

あく-しつ【悪疾】〔名〕たちが悪く、治りにくい病気。

あく-しつ【悪質】〔名・形動〕❶品物などの質が悪いこと。粗悪。‖「―な貨幣〔酒〕」⬍良質 ❷人の行為などのたちが悪いこと。‖「―な犯罪が横行する」 ❸病気や細菌などのたちが悪いこと。‖「―な大腸菌」

アクシデント【accident】〔名〕思いがけない不幸な出来事。事故。‖「―に見舞われる」

あく-しゅ【悪手】〔名〕囲碁・将棋などで、まずい手。

あく-しゅ【握手】〔名・自サ変〕❶挨拶や親愛・友好の情を表すしるしとして、互いに手を握りあうこと。‖「固い―を交わす」 ❷仲直りすること。また、協力すること。‖「技術提携で両社が―する」

あく-しゅう【悪臭】〔名〕いやな臭い。不快な臭み。‖「―が漂う」

あく-しゅう【悪習】〔名〕悪い癖や習慣。

あくしゅ-かい【握手会】〔名〕アイドルタレント・著名人などが、ファンとの握手に応じる催し。主に書籍・CDなどの販売促進や、ファンとの交流を目的とする。

あく-しゅみ【悪趣味】〔名・形動〕好みや趣味がよくないこと。また、人のいやがることを好んでする性癖があること。‖「ネクタイが―だ」「―の持ち主」

あくじゅん-かん【悪循環】〔名〕密接な関係にある二つの事柄が互いに影響しあって、際限なく悪い状態を作り出してゆくこと。借金を返済するためにまた借金をしてますます借金がふえるなど。‖「―に陥る」

あく-しょ【悪所】〔名〕❶悪い遊び場。特に、遊郭。‖「―通い」 ❷険しくて進むのに困難な所。難所。

あく-しょ【悪書】〔名〕内容のよくない本。特に、公序良俗に反したり青少年に悪影響を及ぼしたりするような本。‖「―追放」⬍良書

あく-じょ【悪女】〔名〕❶心や行いのよくない女性。❷醜い女性。

あく-しょう【悪性】 [名·形動] 性質や身持ちのよくないこと。性悪(しょうわる)。||「—の輩」

アクション [action] [名] 体の動作や活動。特に、動きの激しい俳優の演技や場面。||「—が大きい」「—を起こす」「—映画」

アクション-プログラム [action program] [名] 政策や企画を実行するための計画。行動計画。実行計画。アクションプラン。

あく-しん【悪心】 [名] 悪事を行おうとする考え。

あく-せい【悪声】 [名] ❶耳に快く響かない声。耳障りな声。⇔美声 ❷悪い評判。悪評。悪口。

あく-せい【悪性】 [名] 物事のたちが悪いこと。特に、病気などのたちが悪いこと。||「—のインフレ」「—のウイルス」「—腫瘍(しゅよう)」⇔良性

あく-せい【悪政】 [名] 民意を顧みない悪い政治。⇔善政

あく-せく【▼齷▼齪・▼偓▽促】 [副ᐩ] 目先のことにとらわれて気持ちが落ち着かないさま。こせこせ。せかせか。また、休む間もなく動き続けるさま。||「小事に—する」「—(と)働く」▼「あくさく」の転。 齷

アクセサリー [accessory] [名] ❶飾りとなる付属品。特に、ブローチ・ネックレスなど身につける装飾品。❷機械類の付属品。||「カー—」

アクセシビリティー [accessibility] [名] ある場所への近づきやすさ。また、ある情報やサービスなどの利用しやすさ。||「ウェブ—」

アクセス [access] [名·自サ変] ❶交通手段の接続。❷コンピューターで、記憶装置に対してデータの読み出しや書き込みを行うこと。また、インターネット上の情報などに接すること。||「サーバー[サイト]に—する」◈接近方法の意。

アクセス-けん【アクセス権】 [名] ❶公共機関に情報公開を求める権利。❷一般市民が、情報の送り手としてマスメディアに参加する権利。反論の機会を与えたり意見広告を載せたりできる権利の類をいう。❸コンピューター利用者が、ネットワークやコンピューター上のファイルなどを利用するための権限。

アクセル [名] 自動車などの加速装置。加速ペダル。||「—を踏む」▼accelerator から。

あく-せん【悪戦】 [名] 不利な状態での戦い。苦戦。

あく-せん【悪銭】 [名] ❶粗悪な貨幣。粗悪銭。悪貨。❷不正な手段や、働かないで得た金。あぶく銭。

◉**悪銭身に付かず** 不正に得た金は、とかくむだに使われて残らないものだ。

あくせん-くとう【悪戦苦闘】 [名·自サ変] ❶苦しい戦いをすること。||「—の末に勝利をつかむ」❷困難な状況の中で苦しみながら努力すること。||「会社の再建に—する」

アクセント [accent] [名] ❶単語の発音で、社会的習慣として決まっている音節の高低または強弱の配置。また、その高くまたは強く発音される部分。||「地名の『上野』と人名の『上野』とでは—が異なる」「第一音節に—がある」▼日本語は高さの、英語は強さのアクセントを持つ。「お元気?」など、文(の一部)に現れるイントネーションとは区別される。文中の一部が強く発音されることを文アクセントと呼ぶこともある。❷デザイン・文章・議題などで、目立たせるために特定の部分を強調すること。また、その部分。||「ブローチで襟元に—をつける」

あく-そう【悪相】 [名] ❶恐怖·凶悪などのよくない印象を与える人相。❷不吉なしるし。

あく-そう【悪僧】 [名] ❶宗教家としての道にはずれた、悪い僧。破戒僧・なまぐさ坊主の類をいう。❷[古風] 武勇にすぐれた荒々しい僧。荒法師。

あくそう-きゅう【悪送球】 [名] 野球で、相手がとれないような悪い送球。悪投。||「一塁への—」

あくた【▼芥】 [名] [古風] ごみ。ちり。くず。▼つまらないもののたとえにもいう。||「人を—の如く扱う」

あく-たい【悪態】 [名] ひどい悪口。憎まれ口。悪たれ口。||「—をつく」 書き方 古くは「悪体」とも。

あくたがわ-しょう【▼芥川賞】 [名] 芥川龍之介の業績を記念し、一九三五(昭和一〇)年、菊池寛主宰の文藝春秋社が直木賞とともに創設した文学賞。年二回、新人作家の優秀作品に贈られる。

あく-だま【悪玉】 [名] 悪事をする人。悪人。また、芝居で悪人の役。悪役。⇔善玉 ▼江戸時代の草双紙(くさぞうし)の挿絵で、丸の中に「悪」と書いて顔とし、それで悪人を表したことから。

あくだま-きん【悪玉菌】 [名] 人間の腸内の細菌のうち、人体に有害な働きをするもの。消化物に作用して有害物質を生み出す大腸菌・ブドウ球菌・ウェルシュ菌などをいう。⇩善玉菌

あく-たれ【悪たれ】 [名] ❶道理をわきまえず、乱暴・無法な言動をすること。また、その人。||「—小僧」❷憎まれ口。悪たれ口。 動 あくた·れる(自下一)

あく-たろう【悪太郎】 [名] 乱暴者。また、いたずらっ子。▼人名めかしていう。

アクティブ [active] 一 [形動] ❶積極的で活動的なさま。❷コンピューターで、ウインドウなどがすぐ使える状態にあるさま。二 [名] ❶文法で、能動態(のうどうたい)。アクティブヴォイス。❷[形動] 動詞の分類で、動作・作用を表すもの。▼存在や状態を表す動詞をステイティブと呼ぶ。◈「アクチブ」とも。一二① ⇔パッシブ

アクティブ-ラーニング [active learning] [名] 教員の講義を受動的に聞くのではなく、学習者が能動的に授業に参加する学習。また、その授業や指導法。

アクティベーション [activation] [名] コンピューターで、機器・ソフトウエアなどを利用できるようにする手続き。プロダクトアクティベーション。ライセンス認証。

あく-てん【悪天】 [名] 悪天候。荒天(こうてん)。⇔好天

あく-てんこう【悪天候】 [名] 悪い天気。悪天。

あくど·い [形] ❶物事のやり方や性格などがどぎつくて、たちが悪いさま。||「やり方が—」「—(=あくの強い)物言いで論敵をなじる」❷色や味などが、くどくてしつこいさま。どぎつい。||「—色のネクタイ」◈ 注意 俗に「悪どい」とも書くが、誤り。 派生 -さ

あく-とう【悪党】 [名] ❶悪者の集団。悪人たち。❷悪人。悪者。||「根っからの—」

あく-どう【悪童】 [名] いたずらや悪さをする子供。いたずらっ子。||「—ぶりを発揮する」

あく-どう【悪道】 [名] ❶通行困難な道。難路。悪路(あくろ)。❷仏教で、現世で悪を行った者が死後に行くという世界。悪趣(あくしゅ)。⇔善道

あく-とく【悪徳】 [名] 人の道にはずれた悪い行い。||「—商法」⇔美徳

あく-なき【飽くなき(飽く無き)】 [連体] 飽き

ることのない。どこまでも満足することのない。‖「―欲望」「―執念が実る」

あく-にち【悪日】[名] 暦の上で、事を行うのに悪いとされている日。また、何事につけても運の悪い日。凶日。あくび。⇔吉日

あく-にん【悪人】[名] 心や行いの悪い人。悪党。悪者。⇔善人

あく-ぬき【〈灰汁〉抜き】[名・自他サ変] 水にさらしたりゆでたりして、野菜などのあくを抜き取ること。

あぐ・ねる【▼倦ねる】[自下一] 物事が思い通りに進まなくて、手段に困る。もてあます。あぐむ。‖「―・ね果てて相談に及ぶ」 使い方 多く「思い―・考え―・攻め―・探し―・待ち―」のように動詞の連用形に付けて使う。

倦

[ことば探究]「あぐねる」の使い方

▼「いろいろ考えたり、何回も実行しようとしたりするのだが(うまくいかない)」というニュアンスが込められることが多い。

▼「困ったりうまくいかなかったりする時間が一定以上つづく」という含みがある。一瞬のできごとや一回限りのできごとには使いにくい。

「×ゴールキーパーがシュートを取りあぐねる」

「○速い球を次々と投げ込まれ、打ちあぐねる」

あく-ねん【悪念】[名] 悪事をたくらむ悪い心。悪心。

あく-ば【悪罵】[名・他サ変] 口汚く人をののしること。また、その言葉。‖「論敵を―する」

あくび【〈欠伸〉・▽欠】[名] 眠いときや退屈したときなどに、自然に口が大きくあいて起こる呼吸運動。深い吸気のあと、大きくゆるやかな呼気が続き、涙を伴うこともある。‖「眠くて―が出る」「―をかみ殺す」「生―」

あく-ひつ【悪筆】[名] 字を書くのがへたなこと。また、その人や、その字。拙筆。⇔能筆・達筆

あく-ひょう【悪評】[名] 悪い評判。悪いうわさ。‖「―が立つ」⇔好評

あく-びょうどう【悪平等】[名・形動] 形の上だけ平等にして、かえって不公平になること。

あく-ふう【悪風】[名] 悪い風俗や習慣。悪弊。弊習。⇔美風・良風

あく-ぶん【悪文】[名] 表現が下手で意味の通りにくい文章。⇔名文

あく-へい【悪弊】[名] 悪いならわし。悪風。‖「社会の―を一掃する」▽主に社会的なものにいう。

あく-へき【悪癖】[名] 悪いくせ。‖「生来の―」▽主に個人的なものにいう。

あく-へん【悪変】[名・自サ変] 物事が悪いほうに変わること。悪化。‖「事態が―する」

あく-ほう【悪法】[名] 人民のためにならない悪い法律。‖「―もまた法なり」

あく-ほう【悪報】[名] ❶悪い知らせ。凶報。⇔吉報 ❷仏教で、悪事をした報い。⇔善報

あく-ま【悪魔】[名] ❶キリスト教で、人の心を迷わし悪の道に誘おうとするもの。人の姿に似て二本の角と四つに裂けた足指を持つという。悪の象徴で、善の象徴である神に敵対する。サタン。デビル。デーモン。堕天使。‖「―に魂を売り渡す」 使い方 極悪・非道・性悪(の人)のたとえにいう。‖「あいつは人の姿をした―だ」❷仏道修行をさまたげる悪神。魔。魔羅。

魔

あく-まで【飽くまで】[副] ❶意志をもって最後までやりぬくさま。‖「―闘う」「―も方針は変えない」❷例外を排除して、物事を一定の範囲に限定するさま。最終的な判断としては。‖「―もここだけの話だ」「―決定権は君にある」❸物事の程度がはなはだしいさま。どこまでも。非常に。‖「空は―青い」「彼は―も沈着冷静である」◆あきるほど十分にの意から。 書き方 かな書きも多い。

あく-みょう【悪名】[名] 悪名。

あくみょう-だか・い【悪名高い】[形] 悪い評判で知られている。悪いうわさが立っている。

あく-む【悪夢】[名] ❶二度と見たくないような、いやな夢。不吉で恐ろしい夢の類をいう。❷夢でしか起こりえないような恐ろしい現実。‖「―の一週間が過ぎた」

◉**悪夢から覚・める** 自覚せずに行ってきた悪に気づく。

あぐ・む【▼倦む】[自五] ⇒あぐねる ▽多く動詞の連用形に付けて使う。‖「攻め―・待ち―」

あく-めい【悪名】[名] 悪い評判やうわさ。悪評。あくみょう。‖「―が立つ」「―高い大泥棒」⇔美名

あく-やく【悪役】[名] ❶演劇などで、悪人を演じる役柄。敵役。悪形。❷仕事の分担で、人から嫌われる役回り。‖「―に回って奮戦する」

あく-ゆう【悪友】[名] ❶つきあってためにならない友達。ともに悪いことをしたり、悪い影響を受けたりする友人をいう。⇔良友 ❷(親しみをこめて反語的に)仲のよい友人や遊び友達をいう。‖「学生時代からの―」

あく-よう【悪用】[名・他サ変] 本来の目的に反して、悪いことに利用すること。‖「キャッシュカードを―する」⇔善用

あ-ぐら【〈▼胡▼坐〉・〈▼胡座〉】[名] 両足を前に組んで楽な姿勢で座ること。また、その姿勢。胡座。▽「正座」に対するもので、所構わず行うと不行儀のそしりを受ける。「足座」の意。

◉**胡坐を搔・く** ❶あぐらの姿勢で座る。❷鼻があぐらを組んだように低く横に張っている。‖「鼻が―・いている」❸あるものに頼ってのんきに、または、ずうずうしく構える。‖「大量得票に―」

あく-らつ【悪辣】[名・形動] やり方が、たちが悪くあくどいこと。‖「―な手段を用いる」「―無比」

あぐら-ばな【〈▼胡▼坐〉鼻】[名] あぐらを組んだように、低く横に張った鼻。

あぐり-あみ【▽揚繰網】[名] 巻き網の一種。帯状の網を二そうの船で引き回して魚群を囲み、網の下の方から繰り上げて捕らえる。

アグリー【agree】[名] 合意すること。承諾すること。‖「その意見に―です」

あく-りょう【悪霊】[名] 人にたたりをする死者の魂。怨霊。ものの怪。あくれい。‖「―を鎮める」 読み分け 仏教では「あくりょう」、キリスト教では「あくれい」ということが多い。

あく-りょく【握力】[名] 物を握りしめる手の力。

アクリル【acryl】[名] ❶「アクリル樹脂」の略。❷「アクリル繊維」の略。❸アクリル樹脂を媒材とする絵の具。▽「アクリル絵の具」の略。

アクリル-じゅし【アクリル樹脂】[名] 合成樹脂の一つ。代表的なプラスチックで、透明度・耐薬品性が強く塗料の原料や建材に使う。アクリル。▽acrylic resin の訳。

アクリル-せんい【アクリル繊維】［名］化学繊維の一つ。保温性にすぐれ、しわになりにくい。アクリル。▼acrylic fiber の訳。

あくる【明くる（▽翌る）】［連体］過去のある時点から見て、～が明けたその次の意。翌…。‖「—朝・—日・—年」使い方 下二段動詞「明く」の連体形から出た語。「明くる朝・明くる日」などは、現在の時点からいう「明朝・明日の朝」「明日」などとは意味用法を異にする。⬇明日［使い方］

あくる-とし【明くる年（▽翌る年）】［連語］過去のある時点から見て、その次の年。翌年。‖「その—に私は生まれた」

あくる-ひ【明くる日（▽翌る日）】［連語］過去のある時点から見て、その次の日。翌日。⬇明くる

あく-れい【悪例】［名］❶悪い先例。‖「将来に—を残す」❷適切ではない例。

アグレッシブ【aggressive】［形動］積極的なさま。また、攻撃的なさま。‖「—なプレー［生き方］」

アグレマン【agrément フラ】［名］外交で、大使・公使などを派遣するときあらかじめ相手国に求める承認。▼同意・承諾の意から。

あく-ろ【悪路】［名］通行しにくい道。‖「運転手泣かせの—」

アクロバット【acrobat】［名］軽業。曲芸。特に、極端に体を屈曲させて行う曲芸。また、それを行う人。‖「華麗な—」「—飛行」

あけ【▽朱・▼緋】［名］赤い色。特に、朱・緋の色。

◉**朱に染まる** 血まみれになる。

あけ【明け】［名］❶夜が明けること。夜明け。‖「—の空［明星］」⬍暮れ ❷新しい年・月・日にかわること。また、そのすぐあと。‖「年—・月—」「—四歳馬」❸ある期間が終わること。また、そのすぐあと。‖「梅雨—・連休—・忌み—・精進—」◈②③は他の語と複合して使う。

あげ【上げ・挙げ・揚げ】［名］❶【上・挙】上の方に上げること。‖「—下ろし・—下げ」「格—・底—・地—」「重量挙げ」▼他の語と複合して使う。❷【上・揚】船荷を陸上に移すこと。また、車などに荷物を積むこと。‖「荷—」「—降ろし」❸【上】相場が高くなること。‖「一〇円の—」❹【上】着物の縫い上げ。‖「—を下ろす」❺【揚】油で揚げること。また、その物。特に、油揚げ。‖「薩摩—・厚—」「—玉」◈①③⬍下げ

あげ-あし【揚げ足（挙げ足・上げ足）】［名］相撲や柔道で、技をかけようとして宙に浮き上がった足。浮き足。

◉**揚げ足を取・る** 相手のことばじりや言い損ないをとらえて、皮肉ったり非難したりする。

あげあし-とり【揚げ足取り（挙げ足取り）】［名］「揚げ足を取る」こと。‖「論争は—に終始した」

あげ-あぶら【揚げ油】［名］ゴマ油・菜種油など、揚げ物に使う油。てんぷら油。

あげ-いた【上げ板・揚げ板】［名］敷物用の板で、くぎづけしないで自由に取り外しができるようにしたもの。床下の物入れの上げぶた、和船の板子、風呂場の簀の子板など。

あげ-おろし【上げ下ろし】［名・他サ変］❶上げることと下ろすこと。あげさげ。‖「箸の—にもうるさい」「布団の—」❷車・棚などに荷物や器具などを載せることと下ろすこと。‖「貨物の—を手伝う」書き方 積み荷の場合は多く「上げ降ろし」。また慣用的に「上げ卸し」とも。❸人をほめたりけなしたりすること。あげさげ。‖「人の—はこの辺でやめにしよう」

あげ-かじ【上げ▼舵】［名］航空機を上昇させるための、かじの取り方。‖「—を取る」⬍下げかじ

あけ-がた【明け方】［名］夜が明けようとするころ。夜明け方。払暁。あかつき。⬍暮れ方

あげ-く【挙げ句・揚げ句】［名］❶連歌・連句の最後の七・七の句。結句。⬍発句 ❷〈多く「～た挙げ句」の形で〉ある物事を十分にしたすえ（に）。～したその最後（に）。‖「さんざん迷った—名乗り出る」「ほとほと困り抜いた—の相談事」書き方 ②は、かな書きも多い。使い方「挙げ句の果て」はこれを強めていう。注意 よい結果を指して使うと不自然になることが多い。‖「×苦労した挙げ句、ついに発見した」

あけ-くれ【明け暮れ】❶［名・自サ変］明け暮れること。‖「研究に—する毎日」❷［副］明けても暮れても。いつも。‖「—海を眺めて過ごす」

あけ-く・れる【明け暮れる】［自下一］❶月日が過ぎてゆく。‖「毎日が平穏無事に—」▼夜が明け日が暮れる意から。❷毎日決められたようにそのことをして日を送る。明けても暮れても～をする。‖「育児に—毎日」名 明け暮れ

あげ-さげ【上げ下げ】［名・他サ変］❶上げることと下げること。あげおろし。‖「舵で機首を—する」❷食膳などを出したり片づけたりすること。‖「膳の—」❸物価や利率を上げたり下げたりすること。‖「相場の—」❹潮が満ちたり引いたりすること。干満。満ち干。❺音楽で、音を高くしたり低くしたりすること。❻人をほめたりけなしたりすること。あげおろし。

あげ-しお【上げ潮】［名］❶海の満ち干で、海面が上がる現象。また、満ちてくる潮（の流れ）。満ち潮。差し潮。⬍下げ潮 ❷物事の勢いが盛んになること。‖「—に乗って優勝をさらう」

あけ-しめ【開け閉め】［名・他サ変］戸・障子などをあけたりしめたりすること。あけたて。‖「ドアの—」

あけ-すけ【明け透け】［形動］態度や言動がはっきりしているが、慎み深さを欠くこと。露骨。赤裸々。‖「—な態度」「—に批判する」書き方 かな書きも多い。

あげ-ぜん【上げ膳】［名］自分は何もせず座ったまま、食膳を供されること。‖「—据え膳のもてなし」▼本来は、膳を下げる（＝引き上げる）意。「据え膳」と重ねて使うことから、同義に使われるようになった。

あげ-ぞこ【上げ底】［名］入れ物の底を高くして実際より中身が多そうに見せてあること。また、そのもの。

あげ-だし【揚げ出し】［名］豆腐料理の一つ。水気を切った豆腐を適当に切り、かたくり粉をまぶして油で揚げたもの。揚げ出し豆腐。

あけ-たて【開け▽閉て】［名・他サ変］戸や障子を開けたり閉めたりすること。開け閉め。‖「戸の—」

あげ-だま【揚げ玉】［名］天ぷらを揚げたときにできる、ころものくず。大かす。▼うどん・そばに入れて「たぬきうどん［そば］」にする。

あけっ-ぱなし【開けっ放し（明けっ放し）】［名・形動］❶戸やふたを開けたままにしておくこと。‖「ドアを—にするな」「—の窓」❷隠し立てをしないで、ありのままを見せること。開放的。‖「—な性格」◈書き方「放」はかな書きも多い。動 あけっぱな・す（他五）

あけっ-ぴろげ【開けっ広げ（明けっ広げ）】

［名・形動］❶すっかり開けて広げること。❷包み隠すところがないこと。‖「—な態度」動 あけっぴろ・げる（自下一）

あげつら・う【▽論う】ラフ［他五］物事の善悪・可否などをあれこれと議論する。特に、ささいな点を取り立てて批判する。‖「施政方針を—」「他人の言動を何かと—」名 あげつらい

あけ・て【明けて】［副］古い年・月・日が終わって。新たな年・月・日が始まって。‖「—二〇歳になる」

あげ・て【挙げて】［副］❶構成員のすべてが一つになって。一丸となって。‖「会員一同が—賛同する」「官民—難局に取り組む」▼「国を挙げて〜する」などと使う「挙げて」が副詞化したもの。⬇上げる㉗ ❷一つ一つ取りあげて。‖「—数うべくもない」

あげ・なべ【揚げ鍋】［名］揚げ物に使う、底の浅く平たいなべ。

あけ・に【明け荷】［名］相撲で、関取が身の回りの品を入れて持ち運ぶための長方形の箱。

あけ・のこ・る【明け残る】［自五］夜が明けても、月や星が消え去らずにまだ空に残っている。‖「—星影やいくつ」⬌暮れ残る

あけ・の・みょうじょう【明けの明星】ーミヤウジヤウ［名］夜明け方、東の空に輝く金星。あかぼし。太白星（たいはくせい）。⬌宵（よい）の明星

あげは・ちょう【揚げ羽▼蝶】ーテフ［名］ナミアゲハ・キアゲハ・クロアゲハ・アオスジアゲハなど、アゲハチョウ科のチョウの総称。特に、淡黄色の翅（はね）に黒い筋や斑点（はんてん）のあるナミアゲハをさす。あげは。▼幼虫は「柚子坊（ゆずぼう）」といい、ミカン類の葉を食う。

あけ・はな・す【開け放す】［他五］❶戸や窓をすっかり開ける。開け放つ。開け払う。開けっぱなす。‖「勢いよく雨戸を—」❷隠し立てをしないで、ありのままを見せる。‖「互いに胸の内を—して話す」名 **開け放し**

あけ・はな・つ【開け放つ】［他五］⬇開け放す

あけ・はら・う【開け払う・明け払う】ーハラフ ㊀［他五］❶［開］戸・窓などをすっかり開ける。開け放す。また、部屋を広く使うために間仕切りなどを取り払う。‖「窓を—って涼気を入れる」「襖（ふすま）を—って宴会場にする」❷［明］立ち退（の）くために家や部屋の中を空にする。明け渡す。‖「下宿を—」㊁［自五］［明］夜が明けてすっかり明るくなる。‖「夜が—」

あけ・ばん【明け番】［名］❶宿直・夜勤など、夜通し続いた勤務が明けること。また、その勤務についた翌日の休暇。❷半夜交替の勤務で、明け方のほうの勤務。

あげ・パン【揚げパン】［名］油で揚げて砂糖などをまぶしたパン。

あけび【〈通草〉・〈木通〉】［名］山野に自生するアケビ科のつる性落葉低木。秋になる果実は淡紫色の楕円（だえん）形で、熟すと縦に裂ける。甘い果肉は食用。つるでかごなどを編む。

あげ・ひばり【揚げ〈雲▼雀〉】［名］空高く舞い上がってさえずるヒバリ。▼春の季語。

あげ・ぶた【上げ蓋・揚げ蓋】［名］床下に作った物入れをおおう上げ板。

あけ・ぼの【▼曙】［名］曙 ❶夜がほのぼのと明け始めるころ。明け方。朝ぼらけ。しののめ。‖「—の空」「—色」▼「明け仄（ほの）」の意で、本来は暁（あかつき）の終わりごろをいう。❷物事が新しく始まろうとする時。‖「古代文明の—」

［ことば比べ］「曙」と「黎明（れいめい）」

▼「曙」と「黎明」は、どちらも社会的な出来事や物事が新しく始まろうとする時を表す。

▼「黎明」は「黎明期」のように一定の期間を示すことができる。

「上記の科学の黎明期におけるこれら実験の中のあるものはいくらか量的と言われうるものであった〈寺田寅彦〉」

あげ・まき【揚巻・〈総角〉】［名］❶古代の少年の髪型で、髪を中央から二つに分け、左右の耳の上で輪形に束ねるもの。角髪（つのがみ）。総角（そうかく）。❷御簾（みす）などの飾りに使う、ひもの結び方。左右に輪を出し、中央を石畳に組んで房を垂らす。▼「揚巻結び」の略。❸明治期に流行した女性の髪型。頭頂にまとめた髪を数度右にねじって髷（まげ）を作り、ピンでとめる。❹有明海・瀬戸内海などの泥底に分布するナタマメガイ科の二枚貝。貝殻は長方形で、黄褐色の殻皮に覆われる。食用。▼「揚巻貝」の略。

あげ・まく【揚げ幕】［名］❶能舞台で、鏡の間と橋懸かりとの境にかける幕。❷歌舞伎で、花道の出入り口にかける幕。切り幕。

あけまして・おめでとう【明けましておめでとう】ーオメデタウ［連語］新年が明けたことを祝う挨拶（あいさつ）のことば。‖「—、今年もよろしく」▼賀状などでも使う。⬇おめでとう

あげ・まん［名］［俗］そばにいるだけで男性の運を向上させ、成功に導いてくれる女性。

あけ・むつ【明け六つ】［名］江戸時代の時刻法で、明け方の六つ時。今の六時ごろに当たる。卯（う）の刻。また、その時刻に鳴らす鐘（の音）。⬌暮れ六つ

あげ・もの【揚げ物】［名］天ぷら・から揚げなど、油で揚げた食品。また、それを作ること。

あ・ける【明ける】［自下一］❶夜が終わって朝になる。‖「夜の—けないうちに出発する」「決戦の日の朝が—」▼明るくなる意からいう。❷古い年・月が終わって、新しい年・月になる。‖「二〇〇〇年が—けて、新世紀を迎える」「あらたまの年（＝新年）が—」「一月が—けて二月になる」❸ある期間が終わる。‖「喪（も）[梅雨・年季]が—」◈「開ける」と同語源。①②⬌暮れる 使い方 ①②は「夜が明ける／朝が明ける」「旧年が明ける／新年が明ける」のように、古いものと新しいものの両方を主語にとる。前者は現象の変化に、後者は新しく生じた変化の結果に注目していう。同種の言い方に「水が沸く／湯が沸く」などがある。文 あ・く

◉**明けても暮れても** 同じことが毎日続くさま。毎日毎日。年中。‖「—仕事のことばかり考えている」

あ・ける【開ける・空ける・明ける】［他下一］❶［開］隔てや覆いなどを取り除いて、閉まっていたものを開（ひら）いた状態にする。‖「扉[幕・鍵（かぎ）・箱]を—」「口を—けて眠る」使い方「瓶（びん）のふたを開ける／瓶を開ける」のように、〜ヲに物の部分と全体をとる言い方がある。

❷［開・空］穴などの空間を作る。‖「壁に穴を—」

❸［空］移動してその場をあいた状態にする。また、中身を全部使って器をからにする。‖「家を—けて遊び回る」「瓶を—」「一晩で一升—」

❹［空］移動してその場を使えるようにする。また、その場を占めていたものを取り除いて場所・時間などを使え

るようにする。⁼「道を━」「会議室を━・けておく」「午後は時間を━・けておく」

❺【空】その地位に誰も就いていない状態にする。⁼「部長の椅子(いす)を━・けて後任を待つ」

❻【開】(入り口の戸を開けて始めることから)商店などの業務を始める。また、その業務を行う。ひらく。⁼「九時に店を━」「当店は十一時まで━・けております」

❼【開・空・明】空間的・時間的な間隔を生じさせる。⁼「壁と本棚との間をわずかに**開ける**」「登板の間隔を**空ける**」「行間を**明ける**」「水を**あける**(=先行・後行者間にはっきりと差をつける)」

❽【明・開】衣服の部分を広くひらいたりつなぎ目をなくしたりして、開放された状態にする。⁼「胸元をたっぷり━・けたドレス」

◈①⑥⬍閉める・閉じる ④⑤⬍ふさぐ

書き分け (1)⬇開(あ)く[書き分け](1)
(2)②の「穴を**開ける**/**空ける**」には、それぞれ、開放・開通する/空間ができるの意がこもる。明るくなって見通しがひらける意で、まれに「明ける」も使うが、全般にかな書きも多い。「一升瓶を**開ける**/**空ける**」はそれぞれ、栓を抜く(①)/瓶を空にする意(③)となる。文 **あ・く**

⊙**開けて悔しい玉手箱** 期待していたのに予想が外れてがっかりすること。▽浦島太郎の伝説から。

あ・げる【上げる・挙げる・揚げる(▽騰げる)】

A 上方へ移動させる

[動下一]㊀[他]❶【上】ある物を低い所から高い所に移す。⁼「本を棚の上に━」「高々とバーベルを━」「シャッターを━」「祝杯を━」⬍下ろす・下げる 使い方「外野にフライを━」などは、~ヲに〈結果〉をとる言い方。上げることによってある状態を作り出す意。

❷【上】下に敷かれた板・床(とこ)などを取り外したり片づけたりする。⁼「畳を━・げて大掃除をする」「布団を━」

❸【上・挙】体の一部分を上の方に動かす。⁼「頭の上に両手を━」「賛成の方は手を**挙げて**下さい」「上体[顔]を━」⬍下げる・下ろす

❹【上】人・動物が低い所から高い所に移るようにする。上がらせる。⁼「子供を二階に━」⬍下げる・下ろす

❺【上・揚】旗・凧(たこ)・煙・火・しぶきなどが空中高く上がるようにする。(意図的な行為にもそうでないものにもいう)⁼「凧[大会旗]を**揚げる**」「花火[狼煙(のろし)]を━」「家が炎を━・げて燃える」「モーターボートが水しぶきを━」

❻【上】垂れた髪を上の方に束ねて結う。⁼「前髪を━」⬍下ろす

❼【上】飲み食いしたものを吐き出す。吐く。戻す。⁼「赤ちゃんがミルクを━」

❽【上】演じるために周囲より一段高くしつらえられた所に立つようにさせる。立たせる。⁼「目撃者を証言台に━」

B 上の位置にしつらえる

❾【上】構造物で、下に位置する部分が普通より高くなるようにしつらえる。⁼「底を━・げて菓子折りを作る」⬍下げる

❿【上】建造物の上方に位置するように作り設ける。⁼「棟(むね)[卯建(うだつ)]を━」▽~ヲに〈結果〉をとる。

C 別の(高い)場所に移す

⓫【上・揚】水上・水中から陸に移す。⁼「船から岸に荷物を**揚げる**」「船を引いて浜に━」「そろそろ子供を風呂(ふろ)から━時間だ」 書き分け【揚】は上陸させる意で使う。

⓬【揚】魚を捕らえて陸に移す。⁼「漁港には多数のマグロが揚げられている」

⓭【上】室内に入れる。⁼「客を座敷に━」

D 程度・段階を進ませる

⓮【上】上の段階や等級に進ませる。特に、(上の)学校に進ませる。⁼「営業課長を部長に━」「打順を三番から四番に━」「娘はぜひとも医学部に━・げたい」

⓯【上】今までより物事の程度を高くする。⁼「テレビの音量を━」「商品の質を━」「徐々に調子を━」「腕を━(=上達する)」⬍下げる 使い方〈物〉を主語にしていう言い方もある。⁼「ダムの放水が河川の水位を━・げた」

⓰【上】値段や給料を高くする。⁼「会費[基本給]を上げる」⬍下げる 書き方「騰げる」とも。

E 生じさせる

⓱【上・挙】物が大きな音を出す。立てる。また、喜びや不満・反対など、感情や意見を表す声を出す。⁼「ジェットエンジンが轟音(ごうおん)を━」「歓声[悲鳴・産声(うぶごえ)]を━」

書き分け 一般には【上】。意味を強めて【挙】とも。

⓲【上・挙】物事に全力を出したり激しい意気込みを示したりする。⁼「全力を━・げて事に当たる」「一同参集して気勢を━」「酔って気炎を━」

⓳【挙】はっきりと目立つ形で好ましい結果を生み出す。⁼「利益[効果・先取点]を━」「敵将の首級(しゅきゅう・しるし)を━」

F 終了・完成させる

⓴【上】仕事を終え(て作品を作り上げ)る。⁼「今日中に仕事を━」「御注文の洋服は五日以内に━・げましょう」

㉑【上】稽古(けいこ)事などで、一つの作品を習い終える。⁼「二年がかりで初級を━」

G その他

㉒【上・揚】芸者などを呼び寄せて遊ぶ。⁼「芸者を━・げて遊ぶ」

㉓【挙】はっきりと目立つ形で名前や事柄を示す。掲げ示す。⁼「次期社長候補として常務の名を━」「新人賞候補に━・げられた作品」「例を━・げて具体的に説明する」

㉔【挙】検挙する。⁼「真犯人を━」

㉕【挙】兵を集め軍事行動を起こす。旗揚げする。挙兵する。⁼「倒幕の兵を━」

㉖【挙】式典、特に結婚式を執り行う。挙行する。挙式する。⁼「式を━」

㉗【挙】〈「…を挙げて」の形で〉構成員のすべてにわたって。⁼「国を━・げて応援する」「一家を━・げて渡航する」

㉘【挙】〔古風〕子供をつくる。もうける。⁼「千代治等も長じて恋し子を━・げぬわが旅にしてなせしごとくに〈石川啄木〉」

㉙【揚】食材を熱い油の中に入れて煮る。また、そのようにして揚げ物を作る。⁼「車エビを━」「天ぷらを━」

㉚【上】神仏に供える。⁼「お経[祝詞(のりと)]を━」「霊前に線香を━」

㉛【上】「やる」を上品にいう語。軽い謙譲の意を伴うこともある。⁼「(景品の洗い粉を)姉さんに━・げましょう〈漱石〉」「君にこの本を━よ」 使い方 本来は動作の及ぶ人物を高めて言う謙譲語だが、今は同等またはそれ以下の人にも使う。近年は「金魚にえさを━」「花に水を━」など動植物に対してもいう。より敬意の度合いの高い言い方に「差し上げる」がある。

㉜【上】〔古風〕使用人として仕えさせる。奉公に出す。⁼「娘をお屋敷に━」⬍下げる

㉝【上】ある金額(特に、安い金額)の費用で済ませる。まかなう。⁼「飲食費を二万円で━」

㉞【上】機械の機能を停止させてしまう。だめにする。‖「車のバッテリーを—・げてしまう」▼「—・げてしまう」「—・げない」などの形で使う。

二【自】【上】満ち潮になって海面が上がる。‖「だんだんと潮が—・げてくる」 使い方 自らを上げる意でいう。「霜が置く」の類。

H「〜あげる」の形で使う

三〈動詞の連用形に付いて複合動詞を作る〉

❶【上】謙譲の意を添える。‖「厚く御礼を申し—・げます」「少しも存じ—・げませんでした」

❷【上】その仕事をすっかり終える。‖「今日中に織り—」「定年まで三五年間を勤め—」

❸【上】はっきりと目立つようにことばで示す。‖「条文に謳(うた)い—」「賛同者の氏名を読み—」

❹【上】極限まで…する。…し尽くす。‖「徹底的に調べ—」「ぴかぴかに磨き—」「叙情味たっぷりに歌い—」

I「〜てあげる」「〜であげる」の形で使う

四〔補動〕〈動詞連用形＋「て〔で〕あげる」の形で〉「…てやる」を上品にいう語。その動作がそれを受ける人に恩恵を与える意を表す。‖「叔母さんに梅川の鰻をとって—の〈芥川〉」「少し話し相手になって—から〈漱石〉」

使い方 (1)本来は動作を受ける人を高めて言う語だが、今は同等またはそれ以下の人に使い、さらに動植物、無生物にも使う傾向にある。‖「ポチを末永くかわいがって—・げてね」「本は大切に扱って—・げてください」

(2)動作主が恩恵を与える立場にあるため、それを受ける人を一段下の者として扱うような感じや、恩着せがましさ、押しつけがましさを伴うため、目上の人には使いにくいことが多い。

◈書き分け ⬇あがる 文あ・ぐ 名上げ

あけ-わた・す【明け渡す】〔他五〕家や地位などから立ち退いて、その場を他人に渡す。‖「城〔土地〕を—」 名明け渡し

あけ-わた・る【明け渡る】〔自五〕夜が明けてあたりがすっかり明るくなる。明け離れる。‖「夜が—・り大地に光がみなぎる」

アゲンスト [against]〔名〕ゴルフなどで、向かい風。逆風。アゲンストウインド。⇔フォロー ▼…に逆らっての意から。

あ-こ【▼吾子】〔名〕〔古風〕自分の子供を親しんでいう語。我が子。‖「—よ、眠れ」

あご【顎(▼頤)】〔名〕❶人・動物の口を構成する顎骨(がっこつ)を中心とする部分。上あごと下あごの総称で、食物をかみ砕き、また発声に役立つ。あぎと。❷下あご。特に、その外側。おとがい。 使い方 あごを突き上げる所作で、しばしば傲慢(ごうまん)・軽蔑(けいべつ)の態度の象徴とする。‖「—で命令する」◈書き分け 本来【顎】は上あごと下あごの総称、【頤】は下あごの意。今では①②とも多く【顎】を使う。

◉**顎が外・れる** 大笑いをすることのたとえ。‖「—ほど笑う」

◉**顎が落ちる** 食べ物が非常にうまいことのたとえ。

◉**顎が干上(あひ)が・る** 生活の手段を失って食えなくなる。‖「失業して—」

◉**顎で使・う** いばった態度で人を使う。頤使(いし)する。

◉**顎をしゃく・る** 指を使わず、あごで命令したり事物を指し示したりする。

◉**顎を出・す** 疲れきって物事を続けるのがいやになる。‖「運動場を九周して—」 注意「顎が出る」は誤り。

◉**顎を撫(な)・でる** 得意げなようすをいう。

あこう-だい【▽赤▽魚▼鯛】(アカウダヒ)〔名〕深海の岩場にすむフサカサゴ科の海水魚。体色は鮮紅色。食用。あこう。

アコースティック [acoustic]〔形動〕アンプなどの電子装置を使わないさま。楽器本来の響きをもつさま。‖「—ギター」

アコーディオン [accordion]〔名〕❶蛇腹(じゃばら)式の箱形のふいごを伸縮させ、鍵盤(けんばん)やボタンをおして演奏する楽器。手風琴(てふうきん)。❷伸縮する形状である意を表す。‖「—カーテン・—ドア」

あこがれ【憧れ(▽憬れ)】〔名〕あこがれること。また、その思い。憧憬(しょうけい・どうけい)。‖「—の人」「—を抱く」

品格 渇仰(かつごう)「故人の徳を—する」 思慕「—の情」 憧憬(しょうけい・どうけい)「—の的」

あこが・れる【憧れる(▽憬れる)】〔自下一〕理想とする物事・事物や人などに強く心をひかれる。特に、強い思慕の念を抱く。憧憬(しょうけい・どうけい)する。‖「田舎での生活に—」「宇宙飛行士に—(＝なりたいと思う)」「若い実業家に—(＝思い焦がれる)」 書き方「〈憧憬〉れる」とも当てる。 使い方 もと「異国情調を—」のように他動詞にも使った。 文あこが・る 名憧れ

あこぎ【▼阿▼漕】〔名・形動〕どこまでも強欲(ごうよく)無慈悲で、あくどいさま。‖「—なまねをする」 語源 禁漁区の阿漕ケ浦(＝三重県津市の海岸)でしばしば密漁をして捕らえられたという漁師の伝説からという。そこからたび重なる意が生じ、さらに際限なくむさぼる意に転じた。

あご-ひげ【顎▼鬚・顎▼髭】〔名〕下あごにはえたひげ。

鬚

あご-ひも【顎▼紐】〔名〕風で飛ばされないように、かぶるときあごにかけて使う帽子のひも。

あこや-がい【▼阿古屋貝】(ヒカ)〔名〕養殖して真珠の母貝とする、ウグイスガイ科の二枚貝。貝柱は食用。真珠貝。▼昔、知多半島の阿古屋の浜で多く産した。

あさ【麻】〔名〕❶茎の皮から繊維をとるために栽培されるクワ科の一年草。夏、薄緑色の小花を穂状につける。種子(おのみ)からは油をとる。大麻(たいま)。青麻(あおそ)。❷茎の皮から繊維をとる麻・亜麻・苧麻(ちょま)・黄麻(こうま)などの総称。また、葉から繊維をとるマニラ麻・サイザル麻などの総称。❸麻糸。また、麻布。‖「—を紡ぐ」

◉**麻の如(ごと)・し** 麻糸がもつれ乱れるように、物事の状態がひどく乱れることのたとえ。‖「天下は—・く乱れる」

◉**麻の中の蓬(よもぎ)** 善良な人と交われば、自然に感化されて善良になる。▼まっすぐに伸びる麻の中に生えれば、曲がりやすいヨモギもまっすぐ伸びる意から。

あさ【朝】〔名〕夜が明けてからしばらくの間。また、夜が明けてから正午ごろまでの間。‖「—が来る」「—のうちに雑用を片づける」⇔夕

品格 朝まだき「—に起きる」 払暁(ふつぎょう)「—の勤行(ごんぎょう)」 黎明(れいめい)「—を待つ」◉「黎明」は新時代、新たな芸術運動が始まる例えにも使う。

「朝」のイメージと表現

①清新で爽快(そうかい)である。(さわやかな朝の光〔風／大気〕・すがすがしい朝の散歩)

②生気・希望に満ちている。(生気あふれる朝を迎える・希望に輝く朝が来る)

③一日の初めに当たって縁起をかつぐ、凶事を嫌う。(一日の計は朝(あした)にあり・朝、茶柱が立ったか

らいいことがあるよ・朝っぱらから縁起でもない)
＊俗信に、朝の蜘蛛(くも)(吉)、朝の女客(商家で吉)がある。
④「朝起き」「朝星を頂く」は勤勉と繁栄の、「朝寝・朝酒・朝湯」は怠惰(たいだ)と快楽と没落の象徴。

あざ【字】［名］町や村をさらに小さく分けた区域。大字(おおあざ)と小字(こあざ)がある。

あざ【▼痣】［名］❶色素の増加などによって、皮膚にできる赤・青・紫などの斑紋(はんもん)。▼生理学的には「ほくろ」を含む。❷体を強く打ったあとにできる赤・青・紫などの斑紋。‖「転んで腕に―を作る」

あさ-あけ【朝明け】［名］朝になってあたりが明るくなること。また、その時分。明け方。‖「―の空」

あさ・い【浅い】［形］❶表面から底までの距離が小さい。‖「この港は水深が―」「海べの―所で遊ぶ」「―皿」「溝を―・く掘る」❷内部にあって表面からの距離が小さい。また、入り口や先端から奥までの距離が小さい。‖「震源が―」「対立の根は決して―・くはない」「椅子(いす)に―・く腰を下ろす」❸野球で、ホームベースから見て、定位置より前の方に位置するさま。‖「右翼手の守備位置が―」❹物事が表面的な領域にとどまっているさま。十分でない。深くない。‖「傷は―」「―経験〔読み・眠り〕」「学問の底が―」「広く―・く学ぶ」「二人の因縁(いんねん)は―・くはない(＝深い)」❺関係が密接でない。‖「あの人とは親交が―」「彼とは浅からざる縁(えん)がある」❻薄い色合いである。淡い。‖「―緑色」❼始まってからまだ十分に時間がたっていない。‖「社会人になってまだ日も―」「春なお―山里」◈⬍深い 派生 -げ／-さ／-み

アサイー［açaí ポルトガル］［名］ブラジルのアマゾン川流域原産の、ヤシ科の常緑高木。また、その果実。熟した果実は濃紫色で、ジュースなどに加工する。

あさ-いち【朝一】［名］その日の朝、一番最初。朝一番。‖「―の仕事」「―で仕入れに行く」

あさ-いち【朝市】［名］朝早く開く、野菜・魚などの市。

あさ-いと【麻糸】［名］麻の繊維で作った糸。

あさ-うら【麻裏】［名］❶麻布の裏地。❷平らに編んだ麻の組み緒を裏に縫いつけた草履(ぞうり)。▼「麻裏草履」の略。

あさ-おき【朝起き】［名・自サ変］朝早く起きること。早起き。‖「―も苦にならない」⬍朝寝

あさ-がえり【朝帰り】［名］よそで夜を明かして、翌朝自分の家に帰ること。▼もと遊郭からの帰りをいった。今も多く遊びから帰ることにいう。

あさ-がお【朝顔】［名］❶夏の早朝らっぱ状の花を開き、昼前には閉じるヒルガオ科のつる性一年草。つるは左に巻く。園芸植物として栽培され、種類が多い。❷管楽器の先端部など、らっぱ状をしたもの。特に、小便を受ける男子用便器。

あさ-がけ【朝駆け(朝▼駈け)】［名］❶朝早く不意に敵陣を襲うこと。⬍夜討ち・夜駆け ❷新聞記者などが、朝早く予告なしに人の家に取材にゆくこと。‖「夜討ち―の取材合戦」⬍夜討ち

あさ-がた【朝方】［名］朝のうち。‖「―は冷え込むが、昼間は暖かい」⬍夕方▼副詞的にも使う。

あさ-がた【朝型】［名］朝早くから活動する生活習慣であること。‖「―に切り替える」⬍夜型(よるがた)

あさ-ぎ【浅▼葱】［名］緑を帯びた薄い藍(あい)色。浅葱色。‖「―裏・―椀(わん)・―袴(ばかま)」▼淡いネギの葉の色の意。書き方「浅黄」とも。

あさくさ-のり【浅草〈海▼苔〉】［名］❶紅藻類ウシケノリ科の海藻。食用として各地の内海で養殖される。アマノリ。ムラサキノリ。語源 江戸時代、多く浅草付近の海辺で採取・加工されたからという。❷浅草のりを薄く紙のように漉(す)いて干した食品。干しのり。のり。

あさ-ぐろ・い【浅黒い】［形］人の肌の色が茶褐色をしているさま。薄黒い。‖「―精悍(せいかん)な顔」

あさ-げ【朝▼餉(朝▽食)】［名］〔古風〕朝食。朝めし。⬍夕餉(ゆうげ)・昼餉(ひるげ)

あざけ・る【嘲る】［他五］ことばに出したり笑ったりして、人をばかにする。‖「人の失敗を―」 名 あざけり

嘲

あさ-ごはん【朝御飯】［名］朝の食事。▼「朝飯(あさめし)」より丁寧な言い方。⬇朝飯［品格］

あさ-ざけ【朝酒】［名］朝から酒を飲むこと。また、その酒。

あさ-さむ【朝寒】［名］晩秋になって覚える、朝のうすら寒さ。あささむ。⬍夜寒

あさ-じ【浅▼茅】［名］まばらにはえたチガヤ。また、丈の低いチガヤ。‖「―が宿(やど)(＝アサジのはえた、荒れ果てた家)」

あさ-しお【朝潮】［名］朝方に満ちてくる潮。⬍夕潮

あさ-すず【朝涼】［名］夏の朝のうちに感じる、すがすがしい涼しさ。朝涼み。

あさ-せ【浅瀬】［名］川の流れの浅い所。また、海や湖の浅い所。‖「―を渡る」

あさ-だち【朝立ち】［名・自サ変］朝早く旅立つこと。‖「―に備えて早寝する」⬍夜立(よだ)ち

あさ-ぢえ【浅知恵】［名］浅はかな知恵。

あさ-つき【浅▼葱】［名］葉・茎はネギに、鱗茎(りんけい)はラッキョウに似るユリ科の多年草。山野に自生し、野菜として栽培もされる。せんぼんわけぎ。

あさ-づけ【浅漬け】［名］野菜をぬかや塩で短時日つけること。また、つけたもの。‖「―のナス」

あさって【〈明後日〉】［名］明日の次の日。みょうごにち。‖「―までに仕上げたい」「―来い！(＝二度と来るな！)」▼「あさて」の転。

◉**明後日を向・く** 全く見当違いの方を向く。

あさっ-ぱら【朝っぱら】［名］〈多く「朝っぱらから」の形で〉「朝(早く)から」を強めていう語。多く朝にふさわしくないの気持ちで非難していう。‖「―から喧嘩(けんか)はよせ」▼「朝腹(あさはら)」の転で、もと朝食前の空腹の意。

アサップ【ASAP】［名］できるだけ早く行うこと。至急。エーエスエーピー。▼as soon as possible の略。

あさ-つゆ【朝露】［名］朝、降りる露。朝の露。‖「木の葉が―にぬれる」⬍夜露▼はかないもののたとえにいう。‖「―の命」

あさ-で【浅手(浅▽傷)】［名］〔古風〕軽い傷。軽傷。薄手。⬍深手

あざと・い［形］❶思慮深さに欠けるが、小利口であるさま。浅はかでこざかしい。‖「―手だてを講じても通じない」❷抜け目がなく貪欲(どんよく)であるさま。あくどい。‖「―商法で金もうけを企む」◈ 使い方 ①②とも非難していう。派生 -さ

あざ-な【▽字】[名] ❶文人・学者などが実名以外につけた名。荻生徂徠(おぎゅうそらい)の「茂卿(しげのり)」など。▼昔の中国の風習をまねたもの。❷〔古風〕あだ名。

あさな-あさな【朝な朝な】[副]〔古風〕朝ごと。毎朝。あさなさな。≡「—庭の草花をめでる」⬍夜な夜な

あざな・える【▽糾える】(アザナヘール)[連語]〔古風〕縄などがよりあわさった。≡「禍福(かふく)は—縄の如(ごと)し」▼文語動詞「あざなふ」の命令形+完了を表す文語助動詞「り」の連体形から。

あさ-なぎ【朝▼凪】[名] 朝、陸風と海風が入れ替わるとき、海辺の風がしばらくやむこと。⬍夕凪

あさな-ゆうな【朝な夕な】(ユーナ)[副]〔古風〕朝となく夜となく。朝に夕に。朝晩。朝夕。≡「—(に)亡き子を偲(しの)ぶ」

あさ-ね【朝寝】[名・自サ変] 朝遅くまで寝ていること。朝寝坊。寝坊。≡「—を楽しむ」⬍朝起き

あさね-ぼう【朝寝坊】(ボー)[名・自サ変] 朝寝をすること。また、その(癖のある)人。≡「—して遅刻する」▼「朝寝」+接尾語「坊」から。

あさ-はか【浅はか】[形動] 思慮の足りないさま。浅薄。≡「—な考え」 書き方 「浅墓」と当てる。 派生 -さ

あさ-はん【朝飯】[名] 朝の食事。朝食(ちょうしょく)。朝めし。⬍夕飯(ゆうはん)

あさ-ばん【朝晩】[名] 朝と晩。≡「—はめっきり涼しくなりました」「—(=朝に晩に。いつも)勉学に励む」▼副詞的にも使う。

あさ-ひ【朝日(▼旭)】[名] 朝、昇って間もない太陽。旭日(きょくじつ)。また、その光。≡「東の空に—が昇る」「—が差し込む」⬍夕日 使い方 さわやかで新鮮、勢いがよいなどのたとえにいう。≡「勲功(くんこう)は—のように輝く」

あさ-ぶろ【朝風呂】[名] 朝、沸かす風呂。朝湯。

あさ-ぼらけ【朝ぼらけ】[名]〔古風〕朝、空がほのかに明るくなるころ。夜明け方。あけぼの。

あさ-ま【朝間】[名]〔古風〕朝のうち。朝のあいだ。

あさまし・い【浅ましい】[形] ❶姿・形などがみじめで見るに堪えないさま。≡「—姿になって帰郷する」❷品性・態度に欲が表れていて卑しいさま。さもしい。下品だ。≡「根性が—」「もうけばかり追う—男」❸考えが浅く、愚かなさま。◈動詞「あさむ」の形容詞形。もとは善悪にかかわらず意外さに驚きあきれる意で用いたが、現在は否定的な意味でのみ用いる。 派生 -げ/-さ

あさ-まだき【朝まだき】[名]〔古風〕夜が明けきらずに、薄暗いころ。早朝。≡「—に道行く人とてない」▼副詞的にも使う。

あざみ【▼薊】[名] ノアザミ・オニアザミ・フジアザミなど、キク科アザミ属の多年草の総称。葉は羽状に裂け、先端にとげがある。夏、淡紅色・紫紅色などの花を開く。

あさ-みどり【浅緑】[名] 新芽・若竹に見るような、薄いみどり色。薄みどり。

あざむ・く【欺く】[他五] ❶真実めかして他人をだます。≡「策を弄(ろう)して敵を—」❷自分の心に反する言動をする。偽る。裏切る。≡「本心を—・いて体制側につく」「—・かざる(=真実の)告白」❸物事が予想などに反した結果となる。裏切る。≡「予想を—・かない出来映え」❹〈「〜を(も)欺く」の形で〉〜と区別がつかないほどである。〜と見まがう。〜にも負けない。≡「真昼を—月光」「花をも—美しさ」 可能 欺ける

あさ-めし【朝飯】[名] 朝の食事。朝食。あさはん。⬍昼飯(ひるめし)・夕飯(ゆうめし)・晩飯(ばんめし)

品格 朝餉(あさげ)・朝餉(あさげ)「—の膳」 朝食「テーブルに—を並べる」◉「あさはん」と読むと多少、品格が高まる。「朝御飯」は「朝飯」よりは丁寧だが、幼さがある言い方。

あさめし-まえ【朝飯前】(ーマヘ)[名] ❶朝起きてから食事までの間。❷[形動] 朝飯を食べなくてもできてしまうほどに容易なこと。≡「こんな問題は—だ」

あざ-やか【鮮やか】[形動] ❶色・形などがきわだってはっきりしているさま。≡「新緑が目に—だ」「墨痕(ぼっこん)—に描く」「記憶が—によみがえる」❷技などがきわだって巧みで見事なさま。≡「—な手並みを披露する」「—な包丁さばき」「—に一本決める」 派生 -さ

あさ-やけ【朝焼け】[名] 日の出のとき、東の空が赤くそまって見えること。≡「—は雨、夕焼けは晴れ」⬍夕焼け▼俗に、雨の兆しとする。

あさ-ゆ【朝湯】[名] 朝風呂(あさぶろ)。≡「—に入る」

あさ-ゆう【朝夕】(フユ)[名] 朝と夕方。朝晩。≡「—は冷え込むでしょう」▼副詞的にも使う。

あざらし【〈海▼豹〉】[名] 多く北洋・南極地方に分布するアザラシ科の哺乳(ほにゅう)動物の総称。四肢はひれ状で、首は短い。ゴマフアザラシ・ワモンアザラシなど。海豹(かいひょう)。

あさり【浅▼蜊】[名] 浅海の砂泥地に分布するマルスダレガイ科の二枚貝。殻表は細かい布目状で、色・模様は変化に富む。食用。

あさ・る【▽漁る】[動五] ㊀[他] ❶えさや獲物を探し求める。≡「犬が残飯を—」「カラスがごみ箱を—」❷物や人を得ようとして探し回る。≡「古本を—」◈もと、漁をする意。㊁〈動詞の連用形について複合動詞を作る〉❶あちこちを回ってその動作をする。〜して回る。≡「美術品を買い—」❷探し求めては、手当たり次第にその動作をする。≡「歴史書を読み—」「名盤を聞き—」

アザレア【azalea】[名] ツツジの園芸品種。冬から春にかけて、白・紅などの大形花をつける。中国の原種がヨーロッパで改良されたもの。オランダツツジ。

あさ-れん【朝練】[名] 朝早く行うスポーツなどの練習。

あざ-わら・う【▽嘲笑う・▽嘲う】(ラフウ)[他五] ばかにしてわらう。せせら笑う。嘲笑(ちょうしょう)する。≡「人の失敗を—」 名 あざ笑い

あし【足・脚】[名] ❶【脚・足】動物の胴から分かれ出て、歩いたり体を支えたりする部分。人間では腰から下の二本に分かれ出ている部分全体をいう。≡「—が長い」「細い—」「—を組む」⬇ 書き分け
❷【足】足首から下の部分。≡「—が大きい」「—に合わない靴」「—の裏」
❸【脚】物の下部にあって本体を支える部分。また、物の下部の地面に接する部分。≡「テーブルの—」「脚立の—」
❹【脚】漢字の構成部分の名称。上下に分けられる漢字の、下側の部分。「思」「点」の「心(したごころ)」「灬(れっか)」など。
❺【足】数学で、ある一点からおろした垂線が直線または平面と交わる点。≡「垂線の—」
❻【脚・足】物事の動くようすを動物の足の歩みに見立てていう語。≡「静かに空を渡って行く雲の—が…〈有島武郎〉」「雨—・日—」
❼【足・脚】歩くこと。走ること。また、その能力。≡「—が弱い」「—を速める」「若者の—なら五分で行ける」「船—」
❽【足】行くこと。また、来ること。≡「客の—が遠のく」「その—で郵便局に寄る」

❾【足】移動の手段。交通機関。〓「—の便が悪い」「ストで—を奪われる」
❿【足】ぜに。⬇お足
◈書き分け ③④⑥は主に【脚】、②⑤⑦～⑩は主に【足】を使う。【脚】は元来、ひざから下の部分の意だが、「彼[キリン]は脚が細い」「美しい脚の線」など①のように足全体の意で使う。ただし①は「足を組む」「手も足も長い」など慣用的に【足】を使う用法もある。また、哺乳動物は「▽肢」、昆虫は【脚】と書き分けることもある。

◉**足が地に着かな・い** ❶喜びや緊張で気持ちが落ち着かない。〓「初舞台を明日に控えて—」❷考えや行動が浮ついていて、しっかりしていない。〓「理想を追うばかりで—」◈注意「足に地が着かない」は誤り。

◉**足が付・く** 犯人の身元や逃走経路がわかる。また、犯行が明らかになる。〓「脅迫電話の声紋から—」

◉**足が出・る** 予算や収入を超えた出費になる。

◉**足が早・い** ❶食べ物などが腐りやすい。〓「かまぼこは—」❷売れ行きがよい。〓「この手の商品は—」

◉**足が棒にな・る** 歩き続けたり立ち続けたりして、足の筋肉がこわばる。〓「隣町まで歩いたら—った」

◉**足が乱・れる** ❶歩調がふぞろいになる。❷統一した行動がとれなくなる。〓「抗議行動の—」❸事故・災害などで、交通機関の運行が混乱する。〓「大雪で通勤の—」

◉**足を洗・う** 好ましくない仲間や仕事から離れて、まともな生活をする。〓「やくざの世界から—」注意 単に離れる意で使うのは不適切。〓「×教育の世界から足を洗ってだいぶたつ」

◉**足を掬わ・れる** 思いがけないことで失敗させられる。▽近年、「足元を掬われる」とも言うが、本来は誤り。

◉**足を運・ぶ** わざわざ出向いて行く。〓「何度も事務所に—」

◉**足を引っ張・る** 他人の成功や前進を意図的に妨げる。また、ある行為が進行の妨げとなる。〓「醜聞を流して昇進の—」「失策がチームの—」

◉**足を向・ける** ある方向へ行く。〓「故郷に—」

あし【▼葦(▼蘆・▼葭・▼芦)】[名] 水辺に群生するイネ科の多年草。秋、ススキに似た大きな穂をつける。中空の堅い茎ですだれなどを作る。「悪し」に通じることから「よし」ともいう。書き分け もと成熟したものを【葦】、穂がすっかり出そろわないものを【蘆】、穂の出ていないものを【葭】と書き分けた。今は一般に【葦】を使う。【芦】は「蘆」の俗字(簡易慣用字体でもある)。

葦

あ・し【▽悪し】[形シク]〔古風〕悪い。〓「—・しき習慣を改める」▼多く、「よし」と対句的に使い、「よきにつけあしきにつけ」「よかれあしかれ」「よしあし」「折あしく」「あしからず」などの形で使う。使い方「考える—」など、弱い人間のたとえにもいう。

あじ【味】[名] ❶舌でとらえる、飲食物などがもつ甘い・辛い、うまい・まずいなどの感じ。〓「苦い—がする」「塩・こしょうで—を調える」「上品な—」❷そのものに特有のすぐれた性質。味わいのある趣。〓「—のある文章」❸体験から得た物事の感じや物のよしあし。〓「勝利の—をかみしめる」「人生の苦い—を知る」❹〈多く「味な」の形で〉気のきいた、しゃれた、手ぎわがよいの意。〓「なかなか—なまねをする」「縁は異なもの—なもの」

品格 味わい「深い—」風味「独特の—」◉「味わい」「風味」はよい味について使う。「味わい」は、物事の趣についても言う。

◉**味も素っ気もな・い** 何の趣もない。無味乾燥だ。〓「—文章」

◉**味を占・める** 一度体験したうまみや面白みが忘れられなくて、次にも同様のことを期待する。

あじ【▼鯵】[名] 暖流に分布するスズキ目アジ科の海水魚の総称。体側に「ぜいご」「ぜんご」と呼ばれる堅いうろこが並ぶ。マアジ・ムロアジ・シマアジなどがあるが、ふつうマアジをさす。食用。

アジ[名]「アジテーション」の略。〓「—プロ(=アジテーションとプロパガンダ。扇動と宣伝)」

アジア[Asia][名] 六大州の一つ。ユーラシア大陸の東部・中部の地域とそれに付属する諸島からなる。ヨーロッパ州とともにユーラシア大陸をなし、ウラル山脈・カスピ海・黒海を結ぶ線でヨーロッパと区分される。書き方「亜▽細亜」とも。

あし-あと【足跡】[名] ❶通ったあとに残る足の形。〓「雪道に—が残る」❷通っていった道筋。足取り。経路。〓「犯人の—を追う」❸業績。そくせき。〓「物理学に偉大な—を残す」

あし-うら【足裏・▼蹠】[名] 足の裏。〓「—のつぼ」

アジェンダ[agenda][名] ❶行動計画。特に、国際的に取り組む行動計画。❷議題。協議事項。また、議事日程。❸スケジュール帳。備忘録。

あし-おと【足音(▼跫音)】[名] ❶歩いたり走ったりするときに出る足の音。〓「—が近づく」❷物事が近づいてくる気配。〓「かすかに春の—が聞こえる」

あしか【〈海▼驢〉・▼葦鹿】[名] 太平洋に分布するアシカ科の哺乳動物。オットセイに似るがやや大きい。ひれ状の四肢で巧みに泳ぐ。ウミウソ。

驢

あし-がかり【足掛かり】[名] ❶上り下りするときに、足をかけて支えにするもの。足だまり。❷物事をしようとするときに、手がかりとなるもの。〓「解決の—をつかむ」

あし-かけ【足掛け】[名] ❶鉄棒で、足をかけて上がったり回ったりすること。〓「—上がり」❷年・月・日など期間を数えるとき、始めと終わりにあたる端数の年・月・日をそれぞれ一とする数え方。〓「退職して—五年になる」▼「数え年で二〇歳になる」「二年生植物」などはこの数え方によったもの。書き方 多く「足かけ」と書く。

あし-かせ【足▼枷・▼桎】[名] ❶昔、足首にはめて罪人の自由を妨げた刑具。足がせ。❷自由な行動を妨げるもの。〓「固定観念が発想の—となる」

あし-がた【足形・足型】[名] ❶【形】踏んだり歩いたりしたあとに残る足の形。❷【型】靴・足袋などを作るときに使う木製の型。

あし-がため【足固め】[名] ❶登山や旅行などに備えて、足をならしきたえること。❷物事の基盤をしっかりと固めること。地固め。基礎固め。〓「成功への—を怠らない」❸床下の柱と柱の間に取り付けた横木。

あしから-ず【▽悪しからず】[連語] 相手の気持ちを考えず物事をしたときなどに、悪く思わないで、気を悪くしないでの意で使う語。〓「お願いの件、—御了承下さい」書き方 漢文にならって「〈不悪〉」とも。

あし-がらみ【足▼搦み】[名] 柔道などで、相手の足に自分の足をからませて倒す技。

あし-がる【足軽】[名] 普段は雑用を務め、戦のときは歩兵となる者。江戸時代には武士の最下位に位置づけられた。雑兵。歩卒。

アしき-しゅうきゅう【ア式蹴球】[名]〔古

風〕サッカー。▼「アソシエーションフットボール」の訳。

あじき-な・い【味気ない（味気無い）】 アヂキ〔形〕⬇味けない 派生 -げ／-さ／-がる

あし-きり【足切り】〔名〕試験などで一定の基準に達しない者をふるい落とすこと。▼下位に位置する者を足に見立てていう。

あし-くせ【足癖】〔名〕❶足の置き方や歩き方など、足の動作に伴う癖。═「ーの悪い馬」▼悪いものとみなしていう。❷相撲で、足を使って倒す技。

あし-くび【足首】〔名〕足のくるぶしの上の少し細くなった部分。═「ーを捻挫（ねんざ）する」

あし-げ【足蹴】〔名〕〈多く「足蹴にする」の形で〉❶人や動物を足でけること。❷ひどい仕打ちをすること。═「恩人をーにするとは何事だ」◈使い方「蹴（け）」は、文語の下一段の動詞「蹴る」の連用形から。これを現代語の五段で「足蹴（あしげ）り」とするのは標準的でない。

あし-げ【▼葦毛（▼芦毛）】〔名〕馬の毛色で、白毛に黒・茶などが交じっているもの。また、その馬。

あし-げい【足芸】〔名〕あおむけに寝て、上に伸ばした両足でたらいなどを操る曲芸。足業（あしわざ）。

あじけ-な・い【味気ない（味気無い）】 アヂケ〔形〕物事に味わいや面白みやはりあいなどが感じられず、つまらないさま。あじきない。═「寄宿生活はーー」「ー世の中に愛想を尽かす」書き方「あづきなし（＝道理にはずれてひどい）」の転で、「味気」は当て字。使い方⬇「ない」のコラム（三〇六ジ）派生 -げ／-さ／-がる

あし-こし【足腰】〔名〕上半身を支える足と腰。═「ーを鍛える」

あじさい【〈紫陽花〉】 アヂサヰ〔名〕梅雨のころ、多数の小花が球状に集まって咲くユキノシタ科の落葉低木。花の色は淡青色から青紫色・淡紅色などに変わる。七変化（しちへんげ）。庭木として栽培され、園芸品種が多い。

あし-さき【足先】〔名〕足の先の部分。

あし-ざま【▽悪し様】〔形動〕劣ったものとみなして、悪く言うさま。═「人をーに言う」

あし-しげく【足繁く】〔副〕ひんぱんに通うさま。═「図書館にー通う」

アシスタント［assistant］〔名〕仕事の補佐をする役（の人）。補佐役。助手。═「チーフー」

アシスト［assist］〔名・他サ変〕❶人の仕事を補佐すること。═「演出家をーする」❷サッカー・アイスホッケーなどで、シュートする選手に適切なパスを送ってゴールインを助けること。また、それを行う選手。

あし-ずり【足▼摺り】〔名・自サ変〕激しく足を踏みならしたり地面にすりつけたりして、身もだえすること。じだんだを踏むこと。═「ーして悔しがる」▼受け入れがたい現実に対する激しい悔しさや怒りを表す動作。

あした【▽朝】〔名〕〔古風〕あさ。═「ー浜辺をさまよえば、昔のことぞ偲（しの）ばるる〈浜辺の歌〉」⇔夕べ

あした【〈明日〉】〔名〕❶今日の次の日。あす。明日（みょうにち）。═「ーは日曜日だ」「ー、天気になあれ」▼副詞的にも使う。使い方(1)「翌日・明くる日」は過去・未来のある時点を基準にしてその次の日をいい、「あした・あす・みょうにち」は今を基準にしてその次の日をいう。═「その翌日、合格通知が来た／あした、合格通知が来るはずだ」(2)改まった言い方に「あす」、さらに改まった言い方に「明日（みょうにち）」がある。❷（希望に満ちた）未来。また、近い未来。

◉**明日は明日の風が吹く**　明日のことをくよくよ案じても始まらない。なるようになるということ。

あし-だ【足駄】〔名〕雨などのときにはく、歯の高い下駄（げた）。高下駄。

◉**足駄を履（は）・く**　実際の値段より高く売りつけて、差額をかせぐ。

アジタート［agitato イタリア］〔名〕音楽の発想標語の一つ。「激しく」「激情的に」の意。

あし-だい【足代】〔名〕交通費。

あし-つき【足付き・脚付き】〔名〕❶歩いたり走ったりするときの、足の動かし方。═「危なっかしいーで歩く」❷器物に脚がついていること。また、その物。═「ーのお膳（ぜん）」◈書き分け①は多く【足つき】、②は多く【脚付き】を使う。

あじ-つけ【味付け】 アヂ-〔名・自他サ変〕飲食物に味をつけること。味をつけた食品。また、味のつけ具合。═「煮物にーをする」「こってりしたー」「ー海苔（のり）」

あし-で【▼葦手】〔名〕文字を絵画風にくずして、水辺の葦・岩・鳥などになぞらえてかいたもの。平安時代から中世にかけて行われた。文字絵。葦手書き。

アジテーション［agitation］〔名〕扇動。アジ。

あしで-まとい【足手▼纏い】 -マトヒ〔名・形動〕手足にまとわりつくようにそばにいて、自由な行動の妨げとなること。あしてまとい。═「ーな存在」「ーの娘」▼俗に「手足まとい」ともいうが、誤用とする意見もある。

アジト〔名〕左翼運動などを扇動する司令本部。また、非合法運動や犯罪者などの隠れ家。▼アギトプンクト（agitpunkt ロシア）からとも、agitating point からともいう。

あし-どめ【足止め・足留め】〔名・他サ変〕外出や移動ができないようにすること。また、それをさしとめること。═「事故で列車がーを食う」

あし-とり【足取り】〔名〕相撲の決まり手で、相手の足を両手でつかんで倒す（または、土俵の外に出す）もの。

あし-どり【足取り】〔名〕❶歩くときの足の運び方。═「ー軽く家路をたどる」❷犯人などの歩いた道筋。═「犯人のーを追う」◈書き方「足どり」も多い。

あしなが-ばち【足長蜂】〔名〕長い後脚をのばしたまま飛ぶスズメバチ科アシナガバチ属のハチの総称。軒下や木の枝にハスの実状の巣を作る。

あし-なみ【足並み】〔名〕❶いっしょに歩くときの、足のそろい具合。歩調。═「行進のーがそろう」❷目的を同じくする人たちの、考え方や行動のそろい具合。═「春闘のーが乱れる」

あし-ならし【足慣らし・足▼馴らし】〔名〕❶本格的な活動に備えて、足の調子を整えること。═「試合前のーに軽く走る」❷本番に擬した動作をして下準備をすること。═「入試のーに模擬試験を受ける」

あし-ぬけ【足抜け】〔名・自サ変〕❶芸妓（げいぎ）や娼妓（しょうぎ）が前借り金を清算せずに逃げること。❷つらい境遇から抜け出すこと。◈「あしぬき」とも。

あじ-の-もと【味の▽素】 アヂ-〔名〕グルタミン酸ナトリウムを主成分とする化学調味料の商標名。▼一般的呼称では「うま味調味料」「化学調味料」を使う。

あし-ば【足場】〔名〕❶足を踏み立てる所。また、体を支えるために足をかける所。═「崖道（がけみち）でーが悪い」「ーを築く」❷建築現場で、高い所の作業をするために丸太などを組んで足がかりとしたもの。═「ーを組む」❸物事が成立するためのよりどころとなるもの。土台。基盤。また、発展の手がかりやきっかけとなるもの。═「生活のーを

築く」「進出のーを固める」❹交通の便。‖「ーがよい」

あし-ばや【足早】［形動］❶足の運び方が早いさま。‖「せかせかとーに歩く」❷移動したり接近したり遠ざかったりするのが早いさま。‖「台風がーに遠ざかる」「悲しみがーに遠のく」◈書き方 まれに、「足速」とも。

あし-はら【▼葦原】［名］アシが生い茂っている野原。‖「ーの瑞穂の国（＝アシが生い茂り稲穂が豊かに実る国の意で、日本国の美称）」

あしび【〈馬酔木〉】［名］➡あせび

あし-びょうし【足拍子】［名］足を踏み動かしてとる拍子。‖「ーを踏む」⇕手拍子

あし-ぶえ【▼葦笛】［名］アシの葉を丸めて作った笛。よしぶえ。

あし-ぶみ【足踏み】［名］❶［自サ変］立ち止まったまま両足を交互に上げ下げすること。‖「とんとんとーをする」❷［自サ変］物事が進展しないこと。停滞。‖「景気はー状態だ」❸足で踏んで機械類を動かすこと。足ふみ。‖「ー式のミシン」

あし-べ【▼葦辺・▼蘆辺】［名］水辺でアシの生い茂っている所。

あし-まかせ【足任せ】［名］行く先を決めず足の向くままに歩くこと。‖「ーの気楽な散歩を楽しむ」

あじ-み【味見】［名・他サ変］試しに少し口にして、味の具合を調べること。味きき。‖「煮物のーをする」

あし-もと【足下（足元・足▽許）】［名］❶立っている（または、歩いている）足の下。また、そのあたり。‖「ーを踏みしめる」「懐中電灯でーを照らす」❷足の下部。また、そのあたり。‖「冷房でーが冷える」「ーの泥を落とす」❸身近なところ。また、人の置かれている立場や状況。身辺。‖「危険がーに迫る」「ーを固めて選挙に臨む」❹歩くときの足の運び具合。歩きぶり。足どり。‖「ーがふらつく」❺料理屋などで、履きもの。◈書き方 一般に「足下」と書く。「足もと」も多い。

◉足下から鳥が立・つ ❶身近なところで意外なことが起こる。❷急に思い立ってあわただしく行動を起こす。‖「ーように帰国する」◈「足下から鳥が飛び立つ」とも。

◉足下に火が付・く 身近に危険が迫る。足下から火が出る。足下から火がつく。‖「経営難でー」

◉足下にも及ばな・い 余りにすぐれていて、とてもかなわない。比較にならない。足下へも寄りつけない。

◉足下の明るいうち 自分の立場が不利にならないうち。‖「ーに手を引く」

◉足下を見・る 人の弱みを見抜いてそれにつけこむ。足下につけこむ。‖「人のー・見てびた一文貸さない」

アジャスター【adjuster】［名］❶調節器。調節装置。❷調整者。

アジャスト【adjust】［名・他サ変］❶調節すること。調整すること。‖「日程をーする」❷適応すること。‖「新しい環境にーする」

あじゃり【▼阿▼闍▽梨】［名］❶高徳の僧。❷天台宗・真言宗で、宣旨によって任じられる僧職。また、その位を得た僧。◈梵語 ācārya の音訳「阿闍梨耶」から。

あ-しゅ【亜種】［名］生物分類学上の単位の一つ。必要に応じて、種の下に設ける。トラ（種）におけるベンガルトラの類。

あし-ゆ【足湯（脚湯）】［名］足の疲れなどをとるために、ひざから下を湯につけること。

あしゅら【▼阿修羅】［名］古代インドの神。インド神話では戦いを好む悪神、仏教では仏法の守護神。修羅。あすら。▼梵語 Asura（＝非天）の音訳。

あし-よわ【足弱】［名・形動］歩く力が弱いこと。また、その人。

あしらい［名］❶客などの取り扱い。もてなし。待遇。‖「丁重なーを受ける」「人のーがうまい」❷取り合わせ。‖「刺身のーに青ジソを添える」

あしら・う［他五］❶客などをもてなす。遇する。特に、軽んじて扱う。‖「客を上手にー」「軽く（適当に・冷たく）ー」「けんもほろろにー・われる」❷趣をだすために、他の物を取り合わせる。配する。‖「庭の一隅に松をー」「吸い物に三つ葉をー」可能 あしらえる 名 あしらい

アジ・る［他五］〔俗〕扇動する。‖「群衆をー・って暴動に駆り立てる」▼「アジ」を動詞化した語。

あ-じろ【▼網代】［名］❶浅瀬に設ける魚とりのしかけ。柴や竹を編んで立て連ね、簀に魚を誘い込んでとる。▼「網代（網の代わりの意）」の転。❷檜皮・竹などを薄く細く削り、交差させて編んだもの。垣根・天井・笠などに使う。‖「ーを編む」

あじ-わい【味わい】［名］❶賞味して感じる、飲食物の味の深さ。風味や趣。‖「吟醸酒には豊かな香りとーがある」❷体験して感じる、物事の趣や面白み。‖「ーの深い文章」◈注意「味あい」は誤り。➡味わう

あじ-わ・う【味わう】［他五］❶飲食物の味のよさを十分に感じ取る。味を楽しむ。賞味する。‖「山海の珍味をー」「勝利の美酒をー」❷物事の趣や面白みを感じ取る。鑑賞する。玩味する。楽しむ。‖「名画をー」❸喜びや悲しみなどの思いを体験する。身に染みて感じる。実感としてもつ。‖「勝利の快感をー」「幻滅の悲哀をー・わされる」「旅行気分をー」◈「味」を動詞化した語。「わう」は「賑わう」「幸わう」の「わう」と同じ。注意 (1)「味あう」「味あわない」「味あわされる」とするのは誤り。正しくは「味わう」「味わわない」「味わわされる」。(2)「味合う」は誤り。可能 味わえる 名 味わい

あし-わざ【足技・足業】［名］❶相撲や柔道で、足を使って相手を倒す技。相撲の内掛け、柔道の大外刈りなど。❷足芸。◈書き分け ①は【足技】、②は多く【足業】を使う。

アシンメトリー【asymmetry】［名］釣り合いがとれていないこと。非対称。不均衡。アシメトリー。

あす【《明日》】［名］❶今日の次の日。あした。明日。‖「ーは晴れるでしょう」「ーをも知れぬわが命」「ー、伺います」▼副詞的にも使う。❷（希望に満ちた）未来。また、近い未来。‖「ーの日本を背負う若者」➡あした

◉明日は我が身 他人の不幸が明日は我が身にふりかかるかも知れないということ。

あずかり【預かり】［名］❶預かること。‖「ーの証文」「ー物・ー人」「一時ー」❷金品などを預かったという証拠に渡す書き付け。預かり証。❸物事の決着をつけないままにすること。特に、相撲などで、勝負をつけないままにすること。‖「この一件はーとする」

あずかり-きん【預かり金】［名］預かった金。▼受け取る側からいう。書き方 公用文では「預り金」。

あずかり-し・る【▽与り知る】［他五］かかわりあいをもつ。関与する。関知する。‖「その件は私のーところではない」▼否定的文脈で使う。

あずか・る【▽与る】［自五］❶かかわりをもつ。関係する。関与する。‖「議案の作成にー」「優勝にー・って

力があった(＝貢献した)」 使い方 「国政に与る／国政を預かる」では、前者は関与する、後者は負託されるの意。後者の方がかかわる意が強くなる。❷名誉あることや願わしいことにかかわる。また、そのようにして恩恵を受ける。〓「おほめに—って恐縮です」「分け前〔ごひいき〕に—」◈「預かる」と同語源。 書き方 送りがなは「与かる」とも。 可能 あずかれる

あずか・る【預かる】 アヅカル 〔他五〕❶人の所有物を手近において保管したり面倒をみたりして、責任をもって守る。〓「人の金を—」「留守を—」「医者は人の命を—」❷物事の処理を任せられて、責任をもってその任に当たる。〓「家計〔国政〕を—」「社主として会社経営を—」 使い方 ⬇与(あずか)る ❸物事を保留にしたまま、責任者などに最終決裁をゆだねる。また、責任者としてその処理を引き受ける。〓「最終決定は議長が—」「このけんかは私が—」❹〔新〕〈「〇〇円から預かる」の形で〉売り手が釣り銭の必要な代金をいったん手もとに引きとる。〓「千円からお—りします」▼近年、コンビニなどから出た言い方。「まずは〇〇円から、仮に預かる」という気持ちで言っていると思われる。 可能 預かれる 名 預かり

あずき【《小豆》】 アヅキ 〔名〕種子を食用とするために栽培するマメ科の一年草。また、その種子。夏、ちょう形の黄色い花をつけ、一〇センチメートルほどのさやに七〜九個の実を結ぶ。暗赤色の種子はあん・和菓子・赤飯などの材料。▼取引では「大豆(だいず)」に対して「小豆(しょうず)」という。

アスキー【ASCII】 〔名〕アメリカ規格協会によって定められたデータ通信用の標準コード。数字・アルファベット・記号などを七ビット(七桁の二進数)で表す。アスキーコード。▼American Standard Code for Information Interchange の略。

あずけ【預け】 アヅケ 〔名〕預けること。〓「—主(ぬし)」「—物」「一時—」⬇お預け

あずけいれ-きん【預入金】 アヅケイレ 〔名〕銀行などに預け入れる金。預け金。預金(よきん)。〓「—の総額」

あず・ける【預ける】 アヅケル 〔他下一〕❶自分の所有物の保管や管理を人に頼んで、責任をもって守ってもらう。〓「銀行に金を—」「保育園に子供を—」❷物事の処理を人に頼み任せる。託す。ゆだねる。一任する。〓「この問題は君に—」❸当事者間で決裁せず、権威者などに判断を一任する。託す。ゆだねる。〓「審判長に勝負を—」「会長に下駄を—」❹人や物に体をもたせかける。〓「体(たい)を—けて一気に寄る」 文 あづく

あす-こ 〔代〕「あそこ」のくだけた言い方。

あずさ【▼梓】 アヅサ 〔名〕❶ヨグソミネバリの別称。深山に自生するカバノキ科の落葉高木。材は堅く弾力性がある。昔、これで弓(＝あずさ弓)を作った。❷キササゲの別称。❸アカメガシワの別称。❹版木。〓「—に上(のぼ)す(＝上梓(じょうし)する)」▼昔、中国で②の材を用いたことから。

アスター【aster】 〔名〕❶シオン・ミヤコワスレなど、キク科シオン属の植物の総称。❷エゾギクの別称。

アスタキサンチン【astaxanthin】 〔名〕サケ・甲殻類の殻などに多く含まれる色素成分。抗酸化力にすぐれる。

アステリスク【asterisk】 〔名〕注・参考などを表す記号「*」。星印。アステ(リ)。

アストラカン【astrakhan】 〔名〕❶ロシア連邦のアストラハン地方に産する子羊の毛皮。柔らかい巻き毛に特徴がある。❷①に似せて作った織物。

アストリンゼント【astringent】 〔名〕肌を引き締めるのに使う化粧水。アストリンゼン。▼収斂(しゅうれん)性の、の意。

あすなろ【〈翌▼檜〉・〈羅漢▼柏〉】 〔名〕日本特産のヒノキ科の常緑高木。うろこ状の葉や樹形がヒノキに似る。山地に自生し、庭木にもする。淡黄色の材は建材・船舶材などに利用。アスヒ。アスナロウ。 語源 「あすはヒノキになろう」の意からという。

アスパラガス【asparagus】 〔名〕若い茎を食用とするために栽培されるユリ科の多年草。葉は退化し、緑色の枝が広がって葉のように見える。まつばうど。アスパラ。〓「グリーン—」▼ホワイトアスパラガスは、軟白させるために土寄せをして育てたもの。

アスピリン【Aspirinドイ】 〔名〕解熱(げねつ)・鎮痛に使う、白色・無臭の薬品。▼もと、商標名。化学名としては、アセチルサリチル酸。

アスファルト【asphalt】 〔名〕炭化水素を主成分とする黒色の(半)固体物質。原油精製の過程で得られ、水にとけないので道路の舗装や防水に使う。土瀝青(どれきせい)。

アスペクト【aspect】 〔名〕❶外見。様相。❷文法で、開始・終結・継続・反復など、動詞が意味する動作の様相。▼「食べている」が動詞と「ている」の結合によって動作の継続を表し、「食べてしまう」が動詞と「てしまう」の結合によって動作の完了を表すなど。

アスペクト-ひ【アスペクト比】 〔名〕縦横の比率。特に、テレビ・映画の画面の縦横の比率。アスペクトレシオ。

アスベスト【asbestオラ】 〔名〕石綿(いしわた)。

あずま【▽東(▼吾妻・▼吾▼嬬)】 アヅマ 〔名〕昔、京都から見て東の諸国。東国(とうごく)。あずまの国。▼逢坂(おうさか)の関以東、遠江(とおとうみ)以東、箱根山以東など、時代によってその範囲は異なるが、おおむね現在の関東地方をいう。

あずま-うた【▽東歌】 アヅマ 〔名〕上代、東国地方の人々の歌。方言で詠まれたものが『万葉集』に残る。

あずま-えびす【▽東▼夷】 アヅマ 〔名〕昔、京都の人が粗野・無骨な東国の武士をあざけっていった語。

あずま-おとこ【▽東男】 アヅマヲトコ 〔名〕昔、東国の男性。

◉東男に京女(きょうおんな) 男女の取り合わせとしては、たくましくて気っ風(ぷ)のよい江戸の男と、洗練されていて優しい京都の女性がよい。

あずま-くだり【▽東下り】 アヅマ 〔名〕昔、京都から東国へ行ったこと。特に、鎌倉・江戸へ行ったこと。海道下り。

あずま-げた【▽東下▽駄・▼吾妻下▽駄】 アヅマ 〔名〕台に畳表をはった女性用の下駄。爪革(つまかわ)をつけて雨の日にも使う。

あずま-コート【▽東コート・▼吾妻コート】 アヅマ 〔名〕女性が和服の上にはおる丈の長いコート。明治中期、東京から流行した。

あずま-や【▽東屋・〈四▼阿〉・〈▼阿舎〉】 アヅマ 〔名〕軒を四方へふきおろした、壁のない建物。庭園などの休憩所に使う。亭(ちん)。▼東国風の家の意という。

アスリート【athlete】 〔名〕運動選手。特に、陸上競技の選手。

アスレチック【athletic】 〔名〕❶運動(競技)。〓「—クラブ」❷⬇フィールドアスレチック◈「アスレティック」とも。

あせ【汗】 〔名〕❶暑いとき、運動・労働をしたとき、恥ずかしい思いをしたときなどに、皮膚の汗腺(かんせん)から出る分

泌液。体温を下げる働きがある。塩分・アンモニアなどを含む。‖「―をかく」「血と―の結晶」❷物の表面についた水滴。‖「窓ガラスが―をかいている」

⊙**汗を流・す** ❶入浴などで、汗を洗い落とす。❷懸命に運動や労働をする。‖「野良仕事に―」

> **「汗」のイメージと表現**
>
> ①暑さの象徴。(じっとしているだけで汗が出る)
>
> ②労働・努力の象徴。(血と汗の結晶・汗水たらして[汗みずくになって/汗にまみれて/汗だくになって/汗みどろになって/額に汗して]働く)
>
> ③興奮・緊張・心配・羞恥(しゅうち)・苦痛などの象徴。(手に汗を握る熱戦・冷や汗をかく・冷汗(れいかん)三斗の思い・激痛に脂汗をにじませる)
>
> ④運動(による適度な疲労感)のもたらす快適さの象徴。(一汗かく・一汗流す)

あぜ【▽畔・▼畦】[名] ❶田と田の間に土を盛り上げて作った境界。通路ともする。くろ。❷鴨居(かもい)や敷居の溝と溝の間にある仕切り。

アセアン【ASEAN】[名] 東南アジア諸国連合。タイ・マレーシア・シンガポール・フィリピン・インドネシア・ブルネイ・ベトナム・ラオス・ミャンマー・カンボジアの十か国が加盟する、経済・社会分野の地域協力機構。▽Association of Southeast Asian Nations の略。[書き方]「アセアン」と、かな書きも多い。

あ-せい【亜聖】[名] 聖人に次ぐ人。特に、孔子に対して、孟子(もうし)・顔回(がんかい)をいう。

あせ-くさ・い【汗臭い】[形] ❶汗のいやなにおいがするさま。‖「―シャツ」❷あかぬけしないが、野性味があるさま。‖「―ところが魅力的だ」[派生]―さ

あぜ-くら【▽校倉】[名] 柱を使わないで、断面が三角形・四角形などの長材を井げたに組んで壁とした倉。普通、高床式で耐湿性にすぐれる。東大寺の正倉院など。‖「―造り」

あせ-じ・みる【汗染みる】[自上一] ❶汗がしみこんで衣服が汚れる。‖「―・みたシャツ」❷汗がにじみ出て体が(じっとり)ぬれる。汗ばむ。汗じむ。‖「わきの下が―」◆[書き方] ❷は「汗▽滲みる」「汗▽沁みる」と書く。[文]あせじ・む

あせ-しらず【汗知らず】[名] 皮膚に打ちつけて汗を取る粉末。天花粉(てんかふん)。▽もと、商標名。

アセスメント【assessment】[名] ❶評価。査定。❷「環境アセスメント」の略。

あせ-だく【汗だく】[名・形動] 暑かったり働いたりして、ひどく汗をかくこと。‖「―になって働く」▽「汗だくだく」の略から。

アセチレン【acetylene】[名] カーバイドに水を加えて作る気体。高温の強い光を出して燃え、溶接などに使う。特有の臭気がある。有毒。エチン。

アセテート【acetate】[名] 酢酸セルロースを主原料とする半合成繊維。弾力性に富み、絹に似た感触と光沢がある。

アセトアルデヒド【acetaldehyde】[名] エチルアルコールを酸化させると生じる、刺激臭のある無色の液体。酢酸など工業薬品の原料となる。また、アルコールが肝臓で分解されるときにも生じ、二日酔いの原因となる。エタナール。アルデヒド。

あせ-とり【汗取り】[名] ❶汗を吸い取らせるために着ける肌着。▽主に和風のものをいう。❷汗をふきとるための紙や布。

アセトン【acetone】[名] 無色で特有の臭いのある引火性の液体。溶剤に使う。

あせ-ば・む【汗ばむ】[自五] 汗が(じっとりと)にじみ出る。汗じむ。‖「―ほどの陽気になる」

あせび【〈馬酔木〉】[名] 早春、つぼ形の小花を房状につけるツツジ科の常緑低木。山地に自生し、庭木にもする。アシビ。[書き方] 葉は有毒で、馬や鹿が食べると脚がしびれるということから「馬酔木」と当てる。

あせ-まみれ【汗▽塗れ】[名・形動] 体・衣服が汗でびっしょりにぬれていること。‖「全身―になって働く」

あせ-みず【汗水】[名] 水のように流れ落ちる汗。▽「―垂らして働く」「―流して稼ぐ」などのように、多く、懸命に働くさまや努力するさまを表す。

あせ-みずく【汗▽水漬く】[名・形動] 汗で、水につかったようにぬれること。‖「―になって奮闘する」[書き方] 現代仮名遣いでは「汗みづく」も許容。

あぜ-みち【▽畔道・▼畦道】[名] 細い道になっているあぜ。

あせ-みどろ【汗みどろ】[名・形動] 汗でべっとりと汚れること。‖「―になって働く」

あせ-も【〈汗疹〉・〈汗▼疣〉】[名] ひどく汗をかいたあとにできる、小さな湿疹(しっしん)。子供に多い。あせぼ。▽医学的には、十分に排出されなかった汗が表皮内に残ってできると説明する。

あせり【焦り】[名] あせる気持ち。焦燥(しょうそう)。焦慮。‖「ライバルの成功に―を感じる」

あせ・る【焦る】 [一][自五] ❶思い通りにならないことに気がせいて、いらいらする。落ち着きや冷静さを失う。急(せ)く。‖「車にひかれそうになったときは―・ったよ」❷ひどくあわてる。あわを食う。[二][他五] はやる気持ちで名誉や手柄を手に入れようとする。急ぐ。‖「勝利を―・って大魚を逃す」[名]焦り

あ・せる【▼褪せる】[自下一] ❶日に当たったり時間がたったりして、もとの色・つやが薄くなる。褪色(たいしょく)する。色あせる。さめる。‖「色の―・せた制服」「―ことのない真珠の輝き」[使い方]「染色が褪(あ)せる/褪(さ)める」は、前者は時間の経過などでもとの輝きを失う意、後者は染色が落ちた結果、地色に近づいて輝きを失う意。❷物事が退化してもとの輝きを失う。色あせる。衰える。‖「容色[熱意]が―」◆下二段の文語動詞「浅(あさ)す」(＝水がかれる)から。

褪

アセロラ【acerola】[名] 西インド諸島などに分布するキントラノオ科の常緑低木。また、その果実。サクランボに似た果実はビタミンCが豊富で、生食するほか、ジュース・ジャムなどにする。

あ-ぜん【▼唖然】[形動タリ] 事の意外さにあきれてことばにつまるさま。‖「厚顔な物言いに―となる」「―として相手を凝視する」[注意] よい意味に言うのは不適切。‖「×あまりの美しさに唖然とした」

アソート[名] 詰め合わせになっていること。盛り合わせてあること。‖「―クッキー」▽assorted から。

あそ-こ【▽彼▽処・▽彼▽所】[代] ❶話し手が自分からも聞き手からも遠く離れている場所(＝目に見える場所)を指し示す語。あの場所。‖「ここより―の方が暖かそうだ」「ほら、―に空席がある」▽多く、現物を指でさす行為を伴う。❷話し手が聞き手も知っていると思う場

所(=頭の中で思い描く場所)を指し示す語。あの場所。例の場所。≡「—で会おう」「—(=あの店)はまだやっているよ」❸物事の局面や文脈などを漠然と指し示す語。また、事態の進展の度合いを相当なものとして指し示す語。≡「—から話はもつれ始めた」「—まで知っているとは驚いた」◈くだけた言い方で「あすこ」とも。

アソシエイト [associate] [名] ❶仲間。提携者。共同経営者。❷準会員。会友。▼「アソシエイツ」の形で、会社名などにも使う。◈「アソシエート」とも。

アソシエーション [association] [名] ❶共通の目的を持つ人々が人為的につくる組織。会社・組合・協会・学校など。結社体。❷心理学で、連合。連想。

あそば・す【遊ばす】 [動五] 一 [他] ❶遊ぶようにさせる。また、人材や機械を有効に活用しないでおく。遊ばせる。≡「子供は表で—・しておこう」「機械を—・しておくのはもったいない」❷「する」の尊敬語。≡「いかが—・しましたか」二 [補動] 〈「お[ご]…遊ばす」の形で、間に動詞連用形や漢語サ変動詞語幹が入って〉**尊敬** Aが…するという動作について、Aを高める。≡「先生は歌をお詠み—と伺っております」「昼過ぎにはご臨席—予定です」「ご免—・せ」◈ 使い方 尊敬の言い方は、「なさる」より敬意の度合いが高く、今は古風な言い方として使う。

あそば・せる【遊ばせる】 [他下一] ⬇遊ばす一①

あそび【遊び】 [名] ❶遊び楽しむこと。特に、趣味や道楽で(また軽い気持ちで)好きなことをすること。≡「子供が—に夢中になる」「—で始めたカメラが専門家はだしとなる」「—場・—相手・—上手」「砂—・水—」❷飲酒・かけ事・色事などを好んですること。遊興。≡「悪い—を覚える」「—好き」❸作品や芸などに見られるゆとりの要素。また、興に任せすぎた要素。≡「彼の芸には余裕から生まれた—がある」「—が過ぎた失敗作」❹機械の結合部分にあるゆとり。≡「ハンドルに—を持たせる」

あそび-ごころ【遊び心】 [名] ❶遊び半分の、軽い気持ち。≡「—で油絵を始める」❷ゆとりやしゃれっけのある心。≡「—が軽やかな作風を生む」❸遊びたいと思う心。

あそび-にん【遊び人】 [名] ❶定職をもたずぶらぶら遊び暮らしている人。特に、博打打ち。❷遊興・博打などが好きで、遊び慣れている人。

あそび-はんぶん【遊び半分】 [名] (まじめに取り組むべき物事に)軽い気持ちで取り組むこと。

あそび-ほう・ける【遊び▼呆ける】 [自下一] 他のことをかえりみないで、遊びに夢中になる。≡「仕事もしないで—・けている」

あそ・ぶ【遊ぶ】 [自五] ❶勉強や仕事を離れて好きなことをして時間を過ごす。≡「子供たちが野球をして—・んでいる」「友達の家に—・びに行く」▼楽しげにふるまう意で動物にも転用する。≡「子犬がじゃれ合って—・んでいる」❷飲酒・かけ事・色事などにふける。遊興する。≡「—金が欲しさに盗みを働く」❸仕事や勉強など有意義なことをしないで(または、定職などが得られなくて)ぶらぶらする。遊び暮らす。また、学生が大学などの籍が得られない状態で過ごす。≡「遺産で毎日を—・んで暮らす」「一年—・んで志望校に合格した」❹〈「〜に遊ぶ」の形で〉他の土地に行ってそこの風物などを楽しむ。遊歴する。また、他の土地に行って勉強する。他郷に学ぶ。遊学する。≡「秋の一日を嵐山に—」「三年間ソルボンヌに—」❺場所・機械・資金・労力などが有効に使われないでいる。≡「—・んでいる土地を有効に使おう」❻物事の処理や作品の制作などに当たって、ゆとりをもってふるまう。また、興の赴くままに対処してまじめさを失う。≡「ユーモアたっぷりに—」「—・び過ぎて、冗長感が残る作品となった」❼野球で、打者の打ち気をそらすために、投手が故意にストライクを避けてボールを投げる。≡「一球—」◈ 使い方 楽しむ意の他動詞としても使う。≡「老年期を豊かに—」 名 遊び

あだ【▼仇】 [名] ❶恨みを抱いている相手。仇敵。かたき。敵。≡「親の—を討つ」❷恨み。怨恨。遺恨。≡「—を報ずる」「—に思う」❸ひどい仕打ち。また、仕返し。報復。≡「恩を—で返す」「—を取る(=仕返しをする)」❹害をなすもの。また、害。≡「放言が—をなす」「親切のつもりが—となる」◈室町期まで「あた」と清音。 書き分け 「▼寇」「▽賊」「▼讐」とも。【仇】は恨みをもつ相手・恨み・仕返し・害、【寇】は外敵、【賊】は強盗・反逆者・外敵、【讐】は自分に対抗するかたきの意で、それぞれ使い分けることもあるが、今は一般に【仇】を使う。

あだ【▽徒(▽空)】 [名・形動] ❶むなしく無益なこと。無駄。≡「せっかくの好意が—となる」❷一時的ではかないこと。また、浮ついていいかげんなこと。≡「—な契りを結ぶ」「御厚意は—(や)疎かには致しません」◈花が実を結ばない意から。

あだ【▼婀▼娜】 [形動] なまめかしく色っぽいさま。≡「—な姿の洗い髪」 書き方 「▼仇」とも当てる。

アダージョ [adagioイタリア] [名] 音楽の速度標語の一つ。「ゆるやかに」の意。アンダンテより遅く、ラルゴより早い。アダジオ。

あたい【値(価)】 [名] ❶数値。数量。≡「測定結果が高い—を示す」「(数学で)xの—を求める」❷値打ち。価値。≡「万金の—がある」「—千金」▼⬇値する ❸〔古風〕商品の値段。価格。定価。また、代金。◈ 読み分け 「コレステロールの値が上がる」「測定結果が高い値を示した」「注目に値する」は「あたい」と読む。「米の値が上がる」「ハイテク株が値を下げた」「一億円の値がついた」「値をつり上げる」「値が張る」など、値段や価格を表す「値」は、現在は多く「ね」と読む。

あたい【▽私】 [代] (一人称)「わたし」のくだけた言い方。▼「わたし→あたし→あたい」と転じた。

あたい・する【値する・価する】 [自サ変] 相当する。また、…するだけの価値がある。≡「千金に—」「注目[称賛・再考]に—」「驚くに—・しない」 文 あたひ・す

あた・う【▽能う】 [自五]〔古風〕〜することができる。可能である。≡「—限り努力する」 書き方 終止形・連体形では「アトー」と発音し、「あとう」と書くことが多い。 使い方 もと「〜する(こと)—・わず」「〜するに—・わず」など打ち消しを伴って使った。打ち消しを伴わない用法は欧米語の翻訳の影響による。 注意 「能う限り」を「能うる限り・能うる限り」とするのは誤り。

あだ-うち【▼仇討ち】 [名] 昔、自分の主君・肉親などを殺した人を討ち取って恨みを晴らすこと。敵討ち。また、仕返し。≡「—を遂げる」

あた・える【与える】 [他下一] ❶自分の領域に属するもの(特に、所有するもの)などを他に渡して、その人のものとする。授ける。≡「ノーベル賞を—」「子供に小遣いを—」「特権を—」「買い—・分け—」▼「与(與)」の漢文訓読から一般化した。多く、上の者から下の者への授ける行為にいう。 使い方 「与える」の尊敬語には「賜る・くださる」などが、謙譲語には「差し上げる・捧げる・

奉る・献ずる・奉る」などがある。❷〈「与えられた」の形で〉数学などで、所与の、既定の、一定のなどの意。≡「—えられた線分AB」▼givenなど欧米語の術語の訳語から。❸難題などを課す。また、刑罰などを科す。≡「生徒に課題を—」「違反者に刑罰を—」❹相手が有利になるような状況を作ってやる。また、結果としてそういう状況を作る。≡「恩恵〔便宜〕を—」「敵に反撃の機会を—えてしまう」❺何らかの影響を及ぼす。受けさせる。被らせる。≡「物体に衝撃を—」「国土に損害を—」「農作物に影響を—」❻相手のためになることなどをことばで告げる。≡「友人に忠告を—」「部下に注意を—」❼ある物や物事がある印象や感覚などを引き起こす。≡「好印象〔感銘〕を—」❽ある物や物事にある性質を担わせる。≡「ボールに回転を—」[文]あた・ふ

[品格] 供する「茶菓を—する」 供与「武器を—する」 恵与「御—の品」 献上「特産品を—する」 捧げる「祈りを—」 授ける「知恵を—」 支給「手当を—する」 手交「決議書を—する」 譲与「財産を—する」 遣わす「褒美を—」 提供「情報を—する」 呈上「粗品を—する」◉「授ける」「遣わす」は上位・下位の意識が入る。

あだ‐おろそか【▽徒▽疎か】〔形動〕〈普通「あだおろそかに」の形で、打ち消しを伴って〉軽々しく粗末にするさま。いい加減。なおざり。≡「この御恩は—には致しません」

あたか‐も【▼恰も・▽宛も】〔副〕❶〈多く、下に「〜のようだ・〜のごとし」などを伴って〉あるものが他に似ている意を表す。まるで。さながら。まさに。ちょうど。≡「—関白のように振る舞う」「人生は—春の夜の夢のごとし」❷ある時刻や時期にちょうど当たる意を表す。ちょうど(そのとき)。≡「時—午前零時」「—季節は春爛漫」◈俗に「あだかも」とも。

あたくし【▽私】〔代〕〔一人称〕「わたくし」のくだけた言い方。▼「あたし」よりは丁寧で、多く女性が使う。

あだ‐ごと【▽徒言】〔名〕実のないことば。≡「—を並べる」

あだ‐ごと【▽徒事】〔名〕無意味で無駄なこと。また、はかないこと。≡「世の—に心を悩ます」

あだ‐ざくら【▽徒桜】〔名〕すぐに散ってしまう桜の花。▼はかないもののたとえにいう。

あたし【▽私】〔代〕〔一人称〕「わたし」のくだけた、親しみのある言い方。≡「—、これ好き！」▼多く女性が使う。

あだし【▽徒し・▽空し】(造) 実がない。むなしい。≡「—心(=浮気な心)」「—世(=はかない世)」

あたじけ‐な・い〔形〕〔古風〕欲が深い。しわい。けちだ。≡「—・くも値切り倒す」[派生]‐さ

あたたか【暖か・温か】〔形動〕あたたかい。≡「暖かな地方」「温かな御飯」「暖かそうな帽子」「心の温かな人」「温かな家庭」▼くだけた言い方で、「あったか」とも。[書き分け]⬇あたたかい

[品格] 温暖「—な気候に恵まれた地域」 温和「—な風土がはぐくんだ人情」

あたたか・い【暖かい・温かい】〔形〕❶【暖】気温がほどよい高さを保って心地よい。寒くなくて快い。≡「—国」「今年の冬は—(⬍寒い)」「—(⬍冷たい)風」❷【温】物の温度がほどよい高さを保って心地よい。冷たくなくて快い。≡「—料理」「井戸の水が—」⬍冷たい ❸【暖・温】衣服などで体温の低下を防ぎ、体に寒さを感じさせないようにする。≡「暖かそうなコートをまとう」「暖かい(⬍冷たい)布団に身をくるめる」❹【温】⬇懐が温かい⬍寒い ❺【温】愛情や思いやりがこもっている。≡「心の—人」「—もてなし」「子供の将来を—・く見守る」⬍冷たい ❻【暖】色の感じが冷たくない。暖色系の色をしている。≡「—色調の壁」◈「あたたか」が形容詞化した語。くだけた言い方で「あったかい」とも。[書き分け](1)【暖】は、気候・気温など気体による全身的な体感に使う。【温】は、固体・液体による触感や気体による部分的体感に使う。(2)「暖かい心/温かい心」は【温】が標準的。「春の暖かい風(暖風)/エアコンの温かい風(温風)」なども書き分ける。「あたたか・あたたまる・あたためる」も同様。[派生]‐げ/‐さ/‐み

あたたま・る【暖まる・温まる】〔自五〕❶【暖・温】熱が加えられて、場所や物がほどよい温度になる。あたたかくなる。≡「暖房で室内が暖まる」「電子レンジで御飯が温まる」「日光で空気が暖まる」⬍冷える・冷める ❷【温・暖】熱を加えたり熱の発散を防いだりして、体温が高くなる。あたたかくなる。≡「風呂に入って全身が温まる」「こたつで足が温まる」⬍冷える ❸【温】満たされて気持ちがなごやかになる。≡「心の—お話〔もてなし〕」◈くだけた言い方で、「あったまる」とも。[書き分け]⬇あたたかい

あたた・める【暖める・温める】〔他下一〕❶【暖・温】熱を加えて、場所や物をほどよい温度にする。あたたかくする。≡「暖房機で室内を暖める」「電子レンジでシチューを温める」▼やや翻訳調の言い方で、自然の熱が温度を高くする意でも使う。≡「太陽光が大地を暖める」⬍冷やす・冷ます ❷【温・暖】熱を加えたり熱の発散を防いだりして、体温を高くする。あたたかくする。≡「風呂に入って体を温める」「ストーブで手を温める」⬍冷やす ❸【温】ひなを孵すために、親鳥が卵の温度を高くする。抱卵する。≡「めんどりが卵を—」❹【温】自分の手元に置いて大切にする。≡「構想を—」❺【温】⬇旧交を温める ❻【温】こっそり自分のものにする。≡「公金を—」◈くだけた言い方で、「あっためる」とも。[書き分け]⬇あたたかい [文]あたた・む

アタック[attack]〔名〕❶〔他サ変〕スポーツなどで、攻めること。攻撃。≡「—ライン」❷〔自サ変〕困難な物事にいどむこと。挑戦。≡「難関に—する」❸〔自他サ変〕困難な登山にいどむこと。また、険しい山頂をめざして挑戦すること。≡「冬山登山に—する」「北壁からアイガーを—する」❹音楽で、出だし。

アタッシェ‐ケース[attaché case]〔名〕薄い角形の手提げ鞄。アタシェケース。アタッシュケース。▼attachéは大・公使館員の意。

アタッチメント[attachment]〔名〕機械・器具類の付属装置。カメラの補助レンズや家庭用電気器具の用途別付属品など。

あだっ‐ぽ・い【▼婀▼娜っぽい】〔形〕容姿やしぐさがなまめいて色っぽい。つやっぽい。≡「—流し目」[書き方]「▼仇っぽい」とも当てる。[派生]‐さ

あだ‐な【▽徒名・▼仇名】〔名〕〔古風〕男女関係についてのうわさ。艶聞。浮き名。≡「—が立つ」

あだ‐な【▼綽名・▼渾名・▼諢名】〔名・他サ変〕他人を親しんで(または、あざけって)本名以外につける名。ニックネーム。▼なまって「あざ名」とも。[書き方]「▼仇

名」と当てることもある。

あだ-なさけ【▽徒情け・▼仇情け】[名]〔古風〕その場限りのはかない恋。また、かりそめの親切。

あだ-なみ【▽徒波】[名] いたずらに立ち騒ぐ波。▽浮ついた心や行いのたとえにいう。〓「—が立つ」

あだ-ばな【▽徒花】[名] ❶咲いても実を結ばない花。むだ花。▽実(じつ)を伴わないもののたとえにいう。〓「恋の—を咲かせる」「せっかくの公約が—に終わる」❷季節はずれに咲く花。

あた-ふた[副[と]] 急ぎあわてるさま。〓「—(と)立ち去る」「突然の来客に—する」

アダプター[adapter][名] 機械・器具に取りつける付属品。機能を追加したり異なる機種とつないだりするときに使う。▽adaptは適応させる意。

あた-ぼう[形動]〔古風〕当たり前だ。当然だ。▽「当たり前だ、べらぼうめ」をつづめた言い方という。

あたま【頭】[名] ❶人や動物の体の、上端または先端の部分。首から上の部分や、頭髪の生えている部分。表面には目・鼻・口・耳などを備えた顔が、内部には神経活動の中枢となる脳がある。ふつう首によって胴と結ばれる。かしら。こうべ。〓「深々と—を下げる」「—をかく」「—が痛む」❷脳の働き。思考力。また、ものの考え方。〓「—がいい」「古い」「—の回転が速い」「—を切りかえる」❸髪の毛。頭髪。また、髪の形。〓「—を刈る」「その—は君に似合ってない」❹物の上端または先端の部分。〓「釘[鼻]の—」❺物事のはじめ。最初。はな。〓「—から否定してかかる」❻集団などの主だった人。首領。かしら。〓「盗賊の—を捕らえる」❼人数。人員。〓「—がそろう」「一人—(=一人につき)一〇〇〇円の追徴金」❽うわまえ。〓「—をはねる」❾「頭金」の略。

◉**頭が上がらな・い** 相手に負い目を感じて対等にふるまえない。〓「昔世話になったので彼には—」

◉**頭が固・い** 自分の考えにこだわって、融通がきかない。

◉**頭が切・れる** 頭の働きが鋭敏だ。

◉**頭隠して尻(しり)隠さず** 悪事や欠点の一部を隠しているにすぎないのに、全部を隠したつもりでいる愚かさをあざけっていうことば。

◉**頭が下が・る** 尊敬の念がわく。敬服する。〓「彼の努力には—」

◉**頭が柔らか・い** 考えに適応力があって、融通がきく。

◉**頭から湯気(ゆげ)を立・てる** かんかんになる。非常に怒っているさまをいう。✓注意 懸命にするさまの意にいうのは本来的には誤り。〓「×頭から湯気を立てるほど勉強する」

◉**頭に来る** ❶非常に腹が立つ。かっとなる。❷病毒や酔いが頭に回って、正常でなくなる。

◉**頭を抱(かか)・える** 心配ごとや悩みごとがあって、思案に暮れる。

◉**頭を悩ま・す** 難しい問題を前にあれこれ考える。頭を悩ませる。〓「外交問題に—」

◉**頭を丸・める** 頭髪をそる。また、頭髪をそって僧になる。

◉**頭を擡(もた)・げる** ❶ある考えや思いが心の中に浮かんでくる。〓「疑念が—」❷次第に勢力を得て目立つようになる。台頭する。〓「新しい派閥が—」

あたま-うち【頭打ち】[名] 物事が限界に達して上がる見込みのない状態。〓「生産が—になる」

あたま-かず【頭数】[名] 人の数。特に、何かをするのに必要な人数。〓「—をそろえる」

あたま-から【頭から】[副] ❶最初から。初めから。〓「—考え直す」「会うやいなや—質問を浴びせる」❷よく考えることなく、最初から決めてかかるさま。〓「—信用するのは危険だ」「—嫌っていてとりつく島もない」▽多く、その判断を非難する気持ちがこもる。❸〈打ち消しを伴って〉全く。てんで。てんから。〓「妙なうわさなど—問題にしない」

あたま-きん【頭金】[名] 分割払いで、最初に支払うある程度まとまった金。あたま。

あたま-ごし【頭越し】[名] ❶人の頭上を越して何かをすること。〓「—にのぞき込む」❷中間にあるものの立場を無視して、相手に直接働きかけること。〓「米中交渉が日本の—に進行する」▽多く、無視された立場から不満の意を込めていう。

あたま-ごなし【頭ごなし】[名] 相手の言い分を聞こうともせず、最初から一方的に押さえつけるような態度をとること。〓「—にしかりつける」✓注意「頭越し」と混同して、当事者の立場を無視して働きかける意で使うのは誤り。〓「×頭ごなしの交渉」

あたま-だし【頭出し】[名] 録音・録画のディスクやテープの再生で、目的とする作品の最初の部分を探し出すこと。

あたま-でっかち【頭でっかち】[名・形動] ❶体に比べて、頭が不釣り合いに大きいこと。また、その人。〓「—の人」❷上(最初)の部分が下(最後)の部分に比べて、不釣り合いに大きいこと。また、そのもの。〓「—の置物」「—尻(しり)すぼみ」❸知識や理論が先走って、行動力が伴わないこと。また、その人。〓「—な/の学生」

あたま-わり【頭割り】[名] 金や品物を人数に応じて均等に割り当てること。人数割り。〓「費用を—にする」

アダム[Adam][名] 旧約聖書で、神が作った最初の人間(男性)。みずからにかたどって土から作られ、そのあばら骨から妻のイブが作られた。▽人の意。

あたら【〈可惜〉・▽惜】〔古風〕㊀[副] 価値あるものが有効に働かないことが惜しまれるさま。惜しいことに。あったら。〓「—若い命を散らす」▽悔恨・慨嘆の気持ちがこもる。㊁[連体] 惜しむべき。もったいない。〓「—夜・—物」◈文語形容詞「可惜(あたら)し(=おしい、すばらしい)」の語幹から。

あたらし・い【新しい】[形] ❶ものができて(また、物事が成立して)少ししか時間がたっていないさま。〓「この服はまだ—」「—会社に入る」「古くて—(=永遠の)問題」❷野菜や魚などがとれたてでいきいきしている。新鮮だ。〓「このアジは—ので刺身になる」❸まだ使われていない。未使用だ。さらだ。〓「—電池に替える」❹今までにない特徴をもっているさま。斬新(ざんしん)だ。〓「彼の発想は全く—」❺今までとは別の。新たな。新たに。〓「—先生が赴任する」「—時代が始まる」「新装開店して—く生まれ変わる」使い方 連体・連用用法が一般的で、この場合「—情報を得る」(連体)と「—く情報を得る」(連用)はほぼ同義の文となる。◈⇕古い 語源「あら(新)たし」が「あたら(可惜)し」と混同されて「あたら(新)し」となった。派生 -げ/-さ/-み/-がる

品格 新た「—な試み」 新手「—の詐欺」 斬新「—な企画」 新規「—まき直し」 新鮮「—な野菜」 清新「—の気」 瑞々(みずみず)しい「—果実」

あたらず-さわらず【当たらず障らず】[連語] さしさわりのある言動を避けて、どっちつかずの態度をとること。〓「—の回答」

あたり【辺り】[名] ❶基準とするものに近いところ。

付近。近辺。〓「ーは一面の銀世界だ」「下腹部のーが痛い」❷おおよその目安や見当を示す語。〓「今月の末ーがピークだ」「このーで(=この辺で)手を打とう」◈「当たり」と同語源。書き方②はかな書きが多い。

◉**辺りを払・う** ❶他の人をそばに寄せつけない。〓「ー・って密談を交わす」❷そばに寄りつけないほど威厳がある。

あたり【当たり(▽中たり)】 ■一〔名〕❶ぶつかること。また、その具合。〓「立ち合いのーが強い」「体ー・風ー」❷物に触れたときや人に接したときの感じ。〓「ーの柔らかい人」「口ー・人ー」❸物事が予想通りになること。〓「大ー」❹催しや商売などが成功すること。〓「新企画がーをとる」「まぐれー」「ー役」❺くじなどに当たること。当籤(とうせん)。〓「福引でーを出す」❻囲碁で、次の一手で相手の石がとれる状態。❼およその目当てや手がかり。〓「犯人のーをつける」❽野球などで、打った球の飛び具合。また、打撃の調子。〓「大きなー」「ーが出ない」❾釣りで、魚がえさにさわった感触が伝わること。魚信(ぎょしん)。〓「ーがある」書き方「〈魚信〉」とも当てる。■二(造)❶飲食物などによって体がそこなわれる意。〓「食ー・暑気ー・湯ー」書き方漢字では多く「中」を使うが、かな書きが多い。❷〈単位を表す語に付いて〉それを単位として、の意。〜につき。〓「一人ー一〇〇〇円」「一日ー二〇本」◈(一)③④⑤⇔外れ

あたりき 〔形動〕〔古風〕「当たり前」をしゃれていう語。〓「そんなこたあーよ!」▼歯切れのよい口調で、多く職人が使った。

あたり-さわり【当たり障り】 〔名〕他にかかわって影響を与えること。〓「ーのない意見でお茶を濁す」▼多く打ち消しを伴う。

あたり-ちら・す【当たり散らす】 〔自五〕機嫌を悪くして、関係のない周りの人に怒りやいらだちをぶつける。八つ当たりする。〓「家族にー」

あたり-どし【当たり年】 〔名〕❶ある作物(特に、果実)がたくさんとれる年。❷よいことの多い年。〓「幸運続きで去年は彼のーだった」◈注意 台風などの自然災害の多い年の意で使うのは誤り。

あたり-はずれ【当たり外れ】 〔名〕予想や予感がぴたりとはいかないで、当たったりはずれたりすること。また、物事がうまくいったりいかなかったりすること。〓「ーの多い商売」

あたり-まえ【当たり前】 〔名・形動〕❶道理上、そうあるべきこと。当然。〓「裏切られて怒るのはーだ」「人としてーのことをしただけだ」❷特に変わったところがないこと。普通。〓「ーのやり方では成功しない」◈「当然」の誤表記「当前」を訓読みしてできた語。

あたり-め【当たりめ】 〔名〕「鯣(するめ)」の忌み言葉。▼「財産をする」に通じる「する」を避けていう。

あたり-や【当たり屋】 〔名〕❶物事がうまく運んで、人気を得たり利益を得たりしている人。❷野球で、このところ打撃が非常に好調な人。❸走っている車にわざとぶつかって、賠償金などをだましとる人。

あたり-やく【当たり役】 〔名〕ある俳優が演じて特に評判をとった役。

あた・る【当たる(▽中たる)】 ■一〔自五〕❶進んでいくものが他のものに強く接触する。ぶつかる。特に、命中する。〓「石が頭にー」「雨が顔にー」「銃弾が標的にー」
❷動くものが他の物に断続的に触れる。さわる。〓「荷物が足にー・って歩きにくい」「首がカラーにー・って痛い」
❸光・熱・風などの作用や天罰があるものに及ぶ。また、あるものがその作用を受ける。〓「この部屋はよく日がー」「罰(ばち)がー」「火鉢[夜風]にー」
❹敵などに立ち向かう。対抗する。〓「一丸となって強敵にー」
❺物事に対処したり従事したりする。〓「難局[警備]にー」
❻競技者が、競技の組み合わせに従って対戦する。〓「一回戦から優勝候補同士がー」
❼人に対して怒りやいらだちをぶつける。〓「家族につらくー」「不機嫌になってー・り散らす」
❽あるものや事柄が他の何かに相当する。該当する。〓「彼女は私のいとこにー」「今日は母の命日にー」「そんな言い方は失礼にー」「極刑にー罪」
❾前もって言った(思った)ことなどが事実と一致する。ぴったり合う。的中する。〓「予想がぴたりとー」「勘がー」
❿催しや商売などが成功する。また、物事がよい結果になる。〓「芝居がー」「商売がー・って巨富を得る」「今年はメロンがー・った」
⓫くじや懸賞などで選ばれる。また、選ばれて賞品などがもらえるようになる。〓「宝くじが特等にー」「懸賞で中国旅行がー」
⓬飲食物・毒・暑さなどによって体がそこなわれる。〓「サバにー」「暑さにー・ってぐったりする」
⓭授業で、教師に指名されて問題を解くなどのことを与えられる。当てられる。〓「教材の朗読が僕にー・った」
⓮〔古風〕果物などが傷む。〓「この桃はところどころー・っている」
⓯〈「〜に当たって」「〜に当たり」の形で〉ある事態や場面に臨んで。〜に直面して。〜に際して。〓「新年にー・って一言挨拶(あいさつ)する」
⓰〈「〜するに(は)当たらない」の形で〉〜するに(は)及ばない。〜する必要はない。〓「驚くにはー・らない」「遠慮するにはー・らない」
⓱〈「当たった」「当たっている」の形で〉布などがあてがわれた。〓「つぎのー・った服」▼「ほころびにつぎを当てる」などと使う他動詞「当てる」の自動詞形。
⓲〈「当たっている」の形で〉野球で、打撃が好調である。〓「あの打者はこのところよくー・っている」
■二〔他五〕❶不明な点を明らかにしようとして、探りを入れる。また、調べ確かめる。〓「その件は当局にー・ってみよう」「問題の箇所を辞書にー」「胴回りの寸法をー」❷「剃(そ)る」「擂(す)る」「こする」などの忌み詞(ことば)。〓「ひげ[顔]をー」「墨をー」▼商家などで、「する」が身代をする(=なくす)に通じることを嫌って言ったことから。
◈(一)⑨⑪⇔外れる 書き分け【中】は命中・的中の意(一)①⑨や中毒の意(一)⑫で使うが、今は【当】またはかな書きが多い。可能 当たれる 名 当たり

◉**当たって砕けろ** 成功するかどうかわからなくとも、とにかく思い切ってやるだけやってみよということ。当たって砕けよ。

◉**当たらずといえども遠からず** ぴたり正解ではないが、見当外れではない意。▼『大学』にあることば。近年は「当たらずとも遠からず」ともいう。

◉**当たるも八卦(はっけ)当たらぬも八卦(はっけ)** 占いは当たることもあれば当たらないこともあるということ。

◉**当たるを幸い** 手当たり次第に。〓「ー投げ飛ばす」

アダルト【adult】［名・形動］おとな。成人。〓「一な雰囲気」「ヤング一」

アダルト-チルドレン【adult children】［名］❶アルコール依存症の親もとで育った大人。❷親の不仲や虐待などのある家庭で育ち、成人後も精神的に問題を抱えた状態の大人。AC。

アダルト-ビデオ【和製adult+video】［名］成人向けのビデオソフトや映像。AV。

あ-たん【亜炭】［名］炭化の程度が低い褐炭。発熱量が少ない。▼多く、石炭と区別していう。

アチーブメント-テスト【achievement test】［名］教科学習の成果を客観的に判断するためのテスト。学力試験。アチーブ。▼achievementは達成の意。

あち-こち【▽彼▽方▼此▽方】㊀［代］いろいろな場所・方向を指し示す語。あちらこちら。あっちこっち。〓「この植物なら国内の一にある」「一に迷惑をかけた」「一捜したが見つからない」▼副詞的にも使う。㊁［名・形動］順序や位置が逆になっていること。あべこべ。あちらこちら。あっちこっち。〓「話が一になって通じない」

品格　ここかしこ「一をめぐる」　諸方しょほう「一に赴く」　随所ずいしょ「見所は一にある」　そこかしこ「一に木がある」

アチドージス【Azidosisドイツ】［名］血液中の酸とアルカリのつりあいがこわれて、血液が酸性になる症状。酸性血症。アシドーシス。

あち-ら【▽彼▽方】［代］❶話し手の領域にも聞き手の領域にも属さない方向、ならびにその方向にある場所を指し示す語。あの方向。向こう。（遠く離れた）あの場所。〓「一から誰か来る」「出口は一です」「一に席を移しましょう」❷遠く離れた外国を漠然と指していう。〓「一の暮らしはどうでしたか」「一風の生活様式」❸話し手の領域にも聞き手の領域にも属さない場所にある物を指し示す語。あの物。あれ。〓「一になさいますか」「こちらより一が好きだ」❹〔三人称〕話し手・聞き手から離れた位置にいる人を指し示す語。あの方。〓「一はどなた様ですか」❺〔三人称〕こちらとは立場の異なる先方。特に、敵対する相手。あちら側。〓「一の都合も伺わなくては…」「一の言うままになっちゃだめですよ」◈使い方 ①～③は「あそこ」「あれ」より丁寧な言い方。くだけた言い方では「あっち」となる。④は「あの人」より丁寧な言い方で、現場にいる人を指していう。乱暴な言い方では「あれ」となる。⑤は「あっち」となることも多い。

◉**あちらを立てればこちらが立たぬ** 一方によいように計らうともう一方に悪くなる意で、物事が両立しないたとえ。▼「両方立てれば身が立たぬ」と続ける。

あちら-がわ【▽彼▽方側】ハガ［名］あちらの側。特に、こちらとは立場の異なる（または、敵対する）相手側。あっち側。〓「一につく」

あちら-こちら【▽彼▽方▼此▽方】［代・名・形動］⬇あちこち

あっ［感］驚いたり深く感動したりするときに発する語。〓「一、忘れていた」

◉**あっと言う間**ま ごくわずかな間。瞬時。〓「一の出来事」「一に消え去る」

◉**あっと言わ・せる** 人の意表を突いて感心させたり驚かせたりする。〓「世の中を一」

あつ【圧】㊀［名］物を押さえつける力。〓「一をかける」「気一・血一・電一・高一」㊁（造）おさえつける。〓「一縮・一倒・一迫」「威一・指一・弾一」旧壓

あつ-あげ【厚揚げ】［名］⬇生揚なまあげ②

あつ-あつ【熱熱】［名・形動］❶料理などができたてで熱いこと。〓「一のうちに召し上がれ」❷恋人・夫婦などが熱愛していること。〓「一の仲」

あつ・い【厚い（▽篤い）】［形］❶板状のものの両面の間の幅が大きい。〓「この本［ステーキ］は一」「胸板が一」❷層状・膜状のものの幅が大きい。〓「皮下脂肪［化粧］が一」「雲が一・くたれこめる」「一唇」「面の皮が一」❸〈「…の壁が厚い」などの形で〉容易に解決できない障害がある。〓「ことばの壁が一」「真相は一ベールの向こう側だ」❹〈「…層が厚い」の形で〉そういう人がたくさんいて、たやすく尽きない。〓「研究者の層が一」「読者層が一」❺利益の程度が大きい。〓「利の一商売」❻人や物事に対する心入れの程度が大きい。また、信頼などを受ける程度が大きい。〓「友情に一」「一もてなしに感謝する」「労に一・く報いる」「一・く御礼申し上げます」「信頼が一」❼〔古風〕病気が重い。重態だ。〓「病が一」◈①～⑥⬍薄い 書き分け ⑥はもと【篤】を使ったが、今は【厚】が一般的。⑦は【篤】を使う。派生 -さ／-み

あつ・い【暑い】［形］気温や体全体で感じる温度が、適温より高いと感じる。〓「暖房がききすぎて一」「夏は一」「一国に生まれる」⬍寒い▼「熱い」と同語源。書き分け 「寒い」に対して、主体の感覚（全身的な体感）に注目していうときは【暑】、「冷たい」に対して、熱をもった体の状態に注目していうときは【熱】を使うのが標準的。「風呂上がりなので（私は）暑い」「一走りしたので体が熱い・日差しを浴びて背中が熱い・興奮して顔が熱い」派生 -げ／-さ／-がる

あつ・い【熱い】［形］❶物質の温度が自分の体温より著しく高いと感じる。〓「このお茶は一・くて飲めない」「一風呂ふろに入る」「鉄は一うちに打て」❷体や体の一部が、普通より高い熱をもっていると感じる。特に、病気のために体温が高いと感じる。〓「体中がほてって一」「君の手は一ね」書き分け ⬇暑い ❸感動・興奮・熱中などのために、体や心が燃え、情熱がわきたつように感じられる。〓「感動して目頭［胸］が一・くなる」「一視線を注ぐ」「文学への一思いを語る」「その話になるとすぐ一・くなる（＝興奮して怒りだす）」「今ダンスに一・くなっている（＝熱中している）」「一・き血潮（＝文語形の例）」❹二人の間に恋愛感情が高まっている。〓「お一仲」◈①②⬍冷たい 派生 -げ／-さ／-がる

あつ-いた【厚板】［名］木材・鋼板・ガラス板など、厚みのある板状のもの。

あつ-えん【圧延】［名・他サ変］金属をおしのばして、板・棒・管などに加工すること。〓「一加工・一機」

あっ-か【悪化】アククワ［名・自サ変］物事の状態が悪くなること。〓「事態［容態・雇用条件］が一する」⬍好転

あっ-か【悪貨】アククワ［名］地金が悪質な貨幣。⬍良貨

◉**悪貨は良貨**りょうかを**駆逐**くちく**する** 名目上の価値が等しく実質上の価値が異なる二種以上の貨幣が同時に流通すると、良貨は蓄積されて、ついには悪貨だけが流通するようになる。▼イギリスのグレシャムが唱えた法則で、とかくこの世は悪人がのさばる意に転用する。

あつかい【扱い】アツカヒ［名］❶物や道具・機械などを扱うこと。扱い方。取り扱い。〓「茶器［薬品］の一に気をつける」「パソコンの一が巧みだ」❷人を遇すること。もてなし。あしらい。待遇。対応。応対。〓「客の一が上手だ」「子供の一には慣れている」「ひどい一を受ける」❸物事を処

理すること。処理法。‖「本件の━は難しい」「総務部━の伝票」❹それに相応するものとみなして、〜として扱うこと。‖「子供[病人・邪魔者]━」「特別[機密]━」

あつか・う【扱う】アツカフ［他五］❶物などを手で動かしたり有効に使ったりする。また、道具・機械などを操作する。取り扱う。‖「危険物を注意深く━」「複雑な機械を巧みに━」❷ある一定のしかたで他の人を遇する。‖「客を丁重に━」「参加者を公平に━」「気難しい人を上手に━」❸あるものを(仕事として)取り上げてそれを処理する。また、ある問題やテーマとして取り上げる。‖「社内の苦情は庶務部が━」「特集で人口問題を━」❹〈「〜として扱う」などの形で〉それに相応するものとみなして、物事などを処理する。‖「大人を子供として━」「意思表示なきは賛成として━」 可能 扱える 名 扱い

あつ‐かまし・い【厚かましい】［形］恥知らずで遠慮や慎みがないさま。ずうずうしい。‖「ずかずか上がり込むなんて━ったらないわ」「━・くもしゃしゃり出る」「━お願いで恐縮ですが…」 派生 ‐げ／‐さ

あつ‐がみ【厚紙】［名］厚みのある紙。特に、ボール紙。⇕薄紙

あつ‐がり【暑がり】［名・形動］普通よりも暑さを感じやすいこと。また、その人。暑がり屋。⇕寒がり

あっ‐かん【圧巻】ークワン［名］書物・劇・楽曲などの中で、最もすぐれている部分。また、勢ぞろいしたものの中で最もすぐれているもの。出色。‖「終楽章のカデンツァの部分が━だ」「とりわけ彼の研究発表が━だった」 語源 昔、中国で最もすぐれた巻(=官吏登用試験の答案)を他のすべての答案の上に載せたことからいう。 注意 (1)「圧観」は誤り。(2)「圧巻する」は別の語と混同したもので、誤り。‖「×見る者を圧巻する迫力(○圧倒する)」「×新商品が市場を圧巻する(○席巻する)」

あっ‐かん【悪漢】ーアク［名］悪事をはたらく男。悪者。

あつ‐かん【熱▼燗】［名］酒の燗が熱いこと。また、その酒。

あっ‐き【悪鬼】ーアク［名］人に災いを与える恐ろしい魔物。悪神。魔神。

あつ‐ぎ【厚着】［名・自サ変］衣服を何枚も重ねて着ること。‖「━したせいで太って見える」⇕薄着

あつ‐くるし・い【暑苦しい】［形］❶暑さがひどくて息苦しく感じる。‖「今夜は━・くて眠れない」❷身なりや装いがいかにも暑いと感じさせるさま。‖「その長い髪がいかにも━」 派生 ‐げ／‐さ

あっ‐け【▼呆気】［名］〈「呆気に取られる」の形で〉事の意外さに驚きあきれてぼんやりする。‖「━にとられて目をパチクリさせる」▼語源未詳。 書き方 「呆気」は当て字。かな書きも多い。 注意 「あっけにとる」「あっけにとらせる」は誤り。

あつ‐げしょう【厚化粧】ーケシヤウ［名・自サ変］厚ぼったく化粧すること。‖「念入りに━する」⇕薄化粧

あっけ‐な・い【▼呆気ない】［形］物事の結果が意外に貧弱・簡単で、もの足りないさま。‖「━幕切れ」「━・く敗れる」▼「飽く気なし(=もの足りない)」の転。 派生 ‐さ

あっけらかん‐と［副］❶驚きあきれて(口を開けて)ぼんやりしているさま。‖「事の急変を━眺める」❷部屋などががらんとしているさま。‖「━した広間」❸何もなかったように平気でいるさま。また、開放的でのびのびしているさま。‖「しかられても━している」「━した性格」

あっ‐こう【悪口】ーアク［名］わるくち。悪言。悪態。

あっこう‐ぞうごん【悪口雑言】アクコウザフゴン［名］いろいろな悪口。罵詈雑言。‖「━を並べる」

あつ‐さ【厚さ】［名］❶(向かい合った二つの面をもつ物体の特性としての)物の両面の幅。また、その度合い。‖「板の━を測る」「五センチの━がある」 使い方 ⬇厚み① ❷①が、相当に厚いこと。‖「出来た本の━に驚いた」「札束の━を自慢する」⇕薄さ

あつ‐さ【暑さ】［名］❶気温が高く、暑いこと。‖「━が堪える」❷気温の高い度合い。‖「厳しい━」❸暑い季節。‖「━に向かう(=向暑の)折から御自愛下さい」◈⇕寒さ

◉**暑さ寒さも彼岸まで** 春秋の彼岸を境として、暑さも寒さも衰えてほどよい気候になる。

あつ‐さ【熱さ】［名］物の温度が高いこと。また、その程度。‖「喉元過ぎれば━を忘れる」「やけどするほどの━」

あっ‐さい【圧砕】［名・他サ変］押しつけて砕くこと。‖「━岩」「━作用」「衝撃━」

あっ‐さく【圧搾】［名・他サ変］強く押してしぼること。また、強く押し締めること。‖「大豆を━して油を採る」「━加工」「━機」

あつさ‐しのぎ【暑さ▼凌ぎ】［名］夏の暑さをまぎらすこと。‖「━に一杯やる」

あっ‐さつ【圧殺】［名・他サ変］❶押しつぶして殺すこと。‖「トンネルの中で━される」❷意見などを強引に押さえつけて活動を封じること。‖「反対勢力を━する」

あっさり［副+］❶色・味・性格や物事の状態が淡泊でしつこくないさま。さっぱり。‖「━とした味[色合い]」「━した性格」「━した文面の手紙」⇕こってり ❷物事が抵抗感なくするりと行われるさま。簡単に。‖「犯行を━認める」「━と負ける」

あっ‐し【圧死】［名・自サ変］押しつぶされて死ぬこと。‖「がけ崩れで━する」

あっし［代］(一人称)「わたし」のくだけた、いきな言い方。▼多く、男性の職人が使う。

アツシ［名］❶オヒョウなどの樹皮の繊維で織った布。また、その布で作ったアイヌ民族の衣服。❷平織り、または綾織りの厚い木綿織物。仕事着として使う。◈アイヌ語から。 書き方 「厚子」「厚司」と当てる。

あつ‐じ【厚地】ーチ［名］布地などで、厚みのあるもの。‖「━のジャージー」⇕薄地

あっ‐しゅく【圧縮】［名・他サ変］❶物体(特に、気体)に圧力を加えて容積を小さくすること。❷押し縮めて規模を小さくすること。‖「生産コストを━する」❸コンピューターで、専用のソフトを使ってファイルの容量を小さなものに変換すること。⇕解凍

あっ‐しょう【圧勝】［名・自サ変］他を圧倒して一方的に勝つこと。‖「初戦[選挙]で━する」

あっ・する【圧する】［他サ変］❶力を加えて押さえつける。加圧する。‖「患部を━・して治療する」❷力を示して押さえつける。圧倒する。‖「敵を━気迫」 文 あっ・す

あっ‐せい【圧制】［名］権力や暴力で他の言動を押さえつけること。‖「官憲の━と闘う」「━政治」

あっ‐せい【圧政】［名］権力などで人民を押さえつける政治。圧制政治。悪政。‖「暴虐代官の━に泣く」

あっ‐せつ【圧雪】［名・他サ変］積もった雪が固まること。また、固めること。また、そのような状態の雪。‖「ゲ

レンデを━する」「━車」

あっ-せん【▽斡旋】［名・他サ変］❶双方にかけあって、その間がうまくいくように取りはからうこと。仲を取り持つこと。‖「仲裁者が両者に和睦（わぼく）を━する」「━役」❷雇用・売買などで、仲立ちとなる仕事をすること。間に立って世話をすること。‖「求職者に仕事を━する」「━収賄（しゅうわい）罪」

斡旋

あつ-ぞこ【厚底】［名］履き物の底が厚いこと。また、その履き物。‖「━のサンダル」「━シューズ」

あったか・い【▽暖かい・▽温かい】［形］「あたたかい」のくだけた言い方。

あったま・る【▽暖まる・▽温まる】［自五］「あたたまる」のくだけた言い方。

あった・める【▽暖める・▽温める】［他下一］「あたためる」のくだけた言い方。

あっ-ち【▽彼▽方】［代］「あちら」のくだけた言い方。▼「あち」の転。

あっち-こっち【▽彼▽方▽此▽方】［代・名・形動］「あちこち」のくだけた言い方。

あっ-ちゃく【圧着】［名・他サ変］強い圧力を加えて物と物を接着すること。‖「壁にタイルを━する」

あつ-で【厚手】［名・形動］紙・布・陶器などの厚さが厚いこと。‖「━の生地（きじ）」「━本・シャツ」⇔薄手

あっ-とう【圧倒】［名・他サ変］❶かけはなれてすぐれた力や威力で他を押し負かすこと。‖「気迫で相手を━する」「強力打線に━されて手も足もでない」❷〈多く「圧倒される」の形で〉すぐれた力や威力を見せつけられて、驚きや感動を覚える。‖「雄大な景色に━される」

使い方「雄大な景色が彼を━した」などのように、能動態を使うと翻訳調の言い方となる。

あっとう-てき【圧倒的】［形動］比べものにならないほど、他をしのいでいるさま。‖「━(な)多数を占める」「反対意見が━に多い」「━勝利」使い方 能力や程度が他よりひどく劣ることをいうのは標準的でない。‖「△圧倒的な負け・圧倒的に弱い」

アット-ホーム【at home】［形動］自分のうちにいるようにくつろぐさま。家庭的。‖「━な雰囲気」

アット-マーク【和製at＋mark】［名］❶商品単価を表す「@」の記号。❷電子メールのアドレスで、ユーザー名とドメイン名を区切る「@」の符号。◈英語では at sign という。

アット-ランダム【at random】［形動］⇒アトランダム

アッパー【upper】［名］❶「アッパーカット」の略。‖「━を食う」❷上の。上層の。‖「━スイング」▼他の語と複合して使う。

アッパー-カット【uppercut】［名］ボクシングで、相手のあごを下からつきあげるようにして打つこと。アッパー。

あっ-ぱく【圧迫】［名・他サ変］❶手などであるものを強く押さえつけること。また、あるものにそのような力が加えられること。‖「血管を━して血流を止める」「━感を覚える」❷力を示して相手を押さえつけること。‖「軍事力で隣国を━する」❸あるものの強い力が他のものに悪い影響を及ぼすこと。‖「輸入増が国内産業を━する」

あっぱっぱ［名］夏、女性が普段着として着る簡単なワンピース。簡単服。書き方 多く「アッパッパ」と書く。

あっぱれ【▽天晴れ・▼遖】［一］［感］ほめたたえるときに発する語。見事だ。でかした。‖「━、よくぞやってくれた」［二］［形動］驚くほど見事なこと。‖「敵ながら━なやつだ」「━な腕前」◈「あはれ」の転。書き方「天晴れ」は当て字。「遖」は国字。

アップ【up】［名］❶［自他サ変］上がること。また、上げること。‖「スピードが━する」「基本給を━する」❷［他サ変］コンピューターで、プログラムやデータをネットワーク上などに転送すること。‖「サイトに写真を━する」▼「アップロード」の略。❸［自サ変］「ウォーミングアップ」の略。❹「クローズアップ」の略。‖「━で撮る」❺仕上げること。完了すること。‖「タイム━」❻ゴルフのマッチプレーやテニスなどで、勝ち越していること。‖「ワンゲーム━」❼髪型で、後ろ髪をすきあげて頭部でまとめるもの。アップスタイル。◈①⑥⇔ダウン

あっぷ-あっぷ［副］❶水におぼれてもがき苦しむさま。‖「深みにはまって━する」❷困難に苦しむさま。‖「相続税の支払いで━だ」

あっ-ぷく【圧伏・圧服】［名・他サ変］力で押さえつけて従わせること。‖「強権で反対勢力を━する」

アップグレード【upgrade】［名・自他サ変］等級・品質などが上がること。また、上げること。‖「OSの━」「航空券をビジネスクラスに━する」

アップ-ダウン【和製up＋down】［名］高くなったり低くなったりすること。起伏。また、上がったり下がったりすること。‖「━のある道」

アップ-ツー-デート【up-to-date】［形動］物事が時代の先端を行っているさま。今日（こんにち）的。現代的。‖「━な話題」⇔アウトオブデート

アップデート【update】［名・他サ変］コンピューターで、ファイルを新しいものに置き換えること。また、ソフトウエアの一部を更新すること。

アップ-テンポ【up-tempo】［名・形動］楽曲のテンポが速く、軽快なこと。

アップリケ【appliqué フランス】［名］手芸で、地になる布の上に別布を切り抜いた図案を載せ、まわりを縫いつけるもの。アプリケ。

アップル【apple】［名］リンゴ。‖「━ジュース・━パイ」▼多く他の語と複合して使う。

アップロード【upload】［名・他サ変］自分のコンピューターからデータやプログラムをホストコンピューターへ転送すること。⇔ダウンロード

あつ-ぼった・い【厚ぼったい】［形］厚みがあって、重そうであるさま。‖「━コート」「━唇」派生 -げ／-さ

あつまり【集まり】［名］❶集まること。集まり具合。また、集まってひとまとまりをなすもの。‖「客の━が悪い」「点の━が描く図形」❷目的をもって人が寄り合うこと。会合。集会。寄り合い。つどい。‖「父母会の━に出席する」

あつま・る【集まる】［自五］❶複数のものが移動して一か所に寄り合う。〈意図的な行為にもそうでない行為にもいう〉‖「参加者が九時に駅前に━」「沼に野鳥が━」「事務局に情報が━」❷興味や関心が一か所に集中する。‖「特定の商品に人気が━」「若者に同情が━」◈書き分け【▼聚まる】【▼蒐まる】【▼輯まる】とも。「民家が聚まる〈聚落（しゅうらく）〉」「切手が蒐まる〈蒐集（しゅうしゅう）〉」「原稿が輯まる〈編輯（へんしゅう）〉」などと使い分けることもあるが、今は一般に【集】を使う。名 集まり

品格 蝟集（いしゅう）「群衆が━する」糾合（きゅうごう）「同志を━する」集結「船団が━する」集合「全員が━する」集（つど）

う「若人が—」◉「集う」は人間について使う。

あつ‐み【厚み】［名］❶厚いこと。また、その度合い。厚さ。≡「かなりの—がある本」使い方「かなりの厚さ／厚みがある本」は、前者には客観的な、後者には主観的な意がこもる。❷そのものがもつ厚いという感じ。≡「—を持たせる」「—のある（＝重厚な）芸」書き方「厚味」とも当てるが、近年はまれ。

あつ‐め【厚め（厚目）】［名・形動］厚さが普通より少し厚いこと。≡「—の布」「—に切る」⇔薄め

あつ・める【集める】［他下一］❶複数のものを一か所に寄せる。集まるようにする。≡「開発部に有能な人材を—」「資金を—」「趣味で切手を—」❷興味や関心が一か所に向かうようにする。また、気持ちなどを一点に集中させる。≡「支持［人気］を—」「全神経を—」◈書き分け「▽蒐める」「▽輯める」「▽彙める」とも。「コインを蒐める（蒐集）」「原稿を輯める（編輯）」「法律用語を彙める（語彙）」などと使い分けることもあるが、今は一般に【集】を使う。文あつ・む

あつ‐もの【▼羹】［名］［古風］野菜や魚肉を熱く煮立てた汁物料理。▽「熱いもの」の意だが、「熱もの」とは書かない。

羹

◉**羹に懲りて膾を吹く**　失敗にこりて、必要以上に用心深くなる。▽熱かった羹にこりて膾のような冷たい料理も吹いて冷ます意からいう。

あつ‐やき【厚焼き】［名］卵・せんべいなどを厚く焼くこと。また、その物。≡「—卵」⇔薄焼き

あつ‐よう【厚様・厚葉】［名］雁皮紙や鳥の子紙で、厚手のもの。⇔薄様

アッラー［Allāh アラビア］［名］➡アラー

あつらえ【▼誂え】アツラヘ［名］注文して作ること。また、そのようにして作った物。あつらえもの。オーダーメイド。≡「—の洋服」⇔出来合い

あつらえ‐むき【▼誂え向き】アツラヘ［名・形動］〈多く「おあつらえ向き」の形で〉注文したかのように、希望にぴったりあっていること。≡「学生にお—のアルバイト」

あつら・える【▼誂える】アツラヘル［他下一］❶注文して望み通りのものを作る。オーダーメイドで作る。≡「デパートでスーツを—」「特別に—・えたヨット」❷［古風］物事を人に頼み求める。文あつら・ふ　名あつらえ

あつ‐りょく【圧力】［名］❶物体が他の物体を押す力。特に物理学で、二つの物体が接触面で互いに垂直に押し合う力。≡「—計・—鍋」❷威圧・圧迫して屈服させようとする力。プレッシャー。≡「諸外国が日本に—をかける」「権力の—に屈する」

あつりょく‐だんたい【圧力団体】［名］政治上の目的を実現するために、外部から政府や政党などに働きかける団体。

あつりょく‐なべ【圧力鍋】［名］蓋で密閉することで、高温・高圧で煮炊きする鍋。ふつうの鍋よりも、材料を短時間でやわらかく調理できる。圧力釜。

あつ‐れき【▼軋▼轢】［名］争いあって不和になること。いざこざ。摩擦。葛藤。≡「両者間に—が生じる」▽「軋」も「轢」も車輪がきしる意。

轢

あて【当て】㊀［名］❶行動の目当てや目標。目的。≡「—もなくさまよい歩く」❷将来に対する見通し。先行きの見込み。≡「返済の—がつく」「—が外れる」❸心頼みとすること。≡「親を—にする」「酔っ払いの約束は—にならない」㊁（造）保護・補強などのためにあてがうもの。≡「腹—・ひじ—」

あて【宛て】（造）❶〈数量を表す語に付いて〉割り当てる数量や割合を表す。〜につき。≡「一人—一〇〇〇円の寄付」書き方「当て・充て」とも書くが、今はかな書きが一般的。❷郵便物などの送り先・届け先を表す。≡「会社—の手紙」◈書き方「宛」の字は、常用漢字表改定により、動詞は「宛てる」、名詞は「宛名・宛先」のように送ることになった。「一人宛て」「会社宛て」などは「宛て」に動詞の意識が残るもので、「宛て」と送るのが標準的。

アディショナル‐タイム［additional time］［名］サッカー・ラグビーなどで、負傷者の手当に費やされた時間など、競技時間に参入しない時間。ロスタイム。

あて‐うま【当て馬】［名］❶めす馬の発情の有無を調べるために近づけるおす馬。❷相手の様子を探るために仕立てられたかりの者。≡「—候補」

あてがい‐ぶち【宛▽行扶▽持】アテガヒ［名］与える側が適当に見はからって与える金品。≡「わずかな—で一家を養う」▽近世に行われた割り当てて与える扶持米の意から、今では給料などにもいう。

あて‐が・う【宛▽行う・当て▽行う】アテガフ［他五］❶上位者が下位者に適当に見つくろって与える。割り当てて与える。≡「俸禄を—」「子供に絵本を—」❷ぴったりとくっつけて当てる。≡「ハンカチを口に—」「物差しを—」◈「宛て交う」の意。

あて‐こすり【当て▽擦り】［名］他にかこつけて相手を悪く言うこと。当てつけがましく非難すること。また、そのことば。あてつけ。皮肉。≡「—を言う」動あてこす・る（他五）

あて‐こ・む【当て込む】［他五］よい結果になることを当てにする。≡「遺産を—・んで遊び暮らす」

あて‐さき【宛先】［名］住所と氏名（組織名）で表される、郵便物などの届け先。≡「—不明で返送される」

あて‐じ【当て字（宛字）】［名］❶和語・外来語の書き表し方で、漢字本来の意味には関係なく、その音訓を借りてその語の表記に当てた漢字。借字。▽和語の「甘み」「めでたい」「やたら」をそれぞれ「甘味」「目出度い」「矢鱈」と、外来語の「アジア」「クラブ」「カッパ」「コーヒー」をそれぞれ「亜細亜」「倶楽部」「合羽」「珈琲」と書くなど。❷和語・外来語で、漢字の音訓には関係なく、意味が似ていることなどから、ある語を二字以上の漢字を使って漢熟語の形（あるいは、それに準ずる形）で書き表したもの。和語の「のり」「いなか」「きのう」をそれぞれ「海苔」「田舎」「昨日」と、外来語の「ビール」「キセル」「マッチ」をそれぞれ「麦酒」「煙管」「燐寸」と書くなど。▽主に、漢語からなる文字列の意味をくみとって、まとめて訓にして読むものが熟字訓。◈書き分け もと【宛】を使ったが、今は【当】が一般的。

あて‐ずいりょう【当て推量】［名］確かな根拠もなしに推し量ること。また、その内容。臆測。当てずっぽう。≡「—で物を言う」

あで‐すがた【▽艶姿】［名］なまめかしく美しい姿。あでやかな姿。

あて‐ずっぽう【当てずっぽう】［名］いい加減に判断すること。また、その内容。当て推量。≡「—に答える」

あて‐つけ【当てつけ（当て付け）】［名］当てつけること。あてこすり。≡「皮肉たっぷりに—を言う」

あて‐つ・ける【当てつける（当て付ける）】㊀［他下一］❶他にかこつけて、非難や不満などの気持ち

をこれみよがしに示す。〓「子供の不行儀を親に—」❷仲のいいところを見せつける。〓「新婚さんにすっかり—・けられた」**二**［自下一］ある人を目当てとして、その人がいやがるような言動をする。特に、いやがらせの皮肉を言う。〓「彼に—・けてわざと反対意見を唱える」「いやみたっぷりに—」文あてつ・く 名当てつけ

あて-ど【当て▽処・当て▽所】［名］目当てとする所。また、目当て。目的。〓「—もなくさまよう」「その日その日を—なく暮らす」

あて-どころ【宛所】［名］郵便物などのあて先。

あて-な【宛名】［名］手紙・書類などに書く相手の名前。また、住所氏名。名あて。

あて-にげ【当て逃げ】［名・自サ変］自動車などが衝突事故を起こしたのち、そのまま逃げ去ること。〓「酔って—する」「—事件」

あて-ぬの【当て布】［名］❶補強のために布地の裏にあてる布。❷物を担ぐとき、肩にあてる布。肩当て。❸アイロンをかけるとき、布地を傷めないように衣服などの上にあてる布。

アデノイド［名］のどの奥の粘膜（咽頭扁桃(いんとうへんとう)）が肥大する病気。子供に多い。▼Adenoide Vegetation（ドイツ）（腺様増殖症）から。

アデノウイルス［adenovirus］［名］人間の扁桃(へんとう)や結膜の細胞に寄生しやすいウイルス。種々の感染症を引き起こす。

あて-はま・る【当て▼嵌まる】［自五］ある物事が基準とする別の物事にうまく合う。適合する。〓「この教訓は現代にも—」「次の条件に—事例を挙げよ」

あて-は・める【当て▼嵌める】［他下一］ある物事が基準とする別の物事にうまく合うようにする。適用する。〓「理論を実例に—・めて考える」文あては・む

品格　該当「犯罪の構成要件に—する」適合「現代に適合した教育」符合「供述が証拠と—する」

あて-み【当て身】［名］柔道で、こぶし・ひじ・足先で相手の急所を攻撃する技。当て身わざ。当て（わざ）。▼危険なため、柔道の乱取りや試合では禁止されている。

あて-もの【当て物】［名］❶隠しているものを言い当てる遊び。判じもの・なぞなぞの類。当てごと。❷補強・保護などのために、ものにそえあてがうもの。

あで-やか【▽艶やか】［形動］容姿・しぐさや花などがなまめかしく美しいさま。〓「—な衣装」「—に舞う」▼貴(あて)やか（＝上品で美しい）から転じた。派生—さ

アデュー［adieu（フランス）］［感］長の別れを告げるときにいう語。さようなら。

あ・てる【当てる・充てる・宛てる（▽中てる）】

一［他下一］❶【当】ある物を移動させて他の物に強く接触させる。ぶつける。特に、命中させる。〓「打者がボールにバットを—」「馬にむちを—」「的に矢を—」書き方命中させる意ではもと「中」を使った。今は「当」を使う。

❷【当】ある物が体にふれるようにする。〓「額(ひたい)に手を—」「座布団を—（＝座布団を敷いて座る）」

❸【当】ある物に木片・布・紙などをあてがう。〓「物差しを—・てて測る」「布を—・てて補強する」

❹【当】光・熱・風などの作用があるものに及ぶようにする。また、意図しないのに、その作用をあるものに及ばせてしまう。〓「患部に放射線を—」「洗濯物を風に—」「鉢植えを夜露に—・てて枯らしてしまう」

❺【当】敵などに立ち向かわせる。対抗させる。〓「主戦に最強の代打を—」

❻【充・当】割り振って、対処させたり従事させたりする。〓「屈強の若者を警備に—」

❼【充・当】ある目的にあてはめて使う。割り振る。割り当てる。〓「余暇を読書に—」「賞与を生活費に—」「講堂を展覧会場に—」

❽【当・宛】関係づけて対応させる。あてはめる。〓「外来語に漢字を—」「novelに『小説』という訳語を—」

❾【当】隠された事実を正しく推測して正解を見いだす。〓「答え［犯人］を—」「探し—・尋ね—」

❿【当】商売や興行で成功する。〓「相場で山を—」使い方「商売で一山(ひとやま)—」「新作芝居で大いに—」のように、自動詞的に使うことが多い。

⓫【当】くじや懸賞などで選ばれて金品を得る。〓「くじで特等を—」「懸賞で一〇〇万円を—」

⓬【中・当】〈「あてられる」の形で〉飲食物・毒・暑さなどで、体が悪い影響を受ける。〓「猛暑［毒気(どっけ)］に—・てられる」書き方かな書きも多い。

⓭【当】〈「当てられる」の形で〉仲のいいところを見せつけられる。〓「熱々の二人に—・てられる」

二［自下一］❶【宛・当】手紙などを差し向ける。出す。〓「妻に宛てて手紙を書く」「友人に宛てた速達便」注意「向けて書く」ことではないので、「無心の手紙を家族に宛てた」などは誤り。❷【当】授業などで、問題を解くなどの課題を与えるために指名する。〓「生徒に—・てて朗読させる」文あ・つ

あて-レコ［名］映画やテレビで、外国語のせりふを日本語で吹き込むこと。吹き替え。▼「アフレコ」をもじった「当てる」＋「レコ（ーディング）」から出た語。書き方多く「アテレコ」と書く。

アテンド［attend］［名・他サ変］接待すること。付き添って世話をすること。〓「来日した歌手を—する」

ア-テンポ［a tempo（イタリア）］［名］音楽の速度標語で、もとの速さで演奏せよの意。

あと【後】［名］❶前方へ進んで行くものの背後の方向。後ろ。後方。〓「—からついてくる」「故郷を—にする」使い方「私の後ろに犬がいる」など、静止したものの背後の意では「後ろ」を使う（×私の後に犬がいる）。

❷連続するもので、基準となるものの後ろ。特に、一番後ろ。〓「上司の—に部下が従う」「本文の—に注を置く」「ことばに詰まって—が続かない」

❸連続するものの次にくるもの。特に、前任者が去ったために空白となった地位など。また、それを引き継ぐ人。〓「その話の—が聞きたい」「—から—から申し込みが来る」「社長の—を継ぐ」「—（＝子孫）が絶える」

❹ある時点（特に、物事が終わった時点）を基準として、そののち。〓「食事の—にテレビを見る」「—で電話するわ」「少しは—のことも考えなさい」「ひと月—にはまた会える」▼連続する時間の次に来るものとして言う。

❺現在から振り返って見た過去のある時点。前。〓「話を—に戻す」「一〇年—にさかのぼる」

❻物事が終わってから（処理すべきものとして）残されたもの。〓「—の処理は君に任せる」「—は次回に譲る」

❼〈数詞に冠して〉条件を満たすために、さらにそれだけの数量を必要とするさま。〓「—五分で仕上がる」「—二人足りない」「定年まで—二年しかない」

❽そのうえに。さらに。〓「—、何か補足することはありませんか」▼くだけた言い方。接続詞のように使う。

◈「跡」から転じた語。①②⬍先・前

書き分け (1)【後】と【跡】は、「後を追う(=後方から追いかける)／跡を追う(=残していったしるしを追う)」、「後を絶つ(=後続が絶える)／跡を絶つ(=痕跡を残さない)」のように書き分ける。「すぐに彼の後を追った／事件の跡を追う(=追跡調査する)」「事故が後を絶つ／犯行の跡を絶つ」(2)【後を継ぐ】はある任務を前の者から引き継いで後任者になる意、【跡を継ぐ】は任務や理念、歴史など抽象的なものも含めて受け継ぐ意で使う。「前内閣[佐藤部長]の後を継ぐ」「先代[田中家]の跡を継ぐ」(3)【跡】と【痕】は【跡】を参照。

品格 更に「共通の問題点を探るべきだ。ー、意見の違いも確認すべきだ」その上「彼は優しい。ー頭もいい」それから「コーヒーをください。ーケーキもください」それに「駅から近い。ー、近くに公園もある」後(のち)「ためらったー、返事をした」後程(のちほど)「ー、うかがいます」また「少子化が進んでいる。ー、高齢化も問題になっている」

◉**後が無・い** 時間的・空間的に余裕がない。〓「追いつめられてー」

◉**後には引け・ない** 後退できない。また、譲れない。後へは引けない。〓「ここまで言った以上ー」

◉**後の祭り** 手遅れになること。特に、取り返しがつかなくなること。〓「失敗を悔やんでもーだ」▼祭りのあとの御輿(みこし)や山車(だし)は用済みになることから。

◉**後は野(の)となれ山となれ** 当面のことさえすんでしまえば、あとはどうなってもかまわない。

◉**後を追・う** ❶後方からついてゆく。後を追いかける。〓「逃げる犯人のー」❷死んだ人を慕ってみずからの命を絶つ。〓「恋人のー」◈書き分け⬇後

◉**後を絶たない** 同じような物事が次々に起こったり継続したりして絶えることがない。〓「交通事故がー」

◉**後を弔(とむら)・う** 死後の供養をする。〓「亡父のー」

◉**後を引・く** ❶物事の(悪い)影響があとに残る。尾を引く。〓「初日の遅刻がー」❷(飲食物について言って)いつまでもほしい感じが残る。〓「ピーナッツはー」

あと【跡・痕(▼址)】[名] ❶【跡】何かが通っていったしるしとして残るもの。〓「人が歩いたーがある」「車輪のーが残っている」❷【跡・痕】ある物事が行われたり、あるものが存在したりしたしるしとして残るもの。〓「書き直したーがある」「手術の痕が痛々しい」「努力のーがうかがえる」「犯行のーを絶つ」「先人のー(=事績)を尋ねる」「城のー」❸【跡】跡目(あとめ)。家督(かとく)。〓「山田家のーを継ぐ」「ーを取る」◈「足(あ)所(と)」の意という。

書き分け (1)【跡】は①〜③で広く使う。【痕】は根絶できないあと、くっきりと残ったあとの意で②で使う(傷の痕・血の痕)。【址】は建物のあとの意で「城の址」などと書くが、今は「跡」が一般的。(2)【跡】と【後】は「後」を参照。

◉**跡をつ・ける** 後ろから気付かれないようについていく。尾行する。

あど[名] 狂言で、わき役。⬍して(仕手) 書き方 ふつう「アド」と書く。

アド[ad][名] ❶広告。▼advertisement の略。❷「アドレス」の略。

あと-あし【後足(後脚・後▽肢)】[名] 動物(特に、獣)の後ろ足。⬍前足

◉**後足で砂を掛・ける** 去りぎわに迷惑をかけたり恩知らずなことをしたりする。▼俗に「後ろ足で…」ともいうが、本来は「後足で」。

あと-あじ【後味】(チーア)[名] ❶飲食したあとに口に残る味。あと口。〓「こってりしたー」❷物事が終わったあとに感じる、(不快な)気持ち。あと口。〓「ーの悪い結末」

あと-あと【後後】[名] ずっとあと。のちのち。〓「ーのために蓄える」「ーまでたたる」

あと-おい【後追い・跡追い】(ヒーオ)[名] ❶後ろから追いかけること。❷物事の跡をたどること。また、先人の行為や企画などをまねること。〓「ー調査[企画]」◈書き分け 多く、①は【後】、②は【跡】を使う。

あとおい-しんじゅう【後追い心中】(アトオヒシンヂユウ)[名] 死んだ恋人や配偶者を慕って自殺すること。書き方 現代仮名遣いでは「〜しんぢゅう」も許容。

あと-おし【後押し】[名・他サ変] ❶荷車などを後ろから押して助けること。また、その人。❷後ろだてとなって支援すること。助力。〓「企業のーで研究を続ける」「市を挙げて計画の実現をーする」✓注意「不安[低迷]を後押ししている」など、よくない事柄について使うのは誤り。「〜に拍車を掛けている」などとする。

アド-オン[add-on][名] ❶電気製品の付属装置。追加機器。❷コンピューターで、ソフトウエアに組み込んで機能を拡張するためのプログラム。アドオンソフト。アドイン。◈付加したものの意。

あと-がき【後書き】[名] 手紙・文書・著書などの本文の最後に書き添える文章。後記。跋(ばつ)。⬍前書き・端書き

あと-かた【跡形】[名] 何かがあったしるしとして残っているもの。あと。痕跡(こんせき)。形跡(けいせき)。〓「ーもなく消え失せる」

あと-かたづけ【後片付け】[名] 事が終わったあとで乱れたものの整理をすること。〓「食事のー」書き方「火事場のー」のように、場所の痕跡(こんせき)に注目していうときは「跡片付け」とも。

あと-かぶ【後株】[名]「○○株式会社」「○○㈱」のように、「株式会社」や㈱が企業名の後に付くこと。うしろかぶ。⬍前株(まえかぶ)

あと-がま【後釜】[名] 後任としてその地位につくこと。また、その人。〓「会長のーにA氏が座る」▼もと、火種が絶えないうちに次にかける釜の意。

あと-きん【後金】[名] ❶手付金・内金を払ったあとに残った金。残金。❷品物を受け取ったあとで代金を払うこと。後払い。⬍前金

あと-くされ【後腐れ】[名] 物事が済んだあとも、わずらわしい問題が残ること。あとぐされ。〓「ーのないように始末をつける」

あと-くち【後口】[名] ❶あとあじ。〓「ーが悪い」❷申し込みなどのあとのほうのもの。また、あとの順番。〓「ーが控えている」「この話はーに回そう」⬍先口(せんくち)

あどけ-な・い[形] 子供などの姿や振る舞いが、無邪気でかわいいさま。〓「子供のー寝顔」使い方⬇「ない」のコラム(一二〇三ページ) 派生 -げ／-さ

あと-さき【後先】[名] ❶空間的に前と後ろ。前後。❷時間的に前とあと。特に、考慮すべき前後の事情。〓「ーも考えずに会社を辞める」❸物事の順序(が入れ替わること)。前後すること。〓「説明がーになる」

あと-さく【後作】[名] 作物をとりいれた後の田畑に他の作物を栽培すること。また、その作物。裏作。

あと-ざん【後産】[名] 胎児が生まれてまもなく、胎盤・卵膜などが排出されること。また、そのもの。後産(のちざん)。

あと-しまつ【後始末】[名] 事がすんだあと、その処

理をすること。事後処理。‖「宴会の—をする」「借金の—をつける」書き方「会場の—」のように場所に注目していうときは「跡始末」とも。

あと‐ずさり【後▽退り】［名・自サ変］前を向いたまま後ろへ下がること。▼「ずさり」は「すさる(=後退する)」の連用形から。「あとじさり」「あとしざり」「あとすさり」「あとずさり」ともいう。

あと‐ぜめ【後攻め】［名］⬇後攻(こうこう)

あと‐だし【後出し】［名・他サ変］出すべきものをあとから出すこと。‖「証拠の—はできない」「じゃんけんの—」

あと‐ち【跡地】［名］建物・施設などを取り壊したあとの敷地。‖「倉庫の—が公園になる」「—利用」

あと‐つぎ【跡継ぎ・後継ぎ】［名］❶【跡】家督(かとく)を引き継ぐこと。また、その人。跡取り。❷【後】前任者や師匠の後を継ぐこと。また、その人。後継者。後任。‖「首相[農家]の—」

あと‐づけ【後付け】［名］❶書物の本文のあとにつける後記・索引・参考文献などの総称。⇔前付け ❷手紙で、本文のあとに書く、日付・署名・宛名などの部分。❸［他サ変］あとから付け足すこと。‖「—の理由」「—の部品」

あと‐づ・ける【跡付ける】［他下一］物事の変化していった跡をたどって調べ確かめる。‖「都市文化の変遷を—」文あとづ・く 名**跡付け**

あと‐とり【跡取り】［名］跡継ぎ。

アトニー［Atonieドイ］［名］収縮性器官の組織がたるむ症状。‖「胃—」

アドバイザー［adviser］［名］助言者。忠告者。顧問。

アドバイス［advice］［名・他サ変］助言や忠告をすること。また、そのことば。

あと‐ばら【後腹】［名］❶産後の腹痛。❷事後に起こる苦痛や障害。‖「機構改革の—に悩む」❸後妻の産んだ子。⇔先腹(さきばら)

あと‐ばらい【後払い】［名］品物を受け取ったあとで代金を払うこと。後金(あときん)。⇔前払い・先払い

アド‐バルーン［和製ad＋balloon］［名］広告をつけて空に揚げる気球。アドバルン。

アドバンス［advance］［名］❶前進。進歩。❷前払い。また、前払金。手付金。

アドバンテージ［advantage］［名］❶有利。利点。利益。❷テニスなどで、ジュースのあとにどちらかが一点をとること。バンテージ。❸ラグビー・サッカーなどで、反則行為があってもそれを罰すると反則を犯した側がかえって有利になると審判が判断した場合、そのまま試合を続行させること。

アトピー［atopy］［名］特定の物質を抗原として過敏な反応を起こす体質。‖「—性皮膚炎(=アトピー体質の人に生じる強いかゆみを伴う湿疹(しっしん))」

アドベンチャー［adventure］［名］冒険。アドベンチュア。

あと‐ぼう【後棒】［名］駕籠(かご)などの棒で後ろの方(を担ぐ人)。⇔先棒

◉**後棒を担(かつ)ぐ** 主謀者の手助けとして事に加わる。

アトマイザー［atomizer］［名］香水・薬液などの噴霧器。霧吹き。

あと‐まわし【後回し】［名］順を変えてあとの方に回すこと。‖「遊ぶのは—にしよう」

アトミズム［atomism］［名］原子論。

アドミッション‐オフィス［admission office］［名］⬇エーオー

アトム［atom］［名］原子。▼もとギリシア語で、これ以上分割できないものの意。

あと‐め【跡目・後目】［名］❶【跡】家督(かとく)。また、それを継ぐ人。跡取り。跡継ぎ。‖「—を継ぐ」「—相続」❷【後】先代の地位(を継ぐ人)。後継者。後任者。‖「派閥の—を争う」

アトモスフェア［atmosphere］［名］雰囲気(ふんいき)。アトモスフィア。

あと‐もどり【後戻り】［名・自サ変］❶空間的・時間的に逆の方へ戻ること。逆戻り。‖「今来た道を—して捜す」「話は幼年時代に—する」❷よい方向に向かっていたものが、以前の悪い状態に戻ること。退歩。‖「病状が—する」

あと‐やく【後厄】［名］厄年の次の年。一般に、男性は数え年の二六歳、四三歳。女性は二〇歳、三四歳。厄年に次いで恐れ慎む風がある。⇔前厄(まえやく)

あと‐ようじょう【後養生】［名］病気やけがなどがややよくなってから、さらに回復につとめること。

アトラクション［attraction］［名］❶催し物で、人寄せのために添える出し物。❷遊園地などで、遊戯設備。

アトラクティブ［attractive］［形動］人を引きつけるさま。魅力的なさま。‖「—な企画」

アトラス［atlas］［名］地図帳。▼双肩で天を支える罰を負わされたギリシア神話の巨神アトラスの絵を、昔の地図帳の巻頭に載せたことから。

アト‐ランダム［at random］［形動］任意に選ぶこと。無作為抽出。アットランダム。‖「—に選ぶ」

アトリエ［atelierフラ］［名］画家・彫刻家・工芸家などの仕事場。工房。また、写真を撮る部屋。スタジオ。

アド‐リブ［ad lib］［名］脚本・楽譜などにない即興のせりふ・演技や演奏など。▼ad libitum(=随意に)の略。

アドレス［address］［名］❶郵便物のあて先。所番地。住所。アド。‖「—ブック」❷コンピューターで、ネットワークのIPアドレスや電子メールのあて先。❸ゴルフで、打つ時の構え。

アドレナリン［Adrenalinドイ］［名］副腎(ふくじん)髄質から分泌されるホルモン。強心剤・止血剤などに利用。

あな【穴(▽孔・▽坑)】［名］❶物の表面が深くえぐりとられてできたくぼみ。‖「—を掘る」❷物の中を反対側まで突き抜けた空間。‖「壁に—をあける」「糸を針の—に通す」❸人体の表面にある空洞で、体内に深く連なる部分。‖「鼻[耳]の—」❹欠け落ちたためにできた空白の状態や部分。特に、不完全なところや金銭上の損失。‖「舞台に—があく」「—だらけの理論」❺一般の人に知られていない、格好の場所や事柄。‖「釣りならここが—だ」❻競馬・競輪などで、番狂わせの勝負。‖「—をねらう」

◈書き分け (1)【孔】は「針[障子・靴下]の孔」など小さく突き抜けたあなの意(②や「鼻の孔(鼻孔)」③)、【坑】は鉱物の採掘のために掘ったあなの意で「坑に潜る・坑が崩れる」などと使うが、どちらも今は【穴】が一般的。(2)⬇開(あ)く・開(あ)ける［書き分け］(2)

◉**穴があったら入りたい** 穴があるなら、その中に入って身を隠してしまいたいほど恥ずかしい。

◉**穴のあくほど** じっと見つめる。凝視する。〓「―見る」
◉**穴をあ・ける** 不足や欠損を生じさせる。〓「帳簿［舞台］に―」
◉**穴を埋ゥ・める** 不足や欠損を代わりのもので補う。補塡(ほてん)する。穴埋めする。〓「怪我をしたメンバーの―」

アナ［名］「アナウンサー」の略。〓「山田―」「名物―」▽人名などに添えて使う。

アナーキー［anarchy］［名・形動］無政府・無秩序の状態であること。また、秩序を無視していること。〓「―な考え方」

アナーキスト［anarchist］［名］無政府主義者。アナキスト。

アナーキズム［anarchism］［名］政治的権力を否定して、個人の自由と独立を絶対化する考え方。無政府主義。アナキズム。

あな-うま【穴馬】［名］競馬で、番狂わせを起こして勝ちそうな馬。ダークホース。〓「―をねらう」

あな-うめ【穴埋め】［名・他サ変］❶穴を埋めること。〓「―作業」❷不足・欠損などを代わりのもので補うこと。補塡(ほてん)。〓「赤字を借金で―する」

アナウンサー［announcer］［名］ラジオやテレビで、ニュースを読んだり実況を伝えたり司会をしたりする職(の人)。放送員。

アナウンス［announce］［名・他サ変］❶放送によって情報を伝えること。また、その情報。〓「今予定変更の―があった」「場内―」❷公表すること。

アナウンスメント-こうか【アナウンスメント効果】(―カウ／クヮウ)［名］報道によって、人々の行動や心理が何らかの影響を受けること。アナウンス効果。

あな-かしこ［連語］非常におそれ多いの意で、女性が手紙の結びに添えて敬意を表す語。あらあらかしこ。▽古語の感動詞「あな」＋形容詞「かしこし」の語幹から出た語で、感動詞的に使う。書き方「穴賢」とも当てる。

あながち【▽強ち】［副］三 全面的に断定できないという話し手の気持ちを表す。一概に。必ずしも。〓「彼女の主張は―間違いとは言えない」「社長の言い分も―に否定はできない」▽ふつう下に打ち消しを伴う。

あな-ぐま【穴熊】［名］❶山地に深い穴を掘ってすむイタチ科の哺乳(ほにゅう)類。タヌキに似るが手のつめが強大で、毛も荒い。夜行性。ムジナと呼ぶ地方もある。ササグマ。マミ。❷将棋で、王将を自陣の隅に囲う戦法。岩屋囲い。

あな-ぐら【穴蔵(穴倉・▼窖)】［名］❶物を蓄えるために、穴を掘って地下に作った蔵。❷地下室。

アナグラム［anagram］［名］つづりの位置を変えて別の意味の語句をつくること。また、その遊び。「lis-ten」を「silent」とする類。

アナクロ［名・形動］時代錯誤であること。〓「―な考え」▽「アナクロニズム」の略。派生 -さ

アナクロニズム［anachronism］［名］時代錯誤。時代遅れ。アナクロ。〓「―に陥る」

あな-ご【穴子】［名］近海の砂泥底に分布するアナゴ科の海水魚の総称。体はウナギに似て細長く、うろこ・腹びれがない。マアナゴ・クロアナゴ・ギンアナゴなどは食用。

あな-ごもり【穴籠もり】［名・自サ変］動物が土や木の穴にこもって冬を越すこと。▽晴れがましいところから離れて暮らす意にも転用する。

あ-な-た【▽彼▽方】［代］〔古風〕❶話し手からも聞き手からも遠い方向・場所を指し示す語。むこう。あちら。かなた。〓「山の―」❷ある時点を基準にして、それよりずっと以前または以後を指し示す語。ずっと昔。ずっと先。かなた。〓「千年の―に舞い戻る」

あ-な-た【〈貴方〉・〈貴男〉・〈貴女〉】［代］〔二人称〕軽い敬語として、同等以下の相手を指し示す語。妻が夫を親しんでいう場合や名前・身分などの分からない相手に使うことも多い。また、公用文で「貴下・貴殿」に代わることばとして使う。〓「―はそう言うけど、実際はどうかな」「〔アンケートなどで〕―はどう思いますか」書き分け かな書きが一般的だが、手紙などでは漢字書きも好まれる。【貴方】は男女ともに、【貴男】は男性に、【貴女】は女性に使う。使い方 本来対等または目上の相手への敬語だったが、今は目上に使うのは失礼だとされる。よそよそしい語感もあり、対等の相手にも使われない傾向がある。

品格 おたく「―はどちらへ？」御身「―御大切に」貴下「―のご健闘をお祈りします」貴殿「―のご尽力に感謝します」◉「貴下」「貴殿」は主に手紙で用いる。

あなた-まかせ【〈貴方〉任せ・▽彼▽方任せ】［名・形動］人に頼りきったり成り行きにまかせたりして、自主的に事を運ばないこと。〓「―の気楽な旅」

あなど・る【侮る】［他五］相手の力などを軽く見る。軽んじる。みくびる。ばかにする。〓「敵を若輩と―・ったのが失敗だった」「―・り難い相手」可能 侮れる 名 侮り

あな-ば【穴場】［名］❶利益・獲物などが多いが、まだ一般には知られていない所。〓「釣り［行楽地］の―」❷競馬・競輪などで、投票券の売り場。

アナフィラキシー［Anaphylaxieドイツ］［名］アレルギーのうち、急激なショック症状を起こすもの。

あな-ぼこ【穴ぼこ】［名］あな。くぼみ。

アナライズ［analyze］［名・他サ変］分析すること。解析すること。〓「結果を―する」

アナリスト［analyst］［名］事象を分析・判断する専門家。精神分析医や、証券アナリスト、コンピューターのシステムアナリストなど。分析家。

アナログ［analog］［名］❶数値を連続的な物理量で表示すること。〓「―録音」「―式(＝針式)の時計」⇔デジタル ❷物事を割り切って考えないこと。❸電子機器の使用が苦手なこと。

アナロジー［analogy］［名］類推。類比。

あに【兄】［名］❶きょうだいのうち、年上の男性。実の兄。〓「―は保育士です」❷配偶者のきょうだいで、配偶者より年上の男性。また、姉の夫。義理の兄。▽本人より年下の場合もある。書き方〈義兄〉と当てる。◈⇔弟 使い方 敬称として「兄上」が、親しみをこめた軽い敬称として「兄貴(あにき)」が、他人の兄の敬称として「賢兄」「令兄」などがある。また、丁重語に「愚兄」などがある。

あに【▼豈】［副］〔古風〕反語を表す。どうして(〜だろうか、いや、そんなことはない)。〓「鳥則(すなわ)ち木を択(えら)ぶ、木―能(よ)く鳥を択ばんや〈左伝〉」▽漢文訓読から出た語。多く下に「〜んや」(推量の助動詞＋助詞)を伴う。
◉**豈図(はか)らんや** 意外にも。〓「―彼が犯人であったとは」▽どうしてそんなことが思いつこうかの意から。

あに-い【兄い】［名］❶やくざなどが仲間内の年長者を親しんでいう語。〓「―、お久しぶりです」❷勇み肌の若者。◈「あに」が長音化した語。

あに-うえ【兄上】(―ウヘ)［名］兄の敬称。

あに-き【兄貴】[名] ❶兄を親しんでいう語。兄さん。❷親しい仲間内や芸人・職人・やくざなどの間で、先輩格の人を親しんでいう語。兄さん。兄貴分。◈「兄君」の転という。軽い尊敬を表す。

アニサキス-しょう【アニサキス症】[名] 魚やイカなどに寄生するアニサキス類の幼虫が、魚介類の生食によってヒトの胃壁などに入り、激しい腹痛や嘔吐を引き起こす病気。

あに-さん【兄さん】[名] ❶兄を親しみ高めていう語。また、年輩者などが若い男性を親しんでいう語。❷芸人・職人・やくざなどの間で、先輩格の人を親しんでいう語。

あに-でし【兄弟子】[名] その人より先に同じ師匠・先生について学んでいる人。⬍弟弟子

アニバーサリー[anniversary][名] 記念日。記念祭。〓「創立二周年の—」

アニマル[animal][名] ❶動物。❷人間性を失って(本能のままに)行動する人を軽蔑していう語。〓「エコノミック—」

アニマル-セラピー[animal therapy][名] 動物介在療法。動物とふれ合うことで心身の健康状態を良好にすること。広く治療の一環に動物を活用することをいう。ペットセラピー。ペット療法。▽正式にはアニマルアシステッドセラピー(animal assisted therapy)。

アニミズム[animism][名] 自然界のあらゆる事物に霊魂(アニマ)が宿ると信じる考え方。精霊崇拝。万物有魂論。

アニメ[名]「アニメーション」の略。〓「テレビ—」

アニメーション[animation][名] 動きのない絵や人形を一こまずつ撮影して、映写したときに動いているように見せる映像作品。動画。アニメ。▽コンピューターグラフィックスを用いるものも多い。

アニュアル-レポート[annual report][名] 企業の年度ごとの業績や財政状況を記載する報告書。年次報告書。

あに-よめ【兄嫁(▼嫂)】[名] 兄の妻。

アニリン[Anilinドイツ][名] 特殊な臭いをもつ無色油状の液体。有毒だが、合成染料の原料として有用。

あね【姉】[名] ❶きょうだいのうち、年上の女性。実の姉。〓「—は看護師です」❷配偶者のきょうだいで、配偶者より年上の女性。また、兄の妻。義理の姉。▽本人より年下の場合もある。書き方「〈義姉〉」と当てる。◈⬍妹 使い方 敬称として「姉上」が、親しみをこめた軽い敬称として「姉貴」が、他人の姉の敬称として「令姉」などがある。また、丁重語に「愚姉」などがある。

あね-うえ【姉上】[名] 姉の敬称。

あね-き【姉貴(▼姐貴)】[名] ❶【姉】姉を親しんでいう語。姉さん。❷【姐】遊び人・やくざなどの間で、先輩格の女性を親しんでいう語。姐さん。姉分。姉貴分。◈「姉君」の転という。軽い尊敬を表す。

あね-ご【姉御(▼姐御)】[名] ❶【姉】(古風)姉の敬称。姉上。⬍妹御 ❷【姐】やくざなどの親分・兄貴分の妻や女親分をいう語。姐さん。◈「姉御前」の転という。

あねさま-にんぎょう【姉様人形】[名] 縮緬紙で髪を作り、千代紙・布などの着物を着せた花嫁人形。ままごとなどに使う。あねさま。

あね-さん【姉さん(▼姐さん)】[名] ❶【姉】(古風)姉を親しみ高めていう語。また、女性を親しんでいう語。❷【姐】姐御。

あねさん-かぶり【姉さん▽被り】[名] 女性の手ぬぐいのかぶり方で、その中央を額に当て両端を後頭部に回して、一方の端を折り返して頭上にのせるもの。姉さまかぶり。

あねさん-にょうぼう【姉さん女房】[名] 夫より年上の女房。姉女房。

あ-ねったい【亜熱帯】[名] 熱帯と温帯の間にある気候帯。緯度はだいたい二〇〜三〇度。〓「—気候」

あね-むこ【姉婿】[名] 姉の夫。⬍妹婿

アネモネ[anemone][名] 早春、赤・白・桃色などの花をつけるキンポウゲ科の多年草。観賞用に栽培され、多くの品種がある。地中海沿岸原産。

あ-の 一[連体] ❶話し手・聞き手の双方から遠く離れたものを指す語。時間的・心理的に隔たるものにも使う。〓「—山の向こうには海がある」「—ころのことはもう忘れた」❷話し手・聞き手の双方がすでに知っている事柄などを指す語。例の。〓「—ことは二人の秘密だ」「—件はどうなった?」◈古語の代名詞「あ」+連体助詞「の」から。
二[感] ことばがすらすらと続かないときに、つなぎに使う語。あのう。〓「つまり、それは、—」▽口頭では多く「アノー」と長音化するが、表記としては「あの」と書くことが多い。◈もとの用字は「▽彼の」。

あのう[感] ❶⬇あの二 ❷遠慮やためらいの気持ちで、相手に呼びかける語。〓「—、質問があるのですが」「—、もう帰ってもいいでしょうか」◈「あの」の長音化。

あの-かた【あの方】[代](三人称)「あの人」を敬意を強めていう語。〓「—はどちら様ですか」

あのて-このて【あの手この手】[連語] いろいろな方法や手段。〓「—で売り込む」

あの-ね[感] 話を聞いてくれという気持ちで、相手に呼びかける語。また、話の初めや間にはさんで、ことばをつなぐ語。あのねえ。〓「—、ちょっとお願いがあるんだけど」「君、—、これでは困るんだよ」

あの-ひと【あの人】[代](三人称) 話し手からも聞き手からも離れた人や、話題になっている人を指し示す語。彼。彼女。〓「—ももう五〇歳になる」「—はその後どうしているだろう」使い方「あの方」「あちら」より敬意が低い。また、特に恋人や夫などを指していうこともある。〓「—のことが忘れられない」

あの-よ【あの世】[名] 死者が行くとされる世界。死後の世界。来世。冥土。〓「—へ旅立つ」⬍この世

あの-よう【あの様】[形動]「あの」と例示して物事の様態をいう語。ああいう風。あんな風。あれと同じよう。〓「—な発言はすべきでない」「—にはなりたくない」

アノラック[anorak][名] スキーや登山に使う、防風・防寒用のフードのついたジャケット。▽イヌイット語から。

アパート[名] 一棟の建物をいくつかの住居に仕切ったもの。建物全体にも個々の住居にもいう。〓「—に住んでいる」▽「アパートメントハウス(apartment house)」の略。

アバウト[about][形動] おおまかでいいかげんなさま。〓「そんな—なやり方ではだめだ」▽およそ・約、の意の英語副詞を転用したもの。派生 -さ

あば・く【暴く(▼曝く・▽発く・▼許く)】[他五] ❶土を掘り崩して土中に隠れたものを表にさらす。地中

のものを掘り出す。≡「墓を—」❷隠されたものを探り出して公にする。暴露する。≡「正体［陰謀］を—」◈ 書き分け【発】は①で、【曝】と【訐】は②で使うが、今は一般に【暴】を使う。

アパシー［apathy］［名］❶無関心。特に、政治的無関心。❷心理学で、感情鈍麻。ふつうなら感情を動かす刺激に対して、なんの反応も示さないこと。

あば‐ずれ【▼阿婆擦れ】［名］悪く人擦れがしてずうずうしいこと。また、その女性。すれっからし。▼もとは男性にも使った。書き方「阿婆」は当て字。

あばた【〈痘痕〉】［名］天然痘がなおったあとに残る皮膚のくぼみ。痘痕(とうこん)。▼梵語(ぼんご) arbuda（＝水疱(すいほう)）から。

◉**あばたも靨**(えくぼ) ほれてしまえば、相手の欠点も長所のように見えるものだ。

アバター［avatar］［名］インターネット上で、自分の分身として使うキャラクター。

アパッチ［Apache］［名］アメリカ先住民の一部族。アリゾナ・ニューメキシコ州などに住む、勇猛な性質をもつ狩猟民であった。

あはは［感］口を大きく開けて高らかに笑う声をいう語。呵々(かか)。

あば‐よ［感］「さようなら」のくだけた言い方。≡「じゃ、—」▼「あば」は「さあらば」の転。「よ」は終助詞。

あばら‐ぼね【▼肋骨】［名］胸部の内臓を保護する左右一二対の骨。肋骨(ろっこつ)。あばら。▼「あばら」はすき間が多いの意。

あばら‐や【▽荒ら屋・▽荒ら家】［名］荒れはてた粗末な家。また、自分の家を謙遜(けんそん)していう語。≡「こんな—によくいらっしゃいました」▼「あばら」はすき間が多いの意。

アパルトヘイト［apartheid アフリカーンス］［名］南アフリカ共和国で行われてきた、白人支配者の有色人種に対する極端な差別・隔離政策。一九九一年に法律で廃止。▼分離・隔離の意。

あばれ‐うま【暴れ馬】［名］気性の激しい馬。また、荒れ狂っている馬。荒れ馬。悍馬(かんば)。

あばれ‐がわ【暴れ川】ガハ［名］大雨が降るとすぐに氾濫(はんらん)する川。

あばれ‐もの【暴れ者】［名］（すぐかっとなって）乱暴な行動に走る者。乱暴者。暴れん坊。

あば・れる【暴れる】［自下一］❶力を使って荒々しい振る舞いをする。≡「酔って—」「興奮して馬が—」 使い方「しけで海が—」などは、やや修辞的な言い方。❷思い切って大胆に振る舞う。また、思い通りに活躍する。≡「政界［新天地］で大いに—」文あば・る

アパレル［apparel］［名］衣服。衣装。≡「—業界」

あばれん‐ぼう【暴れん坊】バウ［名］❶けんかやいたずらを好む活発な子供。また、そのような人。暴れ者。❷極端な行動をとったり意表をつく行動に出たりして、周囲に混乱を引き起こす性癖のある人。暴れ者。≡「政界の—」

アバン‐ギャルド［avant-garde フランス］［名］❶第一次大戦後に欧州に興った、抽象派・超現実派などの芸術革新運動。❷先進的・実験的であること。◈前衛の意。

アバンチュール［aventure フランス］［名］恋愛における危険な火遊び。恋の冒険。≡「—を楽しむ」▼冒険の意。

あび【▼阿鼻】［名］八大地獄の第八。現世で五逆などの大罪を犯した者が落ち、猛火で焼かれるという地獄。無間(むけん)地獄。▼梵語(ぼんご)の音写。「阿鼻地獄」の略。

アピール［appeal］［名］❶［他サ変］人々や世論に訴えること。また、その訴え。≡「世界平和を—する」❷［他サ変］スポーツで、判定を不服として審判に抗議すること。また、その抗議。❸［自サ変］人々の関心を引きつけること。また、その要素となるもの。≡「幅広い年齢層に—する商品」「セックス—」◈「アッピール」とも。

あび‐きょうかん【▼阿鼻叫喚】キャウクヮン［名］悲惨な状況に陥って泣き叫ぶこと。≡「事故現場は—の巷(ちまた)と化した」▼本来は、阿鼻地獄と叫喚地獄の意。

あびせ‐か・ける【浴びせかける（浴びせ掛ける）】［他下一］「浴びせる」を強めていう語。≡「質問を—」文あびせか・く

あびせ‐たおし【浴びせ倒し】タフシ［名］相撲の決まり手で、相手にのしかかって倒す技。動あびせたお・す（他五）

あび・せる【浴びせる】［他下一］❶液体が体全体に注ぎかかるようにする。≡「頭から冷水を—」❷光線、風、煙、粒状のものなどを（全体に）受けさせる。≡「熱風を—・せて乾燥させる」「敵陣に砲弾を—」❸物事の作用を（避けがたい状況で）受けさせる。与える。≡「集中攻撃を—」「論敵に罵声(ばせい)を—」❹相撲などで、相手に自分の体をのしかける。≡「体を—・せて寄る」文あび・す

あひる【〈家▼鴨〉・▼鶩】［名］マガモを飼い慣らして改良したカモ科の家禽(かきん)。首が長く、脚は短い。飛べないが、泳ぎは巧み。食肉用・採卵用など品種が多い。羽毛は布団などに用いる。

あ・びる【浴びる】［他上一］❶液体が自分の体に注ぎかかるようにする。≡「シャワーを—」「一風呂—（＝さっと入浴する）」「—ほど（＝多量に）酒を飲む」❷光線、煙、粒状のものなどを（全身に）受ける。≡「夕日［砲弾］を—」❸物事の（集中的な）作用を受ける。≡「パンチを—」「非難［質問］を—」「注目［喝采(かっさい)］を—」文あ・ぶ

あぶ【▼虻】［名］ウシアブ・メクラアブなど、アブ科の昆虫の総称。形はハエに似るが、体も複眼も大きい。人畜の血を吸う種もある。

アフィリエイト［affiliate］［名］ウェブサイトの運営者が、企業などと提携して商品の広告を掲載し、それを利用した売り上げに応じて報酬を得る仕組み。アフィリエイトプログラム。

アフォリズム［aphorism］［名］簡潔な表現で物事の本質を鋭く言い表したもの。「芸術は長く人生は短し〈ヒポクラテス〉」「死と太陽は直視できない〈ラ・ロシュフコー〉」の類。金言。警句。箴言(しんげん)。

あぶく【▽泡】［名］泡(あわ)。≡「石鹸(せっけん)の—」

あぶく‐ぜに【▽泡銭】［名］苦労しないで手に入れた金銭。特に、悪事やばくちで得た金銭。悪銭。

アブサン［absinthe フランス］［名］ニガヨモギで香味をつけた、緑色のリキュール。アルコール度が強い。アブサント。アプサント。▼ニガヨモギの意から。

アブストラクト［abstract］一［形動］抽象的なさま。≡「—な話」二［名］❶抜粋。抄録。摘要。≡「文献の—」「—版」❷抽象芸術。抽象美術。▼「アブストラクトアート（abstract art）」の略。

アフター［after］［名］❶あと。のち。≡「—シェービング」▼多く他の語と複合して使う。❷クラブのホステ

スなどが閉店後に客と食事などに行くこと。❸イベントなどの後の打ち上げ。

アフターケア【aftercare】[名] ❶病気の回復期に健康管理と社会復帰のために行われる各種の指導。❷後で行う手入れ・管理。

アフターサービス【和製 after＋service】[名] 商品を売ったのちも、その商品の面倒を見ること。特に、一定期間品物を保証したり修理などの便宜を図ったりすること。アフターケア。

アフターファイブ【和製 after＋five】[名] 午後五時以降の意で、会社などの仕事が終わったあとの私的な時間。

アフターフォロー【和製 after＋follow】[名] 商品などを購入した顧客に対して、企業が問い合わせを受け付けたり、活用法を紹介したりすること。

アフターレコーディング【after-recording】[名] ⬇アフレコ

アフタヌーン【afternoon】[名] ❶午後。❷「アフタヌーンドレス」の略。

アフタヌーンティー【afternoon tea】[名] ❶午後のお茶。❷ケーキ・スコーンなどの菓子や、サンドイッチなどの軽食とともに出されるお茶。また、それを楽しむお茶会。▽イギリスで社交を目的として始まった。

アフタヌーンドレス【afternoon dress】[名] 昼間の儀式やパーティーなどに着る女性用の礼服。アフタヌーン。

あぶな・い【危ない】[形] ❶災いなど危険なことが起こりそうである。危険だ。‖「ここの交差点は━」「━手つきで皮をむく」「━目に遭う」「━ところを救われる」❷存続が危ぶまれる状態である。また、悪い結果になりそうだ。‖「患者の命は明日にも━」「この会社は経営が━」「空模様が━」❸望むところが実現しそうにない。あやうい。‖「この分では当選は━」❹不確かで信頼できそうにない。あてにならない。疑わしい。怪しい。‖「あの人の言うことは━」◈使い方 (1)後に「そうだ」「すぎる」が続くときは、「危なそうだ」「危なすぎる」となる。「危なさそうだ」「危なさすぎる」と「さ」を入れるのは誤り。(2)「危(あや)うい」は古風で文章語的な言い方。今にもくずれ落ちそうではらはらさせられるといった意がこもることが多い。派生 -げ／-さ／-が・る

◉**危ない橋を渡・る** 危険な手段をとる。特に、法に触れそうなすれすれのことをする。

あぶなげ-な・い【危なげない(危な気無い)】[形] 危なそうな気配がないさま。危なげがない。‖「彼の演奏は━」「横綱相撲で━・く勝つ」派生 -さ

あぶなっかし・い【危なっかしい】[形] いかにも失敗しそうで、心もとないさま。危なげである。‖「慣れない手つきが━」「━・くて見ていられない」派生 -げ／-さ／-が・る

アブノーマル【abnormal】[形動] 常軌を逸するさま。変質的。変態的。異常。⬍ノーマル

あぶはち-とらず【▼虻蜂取らず】[連語] 両方とも手に入れようとして、ともに取り損なうこと。‖「━に終わる」

あ-ぶみ【▼鐙】[名] ❶馬具で、馬の鞍(くら)の両わきに取りつけて足を踏みかけて使うもの。❷登山で、岩壁を登るときに使う縄ばしご状のもの。◈「足踏(あしぶ)み」の意。

あぶら【油・脂・▼膏】[名] ❶【油・脂・膏】植物の種子、石油などの鉱物、動物の組織から採れる、水に溶けない可燃性の物質。食用・光熱用・薬用・化学工業の原料など用途が広い。‖「オリーブの実から油を搾(しぼ)る」「機械に油を差す」「鍋に油を引く」「豚の脂」「顔に脂が浮く」❷【油】活動の原動力となるもの。特に、酒を指すことが多い。‖「━が切れる」❸【油】「油絵」の略。‖「━を得意とする画家」◈書き分け【油】は常温で液体のもの、【脂】は動物の皮下につまったもの(が皮膚にしみ出たもの)の意で使う。【膏】はとろりとけた肉のあぶらの意。「がまの膏」「国民の血と膏を絞る(＝膏血(こうけつ)を絞る)」など慣用的に使う。

◉**脂が乗・る** ❶魚などにたっぷりと脂肪分がついて味がよくなる。‖「━・った秋刀魚(さんま)」❷調子が出て仕事などがうまくゆく。‖「最も━・った時期の秀作」

◉**油を売・る** 仕事の途中でむだ話などをして怠ける。‖「立ち寄り先で━」▽江戸時代、髪油の行商人が婦女を相手に話し込みながら商いをしたことから。

◉**油を絞(しぼ)・る** しかったり責めたりしてきつく懲らしめる。‖「たっぷり━・られた」✓注意 油を搾り取る意から出た語だが、「絞る」と書くのが標準的。

◉**油を注(そそ)・ぐ** 勢いなどをさらに強くさせる。油を差す。‖「その一言が火に━結果となる」✓注意「油をつぐ」は誤り。

◉**油を流したよう** 海などの水面が、波が立たず穏やかであるさま。‖「━な水面」

あぶら-あげ【油揚げ】[名] 薄く切った豆腐の水を切り、油で揚げた食品。うすあげ。あげ。あぶらげ。

あぶら-あし【脂足】[名] 脂肪分の分泌の多い足。脂性(あぶらしょう)の足。

あぶら-あせ【脂汗(油汗・▼膏汗)】[名] じっとりとにじみ出る汗。特に、病気で苦しむときや強度に緊張したときなどに出る汗。

あぶら-え【油絵】ヱ [名] 油絵の具で描いた絵。油彩(ゆさい)。あぶら。

あぶら-えのぐ【油絵の具】ヱノグ [名] 油絵を描くときに使う絵の具。主に鉱物性の顔料を亜麻仁油(あまにゆ)・けし油などで練り上げて作る。

あぶら-かす【油▼粕・油▼滓】[名] 大豆・菜種など、植物の種子から油を搾り取ったあとに残るかす。飼料や肥料にする。

アブラカダブラ【abracadabra】[名] 物事の成就を願ったり災いをはらったりするときに唱える呪文(じゅもん)。▽ラテン語から。

あぶら-がみ【油紙】[名] 桐油(とうゆ)などの油を塗った、厚手の防水用の紙。桐油紙。油紙(ゆし)。

◉**油紙に火がついたよう** ぺらぺらとよくしゃべるさま。‖「━にしゃべる」

あぶら-ぎ・る【脂ぎる】[自五] ❶表面に脂が浮き出てぎらぎらする。‖「━・ったスープ」「顔」❷精力的でどぎつい感じがする。‖「━・った役者」

あぶら-け【脂気・油気】[名] ❶【脂】脂っぽいこと。あぶらっけ。‖「━の多い肉」「━のない肌」❷【油】油っぽいこと。あぶらっけ。‖「━のない髪」

あぶらげ【油▽揚】[名]「あぶらあげ」の転。‖「鳶(とび)に━をさらわれる」

あぶら-さし【油差し】[名] 機械類に油をさすこと。また、その道具。

あぶら-じ・みる【油染みる・脂染みる】[自上一] ❶【油】油類がしみついて汚れる。‖「━・みた作業

服」❷【脂】汗や脂がしみついて汚れる。〓「ー・みた学生服」

あぶら-しょう【脂性】(ヤウシ)［名］脂肪の分泌が多く、肌がいつも脂ぎっている体質。〓「ーの人」⇔荒れ性

あぶら-ぜみ【油▼蟬】［名］夏、各地で普通に見られるセミ科の昆虫。暑さをかき立てるように樹上でジージーと鳴く。

あぶらっこ・い【脂っこい】［形］❶食品などのあぶらけが強い。〓「ー料理」❷性格や態度があっさりしていなくて、しつこい。〓「ー話しぶり」◈[書き方]「こい」は形容詞の「濃い」が接尾語化したもの。一般にかなで書く。①は「油っこい」とも。[派生]ーさ

あぶら-で【脂手・油手】［名］❶【脂】脂肪分の分泌の多い手。脂性の手。あぶらて。❷【油】油で汚れた手。あぶらて。〓「ーでつかむ」

あぶら-でり【油照り】［名］夏、風がなく薄日がじりじりと照りつけて、ひどく蒸し暑い天候。

あぶら-な【油菜】［名］春、十字形の黄色い花を総状につけるアブラナ科の越年草。種子から菜種油をとり、若い茎・葉を食用とする。花は「菜の花」と呼ばれ、観賞用。

あぶら-み【脂身】［名］肉の、脂肪分の多いところ。

あぶら-むし【油虫】［名］❶草木に群生して汁を吸うアブラムシ科の昆虫の総称。体は二ミリメートル前後。腹端から甘い液を分泌し、アリと共生する種もある。アリマキ。[書き方]「▼蚜虫」とも。❷ゴキブリの別称。

アプリ［名］「アプリケーションソフトウエア」の略。特に、スマートフォンやタブレット端末で用いるもの。携帯アプリ。スマホアプリ。

アープリオリ［a priori ラテ］［形動］哲学で、経験に先立って与えられている意。先験的。先天的。⇔アポステリオリ ▼前に来るものの意から。

アプリケーション［application］［名］❶適用。応用。❷「アプリケーションソフトウエア」の略。

アプリケーション-ソフト［名］コンピューターで、特定の用途のために作られたソフトウエア。応用ソフト。アプリケーションプログラム。アプリ。▼「アプリケーションソフトウエア(application software)」の略。

アプリコット［apricot］［名］アンズ。

あぶり-だし【▼炙り出し】［名］子供の遊び道具で、火にあぶると隠された字や絵が現れるしかけのもの。明礬(みょうばん)水などで書いて作る。

あぶり-だ・す【▼炙り出す・▼焙り出す】［他五］❶火であぶって紙に隠された字や絵を浮かび上がらせる。❷隠されていた事実などをあらわにする。〓「綿密な調査によって真実がー・される」[名]あぶり出し

あぶり-もの【▼炙り物・▼焙り物】［名］〔古風〕(遠火で)焼いた食べ物。特に、焼き魚。

あぶ・る【▼炙る・▼焙る】［他五］❶食べ物をちょっと火が通る程度にほどよく焼く。〓「海苔(のり)[するめ]をー」❷軽く火にかざして温めたり乾かしたりする。〓「火鉢で手をー」[可能]あぶれる

アフレコ［名］映画・テレビの録音法で、画面だけを撮影しておいて、あとから音声をふきこむもの。⇔プリレコ ▼「アフターレコーディング」の略。

あぶれ-もの【あぶれ者】［名］世間・組織などの枠(わく)の中に収まらずに外にはみだした者。特に、ならず者・浪人などや仕事にありつけない人などを指す。

あふ・れる【▼溢れる】［自下一］❶中のものが収まりきれなくなって外にこぼれる。〓「水槽から水がー」「豪雨で川(の水)がー」「参列者が歩道にー」「目から/に涙がー」❷こぼれるほどいっぱいになる。〓「市場には輸入品がー・れている」❸感情や気持ちが表情などとなって外に現れる。〓「彼は自信にー・れている」

◈[使い方]「あふれる」は一杯になっているものが限度を超えて外に出る意。「こぼれる」は何らかの力が働いて外に出る意。「感極まって涙があふれた」「彼の心遣いに涙がこぼれた」のように使い分ける。前者は「感極まって」という限度一杯を超えたことで「あふれる」、後者は「彼の心遣い」が涙が出る働きかけになって「こぼれる」という意。

[読み分け]「涙/酒/笑い/愛嬌が溢れる」など、「あふれる」「こぼれる」とも読むものがあるが、「こぼれる」は平仮名または「零れる」と書くことが多く、したがって「溢れる」は一般に「あふれる」と読むことが多い。

あぶ・れる［自下一］❶(所定の人数からはみだして)仕事にありつけなくなる。〓「倒産して職にー」❷狩りや釣りで、獲物がとれない。〓「今日はー・れて小物しか釣れない」◈「溢(あふ)れる」の転。

アフロ［Afro］［名］❶パーマをかけて細かく縮らせ、全体を丸くふくらませた髪形。▼「アフロヘア」の略。❷アフリカ風。アフリカの。〓「ービート」▼他の語と複合して使う。

アプローチ［approach］［名］❶[自サ変] 学問研究などで、対象に迫ること。肉迫。接近。また、その方法。〓「哲学から言語にーする」❷[自サ変] 目当てとする人に接近・接触すること。〓「大胆にーする」❸[自サ変] ゴルフで、グリーンの近くからホールの近くに球を寄せること。寄せ打ち。アプローチショット。❹陸上やスキーのジャンプ競技で、スタートから踏み切りまでの間。助走路。助走斜面。❺登山で、歩行を始めてから登山口に至る間。❻敷地の入り口から玄関までの間。導入路。

あべかわ-もち【▽安▽倍川餅】(アベカハー)［名］焼いたもちを湯にひたし、砂糖入りのきな粉をまぶした食品。あべかわ。▼静岡市の安倍川付近の名物から。

あべ-こべ［名・形動］順序・表裏・方向などが普通とは逆になっていること。〓「手順がーになる」「普段とはーな意見を言う」「サンダルをーに履く」

アベック［avec フランス］［名］❶男女(特に、恋人どうし)の二人連れ。〓「ーで出かける」❷二者が同一の行動をとること。〓「ー飛行」

アベニュー［avenue］［名］大通り。本通り。並木道。街路。

アベーマリア［Ave Maria ラテン］［名］キリスト教で、聖母マリアにささげる祈りのことば。

アペリティフ［apéritif フランス］［名］食前に飲む口当たりの柔らかい酒。食前酒。

アベレージ［average］［名］平均。平均値。アベレッジ。〓「バッティングー(=野球の打率)」✓注意「平均アベレージ」は重言。⬇「重言」のコラム(七四〇ページ)

あへん【▼阿片(▼鴉片)】［名］麻薬の一種で、未熟なケシの実の乳液を乾燥させて作った赤褐色の粉末。主成分はモルヒネで、鎮痛・催眠作用がある。オピウム。〓「ー窟(くつ)」「ー中毒」▼opium の音訳から。[書き方]「アヘン」と書くことも多い。

あーほ【▼阿▼呆・▼阿▽房】［名・形動］あほう。〓「ーかいな」▼「あほう」の転。主に関西でいう。

アポ［名］面会・会合などの約束。〓「ーを取る」▼「アポ

イントメント(appointment)」の略。

あ-ほう【▼阿▼呆・▼阿▽房】ハウ〔名・形動〕愚かなこと。また、その人。あほ。「—なことをしてしもうた」書き方「阿呆・阿房」は当て字。使い方 口頭語としては、関西で多く使う。関東の「ばか」に相当する。

あほう-どり【〈信天翁〉・▼阿▽房鳥・▼阿▼呆鳥】アハウ〔名〕伊豆諸島の鳥島と尖閣諸島で繁殖するアホウドリ科の海鳥。全長約一メートル。体は白色で、翼と尾が黒い。はばたかずに海風に乗って滑空する。特別天然記念物。国際保護鳥。

アボカド【avocado】〔名〕果樹として熱帯各地で栽培されるクスノキ科の常緑高木。また、その果実。洋梨形・楕円形などの濃緑色の果実は脂肪に富み、「森のバター」といわれる。熱帯アメリカ原産。▼なまって「アボガド」とも。

あほ-くさ・い【▼阿▼呆臭い】〔形〕いかにもばかげている。あほう臭い。「—話やないか」▼主に関西でいう。派生 -げ／-さ

ア-ポステリオリ【a posteriori ラテ】〔形動〕哲学で、経験によって与えられた意。後験的。後天的。「—な推論」⇔アプリオリ ▼後に来るものの意から。

アポストロフィー【apostrophe】〔名〕英語やローマ字表記などでつかう記号「'」。英語では、省略(rock'n'roll)や所有格(Yamada's)に、ローマ字では撥音の区切り(sin'yuu 親友)に使う。アポストロフ。

アポトーシス【apoptosis】〔名〕生物学・生理学などで、不要な細胞や有害な細胞が、細胞内部の遺伝子によって決められたプログラムに従って死ぬこと。

あほ-らし・い【▼阿▼呆らしい】〔形〕ばかばかしい。あほくさい。「流行を追うなんて—」「—くて話にならん」▼主に関西でいう。派生 -げ／-さ

アポリア【aporia ギリ】〔名〕アリストテレスの哲学で、相反する二つの答えが得られること。また、一般に、解決できない難問。▼道がないことの意から。

アポロ-てき【アポロ的】〔形動〕ニーチェが『悲劇の誕生』で説いた芸術創造の類型の一つ。ギリシア神話の理知的なアポロ神に象徴される調和のとれた秩序をめざすもの。アポロン的。⇔ディオニソス的

あま【〈海人〉・《海士》】〔名〕漁師。漁夫。書き方「▼蜑」とも。

あま【《海女》・《海士》】〔名〕海に潜って貝・海藻などをとることを職業とする人。書き分け 女性の場合は【海女】、男性の場合は【海士】を使う。

あま【尼】〔名〕❶仏門に入った女性。尼僧。比丘尼。▼梵語 ambā(＝母)の音訳。❷キリスト教で、修道女。尼僧。シスター。❸女性をののしって言う語。書き方 ③は「▽女」と書き、「▼阿魔」とも当てる。

あ-ま【亜麻】〔名〕種から亜麻仁油をとり、茎から繊維をとるために栽培されるアマ科の一年草。夏、白または薄紫色の五弁花を開く。ヌノゴマ。

アマ〔名〕「アマチュア」の略。「—の選手」⇔プロ

あま-あい【雨▽間】アヒ〔名〕雨が一時やんでいる間。あまま。「—を見て外出する」

あま-あし【雨脚(雨足)】〔名〕❶雨が降りながら移動するときの、その動き。「—が速い」❷白い糸のように見えて降り注ぐ雨。「強い—が地面を打つ」◈「雨脚」を訓読した語。「あめあし」とも。

あま・い【甘い】〔形〕❶食物に砂糖や蜜のような味を感じる。「お菓子を食べたので口の中が—」「このパイは—」

❷食物に(砂糖っけが多く)塩けや辛みの刺激が少ないと感じる。からくない。「今朝のみそ汁は僕には—」「この酒は—(＝甘口だ)」

❸においが糖分を思わせるようで快い。甘美だ。「ユリの香りは—」

❹心がとろけるように快い。また、愛情こまやかにうちとけている。甘美だ。「—感傷にふける」「—マスクの俳優」

❺採点や規制が厳しさに欠けるさま。「生徒に対する採点が—」「—顔をする」▼一般に、上位者の下位者に対する態度に言う。

❻物事に対する判断や見通しが安易で、厳しさに欠けるさま。「考え方が—」「世の中を—・く見て失敗する」「現実[世間・プロの道]は—・くない」

❼しっかりとひきしまらず、十分に機能しない。「ドアのねじ[写真のピント・自転車のブレーキ]が—」

❽刃物の切れ味が鈍い。「切れ味が—」

❾守りがゆるやかで、すきがある。また、攻撃が厳しさを欠いて手ぬるい。「ガードが—」「—カーブを打たれる」

❿株価の動きが鈍く低落ぎみだ。「相場が—」

◈①②⑤⇔からい 使い方 ①〜④の意味で「甘ったるい」と言えば、甘さをマイナスに評価した言い方となる(甘ったるい味・甘ったるい音楽)。派生 -さ「見通しの—が命取りとなる」／-み／-がる

◉**甘い汁を吸・う** 自分は苦労せずに利益だけはきちんと得る。うまい汁を吸う。「社長だけが—」

あま-いろ【亜麻色】〔名〕亜麻糸の色。黄色がかった薄茶色。「—の髪」

あまえ【甘え】〔名〕甘えること。甘える気持ち。「考え方に—がある」

あま・える【甘える】〔自下一〕❶相手の理解や好意を期待して、べったりと頼りきった振る舞いをする。「子供が母親に—」「いつまでも親に—・えてばかりもいられない」使い方「甘ったれる」はこれを強めて言う語。多く非難の意がこもる。❷相手の好意ある申し出にすっかり寄りかかる。「お言葉[御厚意]に—・えて拝借いたします」文 あま・ゆ 名 甘え

あまえん-ぼう【甘えん坊】バウ〔名〕甘やかされてわがままに育っている人。

あま-おおい【雨覆い】オホヒ〔名〕❶雨を防ぐために物や体にかぶせるもの。あまよけ。❷太刀のさやの峰の方をおおう金具。

あま-おち【雨落ち】〔名〕❶軒下で雨だれが落ちる所。雨打ち。❷歌舞伎劇場で、舞台のかぶりつき。

あま-おと【雨音】〔名〕降る雨が物に当たって立てる音。「—が高まる」「—で目覚める」

あま-がえる【雨▼蛙】ヘル〔名〕体長約四センチメートルのアマガエル科の両生類。体色は背面が緑色のものが多い。指先の吸盤で樹上にも登る。よく、雨が降る前に高い声で鳴く。

あま-が・ける【天▼翔る】〔自五〕神霊・霊魂・霊鳥などが天空を飛び走る。また、すぐれた心の働きが奔放に現れる。あまかける。「—精霊」「—詩魂」▼「翔る」は「駆ける」と同語源。注意「駆ける」との混同で「あまがけて」など下一段の用法も見られるが、本来は誤り(○あまがけって)。⇩翔る[書き分け]

あま-がさ【雨傘】〔名〕雨のときにさす傘。

あま-がっぱ【雨合羽】〔名〕雨のときに着るマント

状の防水服。書き方「合羽」は当て字。

あま-から【甘辛】［名］❶甘さと塩辛さが混じった味。特に、砂糖と醬油(しょうゆ)で味をつけたもの。‖「ー味(あじ)」「ーせんべい」▼近年、塩辛さでなく、唐辛子などの辛さの意を含む「甘辛」も見られる。‖「豆板醬(トウバンジャン)を使ったー炒め」❷甘い菓子類と酒。‖「ーの両刀遣い」

あま-から・い【甘辛い】［形］甘さと塩辛さ(または、唐辛子などの辛さ)が混じった味だ。あまじょっぱい。‖「ー味のせんべい」「ーく煮る」派生-さ

あま-かわ【甘皮】(ハーカ)［名］❶樹木や果実の、内側にある薄い皮。⇔粗皮(あらかわ) ❷つめの根元を包む薄い皮。‖「ーがむける」

あま-ぎ【雨着】［名］レインコートなど、雨を防ぐために着る衣服。

あま-ぐ【雨具】［名］レインコート・傘・雨靴など、雨を防ぐために使う衣服や道具類。

あま-くだり【天下り(天▽降り)】［名・自サ変］❶退職した高級官僚が外郭団体や関連企業に相当の地位で再就職すること。❷上役から下役へ、あるいは官庁から民間へのおしつけや命令。‖「ー人事」◈もと、天上界から下界におりる意。動あまくだ・る(自五)

あま-くち【甘口】［名・形動］❶食品の口当たりが甘いこと。また、その食品。‖「ーの酒[味噌(みそ)]」❷甘い食べ物が好きなこと。また、その人。甘党。❸口先だけのうまいことば。甘言(かんげん)。❹発言や批評などが手厳しくないこと。‖「ーの批評」◈①②④⇔辛口

あま-ぐつ【雨靴】［名］雨や雪のときにはく、ゴムやビニールで作った靴。レインシューズ。

あま-ぐも【雨雲】［名］雨や雪を降らせる、低くたれこめた暗灰色の雲。▼気象用語では「乱層雲」。

あま-ぐもり【雨曇り】［名］今にも雨が降りそうな、曇った空。

あま-ぐり【甘▼栗】［名］小粒のクリの実を熱した小石の中に入れて焼き、黒砂糖や水あめで甘みとつやをつけたもの。‖「天津(てんしん)ー」

あま-ごい【雨乞い】(ヒコ)［名］日照りが続いたとき、雨が降るように神仏に祈ること。‖「ーの神事」

あま-ざけ【甘酒(▼醴)】［名］かゆ状に炊いた米飯にこうじを加え、澱粉(でんぷん)を糖化して作る、甘い飲み物。特に、夏の飲み物とするほか、甘酒祭りなどの神事に使う。一夜酒(ひとよざけ)。こざけ。▼酒かすをとかして甘みをつけたものを代用品とする。

あま-ざらし【雨▼曝し・雨▼晒し】［名］覆いをしないで、雨にぬれるがままにしておくこと。‖「材木をーにする」　曝

あま-じお【甘塩】(ホシ)［名］食品や料理で、塩気が薄いこと。また、その食品や料理。薄塩。‖「ーの一夜干し」

あま-しょく【甘食】［名］菓子パンと食パンの中間程度の甘さをもった円錐(えんすい)形のパン。▼「甘い食パン」の意。

あま-じょっぱ・い【甘▽塩っぱい】［形］甘さとしょっぱさの両方の味がするさま。甘辛い。‖「ー煮物」派生-さ

あま・す【余す(▽剰す)】［他五］❶余分なものとして残す。あまらせる。‖「ご飯をー」「所持金をわずかにーして旅から帰る」❷〈「余すところ」の形で、時間の表現を伴って〉期限までにあまり時間的な余裕がないことを言う。‖「試合までーところ一週間しかない」◈①②とも「残す」に比べてやや古風な言い方。書き分け⬇余る

あま-ず【甘酢】［名］みりん・砂糖などを加え、甘みを強くした酢。

あま-ずっぱ・い【甘酸っぱい】［形］❶甘くて酸っぱいさま。‖「ー味がする」❷うれしさと切なさとが混じり合ったような感情を引き起こすさま。‖「ー青春の思い出」派生-さ

あますーところーなく【余すところなく(余す所無く)】［連語］残らず。すべて。‖「実力をー発揮する」

あま-ぞら【雨空】［名］今にも雨の降りそうな感じの空。また、雨が降っているときの空。

あま-た【〈数多〉・〈許多〉】［名・副］数多く。たくさん。多数。‖「ーの候補者がひしめき合う激戦区」「引く手ーのエンジニア」

あま-だい【甘▼鯛】(ヒタ)［名］本州中部以南のやや深い海に分布するアマダイ科の海水魚の総称。体は細長く、前頭部が隆起する。アカアマダイ・キアマダイ・シロアマダイの三種を食用とする。グジ。▼タイ類とは別種。

あま-だれ【雨垂れ】［名］軒先などからしたたり落ちる雨水。雨滴(うてき)。あましずく。

◉**雨垂れ石を穿(うが)つ**　非力(ひりき)でも根気よく続ければ必ず成功するということ。点滴石を穿つ。

あま-ちゃ【甘茶】［名］❶夏、アジサイに似た花をつけるユキノシタ科の落葉低木。ヤマアジサイの変種で、山地に自生する。乾かした葉を煎(せん)じて飲用にする。❷アマチャ・アマチャヅルの葉を乾燥させて煎じ出した甘い飲料。四月八日の灌仏会(かんぶつえ)に釈迦(しゃか)像に注ぐ。

あま-ちゃん【甘ちゃん】［名］物事の見通しの甘い人。

アマチュア【amateur】［名］職業としてではなく、趣味や余技として物事を行う人。しろうと。アマ。‖「ーの写真家」「ー無線」⇔プロフェッショナル

あまつ-さえ【▽剰え】(ヘサ)［副］【古風】そのうえに。おまけに。多く、悪い事柄を累加する気持ちで使う。‖「雨はますます激しく、ー風まで吹き出した」▼「あまりさえ→あまっさえ→あまつさえ」と転じた。「あまっさえ」も使うが、「あまつさえ」が一般的。

あまったる・い【甘ったるい】［形］❶味や香りがいやになるほど甘いさま。‖「ー菓子」❷声や態度などがひどく甘えたようでしまりがないさま。‖「ー声でおねだりする」❸性格や考え方がしっかりしていないさま。‖「そんなー考え方では世間は渡れない」◈使い方「甘い」をマイナスに評価して言う語。派生-さ

あまった・れる【甘ったれる】［自下一］相手の好意などをあてにして、ひどく甘える。‖「そんなーれた気持ちでは成功しない」使い方「甘える」をマイナスに評価して言う語。名甘ったれ

あまっちょろ・い【甘っちょろい】［形］考え方などが安易でしっかりしていないさま。‖「そんなー考え方は通らない」派生-さ

あま-つぶ【雨粒】［名］雨のしずく。雨滴(うてき)。あめつぶ。

あま-でら【尼寺】［名］尼僧の住む寺。比丘尼寺(びくにでら)。尼寺(にじ)。また、キリスト教の女子修道院。

あま-ど【雨戸】［名］風雨の防止や防犯・保温などのために、窓や縁側など家屋の外側に立てる戸。

あま-どい【雨▼樋】(ヒド)［名］雨水を軒先で受けて、地上に流すためのとい。とい。

あま-とう【甘党】ウタ［名］酒よりは甘いものが好きな部類に属すること。また、その人。⇔辛党

あま-なつ【甘夏】［名］酸味を少なくした夏ミカン。ナツダイダイの改良種。甘夏蜜柑(みかん)。甘夏柑(かん)。

あま-なっとう【甘納豆】［名］小豆・空豆などを糖蜜(とうみつ)で煮つめ、砂糖をまぶした菓子。

あま-に【甘煮】［名］味を甘くつけて煮ること。また、甘く煮たもの。「かぼちゃのー」 注意「甘煮(うまに)」は別語。➡うまに

あまに-ゆ【亜麻仁油】［名］亜麻仁(=亜麻の種子)から採った油。塗料や印刷インクの原料にする。

あまねく【▽普く・▽遍く(▽周く)】［副］広く全体に及ぶさま。広くすみずみまで。「文名は普く天下に輝き渡る」「陽光は遍く大地を覆う」▼文語形容詞「あまねし」の連用形から。書き分け【普】は広く全部に行き渡る意(普及)。【遍】はまんべんなく広がる意(遍在・遍照)。【周】は欠け目なく行き届く意(周知・周到)。一般には広く【普】を使う。

あま-の-いわと【天の岩戸(天の▼磐戸)】ハイト［名］日本神話で、高天原(たかまがはら)にあったという岩穴(=天の岩屋)の戸。天の岩屋戸。

あま-の-がわ【天の川(天の河)】ハガ［名］晴れた夜空に乳白色にあわく光って、川の流れのように見える無数の星の集まり。夏から秋に最もよく見られ、これをはさんで向かい合う織り姫と彦星の七夕伝説が知られる。銀河。天漢(てんかん)。ミルキーウエー。ギャラクシー。書き方もと多く「天の河」と書いたが、今は「天の川」が一般的。

あま-の-じゃく【天の邪▽鬼】［名］❶仏像で、毘沙門天(びしゃもんてん)や仁王(におう)の足下に踏みつけられている小鬼。❷昔話で、悪者として登場する鬼。瓜子(うりこ)姫に退治される話が知られる。あまんじゃく。❸何事につけ、人の意見や忠告にさからうこと。また、その人。ひねくれ者。つむじ曲がり。あまんじゃく。

あま-の-はら【天の原】［名］❶〔古風〕広く大きな空。大空。❷日本神話で、天つ神が住む天上界。高天原(たかまがはら)。

あま-ぼし【甘干し】［名］❶甘みを出すために、渋柿(しぶがき)の皮をむいて少し日に干すこと。また、その柿。❷魚を生干しにすること。また、その魚。

あま-ま【雨間】［名］あまあい。

あま-み【甘み(甘味)】［名］❶そのものに甘い味がすること。また、その程度。甘味(かん)。「ーのある果物」❷〔古風〕菓子など、甘い味の食べ物。「食後にはーが欲しい」◈書き方「味」は当て字。

あま-みず【雨水】ヅミ［名］雨粒が集まってひとまとまりの水となったもの。雨水(うすい)。「ーが地中にしみこむ」使い方 降ってくる雨には言わない。「×雨水が降る」→「○雨が降る」

あま-みそ【甘味▼噌】［名］塩気を薄くして作った味噌。⇔辛(から)味噌

あま-もよい【雨▽催い】ヨヒモ［名］〔古風〕あめもよう。

あま-もよう【雨模様】ヤウモ［名］〔古風〕あめもよう。

あま-もり【雨漏り】［名］屋根や天井の破れ目から雨水が家の中にしみこむこと。「ーがする」

あま-やか【甘やか】［形動］いかにも甘い感じがするさま。「ーな香り」「ーなささやき」

あまやか・す【甘やかす】［他五］甘えるようにする。特に、子供や部下などを厳しくしつけないで、わがままを許したままにしておく。「蝶(ちょう)よ花よとー・して育てる」名 甘やかし

あま-やどり【雨宿り】［名・自サ変］雨を避けるために、軒下や木陰にしばらく身を寄せること。

あま-やみ【雨▽止み】［名］❶雨が降りやむこと。雨上がり。「一人の下人が、羅生門の下でーを待っていた〈芥川・羅生門〉」❷［自サ変］〔古風〕雨のやむのを待つこと。雨宿り。

あま-よけ【雨▽除け・雨▽避け】［名］❶【除】雨を防ぐこと。また、そのための覆い。あめよけ。❷［自サ変］【避】雨にぬれるのを避けること。雨宿り。

あまり【余り】■一［名］❶必要な量を越えて残ったもの。残り。残余。「ーが出る」「ーの時間で答案を読み直す」「カレーのーを冷凍する」❷割り算で、割り切れないで残った数。「三を二で割ると、ーは一だ」❸〈感情や動作を表す語を受けて〉それが原因となってある結果が引き起こされる意を表す。〜が過ぎたその結果として。「喜び［苦しさ］のーに泣き出した」「成功を急ぐー失敗した」使い方「不安」「不満」などは、状態を表す場合は「…なあまり」、ことがらを表す場合は「…のあまり」という(生活が不安なあまり・つのる不安のあまり)。「熱心」は単独では「…なあまり」というが、「仕事熱心」のような複合語では両形とも使われる(仕事熱心な／仕事熱心のあまり)。❹［形動・副］物事が普通の程度をはるかに超していること。度を過ぎていること。あんまり。「ーの剣幕に驚く」「ーな仕打ちだ」「ーに気の毒で見ていられない」「ー怒り過ぎると血圧が上がるよ」
■二［副］〈打ち消しを伴って〉たいして。それほど。あんまり。「成績はーよくない」「この話はー知られていない」
■三(造)〈数を表す語に付いて〉それより少し多い意を表す。余(よ)。「二百ーの申し込みがあった」「ひと月ーが経過した」
◈書き方 ■一の❸❹並びに■二はかな書きが普通。

◉**余りと言えば余り** ひどさの程度を強めて言うことば。「ーな仕打ち」

あまり-あ・る【余りある(余り有る)】［連語］〜してもまだ十分に余裕がある。〜してもしたりないくらいだ。「惜しんでもなおー敗退」「彼の苦労は想像にー(=想像を超えた苦労をした)」

あまり-もの【余り物・余り者】［名］❶【物】不要になった物。いらない物。また、食べ残した物。残り物。❷【者】周りの人からもてあまされている人。余計者。邪魔者。厄介者。

◉**余り物には福がある** 残った物の中には意外に値打ちのあるものがあるということ。残り物には福がある。

アマリリス［amaryllis］［名］夏から秋、茎の先にユリに似た花を数個つけるヒガンバナ科の多年草。花の色は赤・淡赤・橙(だいだい)・白など。

あま・る【余る(▽剰る)】［自五］❶必要とする数量を超えて残りが出る。余分なもの(または処理・活用すべきもの)として残る。「予算［料理］がー」「時間がー・って手持ちぶさただ」「ー・った土地を有効に使う」❷〈「余って」の形で〉余分にありすぎての意。かえって悪い結果となる場合に言う。「かわいさー・って憎さ百倍」「勢いー・ってつんのめる」❸〈数を表す語+「〜に余る」の形で〉基準とする数値を超える。〜を上回る。「五年にー歳月が流れる」「十指にー特長」❹〈「〜に余る」の形で〉能力などが、基準とする程度を超える。「身にー光栄」「目にー振る舞い」「思案にー難問」❺割り算で、割り切れず

に残りが出る。余りが出る。‖「五を二で割ると一が—」◈書き分け【剰】は多くてありあまる意〈過剰・剰員〉で「予算が剰る・人手が剰る」などと使うが、今は【余】が一般的。「あます」の場合も同じ。名余り

アマルガム【amalgam】[名] 水銀と他の金属との合金。▼異種のものが融合したもののたとえにいう。‖「伝統文化と現代テクノロジーの—」

あまん・じる【甘んじる】[自上一] 与えられたものが不十分であってもそのまま受け入れる。特に、しかたのないものとして受け入れる。‖「現在の境遇に—」「非難は—・じて受けよう」▼「あまみす→あまんず→あまんずる」と転じ、さらに上一段化した。もと、よいものとして味わう意。

あまん・ずる【甘んずる】[自サ変] ⬇甘んじる 文あまん・ず

あみ【網】[名] ❶糸・縄・針金・竹などで目を粗く編んだもの。加工して、魚・鳥・虫などを捕らえるのに使うほか、いろいろな用途がある。‖「獲物が—にかかる」「肉を—で焼く」「虫取り—」数「一帖(じょう)…」「一張(はり)…」と数える。❷クモが糸をくって張りめぐらし、その住みかとするもの。クモの巣。❸取り締まりや通信などのために、組織的に張りめぐらしたもの。‖「捜査の—を張る」「法の—にかかる」◈「編み」と同語源。 網

あみ【〈▼醬▼蝦〉・〈▼糠▼蝦〉】[名] エビに似たアミ目の甲殻類の総称。体長一センチメートル前後。食用として塩辛・佃煮などに加工するほか、釣りのまき餌(え)にする。

アミ【ami・amie フランス】[名] 友達。また、恋人。▼男性の場合はami、女性の場合はamie。

あみ-あげ【編み上げ】[名] 靴のひもをすねの付近まで×形に編んではく深靴。▼「編み上げ靴」の略。

アミーバ【amoeba】[名] ⬇アメーバ

あみ-うち【網打ち】[名] ❶投網(とあみ)を打って魚をとること。❷相撲の決まり手で、相手の差し手を両手でつかみ投網を打つように投げるもの。

あみ-かけ【網掛け】[名] 印刷などで、文字・画像の背景などを均一の模様でおおうこと。あみがけ。

あみ-がさ【編み▼笠】[名] スゲ・イグサ・わらなどを編んで作った笠。頭にかぶり、主に日よけ用とする。

あみ-き【編み機】[名] 編み物をするのに使う機械。

あみ-こみ【編み込み】[名] ❶いくつかに分けた髪の毛を互い違いに組み合わせて編むこと。また、その髪型。❷編み物で、異なる素材のものを入れて編むこと。また、模様を入れて編むこと。

あみだ【▼阿▽弥▼陀】[名] ❶仏教で、西方浄土にいて一切の衆生(しゅじょう)を救うという誓いを立てた仏。浄土系宗派の本尊。阿弥陀仏。阿弥陀如来(にょらい)。弥陀。無量寿仏。▼梵語(ぼんご) amita の音訳。❷帽子を後ろに傾けてかぶること。‖「帽子を—にかぶる」▼「あみだかぶり」の略。帽子を阿弥陀の光背に見立てて言う。❸「あみだくじ」の略。

あみだ-くじ【▼阿▽弥▼陀▼籤】[名] 線の下端に負担する金額や当たり外れなどを書いて隠し、各自が引き当てる仕組みのくじ。あみだ。▼阿弥陀の功徳(くどく)のように平等であるからとも、もと、くじの線を阿弥陀の光背のように放射状に引いたからとも言う。

あみ-だ・す【編み出す】[他五] ❶編み始める。‖「冬に備えて手袋を—」❷編んで模様などが現れるようにする。‖「花模様を—」❸工夫して新しい方法などを生み出す。作り出す。考え出す。‖「独自の方法を—」

あみ-だな【網棚】[名] 電車・バスなどで、手荷物を載せるために座席の上方に設けた棚。▼もと、網を張って作った。

あみ-てん【網点】[名] 印刷の製版で、スクリーンを用いての撮影や、コンピューター処理によって作る、規則的に並んだ小さな点。小さな点の粗密によって写真や絵画の濃淡を表現する。

あみ-ど【網戸】[名] 虫の侵入を防ぐために網を張って作った戸。

あみ-ど【編み戸】[名] 竹や木を編んで作った戸。

アミノ-さん【アミノ酸】[名] アミノ基(—NH_2)とカルボキシ基(—COOH)とをもつ化合物。多くは蛋白質(たんぱくしつ)を加水分解して得られる。▼amino acid の訳語。

あみ-の-め【網の目】[名] ❶網地を作っている糸と糸とのすき間。網目。使い方 法律や取り締まりなどの効力が完全に及ばないところのたとえにいう。‖「法の—をかいくぐって悪事を働く」❷糸と糸とがつながり合って作る、網のような形や模様。網目。‖「—(=メッシュ)のタイツ」使い方 互いに関係して密に連絡しあう状態のたとえにいう。‖「地下鉄が—のように通じる」「情報網を—のように張りめぐらす」

あみ-ばり【編み針】[名] 編み物に使う竹・金属などの針。棒針・かぎ針など。編み棒。

あみ-はん【網版】[名] 印刷で、写真などの版下(はんした)の濃淡を網目状の点の大小によって再現する製版方法。また、その版。網目版。

あみ-ぼう【編み棒】[名] 編み針。

あみ-め【網目】[名] 網の目。‖「—の粗い竹細工」

あみ-め【編み目】[名] ❶編み物の、編んである糸と糸とのすき間。‖「—が粗い」❷編み物を編むときの単位となる、糸と糸との結び目。‖「—を数える」

あみ-もと【網元】[名] 漁船・漁網をもち、多くの漁師を使って漁業を営む人。また、その職業。網主(あみぬし)。⬍網子(あご)

あみ-もの【編み物】[名] 毛糸・糸を編んで衣類や装飾品を作ること。また、作った物。

あみ-やき【網焼き】[名] 肉などを金網の上で焼くこと。また、その料理。‖「鴨(かも)の—」

アミューズメント【amusement】[名] 娯楽。遊戯。楽しみ。‖「—センター」

あ・む【編む】[他五] ❶ある物を作るために、毛糸・わら・針金・竹ひごなど糸状のものを互い違いに組み合わせる。‖「編み棒で毛糸を—」「髪を—」▼〜ヲに〈対象〉をとる。❷❶の動作をして、ある物を作る。‖「毛糸でセーターを—」「わらで筵(むしろ)を—」▼〜ヲに〈結果〉をとる。❸❶の動作をして、材料をある製品(作品)に変える。‖「毛糸を手袋に—」「髪をお下げに—」▼〜ヲは〈対象〉、〜ニは〈結果〉を表す。❹幾つかの文章を集めて本を作る。編集する。また、計画表などを作る。‖「アンソロジーを—」「旅行のスケジュールを—」可能 編める 名 編み

アムール【amour フランス】[名] 愛。恋。恋愛。

あめ【天】[名] [古風] 天上。天(てん)。また、空。‖「—の下」⬍地(ち)

あめ【雨】[名] ❶空気中の水蒸気が冷えて雲となり、水滴となって空から降ってくるもの。‖「—が上がる」▼他の語に続けて一語になるとき「あま…」となることが多い。「雨脚(あまあし)」「雨水(あまみず)」。また、他の語のあとに来る場合は

「…さめ」となることもある。「秋雨」「小雨」❷雨の降る天気。雨天。雨降り。‖「曇りのち—」「あしたは—になりそうだ」❸雨のように続けて降ってくるもの。‖「涙[血]の—」

◉**雨が降ろうが槍が降ろうが**　たとえどんなことがあっても。‖「あすは—予定どおり出発する」

◉**雨降って地固まる**　争いごとのあったあと、かえって物事がうまくいく。

さまざまな「雨」

あめ
朝雨・大雨・寒九の雨・小糠雨・鉄砲雨・天気雨・通り雨・長雨・涙雨・俄雨・花の雨・肘笠雨・日照り雨・遣らずの雨・恵みの雨・若葉雨

さめ
秋雨・霧雨・小雨・春雨・氷雨・村雨

う
淫雨・陰雨・液雨・煙雨・快雨・甘雨・寒雨・喜雨・豪雨・黒雨・酸性雨・慈雨・驟雨・少雨・翠雨・瑞雨・青雨・暖雨・微雨・暴風雨・盆雨・猛雨・雷雨・涼雨・冷雨・霊雨・連雨

あめ【▼飴】［名］米・イモなどの澱粉を糖化して作った、粘りけのある甘い食品。ドロップ・キャンデーの類にも言う。‖「—をなめる」「千歳—・水—」

◉**飴と鞭**　心地よい生活条件と厳しい弾圧を併用する政治技術。また一般に、おだてとおどしを併用すること。‖「—を巧みに使い分けて統治する」▽プロイセンの首相ビスマルクの政策から。

◉**飴をしゃぶら・せる**　うまいことを言ったりして一時的に相手を喜ばせておく。

あめ-あがり【雨上がり】［名］雨がやんだあと。あま上がり。‖「—の空に虹がかかる」

あめ-あし【雨脚（雨足）】［名］⬇あまあし

あめ-あられ【雨▼霰】［名］頭上に激しく降り注ぐ弾丸や矢を雨とあられに見立てて言う語。‖「弾丸が—と飛び交う」「感謝感激—」

あめ-いろ【▼飴色】［名］水あめのような、透明な黄褐色。鼈甲色。

あめ-うし【〈黄牛〉・▼飴牛】［名］毛があめ色をした牛。立派な牛として喜ばれた。

アメーバ【amoeba】［名］水中や土中にすむ根足虫類アメーバ目の原生動物。大きさは〇・一ミリメートル程度で、たえず体の形を変えながら偽足を出して運動し、食物をとる。寄生するものもある。アミーバ。

あめ-おとこ【雨男】［名］催しに参加すると、その人のせいで必ず雨が降るといわれる男性。⬍雨女▽冷やかしたりからかったりして言う。

あめ-おんな【雨女】［名］催しに参加すると、その人のせいで必ず雨が降るといわれる女性。⬍雨男▽冷やかしたりからかったりして言う。

あめ-が-した【天が下】［名］〔古風〕この世。天下。天の下。‖「—に並ぶ者なし」

あめ-かぜ【雨風】［名］❶雨と風。風雨。また、雨を伴った風。❷生活に支障をもたらす雨と風。また、辛い生活のたとえ。‖「あばら屋だが—だけはしのげる」

あめ-がち【雨勝ち】［名・形動］一定期間内で、雨の降る日が多いこと。また、一日の内でどちらかと言えば雨天の方が多いこと。‖「—のうっとうしい日が続く」

アメ-コミ［名］アメリカの漫画作品。▽「アメリカンコミックス（American comics）」の略。

あめ-ざいく【▼飴細工】［名］あめで、人・動物・草花などの形を作ること。また、その物。

アメジスト【amethyst】［名］紫水晶。アメシスト。▽二月の誕生石。

アメダス【AMeDAS】［名］気象庁の地域気象観測システム。日本全国約一三〇〇か所に配置した気象計が雨量・気温・風（風向・風速）・日照ならびに積雪の深さを自動的に測定し、通信する。▽Automated Meteorological Data Acquisition System の略。

あめ-だま【▼飴玉】［名］球状にした、固形のあめ。

あめ-つち【天▽地】［名］〔古風〕❶天と地。また、全世界。天地。❷天の神と地の神。天地の神。

あめ-つぶ【雨粒】［名］⬇あまつぶ

あめ-つゆ【雨露】［名］雨と露。特に、生活に支障をもたらす雨と露。雨露。‖「—をしのぐには足りる小屋」

あめ-に【▼飴煮】［名］小魚などを水あめ・砂糖などを加えて、つやが出るまで甘く煮ること。また、その食品。あめだき。

アメニティー【amenity】［名］❶生活の快適さ。特に、住空間の快適さ。快適性。快適度。❷⬇アメニティーグッズ

アメニティー-グッズ【和製amenity＋goods】［名］ホテルなどの客室や浴室の備品。シャンプー・歯ブラシなど。アメニティー。バスアメニティー。

あめのむらくも-の-つるぎ【天▼叢雲剣】［名］日本神話で、三種の神器の一つ。素戔嗚尊が退治した八岐大蛇の尾から出たという剣。後に「草薙剣」と称されて、名古屋市の熱田神宮に祀られる。あまのむらくものつるぎ。

アメ-フト［名］「アメリカンフットボール」の略。

あめ-ふり【雨降り】［名］雨が降ること。また、雨天。

あめ-もよい【雨▽催い】［名］⬇あまもよい

あめ-もよう【雨模様】［名］❶今にも雨が降り出しそうな空の様子。雨もよい。あまもよう。‖「—の空」❷他の地の雨天を推測して言う語。あまもよう。‖「今ごろ山あいは—だろう」❸〔新〕雨が降ったりやんだりすること。また、雨が降っていること。‖「式典はあいにくの—の中で行われた」

アメリカ-インディアン【American Indian】［名］南北アメリカ大陸の先住民の一つ。太古に東アジアから移ったともいう。ネイティブアメリカン。▽「インディアン（＝インド人）」の呼称は、コロンブスがアメリカをインドと誤解したことから。

アメリカナイズ【Americanize】［名・自他サ変］米国風になること。また、米国風にすること。‖「考え方が—する」「生活を—する」

アメリカン【American】［名］❶アメリカ人。❷「アメリカンコーヒー」の略。❸アメリカ（風）。‖「—スタイル・—ドリーム」▽多く他の語と複合して使う。

アメリカン-コーヒー【和製American＋coffee】［名］浅く炒った豆で、薄く入れたコーヒー。アメリカン。

アメリカン-チェリー【American cherry】［名］アメリカ産のサクランボ。果皮・果肉とも赤黒いビングチェリーなど。

アメリカン-フットボール【American football】〔名〕米国でラグビーから考案されたフットボール。一チーム一一人の選手がヘルメットや肩当てをつけて競技する。アメフト。アメラグ。▼米国では、単に「フットボール」とも言う。

あめんぼ【〈水馬〉・〈水▼黽〉・▼飴▽坊】〔名〕長い足を広げて池などの水面を滑走するアメンボ科の昆虫。体は細長く、黒っぽい。アシタカ。カワグモ。アメンボウ。▼ミズスマシという地方もある。語源 捕らえると水あめのようなにおいがすることから。

あや【▼綾・▽文・▽彩】〔名〕❶【綾・彩】物の表面に現れたいろいろな模様。特に、斜めに交わった線が作り出す模様。〓「秋の渓谷が錦の―を織りなす」❷【綾・文】解きほぐして現れる、物事の入り組んだ筋目。また、それを作り出すしくみ。〓「事件の―を解明する」「人生の―が見えてくる」❸【綾・文・彩】文章表現上の巧みな言い回し。また、表面的なことばの飾り。文彩。文飾。〓「単なることばの―にすぎない」❹【綾】綾織り。また、綾織物(で作った衣服)。

あやう・い【危うい】アヤフイ〔形〕❶今にもよくないことが起こりそうで、安心できない状態である。〓「このままでは当選は―」「君子危うきに近寄らず」使い方「危ない」に比べて古風で文章語的な言い方で、気がかりで安心できないといった意味合いが強い。❷危険がさし迫った状況である。危ない。〓「―ところで難を逃れる」「―・く信じるところだった」派生 -げ／-さ／-がる

◉**危うきこと累卵の如し** いつ崩れるか分からないような、危険な状態のたとえ。累卵の危うき。

あや-おり【▼綾織り】〔名〕縦糸・横糸を数本おきに交わらせて、斜めの模様を織り出すこと。また、その織物。綾織物。綾。

あやかし〔名〕❶船が難破するとき、海上に現れるという妖怪。❷不可思議なこと。怪しいこと。また、妖怪。もののけ。〓「―の仕業」

あやかり-もの【▽肖り者】〔名〕他の人が同じようになりたいとうらやむほど幸せな人。果報者。

あやか・る【▽肖る】〔自五〕幸せな人の影響を受けて同じように幸せになる。また、幸せを念じて幸せな人と同じことをする。〓「彼の幸運[長生きの祖父]に―・りたい」✔注意「人類は科学の恩恵にあやかってきた」など、受ける・かかわる意の「あずかる(与る)」と混同するのは誤り。可能 あやかれる 名 あやかり

あやし・い【怪しい(妖しい)】〔形〕❶普通と変わっていたり正体不明であったりして、疑念や警戒心や神秘の思いなどを起こさせるさま。〓「挙動が―」「―術を使う」「狐火が―・く光る」❷妙になまめいて人を悩ますさま。妖艶である。〓「妖しい魅力にとりつかれる」「妖しく笑む」❸よくない方向に変わりそうである。〓「空模様が―」❹実現する可能性が低い。〓「このままでは優勝は―」❺能力などが不十分で信頼できない。〓「彼の英語は―ものだ」「―手つきで包丁を握る」❻本当ではない可能性が高い。疑わしい。〓「―話には耳を貸すな」「約束が守られるかどうか―」❼犯人である疑いがある。また、それが原因である疑いがある。疑わしい。〓「最も犯人らしくない人が最も―」「この病気はウイルスが―」❽秘密の関係がありそうだ。〓「あの二人は―」

◈古語の感動詞「あや」が形容詞化した語。書き分け (1)【妖】は②で使うほか、神秘的で不気味の意で「狐火が妖しく光る」①などと使う。(2)「奇妙・奇術」を踏まえて「▽奇しい」、「異常・異形」を踏まえて「▽異しい」などとも書くが(奇しい振る舞い／異しく静まり返る)、今は一般に【怪】を使う。派生 -げ／-さ／-がる

あやし-げ【怪しげ】〔形動〕怪しいさま。特に、いかがわしいさま。〓「―なやつら」「―な商売」

あやし・む【怪しむ】〔他五〕怪しいものとして疑う。怪しいと思う。〓「情報の信憑性[二人の仲]を―」

あや・す〔他五〕赤ん坊・幼児の機嫌をとる。なだめすかす。〓「泣く子を―」可能 あやせる

あやつり-にんぎょう【操り人形】ーニンギャウ〔名〕❶人形の手足や顔を糸で操って演じさせる人形芝居。また、その人形。操り。傀儡。マリオネット。❷他人の言うままに行動する人のたとえにいう。

あやつ・る【操る】〔他五〕❶道具などを巧みに操作する。また、ことばを巧みに使う。うまく使う。〓「巧みにハンドルを―」「人形を上手に―」「数か国語を―」❷巧みな操作によってあるものを作り出す。〓「自在に音[浄瑠璃]を―」▼～ヲに〈結果〉をとる。❸人や動物を思いのままに動かす。特に、陰で思いのままに動かす。〓「鵜を―・ってアユを捕らえる」「マスコミが大衆を―」「運命に―・られて数奇な生涯を送る」可能 操れる 名 操り

あや-とり【▼綾取り】〔名〕輪にした糸を指や手首にかけ、川・橋などの形を作りながら互いにやりとりする遊び。糸取り。

あや-ど・る【▼綾取る】〔他五〕❶色や模様などで美しく飾る。美しくいろどる。〓「春の花々が野山を―」❷〔古風〕たすきを斜め十文字に結ぶ。名 綾取り

あや-な・す【▽彩なす・▼綾なす】〔他五〕❶美しい色や模様などを表す。美しくいろどる。〓「錦―秋の渓谷」❷〔古風〕巧みに扱う。あやつる。

あや-にしき【▼綾錦】〔名〕綾と錦の意で、美しく華やかな織物・着物の形容。〓「金銀珊瑚―」▼美しい紅葉のたとえにいう。〓「全山をいろどる―」

あやぶ・む【危ぶむ】〔他五〕悪い結果になるのではないかと不安に思う。危ないと思う。危惧する。〓「生態系の破壊を―」「会議の開催が―・まれる」

あや-ふや〔形動〕物事がはっきりしないさま。〓「記憶が―で確答できない」「―な知識で答える」

あやまち【過ち】〔名〕❶やりそこない。しくじり。失敗。〓「―を素直に認める」❷悪意でなく偶然に犯した罪。過って犯した罪。過失。〓「―を償う」❸男女間の過失。間違い。〓「若い二人が―を犯す」

あやま・つ【過つ】〔他五〕❶やりそこなう。失敗する。〓「方針を―」「―・たずに的を射抜く」「言い―」❷間違った方向に導く。道を誤らせる。誤る。〓「人を―おそれのある教義」❸悪意ではなく偶然に罪を犯す。過失によって罪を犯す。誤る。〓「道[身]を―」❹〈「過って」の形で〉過失によって。〓「―・って人をあやめる」

◈使い方 (1)「過つ」は「過た・過と一過ち・過つ一過つ一過つ一過て一過て」、「誤る」は「誤ら・誤ろ一誤り・誤っ一誤る一誤る一誤れ一誤れ」と活用する。連用形(の促音形)ではともに「あやまっ」となる。「過って／誤って」「過った／誤った」(2)「過つ」は本来、自動詞「誤る」の他動詞形。今では、①②③ともにほぼ他動詞「誤る」で置き換えられるが、「過つ」の方が古風で文章語的。「過つ」は犯罪的・道義的な意が強く、「誤る」は単なる失敗を言う趣が強い。語形が

重なる「過って／誤って」の場合も同様。‖「過って爆発事故を引き起こす」「誤ってお茶をこぼす」☑注意 常用漢字表では「誤」に「あやまち・あやまつ」の訓を認めず、「誤ち」「誤つ」と書くのは一般に誤り。名 過ち

あやまり【誤り（▼謬り）】［名］物事が本来あるべきものと食い違っていること。正しくないこと。間違い。誤謬。ミス。‖「文章の―を正す」「弘法にも筆の―」

あやま・る【誤る（▼謬る）】■一［自五］〈「誤っている」「誤った」の形で〉物事が本来あるべきものと食い違っている。間違っている。正しくない。‖「君の判断は―っている」「―った考えは捨てなさい」■二［他五］❶判断ややり方を間違える。また、人生でなすべきことや進むべき方向を間違える。やりそこなう。失敗する。過つ。‖「判断［方針・選択］を―」「道を―」「言い―・見―」❷人を間違った方向に導く。道を誤らせる。過つ。‖「君の考え方は人を―おそれがある」❸〈「誤って」の形で〉何かをしそこなって。うっかり間違えて。‖「―って足を滑らせる」◈ 使い方 ➡ 過つ 名 誤り

あやま・る【謝る】■一［他五］❶自分の非や過ちを認めて相手に許しを乞う。わびる。謝罪する。謝する。‖「不手際を―」「―って済む問題ではない」使い方「わびる」よりは日常語的な言い方。❷閉口して断る。‖「こんな厄介な仕事は―りたいね」■二［自五］《古風》閉口する。参る。‖「やつの厚かましさには―よ」◈「誤る」と同語源。可能 謝れる 名 謝り「―の手紙」

品格 謝罪「被害者に―する」 謝する「罪を―」 詫びる「失礼を―」

あや‐め【▽文目】［名］《古風》❶模様。いろどり。色合い。❷物の区別。見分け。また、物事の区別。道理。分別。筋道。‖「―も分かぬ真の闇」

あやめ【〈▼菖▼蒲〉】［名］初夏、花茎の先に青紫色または白色の花をつけるアヤメ科の多年草。葉は細長い剣状。花はハナショウブに似る。日当たりのよい草地に自生し、観賞用に栽培もされる。ハナアヤメ。▼同じ仲間にハナショウブ・カキツバタ・イチハツなどがある。アヤメは、「菖蒲」と当てるが、ショウブとは別科。

あや・める【▽危める・▽殺める】［他下一］人に危害を加える。特に、殺す。‖「過って人を―」書き分け 殺す意の場合は【殺】を使う。文 あや・む

あゆ【▼鮎（〈香魚〉・〈年魚〉）】［名］紡錘形の細長い体をしたサケ目アユ科の淡水魚。背は淡い緑褐色、腹は銀白色。食用。養殖もされる。あい。▼独特の香りがあることから「香魚」とも、ふつう寿命が一年であることから「年魚」ともいう。

あ‐ゆ【▼阿▼諛】［名・自サ変］相手におもねりへつらうこと。‖「権威に―する」「―追従」

あゆみ【歩み】［名］❶あゆむこと。歩行。また、歩く調子。歩き方。歩調。‖「―を止める」「―がのろい」❷物事の進み方や、変化・進展の過程。‖「急速な時代の―に取り残される」「母校三〇年の―を振り返る」

あゆみ‐よ・る【歩み寄る】［自五］❶歩いて近寄る。❷意見を一致させるために一方が譲る。また、双方が譲り合う。歩み合う。‖「経営側が一歩―」「互いに―・って紛争が解決する」名 歩み寄り

あゆ・む【歩む】［自五］❶足を使って一歩一歩前へ進む。歩く。‖「秋の信濃路を―」❷月日を送る。人生を経る。‖「苦難の道［別々の人生］を―」❸人や物事などが、ある（決定的な）方向に向かって進展する。進む。‖「繁栄への道を―」「政局が解散へ向かって―・み始める」◈「歩く」に比べて雅語的。可能 歩める 名 歩み

あら【粗】■一［名］❶魚肉のよい部分をとった残りの骨や頭など。‖「鯛の―」「―煮」❷米のぬか。また、もみがら。❸（小さな）落ち度や欠点。‖「―を探す」■二（造）人手を加えていない。自然の。‖「―金・―皮・―木」◈ 書き方 ■一は普通かな書き。

あら【▼鯇】［名］❶本州中部以南のやや深い海に分布するスズキ科の海水魚。全長一メートルに達する。背面は灰青色、腹面は白色。体形はスズキに似るが、目の後下方に大きなとげがある。食用。❷長崎県・佐賀県などで、ハタ科の海水魚クエの通称。

あら［感］物事に驚いたり感動したりするときに発する語。‖「―、もう六時だわ」「―、お久しぶりね」

あら【新】（造）新しい。‖「―所帯・―湯」

アラー【Allāh アラビア】［名］イスラム教の、唯一絶対の神。アッラー。

アラート【alert】［名］警告。警報。

アラーム【alarm】［名］❶警報。また、警報器。❷目覚ましの装置。また、目覚まし時計。

あら‐あら【粗粗】［副］大ざっぱに。一通り。ざっと。‖「事の経緯は―申し上げた通りです」

あらあら‐かしこ［名］女性が手紙の終わりに書くあいさつのことばで、粗略で恐れ入りますの意。▼「かしこ」より丁寧な言い方。

あらあら・し・い【荒荒しい】［形］勢いが強く乱暴であるさま。また、勢いが激しいさま。荒っぽい。‖「―勢いでなだれこむ」「―気性の持ち主」派生 ‐げ／‐さ

あらい【洗い】［名］❶洗うこと。‖「冬物を―に出す」「水―」❷新鮮な白身魚の刺身を冷水や氷水で冷やして、固く縮ませた料理。‖「鯉の―」書き方〈洗▼鱠〉〈洗魚〉とも当てる。

あら・い【荒い】［形］❶物事のしかたが乱暴で、丁寧さや細やかな心配りを欠いている。荒っぽい。‖「言葉遣い［人使い］が―」「語気―・く詰め寄る」❷性格が粗野で激しい。‖「気が―」❸勢いが激しい。荒々しい。‖「波［鼻息］が―」◈「粗い」と同語源。派生 ‐げ／‐さ

あら・い【粗い】［形］❶編み物・模様などの目や粒が大きい。‖「編み目が―」「―縞模様のネクタイ」「―・く挽いたコーヒー」❷表面がざらざらしている。滑らかでない。‖「この布地は肌触りが―」「肌理の―肌」❸物事のしかたが大まかで、細かなことまで配慮していない。粗雑だ。大ざっぱだ。‖「やり方［仕事ぶり］が―」◈⬍細かい 派生 ‐げ／‐さ

あらい‐あ・げる【洗い上げる】［他下一］❶洗い終わる。‖「洗濯物を―」❷十分に洗う。洗い立てる。‖「真っ白に―」❸すっかり調べ上げる。‖「容疑者の身辺を―」文 あらいあ・ぐ

アライアンス【alliance】［名］同盟。連合。連携。

あらい‐おけ【洗い▼桶】［名］食器や野菜などを洗うのに使うおけ。また、風呂場などに置いて体を洗うのに使うおけ。

あらい‐がみ【洗い髪】［名］洗いたての、ぬれた髪。特に、洗ったままで整えていない女性の髪。

あらい‐ぐま【洗い熊】［名］タヌキに似たアライグマ科の哺乳類。体毛は灰褐色で、長い尾に黒褐色の輪模様がある。食物を水に浸して食べる習性がある。ラクーン。

あらい‐ざらい【洗い▼浚い】［副］隠したり残

したりしたものがなくなるまで何かをするさま。何から何まで。残らず全部。すっかり。「胸の内を―打ち明ける」「泥棒に―持っていかれた」

あらい-ざらし【洗い▼晒し】アラヒ［名］何度も洗って衣服の色があせていること。また、その衣服。「―の浴衣」動 あらいざら・す（他五）

あら-いそ【荒▼磯】［名］荒波が打ち寄せる岩の多い海岸。ありそ。

あらい-だし【洗い出し】アラヒ［名］❶たたきや壁などで、表面が乾かないうちに水で洗い落として小石を浮き出させておくこと。また、そのもの。❷煉瓦（れんが）などの表面を塗料などで塗りつぶさないで生地のまま出しておくこと。また、そのもの。❸杉板をこすって洗い落とし、表面に木目を浮き出させること。また、そのもの。❹詳しく調べて、隠れていた事実などを明らかにすること。「問題点の―を急ぐ」

あらい-だ・す【洗い出す】アラヒ［他五］❶洗い始める。❷表面を洗って下地などを出す。「杉材の木目を―」❸詳しく調べて、隠されていた事実などを明らかにする。「要点［容疑者の行動］を―」名 **洗い出し**

あらい-たて【洗い立て】アラヒ［名］洗って間もないこと。また、そのもの。「―の上着」

あらい-た・てる【洗い立てる】アラヒ［他下一］❶十分に洗う。❷他人の秘密や物事の真相などをすっかりあばきだす。「秘密を―」

あらい-なお・す【洗い直す】アラヒナホス［他五］❶一度洗った物をもう一度洗う。❷もとに立ち返って検討しなおす。再検討する。「政策［犯人の足取り］を―」名 **洗い直し**

あらい-ば【洗い場】アラヒ［名］❶食器や衣服などを洗う所。「食器を―に下げる」❷浴室で体を洗う所。

あらい-はり【洗い張り】アラヒ［名］洗ってのりづけした着物地を張り板や伸子（しんし）で固定し、しわを伸ばして乾かすこと。

あらい-もの【洗い物】アラヒ［名］汚れた衣類や食器などで、洗わなければならないもの。汚れ物。また、それを洗うこと。「―がたまる」

あら・う【洗う】アラフ［他五］❶水などの液体を使って、汚れを落としてきれいにする。「汚れた食器を―」「野菜をざっと―」「手［顔・髪］を―」使い方 ～ヲに〈汚れた物〉をとる言い方と〈汚れそのもの〉をとる言い方とがある〈シャツを洗う／シャツの汚れを洗う〉。前者は「洗い流す・洗い落とす」などと置き換えがきかない。❷波が岸辺に寄せたり雨が汚れを流し去ったりするさまを①に見立てて言う語。「波が岸を―」「雨が木々を―」使い方「甲板が波で―・われる」「雨に―・われて岩肌が輝きを増す」など、受身の形で言うことも多い。❸〈受身を使って〉物事に感動して心が浄化されたような気持ちになる。「大自然の景観［優しい言葉］に心が―・われる」❹隠されたことなどを明らかにするために詳しく調べる。洗い出す。

あら-うま【荒馬】［名］性質の荒い馬。悍馬（かんば）。

あら-うみ【荒海】［名］波の荒い海。▼障害の多い人生や世間のたとえにいう。「人生の―を渡る」

あら-えびす【荒▼夷】［名］（古風）荒々しい（東国の）田舎者。あずまえびす。▼もと、都の人が東国人（特に東国武士）を卑しめて言った語。

あらが・う【▽抗う（▽争う・▼諍う）】アラガフ［自五］外から加わる強い力に従わずに、それをはねのけようとする。抵抗する。抗する。「権力［運命］に―」「―・い難い魅力」

あらかじめ【▽予め】［副］事に備えて事前に。前もって。「―注意しておく」「―定められた日程に従って行う」使い方 改まった言い方で、意味は「前もって」と同義。「事前に」は単に時間的に前の意。注意 予告、予約、予測など、あらかじめの意を含む語と使うと重言になるが、強調する表現として使われることもある。

あら-かせぎ【荒稼ぎ】［名・他サ変］❶尋常でない手段で、一度に大金をかせぐこと。「数億円を―する」❷（古風）強盗や追いはぎなど、強引な手段で金品を奪うこと。また、その人。

あら-かた【粗方】［副］❶［名］全部ではないが、だいたい。おおかた。「―の会員が賛成している」「工事は―終わった」❷だいたいの数量を言う語。およそ。「希望者は―一〇〇人だ」

あら-がね【粗金（▽鉱）】［名］掘り出したままで精錬していない金属。鉱石。▼古くは「あらかね」。

あら-かべ【粗壁（荒壁）】［名］下塗りをしただけの壁。

ア-ラ-カルト【à la carte フランス】［名］献立表から好みのものを一品ずつ注文できる料理。一品料理。▼献立表によって、の意。ターブルドート（＝定食）に対して言う。

あら-かわ【粗皮】カハ［名］❶木・果実などの外側にある堅い皮。⇔甘皮 ❷まだなめしていない獣の皮。

あらかん【▼阿羅漢】［名］仏弟子が修行の結果到達する最高位。無学。羅漢。▼梵語（ぼんご）arhat の音写。もと、宗教的聖者の意。

あら-き【粗木（荒木）】［名］切り出したままで加工していない木。

あら-ぎも【荒肝】［名］〈「荒肝を抜く」「荒肝を拉（ひし）ぐ」の形で〉非常に驚かせる。度肝（どぎも）を抜く。度肝をつぶす。使い方「荒」は「荒（肝を抜く）」のように、下の語句と関係して荒々しくの意を添える。「小手をかざす」「小股をすくう」の類。

あら-ぎょう【荒行】ギャウ［名］僧や修験（しゅげん）者などが行う、激しい苦痛を伴う修行。滝水に打たれたり頭上で香をたいたりする。「―を積む」

あら-くれ【荒くれ】［名］動作や気性が荒々しいこと。また、その人。乱暴者。暴れん坊。「―者」

あら-く・れる【荒くれる】［自下一］荒々しく粗野な振る舞いをする。また、無骨である。すさんでいる。「―・れた男たちが集まる」文 あらく・る 名 **荒くれ**

あら-けずり【粗削り（荒削り）】ケヅリ［名］❶［他サ変］木材などを大まかに削ること。❷［形動］完成や洗練などの度合いが大まかであること。「―な作品ながら迫力に富む」「―な大型新人選手」

あら・げる【荒げる】［他下一］⇒あららげる 文 あら・ぐ

あら-ごと【荒事】［名］歌舞伎で、荒武者や鬼神などを主役にした勇壮な芝居。「暫（しばらく）」「鳴神（なるかみ）」など。また、そこで演じられる荒々しい所作。「―師（＝荒事を得意とする役者）」⇔和事（わごと）・実事（じつごと）▼荒々しい行為のたとえにいう。「―で決着をつける」

あら-さがし【粗探し】［名・自サ変］他人の欠点をことさらに探り出すこと。「人の―をする」書き方「粗捜し」とも書くが、「探」が標準的。

あらし【嵐】［名］荒く激しく吹く風。暴風。烈風。また、荒く激しい雨風。暴風雨。〓「ーが吹く」「春のー」「山ー・砂ー」▼「荒らす」の連用形「荒らし」から。書き方「〈暴風〉」「〈暴風雨〉」と当てることもある。使い方 激しいもの、静穏を妨げるもの、厳しいものなどのたとえにいう。〓「場内がーのような拍手で沸き返る」「ファシズムのーが吹きすさぶ」「攻撃のーにさらされる」

◉**嵐の前の静けさ** 異変が起こる前の不気味な静けさ。▼暴風雨が襲う前に辺りが一時静まり返ることから。✓注意 忙しくなる前の静けさの意にいうのは不適切。

あらし【荒らし】[名] ❶荒らすこと。また、荒らす人。〓「車上ー・賭場ー」▼他の語と複合して使う。❷インターネットのチャット・ブログ・電子掲示板などで、その目的に合わないメッセージを送るなどの妨害行為を行うこと。また、その人。

あら-じお【粗塩】[名] 精製する前の、結晶のあらい塩。あらしお。〓「白菜にーを振る」

あら-しごと【荒仕事】[名] ❶力のいる激しい仕事。力仕事。❷強盗や殺人などの荒っぽいしわざ。

あら・しめる【在らしめる】[連語] そのような状態や存在にさせる。あるようにさせる。〓「私を今日ーしめた先生」▼「ある」+使役の助動詞「しめる」。

あら-じょたい【新所帯(新▽世帯)】[名] 結婚して新たに作った家庭。しんじょたい。〓「ーを持つ」

あら・す【荒らす】[他五] ❶壊したり散らかしたりして乱れた状態にする。〓「泥棒が留守中に室内をー」「イノシシが作物をー」「食いー」❷自然の作用などが整った状態を損なう。〓「洗剤で手をー」「戦火が国土をー」❸放置して乱れた状態にする。〓「手入れを怠って庭をー」❹〈荒々しい手段で〉他人の領域や権益をおかす。〓「縄張りをー・される」可能 荒らせる

あら・ず【▽非ず】[連語] ❶〜ではない。〓「夢にーして現実なり」「さにー」「それかー・ぬか」❷存在しない。〜にない。〓「ここにー・ざるなり」

あら-すじ【粗筋(荒筋)】[名] 物語や物事の大体の筋。〓「小説のー」

あら-ず-もがな [連語] ないほうがよい。なくもがな。〓「ーの説明」▼「もがな」は願望の終助詞。「なければなあ」の意から。

あらせいとう [名] 四、五月ごろ、茎頂に白・桃・紅紫色などの花を総状につけるアブラナ科の多年草。観賞用に栽培される。南ヨーロッパ原産。ストック。書き方「〈紫羅欄花〉」と当てる。

あら-せ-ら・れる [連語]〔古風〕❶〈「お…」「ご…」に付いて〉存在者・動作主を高める尊敬語。〓「ご当地にー・れていかがお過ごしでしょうか」❷「…である」の尊敬語。〓「ご機嫌麗しくー」「先生におかれましては御壮健にー」◈動詞「ある」の未然形+尊敬の助動詞「せる」の未然形+尊敬の助動詞「られる」。

あらそい【争い】[名] 争うこと。〓「両国の間にーが絶えない」「激しいトップーを演じる」「骨肉のー」

品格 軋轢「ーを生じる」 諍い「ーが絶えない」 一戦「ーを交える」 闘争「権力ー」 紛争「ーが起こる」 もめ事「ーを収める」 悶着「ーを起こす」

あらそ・う【争う】一[自五] 互いに張り合って、敵対する相手を打ち負かそうとする。相手を押しのけて勝とうとする。〓「兄弟が遺産相続でー」

二[他五] ❶相手を押しのけて、価値あるもの(特に、最高の座)を得ようとする。〓「両大国が覇権をー」「世界で一、二をー名選手」「先をー・って駆けつける」

❷相手を押しのけて、正しさや優劣などの決着をつけようとする。〓「裁判で黒白をー」「試合で勝負をー」使い方「競う」とほぼ同義だが、「争う」は相手を押しのけることに重点がある。「能力[技・腕]をー」「美しさ[速さ・高さ]をー」など、能力や程度を言うときは「競う」が標準的。

❸〈「一刻を争う」などの形で〉物事に対処するのにわずかな時間しかない意。〓「事態は一刻[一分一秒]をー」

❹〈否定的な語を伴って〉あまりに明らかで議論の余地がない。〓「ー・い難い証拠が挙がる」⬇争えない 可能 争える 名 争い

あらそえ-な・い【争えない】[連語] 事実がはっきりと現れていて、否定したり隠したりすることができない。争われない。〓「年齢[実力の差]はー」▼「争う」の可能形「争える」+打ち消しの助動詞「ない」。使い方「争えない/争われない」では、前者が一般的。

あらた【新た】[形動] ❶物事が今までになく新しいさま。また、改めて新しくするさま。〓「捜査線上にーな事実が浮かぶ」「決意[感動]をーにする」「ーに口座を作る」❷記憶などが古びていないさま。新しい。〓「大地震のことは記憶にーだ」◈使い方 ①②とも「新しい(新しく)」で置き換えることができる。

あらた-か【▼灼か】[形動] 神仏の霊験や薬の効き目などが明らかなさま。〓「霊験ーな如来仏」

あら-だ・つ【荒立つ】[自五] ❶波・風・気持ちなどが荒くなる。〓「台風で波がー」「心がー」❷物事がもつれてごたごたが起こる。また、事態がいっそう面倒になる。〓「彼が加わると事がー」

あら-だ・てる【荒立てる】[他下一] ❶波・風・気持ちなどを荒くする。〓「風が波をー」「興奮して声をー」❷物事をもつれさせてごたごたを起こす。また、事態をいっそう面倒にする。〓「好んで事をーことはない」文 あらだ・つ

あら-たま【粗玉(荒玉・新玉・▼璞)】[名] 掘り出したばかりで磨いていない玉。

あらたま-の【新玉の】[連語]〔古風〕〈「新玉の年」「新玉の春」などの形で〉新しい年の到来を祝っていう。〓「ー初春を祝う」▼枕詞から。

あらたま・る【改まる(▽革まる)】[自五] ❶古い状態から新しい状態に変わる。新しく変わる。〓「年[年号]がー」「規則がー」❷悪い状態からよい状態に変わる。よくなる。改善される。〓「悪癖[生活態度]がー」❸他人行儀の堅苦しい態度に変わる。かしこまる。〓「人前に出ると態度[顔つき]が急にー」「ー・った表現」「ー・った(=公的な)場所」❹容体が悪化する。危篤になる。〓「病勢がー」▼漢文で「病革(=病がさしせまる)」を「病革む」と読んだことから。◈「新た」が動詞化した語。書き分け ①②は【革】を使うと意味が強まる。④は慣用的に【革】を使うが、かな書きも多い。

あらため-て【改めて】[副] ❶再び新たに行うさま。特に、(正式の)別の機会にそうするさま。〓「ー最初からやり直す」「重ね重ねの御厚意にー御礼申し上げます」「後日ー伺います」使い方 丁寧語化して「改めまして」となることもある。⬇「ます」のコラム(一五五七ページ) ❷思い直して感動などを新たにするさま。今さらのように。〓「桜は美しいとー感じ入る」「合格の喜びをーかみしめる」

あらた・める【改める(▽革める・▽検める)】

〔他下一〕❶古いものを新しいものに変える。新しく変える。≡「制度[方針]を━」「名前を太郎と━」「新宿から池袋に居所を━」❷悪い状態からよい状態に変える。よくする。改善する。≡「欠点[品行]を━」「悔い━」❸服装や態度などをきちんとしたものに変える。威儀をただす。≡「服装[言葉遣い]を━」❹〈「日を改めて」などの形で〉(正式の)別の機会に新たに。≡「後日、日を━・めまして出直します」「本件は機会を━・めて再び審議しよう」 注意「改めて電話します」などの意で、「また改めます」などと、下に具体的な動作を示さない言い方もするが、標準的でない。❺間違いがないかどうか調べる。検査する。≡「車内で乗車券を━」「所持品を━」◈「新た」が動詞化した語。⑤はもと多く【検】を使った。書き分け①②は【革】を使うと意味が強まる。文あらた・む

あら-づくり【粗造り(荒造り)】〔名〕大ざっぱに作ること(もの)。また、仕上げの前段階として大ざっぱに作ること(もの)。≡「━の掘っ立て小屋」「━の壁に仕上げを施す」

あらっぽ・い【荒っぽい・粗っぽい】〔形〕❶【荒】言動や性質が荒々しいさま。乱暴だ。≡「金遣いが━」「━口調で話す」❷【粗】仕事などに細かな注意が行き届かないさま。粗雑だ。大まかだ。≡「仕事が━」「━筆致ながら迫力がある」派生━さ

あら-て【新手】〔名〕❶戦いにまだ参加していない兵士や選手。▼疲れていない、手の内を知られていないなどの含みで使う。❷仲間に加わって、新しくその仕事についた人。新人。新顔。≡「━の業者」❸今までにない新しい手段・方法。新手(しんて)。≡「━の戦術を編み出す」「━の詐欺(さぎ)に引っかかる」◈⇔古手(ふるて)

あら-と【粗▼砥(荒▼砥)】〔名〕刃物をざっと研ぐときに使う、きめの粗い砥石。粗砥石。

あら-なみ【荒波】〔名〕荒く激しい波。激浪。▼厳しく辛い世の中や人生のたとえにいう。≡「浮き世の━にもまれる」「人生の━を乗り切る」

あら-なわ【荒縄】ナハ〔名〕わらで編んだ太い縄。

あら-に【粗煮】〔名〕魚のあらを煮付けた料理。あらだき。≡「タイの━」

あら-ぬ【(有らぬ)】〔連体〕そうあるべきではない。見当違いの。≡「ぼんやりと━方(かた)を見やる」「興奮して━ことを口走る」「━(＝よくない)うわさを耳にする」「━(＝不当な)疑いをかけられる」

あら-ぬり【粗塗り(荒塗り)】〔名・他サ変〕壁や家具などの塗装で、最初にざっと塗ること。下塗り。

あら-ねつ【粗熱】〔名〕料理で、加熱調理した食品に残っている熱。≡「━を取る」

あら-の【荒野(▼曠野)】〔名〕〔古風〕荒れ野。

あら-ばこそ〔連語〕〔古風〕強い否定を表す。あろうはずもなく。絶対になく。≡「遠慮会釈も━、ずかずかと上がり込む」▼あるならばともかくとして、の意から否定の意に転じた。

アラビア【Arabia】〔名〕❶アジア大陸南西部、ペルシャ湾に突出する世界最大の半島。紅海を隔ててアフリカと対する。大部分はサウジアラビアの領土。アラビア半島。❷アラブ。使い方 主に歴史的・文化的事象に使う。また、「━海・━語・━文字・━数字」など固定的な表現で使うものが多い。「アラブ」と置き換えのきく「━人・━文学・━地方」などは「アラブ」よりも古い語感を伴う。◈書き方「亜▼刺比亜」「亜拉▼毘亜」と当てる。

アラビアータ【all'arrabbiata イタリア】〔名〕イタリア料理で、唐辛子を加えたトマトソース。パスタソースなどに用いる。

アラビア-ゴム【和製 Arabia + gom オランダ】〔名〕アラビアゴムノキ(＝北アフリカ原産の豆科の常緑高木)の樹皮から採る樹脂。のり・薬品・インクなどの原料にする。

アラビア-すうじ【アラビア数字】〔名〕0・1・2・3・4・5・6・7・8・9の一〇の文字。インド人が考案してアラビア人が欧州に伝えた。インド数字。算用数字。▼Arabic numerals の訳語。

あら-びき【粗▼挽き】〔名・他サ変〕食肉・穀物・コーヒー豆などを粗めにひくこと。また、ひいたもの。≡「牛のすね肉を━にする」「━の胡椒(こしょう)」

あらひと-がみ【▽現人神】〔名〕人の姿をしてこの世に現れた神。もと、天皇のこと。あきつ(み)かみ。

アラブ【Arab】〔名〕❶アラビア語を母語とする民族。アラブ人。また、サウジアラビア・イラク・エジプトなど、アラブ諸国の総称。▼アラブ地方を漠然と指して言うこともある。使い方⬇アラビア ❷アラビア地方原産の馬の一品種。乗馬用。アラビア馬。

あら-ぶき【粗拭き】〔名・他サ変〕汚れをざっとふきとること。

アラベスク【arabesque フランス】〔名〕❶イスラム美術に見られる、植物のつる・葉・花や幾何学図形などを図案化した装飾紋様。アラビア模様。❷華麗な装飾を施した、幻想的な器楽曲。▼アラビア風の、の意。

あら-ほうし【荒法師】フシ〔名〕荒々しく乱暴な僧。また、荒行(あらぎょう)をする僧。荒ひじり。

あら-ぼとけ【新仏】〔名〕死後初めての盆にまつられる死者の霊。新霊(あらみたま)。にいぼとけ。しんぼとけ。

あら-まき【新巻・荒巻】〔名〕内臓を抜き、腹に塩をつめて作る甘塩のさけ。暮れの贈答などに使う。あらまきざけ。書き方 荒縄で巻いたことから言うが、今は「新巻」が好まれる。

あらまし ━〔名〕大体の次第・内容。概略。概要。≡「計画の━を説明する」 ━〔副〕大体。おおよそ。おおかた。≡「事の次第は━分かった」「ビルの工事は━終わった」

あら-むしゃ【荒武者】〔名〕荒々しい武者。また、勇敢な武者。▼がむしゃらな行動をする人のたとえにいう。≡「政界の━」

あら-め【荒▽布】〔名〕外洋のやや深い海に群生する褐藻類コンブ科の海藻。暗褐色の葉は羽状で、カジメに似る。若い葉は食用。肥料やヨードの原料にもする。

アーラ-モード【à la mode フランス】〔名〕最新流行の衣服。また、その型。▼流行しているの意から。

あら-もの【荒物】〔名〕ほうき・ちりとり・ざる・たわしなど、家庭で使う雑貨類。≡「━屋・━商」⬇小間物(こまもの)

あら-ゆ【新湯】〔名〕さらゆ。≡「━を使う」

あら-ゆる【▽凡ゆる・〈所有〉】〔連体〕ありうる限りの。すべての。≡「━業界の人が集まる」「━機会を利用する」▼動詞「あり」の未然形＋上代の可能の助動詞「ゆ」の連体形から。書き方 普通かな書き。使い方「ありとあらゆる」の形で意味を強める。

あら-らか【荒らか】〔形動〕荒々しいさま。激しいさま。≡「戸を━に引開(ひきあ)けしは〈鷗外〉」

あら-らか【粗らか】〔形動〕おおざっぱなさま。

あららぎ【▼蘭】〔名〕❶イチイの別称。❷〔古風〕ユリ科のノビル。

あらら・げる【荒らげる】〔他下一〕言葉づかいや態度を荒くする。「声［態度］を―・げて詰め寄る」注意「あらげる」と言うこともあるが、本来は「あららげる」。送りがなは「荒らげる」としない。文あらら・ぐ

あら-り【粗利・荒利】〔名〕「あらりえき」の略。

あら-りえき【粗利益・荒利益】〔名〕売上高から売上原価を差し引いた額。販売経費などを計算に入れない大まかな利益。あらり。

あら-りょうじ【荒療治】〔名・他サ変〕❶患者の苦痛を考慮せず手荒な治療をすること。❷物事を立て直すために思い切った処置を講じること。「改革のためには―も辞さない」

あられ【▽霰】〔名〕❶空中の水蒸気が氷結して白色の粒となって降ってくるもの。初冬に多い。「ぱらぱらと―が降る」❷料理で、材料をさいの目に切ること。また、そのもの。「―に切る」❸もちをさいの目に切って、いったもの。あられもち。

霰

［ことば比べ］「霰」と「雹」と「霙」

▼「あられ」「ひょう」「みぞれ」は、どれも空中の水蒸気が氷結して降ってくるもの。
▼「あられ」は気象学上、5ミリメートル未満の氷結した粒をいう。
▼「ひょう」は5ミリメートル以上のものを指す。
▼「みぞれ」は雨と混じって水分が多い。

あられ-も-な・い〔形〕❶（主に女性の）身づくろいや態度がその場にふさわしくないさま。「―姿をさらして恥ずかしい」❷あるはずのない。「―疑いをかけられる」◈ありうべくもない意。「あられ」は動詞「ある」の未然形＋可能の助動詞「れる」の連用形から。

あら-・れる〔連語〕「ある」「いる」の尊敬語。「御子息が二人―」「御健康で―」▽「れる」は尊敬の助動詞。

あらわ【▽顕わ・▽露わ】〔形動〕❶おおうものがなく、むきだしであるさま。また、はっきりと見えるさま。「塗装がはがれて下地が―になる」「胸も―なドレス」❷隠された物事が公になるさま。「秘密［矛盾］が―になる」❸気持ちなどを隠そうとせず公然と示すさま。あからさま。「感情［敵意］を―にする」

あら-わざ【荒技】〔名〕武術などで、強く激しい技。力任せの大技。▽強引な処置のたとえにいう。「内部改革を―で押し切る」

あら-わざ【荒業】〔名〕〔古風〕荒々しい仕事。力仕事。

あらわ・す【表す】〔他五〕❶感情や考えなどをはっきりと見える形にして表に出す。「悲しみを顔に―」「決意を態度に―」「謹んで謝意を―」❷ある手段を使って心や物事のありさまを表現する。「喜びを言葉で―」「感謝の気持ちを贈り物で―」❸あるものが記号として意味・内容を示す。意味する。「言葉は意味を―」「Hは水素を―」「名は体を―」◈「現す・著す」と同語源。書き方(1)内から外への出現を強調して「現す」とも書く。「内なる思いを外に現す」(2)送りがなは「表わす」も許容。読み分け「感謝の意／哀悼の意／お祝いの意／敬意／謝意／賛意を表します」などは、自分の気持ちを表明する改まった文書では「ひょうします」と読む。「あらわします」は不適切。可能表せる

あらわ・す【現す】〔他五〕❶はっきりと見える形をとって、その姿・形を表に出す。出現させる。「主役が舞台に姿を―」「月が雲間から姿を―」「上半身を脱いで諸肌を―」使い方多く「姿を現す」の形で使い、句全体で自動詞「現れる」と同じ意味になる。「東の空に太陽が姿を現す／東の空に太陽が現れる」❷はっきりと観察できる形をとって、その内容や内面を表に出す。「事件が全容を―」「風邪が発熱の症状を―」「なぞの人物が正体を―」「秘めた決意を外に―」❸前触れや効果・能力などをはっきりと表に出す。「神仏が霊験を―」「若くして経営の手腕を―」❹すぐれた行為などを人目にはっきりと分かるように示す。「徳行を世に―」「立身して世に名を―」◈顕わにする意。書き方(1)「▽顕す（特に④で）」「▽露す（正体［馬脚］を露す）」とも書くが、今は「現」が一般的。(2)送りがなは「現わす」も許容。可能現せる

あらわ・す【著す】〔他五〕書物などを書く。著述する。著作する。また、書物の形にして世に出す。「長年の歳月をかけて『夜明け前』を―」「今年は翻訳書を二冊―した」「自叙伝を世に―」書き方送りがなは「著わす」も許容。可能著せる

あらわれ【表れ】〔名〕表れること。また、そのもの。「彼女の親切は感謝の―と解される」書き方送りがなは「表われ」も許容。

あらわれ【現れ】〔名〕現れること。また、そのもの。「紫雲は瑞兆の―だ」書き方送りがなは「現われ」も許容。

あらわ・れる【表れる】〔自下一〕感情や考えなどがはっきりと見える形をとって表に出る。内面的なものが表面化する。「喜びが顔に―」「依頼心が態度に―」「不景気の影響が―」「心遣いが言葉の端々に―・れている」「思想が作品の隅々に―・れている」▽「現れる」と同語源。書き方(1)内から外への出現を強調して「現れる」とも書く。「内なる思いが外に現れる」(2)送りがなは「表われる」も許容。文あらは・る　名表れ

あらわ・れる【現れる】〔自下一〕❶はっきりと見える形をとって、姿・形が表に出る。姿を現す。出現する。「新郎新婦が控えの間から会場に―」「新人作家が文壇に彗星のごとく―」「神仏が仮の姿をとってこの世に―」「月が山陰から―」使い方➡現す①❷はっきりと観察できる形をとって、内容や内面が表に出る。また、隠されたものなどが知られるようになる。「いかさま師の正体が―」「結核の症状が―」「事件の全容が―」「悪事が―」❸はっきりと観察できる形をとって前触れが表に出る。また、あるものを通して、影響・効果・能力などが表に出る。見てとれる。「春の兆しが―」「神仏の徴が―」「薬物投与の効果が―」書き方表面化するの意では「表」を使うことが多い。「影響が表れる・効果が表れる」❹すぐれた行為などが人目にはっきりと分かるようになる。「真価が世に―」「立身して名が世に―」◈顕わになる意。書き方(1)「▽顕れる（特に④で）」「▽露れる（正体［悪事］が露れる）」とも書くが、今は「現」が一般的。(2)送りがなは「現われる」も許容。文あらは・る　名現れ

品格　具現「多様性を―化する」顕現「神々の―」現出「別世界を現出させる演出」出現「スター選手の―を期待する」発現「遺伝子―」流露「妻への思いが流露した手紙」

あらん-かぎり【あらん限り(有らん限り)】[連語]あるだけすべて。ありったけ。‖「―の力を出す」

あり【▼蟻】[名]クロヤマアリ・クロオアリなど、アリ科の昆虫の総称。体長五～一〇ミリ。体色は黒または赤褐色で、胸部と腹部の間がくびれる。一匹の女王アリを中心に少数の雄アリと多数の働きアリが地中や樹木に巣を作り、集団生活を営む。▼働き者のたとえに使う。‖「―のように勤勉だ」

◉**蟻の穴から堤も崩れる**　わずかな油断や不注意から大事が起こることのたとえ。▼『韓非子』の「千丈の堤も螻蟻の穴を以て潰ゆ」から。

◉**蟻の這い出る隙も無い**　逃げ出すためのすき間もないほど警戒が厳重なことのたとえ。注意「蟻の這い入る隙もない」「蟻の入り込む隙もない」は誤り。

あ・り【在り・有り】[自ラ変][古風]ある。‖「我思う、故に我在り」「鈴木氏より電話有り」⇔無し 書き方 ⇩ある㊀

アリア【aria イタ】[名]❶オペラ・カンタータなどで旋律美豊かに歌われる独唱曲。詠唱。⇔レチタティーボ ❷旋律の美しい叙情的な小器楽曲。‖「G線上の―」

あり-あけ【有り明け】[名]❶陰暦一六日以後、月がまだありながら夜が明けること。また、そのころ(の月)。‖「―の月」「別れ」❷夜明け。明け方。

あり-あま・る【有り余る】[自五]必要以上にある。余るほどある。‖「暇[金]なら―ほどある」「―体力に物を言わせる」

あり-あり[副と]❶はっきりと眼の前に現れるさま。まざまざ。‖「不満の色が―と現れる」❷目の前にあるかのように心に浮かぶさま。まざまざ。‖「幼少時の思い出が―と脳裏によみがえる」◈書き方 もと「〈歴歴〉」「〈歴然〉」などと当てた。

あり-あわせ【有り合わせ】[名]都合よくその場にあること。また、そのもの。‖「―の菓子で間に合わせる」

アリーナ【arena】[名]競技場などの公演で、本来の観客席とは別にグラウンド内のステージの周りに設けられた客席。アレーナ。▼もと、古代ローマの円形闘技場(円形劇場)。

あり・うる【あり得る(有り得る)】[自下二]ある可能性がある。あるはずである。‖「そういう場合も―」「―・得べからざる話だ」▼文語「ありう」の連体形「ありうる」が終止形にも使われるようになったもの。「ありえる」とも。

ありえ-な・い【あり得ない(有り得ない)】[連語]❶存在・成立する可能性がない。‖「この世には―動物」❷事実として容認しがたいという、話し手の判断を表す。信じられない。ナンセンスだ。‖「死後の世界なんて―」❸[新]常識的にあるはずがない。‖「このまずい味はなんだ、―!」「あの場面でシュートを外すなんて―」使い方「ありえない値段」のように使うと、「あまりに高すぎる／安すぎる値段」と両極端の意味に解され得る。注意 称賛する意で「―味(=信じられないほど、すばらしい味)」などとも言うが、称賛の意は伝わりにくい。◈「ありうる」の未然形+打ち消しの助動詞「ない」。

あり-か【在り▽処】[名]物のある場所。所在。また、人のいる場所。居所。‖「宝物の―を記した地図」「賊の―をつきとめる」

あり-かた【在り方】[名]物・人・物事などの〈当然そうあるべき〉存在のしかた。‖「自己の―に疑問を抱く」「政治の―に不満が高まる」

ありがた・い【有り難い】[形]❶感謝したくなる気持ちだ。‖「僕は君の親切が―」「御配慮を賜ったことを―・く思う」「―ことに無事に生還できた」「―・く頂きます」❷尊く、もったいない気持ちだ。‖「神の教えは誠に―」◈求めてもそうあることがまれだ、の意から。書き方 かな書きも多い。派生 -げ／-さ／-み／-がる

ありがた-めいわく【有り難迷惑】[名・形動]好意や親切は有り難いと思いながらも、その差し出がましさをかえって迷惑だと感じること。‖「―な忠告」

あり-がち【(有り勝ち)】[形動]そうした事例がよくあるさま。‖「幼児に―な病気だ」「とかく―な話だ」

ありがとう【有り難う】[感]感謝の気持ちを表す語。‖「お世話様でした。どうも―」「お心遣い、―」▼「有り難い」が「ございます」に続くときのウ音便形から。書き方 かな書きも多い。使い方 ⑴丁寧な言い方では「ありがとうございます」「ありがとう存じます」となる。また、「贈り物を頂きまして、ありがとう」などを省略して「贈り物をありがとう」などと言うこともある。⑵「すみません」も感謝の表現に使われるが、これは自分は利益を得たが相手は自分のために不利益をこうむった場合に相手を気遣って謝罪するもの。「手伝って頂いて、すみません」とは言えるが、「お買い上げ頂いて、すみません」とは言えない。⑶⇩助動詞「た」⑦[使い方]⑵

あり-がね【有り金】[名]現在、手元にある現金。‖「―をはたいて買う」「―残らず置いていけ」

あり-き【在りき・有りき】[連語]あった。存在した。‖「初めに言葉―」「先に結論―の議論」▼動詞「あり」の連用形+過去の助動詞「き」の終止形。

あり-きたり【(在り来たり)】[名・形動]ありふれていること。月並み。陳腐。‖「―の企画では通らない」「―な小説」

あり-くい【▼蟻食い】[名]オオアリクイ・コアリクイなど、中南米に分布するアリクイ科の哺乳類の総称。長く突き出た口から細長い舌を出してアリを捕食する。

あり-さま【有様】[名]❶外から観察して分かる物事の状態や状況。ありよう。ようす。‖「町の―がすっかり変わった」使い方「ようす」に比べて、やや古風。❷〈多く「有様だ」の形で〉あるきわだった状態や状況を(特に、好ましくないものとして)言う。‖「ちょっと目を離すとこの―だ」「日々の暮らしにも事欠く―」◈書き方「有り様」、また、かな書きも多い。

あり-し【在りし】[連語]❶もとあった。以前の。昔の。‖「―日の色街」❷生前の。‖「―日の父」「―妻の面影をしのぶ」◈動詞「あり」+過去の助動詞「き」の連体形。

あり-じごく【▼蟻地獄】[名]❶ウスバカゲロウの幼虫。体長約一センチで灰褐色の体にとげがある。砂地などにすり鉢状の穴を掘って底にひそみ、落ちてきたアリなどを捕らえて体液を吸う。アトジサリ。スリバチムシ。❷①の作った、すり鉢状の穴。‖「―の苦しみを味わう」▼もがいても抜け出せない苦しい状況のたとえにいう。

ありし-ひ【在りし日】[連語]❶過ぎ去った時。過去。以前。昔日。‖「―を思い起こす」❷故人がかつて生きていた時。生前。‖「亡き兄の―の面影が脳裏をよぎる」

あり-だか【有り高・在り高】[名]現在ある総量・総数。現在高。

ありた-やき【有田焼】[名] 佐賀県有田地方で作られる磁器。伊万里港から出荷されたので、伊万里焼ともいう。

あり-づか【▼蟻塚】[名] アリが地中に巣を作るときに掘り出した土が地表面に円錐状に積み上げられたもの。また、土や落ち葉を積み上げて作った巣。ありの塔。蟻封。蟻垤。

あり-つ・く【(有り付く)】[自五] 求めていたものを(運よく)手に入れる。||「思いがけなくご馳走に—」

ありっ-たけ【(有りっ丈)】[名・副] あるだけすべて。ある限り。||「—の声をふりしぼる」

あり-てい【有り体(有▽態)】[名・形動] ❶ありのままであること。あるがまま。||「—に言えば駄作だ」❷世間並み。ひと通り。||「—の礼儀は心得ている」

ありとあらゆる【(有りとあらゆる)】[連体]「あらゆる」を強めて言う語。ある限りすべて。ありとある。||「—可能性を追求する」

あり-なし【有り無し】[名] あるかないか。あるなし。有無。||「経験の—は問わない」

あり-の-とう【▼蟻の塔】[名] 蟻塚。

あり-の-まま【ありの▼儘(有りの▼儘)】[名・副] 実際にあったとおり。あるがまま。||「—を話す」「現状を—(に)見せる」

あり-の-み【有りの実】[名] 梨の実。▽「ナシ」が「無し」に通じることを嫌って言い換えた語。

アリバイ[alibi][名] 犯罪が起こったときにその場所にいなかったという証明。また、それを実証する事実。現場不在証明。||「—がある」「—を崩す」

あり-ふ・れる【(有り触れる)】[自下一]〈「ありふれた」「ありふれている」の形で〉平凡でどこにでもある。||「—れた話」「この程度のものは世間に—れている」

あり-まき【▼蟻巻】[名] ➡ 油虫①

あり-ま・す[連語] ❶「ある」の丁寧な言い方。||「鉛筆ならここに—」「先ほど電話が—・した」❷〈「〜であります」の形で〉丁寧な断定を表す。||「私が山田で—」「事件が起こったのは昨年の暮れのことで—・した」◈ 使い方 ②は丁寧さで「です」と「ございます」の間に位置する。

あり-もの【有り物】[名] ありあわせの物。||「—で昼食を済ます」

あ-りゅう【亜流】[名] 一流のまねをするだけで独創性のないこと。また、その人や流派。二流。追随者。エピゴーネン。||「ゴッホの—にとどまる」▽流れを亜ぐ意。

ありゅうさん-ガス【亜硫酸ガス】[名] 無色で刺激臭のある有毒な気体。硫黄を燃やすと発生する。硫酸の原料。還元・漂白などに使う。無水亜硫酸。二酸化硫黄。

あり-よう【(有り様)】[名] ❶物事のようす。ありさま。また、あるべき姿。||「子は親の—を見て育つ」「世の中の—に苦言を呈する」❷ありのままの姿。実情。||「—を言えば生活は火の車だ」❸〈打ち消しを伴って〉あるべきわけがない。あるはずがない。||「うまい解決策など—がない」

ありより-の-なし【有り寄りの無し】[名]「あり」か「なし」かの二者択一で、「あり」に近いとはしながらも、「なし」の判断を下すこと。またその判断。▽すべてを否定するわけではないが、という含みをもつ。

ありん・す[連語]〔古風〕「ある」の丁寧語。||「そりゃ、あんまりで—え」▽「あります」の転。江戸新吉原の遊女が使った語。

あ・る【在る・有る】[動五]

A ものがある

一[自] ❶人・動物以外の具体物・抽象物が存在する。||「机の上に本が—」「本社は東京に—」「人生には喜びも—・れば悲しみも—」「この薬は疲労回復に効果が—」「二人の実力には大きな差が—」 使い方 「あそこに太郎[スズメ]がいる」など、人・動物の場合は「いる」を使う。

B 人がいる

❷人が存在することを初めて紹介するようにいう。いる。||「昔、ある所におじいさんとおばあさんが—・りました」

❸〈人の意を表す語の上に連体修飾語を冠して〉何らかの形で類型化された人・動物が存在する。いる。||「賛成の人も—」「無関心な子も—・れば目を輝かせる子も—」

❹人がこの世に生きて暮らしている。生存している。||「世に—限り最善を尽くそう」

C 状態にいる・状態である

❺人が特定の状況や地位・立場などに身を置く。||「病床に—・って無聊をかこつ」「党内に—・って唯一の理論家」「恵まれた環境に—」「逆境に—・ってもくじけない」

使い方 存在する人よりはその状況に関心をもった言い方で、「〜にあって」の形で使うときは、多く意味が形式化して格助詞「で」に近づく。「いる」で置き換えると、口頭語的な言い方となる。

❻あるものがある特定の状態や段階に置かれている。||「会社は倒産寸前の状態に—」「新製品は試作段階に—」「人口は増加の傾向に—」

❼〈数値を伴って〉あるものがそのような物理的な属性をもっている。そのような数量が認められる。||「彼は体重が一〇〇(キロ)も—」「塔の高さは五〇(メートル)—」

❽複数のものの間にある関係が成り立つ。||「私はこの事件と深い関係が—」「両者間には密接なつながりが—」「互いに面識が—」「両国間には国交が—」

D 所有する

❾あるものが所有されたり含まれたりした状態で存在する。持っている。||「私には妹が—」「金も時間もたっぷり—」「才能[体力・悩み]が—」「その意見には問題が—」

E 存在する

❿(存在自体を問題にして)生物・無生物、具体物・抽象物を問わず、ものが存在する。||「私が今ここに—ことは疑えない」「神は本当に—か」

F 出来事がある

⓫ある物事がなされる。行われる。催される。また、ある特別なことが起こる。||「田中氏から電話が—・った」「方針の変更が—・った」「今日は学校が—」「遠足が—」「二日前に衝突事故が—・った」

G 成句で使う

⓬時が経過する。||「やや—・って(=しばらくして)語り始めた」

⓭〈「〜にある」の形で〉〜によって決まる。〜によって左右される。||「成否は努力のいかんに—」

⓮〈「〜とある」の形で〉〜と書かれている。また、〜ということだ。||「遺書には『全財産を寄付する』と—・った」「頼みと—・ればしかたあるまい」「休日と—・って人出が多い」

⓯〈「〜だけ(のことは)ある」の形で〉➡ だけ⑥||「自慢するだけのことは—」

⓰ ➡ ことがある||「どこかで会ったことが—」

⓱〈「〜つつある」の形で〉➡ つつ(接助)③

⓲〈「…ともあろうものが」などの形で〉仮にもそのような

立場・身分のものが。〓「大統領とも一・ろう者がそんな発言をするとは」「〇〇社とも一・ろう会社が…」

◈書き方 存在を表す「在」、所有的存在を表す「有」ともに、一般にはかな書き。古風な文体で存在を強調する場合や、「無し」と対比的に使う場合などでは、漢字書きも多い。〓「我ここに在り」「反対する者無し。但し、沈黙する者多数有り」使い方 (1)文語の否定形は「あらず」だが、口語には「あらない」の形はなく、形容詞「無い」でこれに代える。(2)尊敬の「れる」を付けた「…(で)あられる」は、「ここにあられるお方は、かつて国王であられました」「殿は思慮深くあられる」など、「…(て)いらっしゃる」の古風な言い方として今も使う。ただし、「ご質問はあられ(→ござい・あり)ませんか?」「興味があられましたら(→おありでしたら)」などは不自然な感じである。

H 「〜てある」「〜である」の形で使う

二［補動］❶〈他動詞の連用形＋「て[で]ある」の形で〉変化した動作の結果が現在まで維持されている意を表す。〓「壁に絵がかけて一」「荷物が乱雑に積んで一」使い方 もとの文(絵をかける・荷物を積む)の「を」が「が」に変わり、全体で自動詞化する。

❷〈他動詞の連用形＋「て[で]ある」の形で〉何かに備えて手回しよく準備されている意を表す。〓「ご飯が炊いて一・った」「きちんと予習が済ませて一」「前もって周辺機器が本体に組み込んで一」使い方 (1)一般にもとの文(ご飯を炊く・予習を済ませる・機器を組み込む)の「を」が「が」に変わるが、「を」のままでも使う(ご飯を炊いて一)。「機器が組み込まれて一」など受身形を受けることもある。(2)「〜ておく」に似るが、これは動作主の意図を重視した言い方(ご飯を炊いておく・予習を済ませておく)。

I 「〜である」の形で使う

❸〈「AはBである」「AがBである」の形で〉AとBが等しい、また、AがBに属するという断定的な判断を表す。〓「責任者は私で一」「私が卒業したのは去年のことで一」「トラはネコ科の動物で一」使い方 口頭語の「です」、口頭語・文章語両用の「だ」に対して、専ら文章語として使う。

❹〈形容動詞の連用形「〜で」に付いて〉そういう性質・状態をもっているという判断を表す。〓「人柄は穏やかで一」「辺りは静かで一・った」「健康で一のが何よりです」使い方 (1)形容動詞・形容詞の連用形に、係助詞「は・も」などを添えた形に付く。〓「実直だが→実直ではあるが明敏ではない」「嬉(うれ)しくもまた寂しい→嬉しくもあるが、また寂しくもある」(2)形容動詞・形容詞の連用形に付いて、「たい」「べきだ」などに接続させる。〓「×美しくたい→○美しくありたい」「×厳格だべきだ→○厳格であるべきだ」(3)形容動詞「〜だ」に比べて、「〜である」のほうがより文章語的。(4)「勤勉で一ことが求められる」「潔く一ためには引き際が肝心だ」など、連体形が形式名詞の類に続く形では、多く形容動詞・形容詞の連体形で置き換えられるが、口頭語的でやや言葉が足りない言い方となる(勤勉なことが求められる・潔いためには引き際が肝心だ)。(5)⬇㊀［使い方］

J 「〜あれ」「〜あられよ」の形で使う

❺〈「お[ご]…あれ」「お[ご]…あられよ」の形で、間に動詞連用形や漢語サ変動詞語幹が入って〉**尊敬** Aに…てくれと要望・懇願することについて、Aを高める。古風な言い方で、今の「…て下さい」に当たる。〓「おいで一・れ」「久々の大作、ご期待一・れ」「神もご照覧一・れ」⬇お(御)①［使い方］(2) 文 **あ・り**

品格 顕在「顕在している矛盾」 現存「一する最古の木造建築」 実在「証拠が一する」 所在「一を確かめる」 存在「神の一証明」

ある【▼或る】［連体］人・事物・時・所などをはっきりそれと示さないで言う語。また、漠然とぼかして言う語。〓「一人は雑誌を読み、一人は音楽を聴く」「それは一日のことだった」「一消息通によれば話はこうだ」「それは一意味で驚くべきことだ」▼動詞「あり」の連体形から。使い方「ある意味で」に代えて、「ある意味、それは正しい」などと言うのは、新しい使い方。

ある-ある【在る在る・有る有る】［名］〔新〕多くの人々が日常生活の中で体験したことがあると感じるような事柄。多数の人に共感を得られる事柄。〓「それって、一だよね」「大学生一」

あるい-は【▼或いは】 一［接］どちらを選択してもよいという条件で、二つ(以上)のものを提示する語。または。もしくは。〓「本人か一保護者かのどちらかが出頭して下さい」「九州へは新幹線一飛行機が便利だ」

二［副］❶同類のものを列挙していろいろな場合があることを表す。あるは。〓「一笑い、一歌い、一泣く」❷可能性は低いが、そうしたこともありうるという気持ちを表す。〓「彼は一病気なのかもしれない」「企画は一中止ということもありうる」

◈動詞「あり」の連体形＋上代の助詞「い」＋係助詞「は」から出た語で、あるものはの意。歴史的仮名遣いを「あるひは」とするのは誤り。

アルカイック【archaïque フランス】［形動］古風でつたないさま。特に、初期ギリシア美術に見られる素朴な様式をいう。古拙(こせつ)的。アーケイック。

アルカイック-スマイル【和製 archaïque フランス＋smile】［名］古代ギリシアの彫刻に見られる、唇の両端がやや上向きになった微笑のような表情。中国の六朝(りくちょう)時代や日本の飛鳥(あすか)時代の仏像にも見られる。古拙(こせつ)の微笑。

あるか-なきか【有るか無きか】［連語］〔古風〕❶存在するかしないか。あるかないか。ありやなしや。〓「誠意の一を問いただす」❷ないといえるほどにわずかである。また、少数量を表す数値を伴い、その数値に達するか達しないかというほどにわずかである。あるかないか。あるかなし。〓「一の傷を負う」「一メートル一の深さ」

あるか-なし【有るか無し】［連語］⬇あるかなきか② 〓「三坪一の庭」

あるが-まま【あるが▼儘(有るが▼儘)】［連語］実際に今ある状態のとおり。ありのまま。そのまま。〓「すべてを一に受け入れる」

アルカリ【alkali オランダ】［名］水に溶ける塩基性物質の総称。水酸化ナトリウム・水酸化カリウムなど。〓「一金属」⬍酸(さん)▼元来はアラビア語で、灰の意。

アルカリ-せい【アルカリ性】［名］塩基性物質が示す性質。酸を中和し、赤色リトマス紙を青く変え、フェノールフタレインを赤く変える。⬍酸性

アルカリせい-しょくひん【アルカリ性食品】［名］野菜・果物・牛乳など、体内に入るとアルカリ化される食品。

アルカロイド【alkaloid】［名］植物に含まれる、窒素を含んだアルカリ性の有機物。動物に対して毒性や強い生理作用をもち、医薬品とする。ニコチン・モルヒネ・カフェインなど。

あるき-スマホ【歩きスマホ】［名］歩きながらスマートホンを使うこと。〓「駅構内での—は危険です」

あるき-づめ【歩きづめ（歩き詰め）】［名］休みなく歩き続けること。歩き通し。〓「一日中—で疲れた」

あるき-まわ・る【歩き回る】（ハル）［自五］あちこち歩く。〓「山野を—・って植物を採集する」「金策に—」

アルギン-さん【アルギン酸】［名］褐藻類に含まれる粘りけの強い物質。炭水化物の一種で、接着剤・乳化剤・フィルムなどに利用。▼alginic acid の訳語。

ある・く【歩く】［自五］❶両足が同時に地面から離れないような足の運び方で進む。あゆむ。歩行する。〓「野山を—」「学校は—・いて五分の所にある」▼「走る」に対して、ゆっくりした足の運び方に注目して言う。❷乗り物を使わないで移動する。〓「行きはバスだが帰りは—」▼乗り物利用の有無に注目した言い方。❸あることをするために、あちこちを動き回る。あちこちで〜して回る。〓「あちこちを金策［取材］に—」 使い方 移動行為に注目した言い方で、徒歩である必要はなく、また乗り物を使ってもよい。〓「宣伝カーで市中を触れて—」❹野球で、打者が四死球によって塁に出る。〓「四番打者を四球で—・かせる」❺月日・年月を経る。すごす。あゆむ。〓「—・いてきた道を回顧する」◈「あるって」「あるった」は東日本の方言的な言い方。 可能 歩ける 名 歩き

> 品格 歩む「いばらの道を—」 逍遥（しょうよう）「緑陰を—する」 歩行「右側を—する」

アルコール【alcohol（オランダ）】［名］❶炭化水素の水素原子を水酸基で置換した化合物の総称。油脂・蠟（ろう）などとして自然に存在し、また糖の発酵などによって作る。エチルアルコール・メチルアルコール・ブタノールなど。燃料・溶剤などに広く用いられる。〓「—ランプ」▼狭義では酒類の主成分となるエチルアルコールを指す。❷アルコール飲料。酒。〓「—が入る」「—に強い」

アルコール-いそん-しょう【アルコール依存症】（ヤウシ）［名］長年の飲酒により、酒類を断つと禁断症状を起こし、手足のふるえなど身体・精神的な症状が現れて社会的にも支障をきたす状態。

アルコール-ちゅうどく【アルコール中毒】［名］アルコール飲料の飲み過ぎで起こる中毒。急性は意識不明・昏睡死などを起こす。慢性は「アルコール依存症」と言う。アル中。

あること-ないこと【有る事無い事】［連語］実際にあったこととなかったこと。〓「—を言いふらす」 使い方 多く、本当のことだけでなく嘘（うそ）まで交えてといったニュアンスで使う。

アルゴリズム【algorithm】［名］プログラムを作るときに用いる、問題を解決するための手順・計算方法。▼アラビアの数学者アル＝フワリズミにちなむ。もと、算用数字を用いた筆算の意。

アルゴン【Argon（ドイツ）】［名］希ガス元素の一つ。無色無臭の気体で、白熱電球・蛍光灯の充填（じゅうてん）などに使う。元素記号 Ar

あるじ【▽主（〈主人〉）】［名］家や店などの長。また、家などの持ち主。主人。所有者。〓「一家［一国一城］の—」「洋品店［旅館］の—」

アルタイル【Altair】［名］鷲（わし）座のアルファ星。牽牛（けんぎゅう）。彦星（ひこぼし）。

アルチザン【artisan（フランス）】［名］アルティスト（＝芸術家）に対して、職人的な芸術家。アルティザン。▼原義は、職人。

アル-ちゅう【アル中】［名］「アルコール中毒」の略。

アルツハイマー-びょう【アルツハイマー病】（ヤウビ）［名］認知症の一つ。脳細胞が萎縮（いしゅく）し、ひどい物忘れや場所・日時認識の欠落などの症状が見られる。▼ドイツの精神医アルツハイマー（Alzheimer）にちなむ。

アル-デンテ【al dente（イタリア）】［名］パスタなどで、少し歯ごたえが残るゆで加減。

アルト【alto（イタリア）】［名］❶女声の最低音域。また、その声域の歌手。コントラルト。❷同属の楽器の中で、①に相当する音域（中音域）を受け持つもの。〓「—サックス」◈原義は高いの意で、男声のテノールより高いことから言う。声部全体では中音域に当たる。

あるとき-ばらい【ある時払い（有る時払い）】（ラヒバ）［名］借金などを期限を決めないで、つごうのよいときに支払うこと。〓「—の催促なしという好条件で借りる」

ある-なし【有る無し】［名］⬇ありなし〓「経験の—は問わない」

アルバイター【Arbeiter（ドイツ）】［名］アルバイトをする人。アルバイト。▼本来は、勤労者・労働者の意。

アルバイト【Arbeit（ドイツ）】［名・自サ変］本業のかたわら、副業としてする仕事。バイト。また、その仕事をする人。アルバイター。〓「コンビニで—(を)する」「学生—」▼原義は、労働・仕事。

アルパカ【alpaca】［名］❶南米のアンデス地方で飼育される毛の長いラクダ科の家畜。❷アルパカの毛から製した糸・織物。やわらかで光沢がある。

アルバトロス【albatross】［名］❶アホウドリ。❷ゴルフで、そのホールを基準打数より三打少ない打数で終えること。ダブルイーグル。

アルバム【album】［名］❶写真・切手・スタンプなどを整理・保存するための帳面。特に、写真帳。❷記念のために写真を編集した記録媒体。特に、写真集。〓「卒業記念—」❸（特定のテーマで）複数の曲を収めたCDやレコード。〓「最新—」

アル-ハラ［名］飲酒にまつわる嫌がらせ行為や迷惑行為。▼「アルコールハラスメント（和製 alcohol＋harassment）」の略。

アルピニスト【Alpinist】［名］登山家。特に、高度な技術をもった登山家。▼アルプス登山家の意から。

アルビノ【albino】［名］先天的に皮膚・毛髪などのメラニン色素が欠乏する人や動物。白子（しらこ・しろこ）。

アルファ【A・α】［名］❶物事の最初。〓「パソコン入門を—からオメガまで（＝最初から最後まで）解説する」⬌オメガ ❷⬇プラスアルファ ❸理化学で、第一の。〓「—星・—澱粉（でんぷん）」▼他の語と複合して使う。 書き方 普通「α」と書く。❹もと、野球で最終回裏の攻撃が終わらないうちに後攻チームの勝ちが決まったとき、その得点などにつけて言った語。〓「四—対三で勝った」❺走り高跳び・棒高跳びで、さらに高くとべる資格を持ちながらそれを放棄したときに、その数値の下につけて言う語。〓「二—（ニメートル）」◈ギリシア語アルファベットの第一字。英語のA・aに当たる。「アルファー」とも。 書き方 ①②は、カナ書きも多い。

アルファ-せい【α星】［名］一つの星座の中で、最も明るい星。首星。

アルファ-せん【α線】［名］放射性元素のα崩壊

で放出される放射線。β線・γ線よりも電離作用が強い。

アルファ-は【α波】〔名〕毎秒八〜一三ヘルツの脳波。覚醒・安静時に表れる。

アルファ-ブロガー【alpha blogger】〔名〕読者が多く、大きな影響力をもつブログを公開している人。

アルファベット【alphabet】〔名〕ローマ字・ギリシア文字などを一定の順序で並べたもの。ABC。≡「配列は—順」▼ギリシア文字の第一字α(アルファ)＋第二字β(ベータ)から。

アルファ-まい【α米】〔名〕生米に含まれるβ(ベータ)でんぷんを加熱し、消化しやすいαでんぷんに変えてから乾燥させた加工米。調理が簡単で、非常食・インスタント食品などに利用される。

アルファルファ【alfalfa】〔名〕古くから飼料作物として栽培されてきたマメ科の多年草。夏、淡紫色の蝶形花(ちょうけいか)を多数開く。芽生えたばかりのものをサラダなどにして食べる。西アジア原産。ムラサキウマゴヤシ。ルーサン。

アルプス【Alps】〔名〕❶ヨーロッパ中南部にある大山脈。アルプス山脈。❷高く連なる山脈にいう語。≡「日本—・中央—・ニュージーランド—」

アルブミン【albumin】〔名〕生体内に広く含まれる可溶性たんぱく質。水溶液を加熱すると凝固する。卵白アルブミン・血清アルブミンなど。

アルヘイ-とう【有平糖】(ウータ)〔名〕砂糖と水あめを煮つめて、棒状に固めた菓子。▼「アルヘイ」はalfeloa(ポルトガル)(＝砂糖菓子)から。「有平」は当て字。

ある-べき【(有るべき)】〔連語〕当然存在するはずの。また、当然そうあるはずの。≡「—物が見当たらない」「政治の—姿」

アルペジオ【arpeggio(イタリア)】〔名〕和音を構成する音を同時ではなく、順次分散させて奏する演奏法。アルペッジョ。

アルペン【Alpen(ドイツ)】〔名〕❶⬇アルプス① ❷山岳。≡「—スキー・—ホルン・—クラブ」▼他の語と複合して使う。❸スキー競技で、滑降・回転・大回転・スーパー大回転の四種とそれらの複合競技の総称。アルペン競技。▼「アルペン種目」の略。

アルマイト【alumite(和製)】〔名〕アルミニウムの表面を酸化アルミニウムの被膜でおおったもの。腐食しにくく丈夫。▼もと、商標名。

ある-まじき【(有るまじき)】〔連語〕あるべきではない。あってはならない。≡「学生に—行為」

アルマジロ【armadillo(スペイン)】〔名〕ミツオビアルマジロなど、中南米に分布するアルマジロ科の哺乳(ほにゅう)類の総称。背面は堅いうろこ状の甲羅でおおわれ、前肢に丈夫なつめをもつ。敵にあうと身を丸めて防ぐ。ヨロイネズミ。

アルマナック【almanac】〔名〕年鑑。イヤーブック。▼原義は、天文・気象などの情報を盛った生活暦。

アルマニャック【armagnac(フランス)】〔名〕フランス南西部アルマニャック地方産のブランデー。コニャックよりはやや辛口。

アルミ〔名〕「アルミニウム」の略。≡「—サッシ」

アルミナ【alumina】〔名〕酸化アルミニウムの通称。アルミニウムの中間原料となるほか、耐火・耐熱工業剤として使う。礬土(ばんど)。

アルミニウム【aluminium】〔名〕銀白色の軽くて軟らかい金属元素。ボーキサイトから作る。展性・延性に富み、酸化しにくく、建築・家庭用品など用途が広い。アルミ。ニューム。アルミニューム。元素記号Al

アルミ-はく【アルミ▼箔】〔名〕⬇アルミホイル

アルミ-ホイル〔名〕アルミニウムをごく薄く平らに延ばしたもの。薬品・食品などの包装に用いる。アルミ箔(はく)。▼aluminium foil から。

アルルカン【arlequin(フランス)】〔名〕コメディア-デラルテなどに登場する道化役。小ぎれをつぎ合わせた衣装をまとう。ハーレクイン。ハーレキン。アルレッキーノ。

あれ【荒れ】〔名〕荒れること。≡「屋敷の—がひどい」「大—の会議」▼多く、他の語と複合して使う。

あれ〔代〕❶話し手にも聞き手にも見えて、話し手が、その両者の領域に属さない物を指し示す語。あの物。また、そのような場所を指し示す語。あの所。≡「『あの光っている川、—は？』『—が吉野川です』」「—とこれでは、どっちが好き？」「—に見えるのが二重橋です」❷話し手が、話し手からも聞き手からも心理的に隔たっていると意識するものや事柄を指し示す語。あのもの。あのこと。≡「—は面白いから読んでごらん」「—は確か一年前のことだった」❸話し手にも聞き手にも共通する事柄で、話し手が、時間的に隔たっていると意識する時を指し示す語。あの時。≡「—以来彼とは会っていない」❹はっきり言えないことや、うまく言えないことを指し示す語。なん。≡「直接申し上げるのも—ですが…」❺〔三人称〕話し手が、第三者である人物を同等以下に扱って指し示す語。≡「—もやっと一人前になった」「例の仕事は—にやってもらおう」「—が君の妹さんかい」◈もとの用字は「▽彼」。

⦿**あれもこれも**　何もかも。すべて。▼どちらも選択する意から。

⦿**あれやこれや**　いろいろとある意を表す。何やかや。あれこれ。あれやらこれやら。

あれ〔感〕驚いたり不審に思ったりしたときに発する語。おや。あら。あれえ。≡「—、変だぞ」「—、どうしたの？」▼代名詞「あれ(彼)」と同語源。

あれ-あれ〔感〕驚いたときやあきれたときに発する語。あれれ。≡「—、またこぼしちゃった」

あ-れい【亜鈴(▼啞鈴)】〔名〕柄の両端に鉄の球を取りつけた運動用具。片手で持ち上げて筋力トレーニングに使う。ダンベル。▼dumbbell(＝鳴らない鈴)の訳語。書き方「亜鈴」は代用表記。

あれ-かし【(有れかし)】〔連語〕〔古風〕あってほしいものだ。≡「幸(さち)—と祈る」「かく—と願う」▼「かし」は願望を表す文語の終助詞。

あれ-から〔副〕あの時から。あの時以来。≡「—どうしました？」

あれ-くる・う【荒れ狂う】(ルーク)〔自五〕狂ったように暴れ回る。≡「—野獣[暴風雨]」

アレグレット【allegretto(イタリア)】〔名〕音楽で、速度標語の一つ。「やや速く」の意。モデラートより速くアレグロより遅い。

アレグロ【allegro(イタリア)】〔名〕音楽で、速度標語の一つ。「快速に」の意。≡「—ノントロッポ」

アレゴリー【allegory】〔名〕寓意(ぐうい)。諷喩(ふうゆ)。また、たとえ話。寓話。

あれ-これ ━〔代〕そのような種類に属するいくつかの

ものをそれと明示せずに漠然と指し示す語。いろいろ。あれやこれや。‖「家具の—を買いそろえる」㊁［副］いろいろ。‖「—と気を配る」「—言うわりに実行が伴わない」◈もとの用字は「▽彼▼此・▽彼▽是」。

あれ-しき［名］たかがあれくらい。ほんのあの程度。‖「—のことで驚いてはいけない」書き方「しき」は接尾語「式（＝様式・方法）」が助詞化したものといい、かな書きが一般的。

あれ-しょう【荒れ性】（アレショウ）［名］脂肪の分泌が少なくて、肌がかさかさになりやすい性質。⇔脂性

あれ-ち【荒れ地】［名］❶未開拓の土地。また、耕作に適さない土地。‖「—を切り開く」「岩山や—に自生する」❷放置されて、荒れるにまかせた土地。

あれ-の【荒れ野】［名］手入れされず（または、耕作に適せず）荒れるがままになっている野。荒野（あらの）。荒野（こうや）。曠野（こうや）。‖「—を開墾する」「ゴルフ場が草生（くさむ）す—と化す」

あれ-はだ【荒れ肌（荒れ▽膚）】［名］脂肪が少なく、かさかさしている肌。

あれ-もよう【荒れ模様】（アレモヨウ）［名］❶今にも天候が悪くなりそうな（特に、暴風雨となりそうな）気配があること。‖「—の空」▼俗に、悪天候の意でも使う。‖「—の天気が続く」❷人の機嫌やその場の雰囲気が悪いこと。また、悪くなりそうな気配があること。‖「総会は冒頭から—だった」「横綱の休場で今場所は—だ」

あれよ-あれよ［連語］意外さに驚きあきれて見守るさま。‖「—という間に優勝してしまった」

あ・れる【荒れる】［自下一］❶天候が悪くなる。また、天候が崩れて海や山が穏やかでなくなる。‖「冬山は天気が—・れやすい」「台風の接近で海が—」❷被害にあったり手入れを怠ったりして、土地や建物が損なわれた状態になる。‖「戦争で国土が—」「—にまかせた庭」❸態度や行動などが平常の秩序や穏やかさを失う。乱暴になる。また、生活や気分などがなげやりになる。すさむ。‖「酒を飲んで—」「多作のために筆が—」「生活が—」❹肌がなめらかでなくなる。かさかさする。‖「水仕事で手が—」「雪焼けして肌が—」❺会議や試合などが普通とは異なった展開となる。‖「動議の提出で会議が—」「—・れた名古屋場所」文あ・る 名荒れ

アレルギー［Allergie ドイ］［名］❶生体が特定の物質（＝アレルゲン）に対して、異常に過敏な反応を示すこと。喘息（ぜんそく）・じんましん・薬物ショックなど。‖「—体質」❷特定の物事や人などに対する拒否反応。‖「声を聞いただけで—が起こる」「数学—」

アレルゲン［Allergen ドイ］［名］アレルギー反応を起こす抗原物質。

アレンジ［arrange］［名・他サ変］❶ほどよく配置・配列すること。また、手はずを整えること。手配。準備。‖「テーブルを中央に—する」❷編曲すること。また、脚色・翻案すること。‖「交響曲をピアノ曲に—する」❸ほどよく構成しなおすこと。再構成。‖「中華風に—したサラダ」

アレンジメント［arrangement］［名］❶配置。配列。また、手配。準備。‖「フラワー—」❷編曲。脚色。翻案。また、そのようにした作品。

アロエ［aloe ラテ］［名］キダチロカイなど、観賞用・薬用として栽培されるユリ科アロエ属の多肉植物の総称。葉は剣状で、縁にとげがある。葉をしぼった汁を健胃剤・緩下剤・傷薬などに用いる。▼俗に「医者いらず」といい、漢方では「蘆薈（ろかい）」と称する。

アロハ［aloha ハワ］㊀［感］ハワイで、送迎のあいさつに使う語。さようなら。ようこそ。㊁［名］「アロハシャツ」の略。

アロハ-シャツ［aloha shirt］［名］派手な大柄模様の半袖開襟シャツ。すそを出して着る。アロハ。

アロマ［aroma］［名］香り。香気。芳香。‖「—オイル」

アロマテラピー［aromatherapy］［名］植物から抽出した精油など、芳香性物質を利用して行う治療法。嗅覚（きゅうかく）を刺激する外用法を主体とする。アロマセラピー。▼aroma（芳香）とtherapy（療法）の合成語。

あわ【泡（▼沫）】［名］液体が気体を含んで丸くふくれたもの。あぶく。泡沫（ほうまつ）。水泡。うたかた。‖「水面に—が立つ」「カニが口から—を吹く」「ビールの—」書き分け【沫】は水・つばなどの細かいあわの意。今は一般に【泡】を使う。使い方 はかないもの、壊れやすいもののたとえにいう。‖「愛児の命は—のようにはかなく消えた」「折角の苦労も水の—と消えた」

◉**泡を食・う** ひどくあわてる。‖「—・って逃げる」

◉**泡を吹か・す** 人を驚かせたり苦しめたりする。一泡吹かせる。‖「今度こそ、あいつに—・してやるぞ」

あわ【▼粟】（アハ）［名］❶古くから畑で栽培されるイネ科の一年草。秋、茎頂に太い円柱状の花穂をつける。小粒の黄色い実を粟餅（もち）・粟飯などにするほか、酒・飴（あめ）などの原料、小鳥の飼料などに用いる。❷恐怖や寒さのために肌に生じるあわ粒のようなぶつぶつ。

アワー［hour］［名］時間。時間帯。‖「ラッシュ—・ゴールデン—」▼多く他の語と複合して使う。

アワード［award］［名］賞。賞品。アウォード。

あわ-あわ［副ト・形動］❶泡立っているさま。‖「—のシャンプー」❷慌てるさま。‖「道に迷って—する」

あわあわ-し・い【淡淡しい】（アハアハ）［形］ぼんやりしていて頼りなげであるさま。‖「—色合い」

あわい【▽間】（アハヒ）［名］あいだ。‖「陽光が木々の—から差し込む」

あわ・い【淡い】（アハイ）［形］❶色・味・香りなどが薄く、控えめな美しさを保っている。‖「—紅色（＝淡紅色（たんこうしょく））」「—味つけ」「スミレの—香りが漂う」❷物の輪郭や、光・影などがくっきりせず、ぼんやりしている。‖「稜線（りょうせん）が小雨に—・く煙る」「雲間から—光が漏れる」❸関心や執着が薄く、気持ちがあっさりしている。深くこだわらない。‖「—恋心を抱く」「前途に—期待をかける」派生—さ

［ことば比べ］「淡い」と「薄い」

▼「淡い」「薄い」はいずれもくっきりとした形やはっきりとした刺激が少ないものを表す。
▼「薄い」に対して「淡い」はプラスのニュアンスを伴いやすい。
▼「淡い／薄い味つけ」…「淡い」は口当たりがやさしい、「薄い」は水っぽいという意味合いを含む。
▼「淡い／薄い人間関係」…「淡い」はしがらみのない関係、「薄い」は思いやりに欠けた関係を表す。

あわ-ぎれ【泡切れ】［名］すすいだときに洗剤などの泡が流れ落ちる具合。‖「—の悪い石鹸（せっけん）」

あわさ・る【合わさる】（アハサル）［自五］重なり合った状態になる。ひとつになる。‖「二枚の貝殻がぴたりと—」「さまざまな要素が—・ってこの計画ができている」

あわ・す【▼醂す・淡す】〔他五〕カキの渋みを抜く。さわす。〓「焼酎で渋ガキを一」

あわ・す【会わす・遭わす】〔他五〕⬇あわせる（会・遭）

あわ・す【合わす】〔他五〕⬇合わせる

あわせ【▼袷】〔名〕裏地をつけた和服。秋から春にかけて着る。⇕単衣 ▼「合わせ」と同語源。

あわせ【合わせ】〔名〕❶合わせること。〓「背中一・語呂一・縫い一」「一目・一技・一味噌」❷比べ合わせて優劣を決めること。〓「歌一・貝一」❸釣りで、当たりがあったときに、魚の口に釣り針がかかるように操作すること。◈①②は他の語と複合して使う。

あわせ-かがみ【合わせ鏡】〔名〕後ろから鏡をかざして前の鏡に後ろ姿を写すこと。また、その鏡。

あわせ-ず【合わせ酢】〔名〕酢に塩・砂糖・酒などの調味料を加えたもの。二杯酢・三杯酢など。

あわせ-て【合わせて・併せて】〔連語〕❶〈副詞的に〉合計して。全部で。都合。〓「代金は一二万円」「賛同者は一一〇〇人」❷〈接続詞的に〉付け加えて。その上に。それと同時に。それとともに。〓「新春をことほぎ、一御健康を念じます」◈書き分け 多く、①は【合】、②は【併】を使う。

あわせ-も・つ【併せ持つ（合わせ持つ）】〔他五〕性質の異なるものを同時に二つ持つ。一緒に持つ。兼ね備える。〓「芳醇と淡麗の両面を一」「長短一」

あわ・せる【会わせる・遭わせる】〔他下一〕❶【会】会うようにさせる。面会させる。対面させる。引き合わせる。〓「友人を恩師に一」「太郎と花子を喫茶店で一」❷【遭】好ましくない物事に出あうようにさせる。特に、辛い経験をさせる。〓「痛い目［ひどい目］に一」◈「合わせる」と同語源。異形 会わす・遭わす

あわ・せる【合わせる（併せる）】〔動下一〕━〔他〕❶物と物が（すき間なくぴったりと）寄りつくようにする。〓「二枚の板を接着剤で一」「両手［唇］を一」「旧友同士が久しぶりに顔を一（＝面会・対面する）」書き方「顔をあわせる」の場合は「会わせる」とも。❷物と物を混ぜ合わせて一つにする。混合する。〓「三種の薬を一せて健胃剤とする」「スダチに醤油を一」❸組織体をまとめて一つにする。合併する。併合する。〓「二行を一せて○○銀行とする」⬇［書き分け］❹二つ以上のものを両立・並行させる。〓「両者を併せて考える」「交通費を併せて支給する」「清濁併せ呑む」「併せ持つ」⬇［書き分け］❺数量を合算する。足し合わせる。合計する。〓「二人の所持金を一せても一万円にしかならない」「代金と消費税を一と千円になる」❻物事が互いに（また、基準となるものに）一致するようにする。〓「帳尻を一」「時計の針を時報に一」❼ある物事が基準とする物事に調和・適合するようにする。互いが調和・適合するようにする。〓「スーツの色に一せてネクタイを選ぶ」「伴奏に一せて手拍子を打つ」❽比べ合わせて、一致しているかどうかを確かめる。照らし合わせる。〓「答案と正解を一」❾相撲などで、両者を引き合わせて対戦させる。〓「十両の力士を幕内と一」「一行事は木村庄之助」❿互いに武器を打ち合わせる。一戦を交える。〓「太刀［剣］を一」

二〈動詞の連用形に付いて複合語を作る〉❶…して一つにする。〓「重ね一・縫い一・詰め一・組み一」❷…して異同を調べる。〓「引き一・照らし一・問い一」❸互いに…する。また、前もって互いに…する。〓「読み一・誘い一」「示し一・申し一」❹偶然に…する。〓「聞き一・乗り一・居一・持ち一」◈書き分け 一④は【併】を使う。一③は【合】と【併】の両方を使う。ほかは一般に【合】を使う。文 あは・す 名 合わせ 異形 合わす

◉**合わせる顔がな・い** 面目なくて、その人の前に出られない。書き方「会わせる顔がない」とも。

あわせ-わざ【合わせ技】〔名〕柔道で、「技あり」を二つ取って一本勝ちとなること。使い方 効果を上げるために複数のものを組み合わせる意にも使う。〓「口紅とリップグロスの一」

あわただし・い【慌ただしい（▼遽しい）】〔形〕❶時間に追われて、せわしないさま。ゆとりがなく落ち着かない。〓「旅行の準備で毎日が一」「年の瀬は一」❷状況が不安定で、めまぐるしい動きを見せるさま。〓「政局が一・く動く」◈書き方 もと多く「慌しい」と送ったが、今は「慌てる」と関係づけて「慌ただしい」と送る。派生 -げ／-さ

あわ-だ・つ【泡立つ】〔自五〕泡ができる。泡が生じる。〓「波が白く一」「×体中が泡立つような不安」注意「▼粟立つ」は別語。名 泡立ち

あわ-だ・つ【▼粟立つ】〔自五〕寒さや恐怖などのために毛穴が収縮して、皮膚にあわ粒のようなぶつぶつができる。鳥肌が立つ。〓「総身に一」

あわだて-き【泡立て器】〔名〕卵白や生クリームなどをかき回して泡立てるのに用いる器具。ホイッパー。あわたてき。

あわ-だ・てる【泡立てる】〔他下一〕（かき回して）泡ができるようにする。〓「卵白を一」

あわ-つぶ【▼粟粒】〔名〕アワの粒。粒状のアワの実。〓「一大のほくろ」▼小さい物のたとえにいう。〓「一のように小さくなって視界から消える」

あわて-ふため・く【慌てふためく】〔自五〕ひどく慌てて立ち騒ぐ。うろたえて取り乱す。〓「一・いて逃げる」▼「ふためく」は、うろたえ騒ぐ意。

あわて-もの【慌て者】〔名〕落ち着きがなくてよく失敗をしでかす人。せっかちでそそっかしい人。慌てん坊。粗忽者。▼マイナスに評価していう。

あわ・てる【慌てる（〈周章〉てる）】〔自下一〕❶予期しない出来事に出会って、落ち着きを失う。また、その解決を急いで取り乱す。周章狼狽する。〓「事の急変［不意の来客］に一」❷〈「慌てて」の形で〉急いで。〓「一・て逃げる［訂正する］」

品格 泡を食う「泡を食って逃げる」　うろたえる「不意を突かれて一」　周章狼狽「悪事が露見して一する」　焦慮「一にかられる」　動転「事故にあって一する」　狼狽「ただならぬ事態に一する」

あわてん-ぼう【慌てん坊】〔名〕慌て者。〓「一だが憎めない」▼マイナス評価の中にも親しみの気持ちがこもる。

あわび【▼鮑・▼鰒】〔名〕ミミガイ科の巻き貝のうち、近海の岩礁地帯に分布するクロアワビ・メガイアワビ・マダカアワビ・エゾアワビの総称。殻は平たい楕円形で、殻口が広い。食用。殻は螺鈿細工や貝ボタンの材料にする。▼あわび熨斗を慶事に使う

鮑

習慣がある。

◉**鮑の片思い** 「片思い」をしゃれていう語。磯の鮑の片思い。▽アワビの殻が二枚貝の片方だけのように見えることから。

あわ-もり【泡盛】[名] 沖縄特産の蒸留酒。無色透明で独特の芳香があり、アルコール度が高い。米を原料とし、古酒を珍重する。

あわ-や [副] 目前に迫った極端な事態(特に、危難)を回避したさま。〓「—大惨事というところを助かった」「—落選かと心配した」▽驚いたり緊張したりしたときに発する感動詞から。✓注意 幸運や成功についていうのは誤り。〓「×あわや記録達成というところで失敗する」「×あわやホームランという当たりだったのに、惜しくもファールだった」

あわ-ゆき【泡雪(▼沫雪)】[名] ❶泡のように柔らかく、溶けやすい雪。❷泡立てた卵白に砂糖などを加え、寒天で固めた羊羹。▽「泡雪羹」の略。

あわ-ゆき【淡雪】[名] 春先に降る、うっすらと積もってすぐに溶ける雪。〓「日に溶けて—流る〈藤村〉」

あわよく-ば [副] 幸運などに頼って、何かを望むさま。よい機会に恵まれるならば。うまくゆくならば。〓「—トップ当選を果たしたい」「—大金が転がり込むかもしれない」▽文語形容詞「間よし」の未然形+助詞「ば」から。

あわれ【哀れ・▼憐れ】 ━ [名・形動] ❶【哀】ものに対して感じるしみじみとした趣。もの悲しさを伴った情趣・風情。ものの哀れ。また、しみじみともの悲しく思うさま。〓「秋の夕暮れに—を催す」「旅の—が身に染みる」▽対象が美的な感動を誘うものとみなして言う。❷【哀・憐】人生や人の世に対して感じるはかなさや無常。また、それを感じるさま。〓「人の世の—が身に染みる」❸【憐】気の毒だ、かわいそうだと思う気持ち。憐憫。同情心。憐れみ。また、そうだと思うさま。〓「けなげに生きる貧しい兄妹に—を覚える」「不幸な身の上が人の—を誘う」「—な身なりが胸を打つ」❹【哀・憐】情趣や人の心を解しないことをさげすんで言う。〓「仲間を裏切るとは—なやつだ」▽同情に値するといって軽蔑の気持ちを言う。

━ [感]【哀】ものに深く感動したときに発する語。ああ。〓「—、断頭台の露と消える」「—秋かぜよ情あらば伝えてよ〈佐藤春夫〉」

◈書き分け ━❸は【哀】も使うが、伝統的に【憐】が好まれる。━はかな書きが一般的。派生 -げ/-さ/-がる

あわれっ-ぽ・い【哀れっぽい・▼憐れっぽい】[形] 哀れな思いを起こさせるさま。〓「—声で訴える」

あわれみ【哀れみ・▼憐れみ】[名] 気の毒だ、かわいそうだと思う心。同情。慈悲心。〓「—をかける」

あわれ・む【哀れむ・▼憐れむ】[他五] ❶【哀】〔古風〕しみじみとした情感を心に覚える。賞美する。めでる。あわれぶ。〓「月を見ては月を—み、花を見ては花を—」❷【憐】気の毒だ、かわいそうだと思う。憐憫の情を抱く。不憫に思う。〓「同病相—」「身よりのない人を—」◈書き分け ❷は【哀】も使うが、伝統的に【憐】が好まれる。❷は「▼憫れむ」「▼愍れむ」とも。名 **哀れみ**

あん【案】 ━ [名] ❶物事を具体化するために考えられた内容。意見。もくろみ。計画。また、草案・原案・企画案など、それを記したもの。〓「—を練る」「会長の—に従う」「具体—・予算—・田中—」「名—・原—」❷頭の中であれこれと考えた事柄。考え。特に、予想。〓「—に違う」

━ (造) ❶考える。〓「—出」「考—・思—」❷つくえ。台。〓「玉—下」

あん【▼庵(▼菴)】[名] いおり。〓「—を結ぶ」「草—」「—主」▽文人の名や住居、料亭などに添えても使う。〓「芭蕉—・春月—」

あん【▼餡】[名] ❶アズキ・インゲンなどを煮て、砂糖などで味をつけたもの。あんこ。〓「—パン」「漉し—・白—」▽饅頭などにつめる調味した挽肉・野菜の類にも言う。〓「肉まんの—」❷かたくり粉・くず粉などを水で溶き、具と煮てとろみをつけたもの。くずあん。〓「—かけ」

あん【安】(造) ❶値段がやすい。また、たやすい。〓「—価・—易」❷やすらか。また、やすんずる。〓「—心・—静・—全」「治—・平—」❸アンモニアの化合物であることを表す。〓「硫—・硝—」▽「安母尼亜」の略から。

あん【行】(造) ゆく。また、持ち歩く。〓「—脚・—宮・—灯」▽「あん」は唐音。

あん【▼按】(造) ❶手で押さえる。〓「—摩」❷考える。〓「—分」▽「案」に通じる。

あん【暗】(造) ❶くらい。やみ。特に、色が黒ずんでいる。〓「—黒・—雲」「明—」▽「闇」に通じる。❷道理にくらい。〓「—愚」❸はっきりと現れない。〓「—号・—殺」❹そらで覚える。〓「—記・—算」▽「諳」に通じる。

あん【▼鞍】(造) 馬のくら。〓「—馬」「—上」

あん【▼諳】(造) そらんずる。〓「—記・—唱」▽「暗」に通じる。

あん【▽闇】(造) やみ。くらやみ。くらい。〓「—夜」▽「暗」に通じる。

あんあん-り【暗暗裏(暗暗▼裡)】[名] 人に知られないうちに。ひそかに。秘密裏に。〓「—に事を進める」

あん-い【安易】[名・形動] ❶誰にでもわけなくできること。たやすいこと。簡単。〓「—な道を選ぶ」「—な仕事」❷深く考えることなく、いいかげんな態度で対応すること。気楽に軽々しく扱うこと。〓「そんな—なやり方では失敗する」「彼の人生観はあまりに—過ぎる」使い方 多く、重要事についての考え方や態度がそれにふさわしくないとして、マイナスに評価していう。

あん-いつ【安逸(安▼佚)】[名・形動] 気楽にぶらぶらと暮らすこと。のんびりと楽しむこと。〓「—をむさぼる」「日々の—な暮らしに満足する」▽安心し楽しむ意から。

アンインストール [uninstall] [名・他サ変] コンピューターにインストールされたソフトウエアを削除すること。⇔インストール

あん-うつ【暗鬱】[名・形動] 気分が暗くふさぎこんでいること。また、そのような気分を引き起こすこと。うっとうしいこと。〓「—な表情を浮かべる」「空が—な雲におおわれる」

あん-うん【暗雲】[名] 今にも雨を降らせそうに、暗く垂れこめている雲。黒雲。▽不穏な情勢や暗い気分のたとえにいう。〓「—垂れこめる〔漂う〕国際情勢」

あん-えい【暗影(暗▼翳)】[名] 暗いかげ。かげり。▽不吉な予感・予兆のたとえにいう。〓「前途に—が漂う」

あん-おん【安穏】[名・形動] ⬇あんのん

あん-か【安価】[名・形動] ❶値段が安いこと。廉価。〓「—な商品」⇔高価 ❷価値の低いこと。安っぽい

こと。安手。低級。〓「ーな同情は無用だ」使い方 マイナスに評価していう。

あん-か【行火】 [名] 炭火などを入れて手足を暖める小型の暖房具。〓「電気ー」

あん-か【案下】 [名]（机の下の意から）手紙の脇付(わきづけ)の一つ。机下(きか)。

アンカー [anchor] [名] ❶リレー競技の最終走者・泳者。❷船の錨(いかり)。❸アンカーマン。

アンガージュマン [engagementフランス] [名] 芸術家や知識人が政治・社会問題に積極的に参加すること。（社会）参加。アンガジュマン。▼サルトルが唱えた。原義は、自己拘束。

アンカー-マン [anchor man] [名] ❶新聞・雑誌などで、他の人が集めた記事やデータを発表できる形にまとめる人。アンカー。❷放送で、ニュース番組のメインキャスター。アンカー。

あん-がい【案外】 [副・形動] 予想・期待がはずれるさま。案に相違して。思いのほか。〓「難問に見えたがー簡単に解けた」「持ってみるとーに軽い」「競技会はーな結果に終わった」使い方「案外と」の形も多いが、やや崩れた語感がある。

あん-かけ【▼餡掛け】 [名] くず粉やかたくり粉で食品にとろみをつけること。また、その料理。〓「ー焼きそば」

あん-かっしょく【暗褐色】 [名] 黒みをおびた褐色。

あん-かん【安閑】 [形動タル] のんびりとして落ち着いているさま。特に、危急に際してなすこともなくぼんやりしているさま。〓「ーとしてはいられない」

あん-き【安危】 [名] 安全か危険か。〓「一国のーにかかわる大事件」

あん-き【安気】 [名・形動] 心配がなく気楽なこと。〓「老後は故郷でーに暮らしたい」

あん-き【暗記(▼諳記)】 [名・他サ変] 書いたものを見ないでもすらすらと言えるように覚え込むこと。〓「英単語をーする」「棒ー・丸ー」「ー力」

あん-きも【▼鮟肝】 [名] 鮟鱇(あんこう)の肝臓。蒸して、薬味を添えたポン酢醤油(じょうゆ)などをかけて食べる。

あん-ぎゃ【行脚】 [名・自サ変] ❶僧が修行などのために諸国をめぐり歩くこと。〓「ー僧」❷（徒歩で）諸所を旅すること。〓「全国ーの旅に出る」

あん-きょ【暗▼渠】 [名] 地下に埋設したり覆いをかぶせたりして、上から見えないようにした水路。〓「ー排水」⇕明渠(めいきょ)

あん-ぐ【暗愚】 [名・形動] 道理が分からず愚かなこと。〓「ーな君主」「ーの将」

あん-ぐう【行宮】 [名] 天皇が行幸したときに設けられた仮の宮。行在所(あんざいしょ)。かりみや。

アン-グラ [名] ❶商業主義を排した、実験的・前衛的な芸術。〓「ー演劇」❷非合法・非公式であること。〓「ーマネー・ー経済」▼他の語と複合して使う。◈「アンダーグラウンド」の略。地下の意。

あんぐり [副ト] 口を大きく開けるさま。〓「驚いてーと口を開ける」

アングル [angle] [名] ❶物を見るときの角度。視点角度。〓「カメラー」❷物事を観察するときの立場。視点。観点。

アンクレット [anklet] [名] ❶足首に付ける腕輪状の飾り。❷足首までの短いソックス。

あん-くん【暗君】 [名] 愚かな君主。暗主。⇕明君

アンケート [enquêteフランス] [名・他サ変] 多くの人に同じ質問をして回答を求める方式の調査。また、その質問。〓「ーをとる」▼調査の意だが、「ー調査」の形で使うことも多い。

あん-けん【案件】 [名] ❶問題（特に、調査・審議の対象）になっている事柄。〓「重要[未決]ー」❷訴訟になっている事柄。訴訟事件。

あんけん-さつ【暗剣殺】 [名] 九星(きゅうせい)で、最も凶とされる方位。これを犯すと、剣難にあって主人は使用人に、親は子に殺されるという。

あんこ [名] 伊豆(いず)大島地方で、むすめ。▼「あねこ」の転。

あん-こ【▼餡こ】 [名] ❶⬇餡(あん)① ❷膨らみをもたせるために中に詰めるもの。

あん-ご【安▽居】 [名・自サ変] 陰暦四月一六日から七月一五日まで、僧が一定の場所にこもって修行すること。雨安居(うあんご)。夏安居(げあんご)。▼梵語(ぼんご) vārṣika（=雨季）の訳語。

あん-こう【▼鮟▼鱇】 [名] キアンコウ（ホンアンコウ）・アンコウ（クツアンコウ）など、沿岸の海底に分布するアンコウ科の海水魚の総称。体は扁平(へんぺい)で、頭部と口が大きい。肉・皮・内臓とともに食用。特に肝臓（=あん肝(きも)）を賞味する。肉が柔らかいので、つるし切りにして調理する。

あん-ごう【暗号】 [名] 当事者だけに分かるように取り決めた、通信・伝達の符号。〓「ーを解読する」

あん-ごう【暗合】 [名・自サ変] 思いがけなく一致すること。偶然の一致。

あんこう-しょく【暗紅色】 [名] 黒みを帯びた紅色。暗赤色。

アンコール [encoreフランス] [名・自他サ変] ❶演奏会などで、客が拍手やかけ声などを発して出演者に追加の演奏を望むこと。また、それに応じて行う演奏。〓「ーに応(こた)える」❷再放送・再上映を望むこと。また、それに応じた放送・上映。〓「ーアワー」◈もう一度の意から。

あんこ-がた【あんこ型】 [名] 相撲で、太って腹の出た体型。また、その力士。⇕ソップ型▼「鮟鱇(あんこう)型」の転。体型がアンコウを思わせることから。

あん-こく【暗黒(▽闇黒)】 [名・形動] ❶光がないこと。暗やみ。〓「ーの深海」❷社会の秩序が乱れたり抑圧されたりして希望が見いだせない状態にあること。〓「ーの時代に生きる」「ーの世界」「ーな未来」

あんこく-がい【暗黒街】 [名] 秩序が乱れ悪事や犯罪が横行する地域。

あんこく-じだい【暗黒時代】 [名] ❶秩序が乱れ文化が滞っている時代。❷ヨーロッパ中世（特に、前期）をいう語。◈Dark Ages の訳語。

あんこく-めん【暗黒面】 [名] 社会や人生の醜悪・悲惨な部分。暗面。〓「社会のーを鋭くえぐる」

アンゴラ [Angora] [名] ❶トルコの首都、アンカラの旧称。❷アンゴラ地方原産の、アンゴラウサギ・アンゴラヤギ（の毛で作った毛糸）。また、その織物。

あんころ-もち【▼餡ころ餅】 [名] 外側を餡でおおったもち。あんころ。

あん-ざ【安座(安▼坐)】 [名・自サ変] ❶落ち着いて座ること。特に、あぐらをかいてくつろいで座ること。❷現状に安んずること。〓「王権にーする」◈書き方 本来は「安坐」。

アンサー [answer] [名] 答え。回答。返事。〓「ーソ

ング」

あんざい‐しょ【行在所】［名］行宮（あんぐう）。かりみや。

あん‐さつ【暗殺】［名・他サ変］政治上の要人などをひそかにねらって殺すこと。‖「大統領を—する」「—者・—事件」

あん‐ざん【安産】［名・自他サ変］無事に子供を産むこと。安らかな出産。‖「—祈願」⇔難産

あん‐ざん【暗算】［名・他サ変］筆算や計算機の助けを借りずに、頭の中だけで計算すること。

あんざん‐がん【安山岩】［名］火山岩の一種。暗灰色で板状・柱状の規則正しい割れ目がある。建築・墓石に使う。▽andesite（＝アンデスの岩）に由来。

アンサンブル［ensemble フランス］［名］❶女性の服飾で、ドレスとコート、上着とスカートなどを共通の材質・デザインなどでそろえた調和のよい組み合わせ。また、その服。❷小人数の合奏・合唱。また、その合奏・合唱団。‖「室内—」❸演奏の調和。‖「見事な—を披露する」

あん‐じ【暗示】［名］❶［他サ変］手がかりとなる情報によって、それとなく知らせること。また、その情報。‖「たとえを引いて解決策を—する」「結末の別離を—する前奏曲」⇔明示 ❷特定の観念や意図などを無意識のうちに抱かせる心理作用。‖「—にかかる」「自己—」◈suggestion の訳語。

アンジェラス［Angelus］［名］カトリックで、天使の聖母マリアへの受胎告知を記念する祈り。朝・正午・晩の三度行う。お告げの祈り。また、それを知らせる鐘。アンゼラス。▽祈りの冒頭で「アンジェラス・ドミニ（＝神の御使い）」と唱える。

あんし‐しょく【暗紫色】［名］黒みを帯びた紫色。

あん‐しつ【▼庵室】［名］僧尼や世捨て人が住む粗末な家。いおり。あんじつ。‖「山里に—を構える」

あん‐しつ【暗室】［名］外部から光が入らないように作った部屋。化学実験や写真現像などに使う。

アンシャン‐レジーム［ancien régime フランス］［名］フランス革命（一七八九年）以前の政治・社会体制。また、一般に古い体制をいう。旧制度。旧体制。

あん‐しゅ【▼庵主】［名］庵室（あんしつ）の主人。あんじゅ。

あん‐しゅ【暗主】［名］愚かな君主。暗君。⇔明主（めいしゅ）

あん‐じゅう【安住】［名・自サ変］❶安心してそこに住むこと。‖「—の地を求める」❷ある状態に満足してそれ以上を望まないこと。‖「現状に—する」使い方 マイナスに評価していう。

あん‐しゅつ【案出】［名・他サ変］工夫して考え出すこと。工夫して作り出すこと。‖「新しい方式を—する」

あん‐じょ【▼晏如】［形動タルト］心安らかに落ち着いているさま。晏然（あんぜん）。

あん‐しょう【暗唱（暗▼誦・▼諳▼誦）】［名・他サ変］文章などをそらで覚えて唱えること。そらよみ。‖「詩［九九］を—する」

あん‐しょう【暗証】［名］預金の引き出しや特定の場所への入室などで、本人であることを証明する記号。パスワード。‖「—番号」

あん‐しょう【暗礁】［名］海面の下に隠れて見えない岩。

◉**暗礁に乗り上・げる** 思わぬ障害にあって、物事の進行が妨げられる。‖「捜査が—」

あんじょう［副］うまく。具合よく。‖「—お願いします」▽「味（あじ）よく→味よう→あんじょう」と転じた。主に関西でいう。

あん‐しょく【暗色】［名］暗い感じの色。⇔明色（めいしょく）

あん・じる【▼按じる】［他上一］⇒按ずる

あん・じる【案じる】［他上一］⇒案ずる

あん‐しん【安心】［名・自サ変］❶［形動］気がかりなことがなく心が安らぐこと。‖「無事だと聞いて—する」「一点差では—できない」「その点は御—下さい」「あの人なら—だ（＝信頼できる）」「何かと—な宿」「—感を与える」❷〈「安心して」の形で〉気がかりや不安を感じないで事を行うさま。はらはらしないで。心配なく。‖「彼なら—して任せられる」「子供が—して遊べる公園がほしい」

品格 安堵（あんど）「—の胸をなでおろす」安寧（あんねい）「社会の—を乱す」安穏（あんのん）「—な暮らし」

あんしん‐りつめい【安心立命】［名・自サ変］強い信念・信仰によって心の平安を得て、何事にも心を動揺させないこと。‖「—の境地」読み分け 仏教では「あんじんりゅうめい・あんじんりゅうみょう」などと言う。

あん‐ず【▼杏子・▼杏】［名］果樹として栽培するバラ科の落葉小高木。また、その果実。早春、白や淡紅色のウメに似た花を開く。実は生食のほか、ジャム・干しアンズなどに加工。種子は杏仁（きょうにん）といい、漢方で用いる。アプリコット。

あん・ずる【▼按ずる】［他サ変］❶考える。案ずる。‖「心中ひそかに—」❷押さえる。また、なでさする。‖「剣を—（＝刀の柄（つか）に手をかける）」文あん・ず 異形 按じる

あん・ずる【案ずる】［他サ変］❶あれこれと考えをめぐらす。また、工夫して考え出す。‖「周囲の状況を—・じて方策を練る」「一計を—」❷心配する。気遣う。‖「身の行く末［病気の父］を—」❸調べる。‖「古今の史籍を—」文あん・ず 異形 案じる

◉**案ずるより産むが易（やす）い** 物事は前もってあれこれと心配するよりも、実際にやってみると案外にたやすいものだ。書き方「うむ」は「生む」とも書く。

あんずる‐に【案ずるに（▼按ずるに）】［連語］考えてみるに。思うに。けだし。‖「—、新聞か何かの受け売りであろう」▽多く、自説を述べるときの冒頭に使う。

あん‐せい【安静】［名・形動］（病人が）体を動かさないで静かにしていること。‖「入院中は—にして下さい」「絶対—」「—時の呼吸数」

あんせき‐しょく【暗赤色】［名］黒みを帯びた赤色。暗紅色。

あん‐せん【暗線】［名］光が物質に吸収されて、スペクトル中に現れる黒い線。⇔輝線（きせん）

あん‐ぜん【安全】［名・形動］危害・損傷・盗難などの危険がなく、安心できる状態にあること。‖「生命の—を第一に考える」「—な場所に避難する」「—性が高い」「—運転」「家内—」⇔危険

あん‐ぜん【暗然（▼黯然・▽闇然）】［形動タルト］悲しみのために暗い気持ちになるさま。心がふさぐさま。‖「友の死に—として立ち尽くす」

あんぜん‐かみそり【安全〈▼剃刀〉】［名］皮膚を傷つけないように工夫してある西洋かみそり。

あんぜん‐き【安全器】［名］規定以上の電流が流れると、自動的に回路を断ち切るしくみの配電装置。安全開閉器。

あんぜん‐けん【安全圏】［名］安全な範囲や領域。特に、競技や選挙などで、勝利や当選が確実な範囲。‖「—に逃れる」

あんぜん‐そうち【安全装置】［名］機器に取り

つけて、不注意による危険を未然に防止する装置。特に、銃器の暴発を防ぐ装置。〓「—が外れる」

あんぜん-ちたい【安全地帯】［名］❶危険のない場所。❷路面電車の乗降者の危険を防ぐために、車道上に一段高く設けた施設。また、道路標識などで安全な場所として示された所。

あんぜん-とう【安全灯】［名］炭坑などで使う、ガスの引火を防ぐように工夫された灯火装置。

あんぜん-パイ【安全▼牌】［名］マージャンで、それを捨てても相手に上がられることのないパイ。転じて、何の危険もなく、扱いやすいこと。また、そのような人や事柄。▼略して「安パイ」とも。

あんぜん-ピン【安全ピン】［名］長円形に曲げ、危険な針先を覆い隠すようにしてとめる留め針。

あんぜん-ベルト【安全ベルト】［名］シートベルト。

あんぜん-べん【安全弁（安全▼瓣）】［名］ボイラーなどの気圧を調節して安全を保つための弁。▼あらかじめ危険を防止する働きをするもののたとえにいう。〓「重役会が社長暴走の—として機能する」

あんぜん-ほしょう【安全保障】（—ホシャウ）［名］国外からの侵略などに対して、国家の安全をうけあうこと。

あんぜんほしょう-じょうやく【安全保障条約】（—ホシャウデウヤク）［名］国家の安全を保障するために、二国間または数か国間で結ぶ条約。特に、日米安全保障条約。

あん-そく【安息】［名・自サ変］心安らかにくつろぎ休むこと。

あんそく-こう【安息香】（—カウ）［名］❶樹脂をとるために東南アジアで栽培されるエゴノキ科の落葉高木。樹皮は茶褐色。夏、白色の花を多数開く。安息香の木。❷①の樹脂を乾燥させたもの。薬用・香料にする。

あんそく-び【安息日】［名］キリスト教で、聖なる日と定められた日曜日。イエスの復活を記念して、仕事を休み礼拝を行う。安息日（あんそくにち・あんそくじつ）。▼ユダヤ教では、土曜日。天地を創造し終えた神が休んだ日を記念する。Sabbath の訳語。

アンソロジー【anthology】［名］詩文の選集。詞華集。〓「—を編む」

あんた［代］（二人称）「あなた」のくだけた言い方。〓「—何言ってるの？」

あん-だ【安打】［名・自サ変］野球で、打者が相手の失策によらずに塁に進むことのできる打撃（を行うこと）。ヒット。〓「内野—」「四打数三—」

アンダー【under】［名］❶写真で、露出・現像が十分でないこと。❷「アンダーパー」の略。〓「ワン—」❸下（に）、低いなどの意を表す。〓「—シャツ・—ライン」▼他の語と複合して使う。◈①②⇕オーバー

アンダーウエア【underwear】［名］下着。肌着。

アンダーグラウンド【underground】［名］⇩アングラ

アンダーシャツ【undershirt】［名］下着のシャツ。

アンダースロー［名］野球などで、下手からボールを投げること。下手投げ。アンダーハンド。⇕オーバースロー▼underhand throw から。

アンダーパー【under par】［名］ゴルフで、規定打数（＝パー）より少ない打数で一ホールのプレーを終えること。⇕オーバーパー

アンダーパス【underpass】［名］立体交差で、ある路線の下を掘り下げ、他の路線がくぐり抜ける構造。⇕オーバーパス

アンダーヘア【和製 under＋hair】［名］陰毛。

アンダーライン【underline】［名］横書きの文章で、注意すべき語句などの下に引く線。下線（かせん）。

あん-たい【安泰】［名・形動］安らかで危険や心配がないこと。〓「国家［一家］の—を祈る」「—な境遇」

アンタレス【Antares】［名］蠍（さそり）座のアルファ星。夏の夜、南天の地平線近くで赤く輝く。▼火星に対抗するものの意。

あん-たん【暗▼澹（暗▼憺）】［形動タリ］❶暗くてはっきりしないさま。また、暗くて不気味なさま。〓「—たる雲が全天を覆う」❷将来に見通しが立たず暗い気分になるさま。〓「—たる未来に絶望が募る」「—とした気分になる」

澹

アンダンテ【andante イタリア】［名］音楽で、速度標語の一つ。「歩く速さで演奏せよ」の意。アレグロとアダージョの中間の速さ。

あん-ち【安置】［名・他サ変］仏像・遺体などを丁重に据え置くこと。〓「本尊を—する」「霊安室に遺体を—する」

アンチ【anti-】 ㊀［名］反対する人。対抗勢力。〓「—の存在」「—が増える」㊁［接頭］〈名詞に付いて〉反…、対…、非…の意を表す。〓「—ファシズム・—ロマン・—ショック」

アンチ-エイジング【anti-aging】［名］老化を防止すること。若返りを目的とする医療・美容などにいう。抗老（化）。抗加齢。〓「—医療」

アンチック【antique フランス】［名］❶かな文字に用いる活字書体の一つ。肉太で、柔らかみがある。アンチック体。❷［形動］⇩アンティーク

アンチテーゼ【Antithese ドイツ】［名］❶初めに立てられた肯定的命題に対する否定的命題。ヘーゲルの弁証法では、定立の主張が発展の過程で否定された段階。反定立（はんていりつ）。反立。反措定。❷ある事柄や主張に対して、それと対立・矛盾する事柄や主張。

アンチノミー【Antinomie ドイツ】［名］二律背反。

アンチモン【Antimon ドイツ】［名］窒素族元素の一つ。普通、銀白色で光沢のある金属的性質を示す。半導体などに利用。有毒。アンチモニー。元素記号Sb

あん-ちゃく【安着】［名・自サ変］目的地に無事に到着すること。

あん-ちゃん【兄ちゃん】［名］❶（年少者が）自分の兄や兄貴分を呼ぶ語。❷若い男性を気安く呼ぶ語。❸遊び人風の若い男性。〓「—風」

あん-ちゅう【暗中（▽闇中）】［名］暗がりの中。くらやみ。▼指針や手がかりがない状態のたとえにいう。〓「—に希望の光が差す」

あんちゅう-もさく【暗中模索（▽闇中▼摸索）】［名・自他サ変］手がかりがないままに、いろいろと打開策を試みること。〓「解決策を求めて—する」

あん-ちょく【安直】［形動］❶物事に対する手段や対応が手軽で安易なさま。〓「—な手段では成功しない」使い方 マイナスに評価して言う。❷料金が安く手軽なさま。〓「—な飲み屋」

あん-ちょこ［名］［俗］教科書に注釈や解答をつけた手軽な学習参考書。虎（とら）の巻。▼「安直」の転。

アンチョビー【anchovy】［名］地中海沿岸ほか

に分布するカタクチイワシ科の小魚。また、それを塩漬け・発酵させオリーブ油に漬けた食品。アンチョビ。

アン-ツー-カー【en-tout-cas フランス】[名] 陸上競技場やテニスコートの水はけをよくするために使う、煉瓦(れんが)色の人工土。また、それを敷いた競技場。▽いつでもの意で、晴雨兼用の傘を言う語から。

あん-てい【安定】[名・自サ変] ❶物事が落ち着いて、激しい変動がないこと。||「政情[天候]が━する」「━した暮らし」❷もののすわりがよいこと。||「この椅子(いす)は━が悪い」「腰が━して体勢が崩れない」「━感」❸[形動] 理化学で、物質が化学反応などによって容易に性質を変えようとしないこと。||「━な化合物」

アンティーク【antique フランス】[名・形動] 骨董(こっとう)品。古美術品。アンチーク。アンチック。||「━ショップ」▽原義は、古代の、昔の、の意。

アンテナ【antenna】[名] ❶電波を送受信するために、空中に張る金属製の装置。||「パラボラ━」❷いろいろの情報をつかむ手がかりとなるもの。||「━を張りめぐらす」

アンテナ-ショップ【antenna shop】[名] 生産者・製造業者が特産品・新製品などを試験的に売り出す小売店舗。パイロットショップ。▽消費者行動の傾向を探るアンテナの働きをもつことから。

アンデパンダン【Indépendants フランス】[名] ❶フランスで、官展に対抗して組織された無鑑査を旨とする美術団体。また、その展覧会。正式名称 La Société des Artistes Indépendants。❷日本で、①にならった無鑑査の展覧会。◈独立の、の意。

あん-てん【暗転】[名・自サ変] ❶演劇で、幕を下ろさず舞台を暗くするだけで場面を転換すること。ダークチェンジ。❷物事が(急に)悪い方向へ転じること。||「事態は━して事件が迷宮入りとなる」

あん-ど【安▼堵】[名] ❶[自サ変] 心配事がなくなって安心すること。||「無事の知らせに━する」「━の表情を浮かべる」❷[他サ変] 中世、幕府や領主が土地の所有権などを承認すること。||「本領を━する」◈「堵(と)」は垣の意、もと垣の内で安心して暮らすこと。

あん-とう【暗闘】[名・自サ変] ❶ひそかに陰で争うこと。裏面での争い。水面下の争い。❷歌舞伎で、だんまり。

アントニム【antonym】[名] 反対語。対義語。⬍シノニム

アントレ【entrée フランス】[名] 正式の西洋料理で、魚料理の次に二種の肉料理が出される場合、最初の肉料理。また、一般に肉料理。▽オードブルをいうこともある。

アンドロイド【android】[名] SFなどに登場する、人間同様の外見と知性をもつロボット。

アンドロメダ【Andromeda】[名] 北天の星座。一一月下旬の午後八時頃に南中する。アンドロメダ座。▽ギリシア神話に出てくる王女の名から。

あん-どん【行▽灯】[名] 昔の照明具で、木製・竹製などの四角の枠に紙をはり、中に油皿を置いて火をともすもの。あんどう。数「一張(ひとはり)…」と数える。

[ことば比べ]「行灯(あんどん)」と「提灯(ちょうちん)」

▼「行灯」は持ち運びもできるが、基本的には置いて使用される。

▼「提灯」は下げて持ち運び、対象に差し出したり、かざしたりして火を照らして用いる。

あんな[形動] 状態や程度があのようであるさま。あのよう(な)。||「━善人はそうはいない」「あの子なら━に元気で走り回っています」使い方 (1)一般に語幹が連体形の働きをして体言を直接修飾するが、接続助詞「ので」「のに」や終助詞「の」に続くときは「━な」の形をとる。||「意欲は━なのに実績は今一つだ」「いつも━なの?」(2)「━短い時間でよくできたね」「━に言っても分かってくれない」など、程度のはなはだしさ(の否定)を強調した言い方も多い。特に「━に」の形で、あれほどまでにの意で、使うときにその傾向が強い。

あん-ない【案内】[名] ❶[他サ変] 不案内の人を導いてある場所に連れてゆくこと。||「来客を客間に━する」「係員が先に立って座席まで━する」「道━」❷主人に客を取り次ぐこと。||「受付に社長への━を請う」❸[他サ変] 不案内な人を連れて歩いて、その場を見せたり説明したりすること。||「添乗員が旅行客に観光地を━する」❹[他サ変] 不案内の人に事の事情や内容を知らせたり説明したりすること。また、その知らせ・説明。また、そのようにして未知の分野に導き入れること。||「弊社の事業内容を御━申し上げます」「開店の━が来る」「先輩の━で音楽に目覚める」「━書(=手引き書・ガイドブック)」❺[他サ変] 日時などを知らせて、会合や催しなどに招くこと。また、その知らせ。||「個展の━状」❻〈「御(ご)案内」の形で〉相手が当方の事情や様子などを承知していること。||「御━のこととは存じますが」◈古くは撥音(はつおん)「ん」を省略して「あない」とも。

あんなに[形容動詞「あんな」の連用形]⬇あんな

あん-に【暗に】[副] はっきりと示さないで。それとなく。||「━ほのめかす」「━辞意を漏らす」

アンニュイ【ennui フランス】[名・形動] けだるく、ものうい感じであること。倦怠(けんたい)。||「━な昼下がり」

アンニョン-ハセヨ【an nyeong ha se yo 朝鮮】[感] 今日は。お早う。ごきげんいかがですか。アンニョンハシムニカ。▽「アンニョン」は「安寧」から。

あんにん-どうふ【▼杏▽仁豆腐】[名] 中国料理の点心の一つ。杏仁をすりつぶして寒天で固め、果物とともにシロップに浮かべたもの。きょうにんどうふ。

あん-ねい【安寧】[名・形動] 平穏で無事なこと。また、世の中が穏やかに治まっていること。||「日々の━を保つ」

あんの-じょう【案の定】ヂャウ [副] (好ましくない)予想通りの結果になるさま。思っていたとおり。||「しくじるぞと思っていたら━失敗した」「心配していたが結果は━だ」使い方「努力が実って━合格した」のようにプラス評価でも使うが、多くはマイナス評価で使う。注意「案の条」「案の上」「案の状」と書くのは誤り。

あん-のん【安穏】ヲン [名・形動] 変わったことがなく、穏やかなこと。平穏。平穏無事。||「老後を━に暮らす」「━無事」▽「あんおん」の連声(れんじょう)。注意「安穏とする」は誤り。「安閑(あんかん)とする」との混同。

あん-ば【▼鞍馬】[名] ❶鞍(くら)を置いた馬。くらうま。❷体操競技の用具で、馬の背のように作った台に二つの取っ手をつけたもの。また、それを使ってする競技。

あん-ばい【案配(▼按排・▼按配)】[名] ❶[他サ変] ほどあいを考えて、配置したり処理したりすること。||「演目の順序を━する」「能力と適性を━して人事を決め

る」「適当に―して聞いておく」❷様子。具合。特に、体の調子。健康状態。‖「今朝はエンジンの―が悪い」「いい―に雨が上がった」「―が悪いので休みます」◈書き方②は「▽塩梅」とも。

あん‐ばい【▽塩梅】[名・他サ変] 味加減をほどよくととのえること。また、(ほどよい)味加減。‖「塩加減を―する」▼調味料として使った塩と梅酢から。「塩梅(えんばい)」の転。⬇案配(あんばい)②

アンパイア【umpire】[名] 競技の審判をする人。審判(員)。▼特に野球についていう。

あん‐ばこ【暗箱】[名] 蛇腹式写真機の胴体部。箱形の前部にレンズ、後部に感光板を取りつける。

アンバサダー【ambassador】[名] 大使。使節。

アンバランス【unbalance】[名・形動] つり合いがとれていないこと。不均衡。‖「収支が―だ」

あん‐パン【▼餡パン】[名] 中にあんを入れたパン。▼明治八年に東京銀座の木村屋が創始。

あん‐ぴ【安否】[名] 身の上が無事であるかないか。また、日常の生活がつつがなく営まれているかどうか。‖「遭難者の―を気遣う」「手紙で母の―を問う」

アンビバレント【ambivalent】[形動] 同じ事柄に相反する二つの感情や態度を持つさま。「好きだけど、嫌い」といった類。両面価値的。両価的。‖「―な感情」

あん‐ぶ【暗部】[名] 暗い部分。また、隠されて目立たない部分。‖「―に光を当てる」

あん‐ぶ【▼鞍部】[名] 山の尾根が馬の鞍(くら)を思わせるようにくぼんだ所。コル。

あん‐ぷ【暗譜(▼諳譜)】[名・自サ変] 楽譜を暗記すること。‖「―して演奏する」

アンプ [名] 増幅器。‖「メイン―」▼「アンプリファイアー(amplifier)」の略。

アンフェア【unfair】[形動] 公正でないさま。不公平。‖「―な審判[やり口]」

アンフォルメル【informel(フランス)】[名] 一九五〇年代のフランスで興った抽象絵画の運動。すべての定形を否定し、形のない生命感の緊張を強烈な表現行為によって直接画面に定着させることを主張した。フォートリエ・デュビュッフェ・マチューなどを代表とする。▼不定形なものの意。

あん‐ぷく【▼按腹】[名・自サ変] あんまで、腹部をもむこと。‖「―術」

アンプル【ampoule(フランス)】[名] 薬液を封入したガラス製の小型容器。アンプール。‖「―剤」

あん‐ぶん【案分(▼按分)】[名・他サ変] 基準となる数量に比例して分けること。案分比例。比例配分。‖「頭数で平等に―する」書き方「案分」は代用表記。

あん‐ぶん【案文】[名] 案として作る文章。下書き。草案。

アンペア【ampere】[名] 電流の強さを表す単位。記号A ▼フランスの物理学者アンペール(Ampère)の名前にちなむ。

アンペラ【ampela(マレー)】[名] ❶熱帯地方の湿地に自生するカヤツリグサ科の多年草。茎の繊維を袋・むしろなどの材料にする。アンペラ藺(い)。❷アンペラの茎で編んだむしろ。▼ポルトガル語のamparoからとも。書き方「〈▼苻▼篖〉」と当てる。

あん‐ぽ【安保】[名] ❶「日米安全保障条約」の略。‖「―改定[闘争]」❷日米安全保障条約の改定に反対する闘争。‖「六〇年―」▼「安保闘争」の略。

あん‐ぽう【▼罨法】フパ [名] 水・湯・薬などで患部を冷やす(または、温める)治療法。‖「冷[温]―」

あんぽん‐たん【(安本丹)】[名] 間が抜けていて愚かなこと。また、その人。ばか。あほう。▼薬名「反魂丹(はんごんたん)」のもじりで、ののしって言う語。

あん‐ま【▼按摩】[名・他サ変] 筋肉をもみほぐして、血行をよくし、疲労や肩こりなどを取り除くこと。もみ療治。また、それを職業とする人。

あん‐まく【暗幕】[名] 室内を暗くするために、窓や壁に張りめぐらす黒い幕。

あんまり [形動・副] 「余り」㊀④、㊁を強めて言う語。‖「そりゃあ―だ」「―な仕打ちに憤慨する」「運動は―得意じゃない」

あん‐まん【▼餡▼饅】[名] ラードやゴマ油で練った小豆あんを小麦粉の皮で包んだ中華まんじゅう。あんまんじゅう。

あん‐みつ【▼餡蜜】[名] 蜜豆(みつまめ)の上にあんをのせた食べ物。▼「餡蜜豆(あんみつまめ)」の略。

あん‐みん【安眠】[名・自サ変] 安らかに眠ること。‖「―妨害」

あん‐めん【暗面】[名] ❶光の当たらない暗い面。❷暗黒面。

あん‐もく【暗黙】[名] 黙っていて何も言わないこと。‖「両者間には―の了解がある」「―裏(り)に通じ合う」

アンモナイト【ammonite】[名] 軟体動物頭足類の化石動物。オウムガイに近縁で、中生代に栄えた。アンモン貝。

アンモニア【ammonia】[名] 水素と窒素の化合物で、特有の刺激臭をもった気体。水に溶けやすい。化学工業の原料や冷凍用の冷媒とする。‖「―水」

アンモニウム【ammonium】[名] 窒素一原子と水素四原子とからなる原子団。酸と化合して塩(えん)を作る。

あん‐や【暗夜(▽闇夜)】[名] 真っ暗な夜。やみよ。▼希望や救いのない状況のたとえにもいう。‖「―に光明を見る思いがする」書き方「暗夜」は代用表記。

あん‐やく【暗躍】[名・自サ変] ひそかに策動すること。暗中飛躍。‖「王政復古を策して―する」

あん‐ゆ【暗喩】[名] 隠喩(いんゆ)。暗喩法。メタファー。⇕明喩・直喩

あんよ [名・自サ変] 幼児語で、足。また、(よちよちと)歩くこと。‖「―が上手」

あん‐らく【安楽】[名・形動] 心身の苦痛や生活の苦労がなく、安らかであること。‖「老後の日々を―に暮らす」「―な生活」「―の生涯」「―浄土」

あんらく‐いす【安楽椅子】[名] 体をあずけて楽な姿勢で座れる、休息用のひじ掛け椅子。

あんらく‐し【安楽死】[名・自サ変] 回復の見込みがなく苦痛の激しい病人を本人の承諾のもとに人為的に死なせること。ユータナジー。オイタナジー。

アンラッキー【unlucky】[形動] 運が悪いさま。不運。⇕ラッキー

あん‐りゅう【暗流】ウリ [名] はっきりとは表立たない不穏な情勢。‖「前途に―が渦巻く」▼表面に現れない水面下の流れの意から。

あんりょく‐しょく【暗緑色】[名] 黒みを帯びた緑色。ダークグリーン。

あん‐るい【暗涙】[名] 人知れず流す涙。‖「―を催す」「―にむせぶ」

い

い【井】ヰ［名］井戸。≡「―を掘る」▽古くは泉や流水から生活用水をくむ場所をいった。

◉**井の中の蛙(かわず)大海(たいかい)を知らず** 狭い見識にとらわれて、他に広い世界があることを知らずにいること。井の中の蛙(かわず)。井底(せいてい)の蛙(かわず)。井蛙(せいあ)。

い【▼亥】ヰ［名］十二支の第十二。▽動物では猪(いのしし)に当てる。時刻では午後十時、または午後九時から十一時の間。方角では北北西。

い【▼藺】ヰ［名］湿地に自生し、また水田で栽培するイグサ科の多年草。細長い茎を畳表・花むしろなどの材料にする。昔は白い髄を灯心に用いた。イグサ。トウシンソウ。

藺

い【衣】［名］着るもの。きもの。≡「―を整える」「―食住・―服」

い【医】一［名］病気やけがをなおすこと。その技術。≡「―を業とする」「―療」二（造）医者。≡「獣―・名―・内科―」旧醫（「医」と「醫」は本来別字）

◉**医は仁術(じんじゅつ)** 医術は、治療することによって人に人徳を施す術であるということ。

い【易】［名］たやすいこと。≡「―に就く」「安―・平―・簡―」

い【威】ヰ［名］人を恐れ従わせる勢い。≡「虎(とら)の―を借る狐(きつね)」「―圧・―厳」「権―・脅―」

い【胃】ヰ［名］胃液を分泌して食物を消化する、袋状の消化器官。上は食道に、下は十二指腸に続く。胃袋。胃の腑(ふ)。≡「―痛・―潰瘍(かいよう)」

い【異】一［名］ことなること。また、ことなる意見。≡「―を唱える」「特―・奇―」「―性・―常・―郷」「天変地―」⇕同 二［形動］ふしぎで、あやしいさま。≡「縁は―なもの」「―形(いぎょう)」「怪―」 読み分け 「異にする」は「こと」と読む。「異を唱える／立てる／説く／挟む」「異とするに足りない」は「い」と読む。

◉**異とするに足り・ない** ことさらに異様なことではない。よくあることだ。

い【意】［名］❶心に思っていること。気持ち。思い。考え。≡「遺憾の―を表明する」「―外・―志・―欲」「敬―・故―・謝―」❷ことばの表す内容。わけ。≡「読書百遍、―おのずから通ず」「―味・―訳」「語―・大―」

◉**意に介(かい)・する** 気にかける。気にする。≡「将来のことなど―そぶりも見せない」▽打ち消しを伴う場合、「意に介しない」よりも、五段動詞「介す」を使って「意に介さない」となることが多い。注意「意に解する」と書くのは誤り。

◉**意に適(かな)・う** 気持ちに合う。気に入る。

◉**意に沿・う** 相手の希望や要求に応じる。書き方「沿う」は「添う」とも。⇩添う 注意「気に沿う」は誤り。

◉**意を汲(く)・む** 相手の気持ちや考えを好意的に推察する。注意 この意で「意見を汲む」というのは誤り。

◉**意を決(けっ)・する** 心に決める。決心する。

◉**意を尽く・す** 意見・考えを十分に言い表す。

◉**意を強く・する** 心強く思う。また、自信を深める。≡「支持を得られて―」注意 強い意志を示す意で使うのは誤り。≡「×反対されても必ず成し遂げると意を強くした」「×試合を前に、必ず勝つとの意を強くしていた」

◉**意を迎・える** 人の気に入るようにする。迎合する。

◉**意を用・いる** 気を配る。

い［終助］❶〈質問の文の後に付いて〉くだけた調子で、親しみの意をこめる。≡「これは何じゃい」「もう少し待ってみるかい？」❷〈肯定や命令の文の後に付いて〉意味を強める。≡「早くしろい」「いやだい、ぼくがやるんだい」◈使い方 助動詞「だ」「じゃ」などに付いた「だい」「じゃい」、終助詞「か」「わ」「な」に付いた「かい」「わい」「ない」、動詞の命令形に付いた「ろい」などの形で使う。

い【▼已】（造）❶すでに。やむ。≡「―然形」❷はなはだ。≡「―甚」

い【以】（造）❶範囲の基準を示す。…から。…より。≡「―後・―内・―上」❷…を用いて。…によって。≡「―心伝心」

い【▼伊】（造）「伊太利亜(イタリア)」の略。≡「―国」「日独―」

い【▼夷】（造）東方の未開人。また、異民族。えびす。≡「東―」「征―大将軍」「尊皇攘(じょうい)―」

い【位】ヰ（造）❶くらい。≡「―階」「皇―・名人―」❷場所。≡「―置」「部―・方―」❸等級・順番。≡「首―・上―・第一―」

い【囲】ヰ（造）❶かこむ。かこい。≡「包―・範―」「―碁」❷まわり。めぐり。≡「周―・胸―」旧圍

い【依】（造）❶よりかかる。たよる。≡「―存・―頼」❷もとのまま。≡「―然」

い【委】ヰ（造）❶まかせる。ゆだねる。≡「―託・―員」❷くわしい。≡「―細・―曲」❸「委員会」の略。≡「中労―・公取―」

い【為】ヰ（造）❶おこなう。≡「―政」「人―・所―」❷ためになる。≡「有―・無―」旧爲

い【畏】ヰ（造）❶恐れかしこまる。≡「―怖・―縮・―敬」❷敬いかしこまる。≡「―友」

い【尉】（造）軍隊などで、「佐」に次ぐ階級。≡「大―・中―・少―」

い【▼惟】ヰ（造）おもう。おもんみる。≡「思―(しい)」

い【▼痍】（造）きず。≡「満身創―(そうい)」「傷―(しょうい)軍人」

痍

い【移】（造）うつる。変わる。≡「―動・―植・―籍」「転―・推―」

い【萎】ヰ（造）しおれる。≡「―縮」

い【偉】ヰ（造）すぐれて立派である。えらい。≡「―大・―人・―材」

い【椅】（造）よりかかり。腰かけ。≡「―子(いす)」

い【彙】ヰ（造）同類のものを集める。また、その集まり。≡「―集」「語―」

彙

い【違】ヰ（造）❶ちがう。≡「―和」「相―」❷そむく。≡「―法・―反」

い【維】ヰ（造）❶つな。糸すじ。≡「繊―」❷つなぐ。≡「―持」❸「これ」と指示して、次の語を強調する。≡「―新」

い【慰】ヰ（造）なぐさめ、いたわる。≡「―安・―霊・―労」「弔―・自―」

い【遺】ヰ（造）❶忘れる。≡「―失・―棄」❷あとに残す。≡「―書・―産・―族」

い【緯】ヰ（造）❶織物の横糸。また、横の線。≡「経―」❷地球上に赤道と平行して引いた仮の線。≡「―度」❸「緯度」の略。≡「北―」

い【▼縊】（造）くくる。くびる。≡「―死(いし)」

い-あい【居合い】ヰアヒ［名］剣術で、すわったまますばやく刀を抜いて相手を切る技。居合い抜き。

いーあい【遺愛】［名］故人が生前に愛用していたもの。≒「亡父ーの万年筆」

いあいーぬき【居合い抜き】［名］❶⬇居合い ❷大道などで、ごく長い刀をさやから抜いてみせる芸。昔、薬や歯みがきなどを売る客寄せに行った。

いーあつ【威圧】［名・他サ変］威力や威光などで相手をおさえつけること。≒「ー的な態度」「ー感」

いーアトニー【胃アトニー】［名］胃壁の筋肉がゆるんで消化活動が不活発になる病気。

いーあわ・せる【居合わせる】［自下一］ちょうどその場にいる。≒「たまたまビル火災の現場にー・せた」 文 ゐあは・す 異形 **居合わす**

いーあん【慰安】［名・他サ変］なぐさめて労をねぎらうこと。≒「従業員をーする」「社員のー旅行」

いい【▽飯】［名］〔古風〕米などを蒸したり炊いたりしたもの。めし。≒「干しー」

いい【▼謂】［名］〈「…の謂」の形で〉…という意味。わけ。≒「解脱(げだつ)のーを問う」

い・い【▽良い・▽善い・▽好い・▽佳い】［形・補形］「よい」の口頭語的な言い方。近世に「ヨイ」→「エエ」→「イイ」と転じた。使い方 専ら、終止形と連体形を使う。打ち消し形を「いくない」とするのは誤り。書き分け ⬇よい(良・善・好・佳)

いーい【易易】［形動タリ］たやすいさま。≒「敵陣突破などーたるものだ」

いーい【唯唯】［形動タリ］他人の言うままに従うさま。≒「ーとして追従する」「ー諾諾(だくだく)」

イーアール【ER】［名］病院の緊急救命室。救急患者の治療を行う。▼Emergency Room の略。

いいーあ・う【言い合う】［他五］❶互いに言う。≒「口々に意見をー」 ❷言い争う。≒「遺産をめぐって兄とー」 名 **言い合い**

いいーあ・てる【言い当てる(言い▽中てる)】［他下一］推しはかって事実を正しく指摘する。≒「友の胸の内をー」 文 いひあ・つ

いいーあやま・る【言い誤る】［他五］間違えて言う。言い間違える。≒「著者名をー」 名 **言い誤り**

いいーあらそ・う【言い争う】［自他五］口げんかをする。口論する。≒「妹とー」 名 **言い争い**

いいーあらわ・す【言い表す】［他五］言葉で表現する。≒「感激のあまりー言葉もない」 名 **言い表し**

いいーあわ・せる【言い合わせる】［他下一］話し合って意見をまとめる。≒「秘密を守るようにー」 文 いひあは・す 名 **言い合わせ**

いいえ［感］相手や自分のことばを打ち消したり反対の気持ちを表したりする語。いえ。いや。≒「『連休は旅行ですか?』『ー、旅行には行きません』」「『父はまだ来ませんか?』『ー、とっくにお見えです』」「『お世話になりました』『ー、何のおかまいもできませんで…』」⬍はい・ええ ▼丁寧な言い方の口頭語。使い方 否定疑問の「まだ終わりませんか?」などでは、「いいえ、もう終わりました」「はい、まだ終わりません」のように、質問内容を否定するときは「いいえ」、肯定するときは「はい」を使う。

イーエス【ES】［名］❶⬇エントリーシート ❷従業員満足度。顧客満足の向上のために重視する従業員の満足の度合い。▼employee satisfaction の略。

イーエスーさいぼう【ES細胞】［名］哺乳(ほにゅう)類の発生初期段階である胚盤胞(はいばんほう)の内部細胞塊から得られる細胞株。胚幹細胞。胚性幹細胞。▼ESはembryonic stem の略。

いいーお・く【言い置く】［他五］言い残しておく。≒「連絡先をーいて外出する」 名 **言い置き**

いいーおく・る【言い送る】［他五］❶つぎつぎに言い伝える。申し送る。≒「全員に集合時間をー」 ❷手紙などで知らせる。≒「使いを出して用件をー」 名 **言い送り**

いいーおと・す【言い落とす】［他五］言うべきことを言わないでしまう。言い忘れる。言いもらす。≒「うっかりこちらの名前をー」 名 **言い落とし**

いいーおよ・ぶ【言い及ぶ】［自五］話題の周辺のこととしてふれる。言及する。≒「些細(ささい)な失敗にまでー」

いいーがい【言い▽甲▼斐】［名］言うだけの価値。また、言っただけの効果。≒「聞き入れてくれるならーもある」「ーがない」

いいーかえ・す【言い返す】［他五］❶さからってことばを返す。口答えする。≒「負けずにー」 ❷くり返して言う。≒「同じ話を何度もー」

いいーか・える【言い換える・言い替える】［他下一］❶同じ事柄を別のことばで言う。換言する。≒「やさしいことばにー」 ❷前言をとりやめて別のことを言う。言い改める。言い直す。≒「前言を撤回してー」 文 いひか・ふ 名 **言い換(替)え**

いいーかお【▽好い顔】［連語］❶いい顔だち。❷特定の方面に顔がきくこと。かお。❸機嫌のいい顔つき。また、相手や周囲に対する友好的な顔つきや態度。≒「そうそうーばかりもしていられない」

いいーがかり【言いがかり(言い掛かり)】［名］❶根拠のない口実をつくって相手を困らせること。また、その口実。≒「ーをつける」 ❷いったん言い出したことについてのかかわり合い。≒「ー上、あとにはひけない」

いいーか・ける【言いかける(言い掛ける)】［他下一］❶話し始めて途中でやめる。言いさしにする。≒「途中までー・けて口ごもる」 ❷掛詞(かけことば)を用いる。かける。文 いひか・く 名 **言いかけ**

いいーかげん【▽好い加減】 ━［形動］❶〈「いい加減なところ」「いい加減に」の形で〉相当の程度に達しているが、取り返しがつかないほどではないさま。ほどほど(のところ)。≒「夜もふけたからーなところで切り上げよう」「この辺でーに白状したらどうだ」「冗談はーにしろ」使い方 状態の持続や増長をマイナスに評価して、その終息を期待していう。❷物事に徹していないさま。また、無責任で当てにならないさま。≒「仕事ぶりがーだ」「ーな返事をしてその場を逃れる」使い方 マイナスに評価していう。 ━［副］もうたくさんだと感じるほどに程度が高いさま。また、相当に程度が高いさま。≒「こう暑くてはーいやになるなあ」「単調な仕事でー飽きがきた」◈「よいかげん」とは言わない。書き方 かな書きも多い。

いいーかた【言い方】［名］口のきよう。表現の方法。言いよう。≒「もって回ったー」

いいーかも【▽好い▼鴨】［連語］思いのままに利用できる相手。特に勝負事で、思いのままに負かせる相手。≒「ーにされる」

いいーかわ・す【言い交わす】［他五］❶ことばをかけあう。≒「あいさつをー」 ❷口で約束しあう。特に、結婚の約束をしあう。≒「兄にはー・した人がいる」

いいーき【▽好い気】［連語］❶快い気持ち。≒「悪口を言われたら誰しもーはしない」 ❷欠点に気づかないで

自分だけが得意になっていること。‖「おだてられて―になる」「金も返さずに、また貸せとは―なものだ」▼マイナスに評価していう。

いい-きか・せる【言い聞かせる】イヒ［他下一］よくわかるように教えさとす。‖「事の是非を諄々(じゅんじゅん)と―」文 いひきか・す 異形 **言い聞かす**

いい-きみ【▽好い気味】［連語］胸がすくようで気持ちがいいとして、他人の災難や失敗を喜んでいう語。‖「失敗して―だ」

イー-キュー【EQ】［名］❶教育指数。標準化した学力検査から得られた教育年齢を暦年齢で割り、それに一〇〇を掛けたもの。年齢に比した学習の進度を示す。▼educational quotient の略。❷感性の豊かさを表す指数。情動指数。感情指数。▼emotional intelligence quotient の略。

いい-きり【言い切り】イヒ［名］文が完結すること。文の終止。‖「―の形に付く終助詞」

いい-き・る【言い切る】イヒ［他五］❶言い終える。❷はっきりと言う。断言する。‖「間違いないと確信をもって―」名 **言い切り**

いい-ぐさ【言い草・言い▽種】イヒ［名］❶言ったことば。また、ものの言い方。‖「恩人に向かって何という―だ」❷口実。言い訳。

イーグル【eagle】［名］❶鷲(わし)。❷ゴルフで、一ホールを基準打数（パー）より二打少ない打数でホールアウトすること。

いい-くる・める【言い▽包める】イヒ［他下一］ことば巧みに言ってごまかす。‖「相手を―」文 **いひくる・む**

いい-こ【▽好い子】［連語］聞き分けがいいとして、子供をほめて（または、なだめすかして）いう語。‖「―だからお利口にしててね」

いい-こと【▽好い事】㊀［連語］❶心が浮き浮きするような、うれしいことや幸運なこと。好事。吉事。‖「昨日―があった」❷〈「…をいいことに（して）」の形で〉都合のよい口実や論拠。‖「ほめられたのを―に増長する」㊁［感］以下に述べることは好ましいことだとして、相手に念を押す語。‖「―、もっとしっかりするのよ」▼多く女性が使う。

イー-コマース【eコマース】［名］電子商取引。▼e-commerce から。eはelectronic の頭文字。

いい-こ・める【言い込める】イヒ［他下一］言い争って相手を負かす。言い負かす。‖「論敵を―」文 **いひこ・む**

いい-さ・す【言い▽止す】イヒ［他五］言いかけて途中でやめる。‖「―・したまま言葉を濁す」名 **言いさし**

いい-ざま【言い様】イヒ［名］「言い方」を乱暴にいう語。‖「その―は何だ」

いい-ざま【▽好い様】［連語］好ましく思わない他人の災難や失敗をばかにしていう語。‖「逆転負けとは、―だ」▼「いい」は反語的に使うもので、悪い意。

イージー【easy】［形動］たやすいさま。また、安易でいい加減なさま。‖「―な方法」「―に考える」

イージー-オーダー【和製easy＋order】［名］見本の中から型と布地を選び、仮縫いをせずに洋服を仕立てる方法。また、その洋服。注文服の簡単なもの。

イージー-ケア【easy-care】［名］衣類などで、手入れが簡単なこと。乾燥が早い、アイロンがけがいらないなど。ウォッシュ・アンド・ウエア。‖「―シャツ」

イージー-ゴーイング【easygoing】［形動］物事の対処のしかたが安易なさま。気楽。‖「―なやり方」

イージー-ペイメント［名］月賦などによる分割払い。▼easy payment system から。

イージー-ミス【和製easy＋miss】［名］不注意による単純な失敗。うっかりミス。

イージー-リスニング【easy listening】［名］くつろいで聴く音楽。

イージス-かん【イージス艦】［名］強力なレーダーとミサイルを備えた高性能の防空巡洋艦。エイジス艦。▼イージス（Aegis）はギリシア神話のゼウスとアテナが身につけていた胸甲または盾(たて)のこと。

いい-しぶ・る【言い渋る】イヒ［他五］ためらってなかなか言おうとしない。‖「本心を聞かれて―」

いい-じょう【言い条】イヒデウ［連語］《古風》〈「…と（は）言い条」の形で〉…とはいうものの。…ながら。‖「夏とは―山の朝は寒い」

いい-しれ-ぬ【言い知れぬ】イヒ［連体］何とも言いようのない。名状しがたい。‖「―寂しさにおそわれる」

いい-す・ぎる【言い過ぎる】イヒ［他上一］度をこえて言う。言い過ごす。‖「調子に乗って―」文 **いひす・ぐ** 名 **言い過ぎ**

イースター【Easter】［名］復活祭。

いい-す・てる【言い捨てる】イヒ［他下一］返答を待たずに、言うだけ言う。はきすてるように言う。文 **いひす・つ**

イースト【yeast】［名］酵母。酵母菌。

イー-スポーツ【e-sports】［名］コンピューターゲームで行う競技。対戦型のゲームをスポーツ競技になぞらえて言う。エレクトロニックスポーツ。

イーゼル【easel】［名］絵を描くときカンバスなどを立てかける台。画架(がか)。

いい-せん【▽好い線】［連語］〈多く「いい線（を）行く」の形で〉完全ではないにしても、満足できる水準に達している意を表す。‖「この製品は―行っている」

いい-そこな・う【言い損なう】イヒコナフ［他五］❶ことばを間違えて言う。言いまちがえる。言い損じる。‖「台詞(せりふ)を―」❷言いたいことを言わないでしまう。言いそびれる。‖「気後れして―」名 **言い損ない**

いい-そび・れる【言いそびれる】イヒ［他下一］言いだす機会を失って、言わないでしまう。言いはぐれる。‖「ついお礼を―・れた」

いい-だくだく【唯唯諾諾】イヰ［形動タル］逆らわずに、人の言うとおりに従うさま。‖「指示に―と従う」

いい-だこ【▽飯▼蛸】イヒ［名］浅海や内海に分布するマダコ科の小形のタコ。食用。語源 産卵期のものを煮ると、胴に詰まった卵が飯粒のように見えることから。

いいだしっ-ぺ【言い出しっ▼屁】イヒダシ［名］物事を最初に言い出した人。いいだしべ。▼「ぺ」を「屁」と見る説が一般的。ただし「言い出し兵衛(べえ)」の語もあり、人の意を表す「兵衛」に由来するとも考えられる。

いい-だ・す【言い出す】イヒ［他五］❶口に出して言う。言い始める。‖「突然『辞める』と―」❷一番初めに言う。言い始める。‖「―・した人が責任を持つべきだ」名 **言い出し**

いい-た・てる【言い立てる】イヒ［他下一］とりたてて言う。また、強調して言う。‖「人の欠点を―」文 **いひた・つ** 名 **言い立て**

いい-ちがい【言い違い】イヒチガヒ［名］まちがえて言うこ

と。また、そのことば。言い間違い。

いい-つか・る【言いつかる(言い付かる)】(イヒ) [他五] 言いつけられる。命令される。‖「母からお使いを—」

いい-つく・す【言い尽くす】(イヒ) [他五] 言いたいことをすべて言ってしまう。‖「思いのたけを—」⬍言い残す 可能 言い尽くせる

いい-つくろ・う【言い繕う】(イヒクロフ) [他五] うまいことを言ってあやまちや欠点をごまかす。‖「その場を—」

いい-つけ【言いつけ(言い付け)】(イヒ) [名] ❶命令。指示。‖「親の—を守る」「—通り動く」❷告げ口。‖「—口」

いい-つ・ける【言いつける(言い付ける)】(イヒ) [他下一] ❶命令する。‖「部下に仕事を—」❷告げ口をする。‖「いたずらをしたことを先生に—」❸言い慣れる。‖「—けない世辞を言う」文 いひつ・く 名 言いつけ

いい-つたえ【言い伝え】(イヒツタヘ) [名] ❶昔から語り伝えられてきた事柄。伝説。口碑(こうひ)。❷〈古風〉ことづて。伝言。

いい-つた・える【言い伝える】(イヒツタヘル) [他下一] ❶後世に語り伝える。❷多くの人に語り広める。‖「善行を国中に—」❸話を取り次ぐ。伝言する。‖「社長の命令を—」文 いひつた・ふ 名 言い伝え

いい-つの・る【言い募る】(イヒ) [他五] 勢いにのってますます激しく言う。‖「興奮して悪口を—」

いい-つらのかわ【▽好い面の皮】(ーカハ) [連語] 体面を汚されたのによく耐えたとして、不名誉な立場や役回りを皮肉に言う語。とんだ恥さらし。‖「だしにされて—だ」

イーディー【ED】 [名] 勃起(ぼっき)障害。勃起不全。▼erectile dysfunction の略。

イーティーシー【ETC】 [名] 高速道路の料金所で、車を止めることなく自動的に料金精算ができるシステム。自動料金収受システム。▼electronic toll collection system の略。

イートイン【和製 eat + in】 [名] ❶買った食べ物を店内に設けられた客席で飲食すること。⬍テイクアウト ❷ファーストフード店などで、持ち帰りと店内飲食を併用する営業方式。◈英語では、自宅で食事をする意。

いい-とお・す【言い通す】(イヒトホス) [他五] どこまでも言い張る。‖「知らぬ存ぜぬと—」

いいとこ-どり【▽好いとこ取り】 [名] 複数のものの中からいいところだけを取り集めること。‖「イタリア—の旅」

いい-ところ【▽好い所】 [連語] 〈「…もいいところだ」の形で〉その程度が過ぎることを皮肉に言う語。いいとこ。‖「あのドラマは退屈も—だ」

いい-とし【▽好い年】 [連語] ❶相当の年齢。また、相応の年齢。‖「先生も—だから無理はきかない」❷〈「いい年をして」の形で〉分別のつく年齢に達しているにもかかわらずの意で、年齢に不相応な言動を皮肉に言うことば。‖「—をしてそんなことも分からないのか」

いい-として【▽良いとして】 [連語] さておいて。別として。‖「その件は—、就職の件はどうなった?」

いい-なお・す【言い直す】(イヒナホス) [他五] 前に言ったことをさらに改めて言う。‖「読み間違えを—」名 言い直し

いい-なか【▽好い仲】 [連語] 互いに愛し合っている間柄。親しい間柄。‖「—になる」

いい-な・す【言い▼做す】(イヒ) [他五] ❶本当らしく言う。言いつくろう。‖「ことば巧みに—」❷とりなして言う。‖「敵対する二人を—して和解させる」名 言いなし

いい-なずけ【〈許婚〉・〈許嫁〉】(イヒナヅケ) [名] 結婚の約束をした相手。婚約者。フィアンセ。▼「言い名付く」の連用形から。もと、幼少のときから双方の親が決めた婚約の相手を言った。書き方 現代仮名遣いでは「いいなづけ」も許容。

いい-ならわ・す【言い習わす(言い▽慣わす)】(イヒナラハス) [他五] 慣習として世間一般で言う。また、口癖として言う。言い慣らす。‖「昔から『酒は百薬の長』と—されてきた」名 言い習わし

いい-なり【言いなり(言い成り)】(イヒ) [名] 人の言うとおりに従うこと。言うがまま。言うなり。‖「親の—になって結婚する」

いい-ぬけ【言い抜け】(イヒ) [名] うまく言いつくろって、責任などを逃れること。また、そのことば。言い逃(のが)れ。

いい-ね【言い値】(イヒ) [名] 売り手が言うがままの値段。‖「—で買う」⬍付け値

いい-のが・れる【言い逃れる】(イヒ) [自下一] うまく言いわけをして責任や罪を回避する。言い抜ける。‖「うそをついてその場を—」文 いひのが・る 名 言い逃れ

いい-のこ・す【言い残す】(イヒ) [他五] ❶言おうとしたことの一部を言わないでしまう。‖「大事なことを—」⬍言い尽くす ❷去るときに後々のことを言っておく。言い置く。‖「家訓を—して逝く」名 言い残し

いい-はな・つ【言い放つ】(イヒ) [他五] はっきりと言い切る。断言する。‖「責任はないと—」

いい-は・る【言い張る】(イヒ) [他五] あくまでも自分の意見を曲げずに言い立てる。‖「身に覚えはないと—」

イーピー【EP】 [名] 一分間四五回転の小型のレコード盤。ドーナツ盤。EP盤。▼extended play の略。

イーピーエー【EPA】 [名] ❶経済連携協定。自由貿易・人の移動・投資の自由化など経済全般の協力をさだめる協定。▼economic partnership agreement の略。❷エイコサペンタエン酸。サケ・サバなどに含まれる不飽和脂肪酸。血液の凝固を抑制する作用がある。▼eicosapentaenoic acid の略。

いい-ひと【▽好い人】 ㊀ [名]「恋人・愛人」を遠回しに言う語。‖「—ができる」㊁ [連語] 性質・人柄などの好ましい人。また、善良な人。‖「—だけに押しが利かない」書き分け 善良の意では「▽善い」「▽良い」も使うが、かな書きが一般的。

いい-ひらき【言い開き】(イヒ) [名] 疑いを解くために弁明すること。申し開き。‖「そんな説明では—が立たない」

いい-ふく・める【言い含める】(イヒ) [他下一] 納得がいくようによく言い聞かせる。‖「子供に事の次第を—」文 いひふく・む

いい-ふら・す【言い触らす】(イヒ) [他五] 広く知れ渡るように言う。言い広める。吹聴(ふいちょう)する。‖「人の秘密を—」使い方 ~ヲに〈好ましくない内容〉をとって、その行為をマイナスに評価して言う。類義の「吹聴する」は、抑制のない得意げなもの言い方をマイナスに評価して言う。‖「ベンツを買ったことを吹聴して歩く」

品格 喧伝(けんでん)「事件を—する」吹聴(ふいちょう)「自慢話を—する」触れ込み「日本一との—に引かれる」

いい‐ふる・す【言い古す（言い▽旧す）】 イヒ［他五］〈「言い古される」の形で〉繰り返し言われ続けてきて新鮮さを失う。‖「昔から━・されてきた話」

いい‐ぶん【言い分】 イヒ［名］言いたい事柄。特に、不平・反論・弁明などとして言いたい事柄。‖「子供には子供の━がある」

イーブン［even］［名］❶スポーツ競技で、同点引き分け。❷「イーブンパー」の略。

イーブン‐パー［even par］［名］ゴルフで、ホールまたはラウンドの合計打数が基準打数（パー）の合計と同じであること。

いい‐まか・す【言い負かす】 イヒ［他五］言い争って相手を負かす。言い伏せる。‖「弟を━」

いい‐まぎら・す【言い紛らす】 イヒ［他五］話をそらしてごまかす。言い紛らわす。名 **言い紛らし**

いい‐まく・る【言い▼捲る】 イヒ［他五］相手が口出しできないくらいに勢いこんでしゃべる。まくしたてる。‖「駅員に文句を━」

いい‐まわし【言い回し】 イヒマハシ［名］言い表し方。表現の方法。

いい‐め【▽好い目】［連語］❶望み通りに出たさいころの目。❷（望み通りの）幸運。‖「━を見る」

いい‐めいわく【▽好い迷惑】［連語］「迷惑」を皮肉に言って強める語。‖「事故の巻き添えとは、まったく━だ」▼「いい」は反語表現で、好ましくない意。

イー‐メール【Eメール】［名］電子メール。▼e-mail, E-Mail から。Eはelectronicの頭文字。

イー‐ユー【EU】［名］欧州連合。▼European Unionの略。

いい‐よう【言い様】 イヒヤウ［名］口のきき方。言い表し方。‖「何とも━がない」「物も━で角が立つ」

いい‐よど・む【言い▼淀む】 イヒ［他五］言おうとしてためらう。また、ことばが出てこなくてつかえる。‖「突然の指名で━」

いい‐よ・る【言い寄る】 イヒ［自五］❶話しかけながら近づく。‖「客引きが━」❷求愛する。くどく。‖「結婚しようとしつこく━」

イー‐ラーニング【eラーニング】［名］コンピューターを利用した教育・学習。▼e-learning から。eはelectronicの略。

いい‐わけ【言い訳】 イヒ［名・自他サ変］自分の過失・失敗や相手からの批判などに対して、事情を説明して自分の正当性を主張すること。また、そのことば。申し開き。言い開き。弁解。弁明。‖「━が立たない」「━めいた説明」▼潔さを欠く行為としてしばしばマイナスに評価される。

書き方 まれに「言い分け」とも。

いい‐わた・す【言い渡す】 イヒ［他五］上位者が下位者に命令や決定した事柄などをことばで告げる。宣告する。申し渡す。‖「立ち退きを━」名 **言い渡し**

い‐いん【医院】 ヰン［名］医師が個人的に経営し、病気を診察・治療する所。診療所。クリニック。

い‐いん【委員】 ヰン［名］団体を代表して特定の任務に当たる役（の人）。‖「学級［論説］━」

いいん‐かい【委員会】 ヰンクワイ［名］委員によって構成される合議制の機関。また、その会議。▼国会では、衆参両院の本会議での審議に先立ち、議案についての調査・審議を行う機関をいう。常任委員会と特別委員会がある。

い・う【言う（▼謂う・▼云う）】 イフ ━［他五］❶口を動かして（また、字に書いて）思っていることなどを言葉で表す。‖「『あ、雨』と━・って走り出す」「意見［お礼・寝言］を━」「電話するように━・っておきます」「彼のことを悪く［ぼろくそに］━」「よく━よ（＝よくもぬけぬけと言ったものだの意で、厚かましい発言などを非難していう言葉）」

使い方 ⑴「言う」は発話行為の全般に広く使い、「話す」は主にまとまった内容を言葉にする意で限定的に使う。「今日は！」「よろしくお伝え下さい」などは、「言う」だが「話す」ではない。その点では「しゃべる」「語る」「述べる」も「話す」と同様。⑵「言う」の尊敬語には「おっしゃる・仰せられる」が、謙譲語には「申し上げる」や「言上ごんじょうする・上奏する・啓上する」などが、丁重語には「申す」がある。

❷ある語をあるしかたで発音する。その語形でとなえる。‖「『ペダル』と━・わずに『ペタル』と━」

❸〈「という」「といわれる」の形で、終止形で言い切る文を受けて〉多くの人がそう述べ、そう認めていることを表す。…ということが言われる。…ということだ。…とのことだ。‖「台風は明日にも上陸すると━」「二〇世紀は一般に科学の時代だと━・われる」

使い方 「…という」の場合、主語は現れにくく、「一般に」「俗に」「世に」などの副詞句となじみやすい。

❹物事などを言葉で（また、あることばを別の言葉で）表現する。‖「これを奇跡と━・わずして何と━・おう」「彼をこそ天才と━べきだ」

❺記号（特に、言葉）がある内容を表す。指す。示す。‖「この論説は人類が危機に陥っていることを━・っている」「案内図の━とおりに進む」

❻いろいろな成句の中で、言葉をつなぐ補助的な働きをする。➡「いう」の文型表現

━［自五］〈擬声語＋「（と）いう」の形で〉人以外の動物が声を出す。鳴く。また、物が音を立てる。鳴る。‖「犬がワンワン━・って餌えさを求める」「雨戸ががたがた━」「腹がグーグー━」

◈書き方「言う」の発音は「ユー」であるが、「言います」などでは「イー」となる。現代仮名遣いでは、語幹を「い」にそろえて「いう」と書くことになっている。「ソーユー」「ユワユル」なども正式の仮名遣いは「い」（そういう・いわゆる）。

書き分け ━①②④⑤は【言】、━③⑥と━はかな書きが一般的。【謂】は主に「謂わゆる」「…の謂い」「謂わば」などと、【云】は「田中と云う人」「『真実』と云う語」などと使うが、今はかな書きが一般的。可能 **言える**

品格 口にする「疑問を━」口に出す「━のがはばかられる」陳述「事件の概要を━する」述べる「開会の辞を━」発言「━を許可する」申し上げる「申し上げにくいことですが…」申す「父が申しますことには…」

◉**言い得て妙みょう** 巧みに言い表しているさま。

◉**言うことを聞かな・い** 体などが思うように動かない。‖「歩き疲れて足が━」「パソコンが━」

◉**言うだけ野暮やぼ** 誰でも知っていることをことさら口にするのはばかげている。

◉**言うに及ばない** 当然すぎて言う必要がない。いうまでもない。

◉**言うに事欠ことかいて** ほかに言いようがあるのによりによってこんなことを言うとはの意で、不用意で場違いの発言を非難していうことば。‖「━、そんな言いぐさはあるまい」

◉**言うは易やすく行うは難かたし** 言うだけなら誰にもできるが、それを実行するのは難しい。

◉**言うまでもな・い** ことさらに言う必要はないの意で、分

かり切ったことだという判断を表す。言うに及ばない。≡「人権が守られなくてはならないのは━」

◉**言うを俟たない** 言うまでもない。明白だ。言を俟たない。≡「彼の案が合理的であることは━」

◉**言わずと知れた** わかりきっている。

◉**言わぬが花** 口に出して言わないほうがかえってよいということ。≡「この話の先は━だ」✓注意「知らぬが仏」と混同した「言わぬが仏」は誤り。

◉**言わんばかり** 〈「と言わんばかり」の形で〉そう言ってはいないが、あたかもそう言っているかのようであるさま。≡「迷惑だと━の態度であしらわれる」▼「ん」は、打ち消しの助動詞「ぬ」から。

「いう」の文型表現

㋐〔という〕下の語で上の語の内容を説明するのに使う。≡「これが会社と━組織の在り方だ」「出席できないと━理由を説明する」使い方 列挙・例示する気持ちを添えていうときは「…といった」とも。「文学とか芸術とかと━ったものには興味がない」

㋑〔数量を表す語＋という〕その数量を特別のものとみなして、下の語でその内容を説明するのに使う。≡「五万と━群衆が押しかけた」

㋒〔AというA〕それに属するものはすべての意を表す。また、強調を表す。≡「窓と━窓は閉ざされている」

㋓〔AといいBといい〕複数の事柄を例示してとりたてる。AもBも。AだってBだって。≡「知性と━い感性と━い申し分ない」使い方 AB以外にも例示できるという含みを伴う。また「AといわずBといわず…」は、ABは言わずもがなの気持ちで、意味を強める。区別なしに全部。「顔と━わず手と━わず虫に刺された」

㋔〔AというかBというか〕AとBのどちらが適切な言い方か。≡「寛大と━か人がいいと━か、全財産を与えてしまった」使い方 (1)「AというかB」の形で、Aと言うよりBと言う方が適切だ、の意で使う。「冷静と━か冷淡な人だ」「時間をかけると━かダラダラ働いている」(2)「AというかB」の「A」だけで言いさして断定を避けるのに使うことがある。「行きたくないと━か」

㋕〔こう［そう・ああ］いう・こう［そう・ああ］いった〕それと類似・近似するという気持ちを添えながら、物事や事柄を例示する。この［その・あの］ような～。こんな［そんな・あんな］～。≡「こう━場合はこうするといい」「そう━条件なら引き受けよう」「ああ━ったことがときどき起こる」

㋖〔どういう・どういった〕物事や事柄を定かではないものとして示す。どのような～。どんな～。≡「彼がどう━人かは知らない」「二人の間にはどう━ったことがあったのだろうか」

㋗〔これという・これといった・これといって＋打ち消しの語〕特にとりたてていうべきことがない意を表す。≡「これと━問題点も見当たらない」「別にこれと━って意見はありません」

㋘〔どれ［なに・どこ・だれ・なぜ・いつ］といって＋打ち消しの語〕特にとりたてていうべき物事・場所・人・理由がない意を表す。≡「なにと━って欲しい物はない」「どこと━って体に悪い所はない」「なぜと━って特別の理由はない」「いつと━って今日ほど絶好の日はない」

㋙〔何［どう］ということはない〕特にとりたてて問題にすべき点がない意を表す。どうこういうことはない。なんてことはない。≡「総会はなんと━こともなく終わった」「あんなやつなど、どうと━ことはない」

㋚〔というのは〕名辞の定義を表すのに使う。また、名辞の指す物事を主題として取り上げるのに使う。≡「『人』と━のは言葉を使う動物の意だ」「結婚すると━のは本当か」

㋛〔というと・といえば・といったら〕題目を提示するのに使う。…（ということ）について言えば。…を話題にすれば。…に言及すれば。≡「相談と━と例の件ですか」「優勝と━えば今日は千秋楽だ」「最も混雑する時間帯と━ったら朝の七時台だ」

㋜〔かというと・かといえば・かといったら〕提示された疑問に対する答えを述べるときの前置きに使う。≡「犯人は誰かと━と、お前だ」「なぜ休んだかと━と、頭痛がひどかったからです」

㋝〔AといえばA〕…と言えないこともない意を表す。≡「寒いと━えば寒い」「優勝に貢献したと━えば貢献した」使い方 判断・評価に迷う気持ちを暗示し、下に同趣の否定・反意表現を伴うことも多い。…とも言えるし…でないとも言える。「授業は面白いと━えば面白い、少々退屈だと━えば退屈だ」

㋞〔からいうと・からいえば・からいって〕話し手の基準となる視点を表す。…からする［見る］と。≡「消費者の立場から━と値下げ競争は好ましい」

㋟〔状態を表す語＋といったらない〕言いようがないほど…だの意で、程度を強調する。これ以上に…なことはない。…ったらない。≡「すばらしいと━ったらない」

㋠〔ということだ〕伝聞の意を表す。…とのことだ。…だそうだ。≡「今年は一〇年ぶりの猛暑だと━ことだ」

㋡〔というものだ〕話し手の判断を強調する。≡「成功したのだから苦労のしがいもあったと━ものだ」

㋢〔とはいえ・といっても・と（は）いっても・とはいうものの・とはいいながら〕前提を認めたうえで、それに反することが成り立つ意を表す。…だけれども、しかし。…だとしても。…といえども。≡「親しい間柄とは━え、礼儀を忘れてはいけない」「読んだとは━ものの精読してはいない」使い方 接続詞的にも使う。「休みたい。とは━え、休むわけにはいかない」

㋣〔（そう）かといって＋否定的な語〕前提から予想されることが、現実には成り立たない意を表す。しかし、そうはいうものの。さりとて。≡「害にはならないが、かと━って役に立つわけでもない」

㋤〔それというのも＋理由を表す表現〕前文が成り立つ理由を補足的に説明するのに使う。なぜそうかと言うと。≡「料理の腕前は玄人はだしだが、それと━のも食い道楽だからだ」

㋥〔からといって＋否定的な語〕理由となるべき根拠が一般に認められるとしても、必ずしも正当な理由とはならない意を表す。…からって。≡「入選したからと━ってそんなに自慢するものではない」

いう-ところの【言うところの・▼謂う所の】イフ〔連語〕世にいう。いわゆる。≡「これが俗に━成金趣味だ」

いう-なれ-ば【言うなれば】イフ〔連語〕かりに言ってみるならば。言ってみれば。言うならば。≡「━、これが現代社会の実体というものだろう」

いえ【家】ヘイ〔名〕❶人が（家族とともに）住むための建物。≡「郊外に━を建てる」「八時に━を出る」数「一軒…」「一戸…」と数える。❷夫婦・親子・兄弟など、住まいと生計を同じくする人によって構成される生活共同体。また、その構成員。「僕の━は四人家族です」「裕福な━に生まれる」「犬を飼う━が増えている」❸家名・家系・家督・家産・家柄など、代々受け継がれるものとして見た「家」②。「お━の家宝」「━を興す[継ぐ]」▽他家や主君の家のほか、自家についても「お家」と言う傾向がある。❹民法旧規定で、戸主の統轄のもとで戸籍上一家をなしている親族の団体。「━制度」

◉**家を空ける** 留守にする。「旅行でしばらく━」

いえ [感] いいえ。いや。

い-えい【遺詠】 [名] ❶故人が未発表のまのこした詩歌。❷辞世の詩歌。

い-えい【遺影】 [名] 故人の写真や肖像画。

いえ-がまえ【家構え】 [名] 造られた家の様子。家の外観。

いえ-がら【家柄】 [名] 家の格式。また、格式の高い家。

い-えき【胃液】 [名] 胃腺から分泌される強酸性の消化液。たんぱく質を分解するペプシンなどの酵素を含む。

いえ-じ【家路】 [名] 自分の家に帰るみち。「━に就く」

イエス【Jesus】 [名] キリスト教の開祖。イエズス。イエス=キリスト。

イエス[yes] ㊀[名] 肯定。賛成。「答えは━だ」㊁[感] 肯定や賛成の意を表す。はい。そうです。◈⇕ノー

いえ-すじ【家筋】 [名] 家代々の系統。家系。

イエス-マン[yes-man] [名] 目上の人のことばには何でも無批判に賛成する人。「━に囲まれたワンマン社長」

いえ-だに【家▼蜱】 [名] イエネズミに寄生するオオサシダニ科のダニ。人の血を吸い、感染症を媒介することもある。

いえ-つき【家付き】 [名] ❶もとからその家に住んでいること。「━の娘」▽娘が婿をとるときなどにいう。❷家屋が付属していること。「━の土地」

いえ-で【家出】 [名・自サ変] 二度と帰らぬ決意で、ひそかに家を抜け出すこと。「娘が━した」

いえ-でん【家電】 [名]〔新〕自宅の固定電話。また、その電話番号。「携帯電話じゃなくて━にかけてくれ」▽携帯電話の普及により、それと区別するために作られた語。書き方「家デン」「イエデン」とも。

いえ-ども【▼雖も】 [連語] ⬇といえども

いえ-なみ【家並み】 [名] ❶多くの家が並んでいること。やなみ。「街道筋に古い━が続く」❷並んだ家の一軒一軒。家ごと。軒なみ。「━に寄付を募る」

いえ-ねこ【家猫】 [名] 家で飼われている猫。飼い猫。

いえ-の-こ【家の子】 [名] 勢力者と子分関係にある人。「━郎党」▽もと、良家の子弟の意。武家社会では主家と血縁関係で結ばれた一族をいい、のち家来一般を指すようになった。

いえ-ばえ【家▼蠅】 [名] 人家で普通に見られるイエバエ科のハエ。幼虫は蛆と呼ばれる。

いえ-もち【家持ち】 [名] ❶家屋を所有していること。また、その人。❷家族をもっていること。また、その人。所帯持ち。

いえ-もと【家元】 [名] 技芸の道で、その流派の正統を伝えてきた本家。また、その主人。宗家。「茶道の━」

いえ-やしき【家屋敷】 [名] 家とその敷地。「━を手離す」▽「屋敷」は、敷地の意。

い・える【言える】 [自他下一] 言うことができる。特に、正しいこととしてそう断定できる。「秘密は口が裂けても━・えない」「あきれて物が━・えない」

い・える【癒える】 [自下一] 病気や傷などがなおる。「病が━」 文い・ゆ 癒

イエロー[yellow] [名] 黄色。「レモン━」「━ペーパー(=興味本意の記事からなる低俗な新聞。赤新聞)」▽多く他の語と複合して使う。

イエロー-カード[yellow card] [名] ❶サッカーなどで、悪質な反則や反スポーツ的行為をした選手に審判が示す黄色の警告カード。❷国際予防接種証明書の通称。海外旅行者が必要な予防接種を受けたことを証明するもので、用紙が黄色であることからいう。

い-えん【胃炎】 [名] 胃粘膜に炎症をおこす病気。胃カタル。「急性━」

い-おう【以往】 [名] ❶それより後。以後。以降。「明治━」❷それより前。以前。▽已往(=それより前)との混同から。書き方 本来は「▼已往」。

いおう【《硫黄》】 [名] もろくて黄色い非金属元素。単体は無臭だが、燃えると青白い炎を上げて悪臭のある亜硫酸ガスを出す。マッチ・ゴム・医薬品などに使う。ゆおう。元素記号S

イオマンテ [名] アイヌ民族の祭祀の一つ。一定期間、村・家などで飼い育てたクマなどの動物を殺し、その魂・霊を、本来住んでいたと考えられる神の国に送る儀礼。霊送り。イヨマンテ。▽アイヌ語から。「熊祭り」「熊送り」などと訳されたが、動物はクマに限られていたわけではない。また、神への犠牲ではなく、動物はそれ自体が神と考えられている。

いおり【▼庵(▼廬・▼菴)】 [名] 僧・世捨て人などが住む、草木でつくった粗末な家。草庵。いお。「━を結ぶ」 庵

イオン[Ion] [名] 正または負の電気をおびた原子(団)。「陽━・陰━・水素━」

い-おんびん【イ音便】 [名] 「き」「ぎ」「し」「り」の子音([k][g][s][r])が脱落して、「い」の音となる現象。「書きて→書いて」「次ぎて→次いで」「まして→まいて」「ござります→ございます」の類。

いか【〈▼烏賊〉】 [名] 吸盤のついた五対の腕をもつ、海産の軟体動物。スルメイカ(マイカ)・ヤリイカ・コウイカ(スミイカ)・アオリイカなど、食用となる種類が多い。外敵にあうと黒い墨をはいて逃げる。干したものを「するめ」という。数「一杯…」と数える。

い-か【以下】 [名] ❶〈数量・段階・程度などを表す語に付いて〉それを基準としてそれより下。「一八歳━は入場お断り(=一八歳は入場できない)」「違反者には一万円━の罰金を科する(=罰金の最高額は一万円)」「高校生━は割引料金とする(=高校生は割引の対象内)」使い方 基準の数値を含むか含まないかで意味が紛れやすいため、数学では〈含む〉と規定し、一般に、数値を伴う場合や序列が明確な場合はこれに準じる。ただし、数値を伴わないで程度をいう場合は、「待遇は世間並み以下だ(=世間並みに満たない)」「僕の実力は彼以下だ(=彼に及ばない)」などのように、〈含まない〉と解される。

「以上」の場合も同様。「未満(=基準に満たない意)」は、字義通りその数値を含まないで、それより下の意。❷文章で、それより後に続く部分。≡「詳細は—に述べるとおりである」「—省略」❸〈代表として挙げる語に付いて、下に数値を伴い〉それを始めとして、関係するもの全部。≡「社長—八名(=全部で八名)が出席した」◈①②⬍以上

い-か【医科】クヮ〔名〕❶医学に関する諸学科。内科・外科・眼科など。医科学。≡「—大学」❷医科大学や大学医学部の俗称。

い-か【医家】〔名〕医術を職業とする家。また、医者。

い-か【易化】クヮ〔名・自他サ変〕簡単になること。また、簡単にすること。≡「入試問題が昨年より—する」⬍難化(なんか)

い-か【異化】クヮ〔名・他サ変〕❶文芸などで、非日常的異様さをきわだたせることによって、表現効果を上げたり新たな認識を促したりすること。≡「—効果」▼Verfremdung ドイ などに由来。❷生物体が有機化合物など化学的に複雑な物質をより簡単な物質に分解すること。≡「糖分を—する」「—作用」▼catabolism の訳。◈⬍同化

いが【▼毬・▼梂】〔名〕クリなどの実を包む、とげの密生した外皮。いがいが。

い-かい【位階】ヰ〔名〕国家に功績のあった故人に与えられる栄典。正と従の一位から八位までがある。

い-かい【異界】〔名〕人間の社会とは異なる世界。亡霊や物の怪(け)などの住む領域。

い-かい【遺戒(遺▼誡)】ヰ〔名〕故人が後世のためにのこしたいましめ。ゆいかい。

い-がい【以外】グヮイ〔名〕❶〈体言や文をうけて〉それを除いたほか。≡「関係者—は出て行ってください」「一気に攻め込む—ないだろう」❷〈「以外の何ものでもない」の形で〉まさにそれそのものだの意で、その判断を強調する。≡「好奇心—の何ものでもない」❸そこより外側。≡「この城壁より—は異国とされた」⬍以内 使い方 ③の用法はまれ。「以内」と同様に、それを含む外側の意味を表すこともある。≡「矢が同心円の朱帯以内なら点数になるが、ピンクの帯—に刺さったら0点」

い-がい【意外】グヮイ〔名・形動〕思っていたことと実際が大きく食い違うこと。≡「彼が婚約していたとは—だった」「—な事実が明らかになる」「—に元気なので安心した」「—性」使い方「意外に」を「意外と」と言うことが多くなっているが、やや崩れた語感がある。派生 -さ

い-がい【遺骸】ヰ〔名〕❶死んだ人のからだ。遺体。なきがら。むくろ。▼「死体」「死骸」よりも丁寧な言い方。❷古生物学などの慣用で、(鉱物と化した)動植物の死骸。

いが-いが〔名〕❶⬇いが(毬)≡「クリの—」❷〔副〕いがらっぽいこと。ちくちくと刺激されるような感じがすること。≡「のどが—する」

い-かいよう【胃潰瘍】クヮイヤウ〔名〕胃壁にできた傷がくずれて粘膜の下層に達する病気。

いか-が【〈如何〉】〔副・形動〕❶相手の気持ちや様子などを(儀礼的に軽く)尋ねたり確かめたりする語。≡「御機嫌は—ですか」「暑い日が続きますが、—お過ごしでしょうか」❷疑問の形で、相手を勧誘する語。≡「お茶でも—?」❸〈「いかがなものか」などの形で〉疑い危ぶむ気持ちを表す語。どうかと思われる。≡「御意見はもっともながら、強行するのは—なものか」◈「いかにか」の転。使い方 ①②は「どう・どのよう」と、③は「どうか・どんなものか」などと類義だが、「いかが」のほうが丁寧。③は不賛意の意では、しばしば慇懃(いんぎん)な皮肉がこもる。

いかがわし・い【〈如何〉わしい】〔形〕❶信用してよいかどうか、うたがわしいさま。≡「話が出来すぎていて—」❷道徳・風紀の点で、好ましくない印象があるさま。≡「—場所に出入りする」派生 -げ/-さ

い-かく【威嚇】ヰ〔名・他サ変〕力を示して相手をおどすこと。≡「刀を抜いて敵を—する」「—射撃」

い-がく【医学】〔名〕人体(の病気・健康)についての諸現象を探究し、治療法・予防法などの技術を研究する学問。≡「基礎[精神]—」

い-がく【異学】〔名〕江戸時代、幕府が正学として公認した朱子学以外の儒学。≡「寛政—の禁」▼異端の学の意。

い-かくちょう【胃拡張】クヮクチャウ〔名〕内容物がたまって、胃が異常に広がる病気。

いが-ぐり【▼毬▼栗】〔名〕❶いがに包まれたままのクリの実。❷髪を丸刈りにした頭。また、その人。▼「毬栗頭」の略。

い-かけ【鋳掛け】〔名〕なべ・かまなど、金物のこわれた部分にハンダなどを溶かしこんで修理すること。≡「—屋」

いか-さま【〈如何〉様】■一〔名・形動〕いかにも本当らしく見せかけること。また、そのもの。いんちき。まやかし。≡「—な手口」▼いかなるさまかといぶかる意から。■二〔副〕〔古風〕いかにも。なるほど。≡「—古そうな寺院」▼感動詞的にも使う。≡「—、もっともだ」

いか・す〔自五〕格好がよくて、ちょっとした魅力がある。≡「そのジーンズ、—じゃないか」

いか・す【生かす(▽活かす)】〔他五〕❶殺さないで命を保たせる。生きながらえさせる。≡「—も殺すも親分の胸三寸だ」❷野球で、やむなく塁上に走者を出してしまう。≡「一塁に—」❸上手に使って役立てる。有効に利用する。活用する。≡「新しい仕事に経験を—」「不良在庫を—」❹特性などを引き出して、生き生きしたものにする。≡「素材のうまみを—」◈⬍殺す 書き分け ③④は【活】が好まれる。可能 生かせる

い-かすい【胃下垂】ヰ〔名〕胃が異常にたれ下がった状態になる病気。▼内臓全体が下がっていることが多い。

いかずち【▽雷】イカヅチ〔名〕〔古風〕かみなり。▼「厳(いか)つ霊(ち)」の意。「つ」は「の」の意。

い-かぞく【遺家族】ヰ〔名〕一家の中心だった人が死んだあとに残された家族。特に、戦没者の遺族。

いかだ【▼筏・▼桴】〔名〕木材や竹を横に並べて結び、水に浮かべたもの。木材の運搬や簡便な船として使う。≡「—師」数「一枚(いちまい)…」と数える。

い-がた【鋳型】〔名〕鋳物をつくるとき、溶かした金属を流し込む型。型通りに同じ物を幾つも作ることができる。

◉**鋳型にはめる** 画一化された特徴のない人間にする。≡「—・めた教育」

い-カタル【胃カタル】ヰ〔名〕胃炎の旧称。

い-かつ【威喝】ヰ〔名・他サ変〕大声を上げておどすこと。≡「近づく敵を—する」

いかつ・い【▽厳つい】〔形〕かどばってごつごつしたさま。いかめしい。ごつい。≡「—顔をした人」派生 -げ/-

さ

いか-な【〈如何〉な】［連体］［古風］〈下に助詞「も」を伴って〉どのような。どんな。いかなる。〓「―人でも感動するだろう」▼「いかなる」の転。

いか-な・い［連語］❶思うように事が運ばない。ゆかない。〓「事はそう簡単には―」「一筋縄では―」❷〈「わけにはいかない」の形で〉…できない。…することが許されない。〓「欠席するわけには―」使い方 二重否定「…ないわけには―」の形で、義務・当然の意を表す。〓「引き受けた以上はやり遂げないわけには―」◈「行く」＋打ち消しの助動詞「ない」。使い方 ①②とも敬語表現に「いきません」「参りません」などがある。「いかぬ」は古風な、「いかん」は関西方言的な言い方。

いか-なご【〈玉筋魚〉】［名］銀白色の細長い体をしたイカナゴ科の魚。近海にすむ。幼魚を煮干しや佃煮(つくだに)にする。コウナゴ。

いか-なる【〈如何〉なる】［連体］❶状態などが分からないさま。どのような。どんな。〓「―理由でこの事件が起こったかは分からない」❷〈程度を強調して〉どのような…でも。〓「―事情があっても弁解は許されない」

いか-に【〈如何〉に】［副］❶状態などが分からないさま。どのように。どんなふうに。どう。〓「人生、―生きるべきか」「会の運営は―あるべきか」❷〈程度を強調して〉どれくらい。どれほど。どんなに。〓「彼が―悲しんだかは誰もが知っている」「―叫ぼうとも助けは来ない」

いかに-も【〈如何〉にも】［副］❶物事の認定が、ぴったりと一致しているという気持ちを表す。どこから見ても。どう考えても。〓「ここであきらめるのは―早い」「全山の紅葉は―秋を思わせる」▼いかなる点においてもの意から。❷〈相手のことばを受けて〉その通りだと同意する語。全く。確かに。〓「―お説の通りです」

いか-のぼり【▼凧・〈紙▼鳶〉】［名］［古風］関西地方で、凧(たこ)。▼「烏賊幟(いかのぼり)」の意で、春の季語。

いか-ばかり【〈如何〉▽許り】［副］どれほど。どのくらい。いかほど。〓「独力で―のことがなしえようか」「悲しみは―かとお察しします」

いか-ほど【〈如何〉ほど・〈如何〉▽程】［副］❶どのくらい。どれほど。いくら。〓「お代は―ですか」❷どのように〈強く〉…しても。いくら…しても。〓「―頼んでも聞いてくれない」

いがみ-あ・う【▼啀み合う】ファ［自五］❶獣が互いにかみつこうとする。❷敵意をもって互いに争う。〓「兄弟同士で―」名 **いがみ合い**

いかめし・い【▽厳めしい】［形］❶近寄りがたいほどに威厳や威圧に満ちている。〓「―表情」「見るからに―門構えの家」❷警戒が厳重である。〓「―・く警護を固める」派生 -げ／-さ

い-カメラ【胃カメラ】ヰ［名］❶口や鼻から胃の中に挿入し、遠隔操作で内壁を撮影する超小型カメラ。ガストロカメラ。〓「―を飲む」❷胃や食道を観察する内視鏡の通称。

いか-もの【〈如何〉物・▽偽物】［名］❶まがいもの。にせもの。❷いかがわしく、奇妙なもの。

いかもの-ぐい【〈如何〉物食い】ヒク［名］❶普通の人は食べないものを好んで食べること。また、その人。悪食(あくじき)。❷普通の人とは違った趣味や好みを持つこと。また、その人。

いか-よう【〈如何〉様】ヤウ［形動］どんなふう。どのよう。〓「―にも解釈できる」

いから・す【怒らす】［他五］❶立腹させる。怒(おこ)らす。▼今は「怒(おこ)らせる」が一般的。❷いかめしいようすをする。かど立たせる。いからかす。〓「肩を―・して歩く」「目を―・してにらむ」異形 **いからせる**

いがらっ-ぽ・い【▼蘞辛っぽい】［形］のどや鼻などの呼吸器系が、ちくちくと刺激されるように感じる。えがらっぽい。〓「のどが―」派生 -さ

いかり【▼錨・▼碇】［名］船が流されないように、綱や鎖につけて水底に沈めておく(鉄製の)おもり。アンカー。〓「―を上げる」

いかり【怒り】［名］腹を立てること。また、その感情。憤り。憤怒(ふんぬ・ふんど)。〓「―を覚える」「―が収まる」

◉**怒り心頭(しんとう)に発(はっ)・する**　激しく怒る。注意「発する」を「達する」とするのは誤り。

いかり-がた【怒り肩】［名］高く角張った肩。⇕なで肩

いかる【〈斑▼鳩〉・▼鵤】［名］各地の山地にすむアトリ科の鳥。体は灰色で、頭・翼・尾は紺色。黄色の太いくちばしをもつ。三光鳥。イカルガ。

いか・る【怒る】［自五］❶腹を立てる。立腹する。かど立つ。怒(おこ)る。〓「政治の腐敗に―」❷いかめしくなる。かど立つ。〓「肩が―・っている」▼主に「―・って」「―・った」の形で使う。◈もと、かど立って激しく動く意。名 **怒り**

いか・れる［自下一］❶してやられる。〓「初戦から―・れちゃったよ」❷頭の働きや行動が正常でなくなる。〓「彼女に―（＝すっかり夢中になる）」❸こわれたり古くなったりして、役に立たなくなる。〓「背広が―・れてきた」「エンジンが―」◈「行かれる」から。

いか-ん【〈如何〉・〈奈何〉】一［名］物事の成り行きや結果がどうであるかということ。〓「理由の―を問わず例外は認めない」「成否は君の努力―にかかっている」二［副］状態などについて、疑問を表す。どのようであろうか。いかに。〓「果たして結果や―」◈「いかに」の転。

い-かん【衣冠】クヮン［名］❶衣服と冠(かんむり)。❷男性が宮中で着用した装束。冠をつけ指貫(さしぬき)を着る。▼もと束帯の略装。のち「―束帯」と熟して、公家の正装を言った。

い-かん【尉官】ヰクヮン［名］旧陸海軍の大尉・中尉・少尉の総称。また、自衛隊の一尉・二尉・三尉の総称。将校に属し、将官・佐官の下。

い-かん【異観】クヮン［名］珍しくて変わったながめ。

い-かん【移管】クヮン［名・他サ変］管理・管轄をほかへ移すこと。〓「県の事業を市町村に―する」

い-かん【偉観】ヰクヮン［名］すばらしいながめ。壮観。

い-かん【遺憾】ヰ［名・形動］❶思いどおりにならなくて、心残りなこと。残念。〓「万々―のないように心して進め」❷事柄が不首尾で、到底容認できるものではないさま。よくない。まずい。〓「住民側が市政に―の意を表明した」「当社は今回の脱線事故を誠に―に思っている」使い方 ②は、取り返しのつかない行為について言って、相手側には非難の、自分側には釈明の言い方となる。謝罪ではない。⬇おわびのことば（一八四ページ）

いか-・ん［連語］「いかない」「いけない」の関西方言的な言い方。⬇いかない・いけない〓「うまく―なあ」「これは―、遅刻しそうだ」▼「いかぬ」の転。

い-がん【依願】クヮン［名］本人の願い出によること。〓「―退職」

い-がん【胃▼癌】ヰ［名］胃に生じるがん。

いかんせ-ん【〈如何〉せん】［副］どうにもできない

意から、なすべき手段がなくて困る意を表す。残念なことに。‖「行きたいのはやまやまだが、ー時間がない」

いかん-とも【〈如何〉とも】[副]〈下に否定的表現を伴って〉どのようにしても…できない。どうにも。‖「我々の力ではーしがたい」「情報不足で、ー判断のしようがない」

いかん-ながら【遺憾ながら】ヰカン[副] 残念であるが。また、意に沿わなくて、気の毒であるが。‖「ー彼は約束を破った」「ー出席できかねます」

いかん-なく【遺憾なく（遺憾無く）】ヰカン[副] 心残りなく。十分に。‖「ー実力を発揮する」

いき【息】[名] ❶呼吸作用（に伴って口や鼻から出入りする吸気と呼気）。また、そのそれぞれ（特に、呼気）をいう。‖「ーが止まる」❷二人以上で物事をするときの気持ちのかねあい。‖「ーの合った名演技」

◉**息が掛か・る** 有力者の影響や支援などが間近に及ぶ。‖「社長のーった人物」▽吐く息が届くほどに近い意から。

◉**息が切・れる** ❶息切れがする。❷苦しくて物事が続けられなくなる。‖「業半ばにしてー」❸息が止まる。息が絶える。死ぬ。

◉**息が絶・える** 死ぬ。息絶える。

◉**息が詰ま・る** ❶呼吸が十分にできなくなる。❷激しい情動や緊張のために息苦しくなる。‖「会場はーような雰囲気に包まれていた」

◉**息の長・い** ❶活動期間が長い。‖「教育はー仕事だ」❷文章で、句点と句点の間が長く続いている。‖「ー文章」◈「息が長い」とも。

◉**息も吐っかせ・ず** 息をする間も与えないほどに、素早かったり続けざまであったりするさま。‖「ー・ぬ早業」

◉**息を切ら・す** せわしい息づかいをする。

◉**息を殺・す** 息を抑えて、緊張感をもってじっとしている。‖「ー・して敵から隠れる」

◉**息を詰・める** 張り詰めた様子で、息を止める。‖「ー・めて成り行きを見守る」

◉**息を吞む** 驚きや恐れのために一瞬息を止める。

注意 継続する動作について使うのは本来は誤り。‖「× 選挙の動向を息をのんで見守る」

◉**息を弾ま・せる** 息づかいを荒くする。息せき切る。‖「ー・せて報告する」

◉**息を引き取・る** 息が絶える。死ぬ。

◉**息を吹き返・す** ❶生き返る。❷だめだと思っていたものが再び元の状態に戻る。‖「壊滅状態に陥った産業がー」

いき【生き（▽活き）】[名] ❶生き（てい）ること。‖「ー甲斐・ー死に」「長ー」▼他の語と複合して使う。❷魚肉などの鮮度の度合い。また、食用の魚介などが生きていること。‖「ーのよい魚」「ー作り」⬇生け ❸生き生きして活気があること。元気。‖「ーのよい若者」❹囲碁で、一連の石に二つ以上の目があって相手にとられないこと。❺校正で、一度修正・削除した箇所をもとに戻すこと。◈ 書き分け 【活】は主に②〜④で使う。⑤は「イキ」とカタカナで書く。

いき【行き（▽往き）】[名] ❶目的地に向けて移動すること。また、その時やその経路。‖「ーは新幹線にする」「ーの電車」⬍帰り ❷地名の下に付いて、そこが乗り物の進む目的地であることを表す。‖「松本ーの特急」◈「ゆき」とも。

いき【粋】[名・形動] ❶容姿・気風などが洗練されていて、しゃれた色気があること。あかぬけしている。粋。‖「ーな姿［柄］」❷義理人情を解し、物分かりのよいこと。‖「ーなはからい」❸花柳界の事情に通じていること。また、花柳界。‖「ー筋」◈江戸の町人が理想とした美的な生活理念。⬍野暮 書き方「意気」から出た語。「意気」とも書くが、「粋」またはかな書きが一般的。

派生 -がる

いき【域】ヰキ[名] ある限られた範囲。ある段階。‖「草案のーを出ない」「名人のーに達する」「区ー・音ー・聖ー」

いき【▼閾】ヰキ[名] 心理学で、意識が刺激を知覚し反応を起こす場合の、その境目にある知覚・反応。また、そのときの刺激量。識閾。

い-き【委棄】ヰ[名・他サ変] うちすてたままにしておくこと。▼今は法律では「遺棄」を使う。

い-き【意気】[名] 心持ち。特に、積極的に何かをしようとする心持ち。気概。志気。やる気。‖「ーが揚がる」「ー投合［揚々］」「人生ーに感ず、功名誰かまた論ぜん〈魏徴〉」

い-き【遺棄】ヰ[名・他サ変] 保護すべきものなどを捨て置くこと。‖「子供をーする」「死体ー」

い-ぎ【威儀】ヰ[名] 礼式・作法にかなった、いかめしい振る舞いや身なり。‖「ーを正す」

い-ぎ【異義】[名] 異なった意味。‖「同音ー」⬍同義

い-ぎ【異議】[名] 異なった意見。特に、ある意見や処置などに対し、不服・不賛成の意見。‖「ーを唱える」

い-ぎ【意義】[名] ❶記号（特に、ことば）の表す内容。意味。‖「単語［暗号］の表すーを解き明かす」使い方「意味」のほうが用法が広く、かつ一般的（「意味する・ある意味で」などの言い方は「意義」にはない）。「意義」は文脈を離れても成立する抽象的内容、「意味」は文脈的・具体的内容を表す傾向がある。❷物事の持つ価値や重要性。意味。‖「人生のーを問う」「歴史的に重要なーを持つ」「有ー」使い方「意味」よりも改まった言い方。

いき-あ・う【行き合う（行き▼逢う）】ーフ[自五] ⬇ゆきあう

いきあたり-ばったり【行き当たりばったり】[名・形動] 計画を立てずに、なりゆきに任せて行うこと。ゆきあたりばったり。‖「ーに宿を決める」

いき-あた・る【行き当たる】[自五] ❶進んでいってものに突き当たる。‖「まっすぐ行くと川にー」❷困難な事態に直面する。行きづまる。‖「難局にー」◈「ゆきあたる」とも。

いき-いき【生き生き（▽活き▽活き）】[副ト] 活気にあふれて勢いのよいさま。‖「ー（と）した表情［描写］」

いき-いそ・ぐ【生き急ぐ】[自五] 人生を短いものだとして、せわしなく生きる。‖「なぜそんなにーのか」▼「死に急ぐ」をもじった造語。

いき-うつし【生き写し】[名] 容姿やしぐさが区別できないほどよく似ていること。‖「この子は話し方まで父親にーだ」▼ふつう血のつながりのある人について言う。

いき-うま【生き馬】[名] 生きている馬。

◉**生き馬の目を抜・く** 生きている馬の目を抜くほど、素早く物事をする。すばしこく油断のならないことをいう。

いき-うめ【生き埋め】[名] 生きたまま地中にうめること。また、うまること。

いき-え【生き餌】ヱ[名] えさにする生きたままの虫や小動物。

いきおい【勢い】(イキホヒ) ■一 [名] ❶物や物事の活発な動きを保持・増強させる強い力。特に、社会的に他を圧する強い力。「水かさが増して流れに―がつく」「進撃の―が止まる」「一杯飲んで―をつける」「破竹(はちく)の―」 ❷人力では制御できない、物事の必然的ななりゆき。「自然の―に任せる」 ❸〈「勢いで」の形で、上に修飾語を伴って〉それが要因となって、物事が引き起こされる意を表す。「酔った―で日ごろの不満をぶつける」 ■二 [副] 事のなりゆき上、必然的にそうなるという気持ちを表す。自然のなりゆきで。「無駄遣いが過ぎれば、―生活に困ることになる」

いきおい-こ・む【勢い込む】(イキホヒ) [自五] 積極的に何かをしようと意気込む。気負い立つ。

いきおい-づ・く【勢いづく(勢い付く)】(イキホヒ) [自五] あるきっかけで勢いが盛んになる。活気づく。「敵の失策で―」

いきおい-よく【勢い▽好く】(イキホヒ) [副] 動作・作用の勢いがよいようす。「号砲とともに―飛び出す」「水が―流れ出る」

いき-がい【生き▽甲▼斐】(カヒ) [名] 生きていくための支えとなる目標や心の張り合い。「仕事に―を感じる」

いき-がい【域外】(ヰキグワイ) [名] ある区域のそと。圏外。⇔域内

いき-かえり【行き帰り(▽往き帰り)】(カヘリ) [名] 行きと帰り。往復。ゆきかえり。「会社の―にバスを利用する」

いき-かえ・る【生き返る】(カヘル) [自五] 命をとりもどす。また、生気をとりもどす。よみがえる。「死者が―」「ようやくの雨で作物が―・った」

いき-がかり【行きがかり(行き掛かり)】 [名] ❶いったん動き始めた物事の勢い。なりゆき。「―上やむをえない」 ❷これまでの事情。「一切の―は水に流そう」 ❸行きがけ。「―に銀行に寄る」◈「ゆきがかり」とも。

いき-がけ【行きがけ(行き掛け)】 [名] 行く途中。また、行くついで。ゆきがけ。「―に書店をのぞく」⇔来がけ・帰りがけ

⦿**行きがけの駄賃(だちん)** ある事のついでに他の事をして利益を得ること。▽馬子が問屋などへ荷物を取りに行くついでに、ほかの荷物を運んで手間賃を得たことから。

いき-かた【生き方】 [名] 人生の歩み方や生活のしかた。「自分に合った―を模索する」

いき-がね【生き金】 [名] 有効に使われる金。使っただけの価値がある金。⇔死に金

いきがみ-さま【生き神様】 [名] 人の姿をかりてこの世に現れた神。多く、徳の高い人や教祖を高めていう。

いき-が・る【粋がる】 [自他五] 自分からいきだと思って得意がる。いきぶる。名 **いきがり**

いき-き【行き来(▽往き来)】 [名・自サ変] ❶行くことと来ること。また、行ったり来たりすること。往来。「夜は人の―が少ない」「トラックが―する道路」 ❷交際すること。つきあい。「親しく―する」「あの家とは―がない」◈「ゆきき」とも。

いき-ぎも【生き肝(生き▽胆)】 [名] 生きている動物のきも。

⦿**生き肝を抜・く** ひどく驚かす。度肝を抜く。

いき-ぎれ【息切れ】 [名・自サ変] ❶呼吸が苦しくて、あえぐこと。「階段を上ると―がする」 ❷疲れや飽きなどがきて、最後まで力が続かないこと。「後半は―してあっけなく敗れた」

いき-ぐるし・い【息苦しい】 [形] ❶呼吸をするのが苦しく感じる。「発作が治まらなくて―」 ❷圧迫されるようで重苦しいさま。「―緊張が続く」派生 -げ/-さ

いき-けんこう【意気軒▼昂】(ーケンカウ) [形動タル] 意気込みが盛んで元気なさま。「―として任地に向かう」⇔意気消沈・意気阻喪 書き方 新聞は「意気軒高」で代用。

いき-ごみ【意気込み】 [名] 進んで物事をしようとする勇み立った気持ち。意気組み。

いき-ご・む【意気込む】 [自五] 進んで物事をしようと奮い立つ。張り切る。「新記録をねらって―」「―・んでリングに上がる」名 **意気込み**

いき-さき【行き先】 [名] ❶行こうとする目的地。「―も告げずに出かける」 ❷これから先。将来。「子の―を案じる」◈「ゆきさき」とも。

いき-さつ【〈経緯〉】 [名] 物事がそこに至るまでの事情。事の経過。経緯(けいい)。「口論になった―を説明する」

いき-ざま【生き様】 [名] 特徴ある人生観や人間性などで他を圧倒する、強烈な生き方。「著者の―に感動する」▽「死にざま」の類推から生まれた語。

いき-じ【意気地】(ーヂ) [名] 自分の信念をあくまでも押し通そうとする気持ち。意地。「―を通す」

いき-じごく【生き地獄】(ーヂゴク) [名] 地獄のような、むごたらしいありさま。また、地獄に落ちたような、ひどい苦しみ。この世の地獄。「―さながらの火災現場」

いき-しな【行きしな】 [名] 行くついで。行きがけ。ゆきしな。「―に寄ってみよう」⇔帰りしな▽「しな」は「…しがけ」の意を表す接尾語。

いき-しに【生き死に】 [名] 生きることと死ぬこと。生きるか死ぬかということ。生死(せいし・しょうじ)。「―にかかわる問題」

いき-じびき【生き字引】 [名] 知識が広く、何でもよく知っている人。「芸能界の―」

いき-しょうちん【意気消沈(意気▼銷沈)】(ーセウチン) [名・自サ変] がっくりして、沈み込むこと。意気阻喪。「惨敗を喫して―する」⇔意気軒昂

いき-しょうてん【意気衝天】 [名] 意気込みが天を衝くほどに、盛んなこと。「敵の気迫に―する」「―の勢い」注意 「意気昇天」と書くのは誤り。

いき-しょうにん【生き証人】 [名] ある出来事を直接経験し、それを伝えることができる人。「歴史の―」▽比喩的に、物について言うこともある。「この遺跡は激動の時代を見てきた―だ」

いき-すぎ【行き過ぎ】 [名] ❶目的の所より先に行くこと。 ❷[形動] 度を超して物事をすること。「―な取り締まり」◈「ゆきすぎ」とも。

いき-す・ぎる【行き過ぎる】 [自上一] ❶通り過ぎる。通過する。「店の前を―」「一駅―・ぎて引き返す」 ❷度を超す。「取材活動が―」◈「ゆきすぎる」とも。

いき-すじ【粋筋】(ーヂ) [名] ❶花柳界。「―の客」 ❷恋愛に関する事柄。

いき-せき-き・る【息せき切る(息▽急き切る)】 [自五] 非常に急いで、息づかいを荒くする。息せく。「―・って病院に駆けつける」▽多く「息せき切って」の形で使う。

いき-そそう【意気阻喪(意気▼沮喪)】(ーサウ) [名・自サ変] 気力がくじけ、元気がなくなること。意気消沈。⇔意気軒昂

いき-たい【生き体】 [名] 相撲で、倒れかけているが、

まだ立ち直る可能性がある力士の体勢。⬍死に体

いき-た・える【息絶える】〔自下一〕死ぬ。息が絶える。

いき-だおれ【行き倒れ】〔名〕病気・飢え・寒さなどのために路上で倒れたり、そのまま死んだりすること。また、その人。ゆきだおれ。

い-ぎたな・い【▽寝▼穢い・▽寝汚い】〔形〕辺りをはばからず、眠りをむさぼるさま。〓「ー・く眠りこける」⬍いざとい ▼「寝」は寝ることの意。✓注意 意地汚いの意で使うのは誤り。〓「×いぎたなく食べる」

いき-ち【生き血】〔名〕生きている動物の、なまなましい血。なまち。

◉**生き血を吸・う** 冷酷な手段で人の利益をしぼり取る。

いき-ち【▼閾値】〔名〕❶生体の感覚器や神経、筋肉などに反応を生じさせるのに必要な刺激の最小値。❷一般に、反応や変化を生じさせるのに必要なエネルギーの最小値。〓「電圧がーに達する」◈「しきいち」とも。

いき-ちがい【行き違い】〔名〕❶出会うはずの両者が時間・場所などのずれによって会えないでしまうこと。〓「わざわざ出向いたのにーになる」❷互いにしかける物事がちぐはぐになること。〓「感情のーが生じる」◈「ゆきちがい」とも。

いき-ちが・う【行き違う】〔自五〕❶行き合って互いに違った方向に行く。すれ違う。〓「偶然に橋の上でー・う」❷行き合いながら相手と会えないでしまう。行き違いになる。❸互いがしかける物事がかみ合わないでちぐはぐになる。〓「二人の手紙がー・って話がこじれる」◈「ゆきちがう」とも。名**行き違い**

いき-づかい【息遣い】〔名〕息をする様子。呼吸の仕方。また、呼吸とともに出る音。〓「ーが荒い」

いき-つぎ【息継ぎ】〔名〕❶歌・台詞などの途中で息を吸い込むこと。また、水泳で、水面から顔を上げて息を吸い込むこと。❷仕事の途中で少し休むこと。息ぬき。息休め。

いき-つ・く【行き着く】〔自五〕❶目的地に到着する。〓「山頂にー・く」❷物事が最終的な状態に達する。〓「戦況はーところまで来たようだ」◈「ゆきつく」とも。

いき-づ・く【息▽衝く】〔自五〕❶確かな存在感をもって生きている。また、物事が生き生きとして存在する。〓「雨に打たれて木々がー・く」「現代にー伝統芸能」❷〔古風〕息をする。

いき-づくり【生き作り(▽活き作り)】〔名〕⬇いけづくり

いき-つけ【行きつけ(行き付け)】〔名〕しばしば行っていること。ゆきつけ。〓「ーの店〔蕎麦屋〕」

いき-づま・る【息詰まる】〔自五〕緊張して、息がつまるように感じる。〓「ー対決」

いき-づま・る【行き詰まる】〔自五〕❶道がなくなって、それ以上先へ進めない所までくる。〓「袋小路でー・って引き返す」❷物事をそれ以上先へ進められなくなる。〓「資金不足で会社の経営がー・る」「交渉にー・る」◈「ゆきづまる」とも。名**行き詰まり**

いき-とうごう【意気投合】〔名・自サ変〕互いに気持ちが一致すること。

いきどおり【憤り】〔名〕いきどおること。また、その感情。怒り。憤慨。〓「不正にーを覚える」

いきどお・る【憤る】〔自他五〕不正などに対して、非難の気持ちをもって怒る。憤りを感じる。立腹する。憤慨する。〓「社会の不正に〔を〕ー・る」使い方「怒る」よりは文章語的な言い方。名**憤り**

いきどおろし・い【憤ろしい】〔形〕憤りを感じるさま。腹立たしい。〓「己の運命をふりかえる時が、最も情なく、恐ろしく、ー〈中島敦・山月記〉」▼動詞「いきどおる」を形容詞化した語。

いき-どころ【行き所】〔名〕行き先。また、行くべき所。ゆきどころ。〓「ーがなくて途方にくれる」

いきとし-いける-もの【生きとし生けるもの】〔連語〕この世に生きているものすべて。あらゆる生き物。▼「と」「し」は強意の文語助詞。

いき-とど・く【行き届く】〔自五〕注意や配慮が細かいところまでゆきわたる。ゆきとどく。〓「ー・いたサービス」

いき-どまり【行き止まり】〔名〕道などの行く手がさえぎられ、それより先へは進めないこと。また、その場所。ゆきどまり。

いき-ない【域内】〔名〕ある区域のうち。圏内。⬍域外

いき-ながら・える【生き長らえる(生き▽存える)】〔自下一〕この世に長く生き続ける。〓「死線を越えてー・える」文いきながら・ふ

いき-なや・む【行き悩む】〔自五〕⬇ゆきなやむ

いき-なり【(行き成り)】〔副〕前触れや前段階的な手続きがなく、事が急に起こるさま。また、開始直後に早々と起こるさま。〓「ー車道に飛び出すのは危険だ」「ー怒り出したので驚いた」「ー聞かれても困る」

いき-ぬき【息抜き】〔名〕❶〔自サ変〕緊張をゆるめて、少しのあいだ休むこと。休憩。息継ぎ。息休め。❷〔古風〕換気口。

いき-ぬ・く【生き抜く】〔自五〕苦しみなどにたえて最後まで生き通す。〓「苦難の人生をー・く」

いき-のこり【生き残り】〔名〕生き残ること。また、その人。〓「特攻隊のー」「党のーをかけた総選挙」

いき-のこ・る【生き残る】〔自五〕死なないでこの世に残る。〓「一人だけー・る」名**生き残り**

いき-の-ね【息の根】〔名〕呼吸。いのち。

◉**息の根を止・める** ❶殺す。❷徹底的にやっつける。〓「新商品でライバル会社のー」

いき-の・びる【生き延びる】〔自上一〕死ぬはずのところを生きて、命が続く。生き長らえる。〓「戦火の下をー」文いきの・ぶ

いき-ば【行き場】〔名〕行くべき場所。行って自分が占める場所。ゆきば。〓「焼け出されてーがない」「怒りの持ってーがない」

いき-はじ【生き恥】〔名〕生きているために受ける恥。〓「ーをさらす」⬍死に恥

いき-ば・る【息張る】〔自五〕息む。

いき-ぼとけ【生き仏】〔名〕仏のように慈悲深く、徳の高い人。活仏。▼高徳の僧などを高めていう。

いき-ま・く【息巻く】〔自五〕激しい態度で勢いや怒りを示す。激しく言い立てる。気炎を上げる。〓「絶対に勝つとー」▼息撒く意。✓注意「意気巻く」と書くのは誤り。

いき-み【生き身】〔名〕❶生きているからだ。なまみ。⬍死に身 ❷とれたての、生きのいい魚。

◉**生き身は死に身** 生きているものは必ず死ぬということ。生者必滅。

いき・む【息む】〔自五〕息をつめて腹に力を入れる。息張る。力(りき)む。気張る。〓「石を動かそうとして―」名 **息み**

いき-もの【生き物】〔名〕生きているもの。生物。特に、動物。〓「―をかわいがる」「―を飼う」使い方 比喩(ひゆ)的に、命があるかのように生き生きとした振る舞いを見せるものの意で使う。〓「言葉は―だ」

い-きょ【依拠】〔名・自サ変〕よりどころとすること。〓「条例に―する」

い-きょう【異教】(ケウ)〔名〕自分の信じる宗教とは異なる宗教。特にキリスト教で、キリスト教以外の宗教。〓「―徒」

い-きょう【異郷】(キャウ)〔名〕故郷や母国を遠く離れた土地。他郷。〓「―をさすらう」▼「異郷」と「異境」は、「異郷」を国内の地に、「異境」を外国に限定して使い分けることもあるが、一般には意味が広く情緒的な語感をもつ「異郷」が好まれる。

い-きょう【異境】(キャウ)〔名〕母国を遠く離れた土地。他国。〓「―にあって祖国を思う」▼⬇異郷

い-ぎょう【医業】(ゲフ)〔名〕医療に携わる職業。また、医者の業務。

い-ぎょう【異形】(ギャウ)〔名・形動〕ふつうとは違った怪しい姿・形をしていること。また、そのもの。読み分け「異形のもの／鳥／妖怪」「異形な山／姿／扮装」など生き物や擬人化した物を指すときは「いぎょう」と読む。「異形管(いけいかん)・異形機(いけいき)」など擬人化しない物を指すときは「いけい」と読む。

い-ぎょう【偉業】(ゲフ)〔名〕偉大な事業や業績。〓「―を成し遂げる」

い-ぎょう【遺業】(ゲフ)〔名〕死んだ人が残していった事業。〓「―を継ぐ」▼完成した事業にも、未完の事業にもいう。

いぎょう-どう【易行道】(イギャウダウ)〔名〕浄土宗・浄土真宗などで、念仏を唱えれば阿弥陀如来(あみだにょらい)の導きによって容易に極楽往生をとげることができるという教え。他力教。他力門。⬍難行道(なんぎょうどう)

いき-ようよう【意気揚揚】(ヤウヤウ)〔形動タリ〕得意で誇らしげなさま。〓「―と凱旋(がいせん)する」

い-きょく【医局】〔名〕病院で、医務を行う所。薬局・事務局に対していう。〓「―長」

い-きょく【委曲】(ヰ)〔名〕事情などが細かく詳しいこと。また、その事情。詳細。〓「―を尽くして説明する」

いきり-た・つ【▽熱り立つ】〔自五〕怒って興奮する。猛(たけ)り立つ。

いき-りょう【生き霊】(リャウ)〔名〕恨みのある相手にたたりをするという、生きている人の魂。生霊(せいれい)。いきすだま。⬍死霊(しりょう・しれい)

いき・る〔自五〕調子に乗って偉そうにする。〓「―・ってる人」▼「粋がる」の略か。書き方「イキる」とも。

い・きる【生きる(▽活きる)】■〔自上一〕❶生物(特に、動物)が生命を維持してこの世にある。〓「一〇〇歳まで―」「余りの恐ろしさで―・きた心地がしない」❷生物(特に、動物)が生命を維持して、生活を営む。また、人がある精神的態度をもって人生に対処する。暮らす。〓「下町には人情味あふれる人たちが―・きている」「海に―人々」「砂漠に―動植物」「正直をモットーに―」❸そこを(活動の)舞台として人生を送る。〓「高齢化社会を／に―」使い方「を」は移動の場所を表す格助詞。「に」に比べて動的なニュアンスが出る。❹価値あるものとして、そこに精魂を傾けた人生を送る。〓「芸［思い出］に―」❺生き生きとして存在する。特に、有効に働いて役に立つ。〓「文豪の名は永遠に―・きている」「心の中に―父」「―・きた教訓」「この約束はまだ―・きている」❻有効な手段を講じた結果、効果が十分に発揮される。〓「この一語で表現が―」「塩加減で料理が―」❼囲碁で、(相手の石に囲まれた)一連の石が二つ以上の目を持つ。〓「石が―」❽野球で、アウトにならずにすむ。〓「四球で一塁に―」■〔他上一〕〈同族目的語などをとって〉そのような人生を送る。〓「幸福な人生を―」「悔いのない青春を―」「己(おの)れの信念を―」▼英語などの翻訳から出た言い方。◈■①⑤〜⑧・■⬍死ぬ 書き分け【活】は■⑤〜⑦で使う。文 いく

品格 生息「未知の生物が―する地」 生存「―可能な惑星」 存する「人間の―限り」

「生きる」を表す表現

①生命の維持。(命が続く・命を保つ・命を拾う・命を救われる・一命を取り留める・命をつなぐ・寿命が続く・寿命を保つ・息がある・息が通う・息を吹き返す・目の黒いうち)
②死の淵(ふち)からの帰還。(九死に一生を得る・死中に活を求める・死の淵を乗り越える・死線を越える・黄泉の淵から戻る)
③食事による生命の維持。(糊口(ここう)をしのぐ・口過ぎをする・口を糊(のり)する)
④時間の中での生存。(日々を送る・生涯を送る・人生を過ごす・生涯を共にする・共白髪まで添い遂げる)

いきれ【▽熱れ・▼熅れ】〔名〕むっとするような熱気や臭い。〓「人―・草―」

いき-わかれ【生き別れ】〔名〕肉親・夫婦などが、生きながら別れ別れとなること。生別(せいべつ)。⬍死に別れ 動 いきわか・れる(自下一)

いき-わた・る【行き渡る】〔自五〕⬇ゆきわたる

い・く【行く(逝く)】■〔動五〕■〔自〕❶ある場所から遠ざかるように進む。〓「早くあっちに―・け」「そろそろ―・こうか」「車が―・ってから渡ろう」使い方(1)①②は、話し手から見て遠ざかる動作・作用にいう。話し手に接近する場合は「来る」。〓「こっちへ来い」(2)「行く」の尊敬語には「いらっしゃる」、謙譲語には「伺う・参ずる」、丁重語には「参る」などがある。❷(目的を果たすべく)ある所に向かって進む。〓「夏休みは家族で京都に／へ―」「デパートへ買い物に―」使い方「〜に行く」は到着点に、「〜へ行く」は方向に注目した言い方。❸ある場所を移動する。通る。進む。また、ある状況下にあって(その場所を)移動する。〓「夜道を―」「青海原を船が―」「人生の裏街道を―」「わが道を―」❹仕事や学習などのために、繰り返しある所に通う。〓「兄は大学に―・っている」「会社にはいつも電車で―」使い方「行っている」は、繰り返しの動作であることを明示化する。❺そこを離れて、ある組織の一員となる。籍を移す。また、そこに入って拘束された状態に身を置く。〓「営業部に―・って手腕を発揮する」「学部を終えて大学院に―」「ラ

イバル会社に―」「本家に養子に―」
❻季節・年月などが過ぎ去る。‖「冬が―・き春が来る」「年の―・った人」「年端(とし)も―・かぬ子供」
❼死ぬ。逝去(せいきょ)する。‖「彼が逝って三年たつ」「ぽっくり逝く」⬇【書き分け】
❽知らせなどがそこに及ぶ。届く。着く。‖「学校から家庭に連絡が―」「追って指示が―手はずになっている」 使い方 発信する立場からいう。受信する立場からは「来る」。
❾ある状態に達する。特に、精神的に安定した状態になる。‖「許すところまではなかなか―・かない」「底値で売っては損が―(=損をする)」「満足[納得]が―」
❿〈多く、上に副詞を伴い〉物事が(そういう具合に)行われる。進む。運ぶ。‖「計画はうまく―だろう」「思い通りには―・かない」
⓫〈「わけにはいかない」の形で〉⬇いかない②
⓬〈「でいく」「といく」の形で〉望ましい結果を想定してそれと決める。‖「この手で―・こう」「来年は優勝と―・こうではないか」
⓭性交時などに快感が絶頂に達する。
■二〔補動〕〈動詞連用形+「て(で)いく」の形で〉❶進み行く途中で、ある動作をする意を表す。道すがら〜したあとで、また、行く。‖「人を押しのけて―」「ちょっと寄って―か」
❷進み行く動作の(基盤となる)様態を表す。そのような仕方で、行く。‖「てくてく歩いて―」「通勤電車は毎朝座って―」
❸ある動作が、進み行く動作と並行して行われる意を表す。〜しながら、行く。‖「荷物を持って―」「駅まで送って―・こうか」
❹話し手から遠ざかる移動動作であることを表す。‖「先へ先へと進んで―」「去って[出て]―」
❺時間的・心理的に遠ざかる気持ちを伴いながら、現在(または、基準となる時点)から未来への事態の展開を表す。‖「夜は深々と更けて―」「日ごとに元気になって―」「景気は徐々に回復に向かって―だろう」 使い方 時間的・心理的な接近の場合は「来る」。‖「日ごとに元気になってくる」「勇気がわいてくる」
◈書き分け (1)【行】は広く使う。【逝】は死ぬ意で㊀⑦に使うほか、帰らぬものとして過ぎ去る意で「逝きて帰らぬ青春の日々(⑥)」などと書くこともある。「行く」という実質的な意味があまりない㊀⑨以降はかな書きが多く、特に㊁⑤は積極的にかなで書かれる。(2)「▽往く」「▽征く」とも書く。【往】は戻る予定で行く意で「新幹線で往くが、帰りは飛行機にする」などと、【征】は敵を滅ぼすために外国へ行く意で「戦地[戦争]に征く」などと書くが、今は【行】が一般的。 使い方 (1)「ゆく」とも。「ゆく」には「いく」にない古風で優雅な響きがある。「去りゆく」「進みゆく」「更けゆく」「暮れゆく」など、「ゆく」が優勢な語も少なくない。また、「ゆく」には促音便形がなく、「学校にゆった」とはならない。現在は活用のそろった「いく」のほうが優勢。(2)㊁の「ていく」は、話し言葉ではしばしば「てく」となる。⬇てく・てった・てって 可能 行ける 名 行き

品格 足を運ぶ「幾たびも―」 足を向ける「生まれ故郷に―」 赴(おもむ)く「任地に―」 参上「お召しを受け、急ぎ―する」 出向く「使者として―」 参る「ご一緒に参りましょう」 向かう「出口に―」

いく【幾】〔接頭〕❶〈名詞(に準じる語)に付いて〉数量が不定であることを表す。また、疑問を表す。‖「―人かが参加した」「―十」「―歳月」 使い方 文脈によって、数え切れないほどに数量が大きい意、数えるまでもないほどに小さい意にもなる。‖「雨の日が幾日(にち)も続いた」「幾日もしないうちに元気になった」❷〈形容詞に付いて〉程度が大きいことを表す。‖「―久しい」

いく【育】(造)そだつ。そだてる。‖「―成・―児」「教―・保―・養―」

いく【▼郁】(造)❶かぐわしい。‖「馥―(ふくいく)」❷盛んなさま。‖「―――(いくいく)」

イグアナ[iguana]〔名〕トカゲ目イグアナ科の爬虫(はちゅう)類の総称。ガラパゴス諸島に分布するウミイグアナ、熱帯アメリカに分布するグリーンイグアナなど。

い‐ぐい【居食い(居▼喰い)】〔名〕働かないで、手持ちの財産で暮らすこと。‖「―の生活」

いく‐えい【育英】〔名〕有能な青少年を教育すること。特に、学資を援助して教育すること。‖「―事業」

いくえ‐にも【幾重にも】〔副〕❶不定だが数多く重なっているさま。‖「雲が―重なっている」❷何度も繰り返すさま。‖「―お詫(わ)び申します」

いく‐きゅう【育休】〔名〕「育児休業」の略。‖「―を取る」「―が明ける」

いくさ【戦】〔名〕戦争。たたかい。合戦。‖「―の庭(=戦場)」「負け―」 書き分け 古くは、兵士・軍団・軍勢の意にも使い、その意では「▽軍」と書く。「軍の神・軍船(いくさぶね)」

い‐ぐさ【▼藺草】〔名〕⬇い(藺)

いく‐じ【育児】〔名〕乳幼児を養い育てること。

いく‐じ【《意気地》】〔名〕物事に立ち向かって、それをやり通そうとする気力。意地。‖「―がない」▼「いきじ(意気地)」の転。 書き方 古くは「意久地」とも。

いくじ‐きゅうぎょう【育児休業】〔名〕労働者が子を養育するために一定期間の休暇を取ること。育児・介護休業法に基づき、国家・地方公務員、民間企業の男女労働者に認められる。育休。

いくじ‐なし【《意気地》無し】〔名〕気力や勇気がないこと。また、その人。弱虫。▼マイナスに評価していう。

いく‐しゅ【育種】〔名・他サ変〕家畜や農作物を改良して、より優れた品種を作り育てること。

いく‐せい【育成】〔名・他サ変〕育て(て立派なものに作り上げ)ること。‖「選手を―する」「青少年の―に当たる」

いく‐た【幾多】〔名・副〕数の多いこと。多く。あまた。‖「―の試練を乗り越える」

い‐ぐち【〈▼兎唇〉・〈欠唇〉】〔名〕口唇裂(こうしんれつ)。

いく‐つ【幾つ】〔名〕❶個数・年齢を尋ねる語。‖「箱の中にリンゴは―ありますか」「年はお―ですか」❷数を、特定の数に限定しないで表す語。数が多い意を表すことも多い。‖「残りは五〇―しかない」「忙しくて手が―あっても足りない」「―になっても子供のことは心配だ」「作品は―応募してもよい」◈書き方 かなで書くことも多い。

いくつ‐か【幾つか】〔副〕数を、特定の数に限定しないで表す語。それほど多くない意や、一つではない意などを表す。‖「私より―年下だ」「全体を―に分ける」「―質問があります」▼名詞的にも使う。

いくつ‐も【幾つも】〔副〕❶(無制限にあるという気持ちで)相当に多い意を表す。‖「在庫ならまだ―残っている」 使い方 「幾つでも」のほうが意味が強くなる。❷〈「いくつもない」などの形で〉数えるまでもないほどに少な

い意を表す。いくらもない。わずかしか(…)ない。‖「在庫はもう—ない」「ミカンは—残っていない」◈書き方 かなで書くことも多い。

いく-ど【幾度】［名］不定の回数を表す。何度。何回。‖「—となく繰り返された」

いく-どうおん【異口同音】［名］多くの人が口をそろえて同じことを言うこと。‖「—に反対を唱える」✓注意「異句同音」と書くのは誤り。

いく-とせ【幾▽年・幾▽歳】［名］不定の年月を表す。何年。幾年(いくねん・いくとし)。‖「幸福の—かが過ぎた」

イグニッション［ignition］［名］内燃機関の点火(装置)。‖「—キー」

イグニッション-キー［ignition key］［名］自動車のエンジンを始動させるためのかぎ。エンジンキー。

イグノーベル-しょう【イグノーベル賞】［名］人々を笑わせ、考えさせる研究に与えられる賞。▼一九九一年、ノーベル賞のパロディー版として創設。名称は、ignoble(不名誉な)とノーベル賞を組み合わせたもの。

いく-ばく【〈幾何〉・〈幾許〉】［副］〔古風〕数量・程度の不定を表す。どれほど。どれくらい。‖「師の大恩や—ぞ(=計り知れないほど大きい)」「—(=少し)の金」

◉幾何も無・い わずかしかない。‖「余命—」

い-くび【▼猪首】［名］イノシシのように、短くて太い首。

いく-ひさしく【幾久しく】［副］いつまでも変わらないさま。末ながく。‖「—お幸せに」

いく-ぶん【幾分】［名］❶〈「幾分か」の形で〉全体の中の部分を表す。何分(なんぶん)のいくつか。一部分。‖「目的の—かは達せられた」❷［副］数量・程度が少ないさま。いくらか。少し。‖「朝は—冷える」「—か気が楽になった」

いく-メン【育メン】［名］〔新〕育児を積極的に行う男性。▼「育」に「メン(men)」を付けた語。書き方 多く「イクメン」と書く。

いく-もう【育毛】［名］髪の毛を発育させること。‖「—剤」

いく-ら【幾ら】□一［名］❶数量(特に、値段)を尋ねる語。どのくらい。どれくらい。‖「このノートはお—でしょう」「経費は—かかるか分からない」使い方 (1)「体重は幾らありますか」などとも使うが、値段以外では「どのくらい・どれくらい」のほうが標準的。(2)値段を尋ねるのに「何円」を使うのは(数値の強調が必要な場合以外は)やや俗で幼稚な言い方。‖「△コーヒー代は何円でしたか」❷数量を、特定の数量に限定しないで表す語。‖「売り払っても—にもならない(=わずかの金額にしかならない)」「品質がいいなら—出してもよい」□二［副］〈「いくら…ても」「いくら…でも」などの形で〉数量や程度のはなはだしさを考慮しながら譲歩する意を表す。どのように…しようとも。いかに…とも。‖「—捜しても見つからない」「—子供でも事のよしあしは分かる」「—何でもひどすぎる」◈書き方 かな書きも多い(特に、□二)。

イクラ［ikra ロシ］［名］サケ・マスなどの成熟卵を一粒ずつほぐして塩漬けにした食品。▼魚卵の意。卵巣のまま塩漬けにしたものは「筋子(すじこ)」という。

いくら-か【幾らか】［副］❶不定であるが、程度が少ないさま。少しばかり。幾分か。多少。‖「まだ—熱がある」「—気分が楽になった」❷〈「いくらかでも」の形で〉多少なりとも。少しでも。‖「—でも喜んでもらえればと思ってしたことです」

いくら-でも【幾らでも】［副］❶数量・金額が無制限に多いさま。また、程度がはなはだしいさま。‖「そんな話は世間に—ある」「謝れというなら—謝る」❷数量・金額の多少にこだわらないで、許容できる意を表す。いくら…てもよい。‖「—いいから好きなだけ持っていきたまえ」「—構わないから金を貸してくれ」

い-くん【偉勲】［名］りっぱな手柄。すぐれた功績。偉功。

い-くん【遺訓】［名］故人が言い残した教え。遺戒。

いけ【池】［名］❶広いくぼ地に自然に水がたまった所。また、地面を掘り、くぼみを作って水をたくわえた所。湖沼より小さいものをいう。❷すずりの、水をためておく所。海。⇕陸(おか)

いけ［接頭］〈好ましくない意を表す語に付いて〉さらにその意を強める語。‖「—好かない・—しゃあしゃあ・—ぞんざい」

いけ【生け(▽活け)】〔造〕食用の魚介などが、生きていること。‖「—魚(うお)・—蟹(がに)・—作(づく)り・—鮪(まぐろ)」▼「いけすにタイをいける」の「いける」から。⬇生ける 書き方 送りがなを送らず「生」「活」と書くことも多い。⬇活(かつ)□二②

い-けい【畏敬】［名・他サ変］偉大なものとして、おそれうやまうこと。‖「宇宙の神秘に—の念を抱く」「神仏を—する」

い-けい【異形】［名］❶主に鉄鋼業で、形(かたち)が普通のものとは違っていること。‖「—鉄筋」「—棒鋼」書き方 まれに「異型」とも書く。❷辞書で、標準的な見出し語に対して、意味は同じだが語形がわずかに異なる語。「たにそこ」に対する「たにぞこ」、「バイオリン」に対する「ヴァイオリン」など。

い-けい【異型】［名］生物学や医学で、その形態や性質が普通のものとは違っていること。‖「—細胞・—分裂・—交配・—狭心症」読み分け ⬇いぎょう(異形)

いけ-いけ【行け行け】［名・形動］〔俗〕調子に乗って物事を推し進めること。また、そのさま。‖「—どんどんで突っ走る」書き方 多く「イケイケ」と書く。

い-けいれん【胃▼痙▼攣】［名］上腹部が急に激しく痛む症状。胆石症・胃潰瘍(いかいよう)などによって起こる。さしこみ。癪(しゃく)。

いけ-うお【生け魚(▽活け魚)】［名］食用にいけすなどに飼っておく魚。生き魚。活魚(かつぎょ)。▼「—料理」の場合、「いけうお料理」が伝統的な言い方だが、今は「いきうお料理」とも。「活魚(かつぎょ)料理」は新しい言い方。書き方 飲食店などでは送りがなのない「活魚(いけうお)」も好まれる。

いけ-がき【生け垣(生け▼籬)】［名］樹木を植え並べてつくった垣根。

いけしゃあしゃあ-と［副］恥じることなく、憎らしいほどに平然としているさま。けろりと。‖「非難されても—している」

いけ-す【生け▼簀】［名］漁獲した魚介類を生かし蓄えておく所。▼「生け」は「生ける」の連用形から。

いけ-ず［名・形動］意地悪く勝手なこと。また、その人。▼「行けず」から。主に関西でいう。

いけ-ずうずうし・い【いけ▽図▽図しい】［形］憎らしいほどにずうずうしい。

いけ-すか-な・い【いけ好かない】［連語］特に理由はないが、全く好きになれない。虫が好かない。‖「—

やつだ」

いーげた【井桁】ヰ［名］木で「井」の形に組んだ井戸のふち。また、その形をしたものや、それを図案化したもの。

いけーづくり【生け作り(▽活け作り)】［名］生きた魚の肉を切り取って刺身にし、頭・尾のついた骨の上にもとの姿のように並べて出す料理。生き作り。‖「タイのー」書き方 飲食店では「▽活け造り」も好まれる。

いけーてる［連語］［新］魅力的だ。いい感じだ。‖「あの人、ーね」「ーデザイン」書き方「イケてる」とも。

いけーどり【生け捕り】［名］人や動物を生きたままでつかまえること。動 いけど・る(他五)

いけーな・い［連語］❶好ましくないこととして、それをいう語。‖「いたずらばかりして、ー子ね」「私が強情を張ったのがーかった」「ー！ 遅刻しそうだ」
❷〈「いけなくなる」「いけなかった」の形で〉「死ぬ」を婉曲(えんきょく)にいう。‖「手当てを尽くしたがほどなくーくなった」
❸〈「…て[で]いけない」の形で〉困る意を表す。…てならない。‖「気が散ってー」「このままでは手狭でー」
❹〈「…て[で]はいけない」の形で〉禁止や、当為の否定(＝べきではない)の意を表す。…てはならない。…するべきではない。‖「後ろを振り返ってはー」
❺〈「…なければいけない」などの形で〉必要・義務の意を表す。…なければならない。…なくてはだめだ。‖「足下に注意しなければーよ」「もっと早起きしなくてはー」
◈「行ける」の未然形＋打ち消しの助動詞「ない」。
使い方 (1)❹❺は、くだけた話し言葉では「ちゃいけない」「じゃいけない」となる。丁寧な言い方では「いけません」となる。(2)❸❹❺は、「ならない」に言い換えると義務の意が強くなる。

いけーにえ【生▼贄・〈犠牲〉】ヘ［名］❶人や動物を生かしたまま神に供えること。また、その供え物。❷他の目的のために犠牲になること。‖「政略結婚のーになる」

贄

いけーばな【生け花(▽活け花)】［名］❶草木の枝・葉・花を切り取って形をととのえ、花器に差すこと。また、その技術。華道。❷❶に使う花。また、生けられた花。

いけーボ［名］［新］魅力的な声。▼「いけメン」または「いけてる」＋「ボイス」の略。男性の声について言うことが多い。書き方 多く「イケボ」と書く。

いけーメン［名］［新］男性の容姿などが魅力的なこと。また、その男性。‖「ー揃(ぞろ)いのメンバー」▼「いけてる(＝魅力的だ)」の略「いけ」に、「メン(men)」または「面」を付けた語。書き方 多く「イケメン」と書く。

い・ける【行ける】［自下一］❶「行く」の可能形。行くことができる。対処することができる。‖「一人でもー」「例の作戦でー」❷上手にできる。‖「英語も仏語もー」❸酒を相当に飲むことができる。‖「酒はかなりー口でして…」❹賞味や鑑賞にたえる。相当によい。‖「この店の料理は意外にー」「なかなかー演奏だった」◈書き方 ❶以外は、かな書きが多い。使い方 ❶は、「行く」に可能の助動詞「れる」を付けた「行かれる(行かれない)」ともいうが、近年は「行ける(行けない)」が一般的。

い・ける【生ける(▽活ける)】［他下一］❶命を保たせる。生かしておく。‖「いけすにタイをー」❷観賞などのために草花や木の枝を花器に差す。生け花にする。‖「水盤にスイセンをー」❸植物を土の中に埋める。‖「スミレを鉢にー」文 い・く

い・ける【▼埋ける】［他下一］❶炭火を消さぬように灰の中に埋める。‖「火鉢に熾(おき)をー」❷野菜などを保存するために土の中に埋める。一般に、物を土の中に埋める。‖「芋をーけておく」「土管をー」◈「生ける」と同語源。文 い・く

いけーる【生ける】［連語］生きている。‖「生きとしーもの」▼文語四段動詞「生く」の命令形＋完了の助動詞「り」の連体形。
◉**生ける屍(しかばね)** 死んだも同然の人。

いーけん【異見】［名］人とは違った見解。異議。異論。

いーけん【意見】［名］❶物事や判断に対してもつ考え。‖「ーを述べる」「娘のーを聴く」「党内のーをまとめる」「少数ー」使い方 尊敬語に「貴見(きけん)・高説」などが、丁重語に「愚見・卑見(ひけん)・管見(かんけん)」などがある。❷［自他サ変］考えを述べて、相手の過ちをいさめること。また、そのことば。お説教。‖「彼にーする」「禁煙しなさいと医者にーされる」

いーけん【違憲】ヰ［名］憲法に違反すること。⇕合憲

いーけん【遺賢】ヰ［名］官に用いられず、民間に埋もれている有能な人。‖「野(や)にーなし」

いーげん【威厳】ヰ［名］いかめしく、おごそかなこと。‖「ーの備わった顔」「ーに満ちた声」

いけん-こうこく【意見広告】ークヮウコク［名］個人または団体が特定の事柄についての意見を主張するために行う広告。主張広告。

いげん-びょう【医原病】ヤウ［名］投薬・手術など、医師の医療行為が原因となって起こる病気。医原性疾患。

いーご【以後】［名］❶基準となる時点や期間を含んで、それからのち。また、ある出来事を契機として、それからのち。…からあと。‖「一〇日ーは留守にしています」「その習慣も明治ーには衰えた」「退職ーは悠々自適の生活だ」「駅頭で別れてーは、連絡が絶えた」使い方 (1)基準の数値を伴う場合はそれを含むと規定される。ただし、数値を伴わないでいうときはあいまい化しやすく、「明治以後」では明治を含むのが一般的だが、含まないこともある。(2)「以後」は視点をそのときに定めて客観的に言うが、「以来」はそれを境として現在に近づいてくる気持ちで言う(従って、未来には使えない)。「以降」は、その後の時の経過・継続に重点を置いて言う意味合いがある。❷(基準の時点を発話時において)今からのち。これから先。今後。‖「これをーの見せしめとする」▼副詞的にも使う。‖「ー、気をつけます」◈⇕以前

いーご【囲碁】ヰ［名］碁。‖「ーを打つ」

いこい【憩い】イコヒ［名］憩うこと。休息。‖「ーのひととき」

いーこう【以降】ーカウ［名］基準となる時点・期間や、時間的序列などを含んで、それからのち。また、ある出来事を契機として、それからのち。…からあと。‖「十時ーは店を閉じています」「一九六〇年代ーの風俗」「明治ーの文学」▼基準の数値(に準じるもの)を伴う場合は、それを含むと規定される。使い方 ⬇以後

いーこう【衣▽桁】ーカウ［名］着物などをかけておく、鳥居の形をした家具。えこう。衣紋(えもん)掛け。数「一架(か)…」と数える。

いーこう【威光】ヰクヮウ［名］おのずから人をおそれさせ、従わせる力。‖「親のーを笠(かさ)に着る」

いーこう【移行】ーカウ［名・自他サ変］❶他の状態に移っていくこと。また、そのようにすること。‖「王制から共和

制に━する」「━措置(そち)」❷移り動くこと。また、他の場所に移らせること。≡「重心がつま先に━する」「新政府に権限が／を━する」[使い方]「〜を移行する／移行させる」では、前者が一般的。⬇品詞解説(一八六六ページ)

いーこう【移項】 カウ [名・他サ変] 等式・不等式で、一方の辺にある項を符号を変えて他方の辺に移すこと。

いーこう【偉功】 ヰ [名] りっぱな手柄。偉勲。

いーこう【偉効】 ヰカウ [名] すぐれた効果。≡「━を奏する」

いーこう【意向（意▼嚮）】 カウ [名] 物事にどう対処するかについての考えや意思。≡「賛成の━を表明する」「衆院選出馬の━を固める」「組合の━に従う」▼「嚮」も向かう意。

いーこう【遺功】 ヰ [名] 死後に残された功績。

いーこう【遺構】 ヰ [名] (荒れたり崩れたりして)今に残る昔の都市や建造物。特に考古学で、遺物に対して、過去の人間活動の跡で固定していて動かすことのできないもの。▼遺物と遺構の総称が「遺跡」。

いーこう【遺稿】 ヰカウ [名] 死後に未発表のまま残された原稿。≡「━集」

いこ・う【憩う】 イコフ [自五] ゆったりとした気分でくつろぐ。休息する。休む。≡「緑陰に━」「渡り鳥が水辺に━」[可能] 憩える [名] 憩い

イコール [equal] [名] ❶数学で、等しいことを表す記号「＝」。等号。▼記号「＝」は、「a＝b」などと使う。❷ [形動] 等しいこと。≡「自由と勝手とは━ではない」

いーこく【異国】 [名] よその国。外国。異邦。とつくに。≡「━の土となる(＝外国で死ぬ)」

いこくーじょうちょ【異国情緒】 ジヤウチヨ [名] 外国独特の風物がかもしだす気分。異国情調(じょうちょう)。異国情緒(じょうしょ)。エキゾチシズム。≡「━あふれる港町」[使い方] 大戦前までは「異国情調」が優勢。今は「異国情緒」が一般的。

いーごこち【居《心地》】 ヰ [名] ある場所や地位にいて感じる、快適かどうかの気分。居心(いごころ)。≡「━のいい家」

いこーじ【依▼怙地・意固地】 ヂ [名・形動] 意地を張って、つまらぬことに頑固なこと。片意地。えこじ。≡「━になって反論する」「━な人」▼マイナスに評価していう。[派生] ーさ

いーこつ【遺骨】 ヰ [名] (火葬されるなどして残された)死者の骨。[数]「一体(いったい)…」「一柱(ひとはしら)…」と数える。

イコノグラフィー [iconography] [名] 美術作品の意味・内容を解明する学問。図像学。▼古くはギリシア・ローマ時代に描かれた肖像の像主を判定する学問として始まり、一八世紀以降はキリスト教美術作品の意味・内容を研究する学問として発達した。

イコノロジー [iconologie フランス] [名] イコノグラフィーを前提とし、美術作品に表現されている主題を、その時代の歴史的背景や文化的状況の面から分析し、作品全体の本質的な意味を解明しようとする学問。図像解釈学。

いーこぼ・れる【居▽零れる・居▼溢れる】 ヰ [自下一] 多くの人が集まって、その場からあふれる。≡「観客が劇場のロビーに━」[文] ゐこぼ・る

いーこ・む【鋳込む】 [他五] 金属をとかして鋳型に流し込む。また、そのようにして製品を作る。≡「鉄を━」

いーこん【遺恨】 ヰ [名] いつまでも忘れられない恨み。≡「━を晴らす」「━試合」

イコン [Ikon ドイツ] [名] ギリシア正教・ロシア正教などで礼拝の対象とされる聖画像。キリスト・聖母・聖者の像や聖伝の場面を描いたもので、板絵が多い。アイコン。

いーごん【遺言】 ヰ [名] 法律で、遺言(ゆいごん)。≡「━能力」

いざ [一] [感] 新たな決意で行動を起こすときに、自分や相手を力強く促したり誘ったりしていう語。さあ。≡「━行かん」「今こそわかれめ、━さらば〈あおげば尊し〉」

[二] [副] ❶決断や実行が迫られる、重大な局面に直面すると。≡「━となったら脱会も辞さない」「━家を建てるとなると物いりだ」❷〈「いざ…てみると」の形で〉思いを新たに実行してみると。さてどうかと思い切って…してみると。≡「━開けてみると、空だった」

◉**いざ鎌倉(かまくら)**　さあ大変だの気持ちを込めて、一大事や万一の場合のことをいう。≡「━と駆けつける」[語源] 謡曲『鉢木(はちのき)』の「鎌倉(＝鎌倉幕府)に御大事出(い)でくるならば、…一番に馳(は)せ参じ」による。

◉**いざという時**　決断・危機などの重大な局面に直面したとき。いよいよというとき。いざという段。≡「━は必ず助けに行く」

いーさい【委細】 ヰ [名] ❶くわしい事柄や事情。≡「━は書面にて御案内致します」「━面談」❷万事。すべて。≡「━承知しました」

いーさい【異彩】 [名] 他とは異なった、きわだった趣。≡「文壇に━を放つ」▼他とは異なった、目立った色彩の意から。

いーさい【偉才（異才）】 ヰ [名] きわだってすぐれた才能(を持つ人)。偉材(いざい)。逸材。

いーざい【偉材（異材）】 ヰ [名] きわだってすぐれた人物。逸材。偉才。

いーざいそく【居催促】 ヰ [名・自サ変] そばに座り込んでしつこく催促すること。いさいそく。

いさお【▽勲・▽功】 イサヲ [名] 〔古風〕名誉ある手柄。功績。勲功。▼「いさおし」の転。

いさかい【▼諍い】 イサカヒ [名] 言い争い。また、争い。けんか。

いーざかや【居酒屋】 ヰ [名] 安い料金で酒を飲ませる酒場。大衆酒場。▼古くは店先で酒を飲ませる酒屋を言った。

いさき【▼伊佐木・〈鶏魚〉】 [名] 浅海の磯(いそ)にすむイサキ科の海水魚。全長約四〇センチメートル。食用。イサギ。

いさぎよ・い【潔い】 [形] ❶卑怯(ひきょう)な点や未練がましいところがなく、立派である。≡「身の引き方が━」「━・く諦(あきら)める」❷〔古風〕高潔・潔白である。≡「━・く身を持し続ける」◈「勇(いさ)清し」の意からとも。[書き方] 送りがなは「潔よい」としない。[注意]「いさぎよい」の「よい」は「良い」の意ではないので、「いさぎ良い」「いさぎ(が)いい」「いさぎ(が)悪い」は誤り。[派生] ーさ

◉**潔しとしない**　(身の処し方などについて)己の信念などに照らして、許すことができない。≡「俗吏に甘んじることを━」[書き方]「▼屑しとしない」とも。

いーさく【遺作】 ヰ [名] 死後に残された未発表の作品。また、生前の最後の作品。≡「━展」

いさーご【▽砂・▽沙・▽砂子・▽沙子】 [名] 〔古風〕きわめて小さい石。すな。すなご。まさご。

いざーこざ [名] 小さな争い。もめごと。ごたごた。≡「隣人と━を起こす」

いささーか【▼聊か・▼些か】 [副] ❶数量・程度が少ないさま。(ほんの)少し。わずか。ちょっと。≡「目標額には━足りない」「━頼りなげな様子だった」[使い方] 自分については謙遜(けんそん)・卑下の、他については婉曲(えんきょく)・遠慮の

表現となることがある。ともに、真意は「かなり・相当に」の意。▷「剣道ならー心得はある」「彼の改革案にはー検討の余地がある」❷〈「いささかも…ない」などの形で〉全面的否定を表す。全く…ない。少しも…ない。▷「親が死んでもーも動じない」「ーのうそもない」「ーなりとも他言はならぬ(=文語形の例)」

いざ-しらず【いざ知らず】〔連語〕…についてはどうだかわからないが、…はともかく。▷「人はー私には承服できない」▼「いさ(=さあ、どうであろうか)知らず」の「いさ」を感動詞の「いざ」と混同した語。

い-ざと・い【▽寝▼聡い】〔形〕〔古風〕眠りが浅くて、目が覚めやすいさま。▷「年をとるとー・くなる」⇕いぎたない

いさ-な【▽勇▽魚・▽鯨】〔名〕〔古風〕クジラ。▷「ー取り」

いざ-な・う【▽誘う】ナフ〔他五〕呼びかけて目ざす方へ連れ出す。さそう。▷「友を散策にー」「楽の音が夢路にー」名 いざない

いさまし・い【勇ましい】〔形〕❶勇気があって危難をおそれないさま。また、そのように見えるさま。おしい。勇敢だ。▷「ー冒険家」「難敵にー・く立ち向かう」「かけ声だけはー」❷音楽などが、人を奮い立たせるさま。勇壮だ。▷「ファンファーレがー・く鳴り響く」派生 -げ／-さ／-がる

いさみ-あし【勇み足】〔名〕❶相撲で、相手を土俵ぎわまで追いつめながら、勢い余った足を先に土俵外に踏み出して負けになること。❷調子にのってやりすぎ、失敗すること。▷「公開質問状を出したのはーだった」

いさみ-た・つ【勇み立つ】〔自五〕物事に勇ましく立ち向かおうとする気力がわき起こる。元気づく。奮い立つ。▷「大声援にー」

いさみ-はだ【勇み肌】〔名〕強きをくじき弱きをいたわる威勢のよい気風。任侠(にんきょう)の気風。きおいはだ。▷「ーの若い衆(しゅ)」

いさ・む【勇む】〔自五〕心がふるいたつ。勇気がわく。▷「ー・んで突進する」「ー心を抑える」「喜びー」名 勇み

いさ・める【▼諫める】〔他下一〕 諫 多く目上の人に対して、あやまちや欠点を改めるように忠告する。諫言(かんげん)する。▷「死をもって主君をー」文 いさ・む 名 いさめ

いざよい【〈十六夜〉】イサヨヒ〔名〕陰暦十六日の夜(の月)。▼なかなか進まない意の動詞「いさよふ」の連用形から。満月の翌晩は月の出がやや遅くなることを「いさよふ(いざよう)」と見たもの。

いさり-び【▽漁り火】〔名〕夜、魚を誘い寄せるために船でたく火。▼「いさり」は「いさる(=漁をする)」の連用形から。

い-さん【胃散】ヰ〔名〕胃病に用いる粉薬。重曹が主成分。

い-ざ・る【〈膝行〉る・▼躄る】ヰ〔自五〕❶ひざまたは尻(しり)を地や畳につけたまま進む。膝行(しっこう)する。▷「ー・って仏前に進む」❷〔古風〕物が置いた場所からずれ動く。◈居去る(=座ったまま移動する)の意。名 いざり

い-さん【胃酸】ヰ〔名〕胃液の中に含まれる酸。塩酸が主で、消化酵素の働きを助ける。▷「ー過多症」

い-さん【違算】ヰ〔名〕計算違い。また、見込み違い。

い-さん【遺産】ヰ〔名〕❶死後に残された財産。▷「ー相続」▼法律上は債務も含む。使い方「遺産を残す」は、「作品を作る」などと同じく、同族(結果)目的語をとる言い方。残すことによって、遺産を作り出す意。⬇「重言」のコラム(四〇六ページ) ❷過去の人が残した業績。▷「人類のー」「文化ー」

いし【石】〔名〕❶岩石の小さな塊で、砂よりも大きいもの。ふつう、大地に深く根を張って容易には動かしえない巨大な「岩」に対し、ごろごろと転がったり手で持ち運ぶことができたりするものをいう。土木建築・彫刻などの資材として、広く使われる。❷岩石・鉱物の総称。▷「ーの研究家」❸①を加工して、装飾品や時計などの部品に使ったもの。また、ライターの発火に使う合金。▷「高価なー(=宝石)を散りばめた首飾り」❹碁石。▷「ーを打つ」❺人体にできる結石。▷「ーを取り除く」❻じゃんけんで、握りこぶしで示すもの。「はさみ」に勝ち、「かみ」に負ける。ぐう。

◉**石に齧(かじ)り付いても**　どんなに苦しくとも我慢して。是が非でも。▷「ーやり抜くぞ」注意「石にしがみついても」は誤り。

◉**石に漱(くちすす)ぎ流れに枕(まくら)す**　負け惜しみが強く、自分の誤りに屁理屈(へりくつ)をこねて言い逃れることのたとえ。漱石枕流(そうせきちんりゅう)。語源「石に枕し流れに漱ぐ(=俗世間を離れて山林などで自由に暮らす。枕石漱流)」というべきところを逆に言ってからかわれた晋の孫楚(そんそ)が、「流れに枕するのは耳を洗うためで、石に漱ぐのは歯を磨くためである」とすかさず言い返したという『晋書』の故事に基づく。

◉**石の上にも三年**　物事は辛くとも根気よく続ければ、最後にはきっと成功するということ。▼冷たい石も三年も座り続ければ暖かくなるの意からいう。

「石」のイメージと表現

①凝り固まって固い。(石のように固い餅・石頭・石のように固い筋肉[表情]・石のように頑固である・石部金吉(いしべきんきち)金兜(かなかぶと))
②重い、重くて水に沈む。(石のように重い心をひきずって帰宅する・石が流れて木の葉が沈む[物事が道理とは逆になること]・石を抱きて淵(ふち)に入る[みずから進んで危険を冒したり災難を招いたりすること])
③転がる、転がり落ちる。(我が心は石にあらず、転ずべからず・石のように谷底に転がり落ちた・落石注意)
④堅固(けんご)・堅牢(けんろう)。(石のように堅固な精神・友情は盤石(ばんじゃく)のごとくゆるがない・鉄心石腸(てっしんせきちょう)・石心鉄腸(せきしんてっちょう))
⑤押し黙っている。(石のように黙して語らない・石の沈黙を通す)
⑥冷たい、冷酷。(肌はひんやりとして石のように冷たい・石の上にも三年・石のように冷たい心)
⑦無情である。(石のように情けを解しない・人は木石にあらず・木仏金仏石仏(きぶつかなぶついしぼとけ))
⑧価値がない。(石ころのように捨てられる・玉石混淆(こんこう))
⑨点在する島々。(島々が小石のように点在する・太平洋の要石(かなめいし))

い-し【医師】〔名〕「医者」のやや改まった言い方。資格の名称にも用いられる。▷「ー会・ー免許・ー不足」▼医師法では、歯科医師・獣医師を除いていう。

い-し【意志】〔名〕志に従って物事を成し遂げようとす

る、積極的な心の働き。また一般に、(ある物事を行いたいという)考え。〓「ーが強い」「助動詞『う』は話し手のーを表す」/「参加するーがある」「相手のーを尊重する」「己のーを貫く」「ーの疎通を図る」 書き分け 【意志】は広く使うほか、特に心理学・哲学・文法で使う。個人の積極的な意欲を際だたせる場合は【意志】、単なる考えのほか、公的な意見や団体の意見などの場合は【意思】を使う傾向がある。「/」以下の用例は【意思】と書くことも多い。法令用語(「意思」②)では【意思】を使う。

◉**意志を固・める** 決心する。決意する。〓「転職のー」

いーし【意思】[名] ❶心に思うところ。気持ち。考え。特に、ある意図をもって物事を行うとき、その行動のもとになる考えや意見。〓「隣人とーを通じ合う」「賛成のーを表示する」 ❷刑法で、自分がしようとする行為に対する認識。民法で、法律上の効果を派生させようという意欲。〓「ー表示」◈ 書き分け ⬇意志

いーし【遺子】[名] 遺児。

いーし【遺▼址】[名] 昔、建物や城のあったあと。遺跡。

いーし【遺志】[名] 故人が生前に抱いていたこころざし。

いーし【▼頤使(▼頤指)】[名・他サ変] 横柄な態度で指図して人を使うこと。あごで使うこと。〓「部下をーする」▼「頤」は下あごの意。

いーし【▼縊死】[名・自サ変] 首をくくって死ぬこと。〓「病を苦にしてーする」

縊

いーじ【医事】[名] 医学や医療に関する事柄。

いーじ【異字】[名] ❶異なった文字。別字。〓「ー同訓」 ❷異体字。別体。

いーじ【意地】[名] ❶人に対する心根(こころね)や心遣い。〓「ーの悪い人」「ーの悪い質問をする」 ❷ものをむやみにほしがる気持ち。〓「金銭にーが汚い」 ❸自分の思いを無理をしてでも押し通そうとする、強い気構え。〓「横綱のーを見せる」 ❹〈「意地でも」の形で〉行きがかり上、どうしても。意地になっても。〓「こうなったらーでもやり抜くぞ」

◉**意地にな・る** 状況に逆らって、かたくなに自分の思いを押し通そうとする気持ちになる。依怙地(いこじ)になる。

◉**意地を通(とお)・す** かたくなに自分の思いを押し通そうとする。〓「ー!して最後まで反対する」

◉**意地を張・る** かたくなに自分の思いを主張しようとする。〓「つまらないことに/でーな」

いーじ【維持】[名・他サ変] そのままの状態で保ち続けること。〓「現状[生活・平和]をーする」「一定の速度をーする」 使い方 「維持・保持」は保ち続ける意で共通するが、「維持」は変えないことに重点があり、「保持」は「機密保持」「記録保持者」などのように、抱え込んでしっかりと守ることに重点がある。

いーじ【遺児】[名] 親の死後に残された子。遺子。〓「交通ー」

いしーあたま【石頭】[名] ❶石のようにかたい頭。❷がんこで融通(ゆうずう)がきかないこと。また、その人。

いじーいじ[副ト] いじけていて、はっきりした態度や行動がとられないさま。〓「ーしないで早く言いなさい」

いしーうす【石臼】[名] 石で作ったうす。特に、石製のひきうす。〓「ーで豆をひく」▼重いもののたとえにいう。

イジェクト[eject][名・他サ変] パソコンなどの機器からCDなどのディスクを取り出すこと。

いしーがき【石垣】[名] 石を積んでつくった垣。

いしーがま【石窯】[名] ❶石を積み重ねてつくった堅炭(かたずみ)製造用のかま。❷石・煉瓦(れんが)などでつくったオーブン。〓「ーで焼いたパン」

いしーがみ【石神】[名] 石に霊力が宿るとする信仰によって祀(まつ)られた神。奇岩・霊石などを神体とする。石神(しゃくじん)。

いしーがめ【石亀(▽水亀)】[名] 池や沼にすむヌマガメ科イシガメ属のカメの総称。日本特産種のニホンイシガメは、幼体を銭亀(ぜにがめ)と呼ぶ。

いしかりーなべ【石狩鍋】[名] ぶつ切りにした鮭(さけ)を野菜・豆腐などとともに醤油(しょうゆ)仕立てまたは味噌仕立ての汁で煮ながら食べる鍋料理。北海道石狩地方の郷土料理。

いーしき【意識】[名] ❶自分や周囲の状況などを(はっきりと)とらえる心の働き。また、その働きをなす場所としての心。〓「ーはしっかりしている」「ーを取り戻す」 ❷[他サ変] 自分や周囲の状況などをそれとして(はっきりと)とらえること。〓「視線をーして固くなる」 ❸①によって得られる、心的な内容。〓「罪のーにさいなまれる」「エリート[問題]ー」

◉**意識が高・い** ❶あることに対して、強い関心を持ったり注意を払ったりしている。〓「防災へのー」 ❷目標を達成するために、それに関わる事柄へ注意を向ける努力をしている。

いーしき【違式】[名] 一定の方式に従っていないこと。〓「ーの書類」

いしきーかいかく【意識改革】[名] 従来の考え方や姿勢を見直し、改めること。

いじーきたな・い【意地汚い】[形] 態度に欲が表れていて卑しいさま。あさましい。さもしい。〓「看板になっても飲み続けるとはー」 派生 ーさ

いしきーてき【意識的】[形動] 物事をそれと知りつつするさま。意識して。故意に。〓「ーに避ける」

いしきーふめい【意識不明】[名] 意識を失った状態。〓「ーの重態」

いしーく【石工】[名] 石を切り出し、また、その石材を刻んで細工する職人。石切り。石屋。石工(せっこう)。

いしーぐみ【石組み】[名] 日本庭園で、自然石を組み合わせて配置すること。また、そのもの。石配り。石立て。

いじく・る【▽弄る】[他五] いじる。もてあそぶ。〓「粘土をーる」「パソコンをーる(=趣味としてちょっと扱う)」

いしーくれ【石▽塊】[名] 石ころ。小石。▼「くれ」はかたまりの意。

いしーけり【石蹴り】[名] 地面にかいた幾つかの円や四角の中に、片足跳びのつま先で順に小石をけり入れて遊ぶ、子供の遊び。

いじ・ける[自下一] ❶寒さや恐ろしさなどのために、縮こまって元気がなくなる。〓「寒風に体がーける」 ❷ひねくれて何事にも消極的になる。また、伸び伸びした感じがなくなる。〓「いじめられてーける」「ー・けた性格」

いしーこ【石粉】[名] ❶長石の粉。陶磁器の原料にする。❷石灰石の粉。建築材料に使う。

いしーころ【石ころ】[名] 小石。石くれ。

いしーずえ【礎】[名] ❶建物の柱の下に置く土台石。基礎石。礎石。❷物事の基礎となる大切なもの。礎石。柱石(ちゅうせき)。〓「研究のーを築く」「国家のーとなる」◈「石据え」の意。

いじ-ずく【意地ずく】[名] むりやり意地を張り通すこと。≡「—になっていがみ合う」書き方「意地▽尽く」とも。現代仮名遣いでは「意地づく」も許容。

いし-ずり【石刷り・石▼摺り】[名] 石碑の文字などを墨で紙にすり写すこと。また、そのもの。拓本。

いし-だい【石▼鯛】[名] 磯にすむイシダイ科の海水魚。歯が丈夫で、貝類や甲殻類の殻をかみ砕く。若魚は灰青色の地に七条の黒い横じまがあるが、成魚になると消える。食用。シマダイ。

いし-だたみ【石畳(▼甃)】[名] ❶道路や庭で、平らな敷石を畳のように敷きつめたところ。また、その敷石。❷市松模様。

いし-だん【石段】[名] 石でつくった階段。

い-しつ【異質】[名・形動] 他と性質が違うこと。≡「日本とは—の文化」「—なものが混入する」⇕同質

い-しつ【遺失】[名・他サ変] 金品を落としたり置き忘れたりしてなくすこと。≡「—物」

いし-づき【石突き】[名] ❶槍・なぎなたなどの柄の端や、つえ・こうもり傘などの先端。また、そこに取りつけた金具。▼地面を突くことから。❷キノコの根もとの固い部分。

いじっ-ぱり【意地っ張り】[名・形動] 意地を張りとおそうとすること。また、その人。意地張り。≡「—な性分」

いしつ-ぶつ【遺失物】[名] ❶落としたり置き忘れたりした物。遺失品。❷法律で、占有者の意思によらずにその所持を離れた物のうち、盗品ではない物。

いし-どうろう【石灯籠】[名] 社寺や庭に置く、石でつくった灯籠。

いし-ばい【石灰】[名] 酸化カルシウム(=生石灰)、または水酸化カルシウム(=消石灰)の通称。せっかい。

いし-ばし【石橋】[名] 石でつくった(丈夫な)橋。

◉**石橋を叩いて渡る** 用心の上に用心を重ねて物事を行うことのたとえ。≡「—ほど慎重な人」

いし-ぶみ【▽碑】[名] 石碑。碑。▼「石文」の意。

いしべ-きんきち【石▽部金吉】[名] きまじめで融通のきかない男性。木石漢。▼固いものの代表である石と金を並べて人名に擬した語。「—金兜」と続けて意味を強める。

いし-ぼとけ【石仏】[名] ❶石でつくった仏像。石仏。❷いつも黙っている人。また、感情を表情や態度に表さない人。≡「木仏金仏—」

いじまし・い[形] ❶料簡や度量が狭く、細かなことにこだわってこせこせしているさま。≡「部下にまでごまをするとは—」「—・く小金をためる」▼さげすみ憐れんでいう。❷〔俗〕いじらしい。派生 -げ／-さ

いし-むろ【石室】[名] 石を積んで造った小屋。また、岩の洞穴を利用して造った部屋。岩屋。⬇せきしつ

いじめ【▽苛め・▽虐め】[名] ある集団の内部で、強い立場にある個人または集団が弱い立場にある者を肉体的・精神的に苦しめること。≡「—に遭う」

いじ・める【▽苛める・▽虐める】[他下一] ❶弱いものに乱暴をしたり意地悪をしたりして、つらい思いをさせる。虐待する。≡「弟[小犬]を—」「中小企業が大企業に—・められる」❷〈「自分をいじめる」「体をいじめる」などの形で〉みずからを苦しめ痛めつける。特に、訓練などのためにそのようにする。≡「自分を—・めて心身を鍛える」❸練習などで、厳しく鍛える。絞り上げる。≡「コーチに—・められる」文 いぢ・む 名 いじめ

いし-もち【石持・〈石首魚〉】[名] 砂地の海底にすむニベ科の海水魚。食用。シログチ。

い-しゃ【医者】[名] 病気の診察や治療を職業とする人。また、その職業。医師。≡「かかりつけの—」「—(=医者のもと・病院)に通っている」「歯—・町—」

◉**医者の不養生** 人には健康を説く医者が、自分の健康には注意しないということ。一般に、立派な理屈を言いながら、実行の伴わないことにもいう。

い-しゃ【慰▼藉(慰謝)】[名・他サ変] なぐさめ、いたわること。≡「被災者を—する」書き方「慰謝」は「慰藉料」→「慰謝料」を転用した代用表記。⬇慰謝料

いしやき-いも【石焼き芋】[名] 焼けた小石の中に埋めて焼いたサツマイモ。

い-じゃく【胃弱】[名] 慢性的に胃の働きが弱い症状。

いし-やま【石山】[名] ❶岩石の多い山。❷石材を切り出す山。

いしゃ-りょう【慰謝料(慰▼藉料)】[名] 精神的な苦痛に対する損害賠償金。書き方「慰謝料」は代用表記。「謝」はあやまる、「藉」は慰める意だが、全体の意味をくんで「慰謝料」と書く。

い-しゅ【異種】[名] 種類が違っていること。また、違った種類のもの。≡「—の稲」「—交配」⇕同種

い-しゅ【異趣】[名] ❶互いに趣を異にすること。≡「我が国とは—の芸術」❷風変わりなこと。

い-しゅ【意趣】[名] ❶恨む心をもつこと。また、その心。遺恨。≡「—を晴らす」❷心の向かうところ。考え。おもわく。

い-しゅ【遺珠】[名] 世に知られていない、すぐれた詩文や人物。▼『荘子』に基づき、拾い残された宝石の意からいう。

いしゅ-いしょく【異種移植】[名] ❶生物体の組織の一部を種の異なる個体に移植すること。通常は移植免疫による拒絶反応が起こる。❷人間以外の動物の臓器や、その細胞から作った人工臓器を、人間の病気治療のために移植すること。

い-しゅう【異臭】[名] 変なにおい。特に、いやなにおい。悪臭。≡「台所から—がする」

い-しゅう【▼蝟集】[名・自サ変] 多くのものが群がり集まること。≡「腐肉に—するハエ」▼「蝟」はハリネズミ。その毛が密集して生えていることから。

い-しゅう【遺習】[名] 現在まで残っている昔の風習。

イシュー【issue】[名] ❶問題点。論点。争点。❷刊行物。(刊行物の)号。また、発行部数。

い-じゅう【移住】[名・自サ変] よその土地に移り住むこと。特に、開拓や商業活動などのために外国に移り住むこと。≡「南米に—する」「遊牧民が牧草を求めて—する」

いしゅ-がえし【意趣返し】[名] 仕返しをすること。意趣晴らし。復讐。

い-しゅく【畏縮】[名・自サ変] 恐れ入って小さくなること。≡「怒鳴られて—する」

い-しゅく【萎縮(委縮)】[名・自サ変] 生気をなくしてちぢこまること。≡「人前に出ると—する」書き方「委縮」は、「萎」が表外字であった時代の代用表記。

いしゅ-たくいつ【意趣卓逸】［名］考えがすぐれていること。||「長短凡そ三十篇、格調高雅、━、一読して作者の才の非凡を思わせるものばかりである〈中島敦・山月記〉」

い-しゅつ【移出】［名・他サ変］（「輸出」と区別して）国内のある地方から他の地方へ産物・物資を送り出すこと。⇕移入

い-じゅつ【医術】［名］病気や傷を治療する技術。技術としての医学。||「漢方━」

いし-ゆみ【石弓（▼弩）】［名］❶ばね仕掛けで石や矢を弾き飛ばした昔の武器。弩。弩弓。❷昔の武器で、城壁の上などに板と綱で支えた大石をおき、敵が来たら綱を切って頭上に落とす仕掛け。

い-しょ【医書】［名］医学書。医術書。医籍。

い-しょ【遺書】［名］死後のために書き残した文書。特に、自殺者が死に際して書き残した文書。書き置き。遺言状。

い-しょう【衣装（衣▼裳）】［名］❶衣服。きもの。||「あでやかな━を身に着ける」「花嫁［民族］━」❷芝居・舞踊などで出演者が着る衣服。||「━合わせ」「━方（=舞台衣装を用意する係）」◈書き方「衣裳」は、上半身につける「衣」と下半身につける「裳」の意から衣服の意に転じたもので、「衣装」（=衣服）とは本来別語。もと、多く「衣裳」と書いた。

い-しょう【異称】［名］ふつうとは異なった呼び名。別称。別名。||「師走は（陰暦）十二月の━」

い-しょう【意匠】［名］❶作品（特に、造形的作品）を作るときの創意や工夫。また、それによって得られる造形美や装飾性。||「室内の装飾に━を凝らす」❷工芸品・工業製品などで、形・色・模様などを美しく見せるために装飾を考案すること。また、その結果得られたもの。デザイン。||「━登録」

い-じょう【以上】［名］❶〈数量・段階・程度などを表す語に付いて〉それを基準としてそれより上。||「二〇歳━は参加資格がある（=一九歳は参加できない）」「二万円━は出せない（=一万円までなら出せる）」「高校生━は一般料金とする（=高校生は割引の対象外）」使い方 数値を伴わないで程度をいう場合は、「彼の実力は僕━だ（=僕は彼に及ばない）」「予想━の（=予想を超えた）被害」「これ━は進めない（=ここまでは進める）」などのように、〈含まない〉と解される。⬇以下 ❷文章で、これまでに述べた事柄。||「━の説明で御理解を頂きたい」❸説明・手紙・名簿・目録・箇条書きなどの末尾で、列挙されたものがこれで終わる意を表す。||「私の説明は━です」「男性五名、女性三名、━八名」❹〈動詞連体形＋「以上（は）」の形で〉ある状況・立場をとりたてて示し、そこから当然望まれる状況・あるべき立場を導く。…からには。||「人間である━、人の道は守らねばならない」「こうなった━は一歩も引くな」◈①②⇕以下

い-じょう【囲▼繞】［名・他サ変］⬇いにょう

い-じょう【委譲】［名・他サ変］権限などを他に譲りわたして、まかせること。||「権限を地方自治体に━する」書き分け【委譲】はまかせることに、【移譲】は譲ることに重点がある。

い-じょう【異状】［名］普通と違う状態。異常な状態。||「機内に━は認められない」「循環系は━なし」「西部戦線━なし」書き分け⬇異常

い-じょう【異常】［名・形動］普通と違っていること。正常でないこと。アブノーマル。||「━を来たす」「━に気づく」「━を訴える」「━な執着心を見せる」「━に興奮する」「━事態」「発育━」⇕正常 書き分け【異常】は名詞として〈普通とは違うこと〉の意で使うほか、用例の「━な」以下のような形容動詞（語幹）として使う。【異状】は「異状を呈する・異状を訴える」など〈異常な状態〉の意で名詞として使うほか、「異状なし（あり）」の形で使うが、今はともに【異常】を使うことが多い。なお、「━な」以下に【異状】を使うのは、今でも誤り。

い-じょう【移乗】［名・自サ変］他の乗り物に乗り移ること。||「負傷者を別の船に━させる」

い-じょう【移譲】［名・他サ変］権限や土地・所有物などを他に移し譲ること。||「経営権を子に━する」書き分け⬇委譲

いじょう-きしょう【異常気象】［名］過去三〇年の気候に比べて著しく異なる気象。また一般に、平年とは著しく異なる気象。豪雨・干魃・竜巻など、人間生活に不利をもたらす気象をいう。

い-じょうふ【偉丈夫】［名］体格のりっぱな、たくましい男。いじょうぶ。

い-しょく【衣食】［名］衣服と食物。また、生活。生計。||「━住」

◉**衣食足りて礼節を知る** 生活にゆとりができて初めて人は礼儀に心を向けることができるようになる。▽『管子』に基づく。

い-しょく【委嘱（依嘱）】［名・他サ変］特定の仕事を人に頼みまかせること。委託。||「民間企業に調査を━する」書き分け【委嘱】は頼み任せる意、【依嘱】は他を頼りにする意で本来別語だが、同義で使われてきた。今は【委嘱】を使う。

い-しょく【異色】［名］他と比べて、きわだった特色があること。||「━の作家」▽他と異なる色の意から。

い-しょく【移植】［名・他サ変］❶植物を別の場所に移し植えること。||「庭にアジサイを━する」❷からだの組織や臓器を他の場所や別の個体に移しかえること。||「心臓━」❸外国の文物などを自国に移して発展させること。||「自然主義の手法を━する」◈書き方「移殖」とも書くが、近年まれ。

い-しょく【移殖】［名・他サ変］魚介類などの動物を繁殖させるために、他の場所に移すこと。||「ゲンゴロウブナを各地の湖沼に━する」

いしょく-コーディネーター【移植コーディネーター】［名］ドナー（臓器提供者）とレシピエント（臓器受容者）の仲介をする人。臓器移植についてドナーの家族の同意を得たり、提供される臓器のレシピエントを決定したりする。

いしょく-ごて【移植▼鏝】［名］野菜・草花などを移植するのに使う小形のシャベル。

いしょく-どうげん【医食同源】［名］病気の治療も日常の食事も、ともに生命を養い健康を保つためのものであり、その本質は同じであるということ。

いじらし・い［形］幼い者や弱い者の懸命なようすを見て、無邪気でかわいらしいと思うさま。また、同情したり助けたりしてやりたいと思うさま。||「一人で親の帰りを待つ子が━」使い方 プラスに評価していう。派生 -げ／-さ

［ことば探究］「いじらしい」の使い方

▼対象に対する肯定的な感情を含む。

▼文脈によって、様子のかわいらしさに重点が置かれる場合と、しみじみとした同情心・あわれみの気持ちに重点が置かれる場合がある。「可憐な、いじらしい(＝かわいらしい)様子の白い小さな花が咲いていた」「かなわぬまでも一太刀浴びせようとする老人のいじらしい(＝同情を禁じ得ないような)姿に周囲は心打たれた」
▼「あわれ(だ)」等と異なり、亡くなった人に対しては用いられない。「力及ばず討ち死にした少年の姿は×いじらしい／○あわれである」
▼「不利・逆境にあるにもかかわらず」というニュアンスがある点では「けなげ」に似ており、同じような文脈で使うことがある。⬇けなげ[ことば探究]

いじ・る【▽弄る】イヂル [他五] ❶指先などで触れてもてあそぶ。〓「指先で髪を—」「時計を無断で—な」❷慰みごととして、手任せに物事を行う。〓「庭[カメラ]を—」❸機構・構造体など、組織だったものの一部に手を加える。〓「組織を—」「これ以上文章を—ってもよくはならない」❹からかう。〓「司会者が芸人を—」◈使い方 ②は、自分については、謙遜・卑下の言い方となる。③はマイナスに評価していう。①〜③とも「いじくる」「いじ(く)り回す」と言うと、意味が強まる。可能 **いじれる**

いし-わた【石綿】[名] 蛇紋石や角閃石が繊維状に変化したもの。断熱材・電気絶縁材などに利用されたが、発癌性があるとして現在では使用禁止。石綿。アスベスト(ス)。

いじ-わる【意地悪】イヂ [名・形動] わざと人を困らせるような言動をすること。また、その人。〓「—を言って困らせる」「—な質問」「—な／の 友達」「—そうな目で見る」派生 -げ／-さ

い-しん【威信】ヰ [名] 外に示す威厳と、外から受ける信望。〓「国の—にかかわる問題」「—が失墜する」

い-しん【異心】[名] 人を裏切ろうとする心。ふたごころ。〓「—を抱く」

い-しん【維新】ヰ [名] 世の中が改まり、すべてが新しくなること。特に、明治維新のこと。▼『詩経』に基づく語で、「維これ新たなり」の意。

い-しん【遺臣】ヰ [名] 先代の王朝から仕えている臣下。また、主家が滅亡した後も残っている臣下。〓「徳川の—」

い-じん【異人】[名] ❶ほかの人。別人。〓「同名—」❷外国人。〓「神戸の—館」

い-じん【偉人】ヰ [名] 偉大な業績を残した人。偉い人。〓「—伝」

いしん-でんしん【以心伝心】[名] 禅宗で、ことばや文字では説明できない深遠な仏法の真髄を心から心へと伝えること。また、一般にことばによらなくても互いに気持ちが通じ合うこと。注意「意心伝心」と書くのは誤り。

い-す【椅子(▼倚子)】[名] ❶腰をかけて座るための家具。〓「—に座る」語源「椅子」の「子」は唐音。宮中で高官が使った「倚子(＝腰かけ)」を、のち禅僧が用いるようになり、「椅子」に転じた。数 一脚…と数える。❷高い地位。ポスト。〓「大臣の—をねらう」

い・ず【▽出ず】イヅ [自下二] [古風] 出る。書き方「出づ」は、歴史的仮名遣いによる表記。現代仮名遣いで表せば「出ず」となるが、否定形「出でず」と紛れやすいことから、例外的に「出づ」と書くことも多い。〓「財宝出づのニュースに地元がわきたつ」

い-すう【異数】[名] ❶数が異なること。〓「—性・—体」❷めったに例のないこと。異例。〓「—の抜擢」

いすか【▼鶍・〈交▼喙〉】[名] 多くは冬鳥として渡来する、アトリ科の小鳥。雄は全身赤黄色、雌は黄緑色。湾曲したくちばしは先端で交差する。◉**鶍の嘴** 物事が食い違ってうまくいかないことのたとえ。▼イスカのくちばしが先端で交差していることから。

い-すく・まる【居▼竦まる】ヰ [自五] 恐ろしさなどのために、その場に座ったまま動けなくなる。いすくむ。〓「激しい砲撃に—」

い-すく・める【射▼竦める】[他下一] 矢を射て敵を動けなくする。また、じっとにらみつけて相手を威圧する。〓「鋭い眼光に—められる」文 **いすく・む**

いずくん-ぞ【▽安んぞ・▼焉んぞ】イヅクンゾ [副] [古風] 疑問・反語を表す語。どうして。なんで。〓「—知らん(＝どうして知っているだろうか、いや知らないはずだ)」▼「いずくにぞ」の転。漢文の訓読に使われた語で、下に推量の語を伴う。

いず-こ【▽何▽処】イヅ [代] [古風] どこ。いずく。〓「—ともなく立ち去る」

い-ずまい【居住まい】ヰズマヒ [名] 座っている姿勢。また、単に、姿勢や態度。〓「—を正す」

いずみ【泉】イヅ [名] 地下水が自然に地上にわき出しているもの。また、わき出している所。湧泉。〓「—が滾々とわき出る」「—で水を汲む」▼「出水」の意。使い方 勢いよく[尽きることなく]わき出るもの、渇望を潤すものなどのたとえにもいう。〓「力が—のようにわき出る」「知識の—」

いずみ-ねつ【泉熱】イヅミ [名] 猩紅熱に似た急性の感染症。高熱・発疹を伴う。異型猩紅熱。語源 病原菌の発見者、泉仙助の名から。

イズム【ism】[名] 主義。説。▼接尾語「イズム」が名詞化した語。

いずも-の-かみ【▽出▽雲の神】イヅモ [名] ❶出雲大社の祭神。大国主命。❷男女の縁を結ぶ神。▼出雲大社の神が結婚の仲立ちをするという俗信から。

イスラム-きょう【イスラム教】ーケウ [名] 七世紀初めにアラビアの預言者ムハンマドが開いた宗教。唯一神アラーを信じ、『コーラン』を聖典とする。仏教・キリスト教とともに、世界三大宗教の一つ。回教。フイフイ教。マホメット教。イスラーム教。▼アラビア語のイスラム(islām)は神の意志への服従の意。

いず-れ【▽何れ・▼孰れ】イヅ 一 [代] 複数の物事の中で、不特定の物事を指し示す語。❶複数(特に、二つ)のものの中から一つを選ぶときの質問や問いかけに使う。〓「二つのうち—が真実であろうか」❷複数(特に、二つ)のもののうち、一つに特定していない意を表す。〓「姉妹のうち—か一方を連れて行く」❸〈「いずれも」「いずれの…も」の形で〉複数のものをひっくるめていう。〓「—のチームも強打者ぞろいだ」▼副詞的にも使う。〓「三案のうち—も気に入らない」❹〈「いずれにしても」「いずれにしろ」「いずれにせよ」の形で〉幾つかの条件はつくが、どれをとったとしても。どちらにしても。〓「賛否—にしても態度表明は必要だ」「—にせよ敗北は敗北だ」使い方 幾つかの条件を考慮しながら譲歩する言い方で、

下に結論の表現がくる。㊁[副]時間とともに、無条件に物事が成立する意を表す。いつか必ず。〓「―人は死ぬものだ」「―当局から連絡があるはずだ」

⊙いずれが菖蒲(あやめ)か杜若(かきつばた) いずれもすぐれていて選択に迷うことのたとえ。「いずれ菖蒲(か杜若)」とも。▽ともに似ていて区別がつけがたいことから。

い-すわ・る【居座る(居▼坐る)】(ヰ)[自五]すわったまま動かない。〓「借金取りが裏口に―」「低気圧が南方海上に―」 書き方 「居据わる」とも。 名 居座り

い-せい【以西】[名]その地点を含めて、それより西。〓「関西―の方言」⬍以東

い-せい【威勢】(ヰ)[名]❶人をおそれさせ、服従させる勢い。〓「―を示す」❷活気のある勢い。〓「―のよい声を上げる」

い-せい【異姓】[名]姓が違うこと。〓「―同名」⬍同姓

い-せい【異性】[名]❶男女・雌雄の性が異なること。特に、男性が女性を、女性が男性を指していう語。〓「―を慕う」❷性質が異なること。またそのもの。◈⬍同性

い-せい【遺制】(ヰ)[名]今に残っている古い制度。

い-せい【遺精】(ヰ)[名]性行為がないのに、自然に精液が射出されること。夢精など。

いせい-しゃ【為政者】(ヰセ)[名]政治を行う人。

いせい-よく【威勢よく(威勢良く)】(ヰセ)[副]勢いや活気があるさま。勢いよく。〓「―飛び出す」「―茂る」

いせ-えび【▼伊▽勢〈海老〉・▼伊▽勢▼蝦】[名]暖海の岩礁(がんしょう)に分布するイセエビ科の甲殻類。大形のエビで、体長三五センチメートルに達する。暗紫色または暗褐色の殻は煮ると赤くなる。食用。姿が美しいので祝儀や正月の飾りにもする。カマクラエビ。

い-せき【移籍】[名・自他サ変]❶籍(特に、本籍)を他に移すこと。また、移ること。転籍。❷スポーツ選手・芸能人などの所属が他に移ること。また、球団などが選手を他の所属に移すこと。〓「選手が他球団に―する」「選手をマイナーリーグに―させる/する」

い-せき【遺跡(遺▼蹟)】(ヰ)[名]歴史に残る重要な事件や建造物のあった跡。古跡。旧跡。

い-せつ【異説】[名]通説・定説とは違った説。

い-せつ【移設】[名・他サ変]施設・機関・設備などを、他の場所に移すこと。〓「ごみ焼却場[研究所]を郊外に―する」

いせ-まいり【▼伊▽勢参り】(まゐり)[名]伊勢神宮に参拝すること。伊勢参宮。お伊勢参り。

い・せる[他下一]裁縫で、長さの違う二枚の布を縫い合わせるとき、ふくらみや丸みをもたせるために、長い方の布を細かく縫い縮めて立体的に形を整える。いせこむ。〓「そで山を―」 名 いせ

い-せん【緯線】(ヰ)[名]地球の表面に赤道に平行して引いた仮想の線。同じ緯度の点を結ぶ。⬍経線 ▽「緯」は横糸の意。

い-ぜん【以前】[名]❶基準となる時点や期間を含んで、それより前。〓「五日―に仕上げる予定だ」「明治―からある風習」「役者になる―は教師だった」⬍以後 使い方 基準の数値を伴う場合は、それを含むと規定される。ただし、数値を伴わないでいうときはあいまい化しやすいが、「明治以前」では明治は含まないのが一般的。❷現在より(かなり)前。昔。〓「―から会いたいと思っていた」「―ここに何度か来たことがある」▽副詞的にも使う。❸それより前の段階。また、通常の段階に達していないことを非難していう語。〓「入社試験は面接―の段階でふるい落とされた」「文学―の稚拙な作品」

い-ぜん【依然】[形動タルト・副]ある状態が変化せずに続くさま。〓「―として株価の低迷が続く」「問題は―未解決のままだ」「旧態―」

いぜん-けい【▼已然形】[名]文語文法で、活用語の第五活用形。接続助詞「ば」「ど」「ども」に続いて確定条件を表し、また、係助詞「こそ」の結びとして文を終止させる形。「呼べども答えず」の「呼べ」など。既然形(きぜんけい)。▽口語の第五活用形は仮定形。

いそ【▼磯】[名]海・湖などの波打ち際。特に、砂地の「浜」に対して、岩石の多いところ。〓「波が―に寄せる」「―の香り」

磯

⊙磯の鮑(あわび)の片思い ⬇鮑の片思い

イソ【ISO】[名]⬇アイエスオー 〓「―感度」

いそ-いそ[副と]心が浮き立って、動作が軽やかなさま。〓「―(と)パーティーに出かける」▽「いそがしい」「いそしむ」などの「いそ」と同語源。

い-そう【位相】(ヰサウ)[名]❶物理学で、振動や波動のように同じ運動が周期的に繰り返されるときの、それぞれの位置における運動状態。また、天体が時間によって異なった姿を見せるときの、その現れ方。〓「―差」▽phase の訳語。❷数学で、極限と連続の概念を空間で論じるときに与えられる適当な構造。トポロジー。〓「―幾何学」▽topology の訳語。❸国語学で、言語表現の主体や場面(男女・年齢・職業・階層・地域、公的・私的)などの違いによって起こる、ことばの現れ方の違い。〓「―語」

い-そう【異相】(ーサウ)[名]ふつうとは違った人相・姿。

い-そう【異装】(ーサウ)[名]❶風変わりな服装。〓「目を引く―」「異形(いぎょう)―」「蓬髪(ほうはつ)―」❷学校などで、規則に反する服装。〓「―検査」

い-そう【移送】[名・他サ変]❶物を他の場所に移し送ること。また、人を(強制的に)移し送ること。〓「商品を―する」「被告人を拘置所に―する」▽人については、公的で冷ややかな言い方となる。❷法律で、裁判所が係属している事件を他の裁判所に移転させること。

い-ぞう【遺贈】(ヰ)[名・他サ変]遺言によって財産を他人に無償で譲り渡すこと。〓「土地の一部を町に―する」

いそう-がい【意想外】(イサウグワイ)[名・形動]思いもつかないこと。意外。予想外。〓「―の出費がかさむ」

い-そうろう【居候】(ヰサフラフ)[名]他人の家に住んで養ってもらうこと。また、その人。食客(しょっかく)。

いそがし・い【忙しい】[形]❶用事が多くて他のことにかまっていられない。多忙だ。〓「仕事で―」「遊び回るのに―」❷落ち着きがなくせかせかと動き回るさま。せわしい。せわしない。〓「―性分の人」「車が―・く行き来している」 使い方 ②には、言い切りの言い方はない。◈「急ぐ」と同語源。 注意 「急がしい」と書くのは今は誤り。 派生 -げ/-さ/-がる

「忙しい」の比喩表現

目が回る[猫の手も借りたい/席の暖まる暇(いとま)もない/てんてこ舞いする/きりきり舞いする/体が二つあっても足りない]ほど忙しい・死ぬ[いつ倒れてもおかしくない]ほど忙しい・寝食を忘れる[食事をとる間も

ない／寝る間もない／立って食事をする／新聞を読む間もない／一息つく間もない／一息入れる間もない」ほど忙しい・スケジュール帳が真っ黒になる［休日も返上する］ほど忙しい

盆と正月が一緒に来た［師走の／年の瀬を迎えた］ように忙しい・農繁期の農家［締切り間ぎわの編集部／急患を抱えた医者／ラッシュアワーの駅員／書き入れ時の商店］のように忙しい・働きバチ［アリ／コマネズミ］のように忙しく働く

売れっ子作家［アイドル／新聞記者／政府高官／お盆の坊さん］並みに忙しい

いそが・す【急がす】〔他五〕⬇急がせる ≡「━・されるのは嫌いだ」

いそが・せる【急がせる】〔他下一〕急いでするようにさせる。せかす。≡「完成を━」文 **いそが・す** 異形 **急がす**

イソーかんど【ISO感度】〔名〕ISO（国際標準化機構）が定める写真感光材料の感度の規格。従来のASAとほぼ同数値で、ISO100、ISO200などと表示。数値が倍になれば感度も倍になる。

いそぎ【急ぎ】〔名〕❶急いでしなければいけないこと。急を要すること。≡「━の仕事が入る」「━の用を済ませてから行く」❷〈「お急ぎ」の形で〉急いでいることをいう尊敬語。≡「お━のところ恐縮ですが…」

いそぎーあし【急ぎ足】〔名〕急いで歩くこと。また、その足どり。

いそーぎんちゃく【▼磯巾着】〔名〕浅海の岩石などに付着して生息する円筒状の腔腸動物。刺激を受けると広げた触手を収縮させ、きんちゃくの口を絞ったような形になる。種類が多い。イシボタン。

いそ・ぐ【急ぐ】 ■一〔自五〕❶目的地に早く着こうとして足早に進む。≡「駅から家へ夜道を━」「会社へ━」「家路を━」使い方「━・いで」の形で、副詞的にも使う。≡「━・いで駆けつける」❷〈「気が急ぐ」などの形で〉早くしようと気持ちがあせる。急く。≡「早く終わらせねばと気が━」▽やや俗な言い方で、この文脈では「せく」が標準的。■二〔他五〕物事を早く終えようとする。急いで…しようとする。物事の開始に注目していうときは、早めに取りかかる意となる。≡「完成［結論］を━」「帰りを━」「開催［着工］を━必要がある」使い方「━・いで」の形で、副詞的にも使う。≡「━・いで昼食をとる」可能 **急げる** 名 **急ぎ**

◉**急がば回れ** 急いで危険な手段をとるよりは、時間がかかっても安全確実な手段をとったほうがかえって早く目的を達することができるということ。

いーぞく【遺族】ヰ〔名〕ある人の死後に残された、その家族。≡「━を弔問する」「━年金」

いそーくさ・い【▼磯臭い】〔形〕魚介・海藻・潮風などが混じった、海岸特有のにおいがするさま。≡「━風が吹く」派生 ーさ

いそーじ【▽五▽十路・〈五十〉】チ〔名〕五〇歳。≡「━の坂を越える」▽「いそ」は古語で五〇の意。

いそし・む【▽勤しむ】〔自五〕つとめはげむ。≡「勉学［読書］に━」⬍怠る 可能 **いそしめる** 名 **いそしみ**

いそーづり【▼磯釣り】〔名〕磯でする釣り。対象魚はイシダイ・シマアジ・メバル・メジナ・クロダイなど。

イソフラボン【isoflavone】〔名〕大豆胚芽などに多く含まれるフラボノイド。エストロゲン（女性ホルモン）に似た作用をもつ。

いそーべ【▼磯辺】〔名〕❶いそのほとり。❷〈他の語に冠して〉海苔を使った食品・料理であることを表す。≡「━巻き・━揚げ」

いそーめ【▼磯目・〈▼磯▼蚯▼蚓〉】〔名〕海岸の砂泥地にすむ環形動物の総称。ミミズに似ているが、多くの足がある。釣りえさにする。

いーそん【依存】〔名・自他サ変〕他のものにたよって存在していること。いぞん。≡「大国の経済力に━する」「生活を親に━する」「━心」

いーぞん【異存】〔名〕反対の意見。異議。異論。≡「━はない」注意「異存がない」を「異存が出ない」とするのは誤り。「異議が出ない」との混同。

いぞんーしょう【依存症】ヤウ〔名〕ある物事を、やめたくてもやめられない状態。いぞんしょう。≡「アルコール━・買い物━・ネット━」

いた【板】〔名〕❶材木を薄く平たく切ったもの。≡「床に━を張る」❷金属や石などを薄く平らにしたもの。≡「鉄の━」「━ガラス」❸まないた。❹〈多く「板さん」の形で〉板前。板場。❺芝居の舞台。≡「新作狂言を━にかける」

◉**板に付・く** ❶役者が経験を積んで、芸が舞台にしっくりと調和する。≡「━・いた演技」❷経験を積んで、動作・態度・服装などがいかにもそれに似合ったものになる。≡「板前稼業［制服］が━・いてきた」

いーたい【異体】〔名〕❶形や姿がふつうとは違っていること。また、その形や姿。異体。≡「髪をのばした━の僧侶」❷別のからだ。≡「雌雄━」「━同心」❸異体字。

いーたい【遺体】ヰ〔名〕死んだ人のからだ。なきがら。遺骸。≡「━を収容する」使い方「死体」より丁寧な言い方で、身元不明の場合は「死体」となりやすい。また、ふつう動物には使わない。

いた・い【痛い】〔形〕❶体に苦痛を感じる。≡「私は腹［虫歯］が━」「痛風でくるぶしが━」「━のをじっと我慢する」「━注射」使い方「神経痛が━」など、〜ガに〈病名〉をとる言い方もある。❷精神的に苦痛を感じる。≡「赤字経営で頭が━」「妹にたしなめられて耳が━（＝聞くのがつらい）」❸手ひどい打撃や被害などを受けたと感じる。≡「株価の下落が━」「━目に遭う」❹〔新〕無様で痛々しいさま。≡「━ギャグ」派生 ーげ／ーさ／ーがる

◉**痛い所を衝・く** 弱点や急所をねらって攻め立てる。注意「痛い所をつつく［つつかれる］」は誤り。

◉**痛いほど** 心に痛みを伴うほど、物事に強く感じるさま。痛感するさま。痛く。≡「非難の視線を━感じた」「励ましのことばが━身にしみた」

◉**痛くも痒くもな・い** 少しも苦痛を感じない。全く影響がない。痛痒を感じない。≡「何と言われようと━」

◉**痛くもない腹を探ら・れる** やましいところがないのに、あれこれ疑われる。▽腹痛でもないのに、痛い所はどこかと探り回されることからいう。注意「痛い腹を探られる」は誤り。

「痛い」の比喩表現

頭が割れるように痛い・刺すように［刺されるように］痛い・突き刺すように痛い・えぐられる［切り刻まれる］ように痛い・体が引き裂かれる［引きちぎられる］ように痛い・錐でもまれるように痛い・やすりを当て

られたように痛い・焼ける［燃える］ように痛い
飛び上がるほど痛い・うなるほど痛い・思わず叫び出すほど痛い・その場に座り込むほど痛い・身じろぎできない［居ても立ってもいられない］ほど痛い・身もだえする［のたうち回る］ほど痛い・体が引き裂かれるかと思うほど痛い・我慢できないほど痛い・触ることもできないほど痛い
きりきり［ずきずき／ずきんずきん／がんがん／ちくちく／しくしく／ちりちり／ひりひり／ぴりぴり］痛い

い-だい【偉大】 [名・形動] すぐれて大きいこと。立派であること。≡「―な芸術家」「―な業績を残す」 派生 ―さ

いたいいたい-びょう【イタイイタイ病】 [名] 骨が病変し折れやすくなる病気。全身が変形し、激しく痛む。富山県神通川流域に多発し、一九六八年に鉱山廃水中のカドミウムによる公害病と認定された。語源 患者が日夜「痛い痛い」と訴えたことから。

いたい-け【▽幼気】 [形動] 心が痛むほど、幼くてかわいらしい。また、弱くていたいたしい。≡「無心に遊ぶ―な幼児たち」「子供の―な姿が涙を誘う」▼「いたきけ(痛き気)」の転。「いとけない」との混同から、俗に「いたいけない」とも。派生 ―さ

いたい-じ【異体字】 [名] 意味・発音は同じだが、互いに字体を異にする漢字。正字・俗字関係にある「煙・烟」や、新旧関係にある「斎・齋」など。価値を異にするため、しばしば使い分けの対象となる。異体。

いたいたし・い【痛痛しい】 [形] 見るからに、痛そうなさま。また、気の毒で正視にたえないさま。≡「白い包帯がいかにも―」「―被災者の姿」派生 ―げ／―さ

いた-がね【板金】 [名] 薄くひき延ばした金属の板。板金(ばんきん)。

いた-がみ【板紙】 [名] 厚くてかたい紙。ボール紙。

いた-がゆ・い【痛▼痒い】 [形] 痛みを伴うかゆみを感じるさま。≡「霜焼けの指が―」派生 ―さ／―がる

いた-ガラス【板ガラス】 [名] 板状のガラス。

い-たく【依託(依▼托)】 [名・他サ変] ❶他にたよってまかせること。≡「―学生(＝団体などが学費を負担して学校に教育を依頼する学生)」書き方「委託」とほぼ同義であることから、今は多く「委託」を使う。❷物にもたせかけること。≡「―射撃」

い-たく【委託(委▼托)】 [名・他サ変] 物事を他に頼んでまかせること。≡「世論調査を民間に―する」「―販売」書き方 ➡依託

い-たく【遺沢】 [名] 死後まで残る恩恵。

いたく【▽甚く】 [副] 物事の程度がはなはだしいさま。大いに。非常に。ひどく。≡「―悲しむ」「―感激する」▼文語形容詞「いたし」の連用形から。書き方「痛く」とも書くが、一般にかな書きが多い。

［ことば探究］「いたく」の使い方
▼やや古めかしい、硬い語感がある。
▼感情・心理を表す動詞を修飾する。
▼感情・心理を表さない語や、形容詞には付きにくい。
「× 離陸後のスピードがいたく速いジェット機」
「△ その男はいたく悲しい物語を語った」
▼自分の感情・心理については使わない。
「× いたく嬉しかった→○ 非常に嬉しかった」

いだ・く【抱く】 [他五] ❶〔古風〕抱(だ)く。また、そのようにして抱え込む。≡「わが子をひしと胸に―」「母の手に―・かれて眠る」❷抱えるようにして包み込む。抱(だ)く。≡「山々に―・かれた村里」使い方 自然の景観などに言い、受身で使うことが多い。❸心の中にある考えや感情をもつ。抱懐する。≡「希望［不安・恨み］を―」◈「だく」の古い形。書き方 ①②は「▽擁く」とも。③は「▽懐く」とも。可能 抱ける

いたけ-だか【居丈高】 [形動] いきりたって、人を威圧するような態度をとるさま。≡「―に命令する」▼居丈(＝座高)を高くそびやかす意。書き方「威丈高」「威▽猛高」とも当てる。

いたこ [名] 東北地方で、霊(いれ)の口寄せをする巫女(こみ)。≡「恐山の―」

いた-ご【板子】 [名] 和船の底にしく揚げ板。
◉**板子一枚下(いちまいした)は地獄** 船乗りの仕事が非常に危険であること。▼危険な職業に携わる人がわが身を船乗りになぞらえてもいう。

いた-ざい【板材】 [名] 木材をうすく製材したもの。

いたし-かた【致し方】 [名] 〈「致し方(が)ない」「致し方あるまい」などの形で〉「しかたがない」の改まった言い方。やむをえない。≡「残念ですが、―ありません」「―なく引き返す」

いたし-かゆし【痛し▼痒し】 [連語] 具合のいい面と悪い面とがあって、どうしたらよいかの判断に迷うこと。▼かけば痛いし、かかなければかゆい意から。

いた-じき【板敷き】 [名] 床に板を張ること。また、そのようにした所。板の間。≡「―の台所」

いた・す【致す】 [動五] 一 [他] ❶心がそこまで届くようにする。思いやる。≡「遠い祖国に思いを―」▼「至る」の他動詞形で、至らせるの意から。❷できる限りのことをする。尽くす。≡「力を―・して勉学に励め」❸〈「…の致すところ」の形で〉それが原因となって、ある(よくない)結果を引き起こす。もたらす。招く。≡「失敗は私の不徳の―ところです」❹他動詞「する」の丁重語。相手に対する改まった気持ちを表す。≡「いっそうの努力を―所存でございます」「私がお相手を―・しましょう」「〔課長に向かって〕部長への報告は私が―・しました」使い方 (1)「致す」は相手(＝聞き手・読み手)に対する敬語であるため、動作の及ぶ先が、高めるべき人物でない場合に使っても問題ない。≡「〔社長に向かって〕部下には私から説明を致します」(2)多く下に「ます」をつけて使う。注意「致される」は誤り。≡「× 致されました→○ なさいました」❺〔古風〕他動詞「する」の尊大な言い方。≡「何をぐずぐず―・しておるか」
二 [自] 自動詞「する」の丁重語。相手(＝聞き手・読み手)に対する改まった気持ちを表す。≡「あと五分も―・しますと大阪に着きます」「ほのかな香りが―・します」
三 [補動] ❶〈「お[ご]…致す」の形で、また、謙譲の意のサ変動詞語幹に付いて〉**謙譲＋丁重** Aに…する、Aの事物を…するという動作について、Aを高めるとともに、相手(＝聞き手・読み手)に改まった気持ちを表す。≡「〔課長に向かって〕私がA部長をご案内―・します」相手とAが同一人物であることもある。≡「謹んでお受け―・します」「よろしくお願い―・します」「早速拝見―・しましょう」▼「お[ご]…致す」の「…」には動詞連用形や漢語サ変動詞語幹が入る。➡お・ご(御) 注意 (1)➡

㊀④ ⑵「させて下さい」「させていただく」を丁重にいう気持ちで「致させて下さい」「致させていただく」などと使うのは、標準的でない。‖「× 後でご報告致させていただきます」❷〔古風〕「…する」の尊大な言い方。‖「即刻、参上ーせ」

㊃〈動詞・形容動詞の連用形、サ変動詞語幹、副詞などに付いて〉「…する」の丁重語。相手(＝聞き手・読み手)に対する改まった気持ちを表す。‖「先日は失礼ーしました」「本日休業ーします」「少し静かにーしましょう」「さすがに私もびっくりーしました」

◈➡敬語解説(一七九八ジ)　書き方 ㊂㊃はかな書きも多い。可能 致せる

いだ・す【▽出す】〔他四〕〔古風〕出す。‖「ゲエロックという二列ぼたんの服をーして着せ〈鷗外・舞姫〉」「見ー召しー」書き方 送りがなは「出だす」とも。

いたずら【〈悪戯〉】〔名〕❶〔自他サ変・形動〕面白半分に、人が困るような行いをすること。悪ふざけ。悪戯。‖「友達にー(を)する」「悪質なー」「運命のー」「ー電話」❷〔自他サ変〕(謙遜した言い方で)手慰みや遊び気分で、物事(特に、習い事)をすること。‖「チェロを少々ーしています」「ー半分に句作を楽しんでいます」❸〔自サ変〕(遠回しな言い方で)性的にみだらな行為をすること。◈「徒」と同語源。

いたずら-に【▽徒に】〔副〕何の効果も利益もないさま。無益・無用なさま。むなしく。‖「ー時を過ごす」「ー枝葉末節にこだわる」▼「徒なり」の連用形から。

いただき【頂・頂き】〔名〕❶【頂】いちばん高いところ。頂上。てっぺん。‖「山のーに立つ」❷【頂き】苦労なく手に入れること。‖「この勝負はこちらのーだ」書き方 ②は「▽戴き」とも。

◉**頂に霜を置・く**　年をとって頭髪が白くなる。白髪になる。

いただき-ます【▽戴きます】〔連語〕飲食する直前にいう、挨拶のことば。

いただき-もの【頂き物(▽戴き物)】〔名〕頂いた品物。頂戴物。‖「隣家からのー」「ーをする」

いただ・く【頂く(▽戴く)】〔動五〕㊀〔他〕❶頭の上に載せる。また、頭上高くに位置させる。‖「頭に王冠をー」「雪をー山々」「頭上に満天の星をー」❷〔古風〕敬意を表して、頭上高くにささげ持つ。押し頂く。‖「賞状をー」❸上の者として敬い仕える。‖「知事を名誉会長にー」❹(②の意から)「もらう」の謙譲語。Aからもらうという動作について、Aを高める。頂戴する。‖「A先生からお手紙をー」「別途、手数料をーきます」「励ましのお言葉をー」「お小言をー」使い方 その動作がそれを受ける人の恩恵となることを表す。上に尊敬・丁寧の接頭語「お・ご(御)」を伴うことが多い。「賜る」は目上の人から頂くの意で、「頂く」よりは敬意の度合いが高い。❺「食べる」「飲む」の謙譲語。また、風呂に入る意の謙譲語。Aからもらって食べたり飲んだりする動作について、Aを高める。また、Aから風呂をもらって入るという動作について、Aを高める。‖「奥様のお料理は十分にーきました」「『お風呂がわきました』『では、お先にーきます』」▼➡いただきます ❻「食べる」「飲む」の丁重語。また、風呂に入る意の丁重語。相手(＝聞き手・読み手)に対する改まった気持ちや上品な気持ちを表す。‖「お夕飯ができましたから、冷めないうちにーきましょう」「晴れた日には庭でお茶をーのが習慣です」「帰宅してすぐにお風呂をーきました」✓注意 高めるべき人物が曖昧になり丁重語化したもので、本来は誤り。❼利益となるものを苦労もなく手に入れる。‖「この勝負はこちらでーいたぞ」使い方 皮肉な気分を伴うこともある。‖「人のアイディアをちゃっかりーいて澄ましている」

㊁〔補動〕❶〈「…て〔で〕いただく」「お〔ご〕…いただく」の形で〉謙譲 Aに…てもらうという動作について、Aを高める。‖「A先生に推薦文をお書きーく」「いつも懇意にしてーいております」「早速着手してーきたい」「お褒めーいて恐縮の至りです」「早速ご手配ーきたく願い上げます」▼「お〔ご〕…いただく」の「…」には動詞連用形や漢語サ変動詞語幹が入る。✓注意 ⑴「…ていただく」「お〔ご〕…いただく」は、〈Aの「…」という動作を、いただく〉意で、Aの動作がそれを受ける人の恩恵となることを表す。恩恵を与える側のAを主語にした「先生が来ていただきました」は誤り。「(私どもは)先生に来ていただきました」もしくは「先生が来てくださいました」が正しい。⑵Aの動作である「…」の部分を謙譲語にするのは誤り。「× ご拝読いただきありがとうございます」→◯お読み〔ご覧〕いただき…」⑶「お〔ご〕～いただく」➡注意すべき「お」「ご」の敬語表現20(一八〇〇ジ) ❷〈「…(さ)せていただく」の形で〉➡させていただく ⑶「お〔ご〕～いただく」の「お」「ご」を外して敬意を少し落とし、「連絡いただく」「問い合わせいただく」のような形で使われることがある。ただし、この形にできないものも多い。‖「× 褒めいただく」「× 書きいただく」

◈➡敬語解説(一七九八ジ)　書き方 ㊁はかな書きも多い。可能 頂ける 名 いただき

いただ・ける【頂ける(▽戴ける)】〔動下一〕㊀〔自他〕❶「もらえる」の謙譲語。いただくことができる。また、「食べられる」「飲める」の丁重語。いただくことができる。‖「優秀賞を／がーけた」➡頂く④⑤⑥ ❷よいと認めて受け入れることができる。‖「その説はーけないね」

㊁〔補動〕〈「…て〔で〕いただける」「お〔ご〕…いただける」の形で〉謙譲 Aに…てもらえるという動作について、Aを高める。‖「(私は)先生に教えてーけました」「小社の製品はどなたにもお使いーけます」「〔駅のアナウンスで〕次の電車は(私どもはお客様に)ご乗車ーけません」▼「お〔ご〕…いただける」の「…」には動詞連用形や漢語サ変動詞語幹が入る。➡お・ご

使い方 ⑴「Aは…いただける」は、「Aは(Bに)…してもらえる」意。「お客様はこのサービスをご利用いただけます」は、「お客様は(別の誰かに)このサービスを利用してもらえる」の意となり、誤り。「(私どもは)お客様にこのサービスをご利用いただけます」や、「お客様はこのサービスをご利用になれます」は正しい。⑵もらえるかどうか聞く、また、もらいたいとお願いするときは、次の順で丁寧さが増す。‖「いただけますか」「いただけませんか」「いただけませんでしょうか」⑶やりもらいのできないものについて「いただけますか」とお願いするのは正しくない。‖「× お名前〔電話番号〕をいただけますか」◈「頂く」の可能形。

いた-だたみ【板畳】〔名〕❶(床の間などに用いる)板を芯に入れた畳。❷板を敷きつめたところ。板敷き。また、そこに使った板。

いたたまれ-な・い【居た▽堪れない】〔連語〕その場にそれ以上じっとしていられない。いたたまらない。‖「ー・くなって席を立つ」

いたち【▼鼬・〈▼鼬▼鼠〉】[名] 胴と尾が長く、足が短いイタチ科の哺乳(ほにゅう)類。人家の近くにすみ、ネズミ・鶏などを捕食する。敵に襲われると肛門(こうもん)腺(せん)から悪臭を放って逃げる。

鼬

◉鼬の最後っ屁(べ) せっぱつまったときに非常手段に訴えること。

◉鼬の道 交際・音信などがとだえること。▼イタチは同じ道を二度と通らないという俗信から。

いたち-ごっこ【▼鼬ごっこ】[名] ❶二人で互いに手の甲をつまみ合いながら、その手を順に重ねていく子供の遊び。❷双方が同じことを繰り返して、なかなか決着がつかないこと。堂々巡り。≡「賃上げと物価上昇の—」

いた-ちょう【板長】(-チヤウ) [名] 料理屋などの板場(調理場)を取り仕切る責任者。▼板場の長の意。

いた-チョコ【板チョコ】[名] 板状のチョコレート。

い-だつ【遺脱】(-ヰ) [名・自他サ変] (注意などが行き届かず)必要な事柄が抜け落ちること。また、落とすこと。遺漏。≡「不注意で登記を—する」

いたつき【▽労・▽病】[名]〔古風〕骨折り。苦労。また、病気。いたずき。

いた-つき【板付き】[名] ❶板の間。板敷き。❷幕が上がったときに俳優がすでに舞台に出ていること。また、その俳優。▼「板」は舞台の意。❸魚のすり身を小さな板に盛りつけて、蒸して作ったかまぼこ。▼「板付きかまぼこ」の略。

いたっ-て【至って】[副] 非常に。きわめて。≡「年老いたとはいえ—健康です」「操作は—簡単だ」▼「いたりて」が促音化した語。

いた-で【痛手(傷手)】[名] ❶刀・矢などで受けた重い傷。ふかで。≡「—を負う」❷物質的・精神的に受けた大きな打撃。≡「冷害で—を受ける」「失恋の—から立ち直る」

いだ-てん【▼韋駄天】(ヰダ-) [名] 増長天(ぞうじょうてん)の八将軍の一つ。仏法・寺院の守護神。使い方 仏舎利(ぶっしゃり)を奪って逃げる捷疾鬼(しょうしつき)を駆け追って捕らえたという俗伝から、足の速い人のたとえにいう。

いた-ど【板戸】[名] 板を張って作った戸。雨戸・引き戸の類。

いたどり【〈虎▼杖〉】[名] 夏、白または淡紅色の小花を多数つけるタデ科の多年草。山野に自生する。節のある茎は中空。酸味のある若い茎は食べられる。根は利尿・通経などの民間薬。

いた-の-ま【板の間】[名] 床に板をはった部屋。板敷き。

いた-ば【板場】[名] ❶(まな板を置くことから)料理屋の調理場。≡「—で働く」❷料理人。板前。▼おもに関西でいう。関東では「板前」。

いた-ばさみ【板挟み】[名] 対立する二者の間で、どちらにもつけずに迷い悩むこと。≡「義理と人情の—」

いた-ばり【板張り】[名] ❶板を張りつけること。また、板を張りつけた所。≡「—の廊下」❷洗い張りで、洗濯した布にのりをつけ板に張りつけてかわかすこと。

いた-び【板碑】[名] 板状の石でつくった卒塔婆(そとば)。▼鎌倉・室町時代に関東で多く建てられた。

いた-ぶき【板▼葺き】[名] 屋根を板でふくこと。また、その屋根。≡「—の粗末な家」「—屋根」

いた-ぶ・る[他五] おどして金品などをせびり取る。ゆする。また、(やりたい放題に)嫌がらせや意地悪をする。いじめる。≡「不良グループに—!・られる」書き方「甚(たい)く振る」の意で、「▽甚振る」とも。名いたぶり

いた-まえ【板前】(-ヘ-マ) [名] 日本料理の料理人。板場。≡「—修業」▼主に関東でいう。関西では「板場」。

いたまし・い【痛ましい(傷ましい)】[形] 目を背けたくなるほどに心が痛むさま。≡「見るも—事故現場」派生 -げ/-さ/-がる

いたま・る【▼炒まる・▼煠まる】[自五] 野菜などが(しっかりと)いためられた状態になる。≡「タマネギが—!・ったら、スープを加えます」使い方 料理番組などから出た新しい言い方。

いたみ【痛み・傷み】[名] ❶【痛】傷や病気で起こる肉体的な苦しみ。苦痛。≡「腹に激しい—を覚える」「—が治まる」使い方「痛み」は、痛むことそれ自体をいい、「痛さ」はその程度をいう。❷【痛・傷】精神的な苦しみや悲しみ。心痛。苦悩。≡「失恋の—に耐える」「心の—が癒(い)える」❸【傷】器物などが傷むこと。また、野菜(特に、果物)に傷がつくこと。損傷。≡「建物の—が激しい」「果物の—がひどい」❹【傷】食べ物が腐ること。≡「夏場は食べ物の—が早い」

いたみ-い・る【痛み入る(傷み入る)】[自五] 相手の親切・好意などに恐縮する。≡「丁寧な御挨拶(あいさつ)、—!・ります」

いたみ-どめ【痛み止め】[名] 患部の痛みをとめる薬。鎮痛剤。

いたみ-わけ【痛み分け】[名] 相撲で、取組中に一方または双方の力士が負傷したとき、その勝負を引き分けとすること。▼けんかや議論などで、双方に被害があって終わる意にも使う。

いた・む【痛む・傷む】[自五] ❶【痛】体に苦痛を感じる。≡「頭がずきずき—」「結石でおなかが—」「—手をかばう」▼「痛風が—」など〜ガに〈病名〉をとる言い方もある。❷【痛・傷】心に苦痛を感じる。≡「遺児の行く末を思うと胸が—」❸【傷】器物や建物などが損なわれる。また、野菜(特に、果物)に傷がつく。損傷する。≡「台風で家が—」「桃は—!・みやすい」❹【傷】食べ物が腐る。≡「サバは—!・みやすい」❺【痛】髪・肌・爪・筋肉など体の一部分が健康な状態を失う。≡「—!・んだ髪を手入れする」❻【痛・傷】〔新〕神経などを病んで、精神の健康を失う。≡「—!・んだ心を音楽が癒やす」❼【痛】〔新〕ラグビー・サッカーなどのスポーツで、選手同士が激しく接触して倒れ、動けない状態にある。≡「ゴール前で選手が—!・んでいる」名いたみ

いた・む【悼む】[他五] 人の死を嘆き悲しむ。哀悼(あいとう)する。≡「友の死[死者]を—」▼「痛(傷)む」と同語源。名悼み

いた-め【板目】[名] ❶板と板との合わせ目。❷不規則な山形や波形にゆがんでいる木目。木材の周辺部を切り出したものに現れる。⇔正目(まさめ)

いため-がわ【▼撓め革】(-ハガ) [名] にかわを溶いた水にひたし、たたいてかたくした革。鎧(よろい)の札(さね)などに用いる。

いため-つ・ける【痛めつける(痛め付ける)】[他下一] ひどい目にあわせる。≡「敵を水攻めにして—」文いためつ・く

いた・める【▼炒める・▼煠める】[他下一] 野菜や肉を少量の油でいりつける。≡「野菜を—」▼「痛(傷)める」と同語源。文いた・む

いた・める【痛める・傷める】〔他下一〕❶【痛】体のある部分に損傷や故障を起こす。悪くする。「転倒して腰を—」「歌いすぎて喉を—」使い方「自分のおなかを痛めた子」のように、肉体的苦痛をいう言い方もあるが、多くは体の損傷や故障をいう。❷【痛・傷】心に苦痛を感じる。悩む。心配する。「子供のことで胸を—」「借金の返済に頭を—」❸【傷】器物などに傷をつける。損傷させる。破損させる。壊す。そこなう。「売り物の茶器を—めてしまう」「車をぶつけて塀を—」❹【傷】食べ物を腐らせる。「魚を—めてしまった」文 いた・む

いた-や【板屋(板家)】〔名〕板でふいた屋根。板屋根。また、その家。

いたら-ぬ【至らぬ】〔連語〕思慮・分別などが行き届かない。未熟である。至らない。「—点はお許しください」

いたり【至り】〔名〕❶〈「…の至り」の形で〉それが結果として行き着くところ。それがもたらした結果。「不始末は若気の—と反省しております」❷〈「…の至り」の形で〉それが最高の状態に達していること。…の極み。「同慶の—に存じます」「恐縮の—です」使い方「…な至り」は標準的でない。「×恐縮な至りだ」

イタリアン [Italian]〔名〕❶イタリア風。イタリアの。「—レストラン・—デザイン」▼他の語と複合して使う。❷イタリア料理。❸イタリア人。

イタリック [italics]〔名〕欧文活字の書体の一つ。「*italics*」のように少し右に傾いたもの。イタリック体。

いた・る【至る】(▽到る)〔自五〕❶ある場所に行き着く。到達する。「目的地に—までに何か所かの難所がある」「山頂に—道」
❷ある時刻・時期などになる。「今に—まで連絡がない」「本案はまだ公表する時期には—っていない」
❸ある(極端な)状態や段階などになる。「大事に—前に手を打とう」「真理に—道は険しい」「死に—病」
❹広くすみずみにまで行き渡る。及ぶ。「分布は日本全域に—」「徳政はあまねく下情に—」
❺注意などが細かなところまで行き届く。及ぶ。「心遣いが—・らぬばかりに失礼を致しました」▼多く打ち消しの形で使う。⬇至らぬ
❻自分のほうへやってくる。到来する。「好機—」「悲喜こもごも—」
❼〈動詞連体形、または漢語サ変動詞語幹+「に至る」の形で〉最終的に、そのような状態・段階になる。「ついには海外にまで名を知られるに—った」「犯行に—った動機が不明だ」
❽〈「…に至るまで」の形で〉極端な例として、物事をとりあげるのに使う。…までも。「細部に—まで精巧に作る」「父はおろか叔母に—まで反対した」
❾〈「…から…に至るまで」の形で〉その範囲のものすべての意を表す。「頭の上からつま先に—まで全身ずぶぬれだ」
❿〈「…に至っては」「…に至ると」の形で〉極端な例を挙げて、題目として取り立てるのに使う。…になっては。…となると。「英語はもちろん、フランス語に—ってはからきし駄目だ」「事ここに—っては、撤退もやむなしだ」
◈書き分け もと、③⑤⑦〜⑩には【至】、①②④⑥には【到】と使い分けた。今は、すべて【至】を使うのが一般的。地図では、「至横浜」などの表記も行われる。可能 至れる 名 至り

いたる-ところ【至る所(至る▽処・▽到る所)】〔連語〕行くさきざきどこでも。あらゆるところ。「—で歓迎される」「人間、—青山あり」▼副詞的にも使う。

いたれり-つくせり【至れり尽くせり】〔連語〕心遣いなどが非常によく行き届いている。「—のもてなし」▼「り」は完了の文語助動詞。

いた-わさ【板〈山▼葵〉】〔名〕板付きかまぼこを切って、おろしわさびをそえた料理。

いたわし・い【▽労しい】〔形〕気の毒で、慰めたり援助の手を差し伸べたりしたくなる気持ちだ。かわいそうだ。不憫だ。「しきりに親を恋しがる子らが—」派生 —げ/—さ/—がる

いたわ・る【▽労る】〔他五〕❶優しく大切に扱う。「病人を優しく—」「痛めた足を—ってそろそろと歩く」❷労をねぎらう。慰労する。「激務に耐えた部下を—」可能 いたわれる 名 いたわり

い-たん【異端】〔名〕学説・思想・宗教などが、正統とされるものからはずれていること。また、その学説・思想・宗教など。「—視(=異端とみなすこと)」「—者・—児」⬍正統

いち【市】〔名〕❶多くの人が集まって品物の売買や交換をすること。また、その場所。市場。「毎月五の日に—が立つ」「酉の—・蚤の—」「朝—」「門前—を成す」❷多くの人が集まる場所。市街。まち。

◉**市に虎を放つ** 非常に危険なことのたとえ。▼人が多く集まる市に虎を放す意。

いち【一】■〔名〕❶数の名で、自然数の最初のもの。ひとつ。また、物事の最初や最もすぐれているものをいう。「—に二を加える」「—から出直す」「—個・—日・—両日」「第—・万—・逐—・日本—」書き方「金壱万円」など、証書類では多く大字の「壱」を使う。❷三味線で、一番低い音を出す糸。一の糸。■(造)❶ひとまとまり。「—群・—座・—同」❷それだけ。もっぱら。「—見・—念・—途・—意専心」❸わずか。ちょっと。「—抹・—縷・—瞥」❹多くの中の一つ。ある。「—案・—部」「—市民・—時代・—ジャンル」使い方 とるに足りない意や、漠然とぼかしていう気持ちを添えることがある。「一議員の一改革案にすぎない」「一記者の取材に応じる」旧 壹

◉**一か八か** 運を天に任せてやってみること。のるかそるか。「—やってみよう」▼ばくちで、一か罰か(=一の目が出るかしくじりか)の意とも、「丁か半か」の「丁半」の字の上部をとったものともいう。

◉**一から十まで** 何から何まで。何でも。すべて。「—知っている」「—人任せだ」

◉**一にも二にも** それが何よりも大切・肝心だとしていう語。何をおいても。何はさておき。「—健康が大切だ」

◉**一姫二太郎** 子をもつには、最初は育てやすい女の子で、次は男の子がよいということ。▼「二」は二番目の、「太郎」は長男の意で、これを「一人の娘と二人の息子」と解するのは誤り。

◉**一富士二鷹三茄子** 初夢に見るものを、縁起のよい順に並べた句。▼将軍家に縁の深い駿河国で高いものを、一に富士山、二に愛鷹山、三に初茄子の値段と並べたものともいう。

◉**一も二もなく** とやかく言わないで。すぐさま。「—引き受ける」

◉**一を聞いて十を知る** 一端を聞いただけで全体を理解する意で、理解が早く聡明であることをいう。▼『論語』から。

漢数字で書くことば

縦書き・横書きを問わず、算用数字にはしないもの。現実にはゆれが激しいが、出版物で標準的と考えられる書き方。

①「ひと・ふた・み…」と読む熟語…一晩・紙一重・一人っ子・瓜二つ・二月・二つ返事・二日酔い・二十・真っ二つ・三つ編み・三十路・四つ辻・五十日・初七日・八つ当たり・九重

＊数値を表す場合は算用数字でも書く(ミカン1つ・7回読む・9日)。近年、新聞だけでなく雑誌類もこの傾向がある。

②**全体で一つの「語」として特定の意味を持ち、他の数字に置き換えられないもの(漢熟語)**…一個人・一段落(が付く)・一番乗り・一軒家・一昨日・一切・(〜の)一種・一般・一匹狼・一部分・一流・世界一・超一流・人一倍・青二才・二度と(来るな)・二枚目(の役者)・三振・第三者・四球・四六時中・五分五分・七五三・七味唐辛子・北斗七星・八宝菜・九分九厘・十二指腸・十五夜・二十四節気・四十肩・四十九日(死後の)・百人一首・二百十日(雑節の)

＊「1種から3種ほどがある」など、特に横書きで数値を表す場合は算用数字が一般的。

③**ことわざ成句**…一を聞いて十を知る・氷山の一角・ローマは一日にして成らず・二階から目薬・二転三転・石の上にも三年・三度目の正直・四苦八苦・五十歩百歩・人の噂も七十五日・雀百まで踊り忘れず・千里の道も一歩より始まる

④**あいまいな数、おおよその数(概数)**…二十回余り・十数個・十何年・十余人・何百回・数百年・数千円・千数百度

＊これらは単位語(「十・百…」など、位取りを表す語)を用いて書く。

⑤**固有名詞**…二重橋・三十三間堂・四日市市・五色沼・八丈島・九州

＊正式名に算用数字を用いるものは除く。

⑥**名数など、特定の意味のあるグループをいうもの**…三役(相撲の)・四天王・六法・東京六大学・七福神・春の七草・八景・十種競技・十二支・三十六歌仙・東海道五十三次・四国八十八箇所

⑦**数値の性格を持つが、漢数字で書く慣用の強いもの**…一院制・二重奏・三角形・三輪車・四半期・四六判・五七五・五重の塔・五段活用・六三制・六面体・八頭身・十進法

▼漢数字・算用数字の使い分けの基準は一律ではないが、一般に右の①〜⑤にあげた例を算用数字で書くのは不適切。数値・順位を書く場合は、漢数字・算用数字のどちらも使う。

▼「十」などの単位語を使わずに書く場合もある(人の噂も七五日)。

▼「一番」「一点」等についてはそれぞれの項を、「零・ゼロ」については「零」の項目を参照。

いち【位地】〔名〕くらい。地位。

いち【位置】〔名〕❶物や人が、全体または他との関係で占める、具体的な場所。‖「地図で今いる—を確かめる」「地震で机の—がずれる」「所定の—に着く」❷物事が、全体または他との関係で占めると認められる、抽象的な場所。‖「本件の歴史的—を考究する」❸人が社会や組織の中で置かれている状態。地位。位地。‖「社長という責任ある—に就く」◈➡位置する・位置づける

書き方 古くは「位地」とも。

◉**位置に着いて** 競走で、「所定の位置に着け」の意で、号砲の前に走者の注意を促していう語。オンユアマーク。‖「—、用意、(ドン)」

いち‐あく【一握】〔名〕ひとにぎり。‖「—の米」

いち‐あん【一案】〔名〕多くの中の一つの考え。‖「考え方を変えてみるのも—だ」

いちい【▼櫟・一位】〔名〕深山に自生するイチイ科の常緑高木。葉はカヤに似る。秋、赤く熟す実は甘い。緻密な材は建材・器具・細工物用。アララギ。語源 昔、笏の材料にしたことから、位階の「一位」にちなむという。

いち‐い【一位】〔名〕❶第一の位。首位。‖「—でゴールを切る」❷位階の第一位。‖「正—・従—」❸数で、一のけた。例えば、「一五」では「五」の占める位置(=けた)をいう。一の位。

いち‐い【一意】〔名〕❶〈副詞的に〉一つのことにだけ心を集中させること。‖「—勉学に励む」「—専心」❷一つの意味。一義。‖「—性がある」

いちい‐せんしん【一意専心】〔名〕ほかのことは考えないで、そのことだけに心を集中させること。‖「—勉学に励む」▽副詞的に使う。

いちいたい‐すい【一衣帯水】〔名〕一筋の帯のように狭くて長い川・海峡。また、それを隔てて近接していること。‖「—の地」▽「衣帯」は一本の帯の意。

いち‐いち【一一】〔副〕❶〔名〕(些細な)物事を一つ一つ取り上げるさま。また、一つ一つの物事。物事のそれぞれ。‖「はしの上げ下ろしに至るまで—難癖をつける」「つまらぬ相談事を—持ちこむな」「—の説明は省略する」❷一つの例外もなく、すべてに及んでいるさま。どれをとっても、一つ一つ。‖「おっしゃることは—ごもっともです」◈書き方 かな書きも多い。

いち‐いん【一因】〔名〕一つの原因。‖「失敗の—は準備不足にある」

いち‐いん【一員】〔名〕団体・仲間などの一人。‖「調査団の—として活躍する」

いち‐いん【一院】〔名〕❶一つの議院。また、二院制の議会のうちの一方の議院。❷一つの寺院。❸「…院」と称するものの一つ。‖「大学病院の—」

いちいん‐せい【一院制】〔名〕単一の議院で構成される議会。➡二院制

いち‐えん【一円】〔名〕〈地方名などに付いて〉ある地域の全体。‖「関東—が暴風圏に入る」

いち‐おう【一応(一往)】〔副〕❶完全ではないが、最低の要件は満たしているさま。‖「話は—聞いておく」「工事は—完成した」「論文は—の水準に達している」「—(=曲がりなりにも)英文科の卒業です」❷〔古風〕一度。一回。‖「—も二応も考えたことです」◈書き方「一度往ゆく」意から転じた語で、もと「一往」と書いた。のち一通り応ずるの意に解されて「一応」と書くようになった。

いち‐おし【一押し・一推し】〔名〕まず第一に推薦・推奨すべきものであること。また、そのもの。‖「次期学長候補としては彼が—だ」読み分け「あと一押しだ」「もう一押しです」「最後の一押し」などは「ひとおし」と読み、「いちおし」とは別語。

いちがい-に【一概に】［副］細かい違いを無視して判断するさま。ひっくるめて。一様に。‖「君がー悪いとは言えない」「ー決めつけるのはどうか」▽多く下に否定的な表現を伴う。
いち-がつ【一月】［名］一年の最初の月。正月。睦月（むつき）。孟春（もうしゅん）。⬇季節のことば（二八〇ページ）
いち-がん【一丸】［名］〈「一丸となる」の形で〉多数の人がある目的の下に心を一つにする。ひとまとまりとなる。‖「全員がーとなって戦う」
いち-がん【一眼】［名］❶片方の目。独眼。隻眼。❷一見。ひとめ。❸レフレックスカメラで、レンズが一つであること。また、そのカメラ。
いちがん-レフ【一眼レフ】［名］一組みのレンズで焦点調節と撮影の機能を兼ね備えているレフレックスカメラ。一眼レフカメラ。▽「一眼レフレックスカメラ」の略。
いち-ぎ【一義】［名］❶一つの道理。一理。‖「彼の反論にもーある」❷一つの意味。一意。‖「発展をーに置く」❸〈多く「第一義」の形で〉最も重要であること。根本の意義。‖「国家でなく人間をーと考える」
いち-ぎ【一儀】［名］❶一つの事柄。一件。❷性行為を遠回しに言う語。‖「ーに及ぶ」
いち-ぎ【一議】［名］❶一度の評議や議論。❷異議。異論。
⦿**一議に及ばず** 議論するまでもない。‖「ー決定する」
いちぎ-てき【一義的】［形動］❶一つの意味だけに解釈されるさま。一意的。‖「ーな定義」❷最も大切な意義があるさま。第一義的。‖「審議会のーな目的」
い-ちく【移築】［名・他サ変］建物を解体し、原形のまま他の場所に移し建てること。‖「江戸時代の民家を民俗館にーする」
いち-ぐう【一遇】［名］一度出会うこと。‖「千載（せんざい）ー」
いち-ぐう【一隅】［名］一方のすみ。かたすみ。‖「庭のーに菊を植える」「無念の思いが頭のーをかすめる」
いち-ぐん【一軍】［名］❶一つの軍勢。❷すべての軍勢。全軍。❸プロ野球で、公式試合に出場する資格をもつ選手のチーム。‖「ーに上がる」⬍二軍
いち-ぐん【一群】［名］一つの群れ（をなしたもの）。ひと群れ。‖「ーのハトが舞い上がる」
いち-げい【一芸】［名］一つの芸能・技能。‖「ーに秀でる」
いち-げき【一撃】［名・他サ変］一回の打撃または攻撃を加えること。ひとうち。‖「頭にーを加える」
いち-げん【一元】［名］❶根元がただ一つであること。‖「ー的」⬍多元 ❷一つの年号。‖「一世（いっせい）ー」❸方程式で、未知数が一つであること。‖「ー二次方程式」
いち-げん【一▽見】［名］料理屋などの客が、なじみでなく初めてであること。また、その客。‖「ーの客」「ーさんお断り」▽一度見参（げんざん）の意。注意「一現」と書くのは誤り。
いち-げん【一言】［名・自他サ変］⬇いちごん
いちげん-いっこう【一言一行】［名］一つの言葉と一つの行い。一つ一つの言動。‖「ーを慎（つつし）む」
いちげん-か【一元化】［名・自他サ変］いくつかに分かれた組織・機構などが一つにまとまること。また、まとめること。一本化。‖「窓口をーする」
いちげん-きん【一弦琴（一▼絃琴）】［名］三尺六寸（約一・一メートル）の胴に一本の弦を張った琴。須磨琴（すまごと）。板琴（はんきん）。独弦琴。
いちげん-こじ【一言《居士》】［名］何事にもひとこと自分の意見を言わないと気のすまない人。
いち-けんしき【一見識】［名］ひとかどのすぐれた見識。いっけんしき。‖「美術についてーをもつ」
いちげん-ろん【一元論】［名］哲学で、すべての事象をただ一つの原理で説明しようとする考え方。モニズム。⬍二元論・多元論
いち-こ【市子（〈▼巫子〉・〈神▼巫〉）】［名］神や死霊（しりょう）・生霊（いきりょう）を自分にのり移らせ、そのことばを代わって語ることを業とする女性。あずさみこ。口寄せ。いたこ。
いちご【▼苺・▼莓】［名］❶赤く熟した果実を食用とするバラ科の多年草。また、その果実。栽培品種が多いが、ふつうオランダイチゴをさす。果実は菓子・ジャム・ジュースなどにも用いる。ストロベリー。❷オランダイチゴ・ヘビイチゴ・キイチゴ・ヤマイチゴなど、バラ科の多年草または小低木の総称。
いち-ご【一期】［名］❶人が生まれてから死ぬまでの間。一生。一生涯。❷死に際したとき。臨終。‖「ーに臨んで遺言を残す」❸〈「一期の」の形で〉一生に一度しかないようなの意を表す。‖「ーの思い出」「ーの不覚をとる」
いち-ご【一語】［名］一つの語。一単語。また、ひとまとまりの内容を表す、わずかなことば。ひとこと。‖「申し訳ないのーに尽きる」「黙り込んだままーも発しない」
いちご-いちえ【一期一会】［名］生涯に一度だけ出会うこと。▽茶道で、一つの出会いを大切にして悔いのないように茶を立てる心構えを言った語。
いち-ごう【一合】［名］❶一升の一〇分の一。約一八〇ミリリットル。❷一坪の一〇分の一。約〇・三三平方メートル。❸山のふもとから頂上にいたる道のりの一〇分の一。‖「富士山のー目」
いち-ごう【一▼毫】［名］ほんのわずか。寸毫。毫末。使い方 一本の細い毛筋の意から出た語で、「ーの…もない」などの形で、全面的な否定を表す。‖「ーの私心もない」
いち-こじん【一個人】［名］公の立場を離れたひとりの人間。一私人。いっこじん。‖「ーとして旅行に参加する」
いち-ころ［名］きわめて簡単に負けること。‖「強敵にーにされる」「あんなやつはーだ」▽一撃でころりと倒れる意から。
いち-ごん【一言】［名・自他サ変］ひとこと。また、ひとことで言うこと。いちげん。‖「ーのもとに断る」
⦿**一言もな・い** 弁解のしようがない。
いちごん-いっく【一言一句】［名］一つ一つのことば。‖「師のーが胸に迫る」
いちごん-はんく【一言半句】［名］ほんのわずかなことば。片言隻句（へんげんせっく）。‖「ーもおろそかにしない」
いち-ざ【一座】［名］❶［自サ変］ある場所に居合わせること。同席・同座すること。‖「代表者がーする」❷会合・宴会などで、そこに居合わせたすべての人。満座。また、その会合・宴会など。❸芝居などを興行する芸人の団体。‖「ーの喝采（かっさい）を浴びる」「ーの余興」❹仏像・神体などの一体。◈書き方 ①は、本来は「一▼坐」。
いち-じ【一次】［名］❶第一回。一番目。最初。‖「ー

試験」「第一南極越冬隊」❷代数式で、二乗以上の項を含まないこと。「一方程式」

いち-じ【一児】［名］その人が生んだ一人の子供。「一の母となる」

いち-じ【一事】［名］一つの物事。「一をもって万端を知る」

◉**一事が万事(ばんじ)** 一事を見るだけで他のすべても推量できるということ。

いち-じ【一時】［名］❶二十四時法で、零時の次にくる時。夜の一時。午前一時。「一発の終電車」▽十二時法では、午前と午後がある。午後一時(＝昼の一時)は、二十四時法の十三時。❷過去のある短い期間。「もはや一の勢いはない」「一危篤状態に陥った」▽副詞的にも使う。❸長続きしないで、一時的に。当座の処置として。「都合により一休業します」「一預かり」「一停止」▽副詞的にも使う。使い方 物事がすぐにもとの通常な状態に戻るという含みで使う。天気予報でいう「曇り一雨」などの「一時」は、連続して降る雨が予報期間の四分の一未満のときにいう。❹〈「一時の」の形で〉長続きしないで、一時的な。その場限りの。「一の感情に身を任せる」「一の仮住まい」▽物事がすぐに(または、遠からず)終わるという含みで使う。❺〈他の語と複合して〉定期的でなくそのときに限って、分割せず一回で、などの意を表す。「一支給・一所得」「一払い」⇩一時(いちどき)に

いち-じ-いっく【一字一句】［名］一つの文字と一つの語句。「一もおろそかにしない」

いち-じ-きん【一時金】［名］❶その時、一回限り支給される金銭。❷(定期的な給与に対して)賞与。ボーナス。「年末一」

いち-じく【〈無花果〉】［名］クワ科の落葉小高木。内側に無数の花をつける卵形の花嚢(かのう)を食用にする。葉・茎は薬用。書き方 外見からは花をつけないように見えることから「無花果」と当てた。注意「現代仮名遣い」では、「いちぢく」は誤り。

いち-じ-しのぎ【一時▼凌ぎ】［名］その場だけをとりつくろって苦境を切り抜けること。その場のがれ。一寸のがれ。一時(いちじ・いっとき)のがれ。「空腹の一にお茶を飲む」「一の対応策では問題は解決しない」

いち-じ-せんきん【一字千金】［名］一字が千金にも値するほど、文章や文字が優れていること。▽『史記』の故事から。

いち-しちにち【一七日】［名］人の死後の七日間。また、人の死後七日めの日。ひとなのか。初七日(しょなのか)。

いち-じつ【一日】［名］❶一つの日数。❷月のはじめの日。ついたち。いっぴ。❸ある日。ひとひ。「秋の一、山中を歩く」◈「いちにち」より古風な言い方。

◉**一日の長(ちょう)** 少し年上であること。また、経験・技術が他よりも少しすぐれていること。いちにちのちょう。「将棋では、彼に一がある」

いちじつ-せんしゅう【一日千秋】(―センシウ)［名］⇩いちにちせんしゅう

いちじ-てき【一時的】［形動］❶物事が長続きしないさま。「株価の下落は一なものだ」「一な感情」❷支払いなどが、定期的でなくそのときに限られるさま。「一に生じた所得」

いちじ-に【一時に】［副］⇩いちどきに

いちじ-のがれ【一時逃れ】［名］一時しのぎ。一時(いっとき)逃れ。

いちじ-ばらい【一時払い】(―バラヒ)［名］代金などを一度の支払いですませること。⇔分割払い

いち-じゅ【一樹】［名］一本の立ち木。

◉**一樹の陰(かげ)一河(いちが)の流れも多生(たしょう)の縁** 知らない者どうしが同じ木陰で雨宿りをしたり、同じ川の水をくんで飲んだりするのも、みな前世の因縁によるものだということ。一河に流れをくむも多生の縁。

いちじゅう-いっさい【一汁一菜】(イチジフ―)［名］副食として、汁一品、おかず一品からなる食事。粗末で質素な食事をいう。

いち-じゅん【一巡】［名・自サ変］ひとめぐりして、もとに戻ること。ひとまわり。一周。「守衛が館内を一する」「季節が一して再び春が来た」

いち-じゅん【一旬】［名］一〇日間。旬日(じゅんじつ)。

いち-じょ【一女】(―ヂョ)［名］❶一人の娘。「一をもうける」❷一番上の娘。長女。◈⇔一男(いちなん)

いち-じょ【一助】［名］少しの助け。何かのたし。「内職をして家計の一とする」

いち-じょう【一条】(―デウ)［名］❶細長いものの一本。ひとすじ。「一の光」「前途に一の活路を見いだす」❷箇条書きなどのそれぞれの条項。また、そのひとくだり。一節。❸〈「…の一条」などの形で〉話題として取り上げられる、ある一つの出来事。…のこと。…の件。「話が倒産の一に及ぶ」

いち-じょう【一定】(―ヂャウ) ■［名・形動ナリ］確実であること。必定(ひつじょう)。「人の死は一なり」⇔不定(ふじょう) ■［副］確かに。きっと。

いち-じょう【一場】(―ヂャウ)［名］❶一つの場所。また、一つの場面。❷話などの、ひとまとまり。一席。「一の講演を終える」❸その場かぎりであること。わずかの間。「栄華は一の夢と化した」

いちじるし・い【著しい】［形］だれの目にもはっきり分かるほど目立つさま。「変化が一」「考え方が一・く異なる」注意「いちぢるしい」は誤り。派生 -さ

いち-じん【一陣】(―ヂン)［名］❶陣立てで、先頭の軍勢。先陣。❷先駆け。一番乗り。先陣。❸風などがさあっとひとしきり吹くこと。「にわかに起こる一の風」▽風などを押し寄せる軍勢に見立てた言い方。

いち-ず【一▽途】(―ヅ)［名・形動］他を顧みないで、一つのことだけを追い求めること。ひたむき。「一な性格」「一に思い詰める」「研究一の生活」書き方 古くは「一図」とも。派生 -さ

いち・する【位置する】(ヰチ―)［自サ変］❶物や人が、全体または他との関係で、ある場所を占める。存在する。「大雪山は北海道のほぼ中央に一」❷物事が、全体または他との関係で占めると認められる、抽象的な場所に置かれる。位置づけられる。「ルネサンス初期に一詩人」「成績はクラスの上位に一」

いち-せいめん【一生面】［名］一つの新しい方面や局面。いっせいめん。「一を開く」

いちぜん-めし【一膳飯】［名］❶碗(わん)一杯だけの飯。盛り切り飯。「一屋(＝盛り切り飯を供する簡易食堂)」❷死者の枕元(まくらもと)に供える盛り切りの飯。ふつう一本箸(ばし)を立てる。枕飯(まくらめし)。

いち-ぞく【一族】［名］❶一つの血筋につながる人たち。一門。血族。同族。「藤原家の一」▽広義では姻族や関係者を含め、狭義では家族だけをいうこともある。❷同類。仲間。一種。「タラバガニはヤドカリの一」

いちぞく-ろうとう【一族郎党(一族郎等)】

〔名〕同族と家来。一家。いちぞくろうどう。

いち-ぞん【一存】〔名〕自分一人だけの考え。‖「私の—では決めかねる」

いち-だ【一打】〔名〕野球・ゴルフなどで、ボールを一度打つこと。また、そのボール。‖「起死回生の—を放つ」

いち-だい【一代】〔名〕❶天皇や君主がその地位にいる間。‖「帝王—の事跡を石碑に刻む」❷家や事業を興したり継いだりして主となっている間。‖「—で身代を築く」❸ある一つの時代。当代。‖「—の英雄」❹人の一生。一生涯。‖「人は—、名は末代」「一世(いっせ)—の名演技」❺家や事業を興した最初の人。初代。また、遺伝で雑種の最初のもの。‖「—将軍、徳川家康」「雑種第—」

いち-だい【一大】(造)一つの大きな。一つの重要な。‖「—事件」「—決心」

いち-たい-いち【一対一】〔名〕❶二人の当事者だけで行うこと。‖「—で話し合う」❷一つの物事が、他の一つの物事だけに対応すること。‖「—の関係」◈「いったいいち」とも。

いち-だいじ【一大事】〔名〕重大な出来事。大事件。‖「お家の—」

いち-だく【一諾】〔名〕相手の依頼などを承知して引き受けること。‖「—を得る」

いち-だん【一団】〔名〕仲間や同類のものの、ひとかたまり。一群。‖「パレードの—が通り過ぎる」

いち-だん【一段】■一〔名〕❶階段などで、一つの段。また、物の高さの程度がわずか。‖「階段を—踏み外す」「—上座に座ってかしこまる」▼副詞的にも使う。❷地位・技能などの段階で、一つ。また、物事の高さの程度がわずか。ある程度。‖「地位が—上がる」「—声を落として話し始める」▼多く副詞的に使う。❸文章や語り物などの、ひとくぎり。ひとくだり。❹〔古風〕ある段階や局面。段。‖「無礼の—お許し下さい」■二〔副〕さらに程度が高くなるさま。‖「寒さが—と厳しさを増してきた」「今夜はまた—とお美しい」◈ ✓注意 アクセントは、□一①〜④はイチダン、□二はイチダン。

いち-だんらく【一段落】〔名・自サ変〕一つの区切りまで物事が片づくこと。‖「仕事が—したら昼食にしよう」「作業に—が付いた」▼「ひと段落」も増えているが、「いち段落」が本来。

いち-づ・ける【位置づける(位置付ける)】〔他下一〕❶物の占める場所をある地点に定める。配置する。‖「展示物を正面に—」❷物事を、それが全体または他との関係で占める位置に置く。‖「労働運動を戦後史の中に—」 名 位置づけ

いち-ど【一度】■一〔名〕❶物事の起こる回数で、一つ。一回。一遍。‖「—や二度の失敗でくじけるな」「年に—のお祭り」「オペラは—も見たことがない」▼副詞的にも使う。❷温度・経緯度・角度など、「度」を単位として数えるもので、一つ。‖「朝、熱が—下がった」■二〔副〕❶あることを一つの試み(特に、初めての試み)として行うさま。‖「物は試し、—食べてみよう」「—遊びに来ないか」❷〈条件節の中で使って〉あることを一つの行為や経験として行うさま。‖「—言い出したら、後へは引かない」「—食べたら忘れられない味だ」◈ 書き方 □一②は「1度」「1°」とも書く。□一①は、「3度勝って1度負けた」など数詞として使う場合は「1度」とも書く。□二を「1度」と書くのは誤り。⬇「二」のコラム(九九ページ) 使い方 □二は、行為の回数よりも行為の試みや経験などに注目した言い方。✓注意 アクセントは、□一①はイチド、②はイチド、□二はイチド。

いち-どう【一同】〔名〕居合わせたすべての人。また、関係するすべての人。全員。‖「—、起立!」「生徒[有志]—」

いち-どう【一堂】〔名〕❶一つの堂。一宇。❷同じ建物。また、同じ場所。

⊙**一堂に会(かい)・する** 多くの人が共通の目的をもって一つの場所に集まる。‖「各界の著名人が—」

いち-どう【一道】〔名〕❶一つの道。❷一つの芸道。一芸。❸ひとすじ。‖「—の噴煙」

いち-どき-に【一時に】〔副〕時を同じくするさま。同時に。一時(いちじ)に。‖「—二つの仕事はできない」「いくつもの電話が—鳴りだした」 使い方 「一時(いちじ・いっとき)に」より日常語的な言い方。

いち-どく【一読】〔名・他サ変〕一度読むこと。また、ひととおりざっと読むこと。‖「—して文意を悟る」「—に値する小説」

いちど-に【一度に】〔副〕別々の物事が一つの出来事として同時に起こるさま。‖「二食分を—平らげる」「皆が—笑い出した」 書き方 「1度に」は誤り。

いち-とんざ【一頓挫】〔名・自サ変〕順調に進んでいた物事の勢いが、途中で急にとだえること。いっとんざ。‖「予算の削減で研究が—した」

いち-なん【一男】〔名〕❶一人の息子。‖「—をもうける」❷一番上の息子。長男。◈⬍一女(いちじょ)。

いち-なん【一難】〔名〕一つの困難や災難。

⊙**一難去ってまた一難** ほっとする間もなく、また次の災難が起こること。

いち-に【一二】〔名〕❶一つ二つ。また、ひとりふたり。ほんの少し。‖「—の例外はある」「—心当たりがある」❷一位と二位。一番と二番。‖「—を争う好成績」◈ 書き方 普通「一、二」と書く。

いち-にち【一日】〔名〕❶暦で、○月○日と特定される、一つ一つの日。午前零時から翌日の同じ時刻までの二四時間からなる。‖「零時の時報とともに—が終わり、—が始まる」❷時間の幅で、二四時間。ある時刻から翌日の同じ時刻まで。‖「スト突入後ちょうど—が過ぎた」❸朝起きてから夜寝るまでの間。また、活動を始めてから終わるまでの間。‖「花に水をやって—が始まる」「—働くと一万円になる」❹日の数え方で、一つ。‖「—も欠かさず練習に励む」❺月の初めの日。ついたち。いっぴ。いちじつ。❻ある日。いちじつ。ひとひ。‖「春の—野山を散策する」❼わずかの日数。いちじつ。‖「ローマは—にしてならず」◈①〜④は、副詞的にも使う。

⊙**一日の長** ⬇いちじつのちょう

いちにち-いちぜん【一日一善】〔名〕一日に一つだけでもよい行いをすること。また、その心がけ。

いちにち-じゅう【一日中】〔名・副〕一日の始めから終わりまで。また、その間を通してずっと。終日。ひねもす。‖「—で午前中が一番元気だ」「—仕事ばかりしている」 書き方 「一日じゅう」と書くことも多い。また、現代仮名遣いでは「〜ぢゅう」も許容。

いちにち-せんしゅう【一日千秋】〔名〕一日が千年のように長く思われること。一日三秋(さんしゅう)。いちじつせんしゅう。‖「—の思いで待つ」▼「秋」は、年の意。待ち遠しいことのたとえにいう。

いち-にょ【一如】〔名〕仏教で、現れ方はちがっても根本の真理はただ一つであること。‖「梵我(ぼんが)[物心]—」

▼「一」は同じの意、「如」は異ならない意。

いち-にん【一人】［名］ひとり。

いち-にん【一任】［名・他サ変］すべてを任せること。≡「裁決を委員長に一する」

いちにん-しょう【一人称】［名］人称の一つ。話し手（書き手）が自分（を含む仲間）を指していうもの。「私」「僕」「我々」など。第一人称。自称。

いちにん-まえ【一人前】［名］❶一人に割り当てる分量。ひとりぶん。≡「鮨一」❷おとなとしての資格や能力をそなえていること。≡「一の人間に育てる」「口だけは一だ」❸専門家として通用する技能をそなえていること。≡「一の職人に成長する」◈注意「一人(ひとり)前」は、やや標準から外れた言い方。

いち-ねん【一年】［名］❶西暦〇年、令和〇年のように年号で特定される、一つ一つの年。一月一日から十二月三十一日までの三六五日（閏年は三六六日）からなる。≡「一の計は元旦にあり」❷時間の幅で、三六五日。ある日を基準として翌年の同月同日（の前日）まで。≡「一で完成させる予定です」▽一年に満たなくとも、競技などのシーズンの意でも使う。≡「今シーズンは怪我に泣いた一だった」❸年号で、最初の年。元年。また、物事を始めた最初の年。≡「入団一目」❹学校などの第一学年。また、一年生。≡「中学一」「一三組」❺ある年。ひととし。ひととせ。≡「青春の一をパリに遊ぶ」

いち-ねん【一念】［名］一つのことを深く心に思うこと。また、その思い。一心。≡「思う一岩をも通す」「初(しょ)一」

いちねん-じゅう【一年中】［名・副］一年の始めから終わりまでの間。また、その間を通してずっと。終年。年じゅう。≡「一で夏が最も好きだ」「一いがみあっている」書き方「一年じゅう」と書くことも多い。また、現代仮名遣いでは「〜ちゅう」も許容。

いちねん-そう【一年草】［名］春に発芽し、その年の内に生長、開花、結実を終えて枯れる植物。イネ・ナス・アサガオ・ヒマワリなど。一年生植物。一年生草本。

いちねん-ほっき【一念発起】［名・自サ変］❶仏道に入って悟りを開こうと決心すること。❷あることを成し遂げようと決心すること。≡「一して留学する」

いち-の-ぜん【一の膳】［名］正式の日本料理で、最初に出す膳。本膳。➡二の膳・三の膳

いち-の-とり【一の▼酉】［名］十一月の最初の酉の日。また、その日に開かれる鷲(おおとり)神社の祭礼。初酉(はつとり)。

いち-ば【市場】［名］❶毎日または定期的に商人が集まって商品の売買を行う所。市(いち)。≡「青物一」「一町」❷食料品・日用品などの小売店が集まった、常設の共同販売施設。マーケット。◈➡しじょう

いち-ばい【一倍】［名］❶［他サ変］ある数に一を掛けること。また、その数。≡「原価の一半」❷〔古風〕ある数にそれと同じ数を加えること。二倍。ばい。▼今は多く「人一」の形で使う。➡人一倍

いち-はつ【一▽八・〈▼鳶尾〉】［名］初夏、紫や白の花を開くアヤメ科の多年草。葉は剣状。観賞用に栽培される。コヤスグサ。▼火災を防ぐという俗信から、しばしばわら屋根の棟に植えられた。

いち-はやく【▽逸早く】［副］あることが起こると、すぐに。まっさきに。すばやく。≡「一かけつける」▼文語形容詞「いちはやし」の連用形から。書き方 多く「いち早く」と書く。「一早く」「いち速く」は誤り。

いち-ばん【一番】━［名］❶番号・順序が最初であること。≡「一の方から受け付けます」「交響曲第一」❷序列・程度が最高であること。≡「一でゴールインする」「町一の歌い手」❸〈「…が一番だ」の形で〉それが最もよい、好きだ、大切だなどの意を表す。意味は文脈に依存する。≡「風邪は寝るのが一だ」「正直が一だ」❹碁・将棋・相撲・剣道などで、勝負の組み合わせ。ひと勝負。≡「結びの一」「ここ一に強い」❺謡曲・歌舞などの一曲。
━［副］❶程度が最高であるさま。何にもまして。この上なく。最も。≡「音楽ではモーツァルトが一好きだ」「娘のことを一心配したのは母親だ」「一前の列に座る」❷意気込んで物事をするさま。思い切って。一つ。いっちょう。≡「物は試し、一やってみよう」「奮起［緊褌(きんこん)］一」
◈書き方 ━③以降は「1番」と書くと誤り。━①②も一以外の数を想定しにくい熟語の場合は漢数字で書く。≡「×朝1番」「×1番好きな歌手」➡「一」のコラム（九ページ）

品格 この上ない「一悲しみ」 何にも増して「一重要なことだ」 最も「一高い確率」

いちばん-て【一番手】［名］❶先頭に立って物事を行うこと。また、その人。≡「攻撃の一に立つ」▽先陣の意から。❷一番優位に立っていること。また、そのもの。≡「後継者争いの一に立つ」

いちばん-どり【一番▽鶏】［名］明け方に最も早く鳴くニワトリ。

いちばん-のり【一番乗り】［名・自サ変］❶一番先に敵陣に攻め入ること。また、その人。❷ある場所に一番先に到着すること。また、その人。≡「一で窓口に並ぶ」❸競い合って、ある物事に一番先に到達すること。また、その人。≡「八強入りの一を果たす」

いちばん-ぼし【一番星】［名］夕方、最初に輝き始める星。

いちばん-やり【一番▼槍】［名］❶戦場で、真っ先に槍を敵陣に突き入れること。また、その人。❷最初に手柄を立てること。≡「新製品の開発に一を競う」

いちびょう-そくさい【一病息災】［名］一つぐらいは病気をもっている方が無病の人よりも健康に気を配るので、かえって長生きをするということ。▼「無病息災」のもじり。近年さらにもじって「多病息災」とも。

いち-ぶ【一分】［名］❶全体の一〇分の一。一割。≡「一咲きの桜」❷一割の一〇分の一。≡「打率三割一二厘」❸一寸の一〇分の一。約三・〇三ミリメートル。❹ごくわずかなこと。≡「彼らにも一の理はある」❺〈「一分の…もない」などの形で〉全面的な打ち消しを表す。全く…ない。≡「服装には一のすきもない」

いち-ぶ【一部】［名］❶全体の中の、ある部分。≡「山沿いの一に雪が降った」「新幹線は事故のため一不通だ」「代金の一を前渡しする」「一省略して引用する」⇔全部 ▼副詞的にも使う。❷書物・冊子などの数え方で、一つ。使い方 書物のひとそろい（＝セット）をいうこともある。≡「漱石全集を一注文する」

いちぶ-しじゅう【一部始終】［名］物事の始めから終わりまで。一伍一什(いちごいちじゅう)。≡「事の一を語る」▼書物一巻の始めから終わりまでの意から。

いち-ぶぶん【一部分】［名］全体の中のある（わずかな）部分。一部。≡「器の一が欠ける」⇔大部分

いち-ぶん【一分】［名］それ以上は譲ることのできない名誉。一身の面目。≡「これでは武士としての一が立たぬ」

いち-ぶん【一文】［名］一つの文章。≡「一を草(そう)する」

▼文法では、一つの文(=センテンス)の意で使う。

いち‐べつ【一別】［名・自サ変］別れること。

いち‐べつ【一▼瞥】［名・他サ変］ちらりと見ること。「ーを与える」「ーして贋物と分かる」▼「瞥」は、横目でちらりと見る意。

瞥

いちべつ‐いらい【一別以来】［名］最後に別れてからこのかた。別れて以来。一別来。「ーのご無沙汰」

いち‐ぼう【一望(一▼眸)】［名・他サ変］広い景色を一目で見渡すこと。ひとながめ。「山頂から渓谷をーする」▼「望」は遠くを見る、「眸」はひとみの意から、見る意。

いちぼう‐せんり【一望千里】［名］視界が遠くまで開けていること。

いちぼく‐いっそう【一木一草】［名］一本の木と一本の草。いちもくいっそう。「ーもない荒涼たる風景」

いちぼく‐づくり【一木造り】［名］木彫り(特に、木彫仏)で、頭部と胴体を一本の木から彫り出すこと。また、そのもの。▼「寄せ木造り」に対していう。

いち‐まい【一枚】［名］❶紙・板・貨幣など薄くて平たいもので、一つ。「画用紙[コイン・シャツ]ー」❷田畑の一区画。「ーの田」❸ある役割を担う、一人。▼芝居で、一枚の看板に役者一人の名を書いたことから。❹序列・能力などで、一段階。特に、相撲の番付で、一段階。「彼の方がー上だ」「番付がー上がる」▼③の看板の数え方から出た。◈副詞的にも使う。

◉**一枚噛・む** ある役を担って、何人かの一人として参画する。「計画には友人がー・んでいる」

いちまい‐いわ【一枚岩】［名］❶一枚の板のように平らで裂けめのない巨岩。❷組織・団体などが、しっかりとまとまっていること。「ーを誇る団結」

いちまい‐かんばん【一枚看板】［名］❶最も目立った存在として、一座の中心となる役者。また、団体などの中心人物。大立者。▼上方歌舞伎の飾り看板に主演役者の名を一枚の看板に大きく掲げたことから。江戸では「名題看板・大名題」。❷宣伝効果をもつ、ただ一つのもの。「景気回復が内閣のーだ」❸〔俗〕ただ一枚しかない衣服。いっちょうら。「春夏秋冬ーで押し通す〈漱石〉」

いち‐まつ【一抹】［名］❶ひとはけ。ひとなすり。❷ほんの少し。わずか。「ーの不安を抱く」

いちまつ‐もよう【市松模様】［名］黒と白の正方形を交互に並べた碁盤目状の模様。市松。石畳。▼江戸中期の歌舞伎役者、佐野川市松がこの模様の袴を舞台で着たことから。

いち‐み【一味】［名］❶薬種・薬味が一つ。特に、多くの薬種に加えた一種。「ー唐辛子」「地黄ーを加えた丸薬」❷一種独特の味わいや趣があること。「ーの涼風」❸［自サ変］同じ目的をもった仲間。特に、悪事を企てる仲間。「窃盗団のーに加わる」「ー徒党を組む」

使い方「悪事に一味する」のように、味方する意で使うのは古風な用法。❹仏教で、仏の教えは時や場所によって違うが、その本旨は同じであるということ。

いち‐みゃく【一脈】［名］❶一連のつながりがあること。ひとつづき。ひとすじ。「両者間にはーの関連が感じられる」❷少し。わずか。「表情にーの哀愁が漂う」

◉**一脈相通・ずる** どこか共通するところがある。一脈通じる。「音楽家と美食家にはーものがある」

いち‐めい【一名】［名］❶ひとり。「欠席者はー」❷正式ではない、もう一つの名。別名。異名。「彼岸花はーを曼珠沙華と言う」

いち‐めい【一命】［名］❶一つの命。一つしかない命。「ーをとりとめる」❷一つの命令。「ーをおびる」

いち‐めん【一面】［名］❶広がりをもつ物体の一つの面。ある面。❷物事の一つの面。もう一つの側面。「物のーしか見ていない」「皮肉屋だが、優しいーもある」「ーの真理」▼副詞的にも使う。また接続助詞のようにも使う。「父は厳しいー、涙もろいところがある」❸広がったものの全体。そのあたり一帯。「野山にはーに春の景色が広がる」「あたりー火の海だ」▼副詞的にも使う。❹平たい物の数え方で、一つ。「鏡[硯・テニスコート]ー」❺新聞の第一ページ。主に政治や大事件のニュースを掲げる。「ーのトップを飾るニュース」❻〔古風〕一度だけあうこと。「ーの識もない(=面識がない)」

いちめん‐しき【一面識】［名］一度だけ会って、ちょっと知っていること。「区長とはーもない」

いちめん‐てき【一面的】［形動］意見や観察がある一つの面にかたよっているさま。「物の見方がーだ」

いちもう‐さく【一毛作】［名］同じ耕地に一年に一回だけ作物をつくること。単作。⬇二毛作・三毛作・多毛作

いちもう‐だじん【一網打尽】［名］❶ひと網で魚類をごっそりととること。❷悪人の仲間などを一度にすべて捕らえること。「集団すりをーにする」

いち‐もく【一目】［名］❶碁盤上の一つの目。また、一つの碁石。❷［他サ変］一度だけちょっと見ること。一見。一瞥。「ーして贋作と見抜く」

◉**一目置・く** 自分よりすぐれた人に敬意を払う。「努力家としてー・かれている」▼碁で、弱い方が先に一つ石を置くことから。強調して「一目も二目も置く」ともいう。

いちもく‐さんに【一目散に】［副］慌てふためいて、わきめもふらずに走るさま。まっしぐらに。いっさんに。「ー逃げ出す」「ー駆け込む」

いちもく‐りょうぜん【一目瞭然】［形動］一目見ただけではっきりと分かるさま。「両チームの実力の差はーだ」

いち‐もつ【一物】［名］❶一つの品物。いちぶつ。❷心中に秘めた(悪い)考え。たくらみ。「腹にーある人」❸例のもの。特に、金銭・陰茎。

いち‐もつ【▽逸物】［名］群を抜いてすぐれているもの。特に、馬・鷹・犬などに使うほか、人にもいう。逸物。「栗毛のーを賜る」

いち‐もん【一文】［名］❶江戸時代の貨幣の穴あき銭一枚。❷ごくわずかの金銭。「懐中にはーもない」❸一つの文字。「ー不知(=文字をまったく知らないこと)」

いち‐もん【一門】［名］❶一つの家系にある者たち。一族。「平家ー」❷同じ宗派にある者たち。同門。❸同じ師匠の流れをくむ者たち。同門。「芭蕉のー」❹大砲の数え方で、一つ。

いちもん‐いっとう【一問一答】［名・自サ変］一つの問いに対して、一つの答えをすること。また、その問答。

いちもん‐おしみ【一文惜しみ】［名］わずかな

金銭を出し惜しみすること。また、その人。けち。≡「―の百知らず(＝目先の損得にとらわれていると、後で大損をするということに気づかないこと。一文惜しみの百失い)」

いちもんじ【一文字】[名] ❶一つの文字。一字。ひともじ。いちもじ。❷「一」の文字の形のように、横にまっすぐなこと。真一文字。≡「口を―に結ぶ」❸まっすぐに突き進むこと。真一文字。≡「庭を―に横切る」❹掛け軸の表装で、書画の上下につける細い布。❺劇場で、舞台正面の上方につりさげる横に長い黒幕。

いちもん-なし【一文無し】[名] 全くお金を持っていないこと。また、その人。無一文。文無し。

いち-や【一夜】[名] ❶夜の数え方で、一つ。一晩。ひとよ。≡「まんじりともしないで―を明かす」❷ある夜。ひとよ。≡「秋の―、書に親しむ」

いちゃ-いちゃ [副"] [俗] 男女などが戯れ合うさま。≡「人前で―するな」

いち-やく【一躍】[名・副] 途中の段階を飛び越えて前面に出るさま。多く、一挙に評価が高まるさまにいう。≡「―トップの座に躍り出る」

いちゃ-つ・く [自五] [俗] 男女などがなれなれしく戯れ合う。

いちや-づくり【一夜作り】[名] 一夜のうちに作り上げること。また、間に合わせに急いで作ること。

いちや-づけ【一夜漬け】[名] ❶漬物にするために、野菜を一晩だけ漬けること。また、その漬け物。早漬け。≡「―のナス」❷一晩だけの間に合わせにする仕事や勉強。▼マイナスに評価していう。

いちゃ-もん [名] [俗] 言いがかり。なんくせ。≡「―をつける」

い-ちゅう【移駐】[名] ❶[自サ変] 軍隊が他の土地へ移って、そこにとどまること。移動駐屯。❷[自他サ変] 基地や兵器が他の土地に移ること。また、移すこと。≡「輸送機が/を海外の基地に―する」

い-ちゅう【意中】[名] 心の中。胸中。また、心の中で思っていること。≡「―を探る」「―の人(＝心の中でこれと決めた人。特に、恋人や結婚相手)」

いち-ゆう【一▼揖】イフ [名・自サ変] 軽くおじぎをすること。会釈。一礼。≡「―して立ち去る」▼「揖」は両手を胸の前で合わせる意。

い-ちょ【遺著】ヰ [名] ❶死後に残された著書。特に、生前最後の著書。遺作。❷出版されないまま死後に残された著作。遺作。

い-ちょう【医長】チャウ [名] 病院で、各科の主任。また、それを務める医師。

い-ちょう【胃腸】ヰチャウ [名] 胃と腸。また、消化器官。≡「―が弱い」「―薬」

い-ちょう【異朝】テウ [名] 外国の朝廷。また、外国。異国。≡「―の文物」⇔本朝 ▼古くは特に中国を指した。

い-ちょう【移▼牒】テフ [名・他サ変] ある役所が管轄の異なる他の役所へ文書で通知すること。また、その通知。移達。≡「協議事項を―する」

い-ちょう【移調】テウ [名・他サ変] 音楽で、楽曲の形式を変えないでそのまま他の調子に移すこと。▼楽曲の途中で調を変えるのは「転調」。

いちょう【〈銀▼杏〉・〈公孫樹〉・〈▼鴨脚樹〉】イチヤウ [名] 街路樹・庭園樹などとして植えるイチョウ科の落葉高木。雌雄異株。葉は扇形で、秋に黄葉する。種子は「ぎんなん」と呼ばれ、食用。材は家具・碁盤などに使う。中国原産。語源 葉がカモの脚に似ることから「鴨脚」と呼ばれ、その中国語音が転じたという。

いち-よう【一葉】エフ [名] ❶一枚の葉。葉の一枚。ひとは。❷薄いものの数え方で、一つ。一枚。≡「はがき―」❸小舟の数え方で、一つ。一そう。≡「―の軽舟」

いち-よう【一様】ヤウ [名・形動] ❶全部が同じようにそろっていること。≡「店員はみな―の服装をしている」「全員が―に賛成する」❷世間にありふれていること。≡「尋常―の人物ではない」⇔多様

いちよう-らいふく【一陽来復】ヤウ [名] ❶陰暦十一月のこと。また、冬至の日のこと。❷冬が去って春が来ること。特に、新年が来ること。≡「―の春」❸悪いことが続いたあと、ようやく運が向いてくること。≡「―の兆し」◈陰がきわまって陽がかえってくる意。書き方 縁起をかついで「一陽来福」とも。

いち-よく【一翼】[名] ❶一つのつばさ。❷一方の持ち場。また、一つの役割。≡「資源開発の―を担う」

注意 「一翼を担う」との混同から「一役を担う」とするのは誤り。

いち-らん【一覧】[名] ❶[他サ変] ひととおり目を通すこと。≡「報告書を―する」❷内容が一目でわかるようにまとめて書いたもの。便覧。≡「新刊書―」「―表」

いちらん-せい【一卵性】[名] 複数の個体が一つの受精卵から発生すること。⇔二卵性

いちらんせい-そうせいじ【一卵性双生児】サウセイジ [名] 一個の受精卵から発生した双生児。通常、同性で、外形・性質などがよく似ている。

いち-り【一利】[名] 一つの利益。≡「百害あって―なし」「―一害」

いち-り【一理】[名] 一つの道理。一応の理由。≡「生徒の言うことにも―ある」

いち-りつ【市立】[名] 「市立(しりつ)」のこと。≡「―大学」▼同音の「私立」との混同を避けた言い方。それに対して、「私立」は「わたくしりつ」と呼ぶ。

いち-りつ【一律】[名・形動] ❶どれも同じ調子で変化がないこと。≡「―の速度を維持する」「千篇―」❷すべてを同じ基準で同等に扱うこと。一様。≡「―な昇給を求める」「古今の宗教を―に論じる」◈書き方 ②は「一率」とも書くが標準的ではない。

いちり-づか【一里塚】[名] ❶昔、街道の一里ごとに土を高く盛り、松や榎などを植えて里程の目じるしとした塚。里程標。≡「門松は冥土の旅の―(一休)」❷目的を達成するための区切りとなる段階。≡「行政改革への―」

いち-りゅう【一流】リウ [名] ❶一つの血統。また、一つの流派・流儀。≡「源氏の―」❷ある分野で、第一等の地位にあること。また、そのもの。≡「―の人物」「―企業」「当代―」⬇二流・三流 ❸〈「…一流の」の形で〉やり方や流儀がそれ独自であること。独特の。≡「彼―の話術」❹旗やのぼりの数え方で、一つ。ひとながれ。◈書き方 (1)④は「一▼旒」とも。(2)「1流」と書くのは誤り。≡「×超1流」⬇「一」のコラム(九九ページ)

いち-りゅう【一粒】リフ [名] ひとつぶ。

いちりゅう-まんばい【一粒万倍】イチリフ [名] わずかな元手で大きな収益が生じること。また、少しのものでも粗末にはできないということ。▼一粒の種をまけば万倍になるの意。「報恩経」に基づく。

いちりょう-じつ【一両日】イチリヤウ [名] 一日または二

日。‖「登録完了まで―かかる」「―中に出発する」

いち-りん【一輪】[名]❶車輪の数え方で、一つ。‖「―車」❷開いた花の数え方で、一つ。‖「―のバラ」❸満月。‖「―満つ」「―の名月」

いちりん-ざし【一輪挿し】[名]一、二輪の花をいけること。また、その小さな花瓶。

いちりん-しゃ【一輪車】[名]❶手押し車で、車輪が一つだけのもの。猫車(ねこぐるま)。❷自転車で、車輪が一つだけのもの。

いち-る【一▼縷】[名]❶細いこと。‖「―の煙が立ち上る」❷つながりがごくわずかであること。‖「―の望みを抱く」✓注意「一縷の望み」を「一抹(いちまつ)の望み」とするのは誤り。「一抹の不安」との混同。◈ひとすじの糸の意から。

縷

いち-るい【一塁】[名]❶野球で、走者が最初にふむ塁。ファースト(ベース)。❷野球で、一塁とその周辺を守る内野手。▼「一塁手」の略。

いち-るい【一類】[名]❶同じ種類。また、同じ仲間。‖「松の―に属する常緑樹」❷同族。一族。‖「平家の―」

いち-れい【一礼】[名・自サ変]一度礼をすること。また、軽くおじぎをすること。‖「―して退出する」

いち-れい【一例】[名]❶幾つかの中から選ばれた、ある一つの例。‖「―を挙げる」❷例の数え方で、一つ。

いち-れつ【一列】[名]❶一本の線のような並び。ひと並び。‖「―に並んで行進する」「街路樹を―に植える」「横―」❷〈「一列に」の形で〉同じ仲間として、同類・同列とみなすさま。‖「神も仏も―に扱う」

いち-れん【一連】[名]❶関係のあるひとつながり。‖「―の事件」❷連ねたものの数え方で、一つ。‖「―の真珠」❸洋紙の数え方で、全紙一〇〇〇枚。◈書き方もと一般に、①は「一▼聯」、③は「一▼嗹」と書いた。

いち-れん【一▼聯】[名]漢詩などで、一対になった句。書き方「一連」で代用することもある。

いちれん-たくしょう【一▼蓮▼托生】(―タクシャウ)[名]❶仏教で、死後、極楽浄土で同じ蓮華(れんげ)の上に生まれ合わせること。❷人と行動や運命をともにすること。‖「―の覚悟で事にあたる」

いち-ろ【一路】■[名]ひとすじの道。‖「向上の―を開く」「研究―」■[副]寄り道をしないで、まっすぐに。ひたすら。‖「―北に進む」

いち-ろう【一浪】(―ラウ)[名・自サ変]上級校への進学を目指して、一年間学籍なしに過ごすこと。また、その人。▼「一年浪人」の略。

いちろく-ぎんこう【一六銀行】(―ギンカウ)[名]質屋。▼一と六を足した「七」が、「質」と同音であるところから。

いちろく-しょうぶ【一六勝負】[名]❶さいころの目が一と出るか、六と出るかで争う賭博(とばく)。また一般に、ばくち。一六(いちろく)。❷運を天に任せて、物事をやってみること。‖「―に出る」

いつ【一】[名]❶一つ。いち。‖「一年生植物の―」❷同じであること。また、一つに合わせること。‖「軌[心]を―にする」❸二つのもののうちの、一つ。一方(いっぽう)。‖「―は黒く、―は白し」

いつ【〈何時〉】■[代]不特定の時を指し示す語。❶〈多く下に疑問の終助詞「か」を伴って〉物事の成立について、その時を尋ねる、また、自問する語。‖「ご都合は―がいいですか」「今度は―会えるだろうか」「国会の解散が―になるかは分からない」❷〈「いつになったら」「いつになれば」「いつになると」の形で〉物事の成立を待ち望む気持ちで、特定できない時についていう。‖「―になったらパリに行けるのだろう」「―になると分別がつくのかな」❸いつもの時。平生(へいぜい)。‖「今年は―の年よりも雪が多い」■[副]〈下に動詞連用形+「て(でも)」を伴って〉すべての時について、それが成立する意を表す。‖「彼は―会ってもにこやかだ」「―聴いても感動的な音楽だ」

⦿いつとはなしに　いつの間にか知らないうちに。いつとなく。‖「―眠っていた」

⦿いつにな・い　いつもと違っているさま。‖「―真剣なまなざし」「―・く上機嫌な様子だ」

いつ【▼佚】(造)❶のがれる。のがす。また、なくなる。なくす。‖「散―」❷横にそれる。‖「放―」❸楽しむ。‖「安―」▼「逸」に通じる。

いつ【逸】(造)❶逃げる。また、のがす。はずす。‖「―機・―脱」❷失う。世に知られない。‖「―史・―話」「散―」❸すぐれる。‖「―材・―品」「秀―」❹楽しむ。‖「安―」▼「佚」に通じる。旧逸

いつ【▼溢】(造)❶あふれる。みちる。‖「横―」「脳―血」❷程度がすぎる。‖「―美」

い-づ【▽出づ】[自下二]〔古風〕➡出ず

いつ-いつ【〈何時〉〈何時〉】[代]「いつ」を強めていう語。‖「日限を―までと定める」

い-つう【胃痛】(ヰ―)[名]胃が痛むこと。胃の痛み。

いっ-か【一下】[名]命令などがひとたび下ること。‖「会長の命令―、方針が決まる」

いっ-か【一家】[名]❶家を構えて営まれる所帯。家。‖「結婚して―を構える」「店の売り上げで―を支える」❷家族。また、一族。‖「―を挙げて渡米する」「―で娘の誕生日を祝う」「―団欒(だんらん)」「―心中」❸親分・子分の関係など、強いきずなで結ばれた集団。‖「清水の次郎長―」❹学問・技芸などで、一つの流派。また、独自の見解で権威となった存在。‖「一刀流で―を立てる」

いっ-か【一過】(―クヮ)[名・自サ変]さっと通り過ぎること。‖「台風―」

いつ-か【五日】[名]❶月の五番目の日。‖「三月―」❷五日間。

いつ-か【〈何時〉か】[副]❶過去の、特定できない時をいう語。いつだったか。‖「あの人には―会ったことがある」「それは―信州を旅したときのことだった」❷未来の、特定できない時をいう語。‖「また―お会いしましょう」「ギリシアには―行ってみたいものだ」❸気がつかないうちに時がたつさま。いつの間にか。いつかしら。いつしか。‖「本を読んでいるうちに、―眠りに落ちていた」

いっ-かい【一介】[名]〈「一介の」の形で〉取るに足りない。ただの。‖「―の市民に過ぎない」▼「介」は「芥(あくた)」に通じるとも、助数詞「个(か)」に通じるとも言う。

いっ-かい【一回】(―クヮイ)[名]❶ひとたび。一度。‖「会ったことは―もない」❷ひとまわり。ひとめぐり。‖「地球は太陽の周りを一年に―回る」❸ひとくぎり。特に、最初のひとくぎり。‖「連載小説の―」「―の裏に三点入る」◈①②は副詞的にも使う。

いっ-かい【一階】[名]❶建物の層で、一つ。‖「―建ての住宅」❷二層以上の建物で、地上で一番低い階。‖「マンションの―」▼地階では、上から下に数えて、地上一階の直下の階を「地下一階」という。

いっかい-き【一回忌】(―クヮイ―)[名]➡一周忌

いっかい-せい【一回生】(―クヮイ―)[名]❶主に関西で、

大学の一年生。❷第一年度の卒業生。一期生。

いっかい‐せい【一回性】［名］ある事柄が一回起こるだけで、再び起こらないこと。⇕再現可能性

いっ‐かく【一角】［名］❶ある地域・領域などの（すみにある）一部分。║「商店街のーに店を出す」「棋界のーに確固たる地歩を築く」❷構築物などの一部分。また、あるものを構成するものの一部分。║「外壁のーに亀裂が走る」「氷山のー」「優勝候補のーが崩れる」❸北極海にすむイッカク科の海獣。体長は四〜五㍍で、雄は上あごの門歯が角状に長く突き出す。一角獣。ウニコール。

いっ‐かく【一画】［名］❶漢字を形づくる、ひと続きの線。❷土地などのひとくぎり。一区画。書き方②は「一▼劃」とも。

いっ‐かく【一郭（一▼廓）】［名］一つの囲いの中にある場所。また、同じ性質のものが集まっている区域。║「城壁に囲まれたー」

いっかく‐じゅう【一角獣】［名］❶⬇一角③ ❷⬇麒麟② ❸ユニコーン。

いっかく‐せんきん【一▼攫千金】［名］一度にたやすく巨額の利を得ること。║「ーを夢見る」▼「一攫」はひとつかみの意。書き方新聞では「一獲千金」で代用。 攫

いっか‐げん【一家言】［名］その人独自の意見や主張。また、ひとかどの見識をもった意見。║「絵画にはー（が）ある」✓注意「いっかごん」は誤り。

いつか‐しら【〈何時〉かしら】［副］いつの間にか知らないうちに。いつしか。║「ー夜もとっぷりとふけていた」▼「いつか知らぬ」の転。

いっか‐せい【一過性】［名］❶病気の症状などが短時間に現れ、すぐ治まること。║「ーの発作」❷現象が一時的で、すぐ消え去ること。║「ーのブーム」

いっ‐かつ【一括】［名・他サ変］一つにくくること。ひとまとめ。║「組合でーして資材を購入する」「ー審議」

いっ‐かつ【一喝】［名・他サ変］大きな一声でしかりつけること。また、その一声。║「ーして追い払う」

いっ‐かど【一▽廉・一角】［名］〔古風〕一廉。

いっか‐な【〈如何〉な】〔古風〕■一［連体］どのような。どんな。║「ー知恵者でも解けない謎」■二［副］〈打ち消しを伴って〉どうしても。いっこうに。║「何を言ってもー聞き入れない」◈「いかなる」の転じた「いかな」を促音化して強めた語。

いつか‐は【〈何時〉かは】［副］「いつか」②を強めていう語。将来の物事の成立について、必然・確信などの気持ちを伴うことが多い。║「ー仲直りするだろう」「ーぜひ読んでみたい本」

いつ‐から【〈何時〉から】［副］物事の開始について、その時を尋ねる語。また、自問する語。║「受け付けはー始まりますか」「ーとなく妙な癖がついてしまった」⇕いつまで

いつから‐か【〈何時〉からか】［副］特定できない、開始の時をいう語。║「ー雨が降り出した」

いっ‐かん【一巻】［名］❶巻いてあるもので、一つ。ひとまき。║「巻物［テープ］ー」❷書物で、一冊。❸書物で、二つ以上ある巻の最初の巻。║「文学全集の第ー」

◉**一巻の終わり** 物事の結末がつくこと。特に、死ぬこと。║「ここで足を滑らせたらーだ」▼一巻からなる物語が終わる意から。✓注意「いっかん」を「一貫」「一環」と書くのは誤り。

いっ‐かん【一貫】［名］❶［自他サ変］同じ考え方や方法が貫かれていること。また、それを貫き通すこと。║「作品に／をーする思想」「論理［主張］をーさせる」║「ーして反対を唱える」「ー性に欠ける主張」「終始ー」❷一匁の一〇〇〇倍。約三・七五キログラム。❸昔の貨幣の一文の一〇〇〇倍。

いっ‐かん【一環】［名］❶鎖などの輪の一つ。❷全体としてつながりをもつものの一部分。║「生涯学習のーとして設けた講座」

いっかん‐ばり【一閑張り】［名］漆器で、木型に和紙をはり重ねてから型をぬき、表面に漆を塗ること。また、そのようにして作った茶道具など。

いっ‐き【一気】［名］ひといき。一呼吸。

いっ‐き【一季】［名］❶春夏秋冬のうちの一つの季節。❷江戸時代、一年を単位とする奉公人の契約期間。ひとき。

いっ‐き【一▼揆】［名］中近世に、一致団結した農民や信徒が領主・代官・寺社などの圧政に反抗して起こした闘争行動。土一揆・百姓一揆・一向一揆など。

いっ‐き【一期】［名］❶決められた期間の一区切り。║「知事をー務める」「ー（＝一学年）下の後輩」❷幾つかに分かれた期間の最初のもの。║「本校のー生」「第ー配本」

いっ‐き【一▼簣】［名］一つのもっこ。また、もっこ一杯分の土。║「九仞の功をーに虧く」

いっ‐き【逸機】［名・自サ変］機会をのがすこと。特に、スポーツで得点する機会を失うこと。

いっき‐いちゆう【一喜一憂】［名・自サ変］情勢の変化につれて喜んだり心配したりすること。║「試合の経過にーする」

いっき‐うち【一騎討ち・一騎打ち】［名］❶敵・味方、一騎ずつで戦うこと。║「大将同士のー」❷一対一で勝負すること。║「現職と新人候補のー」

いっき‐かせい【一気▼呵成】［名］物事を一息にやってしまうこと。║「小説をーに書き上げる」

いっ‐きく【一▼掬】［名］ひとすくい。また、わずかの量。║「ーの水［涙］」「ーの同情も寄せない」▼「掬」は両手ですくう意。

いっき‐とうせん【一騎当千】［名］一人で千人の敵に対抗できるほど強いこと。║「ーの兵」

いっき‐に【一気に】［副］❶休まないで一度にやってしまうさま。ひといきに。║「階段をー駆け上がる」「ー飲み干す」❷局面などが急激に動くさま。一挙に。║「ー不満が爆発する」

いっき‐のみ【一気飲み】［名］多量の酒を一息で飲み干すこと。一気。書き方「イッキ飲み」とも。

いっ‐きゅう【一級】［名］❶第一位の等級。║「ー品」「第ーの史料」❷一つの段階。❸一つの学年。║「ー上の先輩」❹検定などの等級で、第一の位。段位制では、初段の下。║「漢字検定第ー」「ー建築士」

いっ‐きょ【一挙】［名］一つの動作。また、一回の行動。

いっきょ‐いちどう【一挙一動】［名］一つ一つの動作や振る舞い。一挙手一投足。║「敵のーに注目する」

いっ‐きょう【一興】［名］一つの楽しみ。また、ちょっとした興趣。║「酔余のー」「雪見の船遊びもーだ」

いっ‐きょう【一驚】［名・自サ変］びっくりすること。驚き。

⊙一驚を喫する　驚かされる。

いっきょく-しゅうちゅう【一極集中】イッキョクシフチュウ [名] 政治・経済・文化上の組織や機能が一か所に集中すること。

いっきょしゅ-いっとうそく【一挙手一投足】[名] ❶わずかな努力。「—の労を惜しむ」❷細かい一つ一つの動作や行動。一挙一動。「—を見守る」◈手足をちょっと動かす意から。

いっきょ-に【一挙に】[副] 状況などが一度に激しく動くさま。一気に。「—城を攻め落とす」

いっきょ-りょうとく【一挙両得】イッキョリャウトク [名] 一つの行動によって同時に二つの利益を得ること。一石二鳥。

いっ-く【一句】[名] ❶一つのことば。ひとこと。「—一字」❷一つの俳句・川柳。「—詠む」❸詩・和歌などの一区切り。

い-つ・く【居着く・居付く】ヰ [自五] ❶落ち着いて、そのままいつづける。「待遇が悪いので店員が—・かない」❷よそから来て、その場に長く住む。住みつく。「のら犬が家に—」

いつくしみ【慈しみ】(▽愛しみ)[名] いつくしむこと。慈愛。恵み。「神の深い—」

いつくし・む【慈しむ】(▽愛しむ)[他五] 弱い立場のものを、愛情を持って大切にする。いとおしむ。「親が子を—」「天が万物を—」「生き物を—心」名 **慈しみ**

いっ-けい【一系】[名] ひとつながりの血筋。「万世—」

いっ-けい【一計】[名] 一つのはかりごとや計画。一策。「—を案じる」

いっ-けつ【一決】[名・自サ変] 意見・議論などが一つにまとまること。「相談が—する」「衆議—」

いっ-けつ【▼溢血】[名・自サ変] 体の組織内に少量の出血が起こること。また、その出血。「脳—」

いっ-けん【一犬】[名] 一匹の犬。

⊙**一犬虚に吠ゆれば万犬実を伝う**　一人がいい加減なことを言い出すと、世間の人はそれを事実として伝えてしまうということ。一犬影に吠ゆれば百犬声に吠ゆ。

いっ-けん【一件】[名] ❶事柄や事件の数え方で、一つ。「申し込みは—もない」「—落着」❷〈上に連体修飾語を伴って〉ある事柄や事件。「話が社長解任の—に及ぶ」「昨日の—は解決した」

いっ-けん【一見】[名] ❶[他サ変] 一度見ること。「百聞は—にしかず」「—の価値がある」❷[他サ変] ちょっと見ること。「—して偽物とわかる」「書状を—した だけで破り捨てた」❸〈副詞的に〉ちょっと見た感じでは。ちょっと見には。「—気が弱そうな人だ」「—紳士風」

いっ-けん【一軒】[名] 家の数え方で、一つ。「近所に酒屋は—もない」

いっけん-や【一軒家(一軒屋)】[名] ❶あたりに家がない所に、一つだけぽつんと建っている家。「野中の—」❷一戸建ての家。独立家屋。

いっ-こ【一己】[名] 〔古風〕自分ひとり。一個人。「私—の問題ではない」書き方 俗に「一個」とも。

いっ-こ【一戸】[名] 家屋や一世帯を単位とした家の数え方で、一つ。「中古住宅が—売りに出ている」「結婚して—を構える」

いっ-こ【一個(一▽箇)】[名] ❶物の数え方で、一つ。「手荷物—」「—のみかん」「在庫はもう—もない」▼副詞的にも使う。❷抽象的な事柄などにいって、一つ。また、個体としての人などにいって、一人。「芸術活動を—の社会現象としてとらえる」「—の人間として環境問題を考える」▼多く「—の」の形で使う。◈ 書き方 俗に「一ケ」とも書く。「ケ」は「箇」の略字からとも、「个」からともいう。使い方「一個上の先輩」は、本来は誤り。⬇個

いっ-こ【一顧】[名・他サ変] ちょっと振り返って見ること。また、ちょっと考えてみること。「家族のことなど—だにしない」「少数意見には—も与えない」使い方 下に打ち消しの語を伴って全面的否定を表すことが多い。

いっ-こう【一考】[名・他サ変] 改めて一度考えてみること。「この件は—を要する」

いっ-こう【一行】[名] ❶一つの行い。「一言—」❷旅などをいっしょにする人たち。「視察団—」

いっ-こう【一向】[副] ❶まったく。全然。「悪口を言われても—に平気だ」❷〈下に打ち消しを伴って〉全面的な否定を表す。全く…ない。少しも…ない。「話が—に進まない」「警告されても—に動じない」❸心を一つに向けるさま。ひたすら。「ただ—に和を講じ哀を乞うて止まずとは〈福沢諭吉〉」

いっこう-しゅう【一向宗】イッカウ [名] 浄土真宗のこと。▼一向に阿弥陀如来を念ずる宗派の意で、主に他の宗派からの通称。

いっ-こく【一刻】━[名] ❶昔の時間の単位で、一時の四分の一。現在の約三〇分。❷わずかな時間。「—を争う」「—の猶予もない」「—千金」━[形動] がんこで融通がきかないさま。一徹。「—な職人気質」「—者」◈ 書き方 ━は「一国」「一克」「一▼剋」とも。

いっ-こく【一国】[名] 一つの国。また、国全体。

いっこくいちじょう-の-あるじ【一国一城の▽主】イッコクイチジャウ [名] ❶一つの国または一つの城を所有している人。❷他からの支配や干渉を受けないで独立している人。

いっ-こじん【一個人】[名] ⬇いちこじん

いっこ-だて【一戸建て】[名] 家のつくりが、一棟で一戸になっていること。また、その家。一軒家。一戸建ち。

いつ-ごろ【〈何時〉頃】[名] おおよそ、いつ。「それは—の出来事ですか」「—出来上がりますか」▼副詞的にも使う。

いっ-こん【一献】[名] ちょっと酒を飲むこと。また、ちょっとした酒のふるまい。「—傾ける」「お礼のしるしに—差し上げたい」▼さかずき一杯の酒の意から。

いっ-さい【一切】━[名] すべて。全部。「過去の—は水に流そう」「—の財産を放棄する」━[副] 〈下に打ち消しを伴って〉全面的否定を表す。全く…ない。「当局はこのことに—関知しない」「ギャンブルは—やりません」

いっ-さい【一再】[名] 一、二度。一、二回。「—ならず(=たびたび)過ちを重ねる」

いつ-ざい【逸材】[名] すぐれた才能。また、それを持つ人。「多くの—を輩出した名門」

いっさい-がっさい【一切合切(一切合財)】[名] 残らずすべて。何もかも。すっかり。「家財の—を売り払う」▼「いっさい」を強めた言い方。

いっさい-きょう【一切経】ーキヤウ [名] 大蔵経の別称。

いっさい-しゅじょう【一切衆生】[名] 仏教で、この世に生きているすべてのもの。一切有情。

いっ-さく【一策】[名] 一つのはかりごと。一計。‖「窮余の—」「—を講じる[案じる]」

いっ-さく【一昨】(造) ❶日・月・年などに付いて、前の前の、の意を表す。‖「—日」「—夜」❷特定の日を表す語の上に付いて、おとといの、の意を表す。‖「—三日の出来事」

いっさく-さく【一昨昨】(造) 日・月・年などに付いて、「一昨」より一つ前の意を表す。‖「—日(=さきおととい)」「—年(=さきおととし)」

いっさく-じつ【一昨日】[名]「おととい」の改まった言い方。

いっさく-ねん【一昨年】[名]「おととし」の改まった言い方。

いっ-さつ【一札】[名] 証書・証文など、一通の書きつけ。

◉**一札(を)入・れる** 証書などを渡して確約する。

いっさつ-たしょう【一殺多生】[名] ➡いっせつたしょう

いっ-さん【一▼盞】[名] 一つのさかずき。また、さかずき一杯の酒。‖「—を傾ける」

いっ-さん【一▼粲】[名] ひと笑いすること。▽「粲」は白い歯を見せて笑う意。

◉**一粲を博・す** お笑いぐさになる。自分の詩文などが人に読まれることを謙遜していうことば。

いっさんか-たんそ【一酸化炭素】[名] 木炭・石油などの不完全燃焼によって生じる無味・無色・無臭の気体。猛毒。‖「—中毒」

いっさん-に【一散に(逸散に)】[副] わきめもふらずに走るさま。一目散に。‖「—逃げ出す」

いっ-し【一子】[名] ❶一人の子。また、ひとりっ子。‖「—をもうける」❷囲碁で、一つの石。

いっ-し【一矢】[名] 一本の矢。‖「—を放つ」

◉**一矢を報・いる** (敵の攻撃に対して、矢を射かえす意から)反撃・反論する。▽多く、大勢をくつがえすには至らないが、一方的にやられてばかりだが、などの含みで使う。✔注意「一矢」を「いちや」と読むのは誤り。

いっ-し【一死】[名] ❶一度死ぬこと。特に、あえて一命を捨てること。‖「—をもって諫言する」❷野球で、一人がアウトになること。ワンアウト。ワンダウン。

いっ-し【一糸】[名] 一筋の糸。

◉**一糸纏わ・ず** 一枚の衣服も着ていないさまをいう。‖「—飛び出す」

◉**一糸乱れ・ず** 少しも乱れず整然としているさまをいう。‖「—行進する」

いっ-し【一指】[名] ゆび一本。‖「公金には—も触れていない」「—を染める(=物事に少しだけ関与する)」

いっ-し【逸史】[名] 正史に書きもらされた史実。

いつ-じ【逸事(▼軼事)】[名] 世に知られていない事柄。隠れた事実。

いつ-しか【〈何時〉しか】[副] いつの間にか知らないうちに。‖「花は—散って若葉の季節になった」

いっ-しき【一式】[名] もの(特に、道具・器具など)のひとそろい。また、ひとまとまりとなったもののすべて。‖「キャンプ用具—」「上下—の作業服」

いっし-そうでん【一子相伝】[名] 学問・技芸などの奥義を、自分の子一人だけに伝えること。‖「—の秘法」

いっ-しつ【一失】[名] 一つの損失・失敗。‖「千慮の—」⇔一得

いっしつ-りえき【逸失利益】[名] 債務不履行または不法行為に基づく損害賠償で、その債務不履行・不法行為がなければ得られたと思われる利益。

いっし-どうじん【一視同仁】[名] すべての人を差別なく平等に愛すること。‖「—の心で接する」

いっしゃ-せんり【一▼瀉千里】[名] ❶物事が勢いよく、すみやかにはかどること。‖「山積した仕事を—に片づける」❷文章や弁舌がなめらかでよどみのないこと。‖「—に書き下ろす」◈ひとたび流れ出した川の水は一気に千里を走る意から。

いっ-しゅ【一首】[名] 和歌や漢詩の数え方で、一つ。‖「—の歌を詠む」「百人—」

いっ-しゅ【一種】[名] ❶種類の数え方で、一つ。一種類。‖「同一の特性をもつ物質がもう—ある」❷〈「…の一種」の形で〉…の種類の一つとして、それに含まれる意を表す。…の仲間。…の一つ。‖「サクラはバラ科の—」❸〈「一種の…」の形で〉…の種類の一つとして、それに含めてもよい意を表す。…と言えばそう言えないこともない。ある種の…。‖「この災害は—の人災であると言えよう」
使い方「—独特の雰囲気が漂う」など、副詞的にも使う。おおむね、「何というか」や「どことなく」「何となく」などの副詞で言いかえることができる。

いっ-しゅう【一周】[名・自サ変] ひとまわりすること。ひとめぐり。‖「校庭を—する」

いっ-しゅう【一週】[名] 週の数え方で、一つ。一週間。

いっ-しゅう【一蹴】[名・他サ変] ❶相手を簡単に負かすこと。‖「挑戦者を—する」❷要求や抗議などを問題にしないではねつけること。‖「再三の陳情もすげなく—された」

いっしゅう-かん【一週間】[名] 日曜日から土曜日までの七日間。また、ある曜日から数えて七日間。‖「この—は忙しかった」「—もあればできるでしょう」

いっしゅう-き【一周忌】[名] 仏教で、人の死後一年目の命日。また、その日に行う法事。一回忌。一年忌。▽神道・キリスト教では「一年祭」。

いっしゅう-ねん【一周年】[名] まる一年。満一年目。また、その行事。使い方➡周年

いっ-しゅく【一宿】[名・自サ変] よそに一晩泊まること。一泊。

いっしゅく-いっぱん【一宿一飯】[名] 一晩泊めてもらって一度食事をふるまわれること。旅の途中でちょっと世話になることにいう。‖「—の恩義」▽もと、博徒などが使った。

いっ-しゅつ【逸出】[名・自サ変] ❶抜け出ること。❷とびぬけて優れていること。卓越。‖「衆に—した功績が認められる」

いっ-しゅん【一瞬】[名] 一度まばたきをするほどの、ほんのわずかの時間。‖「—の出来事」「—の内に勝敗が決まった」「夢は—にしてついえた」「—、自分の目を疑った」▽副詞的にも使う。

いっしゅん-かん【一瞬間】[名] ほんのわずかの時間。一瞬の間。

いっ-しょ【一所】[名] ❶一つの場所。ひとところ。一か所。❷同じ場所。同所。‖「—に会する」◈➡一緒

いっ-しょ【一書】[名] ❶手紙・文書の数え方で、一

つ。❷書物の数え方で、一つ。一本。一冊。‖「―を著す」❸ある書物。一本。‖「―によれば」

いっ‐しょ【一緒】［名］❶幾つかのものをまとめて一つにすること。‖「数種類の野菜を―に盛り合わせる」「衣類も食品も―に詰め込む」❷同じであること。‖「六年間―のチームでやってきた」「君の意見は彼と全く―だ」▼関西などの方言から。この意では「同じ」を使うのが一般的。❸行動をともにすること。‖「夫婦で―に出かける」「盆と正月が―に来たような忙しさだ」❹［自サ変］〈「御一緒する」の形で〉「一緒に行く」、「一緒にいる」の謙譲語。‖「駅まで御―しましょう」◈「一所」の転。書き方 もと「一所」とも書いた。

◉**一緒にな・る** 夫婦になる。結婚する。‖「二人は晴れて―・った」

いっ‐しょ【逸書・▼佚書】［名］名は伝わるが、内容の全部または大部分が失われてしまった書物。

いっ‐しょう【一生】ーシヤウ［名］❶生まれてから死ぬまでの間。また、ある時点から死ぬまでの間。生涯。一生涯。‖「幸福な―を送る」「教職を―の仕事にする」「―のお願いです」「―の不覚を取る」「御恩は―忘れません」▼副詞的にも使う。❷一つの命。一命。‖「九死に―を得る」

いっ‐しょう【一将】ーシヤウ［名］一人の将軍・大将。また、ある将軍・大将。

◉**一将功成りて万骨枯る** 一人の将軍が立てた功名のかげには、それを支えた多くの兵士の犠牲がある。功名が上に立つ者にのみ帰せられ、下で働く者の労苦が報われないことを憤慨して言うことば。▼唐の曹松の詩「己亥歳」から。

いっ‐しょう【一笑】ーセウ［名］❶［自サ変］ちょっと笑うこと。‖「破顔―」❷［他サ変］お笑いぐさだとして問題にしないこと。‖「言い伝えを迷信だと―する」

◉**一笑に付・す** 笑って問題にしない。‖「素人の意見だと―」

◉**一笑を買・う** 笑いものになる。

いっ‐しょうがい【一生涯】ーシヤウガイ［名］生まれてから死ぬまでの間。一生。終生。生涯。‖「詩作を―の仕事とする」「―罪の意識にさいなまれる」▼副詞的にも使う。

いっしょう‐けんめい【一生懸命】イッシヤウー［形動・副］全力を尽くして物事をするさま。懸命。一所懸命。‖「―な姿が心を打つ」「―に努力する」「―働く」▼「一所懸命」から出た語。今では「一所懸命」より一般的。派生 ‐さ

いっしょう‐さんたん【一唱三嘆（一▼倡三▼歎）】イッシヤウー［名］詩文をひとたび朗読して何度も感嘆すること。一読三嘆。‖「―に値する名文」▼すぐれた詩文をほめたたえることば。

いっ‐しょく【一色】［名］❶一つの色。ひといろ。‖「白―の銀世界」❷全体が同じ傾向であること。‖「町じゅうが祭り―だ」

いっしょく‐そくはつ【一触即発】［名］ちょっとさわると爆発するような危険な状態にあること。‖「国境の両軍は―の状態にある」

いっしょ‐くた【一緒くた】［名］雑多なものが入り乱れて区別がつかないこと。‖「名作も駄作も―に（して）論じる」

いっしょ‐けんめい【一所懸命】［形動］❶［名］中世、主君からもらった一か所の領地を生活の基盤として、そこに命をかけること。‖「―の地」❷［副］⬇一生懸命 派生 ‐さ

いっしょ‐ふじゅう【一所不住】ーフヂユウ［名］一定の場所に住まずに諸国を回ること。

いっ‐しん【一心】［名］❶一つの心。また、人々の心が一つになること。‖「―同体」❷〈「…たい（という）一心で〜」などの形で〉とても…したいので心を集中させて〜する意を表す。‖「留学したい―で英語を勉強する」「怠けたい―から仮病を使う」⬇一心に

いっ‐しん【一身】［名］一つの体。全身。また、自分自身。自分のすべて。‖「責任を―に背負う」「―を芸道にささげる」

いっ‐しん【一新】［名・自他サ変］すべてが新しくなること。また、新しくすること。‖「気分が―する」「面目を―する」

いっ‐しん【一審】［名］最初に訴訟事件を受理した裁判所で行われる審判。始審。第一審。

いっしん‐いったい【一進一退】［名・自サ変］進んだり退いたりすること。また、よくなったり悪くなったりすること。‖「戦況は―を繰り返す」「病状が―する」

いっしん‐きょう【一神教】ーケウ［名］ただ一つの神だけを認め、それを信仰する宗教。ユダヤ教・キリスト教・イスラム教など。⬍多神教 ▼monotheism の訳語。

いっしん‐じょう【一身上】ーシヤウ［名］自分の身の上や境遇に関すること。‖「―の都合で退職する」

いっしん‐とう【一親等】［名］本人または配偶者から数えて一世のへだたりがある関係。本人と父母・子の関係。また、本人と配偶者の親との関係。一等親。

いっしん‐どうたい【一心同体】［名］二人以上の人が心も体も一つであるかのように力を合わせること。

いっしん‐に【一心に】［副］心を一つに集中させるさま。‖「―祈る」

注意「一心」を「一身」と書くのは誤り。

いっしん‐ふらん【一心不乱】［名・形動］一つのことに心を集中し、他のことで心が乱されないこと。‖「―になって働く」

いっ‐すい【一炊】［名］飯を一度炊くこと。

◉**一炊の夢** ⬇邯鄲の夢

いっ‐すい【一睡】［名・自サ変］ちょっと眠ること。ひとねむり。‖「心配で―もできなかった」

いっ‐すい【▼溢水】［名・自他サ変］水があふれ出ること。‖「堤防が切れて―する」

いっ・する【逸する（▼佚する）】㊀［自サ変］❶離れる。それる。‖「常軌を―」❷なくなる。‖「証拠書類の一部が―」❸〔古風〕気楽に楽しむ。‖「富者は―・して、貧者は労せざるを得ず〈福沢諭吉〉」㊁［他サ変］❶離す。のがす。‖「好機を―」❷落とす。失う。‖「名簿から名を―」文 いっ・す

いっ‐すん【一寸】［名］❶一尺の一〇分の一。約三・〇三センチメートル。❷距離や時間がきわめて短いこと。

◉**一寸先は闇** 将来のことは全く予知できないことのたとえ。注意「一瞬先は闇」は誤り。

◉**一寸の光陰軽んずべからず** わずかな時間もむだにしてはならない。▼「光陰」は時間の意。朱熹の詩「偶成」から。

◉**一寸の虫にも五分の魂** どんなに小さく弱いものにも相応の意地があるのだから侮ってはならないということ。

いっすん‐ぼうし【一寸法師】ーボフシ［名］御伽草子

の一つで、親指ほどの身長しかない人物が冒険の末に出世する物語。また、その主人公。

いっ-せ【一世】［名］❶仏教で、三世(さんぜ)（＝過去・現在・未来）の一つ。特に、現世(げんせ)。❷一生涯。一生。≡「—一代」

いっ-せい【一世】［名］❶一生。一代。❷その時代。当代。≡「—の英雄と謳(うた)われる」❸ある人が国や家を支配している間。一代。❹〈名前の下に付いて〉同名の皇帝・王・法王などのうち、最初の人。≡「ナポレオン—・聖グレゴリウス—」❺移民などの、最初の代の人。≡「ブラジル移民の—」

◉**一世を風靡(ふうび)・する**　ある時代に広く知れわたる。≡「—・したアイドル」

いっ-せい【一声】［名］一つの大きな声や音。≡「大喝—」

いっ-せい【一斉】［名］同時にそろって物事をすること。≡「—射撃」⬇一斉(いっせい)に

いっせい-いちげん【一世一元】［名］天皇一代に一つの年号だけを用いること。

いっせい-いちだい【一世一代】［名］❶能や歌舞伎で、引退を前にした役者が一生の納めとして得意の芸を演じること。また、その舞台。≡「—の名演技」❷一生のうちただ一度しかない（ほどに見事である）こと。≡「—の大事業」◈「一世一度」から出た語という。「いっせいいちだい」とも。

いっせい-に【一斉に】［副］同時にそろって物事をするさま。≡「岸の柳が—芽を吹く」「選手たちが—スタートする」

いっ-せき【一夕】［名］❶ひと晩。一夜(いちや)。≡「一朝—」❷ある晩。ある夜。

いっ-せき【一石】［名］一つの石。

◉**一石を投(とう)・ずる**　反響を呼ぶような問題を投げかける。≡「学界に—」▽水に石を投げると波紋が広がることから。

いっ-せき【一席】［名］❶座席の数え方で、一つ。❷宴会などの一つの集まり。❸講演・講談・落語などで、一回の話。また、ちょっとした話。≡「お笑いを—伺います」「長講—」❹第一位。≡「コンクールで—に入選する」▽「席」は席次の意。

◉**一席ぶ・つ**　ちょっと演説する。

◉**一席設・ける**　宴会を開いて招待する。

いっせき-がん【一隻眼】［名］❶一つの目。隻眼。❷物事の本質を見抜く独特の見識。≡「—を備える」

いっせき-にちょう【一石二鳥】(ーテウ)［名］一つの行為で二つの利益を得ること。一挙両得。≡「趣味と実益を兼ねた—のアルバイト」▽西洋のことわざで、一つの石で二羽の鳥を打ち落とす意から。

いっ-せつ【一節】［名］詩・文章・音楽などの一区切り。

いっ-せつ【一説】［名］一つの説。また、別の説。≡「—を立てる」「—によれば源流は中国だという」

いっせつ-たしょう【一殺多生】(ータシャウ)［名］一人を犠牲にすることによって、多くの人の命を助けること。いっさつたしょう。

いっ-せつな【一刹那】［名］きわめて短い時間。一瞬間。いちせつな。

いっ-せん【一▼閃】［名・自サ変］一瞬ぴかっと光ること。また、その光。≡「電光［白刃］—」

いっ-せん【一戦】［名・自サ変］いちど戦うこと。≡「—を交える」「—して敗退する」

いっ-せん【一線】［名］❶一本の線。≡「—に並ぶ」❷はっきりした区切り。また、けじめ。≡「最後の—を守る」❸活動の重要な場。第一線。≡「—を退く」「—の営業マン」

◉**一線を画(かく)・する**　物事にはっきりと区切りがつく。また、つける。一線を引く。≡「プロとアマは技術において—」

注意「一線を画す」ともいうが、「かくす」を「隠す」「隔す」と書くのは誤り。

◉**一線を越・える**　禁断の領域に踏み込む。してはならないことをする。≡「越えてはならない—」

◉**一線を引・く**　一線を画する。

いっそ［副］打開策として、思い切った状況を選択するという気持ちを表す。むしろ。思い切って。ひと思いに。いっそのこと。≡「辛い思いをするよりは、—死んだほうがましだ」「紛糾させるくらいなら、—黙っていたほうがいい」

書き方「一層」[二]の転で、古くは「一▽層」とも書いた。

使い方 冷静な判断に基づく「むしろ」に比べて、投げやりな気持ちで極端な状況を選択するといった含みがある。

いっ-そう【一双】(ーサウ)［名］二つで一組みになったもの。また、その数え方で、一つ。≡「—の屏風(びょうぶ)」

いっ-そう【一掃】(ーサウ)［名・他サ変］残らず片づけてしまうこと。≡「暴力を—する」「走者—の三塁打」「冬物—セール」

いっ-そう【一層】[一]［名］❶重なったものの数え方で、一つ。ひとかさね。❷数層からなる建物の一番下。第一層。[二]［副］それより以上に程度が高まるさま。以前にまして。さらに。ひときわ。一段と。≡「台風の接近で風雨が—激しくなった」「なお—の努力が必要だ」◈書き方[二]はかな書きも多い。

いっ-そう【逸走】［名・自サ変］逃げ走ること。また、それて走ること。≡「車両が—する」

いっ-そく【逸足】［名］❶きわめて足の速いこと。また、そのもの。駿足(しゅんそく)。≡「—の白馬」❷すぐれた才能をもっていること。また、その人。逸材。駿足。≡「高材—」

いっそく-とび【一足飛び（一足跳び）】［名］❶両足をそろえて飛ぶこと。❷急いで速く走ること。≡「—に走って帰る」❸順序を踏まないで物事が速く進むこと。≡「—に課長に昇進する」

いっそ-の-こと【（いっその事）】［副］「いっそ」を強めていう語。≡「—打ち明けてしまってはどうだ」

いつぞ-や【〈何時〉ぞや】［副］いつだったか以前に。≡「—はお世話になりました」

いっ-たい【一体】[一]［名］❶全体がまとまって一つになっていること。≡「官民が—となって事に当たる」「本体と画面が—になったパソコン」❷仏像・彫刻・遺体などの数え方で、一つ。≡「身元不明の死体が—ある」❸一つの体裁・様式。一つのスタイル。≡「五言絶句は漢詩の—」[二]［副］❶〈下に疑問の語を伴って〉強い疑問や、慨嘆・非難・驚きなどの気持ちを表す。≡「—どうしたのだろう？」「—何が言いたいんだ」▽「—全体」はさらに強めていう言い方。❷［古風］本源的なこととして言えば。そもそも。もともと。元来。≡「—釣りや猟をする連中はみんな不人情な人間ばかりだ〈漱石〉」「—青年の読む本ではないね〈鷗外〉」◈書き方[二]①はかな書きも多い。

いっ-たい【一帯】［名］❶ひとすじ。ひと続き。≡「—の山並み」❷その地域の全体。一円。≡「関東地方—が豪雨に襲われる」

いったい‐か【一体化】［名・自他サ変］幾つかのものがまとまって一つになること。また、一つにすること。≡「漁業と水産加工業が━する」「電話とパソコンを━する」使い方「〜を一体化する／一体化させる」、「〜が一体化する／一体化される」の言い方をする。それぞれ「〜を一体化する」「〜が一体化する」が一般的。⬇品詞解説（八一六ページ）

いったい‐ぜんたい【一体全体】［副］「一体」㊁を強めた言い方。≡「━政府は何をしているんだ」

いったい‐に【一体に】［副］一般に言えば。全般的に。総じて。概して。≡「新作は━好評だ」

いつ‐だつ【逸脱】［名］❶［自サ変］本筋からそれること。≡「本来の目的から━する」「職権を━した行為」❷［自他サ変］あやまって抜けること。また、抜かすこと。≡「リストに━がある」

いっ‐たん【一端】［名］❶一方のはし。かたはし。≡「竹ざおの━を切断する」❷一部分。≡「抱負の━を述べる」「私生活の━がうかがえる」

いっ‐たん【一旦】［副］❶物事の進行や行為を一時的に中断するさま。普通、再開するという含みでいう。いちど。ひとまず。≡「━家に戻って出直そう」「ここは━退く手だ」❷〈条件節の中で使って〉重要な結果をもたらす行為として、それを行うさま。ひとたび。いちど。≡「━言い出したら、絶対に引かない」「━決心したからには最後までやれ」◈「旦」は朝の意。もとは「一朝」と同じ意味。
書き方 かな書きも多い。

◉**一旦緩急あれば** ひとたび大事が起これば。一朝事あれば。≡「━馳せ参じます」⬇緩急② ▼『史記』から。

いっ‐ち【一致】［名・自サ変］二つ以上のものの内容・形・数量などが、ぴったり同じになること。≡「二人の意見が期せずして━する」「偶然の━」「━団結」「満場━」

いっち‐はんかい【一知半解】［名・形動］少し知っているだけで十分には理解していないこと。なまかじり。≡「━な知識」「━の意見」

いっ‐ちゃく【一着】［名］❶競走・競泳などで、一番早く到着すること。第一位。一等。❷衣服の数え方で、一つ。また、そのひとそろい。≡「━しかない背広」❸囲碁で、石を一つ盤面に打つこと。一手。≡「勝敗を分けた━」❹［他サ変］改まって衣服を着ること。着用。≡「タキシードを━して晩餐会に臨む」

いっ‐ちゅう【一▼籌】［名］一つの勝負、はかりごと。▼「籌」は勝負の得点を数えるときに使う竹の棒。

籌

◉**一籌を輸する** 相手に勝ちをゆずる。他にひけをとる。▼「輸する」は負ける意。

いっちゅう‐ぶし【一中節】［名］浄瑠璃節の一つ。江戸時代の中期、京都の都太夫一中が創始した。

いっ‐ちゅうや【一昼夜】［名］まる一日。二十四時間。≡「━を通して働く」「━冷蔵庫で寝かせる」▼副詞的にも使う。

いっ‐ちょう【一丁】［名］❶鉄砲・刃物・農具など、主に細長いものの数え方で、一つ。≡「ピストル［のこぎり・くわ・駕籠］━」書き方「一▼挺」「一▼梃」とも。「梃」は当て字。❷豆腐の数え方で、一つ。❸一品料理などの一人前。≡「ラーメン━」❹書物の表裏二ページ。❺ひと勝負。また、ひと仕事。≡「もう━やろうじゃないか」「━上がり」▼副詞的にも使う。

いっ‐ちょう【一朝】［名］❶ある日の朝。≡「早春の━」❷わずかの間。一時。≡「━にして消えた夢」❸〈副詞的に〉ひとたび。≡「━事あるときは命をかける」▼命運を左右するような大きな事柄にいう。⬇一旦②

いっ‐ちょう【一聴】［名］一度きくこと。≡「━に値する名曲」

いっちょう‐いっし【一張一▼弛】［名］適度に張りつめたりゆるめたりすること。▼弦を張ったりゆるめたりする意から。

いっちょう‐いっせき【一朝一夕】［名］わずかな時日。短時日。≡「━には完成できない」

いっちょう‐いったん【一長一短】［名］長所もあるが、短所もあること。≡「何事にも━がある」「どの道具も━だ」

いっちょう‐まえ【一丁前】［名］一人前。いっちょまえ。≡「━の口をきくな」

いっちょう‐ら【一張羅】［名］たった一枚の晴れ着。また、たった一枚しかない衣服。いっちょら。≡「━のタキシード」

いっ‐ちょくせん【一直線】［名］一本の直線。また、まっすぐであること。≡「━に並ぶ」「━に帰る」

いつ‐つ【五つ】［名］❶一の五倍の数。五。≡「全体を━に分ける」「リンゴが━残っている」❷五歳。≡「━になる子」「━上の兄」❸昔の時刻の名で、現在の午前および午後の八時ごろ。五つ時。

い‐づつ【井筒】［名］井戸の地上の部分につける、石や木などで作った囲い。井桁。

いっ‐つい【一対】［名］二つで一組みになったもの。≡「━の仁王像」「好━」

いっ‐つう【一通】［名］❶手紙や文書などの数え方で、一つ。≡「━の書状」❷「一方通行」の略。

い‐つづけ【居続け】［名・自サ変］同じ場所に引き続いていること。また、よそに泊まり続けて自分の家に帰らないこと。▼昔は遊里などに泊まって何日も遊び続けることをいい、しばしば同意の漢語で「〈流連〉」と当てた。

いつつ‐もん【五つ紋】［名］背に一つと両そで・両胸に一つずつ、計五つの家紋をつけた羽織や着物。公式の礼服に用いる。五所紋。

いっ‐て【一手】［名］❶囲碁で、石を一つ打つこと。また、将棋で、駒を一回動かすこと。≡「次の━を読む」❷一つの手段・方法。≡「押し［逃げ］の━」❸もっぱら自分だけですること。ひとり占め。≡「━に握る」

いっ‐てい【一定】［名］❶［自サ変］一つに決まって変わらないこと。≡「速度を━に保つ」❷ある条件や基準が定められていること。≡「━の条件がつく」「━期間内に提出のこと」❸ある程度の基準に達していること。相応の。≡「━の評価を受ける」

いってい‐じ【一丁字】［名］一つの文字。▼「丁」は「个」（＝個）の篆書体を誤ったもの。

いっ‐てき【一滴】［名］ひとしずく。≡「大海の━」「酒は━も飲めない」

いっ‐てき【一▼擲】［名・他サ変］思いきっていっぺんに投げ捨てること。≡「乾坤━」

いって‐きます【行って来ます】［連語］外出するときの挨拶のことば。▼丁重な言い方は、「行って参ります」となる。

いって‐こい【行って来い・▽往って来い】［連語］❶歌舞伎の演出で、ある場面から別の場面に替わり、また元の場面に戻ること。多く回り舞台を使う。

❷取引で、相場が上または下に動いた後、また元に戻ること。❸差引勘定がゼロであること。〓「千円のくじで千円当たったから—だ」❹相撲で、いなすこと。

いってつ【一徹】［名・形動］一筋に思いこみ、かたくなに押し通すこと。がんこ。〓「老いの—」「—な性格」

いつでも【〈何時〉でも】［副］その時その時に応じて、いつも。いついかなる場合でも。どんな場合でも。〓「提出は今月中なら—構わない」「困ったときは—相談しなさい」「—出かけられる準備をしておこう」

品格　随時「—相談を受け付けています」　時を選ばず「—発生しうる災害に備える」

いってらっしゃい【行ってらっしゃい】［連語］外出する人を送るときの挨拶（あいさつ）のことば。▼「行っていらっしゃい」の転。丁寧な言い方は、「（お気をつけて）行ってらっしゃいませ」。

いってん【一天】［名］❶空全体。空一面。〓「—にわかにかき曇る」❷天下。世の中。〓「—の君（＝天子）」「—四海（＝全世界）」▼「一天下」の略。

いってん【一点】［名］❶一つの点。〓「直線上の—」「—一画（＝漢字を構成する一つ一つの点画）もゆるがせにしない」「空には—の雲もない」❷事柄の数え方で、一つ。〓「注意すべきことが—ある」「心には—の曇りもない」❸得点の数え方で、一つ。〓「—差」❹品物や作品などの数え方で、一つ。〓「—ずつ包装する」❺昔の時刻で、一時（いっとき）（＝約二時間）を四分した最初のくぎり。◈書き方 数詞として使う場合は「1点」とも書くが、一以外の数を想定しにくい熟語の場合は漢数字で書く。〓「×1点の疑念もない」⬇「一」のコラム（九九ページ）

いってん【一転】［名］❶［自他サ変］一回りすること。一回転。❷［自他サ変］がらりと変わること。また、変えること。〓「情勢が—する」「—して無罪となる」「心機—」

いってんばり【一点張り】［名］ただ一つのことだけを押し通すこと。〓「知らぬ存ぜぬの—」「頑固—の人」▼賭博（とばく）で、同じ所にばかり金銭をかけることから。

いっと【一途】［名］❶一つの方針・方法。〓「攻撃の—あるのみ」❷ただ一つの方向。〓「発展の—をたどる」❸一致すること。合一。▼一筋の道の意から。

いっとう【一刀】ウタ［名］❶一本の刀。❷刀を一振りして切ること。一太刀（ひとたち）。〓「—のもとに切り捨てる」

いっとう【一灯】［名］一つの明かり。〓「—をともす」▼わずかな寄付のたとえにいう。〓「貧者の—」

いっとう【一党】ウタ［名］❶同じ利益や思想で結ばれている仲間。❷一つの政党・党派。〓「—一派に偏しない」「—独裁」

いっとう【一等】㊀［名］❶順位・等級などの、第一位。一番。最上。〓「—賞」「—船室」❷等級の一段階。〓「罪—を減ずる」㊁［副］最も。一番。〓「この酒が—うまい」

いっとう【一統】［名］❶一つにまとまった全体。一同。〓「御—様」❷［他サ変］一つにまとめること。統一。〓「天下を—する」

いっとう【一頭】［名］❶大型獣の数え方で、一つ。〓「牛—」❷一つの頭。一頭地（いっとうち）。

いっとうしょう【一等賞】ーシヤウ［名］順位・等級などの、第一位の人に与えられる賞。〓「コンクールの—」

いっとうしん【一等親】［名］一親等。

いっとうせい【一等星】［名］恒星の中で最も明るく見える第一級の星。シリウス、スピカなど。▼肉眼で見えるのは六等星まで。

いっとうち【一等地】［名］評価額が非常に高い土地。また、ある用途に最適な土地。〓「都心の—」

いっとうち【一頭地】［名］一つの頭。▼「地」は漢文で副詞を作る助字。

◉**一頭地を抜く**　他より頭一つ抜き出ている。他よりもひときわすぐれている。一頭地を出（だ）す。〓「—人物」✓注意「一等地を抜く」と書くのは誤り。また、「一頭、地を抜く」と切って読むのは誤り。

いっとうぼり【一刀彫り】イッタウ［名］木彫りで、小刀の粗い痕跡を残して素朴に仕上げること。また、その作品。

いっとうりょうだん【一刀両断】イッタウリヤウダン［名］❶一太刀（ひとたち）でまっ二つに切ること。❷きっぱりと思い切った処置をすること。〓「難問を—のもとに取り裁く」「関知しないとして—に切り捨てる」

いっとき【一時】［名］❶わずかの間。また、ある一時期。〓「聞くは—の恥」「—雨が降った」「—流行（はや）った歌」▼副詞的にも使う。❷〈「一時に」の形で〉⬇いちどきに ❸昔の時間区分で、今の二時間。ひととき。〓「茶腹も—」

いっとく【一得】［名］一つの利益・成功。〓「—一失」⬍一失

いつなんどき【〈何時〉何時】［副］「いつ」を強めていう語。〓「—地震が起こるかもしれない」

いつに【一に】［副］❶ひとえに。もっぱら。〓「成否は—我々の双肩にかかっている」❷ひとつに。また（は）。〓「—日（いわ）く…」

いつのまに【〈何時〉の間に】［副］知らないうちに成立した物事について、尋ねたり推し量ったりしていう語。〓「—いなくなったのだろう」

いつのまにか【〈何時〉の間にか】［副］知らないうちに物事が成立するさま。いつの間にやら。〓「—誰もいなくなった」「—夏休みも終わってしまった」

いっぱ【一波】［名］❶一つの波。また、一つの波紋。❷次々と押し寄せるものの、初めの一回。〓「—のストライキ」「春闘の第—」

いっぱ【一派】［名］❶宗教・学芸・武術などで、一つの分派。一流派。❷目的を一つにする仲間。一味。〓「一党—に偏する」

いっぱい【一杯】㊀［名］❶液体や粉などが、杯・茶わんなどの容器を満たす分量。〓「コップ—の水」「大さじ—の砂糖」❷わずかの酒をいう語。〓「軽く—ひっかける」「—飲み屋（＝大衆酒場）」❸小舟の数え方で、一つ。一艘（いっそう）。❹イカ・カニ・タコの数え方で、一つ。一匹。㊁［副・形動］❶ものがあふれんばかりに満ちているさま。また、多量にあるさま。〓「風呂（ふろ）の水が—になる」「食べ過ぎておなかが—だ」「やることが—ある」❷限られたぎりぎりの範囲内であるさま。〓「弓を—に引き絞る」「ぎりぎり—まで待つ」「三月—勤める」「精—頑張る」◈㊁は副詞的にも使う。書き方㊁はかな書きも多い。

品格　数多（あまた）「世の中に—ある映画」「—の困難を乗り越える」　大幅「価格が—に上昇する」　大量「在庫を—に抱える」　多数「—の企業の協力を仰ぐ」　豊富「ミネラルを—に含む食品」

◉**一杯食わす**　人をだます。〓「見事に—された」

いっぱい【一敗】［名・自サ変］一回負けること。

◉**一敗地（ち）に塗（まみ）れる**　徹底的に打ち負かされる。▼「地」

は、つちの意。「一敗、地に…」と切って読む。 注意 「ち」を「血」と書くのは誤り。

いっぱい-いっぱい【一杯一杯】[形動] ぎりぎりの状態であるさま。限度に達しているさま。≡「ーだから、この鞄にはもう入らない」「仕事が忙しくてーだ」

品格 極限「ー状態」 極度「ーの不振に陥る」 極み「痛恨のー」 限界「負担がーに来ている」 限度「貸付ー額」

いっ-ぱく【一白】[名] ❶馬の足の下端に白いまだらのあること。また、その馬。❷陰陽道(おんようどう)で、九星(きゅうせい)の一つ。五行は水星、方位は北にあたる。方位・縁組みなどでは吉とされる。⇩九星

いっ-ぱく【一拍】[名] ❶両手を合わせて一度打つこと。≡「ー三礼」❷音楽で、拍子記号によって示される一打ちの長さ。≡「ー休止する」❸音韻上の単位「モーラ」一つ分の長さ。❹ちょっとの間。一呼吸。≡「稲光にー遅れて雷鳴が響く」
◉**一拍置・く** ❶音楽で、一拍休む。❷次の物事に取りかかる前にわずかの間を置く。一呼吸置く。≡「ー・いて話し始める」

いっ-ぱく【一泊】[名] ❶[自サ変] よそで一晩泊まること。≡「友人宅にーする」「ー二日の旅行」❷レンタルショップで、貸し借りが翌日に及ぶこと。

いっ-ぱし【(一端)】[副] 一人前(のよう)に。人並み(のよう)に。≡「ーやってのける」「ーの口をきく」▽多く、まだ一人前ではない未熟さをあざけっていう。

いっ-ぱつ【一発】[名] ❶弾丸などを一回撃つこと。また、弾丸などの一個。❷小言・げんこつなど、手ひどい打撃の一回。≡「あごにー食らう」❸野球で、ホームラン。≡「ー出れば逆転だ」❹一回。ひとつ。≡「ーやってみるか」「ー回答」

いっ-ぱつ【一髪】[名] (一筋の髪の毛のように)きわめてわずかな空間や時間。≡「間(かん)ー・危機ー」

いっぱつ-げい【一発芸】[名] 短い時間でする簡単な芸。≡「ーを披露(ひろう)する」

いっぱつ-や【一発屋】[名] ❶ここぞという機会に大きな勝負をする人。≡「ーの相場師」❷野球で、いつもホームランをねらう打者。❸一度だけ大当たりを取る人。≡「ーで終わった芸人」

いっ-ぱん【一半】[名] 半分。なかば。≡「責任のーは政府にある」

いっ-ぱん【一般】[名] ❶物事が広く全般に行き渡っていること。≡「反戦論がーの傾向として認められる」❷特殊・特別ではなく、普通であること。≡「その薬ならーの薬局で売っている」「世間ーの人々とは異なる考え方」「ー大衆［常識］」⇔特殊 ❸世間に見られる普通の人々。世間の人々。≡「ーに受ける映画」「この情報はーに公開されている」「ー向きの入門書」 使い方 「一般に」の形で受身文で使うときは、副詞の「一般に」と意味が紛れやすい。≡「この意見は一般に(=人々に／広く)歓迎されている」⇩一般に ❹(古風)〈「…と一般だ」の形で〉同類・同様であること。同一。同断(どうだん)。≡「ここでやめちゃ仏作って魂入れずとーですから、…〈漱石〉」

いっ-ぱん【一斑】[名] 全体の一部分。≡「所懐の一ーを述べる」▽豹(ひょう)の毛皮のまだらの一つの意から。
◉**一斑を見て全豹(ぜんぴょう)を卜(ぼく)す** 物事の一部分を見て全体をおしはかる。一斑を見て全豹を知る。

いっ-ぱん【一飯】[名] 一つの碗(わん)に盛った飯。また、一度の食事。≡「一宿ー」

いっぱん-か【一般化】(ークヮ)[名] ❶[自他サ変] 広く行き渡ること。また、行き渡るようにすること。≡「週休二日制が／をーする」❷[自サ変] 特殊なものが、普通のものになること。≡「学術用語がーして意味が広がった」❸[他サ変] 特殊な事物から普遍的な法則や概念を引き出すこと。

いっぱん-かいけい【一般会計】(ークヮイケイ)[名] 国・地方公共団体で、一般の歳入・歳出を経理する会計。⇔特別会計

いっぱん-しょく【一般職】[名] ❶国家公務員・地方公務員で、特別職を除く一切の職。国家公務員法・地方公務員法の適用を受ける。⇩特別職 ❷企業のコース別人事制度で、一般的な日常業務の補助作業を行う職。原則として転勤はないが昇進・昇級は限られる。⇩総合職

いっぱん-じん【一般人】[名] 特別の地位や身分をもたない人。また、あることに特別の関係のない人。普通人。≡「ーの立ち入りを禁じる」

いっぱん-せい【一般性】[名] 広く全体に通じる性質。一般的な性質。普遍性。≡「ーを欠く議論」

いっぱん-てき【一般的】[形動] 物事が全般に行き渡っているさま。また、特殊・特別ではなく、普通であるさま。≡「ーな戦術では通用しない」「ーに言って親の方に問題がある」

いっぱん-に【一般に】[副] ❶物事が全般に広く行き渡るさま。人々の間で普通に。≡「この習慣は明治期以降ー行われるようになった」 使い方 ⇩一般 ❷下に述べることが、普通の判断として成り立つさま。一般的に言って。≡「ー関東に比べて関西の味つけは薄い」

いっぱん-ろん【一般論】[名] 特殊な、または個々の場合を考えないで、全体を一様に論じる議論。世間一般に広く認められる議論。≡「ーに終始する」「ーとして述べる」

いっ-ぴ【一日】[名] 一日(ついたち)。≡「四月ー付けで課長に昇進する」 使い方 「一日(ついたち・いちにち)」を歯切れよく読みかえて簡明直截(ちょくせつ)にいう語で、主にビジネス界で使う。

いっ-ぴ【一臂】[名] 片ひじ。片腕。
◉**一臂の力を仮(か)す** わずかな助力をする。

いっぴき-おおかみ【一匹狼】(ーオホカミ)[名] 仲間をつくらないで積極的に独自の行動をする人。≡「政界のー」▽群れを離れて一頭だけで生きる狼の意から。

いっ-ぴつ【一筆】[名] ❶同一の筆跡。≡「ーによる写本」❷墨つぎをしないで一気に書くこと。ひとふで。≡「ー書き」❸手紙や文章などを簡単に書くこと。また、その手紙や文章。≡「ーしたためる」「ー御礼申し上げます」「ー啓上(=簡単に申し上げますの意で、手紙の書き出しに使う語)」❹土地登記簿上の一区画。

いっ-ぴん【一品】[名] ❶一つの品。ひとしな。❷最もすぐれた品。絶品。逸品。≡「天下ー」

いっ-ぴん【逸品】[名] 特にすぐれた品物や作品。一品。絶品。

いっぴん-いっしょう【一顰一笑】(ーセウ)[名] 表情の動き。機嫌。顔色。≡「上司のーをうかがう」▽顔をしかめたり笑ったりする意から。

いっぴん-りょうり【一品料理】(ーレウリ)[名] ❶一皿ずつ自由に注文できる料理。アラカルト。❷一品だけの簡単な料理。

いっ-ぷ【一夫】[名] ❶一人の男。❷一人の夫。

いっぷ-いっぷ【一夫一婦】[名] 一人の夫に一人の妻があること。また、その制度。一夫一妻。⬍一夫多妻・一妻多夫

いっ-ぷう【一風】㊀[名] ほかとは異なる、一つのおもむき。‖「ーをなす歌人」㊁[副] 普通とは少し違っているさま。‖「ー変わった芸人[考え方]」

いっ-ぷく【一服】[名] ❶[他サ変] 茶・たばこ・薬などを一回飲むこと。‖「散薬をーする」❷[自サ変]（茶やたばこを飲んで）一休みすること。‖「三時になったらーしょう」❸[自サ変] 急激な変化がひとまず落ち着くこと。‖「株価の下落がーする」❹粉薬のひと包み。

◉**一服盛(も)・る** 毒薬を飲ませる。

いっ-ぷく【一幅】[名] 書画などの掛け物が、一つ。‖「ーの南画」

いっぷ-たさい【一夫多妻】[名] 一人の男性が同時に二人以上の女性を妻にすること。また、その婚姻制度。ポリジニー。⬍一夫一婦(いっぷ)・一妻多夫(いっさいたふ)

いつ-ぶん【逸文・▼佚文】[名] ❶失われて現在は残っていない文章。❷書物は失われたが、その一部分が他の本に引用されて残った文章。‖「風土記ー」❸すぐれた文章。

いつ-ぶん【逸聞】[名] 世間に知られていない珍しい話。逸話。

いっ-ぺん【一片】[名] ❶薄いもの一枚。ひとひら。‖「ーの花びら」❷大きいものから切り離した一部分。ひとかけら。‖「ーの木材」❸わずか。少し。‖「ーの良心もない」

いっ-ぺん【一変】[名・自他サ変] すっかり変わること。また、変えること。‖「態度がーする」「転職して生活がーする」「気分をーして仕事にかかる」「それを聞いて態度をーさせた」使い方「〜を一変する／一変させる」では、後者が一般的。⬇品詞解説(八六六ジ)

いっ-ぺん【一遍】[名] ❶一回。一度。‖「月にー集まる」「ー試してみよう」▼副詞的にも使う。❷〈「一遍に」の形で〉いちどきに。同時に。‖「たまった宿題をーに片づける」「ーに疲れが出た」❸〈名詞に付いて〉ただそれだけであること。‖「正直ーの人」「通りーの挨拶(あいさつ)」◈書き方 ③はもと一方に偏(かたよ)る意で、「一偏」とも書いた。

いっぺん-とう【一辺倒】(ータウ) [名] もっぱらある方向にだけかたよること。‖「アメリカーの政策」▼第二次大戦後、毛沢東の論文から出た語。

いっ-ぽ【一歩】[名] ❶ひとあし。ひと歩み。‖「ー前に出る」❷距離や過程を短く区切った一段階。特に、最初の段階。‖「新しい時代にーを踏み出す」「完成までもうーだ」

◉**一歩譲(ゆず)・る** ❶少し譲歩する。‖「立場をわきまえて相手にー」❷一段階劣る。‖「技術ではライバルにー」

いっ-ぽう【一方】(ーパウ) ㊀[名] ❶一つの方面・方向。特に、二つあるものの一つの方。‖「ーの先端を固定する」「ーの手で天を指しーの手で地を指す」「彼の考えはーに傾いている」❷〈「…一方(で)」の形で〉ある事態と並行して他の事態がある意を表す。…でありながら他方で。‖「効き目が早いーで、持続力もある」❸〈「一方で(は)…、もう一方で(は)…」などの形で〉対立的な事柄を並べて、対比する。‖「ーで賛成していながら、もうーでは不満をもらしている」▼「ーで(は)」は、逆接の接続助詞で受ける。❹〈動詞連体形・体言に付いて〉もっぱらその方面に向かう意を表す。…ばかり。…のみ。…だけ。‖「容態は日に日に悪くなるーだ」「防戦ーで反撃の糸口がつかめない」㊁[接] 関連するもう一つの事柄に話題を転じる語。別の方面で。‖「当局は推進を主張する。ー、住民側は撤回を要求する」

いっ-ぽう【一報】[名・他サ変] 簡単に知らせること。また、その知らせ。‖「ご上京の際はごー下さい」

いっぽう-つうこう【一方通行】(イッパウツウカウ) [名] ❶道路への通行が一方向だけしか許されていないこと。一方交通。❷二者間での意見のやりとりなどが、一方だけからなされること。‖「話がーだ」

いっぽう-てき【一方的】(イッパウー) [形動] 一方だけにかたよっているさま。また、一方の都合だけで行うさま。‖「ーな試合で終わる」「ーに断定する」

いっ-ぽん【一本】[名] ❶細長いものやそれに類するものの数え方で、一つ。‖「鉛筆[巻紙]ー」「ーのバット」❷〔古風〕書物の数え方で、一つ。一冊。一部。また、ある書物。一書。‖「ーを著す」「ーに日(いわ)く」❸柔道・剣道などで、技が完全に一回決まること。また、相手をやりこめること。‖「背負い投げでー取る」❹とっくりに入った酒の数え方で、一つ。❺無秩序のものを一つにまとめたもの。ひとまとまり。特に、一つに絞り込んだ目標。‖「議題をーに絞る」「進学ーで行く」❻一人前の芸者。⬍半玉(はんぎょく)◈注意 アクセントは、②⑥はイッポン、それ以外はイッポン。

いっぽん-か【一本化】(ークヮ) [名・他サ変] ばらばらのものをまとめて一つにすること。‖「事業のーをはかる」

いっぽん-がち【一本勝ち】[名] 柔道・剣道の試合で、一本を取って勝つこと。

いっぽん-ぎ【一本気】[名・形動] 純粋で、一つのことをいちずに思いこむ性質であること。‖「ーな人」

いっぽん-じめ【一本締め】[名] 儀式・宴会などで、「シャシャシャン、シャシャシャン、シャシャシャン、シャン」という手拍子を一回打つ手締め。また、ポンと一回だけ手を打つもの。

いっぽん-しょうぶ【一本勝負】[名] スポーツなどで、一回だけの試合で勝敗を決める方式。‖「六〇分ー」

いっぽん-ぜおい【一本背負い】(ーオヒ) [名] 相撲・柔道で、相手の片腕をとって肩にのせ、相手の体を背負うようにして前に投げる技。

いっぽん-だち【一本立ち】[名・自サ変] 他からの力を借りないで仕事をしたり生活したりすること。独り立ち。独立。‖「ーして店を構える」

いっぽん-ちょうし【一本調子】(ーテウシ) [名・形動] 物事の調子が単調で変化に乏しいこと。また、株価などが一直線に上昇または下降し続けること。いっぽんちょうし。‖「ーな演技」「相場がーで下降する」

いっぽん-づり【一本釣り】[名] ❶一本の釣り糸と釣り針で魚をとる漁法。‖「カツオのー」❷人材の勧誘などで、ねらいをつけた人を個々に説得してゆくこと。‖「優秀な人材をーでしとめる」

いっぽん-ばし【一本橋】[名] 丸木(まるき)を一本渡しただけの橋。丸木橋。

いっぽん-やり【一本▼槍】[名] 一つの手段や方法だけを押し通すこと。一点張り。‖「直球ーで勝負する」「研究ーの生活」▼槍の一突きで勝負を決める意から。

いつ-まで【〈何時〉まで】[副] ❶継続する物事の終了について、その時を尋ねる語。また、自問する語。‖「店はーやっていますか」「ー待たせるつもりなのだろう」

⇕いつから ❷〈「いつまで…て(でも…ない)」の形で〉際限なく(または、長時間)…しても…ない意を表す。‖「ーやっても仕事は片づかない」「ー待っても彼女は来ない」

いつまで‐に【〈何時〉までに】［副］行為の終了する時間(特に、締め切りの時間)についての疑問を表す。いついつまでに。‖「ー仕上げればいいでしょうか」

いつまで‐も【〈何時〉までも】［副］時間に限りがないさま。いついつまでも。‖「ご恩はー忘れません」

いつ‐みん【逸民】［名］俗世間を離れて気ままに暮らしている人。‖「太平のー」

いつ‐も【〈何時〉も】■一［副］時と場合にかかわらず(または、ある条件の下で)、常に物事が成立するさま。いかなる時も。どういう場合も。‖「ーにこやかで笑顔を絶やさない」「電話をしたときはーいない」使い方「いつでも」と言いかえられることが多いが、「いつも」が多く習慣的な事柄について時間を均一化していうのに対し、「いつでも」はその時その時に視点を据えていう趣がある。「常に」は恒常性に重点がある。
■二［名］通常のありかた・しかたであること。‖「ーと様子が違う」「ーの通り六時に起きた」「ーより早く着いた」

品格 常時「ー携帯する」 絶えず「ー気を配る」 常々「ー申し上げていた通り」 常に「ー変わらぬ姿勢」 時を分かたず「ー警備が行われた」 普段「ーの心がけ」 平生(へいぜい)「ーと異なる」

いつ‐らく【逸楽(▽佚楽)】［名］気ままに遊び楽しむこと。‖「ーにふける」

いつ‐わ【逸話】［名］ある人に関する、あまり世間に知られていない話。逸聞。アネクドート。✔注意「有名な逸話」などと言うことが多いが、本来は誤り。

いつわり【偽り】(イツハリ)［名］事実ではないこと。虚偽。うそ。‖「ーの証言」「看板にーあり」

いつわ・る【偽る(▽詐る)】(イツハル)［他五］❶相手をだますために、事実に反することを言う。‖「年齢をーって申し込む」❷事実に反することを言ったりしたりして、人をだます。‖「相手をーって金品をせしめる」❸自分の真実の心に反するようなことをする。自分にうそを言う。欺く。‖「本心をーってまで上司にこびるな」◈書き分け【偽】はにせ物を人為的にこしらえてだます意、【詐】は作為あることばでだます意だが、今は一般に【偽】を使う。可能 偽れる 名 偽り

いで［接助］❶…ないで、の意を表す。‖「そないに泣かいでもえぇやん」❷〈「いでか」の形で〉打ち消しの反語を表す。‖「やらいでか(=やらずにおくものか)」◈主に関西でいう。使い方 動詞の未然形に付く。

イデア［idea ギリシア］［名］❶プラトンの哲学で、感覚を超えた理性だけが認識できる、時空を超えた永遠不滅の実在。イデー。❷観念。理念。イデー。

イディオム［idiom］［名］慣用句。成句。熟語。

イデー［Idee ドイツ］［名］イデア。

イデオロギー［Ideologie ドイツ］［名］歴史的・社会的立場に基づいて形成される、基本的なものの考え方。観念形態。一般に、政治的・社会的なものの考え方。思想の傾向。

い‐てき【▽夷▽狄】［名］未開の民族や外国人を卑しめていう語。野蛮人。▼昔、中国で自らを「中華」と称し、東方の外民族を「夷」、北方のそれを「狄」と呼んだことから。

いで‐たち【▽出で立ち】［名］❶旅に出かけること。旅立ち。出立(しゅったつ)。❷外出などの、身じたく。また、身なり。よそおい。‖「ーを整える」「ものものしいー」動 いでた・つ(自五)

いて‐つ・く【▽凍て付く】［自五］こおりつく。‖「ーような寒さ」

いて‐ま・う(イテマフ)［他五］痛めつける。やっつけてしまう。▼主に関西でいう。

いで‐ゆ【▽出で湯】［名］温泉。‖「ーの町」

い・てる【▽凍てる・▼冱てる】［自下一］こおる。また、そのように冷たく感じられる。‖「ーてた雪道」「月光もー寒空」文 い・つ

い‐てん【移転】［名・自他サ変］❶場所・住所などが移ること。また、移すこと。‖「社屋が新しいビルにーする」「首都機能を○○県にーする」「ー通知」使い方「〜を移転する／移転させる」では前者が一般的。⇩品詞解説(一八六ページ) ❷権利が他に移ること。また、権利を他に移すこと。‖「所有権が／をーする」「ー登記」

い‐でん【遺伝】(ヰ)［名・自サ変］祖先や親の形態・体質・性質などが子孫に伝わること。‖「親の体質が子にーする」「隔世(かくせい)ー」▼heredity の訳語。

いでん‐し【遺伝子】(ヰデン)［名］遺伝形質を規定する因子。染色体中に一定の順序で配列され、親から子へと伝えられる。本体はふつうデオキシリボ核酸(DNA)。遺伝因子。

いでんし‐くみかえ【遺伝子組み換え】(ヰデンシクミカヘ)［名］異種の生物から抽出したDNAを切断・結合し、新たに組み換えたDNAをつくること。遺伝子構造の研究や遺伝子工学などに利用される。‖「ー作物」

いでんし‐ちりょう【遺伝子治療】(ヰデンシチレウ)［名］異常のある遺伝子や遺伝子の欠損などによって起こる遺伝病を、体外から正常な遺伝子を補って治療すること。

いと【糸】［名］❶繊維を細長くより合わせて作ったもの。縫い糸などにするほか、織って布を、編んで網を作る。‖「ーを紡ぐ」「ーで結ぶ」使い方 細長いもの、つながり続いて関係づけられるもの、からまるものなどのたとえにいう。‖「ーのように細い流れ」「記憶のーをたどる」「運命のーに操られる」「ーをほぐすように難問を解き明かす」❷①に似て、細く長いもの。‖「クモ[納豆]のー」❸弦楽器や弓などに張るもの。弦(げん)。▼弦楽器(特に琴・三味線)の意でも使う。‖「ーに合わせて歌う」❹釣り糸。

◉**糸を垂・れる** 釣りをする。

◉**糸を引・く** ❶陰で人を操る。糸を操る。‖「背後でー者がいる」▼糸を引いて操り人形を動かすことから。❷影響などが長く続いて絶えない。‖「昨夜の興奮がまだーいている」❸粘りけで、糸を引っ張ったような状態になる。‖「納豆がー」❹空中を動くものがまっすぐな線を描く。‖「ー弾丸ライナー」

い‐と【意図】［名・他サ変］あることを(実現)しようと考えること。また、考えた事柄。もくろみ。ねらい。‖「早期解散をーする」「企画のーが不明だ」

いと［副］〔古風〕きわめて。とても。‖「ー悲し」

い‐ど【井戸】(ヰ)［名］地面を掘り下げて、地下水をくむようにした設備。‖「ーを掘る」「ーが涸(か)れる」▼井処(ど)(=井のある所)の意。

い‐ど【異土】［名］異国の土地。異国。異郷。

い‐ど【緯度】(ヰ)［名］地球上のある地点が赤道からどれくらい離れているかを表す座標。その地点と地球の中心とを結ぶ直線が赤道面となす角度で示し、赤道より北を北緯、南を南緯とする。赤道を零度とし、南北を九〇度

ずつに分ける。⇕経度

いーとう【以東】［名］その地点を含めて、それより東。‖「ウラル山脈ーの地域」⇕以西

いと・う【▼厭う】(イトフ)［他五］❶きらって避ける。いやがる。‖「世をー」「どんな苦労もーわない」❷（身を避けてかばう意から、手紙などのあいさつに使って）いたわる。だいじにする。‖「お体をおー・い下さい」

いーどう【異同】［名］異なるところ。相違。‖「字句のーを調べる」▼今は「同」の意味は希薄だが、本来は異なるか同じかの気持ちで言った。

いーどう【異動】［名・自他サ変］職場での地位・職務などが変わること。また、変えること。‖「営業にーする」「職種をーする」「人事ー」

いーどう【移動】［名・自他サ変］進み動いて、その占める位置がかわること。また、動かして位置をかえること。‖「バスで市内をーする」「所有権がAからBにーする」「机を窓際にーする」「ー図書館」使い方「〜を移動する／移動させる」では、自分のものを動かす場合は「机を窓際に移動する」のように「移動する」が一般的。他人のものを動かす場合は、「花子の机を窓際に移動させる」のように「移動させる」が一般的。⬇品詞解説（八六ページ）

いとおし・い【▽愛おしい】(イトホシイ)［形］❶かわいらしい。いとしい。‖「孫がー」❷かわいそうだ。ふびんだ。‖「親のない子がー」▼「厭う」②から出た語。派生 -げ／-さ／-がる

いとおし・む【▽愛おしむ】(イトホシム)［他五］❶かわいらしいと思う。かわいがる。‖「わが子をー」❷惜しんでだいじにする。‖「わが身［行く春］をー」❸かわいそうに思う。ふびんに思う。‖「事故の犠牲者をー」◈「愛おしい」が動詞化した語。名 いとおしみ

いとーおり【糸織り】［名］絹のより糸で布を織ること。また、その織物。‖「ー姫（＝織女(しょく)星）」

いときりーば【糸切り歯】［名］人間の犬歯(けんし)。▼糸をかみ切るのに使うことから。

いーとく【威徳】(ヰ)［名］威厳と人徳。

いーとく【遺徳】(ヰ)［名］後世まで残る人徳。‖「先人のーをしのぶ」

いとーくず【糸▼屑】(ーヅ)［名］糸の切れ端。糸のくず。

いとーぐち【糸口（▽緒）】［名］❶巻いてある糸のはし。❷物事のはじまり。手がかり。端緒。‖「話のーを見つける」「事件解決のーをつかむ」

いとーくり【糸繰り】［名］❶繭(まゆ)や綿花から糸を引き出すこと。また、その人。糸取り。‖「ー車」❷糸枠(いとわく)。

いとーぐるま【糸車】［名］繭(まゆ)や綿花から糸を引き出したり、より合わせたりするのに用いる車。糸繰り車。

いとけなー・い【▽幼けない・▽稚けない】［形］年が小さい。おさない。あどけない。‖「ーみどりご」派生 -げ／-さ

いとこ【〈従兄弟〉・〈従姉妹〉】［名］本人から見て、父または母の兄弟・姉妹の子。また、その間柄。‖「ー同士」書き分け 男女・年齢の違いによって「〈従兄〉」「〈従弟〉」「〈従姉〉」「〈従妹〉」などとも書く。

いとこーに【〈従兄弟〉煮】［名］小豆・ごぼう・芋・大根などを、煮えにくいものから順々に入れて煮込み、醬油(しょうゆ)または味噌(みそ)で味をつけた料理。▼おいおい（甥々）めいめい（姪々）に煮るの洒落(しゃれ)からという。

いーどころ【居所】(ヰ)［名］❶座っているところ。居場所。居所(きょしょ)。‖「家が狭くてーがない」「虫のーが悪い」❷住んでいるところ。住所。居所(きょしょ)。‖「ーを知らせる」

いとーこんにゃく【糸▼蒟▼蒻】［名］細長く作ったこんにゃく。糸ごんにゃく。⬇しらたき②

いとし・い【▽愛しい】［形］❶かわいらしい。慕わしい。‖「ーわが子」「ー人に文を書く」❷かわいそうだ。ふびんだ。◈「いとおしい」の約から。派生 -げ／-さ／-がる

いとしーご【▽愛し子】［名］かわいがっている（わが）子。

いとーすぎ【糸杉】［名］南欧から中東にかけて自生するヒノキ科の常緑高木。葉は針状。樹形は円柱状で、細長い。材は建築・家具用。イタリアンサイプレス。セイヨウヒノキ。▼ヨーロッパでは死の象徴とされ、しばしば墓地に植えられる。

いとーぞこ【糸底】［名］陶磁器の底の、輪状に突き出た部分。糸きり。糸じり。▼ろくろから切り離すのに糸を使うことから。

いとーたけ【糸竹】［名］❶和楽器の総称。しちく。‖「ーの調べ」▼「糸」は弦楽器、「竹」は管楽器の意。❷（和楽器による）音楽。音曲(おんぎょく)。‖「ーの道」

いとーづくり【糸作り】［名］糸のように細く切った刺身。‖「イカのー」

いとーてき【意図的】［形動］はっきりした意図があるさま。‖「ーな行動」「情報をーに隠す」

いとど［副］（古風）ますます。いっそう。その上。‖「ー悲しみはまさる」▼「いといと」の転。

いとなみ【営み】［名］いとなむこと。‖「日々のー（＝仕事や行い）」「初七日のー（＝法要）」「大自然のー（＝営為）」「夫婦のー（＝性行為）」

いとな・む【営む】［他五］❶生活の基盤となる物事を（休むことなく）行う。…の生活をする。‖「狩猟生活［日常生活］をー」❷職業として仕事を行う。‖「事業［旅館］をー」❸行事・催しなどを行う。執り行う。‖「葬儀［祝典］をー」❹建造物などを造り整える。‖「居城をー」❺生物やその器官が、特定の作用を行う。‖「植物が炭酸同化作用をー」◈「暇(いとま)なし（＝休む間がない）」の転。もと、せっせと勤める意。可能 営める 名 営み

いとーのこ【糸▼鋸】［名］糸状の細い歯をつけたのこぎり。板の中を切り取ったり曲線に切ったりするのに使う。

いどーばた【井戸端】(ヰド)［名］井戸のそば。

いどばたーかいぎ【井戸端会議】(ヰドバタクワイギ)［名］（からかった言い方で）井戸のそばで、女性が水くみや洗濯をしながら世間話をすること。また、暇を見つけて集まってするたわいもないおしゃべり。‖「ーに花が咲く」

いとーはん【▽嬢はん】［名］主に関西で、おじょうさん。いとさん。▼「はん」は「さん」の転。

いとーへん【糸偏】［名］❶漢字の偏の一つ。「級」「組」などの「糸」の称。▼六画に数える。❷糸に関係のある産業。繊維工業など。‖「ー景気」

いとーま【▽暇・▽遑】［名］❶用事のないとき。また、時間のゆとり。ひま。‖「客の応接にーがない」「枚挙にーがない」❷休暇。また、解雇。離縁。‖「一日だけーをもらう」「職人にーを出す」❸別れること。辞去。‖「ーを告げる」「そろそろおーします」

いとーまき【糸巻き】［名］❶糸を巻いておく道具。❷三味線などの棹(さお)の頭部にある、弦を巻いて張りを調節するねじ。❸日本髪の結い方で、髪をくしに巻いて輪状の髷(まげ)にしたもの。

いとま-ごい【▽暇乞い】［名・自サ変］❶別れを告げること。また、別れのあいさつ。‖「転居の―も果たさず失礼致しました」❷ひまをくれるように頼むこと。‖「主人に―を申し出る」

いどみ-かか・る【挑みかかる（挑み掛かる）】［自五］強い態度で相手にいどむ。‖「難敵に―」

いど・む【挑む】■一［他五］相手に向かって戦いをしかける。‖「敵に戦いを―」「相手に論争を―」▼本来は、相手の戦闘心をそそる、挑発するの意。■二［自他五］乗りこえるべき対象として、それに立ち向かう。挑戦する。チャレンジする。‖「チャンピオンに（戦いを）―」「世界記録［綱とり］に―」■三［自五］強い態度で相手に恋をしかける。特に、相手に性的な行為を迫る。可能 **挑める**

いと-め【糸目】［名］❶細い糸。また、糸のように細い筋。‖「―模様」❷物事のすじみち。脈絡。‖「話の―をつける」❸凧を制御するためにつける数本の糸。❹浅海の泥中にすむゴカイ科の環形動物。ゴカイより細長く、体長二〇センチメートル内外。釣りのえさにする。
◉**糸目を付けない** 金銭を惜しげもなく使う。‖「金に―」▼糸目をつけないと凧が制御できないことから。「厭い目」からともいう。

い-と・める【射止める】［他下一］❶矢や弾丸を命中させて殺す。しとめる。射当てる。‖「猪を―」❷首尾よく自分のものにする。‖「賞金［彼女の心］を―」文 いとむ

いと-も［副］様態の程度がはなはだしいさま。大変。非常に。‖「―簡単にやってのける」「―静かにまた眠りゆく〈室生犀星〉」

いと-やなぎ【糸柳】［名］しだれ柳の別称。

いと-ゆう【糸遊】［名］［古風］陽炎。遊糸。

イドラ［idolaラテ］［名］哲学で、物事の正しい認識を妨げる偏見や先入観。▼フランシス＝ベーコンの用語。

いと-わく【糸枠】［名］つむいだ糸を巻きつける枠。糸繰り。

いとわし・い【▼厭わしい】［形］いやな気持ちだ。‖「顔を見るのも―」派生 -げ／-さ／-がる

いな【▼鯔】［名］ボラの幼魚。

い-な【異な】［連体］［古風］おかしな。妙な。不思議な。‖「これは―ことをおっしゃる」「縁は―もの味なもの」

いな【否】■一［感］相手の言動（特に、発言）に対し、同意しないときにいう語。いや。いいえ。ノー。また、自分の発言や思考を途中で否定するときにいう語。‖「―、それはならぬ」「―、よもやそんなことはあるまい」■二［名］不承知。不賛成。‖「―はあるまい」

い-ない【以内】［名］❶〈基準とする数値（に準じる語）に付いて〉それを含んで、その範囲内。‖「二時間―に着く」「千字―でまとめる」「三親等―の親族」❷それを含んで、それより内側。‖「境界線―にとどまる」⇔以外

いなおり-ごうとう【居直り強盗】［名］こそどろなどが家人に見つけられ、急に強盗に変わること。また、その強盗。居直り。

い-なお・る【居直る】［自五］❶すわり直して姿勢を正す。いずまいを正す。‖「―・って説教を聞く」❷追いつめられて、急に威圧的な態度に変わる。‖「追及されて―」名 **居直り**

い-なか【《田舎》】［名］❶都会から離れた、家が少なく田畑・山林の多い所。ひな。また、大都会から離れた地方。‖「―から上京する」「緑豊かな―の生活」❷郷里を離れて大都会で生活する人の、生まれ故郷。出身地。‖「夏休みには―に帰る」❸便利・洗練・多様性など、都会的な要素が欠けていること。‖「―なので見るべきものがありません」❹〈他の語に付いて〉素朴・粗野・野暮などの意を表す。‖「―風」「―料理」「―侍」「―芝居」◈「田居中（＝たんぼの中）」の転という。⬇里［ことば比べ］

いなか-じるこ【《田舎》汁粉】［名］つぶしあんで作った汁粉。⇔御膳汁粉

いなかっ-ぺ【《田舎》っぺ】［名］「田舎者」を軽蔑して言う語。いなかっぺい。いなかっぺえ。

いなか-みそ【《田舎》味▼噌】［名］大麦のこうじで作る、赤黒くて塩味の強いみそ。

いなか-もの【《田舎》者】［名］❶いなかの人。❷礼儀作法を知らない粗野な人をあざけっていう語。▼自分を卑下してもいう。

いな-がら【稲▽幹】［名］稲の茎。

いながら-に【居ながらに】［副］その場を動かないで。その場にいたままで。‖「―して各地の気象状況がわかる」

いな-ご【稲子・▼蝗】［名］ハネナガイナゴ・コバネイナゴなど、イナゴ科イナゴ属の昆虫の総称。体は緑色、翅は淡褐色。発達した後肢でよくはねる。稲の害虫。佃煮などにして食用ともする。

いな-さく【稲作】［名］❶稲をつくること。米作。‖「―地帯」❷稲の実りぐあい。

いな・す【▽往なす・▽去なす】［他五］❶帰らせる。去らす。‖「子供を家に―」▼主に関西でいう。❷相撲で、身をかわして相手の体勢をくずす。‖「つっぱりを―・して前みつを取る」❸攻撃や追及を軽くあしらう。‖「反論を―・して本題に入る」可能 **いなせる**

いな-ずま【稲妻（▽電）】［名］雷雨などのとき、空中の放電によって生じる光。稲光。雷光。‖「東の空に―が走る」「―形（＝ジグザグ模様）」▼「稲の夫」の意。昔、これを受けて稲が穂をはらむと信じられていた。書き方 現代仮名遣いでは「いなづま」も許容。使い方 すばやい動きなどのたとえにいう。‖「―のようにアイデアがひらめく」

いな-せ【▼鯔背】［名・形動］俠気があって威勢がよいこと。‖「―な若い衆」▼昔、江戸日本橋の魚河岸にいた粋な若者たちが、鯔背銀杏というイナの背に似た髷を結ったことからという。

いなだ【▼鰍】［名］主に関東で、ブリの幼魚の通称。四〇センチメートル前後のものをいう。▼関西ではハマチ。

いな-だ【稲田】［名］稲を植えてある田。たんぼ。とうでん。

いな-な・く【▼嘶く】［自五］馬が声高く鳴く。‖「ヒヒンと一声―」▼「いな」は馬の鳴き声からともいう。名 **いななき**

いな-びかり【稲光】［名］稲妻。

いな-ほ【稲穂】［名］稲の穂。いなぼ。‖「―の波」

いな・む【否む（▽辞む）】［他五］❶いやだという。断る。‖「証言を―」❷そうではないという。否定する。‖「―ことのできない事実」可能 **否める**「当方の失策は否めない」

いな-むら【稲▼叢】［名］刈りとった稲を積み重ねたもの。稲塚。

い-なら・ぶ【居並ぶ】［自五］多くの人が席を連ねてすわる。‖「財界のお歴々が―」注意 人以外のもの

にいうのは誤り。また、並んで立っていることをいうのは誤り。☰「×仏像が居並ぶ」「×個室が居並ぶ」

いなり【稲▽荷】[名] ❶五穀をつかさどる倉稲魂神(うかのみたまのかみ)。また、それを祭った神社。稲荷神社。❷(稲荷の使いという俗信から)キツネ。❸(キツネの好物とされることから)油揚げ。❹「稲荷鮨(ずし)」の略。◈「稲生り」の転という。

いなり-ずし【稲▽荷▼鮨】[名] 煮つけた油揚げを袋にして中にすし飯を詰めたもの。しのだずし。きつねずし。おいなりさん。いなり。

い-なん【以南】[名] その地点を含めて、それより南。☰「沖縄—に分布するチョウ」⇔以北

イニシアチブ[initiative][名] 率先して物事をすること。また、主導権。イニシアティブ。☰「交渉の—を取る」

いにし-え【▽古】ヘ[名] 遠い昔。往時。☰「—の奈良の都」「—をしのぶ」▼「往(い)にし方(へ)」の意。

イニシエーション[initiation][名] 特定の集団や社会で、その正式な成員として承認するための儀式。加入儀礼。

イニシャル[initial][名] 欧文やローマ字で姓名などを書いたときの最初の文字。頭文字。イニシアル。▼ふつう大文字で書く。

い-にゅう【移入】ニフ[名・他サ変] ❶移し入れること。☰「感情—」「他国から—された生物」❷(「輸入」と区別して)国内のある地方から他の地方へ産物・物資などを運び入れること。⇔移出

い-にょう【囲▼繞】ヰネウ[名・他サ変] まわりを取り囲むこと。いじょう。☰「果樹園を—する用水路」「—地」

い-にょう【遺尿】ヰネウ[名] 無意識に小便をもらすこと。寝小便など。☰「—症」

い-にん【委任】ヰ[名・他サ変] ❶ゆだねまかせること。☰「事後処理を役員に—する」「—状」❷法律で、当事者の一方(=委任者)が他方(=受任者)に事務の処理を委託し、他方がそれを承諾することによって成立する契約。

イニング[inning][名] 野球・クリケットなどで、両チームが攻撃と守備を一回ずつ行う区分。回。☰「五—」

いぬ【犬(▼狗)】■一[名] ❶最も古く家畜化されたイヌ科の哺乳(ほにゅう)類。嗅覚(きゅうかく)・聴覚が鋭く、よく人になれることから、愛玩(あいがん)犬・番犬・狩猟犬・警察犬・盲導犬・介助犬などとして飼育される。品種はきわめて多く、体形・毛色などはさまざま。キャンキャン、ワンワンと鳴く。幼児語で、ワンワン、ワンちゃん。数「一匹(いっぴき)…」と数える。大きいものは「一頭(いっとう)…」とも。❷他人の秘密などをかぎ回って密告する者。スパイ。回し者。☰「官憲の—」▼卑しめた言い方。◈書き分け【狗】はもと子犬の意。「喪家(そうか)の狗」などを除き、一般には【犬】を使う。■二(造) ❶〈名詞に付いて〉恥知らずの。軽蔑(けいべつ)すべき。☰「—侍(ざむらい)・—医者」❷〈植物名に付いて〉似ているが分類上は異なる、利用・観賞上の価値が劣るなどの意を表す。☰「—ツゲ・—タデ・—グス」❸むだである意を表す。☰「—死(じ)に」

◉**犬と猿** 仲の悪い間柄のたとえ。犬猿(けんえん)の仲。

◉**犬の遠吠(とおぼ)え** 遠くでしり込みしながらほえる犬のように、臆病(おくびょう)者が陰でいばったり陰口をたたいたりすることのたとえ。負け犬の遠ぼえ。

◉**犬も歩けば棒(ぼう)に当たる** ❶何かをしようとすれば、思いがけない災難に遭うことも多いというたとえ。❷何かをしているうちに思いがけない幸運に出会うこともあるというたとえ。◈「いろはガルタ」の第一句。

◉**犬も食わな・い** 誰も取り合わないことのたとえ。☰「夫婦げんかは—」▼何でも食う犬さえも食わない意から。

いぬ【▼戌】[名] 十二支の第十一。☰「—年(どし)」▼動物では犬に当てる。時刻では午後八時、または午後七時から九時の間。方角では西北西。

い・ぬ【▽往ぬ・▽去ぬ】[自ナ変]〔古風〕❶行ってしまう。去る。☰「いずこにか—・にける」▼五段活用に転じて西日本の方言に残る。☰「さっさと—・ね」❷時が過ぎ去る。☰「はや十年(とせ)や—・ぬる」❸死ぬ。☰「—・にし嬰児(みどりご)」

い-ぬ-い【▼戌▼亥(▽乾)】ヰ[名] 戌(いぬ)(=西北西)と亥(い)(=北北西)との間の方角。北西。

イヌイット[Inuit][名]⬇エスキモー

いぬ-かき【犬▼掻き】[名] 犬のように、頭を上げて両手で水をかき、両足をばたばたさせて進む泳ぎ方。犬泳ぎ。

い-ぬき【居抜き】ヰ[名] 店舗や工場を、商品・備品・設備などをそのままにして売ったり貸したりすること。

い-ぬ・く【射▽貫く】[他五] 矢を射て、また弾丸を撃ってつらぬく。射通す。☰「矢が獲物を—」

いぬ-くぎ【犬▼釘】[名] 鉄道のレールを枕木(まくらぎ)に固定させるために打つ大きなくぎ。▼くぎの頭部が犬の頭の形をしていたことから。

いぬ-くぐり【犬▽潜り】[名] 塀や垣根の下方にあけてある、犬の出入りする穴。

いぬ-ころ【犬ころ】[名] 犬の子。子犬。いぬっころ。

いぬ-じに【犬死に】[名・自サ変] 死ぬことが何の役にもたたないこと。むだ死に。

いぬ-はりこ【犬張り子】[名] 犬の形をした張り子のおもちゃ。▼古くは子供の魔よけとして宮参りなどの贈り物などにした。

いね【稲】[名] 種子から米をとるために栽培するイネ科の一年草。水田で作るものを水稲(すいとう)、畑で作るものを陸稲(りくとう)・陸稲(おかぼ)という。飯に炊く「粳(うるち)」と餅(もち)にする「糯(もち)」とがあり、それぞれ品種が多い。熱帯アジア原産。▼古くは「いな」と言ったとされ、「稲作(いなさく)」「稲田(いなだ)」「稲穂(いなほ)」「稲荷(いなり)」「稲妻(いなずま)」などの語にその形を残す。

いね-かり【稲刈り】[名] 秋、実った稲を刈り取ること。刈り入れ。☰「田の—が終わる」

いね-こき【稲▽扱き】[名・自サ変] 刈りとった稲の穂から籾(もみ)をしごいて取ること。また、その道具。

い-ねむり【居眠り】ヰ[名・自サ変] すわったり腰かけたりしたまま(思わず)眠ってしまうこと。☰「—運転」

い-の-いちばん【いの一番】[名] 第一番を強めていう。いちばん初め。まっさき。☰「—に駆けつける」▼「い」は「いろは」の順の一番目であることから。

い-のう【異能】[名] ふつうの人にはない、すぐれた才能。また、一風変わった特別な能力。☰「—力士」

い-の-こ【▼亥の子】ヰ[名] 陰暦十月の最初の亥の日。▼昔、この日の亥の刻に「亥の子祝い」を行い、万病を除くという「亥の子餅(もち)」を食べた。

い-の-こ【▼猪の子(▼豕)】ヰ[名]〔古風〕❶イノシシ。また、その子。❷ブタ。

い-のこ・る【居残る】ヰ[自五] いっしょにいた人が帰った後も、そこにとどまる。また、定刻を過ぎても帰らないでいる。☰「会場に—」「深夜まで—・って報告書を作

る」[名]居残り

い-の-しし【▼猪】ヰ[名]首が短く、背面に黒褐色の剛毛が生えているイノシシ科の哺乳類。ブタの原種とされ、きばの突き出た口先が長い。性質はあらく、走り出すと容易に曲がれない。縦じまのある子は瓜坊と呼ばれる。肉は山鯨・牡丹などといわれ、食用。シシ。イ。イノコ。▼猪の獣の意。十二支では「亥」に当てる。

いのしし-むしゃ【▼猪武者】[名]❶無鉄砲に敵陣に突進するだけの武士。❷向こう見ずな人。

イノシン-さん【イノシン酸】[名]動物の筋肉中に多く含まれるヌクレオチドの一種。かつお節などのうまみの主成分で、そのナトリウム塩をうま味調味料の原料とする。

イノセンス[innocence][名]❶無実。無罪。❷無邪気。天真爛漫。

イノセント[innocent][形動]❶潔白であるさま。罪を犯していないさま。❷無邪気なさま。純粋なさま。

いのち【命】[名]❶生物が生きている限りもち続け、死とともに消滅するもの。すべての活動の源泉となる。生命。「―を大切にする」「―にかかわる重傷を負う」「―に別状はない」「―の恩人」❷❶を限りある長さをもったものとしていう語。「―のある限り頑張る」「わずかな食糧で―をつなぐ」「医学の進歩によって―(=寿命)が延びる」「明日をも知れぬ―」❸唯一のよりどころとなる、最も大切なもの。「営業は信用が―だ」◈書き方「〈生命〉」とも当てる。

◉**命あっての物種** 何事も命があって初めてできるものだ。死んでは何もできないから、命を大切にしなければいけないということ。

◉**命が磨り減・る** 寿命が縮む。「―ほど苦労する」

◉**命の親** 「命の恩人」を大切な親に見立てていう語。

◉**命の洗濯** 日ごろの苦労を忘れるための保養・気晴らし。「―にと気ままな旅に出る」

◉**命の綱** 生きて行くのに最も頼りとなるもの。

◉**命を奪・う** 殺す。殺害する。「通り魔に―・われる」

◉**命を落と・す** 死ぬ。⇔命を拾う

◉**命を削・る** 寿命を縮める。「―思いで努める」

いのち-がけ【命がけ(命懸け)】[名・形動]生死を顧みないで物事をすること。命ずく。「―で救助に当たる」「―の脱出行」

いのち-からがら【命からがら(命辛辛)】[副]何とか命だけは失わずに。やっとのことで。「―逃げ帰る」

いのち-げ【命毛】[名]筆の穂先の中心にある長い毛。▼書く上で最も大切な部分であることから。

いのち-ごい【命乞い】[名・自サ変]❶長生きできるように神仏に祈ること。❷殺されるはずの命を助けてくれるように頼むこと。

いのち-しらず【命知らず】[名・形動]死ぬことを恐れないで無鉄砲な振る舞いをすること。また、その人。

いのち-づな【命綱】[名]危険な場所で仕事をするときなど、生命の安全をはかるために体に結びつけておく綱。「―を断たれる」使い方 生命や生活を存続させるためになくてはならないもののたとえにいう。「灌漑用水がこの村の―だ」

いのち-とり【命取り】[名]❶命を失うもとになるもの。「肺炎の併発が―となる」❷だいじな地位・名誉・資産などを失う原因になるもの。「スキャンダルが―となって失脚する」

いのち-びろい【命拾い】[名・自サ変]失いそうになった命が運よく助かること。「弾が急所をそれて―をした」

いのち-みょうが【命冥加】[名・形動](神仏の加護で)命拾いをすること。

い-の-ふ【胃の▼腑】ヰ[名]胃。胃袋。「―に収める」

イノベーション[innovation][名]新機軸。革新。特に、経済発展の起動力となる技術革新。

いのり【祈り(▼禱り)】[名]祈ること。また、そのことば。「神に―をささげる」

いの・る【祈る(▼禱る)】[他五]❶よいことが起こるようにと神や仏に願う。祈願する。「世界の平和を―」「合格できますようにと天神様に―」▼古くは、のろう意でも使った。今も「祈り殺す」などの形で残る。書き分け【禱】は長々と神仏に訴え祈る意で使うが、【祈】が一般的。❷他人(特に、相手)の幸せを切に望む。かくあれかしと念ずる。「大会の成功を―・っております」「幸多かれと―」◈「斎宣る」の意という。可能 祈れる 名 祈り

い-はい【位▼牌】ヰ[名]死者の戒名などを書いて仏壇にまつる木の札。数「一柱…」と数える。

◉**位牌を汚・す** 先祖の名誉を傷つける。

い-はい【違背】ヰ[名・自サ変]命令・規則・約束などにそむくこと。「義務に―する」

い-はい【遺灰】[名]遺体を火葬にしたあとに残る灰。遺灰。「―を海に撒く」

い-はく【威迫】ヰ[名・他サ変]威力でおどして相手を従わせようとすること。「証人を―する」「強談―」

い-ばく【▼帷幕】ヰ[名]陣営。本営。また、作戦を立てる場所。帷幄。▼「帷」は引き幕、「幕」は垂れ幕の意。昔、陣営に幕を張りめぐらせたことから。

い-ばしょ【居場所】ヰ[名]いるところ。いどころ。「家具が増えて人の―がない」「妹の―がわかる」

い-ば-しんえん【意馬心猿】[名]煩悩・妄念・欲情などで心が乱され抑えがたいこと。「―の情」▼馬が走り猿が騒ぐのは制しがたいの意から。

い-はつ【衣鉢】[名]仏教の奥義。また、師から弟子に伝える学問・技芸などの奥義。えはつ。「―を継ぐ」「―を伝える」▼法を継いだ証拠として師僧から弟子に伝える袈裟と鉢の意から。

い-はつ【遺髪】ヰ[名]死後の形見として残す髪の毛。

いばら【茨(▼荊・▼棘)】[名]❶とげのある低木の総称。ノイバラ・カラタチなど。「―の人生(=苦難の多い人生)」❷植物のとげ。◈書き方「〈▼荊▼棘〉」とも当てる。

いばら-の-みち【茨の道】[名]いばらの生えている道。転じて、苦難の多い人生。

いばり【▼尿】[名]〔古風〕小便。ゆばり。ばり。

いば・る【威張る】ヰ[自五]相手を威圧するために、偉そうな(または、強そうな)言動をする。えばる。「空手五段だなどと―」「―・り散らす」可能 威張れる

い-はん【違反】ヰ[名・自サ変]法律・規則・約束など、決められたことにそむくこと。違背。「規則に―する」「選挙[スピード]―に問われる」「―行為」「―者」

い-はん【違犯】ヰ[名・自サ変]法に逆らって罪を犯すこと。いぼん。「―者」書き分け 今は一般に【違反】を使う。【違犯】は犯すことに重点を置いて使う。

いーび【萎▼靡】ヰ［名・自サ変］なえ、しおれること。衰えて元気がなくなること。〓「圧政に―する人心」「―沈滞」

いびき【▼鼾】［名］睡眠中、呼吸とともに弛緩した軟口蓋などが振動して生じる音。〓「―をかく」「高(たか)―」

鼾

いーひつ【遺筆】ヰ［名］故人が生前に書いておいた文章や書画。〓「―展」

いびつ【▼歪】［名・形動］形がゆがんでいること。また、人の心や物事の状態が正常でないこと。〓「―な茶碗」「―な社会」▽「飯櫃(いいびつ)」の転。飯櫃が楕円(だえん)形であったことから、もと円のゆがんだ形をいった。派生 ―さ

いーひょう【意表】ヰヘウ［名］考えに入れていなかったこと。

◉**意表に出る**　思ってもみないことをする。意表を突く。

◉**意表を突く**　予測しないことをする。意表に出る。〓「敵の―」

いーびょう【胃病】ヰビヤウ［名］胃に起こる病気。

いびりーだ・す【いびり出す】［他五］いじめて追い出す。〓「古参が新弟子を―」

いび・る［他五］いじめ苦しめる。〓「よってたかって新入りを―」名 いびり

いーひん【遺品】ヰ［名］故人があとに残した品物。形見の品。

いーふ【畏怖】ヰ［名・他サ変］威圧され、おそれおののくこと。〓「厳格な祖父を―する」「―の念を抱く」

いーふ【異父】［名］母親が同じで父親が違うこと。たねちがい。〓「―兄弟」「―兄」⇔異母

いーぶ【威武】ヰ［名］権威と武力。武威。〓「―を示す」

いーぶ【慰▼撫】ヰ［名・他サ変］なぐさめて心をおだやかにさせること。〓「人心を―する」

イブ【Eve】［名］『旧約聖書』の創世記で、人類最初の女性。蛇にそそのかされて夫アダムとともに禁断の木の実を食べ、エデンの園を追放された。エバ。

イブ【eve】［名］祝祭日の前夜。前夜祭。特に、クリスマスイブ。

いーふう【威風】ヰ［名］威光・威厳のあるようす。〓「―辺りを払う(=周囲の人を圧倒する)」「―堂々」

いーふう【異風】［名］❶ふつうとは違った風習・風俗。❷ふつうの人とは違う姿。〓「―の修験者(しゅげんじゃ)」

いーふう【遺風】ヰ［名］❶後世に残る昔の風習・習慣。〓「江戸時代の―を継ぐ」❷故人の残した教え。〓「先代の―を守る」

いふうーどうどう【威風堂堂】ヰフウダウダウ［形動タル］威厳があって立派であるさま。〓「―と行進する」

いぶかし・い【▼訝しい】［形］不審に思うさま。疑わしい。〓「彼の態度はどこか―」派生 ―げ／―さ／―がる

いぶか・る【▼訝る】［他五］わからなかったり納得できなかったりして、不審に思う。疑わしく思う。怪しむ。〓「真意かどうかを―」

ことば探究「いぶかる」の使い方

▼「疑う」に近い意味をあらわすが、「いぶかる」は「人間の意図・事情・ありかた」に対する疑念に重点があり、情報が本当かどうかを単純に疑う意では使いにくい。

「× 天動説をいぶかる科学者が現れはじめた」

「○ 太郎の態度の急な変わりようをいぶかる」

▼「なにかよくない意図や問題がある(隠れている)のではないか」というニュアンスがある。

「部長が急になれなれしくしてくるのをいぶかる(=意図が分からず、疑念を持つ)」

「参加者は急な日程変更をいぶかった(=何かトラブルがあるのではないかと疑問に感じた)」

いーぶき【《息吹》】［名］息づかい。呼吸。また、いきいきと活動するけはい。生気。〓「春［時代・伝統］の―」動 いぶ・く(自五)

いーふく【衣服】［名］衣類。着物。〓「―をまとう」

いーふく【威服(威伏)】ヰ［名・他サ変］権力や威力によって服従させること。

いーふく【異腹】［名］父親が同じで母親が違うこと。腹違い。異母。⇔同腹

いーぶ・く【▽息吹く】［自五］〔古風〕息をする。息を吹く。また、息づく。〓「古い伝統が今なお―」▼「い」は息の意。

いーぶくろ【胃袋】ヰ［名］胃。胃の腑(ふ)。〓「都民の―をみたす(=食生活を充足させる)中央卸売市場」

いぶしーぎん【▼燻し銀】［名］❶硫黄(いおう)の煙で表面を濃い灰色にくすませた銀。また、その渋みのある色。〓「―の煙管(きせる)」❷地味な中に、落ち着いた輝きのある実力や実質を備えていること。〓「―の芸」

いぶ・す【▼燻す】［他五］❶煙が多く出るように燃やす。けぶらせる。❷煙を多く出してまいらせる。〓「蚊を―」❸金属に煙を当てて、表面を黒くする。❹食品に煙を当てて、香りをつけたり、燻製(くんせい)にしたりする。〓「豚肉をチップで―」名 いぶし

燻

いーぶつ【異物】［名］❶ふつうと異なったもの。変なもの。❷体内で発生したり体外から入ったりしたもので、体の組織となじまないもの。誤飲したガラス玉や結石など。〓「―を飲み込む」「―感」

いーぶつ【遺物】ヰ［名］❶故人が残したもの。かたみ。遺品。❷現在まで残っている古い時代のもの。また、時代遅れのもの。〓「石器時代［前世紀］の―」注意 その時代に失われて今はないものの意にいうのは誤り。〓「× センター試験は平成の遺物となるのか」❸落とし物。遺失物。

イブニング［名］❶夕方。❷公式の晩餐(ばんさん)会などに着る女性の礼服。すそを長くし、襟ぐりを大きくあける。▽「イブニングドレス(evening dress)」の略。

いぶ・る【▼燻る】［自五］よく燃えないで煙が出る。くすぶる。〓「薪(まき)が―」

いーぶん【異文】［名］異本にある、他の本とは違った文章。

いーぶん【異聞】［名］変わった話や珍しい話。奇聞。

いーぶん【遺文】ヰ［名］❶故人が書き残した未発表の文章。〓「―集」❷現存する過去の文章や文献。〓「平安―」

いーぶんか【異文化】クワ［名］言語・生活習慣・価値観などが(自分の属する社会とは)異なる文化。〓「―交流」

いーぶんし【異分子】［名］同じ団体の中で、他の多くの人たちと思想・性質・行動などが違っている者。

いーへき【胃壁】ヰ［名］胃の内面を形づくるかべ。粘膜・筋肉層などからなる。

イベリコーぶた【イベリコ豚】［名］スペイン産の豚の一品種。肉質がよく、脂肪に独特の風味がある。最高級のものはドングリを飼料とする。

いーへん【▼韋編】[名] なめし革のひもで竹の札をとじた、古代中国の書物。また、そのとじひも。

◉**韋編三度絶つ** 書物を何度も熟読する。韋編三絶。語源 孔子が易経をくり返し読んだので、そのとじひもが三度も切れたという『史記』の故事から。

いーへん【異変】[名] ❶異常なできごと。変事。〓「輸入業界に—が生じる」「暖冬—」❷変わること。変化。〓「病状に—はない」

イベンター【和製event＋er】[名] 行事や催し物を企画・実施する人。プロモーター。

イベント【event】[名] ❶行事。催し物。〓「文化祭の—」「—情報」❷競技種目。試合。〓「メイン—」

いぼ【▼疣】[名] ❶皮膚の角質層が部分的に厚くなってできる小さな突起。疣贅。❷物の表面にある小さな突起。〓「きゅうりの—」

いーぼ【異母】[名] 父親が同じで母親が違うこと。腹違い。異腹。〓「—兄弟」「—妹」⇔異父

いーほう【異邦】[名] 外国。〓「—の風俗」「—人」

いーほう【彙報】[名] 分類してまとめた報告。

いーほう【違法】[名・形動] ある行為や状態が法令に適合していないこと。〓「—行為」「駐車—」「—な建築物」⇔適法・合法

いーほく【以北】[名] その地点を含めて、それより北。〓「盛岡—の新幹線に遅れが出る」⇔以南

いーぼく【遺墨】[名] 故人が書き残した書画。遺芳。〓「—展」

いぼーじ【▼疣▼痔】[名] 肛門の周囲にいぼ状のはれものができる痔疾。痔核。

いぼた【〈水▼蠟〉・▼疣▽取】[名] ❶「いぼたのき」の略。❷「いぼたろう」の略。❸「いぼたろうむし」の略。

いぼたーのーき【〈水▼蠟樹〉・▼疣▽取の木】[名] 初夏、枝先に白色の筒状花をつけるモクセイ科の落葉低木。山野に自生し、樹皮にイボタロウムシが寄生する。いぼた。

いーほん【異本】[名] ❶いっぷう変わった本。珍本。❷もとは同一の書物だが、伝写の間に文字や文章などが変化し、流布本とは異なる部分の生じた本。

いま【今】■一[名] ❶話し手が話をしている、この瞬間。過去と未来の接点となる、現在の時点。また、それに多少の時間の幅をもたせたもの。現在。〓「—の心境を語る」「—ちょうど十二時だ」「—の内閣は長くはもつまい」⇔昔 ❷ごく近い過去を表す。少し前(に)。〓「—帰ったところだ」「—出ていった人は誰ですか」❸ごく近い未来を表す。少し後で。今すぐ。〓「—行くから待ってくれ」◈副詞的にも使う。

■二[副] 現在の状態では少しだけ不足するさま。また、現在の状態に少しだけ付け加えるさま。さらに。もう。〓「—一つ物足りない」「—一歩及ばない」「—しばらくお待ち下さい」◈✓注意 アクセントは、㊀はイマ、㊁はイマ。

■三(造)〈固有名詞などに付いて〉当代の。現代の。〓「—浦島」「—業平」

品格 現下「—の情勢」 現今「—の文壇」 現在「過去、—、未来」 目下「—の急務」 ◉「目下」は差し迫った感じを表す。

◉**今か今かと** 物事の実現をまだかまだかと期待して待つさま。今や遅しと。〓「出番を—待ちわびる」

◉**今となっては** ❶好機を逃して物事の取り返しがつかなくなったさま。〓「—もう遅い」❷相当の時間が経過して状況や事情がすっかり変わったさま。今になってみると。〓「—笑い話だが、あの時は気が気ではなかった」

◉**今泣いた烏がもう笑・う** 今泣いていたかと思うとすぐに笑う意で、子供などの機嫌が変わりやすいことをからかっていう語。

◉**今にして** 相当の時間が経過して現在に至っているさま。今になって。〓「—思えば軽率なことをしたものだ」▼現在の時点で過去の事実をとらえなおしていう。

◉**今の今まで** 「今まで」を強めていう語。今が今まで。〓「—知らなかった」

◉**今はこれまで** 死や敗北が避けられないと覚悟を決めたときにいう語。〓「—とあきらめる」

◉**今は昔** 今から見れば昔のことだがの意で、昔話や物語などの初めにいう語。転じて、それが昔の話であることをいう語。〓「巻紙に手紙を書くなどは—の話だ」

いーま【居間】[名] 家の中で家族がふだん集まって過ごす部屋。居室。

いまーいち【(今一)】[副] 少し物足りないさま。いまひとつ。〓「—不満が残る」「成績は—だ」

いまーいま【今今】[名]〔新〕今現在。まさに今。〓「—の状況を把握する」▼「今」を重ねて強めた言い方。

いまいましー・い【忌ま忌ましい】[形] のろいたいほど腹立たしく思うさま。しゃくにさわる。非常に不愉快だ。〓「人を見下す—態度だ」派生 -げ／-さ／-が・る

いまーから【今から】[副] 現在を始点として過去または未来に向かうさま。〓「事件は—五年前に起こった」「—でも遅くはない」⇔今まで

いまがわーやき【今川焼き】[名] 円形の焼き型に水で溶いた小麦粉を流し込み、あんなどを入れて両面を焼いた菓子。たいこやき。大判焼き。▼江戸の神田今川橋辺の店で売り出したことからという。

いまーごろ【今頃】[名] ❶現在の時刻・時期とだいたい同じころ。また、過去または未来で、現在の時刻・月日とだいたい同じころ。今時分。〓「いつも—になると眠くなる」「—はもう着いているはずだ」「去年の—は入院していた」❷物事を行うのに、今が適切な時機ではないという気持ちを表す語。〓「—謝ってももう遅い」◈副詞的にも使う。

いまーさっき【今▽先】[名・副] つい先刻。〓「—地震があった」

いまーさら【今更】[副] ❶時機を失した今、新たに事を始めてももう遅いという気持ちを表す語。今となってはもう。この期に及んで。〓「—できないと言われても困る」「—慌てても始まらない」❷こと新しく。今改めて。今新たに。〓「人間が平等であることは—言うまでもない」

◉**今更ながら** 遅きに失した感はあるものの、改めて。〓「英会話の必要性を—痛感した」

◉**今更のように** まるで今初めてであるかのように、改めて。〓「時代の推移を—感じた」

いまさらーめ・く【今更めく】[自五] 今となっては不要に思える。今では遅すぎる気がする。〓「そんな弁解は—」「こんなことを言うのも—・いているが…」

いましーがた【今し方】[副] ほんの少し前。たったいま。〓「—電話があった」▼「し」は強意の文語助詞。

イマジネーション【imagination】[名] 想像。想像力。〓「—の豊かな人」

いまーじぶん【今時分】[名] 今ごろ。〓「毎年—になるとツバメがやってくる」▼副詞的にも使う。

いましめ【戒め・▼誡め・▽警め・▽縛め】[名] ❶

【戒・誡】教えさとすこと。また、そのことば。訓戒。〓「―を守る」❷【戒】こらしめること。懲戒(ちょうかい)。〓「―に外出を禁ずる」❸【戒・警】守りを厳しくすること。警戒。警固。〓「城門の―」❹【戒】抑制すること。また、禁止すること。禁戒。❺【縛】しばること。緊縛。また、その縄。◈書き方①～④は、一般に「戒」を使う。④は禁止する意では「▽禁め」とも。

いまし・める【戒める・▼誡める・▽警める・▽縛める】〔他下一〕❶【戒・誡】過ちのないように、教えさとしたり注意を与えたりする。〓「妄動を慎むように―」「自らを―」❷【戒・誡】悪い行いなどについて、してはいけないと注意する。〓「生徒のいたずらを厳しく―」❸【戒】抑制する。また、禁止する。〓「はやる心を―」「肉食を―」❹【戒・警】警戒する。警固する。〓「辺りを―」❺【縛】縛って自由を奪う。〓「人質を荒縄で―」◈書き方①～④は一般に「戒」を使う。③は禁止する意では「▽禁める」とも。文いまし・む 名いましめ

いま-しも【今しも】〔連語〕ちょうど今。今まさに。〓「―日が沈もうとする時」▼「も」は意味を強める助詞。

いま-だ【▽未だ】〔副〕❶〈下に打ち消しを伴って〉現在でもなお実現していない意を表す。いまだに。まだ。〓「機―熟さず」「事件は―解決を見ない」▼漢文訓読から。✓注意「いまだ(に)未完」「いまだ未解決」などは重言。❷以前のままであるさま。いまだに。まだ。〓「山は―厚い雪に覆われている」

いまだ-かつて【▽未だ▽曽て・▽未だ▼嘗て】〔副〕〈下に打ち消しを伴って〉今までに経験したことがない意を表す。一度も…ない。〓「―想像したことさえない」

いまだ・し【▽未だし】〔形シク〕まだその時期ではない。まだそこに至っていない。▼古語だが、「実力は未だしの感がある」のように終止形をそのままの形で使う。

いまだ-に【▽未だに】〔副〕予想や期待とは違って、現在もその状態が続いているさま。今になってもまだ。今なお。〓「工事は―中断されたままだ」「―解決の糸口さえつかめない」書き方「今だに」と書くのは誤り。

いまち-づき【居待ち月】(ヰマチ)〔名〕陰暦一八日の月。居待ちの月。▼月の出が遅いので座って待つの意。⇩立ち待ち月・寝待ち月

いま-でき【今出来】〔名〕最近つくられたこと。また、そのもの。当世品。〓「―の工芸品」

いまで-こそ【今でこそ】〔副〕現在と過去の違いをきわだたせて、過去の甚だしい状態を強調する語。現在は当然のことと認められるが、過去はそれとは正反対だったの意。〓「―売れっ子の漫画家だが、当時はそれは貧乏だった」

いまで-も【今でも】〔副〕現在の状態が過去と同じであるさま。今においても。〓「一昔前のことだが―ありありと思い出す」

いま-どき【今時】■〔名〕〈昔と対比する気持ちで使って〉このごろ。現代。当世。〓「―の若者ならみんな持っている」「―の政治家は信念がない」「―マージャンははやらない」▼副詞的にも使う。■〔副〕いまごろ。いまじぶん。〓「―やって来ても、もう遅い」▼多く、事態の成立が今にふさわしくないの意がこもる。

いま-に【今に】〔副〕❶今になってもまだ。今でも。いまだに。今もって。〓「伝統の味を―守る老舗の菓子屋」❷ある物事が近い将来確実に実現するという気持ちを表す。そのうちきっと。〓「―分かるときがくるさ」

いまに-も【今にも】〔副〕何かが目前に起こりそうなさま。いますぐにも。〓「―降り出しそうな天気だ」

いまの-うち【今の内】〔連語〕物事をするには今が最適だとしていう語。将来の不都合を見越していう。〓「逃げ出すなら―だ」

いまの-ところ【今の所(今の▽処)】〔連語〕〈将来はともかくとして〉現在の段階で。〓「―仕事は順調だ」

いま-は【今▽際】〔名〕「いまわ」の歴史的仮名遣いによる表記。⇩いまわ

いま-ひとつ【今一つ】〔副〕少しだけ不足するさま。また、少しだけ付け加えるさま。さらに。もう一つ。〓「―物足りない」「―質問がある」

いま-ふう【今風】〔名・形動〕現代の風俗や流行にかなっていること。当世風。〓「―の髪型」「―に考える」

いま-まで【今まで】〔副〕現在を終点とするさま。これまで。〓「―考えたこともなかった」「―にない冷夏」「―の苦労は水の泡だ」⇔今から

いま-もって【今▽以て】〔副〕いまになるまで。いまだに。〓「―行方が知れない」「―謎(なぞ)のままだ」

いま-や【今や】〔副〕❶現在を特別の時とみなして強調する語。今こそ。〓「―決起すべき時だ」「―春たけなわ」❷過去と甚だしく異なる現在を強調する語。今では。〓「―飛ぶ鳥を落とす勢いだ」❸事態の展開が目前に迫っているさま。今にも。今まさに。〓「―散らんとする花」◈「や」は強意の助詞。

⦿**今や遅(おそ)しと** 期待する物事の実現が遅すぎると感じるさま。また、物事の実現をもっと早くと期待して待つさま。今か今かと。〓「使者の到着を―待ちわびる」

いま-よう【今様】(ヤウ)〔名〕❶当世風。今風。〓「―の建築」❷平安中期に現れた歌謡の一つ。和讃(わさん)や雅楽の流れをくみ、ふつう七五調四句からなる。▼「今様歌(いまよううた)」の略。『梁塵秘抄(りょうじんひしょう)』にその集大成がみられる。

いま-わ【今▽際】(ハ)〔名〕死ぬまぎわ。臨終。〓「―の言葉」「―の際(きわ)に言い残す」書き方「今は限り」の意で、「いまわ」の「わ」は元来助詞の「は」であるが、一語意識が強いとして現代仮名遣いでは「わ」と書く。

いまわし・い【忌まわしい】(イマハシイ)〔形〕かかわりたくないと思えるほど不吉なさま。また、人を非常に不愉快にさせるさま。〓「昨夜、話すのも―事件が起こった」「―過去を葬り去る」派生-げ／-さ／-がる

いみ【忌み(▽斎み)】〔名〕❶忌むこと。〓「物―」❷喪(も)に服すこと。〓「―が明ける」❸汚れを去り、身を清め慎むこと。〓「―日(び)」「―月(づき)」書き方③は「斎み」とも。

い-み【意味】〔名〕❶記号(特に、ことば)の表す内容。意義。〓「この語の表す―は明らかだ」「ある―で、それは正しい」▼⇩ある(連体)❷ある表現や行為によって示される内容。特に、そこに含み隠されている内容。〓「当局が強硬手段に訴える―が分からない」「慰労の―もあって一席設ける」❸価値。重要性。意義。〓「生きることの―を問う」「小手先の改革など何の―もない」

いみ-あい【意味合い】(ヒア)〔名〕前後の事情や文脈などからうかがわれる意味内容。(おおよその)おもむき。〓「今回の訪問は謝罪の―が強い」

いみ-あけ【忌み明け】〔名〕喪に服している期間が終わること。忌明(きあ)け。

いみ-ありげ【意味ありげ】〔形動〕いかにも特別の意味があるかのようなさま。思わせぶり。〓「―に笑う」

いみ-きら・う【忌み嫌う】(ラフ)〔他五〕ひどくいやが

る。憎み嫌う。〓「汚れを―」

いみ-ことば【忌み言葉・忌み▽詞】［名］❶不吉だとして使うのを避けることば。婚礼の際の「去る」「切る」「帰る」の類。❷①の代わりに使うことば。「財産をする」に通じる「すり鉢」を「あたり鉢」に、「無し」に通じる「梨(なし)」を「ありの実」に言い換えるなどの類。

いみじく-も［副］非常に巧みに。まことに適切に。よくも。〓「―喝破(かっぱ)する」▼文語形容詞「いみじ」の連用形＋助詞「も」から。

いみ-しん【意味深】［形動］意味深長。〓「―な目で見る」

いみ-しんちょう【意味深長】‐シンチャウ［形動］ある表現が奥深い内容をもっているさま。意味深いさま。また、隠れた特別の意味をもっているさま。〓「―な発言」「―な微笑を浮かべる」✓注意「意味慎重」「意味深重」は誤り。

いみ・する【意味する】［他サ変］❶記号(特に、ことば)がある内容を表す。表し示す。〓「『帝(みかど)』は『門(かど)』の尊敬語で、本来は皇居の門を―・した」❷物事がそうした解釈を許すに足る十分の内容を持っている。〓「沈黙は同意を―」

いみ-づ・ける【意味づける(意味付ける)】［他下一］物事に意味や価値・理由などを付与する。意義づける。〓「天体の運行を人の運命として―」名意味づけ

イミテーション［imitation］［名］模倣。また、模倣したもの。模造品。〓「―のダイヤ」

いみ-な【▼諱・▼諡】［名］❶生前は呼ぶのをはばかった、貴人の実名。❷死後にその人を尊んでつけた称号。後(のち)の諱(いみな)。諡号(しごう)。おくりな。〓「空海、―は弘法大師」◈「忌み名」の意。書き分け①は【諱】、②は【諡】を使うことが多い。

いみ-ぶか・い【意味深い】［形］物事に重要な意味が認められるさま。意義深い。〓「氏の指摘には―ものがある」派生-げ／-さ

い-みょう【異名】‐ミャウ［名］❶本来の名称以外の呼称。別名。いめい。〓「雌松(めまつ)は赤松の―」❷あだな。いめい。〓「鉄人の―をとった強打者」

い-みん【移民】［名・自サ変］労働を目的にして外国に移り住むこと。また、その人。

い-む【医務】［名］医療に関する仕事。〓「―室」

い・む【忌む】［他五］❶不吉・汚れとして、嫌い避ける。禁忌とする。タブーとする。〓「死に通じるとして四を―」「宗教上の理由から肉食を―」❷嫌って避ける。忌避する。〓「虚偽を―」名忌み

い-めい【依命】［名］(官庁で)命令によること。〓「―通達」

い-めい【異名】［名］異名(いみょう)。

い-めい【遺命】ヰ‐［名］死ぬときに残した命令。

イメージ［image］［名］❶想像・思考などによって、心の中に描き出される像。心的表象。心像(しんぞう)。心象(しんしょう)。また、ある物事について具体的に与えられる、全体的な感じや印象。〓「心に鮮明な―がわく」「清純派という―が定着する」「企業―を高める」❷［他サ変］ある物事を心の中に思い描くこと。想像。想起。〓「彼を―して書いた脚本」❸画像。映像。

イメージ-アップ［和製image＋up］［名・自他サ変］世間や周囲に与える印象がよくなること。また、よくすること。〓「―を図る」⇔イメージダウン

イメージ-キャラクター［和製image＋character］［名］企業・商品などのイメージを強調するために、その広告に起用される人物。

イメージ-ダウン［和製image＋down］［名・自サ変］世間や周囲に与える印象が悪くなること。〓「噂を広めて―させる」⇔イメージアップ

イメージ-チェンジ［和製image＋change］［名・自他サ変］外見ややり方などが一変して、世間や周囲に与える印象がすっかり変わること。また、そのようにして変えること。▼略して「イメチェン」とも。

イメージ-トレーニング［image training］［名］実際に体を動かさず、正しい動作や好ましい状態を思い描くことによって技術や戦術の習熟を図るトレーニング方法。

いも【芋(▼薯・▼藷)】［名］❶植物の根や地下茎が大きくなって、でんぷんなどを蓄えたものの総称。サツマイモ・ジャガイモ・サトイモ・ヤマノイモなど。❷〈多く他の語に付いて〉都会風に洗練されないものをあざけっていう語。〓「―侍(ざむらい)」◈書き分け【芋】は本来サトイモの意。【薯】【藷】は本来はヤマノイモの意だが、サツマイモ・ジャガイモの意としても使った。今は一般に【芋】を使う。

◉**芋の煮(に)えたも御存(ごぞん)じない**　芋が煮えたかどうかの区別もつかない意で、世間知らずのぼんやり者をあざけっていうことば。

◉**芋を洗うよう**　狭いところで込み合っているようすのたとえ。芋の子を洗うよう。〓「車内は―な込み方だ」▼サトイモを桶(おけ)に入れて棒でかき回して洗うようすから。

いも【▽妹】［名］〔古風〕男性が、妻・姉妹・恋人などを親しんで呼んだ語。⇔せ(夫・兄・背)

いも【〈▼疱▼瘡〉・〈▼痘痕〉】［名］〔古風〕天然痘。また、顔に残るそのあと。あばた。▼「いもがさ」の略。

いも-うと【妹】［名］❶きょうだいのうち、年下の女性。❷配偶者のきょうだいで、配偶者より年下の女性。また、弟の妻。義理の妹。義妹(ぎまい)。◈⇔姉「妹人(いもひと)」の転。✓注意「いもおと」と書くのは誤り。

いもうと-ご【妹御】［名］〔古風〕他人の妹の敬称。妹君。⇔姉御

いもうと-ぶん【妹分】［名］先輩から妹なみに親しく扱われている女性。

いもうと-むこ【妹婿】［名］妹の夫。⇔姉婿(あねむこ)

いも-がしら【芋頭】［名］サトイモの球茎。おやいも。

いも-がゆ【芋▼粥】［名］❶薄く切ったヤマノイモに甘葛(あまずら)の汁を混ぜて煮た甘いかゆ。❷さいの目に切ったサツマイモを交ぜて煮たかゆ。

いも-がら【芋▽茎・芋▽幹】［名］サトイモの葉柄(ようへい)。また、それを乾燥させたもの。食用。ずいき。

いも-せ【▽妹背】［名］〔古風〕❶愛し合う男女。また、夫婦。〓「―の契り」❷兄と妹。また、姉と弟。

い-もたれ【胃▼凭れ】ヰ‐［名］食べた物がよく消化されないで、いつまでも胃に残っているように感じられること。また、その症状。〓「食後の―がひどい」

いも-づる-しき【芋▼蔓式】［名］一つのことからそれに関連する人や物事が次々に現れてくること。〓「容疑者が―に検挙される」▼一本の芋づるをたぐると次々に芋が出てくることから。

いも-に-かい【芋煮会】‐クワイ［名］主に東北地方で、里芋や野菜・肉などを野外で煮ながら食べる集まり。

い-もの【鋳物】［名］溶かした金属を鋳型に流し込ん

でつくった器物。〓「—師」「—細工[工場]」⬍打ち物

いも-ばん【芋版】[名] 輪切りにしたサツマイモやジャガイモの面に文字・絵などを彫って作った版。また、それで刷った版画。

イモビライザー [immobilizer][名] 自動車の盗難防止装置で、鍵に組み込まれた認証コードと車両の認証コードを電子的に照合し、一致しなければエンジンが始動しない仕組みのもの。

いも-むし【芋虫】[名] チョウやガの幼虫で、体に毛のないものの総称。特に、サツマイモの葉を食う、スズメガの幼虫。

いも-めいげつ【芋名月】[名] 陰暦八月十五夜の月。▼新しくとれたサトイモを供えたことから。

い-もり【井守・へ▼蠑▼螈〉】[名] 川・沼・池などにすむイモリ科の両生類。形はヤモリに似るが、背は黒く、赤い腹に黒い斑点がある。日本固有種。アカハラ。▼古来、雌雄の黒焼きは「ほれぐすり」とされた。

い-もん【慰問】[名・他サ変] 見舞ってなぐさめること。〓「被災者を—する」「—団」

いや【嫌(▼厭)】 ■一 [形動] ❶拒絶したい気持ちだ。また、これ以上続けたくない気持ちだ。〓「タバコの煙は—だ」「会社勤めが—になる」❷〈「嫌な」の形で〉不快な気持ちを起こさせる。歓迎できない。〓「—な上司[天気]」「—な顔をする」「—な予感がする」■二 [感] いやで拒絶したい気持ちを表す語。〓「—、やめて」◈「否(いや)」と同語源。書き方 かな書きも多い。派生 -が・る

◉**嫌というほど** いやになるほどたっぷりと。また、いやになるほど強く。〓「その話なら—聞かされた」「—鴨居(かもい)に頭をぶつけた」

いや【▽弥】[副]〔古風〕❶ますます。いよいよ。〓「甘藷の畑は—繁りに繁れり〈徳富蘆花〉」❷極めて。非常に。

いや [感] 驚き・感動・嘆きなどを表す語。いやあ。〓「—、びっくりした」「—、すばらしい」

いや【▽否】[感] 相手の言葉に対し、否定・不承知などを表す語。また、自分の言葉を打ち消し、言い直すときに発する語。いいや。〓「—、それは違う」「六時、—七時に会おう」⬍はい

◉**否が応(おう)でも** 承知でも不承知でも。なんとしても。否でも応でも。〓「—注目を集める容姿」

◉**否でも応(おう)でも** 義務的な強制力が強いさま。承知でも不承知でも。否が応でも。〓「—引き受けてもらう」☑注意 (1)「人気者の登場で—会場は盛り上がった」など、「弥が上にも」(ますます)の意で使うのは誤り。(2)「弥が上にも」との混同で、「否が応にも」とするのは誤り。(3)「嫌でも応でも」は誤り。

イヤーブック [yearbook][名] 年鑑。年報。また、卒業アルバム。

いや-いや【嫌嫌(▼厭▼厭)】 ■一 [副] いやだと思いながら、しかたなく物事を行うさま。しぶしぶ。〓「—引き受ける」■二 [名] 幼児などがいやがって、頭を横に振ること。〓「—をする」◈書き方 かな書きも多い。

いや-いや【▽否▽否】[感]「いや(否)」を重ねて強い否定を表す語。いえいえ。〓「—、それはあり得ない」

いや-おう【▽否応】[名]「いや」という返事と「よろしい」という返事。承知と不承知。〓「—なしに寄付をさせられた」

いやがうえ-に【▽弥が上に】[連語] すでにそうであるのに、そのうえ。いよいよ。ますます。〓「—(も)場内の興奮は高まった」☑注意 (1)「—も頑張らなければならない」など、「否(いや)でも応でも」の意で使うのは誤り。(2)「嫌が上に」は誤り。

いや-がらせ【嫌がらせ(▼厭がらせ)】[名] 人のいやがることをわざとして困らせること。また、その言動。〓「—をする」「—の電話」

いや-が・る【嫌がる(▼厭がる)】[他五] いやだという様子を態度に表す。〓「わざと人の—ことをする」

いや-き【嫌気(▼厭気)】[名] ⬇いやけ

い-やく【医薬】[名] ❶病気の治療に用いるくすり。〓「—品」❷医術と薬剤。〓「—分業」

い-やく【意訳】[名・他サ変] 原文の一字一句にこだわらず、全体の意味をくみ取って翻訳すること。〓「筋を—して伝える」⬍直訳・逐語(ちくご)訳

い-やく【違約】[名・自サ変] 約束・契約に反すること。背約。〓「—金・—賠償」

いやく-ぶがいひん【医薬部外品】[名] 薬効成分は含むが、薬機法では医薬品と区別されているもの。歯磨き・育毛剤・浴用剤・蚊取り線香など。

いや-け【嫌気(▼厭気)】[名] いやだと思う気持ち。いやき。

◉**嫌気が差・す** いやになる。いやきがさす。〓「退屈な毎日に—」☑注意「嫌気がする」は誤り。

いや-さか【▽弥▽栄】[名] ますます栄えること。〓「御両家の—を祈る」▼祝いのあいさつに使う。

いやし【癒やし】[名] 病気・傷などをなおすこと。また、心の悩みや不安を解消すること。〓「—系(=心のやすらぐような事柄や人)」「—の音楽」 癒

いやし・い【卑しい(▼賤しい)】[形] ❶地位・身分が低い。❷貧しくてみすぼらしい。〓「身なりが—」❸品が悪い。慎みがなくて下品だ。〓「品性が—」「—趣味」❹食べ物などに対して、欲望がむき出しである。意地汚い。貪欲(どんよく)だ。〓「口が—」「酒[金]に—」派生 -げ/-さ

いやしくも【▼苟も】[副] ❶かりそめにも。かりにも。〓「—教師たる者のすべきことではない」❷〈「苟もせず」「苟もしない」の形で〉おろそかにしない。〓「一字一句—せず」◈「卑しくも」の意から。

いやし・む【卑しむ(▼賤しむ)】[他五] ⬇卑しめる 名 卑しみ

いやし・める【卑しめる(▼賤しめる)】[他下一] いやしいものとして軽蔑(けいべつ)する。見下げる。さげすむ。卑しむ。〓「官を尊び民を—」「己を戯作者と—」文 いやし・む 名 卑しめ

いやしん-ぼう【卑しん坊】[名] 物(特に食べ物)に意地汚いこと。また、その人。食いしん坊。

いや・す【癒やす】[他五] 病気・傷・苦しみなどをなおす。〓「病(やまい)[疲れ]を—」可能 いやせる 名 いやし

いやでも【▽否でも】[副] なんとしても。否でも応でも。〓「式典には—(応でも)出なければならない」

いやでも【嫌でも(▼厭でも)】[副] 好むと好まざるとにかかわらず。〓「あれだけ宣伝されたら—目に入る」書き方 かな書きも多い。

いや-に【嫌に(▼厭に)】[副] ふつうと違って、変に。妙に。異様に。〓「今日は—おとなしい」「—蒸し暑い晩」書き方 かな書きが多い。

いや-はや [感] 驚いたり、あきれたりしたときに発する語。いやもう。〓「—、話にもならない」

イヤホン [earphone][名] 耳に当てたり差し込んだりしてラジオなどの音声を聞く器具。イヤホーン。

いや-まさ・る【▽弥増さる】[自五] ますます多くなる。いや増す。つのる。「人恋しさが―」

いや-ま・す【▽弥増す】[自五] ますます増える。つのる。「寒さ―今日このごろ」

いや-み【嫌み(嫌味・▼厭味)】[名・形動] 人にわざと不快な感じや思いをおこさせること。また、その言動。「―な人」「しきりに―を言う」「―たっぷりに皮肉る」 書き方「味」は当て字。「いやみ」とかな書きも多い。

いやみ-たらし・い【嫌みたらしい】[形] いかにも嫌みに思われるさま。嫌みったらしい。「くどくどと―文句を並べる」

いや-らし・い【嫌らしい】[形] ❶いかにもいやだという感じがするさま。「―やつ」「―言い方をする」❷言動が性的にみだらなさま。「―目つきで見る」◈ 書き方 かな書きも多い。 派生 -げ/-さ/-がる

イヤリング[earring][名] 耳飾り。イアリング。

い-ゆう【畏友】ヰ [名] 尊敬している友人。また、友人の敬称。「我が―山田君」

いよ-いよ【▼愈】[副] ❶よりいっそう程度が高まって、最終的な段階に至るさま。ますます。いっそう。「雨は―激しさを増してきた」❷時を経て、ついに重大な局面に至るさま。「―決断すべき時がきた」「―明日から大会が始まる」❸事が進んで、確かさが決定的になるさま。「総辞職は―避けられない情勢だ」◈ 書き方「▼愈▼愈」「▽弥▽弥」とも。

い-よう【医用】[名] 医療のために使用すること。「―工学」「―画像処理」

い-よう【威容】ヰ [名] 威厳のある立派な姿。「―を誇る霊峰富士」「王者の―を保つ」 書き分け【威容】は威厳のあることに、【偉容】はすぐれることに注目していうが、意味が近いため統一的に【威容】を使うことも多い。

い-よう【移用】[名・他サ変] 歳出予算に定められた経費を各部局間または同一部局内の項目間で融通し合うこと。

い-よう【偉容】ヰ [名] すぐれて立派な姿。「峰を連ねる日本アルプスの―」 書き分け ⬇威容

い-よう【異様】ヤ [形動] ふつうとは変わっているようす。「一種―な雰囲気」「音が―に反響する」

いよ-かん【▼伊予▼柑】[名] ミカンの一種。果皮は濃いだいだい色で、甘ずっぱい実は食用。▼旧伊予国(いよのくに)である愛媛(えひめ)県で多く栽培されることから。

い-よく【意欲(意▼慾)】[名] ある物事をなしとげようと思う積極的な気持ち。「仕事への―が湧く」「トップ当選に―を見せる」「創作―に燃える」▼まれにサ変動詞としても使う。

いよく-てき【意欲的】[形動] 積極的な気持ちを持って、物事をなしとげようとするさま。「作者は小説の映画化に―だ」「―に取り組む」

い-らい【以来】[名] ❶基準となる時点・時期を含んで、その時から(今に至るまでずっと)。また、ある出来事を契機として、その時から(今に至るまでずっと)。「七日―ずっと微熱が続いている」「終戦―六十数年が経過した」「卒業―二十年ぶりの再会」 使い方 ⬇以後 ❷[古風] これから先。以後。今後。「―、気をつけたまえ」▼基準の時点を発話時において、副詞的に使う。

い-らい【依頼】[名] ❶[他サ変] あることをしてくれるように人に頼むこと。また、その内容。「医者に往診を―する」「執筆の―を受ける」「―を断る」❷[自サ変] あてにすること。頼ること。たのみとすること。「―心」

いら-いら【▽苛▽苛】一[副]ト ❶思い通りにならず、あせって感情が高ぶるさま。「仕事が進まないので―する」❷皮膚や粘膜がちくちくと刺激を受けて不快なさま。「のどが―する」二[名] 思い通りにならず、あせって感情が高ぶっている状態。「―が治まらない」◈ 注意 アクセントは、一はイライラ、二はイライラ。

いらえ【▽答え・▽応え】イラヘ [名・自サ変] こたえること。返事。応答。「極めて丁寧(ていねい)に―しつる余が〈鷗外・舞姫〉」 動 いら・える(自下一)

いらか【▼甍】[名] かわらぶきの屋根(の頂上の部分)。「―の波」

◉**甍を争・う** 家が甍の高さを競うようにびっしりと立ち並ぶ。

[ことば比べ]「甍(いらか)」と「屋根」

▼「屋根」が家の部分名称に過ぎないのに対して、「甍」は屋根を表すとともに「甍を争う」「甍が聳(そび)える」のように、家そのものを象徴する。

▼「甍の波」「甍の海」などは、瓦屋根の波打つ様子が景観の美しさにたとえられる。

いら-くさ【▽刺草・〈▼蕁麻〉】[名] 茎・葉に毒液を含むとげがある、イラクサ科の多年草。若芽は食用。茎から繊維をとる。イタイタグサ。

いらして[連語] ⬇いらっしゃる[使い方](3)

イラスト[名]「イラストレーション」の略。

イラストレーション[illustration][名] 雑誌・書籍・広告などの挿絵・説明図など。イラスト。

イラストレーター[illustrator][名] 挿絵や広告などの図案を書くことを職業としている人。

いらせら・れる[動下一]「居る」「ある」「来る」「行く」の尊敬語。「いらっしゃる」より高い敬意を表す。「老先生は御健在で―」▼「入(い)る」の未然形＋尊敬の助動詞「す」「られる」。 文 いらせら・る

いらだたし・い【▽苛立たしい】[形] 思うようにならなくて、あせって落ちつかない気持ちだ。いらいらする。「連絡がとれなくて―」 派生 -げ/-さ

いら-だち【▽苛立ち】[名] いらだつこと。また、その気持ち。「はっきりしない態度に―を覚える」

いら-だ・つ【▽苛立つ】[自五] 思い通りにならなくて、気ばかりがあせる。いらいらする。いらつく。「神経が―」「―・って家を飛び出す」 名 いらだち

いら-つ・く【▽苛つく】[自五] いらいらする。

品格 業を煮やす「遅々として進まぬ議論に―」 焦れる「弟がなかなか来ないことに―」

いらっしゃい 一[動詞「いらっしゃる」の命令形]「居ろ」「来い」「行け」の尊敬語。おいでなさい。「こちらに―」「早く―、遅刻しますよ」「覚えて―」「ちょっと寄って―」▼補助動詞の用法では、略して「らっしゃい」とも。二[感] 人が来たときに歓迎していう挨拶(あいさつ)のことば。「よくおいでなさいました。」「やあ、―。お待ちしてました」「―ませ」▼「いらっしゃいました」の略。◈「いらっしゃい」は本来「いらっしゃる」の連用形で、それが命令形の位置に座ったもの。

いらっしゃ・る[動五] 一[自]「居る」「来る」「行く」の尊敬語。「こちらに―のが田中先生です」「明日、私の家に―・いません?」「奥様は散歩に―・いました」 二[補動] ❶〈動詞連用形＋「…て(で)」いらっしゃる〉の

形で〉尊敬 Aが…ている(…てゆく)という状態・動作について、Aを高める。‖「奥様は喜んで━・います」「お客様がお待ちになって━・います」❷〈形容詞連用形＋「(お)…ていらっしゃる」の形で〉尊敬 Aが…ているという状態について、Aを高める。‖「先生はまだお若くて━・います」▽形容詞を尊敬語化するのに使う。❸〈(お[ご])＋状態性名詞＋「でいらっしゃる」や、(お[ご])＋形容動詞連用形＋「いらっしゃる」の形で〉尊敬 Aが…だ(…である)という状態について、Aを高める。‖「佐藤さんは明日出発のご予定で━・います」「どちら様で━・いますか」「おきれいで━」⬇お・ご(御)

◈「入(い)らせらる」の転。使い方 (1)「いる」の意では「おられる」も使うが、やや古風で硬い言い方となる。また、「行く」の意では「行かれる」も使うが、敬意が低くなる。㊁の③は「ございます」で言いかえられるが、これは丁寧な言い方ではあるが尊敬語ではない。⬇敬語解説(一七九八ページ) (2)㊁は、略して「らっしゃる」とも。(3)㊀㊁ともに、「いらっしゃった[て]」に代えて、「いらっしった[て]」「いらっした[て]」「いらした[て]」「…らしった[て]」「…らした[て]」の形でも使う。‖「こちらにいらしてください」「まだ起きて(い)らして?」(4)終止・連体用法で「いらす」を使うのは誤り。‖「×明日いらす予定です」✓注意「居らっしゃる」と書くのは誤り。

いらっ-と [副]〔新〕瞬間的に頭に来るさま。‖「足を踏まれて━きた」「失礼な発言に━する」

いら-つ-め【▽郎女】 [名]〔古風〕若い女性を親しんで呼ぶ語。⇔郎子(いらつこ)

い-ら・れる【居られる】 [連語] ❶いることができる。‖「あと二年はここに━」「じっとしては━・れない思い」❷〈「…ずに(は)いられない」「…ないではいられない」の形で〉抑制がきかずに、どうしてもそうなってしまう意を表す。…しないではすまされない。…ざるをえない。‖「愛さずには━・れない」「話さないでは━・れない」◈「居る」＋可能の助動詞「られる」。書き方 かな書きが一般的。

いり【入り】 [名] ❶中にはいること。また、はいっていること。‖「客の━が悪い」「肉━のスープ」「紙パック━の牛乳」❷太陽や月が沈むこと。‖「日の━」❸ある期間が始まること。‖「彼岸の━・寒の━」❹収入。みいり。‖「今月は━が多い」❺費用。入費。かかり。‖「━がかさむ」書き方「要り」とも。◈②④⇔出

いり-あい【入会】ヒア [名] ある地域の住民が一定の山林・原野・漁場などを共同で利用し、共通の利益を得ること。‖「━権・━地」書き方 もと互いに入り合う意で「入合」と書いたが、今はそこで出会う意を重んじて「入会」と書く。

いり-あい【入相】ヒア [名]〔古風〕日が暮れるころ。夕暮れ。‖「━の鐘(＝晩鐘)」

イリーガル [illegal] [形動] 法律に違反しているさま。違法なさま。‖「━な就労形態」

いり-うみ【入り海】 [名] 陸地に入りこんだ海。内海。

いり-え【入り江】 [名] 海・湖などの一部が陸地に入りこんだところ。

いり-ぐち【入り口】 [名] ❶そこから中へ入ってゆく所。はいりぐち。いりくち。‖「店[トンネル]の━」⇔出口 ❷これから始まろうとする時期。また、物事の初め。いりくち。‖「老年期の━にさしかかる」「芸の━」

いり-く・む【入り組む】 [自五] 物事が複雑にからみあう。いりこむ。‖「これには━・んだ訳がある」

いり-こ【〈海参〉・〈煎海▼鼠〉・〈▼熬海▼鼠〉】 [名] 内臓を除いたナマコをゆでて干したもの。中華料理の材料。ほしこ。干しなまこ。

いり-こ【煎り子・▼炒り子・▼熬り子】 [名] 小さなイワシなどを煮て干したもの。煮干し。▽おもに関西以西でいう。書き方「いりこ」「いり子」も多い。

いり-こ【煎り粉・▼炒り粉】 [名] ❶いった米を粉にしたもの。和菓子の材料。❷麦こがし。

いり-こ・む【入り込む】 [自五] ❶むりやり中にはいる。はいりこむ。❷もぐりこむ。‖「変装して敵国に━」❸こみいる。入り組む。

イリジウム [iridium] [名] 白金族元素の一つ。銀白色のかたい金属で、酸に強い。白金との合金は万年筆のペン先などに使う。元素記号Ir

いり-しお【入り潮(入り▼汐)】ホシ [名] ❶引き潮。干潮(かんちょう)。⇔出潮(でしお) ❷満ち潮。

いり-たまご【煎り卵・▼炒り卵・▼炒り玉子】 [名] しょうゆ・砂糖などで調味した鶏卵をいりつけた料理。

いり-つ・ける【煎り付ける・▼炒り付ける】 [他下一] 火にかけて水分がなくなるまでよくいる。‖「卵を━」文 いりつ・く

いり-どうふ【煎り豆腐・▼炒り豆腐】 [名] 水気をきった豆腐を砂糖・しょうゆなどでいりつけた料理。

いり-は【入端】 [名] 舞踏的な芸能で、退場の場面。また、その時の囃子(はやし)・歌・踊りなど。⬇出端(では)③ ▽民俗芸能では、登場の場面をいうこともある。

いり-ひ【入り日】 [名] 夕方、西に沈みかけた太陽。夕日。落日。

いり-びた・る【入り浸る】 [自五] よその家や特定の場所に通い続けたり、そこに居続けたりする。‖「友達の家に━」名 入り浸り

いり-ふね【入り船】 [名] 港にはいってくる船。⇔出船

いり-まじ・る【入り交じる・入り混じる(入り▽雑じる)】 [自五] 要素の異なったものがまじり合う。‖「敵と味方が入り交じる」「複雑な事情が入り混じる」

いり-まめ【煎り豆・▼炒り豆】 [名] ❶いった豆。特に、いった大豆。❷大豆・米などをいって砂糖をまぶしたもの。豆いり。

◉煎り豆に花が咲く 衰えていたものが再び勢いを盛り返す。また、あり得ないことが起こる。

いり-みだ・れる【入り乱れる】 [自下一] 多くのものが秩序なくまじり合う。‖「両軍━・れて戦う」文 いりみだ・る

いり-むこ【入り婿】 [名] 他家の娘の婿になること。また、その人。婿養子。

いり-もや【入▽母屋】 [名] 上を切り妻(きりづま)、下をひさし状にした屋根。

い-りゅう【慰留】ヰウ [名・他サ変] なだめて思いとどまらせること。‖「委員長の辞任を━する」

い-りゅう【遺留】ヰウ [名・他サ変] ❶死後に残しておくこと。❷置き忘れること。‖「━品」

イリュージョン [illusion] [名] ❶幻想。幻影。❷錯覚。

いりゅう-ぶん【遺留分】ヰウ [名] 法律上、相続人のために確保される一定割合の財産。

いーりょう【衣料】イレウ［名］着る物。衣類。また、着る物とその材料。‖「―品」

いーりょう【衣糧】イリヤウ［名］衣服と食糧。‖「被災地に―を送る」

いーりょう【医療】イレウ［名］医術を用いて病気やけがを治療すること。‖「―費」「―機関・―保険」

いりーよう【入り用】［名］❶［形動］必要とすること。入用にゅうよう。‖「かなりの資材が―だ」❷必要な経費。

いりょうーかご【医療過誤】イレウクワゴ［名］医療従事者の過失によって患者に傷害や死亡などの損害を与えること。医療ミス。

いりょうーこうい【医療行為】イレウカウヰ［名］患者の診断や治療のための、医学に基づく行為。

いりょうーミス【医療ミス】イレウ［名］⬇医療過誤かご

いーりょく【威力】ヰ［名］他を押さえつけ服従させる強い力。‖「特効薬が―を発揮する」「自然の―」

いーりょく【偉力】ヰ［名］（すぐれた効果をあげる）偉大な力。書き方「機械が偉力を発揮する」「文明の偉力に屈する」などとも使うが、まれ。一般には「威力」を使う。

いーりょく【意力】［名］意志の力。精神力。

い・る【入る】［動五］㊀［自］❶外から一定の枠の中へすっぽりと移動する。‖「十二月六日、船は紅海に―〈斎藤茂吉〉」「葷酒くん山門に―を許さず」「飛んで火に―夏の虫」❷物陰に移り動いて見えなくなる。‖「月が山に―」❸特定の環境の中に身を移す。‖「渦中［鬼籍］に―」❹次第に高じて、ある高い状態に移る。‖「悦えつに―」「技ぎ、神しんに―」❺時が移って、ある時期・期間に達する。‖「梅雨つゆ［土用］に―」❻物事が知覚されたり理解されたりする。‖「目に―もの全てが珍しい」「気に―」❼物事に気持ちや力が傾注される。‖「念の―った仕事ぶり」❽内に向かってくぼむ。‖「海が陸地深く―りくむ」❾裂け目・切れ目などができる。‖「ひびが―」◈使い方「入はいる」の古風な言い方。多く慣用的な言い回しで使う。名入り ㊁〈動詞の連用形に付いて複合動詞を作る〉❶すっかり…する。また、ほとんど…する。‖「寝―・消え―・絶え―」❷深く…する。切に…する。‖「恐れ―・痛み―・感じ―・恥じ―」◈読み分け⬇はいる

い・る【要る】［自五］必要とする。必要だ。要する。‖「旅行には金と時間が―」「許可の―事業」「遠慮は―らない」▼「入いる」と同語源。書き方かな書きも多い。

い・る【煎る・▼炒る・▼熬る】［他五］鍋なべなどに入れた材料を火にかけ、かきまぜながら水気がなくなるまで熱する。また、少しこげるまであぶる。‖「豆腐を―」「豆を―」可能いれる

いる【（居る）】ヰル［動上一］㊀［自］❶ある場所に（とどまって）人・動物が存在する。また、ある性質や特徴をもって、人・動物が存在する。‖「私は五時まで事務所に―」「動かないでここにいてね」「アフリカにはキリンが―」「賛成する人もいれば反対する人も―」

❷人・動物が所有された状態で存在する。‖「私には弟は―が妹はいない」「わが家には猫が二匹―」

◈使い方 ⑴本来は、すわる、また、動くものが動かないでじっとしている意。「一番線に通過待ちの電車が―」「あ、あそこにタクシーが―」など、いつでも動ける状態にある乗り物の場合（背後に操る人がいる場合）は「ある」よりも「いる」が一般的。「頭の真上に太陽が―」のほか、擬人化していう「こんなところにお地蔵さんが―」などでも、「いる」を使うことがある。⬇ある㊀①

⑵尊敬表現は、一般に「いらっしゃる」「おられる」を使い、「いられる」は可能の意味に使う。丁寧表現は「います」、丁重表現は「おります」。また、「おる」で言い換えることができるが、やや古風で西日本方言的な言い方。「私には一男一女がいる」など、「ある」で言い換えられるものもあるが、「ある」の方が文章語的な言い方。⬇ある㊀②③

㊁［補動］❶動作・作用が継続・進行中である意を表す。‖「まばたきもせずに見て―」「今本を読んで―ところだ」「朝まで営業して―店」

❷動作・作用の完了した結果があとまで残っている意を表す。‖「彼なら一時間も前に来て―」「ネクタイが曲がって―」「窓が開けっ放しになって―」

❸動作・作用が繰り返す意や習慣化した意を表す。‖「元気で通学していますのでご安心下さい」「毎日何人もの赤ちゃんが生まれて―」

❹完了した動作・作用について、経験を表す。‖「以前に読んで―本だ」「その話なら何度も聞いて―」

❺〈特定の動詞に付いて〉ある状態にある意を表す。‖「父親に似て―」「山がそびえて―」「道が曲がって―」

❻動作・作用が実現されない状態で保たれている意を表す。‖「父はまだそれを知らずに―」

◈使い方 ⑴㊁①〜⑤は「〜て［で］いる」、⑥は「〜ずにいる」「〜ないでいる」などの形で使う。⑵㊁①〜⑤の「ている」「ています」「ていた」は、話し言葉では「てる」「てます」「てた」ともなる。「元気でやってるかい」「やってますとも」「やってたんですがねえ」⬇てる・てた・てて

⑶㊁は「見ておる」「似ておる」「知らずにおる」など「〜おる」ともいうが、言いきりの形では「おる」のほうが古風で尊大な表現となる。「〜てい、…」「〜ており、…」の形（連用形中止法）では、「〜ており」の形で使うことが多い。丁寧表現は「〜ています」、丁重表現は「〜ております」を使う。文ゐる

⊙居ても立ってもいられな・い 心が落ち着かず、じっとしていられない。‖「欲しさが募って―気持ちになる」▼「居る」は、座る意。

いる【射る】［他上一］❶弓につがえた矢を放つ。‖「弓で矢を―」❷弓を操作する。‖「弓を―」▼〜ヲに〈道具〉をとる言い方。❸矢や弾丸が的にあたる。また、光が目標物に鋭く当たる。‖「矢が的を―」「的を射た質問」「鋭い眼光が人を―」❹目標物に向かって矢を放つ。射かける。また、目標物に矢をあてる。しとめる。‖「弓矢で敵将を―」「飛ぶ鳥を―」「水中銃で魚を―」❺〈「心を射る」などの形で〉死命を制するような、決定的な影響を与える。‖「優しい言葉が頑かたくなな彼の心を射た」「彼女のハートを―のは、果たして誰か」文いる

いる【鋳る】［他上一］溶かした金属を鋳型に流し込み、冷やし固めて器物をつくる。鋳造する。‖「貨幣［釣り鐘］を―」文いる

いーるい【衣類】［名］身にまとうものの総称。着るもの。衣服。着物。広義では、手袋・ネクタイ・マフラーなども含む。‖「夏［防寒用］の―」

いーるい【異類】［名］❶種類が異なること。また、そのもの。異種。❷人間ではないもの。鳥獣・鬼神など。

いるか【〈海豚〉】［名］小形の歯クジラ類の総称。マイルカ・スジイルカ・バンドウイルカ・カマイルカなど、種類が多い。群れをなして泳ぎ、方向探知のための超音波を出す。知能が高く、よく芸を覚える。

いーるす【居留守】ヰ［名］家にいるのに不在をよそおうこと。‖「―を使う」

イルミネーション［illumination］〔名〕たくさんの電灯の光で建物などを飾ること。また、その飾り。電飾。

いれ【入れ】（造）何かを入れるためのもの。〓「名刺―・小銭―・筆―」

いれ-あ・げる【入れ揚げる】〔自他下一〕好きなものに夢中になって、多くの金銭をつぎこむ。〓「競輪［ひいきの役者・愛人］に―」文いれあ・ぐ

い-れい【威令】〔名〕威光と命令。また、威力のある命令。

い-れい【異例】〔名〕ふつうの例とちがうこと。前例がないこと。〓「―の昇進をとげる」

い-れい【慰霊】〔名〕死者の魂をなぐさめること。〓「―塔・―碑・―祭」

いれ-か・える【入れ替える・入れ換える】〔他下一〕❶それまではいっていたものを出して、別のものを入れる。〓「箱の中身を―」「部屋の空気を入れ換える」「心を―」❷容器・場所などをかえて入れる。〓「瓶の酒をとっくりに―」文いれか・ふ 名入れ替(換)え

いれ-がみ【入れ髪】〔名〕髪を結うとき、形を整えるために別の髪を補って入れること。また、その髪。入れ毛。かもじ。

いれ-かわり【入れ替わり・入れ代わり】〔名〕入れかわること。交替。入り替わり。〓「父と―に母が手伝いに行った」

いれかわり-たちかわり【入れ替わり立ち替わり】〔副〕多くの人が次々に来たり出て行ったりするさま。次から次へと。いりかわりたちかわり。〓「―客が訪れる」

いれ-かわ・る【入れ替わる・入れ代わる】〔自五〕それまであったものにかわって、別のものがはいる。交替する。入りかわる。〓「店頭の商品が冬物から春物に―」「互いの立場が―」

イレギュラー［irregular］〔形動〕不規則であるさま。変則的。〓「―バウンド」⇔レギュラー

いれ-ぐい【入れ食い】〔名〕釣りで、釣り糸をおろすとすぐに魚がかかり、次々に釣れること。

いれ-げ【入れ毛】〔名〕入れ髪。

いれ-こ【入れ子・入れ▽籠】〔名〕寸法のちがう同形の箱などを組み合わせ、大きなものに小さなものが順々に重なって収まるようにしたもの。また、そのような仕組みや構造であること。〓「―の重箱」

いれ-こ・む【入れ込む】〔自五〕❶熱中する。夢中になる。〓「競馬に―」❷競馬で、馬が興奮した状態になる。はやりたつ。〓「馬が―」

いれ-ずみ【入れ墨（〈刺青〉・〈文身〉）】〔名〕❶皮膚に針で墨・朱・インディゴなどの色料を刺し入れ、絵柄や文字を彫りつけること。また、その絵柄や文字。文身。刺青。ほりもの。❷江戸時代の刑罰で、罪人の左腕に墨汁を刺し入れて前科者のしるしとしたもの。

いれ-ぢえ【入れ知恵】〔名・自サ変〕人に（悪い）考えや策略を教えこむこと。また、その考えや策略。〓「弟に―して母から小遣いをせしめる」

いれ-ちがい【入れ違い】〔名〕❶まちがって入れること。❷一方がはいってくると、他方が出ていくこと。〓「姉と―に外出する」「―になって友人とは会えなかった」❸互い違いになること。〓「男女が―に並ぶ」◈「入れ違え」とも。

いれ-ちが・う【入れ違う】━〔他五〕まちがって入れる。入れ間違う。〓「灯油とガソリンを―」━〔自五〕❶一方がはいってくると、他方が出ていく。行き違う。〓「帰ってきた父と―」❷互い違いになる。交錯する。〓「紅白が―ように花を飾る」

いれ-ば【入れ歯】〔名〕抜けた歯のかわりに人工の歯を入れること。また、その歯。義歯。〓「総―」

イレブン［eleven］〔名〕サッカー・アメリカンフットボールなどのチーム。また、そのメンバー。▼一チームが一一人で構成されることから。

いれ-もの【入れ物（▽容れ物）】〔名〕物を入れるうつわ。容器。

い・れる【入れる（▽容れる・▽納れる・▼淹れる）】

A 中に移す・加える

〔他下一〕❶外にあるものを一定の枠の中へ（すっぽりと）移す。〓「コップに水を―」「書棚に本を―」「タイヤに空気を―」「ポストにはがきを―」「指輪を質に―」

❷人が組織の一員になるようにする。また、その一員として組織に加える。〓「会社に経験者を―」「子どもを大学に―」「仲間に―」

❸主となるものに何かを加える。また、一連の流れに他の要素を付け加える。差し挟む。〓「コーヒーに砂糖を―」「ここで五分の休憩を―」「すかさず合いの手を―」

❹差し込む。挿入する。特に、（仕事の手始めとして）ある物に鋭利な刃物などを差し込む。〓「コンセントにソケットを―」「髪に櫛を―」「ケーキにナイフを―」

B 内部に取り込む

❺有用なものとして取り入れる。導入する。〓「企業がアメリカ式の経営法を―」「研究室に最新機器を―」

❻風や光が部屋などに入ってくるようにする。取り込む。〓「部屋に風を―」「涼を―」

❼〈「頭に入れる」「耳に入れる」などの形で〉知覚に取り入れる。〓「聞いたことはしっかりと頭に―・れておく」「お耳に―」「御覧に―」

❽範囲内のこととして、検討の対象に加える。含める。〓「年齢の差を考慮に―」「追加の分も勘定に―・れておく」

❾仕事などに能力や情熱などをそそぎ込む。〓「仕事に身を―」「開発に力を―」「練習に気合いを―」

❿〈数値を伴って〉容器・会場などに、その数値だけの貯蔵・収容能力がある。それだけ入れることができる。〜がはいる。〓「一〇〇トンもの水を―貯水槽」

C 書き入れるなどの作業を加える

⓫付け加えるようにして、線、筋目、模様などを作りつける。〓「ノートに罫線を―」「紙幣に透かしを―」

⓬文章などに訂正の作業を加える。また、そのようにして訂正した状態を作り出す。〓「原稿に手を―」「画像に細かい修正を―」

⓭所定の位置に、日付や名前などを書き込む。書き入れる。〓「末尾に日付を―」「背広にネームを―」

D その他

⓮文書や金などが相手の手に入るようにする。渡す。入金する。また、相手に連絡などが届くようにする。〓「証文［詫び］を―」「月末に家賃を―」「会社に電話を―」

⓯投票する。選挙する。〓「○○候補に一票―」▼投票箱に投票用紙を入れることから。

⓰火器や電気器具が働くように、火をつけたり電気を通したりする。また、そのような動作をして、それが働く状態を作り出す。〓「かまどに火を―」「テレビの電源を―」「冷房を―」

⑰茶の葉などに熱湯を注いだりして、お茶などの液を作る。‖「お茶を—」「コーヒーを—」▽〜ヲに〈結果〉をとる。⑱そろばんなどで計算する。‖「そろばんを—」⑲スポーツで、味方の得点を作り出す。‖「点を—」⑳相手の要求や希望などを認めて受け入れる。また一般に、許し入れる。容認する。‖「要求を—」「人を—度量がない」「世に—・れられない一生を送る」◈書き分け【納】は収納・納入の意で①⑭、【容】は疑いをさしはさむ意で③の一部、収容・容認の意で⑩⑳、【淹】は⑰で使うが、どれも今は【入】が一般的。文い・る

いろ【色】[名] ❶物に当たって反射した光線が、波長の違い（色相）によって視覚的に区別されて感じ取られたもの。物が形とともに備えている普遍的な属性。明るさ（明度）・鮮やかさ（彩度）によっても違って感じる。三原色、及び白黒を基調とし、その間にさまざまな中間色がある。色彩。カラー。▽「—刷り」などのように、白黒およびその中間色を含めないでいうことも多い。❷人間の肌色。‖「—の白い人」❸表情や態度に現れる、その時々の心身の状態。様子。‖「不安の—が隠せない」「疲労の—が濃い」❹急変した感情が目や顔に表れた場合の、目や顔の様子をいう。‖「危篤の電話に目の—が変わる」「（顔の）—を変えて逃げ出す」「—に出る（＝顔色に現れる）」❺いかにもそれらしく感じられる気配。趣。感じ。色合い。‖「敗北の—が濃厚だ」「秋の—が深まる」❻（異性の）美しい容姿。色気。色香。‖「—に迷う」❼性愛。情事。‖「—を好む」❽情人。愛人。‖「—ができる」

◉色を失・う　心配や恐怖などのために、顔が真っ青になる。顔色を失う。

◉色を添・える　物事に趣や華やかさを添える。花を添える。‖「総裁の出席が披露宴に—」

◉色を正・す　改まった顔つきをする。顔色を正す。‖「—・して陳謝する」

◉色を付・ける　多めにしたり値引きしたりして売る。‖「少し—・けておきましょう」

◉色を作・す　怒って顔色を変える。‖「—・して反撃する」

さまざまな「色」

いろ
藍色・赤色・茜色・浅葱色・小豆色・亜麻色・飴色・鶯色・薄墨色・葡萄茶色・臙脂色・黄土色・オリーブ色・カーキ色・柿色・蒲色・芥子色・黄色・黄色・狐色・黄蘗色・金色・銀色・草色・朽ち葉色・クリーム色・栗色・群青色・消し炭色・黄金色・琥珀色・コバルト色・小麦色・紺色・桜色・赤銅色・朱色・蘇芳色・雀色・墨色・菫色・象牙色・空色・橙色・卵色・玉虫色・茶色・土色・土気色・鴇色・鳶色・鉛色・鈍色・濡れ羽色・鼠色・灰色・肌色・鳩羽色・縹色・薔薇色・緋色・鶸色・檜皮色・藤色・葡萄色・紅色・水色・ミルク色・紫色・萌葱色・桃色・山鳩色・山吹色・羊羹色・駱駝色・利休色・瑠璃色・レモン色

しょく
暗褐色・暗紅色・暗紫色・灰白色・褐色・銀灰色・銀白色・翠色・赤褐色・退紅色・淡紅色・淡黄色・茶褐色・乳白色・藍紫色・緑黄色

いろ-あい【色合い】[名] ❶色のぐあい。色調。‖「スカーフの—がいい」❷傾向や性質の様相。‖「敗戦の—がこい」「他とは—の違う作品」

いろ-あげ【色揚げ】[名] ❶色のあせた布や着物を染め直してきれいにすること。❷染め物などの、色の仕上がり。‖「鮮やかな—」

いろ-あ・せる【色▼褪せる】[自下一] ❶つやつやした色合いがなくなる。色がさめる。‖「カーテンが—」❷新鮮な趣をなくす。精気を失う。‖「思い出が—」文いろあ・す

いろ-いと【色糸】[名] 色を染めた糸。

いろ-いろ【色色】一[名] ❶[形動] 種類が多いこと。‖「この森には—な鳥がいる」「—なことが思い出される」「形が—に変化する」❷〈「〜のいろいろ」の形で〉〜に関する種々の事柄の意を表す。‖「虫の—について観察を試みる」二[副]✓ 種類が多いさま。あれやこれや。あれこれと。‖「—（と）お世話になりました」「—（と）心配が絶えません」◈書き方一二とも、かな書きが多い。

品格　数々「—の事業を手がける」　様々「人類は—な問題を抱えている」　種々「—の取り組みを行う」

い-ろう【慰労】[名・他サ変] 労苦をなぐさめ、ねぎらうこと。‖「功労者を—する」「—会」

い-ろう【遺漏】[名] 必要なことがもれ落ちること。手ぬかり。また、もれ落ちたもの。‖「万—なきを期す」

いろ-え【色絵】[名] ❶色をぬった絵。彩色画。❷焼成した陶磁器に上絵をかいて焼きつけたもの。

いろ-えんぴつ【色鉛筆】[名] 色がつくように、芯を顔料で着色した鉛筆。

いろ-おち【色落ち】[名・自サ変] 衣服・布地などを洗ったときに色が落ちること。‖「ジーンズが—する」

いろ-おとこ【色男】[名] ❶（女性に好かれる）美男子。❷情夫。いろ。

いろ-おんな【色女】[名] ❶器量がよく、色気のある女性。❷情婦。いろ。

いろ-か【色香】[名] あでやかで美しい容色。‖「—に迷う」▽花の色と香りの意から。

いろ-がみ【色紙】[名] 折り紙や装飾に使う、さまざまな色に染めた紙。

いろ-がわり【色変わり】[名] ❶[自サ変] 色が変わること。変色。❷同形だが色が違うこと。また、そのもの。色違い。‖「—のセーター」❸一風変わっていること。‖「彼は画家の仲間内では—だ」

いろ-ぐろ【色黒】[名・形動] 肌の色が黒いこと。

いろ-け【色気】[名] ❶色合い。色調。❷人を引きつける性的な魅力。‖「—のある目もと」❸恋愛に対する関心。性的な興味。‖「年ごろになって—がつく」「—より食い気」❹華やいだおもむき。愛嬌。愛想。‖「なんと—もない話だ」❺ある物事に対する意欲や欲望。野心。‖「大臣のポストに—をみせる」

いろ-けし【色消し】[名] ❶[形動] せっかくの興趣をそぐこと。つや消し。‖「—な話題を持ちだす」❷レンズやプリズムの色収差をなくすこと。‖「—レンズ」▽光の色によってガラスの屈折率が異なるため、レンズを通して結ばれる像が色づいたり、ぼやけたりする現象を「色収差」という。

いろけ-づ・く【色気づく（色気付く）】[自五] ❶恋愛や性的な事柄に関心をもつようになる。性に目覚める。‖「年ごろになって—」❷花や果実が色づいてくる。‖「リンゴが—」

いろ-こい【色恋】[名] 恋愛や色情。‖「—沙汰」

いろ‐ごと【色事】〔名〕❶恋愛や情事に関すること。❷芝居で演じる、情事のしぐさ。ぬれごと。≡「ー師（＝情事の演技を得意とする役者。転じて、情事の巧みな男性）」

いろ‐ごのみ【色好み】〔名〕情事を好むこと。特に古典文学で、恋愛の情趣を理解すること。また、その人。好色。

いろ‐じかけ【色仕掛け】〔名〕色情を利用して相手を誘惑したりだましたりすること。

いろ‐じろ【色白】〔名・形動〕肌の色が白いこと。

いろ‐ずり【色刷り（色▼摺り）】〔名〕黒だけでなく、各種の色を使って刷ること。また、その印刷物。

いろ‐づ・く【色づく（色付く）】〔自五〕❶木の葉に色がつく。紅葉する。また、果実が熟して色がつく。≡「イチョウがー」「真っ赤にー・いた柿」❷色気がでてくる。色気づく。≡「ー年ごろ」

いろっ‐ぽ・い【色っぽい】〔形〕色気があってなまめかしいさま。≡「ー声」派生‐さ

いろ‐つや【色艶】〔名〕❶色とつや。≡「肌のーがいい」❷おもしろみ。興趣。≡「ーに欠ける文章」

いろ‐どめ【色止め】〔名〕色がさめたり落ちたりしないように処理すること。また、その処理。

いろ‐どり【彩り（色取り）】〔名〕❶彩ること。彩色。着色。≡「ーを施す」❷色の取り合わせ。配色。≡「ーも美しく盛り合わせる」❸興趣。趣。≡「コスモスが秋空にーを添える」「名脇役が舞台にーを加える」

いろ‐ど・る【彩る（色取る）】〔他五〕❶色をつける。≡「ペンキで縁を赤くー」❷取り合わせて飾る。装飾する。≡「花で室内をー」❸鮮やかな色彩などで、さらに興趣を添える。≡「桜の花が春の吉野山をー」可能 彩れる 名 彩り

いろ‐なおし【色直し】〔名・自サ変〕❶〈多く「お色直し」の形で〉結婚式後や披露宴で、新郎新婦が式服を別の衣服に着替えること。≡「二回おーをする」❷布や着物を染め直すこと。

イロニー【Ironie ドイ・ironie フラ】〔名〕➡アイロニー

い‐ろ‐は【以呂波・▼伊呂波】〔名〕❶「いろは歌」の略。❷かな文字の総称。いろは歌の四十七文字に「ん」または「京」を加えたもの。≡「ーを覚える」❸物事の初歩。習いはじめ。≡「ピアノをーから習う」「論理学のーも知らない」▽手習いの初めに「いろは」を習うことから。
◈書き方 かな書きが一般的。

いろは‐うた【以呂波歌・▼伊呂波歌】〔名〕発音の異なるひらがなをすべて読みこんだ七五調の歌。「いろはにほへとちりぬるをわかよたれそつねならむうゐのおくやまけふこえてあさきゆめみしゑひもせす（色は匂へど散りぬるを我が世たれぞ常ならむ有為の奥山今日越えて浅き夢見じ酔ひもせず）」の四十七文字からなり、手習いの手本とした。手習い歌。いろは。▽平安中期に成立。弘法大師の作とするのは俗説。書き方「いろは歌」が一般的。

いろは‐ガルタ【以呂波ガルタ】〔名〕いろは四十七文字および「京」から始まることわざを書いた四十八枚の字札と、頭文字をそえてその内容を表した四十八枚の絵札からなるカルタ。書き方「以呂波歌留多」「▼伊呂波歌留多」とも。

いろ‐まち【色街（色町）】〔名〕遊女屋・芸者屋・待合などが集まっているところ。花柳街。色里。

いろ‐み【色味】〔名〕それぞれの色がもつ独自の味わい。色合い。色調。≡「パソコンで写真のーを調整する」「青っぽいーの画面」「革の自然なーを生かす」

いろ‐むら【色▽斑】〔名〕ところどころに濃淡などがあって、色の調子がそろっていないこと。

いろ‐め【色目】〔名〕❶布地などの色合い。色の調子。❷気があることをほのめかすような目つき。秋波。≡「ーを使う」▽その物事に関心があることを示す態度の意でも使う。≡「政界にーを使う」

いろ‐めがね【色《眼鏡》】〔名〕色のついたレンズやガラスをはめためがね。サングラスなど。≡「ーで見る（＝先入観や偏見によって物事を見る）」

いろ‐め・く【色めく】〔自五〕❶色づいて、はなやかになる。≡「庭の楓がー」❷色っぽくなる。なまめかしくなる。≡「ー・いた話」❸緊張して落ち着かなくなる。また、興奮して騒然となる。≡「株の暴落にウォール街がー」「ー・き立った観客が叫びだす」

いろ‐もの【色物】〔名〕❶白・黒以外の色をつけた衣服や織物。≡「ーのシャツ」❷寄席で、主流の講談・落語などに対して、漫才・音曲・奇術・曲芸・声色など、彩りとして組まれる演芸。

いろ‐よい【色▽好い】〔連体〕こちらの期待にそうような。好ましい。≡「ー返事を待つ」

いろり【囲炉裏】〔名〕床の一部を四角に切り、灰を敷いて薪や炭を燃やすようにした所。炊事や暖房に使う。➡火鉢［ことば比べ］書き方「囲炉裏」は当て字。

いろ‐わけ【色分け】〔名・他サ変〕❶色をつけて区別すること。≡「白地図を国別にーする」❷性格・傾向・種類などによって区別すること。分類。≡「政党の派閥をーする」

い‐ろん【異論】〔名〕異なる意見。また、反対の意見。異議。≡「ーを唱える」「当方にーはない」

いろん‐な【色んな】〔連体〕いろいろな。さまざまな。≡「ー花が咲いてる」▽「いろいろな」の転。

いわ【岩（▼巌・▼磐）】〔名〕岩石の大きな塊。ふつう、大地に深く根を張って、巨大で、容易には動かしえないものをいう。≡「ーをよじ登る」▽不動のもの、大きいもの、重いもの、堅牢なものなどのたとえにいう。≡「頑としてーのように動かない」「ーのように大きく立ちはだかる」

い‐わ【違和】〔名〕心や体の調和が失われること。≡「心身にーが見られる」➡違和感

いわい【祝い】〔名〕❶祝うこと。祝賀。≡「還暦のーをする」「おー」❷祝う気持ちを示す言葉や金品。≡「謹んでおーを申し上げます」「ーをもらう」

いわい‐ざけ【祝い酒】〔名〕めでたいことを祝って飲む酒。

いわい‐ばし【祝い箸】〔名〕両端を細くした、断面の丸いはし。柳の木などで作り、祝い事の膳に使う。

いわ・う【祝う】〔他五〕❶めでたいことだとして、喜びの気持ちを改まった言葉や動作で表す。祝する。≡「新年をー」「創立一周年をー・って乾杯する」「成功をー・って挨拶を述べる」❷〔古風〕将来の幸運を祈る。願う。念じる。≡「前途の幸せをー」❸〔古風〕祝福して飲食する。≡「屠蘇をー」「初春の御雑煮をー・い候も今度限りかと…〈漱石〉」可能 祝える 名 祝い

品格 賀する「新年をー」慶賀「ーのしるし」慶祝「ーの儀礼」慶する「大いに慶すべきこと」寿ぐ「長寿をー」祝賀「ーの意を述べる」祝する「われは汝をー」奉祝「ー行事」◉「奉祝」は、国家としての

よい出来事に対して、国民が祝うこと。

巌

いわ-お【▼巌】 イハホ〔名〕大きな岩。特に、地上に突き出た大きな岩。

いわ-かん【違和感】 ヰワ〔名〕周りのものと調和がとれていないという感じ。しっくりしない感じ。ちぐはぐな感じ。〓「—を覚える〔抱く・持つ・感じる〕」 書き方 「異和感」とは書かない。 使い方 「違和感を感じる」は、重言だが広く使う。➡「重言」のコラム(七四〇ページ)

いわ-く【▼曰く】 イハ〔名〕❶こみいった理由や事情。〓「子し—、「—ありげな顔」❷〈副詞的に〉言うことには。〓「子し—、故きを温ねて新しきを知る〈論語〉」「聖書に—」◈「言ふ」のク語法。

◉**曰く言い難し** 複雑な事情があって簡単には説明できない。▼『孟子』から。

いわく-いんねん【▼曰く因縁】 イハクインエン〔名〕込みいった事情。〓「—のありそうな手紙」

いわく-つき【▼曰く付き】 イハク〔名〕こみいった理由や特別な事情があること。〓「—の売り家」

いわけ-な・い【▽稚けない】〔形〕幼い。あどけない。〓「まだ—男の子」▼歴史的仮名遣いは「いはけない」「いわけない」のいずれか不明。 書き方 送りがなは「稚い」とも。 派生 -さ

いわし【▼鰯・▼鰮】〔名〕マイワシ・ウルメイワシ・カタクチイワシなどの総称。特に、マイワシを指す。背は青く、腹は銀白色。海面近くを群泳し、かつては大量にとれた。食用のほか肥料・飼料にもする。▼水揚げするとすぐに死ぬことから、「弱し」の転という。

◉**鰯の頭も信心から** つまらない物でも信仰の対象となるとありがたく思われるようになるということ。

いわし-ぐも【▼鰯雲】〔名〕巻積雲の通称。うろこ雲。さば雲。▼漁師がイワシの大漁の前兆とした。

いわ-しみず【岩《清水》(▽石《清水》)】 イハシミヅ〔名〕岩の間からわき出る澄んで冷たい水。

いわ-ず-もがな【言わずもがな】 イハ〔連語〕❶言わない方がよい。また、言う必要がない。〓「—のことを言う」❷言うまでもなく。〓「子供は—、大人にも楽しめるゲーム」◈「もがな」は、本来願望を表す終助詞。

いわ・せる【言わせる】 セルイハ〔他下一〕❶ことばを言うようにさせる。〓「姉は都合の悪いことは私に—」「ぎゃふんと—」「有無を—・せず連れて行く」❷物・動物が音・声を立てるようにする。〓「ポケットで小銭をジャラジャラ—・せている」❸言うままにさせる。また、言うことを容認する。〓「言いたいやつには—・せておけ」「一言—・せていただきます」❹〈「…に言わせると」などの形で〉話し手の仮想的視点を表す。…の見方・考えによると。〓「私に—と、彼の考えは無謀に過ぎる」「役所の側から—・せれば、問題は既に決着したことになる」❺〈「物を言わせる」の形で〉力を発揮させる。〓「金に物を—・せて最強のメンバーをそろえる」 文 いは・す 異形 言わす

いわた-おび【岩田帯】 イハタ〔名〕胎児の保護のため、妊婦が腹に巻く白地の布。▼安産を祈って、妊娠五か月目の戌の日につける風習がある。

いわ-つばめ【岩▼燕】 イハ〔名〕夏鳥として飛来するツバメ科の鳥。ツバメに似るがやや小さく、尾の切れ込みが浅い。岸壁や軒下につぼ状の巣を作る。

いわ-な【岩▽魚】 イハ〔名〕渓流の上流にすむサケ科の淡水魚。黄褐色の地に橙色や淡紅色の斑点が散在する。渓流釣りの対象魚。

いわ-ね【岩根】 イハ〔名〕岩の根もと。また、大地に深く根を張った大きな岩。いわお。いわがね。

いわ-ば【岩場】 イハ〔名〕岩石が多く露出している所。〓「—から転落する」「—で釣りをする」

いわ-ば【言わば(▼謂わば)】 イハ〔副〕(たとえて)言ってみれば。(しいて)言うならば。〓「発覚した収賄は—氷山の一角でしかない」

いわ-はだ【岩肌・岩▽膚】 イハ〔名〕岩の表面。〓「—の露出した峰」「赤茶けた—」

いわ-ぶろ【岩風呂】 イハ〔名〕温泉を岩のくぼみなどにためた風呂。また、岩石を積んで作った風呂。

いわ-むろ【岩室(▽石室)】 イハ〔名〕岩にできたほら穴を利用した住居。岩屋。また、石を積んで造った小屋。石室。

いわ-や【岩屋(▽石屋・▽窟)】 イハ〔名〕岩にできたほら穴。また、それを利用したり、岩を掘ったりして造った住居。

いわ-やま【岩山】 イハ〔名〕岩でできた山。岩の多い山。

いわ-ゆる【〈所▼謂〉】 イハ〔連体〕世間一般に言われている。〓「これが—『灯台もと暗し』というやつだ」▼「言ふ」の未然形＋上代の受身の助動詞「ゆ」の連体形から。

いわ-れ【▼謂れ】 イハ〔名〕❶わけ。理由。〓「非難される—はない」❷古くから伝えられてきたことがら。由緒。由来。〓「古寺名刹の—」◈「言ふ」の未然形＋受身の助動詞「る」の連用形の名詞化。

いわ-ん【言わん】 イハ〔連語〕言わない。〓「感謝しろと—ばかりの物言いだ」▼「ん」は打ち消しの文語助動詞「ぬ」の転。

いわ-ん【言わん】 イハ〔連語〕〔古風〕言おう。〓「—とするところは明らかだ」「何をか—や」「—方なし(＝表現のしようがない)」▼「ん」は推量の文語助動詞。

いわん-や【▽況んや】 イハン〔副〕〔古風〕(以下のことは)言うまでもなく。なおさら。まして。〓「大人にもできない。—子供には無理だ」▼「言わん(「ん」は推量の助動詞「む」から)」＋反語の助詞「や」。 使い方 漢文訓読から出た語で、「(において)をや」「や」で結ぶのが本来の用法。〓「太陽も一点の燐火に過ぎない。—我我の地球をやである〈芥川〉」

いん【印】 ㊀〔名〕❶はん。はんこ。印鑑。また、それを押して得た形。印章。印形。印判。〓「—を押す」「認め—」「捺—・実—・烙—」 数 「一顆…」と数える。❷仏教で、手指で作る種々の形。形の違いによって悟りや誓願の内容などを表す。印契。印相。〓「—を結ぶ」 ㊁(造)❶刷る。しるす。〓「—刷」「—字・—象」❷「印度」の略。〓「—哲」

いん【因】 ㊀〔名〕❶ことの起こり。もと。〓「公害の—をなす」「原—・敗—・死—」❷仏教で、結果を引き起こす根源。〓「—縁」 ㊁(造)❶したがう。よる。〓「—習・—襲」❷「因幡」の略。〓「—州」

いん【院】 ヰン ㊀〔名〕法皇・上皇・女院の呼称。また、その御所。〓「一の—」「斎—」「白河—・建礼門—」 ㊁〔接尾〕戒名につける号。院号。〓「文献—古道漱石居士」 ㊂(造)寺・学校・官庁などの施設・組織。〓「書—・大学—・病—・衆議—」▼垣をめぐらした大きな建物の意から。

いん【陰】 ㊀〔名〕かくれた所。 ㊁(造)❶日の当たらない所。かげ。〓「—影」「緑—」❷かくれる。人目につかない。〓「—部・—謀」❸易の二元説で、消極的・静的な

性質のもの。≡「―性・―気」⇔陽 ❹移って行く日かげ。時間。≡「光―」

◉**陰に籠もる** 内部にこもって発散しない。また、陰気である。≡「―・った声でぼそぼそと話す」

◉**陰に陽に** あるときはひそかに、またあるときは公然と。陰になり日向(ひなた)になり。

いん【韻】ヰン 一［名］❶漢字音の頭子音を除いた部分。また、それを分類したもの。古くは二〇六、現在は一〇六に分類される。≡「―が通う」「―字」❷詩歌で、句や行の初めまたは終わりに置く同じ種類の音。≡「押―」「―律」 二（造）❶音のひびき。≡「松―・余―」❷風流なおもむき。≡「神―」

◉**韻を踏む** 詩歌の句の初めや終わりに同じ韻に属する音をおく。押韻(おういん)する。

いん【引】（造）❶ひっぱる。ひきよせる。≡「―力」「牽(けん)―・強―」❷手もとにもってくる。≡「―用」「索―」「我田―水」❸ひき受ける。≡「―責」❹みちびく。連れていく。≡「―率・―導」❺ひきのばす。≡「延―」

いん【咽】（造）のど。≡「―喉(いんこう)・―頭」

いん【姻】（造）❶とつぐ。結婚する。≡「婚―」❷結婚によって生じる縁つづき。≡「―戚(いんせき)」

いん【▼胤】（造）血すじ。子孫。たね。≡「皇―・落―」

いん【音】（造）❶おと。ものおと。≡「余―」❷口から発するおと。こえ。≡「子―・母―」❸たより。しらせ。≡「―信・―物(いんもつ・いんぶつ)」「疎―・訃(ふ)―・無(ぶ)―・福―」

いん【員】ヰン（造）❶人や物の数。≡「定―・動―・欠―」❷組織や団体を構成する人。また、そこで働く人。≡「社―・隊―・駅―」❸役・係をもつ人。≡「議―・乗務―・特派―」❹はば。広さ。≡「幅―」▽周囲の意から。

いん【▼殷】（造）盛ん。豊か。≡「―賑(いんしん)」

いん【淫】（造）（男女関係が）みだらになる。いかがわしい。≡「―行・―乱・―靡(いんび)」「手―」

いん【飲】（造）のむ。また、のみもの。≡「―食・―酒」「暴―・痛―」

いん【隠】（造）❶かくれる。かくす。≡「―蔽(いんぺい)・―謀」❷世間からかくれる。しりぞく。≡「―居・―遁(いんとん)」旧隱

イン【in】［名］❶テニス・バレーボールなどで、球が規定の線内に入ること。❷ゴルフで、一八ホールのコースの後半の九ホール。❸内側。中の。≡「―ドア・―プレー・―コーナー」▽他の語と複合して使う。◈⇔アウト

いん-い【陰萎】ヰ［名］インポテンツ。

いん-イオン【陰イオン】［名］陰電荷をもつ原子・原子団。アニオン。⇔陽イオン

いん-いつ【淫逸・淫▼佚】［名・形動］なまけ遊んで、みだらな楽しみにふけること。≡「―に流れる」

いん-いつ【隠逸】［名］俗世の煩わしさから逃れて、かくれ住むこと。≡「―の士」

いん-いん【陰陰】［形動タリ］うす暗くて、もの寂しいさま。また、陰気なさま。≡「―たる杉木立」

いんいん-めつめつ【陰陰滅滅】［形動タリ］陰気で気がめいるさま。

いん-う【淫雨】［名］長いあいだ降り続く雨。長雨。

いん-う【陰雨】［名］うっとうしく降り続く陰気な雨。

いん-うつ【陰鬱】［形動］陰気でうっとうしいさま。また、気持ちがはればれとしないさま。≡「―な雨空」「―な気分になる」派生―さ

いん-えい【印影】［名］紙などに押したはんのあと。

いん-えい【陰影・陰▼翳】［名］❶【影】光の当たらない暗い部分。かげ。≡「絵に―をつける」❷【影・翳】微妙な変化がもたらす単調ではないおもむき。ニュアンス。≡「―に富んだ文章」

いん-か【▼允可】［名・他サ変］聞きいれて許すこと。許可。允許(いんきょ)。▽「允」はゆるす意。

いん-か【引火】クワ［名・自サ変］可燃性の物質が、他の火や熱によって燃えだすこと。≡「たばこの火がガソリンに―する」「―点（＝引火する最低温度）」

いん-か【印可】［名・他サ変］❶師僧が弟子の僧が悟りを得たことを証明すること。≡「―状」❷武道・芸道で、師匠が奥義をきわめた弟子に免許を与えること。

いん-か【陰火】クワ［名］夜、幽霊や妖怪(ようかい)が出るときに燃えるという怪しい火。鬼火。狐火(きつねび)。

いん-が【印画】クワ［名］現像したフィルムの画像を感光紙に焼きつけること。また、そうして仕上げた写真。≡「―紙」

いん-が【因果】クワ 一［名］❶原因と結果。≡「―関係」「―律」❷仏教で、前世の行為の結果として現在の幸不幸があるということ。特に、前世の悪行の報いが不幸になって現れること。二［形動］（宿命的に）不運であるさま。≡「―な境遇」「労苦ばかりの―な商売」

◉**因果を含める** 道理ややむをえない事情をよくよく言い聞かせて納得させる。≡「―・めてあきらめさせる」

いん-が【陰画】クワ［名］ネガ。⇔陽画

いん-がい【員外】ヰングワイ［名］定められた人員の範囲に入らないこと。定員外。≡「―職員」

いん-がい【院外】ヰングワイ［名］院と呼ばれる施設や機関の外部。特に、衆議院・参議院の外部。≡「―団」⇔院内

いんが-おうほう【因果応報】イングワ―［名］仏教で、前世や過去の行いの善悪に応じて必ずその報いがあるということ。▽多く、悪い報いがあるの意で使う。

いん-かく【陰核】［名］女性の外生殖器にある小突起。陰梃(いんてい)。クリトリス。

いんが-し【印画紙】イングワ―［名］写真を焼きつける感光紙。✔注意「陰画紙」と書くのは誤り。

いんか-しょくぶつ【隠花植物】イングワ―［名］花・種子をつけず胞子や分裂によって繁殖する植物の総称。シダ類・コケ類・藻類など。胞子植物。⇔顕花植物

インカム【income】［名］収入。所得。≡「ダブル―」

インカム-ゲイン【income gain】［名］利子・配当などによる収益。⬇キャピタルゲイン

いんが-りつ【因果律】イングワ―［名］哲学で、すべての事象は必ず原因があって生じるという法則。

インカレ［名］「インターカレッジ」の略。

いん-かん【印鑑】［名］❶印(いん)の真偽を鑑定するために、市区町村長などにあらかじめ届け出ておく特定の印（＝実印）の印影。≡「―証明〔登録証〕」❷印(いん)。印章。はんこ。特に、実印。≡「―を彫る〔押す〕」▽正式に届け出た印を「実印」、それ以外の印を「認め印」という。

いん-かん【▼殷鑑】［名］戒めとしなくてはならない失敗の前例。

◉**殷鑑遠からず** 戒めとなる前例は手近にある。語源「殷」は中国の古代王朝の名。「鑑」は鏡で、手本の意。殷の紂王(ちゅうおう)が暴政の末に滅びたのは、前代の夏(か)の悪政を戒めとしなかったからだという『詩経』の故事に基づく。

いんかん-しょうめい【印鑑証明】［名］あらかじめ届け出た印鑑の印影と同一であることを、市区町村長などが証明すること。

いん-き【陰気】［形動］暗くて、じめじめしたさま。≡

「ーな人」「性格」‖「窓を閉めると部屋がーになる」⬍陽気 派生 ーさ

インキ［inkt オラ］［名］⬇インク‖「印刷ー」

いんき-くさ・い【陰気臭い】［形］暗くていやな感じがするさま。‖「ー表情」派生 ーさ

インキュベーション［incubation］［名］起業や新規事業を支援すること。企業支援。

インキュベーター［incubator］［名］❶孵卵器。保育器。❷起業や新規事業の支援を行う組織。

いん-きょ【▼允許】［名・他サ変］認めてゆるすこと。許可。允可。▽「允」はゆるす意。

いん-きょ【隠居】［名・自サ変］勤めをやめたり家督をゆずったりして気ままに暮らすこと。また、その人。‖「故郷に帰ってーする」▽単に、仕事から離れた老人の意でも使う。‖「横丁のごーさん」

いん-ぎょう【印形】［名］印。

いん-きょく【陰極】［名］電位の低い、電流が流れこむ側の電極。負極。マイナス。⬍陽極

いん-ぎん【▼慇▼懃】［名］❶［形動］丁寧で礼儀正しいこと。‖「ーに礼を述べる」「ーな態度で接する」❷親しい交わり。親交。よしみ。

慇懃

◉**慇懃を通・じる** ひそかに情交を結ぶ。

いんぎん-ぶれい【▼慇▼懃無礼】［名・形動］表面はきわめて丁寧だが、実は横柄であること。‖「ーな態度」派生 ーさ

インク［ink］［名］筆記や印刷に使う、着色した液体。インキ。

インク-ジェット［ink-jet］［名］プリンターの印刷方式で、インクの粒子を紙面に噴射して印刷するもの。‖「ープリンター」

インクルーシブ［inclusive］［形動］すべてを含むさま。包括的。‖「ー教育システム(=障害の有無などにかかわらず共に学べる仕組み)」

いん-くんし【隠君子】［名］❶俗世をのがれて隠れ住む有徳の人。❷菊の美称。

いん-けい【陰茎】［名］男性の生殖器の一部。体外に突き出した部分で、筒形の海綿体からなる。男根。ペニス。

いん-けん【引見】［名・他サ変］身分・地位の高い人が相手を呼び寄せて対面すること。引接。‖「皇帝が大使をーする」

いん-けん【隠見(隠顕)】［名・自サ変］かくれたり見えたりすること。見えがくれ。

いん-けん【陰険】［形動］❶誠実そうに装いながら、心の内に悪意を抱いているさま。‖「やり口がーだ」❷暗くて、意地悪そうなさま。‖「ーな目つき」派生 ーさ

いんげん-まめ【隠元豆】［名］若いさやと熟した種子を食用にするマメ科のつる性一年草。五月ささげ。いんげん。語源 明の僧、隠元が日本にもたらしたということから。

いん-こ【▼鸚▼哥・音呼】［名］セキセイインコ・コンゴウインコなど、インコ科の鳥の総称。また、オウム目(インコ目)の鳥のうち、中・小形で尾が長く、色彩の美しいものの総称。ことばなどをまねる種もある。

いん-ご【隠語】［名］特定の仲間内だけで通用するように仕立てたことば。落語家が使う「まんだら(=手ぬぐい)」「のせる(=食べる)」など。

いん-こう【印行】［名・他サ変］印刷して発行すること。刊行。版行。‖「明治期にーされた本」

いん-こう【咽喉】［名］❶咽頭と喉頭。のど。‖「耳鼻ー科」❷重要な通路。また、大事な場所。

◉**咽喉を扼・する** のどもとを押さえる。転じて、重要な地点を押さえる。

いん-こう【淫行】［名］みだらな行い。

いん-ごう【因業】［名］❶報いの原因となる行い。業因。▽一般に、悪い行いをいう。❷［形動］がんこで思いやりのないこと。むごいこと。‖「ーな仕打ち」

いん-ごう【院号】［名］❶上皇・皇太后などの称号。後白河院・建礼門院など。❷戒名につける「院」の称号。

イン-コース［和製 in+course］［名］❶野球で、本塁の中心より打者に近い方を通るボールの道筋。❷陸上競技で、トラックの中央より内側のコース。◈⬍アウトコース

イン-コーナー［和製 in+corner］［名］野球で、本塁の打者に近い方の側。内角。インサイド。⬍アウトコーナー

イン-ゴール［in-goal］［名］ラグビーで、ゴールラインとデッドボールラインの間にある長方形の区域。攻撃側がここにボールをつけるとトライが認められる。

いん-こく【印刻】［名・他サ変］印材に印を彫ること。‖「黄楊に雅号をーする」「ー師」

いん-こく【陰刻】［名・他サ変］石碑・印などで、文字や模様の部分をくぼませて彫ること。また、そうして彫ったもの。⬍陽刻

インサート［insert］［名・他サ変］❶挿入すること。差し込むこと。❷映画やテレビで、場面と場面の間に手紙・新聞・書物などの大写しを挿入すること。

いん-ざい【印材】［名］印を作る材料。石・木・竹・ゴム・牙・角・金属など。

インサイダー［insider］［名］❶同業者の協定に参加している人・団体。❷集団・組織などの内部の人。部内者。◈⬍アウトサイダー

インサイダー-とりひき【インサイダー取引】［名］会社役員・株主などの会社関係者が、職務や地位によって得た未公開の情報を利用して行う証券取引。金融商品取引法によって禁止される。内部者取引。

インサイド［inside］［名］❶内部。内側。‖「ーレポート(=内幕を暴露した扇情的な記事)」❷テニス・バレーボールなどで、境界線の内側。また、境界線の内側に球が入ること。❸インコーナー。◈⬍アウトサイド

いん-さつ【印刷】［名・他サ変］❶文字・図形などを紙・布などに刷りうつすこと。また、そのようにして原稿の複製品を作ること。プリント。印刷版の種類により、凸版印刷・平版印刷・凹版印刷・孔版印刷などに分けられる。‖「口絵の写真をアート紙にーする」「挨拶状をーする」❷印刷物。また、その仕上がり具合。‖「ーに誤りがある」「不鮮明なー」

いんさつ-きょく【印刷局】［名］日本銀行券・郵便切手・官報・法令全書などの印刷を行う独立行政法人。国立印刷局。▽もと財務省の付属機関。

いん-さん【陰惨】［名・形動］暗く、むごたらしいこと。‖「焼け跡のーな光景」派生 ーさ

いん-し【印紙】［名］手数料や税金を納付したしるしに証書などにはる、政府発行の証票。収入印紙。

いん-し【因子】［名］❶ある結果をもたらすもとになる諸要素。素因。ファクター。‖「遺伝ー」❷因数。

いんーし【淫▼祠】［名］いかがわしい神を祭るほこら。‖「―邪教」

いんーし【隠士】［名］俗世からのがれて、ひっそり暮らす人。世捨て人。隠者。

いんーじ【印字】［名・他サ変］タイプライターやプリンターなどで、機械的に文字や符号を打ち出すこと。また、その文字や符号。‖「原稿を―する」「―機」

いんーじ【印璽】［名］天皇の印（御璽）と国の印（国璽）の総称。

いんーじ【韻字】［名］❶漢詩文で、韻をふむために句末に置く文字。❷連歌・俳諧で、句の結びに置く文字やことば。▼多く句末の体言をいう。

いんーじ【韻事】［名］詩歌・文章を作るなどの、風流な行い。

いんーしつ【陰湿】［形動］暗くてじめじめしているさま。‖「―なやり口」

いんーじゃ【隠者】［名］俗世間から逃れて山奥などに隠れ住んでいる人。隠遁者。隠士。‖「―文学」

いんーしゅ【飲酒】［名・自サ変］酒を飲むこと。‖「―運転」

いんーじゅ【印▼綬】［名］官職名を表す印と、それをつるすひも。昔、中国で官吏任命の時に天子が授けた。

◉印綬を帯・びる　官職につく。

◉印綬を解・く　官職をやめる。

いんーしゅう【因習（因襲）】［名］昔から続いているしきたり。特に、現在に弊害を残すしきたり。‖「―にとらわれる」▼「因習・因襲」は本来別語。「因襲」は古くは「―する」の形でも使った。‖「旧弊を因襲する」

インシュリン［insulin］［名］⬇インスリン

いんーじゅん【因循】［名・形動］❶古い習慣やしきたりに従うだけで、改めようとしないこと。❷決断できなくて、ぐずぐずしていること。‖「―な態度」▼古くは「―する」の形でも使った。

いんじゅんーこそく【因循▼姑息】［名・形動］旧弊にとらわれ、その場しのぎに事を運ぼうとすること。

いんーしょう【引証】［名・他サ変］例を引いて証拠とすること。引き合いに出すこと。‖「古書から―する」

いんーしょう【印章】［名］印。はん。はんこ。

いんーしょう【印象】［名］外界の事物が人の心に与える直接的な感じ。心に残った感じ。‖「映像が人々に強烈な―を与える」「その町については―が薄い」「高潔という―が強い」「第一―」

いんしょうーしゅぎ【印象主義】［名］自然や事物から受ける瞬間的な印象を直接描写しようとする芸術上の考え方。一九世紀後半にモネを先駆者としてフランスの画家たちが提唱。のちに彫刻・音楽・文学などにも影響を与えた。▼impressionnismeの訳語。文学では「象徴主義」。

いんしょうーてき【印象的】［形動］外界の事物が与えた影響が強く心に残るさま。‖「イタリアはワインとオペラが―だった」「―な光景」

いんしょうーは【印象派】［名］印象主義を唱える芸術家の流派。▼絵画ではマネ、モネ、シスレー、ルノアール、彫刻ではロダン、音楽ではドビュッシーなど。

いんしょうーひひょう【印象批評】［名］芸術作品から受ける主観的・直感的な印象を重視して行う批評。

いんーしょく【飲食】［名・自他サ変］飲むことと食べること。飲み食い。‖「冷たい物を―しないようにお願いします」「―店」「―物」

いんーしん【音信】［名］⬇音信

いんーしん【▼殷▼賑】［名・形動］にぎやかで活気に満ちていること。‖「―を極める」「―な商都」

いんーしん【陰唇】［名］女性の生殖器で、尿道と膣の出口を左右からかこむ襞。

いんーすう【因数】［名］数学で、一つの項がいくつかの数または式の積で成り立っているとき、その個々の数や式。因子。

いんーずう【員数】［名］一定の枠内にある数量や人数。いんず。‖「―をそろえる」「―外」

いんすうーぶんかい【因数分解】［名・他サ変］数または整式を因数の積の形に直すこと。例えば、$a^2-b^2=(a+b)(a-b)$など。

インスタレーション［installation］［名］現代美術で、従来の彫刻や絵画のジャンルに入らない作品とその環境を一つの総体として呈示すること。また、それを配置する芸術的空間。▼取り付け、据え付けの意。

インスタント［instant］［名・形動］手間がかからないこと。手軽であること。即席。‖「―コーヒー・―ラーメン」

インスティテュート［institute］［名］学会。協会。また、研究機関。

インーストア［in-store］［名］店内。‖「―ベーカリー（＝スーパーなどの店内でパンの製造・販売を行う店）」

インストゥルメンタル［instrumental］［名］歌の入らない、楽器だけの演奏。また、その楽曲。インスト。▼原義は「楽器で演奏される」。

インストーラー［installer］［名］ソフトウエアをコンピューターにインストールするためのプログラム。セットアッププログラム。

インストール［install］［名・他サ変］ソフトウエアをコンピューターに組み込んで、実際に使えるようにすること。‖「ソフトを―する」⬍アンインストール▼据えつける意。

インストラクション［instruction］［名］❶指図すること。指令。❷心理学の実験やテストで、被験者に方法などを指示すること。教示。❸コンピューターで、命令。

インストラクター［instructor］［名］特定の技術の指導や訓練を行う人。指導員。‖「ゴルフの―」

インスパイア［inspire］［名・他サ変］❶ある思想や感情を相手の心に吹き込むこと。鼓吹。鼓舞。‖「先輩の忠告に―される」❷影響を与えて、ある意欲や行動を引き起こすこと。感化。触発。‖「大作家の作品に―されて書いた小説」

インスピレーション［inspiration］［名］天啓を得たように突然ひらめく考え。霊感。‖「―がわく」

インスリン［insulin］［名］膵臓のランゲルハンス島から分泌されるホルモン。体内で糖を分解し、血糖量を減少させる。インシュリン。

いん・する【淫する（▼婬する）】［自サ変］熱中して度を過ごす。過度にふける。おぼれる。‖「酒色［書］に―」文いん・す

いん・する【印する】［他サ変］あとを残す。‖「極北の地に足跡を―」▼印をおす意から。文いん・す

いんーせい【院生】［名］大学院・日本棋院などに籍を置いて指導を受ける人。特に、大学院の学生。

いんせい【院政】ヰン［名］実権を握った上皇や法皇が、天皇に代わって院の庁(＝御所)で行った政治。▽応徳三(一〇八六)年白河上皇によって始められた。

いんせい【陰性】［名］❶［形動］性質が消極的で陰気なこと。‖「―な／の人」❷病原菌があるという反応が現れないこと。◈⬍陽性

いんせい【隠▼棲(隠▼栖)】［名・自サ変］俗世を離れて静かに暮らすこと。‖「山中に―する」

いんぜい【印税】［名］発行者が著作権の使用料として著作権者に支払う金。価格・発行部数などに応じた歩合(ぶあい)で決める。

いんせき【引責】［名・自サ変］自ら責任を引き受けること。‖「局長が―して退任する」「―辞職」

いんせき【姻戚】［名］結婚によってできた、血縁のない親類。また、その互いの関係。姻族。‖「―関係」

いんせき【▼隕石】ヰン［名］流星が大気中で燃えつきずに地上に落下したもの。

いんぜん【隠然】［形動タル］表面にはでないが、かくれた実力をもつさま。‖「政界に―たる勢力を張る」⬍顕然

インセンティブ［incentive］［名］❶意欲を起こさせるような刺激。誘因。❷企業が販売促進のために支給する奨励金。販売報奨金。

いんそう【印相】ウサ［名］❶仏教の理念を示すために手と指を組み合わせてつくる種々の形。印。いんぞう。❷印章の字体や彫り方から見た吉凶の相。

インソール［insole］［名］靴の中敷(なかじ)き。敷革(しきがわ)。

いんぞく【姻族】［名］婚姻によって親類となった人。配偶者の父母兄弟など。姻戚(いんせき)。▽民法では三親等内の姻族を親族とする。

いんそつ【引率】［名・他サ変］多くの人を引きつれること。‖「生徒を―して博物館へ行く」「―者」✓注意「引卒」と書くのは誤り。

インター［inter］一［名］❶「インターチェンジ」の略。‖「東名厚木―」❷「インターナショナル」一の略。二［接頭］間・相互、の意を表す。‖「―ホン」「―ネット」

インターカレッジ［名］❶大学間で行う対抗試合。❷大学のサークル活動で、複数の大学の学生が所属すること。また、そのサークル。◈「インカレ」とも。inter-collegiate から。

インターセプト［intercept］［名・他サ変］サッカー・ラグビー・バスケットボール・ホッケーなどで、相手チームがパスしたボールを横取りすること。

インターチェンジ［interchange］［名］高速自動車道路と一般道路を結ぶ出入り口。インター。

インターナショナル一［名］❶［International］社会主義運動の国際組織。インター。❷［Internationale フランス］一八七一年にフランスで作られた革命歌。万国労働者の歌として愛唱された。▽一九四四年までソ連の国歌。二［形動］［international］国際間の。国際的。‖「―な学会」

インターネット［Internet］［名］個々に散在するコンピューターネットワークをつなぎ合わせ、国際的規模のネットワークとして機能するようにしたもの。電子メール・情報の検索などさまざまに利用される。

インターネット-バンキング［Internet banking］［名］⬇ネットバンキング

インターハイ［名］高校生のスポーツ大会である、全国高等学校総合体育大会の通称。高校総体。▽「ハイ」は high school の略。和製語。

インターバル［interval］［名］❶間隔。間合い。‖「―を置く」❷劇場などの、休憩時間。幕間(まくあい)。

インターフェア［interfere］［名］スポーツで、競技中に相手のプレーを故意に妨害すること。

インターフェース［interface］［名］接点。特にコンピューターで、機器と機器をつないだり、コンピューターと人間の接点として機能するものなどにいう。インターフェイス。

インターフェロン［interferon］［名］ウイルス抑制因子。ウイルスに感染した細胞や腫瘍(しゅよう)細胞で作られ、ウイルスの増殖を抑制する特殊なたんぱく質。遺伝子工学の技術によって大量生産され、ウイルス感染症や悪性腫瘍の治療などに用いられる。

インターホン［interphone］［名］玄関と室内、部屋と部屋との通話などに用いる私設の通話装置。

インターン［intern］［名］❶医師、理容師・美容師などをめざす人が、国家試験を受けるための要件として専門課程修了後に行った実習。また、その実習生。現在は廃止。❷「インターンシップ」の略。

インターンシップ［internship］［名］学生が一定期間企業内で仕事を体験すること。また、その制度。

いんたい【引退】［名・自サ変］職や地位から退くこと。‖「政界から―する」「現役を―する」「―興行［試合］」書き分け「引退」と「隠退」は退く意で意味が重なるが、【引退】は身を引くことに、【隠退】は静かに暮らすことに力点がある。

いんたい【隠退】［名・自サ変］社会的な活動から退き、静かに暮らすこと。‖「郷里に―する」書き分け⬇引退

いんたいぞう【隠退蔵】ザウ［名・他サ変］品物などを役立てずに、隠してしまっておくこと。‖「―物資」▽「隠匿(いんとく)」と「退蔵」の意。

いんたく【隠宅】［名］❶隠居した人が住む家。隠居所。❷世を避けて住む家。かくれが。

インダストリアル-デザイン［industrial design］［名］家電・車・日用品など、大量生産される工業製品のデザイン。工業デザイン。ID。

インタビュアー［interviewer］［名］インタビューをする人。

インタビュー［interview］［名・自他サ変］❶新聞・雑誌・放送などの取材記者が、人に会って話を聞くこと。また、その記事や放送。‖「市長に／を―する」「発見者に現場の状況を―する」❷会見。面談。

インタラクティブ［interactive］［形動］❶相互に作用するさま。❷情報通信で、送り手と受け手が相互に情報を交換できるさま。対話型であるさま。‖「―配信」

インタレスト［interest］［名］❶興味。関心。❷利害関係。❸利益。利子。‖「ナショナル―」

インタロゲーション-マーク［interrogation mark］［名］疑問符。クエスチョンマーク。

いんち【引致】［名・他サ変］引っ張って連れてゆくこと。特に、被告人・被疑者などを、裁判所・検察庁などに強制的に連行すること。

いんち【印池】［名］印肉を入れる器。肉池。

インチ［inch］［名］ヤードポンド法で、長さを表す単位。フィートの一二分の一で、二・五四センチメートル。

記号in 書き方「▼吋」と当てる。

いんちき［名・形動］❶勝負事・博打（ばくち）などで、相手の目をごまかして不正をすること。いかさま。‖「ーをする」「ーな手を使う」❷ほんものでないこと。‖「ーな商品」

いん-ちょう【院長】（ヰンチャウ）［名］病院など、「院」と名のつく施設・組織の長。‖「大学病院のー」

インディア-ペーパー［India paper］［名］きめが細かくて薄い、じょうぶな西洋紙。辞書などに使う。インディア紙。インデアペーパー。インディアンペーパー。

インディアン［Indian］［名］❶インド人。❷アメリカ大陸の先住民族。ネイティブアメリカン。インデアン。▽「アメリカインディアン」の略。

インディーズ［indies］［名］映画・音楽などの自主プロダクション。また、その作品。

インディゴ［indigo］［名］暗い藍（あい）色。また、その染料。インド藍。洋藍。インジゴ。▽もとは植物の藍からとった。

インデックス［index］［名］❶見出し。索引。‖「ーカード」❷数学などで、指数。指標。

インデックス-ファンド［index fund］［名］平均株価指数（インデックス）に連動して、運用成果があがるように組まれた株式投資信託。

インテリ［名］知識階級。また、学問・教養のある人。▽「インテリゲンチャ（intelligentsiya［ロシア］）」の略。

インテリア［interior］［名］室内設計。室内装飾。▽内部・室内の意。「インテリアデザイン（interior design）」の略。

インテリジェンス［intelligence］［名］知性。知力。

いん-てん【院展】（ヰン）［名］日本美術院が主催する日本画の公募展。▽「日本美術院展覧会」の略。

いん-でん【印伝】［名］ヒツジまたはシカのなめし革。多く色漆（いろうるし）で模様をつけ、袋物などに用いる。印伝革。▽「甲州印伝」は山梨県の名産。Indiën［オランダ］・indian［ポルトガル］（＝インドの）から。「印度（インド）伝来」の意にとって「印伝」と当てた。

いん-でんき【陰電気】［名］エボナイト棒などを毛皮でこすったときに生じる、エボナイトに生じるのと同じ性質の電気。負電気。⇔陽電気

いん-でんし【陰電子】［名］陰電気を帯びた電子。⇔陽電子 ▽「陽電子」と区別して使うときにいい、ふつうは単に「電子」という。

インデント［indent］［名］ワープロソフトで、行頭や行末に空白を入れるなど、文字の位置を変更すること。また、その機能。字下げ。

インドア［indoor］［名］室内。屋内。‖「ースポーツ」⇔アウトドア

いん-とう【咽頭】［名］鼻腔（びこう）・口腔（こうこう）の下部から食道の上端にかけての粘膜におおわれた管。咽喉（いんこう）の上部にあたる。

いん-とう【淫▼蕩】（タウ）［名・形動］酒色におぼれるなど、みだらな遊びにふけること。‖「ーにふける」

いん-どう【引導】（ダウ）［名］❶仏道に導くこと。❷死者が成仏（じょうぶつ）できるように、僧が経文や法語をとなえること。また、その経文や法語。

◉**引導を渡・す** ❶死者を葬る前に経文などを唱える。❷もはや死を免れないことをわからせる。また、最終的な宣告を下す。注意「印籠（いんろう）を渡す」は誤り。

いん-とく【陰徳】［名］ひそかになされたよい行い。人に知られない善行。

◉**陰徳あれば陽報（ようほう）あり** ひそかに善行を積めば必ずよい報いがある。▽『淮南子（えなんじ）』から。

いん-とく【隠匿】［名・他サ変］ひそかに隠しもつこと。また、人をかくまうこと。‖「ー物資」「ー罪」

イントネーション［intonation］［名］話すときに文節の区切りや文末にあらわれる声の上がり下がり。発声の抑揚（よくよう）。音調。語調。

インドメタシン［indomethacin］［名］炎症による腫（は）れや痛みを和らげる、非ステロイド性の抗炎症剤。炎症を引き起こすプロスタグランジンの生成を抑制する。

イントラネット［Intranet］［名］インターネットの技術を企業内の情報交換に応用した通信網。▽intra（内部）とnetwork の合成語。

イントロ［名］「イントロダクション」の略。

イントロダクション［introduction］［名］❶序説。序論。❷音楽で、序奏。導入部。イントロ。

いん-とん【隠▼遁】［名・自サ変］俗事を捨てて、ひっそりと隠れ住むこと。遁世。‖「ー者・ー生活」

インナー［inner］［名］❶「インナーウエア」の略。下着。❷内部の。内側の。▽他の語と複合して使う。◈⇔アウター

インナー-マッスル［inner muscle］［名］表層筋の奥にある深層筋。骨の近くにある筋肉で、関節を固定・保護する役割をもつ。‖「ーを鍛える」

いん-ない【院内】（ヰン）［名］院と呼ばれる施設・機関の内部。特に、衆議院・参議院の内部。‖「ー交渉団体」⇔院外

いんない-かんせん【院内感染】（ヰンナイ）［名］病院内の患者・医療従事者・医療器具などを介して、ある感染症が他の患者に感染すること。

いん-にく【印肉】［名］印を押すときに使う、朱・墨などの顔料をしみこませたもの。にく。

いん-にん【隠忍】［名・自サ変］怒りや苦しみなどを外に表さずに、じっとこらえること。

いんにん-じちょう【隠忍自重】［名・自サ変］怒りや苦しみをじっと我慢して軽率な行動をしないこと。

いん-ねん【因縁】［名］❶仏教で、結果をもたらす直接原因となる因と、間接原因である縁。この世の物事はすべて因と縁によって定められるとされる。❷定まっている運命。‖「前世からのー」❸（運命によって結ばれた）関係。ゆかり。縁。‖「あの人とは浅からぬーがある」❹物事の起こり。由来。‖「寺のいわれーを聞く」❺言いがかり。‖「ーをつける」

いん-のう【陰▼嚢】（ナウ）［名］陰茎の付け根の下にあって、精巣（睾丸（こうがん））・副精巣（副睾丸）などを包み込んでいる袋状のもの。ふぐり。

インバーター［inverter］［名］直流電流を交流電流に変換する装置。冷暖房器では、コンプレッサーの周波数を変えて温度を調節するのに用いられる。逆変換装置。インバータ。⇩コンバーター

いん-ばい【淫売】［名］金品を得て性的行為をすること。また、それを行う女性を差別的に言った語。‖「ー婦」

インバウンド［inbound］［名］❶外国人の訪日旅行。また、訪日旅行客。▽「インバウンドツーリズム」の略。❷外から中へ向かうこと。‖「ー通信」

インパクト［impact］［名］❶衝撃。また、強い影

響。‖「―を与える」「―のあるコマーシャル」❷球技で、バットやクラブなどにボールが当たること。

いん-ばん【印判】［名］印。印章。印形。⬍書き判

いん-び【因美】［名］因幡国と美作国。現在の鳥取・岡山両県にあたる。

いん-び【淫▼靡】［名・形動］風紀が乱れて、みだらな感じがすること。‖「風俗が―に流れる」

いん-び【隠微】［名・形動］かすかで、表面からはわかりにくいこと。‖「表情に―な陰りがある」

いん-ぴ【隠避】［名・他サ変］犯人・逃走者や誘拐された人をかくまう（蔵匿）以外の方法で、その者の発見を妨げる行為。逃走資金の提供、虚偽の情報の提供など。‖「犯人を―する」

いん-ぶ【陰部】［名］体の表面に現れている性器。恥部。かくしどころ。

いん-ぷ【淫婦】［名］多情で浮気な女性。

インファイト［名］ボクシングなどで、相手に接近して戦うこと。接近戦法。▽infighting から。

インフィールドフライ［infield fly］［名］野球で、無死または一死で走者が一・二塁または満塁のとき、内野手が当然捕らえられる範囲内に打ち上げられたフェアフライ。審判の宣告で、打者はアウトになる。▽故意の落球による併殺を防ぐためのルール。

インフィニティ［infinity］［名］無限。無限大。

インフェリオリティーコンプレックス［inferiority complex］［名］劣等感。コンプレックス。

インフォーマル［informal］［形動］格式ばらないようす。非公式。略式。‖「―な会合」「―ドレス」⬍フォーマル

インフォームドーコンセント［informed consent］［名］医師が病状や医療行為の内容を正しく患者に伝え、患者がそれを納得・同意した上で医療に参加すること。十分な説明と同意。▽患者が十分な情報を得た上で医療を選択することを「インフォームドチョイス（informed choice）」という。

インフォメーション［information］［名］❶情報。‖「―サービス」❷案内所。受付。◈「インフォーメーション」とも。

インプット［input］［名・他サ変］入力。特に、コンピューターの入力。⬍アウトプット

インフラ［名］「インフラストラクチャー」の略。

インフラストラクチャー［infrastructure］［名］産業基盤・生活基盤を形成する構造物の総称。道路・鉄道・ダム・港湾・通信施設・学校・病院・公園などが含まれる。インフラ。▽下部構造の意。

インプラント［implant］［名］人体のある部位に人工の器官などを埋め込むこと。特に、人工の歯を埋め込むこと。また、その歯など。▽原義は移植。

インプリンター［imprinter］［名］クレジットカードなどの表面にある凹凸の文字を、処理伝票に転写する機器。

インフルエンザ［influenza］［名］ウイルスの感染によって起こる急性の呼吸器感染症。高熱を発し、頭痛・筋関節痛・全身倦怠などの症状が現れる。流行性感冒。流感。

インフルエンサー［influencer］［名］大きな影響力をもつ人やもの。特に、他者の消費行動に大きな影響を与える人。▽原義は、影響、感化、効果の意。

インフレ［名］「インフレーション」の略。⬍デフレ

イン-プレー［in play］［名］スポーツで、競技が進行していること。試合続行中。競技中。

インフレーション［inflation］［名］貨幣価値が下がり、物価が上がりつづける現象。通貨膨張。インフレ。⬍デフレーション

インフレーターゲット［名］物価の安定を目的として設定される、物価上昇率の目標値。インフレ目標値。▽inflation target から。

インプレッション［impression］［名］印象。感銘。

いん-ぶん【韻文】［名］❶漢文で、韻をふんだ文章。詩・賦など。❷韻律をもった文章。詩歌など。⬍散文

いん-ぺい【隠蔽】［名・他サ変］おおい隠すこと。‖「真相を―する」「―工作」「―色」

いん-ぼう【陰謀（隠謀）】［名］ひそかにたくらむ悪い計画。わるだくみ。‖「―を企てる」「敵の―をあばく」

インポート［import］［名・他サ変］❶輸入すること。また、輸入品。‖「―家具」❷コンピューターで、あるアプリケーションソフトが、他のソフトで作成されたデータを取り込むこと。また、その機能。◈⬍エクスポート

インポテンツ［Impotenzドイ］［名］男性の性交不能。特に勃起できな状態をいうことが多い。陰萎。インポ。⬇ED

いん-ぽん【院本】［名］浄瑠璃詞章の全編を一冊にまとめたもの。丸本。

いん-ぽん【淫奔】［名・形動］性的にだらしがないこと。淫乱。

いん-めつ【隠滅】［名・自サ変］かくれて見えないこと。

いん-めつ【隠滅（▼湮滅・▼堙滅）】［名・自他サ変］あとかたもなく消えること。また、あとが残らないように消すこと。‖「証拠を―する」 書き方 「隠滅」は代用表記。「湮」は水に沈める、「堙」は土に埋める意。

いん-めん【印面】［名］印章の、文字を彫ってある面。

いん-もう【陰毛】［名］陰部にはえる毛。恥毛。

いん-もく【韻目】［名］漢字を韻によって分類した項目。また、その項目の代表として選ばれた字。

いん-もつ【音物】［名］贈り物。進物。また、わいろ。いんぶつ。

インモラル［immoral］［形動］不道徳なさま。ふしだらなさま。‖「―な行為」

いん-もん【陰門】［名］体外に現れた女性性器。外陰部。玉門。

いん-ゆ【引喩】［名］故事・ことわざ・詩文などを引用して自分の言いたいことを表現する修辞法。アリュージョン。▽「出る杭は打たれるだ、あまり出しゃばらない方がいい」の類。

いん-ゆ【因由】［名・自サ変］それを原因として起こること。また、事の起こり。原因。‖「すべては不注意に―する」▽「因由」と書いて「いわれ」と読ませることもある。

いん-ゆ【隠喩】［名］「ようだ」「ごとし」などの比喩であることを示す語を用いず、直接その言葉を言ってたとえる修辞法。暗喩。メタファー。⬍直喩・明喩▽「玉の肌」「沈黙は金、雄弁は銀」の類。

いん-よう【引用】［名・他サ変］自説を証明したり物事を詳しく説明したりするために、他人の文章・他の説・故事などを引いてくること。‖「論語の一節を―する」

いん-よう【陰陽】［名］❶易で、相反する性質をもった陰と陽の二つの気。月・水・夜・冬・女・静などを陰とし、日・火・昼・夏・男・動などを陽とする。陰陽（おんよう・おんみょう）。〓「―五行説」❷電気・磁気などの陰極と陽極。

いん-よう【飲用】［名・他サ変］飲むのに用いること。また、（継続して）飲むこと。〓「薬用酒を―する」「―水」

いん-よく【淫欲（淫▼慾）】［名］みだりに異性などの肉体を求める欲望。色欲。

イン-ライン【in-line】［名］❶テキストの中にあること。特に、メールを返信する際に、先方のメールを引用してその間に文を差し挟む形で応答すること。❷部品などが直線状に並んでいること。

インライン-スケート【in-line skate】［名］車輪が縦一列に並んだローラースケート。

いん-らく【淫楽】［名］みだらな楽しみ。情欲による快楽。

いん-らん【淫乱】［名・形動］情欲におぼれて、みだらなこと。淫奔。派生 -さ

いん-りつ【韻律】［名］韻文の音楽的な調子で、音声の長短・強弱・抑揚、子音・母音の配列によるもの。また、和歌や俳句のように音節数によるもの。

いん-りょう【飲料】［名］飲むためのもの。飲み物。〓「炭酸―」

いんりょう-すい【飲料水】［名］飲むための水。飲み水。〓「清涼―」

いん-りょく【引力】［名］空間を隔てた二つの物体がたがいに引き合う力。〓「万有―」「―圏」⇔斥力

いん-れい【引例】［名・他サ変］証拠として例をひくこと。また、その例。〓「聖書から格言を―する」

インレー【inlay】［名］❶虫歯の空洞に金属などを詰めること。また、その詰めもの。❷象眼細工。

いん-れき【陰暦】［名］❶月の満ち欠けを基準にして作った暦。太陰暦。⇔陽暦 ❷太陰太陽暦のこと。太陰暦。旧暦。

いん-ろう【印籠】［名］昔、薬などを入れて腰に下げた扁平・長円筒形の小箱。薬籠。▼古くは印判を入れたことから。

いん-わい【淫▼猥】［名・形動］ただ性欲を刺激するような、みだらなこと。卑猥。〓「―な言動」派生 -さ

う

う【▼卯】［名］十二支の第四。▼動物では兎に当てる。時刻では午前六時、または午前五時から午前七時の間。方角では東。

う【▼鵜】［名］ウミウ・カワウ・ヒメウなど、ウ科の水鳥の総称。カモより大きく、色は黒い。水中にもぐって魚類を捕食する。▼鵜飼いにはウミウを使う。

鵜

◉**鵜の真似をする烏** 能力もないのに、いたずらに人まねをすると失敗するというたとえ。

◉**鵜の目鷹の目** 人が熱心に物を探し出そうとするさま。また、その目つき。〓「―で探す」▼鵜や鷹が獲物をねらうときの鋭い目つきの意から。

う［助動 特活型］（○-○-う-(う)-○-○）

❶**意志**を表す。〓「私がやろ―」「もう帰ろ―」

❷〈下に疑問の「か」を付けて〉**申し出**を表す。〓「僕が行こ―か」「私が代わろ―か」

❸**勧誘**や婉曲な**命令**を表す。〓「早く帰ろ―よ」「一緒にやろ―ぜ」「出ていってもらお―(か)」

使い方 ①〜③は、下に「じゃないか」「ではないか」を付けて、反駁したり同意を求めたりする気持ちで、意志・勧誘などの意を強調することがある。〓「やってやろうじゃないか」「説明を聞かせてもらおうではないか」

❹**推量**を表す。〓「明日は雨が降りましょ―」「そんなことはなかろ―」「さぞやつらかったろ―」

使い方 ⑴話し言葉では一般に「…だろう」を使う。〓「明日は雨が降るだろう」⑵断定の意をやわらげる言い方もある。〓「もう許してやってもよかろう」

❺〈疑問や感嘆の意を表す語を伴って〉**反語**や**感動**を表す。〓「この秘密をだれが知ろ―(か)」「こんな話、またとあろ―か」「何と素晴らしいことだろ―(か)」

❻〈「…うとする」の形で〉実現を試みる、実現のために努力する意を表す。〓「帰ろ―としたとき呼び止められた」

使い方 「…うとしない」は実現のため努力しない意を表す。実現しないように努力する意は「…まいとする」で表す。〓「現実を見ようとしない／見まいとする」

❼〈「…うが」「…うと」「…うとも」などの形で〉仮定を表す。…しても。〓「泣こ―がわめこ―が聞こえない」「何を飲も―と私の勝手だ」「何と言お―と聞きはしない」

使い方 「う」の代わりに「まい」を用いて「…まいが」「…まいと」などの形で「…しても…しなくても」の意を表すこともある。〓「行こうが行くまいが結果は同じだ」

❽〈「…うにも」の形で、下に打ち消しを伴って〉そうしたくても。〓「泣こ―にも泣けない」「言お―にも声が出ない」

❾〈「…うものなら」の形で〉⇩ものなら②

◈文語助動詞「む」の転。多く、［ウ］と発音せず、語末のオ列を長音化させた形となる。使い方 五段動詞、形容詞、形容動詞、助動詞「です・ます・だ・た・ない・たい・そうだ（様態）・ようだ・みたいだ」の未然形に付く。上一段動詞、下一段動詞、サ変動詞、カ変動詞、助動詞「（ら）れる・（さ）せる」などの場合は未然形に「よう」が付く。ただしサ変動詞は「し」の形に「よう」が付く。連体形は「こと」「もの」「はず」などの形式名詞に付く。

う【右】（造）❶みぎ。みぎがわ。〓「―岸・―折・―大臣」❷保守的な立場・傾向。〓「―翼」「極―」◈⇔左

う【宇】（造）❶のき。ひさし。また、大きな家。〓「―下」「殿―・廟―」「仏堂二―」❷空間の広がり。天地四方。〓「―宙・―内」❸心の広がり。器量。〓「気―」

う【有】（造）ある。存在する。〓「―心・―情」

う【羽】（造）❶鳥や虫のはね。〓「―毛・―化」❷「出羽国」の略。〓「―州」「奥―」

う【▼迂】（造）❶遠回りする。〓「―回・―路」❷実情にうとい。〓「―闊」

う【雨】（造）あめがふる。あめ。〓「―天・―期・雪・―量」「風―・豪―・雷―・梅―」

う【▼烏】（造）からす。〓「―合・―兎」

う-い【有為】［名］仏教で、因果関係によってこの世に生じたり滅したりする、すべての存在や現象。〓「―の奥山（＝無常の現世を深山にたとえた語）」⇔無為▼「ゆうい（有為）」は別語。

う・い【憂い】［形］思うように気持ちが晴らせなくて、苦しい気持ちである。つらい。〓「旅は―もの、つらいもの」派生 -さ

うい【▽愛い】［連体］〔古風〕かわいい。けなげな。〓「―やつじゃ」▼目下の人を褒めるときに使う。文語形容詞

「憂し」の転という。

うい【初】(造) 初めての。最初の。‖「―孫・―産」

ウイーク【week】[名] 週。一週間。ウィーク。‖「バード―」「ゴールデン―」

ウイークエンド【weekend】[名] 週末。週末の休日。‖「―に家族旅行をする」

ウイークデー【weekday】[名] 日曜(または土曜・日曜)以外の日。週日。平日。‖「―は仕事で忙しい」

ウイーク-ポイント【weak point】[名] 弱点。

ウイークリー【weekly】[名] 週刊の雑誌・新聞。

ウイークリー-マンション【和製weekly＋mansion】[名] 一週間単位で賃貸されるマンション。▼商標名。

ウイービング【weaving】[名・自サ変] ボクシングで、上体を前後左右に揺り動かして相手の攻撃をかわすこと。また、その動作。ウィービング。

ういうい し・い【初初しい】[形] 若々しくて新鮮であるさま。‖「―姿」派生 -さ

ういきょう【▼茴香】[名] 実を香辛料・薬用にするセリ科の多年草。独特の香りがある。フェンネル。

ウイザード【wizard】[名] ❶すぐれたコンピューター技術者。❷コンピューターで、提示された項目を選択していくだけで、簡単に設定や操作が行えるガイド機能。◈魔法使いの意。「ウィザード」とも。

ういざん【初産】[名] はじめての出産。はつざん。読み分け 医学では「しょさん・しょざん」。

ウィジェット【widget】[名] ➡ガジェット②

ういじん【初陣】[名] ❶はじめて戦場に出ること。また、その戦い。❷はじめて試合や競技に出場すること。また、その試合や競技。

ウイスキー【whisky】[名] 大麦・ライ麦などを発酵させ、蒸留した酒。樫材のたるに詰めて熟成させる。ウイスキー。‖「―の水割り」「スコッチ―」▼アメリカ・アイルランド産はwhiskeyとつづる。

ウイッグ【wig】[名] 洋髪のかつら。

ウイット【wit】[名] 時と場合に応じて、とっさに気のきいたことを言ったりしたりできる才知。機知。‖「―に富んだ会話」

うい-てんぺん【有為転変】[名] 仏教で、この世のすべては常に変化するということ。‖「―は世の習い」

ウイニング-ショット【和製winning＋shot】[名] ❶球技で、勝利をもたらす決定打。❷野球で、投手が打者を打ち取る球。決め球。

ウイニング-ボール【和製winning＋ball】[名] 勝利を決めたときのボール。特に野球で、守備側のチームが最終回にスリーアウトをとって勝利を決めたときのボール。

ウイニング-ラン【winning run】[名] 陸上競技などで、勝者が観客の声援に応えて競技場内をゆっくり走ること。▼日本での用法。英語ではa lap of honor、victory lapという。

うい-まご【初孫】[名] 初孫。

ウイルス【virus】[名] ❶電子顕微鏡でなければ見えない、細菌より小さい病原体の総称。インフルエンザ・はしか・日本脳炎・天然痘などの病原体。濾過性病原体。ビールス。‖「―性の肝炎」❷「コンピューターウイルス」の略。◈「ヴィルス」とも。

ういろう【▽外郎】[名] ❶江戸時代に小田原で売り出された、黒くて四角い漢方薬。痰切りや口臭の除去に用いた。透頂香。ういろうぐすり。❷米の粉に砂糖などを加えて蒸し上げた菓子。ういろうもち。▼①に色・形が似ていたことから。◈「外郎」は唐音。

ウイン-ウイン【win-win】[名] 関係する双方が得をすること。ウィンウィン。‖「―政策」

ウインカー【winker】[名] 自動車などの、点滅式の方向指示器。また、それによる信号。

ウインク【wink】[名・自サ変] 合図のために、片目でまばたきをすること。また、そのようにして色目を使うこと。目くばせ。‖「思わせぶりに―する」

ウイング【wing】[名] ❶建築物の中心から左右側面にのびた部分。❷劇場の舞台の両そで。❸サッカー・ラグビーなどで、左右両端の位置。また、その位置の選手。◈鳥や航空機の翼の意。

ウインター-スポーツ【winter sports】[名] 冬季に行われる運動競技。スキー・スケート・アイスホッケー・そり競技・カーリングなど。

ウインチ【winch】[名] 円筒状の胴を回転させ、ワイヤロープやチェーンで重量物を巻き上げる機械。巻き上げ機。

ウインドウズ【Windows】[名] アメリカのマイクロソフト社が開発したパソコン用のOS。▼商標名。

ウインドー【window】[名] ❶窓。‖「リア―」❷「ショーウインドー」の略。❸コンピューターで、画面を四角く区切って文書や画像などを表示する領域。書き方 多く「ウィンドウ」と書く。

ウインドー-ショッピング【window-shopping】[名] ショーウインドーなどに陳列されている商品を見て歩きながら楽しむこと。

ウインドサーフィン【Windsurfing】[名] サーフボードに三角帆を立て、風を利用して水上を帆走するスポーツ。ボードセーリング。▼一九七〇年にアメリカで考案された。

ウインドブレーカー【Windbreaker】[名] 防風・防寒のためのスポーツ用ジャンパー。▼もと商標名。

ウインナー【Vienna】[名] ❶ウィーン風。‖「―ワルツ」❷「ウインナーソーセージ」の略。◈「ウィンナ」とも。

ウインナー-コーヒー【Vienna coffee】[名] 泡立てた生クリームを浮かせたコーヒー。ウィンナコーヒー。

ウインナー-ソーセージ【Vienna sausage】[名] 指の形をした小形のソーセージ。ウインナー。

ウィンブルドン【Wimbledon】[名] ❶イギリスのロンドン市マートン自治区にある区域。❷テニスの四大大会の一つである、全英テニス選手権大会の通称。①で開かれる。

ウーステッド【worsted】[名] 長い羊毛によりをかけて織った毛織物。背広地・オーバー地などに使う。▼英国の原産地名から。

ウーマン【woman】[名] 女性。‖「キャリア―」▼多く他の語と複合して使う。

ウーマン-リブ[名] 性差による一切の差別除去と、性による役割分担を固定化する制度や意識の変革をめざす女性解放運動。一九六〇年代後半のアメリカで始まり、世界に影響を与えた。リブ。▼Women's Lib か

ら。Lib は liberation（解放）の略。

ウール【wool】［名］羊毛。また、羊毛で織った服地。ウール地。‖「―マーク」

ウーロン-ちゃ【ウーロン茶（▼烏▽竜茶）】［名］茶の葉を半発酵させてつくる中国産の茶。赤褐色で独特の香りがある。▼「ウーロン」は中国語。書き方「▼烏▽龍茶」とも。

うえ【上】ウヘ 一［名］❶三次元の空間で、ある基準となるものより高いほう。‖「煙が―へ―へと昇る」「坂の―（の方）から男が下りてくる」「網棚の―に荷物を載せる」❷〈「Aの上」の形で、慣用句的に〉上方に位置するAの意を表す。‖「空の―（＝機上）から下界を望む」❸平面上の位置関係で、中心部や基準とする所よりも視線が上がる所。‖「写真の中央から二センチほど―に変な影が写っている」「―から三つ目の文字は誤植だ」❹物の表に出る方。表面。特に、覆われた物の外側。‖「雪の―に足跡が残る」「シャツの―にセーターを着る」❺文章で、既述された部分。以上。‖「―に述べたように」使い方 横書きでは「上」、縦書きでは「右」と使い分ける場合もある。❻地位・能力・程度・年齢などがまさっていること。また、その人。‖「―の命令に従う」「実力は彼のほうが―だ」「三歳―の兄」❼〈「…の上」の形で〉そのことに関する意を表す。…上じょうは。…的には。‖「仕事の―ではライバルだ」❽〈「…の上に」の形で〉物事が成立する場合の、（よって立つ）基盤を表す。‖「今日の繁栄は国民の努力の―に築かれている」❾〈多く「…した上で」「…の上で」の形で〉（十分に）…した結果として。（きちんと）…したのち。‖「十分に勘案した―で返事する」「何もかも承知の―（でしたこと）だ」使い方「…な上」は誤り。‖「×何もかも承知な上だ」❿〈「…した上に」「…な上に」「…の上に」などの形で〉さらに事柄が付加される意を表す。…に加えて。‖「お世話になった―にご馳走にまでなった」「無愛想な―に気も利かない」「あの講師は早口の―に板書も汚い」⓫〈「Aの上に(も)A」の形で〉程度の甚だしさを強調していう。Aに輪をかけてAだ。限りなくAだ。また、惜しみない周到の配慮があることを強調していう。‖「御協力頂けるとは好都合の―にも好都合だ」「用心の―に用心を重ねる」⓬〈「かくなる上は」などの形で〉こうなった以上は。こうなったからには。‖「かくなる―は覚悟を決めよう」⓭〈古風〉〈「…の上」の形で、貴人の妻の呼び名や目上の人を表す語を受けて〉尊敬の意を表す。‖「紫の―」「二条院の―」◈①③～⑥⇔下
二［接尾］〈目上の人を表す語に付いて〉その人に対する敬意を表す。‖「母―・兄―」

◉**上に立つ** 〈多く「人の上に立つ」の形で〉支配的・指導的立場に立つ。‖「一万人の社員の―・って采配を振る」

◉**上には上がある** 程度が最も上だと思っても、世の中にはさらに程度の上のものがある。注意「上には上がいる」は誤り。

◉**上を行く** 能力・程度などが他にまさる。‖「売上高では一歩―」「通常の解釈のはるか―名［珍］解釈」

◉**上を下へ** 入り乱れて混乱することをいう。‖「―の大騒ぎ」▼上の物が下に、下の物が上になる意から。注意「上や下へ」「上へ下へ」は誤り。

うえ【飢え（▽餓え・▼饑え）】ウヱ［名］食べ物がなく、ひどく腹がへった状態（が続くこと）。‖「―と渇きに苦しむ」

ウエア【wear】［名］衣類。服。ウェア。‖「スキー―」

ウエアラブル【wearable】［形動］着用できるさま。ウェアラブル。‖「―端末（＝身に着けて利用できるコンピューター）」▼他の語と複合して使う。

ウエイター【waiter】［名］レストラン・喫茶店などの、男性の給仕人。ウェイター。ウエーター。⇔ウエイトレス

ウエイト【weight】［名］❶重量。特に、体重。❷重要度。重点。‖「英語に―を置いて勉強する」◈「ウエート」とも。

ウエイト-トレーニング【weight training】［名］バーベル・ダンベルなどを使って行うトレーニング。ウエートトレーニング。

ウエイト-リフティング【weight lifting】［名］重量挙げ。ウエートリフティング。

ウエイトレス【waitress】［名］レストラン・喫茶店などの、女性の給仕人。ウェイトレス。ウエートレス。⇔ウエイター

ウエーブ【wave】［名］❶波。特に、音波。電波。‖「ニュー―・マイクロ―」▼多く他の語と複合して使う。❷［自サ変］髪の毛などが波形にうねっていること。‖「美しく―した髪」❸競技場で、多くの観客が連続して立ったり座ったりし、それが波のうねりのように見えるもの。‖「―が起こる」◈「ウェーブ」とも。

うえから-めせん【上から目線】ウヘカラ［連語］〔新〕人を見下すような、偉そうな態度。‖「―で物を言う」

うえ-き【植木】ウヱ［名］庭や鉢などに植えてある木。また、植えるための木。‖「―市・―鉢」

うえ-こみ【植え込み】ウヱ［名］❶庭などで樹木を多く植え込んだ所。また、その樹木。‖「庭の―に隠れる」❷物を他の物の中に植え込むこと。

うえ-こ・む【植え込む】ウヱ［他五］❶植物を土の中にしっかりと植える。植え付ける。❷ある物を他の物の中にしっかりと入れる。はめこむ。‖「杭くいを―」名植え込み

うえ-さま【上様】ウヘ［名］❶高貴な人の敬称。‖「―は上機嫌でいらっしゃる」❷領収書などで、相手の名前の代わりに書く語。

うえ-した【上下】ウヘ［名］❶上と下。じょうげ。‖「―そろいの服」❷上と下が逆になること。さかさま。‖「積み荷が―になっている」

うえ-じに【飢え死に（▽餓え死に）】ウヱ［名・自サ変］飢えて死ぬこと。餓死がし。‖「このままでは―する」

ウエスタン【Western】［名］❶アメリカ西部の開拓時代を舞台にした映画。西部劇。❷アメリカ西部地方の民謡風の音楽。▼「ウエスタンミュージック（western music）」の略。◈西の、の意。

ウエスト【waist】［名］腰と胸の間のくびれて細くなった部分。胴回り。また、衣服の胴回り。略号W

ウエスト-ボール【和製waste＋ball】［名］野球で、盗塁・バント・ヒットエンドランなどを防ぐために、投手が故意にストライクゾーンをはずして投げるボール。捨てだま。ウエスト。▼wasteは、無駄な、の意。

ウエストライン【waistline】［名］（衣服の）胴回り。ウエスト線。ウエスト。

う-えつ【羽越】ウヱツ［名］出羽でわ国と越後えちご国。現在の秋

田・山形・新潟・富山・福井の諸県にあたる。

うえ-つ・ける【植え付ける】ウヱ [他下一] ❶植物などを植えてしっかりと根づかせる。また、ある物を他の物にしっかりとさしこむ。‖「苗を—」「基盤に針を—」❷思想・感情・印象などを心に刻みつける。‖「過激思想を—」「不信感を—けられる」文うゑつ・く 名**植え付け**「稲の—」

ウエッジ-ソール【wedge sole】[名] 底が平らで、かかとの部分だけが高い靴。多く女性用。▽横から見ると楔形(くさびがた)であることから。

ウエット【wet】[形動] ❶ぬれているさま。湿った。‖「—ヘア」❷感傷的で、情にもろいさま。‖「感じやすい—な性格」◈⬍ドライ

ウエット-スーツ【wet suit】[名] 内部に気泡を含む生地で作り、体に密着させて着る潜水服。防水効果はないが、保温性が高い。

ウエット-ティッシュ【和製wet+tissue】[名] 湿らせたティッシュペーパー。不織布に水や薬剤を染み込ませたもの。

ウエディング【wedding】[名] 結婚。結婚式。ウエディング。‖「—ケーキ・—ドレス」

ウエハース【wafers】[名] 小麦粉を原料にして薄い短冊形に焼いた軽い干菓子。ウエファース。

ウェブ【Web】[名] インターネット上に散在する情報を検索・表示するためのシステム。WWW。ウエッブ。▽World Wide Webから。Webは「くもの巣」の意。

ウェブサイト【website】[名] ⬇サイト②
書き方 Website・web siteとも。

ウェブ-ページ【web page】[名] インターネット上に公開される文書。

ウェブ-マガジン【Web magazine】[名] 雑誌のようにさまざまな記事・読み物・写真などを掲載し、定期的に更新するウェブサイト。オンラインマガジン。

う・える【飢える】(▽餓える・▼饑える)ウヱル [自下一] ❶食べ物がなく、ひどく腹がへる。空腹に苦しむ。‖「—えた狼の群れ」「血に—」❷必要なものが欠けた状態になり、手に入れたいと熱望する。‖「愛情[刺激]に—」文う・う 名**飢え**

う・える【植える】ウヱル [他下一] ❶植物の根や球根をしっかりと土に埋める。‖「畑に球根を—」使い方「—・えている」の形では、「植え育てる・栽培する」の意を表すこともある。‖「菜園には野菜を—・えています」❷細長いものをはめこむ。植え込む。‖「かつらに毛髪を—」❸繁殖させるために、細菌・細胞などを他から移す。移植する。‖「培養器に菌を—」文う・う

ウエルカム【welcome】[名] 歓迎。また、歓迎の挨拶(あいさつ)に用いる語。ようこそ。

ウエルカム-ドリンク【和製welcome+drink】[名] 宿泊客の到着時やパーティーの開始前に振る舞う飲み物。

ウエルカム-ボード【和製welcome+board】[名] 結婚式・披露宴などで、来客を迎えるために会場の入り口に飾る案内板。

ウエルター-きゅう【ウエルター級】フキ [名] ボクシングの体重別階級の一つ。アマチュアでは六四キログラムを超えて六九キログラムまで、プロでは一四〇ポンド(六三・五キログラム)を超えて一四七ポンド(六六・六八キログラム)まで。▽welterweightから。

ウエルダン【well-done】[名] ビーフステーキの焼き方で、内部までよく火を通したもの。⬇レア②・ミディアム③

ウエルネス【wellness】[名] ❶健康。心身の良好な状態。❷積極的に健康な心と体をつくろうとする生活態度。

う-えん【有縁】[名] ❶仏の教えと縁があること。‖「—無縁の衆生(しゅじょう)」❷つながりがあること。関係があること。‖「—の間柄」◈⬍無縁

う-えん【▼迂遠】ウヱン [形動] 回りくどいさま。また、すぐには役に立たないさま。‖「—な方策」「—の空論」▽道が曲がりくねって遠い意から。派生—さ

うお【魚】ウヲ [名] 魚類の総称。さかな。‖「干し—」

◉**魚の水を得たよう** 苦境から脱して、また、ふさわしい場所を得て大いに活躍するさま。

うお-いちば【魚市場】ウヲ [名] おもに業者が魚介類の取引をする施設。魚市。

うおう-さおう【右往左往】ウワウサワウ [名・自サ変] うろたえて、あっちに行ったりこっちに行ったりすること。うおうさおう。‖「逃げ場を求めて—する」

ウォーキング【walking】[名] 歩くこと。特に、健康維持・増進のために歩くこと。

ウォークイン-クローゼット【walk-in closet】[名] 主に衣服を収納するための物置部屋。▽人が立ったまま入れる収納室の意。

ウォーター【water】[名] 水。飲み水。‖「ミネラル—」▽多く他の語と複合して使う。

ウォーター-シュート【water chute】[名] 急斜面のレールに乗せたボートで水面にすべりおりる遊戯装置。また、その遊び。

ウォーター-スポーツ【watersports】[名] 水中または水上で行うスポーツ。水泳・サーフィン・スキューバダイビングなど。

ウォーター-スライダー【和製water+slider】[名] プールに向かって降りるように設けられた滑り台。ウォータースライド。

ウォーター-プルーフ【waterproof】[名] ❶防水加工を施してあること。防水性・耐水性があること。‖「—の日焼け止め」❷防水布。防水服。

ウォーター-ポロ【water polo】[名] 水球(すいきゅう)。

ウォーミング-アップ【warming up】[名・自サ変] 競技などの前に軽く運動や練習をすること。準備運動。ウォームアップ。

ウォーム-ビズ【和製warm+biz】[名] 重ね着など、環境省が提唱する秋冬のビジネス用軽装の愛称。▽「ウォーム」は暖かいの意、「ビズ」は「ビジネス(business)」の略。

ウォール-がい【ウォール街】[名] 米国ニューヨーク市マンハッタン区の南端にある一街区。株式取引所・証券会社・銀行・商社などが集中する世界金融の中心地。▽Wall Streetから。

うお-がし【魚《河岸》】ウヲ [名] 魚市場(のある河岸(かし))。特に、東京都中央区築地(つきじ)にあった中央卸売市場本場魚類部の通称。かし。

うお-ごころ【魚心】ウヲ [名] 〈「魚心あれば水心」の形で〉相手が好意を示してくれるなら、こちらも好意をもって応じようというたとえ。▽もと「魚(うお)心あれば、水(みず)心あり」の形が、「魚心」「水心」と一語化して使われるようになったもの。

ウォッカ【vodkaロシ】[名]ライ麦・トウモロコシなどから造る、ロシア特産の蒸留酒。無色・無味・無臭だが、アルコール分は四〇～六〇パーセントと強い。ウオッカ。ウオツカ。ウォトカ。ヴォトカ。

ウォッシャブル【washable】[名]洗濯できること。また、そのような衣類。ウオッシャブル。「―スーツ」

ウォッチ【watch】[名]❶携帯用の時計。腕時計・懐中時計など。「ストップ―」❷[他サ変]注視すること。❸航海で、見張り。当直。ワッチ。

ウォッチング【watching】[名]見張りや観察をすること。「バード―」

うお-の-め【魚の目】ウヲ[名]慢性の刺激によって、足の裏などの表皮の角質層が部分的にかたくなったもの。押すと痛む。鶏眼けいがん。

ウォルナット【walnut】[名]❶くるみの木。また、その実。❷くるみ材。◈「ウォールナット」「オールナット」とも。

う-おんびん【ウ音便】[名]発音の便宜上、語中・語尾の「く」「ぐ」「ひ」「び」「み」などの子音が落ちて「う」音に変わる現象。「よく」が「よう」、「かぐはし」が「かうばし」、「言ひて」が「言うて」になるなど。

う-か【羽化】ウク[名・自サ変]昆虫が、さなぎから羽がはえて成虫になること。「蚕かいこが―する」

う-かい【▼鵜飼い】ウカヒ[名]飼いならした鵜を使ってアユなどをとること。また、それを職業とする人。「―船」▽岐阜県長良川ながらがわのものが有名。

う-かい【▼迂回】ウクワイ[名・自サ変]遠まわりすること。まわり道。「工事中のため―する」「―路」

うがい【▼嗽】ウガヒ[名・自サ変]水・薬液などで、口やのどをすすぎ清めること。含嗽がんそう。「―薬ぐすり」

うか-うか[副]うっかりして、気づかずにいるさま。また、ぼんやりしているさま。「―(と)口車に乗せられる」「―(と)しているうちに一年が過ぎた」

うかがい【伺い】ウカガヒ[名]❶耳にすること、問うことの意の謙譲語。「御機嫌―」❷目上の人に指図をあおぐこと。「―書よ」書き方 慣用の固定した「進退伺」は送りがなを付けない。

◉**伺いを立・てる** ❶神仏に願ってお告げを求める。「天神様に(お)―」❷目上の人などに指示をあおぐ。「上司に―」

うかがい-しょ【伺い書】ウカガヒ[名]目上の人や機関に指示をあおぐために差し出す文書。書き方 文書の場合は、「伺書」のように送りがなを付けない。

うかがい-し・る【▼窺い知る】ウカガヒ[他五]見当をつけて大体のことを知る。「部外者には―ことさえできない」

うかが・う【伺う】ウカガフ 一[他五]❶「聞く(=耳にする・耳に入れる)」の謙譲語。Aから聞くという動作について、Aを高める。お聞きする。拝聴する。「話は奥様から―っております」「先生の御高説、謹んで―いました」❷「聞く(=耳にする・耳に入れる)」の丁重語。相手(=聞き手・読み手)に対する改まった気持ちを表す。「私の―っているところでは明日は定休日だそうです」✓注意 本来は誤り。この丁重語化が進んだものとして、「娘から伺っております」など、高める必要のない人物から聞く場合に「伺う」を用いることがあるが、誤り。また、「係の者にお伺いください」のように相手の動作について「伺う」を使うのも、誤り。「係の者にお聞き[お尋ね]ください」などが適切。❸「聞く(=問う・質問する)」の謙譲語。Aに聞くという動作について、Aを高める。お聞きする。お尋ねする。「ちょっと―いますが…」「先生にお―いしたいことがあって、参りました」「書状にて兄上様の御機嫌をお―い致す次第です」「進退を―」▽「御機嫌を伺う」意から。❹寄席などで、客に芸を披露する。「一席―います」
二[自五]「訪とう(=訪問する)」「(先方へ)行く」の謙譲語。訪問したり行ったりする先の人物を高める。お訪ねする。参上する。「明日、大阪の山田さんのところに―います」▽さらに敬意の度合いを高めて「お伺いする」「お伺い申し上げる」「お伺いいたす」とも。二重敬語だが、一般化している。「夕方お宅へお―いします」✓注意 丁重語「参る」と異なり、必ず高めるべき人物がいる場合に使う。「×休暇でハワイへ伺います」⇩参る一①「使い方」
◈「窺うかがう」と同語源。✓注意 次項「窺う」「窺える」の意で「伺」を使うのは誤り。「×関心の高さが伺える」
可能 伺える 名 伺い ⇩敬語解説(一七九八ページ)

うかが・う【▼窺う・▼覗う】ウカガフ[他五]❶様子をそっとのぞいて探る。のぞき見る。「戸のすき間から内の様子をじっと―った」「相手の顔色を―」❷推定して知る。察知する。「真意を―に余りある惨状」使い方 多く「うかがわれる」「うかがえる」の形で、自然に察知されるの意で使う。「言葉のはしばしから決意のほどが―われる」❸時機の来るのを待ち受ける。待ちかまえる。ねらう。「ひそかに好機を―」❹好位置にあって、しかるべき地位・成績・数値などの獲得をねらい待ち受ける。「優勝を―」「株価が最高値を―(=今にも～に届く)展開となる」▽新聞などに見られる、比較的新しい言い方。可能 うかがえる

うかさ・れる【浮かされる】[自下一]❶高熱などで、意識が正常でなくなる。「熱に―」❷夢中になって、心がうわついたようになる。「投資ブームに―」文 うかさ・る

うか・す【浮かす】[他五]❶浮くようにする。浮かべる。「湖水[水槽]に小舟[水草]を―」❷一部分が高く盛り上がるようにする。「模様を―・して彫る」❸節約して、余りがでるようにする。「旅費[時間]を―」❹不安定な状態にする。「腰を―」⇔据える・入れる ❺球技で、投げた球や打った球を浮き上がったようにする。
異形 浮かせる

うか・せる【浮かせる】一[他下一]⇩浮かす 文 うか・す 二[自他下一]「浮かす」の可能形。浮かすことができる。

う-かつ【▼迂▼闊】ウクワツ[形動]事情にうとくて注意が足りないさま。「気づかなかったのは―だった」「―なことは言えない」▽もと、回り遠くて役に立たない意。派生 ―さ

うが・つ【▼穿つ】[他五]❶穴をあける。掘る。❷物事の真相や人情の機微をしっかりととらえる。「なかなか―・ったことを言う」「真理を―名言」❸[新]深読みする。行き過ぎと思われるような解釈をする。「あまりに―・った見方だ」名 うがち

うか-と[副]気づかずに。うっかりと。うかうかと。「―見落とす」

うか-とうせん【羽化登仙】ウクワ[名]人間に羽がは

え、仙人となって天にのぼること。快く酒に酔った気分のたとえに使う。▼蘇軾(そしょく)の「前赤壁賦(ぜんせきへきのふ)」などから。

うかば・れる【浮かばれる】〔自下一〕❶死者の霊が安らかに慰められる。成仏できる。≡「供養も滞りなく済んで、これで仏も—・れよう」❷苦労が報われる。面目が立つ。救われる。≡「この報酬では彼も—・れない」▼打ち消しを伴うことが多い。◈「浮かぶ」の未然形＋可能の助動詞「れる」から。

うかび-あが・る【浮かび上がる】〔自五〕❶水中・地上にあったものが水面・空中に上がってくる。浮上する。≡「死んだ魚が水面に—」「気球が—」❷隠れていたものが表面に出てくる。浮かび出る。≡「捜査線上に—・った容疑者」❸苦しい状態からぬけて、よい状態になる。浮き上がる。≡「どん底の生活から—」

うか・ぶ【浮かぶ】〔自五〕❶物が沈むことなく、水面・水中・空中に位置を占める状態になる。また、水中から水面に出てくる。≡「湖水にヨットが—・んでいる」「青空に雲が—」「太平洋に—島」「死んだ魚が水面に—・んできた」⇕沈む ❷空中に浮いているかのように目の前に現れる。浮かび上がる。浮かび出る。≡「宵やみに塔のシルエットがぼんやりと—」❸あるものが表面に現れる。≡「容疑者が捜査線上に—」❹考えなどが意識の中にのぼる。≡「名案が頭に—」「心に—・んだことをありのままに書け」書き方「空に雲が泛かぶ」「考えが脳裏に泛かぶ」など「▼泛かぶ」とも書くが、一般には「浮」を使う。

◉**浮かぶ瀬** 苦しい環境などから抜け出る機会。運が開けるチャンス。≡「不作続きで農家は—もない」「身を捨ててこそ—もあれ」

うか・べる【浮かべる】〔他下一〕❶水面・水中・空中に浮かぶようにする。浮かばせる。≡「流れに花びらを—」「グラスに氷を—」⇕沈める ❷あるものが表面に現れるようにする。≡「額に汗を—」「安堵(あんど)の表情を—」❸考えなどを意識の中にのぼらせる。≡「幼年時代の出来事を胸に—」◈書き方「湖水に船を泛かべる」「心に思い泛かべる」など「▼泛かべる」とも書くが、一般には「浮」を使う。文うか・ぶ

うから【▽族・〈親族〉】〔名〕〔古風〕血族。一族。

うか・る【受かる】〔自五〕❶合格する。パスする。≡「入学試験[大学]に—」▼仲間の一員として受け入れられる状態になる意からいう。❷選挙で、当選する。❸電波が受信できる状態にある。≡「この地域はFM波がよく—・らない」◈①②⇕落ちる

うか・れる【浮かれる】〔自下一〕心が浮き浮きして、じっとしていられない気持ちになる。≡「花[陽気]に—・れて遊び歩く」文うか・る

う-がん【右岸】〔名〕川の下流に向かって右側の岸。⇕左岸

うき【浮き】〔名〕❶浮くこと。また、浮く具合。❷魚がかかったことを知るために、釣り糸につけて水に浮かべる小さな目印。書き方「〈浮子〉」とも。❸水中に沈めた漁網などの位置を知る目印として浮かせておくもの。

う-き【右記】〔名〕すでに前に書き記してあること。また、その文。≡「—を参照のこと」⇕左記▼縦書き文章の右側に記したの意から。

う-き【雨季・雨期】〔名〕一年のうちで、特に雨の多い季節・時期。≡「—に入る」⇕乾季・乾期 書き分け「雨季・雨期」は本来別語で、【雨季】は季節に、【雨期】は時期に重点を置いて使う。

うき-あが・る【浮き上がる】〔自五〕❶水中・地上から水面・空中に浮かんでくる。≡「体が宙に—」❷地面などから離れてすきまができる。≡「土台が—」❸隠れていたものが現れてくる。浮かび上がる。≡「霧の中に人影が—」❹まわりとのつながりが弱くなる。≡「監督が選手から—」

うき-あし【浮き足】〔名〕❶つま先だけが地についていること。❷いまにも逃げ出しそうな、落ち着かない状態。浮き腰。逃げ腰。≡「—になる」

うきあし-だ・つ【浮き足立つ】〔自五〕そわそわして落ち着かなくなる。また、逃げ腰になる。≡「不意を襲われて—」

うき-いし【浮き石】〔名〕❶軽石(かるいし)。❷不安定な状態で積み重なっている岩石。

うき-うお【浮き魚】〔名〕海面近くに群れをなしてすむ魚。イワシ・サバ・カツオ・マグロなど。表層魚。⇕底魚(そこうお)

うき-うき【(浮き浮き)】〔副ト〕楽しくて心が弾むさま。≡「—と旅仕度をする」「—した気分で外出する」

うき-おり【浮き織り】〔名〕地組織の上に横糸を浮かせて模様を織り出すこと。また、その織物。

うき-がし【浮き貸し】〔名・他サ変〕銀行員などが帳簿を操作し、不正に貸しつけること。不正融資。

うき-ぎ【浮き木】〔名〕水に浮いている木片。≡「—の亀(かめ)(＝めったに出会えない機会のたとえ)」➡盲亀(もうき)の浮木(ふぼく)

うき-くさ【浮き草】〔名〕❶水田・池・沼などに生えるウキクサ科の多年草。平らな卵形で、葉と茎の区別がない。書き方「▼萍」とも。❷水面に浮かんで生える草の総称。うきぐさ。▼不安定で落ち着かない生活のたとえにもいう。≡「—の日々」◈書き方公用文では「浮草」。

うき-ぐも【浮き雲】〔名〕空に浮かんで漂う雲。▼身の上や暮らしがしっかりと定まらないことのたとえにいう。≡「—の生活」書き方公用文では「浮雲」。

うき-ごし【浮き腰】〔名〕❶力の入らない不安定な腰。❷逃げ出そうとして落ち着かないこと。逃げ腰。≡「悪事が発覚して—になる」❸柔道で、相手の腰を浮かし、自分の腰にのせて投げる技。

うき-しずみ【浮き沈み】〔名・自サ変〕❶浮いたり沈んだりすること。浮沈(ふちん)。≡「波の間(ま)に間に水鳥が—する」❷栄えたり衰えたりすること。栄枯盛衰。≡「人生には—がある」「—の激しい業種」

うき-しま【浮き島】〔名〕❶水面から浮き上がっているように見える島。❷湖沼の浮き草が密生して島のように見えるもの。

うき-す【浮き巣】〔名〕カイツブリなどの水鳥が水草の茂る水面に作る巣。≡「鳰(にお)の—」

うき-だ・す【浮き出す】〔自五〕❶表面に浮いて出てくる。浮き出る。≡「壁に—・した染み」❷表面に浮いたようにはっきり現れる。浮き出る。≡「光を当てると花模様が—」「静脈が—・した腕」

うき-た・つ【浮き立つ】〔自五〕❶楽しく陽気になる。うきうきする。≡「花の便りに心が—」❷はっきりして目立つ。≡「赤が周りの色から—・って見える」使い方使役形は「浮き立(た)たせる」。「浮き出(だ)たせる」は誤り。

うき・でる【浮き出る】〔自下一〕浮き出す。≡「水底から油が—」「額に—・でた汗をぬぐう」

うき-ドック【浮きドック】〔名〕船体をのせ、水上に浮かべたまま作業できるようにした箱形のドック。

うき-な【浮き名】［名］色恋についてのうわさ。艶聞（えんぶん）。「ーを流す」▽憂き名（＝悪い評判）の意から。書き方 公用文では「浮名」。

うき-に【浮き荷】［名］❶捨てられたり波にさらわれたりして海上に漂う船の荷物。❷引き取り手が決まらないうちに荷主が船積みして送り出す品物。

うき-ね【浮き寝】［名］❶水鳥が水面に浮いたまま眠ること。❷船の中で眠ること。「ーの一夜を明かす」❸定まった宿もないままに眠ること。仮寝。「ーの旅」❹（遊女などの）かりそめの添い寝。◈歌などで「浮き」を「憂き（＝つらいこと）」にかけて使う。

うき-はし【浮き橋】［名］水上にいかだや船をならべ、その上に板をわたして橋としたもの。船橋（ふなはし）。

うき-ぶくろ【浮き袋（浮き▼嚢）】［名］❶魚類の体内にある、気体を満たして浮き沈みを調節する袋状の器官。書き方「▼鰾」とも。❷人を水に浮かせるための道具。ゴム・ビニールなどで袋状に作り、中を空気で満たす。▽輪状のものは「浮き輪」ともいう。書き方 公用文では「浮袋」。

うき-ふし【憂き節】［名］つらいこと。悲しいこと。「浮世のーをも知りたり〈鷗外・舞姫〉」

うき-ふね【浮き舟】［名］水上に浮いている舟。

うき-ぼり【浮き彫り】［名］❶像や模様が素材の平面から浮き出るように彫ること。また、その彫刻。レリーフ。❷ある物事をきわだたせて表すこと。「若者の風俗をーにしたテレビ番組」

うき-み【浮き身】［名］体の力をぬき、あおむけになって静かに水面に浮かぶ泳ぎ方。

うき-み【憂き身】［名］つらく、苦労の多い身の上。

◉**憂き身を窶す** 身がやせるほど熱中する。また、なりふり構わず夢中になる。「恋［研究・道楽］にー」書き方 批判的な立場から「浮き身～」とも。

うき-め【憂き目】［名］つらく、悲しいこと。いやな体験。つらい目。「落第のーを見る」

うき-よ【浮き世】［名］❶つらく、はかない現世。「栄枯盛衰はーの習い」▽もと仏教から出た語で「憂き世」であったが、「浮いたこの世」と理解されるようになり、漢語の「浮世（ふせい）」とも重なって「浮き世」と書かれるようになった。❷この世の中。現実社会。世間。「ーの義理」「ーの風に当たる」◈書き方 新聞では「浮世」と書く。

うきよ-え【浮世絵】（ヱ）［名］江戸時代に起こった風俗画。遊里・芝居・風景・似顔絵など、題材は広い。肉筆画と木版画がある。

う-きょく【▼迂曲（▼紆曲）】［名・自サ変］うねり曲がること。「ーして流れる川」

うきよ-ぞうし【浮世草子】（ザウシ）［名］江戸時代、おもに上方で行われた写実的な風俗小説。仮名草子の後、井原西鶴（さいかく）の『好色一代男』から始まった。

うきよ-ばなれ【浮き世離れ】［名・自サ変］世間の俗事に無関心であること。また、考え方や行動が世間の常識とかけ離れていること。「ーした生活」

うき-わ【浮き輪】［名］環状の浮き具。水中で体を浮かせるために用いる。

う・く【浮く】［自五］❶物が地面や水底などを離れて、空中・水面・水中にとどまった状態になる。「投げを食らって体が一瞬宙にーいている」「空にぽっかりーいた雲」「水鳥が波にぷかぷかーいている」❷比重・浮力・揚力などの作用で、物が浮くことのできる性質をもつ。水面や空中にとどまることができる。「木は水にー」❸物が水中で生じたり水中を移動したりして、水面に現れる。「沼の底からぶくぶくと泡がー」「灰汁（あく）がー」❹皮膚の表面に、分泌物や斑点（はんてん）などが現れる。浮き出る。「顔に脂がー」「両腕に血管が青くーいて見える」❺模様が下地から離れて、上に飛び出したように見える。浮き上がる。浮き出る。「花模様がーいて見える」❻固定した基盤から離れた状態になる。「金具が基盤からー」「歯がーいてぐらぐらする」❼集団になじまない状態になる。「場違いな服装で周囲からー」❽心が浮き浮きする。「ーかぬ（＝不機嫌そうな）顔」❾［古風］心が落ち着かず、浮ついている。また、浮ついた気持ちで恋愛や情事に関係している。「心構えがーいていては大事は任せられない」「ーいた（＝色めいた）噂（うわさ）が絶えない」❿うまく処理したために、金銭や時間に余分が出る。「節約すれば旅費がー」⓫ボクシングなどのスポーツで、腰が据わらない不安定な態勢になる。「腰がーいたところにパンチが入る」⬍据わる・入る ⓬麻雀（マージャン）で、持ち点を上回った成績を上げる。「一人だけー」⓭野球やテニスなどで、投球や打球が制球力をなくして浮き上がったようになる。うわずる。「ボールが高めにー」◈①③⑧⑫⑬⬍沈む 可能 浮ける 名 浮き

う-ぐ【▼迂愚】［名・形動］世間知らずで、愚かなこと。「ーな君主」

うぐい【▼鯎・〈石斑魚〉】（ウグヒ）［名］産卵期に、腹部に三本の赤い縦じまが現れるコイ科の淡水魚。食用。ハヤ・イダ・アイソ・アカハラなど、地方名が多い。

うぐいす【▼鶯】（ウグヒス）［名］❶早春、山や里で美しい声でさえずるウグイス科の小鳥。背は緑褐色、腹部は白色。夏は山地の低木林に巣を作って繁殖し、冬は平地におりる。「チャッチャッ」と鳴くのをささ鳴き（地鳴き）、「ホーホホホケッキョケッキョ」と鳴くのを谷渡りと称する。春告げ鳥・花見鳥・経読み鳥など、多くの呼び名がある。「梅にー」❷美声、または声の美しい人をいう語。

鶯

うぐいす-いろ【▼鶯色】（ウグヒス）［名］ウグイスの羽の色に似た、茶と黒のかかった緑色。鶯茶（うぐいすちゃ）。

うぐいす-じょう【▼鶯嬢】（ウグヒスヂャウ）［名］場内アナウンスや選挙カーの放送などを担当する女性。▽鶯の美しい声にたとえていう。書き方「ウグイス嬢」とも。

うぐいす-もち【▼鶯餅】（ウグヒス）［名］もちで餡（あん）をくるみ、青きな粉をまぶした菓子。▽色と形をウグイスに似せたことから。

ウクレレ［ukulele］［名］ハワイアン音楽などで使う、小形の四弦楽器。形はギターに似る。

うけ【▼筌】［名］水中に沈めて川魚をとる道具。細く割った竹を円筒形に編み、魚の入り口にじょうご形の返しをつける。うえ。

うけ【受け】［一］［名］❶攻められる側になること。「ーに回る」❷世間の評判。人気。「ーがいい」「ーをねらう」［二］（造）受けるもの。「ー皿・ー軸」「郵便ー」

うけ【請け】［名］❶身元などを保証すること。また、その人。請け人。「ーに立つ」❷請け出すこと。「質ー・身ー」

う-け【有▼卦】［名］陰陽道（おんようどう）で、幸運が七年間続くという年回り。⬍無卦（むけ）

◉**有卦に入る** 幸運に恵まれて活気づく。「商売繁盛でー」✓注意「受けがよい」などに引かれて「受けに入る」

と書くのは誤り。

うけ-あい【請け合い（受け合い）】 ヒア［名］❶引き受けること。〓「安―」❷〈「〜こと(は)請け合いだ」の形で〉物事が間違いなく成立するという話し手の気持ちを表す。〜の件については、間違いないと私が保証する。〓「この映画が楽しめること、―だ」

うけ-あ・う【請け合う（受け合う）】 フア［他五］❶責任をもって引き受ける。〓「協力を―」❷保証する。〓「品質は私が―」名 **請け合い**

う-けい【右傾】［名・自サ変］❶右に傾くこと。〓「車体が―する」❷思想が保守的・国粋主義的になること。〓「―した考え」◈⇔左傾

うけ-いれ【受け入れ】［名］受け入れること。〓「被災者の―態勢が整う」書き方 公用文では「受入れ」。慣用の固定した「受入金・受入額」などは送りがなを付けない。

うけ-い・れる【受け入れる（受け▽容れる）】［他下一］❶はらいのけることなく、許し入れる。迎え入れる。〓「来る者は誰でも―」❷引き取ったり迎えたりして、部外者などを内に入れる。〓「未経験者を進んで―」❸相手や他人の意見などを認めて、自分の中に取り入れる。〓「提案を快く―」「退職の勧告は―・れがたい」文 うけい・る 名 **受け入れ**

品格 受諾「和解勧告を―する」 承諾「申し入れを―する」 承知「危険は承知している」

うけ-うり【受け売り】［名・他サ変］❶製造元や問屋から仕入れた商品を他に売ること。小売り。❷他人の説などをそのまま自説のようによそおって言うこと。〓「某評論家の話を―する」書き方「請け売り」とも。

うけ-おい【請負】 ヒオ［名］請け負うこと。特に、建築・土木工事の仕事を完成まで引き受けること。〓「―工事」

うけおい-し【請負師】 ウケオヒ［名］建築・土木工事の請負を仕事にする人。請負人。

うけ-お・う【請け負う】 フオ［他五］日限や報酬を取り決めて仕事を引き受ける。〓「工事を―」名 **請負**

うけ-ぐち【受け口】［名］❶物を受け入れるための口。受け入れ口。〓「郵便物の―」❷下唇が上唇よりも突き出ている口。◈「うけぐち」とも。

うけ-ごし【受け腰】［名］❶物を受けとろうとするときの腰つきや姿勢。❷受け身の態度。

うけ-こたえ【受け答え】 タヘ［名・自サ変］相手の言うことや問いかけに応じて答えること。応答。〓「当意即妙の―」「きちんと―する」

うけ-ざら【受け皿】［名］❶カップなどの下に置き、垂れてくる滴を受ける皿。❷物事を受け入れる態勢や場所・組織。〓「被災者救済の―がない」「天下り官僚の―になってきた会社」書き方 公用文では「受皿」。

うけ-しょ【請け書】［名］承諾書。請け書き。請け文。また、領収書。書き方 慣用で「請書」とも書く。

うけ-だ・す【請け出す（受け出す）】［他五］❶質に入れたものなどを、借金を払って引き取る。〓「質屋からカメラを―」❷身請け金を払って、遊女・芸者などの稼業をやめさせる。

うけ-だち【受け《太刀》】［名］❶切りつけてくる刀を受けとめる太刀さばき。❷相手の攻勢に押されて守り一方になること。〓「鋭く反論されて―になる」

うけ-たまわ・る【承る】 ハルマ［他五］❶「受ける」「引き受ける」の謙譲語。Aから受けるという動作について、Aを高める。謹んで受ける。お受けする。〓「大役を―」「仕立て直し、―・ります」「御要望の件、しかと―・りました」❷「聞く」「伝え聞く」の謙譲語。Aから聞くという動作について、Aを高める。謹んで聞く。お聞きする。拝聴する。〓「御意向を―」「御質問がございましたら、今―・ります」◈「受け」＋「賜る」意。目上の人から「受け」「頂く」という意。使い方「ます」を伴うことが多い。注意「受け賜る」と書くのは避けたい。⬇敬語解説(一七九八ページ)

うけ-つ・ぐ【受け継ぐ】［他五］前の人の仕事などを引き受けて継ぐ。また、ある人の意志や性質を引き継ぐ。〓「伝統芸能を―」「師匠から―・いだ気質」

品格 継承「事業を―する」 世襲「―化が進む」 相続「―財産」 相伝「一子―」 踏襲「前例を―する」

うけ-つけ【受け付け・受付】［名］❶【受け付け】申し込みや依頼に応じること。〓「ただ今願書―中」❷【受付】来訪者や参集者の取り次ぎをする所。また、その係(の人)。〓「―に聞く」「―所・―窓口」

うけ-つ・ける【受け付ける】［他下一］❶申し込みや依頼などに対して、それに応じた処置をとる。〓「参加申し込みは常時―」「質問は講演が終わってから―」❷人の意見や要求などを聞き入れる。受け入れる。〓「親友の忠告さえ―・けない」❸体が外からの刺激を受け入れる。また、その反応を示す。〓「胃が流動物しか―・けない」「酒は体が―・けない」◈❷❸は、下に打ち消しの語を伴うことが多い。文 うけつ・く 名 **受け付け**

うけ-て【受け手】［名］❶物や情報を受け取る側の人。⇔送り手 ❷空手などで、相手の技を受ける手。

うけて-た・つ【受けて立つ】［連語］挑戦を受けて、堂々とそれに応じる。〓「挑まれたからには―」

うけ-と・める【受け止める】［他下一］❶向かってくるものをとらえて、その進行をとめる。〓「速球を―」❷事態・情勢などを認識して、自分の中にとりこむ。〓「事実を厳粛に―」「野党の攻撃を―」文 うけと・む

うけ-とり【受け取り】［名］❶受け取ること。〓「―を拒否する」❷受け取ったことを証明する書きつけ。受取書。領収書。書き方 慣用の固定した「受取証・受取手形」などは送りがなを付けない。

うけ-と・る【受け取る】［他五］❶手渡されるものなどを手にとって収める。〓「代金を払って品物を―」「つまらぬものですが、どうかお―・り下さい」❷人の言動をある意味に解釈する。〓「話を額面通りに―」「冗談を本気と―」名 **受け取り**

品格 落手「お手紙落手しました」 落掌「ご書状落掌しました」◉「落手」よりさらに改まった言い方。

うけ-なが・す【受け流す】［他五］❶切りこんできた刀を軽く払ってかわす。❷まともに取り合わないで、適当にあしらう。〓「何を言われても柳に風と―」

うけ-にん【請け人（受け人）】［名］保証人。請け。

うけ-み【受け身】［名］❶自分のほうから積極的に働きかけず、他からの働きかけや攻撃を受ける立場。〓「いつも―の姿勢でいる」❷柔道で、投げられたときにけがをしないように倒れる方法。❸文法で、主体となるものが他から動作・作用を及ぼされること。口語ではふつう動詞に「れる」「られる」を付けて表す。

うけ-もち【受け持ち】［名］自分の担当として受け持つこと。また、その仕事やそれをする人。担任。〓「―の先生」書き方 公用文では「受持ち」。

うけ-も・つ【受け持つ】［他五］割り振られた仕事を自分の職務として行う。担当する。担任する。〓「販売

部門の統轄「一年一組をー」 名 受け持ち

う・ける【受ける】 一 [他下一] ❶落ちてくる物や向かってくる物を手などでささえ止める。受け止める。‖「水滴[雨水]を両手[おけ]に／でー」「投球をミットでー」
使い方「〜に受ける」よりも「〜で受ける」のほうが動作主の意図が強く出る。
❷差し出されたものをみずからの手におさめる。受け取る。‖「感謝状、謹んでおー・け致します」「奨学金をー」
❸自然の作用や、他からの作用がみずからの体に及ぶ。‖「全身に朝日をー・けて深呼吸をする」「ヨットが(帆に)風をー・けて進む」「凶弾を頭にー」
❹ある行為がみずからに及ぶことを、受動的な視点でとらえていう語。‖「損害をー（＝こうむる）」「接待をー（＝接待される）」「先輩の影響をー」「国民の歓迎をー」
使い方 対象に抱く思いなどを受動的な視点でとらえてもいう。‖「心に感銘をー」「強い印象[ショック]をー」
❺〈「…を受けて(から)…する」の形で〉自分に向けられた行為をしっかり受け止めて(から)…する。…に応（こた）えて…する。‖「反対意見をー・けて修正案を作る」
❻ある行為に応じる。‖「入学試験[授業・手術]をー」
使い方 動作主の意図がはっきりと現れる言い方で、④と異なる。⑥の「講義をー（＝意図的）」と④の「抗議をー（＝抗議される。受動的）」の違い。
❼他から与えられる。特に、天から授かる。‖「この世に生をー・けて六〇年」「天からー・けた才能」
❽あとを継ぐ。前を受け継ぐ。また、系統・血筋などを引く。‖「前任者の後をー・けて事業を発展させる」「平氏の血をー」
❾文法で、後の語句が前の語句の働きかけをこうむる。‖「体言『人』が連体形『美しい』をー」⇔係る
二 [自下一] 好評を得る。‖「若者にー映画を企画する」
◈ 書き分け 「▽承ける」「▽享ける」とも。【承】は受け継ぐ意で一⑧⑨で、【享】は授かる意で⑦で使うが、今は【受】が一般的。文 う・く 名 受け

う・ける【請ける】 [他下一] ❶保証して工事などを引き受ける。請け負う。‖「入札によって道路工事をー」❷代金を払ってひきとる。請け出す。‖「質草をー」◈「受ける」と同語源。文 う・く

うけ-わたし【受け渡し】 [名] ❶一方がものを差し出し、他方がそれを受け取ること。‖「駅で荷物のーをする」❷商取引で、代金とひきかえに品物を渡すこと。‖「商品のー」「ー期日」◈ 書き方 公用文では「受渡し」。動 うけわた・す（他五）

う-げん【右舷】 [名] 船尾から船首に向かって右側のふなばた。⇔左舷

う-ご【雨後】 [名] 雨の降ったあと。雨上がり。
◉**雨後の筍（たけのこ）** 雨の後には筍が次々と生えるように、同じような物事が続々と現れ出ること。

う-ごう【▼烏合】（ウガフ） [名] 人々が規律も統一もなく寄り集まること。‖「多数といえどもーの衆にすぎない」▼カラスの群れの意から。

烏

うごか・す【動かす】 [他五] ❶ものの位置や人の配置が変わるようにする。‖「四人がかりで机をー」「田中君を人事部から営業部にー」❷固定したものが前後左右上下に位置を変えるようにする。揺らす。揺する。‖「ブランコを前後にー」❸体（の一部）が動くようにする。また、あるものを操作して機械などが動くようにする。‖「音楽に合わせて体をー」「鳥は羽をー・して飛ぶ」「マウスを使ってパソコンをー」❹影響を与えて、物事を別の状態に変える。変化させる。変動させる。‖「技術の進歩が歴史をー」「ー・しがたい事実がある」❺心を動揺させる。また、感動させる。‖「熱心な勧誘に好奇心をー・される」「名舞台に心をー・される」❻目的に添うように人を行動させる。‖「思いのままに人をー」❼お金を（巧みに）運用する。‖「大金をー」可能 動かせる

うこぎ【〈五加〉・〈五加木〉】 [名] 茎に鋭いとげのあるウコギ科の落葉低木ヒメウコギのこと。若葉は食用。根の皮を干したものを五加皮（ごかひ）と呼び、漢方で滋養強壮薬にする。

うごき【動き】 [名] 動くこと。また、動くようす。動き方。‖「モーターのーが止まる」「心のー（＝変化）を追う」「政界のーが慌ただしい」
◉**動きが取れな・い** 制約があって、物事が思うようにできない。‖「締め切りが迫っていてー」

うご・く【動く】 [自五] ❶その場にじっとしていない。静止していない。‖「〔写真撮影で〕そのままー・かないで、はい、チーズ」❷位置が変わるような動作をする。‖「見張り番が所定の位置をー」「人事部から営業部へ職場が／をー」⇔とどまる ❸自然現象や生理作用として、活動がある。‖「声帯がー・いて声が出る」「おなかの赤ちゃんがぴくぴくー」❹力を加えられた物体が、静止状態から運動状態に移る。‖「三人で押しても全くー・かない」❺固定したものが前後左右上下に位置を変える。揺れる。揺らぐ。‖「振り子が左右にー」「虫歯がぐらぐらとー」❻体や機械（の一部）が静止していないで、ある働きをする。‖「休みなく口がー人だ」「車のエンジンがー・かなくなった」❼物事が別の状態に変わる。変化する。変動する。‖「相場が激しくー」「ー・かぬ事実」❽心が動揺する。‖「甘いささやきに心がー」❾目的に添って行動する。活動する。‖「疑惑解明のために警察がー・き出す」「水面下でー」❿お金が人手から人手へと渡る。伝わり流れる。‖「選挙のたびに巨額の資金がー」

うこ-さべん【右顧左▼眄】 [名・自サ変] 周囲の形勢ばかりをうかがって、決断をためらうこと。左顧右眄（さこうべん）。▼「眄」は流し目で横を見る意。右を見たり左を見たりする意からいう。

うごめか・す【▼蠢かす】 [他五] たえまなく小刻みに動かす。‖「得意そうに鼻をー」

うごめ・く【▼蠢く】 [自五] たえまなく小刻みに動く。むくむくと動く。蠢動（しゅんどう）する。‖「芋虫がー」「好奇心がー・きだす」注意「動めく」と書くのは誤り。名 うごめき

蠢

う-こん【▽鬱金】 [名] ❶黄色い根茎を染料・香辛料・薬剤などに用いる、ショウガ科の多年草。❷①の根茎からとった染料で染めた濃い黄色。また、そのように鮮やかな黄色。うこん色。

鬱

う-さ【憂さ】 [名] 思いどおりにならない、つらく切ない気持ち。‖「心のーを晴らす」

うざ・い [形]〔新〕鬱陶（うっとう）しい。わずらわしい。‖「しつこく電話をかけてきてー」▼「うざったい」の略から。

品格　うっとうしい「ー梅雨空（つゆぞら）が広がる」　疎（うと）ましい「母の小言がー」

うさぎ【▼兎】 [名] 一般に耳が長く、短い前肢と長い後肢をもつウサギ科の哺乳（ほにゅう）類の総称。よく跳ね、逃げ足も速い。草食性で、性質はおとなしい。仏教説話では、月にすむとされ、日本では月で餅（もち）をつくという伝説が生じた。▼十二支では第四番目の「卯（う）」に当てる。書き方

「兎(印刷標準字体)」のほか、「兎(正字)」「兔」「兎」などの異体表記もある。「▼菟」を当てることもある。数 鳥に擬して「一羽…」と数える慣用があるが、今は「一匹…」が普通。

うさぎ-うま【▼兎馬】 [名] ロバのこと。▼耳が長いことから。

うざった・い [形] [俗] 目の前にちらついたり、気にかかったりして、邪魔に思うさま。鬱陶しい。≡「前に立ってる奴らが—」「—試験がある」 派生 -げ／-さ

うさ-ばらし【憂さ晴らし】 [名] めいった気持ちをまぎらすこと。また、その手段。気散じ。気晴らし。≡「旅に出て—をする」

うさん-くさ・い【▼胡散臭い】 [形] 様子や態度がどことなく怪しいさま。疑わしくて、気がゆるせない。≡「—人[話]」 派生 -げ

うし【▼丑】 [名] 十二支の第二。≡「—年」▼動物では牛に当てる。時刻では午前二時、または午前一時から三時の間。方角では北北東。

うし【牛】 [名] 雌雄とも頭に二本の角があるウシ科の哺乳類。通常の動作はのろいが、体は頑丈。胃は四室に分かれ、食べた物を反芻する。乳用・肉用・労役用に分けられ、品種が多い。▼十二支では第二番目の「丑」に当てる。

◉牛に引かれて善光寺参り 他人に誘われて知らぬうちによい方へ導かれることのたとえ。語源 不信心で欲の深い老婆が、さらしておいた布を角にひっかけて走り出した隣家の牛を追いかけて善光寺にたどりつき、それがきっかけとなって信仰の道に入ったという言い伝えから。

◉牛の歩み 進み方がおそいことのたとえ。牛歩。

◉牛は牛連れ馬は馬連れ 似たものどうしは集まりやすいことのたとえ。また、似たものどうしが集まると物事がうまくいくことのたとえ。

うし【〈大人〉】 [名] 学者の敬称。特に江戸時代以降、国学者たちが自分の師や仲間を指していう。≡「鈴屋の—(=本居宣長)」

う-し【▼齲歯】 [名] むしば。▼「くし」の慣用読み。

うじ【氏】 一 [名] ❶家系を表す名称。姓。名字。❷家柄。❸上代、氏族。二 [接尾]〔古風〕名字の下に付いて、敬意を表す。≡「山田—」▼現在では「氏」という。

◉氏より育ち 人間をつくるには家柄よりも教育や環境が大切であるということ。

うじ【▼蛆】 [名] ハエ・アブなどの幼虫。特に、ハエの幼虫。筒形で足はなく、色は白っぽい。うじむし。≡「—がわく」▼汚いもののたとえにいう。

うじ-うじ [副] ぐずぐずとためらうさま。≡「—(と)物を言う」「—した性格」

うしお【▽潮・▼汐】 [名] ❶海水の満ち引き。また、それによって起こる潮流。潮汐。しお。≡「—のごとく(=勢いよく)押し寄せる」❷海の水。❸「うしお汁」の略。❹「うしお煮」の略。◈「うみ(海)しお(塩)」の意という。

うし-おい【牛追い】 [名] 荷物をつけた牛を追って歩かせる人。牛方。

うしお-じる【▽潮汁】 [名] 白身の魚や二枚貝を水で煮て、塩だけで味付けしたすまし汁。うしお。

うしお-に【▽潮煮】 [名] 白身の魚を骨つきのまま切り、塩味でさっぱりと煮た料理。

うし-かい【牛飼い】 [名] 牛を飼う人。また、牛を使う人。牛方。

うしかいめんじょう-のうしょう【牛海綿状脳症】 [名] 牛の脳の組織にスポンジ状の変化を起こし、起立できないなどの症状を示す遅発性かつ悪性の中枢神経系の病気。BSE (Bovine Spongiform Encephalopathy)。通称、狂牛病。

うし-がえる【牛▼蛙】 [名] 食用にするアカガエル科のカエル。体長約二〇センチメートル。食用蛙。語源 牛に似た太い声で鳴くことから。

うじ-がみ【氏神】 [名] ❶氏族一門の祖先としてまつる神。❷村・町などある一定の地域を守る神。産土神。鎮守の神。≡「村の—様に参る」

うじ-こ【氏子】 [名] ❶「氏神」①の子孫。❷同じ土地で同じ氏神を守る人々。

うじ-すじょう【氏素性(氏素姓)】 [名] 家柄。家系。

うし-とら【▼丑▼寅(▼艮)】 [名] 十二支で、丑と寅との中間に当たる方角。北東。▼陰陽道では鬼門として忌む。

うしな・う【失う(▽喪う)】 [他五] ❶持っていたものや身に備わっていたものなどがない状態になる。なくす。失する。≡「財布[信用・やる気]を—」❷得ようとして取り逃がす。≡「チャンスを—」❸奪われてなくなる。≡「失策で一点—」❹進むべき道などがわからなくなる。≡「逃げ場[手だて]を—」❺亡くす。死なくす。失する。≡「事故で親を—」❻〈「〜たるを失わない」の形で〉その資格を十分に備えている。≡「一大傑作たるを—・わない」◈ 書き方 ⑴「喪」は「父[愛する人]を喪う」など⑤で好まれる。⑵送りがなは「失なう」としない。

うしのとき-まいり【▼丑の時参り(▼丑の▽刻参り)】 [名] 人をのろい殺すために、丑の時刻(午前二時ごろ)に神社に参ること。丑の刻参り。▼うらむ相手をかたどった人形を五寸くぎで神木に打ちつけて死ぬように祈る。七日めの満願の日に相手が死ぬと信じられた。

うし-みつ【▼丑三つ】 [名] 昔の時刻で、丑の刻を四つに分けたものの三番め。今の午前二時から二時半ごろ。▼真夜中の意でも使う。≡「草木も眠る—どき」 書き方 「▼丑満」とも当てる。

うじゃ-うじゃ [副] ❶小さなもの、つまらないものなどがたくさん集まってうごめいているさま。うざうざ。≡「ミミズ[よからぬ輩]が—いる」❷小さな声でくどくどと言うさま。≡「いつまでも—言うな」

う-しょう【▼鵜匠】 [名] 鵜を飼いならし、使う人。鵜飼い。うじょう。

う-じょう【有情】 [名] ❶仏教で、感情・意識をもつもの。人間・鳥獣虫魚など感情をもつすべての生きもの。≡「天地—」⇕非情・無情 ❷[形動] 愛憎などの心情がわかること。⇕無情

うしろ【後ろ】 [名] ❶人では、その体・顔・目が向いている方と逆、物では物の正面が向いている方と逆の方向。また、その方向にある場所。後方。背後。≡「—を振り向く」「塀の—に隠れる」「髪を(頭の)—にたばねる」「—に立たれては気が散る」 使い方 ⬇後① ❷物の中心部付近より①である部分。後方部(分)。また、縦に並んだ列で基準とするものの後部。特に、縦列の最後部。≡「追突されて車の—がへこんだ」「バスの—の出口から降車した」「—の五人は帰ってよい」❸一連の内容をもつもので、基準とするものよりもあとに来る部分。≡「本文の—

に注を置く」◈⬍前

うしろ-あし【後ろ足(後ろ脚・後ろ▽肢)】［名］四本足の動物の、頭部に遠い二本の足。後足(あとあし)。⬍前足

うしろ-かげ【後ろ影】［名］去りゆく人の後ろ姿。

うしろ-がみ【後ろ髪】［名］後頭部にはえている髪の毛。

◉**後ろ髪を引か・れる** 未練が残って立ち去りがたい。≡「—思いで立ち去る」✓注意 後に残る人の心境についていうのは誤り。≡「×旅立つ人を後ろ髪を引かれる思いで見送った」

うしろ-きず【後ろ傷】［名］背中に受けた傷。特に、逃げるときに後ろから切りつけられた傷。⬍向こう傷▼武士はこれを恥辱とした。

うしろ-ぐら・い【後ろ暗い】［形］悪いことをしたと感じさせるさま。≡「—過去をもつ」派生-さ

うしろ-すがた【後ろ姿】［名］後ろから見た人の姿。

うしろ-だて【後ろ盾(後ろ▼楯)】［名］かげに控えて助けたり守ったりすること。また、その人。≡「私には強力な—がある」▼背後からの攻撃を防ぐ盾の意から。✓注意「後ろ立て」と書くのは誤り。

うしろ-で【後ろ手】［名］❶手を背中に回すこと。≡「—に縛られる」「—に戸を閉める」❷後ろの方。後方。≡「—に山を望む」✓注意「後手(ごて)に回る(=先を越される)」の意で「後ろ手に回る」というのは誤り。

うしろ-はちまき【後ろ鉢巻き】［名］頭の後ろに結び目をつくる、鉢巻きの締め方。また、そのように締めた鉢巻き。⬍向こう鉢巻き

うしろ-はば【後ろ幅】［名］着物の背の縫い目から脇(わき)の縫い目までの幅。⬍前幅

うしろ-まえ【後ろ前】［名］後ろと前とが反対になること。≡「シャツを—に着る」

うしろ-み【後ろ見】［名］かげにいて、その人を助けたり世話したりすること。また、そうする人。後見(こうけん)。後見人。

うしろ-み【後ろ身】［名］衣服の背の、襟(えり)・袖(そで)を除いた部分。▼「後ろ身頃(みごろ)」の略。

うしろ-むき【後ろ向き】［名］❶こちらに背中を向けていること。≡「—に立つ」❷消極的で、発展・進歩などに逆行すること。≡「—の政策」◈⬍前向き

うしろ-めた・い【後ろめたい】［形］自分が悪いことをしたと感じる。気がとがめる。≡「裏切ったようで—」「あなたが—く思うことはない」派生-げ／-さ

うしろ-ゆび【後ろ指】［名］〈「後ろ指をさされる」の形で〉陰でそしられる。悪口を言われる。≡「人に—をさされる」▼非難をする気持ちで人を後ろから指さすことから。

品格 気が差す「無断欠席をしたので—」気が咎(とが)める「うそをつくのは—」疚(やま)しい「—ことは何もない」

う-しん【有心】［名］❶中世の歌論で、心のこもった優美な叙情性と対象を見つめる知的な趣向が一体となった美。❷優美な情趣をもつ正統の連歌。有心連歌(れんが)。⬍無心◈もと、思慮深い意。

うす【臼(▼碓・▼碾)】［名］❶杵(きね)で穀物や餅(もち)をつくときに使う、円筒形の木または石の片面をえぐって作った器。搗(つ)き臼。❷碾(ひ)き臼。◈書き分け【臼】はつきうすの意だが、「臼に入れて杵でつく・臼でひく」のように、うす一般に広く使う。【碓】は足で踏んでつく踏みうす。碓(からうす)。【碾】はすりつぶしてひく石うす。碾(ひ)き臼。

うす【薄】［接頭］なんとなく。ちょっと。≡「—気味悪い・—汚い」「—笑い」

うず【渦】［名］❶螺旋(らせん)の形に巻き込んでいく水や空気の流れ。≡「波が—を巻く」❷うずのような形をしたもの。≡「指紋の—」❸物事が激しく動揺している状態。≡「感動[怒号(どごう)]の—」

うす-あかり【薄明かり】［名］❶ほのかな光。≡「—がさす」❷日の出前、日の入り後のかすかな明るさ。薄明(はくめい)。≡「夜明けの—」

うす-あじ【薄味】［名］料理で、あっさりとした味付け。≡「—の煮物」

う-すい【雨水】［名］❶雨の水。雨水(あまみず)。❷二十四節気の一つ。太陽暦では二月十九日ごろ。▼雨水がぬるみ草木が芽ぐむころの意。

うす・い【薄い】［形］❶板状のものの両面の間の幅が小さい。≡「このコートは生地が—」「—紙」「板を—く削る」❷層状・膜状のものの幅が小さい。≡「皮下脂肪[化粧]が—」「—唇」❸〈「…層が薄い」の形で〉そのような人が少ない意を表す。≡「この分野は若手の層が—」「選手層が—」❹利益の程度が小さい。≡「利の—事業」❺人や物事に対する心入れや関わりの程度が小さい。また、信頼などを受ける程度が小さい。≡「政治への関心が—」「部下に対する信頼が—」❻密度や濃度が小さい。≡「ひげ[頭]が—」「この牛乳は—」「山は空気が—」「—食塩水」❼色合いや味付けなどから受ける印象や刺激が小さい。あっさりしている。淡い。≡「この料理は味付けが—」「—紫色」「監督の影が—(=存在感が少ない)」⬇淡い[ことば比べ]◈①〜⑤⬍厚い ⑥⑦⬍濃い 派生-さ

うす-うす【薄薄】［副］はっきりとはしないが、いくらかはわかるさま。ぼんやり。≡「そのことなら—覚えている」「—は感づいていた」

うず-うず［副］❶何かがしたくて、じっとしていられないさま。むずむず。≡「旅に出たくて—する」❷傷口が痛がゆいさま。≡「傷口が—痛む」

うす-がた【薄型】［名］テレビなどの製品の厚さが薄いこと。また、そのもの。≡「—のテレビ」

うす-がみ【薄紙】［名］うすい紙。⬍厚紙

◉**薄紙を剝(は)ぐよう** 悪い状態、特に病気が少しずつよくなるさま。✓注意「薄皮をはぐよう」は誤り。

うす-かわ【薄皮】［名］薄い皮。また、物の表面をおおう薄い膜。≡「ラッキョウの—をはがす」

うす-ぎ【薄着】［名］寒いときでも衣服を何枚も重ねて着ないこと。≡「伊達(だて)の—」⬍厚着

うす-ぎたな・い【薄汚い】［形］どことなくよごれているさま。なんとなく汚らしい。うすぎたない。≡「—格好[やり口]」派生-さ

うす-ぎぬ【薄絹】［名］地の薄い絹織物。紗(しゃ)・絽(ろ)の類。

うす-きみわる・い【薄気味悪い】［形］なんとなく気味が悪いさま。どことなく不気味である。≡「—笑いを浮かべる」「暗くて—部屋」派生-さ

うす-ぎり【薄切り】［名］薄く切ること。また、薄く切ったもの。≡「パンを—にする」「大根の—」

うず・く【▼疼く】［自五］ずきずきと脈打つように痛む。また、心にそのような痛みを感じる。≡「傷口が—」「若き日の心の傷が—」✓注意「うずうず」から連想し

て、心が落ち着きを失う意で使うのは誤り。「血が騒ぐ」との混同。〓「×アニメ好きの血がうずく」名 **うずき**

うす-くち【薄口】［名］❶色・味・厚さなどが薄いこと。また、そのもの。〓「煮物の味を—にする」「—のちょこ」❷色の薄い醤油。薄口醤油。濃い口醤油に対していう。◈書き方 色・味の場合は「▽淡口」とも。

うずくま・る【▼蹲る・▼踞る】［自五］体を丸く小さくしてしゃがみこむ。〓「腹痛に襲われて—」

うす-ぐも【薄雲】［名］うっすらとたなびく雲。

うす-ぐもり【薄曇り】［名］空一面に薄い雲がかかっていること。また、そのような天気。

うす-ぐら・い【薄暗い】［形］光が弱くて少し暗いさま。ほのぐらい。〓「昼でも—森の中」派生 -さ

うす-げ【薄毛】［名］生え方のまばらな毛。特に、脱けてまばらになった髪の毛。

うす-げしょう【薄化粧】［名・自サ変］❶目立たないほどに薄く化粧をすること。また、その化粧。〓「—して出かける」⇕厚化粧 ❷山が雪でうっすらと白くなること。〓「新雪で—した霊峰富士」

うす-ごおり【薄氷】［名］⬇はくひょう(薄氷)

うす-じ【薄地】［名］布地などで、薄いもの。〓「—のコート」⇕厚地

うす-じお【薄塩】［名］❶塩かげんが薄いこと。甘塩。〓「—の鮭」❷調理の下ごしらえで、肉や野菜に塩を少しふりかけておくこと。

うず-しお【渦潮】［名］うずを巻いて流れる海水。〓「鳴門海峡の—」

うす-ずみ【薄墨】［名］墨の色の薄いもの。〓「—をはいたような眉」「—色」

ウスター-ソース【Worcester sauce】［名］トマト・タマネギ・ニンジン・セロリなどの野菜を原料とし、多種の香辛料・調味料を加えて味をととのえた食卓用ソース。カラメルなどで茶褐色に着色する。ウースターソース。▼イギリスのウースターシャー州で作られたことから。

うず-たか・い【▽堆い(うず高い)】［形］盛り上がって高いさま。〓「藁束を—・く積む」

うす-ちゃ【薄茶】［名］❶抹茶の量を少なくしてたてた茶。おうす。⇕濃茶 ❷薄い茶色。薄茶色。

うすっ-ぺら【薄っぺら】［形動］❶きわめて薄く貧弱なさま。〓「—な布団」❷内容が乏しく軽薄なさま。浅薄。〓「すぐおだてに乗る—なやつ」派生 -さ

うす-で【薄手】［名・形動］ふつうのものよりも厚みが少ないこと。〓「—の紙［茶碗・コート］」⇕厚手

うす-にく【薄肉】［名］彫刻で、模様などを少し浮き上がらせたもの。薄浮き彫り。▼「薄肉彫り」の略。

うす-のろ［名・形動］動作や反応がのろいこと。また、そのような人を貶めていう語。書き方「薄▽鈍」「薄野呂」とも。派生 -さ

うす-ば【薄刃】［名］刃物で、刃を薄めに作ったもの。刃の薄い菜切り包丁、安全剃刀など。

うす-ばか【薄馬鹿】［名・形動］(少し)愚かなこと。また、そのような人を貶めていう語。

うすば-かげろう【薄羽〈▼蜉▼蝣〉】［名］透明で柔らかな羽をもつウスバカゲロウ科の昆虫。形はトンボに似るが、飛び方は弱々しい。幼虫はアリジゴクと呼ばれる。

うす-び【薄日(薄▽陽)】［名］弱い日ざし。〓「雲間から—がもれる」

うす-べに【薄紅】［名］❶薄い紅色。薄紅色。淡紅(色)。薄くれない。❷ほおや唇に薄くつけた紅。

うす-べり【薄▽縁】［名］畳表に布のへりをつけた敷物。

うず-まき【渦巻き】［名］❶螺旋の形に巻き込んでいく水や空気の流れ。うず。❷渦に似た形や模様。〓「—状の蚊取り線香」◈書き方 公用文では「渦巻」。

うず-ま・く【渦巻く】［自五］❶水流や気体が螺旋の形を作って回る。〓「濁流が—」❷渦に似た形を作って激しく回る。〓「デモの隊列が—」❸感情などが激しく入り乱れる。〓「不平不満［愛憎］が—」名 **渦巻き**

うすま・る【薄まる】［自五］濃さの程度が小さくなる。また、物事の程度が小さくなる。薄くなる。弱まる。〓「色［味］が—」「関心が—」

うずま・る【▽埋まる】［自五］❶物でおおわれて見えなくなる。埋没する。うまる。うもれる。うずもれる。〓「町が雪に／で—」❷多量の人や物で、ある場所がいっぱいになる。ぎっしりつまる。うまる。うずめられる。〓「球場［会場］が観客［四季の花々］で—」

うずみ-び【▽埋み火】［名］灰の中にうずめた炭火。▼冬の季語。

うす-め【薄め(薄目)】［名・形動］❶厚さが普通より少し薄いこと。〓「—に切る」「—の本」⇕厚め ❷色・味などが普通より少し薄いこと。〓「—の味」⇕濃いめ

うす-め【薄目】［名］少し開いた目。細目。

うす・める【薄める】［他下一］濃さの程度を小さくする。また、物事の程度を小さくする。薄くする。〓「水で溶いて絵の具を—」「宗教色を—」文 うす・む

うず・める【▽埋める】［他下一］❶土の中などに物を入れて、外からすっかり見えなくする。うめる。〓「土中に金塊を—」「異境に骨を—(＝外国で死ぬ)」❷おおうようにして、外から見えなくする。〓「棺を菊花で—」「マフラーに顔を—」❸多量の人や物で、ある場所をすみずみまでいっぱいにする。びっしりとうめる。〓「大観衆がスタンドを—」◈使い方「うめる」とほぼ同義だが、「うずめる」のほうが〈すっかり見えなくする〉〈すみずみまでびっしりと〉という意が強い。②はふつう「うめる」とは言わず「うずめる」を使う。読み分け ⬇うめる 文 うづ・む

うす-もの【薄物】［名］紗や絽など、夏向きの薄い織物。また、それで作った着物。

うす-もよう【薄模様】［名］薄紫色に染めた模様。

うず・もれる【▽埋もれる】［自下一］❶土や雪などにおおわれてすっかり見えなくなる。うもれる。〓「村々が土砂に—」「地中深く—・れた宝物を掘り当てる」❷多くの資料や収集品などに囲まれて、姿が隠れそうになる。埋没する。うもれる。〓「がらくたの山に—・れて生活する」❸世の中に知られないでいる。うもれる。〓「世に—・れた逸材を発掘する」文 うづも・る

うす-やき【薄焼き】［名］薄く焼くこと。また、そのもの。〓「—卵［せんべい］」⇕厚焼き

うす-ゆき【薄雪】［名］うっすらと降り積もった雪。

うす-よう【薄様】［名］❶雁皮紙や鳥の子紙で、薄手のもの。⇕厚様 書き方「薄葉」とも。❷染色で、布の上から下の方に次第に色を薄くぼかしていく染め方。あけぼの染め。

うす-よご・れる【薄汚れる】［自下一］どことなくきたなくなる。薄ぎたなくなる。〓「—・れたワイシャツ」文 うすよご・る

うす-ら【薄ら】〔接頭〕〈名詞・形容詞に付いて〉薄い、程度が少ない、なんとなくなどの意を表す。うす。‖「―氷・―日」「―笑い・―寒い」

うずら【▼鶉】〔名〕丸みを帯びた体と短い尾をもつキジ科の野鳥。古くは鳴き声を鑑賞するために飼われた。現在は食肉用・採卵用に飼育されている。

うすら・ぐ【薄らぐ】〔自五〕❶霧などの濃さや日差しの強さが小さくなる。弱まる。‖「一面に立ちこめた霧が―」「雲がかかって日差しが―」❷物事の程度、特に感情・感覚などの程度が小さくなる。弱まる。‖「信頼の度合いが―」「危険が―」「記憶が―」「寂しさが―」

うずら-まめ【▼鶉豆】〔名〕マメ科のインゲンの一品種。腎臓形の種子にはウズラの羽に似たまだら模様がある。煮豆・甘納豆などにする。

うすら-わらい【薄ら笑い】〔名〕声を出さず口元を少し動かしただけの笑い。薄笑い。▼多く軽蔑・強がり・困惑などの気持ちを含む。‖「口元に不敵な―を浮かべる」動うすらわら・う(自他五)

うす・れる【薄れる】〔自下一〕❶濃さ・厚さ・鮮明さなどの程度が小さくなる。薄くなる。‖「視界をさえぎっていたもやが―」「カーテンの色が―」❷物事の程度が小さくなる。弱まる。‖「危険(の度合い)が―」「意識が―」「興味[緊張感・きずな・新鮮味]が―」文うす・る

うす-わらい【薄笑い】〔名〕薄ら笑い。

う-せい【雨声】〔名〕雨の降る音。あまおと。

う-せい【▼迂生】〔代〕〔一人称〕自分を指し示す丁重語。小生。▼世事にうとい、愚かな私の意。手紙文などで使う。

う-せつ【右折】〔名・自サ変〕右に曲がること。‖「次の信号を―する」「―禁止」⇔左折

う・せる【▽失せる】〔自下一〕❶なくなる。消える。‖「気力が―」「消え―」❷〔古風〕死ぬ。‖「主の―・せた家」❸去る。行く。‖「さっさと―・せろ」文う・す

うそ【▼嘘】〔名〕❶事実でないことを本当であるかのようにだまして言うことば。また、事実でないこと。‖「―をつく」「真っ赤な―」「―がばれる」❷〈「嘘のよう」「嘘みたい」などの形で〉事実だと信じられないことを強調していう。‖「痛みは―のように治まった」「―みたいに安く買える」❸間違っていること。誤り。‖「―の字を書く」❹〈「…なくては嘘だ」「…なければ嘘だ」などの形で〉適切・適当でないことを表す。‖「ここで立ち直らなくては―だ」◈使い方 事の意外さに驚いていう感動詞としても使う。‖「うっそー、ちっとも知らなかった」

◉**嘘から出た実** うそで言ったこと、そのつもりでなかったことが、結果的に本当になってしまうこと。

◉**嘘も方便** その目的をとげるためには、時にはうそをつくことも必要になるということ。

うそ【▼鷽】〔名〕口笛を吹くような声で鳴く、アトリ科の小鳥。頭は黒く、背は青灰色。雄のほほのあたりが赤い。▼古くは口笛を「うそ」と言ったことから。

うそ〔接頭〕なんとなく。ちょっと。‖「―寒い」▼「うす(薄)」の転。

うぞう-むぞう【有象無象】〔名〕❶宇宙にある有形無形のすべて。万物。森羅万象。❷この世のどこにでもいる平凡で種々雑多な人々。‖「―の集まり」◈「象」は形のある存在。

うそ-さむ・い【うそ寒い】〔形〕なんとなく寒いと感じる。うすら寒い。うす寒い。‖「―夜」派生-さ

うそ-じ【▼嘘字】〔名〕でたらめな字。間違った字。誤字。

うそ-つき【▼嘘▽吐き】〔名〕うそを言うこと。また、その人。特に、いつもうそを言う人。

◉**嘘つきは泥棒の始まり** 平気でうそを言うようになると、平気で盗みを働くようになるということ。

うそっ-ぱち【▼嘘っぱち】〔名〕「うそ」を強めていう語。全くのうそ。‖「そんなの―だ」

うそ-なき【▼嘘泣き】〔名・自サ変〕泣くふりをすること。なきまね。そらなき。‖「同情を引こうとして―する」

うそ-はっぴゃく【▼嘘八百】〔名〕数多くのうそ。また、すべてがうそであること。‖「―を並べ立てる」

うそぶ・く【▼嘯く】〔自五〕❶とぼけて知らないふりをする。そらうそぶく。‖「そんな約束をした覚えはないと―」❷偉そうに大きなことをいう。豪語する。‖「財界を動かすと―」❸詩歌を口ずさむ。‖「都の花に―・けば〈三高寮歌〉」▼本来は他動詞。❹猛獣などがほえる。‖「虎月に―・き百獣地に伏す」◈「嘯吹く(=口をすぼめて息を吹く)」から。✔注意「嘘ぶく」と書くのは誤り。また、嘘をつく意で使うのは誤り。

うた【歌(唄・▽詩)】〔名〕❶ことばに音楽的な装飾をつけ、声に出して歌うもの。ふつう、曲と歌詞を総称していうが、曲だけをいったり歌詞だけをいったりもする。歌謡。また、それを歌うこと。‖「―を作る」「ピアノの伴奏で―を歌う」「―がうまい」使い方 音楽的な動物の鳴き声や自然界の音などにもいう。‖「鳥の―」「風の―」❷和歌。短歌。‖「―を詠む」「―を作る」「万葉集の―」❸〈表題として使って〉それを歌った詩やそれを描いた詩的で叙情的な諸作品をいう。‖「〔詩で〕孝女白菊の―・朝の―」「〔オペラのアリアで〕闘牛士の―」「〔映画で〕ある愛の―」◈書き分け 邦楽(長唄・端唄など)や民謡(馬子唄・子守唄など)では、普通【唄】を使う。また、「ゴンドラの唄/セーヌの詩」のように、情緒的気分/詩的な気分を押し立てて【唄】と【詩】を書き分けることもある。

◉**歌は世につれ世は歌につれ** 世の中の変化に応じて歌も変わり、歌の変化によって世の中も影響を受ける。歌が世情をよく反映していることをいう。

さまざまな「歌」

うた
東歌・いろは歌・御歌・替え歌・返し歌・神楽歌・数え歌・組歌・恋歌・子守歌・戯れ歌・地歌・長歌・鼻歌・鄙歌・舟歌・元歌・大和歌・童歌

か
哀歌・詠歌・演歌・謳歌・凱歌・狂歌・軍歌・弦歌・校歌・高歌・御詠歌・古歌・国歌・作歌・賛歌・賛美歌・詩歌・秀歌・唱歌・証歌・頌歌・序歌・聖歌・旋頭歌・選歌・雑歌・俗歌・短歌・譚歌・長歌・道歌・反歌・挽歌・悲歌・返歌・放歌・牧歌・本歌・名歌・流行歌・寮歌・類歌・連歌・和歌

うた-あわせ【歌合わせ】〔名〕左右二組に分かれた歌人が同じ題でよんだ和歌を一首ずつ出し合い、判者がそれぞれの優劣を判定して二組の勝敗を決める文学的遊戯。▼平安時代から鎌倉時代にかけて貴族の間で流行した。

うたい【謡】〔名〕能楽の詞章。また、それに節をつけてうたうこと。謡曲。

うたい-あ・げる【歌い上げる・▼謳い上げる】

[他下一] ❶【歌】詩歌・文章などに表現してたたえる。〓「山桜を—・げた一首」❷【謳】盛んに言い立てる。〓「新薬の効能を—・げたコピー」❸【歌】最後まで歌う。〓「朗々とアリアを—」文うたひあ・ぐ

うたい-て【歌い手】[名] 歌をうたう人。歌手。

うたい-もの【謡物(▽唄い物)】[名] 詞章に節をつけてうたうもの。神楽歌・催馬楽・朗詠・今様・謡曲・長唄・清元・小唄など。⇩語り物

うたい-もんく【▼謳い文句】[名] 宣伝などのために、特長・効能などを強調して言いたてることば。キャッチフレーズ。

うた・う【歌う(謡う・▽唄う・▽詠う・▽唱う)】[他五] ❶節をつけた歌詞を唱えて、声によって音楽作品を作り出す。〓「歌を—」「謡曲[高砂]を謡う」「オペラを—」▼~ヲに〈作品〉を表す語がくる。❷オペラなどで、歌うことによって、その役割を務める。〓「カルメンを—」▼~ヲに〈役割〉を表す語がくる。❸物事を和歌や詩などの形で叙情的に表現する。詠む。〓「移りゆく季節を和歌に／で—」▼~ヲに〈対象〉を表す語がくる。❹鳥などが心地よい声で鳴く。〓「花笑い、鳥—」使い方「鳥が春の歌を—」のように他動詞としても使うが、多くは自動詞として使う。◈書き分け【歌】は広く一般に使う。【謡】は謡曲に使う。【唄】は「…唄」と書き表されるものをうたう意で好まれる。【詠】は詠み込む意で③に使う。詠唱・吟詠の意で「詩吟を詠う」なども使うがやや特殊。【唱】は「歌」と同じ文脈で使えるが、一般には【歌】を使う。可能 歌える 名 謡

うた・う【▼謳う】[他五] ❶幸せであることを隠しだてしないで言い立てる。謳歌する。〓「わが世の春を—」❷目立つようにはっきりと書く。〓「主権在民を—」❸〈「謳われる」の形で〉ほめたたえられる。〓「楽聖と—・われる作曲家」◈「歌う」と同語源。

うだ-うだ [副ト] つまらないことをいつまでも言ったりしたりするさま。うじゃうじゃ。ぐずぐず。〓「くだらないことを—言う」「—悩む」

うた-かい【歌会】[名] 歌人が集まって詠んだ歌を発表し、互いに批評し合う会。歌の会。かかい。

うたがい【疑い】[名] ❶事実や思わくと違うのではないかと思うこと。不審感。疑念。〓「報告に—を抱く」❷悪い物事があるのではないかと思うこと。〓「殺人の—がある」「—が晴れる」「—の目で見る」

品格 懐疑「新しい制度には—的だ」 疑義「—を生じる」 疑心「—暗鬼を生じる」 疑念「—を抱く」 疑問「—点を挙げる」 疑惑「—を招く」 嫌疑「—がかかる」 不審「挙動—」

うたかい-はじめ【歌会始】[名] 宮廷で催される新年最初の歌の会。前年に発表される御題によって詠む。歌御会始。

うたがい-ぶか・い【疑い深い】[形] 疑う気持ちが強い。簡単には信用しない。うたぐりぶかい。〓「—性格」「—目で人を見る」

うたが・う【疑う】[他五] ❶一定の事柄(特に、真理とされる事柄)について、それが事実と違うのではないか、間違っているのではないかと思う。疑問に思う。〓「医学の常識を—」「夢ではないかと自分の目を—(=現実とは思えない出来事などをいう)」「私は彼女こそ最高の歌手だと信じて—・わない(=確信している)」❷物事が思わくどおりにいかないのではないかと思う。疑問視する。危ぶむ。〓「実験の成功を—」❸物事を悪いほうに考えて、そうではないかと思う。〓「警察は第一発見者を—・っている」❹人の美質などについて、それを持っていないのではないかと思う。〓「君は僕の誠意を—のか」「いい加減なことを言ってると見識を—・われるよ」使い方 不審に思って信頼できないという気持ちを伴うことが多い。◈①②⇔信じる 注意「うたぐって」「うたぐられて」は、動詞「うたぐる」を用いた俗な言い方。⇩うたぐる 可能 疑える 名 疑い

うた-かた【〈泡▼沫〉】[名] 水の上に浮かんだあわ。みなわ。▼消えやすく、はかないもののたとえにいう。〓「—の夢と消える」

うた-がら【歌柄】[名] 和歌の品位・品格。

うた-ガルタ【歌ガルタ(歌加留多)】[名] 小倉百人一首などの和歌を書いたカルタ。また、それを使ってする遊び。▼読み札に和歌の上の句または全句が書かれ、取り札に下の句が書かれる。

うたがわし・い【疑わしい】[形] ❶事実かどうか、確かにそうであるかどうかすぐには信じられないさま。疑問だ。不確かだ。〓「この記事の内容は—」「疑わしきは罰せず」❷不審であるさま。あやしい。〓「—言動が見られる」「—人物」派生 -げ／-さ

うた-ぎれ【歌切れ】[名] 古人が名筆で書写した歌集の一部を鑑賞用に切り抜いたもの。

うた-ぐち【歌口】[名] 笛・尺八などの、唇をあてて息を吹き入れる部分。

うたぐり-ぶか・い【▽疑り深い】[形]「うたがいぶかい」に同じ。

うたぐ・る【▽疑る】[他五] うたがう。〓「君は僕のことまで—っているのか」「見識を—・られる」▼「疑う」と「勘ぐる」の混淆形。

うたげ【▽宴】[名] 酒もり。宴会。〓「婚礼[観桜]の—を催す」

うた-ごえ【歌声】[名] 歌をうたう声。

うた-ごころ【歌心】[名] ❶和歌の意味。❷和歌をよんだり鑑賞したりする素養。また、歌をうたったり鑑賞したりする素養。〓「—のある人」

うた-ざいもん【歌祭文】[名] 江戸時代の俗曲の一つ。山伏が法螺貝を吹きながら神仏の霊験を唱えた祝詞が俗化したもので、世間の出来事や風俗を三味線の伴奏でおもしろおかしく歌った。祭文節。祭文。▼浪花節はこれから始まった。

うた-ざわ【うた沢(歌沢・▼哥沢)】[名] 江戸後期に起こった俗曲の一つ。端唄をもとにしたもので、ゆったりとした節回しで語るようにうたう。歌沢節。書き分け 寅派と芝派があり、前者を【歌沢】、後者を【哥沢】と書く。【うた沢】は総称。

うたせ-ゆ【打たせ湯】[名] 高い位置から流れ落ちる湯に肩などを打たせ、痛みや凝りをやわらげる入浴法。また、その湯。

うたた【▽転た】[副] 物事の程度が進んではなはだしくなるさま。いよいよ。ますます。〓「—同情の念に堪えない」「山川草木—荒涼」

うたた-ね【▽転た寝】[名] 寝床に入らないで、ついうとうとと眠ること。

うだつ【▼梲】[名] ❶梁の上に立てて棟木を支える短い柱。うだち。❷商家などで隣家との境に設けた防火壁。これを高く華麗に掲げて繁栄のしるしとする。うだち。◈書き方 ②は「▼卯建」とも。

◉**梲が上がらない** 地位や生活がさっぱり向上しない。ぱっとしない。[語源]「うだつ」①が棟木に押さえられているように見えることからいう。これを「うだつ」②の意に解して、一家が繁栄しないことから出たとする説もある。

うた-びと【歌人】[名] ❶和歌を作る人。歌詠み。歌人(かじん)。❷詩人。

うた-ひめ【歌姫】[名] ❶歌を上手に歌う女性の美称。❷女性歌手の美称。

うた-まくら【歌枕】[名] ❶和歌によまれてきた名所。天の香久山(かぐやま)・不破(ふわ)の関・末の松山など。❷和歌によまれてきた名所や枕詞(まくらことば)を集めて解説した書物。

うた-ものがたり【歌物語】[名] 和歌を中心とした短い物語。また、それを集めたもの。平安前期の『伊勢(いせ)物語』『大和(やまと)物語』など。

うた-よみ【歌詠み】[名] 和歌を(巧みに)作る人。歌人。

うだ・る【▼茹だる】[自五] ❶暑さのために体がぐったりする。||「—ような暑さが続く」❷「ゆだる」の俗な言い方。

うたれ-づよ・い【打たれ強い】[形] ❶どんな攻撃にもよく耐えるさま。||「—ボクサー」❷逆境にあってもくじけないさま。||「—・く生きる」

うち【内(▽中・▽家)】[一][名] ❶一定の区切られた範囲の中。特に、建物や部屋の中。屋内。||「城壁の—に閉じこめられる」「このドアは—に向かって開く」⇔そと ❷物の内側に当たる部分。||「この箱は外は金色に、—は漆黒に塗ってある」⇔そと ❸中心や手前に近い方向。また、その場所。内側。||「シュートが—に鋭く切れ込む」「髪を—に向かってカールさせる」⇔そと ❹外に現れない、心の中。心中(しんちゅう)。||「—に激しい情熱を秘める」「苦しい胸の—を明かす」⇔そと ❺自分の家や家庭。また、他人のそれを含んで、広く家や家庭一般をいう。||「日曜日は—にいる」「五日ほど—を空ける(=留守にする)」「—の都合で欠席します」「—の親は厳しくてねえ」⇔そと・よそ ❻自分のところの意で、自分が所属する組織や集団をいう。||「この仕事は外にださずに—(=内部・社内)でやるべきだ」「—の会社[校長・商品]」⇔そと・よそ ❼自分の夫、または妻。||「—は頑固です」「—のに聞いてみましょう」▼手紙の署名で、男性の名前に「内」と添えられているのは、妻の代筆であることを表す。❽建物としての家。家屋。||「—を建てる」❾〈上に連体修飾語を伴って〉ある範囲の中にある意を表す。||「仲間の—二人が合格した」「運も実力の—」「日の暮れない—に(=暮れる前に)帰ろう」❿〈「…のうちに」の形で〉ある状況下で行われる意を表す。…裡(り)に。||「大会は成功の—に終わる」

[二][代] (一人称) わたし。||「—いややわ」▼主に関西で、多く女性が使う。複数を表す「うちら」は男性も使う。◈[書き分け] (1)【内】は広く使う。[一]①②④は【中】も使う。⑤⑧は【家】も使うが、かな書きが多い。⑥⑦⑩と[二]はかな書きが一般的。(2)まれに、⑤⑧は「〈自家〉」、⑩は「▼裡」「▽裏」とも。[読み分け] ⬇なか(中)

うち【打ち】[接頭]〈動詞に付いて〉その意味を強めたり語調を整えたりする。また、少し、ちょっとなどの意を添えることもある。||「—寄せる・—立てる・—続く・—重なる・—くつろぐ・—見る」

うち-あ・う【打ち合う】(撃ち合う・討ち合う)(フ) [一][自五] 物と物とが互いにぶつかりあう。||「地震で雨戸がガタガタと—」[二][他五] 互いに打つ。特に、勝負を競って互いになぐりあったり切りあったり銃で攻撃しあったり技をかけあったりする。||「白石と黒石を交互に—」「ボディーを—」[書き分け] ⬇うつ(打) [名] 打ち合い

うち-あげ【打ち上げ】[名] ❶空高く打ち上げること。||「人工衛星の—に成功する」❷芝居や相撲などの興行を終えること。||「—式」❸興行や仕事を終えて、関係者で行う祝い・慰労の会。||「出版の—をする」

うちあけ-ばなし【打ち明け話】[名] 心のうちを包み隠さずありのままに話す話。

うちあげ-はなび【打ち上げ花火】[名] 筒で打ち上げて上空で点火、開かせるしかけの花火。

うち-あ・ける【打ち明ける】[他下一] これまで心にしまってきたことなどを包み隠さずに話す。告白する。明かす。||「秘密を—」[文] うちあ・く

うち-あ・げる【打ち上げる】[他下一] ❶打って空高くあげる。||「ボールを—」❷勢いをつけて空高くあげる。||「ロケット[花火]を—」❸波が物を陸に運びあげる。||「海岸に—・げられた舟」[使い方]「大波が浜辺に—・げてくる」など、波がみずからを陸に上げる意で自動詞にも使う。「波が打ち寄せる」と同趣。❹芝居や相撲などの興行を終える。また、(一連の)仕事を終える。||「当地興行は本日をもって—」▼太鼓を打ち終えることによって興行の終わりを表すことから。❺政策や持論などを勢いよく話す。ぶちあげる。||「改革案を—」[文] うちあ・ぐ [名] 打ち上げ

うち-あわせ【打ち合わせ】(ハセ) [名] ❶前もって話し合いをすること。また、その話し合い。下打ち合わせ。||「仕事の—をする」[書き方] 公用文では「打合せ」。❷衣服の、左右の前身ごろが合わさったところ。

うち-あわ・せる【打ち合わせる】(ハス) [他下一] ❶物と物とをぶつけ合わせる。||「拍子木を—」❷打って、しっかりとくっつける。||「板と板を—」❸方針や具体策などを取り決めるために、前もって話し合う。||「納品のことで業者と—」❹物と物を近寄せて、うまく合わさるようにする。重ね合わせる。||「着物の裾(すそ)を—」[文] うちあは・す [名] 打ち合わせ

うち-いり【討ち入り】[名] 敵陣などに攻め入ること。||「四十七士の—」

うち-いわい【内祝い】(ヒ) [名] ❶身内の親しい者だけでする祝い事。||「七五三の—」❷自分の家の祝い事を記念して贈り物をすること。また、その品物。[書き方] 贈り物のかけ紙には「内祝」と書く。

うち-うち【内内】[名] 表だてないで、内輪ですること。ないない。||「—の相談」

うち-うみ【内海】[名] ❶陸地に囲まれたせまい海。入り海。ないかい。⇔外海(そとうみ) ❷[古風] 湖。

うち-おと・す【打ち落とす・撃ち落とす】[他五] ❶【打】たたいて落とす。また、切って落とす。||「竿(さお)で木の実を—」「ナイフで小枝を—」❷【撃】鉄砲の弾などを命中させて落とす。||「銃で鴨(かも)を—」

うち-かえ・す【打ち返す】(ヘスカ) [一][他五] ❶向かってきたものを打って、もとの方向に戻す。||「ボールを—」❷たたかれた仕返しに相手をたたく。たたき返す。||「打たれたら—」❸固くなった綿を打って柔らかく再生する。打ち直す。||「布団の綿を—」❹田畑の土をすき返す。||

「麦畑を━」㊁[自五] 引いた波がまた寄せてくる。‖「━波に海藻が漂う」[名] **打ち返し**

うち-かぎ【内鍵】[名] 内側からかけるかぎ。‖「━をして部屋にこもる」

うち-かくし【内隠し】[名]〔古風〕洋服の内側のポケット。内ポケット。

うち-かけ【打ち掛け(▽裲▽襠)】[名] ❶平安時代、朝廷の儀式のときに武官が装束(しょうぞく)の上につけた袖(そで)なしの衣服。❷江戸時代、武家婦人の礼服の一つ。帯をしめた上から打ち掛けて着る裾(すそ)の長い小袖。今は婚礼衣装として用いる。かいどり。

うち-がけ【内掛け】[名] 相撲で、相手の足の内側に自分の足をかけて倒す技。⇕外掛け

うち-かさな・る【打ち重なる】[自五] ❶ある物の上にさらに他の物がのる。❷あることの上に、さらに他のことが加わる。‖「二人が━・って倒れる」「━不幸」

うち-かた【打ち方・撃ち方】[名] ❶【打・撃】囲碁・鼓(つづみ)・鍛冶(かじ)・鉄砲などで、うつやり方。また、うつ人。‖「碁の━を教わる」❷【撃】軍隊で、鉄砲をうつこと。‖「━やめ」

うち-か・つ【打ち勝つ】[自五] ❶自分よりも強い相手に勝つ。‖「強敵に━」❷困難や苦しみにまけないで、のりこえる。克服する。‖「貧苦[誘惑]に━」[書き方]「打ち▽克つ」とも。❸野球などで、相手よりもよく打って勝つ。

うち-かぶと【内▽兜・内▽冑】[名] ❶かぶとの内側。特に、ひたいの当たる部分。❷知られたくない内部の事情。内幕。内心。

◉**内兜を見透か・す** 弱点などを見ぬく。足もとを見る。

うち-がま【内釜・内▽罐】[名] ❶【釜・罐】火をたくかまが、浴槽の一部として取り付けてあるもの。⇕外がま ❷【釜】炊飯器で、米と水を入れる内側の容器。

うち-がわ【内側】[名] ❶囲い・仕切りなど基準とするものの内部。また、そこに向かう方向。‖「箱[環状線]の━」「━に開くドア」❷ある範囲の中で、中心に近いところ。また、そこに向かう方向。‖「━のコースを走る」「右足を━に向ける」❸組織などの内部(の事情)。‖「業界の━に精通している」◈⇕外側

うち-き【内気】[名・形動] 気が弱くて人前では思うように物事ができないこと。また、そのような性格。‖「━な子」「━だからスピーチは苦手だ」[派生]━さ

うちぎ【▼袿】[名] 平安時代、女性が唐衣(からぎぬ)の下に着た衣服。また、男性が狩衣(かりぎぬ)や直衣(のうし)の下に着た衣服。うちき。

うち-きず【打ち傷】[名] 物にぶつかったり打たれたりしてできた傷。うちみ。打撲傷(だぼくしょう)。

うち-きり【打ち切り】[名] 途中でやめにすること。‖「交渉が━になる」[書き方] 公用文では「打切り」。

うち-き・る【打ち切る】[他五] ❶たたき切る。また、勢いよく切る。ぶち切る。‖「鏨(たがね)で鉄塊を━」❷物事を途中でやめにする。‖「契約[捜査]を━」[名] **打ち切り**

うち-きん【内金】[名] 代金・報酬などの一部として前もって支払う金。‖「━を入れる」

うち-くず・す【打ち崩す】[他五] ❶攻めて相手の防御を崩す。‖「堅い守りを━」❷野球で、相手投手に対して安打を続けて点を取(って降板させ)る。‖「エースを━」❸それまでの考え方などを成り立たなくする。‖「既成の概念を━」

うち-くだ・く【打ち砕く】[他五] ❶強くたたいて細かくする。また、そのようにして壊す。‖「ハンマーで石を━」「強烈なパンチが相手の顎(あご)を━」❷衝撃を与えて立ち直れないようにする。‖「野望を━」「その一言で夢も希望も━・かれる」

うち-くび【打ち首】[名] 首を刀で切り落とす刑罰。斬罪(ざんざい)。‖「━獄門の刑」

うち-けし【打ち消し】[名] 打ち消すこと。特に、文法で助動詞の「ない」「ぬ(ず)」などを使って、ある動作・存在・状態の否定を表す語法。否定。[書き方] 送りがなをつけずに「打消」と書くことも多い。

うち-け・す【打ち消す】[他五] ❶そうではないと言う。否定する。‖「世間のうわさ[疑問]を━」❷ある物事が、その判断が間違いであったことをはっきりと示す。否定する。‖「不調説を━ような本塁打」❸「消す」を強めて言う語。消し去る。‖「酸味が渋みを━・してまろやかな味になる」[名] **打ち消し**

うち-げんかん【内玄関】[名] 家の者が出入りするための玄関。ないげんかん。⇕表玄関

うち-こ【打ち粉】[名] ❶刀剣の手入れに使う砥粉(とのこ)。▽絹の袋に入れ、刀身をたたいて振りかける。❷そば・うどんを打つとき、生地が麺棒(めんぼう)や台につかないように振る小麦粉。❸汗を吸い取るために肌につける粉。天花粉(てんかふん)。

うち-こ・む【打ち込む(撃ち込む)】[他五] ❶打って中に入れる。打ち入れる。‖「板に釘(くぎ)を━」「二人の間にくさびを━」❷球技で、相手の陣内などにボールを打ち入れる。また、単に打ち入れる。‖「力任せに球を━」▼〜ヲに〈対象〉をとる。❸打ち入れることによって、そのような状態を作り出す。‖「左翼席に本塁打を━」「パソコンにデータを━」▼〜ヲに〈結果〉をとる。❹剣道で、相手のすきをみて鋭い攻撃をしかける。打ち入れる。‖「頭部めがけて木刀を━」❺囲碁で、相手の陣構えの中に石を打つ。❻弾丸を発射して標的の中に撃ち入れる。当てる。命中させる。‖「砲弾を敵艦に━」[書き方]「撃ち込む」と書く。❼液状のものを型枠の中に流し込む。‖「コンクリートを━」❽野球などで、激しく攻撃する。‖「相手投手を━」❾野球などで、何度も球を打って練習する。❿一つのことに心を集中させる。‖「仕事に心[己(おの)れ]を━」「音楽に━」[名] **打ち込み**

◆品格◆ 傾注「全力を━する」専心「研究に━する」専念「職務に━する」没頭「作句に━する」没入「思索に━する」

うち-ころ・す【打ち殺す・撃ち殺す】[他五] ❶【打】たたいて殺す。なぐり殺す。‖「こん棒で━」❷【撃】銃などで弾を命中させて殺す。‖「ライフルで━」

うち-こわ・す【打ち壊す(打ち▽毀す)】[他五] ❶強い力を加えて物を破壊する。たたきこわす。‖「納屋を━」❷まとまった状態にある物事をだめにする。また、既存の思想・慣習などを取り除く。‖「計画[旧弊]を━」[名] **打ち壊し**

うち-しず・む【打ち沈む】[自五] 気持ちが沈んで、すっかり元気がなくなる。‖「悲しみに━」

うち-じに【討ち死に】[名・自サ変] 戦場で敵と戦って死ぬこと。‖「壮烈な━を遂げる」

うち-す・える【打ち据える】[他下一] ❶しっかりとすえる。‖「居間に大型テレビを━」❷〔古風〕立てなくなるほど、強くたたく。[文] うちす・う

うち-す・ぎる【打ち過ぎる】 ㊀〔他上一〕打つことの程度が過ぎる。〓「ワープロを—ぎて腱鞘(けんしょう)炎になる」㊁〔自上一〕日数や時間が経過する。〓「久しく御無音(ごいん)に—ぎ恐縮しております」▽「過ぎる」を強めていう。文**うちす・ぐ** 名**打ち過ぎ**

うち-す・てる【打ち捨てる（打ち▽棄てる）】〔他下一〕構わないで、ほったらかしにする。うっちゃる。〓「横領の件は—ててはおけない」▽「捨てる」を強めていう。文**うちす・つ** 名**打ち捨て**

うち-ぜい【内税】〔名〕表示価格に消費税が含まれていること。内税方式。⇔外税

うち-たお・す【打ち倒す・撃ち倒す】 ータフス〔他五〕❶【打】打ちたたいて倒す。殴り倒す。打ちのめす。〓「一発で相手を—」❷【打】やっつける。打ち負かす。〓「初戦で強敵を—」❸【撃】鉄砲などを撃って相手を倒す。〓「敵軍を—」

うち-だし【打ち出し】〔名〕❶打ち出すこと。〓「ワープロでの文字の—」❷相撲・芝居で、一日の興行の終わり。はね。▽太鼓を打って終わりを知らせることから。❸紙や金属板などを裏からたたいて、表に模様を浮き出させること。また、それに使う型。

うち-だ・す【打ち出す・撃ち出す】〔他五〕❶【打】打つことを始める。〓「六時になると住職が鐘を—」❷【撃】鉄砲などを撃ち始める。〓「両軍同時に大砲を—」❸【打】打ちたたいて、前方へ出す。〓「（テニスで）強烈なサービスを—」❹【撃】鉄砲などを撃って弾を外に出す。〓「—された砲弾が敵機に命中する」❺【打】相撲・芝居などで、一日の興行の終わりを知らせる太鼓を打つ。❻【打】紙や金属板などを裏からたたいて、表に模様を浮き出させる。〓「唐草模様を—」❼【打】キーをたたいたりして、画面や紙の上に文字を出現させる。〓「プリンターで報告書を—（＝印刷する）」❽【打】方針や考えをはっきりと示す。〓「目標を明確に—」「新機軸を—」▽「出す」を強めていう。名**打ち出し**

うち-た・てる【打ち立てる】〔他下一〕新たにしっかりと定める。確立する。〓「新記録を—」文**うちた・つ**

うち-ちがい【打ち違い】 ーチガヒ〔名〕❶間違って打つこと。また、間違って打ったもの。〓「キーの—」❷十の字形に交差すること。また、その形。ぶっちがい。〓「板を—に組む」

うち-ちが・える【打ち違える】 ーチガヘル〔他下一〕❶打ち間違える。〓「キーを—」❷交差させる。組み違える。〓「糸を斜めに—えて編む」文**うちちが・ふ** 名**打ち違え**

うち-つ・ける【打ち付ける】〔他下一〕❶強くぶつける。〓「柱に頭を—」❷くぎなどを打ち込んで固定する。〓「塀に看板を—」文**うちつ・く**

うち-つづ・く【打ち続く】〔自五〕いつまでも続く。〓「戦乱が—」

うち-っぱなし【打ちっ放し】〔名〕❶球を打ったままにすること。〓「—のゴルフ練習場」❷コンクリート建築で、型枠をはずした表面に手を加えず、そのままを仕上げとすること。うちはなし。

うち-づら【内面】〔名〕家族や内輪(うちわ)の人に対する態度。〓「—が悪い」⇔外面(そとづら)

うち-つ・れる【打ち連れる】〔自他下一〕一緒にそろって行く。連れ立つ。〓「一同—れて花見に行く」文**うちつ・る**

うち-でし【内弟子】〔名〕師匠の家に住み込み、家事を手伝いながら芸事を習う弟子。〓「—をとる」

うちで-の-こづち【打ち出の小▼槌】〔名〕それを振れば何でも望む物が出てくるという小さな槌。

うち-と・ける【打ち解ける】〔自下一〕心のへだてがなくなって親しむ。〓「すっかり—けて話がはずむ」文**うちと・く**

うち-どころ【打ち所】〔名〕❶物などにぶつけた体の箇所。うちどこ。〓「—が悪くて死ぬ」❷印をつける所。指摘する箇所。〓「非の—のない名作」

うち-どめ【打ち止め】〔名〕❶芝居・相撲などで、一つの興行の終わり。一般に、物事の終わり。〓「この一番にて本日の—」「今日の仕事は—にしよう」❷パチンコで、一定量の玉が出た台の使用を止めること。

うち-と・る【討ち取る・打ち取る】〔他五〕❶【討・打】武器を使って相手を殺す。〓「敵の大将を—」❷【討】競技・勝負などで、相手を負かす。〓「優勝候補を—」❸【打】野球で、打者をアウトにする。〓「内野フライに—」

うち-にわ【内庭】 ーニハ〔名〕家の内の、建物に囲まれている庭。中庭。

うち-ぬ・く【打ち抜く・撃ち抜く】〔他五〕❶【打】打ったり突き刺したりして穴をあける。また、そのようにして穴をつくる。〓「ドリルで壁を—」「板金に穴を—」❷【打】型を当てて、その形に穴をあける。また、そのようにして穴をつくる。〓「厚紙に唐草模様を—」「菱形(ひしがた)に穴を—」❸【撃】銃弾などを発射して穴をあける。〓「ピストルでドアを—」❹【打】予定した日時の最後までやり通す。〓「二四時間ストを—」❺【打】仕切りなどを取り除いて一続きにする。ぶちぬく。〓「二部屋—いて宴会場にする」

うち-のめ・す【打ちのめす】〔他五〕❶相手が立てなくなるほど激しくなぐる。〓「よってたかって—」❷立ち直れなくなるほど大きな打撃を与える。〓「反対派を—」「不況に—される」

うち-のり【内▽法】〔名〕❶管・箱などの、内部のさしわたし。内側の寸法。⇔外法(そとのり) ❷柱と柱との間の距離。また、鴨居(かもい)から敷居までの距離。

うち-はた・す【討ち果たす】〔他五〕❶切り殺す。うちとる。❷敵となった相手をすべて殺す。

うち-ばらい【内払い】 ーバラヒ〔名〕内金として代金の一部を支払うこと。また、借金の一部を支払うこと。〓「—として三万円を渡す」書き方 公用文では「内払」。

うち-はら・う【打ち払う・討ち払う・撃ち払う】 ーハラフ〔他五〕❶【打】たたくなどして、払い落とす。〓「袖(そで)の塵(ちり)を—」❷【打】好ましくない思いなどを追い払う。はらいのける。〓「雑念[悲しみ]を—」❸【討・撃】（鉄砲などをうって）敵を追い散らす。〓「攻め寄る敵軍を討ち払う」「鉄砲で撃ち払う」

うち-ひしが・れる【打ち▽拉がれる】〔連語〕意気や意欲がそがれる。意気消沈する。〓「悲しみに—」「失敗の連続に—」▽動詞「うちひしぐ」の未然形＋受身の助動詞「れる」から。

うち-ひも【打ち▼紐】〔名〕何本かの糸を組んで作ったひも。打ち緒。組みひも。▽篦(へら)で打って固く引き締めたことから。

うち-ぶ【打ち歩】〔名〕外国為替相場で先物相場が直物(じきもの)相場を上回ったときの差額。プレミアム。打歩(だぶ)。

うち-ぶところ【内懐】〔名〕❶和服を着たとき、肌

に近いほうのふところ。❷内心。また、内情。‖「―を見透かされる」

うち-ぶろ【内風呂】［名］屋内にある風呂。また、家庭でわかす風呂。内湯(うちゆ)。⇔外風呂

うち-べり【内減り（内▽耗り）】［名］穀物をうすでついたとき、元の量よりも少し減ること。つきべり。また、その減った量の元の量に対する割合。⇔外減り

うち-べんけい【内弁慶（内▼辨慶）】［名・形動］家の中では威張るが、外に出るといくじがないこと。また、そのような人。陰弁慶。‖「―の外窄(そとすぼ)まり」

うち-ぼり【内堀（内▼濠）】［名］城の内部の堀。また、二重にめぐらした堀の、内側の堀。⇔外堀

うち-まか・す【打ち負かす】［他五］❶打って負かす。特に野球で、安打を連発して相手を負かす。❷完全に負かす。徹底的にやっつける。‖「横綱を―」

うち-まく【内幕】［名］❶軍陣などで二重にはりめぐらす幕の、内側の幕。▼外にはる幕は外幕(とまく)という。❷外からはわからない内部の事情。内情。ないまく。‖「芸能界の―を暴露する」

うち-ま・ける【打ち負ける】［自下一］野球などで、打ち合って負ける。文うちま・く

うち-まご【内孫】［名］祖父母からみて、自分のあとどりから生まれた子。ないそん。⇔外孫(そとまご)

うち-また【内股】［名］❶ふとももの内側。うちもも。❷足先を内側に向けて歩く歩き方。⇔外股 ❸柔道で、相手の内またにかけた片足を大きく払いあげるようにして投げる技。

うちまた-ごうやく【内股▼膏薬】(ーカウヤク)［名］内股に貼った膏薬が右についたり左についたりするところから、定見・節操がなく、都合によってあちらこちらにつき従うこと。また、そのような人。うちまたこうやく。

うち-まわり【内回り（内▼廻り）】(ーマハリ)［名］環状の路線のうち、内側をまわる路線。⇔外回り

うち-み【打ち身】［名］体を強く打ったときにできる皮下組織の傷。打ち傷。打撲傷(だぼくしょう)。

うち-みず【打ち水】(ーミヅ)［名］ほこりをおさえたり涼しくしたりするために門前・庭先などに水をまくこと。また、その水。‖「玄関に―をする」

うち-むき【内向き】［名］❶内側に向いていること。‖「両手を―にして床につく」「―な性格」❷家庭内のこと。内輪のこと。家事。‖「―の雑用に追われる」❸自国や自分の属する社会の外に目を向けようとしないこと。‖「―な政策」「―な企業体質を改める」◈⇔外向(そとむ)き

うち-もの【打ち物】［名］❶刀・やり・なぎなたなど、打ち鍛えて作った武器。‖「―業(わざ)（＝刀剣などで戦う技術）」「―師」❷打ちたたいて作った金属の器具。⇔鋳物(いもの) ❸鉦(しょう)・鼓(つづみ)など、打って鳴らす楽器。❹落雁(らくがん)など、木型に流し入れて固めた干菓子。打ち菓子。❺砧(きぬた)で打ってつやをだした絹布。

うち-もも【内▽股・内▼腿】［名］ももの内側。うちまた。

うち-やぶ・る【打ち破る・討ち破る】［他五］❶【打】うちこわす。‖「ドアを―」❷【打】障害などをこわす。打破する。‖「旧弊を―」❸【打・討】攻めて負かす。撃破する。また、言い負かす。‖「敵軍を討ち破る」「論敵を打ち破る」❹【打】それまで続いていた穏やかな状態を突然やめる。破る。‖「沈黙［均衡］を―」

うち-ゆ【内湯】［名］❶温泉場で、それぞれの旅館が屋内に湯を引いてつくる専用の風呂場(ふろば)。⇔外湯・総湯 ❷自分の家の中につくった風呂場。内風呂。

う-ちゅう【宇宙】(ーチウ)［名］❶すべての天体を含む広大な空間。‖「―の果て」「―空間［旅行］」❷それ自体で統一された世界。‖「ことばの―」「小―」

う-ちゅう【雨中】［名］雨の降るなか。‖「―の熱戦」

うちゅう-かん【右中間】［名］野球で、右翼手と中堅手との間。ライト・センター間。

うちゅう-さんぎょう【宇宙産業】(ウチウサンゲフ)［名］ロケット・人工衛星・有人宇宙基地などの研究・開発に関わる事業。高度な科学技術を必要とし、巨額の資金を伴うので、国家プロジェクトとして推進される。

うちゅう-じん【宇宙人】(ウチウ)［名］地球以外の天体に存在すると想定される、人間に似た知的生命体。▼比喩的に、常識から外れていて意思疎通のできない人の意でも使う。

うちゅう-せん【宇宙線】(ウチウ)［名］宇宙からたえず地球に飛んでくる高エネルギーの放射線。

うちゅう-ひこうし【宇宙飛行士】(ウチウヒカウシ)［名］宇宙船に搭乗して宇宙空間を飛行する操縦士。宇宙パイロット。

うちょう-てん【有頂天】(ウチャウ)［名・形動］喜びや得意の絶頂にいて、他をかえりみないこと。‖「難関を突破して―になる」▼仏教で、三界(さんがい)（欲界・色界・無色界）の最上位にある天の意から。 注意「宇頂天」「有頂点」と書くのは誤り。

うち-よ・せる【打ち寄せる】■［自下一］寄せてくる。押し寄せる。‖「波が―」「―大軍」▼みずからを寄せる意の他動詞が自動詞化した語。■［他下一］波が浮かんだ物を岸のほうに運んでくる。‖「海岸に―・せられた海藻」文うちよ・す

うち-わ【内輪】［名］❶身内だけで外部の人を交えないこと。‖「―の集まり」❷内部の事情。内幕。‖「あれで―は火の車らしい」▼多く経済状態についていう。❸数量などが控えめなこと。‖「―に見積もる」

うち-わ【〈団扇〉】(ーハ)［名］あおいで風を送る道具。竹の骨に紙や布を張り、柄(え)をつける。多くは円形。‖「絵―」「軍配―」「―太鼓(だいこ)（＝日蓮宗の信徒が使う、革を丸い枠に張って柄をつけた太鼓）」▼「打ち羽」の意という。

うち-わく【内枠】［名］❶内側の枠。❷競馬の枠順で、コースの内側の枠。❸決められた範囲のうち。‖「予算の―を超える」◈①②⇔外枠

うち-わけ【内訳】［名］総額・総量の内容を項目別に細かく分けたもの。明細。‖「請求書の―」

うち-わた【打ち綿】［名］❶繰り綿を綿弓で打って柔らかくしたもの。❷古綿を打ち返して再生したもの。

うち-わたし【内渡し】［名・他サ変］内金(うちきん)を渡すこと。‖「代金の半額を―する」

うちわ-もめ【内輪▼揉め】［名］家族間や仲間どうしの争い。内輪げんか。‖「遺産をめぐって―を起こす」

うつ【鬱】 鬱 ■［名］心が晴れ晴れとしないこと。気がふさぐこと。‖「躁(そう)から―に変わる」「―屈・―憤」「陰―・沈―・憂―」⇔躁 ■（造）❶草木が茂る。‖「―蒼(そう)」❷ふさがる。‖「―血・―積」

う・つ【打つ・撃つ・討つ】［他五］

A 物に力を加える

❶手・棒・むちなどで瞬間的に強くたたく。また、物と物とを強くたたき合わせる。‖「バットでボールを―」「キーを―・って文字を出す」「手を―・って喜ぶ」

❷誤って物に体を強く当てる。…に…をぶつける。〓「机の角で頭を―」「転んで腰を―」▼～ヲに〈身体部分〉をとる。①と異なり受身を作らない。❸打つような動作をして器具を操作する。〓「鍬(くわ)を―」「一日中パソコンを―っている」❹雨・風・波などが物に激しく当たる。〓「波が岸壁を―」「滝水に―たれて修行する」「雷に―たれて死ぬ」❺物をたたいて、ある物の中に入れる。打ち込む。打ち入れる。〓「柱に釘(くぎ)を―」「出る杭(くい)は―たれる」❻治療で針などを体に刺す。特に、注射器で薬を体内に入れる。〓「腰に鍼(はり)を―」「右腕に点滴を―」❼前方に放り投げるような動作をする。〓「網を―」「庭に水を―」「型枠にコンクリートを―(＝流し込む)」❽弾丸を発射して目標物に当てる。射撃する。〓「ピストルで標的を―」❾銃器を使って弾丸を発する。発射する。発砲する。〓「大砲を―」▼⑧は～ヲに〈対象〉を、⑨は～ヲに〈道具〉をとる。❿罪人などに縄をかけ(て動けなくす)る。〓「縄を―」⓫敵を攻め滅ぼす。倒す。負かす。やっつける。〓「宿敵(かたき)[あだ・悪]を―」「主戦投手を―」

B 感情や感覚に作用を加える

⓬感動させる。また、強く刺激する。射る。〓「迫真の演技が観客を―」「献身的な愛情に心を―たれる」「臭気が鼻を―」

C 打つことで物や状態を作り出す

⓭打つような動作をして、ある(目立つ)状態を作り出す。〓「ホームラン[シュート]を―」「神前で柏手(かしわで)を―」⓮材料・素材をたたいて、その物を作り出す。〓「能面[刀・そば]を―」「裏を―(＝裏打ちをする)」⓯心臓が規則的に動いて、脈拍を生み出す。また、時計が音を立てて時を知らせる。〓「動悸(どうき)を―」「時計が十時を―」⓰記号や番号などを書きつける。付す。つける。〓「文末に句点を―」「事件にピリオドを―」⓱キーをたたいて、電報などを発信する。また、そのようにして機器で文字を打ち出したり原稿を作ったりする。〓「友人に祝電を―」「携帯でメールを―」⓲みずからを前方に打ちつけるような動作をして、その動作や状態を作り出す。また、刀などを打ち鍛えて反りをもたせる。〓「寝返り[もんどり]を―」「黒髪が波を―」「雪崩(なだれ)を―って攻め寄せる」「刀が反りを―」⓳囲碁などをする。〓「碁[マージャン・博打]を―」▼石や牌(パイ)を打ち下ろして戦うことからいう。⓴ある計画などを実行する。ぶつ。また、ある手段・方策を講じる。〓「境内で芝居を―」「逃げを―」「先手を―」

◈書き分け (1)【打】は広く一般に使う。【撃】は射撃の意で⑧⑨に、【討】は攻め滅ぼす意で⑪に使う。(2)「柏手を拍つ(＝たたく)」「脈を搏つ」「平手で撲つ(＝なぐる)」「臭気鼻を撲つ」など、「▽拍つ」「▼搏つ」「▽撲つ」とも書くが、【打】が一般的。(3)「敵国を征つ」「宿敵を伐つ」など、「▽征つ」「▽伐つ」とも書くが、【討】が一般的。(4)「▽射つ」を「撃つ」と同じようにも使うが、【撃】が一般的。

使い方 (1)Aは～ヲに〈対象〉や〈道具〉をとるもの、Cは～ヲに〈結果〉をとるもの。同じ「打つ」でも、①「キーを打つ(＝キーをたたく)」、③「パソコンを打つ(＝パソコンという道具を操作する)」、⑰「メールを打つ(＝キーをたたいてメールという結果を作り出す)」は異なる。(2)野球で「四番を打つ」など、～ヲに〈役割〉をとる言い方もある。①の「ボールを打つ」、⑪の「主戦投手を打つ」、⑬の「ホームランを打つ」などと異なり、受身を作らない。可能 打てる「ワープロなら打てる」

◉**打って一丸(いちがん)となる** 「一丸となる」を強めていう。〓「全員(が)―って事に当たる」

◉**打てば響く** すぐに的確な反応を示す。〓「―ような名回答」

うつ-うつ【鬱鬱】[形動タル] ❶気がふさいで晴れ晴れとしないさま。〓「―とした日を送る」❷草や木が薄暗く生い茂っているさま。うっそう。〓「―たる老樹」

うっかり[副] 注意が散漫で、不都合な結果を引き起こすさま。〓「―信用すると、とんだ目に遭う」「道路標識を―(と)見逃してしまう」使い方「うっかり/つい口を滑らせてしまう」では、前者は注意力の欠如に、後者は行為の無意図性に注目していう。「ついうっかり道を間違えてしまった」のように重ねて使うこともできる。

うつ-ぎ【▽空木・▼卯木】[名] 初夏に白い五弁花をつけるユキノシタ科の落葉低木。堅い材は木くぎや楊枝(ようじ)にする。ウノハナ。▼古くなると幹が中空になることから。

う-づき【▼卯月】[名] 陰暦四月の別称。うのはなづき。▼太陽暦の四月にもいう。

うつくし・い【美しい】[形] ❶すがた形や色・音などがすぐれていて、心を奪われるような感動を覚える。きれいだ。美麗だ。〓「頂上からの眺めが―」「花[絵]のように―」「―夜明け」「―・く塗る」❷心根や行為が純粋で汚(けが)れがない。特に、人間関係が純粋で打算がない。〓「彼らのひたむきな仕事ぶりが―」「清く正しく―・く生きたい」「―友情」◈もと「愛(うつく)し」と書き、情愛を注ぐ気持ちをいった。使い方「美しい」は文章語的で重く、「きれい」は日常語的で軽い。派生 -さ/-がる

うっ-くつ【鬱屈】[名・自サ変] 気持ちが晴れなくて、ふさぎこむこと。〓「死の影におびえて―する」

うつけ【▽空け・▽虚け】[名]〔古風〕ぼんやりしていること。また、そのような人。〓「―者」▼中がからっぽの意から。

うっ-けつ【鬱血】[名・自サ変] 流れを妨げられた静脈血が体の一部分や臓器に異常にたまること。

うつし【写し】[名] ❶控えとして写しとった文書。コピー。〓「契約書の―をとる」❷原物をまねて写しとったもの。模写。〓「北斎の―」

うつし-え【写し絵・映し絵】ヱ[名] ❶〔古風〕肖像画や写生画。また、写真。❷〔古風〕幻灯。影絵。❸絵や写真を別の紙・電子機器などに転写すること。また、その絵や写真。

うつし-え【移し絵(写し絵)】ヱ[名] 水溶性ののりを塗った台紙に絵や模様を印刷したもの。水にぬらして紙などにはり、静かに台紙をはがすと印刷した部分だけが残る。子供のおもちゃにするほか、模様印刷にも使う。

うつし-だ・す【映し出す・写し出す】[他五] ❶【映】スクリーンや鏡などに映像を表す。〓「モニターに―・された画像」❷【写】現実の姿・形を写真に写して表す。また、絵や文章などで表す。〓「悲惨な光景がカメラを通して―・される」「人間模様を克明に―」❸【映】「映す」④に同じ。〓「投稿欄が時代の鼓動を―」

うつし-と・る【写し取る・写し撮る】[他五] ❶【取】原文のとおりに書き取る。また、現実を模倣・模写

する。‖「古文書を―」「物の形を忠実に―」❷【撮】しっかりと写真に写し収める。‖「笑ったところを写真に―」

うつし-み【現し身】〔名〕〔古風〕この世に生きている身。うつせ身。

うつし-よ【▽現し世】〔名〕〔古風〕この世。人の世。現世。

うつ・す【写す】〔他五〕❶文字や図などをそのとおりに書き取る。転写する。‖「当選番号を手帳に―」「薄紙を当てて地図を―」❷見たり聞いたり考えたりしたことを絵や文章などに表す。描く。描写する。‖「田園風景をキャンバスに―」❸実際のとおりにまねて作る。模倣する。模する。…にならう。‖「ロココ調を―・した豪邸」❹撮影することによって写真を作り出す。撮影する。撮る。‖「風景写真を―」使い方 ～ヲに〈対象〉をとる「風景を写真〔カメラ〕に―」の言い方もある。◈「移す」と同語源。可能 写せる 名 写し

うつ・す【映す】〔他五〕❶光の反射によって、物が、物の形や色を他のものの上に現し出す。また、現れ出るようにする。‖「金閣寺が池に姿を―・している」「(私は)鏡に顔を―・して身仕舞いを整える」▼～ガに〈現実の物体〉が、～ヲに〈映像〉がくる。❷光の投影が物の影を作り出す。投影する。映し出す。‖「朝日が大地に長い影を―」▼～ガに〈発光体〉がくる。❸撮影した映像をスクリーンや画面上に現す。映写・再生する。‖「モニターに動画を―」「電源を入れてテレビを―」❹あるものが、他のものの姿を現し示す。反映する。映し出す。‖「流行歌は時代を―鏡だ」◈「移す」と同語源。可能 映せる

うつ・す【移す(▽遷す)】〔他五〕❶物や人などを別の所に動かす。‖「料理を小皿に―」「机を窓際に―」「患者を個室に―」「中田氏を開発室に―」書き方 人事異動などの場合は「遷す」とも。❷居所や所属を変える。‖「都心部から郊外へ住まいを―」「総務部から営業部に所属を―」書き方「遷す」とも。使い方 ➡ 移る② ❸役割・権限などの所在を変える。移し替える。‖「担当を中田から田中に―」「権限を検察庁に―」書き方「遷す」とも。❹場所を変えて、その役割・機能をもった土地を作り出す。‖「京都から江戸に都を―」書き方「遷す」とも。❺関心の対象を他のものに変える。‖「ほかの人に心を―」「視線〔目〕を―」❻時を経る。時を過ごす。‖「時を―・さず(=すぐに)行動する」使い方 もと「しばらく雑談に時を―・した〈漱石〉」などとも使った。今は多く「時を移さず」の形で副詞的に使う。❼香りや色を他のものにしみこませる。‖「ユリの香りをハンカチに―」❽病気など、よくないものに感染させる。また、もののけなどを他に乗り移らせる。‖「風邪を―・される」「もののけを人形に―」書き方 病気の場合は「〈感染〉す」とも当てるが、かな書きが普通。❾計画や理論などを実際的な行動の段階に進める。‖「今や、計画を行動に―べき時だ」❿他の言語などにかえる。移し替える。‖「源氏物語を現代語に―」可能 移せる

うっすら〔副ト〕物事の程度がごくわずかであるさま。かすかに。ほのかに。‖「雪が―(と)積もる」「その話なら―(と)覚えている」▼「薄ら」の転。

うっ・する【鬱する】〔自サ変〕気持ちがふさぐ。心が暗くなる。‖「気が―」文 うっ・す

うっ-せき【鬱積】〔名・自サ変〕はけ口のない感情が心の中にとどこおりたまること。‖「胸中に不平〔悩み〕が―する」

うつ-せみ【▽空▼蟬・▽虚▼蟬】〔名〕〔古風〕セミのぬけがら。また、セミ。▼「現身」を「空(虚)蟬」と当てたことから。

うつせみ【▽現身・▽空▼蟬・▽虚▼蟬】〔名〕〔古風〕現にこの世に生きている人。また、この世。現世。語源「うつしおみ(現し臣)」→「うつそみ」→「うつせみ」と転じた。

うつ-ぜん【鬱然(▼蔚然)】〔形動タルト〕❶草や木が深く茂っているさま。うっそう。‖「―たる杉林」❷勢いがきわめて盛んなさま。‖「政財界に―たる勢力をもつ」❸心が晴れないさま。‖「―として楽しまず」

うっ-そう【鬱▼蒼】〔形動タルト〕あたりが暗くなるほど樹木が茂っているさま。‖「―とした杉木立」

うったえ【訴え】〔名〕訴えること。特に、裁判の申し立てをすること。また、その内容。‖「―を起こす」「反対の―を聞く」

うった・える【訴える】〔他下一〕❶物事の善悪・正邪の判定を求めて、裁判所や権威ある機関・人などに申し出る。訴えを起こす。訴え出る。提訴する。‖「背任罪で前社長を裁判所に―(=告訴する)」「不法所持で男を―(=告発する)」❷改善されることを期待して、不満や苦痛、考えや気持ちなどを人に告げる。また、(広く呼びかけて)改善されることの必要性を告げる。‖「上司に不満を―」「わが党への支持を―」「資金援助が必要だと―」❸ある物事がその意味や主張を印象深く伝える。‖「この絵は我々に戦争の悲惨を―・えている」❹解決を図るために激しい手段を使う。‖「事の解決を腕力に―」「法律に―・えても(=裁判に持ち込んでも)解決するつもりだ」❺相手の感性や理性などに働きかける。‖「その講演は聴衆の理性に強く―・えた」「目に―広告」「世論に―(=世論に働きかけて注意を喚起する)」文 うったふ 名 訴え

うっちゃら-か・す〔他五〕〔俗〕かまわないで、そのままほうっておく。ほったらかす。‖「仕事を―・して遊び回る」▼「打ち遣らかす」の転。

うっちゃ・る〔他五〕❶投げ捨てる。‖「川にごみを―」❷手をつけずに、ほうっておく。‖「こんな傷は―・っておけば治る」❸相撲で、土俵際まで押し寄ってきた相手を体をひねって後ろに投げ出す。‖「粘り腰で―」❹土壇場で形勢を逆転する。‖「契約の寸前で他社に―・られた」◈「打ち遣る」の転。名 うっちゃり

うつつ【▽現・▽顕】〔名〕❶目覚めているときに確かに存在すると意識される現実。‖「夢か―か幻か」❷意識がしっかりしている状態。正気。‖「―に返る」❸夢か現実かはっきりしない状態。夢心地。夢見心地。▼「夢うつつ」の「うつつ」を夢と同義と誤って解したことから。

◉**うつつを抜か・す** あることに熱中して本心を失う。‖「登山に―・して学業を顧みない」

うつ-て【討手】〔名〕敵や賊を追って、滅ぼしたり捕らえたりする人。

うつ-て【打つ手】〔連語〕とるべき手段・方法。なすすべ。‖「万策尽きて―がない」

ウッディー【woody】〔形動〕木質・木製であるさま。また、木に似せたさま。‖「―な壁紙」

うって-かわ・る【打って変わる】〔自五〕〈多く「打って変わって」「打って変わった」の形で〉がらりと変わる。急に変わる。‖「昨日とは―・った冷淡な態度」▼「変わる」を強めていう。

うって-つけ【(打って付け)】〔形動〕希望や条件

にぴったりと当てはまるさま。あつらえ向き。最適。もってこい。‖「英語の講師に━な人」「飲食店に━の物件」

うって・でる【打って出る】 ■一 [自下一] 勢いよく出る。進んで出る。‖「強硬手段に━」「選挙に━」▼「出る」を強めていう。■二 [他下一] 積極的な手段をとって相手を攻撃する。打ちに出る。‖「初球から積極的に━」

ウッド【wood】 [名] ❶木材。木製。❷ゴルフのクラブで、球を打つ部分が木製のもの。▼現在は金属製のものが主流。⬇アイアン

うっとうし・い【鬱陶しい】 ウッタウ [形] ❶気分や雰囲気が晴れ晴れせず、気詰まりに思うさま。‖「ぐずついた天気で、気分も━」❷目の前にちらついたり、気にかかったりして、不快に感じる。目障りだ。うるさい。‖「眼鏡が━」「その絵は━から外そう」◈✔注意「うっとおしい」と書くのは誤り。派生 ━げ／━さ／━がる

うっとり [副ト] 美しいものに心を奪われるさま。また、快さに身をゆだねるさま。‖「ピアノの音に━と聞きほれる」

うつ-ばり【▼梁】 [名] 棟(むね)を支えるために柱の上にわたす横木。▼「内張り」の意で、古くは「うつはり」。

うつ-びょう【鬱病】 ヤウ [名] 精神疾患の一つ。気分が沈んで何ごとにも意欲を失い、思考力・判断力が抑制される。抑鬱(よくうつ)症。大うつ病性障害。⬇躁病(そうびょう)・躁鬱病

うつ-ぶせ【▼俯せ(うつ伏せ)】 [名] うつぶせること。また、その状態。うつむけ。うつぶし。‖「ベッドに━になる」「鉢を━に置く」

うつ-ぶ・せる【▼俯せる(うつ伏せる)】 ■一 [自下一] 顔を下に向けて腹ばいになる。うつぶす。‖「砂浜に━・せて海を眺める」■二 [他下一] ❶顔を下に向ける。うつむける。❷器などを上部を下に向けて置く。‖「コップを━」◈書き方「〈▼俯伏〉せる」とも当てる。文 うつぶす 名 うつぶせ

うっ-ぷん【鬱憤】 [名] 発散できないで心の中にたまった不満や怒り。‖「日ごろの━を晴らす」

うつぼ【▼靫・▽空穂】 [名] 昔、矢を入れて背や腰につけた中空・筒型の用具。矢がぬれるのを防ぐために、毛皮でくるんだり漆を塗ったりした。

うつぼ【▼鱓】 [名] 大きな口と鋭い歯をもつウツボ科の海魚。体は太いウナギ形で、タコや小魚を捕食する。肉は食用。

うつぼ-かずら【▼靫▽葛・▼靫▼蔓】 ヅラ [名] 東南アジアに分布するウツボカズラ科のつる性食虫植物。葉の一部が筒状に変形し、中に滑り落ちる虫を捕らえて消化する。日本では観賞用に温室栽培される。

うつ-ぼつ【鬱勃】 [形動タルト] 何かをしようとする意気が盛んにわき起こるさま。‖「胸中に━たる闘志を宿す」

うつ-む・く【▼俯く】 [自五] 頭をたれて下を向く。‖「しかられて━」「花がしおれて━」⇕仰向(あおむ)く 名 うつむき

うつ-む・ける【▼俯ける】 [他下一] ❶顔を下に向ける。うつぶせる。‖「恥ずかしそうに顔を━」❷物(の先端部)を下に向ける。❸器などの上部を下にする。うつぶせる。‖「桶(おけ)を━」◈⇕仰向(あおむ)ける 文 うつむ・く 名 うつむけ

うつら-うつら [副ト] 眠気などで、意識がはっきりしないさま。うとうと。‖「━(と)まどろむ」

うつり【写り】 [名] ❶写ること。特に、写真やカメラの写り具合。‖「写真[カメラ]━がいい」❷裏ページの文字などがすけて見えること。‖「裏━がして読みにくい」

うつり【映り】 [名] ❶映ること。特に、鏡や映写機・テレビなどの映り具合。‖「テレビの━が悪い」❷色などの取り合わせ。組み合わせ。配合。‖「この背広とネクタイは━がよい」

うつり【移り】 [名] ❶移ること。‖「季節の━」「火の━が早い」「目━・心━」❷〈「お移り」の形で〉物をもらった返礼に、その容器に入れて返す品物。‖「あり合わせのお━ですが…」

うつり-が【移り香】 [名] 物に移って残った香り。

うつり-かわ・る【移り変わる】 ハル [自五] 物事のようすが時がたつにしたがって変化してゆく。‖「━風習」 名 移り変わり「四季の━」

うつり-ぎ【移り気】 [名・形動] 興味の対象が次から次へと移り動く(性格である)こと。‖「━な人」

うつり-ばし【移り箸】 [名] おかずとご飯を交互に食べないで、おかずからおかずへとはしを移して食べること。▼和食のマナーでは無作法とされる。

うつ・る【写る】 [自五] ❶被写体が映像となって写真やビデオに現れる。‖「家族そろって写真に━・った」「容疑者がビデオに━・っている」❷〈「よく写る」などの形で〉カメラが上手に被写体を写すことができる。よく撮れる。‖「このカメラはよく━」❸〈「よく写っている」などの形で〉作品としての写真が上手に仕上がっている。よく撮れている。‖「この写真はよく━・っている」❹物の形や影が透けて見える。‖「裏ページの写真が━・って読みにくい」◈「移る」と同語源。書き分け (1)「写る／映る」は、撮影という行為が意識される場合は【写】、映像として再生・再現される意では【映】を使うのが一般的。「カメラが故障して**写ら**ない／台風でテレビが**映ら**ない」「スマホで写した写真がパソコンに**映ら**ない」「容疑者はビデオに**写る**(=撮られる)のを避けながら逃亡している」「ビデオに**映る**(=再生中の)容疑者を見て、警察に電話をした」(2)撮影と同時に画面でそれを確認できるような場合は【映】を使う。「レーダーに敵影が**映る**」(3)写真の像は【写】、その他の像は【映】と書き分けることもある。名 写り

うつ・る【映る】 [自五] ❶光の反射によって物の形や色が他のものの上に現れる。‖「水面に金閣寺が━・っている」「鏡に━・った姿に見入る」▼〜ガに〈映像〉がくる。❷光の投影によって物の影が現れる。‖「壁に黒い人影が━」❸撮影された映像がスクリーンや画面などに現れる。‖「テレビに別れの場面が━・っている」書き分け ⬇写る ❹〈「目に映る」の形で〉現実の光景が視覚を通して現れる。映じる。見える。‖「ほほえましい光景が私の目に━・った」❺物事が人の印象や想念となって現れる。映じる。‖「部下の行動は私の目には優柔不断に／だと━」「彼の態度は生意気に━」❻〈「…に(よく)映る」の形で〉調和する。似合う。映える。‖「紺の背広には赤いネクタイが(よく)━」◈「移る」と同語源。名 映り

うつ・る【移る(▽遷る)】 [自五] ❶人や物が移動する。‖「日本を去ってタイに━」「一戸建てに━」「こちらは来春営業部に━田中さんです」「山の手から下町に住所が━」「鳥が枝から枝へと━」❷居所や所属が変わる。‖「大手プロダクションに所属が━」「企画室に部署が━」使い方「下町に住所を━」「他チームに籍を━」のように他動詞としても使う。これらを他動詞「移す」で言うと、動作主の意図がさらに顕著となる。❸役割・権限などの所在が変わる。‖「担当が兄から弟に━」「管轄が官庁から民間に━」

❹場所が変わって、その役割や機能をもった土地ができる。〓「繁華街が駅前から国道沿いに━」❺眼前の光景が動いて、他の光景に変わる。〓「舞台は暗転して子別れの場に━」❻精神の状態が、ある状態から他の状態に変わる。〓「無我の境地に━」❼関心の対象が他のものに変わる。〓「叱られた子供に情が━」「オペラに興味が━」❽時が過ぎ去る。経過する。また、時が経過して物事が変化する。〓「時が━」「春から夏に季節が━」「時代とともに世の中も━」❾香りや色が他のものにしみこむ。〓「脂粉の香りが衣服に━」「ツユクサの色が着物に━」❿病気など、よくないものに感染する。また、もののけなどが他に乗り移る。〓「風邪が━」「もののけが獣の体に━」⓫物事が次の段階に進む。〓「次の動作に━」「初級から中級へ━」「今や実行に━べき時だ」
◈書き分け【遷】は人事異動などの意で①の一部や②④で使うが、一般には【移】を使う。⑩は、病気の場合は「〈感染〉る」とも当てるが、かな書きが普通。可能 **移れる**

うつろ【▽空ろ・▽虚ろ】[形動] ❶中身がなくからっぽであるさま。〓「幹が━になった老木」❷気をぬかれたように、ぼんやりしているさま。〓「心も━に生返事をする」「━な目[声]」

うつろ・う【移ろう】ロフ [自五] ❶場所を変えていく。移動する。〓「樹間を━ウグイスの声」❷状態が次第に変わっていく。〓「━・いゆく季節をおしむ」「━・いやすいは人の心」◈「移る」＋反復・継続の助動詞「ふ」から。名 **移ろい**

うつわ【器】ウツハ [名] ❶入れ物。容器。❷人物の力量・才能。〓「━が大きく、将来有望」「社長の━ではない」◈古くは「うつわもの」の形で用いた。

うで【腕】[名] ❶人間の肩から手首までの部分で、衣服の袖(そで)が覆うところ。普通、両腕のうち一方が強力に働き、握る・作るなどの細かな作業を行う手に対して、力を要する大きな作業をするところ。手や袖と区別せずに使うこともある。〓「ほっそりした白い━」「━に本を抱える」「━(=手)を伸ばす」「━(=袖)をまくる」▼もとは、肘(ひじ)から手首までをさし、肩から肘までを言う「かいな」と区別されていた。❷サルなどの前肢やイカ・タコなどの脚。〓「━の長い猿」❸中央に位置するものから横に長く突き出た部分。横木。〓「椅子の━」❹腕力。腕ぢから。〓「━に物を言わせる」「━ずく」❺仕事をする能力。腕前。〓「━のある職人」「━は確かだ」「━を磨く」

◉**腕一本** 自分の体以外に頼るものがないこと。また、自分の体や努力だけで事を行うこと。〓「━脛(すね)一本」

◉**腕が上が・る** 技量が進歩する。上達する。

◉**腕がある** 技量が優れている。腕がいい。

◉**腕が鳴・る** 力を発揮したくて、じっとしていられない。〓「強豪との対戦を前に今から━」

◉**腕に覚(おぼ)えがあ・る** 腕力や技量に自信がある。

◉**腕に縒(よ)りをか・ける** 腕前を発揮しようとして意気込む。〓「━・けてご馳走(ちそう)を作る」

◉**腕を上・げる** 技量を進歩させる。上達する。

◉**腕を撫(ぶ)・す** 自分の力を発揮できる機会を待つ。〓「━・して本番に備える」

う-てき【雨滴】[名] 雨のつぶ。また、雨のしずく。あまだれ。

うで-ぎ【腕木】[名] 物の支えとして柱などにとりつける横木。〓「電柱の━」

うで-きき【腕利き】[名] 腕前がすぐれていること。また、その人。腕こき。腕っこき。

うで-くび【腕首】[名] 腕と手のひらとがつながる部分。手首。

うで-ぐみ【腕組み】[名・自サ変] 両腕を胸の前で交差させて組むこと。〓「━をして考え込む」

うで-くらべ【腕比べ】[名・自サ変] 腕前や腕力の優劣をくらべ競うこと。〓「料理の━をする」

うで-ずく【腕ずく】ヅク [名] 物事を解決するのに腕力を用いること。〓「━で終わりにさせる」書き方「腕▽尽く」とも。現代仮名遣いでは「うでづく」も許容。

うで-ずもう【腕《相撲》】マフ [名] 向かい合った二人が平面の上に肘(ひじ)を立てて手のひらを握り合い、相手の腕を押し倒す遊びや競技。

うで-だて【腕立て】[名] 腕力にたよって人と争うこと。腕だのみ。〓「━無用」

うでたて-ふせ【腕立て伏せ】[名] うつぶせになって両手と両足のつま先で体を支え、腕の屈伸を繰り返す運動。うでたて。〓「━五〇回」

うで-だめし【腕試し】[名・自サ変] 自分の実力がどの程度かを実際に試してみること。〓「━に模擬試験を受ける」「ひとつ、━をしてみよう」

うでっ-こき【腕っ▽扱き】[名] 腕利き。

うでっ-ぷし【腕っ節】[名] 腕の力。腕力(わんりょく)。〓「━が強い」

うで-どけい【腕《時計》】[名] 手首につけて携帯する小型の時計。

うてな【▽台】[名]〔古風〕❶見晴らしがきくように高く土を盛った所。また、そこに建てた建物。高殿(たかどの)。〓「玉の━」❷物をのせる台。〓「蓮(はす)の━(=極楽往生した人が座るという蓮の花の台座)」

うで-まえ【腕前】マヘ [名] 身につけた技術や技能。手腕。技量。〓「料理の━を競う」「見事な━を見せる」

うで-まくら【腕枕】[名・自サ変] 横になるときなどに、曲げた腕を枕の代わりにすること。

うで-まくり【腕▼捲り】[名・自サ変] 袖口(そでぐち)をまくり上げて腕をだすこと。▼意気込むさまにもいう。〓「━して決戦の日を待つ」

う・でる【▼茹でる】[他下一] ➡ゆでる

うで-わ【腕輪】[名] 飾りとして腕や手首にはめる輪。ブレスレット。

う-てん【雨天】[名] 雨の降る天候。雨降り。〓「━順延」➡晴天・曇天(どんてん)

う-と【▼烏▼兎】[名] ❶太陽と月。▼「金烏玉兎(きんうぎょくと)」の略。太陽にはカラス(金烏)が、月にはウサギ(玉兎)がすむという中国の伝説から。❷歳月。月日。

うど【〈独活〉】[名] 生長すると高さ二メートル以上にも達するウコギ科の多年草。芳香のある若い茎は食用。▼市場に出回るものは土で覆って軟白栽培したもの。

◉**独活の大木(たいぼく)** 体ばかり大きくて何の役にも立たない人のたとえ。▼ウドの茎は木のように長くなるが、柔らかくて用材にならないことからいう。

うと・い【疎い】[形] ❶人と人との関係が親密でない。交流が薄い。疎遠だ。〓「彼らと━・くなってだいぶたつ」「去るものは日々に疎し」❷詳しくない。よく知らない。〓「政治に━人」「その辺の事情には━・くて、よく分かりません」派生 -さ／-がる

［ことば探究］「うとい」の使い方

▼「うとい」①は人間同士の関係について言い、古めかしいニュアンスを伴う。「疎遠だ」「親密でない」などとも言い換えられる。

▼「うとい」②は人とことがらとの関係について言い、「あるジャンル・領域について詳しくない」という含みがある。個別的なこと・非常に細かいことについては使いにくい。

「〇税金関係のことにはうとい」
「×山田選手の記録にはうとい」

うとう【〈善知鳥〉】[名] ハトに似たウミスズメ科の海鳥。背面は黒茶色で、くちばしは橙色（だいだいいろ）。繁殖期になるとくちばしの基部に突起ができる。

う-とう【右党】[名] ❶保守派の政党。右翼政党。❷酒が飲めず、甘い物の好きな人。◈⇔左党

うと-うと[副ト] 浅く眠りにつくさま。≡「こたつに入って―(と)する」

う-とく【有徳】[名・形動] ❶徳がそなわっていること。❷富んでいること。富裕。ゆうとく。≡「―の人」「―な商人」[派生]―さ

うと-そうそう【▼烏▼兎▼匆▼匆】[名] 月日のたつのが早いさま。

うとまし・い【疎ましい】[形] いやで避けたい気持ちだ。いとわしい。[派生]―げ／―さ／―がる「しつこくつきまとって―られる」

［ことば探究］「うとましい」の使い方

▼人や人に起因する雰囲気などに対する不快感・嫌悪感をあらわす。

「やっかいな隣人［複雑な人間関係］がうとましい」

▼継続的・慢性的な不快感をあらわすことが多く、一回のできごとについては言わない。

「〇ことあるごとにクレームをつけてくる客がうとましい」
「×取り合ってくれない窓口の男がうとましい」

▼自分の行動については使いにくい。

「歯医者に行くのが×うとましい／〇いとわしい」
「お金の計算が×うとましい／〇わずらわしい」

うと・む【疎む】[他五] いやがって遠ざける。うとんじる。≡「主君に―まれる」

うどん【▼饂▼飩】[名] 小麦粉に少量の塩を加えて水でこね、薄く打ちのばしてから細長く切った食品。幅を広く作った「ひもかわ」「きしめん」などもある。≡「―を打つ」「きつね［鍋焼き］―」[数]そのままのものは「一玉（ひとたま）…」、器に盛ったものは「一杯（いっぱい）…」「一丁（いっちょう）…」と数える。

うどん-げ【▽優曇華】[名] ❶インドの神話で、三千年に一度だけ花を開くという想像上の植物。▼きわめてまれなことのたとえにいう。≡「盲亀（もうき）の浮木（ふぼく）、―の花」❷木の枝や天井板などに産みつけられたクサカゲロウの卵。白い糸状の柄（え）についた卵は、何本もまとまって花のように見える。吉兆とも凶兆ともいう。うどんげのはな。

うどん-こ【▼饂▼飩粉】[名] うどんの材料にしたわが国在来の小麦粉。また、小麦粉。メリケン粉。

うとん・じる【疎んじる】[他上一] ⬇疎んずる

うとん・ずる【疎んずる】[他サ変] 嫌って遠ざける。うとむ。≡「口うるさい友人を―」[文]うとん・ず [異形]疎んじる

うなが・す【促す】[他五] ❶物事の進行や作用などを活発化する。推進する。促進する。≡「観光資源［入浴］が町の発展［新陳代謝］を―」❷事が早く運ぶように相手(の行動)をせき立てる。≡「もう帰ろうよと連れを―」❸相手が率先して物事を行うようにしむける。≡「社長は部長に再考を―した」「注意を―」[可能]促せる

うなぎ【▼鰻】[名] 細長い円筒形をしたウナギ科の魚。成魚は川や湖沼にすみ、海に下って産卵する。盛んに養殖され、かば焼きなどにして賞味。特に、夏負けしないようにと、土用の丑（うし）の日に食べる風習がある。　鰻

◉**鰻の寝床**（ねどこ） 間口が狭く、奥行きの深い家や場所のたとえ。≡「―のような長屋」

うなぎ-のぼり【▼鰻登り・▼鰻上り】[名] とどまることなく、のぼっていくこと。≡「物価が―に上がる」▼ウナギが水中を垂直に上昇することから。[注意]「鰻上がり」は誤り。また、これになぞらえて反対の意を「鰻下がり」というのも誤り。

うなさ・れる【▼魘される】[自下一] 眠っていて、苦しそうなうなり声をあげる。≡「恐ろしい夢を見て―」[文]うなさ・る

うなじ【▽項】[名] 首の後ろの部分。えり首。首すじ。≡「―を垂れる(=うなだれる)」

うな-じゅう【▼鰻重】[名] 重箱型の器に飯を入れ、その上にウナギのかば焼きをのせたもの。▼もとは、重箱の上の箱にかば焼きを入れ下の箱に飯を入れたものをいった。

うな-ず・く【▼頷く】[自五] 同意・納得などの気持ちを表すために、首を縦にふる。≡「にっこりと［こっくりと］―」▼「項(うな)突く」の意。単に同意・納得する意にも使う。≡「首相のなげやりな答弁によもや―人はあるまい」[書き方]現代仮名遣いでは「うなづく」も許容。また、「〈肯定〉く」「〈点頭〉く」などとも当てる。[可能]うなずける [名]うなずき

うなず・ける【▼頷ける】[自下一] 納得できる。了解できる。≡「安くて美味しくて、この店に人気があるのも―」「彼の主張には―けない」▼「頷く」の可能形。

うな-だ・れる【▽項垂れる】[自下一] 頭を前に低く傾ける。特に、心配・落胆・悲しみ・恥ずかしさなどのために、頭を前に低くたれる。≡「再度の失敗に―」「―れて訓辞を聞く」[注意]「頭をうなだれる」は重言。[文]うなだ・る

うな-づ・く【▼頷く】[自五]「うなずく」の許容形。

ウナ-でん【ウナ電】[名] 至急電報。▼「ウナ」は、urgent(=至急)を略したur.のモールス信号を日本語読みしたもの。一九七六(昭和五一)年に廃止。

うな-どん【▼鰻丼】[名] どんぶりに飯を盛り、その上にウナギのかば焼きをのせたもの。▼「うなぎどんぶり」の略。

うな-ばら【《海原》】[名] ひろびろと広がる海。≡「―はるかに船影が見える」「青―・大（おお）―」

うなり【▼唸り・▼呻り】[名] ❶うなること。また、その音や声。≡「―を発して鏑矢（かぶらや）が飛ぶ」❷凧（たこ）につけ、風によって低い振動音を出させるもの。❸振動数の少し違う二つの音波が重なったときに干渉が起こり、音が周期的に強くなったり弱くなったりして聞こえる現象。

う-な・る【▼唸る・▼呻る】㊀［自五］❶ウーウーというように長く引いた、低い苦しそうな声を出す。‖「高熱でうんうんとー」使い方「借金苦にー」「詩作にー」など、～が原因で苦しむ意にも使う。❷動物が低く力のこもった声を出す。‖「犬が怒ってウーとー」❸長く響く、または低く鋭い音を出す。‖「モーターがー・りながら回る」「矢がヒューと耳元でー」❹〈「うなるほど」の形で〉外にあふれ出さんばかりに多量に、の意を表す。‖「お金ならーほどある」❺優れた業や出来映えに感嘆する。‖「巧妙なトリックに思わずー・った」「大向こうをー・らせる」㊁［他五］謡曲・浄瑠璃［じょうるり］・浪曲などを下手な調子やよくない声で謡ったり語ったりする。‖「高砂［たかさご］やをー」◈書き方「〈▼呻吟〉る」とも。名うなり

うに【〈海胆〉・〈海▼栗〉・〈雲丹〉】［名］❶【海胆・海栗】ウニ綱に属する棘皮［きょくひ］動物の総称。海底の岩間にすみ、球状・円盤状の殻をもつ。殻の表面には栗のいがに似た多くのとげがある。アカウニ・ムラサキウニ・バフンウニなどは、卵巣を食用にする。❷【雲丹】食用にするウニの卵巣。生食するほか、塩ウニ・練りウニなどに加工する。

うぬ【▼汝・▽己】［代］〔古風〕〔二人称〕おまえ。きさま。

うぬ-ぼれ【▽自▼惚れ・▽己▼惚れ】［名］うぬぼれること。また、それと分かる気持ちや言葉。‖「ーが強い」

うぬ-ぼ・れる【▽自▼惚れる・▽己▼惚れる】［自下一］自分が実際以上に優れていると思いこんで得意になる。‖「美形だとー」▼自分自身にほれる意から。文うぬぼ・る 名うぬぼれ

うね【畝(▼畦)】［名］❶種をまいたり作物を植えたりするために、一定の間隔をあけて畑の土を細長く盛り上げたもの。‖「ーを作る」❷①のように高低があって線状をなしているもの。

うね-うね［副］山脈・波などが高くなったり低くなったりして続いているさま。また、道などが曲がりくねって続いているさま。‖「ーと続く山道」

うねり［名］❶ゆるやかに曲がりくねること。また、その状態。‖「丘陵のー」▼感情の曲折にもいう。‖「感情のーを見事に表現した曲」❷波長が長く、大きく起伏する波。台風や低気圧によって起こる。‖「ーが高くなる」❸物事の顕著な動き。‖「変革［時代］のーが押し寄せる」

うね・る［自五］上下または左右にゆるやかに曲がりくねる。‖「波が大きくー」「山道がー・って続く」▼「畝［うね］」が動詞化した語。名うねり

う-のう【右脳】〔ウナウ〕［名］大脳の右半分。図形・音楽など、パターンの認識を行うとされる。みぎのう。⇕左脳

う-の-け【▼兎の毛】［名］ウサギの毛。▼きわめて小さいことやごくわずかなことのたとえにいう。‖「ーで突いたほどの隙［すき］もない」

う-の-はな【▼卯の花】［名］❶ウツギの花。また、ウツギの別称。❷おから。きらず。‖「ー鮨［ずし］」▼白い色をうのはなに見立てていう。

うのはな-くたし【▼卯の花▽腐し】［名］梅雨のころの長雨。▼初夏の季語。卯の花を腐らせる意から。

う-のみ【▼鵜▼呑み】［名］物事の内容を十分に考えずに、そのまま受け入れること。‖「人の意見をーにするな」▼鵜のように食べ物をかまずにのみこむ意から。

う-は【右派】［名］一つの団体や政党で、保守的な考えをもつ人たちの一派。また、その人。⇕左派

うば【▼姥】［名］❶〔古風〕年をとった女性。老女。おうな。❷老女の顔をかたどった能面。

うば【《乳母》】［名］母親に代わって子に乳を与え、世話をする女性。▼「姥［ばば］」と同語源。

うば・う【奪う】〔ウバフ〕［他五］❶他の所有物を一方的に取り上げ(て自分の物にす)る。奪い取る。‖「侵入して家人から金品をー」❷他の有するものを一方的に取り去る。奪い去る。‖「独裁者が人民の基本的人権をー」「縛られて体の自由をー・われる」「寒気団に地表の熱がー・われる」❸スポーツなどで争って、勝利の証［あかし］となるものを獲得する。また、得点を挙げたり決定的な攻撃を加えたりする。‖「賜杯［ペナント］をー」「衆院選で議席をー」「得点［三振］をー」❹興味や関心を強く引きつける。夢中にさせる。‖「名演技が観客の目をー・った」「ビートルズに心をー・われる(＝夢中になる)」可能 奪える

うは-うは［副］［俗］大満足して、笑いが抑えられないさま。‖「ー喜ぶ」「念願の高級車を買ってーだ」

うば-がい【▼姥貝・雨波貝】〔ウバガヒ〕［名］寒海の砂底にすむバカガイ科の二枚貝。殻はふくらんだ卵形で、黄褐色の皮におおわれる。肉は食用。北寄貝［ほっきがい］。

うば-ぐるま【《乳母》車】［名］乳幼児を乗せて歩く、手押しの四輪車。ベビーカー。

うば-ざくら【▼姥桜】［名］❶葉が出る前に花をつける桜。ヒガンザクラの類。❷〔俗〕年齢を重ねても、なお色気のある女性。◈花(色気)はあっても葉(歯)がない意からという。

うばすて-やま【▼姥捨山】［名］年をとって役に立たなくなったとされる人などを移しておく部局や地位をいう語。姨捨山［おばすてやま］。▼もとは長野県千曲［ちくま］市にある冠着［かむりき］山の別名。妻にそそのかされて山頂に老いた親代わりの伯母を捨ててきた男が明月を見て後悔し、伯母を連れもどしたという伝説がある。

う-はつ【有髪】［名］僧や尼僧が髪をそらないでいること。▼僧形［そうぎょう］の人に対していう。

う-ひょう【雨氷】［名］摂氏零度以下に冷えた雨が氷点下の木の枝や岩石などにふれ、瞬間的に氷結したもの。

うぶ【▽初・〈初心〉】［名・形動］まだ世慣れていなくて純真なこと。特に、性的なことがらにまだ通じていないこと。‖「ーなところのある青年」「ーな娘」▼生まれたときのままである意の「産［うぶ］」から。書き方まれに「▽生」とも。

うぶ-ぎ【産着(産▽衣)】［名］生まれたばかりの赤ん坊に着せる衣服。うぶぎぬ。

うぶ-げ【産毛(▽生毛)】［名］❶生まれたときから赤ん坊に生えている柔らかい髪の毛。❷ごく柔らかくて薄い毛。‖「頬［ほお］に生えたー」

うぶ-ごえ【産声(▽初声)】〔ウブゴヱ〕［名］生まれた赤ん坊が初めて出す泣き声。呱々［ここ］の声。

◉**産声を上・げる** ❶赤ん坊が生まれて初めて声を出す。また、生まれる。‖「元気なー」❷新しく起こる。‖「五十年前に地元の洋食屋としてー・げた名店」

うぶすな-がみ【産▽土神】［名］その人や一族が生まれた土地を守護する神。鎮守［ちんじゅ］の神。氏神［うじがみ］。▼「うぶすな」は生地の意。

うふふ［感］こらえきれずにもらす低い笑い声を表す語。また、軽く笑う声を表す語。‖「ーと笑う」

うぶ-ゆ【産湯】［名］生まれた赤ん坊を初めて湯に入れること。また、その湯。‖「ーを使う」

うべ【▽宜・▽諾】［副・形動ナリ］〔古風〕⬇むべ

うべ-な・う【▽諾う・▽肯う・▽宜う】ウナ［他五］承知する。同意する。うけがう。〓「快く申し出をー」可能 うべなえる

うーへん【右辺】［名］等式・不等式で、等号・不等号の右側にある数式。⇔左辺

うま【▽午】［名］十二支の第七。〓「来年の干支はーだ」「ー年」▼動物では馬に当てる。時刻では正午、または午前十一時から午後一時の間。方角では南。

うま【馬】［名］❶顔と首が長く、頭頂部から肩にかけて長毛のたてがみ、尾にも長い毛をもつウマ科の哺乳類。体は大形で四肢は細長く、速く走るのに適する。古くは軍用・農耕用・運搬用に使われたが、現在では競馬用・乗馬用に飼育。毛色には特別の呼称があり、全体が黒いものを青毛、栗色のものを栗毛、白いものを月毛、たてがみ・尾・足先が黒く、他は褐色のものを鹿毛、青毛・栗毛・鹿毛に白色のまじるものを葦毛という。日本在来種の木曽馬・北海道和種、西洋種のアラブ・サラブレッド・アングロノルマンなど、品種が多い。「さくら(肉)」とも呼ばれる肉は食用。▼十二支では第七番目の「午」に当てる。❷脚立。踏み台。❸競馬。❹将棋で、成り角の竜馬の通称。また、俗に桂馬。❺「付け馬」の略。

◉**馬が合・う**　気が合う。意気投合する。

◉**馬には乗ってみよ、人には添うてみよ**　馬のよしあしは乗ってみなければわからないし、人のよしあしは親しくつきあってみなければわからない。何事も経験してみないと本当の所はわからないということ。

◉**馬の背を分ける**　夕立などがある場所では降っているのに、ごく近い場所では晴れているさまをいう。夕立は馬の背を分ける。馬の背を越す。語源 馬の背の片側には雨が降り、片側には降らない意から。「馬の背」を山の尾根と解する説もある。

◉**馬の耳に念仏**　人の意見や忠告を聞き流すだけで、少しも聞き入れようとしないことのたとえ。馬の耳に風。馬耳東風。

うま・い【▽旨い】［形］❶飲食物の味がよい。おいしい。〓「ひと汗かいて、水がー」「ー料理に舌つづみを打った」⇔まずい 書き方「▽甘い」「〈美味〉い」とも。使い方「おいしい」に比べ、くだけた言い方。❷巧みであるさま。上手だ。手際がいい。〓「絵［裁縫］がー」書き方 漢字では「▽巧い」「〈上手〉い」と書くことが多い。❸進み具合がよいさま。おあつらえ向きだ。都合よい。〓「ー具合に当てはまる」「なにもかもーく行く」❹利得のあるさま。好条件である。〓「ー話に乗るな」「ー商売を思いついたものだ」
派生 -さ／-み

品格 おいしい「おいしくいただきました」 甘露「ーの杯」 滋味「ーに富む」 美味「最もーとされる」 芳醇「ーな銘酒」

◉**旨い汁を吸・う** ⇩甘い汁を吸う

うまーいち【馬市】［名］馬を売買する市。▼馬の需要が増大した鎌倉時代に発生。戦国大名の奨励によって発展した。

うまーうま［名］幼児語で、(おいしい)食べ物。

うまーうま［副］巧みに。手際よく。まんまと。〓「ーとしてやられた」

うまーおい【馬追い】ヒオ［名］❶牧場で、放牧の馬を囲いの中に追い入れること。❷馬に人や荷物をのせて運ぶこと。また、それを業とする人。馬子。〓「ー唄(＝馬子唄)」❸本州以南に分布するキリギリス科の昆虫。体は緑色で、頭胸部の背面は褐色。触覚が長い。雄はスイーッチョと鳴く。すいっちょ。▼「うまおいむし」の略。

うまーがえし【馬返し】ガヘシ［名］昔、険しい山道で、そこから先は徒歩でしか進めないので乗ってきた馬を返したという地点。駒返し。▼日光・富士山などの地名に残る。

うまーかた【馬方】［名］馬で人や荷物を運ぶことを職業とする人。馬子。〓「ー節(＝馬子唄)」

うまく［副］申し分のない状態であるさま。都合よく。〓「ーサイズが合う」「ー間に合うといいのだが」▼「上手い」の連用形の副詞化。

うまーごやし【馬肥やし・〈▼苜▼蓿〉】［名］❶葉がシロツメクサに似たマメ科の二年草。春、蝶形の黄色い花をつける。牧草・緑肥などにする。❷シロツメクサ。

うまずーめ【〈石女〉】［名］妊娠できない女性。▼「産まず女」の意。不妊の原因を女性の側にのみ押しつけた、差別的な語。

うまーづら【馬面】［名］❶馬のように長い顔。また、顔の長い人をあざけっていう語。❷鮫肌状の硬い皮をもつカワハギ科の海魚。体は長楕円形で、口先が長い。食用。ウマヅラハギ。

うまーとび【馬飛び・馬跳び】［名］前かがみになった者の背の上を、他の者が両手をついて飛び越える、子供の遊び。かわずとび。

うまーに【▽甘煮・▽旨煮】［名］肉・魚・野菜などを、しょうゆ・砂糖などで甘辛く煮ふくめた料理。

うまーぬし【馬主】［名］❶馬の持ち主。ばぬし。ばしゅ。❷競走馬の持ち主。競馬に馬を出走させる資格をもつ人。▼中央競馬・地方競馬などの団体に登録して資格を得る。

うまーのり【馬乗り】［名］❶馬に乗ること。また、馬に乗る人。特に、乗馬が得意な人。❷(馬に乗るように)人や物の上にまたがること。〓「ーになって殴りつける」

うまーぶね【馬▽槽】［名］かいばおけ。まぶね。

うまーみ【▽旨み】［名］❶味の良さ。〓「野菜のー」「ー調味料」❷芸や技術の熟達感。〓「演技にーが増してきた」❸利得が見込まれること。〓「ーのある取引」◈「うまい」の語幹＋名詞を作る接尾語「み」から。書き方 ①は「▽甘み」「〈美味〉み」、②は「▽巧み」「〈上手〉み」とも。「み」を「味」と書くのは当て字。

うまーや【▼厩】［名］馬を飼っておく小屋。馬小屋。〓「ー肥(＝厩肥)」書き方「馬屋」とも書くが、まれ。「厩(印刷標準字体)」のほか、「廄(正字)」「廐」「廏」「厩」などの異体表記もある。

厩

うま・る【埋まる】［自五］❶くぼんだ部分が満たされていっぱいになる。埋められる。〓「穴が捨てられたごみでー」❷ある場所がいっぱいになる。〓「会場が聴衆でー」❸おおわれて見えなくなる。うもれる。うずもれる。〓「町が火山灰に［で］ー」❹補われて不足分がなくなる。埋められる。補塡される。〓「臨時収入があって赤字がー」「新人の加入で欠員がー」◈②③は「うずまる」とも。

うまれ【生まれ】［名］❶生まれること。また、その時・場所・家系。〓「ーも育ちも東京浅草です」「明治［一月］(の)ー」❷そのような性質に生まれついたこと。〓「涙もろい［気丈の］ー」

◉**生まれもつかぬ**　事故や病気のため、生まれつき備わっていた状態とすっかり変わったものになる。生まれもつか

ない。‖「—姿になって帰国する」

うまれ-あわ・せる【生まれ合わせる】セル アハ［自下一］ある環境のもとに偶然に生まれる。‖「太平の世に—」文うまれあはす 名生まれ合わせ

うまれ-お・ちる【生まれ落ちる】［自上一］この世に生まれ出る。文うまれおつ

うまれ-かわり【生まれ変わり】ハリ［名］生まれ変わること。また、生まれ変わった人。転生。‖「観音様の—」

うまれ-かわ・る【生まれ変わる】ハル［自五］❶死んだ者がほかのものになって、再びこの世に現れる。‖「かなうことなら鳥に—りたい」「—ったら必ず一緒になろう」❷性格や行動がすっかり変わって、別人のようによくなる。‖「改心して別人に—った」❸建物や組織などがすっかり変わって、別のものになる。‖「駅前の花屋が改装してブティックに—」「人事の一新で組織が—」名生まれ変わり

うまれ-つき【生まれつき(生まれ付き)】［名］生まれたときから備わっていること。また、そのような性質であること。‖「強情なのは—だ」▽副詞的にも使う。‖「—涙もろい」

うまれ-つ・く【生まれつく(生まれ付く)】［自五］生まれたときからその身に備わっている。‖「苦労性に—」「—いてのお人好し」名生まれつき

うまれ-ながら【生まれながら】［副］生まれたときから。‖「人は—に平等である」

うまれ-も・つ【生まれ持つ】［他五］生まれたときから身につけている。‖「—った才能」

うま・れる【生まれる・産まれる】［自下一］❶【生・産】子が母親の胎内や卵から外に出る。出生する。‖「ひよこは卵から—」「鈴木さんちに赤ちゃんが—れた」「—れて初めて北海道を訪れた」⇔死ぬ 書き分け【産】は、「予定日が来てもなかなか産まれない」など出産に注目して使う。❷【生】新しく生じる。発生する。誕生する。できる。‖「革命によって新国家が—れた」「砲丸投げで新記録が—れた」「クリケットから野球が—れた」❸【生】心の中などにある感情や考えが生じる。発生する。‖「私の胸に新しい希望[疑念]が—」「一つのヒントからアイディアが続々と—れてくる」文うまる 名生まれ

うみ【海】［名］❶地球の表面で、広く塩水をたたえている部分。‖「—の魚」⇔陸(くが・おか) ▽古くは淡水の湖をもさした。‖「鳰(にお)の—(=琵琶湖(びわこ))」使い方 諺(ことわざ)などでは「山」と対比することが多い。‖「海千山千(うみせんやません)」❷硯(すずり)の、水をためておくくぼみ。⇔陸(おか) ❸海のように一面に広がっているもの。また、多く集まっているもの。‖「火の—」「知識の—」

◉**海の物とも山の物ともつかない** 物事の性質や傾向がはっきりせず、将来どうなっていくか見当がつかない。‖「まだ—新商品[新人歌手]」

うみ【▼膿】［名］はれ物や傷が化膿(かのう)して生じる、黄白色のどろどろした粘液。のう。‖「—をもつ」使い方 組織などにあって、弊害を生みだすもののたとえにいう。‖「金融界の—を出す」

うみ-うし【海牛】［名］浅海の岩礁などにすむ、腹足綱後鰓(こうさい)亜綱に属する軟体動物の総称。巻き貝の仲間だが、殻は退化。体はナメクジ形で、頭部に一対の触角をもつ。▽触角を牛の角に見立てていう。

うみ-おと・す【産み落とす(生み落とす)】［他五］子や卵を産む。‖「アヒルが卵を—」

うみ-がめ【海亀】［名］海にすむ大形のカメの総称。産卵のときだけ上陸し、砂地に穴を掘って球形の卵を多く産む。タイマイ・アカウミガメ・アオウミガメなど。

うみ-じ【海路】ヂ［名］海上の、船の通る道。かいろ。うなじ。

うみせん-やません【海千山千】［名］さまざまな経験をへて世の中の表裏を知り、しぶとくずるがしこくなっていること。また、その人。‖「—の相場師」▽海に千年、山に千年すんだ蛇は竜になるという言い伝えから。

うみ-だ・す【産み出す・生み出す】［他五］❶【産】子や卵をうむ。産み落とす。❷【生】新しく作り出す。‖「工夫を重ねて新製品を—」「傑作を—」

うみ-づき【産み月】［名］出産予定の月。臨月(りんげつ)。

うみ-つ・ける【生み付ける・産み付ける】［他下一］❶魚や虫などが卵を産み、他の物に付着させる。‖「葉に卵を—ける」❷ある性質を備えさせる。‖「容易に己(おのれ)を忘れる事のできない性質(たち)に父母から—けられていた〈漱石〉」

うみ-づり【海釣り】［名］海で魚を釣ること。

うみ-どり【海鳥】［名］海岸や海上の島にすみ、魚類などを捕食する鳥。カモメ・ウミネコ・カツオドリ・アホウドリなど。かいちょう。

うみ-なり【海鳴り】［名］海のほうから聞こえてくる遠雷のような低い響き。台風などによるうねりが海岸でくずれて発生する。海鳴(かいめい)。

うみ-ねこ【海猫】［名］日本近海の島にすむカモメ科の海鳥。体は白く、背と翼は濃い灰青色。鳴き声は猫に似る。▽青森県蕪島(かぶしま)・島根県経島(ふみしま)などの繁殖地の海猫は天然記念物。

うみ-の-いえ【海の家】ヘイ［名］夏の間、海辺に設けて海水浴客に食事・更衣室などを提供する店。

うみ-の-おや【生みの親・産みの親】［名］❶その人を生んだ両親。実の親。書き方⇒生む② ❷最初に作り出した人。‖「議会政治の—」

◉**生みの親より育ての親** 自分を生んでくれた親よりも育ててくれた親のほうが関係が深い、また、ありがたいということ。生みの恩より育ての恩。

うみ-の-くるしみ【産みの苦しみ・生みの苦しみ】［名］❶子を産むときの苦しみ。❷物事を新しく始めたり作り出したりするときの苦労。‖「会社創設に—を味わう」

うみ-の-さち【海の幸】［名］海でとれる魚介類。海幸(うみさち)。⇔山の幸

うみ-の-ひ【海の日】［名］国民の祝日の一つ。海の恩恵に感謝するとともに、海洋国日本の繁栄を願う日。七月の第三月曜日。▽もと七月二〇日であったのを平成一五(二〇〇三)年より変更。

うみ-びらき【海開き】［名］その年はじめて海水浴場を開くこと。また、その行事・儀式。

うみ-べ【海辺】［名］海のほとり。海岸。かいへん。

うみ-へび【海蛇】［名］❶海生のヘビの総称。太平洋の暖海域に分布し、そのほとんどが有毒。エラブウミヘビ・マダラウミヘビなど。❷ウナギ目ウミヘビ科の海魚の総称。南日本の近海に分布し、鋭い歯をもつ。ダイナンウミヘビ・スソウミヘビなど。

うみ-ぼうず【海坊主】ウバズ［名］❶海上に現れるという、坊主頭の大きな怪物。❷アオウミガメのこと。

うみ-ほおずき【海〈酸▼漿〉】ツキ ホオ［名］アカニシ・テングニシなどの巻き貝が卵を入れて保護する卵嚢(らんのう)の通称。赤や黄に染めて、ほおずきのように鳴らす。

うみ-わ・ける【生み分ける・産み分ける】［他下一］男の子か女の子か、望むように生む。〓「一姫二太郎に━」名 生み分け

う-む【有無】［名］❶あることとないこと。また、あるかないか。あるなし。〓「資格の━にかかわらず参加できる」「在庫の━を調べる」❷承知と不承知。また、承知か不承知か。否と応。

◉有無を言わせず 相手の承知と不承知にかかわりなく。いやおうなしに。〓「━連行する」「━・ぬ強い口調」

う・む【▼倦む】［自五］飽きて、いやになる。〓「━ことなく努める」

◉倦まず撓(たゆ)まず 飽きたり怠けたりしないで。

う・む【▽熟む】［自五］果物が熟(じゅく)す。うれる。〓「柿(かき)が━」▽「膿む」と同語源。

う・む【▼膿む】［自五］傷やはれ物がうみをもつ。化膿(かのう)する。〓「切り傷が━・んで熱をもつ」

う・む【生む・産む】［他五］❶【産】動物が子や卵を母体から外に出す。人が出産する。〓「猫が床下に子を━・んだ」「産院で女児を━・んだ」「案ずるより━が易(やす)し」❷【生・産】子を作りもうける。〓「夫との間に一男一女を━」書き方 伝統的には「生む」だが、近年「産む」とも。使い方 男女のペアまたは男性が主語になることもある。〓「私を━・んでくれた両親に感謝しています」❸【生】新しく作り出す。生じさせる。また、はぐくみ育てる。〓「努力［災害］が新記録［犠牲者］を━」「テニスが━・んだ友情」「二〇世紀が━・んだ傑作」可能 うめる

う・む【▽績む】［他五］［古風］麻・苧麻(からむし)などの繊維をより合わせて糸にする。糸をよる。〓「麻を━」

ウムラウト【Umlaut ドイ】［名］ドイツ語などで、母音［a］［o］［u］の音質がそれに後続する［i］または［e］などに引かれて変化すること。また、その変化した母音を示す綴字(ていじ)記号「¨」。

うめ【梅】［名］❶早春、葉より先に白・淡紅・紅などの香りのよい花を咲かせるバラ科の落葉高木。また、その花。古くから庭木として植栽された。六月ごろ黄熟する球形の果実は酸味が強い。寒さに耐えることから、松・竹とともに厳寒の三友と呼ばれ、慶事に用いられる。中国原産。▼観賞用に栽培されるものは花梅、果実を収穫するために栽培されるものは実梅と呼ばれ、それぞれ多くの品種がある。❷梅の実。梅干しや梅酒にされる。

◉梅に鶯(うぐいす) 取り合わせのよい二つのもののたとえ。

うめ-あわせ【埋め合わせ】ハセ［名・自サ変］埋め合わせること。おぎない。〓「迷惑をかけた━にご馳走(ちそう)しよう」「遅刻した━をする」

うめ-あわ・せる【埋め合わせる】セル ハ［他下一］損失や不足を他のもので補う。つぐなう。〓「赤字を借金で━」文 うめあは・す 名 埋め合わせ 異形 埋め合わす

うめき【▼呻き】［名］うめくこと。また、うめき声。

うめ-き【埋め木】［名］❶木材の穴や割れ目に木片をはめ込んで繕うこと。また、その木片。❷木工芸の装飾技法で、色や木目の異なる木片を組み合わせてさまざまな図案や模様を現すもの。寄せ木細工。

うめき-ごえ【▼呻き声】エゴ［名］うめいて出す声。

うめ・く【▼呻く】［自五］❶苦しさのあまりうなり声をあげる。〓「傷の痛みに思わず━」❷感嘆のあまり声を出す。うなる。〓「思わず━・きたくなるほどの傑作」❸苦心して詩歌を作り出す。苦吟する。〓「句作に━」名 うめき

うめ-くさ【埋め草】［名］新聞・雑誌などで、あいた紙面を埋めるために用意する短い文章。▼もとは城攻めのとき堀を埋めるために用いた草の意。

うめ-こ・む【埋め込む】［他五］中に入れてしっかりと収める。〓「天井にスピーカーを━」名 埋め込み

うめ-しゅ【梅酒】［名］青梅を氷砂糖を加えた焼酎(しょうちゅう)などに漬けてつくる果実酒。ばいしゅ。

うめ-ず【梅酢】［名］梅の実を塩漬けにしたときに出る酸味の強い汁。アカジソで赤く染めて漬物などに使うほか、薬用にもされる。

うめ-たて【埋め立て】［名］埋め立てること。〓「━地」「━工事」

うめ-た・てる【埋め立てる】［他下一］海・川・沼沢などを土砂で埋めて陸地にする。〓「東京湾を━」文 うめた・つ 名 埋め立て

うめ-づけ【梅漬け】［名］❶塩漬けにした梅の実。❷野菜を梅酢に漬けたもの。アカジソで着色したものもある。〓「大根の━」

うめ-びしお【梅▼醤】シオ ビ［名］裏ごしした梅干しの果肉に砂糖を加え、加熱しながら練り上げた食品。

うめ-ぼし【梅干し】［名］塩漬けにした梅の実を天日で干し、アカジソの葉などを加えて漬けた日本独特の保存食品。

うめ-もどき【梅▽擬】［名］葉の形が梅に似た、モチノキ科の落葉低木。初夏、淡紫色の花を開き、晩秋、赤または白色の小果を結ぶ。

う・める【埋める】［他下一］❶あるものでくぼみや空所を満たしていっぱいにする。〓「土砂［カット］で穴［余白］を━」❷多くの人などがある場所をいっぱいにする。うずめる。〓「観客が競技場を━」❸土の下や中などに隠して見えなくする。うずめる。〓「庭に生ごみを━」「床下に死体を━」❹不足を補う。補塡(ほてん)する。〓「アルバイト収入で赤字を━」使い方 〜デを〜ガで置き換えることもできる(ただしやや翻訳調)。〓「アルバイト収入が赤字を━」❺水などを加えて、温度を下げたり濃度を薄めたりする。〓「風呂を━」「ウイスキーを水で━」◈使い方 ⬇うずめる 読み分け ①〜③は「うずめる」とも読む。ただし、一生を費やす・死ぬの意の慣用句「骨を埋める」は「うずめる」と読む。「マフラーに顔を埋める」「彼の胸に額を埋める」なども「うずめる」と読む(「うずめる」はかな書きが一般的)。文 う・む

う-もう【羽毛】［名］鳥の羽。特に、柔らかい羽。

うもれ-ぎ【埋もれ木】［名］長い年月、土中にうずもれて炭化した木。黒褐色で、堅い。木目を生かして細工物などに使う。

◉埋もれ木に花が咲・く 不遇だった人に幸運がめぐってくる。

うも・れる【埋もれる】［自下一］❶土や泥でおおわれて見えなくなる。うずもれる。〓「登山者が雪崩(なだれ)で雪に━」「砂に━・れた古代都市を発掘する」❷多くの資料や収集品などに囲まれて、姿が隠れそうになる。うずもれる。埋没する。〓「書類の山に━・れて仕事を続ける」❸世の中に知られないでいる。うずもれる。〓「世に━・れた逸材」文 うも・る

うやうや-し・い【恭しい】［形］相手を敬って、丁重に振る舞うさま。〓「捧げものを━・く供える」派生 -げ

／－さ

うやま・う【敬う】ーマフ［他五］相手を目上と考え、礼をつくしてふるまう。敬する。「神仏［先祖］を－」「恩師を－」可能 敬える 名 敬い

うや－むや【有▼耶無▼耶】［形動］どうなっているのか、はっきりしないさま。あいまい。あやふや。「責任の所在を－にする」▽有るのか無いのかの意から。「や」は疑問の助詞。書き方 かな書きが一般的。

う－ゆう【▼烏有】ウーイ［名］何もないこと。▽烏んぞ有らんや、の意から。

◉**烏有に帰す** すっかりなくなる。特に、火災ですべてを失う。「一切の家財が－した」

うよ－うよ［副］多くの生物が集まってうごめいているさま。うじゃうじゃ。「ばい菌が－いる」「金の亡者がそこらに－している」▽見下げたものとしていう。

うよ－きょくせつ【▼紆余曲折（▼迂余曲折）】［名・自サ変］❶道などが曲がりくねっていること。❷こみいった事情があって、物事が複雑な経過をたどること。「－を経て結論が出る」「解決までには－があった」

う－よく【右翼】［名］❶右のつばさ。「ジャンボ機の－」❷隊列・座席など、左右に広がったものの右側。❸保守的・国粋主義的な思想。また、そうした思想をもつ人々やその集団。▽フランス革命後の議会で、保守派が議長席からみて右側の席を占めたことから。❹野球で、本塁からみて右側の外野。また、そこを守る人。ライト。◈⬍左翼

う－よく【羽翼】［名］❶鳥のつばさ。❷［他サ変］つばさのように、左右から力をかして助けること。補佐。「－の臣」

うら【浦】［名］❶入り江。湾。▽地名に多く残る。「田子の－・霞が－」❷海辺。「－の苫屋」

うら【裏】［名］❶置かれたとき下になって、目に見えなくなるほうの面。裏側。「表面を－にすると色が黒に変わる」「ページの－が透けて見える」❷主立っていないほうの面。裏側。「コインを投げたら－が出た」「紙の－と表を間違える」「封筒の－」❸街並みなどで、表立っていないほう。「－通り・－道」▽多く他の語と複合して使う。❹物の正面と反対になるほう。特に、建物の後ろ側。「へそくりを戸棚の－に隠す」「こっそり－から入る」❺［古風］奥のほう。おく。「鋭い眼を眼鏡の－から光らせながら〈岩野泡鳴〉」❻衣服で、内側にあって表からは見えない部分。「服の－が擦り切れる」❼表に現れない隠れたところ。特に、公開をはばかる、よからぬところ。「－から支える」「－で取引する」「成功の－には隠された秘話がある」「勤務態度に－と表がある」❽普通や予想とは反対のこと。逆。「－の裏を行って かえって失敗する」❾警察などで、供述の裏づけ。「自白の－を取る」❿野球で、先攻のチームが守備に回り、後攻のチームが攻撃する番。「九回の－」◈①～④⑥⑦⑩⬍表

◉**裏を返せば** 逆の見方をすれば。裏返して言えば。

◉**裏をかく** 予想とは反対のことをして、相手を出し抜く。「敵の策略の－いて夜襲をかける」

うら【▽心】［接頭］〈主に形容詞に付いて〉なんとなくそう感じられる、の意を表す。「－悲しい・－寂しい」▽本来は「心」の意。

うら－あみ【裏編み】［名］棒針編みの基本となる編み方の一つ。メリヤス編みの裏と同じような細かい編み目になる。裏メリヤス編み。⬍表編み

うら－うち【裏打ち】［名・他サ変］❶補強・補修のため、紙・布・革などに裏地をつけること。「和紙で古文書を－する」❷〈多く「裏打ちされる」の形で〉意見などが別の面から補強されて確かなものになる。裏付けられる。「事実に－された理論」「自信に－された主張」

うら－うら［副］日ざしがおだやかで、のどかなさま。うららかに。「春の陽光が－とさす」

うら－えり【裏襟・裏▼衿】［名］着物の襟の裏に縫いつける布。襟裏。

うら－おもて【裏表】［名］❶裏と表。「－ともに印刷する」❷表面に現れた部分と隠れた内実。「業界の－」❸見せかけと内実が一致しないこと。かげひなた。「言行に－がある」❹裏と表を逆にすること。うらがえし。「シャツを－に着る」

うら－かいどう【裏街道】ーカイダウ［名］❶正式の街道ではない道路。「中山道の－」❷正当でない、後ろ暗い生き方。裏道。「人生の－を歩く」▽本街道をそれた道の意から。◈⬍表街道

うら－がえし【裏返し】ーヘシ［名］❶裏返すこと。また、その状態。「Tシャツを－に着る」❷反対の立場。逆の面。逆。「彼が威張るのは劣等感の－だ」

うら－がえ・す【裏返す】ーヘス［他五］❶裏になっているほうを表にする。ひっくりかえす。「敷物を－」❷物の見方や立場を逆にする。「－・して言えばただの身勝手にすぎない」名 裏返し

うら－がえ・る【裏返る】ーヘル［自五］❶裏と表が逆になる。ひっくりかえる。「トランプが－」「声が－」❷裏切る。心変わりする。「－・って敵方につく」

うら－がき【裏書き】［名・他サ変］❶文書の裏に表記のことがらを保証・証明する文字を書くこと。また、その書いたもの。「鑑定家の－をもらう」❷手形・小切手などを譲渡するとき、所持人が裏面に必要な事項を記入して署名すること。また、支払いを受ける人が領収証明として裏面に住所・氏名などを書くこと。「－小切手・－人」書き方「裏書」と書く。❸物事が確かであることを他の面から証明すること。「無実を－する証言」◈書き方 公用文では「裏書」。

うら－かた【裏方】［名］❶貴人の奥方。特に、本願寺法主の夫人。❷舞台裏や楽屋で仕事をする人。道具方・衣装方など。⬍表方 ❸表には立たず、陰で実質的な仕事をする人。「－に徹する」

うら－がなし・い【▽心悲しい】［形］なんとなく悲しいさま。もの悲しい。「－思いにふける」「－鐘の音」派生 －げ／－さ

うら－がね【裏▽曲・裏▼矩】［名］曲尺の裏側につけた尺度。表の一目盛りの$\sqrt{2}$（＝約一・四一四）倍を一目盛りとする。裏尺。

うら－がね【裏金】［名］❶雪駄などの裏に打ちつける金属の小片。書き方「裏▽鉄」とも。❷正規の支払いのほかに、取引の裏で内密にやりとりする金銭。

うら－がみ【裏紙】［名］❶印刷した用紙の、白いままの裏側。❷粘着テープや貼り薬などで、本体の裏側に貼り付けてある保護シール。剥離紙。

うら－が・れる【▽末枯れる】［自下一］寒さなどで草木の葉や枝先が枯れる。「－・れた街路樹の梢」文 うらが・る 名 うら枯れ

うら-がわ【裏側】[名] 裏のほう。裏面。‖「家の—に物置がある」「政界の—を知る」⬍表側

うら-き【▽末木】[名] 樹木の先のほう。こずえ。⬍本木

うら-きど【裏木戸】[名] ❶家の裏手にある木戸。❷芝居小屋・相撲小屋などの裏手に設けた出入り口。関係者が出入りする。

うら-ぎり【裏切り】[名] 裏切ること。‖「—者」

うら-ぎ・る【裏切る】[他五] ❶約束や信頼に反する行動をとる。また、そのようにして敵側につく。‖「親友を—」「組織を—・って機密を流す」❷人が期待や予想に反する行動をとる。また、ものごとが人の期待や予想に反して展開する。‖「〇〇球団は今年もファンの期待を—・った」「評判を—・らない実力の持ち主」名 **裏切り**

うら-ぐち【裏口】[名] ❶建物の裏側にある出入り口。⬍表口 ❷正規ではない方法でひそかにことを行うこと。‖「—営業・—入学」

うら-こうさく【裏工作】[名] 陰であれこれ働きかけを行うこと。ひそかに画策すること。

うら-ごえ【裏声】[名] ふつうの音域をこえた高音部を技巧的に歌う声。ファルセット。

うら-ごし【裏▼漉し】[名・他サ変] 円形の枠の一方に目の細かい網をはった調理器具。また、それで食品をこすこと。‖「芋を—にかける」「—して餡を作る」

うら-さく【裏作】[名] 主な作物を収穫した後、次の作付けまでの間に別の作物を栽培すること。また、その作物。後作。⬍表作

うら-ざと【浦里】[名] 海の近くの村里。漁村。

うら-さびし・い【▽心寂しい・▽心▼淋しい】[形] なんとなくさびしいさま。うらさみしい。‖「—心地」「山里—」派生 -げ/-さ

うら-じ【裏地】[名] 衣服などの裏に用いる布。

うらしま-たろう【浦島太郎】[名] 浦島伝説の主人公。助けた亀に連れられて訪れた竜宮で乙姫の歓待を受けるが、故郷に帰ったのち禁を破って土産の玉手箱を開けると、立ちのぼる白煙とともにたちまち老人になったという。浦島の子。▼長期間その場を離れていたために事情がわからず戸惑う人のたとえとしても使う。

うら-じゃく【裏尺】[名] ⬇裏曲

うら-じょうめん【裏正面】[名] 相撲で、土俵正面(北側)の反対側(南側)に当たる場所。また、そこに面した見物席。向こう正面。

うら-じろ【裏白】[名] ❶裏・内側などが白いこと。‖「—の色紙」❷羽状に分かれた葉の裏が白い、ウラジロ科の常緑性シダ植物。正月の飾りに使う。

うら-だな【裏▽店】[名] 裏通りに建てられた粗末な家。特に、その貸家。▼「たな」は家屋の意。

うら-づけ【裏付け】[名] 裏付けること。また、そのための証拠。‖「アリバイの—をとる」「—捜査」

うら-づ・ける【裏付ける】[他下一] 物事を他の面から証拠づける。‖「犯行を—証拠」「主張の正当性を—事実」文 うらづ・く 名 **裏付け**

うら-て【裏手】[名] 裏に当たる方角。後ろのほう。裏側。‖「ビルの—の駐車場」

うら-どおり【裏通り】[名] 大通りの家並みの裏を通っている狭い道。⬍表通り ▼表に現れない内情や正当でないことのたとえにもいう。

うら-どし【裏年】[名] 果実がよく実らない年。⬍生り年

うら-とりひき【裏取引】[名] 人に隠れて行う不正な取り引き。

うら-ない【占い(▼卜い)】[名] 占うこと。また、それを職業とする人。‖「トランプ—」「—師」

うら-な・う【占う(▼卜う)】[他五] ❶特定のものに現れた形や自然の兆しなどによって、未来のなりゆきや隠された事実などを見定める。‖「手相で運勢を—」❷未来を予想する。‖「日本経済の行方を—」◈占(=占い)＋なふ(=なす)の意。名 **占い**

うら-ながや【裏長屋】[名] 裏通りに建っている粗末な長屋。

うら-なり【▽末▽生り・▽末成り】[名] ウリ・カボチャなどで、つるの先のほうに遅れて実がなること。また、その実。小さくて味も落ちる。‖「—の西瓜」「—瓢箪」⬍本生り ▼顔が青白く、やせて元気のない人のたとえにいう。

ウラニウム [uranium] [名] ウラン。

うら-にほん【裏日本】[名] 本州の日本海に面した地域。日本海沿岸地方。⬍表日本 ▼現在では裏という呼称を避けて「日本海側」という。

うら-にわ【裏庭】[名] ❶家の裏側にある庭。❷他国でありながら、領土の一部であるかのように実効支配が行き渡る地域。‖「アメリカの—」

うら-ぬの【裏布】[名] 洋服や着物の裏につける布。

うら-はずかし・い【▽心恥ずかしい】[形] なんとなく恥ずかしい気持ちである。‖「—年ごろ」派生 -げ/-さ

うら-ばなし【裏話】[名] 一般には知られず、内部に通じた人だけが知っている話。内輪話。

うら-はら【裏腹】[名・形動] ❶隣接していること。背中合わせ。‖「死と—の危険な仕事」❷相反すること。あべこべ。‖「本心とは—なことを言う」

うら-ばんぐみ【裏番組】[名] ある番組からみて、それと同じ時間帯に放送される他局の番組。

うら-びょうし【裏表紙】[名] 書物の裏側の面の表紙。

うら-ぶ・れる[自下一] 落ちぶれてみすぼらしいようすになる。‖「—・れて異郷をさまよう」注意「裏ぶれる」と書くのは誤り。文 うらぶ・る

うらぼん【▼盂▼蘭盆】[名] 陰暦七月一五日を中心に行われる、祖先の霊を祭る仏事。一三日の晩に迎え火をたいて霊を迎え、一六日の晩に送り火で霊を送る。盂蘭盆会。精霊会。魂祭り。ぼん。おぼん。▼梵語 ullambana の音訳。現在、新暦七月に行う地域や新暦八月(月遅れの盆)に行う地域がある。

うら-まち【裏町】[名] 裏通りにある町。

うらみ【恨み・▽怨み・▽憾み】[名] ❶【恨・怨】恨むこと。また、その気持ち。‖「冷笑されたことを—に思う」❷【恨・憾】不満や残念に思うこと。また、そのような点。‖「わが身の至らなさを恨みに思う」「格調は高いが、やや難解の憾みがある」◈書き分け ⬇恨む

◉**恨み骨髄に徹・す** 非常に深く人を恨むことをいう。恨み骨髄に入る。▼恨みが骨のしんまでしみとおる意。注意「恨み骨髄に発す［達す］」は誤り。

◉**恨みを買・う** 恨まれる。恨みを受ける。‖「周囲の—」

◉**恨みを飲・む** 恨みを晴らせず悔しい思いをする。

◉**恨みを晴ら・す** 仕返しをして心を晴らす。また単に、仕返しをする。‖「仇を討って、昔年の—」「—・さでおくべき

か(＝必ず仇を討ってやる)」 注意 「恨みを果たす」は誤り。

うらみ-がまし・い【恨みがましい（▽怨みがましい）】[形] いかにも恨んでいるさま。‖「―目つき」 派生 -げ／-さ

うらみ-ごと【恨み言（▽怨み言）】[名] うらみの思いを述べることば。‖「―を並べる」

うら-みち【裏道】[名] ❶本道からそれた別の道。間道。抜け道。❷正当でないやり方。また、まともでない生き方。裏街道。‖「人生の―を歩く」▼正道からそれた道の意から。

うらみっ-こ【恨みっこ】[名] たがいに恨むこと。‖「もう―なしだよ」

うらみ-つらみ【恨み▽辛み（▽怨み▽辛み）】[名] 重なる恨みの数々。‖「―を述べ立てる」▼「つらみ」は「うらみ」と語調を合わせるために、「つらい」の語幹に接尾語の「み」をつけたもの。

うら・む【恨む・▽怨む・▽憾む】[他五] ❶【恨・怨】ひどい仕打ち(をした相手)に、怒りや憎しみや不満などの気持ちをもつ。恨みに思う。‖「すげなくされたことをいつまでも―」「人に―まれる覚えはない」❷【恨・憾】思い通りにならないことなどに不満や無念の思いを残す。‖「自分のふがいなさを―」「ロスタイムでのパスミスが―・まれる」

◈ 使い方 五段(文語では、四段)に活用するが、古くは上二段。 書き分け 【怨】は、【恨】より強い情念を表す〈怨み殺してくれようぞ・生涯の仇と怨む〉。【憾】は不満の程度がやや軽い。ともに、今は【恨】が一般的。 名 恨み

うら-め【裏目】[名] ❶さいころを振って出た目の、その反対側の目。❷編み物などの、裏側の編み目。

◉**裏目に出る** 期待がはずれて、逆に不都合な結果が出る。‖「積極策が―」

うらめし・い【恨めしい（▽怨めしい）】[形] ❶ひどい仕打ち(をした相手)に、怒りや憎しみや不満などを感じる。恨みたくなる気持ちだ。‖「裏切られたことが―」「一方的な解雇を―・く思う」❷思い通りにならなくて、残念だ。‖「足が痛くて歩けないのが―」「己の軽率さ[無情の雨]が―」「恨めしそうに雨天の空を仰ぐ」◈「うらむ」の形容詞形。 派生 -げ／-さ／-が・る

うら-メニュー【裏メニュー】[名] 正規のメニューには載せない特別な料理。

うら-もん【裏門】[名] 裏のほうにある門。⇕表門

うら-やま【裏山】[名] 家や町からみて、裏のほうにある山。

うらやまし・い【羨ましい】[形] 人の幸せを見て、悔しい思いとともに、自分もそうなりたいという気持ちがする。羨望の思いがする。‖「誰とでも仲良くなる弟が―」「泰西名画とワインの旅とは―限りだ」「成功者をうらやましそうに見る」▼「心病ましい」の意。「うらやむ」の形容詞形。 使い方 自分もそうなりたいと望む意が強く、その点で人の幸せに不快や憎悪を覚える「妬ましい」とは区別される。動詞「うらやむ」に対する「ねたむ・そねむ・やく・やっかむ・嫉妬する」も同趣。 派生 -げ／-さ／-が・る

羨

うらや・む【羨む】[他五] 人の幸せを見て、悔しがって自分もそうなりたいと思う。羨望を感じる。うらやましく思う。うらやましがる。‖「個性豊かな彼[同僚の成功]を―」「人も―仲」▼「心病む」の意。 使い方 ⇩羨ましい

うら-ら【▽麗ら】[形動] うららか。‖「―に照る日」「春の―の隅田川〈花〉」

麗

うら-らか【▽麗らか】[形動] ❶空が明るく晴れて日がのどかに照っているさま。うらら。‖「―な日和」❷心にわだかまりがなく、晴れ晴れと明るいさま。‖「―な気分」❸声が朗らかで明るいさま。‖「―な雲雀の声」 派生 -さ

うら-わか・い【うら若い】[形] 若くういういしいさま。‖「―乙女」 派生 -さ

うら-わざ【裏技】[名] 一般にほとんど知られていない効果的な方法。また、コンピューターゲームなどで、正式には公開されていない、効果的な操作方法。‖「―で高得点をとる」 書き方 「裏ワザ」「ウラ技」とも。

ウラン【Uranドイツ】[名] 放射性元素の一つ。天然に存在する元素の中で最も重い。原子炉の燃料・原子爆弾の原料などに利用。ウラニウム。元素記号U

うらん-かな【売らんかな】[連語] 何が何でも売ってやろうという様子。‖「―の商魂にうんざりする」▼動詞「売る」の未然形＋意志の助動詞「ん(む)」＋終助詞「かな」。

うり【▼瓜】[名] ウリ科の植物の総称。シロウリ・マクワウリ・キュウリ・スイカ・トウガンなど。特に、シロウリ・マクワウリをいう。

◉**瓜の蔓に茄子は生らぬ** 平凡な親からは平凡な子しか生まれないということ。

うり【売り】[名] ❶物品などを売ること。また、取引で株式などを売ること。‖「店を―に出す」「電力株は今が―だ」❷人や物のもつ特徴・特質が、(買ってもらえるほどに)十分に評価できること。‖「この本は親切な解説が―だ」◈⇕買い

うり-あげ【売り上げ】[名] 商品を売って得た代金の総額。売上金。売上高。‖「―を伸ばす」 書き方 公用文では「売上げ」。慣用の固定した「売上(金・高・残高)」などは送りがなを付けない。

うり-いそ・ぐ【売り急ぐ】[他五] 値段が下がることを見越したり、すぐに現金が必要になったりして、急いで売ろうとする。‖「値崩れを恐れて―」 名 売り急ぎ

うり-おし・む【売り惜しむ】[他五] 値上がりを見越したり未練が残ったりして、なかなか売ろうとしない。‖「―うちに買い手を失う」 名 売り惜しみ

うり-オペレーション【売りオペレーション】[名] 金融市場に流通する資金量が多すぎるとき、中央銀行が金融機関に債券などを売り、市場の資金を回収すること。売りオペ。▽⇩買いオペレーション

うり-かい【売り買い】[名・他サ変] 売ったり買ったりすること。売買。商売。‖「土地の―をする」

うり-かけ【売り掛け】[名] 代金をあとで受け取る約束で商品を売ること。掛け売り。また、その代金。‖「現金払いの―なし」⇕買い掛け 書き方 慣用の固定した「売掛(金・額・高・品)」などは送りがなをつけない。

うり-かた【売り方】[名] ❶売るがわの人。売り手。❷売る方法。‖「―を工夫する」◈⇕買い方

うり-きれ【売り切れ】[名] 売り切れること。

うり-き・れる【売り切れる】[自下一] すべて売れて手持ちの品物がなくなる。売れつくす。‖「初版五万部は―・れた」 文 うりき・る 名 売り切れ

うり-ぐい【売り食い】[名・自サ変] 手持ちの家財を売って、その金で生計を立てること。

うり-くち【売り口】〔名〕❶商品を売る相手。販路。売れ口。❷商品を売る手口。売り方。商法。〓「あくどい―でもうける」

うり-こ【売り子】〔名〕店頭・駅・車内・劇場などで、客に直接品物を売る人。▼現在では「販売員」という言い方が普通。

うり-ごえ【売り声】〔名〕行商人などが、品物を売り歩くときの呼び声。

うり-こし【売り越し】〔名〕❶個人投資家などが、一定期間内に売った株式が買った株式よりも多いこと。また、その状態。❷信用取引で、今まで買っていた人がすべて売却し、売り方に転じること。どてん売り越し。◈⇕買い越し

うり-ことば【売り言葉】〔名〕わざと相手を怒らせ、けんかを仕掛けることば。言いがかり。

◉売り言葉に買い言葉　相手の乱暴な言葉に対して、乱暴な言葉で応酬すること。

うり-こみ【売り込み】〔名〕❶売り込むこと。〓「―合戦」「企業にアイデアの―をする」❷信用取引で、値下がりすることを予測して売り続けること。

うり-こ・む【売り込む】〔他五〕❶宣伝したり強く勧めたりして、ある商品を売り広める。〓「新型のパソコンを―」❷積極的に働きかけて、名や存在を広く知ってもらう。〓「名〔顔・作品〕を―」❸利益を得るために、ひそかに情報を提供する。〓「企業秘密を―」名売り込み

うりざね-がお【▼瓜▽実顔（▼瓜▽核顔）】〔名〕色白でやや面長の、ふっくらとした顔。▼うりざね（＝ウリの種）に似た顔の意から。昔は美人の条件だった。

うり-さば・く【売り▼捌く】〔他五〕手ぎわよく売りこなす。売り広める。〓「大量の輸入牛を―」

うりずん〔名〕沖縄で、陰暦二、三月の時季。乾季が過ぎて雨に大地が潤うころをいう。

うり-だし【売り出し】〔名〕❶売り始めること。また、商品を〈新しく〉市場に出すこと。〓「新製品の―は三日からだ」❷小売店が一定の期間に限って特に宣伝したり値引きしたりして、商品に勢いをつけて売ること。〓「大―」❸世間に名前が知られるようになってゆくこと。〓「今―中の歌手」◈書き方公用文では「売出し」。

うり-だ・す【売り出す】〔他五〕❶品物を商品として売り始める。〓「前売り券は明朝九時から―」❷品物を商品として市場に出す。特に、新しく市場に出す。（新）発売する。〓「毎年新しいデザインの水着が―・される」❸小売店が一定の期間に限って特に宣伝したり値引きしたりして、商品に勢いをつけて売る。セールする。〓「商店街が特別価格で―」❹〔自五〕世間に名前を知られるようにする。また、世間に名前を知られるようになる。〓「ハリウッドが大型新人を―」名売り出し

うり-たて【売り立て】〔名〕競売や入札によって、所蔵品などを期間を決めて売り払うこと。

うり-た・てる【売り立てる】〔他下一〕購買欲をあおって盛んに売る。〓「宣伝にものを言わせて―」文うりた・つ

うり-つ・ける【売り付ける】〔他下一〕むりに押しつけて買わせる。〓「粗悪品を―」文うりつ・く

うり-て【売り手】〔名〕ものを売るほうの人。⇕買い手　書き方公用文では「売手」。

うりて-しじょう【売り手市場】〔名〕需要量が供給量を上回って価格が上昇し、売り手が買い手に対して有利になる市場。⇕買い手市場　書き方公用文では「売手市場」。

うり-とば・す【売り飛ばす】〔他五〕ためらいなく他人に売り渡す。〓「蔵書を―」

うり-ぬし【売り主】〔名〕その物を売る人。〓「マンションの―」⇕買い主　書き方公用文では「売主」。

うり-ね【売値】〔名〕品物を売り渡すときの値段。⇕買値

うり-ば【売り場】〔名〕❶商品を売る場所。〓「切符―」書き方公用文では「売場」。❷商品などを売るのにちょうどよい機会。売り時。〓「今が―だ」

うり-はら・う【売り払う】〔他五〕一つ残らず売る。〓「家財道具を全て―」「店を―・って田舎に戻る」

うり-ふたつ【▼瓜二つ】〔形動〕（瓜を縦二つに割ったように）顔かたちがよく似ているさま。

うり-ぼう【▼瓜坊】〔名〕イノシシの子。▼背の縦縞がマクワウリを連想させることから。

うり-もの【売り物】〔名〕❶売るための品物。商品。〓「この壺は―じゃないよ」❷人の興味を引きつける特色となるもの。〓「毒舌を―にする漫才師」

うり-もんく【売り文句】〔名〕商品や企画の特色などを効果的に表現したことば。セールストーク。

うり-や【売り家】〔名〕売りに出ている家。うりいえ。

うりょう【雨量】〔名〕地表に降った雨の量。降雨量。〓「―計」⬇降水量

うり-わた・す【売り渡す】〔他五〕❶品物を売って相手に渡す。〓「一度―・した商品は引き取れない」⇕買い受ける ❷利益を得るために味方を裏切って敵側に渡す。〓「仲間を官憲に―」名売り渡し「―価格」

う・る【売る】〔他五〕❶代金と引き換えに品物や権利などを相手に渡す。〓「希望の方に店の権利を―・ります」「サービスを―」「信用を―（＝セールスポイントにする）」⇕買う　使い方「イチゴが売っていたよ」のように、物を主語にした「〜が売っている」は、文法的には誤り。❷自分の利益のために、国・組織・仲間や、自分の心などを裏切る行為をする。売り渡す。〓「ライバル社に情報を―」「悪魔に魂を―」❸相手にある行為をしかける。〓「先輩に喧嘩を―」「客に媚を―」「恩を―」❹自分のことを広く知らせるようにする。〓「マスコミに名を―」「政界に顔を―」可能売れる 名売り

う・る【得る】〔動下二〕一〔他〕〈古風〉得る。〓「大いに―ところがあった」「我が意を得たり」「二兎を追う者は一兎をも得ず」
二〈動詞の連用形に付いて複合動詞をつくる〉…できる。〓「こんなことがあり―（＝える）だろうか」「生命の問題を一言で答え―だろうか」「出来―限りの努力はしました」「失笑を禁じ得ず」書き方かな書きも多い。◈文語下二段動詞「得う」の連体形が終止形に使われたもの。使い方一は「える」に劣らずよく使う。二は今は口語形「得る」を使うのが一般的。

うるう【▼閏】〔名〕暦の日数や月数がふつうの年よりも多いこと。暦と実際の季節のずれを調節するためのもの。

うるう-どし【▼閏年】〔名〕閏のある年。太陽暦では四年に一度、二月を二九日とし、一年を三六六日とする年。太陰太陽暦では、同じ月を二度繰り返す閏月を設けて、一年を一三か月とする年。

うる-うる〔副〕❶悲しみや感動で涙がにじみ、しっと

りと目がうるおうさま。‖「純愛ドラマで—(と)きた」「—した瞳と新鮮な頬の輝やきを曇らせて〈夢野久作〉」❷〔形動〕濡れるほどにうるおうさま。‖「—の唇」

うるおい【潤い】ウルホヒ〔名〕❶湿りけ。水け。‖「肌に—がない」❷経済的なゆとり。❸しっとりとした情趣や精神的な豊かさ。‖「—のある文章」「—を帯びた声」◈書き方 まれに「▼霑い」とも。

うるお・う【潤う】ウルホフ〔自五〕❶ほどよく水けを帯び(て生き生きす)る。適度に湿る。‖「雨で草木が—」❷恵みを受けて、経済的なゆとりができる。金銭的に豊かになる。‖「駅ができて商店街が—」「ボーナスで家計〔懐〕が—」❸心にうるおいが与えられる。‖「真心にふれて心が—」◈書き分け「雨で大地が霑う」「補助金で財政が霑う」など、まれに「▼霑う」とも書くが、一般には【潤】を使う。「うるおい」「うるおす」も同じ。名潤い

うるお・す【潤す】ウルホス〔他五〕❶ほどよく水けを与える。適度に湿らせる。‖「雨が万物を—」「一杯の水が/でのど(の乾き)を—」❷経済的なゆとりを与える。金銭的に豊かにする。‖「企業誘致が町の財政を—」❸心にうるおいを与える。‖「音楽が疲れた心を—・してくれる」◈書き方 まれに「▼霑す」とも。

うるか【〈▼鱁▼鮧〉・潤香】〔名〕アユの内臓から作る塩から。腸で作るわたうるか、卵巣で作る子うるかなど。▽わたうるかは苦みを賞味することから「苦うるか」とも。

鱁鮧

うるさ・い【▽煩い・〈五月▼蠅〉い】〔形〕❶音が強かったり多かったりして不快に感じる。やかましい。‖「時計の音が耳について—」「(私には)学生の雑談が—」「選挙中は街宣車で町じゅうが—・くなる」使い方 (1)「子供がちょろちょろして—」のように、視覚的な不快感の表現にも転用する。(2)「うるさい」「やかましい」「騒がしい」は、いずれも音の過剰の不快をいう語。「うるさい」は広く用いられ、「やかましい」は主に音源の性質に注目していう。「騒がしい」は騒音の持続(する環境)に注目していう傾向が強い。‖「都会の夜は騒がしい」❷表現や行為が度を超していて不快に感じる。やかましい。‖「親が—・くいうので就職することにした」❸じゃまで、すっきりしないと感じる。うっとうしく感じる。‖「この飾りは—(=目障りだ)から外そう」「前髪が額にかかって—」❹(物事に一家言あって)あれこれ文句や注文をつける。やかましい。‖「彼はコーヒーには—」「うちの親は礼儀作法に—」使い方 ➡やかましい④ ❺煩瑣なさま。面倒だ。煩わしい。‖「—手続きが残っている」◈書き方 送りがなは、慣用的に「煩さい」とも送る。派生 -げ/-さ/-が・る

うるさ-がた【▽煩さ型】〔名〕何ごとにもうるさく文句をいいたがる性質。また、その人。‖「—の客」「—の批評家」注意「うるさ方」と書くのは誤り。

品格 かまびすしい「労働問題の議論が—」 喧々囂々「—の大騒ぎとなる」 騒がしい「突然、周囲が騒がしくなった」 騒々しい「セミの鳴き声が—」

うるし【漆】〔名〕❶樹液から塗料を、実から蠟をとる、ウルシ科の落葉高木。葉は秋に紅葉する。ふれると皮膚がかぶれることもある。❷漆の樹液からとった塗料。乾くと光沢のある黒色になる。‖「—塗り」

漆

うるし-まけ【漆負け】〔名〕漆にふれたり近づいたりして起こる皮膚炎。漆かぶれ。

うるち【▼粳】〔名〕炊いたときに粘りけが少ない、普通の飯にする米。うるごめ。粳米。⬍糯・糯米

ウルトラ〔ultra〕〔接頭〕超・極端な・過度の、などの意を表す語。‖「—C(=かつての体操競技で、最高難度を超える技。転じて、離れ技)」

うるま・せる【潤ませる】〔他下一〕❶目に涙をにじませる。‖「悲報に目を—」❷涙につまって声が聞き取りにくくなる。‖「涙に声を—・せながら必死に抗議する」文うるま・す

うる・む【潤む】〔自五〕❶湿りけを帯びて物の輪郭がぼやけて見える。かすんで見える。‖「街の灯が夜霧に—」❷涙がにじんで、目がぬれたようになる。‖「目が—・んで視界がぼやける」❸涙で声がはっきりしなくなる。涙声になる。‖「声が—・んで、今にも泣き出しそうだ」

うるめ-いわし【潤目▼鰯】〔名〕マイワシに似るニシン科の海魚。脂肪分が少なく、多く干物にする。▽薄い膜におおわれた目がうるんで見えることから。

うるわし・い【麗しい】ウルハシイ〔形〕❶人の容貌や声、挙動などが美しくつややかであるさま。‖「姫の—姿をかいま見る」「—歌声」❷あり方が望ましく、理想的であるさま。うつくしい。‖「—友情」❸〈「ご機嫌うるわしい」の形で〉気分が極めてよい。快適である。派生 -げ/-さ

麗

うれ-あし【売れ足】〔名〕売れゆきの度合い。‖「急に—が鈍る」

うれい【憂い・愁い】ウレヒ〔名〕❶【憂・愁】心配事や不安な思い。また、憂鬱な思い。‖「災害を招く—がある」「—に満ちた瞳で見つめる」「身も心も—に沈む」「備えあれば—なし」書き方 まれに「▽患い」とも。❷【愁】悲しい思い。もの悲しさ。‖「そこはかとなく秋の—が感じられる」「—の眉を開く(=愁眉を開く。ほっとする)」◈「うれえ」の転。書き分け「憂い/愁いに満ちた顔」「憂い/愁いに沈む」などでは【憂】・【愁】ともに使うが、【愁】は「哀愁・旅愁」に見るように、【憂】より情緒的な気分が強い。

憂

うれ・う【憂う(愁う)】ウレフ〔他下二〕〔古風〕うれえる。名憂え

うれえ【憂え(愁え)】ウレヘ〔名〕うれい。

うれ・える【憂える(愁える)】ウレヘル〔他下一〕❶【憂・愁】物事がよくないほうに展開するのではないかと心配する。先のことに心を痛める。また、思うに任せない現状を嘆き悲しむ。憤慨する。‖「環境汚染を—」「将来を—青年」❷【愁】悲しくて(また、さびしくて)心が浮かぬ思いをする。‖「友の死〔我が身の頼りなさ〕を—」❸【憂】〔古風〕くよくよと気にする。‖「人の己れを知らざるを患えず〈論語〉」書き方「▽患える」とも。注意「憂い」「憂いて」「憂いた」の形で使うのは誤り。また、連体形を「憂う」とするのは誤り。‖「×現状を憂い、対策を練る」「×現状を憂いたうえで」文うれ・ふ

うれ-くち【売れ口】〔名〕❶品物が売れていく先。販路。売り口。❷〔俗〕縁づく先。また、就職先。

うれし・い【▼嬉しい】〔形〕❶望み通りの状態が得られて、喜びを感じる。よろこばしい。‖「ほめられたことが何よりも—」「お便り、—・く拝見しました」「—知らせが届く」⬍悲しい ❷〈否定的な内容の名詞を修飾して〉当初の期待以上のよい成果が得られたことをいう。‖「全員が合格したのは—誤算〔計算違い〕だった」派生 -げ/-さ/-が・る

◉**嬉しい悲鳴**(ひめい) よいことがあって喜びながらも、それに伴う忙しさに悲鳴を上げること。||「注文が殺到して―をあげる」

「嬉しい」を表す表現

涙が出る[泣き出したい/泣きたくなる]ほどうれしい
跳び上がる[躍り上がる/踊り出す/小躍りする/欣喜雀躍(きんきじゃくやく)する]ほどうれしい
心もとろける[気が浮き立つ/胸が詰まる/胸が高鳴る/胸が熱くなる/胸がすく]ほどうれしい
体が震える[ぞくぞくする/どきどきする/わくわくする]ほどうれしい
ことばでは表せない[ことばにならない/何とも言えない/どうしていいか分からない]ほどうれしい
死ぬ[死んでもいいと思う]ほどうれしい

うれし-なき【▼嬉し泣き】[名・自サ変] うれしさのあまり泣くこと。||「優勝の喜びに―する」

うれし-なみだ【▼嬉し涙】[名] うれしさのあまりに流す涙。||「奇跡の生還に―を流す」

うれ-すじ【売れ筋】ヂス [名] 同系統・同分野の商品の中で特によく売れるもの。売れゆきのよい商品。

うれ-せん【売れ線】[名] 売れる傾向にある商品。売れると予測される商品。||「―の車種」

うれ-だか【売れ高】[名] 売れた商品の数量。また、その売上額。売り高。

ウレタン[Urethanドィツ][名] 合成ゴムの一種。かたくて弾力性に富み、用途が広い。ウレタンゴム。

うれっ-こ【売れっ子】[名] 人気があり、特にもてはやされる人。||「―の漫画家」書き方 もとはよく口のかかる芸者や娼妓(しょうぎ)をいい、「売れっ▼妓」とも当てた。

うれ-のこり【売れ残り】[名] ❶売れないで残った商品。❷[俗] 婚期を過ぎても独身でいる人。▼多く女性についていう差別的な語。動 うれのこ・る(自五)

うれ-ゆき【売れ行き】[名] 品物が売れていく調子。売れ具合。||「新製品の―がよい」書き方 公用文では「売行き」。

う・れる【売れる】一 [自下一] 「売る」の自発形。❶商品が買われる。また、よく買われてゆく。||「品がいいからよく―」「飛ぶように―」「―商品は入り口に並べる」❷広く世間に知られる。また、注文や引き合いが多い。||「実業界に名[顔]が―」❸人気がある。||「最近最も―・れている作家」文 う・る 二 [自他下二] 「売る」の可能形。売ることができる。||「古本も交渉次第では高く―」

う・れる【熟れる】[自下一] 果実や穀物の実が十分にみのる。実が入る。熟(じゅく)す。熟(う)む。||「梅(の実)が―」文 う・る

うろ【▽空・▽虚・▽洞】[名] 中がからになっている所。うつろ。空洞。||「老木の―」

う-ろ【▼迂路】[名] 遠まわりの道。まわり道。迂回路。||「―をたどる」

う-ろ【雨露】[名] ❶暮らしに厳しさをもたらす、雨と露。あめつゆ。||「―霜雪(そうせつ)」❷万物をうるおす大きな恵み。||「―の恩」

う-ろ【▼烏▼鷺】[名] ❶カラスとサギ。❷黒と白。❸囲碁。||「―の争い」▼黒石と白石を使うことから。

うろ-うろ[副ト] あてもなく歩き回るさま。また、あわてて、あちこち動き回るさま。||「盛り場を―する」「逃げ口をさがして―する」

うろ-おぼえ【うろ覚え】[名] ぼんやりと覚えていること。不確かな記憶。||「―の詩を口ずさむ」注意「うる覚え」は誤り。

うろこ【▼鱗】[名] ❶魚類・爬虫(はちゅう)類などの体表を覆う硬くて薄い小片。うろこ。❷①の形に似た三角形を組み合わせた文様。うろこ形(がた)。

鱗

うろこ-ぐも【▼鱗雲】[名] 「巻積雲(けんせきうん)」の通称。

うろた・える【〈▼狼▼狽〉える】ウロタヘル [自下一] どうしてよいかわからず、あわてふためく。狼狽(ろうばい)する。||「突然の訃報(ふほう)に―」「不正が発覚して―」文 うろた・ふ

うろ-ちょろ[副ト] あちこちせわしなく動き回るさま。||「―歩き回るな」「そう―されては目ざわりだ」

うろ-つ・く【〈▼彷▼徨〉く】[自五] あてもなく歩き回る。また、同じ所を行ったり来たりする。||「盛り場を―」「家の前を変な人が―・いている」

うろ-ぬ・く【▽疎抜く】[他五] 多くある中から間をおいて抜き取る。間引く。おろぬく。||「朝顔の苗を―」名 うろ抜き「―大根」

う-ろん【▼胡▽乱】[形動] 怪しく確かでないさま。||「―な記憶」▼「胡(う)」「乱(ろん)」とも唐宋音。派生 -げ

うわ【上】ハウ (造) 位置・価値・段階・程度などがうえである。||「―着・―唇(くちびる)・―書き・―値」

うわ-あご【上顎】ウハ [名] 上側のあご。あごの上部。じょうがく。⇕下顎(したあご)

うわ-え【上絵】ウハヱ [名] ❶布の白く染め抜いた所に別の色でかいた絵や模様。||「―師」❷うわぐすりをかけて焼いた陶磁器の上にかいた絵や模様。||「―付け」▼これをさらに窯(かま)に入れて焼く。

うわ-がき【上書き】ウハ [名・他サ変] ❶手紙・書物・箱などの表面にあて名や名称などを書くこと。また、その文字。表書き。||「字配りを考えて―する」「小包の―」❷ワープロなどの文字入力で、カーソルと重なった文字の位置に直接文字を呼び込むこと。カーソルの一字前に呼び込む「挿入」に対していう。オーバーライト。||「―モード」❸コンピューターで、更新したデータを古いデータの上に直接書き込んで修正すること。オーバーライト。||「ファイルを―する」「―保存」

うわ-がけ【上掛け】ウハ [名] ❶衣服の上にひっかけて着るもの。上っ張り。❷こたつ布団や座布団の上にかける布。❸一番上にかける掛け布団。

うわ-がみ【上紙】ウハ [名] ❶物をおおい包む紙。つつみ紙。❷[古風] 書物の表紙。

うわ-かわ【上皮】カウハ [名] ❶物の表面をおおっている皮。||「わかした牛乳に―が張る」❷表面をおおう皮膚。表皮。||「日に焼けて―がむける」❸物を包んでいるおおい。◈「うわっかわ」とも。

うわ-がわ【上側】ガウハ [名] ❶物の上のほうの側。また、物の外側。うえがわ。||「棚の―に置いた荷物」「箱の―を塗る」❷表にあらわれている部分。うわべ。||「―から見て人を判断する」◈「うわっかわ」とも。

うわ-き【《浮気》】ウハ [名・自サ変・形動] ❶心がうわついていて、変わりやすいこと。移り気。||「―な性分」❷(軽い気持ちで)他の人に心を移しやすいこと。特に、配偶者があるのに他の相手と情を通じること。||「単なる―だと言い訳する」「―性(しょう)・―心(ごころ)」

うわ-ぎ【上着・〈上衣〉】ウハ [名] ❶最も外側に着る衣服。||「―をぬぐ」⇕下着 ❷洋服で、上半身につけるもの。||「―とズボン」

うわ-ぐすり【〈▼釉薬〉・▼釉・上薬】[名] 素焼きの陶磁器に塗る、ガラス質の粉末を混ぜた溶液。焼成した陶磁器に光沢を与える。釉薬(ゆうやく)。

うわ-くちびる【上唇】[名] 上側の唇。||「ーをかける」⇕下唇

うわ-ぐつ【上靴】[名] 屋内ではく靴。うわばき。

うわ-ごと【〈▼譫言〉・〈▼囈言〉】[名] ❶高熱にうなされたときなどに無意識に発することば。❷筋の通らないことば。たわごと。||「無責任なーを言うな」

うわさ【▼噂】[名] ❶世間で言いふらす不確かな話。風説。風聞(ふうぶん)。||「倒産のーが立つ」「人のーにのぼる(=うわさとして話題にのぼる)」「人のうわさも七十五日」❷[他サ変] その場にいない人についてあれこれと話すこと。また、その話。うわさ話。

噂

品格 風の便り「ーに聞く」聞こえ「秀才のーが高い」口の端(は)「ーにのぼる」巷説(こうせつ)「ーによれば…」風声「根拠のないー」風説「様々なーが流布する」風評「ー被害」「よからぬーが立つ」風聞「ーが広がる」流言(りゅうげん)「ーが飛び交う」流説(るせつ)「ーに踊らされる」

◉**噂が噂を呼・ぶ** 一つの噂がもととなり、次から次へと別の噂が広がる。||「ーんで、大騒ぎになる」

◉**噂をすれば影(かげ)** 噂をしていると、たまたま当人が現れることがよくあるということ。噂をすれば影が差す。||「ーで、ご当人が現れた」

うわさ-ばなし【▼噂話】[名] ⬇うわさ②

うわ-じき【上敷き】[名] 物の上に敷くもの。特に、畳や床の上に敷くもの。うわしき。

うわ-すべり【上滑り】[名・自サ変] ❶表面がなめらかですべること。❷[形動] 物事の表面だけをみて、深く理解しないこと。また、言動が軽薄なこと。||「ーの知識で恥をかく」「ーな行動を戒める」

うわ-ずみ【上澄み】[名] 液体にまじったものが下に沈んだあとの、上のほうの澄んだ部分。上澄み液。||「ーをすくう」

うわ-ず・る【上擦る】[自五] ❶興奮や緊張で落ち着きがなくなる。||「気持ちがー」❷声の調子が高くなって乱れる。||「興奮して声がー」

うわ-ぜい【上背】[名] 背たけ。身長。||「ーがある(=背が高い)」

うわ-つ・く【《浮つく》】[自五] うきうきして落ち着かなくなる。また、重厚さを失って軽薄になる。||「連休間近で気持ちがー」▼「上付く」の意。

うわっ-ちょうし【上っ調子】[名・形動] ことば・動作などに落ち着きがなく、かるがるしいこと。うわちょうし。||「話し方がーだ」「ーな議論が続く」

うわ-づつみ【上包み】[名] 物の外側をおおい包むもの。包装。||「プレゼントのー」

うわっ-つら【上っ面】[名] 物の表面。また、外見。うわべ。||「ーだけ見て判断するな」▼「うわつら」の促音添加。

うわっ-ぱり【上っ張り】[名] 衣服が汚れないように、その上に着るもの。||「ーを羽織る」

うわ-づみ【上積み】[名・他サ変] ❶積み荷の上にさらに荷物を積むこと。また、その荷物。||「ーのミカン箱」⇕下積み ❷金額などをさらに加えること。||「基本給に五千円をーする」

うわ-て【上手】[名] ❶上の方。特に、風上(かざかみ)・川上(かわかみ)の方。かみて。❷考えや技能が優れていること。||「彼らの方が一枚ーだ」❸相手より地位や立場が上であること。また、その地位や立場。❹相手より上位にある態度。高飛車な態度。||「あまりーに出るな」❺相撲で、組んだときに相手の腕の上からまわしをとること。また、その手。||「ーを引く」◈①⇕下手(しもて) ①③④⑤⇕下手(した)

うわて-なげ【上手投げ】[名] ❶相撲のきまり手の一つ。相手の腕越しにまわしをつかみ、引き寄せながら腰を入れて投げる技。❷野球で、オーバースロー。◈⇕下手投げ

うわ-なり【〈後妻〉・〈次妻〉】[名] [古風] 後添(のちぞ)い。後妻(ごさい)。

うわ-に【上荷】[名] ❶荷物の上にさらに積んだ荷物。❷[古風] 船・車などに積んだ荷物。積み荷。

うわ-ぬり【上塗り】[名・他サ変] ❶壁・漆器(しっき)などで、仕上げとして最も上の面を塗ること。❷あることの上にさらに同じようなことを重ねること。||「恥[うそ]のー」▼よくないことについていう。

うわ-ね【上値】[名] 今までの相場よりも高い値段。高値。||「ーを張る」⇕下値(したね)

うわ-のせ【上乗せ】[名・他サ変] すでに示されている金額・数量などに、さらに付け加えること。||「一律一万円をーする」

うわ-の-そら【上の空】[名・形動] 他のことに心を奪われて、いま必要なことに注意が向かないこと。||「嬉(うれ)しくて何を言ってもーだ」

うわ-のり【上乗り】[名・自サ変] 船や車で荷物を運ぶとき、積み荷とともに乗っていくこと。また、その人。||「トラックにーして荷の管理をする」

うわ-ばき【上履き】[名] 屋内だけで使う履物。上靴・上草履(うわぞうり)など。⇕下履き

うわ-ばみ【▼蟒・〈▼蟒蛇〉】[名] ❶大きなヘビ。大蛇(だいじゃ)。おろち。||「深山にすむー」❷大酒のみ。

うわ-ばり【上張り・上貼り】[名・他サ変] ふすま・壁などに仕上げの紙や布を張ること。また、その紙や布。||「ふすまのーをする」⇕下張り

うわ-ぶた【上蓋】[名] 器や箱などの上方についたふた。||「カップ麺(めん)[櫃(ひつ)]のー」

うわ-べ【上辺】[名] 外から見える所。表面。また、外から見たようす。||「ーは実直そうな人」

うわ-まえ【上前】[名] ❶着物の前を重ねたとき上になる方の身ごろ。⇕下前 ❷取り次いで渡すべき賃金や代金の一部。▼「上米(うわまい)(=仲介者が売買などの手数料として取る賃金や代金の一部)」が転じた語。

◉**上前を撥(は)・ねる** 取り次いで渡すべき金品の一部を不正に自分のものにする。

うわ-まわ・る【上回る】[自五] 基準とする数量・程度を超える。||「一〇万人[昨年]をー人出があった」「需要が供給をー」「技量は彼のほうがーっている」「音速をー速さだ」⇕下回る ▼「五〇人を上回る」では、基準の数値を含まないでそれより上(すなわち、五一人以上)の意。

うわ-むき【上向き】[名] ❶上を向いていること。あおむき。うえむき。||「ーになって寝る」❷うわべ。外観。❸相場などが上がる傾向にあること。また、勢いなどがよくなる傾向にあること。||「市況[運勢]がーに転じる」◈①③⇕下向き

うわ-め【上目】[名] ❶顔を動かさずに、目だけを動かして上を見る目つき。▼人に対するときは悪い感じを与えるものとされる。||「ー遣(づか)いに人の顔色をうかがう」

⬍下目 ❷数量がある基準を上回ること。〓「この包みは一キロより少し━だ」▼基準となるはかりの刻み目を超える意。❸品物を上包みや容器ごとはかりにかけること。皆掛(かいが)け。〓「━では二キロある」

うわ-もの【上物】(ーウハ) [名] ❶不動産売買で、その土地の上にある建造物・立木(りゅうぼく)など。❷海の上層にすむ魚。表層魚。〓「━釣り」

うわ-や【上屋(上家)】(ーウハ) [名] ❶柱に屋根をつけただけの簡単な建物。〓「駅の━」❷税関の構内に設けた、貨物を一時保管しておく倉庫。

うわ-やく【上役】(ーウハ) [名] 職場で、自分よりも地位が上の人。上司。〓「会社の━」⬍下役

うわ-る【植わる】 [自五] 植えた状態になる。植えられる。〓「柳の━っている土手」

う-わん【右腕】 [名] 右の腕。〓「━(=右投げの)投手」⬍左腕

うん【運】 ━ [名] ❶人の力ではどうにもならないめぐりあわせ。〓「━がいい[悪い]」「━が向く」「━勢・━命」「幸━・不━」❷よいめぐりあわせ。〓「━がなかった」 ━ (造) ❶物を動かす。はたらかせる。〓「━営・━転・━用」❷はこぶ。移す。〓「━河・━送・━賃」「水━」

◉**運の尽き** 命運が尽きて、滅びる時を迎えること。〓「真相を暴露されたら━だ」

うん [感] 肯定・承諾などを表す語。〓「━、わかった」「━、その人なら知ってる」「━、まあそれでもいいけど…」▼「はい」よりもぞんざいな、または親しみのある言い方。目上や客に使うのは失礼。

◉**うんともすんとも** 〈打ち消しを伴って〉何の応答もないさま。〓「話しかけたが━言わない」「パソコンが壊れて、━言わない」▼「すん」は「うん」と語呂を合わせたもの。

うん【雲】 (造) ❶くも。〓「━海・━水・━泥」「暗━・風━・雷━・積乱━」❷くものような形状のもの。〓「━気」「星━」❸「出雲(いずも)」の略。〓「━州」

うん-えい【運営】 [名・他サ変] その機能がきちんと発揮されるように、組織や制度などを動かしてゆくこと。〓「事業[劇場]を━する」「協会の━に当たる」「━委員会」

うん-えん【雲煙(雲▼烟)】 [名] ❶雲とけむり。また、雲とかすみ。〓「━万里を隔てた異境」❷書画の鮮やかな墨跡。

うんえん-かがん【雲煙過眼】(ークヮガン) [名] すばやく目の前をよぎる雲煙を見るように、物事を深く心にとどめないこと。物事に執着しないこと。〓「━の心境」

うん-おう【▼蘊奥・▼薀奥】(ーアウ) [名] ⬇うんのう

うんか【〈浮▼塵子〉】 [名] カメムシ目ウンカ科の昆虫の総称。形はセミに似るが、ごく小さい。大発生して稲を全滅させることもある。

うん-か【雲▼霞】 [名] 雲とかすみ。▼多くの人が群がり迫るたとえにいう。〓「━のごとき大軍」

うん-が【運河】 [名] 水運・灌漑(かんがい)・給排水などの目的でつくった人工の水路。〓「パナマ━」▼ふつう船舶を通すための水路を「運河」といい、灌漑用など小規模の水路は「掘り割り」と呼ぶ。

うん-かい【雲海】 [名] 山頂や機上から見下ろしたとき、海のように一面に広がって見える雲。

うん-き【▽温気】 [名] 蒸し暑さ。

うん-き【運気】 [名] 自然のめぐりあわせによる人の運命。また単に、人の運。〓「━が強い」

◉**運気は根気(こんき)** 運のよい、わるいは根気による。

うん-き【雲気】 [名] 雲のように空中をただよう気。また、雲の動くようす。▼昔、天文家や兵術家が天候・吉凶などを占うよすがとした。

うん-きゅう【運休】(ーキウ) [名・自サ変] 交通機関が運転・運航を休むこと。〓「朝から東北新幹線は━している」▼「運転休止」「運航休止」の略。

うん-げん【▼繧▼繝(▼暈▼繝)】 [名] 同系統の色を使い、濃から淡へ、あるいは淡から濃へと帯状に段階をつける彩色法。また、そのような紋様の織物。〓「━縁(べり)の畳」「━錦(にしき)(=赤地などの縦じまの間に花形・ひし形などの色模様を織り出した絹織物)」

うん-こ [名] 幼児語で、大便。うんち。▼いきむ声の「うん」に、接尾語「こ」が付いた語。

うん-こう【運行】(ーカウ) [名] ❶[自他サ変] 交通機関が決まった道筋を進むこと。また、交通機関を運営して決まった道筋を進ませること。〓「山間部を━する○○鉄道」「市が━する路線バス」「船舶の━表」 使い方 「〜を運行する／運行させる」では、前者が一般的。⬇品詞解説(一八一六ページ) ❷[自サ変] 天体が定まった軌道を進むこと。〓「月の━」❸[自サ変] 物事が一定の道筋に従って進むこと。〓「歴史の━」

うん-こう【運航】(ーカウ) [名・自他サ変] 船や航空機が一定の航路を進むこと。また、船や航空機を一定の航路で進ませること。〓「東京・パリ間を━するジャンボ機」「船舶を━する」

うん-ざ【運座】 [名] 集まった人々が同じ題や好みの題で俳句を作り、すぐれた句を互選する俳諧(はいかい)の会。▼文政年間(一八一八〜三〇)に始まったといわれる。

うんざり [副] 同じようなことに、また、同じようなことが続いたことで、あきていやになるさま。〓「雨降りはもう━だ」「お金なら━するほどある」「長談義に━する」

うん-さん【雲散】 [名・自サ変] 風で雲が散るように、集まったものがちりぢりになること。〓「猛撃を受けて兵が━する」⬍雲集

うん-ざん【運算】 [名・他サ変] 一定の数式に従って計算すること。演算。

うんさん-むしょう【雲散霧消】(ーセウ) [名・自サ変] 雲が散り霧が消えるように、跡形もなく消えてしまうこと。雲消霧散。〓「師の導きで悩みの一切が━する」

うん-しゅう【雲集】(ーシフ) [名・自サ変] 雲が群がるように、人やものが多く集まること。〓「━霧散」⬍雲散

うん-じょう【運上】(ージャウ) [名] 江戸時代、商・工・鉱・漁・運送などの業に課せられた税。〓「━金」

うん-じょう【雲上】(ージャウ) [名] ❶雲の上。❷宮中。朝廷。

うん-じょう【▼醞醸】(ーヂャウ) [名・他サ変] ❶発酵させて酒をつくること。醸造。❷ある気運や感情などを次第につくり上げていくこと。醸成。〓「伝統が質実の気風を━する」

うんじょう-びと【雲上人】(ウンジャウー) [名] ❶清涼殿の殿上(てんじょう)の間に昇ることを許された人。殿上人。雲客(うんかく)。❷一般の人とはかけはなれたところにいる、偉大な人。〓「━の教授」

うん-しん【運針】 [名] 裁縫で、針の運び方。縫い方。特に、表裏とも同じ縫い目にする縫い方。〓「━縫い」

うん-すい【雲水】 [名] 行く雲と流れる水のように、行方を定めず諸国を行脚(あんぎゃ)して修行すること。また、その僧。特に、禅宗の行脚僧。

うん-せい【運勢】 [名] 幸不幸の巡り合わせ。将来の

運。▽「手相で―を占う」

うん-そう【運送】［名・他サ変］人や物（特に、貨物）を運ぶこと。▽「資材をトラックで―する」「―業」「海上―」▽多く、営業としての車での運搬をいう。

うん-そう【運▼漕】［名・他サ変］船で荷物を運ぶこと。▽「―業」「回船―」▽「漕」はこぐ意。

うん-だめし【運試し】［名・自サ変］運が向いているかどうか、何かをして試してみること。▽「宝くじを買って―(を)する」「―におみくじを引く」

うんち［名］幼児語で、大便。うんこ。

うん-ちく【▼蘊蓄・▼薀蓄】［名］学問や技芸の深い知識。▽「蘊」「薀」は積む、「蓄」はたくわえる意。

蘊蓄

◉**蘊蓄を傾（かたむ）ける** もっている知識をすべて出す。学識を惜しみなく発揮する。

うん-ちん【運賃】［名］交通機関で人や物を運ぶための料金。▽「航空［貨物］―」

うん-てい【雲▼梯】［名］水平または弧状に作られたはしご状の運動用具。ぶらさがって渡る。▽もと、中国で城を攻めるときに使った長いはしごの意。

うん-でい【雲泥】［名］二つのものの差が極めて大きいこと。▽「両者には―の差がある」「二国間の経済力には―の開きがある」▽空の雲と地の泥（どろ）の意から。

うん-てん【運転】［名］❶［他サ変］乗り物や機械を制御して動かすこと。▽「自動車を―する」❷［自サ変］大型の機械などが動くこと。▽「原子炉が―している」❸［他サ変］資金を活用すること。運用。▽「―資金」

うんてん-しゅ【運転手】［名］（職業として）鉄道車両や自動車を運転する人。▽「タクシーの―」▽正式には、電車・タクシーでは「運転士」、バスでは「運転者」という。

うん-と［副］量・程度などがはなはだしいさま。たくさん。非常に。▽「酒を―飲む」「―高いものを御馳走（ごちそう）しよう」

うん-どう【運動】［名・自サ変］❶物が動くこと。特に物理学で、物体が時間の経過とともに空間上の位置をかえること。▽「振り子［天体］の―」⇔静止 ❷体力増進・健康維持などのために、体を動かすこと。▽「腹ごなしに軽く―しよう」「このゲームは頭の―になる」「―選手」❸ある目的を達成するために、活動したり各方面に働きかけたりすること。▽「地球環境を守る―を推進する」❹生物体が能動的に起こす動き。▽「心臓の収縮―」

さまざまな「運動」
学生運動・交通安全運動・示威運動・市民運動・社会運動・住民運動・署名運動・政治運動・選挙運動・不買運動・平和運動・民主化運動・労働運動

うんどう-いん【運動員】［名］組織の一員として活動する人。特に、特定の候補者の選挙運動に尽力する人。

うんどう-か【運動家】［名］❶運動競技の選手や愛好家。スポーツマン。❷政治運動や社会運動などの活動をする人。▽「反核の―」「学生―」

うんどう-かい【運動会】［名］たくさんの人々が集まって、各種の運動競技や遊戯などを楽しむ会。

うんどう-きょうぎ【運動競技】［名］身体の運動能力・技術などを、一定の規則に従って競い合うこと。スポーツ。

うんどう-じょう【運動場】［名］運動や遊戯をするための広場。グラウンド。▽「市営の―」▽「うんどうば」は古風な言い方。

うんどう-しんけい【運動神経】［名］❶中枢の興奮を筋肉などに伝えて運動を起こさせる神経。❷反射的に体を動かしたり、スポーツを巧みにこなしたりする能力。▽「―が発達している」

うんどう-ぶ【運動部】［名］部活動のうち、スポーツを中心に行う部。⇔文化部

うん-ぬん【▼云▼云】［名］❶引用した文や一言では言い切れない言葉を中断し、あとを省略するときに用いる語。しかじか。▽「クレオパトラの鼻が―はパスカルの言だが…」「人事問題―は次回の議題にする」❷［他サ変］あることについて、あれこれいうこと。▽「いまさら結果を―しても遅い」◈「うんうん」の連声（れんじょう）。

うん-のう【▼蘊奥・▼薀奥】［名］学問・教養・技芸などの最も奥深いところ。奥義（おうぎ）。うんおう。▽「インド哲学の―を極める」▽「うんおう」の連声（れんじょう）。

うん-ぱん【運搬】［名・他サ変］ある場所から他の場所へ荷物などを運び移すこと。運び届けること。▽「港から工場までトラックで資材を―する」「担架で負傷者を―する」▽学術的な言い方で、流れ動くものがみずからの流れに乗せて、あるものを運ぶ意にも使う。▽「川が土砂を河口まで―する」「血液が栄養分を―する」

うん-ぴつ【運筆】［名］字や絵をかくときの筆の運び方。筆づかい。▽「一点一画に―の妙がある」

うん-ぴょう【雲表】［名］雲のそと。雲の上。

うんぷ-てんぷ【運▽否天賦】［名］運を天にまかせること。▽「かくなるうえは―だ」▽人の運・不運はすべて天が定める意からいう。

うん-む【雲霧】［名］❶雲と霧。❷もやもやと人を迷わせるもの。心のわだかまり。▽「胸中の―を払う」

うん-めい【運命】［名］❶人の力ではどうにもならない、物事のめぐりあわせや人間の身の上。また、それをもたらす力。宿命。▽「―に左右される」「これが自分の―だ」「―のいたずら」「―的な出会い」❷そのような成り行きになると決まっていること。必然であること。▽「いつかは別れる［壊される］―にある」「統合の―にある」

うんめい-きょうどうたい【運命共同体】［名］栄えるときも滅びるときも運命を共にするような関係にあること。▽「同盟を結んだ三国は―となった」

うん-も【雲▽母】［名］六角板状の結晶となった珪酸塩（けいさんえん）鉱物。多く花崗岩（かこうがん）中に含まれ、薄くはがれやすい。熱・電気などの絶縁体に使う。きらら。マイカ。

うん-ゆ【運輸】［名］旅客や貨物を運ぶ意で、主に交通関係の産業や仕事を総称していう。▽「航空―業界」「―施設」▽「〇〇―株式会社」など、会社名にも使う。

うんゆ-しょう【運輸省】［名］以前あった省の一つ。⬇国土交通省

うん-よう【運用】［名・他サ変］そのものの機能を生かして働かせること。▽「兵［資金・車両・コンピューターシステム・法規］を―する」

うんりゅう-がた【雲竜型】［名］横綱の土俵入りの型の一つ。四股（しこ）のあとのせり上がりで左手を脇につけ、右手を側方に伸ばすのが特徴。十代横綱雲竜久吉が創案した型にならったもの。⬇不知火（しらぬい）型

うん-りょう【雲量】［名］空をおおう雲の量の、全天に占める割合。全く雲がないときを〇、全天を占めたときを一〇とする。

え

え【柄】［名］持ちやすくするために器物に取り付けた棒状の部分。‖「箒〔傘〕の—」「—のないところに—をすげる（＝むりやりに理屈をつける）」

え【餌】ヱ［名］えさ。‖「生き—」

え【会】ヱ ■一［名］仏事・祭事などの集まり。‖「盂蘭盆—・灌仏—」■二（造）❶あう。‖「—釈・—者定離」❷理解する。‖「—得」旧會

え【江】［名］海・湖沼などが陸地に入り込んだ所。入り江。

え【絵（▽画）】ヱ［名］❶物の形・姿、想像したありさまなどを線や色彩で表したもの。絵画。‖「富士山の—」「—を描く」❷テレビ・映画などの映像。画面。‖「音声は聞こえるが—が出ない」

◉**絵に描いた餅** 実現の見込みのないもの、また、実際の役に立たないもののたとえ。画餅。

◉**絵に描いたよう** きわめて鮮やかなことのたとえ。‖「—なシュート」

◉**絵にな・る** ❶その姿がよく似合う。‖「和服姿が—」❷映画・テレビなどで、よい画面として映し出せる。‖「あの監督は動きが大きくて—」

え［感］❶意外なことに驚いたり、疑問に思ったりしたときに発する語。えっ。‖「—、まさかそんなことが…」❷聞き返すときに発する語。えっ。‖「—、なんですって」

え［終助］❶〈名詞に付いて〉呼びかけに使う語。‖「もし、おかみさんえ」❷［古風］〈文末に使って〉問いかけや念押しなどに親しみの気持ちを加える。‖「どうしたのだえ」

え【重】へ（造）〈数を表す和語に付いて〉同じものが重なることを表す。‖「二—・三—・八—・十—・二十—」

え【恵】ヱ（造）❶さとい。かしこい。‖「知—」❷縁起がよい。‖「—方」

エア［air］［名］❶空気。‖「—クッション」❷航空。❸［新］実際には行われていないことを、動作によってそれらしく見せること。‖「—ギター」◈「エアー」とも。

エア-カーテン［air curtain］［名］人工的な空気流の幕によって外気を遮断する装置。防塵や断熱のために、百貨店・工場などの出入り口に設ける。エアドア。

エア-ガン［air gun］［名］❶空気銃。エアライフル。❷空気圧によって弾を発射する玩具の銃。エアソフトガン。

エア-ギター［air guitar］［名］ギターの演奏の真似をすること。また、その架空のギター。

エア-コン［名］室内や建物内部の温度・湿度などを自動的に調節する装置。空調。▼「エアコンディショナー（air conditioner）」の略。

エア-コンプレッサー［air compressor］［名］空気を圧縮して高圧の空気を作る機械。空気圧縮機。

エアゾール［aerosol］［名］❶缶などの容器の中に液状・粉状の内容物と液化ガスを封入し、ガスの圧力で内容物を霧状に吹き出させる方式。また、そのもの。殺虫剤・消毒剤などに用いる。❷⇩エアロゾル

エア-ターミナル［air terminal］［名］空港内にあって、旅客の発着事務・送迎・待ち合わせ、貨物の取り扱いなどを行う施設。

エア-チェック［air check］［名・他サ変］ラジオ・テレビ放送を受信して録音・録画すること。

エア-バッグ［air bag］［名］衝突時の衝撃から乗員を保護するために、自動車の内部に取り付ける空気袋。衝突すると窒素ガスなどが瞬時に充満する。

エア-ブラシ［airbrush］［名］圧縮空気で塗料や絵の具を霧状にして吹きつける器具。また、それを用いて濃淡を描く方法。

エア-プランツ［air plants］［名］土を必要とせず、空気中の水分や養分を吸収して生長する植物。パイナップル科のチランジアなど。

エア-ブレーキ［air brake］［名］圧縮空気の圧力を利用したブレーキ。空気制動機。▼鉄道車両・大型自動車などに使用する。

エアポート［airport］［名］空港。

エア-ポケット［air pocket］［名］気流や風向の乱れによって飛行機が水平姿勢のまま急降下する危険空域。‖「—に入る」▼見過ごしやすい危険区域のたとえにいう。‖「犯罪の—」

エアメール［airmail］［名］航空郵便。

エアリアル［aerial］［名］フリースタイルスキーの一種目。ジャンプ台から空中に飛び出し、回転技やひねり技などの空中演技を競う。

エアロゾル［aerosol］［名］霧・煙など、気体中に液体または個体の微粒子が分散して浮遊しているもの。煙霧質。エアゾール。エーロゾル。

エアロビクス［aerobics］［名］多量の酸素を体内に取り入れながら行う持久性の全身運動。特に、それによるダンス。有酸素運動。エアロビ。

え-あわせ【絵合わせ】ヱアハセ［名］二組に分かれて互いに（和歌を添えた）絵を出し合い、判者をたててその優劣を競う遊び。▼物合わせの一つで、平安貴族の間で行われた。

えい【▼鱏・▼鱝】エヒ［名］エイ目に属する軟骨魚類の総称。体は扁平で、ほぼ菱形。細長い尾をもつ。多くは卵胎生。アカエイ・ガンギエイ・メガネカスベなど、食用になる種もある。 鱏

えい【栄】 ■一［名］ほまれ。名誉。また、かがやかしいこと。‖「拝顔の—に浴する」「—典・—冠」「虚—・光—」■二（造）さかえる。しげる。また、さかんになる。‖「—華・—枯・—達・—養」「共—」旧榮

えい【詠】 ■一［名］詩歌をつくること。また、その詩歌。‖「額田王の—」「—歌・—草」「遺—・御—・題—」■二（造）詩歌をうたう。‖「吟—・朗—」

えい【▼裔】［名］あとつぎ。子孫。‖「豊臣秀吉の—」「末—・後—」

えい【▼穎】 ■一［名］❶稲の穂先。❷錐・筆などの先。■二（造）ぬきんでて、すぐれている。‖「—才」▼鋭い先端の意から。「英」と通じる。◈書き方「頴」は簡易慣用字体。

えい【▼嬰】 ■一［名］音楽で、半音高いことを示す語。シャープ。‖「—記号」「—ハ短調」⇔変▼「♯」で表す。■二（造）❶あかご。みどりご。‖「—児」❷わくで囲んで外に出さない。‖「退—」

えい【▼纓】［名］❶冠の後ろにたらす装飾用の細長い布。❷あごの下で結ぶ冠のひも。

えい［感］力を込めるときや、思い切って何かをするとき

に発する語。‖「ー、ー、おう」「ーと、気合いもろとも持ち上げる」「ー、捨ててしまえ」

えい【永】(造)時間的に長い。いつまでも続く。‖「ー遠・ー久・ー劫（ごう）・ー住・ー眠」

えい【泳】(造)およぐ。‖「ー者・ー法」「競ー・遊ー」

えい【英】(造)❶ひいでる。すぐれている。‖「ー断・ー知」「育ー・俊ー」❷「英吉利（イギリス）」の略。‖「ー語・ー国」

えい【映】(造)❶うつる。うつす。‖「ー画・ー写」「上ー・放ー」❷はえる。照らされて輝く。‖「ー発」「反ー」

えい【営】(造)❶建物などをつくる。‖「ー繕」「設ー・造ー」❷住まい。特に、軍隊などの泊まる場所。‖「陣ー・兵ー・野ー」❸事業などをいとなむ。‖「ー業」「運ー・経ー・国ー・自ー」❹はかる。計画する。‖「ー利」旧營

えい【影】(造)❶光がさえぎられてできる暗い部分。かげ。‖「ー響」「樹ー」❷すがた。かたち。‖「ー像」「遺ー・幻ー・撮ー」❸光。‖「月ー・灯ー」

えい【鋭】(造)❶するどい。とがっている。‖「ー角・ー利」「尖ー（せんえい）」❷さとい。また、強くて勢いがある。‖「ー意・ー敏」「気ー・新ー・精ー」

えい【▼叡】(造)❶さとい。かしこい。‖「ー智（えいち）・ー敏」❷天子に関することを尊んでいう語。‖「ー覧・ー慮」 叡

えい【衛】(ヱイ)(造)守り防ぐ。‖「ー兵・ー生」「護ー・自ー・親ー」旧衞

えい-い【栄位】(ヰ)[名]名誉ある地位。高位。

えい-い【営為】(ヰ)[名]いとなみ。‖「精神的ー」

えい-い【鋭意】[副]気持ちを集中させて懸命に努力するさま。‖「ー研究に励む」「ー専心」

えい-いん【影印】[名・他サ変]古写本などの紙面を写真にとり、それを製版・印刷すること。‖「ー本」

えい-えい【営営】[形動タル]せっせと努め励むさま。‖「日夜ーとして家業にいそしむ」

えい-えん【永遠】(ヱン)[名・形動]時空を超えていつまでも変わることなく続くこと。‖「ーの愛を誓う」「ーの眠りに就く(=死ぬ)」「彼女とはもうーに会えない」注意「延々（えんえん）」と混同して、「永遠と」の形で副詞として使うのは誤り。‖「×永遠と話を聞かされる」

えい-か【詠歌】[名]❶和歌をよむこと。また、その和歌。❷⇨御詠歌（ごえいか）

えい-が【映画】(グヮ)[名]撮影したフィルムの画像をスクリーンに連続して映し、姿形や動きを再現するもの。現在はふつう音声も伴う。▼古くは「活動写真」「シネマ」「キネマ」とも言った。

えい-が【栄華(栄花)】(グヮ)[名]権力や財力を得て、はなやかに栄えること。‖「ーを極める」

◉**栄華の夢** 栄華は夢のようにはかないということ。栄華一場の夢。

えい-かいわ【英会話】(クヮイワ)[名]英語を使って話をすること。‖「ーを習う〔楽しむ〕」「ー学校」

えい-かく【鋭角】[名]直角よりも小さい角度。また、鋭い角度。⇔鈍角

えい-かん【栄冠】(クヮン)[名]名誉や勝利を得た人に与えられる冠。また、勝利・成功などの栄誉。

えい-き【英気】[名]❶すぐれた才気。‖「天性のー」❷大いに活動しようとする気力。‖「ーを養う」

えい-き【鋭気】[名]❶するどい気性。❷するどく激しい気勢。‖「敵のーをくじく」

えい-きごう【▼嬰記号】(ガウ)[名]音楽で、半音上げることを表す記号「♯」。シャープ。⇔変記号

えい-きゅう【永久】(キウ)[名・形動]時間的に果てしなく維持されること。永遠。‖「それ以後、二人はーに会うことはなかった」「ーの別れ」「ー保存」

えいきゅう-けつばん【永久欠番】(エイキウ)[名]プロ野球などで、チームに在籍した名選手の功績を記念し、引退後、その選手の背番号を他の選手に譲らずに永久に保存すること。また、その背番号。

えいきゅう-さい【永久債】(エイキウ)[名]償還期限を定めず、発行元が存在している限り永久に利子が支払われる債券。

えいきゅう-し【永久歯】(エイキウ)[名]乳歯が抜けたあとにはえてくる歯。三二本あって、生涯はえかわらない。▼大臼歯（だいきゅうし）は初めから永久歯としてはえる。

えい-きょ【▼盈虚】[名・自サ変]❶月の満ちることと欠けること。❷栄えることと衰えること。栄枯（えいこ）。

えい-きょう【影響】(キヤウ)[名・自サ変]それがもととなって、他のものに状態の変化や反応などが引き起こされること。‖「環境にーする」「悪ー」

えい-ぎょう【営業】(ゲフ)[名]❶[自他サ変](営利を目的として)事業を営むこと。特に、店や窓口を開いて客を相手とする仕事を行うこと。‖「飲食店をーする」「この店は四時までーしている」「ー妨害」「深夜ー」❷会社などで、販売関係の仕事。また、その部署。‖「総務からーに移る」「その件はーに報告させます」「ー所」

えいぎょう-び【営業日】(エイゲフ)[名]企業や商店などが営業する日。また、休業日を含まない日数。‖「ーのお知らせ」「三ー以内にお届けします」

えい-けつ【永▼訣】[名・自サ変]永久に別れること。ながの別れ。死別。永別。‖「ーの辞」

えい-けつ【英傑】[名]際だって才知に秀でた人物。

えい-こ【栄枯】[名]栄えることと衰えること。‖「ー盛衰」

えい-ご【英語】[名]❶アメリカ、イギリス、カナダ、オーストラリアなどで公用語として使われる言語。近年、国際語化する傾向が強い。印欧語族ゲルマン語派に属する。‖「アメリカー(=米語)」▼Englishの訳語で、本来はイングランド語の意。❷学校で、英語を教える教科。英語科。

えい-ご【▼穎悟】[名・形動]悟りがはやく賢いこと。‖「聡明（そうめい）ー」

えい-こう【▼曳航】(カウ)[名・他サ変]船が他の船を引いて航行すること。‖「艀（はしけ）を港までーする」

えい-こう【栄光】(クヮウ)[名]❶輝かしい誉れ。また、輝かしい栄え。‖「勝利のーに輝く」使い方「受賞の栄光［光栄（こうえい）］に浴する」のように、「光栄」で言い換えが可能な場合もあるが、「光栄」はえある処遇などに対する感謝の気持ちをいう。‖「尊顔を拝して光栄に存じます」❷キリスト教で、神のみ栄え。グロリア。

えい-ごう【永▼劫】(ゴフ)[名]限りなく長い年月。‖「未来ー忘れない」▼「劫（こう）」は仏語で、きわめて長い時間の単位。

えいこう-だん【▼曳光弾】(エイクヮウ)[名]弾道がわかるように光を発しながら飛ぶ弾丸。

えい-こく【英国】[名]イギリス。‖「ー紳士」▼「英」はイギリスを「英吉利」と当てたことから。

えいこ-せいすい【栄枯盛衰】[名]栄えたり衰えたりすること。‖「ーは世の習い」

えい-こん【英魂】[名]死者の魂をたたえていう語。

英霊。

えい-さい【英才(▼穎才・鋭才)】［名］優れた才能(をもつ人)。‖「―を育てる」

えいさい-きょういく【英才教育】［名］子どもの優れた能力を伸ばすために行う特別の教育。

えいさく-ぶん【英作文】［名］英語で文章を作ること。また、その文章。特に英語学習で、和文を英文に訳すこと。また、その訳文。英作。

えい-し【英姿】［名］勇ましく立派な姿。雄姿。

えい-し【英資】［名］生来のすぐれた素質。

えい-し【衛視】［名］国会の警護・監視にあたる職員。▽旧称は、守衛。

えい-じ【英字】［名］英語を書き表すための文字。また、それで書かれた文章。‖「―新聞」

えい-じ【▼嬰児】［名］生まれて間もない赤ん坊。みどりご。‖「いとけない―」

エイジ【age】［名］年齢。時代。世代。エージ。‖「ティーン―」

えい-じつ【永日】［名］昼間の長い春の日。ひなが。春日。

えいじ-はっぽう【永字八法】［名］書法で、「永」の一字に備わっている、すべての漢字に共通する八通りの基本的な運筆法。

えい-しゃ【泳者】［名］泳ぐ人。泳ぎ手。特に、競泳の選手。

えい-しゃ【映写】［名・他サ変］映画やスライドの画像をスクリーンに映し出すこと。‖「―機・―技師」

えい-しゃ【映射】［名・自サ変］光を受けて明るく輝くこと。‖「真昼の太陽に砂浜が―する」

えい-しゃ【営舎】［名］兵隊が居住する建物。兵舎。

えい-しゅ【英主】［名］すぐれた君主。

えい-じゅ【衛▼戍】［名］軍隊が一つの場所に駐屯して警備すること。✓注意「衛戌」「衛戊」は誤り。

えい-じゅう【永住】［名・自サ変］その土地に長く住むこと。特に、死ぬまで住むこと。‖「カナダに―する」「―権」

えい-しゅん【英俊】［名］才知が特に秀でていること。また、その人。俊英。

えい-しょう【詠唱】［名］❶［他サ変］節をつけて詩歌を歌うこと。朗唱。❷アリア。⇔叙唱

えい-しょく【栄職】［名］それに就くことが栄誉となる役職。はえある職。

えい-じょく【栄辱】［名］誉れになることと、恥になること。栄誉と恥辱。

えい・じる【映じる】［自上一］➡映ずる

えい・じる【詠じる】［他上一］➡詠ずる

エイジレス【ageless】［名］年齢にこだわらないこと。いつまでも年をとらないこと。エージレス。‖「―ファッション」▽多く他の語と複合して使う。

エイジレス-ライフ【ageless life】［名］高齢者が、年齢にとらわれず自らの責任と能力において自由で生き生きとした生活を送ること。

えい-しん【栄進】［名・自サ変］高い地位や官職に進むこと。‖「支店長に―する」

えい-しん【詠進】［名・他サ変］詩歌を作って宮中や神社に差し出すこと。‖「―歌」

エイジング【aging】［名］❶年をとること。加齢。❷酒などを熟成させること。◈「エージング」とも。

エイズ【AIDS】［名］ヒト免疫不全ウイルス(HIV)の感染によって生体の免疫機能が破壊される病気。健康時には発症しない感染症や悪性腫瘍などを発症する。主に血液・精液を介して感染。後天性免疫不全症候群。▽acquired immunodeficiency syndrome の略。

えい・ずる【映ずる】［自サ変］❶光や物の姿などがうつる。‖「月影が池の水面に―」❷光を受けてかがやく。‖「夕日に―山紅葉」❸目にうつる。また、印象を与える。‖「留学生の目に―じた東京の若者」文えい・ず 異形映じる

えい・ずる【詠ずる】［他サ変］❶声に出して詩歌を読みあげる。吟詠する。朗詠する。吟ずる。‖「漢詩を―」❷詩歌をつくる。詠む。‖「雪を見て一首―」文えい・ず 異形詠じる

えい-せい【永世】［名］ずっと後まで続く世。長い年月。永代。‖「―中立国」「―九段」

えい-せい【衛生】［名］身の回りを清潔にして、健康の維持と疾病の予防・治療につとめること。‖「―に悪い環境」「公衆―」

えい-せい【衛星】［名］❶惑星の周囲を公転する天体。地球をまわる月など。‖「人工―」❷あるものを中心とし、それに従属して周辺にあるもの。‖「―国(＝強国の周辺にあって、その影響下にある小国)」「―都市」❸「衛星放送」の略。

えいせい-ほうそう【衛星放送】［名］静止軌道上の放送衛星(BS)および通信衛星(CS)を介して放送電波を受信者に送る方式の放送。中継施設を必要としないので地域に関係なく質の高い画像・音声を得ることができる。BS放送・CS放送など。

えい-せん【▼曳船】［名］自力で運航できない船を引いていく船。ひきふね。曳航船。

えい-ぜん【営繕】［名・他サ変］建築物を造ったり修理したりすること。造営と修繕。‖「―課・―費」

えい-そう【営倉】［名］旧軍隊で、罪を犯した兵を拘禁した兵舎内の施設。また、そこに拘禁する罰。▽罰には重営倉と軽営倉の別があった。

えい-そう【営巣】［名・自サ変］動物が巣をつくること。‖「―地・―本能」

えい-そう【詠草】［名］よんだ和歌や俳句を紙に書いたもの。また、その和歌や俳句。

えい-ぞう【映像】［名］❶光線の屈折や反射によって映し出される像。❷映画・テレビなどの画像。‖「電波障害で―が乱れる」❸頭の中に浮かぶ像。イメージ。‖「若き日の―が脳裏に浮かぶ」◈書き方 古くは「影像」とも。

えい-ぞう【影像】［名］絵画・彫刻などに表された神仏や人の姿。

えい-ぞく【永続】［名・自サ変］ある状態が長く続くこと。ながつづき。‖「友好関係を―させる」

えい-たい【永代】［名］かぎりなく長い年月。永世。‖「―供養(＝故人の冥福を祈り、寺で忌日や彼岸の供養を末永く続けること)」「―借地権」

えい-たつ【栄達】［名・自サ変］高い地位にのぼること。昇進。出世。‖「―を遂げる」「―を捨てて生きる」

えい-だつ【▼穎脱】［名・自サ変］才能がとびぬけてすぐれていること。▽穎(＝錐の先)が袋からつきでる意。

えい-たん【詠嘆(詠▼歎)】［名・自サ変］深く感動すること。また、感動を声やことばに表すこと。感嘆。‖

「見事な芸に━する」

えい‐だん【英断】［名］すぐれた決断。また、思い切った決断。「━を下す」

えい‐だん【営団】［名］第二次世界大戦中、国家統制のもとで住宅・道路などの公益事業を行った特殊法人。▼「経営財団」の意。戦後ほとんどが廃止され、帝都高速度交通営団（営団地下鉄）も平成一六（二〇〇四）年に民営化された。

えい‐ち【英知（▼叡▼智）】［名］❶すぐれて深い知恵。高い知性。「人類の━」❷哲学で、（最高の）認識能力。▼intelligence の訳語。◈書き方「英知」は代用表記。

エイチ【H】［名］⇩エッチ

エイチ‐アイ‐ブイ【HIV】［名］エイズの原因となるヒト免疫不全ウイルス。エイズウイルス。▼human immunodeficiency virus の略。

エイチ‐ディー‐エム‐アイ【HDMI】［名］デジタル対応のテレビ・AV機器などを接続する規格。一本のケーブルで映像・音声・制御信号を送受信できる。▼high-definition multimedia interface の略。

エイチ‐ティー‐エム‐エル【HTML】［名］インターネットのホームページなど、ウェブに対応したページを作成するための書式。▼hyper text markup language の略。

エイチ‐ディー‐ティー‐ブイ【HDTV】［名］画面の走査線数を従来の倍以上に増やし、解像度の高い映像が得られるようにしたテレビ方式。ハイビジョンなど。高品位テレビ。高精細度テレビジョン。▼high-definition television の略。

エイチ‐ピー【HP】［名］❶「ホームページ（home page）」の略。❷馬力。▼horsepower の略。

えい‐てん【栄典】［名］❶栄誉ある、めでたい式典。❷栄誉のしるしとして、国家への功労者に与えられる位階・勲章など。

えい‐てん【栄転】［名・自サ変］高い地位を得て転任すること。「本社の部長に━する」

エイト【eight】［名］❶八つ。八。❷八人でこぐ競漕（きょうそう）用ボート。また、その競技（の選手）。❸ラグビーで、フォワード八人でスクラムを組むこと。

えい‐ねん【永年】［名］長い年月。ながねん。「━勤続者」

えい‐のう【営農】［名］農業を営むこと。「━家」

えい‐はつ【映発】［名・自サ変］光や色彩が互いによくうつりあうこと。「紅葉が渓流に━する」

えい‐びん【鋭敏】［形動］❶感覚が鋭いさま。敏感。「━な神経」❷頭の働きが鋭くて、賢いさま。「━な頭脳」派生―さ

えい‐ぶん【英文】［名］❶英語で書いた文章。「━和訳」❷英国の文学。また、英語で書かれた文学。▼「英文学」の略。❸英文学を研究する学科。▼「英文学科」の略。

えい‐へい【衛兵】エイ‐［名］警備・監視を任務とする兵士。「━勤務」

えい‐べつ【永別】［名・自サ変］永久に別れること。永訣（えいけつ）。永（なが）の別れ。「父と━する」「━の悲しみ」▼多く、死別をいう。

えい‐ほう【泳法】‐ハフ［名］泳ぎ方。また、泳ぎの型。「古式━」

えい‐ほう【鋭峰】［名］するどくそびえ立った峰。

えい‐ほう【鋭▼鋒】［名］❶鋭いほこ先。❷鋭く攻めたてる勢い。特に、言論による鋭い攻撃。

えい‐まい【英▼邁】［名・形動］才知が非常にすぐれていること。英明。「━な君主」派生―さ

えい‐みん【永眠】［名・自サ変］永遠の眠りにつく意で、死ぬことを遠回しに言う語。「薬石効なく━致しました」

えい‐めい【英名】［名］すぐれているという評判。名声。派生―さ

えい‐めい【英明】［名・形動］才知がすぐれ、道理に明るいこと。英邁（えいまい）。「━な国王」派生―さ

えい‐や［一］［感］「えい」に同じ。［二］［名］〔俗〕出来のよしあしを気にせず、思い切って行うこと。「締め切り前日に━で原稿を書き上げる」

えい‐やく【英訳】［名・他サ変］他の言語の語や文章を英語に翻訳すること。また、翻訳したもの。「源氏物語を━する」「和文━」

えい‐ゆう【英雄】［名］才知・武勇・胆力にすぐれ、ふつうの人にはできないような大事業を成しとげる人。ヒーロー。「建国の━」

◉**英雄色（いろ）を好む** 英雄は何事にも精力的であるから、情事を好む傾向も強いということ。

えい‐よ【栄誉】［名］栄（は）えあるほまれ。名誉。「優勝の━に輝く」「━礼（＝軍隊が整列して要人に敬意を表す礼式）」

えい‐よう【栄養（営養）】‐ヤウ［名］生物が生命を保ち活動するために体外から物質をとりいれる働き。また、それに必要な成分。「━をとる」「━満点」

えい‐よう【栄▼耀】‐エウ［名］富み栄えて、ぜいたくに暮らすこと。えよう。「━栄華を極める」

えいよう‐か【栄養価】エイヤウ‐［名］食品の栄養的価値。栄養素の含有量とカロリーを指標とする。「━の高い食品」

えいようきのう‐しょくひん【栄養機能食品】エイヤウキノウ‐［名］保健機能食品の一つ。不規則な食生活などによって不足しがちな栄養を補給するために利用する食品。

えいよう‐し【栄養士】エイヤウ‐［名］都道府県知事の免許を得て、学校・病院・老人ホームなどで食生活・栄養管理の指導に従事する人。▼さらに国家試験を受けて免許を得た者を「管理栄養士」という。

えいよう‐しっちょう【栄養失調】エイヤウシッテウ［名］エネルギーや栄養素の不足から体に障害が起こること。

えいよう‐そ【栄養素】エイヤウ‐［名］生物体が栄養として摂取しなければならない物質。人間では、脂肪・蛋白（たんぱく）質・炭水化物・無機塩類（ミネラル）・ビタミンなど。

えいよう‐ほじょしょくひん【栄養補助食品】エイヤウ‐［名］ビタミン・ミネラルなど、特定の栄養素や食品成分を摂取するために市販されている健康食品の一種で、錠剤・カプセルなど通常の食品の形態でないもの。サプリメント。

えい‐らん【▼叡覧】［名］天子がご覧になること。天覧。「━に供する」

えい‐り【営利】［名］経済的な利益を得るために活動すること。「━事業［団体］」

えい‐り【鋭利】［形動］❶刃が鋭くてよく切れるさま。「━な刃物」❷才知が的確にすばやく働くさま。鋭敏。「━な批判精神」派生―さ

エイリアン【alien】［名］SFで、異星人。宇宙人。
えいりょ【▼叡慮】［名］天子のお考え。聖慮。≡「—にかなう」
えいりん【映倫】［名］日本で製作・上映する映画の道徳的水準を保つために、その内容を自主的に審査・規制する民間の機関。▽「映画倫理委員会」の略。
えいりん【営林】［名］樹木の保護・育成・伐採などを行い、森林を管理・経営すること。≡「—事業」
えいれい【英霊】［名］死者(特に、戦死者)の霊を高めていう語。英魂。
えいん【会陰】ヱ［名］外陰部と肛門との間の部分。蟻の門渡り。
ええ［感］❶相手の質問・依頼などに対して、肯定・承諾を表す語。はい。≡「『分かりますか』『—、分かります』」「『行かないのですか』『—、行きません』」⬍いいえ▽「はい」に比べて丁寧度は低く、「うん」よりは高い。❷(驚きとともに)疑問を表す語。ええっ。えっ。≡「—？もう帰るの？」▽しり上がりのイントネーションとなる。❸いらだったときに発する語。えい。≡「—、もう勝手にしろ」❹言うことをためらったり、次のことばが出なかったりするときに発する語。ええと。≡「それは、—、いずれお話しします」「あなたは、—、どなたでしたっけ」
エーアール【AR】［名］スマートホンなどを使い、現実の風景にデジタル情報を重ね合わせて表示する技術。拡張現実。▽Augmented Reality の略。
エーアイ【AI】［名］人工知能。▽artificial intelligence の略。
エーイーディー【AED】［名］自動体外式除細動器。心臓突然死の原因である心室細動が生じたとき、必要に応じて電気ショックを与え、心臓の働きをもとに戻す医療機器。▽automated external defibrillator の略。
エーエム【AM】［名］周波数を一定にし、信号によって振幅だけを変える方式の電波。振幅変調方式。≡「—放送」⬇FM▽amplitude modulation の略。
エーエム【A.M.・a.m.】［名］午前。⬍P.M.▽普通、9:00A.M.のように使う。ante meridiem(ラテン)の略。
エーエルエス【ALS】［名］筋萎縮性側索硬化症。運動神経が冒され、筋肉が次第に萎縮していく進行性の疾患。原因は不明。厚生労働省の指定難病の一つ。▽amyotrophic lateral sclerosis の略。
エーエルティー【ALT】［名］中学校・高等学校での外国語授業の補助などを職務とする外国人講師。外国語指導助手。▽Assistant Language Teacher の略。
エーオー【AO】［名］大学で、入試を担当する専門の事務室。入試事務室。≡「—入試(＝事務室が受験生の自己推薦・書類審査・面接などに基づいて選抜を行う人物本位の入試方式)」▽admission office の略。
エーカー【acre】［名］ヤード・ポンド法で、面積を表す単位。一エーカーは約四〇四七平方メートル。
ええかっこしい［名］いいところを見せようとして、みえを張る人。▽主に関西でいう。
エークラス【Aクラス】［名］第一級。上級。A級。≡「—のホテル」
エージ【age】［名］⬇エイジ
エージェンシー【agency】［名］代理店。代理業。
エージェント【agent】［名］❶代理人。代理業者。≡「トラベル—」❷秘密情報員。
エース【ace】［名］❶トランプの、1。記号A≡「スペードの—」❷スポーツで、チームの第一人者。特に、野球の主戦投手。❸組織の第一人者。≡「販売部の—」❹「サービスエース」の略。
エーディー【A.D.】［名］「西暦紀元」の意。ふつう、A.D.2000のように使う。⬍B.C.▽Anno Domini(ラテン)(＝わが主キリストの年において)の略。
エーティーエス【ATS】［名］緊急時に停止信号の手前で作動し、自動的に列車を停止させる装置。自動列車停止装置。▽automatic train stop の略。
エーディーエスエル【ADSL】［名］既設のメタルケーブルを利用して高速の通信サービスを行う回線。交換局側から利用者側への通信速度と利用者側から交換局側への通信速度が異なるので、非対称型デジタル加入者回線と呼ばれる。▽asymmetric digital subscriber line の略。
エーディーエッチディー【ADHD】［名］発達障害の一つ。不注意、多動性、衝動性を特徴とする。注意欠陥・多動性障害。注意欠如・多動症。▽attention-deficit hyperactivity disorder の略。
エーティーエム【ATM】［名］❶金融機関などに設置されている、現金自動預け入れ引き出し機。現金自動預け払い機。▽automated teller machine の略。❷非同期転送モード。情報をある大きさに分割して、広域網に高速で送信する方式。通信に必要な帯域を自動的に変えることができるので、非同期と呼ばれる。▽asynchronous transfer mode の略。
エーテル【ether(オランダ)】［名］❶アルコールに硫酸を加えて蒸留したときに得られる、無色で揮発性の強い液体。麻酔剤・溶剤などに使う。エチルエーテル。❷宇宙に充満し、光や電磁波を媒介すると仮想された物質。相対性理論によって否定された。
エーデルワイス【Edelweiß(ドイツ)】［名］アルプスなどの高山に自生するキク科の多年草。夏、茎の先に白色の小花をつける。セイヨウウスユキソウ。
ええと［感］何かを思い出そうとしているときや、次に言うべき事柄や言葉を考えるときに発する語。≡「—、なんだっけ」「—、昨日はごめんなさい」
エートス【ēthos(ギリシャ)】［名］❶アリストテレスの倫理学で、習慣となる行為によって得られる持続的な心の働き。⬇パトス ❷ある社会集団・民族などにおける慣習や風俗。❸芸術作品に含まれる道徳的・倫理的な特質。気品。◈「エトス」とも。
エーばん【A判】［名］日本産業規格(JIS)による紙の仕上がり寸法の一つ。八四一ミリメートル×一一八九ミリメートルをA0判とし、半切ごとにA1・A2・A3・A4…と呼ぶ。⬇B判▽文庫本はA6判。
エービーエス【ABS】［名］自動車で、急ブレーキ時のスリップを防ぐため、ブレーキを自動的に制御するシステム。アンチロックブレーキシステム。▽Anti-lock Brake System の略。
エービーシー【ABC】［名］物事の初歩。第一歩。いろは。≡「政治学の—」「—からやり直す」▽英語アルファベットの最初の三文字から。
エーブイ【AV】［名］❶視聴覚。≡「—教育」「—機器（＝映像と音声を同時に視聴するシステムに用いる電子機器の総称）」▼audio-visualの略。❷成人向けのビデオソフト。▼和製adult＋videoの略。

エープリル-フール【April fool】［名］四月一日には罪のないうそをついて人をかついでもよいとする西欧の風習。また、その日。四月馬鹿。万愚節（ばんぐせつ）。

エーペック【APEC】［名］アジア太平洋経済協力。アジア・太平洋地域の国々の首脳が一堂に会し、同地域の経済協力などについて協議する会議。一九八九年創設。▼Asia-Pacific Economic Cooperationの略。

エー-ライン【Aライン】［名］ファッションで、アルファベットのAのように、肩の辺りから裾（すそ）に向かって広がっていくシルエット。

エール【ale】［名］イギリス産のビールの一種。やや苦みが強く、こくがある。アルコール分は約六八（パーセント）。

エール【yell】［名］スポーツの試合などで、応援の叫び声。声援。‖「―の交換」

え-がお【《笑顔》】［名］笑っている顔。笑い顔。‖「客を―で迎える」

え-かき【絵描き・▽画描き】［名］絵をかくことを職業とする人。画家。画工。また、職業として絵をかくこと。▼「画家」よりややくだけた言い方。

え-が・く【描く（▽画く）】［他五］❶事物を絵や図にかき表す。また、絵や図にかいた作品を作り出す。描く。‖「キャンバスに町の景色を―」「日本画を―」❷物の形や運動などがその形を作り出す。‖「山の端がなだらかな曲線を―」「打球が弧を―・いて飛ぶ」❸物事のありさまを文章や音楽や動作などに表す。また、文章や音楽や動作などで表した作品を作り出す。表現する。‖「誘拐事件を小説に―」「人生の哀感をパントマイムで―」❹事物の形やありさまを心に思い浮かべる。‖「幼年時代の思い出を心［頭］に―」「在りし日の師をまぶたに―」◈「絵書く」の意。書き分け【画】は①で使うが、【描】が一般的。可能 描ける

え-がた・い【得難い】［形］手に入れにくいさま。貴重だ。‖「―古書」派生 -さ

え-がら【絵柄】［名］絵を配した模様。図案。

えがらっ-ぽ・い【▽蘞辛っぽい】［形］のどや鼻などの呼吸器系が、ちくちくと刺激されるように感じる。えぐい。いがらっぽい。‖「風邪をひいてのどが―」派生 -さ

えき【役】■［名］戦争。‖「後三年（ごさんねん）の―」「文永の―」■（造）人々に公用のための労働を課すること。また、課せられた仕事。‖「―務」「服―・兵―・免―」

えき【易】■［名］❶五経の一つ。陰陽二元の原理によって宇宙万物の生成変化を説いた書物。▼「易経（えききょう）」の略。❷易経に基づき、算木（さんぎ）と筮竹（ぜいちく）によって吉凶を判断する占い。‖「―で占う」「―者」■（造）かえる。かわる。‖「―姓」「不―・貿―」

えき【益】［名］❶役に立つこと。ためになること。‖「社会の―になる奉仕活動」「―虫」「共―・有―」⇔害 ❷もうけ。利益。‖「一文の―にもならない」「減―・差―・収―」「含み―」⇔損

えき【液】［名］一定の形をもたず流動する物体。液体。‖「樹木の―を吸う」「―化・―状」「唾―・粘―・水溶―」

えき【駅】［名］❶電車などが発着し、旅客や貨物の輸送を扱う施設。停車場。ステーション。‖「東京―・始発―」「―長・―弁」❷古く、街道に設けられ、宿泊施設や馬などを供給した所。‖「―逓（えきてい）・―路」「宿―」旧驛

えき【疫】（造）伝染病。えやみ。‖「―学・―病」「検―・防―・免―」

えき-いん【駅員】［名］鉄道の駅で働く職員。

えき-うり【駅売り】［名］駅の構内で物品を売ること。‖「―の新聞」

えき-か【液化】［名・自他サ変］気体や固体が液体になること。また、液体にすること。‖「鉄が／を高温で―する」「―石油ガス（＝LPガス）」「―天然ガス」

えき-か【▼腋▼窩】［名］わきの下のくぼみ。えきわ。

えき-が【▼腋芽】［名］植物学で、葉の付け根から生える芽。

えき-がく【疫学】［名］多数集団を対象とし、感染症をはじめとする疾病の発生原因や健康状態などを統計学的に調査・研究する医学の一分野。現在では広く公害と健康問題などの研究も含めていう。

えき-きん【益金】［名］もうけた金。収益金。⇔損金

えき-ざい【液剤】［名］液状の薬剤。

エキサイティング【exciting】［形動］見ている人を興奮させるさま。刺激的なさま。‖「―なタイトルマッチ」

エキサイト【excite】［名・自サ変］興奮すること。エクサイト。‖「白熱した試合に―する」

エキシビション【exhibition】［名］公開。展示。また、展示会。博覧会。エキジビション。‖「新車発表の―」

エキシビション-ゲーム【exhibition game】［名］模範試合。

えき-しゃ【易者】［名］易による占いを職業とする人。八卦見（はっけみ）。

えき-しゃ【駅舎】［名］駅の建物。

えき-じゅう【液汁】［名］しみ出したり搾り取ったりした、草木・果実などの汁。しる。つゆ。汁液（じゅうえき）。

えき-しょう【液晶】［名］分子が結晶のように特定の配列をした液状物質。電圧・温度などによって分子配列が変わるので、時計・電卓・パソコンなどの表示装置に利用する。液状結晶。‖「―テレビ」

えき-じょう【液状】［名］液体の状態。

えきじょう-か【液状化】［名・自サ変］砂の地盤が地震の衝撃で液体のように流れやすくなること。‖「―が進む」「―現象」

エキス［名］❶食物や薬物から有効成分を抽出して濃縮したもの。精。‖「朝鮮人参（にんじん）の―」❷物事の本質をなす大切な部分。精髄。‖「英文学の―」◈extract（オランダ）から。抽出物の意。書き方「▽越幾▼斯」と当てた。

エキストラ【extra】［名］❶映画などで、通行人や群衆などを演じる臨時雇いの出演者。❷規定外のもの。番外。臨時。エクストラ。

エキストラ-ベッド【extra bed】［名］ホテルで、客室に定員以上の客が宿泊するとき、備え付けのベッドのほかに用意する簡易ベッド。

エキスパート【expert】［名］ある分野について高度の知識・技術を備えもった人。専門家。熟練者。‖「情報工学の―」

エキスパンダー【expander】［名］ゴムまたは金属製のばねを手や足で引っ張って筋肉をきたえる運動用具。

エキスポ【EXPO】[名] 万国博覧会。万博。エクスポ。▼exposition の略。

えき・する【益する】[自他サ変] ためになる。利益を与える。‖「公共に一事業」「何ら一ところのない愚挙」 文えき・す

えき・する【役する】[他サ変] ❶公用のために強制的に人民を使う。❷労働に使う。使役する。また、心などを使う。‖「牛馬を一」「子のために心を一(=心配する)」 文えき・す

えき-ぜい【益税】[名] 買い手が支払った消費税のうち、合法的に納税を免れ、利益として事業者の手もとに残る分。

えきせい-かくめい【易姓革命】[名] 中国古来の政治思想で、君主に徳がなければ別姓の有徳者に天命がくだり、新たに王朝を開いて帝位につくということ。▼「天命が革(あらた)まり、姓を易(か)える」の意。

エキセントリック【eccentric】[形動] きわめて風変わりなさま。奇矯(ききょう)。エクセントリック。‖「一な言動」

エキゾチシズム【exoticism】[名] 異国情緒。また、異国趣味。エキゾチスム。エキゾチズム。‖「一が漂う街並み」

エキゾチック【exotic】[形動] 外国のような趣のあるさま。異国風。‖「一な情緒があふれる町」

えき-たい【液体】[名] 物質の状態の一つで、一定の体積をもつが一定の形をもたないもの。流動性があり、温度が凝固点に下がると固体に、沸騰点に上がると気体になる。水や油など。‖「一燃料」⇔固体・気体

えき-ちか【駅近】[名] 駅に近いこと。‖「一物件」

えき-ちく【役畜】[名] 農耕・運搬などの労役に使う家畜。牛・馬・ロバなど。

えき-ちゅう【益虫】[名] 害虫を捕食したり受粉の媒介をしたりして、人間に利益をもたらす昆虫。⇔害虫 ▼一般にトンボ・ミツバチ・カイコなどが含まれるが、厳密な分類に従っていうものではない。

えき-ちょう【益鳥】[名] 害虫を捕食するなど、人間に利益をもたらす鳥。⇔害鳥 ▼一般にツバメ・セキレイ・キジなどが含まれるが、厳密な分類に従っていうものではない。

えき-ちょう【駅長】[名] 鉄道の駅の長。

えき-てい【駅逓】[名] ❶宿場から宿場へ次々に荷物を送り届けること。‖「東海道の一」❷郵便の旧称。‖「一局」

えき-でん【駅伝】[名] 長い距離をいくつかの区間に分け、数人でリレーして走る競技。走行距離はふつう一人五〜二〇キロメートル。▼「駅伝競走」の略。古くは、律令制で各駅に駅馬を供えて公用の通信にあてた制度。書き方「ジュードー」「ケイリン」とともに国際語化した日本語の一つで、しばしば「エキデン」とも。

えき-とう【駅頭】[名] 駅のあたり。駅前。また、駅またはプラットホーム。

えき-どめ【駅留め(駅止め)】[名] 鉄道輸送の荷物を着駅まで配送して留めておくこと。また、その扱い。

えき-なか【駅中】[名] 駅の構内で営業する店舗群。書き方 多く「駅ナカ」と書く。

え-ぎぬ【絵絹】[名] 日本画をかくのに用いる平織りの生絹(きぎぬ)。

えき-ひ【液肥】[名] 液状の肥料。水肥(すいひ・みずごえ)。

えき-びょう【疫病】[名] 悪性の伝染病。疫癘(えきれい)。▼古くは「やくびょう」。

えき-ビル【駅ビル】[名] 一部を鉄道の駅舎に、他の部分をデパート・商店街などに用いるビルディング。ステーションビル。

えき-べん【駅弁】[名] 鉄道の駅や列車内で販売する弁当。汽車弁。▼「駅売り弁当」の略。明治一八年、宇都宮駅で握り飯弁当が売られたのが始まりという。

えき-まえ【駅前】[名] 駅の正面のあたり。

えき-む【役務】[名] 義務として労力を提供すること。‖「一賠償」 注意「やくむ」と読むのは誤り。

えき-ゆう【益友】[名] 交際して益となる友人。▼『論語』にいう「益者三友(=交際して有益な三種の友人)」とは、正直な友・誠実な友・知識の広い友。

えき-り【疫痢】[名] 赤痢菌によって起こる急性の感染症。おもに幼児がかかる。下痢を主症状とし、高熱・嘔吐(おうと)・けいれんなどを伴う。

えき-れい【疫▼癘】[名] 疫病。

えき-ろ【駅路】[名] 宿駅と宿駅を結ぶ道路。街道。

えぐ・い【▼蘞い】[形] ❶舌がちくちくと刺激されるように感じる。えがらっぽい。‖「舌の奥が一」「この里芋は一」❷〔俗〕人を強烈に不快にさせるさま。ひどい。むごい。派生 -さ/-み

エクササイズ【exercise】[名] ❶運動。訓練。❷練習。練習問題。

エクスキューズ【excuse】[名] 言い訳。弁解。‖「顧客への一」

エクスクラメーション-マーク【exclamation mark】[名] 感嘆を表す記号「!」。感嘆符。びっくりマーク。

エクスタシー【ecstasy】[名] ❶うっとりと快感にひたり、我を忘れた状態になること。恍惚(こうこつ)。❷MDMA(=麻薬の一つ)の通称。

エクスチェンジ【exchange】[名] ❶[他サ変] 交換すること。両替すること。また、交換所。両替所。❷為替(かわせ)。為替相場。

エクステリア【exterior】[名] 壁面や門扉・塀・垣など、建物の外側。外構。⇔インテリア

エクステンション【extension】[名] ❶拡張。延長。伸張。‖「一センター」❷電話の内線。❸付け毛。エクステ。

エクスプレス【express】[名] 急行。急行列車。急行便。

エクスポート【export】[名・他サ変] ❶輸出すること。また、輸出品。❷コンピューターで、あるアプリケーションソフトが、データを他のソフトで使える形式に変換して書き出すこと。また、その機能。◈⇔インポート

エグゼクティブ【executive】[名] 企業などの上級管理職。‖「一オフィサー」「一クラス(=旅客機で、ファーストクラスとエコノミークラスの中間の座席)」

エクセレント【excellent】[形動] すぐれているさま。優秀なさま。

エクソシスト【exorcist】[名] 悪魔払いをする祈禱師(きとうし)。

え-くぼ【▼靨・▽笑▼窪】[名] 笑うとほおにできる小さなくぼみ。‖「片(かた)一」 靨

えぐ-み【▼蘞み】[名] えぐいこと。また、その味。‖「一のある山菜」「一を取る」

えぐり-だ・す【▼抉り出す】[他五] ❶刃物など

でくりぬくように回して取り出す。えぐる。‖「手術で患部をー」❷隠された事実や真実を明らかにする。剔抉(てっけつ)する。‖「事件の真相をー」

エクリチュール【écriture フランス】[名] 文字・図などを書くこと。また、書かれたもの。特に、文字言語。

えぐ・る【▼抉る】[他五] ❶刃物などを刺し入れて回す。また、刺し入れてその部分をくり抜く。‖「刃物で腕をーられる」「木をーって舟を作る」❷人の心に激しい苦痛や衝撃を与える。‖「悲しみが心[胸]をー」「非難の刃が肺腑(はいふ)をー」❸真相を明らかにするために、物事の核心や隠された事実を鋭く追及する。えぐり出す。剔抉(てっけつ)する。‖「激しい質問が問題の核心を鋭くー」可能 **えぐれる**

エクレア【éclair フランス】[名] チョコレートをぬった、細長いシュークリーム。エクレール。

えぐ・れる【▼抉れる】**一** [自下一] ❶えぐったような穴や切れ込みができる。‖「噴火口が地中深くーれている」❷えぐりとられる。えぐられる。‖「胸もとがーような痛みを覚える」文 **ゑぐ・る** **二** [自他下一]「えぐる」の可能形。えぐることができる。

えげつ-な・い [形] 思慮のない言動が露骨でいやらしいさま。下品であくどい。‖「ーやり方[ことば]」▼もと関西方言。派生 **-さ**

エコ【eco】[名]「エコロジー」の略。‖「ーライフ」

エゴ【ego ラテン】[名] ❶自我。自己。❷「エゴイズム」の略。‖「ーの塊(かたまり)」

エゴイスト【egoist】[名] 利己主義者。

エゴイズム【egoism】[名] 利己主義。エゴ。

え-こう【回向(▼廻向)】[名・自サ変] 読経(どきょう)・布施などの仏事を行って死者の冥福(めいふく)を祈ること。供養。‖「ーをたむける」▼もと、自分の積んだ功徳(くどく)を人のために回し向ける意。

エコー【echo】[名] ❶山びこ。こだま。❷残響(効果)。また、その装置。‖「ーをかける」❸超音波で得られた画像を利用して診断を行う検査。エコー検査。超音波検査。◈美少年ナルキッソスに失恋したギリシア神話の妖精の名から。嘆きのあまりその姿は消え、声だけが残ったという。

エコール-ド-パリ【École de Paris フランス】[名] 一九二〇年代から第二次大戦前まで、パリを中心に活躍した一群の芸術家たち。特定のグループに属さず、それぞれが個性的な作風を展開した。シャガール・モディリアニ・キスリング・スーチン・藤田嗣治など。

エコ-カー【和製 eco＋car】[名] 二酸化炭素・窒素酸化物などの排出量を抑えるなど、環境への負担が少ない自動車。エコロジーカー。環境対応車。

え-ごころ【絵心】[名] ❶絵をかいたり鑑賞したりする能力。‖「ーがある」❷絵をかこうとする気持ち。‖「のどかな春景にーがわく」

エゴサーチ [名] インターネット上で、自分の名前や自分に関わることを検索し、その評価を調べること。エゴサーフィン。▼egosearching から。

えこ-じ【依▼怙地】[名・形動] ➡ いこじ

エコ-ツアー【eco-tour】[名] 自然環境保護についての理解を深めるために企画された旅行・観光。

エコツーリズム【ecotourism】[名] 旅行・観光を通じて自然環境保護についての理解を深めようとすること。

え-ことば【絵▽詞】[名] 絵巻物の絵に書きそえる説明の文。詞書(ことばがき)。また、詞書のついた絵巻物。

エコノミー【economy】[名] ❶経済。❷節約できること。経済的。

エコノミー-クラス【economy class】[名] 旅客機などの普通料金の席。

エコノミークラス-しょうこうぐん【エコノミークラス症候群】[名] 窮屈な座席に、あまり体を動かすことなく長時間座り続けることから起こる深部静脈血栓症・肺塞栓(そくせん)症の通称。旅行者血栓症。ロングフライト血栓症。語源 発症例が飛行機のエコノミークラスの乗客に多いことからいう。

エコノミスト【economist】[名] 経済人。経済学者。

エコ-ハウス【和製 eco＋house】[名] 環境共生住宅。エネルギー消費量や二酸化炭素排出量を減らすように設計された、環境にやさしい住宅。また、再利用できる材料や雨水を利用するなど、自然環境を守りながら利用している住宅。

エコ-バッグ【和製 eco＋bag】[名] 客が買った品物を入れるために店に持参するバッグや袋。買い物袋。マイバッグ。▼「エコ」は「エコロジー」の略。

えこ-ひいき【依▼怙▼贔▼屓】[名・他サ変] 自分の気に入っている者だけの肩をもつこと。‖「後輩をーする」「あの子だけ連れて行くなんて、ーだ」

エコ-ビジネス【eco-business】[名] 公害防止・リサイクル・廃棄物処理など、環境保護に関わる企業活動。環境産業。環境ビジネス。

え-ごま【▼荏▼胡麻】[名] シソ科の一年草。東南アジア原産。シソに似るがやや大きい。秋、白い小花を開く。種子から荏(え)の油をとる。

エコ-マーク [名] 環境保全を考慮している商品やリサイクルが可能な商品に付けられるマーク。環境省の指導のもとに日本環境協会が認定する。▼「エコ」はエコロジーの略。

エコロジー【ecology】[名] ❶生態学。❷人間も生態系を構成する一員であるとし、人間生活と自然環境の調和・共存を考える思想・学問。人間生態学。‖「ー運動」

エコロジカル【ecological】[形動] ❶生態学にかかわるさま。❷環境保護にかかわるさま。環境にやさしいさま。‖「ーな商品」

え-さ【餌】[名] ❶動物を飼育したりおびき寄せたりするための食べ物。‖「ネコにーをやる」「ーをまく」❷人を誘い込む手段にするもの。‖「高利息をーに出資金をだましとる」◈書き方「餌」は許容字体。

え-さがし【絵探し・絵捜し】[名] 絵の中に隠してかきこんだ文字や形をさがし出す遊び。また、その絵。

えさ-ば【餌場】[名] 野生動物や野鳥が餌を求めて集まる場所。

え-し【絵師(▽画師)】[名] 絵かき。画工。画家。特に、日本画の絵かき。‖「狩野(かのう)派のー」「御用ー」

え-し【▽壊死】[名・自サ変] 生体の組織や細胞の一部が死ぬこと。‖「皮膚がーする」

エシカル【ethical】[形動] 倫理・道徳にかなったさま。環境や社会に配慮しているさま。‖「ーな生産活動」「ーファッション」

エシカル-しょうひ【エシカル消費】[名] 環境への負荷・社会貢献などに配慮した商品やサービスを

選んで消費すること。

えしき【会式】 ヱ[名] ❶法会の儀式。法事。❷日蓮宗で、宗祖日蓮の命日(十月十三日)に行う法会。御会式。

えじき【餌食】 ヱ[名] ❶鳥獣のえさとして食われる生き物。||「ライオンの—となるウサギ」「桂馬の高飛び、歩の—(=格好のえさとなる)」❷人の欲望のために犠牲となるもの。||「悪徳商法の—となる」

えしゃく【会釈】 ヱ[名] ❶[自サ変] 軽く頭を下げて礼をすること。||「軽く—(を)して席に就く」「—を返す」❷人を思いやること。||「遠慮—なくやっつける」

えしゃじょうり【会者定離】 ヱシャヂャウリ[名] 会う者はいつか必ず別れる運命にあるということ。||「生者必滅—」▼仏教で、この世の無常をいう。

エシャロット【échalote フランス】[名] ❶鱗茎・葉を食用にする、ユリ科の多年草。フランス料理には欠かせない香味野菜の一つ。シャロット。❷株もとに土寄せして軟白した、若採りのラッキョウ。生食に適する。

エス【S】[名] ❶衣服などの寸法が標準より小さいこと。⇕M・L ▼small の頭文字から。❷〔俗〕サディズムの傾向をもつ人。⇕M ▼sadist の頭文字から。❸〔俗〕女学生どうしなどのきわめて親密な間柄(にある相手)。▼sister の頭文字から。◈Sという記号は、ほかに南や硫黄(元素記号)を表す。

えず【絵図】 ヅ[名] ❶絵。絵画。||「地獄—」❷土地・家屋・庭園などの平面図。絵図面。❸絵地図。||「国—」

エスアイ【SI】[名] メートル法をもとにした国際単位系。一九六〇年、国際度量衡総会によって定められた。▼système international d'unités フランス の略。日本では九九年十月からこの単位系に移行した。

エスイー【SE】[名] ❶⬇システムエンジニア ❷効果音。▼sound effect の略。

エスエスティー【SST】[名] 超音速旅客機。▼supersonic transport の略。

エスエヌエス【SNS】[名] インターネット上で人々がコミュニケーションをとれるようにネットワークを構築する会員制のサービス。▼「ソーシャルネットワーキングサービス(social networking service)」の略。

エスエフ【SF】[名] 科学的発想とデータに基づきながら現実感をもって空想の世界を描いた小説。空想科学小説。また、それに基づいた映画など。||「—映画」▼science fiction の略。

エスエフエックス【SFX】[名] SF映画などの特殊撮影技術。また、その効果。▼special effects の略。FXは、effects の略式表記から。

エスエム【SM】[名] サディズムとマゾヒズム。加虐性愛と被虐性愛。サドマゾ。▼sadism and masochism から。

エスエムエス【SMS】[名] 携帯電話同士で、電話番号を宛先として、短いメッセージを送受信するサービス。▼「ショートメッセージサービス(short message service)」の略。

エスエル【SL】[名] 蒸気機関車。▼steam locomotive の略。

エスオーエス【SOS】[名] ❶船舶が遭難したときに救助を求めて発する無線信号。モールス符号の「・・・———・・・」▼一九〇六年、ベルリンの国際無線電信会議で制定された。❷救助や援助を求めること。また、そのような状態。||「本社に—を発する」

えすがた【絵姿】 ヱ[名]〔古風〕絵にかいた人の姿。肖像。画像。絵像。

エスカルゴ【escargot フランス】[名] 食用のカタツムリ。フランスのブルゴーニュ産などが有名。

エスカレーション【escalation】[名・自他サ変] ❶段階的に規模が拡大したり、激化したりすること。||「戦線の—」❷業務上の上位者に報告して対応を求めること。||「顧客からの問い合わせを上司に—する」

エスカレーター【escalator】[名] 人や荷物を自動的に階上・階下に運ぶ階段状の装置。自動階段。▼略して「エスカレ」とも。もと、商標名。

エスカレーターしき【エスカレーター式】[名] 入学試験なしに、自動的に昇進すること。また、自動的に上級学校に進学できること。

エスカレート【escalate】[名・自サ変] 段階的に拡大または激化していくこと。||「紛争が—する」⇕デスカレート

エスキモー【Eskimo】[名] 主としてグリーンランドやアラスカなどの北極海沿岸に住む民族。モンゴル系といわれ、漁猟を主として生活する。▼近年、「イヌイット」も多く使われるが、地域によって自称・公称も異なる。

エスきょく【S極】[名] 一対の磁極のうち、南に引かれる磁極。負極。⇕N極 ▼Sは south の頭文字。

エスケープ【escape】[名・自サ変] 逃げること。

エスコート【escort】[名・他サ変] ❶護衛すること。また、その人。||「SPが大統領夫人を—する」❷男性が女性につきそって送ること。また、その男性。||「彼女を—してパーティーに行く」

エスタブリッシュメント【establishment】[名] ❶既成の体制。権力機構。❷支配者層。支配階級。

エステ[名]「エステティック」の略。

エスディージーズ【SDGs】[名] 環境と開発問題に関する世界目標。貧困や不平等のない、気候変動に対応した持続可能な社会の実現のため、二〇三〇年までに達成すべき行動計画を一七のゴール(目標)と一六九のターゲット(具体的目標)で示す。持続可能な開発目標。▼二〇一五年に国連総会で採択。Sustainable Development Goals の略。

エスティーディー【STD】[名] 性感染症。▼sexually transmitted disease の略。

エステート【estate】[名] ❶地所。私有地。❷財産。また、財産権。不動産権。

エステティシャン【esthéticien フランス】[名] 全身美容を施す技術者。

エステティック【esthétique フランス】[名] メイクアップ・美顔術・脱毛・痩身法などによる全身美容。エステ。エステティーク。||「—サロン」

エステル【Ester ドイツ】[名] 酸とアルコールから生じる化合物の総称。低分子エステルは食品の香料などに用いる。

エストロゲン【estrogen】[名] 主として卵巣から分泌される雌性ホルモン。卵巣・子宮・乳腺などの発育を促し、第二次性徴を発現させる。発情ホルモン。卵胞ホルモン。

エスニック【ethnic】[名・形動] 民族的・異国風な

こと。また、民族料理。特に、アジア・アフリカの料理。＝「ーな音楽」「ーアート」

エスパー【esper 和製】[名] 超能力者。▼ESP(超感覚的知覚)とer(〜の性質をもつ人)からの造語。

エス-ピー【SP】[名] ❶要人の警護に当たる私服の警官。▼security police の略。❷一分間に七八回転するレコード。SP盤。⬍LP ▼standard playing record の略。❸「スペシャル(special)」の略。❹「ショートプログラム(short program)」の略。

エス-ピー-アイ【SPI】[名] 言語・数理に関する能力や性格に関する特性を評価する、総合適性検査。主に、企業の採用選考試験などに使われる。▼synthetic personality inventory の略。

エスプリ【esprit フランス】[名] ❶精神。❷機知。才知。＝「ーのきいた会話」◈英語の spirit に当たる語。

エスプレッソ【espresso イタリア】[名] 深いりしたコーヒー粉に蒸気圧で一気に熱湯を通していれるコーヒー。また、それをいれるための器具。▼加圧式の、の意から。

エスペラント【Esperanto】[名] ポーランドの眼科医ザメンホフが創案した人工の国際語。字母は二八。一八八七年に公表された。エスペラント語。エス語。▼希望する人の意。

え-ずめん【絵図面】エヅ [名] 土地・家屋・庭園などの平面図。絵図。＝「ーを引く」

えせ【〈似非〉・〈似▼而非〉】[接頭] 似ているが本物ではない意を表す。にせの。まやかしの。＝「ー医者・ー紳士・ー学問」

え-そ【▽壊▼疽】エ [名] 壊死した部分が腐敗して黒色や褐色に変じた症状。脱疽。▼進行すれば悪臭を放ち、患部が脱落する。

えぞ【〈▼蝦▼夷〉】[名] ❶古代、東北地方から北海道にかけて居住し、大和朝廷に服さなかった人々。えみし。えびす。❷北海道の旧称。＝「ー地」▼エゾシカ、エゾマツ、エゾギクなど、多く動植物名に残る。

え-ぞう【絵像】エザウ [名] 絵にかいた人の姿。肖像。画像。絵姿。

え-ぞうし【絵双紙・絵草紙】エザウシ [名] ❶江戸時代に流行した、絵入りの通俗的な読み物。赤本・青本・黒本・黄表紙など。草双紙。▼広くは錦絵の類も指した。❷江戸時代に町で売り歩いた、世間の出来事などを絵入りで説明した読み物。瓦版。＝「ー売り」

えぞ-ぎく【〈▼蝦▼夷〉菊】[名] 夏から秋に、紫・赤・白などの頭状花を開くキク科の一年草。園芸品種が多い。アスター。

えぞ-まつ【〈▼蝦▼夷〉松】[名] 北海道などの寒冷地にはえるマツ科の常緑高木。材はパルプ・建材・船材などに用いる。

え-そらごと【絵空事】エ [名] 現実にはありそうもない作りごと。＝「ーを並べる」▼絵には現実とは違う誇張や美化があることから。

えだ【枝】[名] ❶草木の幹・茎から分かれ出て伸びた部分。＝「松のーが伸びる」❷物事の本体から分かれた部分。

え-たい【得体(▽為体)】[名] ほんとうの姿や性質。実体。正体。＝「ーの知れない人物」

えだ-うち【枝打ち】[名] 樹木の下枝や枯れ枝を切り落とすこと。枝おろし。▼造林では、節のない材を育てるために行う。

えだ-げ【枝毛】[名] 先が枝のように裂けた毛髪。

えだ-さき【枝先】[名] 木の枝の先端。

えだ-ずみ【枝炭】[名] 茶の湯で使う、ツツジやクヌギの小枝を焼いてつくった炭。▼上に胡粉などを塗った白炭と黒いままの山色がある。

えだ-にく【枝肉】[名] 牛や豚の頭・皮・内臓などを取り除いた骨付きの肉。▼ふつう脊柱にそって左右に二等分したもの(＝半丸)をいう。

エタニティー-リング【eternity ring】[名] 全周に小さな宝石を切れ目なくはめ込んだ指輪。▼永遠の愛を象徴する。

エタノール【Äthanol ドイツ】[名] 酒類の主成分である、無色で芳香性のある液体。揮発性が強く、よく燃える。アルコール。酒精。エチルアルコール。

えだ-は【枝葉】[名] ❶木の枝と葉。＝「風に木々のーが揺れる」❷物事のあまり重要でない部分。枝葉末節。末節。＝「ーにこだわって本質を見落とす」

えだ-ばん【枝番】[名] 順番・分類などを示した番号を、さらに細かく分ける番号。▼「枝番号」の略。

えだ-ぶり【枝ぶり(枝振り)】[名] 木の枝のかっこう。枝つき。＝「ーのよい松」

えだ-まめ【枝豆】[名] 枝につけたまま収穫する、完熟前の青い大豆。また、それをゆでたもの。

えだ-みち【枝道(▽岐▽路)】[名] ❶本道から分かれた道。横道。❷物事の本筋からはずれたところ。＝「話がーに入る」

え-たり【得たり】[連語]〔古風〕〈多く「得たりと(ばかり)」の形で〉自分の望む通りになったという気持ちを表す語。うまくいった。しめた。＝「ーとばかりに膝を打つ」▼動詞「得」の連用形＋完了の助動詞「たり」。

えたり-かしこし【得たり賢し】[連語]〔古風〕思いどおりになったときに、しめた、うまくいったの意で言う語。これはしたり。＝「ーと(ばかりに)手を打つ」

えたり-や-おう【得たりやおう】[連語]〔古風〕思いどおりになったときや快く承知するときなどに、勇み立って言う語。これはありがたい。待ってました。＝「ーと(ばかりに)引き受ける」

えだ-わかれ【枝分かれ】[名・自サ変] ❶幹や枝から小枝が分かれ出ること。❷一つの物がいくつかの物に分かれること。＝「本線から二支線がーする」

エチケット【étiquette フランス】[名] ❶礼儀作法。社交上のマナー。＝「ーに反する」❷品名・商標などを記して品物に貼る札。ラベル。＝「ワインのー」

えちご-じし【▽越後▼獅子】ゴヂ [名] 獅子頭をつけた子供に踊りや逆立ちなどの芸をさせ、金銭を請い歩いた獅子舞。角兵衛獅子。▼新潟県(＝越後)の月潟地方から出た。

エチュード【étude フランス】[名] ❶絵画・彫刻などの習作。試作。❷練習曲。＝「ピアノのためのー」

エチルアルコール【Äthylalkohol ドイツ】[名] 「エタノール」に同じ。

えつ【悦】[名] よろこぶこと。＝「ー楽」「法ー・愉ー」
◉**悦に入・る** 思い通りになって喜ぶ。＝「うまくできたとー」☑注意「入る」を「はいる」と読むのは誤り。また、「悦に浸る」も誤り。

えつ【越】ヱツ ㊀[名] 中国の春秋戦国時代の国名。＝「呉ー同舟」㊁(造) ❶こす。こえる。また、まさる。＝「ー境・ー権・ー冬」「僭ー・超ー・優ー」❷北陸地方。＝「上ー・信ー」「ー中」▼「越の国」の略。❸「越南(＝ベトナム」の略。‖「中ー戦争」

えつ【謁】[名] 身分の高い人に会うこと。お目通り。‖「ーを賜る」「ー見」「拝ー」 旧 謁

えつ【閲】(造) ❶たしかめる。調べる。‖「ー兵・ー覧」「検ー・校ー」▼まれに名詞としても使う。‖「拙文のーを乞(こ)う」❷時が経つ。経過する。‖「ー歴・ー年」

えっ‐きょう【越境】[名・自サ変] 国境や境界線を越えること。‖「ーして敵国に潜入する」「ー入学(=学区外の公立学校に入学すること)」

エッグ【egg】[名] 卵。鶏卵。‖「ハムー」

え‐づ・く【餌付く】[自五] 鳥やけものが人になれ、与えられたえさを食べるようになる。‖「野生の猿がー」 名 餌付き

エックス【X・x】[名] 未知・未決定の事柄。未知数。

エックス‐きゃく【X脚】[名] 直立して膝(ひざ)を合わせると下肢全体がX字の形に湾曲する脚。外反膝(がいはんしつ)。⇕O脚

エックス‐せん【X線】[名] 電磁波の一つ。波長が短く透過力が強いので、医療診断や物質構造の検査などに広く利用する。レントゲン線。‖「ー写真」▼一八九五年、ドイツの物理学者レントゲンが発見。未知の光線の意。

エックス‐デー【和製**X＋day】**[名] 近い将来に重大な出来事が起こると予想される日。また、計画を実行する予定の日。

エッグ‐タルト【和製**egg＋tart】**[名] カップ状のパイに、カスタードクリームを詰めてオーブンで焼いた洋菓子。ポルトガルのパステルデナタが原型。

エッグノッグ【eggnog】[名] 牛乳・卵・砂糖を混ぜ合わせ、ナツメグを振りかけた飲み物。また、それにブランデーなどを加えたカクテル。

え‐つけ【絵付け】[名・自サ変] 陶磁器に絵模様をかいて焼き付けること。‖「マグカップにーをする」

え‐づけ【餌付け】[名・自サ変] 野生の鳥やけものにえさを与えて人になれさせること。

えっ‐けん【越権】[名] 与えられた権限を越えること。おっけん。‖「ー行為」

えっ‐けん【謁見】[名・自サ変] 身分の高い人に会うこと。お目通り。お目見え。‖「国王にーする」「ー式」

エッジ【edge】[名] ❶スキー板の滑走面の両側につける金属板。❷アイススケートで、靴の底につける金属の刃の部分。‖「ーが深い」❸卓球台のへりの部分。‖「ーボール」❹ゴルフで、グリーンやホールのへりの部分。‖「ーにのる」◈端・へりの意。

◉エッジを効(き)か・せる 音楽(特にギター)や服飾で、鋭い切れ味を強調して表現効果をあげる。‖「ー・せた演奏」▼スキー・スケートで、エッジを切れ味鋭く使う意から。 使い方 自動詞形「エッジが効く」でも使う。‖「エッジの効いたデザイン」

えっ・する【謁する】[自サ変] 身分の高い人に会う。お目にかかる。謁見する。‖「陛下にー」 文 えっ・す

えっ・する【閲する】❶[他サ変] 文章などを見て間違いの有無などを調べる。閲読する。‖「法案をー」❷[自サ変] 時を過ごす。経る。‖「完成まで三年をー」◈「閲(けみ)する」も同じ意。 文 えっ・す

エッセイ【essay】[名] ❶自由な形式で自分の見聞・感想・意見などを述べた散文。随筆。随想。❷ある特定の主題について論じた文。小論文。論説。◈「エッセー」とも。

エッセイスト【essayist】[名] 随筆家。

エッセンス【essence】[名] ❶物事の本質。精髄。粋(すい)。‖「王朝文学にみる美のー」❷芳香性のある植物から抽出した香りの成分。‖「バニラー」

エッチ【H】[名] ❶鉛筆の芯(しん)の硬さを表す記号。1Hから9Hまであり、数値が大きいほど硬い。エイチ。⇕B▼hard(=硬い)の略。❷[形動] [俗] 性的に露骨でいやらしいこと。また、その人。‖「ーな話」▼hentai(=変態)の頭文字からという。❸[自サ変] [俗] 性行為を遠回しに言う語。‖「恋人とーする」

エッチ‐アイ‐ブイ【HIV】[名] ⬇エイチアイブイ

えっちゅう‐ふんどし【越中▼褌】[名] 長さ一メートルほど(=三尺)の小幅の布の端にひもをつけたふんどし。三尺。越中。

えっちら‐おっちら [副] たどたどしい足どりでつらそうに歩くさま。‖「ー山道を登る」

エッチング【etching】[名] 銅版画で、ろう引きの銅板に鉄筆などでかいた線画を酸で腐食させて原版をつくる技法。また、その版で印刷した絵画。腐食銅版画。

えっ‐とう【越冬】[名・自サ変] 冬を越すこと。特に、人が厳しい環境の中で冬を越すこと。‖「ヘビは土の中でーする」「南極ー隊」

えつ‐どく【閲読】[名・他サ変] 調べながら丹念に読むこと。‖「参考文献をーする」

えつ‐ねん【越年】[名・自サ変] 年を越して新年を迎えること。おつねん。‖「無事ーする」「ー資金」

えっ‐ぺい【閲兵】[名・自他サ変] 整列した軍隊を元首や司令官が検閲すること。‖「ー式」

え‐つぼ【笑▼壺】[名] 大いに笑うこと。‖「ーに入る(=思い通りになって笑いを浮かべる)」

えつ‐み【越美】[名] 越前(えちぜん)国と美濃(みの)国。現在の福井・岐阜県地方。

えつ‐らく【悦楽】[名] よろこび楽しむこと。‖「ーにひたる」

えつ‐らん【閲覧】[名・他サ変] 書物などを調べたり見たりすること。‖「図書室で美術書をーする」「ー室」

えつ‐れき【閲歴】[名] その人がいままでに経験してきたこと。経歴。

え‐て【得手】[名] もっとも得意とすること。‖「歌うはーではない」

◉得手に帆を揚(あ)・げる 得意なことをする機会がきて調子にのる。

エディション【edition】[名] 出版物などの版。‖「ファーストー(=初版)」

エディター【editor】[名] ❶編集者。‖「週刊誌のー」❷フィルムやテープの編集機。❸コンピューターで、文章やソースプログラムを編集・修正するためのソフト。

エディトリアル【editorial】[名] ❶社説。論説。❷編集の。編集者の。‖「ースタッフ」▼多く他の語と複合して使う。

エディトリアル‐デザイン【editorial design】[名] 新聞・雑誌・書籍などで、文字・図表・写真・イラストレーションなどを視覚的に配列するデザイン。

エディプス‐コンプレックス【Oedipus complex】[名] 精神分析学で、男の子が無意識に

父親を憎み、母親を慕う傾向。⬍エレクトラコンプレックス▽フロイトの用語。父と知らずに父を殺し、母と知らずに母と結婚したギリシア神話のオイディプスにちなむ。

えて-かって【得手勝手】［名・形動］他人のことは構わず、自分の都合のよいようにふるまうこと。

えて-して【(得てして)】［副］ややもすると。とかく。えて。〓「好調が続くと━気がゆるむものだ」

エデン［Eden］［名］旧約聖書の創世記で、神が人類の始祖アダムとイブのために設けた楽園。のちに二人は神の命に背いて禁断の木の実を食べ、この地を追放された。エデンの園。▽ヘブライ語で「喜び」の意。

え-と【〈干支〉】［名］❶十干と十二支を組み合わせたもの。甲子・乙丑・丙寅・丁卯などの六〇種を年月日・方位などに当てはめて使う。▽「兄弟」の意。⬇一八二五ページ ❷十二支。〓「今年の━は辰だ」

えど【江戸】［名］東京都の中心部の旧称。▽徳川幕府の中心地として栄え、慶応四(一八六八)年に東京と改称した。

◉江戸の敵を長崎で討つ 意外な所で、または筋違いなことで昔の恨みの仕返しをする。

え-ど【▼穢土】エ［名］仏教で、煩悩によって汚れているこの世。現世。〓「厭離━」⬍浄土

穢

え-とき【絵解き】エ［名・他サ変］❶絵の意味を説明すること。また、その説明。❷絵によって説明を補うこと。〓「行政機構の━をする」❸なぞを解くこと。〓「名探偵が━をしてみせた殺人事件」

え-とく【会得】エ［名・他サ変］十分に理解して自分のものにすること。〓「操縦のこつを━する」

エトセトラ［et cetera ラテン］［名］その他。…など。…等々。〓「月に叢雲花に風、━、━」書き方 略して、etc. また、&c. とも。

えど-っ-こ【江戸っ子(江戸っ▽児)】［名］江戸、または東京で生まれ育った人。〓「ちゃきちゃきの━」▽普通、三代続けて江戸(東京)で生まれ育った人を生粋の江戸っ子と称する。

◉江戸っ子は宵越しの金は持たない 江戸っ子は金銭に執着しないので、その日に稼いだ金はその日のうちに使い果たす。

えど-づま【江戸▼褄】［名］和服で、前身頃から衽にかけての表裏に斜めに模様を染め出したもの。▽「江戸褄模様」の略。江戸幕府の大奥から始まったという。

えど-まえ【江戸前】［名］❶江戸の前の海(＝東京湾)。また、そこでとれた魚介。〓「━のハゼ」▽古くは芝・品川付近の海を指した。❷江戸風。東京風。〓「━料理」

えど-むらさき【江戸紫】［名］染色で、あい色のかった明るい紫色。〓「━に京鹿の子」▽昔、江戸で流行した。

エトランゼ［étranger フランス］［名］外国人。異邦人。エトランジエ。

え-な【〈胞衣〉】［名］胎児を包んでいる膜・胎盤・臍帯などの総称。分娩後に排出される。

エナメル［enamel］［名］❶金属や陶器の表面にぬるガラス質の塗料。琺瑯。❷油性ワニスと顔料を練りまぜた速乾性の塗料。ぬると表面に光沢が出る。エナメルペイント。❸②をぬってつやを出した革。エナメル革。〓「━のハンドバッグ」

えに-し【▽縁】［名］ゆかり。えん。特に、異性とのえん。〓「奇しき━に結ばれる」▽「縁に」から転じた「えに」＋強めの助詞「し」。

エニシダ［名］初夏、黄色い蝶形の花を多数つける、マメ科の落葉低木。園芸品種は花の色も多様。▽giniesta スペイン から。書き方「〈金▼雀児〉」「〈金▼雀枝〉」などとも当てる。

え-にっき【絵日記】エ［名］毎日の出来事を絵にかき、短い文章を添えた日記。

エヌ-アール【NR】［名］⬇直帰▽和製 no＋return の略。

エヌ-オー-シー【NOC】［名］国内オリンピック委員会。参加国の各競技団体の代表らによって組織される。日本では JOC がこれに当たる。▽National Olympic Committee の略。

エヌ-きょく【N極】［名］一対の磁極のうち、北に引かれる磁極。正極。⬍S極▽Nは north の頭文字。

エヌ-ジー【NG】［名］❶映画・テレビなどの撮影や収録が失敗に終わること。〓「━を出す」❷都合や具合が悪いこと。〓「━ワード」◈no good の略。

エヌ-ジー-オー【NGO】［名］非政府組織。政府から独立して設立された非営利の民間協力組織。平和・人権・環境保護問題などについて国際的な活動を行う。▽non-governmental organization の略。

エヌ-ピー-オー【NPO】［名］民間非営利組織。行政・企業から独立して、医療・福祉・平和・人権・教育など、幅広い分野の社会活動に従事する組織・団体。▽nonprofit organization の略。

エネルギー［Energie ドイツ］［名］❶物理で、物体が仕事をすることができる能力。また、その量。▽有用な資源の意でも広く使われる。〓「━問題」「省━」❷人間の活動の源となる力。活動力。精力。〓「創作に━を注ぐ」

エネルギッシュ［energisch ドイツ］［形動］活力に満ちあふれているさま。精力的。〓「━に飛び回る」

え-の-あぶら【▼荏の油】［名］エゴマの種からとった乾性油。油紙・リノリウム・ペイントなどに利用する。

え-の-き【▼榎】［名］春に淡黄色の小花をつける、ニレ科の落葉高木。材は炭・建材などに使う。▽江戸時代、街道の一里塚に植えた。

えのき-だけ【▼榎▼茸】［名］キシメジ科の食用キノコ。晩秋から春、広葉樹の枯れ木などに群生する。傘の直径二〜八センチメートル。表面は黄褐色で、粘りがある。栽培ものは暗室内で生育させるので白いもやし状。ナメタケ。ユキノシタ。エノキタケ。

え-の-ぐ【絵の具】エ［名］絵に色をつけるのに使う材料。油絵の具・水彩絵の具・泥絵の具など。顔料。

え-はがき【絵葉書】エ［名］裏面に絵や写真を印刷したはがき。

エバ-ミルク［名］砂糖を加えないで濃縮した牛乳。無糖練乳。▽evaporated milk から。⬇コンデンスミルク

えば-もよう【絵羽模様】エバモヤウ［名］和服で、縫い目にまたがり広がる大柄の模様。▽模様が食い違わないように、仮に仕立てた布に下絵をかいてから染める。

え-ば-る【▽威張る】［自五］⬇いばる

えび【〈海老〉・▼蝦】［名］甲殻におおわれた頭胸部と七節からなる腹部をもつ節足動物。頭胸部には二対の

触角と五対の歩脚があり、腹部には五対の遊泳脚がある。海産または淡水産。サクラエビ・シバエビ・アマエビ・クルマエビ・イセエビなど、食用にする種類が多い。▼イセエビ類は古来、武勇と長寿の象徴とされ、祝儀の飾り物として用いられる。

◉**海老で鯛を釣る**　わずかな元手や労力で大きな利益を得ることのたとえ。えびたい。

えび-がため【〈海老〉固め】[名] レスリングで、一方の手で相手の首を、他方の手でひざの後ろを巻き、相手の体を海老のように曲げながらフォールする技。

えび-がに【〈海老〉▼蟹・▼蝦▼蟹】[名] ⬇ざりがに

エピキュリアン【epicurean】[名] 快楽主義者。▼エピクロス学派の人々の意から。ギリシアの哲学者エピクロスは単なる享楽ではなく、精神と肉体の平静をもたらす正しい生活から生まれる快楽を至高の善とした。

エピグラム【epigram】[名] 風刺詩。警句。▼もとは墓石に記された機知に富む詩文。

エピゴーネン【Epigonen ドイ】[名] 先人の真似をするばかりで独創性のない人。追随者。亜流。▼後裔・子孫の意。

えびす【▼夷・▼戎・〈▼蝦▼夷〉】[名] ❶⬇蝦夷① ❷未開地の異民族を貶めていう語。❸荒々しい武士。「東ー・荒ー」▼特に都びとが関東以北の武士を蔑んで言った。

えびす【恵比須・恵比▽寿・▼夷・〈▼蛭子〉】[名] 七福神の一つ。狩衣・指貫に風折烏帽子をつけ、右手に釣りざお、左手に鯛をかかえた姿で表される。商業・漁業・海上の守り神。また、田の神としても信仰された。

えびす-がお【恵比須顔】[名] 七福神のえびすのように、にこにこした顔つき。

えびす-こう【恵比須講・▼戎講】[名] 商家で、えびすを祭って商売繁盛を願う行事。多く陰暦十月二十日に行う。はつかえびす。▼地方によっては、農家でも田の神として祭る。

エピソード【episode】[名] ❶物語などの間に挿入する、本筋とは直接関係のない短い話。挿話。❷ある人や物事に関する、ちょっとした興味深い話。逸話。「開局当時のー」❸音楽で、主題の間にはさむ短い曲。挿入曲。

えび-ぞり【〈海老〉反り】[名] ❶体を海老のように反らせること。「ーになる」❷歌舞伎で、相手の威力に圧倒されるさまを表す演技。片手または両手をかざして、体を海老のように反らせるもの。

えび-たい【〈海老〉▼鯛】[名] 「海老で鯛を釣る」の略。

えび-ちゃ【〈▼葡▼萄〉茶・〈海老〉茶】[名] 黒みをおびた赤茶色。えび茶色。▼「えび」はブドウの意。

えび-チリ【〈海老〉チリ】[名] 中国料理で、炒めたり揚げたりした海老を、豆板醤・ケチャップ・醤油・酒などでさっと煮たもの。エビのチリソース煮。

エピック【epic】[名] 叙事詩。英雄詩。⬍リリック ▼『オデュッセイア』『イリアス』『ベーオウルフ』など。

エビデンス【evidence】[名] 証拠。根拠。証言。「ーに基づいた治療」

えびら【▼箙】[名] 矢を入れて背に負う箱形の武具。▼ふつう二四本の矢を入れる。腰につけて携帯する形のものもあった。

エピローグ【epilogue】[名] ❶演劇の最後に役者の一人が述べる閉幕のことば。❷詩・小説・演劇・歌劇などの最後の部分。終章。❸物事の終わり。終局。「見事に成功してーを飾る」◈⬍プロローグ

エフ【F】[名] ❶「フリーサイズ」の略。❷鉛筆の芯の硬さを表す記号。HとHBの中間の硬さ。▼firm の略。❸階。建物の階を表す記号。▼floor から。❹女性を表す記号。⬍M ▼female の頭文字。❺⬇エフナンバー

エフ-エー【FA】[名] ❶「フリーエージェント」の略。❷工場の生産システムの全工程を自動化すること。▼factory automation の略。

エフ-エー-キュー【FAQ】[名] 製品・サービスの利用者などから頻繁に寄せられる質問とその回答を一覧できるようにまとめたもの。よくある質問。フェイク。▼frequently asked question の略。

エフェクター【effector】[名] ❶電気・電子楽器に接続し、原音をさまざまな音に変化させる機器。❷酵素の働きを活発にしたり阻害したりする物質。

エフェクト【effect】[名] ❶効果。効力。❷放送・演劇などで、音響効果。「サウンドー」

エフ-エックス【FX】[名] ❶担保資金を証券会社などに預託しておこなう、外国通貨の売買取引。外国為替証拠金取引。▼「FX取引」の略。「FX」は、foreign exchange (=外国為替)の略。❷次期主力戦闘機。▼fighter experimental の略。

エフ-エム【FM】[名] 信号によって搬送波の周波数を変化させて通信する電波変調方式。雑音が少なく、音域も広い。「ー放送」⬇AM ▼frequency modulation の略。

え-ふだ【絵札】[名] ❶カルタで、絵の描かれた札。❷トランプで、ジャック・クイーン・キングの描かれた一二枚の札。人物札。⬍数札

え-ふで【絵筆】[名] 絵をかくのに用いる筆。画筆「ーを折る(=絵をかくのを断念する)」

エフ-ナンバー【Fナンバー】[名] レンズの明るさを表す数値。レンズの焦点距離を有効直径で割った値。この数値が小さいほど明るい。F値。F数。F番号。

エプロン【apron】[名] ❶洋風の前かけ。❷空港で、貨物の積みおろしや乗客の乗降のために航空機が停留する場所。

エフ-ワン【F1】[名] 国際自動車連盟の規定する単座席のレーシングカーのうち、最大の排気量・重量をもつもの。「ーレース」▼Formula One の略。

エペ【épée フラ】[名] フェンシング用の細身の剣。また、それを用いて行う競技。攻撃は突きだけに限られる。

え-ほう【恵方・▽吉方・▽兄方】[名] その年の干支によって決まる、縁起のよい方角。▼歳徳神がいるとされる。「ー参り(=元日に恵方にある社寺に参拝して一年の福を祈ること)」

えほう-まき【恵方巻き】[名] 節分の夜、その年の恵方を向いて丸ごと食べると縁起がよいとされる太巻きずし。丸かぶりずし。

え-ぼし【▼烏▽帽子】[名] 昔、公家・武家などの成人男子がつけたかぶり物。用途に応じていろいろな種類があった。いまは神主などが用いる。▼カラスの羽のように黒い色のぼうしの意。

エポック【epoch】[名] 時代。新時代。‖「―を画する発見」

エポック-メーキング【epoch-making】[形動] 新時代を開くさま。画期的。‖「―な大発明」

エボナイト【ebonite】[名] 生ゴムに硫黄を加えてつくる樹脂状の黒い物質。電気の絶縁体・万年筆の軸などに使う。硬質ゴム。

エホバ【Jehovah】[名] 旧約聖書にあらわれる、イスラエルの唯一最高の神。ヤハウエ。ヤーベ。

え-ほん【絵本】ヱ [名] 絵を主体とした子供向けの本。▽もとは絵を中心とした出版物一般をいい、江戸時代の絵草紙や絵の手本も「絵本」と呼んだ。

え-ま【絵馬】ヱ [名] 祈願のとき、また祈願がかなったときに社寺に奉納する、絵をかいた額。‖「合格祈願の―」「―堂」▽馬の代わりに馬の絵を奉納したことに始まる。後に絵はさまざまになった。

エマージェンシー【emergency】[名] 非常事態。緊急事態。‖「―ランディング（＝緊急着陸）」

え-まき【絵巻】ヱ [名] 物語・伝説などを絵画にし、詞書（＝説明の文章）をそえて巻物にしたもの。絵巻物。‖「源氏物語―」

えみ【笑み】ヱミ [名] にっこりとした笑い。ほほえみ。‖「満面に―を浮かべる」

え・む【笑む】ヱム [自五] ❶にっこりする。微笑する。‖「うれしそうに―」❷つぼみがほころびて、花が咲く。‖「そろそろ梅も―ころだ」❸果実などが熟して割れる。‖「栗のいが―」[名] 笑み

エム【M】[名] ❶衣服などの寸法が中位または標準であること。⇔S・L ▽middle または medium の頭文字から。❷男性を表す記号。⇔W・F ▽man または male の頭文字から。❸[俗] マゾヒズムの傾向をもつ人。⇔S ▽masochism の頭文字から。◈Mという記号は、ほかにマグニチュードなどを表す。

エム-アール-アイ【MRI】[名] 人体に電磁波を当てて水素などの原子に磁気共鳴を起こさせ、それによって放出される情報をコンピューターによって映像化する診断法。磁気共鳴映像法。▽magnetic resonance imaging の略。

エム-アール-エー【MRA】[名] 磁気共鳴血管撮影。血管の状態を観察するために、MRIを応用して血液の流れを撮影すること。▽magnetic resonance angiography の略。

エム-アンド-エー【M&A】[名] 企業の合併・買収。▽merger and acquisition の略。

エム-エム-エフ【MMF】[名] 短期国債や譲渡性預金などで運用する公社債投資信託の一種。▽money management fund の略。

エム-オー【MO】[名] 光磁気ディスク。レーザー光と磁気を利用してデータの書き込みと消去を行う記憶媒体。▽magnetico-optical disk の略。

エム-シー【MC】[名] ❶司会者。❷コンサートなどで、曲と曲との間にはさむおしゃべり。◈master of ceremonies の略。

エム-ティー-ジー【MTG】[名] ⬇ミーティング

エム-ピー【MP】[名] アメリカ陸軍の憲兵。▽military police の略。

エム-ピー-スリー【MP3】[名] 音声データ圧縮規格の一つ。人間の耳には聞こえない超音波を取り除くことで、圧縮率を高くしたもの。▽MPEG Audio Layer-3 の略。

エム-ブイ-ピー【MVP】[名] スポーツ競技で、最高殊勲選手。シーズンを通して、また特定のシリーズなどで、めざましい活躍をみせた最優秀選手。また、その選手に与えられる賞。▽most valuable player の略。

エメラルド【emerald】[名] 透明で、濃い緑色をした宝石。緑柱石の中の特に美しいものをいう。緑玉石。翠玉。▽五月の誕生石。

エメラルド-グリーン【emerald green】[名] ❶エメラルドのような鮮やかな緑色。❷酢酸銅と亜砒酸銅の化合物。鮮やかな緑色で、船底塗料などに使う。有毒。花緑青。

エモ・い [形][新] 感情が強く揺さぶられるさま。感動的だ。情緒的だ。‖「―曲[映画]」▽「エモーショナル」を形容詞化した語。

えも-いわれぬ【得も言われぬ】エモイハ [連語] ことばでは言い表せない。‖「―香りがただよう」「―美しさ」▽よいもの・すばらしいものなどに使う。

エモーショナル【emotional】[形動] 感情に訴えるさま。情緒的なさま。‖「―なスピーチ」

エモーション【emotion】[名] 感動。感情。情緒。

え-もじ【絵文字】ヱ [名] ❶文字発生の初期、通信や記録に用いられた略図。事物や事柄を象徴的に表したもので、狭義には象形文字以前のものをいう。ピクトグラフ。❷文字・記号・ことばなどを単純な絵にしたもの。

え-もの【得物】[名] 手にする武器。▽もとは自分の得手として使いこなす武器や道具の意。

え-もの【獲物】[名] ❶人が狩り・漁などでとる鳥獣や魚。‖「―のイノシシをかついで帰る」▽鳥獣が食物としてとる動物にもいう。‖「ワシが―を狙う」❷戦いなどでうばいとった物。

え-もん【▽衣紋（▽衣文）】[名] ❶作法にかなった装束・衣服の着方。‖「―を繕う（＝着くずれをなおす）」❷着物のえりを胸の上で合わせたところ。えりもと。‖「―を抜く（＝着物のえりを後ろに下げて首すじが出るように着る。抜き衣紋）」

えもん-かけ【▽衣紋掛け】[名] ❶衣服の肩・袖を通してつるしておくための用具。肩幅ほどの棒の中央にひもを付けたもの。❷衣桁。

え-よう【▽栄▽耀】ヱウ [名] ⬇えいよう（栄耀）

えら【▽鰓（▽顋・▽腮）】[名] ❶魚・貝・かに・えびなど、水にすむ動物が水中で酸素をとるための呼吸器官。‖「コイの―」❷人の下あごの左右の部分。‖「―の張った顔」

エラー【error】[名・自サ変] 失敗。失策。

えら・い【偉い】[形] ❶身分や地位が高い。‖「部長は課長より―」❷人として立派だ。偉大だ。‖「人助けをするなんて―ね」「―人の伝記」❸とんでもない。ひどい。‖「―目にあう」「この仕事は―く骨が折れる」使い方 話し言葉では、「えらい」の形のまま、連用修飾に使うことがある。‖「―疲れた」❹思いがけなく露わになった不都合さの度合いが大きいさま。とんでもない。‖「―ところを見られた」「こんなところで―やつに会ってしまった」◈書き方 ③④はかな書きが普通。派生 -さ／-がる

えら-こきゅう【▽鰓呼吸（▽顋呼吸・▽腮呼吸）】キフ [名] 水えらで水中の酸素をとりこむ外呼吸。

えら・ぶ【選ぶ】[他五] ❶二つ以上のものの中から、

基準や好みに合ったものを取り出す。選択する。‖「選挙で役員を—」「よい品を—」❷よいものを取り集めて書物を作る。編集する。‖「歌集を—」◈書き分け ①はよしあしを区別して取り出す意では「▽択ぶ」(手段を択ばない)、②は「▼撰ぶ」とも書くが、ともに今は【選】が一般的。

品格 選出「役員を—する」 選択「職業—の自由」 選定「開催地を—する」 選抜「代表校を—する」

◉**選ぶ所が無い** (それより程度が低いとみなされるものと)区別できない。同じことである。

えら-ぶつ【偉物(▽豪物)】[名] えらい人物。手腕家。‖「たいした—になったものだ」▼多少の皮肉を込めて使う。

えら-ぶ・る【偉ぶる】[自五] 偉そうにする。偉い人間であるかのようにふるまう。‖「—・った態度」

えり【襟・▼衿】[名] ❶衣服の、首のまわりの部分。また、その部分に当てる布。⬇着物(図) ❷首のうしろの部分。襟首。うなじ。 書き方 和服には「衿」が好まれる。 襟

◉**襟を正・す** 乱れた衣服や姿勢を整える。また、気持ちがゆるまぬよう引き締める。‖「—・して話を聞く」

エリア【area】[名] 区域。領域。‖「危険な—」

えり-あか【襟▼垢】[名] 衣類の襟についた汚れ。

えり-あし【襟足】[名] 首の後ろの髪のはえぎわ。また、そこから背すじにかけての部分。‖「—が長い」

エリート【élite フラ】[名] 選ばれた、すぐれた人。選良。‖「—意識」

エリカ【Erica ラテ】[名] 南アフリカ・地中海沿岸などの荒地に自生するツツジ科植物の総称。低木または亜低木で、つぼ形やつり鐘形の小さな花をつける。観賞用に栽培もされる。ヒース。

えり-かざり【襟飾り】[名] 洋服の襟元につける装飾品。首飾り・ブローチ・ネクタイなど。

えり-がみ【襟髪・襟上】[名] 首の後ろあたりの毛。また、首の後ろあたり。‖「—をつかむ」「人の—をとる」

えり-ぎらい【▽選り嫌い】[名・他サ変] えり好み。

えり-くび【襟首】[名] 首の後ろの部分。首すじ。うなじ。

えり-ぐり【襟▼刳り】[名] 洋服で、首にそってあけた襟回りの線。ネックライン。

えり-ごのみ【▽選り好み】[名・他サ変] ⬇よりごのみ

えり-しょう【襟章】[名] 襟につけて階級・所属などを表す記章。

えり-すぐ・る【▽選りすぐる】[他五] ⬇よりすぐる「精鋭を—」 名 えりすぐり

えり-つけ【襟付け】[名] 襟ぐりにそって襟をつけること。また、襟のついている部分。

えり-ぬき【▽選り抜き】[名] ⬇よりぬき 動 えりぬ・く(他五)

えり-まき【襟巻き】[名] 防寒・装飾用に首に巻きつけるもの。マフラー。 書き方 公用文では「襟巻」。

えり-もと【襟元】[名] 衣服の襟のあたり。また、首のまわりで、襟が当たるあたり。‖「—が寒い」

えり-わ・ける【▽選り分ける】[他下一] ⬇よりわける‖「一級品と二級品を—」 文 えりわ・く

エリンギ【eryngii ラテ】[名] 全体が乳白色で、弾力のある太い茎をもつヒラタケ科の食用キノコ。栽培が容易なので、日本各地で商品化される。

え・る【▽彫る・▼雕る・▼鐫る】[他五] ❶ほる。彫刻する。❷えぐる。くりぬく。

え・る【▽選る・▼撰る】[他五] ⬇よる(選る)

える【得る】[動下二] 一[他] ❶有益な物事を手に入れる。自分のものにする。獲得する。‖「協力者を得て事業を始める」「収入を—」「書物から情報を—」「権利を—」❷好ましくない物事を身に受ける。‖「病を得て郷里に帰る」❸あることがきっかけとなって、力や想念・霊感などが与えられる。それを自分のものとする。‖「激励のことばに力を—」「撤退もやむなしとの結論を—」「解散は必至という感触を—」❹相手から許諾や賛同などを受ける。‖「会長から許可を—」「スタッフの信頼を—」 使い方 「所長の裁可を得る/経る」は、形と意味が似ていて紛れやすいが、前者は裁可を受ける意、後者は裁可を経由する意(所長の裁可を経て実施に移る)。❺その時期・場所・気持ちなどにうまくかなっている。うまくあてはまっている。しっくりくる。また、満足すべき結果になる。‖「所を得て存分に活躍する」「当を得た(=理屈にかなった)答え」「簡にして要を得た(=要点を押さえた)答弁」「要領を得ない話だ」「事なきを得た(=大事に至らずにすんだ)」❻〈活用語の連体形+「(こと)を得る」の形で〉可能の意を表す。‖「解散もやむを得ない」「話さざるを得ない」◈⑤⑥は漢文訓読から。二〈動詞の連用形に付いて複合動詞をつくる〉可能の意を表す。…できる。…うる。‖「言い得て妙」「通常では起こり得ないことだ」◈書き方 一は、獲得する意では「獲る」とも書く。二は、かな書きも多い。 使い方 ⬇うる(得る) 文 う

品格 獲得「首位の座を—する」 取得「資格を—する」 入手「情報を—する」

エル【L】[名] ❶衣服などの寸法が標準より大きいこと。⬍M・S ▼large の頭文字から。❷家の間取りで、居間を表す記号。‖「三—DK」▼living room の頭文字から。

エル-イー-ディー【LED】[名] 半導体の接合部に電流が流れると光を発するダイオード。光の波長は材料によって決まる。発光ダイオード。▼light emitting diode の略。

エル-エス-アイ【LSI】[名] 大規模集積回路。小型化された電子回路(IC)の集積度をさらに高めた半導体集積回路。▼large scale integrated circuit の略。

エル-エス-ディー【LSD】[名] ライ麦に生じる麦角からつくる幻覚剤。リゼルギン酸ジエチルアミド。▼麻薬に指定。lysergic acid diethylamide の略。

エル-エル【LL】[名] ❶視聴覚教育機器を備えた語学学習教室。▼language laboratory の略。❷洋服・靴などのサイズで、特大。▼「Lサイズ」の略。large(=大)の頭文字を重ねたもの。

エルグ【erg】[名] 仕事量・エネルギーを表す単位。一エルグは一〇〇ナノジュール(=一〇〇〇万分の一ジュール)。

エル-シー-シー【LCC】[名] 効率的な運営によって、安い運賃でサービスを提供する航空会社。格安航空会社。▼Low Cost Carrier の略。

エル-ジー-ビー-ティー【LGBT】[名] レズビアン、ゲイ、バイセクシュアル、トランスジェンダーの総称。性的少数者のことを表すこともある。▼lesbian、gay、bisexual、transgender の頭文字から。

エルディー【LD】［名］発達障害の一つ。全般的な知的発達に遅れはないが、聞く、話す、読む、書く、計算する、推論する能力のうち、特定の能力の習得と使用に著しい困難を示す状態。学習障害。限局性学習症。▽learning disabled の略。

エルディーケー【LDK】［名］リビングダイニングキッチン。居間・食堂・台所を機能的に配置した部屋。▽living room, dining room, kitchen の略。

エルニーニョ［El Niño スペイン］［名］数年に一度、南米のペルー沖の海面水温が二、三度上昇する現象。貿易風の影響で赤道海域から暖水塊が流れ込むためで、世界各地に異常気象をもたらす。▽神の子の意。クリスマスのころに多く起こることから。

エルピー【LP】［名］一分間に三三回と三分の一回転する長時間演奏用のレコード盤。LP盤。⇕SP ▽long playing record の略。

エルビーオー【LBO】［名］買収しようとする企業の資産を担保として資金を調達し、少ない自己資金で企業買収をする方法。▽「レバレッジドバイアウト(leveraged buyout)」の略。

エルピーガス【LPガス】［名］石油精製の副産物として得られる炭化水素ガスを冷却・加圧して液化したもの。家庭用・工業用・自動車用燃料として広く用いられる。液化石油ガス。LPG (liquefied petroleum gas)。

エレガント［elegant］［形動］優雅なさま。上品なさま。〓「—な物腰」派生 —さ

エレキ［名］❶電気。▽「エレキテル(electriciteit オランダ)」から」の略。書き方「▽越▽歴」「▽越▽歴機」などと当てた。❷「エレキギター」の略。

エレキギター［名］弦の振動を電気信号に変え、アンプによって増幅するギター。電気ギター。エレキ。▽electric guitar から。

エレクトーン［Electone］［名］日本で開発された電子オルガンの商標名。電子回路で発振を行い、さまざまな音色を出すことができる。

エレクトラコンプレックス［Electra complex］［名］精神分析学で、女の子が無意識に母親を憎み、父親を慕う傾向。⇕エディプスコンプレックス▽弟と協力して、父を殺した母とその情夫に復讐したギリシア神話のエレクトラにちなむ。

エレクトリック［electric］［名］電気の。電化された。〓「—ギター」▽他の語と複合して使う。

エレクトロニクス［electronics］［名］電子工学。

エレクトロン［electron］［名］❶電子。❷マグネシウムを主成分とする超軽合金。航空機・自動車などの部品に用いる。

エレジー［elegy］［名］死を悼む詩。また、一般に悲しみをテーマにした歌・曲。悲歌。哀歌。

エレベーター［elevator］［名］動力によって人や荷物を垂直方向に運ぶ装置。昇降機。リフト。

エレベーターホール［elevator hall］［名］エレベーターの前の乗降口の空間。

エレメント［element］［名］❶要素。要因。〓「耐震構造を支える—」❷化学で、元素。

エロ［名］❶［形動］性的な欲望を起こさせること。〓「—本」▽「エロチック」の略。❷「エロチシズム」の略。

エロ・い［形］〔俗〕性的な欲望を起こさせるさま。〓「—話」▽「エロ」を形容詞化した語。

エログロ［名］色情的で猟奇的なこと。〓「—ナンセンス」▽「エロチック」と「グロテスク」の略。

エロス［Erōs ギリシア］［名］❶ギリシア神話の愛の神。▽ローマ神話ではキューピッド。❷プラトン哲学で、美と善の理想を求める、純粋に精神的な愛。❸肉体を求める、性的な愛。

エロチシズム［eroticism］［名］情欲を強調する傾向。また、官能的な美を求める傾向。エロティシズム。

エロチック［erotic］［形動］性的な欲望を起こさせるさま。扇情的。〓「—な浮世絵」▽「エロ」と略すと、より肉欲的な意味合いを帯びる。

えん【円】 一［名］❶まるいこと。まるい形。〓「—陣・—卓」❷数学で、平面上である定点(中心点)から等距離にある点の軌跡。また、それによって囲まれた平面。〓「—周」「半—」❸日本の通貨の基本単位。一円は一〇〇銭。記号¥〓「千—」使い方「円」という単位で表される日本の貨幣の意でも使う。〓「—の値上がり」「—相場」二（造）欠けたところがない。かどが立っていない。〓「—滑・—熟・—満」旧圓

えん【宴】［名］うたげ。さかもり。〓「送別［花］の—」「—たけなわ」「—会」「饗—」

えん【塩】 一［名］酸と塩基との中和反応によって生じる化合物の総称。塩類。〓「酸化して—を生じる」❷「塩素」の略。〓「—化・—基・—酸」旧鹽 二（造）❶しお。〓「—田・—分」「岩—・食—」

えん【縁】 一［名］❶運命として定まっているめぐりあわせ。えにし。〓「—あって結ばれる」「袖すりあうも多生の—」「—日」「悪—・機—・奇—」❷物事とのつながり。関係。〓「金には—がない」「—故・—語」「絶—・類—」❸肉親・師弟などのつながり。〓「親子の—を切る」「—続き」「—者」「血—・離—」❹仏教で、原因。特に、直接的な原因である「因」を補助する間接的な原因。〓「前世の—」「—起」「有—」❺縁側。〓「—に上がる」「ぬれ—」「—先」書き方 ⑤は俗に「▽椽」とも。二（造）ふち。へり。〓「—辺」「外—・周—」読み分け ⬇ふち(縁) 旧緣

◉**縁無き衆生は度し難し** 人のことばを聞こうとしない者は救いようがない。

◉**縁は異なもの味なもの** 男女の結びつきは不思議でおもしろいものだ。

えん【艶】 一［名・形動］あでやかで美しいこと。また、なまめかしく美しいこと。色っぽいこと。〓「—を競う」「—なる姿」「幽—・妖—」二（造）情事に関すること。〓「—福・—聞」旧豔

えん【延】（造）❶空間が広がる。また、長さが大きくなる。〓「—焼・—長・—命」「蔓—」❷期日がのびておくれる。〓「—期・—滞」「順—・遅—」

えん【沿】（造）❶水流・道路などにそう。〓「—海・—岸・—線」❷時の流れ・習慣などに従う。〓「—革・—習」

えん【炎】（造）❶ほのお。〓「火—」▽「焔」に通じる。❷燃え上がる。〓「—上・—焼」「気—・情—」❸ほのおのようにあつい。〓「—夏・—天」❹発熱・はれ・痛みなどを起こす症状。〓「胃—・肺—・鼻—」

えん【怨】（造）うらむ。うらみ。〓「—恨・—嗟」「仇—・—私」

えん【▼掩】（造）おおいかくす。また、かばう。〓「—蓋・—護・—蔽」

えん【▼焉】（造）状態を表す。〓「忽—・終—」

えん【媛】ヱン(造)美しい女性。¶「才ー・名ー」

えん【援】ヱン(造)❶たすける。¶「ー軍・ー護・ー助」「応ー・救ー・後ー」❷ひきいれる。¶「ー用・ー例」

えん【▼淵】ヱン(造)水を深くたたえている所。ふち。¶「ー源」「海ー」書き方「渕」「渊」は俗字。

えん【園】ヱン(造)❶花・野菜・果樹などを植える畑。¶「ー芸」「田ー」❷人々が集まって憩う場所。庭。¶「楽ー・動物ー」「遊ー地」使い方 庭園の名称にも使う。¶「楽ー」❸集まって学ぶ場所。¶「学ー・保育ー・幼稚ー」❹「幼稚園」「学園」「動物園」などの略。¶「ー児・ー長」「入ー・卒ー」使い方 まれに名詞としても使う。¶「ーの経営」

えん【猿】ヱン(造)さる。¶「ー猴えんこう・犬ー・類人ー」

えん【煙】(造)❶けむり。¶「ー突」「黒ー・発ー・噴ー・無ー」❷けむりのような形状のもの。¶「ー雨・ー霧」「水ー」❸すす。¶「煤ばいー・油ー」❹たばこ。¶「愛ー・喫ー・禁ー」◈書き方「▼烟」は異体字。

えん【遠】ヱン(造)❶とおい。時間・距離などがはなれている。¶「ー視・ー征・ー足」「永ー・深ー・望ー」❷とおざける。とおざかる。¶「ー慮」「敬ー・疎ー」◈⇔近

えん【鉛】(造)❶なまり。¶「ー毒・ー筆」「亜ー・黒ー」❷なまりを原料とする顔料。¶「ー華」

えん【演】(造)❶説く。述べる。¶「ー説・ー題」「口ー」❷広める。¶「ー繹えんえき」❸技芸などを行う。¶「ー劇・ー出」「開ー・実ー」❹実地に行う。¶「ー算・ー習」

えん-いん【延引】[名・自サ変]予定よりもおくれること。えんにん。¶「式典の開始がーする」

えん-いん【援引】ーヱン[名・他サ変]自説を確かにするため、他の論文や事例を引用すること。

えん-いん【遠因】ーヱン[名]間接的な原因。¶「事件のー」⇔近因

えん-う【煙雨】[名]けむるように降る細かい雨。きりさめ。

えん-えい【遠泳】ーヱン[名・自サ変]海などで、長い距離を泳ぎ続けること。また、その競技。

えん-えき【演▼繹】[名・他サ変]❶一般的な前提から、経験にたよらずに論理によって個別の結論を導き出すこと。⇔帰納 ❷一つの事柄から他の事柄へおしひろげて述べること。¶「神話の世界を現代人の深層心理にーする」

えんえき-ほう【演▼繹法】ーハフ[名]演繹による推理の方法。三段論法など。

えん-えん【▼奄▼奄】[形動タル]いまにも息が絶えそうなさま。¶「気息ー」

えん-えん【炎炎】[形動タル]火が勢いよく燃えあがるさま。¶「城がーと燃えさかる」

えん-えん【▼蜿▼蜒】ーヱン[形動タル]うねうねと曲がりくねって続くさま。¶「森林をぬってーと流れる大河」「ー長蛇の列」▽もとはヘビなどがうねって進むさま。書き方「▼蜒▼蜒」「▼蜿▼蜿」とも。

えん-えん【延延】[副・形動タル]とぎれることなく長く続くさま。¶「ーと続く悪路」「ー五時間に及ぶ議論」

えん-お【▼厭悪】ーヲ[名・他サ変]きらって、にくむこと。嫌悪けんお。¶「不正をーする」

えん-おう【▼鴛▼鴦】ヱンアウ[名]おしどり。おしどりの雌雄は決して離れないということから、仲のよい夫婦のたとえにいう。▽「鴛」は雄、「鴦」は雌のおしどり。

鴛鴦

◉**鴛鴦の契り** 仲むつまじい夫婦の関係。¶「ーを結ぶ」

えん-か【円価】ーヱン[名]円の貨幣価値。特に、円の国際市場での購買価値。

えん-か【円貨】ヱンクワ[名]円を単位とする日本の貨幣。

えん-か【塩化】ークワ[名・自サ変]物質が塩素と化合すること。¶「ーアンモニウム・ー水素・ー物」

えん-か【煙▼霞(▼烟▼霞)】[名]❶煙とかすみ。また、もやや、かすみ。❷もやかすみのかかった山水の景色。¶「ーの癖へき(=自然の趣を愛する習性)」

えん-か【演歌(艶歌)】[名]❶人生の哀歓・恋情などを小節こぶしのきいた日本風の唱法でうたう歌謡曲。¶「ー歌手」❷明治・大正時代に演歌師がバイオリンなどを弾きながら街頭で歌い広めた流行歌。¶「ー師」書き方 ②は、人情物の場合は多く「艶歌」と書いた。

えん-か【縁家】[名]結婚・縁組みなどによって結ばれた家。また、縁故のある家。

えん-か【▼嚥下】[名・他サ変]飲みくだすこと。¶「薬物をーする」読み分け 医学ではふつう「えんげ」という。

えん-かい【延会】ークワイ[名]❶予定されていた会議・会合などの日程を後日に延期すること。❷国会などで、予定された議事日程が全部終わらないとき、会議を打ち切って後日に延期すること。

えん-かい【沿海】[名]❶海にそった陸地。¶「ーの工業都市」❷陸地に近い海。¶「ー漁業」

えん-かい【宴会】ークワイ[名]酒や料理を飲み食いしながら楽しむ集まり。うたげ。¶「ーを開く」「ーの余興」

えん-かい【遠海】ーヱン[名]陸地から遠く離れた海。遠洋。¶「ー漁業」⇔近海

えん-がい【円蓋】ーヱン[名]半球形に造られた屋根や天井。ドーム。

えん-がい【▼掩蓋】[名]❶物の上にかぶせるおおい。¶「雨よけのー」❷敵弾を防ぐために塹壕ざんごうの上に設ける木材・石材などのおおい。¶「ー壕ごう」

えん-がい【塩害】[名]海水や潮風に含まれる塩分によって農作物・建造物などが受ける害。

えん-がい【煙害】[名]工場の煙や火山の噴煙によって人畜・農作物などが受ける害。

えん-かく【沿革】[名]物事の移り変わり。変遷へんせん。¶「教育制度のーを調べる」▽「沿」は流れに従う、「革」は変え改める意。

えん-かく【遠隔】ーヱン[名]遠く離れていること。¶「ー地」「ー操作(=リモートコントロール)」

えんかく-いりょう【遠隔医療】ヱンカクイレウ[名]インターネットなどの情報技術を用い、専門医の指導や病院間の連携によって遠隔地の患者を診療すること。

えんがちょ[感][俗]子供が、汚い物などに触れた子供をはやし立てていう語。汚い物などを避けるまじないの語としても使う。

えん-かつ【円滑】ヱンクワツ[形動]物事がとどこおりなくすらすらと行われるさま。¶「交渉がーに運ぶ」派生-さ

えんか-ナトリウム【塩化ナトリウム】ヱンクワ[名]塩素とナトリウムの化合物。食塩。しお。

えんか-ビニール【塩化ビニール】ヱンクワ[名]アセチレンと塩化水素を反応させて得る無色の気体。塩化ビニール樹脂の原料。塩化ビニル。塩ビ。

えん-がわ【縁側】ーガハ[名]❶日本建築で、座敷の外側に設けた細長い板敷き。縁。❷ヒラメやカレイの背びれ・腹びれの基部についた肉。美味として珍重する。

えん-かわせ【円《為替》】ヱンカハセ[名]輸出入取引の決

済に用いる、日本円で表示した外国為替手形。
えんかん【円環】 ヱンクヮン [名] まるい輪。また、まるく連なっている形。≡「―構造」
えんかん【鉛管】 クヮン [名] 鉛でつくった管。水道・ガスなどを引くのに用いる。≡「―工事」
えんがん【沿岸】 [名] ❶川・海・湖などにそった陸地。≡「日本海の―」❷川・海・湖などの、陸地に近い水域。≡「―漁業」
えんき【延期】 [名・他サ変] 決められた期日・期限を先にのばすこと。≡「出発を一日―する」「無期―」
えんき【塩基】 [名] 酸と反応して塩をつくる化合物。水酸化ナトリウム・水酸化アンモニウム・苛性ソーダなど。▼水に溶けるものを特に「アルカリ」という。
えんき【遠忌】 ヱン [名] ⬇おんき(遠忌)
えんぎ【演技】 [名・自サ変] ❶俳優などが舞台や映画で芸や芝居を演じて見せること。また、その芸や技。❷競技などで、選手が一定の方式に従って技を演じること。また、その技。≡「つり輪の自由―」「模範―」❸本心を隠していかにもそれらしい態度をとること。≡「あの涙は―だった」
えんぎ【演義】 [名] 史実を脚色しておもしろく述べること。また、その通俗的な史書。≡「三国志―」
えんぎ【縁起】 [名] ❶仏教の考え方で、すべてのものは他のものとの縁によって起こるということ。❷社寺・仏像・宝物などの由来。また、それを記したもの。≡「神社の―を聞く」❸吉凶のきざし。≡「―がいい」「―でもない(=不吉な感じのする)ことをいうな」
◉**縁起を担ぐ** 縁起のよしあしをひどく気にする。
えんぎ-だな【縁起棚】 [名] 客商売の家で、商売繁盛を祈って設ける神棚。▼神仏混交のものが多い。
えんぎ-なおし【縁起直し】 ナホシ [名] 悪い縁起がよい縁起になるように祝い直すこと。≡「―に一杯やろう」
えんぎ-もの【縁起物】 [名] よい縁起を招くとされるもの。しめ飾り・門松・七福神・酉の市の熊手・招き猫など。
えん-きょく【▼婉曲】 ヱン [形動] はっきりとした表現を避けて、遠回しにいうさま。≡「―な言い回し」「―に断る」「―表現」派生 さ
えん-きょり【遠距離】 ヱン [名] 遠い道のり。長距離。≡「―通学」⬍近距離
えんきょり-れんあい【遠距離恋愛】 ヱンキョリ [名] それぞれが簡単に行き来できないほど離れた生活圏で暮らす人同士の恋愛。▼略して「遠恋」とも。
えん-きり【縁切り】 [名・自サ変] 夫婦・親子・兄弟・師弟などの関係をたちきること。
えんきり-でら【縁切り寺】 [名] 江戸時代、離婚の権利を認められなかった妻が、そこに逃げ込んで一定期間奉公することで離婚を認められた寺。駆け込み寺。
えん-きん【遠近】 ヱン [名] 遠いことと近いこと。また、遠い所と近い所。≡「―を問わず人が集まる名所」
えんきん-ほう【遠近法】 ヱンキンハフ [名] 絵画で、遠近の距離感を画面に表すための技法。パースペクティブ。
えん-ぐみ【縁組み】 [名・自サ変] 夫婦の関係や、養子などの親子関係を結ぶこと。≡「―を結ぶ」書き方 公用文では「縁組」。
えん-グラフ【円グラフ】 ヱン [名] 全体の数量を一つの円で表し、各部分の数量を半径で分割する扇形によって図示したグラフ。
えん-ぐん【援軍】 ヱン [名] 応援や救助の軍勢。≡「―を求める」▼加勢する仲間の意でも使う。
えん-げ【▼嚥下】 [名・他サ変] ⬇えんか
えん-けい【円形】 ヱン [名] まるい形。≡「―劇場(=円形に造られた古代ローマの野外劇場)」
えん-けい【遠景】 ヱン [名] ❶遠くの景色。❷絵画・写真で、画面の中の遠方の部分。バック。◈⬍近景
えん-げい【園芸】 ヱン [名] 草花・野菜・果樹などを栽培すること。また、そのための技術。≡「―作物」
えん-げい【演芸】 [名] 寸劇・落語・講談・浪曲・漫才・手品・舞踊など、大衆的な芸能。
えんけい-だつもうしょう【円形脱毛症】 ヱンケイダツモウシャウ [名] 頭髪の一部が円形に抜け落ちる病気。円形禿髪。
エンゲージ [engage] [名] 婚約すること。≡「―リング(=婚約指輪)」
えん-げき【演劇】 [名] 俳優が脚本と演出に従い、舞台の上で身振りやせりふによって人物・物語などを表現する総合芸術。脚本・演出・演技・音楽・照明・舞台装置など、すべての要素が鑑賞の対象となる。劇。芝居。▼「芝居」は歌舞伎・文楽・新派など、日本的な演劇をさしていうことが多い。
エンゲル-けいすう【エンゲル係数】 [名] 家計の総支出の中で食費の占める割合。一般に所得が低いほどその値は大きくなる。▼ドイツの社会統計学者エンゲル(Engel)が提唱。
えん-げん【▼淵源】 [名] 物事が生起するおおもと。本源。
えんこ [名・自サ変] ❶幼児語で、しりをついてすわること。❷〔俗〕乗り物が故障して動かなくなること。
えん-こ【円弧】 ヱン [名] 円周の一部分。弧。
えん-こ【塩湖】 [名] 水一リットル中に〇・五グラム以上の塩分を含む湖。鹹水湖。鹹湖。塩水湖。⬍淡水湖
えん-こ【縁故】 [名] ❶血縁・姻戚などのつながり。≡「―をたどる」「―者」❷人と人とのつながり。また、それをつくる縁となるもの。≡「―採用(=コネによる採用)」
えん-ご【援護(▼掩護)】 ヱン・エン [名・他サ変] ❶困っている人を助け守ること。≡「―活動」❷敵の攻撃から、かばい守ること。≡「突撃部隊を背後から―する」書き方 ②は本来「掩護」で、「援護」は代用表記。
えん-ご【縁語】 [名] 歌や文中に意味の関連する語を二つ以上配して表現の効果を上げる修辞法。また、その一連の語。▼「明くるまで宵より空にくもなくてまたこそかかる月見ざりつれ〈西行〉」では「空」「かかる」「月」が互いに縁語となる。
えん-こう【円光】 ヱンクヮウ [名] 仏や菩薩の頭の後方から放たれる円形の光。後光。≡「―がさす」
えん-こう【猿▼猴】 ヱン [名] サル。特に、テナガザル。
えんこう-きんこう【遠交近攻】 ヱンカウ [名] 遠い国と親交を結び、近くの国を攻略する外交政策。▼戦国時代、范雎が秦の昭王にすすめた政策。
エンコード [encode] [名・他サ変] データを一定の規則に基づいて別の形式に変換すること。符号化。≡「動画を―する」⬍デコード
えん-ごく【遠国】 ヱン [名] 都から遠く離れた地方。また、遠い国。おんごく。⬍近国
えんご-しゃげき【援護射撃(▼掩護射撃)】 ヱン・エン [名] 敵の攻撃から味方を守るために側面や背後から射撃すること。また、その射撃。≡「突撃隊の―をす

る」使い方 自分と関係ある人の立場を守るために行動する意で、俗にサ変他動詞としても使う。〓「窮地に立たされた委員長をーする」

えんーこん【怨恨】[名] うらむこと。また、うらみ。〓「ーによる傷害事件」

えんーさ【怨▼嗟】[名] うらみ、嘆くこと。〓「暴政に対するーの声」

えんーざ【円座】[名] 藁・藺草などで縄をない、平たい円形に組んだ敷物。わろうだ。わらざ。

えんーざ【円座(円▼坐)】[名・自サ変] 多くの人が向かい合って輪の形にすわること。車座。〓「ーして話し合う」書き方 本来は「円坐」。

えんーざい【▼冤罪】[名] 無実の罪。ぬれぎぬ。〓「ーをこうむる」

えんーさき【縁先】[名] 縁側のはし。また、縁側のすぐ前。

エンサイクロペディア[encyclopedia][名] 百科事典。百科全書。▼現存する最古の百科事典は七七年に完成した大プリニウスの『博物誌』三七巻。

えんーさだめ【縁定め】[名] 夫婦・養子などの縁組みを取り決めること。

えんーさん【塩酸】[名] 塩化水素の水溶液。酸性が強く、刺激臭がある。金属と反応して水素を発生し、塩化物をつくる。化学工業・製紙工業・繊維工業など、用途は広い。

えんーざん【鉛▼槧】[名] 文筆に携わること。また、文筆業。▼「鉛」は文字を書いたり消したりする胡粉、「槧」は文字を書き記す木の札の意。

えんーざん【演算】[名・他サ変] 式の示すとおりに計算すること。運算。〓「ー装置」

えんーし【遠視】[名] 眼球の異常から網膜の後方に像が結ばれ、近くのものがはっきりと見えないこと。⇔近視

えんーじ【▼衍字】[名] 誤って語句の中に混入した不要の文字。⇔脱字▼「衍」はあまる意。

えんーじ【園児】[名] 幼稚園・保育園などに通っている子供。

えんーじ【▼臙脂】[名] 黒みを帯びた赤色。臙脂色。▼もと中国伝来の紅色の顔料。燕の国に産したということから「▼燕脂」「▼燕支」とも。

エンジェル[angel][名] ❶天使。エンゼル。❷ベンチャー企業に投資したり経営方法を提供したりする個人投資家。

エンジニア[engineer][名] 機械・電気・土木・建築などの技術者。技師。〓「システムー」

エンジニアリング[engineering][名] 工学。工学技術。

えんーじゃ【演者】[名] ❶芸・劇などを演じる人。出演者。❷演説をする人。◈「えんしゃ」とも。

えんーじゃ【縁者】[名] 血縁・縁組みなどによって縁つづきになっている人。▼もとは「親類」と区別して「姻族」を指した。〓「親類ー」

えんーじゃく【▼燕▼雀】[名] ツバメとスズメ。

◉**燕雀安んぞ鴻鵠の志を知らんや** 小人物には大人物の気持ちや考えがわからないということ。▼小さな鳥には大きな鳥の心はわからないの意から。『史記』にあることば。

えんじゅ【▼槐】[名] 夏、蝶形をした黄白色の花をつける、マメ科の落葉高木。材は建材・家具用、花・実は薬用。

えんーしゅう【円周】[名] 円を形づくる曲線。

えんーしゅう【演習】[名・自他サ変] ❶実際の状況を想定して練習・訓練をすること。〓「実戦に備えてーする」「合同ー」❷教師の指導のもとで小グループの学生が研究発表・討議などを行うこと。また、その形式の授業。ゼミナール。〓「微分法についてーする」

えんしゅうーりつ【円周率】[名] 円周の、直径に対する比率。約三・一四一六。記号π

えんーじゅく【円熟】[名・自サ変] ❶知識・技能などによく通じ、内容が豊かになること。〓「ーした演技[文章]」⇔未熟 ❷人格が円満になり、人間味が深くなること。〓「人生経験がーした人柄をつくる」

えんーしゅつ【演出】[名・他サ変] ❶演劇・映画・テレビなどで、台本に基づいて演技・舞台装置・照明・音楽・音響などを総合的に指導し、一つの作品に作り上げること。〓「ー家」▼映画では「監督」ともいう。❷式典・催し物などの内容に工夫を加え、全体をうまく進行させること。〓「結婚式をーする」

えんーしょ【炎暑】[名] 真夏の燃えるような暑さ。

えんーしょ【艶書】[名] 恋人に出す手紙。恋文。艶文。

えんーじょ【援助】[名・他サ変] 困っている人や団体などに力を貸して、助けること。〓「学資をーする」「技術ー」

エンジョイ[enjoy][名・他サ変] 楽しみ、味わうこと。享受すること。〓「休暇[学生生活]をーする」

えんーしょう【延焼】[名・自サ変] 火事が火元から他の建物に燃え広がること。〓「隣家にーする」

えんーしょう【炎症】[名] 細菌感染・薬品の刺激などによって、体の組織が発赤・発熱・はれ・痛み・機能障害などを起こす症状。

えんーしょう【煙硝(▼焔硝)】[名] ❶硝酸カリウム。硝石。❷爆発すると黒煙の出る火薬。有煙火薬。また、一般に火薬。〓「ーのにおいが漂う焼け跡」

えんーしょう【遠称】[名] 代名詞・連体詞で、話し手からも相手からも遠く離れた事物・場所・方向などを指す語の称。「あれ」「あそこ」「あちら」「あいつ」「あの」などの類。⬇近称・中称・不定称

えんーしょう【艶笑】[名] 色っぽい性描写の中に滑稽さを含んでいること。〓「ー文学」

えんーじょう【炎上】[名・自サ変] ❶火が燃え上がること。特に、大きな建造物などが火事で燃えること。〓「貨物船がーする」❷[新] インターネットのブログなどで、記事に対して批判や中傷の書き込みが殺到すること。

えんーしょく【怨色】[名] うらめしそうなようす。また、その顔つき。〓「表情にーを浮かべる」

えんーじる【演じる】[他上一] ❶観客の前で芝居・舞踊・曲芸などの芸をして見せる。また、芝居である役柄を務める。〓「芝居[狂言・ものまね]をー」「主役[リヤ王]をー」❷人目をひくような(大きな)ことをする。特に、失敗などをしでかす。〓「甲子園で熱戦をー」「失態[二の舞]をー」❸組織の中である役割を務める。また、実人生で、本心から出たものではない役割をこなす。〓「社会で指導的役割をー」「家では優しい姉をー」「うその自分をー」異形 演ずる

えんーしん【延伸】[名・他サ変] 時間や距離などをの

ばすこと。‖「任期[運行区間]を—する」

えん-しん【遠心】[名] 中心から遠ざかること。⇔求心

えん-じん【円陣】[名] 多くの人が輪の形に並ぶこと。‖「—を組む」▽円形の陣立ての意。

えん-じん【猿人】[名] 三〇〇万年～一五〇万年前に生存していた原始的な化石人類の総称。アウストラロピテクスなど。

エンジン【engine】[名] ❶熱エネルギーを機械エネルギーに変える機関。原動機。発動機。‖「—を切る」❷コンピューターで、データ処理を実行する機構。

◉**エンジンが掛か・る** 調子が出る。勢いがつく。

エンジン-ブレーキ[名] 自動車の走行中にアクセルペダルを離したとき、エンジンの圧縮抵抗や変速機の摩擦抵抗などによってかかる制動。下り坂などで通常のブレーキと併用する。▽engine brakingから。

えんしんぶんり-き【遠心分離機】[名] 遠心力を利用して比重の異なる物質を分離する装置。

えんしん-りょく【遠心力】[名] 円運動をしている物体が回転の中心から遠ざかろうとする力。⇔求心力・向心力

えん-すい【円▼錐】[名] 円の円周上のすべての点と、その円の平面外の一定点とを結んでできる立体。円錐体。‖「—形」

えん-すい【塩水】[名] 塩分を含んだ水。しおみず。‖「—湖」▽「鹹水(かんすい)」は多く天然の海水をいう。

えん-ずい【延髄】[名] 脳髄の下端にあって、脊髄(せきずい)の上端につながる部分。脳からの命令の伝達路として、呼吸や心臓の働きを制御する。⬇脳(図)

えんすい-せん【塩水選】[名] イネ・ムギなどの種子を塩水に入れ、沈んだものを選び出す選別法。

エン-スト[名・自サ変] 自動車などのエンジンが止まること。▽「エンジンストップ(和製engine＋stop)」の略。英語では(engine) stallという。

えん・ずる【演ずる】[他サ変] ⬇演じる 文えん・ず

えん-せい【延性】[名] 物体が弾性の限界をこえても破壊されないで引きのばされる性質。▽金・白金・銀・銅などの金属は延性が大きい。

えん-せい【遠征】[名・自サ変] ❶遠方まで敵を討ちに出かけること。‖「十字軍の—」❷試合・登山・探検などの目的で遠方まで出かけること。‖「海外に—する」「—試合」「ヒマラヤ—隊」

えん-せい【▼厭世】[名] この世に生きることを、つらくていやなものと思うこと。‖「—主義・—家」⇔楽天

えんせい-かん【▼厭世観】[名] 世の中や人生には生きるだけの意義や価値がないとする考え。厭世主義。⇔楽天主義

えん-せき【宴席】[名] 宴会の席。また、その場所。‖「—を設ける」

えん-せき【遠戚】[名] 血縁のうすい親戚。

えん-せき【縁戚】[名] 親戚。親類。

えんせきがい-せん【遠赤外線】[名] 波長の長い赤外線。ふつう波長二五～一〇〇マイクロメートルのものをいう。高分子化合物に吸収されやすく、効率よく熱を発する。ヒーター・調理器などに広く利用される。‖「—こたつ」⇔近赤外線 ▽略して「遠赤」とも。

えん-ぜつ【演説】[名・自サ変] 多くの人々の前で自分の意見や主義・主張を述べること。また、その話。‖「議会で—する」「街頭で—をぶつ」「応援—」書き方 古くは「演舌」とも。

エンゼル【angel】[名] ⬇エンジェル

えん-せん【沿線】[名] 鉄道線路にそった地域。‖「—の風景」「私鉄—の住宅地」

えん-せん【▼厭戦】[名] 戦争をいやに思うこと。‖「—気分」⇔好戦 使い方 積極的に戦争をきらい、反対する意には「反戦」を使う。

えん-ぜん【▽宛然】[形動タリ] まさにその通りであるさま。‖「—として神技に迫る」

えん-ぜん【▼婉然】[形動タリ] しとやかで美しいさま。‖「—とひとさし舞う」「—たる貴婦人」

えん-ぜん【▼嫣然・艶然】[形動タリ] 女性がにっこりと笑うさま。‖「—とほほえむ」

嫣

えん-そ【塩素】[名] 刺激臭の強い黄緑色の気体元素。液化しやすく、漂白剤・酸化剤・消毒剤などの原料に用いる。有毒。元素記号Cl

えん-そう【▼淵▼藪・▼淵▼叢】[名] 物事の多く寄り集まる所。特に、学芸の中心となる所。‖「—の地に集う学徒」▽「淵」は魚の、「藪」「叢」は鳥獣の集まる所。

えん-そう【演奏】[名・他サ変] 楽器を奏でること。また、そうして音楽を作り出すこと。‖「フルートを—する」「ショパン(の曲)を—する」「寄席囃子(よせばやし)の—者」「—会」

えん-ぞう【塩蔵】[名・他サ変] (食品を)塩に漬けて保存すること。塩漬け。‖「—したニシン」

えん-そうば【円相場】[名] 円と他国通貨との交換比率。通常はドルとの交換比率をいう。

えん-そく【遠足】[名] ❶学校の課外授業の一つとして、児童・生徒が日帰りで遠くへ出かけること。▽もとは歩くことを主とした。❷[自サ変][古風] 遠い道のりを歩くこと。‖「川向こうの寺まで—をする」

エンターテイナー【entertainer】[名] 娯楽を提供して人を楽しませる芸能人。

エンターテイメント【entertainment】[名] ❶娯楽。気晴らし。❷余興。演芸。◈「エンターテインメント」とも。また俗に「エンタメ」とも。注意「エンターテイメント」は誤り。

えん-たい【延滞】[名・自サ変] 支払い・納入などが、期日よりおくれてとどこおること。‖「—料金」

えん-だい【演台】[名] 講演・演説などをする人の前に置く机。

えん-だい【演題】[名] 講演・演説などの題目。

えん-だい【縁台】[名] 庭先や路地で用いる細長い腰掛け台。‖「—将棋(=縁台の上で指すしろうと将棋)」

えん-だい【遠大】[形動] 計画や志の規模が大きく、遠い将来まで考えているさま。‖「—な理想を抱く」派生 —さ

エンタイトル-ツーベース[名] 野球で、打球がワンバウンドで外野のフェアスタンドに入った場合など、打者と走者に二つ先の塁へ進む権利を与えること。エンタイトル。▽entitled two-base hitから。

エンダイブ【endive】[名] 野菜として栽培されるキク科の多年草。かすかな苦みのある葉をサラダなどに用いる。キクヂシャ。ニガヂシャ。▽フランス名をシコレ(chicorée)というので、しばしばチコリと混同される。

えん-だか【円高】[名] 外国為替(かわせ)相場で、外国通貨に対する円の価値が高いこと。⇔円安

えん-たく【円卓】[名] 円形のテーブル。‖「—会議(=席次を決めないで、円卓を囲んで行う会議)」

えん-タク【円タク】[名]一円均一の料金で大都市の市内を走った流しのタクシー。また、一般にタクシー。▼大正一三(一九二四)年に大阪で始まる。

エンタシス[entasis][名]古代ギリシア・ローマ建築に見られる、円柱の中ほどのゆるやかなふくらみ。▼日本でも法隆寺の回廊に見ることができる。

えん-だて【円建て】[名]❶外国為替相場で、外国通貨の一定額に対して円貨の相当額をいくらと決める方式。❷輸出入契約などで、価格が円で表示され、円で支払われること。

えん-だん【演壇】[名]講演・演説などをする人が立つ、聴衆席よりも一段高くした壇。

えん-だん【縁談】[名]結婚や養子縁組の相談。特に、結婚の縁組をすすめるための相談。〓「—が整う」

えん-ちゃく【延着】[名・自サ変]予定の期日・時刻よりおくれて到着すること。⬍早着

えん-ちゅう【円柱】[名]❶まるい柱。❷面積の等しい二つの平行な円の平面と、その二つの円周上のすべての点を相互に結ぶ直線がつくる曲面とに囲まれた立体。円壔。円筒。

えん-ちょう【延長】[名]❶[他サ変]決まった長さ・期間などをのばすこと。〓「助走路を三メートル—する」「公演を一週間—する」⬍短縮 ❷鉄道・道路などの延べの長さ。〓「—五〇〇キロの高速道路」❸ある物事と性質や機能などが同じで、それの続きと考えられるもの。〓「職には就かず、学生時代の—とも言える生活だった」

えん-ちょう【園長】[名]幼稚園・保育園・動物園などの「園」の長。

えんちょう-こくえ【円頂黒▽衣】[名]僧の姿。また、僧。▼髪をそった丸い頭と黒い衣の意から。

えんちょう-せん【延長戦】[名]スポーツの試合などで、規定の回数または時間内に勝敗が決しないとき、回や時間を延長して行う試合。〓「—に突入する」

えんちょう-せんじょう【延長線上】[名]❶線分の一端をさらに引き延ばした直線の上。❷ある物事との関連が深く、その続きと考えられる物事。〓「円高の—にある倒産劇」

えん-ちょく【鉛直】[名・形動]重力の方向。おもりをつり下げた糸の示す方向。また、その方向にむいていること。〓「—線(=水平面と直角をなす直線)」⬍水平

えん-づ・く【縁づく(縁付く)】[自五][古風]嫁に行く。また、婿に行く。

えん-つづき【縁続き】[名]親類の関係にあること。また、その人。

えん-てい【▼堰堤】[名]川などの流れや土砂をせきとめるための堤防。▼ダムより規模は小さい。

えん-てい【園丁】[名]公園・庭園などの手入れや管理をする職業(の人)。

えん-てい【園庭】[名]❶にわ。庭園。❷幼稚園や保育園などの中庭。〓「—に花壇をつくる」

エンディング[ending][名]結末。終わり。特に、映画・楽曲などの終わりの部分。〓「悲劇的な—を迎える」「—テーマ」

えん-てん【炎天】[名]燃えるように暑い真夏の空。また、その天気。〓「—の下で大会が行われた」

えん-でん【塩田】[名]塩をとるために、海水を引き入れて太陽熱で蒸発させるようにした海辺の砂田。しおはま。▼かつては瀬戸内海沿岸に多く見られた。

えんてん-か【炎天下】[名]炎天のした。〓「—で祝典が催される」✓注意「炎天下の下」は重言。「炎天下」—「炎天の下」が適切。

えんてん-かつだつ【円転滑脱】[名・形動]言動がなめらかで、機に応じて自在であること。〓「—な人柄」

エンド[end][名]❶終わり。最後。〓「—マーク」❷端。〓「グリップ—」❸サッカーなどのスポーツで、攻撃や守備の陣地。〓「コイントスで—を決める」◈①②は多く他の語と複合して使う。

えん-とう【円筒】[名]❶まるい筒。❷⬇円柱②

えん-とう【円▼壔】[名]⬇円柱②

えん-とう【遠投】[名・他サ変]❶ボールなどを遠くへ投げること。〓「—一二〇メートルの強肩を持つ野手」❷投げ釣りで、おもりを付けた仕掛けを遠くへ投げること。キャスティング。〓「—で大物をねらう」

えん-とう【遠島】[名]❶陸地から遠く離れた島。❷江戸時代、罪人を離島に送った刑罰。島流し。▼死罪より軽く、追放より重い。

えん-どう【沿道】[名]道路に沿った所。〓「—の桜並木」

えん-どう【▼豌豆】[名]若いさやや豆を食用にする、マメ科の越年草。葉の先が巻きひげに変わり、物に巻きつく。⬇さやえんどう・グリンピース

えん-どお・い【縁遠い】[形]❶関係がうすい。〓「庶民には—話だ」❷なかなか結婚の相手に巡り合わない。〓「なぜか—・く、独身でいる」派生-さ

えん-どく【煙毒】[名]工場や精錬所から吐き出される煙に含まれた有毒物。

えん-どく【鉛毒】[名]❶鉛に含まれている毒素。❷鉛の毒素による中毒。重度の貧血を引き起こす。鉛中毒。

えん-とつ【煙突・煙▽筒】[名]燃料の燃焼を助け、煤煙を空中に排出するための筒形の装置。

エンド-ユーザー[end user][名]❶流通経路の末端に位置する利用者。末端受益者。❷コンピューターの利用者。プログラムなどを作成する専門家に対していう。

エンドライン[endline][名]卓球・バレーボール・バスケットボールなどで、コートやフィールドの短い方の区画線。⬍サイドライン

エントランス[entrance][名]入り口。玄関。

エントリー[entry][名・自サ変]出場や参加を申し込むこと。登録すること。

エントリー-シート[和製entry＋sheet][名]就職希望者が志望する企業などに提出する書類。応募用紙。ES。

エンドレス[endless][形動]終わりがないさま。限りなく続くさま。〓「—な議論」「—テープ」

エンド-ロール[end roll][名]映画・テレビなどで、最後に出演者・制作者などの名を流して示す字幕。スタッフロール。

エントロピー[entropy][名]❶熱力学で、物質の状態を表す量の一つ。無秩序の程度を示す尺度として用いられる。密度・温度・圧力の関数で表し、無秩序に向かうほどエントロピーは増大する。❷情報理論で、情報の不確かさを示す量。

えん-にち【縁日】[名]社寺にまつる神仏に何かの縁

があって、祭礼・供養などが行われる日。▼この日に参詣すると特に御利益があるとされる。

えん-ねつ【炎熱】［名］❶燃えさかる火の熱気。║「―地獄」❷真夏の焼けるような暑さ。

えん-のう【延納】［名・他サ変］税金などを決められた期日より遅れて納めること。║「税金を―する」

えん-の-した【縁の下】［名］縁側の下。また、床下。

◉**縁の下の力持ち**　人の気づかない所で他人のために苦労や努力をすることのたとえ。

えん-ぱ【煙波（▼烟波）】［名］もやの立ちこめた水面。また、水面が煙るように遠くまで波立っているようす。煙浪。

えん-ばく【▼燕麦】［名］飼料作物として栽培するイネ科の一年草。カラスムギの改良種。牧草とするほか、実をオートミールの原料にする。オート麦。

えん-ぱく【延泊】［名・自サ変］旅館・ホテルなどで、宿泊を延ばすこと。║「―料金」

えん-ぱつ【延発】［名・自サ変］列車・飛行機などが予定の期日・時刻より遅れて出発すること。

エンパワーメント【empowerment】［名］❶力をつけること。能力を引き出し活性化すること。║「教育によって―を図る」❷権限を与えること。権限委譲。║「現場への―で生産の向上をもくろむ」

えん-ばん【円盤】［名］❶平たくてまるい形のもの。║「空飛ぶ―」❷陸上競技の円盤投げに使う円形の盤。⬇円盤投げ

えん-ばん【鉛版】［名］紙型に鉛・すず・アンチモンの合金を流し込んでつくる印刷用の版。ステロタイプ。

えんばん-なげ【円盤投げ】［名］陸上競技の一種目。直径二・五㍍のサークル内から円盤を投げ、その飛距離を競う。

えん-び【艶美】［名・形動］あでやかで美しいこと。║「―な舞い姿」派生―さ

えん-ビ【塩ビ】［名］「塩化ビニール」の略。

えん-ぴ【猿▼臂】［名］長い腕。║「―を伸ばす（＝腕を長く伸ばす）」▼サルのひじの意。

えん-ぴつ【鉛筆】［名］木の軸に、黒鉛と粘土でできた細長い芯を入れた筆記具。消しゴムで消すことができ、日常の筆記具として使われる。║「―を削る」▼カラーのものは「色鉛筆」という。

えんぴつ-けずり【鉛筆削り】［名］鉛筆を削るための器具。

えんび-ふく【▼燕尾服】［名］男性の洋装礼服の一つ。上下とも黒らしゃで作り、ズボンの側線を黒絹で縁どる。ネクタイは白の蝶結び。▼上着の後ろすそが長く、先がツバメの尾のように二つに分かれていることから。

えん-ぶ【円舞】［名］❶大ぜいがまるく輪をつくって踊るダンス。輪舞。❷一組の男女がまるく回りながら踊る社交ダンス。ワルツ・ポルカなど。║「―曲（＝ワルツ）」

えん-ぶ【演武】［名］武芸を練習すること。また、武芸を人前で演じて見せること。

えん-ぶ【演舞】［名］舞のけいこをすること。また、人前で舞を舞って見せること。║「―場」

えん-ぷ【怨府】［名］人々のうらみが集中する所。

エンブレム【emblem】［名］❶表象。象徴。また、象徴的な文様。❷記章。紋章。特に、ブレザーの胸に縫いつける校章や、自動車のボンネットの先端などにつける製造会社のマークなど。

えん-ぶん【▼衍文】［名］文章の中に誤って入った不要な文。

えん-ぶん【塩分】［名］物質の中に含まれている塩の量。║「―控えめ」

えん-ぶん【艶聞】［名］恋愛や情事に関するうわさ。║「―が絶えない人」

えん-ぺい【▼掩蔽】［名・他サ変］❶おおいかくすこと。║「―地（＝樹木・岩石などが敵の目をさえぎるような場所）」❷地球と恒星または惑星の間に月が入り、その恒星や惑星をかくす現象。星食。

えん-ぺい【援兵】［名］応援の兵や軍隊。援軍。

えん-ぺん【縁辺】［名］❶物のまわり。周囲。║「―諸国」❷（血縁・婚姻などによって）縁故のある人や家。

えん-ぼう【遠望】［名・他サ変］遠くを見渡すこと。║「岩手山を―する」

えん-ぼう【遠謀】［名］遠い将来まで考えに入れたはかりごと。║「深慮―」

えん-ぽう【遠方】［名］遠くのほう。遠い所。║「―から参加者がやって来る」

エンボス【emboss】［名］文字や図柄を彫ったロールを紙・布などに押し付けながら転がして、浮き出し模様を付けること。║「―加工」

えん-ま【▼閻魔】［名］仏教で、死者を生前の行いによって裁くという地獄の王。閻魔王。閻魔大王。▼もとインド神話の神。最初の死者として天界で祖霊を支配した。

閻魔

えん-まく【煙幕】［名］敵の目から味方の行動を隠すために空中にひろげる人工的な煙の層。

◉**煙幕を張・る**　煙幕をひろげる。転じて、真意を隠すために言動を巧みにとりつくろう。

えんま-ちょう【▼閻魔帳】［名］❶閻魔が死者の生前の行動や罪悪を書きとめておくという帳面。❷〔俗〕教師が生徒の成績や品行を書き記しておく帳面。

えん-まん【円満】［名・形動］満ち足りていて、もめごともなく穏やかなこと。║「―な人柄」「―に解決する」「夫婦―」「―具足（＝すべて備わっていること）」派生―さ

えん-む【煙霧】［名］❶煙と霧。また、煙のように流れる霧。❷細かいちりや煤煙が空中をただよい、見通しがわるくなる現象。スモッグ。

えん-むすび【縁結び】［名］❶男女の縁を結ぶこと。縁組み。║「―の神」❷思う人の名と年齢を書いたこよりを社寺の格子や樹木に結びつけ、縁が結ばれるように祈ること。

えん-めい【延命】［名］寿命をのばすこと。えんみょう。║「―治療」▼組織・機関の存続期間や物の使用年数についてもいう。║「内閣の―策を講じる」

えん-もく【演目】［名］演じられる音楽・演劇などの題名。

えん-や【艶冶】［形動］なまめかしく美しいさま。║「―な立ち姿」

えん-やす【円安】［名］外国為替相場で、外国通貨に対する円の価値が低いこと。⬆円高

えん-ゆう【縁由】［名］❶ゆかり。縁故。えんゆ。❷法律で、人がある法律行為または意思表示をなすに至った動機。

えんゆう-かい【園遊会】［名］庭園に飲食や

余興などの設備を整え、多くの客を招いてもてなす会。

えんよう【援用】エン [名・他サ変] 自説を補強するために、他の文献や事例を引用すること。〓「環境省の調査結果を―する」

えんよう【遠洋】エンヤウ [名] 陸から遠く離れた海洋。遠海。〓「―漁業[航路]」

えんよう【艶容】 [名] あでやかで、なまめかしい姿。

えんらい【遠来】エン [名] 遠くからやってくること。〓「―の客」

えんらい【遠雷】エン [名] 遠くで鳴るかみなり。

えんりえど【▼厭離▼穢土】エンリ ド [名] 煩悩に汚れた現世をきらい、離れること。おんりえど。⇕欣求浄土(ごんぐじょうど)

エンリッチ [enrich] [名] 豊かにすること。また、価値や質を高めること。

えんりょ【遠慮】エン [名] ❶ [自他サ変] 人に気を使って、ことばや行動を控えめにすること。〓「―はいらない」「他人に―しながらの生活」「この際、質問は―しておく」「―がちに話し出す」❷ [他サ変] ことわる・やめる、などの意を遠回しに言う語。〓「今回は―させていただきます」「駐車ご―ください」使い方「遠慮させていただく」は、「(私は)出席を遠慮させていただきます」のように自分の行為を控えるのに言う。他人の行為について言うのは誤り。〓「×(当店は)煙草(たばこ)はご遠慮させていただきます→○(当店では)煙草はご遠慮ください」❸遠い将来のことまでよく考えること。〓「深謀―」

◉**遠慮会釈(えしゃく)も無・い** 相手の気持ちや立場をまったく考えず、自分の思いどおりに事を行うこと。

えんりょなく【遠慮なく】エンリョ [連語] 控えめにすることなく。遠慮しないで。〓「―意見を言う」「―召し上がれ」

えんりょぶか・い【遠慮深い】エンリョ [形] 非常に遠慮をしてふるまうさま。控えめである。〓「―人」派生―げ／―さ

えんるいせん【塩類泉】 [名] 塩素イオンをもつ塩類(=食塩など)を多量に含んだ温泉。

えんれい【艶麗】 [名・形動] あでやかで美しいこと。〓「―な文章」派生―さ

えんろ【遠路】エン [名] 遠い道のり。〓「―はるばるやってくる」

お

お【尾】ヲ [名] ❶動物の尻から長くのびている部分。しっぽ。〓「犬が―を振る」「ツバメの―」「―を垂れる」「虎の―を踏む」「犬が西向きゃ―は東(=当然すぎるほど当然のこと)」❷尾のように長くのびたもの。〓「凧(たこ)[彗星(すいせい)・峰]の―」

◉**尾に付・く** 人の言動をきっかけにして、ある動作をしたりものを言ったりする。〓「彼がそう言うと、その―・いて、彼女も言った」

◉**尾を引・く** 物事が過ぎ去った後まで名残が続く。影響が残る。〓「昨日の酒が―・いている」「初戦を落としたショックが―」▼しっぽのように後ろに長くのばす意から。書き方「引く」は、「▼曳く」とも。

◉**尾を振・る** 相手の気に入るようにふるまう。しっぽを振る。〓「敵に―」

お【▽麻・▼苧】ヲ [名] 〔古風〕アサまたはカラムシ。また、その茎の繊維から作った糸。

お【緒】ヲ [名] ❶細長いひも。〓「堪忍袋(かんにんぶくろ)の―が切れる」「臍(へそ)の―」❷履物にすげて足にかけるひも。〓「下駄(げた)の―」「草鞋(わらじ)の―」❸楽器や弓に張る糸。弦。〓「琴の―」❹長く続くもの。〓「息の―」「玉の―(=いのち)」

お [感] 驚いたときや急に気づいたときに発する語。おっ。〓「―、ブレーキがきかない」「―、雪が降ってきた」「―、太郎じゃないか」

お【小】ヲ [接頭] ❶〈名詞に付いて〉小さい、細かい、の意を表す。〓「―川・―舟(ぶね)」❷〈名詞に付いて〉語調をととのえ、表現をやわらげる。〓「―田・―笹(ざさ)」❸〈用言に付いて〉少し、わずか、の意を表す。〓「―暗い・―止(や)み」

お【▽御】 [接頭]〈名詞、動詞連用形、形容(動)詞などの上に付く。基本的に和語に付くが、一部の漢語・外来語にも付く。⬇注意すべき「お」「ご」(一八〇〇ページ)〉

A 尊敬の「お」

❶Aに関係する事物・状態や、Aが行う動作について、Aを高める。

〈名詞の上に付く〉〓「先生からのお手紙」「お体の具合はいかがですか」「お心遣いをありがとうございました」

〈「お…だ[です]」「お…て[で]いらっしゃる」「お…下さる」「お…なさる」「お…になる」などの形で、間に動詞連用形、漢語サ変動詞語幹、形容(動)詞などが入る〉〓「先生もお喜びだ」「佐藤さんはオペラについてお詳しいですね」「お元気でいらっしゃるご様子、何よりです」「これは山田さんがお送り下さった本です」「先生が私にお命じ[お返事]なさいました」「先生はもうお帰りになりました」⬇だ(助動)③・です(助動)④・いらっしゃる㊁②③・下さる㊁・なさる㊁・成る㊁③・遊ばす㊁・あらせられる①

〈「お」+動詞連用形の形で〉やわらかな命令を表す。〓「はやくお行き」「ちょっとお待ち」▼「なさい」の省略された形。

使い方 ⑴二つ以上の尊敬表現を「て」でつないだ「お[ご]…になっていらっしゃる」「お[ご]…になって下さる」などの形でも使う。冗長にも感じられるが、より丁寧な尊敬表現になる。〓「もうお休みになっていらっしゃいます」「お書きになって下さいました」
⑵「お[ご]」を用いた尊敬の依頼・命令表現には、「お[ご]…下さい」「お[ご]…なさい」「お[ご]…あれ」などがある。〓「好きなだけお使い下さい」「先生にご挨拶(あいさつ)なさい」「どうぞご安心あれ」「冗談はおよしあそばせ」「おやめになって下さい」「お好きになさって下さい」⬇下さい㊁・なさい㊁・在る㊁・成る㊁⑤・遊ばす㊁
⑶「お[ご]」を用いた尊敬の可能表現には、「お[ご]…になれる」「お[ご]…になられる」などがある。〓「会員の方はご自由にお使いになれます」「どなたもご参加になれます」「これならあなたもお読みになられるでしょう」⬇なれる㊁・成る㊁③[注意]

B 謙譲の「お」

❷Aに差し向ける事物や、Aに及ぶ動作について、Aを高める。

〈名詞の上に付く〉〓「先生へのお手紙」「心ばかりのお礼を差し上げる」「奥様にお願いがあって伺いました」

〈「お…する[します]」「お…申し上げる」などの形で、間に動詞連用形、漢語サ変動詞語幹、形容(動)詞などが入る〉〓「私から佐藤さんにお伝えします」「心よりお詫び申し上げます」⬇する㊂④・申し上げる㊁

使い方 (1)「(私は)Aさんに新作をお目にかける」「A先生のお眼鏡にかなう」「A先生にお許しいただいた」などは句全体では自分側の動作についていう謙譲表現だが、「お目」「お眼鏡」「お許し」の「お」は、Aを高めていう尊敬用法である。
(2)「お〔ご〕」を用いた謙譲の可能表現には、「お〔ご〕…できる」「お〔ご〕…いただける」などがある。〓「(あなたに)明日にはお送りできます」「(小社は会員に)特別料金でご使用いただけます」⬇できる㊁・いただける㊁
(3)謙譲の「お」「ご」を、「いたす」「申す」などの丁重語と合わせて使い、動作や事物の及ぶ人物を高めるとともに、相手(=聞き手・読み手)に対して改まった気持ちを表す。〓「佐藤さん、私が先生をご案内いたします」 相手が動作や事物の及ぶ人物と同一人物であることもある。〓「あなたの気持ちはお察し申します」⬇致す㊂①・申す㊁

C 美化語の「お」

❸美しく上品な言い方をすることで、自分の品位を高める。いろいろな物事について言う。〓「江戸時代のお手紙を集めた展覧会」「私のお洋服」「うちにはお米もお味噌(みそ)もあるわ」「お醤油(しょうゆ)? それともおソース?」「おトイレに行ってくる」「この頃野菜がお高いわね」「おしとやかな女性になりたいです」⬇する㊂④
使い方 ①②③の最初の用例のように、同じ「お手紙」でも、尊敬語・謙譲語・美化語になる場合がある。

D その他

❹〈「お…様」「お…さん」の形で、他人の状態を表す語を入れて〉他人に対するねぎらい・慰めの気持ちを表す。〓「お疲れ様でした」「お気の毒様」「おあいにく様」
❺〈人を表す語の上に付いて〉軽い尊敬・親愛の気持ちを表す。〓「お千代」「お政さん」「おちびちゃん」「おバカさん」▼女性の名に付けるのは古風な言い方。
❻からかいや自嘲(じちょう)、ふざけの意を表す。〓「よっ、お熱いね!」「お粗末な出来だ」「お恥ずかしい限りです」
❼本来の敬意が失われて、形式的に添える語。〓「姉のお古を着る」「菓子のおまけ」「ご飯のお代わり」
◈「おほん(御)」が変化した「おん」の省略形「お」に由来する語。古くは貴人の持ち物や行為についていう尊敬の用法に限られたが、のち、動作の及ぶ先を高める気持ちで、自分側の事物・行為に「お」を付ける用法が生まれた。

「お」と「ご」の使い分け

①基本的に、和語には「お」が付き、漢語には「ご」が付く。「お体・お気遣い・お寂しい・お名前・お会いする・お使いになる」「ご恩・ご家族・ご住所・ご立派・ご案内する・ご使用になる」
②ただし、漢語であっても、日常的に使うものには「お」が付くことがある。「お医者様・お加減・お勘定(かんじょう)・お客・お行儀・お化粧・お砂糖・お散歩・お時間・お邪魔・お正月・お食事・お歳暮・お節介・お葬式・お代(だい)・お達者・お駄賃・お天気・お電話・お人形・お弁当・お夕飯・お料理・お礼(れい)」
③まれに、和語であっても、「ご」が付くものがある。「ごもっとも・ごゆっくり・ごゆるり」
④同じ漢語でも、場面によって「お」と「ご」を使い分けることがある。「お」は口頭語ややわらかい日常的な場面に、「ご」は改まった文章や固い場面に使われる傾向がある。〓「お慈悲/ご慈悲」「お相伴(しょうばん)/ご相伴」「お説教/ご説教」「お誕生/ご誕生」「お返事/ご返事」「お勉強/ご勉強」
⑤外来語でも、日常的に使うものには「お」の付くことがある。「おズボン・おソース・おトイレ・おニュー・おビール」

お【雄(▽男・▼牡)】ヲ(造) ❶男性。動植物のおす。〓「益荒男(ますらお)」「雄牛・雄花」書き分け 動物には【雄】【牡】を使う。❷男らしい。おおしい。〓「雄叫(たけ)び」❸一対の物のうち、より大きいものや勢いの激しいもの。〓「雄滝(おだき)・男波(おなみ)」

お【汚】ヲ(造) ❶よごれる。よごす。〓「―染・―損」❷けがす。けがれる。〓「―職・―点・―名」❸きたない。〓「―水・―物」

お【悪】ヲ(造) ❶にくむ。きらう。〓「好―」❷不快な。むかむかする。〓「―寒・―阻(そ)」旧惡

お-あいそ【お愛想】[名] ❶相手を喜ばせる言葉やしぐさ。また、客に対する好意を示したもてなし。〓「―がお上手ですこと」▼「愛想」の美化語。❷飲食店で、勘定。▼もと関西の言い方で、勘定書を見ると愛想尽かしをする意からという。◈「おあいそう」とも。

おあいにく-さま【お▽生憎様】[感・形動] 相手の期待に添えないときに申し訳ないという気持ちをこめていう語。また、皮肉の気持ちをこめても使う。〓「―ですが、今日はもう閉店でございます」「―、そんなご心配はご無用です」

お-あし【お足・お▽銭】[名] おかね。ぜに。▼晋・魯褒『銭神論』の「銭は足無くして走る」からという。

オアシス[oasis][名] ❶砂漠の中で、水がわき樹木がはえている所。❷疲れをいやす所。また、心の安らぐ所。〓「都会の―」

お-あずけ【お預け】ヅケ[名] ❶飼い犬などの前に食べ物を置き、よしと許すまで食べさせないこと。❷計画・約束などが、実行されないで先にのばされること。〓「あの話は当分―だ」

おい【▼笈】オヒ[名] 修験者(しゅげんじゃ)・行脚僧(あんぎゃそう)などが、仏具・書籍・衣類・食器などを入れて背負う脚のついた箱。▼「負い(=背負うこと)」の意。

おい【▼甥】ヲヒ[名] 兄弟姉妹の息子。⬆姪(めい) ▼他人の甥の敬称は「甥御(おいご)(さん)」。

おい【老い】[名] 年をとること。また、年をとった人。〓「―も若きも踊りだす」

◉**老いの一徹(いってつ)** 老人が自分の決めたことを頑(かたく)なに押し通そうとすること。

おい[感] 親しい者や目下の者に呼びかけるときに発する語。〓「―、すぐに来てくれ」「―、だめじゃないか」

おい-あ・げる【追い上げる】オヒ[他下一] ❶追いかけて相手との距離や差を縮める。〓「激しく―・げてトップに迫る」❷追って高い方へ行かせる。〓「熊を山上に―」文おひあ・ぐ

おい-うち【追い討ち・追い打ち(追い撃ち)】オヒ[名] ❶逃げる者を追いかけて討ち取ること。追撃。〓「敵に―をかける」❷打撃を受けて弱っているところに、さらに打撃を与えること。〓「被災地に感染症の蔓延(まんえん)が―をかけた」

お-いえ【▽御家】イヘ[名] 主人・主君・貴人などの家の敬称。また、他人の家の敬称。〓「―の一大事」

おいえ-げい【▽御家芸】イヘ[名] ❶代々その家に伝わる独特の技芸。〓「『勧進帳』は市川家の―だ」❷その

人や団体が最も得意とするもの。≡「大食いは彼の—だ」「日本の—ともいうべき技術」

おいえ-そうどう【▽御家騒動】〔名〕江戸時代、大名家などで家督相続争いや家臣の権力争いをきっかけとして起こった紛争。使い方 会社・団体などの主導権をめぐる争いの意でも使う。

おい-おい【(追い追い)】〔副〕順を追って。だんだんに。≡「—日も長くなる」▼動詞「追う」の連用形を重ねて副詞とした語。

おい-おい 一〔感〕親しい者や目下の者に呼びかけるときに発する語。≡「—、ちょっと待って」「—、一体何をするつもりなんだ」▼「おい」を重ねて強め、軽くとがめたり注意を与えたりするときに使う。二〔副〕声をあげて激しく泣くさま。また、その声を表す語。≡「兄は—(と)泣いた」

おい-おと・す【追い落とす】〔他五〕❶敵を追い払う。また、敵兵を追い払って城を奪い取る。❷下の地位にある者が勢力を増し、上の者をその地位から追い払う。≡「局長をその座から—」名 **追い落とし**

おい-かえ・す【追い返す】〔他五〕やって来た者を追い立てて、もとへ返らせる。追いもどす。≡「使者を玄関先で—」

おい-か・ける【追いかける(追い掛ける)】〔他下一〕❶追いつこう(追いついてつかまえよう)として、後から追う。追っかける。≡「逃げる犯人〔先頭の走者〕を—」「ファンが歌手を—」❷目標や理想とするものに向かって進む。追い求める。また、取り逃がさないように密着して追う。≡「流行〔理想〕を—」「一日の動きをカメラで—」❸同じような物事が引き続いて起こる。追っかける。≡「それを—ようにして次の事件が起こった」◈書き方 まれに「追い駆ける」とも。文 **おひか・く**

おい-かぜ【追い風】〔名〕進んでいく方向に後ろから吹いてくる風。おいて。順風。⬄向かい風▼物事が順調に進むたとえにもいう。≡「あの会社は—に乗っている」

おい-かわ【追川・追河】〔名〕コイ科の淡水魚。成魚は全長一五センチメートルほどで尻びれが大きい。関東以西の川や湖沼に広く生息する。

おい-き【老い木】〔名〕老木。老樹。≡「—に花」

おい-きり【追い切り】〔名〕競馬で、レースの数日前に調教の仕上げとして馬を走らせること。▼このときのタイムをレース判断の参考にする。

おい-ご【▼甥御】〔名〕他人の甥の敬称。≡「—さんはお元気ですか」

おい-ごえ【追い肥】〔名〕生育中の作物に基肥を補ってほどこす肥料。追肥。⬄基肥

おいこし-しゃせん【追い越し車線】〔名〕片側に複数車線がある道路で、前の車を追い越す場合に通行できる車線。

おい-こ・す【追い越す】〔他五〕❶先行するものを抜き去り、前に出る。追い抜く。抜かす。≡「前の車をむりやり—」▼道路交通法では、後車が進路を変えて進行中の前車の側方を通って前方に出ることをいう。❷劣っていたものが上位者を抜き去り、上に立つ。追い抜く。抜かす。≡「弟が兄の身長を—」「油断すればすぐに—される」名 **追い越し**「—禁止」

おい-こみ【追い込み】〔名〕❶周りを閉ざして、追いつめること。≡「クロダイの—漁」❷物事の最終段階。また、そこで力をふりしぼること。≡「最後の—をかける」❸印刷の組み版で、追い込むこと。❹昔の劇場で、特定の席を設けずに客を詰め込んだ、料金の安い見物席。▼「追い込み場」の略。

おい-こ・む【老い込む】〔自五〕年をとって、衰える。また、老人くさくなる。ふけこむ。

おい-こ・む【追い込む】〔他五〕❶周りを閉ざして、ある場所や状態にしか行き場がないようにする。追いつめる。≡「獲物を罠に—」「窮地に—・まれる」❷最終段階に入り、全力を尽くす。追い込みをかける。❸印刷の組み版で、行やページを改めずに、前行や前ページに続けて文字を組む。可能 **追い込める** 名 **追い込み**

おい-さき【生い先】〔名〕成長していく、行く末。将来。≡「この子の—が楽しみだ」

おい-さき【老い先】〔名〕年をとっていく、行く末。余生。≡「—が短い」▼「生い先」から転じた語。

おい-さらば・える【老いさらばえる】〔自下一〕年をとってみすぼらしくなる。≡「—・えた姿をさらす」▼文語四段動詞「老いさらぼふ」の転。文 **おいさらば・ふ**

お-いし・い【〈美味〉しい】〔形〕❶飲食物の味がよい。うまい。美味だ。≡「今日のサラダは—」「新米のご飯が—・く炊けましたよ」「どこか—レストランを知らないか」⬄まずい 使い方 (1)「空気〔タバコ〕が—」のように、吸入する気体の味にも転用する。(2)「うまい」に比べて丁寧で上品な言い方。❷自分にとって都合がいい。うまい。好都合だ。≡「—話に飛びつく」「—ところは全部親分が持っていった」◈接頭語「お」+文語形容詞「いし(=味がよい)」から。もと女房詞。派生 **-さ／-がる**

おい-しげ・る【生い茂る】〔自五〕草木が育って枝葉がすきまがないほどに重なる。≡「夏草が—」

おい-すが・る【追い▼縋る】〔自五〕追っていって、しがみつく。≡「—手を振り払う」

オイスター【oyster】〔名〕牡蠣。

オイスター-ソース【oyster sauce】〔名〕牡蠣の煮汁を加熱濃縮した濃褐色の調味料。主に中国料理で用いられる。蠔油。牡蠣油。

おい-ずる【▼笈▼摺】〔名〕巡礼などが着物の上に着る、袖なしの薄い衣服。おいずり。▼笈を背負ったときに着物がすり切れないように着たものという。

おい-せん【追い銭】〔名〕支払った上にさらに支払う余分な金。≡「盗人に—」

おいそれ-と〔副〕《打ち消しを伴って》要求に即座に応じるさま。≡「—引き渡せない」「来いと言ったって、—はいかない」語源「おい」と言われて、すぐに「それ」と示すことから。

お-いた〔名〕母親などが子供のいたずらをいう語。≡「—をしてはだめですよ」▼「いた」は「いたずら」の略。

おい-だき【追い炊き・追い▼焚き】〔名・他サ変〕❶【炊】炊いた飯が足りないとき、追加して炊くこと。また、その飯。❷【焚】風呂の湯が冷めたとき、もう一度火をたいて温めること。

おい-だ・す【追い出す】〔他五〕❶追い立てて外へ出す。≡「シッシッと猫を家の外へ—」❷その人が属している社会・組織などから閉め出して、関係を断つ。≡「組織から裏切り者を—」❸とりついた想念や悪霊などを外へ追いやる。追い払う。≡「妄想を頭から—」名 **追い出し**

おい-たち【生い立ち】〔名〕❶育っていくこと。

成長。❷生まれ育ってきた過程・経歴。動おいた・つ（自五）

おい-た・てる【追い立てる】 オヒ［他下一］❶追ってほかへいかせる。また、むりに立ちのかせる。‖「羊の群れを—」❷せきたてる。‖「雑事に—・てられる」▼多く受身の形で使う。文おひた・つ 名追い立て

おい-ちら・す【追い散らす】 オヒ［他五］追い立てて散らばらせる。

おい-つ・く【追いつく（追い付く・追い着く）】 オヒ［自五］❶後から追いかけて、先に行った者の所に行き着く。‖「先発隊に—」❷相関関係にあるものの一方が、他方を追いかけて釣り合いのとれた関係で並ぶ。‖「需要が供給に—・かない」▼否定的な文脈で使うことが多い。❸先行しているものや目標としているものと同じ水準に達する。‖「技術が世界に—」「本塁打が出て同点に—」「A社に—・き追い越せで努力してきた」❹〔古風〕〈「…しても追いつかない」の形で〉取り返しがつかない。間に合わない。…してももう遅い。‖「今さら悔やんでも—・かない」◈「おっつく」とも。

おい-つ・める【追い詰める】 オヒ［他下一］逃げ場のないところまで追いこむ。また、ぎりぎりのところまで追及する。‖「逃亡した犯人を—」文おいつ・む

おい-て【追手・追▽風】 オヒ［名］追い風。順風。おって。▼「て」は「はやて（＝疾風）」の「て」と同じく風の意。

おい-て【追い手】 オヒ［名］逃げる者を追いかけて捕らえる人。おって。‖「逃亡者に—をかける」

おい-て【▼於いて】［連語］〈「…において」の形で〉❶物事の行われる場所を表す。で。にて。‖「卒業式が講堂に—行われる」❷動作や思考などの対象を限定的に示す。…に関して。…の点で。‖「この点に—疑問が残る」「人生に—大切な目標」◈「おきて」の転。漢文訓読から。
使い方 丁寧の「ます」を伴った「おきまして」は、過剰敬語。⬇「ます」のコラム（一五七㌻）

おい-て【▽措いて】［連語］〈「…を措いて」の形で、打ち消しを伴って〉…をのぞいて。…以外に。‖「彼女を—ほかに適任者はいない」▼「おきて」の転。

お-いで【▽御▽出で】 一［連語］❶〈下に「になる」「なさる」「頂く」「下さる」「です」「だ」などを伴って〉「行く」「来る」「居る」の尊敬語。お越し。‖「平服で—下さい」「ようこそ—になりました」「お子さまは何人—ですか」❷〈「（…て）行きなさい」「（…て）来なさい」「（…て）居なさい」を親しんでいう語。‖「ちょっと寄って—」「散歩でもして—」▼「おいでなさい」の略。❸〈「…て（で）おいで」＋「になる」「なさる」「です」「だ」などの形で〉「…ている」の尊敬語。…ていらっしゃる。‖「ここはじっと我慢して—なさい」「ご主人は酔って—です」◈「いで」は文語動詞「出づ」の連用形。二［名］「来ること」の意の尊敬語。お越し。‖「近くに—の節はお立ち寄り下さい」

おいてき-ぼり【置いてきぼり】［名］置き去りにすること。おいてけぼり。‖「—を食う」語源 魚を釣って帰ろうとすると、どこからか「置いてけ、置いてけ」という声が聞こえてくるという、江戸の本所七不思議の一つ、金糸堀の伝説から。

おい-ぬ・く【追い抜く】 オヒ［他五］❶先行するものに追いついて前に出る。追い越す。抜かす。‖「先頭の走者を一気に—」❷劣っていたものが上位者に追いついて上に立つ。追い越す。抜かす。‖「A社（の技術）を—」◈「追い抜かす」は俗な言い方。名追い抜き

おい-はぎ【追い剝ぎ】 オヒ［名］通行人をおどして衣類や金品を奪うこと。また、それをする人。

おい-ばら【追い腹】 オヒ［名］家臣が死んだ主君のあとを追って切腹すること。供腹。‖「—を切る」⬍先腹

おい-はら・う【追い払う】 オヒハラフ［他五］❶うるさいもの、じゃまなものを追い立てて遠くにやる。追いやる。‖「耳元の蚊を手で—」「『間に合ってます』と、玄関先で—」❷組織などから追い出して、近づけないようにする。追放する。放逐する。‖「裏切り者を—」❸想念などを振り払うようにして追い出す。‖「不安な思いを脳裏から—」◈「おっぱらう」とも。書き方「▽逐い払う」とも。

おい-ぼれ【老い▼耄れ】［名］おいぼれること。また、その人。▼老人が自らを卑下していう語。また、老人をあざけっていう語。‖「—ながら一肌脱ぎましょう」

おい-ぼ・れる【老い▼耄れる】［自下一］年をとって心身の働きがにぶくなる。もうろくする。文おいぼ・る 名老いぼれ

おい-まく・る【追い▼捲る】 オヒ［他五］❶激しく追い払う。また、激しく追い散らす。‖「ひるんだ敵を—」❷激しくせきたてる。‖「急ぎの仕事に—・られる」▼多く受身の形で使う。

おい-まわ・す【追い回す】 オヒマハス［他五］❶逃げまわるものをしつこく追いかける。‖「ネコがネズミを—」❷休む間もなく働かせる。‖「仕事に—・される」

おい-め【負い目】 オヒ［名］相手に物質的または精神的な借りがあることから感じる心の負担。▼もと、負債の意。

おい-もと・める【追い求める】 オヒ［他下一］❶あるものを探して追いかける。‖「犯人を—」❷手に入れようとして求め続ける。‖「夢を—」

おい-や・る【追い▽遣る】 オヒ［他五］❶追い立ててその場から去らせる。‖「群がる野次馬を—」❷不本意な状態に追いこむ。‖「内閣を総辞職に—」

おい-ら【▽己▽等・▽俺▽等】［代］（一人称）おれ。おれたち。‖「—がやったんじゃないや」▼「おれら」の転。やや粗野で子供っぽい言い方。

おい-らく【老いらく】［名］年をとること。老年。‖「—の恋」▼「老ゆ」のク語法による名詞化「老ゆらく」の転。

おいらん【〈花▼魁〉】［名］位の高い遊女。太夫。また、一般に遊女。語源 江戸吉原で妹分の女郎や禿が姉女郎（＝先輩格の女郎）を「おいらの（＝己等の姉さんの略）」と呼んだことからという。

おいらん-そう【〈花▼魁〉草】 ソウ［名］夏、白・紫・紅紫色などの小花を円錐状につける、ハナシノブ科の多年草。クサキョウチクトウ。

オイリー【oily】［形動］❶油っこいさま。油性であるさま。❷脂性であるさま。‖「—肌」

お・いる【老いる】［自上一］年をとる。年寄りになる。‖「—・いて気が弱くなる」文お・ゆ 名老い

◉**老いては子に従え** 年をとったら、我を張らずに何事も子供の言うことを聞くのがよい。

◉**老いてますます盛ん** 老年になってからますます意気盛んだ。▼「老いて（は）ますます盛んなるべし（＝老いてからはますます意気盛んでなくてはならない）」とも。書き方「盛ん」は「▽壮ん」とも書く。

オイル【oil】［名］❶食用油。‖「サラダ—」❷石油。‖「—ショック」❸潤滑油。‖「エンジン—」

オイル-サーディン［名］イワシの油漬け。▼oiled sardines から。

お-いわい【▽御祝い】ハイヒ［名］「祝い」の尊敬・謙譲・美化語。‖「—をありがとう」「—の言葉を申し上げます」「誕生日の—」⬇お（御）

おい-わけ【追分】オヒ［名］❶街道が二つに分かれる所。▼各地の地名に残る。❷信濃（しなの）の追分の宿場（現在の長野県軽井沢町）でうたわれた馬子唄（まごうた）に始まり、各地に広まった民謡。哀調を帯びた旋律を声をゆるやかにのばしながら歌う。▼「追分節」の略。

おう【王】ワウ［名］❶国の最高権力者。君主。‖「一国の—として君臨する」「—冠・—室」❷実力・成績の最もすぐれているもの。‖「百獣の—ライオン」「三冠—・安売り—」❸皇室で、三世以下の嫡男系嫡出の男子。‖「以仁（もちひと）—」❹将棋で、王将、また、玉将。‖「—手」

おう【応】■一［名］承知すること。‖「否（いな）か—か」「いやも—もない」■二（造）❶こたえる。また、他からの働きにこたえて動く。‖「—援・—急・—酬・—接」「呼—・対—」❷つりあう。ふさわしい。‖「—用」「相—・適—」旧應

おう【翁】ウヲ［名］男性の老人。また、その敬称。‖「沙—（うさお）（＝シェークスピア）」「蕉—（しょうおう）（＝松尾芭蕉）」使い方 代名詞としても使う。‖「—の功績をたたえる」

お・う【負う】フオ■一［他五］❶背中や肩に載せてささえる。‖「母が背に子を—」「ロバが背中に薪を—」「背に十字架を—」❷傷や心の重荷を身に受ける。‖「肩にやけどを—」「心に傷を—」「多額の負債を—・って苦闘する」❸引き受けて自分のものとする。‖「すべての責任は私が—」「責めを—・って（＝責任をとって）辞任する」❹おかげを受ける。恩恵をこうむる。‖「実験の成功は彼の尽力に—ところが大きい」❺後ろにする。‖「弥陀（みだ）が光背を—・うて来迎（らいごう）する」■二［自五］〈「名に負う」「名にし負う」の形で〉その名にふさわしい。可能 負える

◉**負うた子（こ）に教えられて浅瀬（あさせ）を渡る** 経験を積んだ人も時には未熟な人に教えられることもあるということ。

お・う【追う（▽逐う）】フオ［他五］❶先を行くものに到達しようとして（また、それをとらえようとして）後から進む。追いかける。‖「先頭の走者を—」「恋人（の後）を—・って京都へ行く」「首位のチームを小差で—」❷目標や理想とするものに向かって進む。追い求める。追いかける。‖「青年は理想を—」「事件の真相を—」❸取り逃がさないように、ぴたりと相手（の動き）についてゆく。追いかける。‖「敵の動きをカメラで—」❹物事の順序に従う。‖「順を—・って説明する」「日を—・って（＝日増しに）暖かくなる」「回を—ごとに盛大になる」▼言い切りの形では使わない。❺促して（また、払いのけて）、動物をほかの場所に行かせる。‖「牧舎に牛を—」「頭の上のハエを—」❻〈多く「追われる」の形で〉組織や地位から退けられる。追い払われる。追放される。放逐される。‖「禁を犯して楽園を／から—・われる」「王位を—・われる」❼〈「追われる」の形で〉せかされて、ゆっくりできない。追い立てられる。‖「仕事［資金繰り］に—・われる」

◈書き分け【逐】は、順序に従う、追い払う意で「順を逐って」「不満分子を逐う」などと使うが、慣用的な「中原に鹿を逐う（逐鹿（ちくろく））」などを除いて、今は一般に【追】を使う。可能 追える「動きが早すぎて目では追えない」

品格 追及「責任を—する」 追求「理想を—する」 追究「真理を—する」 追行「先遣隊に—する」 追跡「逃亡者を—する」 追尾「敵艦を—する」

お・う【生う】フオ［自上二］〔古風〕草木がはえのびる。

おう【凹】アフ（造）へこむ。くぼむ。‖「—凸・—面鏡」

おう【央】アウ（造）なか。まんなか。‖「震—・中—」

おう【往】ワウ（造）❶前へ進む。ゆく。‖「—生（おうじょう）・—診・—復」「右—左—」❷過ぎてゆく。また、過ぎ去った昔。‖「—時・—年」「既—」❸そののち。‖「以—」

おう【押】アフ（造）❶おす。おしつける。‖「—印・—韻」「花—」❷おさえる。とりおさえる。‖「—収・—送」

おう【旺】ワウ（造）さかん。‖「—盛・—然」

おう【欧】（造）「欧羅巴（ヨーロッパ）」の略。‖「—州・—米」「渡—」旧歐

おう【殴】（造）うつ。なぐる。‖「—殺・—打」旧毆

おう【桜】アウ（造）さくら。‖「—花・—桃」「観—」旧櫻

おう【奥】アウ（造）❶おく。おく深い所。‖「—義（おうぎ・おくぎ）」「胸—・内—」❷「陸奥国（むつのくに）」の略。‖「—羽」旧奧

おう【横】ワウ（造）❶よこ。‖「—断・—転」「縦—」❷よこにする。よこたえる。‖「—臥（おうが）」❸勝手にふるまう。わがまま。‖「—行・—柄・—暴」「専—」❹ふつうでない。‖「—死」旧橫

おう【▼墺】アウ（造）「墺太利（オーストリア）」の略。‖「独—・普—」

おう-い【王位】ワウヰ［名］国王の位。‖「—につく」

おう-いつ【横▼溢（▼汪▼溢）】ワウ［名・自サ変］あふれるほど盛んなこと。‖「—する気力」「元気—」

おう-いん【押印】アフ［名・自他サ変］はんを押すこと。捺印（なついん）。‖「実印を—する」「署名—」

おう-いん【押韻】アフヰン［名・自他サ変］詩文で、韻をふむこと。‖「二句と四句を／に—する」⬇韻を踏（ふ）む

おう-えん【応援】ヱン［名・他サ変］❶困っている人やがんばっている人をはげまし、助けること。‖「手が足りないので—を頼む」「—演説」❷競技などで、声をかけたり拍手をしたりして、味方の選手をはげますこと。‖「ひいきのチームを—する」

おうえん-だん【応援団】オウヱ［名］競技などで、選手・チームなどを応援する人々の集まり。また、広く特定の人・団体・物事などを励まし、助ける人々の集まり。

おう-おう【▼怏▼怏（▼鞅▼鞅）】アウアウ［形動タトル］心にわだかまるものがあって晴れ晴れとしないさま。‖「—として楽しまず」

おう-おう【往往】ワウワウ［副］〈多く「往々にして」の形で〉そうなることがしばしばあるさま。ときどき。‖「美点は—にして見落とすものだ」

おう-か【王化】ワウクワ［名］君主の徳に民が従い、世の中がよくなること。

おう-か【押下】アフ［名・他サ変］押し下げるような力を加えて、ボタンやキーを操作すること。‖「終了ボタンを—する」注意「おうげ」と読むのは誤り。

おう-か【欧化】クワ［名・自他サ変］ヨーロッパ風になること。また、そうすること。‖「—思想」

おう-か【桜花】アウクワ［名］さくらの花。

おう-か【▼謳歌】クワ［名・他サ変］❶声をそろえてほめたたえること。❷恵まれた境遇にあることを心おきなく楽しむこと。‖「太平を—する」

おう-が【横▼臥】ワウグワ［名・自サ変］横向きに寝ること。また、体を横たえること。‖「—して休む」

おう-かくまく【横隔膜】ワウ［名］哺乳（ほにゅう）動物の胸腔（きょうこう）と腹腔とのさかいにある筋肉性の膜。伸縮して呼吸作用をたすける。

おう-かん【王冠】ワウクワン［名］❶王位のしるしとして王

がかぶる冠。また、栄誉のしるしとして授けられる冠。❷びんの口金。

おうかん【往還】ワウクワン［名］❶［自サ変］行き来すること。往来。往復。❷街道。往来。

おうき【▼嘔気】［名］はきけ。≡「—を催す」

おうぎ【扇】アフギ［名］手に持ってあおぎ、風を起こす道具。木・竹などの骨に紙や布を張り、折り畳めるように要(かなめ)でとめる。舞踊・儀式などにも用いる。扇子(せんす)。末広(すえひろ)。

おうぎ【奥義】アウ［名］学問・技芸などのきわみにある、最も大事な事柄。おくぎ。≡「—を究める」書き方 俗に「奥儀」とも。注意「奥技」と書くのは誤り。

おうぎ-がた【扇形】アフギ［名］⬇せんけい(扇形)

おうきゅう【王宮】ワウ［名］王の住む宮殿。

おうきゅう【応急】ーキフ［名］急な事態にとりあえず間に合わせること。急場しのぎ。≡「—処置」

おうきゅう-てあて【応急手当て】オウキフ［名］急場しのぎに施す仮の処置や手当て。≡「適切な—を行う」

おうぎょく【黄玉】ワウ［名］ケイ酸塩の柱状結晶。色は諸色あるが、透明または半透明。黄色の美しいものを宝石とするほか、粉末にして研磨材にも用いる。トパーズ。

おうけ【王家】ワウ［名］王の一族。また、その家筋。

おうけん【王権】ワウ［名］国王の権力。≡「—神授説」

おうこ【往古】ワウ［名］遠い昔。往昔。

おうこう【王侯】ワウ［名］王と諸侯。≡「—貴族」

おうこう【往航】ワウカウ［名］船や飛行機が目的地に向かうときの運航。⬍復航・帰航

おうこう【横行】ワウカウ［名・自サ変］❶勝手気ままに歩き回ること。≡「—闊歩(かっぽ)」❷望ましくないことがあちこちで行われること。≡「悪事が—する」

おうこく【王国】ワウ［名］❶王が支配する国。≡「立憲—」❷ある分野で大きな勢力をもって栄えている国・地域・組織。≡「自動車［サッカー］—」

おうごん【黄金】ワウ［名］❶きん。こがね。❷貨幣。金銭。▼きわめて価値の高いもののたとえにもいう。≡「—の腕」

おうごん-じだい【黄金時代】ワウゴン［名］❶古代ギリシアで、人類の歴史を金・銀・銅・鉄の四期に分けた、その第一期。永遠の春が続く平和と幸福の時代とされた。❷文化・勢力・活動などが最も盛んな時期。≡「ゴシック建築の—」

おうごん-ぶんかつ【黄金分割】ワウゴン［名］幾何学で線分を一対一・六一八に分割すること。長い部分と短い部分との比が、全体と長い部分の比に等しい。▼最も安定した、美しい比率とされる。

おうごん-りつ【黄金律】ワウゴン［名］❶キリスト教で、「人にして欲しいと思うことを、ことごとく人のために行え」という最も重要な教訓。▼新約聖書の山上の垂訓の一節から。❷重要な教訓・法則。≡「ビジネスにおける—」

おうざ【王座】ワウ［名］❶王の座席。また、王の地位。≡「—に就く」❷ある分野で、第一の地位。首位。≡「フライ級の—決定戦」

おうさつ【応札】［名・自サ変］入札の呼びかけに応じること。≡「予定を下回る金額で—する」「—価格」

おうさつ【▼鏖殺】アウ［名・他サ変］皆殺しにすること。≡「一軍を—する」

おうさま【王様】ワウ［名］❶王の敬称。❷同類の中で最高位にあるもの。≡「果物の—ドリアン」❸絶対的な権力をもつもの。また、強い立場にあるもの。❹将棋で、「王将(玉将)」を親しんでいう語。

おうし【▼牡牛・雄牛】ヲ［名］おすの牛。⬍牝牛(めうし)

おうし【横死】ワウ［名・自サ変］思いがけない災難にあって死ぬこと。不慮の死。≡「無念の—を遂げる」

おうじ【王子】ワウ［名］❶国王の息子。❷親王宣下(せんげ)のない皇族の男子のこと。◈⬍王女

おうじ【王事】ワウ［名］国王の事業。また、国王・王室に関する事柄。≡「—盬(もろ)きことなし(=王の事業や王室にかかわる事柄は決してゆるがせにはできない)」

おうじ【往事】ワウ［名］過ぎ去った昔の事柄。

おうじ【往時】ワウ［名］過ぎ去った時。≡「—をしのぶ」⬍近時

おうじ【皇子】ワウ［名］天皇の息子。みこ。⬍皇女

おうしつ【王室】ワウ［名］王の一家。また、王の一族。

おうじつ【往日】ワウ［名］過ぎ去った日。昔日。

おうじゃ【王者】ワウ［名］❶王である人。≡「—の風格」❷王道(=徳による政治)をもって国を治める君主。⬍覇者 ❸ある分野で最も実力のあるもの。≡「プロレス界の—」◈「おうしゃ」とも。

おうじゃく【▼尫弱】ワウ［名・形動］体がよわいこと。

おうじゅ【応需】［名］要求にこたえること。≡「入院—」

おうしゅう【応酬】ーシウ［名・自他サ変］互いにやりとりすること。また、相手がしかけてきたことに対して、やり返すこと。≡「議論の—」「やじに—して大声を上げる」

おうしゅう【押収】アフシウ［名・他サ変］裁判所や捜査機関が証拠物または没収すべき物を差し押さえて取り上げること。≡「証拠物件を—する」「—令状」

おうしゅう【欧州】ーシウ［名］ヨーロッパ。≡「—諸国」▼ヨーロッパを「欧羅巴」と当てて書いたことから。

おうしゅう-れんごう【欧州連合】オウシウレンガフ［名］欧州二七か国が加盟し、外交や安全保障の共通化、単一通貨ユーロの使用などを進めている統合体。ヨーロッパ連合。EU。

おうじゅく【黄熟】ワウ［名・自サ変］草木の実、特に稲・麦などの穂が熟して黄色くなること。こうじゅく。

おうじゅ-ほうしょう【黄▼綬褒章】ワウジュホウシャウ［名］業務に精励(せいれい)して他の模範となる人に国が与える褒章。綬(=リボン)は黄色。

おうじょ【王女】ワウヂョ［名］❶国王の娘。❷内親王宣下(せんげ)のない皇族の女子のこと。◈⬍王子

おうしょう【王将】ワウシャウ［名］将棋で、大将に相当する最も大切な駒(こま)。この駒が攻められて動けなくなると負けになる。王。▼一組みの駒の中には王将と玉将(ぎょくしょう)があり、王将はふつう上手(うわて)または後手が用いる。

おうしょう【応召】ーセウ［名・自サ変］召集に応じること。特に、旧軍隊で、在郷軍人が召集に応じて指定の場所に集まること。≡「—して軍務に就く」

おうしょう【▼鞅掌】アウシャウ［名・自サ変］休む暇もないほど忙しく働くこと。≡「勤務に—する」「益々御—の段、お喜び申し上げます」▼「鞅」は重みを担う、「掌」は手に捧げ持つの意。

おうじょう【王城】ワウジャウ［名］王の住む城。王宮。また、その所在地である都。

おうじょう【往生】ワウジャウ［名・自サ変］❶死後、極楽浄土に生まれ変わること。≡「極楽—」❷死ぬこと。≡「大(だい)—を遂げる」❸すっかりあきらめて静かにすること。

＝「じたばたしないで—しろ」❹どうにも困り果てること。＝「吹雪（ふぶき）に遭って—した」

おうじょう-ぎわ【往生際】ワウジャウギハ［名］❶死にぎわ。❷追いつめられてあきらめるまぎわ。また、その時の態度や決断力。＝「—が悪い」

おう-しょく【黄色】ワウ［名］きいろ。＝「—人種」

おう・じる【応じる】［自上一］❶相手の要求や働きかけなどに応（こた）える。＝「相手の依頼に—」「相談［挑戦］に—」❷それぞれの変化に呼応する。それぞれの状況に対応する。＝「距離と時間に—じて料金が決まる」「年齢に—じた体力づくりが必要だ」「必要に—じて（＝必要と認められるならば）報告する」▼「—じて」「—じた」の形が多い。異形 応ずる

おう-しん【往信】ワウ［名］こちらから（返事を求めて）出す通信。⇔復信・返信

おう-しん【往診】ワウ［名・自他サ変］医師が病人の家へ行って診察すること。＝「患者の家を／に—する」⇔宅診

お-うす【▽御薄】［名］「薄茶（うすちゃ）」の美化語。

おう-すい【王水】ワウ［名］濃塩酸と濃硝酸を三対一の割合でまぜた液体。語源 ふつうの酸ではとけない金・白金などの貴金属をとかすことからの名。

おう-すい【黄水】ワウ［名］胃から吐きもどす胆汁を含んだ黄色い水。きみず。おうずい。

おう・ずる【応ずる】［自サ変］⬇応じる 文 おう・ず

おう-せ【▼逢瀬】アフ［名］恋愛関係にある人どうしが会う機会。＝「—を重ねる」

おう-せい【王制】ワウ［名］王が主権者として統治する政治制度。君主制。

おう-せい【王政】ワウ［名］国王・天皇が自ら行う政治。また、その政治体制。＝「—復古」

おう-せい【旺盛】ワウ［名・形動］活力が非常に盛んなさま。＝「食欲が—になる」「—な好奇心」派生 -さ

おう-せき【往昔】ワウ［名］過ぎ去った昔。往古。おうじゃく。

おう-せつ【応接】［名・自他サ変］訪れる人に会って、その相手をすること。＝「来客を／に—する」「—に暇（いとま）がない（＝次々と来客があって休む間もない）」「—室」

おう-せん【応戦】［名・自サ変］相手の攻撃に応じて戦うこと。＝「果敢に［必死に］—する」

おう-せん【横線】ワウ［名］横に引いた線。よこせん。⇔縦線

おう-そ【応訴】［名・自サ変］民事訴訟で、相手の訴訟に対抗して被告が訴訟を起こすこと。

おう-そう【押送】アフ［名・他サ変］被疑者・被告人・受刑者などを監視しながら別の場所に送り移すこと。護送。

おうそう-だん【応相談】—サウダン［名］相談に応じること。＝「勤務時間は—」⬇要相談

おう-ぞく【王族】ワウ［名］王の一族。王家。

お-うた【▽御歌】［名］❶和歌をいう尊敬語。❷天皇・皇后や皇族が作った和歌。＝「—会（＝宮中で催される和歌の会）」▼天皇の作る和歌は特に御製（ぎょせい）という。❸「歌」の尊敬・美化語。＝「—がお上手ですね」「皆で—を歌いましょう」

おう-だ【殴打】［名・他サ変］なぐること。＝「顔面を—する」「金属バットで—する」

おう-たい【応対】［名・自サ変］相手になって受け答えをすること。＝「応募者の—に忙しい」

おう-たい【黄体】ワウ［名］脊椎（せきつい）動物の卵巣中に排卵後にできる黄色の組織。

おう-たい【横隊】ワウ［名］よこに並んだ隊形。⇔縦隊

おうたい-ホルモン【黄体ホルモン】ワウタイ—［名］黄体や胎盤などから分泌される雌性ホルモン。子宮内膜を変化させて受精卵の着床を円滑にし、また妊娠を継続させる。

おう-だく【応諾】［名・自他サ変］人の頼みや申し込みを引き受けること。承諾。＝「即座に—する」

おうた-どころ【▽御歌所】［名］宮内省の管理に属し、天皇・皇后の御製・御歌、御歌会に関する事務などを扱った役所。▼一八八八（明治二一）年設置、一九四六（昭和二一）年廃止。

おう-だん【応談】［名］相談に応じること。相談して決めること。＝「—価格（＝中古品などで、買い手との相談に応じて決める価格）」「ペット—の物件」

おう-だん【黄▼疸】ワウ［名］胆汁（たんじゅう）の色素が血液中に増加し、皮膚や粘膜が黄色くなる症状。

おう-だん【横断】ワウ［名］❶［他サ変］横の方向に切断すること。＝「—面」❷［自サ変］横切ること。＝「—歩道」❸［自サ変］大陸・大洋を東西に通り抜けること。＝「太平洋を—する」◈①③⇔縦断

おうだん-ほどう【横断歩道】ワウダンホダウ［名］道路標識や道路表示によって、車道を横断する歩行者用に歩行範囲を示してある道路区域。

おうだん-まく【横断幕】ワウダン—［名］標語や主張などを書いた横長の幕。＝「応援席に—を掲げる」

おうち【▼楝・▼樗】アフチ［名］〔古風〕栴檀（せんだん）。

おう-ちゃく【横着】ワウ［名・形動・自サ変］楽をしてことをすまそうとすること。また、ずうずうしくて、ずるいこと。＝「—して返事もよこさない」派生 -さ

おう-ちょう【王朝】ワウテウ［名］❶帝王が自ら政治を行う所。❷同じ王家に属する帝王の系列。また、その帝王が統治している時期。＝「ブルボン—」❸日本で、天皇が政治を行った奈良時代・平安時代のこと。特に、平安時代。＝「—文学」⇔武家時代 ▼「王朝時代」の略。

お-うつり【▽御移り】［名］⬇移り②

おう-て【王手】ワウ［名］将棋で、相手の王将を直接攻めたてる手。使い方 もう一歩で物事が成就する段階のたとえにもいう。＝「優勝に—がかかる」

おう-てっこう【黄鉄鉱】ワウテツクワウ［名］鉄と硫黄（いおう）からなる淡黄色の鉱物。六面体・八面体などの結晶で産出する。硫黄・硫酸などの製造原料。

おう-てん【横転】ワウ［名・自サ変］❶横倒しにころぶこと。＝「バイクが—する」❷水平飛行中の航空機が機体を軸として右または左に回転すること。

おう-と【王都】ワウ［名］王宮のある都。帝王の住む都。

おう-と【▼嘔吐】［名・他サ変］胃の内容物を吐きもどすこと。＝「食べた物を—する」「—をもよおす（＝吐きけがする。また、きわめて不快に感じる）」

おう-ど【王土】ワウ［名］帝王の統治する土地。

おう-ど【黄土】ワウ［名］❶黄褐色または淡黄色の粒子の細かな土。中国の黄河（こうが）流域などに多く見られる。こうど。＝「—層」❷酸化鉄・水酸化物などを含む黄色い土。黄色顔料の原料とする。オーカー。

おうど-いろ【黄土色】ワウド—［名］黄色を帯びた茶色。

おう-とう【応答】—タフ［名・自他サ変］問いかけや呼び

かけに答えること。うけこたえ。≡「呼びかけに—する」「検索の結果を即座に—するシステム」「質疑—」

おうとう【桜桃】アウタウ［名］❶果樹として栽培するバラ科サクラ属の落葉高木。果実は「さくらんぼ」と呼び、六月ごろ赤く熟す。品種が多い。❷ユスラウメ。

おうとう【黄桃】ワウタウ［名］モモの一品種。果肉は黄色く、多くは缶詰に加工される。

おうどう【王道】ワウダウ［名］❶儒教で、有徳(うとく)の君主が仁徳をもって国を治める政治の道。≡「—楽土」⬌覇道(はどう)▽孟子(もうし)が説いた。❷安易な方法。近道。≡「学問に—なし」▽royal road の訳語。❸最も正統的な道。≡「古典研究の—を行く」

おうどう【黄銅】ワウ—［名］⬇真鍮(しんちゅう)

おうどう【横道】ワウダウ［名］人としての正しい道からはずれていること。また、正しくないと知りながら行うこと。

おうとつ【凹凸】アフ—［名］❶表面が平らでないこと。でこぼこ。≡「—のある路面」❷均等でないこと。

おうな【▼媼・▼嫗】［名］〔古風〕年をとった女性。老女。⬌翁(おきな)▽「おみな」の転。

おうなつ【押▼捺】アフ—［名・自他サ変］判や指紋を押すこと。≡「所定の欄に—する」

おうねつびょう【黄熱病】ワウネツビヤウ［名］熱帯地方に多い、急性の感染症。蚊(か)が媒介するウイルスによって起こり、高熱・胃腸出血・黄疸(おうだん)などを伴う。

おうねん【往年】ワウ—［名］過ぎ去った昔。≡「—の名投手」▽多く、盛んだった一時期を回想していう。

おうのう【▼懊悩】アウナウ［名・自サ変］悩み苦しむこと。≡「罪の意識に—する」

懊

おうばくしゅう【黄▼檗宗】ワウバク—［名］曹洞(そうとう)宗・臨済宗とともに日本三禅宗の一つ。江戸時代初期、明(みん)の僧隠元(いんげん)が京都の宇治に黄檗山万福寺(まんぷくじ)を建立して広めた。黄檗。

おうはん【凹版】アフ—［名］インキのつく部分が版面よりもくぼんでいる印刷版。紙幣などの印刷に用いる彫刻凹版や、グラビア版など。

おうひ【王妃】ワウ—［名］❶国王の妻。きさき。❷日本の皇族で、王の称号をもつ者の配偶者。

おうひ【奥秘】アウ—［名］奥深いところに秘められた大切な意義。奥義(おうぎ)。

おうふう【欧風】［名］ヨーロッパ風。洋風。≡「—建築」「—カレー」

おうふく【往復】ワウ—［名］❶［自サ変］行って、また帰ってくること。行ったり来たりすること。また、その道のり。≡「会社と自宅を—する毎日」「一日三—のバス」❷一定の区間を一往復する乗車券。▽「往復切符」の略。❸［自サ変］手紙などの行き来。やりとり。≡「書簡の—」

おうふくはがき【往復葉書】ワウフク—［名］往信用と返信用とがひと続きになった郵便はがき。

おうぶん【応分】［名・形動］身分や能力にふさわしいこと。分相応。≡「各自が—に責任を果たす」⬌過分

おうぶん【欧文】［名］欧米諸国で用いられている文字。特に、ローマ字。また、それで書かれた文章。

おうへい【横柄】ワウ—［形動］偉そうな態度で、人を見くだすさま。≡「—な口をきく」書き方「押柄」「大柄」とも。派生—さ

おうべい【欧米】［名］ヨーロッパとアメリカ。≡「—諸国・—文学」

おうへん【応変】［名］思いがけない変化に対して適切に対応すること。≡「臨機—」

おうぼ【応募】［名・自他サ変］募集に応じること。また、募集に応じ、採用や入選を目指して意見や作品を送ること。≡「懸賞小説に—する」「コンテストにイラストを—する」「—者」注意 募集する側の行為をいうことも多いが、本来は誤り。≡「×標語の応募を受け付ける」

おうほう【応報】［名］善悪の行為に応じて受けるむくい。≡「因果—」

おうほう【往訪】ワウハウ［名・自サ変］こちらから訪ねていくこと。訪問。≡「先輩の家に—する」⬌来訪

おうぼう【王法】ワウボフ［名］仏教で、国王の定めた法令。また、（仏法に対して）俗界を治める政治。⬌仏法

おうぼう【横暴】ワウ—［名・形動］権力や腕力をよいことに、わがままで乱暴な行いをすること。派生—さ

おうまがとき【▼逢魔が時】アフマ—［名］夕方の薄暗いとき。たそがれどき。▽災いが起こる時刻の意の「大禍時(おおまがとき)」の転。

おうむ【▼鸚▼鵡】アウ—［名］オウム科の鳥のうちインコ類を除いたものの総称。種類は多いが、ふつう頭に羽冠があって、尾は短い。人のことばや他の動物の声をまねる。

鸚鵡

おうむがえし【▼鸚▼鵡返し】アウムガヘシ［名］人の言ったことばをそのままに言い返すこと。

おうめんきょう【凹面鏡】アフメンキヤウ［名］反射面が凹状に湾曲している球面鏡。反射望遠鏡・集光器などに用いる。⬌凸面鏡

おうもんきん【横紋筋】ワウモン—［名］筋繊維に細かな横じまのある筋肉。骨格に付着して運動をつかさどる骨格筋と心臓の壁をつくる心筋とがある。

おうよう【応用】［名・他サ変］得た原理・知識などを、他の（具体的な）事柄にあてはめて用いること。≡「磁石の原理を—した機械」「—範囲の広い技術」

おうよう【▼鷹揚】—ヤウ［名・形動］ゆったりとして細かいことにこだわらないこと。おおらかであること。≡「—な態度で話す」「—に構える」▽鷹(たか)が大空をゆうゆうと飛揚(ひよう)するさまから。⬇大様(おおよう) 派生—さ

鷹

［ことば探究］「鷹揚」の使い方

▼人物の口調・表情などについて言うことが多い。制度・組織等の性質については「寛容」などを使う。

「移民に×鷹揚な／○寛容な 国家」

▼気にしたり、とがめる態度をとったりしてもおかしくないところを、気にしない態度であるというニュアンスに重点が置かれることも多い。

「ミスの報告に対してオーナーは鷹揚に笑った」

おうらい【往来】ワウ—［名］❶［自サ変］ある場所を行ったり来たりすること。ゆきき。≡「車の—が激しい」「生死の境を—する」❷［自サ変］思いや記憶などが意識にのぼること。去来。≡「あの人の姿が絶えず胸を—する」❸道路。街道。≡「—に面した家」❹［自サ変］互いに行き来すること。≡「親しく—する」❺初等教育用、特に寺子屋用として編集された教科書。▽「往来物(おうらいもの)」の略。平安末期の書簡の模範文例集から始まり、明治初期まで用いられた。

おうりつ【王立】ワウ—［名］王または王族が設立すること。また、その施設。≡「—劇場」

おうりょう【横領】ワウリヤウ［名・他サ変］他人の物や公

共の物を不法に自分の物にすること。〓「―罪」

おう-りん【黄▼燐】ワウ［名］淡黄色・半透明の蠟状(ろうじょう)の固体。暗所では燐光を発し、空気中では自然発火する。猛毒。白燐。

おう-れつ【横列】ワウ［名］横に並ぶこと。また、その列。〓「―を組む」「―縦隊」⇔縦列

おう-レンズ【凹レンズ】アフ［名］中央部が薄く、へりになるほど厚くなったレンズ。光を発散させる作用があり、近視用眼鏡などに用いる。⇔凸レンズ

おう-ろ【往路】ワウ［名］行くときに通る道。また、行き。⇔帰路・復路

オウン-ゴール【own goal】［名］サッカーなどで、誤って自陣ゴールにボールを入れたために相手に与えた点。自殺点。

オウンド-メディア【owned media】［名］企業や組織が、自ら発行・運営を行う広報誌やパンフレット、サイトなど。自社メディア。

お-えしき【▽御会式】ヱシキ［名］⇒会式(えしき)②

お-えつ【▼嗚▼咽】ヲ［名・自サ変］声をつまらせて泣くこと。むせび泣き。〓「―がこみあげる」

おえらい-さん【お偉いさん】［名］地位の高い人。

おえら-がた【お偉方】［名］地位の高い人たち。〓「会社の―」▼皮肉やからかいの感情をこめて使う。

お・える【終える】ヲヘル［動下一］一［他］❶続けてきたことをそこでおしまいにする。終わりにする。済ませる。〓「結婚式を―・えた二人」「午前中に仕事を―」⇔始める 使い方⇒終わる ❷続けてきた勤めや役割などをおしまいにする。また、その期間をおしまいにする。特に、命を閉じる。〓「新入社員が研修(期間)を―」「幸福な生涯を―」

二［自］終わる。〓「宿題が―・えたら遊べるよ」使い方 自動詞の「終わる」は普通に他動詞に使うが、他動詞の「終える」を自動詞に使うことはまれ。

三〈動詞連用形に付いて複合動詞を作る〉その動作を終了させる意を表す。…てしまう。〓「今、書き―・えたところだ」「一人で二〇〇球を投げ―」「食べ―・話し―」⇔始める 使い方「終わる」ともいうが、「終える」のほうが動作主の意図が強く出る。

◈書き分け「卒業」を踏まえて「▽卒える」(学業を卒える)、一区切りついて終える意で「▽了える」(手紙を書き了える)とも書くが、一般には【終】を使う。文を・ふ

おお【感】❶応答したり承諾したりするときに発する語。〓「―、いいとも」「―、合点だ」❷驚いたり感動したりしたときに発する語。〓「―、びっくりした」「―、なんと美しい夕焼けだ」❸急に思い出したり、思い立ったりしたときに発する語。〓「―、そうだ」「―、もう出かける時間だ」◈書き方「おう」とも。①は「応」を当てることもある。

おお【大】オホ（造）〈おもに名詞に付いて〉❶サイズ・数量・規模が大きい。〓「―型・―広間・―海原・―食い・―掃除・―がかり」❷程度が激しい。〓「―降り・―騒ぎ・―真面目」❸予想を超える。〓「―穴・―事」❹細やかでない。だいたいの。〓「―味・―づかみ」❺究極の。一番の。〓「―詰め・―晦日(おおみそか)・―一番」❻序列が上である。〓「―君・―叔父・―旦那(おおだんな)」❼尊敬の意を表す。〓「―殿」◈読み分け(1)次の語は「おお」と読む。「大怒(おおいか)り・大急ぎ・**大一番**・大威張り・大海原(おおうなばら)・大叔父・**大火事**・大株主・**大看板**・大食い・**大喧嘩**・**大御所**(おおごしょ)・大騒ぎ・大仕掛け・大しくじり・大仕事・**大時代**・大芝居・**大所帯**(おおじょたい)・大相撲・**大掃除**・**大騒動**・大助かり・**大天井**・**大道具**・大トロ・**大人数**・大博打(おおばくち)・大引け・大広間・大風呂敷・大部屋・大まじめ・大間違い・大回り・大晦日(おおみそか)・大目玉・**大文字**(おおもじ)・大盛り・大喜び・大わらわ」(2)次の語は「だい」と読む。「大悪人・大宇宙・大会社・大回転・大火災・大家族・大活劇・大活躍・大逆転・**大嫌い**・大規模・大事件・大自然・大失敗・大手術・大上段・大勝利・大震災・大人物・大進歩・**大好き**・大スクープ・**大それた**・大ピンチ・大文字(だいもんじ)・大問題・大躍進・大リーグ・大流行・大論争」(3)次の語は「おお」と「だい」のどちらも読み、ゆれている。「大地震(おお/だいじしん)・大ジョッキ(おお/だいジョッキ)・大舞台(おお/だいぶたい)・大迷惑(おお/だいめいわく)」●原則として漢語の上に付く「大」は「だい」、和語の上に付く「大」は「おお」と読むが、例外(太字のもの)も多い。

おお-あきない【大商い】オホアキナヒ［名］❶規模の大きな商売。⇔小商い ❷取引額の大きな売買。⇔薄商い

おお-あざ【大字】オホ［名］町村の行政区画の一つ。中に小字(こあざ)を含むやや広い区域。

おお-あし【大足】オホ［名］❶足の寸法が大きいこと。❷歩幅が大きいこと。大また。❸泥田(どろた)で使う、板で作った足駄状の大きな履物。田下駄(たげた)。

おお-あじ【大味】オホアヂ［名・形動］❶味が単純で、微妙な風味に乏しいこと。〓「―でまずい魚」❷おおざっぱで、こまやかな趣に乏しいこと。〓「―な作風」◈⇔小味

おお-あせ【大汗】オホ［名］多量の汗。〓「―をかく」

おお-あたり【大当たり】オホ［名・自サ変］❶予想がぴたりと的中すること。また、くじ引きなどで大きな賞が当たること。❷商売や興行が大成功をおさめること。〓「新手の商法が―する」

おお-あな【大穴】オホ［名］❶大きな穴。❷金銭上の大きな損失。❸競馬・競輪などで、大きな番狂わせ。また、それによる大もうけ。〓「―をねらう」

おお-あま【大甘】オホ［形動］厳しさに欠け、寛大にすぎるさま。また、楽観的すぎるさま。〓「孫に―な祖父」

おお-あめ【大雨】オホ［名］大量に降る雨。

おお-あり【大あり(大有り)】オホ［名］「ある」ということを強めていう語。きわめてたくさんあること。言うまでもなくあること。〓「不平も不満も―だ」

おお-あれ【大荒れ】オホ［名・形動］❶荒廃がはなはだしいこと。❷ひどく乱れて平穏でなくなること。〓「会議が―に荒れる」❸天候がひどく悪化して穏やかでなくなること。〓「台風で―の海」❹予想が大きく外れて、思いがけない結果になること。〓「―のレース」

おお-あわて【大慌て】オホ［名・形動］非常にあわてること。〓「―で支度をする」

おおい【覆い(▼掩い・▽蔽い・▽被い)】オホヒ［名］物の上からかぶせて隠すこと。物の前にかけて隠すこと。また、そのもの。〓「積み荷に―をかける」書き分け⇒覆う

おお・い【多い】オホイ［形］❶ものの数や量が大きい。たくさんある。〓「メスよりオスの方が(数が)―」「この店の定食は量が―」「彼は芸能界に知人が―」❷全体に占める割合や度合いが大きい。〓「糖分[水気]が―」「今日の出席者は子供連れが―」❸頻度(ひんど)や確率が大きい。よくある。ありがちだ。多く…だ。〓「この地方は地震が―」「中断する場合も―」「子犬に―病気」⇒多く二 ❹年

をとっている。年が上だ。年長だ。‖「私は妻より年が三つ—」❺(人の性情が)その傾向が強い。‖「血の気[むらっ気・芝居っ気]が—」◈⬍少ない 派生 -さ

品格 数多(あまた)「引く手—」 幾多「—の試練に堪える」 大勢「—が集まる」 夥(おびただ)しい「—がれきの量」 大量「—に仕入れる」 多数「—の投書があった」 豊富「—な資源」 ◉「大勢」は人に関してのみ、「幾多」は事柄に関してのみ使う。「夥しい」は、古風であるとともに、それが好ましくない状態であるというニュアンスがある。

「多い」を表す表現

飽きる[嫌という/嫌になる/うんざりする]ほどある・有り余るほどある・うなるほどある・売るほどある・驚く[あきれる/びっくりする/目を見張る]ほどある・数え切れないほどある・腐るほどある・掃いて捨てるほどある・降るほどある・星の数ほどある・升で量るほどある・目を突くほど(=すぐに目に入るほど)ある・山ほどある

おびただしい[巨大な/甚大な/絶大な/大変な/多大な/天文学的な/莫大(ばくだい)な/膨大な]数に上る・うじゃうじゃ[うようよ/ごろごろ/わんさか]いる・ごまんと[うんと/たんと]ある・無慮数万を数える

十指(じっし)に余る・多士済々(たしせいせい)・枚挙に暇(いとま)がない

おおい【感】遠くにいる人に呼びかけるときに発する語。‖「—、待ってくれ」

オー-イー-シー-ディー【OECD】[名] 経済協力開発機構。国際経済の安定、貿易の拡大、発展途上国に対する援助などを目的とする国際協力機構。▼Organisation for Economic Co-operation and Development の略。

おお-いそぎ【大急ぎ】オホ [名・形動] 非常に急ぐこと。‖「—で食事をすます」

オー-いち-ごなな【O157】[名] 腸管出血性大腸菌。病原性大腸菌の一つで、ベロ毒素によって激しい腹痛を伴う下痢(げり)を引き起こす。合併症で死に至る場合もある。▼「オーイチゴーナナ」と発音することが多い。

おお-いちばん【大一番】オホ [名] 相撲・将棋などで、優勝を決定するような大事な勝負。‖「横綱昇進をかけた—」

おお-いちょう【大〈銀▼杏〉】オホイチャウ [名] ❶イチョウの大木。❷武士の髪型の一つ。髷(まげ)の先をイチョウの葉の形に大きく広げて結うもの。現在では相撲の十両以上の力士が結う。

おおい-なる【大いなる】オホイ [連体] 大きな。また、偉大な。‖「—山河を望む」「—野望を抱く」▼文語形容動詞「おおきなり」の連体形「おおきなる」の転。

おおい-に【大いに】オホイ [副] ❶十分だと思うまで。こころおきなく。‖「—飲む」「—語る」❷心からそう受け止めるさま。‖「いたずらも—結構」❸可能性が高いさま。‖「逆襲も—考えられる」◈ ✓注意 「多いに」と書くのは誤り。

おお-いばり【大威張り】オホヰバリ [名・形動] ❶ひどくいばっていること。❷なんの遠慮もなく堂々とふるまうこと。‖「商談さえまとまれば—で帰国できる」

おお-いり【大入り】オホ [名] 興行などで、客がたくさん入ること。‖「—満員」

おおいり-ぶくろ【大入り袋】オホイリ [名] 興行などで大入りのとき、金銭を入れて従業員などの関係者に配る祝儀の袋。▼袋の表に「大入」と記す。

おお・う【覆う(▼掩う・▽蔽う・▽被う)】オホフ [他五] ❶布などをすっぽりとかけて見えなくする。かぶせおおう。‖「食卓を白い布で—」「手で顔を—って泣く」「失言に気づき慌てて口を—」❷目や耳などの感覚器官を手でふさいで、それが機能しないようにする。‖「あまりの惨事に目を—」❸雪や霧などの自然現象やある雰囲気などが全体をすっぽりと包み込む。‖「雲が空を—」「辺り一面が霧に—・われる」「会場が熱気に—・われる」▼受身の形が多い。❹すみずみまで行き渡る。‖「名声はあまねく天下を—」▼漢文訓読調の言い方。❺さえぎって隠す。おおいかくす。隠蔽(いんぺい)する。‖「不始末は—べくもない」◈ 書き分け 【掩】は手などでおおい隠す意で、【蔽】はさえぎって隠す意で、【被】は衣服をまとう意で、「目を掩う」「霧に蔽われる」「黒衣で全身を被う」などと使うが、一般に【覆】でまかなう。また「棺を蓋う」など、まれに「▽蓋う」とも書くが、【覆】でまかなう。 可能 覆える 名 覆い

おお-うちがり【大内刈り】オホ [名] 柔道の足技の一つ。相手の足を内側から刈るように払い、体をあずけて仰向けに倒す技。

おお-うつし【大写し】オホ [名・他サ変] クローズアップ。

オー-エー【OA】[名] コンピューターなどの導入によって事務の省力化を図ること。また、そのシステム。‖「—機器」▼office automation の略。

オー-エス【OS】[名] コンピューターのシステムを管理し、基本的な操作環境やアプリケーションが作動するための環境を提供している基本ソフトウエア。▼operating system の略。

オー-エル【OL】[名] 女性の会社員・事務員。▼和製 office＋lady の頭文字から。

おお-おく【大奥】オホ [名] 江戸城内で、将軍の夫人(御台所(みだいどころ))や側室が住んでいた所。▼将軍以外は男子禁制であった。

おお-おじ【大《伯父》・大《叔父》】オホヲヂ [名] 祖父母の兄弟。両親のおじ。 書き分け 祖父母の兄の場合は「大伯父」、祖父母の弟の場合は「大叔父」と書く。共通の表記として「〈従祖父〉」とも。

おお-おば【大《伯母》・大《叔母》】オホヲバ [名] 祖父母の姉妹。両親のおば。 書き分け 祖父母の姉の場合は「大伯母」、祖父母の妹の場合は「大叔母」と書く。共通の表記として「〈従祖母〉」とも。

おお-がかり【大掛かり】オホ [形動] 手間や費用が多くかかるさま。大規模。‖「—な仕掛け」

おお-かぜ【大風】オホ [名] 激しく吹く風。強風。

おお-かた【大方】オホ ㊀[名] ❶[副] 全部ではないが、大部分。ほとんど。だいたい。あらかた。‖「論文の—は理解できた」「—の会社は六〇歳で定年だ」「原稿は—書けた」❷世間一般の人々。‖「—から意見を聞く」㊁[副] 多分。おそらく。‖「—居眠りでもしたのだろう」

おお-がた【大形】オホ [名] ❶それ自体の形(かた)が大きいこと。なりや作りが大きいこと。‖「—の花[昆虫・魚・ノート・封筒]」⬍小形 ❷[古風] 大きな形の模様。大柄。‖「—のゆかた」

おお-がた【大型】オホ [名] 同類のものと比べて規模やスケールが大きいこと。‖「—の台風[バス・テレビ・新人]」「—車(しゃ)・—犬(けん)」⬍小型

オーガナイザー[organizer] [名] ❶組合や政

党を組織したり、労働者や大衆に働きかけて組織の強化・拡大を図る活動家。オルグ。❷主催者。◈「オルガナイザー」とも。

オーガニック【organic】［名・形動］農産物の栽培に当たって農薬や化学肥料など化学的なものを一切使わないこと。無農薬有機栽培。‖「—食品」

おお-かみ【▼狼】［名］❶耳の立ったイヌに似るイヌ科の哺乳類。吻が長く、たれ下がった尾は太い。性質は荒く、大形のシカなどを捕食し、時には家畜を襲う。日本には近縁種のニホンオオカミ（＝ヤマイヌ）が生息したが、明治三八（一九〇五）年以降は捕獲例がなく、絶滅種とされる。▽「大神」の意。日本では古くから超自然の能力をもつ獣とされ、山神の化身・使者（＝お犬様）として敬われた。❷表面はやさしそうだが、すきがあれば襲いかかろうとする恐ろしい人。‖「送り—」

おおかみ-しょうねん【▼狼少年】［名］❶狼に育てられた少年。❷同じうそを繰り返す人。また、何度も人をだまして信用を失った人。語源 イソップ寓話の、何度も「狼が来た」とうそをつき、本当に狼が来たときには信用されなかった少年の話から。

おお-がら【大柄】［名・形動］❶体がふつうよりも大きいこと。‖「—な選手」❷模様や縞柄がふつうよりも大きいこと。‖「—の花模様」◈⇕小柄

おおかれ-すくなかれ【多かれ少なかれ】［連語］多い少ないの差があっても。大なり小なり。いずれにしても。‖「—だれにでも欠点はある」

おお-かわ【大▽鼓（大革）】［名］大鼓。

オーガンジー【organdy】［名］張りのあるごく薄手の平織綿布。絹・合成繊維のものもある。婦人服や造花などに用いる。

おお-かんばん【大看板】［名］寄席・芝居などで、一流の芸人や俳優。▽立て看板などに特に大きく名を書いたことから。注意「だいかんばん」は誤り。

おおき・い【大きい】［形］❶（視覚的にとらえて）物体が空間を占める量が多い。面積・体積・寸法などが大である。‖「彼は体が—」「隣家の敷地は—（＝広い）」「この服は私には（サイズが）—」「字を—・く書く」❷音の量が多い。‖「電話の声が—」❸年が上である。‖「—方の兄さん（＝長兄）にしかられた」使い方「—・くなる」の形で、子供が成長して大人になる意にも。‖「—・くなったら野球選手になりたい」❹（数量的にとらえて）物事の規模や程度がはなはだしいさま。大である。‖「5は3より数が—（＝多い）」「この会社は規模が—」「金額が—・くて（＝高くて）買えない」「貧富の差が—」「速度が—（＝速い）」「角度が—（＝広い）」❺（数量を感覚的にとらえて）その程度・可能性・傾向などがはなはだしいさま。特に、問題が軽視できないさま。‖「苦労が—・ければ成功の喜びも—」「山好きになったのは兄の影響が—（＝強い）」「この病気は再発する可能性が—（＝高い）」「放置すると騒ぎが—・くなる」❻度量や包容力がある。‖「肝っ玉が—」「酒を飲むと気が—・くなる」「人物が—」❼分をわきまえずに偉そうにするさま。‖「態度が—」◈⇕小さい 使い方 ⑴俗語的な語に「で（っ）かい」がある。⑵「大きな」は連体用法しかなく、「大きい／大きな木［人・家・会社・町…］」など、具象名詞の形容では入れ替えが自由にきく。抽象度の高い「大きな事件が起こる」「大きな問題を抱える」「大きな成功を収める」「大きな感銘を受ける」では「大きな」が優勢。「小さい／小さな」の場合もほぼこれに同じ。慣用句的な「大きな態度［顔］をする」では、「大きな」のほうが圧倒的に優勢。「大きなお世話だ」のように「大きい」とは言えないものもある。「失敗の公算の大きい／大きな企画」のように述語としても働く場合は、「大きい」のほうが標準的。派生 -さ

◉**大きく・出る** 大げさなことを言う。また、分をわきまえず、偉そうなことを言う。‖「優勝したいとは—・出たな」

「大きい」「小さい」を修飾する表現

大変［非常に／極めて／けた外れに／けた違いに／とてつもなく／恐ろしく／むやみに／やたらに／めっぽう／すこぶる／（もの）すごく／ずば抜けて／驚くほど／あきれるほど／びっくりするほど］大きい／小さい
目を見張るほど［見上げるほど／はみだすほど／計り知れないほど／抱えきれないほど］大きい
目に見えないほど［取るに足りないほど／無視できるほど／手で持てるほど／ポケットに入るほど／形がわからないほど／顕微鏡でも見えないほど］小さい

「大きい」「小さい」の比喩表現

［大きい］大男が山［岩］のように行く手を妨げる・象［クマ］のような大きな体でのし歩く・御殿［お城／シャトー］のような大邸宅に住む・山［ピラミッド／万里の長城］のように大きい建造物・海のように大きい心・一時代を画する［歴史に残る／世界を震撼させる／天地を揺るがす］ような大事件
［小さい］芥子粒［粟粒／豆粒／米粒］のように小さい・遠目には豆粒［アリ／マッチ箱／おもちゃ］のように小さく見える・生まれたばかりの赤ちゃんのように小さい・マッチ箱［ウサギ小屋］のように小さな家に住む・毛穴のように小さな欠点をあげつらう・蚊の鳴くような声で訴える・毛穴［針穴／針の目］ほどの信頼も寄せてくれない・親切心はノミのまなこ［ノミの卵／蚊のまつげ］ほどもない

おおき-さ【大きさ】［名］❶空間を占める物体のもつ、長さ・広さ・かさなどの数量的な属性。また、その広がりの程度。‖「形ある物にはすべて—がある」「机の—（＝長さ・寸法）を測る」「土地の—（＝広さ・面積）を比べる」❷物事を大きい・小さいの尺度で見た場合の、その程度。‖「点Aにかかる力の—（＝圧力）を求めよ」「取引の—に応じて融資する」❸物事の数量・程度がはなはだしく大きいこと。‖「ピラミッドの—に圧倒される」「反応の—に驚く」⇕小ささ

おおき-な【大きな】［連体］「大きい」に同じ。‖「家のそばに—鉄塔がある」「—音がする」「—影響を与える」「—態度をとる」⇕小さな◈文語形容動詞「大きなり」の連体形「大きなる」の転。使い方 ⑴「体［肝っ玉］が—人」のような、形容動詞連体形の名残をとどめた述語用法もある。⑵⇩大きい［使い方］⑵

◉**大きなお世話だ** 他人の助けを無用なものだとしてののしっていう。いらぬお節介だ。

◉**大きな顔を・する** 偉そうな顔つきを見せる。また、悪びれた風もなく平然としている。‖「働きもせず—・している」

おおき-に【大きに】［一］［副］〔古風〕おおいに。たいそう。‖「—ありそうな話だ」「—お世話だ（＝非常に迷惑だ）」▽文語形容動詞「おおきなり」の連用形から。

㊁〔感〕感謝の気持ちを表す語。ありがとう。▽関西の方言。「おおきにありがとう(さん)」の略。

おお-きみ【大君】オホ〔名〕〔古風〕❶天皇の敬称。❷親王・王子・王女などの敬称。

オー-きゃく【O脚】〔名〕直立したとき両膝(ひざ)が離れ、下肢全体がO字の形に湾曲する脚。内反膝(ないはんしつ)。⬍X脚

おお-ぎょう【大仰(大形)】オホギヤウ〔形動〕おおげさなさま。「ーな身ぶり」派生-さ

おお-ぎり【大切り】オホ〔名〕❶物を大きく切り分けること。また、その切り身。「ーのカステラ」❷芝居で、その日の最後の出し物。また、寄席で、最後の演者が終わったあとで見せるサービスの演芸。書き方「切」の字を忌み、縁起をかついで「大喜利」とも。

おおく【多く】オホク㊀〔名・副〕❶数量が多いこと。たくさん。多数。「ーの人と出会う」「義援金がー寄せられた」「私は書物からーを学んだ」❷ある集合の中の大多数。大部分。「学生のーが反対した」㊁〔副〕頻度や傾向が強いさま。よくあるさま。たいてい。「この種の土器はー北日本で発見される」◆形容詞「多い」の連用形から。㊁の副詞は、形容詞「多い」③の連用形とも解釈できる。

おお-ぐい【大食い】オホグヒ〔名〕食べ物をたくさん食べること。また、その人。大食漢。おおぐらい。

オークション【auction】〔名〕競り売り。競売。「絵画のー」「ネットー」

おお-ぐち【大口】オホ〔名〕❶おおきな口。また、大きくあけた口。「ーをあけて笑う」❷大げさなことば。また、偉そうなことば。「ーを叩(たた)く」❸売買・取引などの金額や数量がまとまって多いこと。「ーの注文」⬍小口 ◆「おおくち」ともいう。

おお-くら【大蔵】オホ〔名〕諸国からの貢(みつ)ぎ物を納めた大和朝廷の倉庫。▽斎蔵(いみくら)・内蔵(うちくら)とともに上代の三蔵の一つ。雄略天皇の時代に創建されたと伝えられる。

おおくら-しょう【大蔵省】オホクラシヤウ〔名〕財務省の旧称。

オークル【ocre フランス】〔名〕❶黄土(おうど)。❷黄土色。◆「オーカー」とも。

オー-ケー【OK】㊀〔感〕承知した・よろしい、の意を表す。オーライ。㊁〔名・自他サ変〕同意すること。了承。「先方にーをもらう」「食事の誘いを/にーする」◆all correct を発音通りにつづった oll korrect の略という。「オッケー」とも。

おお-げさ【大▼袈▼裟】オホ〔形動〕内容や振る舞いが事実や通常より派手だったり誇張されていたりするさま。大仰。「彼の話はーだ」「ーに驚いてみせる」「還暦の祝いといってもーなことはやめましょう」▽もとの意は、刀などで大きく袈裟がけに(肩口から斜めに)人を切ること。

品格 大仰(おおぎょう)「ーな身振りで説明する」仰々しい「ー肩書き」誇大「ー広告」事々しい「事々しく取り上げる」物々しい「ー警備」

オーケストラ【orchestra】〔名〕管弦楽。また、管弦楽団。オケ。

オーケストラ-ピット【orchestra pit】〔名〕劇場などで、舞台と客席の間の、客席より低い位置に設けられたオーケストラ用の演奏席。オーケストラボックス。

おお-ごえ【大声】オホゴヱ〔名〕大きな声。たいせい。⬍小声

おお-ごしょ【大御所】オホ〔名〕❶隠居した征夷(せいい)大将軍。また、その居所。▽江戸時代、特に徳川家康と家斉(いえなり)を指した。❷ある分野・領域の実力者として(引退しても)大きな勢力をもっている人。「文壇のー」

おお-ごと【大事】オホ〔名〕重大なことがら。大事件。「放っておくとーになる」読み分け⑴重要な事柄・重大事件の意の「大事」は「おおごと」「だいじ」の両方の読みがあるが、「大事になりそうだ」「大事にならないとよいのだが…」「こいつは大事だ」などの「大事になる/ならない」「大事だ」は「おおごと」と読み、「大事に至る/至らずにすんだ」「皆様、大事ありませんか」などの「大事に至る/至らない」「大事ない」は「だいじ」と読む。⑵「大事(だいじ)」には「大切だ」の意もあるため、「大事になる」「大事だ」などは文脈によって「おおごと」「だいじ」のどちらで読むかを判断する。「大事な人/約束」など「大事な」の形は「だいじ」と読む。

おお-ざけ【大酒】オホ〔名〕多量の酒。また、多量に酒を飲むこと。「ー飲み」

おお-さじ【大▼匙】オホ〔名〕❶大形のさじ。❷調理に使う計量用の大きなさじ。容量はすりきり一杯で一五ミリリットル。「塩ー一杯」

おお-ざっぱ【大ざっぱ(大雑把)】オホ〔形動〕細かい点までは注意を払わないさま。おおまか。「ーに計算する」「仕上げがーで雑だ」派生-さ

おお-ざら【大皿】オホ〔名〕大きな皿。「ー料理」⬍小皿(こざら)

おお-さわぎ【大騒ぎ】オホ〔名・自サ変〕ひどく騒ぐこと。また、その騒ぎ。大騒動(おおそうどう)。「飲んでーする」「檻(おり)からトラが逃げてーになる」「上を下へのー」

おお-じ【大路】オホヂ〔名〕〔古風〕幅の広い道。大通り。「都ー」「朱雀(すざく)ー」⬍小路(こうじ)

お-お-し・い【雄雄しい】(▽男▽男しい)ヲヲ〔形〕男らしくて勇ましい。「ー・く敵に立ち向かう」派生-げ/-さ

オー-ジー【OG】〔名〕❶女性の卒業生。▽和製 old+girl の略。⬇OB ❷女性の事務員。女子社員。▽office girl の略。

オー-シー-アール【OCR】〔名〕紙面の文字などを光学的に読み取る装置。▽optical character reader の略。

オー-ジェー-ティー【OJT】〔名〕職場で実際の業務をしながら行う、従業員の教育訓練。▽on-the-job training の略。

おお-しお【大潮】オホシホ〔名〕潮の干満の差が最も大きいこと。また、そのとき。⬍小潮 ▽満月や新月の一、二日後に起こる。

おお-じしん【大地震】オホヂシン〔名〕⬇だいじしん

おお-じだい【大時代】オホ〔名〕❶浄瑠璃(じょうるり)・歌舞伎で、源平時代以前に題材をとったもの。王代物。▽「大時代物」の略。❷〔形動〕時代おくれで古めかしいこと。また、時代がかって大げさなこと。「ーなせりふ回し」◆注意「だいじだい」は誤り。

おお-しま【大島】オホ〔名〕鹿児島県奄美(あまみ)大島で作られる絣(かすり)模様の絹織物。高級な和服地の一つ。▽「大島紬(つむぎ)」の略。

オーシャン-ビュー【ocean view】〔名〕海が見えること。特に、ホテルの客室などから海が眺められること。

おお-じょたい【大所帯】オホ〔名〕同じ住居や生計

で生活する人の数が多いこと。また、その暮らし向き。▽仕事・活動などをともにする集団の人数が多いことにも言う。〓「うちのチームも―になってきた」書き方「大▽世帯」とも書くが、現在は「大所帯」が一般的。⬇所帯 注意「大所帯」を「だいしょたい」と読むのは誤り。「大世帯」は「おおじょたい」「おおせたい」と読み、「だいせたい」は誤り。

おお-すじ【大筋】(オホスヂ)［名］だいたいの筋道。あらまし。大略。〓「プランの―を説明する」

おお-ずもう【大《相撲》】(オホズマフ)［名］❶盛大に行われる相撲興行。特に、財団法人日本相撲協会が行う相撲興行。❷なかなか勝負のつかない力のこもった相撲。

おおせ【仰せ】(オホセ)［名］❶目上の人の言いつけをいう尊敬語。ご命令。〓「―に従う」❷相手の言うことをいう尊敬語。おことば。〓「―の通りです」◈動詞「仰(おお)す」の連用形から。

おお-ぜい【大勢】(オホ)［名］多くの人。たくさんの人。〓「―の観客」「子供達が―出てきた」⬍小勢(こぜい) 書き方 以前は「多勢」とも書かれた。

おお-ぜき【大関】(オホ)［名］大相撲で、力士の階級の一つ。三役の最上位で、横綱の次の位。▽もと、力士の最高位。その中から特に選ばれた者だけに横綱の称号が与えられた。

おおせ-つか・る【仰せつかる（仰せ付かる）】(オホセ)［自五］目上の人から命令を受ける。〓「大任を―」▽命令する人を高めていう語。

おお・せる【▽果せる・▽遂せる】(オホセル)［動下一］〈動詞の連用形に付いて複合動詞を作る〉動作をすっかりやり遂げることができる。…しきれる。…しとおせる。〓「まんまと逃げ―」「いつまでも隠し―ものじゃない」文 おほ・す

オーセンティック［authentic］［形動］本物であるさま。正統的であるさま。〓「―なフランス料理」

おお-そうじ【大掃除】(オホサウヂ)［名・自他サ変］家の内外の隅々まで念入りに掃除すること。また、その大がかりな掃除。〓「新年に向けて―をする」

おお-そうどう【大騒動】(オホサウドウ)［名］大変な騒動。ひどい騒ぎ。大騒ぎ。注意「だいそうどう」は誤り。

おお-ぞこ【大底】(オホ)［名］取引相場で、一定期間のうちにいくつか生じる底値のうち、一番安いもの。

おお-そと【大外】(オホ)［名］競馬のコースで、各コーナーの外側のところ。〓「―を回る」

おお-そとがり【大外刈り】(オホ)［名］柔道の足技の一つ。相手の足に外側から自分の足をかけ、そのまま刈るように払って倒す技。

おお-そとぐるま【大外車】(オホ)［名］柔道の足技の一つ。相手の体勢を前方に崩し、自分の足を相手の足の後ろ斜めに踏み込ませながら両手で相手をつり上げるようにして倒す技。

オーソドックス［orthodox］［形動］正統的・伝統的であるさま。〓「―な演奏」

おお-ぞら【大空】(オホ)［名］果てしなく広い空。

オーソライズ［authorize］［名・他サ変］正当と認めること。公認すること。〓「会議で―する」

オーソリティー［authority］［名］その分野での権威者。大家。〓「天文学の―」

おお-ぞん【大損】(オホ)［名・自サ変］大きく損をすること。大きな損失。〓「相場で―する」

オーダー［order］［名］❶順序。〓「―を組む」❷［他サ変］命じること。注文。〓「デザートを―する」

オーダー-メイド［和製 order＋made］［名］注文して作ること。また、その作られたもの。カスタムメイド。⬍レディーメイド

おお-だい【大台】(オホ)［名］❶株式市場で、百円を単位とした値段の区切り。▽十円を単位とする「台」に対していう。〓「七百円の―を割る」❷金額・数量の大きな境目となる（桁(けた)が一つ上の）段階。〓「売り上げが一億の―に乗る」

おお-だいこ【大太鼓】(オホ)［名］❶歌舞伎・郷土芸能などの囃子(はやし)に用いる大形の太鼓。台に据えて二本のばちで打ち鳴らす。❷舞楽の伴奏に用いる大形の太鼓。だだいこ。❸洋楽で用いる大形の太鼓。バスドラム。◈⬍小太鼓

おお-だすかり【大助かり】(オホ)［名］大きな助けとなること。〓「手伝ってくれて―だった」

おお-たちまわり【大立ち回り】(オホタチマハリ)［名］❶芝居などで、大がかりな立ち回り。❷派手なけんか。大乱闘。〓「酔って―を演じる」

おお-だてもの【大立者】(オホ)［名］❶芝居などで、一座の中心となる役者。❷その社会で最も重んじられている実力者。

おお-だま【大玉】(オホ)［名］大きい玉。打ち上げ花火の玉、弾丸、果実などの大きなもの。おおたま。

おお-だんな【大旦那】(オホ)［名］商家などで、主人親子のうち、親のほうの敬称。⬍若旦那

おおつ-え【大津絵】(オホツヱ)［名］江戸時代、近江(おうみ)の大津（＝今の滋賀県大津市）で旅人のみやげ用に売られた民俗絵画。仏画から始まり、後には鬼の念仏・藤娘(ふじむすめ)・瓢箪鯰(ひょうたんなまず)などの画題が多く描かれた。

おお-づかみ【大▼摑み】(オホ)［名］❶［他サ変］指を大きく広げてつかみ取ること。〓「菓子を―する」❷［形動］細部にこだわらないで、物事のおおよそをとらえること。〓「―に事件の経緯を話す」

おお-つごもり【大▼晦・大〈▼晦日〉】(オホ)［名］〔古風〕おおみそか。

おお-づつ【大筒】(オホ)［名］〔古風〕❶酒を入れる大きな竹筒。❷大砲。◈⬍小筒

おお-つづみ【大鼓】(オホ)［名］能の囃子(はやし)に用いる大型の鼓。左の膝(ひざ)の上に横たえて打つ。おおかわ。⬍小鼓

おおっ-ぴら【大っぴら】(オホッ)［形動］人目をはばからないさま。また、表だってあきらかになるさま。〓「―に酒を飲む」「―には口にできない話」注意 俗に「大っぴろげ」ともいうが、本来は誤り（「大っぴら」と「開けっぴろげ」の混交語）。

おお-つぶ【大粒】(オホ)［名・形動］粒が大きいこと。また、大きな粒。〓「―の涙がこぼれる」「―の実がなる」

おお-づめ【大詰め】(オホ)［名］❶芝居で、最終の幕。また、最終の場面。▽江戸時代には一番目狂言の最後の幕をいい、二番目狂言の最後の幕は「大切り」と呼んだ。❷物事の終わりの段階。終局。〓「捜査もいよいよ―を迎えた」

おお-て【大手】(オホ)［名］❶城の正面。また、城の表門。追手(おうて)。〓「―門」❷敵の正面を攻撃する軍勢。追手(おうて)。❸同業種の中で、特に規模の大きい企業。〓「業界―」「―筋（＝取引所で多額の売買をする人や会社）」◈①②⬍からめ手

◉**大手を振・る** 堂々と大いばりで歩く。転じて、はばかる

ことなく堂々と通用する。〓「不正が─って罷り通る」✓注意「大手」を「おおて」と読むのは誤り。

オーディーエー【ODA】［名］政府開発援助。▽Official Development Assistance の略。

オーディエンス［audience］［名］観客。聴衆。視聴者。

オーディオ［audio］［名］❶ラジオ・テレビなどの音声・音響に関する部分。⬍ビデオ ❷音楽などを聴くための音響受信・録音・再生装置。〓「─機器」

オーディション［audition］［名］歌手・俳優などを起用するために実技の審査をすること。また、その審査。

おお-でき【大出来】［名］見事なできばえ。また、予想以上のよい結果。

オーデコロン［eau de Cologne フランス］［名］アルコールに香料を加えた化粧水。▽「ケルンの水」の意。ドイツのケルンでつくられ、フランスに広まった。

おお-てんじょう【大天井】［名］取引相場で、一定期間のうちに生じる高値のうち、一番高いもの。

オート［auto］［名］❶自動車。オートバイ。〓「─ショー」❷自動。自動式。〓「─ストロボ」

オート［oat］［名］燕麦。

おお-どうぐ【大道具】［名］演劇の舞台装置で、役者が手に取らない大きな道具。背景・家屋・樹木・岩石など。また、それを扱う係。⬍小道具

おお-どおり【大通り】［名］町なかを通る幅の広い道。

おお-どか［形動］性質や言動が、おっとりしているさま。おおらか。おうよう。〓「─な性格」派生─さ

オートクチュール［haute couture フランス］［名］高級衣装店。特に、加盟に厳しい規定のあるパリの店をいう。また、そこで作られる高級注文服。

おお-どころ【大所】［名］❶大きな構えの家。資産家。大家。❷勢力をもつ、おもだった人。大家。

オードトワレ［eau de toilette フランス］［名］香料製品で、アルコールに対する香料の割合が香水とオーデコロンの中間のもの。オードトワレット。

おお-との【大殿】［名］〔古風〕❶貴人の当主、またはその父の敬称。⬍若殿 ❷大臣の敬称。おとど。◈もと、貴人の邸宅・宮殿をいう尊敬語。

オートバイ［名］小型のエンジンを備えた二輪車。自動二輪車。単車。▽和製 auto＋bicycle から。

オートフォーカス［和製 auto＋focus］［名］被写体にレンズを向けると自動的に焦点を合わせられる機構。また、それを備えたカメラ。AF。

オードブル［hors-d'œuvre フランス］［名］西洋料理の献立で、食事の最初に出される軽い料理。前菜。▽バーなどで洋酒のつまみにする軽い料理の意でも使う。オルドーブル。

オートマ［名］⬇オートマチック□二②

オートマチック［automatic］□一［形動］機械が自動的に操作するさま。自動的。□二［名］❶自動拳銃。また、自動小銃。❷自動車の自動変速装置。オートマ。AT。▽「オートマチックトランスミッション（automatic transmission）」の略。

オートマティスム［automatisme フランス］［名］理性や既成概念を排除して意識下の世界を表現するために、頭に浮かんでくる観念を次々に速記していく手法。フランスのシュールレアリスム芸術運動のなかで提唱された。自動記述法。

オートミール［oatmeal］［名］炒った燕麦をひき割りにしたり押しつぶしたりした食品。水・牛乳などでかゆ状に煮て食べる。

オートメーション［automation］［名］各種機械を組み合わせて製造工程の管理・作業などを自動的に処理する装置。また、その機構。自動制御。オートメ。

おお-とり【大鳥（▼鵬）】［名］❶大きな鳥。ツル・コウノトリなど。❷想像上の大きな鳥。鵬・鳳凰など。書き方②は「▼鳳」「▼鴻」とも。

オートレース［auto race］［名］小型自動車やオートバイのトラックレース。特に、車券を売って賭けの対象とするオートバイのレース。

おお-とろ【大とろ】［名］マグロのとろのうち、最も脂肪分の多い部分。書き方「大トロ」も多い。

オートロック［和製 auto＋lock］［名］ドアを閉めると自動的に鍵が掛かる仕組みの錠。

オーナー［owner］［名］所有者。特に、プロ野球の球団・会社・船舶などの所有者。

オーナーシェフ［和製 owner＋chef フランス］［名］レストランの経営者を兼ねる料理長。

オーナーシップ［ownership］［名］❶所有者であること。また、所有権。〓「─を主張する」❷主体性。〓「被援助国の─を支援する」

オーナードライバー［owner-driver］［名］自家用車をもっていて、自分で運転する人。

おお-なた【大▼鉈】［名］大きな、なた。

◉**大鉈を振る・う** 切るべきものは切って、思い切った整理をする。〓「経費削減［機構改革］に─」✓注意「ふるう」を「奮う」と書くのは誤り。

オーナメント［ornament］［名］飾り。装飾。また、装飾品。

おお-にゅうどう【大入道】［名］体が大きくて坊主頭の男性。また、その姿をした化け物。

おお-にんずう【大人数】［名］人数が多いこと。また、多くの人。多人数。おおにんず。〓「─で押しかける」⬍小人数 ✓注意「だいにんずう」と読むのは誤り。「大人数⬍小人数」「多人数⬍少人数」の対となる。

おお-ね【大根】［名］物事の根本。おおもと。

おお-ば【大葉】［名］❶大きな葉。❷青じその葉。刺身のあしらいや薬味などに使う。

オーバー［over］□一［名］❶［自サ変］数量や時間が限度を越えること。〓「予定の時間が─する」「希望者が定員を─する」❷「オーバーコート」の略。□二［形動］大げさなさま。〓「─な表現」

オーバーアクション［overaction］［名］身ぶりが大げさなこと。演技過剰。

オーバーオール［overall］［名］❶胸当ての付いたズボン。つなぎ。サロペット。❷汚れを防ぐために衣服の上から羽織るもの。上っ張り。

オーバーコート［overcoat］［名］外套。オーバー。

オーバーシューズ［overshoes］［名］雨のとき、防水用に靴をおおってつけるゴムやビニール製のカバー。

オーバーステイ［overstay］［名］期限を超えて滞在すること。特に、ビザの滞在期間を過ぎても不法に

滞在すること。

オーバースロー［名］野球などで、肩より上にあげた腕をふりおろして球を投げる方法。上手投げ。オーバーハンド。⬍アンダースロー▽overhand throw から。

オーバータイム【overtime】［名］❶規定外の時間に働くこと。時間外勤務。超過勤務。❷バレーボールで、一チームが規定の回数以上ボールに触れること。また、ハンドボールなどで、ボールを持ったまま規定の時間以上静止すること。反則の一つ。

オーバードクター【和製 over＋doctor】［名］大学院博士課程を修了してもふさわしい職につかない状態。また、その人。OD。

オーバーネット［名］テニス・バレーボールなどで、競技中に手やラケットがネットを越えて相手側のコート上にあるボールにふれること。反則の一つ。▽over the net から。

オーバーパー【over par】［名］❶ゴルフで、一ホールのプレーを終えたときの打数が基準打数（＝パー）よりも多いこと。❷債券価格が額面価格を上回ること。◈⬍アンダーパー

オーバーヒート【overheat】［名・自サ変］エンジンなどが過熱すること。▽比喩(ひゆ)的に、過度の興奮状態になる意にも使う。‖「熱戦にファンが—する」

オーバーフロー【overflow】［名］❶水などがあふれ出ること。❷洗面台・プールなどで、過剰な水の排水口。放水口。❸コンピューターで、計算処理の結果が中央処理装置などの扱う範囲を超えること。

オーバーペース【和製 over＋pace】［名］通常のペースを超えること。ペースが速すぎること。

オーバーヘッドキック【overhead kick】［名］サッカーで、空中にあるボールを自分の頭を越して後方に蹴ること。

オーバーホール【overhaul】［名・他サ変］機械などを分解して、修理・点検すること。

オーバーラップ【overlap】［名・自他サ変］❶映画などで、前の画面が消えないうちに次の画面を重ねてうつすこと。また、その技法。二重写し。❷二つの物や像が重なり合うこと。‖「公園で遊ぶ子供たちに幼時の自分の姿が—してくる」

オーバーラン【overrun】［名・自サ変］❶止まるべき地点で止まらずに、走り越すこと。‖「電車の—」❷野球で、走者が止まるべき塁を走り越すこと。

オーバーローン【overloan】［名］銀行の貸出額が自らの預金額を超えること。貸し出し超過。

オーバーワーク【overwork】［名］規定や体力以上に働くこと。過重労働。

おお-ばけ【大化け】（オホ-）［名・自サ変］ぱっとしなかったものや人が、見違えるほどよい状態になること。‖「無名の女優が大スターに—する」

おおば-こ【大葉子・〈車前草〉】（オホバ-）［名］道ばたなどに自生するオオバコ科の多年草。漢方では葉や種子を咳(せき)止め・利尿・健胃剤などに用いる。おんばこ。

おお-はば【大幅】（オホ-）［一］［名］幅が普通より広い布地。広幅。‖「—の反物」［二］［形動］数量の格差や変化の度合いが大きいさま。‖「—な値上げ」「仕様を—に変更する」◈⬍小幅

おお-はらい【大▼祓】（オホハラヒ）［名］宮中や神社で六月と十二月の末日に行う、一年中の罪や汚れをはらい清めるための神事。おおはらえ。

祓

おお-ばん【大判】（オホ-）［名］❶天正年間から幕末まで使われた、楕円(だえん)形の大きな金貨。小判一〇枚に相当する。⬍小判 ❷紙・ノート・本などで、ふつうよりも寸法の大きいもの。

おお-ばん【大番】（オホ-）［名］❶平安・鎌倉時代、京都に駐在して宮中などの警護に当たった諸国の武士。また、その役目。▽「大番役」の略。❷江戸幕府の職名の一つ。江戸城・京都二条城・大坂城の三城を交替で警護した。▽「大番組」の略。

おおばん-ぶるまい【大盤振る舞い】（オホバン-フルマヒ）［名］盛大にもてなすこと。▽「おおばん」は本来は「椀飯(おうばん)」（＝椀(わん)に盛った飯）。仮名づかいは異なるが、誤って「大盤」と書かれるようになった。

おおばん-やき【大判焼き】（オホバン-）［名］⬇今川焼き

オービー【OB】［名］❶在校生に対して、その学校の卒業生。先輩。‖「大学の—」⬇OG▽old boy の略。old boy には卒業生・同窓生の意があるが、英語圏では OB は使わない。❷ある団体や会社にもと属していた人。‖「演劇部—」「農林水産省の—」❸ゴルフで、コース外のプレー禁止区域。また、そこへボールを出してしまうこと。▽out of bounds（＝場外）から。

オービー-ほうもん【OB訪問】（-ハウモン）［名］就職活動で、学生が大学の卒業生をたずねて、就職に関する情報や助言を求めること。▽女性の卒業生をたずねる場合には「OG(ジー)訪問」とも。

おお-びけ【大引け】（オホ-）［名］取引所で、最終の立ち会い。また、その時の相場。⬍寄り付き

おお-ひろま【大広間】（オホ-）［名］特に広い座敷・部屋。

おお-ふう【大風】（オホ-）［形動］【古風】偉そうに人を見くだすさま。横柄(おうへい)。‖「—な口の利きよう」

おお-ぶたい【大舞台】（オホ-）［名］❶大きくて立派な舞台。❷自分の能力を発揮できる晴れの場所。檜(ひのき)舞台。‖「—に強い選手」◈近年は「だいぶたい」とも。⬇お（大）［読み分け］

オープナー【opener】［名］❶栓抜き。缶切り。‖「ワイン—」❷野球で、試合序盤の短いイニングを投げる投手。また、その起用法。本来の中継ぎ投手が務めることが多い。❸開幕試合。初戦。第一戦。

オープニング【opening】［名］開始。開会。‖「—ナンバー（＝コンサートなどで最初に演奏する曲）」

おお-ぶね【大船】（オホ-）［名］大きな船。

◉**大船に乗ったよう** 信頼できるものに身を任せて、すっかり安心しているさま。‖「彼がいれば—なものだ」

おお-ぶり【大振り】（オホ-）［一］［名・他サ変］大きく振ること。‖「力まかせに—する」［二］［形動］形がふつうより大きいこと。‖「—の茶碗」◈⬍小振り

おお-ぶり【大降り】（オホ-）［名］雨などが激しく降ること。⬍小降り

おお-ぶろしき【大風呂敷】（オホ-）［名］大きな風呂敷。

◉**大風呂敷を広・げる** 誇大なことを言う。また、実現するはずもない計画を立てる。

オーブン【oven】［名］中に入れた材料を四方からの熱で蒸し焼きにする調理器具。天火(てんぴ)。

オープン【open】［一］［名・自他サ変］開くこと。開店。開業。‖「駅前に書店が—する」「来月、花屋を—する」使い方「〜をオープンする／オープンさせる」では、前者が一般的。⬇品詞解説（八一六ジペー）［二］［形動］何もか

くしだてのないさま。開放的。▽「―に話し合う」

オープン-エア【open air】[名] 戸外。屋外。野外。▽「―ゲーム」「―ステージ」

オープン-カー【^和製 open＋car】[名] 屋根のない乗用車。また、屋根が折り畳み式になっている乗用車。

オープン-ガーデン【open garden】[名] 一般に開放されている、個人あるいは団体所有の庭園。また、垣根・塀などを低くしたり取り払ったりして、自由に出入りできるようにした庭園。

オープン-かかく【オープン価格】[名] 製造業者が商品に希望小売価格を設定せず、小売店に価格設定を任せること。また、その価格。

オープン-キッチン【^和製 open＋kitchen】[名] ❶レストランで、客席から見えるように作られた厨房(ちゅうぼう)。❷食堂とひと続きになった台所。ダイニングキッチン。

オープン-キャンパス【^和製 open＋campus】[名] 大学などが入学希望者に対して行う説明会や学内見学会。

オープン-きょうぎ【オープン競技】(―キャウギ)[名] 参加資格に制限がなく、プロとアマチュアが区別なく参加できる競技会。オープン。オープンゲーム。

オープン-クエスチョン【open question】[名]「はい」「いいえ」などの選択肢で回答を制限せず、回答者が自由に答える質問。⬍クローズドクエスチョン

オープン-コース【open course】[名] 陸上競技の中・長距離競走やスピードスケート競技などで、各選手の走路が区分されていないコース。⬍セパレートコース

オープン-サンド[名] 一枚のパンの上に具をのせたもの。▼「オープンサンドイッチ(open sandwich)」の略。

オープン-シャツ[名] 開襟(かいきん)シャツ。⬇開襟② ▼open-necked shirtから。

オープン-スクール【open school】[名] ❶個々の生徒の能力や適性に応じた教育計画を立て、時間割・学級編成などの枠組みをはずして自主的な学習を進める教育形態。また、それを行う学校。❷学校が入学志望者や保護者を対象に行う説明会や学内見学会。

オープン-セット【open set】[名] 映画・テレビ撮影のために屋外に設けられた、建物や市街などの背景装置。

オープン-せん【オープン戦】[名] プロ野球などで、公式戦の開幕前に行う非公式戦。

オープン-チケット[名] 搭乗便の予約をしていない航空券。

オーブン-トースター【^和製 oven＋toaster】[名] 簡易なオーブンの機能を備えたトースター。

オーブン-レンジ【^和製 oven＋range】[名] 電子レンジ・オーブンなどの機能を備えた調理器。

おお-べや【大《部屋》】(オホ―)[名] ❶大きな部屋。⬍小部屋 ❷病院で、多くのベッドを並べた広い病室。❸劇場・撮影所などで、専用の控え室を持てない俳優が雑居する大きな部屋。また、その部屋を使う無名の俳優。

オーベルジュ【auberge フランス】[名] 宿泊施設のあるレストラン。

オーボエ【oboe イタリア】[名] 二枚のリードを持つ木管楽器。縦にかまえて吹く。管弦楽では高音部を受け持つ。オーボー。

おお-まか【大まか】(オホ―)[形動] 小さなことにこだわらないさま。おおざっぱ。▽「概要を―に話す」派生 -さ

おお-まじめ【大《真面目》】(オホ―)[形動] 非常にまじめなさま。▽「―な顔をして話し出す」▼一人だけまじめくさっているのをからかう気持ちも含まれる。

おお-また【大股】(オホ―)[名] 両足を大きく広げること。また、歩幅が広いこと。▽「―を広げる」⬍小股

おお-まわり【大回り(大▼廻り)】(オホマハリ)[名・自サ変] ❶遠い道を通っていくこと。遠回り。❷大きな円を描いて回ること。▽「バスが―して右折する」⬍小回り

おお-み【大▽御】(オホ―)[接頭] 神・天皇などにかかわる語に付いて尊敬の意を表す。▽「―神」「―心」

おお-みえ【大見得】(オホ―)[名] 歌舞伎役者が演じる特に際だった見得。⬇見得②

◉**大見得を切・る** ❶歌舞伎で、役者が大きな動作で見得を演じる。❷自信のほどを大げさな言動で示す。▽「三日でできると―」

おお-みず【大水】(オホミヅ)[名] 大雨などのために、川や湖の水が増えてあふれだすこと。洪水。▽「―が出る」

おお-みそか【大〈▼晦日〉】(オホ―)[名] 一年の最後の日。十二月三十一日。おおつごもり。

おお-みだし【大見出し】(オホ―)[名] 新聞・雑誌などで、目立つように文字を大きくして掲げる見出し。▽「一面トップの―」⬍小見出し

おお-みや【大宮】(オホ―)[名] ❶皇居または神宮をいう尊敬語。❷太皇太后または皇太后の敬称。❸若宮に対して、母宮の敬称。

オーム【ohm】[名] 電気抵抗を表す単位。一オームは、一ボルトの電圧で一アンペアの電流が流れるときの電気抵抗。記号Ω ▼ドイツの物理学者の名から。

おお-むかし【大昔】(オホ―)[名] はるかに遠い昔。太古。▽「―の住居跡」

おお-むぎ【大麦】(オホ―)[名] 穀物として重要なイネ科の越年草。葉はコムギよりも幅が広く、先が垂れ下がらない。実は食用・飼料用にするほか、味噌(みそ)・醤油(しょうゆ)・ビールなどの原料に用いる。

おお-むこう【大向こう】(オホムカウ)[名] ❶劇場で、観客席の後ろにある一幕見(ひとまくみ)の立ち見席。❷①の席の観客。転じて、一般の観客。▼「大向こう」には芝居通の観客が多いといわれた。❸歌舞伎などの上演中に①の席から声を掛ける人。また、その掛け声。▽「―が掛かる」

◉**大向こうを唸(うな)ら・せる** 芝居で、大向こうの観客を感嘆させる。また一般に、多くの人の人気を得る。

おお-むね【▽概ね・大旨】(オホ―) ━[名] 内容の概略。あらまし。▽「事件の―は以下の通り」━[副] だいたい。おおよそ。▽「証券界の受け止め方は―冷静だ」

おお-め【大目】(オホ―)[名] ❶二百匁(もんめ)(＝七五〇グラム)を一斤とするはかり方。❷物の見方がおおざっぱであること。

◉**大目に見る** 不備・過失などを責めず、寛大に扱う。▽「今日のところは―見てあげよう」注意「多めに見る」は誤り。

おお-め【多め(多目)】(オホ―)[名・形動] 数量がふつうよりもやや多いこと。▽「カルシウムを―にとる」「―の酒を加える」⬍少なめ

おお-めいわく【大迷惑】(オホ―)[名・形動] 非常に迷惑であること。▼近年は「だいめいわく」とも。⬇おお(大)[読み分け]

おお-めだま【大目玉】（オホ）〔名〕❶大きくてぎょろりとした目玉。❷ひどくしかること。

◉**大目玉を食(く)・う** ひどくしかられる。大目玉を食らう。

おお-めつけ【大目付】（オホ）〔名〕江戸幕府の職名の一つ。老中の下で政務全体を監督し、諸大名の行動を監察した。

おお-もじ【大文字】（オホ）〔名〕欧文の字体で、文頭や固有名詞の語頭などに用いるもの。A・B・Cの類。⬍小文字

おお-もて【大もて（大持て）】（オホ）〔名・自サ変・形動〕非常にもてはやされること。〓「―にもてる」

おお-もと【大本】（オホ）〔名〕物事のいちばんのもと。

おお-もの【大物】（オホ）〔名〕❶大きな物。〓「―が釣れた」▼釣りや猟などの成果についていうことが多い。❷度量や能力が大きい人。大人物(だいじんぶつ)。また、その分野で実力や地位・勢力のある人。大立者(おおだてもの)。〓「政界の―」❸スケールの大きい人。〓「あの地震を知らずに寝ているとは―だ」◈⬍小物

おおもの-ぐい【大物食い】（オホモノクヒ）〔名〕勝負の世界で、上位者・実力者を負かすことがよくある人。

おお-もり【大盛り】（オホ）〔名〕食べ物をふつうより多く容器に盛ること。また、その食べ物。〓「牛丼の―」

おお-もん【大門】（オホ）〔名〕❶城郭などの表門。だいもん。❷遊郭の正面の門。特に、新吉原の正面の門。

おお-や【大家（大屋）】（オホ）〔名〕貸家・アパートの持ち主。家主。⬍店子(たなこ)

おおや-いし【大▽谷石】（オホヤ）〔名〕栃木県宇都宮市大谷町付近から産出する淡青緑色の石材。凝灰岩の一種で、やわらかいので加工がしやすい。石垣や倉庫建材などに用いる。

おお-やけ【公】（オホ）〔名〕❶政府。国家。〓「―の発表」❷個人に属さず、社会全体のものであること。公的なこと。公共。〓「―の立場」⬍私(わたくし) ❸〈「公に」の形で、後ろに動詞を伴って〉表立つこと。表ざた。〓「成果を―にする（＝公表する）」「事件が―になる」◈もと「大宅(おおやけ)（＝大きな家）」の意で、のち皇居・天皇・朝廷などをさすようになった。

おおやけ-ごと【公事】（オホヤケ）〔名〕公的なこと。公式のこと。⬍私事(わたくしごと)

おお-ゆき【大雪】（オホ）〔名〕雪がはげしく降ること。また、たくさん降り積もった雪。〓「五年ぶりの―」

おお-よう【大様】（オホヤウ）〔形動〕ゆったりとしておおらかなさま。〓「万事―に構える」▼仮名づかいは異なるが、同音で意味用法が同じである漢語「鷹揚(おうよう)」としばしば混同されてきた。派生-さ

おお-よそ【大▽凡・▽凡】（オホ）〔副〕❶〔名〕だいたい。おおむね。〓「―(の)見当はつく」❷〔名〕ざっと見積もった数量。また、そのさま。だいたい。およそ。おおかた。〓「駅から―三〇分の道のりです」「―の人数を教えてください」❸〈打ち消しまたは否定的な表現を伴って〉全く。〓「―ばかげた話」

おお-よろこび【大喜び】（オホ）〔名・自サ変〕たいそう喜ぶこと。〓「朗報に―する」

オーラ［aura］〔名〕人や物から発散される霊気。また、人が発する霊的な雰囲気。アウラ。

オーライ〔感〕同意・承諾の意を表す。よろしい。よし。オーケー。〓「発車―」▼all right から。

おお-らか【大らか】（オホ）〔形動〕心がゆったりとして、細かいことにこだわらないさま。〓「―な性格」派生-さ

オーラス〔名〕❶マージャンで、ゲームの中の最終局の勝負。❷公演やコンサートなどの最終日。◈和製 all＋last の略。

オーラミン［auramine］〔名〕黄色の塩基性染料。繊維・紙・皮革などの染色に広く用いられる。▼毒性があるので食品への使用は禁止された。

オーラル［oral］〔名〕口を使って行うこと。口の。口頭の。〓「―コミュニケーション」▼多く他の語と複合して使う。

オーラル-ケア［oral care］〔名〕虫歯・歯周病などを防ぐために、歯や口中の手入れをすること。

オール［all］㊀〔名〕〔新〕「オールナイト」の略。一晩中。〓「―で遊んだ」㊁（造）❶全部。すべて。〓「成績は―Aだ」「―ウール」❷スポーツ競技の得点で、双方とも・両組ともの意。〓「ファイブ―」

オール［oar］〔名〕ボートの櫂(かい)。

オール-イン-ワン［all-in-one］〔名〕複数の要素や機能が一つにまとめられていること。また、そのようにしたもの。〓「―の服［化粧品］」「―パソコン」

オール-ウエザー［all-weather］〔名〕❶晴雨兼用のもの。〓「―コート」❷陸上競技のトラックやテニスコートで、雨天でも使用できるようになっていること。全天候型。〓「―トラック」◈「オールウェザー」とも。

オール-オア-ナッシング［all or nothing］〔名〕すべてをとるか、すべてを捨てるかのいずれかで、妥協の余地のないこと。▼すべてか無か、の意。

オール-スター-キャスト［all-star cast］〔名〕映画・演劇で、人気俳優がそろって出演すること。花形スターの総出演。

オールディーズ［oldies］〔名〕昔はやったポピュラーソングの名曲。また、昔の名画。

オールド［old］（造）古い、昔の、老いた、などの意を表す。〓「―ファッション」「―パワー（＝高齢者のもつ活動力）」

オールド-ファッション〔名〕時代遅れであること。流行遅れ。旧式。▼old-fashioned から。

オールド-ボーイ［old boy］〔名〕⬇オービー①

オールド-ミス［和製 old＋miss］〔名〕婚期を過ぎた未婚の女性。ハイミス。▼女性の結婚適齢期を前提にした、差別的な語。

オール-ナイト［all-night］〔名〕夜通し行うこと。特に、終夜営業。〓「―興行」

オール-バック［和製 all＋back］〔名〕長くのばした髪を分けないですべて後ろになでつける髪型。

オール-マイティー［almighty］〔名〕❶〔形動〕何でも完全にできること。〓「彼はスポーツにかけては―だ」❷トランプで、最も強いカード。ふつうは、スペードのエース。

オール-ラウンド［all-round］〔形動〕どんな分野でも巧みにこなすさま。また、多方面にわたる知識をもっているさま。〓「―プレーヤー」

オーロラ［aurora］〔名〕北極・南極地方の高空に現れる放電による発光現象。色は淡い黄緑色・青白色・暗赤色など、形は弧状・幕状・帯状などがある。極光(きょっこう)。▼ローマ神話のあけぼのの女神の名から。

おお-わく【大枠】（オホ）〔名〕おおよその枠組み。〓「予算の―ができる」

おお-わざ【大技】（オホ）〔名〕相撲・柔道などで、動きの

大きい豪快なわざ。⇔小技

おお-わらい【大笑い】オホワラヒ［名］❶〈自サ変〉大きな声を出して笑うこと。「腹を抱えて―する」❷皆が笑うようなばかげたこと。物笑いのたね。

おお-わらわ【大▽童】オホワラハ［名・形動］けんめいになって物事をするさま。「総会の準備に―だ」▼童は結髪しないことから、もとは兜を脱ぎ、髪を振り乱して奮戦する大きな童子の意。

おか【丘(岡)】ヲカ［名］山ほどは高くなく、なだらかに盛り上がっている土地。

おか【▽陸】ヲカ［名］❶陸地。「―へ上がった河童」⇔海・池 ❷硯の墨をする部分。⇔海 ❸銭湯などの流し場。

おかあ-さん【お《母さん》】［名］母親を親しんで、また、高めて呼ぶ語。⇔お父さん 使い方 (1)「かあさん」とも。より丁寧な言い方は「(お)かあさま」。くだけた言い方は「(お)かあちゃん」。(2)子供のいる夫婦などで、夫が妻を呼ぶのに使うこともある。✓注意 他人に対して、自分の母親を「お母さん」というのは不適切。「×お母さん(→○母)がそう言っていました」

おかいこ-ぐるみ【▽御蚕▽包み】オカヒコ［名］何不自由のないぜいたくな生活。おかいこぐるめ。▼絹織物の衣服ばかり身にまとっている意から。

お-かえし【お返し】オカヘシ［名］❶➡返し②④ ❷仕返しをすること。報復。「なぐられた―になぐり返す」

おかえり-なさい【お帰りなさい】オカヘリ［感］帰宅した人を迎えるときの挨拶のことば。▼「よく(ご無事で)お帰りなさいました」などの略から。丁寧な言い方は「お帰りなさいませ」。挨拶ではないことばとして使うと、「帰宅せよ」の意になる(気をつけて、お帰りなさい)。

お-かか［名］かつおぶし。▼もと女房詞。

お-かかえ【お抱え】オカカヘ［名］個人や会社などが特別の技能をもった人を専属に雇うこと。また、その雇われた人。「社長の―運転手」「藩の―絵師」

お-かがみ【▽御鏡】［名］鏡餅をいう謙譲・美化語。

お-かき【お欠き】［名］欠き餅をいう美化語。

おが-くず【▽大▼鋸▼屑】オガクヅ［名］のこぎりで材木をひいたときに出る粉のようなくず。

お-かぐら【▽御《神楽》】［名］❶「神楽」の尊敬語。❷平屋にあとから二階を建て増すこと。また、その二階。

お-かくれ【▽御隠れ】［連語］身分の高い人が死ぬことの尊敬語。「―になる」書き方「崩御」をふまえて、まれに「お▽崩れ」とも。

お-かげ【▽御▼蔭・御陰】［名］❶神仏の加護。❷人から受けた恩恵。また、ある物事などによる結果。「先生の―で合格しました」「晴天が続いた―で豊作だった」「渋滞の―で遅刻してしまった」使い方 物事による結果の場合、普通は良い結果に使うが、ほかの場合(天候や交通事情など)の場合は悪い結果にも使う。また、人が原因の悪い結果で「おかげ」を使うと皮肉っぽく感じられる。「コーチの古くさい指導の―で故障してしまった」

おかげ-さま【▽御▼蔭様】［形動］〈「お蔭様で」の形で〉「おかげ」②の丁寧な言い方。「―で順調に回復しております」▼「お蔭様をもって」とも。「お蔭様をもちまして」は、本来は誤り。➡以て［使い方］・「ます」のコラム(一五五七ジペー)

お-かざり【▽御飾り】［名］❶正月のしめ飾りや松飾り。❷神棚・仏壇などの前におく飾り物や供え物。❸名目だけで実権のないもの。「会長は―に過ぎない」◈本来、飾り物をいう美化語。

おがさわら-りゅう【小▼笠原流】ヲガサハラリウ［名］室町時代に小笠原長秀が定めた武家礼式の作法。のち、婦女子の礼法として普及した。

おかし・い【〈可笑〉しい】ヲカシイ［形］❶滑稽で笑い出したくなる気持ちである。「彼の仕草が―くて、つい笑ってしまった」「箸が転んでも―年頃」「この落語はとても―」❷通常の様子ではないさま。異常だ。「患者の容態が―」「天候が―」❸何か好ましくないことをしそうなさま。あやしい。「最近、彼の挙動が―」❹疑問を抱かせるさま。不審だ。いぶかしい。「彼が来ないなんて―」「計算が―」❺〈「おかしくって」の形で〉まじめにとりくむ気にもなれない。ばかばかしい。「こんな仕事、―くってやってられるか」派生 -げ／-さ／-がる／-み

おかし-な【〈可笑〉しな】ヲカシナ［連体］おかしい。笑いを誘うような。また、変な。妙な。「涙が出るほど―話」「あいつが―まねをしないよう見張っていろ」

おかし-み【〈可笑〉しみ】ヲカシミ［名］笑いたくなるような面白さがある感じ。「―のある寸劇」

おかしら-つき【尾頭付き】ヲカシラ［名］尾と頭のついた焼き魚。神事や慶事に用いる。▼「めでたい」に通じることから多く鯛を使う。✓注意「御頭付き」は誤り。

おか・す【犯す】ヲカス［他五］❶規則・法律・道徳などを破る。〜に背く。〜に反する。「規則［タブー・法］を―」❷法律や規則を破ることによって、罪科・不正・過失などを生じさせる。「罪［犯罪・過ち・ミス］を―」使い方 〜ヲに〈結果〉をとる。「犯罪を犯す」は同族目的語(＝結果目的語の一種)をとったもの。➡「重言」のコラム(七四〇ジペー) ❸暴力を使って相手の肉体を奪う。凌辱する。強姦する。◈「侵す」「冒す」と同語源。可能 犯せる

おか・す【侵す】ヲカス［他五］❶他国や他人の家屋などに勝手に入り込んで、その権利や権限を損なう。侵犯する。「隣国を―(＝侵略する)」「縄張りを―」❷他の領分に勝手に入り込んで、その権利や権限を損なう。侵犯する。「権利［表現の自由・プライバシー］を―」書き方「犯す」とも書くが、「侵す」が標準的。❸じわじわと蝕む。侵食する。「家屋がシロアリに―される」「病魔に―される」書き方 病気の場合は「冒す」とも。可能 侵せる

おか・す【冒す】ヲカス［他五］❶神聖なものを汚す。冒瀆する。「神［師の教え・人間の尊厳］を―」❷あるものが人や植物などを害する。損なう。むしばむ。「癌に―される」書き方 じわじわと侵食する意では「侵す」とも。❸〈多く「…を冒して」の形で〉障害となるものに逆らって、あえて物事をする。押し切る。押しのける。また、あえて無謀なことをする。「風雨を―して出かける」「冒険を―してまで勝ちを急ぐことはない」❹〈古風〉他姓を名乗る。「母方の姓を―」可能 冒せる

お-かず【お数・お▽菜】［名］食事の際の副食物。お菜。「晩の―は何ですか」▼数々取り合わせる意から。

お-かた【▽御方】［名］❶他人を高めていう語。「あの―が会長です」▼「かた」よりも丁寧な言い方。❷〈古風〉貴人の妻や子女の敬称。「―さま」もと中世の女房詞。

お-かっぱ【お〈河童〉】［名］前髪をまゆの上で、後ろ髪をえりもとで切りそろえる髪型。「―頭」▼かっぱの髪型に似ているということから。

おかっ-ぴき【岡っ引き】ヲカ［名］江戸時代、町奉

行所の与力や同心に私的に雇われ、犯罪人の捜査や逮捕に当たった人。目明かし。▽「おかひき」の促音化。「おか」は「かたわら」の意。そばにいて手引きをすることからいう。

おか-づり【▽陸釣り】ヲカ［名］❶船を使わずに、岸で魚を釣ること。❷［俗］街頭などで、不特定の女性を誘うこと。

おかど-ちがい【お門違い】ガド［名］目標をまちがえること。見当違い。「私を責めるとは━もはなはだしい」▽訪ねる家をまちがえる意から。

おか-ばしょ【岡場所】ヲカ［名］江戸で、官許の吉原に対し、非公認の遊里。深川・品川・新宿など。

おかぶ【お株】［名］得意とする技や分野。
◉**お株を奪・う** ある人の得意とすることを別の人がうまく行う。

お-かぶ【雄株】ヲ［名］雌雄異株の植物で、雄花だけをつける株。「イチョウの━」⇔雌株

おか-ぼ【〈陸稲〉】ヲカ［名］畑地で栽培する稲。りくとう。▽水稲に比べると味は落ちる。

おか-ぼれ【岡▼惚れ・▽傍▼惚れ】ヲカ［名・自サ変］決まった相手のいる人や親しい交際のない人を傍らからひそかに恋い慕うこと。

お-かま【お釜・お▼竈】［名］❶「かま」「かまど」の美化語。「お釜で湯を沸かす」「お竈に薪をくべる」❷［俗］しり。また、男色（の相手の男性）。❸火山の噴火口。◈書き分け ①は「かまど」の意では【竈】を使う。その他は多く【釜】を使う。

お-かまい【お構い】マヒカ［名］「構い」の尊敬・謙譲・美化語。そこにいる人に気を配ること。特に、来客に気を使って、もてなすこと。「どうぞ━なく」「何の━もしませんで」⬇お(御)▽多く打ち消しを伴う。

おかまい-なし【お構いなし】（▽御構い無し）ヒカマ［名］人の気持ちや周囲の状況に考えを及ぼさないこと。「他人の事情など━だ」

お-かみ【〈女将〉】［名］料亭・旅館などの女主人。

お-かみ【▽御上】［名］❶天皇。❷政府。役所。「━にたてつく」▽「上」の尊敬語。人民の側からいう。今は多少の皮肉をこめて使う。

おかみ-さん【お上さん】［名］他人の妻、特に商人の妻を親しんで呼ぶ語。「魚屋の━」⬇かみさん 書き方「お〈内儀〉さん」とも。

おがみ-たお・す【拝み倒す】ヲガミタフス［他五］拝むように頼んで無理に承知させる。「あきらめてくれと友人を━・して融資をしてもらう」

おが・む【拝む】ヲガム［他五］❶神仏などに向かって、手を合わせたりひざまずいたりして礼をする。拝礼する。拝する。「神仏［日の出］を━」❷「見る」の謙譲語。拝見する。拝顔する。「家宝とやらを━・ませてくれ」❸懇願する。嘆願する。「これ、この通り、━・みます」可能 **拝める**

お-かめ【▼阿亀】［名］丸顔で鼻が低く、額とほほがぷくっとつき出た女性の面。また、そのような顔の女性。お多福。▽容貌について女性を貶める言い方でも使う。

おかめ-はちもく【岡目八目・▽傍目八目】ヲカメ［名］当事者よりも第三者のほうが物事の是非をよく見極められること。▽そばで囲碁を見ている者は対局者よりも八目先の手を読める意からという。

おか-もち【岡持ち】ヲカ［名］料理屋などが出前の時に料理を入れて運ぶ、持ち手とふたのある箱や平たい桶。

おか-やき【岡焼き・▽傍焼き】ヲカ［名・自サ変］自分とはかかわりがないのに、恋人同士が仲良くしているのをねたむこと。▽「おか焼き餅」の略。はたで焼き餅を焼くの意。

お-から【〈雪花菜〉】［名］豆腐を作ったときの豆乳のしぼりかす。総菜に使うほか、家畜の飼料にする。うのはな。きらず。▽「から（殻）」は「かす」の意。

お-がら【▼苧殻・▽麻▽幹】ヲ［名］麻の皮をはいだあとの茎。盂蘭盆の迎え火・送り火にたく。

オカリナ【ocarina イタリア】［名］陶土などで作ったハトの形をした笛。吹き口と八〜一〇の指穴がある。▽原義は小さなガチョウ。

オカルト【occult】［名］神秘的・超自然的な現象。念力・テレパシー・心霊術など。「━現象」

おかれ-て【▼於かれて】［連語］「おいて」の尊敬語。「皆様に━はご健勝のことと拝察申し上げます」使い方 丁寧の「ます」を伴った「おかれまして」は、本来は誤り。⬇「ます」のコラム（一五七六㌻）

お-がわ【小川】ヲガハ［名］細い流れの川。「━のせせらぎ」

お-かわり【お代わり】ハリカ［名・他サ変］同じものを続けて飲食すること。また、そのもの。「ご飯の━」

おかん［名］主に関西で、母親。お母さん。

お-かん【悪寒】ヲ［名］全身がぞくぞくとする寒け。

お-かんむり【お冠】［名］怒ってきげんが悪いこと。不きげん。「社長はすっかり━だよ」▽「冠を曲げる」から出た語という。

おき【沖（▼澳）】［名］海・湖などで、岸から遠く離れた所。

おき【▼熾・▼燠】［名］❶赤くおこった炭火。熾火。❷まきが燃えて炭火のようになったもの。熾火。

おき【起き】（造）起きること。「早━」「四時━」

おき【置き】（造）〈時間・距離などを表す語に付いて〉それだけの間隔をあける意を表す。「三日━」「四行━」「二メートル━」

おぎ【▼荻】ヲギ［名］湿地に群生するイネ科の多年草。秋、ススキに似た大きな花穂を出す。ネザメグサ。メザマシグサ。

おき-あい【沖合】ヒア［名］海・湖などの沖のほう。「━漁業」

おきあがり-こぼし【起き上がり小▽法師】（〈不倒翁〉）［名］だるまなどの形をした人形の底におもりをつけて、倒してもすぐ起きあがるようにしたおもちゃ。おきあがりこぼうし。

おき-あが・る【起き上がる】［自五］横になっているものが体を起こす。また、立ち上がる。「ベッドから━」「やおら━・って歩き出す」

おき-いし【置き石】［名］❶趣をそえるために庭などに置く石。❷囲碁で、弱い方があらかじめ二目以上の星に石を置くこと。また、その石。

おき-か・える【置き換える】ヘルカ［他下一］❶置く場所をかえる。❷あるものをどかして、そこに他のものを置く。「漢語を平易な和語に━」文 おきか・ふ 名 **置き換え**

おき-がけ【起きがけ（起き掛け）】［名］朝、寝床から起きてすぐのこと。起きぬけ。「━の一服」

おき-がさ【置き傘】［名］不意の雨降りに備えて学

校・勤務先などに置いておく傘。

おき-ごたつ【置き▼炬▼燵(置き▽火▼燵)】〔名〕移動することのできる、床に置いて使うこたつ。▼床に据えつけた切り炬燵・掘り炬燵に対していう。

おき-ざり【置き去り】〔名〕その場に置いたままどこかへ行ってしまうこと。‖「幼児を—にする」

おき-じ【置き字】〔名〕❶漢文の原文にはあるが、訓読するときには読まない文字。漢文の助字。也(や)・焉(えん)・矣(い)・乎(こ)の類。❷手紙文で使う副詞・接続詞などの文字。凡(およ)そ・抑(そもそも)・又(また)・将又(はたまた)の類。

オキシダント【oxidant】〔名〕自動車の排気ガスや工場の煤煙(ばいえん)などが太陽の紫外線と作用して生じる酸化力の強い物質の総称。光化学スモッグの原因となる。

オキシドール【Oxydol ドイツ】〔名〕過酸化水素水の薬品名。約三パーセントの過酸化水素を含む無色透明の水溶液で、漂白剤・消毒剤などに用いられる。

おき-つち【置き土】〔名〕❶地面の上に、さらに土を置きかぶせること。また、その土。❷耕地の土壌を改良するために、性質の異なる土を置き加えること。客土。

おき-づり【沖釣り】〔名〕船で沖に出て釣りをすること。

おきて【▼掟】〔名〕❶公の定め。法度(はっと)。法律。‖「国の—」❷その社会で必ず守らなくてはならない取り決め。‖「—に背く」

おき-てがみ【置き手紙】〔名〕用件を手紙に書いて残しておくこと。また、その手紙。

おき-どけい【置き《時計》】〔名〕机や棚の上に置いて使う時計。

おき-どころ【置き所】〔名〕❶物を置く場所。置き場所。❷〈「身の置き所」の形で、多く打ち消しを伴って〉居場所(がない)。心や体が落ち着ける場所(がない)。‖「そう責められては身の—がない」

おきな【▽翁】〔名〕〔古風〕年をとった男性。老人。‖「竹取の—」⇔媼(おうな)

おぎな・う【補う】オギナフ〔他五〕❶あるものを加えて、不足したものを満たす。‖「アルバイト収入で/が赤字を—(=補塡(ほてん)する)」「原案に若干の語句を—」「解説をつけて本文を—」❷他のもので、欠点や短所の埋め合わせをする。‖「努力で欠点を—」可能 補える 名 補い

品格 穴を埋める「欠席者の—」カバー「コストを設計の工夫で—する」補給「水分を—する」補塡(ほてん)「損失を—する」

おき-なかし【沖仲仕】〔名〕船荷の積み降ろしなどの作業に従事する港湾労働者。

おきな-ぐさ【▽翁草】〔名〕日当たりのよい山野に自生するキンポウゲ科の多年草。春、暗紅紫色の花を一つ開く。▼全体をおおう白い羽毛と銀白色に伸びるめしべの先が老人の白髪を思わせることから。

お-きにいり【お気に入り】〔名〕気に入ること。気に入るものをいう美化語。‖「祖父—のステッキ」

おき-ぬけ【起き抜け】〔名〕朝、寝床から起きたばかりのこと。起きがけ。‖「—にまずコーヒーを飲む」

おき-ば【置き場】〔名〕❶物を置く場所。置き所。‖「本の—を考える」▼名詞に付いて、取り決めや慣習で置くことにしている場所の意を表す。‖「自転車[材木・ゴミ]—」書き方 公用文では「置場」。❷〈「身の置き場」の形で、多く打ち消しを伴って〉居場所(がない)。置き所(がない)。‖「身の—がない」

おき-び【▼熾火・▼燠火】〔名〕⇒熾(おき)

おき-びき【置き引き】〔名・他サ変〕置いてある他人の荷物をこっそりと持ち逃げすること。また、その者。‖「待合室で鞄(かばん)を—される」

おき-ふし【起き伏し(起き▼臥し)】 一〔名・自サ変〕起きることと寝ること。転じて、毎日の生活。‖「一つ屋根の下に—する」 二〔副〕寝ても覚めても。いつも。‖「—定年後の生活を考えるようになった」

おき-べん【置き勉】〔名〕〔新〕教科書などの勉強道具を家に持ち帰らず、学校に置きっぱなしにすること。

お-きまり【お決まり】〔名〕いつも決まっていること。お定まり。‖「イタリア観光では—のコース」

おき-みやげ【置き《土産》】〔名〕立ち去るときにあとに残しておく品物や事柄。‖「膨大なレポートを—に退職する」

おき-もの【置物】〔名〕❶床の間・棚などに装飾として置く物。‖「備前焼の—」❷名目だけで実際には何の権限もない人。

おき-や【置屋】〔名〕芸者などを抱え、客の求めに応じて料亭・待合などに差し向けることを職業とする家。また、その職業。

おぎゃあ〔感〕赤ん坊の泣き声を表す語。

お-きゃん【お▼侠】〔名・形動〕若い女性が活発に動き回り、軽はずみなこと。また、そのような女性。おてんば。

お-ぎょう【▽御形】オギヤウ〔名〕ハハコグサの別称。ゴギョウ。▼春の七草として呼ぶときの称。

お・きる【起きる】〔自上一〕❶横になったり倒れていたりしたものが立った状態になる。‖「倒れかかっていた麦の穂が—」「転んでもただでは—・きない」「一週間もすれば—・きられる(=病床から離れられる)」❷眠っていた人が目を覚ます。また、目を覚まして意識を働かせている状態にある。‖「大声を出すと赤ちゃんが—よ」「毎晩遅くまで—・きている」⇔眠る ❸目を覚ました人が寝床から出る。起床する。‖「毎朝六時に—」⇔寝る ❹物事(特に、非日常的な事態)が新たに発生する。生じる。起こる。‖「事件[地震・奇跡・腹痛・やる気]が—」◈使い方 ④は、本来は「起こす」に対応する「起こる」が一般的だったが、近年「起きる」の方が多用される。文 お・く

お・きる【▼熾きる】〔自上一〕⇒おこる(熾)‖「炭火が—」▼「起きる」と同語源。文 お・く

おき-わす・れる【置き忘れる】〔他下一〕物を置いたまま持ってくるのを忘れる。また、物を置いた場所を忘れる。‖「眼鏡をどこかに—・れたらしい」文 おきわす・る 名 置き忘れ

おく【奥】〔名〕❶入り口から中へ深く入ったところ。‖「山[引きだし・のど]の—」❷家の入り口から中へ深く入った(家人が起居する)ところ。特に、奥座敷。‖「客を—に通す」❸〈多く「…の奥」の形で〉ある物によって隔てられた、その向こう側。‖「眼鏡の—で目が笑っている」❹表に現れない深いところ。‖「静穏な表情の—(=底・裏)に悲しみが隠されている」❺学問・技芸の奥義。‖「茶道の—を極める」❻〔古風〕身分の高い人の妻。奥方。◈「沖(おき)」と同語源。

◉**奥が深・い** ❶奥行きが深い。奥深い。❷深い意味や趣があって、深奥が極めにくい。‖「囲碁は—」

おく【屋】クヲ 一〔名〕やね。‖「屋上—を架す」 二(造)いえ。すまい。‖「—外」「社—・廃—・茅—(ぼうおく)」

おく【億】〔名〕数の単位。一万の一万倍。‖「五—の人

口」▼数がきわめて多い意も表す。〓「一万」「巨一」

おく【▽措く】〔他五〕⬇置く㊁⑬〜⑮

◉**措く能(あた)わず**　やめることができない。せずにはいられない。〓「一読、巻を―」「尊敬―ざる先生」

お・く【置く】〔動五〕㊀〔他〕❶ものや人をある位置に存在させ(て、そのままの状態にす)る。〓「窓際に机を―」「手を肩に―」「事務所に財布を―いてきたらしい」❷施設・機関・役割などを作り設ける。また、人にある役割を与えてその地位に据える。〓「県に救急センターを―」「要所要所に見張りを―」「家に下宿人を―」❸〈多く「…下(か)に置く」の形で〉人や組織などをある状況下にあるもの(特に、自分の下にあるもの)として位置させる。〓「大統領が首都を戒厳令下に―」「A君は物心両面で教授の支配下に―かれている」❹物事と物事の間などに一定の時間または距離を設ける。〓「交渉の再開には冷却期間を―こう」「三日―いて(=三日たって)帰宅した」「一拍―(=あける・休む)」「距離を―いてつきあう」❺ことばに強弱や高低の調子をつける。〓「語頭にアクセントを―」❻〈「AにBを置く」の形で〉ある物事に基盤となる目標や基準を設ける。設定する。〓「金メダルに目標を―」「信頼できるかどうかに採用の基準を―」❼判断の基盤となる視点や強調すべき力点などを設ける。〓「視点を被害者の立場に―いて反論する」「開発に重き[ウエート]を―(=重要視する)」❽〈「…に信を置く」の形で〉…を信用する。〓「民主主義に信を―」❾あることを心にとめる。〓「結婚を念頭に―いて交際する」「事件のことは心の片隅に―いておく必要がある」❿細工物などに金箔(きんぱく)や蒔絵(まきえ)などをほどこす。〓「屏風(びょうぶ)に金箔を―」「文箱(ふばこ)に蒔絵を―」⓫質物(しちもつ)として預け入れる。〓「指輪を質に―」⓬そろばんや算木(さんぎ)を使う。操作する。〓「そろばんを―(=入れる)」▼そろばん玉・算木の棒を置き並べて使うことから。⓭〈打ち消しを伴って〉そのまま放置する、見逃して許す意を表す。〓「ただでは―かぬ」[書き方]「▽措く」とも。⓮〈「…をおいて」の形で〉⬇措(お)いて⓯やめる。中断する。〓「その件はひとまずこちらに―いておこう」「筆[ペン]を―(=書くのをやめる。擱筆(かくひつ)する)」「箸(はし)を―(=食事をやめる)」▼本や筆を手放して作業をやめる意から。[書き方]「▽措く」「▼擱く」とも。㊁〔自〕露や霜が降りる。〓「霜が―」㊂〔補動〕〈「…て[で]おく」の形で〉❶あとで起こる事態を予想して、手回しのよい動作を行う意を表す。あらかじめ…する。〓「前もって調べて―とよい」「あれほど注意して―いたのに、しくじったのか!」❷動作の持続をそのまま放任する意を表す。…してそのままにする。〓「言いたいだけ言わせて―さ」「少し待たせて―のも手だ」❸当座の処置としてある動作を行う意を表す。〓「この辺でやめて―」「せっかくだからもらって―か」「捨てぜりふでよく覚えて―け!」◈[書き方]かな書きも多く、特に㊀④や㊂は一般にかな書き。[使い方](1)話し言葉では「…て[で]おく」は、「…とく[…どく]」となることが多い。〓「知っとくと便利だ」「あらかじめ読んどくといい」(2)「…ずにおく」「…ないでおく」は、「…て[で]おく」の本動詞の部分を打ち消したもの。〓「彼には連絡しないでおく」「当座はとがめずにおく」[可能]置ける「気のおけない(=気さくにつきあえる)人」

おく【憶】(造)思う。おぼえる。〓「―念」「記―・追―」▼「憶測・憶断・憶説」などの「憶」は「臆」の代用字。

おく【臆】(造)❶思いをめぐらす。〓「―説・―測・―念」▼「臆」が表外字であった時代には「憶」で代用したものも多い。⬇憶 ❷気持ちをおさえる。気おくれする。〓「―病・―面」

おく-がい【屋外】(ヲクグワイ)〔名〕家屋・建物のそと。戸外。⬍屋内

おく-がき【奥書】〔名〕❶書写本などの末尾の、その本の来歴・書写年月日・筆者名などを書き入れた文章。❷官公署で、書類の記載内容が正しいことを証明するために末尾に書き記す文章。

おく-がた【奥方】〔名〕身分の高い人の妻。また、他人の妻の敬称。

おく-ぎ【奥義】〔名〕⬇おうぎ(奥義)

おく-さま【奥様】〔名〕他人の妻の敬称。▽「奥さん」よりも敬意が高い。

おく-さん【奥さん】〔名〕他人の妻の敬称。〓「昨日、君の―に会ったよ」▽「奥様」に比べて敬意が軽い。[使い方]自分の妻の称とするのは新しい使い方。〓「うちの奥さんは猫が苦手です」

お-ぐし【▽御▽髪・▽御▼櫛】〔名〕髪をいう尊敬・美化語。〓「―上げ(=貴人の髪を結うこと)」

おく-しゃ【屋舎】(ヲク)〔名〕建物。家屋。

おく-じょう【屋上】(ヲクジヤウ)〔名〕ビルなどの最上部にあって、人が出入りできるようにしてある平らな場所。

◉**屋上屋(おく)を架(か)す**　むだなことをするたとえ。屋下に屋を架す。▽屋根の上にさらに屋根を架ける意から。

おく・する【臆する】〔自サ変〕気後れして、おどおどする。おじける。〓「―ことなく意見を述べる」[書き方]新聞では「憶する」で代用してきたが、今は「臆する」と書く。[文]おく・す

おく-せつ【臆説(憶説)】〔名〕根拠のない、推測や仮定に基づく意見。[書き方]「憶説」は代用表記。

おく-そく【臆測(憶測)】〔名・他サ変〕根拠もなく、いいかげんに推測すること。当て推量。〓「―でものをいうな」[書き方]「憶測」は代用表記。

おく-そこ【奥底】〔名〕❶奥のさらに深い所。〓「記憶の―にある出来事」「心の―から(=深く)後悔している」❷表に現れない本当の所。〓「心の―を打ち明ける」

オクターブ【octave(フランス)】〔名〕音階で、ある音から完全八度へだたった音。また、その二音のへだたり。物理的には、両音の振動数の比は一対二となる。〓「三―の音域」[使い方]声の調子のたとえにもいう。〓「―が上がる(=興奮して声の調子が高くなる)」

おく-だん【臆断(憶断)】〔名・他サ変〕根拠のない推測によって判断すること。また、その判断。〓「それは君の―にすぎない」[書き方]「憶断」は代用表記。

オクタン-か【オクタン価】〔名〕エンジンを運転するとき、ガソリンがノッキング(=異常燃焼)を起こしにくい度合いを表す指数。数字が大きいほどノッキングを起こしにくい。▽octane number の訳。

おく-ち【奥地】〔名〕海岸や都市部から遠くへだたった地域。〓「南米大陸の―」

おく-ちょう【億兆】(-テウ)〔名〕❶限りなく大きな数。❷人民。万民。〓「―心を一(いつ)にする」

おく-つ-き【奥津▽城】〔名〕〔古風〕墓。墓所。おきつき。▽「つ」は古い格助詞で「の」の意。

おく-づけ【奥付】〔名〕書籍の末尾の、書名・編著者・発行者・印刷者・発行年月日などを記した部分。

おく-て【〈晩稲〉・〈晩生〉・〈晩熟〉・奥手】〔名〕❶稲の品種で、比較的成熟のおそいもの。⇔早稲(わせ) ❷野菜・果物の品種で、比較的成熟のおそいもの。⇔早生(わせ) ❸心身の成熟がおそい人。◈書き分け ふつう①は【晩稲】、②は【晩生】、③は【奥手】【晩熟】と書く。

おく-でん【奥伝】〔名〕師匠から武道・芸道などの奥義を伝授されること。奥許し。⇔初伝・中伝

おく-ない【屋内】〔名〕家屋・建物のなか。‖「―運動場」⇔屋外

お-くに【▽御国】〔名〕❶相手を高めてその国や出身地をいう語。❷日本国を高めていう語。❸いなか・地方をいう美化語。‖「―なまり[自慢]」

おく-の-いん【奥の院】〔名〕寺社の本堂や拝殿より奥の方にあって、祖師の霊像・秘仏・神霊などを祭ってある所。▽みだりには人に見せない大切な所のたとえにもいう。

おく-の-て【奥の手】〔名〕❶奥義。極意。❷めったには使わない、とっておきの手段。‖「―を出す」

おく-ば【奥歯】〔名〕口の奥にある歯。臼歯(きゅうし)。

◉**奥歯に物が挟(はさ)まったよう** 思っていることをはっきり言わないで、何かを隠しているようなさま。

おくび【▼噯・〈▼噯気〉】〔名〕胃の中にたまったガスが口外に出るもの。げっぷ。噯気(あいき)。

◉**おくびにも出さない** 物事を深く心に隠して、口外もしないし、そぶりにも見せない。

おく-びょう【臆病】〔名・形動〕普通以上に気が小さく、他を気にかけたり、怖がったりすること。また、怖がってことが進められないこと。‖「恋愛に―になる」「―者」書き方 新聞では「憶病」で代用してきたが、今は「臆病」と書く。派生 ―さ

おくびょう-かぜ【臆病風】〔名〕おくびょうな気持ち。‖「―に吹かれる(=おじけづく)」

おく-ふか・い【奥深い】〔形〕❶表や入り口からずっと奥の方へ離れているさま。‖「―森に住むもの」❷容易には悟れないほど意味が深いさま。‖「聖書のことばは―」◈「おくぶかい」とも。派生 ―さ

おく-ふたえ【奥二重】〔名〕実際は二重だが、一重の幅が狭かったりまぶたが重かったりするために一重に見えるまぶた。おくぶたえ。

おく-ま・る【奥まる】〔自五〕位置が奥のほうになる。‖「通りから―った所にあるアパート」

おく-まん【億万】〔名〕非常に大きな数。‖「―の富を積む」「―長者」

おく-み【▼衽・▼袵】〔名〕和服を仕立てるとき、左右の前身ごろの前襟からすそまで縫いつける半幅の細長い布。‖「―下がり」➡着物(図)

おく-むき【奥向き】〔名〕❶(居間・台所などがある)家の奥のほう。❷家政に関すること。また、家庭内の私事に関すること。‖「―の仕事」

おく-めん【臆面】〔名〕気おくれした様子。‖「―もなく(=遠慮する様子もなく)しゃしゃりでる」

おく-ゆかし・い【奥ゆかしい(奥床しい)】〔形〕奥深い心と品位が感じられて心がひかれるさま。‖「さりげない心遣いが―」派生 ―げ／―さ／―がる

おく-ゆき【奥行き】〔名〕❶家屋・地所などの表から裏までの距離。‖「この庭は―がある」⇔間口(まぐち) ❷学識・思慮・心情などの深さ。‖「―を感じさせる人柄」

おく-ゆるし【奥許し】〔名〕奥伝。

お-くら【お蔵】〔名〕お蔵入り。

オクラ【okra】〔名〕野菜として栽培されるアオイ科の一年草。また、その果実。角状の若いさやを食用にする。アメリカネリ。

おぐら【小倉】〔名〕❶「小倉あん」の略。❷「小倉汁粉(じるこ)」の略。

おぐら-あん【小倉▼餡】〔名〕小豆(あずき)のこしあんに蜜煮にした小豆の粒をまぜたもの。小倉。

お-ぐら・い【小暗い】〔形〕少し暗い。薄暗い。ほの暗い。‖「―木陰」派生 ―さ

おくら-いり【お蔵入り】〔名・自サ変〕映画や演劇などの上映・上演を中止すること。お蔵。‖「抗議が殺到して話題作が―になる」▽広く計画などが中止になることにも使う。‖「新事業は―になった」

おぐら-じるこ【小倉汁粉】〔名〕小倉あんで作った汁粉。

おくら・す【遅らす(後らす)】〔他五〕➡遅らせる

おくら・せる【遅らせる(後らせる)】〔他下一〕❶予定した日時をあとにのばす。‖「出発を一時間―」❷時計を操作して、実際の時刻よりも前の時刻をさすようにする。‖「この腕時計は五分―・せてある」⇔進める 文 おくら・す 異形 遅らす

おくり【送り】〔名〕❶荷物などを送ること。‖「仙台―の品」❷人を見送ること。❸死者を守って墓所まで送ること。‖「野辺の―(=葬送)」❹次に移すこと。‖「フィルムの―」❺管轄を移すこと。‖「検察庁―」❻「送り仮名」の略。❼「送り状」の略。

おくり-おおかみ【送り▼狼】〔名〕親切をよそおって女性を送りながら、途中で強引に誘惑する危険な男性。▽山中で道行く人のあとをつけ、すきがあれば襲おうとするおおかみの意から。

おくり-がな【送り《仮名》】〔名〕漢字の読み方をはっきりさせるために、漢字のあとにつける仮名。「送り仮名」の「り」の類。送り。▽漢文の訓読では、漢字の右下にかたかなを小さくそえる。

おくり-こ・む【送り込む】〔他五〕手配して人や物を目的の場所に届けたり配置したりする。‖「現地に調査団を―」

おくり-じょう【送り状】〔名〕商品を送るとき発送人が受取人に対して作成する、貨物の明細を記した書状。送り。

おくり-たおし【送り倒し】〔名〕相撲のきまり手の一つ。相手の後ろに回って押し倒す技。

おくり-だ・す【送り出す】〔他五〕❶出かける人を送る。また、人を世の中に出す。‖「客を―」「卒業生を―」❷物を目的地に向けて発送する。‖「工場から製品を―」❸相撲で、相手の背中を押して土俵の外に出す。‖「体をかわして―」名 送り出し

おくり-つ・ける【送り付ける】〔他下一〕一方的に送り届ける。‖「督促状を―」▽多く相手にとって望ましくないものを送付する意で使う。

おくり-て【送り手】〔名〕物や情報を送る側の人。‖「宅配便の―」「ニュースの―」⇔受け手

おくり-とど・ける【送り届ける】〔他下一〕人や物を送って目的地に着くようにする。‖「客をタクシーで

━」[文]おくりとど・く

おくり-な【贈り名・▼諡】[名] 人の死後、生前の徳や行いをたたえて贈る称号。諡号(しごう)。空海を弘法大師、最澄を伝教(でんぎょう)大師と呼ぶの類。

おくり-バント【送りバント】[名] 野球で、走者を一塁または二塁に進塁させるために行うバント。

おくり-び【送り火】[名] 盂蘭盆(うらぼん)の終わる夜、祖先の霊をあの世に送りかえすために門前などでたく火。⇔迎え火

おくり-ぼん【送り盆】[名] 盂蘭盆(うらぼん)で、祖先の霊を送る日。⇔迎え盆

おくり-むかえ【送り迎え】カヘ [名・他サ変] 人を送ることと迎えること。送迎。「娘を幼稚園に━する」

おくり-もの【贈り物】[名] 他人に贈る品物。進物(しんもつ)。プレゼント。[書き方]公用文では「贈物」。

おく・る【送る】[一][他五] ❶物や情報が先方に届くようにする。また、そのようにして情報を作り出したり連絡をつけたりする。「娘に小包を━」「扇風機で風を━」「電子メールを━(=発信する)」「手[目]で合図を━」
❷ある場所へ人を差し向ける。また、有用な人材などを世の中に進出させる。「隣国へ使者を━」「敵陣に刺客を━」「実業界に幾多の人材を━」
❸そこに残った人が去ってゆく人をしっかりと見届ける。また、そのようにして別れる。送別する。「赴任する同僚を東京駅で━(=見送る)」「死者を野辺に━(=葬る)」「卒業生を━式典」⇔迎える
❹去ってゆく人に同行して、ある所まで行く。また、保護同伴して目的地まで行く。送り届ける。「車で駅まで━・ろう」「孫を保育園へ[に/まで]━」
❺順々に次へ移し動かす。「バトンを次の走者に━」「バントで走者を二塁に━」「ひざを━・って座席を詰める」
❻送りがなをつける。「『動く』のように『く』を━」
❼賞賛・激励などの気持ちをこめて、相手に拍手や声援を与える。「受賞者に拍手[熱いまなざし]を━」「選手に声援を━」[書き分け]贈呈・進呈の気持ちをこめるときは「贈る」とも。⬇贈る①
[二][自五] 時を過ごす。また、あるしかたで生活する。「学生時代は下宿生活を━・った」「幸福な人生[不安の日々]を━」[可能]送れる [名]送り

おく・る【贈る】[他五] ❶感謝や祝福の気持ちをことばなどで伝える。また、その気持ちをこめて、人に金品などを与える。「誕生日に花束を━(=プレゼントする)」「お中元[賄賂(わいろ)]を━」「感謝状[はなむけの言葉]を━」[書き分け]「拍手を送る/贈る」「故郷の両親に現金を送る/贈る」など、【送】は単なる伝達・郵送の意であるが、【贈】には祝福・贈呈の気持ちがこもる。「別便にてお送りします」などでは【贈】は不可。❷功績をほめたたえて、賞や勲章を与える。「文化勲章を━」❸官位や称号などを与える。「博士号を━」「弘法大師の諡号(しごう)を━」◈「送る」と同語源。[可能]贈れる

[品格] 寄贈「母校に図書を━する」 献上「━品」 献呈「著書を━する」 差し上げる「記念品を差し上げます」 進呈「粗品を━する」 贈与「遺産を━する」

お-くるみ【▽御▽包み】[名] 寒さを防ぐために赤ん坊を衣服の上からくるむもの。かいまきに似るが、袖(そで)がない。

おくれ【遅れ(後れ)】[名] ❶遅くなった距離や時間の幅。「先頭から一〇〇メートルの━」「この程度の━は挽回(ばんかい)できる」❷成立・進み方などが基準より遅くなること。「出荷[回復]の━」❸〈名詞に付いて〉物事の進展に追いつけないこと。「流行[時代]━の服」◈[書き分け]⬇遅れる

◉**後れを取・る** 他よりおくれる。他に先を越される。負ける。「海外進出で他社に━」[書き方]「遅れ」とも。

おくれ-げ【後れ毛】[名] 髪を結ったとき、両鬢(りょうびん)や襟元の生え際に残って垂れさがった毛。おくれがみ。

おくれ-ばせ【遅れ▼馳せ・後れ▼馳せ】[名]〈多く「遅ればせながら」の形で〉時機に遅れること。「━ながら対策を講じる」▼遅れてかけつける意から。

おく・れる【遅れる(後れる)】[自下一] ❶決められた時間より遅くなる。間に合わなくなる。「締切日に━」「会社に━(=遅刻する)」「飛行機に━(=乗り遅れる)」⇔間に合う ❷物事の成立が基準より遅くなる。遅延する。「桜の開花は例年より四、五日━」「会議は五分━・れて始まった」「完成が大幅に━(=延びる)」「返事が━・れて申し訳ありません」⇔早まる ❸進行中のものの進み方が基準より遅くなる。「この電車は予定より少し━・れている」「被災地の復興が━(⇔進む)」❹物事の進展に追いつけなくなる。取り残される。「流行[時流]に━」❺[古風]親しい人に先立たれる。死に後れる。「妻[夫]に━」❻[古風]気おくれがする。「━・れた様子もなく、物珍しそうにあたりを見て立っている〈鷗外〉」◈[書き分け](1)❺❻は多く【後】を使う。❺❻以外で、歩みが遅くて後になる意で「時計[発育]が後れる」「流行に後れる」などと【後】を使うこともあるが、今は【遅】が一般的。(2)「先頭から後れる/遅れる」では、前者は後ろになる意に、後者は先頭より進み方が遅い意に注目していう。[文]おく・る [名]遅れ

[品格] 遅延「電車が━する」 遅刻「授業に━する」 遅参「会談に━する」 遅滞「会議は━なく進行した」 ◉「遅参」は古風な表現。

お-け【▼桶】ヲ [名] 細長くけずった板を円筒形に組み合わせ、たがでしめて底をつけた器。「洗い━・風呂(ふろ)━」

お-けつ【悪血】ヲ [名] 病毒を含んで変質した血。くろち。

お-けら【▼朮】ヲケラ [名] 秋、白や淡紅色の小花をつけるキク科の多年草。乾燥した根茎を漢方では白朮(びゃくじゅつ)といい、薬用にする。

おけら【〈▼螻▼蛄〉】[名] ❶昆虫のケラの通称。❷所持金が全くないこと。無一文。すかんぴん。「競輪ですって━になる」

おけ-る【▼於ける】[連語] ❶〈「…における」の形で〉ある動作・作用の行われる場所や時間を表す。…での。…の。「議会に━発言」❷〈「…の…における」の形で〉両者の関係を表す。「文学の人生に━意義は…」◈文語「おく」の命令形＋完了の助動詞「り」の連体形。

おこ【▽痴・▼烏▼滸・尾▽籠】ヲコ [名・形動] おろかなこと。また、ばかげていること。「━の者」「━の沙汰」

おこえ-がかり【▽御声掛かり】オコヱ [名] 目上の者・有力者などが特に口添えをすることこと。「社長の━で新部門を設立する」

おこ-がまし・い【▽痴がましい・▼烏▼滸がましい】ヲコ [形] ❶自分を過大評価していて、なまいきであるさま。さしでがましい。図々しい。「一流を自称するとは━やつだ」❷自分の態度が出すぎているように思えて恥ずかしく思うさま。恐縮だ。「意見を申し上げるのも━のですが…」[派生]-げ/-さ/-がる

おーこげ【お焦げ】［名］釜の底にこげついた飯。こげ飯。

おこーさま【▽御子様】［名］❶他人の子供の敬称。‖「小さなーをお連れのお客様」❷［俗］考え方などが幼稚で世間知らずなことを皮肉っていう語。子供。‖「自分勝手なーの対応」

おこさまーランチ【▽御子様ランチ】［名］レストランなどで、子供向けに盛りつけた定食。

おーこし【▽御腰】［名］❶「腰」の尊敬語。❷腰巻きをいう美化語。

おこし【〈▼粔▼籹〉・▼興】［名］蒸して乾燥した米・粟などを炒り、水飴や砂糖を加えて固めた菓子。▼大豆・クルミ・ピーナッツなどを加えることもある。

おーこし【▽御越し】■［連語］〈下に「になる」「なさる」「頂く」「下さる」「です」「だ」などを伴って〉「来る」「行く」の尊敬語。おいで。‖「二番窓口へーください」「社長が／のーです」▼「越し」は「越す」の連用形。
■［名］「来ること」「行くこと」の意の尊敬語。おいで。‖「わざわざのー、痛み入ります」
◈使い方「おいで」よりもさらに敬意の度合いが高い。

おこしーやす【▽御越しやす】［感］よくいらっしゃいました。‖「ようー」▼主に関西でいう。

おこ・す【興す】［他五］盛んにしようと、新しく物事を始める。また、衰えていたものを再び盛んにする。‖「新国家［会社・流派・リコール運動］をー」「観光資源で町をー」▼「起こす」と同語源。書き分け (1)「起こす」「興す」は、開始・創始の意に力点を置いて【起】、興隆・隆盛の意で【興】を使う。「事業を起こす(＝始める)／事業を興す(＝始めて、盛んにする)」など。「起こる」「興る」の場合も同じ。⬇起こす⑪ (2)「起こす」「起こる」は「起きる」に対応させて「こ」から送るが、「興す」「興る」には対応する語がなく、活用語尾のみを送る。可能 **興せる**

おこ・す【起こす】［他五］❶横になっていたり倒れ(てい)たりしたものを立った状態にする。‖「転倒した幼児をー」「レバーをー(＝持ち上げる)」
❷横になっていた人・動物が体や頭を立った状態にする。‖「寝台から身をー」「頭をー(＝もたげる)」
❸目を覚まさせる。‖「明朝は五時にー・してくれ」「寝た子をーようなことはやめよう」
❹伏せてあるものをめくって、表が現れるようにする。‖「カード［花札］をー」
❺伏せ字・誤植・速記・録音テープなどを、本来の形や普通に読める形に変える。‖「赤字をー(＝校正の赤字に従って訂正する)」「録音テープを原稿にー」
❻へばりついている石などをはがす。‖「敷石をー」
❼土を掘り返す。また、そのようにして畑などを作る。‖「土［畑］をー」
❽文章や書類などを新たに作る。‖「稿［伝票］をー」
❾ある現象が新たに他の現象を作り出す。‖「風が波をー(＝引き起こす)」「火打ち石で火をー」
❿物事(特に、非日常的な事態)を発生させる。引き起こす。‖「山が爆発をー」「生徒が貧血をー」「やる気をー(＝出す)」「クーデター［問題］をー」「ヒット作がブームをー」
⓫新たに物事を始める。特に、新たに運動や活動を始める。‖「行動［裁判・事業］をー」「筆をー(＝起筆する)」「キャンペーンをー」書き分け「事業［〇〇運動］をおこす」など、盛んにする意に力点をおくときは「興す」とも。⬇興す
可能 **起こせる** 名 **起こし**

おこ・す【▼熾こす】［他五］火の勢いを強くする。また、炭火などに火を移す。‖「火吹き竹で風呂の火をー」▼「起こす」と同語源。書き分け 火を生じさせる意では「起こす」と書く。「火打ち石で火を起こす」可能 **おこせる**

おこぜ【▼鰧・〈虎魚〉】［名］オニオコゼ。近海の岩礁にすむオニオコゼ科の海魚で、背びれのとげに毒がある。頭がでこぼこして姿は醜いが美味。

おごそか【厳か】［形動］格式や威儀を感じさせるさま。荘重だ。厳粛だ。‖「式典がーに挙行された」「ーな音楽」派生 ーさ

おこそーずきん【▽御▽高祖頭巾】［名］昔、和服の女性が用いた、頭部と顔の一部を包む防寒用のかぶりもの。正方形の布にひもをつけて結ぶ。▼御高祖(日蓮上人)の像の頭巾に似ていることからという。

おこたりーな・い【怠り無い】［形］なすべきことをきちんとしているさま。‖「用意はおさおさー」

おこた・る【怠る】［他五］なまけたりさぼったりして、なすべきことをしない。‖「義務［練習・調査の報告］をー」「努力をー(＝惜しむ)」「警戒［最終的なつめ］をー(＝おろそかにする・いい加減にする)」⬍勤しむ 名 **怠り**

おーことば【▽御言葉】［名］「言葉」の尊敬語。‖「ありがたいーをいただく」
◉**お言葉ですが** 相手の言葉を受けて、それに反論したり違う意見を出したりするときにいう語。せっかくそうおっしゃっていただきましたが。お言葉を返すようですが。‖「ー、それは違うと思います」

おこない【行い】［名］❶物事をすること。行動。行為。‖「乱暴なー」❷日常の生活態度。身持ち。品行。‖「日ごろのーが悪い」「ーを慎む」❸仏道の修行。また、勤行。

品格 行状「ー記」行跡「偉人のーをたどる」行為「権利を侵害するー」行動「ーに移す」所業「目に余るー」素行「ーがよくない」振る舞い「身勝手なー」◉「所業」は特によくない行いについて使う。

おこな・う【行う】［他五］❶物事を順序・方式に従ってする。また、単に物事をする。実施する。‖「式典をー(＝執り行う)」「ボウリング大会をー(＝開催する)」「試験［記念撮影］をー」「重大な発表［選挙運動］をー」❷［古風］仏道を修行する。特に、勤行をする。
◈書き方 送りがなは「行なう」も許容。
◈使い方「行う／する」では、「行う」のほうが重々しい言い方で、大規模である、正式である、改まって(意志を持って)なされるなどのニュアンスが出たり、文章を堅苦しくしたりする。「〇〇百貨店が全国セールを行う」「角の電気屋が閉店セールをする」などと使い分ける。「こっそりとアルバイトを行う」は大げさな言い方となる。可能 **行える**「公然とは行えない」名 **行い**

おこなわ・れる【行われる】［自下一］❶物事がなされる。実施される。‖「結婚式［決勝戦］がー」▼「行う」の受身形。❷世間に広く用いられる。世の中に行き渡る。通行する。‖「二つの説が並行してー」▼「行う」の受身形から。文 **おこなわ・る**

おこのみーやき【お好み焼き】［名］水溶きした小麦粉にエビ・イカ・肉・野菜など好みの材料を混ぜ、鉄板の上で焼きながら食べるもの。ソースやマヨネーズで味をつけ、青のりなどを振りかける。

おごーのり【〈海髪海▼苔〉・▼於▼胡〈海▼苔〉】

［名］浅海の岩などに着生する紅藻類オゴノリ科の海草。熱湯に通すと暗紫色が鮮やかな緑色に変わる。寒天の原料や刺身のつまにする。おご。うご。うごのり。

お-こぼれ【お▽零れ】［名］人が手をつけたあとの残り物。余り物。お余り。‖「ーにあずかる」

おこら・せる【怒らせる】［他下一］立腹させる。‖「不用意な発言をして先方をー・せた」 読み分け 「肩を怒らし〜」や「目を怒らせ〜」の「怒ら」は「いから」と読む。⬇いからす 文 おこら・す 異形 おこらす

おこり【▼瘧】［名］発熱・悪寒・震えなどの症状を一定の時間をおいて起こす病気。多くはマラリア性の熱病。

おこり【起こり】［名］❶物事の始まり。起源。‖「地名のー」❷物事の原因。‖「争いのーは遺産相続だ」

おごり【▼奢り】［名］❶ぜいたく。奢侈。‖「ーをきわめる」❷（自分の金で）人にごちそうすること。‖「この店の分はぼくのーだ」

奢

おごり【▼驕り・▽傲り】［名］誇って、いい気になること。思い上がり。‖「心にーがある」

おこ・る【怒る】■［自五］不快・不満の気持ちを外に表す。腹を立てる。立腹する。怒る。‖「受付の冷淡な対応にー」「あなたは何にー・っているのですか」「めったにー・らないがーと怖い」 使い方 ⑴他動詞としても使う。‖「王は軟弱外交をー・って（＝憤って）大臣を追放した」⑵「怒る」に比べると口頭語的。■［他五］よくない言動をしたとして、相手を責めとがめる。‖「約束を破って先生にー・られた（＝しかられた）」▼受身で使うことが多い。◈「起こる」と同語源。 可能 怒れる

品格 怒り心頭に発する「無礼な対応にー」 怒る「烈火のごとくー」 憤る「不正を知ってー」 いきり立つ「やじられてー」 気色ばむ「言いがかりをつけられてー」 瞋恚「ーに燃える」 切歯扼腕「裏切られてーする」 腹を立てる「些細なことにー」 悲憤慷慨「世のありさまを見てーする」 憤慨「ーに堪えない」 憤然「ーとして席を立つ」 憤怒「ーの形相」 立腹「非礼な態度にーする」 ◉「切歯扼腕」は悔しさ、「悲憤慷慨」は悲しさも加わった感情を表す。

「怒る」を表す表現

腹［小腹／むかっ腹］が立つ・腹［小腹／むかっ腹］を立てる・腹に据えかねる・腹立ち紛れに〜する・腹いせに〜する・腸が煮えくり返る・業［業腹］を煮やす・胸くそが悪い・（腹の）虫の居所が悪い・腹の虫が収まらない・収まりがつかない

頭に血が上る・頭にくる・血が逆流する・気が立つ・殺気立つ・気を悪くする・気分を害する・機嫌を悪くする・癪［癇］に障る・堪忍袋の緒が切れる・癇癪を起こす・癇癪玉が破裂する・むきになる・冠［へそ／つむじ］を曲げる

鼻持ちならない・目に角［目くじら］を立てる・目を剝く・目を三角にする・目［眉］をつり上げる・柳眉を逆立てる・眉間［額］にしわを寄せる・恨み骨髄に徹する・切歯扼腕する・怒髪天を衝く・髪の毛を逆立てる・青筋を立てる・唇［声］を震わせる・声を荒立てる・こめかみをぴくつかせる・顔をしかめる・膨れっ面［しかめっ面／苦虫をかみつぶしたような顔］をする・顔を真っ赤にする・満面に朱を注ぐ・怒声を上げる［浴びせる］・色をなす

語気を荒らげる・吐き捨てるように言う・口をとがらせる・口吻が激しくなる・遺憾の意を表明する・不快の念をあらわにする・悲憤慷慨する

かちんとくる・ぷつんと切れる・かっとする・かっとなる・むっと［むかっと／むかむか］する・ぷんと［ぷんぷん／ぷりぷり］する・ぷいと横を向く［出て行く］

おこ・る【興る】［自五］盛んになって、物事が新たに始まる。また、衰えていたものが再び盛んになる。‖「唐王朝［産業・新しい学問］がー」「反戦運動がー」▼「起こる」と同語源。 書き分け ⬇興す

おこ・る【起こる】［自五］物事（特に、非日常的な事態）が新たに発生する。生じる。起きる。‖「事件［地震・奇跡・拍手・発作］がー」「市民運動がー」「やる気がー」 書き分け ⬇興す 使い方 ⬇起きる

おこ・る【▼熾こる】［自五］火が炭などに移る。また、火の勢いが強くなる。おきる。‖「七輪の火がー」「炭火がー」▼「起こる」と同語源。 書き分け 火が生じる意では「起こる」と書く。「摩擦によって火が起こる」

おご・る【▼奢る】■［自五］度を超えてぜいたくをする。また、ぜいたくになる。‖「ー・った生活をする」「口がー・っている」■［他五］飲食をふるまう。ごちそうする。饗応する。‖「夕食をー」◈「驕る」と同語源。 可能 おごれる 名 おごり（奢）

おご・る【▼驕る・▽傲る】［自五］権勢・地位・財産・才能などを誇って、思い上がった態度をとる。いい気になる。増長する。‖「才能にー・って努力を忘れてはいないか」「ー平家は久しからず」 名 おごり（驕・傲）

お-こわ【お▽強】［名］こわめし。特に、赤飯。▼もと女房詞。

おさ【▽長】［名］〔古風〕集団の上に立って統率する人。首長。かしら。‖「一族のー」「船ー」

おさ【▼筬】［名］機織りの付属具の一つ。金属または竹の薄片を櫛の歯のように並べて長方形の枠に入れたもの。縦糸をととのえ、横糸をたたいて織りこむのに使う。

お-さい【お菜】［名］おかず。副食物。

おさえ【押さえ・抑え】［名］❶【押】物が動かないように上から支えること。また、そのために置く物。‖「紙が散らないようにーを置く」❷【押・抑】強くなる勢いを防ぎ止めること。❸【押・抑】敵の攻撃・侵入を防ぎ止めること。‖「ーのピッチャー」

◉**押さえが利・く** 統率・制御する力がある。コントロールできる。‖「党内にー重鎮」「感情のー・かない」 書き方 「押さえ」は「抑え」とも。

おさえ-こみ【抑え込み（押さえ込み）】［名］柔道の固め技の一つ。相手をほぼあお向けに倒し、上から押さえつけて動きを奪う技の総称。肩固め・上四方固め・横四方固め・袈裟固めなど。

おさえ-こ・む【押さえ込む・抑え込む】［他五］❶【押】押さえつけて動けないようにする。‖「暴徒をー」❷【抑・押】柔道で、抑え込みの技をかける。❸【押・抑】圧力をかけて自由な活動を封じる。‖「反対派の動きをー」 名 押さえ込み

おさえ-つ・ける【押さえつける・抑えつける（押さえ付ける・抑え付ける）】［他下一］❶【押】強く力を加えて動けないようにする。‖「首根っこをー」❷【押・抑】権力や威力によって相手の動きを封じる。‖「少数意見をー」❸【抑】強くこらえて感情を表さないようにする。‖「怒りをー」 文 おさへつ・く

おさ・える【押さえる・抑える】［他下一］❶

【押】動かないように、押しつけて力を加える。≡「両手で帽子を―」「相手の首根っこを―（＝つかむ）」「文鎮で紙を―」「指先で弦を―・えて弾く」
❷【押】おおうようにして、手などを自分の体に押し当てる。≡「ハンカチで目頭を―」「あまりの轟音に耳を―」「脇腹を―・えて痛みをこらえる」
❸【押】取り押さえたり差し押さえたりして、しっかりとつかまえる。また、相手が否定する事柄を動かしがたい事実としてしっかりとつかむ。≡「現行犯で犯人を―」「財産を―（＝差し押さえる）」「放火犯の証拠を―」
❹【押】自分のものとして、しっかりと確保する。≡「講演会に備えて会場を―」「使用権を―」
❺【押】自分のものとして、要点などをしっかりと頭に入れる。把握する。また、弱点などをつきつけて相手を支配する。≡「要点［ポイント・壺］を―」「相手の弱点を―」
❻【抑・押】勢いを増そうとするものを押しとどめる。封じ止める。ふさぎ止める。≡「相手の反撃［反対派の動き］を抑える」「インフレ［人件費］を抑える」「ベテランを抑えて優勝する」「実力行使で猛反対を押さえる（＝押さえつける）」 書き分け 抑止して封じる意では【抑】、権力などで封じる意では【押】を使う傾向がある。
❼【抑】ある限度を超えないようにする。≡「月々の出費を一〇万円に―」「被害を最小限に―」「相手打線を一点に―・えて勝つ」
❽【抑】感情や欲望が高ぶるのをとどめる。抑制する。≡「感情を―」「怒り［買いたい気持ち］を―（＝こらえる）」「―・えた演技で好演する」 文 おさ・ふ 名 おさえ

おさ-おさ［副］〈打ち消しを伴って〉ほとんど。まったく。≡「用意―怠りなし」

お-さがり【お下がり】［名］❶神仏に供えたあとで取りさげたもの。❷客に出したごちそうの残り。❸目上・年上の人からもらった使い古しの衣服や品物。お古。≡「姉の―のジーンズ」

お-さきぼう【お先棒】［名］人の手先となること。また、その人。先棒。

◉**お先棒を担ぐ** 軽々しく人の手先になって働く。≡「不祥事もみ消し［流行］の―」▼駕籠の棒の前方を担ぐ人の意から。「先棒を担ぐ」の形でも使う。

おさき-まっくら【お先真っ暗】［名・形動］将来の見通しがまったくつかないこと。≡「―の（な）福祉政策」

お-さげ【お下げ】［名］髪の結い方の一つ。髪を左右に分けて編み、肩のあたりにさげたもの。（お）下げ髪。

お-ざしき【▽御座敷】［名］❶「座敷」の尊敬・美化語。≡「―をお借りする」「―の掃除をする」❷宴会の席。≡「―に出る」▼そこに呼ばれる芸者や芸人の立場からいう語。

◉**お座敷が掛か・る** ❶芸者・芸人などが宴席の客に呼ばれる。❷宴席・会合などに招かれる。転じて、仕事などの口がかかる。≡「座談会の―」

お-さだまり【お定まり】［名］いつも同じように決まっていること。お決まり。≡「―の昔話が始まる」▼多少の皮肉をこめて使う。

お-さつ【お札】［名］「札（＝紙幣）」の美化語。

お-さつ【お▼薩】［名］サツマイモのこと。

お-さと【▽御里】［名］❶「里」の尊敬・美化語。嫁や婿の実家。❷生い立ち。育ち。

◉**お里が知れる** 言動によってその人の育った環境や経歴がわかる。▼人を非難する時に使う表現。

おさな・い【幼い】［形］❶（人や動物が）未成熟な段階にあるさま。小さい。幼少だ。≡「―子供」「―ころの思い出」❷考え方・行動などが幼稚で世間知らずである。未熟だ。≡「考えが―」 派生 -げ／-さ

おさな-がお【幼顔】［名］幼いときの顔つき。 書き方 慣用的に「幼な顔」とも送る。

おさな-ご【幼子（幼▽児）】［名］幼い子。ようじ。 書き方 慣用的に「幼な子（児）」とも送る。

おさな-ごころ【幼心】［名］あどけない子供の気持ち。子供心。≡「―にも悲しみが感じられた」 書き方 慣用的に「幼な心」とも送る。

おさな-づま【幼妻】［名］年が若く、まだ子供っぽさの残る妻。 書き方 慣用的に「幼な妻」とも送る。

おさな-ともだち【幼《友達》】［名］幼いころからの友達。≡「帰郷して久しぶりに―に会う」 書き方 慣用的に「幼な友達」とも送る。

おさな-なじみ【幼▼馴染み】［名］子供のころに親しくしていたこと。また、その人。 書き方 慣用的に「幼な馴染み」とも送る。また、「幼馴染」も多い。

おざ-なり【お座なり】［名・形動］誠意のない、その場かぎりの間に合わせであること。≡「―の環境保護対策」「―に報告して済ます」▼お座敷などでその場の間に合わせにすることの意から。 ✓注意 「なおざり」は別語。➡なおざり

おさまり【収まり・納まり・治まり】［名］❶【収・治】混乱・騒ぎなどが静まること。物事の決着がつくこと。≡「ここまで紛糾すると―がつかない」❷【収・納】物の入りぐあい。また、物の落ち着きぐあい。安定。≡「雨戸の―が悪い」❸【納】金銭などの納入の状態。

おさま・る【収まる・納まる】［自五］
❶【収・納】物がある物の中にきちんと入る。特に、ある範囲内にきちんと入る。≡「本棚に本が―」「ポケットに―カメラ」「出費が予算の枠内に／で―・らない」
❷【収・納】落ち着くべき所に落ち着く。≡「窓際の座席に―」「遺骨は雑司ヶ谷の墓所に―・った」「別居していた夫婦も元の鞘に納まった（＝仲直りした）」
❸【納・収】ある地位や境遇に満足して落ち着く。≡「今では製薬会社の社長に―・っている」
❹【収・納】絵や写真などの記録にとどめられる。≡「澄ました顔して写真［カメラ］に―・っている」
❺【収・納】乱れた状態が静まる。乱れが収束する。≡「紛争［いらいら・汗］が―」「物事が丸く―（＝解決する）」「腹の虫が納まらない」 書き分け ➡治まる①
❻【納】金品が受け取り手のもとに入る。納入される。≡「税金が国庫に―」
◈「治まる・修まる」と同語源。 名 おさまり

おさま・る【治まる】［自五］❶乱れが静まって、安定した状態になる。≡「争い［地震・怒り］が―」「このままでは気持ちが―・らない」 書き分け 「収まる」とも書く。「争いが治まる／収まる」では、【治】は安定する意に、【収】は収束する意に注目していう。「治める／収める」も同じ。❷秩序が行き届き、平和になる。≡「世の中が―」❸痛みや症状がひく。治る。≡「痛み［咳］が―」 名 おさまり

おさま・る【修まる】［自五］行いがよくなる。≡「素行が―」

お-さむ・い【お寒い】［形］❶「寒い」の尊敬・美化語。≡「―・うございませんか？」「―・くなりましたね」❷数量や内容が不十分で心細いさま。≡「―対応」

おさ・める【収める・納める】〔動下一〕
一〔他〕❶【収・納】物をある物の中にきちんと入れる。しまう。また、ある範囲内にきちんと入るようにする。‖「売上金を金庫に—」「遺体を棺に納める」「刀を鞘(さや)に納める」「出費を予算の枠内で/に—」
❷【収・納】受け取って(また、奪い取って)自分のものとする。‖「賄賂(わいろ)を懐に—」「つまらない物ですが、どうかお—め下さい」「勝利を手中に—」
❸【収】(しまいこんで)記憶や記録に残るようにする。‖「本作品はのち『詩文集』に—められた(＝所収された)」「愛犬をカメラ[フィルム]に—(＝写す)」
❹【収・納】乱れた状態を鎮める。乱れを収束させる。‖「紛争を—」「物事を円満に—」 書き分け ⬇ 治まる①
❺【納】金品を受け取り手のもとに入れる。納入する。‖「県に地方税を—」「会費を—」「注文の品を—」
❻【収】よい記録や結果を生み出す。挙げる。‖「大会で好成績を—」「高収益を—」▼〜ヲに〈結果〉をとる。
❼【納】物事を終わりにする。やめる。‖「今年の仕事はこれで—」「私は笑いを—めた〈太宰治〉」
二〈動詞の連用形に付いて複合動詞を作る〉【納】…することを終わりにする。それを最後に…することをやめる。‖「舞い—・歌い—・書き—・飲み—」
◈「治める」「修める」と同語源。 文 おさ・む

おさ・める【治める】〔他下一〕❶乱れを鎮めて、安定した状態にする。‖「反乱[荒ぶる心]を—」「水を—(＝治水する)」 書き分け ⬇ 治まる① ❷組織の中に秩序を行き渡らせる。統治する。統(す)べる。‖「天下[人民]を—」 ❸痛みや症状がなくなるようにする。治療する。治(なお)す。‖「痛みを—」 文 おさ・む

おさ・める【修める】〔他下一〕❶心や行いを正しくする。‖「身を—」 ❷学問・技芸などを学んで、自分のものにする。修得する。‖「学問[ドイツ語・仏道]を—」 文 おさ・む

お‐さらい【お▼浚い・お〈温習〉い】〔名・他サ変〕❶教わった学問・技芸などが身につくように自分でもう一度やってみること。‖「数学[ピアノ]の—をする」 ❷芸事の師匠が弟子を集めて教えたことを演じさせること。また、その会。温習(おんしゅう)。

お‐さらば 一〔感〕〔古風〕「さらば」の美化語。さようなら。‖「では、—」 二〔名・自サ変〕別れること。縁を切ること。‖「当分日本とも—だ」

お‐さわがせ【▽御騒がせ】〔名・形動〕世間を騒がせること。‖「とんだ—だ」「何かと—の/な女優」 ✓注意 「わ」と「が」が転倒した「おさがわせ」は誤り。

お‐さん【▽御産】〔名〕子を産むこと。出産。

おさん‐どん【お▼爨どん・お三どん】〔名〕❶台所で働く女中。 ❷炊事などの、台所仕事。‖「—をする」

おし【▼啞】〔名〕聴覚や発声機能に障害があって話すことができないこと。また、その人をいう差別的な語。

おし【押し】 一〔名〕❶押すこと。‖「相撲は—が肝心だ」 ❷おさえつけること。また、そのもの。おもし。‖「—をして水気を切る」 書き方「▽圧し」とも。 ❸願いや要求を通すために相手に強く働きかけること。また、その力。‖「—が強い」「この交渉は—の一手でいこう」
二〔接頭〕〈動詞に付いて〉❶強力に、無理に、の意を表す。‖「—入る・—通す・—流す」 ❷意味を強める。‖「—黙る・—いただく・—とどめる」

おし【推し】〔名〕〔新〕特に引き立てて応援している人や物。お気に入り。‖「—が出演する舞台」

お‐じ【《伯父》・《叔父》】〔名〕父または母の兄弟。また、おばの夫。 書き分け 父母の兄、父母の姉の夫の場合は【伯父】、父母の弟、父母の妹の夫の場合は【叔父】を使う。

おしあい‐へしあい【押し合い▽圧し合い】〔名・自サ変〕大勢の人が狭い場所で動こうとして混雑すること。▼「へす」も「押す」の意。

おし‐あ・う【押し合う】〔自他五〕両方から互いに押す。‖「満員電車の中で—」 名 押し合い

おし・い【惜しい】〔形〕❶ものや人、機会などが失われるのを残念に思うさま。‖「この時計は捨てるには—」「命が—・ければ騒ぐな」 ❷もう少しで期待通りにならなかったことを悔やんで、残念に思うさま。‖「—・くも敗退した」 派生 —げ/—さ/—が・る

おじい‐さん【お▼爺さん】〔名〕老年の男性。また、老年の男性を高め、親しんで呼ぶ語。⬍お婆(ばあ)さん

おじい‐さん【お〈祖父〉さん】〔名〕祖父を親しんで、また、高めて呼ぶ語。⬍お祖母(ばあ)さん 使い方 (1)接頭語「お」を除いて「じいさん」とも。より丁寧な形は「おじいさま」。くだけた形は「(お)じいちゃん」など。(2)子供のいる夫婦などが、自分(または配偶者)の父をさすのに使うこともある。

おし‐いただ・く【押し頂く・押し▽戴く】〔他五〕❶うやうやしく頭を下げ、与えられた物を上方にささげもつ。‖「金一封を—」 ❷長として、うやうやしく迎える。‖「殿下を総裁に—」

おし‐い・る【押し入る】〔自五〕強引にはいりこむ。‖「強盗が—」

おし‐いれ【押し入れ】〔名〕日本間をふすまや戸でしきった、夜具などを収納する場所。

おし‐うり【押し売り】〔名・他サ変〕❶むりやりに品物を売りつけること。また、その人。 ❷相手の気持ちを考えずに、むりに押しつけること。‖「親切の—は迷惑だ」◈ 書き方 公用文では「押売」。

おしえ【教え】〔名〕❶教えること。教育。‖「—を請う」 ❷教えられた事柄・内容。‖「先生の—を守る」 ❸宗教の教義。

品格 教育「—を受ける」 教示「ご—を賜(たまわ)る」 薫陶(くんとう)「—のたまもの」 啓発「自己—」 垂範(すいはん)「率先—」 陶冶(とうや)「人格の—」

おし‐え【押し絵】〔名〕花鳥・人物などの形に切った厚紙に綿をのせ、美しい布でくるんで台にはった半立体的な絵。‖「—の羽子板」

おしえ‐ご【教え子】〔名〕自分がかつて教えたことのある人。また、現在教えている生徒・学生など。

おしえ‐の‐にわ【教えの庭】〔名〕学校。学びの庭。

おし・える【教える】〔他下一〕❶相手が知らない知識・技術・教訓などを告げ知らせる。特に、それが身につくように告げ知らせる。‖「今何時か—・えてください」「こつを—(＝伝授する)」「生け花を—(＝教授する)」「中学生に数学を—・えている」「犬に芸を—(＝仕込む)」▼〜ヲに〈教える内容や事柄〉がくる言い方。
❷教師として人を教育する。教育の仕事をする。教え導く。‖「長年、小学生を—・えてきました」▼〜ヲに〈人〉がくる言い方。
❸物事が我々に教訓を与える。表示する。開示する。‖

「今回の事件は我々に問題の根の深さを―・えた」▽主語に〈人〉がこない言い方。文をし・ふ 名教え

おし‐おき【▽御仕置き】[名・他サ変]「仕置き」の美化語。

おし‐かえ・す【押し返す】ヘカ[他五] ❶押してくるものを逆にこちらからも押す。押し戻す。‖「敵の軍勢を―」❷差し出された物を受け取らずに先方に返す。押し戻す。

おし‐かく・す【押し隠す】[他五] けんめいになって包みかくす。‖「悲しみを―」

おしかけ‐にょうぼう【押しかけ女房(押し掛け女房)】ニョウバウ[名] 男性の家に押しかけていくようにして強引に妻になった女性。

おし‐か・ける【押しかける(押し掛ける)】[自下一] ❶大勢が集まって一つの場所に出向く。押し寄せる。‖「特売場に客が―」❷招かれないのに勝手に出向いていく。‖「皆で先生の家に―・けて御馳走になる」文おしか・く

おし‐がし【押し貸し】[名] 闇金融業者が勝手に顧客の銀行口座に融資金を振り込み、法外な利息の返済を求めること。また、その手口。

おし‐がみ【押し紙】[名] ❶疑問・意見・注などを書いて、書籍や文書にはりつけた紙片。押紙。❷吸い取り紙。

おし‐き【▽折敷】ーヲ[名] ヒノキのへぎ板で縁をつけた四角い盆。白木のものは多く神饌を盛る祭器に使う。▽「折り敷き」の転。

お‐じぎ【▽御辞儀】[名] 頭を下げて礼をすること。‖「―をする」▽本来、「辞儀」の美化語。

お‐しきせ【▽御仕着せ】[名] ❶季節に応じて主人が奉公人に衣服を与えること。また、その衣服。▽現在は、経営者が従業員に与える制服の意で使う。書き方「▽御▽為着せ」とも。❷上から一方的に与えられた、きまりきったもの。‖「―の社内旅行」

おじぎ‐そう【▽御辞儀草・〈含羞〉草】ーサウ[名] 夏、淡紅色の小花を開くマメ科の多年草。鉢植えなどにする園芸種は一年草。羽状複葉の葉は刺激を受けると閉じてたれ下がる。ネムリグサ。

おし‐きり【押し切り】[名] まぐさや藁などを切る道具。飼い葉切り。

おし‐き・る【押し切る】[他五] ❶押しつけて切る。❷反対・抵抗などを押しのけてやり通す。‖「野党の反対を―・って法案を通す」

おしくら【押し▽競】[名] ➡おしくら饅頭

おしくら‐まんじゅう【押し▽競▼饅▽頭】ーマンヂュウ[名] ひとかたまりになった子供が力を競って体を押し合う遊び。おしくら。おしっくら。‖「―、押されて泣くな」▽「おしくら」は「おしくらべ」の略。

おし‐げ【惜しげ(惜し気)】ーヲシ[名] 惜しがるようす。‖「―もなく捨てる」

おじ‐け【▽怖じ気】ーヲヂ[名] こわがる気持ち。恐怖心。おぞけ。‖「―をふるう(=恐怖にかられて体がふるえる)」

おじけ‐づ・く【▽怖じ気づく(▽怖じ気付く)】ヲヂ[自五] こわくなって、ひるむ。おじけだつ。‖「―・いてしゃがみこむ」

おし‐こみ【押し込み】[名] ❶他人の家に押し入って金品を奪い取ること。また、その者。強盗。おしこみ強盗。‖「―を働く」❷押し入れ。

おし‐こ・む【押し込む】一[自五] ❶むりやりに入りこむ。❷強盗に入る。‖「賊に―・まれた」二[他五] 押してむりに入れる。‖「パンを口に―」名押し込み

おし‐こ・める【押し込める】[他下一] ❶押してむりに入れる。❷中に入れて出られないようにする。閉じこめる。‖「人質を地下室に―」文おしこ・む

おし‐ころ・す【押し殺す(▽圧し殺す)】[他五] ❶押しつぶして殺す。圧殺する。❷感情・表情・動作などをおさえて、そとに表れないようにする。‖「笑い[あくび]を―」

おじ‐さん【〈小父〉さん】ーヲヂ[名] 他人である中年の男性を呼ぶ語。⬌小母さん

おじ‐さん【《伯父》さん・《叔父》さん】ーヲヂ[名] おじ(伯父・叔父)を親しんで、また高めて呼ぶ語。⬌伯母さん・叔母さん

おし‐ずし【押し▼鮨・▽圧し▼鮨】[名] 方形の木枠の中にすし飯と酢じめの魚肉などの具を詰め、押しぶたで押し固めて作るすし。箱ずし。大阪ずし。‖「鯖の―」

おし‐すす・める【押し進める】[他下一] 押して前に進める。‖「荷車を―」文おしすす・む

おし‐すす・める【推し進める】[他下一] 積極的に進行させる。推進する。‖「新事業を―」文おしすす・む

おし‐せま・る【押し迫る】[自五] まぢかに迫る。‖「年の瀬が―」

おし‐たお・す【押し倒す】ータフス[他五] 押して倒す。‖「横綱を土俵外に―」

お‐したじ【▽お下地】ータヂ[名] 「したじ」の美化語。しょうゆ。

おし‐だし【押し出し】[名] ❶押して外に出すこと。❷相撲の決まり手の一つ。相手を押して土俵の外に出す技。❸野球で、満塁のとき、フォアボールまたはデッドボールによる進塁で相手に点を与えること。❹人の目から見た姿や態度。風采。

◉**押し出しがいい** 人前に出たときの姿や態度がりっぱである。‖「彼は―から、よく部長と間違えられる」✓注意「押しが強い」と混同して、「押し出しが強い」とするのは誤り。

おし‐だ・す【押し出す】一[他五] ❶押して外に出す。‖「土俵の外に―」❷積極的に出す。‖「意見を前面に―」二[自五] ❶下の方から表面に出る。❷大勢で出かける。‖「一同そろって花見に―」

おし‐た・てる【押し立てる】[他下一] ❶勢いよく立てる。❷先頭に立たせる。‖「リーダーを―・てて行進するデモ隊」❸代表として推挙する。‖「ベテラン組員を委員長に―」◈書き方「推し立てる」とも。文おした・つ

おし‐だま・る【押し黙る】[自五] まったくしゃべらないでいる。‖「何を聞いても―・ったままだ」

お‐しちや【▽御七夜】[名] 「七夜」②の尊敬・美化語。

おしつけ‐がまし・い【押し付けがましい】[形] 相手の気持ちを無視して自分の考えに従わせようとするさま。‖「―言い方をする」派生‐さ

おし‐つ・ける【押し付ける】[他下一] ❶力を加えて押す。押して、離れないようにする。‖「壁に耳を―・けて聞く」❷むりに引き受けさせる。‖「部下に責任を―」文おしつ・く 名押し付け

お‐しっこ[名・自サ変] 「小便」の幼児語的な言い方。

おし-つま・る【押し詰まる】〔自五〕❶事態が切迫する。〓「―った情勢は楽観を許さない」❷期日が差し迫る。特に、年の暮れがまぢかに迫る。〓「今年もいよいよ―ってきた」

おし-つ・める【押し詰める】〔他下一〕❶むりに押して詰め込む。〓「衣類を袋に―」❷あとのないところまで追い込む。〓「土壇場に―」❸要約する。つづめる。〓「―めて言えば、財源がないということだ」文おしつ・む

おし-て【押して】〔副〕むりに。強いて。〓「―お願いする」「多忙なところを―来てもらう」

おし-とお・す【押し通す】〔他五〕❶むりに通す。〓「強行採決で法案を―」❷意見や態度を変えないで貫き通す。〓「反対を―」「年中和服で―」

おし-とど・める【押し▽留める・押し▽止める】〔他下一〕人の行動をおさえてやめさせる。制止する。〓「怒って帰ろうとするのを―」文おしとど・む

おし-どり【〈▼鴛▼鴦〉】〔名〕雌は灰褐色、雄は扇形の美しい飾り羽をもつカモ科の水鳥。鴛鴦。使い方 雌雄一対がいつも一緒にいることから仲のよい夫婦のたとえにいう。〓「―夫婦」

おし-なが・す【押し流す】〔他五〕❶激しい水流が物を流し去る。❷抵抗しがたい周囲の状況や感情が人を支配する。〓「激情に―される」▼多く受身で使う。

おし-なべ-て【押し▽並べて】〔副〕全体に渡るさま。総じて。概して。一体に。全体に。〓「今年の新入生は―成績がよい」「政治討論会は―不評だった」「―言えば、まず合格点だろう」▼下二段動詞「押しなぶ(=押しならす)」の連用形＋助詞「て」から。

おし-の・ける【押し▽退ける】〔他下一〕❶押してどける。❷相手を強引にしりぞける。〓「古参議員を―けて大臣の座につく」文おしの・く

お-しのび【▽御忍び】〔名〕身分の高い人や有名人が人目をしのんでこっそりと外出すること。微行。〓「―の来日」

おし-ば【押し葉】〔名〕植物の葉や花を紙・書籍などの間に挟み、押しをかけて乾燥させたもの。標本やしおりにする。腊葉。

おし-はか・る【推し量る（推し測る）】〔他五〕推測して考える。特に、ある事柄をもとにして他の事柄の見当をつける。〓「行動の真意は―りがたい」「表情から遺族の悲しみを―(=推測する)」

おし-ばな【押し花】〔名〕草木の花を紙などの間に挟み、押して乾燥させたもの。標本・しおりなどにする。

おし-ひろ・げる【押し広げる】〔他下一〕❶のばして広げる。〓「パイ生地を―」❷範囲を広げる。押し広める。〓「販路を―」文おしひろ・ぐ

おし-ピン【押しピン】〔名〕西日本で、画鋲。

お-しべ【雄▼蕊】〔名〕種子植物の花の中にある雄性の生殖器官。多くは柄の形をした花糸と葯からなり、葯の中に花粉を生じる。雄蕊。⇔雌しべ

おし-ボタン【押しボタン】〔名〕押すことによって電気回路を開閉させるボタン。〓「―式信号機」

お-しぼり【お絞り】〔名〕顔や手をふくために、小さなタオルなどを湯や水でぬらして絞ったもの。

お-しまい【お仕舞い・お▽終い】〔名〕❶「しまい」の美化語。おわり。〓「今日の仕事は―にしよう」❷物事が絶望的な状態になること。〓「不渡りを出すようではあの会社も―だ」◈かな書きが多い。

おし-まく・る【押し▼捲る】〔他五〕一方的に押しつづける。また、終始相手を圧倒する。〓「押して押して押して―」

おしみ-な・い【惜しみない】〔形〕惜しむことなく精いっぱい行うさま。〓「―拍手を送る」「―・く与える」▼連体形と連用形を使う。

おし・む【惜しむ】〔他五〕ものや人・機会などが失われるのを残念に思う。〓「友の死を―」「寸暇を―・んで勉強する」「協力を―・まない」

おし-むぎ【押し麦】〔名〕蒸した大麦を押しつぶして乾燥させたもの。つぶし麦。

おしむらく-は【惜しむらくは】〔連語〕〈副詞的に〉惜しいことには。残念なことには。〓「有能な人だが、―短気だ」▼動詞「惜しむ」＋接尾語「らく」＋係助詞「は」。本来、下二段動詞の「惜しむ」に付いたものが、誤って五段動詞などの終止形に付く「らく」に付いたもの。

お-しめ【〈▼襁▼褓〉】〔名〕大小便を受けるために乳児などの股に当てておく布や紙。おむつ。むつき。▼「お」は接頭語、「しめ」は「湿し」の略。

おし-め【押し目】〔名〕上がり続けていた相場が、一時的に下がること。〓「―買い」

お-しめり【お湿り】〔名〕ほどよく降る雨。〓「ここらで―がほしい」

おし-もど・す【押し戻す】〔他五〕押してもとの場所に戻す。押し返す。〓「機動隊がデモ隊を―」

おし-もんどう【押し問答】〔名・自サ変〕互いに譲らずに激しく言い争うこと。〓「―の末、乱闘になる」「―を続ける」「重ねる・繰り返す」

お-じや〔名〕雑炊。▼もと女房詞。

お-しゃか【お▽釈▼迦】〔名〕出来損ないの品。不良品。また、こわれて役に立たなくなった品。〓「携帯電話が―になる」書き方「おシャカ」と書くことも多い。語源 もと鋳物職人の隠語で、阿弥陀仏を鋳るはずが誤って釈迦を鋳たことから出た語という。

お-しゃく【お酌】〔名〕❶〔自サ変〕「酌」の尊敬・謙譲・美化語。〓「主人手ずからの―を受ける」「先生、私が―をいたしましょう」「―が上手い」⬇お(御)❷客に酌をする女性。酌婦。❸まだ一人前にならない芸者。半玉。▼京阪では、舞妓を指していう。

お-しゃぶり〔名〕乳児にもたせてしゃぶらせる、おもちゃ。

お-しゃべり【お▼喋り】〔名〕❶〔自他サ変〕雑談をすること。〓「―しているうちに日が暮れた」❷〔形動〕よくしゃべること。また、その人。〓「―な人」

品格 饒舌「酔って―になる」贅言「―を要しない」多弁「にわかに―になる」

お-しゃま〔名・形動〕幼いのに大人びた言動をすること。また、その子供。〓「―を言う」「―な子」「―さん」▼多く女の子についていう。

おし-や・る【押し▽遣る】〔他五〕❶押して向こうの方へ動かす。押しのける。〓「じゃまな荷物を―」❷あえてしりぞける。〓「雑念を―・って仕事にかかる」

お-しゃれ【お▼洒▽落】〔形動〕❶〔名・自サ変〕見かけをよくするために、服装や化粧に気を配って身を飾ること。また、その人。〓「―をして出かける」「―な人」❷洗練されていて、心がひかれるさま。〓「ちょっと―なレストラン」

お-じゃん〔名〕物事が不成功に終わること。だめになること。〓「資金不足で事業計画が―になる」▼火事の鎮

火を知らせる半鐘の音からという。

おーじゅけん【お受験】［名］子供の受験。特に、有名幼稚園・小学校の受験についていう。〓「来年はうちも娘がー だから大変だ」▼もとは揶揄(やゆ)または自嘲(じちょう)の気持ちを込めて言った。

おーしょう【和尚(和上)】ヲシャウ［名］❶師の僧。また、修行を積んだ僧。読み分け もとは禅宗・浄土宗で「おしょう」と言った。天台宗・華厳宗では「かしょう」、真言宗・律宗・浄土真宗などでは「わじょう」と言った。❷寺の住職。また、一般に僧。〓「山寺のーさん」

おじょうーさま【お嬢様】オヂャウー［名］❶他人の娘の敬称。▼若い娘の敬称としても使う。❷苦労を知らずに育った女性。〓「ー育ち」

おじょうーさん【お嬢さん】オヂャウー［名］他人の娘、また、若い娘を親しんで呼ぶ語。

おーしょく【汚職】ヲ［名］公職にある人が地位や職権を利用し、収賄(しゅうわい)などによって不正な利益を得ること。▼「瀆職(とくしょく)」の言い換え語。

おーじょく【汚辱】ヲ［名］地位を汚し名誉を傷つけるような、はずかしめ。

おーじょく【汚▽濁】ヲヂヨク［名］仏教で、けがれること。〓「ーの世」⇩おだく

おしーよ・せる【押し寄せる】 ❶［自下一］はげしい勢いで迫る。〓「高波がー」❷［他下一］押して、その方に近づける。〓「テーブルを壁際にー」文 おしよ・す

お・じる【▽怖じる】オヂル［自上一］恐れる。びくびくする。〓「ーじないで意見を言う」文 お・づ

おーしろい【〈白粉〉】［名］顔や首筋につけて肌を白く見せるための化粧品。粉おしろい・水おしろい・練りおしろいなどの種類がある。▼「お白い」の意。

おしろいーばな【〈白粉〉花】［名］夏から秋にかけて、赤・黄・白などの花を開くオシロイバナ科の多年草。▼種子に詰まった白い胚乳(はいにゅう)がおしろい状であることから。

オシログラフ【oscillograph】［名］電流・電圧などの時間的変化を、目で観察できるように波形にして記録する装置。

オシロスコープ【oscilloscope】［名］電流・電圧などの時間的変化を、波形の映像として見せる観測用の装置。

おしーわ・ける【押し分ける】［他下一］前にあるものを押すようにして左右に分ける。〓「人波をーけて進む」文 おしわ・く

おーしん【悪心】ヲ［名］吐き気がすること。胸のむかつき。▼「あくしん(悪心)」とは意味が異なる。

おーしんこ【お新▽香】［名］浅漬けの香の物。しんこ。しんこう。

おす【雄(▼牡)】スヲ［名］動物の性別で、精巣をもち精子を作るほう。⇕雌(めす)

お・す【押す】［他五］❶動かそうとして手前から向こうに力を加える。〓「荷車[ドア・車のレバー]をー」「背中をー・されてつんのめる」⇕引く ❷信号や動力を伝えるために、器械のつまみなどに軽く力を加える。また、そのようにして器械を操作する。〓「スイッチをー」「インターホンをー・して呼び出す」❸(上から)重みを加える。また、そのようにしてある物を作る。押さえつける。〓「ーと筋肉が痛い」「おもしで白菜をー」「押し花をー」書き方「▽圧す」とも。❹紙に印(いん)などを押しつけ(て、その形を作)る。〓「はんこをー」「スタンプ[消印]をー」「裏切り者の烙印(らくいん)をー・される」「判でー・したように(=例外なく)五時に起きる」書き方「▼捺す」が好まれる。❺押さえて貼(は)りつくようにする。〓「漆器に金箔(きんぱく)をー」❻そのままの状態で物事を進める。行く。〓「この方針[強気]でー」❼願いや要求を通すために相手に強く働きかける。圧力をかける。プッシュする。〓「あの手この手でー」❽〈多く受身で〉相手をしのぐ。圧倒する。〓「今のところ味方がー・している」「気迫にー・されてたじたじだ」❾〈「…を押して」の形で〉無理を承知で物事をする。〓「風雨をー・して(=冒して)出かける」「周囲の反対をー・して(=押し切って)結婚する」❿確かめる。〓「念をー」「これでいいのだねと駄目をー」⓫放送・会議などで、予定が延びて遅れぎみになる。〓「時間がー・しているので急いでくれ」◈「推す」と同語源。⑥⑪は自動詞的な用法。可能 押せる 名 押し

◉**押しも押されもしない** 実力があって堂々としている。れっきとした。押しも押されもせぬ。〓「ー大立て者」▼「押しも押されもせぬ」と「押すに押されぬ(=押しても押せない)」の混交から生じた「押しも押されぬ」は標準的でない。ただし、古くから使われてきた。〓「(山野は)今では押しも押されぬ位置を占めてしまった〈菊池寛〉」

◉**押すな押すな** 人が押し合いへし合いするほど、混雑していること。〓「劇場はーの大盛況」

お・す【推す】［他五］❶ある人やものをある事柄(特に、地位など)にふさわしいとして他にすすめる。〓「委員長候補に/としてA氏をー」「優良図書に本書をー」❷あることをもとにして他の事柄を判断する。推し量る。推論する。推測する。〓「経験からー・してもここは攻めだ」「文面からーに/と体調はよくないらしい」❸ある考えが立派だとして、その実現を推し進める。〓「与党のー法案が成立しそうだ」❹〔新〕気に入った人や物を特に引き立てて応援する。可能 推せる 名 推し

◉**推して知るべし** 推し量れば自然に分かるはずだ。〓「普段がそうだから結果はー」注意「押して知るべし」は誤り。

おーすい【汚水】ヲ［名］きたない水。

おずーおず【▽怖ず▽怖ず】オヅオヅ［副ト］おそれて、ためらいながら物事をするさま。おそるおそる。〓「ー(と)覗いてみる」

おーすすめ【▽御勧め・▽御薦め(▽御▽奨め)】［名・他サ変］すすめること、すすめるものをいう尊敬・謙譲・美化語。〓「受診されることをお勧めします」「先生のお勧めで参加しました」「塩焼きにするのがお勧めだ」「当レストランお薦めの一品」⇩お(御) 書き分け (1)勧誘・奨励の意で【勧】、推薦の意で【薦】を使う。⇩勧める・薦める (2)俗に「オススメ」「おススメ」とも。

おーすそわけ【お裾分け】［名・他サ変］もらい物や利益の一部を他の人に分け与えること。〓「初物の松茸(まつたけ)をーする」注意 最初から自分が持っているもの、自分が作ったものを分けることを言うのは、本来は誤り。〓「×手作りのクッキーをお裾分けする」

おーすまし【お澄まし(お▽清まし)】［名］❶［自サ変］とりすまして、気取ること。また、その人。❷「澄まし」②の美化語。〓「ハマグリのー」書き方 ②は「お〈清汁〉」とも。

おーすみつき【▽御墨付き】［名］❶室町・江戸時

代、将軍や大名が臣下に与えた黒い花押(かおう)のある保証の文書。❷権威のある人が与える保証。また、その保証書。〓「専門家の—をもらう」

お-すわり【▽御座り・▽御▼坐り】［名］❶座ることをいう尊敬語。〓「上座に—の方が先生です」❷〔自サ変〕幼児語で、座ること。〓「上手に—できたね」❸犬に座るように命令するときにいう語。〓「—、お手」

おせ-おせ【押せ押せ】［連語］❶勢いにのって相手を押しまくること。〓「ここはひとつ—でいこう」「—ムード」❷前の遅れが波及して物事が重なり、時間の余裕がなくなること。〓「仕事が—になる」◈「押す」の命令形を重ねて強調した語。

お-せじ【お世辞】［名］きげんをとるために相手を必要以上にほめること。また、そのことば。〓「—にも上手とは言えない」▼本来、「世辞」の美化語。

お-せち【▽御節】［名］正月・五節句などに作る特別の料理。特に、正月用の煮しめなどの料理。お節料理。

お-せっかい【お節介】［名・形動］出しゃばって余計な世話をやくこと。また、その人。〓「いらぬ—をやく」「—な友人」派生—さ

オセロ【○Othello】［名］縦横八ずつの六四ますからなる盤と表裏が白黒の丸い駒を使う二人用のゲーム。自分の駒で相手の駒を挟んで自分の駒の色にし、最終的な駒の数を争う。オセロゲーム。▼商標名。

お-せわ【▽御世話】［名］「世話」の尊敬・謙譲・美化語。〓「—をおかけします」「これからは私が—をいたします」「病人の—をする」「大きな—だ」⬇お(御)

◉**お世話になっております** 相手が今なお与え続けている尽力に感謝して、今後ともよろしくという気持ちでいう挨拶(あいさつ)のことば。お世話になっています。〓「弊社の山田がいつも—」「(電話やメールで)—、〇〇社の佐藤です」

◉**お世話になります** 相手が与える尽力を予測して、それを事前にねぎらっていう挨拶(あいさつ)のことば。〓「今後ともいろいろ—」「では、お言葉に甘えて、—」使い方 一連の受益行為が終わったあとでは、「昨日はお世話になりました」のように過去形でいう。

おせわ-さま【▽御世話様】［感・形動］よく尽力してくださったと、相手の労に対して感謝の気持ちを込めていう挨拶(あいさつ)のことば。〓「どうも—」「大変—になりました」使い方 多く「—です［でした］」「—になります［ました］」「—でございます［ございました］」などの形でいう。単独で使うと、軽い気持ちが表に出て目上には失礼な言い方となる。

お-せん【汚染】ヲ［名・自他サ変］深刻な影響をもたらすもので汚されること。〓「—物質」「放射能—」

お-ぜんだて【▽御膳立て】［名・自他サ変］❶お膳をととのえ、食事の準備をすること。❷すぐに始められるように、また、うまく事が運ぶように準備をすること。また、その準備。〓「総会の—をする」

お-そ【悪阻】ヲ［名］つわり。

おそ・い【遅い】［形］❶物事の区切りとなる時点が基準より後である。〓「今年は初霜が例年より—」「当店は終業時間が—」「気づくのが—・かった！」❷〈多く「もう遅い」「もはや遅い」の形で〉適当な時期を過ぎているさま。〓「今さら後悔してももう—」❸時間が、一定の期間内でより後に属するさま。〓「夜もずいぶん—・くに着いた」❹移動に要する時間が多い。低速だ。〓「音の速度は光よりも—」「この車はスピードが—」「彼は足が—」❺動作や作用に要する時間が長い。特に、一定の動きを繰り返すものの間隔や周期が長い。〓「食べるのが—」「この木は生長が—」「仕事が—」「プロペラ［客］の回転が—」◈⬍はや(早・速)い 書き方 ①〜③は、「▽晩い」とも。派生—さ

◉**遅きに失(しっ)する** 遅すぎて役に立たなくなる。遅きにすぎる。〓「今ごろ気づくようでは—」

おそい-かか・る【襲いかかる(襲い掛かる)】オソヒ［自五］相手に危害を加えようとして攻撃をしかける。〓「手負いの熊が—」

おそ・う【襲う】オソフ［他五］❶不意に攻めかかって危害を加える。襲撃する。〓「強盗［狼(おおかみ)］が銀行［人］を—」「不意を—・われて慌てる」「強烈なサーブが足元を—」使い方 比喩的に、不意に人の家に押しかける意でも使う。〓「新聞記者に寝込みを—・われる」❷(不意に)台風や地震などが猛威をふるって、被害をもたらす。〓「台風が西日本を—」❸(不意に)感情・感覚や体の異常などがのしかかるように現れる。〓「死の恐怖が私を—」「臭気が鼻を—」「眠気に—・われる」使い方 受身が多い。能動態は幾分翻訳調。⬇魘(おそ)われる ❹官職や家督などを受け継ぐ。〓「先代の芸名を—」「禅譲によって帝位を—」

おそ-うまれ【遅生まれ】［名］四月二日から十二月三十一日までに生まれたこと。また、その人。⬍早生まれ ▼同じ年の四月一日までに生まれた子供よりも一年遅く小学校に入学することから。

おそかれ-はやかれ【遅かれ早かれ】［連語］遅い早いの差はあっても、いずれは。早晩。〓「—分かることだ」

おそく-とも【遅くとも】［副］どんなに遅いとしても。遅くても。遅くも。〓「—九時までには帰る」

おそく-まで【遅くまで】［副］(夜の)遅い時間まで。〓「毎晩—勉強する」

おぞ-け【▽怖気】［名］こわいと思う気持ち。おじけ。〓「—を震う(=恐ろしくて体がふるえる)」

おぞけだ・つ【▽怖気立つ】［自五］恐怖心が生じる。ぞっとする。おじけだつ。

おそ-ざき【遅咲き】［名］同種のものの開花期よりも遅れて咲くこと。また、その草木。〓「—の桜」⬍早咲き

おそ-じも【遅霜・▽晩霜】［名］四月・五月になってから降りる霜。晩霜(ばんそう)。⬍早霜

おそ-ぢえ【遅知恵】ヱ［名］❶子供の知恵の発達がふつうよりも遅れていること。奥知恵。❷その場では間に合わなくて、あとになって出てくる知恵。後知恵。

おそ-で【遅出】［名・自サ変］いつもより遅く出勤すること。また、遅番。〓「今日は—だ」⬍早出(はやで)

お-そなえ【▽御供え】ナヘ［名］❶「供え物」の謙譲・美化語。神仏に供えること。また、その物。供物(くもつ)。〓「仏様に—をする」❷神仏に供える餅(もち)。鏡餅(かがみもち)。▼「お供え餅」の略。

おそ-ね【遅寝】［名・自サ変］夜、遅い時間に寝ること。⬍早寝

お-そば【▽御▽側・▽御▽傍】［名］❶「そば」の尊敬語。❷主君・貴人の身近な所。また、そこに仕える人。近侍。近習(きんじゅ)。〓「—付き」

おそ-ばん【遅番】［名］交替制の勤務で、遅い時間に出勤する番。遅出。⬍早番

おそ-まき【遅▼蒔き・▽晩▼蒔き】［名］❶時期に遅れて種をまくこと。また、同種よりも種をまく時期が遅

い品種。⬌早まき ❷〈多く「遅まきながら」の形で〉時機に遅れて物事をはじめること。「―ながら調査を開始する」

おぞまし・い【▼悍ましい】［形］ぞっとするほどいやな感じがするさま。「そんなことは考えただけでも―」「―殺人鬼」派生 -げ／-さ

お-そまつ【お粗末】［名・形動］上等でないこと。出来のよくないことを軽蔑して、また、謙遜・自嘲して言う語。「われながら―な話だ」「―様（＝相手に提供した物事が粗末なものだったと謙遜していう語）」派生 -さ

おそらく【恐らく】［副］〈多く、下に推量の表現を伴って〉そうなる可能性が高いと推測する気持ちを表す。おおかた。「―彼は来ないだろう」「―彼は反対なのだ」

おそる-おそる【恐る恐る】［副］❶こわいと思いながら物事をするさま。こわごわ。「―谷底をのぞく」❷おそれかしこまるさま。「―御前に進み出る」

おそる-べき【恐るべき】［連語］❶恐れるのが当然であるさま。ひどく恐ろしい。「―犯罪」❷程度がはなはだしいさま。「―才能」「―スピード」

おそれ【恐れ・畏れ（▽怖れ・▽虞）】［名］❶【恐】怖いと感じること。恐怖。「死への―を克服した」❷よくないことが起こるのではないかという懸念。心配。「強風の―がある」❸【畏】敬いもったいなく感じること。畏敬。「神に―を感じる」◈書き方 ①は「怖れ」とも。②は「恐れ」「虞（れ）」と書くこともあるが、かな書きが一般的。「虞」は日本国憲法の用語として、常用漢字表に残るもの。

おそれ-い・る【恐れ入る（畏れ入る）】［自五］❶自分のいたらなさや相手への迷惑を申し訳なく思う。恐縮する。「ご心配をかけて―ります」「―りますが手を貸していただけませんでしょうか」❷相手の尽力や親切を心苦しいほどありがたく思う。「ご厚情のほど誠に―ります」使い方 丁寧な謝意表現として「恐れ入ります」の形があるが、直截明快な「ありがとう（ございます）」よりも遠回しな感じになる。「恐れ入りますです」は誤り。❸相手の才能や力量に感心してかしこまる。「見事な技に―」「どうだ、―ったか」❹あまりのひどさに、あきれる。「あれが政治家とは―った話だ」

おそれ-おお・い【恐れ多い・畏れ多い】オホイ［形］❶身分の高い人や目上の人に対し、礼を失するようで申し訳ない。「わざわざ来ていただくのは―」❷尊くてもったいない気持ちだ。かたじけない。「―・くも国王のご臨席を仰ぐ」

おそれ-ながら【恐れながら】［副］恐れ多いことですが。恐縮ですが。「―申し上げます」▼身分の高い人に意見を述べるときなどに使う。

おそ・れる【恐れる・畏れる（▽怖れる・▼懼れる）】［他下一］❶【恐】怖いと感じる。恐怖心をもつ。こわがる。「地震［死］を―」「人目を―・れてこそこそと振る舞う」「『平成の怪物』と―・れられた剛球投手」❷【恐】よくないことが起こるのではないかと心配する。危惧する。危ぶむ。「失敗を―・れては何事もなしえない」「イメージがダウンすることを―」❸【畏】すぐれたものに対して威圧されたような気持ちをもつ。畏敬の念をもつ。おそれ多いと感じる。「神［運命・師の炯眼］を―」「師を―・れ敬う」◈書き方 ①は「怖れる」、②は「懼れる」とも。文 おそ・る 名 恐れ

◉**恐れるに足りない** 怖がるほどのものではない。恐れるに値しない。▼「恐れるに足らず」「恐れるに足りず」「恐れるに足らない」「恐るるに足らず」なども。

おそろ【お▽揃】［名］〔新〕「お揃い」②の略。「友達と―の服」書き方 多くかな書き。

お-そろい【お▼揃い】ロヒ［名］❶二人以上の人が連れ立っていることをいう尊敬語。「―でお出かけですか」❷衣服やその柄などが同じであることをいう美化語。「―のジャケット」

おそろし・い【恐ろしい】［形］❶（圧倒的な力の差から）身の危険を感じ、いたたまれなくなる気持ちである。こわい。「戦争が―」「―顔をする」❷程度が激しいさま。驚くほどだ。尋常でない。ひどい。すごい。「一度に―量をこなす」「―・く古い校舎」❸気遣いをさせるさま。思いやられる。「今この状態では、行く末が―」派生 -げ／-さ／-がる

おそわ・る【教わる】ハル［他五］教えてもらう。「友人に花の名前を―」「田中先生から英語を―（＝習う）」「仕事も酒も先輩から―・った（＝学んだ・吸収した）」使い方 教えられる人が主語になる言い方で、もともと受身の意味を含む。「先生に教えられた／教わった通りにやる」では、「教わる」の方に〈恩恵〉の気持ちがこもる。

おそわ・れる【▼魘われる】ハル［自下一］夢のなかで苦しめられる。「忽ち不思議な悪夢に―・れて〈二葉亭〉」文 おそは・る

魘

お-そん【汚損】ヲ［名・自他サ変］物が汚れたり傷ついたりすること。また、物を汚したり傷つけたりすること。「備品が―する」「借りた図書を―する」

オゾン［ozone］［名］特有のにおいをもつ淡青色の気体。空気中の酸素分子に紫外線などが作用して生じる。酸化力が強いので殺菌・漂白などに使う。

オゾン-そう【オゾン層】［名］成層圏にあるオゾン濃度の高い層。地上一〇〜五〇キロメートルに存在し、太陽からの有害な紫外線を吸収して生物を保護する。

オゾン-ホール［ozone hole］［名］大気中に放出されたフロンガスなどの影響で、成層圏のオゾン層の濃度が急激に下がる現象。また、その部分。南極上空で著しい。

おた［名］〔新〕「おたく」④の略。「鉄―」

おだ［名］〈「おだをあげる」の形で〉集まって勝手なことをいう。勝手な気炎をあげる。

お-だい【▽御代】［名］「代金」の美化語。「―はいくらですか」

お-たいこ【お太鼓】［名］女帯の結び方の一つ。太鼓の胴のように丸くふくらませて結んだもの。▼「お太鼓結び」の略。

お-だいもく【▽御題目】［名］❶「題目」の尊敬語。日蓮宗で唱える「南無妙法蓮華経」の七字。「―を唱える」❷口先で唱えるだけで実行の伴わない主張。「―ばかりは立派だ」

お-たいら【お平ら】ヒラ［名］〈「お平らに」の形で〉足をくずして楽にすわるようにすすめる語。「どうぞ―に」

おた-おた［副］思いがけない事態にうろたえて、どうしたらよいかわからなくなるさま。「キャッシュカードをなくして―しちゃったよ」

お-たか・い【▽御高い】［形］尊大である。人を見下した態度である。「―・く構える」▼形容詞「高い」に、冷やかしの気持ちで接頭語「お」を付けた語。

◉**お高くとま・る** 尊大に構える。人を見下したような態度をとる。「―・った女性」書き方「とまる」は「止まる」「留

まる」とも書くが、一般にかな書き。

お-たがい【お互い】タガヒ［名］「互い」の美化語。それぞれ。‖「ーが協力しあえばよい」

おたがい-さま【お互い様】ヲタガヒ［形動］自分も相手も同じ立場や状況にあるさま。‖「困った時はー」

お-たから【▽御宝】［名］❶紙に印刷した宝船の絵。‖「ー売り」▼よい初夢を見るために、一月二日の夜、枕の下に敷いて寝る風習があった。❷「宝」①の美化語。宝物。‖「先祖伝来のー」❸おかね。ぜに。

お-だき【雄滝・男滝】ヲ［名］一対の滝があるとき、大きくて水勢の強い方の滝。⇔雌滝

お-たく【▽御宅】■［名］❶住居や家庭をいう尊敬語。‖「ーまでお送りします」「先生のーに伺う」❷相手の夫の敬称。❸相手が属している会社や団体をいう尊敬語。❹〔新〕ある趣味に没頭し、それについて非常に詳しい人。‖「アニメー・鉄道ー」▼相手を「おたく」と呼ぶ傾向があるからという。書き方 多く「オタク」と書く。■［代］〔二人称〕あまり親しくない、ほぼ対等の相手を（軽い敬意を込めて）指し示す語。あなた。‖「ーはどこまで行かれますか」
◈使い方 ②③は、主に口頭で使う軽い尊敬語。

お-だく【汚濁】ヲ［名・自サ変］よごれ、にごること。‖「水質ー」読み分け 仏教では「おじょく」。⬇おじょく

お-だけ【雄竹】ヲ［名］マダケ・ハチク・モウソウチクなど、大きく伸びる竹のこと。⇔雌竹

お-たけび【雄▽叫び】ヲ［名］勇ましい叫び声。‖「ーを上げる」

おたずね-もの【お尋ね者】オタヅネ［名］警察などが捕らえようとしてさがしている犯罪容疑者。

おたち-だい【お立ち台】［名］挨拶(あいさつ)をする人、インタビューを受ける人などが上がって立つ台。

お-たっし【▽御達し】［名］官公庁や上司などからの通知・命令。⬇達し

おだて【▼煽て】［名］おだてること。‖「すぐーに乗る」

おだ・てる【▼煽てる】［他下一］相手の気に入るようなことを言って、得意にさせる。‖「客をーて買う気を起こさせる」文おだ・つ 名おだて

おたび-しょ【▽御旅所】［名］神社の祭礼で、本宮を出た神輿(みこし)を迎えて仮に鎮座する所。おたびどころ。▼「旅所」の尊敬語。

おたふく【お多福】［名］おかめ。書き方「▼阿多福」「▼於多福」とも。

おたふく-かぜ【お多福《風邪》】［名］流行性耳下腺炎(じかせんえん)の通称。ウイルスの感染によって耳下腺がはれ、発熱と痛みを生じる病気。語源 お多福のような顔になることから。

おたふく-まめ【お多福豆】［名］大粒のソラマメ。また、それを甘く煮含めたもの。▼形がお多福の面に似ていることから。

お-だぶつ【お▼陀仏】［名］死ぬこと。また、物事がだめになること。‖「この崖(がけ)から落ちたらーだ」「肝心のエンジンがーになった」▼南無阿弥陀仏(なむあみだぶつ)と唱えて往生する意。

お-たま【お玉】［名］❶「お玉杓子(じゃくし)」①の略。❷鶏卵。▼「玉」は「玉子」の略。

お-だまき【▼苧▽環】ヲ［名］❶紡いだ麻糸を中を空洞にして玉のように巻いたもの。▼和歌では「繰り返す」の縁語に使う。❷初夏、青紫色または白色の五弁花を下向きにつけるキンポウゲ科の多年草。❸餡(あん)の入った求肥餅(ぎゅうひもち)の上に、練ったそば粉で麻糸のような筋をつけた蒸し菓子。❹うどんを入れた茶碗蒸し。▼「おだまき蒸し」の略。書き方「小田巻」とも。

おたま-じゃくし【お玉▼杓子】［名］❶汁をすくうのに使う小形の丸いしゃくし。おたま。❷まだ四肢のない、カエルの幼生。黒色または褐色の体は丸く、尾を振って泳ぐ。蝌蚪(かと)。書き方「〈▼蝌▼蚪〉」とも。❸〔俗〕楽譜の音符。▼形が②に似ていることから。

お-たまや【▽御霊屋】［名］「霊屋」の尊敬語。みたまや。

おため-ごかし【お▽為ごかし】［名］いかにも人のためにするように見せかけて、実は自分の利を図ること。また、そのような行為やことば。‖「ーの親切」

おだ-やか【穏やか】［形動］❶荒れたり激しく変わったりせず、安らかなさま。‖「ーな天気が続く」「春の海はーだ」❷気持ちが高ぶらず落ち着いているさま。‖「ーな話し合い」「この犬は性格がーだ」❸極端な態度・方法でなく、穏当であるさま。派生 -さ

◉**穏やかでな・い** 穏当でない。尋常でない。‖「告訴とはー」

おだわら-ひょうじょう【小田原評定】ヲダハラヒヤウヂヤウ［名］意見が分かれて、いつまでたっても結論に至らない会議・相談。語源 北条勢の小田原城が豊臣秀吉に攻められた時、城内の和戦の評定がなかなか決定しなかった故事から。

おたんこなす［名］〔俗〕のろまな人やぼんやりしている人をののしっていう語。まぬけ。おたんちん。

おち【落ち】［名］❶ついていたものが取れること。❷必要なものがぬけること。漏れ。‖「名簿［手続き］にーがある」❸落語で、気の利いた洒落(しゃれ)などですっきりとまとめる結末の部分。下げ。‖「ーがつく」❹予想される好ましくない結末。‖「頼んでも断られるのがーだ」❺〈「〜年落ち」の形で〉車などが初めて登録された年度から経った年数を表す。‖「三年ーの中古車」

おち-あ・う【落ち合う】ーアフ［自五］ある場所でいっしょになる。‖「三時に空港でー・おう」

おち-あゆ【落ち▼鮎】［名］秋、産卵のために川を下るアユ。くだりあゆ。さびあゆ。

おち-い・る【陥る】［自五］❶落ちて、中のほうに入る。‖「川の深みにー」❷計略にかかる。おとしいれられる。‖「敵の術中［わな］にー（＝はまる）」❸ある好ましくない状態にはまりこむ。‖「パニック［経営不振・錯覚・スランプ・自己矛盾］にー」◈「落ち入る」の意。書き方 ①は語源を反映させて「落ち入る」とも。

おち-えん【落ち縁】［名］座敷よりも一段低く設けた縁側。▼ふつうは雨戸の外に設けた濡れ縁を指す。

おち-おち［副］〈打ち消しを伴って〉落ち着いて。安心して。‖「うるさくて夜もー眠れない」

おち-かた【▽遠方】ーヲチ［名］遠く離れた所。遠方。

おち-くぼ・む【落ち▼窪む】［自五］その部分が周囲から落ち込んだようにへこむ。‖「ー・んだ目」

おち-こち【▽遠▽近・▽彼▽方▼此▽方】ーヲチ［代］遠い所と近い所。あちらこちら。‖「ーの山々」

おち-こぼれ【落ち▽零れ】［名］❶こぼれ落ちて散らばっているもの。特に、こぼれ落ちた米などの穀物。❷学校の授業についていけない子供。

おち-こぼ・れる【落ち▽零れる】［自下一］❶こぼれて落ちる。‖「米がますからー」❷学校の授業などに

ついていけなくなる。‖「—・れた子供たち」名 落ちこぼれ

おち-こ・む【落ち込む】［自五］❶落ちて中に入り込む。‖「穴に—」❷くぼんで周囲より低くなる。‖「疲労で目が—」❸悪い状態になる。‖「成績［景気］が—」❹気分が沈んだ状態になる。‖「試合に負けて—」

おち-つき【落ち着き】［名］❶気持ちが静まること。‖「お茶を飲んで—を取り戻す」❷〈「落ち着きの［が］ない」の形で〉そわそわして静かにしていないこと。‖「—のない子供」❸おさまりのよいこと。‖「この花瓶は—が悪い」

おちつき-はら・う【落ち着き払う】ラフ［自五］少しもあわてないで、ゆったりとかまえる。‖「—・って演説を始める」

おち-つ・く【落ち着く】［自五］❶気持ちが静まる。‖「—・いて話しなさい」❷変化していたものが安定する。‖「天候［政局］が—」❸いくつかの動きを経て一つの所に収まる。‖「故郷に—」「話し合いの結果、解散ということに—・いた」❹〈「落ち着いた…」の形で〉色や形が派手でない。穏やかだ。‖「—・いた色合い」名 **落ち着き**

品格 安定「情勢が—する」収束「事態の—を図る」沈静「インフレが—する」鎮静「—剤」

おち-つ・ける【落ち着ける】 [一]［他下一］❶安定した状態にする。落ち着かせる。‖「気持ちを—・けて考える」❷議論・判断などに決着をつける。‖「双方が出資することで話を—」[二]［自下一］「落ち着く」の可能形。落ち着くことができる。‖「試験が終わったので当分は—」

おち-ど【落ち度（▽越度）】オチ-ヲチ［名］あやまち。手落ち。‖「当方に—はない」▼「おつど（越度）」の転。

おち-の・びる【落ち延びる】［自上一］遠くに逃げていく。また、逃げおおせる。‖「追っ手をのがれて—」文 おちの・ぶ

おち-ば【落ち葉】［名］散り落ちた木の葉。落葉（らくよう）。‖「—焚（た）き」

おち-ぶ・れる【落ちぶれる（〈零落〉れる・〈落▼魄〉れる）】［自下一］社会的地位や財産を失ってみじめな状態になる。零落（れいらく）する。‖「—・れてひっそりと暮らす」文 おちぶ・る

品格 うらぶれる「うらぶれた生活」地に落ちる「国家の威信が—」凋落（ちょうらく）「都市文明の—」転落「赤字に—する」没落「没落した資産家」落魄（らくはく）「—の身」淪落（りんらく）「—の淵に沈む」零落「貴族階級の—」

おち-ぼ【落ち穂】［名］収穫のすんだあとに落ち残っている稲などの穂。‖「—拾い」

おち-むしゃ【落ち武者】［名］いくさに負けて戦場から逃げていく武士。

おち-め【落ち目】［名］勢いなどが盛りを過ぎて、あとは次第に衰えていく状態。‖「家運が—になる」

お-ちゃ【▽御茶】［名］❶「茶」の美化語。‖「—を入れる」❷茶の湯。茶道。❸仕事の中休み。‖「そろそろ—にしよう」▼茶菓などを飲食することから。❹緑茶・紅茶・コーヒーなどの飲み物。また、それを飲むこと。‖「—に誘う」

◉**お茶を濁（にご）・す** いい加減なことを言ったりしたりしてその場をごまかす。‖「わずかな賠償金で—」

◉**お茶を挽（ひ）・く** 芸者などが客がつかなくて暇でいる。▼昔、客のない遊女が茶臼（ちゃうす）で葉茶をひく仕事をさせられたことからという。

おちゃっぴい［名・形動］〔俗〕女の子がおしゃべりで、ちゃめっ気たっぷりに目だちたがること。また、そのような女の子。▼「お茶ひき」の転という。

お-ちゃめ【お茶目】［名・形動］⬇茶目

おちゃら-か・す［他五］〔俗〕こばかにして、からかう。おひゃらかす。ちゃかす。‖「人の話を—」

おちゃら・ける［自下一］〔俗〕ふまじめなことを言って、ふざけたようにふるまう。▼「おちゃらかす」を自動詞化したもの。名 **おちゃらけ**「—ばかり言う」

おちゅうど【落▽人】オチウド［名］いくさに敗れ、人目をしのんで逃げていく人。また、そうして逃げ延びて隠れ住んでいる人。おちうど。▼「おちびと」の転。

おち-ゆ・く【落ち行く】［自五］❶長い距離を逃げて行く。‖「—先は最果ての地」❷落ちぶれて行き着く。‖「借金地獄に—人々」

お-ちょう【雄▼蝶】ヲテフ［名］❶雄の蝶。❷婚礼のときに提子（ひさげ）につける、雄の蝶をかたどった折り紙。また、その提子をもって雌蝶とともに三三九度の酒をつぐ役をする少年。◈⬍雌蝶（めちょう）

おちょうし-もの【お調子者】オテウシ-［名］⬇調子者

おちょう-めちょう【雄▼蝶雌▼蝶】ヲテフメテフ［名］❶婚礼のときに提子（ひさげ）につける、雌雄の蝶をかたどった一対の折り紙。❷①をつけた提子で三三九度の酒をつぐ役をする少年・少女。

おちょく・る［他五］からかう。ちゃかす。‖「あんまり人を—な」▼主に関西でいう。

お-ちょこ【▽御▼猪▽口】［名］「猪口」の美化語。

◉**お猪口にな・る** さした傘が風にあおられて柄（え）と逆の向きに開き、猪口のような形になる。

おちょぼ-ぐち【おちょぼ口】［名］小さくてかわいい口。また、小さくつぼめた口つき。

お・ちる【落ちる（▽墜ちる・▽堕ちる）】［自上一］❶物の重みで、上から下へ位置が変わる。落下する。‖「涙がぽとりと—」「雷が庭の大木に—」「足を滑らせて穴に—」「転げ—・ずり—・こぼれ—」❷雨・雪・あられなどが降る。‖「ポツポツと雨が—・ちてきた」❸みずからを支えきれなくなって、建物や建物の一部が崩れる。‖「地震で橋が—」「焼け—・崩れ—」❹太陽・月が沈む。没する。‖「日が—・ちて暗くなる」❺ついていたものが取れる。また、ふくらみなどがなくなったり減ったりして細くなる。‖「汚れ［色］が—」「でっぱりが—」「肉が—・ちて体が引き締まる」❻光・視線などがものの上に注がれる。また、ものの上に影や像ができる。映る。‖「仲間の視線が鋭く私に—」「黒い人影が歩道に—」❼動力源が失われたり弱まったりする。‖「電源［照明・サーバー］が—」❽含まれているべきものがもれる。ぬける。‖「名前が名簿から—・ちている」「抜け—」❾試験などで不合格になる。また、選挙で失敗する。‖「入学試験［選挙］に—」⬍受かる 使い方「〇〇高校に落ちる」の〜ニは、「〇〇高校を落ちる」のように〜ヲともいう。この「を」は〈起点〉を表し、「落ちる」は自動詞。❿都を離れて地方へ移る。また、戦いに敗れて逃げる。‖「都を—・ちて九州に下る」「逃げ—」⓫物事の程度が劣った状態になる。‖「一位から二位に—」「体力が—・ちてきた」「売り上げ［味］が—」「話が—（＝低俗・下品になる）」⓬物事の程度がある基準より劣る。劣っている。‖「彼は

山田さんより成績が—」「以前に比べると、この指輪は商品価値が—ちた」
⑬しかけられた計略などにはまる。陥る。‖「敵のわな［陥穽(かんせい)］に—」
⑭問いつめられて白状する。また、説得などに負けて相手の意見をのむ。‖「問うに—ちず語るに—」「哀願しても強要しても—ちない」
⑮堕落して悪や罪の世界に踏み込む。また、地獄に引きずり込まれる。‖「悪の道に—」「地獄に—」
⑯引きずり込まれるように、その世界に入って行く。‖「深い眠りに—」「恋に—」
⑰好ましくない状態に至る。‖「俗悪に—(＝堕(だ)する)」
⑱結果としてある状態に落ち着く。帰する。‖「議論を尽くしても結論はいつもそこに—」
⑲その人の所有に帰する。また、入札で仕事が入ってくる。‖「家屋敷が人手に—」「架橋工事の入札がA社に—(＝A社が落札する)」
⑳決済される。‖「手形が—」「口座から家賃が—」
㉑城などが攻め取られる。陥落する。‖「城が—」
㉒柔道などで、気を失う。気絶する。‖「絞められて—」
㉓納得する。‖「腑(ふ)に—ちない」「腹に—」
◈書き分け【墜】は重い物が落ちる意で使い（隕石(いんせき)が墜ちる・巨星墜つ）、【堕】は堕するの意で⑮⑰に好まれるが、今は一般に【落】を使う。文おつ 名落ち

品格　欠如「倫理観が—する」　欠落「記憶が—する」　脱落「一部、文章が脱落している」

おっ【押っ】［接頭］〈動詞に付いて〉意味・語勢を強める。‖「—付ける・—たまげる・—ぱじめる・—かぶせる」▼動詞「押す」の連用形「押し」の転。

おつ【乙】[一]［名］❶甲を第一位としたときの第二位。‖「甲—つけがたい」❷甲・丙などとともに、ものの名のかわりに使う語。‖「甲は—に違約金を支払うものとする」❸邦楽で、甲(かん)より一段低い調子。[二]［形動］❶一風変わったおもしろい趣があるさま。‖「—な味がする」❷普通とは違って妙なさま。‖「—に澄ます」[三]（造）十干の第二番目。きのと。

お-つかい【お使い】(ーツカヒ)［名］「使い」の尊敬・美化語。‖「帝の—」「スーパーへ—に行く」

おっ-かけ【追っかけ（追っ掛け）】［名］❶追いかけること。❷有名人・芸能人などの行く先々を追いかけていく熱狂的なファン。❸〈副詞的に〉間をおかずに引き続いてすること。‖「—続編を放映する」

おっ-か・ける【追っかける（追っ掛ける）】［他下一］「追いかける」のくだけた言い方。文おっか・く 名おっかけ

おっかな・い［形］こわい。恐ろしい。‖「この辺りは夜になると—」▼多く東日本でいう。派生-げ／-さ／-が・る

おっかな-びっくり［副］こわがって、びくびくしているさま。‖「—急流を渡る」

おっ-かぶ・せる【押っ▽被せる】［他下一］❶勢いよくかぶせる。‖「むしろを—せて火を消す」❷むりやり人に押しつける。‖「責任を部下に—」❸〈「おっかぶせるように」などの形で〉相手のことばが終わるか終わらないうちに、それを聞きもしないで威圧するように言う。‖「—ように『出て行け』と命じる」文おっかぶ・す

おつかれ-さま【▽御疲れ様】［名・形動］仕事を終わった人や仕事に打ち込んでいる人にその労をねぎらっていう語。また、共同作業をした人たちが互いにその労をねぎらっていう語。挨拶(あいさつ)のことばとして使う。‖「［引退などに際して］長い間—でございました」「［集中している人に］お仕事、—です」「［会議などを終わって］本日は遅くまで—でした」使い方より丁寧な言い方に「お疲れ様です［でした・でございました］」がある。

お-つき【▽御付き】［名］身分の高い人のそばについて、その世話をする役。また、その人。‖「—の者」

お-つぎ【▽御次】［名］「次」の尊敬・美化語。また、次の人を敬っていう語。‖「—の方、どうぞ」「—は私の番だ」

おっき・い［形］［俗］大きい。⇔ちっちゃい

おっ-くう【億▼劫】(オクコフ)［形動］めんどうで気が進まないさま。‖「わざわざ出かけるのは—だ」▼仏教語「億劫(おっこう)」（＝きわめて長い時間）の転。派生-さ／-がる

お-つくり【▽御作り・▽御造り】［名］❶主に西日本で、刺身。‖「鯛(たい)の—」書き方「造」が好まれる。❷［自サ変］化粧をいう美化語。‖「—して出かける」

お-つけ【▽御付け・▽御▽汁】［名］吸い物。特に、味噌(みそ)汁をいう美化語。▼もと女房詞(ことば)。本膳で飯に添える意から。

お-つげ【▽御告げ】［名］神仏がその意思・預言などを人間に告げ知らせること。また、その知らせ。託宣。‖「神の—」

オッケー【OK】［感・名・自他サ変］⇩オーケー

おっ-けん【臆見（憶見）】(ーオク)［名］勝手な推測に基づく意見。書き方「憶見」は代用表記。

おっこ・ちる【落っこちる】［自上一］落ちる。‖「勉強しないと試験に—よ」▼主に関東でいう。

おっ-さん(ーヲツ)［名］中年の男性を親しんで、またやや軽んじて呼ぶ語。▼「おじさん」の転。

おっしゃ・る【▽仰る・仰▽有る】［他五］❶「言う」の尊敬語。言われる。おおせられる。‖「先生は何と—っているのですか」「面倒だと—向きには簡便な方法もあります」使い方(1)命令形と「ます」に続くときの連用形は、語尾が「い」になる。‖「早く—い！」「お始祖はこう—いました」(2)尊敬の助動詞「られる」のついた「おっしゃられる」は二重敬語で、敬意過剰。なお、「言われる」は直截(ちょくせつ)簡明な言い方だが、事務的でそっけない語感が伴う。「おおせられる」は更に敬意の度合いの高い言い方。❷〈人名などを受けて〉そういう名前でいらっしゃる。‖「失礼ですが、お名前は何と—いますか」「山田様と—方から電話がありました」◈「おおせある」の転。⇩敬語解説（二七八ページ）

オッズ【odds】［名］競馬・競輪などで、レース前に発表する概算配当率。掛け金に対する倍率で表される。

おっちょこ-ちょい［名・形動］よく考えもしないで、軽々しく行動すること。また、そのような人。‖「—なやつ」

おっつ-かっつ［形動］ほとんど差がないさま。‖「二人とも料理の腕は—だ」「—の成績」

おっつ・く【追っつく（追っ付く・追っ着く）】［自五］追いつく。

おっつけ【（追っ付け・押っ付け）】［副］まもなく。そのうちに。‖「—返事が来るだろう」

おっつ・ける【押っ付ける】［他下一］❶押し付ける。‖「逃げないように体を—」❷相撲で、脇をしっかりと固め、差されないように相手の腕を下からおさえる。‖「—けて一気に押し出す」文おっつ・く 名押っ付け

おっ-て【追っ手】［名］逃げていく者を捕らえるために追いかける人。‖「—がかかる」▼「おいて」の転。

おっ-て【追って(▽逐って)】[副] ❶近いうちに。のちほど。〓「結果は—ご連絡いたします」❷手紙などで、本文が終わったあとでさらに文を付け加えるとき、その文頭に用いる語。付け加えて。なお。〓「—、当日は平服でお出かけください」書き方 漢文にならって「追▼而」とも。

おって-がき【追って書き(追▼而書)】[名] 手紙の本文が終わったあとに付け加えて書くこと。また、その文章。追伸。二伸。

おっと【夫(〈良人〉)】[名] 結婚した男女のうち、男性のほう。⇔妻

おっとせい【▼膃▼肭▼臍】[名] 北太平洋に分布するアシカ科の哺乳動物。体は泳ぐのに適した流線型で、短い足はひれ状。繁殖期には一夫多妻の集団をつくる。書き方「膃肭」は、アイヌ語「オンネップ」の音訳から。「臍」は漢方に使った、その意。

オットマン[ottoman][名] ❶足のせ台。❷背もたれのない長いす。❸太い横畝のある平織物。

お-つとめ【▽御勤め】[名] ❶「勤め」①②の尊敬・美化語。〓「—、ご苦労様です」「二年ほど—をしました」❷「勤め」③の謙譲語。

おつとめ-ひん【お勤め品】[名] スーパーマーケットなどで、特別に値段を安くして売る商品。サービス品。

おっとり[副↓] こせこせしないで、ゆったりと落ち着いているさま。〓「—(と)構える」「—した口調」

おっとり-がたな【押っ取り刀】[名] 急な事態に刀を腰にさすひまもなく、手に持ったままであること。急な用事で、取るものも取りあえず急いで行くことの形容に使う。〓「—で駆けつける」注意 ゆったりと落ち着いている意にいうのは誤り。

おっぱい[名] 幼児語で、乳汁。また、乳房。

おっ-ぱら・う【追っ払う】[他五] 追い払う。

おっ-ぽ【尾っぽ】[名] しっぽ。尾。

お-つぼね【▽御▽局】[名] ❶宮中で局(個室)を与えられた女官の敬称。❷江戸時代、大奥で局を与えられた奥女中の敬称。❸[俗] 職場でいばっている古参の女性従業員。〓「—様のご機嫌を損なう」

おっ-ぽりだ・す【押っ▽放り出す】[他五]「ほうりだす」を強めていう語。〓「仕事を—して遊びに行く」

お-つむ[名] あたま。〓「—てんてん」▼もと女房詞で、「御頭」の略。

お-つゆ【▽御▽汁】[名] つゆ、特に吸い物をいう美化語。

お-つり【お釣り】[名] 釣り銭をいう美化語。〓「三〇円の—です」

◉**お釣りが来る** 十分すぎて余るほどだ。〓「それだけ資金があれば—」

お-て【▽御手】[名] ❶「手」の尊敬・美化語。〓「—を拝借」❷筆跡をいう尊敬語。〓「見事な—の手紙」❸犬が前足の片方をあげて人の手のひらに触れる芸。また、それを命じる語。

おて-あげ【お手上げ】[名] 解決の手だてがなくて、どうにもならなくなること。〓「こう雨が降らないと稲作は—だ」▼降参して手をあげる意から。

お-てあらい【▽御手洗い】[名]「手洗い」②の美化語。便所を遠回しに、また上品にいう語。

お-でい【汚泥(▼淤泥)】[名] ❶汚いどろ。どろ。❷工場廃水や下水にたまるどろ状の沈殿物。へどろ。スラッジ。〓「—処理」

お-でき【お出来】[名] できもの。はれもの。書き方「おでき」と、かな書きが多い。

お-でこ[名] ❶額。❷額がふつう以上に突き出ていること。また、その人。❸[俗] 釣りで、一匹も獲物がないこと。ぼうず。

お-てだま【お手玉】[名] ❶小さな布袋に小豆などを入れて縫ったもの。また、それを何個か使って、歌をうたいながら目の前で投げては受けることを繰り返す遊び。❷野球で、受けたボールをしっかりグラブにおさめられないで一、二度はじくこと。

お-てつき【お手付き】[名] ❶カルタ取りのとき、間違った札に手をつけること。お手付け。❷[古風] 主人が使用人などの女性と肉体関係を結ぶこと。また、その女性。お手付け。

おてつだい-さん【お《手伝い》さん】[名] 雇われて家事の手助けをする人。▼「女中」の言い換え語。

お-てて【▽御手手】[名] 幼児語で、手。

おて-の-もの【お手の物】[名] なれていて容易にできる事柄。得意とするもの。〓「大工仕事なら—だ」

お-てまえ【▽御手前】[名] ❶茶の湯の作法。また、茶の湯を立てる手並み。書き方「▽御▽点前」とも。❷相手の技量のほど。腕前。〓「—拝見」

お-でまし【▽御出▽座し】[名] 外出や出席をいう尊敬語。

お-てもと【▽御手元(▽御手▽許)】[名] ❶「てもと」の尊敬語。〓「—の資料をご覧ください」❷料理屋などで、客の使う箸。▼客の手元に置くことから。

お-てもり【お手盛り】[名] 自分に都合のよいように勝手に取りはからうこと。〓「—で賞与を決める」▼自分で好きなように飯を盛る意から。

おて-やわらかに【お手柔らかに】[副] 手加減して、やさしく。〓「—願います」▼試合などを始めるときのあいさつのことばとして使う。

お-てん【汚点】[名] ❶ぽつんとついた汚れやしみ。❷不名誉な点。きず。〓「経歴に—がつく」

お-でん[名] ❶ダイコン・コンニャク・焼きちくわ・はんぺん・がんもどきなどを薄味のだし汁で煮込んだ料理。煮込みおでん。▼関西では「関東煮」「関東だき」という。❷ゆでて串に刺したコンニャクに練り味噌をつけた食品。味噌おでん。◈もと「田楽豆腐」の女房詞。

お-てんき【お天気】[名] ❶「天気」の美化語。〓「雪の降りそうな—だ」「—になってよかった」❷人のきげん。〓「—屋(=気分やきげんの変わりやすい人)」

おてんとう-さま【お天道様】[名] 太陽を敬い親しんで呼ぶ語。おてんとさま。〓「遊んでばかりいては—に申し訳ない」

お-てんば【お転婆】[名・形動] 若い女性が元気よく、活発に動き回ること。また、そのような女性。〓「—な娘」

おと【音】[名] ❶物の振動が空気などを伝わって、聴覚で感じられるもの。〓「かすかな—がする」「テレビの—を消す」❷伝えられた名声。評判。

◉**音に聞・く** 名高い。また、うわさに聞く。〓「—名将」

お-とう-さん【お《父さん》】[名] 父親を親しんで、また、高めて呼ぶ語。⇔お母さん 使い方 (1)「とうさん」とも。より丁寧な言い方は「おとうさま」。くだけた言い方は「(お)とうちゃん」。(2)子供のいる夫婦などで、妻が夫を

呼ぶのに使うこともある。✓注意 ⑴他人に対して、自分の父親を「お父さん」というのは不適切。「×お父さん（→○父）に聞いてみます」⑵「おとおさん」と書くのは誤り。

おと-うと【弟】［名］❶きょうだいのうち、年下の男性。実の弟。実弟。❷配偶者のきょうだいで、配偶者より年下の男性。また、妹の夫。義理の弟。義弟。▼本人より年上の場合もある。書き方〈義弟〉と当てる。◈⬍兄 ✓注意「おとおと」と書くのは誤り。

おとうと-でし【弟弟子】［名］同じ師匠のもとに後から入門した弟子。⬍兄弟子

お-とおし【▽御通し】［名］料理屋で、酒のさかなとして最初に出す簡単な料理。つきだし。

おど-おど［副］不安や恐れから態度が落ち着かなくなるさま。「—(と)辺りを見回す」▼「おづおづ」の転。

おとがい【▽頤】［名］［古風］下あご。あご。「—を解く（＝あごがはずれるほど大きな口をあけて笑う）」

おどか・す【脅かす（▽威かす・▽嚇かす）】［他五］❶「おどす」のくだけた言い方。「ナイフで—・して金を奪う」❷びっくりさせる。驚かせる。「急に声を上げて—」「パスポートを落としたなんて、—・さないでよ」◈書き方 ②はかな書きが多い。読み分け「突然の大声に脅かされる」など、ある動作や音などによって直接的に感情が動く場合は「おどかす」「おびやかす」ともに読む。「不安に脅かされる」など、夢・考えなど自分から生じるものにおびえる場合や、「命が脅かされる」など、危機的な状況になる場合は「おびやかす」と読む。名 脅かし

お-とぎ【▽御▼伽】［名］❶「伽」の謙譲・美化語。「—衆」❷子供に聞かせるための昔話や童話。「—の国」▼「御伽話」の略。

おとぎ-ぞうし【▽御▼伽草子】［名］室町時代から江戸初期にかけて作られた短編物語の総称。童話的・空想的・教訓的内容の作品が多い。『鉢かづき』『一寸法師』など。

おとぎ-ばなし【▽御▼伽話（▽御▼伽▼噺）】［名］子供に語って聞かせる昔話・伝説。『桃太郎』『かちかち山』『さるかに合戦』などの類。

おど・ける【▽戯ける】［自下一］こっけいな言動をしてみせる。「—・けた格好をして笑わせる」名 おどけ

おと-こ【男】［名］❶人間の性別で、精子を作る器官を持って生まれるほう。男性。男子。⬍女 ▼他の語に付けて雄の意にも用いる。「—牛」❷成人した男性。「見知らぬ—」❸男性としての面目。「—を上げる」❹男性の愛人。情夫。「—ができる」❺対になったもののうち、強い、激しい、険しいなどの性質をもつもの。「—坂・—結び」▼他の語と複合して使う。

おとこ-いっぴき【男一匹】［名］一人前の男であることを自負し、強調していう語。

おとこ-おや【男親】［名］男のほうの親。父親。父。「—を早く亡くす」⬍女親

おとこ-ぎ【男気（〈▼侠気〉）】［名］自分を犠牲にしても弱い者や困っている者を助けようとする気性。侠気。「—のある人」

おとこ-ごころ【男心】［名］❶男の気持ち。男性特有の心理。❷男性が女性に引かれる気持ち。また、男性の浮気な心。

◉**男心と秋の空** 男性の愛情は秋の空模様のように変わりやすいということ。

おとこ-ざか【男坂】［名］高所にある神社や寺に通じる二本の坂道のうち、距離は短いが傾斜が急な坂道。⬍女坂

おとこ-ざかり【男盛り】［名］男性が心身ともに充実し、最も盛んに活躍できる時期にあること。また、その年ごろ。壮年。⬍女盛り

おとこ-ずき【男好き】［名］❶容姿・気質などが、男性の好みに合うこと。❷男性との情事を好むこと。また、そのような女性。◈⬍女好き

おとこ-だて【男〈▼伊達〉】［名］侠気を重んじ、男性としての意地や面目を貫き通そうとすること。また、そういう人。▼侠客が自らの生き方を美化し、好んで使った語。書き方 まれに「男▽達」とも。

おとこっ-ぷり【男っぷり（男っ振り）】［名］男性としての容姿・気性。⬍女っぷり ▼「おとこぶり」の転。

おとこ-で【男手】［名］❶男性の労働力。また、男性の働き手。「—が足りない」❷［古風］漢字。男文字。▼昔、漢字は男性が用いたことから。❸男性の筆跡。◈⬍女手

おとこ-なき【男泣き】［名・自サ変］男性が感情を抑えきれずに泣くこと。「父は—に泣いた」

おとこ-の-こ【男の子】［名］❶男の子供。また、息子。「小学生の—」「—が生まれた」❷若い男性。「会社の—」▼まだ一人前でないという軽蔑、あるいはかわいいという親しみを込めて使う。◈⬍女の子

おとこ-まえ【男前】［名］❶男性としての容姿。特に、顔だち。「—が上がる」❷男性としての容姿がよいこと。また、その人。「なかなかの—だ」

おとこ-まさり【男勝り】［名・形動］女性が気性が強く、男性に勝るほどしっかりしていること。また、そのような女性。「—の気性」▼男性の方が女性よりも気丈だという固定観念からいう語。

おとこ-みょうり【男冥利】［名］男性に生まれたことの幸せ。男冥加。「—に尽きる」⬍女冥利

おとこ-むすび【男結び】［名］ひもの結び方の一つ。右のひもの端を左のひもの上から下に回し、それを返して輪をつくり、その輪に左のひもの端を通して結ぶ。⬍女結び

おとこ-やもめ【男▼鰥】［名］妻と死別あるいは生別して一人暮らしをしている男性。やもお。⬍女やもめ ▼結婚しないで年をとった男性にもいう。

おとこらし・い【男らしい】［形］容姿・性格・態度などが、いかにも男性という感じである。「—態度」派生 -さ

おと-さた【音沙汰】［名］便り。連絡。「渡米したきり何の—もない」▼「おと」も「さた」も便りの意。

おとし【落とし】［名］❶落下させること。「つるべ—」❷入れるべきものをうっかり入れ忘れること。落ち。「リストに数字の—がある」❸鳥獣を生け捕るための仕掛け。わな。❹戸の桟に取り付け、戸を閉めるときに敷居のくぼみにさし入れて固定するための木片。くるる。❺落語などの落ち。❻木の火鉢の内側の、銅やブリキを張って灰を入れるようにした部分。▼「おとしがけ」の略。

おどし【▼縅し・▽威し】［名］鎧の札を並べて糸や革ひもでつづり合わせること。また、その糸や革ひも。その色合いや模様によって緋おどし・小桜おどし・黒糸おどしなどと呼ぶ。▼「脅し」と同語源。

おどし【脅し（▽威し・▽嚇し）】［名］おどすこと。お

どかし。⇔「ーをかける」

おとし‐あな【落とし穴】［名］❶表は地面のように見せかけ、その上を通りかかった獣などが落ちこむようにしかけた穴。陥穽(かんせい)。❷人をおとしいれる悪い策略。陥穽。⇔「うまい話にはーがある」

おとし‐い・れる【陥れる】［他下一］❶落として、中のほうに入れる。⇔「投入口から硬貨をー」❷人をわなや計略にかける。おちいらせる。⇔「敵を術中にー」❸〈企みを巡らして〉人をある好ましくない状態に追いやる。⇔「人を罪にー」「住民を恐怖にー」「窮地にー」❹城などを攻め落として、自分のものにする。⇔「城をー」「〔野球で〕本塁をー（＝本塁に生還する）」◈「落とし入れる」の意。書き方 ①は語源を反映させて、多く「落とし入れる」と書く。文 おとしい・る

おとし‐がみ【落とし紙】［名］〔古風〕便所で使う紙。ちりがみ。

おとし‐ご【落とし子】［名］❶落としだね。❷ある大きな出来事に付随して生じた予想外の事柄。⇔「戦争のー」

おとし‐こ・む【落とし込む】［他五］❶落として、中に入れる。落とし入れる。⇔「握り飯を胃にー」❷人を好ましくない状態に追いやる。陥れる。⇔「罠(わな)にー」❸出された意見を文書などに取り入れる。⇔「部下の意見を企画書にー」❹抽象的な概念を具体的な形にして表す。⇔「方針を行動にー」名 落とし込み

おとし‐ざし【落とし差し】［名］刀を鐺(こじり)を下に向けたまま腰に差すこと。

おとし‐だね【落とし▼胤】［名］身分の高い男性が正妻以外の女性に生ませた子。落胤(らくいん)。落とし子。

お‐としだま【▽御年玉】［名］新年を祝って子供や目下の者に与える金品。▼「としだま」は年の賜物(たまもの)の意。

おとし‐どころ【落とし所】［名］難問や難題を収束に向かわせるための、現実主義的な解決点。⇔「ーを探る」「年金問題のーが見えない」

おとし‐ばなし【落とし話（落とし▼噺）】［名］気のきいた洒落(しゃれ)や地口(じぐち)で終わりを結ぶ滑稽(こっけい)な小話。▼江戸時代に話芸として発展し、明治以降は一般に「落語」と呼ばれるようになった。

おとし‐ぶた【落とし蓋】［名］❶煮物をするとき、なべの中に入れて材料の上に直接のせるふた。▼漬物桶(おけ)の材料に直接のせるふたについてもいう。❷箱の内側の側面に縦の溝をつけ、そこにはめ込んで上下に開閉するようにしたふた。

おとし‐ぶみ【落とし文】［名］❶〔古風〕公言をはばかる政治批判や風刺などを書きつづり、人目につきやすい所に落としておく文書。落書(らくしょ)。❷コウチュウ目オトシブミ科の昆虫の総称。体長は一センチメートルほどだが、色は多彩で光沢がある。クヌギ・ナラなどの葉を巻いて巣を作り、卵を産む。▼巻物の手紙に似た巣をときに地上に切り落とすのでこの名がある。

おとし‐まえ【落とし前】［名］もめごとなどの後始末をすること。また、そのための金銭。⇔「ーをつける」▼もと、てき屋などの隠語。

おとし・める【▼貶める】［他下一］劣ったものとして見くだす。さげすむ。⇔「人をーような言い方をする」文 おとし・む

おとし‐もの【落とし物】［名］気がつかないで金品を落とすこと。また、その金品。

おと・す【落とす（▽墜とす・▽堕とす）】［他五］❶上から下へ物の重みで物を移動させる。落下させる。⇔「シャベルで屋根の雪をー」「ブランデーを紅茶にー（＝垂らす）」「突きー・蹴(け)ー」▼意図的でない行為にもいう。⇔「うっかり本を床にー」「野手がフライをー」❷くっついているもの（特に、不要物）を取り除く。また、不要なふくらみやでっぱりなどを取り除いたり減らしたりする。⇔「汚れ〔厄(やく)〕をー」「贅肉(ぜいにく)をー」「洗いー」❸身につけていた物をなくす。紛失する。⇔「どこかで定期券をー・したらしい」❹光・視線などをものの上に注ぐ。また、光や光の当たった物が物の上に影や像を作る。⇔「主役の顔にライトをー」「月が水面に影をー」「父の病気が家庭に暗い影をー」❺動力源を切ったり弱めたりする。⇔「パソコンの電源をー」「照明をー」❻含まれているべきものをもらす。ぬかす。また、故意に除外する。⇔「入力ミスで仮名を一字ー」「そのイベントは来期の計画からー・しました」「見ー」

❼将棋で対戦するとき、強い方が駒(こま)を減らす。⇔「飛車をー・して対戦する」

❽試験などで、不合格にする。落第にする。また、選挙で落選させる。⇔「一次試験で半数をー」「次の選挙でー・されるだろう」

❾大切な試合を取り逃がす。また、定期試験などで合格点をとれずに終わる。⇔「第一セットをー」「平幕相手に星をー」「第二外国語をー・して留年する」

❿〔古風〕ひそかに逃がす。⇔「若殿を紀伊山中にー」

⓫腰や肩などの位置を普通の高さより低くする。⇔「がっくりと肩をー」

⓬物事の程度を劣った（また、低い）状態にする。⇔「一軍から二軍にー・される」「質〔音量〕をー」「声をー（＝小声になる）」「話をー（＝俗悪・下品にする）」使い方「失政続きで人気を落とす」「二年連続して売り上げを落とす」など無意志的な意味でも使い、この場合は、自動詞「〜が落ちる」で言い換えることができる。

⓭〔古風〕悪く言う。おとしめる。⇔「目薬の瓶が歩くようであろうとーに〈一葉〉」

⓮よくない状態に立ち至らせる。陥れる。⇔「人を窮地にー」「罪にー」

⓯問いつめて白状させる。また、強く迫って自分の意見に従わせる。⇔「容疑者をー（＝自供させる）」「意中の人をー（＝陥落させる）」「泣きー」

⓰〈「…に身を落とす」の形で〉おちぶれて、前よりも好ましくない状態や環境に身を置く。⇔「苦界(くがい)に身をー」

⓱その人の所有に帰するようにする。また、入札で落札する。⇔「オークションでゴッホの作品をー」「港湾工事はわが社がー・したい（＝落札したい）」

⓲決済する。⇔「飲食代を経費でー」

⓳コンピューターで、データをある媒体から他の媒体へ移す。⇔「ハードディスクからスマホにデータをー」

⓴城などを攻め取る。攻め落とす。陥落させる。⇔「本丸をー」

㉑柔道などで、気を失わせる。気絶させる。⇔「絞め技でー」

㉒落語で、落ちをつけて話をしめくくる。⇔「下げは地口(じぐち)でー・して笑わせる」

◈書き分け【墜】は「敵機を墜とす」のように重い物を落

とす意で使い、【堕】は「堕落」をふまえて⑯に好まれるほか「地獄に堕とす」などと使うが、今は一般に【落】を使う。可能 落とせる「この試合は落とせない」名 落とし

おど・す【脅す（▽威す・▽嚇す）】［他五］意のままに従わせようとして相手に怖い思いをさせる。怖がらせる。おどかす。〓「刃物で店員を―して金品を奪う」「旧悪を暴露するぞと相手を―（＝脅迫する）」書き分け【威】【嚇】は、「軍備を増強して隣国を威す（嚇す）」など、力を示して相手を怖がらせる（威嚇する）意で使うが、今は一般に【脅】を使う。可能 脅せる 名 脅し

品格 威嚇「武力による―に訴える」威迫「―的な取り調べ」恐喝「一億円を―する」脅迫「―状」示威「―行進」恫喝「罵声を浴びせて―する」

おと-ずれ【訪れ】［レツ］［名］❶たずねてくること。訪問。〓「春の―も近い」❷便り。消息。

おと-ず・れる【訪れる】［ルレ］■一［自下一］季節・時間・状況などがやってくる。〓「北国にもまもなく春が―」「ついに彼らにも破局が―・れた」■二［他下一］人がある場所や人の居所を訪ねる。〓「月に一度は京都を―」「相談事があって田中家を―（＝訪問する）」使い方「多くの外国人が京都に観光に―・れています」など、自動詞としても使う。◈「音連れる」の意。雅語的な言い方。書き方 現代仮名遣いでは、「おとづれる」も許容。文 おとづる 名 訪れ

おと-とい【〈一昨日〉】［ヲト ヒ］［名］昨日の前の日。一昨日。おとつい。

◉**一昨日お出で** もう二度と来るな。おととい来い。

おと-とし【〈一昨年〉】［ヲト シ］［名］昨年の前の年。一昨年。

おとな【《大人》】［名］❶成人した人。一人前に成長した人。〓「子供の喧嘩に―が出るな」「―料金」⇔子供 ❷思慮、分別があるさま。〓「君ももっと―になりなさい」◈②は形容動詞ともみられるが、「大人な」の形はない。⬇「な」のコラム（二〇二ページ）

おと-な・う【▽訪う】［フナ］［自五］［古風］おとずれる。訪問する。〓「―人もない山里」名 おとない

おとな-がい【《大人》買い】［ヒカ］［名・他サ変］［新］大人が財力に物を言わせて玩具や漫画本などを大量に買うこと。〓「おまけ付きの菓子を―する」

おとなげ-な・い【《大人》気ない】［形］大人にしては思慮・分別がないさま。〓「そんなことで怒るとは―」使い方「大人気が／のない」など助詞の挿入も可能。丁寧形は「大人気がありません」が標準的。⬇「ない」のコラム（二〇三ページ）派生 -さ

おとな-し・い【〈温和〉しい・《大人》しい】［形］❶騒いだりせず、静かにしているさま。〓「―・く座っていなさい」❷性質が穏やかで扱いやすいさま。〓「―犬」❸色や形が派手でないさま。落ち着いている。〓「―色合いの服」「デザインの―車」派生 -げ／-さ

おとな・びる【《大人》びる】［自上一］体形や言動が大人らしくなる。〓「その服を着ると―・びて見える」文 おとな・ぶ

おと-ひめ【▽乙姫】［名］浦島伝説で、竜宮に住むという美しい姫。▽「妹の姫」あるいは「年若い姫」の意から。

おと-め【《乙女》（〈少女〉）】［ヲト メ］［名］結婚していない若い女性。むすめ。少女。

おとめ-ご【《乙女》子（〈少女〉子）】［ヲト メ］［名］［古風］おとめ。〓「わが手いま―の肩にあり〈三好達治〉」

お-とも【お供（お▽伴）】［名］❶「供」の謙譲・美化語。目上の人などに付き従っていくこと。また、その人。〓「社長の―をする」❷料理屋などで、帰る客を送るために呼ぶ車。

おと-や【▽乙矢】［名］弓道で、手に持った二本の矢のうち、二番目に射る矢。二の矢。⇔甲矢

おどら・す【踊らす】［ヲド］［他五］❶踊るようにさせる。❷〈「踊らされる」の形で〉人に操られて意のままに動かされる。〓「黒幕［マスコミ］に―・される」異形 踊らせる

おどら・す【躍らす】［ヲド ラス］［他五］❶〈「身を躍らす」の形で〉飛び跳ねて体をある場所から離す。〓「絶壁から碧海に身を―」❷〈「胸［心］を躍らす」の形で〉期待や喜びで気持ちをわくわくさせる。〓「入賞の知らせに胸を―」異形 躍らせる

お-とり【▼囮】［ヲト］［名］❶捕らえようとする鳥や獣を招き寄せるために使う、同類の鳥や獣。❷人をだまして誘い寄せるために使う人や物。〓「―捜査」

おどり【踊り】［ヲド］［名］❶音楽に合わせ、身振り手振りを交えて体を動かすこと。舞踏。舞踊。ダンス。〓「―を踊る」「盆―」▽日本の伝統芸能では、旋回運動を主体とする舞に対して、跳躍運動を主体とするものをいう。❷ひよめき。泉門。おどりこ。❸「踊り字」の略。

おどり-あが・る【躍り上がる】［ヲド］［自五］❶勢いよく高い所へとびあがる。❷喜びや驚きのために、とびはねる。はねあがる。〓「―・って喜ぶ」

おどり-かか・る【躍りかかる（躍り掛かる）】［ヲド］［自五］激しい勢いで飛びかかる。〓「虎が獲物に―」

おどり-ぐい【躍り食い】［ヲドリ グヒ］［名］シロウオ・エビなどを生きたまま食べること。また、その料理。

おどり-こ【踊り子】［ヲド］［名］❶踊りをおどる少女。❷踊りを職業とする女性。ダンサー。❸ひよめき。

おどり-こ・む【躍り込む】［ヲド］［自五］勢いよく飛び込む。〓「敵陣に―」

おとり-さま【▽御▼酉様】［名］酉の市をいう尊敬語。

おどり-じ【踊り字】［ヲド］［名］同じ文字を重ねて書くとき、下の文字の代わりに用いる符号。「人々」の「々」、「各〻」の「〻」、「いろ〳〵」の「〳〵」、「あゝ」の「ゝ」など。▽今は、原則として「々」を除いて使わない。

おどり・でる【躍り出る】［ヲド］［自下一］❶突然、飛び跳ねるようにして出てくる。〓「舞台に―」「物陰から眼前に―」❷急に目立つ地位や場所に登場する。〓「一躍首位に―」

おどり-ば【踊り場】［ヲド］［名］❶踊りをおどる場所。❷階段の途中に設けた、やや広くて平らな場所。

お-とりよせ【お取り寄せ】［名］各地の有名な物産をインターネットや電話などで注文して送らせること。〓「―グルメ」

おと・る【劣る】［自五］他と比べて能力・価値・程度などが下である。ひけをとる。〓「歌唱力では彼に／より―」「天然物に―・らない味」「本場に負けず―・らず（＝同じくらい）人気が高い」⇔勝る

おど・る【踊る】［ヲド］［自五］❶音楽に合わせ、身振り手振りを交えて体を動かす。〓「クラブで―」「輪になって―」「笛吹けども―・らず」使い方 同族目的語の類をとって他動詞としても使う。〓「踊り［どじょうすくい・白鳥の湖］を―」❷操られて行動する。〓「政治家が札束に―」▽多く「踊らされる」の形で使う。⬇踊らす②◈「躍る」と

同語源。可能 踊れる 名 踊り

おど・る【躍る】ヲドル［自五］❶勢いよく跳んだりはねたりする。また、躍動感・律動感を伴って激しく動く。≡「魚が水面に―」「でこぼこ道に車体が―」「―・りかかる」❷喜びや期待で胸が高鳴る。どきどきする。わくわくする。≡「喜びに胸が―」「血沸き肉―」❸文字や活字が躍動感を伴って書かれたり並べられたりする。また、字が乱れる。≡「手紙には喜びに満ちた文字が―・っていた」「一面に見出しが―」「字が―・っていて読みにくい」

おどろ【▼棘】［名・形動］❶草木・いばらなどが乱れ茂っていること。また、そのような所。❷髪の毛がひどく乱れていること。≡「髪も―に振り乱す」

棘

おとろえ【衰え】オトロヘ［名］衰えること。衰微。衰弱。≡「体力の―を知る」「気力の―を感じる」

おとろ・える【衰える】オトロヘル［自下一］勢いや力が弱くなる。≡「体力が―（＝衰弱する）」「暑さ［台風の勢い］が―」「食欲が―（＝減退する・減衰する）」「やせ―」⇕栄える 文 おとろ・ふ 名 衰え

品格 萎靡（いび）「―沈滞」減退「気力が―する」後退「景気が―する」弱体「組織の―化」衰弱「―死」衰微「―の一途をたどる」退潮「―傾向を示す」

おどろおどろし・い［形］恐ろしい印象があるさま。気味が悪い。不気味だ。≡「―話」派生 さ

おどろか・す【驚かす】［他五］驚くようにさせる。異形 驚かせる

おどろか・せる【驚かせる】［他下一］⬇驚かす 文 おどろか・す

おどろき【驚き】［名］おどろくこと。≡「―の声を上げる」「―、桃の木、山椒（さんしょ）の木（＝驚いたときにしゃれて言うことば）」書き方「▼愕き」「▼駭き」とも。⬇驚く

品格 驚異「大自然の―」「―的な記録」驚愕（きょうがく）「―の真相」驚嘆「―に値する発見」驚天動地「―の大事件」驚倒「美術界を驚倒させた絵画」◉「驚嘆」には感動や感心する気持ちが含まれる。

おどろき-い・る【驚き入る】［自五］非常に驚く。≡「鮮やかな手腕に―」

おどろ・く【驚く】［自五］予想しなかったことに出会って心の平穏を失う。びっくりする。≡「あまりの数に―」「―・いたことに、誰もいなくなっていた」「ちょっとやそっとのことでは―・かない」書き方 驚き慌てる意で「▼愕く」、ぎくりと驚く意で「▼駭く」とも。名 驚き

おとん［名］主に関西で、父親。お父さん。⇕おかん

おない-どし【同い年】［名］年齢が同じであること。≡「―のいとこ」「私と太郎は―だ」▼「おなじとし」の転。書き方 近年「同い▽歳」とも。「同い年」が標準的。

お-なか【お中・お▽腹】［名］腹（はら）。≡「―が減る」「―がすいた」「―をこわす」▼もと女房詞（にょうぼうことば）。書き方 一般に、かな書き。

お-なが【尾長】ヲ［名］人家の近くにすむカラス科の鳥。大きさはカラスの半分ほどだが、尾羽は長い。頭は黒く、背は灰色、翼と尾羽は水色。群れをなして、けたたましい声でなく。

おなか-いっぱい【お▽腹一杯】［副・形動］❶飲食によって腹が満たされているさま。≡「―鮨（すし）を食べた」❷あることをして気持ちが十分に満たされているさま。また、そのことにはもうあきあきしたさま。≡「十曲歌ったから―だ」「同じような話題ばかりでもう―だ」

おなが-どり【尾長▽鶏】ヲナガ［名］ニワトリの一品種。雄の尾羽は抜けかわらずに伸び続け、八メートル以上にも達する。特別天然記念物。長尾鶏（ちょうびけい・ながおどり）。▼江戸時代に土佐（＝高知県）でつくられた。

お-ながれ【お流れ】［名］❶予定していた行事や会合ができなくなること。≡「雨で体育祭が―になる」❷目上の人が飲んでいた杯を借りて酒をついでもらうこと。また、その酒。▼もとは主君などから賜る、杯に飲み残した酒をいった。

お-なぐさみ【お慰み】［名］その場の楽しみ。座興。▼首尾よくできれば楽しみだの意で、ちょっとふざけても使う。≡「うまくいったら―」

お-なご【▽女子】ヲナ［名］❶女の人。女性。❷女の子。女児。

おなじ【同じ】一［形動］❶そのものと少しも違いがないさま。同一。≡「出身地が―だ」「計画も犯行も―人物に違いない」❷他のものと変わりがないさま。等しい。≡「君の時計は僕のと―だ」「身長が―だ」「―色のシャツ」「右に―」使い方 (1)本来はシク活用の形容詞。語幹に「だ」が付いて形容動詞となった。現在も形容詞連用形の「同じく」は盛んに使われるが、副詞と見なすことが多い。体言を修飾する場合は語幹を直接使う。(2)形容詞の終止形「同じい」も使われることがあるが、現在はまれ。≡「羽織も長着も同じい米沢紬（つむぎ）に〈伊藤左千夫〉」注意「身長が一緒だ」など、②の意で「一緒」というのは一般的でない。⬇一緒② 二［副］〈「同じ…なら」の形で〉どうせそうなるなら。どのみち。≡「―やるなら派手にやろう」◈ややくずれた言い方で「おなし」とも。

品格 一（つい）「心を―にする」共通「双方で―の認識」同一「提出書類と―の内容」同様「前回と―の方法で測定する」等しい「両者の値は―」

◉**同じ穴（あな）の狢（むじな）**　同類の者であることのたとえ。▼ふつう、よくないことをする人にいう。

◉**同じ釜（かま）の飯（めし）を食（く）・う**　寝食を共にする。一緒に生活して苦楽を分かち合った仲間であることのたとえ。≡「水臭いことを言うな。―・った仲じゃないか」

おなじく【同じく】一［副］同様に。≡「僕は彼と―東京の出身だ」「表ばかりでなく裏も―黄色に染めてあった」二［接］同様の物を並べる際に、前と共通する部分を示す。≡「台風のため、鹿児島発羽田行き九二一便は五分遅れ、―大阪行き九四〇便は欠航の予定です」「通行人A、―B、舞台の下手から登場」

おなじく・する【同じくする】［他サ変］同じにする。≡「志を―友」「時を―・して堤防が決壊した」「式次第は先例と／に―」▼音便形は「同じゅうする」。

お-なじみ【▽御▼馴染み】［名］「なじみ」の美化語。≡「―の歌」「店の―が集まる」注意「同じみ」と書くのは誤り。

オナニー【Onanie ドイツ】［名］自慰。手淫（しゅいん）。マスターベーション。▼旧約聖書『創世記』にあるオナンの名にちなむ。

お-なみ【▽男波（▽男▽浪）】ヲ［名］高低のある波のうち、高い方の波。片男波（かたおなみ）。⇕女波（めなみ）

おなみだ-ちょうだい【お涙頂戴】―チャウダイ［名］映画・演劇などで、ひたすら観客の涙をそそるように作ること。また、その作品。

お-なら［名］屁（へ）。▼「鳴らす」から転じた語という。

お-なり【▽御成り】［名］身分の高い人を高めて、その外出・来訪をいう語。≡「将軍の―を待つ」

おに【鬼】一［名］❶想像上の恐ろしい怪物。人間の

姿をし、頭に角をはやし、牙があり、虎の皮の褌(ふんどし)をしている。力が強く、乱暴をはたらくものとされる。≡「来年のことを言うと—が笑う」「赤—」❷残酷で血も涙もないもの。≡「心を—にして叱りつける」❸他をかえりみずに一つのことに熱中する人。≡「仕事の—」❹鬼ごっこなどの遊びで、人をつかまえたりする役の人。㊁(造)❶厳しくて、恐れられる意。≡「—監督・—刑事」❷形が大きい。また、異形である。≡「—あざみ・—百合(ゆり)・—やんま」

◉**鬼が出るか蛇(じゃ)が出るか** どんな恐ろしいことが起こるかわからないことのたとえ。

◉**鬼に金棒(かなぼう)** それを手に入れることによって、強いものがますます強くなることのたとえ。

◉**鬼の居(い)ぬ間(ま)に洗濯** 気がねをする人、こわい人がいない間にくつろいで息抜きをすること。

◉**鬼の霍乱(かくらん)** ふだん頑強な人が珍しく病気にかかること。≡「あの人が寝込むなんて、—だね」注意 病気以外のことについて、珍しいの意でいうのは誤り。

◉**鬼の首を取ったよう** 大きな手柄を立てたかのように大得意になるさま。≡「将棋に勝って—な大騒ぎ」

◉**鬼の目にも涙(なみだ)** 冷酷な人間でも、ときには情に感じて涙を流すことがあるものだということのたとえ。

◉**鬼のように** 〔新〕程度のはなはだしいさま。非常に。たいへん。≡「—働く」「—眠い」

お-にあい【▽御似合い】〔アヒ〕〔名〕似合うこと、似合うものをいう尊敬・美化語。≡「青いネクタイがよく—です」「—のカップル」▼皮肉や自嘲(じちょう)をこめて使うこともある。≡「私にはこの程度の小さな家が—だ」

おに-あざみ【鬼▼薊】〔名〕夏から秋にかけて紅紫色の花を開くキク科の多年草。アザミの一種で、大形。葉の縁にかたく鋭いとげが並ぶ。

おに-い-さん【お《兄さん》】〔名〕兄や若い男性を親しんで、また高めて呼ぶ語。

オニオン【onion】〔名〕たまねぎ。≡「—スープ」

オニオン-グラタン-スープ【和製onion＋gratin フランス＋soup】〔名〕器に入れたオニオンスープに薄切りのフランスパンとチーズをのせてオーブンで焼いた料理。オニオングラタン。

おに-がわら【鬼瓦】〔ガハラ〕〔名〕屋根の棟(むね)の両端に飾りとしてつける大きなかわら。▼魔よけとして鬼面をかたどったものを多く用いた。

オニキス【onyx】〔名〕❶縞瑪瑙(しまめのう)。❷化学的沈殿によって縞状の模様が現れた半透明の石灰岩。鍾乳石(しょうにゅうせき)などに含まれ、工芸・装飾に用いられる。◈「オニックス」とも。

お-にぎり【お握り】〔名〕握り飯。おむすび。▼本来、握り飯の美化語。

おに-ぐんそう【鬼軍曹】〔サウ〕〔名〕鬼のように厳しい軍曹。転じて、新人や若手を厳しく指導する人。

おに-ご【鬼子】〔名〕❶歯がはえて生まれた子供。❷両親に似ていない子供。◈「おにっこ」ともいう。

おに-ごっこ【鬼ごっこ】〔名〕子供の遊びの一つ。一人が鬼になって他の者を追いかけて捕らえ、捕らえられた者が次の鬼になってまた追いかけることを繰り返す。

おにっ-こ【鬼っ子】〔名〕「おにご(鬼子)」に同じ。

おに-ば【鬼歯】〔名〕鬼の牙(きば)のように外側につき出て生えた八重歯。

おに-ばば【鬼▽婆】〔名〕❶老婆に姿を変えて現れる鬼。❷残酷で無慈悲な老婆をののしっていう語。◈「おにばあ」とも。

おに-び【鬼火】〔名〕雨の降る夜などに墓地や湿地に現れる青白い光。きつね火。燐火(りんか)。▼燐化水素の燃焼によるとの説もある。

お-にもつ【お荷物】〔名〕❶「荷物」の尊敬・美化語。≡「先生、—をお持ちします」「私の—持ってくれない?」❷負担となる、やっかいなもの。≡「ミスばかりして仲間の—になる」

おに-やらい【鬼▽遣らい(〈追▼儺〉)】〔ラヒ〕〔名〕昔、宮中で大晦日(おおみそか)の夜に行った疫病の鬼を追い払う儀式。のち、節分の夜に豆をまく民間の行事になった。追儺(ついな)。

お-ニュー〔名〕新しく買ったり、使い始めたりしたものであること。また、そのもの。≡「—のスーツ」▼「ニュー(new)」を名詞化して接頭語「お」を付けた語。

おに-ゆり【鬼〈百合〉】〔名〕夏、黒い斑点(はんてん)のある赤黄色の花を開くユリ科の多年草。鱗茎(りんけい)は食用。

お-ぬし【▽御主】〔代〕〔二人称〕同等以下の相手を指し示す語。おまえ。

お-ね【尾根】〔ヲ〕〔名〕山頂と山頂をつなぐ高くそびえた部分の連なり。また、谷と谷の間につき出た山地の連なり。稜線(りょうせん)。≡「—を伝って山頂をめざす」

お-ねえ【お▽姉】〔名〕❶姉。❷若い女性を親しんで呼ぶ語。❸〔俗〕女性ことばを使う男性。≡「—キャラ」書き方 多く「オネエ」と書く。

おねえ-さん【お《姉さん》】〔名〕姉や若い女性を親しんで、また高めて呼ぶ語。

お-ねがい【▽御願い】〔ガヒ〕〔名〕❶「願うこと」の意の謙譲・美化語。≡「あなたに—があります」❷「お願いします」の略。≡「—。助けて」

お-ねじ【雄〈▼螺子〉・雄〈捻子〉】〔ヲネヂ〕〔名〕丸い棒のまわりに螺旋(らせん)の刻みをつけたねじ。雌ねじのくぼみにはめこんでしめる。⇔雌ねじ

お-ねしょ〔名〕幼児語で、寝小便。▼「おねしょうべん」の略。

お-ねむ【お眠・お▽睡】〔名〕幼児語で、眠いこと、また、眠っていること。≡「坊やは—らしい」

おの【▼斧】〔ヲノ〕〔名〕刃のついた楔形(くさびがた)の鉄片に木の柄をつけた道具。木を割るのに使う。≡「森林に—を入れる(=木をきり出す)」数「一丁(挺)(いっちょう)…」と数える。

おの-おの【各・各各】〔名〕それぞれ。銘々。各自。≡「昼食は—が自分で準備すること」▼「己(おの)」を重ねたもの。書き方 かな書きも多い。

おのが-じし【▽己がじし】〔副〕〔古風〕各自思い思いに。めいめいに。それぞれに。≡「—好き勝手なことをする」

お-の-こ【▽男・▽男の子】〔ヲ〕〔名〕〔古風〕❶成人の男子。おとこ。❷男の子。男児。◈⇔女(め)の子

おのず-から【▽自ずから】〔ヅ〕〔副〕❶自然と。おのずと。≡「必要な量は—決まってくる」❷それはそれで。もともと。≡「将の気構えと兵の気構えとは—別なものだ」

おのず-と【▽自ずと】〔ヅ〕〔副〕自然とそのようになるさま。ひとりでに。自然に。おのずから。≡「—知れ渡る」

おのの-く【▽戦く・▽慄く】〔ヲノノク〕〔自五〕体や手足がふるえる。わななく。≡「恐怖[寒さ]に—」「恐れ—」名 おののき

おのぼり-さん【お上りさん】〔名〕見物などのために田舎から都会に出てきた人をからかっていう語。

オノマトペ【onomatopée フランス】〔名〕擬声語およ

び擬態語。オノマトペア。声喩(せいゆ)。

おの-れ【己】 ❶[名]その人。自分自身。≡「—に勝つ」❷[代](二人称)目下の相手を見下して指し示す語。おまえ。貴様。≡「—の態度はなんだ」❸[感]くやしいときに相手をののしって発する語。≡「—、今にみていろ」◈ 書き方 慣用的に「己れ」と送ることも多い。

お-は【尾羽】 [名]鳥の尾と羽。

◉**尾羽打ち枯ら・す** 落ちぶれてみすぼらしい姿になる。

おば【《伯母》・《叔母》】 [名]父または母の姉妹。また、おじの妻。書き分け 父母の姉、父母の兄の妻の場合は【伯母】、父母の妹、父母の弟の妻の場合は【叔母】を使う。

おばあ-さん【お▽婆さん】 [名]老年の女性。また、老年の女性を高め、親しんで呼ぶ語。⇔お爺(じい)さん

おばあ-さん【お〈祖母〉さん】 [名]祖母を親しんで、また、高めて呼ぶ語。⇔お祖父(じい)さん 使い方 (1)接頭語「お」を除いて「ばあさん」とも。より丁寧な形は「おばあさま」。くだけた形は「(お)ばあちゃん」など。(2)子供のいる夫婦などが、自分(または配偶者)の母を呼ぶのに使うこともある。

オパール [opal] [名]含水珪酸(けいさん)を成分とする半透明または不透明の鉱物。色彩・光沢の美しいものは宝石とする。蛋白石(たんぱくせき)。▼十月の誕生石。

お-はぎ【お▼萩】 [名]もち米とうるち米をまぜて炊いた飯を軽くついて丸め、餡(あん)や黄粉(きなこ)をまぶしたもの。春秋の彼岸に仏前に供える。牡丹餅(ぼたもち)。▼花にちなんで春に作るものを「牡丹餅」、秋に作るものを「お萩」とする説もある。

お-はぐろ【▽御歯黒(〈鉄▼漿〉)】 [名]❶歯を黒く染めること。かねつけ。▼江戸時代には既婚女性のしるしとして行った。❷①に用いる濃褐色の液。鉄片を茶や酢の中に入れ、酸化させて作った。かね。❸「おはぐろとんぼ」の略。

おはぐろ-とんぼ【▽御歯黒〈▼蜻▼蛉〉】 [名]ハグロトンボの通称。

お-ばけ【お化け】 [名]❶ばけもの。≡「—が出る」❷異常に大きいもの。また、異形のもの。≡「西瓜(すいか)の—」「—かぼちゃ」

お-はこ【〈十八番〉】 [名]❶得意とする芸。また、得意とする物事。十八番(じゅうはちばん)。≡「—を出す」▼箱に入れて秘蔵する意。市川家がお家芸とする歌舞伎十八番の台本を箱に入れて大切に保管したことから出た語という。❷興にのるとすぐに出る口癖や動作。≡「また—の武勇伝が始まった」

お-はこび【▽御運び】 [名]「来ること」「行くこと」の意の尊敬語。≡「わざわざ—をいただきまして恐縮に存じます」

おば-さん【〈小母〉さん】 [名]他人である中年の女性を呼ぶ語。⇔小父(おじ)さん

おば-さん【《伯母》さん・《叔母》さん】 [名]おば(伯母・叔母)を親しんで、また高めて呼ぶ語。⇔伯父さん・叔父さん

お-はじき【お▽弾き】 [名]間をあけて置いた平たいガラス玉や貝殻を指先で弾きとばし、当てたものを取り合う遊び。また、そのガラス玉や貝殻など。

お-はち【▽御鉢】 [名]❶めしびつ。おひつ。❷火山の火口。特に、富士山頂の噴火口跡。≡「—巡り」

◉**お鉢が回(まわ)・る** 順番が回ってくる。

お-はつ【お初】 [名]❶初めてであることをいう美化語。≡「—にお目にかかります」❷初めての物。また、初めて使う物。≡「西瓜(すいか)の—を食べる」

お-はつほ【▽御初穂】 [名]⬇初穂▼「おはつお」とも。

お-ばな【尾花】 [名]ススキの花穂。また、ススキ。▼花の形が馬などの尾に似ていることから。

お-ばな【雄花】 [名]雄しべだけあって、雌しべのない花。カボチャ・キュウリ・マツ・イチョウなどに見られる。雄性花。ゆうか。⇔雌花(めばな)

お-はなばたけ【お花畑(お花▼畠)】 [名]❶「花畑」の美化語。❷さまざまな高山植物の花が一面に咲いている所。

お-はよう【お早う】 [感]朝のあいさつのことば。≡「やあ、—」▼「お早く」の音便から。使い方 丁寧体「おはようございます」を簡略化した言い方で、親しい間柄などで使う。✓注意 送りがなは「お早よう」としない。また、仮名遣いを「おはよお」とするのは誤り。

お-はらい【▽御払い】 [名]❶「払い」の尊敬・謙譲・美化語。≡「代金の—はお済みですか」「立て替えてもらった分の—をしなくちゃ」「—はこちらのレジでいいですか」⬇お(御) ❷不要になって売り払う物。▼「お払い物」の略。不要品を買い取る側からいう。

お-はらい【▽御▼祓い】 [名]❶災厄(さいやく)を除くために神社で行う儀式。はらえ。❷神社で出す災厄よけのお札。特に、伊勢神宮のお札(=大麻(たいま))。

おはらい-ばこ【お払い箱】 [名]いらなくなった物を捨てること。また、使用人をやめさせること。≡「このテレビはもう—だ」▼毎年暮れになると、伊勢神宮が信者に配った御祓い箱の古いものが捨てられて新しくなったことから、「お祓い」を「お払い」に掛けて使われるようになったことば。

おはら-め【▽大原女】 [名]京都北郊の大原(おおはら)や八瀬(やせ)から、花・柴(しば)などを頭にのせて京都の町に売りにくる女性。おおはらめ。書き方「小原女」とも。

お-はり【お針】 [名]❶針仕事。裁縫(さいほう)。❷雇われて針仕事をする女性。お針子。

お-ばんざい【お番菜・お飯菜】 [名]京都などで、普段の副食物。おかず。

おび【帯】 [名]❶和服を着るとき、胴の部分に巻いて締める細長い布。≡「—を締める」❷帯のように長くつながるもの。≡「煙が—となって流れる」「—グラフ」❸本の表紙や箱の下方に巻き、内容の紹介などを記した紙。帯紙。腰巻き。

◉**帯に短し襷(たすき)に長し** 中途半端で役に立たないことのたとえ。

おび-あげ【帯揚げ】 [名]女帯の結び目が下がらないよう、帯の下に回してしめる小幅の布。しょいあげ。

おひい-さま【▽御▽姫様】 [名]高貴な人の娘の敬称。▼「おひめさま」の転。

おび-いわい【帯祝い】 [名]妊娠五か月目の戌(いぬ)の日に、妊婦が安産を祈って岩田帯をしめる祝い。

おび・える【▼怯える・▽脅える】 [自下一]びくびくと怖がる。≡「物音に—」「—・えた目で見る」文 おび・ゆ 名 おびえ

おび-がね【帯金】 [名]❶たる・箱などに巻きつける帯状の金具。❷腰に結ぶひもを通すために刀の鞘(さや)につけた環。❸結ばないで女帯をしめるとき、帯の左右を重ね合わせて挟みとめるために用いる金具。帯ばさみ。

おび-かわ【帯革】ハゥ［名］❶ベルト。バンド。かわおび。❷動力を伝達する機械用のベルト。調べ革。

おび-がわ【帯側】ハゥ［名］女性の合わせ帯の、表側の布。おびかわ。

おびき-だ・す【▽誘き出す】［他五］だましてさそいだす。‖「にせ電話を使って―」

おびき-よ・せる【▽誘き寄せる】［他下一］だまして近くに来るようにさせる。‖「こませを撒いて魚を―」「おとりを使って敵を―」文 **おびきよ・す**

おび-グラフ【帯グラフ】［名］全体の数量を帯状の長方形で表し、それを区切って各部分の数量の割合を図示したグラフ。

おひ-さま【お日様】［名］太陽を親しんで呼ぶ語。おてんとうさま。

お-ひざもと【▽御膝元(▽御膝下)】［名］❶「膝元」①の尊敬語。❷庇護してくれる人や権力者に近い所。特に、天皇や将軍の住む所。‖「江戸は天下の―」⬇膝元②

おび-じ【帯地】チ［名］帯にする布地。金襴・博多織・繻子など。

おび-じめ【帯締め】［名］女帯を結んだとき、形がくずれないよう帯の上からしめる細いひも。⬇帯留め

おび-しん【帯芯】［名］帯の形がくずれないように中に入れる厚い布地。

お-ひたし【お浸し】［名］青菜などをゆでて醤油・かつおぶしなどをかけた食べ物。‖「ほうれん草の―」▼ひたしものをいう美化語から。

おびただし・い【▼夥しい】［形］❶数量が非常に多いさま。‖「―観衆」「―出血」❷物事の程度がはなはだしいさま。‖「憎らしいこと［わかりづらいこと］―」▼多く「…こと―」の形で、好ましくないことに使う。派生 **-さ**

お-ひつ【お▼櫃】［名］⬇ひつ(櫃)②

おび-どめ【帯留め(帯止め)】［名］❶両端を貴金属の金具などでとめるようにした帯締め。また、その金具。❷帯締めのひもを通して帯の前面につける装飾の細工物。書き方 公用文では「帯留」。

おひと-よし【お人▽好し】［名・形動］何ごとも善意に受けとり、他人の言動に逆らわないで行動すること。また、そのような人。‖「―の兄」

おひな-さま【▽御▼雛様】［名］雛人形。また、雛祭り。

オピニオン【opinion】［名］❶意見。見解。所信。❷世論。

オピニオン-リーダー【opinion leader】［名］ある集団の意思形成に大きな影響を与える人。また、世論の形成を方向づける人。‖「エネルギー問題の―」

お-ひねり【お▽捻り】［名］金銭を白い紙に包んでひねったもの。賽銭として神仏に供えたり、祝儀として人に与えたりする。紙ひねり。

おび-のこ【帯▼鋸】［名］帯状の鋼鉄板に歯をつけ、輪状に溶接したのこぎり。動力で回転させて木材などを切る。▼「おびのこぎり」の略。

おび-ばんぐみ【帯番組】［名］ラジオやテレビで、毎日または毎週、連続して同時刻に放送する番組。

おび-ふう【帯封】［名］新聞や雑誌を郵送するとき、あて名を書いた紙で中央を帯のように巻いて封をすること。また、その紙。

おひめさま-だっこ【お姫様抱っこ】［名］相手の背中と膝裏を両腕で支え、体全体を抱き上げること。横抱き。

お-ひや【お冷や】［名］❶冷たい飲み水。‖「―を一杯ください」▼女房詞「おひやし」の略から。「ひや」といえば多く「冷や酒」の意になる。❷冷や飯。

おびやか・す【脅かす】［他五］❶びくびくと怖がるようにさせる。おびえさせる。‖「胸元に短刀を突きつけて行員を―」「悪夢［友が犯人ではないかという考え］に―・される(＝おびえる)」❷危険な状態にする。危うくする。‖「果敢な攻撃が敵陣を―」「新人候補が本命を―」「インフレが生活を―」読み分け ⬇おどかす

お-ひゃくど【▽御百度】［名］「お百度参り」の略。

お-ひゃくど-まいり【御百度参り】
神仏に願をかけ、社寺の境内の一定の場所から神前・仏前までを百回往復して百回拝むこと。

◉**お百度を踏・む** ❶お百度参りをする。❷頼み事を聞き入れてもらうために、何度も同じ人や場所を訪ねる。‖「―・んだが、融資は受けられなかった」

おひょう【▽大▼鮃】［名］北太平洋に分布するカレイ科の海魚。体長は二メートル以上にも達する。食用。

お-ひら【▽御平】［名］底が浅くて平たい椀。平椀。また、それに盛った料理。

お-ひらき【▽御開き】［名］祝宴・会合などが終わること。‖「これにて披露宴は―に致します」▼「終わる」「閉じる」をきらって言い換えたことば。もと「去る」「帰る」の忌詞。

お-ひる【お昼】［名］「昼」「昼飯」の美化語。‖「―までには戻ります」「―は一緒に食べましょう」

お・びる【帯びる】［他上一］❶ある性質・成分などを含みもつ。また、そのような感じや傾向をもつ。‖「空が赤みを―・びている」「憂いを―・びた(＝たたえた)目」「展開が現実感を―・びてきた」「酒気を―(＝多少ともアルコールが入る)」❷任務などを身に負う。引き受ける。‖「特命［使命］を―」❸〔古風〕ぴったりと身につける。着用する。佩用する。‖「腰に太刀を―」書き方「▼佩びる」とも。文 **お・ぶ**

お-ひれ【尾▼鰭】ーヲ［名］❶魚の尾とひれ。❷本体につけ加わった余分なもの。‖「―を付ける」

◉**尾鰭が付・く** 事実以外のことが付け加わって話が大げさになる。‖「うわさに―」注意「尾鰭」を「おびれ」と読むのは誤り。

お-びれ【尾▼鰭】ーヲ［名］魚の体の後端にあるひれ。

お-ひろめ【▽御披露目】［名］「ひろめ」の謙譲・美化語。結婚・縁組み・襲名などを、広く世間に知らせること。‖「六代目襲名を―する」▼「お広め」の意。

オフ【off】［名］❶電気器具・機械などのスイッチが入っていないこと。‖「エアコンを―にする」⬍オン ❷「オフシーズン」「シーズンオフ」の略。‖「―でスキー場はがらがらだ」❸休みのとき。非番。‖「―の日」⬍オン ▼「オフタイム(和製 off＋time)」の略。❹割り引くこと。取り去ること。‖「二〇パーセント―」「カロリー―」

オファー【offer】［名・他サ変］申し入れること。申し込むこと。特に売買契約で、品名・価格などの条件を提示して返事を求めること。

オフィシャル【official】［形動］公式であるさま。公認であるさま。‖「―な場での発言」

オフィシャル-ゲーム【official game】［名］公式試合。

オフィシャル-パートナー【official partner】［名］特定の機関などに協賛する企業・学校。

オフィシャル-レコード【official record】[名]公認記録。

オフィス【office】[名]会社・官庁などの職場。事務所。‖「―街」

オフィス-レディ【(和製)office＋lady】[名]⬇オーエル

お-ぶう[名]❶湯。また、茶。❷ふろ。◈中部地方などでいう。もと、幼児語。「おぶ」とも。

おぶ・う【負ぶう】[他五]背負う。しょう。‖「赤ん坊を―」▼「負う」の転。可能 **おぶえる**

オフェンス【offense】[名]スポーツ競技で、攻撃。また、攻撃する側。⬍ディフェンス

オフ-かい【オフ会】[名]インターネットの掲示板やチャットなどで知り合った人々が実際に顔を合わせる集まり。オフラインミーティング。▼「オフ」はネットワークに接続されていない状態の意の「オフライン」から。

お-ふくろ【お袋】[名]自分の母親を親しんで、また、他人にへりくだっていう語。⬍おやじ▼おもに男性がくだけた場面で使う。

おふく-わけ【お福分け】[名・他サ変]もらった物を人に分け与えること。おすそわけ。

オブザーバー【observer】[名]会議で、発言権はあるが議決権のない人。また、発言権も議決権もない傍聴者。

オフサイド【offside】[名]サッカー・ラグビー・ホッケーなどで、選手が競技をしてはいけない位置でプレーすること。反則の一つ。⬍オンサイド

おぶさ・る【負ぶさる】[自他五]❶背負ってもらう。‖「父親の背に―」❷他人の力や金に頼る。‖「親に―って家を新築する」可能 **おぶされる**

オフ-シーズン【off-season】[名]スポーツなどの催し物や行事が行われない時期。また、観光地などで人があまり訪れない季節。季節はずれ。シーズンオフ。

オブジェ【objet(フランス)】[名]芸術で、実際の用途から切り離した「もの」として用いる、さまざまな物体。また、それを用いた作品。▼物体・客体の意。

オブジェクト【object】[名]❶対象。客体。客観。❷目的語。

オフショア【offshore】[名]❶サーフィンなどで、沖へ向かって吹く風。陸風。⬍オンショア ❷海外での。沖での。▼他の語と複合して使う。

オプショナル-ツアー【optional tour】[名]団体旅行の途中で参加者が任意にコースを選択して行う別料金の小旅行。

オプション【option】[名]商品などで、標準仕様のほかに客や利用者が選んで追加するもの。‖「―のパーツ[検査]」▼選択・選択権の意。

オプション-とりひき【オプション取引】[名]一定の期日または期間内に一定の株式などを特定の価格で買う権利(コールオプション)または売る権利(プットオプション)を売買の対象とする取引。選択権付き取引。

オブストラクション【obstruction】[名]❶サッカー・ラグビーなどで、妨害行為。❷野球で、走塁妨害。❸ゴルフで、障害物。

オフセット【offset】[名]平版印刷の一つ。版から直接刷るのではなく、原版のインキを一度ゴムブランケットに転写してから紙などに印刷する方式。

お-ふだ【▽御札】[名]⬇札(ふだ)②‖「交通安全の―」

オプチミスト【optimist】[名]楽天家。楽観論者。オプティミスト。⬍ペシミスト

オプチミズム【optimism】[名]楽天主義。楽観主義。楽観論。⬍ペシミズム

お-ぶつ【汚物】[名]汚いもの。特に、排泄(はいせつ)物。

オフ-バランス【off-balance】[名]貸借対照表に数字が記載されていないこと。また、その資産・負債。‖「―取引(＝簿外取引)」⬍オンバランス

オフ-ピーク【off-peak】[名]ピーク時でないこと。最盛期でないこと。‖「―通勤」

オフ-ホワイト【off-white】[名]かすかに灰色や黄色を帯びた白。純白でない白。カラードホワイト。

オブラート【oblaat(オランダ)】[名]でんぷんにゼラチンを混ぜて作る薄い膜。苦い粉薬などを包んで飲むのに使う。
◉**オブラートに包・む** 刺激的な表現を避けて遠回しに言う。‖「ずけずけ言わずに少しは―んでくれ」

オフ-ライン【off-line】[名]コンピューターで、入出力装置などがコンピューター本体に接続されていない状態。また、コンピューターがネットワークから切断された状態。⬍オンライン

お-ふる【お古】[名]人が使って古くなったもの。特に衣服などにいう。おさがり。‖「兄の―を着る」

お-ふれ【▽御触れ(▽御布▽令)】[名]❶〔古風〕政府・役所などからの通達や命令。❷江戸時代、幕府や藩が一般に公布した文書。▼「御触書(おふれがき)」の略。

オフレコ[名]記録に残さないこと。公表しないこと。‖「この話は―にしてほしい」⬍オンレコ▼off-the-record から。

オフ-ロード【off-road】[名]舗装されていない道。また、道路からはずれた場所。

オペ[名]⬇オペレーション②③

おべっか[名]目上の者のご機嫌をとること。へつらうこと。また、その言葉。おべんちゃら。‖「―を使う」

オペック【OPEC】[名]石油輸出国機構。イラン・イラク・サウジアラビア・クウェート・ベネズエラなどの産油国が欧米の石油資本に対抗し、みずからの利益を守るために結成した組織。石油の価格維持・生産調整などを目的とする。▼Organization of the Petroleum Exporting Countries の略。

オペラ【opera(イタリア)】[名]歌劇。‖「―ハウス(＝オペラ劇場)」「―ブッファ(＝日常に材をとった、喜劇的な歌劇)」「―セリア(＝正歌劇)」

オペラ-グラス【opera glasses】[名]観劇用の小型の双眼鏡。

オベリスク【obélisque(フランス)】[名]古代エジプトで、神殿の門前に建てた先のとがった方形の石柱。方尖(ほうせん)柱。方尖塔。

オペレーション【operation】[名]❶機械などの操作。運転。‖「―センター」❷手術。オペ。❸中央銀行が手持ちの有価証券類を売買して行う金融の市場操作。オペ。❹作戦。軍事上の行動。

オペレーションズ-リサーチ【operations research】[名]企業経営上の諸問題を数学的・科学的分析によって解決するための調査・研究。OR。▼第二次大戦中、英米で軍事作戦上の研究として発達した分野。戦後広く企業などに導入された。

オペレーター【operator】[名]❶機械などの運転操作をする人。電話交換手・無線通信士・コンピュー

ターの操作者など。❷自分で船舶を運航して海運業を営む人。運航業者。▽船舶を賃貸するオーナーに対していう。

オペレーティング‐システム【operating system】〔名〕⬇オーエス

オペレッタ【operetta イタリア】〔名〕娯楽的な要素をそなえた小規模の歌劇。軽喜劇。喜歌劇。▽一九世紀後半から、パリやウィーンを中心に流行した。

お‐べんちゃら〔名〕軽薄なお世辞。おべっか。

おぼえ【覚え】〔名〕❶記憶すること。また、学んで身につけること。習得。〓「英単語の━が早い」「仕事の━が悪い」❷記憶に残っていること。思い当たる事柄。〓「この路地でよく遊んだ━がある」「身に━のない罪」❸技術・腕前などに関する自信。〓「合気道なら腕に━がある」❹目上の人の信任・信頼。寵愛(ちょうあい)。〓「重役の━がめでたい」❺⬇覚え書き①

おぼえ‐がき【覚え書き】〔名〕❶忘れないように書き留めておくこと。また、その文書。覚え。備忘録。メモ。❷外交文書のうち、宛名も署名もない略式・非公式の文書。条約の付帯事項や補足、相手国への希望・意見の伝達などに用いられる。▽外交使節の署名を伴うものは正式の外交文書とされる。◈書き方 ②は、慣用的に「覚書」と書く。

おぼえ‐ず【覚えず】〔副〕無意識のうちに。知らず知らず。思わず。〓「━ため息をつく」「━涙を流す」

おぼ・える【覚える(▽憶える)】〔他下一〕❶記憶にとどめる。記憶する。〓「相手の名前と顔を━」「あの時のことは今でもよく━・えている」「この本を彼に返すことを━・えておいてね」「(捨てぜりふで)ようく━・えておけ(=仕返しは覚悟しておけ)」書き方「憶える」とも。❷学んで身につける。体得する。〓「運転を━」「酒の味を━(=知る)」「犬が芸を━」❸ある感情や感覚を感じる。〓「新しい仕事に生きがい[とまどい]を━」「親しみ[怒り・興味・のどの渇き]を━」◈語源「おもほゆ→おぼほゆ→おぼゆ→おぼえる」と転じた。文 **おぼ・ゆ** 名 **覚え**

品格 記憶「彼もその場にいたと記憶している」肝に銘じる「繰り返さないよう━」拳拳服膺(けんけんふくよう)「拳拳服膺して守るべき教え」心に留める「戦争の悲惨さを━」諳(そら)んずる「一字一句━」胸に刻む「思い出[教え]を━」銘記「銘記して語り伝える」

おぼこ〔名〕❶〔形動〕世間をよく知らず、すれていないこと。また、その人。〓「真底から━な二人〈伊藤左千夫〉」❷処女。❸ボラの幼魚。◈「うぶこ(産子)」の転という。

おぼし・い【▽思しい(覚しい)】〔形〕「(…と)おぼしい」「(…と)おぼしき」の形で)…と思われる。〓「犯人と━人物を見失う」「一見、画家とおぼしき人」使い方 主に連体形で使われるが、まれに連用形も見られる。〓「寝起きと━・く乱れた髪」

おぼし‐めし【▽思し召し】〔名〕❶考え・気持ちをいう尊敬語。お考え。お気持ち。〓「せっかくの━ですが、ご期待には添いかねます」「ご寄付は━(=志程度の金額)で結構です」❷異性などを恋い慕う気持ち。〓「彼は彼女に━がある」▽ややふざけた感じで使う。

おぼし‐め・す【▽思し召す】〔他五〕「思う」「考える」の尊敬語。お思いになる。お考えになる。〓「愚かなやつと━・してご容赦ください」名 **思し召し**

オポチュニスト【opportunist】〔名〕ご都合主義者。日和見主義者。

おぼつか‐な・い【▽覚▽束ない】〔形〕❶物事がうまくいくかどうか疑問であるさま。〓「利益どころか資金の回収も━」❷あやふやなさま。はっきりしないさま。〓「━記憶をたどる」❸しっかりとせず、頼りないさま。〓「酔って足もとが━」◈注意 (1)「覚束(かくそく)ない」と読むのは誤り。(2)「おぼつく」という動詞はなく、「おぼつかぬ」「おぼつきません」は誤り。⬇「ない」のコラム(一二〇三ページ) 派生 ‐げ／‐さ

［ことば探究］「おぼつかない」の使い方

▼ことがら・機能についての不完全さ・不十分さ、それに伴う頼りなさ・不安感を含みに持つ。

▼「おぼつかない」①では、主語はできごとをあらわす名詞や句となることが多い。
「成功[期日までに任務を果たすこと]はおぼつかない」

▼「おぼつかない」②③は、「おぼつかない足取り」など、連体修飾用法もよく使う。

▼「おぼつかない」③は、自然物や機械等の動きの不完全さ・不十分さには言いにくい。
「×日照[モーターの動き]がおぼつかない」

おぼっ‐ちゃん【お坊ちゃん】〔名〕⬇坊ちゃん

おぼ・れる【溺れる】〔自下一〕❶泳げなくて水の中でもがき苦しむ。また、死んでしまう。〓「足がつって━」❷一つのことに熱中して我を忘れる。〓「賭事(かけごと)に━」「酒[策]に━」文 **おぼ・る**

◉**溺れる者は藁(わら)をも摑(つか)む** 非常に苦しんだり困ったりしたときは、どんなに頼りないものにでもすがろうとする。

おぼ‐ろ【▼朧】㊀〔形動〕ぼんやりかすんでいるさま。また、はっきりしないさま。〓「━に照る月影」「記憶が━になる」㊁〔名〕❶白身の魚肉などをすりつぶして調味し、ゆっくりと炒(い)り煮にした食品。〓「鯛(たい)の━」▽多く食紅などで淡く色をつける。「そぼろ」よりも細かい。❷「朧昆布」「朧豆腐」などの略。

朧

おぼろ‐げ【▼朧げ(▼朧気)】〔形動〕ぼんやりしているさま。〓「━な記憶しかない」

おぼろ‐こんぶ【▼朧昆布】〔名〕干したマコンブ・リシリコンブなどを酢につけ、やわらかくしてから薄く帯状にけずった食品。おぼろこぶ。おぼろ。

おぼろ‐づき【▼朧月】〔名〕ぼんやりとかすんで見える春の夜の月。朧月(ろうげつ)。

おぼろ‐どうふ【▼朧豆腐】〔名〕豆乳ににがりを加えたものを器に汲(く)み取り、圧縮しないでふんわりと固まらせた豆腐。おぼろ。

おぼろ‐よ【▼朧夜】〔名〕おぼろ月の出ている春の夜。朧月夜(おぼろづきよ・ろうげつや)。

お‐ぼん【▽御盆】〔名〕「盆㊀」の尊敬・美化語。

オマージュ【hommage フランス】〔名〕尊敬。敬意。また、賛辞。献辞。頌(しょう)。〓「バッハへの━」

オマール‐えび【オマール〈海老〉】〔名〕⬇ロブスター①

お‐まいり【▽御参り】〔名・自サ変〕神仏や墓を拝みに行くこと。参詣(さんけい)。〓「神社[寺]に━する」書き方「〜まいり」は、「墓詣り」など「▽詣り」と書くこともあるが、「参り」が標準的。

お‐まえ【▽御前】〔代〕〔二人称〕同等以下の相手を、親しみやぞんざいな気持ちで指し示す語。〓「━このごろ元気がないな」▽もと貴人の前の意の尊敬語。

お‐まかせ【▽御任せ】〔名〕人に任せることをいう尊敬・美化語。〓「シェフ━のコース」

おーまけ【お負け】[名]❶[自他サ変]値引きをすること。‖「端数は―しておきます」❷値引きの代わりに、景品をつけること。また、その景品。❸あることにさらに付け加えること。また、そのもの。‖「その話には―がつく」◈書き方 かな書きも多い。

おまけーに【(お負けに)】[接]その上に。さらに。‖「暑いし、―湿気が多い」「まずい。―値段も高い」

おーませ[名・形動]子供が年齢の割にませていること。また、そのような言動や子供。‖「―な子」

おーまたせ【▽御待たせ】[名]「お待たせしました」の略。待たせてしまったことをわび、すぐに予定の物事が始まることを告げる、挨拶のことば。‖「―、行こうか」

おーまちかね【お待ちかね(お待ち兼ね)】[名]「待ちかねていること」の意の尊敬・美化語。いまかいまかと待っていること。また、その対象。‖「お客様が―でいらっしゃいます」「―のお手紙が届きましたよ」

おまちどおーさま【お待ちどおさま(お待ち遠様)】オマチドホー[感]相手を待たせたときにわびる気持ちでいう、あいさつの語。‖「どうも―」▼「―です[でした]」の形でも使う。✓注意「お待ちどうさま」は誤り。

おーまつ【雄松(▽男松)】ヲ[名]クロマツの別称。⬍雌松めまつ

おーまつり【▽御祭り】[名]❶「祭り」の尊敬・美化語。❷魚釣りで、釣り人どうしの釣り糸がからみ合うこと。▼大騒ぎになることから。

おまつりーさわぎ【▽御祭り騒ぎ】[名]❶祭礼で、にぎやかに騒ぐこと。❷大勢の人が浮かれて、にぎやかに騒ぐこと。

おーまもり【▽御守り】[名]❶災厄をよけるために身につける寺社の守り札。護符。‖「家内安全の―」❷①に代わるものとして、災厄よけや精神的な支えとするもの。‖「旅の間は、このペンダントが―となった」◈書き方 許容形「御守」も好まれる。

おーまる【お丸・お〈虎子〉】[名]持ち運びのできる便器。おかわ。

おーまわり【《お巡り》】マハリ[名]巡査のこと。警察官。▼「お巡りさん」よりくだけた言い方。

おまわりーさん【《お巡りさん》】オマハリ[名]巡査を親しんでいう語。

おーまんま【お▽飯】[名][俗]めし。ごはん。食事。‖「こう客の入りが悪くては―の食い上げだ」

おーみ【▽御▽御】[接頭]〈名詞に付いて〉尊敬・美化の意を表す。‖「―足・―くじ」

おみーあし【▽御▽御足】[名]「足」の尊敬語。‖「―をもみましょう」▼もと、女性語。「お」「み」は接頭語。

おみーおつけ【▽御味▽御▽汁】[名]「味噌汁みそしる」の美化語。▼「おみ」は「味噌」の女房詞にょうぼうことば。

おーみき【《お神酒》(▽御《神酒》)】[名]❶神前に供える酒。‖「―徳利どくり(=お神酒を入れる一対の徳利。転じて、いつも一緒にいる二人)」❷酒。‖「だいぶ―が入ってるね」

おみーくじ【▽御〈神▼籤〉・▽御▽御▼籤】[名]神社や寺で参拝人に引かせる、吉凶を占うくじ。‖「―を引く」

おーみこし【▽御〈神▼輿〉】[名]❶「みこし」の尊敬・美化語。‖「―をかつぐ」❷腰。‖「―をあげる(=やっと腰を上げる)」▼「輿こし」を「腰」にかけた洒落しゃれから。

おーみずとり【▽御水取り】トリミヅ[名]奈良の東大寺二月堂で三月一日から一四日まで行われる修二会しゅにえの行事。特に、三月一二日の深夜から翌日の未明にかけて、堂前の若狭井わかさいから水をくんで本堂内陣に運ぶ儀式。▼儀式の際、大きな松明たいまつを振りかざして二月堂の回廊を駆け巡ることから「おたいまつ」ともいう。

おーみそれ【お見▽逸れ・お見▽外れ】[名・他サ変]❶「見忘れること」「見落とすこと」の意の謙譲語。行き合った相手に気がつかなかったときや、その相手が誰だか分からなかったときにいう、挨拶あいさつのことば。‖「ご立派になられたので、つい―しました」❷誤って相手の力量を軽く見ること。また、軽く見たことをわびていうことば。‖「絵もお上手とは、―しました」

オミット【omit】[名・他サ変]除外すること。‖「検査で―された不良品」

おみな【▽女】ヲミナ[名][古風]おんな。

おみなえし【〈女郎花〉】ヲミナヘシ[名]夏から秋にかけて分かれた枝の先に黄色い小花を多数つける、オミナエシ科の多年草。秋の七草の一つ。おみなめし。

おーみや【▽御宮】[名]❶「宮(=神社)」の尊敬・美化語。‖「―参り」❷事件が解決しないまま捜査が打ち切られること。迷宮入り。▼「お宮入り」の略。

おーむすび【お結び】[名]にぎりめし。おにぎり。▼本来、「むすび」の美化語。

おーむつ【お〈▼襁▼褓〉】[名]おしめ。‖「紙―」▼むつきをいう美化語から。もと、女房詞にょうぼうことば。

オムニバス【omnibus】[名]映画・テレビドラマ・演劇などで、独立した短編をいくつか集め、全体として一つの主題をもつ作品にまとめたもの。▼乗合自動車の意から。

オムーライス[名]油で炒めてケチャップなどで味をつけた飯を薄い卵焼きで包んだ料理。▼和製omeletteフランス+rice から。

オムレツ【omeletteフランス】[名]溶いた卵に塩・こしょうで味をつけ、フライパンで軽くかきまぜながら包むように焼いた料理。具としてハム・ひき肉・タマネギなどを加えることもある。

おーめ【▽御目】[名]❶「目」の尊敬語。❷見ることをいう尊敬語。

⦿お目が高・い よい鑑識眼を持っている。‖「さすがに―」

⦿お目に掛か・る お会いする。‖「先生に―」

⦿お目に掛・ける お見せする。‖「家宝を―」

おーめい【汚名】ヲ[名]悪い評判。不名誉。‖「敗将の―をすすぐ[そそぐ]」「万年最下位の―を返上する」▼「汚名挽回ばんかい」は誤用である／誤用でないの両説がある。⬇挽回 ✓注意「汚名をそそぐ」の「そそぐ」は「雪ぐ」と書く。「注ぐ」は誤り。

おめーおめ[副]恥とわかっていながら何もしないでいるさま。‖「このまま―(と)引き下がれるか」

オメガ【Ω・ω】[名]物事の最後。‖「アルファから―まで(始めから終わりまで)」⬍アルファ ▼ギリシア語アルファベットの最後の文字(第二四字)。書き方 カナ書きも多い。

おーめかし[名・自サ変]化粧をして、着飾ること。おしゃれ。‖「―して出かける」

おーめがね【▽御《眼鏡》】[名]「眼鏡」③の尊敬語。

⦿御眼鏡に適かな・う 目上の人などに気に入られる。認められる。‖「先生の―」✓注意「お目にかなう」は本来は誤り。

おーめし【▽御召し】[名]❶「呼び寄せること」「着る

こと」「乗ること」「入浴すること」の意の尊敬語。||「王のーによって参上する」「ー列車（＝天皇・皇后・皇太子専用の特別列車）」❷「お召し物」の略。❸「お召し縮緬（ちりめん）」の略。◈書き方 許容形「御召」も好まれる。

おめし-ちりめん【▽御召し▽縮▼緬】〔名〕縦糸・横糸とも染めた練り糸で織り、表面に皺（しぼ）をよせた和服用の絹織物。おめし。▼昔、貴人が着たことからという。

おめし-もの【▽御召し物】〔名〕着物をいう尊敬語。おめし。

おめず-おくせず【▽怖めず臆せず】〔連語〕〔古風〕恐れもひるみもしないで。||「ー堂々と反論する」

おめ-だま【お目玉】〔名〕目上の人からしかられること。||「ーを食う」

おめ-でた〔名〕「めでたいこと」の意の丁寧語・尊敬語。特に、結婚・妊娠・出産などの祝い事にいう。◈書き方「▽御目出▽度」「▽御芽出▽度」などと当てる。

おめでた・い〔形〕❶「めでたい」の尊敬・美化語。❷間が抜けている。愚かだ。||「なんてーやつだ」◈書き方「▽御目出▽度い」「▽御芽出▽度い」などと当てる。派生 -さ

おめでとう〔感〕祝いの気持ちを表す語。||「新年[卒業]ー」▼形容詞「おめでたい」の連用形「おめでたく」の音便形から。丁寧な言い方は「おめでとうございます」。◈書き方「▽御目出▽度う」「▽御芽出▽度う」などと当てる。✓注意 (1)「おめでとお」は誤り。(2)⬇た（助動）⑦[使い方](3)

おめ-みえ【▽御目見得】〔名・自サ変〕❶身分の高い人に会うことをいう謙譲語。お目通り。||「閣下にーする」❷江戸時代、幕府の家臣が将軍に直接会うこと。また、それができる身分。||「ー以上（＝旗本）」「ー以下（＝御家人（ごけにん））」◈書き方「▽御目見」とも。❸奉公人が正式に雇われる前に、試しとして短い間使われること。||「ー奉公」❹俳優・劇団が初めてその劇場の舞台を踏むこと。||「ー興行」❺新しくできたものが、初めて人々の前に姿を見せること。||「近く国内線に新型のエアバスがーする」◈書き方 多く「お目見え」と書く。

おめ-もじ【▽御目文字】〔名・自サ変〕「会うこと」の意の謙譲語。||「ーの上、ご相談いたしたく…」▼もと、女房詞（ことば）。多く手紙文で使う。

おも【面】〔名〕❶人の顔。▼現代語では「面差し」「面長」「面もち」などの複合語に残る。❷表面。おもて。||「池のーに浮かぶ水草」

おも【主（重）】〔形動〕主要なさま。中心である。||「今月のーな行事」「当地のーな産物」▼「おもな」（まれに文語形「おもなる」）と「おもに」の形で使われる。「おもな」を連体詞として扱うこともある。⬇主に 読み分け「主に」（対象は小学生だ）」「主だった（人々）」は「おも」と読む。「主として（参加者は小学生だ）」「～が主となる（学生が主となって立てた企画）」は「しゅ」と読む。

おもい【思い（▽想い）】〔名〕思うこと。また、その内容。||「ーにふける」「留学へのーを断ちがたい」「まだ十分やれるというーがある」「やっとのことでーがかなう」

書き分け ⬇思う

品格 感懐「ーを詠じる」感慨「ーにひたる」思考「ーが及ぶ」思索「ーにふける」思念「神をーする」思慮「ーが浅い」万感（ばんかん）「ー胸に迫る」◉主観的、感情的なものを含む「思い」に対し、「思考」「思索」などは論理的な判断を導き出すために行うという面が強い。

◉**思いが・する** そのような感じがする。||「悔しいー」

◉**思い半（なか）ばに過・ぎる** 考えてみて思い当たることが多い。||「いかに不満を抱いているかはー・ぎよう」▼『易経』にあることば。

◉**思いに駆ら・れる** ある気持ちに激しく突き動かされる。||「叫び出したいー」

◉**思いも掛けな・い** 思ってもみない。まったく予期しない。||「優勝できるなどー・かった」

◉**思いも寄らな・い** 思いつきもしない。思いもしない。||「ー結果になった」

◉**思い邪（よこしま）無し** 心が素直で、偽るところがない。▼『論語』にあることば。

◉**思いを致（いた）・す** ある物事に心を向ける。特に、遠く離れた物事に心を向ける。||「故郷の山々にー」

◉**思いを懸（か）・ける** 恋心を抱く。恋慕する。

◉**思いをさ・せる** 感覚・感情の面で、そのような体験をさせる。思いを味わわせる。||「悔しいー・せてごめんなさい」

◉**思いを・する** 感覚・感情の面で、そのような体験をする。思いを味わう。||「楽しい[いやな]ー」

◉**思いを遂・げる** 予定・計画したとおりの結果を得る。特に、情交の思いを満足させる。思いを果たす。

◉**思いを馳（は）・せる** 遠く離れた人や物事に思いを及ぼす。思いをやる。思いを致す。||「故郷の空にー」✓注意「思いを走らせる」は誤り。

◉**思いを晴ら・す** もやもやした気持ちを取り去って、晴れ晴れした気持ちになる。特に、うさや恨みを晴らす。||「積年のー・してくれようぞ」

◉**思いを巡（めぐ）ら・す** あれこれと多方面に心を働かせる。||「来し方行く末[先人の苦労]にー」

◉**思いを寄・せる** あることに心を傾ける。特に、異性などに恋慕の気持ちをもつ。

おも・い【重い】〔形〕❶物の重量が大きい。相当に目方がある。||「この鞄（かばん）はー」「五分もすると、手に持った荷物がだんだんー・く（＝重いと感じるように）なってきた」「酸素は水素より（比重が）ー」「父（の体重）はー」❷回転・牽引（けんいん）・運搬などに大きな力を必要とする。||「坂道で自転車のペダルがー」「ハンドルがー・くてカーブが切りにくい」❸物事の程度が大きい。||「病[責任]がー」「ー罪を犯す」「発言をー・く見る（＝重要視する）」❹重量感があって衝撃が大きい。||「ーパンチを繰り出す」「ー速球が低めに決まる」❺体（の一部）が快適に動かず不快を感じる。||「体がー・くて食事に立つのもおっくうだ」「寝不足で頭がー（＝すっきりしない）」「まぶたがー（＝眠い）」❻心が沈んで気が進まない。||「気[心]がー」❼動きが鈍く動作が滞りがちだ。||「家路をたどる足取りがー」「選手の動きがー（＝鈍い）」「パソコンの動きがー（＝鈍い・遅い）」「口がー（＝なかなか話さない）」❽音に暗く沈むような重量感がある。||「ごほんごほんとー咳（せき）をする」「チェロがー・く（＝重厚に）響く」❾味がこってりして、こくがあるさま。||「切れの鋭いビールより味のービールが好きだ」❿重圧感が重苦しくのしかかるさま。重苦しい。重々しい。||「会場がー雰囲気に包まれる」「義務感が両肩にー・くのしかかる」⓫話のテーマなどが、深刻・重厚で容易には受け入れがたい。重苦しい。重々しい。||「今日の会議の内容はー」

「話がちょっとーくなりすぎた」⓬競馬で、雨などのために馬場の状態が悪い。重馬場だ。〓「ー馬場」◈①〜⑪⇕軽い 使い方 ⬇重たい 派生 -げ／-さ／-み

おもい-あがり【思い上がり】〔名〕思い上がること。うぬぼれ。〓「ーもはなはだしい」

おもい-あが・る【思い上がる】〔自五〕うぬぼれて、いい気になる。〓「入賞してー」「ー!った態度」 名 **思い上がり**

おもい-あた・る【思い当たる】〔自五〕ある時に、なるほどそうかと気づく。〓「原因についてー節がある」

おもい-あま・る【思い余る】〔自五〕一人で思い悩んでも、考えがまとまらなくなる。思案に余る。〓「ー!って上司に相談する」

おもい-あわ・せる【思い合わせる】〔他下一〕他の物事とくらべて考える。〓「あれこれーと事情がわかる」 文 **おもひあは・す**

おもい-いた・る【思い至る】〔自五〕そこまで考えが及ぶ。思い及ぶ。〓「事の重大さにー」

おもい-いれ【思い入れ】〔名〕❶深く思いを寄せること。また、その思い。〓「作者のーが感じられる大作」❷演劇で、心の動きを無言のまま表情やしぐさで表すこと。また、その演技。〓「ーたっぷりの芝居」 動 **おもいい・れる**（他下一）

おもい-うか・べる【思い浮かべる】〔他下一〕思い出して、心の中に描く。また、想像する。〓「故郷の山［喜ぶ友の顔］をー」 文 **おもひうか・ぶ**

おもい-えが・く【思い描く】〔他五〕ある姿・状態などを心の中で想像してみる。〓「ばら色の未来をー」

おもい-おこ・す【思い起こす】〔他五〕思い出す。想起する。〓「ー!せば五〇年以上も前のことだ」

おもい-おもい【思い思い】〔副〕めいめいが自分の思い通りにするさま。〓「ー（に）趣向を凝らす」「ーの方向に進む」

おもい-かえ・す【思い返す】〔他五〕❶過ぎ去ったことを改めて考える。〓「事の経緯をー!してみる」❷考えを改める。〓「ー!して立候補を断念する」

おもい-がけ-な・い【思いがけない（思い掛けない）】〔連語〕予期しない出来事であるさま。意外である。〓「ー!く恩師に再会した」 派生 -さ

おもい-きっ-た【思い切った】〔連語〕ためらいを捨てて大胆にふるまうさま。きわめて大胆な。〓「ー措置を講じる」「ーことを言う」

おもい-きっ-て【思い切って】〔副〕覚悟を決めて物事をするさま。〓「ー愛を告白する」「ー頼んでみよう」

おもい-き-や【思いきや】〔連語〕…と思っていたところが、意外にも。〓「逃げおおせたとー、敵は背後に迫っていた」

おもい-きり【思い切り】 ■一〔名〕断念すること。あきらめ。〓「ーがいい［悪い］」■二〔副〕満足するまで十分にするさま。思う存分。思いっきり。〓「ー遊ぶ」「ー羽を伸ばす」

おもい-き・る【思い切る】 ■一〔他五〕断念する。あきらめる。〓「彼女のこと［歌手になる夢］をー」■二〔自五〕覚悟を決める。意を決する。決心する。〓「やがてー!ったように口を開いた」 名 **思い切り**

おもい-こみ【思い込み】〔名〕思い込むこと。〓「ーが激しい」「身勝手なーに過ぎない」

おもい-こ・む【思い込む】〔他五〕❶ぜひそうしようと固く決心する。〓「一度ー!んだら後には引かない」❷根拠もないのに固く信じてしまう。〓「デマを本当だとー」「てっきり自分の傘だとー」❸そのことだけを深くつきつめて考える。思い詰める。〓「いちずにー性質」 名 **思い込み**

おもい-し・る【思い知る】〔他五〕身にしみて、はっきりとわかる。痛感する。〓「世間の冷たさをー」「おれの強さをー!ったか」

おもい-すごし【思い過ごし】〔名〕よけいなことまで考えること。悪く考えること。思いすぎ。〓「裏切りと疑ったのは私のーでした」 動 **おもいすご・す**（他五）

おもいだし-わらい【思い出し笑い】〔名・自サ変〕以前あったことを思い出してひとりで笑うこと。

おもい-だ・す【思い出す】〔他五〕❶前にあったことや忘れていたことが心によみがえる。記憶が呼び覚まされる。〓「楽しかった昔のことを忽然とー」「約束を急にー」「ー!したように電話してきます」「ぼんやりとー」「一年に一度くらいはー」「祖父が死んだ日のことをありありとー」❷思い始める。〓「今、私のほうが間違っていたのではないかとー!している」◈ 書き方 「▽想い出す」とも。

品格 回顧「昔をーする」「ー録」 回想「ーシーン」 顧みる「当時をー」 追憶「少年時代をーする」 追想「過去の体験をーする」

おもい-た・つ【思い立つ】〔他五〕あることをしようという気持ちを起こす。〓「旅に出ようとー」

◉**思い立ったが吉日** あることをしようと決意したら、その日を吉日としてすぐに実行するのがよい。

おもい-ちがい【思い違い】〔名・自サ変〕間違って思い込むこと。勘違い。〓「とんだーをする」

おもい-つき【思いつき（思い付き）】〔名〕ある考えがふと心に浮かぶこと。また、その考え。〓「ーで物を言っては困るよ」「ー（＝着想）はいいが深みがない」

おもいっ-きり【思いっ切り】〔名・副〕「思い切り」を強めた言い方。

おもい-つ・く【思いつく（思い付く）】 ■一〔他五〕ある考えがふと心に浮かぶ。考えつく。また、忘れていたことを急に思い出す。〓「いい考えをー」「映画から犯行をー」「ふとー!いて電話をする」「急用をー!いたので、これで失礼します」■二〔自五〕❶その点にまで思いが及ぶ。考えが至る。気づく。〓「二人が共犯だったとは全くー!かなかった」❷〔古風〕恋心がつく。思いを寄せる。ほれる。〓「顫る付きの別品、しかも実の有るのにー!かれて〈二葉亭〉」◈もと「思い着く」で、思いが着く、届くの意。 名 **思いつき**

おもい-つ・める【思い詰める】〔自他下一〕そのことだけを深く思いこんで苦しむ。〓「死のうとまでにー」「ー!めた表情」 文 **おもひつ・む**

おもい-で【思い出】〔名〕❶過去の体験や出来事を心に思い浮かべること。また、その内容。〓「ーにふける」「少年時代のーを語る」❷過去を思い浮かべるよすがとなる事柄。〓「旅のーに絵はがきを買う」◈ 書き方 「▽想い出」とも。

おもい-どおり【思い通り】〔名・形動〕思ったとおりになること。〓「ーに事が運ぶ」「世の中はなかなかーにはならないものだ」

おもい-とどま・る【思い▽止まる・思い▽留まる】〔他五〕考えたすえ、しようと思っていたことをやめる。「辞任を―」

おもい-なお・す【思い直す】〔他五〕一度決めた考えを変える。考え直す。「上告しようとして―」「―・して進学する」

おもい-なし【思い▼做し】〔名〕❶そうであろうと思いこむこと。❷〈「思いなしか」の形で〉そう思うせいか。気のせいか。「―か顔色が悪い」動 **おもいな・す**（他五）

おもい-のこ・す【思い残す】〔他五〕未練を残す。「決勝までこられたので―ことはない」

おもい-の-ほか【思いの外】〔連語〕思っていたこととはちがって。案外。「―目方がある」「―よい成績が取れた」

おもい-めぐら・す【思い巡らす（思い▽回らす）】〔他五〕あれこれと考えてみる。「定年後のことを―」

おもい-もう・ける【思い設ける】〔他下一〕前もって考えておく。予期する。「―・けぬ不祥事」文 おもひまうく

おもい-もの【思い者】〔名〕〔古風〕恋人。愛人。また、側室。

おもい-やら・れる【思い▽遣られる】〔他下一〕案じられる。「こんな成績では将来が―」▼「おもいやる」の未然形＋受け身の助動詞「れる」から。

おもい-やり【思い▽遣り】〔名〕他人の身の上や立場になって親身に考えること。また、その気持ち。「―の心」

おもい-や・る【思い▽遣る】〔他五〕❶他人の身の上や立場になって親身に考える。同情する。「難民の生活を―」❷遠く隔たった人や物事に考えを及ぼす。「留学した妹のことを―」名 **思いやり**

おもい-わずら・う【思い煩う】〔他五〕あれこれと考えて悩む。「前途を―」「息子のことを―」

おも・う【思う（▽想う）】〔他五〕❶〈「…と」などで直前に生じた出来事を示して〉物事を知覚・認識する。「光ったと―・った瞬間に雷が落ちた」「本を読んでると―・ったら、もう寝ている」❷物事に対して、その気持ちが自然にわき出る。感じる。「親切を有り難く―」「不祥事を遺憾に―」「足湯は、少し熱いと―・ってもすぐに心地よくなりますよ」❸物事について、直感的または当座の判断を下す。また、判断を自分の意見として示す。「うそだと―なら、彼に聞いてみろ」「僕は彼女が／を正直だと―」「自分を不幸だなんて―・わない」「今期は業績が悪化すると―」使い方 事実の報告が求められる場面で「…と思う」を添えると、十分に事実を把握していない、無責任な発言だと見なされることがある。「今期は業績が悪化していると思います」❹〈「…と思われる」の形で〉その場の証拠や状況から自然と導かれる判断や予想を示す。「株価は反落すると―・われる」「状況から見て、彼が犯人ではないかと―・われる」使い方 しばしば、判断や説明の責任を曖昧にして、根拠の薄い主張や判断を当然のことのように示すのにも用いられる。「過去の因縁がこの事態を招いていると思われます」❺〈「…か」「…だろう」「…たい」「…う（よう）」などに添えて〉主観的な気持ちを、そこに生じたこととして、客観的な事実として示す。「どうしようかと―・っているところだ」「彼女は教師になりたいと―・っているようだ」「さらに研究を続けようと―・います」使い方 (1)「…か」「…だろう」「…たい」「…う（よう）」などで示される疑問や推測、希望、決意などは、発話時点の話し手の主観的な気持ちを表す。「と思う」を付けることで、別の時点や他人の気持ちを表したり、自分の気持ちを客観的な状態として表したりする。「教師になろうと思います」(2)自分がすべき行為を宣言するときに「と思う」を添えることもあるが、やや冗長。気持ちを表明するだけで必ずしも実行は伴わないと解釈される場合もある。「会議を開こうと思います」「深くお詫びしたいと思います」❻特定の物事を気にして、周辺のことなどもあれこれ併せて考える。「将来のことを―と不安になる」「昨年のことを―と今の幸せが嘘のようだ」❼特に特定の人のことを気にかける。「子を―親の愛はいつの時代も変わらない」「彼女を―気持ちは誰にも負けない」「亡き母を―と心が苦しくなる」▼相手により、気遣いや恋心、追慕など、さまざまな意に解釈される。❽〈「…を思わせる」の形で〉様子が似ている。彷彿(ほうふつ)とさせる。「息子の姿は在りし日の父を―・わせた」「大理石を―・わせる肌のきめ」❾考えが巡る。「我―、ゆえに我あり」「今にして―・えば僕も若かった」▼「…と」や「…を」を伴わない自動詞的な用法で、頭の中で考えが巡らされたことを示す。

◈書き分け (1)【想】は主に心にイメージを描く意で使うが（幼少のころを想う・想う人はもういない）、今は一般に【思】を使う。(2)忘れないで思う意で「▽憶う」、懐かしく思い出す意で「▽懐う」、心を傾注して考える意で「▼惟う」、心中深くかみしめて思う、念じる意で「▽念う」とも書くが（過ぎし日のことを憶う・故郷を懐う・人世の無常を惟う・仏を念って仏道に帰依する／幸いあれと念う）、今は【思】を使う。可能 **思える** 名 **思い**

◉**思うに任せ・ない** 物事が望むように進まない。思うとおりにならない。「資金不足で事業が―」

◉**思う念力(ねんりき)岩をも通・す** 一心に思いを込めて事に当たれば何事でも成就する。

おもう-さま【思うさま（思う様）】〔副〕思うとおりに。思う存分。「―海外で活躍してみたい」

おもう-ぞんぶん【思う存分】〔副ニ〕満足できるほど十分に。思うさま。「休暇を―（に）楽しんだ」「今日からは―寝坊ができる」

おもう-つぼ【思う▼壺】〔名〕意図したとおりになること。「ここで妥協すれば相手の―だ」「彼の―にはまる」▼「つぼ」は博打(ばくち)でさいころを入れて振る用具。

注意「思う壺にはめられる」は誤り。

おもう-に【思うに（▼惟うに）】〔副〕考えてみると。考えたところでは。「―それが世間というものだ」

おも・える【思える】〔自他下一〕思うことができる。自然とそう思われる。「相手が謝罪するとは―・えない」「悪化するように―・えてならない」

おもおも-し・い【重重しい】〔形〕❶（周囲を圧するほど）威厳のあるさま。「―口調」⇔軽軽しい ❷重そうな印象があるさま。「―靴音が聞こえてくる」派生 -げ／-さ

おも-がい【面▼繫・面▽掛】〔名〕馬具の一つ。轡(くつわ)を結ぶために、馬の頭の上からかけるひも。時に、装飾として額に房をつける。⬇しりがい ▼「おもがき」の転。

おも-かげ【面影(▼俤)】[名] ❶記憶に残っている姿や状態。‖「この山は開発されて昔日の—がない」❷そこから思い起こされる姿。‖「母の—が残る顔つき」

おも-かじ【面▼舵】—カヂ [名] ❶船首を右に向ける時のかじのとり方。‖「—いっぱい」❷右舷(うげん)。◈⇕取り舵

おも-がわり【面変わり】—ガハリ [名・自サ変] 顔つきが変わること。‖「年をとって—する」

おもき【重き】[名] 重いこと。重み。

◉重きを置・く 重視する。重くみる。‖「人材の育成に—」

◉重きをな・す 重要な地位を占める。重んじられる。‖「法曹(ほうそう)界で—」

おも-くるし・い【重苦しい】[形] ❶圧迫されるようで息苦しく感じる。‖「胸が—」❷押さえつけられるようで気分が晴れない。‖「場内に—空気が漂う」「—沈黙が続く」派生 -げ/-さ

おも-さ【重さ】[名] ❶物の重量。目方。‖「石の—を量る」❷物の重量が重いこと。また、その度合い。‖「荷物の—に悲鳴を上げる」❸程度が大きいこと。また、その度合い。‖「責任[一票]の—」「罪悪感の—に耐えかねる」❹物理学で、物体に作用する重力の大きさ。重量。◈②③⇕軽さ

おも-ざし【面差し】[名] 顔つき。顔だち。

おもし【重し(重▽石)】[名] ❶物を押さえつけるために上に置くもの。‖「白菜漬けの—」注意 重さを増すために付け加えるものの意で使うのは誤り。‖「×重し(→○重り)を付けて沈める」❷人をおさえてまとめる力。また、それをもっている人。‖「新会長は—がきく」❸秤(はかり)のおもり。

おも-しろ・い【面白い】[形] ❶気持ちを引きつけて、飽きさせないさま。楽しい。‖「何か—ことないかな」「お化け屋敷、—・かった?」「—遊び」❷普段の様子と違って、ことさら滑稽(こっけい)にするさま。おかしい。‖「—顔をして笑わせる」❸一般的な見解や自然な予測とは違った形で、興味を引くさま。‖「—実験結果がでた」❹〈しばしば否定表現を伴って〉満足できる。望ましい状態だ。‖「株価の動きが—・くない」書き方 かな書きも多い。派生 -げ/-さ/-み/-がる

おもしろ-おかし・い【面白〈可笑〉しい】—ヲカシイ [形] おもしろく、笑い出したくなるようなさま。愉快で楽しい。‖「失敗を—・く話す」「—・く生きる」

おもしろ-はんぶん【面白半分】[名・形動] 興味本位の気持ちが半ばで、まじめさを欠いていること。‖「—に相場に手を出す」

おもしろ-み【面白み】[名] 面白いと感じられること。また、趣があること。‖「—のない男」「絵を描くことに—を覚える」書き方「面白味」とも。

おも-た・い【重たい】[形] ❶重量が大きいさま。目方がある。‖「ずいぶん—鞄(かばん)だね」「重たそうな扉を開けた」❷気分がよどんで不快なさま。‖「どうも頭[気]が—」◈使い方「重い」とほぼ同義だが、一般に「重たい」は、実際に持ってみたり、持ったら重いだろうと想像したりするような、重さが実感される場合に使われる。派生 -げ/-さ/-がる

おも-だか【〈沢▼瀉〉・面高】[名] 池沼・水田などに自生するオモダカ科の多年草。葉はやじり形で、長い柄をもつ。夏、白い三弁の花を開く。ハナグワイ。

おも-たせ【お持たせ】[名] もらった土産物をいう尊敬語。もらった人が、それを持参した人に供してすすめるときなどに使う。‖「—で恐縮ですが…」▼「おもたせもの」の略。注意 自分が持って行く土産物の意で使うのは、本来は誤り。‖「×お持たせやギフトにぴったりの菓子」

おも-だち【面立ち】[名] 顔だち。容貌。

おも-だった【主立った(重立った)】[連体] 集団の中で重要な位置にいる。‖「文壇の—面々が顔をそろえる」

おもち-かえり【▽御持ち帰り】—モチカヘリ [名] 「持ち帰り」の尊敬・美化語。‖「—ですか、店内で召し上がりますか」

おも-ちゃ【〈玩具〉】[名] ❶子供の遊び道具。❷もてあそぶもの。なぐさみもの。‖「人を—にする気か」

おも-て【表】[名] ❶置かれたとき上になって、目に見えるほうの面。表面(おもて)。‖「—は白だが、裏返すと黒になる」❷主立っているほうの面。‖「試験問題は—を下にして配ってください」❸街並みや通りで、主要なほう。表立ったほう。‖「—通り・—店(だな)・—街道」▼多く他の語と複合して使う。❹家の入り口のところ。正面。‖「—に看板がかかっている」「—の座敷」❺家・建物の外。‖「—で遊ぶ」「—は氷点下だ」❻衣服で、外側にあって目立つところ。‖「—(=表地)は絹で、裏は化繊だ」❼外から容易にうかがい知れるところ。表立ったところ。‖「感情を—に出す」「態度に裏と—がある」❽公的なこと。表向き。‖「—の理由は病気ということになっている」❾表面をおおうもの。‖「畳の—を替える」❿野球で、先攻のチームが攻撃する番。‖「一回の—」⓫〈地名に付いて〉その方向、また、その土地を表す。‖「江戸—」◈「面(おも)て」と同語源。①〜④⑥⑦⑧⑩⇕裏

おも-て【面】[名] ❶顔。顔面。‖「—を上げる」❷面(めん)。特に、能面。❸物の表面。外面。‖「池の—」

おもて-うら【表裏】[名] ❶表と裏。うらおもて。❷表面に現れる態度と心のうち。うらおもて。‖「—のない人」

おもて-えり【表襟・表▼衿】[名] 衣服の襟の外側から見える部分。裏には別布(=裏襟)をつける。

おもて-かいどう【表街道】—カイダウ [名] ❶正式の街道。本街道。❷まっとうな生き方。正しい人生。‖「人生の—を行く」◈⇕裏街道

おもて-がえ【表替え】—ガヘ [名] 畳表(たたみおもて)を新しいものに変えること。

おもて-がき【表書き】[名] 手紙・小包・文書などの表に住所・氏名などを書くこと。また、その文字。上書き。

おもて-かた【表方】[名] 劇場で、観客への対応や経営面に関する仕事を受け持つ人。⇕裏方

おもて-がわ【表側】—ガハ [名] 表のほう。表に面している部分。‖「包装紙の—」「屋敷の—の門」⇕裏側

おもて-かんばん【表看板】[名] ❶演目名・出演者名などを記して劇場の正面に掲げる看板。❷世間に向けて掲げる名目。‖「福祉事業を—に暴利をむさぼる」

おもて-ぐち【表口】[名] ❶建物の表側にある出入り口。⇕裏口 ❷本道となる登山道。

おもて-げんかん【表玄関】—ゲンクワン [名] 家の正面にある正式な玄関。⇕内玄関 ▼その国や地域の主要な空港・駅などのたとえにもいう。

おもて-さく【表作】[名] 同じ田畑で時期をずらして年間二種の作物を栽培するとき、主となる方の作物。⇕裏作 ▼稲を収穫した後に大麦を作る場合、稲を表

作、大麦を裏作という。

おもて-ざた【表沙汰】［名］❶隠しておきたいことが世間に知れ渡ること。‖「不祥事が—になる」❷事件などが裁判に持ち込まれること。裁判ざた。⇔内沙汰(うちざた)

おもて-だ・つ【表立つ】［自五］❶世間に広く知られるようになる。表面化する。人目につく。‖「—った変化はない」❷改まって正式な形をとる。‖「まだ—った回答はない」

おもて-どおり【表通り】（ドホリ）［名］道幅が広めの、市街地の主要な道。⇔裏通り

おもて-なし【▽御持て成し】［名］心を込めた待遇。▼「もてなし」の美化語。

おもて-ぶたい【表舞台】［名］表立って活動する場。‖「政治の—に立つ」「歴史の—から姿を消す」

おもて-むき【表向き】［名］❶公的なこと。‖「—の理由は病気としてある」❷世間に対して取りつくろった表面上のこと。‖「—は友好的にふるまう」◈副詞的にも使う。

おもて-もん【表門】［名］表にある門。正門。⇔裏門

お-もと【▽御▽許】［名］〈「御許に」の形で〉女性が手紙の脇付(わきづけ)に使う語。おんもと。

おもと【〈万年青〉】［名］つややかな厚い葉をもつユリ科の常緑多年草。晩春、穂状に密集した淡黄色の小花を開き、のち赤い実をつける。園芸品種が多い。

おも-なが【面長】［名・形動］顔がふつうよりもやや長いこと。‖「—な／の人」

おも-に【重荷】［名］❶重い荷物。❷重い負担。⊙**重荷を下ろ・す** 責任を果たしてほっとする。心配事がなくなって安心する。

おも-に【主に】［副］ある物事の大部分を占めているさま。主として。‖「この本が対象とするのは—小学生だ」

おもね・る【▼阿る】［自五］人の機嫌をとって気に入られようとする。へつらう。‖「世に—・って(＝迎合して)生きる」「権力者に—」✓注意「おもねず」「おもねて」「おもねた」など、下一段に活用させて使うのは誤り。「おもねらず」「おもねって」「おもねった」とする。

おも-ばば【重馬場】［名］競馬で、雨などのために状態が悪い馬場。

おも-はゆ・い【面▽映ゆい】［形］照れくさく感じる。恥ずかしい。‖「そんなにほめられては—」▼顔を合わせるとまぶしいの意から。派生 -げ／-さ／-がる

おも-み【重み】［名］❶重量感のある重さ。‖「雪の—がずしりと屋根にかかる」❷重量があると感じること。重量感。‖「このカボチャの方が—がある」❸重々しさを感じさせること。‖「話し方に—がある」「—のある言葉」「一票の—」⇔軽み

おも-むき【趣】［名］❶自然などの味わいのある様子。風情。情趣。‖「—のある庭園」❷ありさま。様子。‖「明治時代の—を残す」❸事柄の内容。趣旨。‖「お話の—はわかりました」❹伝聞した内容。様子。…とのこと。‖「ご全快の—大慶に存じます」

おも-む・く【赴く(▽趣く・▼趨く)】［自五］❶ある場所に向かってゆく。行く。訪れる。‖「命を受けて任地に—」「隣国へ救援に—」❷気持ちや考えが、ある方向に向かう。‖「気の—ままに語る」「欲望の—ままに行動する」◈「背(そ)向く」に対して、「面(おも)向く」の意。可能 赴ける 名 趣

［ことば探究］「おもむく」の使い方

▼「行く」が移動一般をいうのに対し、「おもむく」はある程度以上の本格的な移動をいう(「物置[コンビニ]におもむく」などとはあまり言わない)。

▼仕事や訪問等、「用務」と呼べるような目的のための移動をいうことが多い。
「×京都に買い物におもむく」

▼「こちらから向こうに行く」ことを言うのが普通で、「向こうからこちらに来る」意味では使いにくい。
「この前こちらに×おもむいてくださった／○来てくださった」

▼「おもむく」②は、「おもむくままに」「おもむく先」「おもむくところ」など、言い切りでない形で使うことが多い。

おもむろ-に【▽徐に】［副］ものごとの起こり方がゆっくりとしているさま。‖「—ポケットから煙草を取り出した」✓注意 突然・不意に、の意で使うのは誤り。

おも-もち【面持ち】［名］(気持ちが表れている)顔つき。‖「不安そうな—」「緊張の—で順番を待つ」

おも-や【《母屋》・《母家》】［名］❶屋敷の中の中心になる建物。▼離れ・物置などに対していう。❷家屋の中央の部分。▼庇(ひさし)・廊下などに対していう。‖「庇を貸して—をとられる」

おも-やつれ【面▼窶れ】［名・自サ変］顔がやせ衰えること。‖「病気で—する」

おも-ゆ【重湯】［名］水分を多くしてたいた粥(かゆ)から米粒をこしとった糊(のり)状の汁。病人食・乳児食にする。

お-もらし【お漏らし】［名］幼児語で、小便をもらすこと。

おもり【重り(▼錘)】［名］❶重さを増すためにつけ加えるもの。❷秤(はかり)の一方にかけて、はかる物の重さとつりあわせる金属。分銅。

お-もり【▽御守り】［名・他サ変］幼児や手のかかる人の相手となってめんどうをみること。‖「赤ん坊の—をする」

おも・る【重る】［自五］❶目方がふえる。‖「—雪で枝が折れる」❷病状が悪化する。‖「病が—」

おも-わ【面輪】［名］〔古風〕顔。顔面。▼「わ」は輪郭の意。

おもわく【思惑・思わく】（オモハク）［名］❶未来のできごとに対する、(いくらか期待の込められた)見込みや予想。もくろみ。‖「同意が得られるだろうという—が外れた」「先方の—通りに動いてしまった」❷ある人に対する、他人の評価。評判。‖「世間の—を気にする」❸相場の変動を予想すること。◈動詞「思う」の未然形「思わ」に接尾語「く」が付いて名詞化した語。書き方「思惑」は当て字。本来は「思わく」と書く。✓注意「しわく(思惑)」は別語(仏教で、煩悩の意)。

おもわく-うり【思惑売り】（オモハク）［名］相場の値下がりを予測して株などを売ること。⇔思惑買い

おもわく-がい【思惑買い】（オモハクガヒ）［名］相場の値上がりを予測して株などを買うこと。⇔思惑売り

おもわし・い【思わしい】（オモハシイ）［形］❶思うとおりで好ましい。望ましい。‖「—職がない」「病状が—・くない」❷〈「…と」を伴って〉…と思われる。…と見受けられる。おぼしい。‖「事故と—衝撃音」

おもわ-ず【思わず】（オモハズ）［副］無意識のうちに。何も考

えないで。‖「ー顔を背ける」‖「ー知らず、涙ぐんでいた」

おもーわすれ【面忘れ】［名・自サ変］人の顔を忘れること。

おもわせーぶり【思わせぶり（思わせ振り）】オモハ［名・形動］何か意味のありそうな言葉やしぐさで期待をもたせること。‖「ーな態度に惑わされる」

おもん・じる【重んじる】［他上一］価値あるものとして大切に扱う。尊重する。‖「規則［礼］をー」⇔軽んじる 異形 重んずる

おもん・ずる【重んずる】［他サ変］➡重んじる 文 おもん・ず

おもんーぱか・る【▽慮る】［他五］周囲の状況や将来に目を向けて、深く考える。おもんばかる。‖「相手の立場をーって和解する」▼「おもいはかる」の転。名 おもんぱかり

おや【親】［名］❶子を産んだり育てたりするもの。父。母。両親。使い方 人間のほか、広く動物についてもいう。❷もとになるもの。また、中心になるもの。‖「ー芋・ー会社・ー機」▼多く他の語と複合して使う。❸麻雀（マージャン）・トランプなどのゲームで、進行をつとめたり、特別の権利を持ったりするもの。❹祖先。先祖。‖「ー代々」◈①②③⇔子

◉**親の心子（こ）知らず** 子を思う親の心情がわからず、子が好き勝手にふるまうこと。

◉**親の脛（すね）をかじ・る** 経済的な負担を親に頼る。

◉**親の光は七光（ななひかり）** 親の名声や威光のおかげで、子が幸いを得ること。親の七光り。

◉**親はなくとも子は育つ** たとえ親がいなくても子供はちゃんと育つものだ。世の中のことはそれほど心配しなくてもよい、また、子供は子供できちんとやれるものだ、というたとえ。

おや［感］意外なことに出会ったとき、少し不審に思ったときなどに発する語。‖「ー、まだ帰らなかったのか」「ー、あんな所に家がある」

おやーいも【親芋】［名］里芋の地下茎にできる大きな塊。その周りに多くの子芋がつく。いもがしら。

おやーおもい【親思い】オモヒ［名・形動］親を大切に思うこと。また、その人。‖「ーな子」

おやーがいしゃ【親会社】グワイシャ［名］ある会社に対し、資本などの関係で実質的な支配権をもつ会社。⇔子会社

おやーがかり【親がかり（親掛かり）】［名］自立すべき子が、まだ親に養われていること。また、その人。

おやーかた【親方】［名］❶職人などの頭（かしら）。⇔子方 ❷職人などを高めて、また親しんで呼ぶ語。❸相撲で、部屋を営み弟子を養成する年寄。また、相撲の年寄を高めて呼ぶ語。

おやかたーひのまる【親方日の丸】［名］国が経営に関与している組織や団体。倒産する恐れのない官庁や公営企業は経営が安易になりやすいことを皮肉っていう。▼親方は日の丸（＝国家）の意。

おやーかぶ【親株】［名］❶根を分けて苗木をとるとき、そのもとになる株。❷株式会社が増資して発行した新株に対して、それまでに発行されている株式。旧株。◈⇔子株

おやーがわり【親代わり】ガハリ［名］親の代わりになって、世話や養育をすること。また、その人。

おやーき【親木】［名］接ぎ木の接ぎ穂や挿し木の挿し穂をとるとき、そのもとになる木。おやぎ。

おやーき【親機】［名］電話機やファックスなどで、主体となるほうの機器。‖「電話をーから子機に転送する」「無線LANのー」⇔子機

おーやき【お焼き】［名］❶練った小麦粉を平らにし、両面を焼いたもの。野菜や小豆などで作った餡（あん）をくるむものもある。❷➡今川焼き

おやくーごめん【▽御役御免】［名］❶ある役目や職をやめさせられること。また、仕事や役目から解放されること。‖「不始末をしでかしてーになる」「後任が決まってようやくーになった」❷古くなったりこわれたりして不用になること。‖「このパソコンももうーだ」

おやくしょーしごと【お役所仕事】［名］形式的で、不親切・非能率になりやすい役所の仕事ぶりを非難していう語。

おーやくそく【▽御約束】［名］❶「約束」の尊敬・謙譲・美化語。‖「先生、奥様とのーは何時ですか」「今すぐのーはいたしかねます」「ー破らないでね」➡お（御）❷いつも決まって、同じようになること。誰もが陳腐と思うほど、ありきたりの定型。お定まり。‖「ピンチにヒーローが駆けつけるというーの展開」

おやーこ【親子】［名］❶親と子。‖「ーで旅行する」❷親子の関係にたとえられるもの。‖「ー電話」

おやーご【親御】［名］他人の父母の敬称。‖「ーさん」

おやーこうこう【親孝行】カウカウ［名・自サ変・形動］子が親を大切にし、よく尽くすこと。また、そのような子。‖「健康でいるのがせめてものーだ」⇔親不孝

おやーごころ【親心】［名］❶子を愛する親の心。❷目下の者に対する、親の愛情にも似た親切な思いやり。‖「恩師のーに甘える」

おやこーどんぶり【親子丼】［名］鶏肉を玉ネギなどと煮て鶏卵でとじ、どんぶり飯の上にのせた料理。親子どん。▼「親子」は鶏肉と鶏卵のこと。書き方「親子どんぶり」と書くことも多い（「親子丼」は「おやこどん」とも読めるため）。「親子丼ぶり」は誤り。

おやーじ【親▽父・親▽仁・親▼爺】ヂ［名］❶自分の父親を親しんでいう語。⇔おふくろ ❷年輩の男性をいう語。‖「隣のーも定年だそうだ」「いけ好かないーだ」▼親しみ・さげすみ・からかいなどの気持ちがこめられる。❸従業員が店の主人や職場の長を親しんでいう語。❹飲食店などの主人。‖「飲み屋のー」

おやーじ【親字】［名］漢和辞典で、各部首ごとに画数順に配列され、それ一字で見出しになっている漢字。親文字。

おやーしお【親潮】シホ［名］ベーリング海に発し、カムチャツカ半島・千島列島を経て北海道・本州の東海岸を南下する寒流。千島海流。▼栄養塩・プランクトンに富み、流域は好漁場になる。➡黒潮

おやーしらず【親知らず】［名］❶生みの親を知らないこと。また、その人。❷第三臼歯（きゅうし）の通称。最も遅く生える四本の奥歯。知歯（ちし）。

おーやす・い【お安い】［形］➡安い④⑤

おーやすみ【▽御休み】㊀［名］「休み」の尊敬・丁寧語。‖「一週間ほどーをいただきます」㊁［感］寝るときのあいさつのことば。▼「おやすみなさい」の略。「おやすみなさい」のほうが丁寧な言い方。◈書き方 ㊁は普通かな書き。

おやーだま【親玉】［名］❶数珠（じゅず）の中の、中心になる大きな玉。❷仲間の中で中心となる人物。かしら。‖「す

りの一」

おや-つ【お八つ】[名] 午後の間食。お三時。また、一般に間食。▼八つ時(=午後三時ごろ)に食べたことから。

おや-ばか【親馬鹿】[名] 親が子をかわいがるあまりに理性を失い、他人からは愚かと見える言動をすること。また、そのような親。

おや-ばなれ【親離れ】[名] 子供が成長して、親の元から自立するようになること。⇔子離れ

おや-ふこう【親不孝】[名・自サ変・形動] 子が親を大切にせず、苦労や迷惑をかけること。また、そのような子。〓「一を重ねる」⇔親孝行

おや-ぶね【親船】[名] 多数の小船を従えた、船団の中心になる大船。〓「一に乗ったよう(=安心であるさま)」

おや-ぶん【親分】[名] 博徒などの仲間で、頭と仰ぐ人。〓「一肌(=面倒見がよくて、頼りがいのある性質)」⇔子分

おや-ぼね【親骨】[名] 扇の両端にある太い骨。⇔子骨

おやま【〈女形〉】[名] 歌舞伎で、女役を演じる男性の役者。女形。語源 人形浄瑠璃の女役の人形、「小山人形」から出た語という。

おや-まさり【親勝り(親▽優り)】[名・形動] 子が親よりもすぐれていること。また、そのような子。〓「一の器量」

おやま-の-たいしょう【お山の大将】[名] ❶数人の子供が争って小高い丘を駆け上り、先頭の者が頂上を一人占めする遊び。勝った者は「お山の大将われ一人」と言って誇る。❷狭い範囲の中で、自分が一番偉いと得意になっている人。〓「一になる」

お-やみ【小▽止み】[名] 雨や雪が少しの間降りやむこと。〓「一(も)なく降る雨」「雪が一になる」

おや-もじ【親文字】[名] ❶⬇親字 ❷ローマ字の大文字。頭文字。❸活字の字母。母型。

おや-もと【親元(親▽許)】[名] 親の住んでいる所。親里。〓「一を離れる」

おや-ゆずり【親譲り】[名] 親から受け継ぐこと。〓「一の財産」「一の頑固な性格」「乱暴なのは一だ」

おや-ゆび【親指】[名] 手足の指で、端にある最も太い指。拇指。〓「一の腹で押す」

およが・す【泳がす】[他五] ⬇泳がせる

およが・せる【泳がせる】[他下一] ❶泳ぐようにする。〓「水槽に熱帯魚を一」「引き技で相手を一(=のめらせる)」❷ひそかに監視しながら、人を自由に行動させる。〓「容疑者を一」❸空中を漂うように動かす。〓「彼女は指を宙に一・せて三木と書きました〈倉橋由美子〉」「戸惑ったような眼を、京子は宙に一・せた〈吉行淳之介〉」▼雅語的な言い方。文 およが・す 異形 泳がす

およぎ【泳ぎ】[名] 泳ぐこと。また、泳ぎ方。水泳。〓「一を習う」

およ・ぐ【泳ぐ(▼游ぐ)】[自五] ❶人や動物が手足やひれを動かして、水面・水中を進む。〓「海で一」「川を一・いで渡る」「魚[オタマジャクシ]が一」 使い方 「一〇〇メートル自由形を一」「リレーではアンカーを一」など、〜ヲに〈競技名(=同族目的語)〉や〈役割〉を表す語をとり、他動詞としても使う。❷(うまく)世の中を生きてゆく。〓「財界を巧みに一」❸人などを押し分けて進む。〓「人込みの中を一ようにしてやってくる」「圭さんは坊主頭を振り立てながら、薄の中を一・いでくる〈漱石〉」▼水をかきわけて進むさまに見立てていう。❹前のめりになってよろめく。〓「はたかれて一」▼水中での動作に見立てていう。❺こいのぼりなどが空中に浮かび漂う。〓「重なる波の中空を、…高く一や、鯉のぼり〈鯉のぼり〉」▼雅語的な言い方。可能 泳げる 名 泳ぎ

およそ【▽凡そ】[副] ❶[名] ざっと見積もった量。また、そのさま。おおよそ。だいたい。〓「一の見当を付ける」「一一キロメートル」▼「おおよそ」の転。❷一般的に。たいがい。〓「一発明は必要に迫られて生じる」❸〈打ち消しまたは否定的な表現を伴って〉全く。〓「君とは一縁のない世界の話だ」「一繊細ということからかけ離れた人」◈ 書き方 今は、かな書きが多い。

およばず-ながら【及ばずながら】[副] 力不足ではあるがの意で、人を手助けするときに謙遜していう語。〓「一お手伝いしましょう」

お-よばれ【▽御呼ばれ】[名] 食事などに招待されることをいう謙譲・美化語。

お-よび【▽御呼び】[名・自サ変] 「呼ぶこと」の意の尊敬語。〓「局長から一がかかる」

およ・び【及び】[接] 同類のものを並べ挙げ(て一団とす)る語。…と…(と)。並びに。〓「生徒一保護者に連絡をする」「新語一外来語に関する資料」「貴君の将来のため、一家族の平安のために申し上げます」 使い方 ⑴名詞(句)と名詞(句)をつなぐ。動詞や形容詞には使わない。⑵法令では、二重の接続の際、小さい方の接続に「及び」、大きい方の接続に「並びに」を使う。〓「A及びB、並びにC及びB」「A並びにB及びC」

およびごし【及び腰】[名] ❶腰をやや曲げて前方に手をのばす、不安定な姿勢。❷自信のなさそうな中途半端な態度。〓「一で政治改革に臨む」

お-よびたて【▽御呼び立て】[名・他サ変] 「呼び出すこと」の意の謙譲語。〓「一して申し訳ありません」

およ・ぶ【及ぶ】[自五] ❶物事が広がり続いてある所にまで達する。また、ある範囲・程度・時間などに達する。〓「被害は九州から四国に一」「影響は建築にまで一」「話題が国際問題に一」「交渉が五時間に一」❷基準とするものに届く。特に、自分の思いや力がそこに届く。〓「数学の得点は目標の点に遠く一・ばない」「そこまでは考えが一・ばなかった」「力の一限り頑張る」❸匹敵する。かなう。〓「私は到底田中さんに一・ばない」「彼の怪力に一者はない」▼普通、打ち消しを伴う。❹〈「…(する)に及ぶ」の形で〉ある最終的な段階として…になる。ついに…するようになる。〓「長ずるに一・んで文才を現す」「このような経緯で犯行に一・んだ」❺〈「…に及んで」の形で〉ある最終的な状況に立ち至って、の意を表す。〓「この期に一・んでしり込みするのか!」❻〈「…に及ばない」や反語の形で〉…の必要がない。…には当たらない。〓「それには一・びません」「子細[出社]に一・ばず」「言うにや一(=言うまでもない)」名 及び

およぼ・す【及ぼす】[他五] 作用・影響などが、ある所や範囲に達するようにする。及ぶようにする。〓「台風が近畿一円に被害を一(=与える・もたらす)」「影響[累]を一」「そのことに考えを一(=致す)」

おら【▽己】[代] (一人称) おれ。おいら。〓「一、おっかなくて逃げて来ちまった」「一が春」▼現代では方言的。

オラトリオ【oratorioイタリア】[名] 宗教的な題材をもち、独唱・合唱・管弦楽などによって構成される大規模な

楽曲。聖譚曲せいたんきょく。

おら-れる ヲラ [連語] ❶「いる」「…て[で]いる」の尊敬語。〓「その頃向島に文淵先生という方がー・れた〈鷗外〉」「この物語を最初から読んでー・読者は、多分覚えてーでしょうが〈谷崎潤一郎〉」❷(…て)いられる。(…て)おれる。〓「長くはー・れません」「泣かずにはー・れない」⬇おる(居)◈動詞「おる(居る)」の未然形＋尊敬・可能の助動詞「れる」。使い方 もともと、「おる」は、無生物の存在を表す「ある」に対して、「いる」とともに人や動物の存在を表す語として使われた。江戸時代に「いられる」、近代に「おられる」の尊敬語の用法も生まれた。「お客様は今別室におられます」などは、現在でも西日本を中心に使われるが、「いらっしゃいます」「おいでになります」と言い換えることも多い。

オランウータン【orangutan】 [名] ボルネオ・スマトラの森林にすむショウジョウ科の類人猿。全身をおおう赤茶色の体毛は長いが、顔は無毛。高い知能をもつ。ショウジョウ。▽もとはマレー語で「森の人」の意。

おり【▼澱・▼滓】 [名] 液体の底に沈んだかす。おどみ。〓「ワインのー」▽心の底に積もりたまったもののたとえにもいう。〓「愛憎のーがたまる」

おり【▼檻】 リヲ [名] 猛獣を閉じこめておく、鉄のさくなどを用いた頑丈な箱や室。▽罪人を猛獣並みに扱って牢ろうの意でも使う。

おり【折り・折】 リヲ ━[名] ❶【折り】折ること。また、折ったもの。〓「破線に沿ってーを付ける」「骨ー」「つづらー」❷【折り】折り箱。また、折り詰め。〓「赤飯をーに詰める」「菓子ー」「鮨すしー」❸【折り】製本で、全紙に印刷したものを一六または三二ページになるように折り畳んだもの。❹【折】時節。季節。〓「盛夏のーからお大事に」❺【折】時の流れの中で、他と区別して区切った、そのとき。〓「ー(＝機会・時機)を見て話す」「お会いしたーにお渡しします」━(造)【折り】折り重ねた物を数える語。〓「半紙を二つーにする」「布団を三つーにする」▽折り重ねた回数ではなく、結果の数をいう。◈書き分け 動詞「折る」の意識が残る━①～③と━は【折り】が標準的(⬇一八六ページ「送り仮名の付け方」)。ただし許容形【折】も多用される。

◉**折に触ふれて** 機会があるごとに。〓「ー思い出す」

◉**折も折** ちょうどそのとき。〓「出かけようとするー、電話が鳴った」

おり【織り】 [名] ❶糸などを布に織ること。また、その織りぐあい。〓「ーの粗い綿布」❷「織物」の略。〓「手ー」「毛ー」「機械ー」▽多く他の語と複合して使う。書き方 慣用の固定した「西陣織」「博多織」などは、送りがなを付けない。

お-り【汚吏】 ヲ [名] 不正なことをする役人。

おり-あい【折り合い】 アヒリ [名] ❶折り合うこと。妥協。〓「労資のーがつく」❷人と人との関係。仲。〓「上司とーが悪い」

おり-あ・う【折り合う】 アフヲリ [自五] 対立している者が、ゆずり合って意見を一致させる。妥協する。おれあう。〓「労資がー」名 折り合い

おり-あしく【折▽悪しく】 ヲリ [副] 時機がわるいことに。まがわるく。あいにく。〓「ー雨が降り出した」⬍折よく

おり-いって【折り入って】 ヲリイ [副] 深く心を込めて。特別に。ぜひとも。〓「ー頼みたいことがある」

オリーブ【olive】 [名] 地中海沿岸地方を原産地とするモクセイ科の常緑高木。また、その果実。未熟な果実は塩漬けにし、熟した果実からはオリーブ油をとる。枝葉は平和と実りの象徴。▽日本では瀬戸内海の小豆島などで栽培される。

オリーブ-いろ【オリーブ色】 [名] オリーブの実のような色。黄色がかった暗緑色。

オリーブ-オイル【olive oil】 [名] オリーブの果実からとる良質の不乾性油。食用・薬用・化粧用など、用途はきわめて広い。オリーブ油ゆ。

オリエンタリズム【Orientalism】 [名] ❶ヨーロッパの人々がオリエントの風俗・事物に対して強い関心を抱く文学・芸術上の風潮。東方趣味。❷東洋の言語・文学などを研究する学問。オリエント学。東洋学。

オリエンテーション【orientation】 [名] 学校や会社で、新しく入った人に行う説明や指導。また、その説明会。▽方向づけの意。

オリエンテーリング【orienteering】 [名] 山野で行う運動競技の一つ。地図とコンパスを使って指定されたいくつかの地点(ポスト)を発見・通過し、ゴールに到達するまでの速さを競うもの。

オリエント【Orient】 [名] ❶(ヨーロッパから見て)東方諸国。特に、アジアの西南部とアフリカの北東部からなる近東諸国。〓「ー急行」❷世界最古の文明が発祥した、古代のエジプト・メソポタミア地方。

おり-おり【折折】 ヲリヲリ ━[名] その時その時。〓「ーの感興をつづる」「四季ーの花」━[副] ときどき。〓「ー歌を詠む」

オリオン【Orion】 [名] 中央に三つ星が並ぶ、代表的な冬の星座。オリオン座。▽ギリシア神話に出てくる巨人の猟師の名から。

おり-かえし【折り返し】 ヘシヲリカ ━[名] ❶折って二重にすること。また、その部分。〓「スラックスのー」❷詩歌で、末尾の語句の繰り返し。リフレーン。❸引き返すこと。また、その地点。〓「マラソンのー点」「ー運転」使い方 時間に転用しても使う。〓「好評裏に東京公演がー点を迎える」━[副] すぐに。ただちに。〓「ーファックスを入れます」「ー返事が来た」⬇折り返す━②

おり-かえ・す【折り返す】 ヘスヲリカ ━[他五] 折って二重にする。〓「ズボンのすそをー」━[自五] ❶ある地点で、来た方向に引き返す。〓「ターミナル駅でー」使い方 時間に転用して、物事の中間点にもいう。〓「中日なかびを全勝でー」❷〈「折り返して」の形で、下に動詞を伴って〉間をおかずに…する。折り返し…する。〓「ー・して返事がきた」注意 下に具体的な動作を示さずに使うのは、本来は誤り。「× 確認して折り返します→○ 確認してご連絡します」「副詞「折り返し」を使って「○ 折り返しお電話します」名 折り返し

おり-かさな・る【折り重なる】 ヲリ [自五] 多くの人や物がつぎつぎに重なり合う。〓「乗客がー・って倒れる」

おり-がみ【折り紙】 ヲリ [名] ❶紙を折っていろいろな物の形を作る遊び。また、それに使う正方形の色紙。❷書画・刀剣などを保証する鑑定書。

おりがみ-つき【折り紙付き】 ヲリガミ [名] ❶鑑定書が付いていること。〓「ーの古刀」❷確かなものとして定評があること。〓「ーの技術」「その腕前についてはーの人物」注意「札付ふだつき」との混同から、悪評が定着している意にいうのは誤り。

おりーから【折▽柄】ヲリ［連語］❶…の時節であるから、の意を表す。「天候不順のーお大事に」▽手紙などで使う。❷ちょうどそのとき。「ーの雨で一時中断した」◈書き方 今は「折から」と書くことが多い。

おりーく【折句】ヲリ［名］和歌・俳句・川柳などで、各句の初めに物の名を一音ずつ詠み入れたもの。「かきつばた」の五音を「からころもきつつなれにしつましあればはるばるきぬるたびをしぞ思ふ〈在原業平・古今集〉」と詠み込むなどの類。

おりーくち【降り口(下り口)】［名］❶階段・山道などの降りぎわの所。❷乗り物の出口。降車口。◈「おりぐち」とも。

オリゴーとう【オリゴ糖】ータウ［名］糖類のうち、単糖類が二〜一〇個ほど結合したものの総称。二糖類のスクロース(蔗糖しょとう)やマルトース(麦芽糖)などの類。少糖類。

おりーこみ【折り込み】ヲリ［名］新聞・雑誌などの間に、広告のびらや付録を折ってはさみこむこと。また、そのもの。「ー広告」

おりこみーずみ【織り込み済み】［名］予定や計画に、ある事柄や条件などを考慮しておくこと。「反対勢力の動きはーだ」

おりーこ・む【折り込む】ヲリ［他五］❶中の方へ折り曲げる。❷折って他の物の間に入れる。「新聞にちらしをー」名 折り込み

おりーこ・む【織り込む】［他五］❶模様などを作るために、地を織る糸の中に別の系統の糸を入れて織る。「金糸をー」❷ある物事に別の物事を組み入れる。「消費者の意見をーんだ販売計画」

オリジナリティー［originality］［名］独創性。創意。

オリジナル［original］■一［形動］独自性があるさま。独創的。「当店だけのーなデザイン」■二［名］❶複製・模造品などに対して、原物。「『モナリザ』のー」❷脚色・翻訳・翻案されたものに対して、原作。また、編曲・ダビングされたものに対して、原曲。「『ファウスト』のーを読む」「『マタイ受難曲』をーで聴く」❸書き下ろした脚本。▽「オリジナルシナリオ」の略。

おりーしも【折しも】ヲリ［副］ちょうどその時。「ー追い風が吹き始めた」▽「しも」は本来、強めの助詞。

おりーたたみ【折り畳み】ヲリ［名］折り畳むこと。また、折り畳めるようになっていること。「ーの椅子」「ー式」

おりたたみーがさ【折り畳み傘】ヲリタタミー［名］折り畳んで小さくできる傘。

おりーたた・む【折り畳む】ヲリ［他五］折り重ねて小さくする。「着物をきちんとー」名 折り畳み

おりーた・つ【降り立つ(下り立つ)】［自五］降りていって、そこに立つ。「駅のホームにー」

おりーづめ【折り詰め】ヲリ［名］食べ物を折り箱に詰めること。また、そのもの。おり。書き方 公用文では「折詰」。数「一折ひとおり…」と数える。

おりーづる【折り鶴】ヲリ［名］紙を折りたたんで、つるの形にしたもの。

おりーど【折り戸】ヲリ［名］二枚の板をちょうつがいでつなぎ、中央で折り畳めるように作った開き戸。

おりーな・す【織りなす(織り成す)】［他五］❶織って模様などをつくる。「錦をー」❷さまざまな事柄が絡み合って変化のある物事をつくり出す。「人々がー人生模様」

おりーばこ【折り箱】ヲリ［名］薄板やボール紙などを折り曲げて作った浅い箱。おり。

おりーひめ【織り姫】［名］❶機はたを織る女性の美称。▽紡績工場で働く女子工員にもいった。❷「織り姫星」の略。➡織女しょくじょ②「ーと彦星」◈書き方 ②は「織姫」と書くことが多い。

おりーふし【折節】ヲリ ■一［名］❶その時その時。「ーの感興を綴る」❷時節。季節。「ーのあいさつ」■二［副］❶ときどき。❷ちょうどその時。折しも。「ー夕立がやってきた」

おりーほん【折り本】ヲリ［名］横に長くつぎ合わせた紙を端から折り畳んで作る、とじ目のない本。▽書画の手本や経本に多く見られる。

おりーま・げる【折り曲げる】ヲリ［他下一］折って、まげる。「体［針金］をー」文 をりま・ぐ

おりーま・す ヲリ［連語］➡おる(居る)■一②・■三②

おりーま・ぜる【織り交ぜる】［他下一］❶模様などをまぜ合わせて織る。「金糸銀糸をー・ぜた帯地」❷ある物事に別の物事を組み入れる。「複雑な人間模様をー・ぜたドラマ」文 おりま・ず

おりーめ【折り目】ヲリ［名］❶ものを折りたたんだときにできる境目のすじ。「ズボンにーをつける」❷物事のくぎり。けじめ。

おりーめ【織り目】［名］織物の、糸と糸のすきま。「ーが粗い」

おりめーただし・い【折り目正しい】ヲリメー［形］礼儀正しく、きちんとしている。「ー若者」「ーく挨拶あいさつする」

おりーもと【織り元】［名］織物の製造元。書き方 公用文では「織元」。

おりーもの【織物】［名］織機にかけ、縦糸と横糸を組み合わせて織った布。素材によって、絹織物・綿織物・毛織物などに分けられる。

おりーもの【下り物】［名］こしけ。▽月経をいうこともある。

おりーやま【折り山】ヲリ［名］紙や布を折ったとき、外がわにできる折り目の部分。

おりーよく【折▽好く】ヲリ［副］時機がよいことに。都合よく。「ー来合わせた」⬍折あしく

お・りる【下りる・降りる】［自上一］❶【下・降】高い所から低い所に移動する。「川伝いに山をー(＝下る)」「階段をー」「二階から階下にー」「ツルが沼にー(＝舞い降りる)」「落下傘で地上にー」「谷にー」⬍上がる 使い方「下くだる」は、「坂を下る・舟で川を下る」のように、もっぱら下方移動の通過点(〜ヲ)に注目していう。一方「おりる」は、広く下方移動の起点(〜ヲ・〜カラ)や着点(〜ニ)についても注目していう。
❷【下・降】ものが下方向に動いて、さえぎり閉じた状態になる。「幕［錠・シャッター］がー」⬍上がる
❸【下・降】負担になっていたものがなくなる。「肩の荷がー」
❹【降・下】乗り物から離れて地上へ足をつける。「電車をー」「飛行機からー」⬍乗る▽➡「書き分け」(2)
❺【降】地位や役割から退く。また、仕事や試合などをする立場から離れる。「役員［主役］をー」「仕事［勝負］をー」
❻【下】官公庁や目上の人から許可や命令などが下される。下付される。「許可［辞令・ビザ・年金］がー」

❼【降】天から降ってきたように、霜・露・霧・もやなどが地上(空中)に生じる。「霜が—」使い方「夜のとばりが降りる」のように、宵が迫りくることにもいう。❽【下】体内から下に出る。「回虫が—」◈書き分け (1)【下】は下方への移動に広く使う。【降】は高い所から低い所へ移る意。「山[階段]を下りる/降りる」のように両用されるが、【下】は一歩一歩足を運ぶ普通の移動に、【降】は急速な下降移動に使う傾向がある。「エレベーターで降りる・階段を駆け降りる・山頂から滑り降りる・高所から飛び降りる」(2)④の乗り物からおりる意は【降】が標準的だが、「下車・下船・下馬」を踏まえて【車[船・馬]を下りる】などと【下】も使う。

オリンピアン【Olympian】[名]オリンピック選手。また、オリンピックに出場経験のある人。

オリンピック【Olympic】[名]国際オリンピック委員会(IOC)の主催で四年ごとに開かれるスポーツの国際競技大会。オリンピック競技。近代オリンピック。▼古代ギリシアのオリンピア祭にならって、一八九六年、ギリシアのアテネで第一回大会が開催された。

お・る【▽居る】[動五]■一[自]❶人・動物が場所を占めて存在する。いる。「そんな人間ならいくらでも—」使い方 言い切りの形などでは、古風かつ西日本方言的で、尊大な表現ともなる。「ここにはハエも蚊も—らん」❷〈多く「おります」の形で〉「いる」「います」の丁重語。相手(=聞き手・読み手)に対する改まった気持ちを表す。「明日は家に—ります」「駅にはたくさんの人が—ります」使い方 相手に使う「明日は家におりますか」などは、西日本的な言い方。東日本では一般に「明日は家にいますか」となる。■二〈動詞の連用形に付いて複合動詞を作る〉他人の言動を卑しめる意を表す。…やがる。…よる。「生意気を言い—」「腰抜けめが、負け—って」▼主に関西でいう。■三[補動]❶〈「…て[で]おる」の形で〉…て(で)いる。「今新聞を読んで—ところだ」「皆元気にして—か?」使い方 言い切りの形や「…ておった」などでは、古風かつ西日本方言的で、尊大な表現ともなるが、「…ており、…」(=連用形中止法)ではそのような感じはない。「作者の最高傑作と考えられて—り、受賞は順当なところだ」❷〈「…て[で]おります」の形で〉「…ています」の丁重語。相手(=聞き手・読み手)に対する改まった気持ちを表す。「お世話になって—ります」「中国語を学んで—ります」「まだ雨が降り続いて—ります」❸〈多く「…ずにおる」の形で〉「…ずにいる」の古風で西日本方言的な言い方。尊大な感じを伴う。「手をつけずに—ったもんだから、仕事がたまってしまった」◈⬇おられる 文をり 可能 おれる

お・る【折る】[他五]❶棒状・板状のものを鋭く曲げる。また、そのようにして切り離す。(意図的な行為にもそうでない行為にもいう)「枝を—って杖にする」「カッターの刃を—」「今日は二本もバットを—った」❷体の(関節の)部分を曲げる。「指を—って数える」「腰を—って挨拶する」❸骨を損傷する。骨折する。また、歯(特に、前歯)を損傷する。「肋骨[前歯]を—」❹紙や布を曲げて重ねる。折り曲げる。「紙を二つに—」「ズボンのすそを—」❺紙を畳み重ねて物の形を作る。折り紙を作る。「千羽鶴を—」❻物事を中断する。「筆を—」「話の腰を—」「節を—」❼〈「骨を折る」の形で〉苦労する。「資金集めに骨を—」使い方「気骨を折る」(=気苦労をする)「大骨を折る」(=大いに苦労する)「小骨を折る」(=ちょっとばかり苦労する)」などのバリエーションがある。❽〈「鼻を折る」「角を折る」などの形で〉相手をくじく。また、相手に譲歩する。使い方「鼻っ柱を折る」「天狗の鼻を折る」「我を折る」などのバリエーションがある。可能 折れる 名 折り

お・る【織る】[他五]❶糸などを縦・横に組み合わせて、布状のものを作る。また、そのようにして布の上に模様を作り出す。「機械で布を—」「絨毯を—」「模様を—」(=織り出す)」使い方 比喩的に、「織りなす」(2)の意でも使う。「枕べに夢物語を—」「想像力豊かに未来を—」❷原料の糸を加工して、布状のものに変える。「絹糸を布に—」❸織物を作る機械を操作する。「ばったんばったんと機を—」◈(1)は〜ヲに〈結果〉を、(2)は〈対象〉を、(3)は〈道具〉をとる。名 織り

オルガスムス【Orgasmusドイ】[名]性交時に得られる快感の極致。絶頂感。オーガズム。アクメ。

オルガン【organ】[名]風を送って音弁を鳴らす仕組みの鍵盤楽器。パイプオルガン・リードオルガン・電子オルガンなどがある。風琴。

オルグ[名・他サ変]組合や政党を組織したり、労働者・大衆に働きかけて組織の強化・拡大を図る活動を行ったりすること。また、その人。▼「オルガナイズ(organize)」または「オルガナイザー(organizer)」から。

オルゴール【orgelオラ】[名]ぜんまい仕掛けで、自動的に一定のメロディーを演奏する装置。ピンを植えた円筒や円盤が回転し、金属の音階板を弾いて音を出す。▼古くは「自鳴琴」といった。

オルタナティブ【alternative】[名]❶二者択一。また、代案。代替物。❷既成・慣行のものに対する、もう一つの新しいもの。◈「オルターナティブ」とも。

おれ【俺(▽己)】[代]〈一人称〉くだけた場面で自分を指し示す語。「—が教えてやるよ」「—とお前の仲じゃないか」▼多く男性が使う。

おれ-あ・う【折れ合う】[自五]互いにゆずり合う。折り合う。「メーカーと販売店が—」

お-れい【▽御礼】[名]「礼」の尊敬・謙譲・美化語。感謝の気持ちを表すこと。また、そのことば。「わざわざ—をいただきまして」「先生に—を言う」「—の言葉」

おれい-まいり【▽御礼参り】[名]❶神仏にかけた願がかなったお礼に社寺に参拝すること。❷[俗]刑を終えて出所したやくざなどが、告発者・密告者・検察側の証人などに仕返しをすること。

オレイン-さん【オレイン酸】[名]動植物油脂中にグリセリドとして存在する高級不飽和脂肪酸。無色無臭の液体で、還元するとステアリン酸になる。油酸。

オレガノ【oregano】[名]ハーブとして栽培されるシソ科の多年草。芳香と辛みのある葉をそのまま、または乾燥させて、ピザ・パスタ・ドレッシングなどの薬味・香辛料にする。ハナハッカ。

お-れきれき【▽御歴歴】[名]「歴歴」の尊敬語。身分・地位などの高い人たち。名士たち。「政財界の—が顔をそろえる」

おれ-さま【俺様(▽己様)】[代]〈一人称〉自分自身を尊大にいう語。「—の言うとおりにしろ」▼転じて、わがままで自己中心的な男性の意の名詞としても使う。「—男」

おれせん-グラフ【折れ線グラフ】[名]座標上に記した数量を表す点を順に直線で結んだ統計グ

ラフ。

お・れる【折れる】 ヲレル ━ [自下一] ❶棒状・板状のものが鋭く曲がる。また、曲がって切り離された状態になる。〓「風で稲穂がー」「落雷でマストが二つにー・れた」 ❷骨が損傷した状態になる。また、歯(特に、前歯)が損傷した状態になる。〓「鎖骨[前歯]がー」 ❸紙や布が曲がって重なる。〓「紙の端がー」 ❹道などが曲がっている。また、曲がって進む。〓「次の角で道が左にー」「突き当たったら道を右にー」 ❺態度を軟化させる。妥協する。譲歩する。〓「頑固な弟もついにー・れた」 ❻〈「骨が折れる」の形で〉苦労させられる。〓「反対派の説得には全く骨がー」 使い方 「気骨[大骨・小骨]が折れる」などのバリエーションがある。⬇折る⑦ 文 を・る

━ [自他下一]「折る」の可能形。折ることができる。〓「固すぎて二つにー・れない」

オレンジ [orange] [名] ❶ミカン科に属する一群の果樹。また、その果実。バレンシアオレンジ・ネーブルなど、種類が多い。❷オレンジの果実のような色。だいだい色。オレンジ色。

おろ-おろ [副]ト ❶どうしたらよいかわからないまま、心を乱し、うろたえるさま。〓「救急車を待ってー(と)歩き回る」 ❷涙を流し、声をふるわせて泣くさま。〓「ー(と)泣く」

おろ-か【▽疎か】 ━ [形動]〈「言う」「語る」「聞く」「問う」などの動詞に付いて〉言葉にすることさえ馬鹿げている。〓「語るもーなことだ」

━ [副]〈「AはおろかB…」の形で〉Aは言うまでもなく、Bにまでも範囲が及ぶ意を表す。Aの上にBまで。〓「金はー命まで奪う」「酒はージュースさえ飲まなかった」 ◈ 書き方 俗に「愚か」とも書くが、かな書きが一般的。

おろ-か【愚か】 [形動] ❶考えの足りないさま。〓「ーな行為」「ー者」 ❷ばかげているさま。〓「財産争いなどーなことだ」 派生 -さ

品格 浅はか「ーな考え」暗愚「ーな君主」愚劣「ーな行為」浅薄「ーな学問」無知「ー蒙昧」

おろか-し・い【愚かしい】 [形] 愚かだ。ばかげている。〓「ー振る舞い」 派生 -げ/-さ

おろし【卸】 [名] ❶卸売りをすること。❷卸売りの値段。卸値。

おろし【下ろし】 [名] ❶下ろすこと。❷野菜・果物をすりつぶしたもの。〓「大根ー」 書き方「卸し」とも。❸山の斜面に沿って吹く強い風。〓「筑波ー」 書き方「▽颪」とも。❹新しい衣服・道具などを使うこと。また、その衣服や道具。

おろし-うり【卸売り】 [名] 問屋が製造元や輸入業者から仕入れた商品を小売店に売り渡すこと。 書き方 公用文では「卸売」。

おろし-がね【下ろし金・卸し金】 [名] 大根・ワサビ・ショウガなどをすりおろす器具。金属・陶器などの板面に多数の突起をつけたもの。

おろし-たて【下ろし立て(下ろしたて)】 [名] 新しい品物を使い始めたばかりであること。また、その品物。〓「ーのスーツ」

おろし-ね【卸値】 [名] 卸売りの値段。卸値段。〓「ーを割って売る」

おろ・す【卸す】 [他五] ❶製造元や問屋が商業者へ商品を売り渡す。特に、問屋が小売店に売り渡す。卸売りをする。〓「メーカー[問屋]が事務機器を問屋[小売店]にー」「七掛けでー」 ❷⬇下ろす━④⑨ ◈「下ろす」と同語源。 可能 卸せる 名 卸

おろ・す【下ろす・降ろす】 ━ [他五] ❶[下・降] 高い所から低い所へ移動させる。〓「書類を棚から床にー」「屋根の雪をー」「子供をひざの上からー(⬆乗せる)」「挙げた手をー」「十時に暖簾をー(⬆掲げる)」「クスノキが地中深く根をー」⬆上げる

❷[下・降] ものを下方向に動かして、さえぎり閉じた状態にする。〓「幕[錠]をー」⬆上げる

❸[下・降] 負担になっていたものがなくなるようにする。〓「肩の荷をー・してほっとしています」

❹[降・下] 乗せていた客を下車させる。また、積んでいた荷物を下へ(また、外へ)移す。〓「運転手さん、交差点の所でー・して下さい」「トラックから積み荷をー」 書き分け【降】が標準的。また、荷物の場合は「卸す」とも書くが、今はまれ。

❺[降] 地位や役割から退かせる。降格させたり辞めさせたりする。〓「山田君を担当からー」「主役をー」

❻[下] 体内にあるものを外に出す。特に、堕胎する。〓「虫下しで寄生虫をー」「子供をー」 書き方 堕胎の意では「▽堕ろす」とも。

❼[下] 神仏や客に供した飲食物を下げる。〓「仏前から供物をー」「膳をー」

❽[下] 生えているものをそったり切ったりして落とす。〓「髪をーして仏門に入る」「枝をー(=落とす)」

❾[下] 野菜・果物をすりつぶす。〓「大根[りんご]をー」 書き方「卸す」とも。

❿[下] 魚肉を切り分ける。〓「アジを三枚にー」

⓫[下] しまってあった新しい衣服・道具などを取り出して使う。また、外出専用の衣服を普段着にするなど、衣類などを一段階下げて使う。〓「来客用の歯ブラシをー」「浴衣を寝間着にー」

⓬[下] 預けてあったお金を引き出す。〓「預金をー」「五万円ー」

⓭[下] 印刷で、校了にした校正刷りを製版・印刷に回す。下版する。▼製版・印刷はもっぱら下の階で行ったことからいう。

━ [自五][下・降] 高い所から風が吹く。〓「筑波山からー風が冷たい」「吹きー」 ▼風がみずからを下ろす意で、「波が寄せる」などと同趣。「六甲下ろし」など、連用形名詞の形で使うことが多い。 可能 下ろせる 名 下ろし

おろ-そか【▽疎か】 [形動] 物事をいいかげんにしてすませること。なおざり。〓「学業をーにする」「仕事がーになる」

おろ-ち【〈大蛇〉】 ヲロ [名] 非常に大きなへび。うわばみ。だいじゃ。〓「八岐ー」

お-わい【汚▼穢】 ヲ [名] ❶けがれていること。また、そのもの。❷大小便。糞尿。◈「おあい」とも。

おわし-ま・す【▽御▽座します・▽在します】 ヲハ [動四][古風] ━ [自]「おわす」の敬意をさらに高めていう語。いらっしゃる。おいでになる。〓「代々武道の御心掛深くー・し〈鷗外〉」 ━ [補動]〈「…ておわします」「…におわします」の形で〉「…て[に]おわす」の敬意をさらに高めていう語。…て(で)いらっしゃる。…て(で)おいでになる。〓「殿は美濃の守護職、国主の君にー〈司馬遼太郎〉」 ◈「おほまします」の転。「ます」は尊敬を表す文語の補助動詞で、丁寧を表す現代語の助動詞「ます」とは別。

お-わ・す【負わす】 オハ [他五] ⬇負わせる

おわ・す【▽御▽座す・▽在す】 オハ [動サ変][古風]

━［自］「ある」「いる」「来る」「行く」の尊敬語。いらっしゃる。おいでになる。‖「旅の疲れや―・さんとて敢えて訪らわず〈鷗外・舞姫〉」「帝の―御所」□二［補動］〈「ておわす」「におわす」の形で〉尊敬 …て（で）いらっしゃる。…て（で）おいでになる。‖「みたまよ何処に迷いて―か〈七里が浜の哀歌〉」

◈使い方「おわします」よりは敬意が低い。

おわ・せる【負わせる】［他下一］負うようにさせる。‖「馬に荷を―」「傷を―」文 おは・す 異形 負わす

お-わび【▽御▼詫び】［名］「わび」の謙譲・美化語。‖「―を申しあげたい」「―の品［手紙］」⇩おわびのことば（一八〇四ページ）使い方「おわびをしたいと思う」については「思う」⑤［使い方］(2)を参照。

お-わらい【お笑い】［名］❶客を笑わせるための出し物。特に、落語や漫才。❷人から笑われるような事柄。物笑いの種。お笑いぐさ。‖「とんだ―だ」

おわらい-ぐさ【お笑い▽種】［名］⇩笑い種‖「―ついでに、今の懐いを即席の詩に述べてみようか〈中島敦・山月記〉」

おわり【終わり】［名］❶続いていた物事がそこでおしまいになること。また、おしまいになるところ。しまい。最後。‖「一年の―」「話を―まで聞く」「―良ければすべて良し」⇕はじめ ❷一生の最後。臨終。終焉。‖「静かに―を迎える」❸〈「…したら終わりだ」の形で〉…したら打つ手がない。…したら処置なしだ。‖「事故を起こしたら―だ」

◉**終わりを告・げる** ❶終わりがきたことを知らせる。❷おしまいになる。終了する。‖「長い冬も―」

◉**終わりを全う・する**　最後まできちんとし遂げて恥ずかしくないようにする。

おわり-ね【終値】［名］取引所で、午前または午後の立ち会いの最終値段。特に、午後の最終値段。引け値。大引け値。⇕始値

おわ・る【終わる】［動五］━［自］❶続いていた物事がそこでおしまいになる。終わりになる。‖「仕事が四時に―」「戦争が―（＝終結する）」「曲は五分で―」「趣味で―・らせるには勿体ない腕前」「武道は礼に始まり礼に―」「一年［青春］が―」⇕始まる ❷〈主に「…に終わる」の形で、多くマイナス評価の語を受けて〉思わしくない結果になる。‖「失敗［徒労・ぬか喜び・未完・圧勝］に―」□二［他］❶続けていたことがそこでおしまいになる。終える。‖「五時に会議を―」「話［支払い］を―」❷続けてきた勤めや役割がそこでおしまいになる。また、その期間がおしまいになる。特に、死ぬ。終える。‖「研修を―・って任地に飛ぶ」「六〇歳で生涯を―（＝死ぬ）」使い方「会議が終わる／会議を終わる／会議を終える」では、意味が微妙に異なる。「～が終わる」は自然のなりゆきとして終了する、「～を終える」は意図的に終了する意。「～を終わる」は中間的な言い方で、自分の意図にかかわりなく終了する意。「これで挨拶を終えます」というと、話し手の意図が前面に押し出されすぎるため、一般には「～を終わります」という穏やかな言い方になる。□三〈動詞の連用形に付いて複合動詞を作る〉その動作が終了する意を表す。…終える。‖「言い―・食べ―・洗い―・払い―」使い方 ⇩終える□三

◈書き分け「▽卒わる」「▽了わる」とも。⇩終える 可能 終われる「今月中には終われる」名 終わり

品格
終わり　完結「連載が―する」完了「返済を―する」帰趨「争いの―するところ」帰する「水泡に―」終焉「―を迎える」終結「大戦が―する」終止符を打つ「選手生活に―」終息「火山活動が―する」幕を閉じる「生涯の―」

おん【音】━［名］❶口から発するおと。こえ。‖「オという文字が表す―」「―韻・―読」「子―」❷中国から伝わって日本語化した、漢字の読み方。‖「―で読む」「―訓」「漢―・呉―・唐―」⇕訓 □二（造）❶おと。ものおと。‖「―響・―速・―波」「騒―」❷音楽的なおと。‖「―階・―程・―符」「和―」

おん【恩】━［名］ありがたいと思わせるもの。めぐみ。‖「謝―」□二（造）情け深く扱う。いつくしむ。‖「―賜・―情・―寵」

◉**恩に着・せる**　ちょっとした恩恵を与えたことを、ことさらありがたく思わせようとする。

◉**恩に・着る**　受けた恩をありがたく思う。感謝する。‖「助かった。―よ」✓注意 丁寧形は「恩にきます（着ます）」。「着る」を「切る」などと誤解した「恩にきります」は誤り。

◉**恩を仇で返・す**　相手の恩義に報いないで、かえって害になるようなことをする。

◉**恩を売・る**　感謝や見返りを期待して恩恵を与える。

おん【御】［接頭］〈体言に付いて〉尊敬・謙譲の意を表す。‖「―身・―母上・―礼・―自ら」▽「お」よりもさらに敬意が強く、改まった場合に使われる。

おん【怨】（造）うらむ。‖「―敵・―念・―霊」

おん【温】（造）❶あたたかい。あたたかさ。‖「―室・―泉」「体―・適―」❷おだやか。‖「―厚・―和」❸たいせつにする。‖「―存」❹おさらいする。たずねる。‖「―習・―故知新」旧 溫

おん【穏】（造）おだやか。やすらか。‖「―健・―当・―和」「不―・平―」旧 穩

オン【on】［名］❶電気器具・機械などのスイッチが入っていること。‖「エアコンを―にする（＝作動させる）」⇕オフ ❷［自他サ変］ゴルフで、打ったボールがグリーンの上にのること。❸仕事があるとき。‖「―とオフの切り替え」⇕オフ ▽「オンタイム（和製on＋time）」の略。

おん-あい【恩愛】［名］❶いつくしむ気持ち。なさけ。❷親子・夫婦間の愛情。また、それに対する執着。◈連声で「おんない」とも。

おん-い【恩威】［名］人に与える恩恵と、人を従わせる威光。‖「―共に行われる」

おん-いき【音域】［名］人や楽器が発することのできる音の高低の範囲。‖「―が広い」

おん-いん【音韻】［名］❶中国語で、漢字の音（語頭の子音）と韻（語尾の母音・韻尾）。❷具体的に発音された一つ一つの音声から抽象され、記号として表される最小単位の言語音。音素。‖「―論」

オン-エア【on air】［名］番組が放送中であること。また、番組を放送すること。▽on the air から。

おん-が【温雅】［名・形動］おだやかで上品なこと。‖「―な人［性格］」派生 ―さ

おん-かい【音階】［名］一オクターブを一組みとし、楽音を高さの順に配列したもの。スケール。▽西洋音階は七音から、日本音階は五音からなる。

おん-がえし【恩返し】［名・自サ変］受けた恩に報いること。‖「育ての親に―（を）する」

おん-がく【音楽】［名］❶音の高低・強弱・長短・音色などを組み合わせて人間の思想・感情などを表現する

芸術。声楽と器楽がある。ミュージック。≡「ーを演奏する」「映画ー・電子ー」「ー家」❷教育で、音楽の知識や技能などを教える教科。≡「ーの先生」

おん‐かん【音感】[名] 音に対する感覚。音の高低・音色などを聴きわける能力。≡「ーが鋭い」

おん‐かん【温感】ヲン[名] ❶温かさを感じること。温かい感覚。≡「ー湿布」⇔冷感 ❷温冷の刺激を感じる皮膚の感覚。温度覚。▼「温度感覚」の略。

おん‐がん【温顔】ヲン[名] 穏やかで、やさしい顔つき。温容。≡「ーに接する」

おん‐き【遠忌】ヲン[名] 宗祖・中興の祖などの五〇年忌以後、五〇年ごとに行う法会。▼宗派によっては「えんき」という。

おん‐ぎ【音義】[名] ❶漢字の字音と字義。❷漢籍・経典に出てくる語句の発音や意味を解説した書物。「一切経音義」など。❸音義説による、音と意味。

おん‐ぎ【恩義(恩▼誼)】[名] 報いなくてはならない義理のある恩。▼「恩義/恩誼」は本来別語で、「恩誼」は恩愛と誼みの意。

おんきせ‐がまし・い【恩着せがましい】[形] 恩恵を与えた相手にありがたく思わせようという態度があらわであるさま。≡「ーことをいう」「ーく保証人の印を押す」派生ーさ

おんぎ‐せつ【音義説】[名] 五十音図の一つ一つの音に固有の意味があるとし、それに基づいて語義や語源を解釈しようとする説。

おん‐きゅう【恩給】フキ[名] 一定の資格のある公務員・旧軍人などに対し、国が恩給法に基づいて支給する年金または一時金。▼一九五九年以降、公務員に対する恩給は共済組合の年金制度に移行した。

おん‐きゅう【温▼灸】ヲンキウ[名] もぐさを円筒形の器に入れて火をつけるなどし、間接的につぼを熱する療法。

おん‐きょう【音響】ヤウ[名] 音。音のひびき。≡「大ーをたてて倒れる」

おんきょう‐こうか【音響効果】オンキャウカウクワ[名] ❶演劇・映画・放送などで、擬音などを使って演出効果を高めること。また、その装置。❷演奏会場・劇場などの、構造や材質によって異なる音の響き方の具合。

おん‐ぎょく【音曲】[名] 邦楽で、器楽・声楽の総称。特に、琴・三味線などに合わせてうたう俗曲の総称。≡「歌舞ー」

オングストローム【angstrom】[名] 電磁波や結晶格子の長さを表す単位。一オングストロームは一億分の一センチメートル。記号Å

おん‐くん【音訓】[名] 漢字の音と訓。中国語の発音をもとにした漢字の読み方と、その漢字に日本語の訳語を当てた読み方。≡「ー索引」

おん‐けい【恩恵】[名] 利益や幸福をもたらすもの。めぐみ。≡「自然のーを受ける」「ーに浴する」

おんけつ‐どうぶつ【温血動物】ヲンケツ[名] 恒温動物。⇔冷血動物

おん‐けん【穏健】ヲン[形動] おだやかで、しっかりしているさま。≡「ーな思想[性格]」「ー派」⇔過激 派生ーさ

おん‐げん【音源】[名] ❶音を出すもととなるもの。❷(音楽などの)音が記録されている媒体。

おん‐こ【恩顧】[名] 情けをかけて、めんどうをみること。ひいき。≡「ーを受ける」

おん‐こう【恩幸・恩▼倖】ウカ[名] 天子から受ける特別の寵愛。

おん‐こう【温厚】ヲン[形動] おだやかで、情のあるさま。≡「ーな人柄」「ー篤実」派生ーさ

おんこ‐ちしん【温故知新】ヲンコ[名] 昔のことをよく学び、そこから新しい考え方や知識を得ること。また、過去のことを研究して、現在の新しい事態に対処すること。▼『論語・為政』の「故きを温ね(または、温め)新しきを知らば、以て師と為るべし」から。注意「おんこ」を「温古」と書くのは誤り。

おん‐さ【音▼叉】[名] 鋼鉄の棒をU字形に曲げ、中央に柄をつけた発音体。たたくと振動数の一定した音を発するので、音の実験や楽器の調律に用いる。

オンザジョブ‐トレーニング【on-the-job training】[名] 日常の職務につきながら業務に必要な知識・技術を身につける教育研修。OJT。

オン‐ザ‐ロック【on the rocks】[名] グラスに氷塊を入れ、ウイスキーなどを注いだ飲み物。ロック。

おん‐し【恩師】[名] 教えを受けた、恩義のある先生。▼教えを受けた教師を高めていう語としても使う。

おん‐し【恩賜】[名] 天皇から物を賜ること。≡「ー賞」

オン‐シーズン【on-season】[名] 最盛期。多忙期。書き入れ時。特に、観光地などで、多くの人が訪れる季節。ハイシーズン。⇔オフシーズン

おん‐しつ【温室】ヲン[名] 内部の温度を高く保つ設備をもったガラス張り・ビニール張りなどの建物。≡「ー栽培」

おんしつ‐こうか【温室効果】ヲンシツカウクワ[名] 大気中の二酸化炭素・水蒸気・メタン・フロンなどの気体が地表から放射される赤外線(熱エネルギー)を吸収して地球の気温を上昇させること。▼二酸化炭素などの気体が温室のガラスのような効果を及ぼすことから。

おんしつ‐そだち【温室育ち】ヲンシツ[名] 大事に育てられて、世間の苦労を知らないこと。また、そのような人。

おん‐しゃ【恩赦】[名] 裁判によって確定した刑の内容を、国家的慶事などの恩典によって軽減・免除すること。内閣が決定し、天皇が承認する。▼大赦・特赦・減刑・刑の執行の免除・復権の五種がある。

おん‐しゃ【御社】[名] 相手の会社や神社をいう尊敬語。貴社。使い方「貴社」が多く書面で使われるのに対し、「御社」は多く口頭で使われる。

おん‐しゃく【恩借】[名・他サ変] 人の情けによって金品を借りること。また、その金品。おんじゃく。≡「ーの金で旅費をまかなう」

おん‐しゅう【恩▼讐】ウシ[名] 恩とうらみ。情けとあだ。≡「ーの彼方(=恩もうらみも超越した世界)」

おん‐しゅう【温習】ヲンシフ[名] くり返して習うこと。おさらい。≡「ー会(=芸事などの発表会)」

おん‐じゅう【温柔】ヲンジウ[名・形動] おだやかで、やさしいこと。≡「親思いのーな性格」派生ーさ

おん‐じゅん【温順】ヲン[名・形動] ❶性質がおだやかで、すなおなこと。≡「ーな人柄を愛される」❷気候がおだやかなこと。≡「ーの風土」派生ーさ

オンショア【onshore】[名] サーフィンなどで、陸へ向かって吹く風。海風。⇔オフショア

おん‐しょう【恩賞】ヤウ[名] 主君が功績のあった者に金品・地位・領地などを与えること。また、そのもの。

おん‐しょう【温床】ヲンシヤウ[名] ❶苗を早く育てるために人工的に温度を高くした苗床。フレーム。おんど

こ。⬍冷床 ❷ある結果を生みだしやすい事柄。また、その環境。≡「悪の—となる」▼多く悪い意味で使う。

おん-じょう【恩情】ージャウ [名] 目下の者に対する、情け深い心。≡「—に報いる」「師の—にすがる」

おん-じょう【温情】ヲンジャウ [名] 思いやりのある温かい心。≡「—に感謝する」「—主義」

おん-しょく【音色】[名] その音のもつ感じ。ねいろ。

おん-しょく【温色】ヲン [名] ❶おだやかな顔色。❷あたたかさを感じさせる色。赤・黄・緑と、その中間色。暖色。⬍寒色・冷色

おん-しらず【恩知らず】[名・形動] 受けた恩に感謝せず、それに報いようともしないこと。また、その人。≡「—な/の人」

おん-しん【音信】[名] 便り。消息。≡「—不通」▼古風な言い方で「音信いん」とも。

おん-じん【恩人】[名] 恩のある人。世話になった人。≡「命の—」

オンス【ounce】[名] ヤードポンド法で、重さを表す単位。一オンスは一六分の一ポンドで、約二八・三五グラム。記号oz

おん-ず【音図】ヅ [名] ある言語の音韻を図表にまとめたもの。日本語の五十音図など。

おん-すい【温水】ヲン [名] あたたかい水。湯。≡「地下から—がわき出る」「—暖房」「—プール」⬍冷水 ▼天然のものにも加熱したものにもいう。

おんすう-りつ【音数律】[名] 一定の音節数によって組み立てられる韻律。詩歌の五七調・七五調など。

オン-スケ[名] 予定通り。定時に。▼「オンスケジュール(on schedule)」の略。

オンステージ【onstage】[名] 歌や演劇などのもよおし。また、上演中・出演中であること。▼舞台上で、の意。

おん-せい【音声】[名] ❶人間が意思伝達のために音声器官(＝肺・喉頭こう・咽頭いん・口・鼻など)を通じて意図的に発する音。≡「—記号」❷テレビなどの音。≡「—が中断する」

おん-せつ【音節】[名] 一まとまりの音として意識され、単語の構成要素となる音声の単位。日本語ではふつう一母音、または一子音＋一母音によって構成される。シラブル。▼母音で終わる音節を開音節、子音で終わる音節を閉音節という。

おんせつ-もじ【音節文字】[名] 表音文字のうち、一音節を一文字で表す文字。平仮名・片仮名など。

おん-せん【温泉】ヲン [名] ❶地熱で熱せられた摂氏二五度以上の地下水。また、その温水の出る所。出いで湯。⬍冷泉 ⬇鉱泉 ❷①の温水を利用した入浴施設。また、それらの集まった土地。温泉宿。温泉場。≡「—街」

おん-そ【音素】[名] ある言語で、語と語の意味を弁別する音韻上の最小単位。音韻。

おん-ぞうし【御曹司(御曹子)】ザウシ [名] 名門・名士の子息。≡「財閥の—」▼「曹司」は部屋の意。古くは貴族の部屋住みの子息を尊敬して言った。

おん-そく【音速】[名] 音波の速さ。摂氏一五度の空気中では毎秒約三四〇メートル、水中では約一五〇〇メートル。≡「超—ジェット機」

おん-ぞん【温存】ヲン [名・他サ変] ❶使わないで、大切に保存しておくこと。≡「勢力を—する」❷よくないことを改めないままにしておくこと。≡「因習を—する」

おん-たい【御大】[名] 集団の頭かしらなどを親しんで呼ぶ語。≡「—のおでましだ」▼「御大将」の略。

おん-たい【温帯】ヲン [名] 熱帯と寒帯の間の地帯。一般に気候は温暖湿潤で、四季の区別がある。

おんたい-ていきあつ【温帯低気圧】ヲンタイ [名] 温帯で発生する低気圧。

おん-たく【恩沢】[名] めぐみ。恩恵。≡「—に浴する」

おん-だん【温暖】ヲン [名・形動] 気候があたたかく、おだやかなこと。≡「—な気候」⬍寒冷

おんだん-か【温暖化】ヲンダンクワ [名] ⬇地球温暖化

おんだん-ぜんせん【温暖前線】ヲンダン [名] 暖気団が寒気団に乗り上げて進むときに発生する前線。通過時には気温が上がり、広範囲に雨が降る。⬍寒冷前線

おん-ち【音痴】[名] ❶音に対する感覚が鈍く、正しい音程で歌をうたえないこと。また、その人。❷ある種の感覚が鈍いこと。また、その人。≡「方向—・運動—」

おん-ち【御地】[名] 相手の居住地をいう尊敬語。貴地。≡「—の気候はいかがですか」

おん-ちゅう【御中】[名] 団体・会社などにあてた郵便物の、あて名の下に添える敬称。≡「〇〇社—」
注意「〇〇様御中」「△△社御中 〇〇様」は誤り。

おん-ちょう【音調】ウテウ [名] ❶音の高低の調子。≡「—が高い」❷話すときの、声の高低や調子。アクセント・イントネーション・リズムなど。❸詩歌の韻律。❹音楽の曲節。

おん-ちょう【恩寵】[名] ❶めぐみ。いつくしみ。❷キリスト教で、人類に対する神のめぐみ。恩恵。≡「神の—を受ける」▼graceの訳語。

おん-つう【音通】[名] ❶五十音図の同行または同段の音が互いに転換して用いられること。「けむり」と「けぶり」、「たばこ」と「たぼこ」など。相通そうつう。❷同一字音の漢字を共通の意味で用いること。「義」を「誼」に通用するなど。❸俳諧で、五十音図の同行または同段の音が句の切れ目で続けて使われること。「古池やかはずとびこむみづの音」の、「や」と「か」、「む」と「み」の類。

おん-てい【音程】[名] 二つの音の高低の差。≡「正しい—で歌う」

おん-てき【怨敵】ヲン [名] 深いうらみのある敵。≡「—退散」▼古くは「おんでき」と言った。

オン-デマンド【on demand】[名] 利用者の要求に応じて商品などを提供すること。≡「映画の—配信」

おん-てん【恩典】[名] 情けある計らい。有利な取り扱い。

おん-てん【温点】ヲン [名] 体温以上の温度を感じる感覚点。全身の皮膚・粘膜上に点在する。⬍冷点

おん-と【音吐】[名] 話すときの声。こわね。

おん-ど【音頭】[名] ❶大勢で歌うときなど、一人がまっ先に歌って調子をとること。≡「舟唄の—を取る」❷大勢が歌にあわせて踊ること。また、その踊りや歌。≡「東京—」❸人の先に立って物事を始め、大勢をまとめていくこと。≡「自治会長の—で寄付を募る」◈「おんどう」の転。

おん-ど【温度】ヲン [名] あたたかさ、冷たさの度合いを数値で表したもの。≡「—が高い」

おん-とう【温湯】ヲンタウ [名] 熱くもなく、ぬるくもない湯。

おん-とう【穏当】ヲンタウ [名・形動] 判断・処置などが穏やかで無理のないこと。≡「—な解決策」「—を欠く表現」

使い方 ⬇妥当 派生 -さ

おん-どく【音読】［名・他サ変］❶漢字を音で読むこと。音読み。〓「漢文を—する」⬍訓読 ❷文章を声を出して読むこと。〓「教科書を—する」⬍黙読

おんど-けい【温度計】［名］温度をはかる計器。

おんど-さ【温度差】［名］❶観測時間や観測点における温度の差。〓「朝夕の—が大きい」❷当事者間における見解や熱意などの差。〓「住民と行政側の—が大きい」「党内［夫婦間］には微妙な—がある」

おん-どり【▽雄鳥・▽雄▽鶏】［名］❶おすの鳥。❷にわとりの雄。〓「—が時を作る」◈⬍めんどり 書き分け ①は【雄鳥】。②は多く【雄鶏】。

オンドル【ondol 朝鮮】［名］中国東北部・朝鮮半島などで用いられる暖房装置。床下に煙道を設け、焚き口で燃やした火の熱気を送り込んで部屋を暖める。書き方 漢字で書けば、「温▽突」。

おんと-ろうろう【音吐朗朗】［形動タルト］声量が豊かで、遠くまではっきり響くさま。

おんな【女】［名］❶人間の性別で、卵子を作る器官を持って生まれるほう。女性。女子。⬍男 ▼他の語に付けて雌の意にも用いる。〓「—牛」❷成人した女性。❸女性の愛人。情婦。〓「—ができる」❹対になったもののうち、やさしい、なだらかなどの性質をもつもの。〓「—坂」「—結び」▼他の語と複合して使う。

おんな-おや【女親】［名］女のほうの親。母親。母。〓「—に引き取られる」⬍男親

おんな-がた【女形（女方）】［名］⬇おやま

おんな-ぐせ【女癖】［名］女性を、誰でもすぐ誘惑しようとする、男性の性癖。〓「—が悪い」

おんな-ごころ【女心】［名］❶女性の気持ち。女性特有の心理。❷女性が男性を恋しく思う気持ち。また、女性の浮気な心。

◉**女心と秋の空** 女性の愛情は秋の空模様のように変わりやすいということ。

おんな-ざか【女坂】［名］高所にある神社や寺に通じる二本の坂道のうち、距離は長いが傾斜がゆるやかな坂道。⬍男坂

おんな-ざかり【女盛り】［名］女性が心身ともに成熟して最も魅力的な時期にあること。また、その年ごろ。⬍男盛り

おんなじ【▽同じ】［形動］「おなじ」の俗な言い方。

おんな-ずき【女好き】［名］❶容姿・気質などが、女性の好みに合うこと。❷女性との情事を好むこと。また、そのような男性。◈⬍男好き

おんなだてら-に【女だてらに】［副］女性に似合わず。〓「—大酒を飲む」▼女性はしとやかであるべきという固定観念からいう語。

おんな-たらし【女▼誑し】［名］何人もの女性を巧みに誘惑してもてあそぶこと。また、その男性。おんなったらし。

おんな-っ-け【女っ気】［名］❶女性がいること。また、女性がいる気配。おんなけ。〓「—のない家」「—抜きの宴席」❷男性に恋人がいる気配。〓「兄には—がない」❸女性が女性らしいようすであること。〓「化粧もせず—のない女」

おんな-で【女手】［名］❶女性の労働力。また、女性の働き手。〓「—一つで息子を育てる」✓注意「女手一つで」を「女手一人で」とするのは誤り。❷〔古風〕ひらがな。女文字。▼平安時代、女性が用いたことから。❸女性の筆跡。◈⬍男手

おんな-の-こ【女の子】［名］❶女の子供。また、娘。〓「お下げ髪の—」❷若い女性。〓「会社の—」▼親しんで、また、軽く見て使う。◈⬍男の子

おんな-むすび【女結び】［名］ひもの結び方の一つ。男結びの結び方を左から始めるもの。おなごむすび。⬍男結び

おんな-らし・い【女らしい】［形］容姿・性質・態度などが、いかにも女性という感じである。〓「—手」派生 -さ

おん-ねつ【温熱】［名］温かさをもたらすものとしての熱。〓「—効果」「—療法（＝患部または全身をあたためる治療法）」

おん-ねん【怨念】［名］深くうらむ気持ち。〓「—を抱く」

おん-の-じ【御の字】［名］大いにありがたい。〓「一万円ももらえれば—だ」▼「御」という字をつけて感謝したいの意。✓注意 ⑴「恩の字」と書くのは誤り。⑵十分ではないが、一応、納得できるの意で使うのは誤り。

おんば【〈乳母〉】［名］うば。めのと。▼「おうば」の転。

おん-ぱ【音波】［名］発音体の振動によって周囲の空気などに発生し、媒体中を伝わっていく周期的な縦波。〓「超—」

おんば-ひがさ【〈乳母〉日傘】［名］乳母をつけ、日傘をさしかけて、子供を大事に守り育てること。

オン-バランス【on-balance】［名］貸借対照表に数字が記載されていること。また、その項目や額。⬍オフバランス

オン-パレード【on parade】［名］❶俳優などが勢ぞろいすること。総出演。❷同じ物事がたくさん並ぶこと。〓「三振の—」

おん-ばん【音盤】［名］レコード盤。

おん-びき【音引き】［名］❶辞書・字典で、ことばを発音や字音によって引くこと。また、そのように編集された辞書・字典。〓「—索引」⬇画引き ❷長音符号「ー」。

おんぴょう-もじ【音標文字】［名］❶表音文字。かな・ローマ字など。❷発音記号。

おん-びん【音便】［名］発音しやすいように語中・語尾の音が他の音に変化すること。イ音便・ウ音便・促音便・撥音便の四種がある。

おん-びん【穏便】［形動］おだやかで、かどだたないさま。〓「—に事を運ぶ」「—な処置」派生 -さ

おんぶ【負んぶ】［名・自他サ変］❶せおうこと。また、せおわれること。〓「子供を—する」▼幼児語的な言い方。❷人に依存すること。◈「おぶう」の転から。

◉**負んぶに抱っこ** 子供がおんぶすれば抱っこしてと甘えるように、いい気になってすべて人に頼り切ること。

おん-ぷ【音符】［名］❶漢字で、構成要素の一つである音を表す部分。「泊」「拍」「迫」の「白」など。❷漢字・仮名などの文字につけて発音を示す補助符号。濁音符「゛」、半濁音符「゜」、促音符「っ」、反復音符「々」「ゝ」「く」、長音符「ー」など。❸五線譜に記入して、音の長さと高さを表す符号。全音符「𝅝」、二分音符「𝅗𝅥」、四分音符「♩」など。

おん-ぷ【音譜】［名］楽譜。〓「—を読む」

おん-ぷう【温風】［名］❶あたたかい風。春の風。❷暖房装置などが送り出す、あたたかい風。

オンブズマン【ombudsman スウェーデン】［名］行政機

関などの違法行為を監視・調査し、国民や市民の苦情を処理する人。行政監察委員。▽スウェーデン語で代理人の意。

おん-ぼう【▽隠亡・▽隠坊】ヲンバウ〔名〕昔、火葬・埋葬・墓守などを職業とした人。江戸時代以降、その業を不当に差別する語として用いられてきた。

おん-ぼろ〔名・形動〕ひどくいたんでいること。また、そのもの。‖「ーの小屋」「ーバス」派生 -さ

おん-まえ【御前】ヘマ〔名〕❶神仏や貴人の面前・座前を高めていう語。御前。‖「陛下のーにかしこまる」❷女性が手紙の脇付に使う語。みもとに。御前。▽おそばまで差し上げますの意。

おん-み【御身】㊀〔名〕「身」の尊敬語。おからだ。‖「ーご大切に」▽手紙文などで使う。㊁〔代〕〔古風〕〔二人称〕あなた。‖「ーの母上」▽軽い敬意を含む。

おん-みつ【▽隠密】〔名〕❶〔形動〕ひそかに事を行うこと。‖「ーに事を運ぶ」❷戦国時代から江戸時代にかけて、情報収集や諜報活動を役目とした下級武士。忍びの者。庭番。間者。

おんみょう-じ【▽陰▽陽師】オンヤウ〔名〕➡おんようじ(陰陽師)

おんみょう-どう【▽陰▽陽道】オンヤウダウ〔名〕➡おんようどう(陰陽道)

おん-めい【音名】〔名〕音楽で、一定の高さの音につける、その音固有の名称。▽日本では「ハニホヘトイロ」、英米では「CDEFGAB」など。

おん-めい【恩命】〔名〕情けある、ありがたい命令。

おん-も〔名〕幼児語で、おもて。家の外。‖「ーで遊ぶ」

おん-やく【音訳】〔名・他サ変〕❶漢字の音(まれに訓)を用いて外国語の音を書き表すこと。クラブを「倶楽部」、パリを「巴里」と書く類。音写。❷文字情報を視覚障害者のために音声化すること。音声訳。

おん-やさい【温野菜】ヲン〔名〕ゆでたり蒸したりした温かい野菜料理。⇔生野菜

おんよう-じ【▽陰陽師】オンヤウ〔名〕陰陽道を修め、暦数・卜筮・地相判定などの方術を行う人。律令制下では、陰陽寮に属した。おんみょうじ。

おんよう-どう【▽陰陽道】オンヤウダウ〔名〕中国の陰陽五行説に基づき、天文・暦数・卜筮などを扱って禍福・吉凶などを占う方術。おんみょうどう。

おん-よく【温浴】ヲン〔名・自サ変〕湯にはいること。入浴。➡水浴

おん-よみ【音読み】〔名・他サ変〕➡おんどく(音読)①⇔訓読み

オン-ライン〔名〕❶[on-line]コンピューターで、入出力装置などがコンピューター本体に接続された状態。また、コンピューターがネットワークに接続された状態。‖「ーシステム(=オンラインによって情報の処理を行う方式)」⇔オフライン ❷[on-the-line]テニス・バレーボールなどの球技で、ボールが区画線上に落ちて、有効打となること。

オンライン-ゲーム[online game]〔名〕インターネットなどのネットワーク上で遊ぶコンピューターゲーム。複数のプレーヤーが同時に参加するものが多い。インターネットゲーム。ネットゲーム。

オンライン-ショッピング[on-line shopping]〔名〕インターネットを使って商品紹介と受注を行う通信販売。インターネットショッピング。インターネット通販。ネットショッピング。ネット通販。

オンリー[only]〈造〉ただそれだけ。‖「仕事ーの生活」

おん-りつ【音律】〔名〕❶音の調子。音楽のリズム。❷音楽で、音の高さの相対的な関係を物理学的・音響学的に整理した体系。西洋音楽の平均律・純正律、日本・中国音楽の十二律など。

おん-りょう【怨霊】ヲンリヤウ〔名〕うらみを抱いて死んだ人の霊。

おん-りょう【音量】ーリヤウ〔名〕音の大きさ。ボリューム。‖「テレビのーを上げる」「ーが豊かな歌手」

おん-りょう【温良】ヲンリヤウ〔名・形動〕性格がおだやかで、素直なこと。‖「ーな人柄」派生 -さ

おん-れい【御礼】〔名〕「礼」の謙譲語。感謝の気持ちを表すこと。また、そのことば。‖「ー申し上げます」

おん-わ【温和・穏和】ヲン〔名・形動〕❶気候がおだやかで、寒暖の差があまりないこと。‖「瀬戸内海のーな島」❷性質がおだやかで、やさしいこと。‖「めったに怒らないーな人柄」書き分け ①は多く【温和】、②は多く【穏和】。派生 -さ

か

か【香】〔名〕におい。かおり。‖「梅がー」「湯のー」「残りーが」▽ふつう、よいにおいについて使う。

か【蚊】〔名〕カ科の昆虫の総称。小形で体も足も細い。雌は人畜の血を吸い、伝染病を媒介するものもある。夏に多く発生し、幼虫はボウフラと呼ぶ。

◉**蚊の鳴くような声** 蚊の羽音のように、かすかで弱々しい声。

◉**蚊の涙** きわめてわずかなもののたとえ。

か【可】㊀〔名〕❶よいこと。また、よいとして認めること。‖「ー決」「許ー」❷成績の評価で、優・良に次ぐ段階。㊁〈造〉できる。‖「ー能・ー燃性」

◉**可もなく不可もなし** 特によくもないが、別に悪くもない。▽『後漢書』から。

か【果】クワ㊀〔名〕❶原因があって生じるもの。むくい。結果。❷修行によって仏道の真理をさとること。さとり。仏果。㊁〈造〉❶くだもの。‖「ー実・ー樹」「青ー」❷あることをしたために生じるもの。‖「効ー・成ー」❸思いきってする。‖「ー敢・ー断」

か【科】クワ㊀〔名〕❶系統だてた区分。分類した種目。‖「ー学」「教ー・外ー」❷生物分類学上の区分で、「目」の下、「属」の上。‖「ヒトー」㊁〈造〉❶きまり。おきて。‖「ー条」❷おきてに背いた罪。とが。‖「罪ー・前ー」

か【華】クワ㊀〔名〕はなやかなこと。‖「ー燭・ー麗」「栄ー・豪ー」㊁〈造〉❶植物のはな。‖「ー道」❷白い粉。‖「亜鉛ー」❸中国のこと。また、「中華民国」の略。‖「日ーの友好をはかる」◈「花」に通じる。

◉**華を去り実に就く** 見かけの華やかさを捨てて地味で堅実な態度を重んじる。

か【寡】クワ㊀〔名〕少ないこと。また、少人数。‖「ー作・ー聞」「多ー」㊁〈造〉配偶者に死に別れた人。‖「ー婦」

◉**寡は衆に敵せず** ➡衆寡敵せず

か【課】クワ㊀〔名〕❶教科書・教育内容などの区分。‖「ー外」「学ー」❷役所・会社などの、業務機構の区分。‖「ー長」「経理ー」▽ふつう「局」や「部」の下、「係」の上。

㊁〔造〕わりあてる。わりあて。〓「—税」「日—」

か【▽彼】〔代〕❶〔古風〕遠くの人・物を指し示す語。⬇かの ❷〈何（なに・なん）と対応して〉漠然とした物事を指し示す語。〓「何や—やで忙しい」「何の—のと文句を言う」

か ㊀〔副助〕❶〈疑問を表す語に直接、または特定の語を介して付いて〉**不定**を表す。不確かで、はっきりそれと特定できない（特定しない）意。〓「玄関に誰**か**来たようだ」「何**か**酒の肴（さかな）はない**か**」「どこ**か**遠くへ行きたい」「いつの間に**か**雨は上がっていた」使い方「いずれの日に**か**国に帰らん〈藤村〉」のように、文語は文末を連体形で結ぶ（係り結び）。

❷**選言**を表す。対等（特に、肯定・否定の対立）の関係にあるものを並べて、どれかを選ぶ意。Aまたは〔もしくは・あるいは〕B。〓「昼食はそば**か**うどん（**か**）だ」「君がやる**か**僕がやる**か**だ」「賛成**か**否**か**は依然不明だ」「知って**か**知らず**か**、けろりとしている」使い方 ⑴後ろの「か」を省略するものや、慣用的に言わないものもある。〓「三〇分**か**そのくらいは待ったと思う」⑵⬇「か」の文型表現1

❸〔古風〕〈疑問を表す語に付いて〉**反語**を表す。…だろうか、いや…ない。〓「誰**か**波路を望み見てそのふるさとを慕わざる〈藤村〉」「人生意気に感ず、功名誰**か**復（ま）た論ぜん〈魏徴〉」▼口語の反語は㊁⑤を参照。使い方 文語文法では係助詞とし、文末を連体形で結ぶ（係り結び）。

㊁〔終助〕〈句末、特に文末に使う〉❶〈自問に使って〉**疑い**の気持ちを表す。詠嘆の気持ちがこもることも多い。〓「これでいいのだろう**か**」「もはやこれまで**か**」「あの人はいつになったら来るの**か**なあ」使い方 疑いの意からさまざまな意になる。⬇「か」の文型表現2

❷**問いかけ**（＝質問）を表す。〓「今晩はお暇です**か**?」「今何時です**か**?」「誰が茶碗（ちゃわん）を割ったの**か**?」「体調はどう**か**な?」使い方 ⑴「今晩、お暇?」「今、何時です?」など、上昇調のイントネーションを伴えば、「か」を言わないですませることもできる。⑵⬇「か」の文型表現3

❸**感動・驚き・詠嘆**など、強い情動を表す。〓「ああそう**か**」「これが例の事故現場**か**」「やっぱりあなただったの**か**」「なんだ、来てたの**か**」使い方⬇「か」の文型表現4

❹軽い詠嘆をこめて、確認したり納得したりする意を示す。〓「やはりあの手で来た**か**」「ま、こんなところ**か**」

❺**反語**を表す。…だろうか、いや…ない。〓「大学なんて誰が行く**か**」「あんな残虐行為が許されるだろう**か**」▼文語の反語は㊀③を参照。

❻〈断定できない内容を表す文に付いて〉その情報を不確かなものとして示す。〓「彼女が何時に着いた**か**は不明だ」「彼が何を話した**か**が知りたい」

◈使い方 基本的には、活用語の終止形や、述語となる名詞・副詞などに付く。断定の助動詞「だ」には終止形に付くが、その場合、文末には付かず文中には付くことがある。「今日は休日×だか／○ですか」「○誰が誰だ**か**分からない」。「だ」と同系統の「…ようだ」「…そうだ」「…べきだ」「…のだ」や、形容動詞には、語幹の部分に付く。

「か」の文型表現

1 AかBか（㊀②）

㋐〔…かどうか〕その情報が不確かなものであることをはっきりと示す。〓「彼女が彼の従妹**か**どう**か**は怪しい」「来春卒業できる**か**どう**か**は疑わしい」▼「…か…ないか」「…か否か」（㊀②）の婉曲（えんきょく）な言い方。「卒業できるの**か**さえ疑わしいのに…」のように「どうか」を省略した言い方もある。⬇㊁⑥

㋑〔数値＋…か…ない（か）〕…を超えることはないが、だいたい…ぐらい。だいたい…以下。〓「値段は千円する**か**しない**か**だ」「年のころは四〇歳になる**か**ならない**か**だ」

㋒〔…か何［誰・どこ］か〕他を選択する余地を残しながら、それを有力な候補として挙げる。…か、そうでないならば、その類に属する他のものの意。〓「ビール**か**何**か**冷たい物が飲みたい」「田中先生**か**誰**か**に聞こう」「ハワイ**か**どこ**か**に行こうよ」

㋓〔数値＋かそこ（い）ら〕おおよその値を表す。正確には…でないとしても、だいたいそのくらい。およそ…。〓「二十（はたち）**か**そこらの若造が生意気を言うな」「完成までには一〇年**か**そこいらはかかる」

2 疑いを表す終助詞「か」（㊁①）

㋐〔…たものか〕そうすべきかどうか迷う意を表す。詠嘆の気持ちがこもることも多い。〓「先生に知らせたものかどう**か**」「この仕事は誰に頼んだもの**か**」

㋑〔…では［じゃ］ないか〕疑いを残しながらの、控えめな断定を表す。〓「あれは山田さんじゃない**か**」「これは地震の前触れではないでしょう**か**」「僕は彼が犯人ではない**か**と思う」

㋒〔…ないものか〕理想の実現を待ち望む気持ちを表す。〓「もっとうまくできないもの**か**」「期日までに間に合わせられないものだろう**か**」

㋓〔…ものか〕⬇ものか（終助詞）〓「負けてなるもの**か**」

3 質問を表す終助詞「か」（㊁②）

㋐〔話し手の動作を表す表現＋…（よ）うか〕相手の意向を聞く形で、話し手の申し出を表す。〓「私が案内しよう**か**」「冷房を入れましょう**か**」

㋑〔聞き手の動作を表す表現＋…ないか〕話し手の提案や勧誘を表す。〓「こっちに来ない**か**」「この薬を試してみない**か**」

㋒〔聞き手と共同の動作を表す表現＋…するか［（よ）うか・ないか］〕話し手の提案や勧誘を表す。〓「そろそろ退散する**か**」「少し休みましょう**か**」「一緒に食事しません**か**」「ここらで河岸（かし）を変えない**か**」

㋓〔目下の聞き手の動作を表す表現＋…ないか［んか・ぬか］〕難詰（なんきつ）の気持ちをこめて命令する。〓「早く来ない**か**」「いい加減にしない**か**」「おい、ちょっと待たん**か**」

㋔〔いいか・よろしいか〕聞き手の注意を引きつけて、念を押す。〓「いい**か**、坊や、よく聞きなさいよ」

㋕〔…では［じゃ］ないか…ではありませんか〕自分の判断に対して共感や同意を求めるのに使う。また、反駁（はんばく）・難詰（なんきつ）するのに使う。〓「彼はなかなかいい役者ではない**か**」「ほら、あそこに信号があるじゃないです**か**」「『猿も木から落ちる』というではありません**か**」

㋖〔…てはどう［いかが］か…たらどう［いかが］か〕相手の行動に対する、話し手の提案・促し・勧告などを表す。〓「先輩に相談してみたらどう**か**」「試しに試験を受けてみてはいかがです**か**」使い方 上昇調のイントネーションを伴えば、「…ては?」「…たら?」だけですませることができる。

㋗〔…てもらえる［いただける］か…てくれる［くださる］か〕婉曲（えんきょく）に言って、丁寧な依頼を表す。〓「貸してもらえます**か**」「やってくださいます**か**」使い方 打ち消しの形にすると、さらに丁寧な言い方になる。「教えていただけないでしょう**か**」

4 感動・驚き・詠嘆などを表す終助詞「か」(二)③

㋐「…ことか」感動・詠嘆を表す。‖「どんなに心配したことか」

㋑「…では[じゃ]ないか」予想外のことに対する驚きの気持ちを表す。‖「泣くどころか平然としているではないか」

5 その他の「か」の文型表現(㋐㋑は(一)、㋒は(二))

㋐「…のみか…ばかりか…どころか」それだけではなく、さらにもっと。また、そうではなく、反対に。‖「国内のみか海外にも知られている」「敵ばかりか味方にまで裏切られた」「がっかりするどころか、喜んでさえいる」

㋑「どんなにか…＋推量表現」程度がはなはだしいことを推し量る。‖「合格できたらどんなにかうれしいだろう」「どんなにか悔しかったに違いない」 使い方 「だろう」を伴う場合は「か」を省略することもある(「どんなにうれしいだろう」)。古風な言い方に「いかばかりか」がある。

㋒「…とする[しよう]か…てみるか」(自問自答して)静かな決意を表す。‖「よし、そろそろ出かけるとするか」「一つやってみるか」

か［接頭］〈多く形容詞に付いて〉調子を整え、また意味を強める。‖「―弱い・―細い」

か【化】(ワ) 一［接尾］〈名詞などに付いて〉そのような性質・状態などに変える(変わる)意の名詞を作る。(その名詞は「する」を伴ってサ変動詞を作る)‖「美―」「機械―・自由―・高齢―・文庫本―・全額自己負担―・省エネ―・グローバル―」 使い方 「入園料を無料にする/無料化する」「新制度の定着を図る/定着化を図る」などでは、「～化」のほうが〈変化する・させる〉の意を強調した表現となる。二(造)❶ある方向に導く。‖「感―・教―」❷「化学」「化合」の略。‖「―繊」「塩―・酸―」

か【日】(造)日数、また、日にちを表す。‖「二―かかる」「三月三―」▽「か」が付くのは「二日・三日・四日・五日・六日・七日・八日・九日・十日・二十日」。古くは「三十日」も。

か【下】(造)❶位置・場所などが低い方。‖「―部・―流・―半身」「階―・眼―・地―」❷地位・程度などが低い方。‖「―級・―士官」❸支配・管理・影響などを受ける方。‖「傘―・部―」❹低い方に動く。また、低い方に動かす。‖「却―・沈―・落―」

か【火】(ワ)(造)❶燃える。燃やす。また、燃えるときに発する光や熱。‖「―山・―葬・―事」「出―・鎮―・放―」❷ともしび。あかり。‖「漁―・灯―」❸火薬などを用いた兵器。‖「―器」❹急ぐさま。‖「―急」❺「火曜(日)」の略。❻五行の一つ。

か【加】(造)❶ふやす。ふえる。‖「―減・―速」「増―」❷くわえる。くわわる。‖「―害・―工」「追―」❸仲間に入る。‖「―入」「参―」❹足す。足し算。‖「―減乗除」

か【仮】(造)❶かりの。一時的な。‖「―設・―装・―眠」❷ほんものではない。‖「―死」❸かりる。‖「―借」 旧 假(「仮」と「假」は本来別字)

か【何】(造)疑問を表す語。‖「誰―」

か【花】(ワ)(造)❶植物のはな。‖「―鳥・―壇・―瓶」「開―・造―・百―・落―」❷はなやかなさま。美しいさま。‖「―燭」「詞―」◈「華」と通じる。

か【佳】(造)❶すぐれている。‖「―作・―品」「絶―」❷めでたい。‖「―日」❸美しい。‖「―人」

か【価】(造)❶ねだん。あたい。‖「高―・定―・特―・物―」❷ねうち。‖「真―・評―」 旧 價

か【河】(造)❶大きなかわ。‖「―口・―川」「運―・氷―」❷黄河。‖「―南」▽「揚子江」を「江」と呼ぶのに対していう。

か【苛】(造)❶きびしい。むごい。‖「―酷・―烈」「―斂誅求」❷皮膚をただれさせる。‖「―性ソーダ」

か【架】(造)❶かける。かかる。‖「―橋・―空・―設」「高―」❷たな。物をのせる台。‖「開―・書―・担―」

か【夏】(造)なつ。‖「―期」「初―・盛―」

か【家】(造)❶いえ。すまい。‖「―屋・―具」「農―・民―」❷一門。一族。‖「―業・―庭」「旧―」❸学問・技芸の流派。‖「儒―・諸子百―」❹一つの学問・技芸にたずさわる人。‖「画―・小説―・落語―」❺その性質・傾向の強い人。‖「空想―・努力―」

か【荷】(造)❶になう。かつぐ。‖「―重・―担」❷に。にもつ。‖「集―・出―」「酒樽三―」

か【菓】(ワ)(造)❶くだもの。▽「果」に通じる。❷かし。‖「―子」「茶―・銘―」▽ふつう「菓」は「かし」の意に、「果」は「くだもの」の意に使う。

か【貨】(ワ)(造)❶金銭。また、価値あるもの。たから。‖「―幣」「金―・硬―」❷品物。‖「―物」「雑―・百―」

か【渦】(ワ)(造)うず。うずをまく。‖「―中」「戦―」

か【過】(ワ)(造)❶通りすぎる。また、時がすぎる。‖「看―・経―」「―去」❷度がすぎる。‖「超―」「―激・―保護」❸あやまつ。あやまち。‖「―失」「罪―」

か【嫁】(造)❶よめ。よめに行く。‖「降―・婚―」❷他人になすりつける。‖「転―」

か【暇】(造)❶ひま。‖「余―」❷やすみ。‖「休―」

か【禍】(ワ)(造)わざわい。災難。‖「―根・―福」「惨―・戦―・筆―」 旧 禍

か【靴】(ワ)(造)くつ。‖「軍―・長―」

か【▼嘉】(造)よい。すぐれている。めでたい。‖「―言・―肴・―納」

か【歌】(造)❶うた。うたうこと。‖「―詞・―手」「演―・校―・賛美―」❷和歌。‖「―集・―人」「短―」➡「うた(歌)」のコラム(五一ページ)

か【箇】(造)物を数える語。‖「―所・―条」「二―所・三―条・四―月」 書き方 「▼个」「▽個」とも。また、数詞に続くときは、「か」のほかに、「ケ」「ヶ」「カ」「ヵ」とも(一ケ所・二ヶ所・三カ月・四ヵ月)。

か【稼】(造)かせぐ。‖「―業・―働」

か【▼霞】(造)かすみ。もや。‖「雲―・煙―」

か【▼顆】(ワ)(造)つぶ。‖「―粒」「三―のルビー」

が【我】一［名］自分本位の考え。二(造)自分。‖「―執・―流」「彼―・忘―」

◉**我が強・い** 自分の考えを押し通そうとする気持ちが強い。強情だ。意地っ張りだ。

◉**我を折・る** 主張してきた意見を変えて譲歩する。

◉**我を通・す** 自分の考えを変えないで押し通す。

が【画】(ワ)一［名］絵をかくこと。また、かかれた絵。‖「―中の人物」「水墨―・風景―」「―家」二(造)映画。映像。‖「邦―・洋―」「―質」 旧 畫

が【賀】［名］祝い。‖「新年の―」「―正・―状」「年―」

が【▼蛾】［名］チョウ目の昆虫のうち、チョウ以外のものの総称。糸状・羽毛状・櫛の歯状などの触角をもち、腹部が太い。多くは夜行性。幼虫はイモムシやケムシの類で、多くさなぎになるときに繭をつくる。幼虫が農作物を食べる害虫も多いが、カイコのような益虫もある。

が【雅】 ㊀[名]みやびやかなこと。≡「—と俗」「—号・—趣・—俗」「高—・典—・風—・優—」㊁(造)正しい。≡「—楽・—言・—歌」

が [接]逆接を表す。しかし。だが。≡「言われるままにやってきた。—、もう我慢できない」「手は尽くした。—、助けられなかった」▽接続助詞「が」から。

が ㊀[格助]〈体言や体言相当の句に付いて〉

A 主語を表す

❶〈下に動作・作用を表す表現を伴って〉その動作・作用の担い手を表す。≡「太郎**が**学校に行く」「犬**が**鳴く」「水**が**流れる」

❷〈下に感情や感覚を表す表現を伴って〉その感覚や感情の感じ手を表す。≡「花子**が**勉強が嫌いなのは有名な話だ」「君**が**水が欲しければ自分で取ってこい」[使い方]連体修飾や接続表現の中では「が」の形で現れるが、単文では、「花子は勉強が嫌いだ」のように「は」で表される。単文で「が」を使って言うと「花子が勉強が嫌いなのだ」のように、文末に「のだ」が付きやすく、意味的にも⑦の用法になる。

❸〈下に物事の発生を表す動詞を伴って〉その動作・作用によって生じるものを表す。≡「ご飯**が**炊ける」「事件**が**起こる」「風**が**吹く」「鉄板にさび**が**生じる」

❹〈下に存在や所有などを表す表現を伴って〉存在するものを表す。≡「山の上に家**が**ある」「この案には問題**が**ある」「彼には三人の子供**が**いる」「彼女にはお金**が**ある」

❺〈下に属性を表す表現を伴って〉その性質をもっているものを表す。≡「ああ、空**が**青いな」「都市は人口**が**多い」「象の鼻**が**長い」「辞書は使い慣れたの**が**よい」

❻〈下に受身や使役の表現を伴って〉動作・作用の担い手に替えて主語に据えた、動作の受け手や使役者を表す。≡「太郎**が**先生にほめられた」「先生**が**花子に本を読ませている」[使い方]近年見られる「〜が売っている」「〜が掲載している」は「〜が売られている」「〜が掲載されている」のような受身の形が正しい。

❼述部の内容に当てはまるものをある範囲内で探し出して、それと指し示す。≡「太郎**が**犯人だ」「私**が**許可しました」[使い方]この「Aが〜」は、「〜はAだ」の形に置き換えることができる。「太郎**が**犯人だ(→犯人は太郎だ)」「私**が**許可しました(→許可したのは私です)」。前者の用例の場合、あるグループ内から「犯人である」という内容に当てはまるものを探して、それが「太郎」であると指し示す言い方。

❽〈下に感情や感覚を表す表現を伴って〉感情や感覚を引き起こすものを表す。≡「故郷**が**懐かしい」「僕は足**が**痛い」[使い方]「君を好き[嫌い]だ」など好悪の表現では「を」とも言うが、「が」が一般的。⬇好き㊁[使い方]

❾〈下に知覚を表す動詞を伴って〉知覚した対象や知覚をもたらす部位を表す。≡「山**が**見える」「君には波の音**が**聞こえますか」「目**が**見える」

❿〈下に可能を表す表現を伴って〉可能であるものの内容や機能を表す。≡「彼は英語**が**読める」「ゴルフ**が**できる」「彼にはその魚**が**食べられなかった」「よくも、あんな生意気な口**が**利けるものだ」[使い方]「英語を読める」「魚を食べられない」「ゆっくりと音楽を聴ける」のように「を」で置き換えられるものが多い。

⓫〈他動詞の動作・作用の対象を述語全体の主語としてとらえて〉要求を引き起こすものや、その傾向を帯びているものを表す。≡「魚**が**食べたい」「この定規は線**が**引きやすい」「前**が**見にくい」▽他動詞+希望の助動詞「たい」、他動詞+難易や傾向を表す語(「やすい・がたい・にくい・づらい」など)の形で使う。⑤⑧と同様の意を表す。[使い方]「魚を食べたい」「線を引きやすい」のように「を」に置き換えられるものが多い。

◈[使い方](1)⑧〜⑪は〈対象〉を表すともされる。また、これらはしばしば、「僕は足が痛い」「彼は英語が読める」など、「〜は〜が」という二つの主語を持つ文で使われる。(2)「ハトが飛んでいる」のような動詞文の主語は、普通は①と解釈されるが、「あそこに飛んでいるのは何?」のように、「飛んでいる」という内容に当てはまるものを指摘する文脈では⑦に解釈される。「私がこの絵を描いた」や「この会社が技術がある」などの「私が」や「この会社が」も、「この絵を描いた」「技術がある」の内容に該当するものを示している。「(この会社が)技術がある」のように、④⑤⑧〜⑪などの「が」が、⑦の「が」と組み合わされ、二つの主語を持つ文が作られることがある。この場合、述語から遠い方の「が」が⑦になりやすい。「都市部が夜間が人口が少ない」のように、「が」が二つ以上重ねて用いられることもあるが、「都市部が」が⑦の解釈を受けやすい。また、「私がこの絵を描きました」のように、単文で一人称に「が」を付けると、⑦の解釈を受けやすくなる(写真を見て「ここに私がいるよ」のようなものを除く)。このため、自分に関わることを出来事として伝えるには、「私、結婚しました」のように「が」を落とすことで①を表すことになる。

B 前置きを示す。…けれども。

が ㊁[接助]❶補足的説明を表す。≡「新聞で読みました**が**」「さっき彼に会いました**が**」

❷自分の立場や心情、また、自分が推測した相手の立場や心情を表す。≡「はっきり言います**が**」「ちょっとお尋ねします**が**」「ご存じとは思います**が**」「失礼です**が**」

❸話題の前提となる物事を示す。≡「目が赤い**が**、どうしたのか」「調査の結果だ**が**、予想通りだね」

❹先に述べた事柄に対して、その唐突さを何らかの説明で軽減する気持ちで、新しい話題を提示する。≡「彼の本を読みました**が**、なかなか面白いですよ」

C 二つの事柄を結びつける

❺対比的な関係にある二つの事柄を結び付ける。…けれども。≡「兄は器用だ**が**、弟は不器用だ」「急いだ**が**、間に合わなかった」「安い**が**、質はよい」

❻関連しそうな二つの事柄を結びつけ、後件がより核心的であることを表す。≡「質は悪い**が**、値段も安い」「親も大変だ**が**、子供も苦労する」「親も親だ**が**、子も子だね」

D 自分の考えをほのめかす。…けれども。

㊂[終助]❶心情を示して、実現を望む意をほのめかす。≡「休ませていただきたいのです**が**」「このままうまくいけばいい**が**…」

❷事情を示して、拒絶の意をほのめかす。≡「明日は用事があるのです**が**」「今日はもう閉店なんです**が**」

❸現状への関わりや認識などを示して、現状が期待通りでない意をほのめかす。≡「私も注意したんです**が**」「もう着いてもよいころだ**が**」

❹未実現の事柄を示して、至らない点を悔いる意をほのめかす。≡「あと一息なんだ**が**」「ちゃんと準備しておけばよかったんだ**が**」

❺相手の立場を示して、自分は同意できない意をほのめかす。≡「君にも言い分はあるだろう**が**…」

E その他

❻状況を示し、相手に反応を求める。…けれども。≡「…

もしもし、田中ですが」「社長がお呼びですが」❼恨みをこめてののしる意を表す。‖「この大ばか者めが！」▼「この大ばか者めが、何をしているんだ」のような格助詞の用法から。

「が」の文型表現

❶格助詞「が」㈠
㋐［名詞＋が］所有や所属を表す。…の。‖「我らが母校」「おらが宿」
㋑［動詞連体形＋が＋ごとし［まま・ため・ゆえ］］語調を整える。‖「流れるがごとき旋律」「言うがままになる」「反対せんがための反対」「恋するがゆえの悲劇」
㋒［今が今］まさに今。‖「今が今まで知らなんだ」
㋓［AがA（Aは数量を表す語）］その全てがそろって。‖「五人が五人とも」「皆が皆元気だ」
㋔［AがAだ］それが容易に推測される特定の内容に当てはまることを示唆する。よりによってあの。‖「親が親だから不良になるのも当然だ」「問題が問題だとはいえ、何らかの策はあろう」「世が世なら、お姫様だ」
㋕［AがAでも［だか・やら］］（Aは不定の意を表す語）個々についての判別がつかず、全てが同じ状況であることを表す。‖「何が何でも（＝どうあっても）やりぬく」「何が何だか（＝何がどうしたのか）わからない」

❷接続助詞「が」㈡
［…（よ）うが］前件に拘束されないで、後件が成立する意を表す（逆接の仮定条件）。たとえ…したとしても。…（よ）うとも。…（よ）うと。‖「誰がなんと言おうが私はやる」「観客が来ようが来まいが上演する」

❸終助詞「が」㈢
［…（よ）うが］相手の過ちに対して、高圧的に非難して同意を求める。‖「どうだ、だからやめろと言っただろうが」「君が行くまでもないだろうが」 使い方 類似の言い方に「…（よ）うに」がある（「君が行くまでもないだろうに」）。ただし、これには相手に同意を求める意はない。

が【牙】（造）❶きば。‖「歯ー・毒ー」❷（象牙で飾った）大将の旗じるし。また、それを立てた陣営。‖「ー城」◈常用漢字表では、一画多い「牙」も同字とする。

が【瓦】（造）かわら。‖「ー解・ー礫」「煉ー」

が【▼臥】（造）うつぶせになる。横たわる。‖「起ー・病ー」「ー薪嘗胆」

が【芽】（造）草や木のめ。‖「胚ー・麦ー・萌ー」

が【餓】（造）うえる。うえ。‖「ー鬼・ー死」「飢ー」

カー［car］［名］❶自動車。‖「マイー・オープンー」❷列車の車両。‖「グリーンー」

カーキ-いろ【カーキ色】［名］茶色がかった、くすんだ黄緑色。枯れ草色。▼「カーキ（khaki）」はもとヒンディー語で、土ぼこりの意。

カーゴ-パンツ［cargo pants］［名］両ももの脇の部分にひだ付きのポケットが付いたズボン。▼貨物船（cargo boat）の乗組員が着用していたことから。

かあ-さん【《母さん》】［名］「おかあさん」のくだけた言い方。⇕父さん ▼「かかさん」の転。

カー-シェアリング［car sharing］［名］自動車を、複数の会員や会社で共有し、相互に利用できる仕組み。カーシェア。

カースト［caste］［名］インドで歴史的に形成された世襲の社会身分制度。バラモン（＝僧侶）・クシャトリア（＝王族）・バイシャ（＝平民）・シュードラ（＝征服された先住民）の四種姓（＝バルナ）を起源とするが、現在に至るまで複雑に細分化され、その階層は二千にも達するといわれる。カスト。▼インドの憲法はカーストによる差別を否定している。

ガーゼ［Gaze ドイ］［名］あらい平織りにした、薄くて柔らかな綿布。消毒して医療などに用いる。

カーソル［cursor］［名］❶コンピューターなどの画面上で、滑り動いて次の入力位置などを表示するもの。❷計算尺・測量器などで、前後または左右に滑り動く透明な板。中央に引かれた細い線（カーソル線）に重なる目盛りを読む。

ガーター［garter］［名］靴下どめ。靴下つり。

カー-チェイス［car chase］［名］自動車と自動車が追いつ追われつすること。

かあ-ちゃん【《母ちゃん》】［名］❶幼児などが母親を呼ぶ語。▼「かあさん」よりくだけた言い方。❷仲間うちで自分または他人の妻を呼ぶ語。‖「うちのー」

か-あつ【加圧】［名・自他サ変］圧力を加えること。‖「圧力鍋でーする」「ー装置」⇕減圧

カーディガン［cardigan］［名］毛糸類で編んだ、前あきで襟のないジャケット。カーデガン。▼創案者カーディガン伯爵（英）の名にちなむ。

ガーデナー［gardener］［名］庭師。造園家。園芸家。

ガーデニング［gardening］［名］（西洋式の）庭づくりや植物の手入れ。造園。園芸。

カーテン［curtain］［名］❶窓辺など、室内につるす布。光や温度を調節したり、音をさえぎったりする働きをする。❷さえぎって、内部を隠すもの。‖「鉄のー」

ガーデン［garden］［名］庭。庭園。‖「ビヤー」

カーテン-コール［curtain call］［名］演劇・音楽会などの終演後、観客が拍手をするなどして、いったん退場した出演者を舞台に呼び戻すこと。

カート［cart］［名］小型の運搬車や手押し車。‖「ショッピングー・ゴルフー」

カード［card］［名］❶一定の用途のもとに、四角く切りそろえた小型の厚紙や札。‖「キャッシュー・クリスマスー」❷トランプ。また、その札。❸野球などで、試合の組み合わせ。‖「好ー」

ガード［名］道路の上にかけわたした鉄橋。陸橋。‖「ー下」▼girder から。

ガード［guard］［名・他サ変］❶警備・警護をすること。また、その人。‖「ボディーー」❷バスケットボールなどで、防御すること。また、その人。‖「ーを固める」❸フェンシング・ボクシングなどで、防御の構えをすること。また、その構え。‖「ーが甘い」

カード-キー［card key］［名］ドアの開閉に使われるカード式のかぎ。

ガード-マン［和製 guard＋man］［名］警備・護衛などの業務に従事する人。‖「工場内をーが巡視する」

カード-リーダー［card reader］［名］磁気やICによってカードに記録された情報を読み取る装置。

カートリッジ［cartridge］［名］❶機器などの交換部品。万年筆やプリンターのインクの入った容器や、カメラの磁気テープ入りの容器など。❷レコードプレーヤーのアームの先端につけた、針をさしこむ部分。

ガードル［girdle］［名］女性の下着の一種。腹部から腰部にかけての体型を整えるために着ける。

ガードレール【guardrail】[名] 事故防止や歩道との区切りのために、車道の端に設ける鉄製のさく。

カード-ローン【和製card＋loan】[名] 消費者金融で、キャッシュカード・クレジットカードを使い、ＡＴＭなどで融資限度額までの借り入れができるもの。

カートン【carton】[名] ❶ろう引きの厚紙でつくった容器。❷巻きたばこの箱を一〇個または二〇個ずつ入れた大きな箱。≡「ワン―」❸銀行・商店などで、現金をのせて客に差し出す盆。

カーナビ [名] 人工衛星の電波を利用し、走行中の自動車の現在位置・進行方向などを車内のディスプレー上に表示する装置。▽「カーナビゲーションシステム(car navigation system)」の略。

カーニバル【carnival】[名] ❶カトリック教国で、肉食が禁じられる四旬節に先だって行われる華やかな祝祭。謝肉祭。≡「リオの―」❷一般に、華やかさを強調した催し。≡「海辺の―」

カーネーション【carnation】[名] 赤・白・桃色などの花を開くナデシコ科の多年草。本来は五弁花だが、園芸品種の多くは八重咲き。オランダ石竹。▽母の日に贈る習慣がある。

ガーネット【garnet】[名] マグネシウム・鉄・マンガン・カルシウム・クロムなどを含むケイ酸塩鉱物。等軸晶系で、色は赤・黄・緑・黒・褐色など。研磨材や宝石にする。石榴石(ざくろいし)。▽一月の誕生石。

カーバイド【carbide】[名] 炭化カルシウムの通称。生石灰と炭素を電気炉で加熱して製する。水を加えるとアセチレンガスを発生する。カーバイト。

カービン-じゅう【カービン銃】[名] 銃身の短い、近距離戦闘用の自動小銃。▽カービンはもと騎兵銃の意。

カーフ【calf】[名] 子牛の皮。カーフスキン。≡「―の靴」

カーブ【curve】[名・自サ変] ❶曲がること。また、曲がっている所。≡「大きく―した道」「―を切る(＝曲がる)」❷野球で、投球が打者の手元で曲がりながら落ちること。また、その球。≡「イン―」

カー-フェリー【car ferry】[名] 自動車を旅客や貨物とともに乗せて運搬する船。フェリーボート。

カーペット【carpet】[名] 絨毯(じゅうたん)。

ガーベラ【gerbera】[名] 初夏、赤・黄・白などの頭状花をつけるキク科の多年草。葉はタンポポに似る。

カーポート【carport】[名] 屋根を差しかけただけの簡単な車庫。

カーボン【carbon】[名] ❶炭素。❷電極に用いる炭素棒。❸「カーボン紙」の略。

カーボン-オフセット【carbon offset】[名] 二酸化炭素などの温室効果ガスの排出を、自然エネルギーの活用・森林保護への投資など、他の方法によって埋め合わせるという考え方。

カーボン-し【カーボン紙】[名] 油・ろう・顔料などを混ぜて薄い原紙(カーボン原紙)にしみこませたもの。紙の間にはさんで、複写をとるのに使う。炭酸紙。カーボンペーパー。

カーボン-ファイバー【carbon fiber】[名] 炭素からなる繊維。軽くて強度がある。炭素繊維。

カーラー【curler】[名] 毛髪を巻きつけてカールさせる円筒形の器具。カールクリップ。

ガーリー【girlie・girly】[形動] 女の子らしいさま。

カー-リース [名] 自動車を一定の期間、貸し出すこと。オートリース。▽car leaseing から。

ガーリック【garlic】[名] (料理に使う)ニンニク。

ガーリッシュ【girlish】[形動] 女の子らしいさま。少女風。≡「―な服装」⇔ボーイッシュ

カーリング【curling】[名] 四人一組の二チームが氷上で円盤状の石(ストーン)を滑らせ、リンクの両端に描かれた円(ハウス)の中心に近づけることを競うスポーツ。▽スコットランドで発祥。

カール【curl】[名・自他サ変] 頭髪がうず巻き状に巻いていること。頭髪をうず巻き状に巻くこと。また、その髪。巻き毛。≡「やわらかく―した髪」

カール【Kar(ドイツ)】[名] 山頂付近の斜面が氷河の侵食作用によって半円形にえぐられた地形。日本では飛驒(ひだ)山脈・日高山脈などに見られる。圏谷(けんこく)。

ガール【girl】[名] 少女。若い女性。≡「オフィス―・チアー―」⇔ボーイ ▽多く他の語と複合して使う。

ガール-スカウト【Girl Scouts】[名] 心身の鍛練と社会奉仕を目的とする少女のための国際的団体。⇔ボーイスカウト ▽一九一二年、アメリカで創始。

ガール-フレンド【girl friend】[名] 男性にとっての女友達。⇔ボーイフレンド

があん ㊀[副ト] 頭部などを強く打たれるさま。また、程度の激しいさま。㊁[感] ひどいショックを受けたときに発する語。≡「―、壊れちゃった」◈書き方「ガーン」とも。

かい【貝】(ヒカ) [名] ❶石灰質の貝殻をもつ軟体動物の総称。多くは海産だが、淡水や陸上にもすむ。ふつう、アサリ・ハマグリなどの二枚貝、バイ・サザエ・アワビなどの巻き貝、及びツノガイの類をいう。食用になる種も多い。▽殻を閉ざす二枚貝のイメージから、沈黙する意のたとえにいう。≡「―のように口を閉ざす」❷貝殻。≡「―細工」

かい【▼櫂】[名] 水をかき分けて船を進ませる道具。木の棒の先端を平らにけずったもの。▽「かき」の転。

かい【▽甲▼斐(▽効・▽詮)】(ヒカ) [名] ❶ある行為に値するだけの効果。≡「練習の―があって成功した」「このまま帰るのではせっかく来た―がない」❷〈動詞の連用形や名詞に付いて、「がい」の形で〉…するだけの価値、…にふさわしい効果などの意を表す。≡「働き―・頼み―・年―・友達―」書き方「甲斐」は当て字。

かい【買い】(ヒカ) [名] ❶買うこと。❷相場の値上がりを予想して買うこと。≡「―が―を呼ぶ」◈⇔売り

かい【会】(クワイ) ㊀[名] ❶多くの人がある目的をもって集まること。また、その集まり。≡「歓迎の―を開く」「音楽―・飲み―」❷目的を同じくする人々が組織する団体。≡「古都を守る―」「国―・町内―」㊁(造) あう。出あう。また、そのおり。≡「―見・―話」「機―」旧會

かい【回】(クワイ) ㊀[名] ❶ある事柄が繰り返して行われるときの、ひと区切り。≡「公演が―を重ねる」「次―・毎―・第二―」「三―目の挑戦で成功する」❷野球で、イニング。≡「九―の表」❸主に関西の大学で、在学年数。≡「二―生(＝二年生)」㊁(造) ❶まわる。まわす。≡「―転・―覧」「巡―」❷(まわって)もとに戻る。戻す。≡「―帰・―復」「奪―・挽―(ばんかい)」◈㊁は「廻」に通じる。

かい【快】(クワイ) ㊀[名] 気持ちがよいこと。こころよいこと。≡「―をむさぼる」「―感・―挙・―晴」㊁(造) ❶病気が良くなる。≡「全―」❷はやい。≡「―足」「軽―」

かい【戒】㊀[名] 宗教上のおきて。特に仏教で、修行の規則。いましめ。≡「―を守る」「―律」「十―・受―・破―」㊁(造) ❶用心する。≡「―厳」「警―」❷いましめ

る。≡「訓—・懲—・自—」

かい【怪】(クヮイ) ━[名] あやしいこと。不思議なこと。≡「白昼の—」「—人・—談」「奇—・妖—」 ━(造) 人並みはずれた。≡「—童・—力」

かい【界】 ━[名] ❶くぎり。さかい。≡「—を接する」「—隈」「結—・限—・臨—」 ❷生物分類学上の単位で、最高位の分類。動物界・植物界など。 ━(造) 区切りのうち。区切られた特定のところ。≡「磁—・視—」「政—・芸能—・法曹—」

かい【階】 ━[名] ❶建物のそれぞれの層。≡「高い—に住む」「二—・地下三—・最上—」 ❷階段。 ━(造) 等級。くらい。段階。≡「—級」「音—・職—」

かい【楷】[名] 楷書。≡「—、行、草」

かい【解】 ━[名] 数式などの答え。 ━(造) ❶ばらばらにする。≡「—散・—剖」「瓦—・分—」 ❷問題をとく。わかる。わからせる。≡「—決・—釈・—説」「図—・読—・了—」 ❸ほどく。ときはなつ。≡「—禁・—雇・—除」

かい【▼隗】(クヮイ) [名] 中国の戦国時代の人。燕の昭王に仕えた。郭隗。

◉隗より始めよ 遠大な事業は、まず身近なところから始めよということ。また、何ごともまず言い出した者から始めよということ。語源 燕の昭王に「どうしたら賢者を招くことができるか」と尋ねられた郭隗が、「まず私のような二流の人物を優遇することから始められよ。そうすれば一流の人材がおのずと集まってくるだろう」と答えたという『戦国策』の故事から。

か-い【下位】(‐ヰ) [名] 低い地位。低い順位。⇕上位

か-い【下意】[名] 一般の人々の考えや感情。⇕上意

か-い【歌意】[名] 歌の意味。歌に詠まれた心。

かい【介】(造) ❶間にはいる。仲立ち。≡「—在・—入」「紹—・仲—・媒—」 ❷たすける。≡「—護・—抱」 ❸気にかける。≡「—意」 ❹身を守るよろい。また、かたい甲殻。貝殻。≡「—冑・—虫」「魚—」 ❺かたい。≡「狷—」 ❻ひとつ。一人。≡「一—」

かい【灰】(クヮイ) (造) ❶はい。≡「—塵・—燼」「石—」 ❷はい色。≡「—白色」「鉛—色」

かい【改】(造) ❶変える。あらためる。あらたまる。≡「—革・—心・—善・—装」「更—」 ❷検査する。≡「—札」

かい【拐】(造) だます。かどわかす。≡「誘—」

かい【悔】(クヮイ) (造) くいる。くやむ。≡「—恨」「後—」 旧悔

かい【海】(造) ❶うみ。≡「—岸・—水」「近—・航—・大—」「日本—・瀬戸内—」 ❷一面に広がっているもの。また、あるものが多く集まっている所。≡「雲—・樹—」「人—戦術」 ❸広くて大きい。≡「—容」 旧海

かい【皆】(造) すべて。みな。≡「—勤・—伝・—無」

かい【械】(造) しかけのある道具。≡「器—・機—」

かい【絵】(クヮイ) (造) え。≡「—画」 旧繪

かい【開】(造) ❶あく。あける。ひらく。≡「—花・—襟・—封・—放・—門」「公—・切—・全—・打—・展—」 ❷はじまる。はじめる。≡「—演・—戦・—店」「再—」 ❸新たに切りひらく。≡「—墾・—拓・—発・—明」「未—」

かい【塊】(クヮイ) (造) かたまり。つちくれ。≡「金—・石—」

かい【▼魁】(クヮイ) (造) ❶かしら。首領。≡「巨—」 ❷大きくて堂々としている。≡「—偉・—傑」

魁

かい【潰】(クヮイ) (造) ❶すっかりくずれる。つぶれる。ついえる。≡「—滅」「決—・全—・倒—」 ❷ただれる。≡「—瘍」 書き方「壊」に書き換えることがある。

かい【壊】(クヮイ) (造) こわす。こわれる。≡「—滅・—乱・—血病」「全—・倒—・破—・崩—」 旧壞

かい【懐】(クヮイ) (造) ❶思いをいだく。また、心にいだく思い。≡「述—・本—」「—疑・—抱」 ❷なつかしむ。なつかしい思い。≡「—旧・—古」 ❸身ごもる。≡「—妊」 ❹なつかせる。≡「—柔」 ❺ふところ。≡「—剣・—紙・—炉」 旧懷

かい【諧】(造) ❶ととのう。調和する。≡「—声・—調」 ❷たわむれ。おどけ。冗談。≡「—謔」「俳—」

か-い [連語] 軽い調子での質問・反語・確認などを表す。≡「もう行くの—」「そんなことだれがやる—」「そう—、嫌だって言うの—」▼終助詞「か」＋終助詞「い」。

がい【害】 ━[名] そこなうこと。悪い影響や結果をもたらすこと。わざわい。≡「—を受ける」「—虫」「被—・災—・公—」⇕益 ━(造) ❶邪魔をする。さまたげる。≡「障—・妨—」 ❷傷つける。≡「危—・殺—」

がい【概】 ━[名] ようす。おもむき。≡「すでに高僧の—あり」「気—」 ━(造) おおむね。だいたい。≡「—算・—念・—要」「梗—・大—」 旧概

が-い【我意】[名] 自分一人がこだわっている考え。我。≡「—を張る」

がい【外】(グヮイ) (造) ❶ある範囲にはいらないもの。そと。ほか。≡「—食」「意—・海—・時間—」⇕内 ❷表面。うわべ。≡「—見・—傷」 ❸除く。のけものにする。≡「除—・疎—」 ❹外国。≡「—交・—車」

がい【劾】(造) 罪を明らかにして追及する。≡「弾—」

がい【▼咳】(造) せき。しわぶき。≡「謦—・労—」

がい【崖】(造) がけ。≡「断—」

がい【涯】(造) ❶きし。水ぎわ。 ❷終わるところ。果て。≡「境—・生—」「天—孤独」

がい【街】(造) 大通り。また、大通りに面したまち。まちなか。≡「—灯・—頭・—路」「住宅—・商店—・繁華—」

がい【慨】(造) ❶なげく。いきどおる。≡「—世・—嘆」「慷—・憤—」 ❷しみじみとした思い。≡「感—」 旧慨

がい【蓋】(造) ❶おおう。おおいかぶせる。≡「—世」 ❷おおい。ふた。かさ。≡「口—・頭—・天—」

がい【該】(造) ❶そなわる。≡「—博」 ❷当てはまる。≡「—当」

がい【骸】(造) 死体。また、死人の骨。≡「形—・残—」

ガイ[guy] [名] 男。やつ。≡「タフ—」「ナイス—」

ガイア[Gaia] [名] ❶ギリシア神話で、大地の女神。ローマ神話のテルスにあたる。ゲー。 ❷巨大な生命体としての、地球。

かい-あく【改悪】[名・他サ変] 物事を改めて、前よりもかえって悪くすること。⇕改正・改善

がい-あく【害悪】[名] 他に害となる悪いこと。

かい-あ・げる【買い上げる】(カヒ) [他下一] 物を買い取る。特に、官公庁が民間から物を買い取る。≡「用地を—」 名買い上げ

かい-あさ・る【買い▽漁る】(カヒ) [他五] あちこち探し求めて買い集める。≡「のみの市で骨董品を—」

がい-あつ【外圧】(グヮイ) [名] 外部から押さえつけようとする力。特に、外国からの強い干渉。⇕内圧

かい-あん【改案】[名・他サ変] 案を改めること。また、改めた案。≡「—して再度審議する」

かい-い【介意】[名・他サ変] 気にかけること。≡「人の思惑など一向に—しない」▼多く下に打ち消しを伴う。

かい-い【会意】(クヮイ) [名] 漢字の六書の一つ。二つ以上の漢字を意味の上から組み合わせ、独立した漢字をつくるもの。「木」と「木」を合わせて「林」、「山」と「石」を合

わせて「岩」をつくるの類。〓「―文字」

かい-い【怪異】 [名] ❶[形動] 不思議で、あやしいこと。〓「超常現象の―」❷化け物。〓「深山の―」

かい-い【▼魁偉】 [形動] 顔や体が並外れて大きく、いかついさま。〓「容貌―」

がい-い【害意】 [名] 相手に危害を加えようとする心。害心。

かい-いき【海域】 [名] 一定の範囲に区切られた海。

かい-いぬ【飼い犬】 [名] 人が飼っている犬。

⦿**飼い犬に手を噛まれる** かわいがって面倒をみてきた者に手ひどく裏切られることのたとえ。

かい-い・れる【買い入れる】 [他下一] 品物を買って自分のものとする。文かひい・る 名買い入れ

かい-いん【会員】 [名] 会を構成している人。

かい-いん【改印】 [名・他サ変] 届け出てある印鑑を別のものに変えること。〓「―届」

かい-いん【海員】 [名] 船長を除いた船舶の乗組員。〓「―組合」

かい-いん【開院】 [名・自他サ変] ❶病院など、院と名のつく機関が開設されること。また、開設すること。❷病院などで、その日の業務が始まること。また、始めること。◈⇔閉院

がい-いん【外因】 [名] その物事の外部にある原因。⇔内因

かい-う・ける【買い受ける】 [他下一] 売りに出されたものを買って引き取る。〓「中古車を安く―」⇔売り渡す 文かひう・く 名買い受け

かい-うん【海運】 [名] 旅客や貨物を船で海上輸送すること。〓「―業・―局」⇔陸運

かい-うん【開運】 [名] 運が開けて、幸運に向かうこと。〓「出世―を祈る」

かい-えき【改易】 [名・他サ変] 江戸時代、武士の身分を剥奪し、家屋敷や領地を没収した刑罰。切腹より軽く、蟄居(ちっきょ)より重い。▽身分を改め易(か)える意。

かい-えん【快演】 [名・他サ変] みごとな演技や演奏。〓「主役を―する」「オーケストラの―」

かい-えん【怪演】 [名・他サ変] 見る者を圧倒するような、すさまじい演技や演奏。

かい-えん【開園】 [名・自他サ変] ❶動物園・幼稚園など、園と名のつく施設が開設されること。また、開設すること。〓「来春、保育園が／を―する」❷動物園・幼稚園などで、その日の業務が始まること。また、始めること。〓「九時から―する」◈⇔閉園

かい-えん【開演】 [名・自他サ変] 演劇・演奏会などの上演が始まること。また、始めること。〓「新作劇が／を―する」⇔終演

がい-えん【外延】 [名] 哲学・論理学で、ある概念が適用される全範囲。たとえば「魚」という概念の外延には、イワシ・サバ・マグロ・アユ・コイ・ウナギなどが含まれる。⇔内包

がい-えん【外▼苑】 [名] 神社・皇居などに所属し、その区域外にある庭園。⇔内苑

カイエン-ペッパー【cayenne pepper】 [名] 乾燥した赤唐辛子を粉末にした香辛料。辛みが非常に強い。カイエンヌペッパー。▽フランス領ギアナのカイエンヌ原産であることから。

かいおう-せい【海王星】 [名] 太陽系の内側から八番目の惑星。太陽からの平均距離約四五億キロメートル。約一六五年で太陽を一周する。ネプチューン。ポセイドン。

かい-おき【買い置き】 [名・他サ変] 予備のために、買ってしまっておくこと。〓「―の電池」

かい-オペレーション【買いオペレーション】 [名] 金融市場に流通する資金量が不足するとき、中央銀行が金融機関から債券などを買い上げ、市場に資金を供給すること。買いオペ。⇩売りオペレーション

かい-おん【快音】 [名] 気持ちのよい音。特に、野球でヒットやホームランを打ったときの爽快(そうかい)な音。

かい-おんせつ【開音節】 [名] 母音または二重母音で終わる音節。日本語の音節はほとんどこれにあたる。⇔閉音節

かい-か【怪火】 [名] ❶あやしい火。鬼火・きつね火など。❷原因のわからない火事。不審火。

かい-か【開化】 [名・自サ変] 新しい知識が開け、文化が進むこと。〓「―した国」「文明―」

かい-か【開花】 [名・自サ変] ❶花が咲くこと。〓「―前線」❷物事の成果が現れること。また、物事が盛んになること。〓「作曲の才能が―する」

かい-か【開架】 [名] 図書館で、閲覧者が書架から自由に図書や資料を取り出して利用できること。〓「―式図書館」⇔閉架

かい-か【階下】 [名] ❶二階以上の建物で、下の階。下。〓「―から怪しい物音が聞こえる」「―の住人」❷階段の下。〓「―にひざまずく」◈⇔階上

かい-が【絵画】 [名] 線や色彩を使って平面上に形象を描きだしたもの。え。

がい-か【外貨】 [名] ❶外国の貨幣。〓「―準備高」⇔邦貨 ❷外国の商品・貨物。

がい-か【▼凱歌】 [名] 戦いの勝利を祝う歌。〓「―を奏する（＝戦いに勝つ）」

ガイガー-けいすうかん【ガイガー計数管】 [名] 放射性元素や宇宙線中の粒子を測定する装置。ガイガーカウンター。ガイガー＝ミューラー計数管。▽一九二八年、ドイツの物理学者ガイガーとミューラーが考案した。

かい-かい【開会】 [名・自他サ変] 会議・集会などが始まること。また、始めること。〓「―式」⇔閉会

かい-がい【海外】 [名] 海の向こうの国々。外国。〓「―旅行」

がい-かい【外海】 [名] ❶陸地に囲まれていない海。そとうみ。⇔内海 ❷陸地から遠く離れた海。遠海。

がい-かい【外界】 [名] ❶ある物の外側に存在する世界。❷哲学で、意識から独立して存在するすべてのもの。客観的世界。⇔内界

かいがいし・い【▽甲▼斐▽甲▼斐しい】 [形] 骨身を惜しまずに、きびきびと立ち働くさま。〓「―・く看病する」派生-げ／-さ

かい-か・える【買い換える・買い替える】 [他下一] 新しく買って、今までのものと取りかえる。〓「プリンターを―」文かひか・ふ

かい-かく【改革】 [名・他サ変] 社会の制度・機構などを変えてよりよいものにすること。〓「選挙制度［大学］を―する」「農地［税制・宗教］―」

かい-がく【開学】 [名・自他サ変] 新たに学校が開設されること。また、開設すること。〓「音楽学校が／を―する」「―の精神」「―記念日」

がい-かく【外角】 [名] ❶多角形の一辺と、それ

に隣接する辺の延長とがつくる角。❷野球で、ホームプレートの、打者から遠い方のかど。◈⇕内角

がい-かく【外郭(外▼廓)】［名］❶外側の囲い。外がこい。≡「城の―」⇕内郭 ❷そとまわり。輪郭。

がいかく-だんたい【外郭団体】［名］官公庁などの組織外にあって、その事業や業務を支援する団体。

かい-かけ【買い掛け】［名］代金をあとで支払う約束で商品を買うこと。掛け買い。また、その代金。⇕売り掛け 書き方 慣用の固定した「買掛金・買掛品・買掛率」などは、送りがなを付けない。

かい-かた【買い方】［名］❶買う方法。❷買う方の人。買い手。≡「―市場」◈⇕売り方

かい-かつ【快活】［形動］ほがらかで、元気がよいさま。≡「―な青年」派生 -さ

かい-かつ【快▼闊・快▼豁】［形動］小事にこだわらずさっぱりしているさま。≡「―な性質」「―に笑い飛ばす」書き方 類義の「快活」でこれに代えることも多い。派生 -さ

かい-かつ【開▼豁】［形動］❶広々と開けて、ながめがよいさま。≡「四望―」❷心が広く、おおらかなさま。≡「―な気性」派生 -さ

がい-かつ【概括】［名・他サ変］内容のあらましを一つにまとめること。≡「調査結果を―する」

かい-かぶ・る【買い▽被る】［他五］能力などを実質以上に高く評価する。≡「そんなに―・られても困る」名 買いかぶり

がいか-よきん【外貨預金】［名］ドルやユーロを外国為替銀行に預ける外貨建ての預金。

かい-がら【貝殻】［名］貝類の外側をおおう石灰質の堅いから。

かいがら-ぼね【貝殻骨】［名］肩胛骨(けんこうこつ)。

かいがら-むし【貝殻虫】［名］カメムシ目カイガラムシ科の昆虫の総称。二齢以降の幼虫や雌は貝殻状の分泌物でおおわれる。多くは果樹などに固着して樹液を吸う害虫。

かい-かん【会館】［名］集会・催し物・会議などのために設けられた建造物。≡「市民―」

かい-かん【快感】［名］精神的に、また肉体的に、気持ちがよいこと。≡「勝利の―にひたる」

かい-かん【怪漢】［名］挙動があやしい男性。

かい-かん【開巻】［名］書物を開くこと。また、書物の書きだしの部分。

かい-かん【開館】［名・自他サ変］❶図書館・博物館など、館と名のつく施設が開設されること。また、開設すること。❷図書館・博物館などで、その日の業務が始まること。また、始めること。◈⇕閉館

かい-がん【海岸】［名］陸が海に接している所。また、その一帯。海辺(うみべ)。

かい-がん【開眼】［名・自他サ変］目が見えるようになること。また、見えるようにすること。≡「患者が／を―する」「―手術」▼「芸道に―する」などと使うのは、別語である「開眼(かいげん)」の俗用。

がい-かん【外患】［名］外国・外部から攻撃・圧迫などを受けるおそれ。外憂。≡「内憂―」⇕内患

がい-かん【外観】［名］外から見たようす。外見。

がい-かん【概観】［名・他サ変］おおよそのありさまをざっと見渡すこと。また、おおよそのありさま。≡「中東の情勢を―する」

かいがん-せん【海岸線】［名］❶平均潮位によって決めた陸と海との境界の線。❷海岸に沿って敷設された鉄道線路。

かい-き【買い気】［名］❶物を買おうとする気持ち。❷取引所で、値上がりが予想される株式などを買おうとする人気。◈⇕売り気

かい-き【会規】［名］会の規則。会則。

かい-き【会期】［名］会が開かれる時期。また、その期間。≡「国会の―」

かい-き【回忌】［名］仏教で、人の死後毎年めぐってくる祥月(しょうつき)命日。また、その回数を表す語。満一年目を一回忌または一周忌、満二年目を三回忌、満六年目を七回忌などといい、それぞれに法要を営む。年忌。周忌。▼「年回忌」の略。

かい-き【回帰】［名・自サ変］ひとまわりして、もとへ戻ること。≡「原点に―する」「永劫(えいごう)―」

かい-き【快気】［名・自サ変］病気がなおること。≡「―祝い」

かい-き【怪奇】［名・形動］❶不思議で、あやしいこと。怪異。≡「―な事件」「複雑―」「―現象」❷姿・形が不気味なこと。グロテスク。

かい-き【開基】［名・自他サ変］❶物事の基礎をつくること。❷新たに寺院を創設すること。また、その創設者。

かい-ぎ【会議】［名・自他サ変］関係者が集まって、一定の議題について相談や議決をすること。また、その会合や機関。≡「―を開く」「国際―」

かい-ぎ【回議】［名・他サ変］担当者が作成した原案を順次関係者に回し、意見を聞き、また承諾を求めること。≡「―録」

かい-ぎ【懐疑】［名・自他サ変］物事の意味や価値について、疑いをもつこと。また、その疑い。スケプティック。≡「自己の存在を／に―する」「―的」

がい-き【外気】［名］戸外の空気。

かい-きえん【怪気炎】［名］調子がよすぎて、どこまで本気か疑わしくなるような意気込み。≡「―をあげる」▼「快気炎」は避けたい。

かいき-しょく【皆既食(皆既▼蝕)】［名］❶一時的に太陽の全面が月に隠される現象。皆既日食。❷月が地球の本影に入ることで、一時的に月の全面が隠される現象。皆既月食。◈⇕部分食 書き方「皆既食」は代用表記。

かいき-せん【回帰線】［名］南緯および北緯二三度二七分を通る等緯度線。太陽が地球に対して最も南、または北に来たときの緯線。▼南半球のものを南回帰線、北半球のものを北回帰線という。

かいき-ねつ【回帰熱】［名］発熱期と無熱期が約一週間ごとに繰り返される急性の感染症。シラミ・ダニなどが媒介するスピロヘータの一種によって起こる。再帰熱。

かい-きゃく【開脚】［名］両足を左右または前後に開いた体勢。⇕閉脚(へいきゃく)

かい-ぎゃく【諧▼謔】［名］おもしろみのある、気のきいたことば。≡「―の精神」「―曲(＝スケルツォ)」▼「諧」も「謔」も、たわむれの意。「ユーモア」の訳語とすることも多い。 謔

かい-きゅう【階級】［名］❶組織・制度の中で定められている、身分・地位などの等級。段階。≡「二―特

進」❷社会的地位・身分・利害などを同じくすることによって他と区別され、または対立する関係にある集団。資本主義社会の資本家と労働者など。〓「上流［無産］ー」

かい-きゅう【懐旧】クワイキウ［名］昔を懐かしむこと。懐古。〓「ーの念にかられる」

かいきゅう-とうそう【階級闘争】カイキフトウサウ［名］政治的・経済的な支配権をめぐって支配者階級と被支配者階級との間で行われる争い。資本主義社会では、資本家と労働者の間の闘争をいう。

かい-きょ【快挙】クワ［名］胸のすくような、すばらしい行い。〓「五連勝のー」

かい-きょう【回教】クワイケウ［名］イスラム教。〓「ー徒」▼回鶻(ウイグル)族を経て中国に伝わり、回回(フイフイ)教と称したことから。

かい-きょう【海峡】ーケフ［名］陸地と陸地にはさまれ、二つの海域をつなぐ狭い海。水道。〓「ベーリングー」

かい-きょう【懐郷】クワイキヤウ［名］故郷を懐かしく思うこと。望郷。

かい-ぎょう【改行】ーギヤウ［名・自他サ変］印刷物・原稿などで、ある行の途中で文を止め、続きを次の行から書き起こすこと。〓「三行目で/をーする」

かい-ぎょう【開業】ーゲフ［名・自他サ変］❶新たに事業などを始めること。また、始まること。❷その日の営業を始めること。また、始まること。

がい-きょう【概況】ーキヤウ［名］だいたいの状況。

かいぎょう-い【開業医】カイゲフー［名］個人で医院を経営し、診療を行っている医師。町医者。

かい-きょく【開局】［名・自他サ変］郵便局・放送局など、局と名のつく機関が新たに業務を始めること。

がい-きょく【外局】グワイ［名］各省に直属するが、その内部部局の外にあって特別の事務をつかさどる機関。林野庁・文化庁・国税庁などの庁と、国家公安委員会・公正取引委員会などの委員会とがある。

かい-き・る【買い切る】カヒ［他五］❶品物などを残らず買う。また、座席などの権利を残らず買う。〓「在庫品をー」❷小売店が問屋などから、返品しない条件で商品を買い取る。名買い切り

かい-きん【皆勤】［名・自サ変］ある一定の期間、一日も休まずに出席・出勤すること。〓「ー賞」

かい-きん【開襟(開▼衿)】［名］❶折りえりにして、えりを開くこと。また、開いたえり。❷ネクタイをつけずに着る、前えりを開いたシャツ。▼「開襟シャツ」の略。

かい-きん【解禁】［名・他サ変］法律などで禁じていたことを解除すること。〓「鴨(かも)猟をーする」

がい-きん【外勤】グワイ［名・自サ変］会社の外に出て、営業・販売・集金・配達などの仕事をすること。また、その人。外まわり。外務。⇔内勤

か-いく【化育】クワー［名・他サ変］天地自然が万物をつくり育てること。

がい-く【街区】［名］市街地で、街路に囲まれた一区画。ブロック。

かい-ぐい【買い食い】カヒグヒ［名・他サ変］親の目の届かないところで、子供が菓子などを自分で買って食べること。〓「駄菓子をーする」

かい-くぐ・る【▼掻い▽潜る】［自五］すばやく、巧みにくぐり抜ける。〓「鉄条網をー」

かい-くん【回訓】クワイ［名・自サ変］在外の大使・公使・使節などの求める指示に応じ、本国政府が回答として訓令を発すること。また、その訓令。⇔請訓

かい-ぐん【海軍】［名］海上の国防を主な任務とする軍隊。⇔陸軍・空軍

かい-けい【会計】クワイ［名］❶金銭や物品の出し入れを計算・記録し、一定の方法で管理すること。また、その事務やその係の人。〓「ー報告」❷代金の支払い。勘定。〓「ーをすませる」

かい-けい【塊茎】クワイ［名］地下茎の一部がでんぷんなどを蓄え、塊状に肥大成長したもの。ジャガイモ・キクイモ・コンニャクイモなど。

がい-けい【外形】グワイ［名］外から見た形や様子。

がい-けい【外径】グワイ［名］円筒や球体の外側の直径。⇔内径

かいけい-ねんど【会計年度】クワイケイー［名］会計上の便宜のために設けられた年度。ふつう四月一日から翌年の三月三一日までの一か年とする。

かい-けつ【怪傑】クワイ［名］特別な能力をもった、正体不明の人物。〓「ー黒頭巾(ずきん)」

かい-けつ【解決】［名・自他サ変］事件やこじれた問題などをうまく処理して決着をつけること。また、決着がつくこと。〓「紛争をーする」〓「ー策」

かいけつ-びょう【壊血病】クワイケツビヤウ［名］ビタミンCの欠乏によって起こる病気。出血しやすくなり、歩行困難などの症状が現れる。

かい-けん【会見】クワイ［名・自サ変］場所・時間などを設定し、改まった形で人に会うこと。〓「首相が大使とーする」「記者ー」▼多く公式の場合に使う。

かい-けん【改憲】［名］憲法を改めること。憲法改正。〓「ー論」

かい-けん【懐剣】クワイ［名］ふところに入れて持ち歩く護身用の短剣。ふところがたな。

かい-げん【戒厳】［名］警戒をきびしくすること。特に、非常事態に際し、行政権・司法権などをゆだねられた軍隊が全国または一地域を管理・警戒すること。

かい-げん【改元】［名・自他サ変］年号を改めること。改号。〓「その日、平成が/を令和にーした」

かい-げん【開眼】［名・自サ変］❶新たに作った仏像・仏画に目を入れ、仏の魂を迎え入れること。また、その儀式。〓「ー供養」❷仏道の真理を悟ること。❸技芸の真髄を悟り、極致をきわめること。〓「真の演技にーする」▼「開眼(かいがん)」は別語。

がい-けん【外見】グワイ［名］外から見たようす。外観。そとみ。

かいげん-れい【戒厳令】［名］戒厳を布告する命令。〓「ーを敷く」注意「戒厳令を引く」は誤り。

かい-こ【蚕】カヒ［名］繭から絹糸をとるために飼育される、カイコガの幼虫。桑(くわ)の葉を食べ、四、五回脱皮した後に繭をつくる。▼「飼い蚕(こ)」の意。

かい-こ【回顧】クワイ［名・他サ変］過去の出来事をあれこれと思い返すこと。〓「終戦当時をーする」「ー談」

かい-こ【解雇】［名・他サ変］雇用者が被雇用者を一方的にやめさせること。〓「従業員をーする」

品格 暇(いとま・ひま)「ーを出す」 御役御免「老齢につき、ーとなる」 解職「ー請求」「ー処分」 解任「ー決議」「法相をーする」 馘首(かくしゅ)「活動家が馘首される」 失業「ー対策」 失職「不信任案により市長は失職した」 罷免(ひめん)「ー要求を出す」 免職「懲戒ー処分」

かい-こ【懐古】クワイ［名・自サ変］昔のことをしのび、懐

かしく思うこと。懐旧。‖「—的になる」「—趣味」

かい‐ご【介護】[名・他サ変] 病人や心身に障害のある人に付き添って日常生活の世話をすること。‖「在宅—」「—保険制度」

かい‐ご【悔悟】クワイ [名・自他サ変] 過去の行為をあやまちと悟り、くやむこと。‖「前非を—して涙を流す」

かい‐こう【回航(▼廻航)】クワイカウ [名] ❶[他サ変] 船を特定の港や場所に航行させること。❷[自サ変] 船が各地の港をめぐって航海すること。

かい‐こう【改稿】—カウ [名・自他サ変] 原稿を書き直すこと。

かい‐こう【海港】—カウ [名] ❶海岸にある港。沿岸港。⇔河港 ❷外国貿易に使われる港。

かい‐こう【海溝】[名] 大洋の底が深く溝状にくぼんでいる所。‖「日本—」▽多くは水深六〇〇〇メートル以上の所にあり、長さは数百キロメートルから数千キロメートルに及ぶ。海溝の中の特に深い部分を「海淵(かいえん)」という。

かい‐こう【開口】[名] ❶(口を開いて)ものを言い始めること。❷物の口が開いていること。‖「—部」

かい‐こう【開校】—カウ [名・自他サ変] 学校が新しく開設されること。また、開設すること。⇔閉校

かい‐こう【開港】—カウ [名・自他サ変] ❶外国との貿易・通商のために港が開放されること。また、開放すること。❷港・空港を新設して、業務が始まること。また、業務を始めること。

かい‐こう【開講】—カウ [名・自他サ変] 講座・講義・講習などが始まること。また、始めること。‖「八月から夏期講座が/を—する」

かい‐こう【▼邂▼逅】[名・自サ変] 思いがけなく出会うこと。めぐりあい。‖「旧友と—する」

かい‐ごう【会合】クワイガフ [名・自サ変] 相談・討議などのために、人が寄り集まること。また、その集まり。

がい‐こう【外交】グワイカウ [名] ❶外国との交際・交渉。‖「—政策」❷会社・銀行・商店などで、外部に出て勧誘・取引・受注などの仕事をすること。‖「保険—員」

がい‐こう【外光】グワイクワウ [名] 戸外の太陽の光。

がい‐こう【外向】グワイカウ [名] 関心を積極的に外部の物事に向ける性格上の傾向。‖「—的」⇔内向

がい‐こう【外▼寇】グワイ [名] 外国から敵が攻めてくること。また、その敵。

がい‐こう【外港】グワイカウ [名] ❶船が入港前に一時停泊する、防波堤の外側の区域。⇔内港 ❷近接する大都市にとって、海からの玄関口の役割を果たす港。パリにとってのルアーブル、札幌市にとっての小樽港など。

かいこう‐いちばん【開口一番】[名] 口を開いて話し始めるとすぐ。‖「—、自己弁護を始める」▽副詞的に使う。

がいこう‐じれい【外交辞令】グワイカウ— [名] ⇒社交辞令

がいこう‐てき【外交的】グワイカウ— [形動] ❶外国との交際・交渉に関するさま。❷他との交際が上手なさま。‖「—手腕を発揮して新商品を売り込む」

かいご‐きゅうぎょう【介護休業】—キウゲフ [名] 労働者が介護を必要とする家族を世話するために一定期間の休暇を取ること。また、その休暇。育児・介護休業法に基いて認められる。

かい‐こく【回国(▼廻国)】クワイ [名・自サ変] 諸国を回って歩くこと。‖「—巡礼」

かい‐こく【戒告(▼誡告)】[名] ❶[他サ変] 過失・失態・非行などをいましめ、注意すること。また、そのことば。❷公務員などの職務上の義務違反に対する懲戒処分の一つ。将来をいましめる旨を直接本人に言い渡すもの。

かい‐こく【海国】[名] 四方を海に囲まれた国。

かい‐こく【開国】[名・自サ変] ❶新しく国をつくること。建国。❷外国との交流・通商を始めること。‖「条約を締結し—する」⇔鎖国

がい‐こく【外国】グワイ [名] 自分の国以外の国。よその国。他国。‖「—語・—人(じん)」

がいこく‐かわせ【外国《為替》】グワイコクカハセ [名] 通貨を異にする外国との商取引で、貸借の決済や送金を現金ではなく為替手形によって行う方法。また、それに用いる手形。外為(がいため)。

がいこくご‐しどう‐じょしゅ【外国語指導助手】グワイコクゴ—ダウ— [名] ⇒エーエルティー

かいご‐サービス【介護サービス】[名] 介護保険制度で、介護または支援認定を受けた人が保険給付として受けるサービス。介護給付と予防給付の二つがある。‖「—計画(=ケアプラン)」

かい‐こし【買い越し】カヒ [名] ❶個人投資家などが、一定期間内に買った株式が売った株式よりも多いこと。また、その状態。❷信用取引で、今まで売っていた人がすべて買い戻して買い方に転じること。どてん買い越し。◈⇔売り越し

かいご‐しょく【介護食】[名] 咀嚼(そしゃく)や嚥下(えんげ)が困難な人のために、食物を流動状にしたりとろみをつけたりして、摂取しやすくした食事。

かいご‐タクシー【介護タクシー】[名] 介護を必要とする人のためのタクシー。車椅子のまま乗降できるものや、横になったまま利用できるものなど。

がい‐こつ【骸骨】[名] 死体の肉などが腐り落ち、骨だけになったもの。

◉**骸骨を乞(こ)う** 辞職を願い出る。▽仕官中、君主に捧げた体の残骸を返してほしいの意。

かいご‐ビジネス【介護ビジネス】[名] 介護サービスを提供する事業の総称。

かいご‐ふくしし【介護福祉士】[名] 専門知識と技術をもち、日常生活を営む上で支障のある高齢者・障害者などの介護や介護者への指導を行う人。社会福祉士及び介護福祉士法に基づく国家資格を必要とする。

かいご‐ほうしゅう【介護報酬】—ホウシウ [名] 介護ビジネスから受けたサービスに対し、個々の算定基準に基づいて支払われる公定価格。

かいご‐ほけん【介護保険】[名] 被保険者に介護が必要になったときに発生する費用を賄うための保険。

かい‐こ・む【買い込む】カヒ [他五] 品物を多量に買い入れる。‖「缶詰を—」

かい‐ごろし【飼い殺し】カヒ [名] ❶役に立たなくなった家畜を死ぬまで飼っておくこと。❷働きのなくなった雇い人などを、そのまま一生養っておくこと。また、会社などで、従業員を能力の発揮できない地位や職場に置いたまま、ずっと雇っておくこと。‖「—にする」

かい‐こん【悔恨】クワイ [名] あやまちをくやみ、残念に思うこと。‖「—の思いにかられる」

かい‐こん【開▼墾】[名・他サ変] 山野を切り開いて耕地にすること。‖「—地」

墾

かい‐こん【塊根】イクヮ[名]でんぷんなどの養分を蓄え、塊状に肥大生長した根。サツマイモ・ダイコン・ダリアの根など。

かい‐さい【快▼哉】イクヮ[名]心から愉快だと思うこと。▽「快なる哉(かな)」の音読みから。

⊙快哉を叫・ぶ　喜びの声を上げる。心から愉快だと思う。

かい‐さい【皆済】[名・他サ変]借りた金を残らず返済すること。完済。

かい‐さい【開催】[名・他サ変]会合や催し物などを開き行うこと。〓「美術展を━する」「━地」

かい‐ざい【介在】[名・自サ変]間にはさまって存在すること。〓「二国間には宗教上の難問が━する」

がい‐さい【外債】グヮイ[名]債券発行者が外国で募集する公債や社債。⇕内債▽「外国債」の略。

がい‐ざい【外在】グヮイ[名・自サ変]物事の外部に存在すること。〓「諸条件が━する」⇕内在

かい‐さく【快作】クヮイ[名]気持ちがすっきりするような、すぐれた作品。

かい‐さく【改作】[名・他サ変]作品に手を入れて新しいものに作り直すこと。また、その作品。

かい‐さく【開削(開▼鑿)】[名]山野を切り開いて、道路や運河を通すこと。書き方「開削」は代用表記。

かい‐ささ・える【買い支える】カヒササヘル[他下一]取引で、相場の下落を防ぐため、積極的に買う。名**買い支え**

かい‐さつ【改札】[名]❶[自サ変]駅の出入り口で、乗車券などを検査したり回収したりすること。〓「自動━」❷①をするための出入り口。改札口(ぐち)。

かい‐さん【海産】[名]海からとれること。また、海からとれたもの。〓「━物」⇕陸産

かい‐さん【開山】[名]❶寺や宗門を創始すること。また、その僧。▽山を開いて寺を建立したことから。❷ある物事を始めた人。また、天下に並ぶものがないこと(人)。〓「日の下━」

かい‐さん【解散】[名・自他サ変]❶集会・団体行動などが終わって参加者が別れていくこと。〓「現地━」⇕集合❷集団・団体・法人などが一定の手続きを経て組織を解くこと。〓「劇団が/を━する」❸議会で、任期満了前に全議員の資格を失わせること。国会では衆議院のみに認められる。

かい‐ざん【改▼竄】[名・他サ変](悪用する目的で)文面を故意に書き換えること。〓「記録を━する」▽「竄」は文字を変える意。

竄

かい‐ざん【開山】[名]❶[他サ変]それまで禁じていた登山・入山をその年初めて許可すること。山開き。〓「━式」❷[他サ変]鉱山を開設すること。⇕閉山❸⇨かいさん(開山)

がい‐さん【概算】[名・他サ変]おおよその計算をすること。また、その計算。〓「必要経費を━する」⇕精算

かいさん‐ぶつ【海産物】[名]海でとれる魚介・海藻などの産物。また、その加工品。⇕陸産物

かい‐し【怪死】クヮイ[名・自サ変]原因不明の奇怪な死に方をすること。また、その死に方。

かい‐し【海市】[名]蜃気楼(しんきろう)。

かい‐し【開始】[名・自他サ変]物事を始めること。また、始まること。〓「審査を━する」「試合━」⇕終了

かい‐し【懐紙】クヮイ[名]❶畳んでふところに入れておく和紙。ふところがみ。▽特に茶席で、菓子をのせたり茶器をふいたりするのに使う。❷和歌・連歌・俳諧(はいかい)などを正式に記録し、詠進するときに用いる紙。▽歌人が即興の歌を①に書き記したことから。

かい‐じ【快事】クヮイ[名]胸がすくような、気持ちのよい出来事。

かい‐じ【海事】[名]海上に関係する事柄。

かい‐じ【開示】[名・他サ変]はっきりと示すこと。特に、公的機関などが事柄の内容をはっきりと外に出すこと。〓「情報を━する」「議事録の━を請求する」

かい‐じ【解字】[名]漢字の音と字形を分析し、その成り立ちを解き明かすこと。

がい‐し【外史】グヮイ[名]朝廷の命などによらないで、民間で書かれた歴史書。野史(やし)。⇕正史

がい‐し【外紙】グヮイ[名]外国の新聞。外字紙。

がい‐し【外資】グヮイ[名]国内の事業に投資される外国の資本。外国資本。

がい‐し【▼碍子】[名]送電線を絶縁して電柱などに固定するための陶磁器製・合成樹脂製の器具。

がい‐じ【外字】グヮイ[名]❶外国の文字。特に、欧米の文字。〓「━紙(=外国語で書かれた新聞)」❷常用漢字表に入っていない文字。表外字。❸ワープロなどで、標準的に収められた文字以外の文字。特に、JISの漢字符号体系以外の文字。

がい‐じ【外耳】グヮイ[名]聴覚器の、鼓膜より外側の部分。耳介(じかい)と外耳道からなり、音波を受けて鼓膜に伝える役割をもつ。〓「━炎」

がい‐じ【外事】グヮイ[名]外国・外国人に関する事柄。

かい‐しき【開式】[名・自他サ変]儀式を始めること。〓「━の辞」⇕閉式

がい‐して【概して】[副]だいたいにおいて。おおむね。〓「今年の新人は━覇気(はき)がない」

かい‐し・める【買い占める】カヒ[他下一](利益目的で)残らず買い集める。〓「駅前の土地を━」文かひしむ 名**買い占め**

かい‐しゃ【会社】クヮイ[名]営利を目的として事業を行う社団法人。会社法に基づく株式会社・合名会社・合資会社・合同会社がある。

さまざまな「会社」
営利会社・親会社・外国会社・株式会社・幹事会社・関連会社・グループ会社・系列会社・合資会社・更生会社・合弁会社・合名会社・子会社・証券会社・証券金融会社・上場会社・信託会社・清算会社・相互会社・投資会社・同族会社・特殊会社・トンネル会社・保険会社・持ち株会社

かい‐しゃ【▼膾▼炙】クヮイ[名・自サ変]広く世間に知れ渡ること。〓「人口に━する」▽「膾」はなます、「炙」はあぶり肉の意。いずれも人々に広く賞味されることから。

膾炙

がい‐しゃ【外車】グヮイ[名]外国製の自動車。

がい‐しゃ【害者】[名]〔俗〕刑事事件、特に殺人事件の被害者。▽警察関係者の隠語から。

かい‐しゃく【介▼錯】[名・他サ変]切腹する人に付き添って、その死を介助するために首を切り落とすこと。また、その役の人。〓「━人」

かい‐しゃく【解釈】[名・他サ変]❶ことばや文章の意味などを解き明かして説明すること。また、そのもの。〓「法の━」❷物事や人の行為などを自分なりに判断し、

理解すること。また、そのもの。▽「善意に―する」

かいしゃこうせい-ほう【会社更生法】 クワイシャカウセイハフ［名］窮境にあるが再建の見込みのある株式会社について、債権者・株主などの利害を調整しながら、その事業の維持・更生を図ることを目的として定められた法律。

がい-じゅ【外需】 グワイ［名］外国での需要。⇔内需

かい-しゅう【会衆】 クワイ［名］会合などに寄り集まった人々。参会者。

かい-しゅう【回収】 クワイシウ［名・他サ変］❶いったん手元から離れ（ある役割を終え）たものを、集めてもとのところに戻すこと。▽「答案を―する」「人工衛星の―に成功する」❷ある目的のもとに取り集めること。▽「欠陥商品を―する」「廃品―」「債権の―（＝取り立て）」

かい-しゅう【改宗】［名・自サ変］いままで信仰してきた宗教・宗派を捨てて、他の宗教・宗派に変わること。宗旨がえ。▽「イスラム教に―する」

かい-しゅう【改修】 シウ［名・他サ変］道路・建物などの悪い部分をつくり直すこと。▽「―工事」

かい-じゅう【怪獣】 クワイジウ［名］❶正体不明の不思議な動物。❷恐竜などからヒントを得て創作された、特別な能力をもつ巨大な動物。ゴジラ・モスラ・ガメラなど。

かい-じゅう【海獣】 ジウ［名］海にすむ哺乳（ほにゅう）類の総称。クジラ・イルカ・オットセイ・アザラシなど。

かい-じゅう【▼晦渋】 クワイジフ［名・形動］言葉・文章などが難しくて、意味がわかりにくいこと。▽「―な論文」

かい-じゅう【懐柔】 クワイジウ［名・他サ変］うまく扱って、自分の思う通りに従わせること。▽「―策」

がい-しゅう【外周】 グワイシウ［名］❶物の外側に沿ったひとまわり。また、その長さ。❷ある範囲の外側をとり巻いている部分・区域。▽「―道路」◈⇔内周

がい-じゅう【害獣】 ジウ［名］人畜に危害を加えるけもの。また、田畑を荒らすけもの。

がいしゅう-いっしょく【▼鎧袖一触】 ガイシウ［名］よろいの袖（そで）でちょっと触れるほどのわずかな力で、あっさりと敵を打ち負かすこと。▽「あの横綱にかかっては大関も―の感がある」

がいじゅう-ないごう【外柔内剛】 グワイジウナイガウ［名］うわべは優しそうに見えるが、内に秘めた意志はしっかりとしてゆるがないこと。内剛外柔。⇔内柔外剛

がい-しゅつ【外出】 グワイ［名・自サ変］自分の家・職場などから外に出かけること。▽「―から戻る」「―中」

かい-しゅん【買春】 カヒ［名・自他サ変］金銭・物品などを与えて性的行為や性的好奇心を満たす行為を行うこと。特に一八歳未満の子供に対して行った場合、「児童買春、児童ポルノに係る行為等の処罰及び児童の保護等に関する法律」によって処罰の対象となる。▽「売春・買春」が同音で紛れるため、「買春（ばいしゅん）」の言い換え語として成立。

かい-しゅん【回春】 クワイ［名］❶春が再びめぐってくること。新年になること。❷病気が治ること。❸性的な機能などが、若返ること。

かい-しゅん【改▼悛】［名・自他サ変］犯した罪や過ちを悔い改め、心を入れかえること。▽「―の情」 書き方「悔▼悛」とも。

かい-しょ【会所】 クワイ［名］❶人の集まる場所。また、そのための建物や部屋。▽「碁―」❷江戸時代、商取引や行政事務を行うために人々が集まった場所。株仲間の事務所、米・金銀の取引所、町役人の事務所など。

かい-しょ【開所】［名・自他サ変］事務所・研究所など「所」のつく施設・機関などが新設されて業務を始めること。⇔閉所

かい-しょ【楷書】［名］漢字の書体の一つ。隷書（れいしょ）から転じたもので、点画をくずさないで書く最も標準的な書体。楷書体。真書。正書。➡行書・草書

かい-じょ【介助】［名・他サ変］病人や心身に障害のある人に付き添って起居動作の手助けをすること。介添え。▽「入浴の―をする」「高齢者を―する」

かい-じょ【解除】 ヂヨ［名・他サ変］❶禁止・制限などをといて、もとの状態に戻すこと。▽「警報―」❷一度成立した契約を一方だけの意思で取り消し、契約がなかったと同じ状態に戻すこと。▽「―権」

かい-しょう【▽甲▼斐性】 カヒシヤウ［名］積極的な気力と生活能力に富んだ、頼りがいのある性質。▽「―のある人」

かい-しょう【会商】 クワイシヤウ［名］集まって相談すること。また、その相談。▽多く外交上の交渉についていう。

かい-しょう【回章（▼廻章）】 クワイシヤウ［名］❶宛名を列記し、順々に回して用件を伝える文書・書状。回文。回状。❷返事の手紙。返書。

かい-しょう【快勝】 クワイ［名・自サ変］胸がすくほど、あざやかに勝つこと。▽「大差で―する」

かい-しょう【改称】［名・他サ変］名称を変えること。また、その名称。▽「社名を―する」

かい-しょう【海▼嘯】 セウ［名］❶満潮時に潮流が激しい勢いで川をさかのぼり、川の流れと衝突して垂直の高い波をつくる現象。▽ブラジルのアマゾン川の河口など、多く三角形状に開いた河口で見られる。❷津波。

かい-しょう【解消】 セウ［名・自他サ変］ある状態や関係・取り決めなどが消えてなくなること。また、なくすようにすること。▽「ストレスが―する」「婚約を―する」 使い方「～を解消する／解消させる」では前者が一般的。「～が解消する／解消される」はともによく用いられる。➡品詞解説（一八六ペ）

かい-じょう【会場】 クワイヂヤウ［名］会合や催し物を行う場所。▽「忘年会［披露宴］の―」 使い方 結婚式や葬儀など儀式の場所は、「式場」と言うことが多い。

かい-じょう【回状（▼廻状）】 クワイジヤウ［名］順々に回覧して用件を伝える文書。回文。回章。

かい-じょう【海上】 ジヤウ［名］海の上。海面。▽「―交通」⇔陸上

かい-じょう【開城】 ジヤウ［名・自サ変］降伏して、敵に城や城郭都市を明け渡すこと。▽「赤穂城―」

かい-じょう【開場】 ヂヤウ［名・自サ変］会場の入り口を開いて人々を中に入れること。⇔閉場

かい-じょう【階上】 ジヤウ［名］❶二階以上の建物で、上の階。▽「―の足音が響く」❷階段の上。▽「―を見上げる」◈⇔階下

かい-じょう【解錠（開錠）】 ヂヤウ［名・自他サ変］鍵を開けること。▽「リモコンで―する」⇔施錠（せじょう）

がい-しょう【外相】 グワイシヤウ［名］外務大臣の通称。

がい-しょう【外商】 グワイシヤウ［名］❶外国の商社・商人。❷デパートなどで、店売りではなく、直接顧客のもとに出向いて行って販売をすること。

がい-しょう【外傷】 グワイシヤウ［名］外部からの作用を受けて体にできた傷。

がい-しょう【街▼娼】 シヤウ［名］街頭で客を誘い、売春をする女性。ストリートガール。

がい-じょう【街上】 ジヤウ［名］町なかの路上。

かい-じょうたつ【下意上達】〔名〕一般の人々の意見や気持ちが上位の者に達すること。

かいじょうほあん-ちょう【海上保安庁】〔名〕国土交通省の外局の一つ。海上での人命・財産の保護、法律違反の予防・捜査・鎮圧、航路安全の確保などを任務とする。昭和二三(一九四八)年設置。

かい-しょく【会食】〔名・自サ変〕集まって一緒に食事をすること。「取引先[友人]とーする」

かい-しょく【海食(海▼蝕)】〔名・自サ変〕波や潮流が陸地を少しずつ削り取っていくこと。「ー作用・ー台地・ー洞」書き方「海食」は代用表記。

かい-しょく【解職】〔名・他サ変〕職をやめさせること。免職。「ー請求(=リコール)」

がい-しょく【外食】〔名・自サ変〕家庭ではなく、飲食店などに行って食事をすること。また、その食事。「家族でーする」「ーが続く」

がいしょく-さんぎょう【外食産業】〔名〕飲食業。特に、ファーストフード店・ファミリーレストランなど、大規模なチェーン店形式の飲食業。

かいじょ-けん【介助犬】〔名〕身体に障害がある人の動作を介助するように訓練された犬。

かい-しん【会心】〔名〕心にかなって満足すること。「この絵こそーの作だ」「ーの笑みを浮かべる」

かい-しん【回心】〔名・自サ変〕キリスト教で、過去の罪や不信の態度を悔い改めて、神の道に心を向けること。コンバーション。

かい-しん【回診】〔名・自他サ変〕病院で、医師が病室を回って入院患者を診察すること。

かい-しん【戒心】〔名・自サ変〕心を引きしめて、用心すること。「一層のーを要する」

かい-しん【改心】〔名・自サ変〕悪かったと悟って、心を改めること。「ついにーする」「悪人をーさせる」

かい-しん【改新】〔名・自他サ変〕制度・規則などが改まって新しくなること。また、新しくすること。「大化のー」

かい-じん【灰▼燼】〔名〕灰と、燃えさし。
◉**灰燼に帰・する** 焼けてあとかたもなくなる。灰燼と化す。 燼

かい-じん【怪人】〔名〕正体のわからない、あやしい人物。

かい-じん【海神】〔名〕海の神。わたつみ。かいしん。

がい-しん【外信】〔名〕外国から送られてくる通信。「新聞社のー部」

がい-しん【害心】〔名〕人に危害を加えようとする心。害意。

がい-じん【外人】〔名〕外国人。▽差別的な語感を伴うことが多く、「外国人」の方が一般的。

かい・す【介す】〔他五〕➡介する「何を言われても意にー・さない」

かい・す【解す】〔他五〕➡解する

かい-ず【海図】〔名〕海洋の深浅・潮流の方向・海底の状況・航海標識などを詳細に示した、航海用の地図。

がい・す【害す】〔他五〕➡害する

かい-すい【海水】〔名〕海の水。▽約三・五パーセントの塩分を含む。

かいすい-ぎ【海水着】〔名〕海水浴や水泳をするときにつける肌着。水着。

かいすい-パンツ【海水パンツ】〔名〕水泳のときに身につけるパンツ。水泳パンツ。海パン。

かいすい-よく【海水浴】〔名〕海浜に行って、日光浴をしたり、海に入って泳いだりすること。「ー場」

かい-すう【回数】〔名〕ある物事が繰り返し行われるときの度数。また、繰り返し起こるときの度数。「乗り換えのーが多い」「連続出場ー」

がい-すう【概数】〔名〕おおよその数。「ー計算」

かいすう-けん【回数券】〔名〕乗車券・入場券・飲食券などを何枚かつづりあわせたもの。▽ふつう料金の一定額が割り引かれる。

かい・する【会する】〔自サ変〕❶ある場所に集まる。「卒業生が一堂にー」❷出合って一つになる。「二つの川がー地点」❸会う。遭遇する。「旧友[意想外の困難]にー」文くわい・す

かい・する【介する】〔他サ変〕❶間に立てる。仲立ちとする。「人をー・して面会を申し込む」❷〈「意に介しない」などの形で〉気にかけない。「皆が見ていてもまるで意にー・しない」文かい・す 異形介す

かい・する【解する】〔他サ変〕❶ことばや物事の意味・価値を理解する。〜が分かる。「ロシア語をー」「ユーモアをー・しない人」❷記号類から隠された意味を読み解く。「暗号をー」❸物事を自分なりに解釈する。とる。「沈黙を同意とー」文かい・す 異形解す

がい・する【害する】〔他サ変〕❶他人の気持ちを傷つける。そこなう。「不用意な一言が客の感情をー」「裁判官の心証をー」❷(自分の)健康状態を悪くする。そこなう。「先生は過労で健康をー・した」使い方〜ガに替えてもいう(やや翻訳調)。「炎天下の作業が工員の健康をー・した」❸物事の正常な状態や順調な進行を妨げる。はばむ。「旱魃が稲の生育をー」❹生物の体に危害を与える。特に、殺害する。そこなう。「汚染物質が人畜をー」文がい・す 異形害す

かい-せい【回生】〔名・自サ変〕生き返ること。「起死ー」

かい-せい【快晴】〔名〕空がすっきりと晴れ渡っていること。「雲一つないー」▽気象学上は雲量〇〜一割の状態をいう。

かい-せい【改正】〔名・他サ変〕法律・規則・規約などの不適当な点や不備な点を改め正すこと。「憲法[ダイヤ]ー」「不平等条約のー」⇔改悪 使い方「憲法[〇〇法]改正/改定」では、前者は正当性を強く主張した、後者はそれを中和した言い方。反対・阻止の立場からは「改悪」を使うこともある。

かい-せい【改姓】〔名・自サ変〕姓を変えること。また、その変えた姓。「結婚してーする」「ー届」

がい-せい【外征】〔名・自サ変〕外国に出兵して戦うこと。外役。

がい-せい【慨世】〔名〕世のありさまを嘆き、将来を憂えること。「ーの士」

がい-せい【蓋世】〔名〕世をおおいつくすほど意気が盛んであること。「ーの気」▽『史記』項羽本紀の「力は山を抜き、気は世を蓋う」から。

かい-せき【会席】〔名〕❶寄り合いの席。特に、茶の湯・連歌・俳諧などの席。❷本膳料理を簡略にしたものから発達した、酒宴向きの洗練された日本料理。本来は脚のない会席膳を用いる。▽「会席料理」の略。

かい-せき【解析】〔名・他サ変〕❶物事を細かく分析し、組織的・理論的に研究すること。「データをーする」❷微分学・積分学など、関数についての研究をする

学問。▽「解析学」の略。

かい‐せき【懐石】 クヮイ［名］茶席で、茶をすすめる前に出す簡素な料理。茶懐石。▽禅僧が温石(おんじゃく)を懐(ふところ)に抱いて空腹をしのぐと同じように、腹を温めるだけの食事の意。一汁三菜が基本。最近では旬の素材を贅沢(ぜいたく)に使った料亭料理をいうこともある。

がい‐せき【外戚】 グヮイ［名］母方の親類。⬍内戚

かい‐せつ【回折】 クヮイ［名・自サ変］光・音などの波動が障害物にあたったとき、その背後に回り込んで伝わること。また、その現象。

かい‐せつ【開設】［名・他サ変］施設や設備を新しく設けること。‖「診療所［口座・ホームページ］を—する」

かい‐せつ【解説】［名・他サ変］その物事の内容・本質などをわかりやすく説明すること。また、その説明。‖「ニュースの要点を—する」「—者」

がい‐せつ【▼剴切】［名・形動］ぴたりと当てはまること。‖「肯綮(こうけい)に中(あ)たった—な御考えで〈漱石〉」

がい‐せつ【概説】［名・他サ変］ある事柄の全体にわたって、おおよその内容を説明すること。また、その説明。‖「日本文学について—する」「物理学—」

かい‐せん【会戦】 クヮイ［名・自サ変］大軍が出会って戦うこと。また、その戦闘。‖「ワーテルローの—」

かい‐せん【回旋・▼廻旋】 クヮイ［名・自サ変］❶くるくる回ること。旋回。‖「計器の針が—する」❷植物の茎が支柱などに巻きつきながら伸びること。

かい‐せん【回船・▼廻船】 クヮイ［名］旅客や貨物をのせて港から港へ運んで回る大きな和船。回漕(かいそう)船。‖「—問屋」▽鎌倉時代に始まり、江戸時代に発達した。

かい‐せん【回線】 クヮイ［名］電信・電話などの信号が通る回路。伝送路。

かい‐せん【改選】［名・他サ変］議員・役員などの任期が満了したとき、改めて次期の者を選挙すること。

かい‐せん【海戦】［名］海上で行う戦闘。⬇陸戦・空中戦

かい‐せん【海鮮】［名］新鮮な魚介類。‖「—料理」

かい‐せん【▼疥▼癬】［名］ヒゼンダニの寄生によって起こる伝染性の皮膚病。激しいかゆみを伴う。

かい‐せん【開栓】［名・他サ変］❶栓を抜くこと。‖「ガスの—」❷水道・ガスを使用できるようにすること。

かい‐せん【開戦】［名・自サ変］戦争を始めること。‖「—前夜」⬍終戦

かい‐ぜん【改善】［名］❶［他サ変］悪いところを改めてよりよいものにすること。‖「待遇を—する」「体質—」⬍改悪 ❷［自サ変］悪いところが自然の作用としてひとりでによくなること。‖「症状［収支］が—する」◈ 使い方 「改良」は具体的なものについていうが、「改善」は多く抽象的なものについていう。

がい‐せん【外線】 グヮイ［名］❶二本ある線の、外側の線。❷屋外の電線。❸直接外部に通じる電話線。◈⬍内線

がい‐せん【▼凱旋】［名・自サ変］❶戦争に勝って帰ること。凱陣。‖「故国に—する」▽「凱」は戦勝を祝う歌、「旋」は帰る意。❷成功を収めて帰ること。‖「—公演・—パレード」

凱

がい‐せん【街宣】［名］街頭で行う宣伝。街頭宣伝。‖「—車」

がい‐ぜん【慨然】［形動タリ］❶いきどおり、嘆くさま。‖「—として涙を流す」❷心をふるいおこすさま。‖「—たる意気」

がいぜん‐せい【蓋然性】［名］ある事柄が起こる確実性の度合い。また、ある事柄が真である確実性の度合い。確からしさ。プロバビリティー。‖「—が高い」▽数学では「確率」という。

かい‐そ【改組】［名・他サ変］組織を改めること。

かい‐そ【開祖】［名］❶宗派を開いた人。開山(かいさん)。祖師。❷学問・芸道などで、一流派を開いた人。

かい‐そう【会葬】 クヮイサウ［名・自サ変］葬儀に参列すること。‖「多くの人が—した」「—者」

かい‐そう【回送(▼廻送)】 クヮイ［名・他サ変］❶送られてきたものを、改めて他の場所に送ること。‖「郵便物を転居先へ—する」❷電車・バスなどを、客を乗せないで他の場所へ動かすこと。‖「—車」

かい‐そう【回想】 クヮイサウ［名・他サ変］過去のことを思い返すこと。‖「—録(=メモワール)」

かい‐そう【回▼漕・▼廻▼漕】 クヮイサウ［名・他サ変］船で荷物などを運送すること。また、船による運送。‖「—業」

かい‐そう【快走】 クヮイ［名・自サ変］気持ちがよいほど速く走ること。‖「—艇(=ヨット)」

かい‐そう【改葬】 ―サウ［名・他サ変］一度葬った遺体や遺骨を別の場所に葬り直すこと。

かい‐そう【改装】 ―サウ［名・他サ変］装飾・設備などを変えること。‖「店を—する」「—工事」

かい‐そう【海草】 ―サウ［名］海中に生える種子植物の総称。アマモ・スガモ・イトモなど。

かい‐そう【海藻】 ―サウ［名］海中に生える藻類の総称。アオノリ・アオサなどの緑藻類、コンブ・ワカメ・ヒジキなどの褐藻類、アサクサノリ・テングサなどの紅藻類に大別される。食用になるものが多い。‖「—サラダ」✓注意 別語の「海草」の表記で代用することは避けたい。

かい‐そう【階層】［名］社会を構成する人々を職業・収入・財産・学歴・年齢などで分けたとき、社会的地位・経済的地位がほぼ同程度とされる人々の集団。▽建物の階の、上下の重なりの意から。

かい‐そう【壊走・潰走】 クヮイ［名・自サ変］戦いに敗れ、散り散りになって逃げ去ること。

かい‐ぞう【改造】 ―ザウ［名・他サ変］造り変えること。‖「車庫を書斎に—する」「内閣［バイク］の—」

がい‐そう【外装】 グヮイサウ［名］❶建物などの、外側の装飾。エクステリア。‖「—工事」⬍内装 ❷商品・荷物などの、外側の包み。

がい‐そう【▼咳▼嗽】［名］せき。‖「アトピー—」

かいぞう‐ど【解像度】 カイザウ［名］❶ディスプレーの画面上に映し出される画像の鮮明度。横方向と縦方向の表示ドット数の積で表す。❷プリンターで印刷される図像の鮮明度。一インチあたりに印字できるドット数で表す。

かいぞう‐りょく【解像力】 カイザウ［名］❶写真や映像の撮影で、レンズやフィルムなどが被写体の像を鮮明に再現する能力。❷顕微鏡などのレンズが、細かい部分を識別する能力。分解能。

かい‐ぞえ【介添え】 ―へ［名・自サ変］付き添って世話をすること。また、その人。‖「花嫁の—をする」「—役」▽「搔(か)き添え」の転。「介」は当て字。

かい‐そく【会則】 クヮイ［名］会の規則。会規。

かい‐そく【快足】 クヮイ［名］足の速いこと。‖「—を飛ばす」

かい‐そく【快速】 クヮイ［名］❶気持ちがよいほど速い

こと。‖「—艇」❷停車駅を少なくして、普通よりも早く目的地に着くようにした電車。‖「通勤—」▽「快速電車」の略。

かい-ぞく【海賊】［名］海上を横行し、船舶や沿岸の地を襲って財貨をうばいとる盗賊。‖「—船」

がい-そく【概則】［名］大まかな規則。

かいぞく-ばん【海賊版】［名］著作権者の許可を得ないで複製・販売される書籍・テープ・CD・DVDなど。▽pirated edition の訳語。書き方 CDなどは「海賊盤」とも。

がい-そふ【外祖父】(グヮイ)［名］母方の祖父。母の父。

がい-そぼ【外祖母】(グヮイ)［名］母方の祖母。母の母。

かい-そん【海損】［名］海上の事故によって生じる船舶や積み荷の損害。

かい-ぞん【買い損】(カヒ)［名］買うと損になること。⇔買い得

がい-そん【外孫】(グヮイ)［名］そとまご。⇔内孫(うちまご)

がい-だ【▼咳唾】［名］目上の人のことば。▽せきとつば、また、せきばらいの声の意から。

◉**咳唾(がいだ)珠(たま)を成(な)・す** 詩文の才能がきわめて豊かなことのたとえ。▽何気なく口をついて出ることばさえ、珠玉のように美しいの意から。

かい-たい【拐帯】［名・他サ変］人から預かった金品を持ち逃げすること。‖「公金を—する」

かい-たい【解体】［名］❶［自他サ変］組み立ててある物が分解してばらばらになること。また、ばらばらにすること。‖「—作業」❷［自他サ変］組織などがばらばらにくずれて機能を失うこと。また、ばらばらにくずして機能を失わせること。‖「コンツェルンを／が—する」「財閥—」❸［他サ変］死体を解剖(かいぼう)すること。‖「—新書」

かい-たい【懐胎】(クヮイ)［名・他サ変］身ごもること。妊娠。懐妊。‖「処女—」

かい-だい【改題】［名・他サ変］題名を変えること。

かい-だい【海内】［名］❶四海のうち。国内。❷天下。‖「—無双の豪傑」

かい-だい【解題】［名・他サ変］書物の著者・成立の由来・内容・出版年月などについて解説すること。また、その解説。‖「巻末に—を付す」

かい-たく【開拓】［名・他サ変］❶山野・荒地などを切り開いて田畑・道路・宅地などにすること。▽耕地にすることは特に「開墾」という。❷新しい分野・領域などを切り開くこと。‖「販路を—する」

かい-だく【快諾】(クヮイ)［名・他サ変］気持ちよく承諾すること。‖「出席を—する」「山田氏の—を得る」

かい-だし【買い出し】(カヒ)［名］市場・問屋・産地などに出向いて品物を買うこと。

かい-たた・く【買い▼叩く】(カヒ)［他五］売り手の事情につけこんで、値切れるだけ値切った安値で買う。‖「傷物だといって—かれる」

かい-だめ【買い▼溜め】(カヒ)［名・他サ変］値上がりや品不足を見越して、品物をよけいに買ってしまっておくこと。‖「食料品を—する」

がい-ため【外▽為】(グヮイ)［名］外国為替(がいこくかわせ)の通称。‖「—法(＝外国為替及び外国貿易法の通称)」

かい-だん【会談】(クヮイ)［名・自サ変］会って話し合うこと。また、その話し合い。‖「首相と大統領が—する」「巨頭—」▽多く公的なものにいう。

かい-だん【快談】(クヮイ)［名・自サ変］愉快に話し合うこと。また、その話。

かい-だん【戒壇】［名］僧に戒律を授ける儀式を行うために設けた壇。‖「—院(＝戒壇のある建物)」

かい-だん【怪談】(クヮイ)［名］幽霊や化け物が出てくる、恐ろしい話。‖「四谷—」

かい-だん【階段】［名］高さの違う床面をつなぎ、一段ずつ上り下りするように作った通路。‖「—を上る」使い方「出世の階段をかけのぼる」のように、順を追って進む地位・階級の意にも使う。

かい-だん【解団】［名・自他サ変］団体を解散すること。‖「—式」⇔結団

がい-たん【慨嘆（慨▼歎）】［名・自他サ変］嘆かわしいと、いきどおること。

かい-だんし【快男子】(クヮイ)［名］快活で、気性のさっぱりした男性。好漢。快男児。

ガイダンス【guidance】［名］❶初歩的な手引きや説明会。❷学校教育で、児童・生徒・学生の個性や能力に応じて学習面・生活面の助言と指導を行うこと。

がい-ち【外地】(グヮイ)［名］国外の地。特に、日本の本土に対し、日本が植民地として支配していた朝鮮・台湾・満州などの旧領地。⇔内地

かい-ちく【改築】［名・他サ変］建物の全部または一部を建てかえること。‖「校舎を—する」「—工事」

かい-ちゅう【回虫（▼蛔虫）】(クヮイ)［名］人間や家畜の小腸に寄生するカイチュウ科の線虫。形はミミズに似るが節はない。野菜などに付着した卵が口から体内に入り、腸内で孵化(ふか)・成長して害を及ぼす。書き方「回虫」は代用表記。

かい-ちゅう【改鋳】(ーチウ)［名・他サ変］鋳造しなおすこと。鋳(い)なおすこと。

かい-ちゅう【海中】［名］海上。また、海面下。‖「—の孤島」「—公園」

かい-ちゅう【懐中】(クヮイ)［名・他サ変］ふところやポケットの中。また、そこに入れて持っていること。‖「—が乏しい［寂しい］(＝金の持ち合わせが少ない)」

がい-ちゅう【外注（外▼註）】(グヮイ)［名・他サ変］会社・工場などが、仕事の一部を外部の業者に発注すること。‖「部品の製造を—する」

がい-ちゅう【害虫】［名］人間生活に害をもたらす昆虫。カ・ノミ・ハエ・ウンカなど。‖「—駆除」⇔益虫

かいちゅう-でんとう【懐中電灯】(クヮイチュウ)［名］乾電池を電源にする携帯用の小型電灯。

かいちゅう-どけい【懐中《時計》】(クヮイチュウ)［名］ポケットやふところに入れて携帯する、ひも・鎖付きの小型時計。たもと時計。

かい-ちょう【会長】(クヮイチャウ)［名］❶会の業務を統括し、会を代表する人。‖「自治会の—」「生徒会—」❷会社で、社長の上に置かれる最高位の役職。▽多くは社長を退いた人の名誉職をいう。

かい-ちょう【回腸（▼廻腸）】(クヮイチャウ)［名］小腸の後半部で、末端が大腸に続く曲がりくねった部分。

かい-ちょう【快調】(クヮイテウ)［名・形動］すばらしく調子がよいこと。また、物事がすらすらと思うように進行すること。‖「エンジンは—だ」「売れ行きが—だ」派生 —さ

かい-ちょう【海鳥】(ーテウ)［名］海辺や海上の島にすむ鳥。カモメ・アホウドリ・ペンギンなど。うみどり。

かい-ちょう【開帳】(ーチャウ)［名・他サ変］❶特定の日に厨子(ずし)の扉を開き、普段は見せない秘仏などを人々に拝ませること。開扉(かいひ)。❷賭場(とば)を開くこと。書き方 法律

では「開張」と書く。

かい-ちょう【階調】―テウ［名］グラデーション。

かい-ちょう【諧調】―テウ［名］よく調和のとれた音・色彩などの調子。

がい-ちょう【害鳥】―テウ［名］農作物などに害をもたらす鳥。秋になると稲を食い荒らすスズメなど。⇕益鳥 ▼常に害をなす鳥は少ない。

かい-ちょく【戒▼飭】［名・自他サ変］人をいましめ、行いをつつしませること。また、自らをいましめ、行いをつつしむこと。〓「―処分」 注意「かいしょく」と読むのは誤り。

かい-ちん【開陳】［名・他サ変］人前で自分の意見などを申し述べること。〓「所信を―する」

かい-つう【開通】［名・自サ変］鉄道・道路・電話などの施設が完成して通じるようになること。〓「―式」

かい-づか【貝塚】カヒ―［名］古代人が食べ捨てた貝殻などが堆積(たいせき)してできた遺跡。〓「大森―」

かい-つけ【買い付け】カヒ―［名］❶買い慣れていること。❷品物を大量に買い入れること。

かい-つ・ける【買い付ける】カヒ―［他下一］❶買い慣れる。〓「食品を―・けている店」❷買い入れる。特に、大量に買い入れる。〓「海外で宝石を―」 文 かひつ・く

かい-つぶり【〈▼鸊▼鷉〉】［名］水草を集めて浮いているように見える巣をつくる、カイツブリ科の水鳥。カイツムリ。▼古名を「鳰(にお)」といい、その巣を「鳰の浮き巣」と呼ぶ。

鸊鷉

かい-つま・む【▼掻い▽摘まむ】［他五］要点だけを取り出してまとめる。〓「結果を―・んで話す」▼「かきつまむ」の転。

かい-て【買い手】カヒ―［名］物を買おうとする人。⇕売り手 書き方 公用文では「買手」。

かい-てい【改定】［名・他サ変］新しく定めなおすこと。〓「条約［音訓表］を―する」 使い方 ⇩改正

かい-てい【改訂】［名・他サ変］書物・文書などの不備な点を改めて正すこと。〓「教科書を―する」「―版」

かい-てい【海底】［名］海の底。〓「―火山」

かい-てい【開廷】［名・自他サ変］法廷を開き、裁判を始めること。⇕閉廷

かい-てい【階▼梯】［名］❶階段。❷学問・芸術などを学ぶ段階。特に、その初歩の段階。▼入門書・手引き書の意で書名にもつける。〓「論理学―」

かい-てき【快適】クワイ［形動］気持ちよく過ごしやすいさま。〓「湿度が低く―だ」「―な暮らし」 派生 -さ

がい-てき【外敵】グワイ［名］外部または外国から攻めてくる敵。

がい-てき【外的】グワイ［形動］❶物事の外側にかかわるさま。外部的。〓「―条件」❷物質・肉体にかかわるさま。〓「―生活(＝物質生活)」◈⇕内的

かいて-しじょう【買い手市場】カヒテシヂヤウ［名］供給量が需要量を上回って価格が下落し、買い手が売り手に対して有利になる市場。⇕売り手市場 使い方 就職活動などで、求職者が求人より上回る状態にもいう。

かい-てん【回天(▼廻天)】クワイ［名］世の中のありさまを一変させること。また、衰えた国勢などを盛りかえすこと。〓「―の素志を貫く」

かい-てん【回転(▼廻転)】クワイ［名］❶［自サ変］物や体が一つの軸や点を中心にして回ること。〓「独楽(こま)が―する」「三―宙返り」❷スキーのアルペン種目の一つ。急斜面に設けた旗門を左右に通過しながら滑り降り、その所要時間を競う。スラローム。▼「回転競技」の略。❸［自サ変］人や商品などが、用を終えて位置を移ること。〓「客の―がよい店」「―の速い商品」❹［自サ変］物事が働くこと。機能すること。〓「頭の―が速い」

かい-てん【開店】［名・自他サ変］❶新しい店が開かれること。また、開くこと。〓「レストランが／を―する」 使い方「～を開店する／開店させる」では、前者が一般的。⇩品詞解説(一八六六ページ) ❷商店で、その日の営業が始まること。〓「あの書店は九時に―する」◈⇕閉店

かい-でん【皆伝】［名・他サ変］芸道・武道などで、師からすべての奥義(おうぎ)を伝えられること。〓「免許―」

がい-でん【外伝】グワイ［名］本伝には書かれなかった伝記や逸話。また、それを集めた本。〓「義士―」

がい-でん【外電】グワイ［名］外国からの電報。特に外国通信社から入る電報やニュース。▼「外国電報」の略。

かいてん-きゅうぎょう【開店休業】―キウゲフ［名］店を開いているのに客がなく、休業しているのと等しい状態であること。

かいてん-じく【回転軸】クワイテンヂク［名］❶回転する物体や図形の中心となる固定された直線。❷回転する機械の中心となる軸。

かいてん-ずし【回転▽寿司・回転▼鮨】クワイテン―［名］客席の前を回るコンベヤー式の台にすしを盛った小皿をのせ、客が好みの品を取る方式。また、その店。

かいてん-もくば【回転木馬】クワイテン―［名］遊園地などにある遊具で、大きな円盤の周囲に木馬を取り付け、円盤の回転につれて木馬も上下しながら回るようにしたもの。メリーゴーラウンド。

かいてん-りつ【回転率】クワイテン―［名］❶一定期間内に、資本投下した製品が売上金となって戻る割合。❷飲食店などのサービス業で、一日にどれだけの客を入れ替えてさばくことができるかの割合。〓「―の悪いレストラン」

ガイド【guide】［名］❶［他サ変］案内すること。特に、観光旅行・登山などの案内をすること。また、その人。〓「バス―」❷手引き。案内書。ガイドブック。〓「旅行―」

かい-とう【会頭】クワイ［名］(規模の大きい)会や組織を統轄し、その代表となる人。〓「商工会議所―」

かい-とう【回答】クワイタフ［名・自他サ変］質問・要求などに対して答えること。また、その答え。〓「問い合わせに―する」「組合の要求に―する」「アンケートに―を寄せる」

かい-とう【快刀】クワイタウ［名］すばらしくよく切れる刀。
◉**快刀乱麻(らんま)を断・つ** 複雑な問題をあざやかに解決するたとえ。▼もつれた麻を快刀で見事に断ち切る意から。注意「かいとう」を「怪刀」と書くのは誤り。

かい-とう【怪盗】クワイタウ［名］神出鬼没で、正体のつかめない盗賊。

かい-とう【解凍】［名・他サ変］❶凍ったものをとかすこと。〓「冷凍食品を―する」❷コンピューターで、専用のソフトを使って容量を小さくしたファイルをもとの形に戻すこと。展開。伸長。⇕圧縮

かい-とう【解答】―タフ［名・自サ変］試験の設問や問題点などに答えること。また、その答え。〓「設問に順序正しく―する」「クイズに―する」「―用紙」「模範―」

かい-どう【会同】クワイ［名・自サ変］会議などのために、人々が寄り集まること。また、その集まり。

かい-どう【会堂】クワイダウ［名］❶集会などに使う大きな建物。〓「公―」❷キリスト教・ユダヤ教などで、礼拝や

儀式を行う建物。

かい-どう【怪童】[名] 並外れた体と怪力をもつ子供。

かい-どう【海▼棠】[名] 春、垂れ下がった枝の先に淡紅色の花をつけるバラ科の落葉低木。ハナカイドウ。

かい-どう【海道】[名] ❶海に沿った街道。❷「東海道」の略。‖「―下り(=東下り)」

かい-どう【街道】[名] 大きな町と町を結び、中央から地方へと通じる交通上の主要な道路。‖「奥州―」

がい-とう【外灯】[名] 門灯など、屋外に取りつけた電灯。屋外灯。

がい-とう【外▼套】[名] 外出のときに衣服の上から着る防寒用の衣類。オーバー。オーバーコート。

がい-とう【街灯】[名] 街路を照らすため、道ばたに取りつけた電灯。街路灯。

がい-とう【街頭】[名] まちの路上。まちなか。‖「―募金[演説]」

がい-とう【該当】[名・自サ変] 一定の条件・資格などに当てはまること。‖「―する項に丸をつける」「―者」

かい-どく【買い得】[名] 割安で、買うと得になること。‖「本日のお―品」⇔買い損

かい-どく【会読】[名・他サ変] 何人かが集まって同じ本を読み、意見を述べ合いながら研究すること。‖「聖書を―する」

かい-どく【回読】[名・他サ変] 本などを、順々に回して読むこと。回し読み。

かい-どく【解読】[名・他サ変] 古文書・暗号などを読み解くこと。‖「暗号を―する」

がい-どく【害毒】[名] 害となり、悪い影響を与えるもの。

ガイドブック[guidebook][名] 手引き書。案内書。特に、旅行などの案内書。

ガイド-マップ【和製 guide+map】[名] ある地域の観光地・施設などを案内する地図。‖「観光―」

ガイドライン[guideline][名] 政府・団体などが掲げる政策・施策の指針。‖「―を示す」

かい-とり【買い取り】[名] ❶買い取ること。❷売れ残っても返品しない約束で商品を仕入れること。

かい-どり【飼い鳥】[名] 家庭で飼う鳥。▼ふつう愛玩用の小鳥をいう。⇔野鳥

かい-と・る【買い取る】[他五] 買って自分のものにする。‖「良寛の書を―」名 **買い取り**「―価格」

かい-な【▽腕】[名]〔古風〕うで。‖「―を返す」▼相撲界などでは現在も使う。もとは、肩から肘までをさし、「うで」とは区別された。

かい-なで【▼搔い▼撫で】[名・形動] 表面にふれただけで、深くは知らないこと。‖「―の知見」▼「かきなで」の転。

かい-なら・す【飼い慣らす(飼い▼馴らす)】[他五] 動物を飼って、人になつくようにする。‖「タカを―」▼比喩的に、人を手なずける意でも使う。‖「部下を―」

かい-なん【海難】[名] 航海中に起こる事故。座礁・火災・衝突・転覆・沈没など。‖「―救助[審判]」

かいなんしんぱん-しょ【海難審判所】[名] 国土交通省の特別の機関の一つ。海難審判法に基づいて海難の審判を担当する。

かい-にゅう【介入】[名・自サ変] 第三者が割り込んで干渉すること。‖「紛争に―する」「武力―」

かい-にん【解任】[名・他サ変] 任務を解くこと。解職。

かい-にん【懐妊】[名・自他サ変] 子をはらむこと。妊娠。懐胎。‖「妻が―する」

かい-ぬし【買い主】[名] その物を買う人。また、買った人。⇔売り主 書き方 公用文では「買主」。

かい-ぬし【飼い主】[名] その動物を飼っている人。

かい-ね【買値】[名] 物を買い取るときの値段。また、物を仕入れるときの値段。⇔売値

がい-ねん【概念】[名] ❶個々の事物から共通する性質を抜き出し、それらを総合して構成する普遍的な表象。言語によって表され、内包と外延をもつ。❷物事についての概括的な意味内容。‖「『平和』という―」

がいねん-てき【概念的】[形動] 個々に存在する特殊性を問題にしないで、物事を概括的・抽象的にとらえるさま。‖「―な理解にとどまる」▼多く物の見方が大ざっぱであることを非難して使う。

かい-は【会派】[名] 主義・主張を同じくする人々によって結成された派閥や団体。特に政治的なものをいう。‖「院内―」

かい-ば【飼い葉】[名] 牛馬のえさにする、わらや干し草。まぐさ。‖「―桶」

かい-ば【海馬】[名] ❶セイウチの別称。❷タツノオトシゴの別称。❸大脳辺縁系の一部で、側頭葉の裏側にある部位。古皮質に属し、記憶に重要な関わりをもつ。語源 断面の形がタツノオトシゴに似ていることから。

かい-はい【改廃】[名・他サ変] 法律や制度を、改めたり廃止したりすること。

がい-はく【外泊】[名・自サ変] いつも寝泊まりしている場所以外の所に泊まること。

がい-はく【該博】[名・形動] 学問や知識の範囲がきわめて広いこと。‖「―な知識」

かいはく-しょく【灰白色】[名] 灰色がかった白色。

かい-ばしら【貝柱】[名] 二枚貝の内部にあって、殻を開閉する働きをもつ筋肉。肉柱。閉殻筋。▼ホタテガイ・タイラガイ・バカガイなどの貝柱は食用。

かい-はつ【開発】[名・他サ変] ❶土地・森林・水・鉱産物などの天然資源を活用して生活や産業に役立てること。‖「油田を―する」❷新しい技術や製品を作り上げて実用化すること。‖「新薬を―する」❸潜在している才能や能力を引き出して育てること。‖「―教育」

かい-ばつ【海抜】[名] 平均海水面から測った陸地の高さ。標高。‖「―一二〇〇メートルの高原」▼日本では東京湾の平均潮位を基準とする。

かい-はん【改版】[名・他サ変] 書物などの内容を改め、新しく版をつくりなおして印刷・出版すること。また、その出版物。

かい-はん【開板・開版】[名・他サ変] 書物を出版すること。▼新しく版木を彫る意。

かい-パン【海パン】[名]「海水パンツ」の略。

がいはん-ぼし【外反母▼趾・外反▼拇▼趾】[名] 足の親指が第二指の方へ屈曲している状態。

かい-ひ【会費】[名] ❶会を維持・運営するために会員が出し合う金。‖「年―」❷その会に出席する者が各自負担する費用。‖「―制のパーティー」

かい-ひ【回避】[名・自サ変] 悪い事態にならないよ

うに、ある物事をさけること。逃れること。‖「責任を―する」「戦争の危機が―される」

かい-ひ【開扉】 [名・自他サ変] ❶とびらがあくこと。また、あけること。‖「城門が/を―する」 ❷⇩開帳①

がい-ひ【外皮】 グヮイ [名] 外側をおおう皮。⇔内皮

かい-びかえ【買い控え】 カヒビカヘ [名] 買い手が品物を買うのを見合わせること。また、買う量を少なくすること。

かい-びゃく【開▼闢】 [名] この世の始まり。創世。‖「天地―以来の大事件」

闢

かい-ひょう【海▼豹】 ヘウ [名] アザラシの別称。

かい-ひょう【開票】 ヘウ [名・自他サ変] 投票箱を開いて、投票の結果を集計すること。‖「即日―」

かい-ひょう【解氷】 [名・自サ変] 春になって海・湖・川などに張った氷がとけること。⇔結氷

がい-ひょう【概評】 ヒヤウ [名・他サ変] 全体を大まかに批評すること。また、その批評。

かい-ひん【海浜】 [名] はまべ。うみべ。‖「―公園」

かい-ふ【回付(▼廻附)】 クヮイ [名・他サ変] 文書などを順に回して送り届けること。‖「書類を―する」

がい-ぶ【外部】 グヮイ [名] ❶物の外側。外面。‖「車体の―がへこむ」 ❷その組織・集団などに属していないこと。また、属していない人。‖「―の声を聞く」◈⇔内部

かい-ふう【海風】 [名] ❶海上を吹く風。また、海上から吹いてくる風。うみかぜ。 ❷海岸地方で、日中、海から陸に向かって吹く穏やかな風。海軟風かいなんぷう。うみかぜ。◈⇔陸風

かい-ふう【開封】 [名] ❶[他サ変] 封書などの封を開くこと。‖「遺言書[包み]を―する」 ❷封の一部を切り取り、中が見えるようにした郵便物。開ひらき封。▼第三種・第四種郵便物に行う。

かい-ふく【回復(▼恢復)】 クヮイ [名] ❶[自他サ変] 物事がもとのよい状態に戻ること。また、戻すこと。‖「景気が―する」「信用を―する」 ❷[自サ変] 病気やけががなおってもとの状態になること。‖「手術後の―が早い」

書き方 ②は「快復」も好まれる。

かい-ふく【開腹】 [名・自サ変] 手術のために、腹部を切り開くこと。‖「―手術」

かい-ぶつ【怪物】 クヮイ [名] ❶正体のわからない、不気味な生き物。▼一般に大きくて力の強いものをいう。 ❷並外れた才能や実力をもった人物。‖「政界の―」

がい-ぶつ【外物】 グヮイ [名] 自我の働きから離れて、客観的な外界に存在するすべてのもの。

かい-ぶん【回文(▼廻文)】 クヮイ [名] ❶上から読んでも下から読んでも同じになる文句。「たけやがやけた」の類。 ❷回状。

かい-ぶん【灰分】 クヮイ [名] ❶有機物が燃えたあとに残る不燃性の鉱物質。はい。 ❷食品中に含まれる鉱物質。カルシウム・ナトリウム・鉄など。▼栄養学でいう。

かい-ぶん【怪聞】 クヮイ [名] 奇妙なうわさ。

がい-ぶん【外分】 グヮイ [名・他サ変] 数学で、線分の延長上にとった一点から、その線分をある比に分けること。⇔内分

がい-ぶん【外聞】 グヮイ [名] ❶ほかの人に知られること。‖「―をはばかる話」 ❷世間の評判。世間に対する体裁ていさい。世間体せけんてい。‖「二度も失敗したら―が悪い」

かい-ぶんしょ【怪文書】 クヮイ [名] 出所が明らかでない、中傷的・暴露的な文書。‖「―が出回る」

かい-へい【海兵】 [名] ❶海軍の兵士。 ❷上陸作戦のときの地上戦闘をおもな任務とする海軍部隊。▼「海兵隊」の略。 ❸旧日本海軍の兵科将校を養成した学校。▼「海軍兵学校」の略。

かい-へい【皆兵】 [名] 国民のすべてが兵役に服する義務をもつこと。‖「―制度」

かい-へい【開平】 [名・他サ変] 数学で、平方根を求めること。‖「二五を―すると五になる」

かい-へい【開閉】 [名・自他サ変] 開いたり閉じたりすること。また、あけたりしめたりすること。‖「―器(=スイッチ)」「―式のドーム」

がい-へき【外壁】 グヮイ [名] 外側の壁。また、壁の外側の面。⇔内壁

かい-へん【改変】 [名・他サ変] 内容を改めて、違ったものにすること。変改。‖「制度を―する」

かい-へん【改編】 [名・他サ変] 編集・編成されたものを改めて、違ったものにすること。‖「組織―」

かい-へん【海辺】 [名] 海のほとり。うみべ。

かい-べん【快弁(快▼辯)】 クヮイ [名] さわやかで、気持ちのよい話しぶり。また、よどみのない、巧みな話しぶり。

かい-べん【快便】 クヮイ [名] 体調がよく、気持ちよく便が出ること。‖「快食―」

がい-へん【外編(外▼篇)】 グヮイ [名] 漢籍で、主要部分である内編の後に書き加えられた部分。⇔内編

かい-ほう【介抱】 ハウ [名・他サ変] 病人やけが人につきそい世話をすること。‖「負傷者を手厚く―する」

かい-ほう【会報】 クヮイ [名] 会の活動内容などを会員に知らせるために発行する印刷物。

かい-ほう【回報(▼廻報)】 クヮイ [名] ❶返事の手紙。返信。 ❷順々に回して読む文書。回状。回章。

かい-ほう【快方】 クヮイハウ [名] 病気やけががよくなっていくこと。‖「病状が―に向かう」

かい-ほう【快報】 クヮイ [名] 喜ばしい知らせ。朗報。

かい-ほう【開放】 ハウ [名・他サ変] ❶窓・戸・門などをあけはなすこと。あけたままにしておくこと。‖「窓の―厳禁」 ❷制限をなくして、だれでも自由に出入りできるようにすること。‖「大学図書館を市民に―する」「市場―」◈⇔閉鎖

かい-ほう【開法(開方)】 ハフ・ハウ [名] 平方根・立方根などを求める計算法。開平法・開立法など。

かい-ほう【解放】 ハウ [名・他サ変] 束縛や制限を解いて自由にすること。‖「人質を―する」「抑圧から―される」「―感に浸る」「奴隷―」「民族―運動」

かい-ほう【解法】 ハフ [名] 問題を解く方法。解き方。‖「方程式の―」

かい-ほう【懐抱】 クヮイハウ [名・他サ変] ある考えや計画を心中にいだくこと。また、その考えや計画。

かい-ぼう【海防】 バウ [名] 海からの攻撃に備えて、海岸を防備すること。海の守り。‖「―論」

かい-ぼう【解剖】 [名・他サ変] ❶生物の体を切り開いて、内部の構造や状態を調べること。‖「人体―」 ❷物事を細かく分析して研究すること。‖「流通機構を―して実態を明らかにする」

がい-ほう【外報】 グヮイ [名] 外国からの通信・報告。外信。‖「―部」

がい-ぼう【外貌】 グヮイバウ [名] 外から見たようす。外見。特に、顔かたち。‖「町の―は昔と変わらない」

かい-ほう-てき【開放的】 カイハウ [形動] 束縛するものがなく、のびのびしているさま。あけっぴろげなさま。‖「―

な校風」⇔閉鎖的

かい-ぼり【▼搔い掘り】〔名・他サ変〕池・沼・堀などの水をすっかり汲(く)みだすこと。換え掘り。

がい-まい【外米】グヮイ〔名〕外国産の米。外国米。⇔内地米

かい-まき【▼搔い巻き】〔名〕薄く綿を入れた、袖(そで)つきの夜具。掛け布団の下に入れて用いる。

かい-まく【開幕】〔名・自他サ変〕❶舞台の幕が開いて、演劇・演奏などが始まること。また、始めること。〓「—時間」❷大きな試合・行事などが始まること。また、始めること。〓「—戦」◈⇔閉幕 ①⇔終幕

かい-ま・す【買い増す】カヒ〔他五〕次々に買って増やす。〓「ドルを—」

かいま・みる【▽垣間見る】〔他上一〕❶物のすきまからのぞき見る。また、ちらりと見る。〓「ドアの間から—」❷物事の一端を知る。〓「—・みたチベット仏教の世界」◈俗に「垣間聞(かいまき)く」とも言うが、避けたい。文 かいま・みる

かいまわり-ひん【買回り品】カヒマハリ〔名〕購買頻度が低く、客が好みや価格を検討して買い求める商品。

かい-みょう【戒名】ミャウ〔名〕❶仏教で、死後、仏の弟子になったという意味で与えられる名前。法名。▼生前につけておく場合もある。❷仏門に入った人が師僧から与えられる名前。法名。◈⇔俗名(ぞくみょう)

かい-みん【快眠】クヮイ〔名・自サ変〕気持ちよくぐっすりと眠ること。また、その眠り。

かい-む【会務】クヮイ〔名〕会の事務。

かい-む【皆無】〔名・形動〕まったくないこと。絶無。〓「復旧の見込みは—に等しい」

がい-む【外務】グヮイ〔名〕❶外国との交渉・通商などに関する行政事務。⇔内務 ❷会社の外で行う営業・販売などの業務。外勤。〓「—員」

がいむ-しょう【外務省】グヮイムシャウ〔名〕国の行政機関の一つ。外交政策の立案・実施、外国との交渉・通商など、外交に関する行政事務を担当する。長は外務大臣。

かい-めい【改名】〔名・自他サ変〕名前を変えること。また、その名前。〓「—届」

かい-めい【▼晦冥】クヮイ〔名〕まっ暗になること。暗闇。〓「天地—」

かい-めい【開明】〔名・自サ変〕知識が豊かになり、文化が開けること。また、開けていること。〓「—の世」

かい-めい【階名】〔名〕絶対音高を示す音名に対し、個々の音が全音階の中のどの位置にあるかを示す名称。西洋音楽のド・レ・ミ・ファ・ソ・ラ・シ・ドの類。

かい-めい【解明】〔名・他サ変〕不明な点をといて、はっきりさせること。〓「事件の真相を—する」

かい-めつ【壊滅・潰滅】クヮイ〔名・自サ変〕こわれて、なくなってしまうこと。〓「大震災で町は—した」「—的な打撃を受ける」 書き方 今は「壊滅」が定着。

かい-めん【海面】〔名〕海の表面。海上。

かい-めん【海綿】〔名〕❶「海綿動物」の略。❷海綿動物のモクヨクカイメンの骨格を乾燥させたもの。やわらかな繊維状で、水をよく吸う。スポンジ。

がい-めん【外面】グヮイ〔名〕❶物の外側の面。❷外から見えるようす。みかけ。外見。◈⇔内面

かいめん-かっせいざい【界面活性剤】クヮッセイザイ〔名〕水溶液中で表面に吸着し、その表面張力を著しく低下させる物質。水に対する石けん・油・アルコールなど。表面活性剤。

がいめん-てき【外面的】グヮイメン〔形動〕うわべだけにかかわって、内容には及ばないさま。〓「—な理解にとどまる」⇔内面的

かいめん-どうぶつ【海綿動物】〔名〕水底の岩などに付着して生活する下等な無脊椎(せきつい)動物。筋肉・感覚細胞・神経細胞などはない。形は円筒状・つぼ状・塊状などさまざまで、表面に多くの穴がある。種類は多いが、ほとんどが海産。

かい-もく【皆目】〔副〕〈打ち消しを伴って〉まったく。〓「—見当がつかない」

かい-もど・す【買い戻す】カヒ〔他五〕いったん売り渡した物を、代金を払って取り戻す。〓「人手に渡った土地を—」名 買い戻し

かい-もと・める【買い求める】カヒ〔他下一〕金を払って手に入れる。〓「五千円で—」文 かひもと・む

かい-もの【買い物】カヒ〔名〕❶〔自サ変〕物を買うこと。また、買う物や買った物。〓「スーパーで—をする」「—がたくさんある」◈ 書き方 公用文では「買物」。❷買って得になる物。買い得品。〓「これは—だ」

かい-もん【開門】〔名・自サ変〕門を開くこと。〓「午前七時に—する」⇔閉門

がい-や【外野】グヮイ〔名〕❶野球で、内野の後方の区域。❷「外野手」の略。❸野球場で、①に面した観客席。▼「外野席」の略。❹その物事とは直接関係のない立場。また、その立場の人。〓「—がうるさい」◈①〜③⇔内野

かい-やく【改訳】〔名・他サ変〕改めて翻訳し直すこと。また、そのもの。

かい-やく【解約】〔名・他サ変〕契約や約束を取り消すこと。〓「保険を—する」

がいや-しゅ【外野手】グヮイヤ〔名〕野球で、「外野」①を守る、右翼手(＝ライト)・左翼手(＝レフト)・中堅手(＝センター)の総称。⇔内野手

かい-ゆ【快癒】クヮイ〔名・自サ変〕病気やけがが、すっかりよくなること。〓「ご—を祈る」

かい-ゆう【会友】クヮイイウ〔名〕❶同じ会に所属する友人。❷会員ではないが、その会と深い関係のある人に与えられる資格や名称。また、その人。

かい-ゆう【回遊(▼廻遊)】クヮイイウ〔名・自サ変〕❶あちこちを旅行して回ること。〓「—乗車券」❷魚や鯨が群れをなして季節的に大きく移動すること。〓「—魚(ぎょ)」 書き方 本来は「回▼游」「洄▼游」と書く。

がい-ゆう【外遊】グヮイイウ〔名・自サ変〕(留学・研究・視察などの目的で)外国に旅行すること。〓「アジア各国に—する」

がい-ゆう【外憂】グヮイイウ〔名〕外部や外国から受ける圧力・攻撃などに対する心配。外患。⇔内憂

かい-よう【海洋】カイヤウ〔名〕広い海。大洋。〓「—観測」

かい-よう【海容】〔名・他サ変〕海のような広い心で、人の非礼や過失を許すこと。〓「失礼の段、何卒(なにとぞ)ご—下さい」▼多く手紙文で使う。

かい-よう【潰瘍】クヮイヤウ〔名〕皮膚や粘膜の組織がただれ、深部までくずれること。また、その状態。〓「胃—・十二指腸—」

潰瘍

がい-よう【外用】グヮイ〔名・他サ変〕皮膚や粘膜に直接薬をつけること。〓「—薬」⇔内用

がい-よう【外洋】グヮイヤウ〔名〕陸地から遠く離れて、大きく広がる海。外海(そとうみ)。

がい-よう【概要】［名］かいつまんでまとめた要点。「事件の—を述べる」「事業計画の—を示す」

がい-よう【概容】［名］おおよその内容。「事件の—をつかむ」「調査の—を説明する」

かいようせい-きこう【海洋性気候】［名］海洋の影響を受けた、温暖で湿度が高く、雨量の多い気候。

かい-らい【▼傀▼儡】［名］自らの意志をもたないで、人の思うままにあやつられる人。「—政権」▼あやつり人形の意から。

がい-らい【外来】［名］❶外部・外国から来ること。「—生物」❷通院して診療を受けること。また、その患者。

がいらい-ご【外来語】［名］外国語から取り入れられて同化し、自国語のように使われる語。日本語では、ガラス・コップ・パン・ビールなど。▼日本語では多く欧米諸国から入ってきた語をいう。中国から入ってきた漢語も広義では外来語だが、ふつう外来語とはしない。

がいらい-しゅ【外来種】［名］他の地域から人為的に持ち込まれ、今まで生育・生息していなかった地域に定着した生物種。セイヨウタンポポ・ブラックバス・アメリカザリガニなど。

かい-らく【快楽】［名］気持ちよく、楽しいこと。特に、官能的な欲望が満たされたときの心地よい楽しみ。けらく。

かいらく-しゅぎ【快楽主義】［名］人生の最大目的は快楽の追求にあるとし、道徳をそのための手段とみなす思想的立場。快楽説。

かい-らん【回覧(▼廻覧)】［名・他サ変］文書などを順々に回して読むこと。「雑誌を—する」「—板」

かい-らん【解▼纜】［名・自サ変］出帆すること。船出。▼纜を解く意から。

纜

かい-らん【壊乱・潰乱】［名・自サ変］組織や秩序などがくずれ乱れること。「風俗を—する」

かい-り【▼乖離】［名・自サ変］そむきはなれること。離反。「人心から—した悪政」▼「乖」はそむく意。

乖

かい-り【海里(▼浬)】［名］海上の距離を表す単位。一海里は一八五二メートル。「二〇〇—漁業水域」

書き方「カイリ」と書くことも多い。

かい-り【海▼狸】［名］ビーバーの別称。

かい-り【解離】［名・自他サ変］❶解けて離れること。また、解いて離すこと。「繭から蚕糸が—する」❷一つの分子が、その成分原子・原子団・イオンなどに可逆的に分解すること。

かい-りき【怪力】［名］並はずれて強い力。かいりょく。「—無双」

かい-りつ【戒律】［名］僧や聖職者が守らなくてはならない規律。また、一般に、おきて。

がい-りゃく【概略】［名］だいたいの内容。大略。大要。「事件の—を報告する」「—以下の通りである」▼副詞的にも使う。

かい-りゅう【海流】［名］帯状になってほぼ一定の方向へ流れる海水の大きな流れ。暖流と寒流とがある。「日本—」

かい-りゅう【開立】［名・他サ変］数学で、立方根を求めること。かいりつ。

かい-りょう【改良】［名・他サ変］欠点・短所などを改めてよりよくすること。「材質を—する」「品種—」

がい-りょく【外力】［名］外部から加わる力。⇔内力

使い方 ⬇改善

がい-りん【外輪】［名］❶外側の輪。特に、車輪の外側に取り付けた鉄製の輪。❷外回り。外側。「森林の—を開発する」

がいりん-ざん【外輪山】［名］複式火山で、中央火口丘の外側を取り囲む輪状の峰の連なり。旧火口壁。「箱根の—」⇔内輪山

かい-れい【回礼】［名・自サ変］あちこちを回ってお礼を述べること。また、あちこちを回って新年のあいさつを述べること。

かい-れき【改暦】［名］❶［自サ変］新しい暦を採用すること。❷改まった年。新年。

かい-ろ【回路】［名］❶流体・エネルギー・電流などが巡回する通路。サーキット。「集積—・電気—」❷体内で、精神作用を引き起こすもととなる情報を運ぶための通路。「神経—・思考—」❸一般に、物事が巡り流れていく道筋。「組織内に情報伝達の—が開く(＝情報が支障なく流れるようになる)」

かい-ろ【海路】［名］船が通る海上の道。また、海上を船で行くこと。ふなじ。「待てば—の日和あり」「—沖縄に向かう」⇔陸路・空路▼副詞的にも使う。

かい-ろ【懐炉】［名］衣服の内側に入れて体をあたためる携帯用の器具。

がい-ろ【街路】［名］市街の道路。「—樹・—灯」

かい-ろう【回廊(▼廻廊)】［名］建物の外側にめぐらされた、屈折して続く長い廊下。「寺院の—」

かいろう-どうけつ【▼偕老同穴】［名］❶夫婦がともに老いるまで、仲むつまじく連れ添うこと。「—の契り」語源 生きているときは老いを偕にし、死んでからは同じ墓の穴に葬られる意。『詩経』に基づく。❷カイロウドウケツ科の海綿動物の総称。体は細長い円筒状で、かごの目のような骨格をもつ。しばしば胃腔中に雌雄一対のドウケツエビがすむ。語源 はじめは仲むつまじく見えるエビをカイロウドウケツと呼んだが、やがて海綿の名に転じた。

カイロプラクティック［chiropractic］［名］指圧などで脊椎のゆがみを矯正し、神経機能の回復を図る療法。脊椎指圧(調整)療法。

がい-ろん【概論】［名］全体を要約して、あらましを述べること。また、その論。「国文法—」

かい-わ【会話】［名・自サ変］二人または数人の人が話をすること。また、その話。「楽しく—する」「—を交わす」「英—・ドイツ語—」

かい-わい【界▼隈】［名］そのあたり一帯。「浅草—をぶらつく」

かいわ-ぶん【会話文】［名］会話をそのまま文章化した形式の文。▼地の文と区別するため、「　」『　』などで囲むことが多い。

かい-わり【貝割り(▽卵割り・▼穎割り)】［名］ダイコン・カブなどの、種から芽を出したばかりの二葉。かいわり菜。かいわれ。▼貝あるいは卵を割って開いた形に似ることから。

かいわれ-だいこん【貝割れ大根】［名］大根の種子を密にまいて発芽させ、二葉が出たころに収穫したもの。辛みがあり、サラダ・料理のつまなどに使う。

か-いん【下院】［名］二院制の議会で、国民の公選

による議員で構成される議院。日本の衆議院に当たる。‖「—議員」⇕上院

か・う【交う】［動五］〈動詞の連用形に付いて複合動詞を作る〉すれ違うように…する、互いに…する、の意を表す。‖「行き—・飛び—・散り—・呼び—」

か・う【▽支う】［他五］❶棒などを当てて支えにする。‖「入り口の戸に心張り棒を—」❷かんぬきや鍵をかける。‖「玄関に鍵を—」可能 かえる

か・う【買う】［他五］❶代金を払って自分の所有とする。購入する。あがなう。‖「デパートでスーツを—」「円を売ってドルを—」⇕売る ❷他の所有や使用に供するために代金を払う。‖「社員に一台ずつパソコンを—」❸自分がもとになって相手に好ましくない思いを与え、それが自分に向けられる。‖「仲間の反発［顰蹙］を—」「怒り［反感・恨み］を—」使い方 ⑴「憎しみを買う→憎まれる」「失笑を買う→失笑される」など、受身で言い換えられるものも多い。⑵「〜を」には、「反発・顰蹙・怒り」など相手の思いを表す語がくる。「批判・非難・苦情」のような、自分に直接働きかけられるものについては「〜を買う」とは言わない。❹価値を認める。評価する。‖「部下の努力［将来性］を—」❺進んで引き受ける。‖「売られた喧嘩は—!わずばなるまい」❻進んで求める。‖「若い時の苦労は—!ってでもせよ」◈使い方 西日本方言では、音便形は「コータ・コーテ」となる。‖「飴玉買こうてもろた」可能 買える 名 買い

品格 購う「刀剣を—」購入「資材を—する」購買「—意欲」◉「購う」は古風な言い方。

か・う【飼う】［他五］えさを与えて、動物を養いそだてる。飼育する。‖「動物［犬・ペット］を—」使い方 西日本方言では、音便形は「コータ・コーテ」となる。‖「猫飼うてどないするねん」可能 飼える 名 飼い

カウチ［couch］［名］長いす。寝いす。

ガウチョ-パンツ［gaucho pants］［名］すその幅の広い、ゆったりとしたズボン。▼ガウチョ（＝南米の草原地帯のカウボーイ）のズボンに似ることから。

カウボーイ［cowboy］［名］アメリカ西部などの牧場で馬に乗って牛の世話をする男性。牧童。

か-うん【家運】［名］一家の運勢・運命。また、一家の経済状態。‖「—隆盛」

ガウン［gown］［名］❶すその長い、ゆったりと仕立てた室内着。‖「—を羽織る」❷欧米で、裁判官・牧師・大学教授・学生などが正装として着用する、ゆったりと仕立てた丈の長い上着。

カウンセラー［counselor］［名］学校・職場・福祉施設・医療施設などで、臨床心理学の立場から個人の悩みを聞き、問題解決のための支援や助言を与えることを職務とする人。

カウンセリング［counseling］［名］個人の悩みを聞き、問題解決のための支援や助言を与えること。特に、臨床心理学の立場からそれを行うこと。

カウンター［counter］［名］❶計算器。計数管。‖「ガイガー—」❷銀行や商店で、従業員が客の応対や会計に用いる細長い台。❸飲食店などで、客席と調理場を仕切り、客が飲食などに用いる細長いテーブル。‖「—で飲む」◈原義は、計算するための場所。

カウンター［counter］［名］ボクシングなどで、相手の攻撃をかわしながら、すばやく打撃を加えること。▼「カウンターブロー」「カウンターパンチ」の略。カウンターは「…に反撃する」の意。

カウンター-アタック［counterattack］［名］❶反撃。逆襲。❷サッカー・ラグビーなどで、防御から一転して攻撃に移ること。

カウンター-テナー［countertenor］［名］男声で、女声のアルトとほぼ同じ音域の声域。また、その声域の歌手。

カウンター-パート［counterpart］［名］❶対になったものの一方。片割れ。❷対等の立場にある相手。特に国際協力の場などで、現地で受け入れを担当する人や機関。

カウント［count］［名］❶［他サ変］数えること。また、その数。‖「枚数を—する」❷［他サ変］競技などで、得点を数えること。また、その得点。❸［他サ変］野球で、投手が打者に投げたストライクとボールの数を数えること。また、その数。‖「フル—」❹［他サ変］ボクシングなどで、ノックダウンしたときに審判が秒数を数えること。また、その数。❺ガイガー計数管で測定した放射線の数を数える語。

カウント-アウト［count out］［名］ボクシングなどで、ダウンした選手が一〇秒たっても立ち上がれないこと。ノックアウト。

カウントダウン［countdown］［名］九、八、七、…〇のように、数を大きい方から小さい方へ数えていくこと。特に、秒読みのこと。

かえ【替え・換え・代え】［名］❶取りかえること。‖「靴下の—がない」❷かわりになるもの。‖「—が利かない」

かえ-うた【替え歌】［名］よく知られた歌の旋律に別の歌詞を当てはめた歌。⇕元歌

かえ-ぎ【替え着】［名］着がえの着物。

かえし【返し（▽反し）】［名］❶表裏・上下を逆にするなど、物の向きを反対にすること。❷もらったものの返礼。‖「おーの品を届ける」❸返事。返信。また、返歌。‖「手紙の—」❹釣り銭。おつり。‖「三〇〇円のお—です」❺いったんおさまっていた大風・大波・地震などが再び起こること。

かえし-うた【返し歌】［名］❶贈られた和歌に答えて詠む返事の和歌。返歌。❷長歌に添える短歌。反歌。

かえし-ぬい【返し縫い】［名］一針ごとに針を一目または半目ほどあとに戻してもう一度縫う縫い方。縫い目をじょうぶにするために行う。返し針。

かえ・す【返す（▽反す）】［動五］■［他］❶裏を表に上を下にするなど、物の向きを反対にする。‖「座布団を—・して座る」「ズボンのすそを—」「手のひらを—」「踵を—（＝引き返す）」書き方「反す」とも。❷田畑の土を耕す。掘り返す。打ち返す。‖「田［畑］を—」書き方「反す」とも。❸もとあった場所に位置させる。戻す。‖「持ち出した雑誌をもとの場所に—」「特派記者を本社詰めに—」❹借りたり預かったり無断でかすめたりしたものをもとの持ち主に戻す。‖「耳をそろえて借金を—」「借りた本を持ち主に—」✓注意 借りたり預かったりしたものではないものに使うのは誤り。‖「×レシートをお返しします→○レシートでございます」❺もとの状態に戻す。‖「議論を白紙に—」❻受けた行為に対し、ある行為で応じる。特に、同等の行為で応じる。‖「恩を仇で—」「二点を—・し、同点に追

いつく」「挨拶(あいさつ)を—」「切り—・押し—・にらみ—」❼〔古風〕食べた物を吐く。上げる。戻す。❽反切(はんせつ)によって漢字の音を示す。▼「反切」の「反」を「かえす」と読むところから。書き方「反す」と書く。

■二[自]もとへ戻る。引き返す。〓「寄せては—波の音」「もと来た道を—」▼自分自身をかえすことからいう。

■三〈動詞の連用形に付いて複合動詞を作る〉その行為を初めからもう一度行う。〜直す。また、何度も行う。繰り返す。〓「読み—・聞き—・思い—・染め—」

◆「帰す」「孵す」と同語源。書き分け 巡ってもとに戻す、返還する意では「▽還す」とも書くが〈制度を昔に還す・租借地を還す〉、今は【返】が一般的。可能 返せる 名 返し

品格 還付(かんぷ)「—金」 償還(しょうかん)「債務を—する」 償却(しょうきゃく)「減価—」 返還「領土を—する」 返却「本を—する」 返済「ローンの—」 返上「休日—で働く」 返戻(へんれい)「解約して—金を受け取る」 奉還(ほうかん)「大政—」

◉**返す言葉もな・い** 返事もできない。返事のしようがない。〓「あきれ果てて—」

かえ・す【帰す(▽還す)】[他五] ❶人をもといた所に行かせる。特に、来ていた人を去らせる。帰らせる。〓「大雪に備えて生徒を早めに—」「たっぷり意見して親元へ—・した」❷野球で、走者が本塁を踏むようにする。生還させる。〓「ヒットで走者を—」◈読み分け 無駄になる・なくなるの意を表す場合は「かえす」ではなく「きす」と読む。「水泡〔灰燼(かいじん)・画餅(がべい)・徒労・無〕に帰(き)す」書き方 ②は「還」も好まれる。①は人以外の場合は「返」を使う。⬇返す 可能 帰せる

かえ・す【▼孵す】[他五] たまごを温めて、ひなにする。ひなを誕生させる。孵化(ふか)させる。〓「親鳥が卵を—」「人工的にひなを—」使い方 ⬇孵(かえ)る

かえす-がえす【返す返す】[副] ❶過ぎたことを何度も悔やむさま。〓「—(も)残念だ」❷何度も繰り返すさま。〓「—注意する」

かえす-かたな【返す刀】[連語] ❶一方へ切りつけた刀をすばやく他方へひるがえすこと。〓「—で背後の敵を斬る」❷一方を攻撃した後、すぐさま攻撃の矛先(ほこさき)を転じること。〓「閣僚の失言を追及した—でマスコミを批判する」

かえ-だま【替え玉】[名] ❶本人のように見せかけて別の人を使うこと。また、その人。〓「—受験」❷ラーメン店で、お代わりの麺。

かえ-ち【替え地】[名] ❶土地を取りかえること。また、その土地。代替(だいたい)地。❷立ちのかせた土地のかわりに提供する土地。

かえっ-て【▽却って・▽反って】[副] 事の進み具合や程度が予想や期待とは反対の方向であるさま。〓「近道だと思ったのに—時間がかかった」「そんなことをしたら—失礼になる」

かえで【▼楓】[名] イロハカエデ・イタヤカエデなど、カエデ科の落葉高木の総称。葉は掌状で、秋に紅葉するものが多い。材は、家具・細工物用。もみじ。語源「かえるで」の転。葉の形が蛙(かえる)の手に似ることから。

かえ-ば【替え刃】[名] 取り替えて使う刃。

かえらぬ-ひと【帰らぬ人】[連語] 死んで、もうこの世に帰ってこない人。不帰(ふき)の客(きゃく)。〓「—となる」✓注意 ⬇不帰の客となる〔注意〕

かえり【返り(▽反り)】[名] ❶表裏・上下が逆になるなど、物の向きが反対になること。ひっくりかえること。❷返事。返信。また、返歌。かえし。❸返り点。

かえり【帰り(▽還り)】[名] 帰ること。もといたところに戻ること。また、帰る時。帰る道筋。〓「子供の—を待つ」〓「—に買い物をする」⬍行き

かえり-うち【返り討ち】[名] かたきを討とうとして、逆に自分が討たれること。〓「—にあう」

かえり-がけ【帰りがけ(帰り掛け)】[名] ❶帰る途中。帰り道。〓「—に書店に寄る」❷帰ろうとするとき。帰りぎわ。〓「—に電話がなった」◈⬍行きがけ

かえり-ざき【返り咲き】[名] ❶花が時節を過ぎてもう一度咲くこと。特に、春咲いた花が秋になって再び咲くこと。❷一度ある地位から退いたものが、再びその地位について活躍すること。〓「政界に—をする」動 かえりざ・く(自五)

かえり-しな【帰りしな】[名] ❶帰ろうとするとき。帰りぎわ。〓「—に雨が降り出した」❷帰る途中。帰り道。〓「—に店で買い物をする」◈⬍行きしな

かえり-ち【返り血】[名] 刃物で相手を切ったとき、自分にはね返ってくる血。〓「—を浴びる」

かえり-てん【返り点】[名] 漢文を訓読するとき、漢字の左下につけて返り読む順序を示す符号。「レ」「一・二・三」「上・中・下」「甲・乙・丙」「天・地・人」などを用いる。〓「—を打つ」

かえり-ばな【返り花】[名] 返り咲きをした花。

かえり-み・る【省みる】[他上一] 自分のしたことを振り返ってよく考える。反省する。〓「わが身の至らなさを—・みて涙にくれる」「自らを—・みてやましいところがない」▼「返り見る」意。「顧みる」と同語源。

かえり-み・る【顧みる】[他上一] ❶ふりむいて後ろを見る。振り返る。また、首を動かして辺りを見る。〓「姉は後ろを歩く妹を—・みた」「『先刻表へ出て、あの花を買って来ました』と代助は自分の周囲を—・みた〈漱石〉」❷過ぎ去ったことを思い起こして考える。回顧する。〓「過去を—」「小事件など、誰も捨てて—・みない」❸心にかける。気にかける。〓「危険も—・みないで旅立つ」「失礼をも—・みずにお伺いします」「家庭を—余裕がない」▼多く打ち消しを伴って使う。◈「返り見る」意。

◉**顧みて他(た)を言・う** 返答に詰まったとき、辺りを見回してさりげなく話題を変えてごまかす。▼『孟子』にある斉の宣王の故事による。✓注意「顧みて(=辺りを見て)」を「省みて(=反省して)」とするのは誤り。

[ことば探究]「顧みる」の使い方

▼「顧みる」①②は「振り返る」と言い換えが可能である。③は「気に留める」「気にする」などと言い換えられる。

▼「顧みる」③は多く否定表現とともに使い、危険や心配事を気にしない勇敢さや、人々から忘れられたり注目されなくなったりすることを示す。

「危険を顧みず立ち向かった」

「顧みられることのなくなった廃村」

かえる【▼蛙】[名] カエル目の両生類の総称。体は太くて短く、発達した後肢とやや小さい前肢をもつ。前肢に四本の指、後肢に四本の指と水かきがあり、よく跳び、よく泳ぐ。多くは水辺にすむが、樹上や地中にすむ種もある。鳴嚢(めいのう)をふるわせて鳴くものが多い。幼生はオタマジャクシ。アマガエル・カジカガエル・ヒキガエル・トノサ

マガエル・ウシガエルなど、多くの種類がある。かわず。

◉**蛙の子は蛙**　子は親に似るもので、結局は親の進んだ道をたどるものだ。また、凡人の子はやはり凡人にしかなれないものだ。

◉**蛙の面に水**　どんな仕打ちを受けても平気なこと。注意されようが叱られようが一向に動じないこと。蛙の面に小便。▼蛙は水をかけられても平然としていることから。

かえ・る【返る（▽反る）】〔動五〕㊀〔自〕❶裏が表に、上が下に、前が後ろになるなど、物の向きが反対になる。‖「手のひら［シャツの襟］が—」「下から上に—・って（＝順序を逆にして）読む」「でんぐり—」書き方「反る」とも。❷もとあった場所に戻る。‖「天に唾すればわが身に—」「泥が跳ね—」❸もとの持ち主に戻る。‖「落とし物が持ち主に—」「答案用紙が—・ってくる」「払いすぎたお金が—」❹もとの状態に戻る。特に、本来的な状態に戻る。‖「早く元気で働ける生活に—・りたい」「夢から覚めて現実に—」「自然［童心・正気］に—」「原点に—（＝立ち返る）」「我に—」「生き—」❺一方の働きかけに（同じようなしかたで）もう一方が応じる。‖「反論の言葉が—」「声が壁に反響して—・ってくる」「好返球が本塁に—」❻〔古風〕一巡して再びその時になる。‖「春が—」「年が立ち—」㊁〈動詞の連用形に付いて複合動詞を作る〉すっかり…する、ひどく…する意を表す。‖「静まり—・さえ—・あきれ—・しょげ—・煮え—・むせ—」◈「帰る」「孵る」と同語源。書き分け巡ってもとの状態に戻る、返還される意では「▽還る」とも書くが（制度が昔に還る・領土が還る）、今は【返】が一般的。可能**返れる** 名**返り**

かえ・る【帰る（▽還る・▽復る）】〔自五〕❶もといた所に戻る。特に、来ていた人がそこを去る。‖「今夜はうちにまっすぐ—」「熊が森に—」「もとの職場に—」「生きて祖国に—」❷外出先で用をすませて、もとの所へ戻る。‖「旅行［買い物］から—」▼〜カラに〈場所〉ではなく〈事柄〉をとる。❸野球で、走者が本塁を踏む。生還する。‖「三塁から走者が—」◈書き分けぐるり巡ってもとの場所に戻る意では【還】（漫遊の旅から還る・三塁から走者が還る）、同じ道を引き返す意では【復】（今来た道を復る）が好まれるが、今は【帰】が一般的。可能**帰れる** 名**帰り**

かえ・る【▼孵る】〔自五〕たまごがひなになる。ひなが誕生する。孵化する。‖「カエルの卵が—・った」「卵からひなが—・った」使い方「卵がかえる」と「ひながかえる」の関係は、「水が沸く」と「湯が沸く」の関係に等しい。前者は変化に、後者は結果に注目していう。他動詞「孵す」の場合も同じ。　孵

か・える【変える】〔他下一〕❶物事や状態をこれまでと違ったものにする。（無意志的な動作にもいう）‖「髪型をショートカットに—」「作風［予定・態度］を—」「気分［顔色］を—」❷物事が行われる特定の日時（場所）を、別の日時（場所）にする。‖「閉店時間を—」「場所を—・えて飲み直す」❸作用や行動などが、ある物事をこれまでと違ったものにする。変化させる。‖「熱が固体を液体に—」「音楽との出会いが人生を—」◈「替える」と同語源。書き分け⑴まれに「▽更える」とも。⑵取り替え、入れ替えの意では「替える」と書く。文**か・ふ**

か・える【替える・代える・換える】〔他下一〕❶【替・代】古いものを取り除き、新しいものをもってくる。入れ替えたり取り替えたりする形で、他のものをもってくる。‖「ブロック塀を生け垣に—」「風呂の水を—」「手を—・え品を—・えして説得する」「建て—・並べ—」❷【換・替】あるものを取り除き、それに匹敵する他のものをもってくる。また、あるものをそれに匹敵する他のものと取りかえる。交換する。‖「難しい言葉を易しい言葉に**換える**」「名義を書き**換える**」「小切手を現金に**換える**（＝換金する）」「役員の配置を**換える**（＝転換する）」「バスを自転車に**替えて**通学する」「一万円札を千円札に**替える**（＝両替する）」「ドルと円を**換える**」❸【代】あるものに他のものと同じ役目をさせる。‖「これをもって挨拶に—」「藩に—・えて県を置く」「何ものにも—・えがたい」使い方「正式ではないが（と謙遜して）、代理代用として」という含みで使うことが多い。‖「簡単ながら以上をもって帰朝報告に—・えます」❹【代・替】〈多く、「…に代えても」の形で〉…と引き替えにしても。…にかけても。‖「命に—・えても守り抜くぞ」❺【代】飲食物のおかわりをする。‖「ご飯を三膳も—」◈「変える」と同語源。書き分け⑴【替】は別の（新しい）ものにする、【換】は物と物を交換する、【代】は別のもので代用する、の意で使うが、実際には「投手を替える／代える」「組み換える／組み替える」など両用されることも多い。太字で示した用例はその表記が標準的。⑵取り替え・入れ替えの意が弱い、単なる変更の意では「変える」と書く。「方針を変える」⑶①はまれに「▽更える」とも。文**か・ふ** 名**かえ**

かえる-およぎ【▼蛙泳ぎ】〔名〕平泳ぎのこと。

か-えん【火炎（火▼焔）】〔名〕燃え上がるほのお。‖「—瓶・—放射器」

が-えん【賀宴】〔名〕祝いの宴会。祝宴。‖「米寿の—」

かえん-しき【火▼焔式】〔名〕火焔の形に似た装飾。また、それを施した縄文時代中期の土器。

がえん・ずる【▽肯んずる】〔他サ変〕〔古風〕聞き入れる。承諾する。‖「容易には—・じない」▼多く打ち消しを伴う。文**がへん・ず** 異形**肯んじる**

かお【顔】〔名〕❶頭部の前面。目・鼻・口などがある部分。‖「—を洗う」❷顔かたち。顔だち。容貌。‖「整った—」❸顔つき。表情。‖「悲しそうな—」「笑い—・得意—」❹体面。面目。名誉。❺態度。‖「大きな—をするな」❻知名度。また、勢力。影響。❼ある組織・集団などの代表や典型となるもの。また、表にあらわれて目立つ部分。‖「業界の—」「富士山は日本の—だ」

品格　面影「少女の—が残る」面差し「—が父に似ている」面立ち「端整な—」面「—を上げる」顔面「—蒼白」形相「憤怒の—」相好「—を崩す」相貌「青ざめた—」表情「—が豊か」面目「—をつぶす」容色「美しい—」容貌「—が優れる」◉「容色」は美しい顔。「容貌」は体まで含む場合もある。

◉**顔が合わせられな・い**　面目なくて人に会えない。

◉**顔が売・れる**　広く名が知られる。有名になる。

◉**顔が利・く**　信用や力があって相手に無理が言える。‖「彼は財界に—」⬇利く［注意］

◉**顔が立・つ**　世間に対する体面が保たれる。

◉**顔が広・い**　交際範囲が広い。知り合いが多い。

◉**顔から火が出・る**　恥ずかしくて顔が真っ赤になる。

◉**顔に書いてあ・る**　言わなくても、表情から読み取れる。‖「『不満だ』と—」

◉**顔に泥を塗・る**　体面を傷つける。恥をかかせる。

◉**顔を合わ・せる**　対面する。会う。‖「決勝で—」

◉**顔を貸・す**　頼まれて人に会ったり人前に出たりする。つきあう。‖「ちょっと—・してくれ」▼ぞんざいな言い方。

◉顔を揃（そろ）える　列席するはずの人がすべて集まる。
◉顔を立てる　相手の面目が保たれるようにする。
◉顔を繋（つな）ぐ　折にふれて訪問するなどして、相手との関係が切れないようにする。顔つなぎをする。‖「得意先を回って—」注意「顔をつなげる」は標準的でない。
◉顔を潰（つぶ）す　面目を失わせる。名誉を傷つける。
かお-あわせ【顔合わせ】［名］❶知り合うために、集まって会うこと。❷映画・演劇などで、俳優が共演すること。‖「二大スターの—」❸競技などで、対戦すること。
かお-いろ【顔色】［名］❶顔の色やつや。‖「—が悪い」❷感情が表れた顔のようす。‖「—ひとつ変えず（＝動揺せず。また、感情の変化を隠して）話を聞く」
◉顔色を窺（うかが）う　機嫌の善し悪しや感情の動きなどを推測しようとして、相手の表情をそれとなく探る。‖「上司の—」注意「顔を窺う」は誤り。
か-おう【花押（華押）】［名］署名のかわりに記す、自署を図案化した文字。⬇書き判
かお-かたち【顔形（顔▽貌）】［名］顔のようす。容貌（ようぼう）。
か-おく【家屋】［名］人が住むための建物。
かお-じゃしん【顔写真】［名］顔の部分をうつした写真。
カオス【khaos ギリシア】［名］宇宙が形成される以前の秩序のない状態。混沌（こんとん）。ケーオス。⬍コスモス
かお-だし【顔出し】［名・自サ変］❶あいさつなどのために、人の家を訪問すること。❷会合などに出席すること。‖「総会には—だけでもしたほうがいい」❸メディアなどに顔を出して出演すること。顔を公開すること。
かお-だち【顔立ち】［名］顔のつくり。目鼻立ち。‖「整った—」
かお-つき【顔つき（顔付き）】［名］顔のようす。特に、感情の表れた顔のようす。‖「怪訝（けげん）そうな—」
かお-つなぎ【顔▼繋ぎ】［名・自サ変］❶忘れられないように、顔を出しておくこと。‖「—に出席する」❷間に立って、知らない人同士を引き合わせること。
かお-なじみ【顔▼馴染み】［名］いつも会うので、顔をよく知っていること。また、その人。‖「—の客」
かお-にんしょう【顔認証】［名］生体認証で、目・鼻・口の位置や顔の輪郭などを読み取り、本人を識別するシステム。
かお-パス【顔パス】［名］地位や権力を利用して、切符や証明書を提示せずに、乗り物に乗ったり施設に入場したりすること。
かお-はめ【顔▼嵌め・顔▽塡め】［名］［新］人物やキャラクターなどを描き、顔の部分をくり抜いた立て看板。顔はめ看板。書き方 多く「顔ハメ」と書く。
かお-ぶれ【顔ぶれ（顔触れ）】［名］会合・事業などに参加し、名を連ねる人々。メンバー。‖「豪華な—がそろう」
かお-まけ【顔負け】［名］すぐれた力量や自信たっぷりの態度に圧倒されて、たじろぐこと。‖「大人—の名演技」
かお-みしり【顔見知り】［名］親しくはないが、互いに顔を見知っていること。また、そういう間柄の人。‖「—の犯行」
かお-みせ【顔見せ】［名］❶人々に知らせるために、はじめて顔を見せること。❷一座の役者が総出演して観客に顔を見せること。‖「—興行」書き方 ふつう「顔見世」と書く。
かお-むけ【顔向け】［名］人と顔を合わせること。
◉顔向けができ・ない　面目なくて人と会うことができない。‖「世間に—」
かお-もじ【顔文字】［名］電子メールなどに用いる、記号で表現した顔。(^o^)や(-_-;)など、ちょっとした感情表現に使う。
かお-やく【顔役】［名］その土地や仲間うちで大きな勢力をもち、よく顔を知られている人。ボス。‖「町の—」▼やくざの親分などにもいう。
かおり【香り・薫り】［名］❶よいにおい。‖「梅の花の—」❷（すぐれた）特性の示す雰囲気。‖「文学の—漂う喫茶店」書き分け ⬇香る
かお・る【香る・薫る】［自五］❶よいにおいを放つ。よいにおいがする。‖「梅の花［コーヒー］が—」「辺りにラベンダーの香りが—」「潮風が薫る」「風薫る五月」❷（すぐれた）特性の存在が感じられる。‖「王朝文化の雅（みやび）が馥郁（ふくいく）と—」◈書き分け【香】は広く使う。【薫】は②で好まれるほか、①の太字の用例のように「薫風（くんぷう）」をふまえて風が運ぶにおいや、「菊花薫る佳日」のように【香】の美的な表記として好まれる。名詞形「かおり」の場合も同じ。「風が初夏の薫りを運ぶ」名 かおり
か-おん【加温】［名・自サ変］冷たくならないように熱を加えること。
か-おん【▼訛音】［名］標準的な発音に対し、なまった発音。「かえる」を「かいる」、「あさひ」を「あさし」という類。かいん。
か-か【▼呵▼呵】［副と］大声で笑うさま。‖「—大笑」
が-か【画架】［名］絵をかくとき、画板やカンバスを立てかける台。イーゼル。
が-か【画家】［名］絵をかくことを職業とする人。絵描き。‖「日曜—」⬇絵描き
が-が【▼峨▼峨】［形動タル］山や岩が高く険しくそびえ立つさま。‖「岩石の露出した—たる山容」
かか-あ【▼嚊・▼嬶】［名］自分の妻または他人の妻を親しんで呼ぶ語。また、乱暴に呼ぶ語。▼「かか」の転。
かかあ-でんか【▼嚊天下・▼嬶天下】［名］家庭内で妻が夫よりも強い権力を握り、威張ってふるまうこと。⬍亭主関白
か-かい【歌会】［名］自作の歌を持ちより、またはその場で作り、発表して批評し合う会。うたかい。
か-がい【加害】［名］他人に損害や危害を加えること。⬍被害
か-がい【花街】［名］遊郭のある区域。花柳街。いろまち。
か-がい【▼禍害】［名］わざわい。災難。
か-がい【課外】［名］学校で、正規に定められた学科や課程以外のもの。‖「—授業［活動］」
が-かい【瓦解】［名・自サ変］一部のくずれから、組織の全体がこわれてしまうこと。‖「政権が—する」▼一枚の屋根がわらがくずれると、他のかわらも続いてくずれ落ちることから。
かがい-しゃ【加害者】［名］他人に危害や損害を与えた人。⬍被害者
かかえ【抱え】［名］❶専属に人を雇うこと。また、その雇われた人。⬇お抱え ❷両手で抱えるほどの大きさであることを表す。‖「二（ふた）—もある杉の古木」
かかえ-こ・む【抱え込む】［他五］❶腕でしっか

りと囲むようにして持つ。〓「大きな荷物を—」❷処理しきれないほどの物事を引き受ける。〓「難問を—」

かか・える【抱える】カカヘル〔他下一〕❶腕で囲むようにして持つ。〓「本を小脇に—」「膝を—・えて座る」「腹を—・えて笑う」❷負担や不安をもたらすものを持っている。特に、面倒をみなければならない対象を持っている。〓「健康上の不安を—」「体に爆弾を—・えている（＝命取りになりかねない持病がある）」「数百人に及ぶ門弟を—」❸使用人として雇う。〓「運転手を—」「召し—」❹自分のものとして持つ。抱え持つ。擁する。〓「豊かな地下資源を—アラビア半島」❺擁立する。擁する。かつぐ。〓「独自の候補を—・えて戦う」文かか・ふ 名抱え

カカオ［cacao スペイン］〔名〕熱帯各地で栽培されるアオギリ科の常緑高木。果実は紡錘形で、中に多数の種子がある。種子を発酵させて乾燥したカカオ豆を、ココア・チョコレートなどの原料にする。

か-かく【価格】〔名〕物品の値打ちを金額で示したもの。ものの値段。〓「公定—」

か-かく【家格】〔名〕家の格式。家柄。

か-かく【過客】クヮ―〔名〕通りすぎていく人。旅人。

か-がく【化学】クヮ―〔名〕自然科学の一部門。物質の性質・構造、物質間に起こる反応・変化などを研究する学問。〓「—の実験」▼「科学」と区別して「ばけがく」とも。

か-がく【価額】〔名〕その物の値打ちに相当する金額。〓「証券の発行—」

か-がく【科学】クヮ―〔名〕❶一定の対象を理論や実証によって体系的に研究し、普遍的な真理を明らかにする学問。扱う対象によって自然科学・社会科学・人文科学の分野に分けられる。❷特に、自然科学。〓「—衛星」

か-がく【家学】〔名〕その家に代々伝えられてきた学問。

か-がく【歌学】〔名〕和歌に関する学問。和歌の理念や意義、作歌上の規則、古歌の解釈や註釈などを体系的に研究する。〓「—書」

が-がく【雅楽】〔名〕奈良・平安時代から宮中で演奏されてきた音楽。日本古来の東遊、外来の楽器を伴奏に用いる催馬楽など。

かがく-きごう【化学記号】クヮガクキガウ〔名〕化学で用いる、物質を表すための記号。主として元素記号を指す。H（水素）、O（酸素）など。

かがく-ぎじゅつ【科学技術】クヮガク―〔名〕科学と技術。特に、科学を応用した技術。テクノロジー。

かがく-しき【化学式】クヮガク―〔名〕元素記号を組み合わせて、物質の構造などを表した式。分子式・構造式・実験式・示性式などがある。

かがく-せんい【化学繊維】クヮガクセンヰ〔名〕化学的に合成してつくった繊維。人絹・ナイロン・テトロン・アセテートなど。化繊。人造繊維。

かがく-ちょうみりょう【化学調味料】クヮガクテウミレウ〔名〕天然のうまみの成分を化学的に合成してつくった調味料。グルタミン酸ソーダ・イノシン酸ソーダなど。うま味調味料。

かがく-てき【科学的】クヮガク―〔形動〕物事を論理的・実証的・体系的に扱うさま。また、自然科学の方法にかなっているさま。〓「—に考える」

かがく-はんのう【化学反応】クヮガクハンオウ〔名〕物質が化学変化によって別の特性をもつ別の物質に変わること。また、その変化の過程。▼比喩的に、別の要素が組み合わされることで生じる効果の意でも使う。〓「新人の加入がチームに—を起こした」

かがく-ひりょう【化学肥料】クヮガクヒレウ〔名〕化学的処理によって工業的につくられた肥料。硫安・尿素・過燐酸石灰など。

かがくぶっしつ-かびんしょう【化学物質過敏症】クヮガクブッシツクヮビンシャウ〔名〕身辺の化学物質に過剰に反応し、頭痛・めまい・鼻炎・倦怠感などの症状を引き起こす病気。原因になる化学物質は、排気ガス、たばこの煙、建材中の物質、残留農薬などさまざまで、特定はできない。

かがく-へいき【化学兵器】クヮガク―〔名〕化学反応を利用した兵器。毒ガス・焼夷弾・火炎放射器など。▼火薬類は含めない。

かがく-へんか【化学変化】クヮガクヘンクヮ〔名〕分解または化合によって物質の原子配列が変化し、別の特性をもった物質に変わること。⇔物理変化

かがく-りょうほう【化学療法】クヮガクレウハフ〔名〕抗生物質や化学薬品を用い、病原体・癌細胞などの増殖をおさえて病気を治療する方法。⇔物理療法

かか・げる【掲げる】〔他下一〕❶人目につくように物を高い所に上げる。また、高く差し上げる。〓「入り口に大会旗を—」「看板を—」「頭上高くVサインを—」⇔おろす ❷新聞・雑誌・文書などに書いて載せる。〓「環境問題を一面に—」「詳細は就業規則に—通りである」❸主義や主張などを人に知らせるために表し示す。〓「平和主義を—・げて論陣を張る」「目標を—」文かか・ぐ

かかし【〈案山子〉】〔名〕❶作物を荒らす鳥獣をおどすために、田畑に立てる人形。❷見かけだけで、役に立たない人。◈鳥などのきらう臭気をかがせるものの意から。古くは「かがし」。

かか・す【欠かす】〔他五〕〈多く打ち消しを伴って〉❶行うべきことを、しないですます。〓「一日も—・さずに日記をつける」❷必要なものを、なしですます。〓「研究に—ことのできない資料」可能 欠かせる

かかずら・う【▽拘らう】カカヅラフ〔自五〕❶かかわりをもつ。〓「妙な事件に—」❷こだわる。拘泥する。〓「つまらぬ体裁に—」◈書き方「▽拘う」「▽関う」とも。

かかずり-あ・う【▽拘り合う】カカヅリアフ〔自五〕「かかずらう」の俗語。

かかと【▼踵】〔名〕❶足の裏の、足首の下あたりの部分。きびす。くびす。❷履物の後ろの部分。〓「—の高い靴」

かがま・る【▽屈まる】〔自五〕上体が折れ曲がったようなかっこうになる。また、そのようにしてしゃがむ。〓「年をとって腰が—」「腹が痛みだして道端に—」

かがみ【鏡】〔名〕❶光の反射を利用して、顔や姿を映して見る道具。ガラス板の裏面に硝酸銀溶液などを塗って作る。古くは銅合金などの金属製。数「一面…」と数える。❷「鏡餅」の略。〓「お—」❸酒樽のふた。〓「—を抜く」➡鏡開き②

かがみ【▽鑑】〔名〕規範とするもの。模範。亀鑑。〓「武士の—」「手習い—」▼「かがみ（鏡）」と同語源。映し見る意から。

かがみ-びらき【鏡開き】〔名〕❶正月に供えた鏡もちを割り、雑煮や汁粉にして食べる行事。古くは一月二〇日、現在は多く一一日に行う。鏡割り。❷酒樽のふたを抜くこと。鏡抜き。◈「開き」は「割り」の忌み詞。

かがみ-もち【鏡餅】〔名〕平たい円形につくったも

ち。正月や祝いのときに、大小を一重ねにして神仏に供える。お供え。おかがみ。▽形が古鏡に似ることから。

かが・む【▽屈む】［自五］❶腰やひざを折って、低まった姿勢になる。前かがみになる。こごむ。‖「靴ひもを結ぼうとして前に—」❷体の部分が折れ曲がる。特に、腰が前に曲がる。かがまる。‖「腰が—」可能 かがめる

かが・める【▽屈める】［他下一］体の部分を折り曲げたり縮めたりする。こごめる。‖「腰を—・めて挨拶(あいさつ)する」文 かが・む

かがやかし・い【輝かしい】［形］❶輝いてみえるさま。‖「—王冠を戴く」❷ひときわ優れたさま。‖「—業績」❸希望に満ちたさま。‖「—未来」派生 -さ

かがやか・す【輝かす】［他五］❶きらきらと光らせる。また、表情などを生き生きとさせる。‖「目を—・して話す」❷りっぱであることを広く世間に示す。‖「世界に名声を—」異形 輝かせる

かがやか・せる【輝かせる】［他下一］➡輝かす 文 かがやか・す

かがやき【輝き】［名］輝くこと。‖「星の—」「目が—を増す」

かがや・く【輝く(▽耀く・▽赫く)】［自五］❶発光体がきらきらと美しい光を放つ。また、それが反射して再び光る。‖「空[街]に太陽[ネオン]が—」「朝日が露の葉に—」「ぴかぴか[煌々(こうこう)・燦然(さんぜん)]と—」❷光を受けて、物がきらきらと美しい光を放つ。‖「朝日を浴びて雪原が金色に—」「指にダイヤモンドが—」❸表情(特に、目)が生き生きとして、光を放つように見える。‖「瞳(ひとみ)が喜びに—」「少年の顔が希望に/で—」❹人や人の業績が優勝や受賞の栄誉を受けて、輝かしい光を放つように見える。‖「日本一(の栄冠)に—」名 輝き

かがよ・う【▽耀う】［自五］［古風］ちらちらと光ってゆれる。‖「夜空に—星座」

かかり【係・係り】［名］❶【係】ある特定の仕事を受け持つ役目(の人)。‖「案内—(がかり)」書き方「掛」とも。「掛」は多く鉄道関係などで使う。‖「出札掛」❷【係り】文法で、上の語句がそれを受ける下の語句に影響を与えるはたらき。➡係り結び・係り助詞

かかり【掛かり】［名］❶装置が動いて機能が働くこと。‖「エンジンの—が悪い」❷物事を行うのに必要な費用。経費。出費。❸釣りで、針などのしかけで魚が捕らえられること。❹釣り針の先端部についた突起の部分。釣り針の返し。❺囲碁で、隅に打った相手の石を攻めるために自分の石を打つこと。また、その石。

がかり【(掛かり)】(造)❶それに依存する意を表す。‖「親—の身」❷それに似ている意を表す。‖「芝居—の(=芝居がかった)声で大見得を切る」❸〈人数・時間を表す語に付いて〉それだけの人数・日数を必要とする意を表す。‖「三人[一日]—の仕事」❹…したついでの意を表す。‖「通り—に立ち寄る」❺…した勢いでの意を表す。‖「行き—上(じょう)、そうなってしまった」

かかり-いん【係員(掛員)】［名］ある業務を専門に担当している人。

かかり-かん【係官】［名］ある業務を専門に担当している公務員。

かかり-きり【(掛かり切り)】［名］ある一つのことだけに従事していること。かかりっきり。‖「親の介護に—になる」

かかり-じょし【係り助詞】［名］種々の語句に付いて強調などの意を添え、その部分を受ける文節にかかって呼応関係を生じさせる助詞。文語では、係り結びの関係で、結びの述語に影響を及ぼすものが多い。文語では「ぞ」「なむ」「や」「か」「こそ」、口語では「は」「も」「さえ」「しか」の類。係助詞(けいじょし)。▽口語文法では、副助詞の一部ともする。

かかり-ちょう【係長】［名］会社・官庁などで、課をさらに区分した部署の責任者となる役職。また、その人。

かかり-つけ【(掛かり付け)】［名］いつもきまって診察や治療を受けていること。‖「—の医者」注意 医師、薬剤師、弁護士、病院、薬局などについて言う。「かかりつけの美容師」などは誤り。

かがり-び【▽篝火】［名］夜間、照明・警護・漁猟などのために燃やす火。かがり。‖「—をたく」篝

かかり-むすび【係り結び】［名］文語文法で、文中の係り助詞に呼応して、それを受ける述語が特定の活用形で結ばれる関係。「ぞ・なむ・や・か」のときは連体形、「こそ」のときには已然形で結ぶなど。

かかり-ゆ【掛かり湯】［名］風呂(ふろ)から上がるときに体にかける、きれいな湯。上がり湯。陸湯(おかゆ)。

かか・る【▽罹る】［自五］病気や災難など、好ましくないものに取り込まれる。特に、病気になる。‖「病気に—」「拷問に—(=遭う)」▽「掛かる」と同語源。書き方 病気以外の場合は「掛かる」とも。

かか・る【掛かる(懸かる・架かる・係る)】

A 高い位置に固定される・出現する

一［自五］❶【掛・懸・架】止められたりひっかけられたり掲げられたりして、(高い所で)落下が食い止められた状態にある。また、そのような感じで中空に位置したり出現したりする。‖「壁に絵が掛かっている」「電線に凧(たこ)が掛かっている」「中天に月が懸かる」「空に虹(にじ)が懸かる」「十字架に架かって死ぬ」

❷【掛】火に当てるために、容器が上からつるされたり上に置かれたりする。‖「鍋(なべ)が囲炉裏[火]に—・っている」

❸【架・懸】片方から他方へまたぐように渡される。‖「本州・四国間に橋が—」「歩道橋に横断幕が—・っている」

B 物が上から触れる

❹【掛】身体のある部分が他にふれたりひっかかったりする。‖「刀に手が—」「徳俵(とくだわら)に足が—」「額に髪が—」

❺【掛】縄・ひもなどが物のまわりに渡される。掛け渡される。‖「積み荷にロープが—・っている」「包みに水引が—・っている」

❻【掛】張りめぐらすようにして作られる。また、芝居小屋などが仮設される。‖「天井にクモの巣が—・っている」「空き地に芝居小屋が—」

❼【掛・懸】霧や雲など、視界をさえぎるものが辺りを覆うように広がる。‖「一面に霧が—」「頂上に雲が—」

❽【掛】物の表面を一面に覆う。‖「食卓にテーブルクロスが—・っている」「釉薬(うわぐすり)の—・った茶碗(ちゃわん)」

❾【掛】液状または粉末状のものが体の一部などに浴びせられる。特に、料理に調味料の類が注ぎかけられる。‖「衣服にしぶきが—」「粉雪が肩に—」「酒臭い息が顔に—」「粉チーズの—・ったスパゲッティ」

C 作動する・作用が及ぶ

❿【掛】重みや重力の作用がそこに及ぶ。‖「両腕に荷物の重みがずしりと—」「体重が左足に—」「重力が—」

⓫【掛】しかけが働いて、本体が動かないように固定され

る。‖「鍵[かぎ]（ブレーキ）が―」「ホックがうまく―らない」

⑫【掛】装置が動いて機能が働く。特に、オーディオ装置から音が出る。‖「車が冷えきってエンジンが―らない」「五時になると目覚ましが―」「店内にはジャズが―って（＝鳴って）いる」

⑬【掛】相手にしかけた技や術が有効に決まる。‖「名人には必殺技も―らない」「麻酔［魔法］が―」▽～ガに〈技〉や〈術〉がくる。⇩㊴

⑭【掛】道具類の作用がある物や場所に及ぶ。また、それが整った状態になる。‖「シャツにアイロンが―っている」「仕上げの鉋[かんな]が―」「掃除機の―った床」

⑮【掛】作用を及ぼすことによって、力（状態）が、生み（作り）出される。‖「仕事にエンジンが―（＝本調子になる）」「髪にパーマが―」「芸に磨きが―（＝洗練度を増してさらに立派になる）」

⑯【掛】そのような性質・傾向を帯びる。‖「青みの―った緑色」「すごみの―った（＝利いた）声」「回転の―った球」 書き方 かな書きも多い。

D 作用を受ける

⑰【掛】相手の発した動作やことばが身に及ぶ。‖「観客席から声が―」「接待の口が―」「企画推進にストップが―（＝中止を求められる）」「若旦那からお座敷が―」

⑱【掛】迷惑や負担など、好ましくないことが身に及ぶ。また、他が抱いた情念の影響などが身に及ぶ。‖「他人に迷惑が―」「何かと世話の―人だ」「謀反の疑いが―」

⑲【掛】時間・費用・労力を使うことが必要になる。‖「一人前になるには時間が―」「手数料［手間］が―」

⑳【掛】義務として税の負担を強いられる。課税される。‖「輸入時には関税が―」

㉑【掛】生命・財産などが保障される契約が結ばれる。‖「この家屋には保険が―っている」

E 投入される・注ぎ込まれる

㉒【懸】所定の物事を成し遂げた人に与えるという条件で、賞品や金品が提供される。‖「多額の賞金が―っている」

㉓【懸・掛】〈「AにBがかかる」の形で〉大切な物事が左右される。‖「この一番には優勝が―っている」「これは私の信用が―った仕事なのです」 書き方「懸」を使うことが多い。

㉔【掛・懸】期待が向けられる。‖「キャプテンの活躍に期待が―」

F 着手する・従事する・向かう

㉕【掛】仕事に従事する。携わる。‖「名簿の整理に―っているところだ」

㉖【掛】物事に着手する。取りかかる。‖「次の作業に―までしばらく休もう」「今すぐ準備に―れ！」

㉗【掛】〈「て［で］かかる」の形で〉そのようなしかたで物事に対処する。‖「心して―ことが肝心だ」「いい人だと決めて―のは危険だ」「敵をなめて―」

㉘【掛】〈「にかかる」の形で〉取りかかりや手始めの行為として…をする。‖「弱いと見るとすぐさま脅しに―」「早速引き止めに―ったが、どうしても応じない」

㉙【掛】〈「…（よ）うとかかる」の形で〉「…しようとする」を強めていう語。積極的な態度や姿勢で対処する。‖「あの手この手で説得しようと―ってくる」

㉚【掛】戦いを挑む形で相手とかかわりをもつ。立ち向かう。向かう。‖「者ども、―れ！」「食って―」「殴り―」

G 取り上げられる・のせられる

㉛【掛】はかりに受け止められ、重さが計測される。‖「目方が―（＝重い）物は宅配便にする」▽竿[さお]ばかりにぶらさがる意から。

㉜【掛】劇場で芝居や映画が興行される。上演・上映される。‖「〇〇座に忠臣蔵が―っている」▽小屋を仮設して行ったことから。

㉝【懸】議案などが公の場で取り上げられる。‖「案件が会議に―」「裁判に―」 書き方 かな書きも多い。

㉞【掛】医者の診察・治療を受ける。‖「すぐに医者に―りなさい」

H そこに至る

㉟【掛】ある場所を通過しようとして、ちょうどその地点までくる。さしかかる。‖「上り坂に―ところでK君に会った」 使い方 (1)〈人〉ではなく〈道〉を主語にして、行路の変化を述べる言い方もできる。‖「道路が湖畔に―辺りで車が故障した」(2)今は「さしかかる」が一般的。「さしかかる」には、その場に到達する一歩手前といった趣がある。

㊱【掛】時が経過して、ある時期や場面になる。さしかかる。‖「試合は終盤に―って緊迫した展開となった」

I 捕らえられる

㊲【掛】網・針などのしかけで動物が捕らえられる。また、人が検問などでひっかかる。‖「ウサギが猟師のわなに―」「魚が網に―」「検問に―」

㊳【掛】〈「…の手にかかる」などの形で〉…によって直接的に処理される。特に、…に殺される。‖「名人の手に―と五分でできる」「敵の手に―」

㊴【掛】人が計略などに遭ってだまされる。また、魔術などの術が効いて、自分で自分が制御できない状態になる。‖「ペテン［計略］に―」「魔法［暗示・催眠術］に―」 使い方 ⑬の「魔法がかかる」は「〈術〉がかかる」、㊴の「魔法にかかる」は「人が〈術〉にかかる」という言い方。

J かかわる・関係する

㊵【係】〈連体形を使って〉物事に関係する。かかわる。‖「本件に―陳述書」

㊶【係】〈「Aの…にかかる」の形で〉Aが…するところの。Aが…した。‖「兄の所有に―（＝兄が所有する）屋敷」 書き方 かな書きも多い。

㊷【係】〈「AがBにかかっている」の形で〉問題点AがBと深くかかわっている。…に左右される。…による。‖「事の成否は努力いかんに―っている」「賜杯の行方は新大関の活躍に―っている」 書き方 かな書きも多い。

㊸【係】文法で、上の語句が下の語句に意味や形のうえで続いていく関係にある。‖「この副詞は文末の動詞に―っている」⇔受ける

K その他

㊹【掛】〈「お目にかかる」の形で〉お会いする。‖「あなたにお目に―のを楽しみにしています」 使い方「目に掛かる」には、目に留まる意もある（古風な言い方）。‖「半弓を以て目に―敵を射て…〈鷗外〉」

㊺【掛】〈「鼻にかかる」の形で〉発声のとき、音が鼻腔[びくう]で共鳴したり鼻から出たりする。‖「鼻に―った声」

㊻【掛・懸】物事が決着をみず、心が落ち着かない。‖「試合の結果が気に―」

L 〈「～かかる」の形で使う〉

二【動五】〈動詞の連用形に付いて複合動詞を作る〉❶物事をしはじめる。‖「取り―・やり―・し―」❷今にも…しようとする。かける。‖「日が沈み―」「死に―・おぼれ―」❸その方向に作用を及ぼして身を任せる。‖「もたれ―・

寄り━・倒れ━・のし━」

M「～がかる」の形で使う

三〔接尾〕〈名詞に付いて、「がかる」の形で〉❶…の性質を帯びる意を表す。‖「芝居━・った声」「時代━・った建物」「左━・った意見」❷…の色を帯びる意を表す。‖「紫〔黄色・黒み・オレンジ〕━・った赤い色」

◈書き分け【掛】は広く一般に使うが、かな書きも多く、実質的な意味が薄れたものは積極的にかな書きにされる（お金がかかる・仕事にかかる・医者にかかる・脅しにかかる）。【懸】は、宙づりになってぶらさがる・心にかかるなどの意で一①③⑦㉒㉓㉔㉝㊻に使い、【係】はかかわる意で一㊵～㊸に使うが、ともにかな書きも多い。【架】は一①③に使う。二三はかな書きが普通。可能かかれる 名掛かり・係

かかる【▼斯かる】〔連体〕〔古風〕このような。こうした。‖「━事態に至っては手の打ちようがない」▼文語ラ変動詞「かかり（＝かくあり）」の連体形から。

かが・る【▼縢る】〔他五〕ほつれないように、糸などでからげて縫う。‖「ボタン穴を━」可能かがれる

がか・る【掛かる】〔接尾〕➡掛かる三

かかわら-ず【▽拘わらず・関わらず・▽係わらず】カカハラ-〔連語〕〈「…に(も)かかわらず」の形で〉❶…に関係なく。‖「晴雨に━決行する」「点数に━採用する」❷…であるのに、それでも。‖「悪天候にも━出航した」

◈書き方 (1)伝統的には「拘」。常用漢字表では「関」に「かかわる」の読みも認められている。ただし法令や新聞は「関」を用いず、かな書きとする。(2)「拘らず」とも送るが、今は「拘(こだわ)らず」と区別して、「拘(かか)わらず」と送ることが多い。

かかわり【関わり・▽係わり】カカハリ〔名〕かかわること。関係すること。つながり。‖「私はその事件とは何の━もない」「その件については多少の━がある」

かかわ・る【関わる・▽係わる・▽拘わる】カカハル〔自五〕❶【関・係】ある事柄や組織・人などと何らかの関係をもつ。関係する。‖「直接経営に━仕事がしたい」「汚職事件に━・って逮捕される」「政治とどう━・ってゆくかが問題だ」❷【関・係】〈「AがBに関わる」の形で〉Aが重大事として、さらなる重大事Bに深く関係する。連なり及ぶ。‖「旅先での発作は命に━」「前言撤回は体面に━」❸【拘】かかずらう。かかずりあう。‖「小事に━・っている暇はない」可能かかわれる 名かかわり

か-かん【花冠】クヮクヮン〔名〕花弁（＝花びら）の集まり。‖「車状━」▼花弁がくっつき合っているものを合弁花、一枚一枚離れているものを離弁花という。

か-かん【果敢】━クヮ〔形動〕強い決断力をもって、思いきって物事を行うさま。‖「━に反撃する」「勇猛━」派生━さ

がが-んぼ【〈大蚊〉】〔名〕ガガンボ科の昆虫の総称。蚊に似るがはるかに大きく、脚が長い。多くの種類があるが血は吸わない。カトンボ。

かき【垣（▼牆・▼籬）】〔名〕区画を限るための仕切りや囲い。垣根。▼間を隔てるもののたとえにもいう。‖「二人の間に━を作る」

かき【柿】〔名〕山地に自生し、また果樹として栽培されるカキノキ科の落葉高木。また、その果実。初夏、白い雄花と雌花を開き、秋、黄赤色に熟す液果を結ぶ。栽培品種が多い。

柿

かき【〈▼牡▼蠣〉・▼蠣】〔名〕海中の岩などに固着して成長する、イタボガキ科の二枚貝の総称。日本沿海にはマガキ・イワガキ・イタボガキ・スミノエガキなどが分布し、すべて食用。オイスター。

蠣

か-き【下記】〔名〕ある文の次、または下の方に書き記すこと。また、その書き記した文。‖「詳細は━の通り」⇕上記

か-き【火気】━クヮ〔名〕❶火のけ。‖「━厳禁」❷火の勢い。

か-き【火器】━クヮ〔名〕❶火鉢など、火を入れる器具。火入れ。❷火薬を使って弾丸を発射する武器の総称。‖「軽━（＝小銃など）」「重━（＝大砲など）」

か-き【花▼卉】━クヮ〔名〕花の咲く草。また、花を鑑賞する草木。‖「━園芸」▼「卉」は草の総称。

か-き【花期】━クヮ〔名〕花の咲く時期。また、花の咲いている期間。‖「アジサイの━」

か-き【花器】━クヮ〔名〕花を生ける器。花生け。花入れ。

か-き【夏季】〔名〕夏の季節。‖「この地方は━には雨が多い」「━施設」⇕冬季

か-き【夏期】〔名〕夏の期間。‖「━休暇〔講習・学校〕」⇕冬期

かき【▼搔き】〔接頭〕〈動詞に付いて〉語調を整え、また意味を強める。‖「━曇る・━消す・━口説く」

かぎ【▼鉤】〔名〕❶ものを引っかけるのに使う、先端の曲がった金属の棒。また、そのような形のもの。‖「━針」❷引用文・会話文などの上下につける「　」の記号。かぎかっこ。

かぎ【鍵】〔名〕❶錠(じょう)の穴に差し込んで開閉をする金具。キー。‖「玄関の━」❷錠。‖「物置に━をかける」❸問題・事件などを解決するための重要な手がかり。キー。‖「成否の━を握る」◈「鉤」と同語源。

が-き【餓鬼】〔名〕❶生前の罪のために餓鬼道に落ち、常に飢えと渇きに苦しめられている亡者。‖「━道（＝生前に欲の深かった者が死後に行く所）」❷子供を卑しめていう語。‖「うるさい━だ」「━大将」▼いつも腹をすかせていることから。

かき-あげ【▼搔き揚げ】〔名〕てんぷらの一種。貝柱・シバエビ・イカ・野菜などを刻み、ころもでまとめてから油で揚げたもの。

かき-あ・げる【書き上げる】〔他下一〕❶すっかり書き終える。‖「論文を━」❷一つ一つ書き並べて示す。‖「注意事項を━」文かきあ・ぐ

かき-あ・げる【▼搔き上げる】〔他下一〕手でひっかくようにして上にあげる。‖「髪を━」文かきあ・ぐ

かき-あつ・める【▼搔き集める】〔他下一〕あちこちからかき寄せて、一か所に集める。‖「奔走して設立資金を━」文かきあつ・む

かぎ-あ・てる【嗅ぎ当てる】〔他下一〕❶においをかいで、所在や正体をあてる。‖「香の名前を━」❷探って見つけだす。‖「犯人の隠れ家を━」文かぎあ・つ

かぎ-あな【鍵穴・鍵▽孔】〔名〕かぎを差しこむために錠(じょう)にあけてある穴。‖「━から室内を覗く」

かき-あらわ・す【書き表す】━アラハス〔他五〕文字や図に書いて表現する。‖「印象をそのままに━」

かき-あらわ・す【書き著す】━アラハス〔他五〕本を書いて世に出す。‖「自伝を━」

かき-あわ・せる【▼搔き合わせる】━アハセル〔他下一〕手で寄せて合わせる。‖「襟もとを━」文かきあは・す

かき-いだ・く【▼搔き抱く】〔他五〕しっかりと抱

く。抱きかかえる。≡「ひしとわが子を―」

かきいれ-どき【書き入れ時】〔名〕商店などで、売れ行きが最もよく、もうけのきわめて多いとき。▽帳簿の書き入れに忙しいときの意から。✔注意「搔き入れ時」と書くのは誤り。

かき-いろ【柿色】〔名〕❶熟した柿の実の色に似た黄赤色。❷柿の渋の色に似た赤茶色。柿渋色。

かき-おき【書き置き】〔名〕❶用件を書いて、あとに残しておくこと。また、その文。置き手紙。❷遺書。遺言状。

かき-おこ・す【書き起こす】〔他五〕新しく書き始める。≡「ドラマの脚本を―」

かき-おと・す【書き落とす】〔他五〕書くべきことをぬかす。書きもらす。≡「郵便番号を―」

かき-おろし【書き下ろし】〔名〕書き下ろすこと。また、その作品。≡「―の小説」

かき-おろ・す【書き下ろす】〔他五〕小説や脚本、論文などを新たに書く。≡「テレビドラマの脚本を―」▽雑誌などに一度発表された作品や原作などのある脚本に対していう。名書き下ろし

かき-かえ【書き換え(書き替え)】（カヘ）〔名〕書きかえること。≡「名義の―」「免許証の―」

かき-か・える【書き換える(書き替える)】（カヘル）〔他下一〕❶書き改める。書き直す。≡「平易な文章に―」「世界記録を―(=更新する)」❷古い証書などを破棄して、新しくつくり直す。≡「契約書を―」◈書き方 慣用的に「書き変える」とも。文かきかふ 名書き換え

かき-かた【書き方】〔名〕❶文章などを書く方法や形式。≡「手紙の―」❷筆の運び方。また、その順序。運筆。≡「漢字の―」❸旧制小学校の教科の一つで、習字。

かぎ-かっこ【▼鉤括弧】（クヮッコ）〔名〕文章表記中に用いる「 」『 』の記号。会話や引用、注意すべき語句を示すときなどに用いる。▽鉤の手に曲がっていることから。

かき-き・える【▼搔き消える】〔自下一〕ふいにあとかたもなく消える。≡「姿が―」文かききゆ

かき-き・る【▼搔き切る】〔他五〕勢いよく切る。かっきる。≡「腹を―」

かき-くだし-ぶん【書き下し文】〔名〕漢文を日本語の語順に従って読み、仮名を交えて書き直した文章。漢文訓読文。読み下し文。書き下し。

かき-くだ・す【書き下す】〔他五〕❶順を追って上から下へ書く。❷筆にまかせて一気に書く。≡「興にのって詩を―」❸漢文を訓読して仮名まじり文に書き改める。名書き下し

かき-くど・く【▼搔き口説く】〔自五〕しつこく、くり返して述べたてる。≡「行かないでくれと―」

かき-くも・る【▼搔き曇る】〔自五〕急に雲が広がって暗くなる。≡「一天にわかに―」

かき-く・れる【▼搔き暮れる・▼搔き▽暗れる】〔自下一〕❶〈「涙にかきくれる」の形で〉涙で何も見えなくなるほど、ひたすら泣く。≡「うれし涙に―」❷空などがすっかり暗くなる。文かきくる

かき-け・す【▼搔き消す】〔他五〕ふいに、あとかたもなく消す。≡「雷鳴が話し声を―・した」

かき-ごおり【欠き氷】（コホリ）〔名〕❶氷を砕いたもの。ぶっかき。かちわり。≡「―をしゃぶる」❷氷を細かく削って蜜（みつ）・シロップなどをかけたもの。こおりみず。練乳・小豆・果物などをのせるものもある。

かき-ことば【書き言葉】〔名〕主に文章を書くときに用いられることば。文章語。⇔話し言葉

かき-こみ【書き込み】〔名〕書き込むこと。また、書き込んだ文字や文章。≡「余白に―のある文書」

かき-こ・む【書き込む】〔他五〕❶書き入れる。記入する。≡「申込書に名前を―」❷気を配って細かいところまで書く。≡「犯人の心理がよく―・まれた小説」❸コンピューターで、データを記憶媒体に記録する。名書き込み

かき-こ・む【▼搔き込む】〔他五〕❶手元にかき寄せる。≡「散らばった銭を―」❷急いで食べる。かっこむ。≡「茶漬けを―・んで飛び出す」

かぎ-ざき【▼鉤裂き】〔名〕衣服が釘（くぎ）などに引っかかって鉤の形に裂けること。また、その裂け目。

かき-しぶ【柿渋】〔名〕未熟な渋柿の果実から搾った液を発酵させて濾（こ）したもの。紙・麻・木などに塗って防水・防腐剤にする。

かき-しる・す【書き記す】〔他五〕あとに残るように、書きつける。≡「一部始終を手帳に―」

かき-す・てる【書き捨てる】〔他下一〕❶書いたまま、ほうっておく。≡「―・ててあった草稿に手を入れる」❷気ままに書く。また、投げやりに書く。≡「偶感を―・てただけの雑文」文かきすつ

かき-ぞめ【書き初め】〔名〕新年に初めて毛筆で文字を書くこと。また、その書いたもの。古くから一月二日に行われ、めでたい詩歌などを書くことが習わしだった。

かき-そんじ【書き損じ】〔名〕間違って書くこと。また、そのもの。書き損ない。≡「―の色紙」動かきそん・じる〔他上一〕

かき-だし【書き出し】〔名〕❶文章のはじめの部分。❷芝居で、番付の最初に名を記される役者。売り出し中の若手が選ばれる。❸〔古風〕勘定書。請求書。

かき-だ・す【書き出す】〔他五〕❶書き始める。≡「ようやく長編小説を―・した」❷必要な事項をぬき出して書く。また、それを人目につくように示す。≡「要点を―」名書き出し

かき-だ・す【▼搔き出す】〔他五〕手や道具でかいて外へ出す。≡「かまどから灰を―」

かぎ-だ・す【嗅ぎ出す】〔他五〕❶においをかいで見つけだす。≡「警察犬が犯人を―」❷さぐりあてる。≡「秘密を―」

かき-た・てる【書き立てる】〔他下一〕取り上げて書き並べる。特に、あおるように、盛んに書く。≡「当局の悪口を―」文かきたつ

かき-た・てる【▼搔き立てる】〔他下一〕❶勢いよくかきまぜる。≡「卵を―」❷刺激をして、その気持ちを起こすようにする。≡「闘志を―」❸灯心を引き出して、明るくする。また、炭火などをつついて、火勢を強くする。≡「火鉢の埋（う）み火を―」文かきたつ

かぎ-たばこ【嗅ぎ〈煙草〉】〔名〕鼻孔になすりつけて香りを楽しむ粉たばこ。スナッフ。

かき-たま【▼搔き玉・▼搔き▽卵】〔名〕〔片栗粉でとろみをつけた〕澄まし汁を煮たたせ、よく溶いた鶏卵を流し入れてかきまぜた吸い物。かきたま汁。

かき-ちら・す【書き散らす】〔他五〕❶筆にまかせて気ままに書く。≡「頼まれるままに原稿を―」❷あちこちに書く。≡「折にふれて―・した雑文」

かき-つけ【書き付け】〔名〕❶書き記したもの。❷

証文。また、勘定書。書き出し。＝「酒屋の━」書き方 公用文では「書付」。

かき-つ・ける【書き付ける】〔他下一〕❶忘れないように、書きとめる。＝「手帳に電話番号を━」❷書きなれる。＝「━・けない毛筆で署名する」文 かきつ・く 名 書き付け

かぎ-つ・ける【嗅ぎつける(嗅ぎ付ける)】〔他下一〕❶においをかいで所在をさがし当てる。＝「猫が魚を━」❷それとなく気配を察して、秘密などをさぐり当てる。＝「国税庁が脱税を━」文 かぎつ・く

かぎっ-こ【鍵っ子】〔名〕親が日中働きに出ていて留守なので、常に家のかぎを持たされている子供。

かぎって【限って】〔連語〕⇩限る㊁③

かきつばた【〈▼燕子花〉・〈▼杜若〉】〔名〕初夏、長い茎の先に白・紫などの花を開くアヤメ科の多年草。＝「いずれが菖蒲(あやめ)か━」▽アヤメは全体に小さく、花弁のもとに網目の模様がある。

かき-つら・ねる【書き連ねる】〔他下一〕並べて書く。また、長々と書く。＝「寄贈者の名を━」文 かきつら・ぬ

かき-て【書き手】〔名〕❶書く人。また、書いた人。❷書くことが巧みな人。＝「若いのになかなかの━だ」

かき-とめ【書留】〔名〕特殊取り扱い郵便の一つ。発信人・受信人・配送の経路などを記録し、万一事故があった場合には、一定限度内で実損額を賠償する郵便。書留郵便。＝「現金━」

かき-と・める【書き留める】〔他下一〕忘れないように書いておく。＝「伝達事項をメモに━」文 かきと・む

かき-とり【書き取り】〔名〕❶読みあげられたことばを正しい文字で書くこと。ディクテーション。＝「英語の━」❷かなで書かれた語句を漢字で正しく書くこと。＝「漢字の━」

かき-と・る【書き取る】〔他五〕❶耳で聞いたことを文字で書く。＝「談話を━」❷文章などを書き写す。＝「掲示された注意事項を━」名 書き取り

かぎ-と・る【嗅ぎ取る】〔他五〕❶においを知覚する。＝「血のにおいを━」❷その場の雰囲気などからそれと気づく。察知する。＝「一触即発の気配を━」

かき-なお・す【書き直す】ホナ〔他五〕一度書いたものを、書き改める。＝「誤字が多いので━」

かき-なが・す【書き流す】〔他五〕あまり深く考えないで、無造作に書く。＝「筆にまかせてすらすらと━」

かき-なぐ・る【書きなぐる(書き殴る)】〔他五〕乱暴に書く。＝「読みづらい字で━」

かき-なら・す【▼搔き鳴らす】〔他五〕弦楽器を指先でひっかくようにして鳴らす。＝「ギターを━」

かき-ぬき【書き抜き】〔名〕❶必要な部分を抜き出して書いたもの。ぬきがき。❷映画・演劇の台本から、配役別にせりふを書き出したもの。

かき-ぬ・く【書き抜く】〔他五〕❶文章の中から必要な部分を抜き出して書く。抜き書きをする。抜粋する。❷最後まで書き通す。名 書き抜き

かき-ね【垣根】〔名〕敷地を限るための仕切りや囲い。多く竹や植木などで作る。＝「━をめぐらす」▽間を隔てるもののたとえにいう。＝「心の━を取り除く」

かき-の・ける【▼搔き▽退ける】〔他下一〕手などで左右に押して、また払うようにしてわきにどける。＝「群がる人を━・けて進む」文 かきの・く

かき-のこ・す【書き残す】〔他五〕❶書いてあとに残す。＝「手記を━」❷書くべきことを書かないまま残す。＝「━・した部分がある」

かき-のし【書き〈▼熨斗〉】〔名〕進物(しんもつ)の上包みに、のしをつけるかわりに「のし」と書いたもの。

かき-の-たね【柿の種】〔名〕柿の種子に似た形をした、醬油(しょうゆ)味のあられ。

かぎ-の-て【▼鉤の手】〔名〕かぎの形のように、直角に曲がっていること。また、その形。

かぎ-ばな【▼鉤鼻】〔名〕鼻柱の先端がかぎのように曲がった鼻。わしばな。

かぎ-ばり【▼鉤針】〔名〕先端がかぎのように曲がった編み物用の針。⇩棒針

かき-はん【書き判】〔名〕印判を押すかわりに文書のあとに記す、自筆の署名。⇔印判 ▽図案化されたものを特に「花押(かおう)」という。

かき-ま・ぜる【▼搔き混ぜる・▼搔き交ぜる】〔他下一〕かきまわしてまぜ合わせる。＝「小麦粉に卵を入れて━」文 かきま・ず

かき-まわ・す【▼搔き回す】ハスマ〔他五〕❶手や棒をさし入れて、中のものをまわし動かす。＝「スプーンでコーヒーを━」❷波瀾(はらん)を生じさせる。＝「暴露的な発言をして会議を━」

かき-みだ・す【▼搔き乱す】〔他五〕❶かきまわすようにしてばらばらに乱す。＝「髪を━」❷平静な状態を破って、混乱させる。＝「統制［心］を━」

かき-むし・る【▼搔き▼毟る】〔他五〕ひっかいてちぎりとる。また、むしるようにひっかく。＝「髪の毛を━」

かき-もち【欠き餅】〔名〕❶鏡餅(かがみもち)を手や槌(つち)で欠き割ったもの。▽めでたいものであることから、刃物で切ることを忌んだ。❷のし餅を薄く切って乾かしたもの。焼いたり油で揚げたりして食べる。おかき。

かき-もの【書き物】〔名〕❶文字や文章を書くこと。❷書いたもの。文書。＝「古い━を探し出す」

かき-もら・す【書き漏らす(書き▼洩らす)】〔他五〕書くべきことの一部を、書かないでしまう。書き落とす。＝「うっかり生年月日を━」

かき-もん【書き紋】〔名〕筆で衣服に書いた紋所。▽縫い紋・染め抜き紋に対していう。

か-ぎゃく【加虐】〔名〕他人に苦痛や凌辱(りょうじょく)を加えること。いじめ苦しめること。⇔被虐

か-ぎゃく【可逆】〔名〕理化学で、ある反応・変化の逆の過程が物理的や化学的に可能であること。＝「━性・━反応・━変化」⇔不可逆

かきゃく-せん【貨客船】クヮキャク〔名〕旅客と貨物を同時に運ぶ設備をもった船。かかくせん。

か-きゅう【下級】カキフ〔名〕等級・段階などが低いこと。＝「━生」「━裁判所(＝最高裁判所以外の裁判所の総称)」⇔上級

か-きゅう【火急】クヮキフ〔名・形動〕火がついたように、事態が差し迫っていること。また、非常に急ぐこと。＝「━の用事」「━に金が必要だ」

か-ぎゅう【▼蝸牛】クヮギウ〔名〕カタツムリ。

◉**蝸牛角上(かくじょう)の争い** 狭く小さな世界で、つまらないことで争うたとえ。蝸角(かかく)の争い。▽カタツムリの左の角の上にある国と右の角の上にある国とが争ったという『荘子』の寓話(ぐうわ)から。

かきゅう-てき【可及的】カキフ〔副〕できるだけ。なるべく。＝「━速やかに対策を講じる」▽「及ぶ可(べ)く」の意か

ら。公文書で多く使う。

か-きょ【科挙】クワー［名］昔、中国で行われた官吏の登用試験。隋代に始まり、清朝末期まで存続した。▽科目によって人材を挙げ用いる意。

か-きょ【家居】［名・自サ変］家に引きこもっていること。

か-きょう【佳境】ーキャウ［名］❶最も興味深いところ。「話がーに入る」注意 大詰め、ヤマ場の意味で使うのは誤り。「× 捜査が佳境を迎えている」❷景色のすばらしい場所。

か-きょう【架橋】ーケウ［名・自他サ変］❶橋をかけわたすこと。「ー工事」❷二つのものの間につながりをつけること。橋渡しをする。「理論と実践をーする試み」

か-きょう【家郷】ーキャウ［名］ふるさと。郷里。

か-きょう【華▼僑】クワケウ［名］外国に定住して商業活動などを行う中国人。華商。▽「僑」は仮住まいの意。

か-きょう【歌境】ーキャウ［名］和歌に表現された歌人の境地。また、歌をよむときの心境。「円熟したー」

か-ぎょう【家業】ーゲフ［名］その家の職業。特に、その家代々の職業。「ーを手伝う」

か-ぎょう【稼業】ーゲフ［名］生計を立てるための職業。「ーに精を出す」「浮き草ー（＝一つの場所に落ち着けない不安定な職業）」

か-ぎょう【課業】クワゲフ［名］割り当てられた業務や学科。

が-きょう【画境】グワキャウ［名］絵画に表現された画家の境地。また、絵をかくときの心境。「ーを開く」

が-ぎょう【画業】グワゲフ［名］絵をかく仕事。また、その業績。

か-きょく【歌曲】［名］声楽曲。独唱曲。リート。

かぎり【限り】［名］❶数量・程度などの限界。「ーある資源」❷空間・時間などの限界。果て。最後。「今日をーと戦う」❸物事の行きつく極み。極限。「光栄のーだ」使い方 ③は形容動詞用法がある語の場合でも「…の限り」の形が標準的。「○贅沢の限りを尽くす（× 贅沢な限り）」❹その範囲のうち。また、その制限のうち。「その場ーの言い訳」「私の知るーではない」❺ある範囲内のすべて。あるだけ全部。「力のー戦う」「できるーの援助はしよう」「可能なー協力する」❻…する間は。…するうちは。…する以上。「体が動くー働く」「謝罪がないー除名処分にする」「元気なーは続けよう」❼〈「…の限りではない」の形で〉その範囲に含まれない意を表す。「保証のーではない」「緊急時はこのーではない」

かぎり-な・い【限りない（限り無い）】［形］❶際限がないさま。果てしない。「ー・く広がる大草原」❷この上ない。「ー喜び」派生 ーさ

かぎ・る【限る】一［他五］❶空間に区切りをつける。区切る。「水平線が海と空をー」❷制限・範囲を設ける。「会員を成人にー・って募集する」「捜査の範囲を狭くー」二［自五］❶それだけに限定され（て認められ）る。「薬物の使用は緊急の場合にー」「反対は彼らにー・ったことではない」❷〈「…に限る」の形で〉…にまさるものがない。…が最高である。…に尽きる。「山は富士にー」「相撲は見るにー」「訓練は若い内にやっておくにー」❸〈「…に限って」などの形で〉…だけは。…だけ特に。「いざというときにー・って必ず留守だ」❹〈「…とは限らない」などの形で〉…とは断定できない。…とは決まっていない。「必ず勝つとはー・らない」「奇跡が起こらないともー・らない」可能 限れる 名 限り

かぎろい【〈陽炎〉】カギロヒ［名］かげろう（陽炎）。

かき-わ・ける【書き分ける】［他下一］区別して書く。「登場人物の心理をー」文 かきわ・く

かき-わ・ける【▼掻き分ける】［他下一］かくようにして、手で左右に押し分ける。「人込みをー・けて前へ進む」文 かきわ・く

かぎ-わ・ける【嗅ぎ分ける】［他下一］においをかいで物を識別する。▽比喩的に、微妙な違いに気づく意でも使う。「絵の真贋をー」文 かぎわ・く

かき-わり【書き割り】［名］芝居の大道具の一つ。背景として風景・建物・室内などを描いたもの。▽いくつかに割って描くことから。

か-きん【家▼禽】［名］卵や肉を利用する目的で飼育される鳥。ニワトリ・アヒル・シチメンチョウなど。⇔野禽

か-きん【▼瑕▼瑾】［名］わずかな傷。また、欠点。「後世にーを残す」▽「瑕」は玉についた傷、「瑾」は美玉の意。

瑕瑾

か-きん【課金】クワー［名・他サ変］❶料金を課すこと。また、その料金。「一通話三分ごとにーする」❷（新）料金を支払うこと。また、その料金。「オンラインゲームにーする」▽①が本来の意味。

かく【角】一［名］❶四角。四角いもの。方形。「ーに切る」「三寸ーの材木」「ー砂糖」❷一点から出る二つの半直線によってつくられる図形。また、その開きの度合い。「直ー」❸将棋の駒の一つ。角行。「飛車とー」「ー落ち」二（造）❶動物のつの。「触ー」「一ー獣」❷きそう。競争する。「ー逐」「互ー」❸「角力」の略。「ー界」

かく【画】クワク 一［名］漢字の構成要素で、一筆で書ける線や点。字画。「ー数」「八ーの漢字」二（造）❶かぎる。くぎる。「一ー」「区ー」❷はかる。はかりごと。「計ー・企ー」「ー策」旧 畫

かく【格】一［名］❶くらい。地位。また、おもむき。「横綱がーの違いを見せる」「ー差・ー調」「昇ー・風ー」❷文法で、名詞・代名詞などが文中で他の語に対してもつ関係。日本語では、ふつう格助詞によって表される。「目的ー」二（造）❶きまり。法則。「ー言・ー式」「規ー」❷きちんとする。また、ただす。「ー納」❸うつ。なぐる。「ー闘」▽「挌」に通じる。

かく【核】［名］❶果実の種子をまもる堅い殻。さね。❷生物の細胞の中心にあって遺伝物質を含む球状の構造物。核膜に包まれ、一ないし数個の核小体をもつ。細胞核。❸地核。❹物事の中心にある重要なもの。中核。「ーになって活動する人」❺「原子核」の略。「ー爆発・ー兵器」❻「核兵器」の略。「ー廃絶」

か-く【佳句】［名］❶詩歌などの、すぐれた文句。❷すぐれた俳句。秀句。

か・く【欠く】［他五］❶固いものの一部を壊す。（意図的な行為にもそうでないものにもいう）「アイスピックで氷をー」「ナイフの刃をー」「転んで前歯をー」❷なければならないものやあるべきはずのものがない。「わがチームは主戦投手をー・いている」「作品は一貫性をー・いている」「義理をー（＝不義理をする）」「画竜点睛をー」❸〈「欠くべからざる…」「欠くことができない」の形で〉それなしでは済ますことができない意を表す。なくてはならない。必須である。「彼は私たちのチームにーべからざる存在だ」「野菜は健康にーことができない」

か・く【▾舁く】〔他五〕二人以上で、肩にのせて運ぶ。かつぐ。‖「駕籠を—」〔可能〕かける

か・く【書く・描く(▿画く)】〔他五〕❶【書】文字や符号を目に見える形でしるす。書き記す。書き付ける。また、文字を使って、あるまとまった内容の事柄を表す。‖「黒板に『大』という字を—」「所定の欄に住所氏名を—」「結論から先に—」❷【書】文字によって、語を書き表す。表記する。‖「バラは漢字で—と『薔薇』だ」❸【書】現実の事柄や自分の考えなどをもとに文章を作る。特に、文学などの言語作品を作る。‖「手紙を—」「ホームページに日記を—」「小説[詩]を—」「本を—(=著す)」〔使い方〕~ヲに〈結果〉をとる言い方。~ヲに〈対象〉をとる言い方もできる。‖「思い出をエッセーに—(=まとめる)」「誘拐事件を小説に—(=する・仕組む)」❹【描】絵や図で表す。描く。‖「ノートに三角形を—」「地図[グラフ・漫画]を—」〔書き方〕まれに「画く」とも。❺【描】物の形や運動などがその形を作り出す。描く。‖「トンビが輪を—」〔書き方〕まれに「画く」とも。〔使い方〕「描く」よりは「描く」の方が一般的。◈「掻く」と同語源。

か・く【▾掻く】〔他五〕〔可能〕書ける ❶指先や先のとがった物で、物の表面をこする。‖「かゆいところをぼりぼり—」「犬が前足で地面を—」「しきりに照れて頭を—」❷①に似た動作をして、払いのけたり寄せ集めたりする。‖「くま手で落ち葉を—」「火鉢の灰を—き集める」❸くしの歯などで髪をとかす。くしけずる。‖「太郎は髪を右の五本の指で—いて整えた〈曽野綾子〉」❹刃物を手前に引いて切り取る。また、ひっかけるようにして切る。‖「寝首を—」「腹を—き切る」❺刃物などで細かく削り取る。また、こそぎ落とす。‖「氷を—」「さびを—き削る」❻こするようにしてこねまぜる。‖「からしを—」「卵黄と油を—き混ぜる」❼水中を進むために、手足や艪などで水を押し分ける。‖「アヒルが足で水を—」「人波を—き分けて進む」❽鋤などで田を耕す。‖「田を—」❾その現象や表情・心理状態などが、それと分かるような形をとって表に現れる。‖「汗[寝汗・冷や汗]を—」「いびきを—」「べそを—」「恥を—」「欲を—(=あらわにする)」▼~ヲに〈結果〉をとる。慣用句的に使う。❿足を組んでその形を作る。‖「胡座を—」▼構え作る意の「掛く(=掛ける)」から出た語。のち「掻く」と混同されるようになった。◈〔書き方〕⑴特に⑨⑩は、積極的にかな書きにされる。⑵「掻」は簡易慣用字体。〔可能〕かける〔名〕掻き

かく【▾斯く】〔副〕〔古風〕こう。このように。‖「—申し上げるのは」

かく【各】(造)それぞれ。おのおの。‖「—位・—自・—人・—クラス・—部署」

かく【拡】(造)広げる。広がる。‖「—散・—充・—張」〔旧〕擴

かく【客】(造)❶ひと。人士。‖「俠—・剣—・刺—・論—」❷旅。旅人。‖「—死・—地(=他郷)」◈⬇きゃく(客)

かく【革】(造)❶かわ。なめしがわ。また、革製品。‖「牛—」❷改まる。改める。‖「—新・—命」「沿—・改—」

かく【殻】(造)表面をおおう、かたい皮。から。‖「甲—・地—」〔旧〕殼

かく【郭】(造)❶城・都市などを囲む壁。また、それに囲まれた城・都市。‖「城—・五稜—」❷塀で囲まれた遊里。くるわ。‖「遊—」❸外まわり。外枠。‖「胸—・輪—」❹広い。‖「—大」

かく【覚】(造)❶目をさます。‖「—醒」❷道理を知る。さとる。また、さとり。‖「—悟」「自—」❸感知する。‖「視—・触—・味—」❹あらわれる。‖「発—」〔旧〕覺

かく【較】(造)くらべる。‖「—差」「比—」

かく【隔】(造)❶間が離れる。へだたる。へだてる。‖「—靴掻痒・—世・—絶」「遠—・間—」❷一つおきに離れる。‖「—日・—月・—週」

かく【閣】(造)❶高い建物。たかどの。‖「楼—・天守—」❷「内閣」の略。‖「—議・—僚」「組—・入—」

かく【確】(造)❶かたい。しっかりしている。‖「—固・—執・—信」❷たしかめる。‖「—認」❸まちがいなく正しい。たしか。‖「—実・—証」「正—・的—・明—」

かく【獲】(造)❶鳥獣や魚を捕らえる。‖「捕—・乱—」❷手に入れる。‖「—得」

かく【嚇】(造)❶いかる。‖「—怒」❷おどす。‖「威—」

かく【穫】(造)穀類を取り入れる。‖「収—」

かく【▿鶴】(造)❶つる。‖「—首・—翼」「野—」❷つるの羽のように白い。‖「—髪・—林」

かーぐ【下愚】〔名〕きわめて愚かなこと。また、その人。⬍上知▼『論語』の、「唯だ上知と下愚とは移らず(=最上の知者は決して堕落することがなく、最下の愚者は決して向上することがない)」から。

かーぐ【家具】〔名〕家に備えて、日常生活に役立たせる道具類。簞笥・テーブルなど。

か・ぐ【嗅ぐ】〔他五〕鼻を働かせてにおいを感じ取(ろうとす)る。‖「百合の香りを—」「犬が草のにおいを—いだ」「人の秘密をくんくんと—いで回る(=探り回る)」

がく【学】㊀〔名〕❶学ぶこと。学問。‖「—に志す」「勉—・独—・共—」❷体系化された知識。‖「—のある人」「漢—・科—」㊁(造)❶学校。‖「入—・在—」「—長」❷学ぶ人。研究する人。‖「碩—」〔旧〕學

がく【楽】〔名〕音楽。特に、雅楽。‖「—を奏する」「—器・—譜」「声—・邦—・洋—・室内—」〔旧〕樂

がく【▾萼】〔名〕花の最も外側にあって、花びらを支えている部分。うてな。▼ふつう緑色で葉状だが、花びらと区別のつかないものもある。

萼

がく【額】〔名〕❶書・画・写真などを枠に収めて門や室内に掲げておくもの。また、その枠。額縁。‖「—に入れた絵」❷数量。特に、金銭の量。‖「—が大きすぎる」「全—・増—・生産—」

がく【岳】(造)❶高くそびえる山。‖「—麓」「富—(=富士山)」❷妻の父母に対する尊敬の意を表す。‖「—父・—母」〔旧〕嶽

かく-あげ【格上げ】〔名・他サ変〕資格・地位・等級などを、それまでより高くすること。‖「二つ星から三つ星に—になったレストラン」⬍格下げ

かく-い【各位】ヰ〔名〕多くの人々に対し、その一人一人を高めていう語。皆様。皆様方。‖「会員—・関係(者)—」▼多くあらたまった席上や書面で使う。〔注意〕「各位」は本来敬語であるが、敬語意識が薄れる傾向にある。「各位様」は二重敬語で不適切とされるが、「お客様[取引先様]各位」など許容度の高いものもある。

かく-い【隔意】〔名〕へだたりがあって、うちとけない心。隔心。‖「—のない意見」

がく-い【学位】[名] 大学・大学院で学び、専門の学術を研究した人に対して与えられる称号。学士・修士・博士・短期大学士など。‖「―論文」

かく-いう【▼斯く言う】[連語] このように言う。こう言っている。‖「発見したのは―私なのです」

かく-いつ【画一(▼劃一)】[名] すべてを同じようにすること。‖「―化」

かくいつ-てき【画一的】[形動] すべてを同じようにするさま。個性や特性がないさま。‖「―な価値観」

かく-いん【各員】[名] 集団の中の一人一人。おのおの。

かく-いん【客員】[名] ⬇きゃくいん(客員)

がく-いん【学院】[名] 学校。▼多く固有名詞に付けて、私立学校の校名として使う。

がく-いん【楽員】[名] 楽団に所属し、楽器を演奏する人。楽団員。

か-くう【架空】[名] ❶想像によってつくりあげること。‖「―の物語[名義]」 ❷空中にかけわたすこと。‖「―ケーブル」 読み分け 工事関係者は「がくう」と言う。

か-ぐう【仮▼寓】[名・自サ変] 仮に住むこと。また、その住まい。かりずまい。寓居。

かく-うえ【格上】[名] 地位・格式などが上であること。‖「―の相手と戦う」⬍格下

かくう-せいきゅう【架空請求】[名] 架空の契約を口実に、金銭を請求する詐欺。‖「―メール」

がく-えん【学園】[名] 学校。‖「―都市」▼多く、下級から上級までの一貫した組織をもつ学校を指す。

がくえん-さい【学園祭】[名] 学校が行事として行う催し。‖「秋の―を開く」

かく-おち【格落ち】[名・自サ変] 地位や価値などが下がること。‖「―損害(=事故車が修理をしても原状回復できないために生じる損害)」

かく-おび【角帯】[名] 帯地を二つ折りにして仕立てた、かたくて幅のせまい男性用の帯。▼帯地には博多織や小倉織を使う。

がく-おん【学恩】[名] 学問や研究の上での恩。‖「師の―に感謝する」

がく-おん【楽音】[名] 楽器の音のように、一定の周期で振動する音。音楽を構成する素材となる。⬍噪音

かく-かい【各界】[名] 職業や専門分野で分けた、それぞれの社会。財界・政界・芸能界など。かっかい。‖「―のお歴々が参集する」

かく-かい【角界】[名] 大相撲の社会。かっかい。▼「すもう」を「角力」とも書くことから。

かく-がい【格外】[名・形動] 規格や標準からはずれていること。また、そのもの。規格外。‖「―な(=法外な)値をつける」

かく-がい【閣外】[名] 入閣していないこと。内閣の外部。‖「―に去る」「―協力」⬍閣内

がく-がい【学外】[名] 学校の敷地の外。また、学校の組織の外部。⬍学内 ▼多く大学についていう。

かく-かく【▼斯く▼斯く】[副] 具体的に述べることを省略する語。‖「その経緯は―しかじかであった」

がく-がく【▼諤▼諤】[形動ﾄﾙ] 正しいと思うことをはばかることなく直言するさま。‖「侃々―の議論」

がく-がく [副] ❶ゆるんで動きやすいさま。‖「―(と)動く入れ歯」 ❷体の一部が小刻みにふるえるさま。‖「恐怖でひざが―する」

かく-かぞく【核家族】[名] 夫婦、または、夫婦(あるいはどちらか一方)とその未婚の子供からなる小家族。▼nuclear familyの訳語。

かく-がり【角刈り】[名] 男子の髪型の一つ。左右と後部を短く、上部を平らに刈って、全体を四角ばって見せるもの。

かく-ぎ【格技(▼挌技)】[名] 一対一で格闘する競技。柔道・相撲・空手・レスリング・ボクシング・剣道・フェンシングなど。格闘技。体技。

かく-ぎ【閣議】[名] 内閣がその職務を行うために開く非公開の会議。内閣総理大臣が主宰する。定例閣議・臨時閣議などがある。

かく-ぎょう【角行】[名] 将棋のこまの一つ。斜め四方に自由に動け、成ると竜馬となって、さらに前後左右に一画ずつ動くことができる。角。かくこう。

がく-ぎょう【学業】[名] 学校での勉強・課業。

かく-きょり【角距離】[名] 観測者などの基点と、天球上の二点とを結ぶ二直線が作る角度によって表す、二点間の距離。▼天体の見かけの距離を測るときに用いる。

かく-ぎり【角切り】[名] 物を立方体に切ること。また、切ったもの。さいの目より大きい切り方をいう。‖「大根を―にする」

がく-げい【学芸】[名] 学問と芸術。‖「新聞の―欄」▼多く、一般教養としての文学・芸術・科学などをひっくるめていう。

がくげい-いん【学芸員】[名] 博物館・美術館などで、資料の収集・保管・展示・調査研究などに携わる専門職員。

がくげい-かい【学芸会】[名] 小学校などで、児童・生徒が学習の成果を音楽や劇で発表する会。

かく-げつ【各月】[名] つきづき。毎月。‖「―に収支を報告する」

かく-げつ【隔月】[名] ひと月おき。‖「会報は―に発行する」

かく-げん【格言】[名] 世人への戒めや教訓を簡潔に言い表した古人のことば。金言。「時は金なり」の類。

かく-げん【確言】[名・自サ変] はっきりと言いきること。また、そのことば。‖「融資するとの―を得る」

かく-ご【客語】[名] ⬇きゃくご

かく-ご【覚悟】[名・他サ変] 予想される良くない事態や結果に対し、それをそのまま受けとめようと心を決めること。観念すること。‖「苦労は―の上だ」「―を決める」

品格 期する「何か―ところがある」 肝を据える「肝を据えて対処する」 腹を据える「辞職することに―」 臍を固める「臍を固めて事に当たる」

かく-さ【格差】[名] 資格・等級・所得・価格などの、格づけ上の差。‖「賃金の―を是正する」「―社会」

かく-さ【較差】[名] 二つ以上のものを比較したときの差。おもに気象で使う。‖「気温の―が大きい」▼「較差」の慣用読み。

かく-ざい【角材】[名] 切り口の四角な木材。

がく-さい【学才】[名] 学問をする才能。‖「―の豊かな人」

がく-さい【学債】[名] 学校法人が任意の財政援助を求めて発行する債券。学校債。▼「学校債券」の略。

がく-さい【楽才】[名] 音楽の才能。

がくさい-てき【学際的】[形動] 研究対象が複数の学問領域にかかわっているさま。‖「―研究[協力]」▼

interdisciplinary の訳語。

かく-さく【画策】[名・自他サ変] はかりごとをめぐらすこと。また、そのはかりごと。‖「乗っ取りを—する」▼多く悪い意味で使う。

かく-さげ【格下げ】[名・他サ変] 資格・地位・等級などを、それまでよりも低くすること。⇔格上げ

かく-ざとう【角砂糖】[名] 小さな立方体に固めた白砂糖。▽着色したものなどもいう。

かく-さん【拡散】[名・自他サ変] ❶散らばって広がること。また、広げること。‖「核—防止条約」❷二つ以上の気体・液体が混ざりあったとき、高い濃度の流体が低い濃度の流体に移動して、次第に一様の濃度となること。また、その現象。

かく-さん【核酸】[名] 塩基・燐酸・糖からなる高分子有機化合物。遺伝に関与するデオキシリボ核酸(DNA)と、蛋白質の合成に関与するリボ核酸(RNA)に大別される。

かくし【隠し】[名] ❶かくすこと。‖「—マイク・—財産」❷〔古風〕ポケット。‖「洋服の—」

かく-し【客死】[名・自サ変] 旅先で、または外国で死ぬこと。きゃくし。‖「彼はパリで—した」

かく-じ【各自】[名] 一人一人。めいめい。おのおの。‖「交通費は—の負担とする」

がく-し【学士】[名] 大学の学部卒業生に与えられる称号。

がく-し【学資】[名] 学業を修めるのに必要な費用。学費。

がく-し【楽士】[名] 音楽を演奏する人。特に、劇場・サーカスなどに雇われて音楽を演奏する人。

がく-し【楽師】[名] ❶音楽を演奏する人。楽人。❷宮内庁式部職楽部の職員。雅楽などの演奏に従事する。

がく-じ【学事】[名] 学問や学校に関する事柄。‖「—報告・—課」

かくし-あじ【隠し味】[名] 料理の味を引き立たせるために、ある調味料をごく少量だけ加えること。また、その調味方法や調味料。

がくし-いん【学士院】[名] 学術上の大きな功績をもつ科学者を優遇するために設けられた栄誉機関。終身の会員一五〇名で組織される。▼「日本学士院」の略。前身は「帝国学士院」。

かく-しき【格式】[名] 家柄・階層などによって定められた礼儀作法。また、それによって表された家柄・階層。‖「—のあるホテル」

がく-しき【学識】[名] 学問と見識。また、学問から得た知識と見識。‖「—経験者」

かくしき-ば・る【格式張る】[自五] 格式を重んじて、むやみに堅苦しく振る舞う。‖「—った挨拶」

かくし-げい【隠し芸】[名] ひそかに習いおぼえておいて、宴席などで余興として披露する素人芸。

かくし-ご【隠し子】[名] 正妻以外の女性が生んだ子。世間に知られないように生んだ子。

かくし-ごと【隠し事】[名] 人に知られないようにしている事柄。秘事。‖「親に—をする」

かく-した【格下】[名] 地位・格式などが下であること。‖「—の相手に敗れる」⇔格上

かくじだい-てき【画時代的】[形動] 時代に一つのくぎりをつけるほど、めざましいさま。画期的。エポックメーキング。‖「—な治療法の発見」

かくし-だて【隠しだて(隠し立て)】[名・自サ変] 隠して、人に知られないようにすること。

かく-しつ【角質】[名] つめ・うろこ・つの・ひづめ・毛・羽毛などを形成する硬たんぱく質。ケラチン。

かく-しつ【確執】[名・自サ変] 互いに自分の意見を主張し、決してゆずらないこと。また、そのために生じる争い。かくしゅう。‖「両家の間の深い—」

かく-じつ【隔日】[名] 一日おき。‖「—勤務」

かく-じつ【確実】[名・形動] 手堅く、たしかなこと。間違いのないこと。‖「—な情報」「一件ずつ—に処理する」「当選—」派生 さ

かく-じっけん【核実験】[名] 原子爆弾・水素爆弾などの核兵器の性能や破壊力を調べるために行う実験。

かく-して【▼斯くして】[副・接]〔古風〕こうして。このようにして。かくて。‖「長い一日は—終わった」

かくし-どり【隠し撮り】[名・他サ変] 相手に気づかれないようにこっそり撮影すること。盗み撮り。

かく-しゃ【各社】[名] それぞれの会社。

かく-しゃ【客舎】[名] 旅館。宿屋。きゃくしゃ。

がく-しゃ【学者】[名] ❶専門家として学問研究に携わっている人。❷学問にすぐれた人。学のある人。‖「あれでなかなかの—だ」

かく-しゃく【▼矍▼鑠】[形動タリ] 老年になっても健康で元気なさま。‖「老いてなお—としている」「—たる老人」

かく-しゅ【各種】[名] いろいろな種類。‖「—の品をそろえる」

かく-しゅ【▼馘首】[名・他サ変] 雇い主が一方的に使用人を辞めさせること。解雇。免職。▼首を切りとる意から。

かく-しゅ【▽鶴首】[名・自サ変] 今か今かと待ちわびること。‖「—して吉報を待つ」▼鶴のように首を長く伸ばす意。

かく-しゅう【隔週】[名] 一週間おき。‖「—金曜日に会議を開く」

かく-じゅう【拡充】[名・他サ変] 規模を広げて内容を充実させること。‖「販売部門を—する」

がく-しゅう【学修】[名・他サ変] 学問を学んで身につけること。修学。‖「仏法を—する」

がく-しゅう【学習】[名・他サ変] ❶学び習うこと。特に、学校などで基礎的な知識を系統的に学ぶこと。‖「新しい単元を—する」「生涯—」❷人間も含めた動物が経験を反復することによって環境に適応した行動などを習得していくこと。

がくしゅう-かんじ【学習漢字】[名] ⇩教育漢字

がくしゅうしどう-ようりょう【学習指導要領】[名] 文部科学大臣が小・中・高等学校、特別支援学校を対象に公示する教育課程の基準。教科内容や学習事項の学年別配当、授業時間の編成基準などが示され、教科書もこれに基づいて編集される。

かくしゅ-がっこう【各種学校】[名] 学校教育法第一条に定められた学校以外で、学校教育に類する各種の教育を行う施設。料理学校・理容学校・洋裁学校・受験予備校など。

がく-じゅつ【学術】[名] ❶学問。特に、専門的な学問。‖「—書」❷学問と芸術。また、学問と技術。

かく-しょ【各所(各処)】[名] あちこちの場所。いたるところ。

かく-しょう【確証】[名] たしかな証拠。‖「—がない」

がく-しょう【学匠】シヤウ [名] ❶すぐれた学者。大学者。❷仏道を修めて、師匠になる資格のある僧。

がく-しょう【楽匠】シヤウ [名] すぐれた音楽家。大音楽家。マエストロ。

がく-しょう【楽章】シヤウ [名] 交響曲・協奏曲・ソナタなどを構成する、一区切りの独立した楽曲。

かくしょう-バイアス【確証バイアス】[名] 心理学で、無意識に自分の信じる事柄を肯定する情報を選択し、否定する情報を排除する傾向。

がく-しょく【学食】[名] 学校の構内に設けられた学生用の食堂。▼「学生食堂」の略。

がく-しょく【学殖】[名] 学問によって身につけた深い知識。‖「—豊かな人」

かく-じょし【格助詞】[名] 助詞の一つ。体言または体言に準ずる成分につき、それが文中で他の成分とどのような関係にあるかを示す助詞。「が」「の」「を」「に」「へ」「と」「より」「から」「で」の類。

かく-しん【革新】[名・他サ変] 古くからの制度・組織・習慣・方法などを変えて新しくすること。特に政治では、現状の体制・組織を新しく変えようとする立場をいう。‖「技術—」「—的な考え方」⇔保守

かく-しん【核心】[名] 物事の中心となる大切な部分。‖「事件の—にふれる」「問題の—を衝く」

かく-しん【隔心】[名] へだたりがあって、うちとけない心。隔意。‖「—を抱く」

かく-しん【確信】[名・他サ変] たしかにそうなるとかたく信じること。また、その心。‖「成功を—する」

かく-じん【各人】[名] それぞれの人。めいめい。各自。‖「—の自由にまかせる」「—各様」

がく-じん【岳人(▼嶽人)】[名] 登山家。

がく-じん【楽人】[名] 音楽を演奏する人。特に、雅楽を演奏する人。伶人(れいじん)。がくにん。

かくしん-はん【確信犯】[名] ❶政治的・思想的・宗教的な信念に基づいてなされる犯罪。また、その人。自らの行為を正しいと確信してなされる思想犯・政治犯・国事犯など。❷〔新〕悪いことと わかっていながら、わざと行う発言や行為。また、それを行う人。‖「すぐだからと路上駐車をするのは明らかに—だ」▼①と同様、その背後には最終的に自らが正しいという確信がある。

かく・す【画す・▼劃す】クワク [他五] ➡画する

かく・す【隠す】[他五] ❶しまい込んだり物でおおったりして、人目につかないようにする。‖「お菓子を戸棚の奥に—」「両手で顔を—」「頭—・して尻(しり)—・さず」 使い方 「マスクで顔を隠す」などは、〜デ(=マスク)を主語にして、「マスクが顔を隠す」などともいう(やや修辞的)。❷〈「身[姿]を隠す」などの形で〉身をひそめたり姿をくらましたりして、所在が知れなくなる。‖「物陰に身を—」「行方を—」❸物事を人に知られないようにする。秘密にする。‖「国民の目から真相を—」「本心を—」「宇宙の—・された(=未解決の)謎(なぞ)に迫る」◈ 書き分け 物陰にかくす、逃げて姿をかくす意で「▽匿す」とも書くが、今は一般に【隠】を使う。 可能 隠せる 名 隠し

品格 隠匿(いんとく)「—物資」 隠蔽(いんぺい)「—工作」 蔵匿(ぞうとく)「犯人—罪」 秘匿(ひとく)「情報源を—する」

かく-すい【角▼錐】[名] 一つの多角形を底面とし、その各辺上のすべての点と平面外の一点とを結ぶ各三角形を側面とする立体。‖「三—・四—」

かく-すう【画数】クワク [名] 漢字を構成する点や線の数。

かく・する【画する(▼劃する)】クワク [他サ変] ❶はっきりと区別する。区切る。‖「新時代を—ような出来事」▼「線を引く」意から。❷計画する。企てる。‖「ひそかに倒閣を—」 文 くゎく・す 異形 画す

かく-せい【郭清(▼廓清)】クワク [名・他サ変] 害になるものをすっかり取り除くこと。‖「派閥政治の—」 書き方 「郭清」は代用表記。

かく-せい【覚醒】[名・自サ変] ❶目をさますこと。‖「昏睡状態から—する」❷迷いからさめて、自分の非をさとること。

かく-せい【隔世】[名] 時代や世代がへだたっていること。‖「学生時代のことを思うと—の感がある」

がく-せい【学生】[名] 学校で教育を受けている人。特に、大学生。‖「—生活・—証」▼ふつう、中学・高校生は「生徒」、小学生は「児童」として区別する。

がく-せい【学制】[名] 学校および教育に関する制度。‖「—改革」

がく-せい【楽聖】[名] 非常にすぐれた音楽家をたたえていう語。‖「—ベートーベン」

かくせい-いでん【隔世遺伝】ーデン [名] 祖先の形質が一代または数代を経て子孫に現れる遺伝現象。

がくせい-うんどう【学生運動】[名] 学生が主体になって組織的に展開する政治的・社会的運動。

かくせい-き【拡声器】クワクセイー [名] 音声を拡大して遠くまで聞こえるようにする装置。ラウドスピーカー。

かくせい-ざい【覚醒剤】[名] 中枢神経を興奮させて、疲労感や眠気を一時的におさえ、気分高揚・爽快(そうかい)感などをもたらす薬物。塩酸メタンフェタミン(=ヒロポン)・硫酸アンフェタミンなど。▼常用すると中毒を起こすので、覚醒剤取締法により製造・販売・使用が厳しく規制されている。

がくせい-ふく【学生服】[名] 学生・生徒が着用する服。特に、男子用の黒地・詰め襟(えり)・長ズボンの洋服。

がく-せき【学籍】[名] 児童・生徒・学生として、その学校に所属していることを示す籍。‖「—簿(=指導要録の旧称)」

かく-せつ【確説】[名] たしかな説。

かく-ぜつ【隔絶】[名・自他サ変] 離して、関係を断つこと。また、関係が断たれるほど遠く離れていること。‖「文明社会から—された場所」「世間から—した生活」 使い方 「両者を—する壁」「二人は考え方が—している」「〜が隔絶する/隔絶される」は、ともによく用いられる。

がく-せつ【学説】[名] 研究の成果をまとめた学問上の説。

かく-せん【角栓】[名] 毛穴に詰まった角質・皮脂などの老廃物が固まったもの。

かく-ぜん【画然(▼劃然)】クワク [形動タリ] 区別がはっきりしているさま。‖「両者の意見には—たる差がある」

かく-ぜん【確然】[形動タリ] たしかで、しっかりしているさま。‖「—たる態度で臨む」

がく-ぜん【▼愕然】[形動タリ] 非常におどろくさま。‖「意外な事実を知って—とする」

がく-そう【学窓】ーサウ [名] 学校。学舎。▼「学舎の窓」の意から。

がく-そう【学僧】 [名] ❶学問にすぐれた僧。❷仏道を修行中の僧。

がく-そう【楽想】 [名] 楽曲の構想。また、楽曲に表現される作曲者の思想。

がく-そう【額装】 [名] 書画を額に収めたもの。≡「浮世絵を一にする」

がく-そく【学則】 [名] それぞれの学校が定めている組織編成・教育課程・管理運営などに関する規則。校則。≡「一違反」

がく-そつ【学卒】 [名] 大学を卒業していること。また、その人。大卒。

かく-そで【角袖】 [名] ❶四角に仕立てた男物の和服のそで。また、そのそでのついた男物の和服用コート。❷明治時代の、私服の巡査。▼多く①を着ていたことから。

かく-たい【客体】 [名] ⬇きゃくたい

かく-だい【拡大】 [名・自他サ変] 形・規模などが広がって大きくなること。また、広げて大きくすること。≡「事業の一を図る」「写真を一する」「内需一」⬍縮小

がく-たい【楽隊】 [名] 器楽を合奏する人々の一団。音楽隊。

かく-たる【確たる】 [連体] たしかな。しっかりとした。確とした。≡「一証拠はない」

かく-たん【▼喀▼痰】 [名・自サ変] たんを吐くこと。また、吐いたたん。

かく-だん【格段】 [名・副ニ] 程度の差が大きいさま。≡「実力に一の差がある」

がく-だん【楽団】 [名] 音楽を演奏する団体。バンド。

がく-だん【楽壇】 [名] 音楽家の社会。音楽界。

かく-だんとう【核弾頭】 [名] ミサイルなどの先端に装備する核爆発装置。

かく-ち【各地】 [名] それぞれの土地。いろいろな土地。≡「一に伝わる伝統芸能」「全国一の名産」

かく-ちく【角逐】 [名・自サ変] 互いに争うこと。競り合い。▼「角」は競う、「逐」は追い払う意。

かく-ちゅう【角柱】 [名] ❶切り口が四角な柱。かくばしら。❷平行する二つの合同な多角形と、その平行する各辺がつくる平行四辺形とに囲まれた多面体。鉛筆の六角柱など。角壔。

かく-ちょう【拡張】 [名・他サ変] 範囲・規模・勢力などを、広げて大きくすること。≡「道路を一する」「軍備一(=軍拡)」

かく-ちょう【格調】 [名] 芸術作品などに現れる品格や風格。≡「一の高い詩」

がく-ちょう【学長】 [名] 大学の長。⬇総長

がく-ちょう【楽長】 [名] 楽隊・楽団の指揮者。

かくちょう-げんじつ【拡張現実】 [名] 現実の世界を映した映像に、デジタル情報を重ねて表示する技術。AR。

かくちょう-し【拡張子】 [名] コンピューターで、データ形式を識別するためにファイル名の後に付けるピリオド+半角英数字などの文字列。「.jpg」「.html」など。

かく-つう【角通】 [名] 相撲や相撲界についてくわしいこと。また、その人。▼「すもう」を「角力」とも書くことから。

かく-づけ【格付け】 [名・他サ変] ❶商品取引所で、標準品と品質を比較して他の銘柄の価格を決めること。≡「一表」❷価値・能力などに応じて等級や段階を決めること。≡「一会社(=財務内容その他から銀行などの信用度を判断して等級を付ける会社)」◈書き方 公用文では「格付」。

がくっ-と [副]「がくんと」に同じ。

かく-て【▼斯くて】 [接・副] [古風] このようにして。こうして。かくして。≡「一和解が成立した」

かく-てい【各停】 [名] 特急・急行に対し、運転区間のすべての駅に停車する列車。▼「各駅停車」の略。

かく-てい【画定(▼劃定)】 [名・他サ変] 区切りをつけて、範囲などをはっきりと定めること。≡「境界を一する」

かく-てい【確定】 [名・自他サ変] 物事がはっきりと決まること。また、はっきりと決めること。≡「有罪が一する」「方針を一する」

かくていきゅうふがた-ねんきん【確定給付型年金】 [名] あらかじめ受給する年金給付額を定め、その給付に合わせて拠出する保険料を調節する年金制度。

かくていきょしゅつがた-ねんきん【確定拠出型年金】 [名] あらかじめ拠出する年金保険料を定め、その運用実績に応じて事後的に給付額が決定される年金制度。日本版401kプラン。

かくてい-しんこく【確定申告】 [名] 所得税・法人税などで、課税期間の終了後、納税義務者がその期間の実績に基づいて所得と税額を申告すること。これによって税額が確定する。

カクテル [cocktail] [名] ❶数種の酒に果汁・シロップ・香料などを加え、混ぜ合わせた飲み物。▼ベースには多くジン・ウォッカ・ラムなどの蒸留酒を用いる。❷異種のものをいくつか混ぜ合わせたもの。≡「フルーツ一」「一光線」◈「コクテール」とも。

カクテル-ドレス [cocktail dress] [名] カクテルパーティーなどに着る婦人服。イブニングドレスより略式。

カクテル-パーティー [cocktail party] [名] カクテルと軽食だけの立食形式の宴会。

がく-てん【楽典】 [名] 楽譜を読み書きするために必要な音符や記号などの規則。また、それを記した本。

かく-ど【角度】 [名] ❶角の大きさ。角の度合い。≡「急一」❷物事を見る方向。また、物事を考える立場。観点。≡「いろいろの一から検討する」

かく-ど【客土】 [名] ⬇きゃくど

かく-ど【確度】 [名] 確実さの度合い。たしかさ。≡「一の高い情報」

かく-ど【嚇怒(▼赫怒)】 [名・自サ変] 激しく怒ること。激怒。

がく-と【学徒】 [名] ❶学問の研究をする人。研究者。≡「哲学の一」❷学生と生徒。≡「一出陣(=第二次世界大戦末期、学生の徴兵猶予を停止して軍隊に入隊させたこと)」「一動員(=第二次世界大戦末期、学生・生徒を徴発して軍需工場などで強制的に働かせたこと)」

がく-と【学都】 [名] 大学などの学校が多くある都市。学園都市。

かく-とう【角灯】 [名] 四面にガラスを張った角形の手提げ用照明具。ランタン。

かく-とう【格闘(▼挌闘)】 [名・自サ変] ❶組み合ってたたかうこと。とっくみあい。❷困難な物事に懸命

になって取り組むこと。‖「難問と—する」

かく-とう【確答】タフ［名・自サ変］はっきりと返答すること。また、たしかな返事。‖「—を避ける」

がく-どう【学童】［名］小学校で学ぶ児童。小学生。

かくとう-ぎ【格闘技】［名］⬇格技

がくどう-ほいく【学童保育】［名］共働きなどで保護者が家にいない学童を、放課後一定時間、保育すること。

かく-とく【獲得】クワク［名・他サ変］苦心・努力の結果として、自分のものにすること。‖「自由［金メダル］を—する」

がく-とく【学徳】［名］学問と徳行。‖「師の—を慕う」

かくと-した【確とした】［連語］たしかな。しっかりした。確たる。‖「—自信があるわけではない」

かく-ない【閣内】［名］内閣の内部。内閣を構成している各大臣の範囲内。⇕閣外

がく-ない【学内】［名］学校の敷地のうち。また、学校の組織の内部。⇕学外▽多く大学についていう。

かくなる-うえは【▼斯くなる上は】ヘウ［連語］こうなっては。こうなったからには。‖「—待つしかない」

かく-に【角煮】［名］❶角切りにした豚のばら肉をゆでるか蒸すかしたのち、甘辛く味つけした汁でゆっくりと煮込んだ料理。▽中国料理の東坡肉トンポーローが長崎料理に取り入れられたもの。❷マグロ・カツオなどの魚肉を角切りにして煮た料理。

かく-にん【確認】［名・他サ変］そうであるかどうか、はっきり確かめること。‖「予約の—をする」「地図で場所を—する」「身元—」

かく-ねん【客年】［名］昨年。客歳かくさい。きゃくねん。

かく-ねん【隔年】［名］一年おき。‖「—に開催する大会」

がく-ねん【学年】［名］❶学校で定めた一年間の修学期間。‖「—末試験」▽日本では四月一日から翌年三月末日まで。❷入学年度によって区分した児童・生徒・学生の段階別の集団。‖「第三—」「高—」「—別の指導」

かく-のう【格納】カフ［名・他サ変］一定の場所にしまい入れること。‖「兵庫に銃を—する」「—庫」

かくの-ごとし【▼斯くの▽如し】［連語］〔古風〕このようである。‖「かくの如き大事件は…」

がく-は【学派】［名］学問上の流派。‖「ストア—」

がく-ばつ【学閥】［名］同じ学校の出身者や、同じ学派の人々によってつくられる派閥。

かく-ば・る【角張る】［自五］❶四角い形になる。また、かどができて丸みがなくなる。‖「—・った顔」❷かたくるしくなる。‖「—・った挨拶あいさつ」

かく-はん【各般】［名］さまざま。諸般。‖「—の事情を考慮する」

かく-はん【拡販】クワク［名］販売数などを拡大すること。▽「拡大販売」の略。

かく-はん【▼攪▼拌】［名・他サ変］かき混ぜること。‖「—機」▽「こうはん（攪拌）」の慣用読み。 攪

かく-はんのう【核反応】オウ［名］原子核が他の原子核や粒子と衝突して新しい種類の原子核に変わること。核分裂・核融合など。原子核反応。

がく-ひ【学費】［名］学校で勉強するのに必要な費用。授業料・教科書代など。

かく-びき【画引き】クワク［名］辞書・字典などで、漢字をその画数によって引けるように分類したもの。また、それによって漢字を引くこと。⬇音引き

かく-ひつ【▼擱筆】［名・自サ変］文章を書き終えること。‖「この章をもって—する」⇕起筆▽筆を擱おく意から。

がく-ふ【学府】［名］学問の中心となる所。学校。‖「最高—（＝大学）」

がく-ふ【岳父】［名］妻の父。また、妻の父の敬称。舅しゅうと。⇕岳母・丈母

がく-ふ【楽譜】［名］楽曲を一定の記号を用いて五線譜などに書き表したもの。音譜。‖「—を読む」

がく-ぶ【学部】［名］大学で、専攻する学問の分野によって大別した、それぞれの部。文学部・法学部・医学部など。‖「—長」

がく-ふう【学風】［名］❶学問を研究する上での傾向。❷学校の気風。校風。

かくふかくさん-じょうやく【核不拡散条約】カクフクワクサンデウヤク［名］核兵器拡散の防止を目的とし、保有国の核兵器委譲の禁止、非保有国の核兵器製造の禁止などを規定した条約。一九六八年、ワシントン・ロンドン・モスクワで調印、日本は七六年に批准。核拡散防止条約。NPT。

かく-ぶそう【核武装】サウ［名・自サ変］核兵器を装備し、配置すること。

がく-ぶち【額縁】［名］❶絵画・写真・賞状などを入れて掲げるための枠。❷窓や出入り口のまわりにつける装飾の木枠。

かく-ぶん【確聞】［名・他サ変］たしかに聞くこと。

かく-ぶんれつ【核分裂】［名］ウラン・プルトニウムなどの重い原子核が中性子などの照射によって、ほぼ同質量の二個以上の原子核に分裂する反応。その際、大量のエネルギーが放出される。原子核分裂。⇕核融合

かく-へいき【核兵器】［名］核分裂や核融合の際に放出されるエネルギーを利用した兵器。原子爆弾・水素爆弾など。‖「—廃絶運動」

かくべえ-じし【角▽兵▽衛▼獅子】カクベ［名］越後獅子。▽「角兵衛」は獅子頭を作った名工の名とも、獅子舞の親方の名ともいう。

かく-へき【隔壁】［名］しきりの壁。‖「防火—」

かく-べつ【格別】［副・形動］❶状態や扱いが著しく他と異なるさま。とりわけ。特別。‖「—に目をかける」「今日は—暑い」❷〔古風〕それを例外とするさま。別として。‖「月末の不足を自分で才覚するなら—、もしそれさえ出来ないというなら〈漱石〉」派生—さ

かく-ほ【確保】［名・他サ変］しっかりと手に入れること。手に入れてしっかりと保つこと。‖「食料を—する」

がく-ぼ【岳母】［名］妻の母。しゅうとめ。⇕岳父

かく-ほう【確報】［名］たしかな知らせ。

かく-ぼう【角帽】［名］大学生がかぶる、上部が角形になった帽子。▽大学生の意でも使う。

がく-ぼう【学帽】［名］学生・生徒がかぶる、学校の制帽。

がく-ぼく【学僕】［名］師の家や塾じゅくに住み込み、雑用をしながら勉強をする人。

かくま・う【▽匿う】カクマフ［他五］追われている人などを、見つからないように隠しておく。‖「脱走兵を—」可能 かくまえる

かく-まき【角巻き】［名］四角の毛布でつくった大きな肩掛け。雪国の女性が防寒用に用いる。

かく‐まく【角膜】[名] 眼球の前面をおおう、薄くて透明な膜。‖「—炎・—移植」

がく‐む【学務】[名] 学校や教育に関する事務。

かく‐めい【革命】[名] ❶被支配階級が支配階級を倒して国家権力を奪い取り、政治・経済などの社会構造を根本的に変革すること。フランス革命・ロシア革命など。‖「無血—」▽支配階級の一部の勢力が武力などによって政権を奪取することは「クーデター」という。❷物事が社会生活に重大な影響をもたらすほど急激に発展・変革すること。‖「産業[流通]—」◈『易経』の「湯武命を革め天に順いて人に応ず」による語。

がく‐めい【学名】[名] ❶動植物につけられる世界共通の名称。ラテン語またはラテン語化した語を用いる。❷学問上の名声。

がく‐めん【額面】[名] ❶掛け額の表面。また、掛け額。❷債券・証券などの表面に記された金額。▽「額面価格」の略。❸表面にあらわれた事柄や意味。‖「あの人の話は—通りには受け取れない」

がくめん‐われ【額面割れ】[名] 公債・社債などの市場価格が、券面に記された金額よりも安くなること。

かく‐も【▼斯くも】[副]〔古風〕こんなに。‖「—盛大な式を挙行いただき…」

がく‐もん【学問】[名] ❶体系的な知識や理論を専門的に学ぶこと。また、その知識や理論。❷広い知識・教養。学識。‖「—のある人」「耳—」

がく‐や【楽屋】[名] ❶劇場・寄席などで、出演者が支度や休息をする(舞台の裏にある)部屋。‖「—入り」❷内情。内幕。‖「—は火の車だ」

がくや‐おち【楽屋落ち】[名] ❶芝居・寄席などで、楽屋の仲間にだけ通じて、一般の人にはわからないこと。❷関係者にだけわかって、ほかの人にはわからないこと。

かく‐やく【確約】[名・自他サ変] はっきりと約束すること。また、その約束。‖「出席の—はできない」

かく‐やす【格安】[名・形動] ふつうの店よりも値段が特別に安いこと。また、品質の割には値段が安いこと。‖「—の値段で買う」「中古車を—で譲る」

がくや‐すずめ【楽屋▼雀】[名] よく楽屋に出入りして、芝居や役者の内情に通じている人。芝居通。

がく‐ゆう【学友】[名] 同じ学校で学んだ友人。校友。また、学問上の友人。‖「—会」

かく‐ゆうごう【核融合】[名] 水素・ヘリウムなどの軽い原子核どうしが融合し、ヘリウムなどの重い原子核に変わる反応。その際、大量のエネルギーが放出される。⬌核分裂▽水素爆弾は核融合を利用したもの。

かく‐よう【各様】[名] おのおのがそれぞれに異なった様子であること。‖「各人—の意見」

がく‐よう【学用】[名] 学習や学術研究に使うこと。また、そのもの。

がくよう‐ひん【学用品】[名] 学校で勉強するのに必要な品物。かばん・文房具など。

かぐら【《神楽》】[名] 神を祭るために神前で奏する舞楽。宮廷の御神楽と民間の里神楽がある。

かぐら‐うた【《神楽》歌】[名] 神楽の際にうたわれる歌謡。平安時代に発達した。

かく‐らん【▼霍乱】[名] 漢方で、日射病。また、激しい吐き気や下痢を起こす急性病。‖「鬼の—」

かく‐らん【▼撹乱】[名・他サ変] かき乱すこと。‖「治安を—する」「—戦術」▽「こうらん(撹乱)」の慣用読み。

書き方「撹」は、「攪」の簡易慣用字体。

がく‐らん【学らん】[名]〔俗〕詰め襟の学生服。特に、上着の丈が長く、ズボンの太い学生服をいう。

書き方 多く「学ラン」と書く。

かく‐り【隔離】[名・自他サ変] へだたり離れること。また、へだて離すこと。‖「俗世間から—した山中で暮らす」「患者を—する」「病院に—される」

がく‐り【学理】[名] 学問上の理論・原理。

かく‐りつ【格率】[名] 行為の規則や論理の原則。また、それを簡潔に言い表したもの。箴言。

かく‐りつ【確立】[名・自他サ変] 基礎となる物事などを、しっかりとうち立てること。また、しっかりと定まって動かないこと。‖「制度[名声・信頼関係]を／が—する」

使い方「〜を確立する／確立させる」では、前者が一般的。➡品詞解説(八二六ページ)

かく‐りつ【確率】[名] ある事象が起こり得る可能性の度合い。また、それを数値で表したもの。プロバビリティー。‖「成功する—が高い」「感染の—は低い」「八分の三[二〇%]の—」使い方「確率」には「高い／低い」「大きい／小さい」「多い／少ない」などの程度表現があるが、「高い／低い」が最も一般的。

かく‐りょう【閣僚】[名] 内閣を構成する各国務大臣。‖「—会議」▽ふつう総理大臣は除く。

がく‐りょう【学寮】[名] ❶学校の寄宿舎。❷寺院で、僧が学問や修行をするところ。

かく‐りょく【核力】[名] 原子核の中で、陽子と中性子を固く結びつけている力。

がく‐りょく【学力】[名] 学習によって身につけた知的能力。‖「—テスト」

かくれ【隠れ】[名] ❶隠れること。また、人に知られないでいること。‖「—場所」❷外見からは判断できないこと。‖「—肥満・—オタク」◈他の語と複合して使う。

がく‐れい【学齢】[名] ❶義務教育を受けるべき年齢。満六歳から満一五歳まで。‖「—期」❷小学校に入るべき年齢。‖「—に達する」

かくれ‐が【隠れ家(隠れ▽処)】[名] 人目を避けてかくれている場所。また、かくれ住んでいる家。

がく‐れき【学歴】[名] 学業に関する経歴。‖「—は問わない」

かくれ‐キリシタン【隠れキリシタン】[名] 江戸幕府の禁令下で、ひそかにキリスト教の信仰を続けてきた信者。潜伏キリシタン。特に、禁令が解かれた明治以降も潜伏当時の信仰習俗を守り続けてきた信者。

書き方 もと多く「隠れ切支丹」と書いた。

かくれ‐みの【隠れ▼蓑】[名] 実体や真相を隠すための手段。▽着ると姿が見えなくなるという想像上のみのの意から。

かく・れる【隠れる】[自下一] ❶人目につかないところに身をおく。身を隠す。‖「物陰に—」「カニが慌てて穴に—」「権力の陰に—・れて専横の限りを尽くす」❷視界がさえぎられて物がみえなくなる。‖「月が雲に—」「顔が帽子に／で—」「名選手に—・れて目立たない」❸物事が表面から見えない状態で存在する。‖「事件の裏に多くの謎が—・れている」❹〈「隠れた」の形で〉覆われたり埋もれたりして、人に知られることがない意を表す。‖「世に—・れた逸材を発掘する」「—・れた本性をあらわにする」❺〈「(…に)隠れて」「…から隠れて」の形で〉人の目を盗んでこっそりと。人に知られることなくこっそりと。ひそかに。≡「人に―れて悪事を働く」❻〈「お隠れになる」の形で〉身分の高い人が死ぬ。≡「天子様がお―れになった」▼最上の尊敬表現。[書き方]「崩御」をふまえて「▽崩れる」とも。◈[書き分け]物陰にかくれる、逃げかくれる意で「▽匿れる」とも書くが、今は【隠】が一般的。[文]**かく・る** [名]**隠れ**

かくれん‐ぼう【隠れん坊】ウバ [名] 鬼になった一人が物陰などに隠れている者を探し出す、子供の遊び。最初に見つけられた者が次の鬼になる。隠れ鬼。かくれんぼ。

がく‐ろく【岳麓】[名] 山のふもと。

かく‐ろん【各論】[名] 全体をいくつかの項目に分けたとき、その一つ一つの項目についての論述。⇕総論

か‐ぐわし・い【▽香しい・▽芳しい・▼馨しい】シクハ [形] ❶よいにおいがするさま。香り高い。≡「―バラの花」❷香気を放つような美しさがあるさま。≡「―乙女」◈「香＋くわしい(細やかで美しい)」から。[派生]**―さ**

がく‐わり【学割】[名] 学生に限って運賃や入場料を割り引くこと。▼「学生割引」の略。

か‐くん【家訓】[名] その家に代々伝わる教えや戒め。かきん。

がくん‐と [副] 突然、ある状態から別の状態に変わるさま。また、それによって強い衝撃を受けるさま。≡「バスが―止まる」「売上げが―落ちる」

かけ【欠け】[名] ❶欠けること。≡「月の満ち―」❷〔古風〕欠けてとれた部分。かけら。

かけ【掛け】■[名] ❶「掛け売り」「掛け買い」の略。❷「掛け売り」の代金。売掛金。❸「かけそば」「かけうどん」の略。■(造) ❶〈動詞の連用形に付いて〉その動作が途中である、またその動作がまさに起ころうとする状態である意を表す。≡「読み[食べ・作り]―」「死に[壊れ]―」❷〈名詞に付いて〉それをかけておく道具。≡「帽子―」「タオル―」

かけ【賭け】[名] ❶金品を出し合い、勝った方がそれを取る約束で勝負をすること。また、その金品。≡「―をする」❷失敗したら大切なものを失う覚悟で、思い切って物事をすること。≡「一か八かの―にでる」「あえて危険な―に打って出る」

かげ【陰(▼蔭)】[名] ❶物にさえぎられて光線の当たらないところ。≡「山[高い建物]の―」「日―」「―干し」❷物にさえぎられて、目につきにくいところ。また、風雨などが当たらないところ。≡「人[島]の―に隠れて見えない」「木―(けこか)」❸表面に現れないところ。うしろ。裏。≡「―で支える」「―ながら応援する」❹暗い部分。かげり。≡「―のある人」[書き方]「▼翳」とも。❺恩恵。⬇おかげ

◉**陰で糸を引・く** 裏に隠れて他人を思いどおりにあやつる。▼舞台の陰で糸を引いて操り人形を動かすようだとしていう。

◉**陰になり日向(ひなた)になり** 裏で支えたり表に立ったりして、いろいろと援助をするさま。

かげ【影】[名] ❶物体が光をさえぎったとき、光と反対側にできる黒い形。≡「障子に人の―がうつる」「―絵」❷光の反射で、水面などにうつる物の形。≡「池にうつる山の―」❸日・月・星などの光。≡「月の―」「星―」❹目にうつる姿・形。≡「前方に島―が見える」「―も形も見えない」❺目の前には存在せず、心に思い浮かべる姿・形。おもかげ。≡「亡き人の―が浮かぶ」❻悪い事態、暗い事柄の前兆となるもの。≡「戦争の―が忍び寄る」

◉**影が薄・い** ❶目立たず、存在感にとぼしい。❷どことなく衰えて、元気がないようすである。

◉**影が差・す** ❶人の気配がする。≡「噂(うわさ)をすれば―」❷悪い事態の前兆が現れる。≡「戦争の―」

◉**影の形に添(そ)うよう** あるもの(人)が別のもの(人)のそばにいつも付いていて離れないようす。

◉**影も形もな・い** 何の形跡もなくなっている。あとかたもない。≡「あったはずの指輪が―・くなっていた」

◉**影を潜(ひそ)・める** 姿が見えなくなる。現れなくなる。

か‐げ【鹿毛】[名] 馬の毛色の一つ。鹿(かし)の毛色のように茶褐色で、たてがみ・尾・足の下部がくろいもの。また、そのような毛色の馬。

がけ【崖】[名] 山腹・海岸・川岸などがけわしく切り立っている所。≡「―崩れ」

がけ【掛け】(造) ❶〈名詞に付いて〉それを身につけている意を表す。≡「わらじ―・袈裟(けさ)―・たすき―」❷〈動詞の連用形に付いて〉その動作の途中、あるいはその動作のついでである意を表す。≡「出―に客が来る」「帰り―に寄る」[書き方]普通かな書き。❸〈人数を表す語に付いて〉その人数まで座れる意を表す。≡「三人―の椅子」❹〈数を表す漢語に付いて〉価格などがその割合であることを表す。≡「定価の七―」❺〈数を表す和語に付いて〉個数などがその数だけの倍数であることを表す。≡「その五つ―」

かけ‐あい【掛け合い】ヒア [名] ❶かけあうこと。❷要求をだして交渉すること。≡「値下げをするように―に行く」❸一つのことを二人以上がかわるがわるにすること。≡「―で歌う」「―漫才」

かけ‐あ・う【掛け合う】フア ■[自五] 要求をだして交渉する。≡「立ち退くように店子と―」■[他五] 互いにかける。≡「プールで水を―」「大丈夫かと声を―」[名]**掛け合い**

かけ‐あし【駆け足(▼駈け足)】[名] ❶速く走ること。≡「―で階段を上る」[使い方]物事があわただしく進むことのたとえにいう。≡「ヨーロッパを―で回る」「―で冬がやってくる」❷馬術で、馬を最も速く駆けさせること。ギャロップ。

かけ‐あわ・せる【掛け合わせる】セルアハ [他下一] ❶掛け算をする。≡「三と九を―」❷動植物を交配させる。≡「馬とロバを―」[文]**かけあは・す** [名]**掛け合わせ**

かけ‐い【▼筧・懸▼樋】ヒ [名] ⬇かけひ

か‐けい【火刑】クワ [名] 火あぶりの刑。≡「―台」

か‐けい【花茎】クワ [名] 葉をつけないで、先端に花だけをつける茎。根や地下茎から直接のびる。▼タンポポ・チューリップ・スイセンなどに見られる。

か‐けい【佳景】[名] すばらしい景色。よい眺め。好景。

か‐けい【家兄】[名] 自分の兄。▼他人に対し、謙遜して言う語。

か‐けい【家系】[名] その家の系統。≡「―図」

か‐けい【家計】[名] 家族が暮らしを維持していくための、収入・支出の状態。≡「―が苦しい」

が‐けい【雅兄】[名] 友人の敬称。▼男性同士が手紙文などで使う。

かけい‐ぼ【家計簿】[名] 一家の収入・支出などを記入する帳簿。≡「毎日―をつける」

かけ‐うどん【掛け▼饂▼飩】[名] 素うどん。

かけ‐うり【掛け売り】[名・他サ変] あとから代金をもらう約束で品物を売り渡すこと。貸し売り。掛け。⇕

掛け買い

かげ-え【影絵（影▽画）】(エ) [名] 手・紙などでいろいろな形をつくり、灯火を当ててその影を障子や壁に映しだす遊び。また、その影。

かけ-えり【掛け襟・掛け▼衿】 [名] 汚れやいたみを防ぐために、和服のえりや夜具などに重ねてかけるえり。多くは地と同じ布を使う。⬇着物(図)

かけ-おち【駆け落ち（▼駈け落ち）】 [名・自サ変] 結婚を許されない相愛の二人が、ひそかによその土地に逃げ隠れること。

かけ-がい【掛け買い】(ガヒ) [名・他サ変] 後から代金を支払う約束で品物を買うこと。掛け。⬍掛け売り

かけ-がえ【掛け替え】(ガヘ) [名] 代わりとして用意しておく、同種類のもの。

◉**掛け替えのない** それだけしかない、大切な。ほかに代わるもののない。「—命[人]」 書き方 かな書きも多い。 注意 「かけがいのない」は誤り。また、「欠けがえのない」と書くのは誤り。

かけ-がね【掛け金】 [名] 戸・窓・箱などが開かないように取りつける金具。

かけ-がみ【掛け紙】 [名] 贈答品を巻くようにして包む紙。多くは熨斗(のし)や水引が印刷されている。

か-げき【過激】(クヮ) [名・形動] きわめて激しいこと。「—な思想[手段]」「—派」⬍穏健 派生 -さ

か-げき【歌劇】 [名] 歌唱を中心に管弦楽の伴奏や舞踊などを加えて構成する大がかりな舞台劇。オペラ。

かけ-きん【掛け金】 [名] ❶掛け売りの代金。掛け代金。❷日掛け・月掛けなど、定期的に積み立てる金。◈書き方 公用文では「掛金」。

かげ-ぐち【陰口】 [名] その人のいないところで、悪口をいうこと。また、その悪口。「同僚の—をたたく」

かけ-くらべ【駆け比べ（駆け▽競べ）】 [名・自サ変] 走って速さを競うこと。かけっこ。

かけ-ご【掛け子（懸け▽籠）】 [名] 他の箱のふちにかけて、その箱の中にはめ込むように作った箱。

かけ-ごえ【掛け声】(ゴヱ) [名] ❶人に呼びかける声。特に、芝居や競技などで、ひいきの者に呼びかける声。❷拍子をとるときに出す声。また、勢いをつけるときに出す声。❸新しいことを始めようとするときの、呼びかけのことば。「行政改革も—だけに終わる」

かけ-ごと【賭け事】 [名] 金品をかけてする勝負事。賭け。ギャンブル。

かけ-ことば【掛け▽詞（懸け▽詞）】 [名] 修辞法の一つ。同音異義を利用し、文や歌の中で一つの語句に二つの意味をもたせるもの。たとえば、「立田山月すむ峯のかひぞなきふもとに霧の晴れぬかぎりは」の「すむ」に「住む」と「澄む」の二つの意味をもたせるの類。

かけ-こみ【駆け込み（▼駈け込み）】 [名] ❶走って中に入ること。❷時期や機会をのがさないように、大急ぎで事を行うこと。「—乗車」「—申請」

かけこみ-でら【駆け込み寺】 [名] ❶「縁切り寺」に同じ。❷困ったときに助けてくれる組織や人。「いじめの—」「パソコン—」

かけ-こ・む【駆け込む（▼駈け込む）】 [自五] 走って中に入り込む。また、助けなどを求めてあるところに入り込む。「トイレ[相談所]に—」 名 駆け込み

かけ-ざん【掛け算】 [名] 二つ以上の数や式を掛け合わせた値を求める計算法。乗法。⬍割り算

かけ-じ【掛け字】 [名] ❶文字を書いた掛け物。❷掛け軸。 書き方 「掛け地」とも。

かけ-じく【掛け軸】(ヂク) [名] 床の間や壁に掛けて鑑賞するように、書画を軸物に表装したもの。掛け物。掛け字。 数 「一幅(いっぷく)…」などと数える。

かけ-す【懸巣】 [名] 樹上に杯形の巣をかける、カラス科の鳥。ふだんはしわがれた声で鳴くが、巧みに他の鳥の声をまねる。カシドリ。

かけ-ず【掛け図】(ヅ) [名] 地図・図表・絵などを、壁などにかけて見るように表装したもの。

かけ-すて【掛け捨て】 [名] ❶保険などで、掛け金の支払いを途中でやめること。❷保険で、契約期間中の補償はあるが配当金はなく、満期になっても掛け金の戻らないもの。

かけずり-まわ・る【駆けずり回る（▼駈けずり回る）】(マハル) [自五] あちこち走り回る。また、ある目的のために奔走する。「金策に—」

かげ-ぜん【陰膳】 [名] 長い間不在の人のために、家族が無事を祈って供える食事。

かけ-そば【掛け▽蕎麦】 [名] ゆでたそばをどんぶりに入れ、熱い汁だけをかけたもの。かけ。

かけ-だおれ【掛け倒れ】(ダフレ) [名] ❶掛け売りの代金が回収できず、損をすること。❷経費ばかりかかって収益がないこと。経費倒れ。❸掛け金をかけただけの見返りがなく、損をすること。

かけ-だし【駆け出し（▼駈け出し）】 [名] その仕事を始めたばかりで、まだなれていないこと。また、その人。新米(しんまい)。「—の新聞記者」

かけ-だ・す【駆け出す（▼駈け出す）】 [自五] ❶走り始める。「笛の合図で—」❷走って外へ出る。「慌てて戸外へ—」

かけ-ちが・う【掛け違う】(ガフ) 一 [自五] ❶行きちがう。❷食いちがう。「意見[話]が—」 二 [他五] 間違った所にかける。「ボタンを—」 名 掛け違い

か-けつ【可決】 [名・他サ変] 提出された議案をよいと認めて決定すること。「全会一致で—する」⬍否決

か-げつ【箇月（▽個月）】 (造) 月数を表す語。「一—の休暇」「全治三—の重傷」

かけ-つ・ける【駆けつける（駆け付ける）】 [自下一] 大急ぎで（走って）目的地に到着する。「息せききって現場に—」 文 かけつ・く 名 駆けつけ

かけっ-こ【駆けっこ（▼駈けっこ）】 [名] 走って速さを競うこと。駆け比べ。▽もと、幼児語。

がけっ-ぷち【崖っ縁】 [名] がけのふち。 使い方 それから先のない、ぎりぎりの状態のたとえにもいう。「生死の—に立たされる」 注意 「崖っ淵」は誤り。

かけ-て [連語] ❶〈「…から…にかけて」「…から…へかけて」の形で〉ある場所から別の場所まで、また、ある時から別の時まで、その動作や状態が及ぶ意を表す。「東北地方から北海道に—調査を進める」「昨日から今日に—の悪天候」❷〈「…にかけては」の形で〉そのことに関しては。そのことでは。「チェスに—は彼の右に出る者はない」

かけ-どけい【掛け《時計》】 [名] 柱や壁にかけておく時計。

かけ-ながし【掛け流し】 [名] 流れ出るままにすること。特に、源泉から湧出(ゆうしゅつ)した温泉を浴槽に供給し、あふれ出るままにすること。「源泉—」

かげ-ながら【陰ながら】 [副] 表だたないようにし

て、そっと。ひそかに。人知れず。よそながら。〓「ー成功を祈る」

かけ-ぬ・ける【駆け抜ける(▼駈け抜ける)】［自下一］走って通り抜ける。また、走って通りすぎる。〓「人込みの中をー」▽時空を移動する意にも使う。〓「短い人生をー・けていった」文 **かけぬ・く**

かけ-ね【掛け値】［名］❶実際に引き合う価格よりも高く値段をつけること。また、その値段。〓「ーなしの正価」❷物事を大げさに言うこと。誇張。〓「ーなしの評価が聞きたい」

かけ-はし【懸け橋・架け橋(▽桟・▼梯)】［名］❶板や藤づるを棚のように組み、険しいがけなどに沿って造りつけた橋の道。❷谷・川・海峡などの上にかけ渡した橋。〓「本州・四国間のー」❸橋渡し。なかだち。〓「日韓友好のーとなる」

かけ-はな・れる【かけ離れる(掛け離れる・懸け離れる)】［自下一］遠くへだたって離れる。また、大きな違いがある。〓「現実からー・れた理想論」「年のー・れた夫婦」文 **かけはな・る**

かけ-ひ【▼筧・懸▼樋】［名］水を導くために地上にかけ渡す、竹や木で作ったとい。かけい。

かけ-ひき【駆け引き(▼駈け引き)】［名・自サ変］商売・交渉などで、その場の状況や相手の出方に応じて態度を変え、自分に有利になるようにはかること。〓「虚々実々のー」▽もとは、戦場で時機を見ながら兵を進退させる意。書き方「掛け引き」とも。

かげ-ひなた【陰日▽向】［名］❶人の見ているときと人の見ていないときとで、ことばや態度が違うこと。〓「ーのない人」「ーなく働く」❷〈「陰日向になる」の形で〉裏で支えたり表に立ったりして、いろいろと援助をすること。〓「ーになって支える」◈日の当たらない所と日の当たる所の意。

かけ-ぶとん【掛け布団(掛け▼蒲団)】［名］寝るときに、体の上に掛けるふとん。⬍敷き布団

かげ-べんけい【陰弁慶】［名・形動］⬇内弁慶

かげ-ぼうし【影法師】［名］光が当たって、壁・障子・地面などに映る人の影。

かげ-ぼし【陰干し(陰▽乾し)】［名・他サ変］直射日光を避け、日陰で(風に当てて)かわかすこと。〓「鮎のー」⬍日干し

かけ-まく-も【掛けまくも(懸けまくも)】［連語］［古風］ことばに出して言うことさえも。〓「ー畏し(=非常におそれおおい)」

かげ-まつり【陰祭り】［名］隔年に本祭りを行う神社で、本祭りのない年に行う小規模の祭り。

かけ-まわ・る【駆け回る(▼駈け回る)】［自五］❶あちこち走り回る。〓「子供が庭をー」❷あちこちに行って力を尽くす。奔走する。〓「資金集めにー」

かげ-むしゃ【影武者】［名］❶敵をあざむくために大将などに扮装させ、いざというときは大将などの身代わりにする武士。❷陰に回って指図をする人。黒幕。

かけ-め【掛け目】［名］❶実際にはかりにかけて量った重さ。量目。❷繭取引で、繭の価格を表す係数。一般に、生糸一キロを生産するのに必要な繭の価格をいう。▽「五千かけ」とは生糸一キロ分の繭の価格が五千円であること。

かけ-めぐ・る【駆け巡る(▼駈け▽回る)】［自五］あちこち走り回る。駆け回る。〓「山野をー」「さまざまな思いが脳裏をー」

かけ-もち【掛け持ち】［名・他サ変］二つ以上の仕事や役割を同時に一人で受け持つこと。〓「二校の講師をーする」

かけ-もの【掛け物】［名］❶掛け軸。❷寝るときに体に掛けるもの。毛布・タオルケットなど。

かけ-ゆ【掛け湯】［名］浴槽に入る前に湯で体を洗い流すこと。また、その湯。

かけ-よ・る【駆け寄る(▼駈け寄る)】［自五］走って近寄る。〓「ー・って握手をする」

かけ-ら【欠けら・欠▽片】［名］❶欠けてはなれた一片。〓「土器のー」❷〈多く打ち消しを伴って〉ほんのわずかなもの。〓「良心のーもない」

かげり【陰り(▼蔭り・▼翳り)】［名］❶日光や月光が雲などにさえぎられて少し暗くなること。❷暗いという印象。また、暗くなるというきざし。〓「表情にーが見える」「景気がーを見せる」

かけ-りつ【掛け率】［名］小売りで、定価に対する卸値の割合。卸率。書き方 公用文では「掛率」。

かけ・る【▼翔る】［自五］空を飛ぶ。天空を飛び走る。天翔る。〓「天馬［魂魄］が天空をー」書き分け 空を飛んで走る意の「かける(翔る)」や「あまがける(天翔る)」は五段動詞で、「かけら・かけろ－かけり・かけっ－かける－かける－かけれ－かけれ」と活用。この「翔る」との混同で、下一段動詞「かける(駆ける)」を空を走る意に使う用法も見られる(⬇駆ける②)。よって、空を走る意の「かける」は、五段は【翔る】、下一段は【駆ける】と一般に書き分ける。「翔り上がる・翔り回る・翔りながら／駆け上がる・駆け回る・駆けながら」「翔っている・翔ってくる／駆けている・駆けてくる」など。下一段の活用に「翔」を用いた「翔け回る・翔けていく」などは標準的でない。

か・ける【欠ける】［自下一］❶固い物の一部(特に、出っ張りや縁)が壊れる。また、壊れてその部分がなくなった状態になる。欠け損ずる。〓「茶わんのふちがー」「前歯［刃］がー」❷そろうべきものの一部が抜け落ちて、全部がそろわない状態になる。〓「メンバーのうち二人がー・けている」「全集の最終巻がー・けている」❸あってしかるべきものが必要なだけない。〓「先生の主張は一貫性にー・けている」「相手チームの攻撃は決め手にー」「今の演奏には叙情性がー・けていた」❹数量が基準とするところにまで達しない。不足する。足りない。〓「千円から［に］一円ー」❺見えていたものの一部が見えなくなる。〓「月がー」「視野がー症状」⬍満ちる 文 **か・く** 名 **欠け**

品格 遺漏「万に一つもーなきように」欠如「危機意識が欠如している」欠落「ーを埋める」脱落「脱落した箇所がある」

か・ける【駆ける(▼駈ける)】［自下一］❶人・動物が速く走る。〓「歩道をー」「馬が草原をー」「砂漠を車でー」▽四次元空間を移動する意にも使う。〓「時空をー」❷空中を飛び走る。翔る。〓「風神［鷲］が大空をー」▽「駆ける」が五段動詞「翔る」と混同されてできた語。⬇翔る［書き分け］❸音・風・電波などが空中を伝わる。〓「野をー風の音がきこえた〈三浦哲郎〉」「ラッパがけたたましく空をー〈塩野七生〉」◈もと、馬を走らせる、馬に乗って走る意。書き方「駆」は「驅」の俗字(「驅」は「駆」の旧字)。文学では「駈」が好まれるが、一般には「駆」。文 **か・く**

か・ける【掛ける（懸ける・架ける・賭ける）】

[動下一]

A 高い位置に固定する

一[他] ❶【掛・懸・架】止めたり引っかけたりして、（高い所から）下げる。また、（高い所に）掲げ置く。☰「壁に絵を掛ける」「ハンガーに服を掛ける」「帆柱に帆を掛ける」「預言者を十字架に架ける」

❷【掛】火に当てるために、容器を上からつるしたり上に置いたりする。☰「鉄瓶を囲炉裏にー」 使い方 本来は囲炉裏につるし下げた鉤(かぎ)に容器をかけることを言ったが、今は、転じて、「焜炉(こんろ)に薬罐(やかん)をー」などとも言う。

❸【架・懸】片方から他方へまたぐように渡す。架け渡す。また、鳥が高い所に巣を作る。☰「電線をー」「川に鉄橋をー」「屋根にはしごをー」「ツバメが軒下に巣をー」 書き方 かけわたす意で「架」を使うことが多い。

B 上から物に触れる・物で覆う

❹【掛】手や足で物にふれたり、指でひっかけたり、体を腰で支えたりする。☰「ハンドルに手をー」「引き金に指をー」「椅子(いす)に腰をー」

❺【掛】縄・ひもなどをもののまわりに渡す。かけ渡す。☰「贈り物にリボンをー」「泥棒に縄をー（＝縄で縛り上げる）」「肩にたすきをー」「話に輪をー（＝大げさにする）」

❻【掛】張りめぐらすようにして作る。また、そのようにして芝居小屋などを仮設する。☰「クモが天井に巣をー」「芝居小屋をー」

❼【掛】物の表面にかぶせて一面を覆う。☰「布団をー・けて寝る」「本にカバーをー」「金箔(きんぱく)に漆をー」

❽【掛】液状または粉末状のものを浴びせかける。特に、料理に調味料の類を注ぎかける。☰「お湯をー・けて体を洗う」「フライにソースをー」「粉チーズをー」

❾【掛】（古風）建物などに火をつける。☰「城に火をー」

C 作動させる・作用を及ぼす

❿【掛】重みなどの作用をそこに及ぼす。☰「相手に体重をー・けて浴びせ倒す」「重心を左足にー」

⓫【掛】しかけを働かせて、本体が動かないように固定させる。☰「戸に鍵(かぎ)をー」「両手に手錠をー」「（車に）ブレーキをー」

⓬【掛】装置を動かして機能を働かせる。特に、オーディオ装置に音源をセットして音を出す。☰「（車に）エンジンをー」「五時ちょうどにタイマーをー」「袖(そで)のつけねにミシンをー」「レコード[CD]をー」

⓭【掛】相手に技や動作をしかける。☰「相手に必殺技をー」「フェイントをー・けてジャブを放つ」「姫に魔法をー」「患者に麻酔をー」▽～ヲに〈技〉や〈術〉がくる。⬇㊲

⓮【掛】道具類の作用をある物や場所に及ぼす。☰「シャツにアイロンをー」「部屋に掃除機をー」「材木に鉋(かんな)をー」▽⑮と異なり、～ヲに〈道具〉をとる。

⓯【掛】作用を及ぼして、力（状態）を生み（作り）出す。☰「打球に回転をー」「髪にパーマをー」「芸に磨きをー」「腕によりをー」▽⑭と異なり、～ヲに〈結果〉をとる。

D 動作・作用を向ける、与える

⓰【掛】ことばを発して相手に届かせる。☰「背後から声をー」「号令[謎(なぞ)]をー」「お礼の電話をー」

⓱【掛・懸】相手に同情などの気持ちを向ける。☰「情けをー」「級友に思いを懸ける」「直々に目をー・けた（＝かわいがった）秘蔵っ子」

⓲【掛】精神的作用（特に、迷惑や負担など好ましくないこと）を他に及ぼす。☰「相手側にプレッシャーをー」「他人に迷惑[心配]をー」「御足労をー・けました」「支店長に背任の疑いをー」

⓳あることをするために必要な時間・費用・労力を使う。☰「練習に時間をー」「金[人手]をー」 書き方「掛」も使うが、かな書きが一般的。

⓴税の負担を強いる。課税する。課する。☰「所得には所得税をー」 書き方「掛」も使うが、かな書きが一般的。

㉑【掛】一定の掛け金の見返りとして、生命・財産などが保障される契約を結ぶ。☰「自分の生命に保険をー」

E 投入する・注ぎ込む

㉒【懸】所定の物事を成し遂げた人に与えるという条件で、賞品や金品を提供する。☰「スポンサーが大会に賞金をー」「懸賞金をー」

㉓【懸・賭】失敗したら大切なものを失う覚悟で、一生懸命に事を行う。☰「政治改革に命をー」「一球に勝負をー」「威信をー・けて戦う」 書き方 正式には「懸」だが、「賭」も好まれる。 使い方「…にかけて（も）」の形で、誓約・決意の表明のことばにもいう。☰「神仏[命]にー・けて誓う」「私の名誉にー・けてもやり抜く」

㉔【賭】金品を出し合い、勝った方がそれを取る約束で勝負をする。賭け事をする。☰「ポーカーに金をー」「雨が降る降らないに昼飯をー」

㉕【掛・懸】〈「願い[願(がん)]をかける」「期待をかける」などの形で〉思いが届く（成就する）ように神仏に願う。また、ある事柄の実現に対して期待や希望の気持ちを持つ。☰「合格できますようにと神様に願いをー」「娘の音楽の才能に期待をー」「日本の明日に望みをー」

F 合わせる・合わせて一つにする

㉖【掛】かけ算をする。☰「2に3をー」⬍割る ▽2×3の場合、2が掛けられる数、3が掛ける数。

㉗【掛】掛け値をする。☰「定価に五割をー・けて（＝定価の五掛けで）売る」

㉘【掛】交配する。☰「牝馬(めうま)にロバをー・けてラバを得る」

㉙【掛】同音・類似音を利用して、一つの語句にもう一つ別の意味を持たせる。掛詞(かけことば)にする。☰「『秋風ぞ立つ』の『秋』に『飽き』をー」

G 取り上げる・のせる

㉚【掛】はかりで重さを計測する。また、機器を使って選別などの処理をする。☰「郵便物をはかりにー」「小麦粉[応募作品]をふるいにー」「遠心分離器にー」▽竿(さお)ばかりにぶらさげる意から。

㉛【掛】劇場で芝居や映画を興行する。上演・上映する。☰「世話物を舞台にー」▽小屋を仮設して行ったことから。

㉜【懸】議案などを公の場で取り上げる。☰「案件を会議にー」「詐欺事件を裁判にー」 書き方 かな書きも多い。

㉝【掛】品物を競り売りの形式で売る。☰「水揚げしたマグロを競りにー」「競売(けいばい・きょうばい)にー」

㉞【掛】医者の診察・治療を受けるようにする。☰「重傷ですから、すぐ医者にーべきです」▽自動詞「かかる」はよく使うが、「かける」はまれ。

H 捕らえる・陥れる

㉟【掛】しかけを作って、動物を捕らえる。また、人を検問などでひっかけて捕らえる。☰「キツネをわなにー」「逃走犯を検問にー」

㊱【掛】〈「…の手にかける」などの形で〉自分で直接処理する。てがける。特に、みずから殺す。☰「以前手にー・けた仕事なら数えきれない」「貫一さん、貴方の手にー・けて殺して下さい〈紅葉〉」

㊲【掛】計略をめぐらして、人をだます。また、魔法などをしかけて、自分を制御できない状態にする。▽「ぺてんにー・けて金品を奪う」「姫を魔法にー」 使い方 ⑬の「魔法をかける」は「人に〈術〉をかける」、㊲の「魔法にかける」は「人を〈術〉にかける」という言い方。

Ⅰ その他

㊳【掛】〈多く「お目にかける」の形で〉お見せする。ご覧に入れる。▽「お恥ずかしいところをお目にー・けました」 使い方 …てお見せするの意で、補助動詞的にも使う。▽「私が弾いてお目にー・けましょう」

㊴【掛】〈「鼻にかける」の形で〉発声のとき、音を鼻腔(びこう)で共鳴させたり鼻から出したりする。▽「鼻にー・けたハスキーな声」 書き方 かな書きも多い。

㊵【掛・懸】常に心にとどめて、忘れたりすることがない。▽「いつも私のことを心にー・けて下さってありがたいことです」「些細なことを気にー」

㊶〈多く「AからBにかけて」の形で〉ある場所・時間Aからもう一つの場所・時間Bまで連続して。AからBにまたがって。▽「頬(ほお)から顎(あご)にー・けてひげがある」「箱根から横浜へー・けては雪模様だ」「花は初旬から中旬にー・けてが見ごろだ」 書き方 かな書きが一般的。

㊷〈多く「…にかけては」の形で〉…に関しては。…については。▽「ダンスにー・けては自信がある」 書き方 かな書きが一般的。

J 〈「〜かける」の形で使う〉

二〈動詞の連用形に付いて複合動詞を作る〉❶…し始める。また、途中まで…する。▽「食べー・けたところに邪魔が入った」「言いー・けて思いとどまる」「帰りー」❷今にも…しそうになる。かかる。▽「死にー・おぼれー」❸相手に作用を及ぼす。▽「働きー・呼びー・話しー・問いー・投げー」「息を吹きー」「大挙して押しー」

◈ 書き分け 【掛】は広く一般に使うが、かな書きも多く、実質的な意味が薄れたものは積極的にかな書きにされる(お金をかける・〜から〜にかけて・語学にかけては)。【懸】は、宙づりになってぶらさがる・心にかかるなどの意で①③⑰㉒㉓㉕㉜㊵で使うが、かな書きも多い。【架】は①③に使う。【賭】は㉓㉔で使う。二はかな書きが普通。

文 か・く 名 掛け・賭け

か・ける【賭ける】[他下一] ➡掛ける一㉓㉔

かげ・る【陰る(▼蔭る・▼翳る)】[自五] ❶日光や月光が雲などにさえぎられて暗くなる。▽「雲が出て日がー」❷日がかたむいて暗くなる。▽「冬になると早く日がー」❸表情などが暗くなる。また、状況などが悪くなる。▽「悲報を聞いて顔がー」「景気がー・ってきた」 名 陰り

かげろう【〈陽炎〉】カゲロフ [名] 春、直射日光の強い日に、地表近くの空気が色のない炎のようにゆれ動いて見える現象。熱せられた空気の密度が不均一になり、それを通過する光が不規則に屈折することから起こる。かぎろい。糸遊(いとゆう)。

かげろう【〈▼蜉▼蝣〉・〈▼蜻▼蛉〉】カゲロフ [名] ❶カゲロウ目の昆虫の総称。形はトンボに似るが、小さくて弱々しい。夏の夕方、群れで水辺を飛ぶ。▽成虫の寿命が数時間から数日と短いことから、短命ではかないもののたとえにいう。▽「ーの命」❷〔古風〕トンボ。

かけ・わた・す【掛け渡す・架け渡す】[他五] 片方から他方へ渡してかける。▽「橋をー」

か・けん【家憲】[名] その家で代々守るように決められたおきて。家訓。

か・げん【下弦】[名] 満月から次の新月までの間の、左半分が輝いて見える月。陰暦二二、三日ごろの月。▽「ーの月」⬍上弦 ▽半月を弓に見立てると、月の入りに弦が下方にくることから。

か・げん【下限】[名] ❶下の方の限界。▽「相場がーを割る」❷時代の新しい方の限界。◈⬍上限

か・げん【加減】[名] ❶[他サ変] 加えることと減らすこと。数学で、加法(足し算)と減法(引き算)。▽「ー乗除」❷[他サ変] ほどよく調節すること。▽「塩分[冷房]をーする」「さじー・手ー」 使い方 控えめにする意で使うことが多い。❸物事の状態・程度。また、体のぐあい。▽「風呂のー(=湯加減)をみる」「おー(=体調)はいかがですか」「ばからしさー」❹〈名詞や動詞の連用形に付いて〉そのような傾向・気味である意を表す。▽「うつむきー」

か・げん【▼嘉言(佳言)】[名] よいことば。りっぱなことば。

か・げん【寡言】クワ [名・形動] 口数が少ないこと。無口。寡黙。▽「ー実行」

が・けん【我見】[名] ❶ひとりよがりの、狭く偏った考え。❷我執(がしゅう)。

が・げん【雅言】[名] 洗練された優雅で正しいことば。特に、和歌などに用いられた平安時代の大和ことば。雅語。⬍俗言・俚言(りげん)

か・こ【過去】クワ [名] ❶現在を基準として、過ぎ去った時。昔。▽「ーを振り返る」「ー五年間の平均収入」⬍未来・現在 ❷以前の(人に知られたくない)事情。▽「ーのある人」❸仏教で、前世(ぜんせ)。❹文法で、現在・未来に対する時制の一つ。動作・作用などをすでに行われたものとして表す。現代日本語ではふつう助動詞「た」を付けた形で表される。

かご【籠】[名] 竹・籐(とう)・つる・針金・ビニールなど、帯状・糸状のものを編んで作った入れ物。▽「買い物ー」 籠

かご【▼駕▽籠】[名] 人を乗せる箱形の台に一本の棒を通し、二人以上の人が前後からかついで運ぶ乗り物。竹製または木製で、辻駕籠・山駕籠・宿駕籠など種類が多い。▽「ーを舁(か)く」▽江戸時代に広く普及した。 数 一丁(挺)(いっちょう)…と数える。

か・ご【加護】[名・他サ変] 神仏が衆生(しゅじょう)を守り助けること。

か・ご【▼訛語】クワ [名] 標準語とくらべて発音に違いのあることば。なまったことば。訛言(かげん)。「あさひ」を「あさし」という類。

か・ご【過誤】クワ [名] あやまち。過失。

か・ご【歌語】[名] 和歌をよむときに多く使われるみやびなことば。「つる(鶴)」に対する「たづ」など。

が・ご【雅語】[名] ➡雅言(がげん)

かこい【囲い】カコヒ [名] ❶周囲を取り巻くこと。また、そのもの。塀や垣根など。▽「畑にーをする」❷茶室。▽広間の一部を屏風(びょうぶ)などで囲って茶席としたことから。

かこい・こ・む【囲い込む】カコヒ [他五] ❶囲って中へ取り込む。▽「柵(さく)の中に牛をー」「生け垣で庭をー」❷外に出さないように確保する。▽「情報をー」「優秀な人材をー」 名 囲い込み

か・こう【下降】カウ [名・自サ変] さがること。おりること。▽「飛行機がーする」「成績がー線をたどる」⬍上昇

か・こう【火口】クワ [名] 火山の、溶岩や火山灰を噴出する開口部。噴火口。

かーこう【加工】［名・他サ変］原料や元になる製品に手を加えて新しいものを作ること。‖「石を建築材に―する」「画像を―する」「―品」「水産―」

かーこう【仮構】［名・他サ変］実際にはないことを、想像力によってつくり出すこと。また、そのもの。‖「―の話」

かーこう【花梗】［名］茎や枝から分かれ出て花を直接支えている柄。花柄。

かーこう【佳▼肴（▼嘉▼肴）】［名］うまい酒のさかな。うまい料理。‖「珍味―」

かーこう【河口】［名］川が海や湖に流れ込むところ。‖「―港」

かーこう【河港】［名］河口または河岸にある港。‖「―都市」⬍海港

かーこう【華甲（花甲）】［名］数え年六十一歳。還暦。▼「華」の字を分解すると六つの「十」と「一」になり、甲子の意である「甲」は十干・十二支それぞれの最初を指すことから。

かこ・う【囲う】［他五］❶内と外を区別する仕切りを設けて、周囲を取り巻く。‖「土壁で屋敷を―」「死亡の通知は黒枠で―」⬇囲む③［使い方］❷（ひそかに）妻以外の女性を扶養する。‖「妾を―」❸ひそかにかくまう。‖「逃亡者を納屋に―」❹かばい守る。‖「お千は宗吉を背後に―って〈鏡花〉」❺野菜などを蓄える。貯蔵する。‖「タマネギを―」［可能］囲える［名］囲い

かーごう【化合】［名・自サ変］二つ以上の物質が化学反応を起こし、全く性質の違う物質ができること。‖「―物」

がーこう【画工】［名］（職人的な）絵かき。

がーこう【画稿】［名］絵の下書き。また、印刷物にするための絵の原稿。‖「―料」

がーごう【雅号】［名］文人・書家・画家などが、本名以外につける風雅な名。雅名。松尾芭蕉の「芭蕉」、永井荷風の「荷風」など。

かこう-がん【花▼崗岩】［名］長石・石英・雲母などからなる深成岩。ふつう灰白色で、黒い斑点がある。土木・建築用の石材。御影石。

かこう-きゅう【火口丘】［名］噴火口の内側に新しくできた小規模の火山。中央火口丘。阿蘇五岳など。

かこう-げん【火口原】［名］外輪山と中央火口丘との間にある平地。箱根の仙石原など。

かこう-こ【火口湖】［名］噴火口のあとに水がたまってできた湖。蔵王山の御釜など。

かこう-ぜき【河口▼堰】［名］河口に設ける水門などの施設。海水の流入を防ぎ、淡水を貯留して水資源の利用を図る。

かこう-ぼうえき【加工貿易】［名］原材料を輸入し、それを加工して輸出する貿易形態。

かーこく【苛酷】［形動］あまりにも厳しくて、むごいさま。無慈悲であるさま。‖「―な労働」［派生］-さ

かーこく【過酷】［形動］度を超して厳しいさま。‖「―な条件下で働く」［派生］-さ

かこ-ちょう【過去帳】［名］寺で、死者の俗名・法名・死亡年月日などを記しておく帳簿。鬼籍。鬼簿。点鬼簿。

かこ・つ【▽託つ】［他五］ぐちをいう。嘆く。‖「身の不遇を―」

かこつ・ける【▽託ける】［自下一］あることをするために、直接には結びつかないことを口実にする。‖「雨に―・けて仕事をさぼる」［文］かこつ・く

かご-ぬけ【籠抜け・籠▽脱け】［名］❶底のない長い竹かごをすばやくくぐり抜ける、江戸時代の曲芸。❷建物の入り口などで、そこに所属する関係者のように見せかけ、信用した相手から金品を受け取ると裏口などから姿を消してしまう手口の詐欺。▼「かごぬけ詐欺」の略。

かごーの-とり【籠の鳥】［名］かごに入れられた鳥のように、自由を束縛されている人。

かこみ【囲み】［名］❶周囲を取り巻くこと。また、そのもの。❷新聞や雑誌で、特に罫・枠などで囲んだ記事。コラム。▼「囲み記事」の略。

かこ・む【囲む】［他五］❶複数の人が物や人を中にして、その周りに位置を占める。‖「一同が卓を―・んで談笑する」「恩師を―会を開く」「警官隊がビルをぐるりと―」「家族で食卓を―（＝食事をする）」❷囲いとなるもので、中にあるものを取り巻く。囲う。‖「正しい答えを○で―」「生け垣で屋敷を―」❸囲いとなるものが外側に位置して、中にあるものを取り巻く。‖「三方を山に―・まれた豪雪地帯」［使い方］自然の地形などについていう。受身が多い。❹（卓や盤を囲むことから）碁・将棋やマージャンをする。‖「碁を―」「一局―」［可能］囲める［名］囲み

かご-め【籠目】［名］❶竹かごの編み目。また、その形にする編み方や模様。❷子供の遊びの一つ。数人が「かごめかごめ、かごの中の鳥はいついつ出やる…」と歌いながら目隠しをしてしゃがんだ人の周りをまわり、歌い終わって立ちどまったとき、中の人が背後の人の名を当てるもの。かごめかごめ。▼「囲む」の命令形からとも、「かがむ」の転訛した「かごむ」の命令形からともいう。

かこ-もん【過去問】［名］過去に出題された試験問題。

かーこん【禍根】［名］わざわいの起こるもと。‖「将来に―を残す」

かーごん【過言】［名］大げさな言い方。言いすぎ。‖「空前絶後の珍事と言っても―ではない」

かさ【▼笠】［名］❶頭にかぶり、雨・雪・日光などを防ぐもの。菅・藺などを編んで作る。菅笠・編み笠など。かぶりがさ。❷①の形に似たもの。‖「電灯［キノコ］の―」◈「傘」と同語源。

◉**笠に着る**　他人の権威を利用して大きな態度をとる。‖「権力を―」

かさ【傘】［名］雨・雪・日光などを防ぐために、柄を持って頭上に差しかざすもの。雨傘・日傘・唐傘・こうもり傘など。さしがさ。‖「―をさす」

かさ【▼嵩】［名］物の大きさや分量。体積。容積。‖「大雨で川の―が増す」 嵩

◉**嵩に懸かる**　❶勢いにのって攻めかかる。❷優位な立場などを利用して高圧的な態度をとる。

かさ【▼暈】［名］太陽や月の周辺に現れる淡い光の輪。大気の高層に浮かぶ細かな氷の結晶などによって光線が屈折することから生じる。‖「月が―をかぶる」▼「かさ（笠）」と同語源。 暈

かさ【▼瘡】［名］❶皮膚のはれものやできもの。また、かさぶた。❷梅毒。

がさ［名］［俗］家宅捜索。▼「さがす」の語幹「さが」の倒語。てきやなどの隠語から。

かさ-あげ【▼嵩上げ】［名・他サ変］❶堤防などをさ

らに高くすること。❷金額などをさらに増やすこと。

かざ-あし【風脚(風足)】［名］風の吹く速さ。風速。

かざ-あな【風穴】［名］❶風が吹き抜けるすきまや穴。❷通風のために壁などにあけた穴。通風口。❸山腹などにあいた、冷風の吹き出る奥深い穴。ふうけつ。

か-さい【火災】クヮ［名］火事。また、火事による災害。≡「―保険」

か-さい【花菜】クヮ［名］花の部分を食用にする野菜。カリフラワー・ブロッコリーなど。花菜類。

か-さい【果菜】クヮ［名］❶果物と野菜。❷果実を食用にする野菜。ナス・キュウリ・トマト・カボチャなど。果菜類。

か-さい【家裁】［名］「家庭裁判所」の略。

か-ざい【家財】［名］❶家にある家具・調度などの道具類。≡「―道具」❷一家の財産。≡「倒産して―を失う」

か-ざい【貨財】クヮ［名］貨幣と財物。財貨。

が-さい【画才】グヮ［名］絵をかく才能。

が-ざい【画材】グヮ［名］❶絵にかく対象。絵の題材。❷絵をかくために使う材料。絵の具・筆・画布など。

かさい-りゅう【火砕流】クヮサイリウ［名］噴出した高温の火山灰・岩滓(がんさい)などが火山ガスと混合し、一団となって火口から山腹を高速度で流れ下る現象。

がさ-いれ【がさ入れ】［名・他サ変］〔俗〕家宅捜索をすること。≡「容疑者宅を―する」⬇がさ

かざ-おれ【風折れ】レヲ［名］樹木などが風に吹かれて折れること。≡「柳に―なし」

かさ-かさ［副ト］❶乾いた薄いものが軽くふれあうさま。また、その音を表す語。かさこそ。≡「木の葉が―(と)鳴る」❷［三］ひからびて、水気や脂気がないさま。うるおいがないさま。≡「肌が―になる」

がさ-がさ［副ト］❶乾いたものがふれあうさま。また、その音を表す語。≡「―(と)紙袋の中を探る」▽「かさかさ」よりも強く、やや騒がしい音にいう。❷［三］水気や脂気がなく荒れているさま。うるおいがないさま。≡「皮膚が―になる」❸落ち着きがなく、荒っぽいさま。がさつである。≡「―した性格」

かざ-かみ【風上】［名］風が吹いてくる方向。⬍風下(かざしも)

◉**風上にも置けな・い** 卑劣な人間をののしっていう語。仲間として同等に扱えないほど卑劣だ。風上に置けない。≡「武士の―」▽悪臭を放つものは風上には置けない意から。

かざ-きり【風切り】［名］❶船上に立てて風の吹く方向を見る旗。風見(かざみ)。❷鳥の翼の後端に並んで生えている長くて大きな羽。風切り羽。

か-さく【仮作】［名・他サ変］❶仮に作ること。また、そのもの。❷実際にはないものを想像によって作ること。また、そのもの。虚構。

か-さく【佳作】［名］❶芸術作品などで、すぐれた作品。❷応募作品などで、入賞作品に次ぐすぐれた作品。≡「選外―」

か-さく【家作】［名］人に貸すためにつくった家。貸家。≡「―持ち」

か-さく【寡作】クヮ［名］芸術家などが、作品を少ししか作らないこと。⬍多作

寡

かざ-ぐるま【風車】［名］❶色紙や合成樹脂で作った小さな羽根車に柄(え)をつけ、風を受けると回るようにしたおもちゃ。❷⬇ふうしゃ

かざ-け【《風邪》気】［名］かぜけ。

かさ-ご【▼笠子】［名］沿岸の岩礁(がんしょう)域にすむフサカサゴ科の海魚。頭や背びれに鋭いとげがある。食用。がしら。あらかぶ。

かざ-ごえ【《風邪》声】ヱーゴ［名］風邪を引いているときのしわがれた声。また、鼻を詰まらせた声。かぜごえ。

かささぎ【▼鵲】［名］カラスよりやや小さく、尾が長いカラス科の鳥。日本では佐賀県や福岡県に生息し、その一帯は天然記念物に指定される。カチガラス。チョウセンガラス。▽七夕の夜、牽牛星(けんぎゅうせい)と織女星(しょくじょせい)を会わせるために、天の川に翼を並べて「かささぎの橋」をかけ渡すという伝説がある。

かざ-しも【風下】［名］風が吹いていく方向。かざした。≡「―に立つ(＝後れをとり、劣位に立つ)」⬍風上(かざかみ)

かざ・す【▼翳す】［他五］❶手に持った物を高くかかげる。また、高く振り上げる。≡「優勝旗を―」「太刀(たち)を―・して身構える」❷かげをつくるように、目の上に何かをさしかける。≡「まぶしいので扇子を―」❸光や熱が当たるように、物の上にさしかける。≡「ストーブに手を―」「手紙を灯火に―・して読む」［可能］かざせる

翳

かざ・す【〈挿頭〉す】［他五］飾りとして、草花などを髪や冠にさす。≡「髪に桃の花を―」［可能］かざせる［名］かざし

かさ-だか【▼嵩高】［形動］❶体積が大きくて、かさばるさま。❷おうへいに、見くだすさま。≡「―に命令する」［派生］-さ

がさつ［形動］ことばや動作が荒っぽく、細かいところまで気が回らないさま。粗野。≡「―な人」［派生］-さ

がさ-つ・く［自五］❶がさがさと音を立てる。また、がさがさと音を立てて動く。≡「鞄(かばん)の中が―」❷ことばや動作が荒っぽく、落ち着かない。≡「どうも―・いたやつだ」❸うるおいがなくなる。≡「肌が―」

かざ-とおし【風通し】ホトシ［名］⬇かぜとおし

かさな・る【重なる】［自五］❶同種のものが層をなすようにかぶさり加わる。≡「雪の上に幾つもの足跡が―」❷同種の物事・事柄がさらに加わる。特に、日時を同じくして物事が起こったり行われたりする。かちあう。ぶつかる。≡「次々に偶然が―」「疲労に疲労が―」「土曜日と祝日が―」❸同一のものとして、二つのものが符合する。一致する。≡「二つの指紋がぴたりと―」「会長と意見が―」［名］重なり

かさね【重ね(▽襲)】［名］❶重ねること。また、重ねたもの。≡「一(ひと)―の紋付き」❷上着と下着がひとそろいになっている着物。❸昔、男子の礼服である袍(ほう)の下に重ねて着た衣服。下襲(したがさね)。［書き方］「襲」と書く。

かさね-がさね【重ね重ね】［副］❶同じようなことを繰り返すさま。何度も何度も。たびたび。≡「―注意する」❷念を入れて言うさま。くれぐれも。じゅうじゅう。≡「―おめでとうございます」「―おわび申し上げます」

かさね-ぎ【重ね着】［名・自他サ変］衣服を何枚も重ねて着ること。また、その衣服。

かさね-て【重ねて】［副］同じことを繰り返すさま。もう一度。ふたたび。≡「―お願いいたします」

かさ・ねる【重ねる】［他下一］❶同種のものをさらに置き加える。≡「皿を―」「シャツと/にセーターを―・ねて着る」「二人が唇を―」❷同種の物事・事柄をさらに加える。特に、同じことを何度も繰り返す。≡「経験［不義

理」を―」「我慢に我慢を―」「齢(よわい)を―」「回を―」「杯(はい)を―（＝何杯も酒を飲む）」 文 かさ・ぬ 名 重ね

かざ-ばな【風花】［名］❶晴れた日に、風上の積雪地から上昇気流に乗ってまばらに舞い落ちてくる雪。❷初冬のころ、風が吹き始めるとともにちらちらと舞い降る雪。❸かぜの熱のためにできる小さな発疹(はっしん)。かざほろし。◈「かざはな」とも。

かさ-ば・る【▼嵩張る】［自五］体積が大きくて場所をとる。‖「入れ物が大きいので―」

かさ-ぶた【▼瘡蓋・▼痂】［名］傷やできものが治るにつれて、その表面にできてくる固い皮。‖「―をはがす」

かざ-まち【風待ち】［名］出帆する船が順風を待つこと。かぜまち。‖「―の港」

かざ-まど【風窓】［名］❶風を通すための窓。❷通風のために床下や天井裏に設けた通気孔。

かざ-み【風見】［名］屋根の上や船の上に取りつけ、風の方向を知るための器具。風向計。

がざみ【〈▼蝤▼蛑〉】［名］青森以南の浅海に分布するワタリガニ科のカニ。甲は横長の菱形(ひしがた)で、幅一五センチメートル内外。昼は砂中に潜むが、夜になると扁平(へんぺい)な歩脚を使って遊泳する。食用。ワタリガニ。

かざみ-どり【風見▽鶏】［名］ニワトリをかたどった風見。▽周囲の状況を見て都合のよい側につく人のたとえにもいう。

かさ・む【▼嵩む】［自五］分量や数量が大きくなる。‖「荷が―んで倉庫が一杯になる」「営業経費が―」

かざ-むき【風向き】［名］❶風の吹いてくる方向。❷物事のなりゆき。形勢。‖「話の―が変わる」❸人の気分や機嫌。‖「今朝は社長の―が悪い」◈「かぜむき」とも。

かざ-よけ【風▽除け】［名］風を防ぐこと。また、そのためのもの。かぜよけ。

かざり【飾り】［名］❶飾ること。また、飾るもの。装飾。‖「髪に―をつける」「―の多い文章」❷うわべだけをよくみせようと取り繕うもの。体裁をととのえるだけのもの。虚飾。‖「何の―もない率直な人」❸➡お飾り

かざり-け【飾り気】［名］うわべを飾って、自分をよく見せようとする気持ち。‖「―のない人」

かざり-しょく【飾り職（▼錺職）】［名］かんざし・帯留めなど、金属で細かい装飾品を作る職業。また、その職人。飾り師。

かざり-た・てる【飾り立てる】［他下一］目立つように、さかんに飾る。‖「会場を―」文 かざりた・つ

かざり-だな【飾り棚】［名］❶美術品などを飾るための棚。❷商品を陳列するための棚。ショーケース。

かざり-つ・ける【飾り付ける】［他下一］いろいろなものをそれぞれの場所に配置して飾る。‖「クリスマスツリーに金銀の星を―」文 かざりつ・く 名 飾り付け

かざり-まど【飾り窓】［名］商品を陳列してある窓。ショーウインドー。

かざり-もの【飾り物】［名］❶飾りにする物。特に、正月や祭礼のときに飾る作り物。❷実際の役には立たないが、体裁をつくろうために置くもの。

かざ・る【飾る】［他五］❶人が、あるものに装飾を添えたり洗練を加えたりして、美しく見えるようにする。装飾する。また、あるものが、他のものに彩りを添えて美しくする。‖「リボンで髪を―」「巨大な壁画で／が天井を―」「きらびやかな言葉が全編を―」❷華やかで美しい空間を得るために、美しいものを置く。‖「玄関に花を―」「ウインドーに商品を―」「故郷に錦(にしき)を―」❸巧みなことばづかいで表面をよく見せる。‖「偽りを並べて表面を―」「―らない人柄が魅力だ」使い方 マイナスに評価していう。❹あるものが他のものに彩りを添えて、いっそう華やかなものにする。‖「三連覇のニュースが一面を―」「グランプリの受賞が引退の花道を―」「最終打席のヒットで有終の美を―」可能 飾れる 名 飾り

か-さん【加算】［名］❶［他サ変］ある数量を加えて計算すること。‖「元金に利子を―する」❷足し算。加え算。⬍減算

か-さん【加▼餐】［名・自サ変］食事に気をつけて養生すること。‖「時節柄御―下さい」▽「食を加える」の意。多く手紙文で使う。

か-さん【家産】［名］家の財産。身代(しんだい)。‖「―を傾ける」

か-ざん【火山】［クヮ］［名］地下深くにあるマグマが地表に噴出し、溶岩などが堆積してできた山。‖「―活動」「海底―・活(かっ)―」

が-さん【画賛（画▼讃）】［グヮ］［名］絵の余白などに書き添える詩文。

かさんか-すいそ【過酸化水素】［クヮサンクヮ―］［名］過酸化物に酸を作用させて得る無色透明の液体。強い酸化力をもつ。▽水溶液の薬品名をオキシドールという。

かざんせい-じしん【火山性地震】［クヮザンセイヂシン］［名］火山活動に伴って発生する地震。噴火予知の重要な指標となる。

かざん-ばい【火山灰】［クヮザンバヒ］［名］火山から噴出される、溶岩が細かく砕けて灰のようになったもの。火山塵(かざんじん)。

かし【▼樫・▼橿・▼櫧】［名］シラカシ・アカガシ・アラカシ・イチイガシなど、暖地に自生するブナ科の常緑高木の総称。果実を「どんぐり」という。材はかたく、船材・建築材・器具材に利用。

かし【《河岸》】［名］❶川の岸。特に、船荷などを上げ下ろしする所。▽海・湖の岸にもいう。❷川岸に立つ市場。特に、魚市場。魚河岸。❸物事をする場所。‖「―を変えて飲み直そう」

かし【貸し】［名］❶貸すこと。また、貸した金品。‖「一〇万円ほど―がある」❷施したままで、返礼を受けていない恩恵。‖「あの人には―がある」◈⬍借り

か-し【下肢】［名］あし。脚部。また、動物の後ろ足。⬍上肢

か-し【下賜】［名・他サ変］天皇や皇帝など身分の高い人が金品をくださること。‖「杯が―された」

か-し【可視】［名］肉眼で見えること。‖「―光線」⬍不可視 注意 「可視化できる」は多用されるが、本来は重言。

か-し【仮死】［名］意識不明で呼吸も止まるなど、一見死んだような状態。

か-し【華氏・力氏】［クヮ］［名］水の氷点を三二度、沸点を二一二度とする温度目盛り。また、それによってはかる温度。華氏温度。記号°F ➡セ氏 書き方 創始者ファーレンハイトの中国音訳「華倫海」から。

か-し【菓子】［クヮ］［名］お茶うけやおやつなどにする間食用の嗜好品。和菓子と洋菓子、生菓子と干菓子などに分けられる。甘いものが多い。‖「お―」▽古くは果物の意。今も果物を「水菓子」という。

か-し【▼瑕▼疵】［名］❶きず。欠点。❷法律上、何ら

かの欠点・欠陥があること。〓「—ある意思表示（=詐欺・強迫などによってなされた意思表示）」

かーし【歌詞】［名］歌劇・歌曲・歌謡曲などの、節をつけて歌うためのことば。歌の文句。

かーし【歌誌】［名］短歌や短歌に関する評論・研究などを掲載した雑誌。短歌雑誌。

かし［終助］〔古風〕強く念を押す意を表す。〓「かくあれかしと望む」▼「かくあれかし」「よかれかし」「さぞかし」などの慣用句に残る。

かじ【▼梶】［名］⇩梶の木

かじ【▼舵】［名］❶船尾につけて船の進行方向を定める装置。❷航空機の進行方向を定め、昇降を操作する装置。

◉舵を取・る ❶かじを操作して船を正しい方向に進める。❷物事がうまく進行するように導く。〓「新体制の—」

かじ【▼楫・▼檝】［名］水をかいて船を進めるための道具。櫓や櫂など。

かじ【《鍛冶》】［名］熱した金属を打ち鍛え、さまざまな器具を作ること。また、それを職業とする人。鍛冶屋。〓「—屋」 鍛冶 書き方「鍛治」は誤りだが、名字などでは「鍛治」も使う。

かーじ【火事】［名］建物・船・山林などが焼けること。また、その災害。火災。〓「対岸の—」「山—」

かーじ【加持】［名・自サ変］❶仏・菩薩が衆生を守り助けること。❷病気や災難を除くために、印を結び、呪文をとなえて、仏の加護を祈ること。また、その祈り。〓「—祈禱」

かーじ【家事】［名］❶炊事・洗濯・掃除など、家庭生活に欠かせないいろいろな仕事。❷家庭内の事情。

がーし【賀詞】［名］祝いのことば。祝詞。

がーし【餓死】［名・自サ変］飢えて死ぬこと。飢え死に。〓「飢饉で—する」

かしーうり【貸し売り】［名・他サ変］掛け売り。

ガジェット［gadget］［名］❶目新しい小道具や装置。ちょっと便利な小物。❷コンピューターのデスクトップ上などで、特定の仕事をする小規模なソフトウエア。時計ソフトなど。ウィジェット。

かしーおり【菓子折り】［名］菓子を入れた折り箱。主に贈答用のものをいう。〓「—を手土産にする」 書き方 許容形「菓子折」も多い。

かじか【▼鰍】［名］清流にすむカジカ科の淡水魚。ハゼに似るが頭・口が大きい。食用。マゴリ。ゴリ。

かーじか【河鹿】［名］渓流にすむアオガエル科のカエル。雄は美しい声で鳴く。日本特産。カジカガエル。

がしーがし［副］❶口やかましく責め立てるさま。〓「—(と)文句をいう」❷がむしゃらに物事を行うさま。〓「—(と)稼ぐ」

かしーかた【貸し方】［名］❶金品を貸すときの方法。❷金品を貸す方の人。貸し手。❸複式簿記で、帳簿の右側の欄。資産の減少・負債の増加・収益の発生などを記入する。書き方 ③は、公用文では「貸方」。◈⬍借り方

かしがまし・い【▼囂しい】［形］やかましい。騒々しい。〓「セミの声が—」派生 -さ

かじか・む【▼悴む】［自五］寒さのために手足がこごえてうまく動かなくなる。〓「手が—んで字が書けない」

かしーかり【貸し借り】［名・他サ変］貸すことと借りること。貸借。〓「これで—なしだ」

かーしかん【下士官】［名］もと軍隊で、准士官の下、兵の上に位する武官。陸軍では曹長・軍曹・伍長、海軍では上等兵曹・一等兵曹・二等兵曹。下士。

かじーき【▼梶木・〈旗魚〉】［名］メカジキ・マカジキ・クロカジキ・バショウカジキなど、メカジキ科とマカジキ科に属する海魚の総称。多くは体長二㍍以上に達し、長く鋭い上あごを持つ。食用。▼肉質がマグロに似るので「かじきまぐろ」ともいうが、マグロとは別種。

かしーきり【貸し切り】［名］貸し切ること。また、貸し切ったもの。〓「—バス」書き方 公用文では「貸切り」。慣用の固定した「貸切バス・貸切列車」などは送りがなを付けない。

かしーき・る【貸し切る】［他五］❶場所・乗り物などを、一定期間ある人や団体の専用として貸す。〓「バスを—」❷残らず貸してしまう。◈⬍借り切る 名 **貸し切り**

かしーきん【貸し金】［名］貸した金銭。⬍借り金 書き方 公用文では「貸金」。

かしーきんこ【貸金庫】［名］銀行などが金庫室内に設置した保管箱を手数料をとって顧客に使用させるもの。

かし・ぐ【▽傾ぐ】［自五］斜めになる。かたむく。〓「地震でビルが—」

かし・ぐ【▽炊ぐ・▼爨ぐ】［他五］米や麦などを、たく。炊事をする。〓「飯を—」

かーじく【花軸】［名］花が穂状につくとき、その中軸となって花柄をつける茎。

かし・げる【▽傾げる】［他下一］斜めにする。かたむける。〓「首を—（=不審に思う）」文 **かし・ぐ**

かしこ【▽畏】［名］女性が手紙の結びに使う語。かしく。〓「あらあら—」▼文語形容詞「かしこし」の語幹。おそれ多いの意。

かしーこ【▽彼▽処】［代］〔古風〕話し手と聞き手の両方から離れた場所を指し示す語。あそこ。〓「ここ—」

かしこ・い【賢い】［形］❶知能・分別などが優れているさま。頭が良い。〓「—消費者［子供］」❷〈感心はしかねるが〉知恵がよく回るさま。抜け目がない。〓「—・く立ち回る」派生 -げ／-さ

かしこくーも【▽畏くも】［副］〔古風〕おそれ多くも。もったいなくも。〓「—殿下よりおことばを賜る」

かしーこし【貸し越し】［名］❶一定の限度額以上に金を貸すこと。❷銀行が当座預金の預金者に一定の限度内であれば預金残高を超えて振り出された小切手の支払いを認めること。オーバードラフト。▼「当座貸越」の略。◈⬍借り越し 書き方 公用文では「貸越し」。慣用の固定した「貸越金・貸越残高」などは送りがなを付けない。

かしこまりーました【▽畏まりました】［連語］命令・依頼・希望などをつつしんで受ける意を表す。承りました。〓「はい、—」「『頼みましたよ』『—』」「—。しばらくお待ちください」使い方「分かりました」「承知しました」「承りました」などの類語がある中で、最も敬意の度合いが高い。

かしこま・る【▽畏まる】［自五］❶身分の高い人の前などで、おそれ謹んだ態度をとる。また、謹みの気持ちを表して、姿勢を正してすわる。正座する。〓「—・って拝聴［具申］する」「身じろぎもせず—」「申し訳ない［ははあ］と—」❷つつしんで承知する。承る。〓「ご要望の件しかと—・りました」❸⇩かしこまりました

かし-しつ【貸し室】［名］料金をとって人に貸す部屋。書き方 公用文では「貸室」。

かし-しぶり【貸し渋り】［名］金融機関が融資の基準や条件を厳しくして貸し出しを抑制すること。

カシス［cassis フランス］［名］❶ユキノシタ科の落葉低木。また、その果実。黒く熟す果実は酸味が強く、ジャム・ゼリーなどに加工する。クロスグリ。❷カシスの果実から作るリキュール。

かしず・く【▼傅く】カシヅク［自五］身近に仕え、大切に世話をする。‖「奉公に上がって主人に—」▼もとは、子供などを大切に育てる意の他動詞。書き方 現代仮名遣いでは「かしづく」も許容。可能 **かしずける**

かし-せき【貸し席】［名］料金をとって貸す座敷。貸座敷。また、それを職業とする家。

かし-だおれ【貸し倒れ】ダフレ［名］貸付金や売掛金が回収できなくなること。書き方 公用文では「貸倒れ」。

かし-だし【貸し出し】［名］貸し出すこと。‖「図書の—」「—期限」書き方 公用文では「貸出し」。慣用の固定した「貸出金・貸出票・貸出期間」などは、送りがなを付けない。

かし-だ・す【貸し出す】［他五］❶公共機関などが物を貸して外部に持ち出させる。‖「図書館が本を—」❷銀行などが貸付金を支出する。‖「銀行が住宅資金を—」名 **貸し出し**

かし-ち【貸し地】［名］地代をとって貸す土地。⬍借り地 書き方 公用文では「貸地」。

かし-ちん【貸し賃】［名］物品などを貸した代価として取る料金。⬍借り賃 書き方 公用文では「貸賃」。

か-しつ【加湿】［名・他サ変］蒸気を発生させるなどして、空気中の湿度を高めること。‖「—器（＝蒸気を噴き出して室内の乾燥を防ぐ電気器具）」

か-しつ【過失】クヮ［名］不注意や怠慢から生じた失敗。‖「—傷害罪」▼法律では、不注意から結果の発生を予測しなかったことをいう。

か-じつ【佳日（▼嘉日）】［名］めでたい日。また、縁起のよい日。

か-じつ【果実】クヮ［名］❶種子植物の実。くだもの。‖「—酒」❷元物（げんぶつ）から生じる利益。家畜が産んだ子や、家賃・地代・利息など。

か-じつ【過日】クヮ［名］過ぎ去った、ある日。この間。先日。‖「—お会いした方」

が-しつ【画室】グヮ［名］絵をかくための部屋。アトリエ。

が-しつ【画質】グヮ［名］写真・テレビなどの画像の質。画像品質。‖「高—」

かし-つけ【貸し付け】［名］貸し付けること。‖「—金」書き方 公用文では「貸付け」。慣用の固定した「貸付額・貸付金利・貸付信託」などは、送りがなを付けない。

かし-つ・ける【貸し付ける】［他下一］金額・利子・返済期限などを決めて金品を貸す。‖「低利で運営資金を—」文 かしつ・く 名 **貸し付け**

かしつ-ちし【過失致死】クヮシツー［名］過失によって人を死亡させること。‖「業務上—罪」

かし-て【貸し手】［名］金品を貸す側の人。貸し主。貸し方。⬍借り手 書き方 公用文では「貸手」。

かじ-てつだい【家事《手伝い》】ーテツダヒ［名］炊事・洗濯・掃除などの家事を手伝うこと。また、その人。

かし-どり【▼樫鳥・▼橿鳥】［名］カケスの別称。▼カシの実を好んで食べることから。

かじ-とり【▼舵取り】カヂ［名］❶かじを操作して船の進む方向を定めること。また、その人。操舵手（そうだしゅ）。❷物事がうまく進行するように、方向を定めて導くこと。また、その人。‖「新規事業の—をする」

かし-ぬし【貸し主】［名］金品を貸す側の人。また、金品を貸した当人。⬍借り主 書き方 公用文では「貸主」。

カジノ［casino フランス］［名］各種の娯楽施設を備えた賭博場（とばくじょう）。▼もとはイタリア語で、小さな家の意。

かじ-の-き【▼梶の木】カヂ［名］樹皮を和紙の原料にする、クワ科の落葉高木。日本各地で栽培される。カジ。

かじ-ば【火事場】クヮジー［名］火災の起こっている現場。‖「—の馬鹿力」

かし-はがし【貸し剝がし】［名］金融機関が融資の打ち切りなどによって強引に資金を回収すること。

かじば-どろぼう【火事場泥棒】クヮジバー［名］❶火事場の混乱に乗じて盗みを働く者。❷混乱に付け込んで不正な利益をあげること。また、その人。◈「火事どろ」とも。

かし-パン【菓子パン】クヮシー［名］甘く味をつけて焼いたり、あん・ジャム・クリームなどを包み込んで焼いたりしたパン。

かし-ビル【貸しビル】［名］各室を事務所・店舗用などとして賃貸しているビル。

かじ-ぼう【▼梶棒】カヂ［名］人力車・荷車などの前部に取りつけた、車を引くための長い柄（え）。かじ。

かし-ほん【貸本】［名］料金をとって一定期間貸し出す本。

かし-ま【貸間】［名］料金（＝間代）をとって長期間貸す部屋。

かしまし・い【▼囂しい・▼姦しい】［形］やかましい。‖「—・く喋（しゃべ）りまくる」派生 **—さ**

囂

かしま-だち【鹿島立ち】［名・自サ変］旅に出ること。旅立ち。▼鹿島・香取の二神がこの地を立って国土を平定した故事からとも、旅立つ防人（さきもり）が鹿島神宮に道中の無事を祈った習いからともいう。

カシミア［cashmere］［名］カシミア山羊（やぎ）の毛を綾織りにした、滑らかで光沢のある布地。高級な服地・ショールなどに用いる。カシミヤ。▼カシミア山羊は、インドのカシミール地方およびチベットを原産とする。

かし-みせ【貸し店】［名］料金をとって貸す店。貸し店舗。

かじ-め【▼搗▽布】カヂ［名］海底に群落をつくる褐藻類コンブ科の海藻。しばしばアラメと混同される。ヨードやアルギン酸の原料。

かし-もと【貸し元】［名］〔古風〕❶金を貸す人。金主（きんしゅ）。❷ばくち打ちの親分。胴元。▼ばくちに賭ける金を融通することから。書き方 慣用で「貸元」と書くことも多い。

か-しゃ【火車】クヮ［名］仏教で、生前悪事を犯した亡者を地獄に運ぶときに乗せるという、火の燃えさかる車。火の車。

か-しゃ【仮▽借】［名］漢字の六書（りくしょ）の一つ。ある語を表す漢字のない場合、意味に関係なくそれと同音の漢字を借りて用いるもの。たとえば、食物を盛る器の意の「豆（トウ）」という漢字を、穀類の「まめ」の意の「トウ」に転用するの類。かしゃく。

かーしゃ【貨車】［名］貨物を運送する鉄道車両。⇔客車▼有蓋車・無蓋車・タンク車・コンテナ車・冷蔵車などがある。

かしーや【貸家(貸屋)】［名］家賃をとって貸す家。かしいえ。「—普請(=安普請)」「—札(=貸家であることを示す張り紙)」⇔借家

かーじゃ【▽冠者】［名］⇒かんじゃ(冠者)

かじーや【《鍛冶》屋】［名］鍛冶を職業とする人。また、その家。✓注意「鍛冶屋」は誤り。

かーしゃく【仮借】［名］❶［他サ変］見のがすこと。ゆるすこと。「違反者を—なく罰する」❷⇒かしゃ(仮借)

かーしゃく【▼呵▽責(▼呵▼嘖)】［名］きびしくせめ、さいなむこと。「良心の—を感じる」

かーしゅ【火酒】［名］ウォッカやブランデーなど、アルコール分の多い蒸留酒。▼火をつけると燃えることから。

かーしゅ【歌手】［名］歌をうたうことを職業とする人。歌い手。

かーじゅ【果樹】［名］果物のなる木。「—園」

がーしゅ【画趣】［名］絵になるような美的なおもむき。また、画中に表れた美的なおもむき。「—に富む奇景」

がーしゅ【雅趣】［名］風雅なおもむき。雅致。「—を凝らした庭」

カジュアル［casual］［形動］服装などが、格式ばらないさま。「—ウエア」

かーしゅう【家集】［名］勅撰集・私撰集に対して、個人の和歌集。家の集。私家集。

かーしゅう【歌集】［名］❶和歌を集めた本。❷歌曲や歌謡曲を集めた本。「愛唱—」

かーじゅう【加重】［名・自他サ変］重さや負担をさらに加えること。また、加わること。「責任が—される」

かーじゅう【佳▼什】［名］すぐれた詩歌。▼「什」は詩篇の意。『詩経』の雅と頌の各一〇編を指す「篇什」に基づく。

かーじゅう【果汁】［名］果物をしぼった汁。「レモンの—」

かーじゅう【荷重】［名］❶トラックなどに積む荷の重さ。「—制限」❷構造物に外部から加えられる力。また、構造物が耐えられる重さ。

かーじゅう【過重】［名・形動］重すぎること。「—な負担」「—労働」

がーしゅう【我執】［名］自分だけの狭い考えにとらわれ、そこから離れられないこと。また、その狭い考え。▼もと仏教で、自己の中に永遠不変の実体があるとする誤った考えの意。

がーしゅう【画集】［名］絵画を集めて本にしたもの。

カシューーナッツ［cashew nuts］［名］ウルシ科の常緑小高木カシューの木の実。長さ二〜三センチの勾玉状で、脂肪分に富む。堅い果皮を除き、煎って食用にする。カシュー。

カシュークール［cache-cœur フランス］［名］前を着物のように打ち合わせて着る上着。

がじゅまる［名］幹・枝から多数の気根をおろすクワ科の常緑高木。葉は卵形で厚く、実はイチジクに似る。日本では沖縄・屋久島に自生。榕樹。ガジマル。

がーしゅん【賀春】［名］新春を祝うこと。賀正。▼年賀状などに使う語。

がーじゅん【雅▼馴】［名・形動］文章が洗練されていて品があること。また、筆づかいが正しくて品があること。

かーしょ【歌書】［名］和歌に関する書物。歌集・歌学書・歌論書など。

かーしょ【箇所(▽個所)】［名］特定の部分・場所。「重要な—を読み上げる」「訂正—」「災害が九—に及ぶ」書き方 特に、数字に続く場合は、慣用的に「か所」「ケ所」「カ所」「ヶ所」「ヵ所」なども書く。公用文では「3か所」または「三箇所」のように書く。

かーじょ【加除】［名・他サ変］加えることと、除くこと。「—式帳簿」

かーしょう【火傷】［名・自サ変］やけど。

かーしょう【仮称】［名・他サ変］正式の名が決まらないときなど、一時的に仮の名で呼ぶこと。また、その仮の名。

かーしょう【仮象】［名］主観的には存在するように感じられるが、客観的には実在しないもの。▼Schein ドイツの訳語。

かーしょう【河床】［名］川底の地盤。かわどこ。

かーしょう【過賞】［名・他サ変］ほめすぎること。過褒。書き方「過称」とも書く。

かーしょう【歌唱】［名・自他サ変］歌をうたうこと。また、歌。「—力」

かーしょう【過小】［形動］小さすぎるさま。「—評価」「—資本」⇔過大

かーしょう【過少】［形動］少なすぎるさま。「—申告」⇔過多

かーしょう【寡少】［形動］きわめて少ないさま。ごくわずか。「—な兵力」

かーじょう【渦状】［名］渦巻きのような形・状態。うずまきがた。「—紋・—星雲」

かーじょう【下情】［名］上に立つ者から見た、庶民の実情。しもじものようす。

かーじょう【過剰】［名・形動］必要な量や程度を越えて多すぎること。「—な反応を示す」「自信—」派生 —さ

かーじょう【箇条(▽個条)】［名］ある事柄をいくつかに分けて述べたときの、一つ一つの条項。「三—の要求」書き方 特に、数字に続く場合は、「か条」「ケ条」「カ条」「ヶ条」「ヵ条」なども。

がーしょう【画商】［名］絵の売買を職業とする人。また、その職業。

がーしょう【▼臥床】［名］❶ねどこ。❷［自サ変］(病気で)床につくこと。「病を得て—する」

がーしょう【賀正】［名］新年を祝うこと。賀春。▼年賀状などに使う語。

がーしょう【雅称】［名］風雅な呼び方や名前。ユリカモメを「都鳥」と呼ぶの類。

がーじょう【牙城】［名］❶城中で、大将のいるところ。本丸。▼「牙旗(=大将の旗)」を立てた城の意から。❷ある組織などの根拠地。「革新派の—」

がーじょう【画▼帖】［名］❶絵を集めて、とじ本や折り本にしたもの。❷絵をかくための帳面。画帳。スケッチブック。

がーじょう【賀状】［名］祝いの手紙。特に、年賀状。

かじょうーがき【箇条書き(▽個条書き)】

［名］事柄を箇条に分けて書き並べること。また、そのように書かれたもの。書き方 公用文では「箇条書」。

か-しょく【火食】［名・自サ変］物を煮たきして食べること。

か-しょく【可食】［名］食べられること。「一部（＝食べられる部分）」

か-しょく【仮植】［名・他サ変］苗や植木を、本植えする前にかりに植えておくこと。仮植え。⇔定植

か-しょく【家職】［名］❶その家に代々伝わる職業。家業。❷武家・華族・富豪などの家で、その家の事務をとった人。家令・家扶など。

か-しょく【華▼燭（花▼燭）】［名］（婚礼の席の）はなやかな灯火。また、婚礼。

か-しょく【貨殖】［名］財産をふやすこと。利殖。

か-しょく【過食】［名・他サ変］食べすぎること。食べすぎ。食いすぎ。「一して胃を壊す」

かしょく-しょう【過食症】［名］心理的な原因で食べることへの強い衝動が働き、短時間に大量の食べ物を摂取する症状。嘔吐などの排出行為を伴う。神経性大食症。神経性過食症。

かしょく-の-てん【華▼燭の典】［名］結婚式の美称。「一を挙げる」

かしら【頭】㊀［名］❶首から上の部分。頭部。あたま。「尾一つき」❷毛髪。❸最も上・はじめに位置すること（もの）。「中学生を一に四人の子がいる」「一文字」❹ある団体や職人などの長。親方。「鳶の一」㊁（造）〈「がしら」の形で〉❶最も上位の人。「旗一」「稼ぎ一」「出世一」❷上部。また、先端。「目一」「膝一」❸〈動詞の連用形に付いて〉その時。…したとたん。「出会い一」

◉**頭に霜を頂く** 年をとって頭髪が白くなる。こうべに霜を頂く。頭に雪を頂く。

◉**頭を下ろ・す** 髪を切り、または剃って、出家する。髪を下ろす。

か-しら㊀［副助］不定の意を表す。「誰かしら助けてくれるさ」「何かしら手土産を持ってくる」㊁［終助］❶自問を表す。「大丈夫かしら」「あの人誰かしら」▼「…ないかしら」の形にすると、実現を望む気持ちがこもることがある。「雨、やんでくれないかしら」❷自問の気分で問いかける意を表す。「あなたも行けるかしら」使い方 ②は目下の相手や親しい相手に女性が使うことが多い。やりもらいの表現とともに使うと、婉曲な依頼を表すことがある（お茶を入れてもらえるかしら）。打ち消しの表現にすると、さらに丁寧な依頼になる（この部屋、使わせてもらえないかしら）。◆終助詞「か」＋「知らん」の転。㊁は古風な言い方で「かしらん」とも。使い方 ㊀は疑問を表す語に付く。㊁は体言、用言の連体形に付く。形容動詞型は語幹に付く。

かしら-だ・つ【頭立つ】［自五］長として、人の上に立つ。「村の一・った人々」

かしら-もじ【頭文字】［名］欧文で、文の初めや固有名詞の初めに用いる大文字。頭字。キャピタル（レター）。▼姓名の最初に用いる文字はイニシャルともいう。

かじり-つ・く【▼齧り付く】［自五］❶かみつく。「甘えて父親に一」❷離れないように、しがみつく。「肉に一」❸一つのことから離れないように、けんめいになる。「机に一・いて勉強する」

かじ・る【▼齧る・▼囓る】［他五］❶切ったりちぎったりしないで、直接歯を立ててかみ取る。「リンゴを丸ごと一」「ネズミが柱を一」「いつまで親の脛を一・っている（＝親がかりになっている）のか！」「かりかり［がりがり・ばりばり・ぱりぱり・さくさく・ぽりぽり］一」❷物事をほんの一部分だけ学ぶ。「ロシア語なら少し一・ったことがある」「聞き一」可能 かじれる

齧

かしわ【▼柏・▼槲・▼檞】［名］山野に自生するブナ科の落葉高木。大きな葉は縁に波状の鋸歯をもつ倒卵形。若い葉は、かしわ餅を包むのに用い、材は薪炭用。

かしわ【〈黄鶏〉】［名］ニワトリの肉。「一の水炊き」▼もとは茶褐色の羽色をした和鶏の呼称。

かしわ-で【▼柏手（〈拍手〉）】［名］神を拝むとき、両の手のひらを打ち合わせて鳴らすこと。「一を打つ」

かしわ-もち【▼柏餅】［名］❶小豆餡や味噌餡を入れたしんこ餅をカシワの葉でくるんで蒸した菓子。五月五日の端午の節句に供える。❷〔俗〕二つ折りにした布団にくるまって寝ること。

か-しん【花心】［名］花の中心にある、雄しべと雌しべ。花蕊。

か-しん【花信】［名］花が咲いたという知らせ。花便り。「一風」

か-しん【家臣】［名］大名などの家に仕える臣下。家来。家人。「織田の一」

か-しん【家信】［名］自分の家からの手紙。家書。

か-しん【過信】［名・他サ変］価値・力量などを実際よりも高く考え、信頼しすぎること。「才能を一する」注意「過信しすぎる」「過信がすぎる」は重言。「信頼しすぎる」「信頼がすぎる」などが適切。⬇重言

か-しん【▼嘉▼辰（佳▼辰）】［名］めでたい日。吉日。

か-じん【佳人】［名］美しい女性。美人。「才子一」

か-じん【家人】［名］家の者。家族。「一に手紙を届けさせる」

か-じん【歌人】［名］和歌をつくる人。また、それを職業にする人。歌よみ。「万葉の一」

が-じん【画人】［名］絵かき。画家。

がしん-しょうたん【▼臥薪▼嘗胆】［名・自サ変］かたきを討つために、また大きな目的を果たすために、長い間の試練に耐え、苦労すること。語源「嘗胆」は中国の春秋時代、呉王の夫差に敗れた越王の句践が常に苦い胆をなめては屈辱の思いを新たにしたという故事による。「臥薪」は、薪の上に臥して寝る意。

かす【▼粕・▼糟】［名］酒のもろみをこしたあとに残るもの。酒かす。「一汁」「一漬け」

かす【▼滓】［名］❶液体をしぼり取ったあとに残る不純物。また、液体を入れた容器の底に沈殿する不純物。おり。「しぼり一」❷必要なものを取り去ったあとに残ったもの。値打ちのない、つまらないもの。くず。「食べ一」◆「粕・糟」と同語源。

か・す【化す】［自他五］❶形や性質が変わって別のものになる。変わる。また、それを変わらせて別のものにする。変える。「町が焦土と一」「復讐の鬼と一」❷他の影響を受けて心や行いが変わる。感化される。また、影響を及ぼして心や行いを変える。感化する。「悪人が善人と一」「徳をもって衆を一」異形 化する

か・す【仮す】［他五］❶かりに与える。❷許す。仮借する。

か・す【貸す（▼藉す）】［他五］❶自分の物を（時間を限って）他人に使わせる。「友達に本を一」「ちょっと紙と鉛筆を一・してくれ」「高利で金を一」「タバコの火を

ー」「藉すに時をもってす」❷自分の能力・労力などを相手に差し出す。提供する。〓「君のために力をー・そう」「悪事に手をー」「親の意見に耳をー・そう(=～を聴こう)としない」◈⬍借りる 可能 貸せる 名 貸し

品格 貸与「パソコンをーする」 融通(ゆうずう)「生活費を融通してもらう」 用立てる「株を売って資金をー」

か・す【科す】[他五] 罰として負わせる。〓「刑罰[ペナルティー]をー」 異形 **科する**

か・す【課す】[他五] 仕事や義務・責任などを割り当てて負わせる。課する。〓「宿題[税金]をー」 異形 **課する**

かず【数】[名] ❶一、二、三などのように、物の順序を数える語。また、それを表す記号。数字。数(すう)。〓「三けたのー」❷物の数量。〓「出席者のーを数える」❸多くの数量・回数。〓「ーに物を言わせる」❹多くの中で、特に数え上げるほど価値のあるもの。〓「こんな苦労は物のーではない」

か-ず【下図】[名] 下に示した図。〓「ー参照」⬍上図

ガス【gas(オラ)】[名] ❶(広く)気体状の物質。〓「炭酸ー・毒ー」❷(天然ガス・石炭ガスなどの)燃料用の気体。〓「ーの栓」「ー漏れ」「都市ー」❸霧。〓「ーがかかる」❹ガソリン。❺おなら。屁(へ)。◈ 書き方「瓦▼斯」と当てる。

か-すい【下垂】[名・自サ変] たれさがること。〓「胃ー」

か-すい【仮睡】[名・自サ変] 少しの間仮に眠ること。うたたね。仮眠。

か-すい【花穂】[名] イネ・ガマ・カンナなどのように、一本の軸の先に、花が穂のように群がってつく花の並び方。▼俗に「かほ」とも言うが、避けたい。

かすか【▽微か・▽幽か】[形動] 感覚・記憶などによって、かろうじて認められるさま。きわめて弱々しいさま。〓「ーな香りがする」「ーに島影が見える」

かすがい【▼鎹】[名] 二つの材木をつなぎとめるために打ち込む、コの字形の大きなくぎ。〓「豆腐にー」▼人と人をつなぎとめるもののたとえにもいう。〓「子はー」 鎹

かす-かす[副] ❶果物・野菜などの水分がとぼしいさま。〓「ーで、まずいリンゴ」❷ほとんどゆとりのないさま。すれすれ。〓「ー門限に間に合った」

かず-かず【数数】[名・副] 多くの数や種類。また、数や種類が多いさま。あれこれ。いろいろ。一つ一つ。〓「ーの試練を経る」「アイデア商品をー取りそろえた店」

かず・く【▽被く】[他五] [古風] おおうように頭にのせる。かぶる。〓「市女笠(いちめがさ)をー」 名 **かずき**

ガス-けつ【ガス欠】[名] 自動車などの燃料がなくなること。▼「ガス」は米語でガソリンの意。

かず・ける【▽被ける】[自他下一] [古風] ❶頭にかぶらせる。〓「頭巾(ずきん)をー」❷責任などを人に押しつける。転嫁する。〓「悪いことはすべて人にー」❸かこつける。〓「公務にー・けて物見遊山をする」 文 **かづ・く**

かす-じる【▼粕汁・▼糟汁】[名] 塩ザケ・塩ブリ・根菜類などを実とし、溶いた酒かすを加えて作るこくのある汁物。

カスタード【custard】[名] 牛乳・鶏卵・砂糖をよくまぜあわせ、香料を加えて煮つめた菓子(の材料)。〓「ークリーム」

カスタネット【castanet】[名] スペイン舞踊の伴奏などに使う打楽器。二枚貝のような形にくりぬいた堅い木片を手の中で打ち鳴らすもの。▼ひもを指にかけるもののほか、柄(え)のついたものもある。

カスタマー【customer】[名] 製品やサービスを利用する人。顧客。得意先。カストマー。〓「ーサービス(=顧客相談窓口)」

カスタマイズ【customize】[名・他サ変] 既存のものを、好みや必要に応じて作り替えること。特にコンピューターで、初期設定を変更すること。

カスタム【custom】[名] ❶客の注文に合わせること。特別仕様。あつらえ。❷関税。また、税関。

カスタム-メイド【custom-made】[名] ⬇オーダーメイド

ガス-タンク【gas tank】[名] 都市ガスや工業用ガスを貯蔵し、必要に応じて供給するための大型の容器。ふつう球形または円筒形。

かす-づけ【▼粕漬・▼糟漬】[名] 魚・野菜などを酒かすに漬けること。また、その漬けたもの。〓「ウリのー」

ガス-テーブル【和製gas + table】[名] 複数のガスこんろを組み合わせた調理器具。

カステラ[名] 小麦粉に鶏卵・砂糖・水あめを加え、スポンジ状にふっくらと焼いた菓子。室町末期、オランダ人を通じて長崎に製法が伝えられた。▼pão de Castella(ポルトガル)(カスティーリャ王国のパン)から。

かす-とり【▼粕取り・▼糟取り】[名] ❶酒かすを蒸留してつくった焼酎(しょうちゅう)。▼「かすとり焼酎」の略。❷第二次世界大戦直後、芋などから盛んに急造された劣悪な密造酒。〓「ー雑誌(=かすとりは三合も飲めば酔いつぶれることから、三号で廃刊になるような低俗な雑誌)」 書き方 多く「カストリ」と書く。

ガス-ぬき【ガス抜き】[名・自サ変] ガスを除去すること。〓「スプレー缶[パン生地]のー」 使い方 集団や組織内部に不満などがたまったとき、極限に達する前にそれを発散させる手段を講じることのたとえにもいう。

かず-の-こ【数の子】[名] ニシンの卵巣を塩漬けにした、または乾燥した食品。▼「かど(=ニシン)の子」の意。卵の数が多いことが子孫繁栄に通じるとして、正月や祝儀の料理に用いる。

ガスパチョ【gazpacho(スペ)】[名] スペインの冷たい野菜スープ。トマト・キュウリ・ピーマンなどの野菜をパンとともにすりつぶし、ブイヨンでのばしてから酢・塩・オリーブ油などで味をととのえたもの。

ガス-マスク【gas mask】[名] 有毒ガスが目や呼吸器に入るのを防ぐために顔につける器具。防毒マスク。

かすみ【▼霞・▼翳み】[名] ❶空中に浮遊する微細な水滴やちりが帯状に集まった、うっすらと薄い雲のようなもの。〓「山のふもとにーがたなびく」▼春に発生するものを「霞」、秋に発生するものを「霧」として区別することもある。❷視力が衰えて、はっきりと物が見えないこと。〓「目にーがかかる」 書き方 多く「翳み」と書く。 霞

◉**霞を食(く)う** 生活の手段もなく、俗世間を離れて暮らすことのたとえ。

かすみがせき【▼霞が関】[名] 中央官庁の通称。特に、外務省。〓「ー外交」▼東京都千代田区にある中央官庁街。

かすみ-そう【▼霞草】[名] ❶ナデシコ科の一年草または越年草。葉は線形で、春から夏、細かく分かれた

小枝の先に白い花を多数つける。多く切り花に用いられる。ムレナデシコ。❷ホトケノザの別称。

かすみ-め【▼翳み目】[名] 目がかすんで物がはっきり見えない状態。また、そのような目。

かす・む【▼霞む・▼翳む】[自五] ❶霞(かすみ)・霧・もやなどがかかる。また、そのために(遠くの)物がぼうっと見える。‖「大空は梅のにほひに━みつつ曇りも果てぬ春の夜の月〈藤原定家・新古今〉」「霧雨に街の灯が━」「涙で文字が━」❷目がはっきりと見えなくなる。目がぼうっとする。‖「疲労で目が━」❸記憶などがぼんやりとする。‖「三〇年も前のことだから、記憶が━のも無理はない」❹他のすぐれた存在のために、あるものが目立たなくなる。影が薄くなる。‖「脇役の名演技で主役が━んでしまった」◈「掠める」と同語源。書き方 ①③④は【霞】、②は多く【翳】を使う。名 かすみ

かすめ-と・る【▼掠め取る】[他五] すきを見て盗み取る。奪い取る。掠奪(りゃくだつ)する。かすめる。‖「人の土地を━」

かす・める【▼掠める】一[他下一] ❶すきを見て、すばやく盗み取る。掠奪(りゃくだつ)する。かすめとる。‖「蔵から食糧を━」「他人の財貨を━」❷〔「…の目をかすめる」の形で〕…の見ていないすきにこっそりと何かをする。…の目を盗む。‖「親の目を━・めてタバコを吸う」二[自下一] ❶すれすれに(すばやく)過ぎ去る。かする。‖「ツバメが軒先を━」「子供の声が耳を━・めた」❷情念や想念が意識や表情に現れたかと思うとすぐ消える。よぎる。‖「不吉な予感が脳裏を━」◈使い方「軒先[脳裏]を━」など、二の～ヲは〈通過点〉を表す。文 かす・む

かずら【▽葛・▽蔓】カヅラ [名] つる草の総称。

かずら【▼鬘】カヅラ [名] ❶つる草などで作った、古代の髪飾り。❷⇩かつら(鬘)

かすり【▼絣・〈飛白〉】[名] 輪郭がかすれた同じ模様を規則的に配した織物や染め物。また、その模様。‖「紺━・久留米(くるめ)━」

かすり【▼掠り・▽擦り】[名] ❶かすること。❷上前をはねること。また、上前。‖「━をとる」

かすり-きず【▼掠り傷】[名] 物が皮膚をかすってできた浅い傷。擦過傷(さっかしょう)。‖「━ですんだ」▼わずかな被害・損害のたとえにもいう。‖「親会社にとってはほんの━だ」

かす・る【▼掠る・▽擦る】[他五] ❶かすかに触れて、さっと通りすぎる。‖「矢は的を━・っただけだった」❷上前をはねる。‖「賃金を━」名 かすり(掠・擦)

か・する【化する】クヮ [自他サ変] ⇩化す ‖「廃墟(はいきょ)と━」文 くゎ・す

か・する【嫁する】一[自サ変] 嫁にいく。とつぐ。‖「商家の跡取りに━」二[他サ変] ❶嫁にやる。とつがせる。❷責任・罪などを人に押しつける。転嫁する。‖「すべての責任を部下に━」文 か・す

か・する【架する】[他サ変] かけ渡す。また、上に構築する。‖「屋上屋(おくじょうおく)を━」文 か・す

か・する【科する】クヮ [他サ変] ⇩科す 文 くゎ・す

か・する【課する】クヮ [他サ変] ⇩課す 文 くゎ・す

が・する【賀する】[他サ変] 祝いのことばを述べる。祝う。‖「新年を━」文 が・す

かす・れる【▼掠れる・▽擦れる】[自下一] ❶墨・インク・絵の具などのつき方が少なくて、文字や絵の一部がはっきりとしなくなる。‖「文字が━・れて読みにくい」❷声がしわがれて、よくでなくなる。‖「歌いすぎて声が━」文 かす・る 名 かすれ

ガス-レンジ [gas range] [名] ガスこんろとグリル・オーブンなどを組み合わせた調理台。

かせ【▼枷】[名] ❶罪人の首や手足にはめて自由に行動できないようにする刑具。桎梏(しっこく)。‖「足━・首━」❷人の行動を妨げるもの。‖「因習が━となる」

かせ【▼桛・▼綛】[名] ❶つむいだ糸を巻き取る道具。❷①からはずして束にした糸。▼「かせ糸」の略。

かぜ【風】[名] ❶物を吹き動かし、体には涼しさ・冷たさなどを感じさせる空気の流れ。特に、空気が気圧の高い方から低い方へ向かうほぼ水平方向の流れ。‖「━がそよそよ[ぴゅうぴゅう]吹く」「━(=風向き)が変わる」❷人に対する世間のしきたりや流儀。‖「浮き世の━は冷たい」❸〈名詞に付いて〉いかにもそれらしい態度・ようすぶりである意を表す。‖「先輩━を吹かす」「臆病━に吹かれる」▼多く批判的な立場で使う。❹寄席芸人の隠語で、扇子。❺⇩風邪

◉**風が吹けば桶屋(おけや)が儲(もう)かる**　ある出来事の影響がめぐりめぐって思いがけないところに及ぶことのたとえ。大風が吹けば桶屋が喜ぶ。

◉**風の便(たよ)り**　どこからともなく伝わってくる消息・うわさ。‖「事業に失敗したらしいと━に聞いた」注意「風のうわさ(に聞く)」ともいうが、標準的でない。

◉**風の吹き回し**　(その時々で風の向きが変わることから)そのときのなりゆき。物事のはずみ。‖「今になって謝りにくるとは、どういう━だろう」

◉**風を切・る**　勢いよく進む。‖「肩で━」

◉**風を食ら・う**　悪事などがばれたことに感づいて、すばやく逃げ去る。

[ことば探究] 季節の「風」

春　青嵐(あおあらし)・薫風(くんぷう)・東風(こち)・春一番・春風
夏　白南風(しらはえ)・涼風・台風・緑風(りょくふう)
秋　秋風・野分(のわき)
冬　寒風(かんぷう)・木枯らし

かぜ【《風邪》】[名] 主にウイルスによって鼻・のど・気管などがおかされる炎症性疾患の総称。せき・くしゃみ・鼻水・鼻づまり・発熱・頭痛などの症状があらわれる。感冒。‖「━をひく」▼「風」と同語源。書き方「風」とも。

がせ [名] [俗] にせもの。まやかしもの。‖「━をつかまされる」「━ねた」

かぜ-あたり【風当たり】[名] ❶風が吹きつけること。また、その強さ。かざあたり。❷周囲からの非難や攻撃。かざあたり。‖「世間の━が強い」

か-せい【化成】クヮ [名・自他サ変] ❶生まれて、成長すること。また、生み育てて、成長させること。‖「万物を━する」❷化合して他の物質になること。また、化合させて他の物質をつくること。‖「━肥料」▼「化学合成」の略。

か-せい【火星】クヮ [名] 太陽系の内側から四番目に位置し、地球のすぐ外側に軌道をもつ惑星。二個の衛星をもち、赤く光って見える。マーズ。マルス。

か-せい【火勢】クヮ [名] 火の燃える勢い。

か-せい【加勢】[名・自サ変] 力をかして、助けること。また、その人。助勢。‖「旗色の悪い方に━する」「━を求める」

か-せい【仮性】[名] 原因は異なるが、症状などが真

性の病気によく似ていること。「—近視」⇔真性

かーせい【河清】[名] いつも濁っている黄河の水が清らかに澄むこと。⬇百年河清を俟(ま)つ

かーせい【苛性】[名] 動物の皮膚などの組織をただれさせる性質。「—カリ(=水酸化カリウム)」「—ソーダ(=水酸化ナトリウム)」

かーせい【苛政】[名] 人民を苦しめる、むごい政治。

◉苛政は虎(とら)よりも猛(たけ)し 苛酷な政治の害は、人を食い殺す虎の害よりも恐ろしい。

かーせい【家政】[名] 家事いっさいを取りしきること。また、その方法。「—学」

かーせい【歌聖】[名] きわめてすぐれた歌人。歌のひじり。「—柿本人麻呂」

かーぜい【課税】―クヮ [名・自サ変] 税金をかけること。また、その税金。「累進—」

がーせい【画聖】―グヮ [名] きわめてすぐれた画家。画仙。

かせいーがん【火成岩】クヮセイ― [名] 地下のマグマが冷え固まってできる岩石。花崗岩(かこうがん)・安山岩・玄武岩など。

かせいーふ【家政婦】[名] 雇用されて家事の手助けをする職業の女性。「—紹介所」

カゼイン[Kasein ドイ] [名] 乳汁の主成分である複合たんぱく質。栄養価が高い。チーズの原料にするほか、接着剤・乳化剤などにも利用する。

かーせき【化石】―クヮ [名] ❶地質時代の古生物の遺骸やその生活の痕跡が地層中に保存されて、石化したもの。❷[自サ変] 石になること。「表情が—した如(ごと)くこわばる」

かせぎ【稼ぎ】[名] ❶生活のために働くこと。また、生活のための仕事。「—手」「出—」❷働いて得る収入。「—がいい」

かせきーねんりょう【化石燃料】クヮセキネンレウ [名] 太古の動植物の遺骸が地質時代を通じて堆積し、地熱・地圧などによって変成された燃料資源。石油・石炭・天然ガスなど。

かせ・ぐ【稼ぐ】㊀[自五]〔古風〕仕事に精を出して働く。「—に追いつく貧乏なし(=懸命に働けば貧乏することはないということ)」㊁[他五] ❶働いて収入を得る。稼ぎ出す。「額に汗して金を—」「アルバイトで学費を—」❷販売や興行によって、商品を売り上げたり収益を上げたりする。稼ぎ出す。「〇〇書房がベストセラーで二億円を—」「利ざやで—(=利益を得る)銀行」❸相応の仕事をして、自分に有利になるような状況を作り出す。特に、得点・得票したり勝ち星を上げたり成績を向上させたりする。「数学で点数を—・いで国語の穴を埋める」「前半飛ばして距離を—」「下位チームを相手に星を—」「視聴率を—」❹〈「点数[点]を稼ぐ」などの形で〉相手の気に入るように働いて自分の評価を上げる。「親に温泉旅行を提案して点を—」▼「ポイント[評価]を—」などのバリエーションがある。❺〈「時間[時]を稼ぐ」の形で〉難局に直面する時間を引き延ばすことによって、自分に有利な状況を作り出す。時間稼ぎをする。「審議を中断させて時間を—」[可能]稼げる [名]稼ぎ

かぜーぐすり【《風邪》薬】[名] かぜを治すための飲み薬。かざぐすり。

かぜーけ【《風邪》気】[名] かぜをひいたような感じ。風邪気味。かぜっけ。かざけ。「—が抜けない」

かーせつ【仮設】[名] ❶[他サ変] 一時的に設置すること。「—住宅」❷[他サ変] 実際にはないことを、仮にあるとすること。❸数学・論理学などで、一つの命題を導くために設ける仮の前提条件。仮定。「AならばBである」のA。▼assumption の訳語。

かーせつ【仮説】[名] まだ証明されていない事柄を統一的に説明するために仮にたてた説。▼hypothesis の訳語。

かーせつ【佳節(▼嘉節)】[名] めでたい日。祝日。

かーせつ【架設】[名・他サ変] かけわたして、設置すること。「橋を—する」

カセット[cassette] [名] ❶録音テープ・録画テープ・フィルムなどを入れた、規格化された容器。そのまま器械に入れて用いる。「ビデオ—」▼特に、録音テープをいう。❷①を用いるテープレコーダー。「ラジオ—」◈原義は「小箱」。

カセットーテープ[cassette tape] [名] カセットに収めた磁気テープ。

かぜーとおし【風通し】―トホシ [名] ❶風が吹き通ること。通風。「—のよい部屋」❷組織の中で意思や情報が通じ合うぐあい。「局内の—をよくする」◈「かざとおし」とも。

がせーねた[名]〔俗〕でたらめの情報。また、いんちき商品。▼「ねた」は材料の意の「たね(種)」の倒語。

かぜーひき【《風邪》引き】[名] かぜをひくこと。また、かぜをひいた人。

かぜーまち【風待ち】[名] ⬇かざまち

かぜーむき【風向き】[名] ⬇かざむき

かーせん【下線】[名] ⬇アンダーライン

かーせん【化繊】―クヮ [名]「化学繊維」の略。

かーせん【河川】[名] かわ。「豪雨で—が氾濫する」▼大小の川を総称していう語。

かーせん【架線】[名] ❶[自他サ変] 送電線・電話線などを空中にかけわたすこと。また、その線。「—工事」❷電車などに電力を供給するためにかけわたす電線。

[読み分け] 工事関係者は「がせん」という。

かーせん【寡占】―クヮ [名] 少数の大企業が市場の大部分を支配すること。

寡

かーせん【歌仙】[名] ❶和歌にすぐれた人。「三十六—」❷連歌・連句の一形式で、三十六句からなるもの。▼「歌仙連歌」「歌仙俳諧(はいかい)」の略。

かーぜん【果然】―クヮ [副] 予期したとおり。はたして。案の定。「強引な政策に—世論は沸騰(ふっとう)した」

がーぜん【▼俄然】[副] 急に。にわかに。「進級してから—頭角をあらわしてきた」[注意]「断然(だんぜん)」の意味で使うのは誤り。「×犬と猫では俄然猫が好き」

がせんーし【画仙紙・画箋紙】グヮセン― [名] 書画に用いる白色大判の紙。もと、中国産。[書き方]「雅仙紙」「雅宣紙」などとも。

かせんーしき【河川敷】[名] (河川法によって)河川の一部と規定された河岸の敷地。かせんじき。

かーそ【可塑】[名] 自由に物の形が作れること。

かーそ【過疎】―クヮ [名] 極度にまばらであること。特に、ある地域の人口が非常に少ないこと。「—化が進む農村」⇔過密

がーそ【画素】―グヮ [名] コンピューターのディスプレーや、デジタルカメラなどに表示する画像を構成する最小単位。ピクセル。

かーそう【下層】[名] ❶幾重にも重なったものの下の部分。「—の地質を調べる」❷社会・組織などの、下の方の階層。◈⇔上層

かーそう【火葬】 クワサウ [名・他サ変] 遺体を焼き、残った骨を拾って葬ること。茶毘(だび)。||「—場」

かーそう【仮葬】 カサウ [名・他サ変] 仮に葬ること。また、その葬儀。⇔本葬

かーそう【仮装】 カサウ [名・自サ変] ❶仮に他の人間や動物の姿をよそおうこと。仮の扮装(ふんそう)。||「道化師に—する」「—行列」❷仮に装備すること。||「—空母」

かーそう【仮想】 カサウ [名・他サ変] 実際にはないことを、仮に現実のこととして考えること。仮の想定。||「大震災を—した訓練」「—敵国」

かーそう【家相】 カサウ [名] 住む人の吉凶に関係するとされる、家屋の位置・方角・構造などのすがた。▼中国の陰陽五行説に基づく。

かーぞう【架蔵】 カザウ [名・他サ変] 書物などを棚に所蔵すること。

かーぞう【家蔵】 カザウ [名・他サ変] 自分の家に所蔵していること。また、そのもの。||「—の太刀」

がーぞう【画像】 グワザウ [名] ❶テレビやディスプレーにうつる映像。❷絵にかいた肖像。||「キリストの—」

がぞうーきょう【画像鏡】 グワザウキヤウ [名] 中国で、後漢から六朝時代にかけて作られた鏡。背面に神仙伝説・竜虎・車馬・狩猟などを題材とする絵画的な文様をもつ。

かそうーげんじつ【仮想現実】 カサウ [名] バーチャルリアリティー。

かそうーつうか【仮想通貨】 カサウツウクワ [名] 紙幣や硬貨を持たず、インターネット上の電子データでのみやりとりされる通貨。国家などによる価値の保証や強制通用力はもたない。

かぞえ【数え】 カゾヘ [名] 「数え年」の略。||「—で一八歳」⇔満

かぞえーあ・げる【数え上げる】 カゾヘ [他下一] 一つ一つ数える。また、一つ一つ取り上げて示す。列挙する。||「欠点を—」 文 かぞへあ・ぐ

かぞえーうた【数え歌】 カゾヘ [名] 「ひとつとや(ひとつとせ)」「ふたつとや(ふたつとせ)」などと順に数を追ってうたう歌。▼歌詞は多く、数に対応して頭韻をふむ。

かぞえーた・てる【数え立てる】 カゾヘ [他下一] 一つ一つ数える。また、一つ一つ取り上げて示す。列挙する。||「罪状を—」▼多く、よくないことについていう。文 かぞへた・つ

かぞえーどし【数え年】 カゾヘ [名] 生まれた年を一歳とし、新年を迎えるたびに一歳を加えて数える年齢。かぞえ。満年齢に対して言う。

かぞ・える【数える(▽算える)】 カゾヘル [他下一] ❶ものの数を調べる。勘定する。カウントする。||「一日二日…と指を折って日数を—」「出席者の数を—」「自分の年を—」「五つ—間に答えろ」❷一つ一つ取りあげて示す。列挙する。あげる。||「条件は幾つか—ことができる」❸〈数値+「を数える」の形で〉合計の数値が…に達する。数量が…になる。||「会合は今回で五〇回を—」❹その中に含める。数え入れる。||「七不思議の一つに—・えられる」▼受身が多い。文 かぞ・ふ

◉**数え切れないほど** 数え上げることができない意で、非常に数の多いことをいう。数えられないほど。||「—の励ましの言葉を頂きました」

◉**数えるほどしか** 〈「数えるほどしか…ない」の形で〉簡単に数えることができる意で、数がごく少ないことをいう。||「あの人とは—会っていない」✓注意 「数えられるほどしか…ない」は誤り。

◉**数えるまでもな・い** 数える必要もないくらい分かり切っている意で、数がごく少ないことをいう。数えるほどもない。||「財布の中身などいちいち—」

かーそく【加速】 [名・自他サ変] 速度がはやくなること。また、速度をはやめること。||「アクセルを踏んで—する」⇔減速

かーぞく【家族】 [名] 夫婦・親子・兄弟など、婚姻や血縁関係で結ばれて生活共同体の単位となる人々の集団。||「うちは五人—です」

かーぞく【華族】 クワ [名] 明治時代に設けられた身分制度で、公・侯・伯・子・男の爵位を授けられた者と、その家族。▼第二次世界大戦後に廃止。

がーぞく【雅俗】 [名] ❶風雅と卑俗。上品なものと、俗っぽいもの。||「—混交」❷雅語と俗語。また、文語体と口語体。||「—折衷体」

かぞくーカード【家族カード】 [名] クレジットカード契約者の信用情報に基づいて、その家族に発行されるクレジットカード。

かぞくーけいかく【家族計画】 クワイ [名] 夫婦が子供の数や出産の間隔を計画的に調整すること。

かぞくーせいど【家族制度】 [名] ❶社会制度によって規定される家族の形態。❷旧民法によって規定された、日本の家父長制度。家(いえ)制度。

かそくーど【加速度】 [名] ❶単位時間に速度が変化する割合。❷物事の変化する速さが次第に増していくこと。||「経営状態が—的に悪化する」

かそけ・し【▽幽けし】 [形ク]〔古風〕かすかである。||「—・き虫の声」

かそーせい【可塑性】 [名] ❶固体に外力を加えて変形させたとき、力を除いても元の形に戻らない性質。塑性。||「—のある樹脂」❷自在に変化することのできる性質。||「—に富んだ未来」

カソリック【Catholic】 [名] ⇒カトリック

ガソリン【gasoline】 [名] 原油を蒸留するとき、摂氏二〇〇度以下で得られる揮発性の液体。おもに内燃機関の燃料にする。||「—を食う(=燃費の悪い)車」

ガソリンースタンド【和製 gasoline＋stand】 [名] 道路沿いにあって、自動車にガソリンを販売する所。給油所。スタンド。サービスステーション。

かた【方】 一 [名] ❶他人を高めていう語。||「あの—は素敵な—です」「次の—どうぞ」▼「北の方」のように、居所の方角を示すことによって間接的に貴人をさしたことから。使い方 (1)「お一方(ひとかた)」「お二方(ふたかた)」「お三方(さんかた)」の形で、人を数えるのにも使う。四人以上には使わない。(2)「〇〇の人」「〇〇者」「〇〇人・〇〇員・〇〇家」など人を表す語の敬語表現として使う(カナダの方・関係者の方・推薦人の方・職員の方・陶芸家の方)。複数の場合は、「かたがた(方々)」という。❷〔古風〕方向。方角。||「東の—を見やる」❸〔古風〕〈下に否定表現を伴って〉方法。手段。||「せん—なし」「言わん—なし」「憤懣(ふんまん)やる—なし」 二 (造) ❶〈動詞の連用形に付いて〉そのことをする方法・手段。また、そのようす・ありさま。||「行き—がわからない」「ひどい言い—だ」❷〈動詞の連用形や動作性の漢語名詞に付いて〉…することの意を表す。||「調査—を依頼する」「撃ち—やめ」❸〈名詞に付いて〉その方面を担当する係である意を表す。||「囃子(はやし)—」「会計—」❹〈名詞に付いて〉二つあるものの一方の側。||「母—の親戚」「豊臣—・相手—」❺〈氏名に付いて〉その人

の家などに寄宿している意を表す。‖「山田一郎—鈴木一行」❻おおよその時間。その時分。‖「夜明け—・暮れ—」❼おおよその割合・程度を表す。‖「八割—完成した」◈㊀の③④⑥⑦は、連濁して「がた」とも。

かた【片】 ㊀[名]❶二つのうちの一つ。一方。‖「—や江戸、—や上方」❷物事の始末。書き方②は「方」とも。㊁(造)❶一対のものの一方。‖「—目・—手・—えくぼ」❷(中心から離れて)一方にかたよっている。‖「—田舎・—意地・—恋・—貿易」❸完全でない。また、わずか。少ない。‖「—言・—時・—手間」

◉**片が付・く** 物事の決着がつく。落着する。‖「遺産争い[仕事]の—」書き方「片」は「方」とも書く。

◉**片を付・ける** 物事の決着をつける。書き方「片」は「方」とも書く。

かた【形】 [名]❶物の姿や格好。かたち。‖「ドレスの—が崩れる」「楔—・ハート—・足—」❷武道・芸能などで、規範となる動作・体勢。フォーム。‖「柔道[舞踊]の—を習う」「自分の—を身につける」❸物事の持つある独特の形式。スタイル。‖「新しい—の文学[政党]」「水泳の自由—」❹借金などの抵当。担保。‖「借金の—にカメラをとる」◈書き方②③は「型」とも。④は多くかな書き。

かた【肩】 [名]❶腕が体に接続する部分の上部。首の付け根から腕の付け根にかけての上側の部分。‖「—に荷を担ぐ」「—が凝る」「—を組む」❷物を投げたり担いだりする力。‖「—が強い」❸衣服の①に相当する部分。❹山頂から少し下の平らになった所。‖「山の—にテントを張る」❺道路の両側の端。路肩。❻文字・紙面などの上部の角の部分。‖「原稿の右—に番号をふる」

◉**肩で息をする** 肩を大きく上下させて、苦しそうに呼吸をする。

◉**肩で風を切る** 肩をそびやかして得意そうに歩く。

◉**肩の荷が下りる** 責任・義務などを果たして気が楽になる。

◉**肩を入れる** ひいきにして応援する。援助する。

◉**肩を落と・す** 肩の力が抜けるほど落胆して、うなだれる。

◉**肩を貸・す** ❶人を肩につかまらせて支える。また、荷物などを一緒に担いでやる。❷援助する。助ける。‖「新事業の発足に—」

◉**肩を竦・める** 肩を上げて身を縮めるしぐさをする。恐縮した思い、恥ずかしさ、不本意な気持ちなどを表す。

◉**肩を窄・める** 肩を縮めて小さくなる。‖「寒さに—」

◉**肩を並・べる** ❶横に並んで立つ。横一線になって進む。❷相手と対等の位置に立つ。対等の実力・地位などをもって張り合う。

◉**肩を持・つ** 争っているものの一方の味方をする。ひいきする。

かた【型】 [名]❶一定の形を作るもととなるもの。鋳型・型紙など。‖「石膏で—をとる」❷慣習となっている、きまった形式。しきたり。‖「旧弊の—を破る」❸人や事物を分類するとき、その個々に共通する特徴として区別される形態・形式。タイプ。‖「新しい—の車」「血液—・新—」◈書き方⇒形

◉**型に嵌・まる** 決まった形式や方法どおりで、個性や独創性がない。‖「—・った考え方しかできない」

かた【潟】 [名]❶砂州の発達によって海から切り離されてできた浅い湖沼。ラグーン。‖「八郎—」❷湾。入り江。‖「難波—」❸遠浅の海岸で、干潮時にはあらわれるが、満潮時にはかくれる所。干潟。

か-た【過多】 [名・形動]多すぎること。‖「情報—・人口—・胃酸—」⇔過少

か-た【▼夥多】 [形動]おびただしく多いこと。‖「出費—」

がた [名]長い時間を経て、人間の体や機械の調子が悪くなること。がたがたになること。‖「エンジンに—がくる」

がた【方】 [接尾]《人を表す語に付いて》複数の人を敬意を込めて表す。‖「皆様—・先生—・あなた—」

ガター【gutter】 [名]ボウリングで、レーンの両側にある溝。また、そこへボールが落ちること。ガーター。

かた-あげ【肩上げ(肩揚げ)】 [名]子供の着物の裄を調節するために、肩の部分で短く縫いあげること。‖「—がとれる(=大人になる)」

かた-あし【片足】 [名]❶片方の足。❷一組みの履き物・靴下などの片方。

かた-あて【肩当て(肩宛て)】 [名]❶物をかつぐとき、肩に当てる厚手の布地。❷形を整え、また補強するために、衣服の肩の部分に縫いつける布。❸寝るときに、肩を覆って寒さを防ぐために用いる布。

か-たい【下▼腿】 [名]ひざから足首までの部分。‖「—骨」⇔上腿

か-たい【過怠】 [名](怠慢からおこった)あやまち。‖「—金・—税」▼多く名詞に付いて、義務違反などを償う意を表す。

か-たい【歌体】 [名]和歌の形式。短歌・長歌・旋頭歌など。

かた・い【堅い・固い・硬い】 [形]❶【堅・固】よくしまっていて崩れにくい。‖「—材木」「—・く門戸を閉ざす」❷【堅・固】確かで危なげがない。手堅い。堅実だ。‖「—商売[職業]」「[競馬で]—レース」❸【堅・固】見込みなどに間違いがない。確実だ。‖「合格[優勝]は—」「[売り上げは]年間一億円は—」❹【固】しっかりと結びついて離れにくい。‖「団結が—」「—友情で結ばれる」「—握手を交わす」❺【固】《連用形で、副詞的に》絶対に許さないさま。‖「外出を—・く禁ずる」「—・くお断りします」❻【固・堅】しっかりしていて揺るがない。堅固だ。‖「彼の決意は—」「守り[身持ち]が堅い」「—約束を交わす」「—・く信じる」❼【固・硬】融通がきかない。きまじめだ。‖「年の割に頭が—(=頑固だ)」「そう—ことを言うな」❽【硬・固】弾力がなく、力を加えても容易に変形しない。‖「このせんべいは—」「—殻[石・肉]」❾【硬・固】こわばっていて柔らかさや伸びやかさに欠けている。‖「体[表情・演技・文章]が—」「—水[音]」「緊張して—・くなる」❿【硬・堅】道徳的・学問的だ。浮ついていない。‖「内容が—・くて一般受けしない」「—本を出版する」「—話は抜きにして…」◈「難い」と同語源。①⇔もろい・ゆるい ⑦〜⑩⇔やわらかい 書き分け【堅】は中身が詰まっていて砕けにくい・もろくないの意で主に①〜③に使うほか、⑥⑩でも使う。【固】は結びつきが強く形が変わらない・ゆるくないの意で主に④〜⑦に使うほか、①〜③や⑧⑨でも使う。【硬】は外から加わる力に対して強い・軟らかくないの意で主に⑧〜⑩に使うほか、⑦にも使う。

かた・い【難い】［形］❶《古風》することが難しい。困難だ。「この城は守るに易(やす)く、攻めるに—」「言うは易く行うは難し」⇔易い ❷〈「…に難くない」の形で、推測の意を表す動詞連体形などを受けて〉簡単に推しはかることができる意を表す。推測しやすい。「計画の失敗は想像(する)に—・くない」❸〈「がたい」の形で、動詞連用形に付いて複合語を作る〉容易に…することができない意を表す。…することが難しい。「その要求は認め—」「動かし—事実」「信じ—光景」

か-だい【仮題】［名］仮につけた題名。

か-だい【架台】［名］❶物をのせて支える台。また、物をかけておく台。「天体望遠鏡の—」❷高所で作業するために作った足場。

か-だい【歌題】［名］和歌の題。席題・兼題など。

か-だい【課題】クヮ［名］❶仕事・勉強などの題目。「—図書」❷解決しなければならない問題。「重大な—を抱えた内閣」

か-だい【過大】クヮ［形動］大きすぎるさま。「—な要求をする」「—視(=必要以上に重く考えること)」「—評価(=実際よりも高く評価すること)」⇔過小

がたい［名］《俗》体格。からだつき。図体(ずうたい)。「—の大きい男」「彼はいい—をしているね」▼外見の大きさをいう「がかい」と「図体」が混合してできた語か。

がた・い【難い】［形］⇩かたい(難)③

が-だい【画題】グヮ［名］❶絵の題名。❷絵画の題材。絵のテーマ。

かた-いじ【片意地】チイ［名・形動］がんこに自分の考えを押し通すこと。「—を張る」「—な性質」

かた-いっぽう【片一方】パウ［名］二つあるもののうちの一方。片方。かたいっぽ。「—の靴が破れた」

かた-いなか【片《田舎》】ナカ［名］都会から遠く離れた辺鄙(へんぴ)な土地。

かた-いれ【肩入れ】［名］ひいきにして、支援すること。

かた-うで【片腕】［名］❶片方の腕。⇔両腕 ❷補佐役として最も信頼できる人。「知事の—となって県政につくす」

かた-え【片▽方・▽傍え】へ［名］かたわら。「道の—」

かた-おち【型落ち】［名］パソコン・家電製品などで、新製品が発売されることによって古い型になること。また、その旧機種となった製品。「—のカメラ」

がた-おち【がた落ち】［名・自サ変］急激に下がること。「いまや信用は—だ」

かた-おもい【片思い(片▽想い)】モヒ［名］一方的に恋い慕うこと。片恋(かたこい)。

かた-おや【片親】［名］❶両親のうちの一方。⇔二親 ❷死別するなどして、両親のうちの一方がいないこと。

かた-がき【肩書き】［名］❶名刺などで、氏名に書き添える職名や役名。❷社会的な評価の対象となる地位・身分・役職など。「—が物を言う世界」◈書き方 公用文では「肩書」。

かた-かけ【肩掛け】［名］女性が外出するときに肩にかける、防寒または装飾用の織物や編み物。ショール。

かた-かた［副ト］堅いものがふれあって発する軽い感じの音を表す語。「下駄を—(と)鳴らして歩く」

かた-がた【方方】［名］「人々」の尊敬語。「お集まりの—に申し上げます」

かた-がた【▽旁】■［接］一方では。ついでに。「視察旅行に出かけ、—観光地に足をのばす」■［接尾］…をかねて。…のついでに。「お礼—ご機嫌伺いをしてこよう」

がた-がた［副ト］❶堅いものがふれあって発する重く騒々しい音を表す語。また、そのような音をだしながら揺れるさま。「雨戸が—(と)鳴る」❷寒さや恐怖ではげしくふるえるさま。「あまりの恐ろしさに—(と)ふるえだす」❸落ち着かないさま。また、うろたえて騒ぐさま。「監査が入って社内は—している」❹うるさく文句などをいうさま。「横から—口を出すな」❺［ニ］組み立てられた物や組織が、こわれかかっているさま。「派閥争いで—になった政党」

かた-かな【片《仮名》】［名］かなの一つ。「ア(阿)」「イ(伊)」「ウ(宇)」のように、多く漢字の一部をとって作りだされた表音文字。ひらがなに対応する体系を持ち、現在は外来語・動植物名・擬声語・擬態語などを書くのに用いられる。▼「かた」は完全でないの意。

かた-がみ【型紙】［名］布などにのせて同じ形を取ることができるように、製作する物や模様の形に切り抜いた紙。洋裁・手芸・染色などに使う。

かた-がわ【片側】ハガ［名］一方の側。「塀の—を黒く塗る」「—通行」⇔両側

かた-がわり【肩代わり(肩替わり)】ハリ［名・自他サ変］人の負債などを別の人が代わって引き受けること。▼駕籠(かご)をかつぐ人が交替する意から。

かたき【敵(▽仇)】［名］❶恨みがあって、機会があったら滅ぼしたいと考えている相手。仇敵(きゅうてき)。「親の—を討つ」「目の—にする(=何かにつけ敵視する)」「江戸の—を長崎で討つ」❷競い合う相手。競争相手。「恋—・商売—」

かた-ぎ【〈気質〉・▽容気】［名］ある職業・年齢層などに特有の気風や気性。「江戸っ子—・職人—・書生—・昔—」▼多く他の語と複合して使う。読み分け ⇩きしつ(気質)

かた-ぎ【堅気】［名・形動］❶遊興などにふけらず、地道でまじめなこと。「—に暮らす」❷地道で、まっとうな職業についていること。また、その人。

かたき-うち【敵討ち(▽仇討ち)】［名・自サ変］❶主君や近親者を殺された者が、報復として相手を殺すこと。あだうち。❷仕返しをすること。「—の試合」

かた-ぎぬ【肩▽衣】［名］武士の礼服の一つ。素襖(すおう)の袖を略したもので、小袖の上から着て肩から背中を覆うもの。▼現在では浄瑠璃(じょうるり)語りなどが着る。

かたき-やく【敵役】［名］❶芝居で、悪人にふんする役。悪役。❷人から憎まれる立場にある人。憎まれ役。

か-たく【火宅】クヮ［名］苦しみと煩悩(ぼんのう)に満ちた現世を、燃えさかる家にたとえた語。▼法華経の「三界安きことなし、なお火宅の如し」から。

か-たく【仮託】［名・自他サ変］他の物事にかこつけて言い表すこと。ことよせること。「物語の主人公に—して説明する」

か-たく【家宅】［名］家。住居。「—捜索」

かた-くずれ【型崩れ・形崩れ】ヅレ［名・自サ変］衣服・靴などのもとの形が崩れること。「スーツが—する」

かたく-そうさく【家宅捜索】サウサク［名］検察官・警察官などが刑事事件の容疑者や証拠物件を発見する

ために、その住居の内外を職権に基づいて捜査すること。◈俗に「家宅捜査」とも言うが、避けたい。

かた-くち【片口】［名］一方だけに注ぎ口のある鉢(はち)。また、長柄の銚子(ちょうし)。

かた-ぐち【肩口】［名］肩の、腕に近い部分。肩先。

かたくち-いわし【片口▼鰯】［名］日本各地の沿岸に分布するカタクチイワシ科の海魚。マイワシより小さく、上あごが下あごよりも長い。しらす干し・煮干し・ごまめなどの材料にする。セグロイワシ。ヒシコイワシ。シコ。

かたくな【▽頑な】［形動］人が何をいおうと、がんとして自分の意見や態度を変えないさま。強情なさま。‖「―に口を閉ざす」「―な態度」派生 -さ

［ことば探究］「かたくな」の使い方

▼他からの働きかけを受け入れない、強固さ、硬直したニュアンスを持つ。

▼「頑固」は比喩的に人以外のものの強固さ、変化をおこさない性質をあらわすことがあるが、「かたくな」にはその用法はあまりない。
「レンジ周りの汚れは×かたくなだ/○頑固だ」

▼人について用いる場合、「頑固」が固定的な性格についていうことが多いのに対し、「かたくな」は個別のことがらや人に対する、具体的な態度についていうことが多い。
「どこにいたのかは○かたくなに/×頑固に話さない」

かた-くり【片▼栗】［名］❶早春、花茎の先に紅紫色の花を一つ下向きにつける、ユリ科の多年草。鱗茎(りんけい)から「片栗粉」をとる。❷「片栗粉」の略。

かたくり-こ【片▼栗粉】［名］カタクリの鱗茎(りんけい)からとる良質のでんぷん。料理・菓子などに使う。▽市販の「片栗粉」の多くは、代用としてジャガイモのでんぷんを使う。

かた-くるし・い【堅苦しい】［形］形式ばっていて、窮屈であるさま。‖「―あいさつは抜きにしよう」書き方 まれに「固苦しい」とも。派生 -げ/-さ

かた-ぐるま【肩車】［名］❶人を首から肩のあたりにまたがらせてかつぐこと。❷柔道で、相手を肩にのせて投げる技。

かた-こい【片恋】ヒコ［名］片思い。

かた-ごし【肩越し】［名］前にいる人の肩を隔てて物事をすること。‖「―にのぞき込む」

かた-こと【片言】［名］❶ことばの一部分。‖「―も聞きもらすまいと耳を傾ける」❷不完全で、たどたどしいことば。‖「―のドイツ語で買い物をする」

かた-こり【肩凝り】［名］肩の筋肉がこわばり、重苦しい不快感を伴う症状。

かた-さき【肩先】［名］肩の、腕に近い部分。肩口(かたぐち)。

かた-しき【型式】［名］自動車・飛行機などで、その構造・設備・外形などで分類される特定の型。モデル。

かたじけな・い【▼忝い・▽辱い】［形］❶感謝にたえない。ありがたい。‖「すぐに来てくれるとは―」❷尊くてもったいない気持ちだ。恐れ多い。‖「―・くも御親書を賜り〈太宰治〉」◈注意「かたじけ＋無い」と考えて「かたじけぬ」「かたじけありません」と言うのは誤り。⬇「ない」のコラム(一二〇三ページ) 派生 -さ/-がる

かたじけなく-・する【▼忝くする・▽辱くする】［連語］もったいなくも…していただく。かたじけのうする。‖「御高覧を―」

かた-しろ【形代】［名］みそぎ・おはらいなどで用いる、紙などで作った人の形をしたもの。人形(ひとがた)。▽この人形で体をなでて罪・けがれなどを移し、身代わりとして川に流す。

かた・す【片す】［他五］かたづける。整理する。‖「部屋を―」▽東日本の方言から。

かた-ず【《固唾》】ヅ［名］緊張したときに、口中にたまるつば。書き方 現代仮名遣いでは、「かたづ」も許容。

◉**固唾を呑(の)・む** 事のなりゆきがどうなるかと、息を凝らす。‖「―・んで見守る」

かた-すかし【肩透かし】［名］❶相撲の決まり手の一つ。相手が押して出る瞬間に浅く組んでいた体を開き、肩口に手をかけて引き倒す技。❷意気ごんでくる相手の気勢をそらし、むだに終わらせること。‖「―を食う」

カタストロフィー【catastrophe】［名］悲劇的な結末。破局。特に、小説・戯曲などの(悲劇的な)大詰め。キャタストロフィー。カタストローフ。

かた-すみ【片隅】［名］一方のすみ。また、中央から離れた目立たないところ。‖「町の―に小さな公園がある」

かた-ずみ【堅炭】［名］カシ・ナラ・クリなどで作った、堅くて火力の強い木炭。

かた-せん【肩線】［名］服飾で、肩の形をつくる線。

かた-たたき【肩▼叩き】［名・自サ変］❶肩凝りをほぐすために、肩を続けてたたくこと。また、そのための道具。❷やんわりと退職などを勧告すること。

かたち【形】［名］❶見たり触れたりしてとらえることができる物の姿。物体のもつ外形。形状。‖「色も―も同じだが、大きさが違う」「四角い―の瓶」「美しい―の額(ひたい)」「空爆で今や建物は影も―もない」❷人の顔や体について、その容貌(ようぼう)や容姿。顔かたち。みめかたち。姿かたち。‖「年とともに引き締まった体の―が崩れ始める」書き方「▽容」「▽貌」とも。❸一定のまとまった状態をもって表に現れた、物事の姿。形態。‖「制度としては三審制の―をとっている」「一口に『愛』と言ってもさまざまな―がある」「規則はともかく事実上は認可しない―になる」◈注意 婉曲(えんきょく)に、丁寧に言おうとして使われることがあるが、適切でない。‖「×お値段は五千円という形になっております」❹物事の、実質・内容面ではない、表面的・形式的な側面。‖「―をとりつくろう」「―ばかりの贈り物」「―だけの会長」❺ことばの、意味内容的側面に対して、形式的(＝音声的)側面。‖「音韻変化でことばの―(＝語形)が変わった」❻スポーツなどで、(有効な結果を導き出すための)動作のあり方。フォーム・姿勢・体勢などの格好。‖「打つときの―がいい」「自分の得意な―に持ち込む」❼結果としてのありさま。まとまった様子。‖「研究の成果が―になる」

かたち-づく・る【形作る】［他五］一つのまとまった形につくりあげる。形成する。‖「理論を―」

かたち-ばかり【形▽許り】［連語］内容はともかく、形式だけはととのっていること。しるしばかり。かたばかり。‖「―の結婚式を挙げる」

かた-ちんば【片▼跛】［名・形動］対になるものの片方が、一方とそろっていないこと。▽身体障害を比喩として使った、差別的な語。

か-たつ【下達】［名・他サ変］上位の者の考えや命令を下位の者に伝えること。‖「上意―」⬌上達 ◈注意「げたつ」「げだつ」と読むのは誤り。

かた-つき【肩つき（肩付き）】［名］肩のあたりの様子。肩の格好。

かた-づ・く【片付く】［自五］❶散らかっていた場所がきちんと整えられる。また、散らかった物や邪魔な物が取り除かれて、納まるべき所にきちんと納まる。整理整頓（せいとん）される。〓「机の上がきちんと―・いた」「散乱したおもちゃが―」❷（面倒な）物事がきちんと解決される。決着・収まりがつく。片がつく。〓「仕事が―」「金で―問題ではない」❸娘が嫁ぐ。〓「末娘も―・いた」▼身内の立場からいう。❹邪魔者や裏切り者などが取り除かれる。消される。殺される。〓「邪魔者が―・いたら、おれの天下だ」◈片方につく意から。注意「かたずく」は誤り。書き方「片づく」も多い。③は「▽嫁く」とも当てる。

がた-つ・く［自五］❶堅いものがふれあって、がたがた音をたてる。〓「風にあおられて雨戸が―」❷恐怖や寒さのために、体がはげしくふるえる。〓「あまりの寒さに足が―」❸機械や体の調子が悪くなる。〓「中古車のエンジンが―」▼俗に「がたがくる」ともいう。❹もめごとなどで、組織が不安定になる。〓「組合が―」

かた-づけ【片付け】［名］片付けること。〓「居間の―をする」書き方「片づけ」と書くことも多い。

かた-づ・ける【片付ける】［他下一］❶散らかっている場所をきれいに整える。また、散らかっている物や邪魔な物を取り除いて、納まるべき所にきちんと納める。整理整頓（せいとん）する。〓「書斎［食卓の上］をきれいに―」「布団を押し入れに―」❷（ある仕方で）物事をきちんと解決したり済ませたりする。〓「急いで宿題を―・けてから遊ぼう」「金銭で物事を―わけには行くまい」「管轄が違いますの一言で―・けられる（＝すげなく処理される）」❸娘を嫁に行かせる。嫁がせる。〓「御嬢さんを早く―・けた方が得策だろう…〈漱石・こころ〉」▼身内の立場でいう。❹邪魔者や裏切り者などを取り除く。消す。殺す。また、手ひどくやっつける。〓「裏切り者は直ちに―・けよ」「一発のパンチであっさりと―」❺食事を余すところなく食べてしまう。〓「三膳（ぜん）飯をぺろりと―（＝平らげる）」◈書き方「片づける」と書くことも多い。③は「▽嫁ける」とも当てる。文かたづ・く 名片付け

がたっ-と［副］❶固い物が急に動いたり落ちたりするさま。また、その音を表す語。〓「車輪が―はずれる」❷物事が急に悪い状態に変わるさま。〓「成績が―落ちる」

かたっぱし-から【片っ端から】［副］順序を問わず、何にでも行為を及ぼすさま。手当たり次第。次から次に。〓「友人に―声をかける」「本屋という本屋は―当たってみたが、見つからなかった」▼「かたっぱし」は、「かたはし」の促音化。

かた-つむり【〈▼蝸牛〉】［名］軟体動物腹足綱に属する陸生の巻き貝の総称。体はナメクジに似るが、渦巻き状の殻を背負う。頭部には二対の触角があり、その長い方の先端に目がある。デンデンムシ。マイマイツブリ。マイマイ。蝸牛（かぎゅう）。

かた-て【片手】［名］❶片方の手。⇕両手 ❷［俗］五・五〇・五〇〇など、五のつく金額をいう語。▼片手の指の数から。

かた-ておち【片手落ち】［名・形動］配慮や注意が一方だけにしか及ばず、公平さを欠いていること。〓「企業の責任だけを問うのは―だ」

かた-てま【片手間】［名］本業の合間。また、本業の合間にする仕事。

かた-どおり【型通り】（―ドホリ）［名・形動］慣習として決まっている方式にただ従うこと。〓「―のあいさつ」

かた-とき【片時】［名］わずかの間。へんじ。〓「子供から―も目が離せない」「―片時（へんじ）（＝「かたとき」を強めていう語）」▼一時（ひととき）の半分の意。

かたど・る【▽象る・▽模る】［他五］ある物の形を写しとる。また、ある物の形に似せてつくる。〓「二葉葵（ふたばあおい）を―・った紋章」▼「形取る」の意。可能 **かたどれる**

かた-な【刀】［名］❶両刃（もろは）の剣に対して用いる片刃の刃物。❷江戸時代、武士が腰に差した大刀（だいとう）。◈「かた」は片、「な」は刃の意。数「一本（いっぽん）…」「一刀（いっとう）…」「一剣（いっけん）…」「一口（いっこう）…」「一振（ひとふ）り…」「一腰（ひとこし）…」と数える。

⦿**刀折れ矢尽・きる**　戦う手段が尽きる。また、物事に立ち向かう手段がなくなる。

かた-ながれ【片流れ】［名］❶屋根の棟（むね）から一方の軒までの斜面。❷棟から軒まで、一方にだけ傾斜している屋根。⇕両流れ

かた-なし【形なし（形無し）】［名・形動］❶本来の姿・形がそこなわれて、すっかりだめになること。❷すっかり面目を失うこと。〓「初戦から破れては優勝候補も―だ」

かた-ならし【肩慣らし】［名・自サ変］野球などで、ボールを軽く投げて肩の調子を整えること。▼本格的に物事を行う前の下準備のたとえにもいう。

かた-ぬぎ【肩脱ぎ】［名］和服の上半身を脱いで肩をあらわすこと。特に、和服の片袖から腕を抜き、左右どちらかの肩をあらわすこと。また、その姿。

かた-は【片刃】［名］刃物で、片側にだけ刃がついていること。また、その刃物。かたば。⇕諸刃（もろは）・両刃

かた-はい【片肺】［名］❶片方の肺。❷双発の飛行機で、エンジンの片方しか動かないこと。また、そのエンジン。〓「―飛行」

かた-はし【片端】［名］❶物の一方のはし。かたっぱし。❷わずかな部分。一部分。〓「話の―を聞いただけだ」

かた-はだ【片肌】［名］片方の肩のあたりの肌。⇕諸肌（もろはだ）

⦿**片肌を脱・ぐ**　着物の片そでをぬいで、肩のあたりをあらわにする。転じて、人を助けるために力を貸す。一肌脱ぐ。

かた-はば【肩幅】［名］両肩の端から端までの幅。〓「―が広い」

かたばみ【〈酢▼漿草〉】［名］道ばたなどに自生するカタバミ科の多年草。ハート形をした三枚の小葉は夜になると閉じる。さやに入った種子は、熟すとはじけて飛ぶ。

かたはら-いた・い【片腹痛い】［形］実力もないのに思い上がっている相手の態度がこっけいで、ばかばかしく感じる。ちゃんちゃらおかしい。笑止千万だ。〓「あれで真打ちとは―」▼文語形容詞「傍（かたは）ら痛し」の「かたはら」を「片腹」と誤ったことからできた語。

カタパルト【catapult】［名］艦船などの甲板から飛行機を発進させる装置。

かた-ばん【型番】［名］商品などの型を表す番号。

かた-パン【堅パン】［名］❶堅く焼いたパン。❷⇩乾（かん）パン

かた-びさし【片▼庇・片▼廂】［名］屋根の一方だけ差し出ているひさし。片流れのひさし。

かた-ひじ【片肘（片▼肱）】（―ヒヂ）［名］片方のひじ。〓「机に―を突く」

かた-ひじ【肩肘（肩▼肱）】ヂ [名] 肩とひじ。

◉**肩肘張・る** 気負って、堅苦しい態度をとる。✔注意 「かたひじ」を「片肘」と書くのは誤り。

がた-ぴし [副ト] ❶建具などのたてつけが悪く、力を加えると物がぶつかるような音を発するさま。また、その音の形容。‖「ーする障子」❷組織の機構などが円滑に働かないさま。‖「失態続きで営業部門がーしている」

かた-ひも【肩▼紐】[名] 衣類や鞄で、肩にかけるためのひも。‖「キャミソールのー」

かた-びら【ヘ▼帷子】[名] ❶生絹や麻布で仕立てた夏向きのひとえもの。また、ひとえものの総称。❷几帳（きちょう）・帳（とばり）などに用いた薄い布。

かた-ぶ・く【▽傾く】〔古風〕━ [自四] かたむく。━ [他下二] かたむける。

かた-ぶつ【堅物】[名] きまじめで、融通のきかない人。堅人（かたじん）。堅蔵（かたぞう）。

かた-ぶとり【固太り（堅▽肥り・堅太り）】[名] 太ってはいるが、肉づきがかたくしまっていること。また、その人。

かた-ほ【片帆】[名] 横風を受けるように、帆を一方に傾けて張ること。また、その帆。⇔真帆（まほ）

かた-ほう【片方】ーハウ [名] 二つあるもののうちの一つ。片一方。かたっぽ。かたっぽう。‖「仁王像のーに傷がある」⇔両方

かた-ぼう【片棒】[名] 二人で駕籠（かご）などをかつぐときの、一方の一人。

◉**片棒を担（かつ）・ぐ** 仕事や企ての一部を担って協力する。特に、悪事に荷担する。‖「犯罪のー」

かた-ほとり【片▽辺】[名] 中心部から離れたへんぴな場所。片いなか。

かた-まえ【片前】ーマヘ [名] 洋服の上衣やコートなどの前を浅く合わせて、ボタンを一列につけたもの。シングル。⇔両前

かたまり【塊・固まり】[名] ❶固まること。また、固まったもの。‖「砂糖のー」❷全体から切り取られた部分で、ある程度の大きさをもつもの。‖「牛肉をーのまま買う」❸寄り集まっているもの。集団。‖「ひとーになって走る」❹〈「…の塊」の形で〉ある性質・傾向などが極端であるもの。‖「欲のー」「好奇心のーのような人」◈書き方 慣用的に「塊り」と書くことも多い。

かたま・る【固まる】[自五] ❶柔らかい物や液状の物などが変化して固体状になる。‖「冷やされてマグマがー」「苦汁（にがり）で豆乳がー」「雨降って地（じ）ーる」「こちこち［かちかち・がちがち］にー」使い方「豆乳が固まる」は、〈結果〉である「豆腐」を主語にして「豆腐が固まる」ともいう。「湯が沸く」と同趣。❷一か所に集まって存在する。‖「生徒たちが廊下のすみにー・っている」「茎のてっぺんに花がー・って咲く」❸考えや物事の状態などがしっかりとして、ゆるぎないものになる。‖「辞任する決心がー」「方針［容疑］がー」❹思考力や思考法が柔軟さを失って、そのこと以外に関心を払わなくなる。凝り固まる。‖「頭が不信感でー・ってしまっている」使い方 マイナスに評価していう。❺⇒フリーズ② 名 固まり

かたみ【▼筐】[名] 目の細かい竹かご。‖「花ー」

かた-み【片身】[名] ❶魚を二枚におろしたときの、片方の身。❷衣服の身頃（みごろ）の片方。片身頃。

かた-み【形見】[名] ❶死んだ人や別れた人が残していった、その人を思い出すよすがとなるもの。❷過去を思い出すよすがとなるもの。‖「この角帽は青春のーだ」

かた-み【肩身】[名] 世間に対する面目。‖「ーが広い（＝世間に対して面目がたち、ほこらしく感じる）」

◉**肩身が狭（せま）・い** 世間に対して恥ずかしく、ひけめを感じる。✔注意「かたみ」を「片身」と書くのは誤り。

かた-みち【片道】[名] 行きか帰りかの、どちらか一方。‖「ー切符」

かたみ-に【▽互に】[副]〔古風〕たがいに。かわるがわる。‖「ー涙の袖（そで）を絞る」

かたみ-わけ【形見分け】[名] 故人の所持品などを、「形見」①として親族や友人に分け与えること。

かた-むき【傾き】[名] ❶ななめになること。また、その程度。❷ある特定の方向に進もうとすること。傾向。‖「人命を軽んずるーがある」

かた-む・く【傾く】[自五] ❶物が平衡状態を失って斜めになる。‖「乱気流で機体が左右にー」「看板［肩］が斜め［やや右］にー・いている」❷太陽や月が西に寄って沈みかかる。また、太陽が一定の方向による。‖「日が西にー」「冬至には太陽が一年中で最も南にー」❸勢いが衰える。‖「家運が衰勢にー」「身代（しんだい）がー」❹考えや性質などがある特定の方向にかたよる。傾斜する。‖「大方の意見は賛成にー・いている」◈「片向く」の意。名 傾き

かたむ・ける【傾ける】[他下一] ❶傾くようにする。斜めにする。‖「水筒をー・けて水をつぐ」「体を内側にー・けてコーナーを回る」「音楽に耳をー（＝傾聴する）」❷酒を飲む。‖「一献ー」▼杯を斜めにして中の酒を飲むことからいう。❸勢いを衰えさせる。‖「失政が国をー」❹仕事や技芸に心や力をいちずに集中させる。傾注する。注ぎ込む。‖「仕事に精魂［情熱］をー」❺〔古風〕中の物をすっかり出す。洗いざらい出す。‖「腥（なまぐさ）いものを…咽喉（のど）の奥から金盥（かなだらい）の中にー・けた事もあった〈漱石〉」▼斜めにして器の中身を空にすることからいう。漢文訓読から。◈「片向ける」の意。文 かたむ・く

かた-むすび【片結び】[名] 帯・ひもなどの結び方で、まっすぐにした一方に他方をからませて輪にし、それを引き締めて結ぶもの。

かた-むすび【固結び】[名] ⇒小間結び

かた-め【片目】[名] ❶一方の目。‖「ーが明く（＝相撲で、二日目以後に初めて白星を得る）」❷片方の目が不自由であること。また、その人。

かた-め【固め・堅め（固目・堅目）】[名・形動] やや固いと思われる程度。‖「ーのご飯」「スパゲッティをーにゆでる」⇔やわらかめ ▼「め」は接尾語。

かため【固め】[名] ❶堅固にすること。また、物事を確かなものにすること。‖「票のーに入る」❷かたい約束。かたい契り。‖「ーの杯（さかずき）」❸守備。防備。◈「固める」の連用形から。

かた・める【固める】[他下一] ❶柔らかい物や液状の物などを固体状に変化させる。‖「足で踏みつけて土をー」「豆乳をー・めて豆腐にする」「苦汁（にがり）で豆腐をー」使い方 〜ヲに〈結果〉をとる言い方もある。❷一つにまとめる。‖「本塁打をー・めて打つ」「荷物は所定の場所にー・めて置いた」❸しっかりとゆるぎないものにする。‖「自分の地盤［地歩］をー」「決意［方針・イメージ］をー」「そろそろ身をー・めたい（＝結婚したい）」❹しっかりと守る。‖「国境をー」「本丸の守りをー」❺ただそれだけで（強固に）作り上げる。特に、組織やその構成員をある一定のメンバーだけで作り上げる。‖「嘘（うそ）でー・めた報告書」「レギュラーをベテランでー」❻〈「拳（こぶし）」「拳骨（げんこつ）」を固め

る」の形で〉手のひらを固く握りしめて、こぶしを作る。≡「拳を—・めて殴りかかる」文 かた・む 名 固め

かた-めん【片面】［名］表裏あるうちの、一方の面。≡「—印刷機」⇕両面

かた-や【片や】［連語］片一方は。≡「—ルーキー、—首位打者の対決」

かた-やぶり【型破り】［名・形動］世間の常識や習慣の枠から大きくはずれていること。≡「—の大型新人」「何から何まで—な結婚式」

かた-やま【肩山】［名］衣服の肩の最も高い所。

かた-ゆで【固▼茹で】［名］食品を固めにゆでること。また、そのもの。≡「—の卵」

かた-よ・せる【片寄せる】［他下一］一方に寄せる。また、一つの所にまとめる。≡「荷物を—・せて布団を敷く」「テーブルの食器を—」文 かたよ・す

かた-よ・る【偏る・片寄る】［自五］ある基準から外れて一方に寄る。また、一方に寄って均衡や公平を失う。偏する。≡「あの人の考え方は管理主義に—・っている」「専門に—・った本」「栄養が—と健康を害する」「判定が一方に—」使い方 多く、マイナスに評価していう。

かたら・う【語らう】(カタラフ)［他五］❶互いに打ち解けて話し合う。語り合う。≡「友と将来の夢を—」❷計画などを話し合う。相談し合う。謀(はか)る。≡「ともに—・って倒幕の計画を進める」❸話をして仲間に引き入れる。誘う。≡「仲間を—・って物見遊山(ものみゆさん)に出かける」◈「語る」の未然形+反復継続の助動詞「ふ」から。名 **語らい**

かたり【語り】［名］❶物語ること。また、その話。❷能や狂言で、節をつけない、ふつうに近いことばで、出来事や由来などを物語ること。また、その文句。❸映画やドラマで、語り手が筋・場面などの説明をすること。ナレーション。

かたり【▼騙り】［名］人をだまして、金品をまきあげること。また、その人。≡「ゆすり—」

かたり-あか・す【語り明かす】［他五］話し合って夜を明かす。≡「秋の夜長を—」

かたり-ぐさ【語り▽種・語り草】［名］話のたね。話題。≡「のちのちまでの—となる」

かたり-くち【語り口】［名］❶語る人の口調。≡「淡々とした—」❷落語・講談・浄瑠璃(じょうるり)など、語り物を演じるときの口調や態度。≡「絶妙な—」

かたり-つ・ぐ【語り継ぐ】［他五］次々に語って次世代に伝えていく。≡「古くから—・がれてきた民話」

かたり-て【語り手】［名］❶話をする人。話し手。❷小説・映画・演劇・放送などで、筋や場面の説明をする人。ナレーター。

かたり-べ【語り▽部】［名］上代、朝廷に仕えて、神話・伝説などを後世に語り伝えることを職とした氏族。▼ある事柄を語り伝える人の意でも使う。≡「—となって次代に戦争体験を伝える」

かたり-もの【語り物】［名］叙事的な物語を、詞章に抑揚や節をつけ、楽器に合わせて語るもの。平家琵琶(びわ)・浄瑠璃(じょうるり)・浪曲など。⇩謡物(うたいもの)

かた・る【語る】［他五］❶ある出来事や体験・感想などを相手に話す。特に、あるまとまった内容を表すものとして話す。≡「事件の顛末(てんまつ)を記者団に—」「抱負を—」「涙ながらに—」使い方「本書が—宇宙の神秘」のように、文字で表したものにもいう。❷語り物を節をつけて朗唱する。≡「浪曲[平家物語]を—」❸ある事実や物品が、事の意味や事情などをおのずから示す。意味する。物語る。≡「うつろな瞳(ひとみ)が心の空虚と不安を—・っている」「出土品が—古代の歴史」可能 **語れる** 名 **語り**

◉**語るに落・ちる**「問うに落ちず語るに落ちる」の略。⇩問うに落ちず語るに落ちる

◉**語るに足(た)・る** 語るだけの価値がある。また、語る相手として十分にふさわしい。≡「いさかいのことなど—・らない」

かた・る【▼騙る】［他五］❶ことば巧みに人をだまして金品をまきあげる。≡「手練手管を駆使して大金を—」❷地位・名前などを偽って人をだます。≡「学歴を—」「弁護士を—・って(=〜と称して)詐欺を働く」◈「語る」と同語源。

カタル［Katarrh ドイツ］［名］粘膜の炎症によって多量の粘液・漿液(しょうえき)などが分泌される症状。≡「大腸—」書き方「加▽答▽児」と当てる。

カタルシス［katharsis ギリシア］［名］❶悲劇などを鑑賞することによって鬱積(うっせき)した感情を解放し、心を軽快にすること。精神の浄化作用。▼アリストテレスの用語。❷精神分析で、抑圧されている心のしこりを表出させることによって、それから解放させること。また、その療法。浄化法。

カタログ［catalog］［名］商品目録。書き方「型▽録」と当てる。

かた-わ【片▽端・片輪】(ハ・ワ)［名・形動］体の一部に障害があって、機能が十分に働かないこと。また、その人をいう、差別的な語。

かた-わら【傍ら(▼旁ら・▽側ら)】(ラハ)［名］❶すぐ近くの所。そば。≡「—から口をはさむ」❷端に寄ったところ。隅(すみ)のほう。≡「境内の—にある石碑」❸〈副詞的に〉…しながら。…する一方で。≡「大学に通う—塾の講師を勤める」

◉**傍らに人無きが如(ごと)・し** そばに他人がいないかのように、わがまま勝手に振る舞うさま。▼「傍若無人(ぼうじゃくぶじん)」の訓読から。

[ことば探究]「かたわら」の使い方

▼「かたわら」①は「わき」と意味が似ているが、「わき」は「真横」「隣接・密着している」というイメージであるのに対し、「かたわら」は真横でなく、隣接・密着していないイメージである。
「車の ○かたわら/○わき で犬が寝そべっている」
「寝袋の両方の ×かたわら/○わき に、ひもを通す部品がある」

▼「かたわら」③は、一人が並行して二つの活動をおこなうことを表す。主に人について言い、国・機関・組織には使いにくい。

▼③は「一方」と異なり、対立する二つのことがらには使いにくい。
「佐藤氏はボランティア活動を行う ×かたわら/○一方、会社経営には厳しい一面ものぞかせる」

かた-われ【片割れ(片▽破れ)】［名］❶割れたものの一片。また、対になったものの一方。≡「足袋(たび)の—」❷仲間の一人。≡「銀行強盗の—」

か-たん【下端】［名］下の方のはし。⇕上端

か-たん【荷担・加担】［名・自サ変］味方になって、力をかすこと。≡「悪事に—する」▼「荷」「担」は、になう意。書き方 本来は「荷担」だが、近年は「加担」が優勢。

か-だん【下段】［名］「げだん(下段)」①に同じ。

かーだん【花壇】クヮ［名］庭・公園などの一部を区切り、土を盛り上げるなどして草花を植えた所。

かーだん【果断】クヮ［名・形動］思いきって物事を行うこと。「—な挑戦」

かーだん【歌壇】［名］歌人の社会。

がーだん【画壇】グヮ［名］画家の社会。

カタンーいと【カタン糸】［名］ミシン用の木綿糸。強くよりをかけた糸に漂白・ろう引きなどの加工を施したもの。▼「カタン」は英語の cotton(=木綿)から。

がたんーごとん［副☆］堅くて重い物がぶつかり合って発する音を表す語。がたごと。「列車が—と走り去る」

がたんーと［副］❶堅いものが音を立ててぶつかり合うさま。また、その音を表す語。「いすが—倒れる」❷物事が急激に悪い状態に変わるさま。がたっと。「成績が—落ちる」

かち【▽徒】［名］❶〔古風〕歩いていくこと。徒歩。❷徒歩で主君の供をする身分の低い武士。おかち。かちざむらい。書き方「〈徒士〉」とも。

かち【勝ち】［名］勝つこと。勝利。「—を急ぐ」「負けるが—」⇔負け

◉勝ちに乗ずる 勝った勢いに乗って、そのまま物事を行う。勝ちに乗る。

かーち【価値】［名］物事や行動がどれくらい有用であるかという程度。値打ち。「一見の—がある映画」「商品の—を損なう」「資産—の高い物件」▼経済学では、商品の価格を規定する本質となるものをいう。

がち［名・形動］〔新〕本気。本当。まじ。「この話は—だ」「—でやばい」▼相撲用語「がちんこ(=真剣勝負)」の略という。書き方 多く「ガチ」と書く。

が一ち【雅致】［名］風流なおもむき。雅趣。

がち【(勝ち)】［接尾］〈名詞や動詞の連用形に付いて〉…の割合が多い、…の傾向が強い意を表す。「よくあり—な失敗」「病気—の子ども」「遠慮—に物を言う」「黒目—・曇り—」

かちーあ・う【▼搗ち合う】フ［自五］❶物と物とがぶつかり合う。衝突する。「意見が—」❷偶然に出会う。「ライバル同士が—」❸二つの物事が重なり合う。「会議の日程が—」

かちーあが・る【勝ち上がる】［自五］勝って上の段階へ進む。勝ち進む。「決勝戦まで順調に—」

かちーいくさ【勝ち戦(勝ち▽軍)】［名］戦いに勝つこと。また、その戦い。⇔負け戦

かちーいろ【勝ち色】［名］❶勝ちそうな気配。⇔負け色 ❷濃い藍色。濃紺色。褐色。

かちーうま【勝ち馬】［名］競馬で一着になった馬。優勝馬。また、一着になると予想される馬。

◉勝ち馬に乗・る 勝った方に味方して便乗する。有利な方についてその恩恵を受ける。「派閥争いの—ってポストを得る」

かちうまーとうひょうけん【勝馬投票券】［名］「馬券」の正式名称。

かち・える【勝ち得る】［他下一］努力の結果、自分のものとする。「成功[信用]を—」文かち・う

かちーかち［副］❶［☆］堅いものが軽くふれあって発する連続的な音を表す語。「時計が—(と)時を刻む」❷［三］非常に堅いさま。また、頑固で融通のきかないさま。「—になった餅」「親父は頭が—だ」❸［三］緊張して体がこわばっているさま。「あがって—になる」◈俗に「かちんかちん」とも。

がちーがち［副］❶［☆］堅いものが小刻みにぶつかり合って発する音を表す語。「恐ろしさに歯を—(と)鳴らす」❷［☆］一つのことだけをゆとりなく行うさま。「—勉強する」❸［三］きわめて堅いさま。また、一つのことに凝り固まって融通がきかないさま。「—に固まったコンクリート」「古くさい思想で—の頭」❹［三］緊張・恐怖などで、体がこわばるさま。「初舞台で—になる」

かちーかん【価値観】クヮ［名］物事を評価し、行動を決定するときの基準になる、何にどのような価値を認めるかという個人個人の判断。「—の相違」

かちーき【勝ち気】［名・形動］人に負けまいとする強い気性。負けん気。「—な人」

かーちく【家畜】［名］人間が生活に役立てるために飼育・繁殖させている動物。馬・牛・豚・羊・ニワトリなど。「—小屋」

かちーぐみ【勝ち組】［名］❶競争社会で、勝つ方のグループ。社会的・経済的に成功する人々。❷ブラジルの日系移民社会で、太平洋戦争での日本の敗戦を信じなかった人々。◈⇔負け組

かちーぐり【勝▼栗(▼搗▼栗)】［名］干したクリの実を臼で軽くつき、殻と渋皮を取り除いたもの。「搗ち」が「勝ち」に通じるので、出陣や祝賀の料理に用いた。書き方「勝栗」は当て字。

かちーこし【勝ち越し】［名］勝ち越すこと。「千秋楽で—を決める」⇔負け越し

かちーこ・す【勝ち越す】［自五］勝った数が負けた数よりも多くなる。獲得した点が奪われた点よりも多くなる。「大相撲で八勝七敗で—」「八回裏に二対一と—・した」⇔負け越す 名**勝ち越し**

かちっーと［副］❶かたくて小さいものが打ち当たったときに発する音を表す語。「—スイッチを押す」❷しっかりとしてゆるみがないさま。「—したジャケット」

かちっーぱなし【勝ちっ放し】［名］ずっと勝ち続けること。

かちーてん【勝ち点】［名］スポーツのリーグ戦で、順位を決めるために試合の勝敗や勝ち方などに応じて与えられる点数。

かちーどき【勝ち▼鬨・▼閧】［名］戦いに勝った時にあげる喜びの声。 鬨

かちーと・る【勝ち取る】［他五］戦って獲得する。努力して自分のものにする。「チャンピオンの座を—」

かちーなのり【勝ち名乗り】［名］❶相撲で、行司が勝った力士に軍配をあげ、その名を呼び上げること。❷競争・試合などで、勝利を宣すること。「全国大会初出場で—をあげる」

かちーぬき【勝ち抜き】［名］勝った者が負けるまで、または優勝するまで相手を変えて勝負を続けること。「—戦」

かちーぬ・く【勝ち抜く】［自五］❶次々に勝って進む。勝ち進む。「予選を—・き、本戦へ進む」❷勝って結果を出す。「受験戦争[総裁選]を—」名**勝ち抜き**

かちーのこ・る【勝ち残る】［自五］試合・勝負などに勝って、次の戦いに出る資格を得る。「決勝まで—」名**勝ち残り**

かちーほこ・る【勝ち誇る】［自五］勝って、大いに得意になる。「—・った顔」

かちーぼし【勝ち星】［名］相撲の星取り表で、勝ち力士につける白丸。転じて、勝負に勝つこと。⇔負け星

⊙**勝ち星を拾・う**　相撲・野球などで、負けそうだったところを辛うじて勝つ。

かち‐まけ【勝ち負け】[名]勝つことと負けること。勝負。勝敗。‖「—にはこだわらない」

かち‐め【勝ち目】[名]勝てそうな見込み。勝ちみ。‖「—のない相手」▽さいころとばくで、勝ちとなる目の意から。

がちゃ‐がちゃ ㊀[副と]❶堅いものが続けてぶつかり合って発する騒々しい音を表す語。‖「食器を—(と)洗う」❷あれこれうるさく言いたてるさま。❸[三]乱雑なさま。‖「トランクの中が—だ」㊁[名]クツワムシのこと。

か‐ちゅう【火中】クヮ[名]❶火の中。‖「—に投じる」❷[他サ変]火の中に入れて焼くこと。‖「封も切らずに手紙を—する」

⊙**火中の栗を拾・う**　自分の利益にならないのに、他人のために危険をおかすたとえ。

か‐ちゅう【家中】[名]❶家の中。❷家族の全員。‖「—の安全を祈る」❸江戸時代、藩の家臣。藩士。

か‐ちゅう【渦中】クヮ[名]もめごとなどのただ中。‖「—の人」▽うずまきの中の意から。

カチューシャ[katyusha][名]前方から両耳の後ろまでの髪を留める、アーチ型のヘアバンド。▽トルストイの小説『復活』のヒロインの名から。

か‐ちょう【花鳥】クヮテウ[名]花と鳥。観賞の対象とするとき、また詩歌・絵画などの題材とするときにいう。

か‐ちょう【家長】—チャウ[名]一家の長。▽旧民法下の家族制度では、家の成員を統制し、財産を保持継承する代表者。

か‐ちょう【課長】クヮチャウ[名]官庁・会社などで、一つの課を統轄し、管理する役職(を務める人)。

が‐ちょう【画帳】グヮチャウ[名]絵をかくための帳面。画帖。スケッチブック。

が‐ちょう【▼鵞鳥】—テウ[名]ガンを飼いならした、カモ科の家禽。アヒルより大きく、くちばしのつけ根にこぶがある。肉・卵用、または愛玩用。

かちょう‐きん【課徴金】クヮチョウ[名]国が国民から徴収する金銭のうち、租税を除くもの。手数料や罰金など。

かちょう‐ふうえい【花鳥▼諷詠】クヮテウ[名]俳句作法上の理念の一つ。自然界の現象と、それに伴う人事とを無心に叙景的に詠むことが俳句の根本義であるとするもの。▽高浜虚子が一九二七(昭和二)年に主張し、以来ホトトギス派の指導理念となった。

かちょう‐ふうげつ【花鳥風月】クヮテウ[名]❶自然界の美しい風物。❷詩歌を詠み、絵を描くなどして、自然界の風雅な趣を楽しむこと。風流韻事。風流。

かち‐わり【▼搗ち割り】[名]食用の氷を一口大に砕いたもの。ぶっかき。欠き氷。

かちん‐かちん[副こ]⬇かちかち

かちんこ[名]映画撮影で、カメラのスタートとともに打ち鳴らす、小さな黒板を付けた拍子木。黒板にカット番号などを記して撮影し、フィルム編集作業の目安とする。

がちんこ[名][俗]真剣勝負。▽もとは相撲界で使われた語。書き方「ガチンコ」と書くことも多い。

かちん‐と[副]堅い物と堅い物とが接触して発する音を表す語。‖「はね上げた小石が車体に—当たる」

⊙**かちんと来る**　他人の言動が気にさわって不愉快になる。

かつ【活】クヮツ㊀[名]❶生きること。‖「死中に—を求める」❷気絶した人をよみがえらせる術。㊁(造)❶生き生きしている。‖「—気・—発・—躍」「快—」❷食用の魚介などが、生きている。‖「—魚・—蟹・—貝」▽魚介の名に付いた「活」は伝統的には「いけ」「いき」(活け魚)。しかし、近年は主に東北・北海道で「かつ」と読むことも多い。⬇生け ❸固着していない。動く。‖「—字・—版」

⊙**活を入・れる** ❶気絶した人の息を吹き返させる。❷刺激を与えて元気づける。‖「大声を上げて、たるんだ選手に—」◈注意「喝を入れる」は誤り。

かつ【渇】㊀[名]のどのかわき。‖「—をおぼえる」「飢—」㊁(造)❶水分がなくなる。かわく。‖「—水」「枯—」❷しきりに欲しがる。‖「—愛・—望」旧渇

か・つ【勝つ】(▽克つ)[自五]❶争いごとや試合などで相手を負かす。勝ちを収める。‖「挑戦者に—」「寄り切り[判定]で—」「正義が—」「戦争[裁判]に—」❷その点で相手にまさる。～をしのぐ。‖「総合力では我が校が—っている」❸賭けで利益を得る。もうける。‖「ばくちで一万円—った」❹ある要素・傾向・性質などが他に比べて多くある。‖「この紫色は青より赤が—っている」「塩気の—った味つけ」❺困難な状態や状況を努力して乗り越える。克服する。うちかつ。‖「困難[プレッシャー・己おのれ]に—」書き方多く「克つ」と書く。◈①～③⬆負ける 可能 勝てる 名 勝ち

品格　勝利「—を得る」 制覇「全国大会を—する」 打倒「体制を—する」

⊙**勝って兜の緒を締めよ**　成功したからといって気をゆるめずに、さらに慎重になれというたとえ。

かつ【且つ】㊀[副]二つの物事が同時に行われるさま。一方では。‖「飲み—歌う」「—歌い、—踊る」㊁[接]ある事柄に別の事柄が加わることを表す。さらに。その上。‖「よく学び、—よく遊ぶ」

かつ【喝】㊀[感]禅宗で、誤った考えや迷いをしかり、また励ますときに発する大きな声を表す語。◈注意「喝を入れる」は誤り。⬇活を入れる ㊁(造)大声を出す。しかる。また、おどす。‖「—采・—破」「一—」旧喝

かつ【括】クヮツ(造)くくる。束ねる。‖「—弧・—約」「一—・概—・総—」

かつ【割】(造)わる。二つに切りさく。分ける。‖「—愛・—拠・—譲・—腹・—礼」

かつ【葛】(造)❶マメ科のつる草。くず。‖「—藤かっとう・—根湯かっこんとう」❷クズの繊維から作った布。‖「—衣」

かつ【滑】クヮツ(造)❶なめらか。よどみなく物事が進む。‖「円—・潤—・平—」❷すべる。‖「—空・—降」

かつ【褐】(造)❶粗あらい繊維で織った粗末な衣服。‖「—衣」「—寛博かっぱく(=身分の低い者が着る衣服)」❷黒ずんだ茶色。こげ茶。‖「—色」旧褐

かつ【轄】(造)要所をおさえる。とりまとめる。‖「管—・所—・総—・直—・分—」▽車軸の端にさし込んで車輪をとめるくさびの意から。

かつ【▼闊】クヮツ(造)❶ひろい。大きい。また、心にゆとりがある。‖「—達・—歩」「快—・寛—」❷うとい。間がへだたっている。‖「迂—うかつ・久—」◈書き方「濶」は俗字。

カツ[名]「カツレツ」の略。

がっ【合】(造)一つにあわせる。いっしょになる。‖「—作・—唱・—掌がっしょう・—致・—併」

がつ【月】グヮツ(造)一年を十二に分けた一期間。‖「—日がっぴ・—忌がっき」「正—・一—・二—・十二—」

かつ-あい【割愛】[名・他サ変] 惜しいと思いながら、思いきって捨てること。≡「文章の一部を—する」▼もと仏教語で、愛着の気持ちを断ち切ること。✓注意 不必要だと思うものを切り捨てる意で使うのは誤り。≡「×本筋とは関係ないので割愛した」

かつ-あげ【喝上げ】[名・他サ変] 恐喝して金銭などを巻き上げること。書き方「カツアゲ」も多い。

かつ・える【▽餓える・▽飢える】[自下一] 不足を感じて、ひどく欲しがる。≡「愛情[知識]に—」文かつ・う

かつお【▼鰹・▽堅▽魚・〈松魚〉】[名] 春、日本の近海に来遊して北上し、秋に南下するサバ科の海魚。背部は暗青色、腹部は銀白色だが、死ぬと青黒色の縦縞が現れる。食用。▼「初鰹」は二年魚が主体で脂肪が少ない。脂肪の乗った「戻り鰹(下り鰹)」は秋に三陸沖で捕獲されるもの。

かつお-ぎ【▼鰹木】[名] 神社や宮殿の棟木の上に、それと直角に並べた装飾の木。▼形がカツオ節に似ていることから。

かつお-ぶし【▼鰹節】[名] 蒸したカツオの肉を燻し、よく乾燥させてかび付けをしたもの。薄くけずって料理に使う。かつぶし。≡「猫に—」▼うまみの成分はイノシン酸。

かっ-か【閣下】[名] 高位・高官の官職名や名前に付ける敬称。≡「大統領[駐日大使]—」▼単独で代名詞のようにも使う。

かっ-か [副ト] ❶火が盛んに燃えるさま。≡「炭火が—とおこる」❷頬・体などがひどくほてるさま。≡「体中が—する」❸興奮して冷静さを失うさま。≡「すぐに—(と)するたち」

がっ-か【学科】[名] ❶学問の科目。特に、大学の学部内で、専攻別に分けた科目。≡「文学部国文—」❷学校教育で、教科の科目。≡「苦手な—は算数です」

がっ-か【学課】[名] 修得すべきものとして割り当てられた学業の課程。

かっ-かい【各界】[名] ⬇かくかい(各界)

かっ-かい【角界】[名] ⬇かくかい(角界)

がっ-かい【学会】[名] 学術研究の促進、学者相互間の連絡などを目的に、分野を同じくする専門家によって組織された団体。また、その会合。≡「万葉—」

がっ-かい【学界】[名] 学者の社会。また、学問の社会。

がっ-かい【楽界】[名] 音楽家の社会。音楽界。

かっ-かく【▼赫▼赫】[形動タト] ❶赤々と光り輝くさま。≡「—たる日輪」❷業績・功名などが、輝かしく現れるさま。≡「—たる武功を立てる」◈「かくかく」とも。

かっ-かざん【活火山】[名] 現在噴火活動をしている火山。また、過去一万年以内に噴火したことのある火山。かつかざん。

かっか-そうよう【隔靴▼掻▼痒】[名] 思うようにならなくて、もどかしいこと。≡「—の感がある」▼靴の上からかゆいところをかく意から。

かつ-かつ [副ニ] 限度にぎりぎりで、余裕のないさま。やっとのことで。かつがつ。≡「この収入では食べていくのが—だ」

がっ-かつ【学活】[名] 小学校・中学校・高等学校などで、学級の自治活動を育成するための諸活動。ホームルーム。▼「学級活動」の略。

がつ-がつ [副ト] ❶非常に空腹で、むやみに食べ物を欲しがるさま。また、食べ物をむさぼり食うさま。≡「そんなに—するな」❷むやみに欲ばるさま。貪欲であるさま。≡「—(と)金をためる」

がっかり [副] 失望・落胆し、元気をなくすさま。≡「落選の報を聞いて—する」

品格 打ちひしがれる「相次ぐ災難に—」うなだれる「しょんぼりと—」気落ち「試合に負けて—する」虚脱「—感」失意「—に陥る」失望「—の色を隠せない」消沈「意気—」阻喪「士気が—する」落胆「—の声が上がる」

かつ-がん【活眼】[名] 物事の道理や本質を見抜く眼識。

がっ-かん【学館】[名] 学問をするための建物。学校。

かっ-き【画期(▼劃期)】[名] 古い時代と新しい時代とを分けること。また、その区切り。≡「美術史上—をなす作品」

かっ-き【客気】[名] 前後のみさかいなく、ただ勇みたつ意気。かくき。きゃっき。≡「—に駆られる」

かっ-き【活気】[名] 生き生きとした、活動的な気分。≡「—のある授業」「—に満ちた魚市場」

がっ-き【学期】[名] 学校で、一学年をいくつかに区分した一期間。≡「二—」「—末試験」

がっ-き【楽器】[名] 音楽を演奏するために使う器具の総称。弦楽器・管楽器・打楽器・鍵盤楽器などがある。≡「—を演奏する」「—(の音)に耳を傾ける」「—(の弾き方)を習う」「木管[民俗]—」

かつぎ-こ・む【担ぎ込む】[他五] ❶かついで運び入れる。≡「部屋の中に荷物を—」❷けが人や病人を病院などへ運ぶ。≡「救急車で病院に—・まれる」

かつぎ-だ・す【担ぎ出す】[他五] ❶人や物をかついで運び出す。≡「貨車から荷物を—」❷頼み込んで、また、おだてて人を表面に押し立てる。担ぎ上げる。≡「委員長に—・される」

かっき-づ・く【活気づく】[自五] 生き生きとしてくる。勢いがついてくる。≡「大漁で浜が—」

かっき-てき【画期的(▼劃期的)】[形動] 新しく時代を区切るほど、めざましいさま。エポックメーキング。≡「科学史上—な発見」

かつぎ-や【担ぎ屋】[名] ❶ひどく縁起を気にする人。❷人をだまして、おもしろがる人。❸産地から野菜や魚をかついできて行商する人。▼第二次世界大戦後の昭和二〇年代には、米などの統制物資をひそかに運んできて売る人を言った。

がっ-きゅう【学究】[名] 学問の研究に専念すること。また、その人。≡「—の徒」

がっ-きゅう【学級】[名] 授業を行うために、児童・生徒などを一定の人数にまとめたもの。組。級。クラス。≡「—担任[新聞]」「公民館の成人—」

がっきゅう-へいさ【学級閉鎖】[名] インフルエンザなどで学校を欠席する児童・生徒が一定数を超えた場合に、学級単位で休講すること。また、その処置。

がっきゅう-ほうかい【学級崩壊】[名] 児童の立ち歩きや私語などで、小学校の授業が成り立たなくなる状況。

かっ-きょ【割拠】[名・自サ変] 権力者がそれぞれの領地を基盤として勢力を張ること。≡「群雄—」

かつ-ぎょ【活魚】[名] ⬇いけうお(生け魚)

かっ-きょう【活況】クヮッキャウ［名］景気がよく、活気のある状況。▽「—を呈する株式市場」

がっ-きょく【楽曲】ガク［名］音楽の曲。声楽曲・器楽曲・管弦楽曲など。

かっきり［副］ト ❶時間・数量などに、端数のないさま。ぴったり。きっかり。▽「—三〇〇〇円の品」「一箱は—百グラムだ」「五時—に会おう」❷区切りがはっきりしているさま。くっきり。きっぱり。▽「輪郭が—(と)見えてきた」

かっ-きん【▼恪勤】カク［名］仕事や任務を、まじめに勤めること。かくごん。▽「精励—」

かつ・ぐ【担ぐ】［他五］❶肩に載せて支える。▽「肩に荷物を—」「神輿(みこし)を—」❷自分たちの上に立つ者として押し立てる。▽「山田氏を会長に—」❸迷信にとらわれたり縁起を気にしたりする。▽「縁起(験(げん))を—」❹からかって人をだます。一杯食わせる。▽「真面目な顔をして人を—」可能 担げる

がっ-く【学区】ガク［名］教育委員会が設定する、公立学校の就学区域または通学区域。▽「—制」

かっ-くう【滑空】クヮッ［名・自サ変］❶エンジンを使わないで、風力・上昇気流などを利用して空を飛ぶこと。空中滑走。▽「—訓練」❷すべるように空中を飛行すること。▽「翼を広げてゆうゆうと—するコンドル」

かっくう-き【滑空機】クヮックウ［名］⬇グライダー

がっくり［副］ト ❶力が抜けて、急に姿勢が崩れるさま。▽「—(と)ひざをつく」❷失望・落胆・疲労などで、いっぺんに気力を失うさま。▽「妻に先立たれて—する」❸急激に衰退するさま。▽「売り上げが—落ちた」

かっ-け【▽脚気】カク［名］ビタミンB1の欠乏から起こる病気。倦怠(けんたい)感・手足のむくみ・しびれなどの症状が現れ、ひどくなると心不全を起こす。

かっ-けい【活計】クヮッ［名］日々の暮らしを営むこと。また、そのための方法。生計。▽「—を立てる」

がっ-けい【学兄】ガク［名］学友の敬称。▼学問上の先輩の意。男性同士が手紙の文中や脇付(わきづけ)に使う。

かつ-げき【活劇】クヮッ［名］❶格闘場面や乱闘場面の多い映画や芝居。❷映画や芝居で演じられるような派手な立ち回り。

かっ-けつ【▼喀血】カク［名・自サ変］肺や気管支から出血し、せきとともに血をはくこと。⬇吐血(とけつ)

かっ-こ【各戸】カク［名］それぞれの家。▽「会報を—に配布する」

かっ-こ【各個】カク［名］いくつかあるものの、一つ一つ。それぞれ。おのおの。▽「—の意見を聞く」「—に対策を講じる」

かっ-こ【括弧】クヮッ［名・他サ変］他と区別するために、特定の文字・文・数字・数式などの前後につける、( )「」［］などの符号。また、その符号をつけること。

かっ-こ【▼羯鼓】［名］雅楽で使う太鼓の一つ。形は鼓(つづみ)に似る。台にのせ、左右両面を二本のばちで打ち鳴らす。

かっ-こ【確固(確▼乎)】カク［形動トタル］しっかりとして動かないさま。▽「—たる地歩を占める」「—とした態度で臨む」「—不抜(ふばつ)(＝意志が固くて動揺しないこと)」書き方 もと専ら「確乎」と書いた。

かっこ-い・い【かっこ▽好い】［形］姿や形、様式が(いかにも現代風で)優れていると感じさせるさま。体裁がいい。▽「あのヘアスタイルが—」「—生き方」⬍かっこわるい ▼「かっこ」は「かっこう(格好)」の転。連用形は「かっこよく」。派生 -げ／-さ

かっ-こう【格好(▼恰好)】カクカウ・カッカウ ■一［名］❶外から見た形。姿。また、身なり。▽「妙な—をして歩く」「いろいろな—をした花見客」❷体裁。世間体。▽「最下位では—が悪い」❸〈年齢を表す語に付いて〉おおよその年齢であるさま。がらみ。▽「四〇—の教師」▼多くある程度年輩の人に対して使う。◈①②は「かっこ」とも。■二［形動］ちょうどよいさま。うってつけであるさま。▽「花見に—な場所」「—な値段の物件」◈書き方「格好」は代用表記。「恰」はあたかも、の意。

◉**格好が付・く**　人に見せられる状態になる。体裁が整う。▽「開店までに内装だけはなんとか—・いた」

◉**格好を付・ける**　❶人に見せられる状態にする。体裁を整える。❷人にいいところを見せようとする。かっこつける。

かっ-こう【郭公】クヮッ［名］夏、日本に渡来するカッコウ科の渡り鳥。自分では巣を作らず、モズ・ホオジロなどの巣に卵を産んでひなを育てさせる。閑古鳥(かんこどり)。呼子鳥(よぶこどり)。語源「カッコー」と鳴くことから。英語でも、その鳴き声から「ククー(cuckoo)」という。

かっ-こう【滑降】クヮッカウ［名・自サ変］❶スキーなどで、斜面をすべりおりること。また、グライダーなどで、空中を斜めにすべるようにおりること。❷スキーのアルペン種目の一つ。急斜面につくられたコースを一気にすべりおり、その所要時間を競う。ダウンヒル。▼「滑降競技」の略。

かつ-ごう【渇仰】ーカウ［名・他サ変］❶仏を深く信仰すること。かつぎょう。▼渇(かっ)しては水を求め、高い山を見ては慕い仰ぐ意から。❷心からあこがれ慕うこと。▽「故人の徳を—する」

がっ-こう【学校】ガクカウ［名］一定の施設や組織を備え、児童・生徒・学生に対して教師が教育を行う所。▽「徒歩で—に行く」「—を出る(＝卒業する)」「明日は—(＝授業)がない」「—(＝校舎)が火事だ」▼学校教育法では小学校・中学校・中等教育学校・高等学校・大学・高等専門学校・特別支援学校・幼稚園を学校とし、ほかに専修学校・各種学校を規定する。

さまざまな「学校」

音楽学校・各種学校・外国人学校・看護専門学校・工業高等学校・高等学校・高等専門学校・公立学校・小学校・商業高等学校・私立学校・専修学校・専門学校・大学校・中学校・中等教育学校・特別支援学校・日本人学校・農業高等学校・美術学校・付(附)属学校・夜間学校

がっこう-ほうじん【学校法人】ガクカウハフジン［名］私立学校の設置を目的として設立される法人。

かっ-こく【各国】カク［名］それぞれの国。かくこく。▽「世界—の代表者が集まる」

かっこ-つき【括弧付き】クヮッコ［名］普通には扱えず、注釈が必要であること。特別の意味合いを持つこと。▽「—の称号」▼括弧で囲うと他の部分と区別されることから。

かっこ-つ・ける［自下一］体裁を整える。人にいいところを見せようとする。▼「かっこ」は「かっこう(格好)」の転。

かっ-こ・む【▼搔っ込む】［他五］あわただしく、口にかき入れるようにして食べる。▽「茶漬けを—」▼「搔き

込む」の転。

かっこ-わる・い【かっこ悪い】［形］姿や形、様式が劣っていると感じさせるさま。体裁が悪い。みっともない。「━服［投げ方］」「そんな━ことできない」⬍かっこいい 派生 -げ／-さ／-がる

かっ-さい【喝采】［名・自サ変］声を上げて、さかんにほめそやすこと。また、その声。「拍手━を浴びる」「彼の美声に聴衆が━した」 注意 「快哉（かいさい）を叫ぶ（＝喜びの声を上げる）」と混同して、「喝采を叫ぶ」というのは誤り。

がっさい-ぶくろ【合切袋（合財袋）】［名］こまごまとした携帯品を入れる手提げ袋。多くは布製で、口を紐（ひも）でくくる。▼「いっさいがっさいの物を入れる袋」の意。

がっ-さく【合作】［名・他サ変］❶一つの作品などを共同してつくること。また、その作品など。「日米━映画」❷共通の目的達成のために力を合わせること。「国共（＝中国国民党と中国共産党）━による抗日民族統一戦線」▼②は、もとは中国語。

かっ-さつ【活殺】クヮッ［名］生かすことと殺すこと。生殺（せいさつ）。

かっさつ-じざい【活殺自在】クヮッサツ［名］生かすも殺すも思うままにできること。

かっ-さば・く【▾掻っ▾捌く】［他五］切り裂く。かき切る。「腹を━いて主君に殉じる」▼「かきさばく」の転。

かっ-さら・う【▾掻っ▾攫う】ラフ［他五］「さらう」を強めていう語。

がっ-さん【合算】［名・他サ変］いくつかの数・量を合わせて計算すること。合計。「売上高を━する」

かつ-じ【活字】クヮツ［名］❶活版印刷に用いる金属製の文字の型。「━を組む」「━体（＝活字の書体。また、筆記体に対し、活字をまねた書体）」「━本（ぼん）（＝活字で印刷した本）」❷本・雑誌などの、印刷物。「━に飢える」

かっ-しゃ【活写】クヮッ［名・他サ変］生き生きと描写すること。「都市風俗を━した銅版画」

かっ-しゃ【滑車】クヮッ［名］まわりの溝に綱をかけて回転させるようにした車。動力の伝達、力の大きさや方向の変換などに用いる。▼中心軸を固定した定滑車、固定しない動滑車などがある。

ガッシュ［gouache フランス］［名］水溶性のアラビアゴムなどを媒材とする不透明水彩絵の具。また、それを使って描いた絵画。つやのない落ち着いた色調を特色とする。グワッシュ。

がっしゅう-こく【合衆国】［名］複数の国または州が単一の主権のもとで連合してできた国家。アメリカ、メキシコなど。▼狭義では、「アメリカ合衆国」をいう。

がっ-しゅく【合宿】［名・自サ変］練習・研修などの目的で、多くの人が一定期間、同じ宿舎に泊まりこんで生活すること。また、その宿舎。「━所」

かっ-しょう【滑▾翔】クヮッシヤウ［名・自サ変］❶鳥が羽ばたきをしないで、すべるように空を飛ぶこと。❷グライダーなどが、上昇気流にのってすべるように飛行すること。

かつ-じょう【割譲】ジヤウ［名・他サ変］国が領土の一部をさいて、他国にゆずり渡すこと。「国土の一部を━する」

がっ-しょう【合唱】ガフシヤウ［名・他サ変］❶大勢の人が声を合わせて、一つの曲や同じ文句を歌ったり唱えたりすること。斉唱。「万歳の━が聞こえてくる」❷何人かの人がいくつかの声部に分かれ、それぞれに異なった旋律を同時に歌うこと。コーラス。「課題曲を━する」◈⬍独唱

がっ-しょう【合掌】ガフシヤウ［名］❶［自サ変］両方の手のひらを顔や胸の前で合わせて礼拝すること。「故人の冥福を祈って━する」❷木造建築の屋根の構造で、木材を山形に組み合わせたもの。合掌組み。「━造り」

がっしょう-れんこう【合従連衡】ガフショウレンカウ［名］弱いものが力を合わせて強いものに対抗する合従の策と、弱いものが強いものと手を結んで存立を図る連衡の策。時々の利害に応じて連合したり離反したりするさまざまな策の展開をいう。語源「合従」は中国の戦国時代、蘇秦（そしん）がとなえた外交策で、南北に連なる六国（韓（かん）・魏（ぎ）・趙（ちょう）・燕（えん）・楚（そ）・斉（せい））が連合して、強国秦に対抗しようとしたもの。「連衡」は秦の張儀（ちょうぎ）がとなえた外交策で、六国をそれぞれ単独に秦と同盟させようとしたもの。

かっ-しょく【褐色】クヮッ［名］黒みがかった茶色。焦げ茶。「日に焼けた━の肌」

がっしり［副］ト 体格や物の構造がしっかりしていて、頑丈そうであるさま。がっちり。「━（と）した体つき［テーブル］」

かっ-すい【渇水】［名・自サ変］雨が降らなくて、河川・貯水池などの水がかれること。「━期」⬍豊水

かっ・する【渇する】［自サ変］❶水がかれる。「井戸が━」❷のどがかわく。❸欠乏して、ひどく欲しがる。「愛情に━」文かっ・す

◉**渇しても盗泉（とうせん）の水を飲まず** どんなに困ったときでも、決して不正なことには手を出さない。語源「盗泉」は中国山東省泗水（しすい）県にあった泉の名。その名を嫌った孔子は、どんなにのどがかわいてもその水を飲まなかったという故事に基づく。

がっ・する【合する】［自他サ変］いくつかのものが出合って一つになる。また、いくつかのものを合わせて一つにする。「二つの流れが━」文がっ・す

かっ-せい【活性】クヮッ［名］物質が化学反応を起こしやすい性質をもっていること。また、その性質。

かっせい-か【活性化】クヮッセイクヮ［名・自他サ変］❶物質が反応する機能が活発になること。また、活発にすること。❷組織などの活動が活発になること。また、活発にすること。「地域社会が／を━する」

かっせい-さんそ【活性酸素】クヮッセイ［名］きわめて不安定で、化学反応を起こしやすい酸素。体内ではウイルスや細菌の侵入を防ぐ働きがあるが、過剰になると細胞や遺伝子を傷つけ、老化の一因となる。

かっせい-たん【活性炭】クヮッセイ［名］吸着力の大きい粉状または粒状の炭素物質。臭気や色素をよく吸着するので、脱臭・脱色・浄水などに用いられる。

かっ-せき【滑石】クヮッ［名］含水珪酸（けいさん）マグネシウムを主成分とする、柔らかくてなめらかな鉱物。絶縁材・減摩剤・化粧品の原料などに用いる。タルク。

かつ-ぜつ【滑舌】クヮツ［名］俳優やアナウンサーなどが舌をなめらかに動かして発声すること。また、その舌の動き。「━が悪くて聞き取りにくい」

かっ-せん【合戦】［名・自サ変］敵味方の軍勢が出会って戦うこと。「関ヶ原の━」「猿蟹（さるかに）━」▼「予算の分どり合戦（がっせん）」のように、比喩（ひゆ）的にも使う。

かっ-せん【活栓】クヮッ［名］管などの口に取りつけ、開閉することで液体の流出を調節する装置。コック。

かっ-せん【割線】［名］円周と二点で交差する直線。

また、曲線と二点以上で交差する直線。▽二点間の線分を「弦」という。

かつ-ぜん【▼豁然】クヮツ[形動タルト] ❶視界が大きく開けるさま。‖「眼下に―と氷原が広がる」❷心の迷いや疑いが、たちまちにして消え去るさま。‖「―として悟る」

かっ-そう【滑走】クヮツ[名・自サ変] ❶すべって進むこと。また、すべるように進むこと。‖「そりで氷上を―する」❷飛行機が離着陸するために、地上・水上を走ること。

がっ-そう【合奏】[名・他サ変] 二つ以上の楽器で、一つの曲を演奏すること。‖「弦楽―」「―曲」⇔独奏

がっ-そう【合葬】ーサウ[名・他サ変] 同じ墓に二体以上の遺骨・遺骸を葬ること。

かっそう-ろ【滑走路】クヮツソウ[名] 飛行場内で、飛行機が離着陸するときに滑走する直線状の舗装路。

カッター【cutter】[名] ❶物を切る道具。工作用刃物・裁断器など。‖「―ナイフ」❷艦船に積みこむ、救命用・上陸用の大型ボート。ふつう一〇または一二挺ちょうのオールでこぐが、帆走もできる。▽後尾が方形に断ち切られたような形をしていることから。

カッター-シャツ【和製cutter+shirt】[名] ワイシャツのうち、カラーとカフスの取りはずしができないもの。▽「カッター」はもと「勝った」にこじつけた商標名。

がっ-たい【合体】[名・自他サ変] 二つ以上のものが合わさって一つになること。また、合わせて一つにすること。‖「両派が―して結成した新党」「本体にパーツを―させる」使い方「〜を合体する/合体させる」では、後者が一般的。⬇品詞解説(一八六六ページ)

かっ-たつ【▼闊達(▼豁達)】クヮツ[形動] 心が広く、小さなことにはこだわらないさま。‖「明朗―な人」「自由―な作風」派生-さ

かつ-だつ【滑脱】クヮツ[形動] 滞りなく自由自在に変化するさま。‖「円転―」「―に論を操る」派生-さ

かった-る・い[形] ❶だるい。けだるい。‖「風邪気味で動くのも―」❷手ごたえがなくて、物足りないと感じる。また、はっきりしなくて、もどかしいと感じる。‖「―仕事ばかりでいやになるよ」◈腕がだるい意の「かいだるい(腕弛し)」の転。派生-げ/-さ

かっ-たん【褐炭】[名] 十分に炭化していない、質の悪い石炭。黄褐色または暗褐色で、火力は弱い。

かつ-だんそう【活断層】クヮツ[名] 最新の地質時代(新生代第四紀)に活動し、現在も活動が続いていると見られる断層。地震予知上、重要な調査対象となる。

がっ-ち【合致】[名・自サ変] ぴったり合うこと。一致。‖「仮説と実験結果が―する」

かっ-ちゅう【甲▼冑】カフチウ[名] よろいと、かぶと。具足。数「一具いちぐ…」と数える。

かっちり[副ト] ❶ぴったりと、すきまなく合うさま。‖「―(と)鍵がかかる」❷かたく引き締まっているさま。‖「―(と)した字を書く」

がっちり[副ト] ❶体格や物の構造がしっかりしていて、頑丈そうであるさま。がっしり。また、すきまなく、ぴたりと組み合うさま。‖「―(と)した体」「―(と)スクラムを組む」❷堅実に、また抜け目なく物事を行うさま。‖「あの人は―しているから危険な投資はしないだろう」

ガッツ【guts】[名] 気力。根性。‖「―がある」

がっ-つ・く[自五] むさぼるように食う。また、欲ばって、むさぼるように物事をする。がつがつする。‖「―・いてのどを詰まらせる」

ガッツ-ポーズ【和製guts+pose】[名] 片手または両手の握りこぶしを突き上げて勝利の喜びなどを表す姿勢。‖「ゴールを決めて―をする」

がっつり[副] 確かな手応えが感じられるさま。‖「朝食は―食べた」「―勉強した」

かっ-て【勝手】[名] ❶[形動] 他人のことは考えず、自分のしたいようにふるまうこと。‖「―な行動」「人の物を―に使う」「もう―にしろ」「自分―」派生-さ ❷台所。‖「―仕事」「お―」❸暮らし向き。家計。‖「―が苦しい」❹何かを行うのに、都合がよいこと。‖「―が悪い」「使い―てがっがいい」❺内部の事情。様子。‖「―がわからなくてまごつく」

かつて【▽曽て・▼嘗て】[副] ❶過去のある時。昔。以前。‖「―住んでいた場所」❷〈否定的表現を伴って〉今まで一度も。ついぞ。‖「―見たこともない奇景」「このような事件は未だ―なかった」◈近世以降「かって」とも。

[ことば探究]「かつて」の使い方

▼「以前」等に比べ、近い過去は表しにくい。
「×かつてもらった書類が見つからない」

▼「かつて」②の場合、「かつて」だけで使うほか、「いまだかつて」という形で使うことも多い。
「いまだかつてない大きなチャンス」

カッティング【cutting】[名] ❶映像や音声の不要箇所を切り取って編集すること。❷布地を型紙に合わせて裁断すること。❸テニス・卓球などで、ボールに逆回転を与えるように打つこと。❹髪の毛を切って形を整えること。◈カットすることの意。

カッテージ-チーズ【cottage cheese】[名] 脱脂乳を凝固させた非熟成チーズ。サラダや菓子などにする。コテージチーズ。

かって-きまま【勝手気▼儘】[名・形動] 自分のしたいように行動すること。‖「家を飛び出して―に暮らす」

かって-ぐち【勝手口】[名] ❶台所の出入り口。‖「ご用聞きが―に回る」❷茶室で、亭主が出入りする口。茶道口さどうぐち。▽客が出入りする「躙にじり口」に対していう。

かって-・でる【買って出る】[連語] 自分から進んで引き受ける。‖「仲裁役を―」

かって-むき【勝手向き】[名] ❶台所に関すること。‖「―の用品」❷暮らし向き。家計。‖「―が苦しい」

がっ-てん【合点】[名・自サ変] 同意すること。納得すること。また、承知してうなずくこと。がてん。‖「その話には―がゆかない」▽昔、和歌や俳句の佳作にしるしの点をつけたり、回状の自分の名前の所に賛成の意のしるしをつけたりしたことから。

かっ-と[副] ❶日光が急に激しく照りつけるさま。また、火が急に強く燃えあがるさま。‖「畳の上に―日が差す」「炭火が―おこる」❷目や口を急に大きく開くさま。‖「―両眼をむいてにらみつける」❸怒りなどで、急にのぼせるさま。‖「悪口を浴びせられて―なる」

カット【cut】[名] ❶[他サ変] 切ること。また、一部分を削除すること。‖「テープを―する」「賃金を―する」❷[他サ変] 髪を切って整えること。また、切り整えた髪形。‖「ショート―」❸映画などで、連続して撮影した映像を編集したもの。‖「ワン―・ディレクターズ―」「―割り」❹印刷物に入れる小さな挿絵。❺[他サ変] 球技で、ボールをパスや送球の途中で取ること。❻[他サ変]

テニス・卓球などで、球を斜めに切るように打って逆回転を与えること。

ガット【gut】[名] 弦楽器の弦・ラケットの網などに用いる糸。もと、羊などの腸から作った。〓「ーギター」

カットアウト【cutout】[名] ❶ラグビー・サッカーなどで、タッチラインの方へ急に進路を変えて走ること。⇕カットイン ❷映画・テレビなどで、映像や音声を急に消すこと。❸「安全器」に同じ。❹切り絵。〓「ーアニメーション」

カットイン【cut-in】[名] ❶映画・テレビなどの場面に、他の短い場面を挿入すること。❷ラグビー・サッカーなどで、タッチライン周辺から内側へ急に進路を変えて走ること。⇕カットアウト ❸バスケットボールで、相手の守備陣内に切り込んでいくこと。

かっ-とう【葛藤】[名・自サ変] ❶人と人との関係が複雑にもつれて、互いにいがみあうこと。❷心の中で相反する欲求や感情がからみあい、そのいずれをとるか迷い悩むこと。〓「信仰と愛欲のーに苦しむ」▽からみあった葛(かずら)や藤(ふじ)の意から。 葛

かつ-どう【活動】(クヮツ) [名] ❶[自サ変] 活発に動くこと。活発に働くこと。〓「火山がーを始める」「政治〔クラブ・ボランティア〕ー」❷「活動写真」の略。

かつどう-しゃしん【活動写真】(クヮツドウ) [名]〔古風〕映画。活動。▽主に無声映画の時代に使われた語。

かつどう-てき【活動的】(クヮツドウ) [形動] ❶元気よく活発に動き、働くさま。〓「ーなリーダー」❷活発に動くのに適するさま。活動しやすいさま。〓「ーな衣服」

カット-グラス【cut glass】[名] 彫刻や切り込み細工を施したガラス。切り子ガラス。また、それで作った器。

カット-ソー [名] ニット地を裁断して縫製した衣類。カットアンドソー。▽cut and sewn から。

かっ-とば・す【かっ飛ばす】[他五] ボールをバットで打って、勢いよく飛ばす。〓「ホームランをー」

カツ-どん【カツ丼】[名] 豚カツを玉ネギなどと煮て鶏卵でとじ、どんぶり飯の上にのせた料理。

かつ-は【且つは】[副]〈多く「かつは…かつは…」の形で〉一方では。一つには。〓「ー舞い、ー歌う」

かっ-ぱ【▽河▽童】[名] ❶水界に住むという想像上の動物。子供の姿をしてくちばしがとがり、頭の上には水をたたえた皿、背には甲羅(こうら)がある。水搔(か)きのついた手足で巧みに泳ぎ、人馬を水中に引き入れて生き血を吸ったり、尻から腸を抜いたりするという。かわっぱ。かわたろう。❷水泳の上手な人。また、泳いでいる子供。❸すし屋などで、キュウリ。また、キュウリをしんに巻いた海苔(のり)巻き。かっぱ巻き。▽河童の好物とされることから。◈「かわわっぱ」の転。

◉**河童の川流れ** 泳ぎの得意な河童でも時には水に押し流されることがある。どんな名人でも時には失敗することがあることのたとえ。

かっぱ【合羽】[名] 雨よけに着るマント。あまがっぱ。▽ポルトガル語の capa から。昔、ポルトガル人の外套(がいとう)に模して作られた。

かっ-ぱ【喝破】[名・他サ変] ❶大声を上げて相手を言い負かすこと。また、大声で言ってのけること。〓「反論を試みたが、一言のもとにーされた」❷誤った説をしりぞけ、真実を説き明かすこと。

かっ-ぱつ【活発(活▼潑)】(クヮツ) [形動] 元気で勢いのよいさま。また、勢いよく盛んであるさま。〓「ーな子供」「火山活動がーになる」「ーな議論」書き方「活発」は代用表記。派生ーさ

かつ-はつはつ【活発発(活▼潑▼潑)】(クヮツ) [形動タルト] 活気にあふれ、勢いが盛んなさま。活発発地(かっぱっち)。〓「ーたる政界の運動〈鷗外・舞姫〉」

かっ-ぱら・う【▼搔っ払う】(ーハラフ) [他五] すきをねらって他人の金品をすばやく盗み去る。かっさらう。〓「レジの金をー」名 かっぱらい

かっ-ぱん【活版】(クヮツ) [名] ❶活字を組んで作った印刷用の版。活字組み版。❷活版を使って印刷すること。また、その印刷物。活版刷り。▽「活版印刷」の略。

がっ-ぴ【月日】(グヮッ) [名] 日づけとしての、月と日。〓「生年ー」

がっ-ぴょう【合評】(ーピャウ) [名・他サ変] 同じ問題や作品について、何人かが集まって批評し合うこと。また、その批評。〓「新作のーを読む」

かっ-ぷ【割賦】[名] 代金を分割して支払うこと。また、そのような支払方法。月賦・年賦など。分割払い。〓「ー販売」

カップ【cup】[名] ❶(取っ手のついた) 洋風の茶碗(ちゃわん)。〓「コーヒーー・マグー」❷コップ。また、そのような形をした容器。〓「アイスクリームのー」「ー麵(めん)」❸量をはかるのに使う、目盛りのついた容器。計量カップ。〓「小麦粉二分の一ー」❹賞杯。〓「優勝ー」❺ブラジャーの、乳房を覆い隠す椀型(わんがた)の部分。〓「Bー」❻ゴルフで、ボールを打ち入れる穴。ホール。

かっ-ぷく【▼恰幅】[名] 肉づきなどの風采(ふうさい)からみた、体つき。おしだし。〓「ーのいい紳士」「堂々たるー」

かっ-ぷく【割腹】[名・自サ変] 腹を切って死ぬこと。〓「ーして果てる」

カップケーキ【cupcake】[名] 小麦粉・卵・砂糖などで作った生地を、カップに詰めて焼いた洋菓子。

かつ-ぶし【▼鰹節】[名] ➡かつおぶし

かつ-ぶつ【活仏】(クヮツ) [名] ❶生き仏(ぼとけ)。❷チベット仏教で、仏・菩薩(ぼさつ)などの化身とされる高僧。ダライ=ラマなど。

カップ-めん【カップ麵】[名] 熱湯を注ぐだけで食べられる、カップ入りの即席麵。

がっ-ぷり [副](と) 相撲などで、二人がしっかり組み合うさま。〓「ー(と)四つに組む」

カップリング【coupling】[名] ❶二つのものを組み合わせて一つにすること。〓「ー曲(=二曲入りシングルCDで、タイトル曲以外の曲)」❷二つ以上の力学系や電気系が相互に作用しながら結合すること。❸動力を一方の回転軸から他方の回転軸へ伝えること。また、その装置。軸継ぎ手。❹カップルをつくること。〓「ーパーティー(=お見合いパーティー)」

カップル【couple】[名] 夫婦・恋人同士などの、一組。〓「お似合いのー」

がっ-ぺい【合併】[名・自他サ変] 二つ以上の組織が一つに合わさること。また、合わせて一つにすること。〓「大手二社がーする」「ー号」

がっぺい-しょう【合併症】(ーシャウ) [名] ある病気に関連して起こる別の病症。余病。

かつ-べん【活弁(活▼辯)】(クヮツ) [名] 無声映画時代に、上映中に画面の説明をし、画面の人物に合わせてせりふをしゃべった人。弁士。▽「活動写真弁士」の略。

かっ-ぽ【▼闊歩】(クヮツ) [名・自サ変] ❶大またで悠々と

歩くこと。❷いばって思うままに行動すること。‖「金権をもって政界を—する」

かつ‐ぼう【渇望】カツバウ[名・他サ変]のどがかわいて水を求めるように、手に入れたいと切実にのぞむこと。切望。‖「平和を—する」

かっ‐ぽう【割▼烹】カツパウ[名]❶食べ物を調理すること。料理。❷和風の料理店。▼「割烹店」の略。◈肉を割さいて烹にる意から。

かっぽう‐ぎ【割▼烹着】カツパウ―[名]炊事などの家事をするときに着る、袖そでのある前掛け。

がっぽ‐がっぽ[副]多くの金が次々に手に入ったり出たりするさま。‖「—(と)もうかる」

かっ‐ぽじ・る【▼搔っ▼穿る】[他五]「ほじる」を強めていう語。‖「耳の穴を—・ってよく聞け」

がっ‐ぽり[副ト]一度に多くの金が手に入るさま。また、一度に出ていくさま。‖「競馬で—(と)もうかる」「税金を—(と)取られる」

かっ‐ぽれ[名]江戸末期、願人坊主がんにんぼうずが住吉踊りを取り入れてはじめた俗謡と踊り。▼「カッポレカッポレ甘茶でカッポレ」という囃子詞はやしことばから。

がっ‐ぽん【合本】[名・他サ変]二冊以上の本や雑誌をとじ合わせて一冊の本にすること。また、その本。合冊がっさつ。

かつ‐もく【▼刮目】クワツ―[名・自サ変]目をこすって、注意深く見ること。深い関心をもつこと。‖「—に値する成果」「—して成就を待つ」▼「刮」は、こする意。

かつ‐やく【活躍】クワツ―[名・自サ変]すばらしい活動をして成果をあげること。‖「世界の舞台で—する」「ますますのご—をお祈りします」

かつやく‐きん【括約筋】クワツヤク―[名]収縮して器官の開閉を調節する輪状の筋肉。肛門こうもん・尿道・幽門・瞳孔どうこうなどにある。

かつ‐よう【活用】クワツ―[名]❶[他サ変]その物や人が持っている機能・能力を十分に生かして使うこと。‖「人材[資料・空間・余暇]を—する」❷[自サ変]文法で、用言・助動詞が、その用法によって体系的に語形を変えること。また、その語形変化の体系。‖「変格—」

かつよう‐けい【活用形】クワツヨウ―[名]用言・助動詞が活用するときにとる種々の語形。口語文法では未然形・連用形・終止形・連体形・仮定形・命令形の六つ。文語文法では仮定形の代わりに已然いぜん形を立てる。

かつよう‐ご【活用語】クワツヨウ―[名]活用する語。用言(動詞・形容詞・形容動詞)と助動詞の総称。

かつよう‐ごび【活用語尾】クワツヨウ―[名]用言が活用する際に語形を変える部分。例えば「動か・動き・動く・動く・動け・動け」と活用する動詞「動く」では、語形を変える「か・き・く・く・け・け」の部分をいう。

かつよう‐じゅ【▼闊葉樹】クワツエフ―[名]広葉樹の旧称。

かつら【▼桂】[名]❶山地に自生するカツラ科の落葉高木。早春、若葉が出る前に紅色の小花を開く。材は船材・建材・家具・碁盤などに利用。❷中国の伝説で、月の世界にあるという想像上の木。月の桂。

かつら【▼鬘】[名]扮装または美容上の目的で頭にかぶる、種々の髪型に作った毛髪状のもの。かずら。▼付け毛・添え毛・かもじなども含めていう。

鬘

かつ‐らく【滑落】クワツ―[名・自サ変]登山で、足を踏み外したりして高所から滑り落ちること。‖「—事故」

かつ‐りょく【活力】クワツ―[名]活動のもととなる力。生命力。‖「全身に—がみなぎる」

かつ‐れい【割礼】[名]陰茎の包皮を環状に切除する風習。また、陰核の一部を切開する風習。▼古来、世界各地の諸種族間で見られた風習で、現在でもユダヤ教徒・イスラム教徒などの間で宗教儀礼・通過儀礼として行われる。

カツレツ[cutlet][名]豚肉・牛肉・鶏肉などの切り身に、小麦粉・溶き卵・パン粉をまぶして油で揚げた料理。カツ。‖「子牛の—」「ポーク—」▼たっぷりの油で揚げるのは日本的な調理法で、本来はフライパンに油をひいて焼き上げたものをいう。

かつ‐ろ【活路】クワツ―[名]❶窮地からのがれて生きのびる方法。‖「包囲網を突破して—を開く」❷生きてゆく手段。生活の方法。‖「工場閉鎖となれば従業員の—が断たれる」

かて【▼糅】[名]飯を炊くときに分量を増すために加えるもの。アワ・ヒエ・麦・大根・芋・海藻など。また、それらを加えて炊いた飯。かて飯。

かて【糧(▼粮)】[名]❶生きてゆくための食べ物。糧食。‖「日々の—にも困る」❷生きていくため、先に進むための、支えやもととなるもの。‖「音楽を心の—にする」▼もとは旅などに携行した干し飯いいの意。

[ことば探究]「かて」の使い方

▼「かて」❷は、比喩的な用法。「観光業を生活のかてとする」のような経済的なものについても、「会話が心のかてとなる」のような精神的なものについても言う。ただ精神的なものについては、「人をかてにする」とは言いにくい。

「○名指導者のアドバイスをかてに、一流選手の道を歩む」

「×名指導者をかてに、一流選手の道を歩む」

▼❷は食糧という意味からの比喩であるため、国・組織などが何かをかてにするとは言いにくい。

「×その国は地下金属資源の輸出を主なかてにしている」

▼❷は定期的、継続的に得られるものというニュアンスを持つ。

「その言葉を×時たま/○いつもかてにしている」

かて ㊀[接助]…ところで。…ても。…としても。‖「泣いたかてあかん」使い方 活用語の連体形に付く。㊁[副助]…だって。…でさえ。‖「俺かてやりたないわ」「そんなもん私にかてできる」使い方 体言、体言+格助詞に付く。◈㊀㊁とも主に関西でいう。

か‐てい【仮定】[名・他サ変]❶仮にそうであると定めること。また、その想定した事柄。‖「あくまでも—の話」「食糧の輸入がすべて断たれたと—してみよう」❷論理学などで、推論の出発点となる前提条件。仮説。

か‐てい【家庭】[名]夫婦・親子などの家族が生活をともにする小さな集団。また、その生活の場所。‖「—環境[生活]」

か‐てい【過程】クワ―[名]物事が進行・変化していく一連の道筋。プロセス。‖「成長の—を記録する」「生産—」

品格 いきさつ「どんな—があったのか」一部始終「式典の—を記録する」経緯「—を踏まえて説明する」次第「式—」顚末てんまつ「事の—を語る」◉「いきさつ」「経緯」は、そうなった原因も含む言い方。

かーてい【課程】 [名] 範囲を決め、ある一定期間に割り当てて履修させる学業や作業。‖「中学校の━を終える」「教職［修士］━」

かていーきょうし【家庭教師】 [名] 他の家庭に行って、その家の子供に勉強を教える人。

かていーけい【仮定形】 [名] 口語文法で、活用語の第五活用形。接続助詞「ば」を伴って仮定の条件を表す。「動けば」の「動け」、「寒ければ」の「寒けれ」など。▼文語の第五活用形は已然形。

かていーさいばんしょ【家庭裁判所】 [名] 下級裁判所の一つ。地方裁判所と同格に置かれ、家庭に関する事件の調停・審判、および少年の保護事件の審判を行う。家裁。

かていーてき【家庭的】 [形動] ❶家庭にかかわるさま。‖「━に恵まれない人」❷家庭生活にふさわしいさま。また、家庭を大切にするさま。❸家庭にいるようにくつろげるさま。‖「━な雰囲気のペンション」

カテーテル [Katheterドイ] [名] 診断や治療の目的で体腔や尿道・膀胱・血管などに挿入する管状の器具。

カテキン [catechin] [名] 緑茶などに含まれるタンニンの一種。抗菌作用や抗酸化作用などがある。

カテゴライズ [categorize] [名・他サ変] 分類すること。ある範疇に入れること。‖「テーマで━する」

カテゴリー [Kategorieドイ] [名] 範疇。‖「同一の━に属する概念」

かててーくわえて【▼糅てて加えて】 [連語] ある事柄に、さらに他の事柄が加わるさま。そのうえ。おまけに。‖「親を失い、━病の床に臥すという不運続きで…」▼多く、よくないことが重なるときに使う。

カテドラル [cathédraleフラ] [名] 大聖堂。カセドラル。

がてら [接尾]〈名詞や動詞の連用形に付いて〉そのことをする際に他のことも合わせてする意を表す。…のついでに。…をかねて。‖「散歩━買い物に行く」「駅に行き━郵便局に立ち寄る」

かーてん【加点】 [名・自他サ変] ❶点数を追加すること。⇔減点 ❷漢文にヲコト点・返り点・仮名などを書き加えて訓読法を示すこと。施点。

かーでん【▼瓜田】 [名] ウリの畑。

◉**瓜田に履を納れず** 疑惑を招くような行動はしないほうがよいというたとえ。瓜田の履。▼ウリを盗んでいるのではないかと疑われる恐れがあるので、たとえくつが脱げてもウリ畑では履き直すことをしないの意から。⬇李下に冠を正さず

かーでん【架電】 [名] 電話をかけること。‖「━の件」

かーでん【家伝】 [名] その家に代々伝わってきたこと。また、そのもの。相伝。

かーでん【家電】 [名] テレビ・洗濯機・冷蔵庫など、家庭で使う電気器具。‖「━業界」

かーでん【荷電】 [名] 物体が電気を帯びていること。また、その電気の量。電荷。‖「━粒子」

がーてん【合点】 [名・自サ変]「がってん」の転。‖「独り━・早━」

がでんーいんすい【我田引水】 [名] 自分の有利になるように取りはからうこと。また、自分に都合のよいように理屈をつけること。▼自分の田にだけ水を引く意から。

カデンツァ [cadenzaイタ] [名] 独唱者や独奏者の演奏技巧を発揮させるために楽曲の終止部分の直前に挿入する華麗な装飾的楽句。カデンツ。

かーと【過渡】 [名] ある状態から新しい状態に移ってゆくこと。また、その過程。‖「━的な時代」

かど【角】 [名] ❶物のはしのとがって突き出ている部分。‖「柱の━に頭をぶつける」「岩の━」❷道の折れ曲がっているところ。‖「━の郵便局」❸人の性格・言動などで、円満さを欠いたとげとげしいところ。‖「━のある言い方」

◉**角が立・つ** 人間関係が穏やかでなくなる。角立つ。‖「直接文句を言っては━」

◉**角が取・れる** （人生経験を積んだり、苦労したりして）人柄がまろやかになる。

かど【門】 [名] ❶もん。また、もんの前。もんの辺り。❷家。また、家族。‖「笑う━には福来たる」

かど【▽廉】 [名] あることの原因や理由となるべき事柄。‖「挙動に不審の━がある」

かーど【過度】 [名・形動] 適当な程度を超えていること。‖「━な／の運動は禁物だ」「露出━の写真」⇔適度

かとーいって【かと言って】 [連語]〈接続詞的に〉前に述べた事柄を認めたうえで、それに関係する事柄を打ち消す意を表す。とはいうものの。…だけれど、しかし。‖「体重は落としたい。━食事制限はしたくない」

かーとう【加糖】 [名] 砂糖を加えること。‖「━練乳（＝コンデンスミルク）」

かーとう【果糖】 [名] 果実・蜂蜜などに多くふくまれている単糖類。白色の粉末で水に溶けやすく、糖類中最も甘みが強い。D-フルクトース。

かーとう【過当】 [名・形動] 適正な限度を超えていること。

かーとう【下等】 [形動] ❶[名] 品質や品性が劣っていること。‖「━な／の米」「━品」⇔上等 ❷同種のものの中で段階が下であるさま。‖「━動物」⇔高等

かーどう【可動】 [名] 動かすことができること。また、動く仕掛けになっていること。‖「━式の書架」「━橋・━堰」

かーどう【華道（花道）】 [名] 草花・草木の葉・木の枝などを花器にさして美を表現する技術や作法。いけばな。

かーどう【渦動】 [名] 流体の中などで渦巻き状に動く運動。うず。

かーどう【歌道】 [名] 和歌をよむ技術や作法。和歌の道。

かーどう【稼働（稼動）】 [名] ❶[自サ変] 人が、かせぎ働くこと。‖「月間の━日数」「━人口」❷[自他サ変] 機械を動かすこと。また、機械が動くこと。‖「大型設備が━する」「新鋭機を━して生産量を上げる」「━台数」「━率（＝生産設備の総数に対する実際に動いている設備の割合）」

かとうーきょうそう【過当競争】 [名] 同種の企業間で起こる過度の競争状態。

かとうーせいじ【寡頭政治】 [名] 少数者が国家権力を握って行う独裁的な政治。オリガーキー。

ガトーーショコラ [gâteau au chocolatフラ] [名] 小麦粉・卵・砂糖と、チョコレート・ココアパウダーなどを混ぜて焼いたケーキ。チョコレートケーキ。

かどかどーし・い【角角しい】 [形] 性格・言動などが穏やかでない。‖「物の言い方が━」派生 ーさ

かとき【過渡期】〔名〕ある状態から新しい状態に移る途中の時期。‖「封建制国家から近代国家への―」

かとく【家督】〔名〕❶その家をつぐべき子。あとつぎ。❷相続すべき家名・家業・家産のすべて。跡目。‖「―を譲る」❸旧民法で、戸主の身分に伴う、すべての権利と義務。‖「―相続」

かどくせい【可読性】〔名〕読みやすさの度合い。‖「―に欠ける書体」

かどぐち【門口】〔名〕家・門の出入り口。また、その付近。

かどだつ【角立つ】〔自五〕❶かどがある。突き出る。かどばる。‖「―った崖の岩肌」❷円満さを欠いて、とげとげしくなる。かどがたつ。‖「相手を責めれば話が―」

かどち【角地】〔名〕道路の曲がり角にある土地。‖「東南の―」

かどづけ【門付け】〔名・自サ変〕人家の門口に立って歌や踊りなどの芸能を演じ、金品をもらい受けること。また、その芸能者。

かどで【門出（〈首途〉）】〔名・自サ変〕❶長旅・出陣などのために、自分の家を出発すること。旅立ち。❷新しい生活を始めること。‖「人生の―を祝う」

かどばる【角張る】〔自五〕❶かどがある。突き出る。‖「―ったあご」❷態度がぎこちなくて、かたくるしくなる。‖「そんなに―ってては窮屈だ」

かどばん【角番】〔名〕❶囲碁・将棋の三番・五番・七番勝負などで、あと一敗すれば負けが決まるという対局。❷大相撲で、負け越せばその地位を失う場所や取組。

かどび【門火】〔名〕❶盂蘭盆のとき門口でたく火。送り火と迎え火。❷葬式のとき、死者の霊を送るために門口でたく火。❸婚礼のとき、花嫁の輿を送るために門口でたく火。

かどまつ【門松】〔名〕正月に家の門口に立てる飾りの松。松飾り。‖「―を立てて新年を祝う」▼多く竹や梅を添える。

カドミウム［cadmium］〔名〕金属元素の一つ。単体は青みを帯びた銀白色で、やわらかい。メッキ・合金などに用いる。体内に蓄積されると有毒。カドミ。‖元素記号Cd

かどみせ【角店】〔名〕道路の曲がり角にある店。

カトラリー［cutlery］〔名〕ナイフ・フォーク・スプーンなど、食卓用の金物類。

カドリール［quadrille］〔名〕四人一組が方形をつくって踊る社交ダンス。また、その舞曲。カドリーユ。▼フランスに起こり、日本に鹿鳴館時代に伝わった。

かとりせんこう【蚊取り線香】〔名〕除虫菊をおもな原料とする、蚊を駆除するための燻煙剤。多くは渦巻き形。

カトリック［Katholiek オランダ・catholique フランス］〔名〕❶初代キリスト教の正統を継ぐとされるキリスト教会。❷ローマ教皇を最高首長とする世界最大のキリスト教会。カトリック教会。ローマカトリック教会。旧教。また、その信徒。▼一六世紀の宗教改革以後、プロテスタント教会に対していう。◈普遍的な、の意。「カソリック」とも。書き方「加▽特▽力」と当てた。

カトレア［cattleya］〔名〕温室などで栽培されるラン科の園芸植物。白・桃・紅・紫・黄などの華麗な花をつける。カトレヤ。

かどわかす【▽拐かす・〈勾引〉かす】〔他五〕人をだまして連れ去る。‖「幼い子供を―」

かとん【火▼遁】〔名〕忍術で、火や煙を使って身を隠すこと。また、その術。‖「―の術」

かとんぼ【蚊〈▼蜻▼蛉〉】〔名〕❶ガガンボの通称。❷やせてひょろひょろした人をからかっていう語。

かな【《仮名》（仮▽字）】〔名〕漢字をもとにして日本で作られた音節文字。一般には平仮名と片仮名をさすが、広義には万葉仮名を含める。▼「かりな」の転。漢字を「真名」と呼んだのに対していう。

かな 一〔連語〕❶自問を表す。‖「うまく行く―」「彼、怒っているの―」使い方「…ないかな」の形にすると、実現を望む気持ちがこもることがある。‖「早く来ないかな」❷自問の気分で、問いかけを表す。‖「君にできる―」「君の名前はなんて言うの―」使い方 目下の人や親しい人に使う。やりもらいの表現とともに使うと婉曲な依頼を表すことがある（明日来てくれるかな・窓を開けてもらえるかな）。打ち消しの表現にするとさらに丁寧な依頼になる（ちょっと手伝ってもらえないかな）。「かなあ」とも言うが、その場合は自問の意が強まり、不審や疑念をまじえた詠嘆の表現となる（君にできるかなあ・こんなことをしていていいのかなあ）。◈終助詞「か」＋終助詞「な」。
二〔終助〕〈古風〉感動・詠嘆を表す。‖「梅が香にのっと日の出る山路かな〈芭蕉〉」「悲しいかな、私の力ではいかんともしがたい」「幸いなるかな」「果たせるかな」▼係助詞または終助詞「か」に詠嘆の終助詞「な」が付いて一語化したもの。書き方「▼哉」と当てることもある。使い方 文末で、体言、用言の連体形に付く。

がな 一〔終助〕❶〈古風〉詠嘆をこめた願望を表す。▼「もがな」の形で多く使われる。⇩もがな ❷強意や念押しなどを表す。…よ。‖「もうすんだがな」▼方言で使う。
二〔副助〕不定や漠然とした例示の意を表す。…やら。‖「何がなかあいそうになって〈宮沢賢治〉」

かなあ〔連語〕⇩かな（連語）一 ‖「あの人、どうした―」

かなあみ【金網】〔名〕針金で編んで作った網。‖「柵に―を張る」

かない【家内】〔名〕❶家の中。屋内。❷家族。‖「―一同」「―安全」❸他人に対して自分の妻を言う語。‖「―がよろしく申しております」

かなう【▽適う・▼叶う・▽敵う】〔動五〕一〔自〕❶【適】条件・基準などによくあてはまる。ぴったり合う。適合する。‖「趣旨［目的・理］に―」「時宜に―・った（＝時宜を得た）企画」❷【叶】望み通りになる。また、許されて思い通りになる。‖「願い［夢］が―」「お目通りが―」「―・わぬ望みとあきらめる」「願ったり―・ったり（＝願い通り）の好条件」❸【敵】…することができる。また、…することが許される。‖「この不況下では就職も―・わない」▼下に打ち消しを伴う。❹【敵】対抗できる。匹敵する。‖「英会話では逆立ちしても山田さんに―・わない」「まったく、うちの子には―・わないよ」▼下に打ち消しや反語を伴う。❺【敵】〈「かなわない」などの形で〉程度がひどすぎて、我慢できない。‖「歩くだけならまだしも急坂を登らされるのは―・わない」
二〔補動〕【敵】〈「…て［で］かなわない」などの形で〉程度がひどすぎて、やりきれない。たまらない。‖「眠くて―！」

わない」「やつは理屈っぽくて━わない」「あの店員、無愛想で━わんわ」▽主に関西でいう。

かな-え【▼鼎】(カナヘ)〔名〕❶古代中国で、食べ物を煮るのに用いた青銅製の器。二つの手と三本の足がある。❷王位・権威などの象徴。また、王位。語源 夏の禹王(うおう)のとき、全国から銅を集めて九鼎(きゅうてい)(＝九個の鼎)をつくり、王室の宝としたという故事から。

鼎

◉**鼎の軽重(けいちょう)を問う** 権威者の実力を疑うこと。また、統治者を軽んじ、その地位や権力を奪おうとすること。語源 天下をねらう楚(そ)の荘王が、無礼にも周王室の宝器である九鼎の大小、軽重を尋ねたという故事から。✓注意「鼎を問う」は誤り。

◉**鼎の沸(わ)くが如(ごと)し** 物事が混乱して収まりのつかないさま。また、議論百出して収まりのつかないさま。〓「天下は乱れて━」

かな・える【▽適える・▼叶える】(カナヘル)〔他下一〕❶【適】条件や基準に、ぴたりと当てはまるようにする。〓「希望通りの資格を━えた応募者」❷【叶】願いなどを、思いどおりに実現させる。〓「神様が夢を━えてくれた」文かなふ

かな-がしら【金頭・▽鉄頭】〔名〕海底の砂地にすむホウボウ科の海魚。体形・体色ともホウボウに似るが、うろこが大きい。食用。▽頭が角張って堅いことから。

かな-かな〔名〕ヒグラシのこと。カナカナゼミ。▽「かなかな」と聞こえる鳴き声から。

かな-がた【金型】〔名〕金属製の型。

かなきり-ごえ【金切り声】(ゴヱ)〔名〕金属を切るような、鋭くてかん高い声。〓「━をあげる」

かな-ぐ【金具】〔名〕器具などに取りつける金属製の付属品。鐶(かん)・錠・引き手など。〓「ドアの━が外れる」

かな-くぎ【金・釘】〔名〕金属製のくぎ。〓「━流(＝金くぎを並べたように、ぎくしゃくとして下手な筆跡)」

かな-くさ・い【金臭い】〔形〕鉄分が溶けだしたような味やにおいがするさま。〓「この水は━」

かな-くず【金・屑】(ヅ)〔名〕金属を細工するときにけずり出したくず。

かな-ぐつわ【金・轡】〔名〕金属製のくつわ。〓「━を嵌(は)める(＝賄賂(わいろ)をおくって口止めをする)」

かなぐり-す・てる【かなぐり捨てる】〔他下二〕❶荒々しく脱ぎ捨てる。〓「上着を━てて飛びかかる」❷思いきって、すべて捨て去る。〓「見栄も外聞も━てて一から出直す」文かなぐりす・つ

かな-け【金気(▽鉄気)】〔名〕❶水などに溶けこんでいる鉄分。また、そのにおいや味。〓「この井戸水は━が多い」❷新しい鉄なべや鉄瓶(てつびん)で湯を沸かしたとき、水に浮かびでる赤黒いしぶ。〓「茶釜の━を抜く」

かなし・い【悲しい(▽哀しい)】〔形〕❶心がひどく痛んで泣きたくなるような思いがする。また、そのように思わせるさま。〓「私は友の死が━」「心がはりさけるほど━」「別れは━」⇔うれしい ❷情けなくて残念な思いだ。また、そのように思わせるさま。〓「こんな簡単なことができないなんて、私は━」「この厳しくもまた━現実を直視しなければならない」「━かな(＝残念ながら)力が及ばない」◈もと「愛(かな)し」とも当て、肉親や恋人などに対する切ない気持ちをいった。書き分け ⇒悲しむ 派生 -げ／-さ／-がる

かな-しばり【金縛り】〔名〕❶身動きができないように、鎖などで厳重に縛りつけること。▽恐怖・驚き・霊力などのために、体が硬直して動けなくなる意にも使う。❷〔俗〕金銭を与えて自由を束縛すること。

かなしみ【悲しみ(▽哀しみ)】〔名〕悲しむこと。悲しく思う気持ち。〓「━に沈む」⇔喜び

品格 哀愁(あいしゅう)「━を帯びた音楽」哀傷「━歌」感傷「━にひたる」傷心「━のあまり床につく」寂寞(せきばく)「━とした深山」断腸(だんちょう)「━の思い」沈痛「━な顔つき」悲哀「人生の━」悲観「先行きを━する」悲壮「━な覚悟」悲愴(ひそう)「━を極める」悲嘆「━に暮れる」悲痛「━な叫び」◉「哀傷」は特に人の死を悼(いた)むことに使う。

かなし・む【悲しむ(▽哀しむ)】〔他五〕悲しいと感じる。悲しく思う。〓「別離を━」「世の乱れを━(＝慨嘆する)」⇔喜ぶ 書き分け【哀】は【悲】の美的・情緒的表記として使うことがある(切ない別れを哀しむ)。「かなしい」「かなしみ」も同じ。可能 悲しめる 名 悲しみ

「悲しむ」を表す表現

涙に暮れる・涙に沈む・涙にむせぶ・涙で目を泣き腫(は)らす・血の涙を流す・涙を絞る・血涙[紅涙]を絞る・声涙(せいるい)倶(とも)に下る・泣きの涙で～する・涙を落とす・涙をそそぐ・涙を飲む・涙を禁じ得ない

身を削られる・身を切られる・身を細らせる・身を裂かれる・身に染みる・身につまされる

胸[心]が痛む・胸が痛くなる・胸[心]を痛める・胸がうずく・胸が(張り)裂ける・胸がつぶれる・胸をつぶす・胸が詰まる[つかえる／ふさがる]・胸[心]に傷を受ける・胸[心]に痛手を負う・胸[心]に痛みを感じる・胸をえぐられる・胸をかきむしられる・胸をかき乱される・胸の中にぽかんと穴が空く

腸(はらわた)を断たれる・腸を断つ・断腸の思い

悲しみに打ちひしがれる・悲しみに打ちのめされる・悲しみが胸に迫る・悲しみが胸を衝く・悲しみが胸に突き刺さる・悲しみの底に突き落とされる・悲しみの淵(ふち)に沈む・悲しみに色を失う・悲しみに身[声]を震わせる・悲しみを湛(たた)える・悲しみを抱く

かな-ぞうし【《仮名》草子】(サウシ)〔名〕江戸初期に仮名または仮名交じり文で書かれた小説・随筆・地誌などの総称。啓蒙的・実用的・娯楽的内容のものが多い。▽井原西鶴(いはらさいかく)の『好色一代男』に始まる浮世草子の先駆をなす。

か-なた【▽彼▽方】〔代〕話し手から遠く離れた方向・場所を指し示す語。あちら。むこう。〓「海の━に島影が見える」

かな-だらい【金・盥】(ダラヒ)〔名〕金属製のたらい。また、金属製の洗面器。〓「━で洗濯をする」

かな-づかい【《仮名》遣い】(ヅカヒ)〔名〕かなを使って日本語を書き表すときの、表記のしかた。また、そのきまり。特に、同音のかなの使い分けについてのきまり。現代かなづかい(新かなづかい)・歴史的かなづかい(旧かなづかい)など。

かな-づち【金・槌・金・鎚】〔名〕❶頭部が金属でできているつち。❷泳ぎができないこと。また、その人。▽すぐ水に沈むことから。

◉**金槌の川流れ** 人に頭が上がらないことのたとえ。また、一生出世の見込みがないことのたとえ。

カナッペ【canapé(フランス)】〔名〕薄く一口大に切ったパンやクラッカーに、ハム・チーズ・卵・キャビアなどの具をの

せたもの。オードブルにする。カナペ。

かな-てこ【金▼梃】［名］鉄製のてこ。かなてこぼう。

かな・でる【奏でる】［他下一］❶楽器(特に管弦楽器)を演奏する。奏する。‖「横笛を―(＝吹く)」「ギターを―(＝弾く)」❷楽器を演奏して音楽を作り出す。奏する。‖「蛍の光[美しい旋律]を―」使い方「せせらぎ[満天の星々]が音楽を―」のように、自然の現象を楽器に見立てていうこともできる。◈①は～ヲに〈道具〉を、②は〈結果〉をとる。文 かな・づ

かな-とこ【金床(▽鉄床)】［名］金敷(かなしき)。

かな-ばん【金版】［名］箔(はく)押しや空(から)押しに用いる金属製の凸版。多くは真鍮(しんちゅう)製。かなはん。

かな-ぶつ【金仏】［名］❶金属製の仏像。かなぼとけ。❷心の冷たい人。非情の人。‖「木仏―石仏(いしぼとけ)」

かな-ぶん【金▼蚉】［名］夏、クヌギ・ナラなどの樹液や熟した果実に集まるコガネムシ科の甲虫(こうちゅう)。体はやや扁平(へんぺい)な長円形で、緑褐色・青銅色などの光沢がある。かなぶんぶん。

かな-へび【金蛇】［名］草むらなどにすむカナヘビ科のトカゲ。ふつうのトカゲに似るが、尾が長い。日本固有の種。ニホンカナヘビ。

かな-ぼう【金棒(▽鉄棒)】［名］❶昔、武器として使われた、鉄製の棒。‖「鬼に―」❷昔、夜回りなどが突き鳴らして歩いた、先端に鉄の輪をつけた鉄棒。

かな-まじり【《仮名》交じり】［名］漢字に仮名をまじえて書くこと。また、その文章。‖「漢字―文」

かなめ【要】［名］❶扇の骨をとじ合わせるための釘(くぎ)。また、その釘をはめる場所。❷物事の最も大切な部分。要点。‖「チームの―となる人」「肝心―」

かなめ-もち【要▼黐・〈扇骨木〉】［名］生け垣などにするバラ科の常緑小高木。若葉は赤みを帯びて美しい。初夏、枝の先に白い小花を多数つける。アカメモチ。

かな-もの【金物】［名］金属製の器具・雑貨。鍋(なべ)・包丁・スコップなど。‖「―屋」書き方 昔は「▽鉄物」とも。

かな-やま【金山】［名］［古風］鉱山。

かならず【必ず】［副］その事柄が間違いなくなされるという気持ちを表す。間違いなく。絶対に。‖「彼は―やり遂げると思う」「―来るとは限らない」「会えば―口論になる」「田中選手なら―(＝必ずや)やってくれるだろう」

かならず-しも【必ずしも】［副］〈打ち消しを伴って〉絶対そうであるとは限らない意を表す。‖「貧しいからといって―不幸ではない」「―合格するとは限らない」

かならず-や【必ずや】［副］〈下に推量表現を伴って〉実現の確実性が高いという推量の気持ちを表す。間違いなく。きっと。‖「―成功するであろう」使い方「必ず」よりも古風な言い方で、意味が強い。下の語と呼応して、決意・義務・当然などの気持ちを表すこともある。‖「―解決してみせよう」「―合格せねばならない」「彼ならば―勝つはずだ」

か-なり【(可成)】［副・形動］思いのほか程度が大きいさま。相当。‖「完成までには―時間がかかる」「病状は―悪い」「まとめて買えば―安くなる」「―の損害が出る」▼よろしいと認める「可なり」から。書き方「可▼也」とも。

カナリア【canariaスペ】［名］美しい声で鳴くアトリ科の飼い鳥。羽色は黄色が普通だが、赤・白・橙色(だいだいいろ)などもある。ローラーカナリア・巻き毛カナリアなど、愛玩(あいがん)用の品種が多い。原産地は大西洋のカナリア諸島。カナリヤ。書き方「〈金糸▼雀〉」などとも。

が-な・る［自他五］大きな声でやかましく言う。わめく。‖「そんなに―らなくてもわかっているよ」可能 がなれる

かな-わ【金輪(▽鉄輪)】［名］❶金属製の輪。❷三本の足のついた鉄製の輪。火鉢やいろりの中に置き、やかん・鉄びんなどをのせる。五徳。

かなわ-な・い【▽敵わない】カナ［連語］➡かなう

か-なん【火難】クヮ［名］火による災難。火災。‖「―の相」

かに【▼蟹】［名］堅い甲におおわれた頭胸部と一対のはさみ、および四対の歩脚をもつ節足動物の総称。大部分は横にはい歩く。ほとんどは海産だが、サワガニなどは純淡水産。ガザミ・ズワイガニ・ケガニ・モクズガニなど、食用とするものが多い。▼タラバガニやヤシガニはヤドカリとともに別に分類されるが、一般にはカニと呼ばれる。数 食用のものは「一杯(いっぱい)…」と数える。 蟹

かに-かくに［副］［古風］あれこれと。いろいろと。‖「―渋民村は恋しかりおもひでの山おもひでの川〈石川啄木〉」▼しばしば和歌の初句に使われる。

か-にく【果肉】クヮ［名］果実の外皮と種の間にある部分。

かに-たま【▼蟹玉】［名］中国料理で、ほぐしたカニの肉を入れた卵焼き。広東風では溶き卵にカニ・シイタケ・タケノコなどを混ぜて丸く焼き、上から甘酢あんをかける。芙蓉蟹(フーヨーハイ)。

がに-また【▼蟹股】［名］両脚がひざのところで外向きに曲がっていること。また、その人。O脚。

か-にゅう【加入】カニフ［名・自サ変］団体や組織に加わること。‖「労働組合に―する」「厚生年金保険の―者」

カヌー【canoe】［名］❶櫂(かい)でこぐ原始的な小舟。▼木の幹をくりぬいただけのもの(＝丸木舟)や、枠を組んで獣皮や樹皮を張ったものなどがある。❷①に似せてつくった競漕(きょうそう)用の小舟。また、それを用いて行う競技。

かね【金】［名］❶金銭。貨幣。おかね。‖「―を稼ぐ」「―がかかる」❷金属の総称。金・銀・鉄・銅など。‖「―の茶碗(ちゃわん)に―の箸(はし)」

◉**金の草鞋(わらじ)で尋(たず)・ねる** 根気よく探し回る。多く下に打ち消しを伴って、得がたい物事のたとえとする。▼すり切れることのない鉄製の草鞋を履いて探す意から。注意「金」を「きん」と読むのは誤り。

◉**金は天下の回り物** 金銭は一か所にとどまるものではないから、金を持っている者もいつかは失うし、金のない者もいつかは手に入れられるということ。

かね【▼矩】［名］「曲尺(かねじゃく)」の略。

かね【▼鉦】［名］❶撞木(しゅもく)でたたいて鳴らす、金属製の仏具。小さな金だらいの形をしている。たたきがね。ふせがね。❷手に提げて打ち鳴らす楽器。

◉**鉦や太鼓(たいこ)で捜(さが)・す** 大騒ぎして方々を捜し回ることのたとえ。‖「―・したが、犯人は見つからない」注意「かね」を「鐘」と書くのは誤り。

かね【鐘】［名］打ち鳴らすための金属製の器具。特に、釣り鐘(がね)。‖「お寺の―をつく」「教会の―が鳴る」

かね【〈鉄▼漿〉】［名］昔、お歯黒に用いた暗褐色の液。鉄片を茶の汁や酢につけて酸化させたもの。おはぐろ。

か-ね［連語］確認の意をまじえた自問や質問を表す。‖「そんなこともあった―」「やってくれる―」「彼も行きます―」▼終助詞「か」＋終助詞「ね」。

かね-あい【兼ね合い】ヒア［名］つりあいをうまく保つこと。‖「機能とデザインの―が難しい」「千番に一番の

ー（＝成功することがきわめて難しいことのたとえ）」

かね-かし【金貸し】［名］金銭を貸して利息をかせぐ商売。また、その職業の人。

かね-がね【（兼ね兼ね）】［副］以前からずっと。かねて。≡「ー望んでいたことが実現した」「おうわさはー承っておりました」書き方「▽予▽予」とも。

かね-ぐら【金蔵】［名］❶金銀・財宝をしまっておくくら。❷〔俗〕金銭上の援助をしてくれる人。

かね-ぐり【金繰り】［名］金銭のやりくり。資金の工面。≡「ーが苦しい」

かね-ざし【▼矩差し】［名］⬇かねじゃく

かね-じゃく【▽曲尺・▼矩尺】［名］❶木工や建築で使う、直角に曲がった金属製の物差し。かねざし。さしがね。まがりがね。❷鯨尺（くじらじゃく）の八寸を一尺とした、尺貫法の長さの単位。また、その目盛りの物差し。▼一尺は約三〇・三センチメートル。

かね-ずく【金ずく】［名］金銭の力ですべてを解決しようとすること。≡「ーで事故の片をつけようとする」書き方「金▽尽く」とも。現代仮名遣いでは「金づく」も許容。

かね-そな・える【兼ね備える】［他下一］二つ以上のものを合わせ持つ。兼備する。≡「才知と美貌をー」✓注意「兼ね揃（そろ）える」は誤り。文かねそな・ふ

かね-たたき【▼鉦▼叩き】［名］❶鉦（かね）をたたいて鳴らすこと。また、その人。❷鉦をたたくための棒。撞木（しゅもく）。❸鉦をたたいて経文を唱え、金品をもらい歩いた人。かねたたき坊主。❹秋、「ちんちん」と鉦をたたくような声で鳴く、カネタタキ科の昆虫。コオロギに似るが、小さい。

か-ねつ【火熱】［名］火の熱。火のあつさ。≡「ーが弱い」

か-ねつ【加熱】［名・他サ変］熱を加えること。≡「ーして乾燥［殺菌］する」「ー処理・ー装置・ー器」

か-ねつ【過熱】［名］❶［自他サ変］必要以上に熱くなること。また、熱くしすぎること。❷［自サ変］度が過ぎて激しくなること。特に、取引・競争・運動などが激しくなること。≡「景気がーする」「ー気味の選挙戦」❸［他サ変］液体を沸騰させずに沸点以上に熱すること。≡「ー蒸気」

かね-づかい【金遣い】［名］金銭の使い方。≡「ーがあらい」

かね-づまり【金詰まり】［名］金銭のやりくりがつかなくなること。≡「金融引き締めでーになる」

かね-づる【金▼蔓】［名］金銭を手に入れる手がかり。また、資金などを出してくれる人。≡「いいーをつかむ」

かね-て【▽予て（兼ねて）】［副］以前からそうであるさま。かねがね。以前から。≡「ー聞き及んだ名所を訪れる」「お名前はー（から）伺っております」使い方「かねてより」「かねてから」は本来は重言だが、古くから使う。

かね-な・い【兼ねない】［連語］⬇兼ねる㊁②

かね-ばなれ【金離れ】［名］金銭の使いぶり。≡「太っ腹でーのいい人」

かね-ばらい【金払い】［名］払うべき金をきちんと払うこと。≡「ーの悪い客」

かね-へん【金偏】［名］❶漢字の部首の一つ。「鉄」「銀」「銅」などの「金」の部分。❷鉱山・製鉄・製鋼など、①の文字に関係のある産業。≡「ー景気」

かね-まわり【金回り】［名］❶世の中の、金銭の流通。≡「ーが悪い」❷収入の状態。≡「山田さんはこのごろーがいいらしい」

かね-め【金目】［名］金銭に換算したときの価値。また、その価値が高いこと。≡「ーの物は皆売り払った」

かね-もうけ【金▼儲け】［名・自サ変］金銭の利益を得ること。≡「ーに走る」

かね-もち【金持ち】［名］金銭などの財産をたくさん持っている人。

か・ねる【兼ねる】［動下一］㊀［他］❶二つ以上の機能や性質をもつ。≡「首相が外相をー（＝兼務する）」「朝食は昼食をー・ねて遅めに食べた」「大は小をー」「観光と取材をー・ねて旅行する」使い方「山田副社長が販売部長をー」（AガBヲー）と、「山田氏が副社長と販売部長をー」（AガBとCヲー）の型がある。❷〔古風〕〈「…に気を兼ねる」「…の気を兼ねる」の形で〉…に気を遣う。…に気兼ねする。≡「（三人連れの男の児は）峻（たか）しに気をー・ねてか静かに話をしている〈梶井基次郎〉」㊁〈動詞の連用形に付いて複合動詞を作る〉❶…することができない。…することが難しい。≡「御希望には添いー・ねます」「私には分かりー」「腹に据えー（＝こらえきれない）ものがあったらしい」「見るに見ー・ねて援助を申し出る」❷〈打ち消しを伴って〉…しないとは言い切れない。…になるかもしれない。≡「出世のためならどんなことでもやりー・ねない」「座視すれば国際問題になりー・ねない」使い方 多く、よくない事態になるのを気遣っていう。◈書き方㊁はかな書きが多い。文か・ぬ

か-ねん【可燃】［名］燃えること。燃えやすいこと。≡「ー物質」「ー性（＝火に燃えやすい性質）ガス」⬍不燃

か-ねんど【過年度】［名］すでに終わった会計年度。≡「ー収入・ー支出」

か-の【▽彼の】［連体］あの。例の。≡「ー有名な作曲家」「兎（うさぎ）追いしー山〈故郷〉」

か-のう【化▼膿】［名・自サ変］膿（うみ）をもつこと。うむこと。≡「傷口がーする」

か-のう【▼嘉納】［名・他サ変］高位の人が、献上品・進言などを快く受け入れること。≡「御ーにあずかる」

か-のう【可能】㊀［形動］物事に実現の見込みがあるさま。また、物事が実現できるようになるさま。…することができる（ようになる）。≡「条件次第では共存がーだ」「四月から深夜便の運航がーになる」「ーな限り（＝できるだけ）努力する」「実現ー」⬍不可能 ㊁［名］❶文法で、そうすることができる意を表す言い方。可能動詞、動詞の未然形＋助動詞「（ら）れる」、「…することができる」などで表す。≡「ー表現」❷〔古風〕可能性。

かのう-せい【可能性】［名］❶実現できるという見込み。現実となりうる見込み。≡「台風が上陸するーがある」「審査に合格するーが高い［低い］」「全員遭難のーが大きい」使い方「可能性」には「高い／低い」「大きい／小さい」「強い／弱い」「多い／少ない」などの程度表現があるが、「高低」次いで「大小」が一般的。❷何かを実現できる潜在的な要素。≡「さまざまなーを秘めた若い国」

かのう-どうし【可能動詞】［名］五段（四段）活用の動詞をもとにして、下一段活用で「…することができる」という可能の意味を持つようにしたもの。「読める」「書ける」「話せる」の類。▼五段活用以外の動詞から転じた「見れる」「着れる」「出れる」など、いわゆるラ抜きの語形も、近年広まってきている。

か-のえ【▼庚】［名］十干（じっかん）の第七番目。こう。▼「金（か）の兄（え）」の意。

かーのーこ【鹿の子】[名] ❶「かのこしぼり」の略。❷「かのこまだら」の略。❸「かのこもち」の略。◈もと、しかの子の意。

かのこーしぼり【鹿の子絞り】[名] 絞り染めの一つ。布地を小さくつまんで根本をくくり、染色液にひたして染めたもの。シカの背の白いまだらに似た模様ができる。かのこ。〓「—の帯」

かのこーまだら【鹿の子▽斑】[名] シカの毛のように、茶褐色の地に白い斑点のある模様。かのこ。

かのこーもち【鹿の子餅】[名] もち・求肥などを餡でくるみ、その上に蜜煮にした小豆粒をまぶした和菓子。かのこ。

かーのーじょ【彼女】 ㊀[代] ❶[三人称] 話し手・聞き手以外の女性を指し示す語。〓「それは—の本だ」[語源] 英語の she などの翻訳語「彼女」を音読みしてできた語。❷[俗] [二人称] 相手の女性を指し示す語。〓「—、ここに座ったら?」㊁[名] 恋人である女性。〓「弟に—ができる」⇔彼氏 ◈⇔彼

かーのーと【▽辛】[名] 十干の第八番目。しん。▼「金の弟」の意。

カノン[canon][名] 第一声部の主題となる旋律を他の声部が厳格に模倣しながら追ってゆく楽曲の形式。また、その曲。追復曲。

かーは[副助][古風] ❶疑いの気持ちを表す。〓「蓮葉の濁りに染まぬ心もて何かは露を玉とあざむく〈古今集〉」❷反語を表す。〓「君をのみ思ひ越路の白山はいつかは雪の消ゆる時ある〈宗岳大頼・古今集〉」[使い方] 終助詞的にも使う。〓「負けてたまるものかは、と発奮した」◈係助詞ともする。種々の語に付き文末は連体形で結ぶ。

かば【▼蒲】[名] ❶植物のガマの別称。❷「蒲色」の略。

かば【▼樺】[名] ❶ダケカンバ・シラカバなど、カバノキ科カバノキ属の落葉高木・低木の総称。❷「樺色」の略。

かーば【河馬】[名] 丸い胴と、太くて短い四肢をもつカバ科の哺乳類。アフリカの河川などに群生する。昼は水中におり、夜、陸に上がって草を食べる。

カバー[cover][名] ❶保護や飾りのために表面をおおうもの。特に、書籍・雑誌の表紙。〓「自転車に—をかける」「ふとん—」「ハード—の本」❷[他サ変] ある範囲を受け持つこと。〓「全国を—する新サービスを始める」❸[他サ変] 損失・不足・失敗などを補うこと。〓「体力の衰えを技術で—する」「ファーストの—にはいる」❹[他サ変] 過去に発表された楽曲を別のアーティストが演奏し、録音して発表すること。また、その演奏曲。

カバーーガール[cover girl][名] ❶雑誌などで、表紙写真のモデルになる女性。❷テレビ番組などで、タイトルバックや番組の区切りに登場する女性。

かばいーだて【▼庇い立て】[名・他サ変] ことさらにかばうこと。〓「わが子への—がすぎる」

かばーいろ【▼蒲色・▼樺色】[名] ガマの穂のような、赤みがかった黄色。かば。

かば・う【▼庇う】[他五] 害を受けないように守る。〓「悪い人ではないと言って、友人を—」「陰に陽に子どもたちを—」「左足の傷を—って右足を痛める」[使い方] 普通は〈人〉を主語にして使うが、〈物〉を主語にした言い方もできる(やや翻訳調)。〓「固いテーピングが患部を—」[可能] かばえる

がばーがば[副し] ❶液体が激しく揺れ動いたり、勢いよく流れ出たりする音を表す語。〓「排水口から水が—あふれる」❷金がどんどん入るさま。〓「—もうかる」❸衣服・靴などが大きすぎて体に合わないさま。だぶだぶ。❹[新] ゆるいさま。また、いい加減なさま。〓「—の規則」

かーはく【下▼膊】[名] 腕の、ひじから手首までの部分。前膊。⇔上膊

かーはく【仮泊】[名・自サ変] 船が予定地以外の港などに一時的に停泊すること。

かーはく【科白】[名] 役者のしぐさとせりふ。特に、せりふ。〓「—劇(=せりふを主体とした演劇)」

がーはく【画伯】[名] すぐれた画家。また、画家の敬称。

かーばしら【蚊柱】[名] 夏の夕方など、群がって飛ぶ蚊が柱のように見えるもの。〓「—が立つ」

カバディ[kabaddiヒンディ][名] 七人一組の二チームが攻撃側と守備側に分かれ、攻撃側の一人が相手の陣地に入り「カバディ」と連呼しながら、相手側の選手にタッチすることで得点を競うスポーツ。インドで発祥。

がばーと[副] 急に勢いよく起き上がるさま。また、突然に倒れ伏すさま。がばっと。〓「—飛び起きる」「—畳に泣き伏す」

ガバナンス[governance][名] 企業・国家などの組織が自らをうまく統治すること。統治能力。また、協治。

かばね【▽姓】[名] 古代、豪族が氏族の名につけ、その家柄や職業をあらわした世襲的な称号。臣・連・造など。

かばね【▼屍・▼尸】[名] 死体。しかばね。〓「野に—をさらす」「—を葬る」

かばーやき【▼蒲焼き】[名] ウナギ・ドジョウ・アナゴ・ハモなどを裂いて骨をとり、串に刺してからたれをつけて焼いた料理。▼古くは、ウナギを丸のまま縦に串に刺して焼いた。その形と色が蒲の穂に似ていたことからこの名があるという。[書き方] 許容形「蒲焼」も好まれる。

かーばらい【過払い】[名] 代金・給料などを払い過ぎること。払い過ぎ。かはらい。

かーはん【河畔】[名] 川のほとり。川端。〓「ポトマック—の桜並木」

かーはん【過半】[名] 半分より多いこと。〓「住民の—は開発に反対だ」

かーはん【過般】[名] さきごろ。先日。先般。▼多く手紙文で使う。〓「—はわざわざお越しいただき…」

かばん【▼鞄】[名] 書類などの物を入れて持ち運ぶための用具。革やズックなどの布で作る。▼「鞄」は本来なめし革の意。 鞄

がーばん【画板】[名] ❶絵をかくとき、画用紙をのせる台にする板。❷油絵などをかきつける板。

かーはんしん【下半身】[名] 体の、腰から下の部分。しもはんしん。⇔上半身

かはんーすう【過半数】[名] ❶総数の半分を超える数(総数を一〇〇とした場合、五一以上をいう)。〓「—を占める」「—(=過半数の人)が賛成に回る」❷特に、多数派・少数派の分岐点となる半数に一つ多い数(同、五一をいう)。〓「—に一議席足りない」

かばんーもち【▼鞄持ち】[名] ❶主人や上役の鞄を持って供をする人。秘書・助手など。〓「局長の—として出張する」❷上役にへつらい、いつもついて回る人をさげすんでいう語。

かーひ【下▼婢】[名] 召し使いの女性。下女。

かーひ【可否】[名] ❶よしあし。是非。〓「小選挙区制のーを論じる」❷賛成と反対。可決と否決。〓「投票によってーを決する」

かーひ【果皮】クヮ [名] ❶果実の種をとりまく部分。子房壁が変化したもので、ふつう内果皮・中果皮・外果皮からなる。▼多肉・多汁で食用になる部分は内果皮。❷果実の表面をおおっている皮。

かーひ【歌碑】[名] 和歌を彫り込んだ碑。

かび【▼黴】[名] 植物・飲食物・衣類などの表面に寄生する菌類の通称。胞子で繁殖し、菌糸から成る原糸体をつくる。粉が吹いたように見えるものや、ぬめりのようなものなど、さまざま。 黴

◉**黴が生える** 物事が古くさくなる。

かーび【華美(花美)】クヮ [名・形動] はなやかで美しいこと。また、派手でぜいたくなこと。〓「ーな能衣装」「生活がーに流れる」派生ーさ

がーび【▼蛾眉】[名] ❶蛾の触角のような、三日月形の細いまゆ。▼美人のまゆの形容。❷美人。

かぴーかぴ[副三] 表面がひび割れしそうなほど、乾いて固くなっているさま。〓「鏡餅がーになった」

かびーくさ・い【▼黴臭い】[形] ❶かびのにおいがするさま。〓「納戸の中がー」❷時代遅れで、古くさいさま。〓「ー思想」派生ーさ

カピタン【capitão ポルトガル】[名] ❶江戸時代、長崎出島にあったオランダ商館の館長。❷江戸時代、ヨーロッパから来日した外国船の船長。書き方「加▽比丹」「▽甲▽比丹」「▽甲▽必丹」などと当てた。

かーひつ【加筆】[名・自他サ変] 筆を入れて文章や絵をなおすこと。〓「出版に当たって旧稿にーする」「原案をー訂正する」

がーひつ【画筆】グヮ [名] 絵をかくのに使う筆。えふで。〓「ーをふるう」

がーびょう【画▼鋲】グヮビヤウ [名] 板や壁に図画などをとめるのに使うびょう。

か・びる【▼黴びる】[自上一] かびが生える。〓「パンがー」文か・ぶ

かーひん【佳品】[名] 質のよい品物。また、すぐれた作品。

かーびん【花瓶】クヮ [名] 花をさす、つぼ形や筒形の器。〓「ーに花を生ける」

かーびん【過敏】クヮ [名・形動] 刺激に対する反応が過度に敏感なこと。〓「薬物にーな体質」派生ーさ

かびんーしょう【過敏症】クヮビンシャウ [名] 通常は反応を示さない程度の弱い刺激に対して敏感に反応し、一定の症状を示す病気。

かーふ【下付(下附)】[名・他サ変] 政府や役所が国民に書類・金品などを下げ渡すこと。〓「ー金」

かーふ【家父】[名] 自分の父。

かーふ【寡夫】クヮ [名] 妻と死別または離婚してのち、再婚しないでいる男性。男やもめ。やもお。⇔寡婦

かーふ【寡婦】クヮ [名] 夫と死別または離婚してのち、再婚しないでいる女性。未亡人。⇔寡夫

かぶ【株】■[名] ❶草木の根元。何本かが集まった根の部分。〓「ー分け」「菊を二ー植える」❷木を切ったあとの根元。切りかぶ。❸株式会社の株式・株券。また、その取引。〓「ーが上がる」❹ある地位・身分につくための権利。売買や譲渡の対象となる。〓「年寄ー」❺得意とする技や分野。⬇お株 ■(造)ある地位・身分。〓「古ー・番頭ー」

◉**株が上が・る** 人気や評判がよくなる。⇔株が下がる

かぶ【▼蕪・〈▼蕪▼菁〉】[名] 野菜として栽培されるアブラナ科の越年草。主として球形の根を食用にする。品種が多い。カブラ。カブラナ。カブナ。スズナ。

かーぶ【下部】[名] 下の部分。下の方。〓「ー組織」「団体ー」⇔上部

かーぶ【歌舞】[名・自サ変] 歌ったり舞ったりすること。歌と舞。〓「ー音曲」

がーふ【画布】グヮ [名] 油絵をかくための布。カンバス。

がーふ【画譜】グヮ [名] 絵画を題材別に集めてのせた本。また、それに絵画技法・画論などを加えた本。〓「山水ー」

かーふう【下風】[名] かざしも。〓「ーに立つ」

かーふう【家風】[名] その家に特有の、伝統的な気風・習慣。

かーふう【歌風】[名] 和歌の作風。和歌にあらわれた歌人や流派の特色。

がーふう【画風】グヮ [名] 絵画の作風。絵画にあらわれた画家や流派の特色。

カフェ【café フランス】[名] ❶コーヒー。❷コーヒー店。喫茶店。❸女給が接待して洋酒などを飲ませた飲食店。▼大正から昭和の初期にかけて流行した。◈③は特に「カフエー」「カッフェー」とも。

カフェイン【Kaffein ドイツ】[名] コーヒー豆・茶の葉・カカオの種子などにふくまれるアルカロイド。中枢神経を興奮させる作用があるが、多量に用いると麻痺にいたる。強心剤・利尿剤などにも利用。

カフェーオーレ【café au lait フランス】[名] コーヒーにほぼ等量のミルクを入れた温かい飲み物。

カフェーテラス【和製 café フランス + terrasse フランス】[名] 喫茶店などで、歩道や庭に張り出して客席を設けた所。また、そのような造りの店。

カフェテリア【cafeteria】[名] 客が好みの料理を選び、自分でテーブルに運んで食べる形式の料理店。キャフェテリア。

カフェテリアープラン【cafeteria plan】[名] 社員が企業の用意した種々の福利厚生施策から利用したいものを選択できる制度。施策にそれぞれ点数が決められ、自分の持ち点の範囲で自由に選ぶことができる。

カフェラテ【caffellatte イタリア】[名] エスプレッソに温めたミルクを入れた飲み物。カフェラッテ。

かぶーか【株価】[名] 証券取引所で売買される株式の価格。〓「ー指数」

かぶかーしすう【株価指数】[名] 株価の変動を表示するための指数。基準時点の株価水準を一〇〇とし、その後の株価の変動を百分比で表す。

かぶかーしゅうえきりつ【株価収益率】シウエキ [名] 株価を一株当たりの年間税引き利益で割った値。投資の際の指標とされる。PER。

がぶーがぶ[副] ❶[ト] 水・酒などの液体を勢いよくたくさん飲むさま。〓「ジョッキのビールをー(と)飲み干す」❷[三] 胃に液体がたくさんたまっているさま。〓「ビールで腹がーだ」

かぶき【歌舞伎】[名] 江戸時代に始まり発達した、科白・劇・音楽・舞踊などの要素を集大成した日本特有の総合演劇。歌舞伎芝居。

かぶきーじゅうはちばん【歌舞伎十八番】ジフハチ [名] 江戸歌舞伎の名門市川家に伝わる十八種の当た

り狂言。

かぶき‐もん【▽冠木門】[名]二本の柱の上部に横木を貫き渡した屋根のない門。

か‐ふきゅう【過不及】クワフキフ[名]多すぎることと、少なすぎること。過不足。||「―なく(=適度に)配分する」

か‐ふく【禍福】クワ‐[名]わざわいと、しあわせ。

◉**禍福は糾(あざな)える縄の如(ごと)し** 幸福と不幸はより合わせた縄のように表裏一体であるということ。

が‐ふく【画幅】グワ‐[名]軸物として表装した絵画。

か‐ふくぶ【下腹部】[名]下腹の部分。また、陰部。

かぶ‐けん【株券】[名]株主であることを表示する有価証券。株式。株。

かぶ‐こうぞう【下部構造】‐コウザウ[名]史的唯物論で、政治・法律・学問・宗教・道徳・芸術などの意識形態(イデオロギー)を規定する生産関係の総体。⇕上部構造

カプサイシン[capsaicin][名]トウガラシの果実に含まれる辛味成分。

かぶさ・る【▽被さる】[自五]❶上からおおうようにして載ったり、のしかかったりする。おおいかぶさる。おいかぶさる。||「顔に前髪が―」「食卓に布が―・って(=かぶせられて)いる」「机に―ようにしてうたた寝する」❷すでにあるものの上に他のものが加えられる。||「雪が幾重にも―・って根雪となる」「不安に恐怖が―」❸負担などが及ぶ。||「両肩に責任が重く―・ってくる」

かぶ‐しき【株式】[名]❶株式会社の資本を構成する単位。❷株式会社において株主が保有する法律上の地位。株主権。❸株券。

かぶしき‐がいしゃ【株式会社】‐グワイシャ[名]有限責任社員である株主によって組織された、営利を目的とする会社。株主総会・取締役会・監査役などの機関があり、株主は株式の引受価格を限度とする有限責任だけを負う。

かぶしき‐こうかい【株式公開】[名]限られた株主が所有する会社の株を、資金調達などのために広く一般の投資家に公開すること。

かぶしき‐こうかいかいつけ【株式公開買い付け】‐カヒツケ[名]会社の経営権を支配しようとする者が株式の価格・数量・期間などを公示し、市場外で不特定多数の株主から株式を買い付けること。株式公開買付制度。TOB(take-over bid の略)。

カフス[cuffs][名]ワイシャツ・婦人服などのそで口。

カフス‐ボタン[和製cuffs＋botão ポルトガル][名]ワイシャツなどのカフスにつける装飾を兼ねたボタン。

かぶ・せる【▽被せる】[他下一]❶上からおおうようにして載せる。||「娘に帽子を―(=かぶらせる)」「荷台にシートを―」「なべにふたを―」❷全体に注ぎかける。||「頭から水を―」❸すでにあるものの上に他のものを加える。重ねる。のせる。||「映像にナレーションを―」❹間(ま)を置かないで、次のことばをいう。おっかぶせる。||「(矢代ハ)問いかけた僕に―ように言った〈福永武彦〉」❺文法で、ある語の前に接頭語や修飾語を置く。冠する。||「この語は接頭語を―と形容動詞に転じる」❻事物に名前を与える。名づける。冠する。||「怪物君の名前を―・せられた少年投手」❼罪や責任などを人に負わせる。||「罪を―」文かぶ・す

カプセル[Kapsel ドイツ][名]❶円筒形をしたゼラチン製の小容器。散薬などを入れ、そのまま飲み下す。||「―入りの風邪薬」❷外気を遮断(しゃだん)した密閉容器。||「タイム―」

カプセル‐ホテル[和製Kapsel ドイツ＋hotel][名]ベッドを入れたカプセル状の小部屋を並べた簡易ホテル。

か‐ふそく【過不足】クワ‐[名]多すぎることと、足りないこと。過不及。||「今の気持ちを―なく書き表す」

カプチーノ[cappuccino イタリア][名]エスプレッソコーヒーに泡立てた牛乳を加えた飲み物。

かふちょう‐せい【家父長制】カフチャウ‐[名]父系の家長が絶対的な家長権に基づいて家族員を支配・服従させる家族形態。

かぶと【▼兜・▼冑・▽甲】[名]合戦のとき頭部を保護するためにかぶった鉄製または革製の武具。

◉**兜の緒(お)を締(し)める** 心を引き締めて戦闘に備える。

◉**兜を脱・ぐ** 相手の力を認めて降参する。

かぶと‐ちょう【▼兜町】カブトチャウ[名]東京都中央区日本橋の町名で、東京証券取引所の通称。▼東京証券取引所を中心とする証券街。

かぶと‐むし【▼兜虫・▽甲虫】[名]コガネムシ科の甲虫(こうちゅう)。体はつやのある黒褐色で、ふくらみのある長円形をしている。体長約三〜五センチメートル。雄の頭部には兜の前立てに似たY字形の角がある。サイカチムシ。

かぶ‐ぬし【株主】[名]株式会社の出資者として、株式を所有している人。持ち株数に応じた権利・義務をもつ。||「―総会」「筆頭―」

がぶ‐のみ【がぶ飲み】[名・他変]水や酒をがぶがぶと大量に飲むこと。||「ビールを―する」

かぶ‐ま【株間】[名]植え付けた作物の、株と株のあいだ。||「―を広くとる」

かぶら【▼蕪・〈▼蕪▼菁〉】[名]⬇かぶ(蕪)

かぶら【▼鏑】[名]❶矢の先端につける、カブの根の形をした道具。木やシカの角などで作り、中を空洞にして数個の穴をあける。矢を飛ばすと高い音を発する。❷「鏑矢」の略。

かぶら‐や【▼鏑矢】[名]鏑(かぶら)をつけた矢。射るとうなりを発して飛ぶ。かぶら。▼合戦の合図や敵への威嚇(いかく)に用いた。

かぶり【▽頭】[名][古風]あたま。

◉**頭を振・る** 頭を左右に振って、不承知の意を示す。

がぶり[副ト]大きく口をあけて勢いよく食いつくさま。また、水などを一息に飲み込むさま。||「野良犬に―と足を噛(か)まれた」

かぶり‐つき【▼齧り付き・▼噛り付き】[名]劇場で、舞台側の最前列の客席。▼舞台にかぶりつくようにして見ることから。

かぶり‐つ・く【▼齧り付く・▼噛り付く】[自五]大きな口をあけて勢いよく食いつく。||「大きな桃(もも)に―」

カプリッチオ[capriccio イタリア][名]一定の形式がなく、気分のままに自由に変化する軽快な器楽曲。奇想曲。狂想曲。カプリチオ。

カプリ‐パンツ[Capri pants][名]脚にぴったりとした七分丈のパンツ。▼イタリアのカプリ島で流行したことから。

かぶり‐もの【▽被り物・▽冠り物】[名]頭にかぶるもの。笠(かさ)・帽子・頭巾(ずきん)など。

がぶり‐より【がぶり寄り】[名]相撲で、相手のまわしを引きつけ、相手の体を上下に揺り動かしながら寄

り進む技。

かぶ・る【▽被る】 一〔他五〕❶頭に載せたり顔につけたりして、その部分をおおう。冠する。また、頭からすっぽりとおおう。かむる。‖「帽子を斜めに—」「頭から布団を—って寝る」「好人物らしい仮面を—って近づく」「猫を—」 書き方 帽子などでは「▽冠る」とも。❷〈山や野を頭に、雪や雲を帽子に見立てて〉野山に雪が積もることや山頂が雲に隠れることをいう。‖「雪を—った山が白く光っている」「頂上は雲を—って見えない」 書き方 「▽冠る」とも。❸〈「暈(かさ)をかぶる」の形で〉月や太陽の周囲に丸い輪ができる。‖「月が暈を—っている」▼暈を笠に見立てる。❹〈「皮をかぶる」の形で〉他のものになりすます。着る。‖「人の皮を—った狼(おおかみ)」❺粉末状のものや液体などを上から浴びる。〈多くは自然の作用にいうが、意図的な人の動作にもいう〉‖「書棚の本が埃(ほこり)を—っている」「水害で稲が水を—」「頭から水を—って皮膚を鍛える」❻本来ならば引き受けなくてもよいものを身に受けてしまう。‖「殺人の罪[損害・不況の波]を—」「委員長みずからが泥を—」 二〔自五〕❶〈新〉重なる。‖「予定[内容]が—」 書き方 普通かな書き。❷撮影や現像の時の光の影響で、画像やフィルムが不鮮明になる。‖「この写真は—っている」 可能 かぶれる

がぶ・る〔自五〕❶強風や荒波のために船が激しく揺れる。❷相撲で、相手のまわしを引きつけ、相手の体をゆすり上げるようにして寄り進む。 名 がぶり

か-ぶれ【▽気触れ】〔名〕❶かぶれること。また、かぶれてできた炎症。‖「肌の—がひどい」「漆(うるし)—」「化粧—」❷〈名詞に付いて〉感化されてその風(ふう)に染まること。また、その人。‖「西洋—」▼マイナスに評価して使う。

か-ぶ・れる【▽気触れる】〔自下一〕❶皮膚が炎症を起こしてかゆくなる。‖「薬品に—」❷感化されて、すっかり夢中になる。‖「ロックに—」 文 かぶ・る 名 かぶれ

かぶろ【▼禿】〔名〕❶昔の少女の髪型の一つ。髪を短く切りそろえて、結ばないもの。また、その髪型の子供。❷昔、上級の遊女に仕えて見習いをした少女。◈「かむろ」とも。

かぶ-わけ【株分け】〔名・他サ変〕植物の根を親株から分けて移植すること。

か-ふん【花粉】(クヮ)〔名〕種子植物の雄しべの葯(やく)の中にできる粉状の生殖細胞。風や虫によって運ばれ、雌しべの柱頭について実を結ばせる。

か-ぶん【過分】(クヮ)〔名・形動〕自分の分に過ぎていて不相応なこと。‖「—のおほめにあずかり恐縮です」「—な望みを抱く」⇔応分 ▼多く謙遜(けんそん)しながら感謝の意を表す場合に使う。

か-ぶん【寡聞】(クヮ)〔名〕見聞が狭いこと。‖「そのようなことは—にして知らない」「浅学—」▼多く謙遜(けんそん)していうときに使う。

寡

が-ぶん【雅文】〔名〕雅言を用いて書いた平安時代の仮名文。また、それをまねた擬古文。

かふん-しょう【花粉症】(クヮフンシャウ)〔名〕スギ・ブタクサなどの花粉によって起こるアレルギー。多く春先にくしゃみ・鼻水や目の充血などの症状が生じる。

かふん-じょうほう【花粉情報】(クヮフンジャウホウ)〔名〕気温・湿度・天気から、スギなどの花粉飛散度を推定した情報。「少ない・やや多い・多い・非常に多い」の四段階で発表される。

か-ぶんすう【仮分数】〔名〕分子が分母より大きいか、または分母に等しい分数。⇔真分数

かべ【壁】〔名〕❶建物の外部を囲む仕切りや、建物の内部の仕切り。木・竹などを芯(しん)にして練った土を塗ったもの、板を張ったもの、石・煉瓦(れんが)などを積んだものなど。‖「土—・板—」❷障害となり、突き破ることが難しいもの。‖「研究が—にぶつかる」「一〇〇メートル一〇秒の—を破る」

◉**壁に耳あり** どこでだれに聞かれているか知れないということ。とかく密談は漏れやすいということ。‖「—障子に目あり」

か-へい【貨幣】(クヮ)〔名〕商品などと交換できる価値があるものとして政府が発行し、社会に流通させるもの。紙幣・硬貨などがある。おかね。‖「—経済(=貨幣を仲立ちとして商品の交換が行われる経済の仕組み)」

か-へい【寡兵】(クヮ)〔名〕少ない兵力。‖「—をもって大軍を迎え撃つ」

が-べい【画餅】(グヮ)〔名〕実現の見込みのないもの、また、実際の役に立たないもののたとえ。絵にかいたもち。がへい。

◉**画餅に帰(き)す** 計画などが実現できず、せっかくの努力がむだになる。‖「計画は—した」

かへい-かち【貨幣価値】(クヮヘイ)〔名〕一単位の貨幣でどれだけの商品やサービスが買えるかという値打ち。貨幣の購買力。‖「—が上がる」

かべ-かけ【壁掛け】〔名〕室内の壁面にかけて装飾とするもの。

かべ-がみ【壁紙】〔名〕❶装飾や補強のために室内の壁面にはる紙。❷コンピューターで、デスクトップ画面の背景となる画像。

かべ-しんぶん【壁新聞】〔名〕身近な話題や主張などを新聞の体裁に編集し、人の集まる場所の壁などにはりだすもの。

かべ-そしょう【壁訴訟】〔名〕❶訴える相手がいないので、一人でぶつぶつと不平を言うこと。❷遠回しにあてこすること。

かべ-つち【壁土】〔名〕壁に塗る粘りけのある土。また、壁に塗った土。

か-へん【可変】〔名〕変えることができること。また、変わることができること。‖「—コンデンサー」⇔不変

か-へん【花片】(クヮ)〔名〕一枚一枚の花びら。

か-へん【佳編(佳▼篇)】〔名〕すぐれた文芸作品。佳作。

か-べん【花弁(花▼瓣)】(クヮ)〔名〕花冠を構成するそれぞれの片。花びら。

かへん-しほん【可変資本】〔名〕生産に投下される資本のうち、労働力の購入に当てられる資本。

か-ほ【菓舗】(クヮ)〔名〕菓子を売る店。菓子屋。

か-ほう【下方】(カハウ)〔名〕下の方。下の方向。また、下の部分。‖「根の先端が—に屈曲する」「屋上から—を見下ろす」「山の—がなだらかに広がる」⇔上方

か-ほう【火砲】(クヮハウ)〔名〕大砲・高射砲など、口径の大きい火器。

か-ほう【加法】(カハフ)〔名〕足し算。⇔減法

か-ほう【加俸】〔名〕本俸のほかに特に支給される俸給。‖「年功—が付く」

か-ほう【果報】(クヮ)〔名〕❶仏教で、前世での行為によって受ける、現世での報い。因果の応報。❷〔形動〕よい運に恵まれて幸せなこと。幸運。‖「—者」

◉**果報は寝て待て** 幸運を得ようとしても人の力ではどう

することもできないから、あせらずに時機を待つのがよい。
✔注意「かほう」を「家宝」と書くのは誤り。

かーほう【家宝】[名] 家の宝。‖「代々伝わる―」

かーほう【家法】ハフ [名] ❶その家のしきたり。❷その家に伝わる特別の方法。‖「一子相伝の―」

がーほう【画法】グヮハフ [名] 絵画をかく技法。

がーほう【画報】グヮー [名] 写真や絵を中心に編集した雑誌や本。‖「写真―」

かほう-しゅうせい【下方修正】カハウシウセイ [名・他サ変] 業績・利益などの数値を当初の予測や計画より低く設定し直すこと。‖「年間販売計画を五万台から三万台に―する」⇔上方修正

かーほうわ【過飽和】クヮハウワ [名] ❶溶液中に、その温度での溶解度以上の物質が溶けこんでいること。❷空気中に、蒸気がその温度での飽和量以上に含まれていること。

かーぼく【家僕】[名] 雇われて家の雑用をする男性。下男。しもべ。

かーほご【過保護】クヮー [名・形動] 子供などを、かばいすぎるまで保護すること。また、そのようにされること。‖「―な親」「―に育てられた子供」

かぼす [名] ユズの近縁種。果実はダイダイに似るが小形。強い酸味と独特の香りをもつ果汁を日本料理の香味料とする。大分県の特産。▽蚊をいぶすのに使ったことからいう。「蚊いぶす→かぼす」と転じた。

かーぼそ・い【か細い】[形] 非常に細いさま。また、消えいりそうなほど弱々しいさま。‖「―腕をさしのべる」「声が次第に―・くなる」派生 -げ／-さ

カボチャ【〈南▼瓜〉】[名] 大形の果実を野菜として食用するウリ科のつる性一年草。また、その実。夏、黄色い雄花と雌花を開く。ボウフラ。トウナス。ナンキン。語源 一六世紀にポルトガル船によってカンボジア(Cambodia)から渡来したことからという。

ガボット [gavotte フランス] [名] 一七世紀のフランスで流行した、二分の二または四分の四拍子の軽快で優美な舞曲。また、その踊り。

かーほど【▼斯程】[副] [古風] これほど。これくらい。‖「―(に)喜ばしい知らせはない」

かま [名] 料理で、大きな魚の胸びれのついた部分。えらに接した腹部の前端で、脂肪分に富む。‖「ぶり―」▽形が鎌に似ていることから。

かま【釜】[名] ❶飯をたいたり湯を沸かしたりするのに使う金属製などの器具。炊飯用のものは鍋よりも深く、ふつう周囲にかまどに掛けるための鍔がある。‖「電気―・風呂―」⬇同じ釜の飯を食う ❷茶の湯で、湯をわかすのに使う金属製の器具。茶釜。

［ことば比べ］「釜」と「窯」と「竈」
▼「釜」は飯を炊くのに使う器具(＝お釜)。
▼「窯」は陶磁器・ガラス・炭などを作ったり、ピザなどを焼いたりするために、素材を中に入れて熱するところ。
▼「竈」は調理器具を上にかけて素材を熱するところ。

かま【窯】[名] 陶磁器・ガラス・炭などを作るときに、素材を入れて焼いたり溶かしたりする装置。高温を保つために耐火煉瓦などで造る。‖「炭焼き―・登り―」⬇釜［ことば比べ］

かま【鎌】[名] 草・稲などを刈るのに使う農具。内側に刃のある三日月形の金具に、木の柄を直角に付けたもの。数「一丁(挺)…」と数える。

◉**鎌を掛・ける** 相手に本当のことを言わせようと、それとなく誘いをかける。‖「本音を言わせようと―」✔注意「かまける(＝一つのことに気をとられる)」と混同するのは誤り。‖「×忙しさにかま(を)かけて(〇かまけて)」

かま【▼竈】[名] かまど。

かま【▼罐・▽缶】[名] 密閉容器内の水などを加熱し、高温・高圧の蒸気を発生させる装置。ボイラー。汽罐。⬇缶

がま【▼蒲・〈香▼蒲〉】[名] 池・沼などの岸辺に群生するガマ科の多年草。根生する葉は線形で厚い。夏、茎頂に円柱形の花穂をつける。漢方では花粉を蒲黄といい、止血薬などに用いる。かま。▽古くは葉を編んでがま蓆を作り、花穂を火口の材料とした。

がーま【〈▼蝦▼蟇〉・▼蟇】[名] ヒキガエルの通称。

かまあげ-うどん【釜揚げ▼饂▼飩】[名] 釜でゆでたうどんをゆで汁とともに器に入れ、つゆをつけて食べるもの。釜揚げ。

かまーいたち【鎌▼鼬】[名] 突然、皮膚に鎌で切ったような鋭い傷ができる現象。▽雪国に多く見られ、越後の七不思議の一つ。つむじ風などによって空気中に生じた真空の部分にふれて傷を受ける現象とされるが、昔はイタチのしわざと考えられていた。

かまい-つ・ける【構い付ける】カマヒー [他下一] 相手にする。とりあう。‖「そっぽを向いて―・けない」

かま・う【構う】カマフ [動五] ━[自]〈多く否定の表現を伴って〉❶あることが気になって、気持ちがそれにとらわれる。〜に拘泥する。〜を気にする。‖「少しも服装に―・わない」「私に―・わず先に行ってください」使い方「身なりを―・わない」など、他動詞としても使う。❷あることが気になって、問題や不都合があると感じる。‖「七時過ぎなら―・わない」❸物事にかかわる。特に、人と何らかのかかわりをもつ。かかずらう。かまいつける。‖「さいなことに―・ってもいられない」
━[他] ❶〈多く否定の表現を伴って〉気にかけて世話をしたり相手をしたりする。かまいつける。‖「誰も私を―・ってくれない」「一月も―・わないと庭は草ぼうぼうだ」❷子供などをからかったりして遊ぶ。‖「この子は妹を―・ってばかりいて困るの」❸気にして手をかける。いじる。‖「あの若者はしょっちゅう髪を―・っている」
━[補動]〈「…て(も)構わない」などの形で〉消極的な許可・許容を表す。積極的に歓迎はしないが特に文句は言わない意。…てもいい。‖「一緒について行っても―・わないだろうか」「子供が見たって―・わない」使い方「あたし、時どき町に出るけど、―・わないでしょ?〈藤沢周平〉」のように、単独でも使う。名 構い ⬇お構い

かまえ【構え】カマヘ [名] ❶建物などの構造。また、その外観。‖「寺院風の―の門」❷きたるべき事態に対する備え。‖「和戦両様の―」❸攻撃や防御の姿勢。‖「正眼の―」❹漢字の部首の一つ。「もんがまえ(門)」「くにがまえ(囗)」「ぎょうがまえ(行)」など。

かま・える【構える】カマヘル ━[他下一] ❶〈拠点となる〉建物などを作り設ける。‖「都心に新居を―」「窓際に勉強机を―」「本拠［陣］を―」❷ある決定的な状況を作り出す。‖「時限ストを―・えて抗議する」「兵を―(＝戦いを交える)」「あえて事を―(＝ごたごたを起こす)こと

はしない」❸武器や道具を手に取って、いつでも使える状況を作り出す。‖「刀を上段に—」「銃〔バット〕を—」❹〔古風〕言い訳や作り事をこしらえる。‖「言を—えて弁解に努める」[二]〔自下一〕❶状況に備えて、ある姿勢・態度をとる。身構える。‖「蹲踞の姿勢で—」「どこか斜に—えたところのある人だ」「のんきに—」❷〈「構えて」の形で〉身構えた態度で対処するさま。‖「クラシックはつい—えて聴いてしまう」文かま・ふ 名構え

「構える」を修飾する表現

おおらかに〔鷹揚に／のんきに／気楽に／のんびりと／悠長に／気安く／おっとりと／ゆったりと／ゆっくりと／悠然と／平然と／大きく／でんと／どんと／どっしりと／のほほんと／しんねりむっつりと〕構える

慎重に〔用心深く／堅苦しく／じっくりと／緊張の面もちで／腰を据えて／脇を締めて〕構える

横柄に〔尊大に／傲然と／厳然と／偉そうに／ずうずうしく／図太く／大家然と／秀才然と／冷淡に／よそよそしく／気位高く／乙に澄まして〕構える

かま-きり【〈▼蟷▼螂〉・〈▼螳▼螂〉】〔名〕三角形の頭に大きな複眼をつけた、カマキリ科の昆虫の総称。緑または褐色の体は細長いが、腹部は太い。鎌状の長い前肢で昆虫を捕食する。イボジリ。蟷螂。▼交尾中や交尾後、雌が雄を殺して食うことがある。

がま-ぐち【〈▼蝦▼蟇〉口・▼蟇口】〔名〕口金のついた銭入れ。▼開いた口が、がまの口に似ることから。

かま-くび【鎌首】〔名〕ヘビやカマキリが敵を攻撃するときの、鎌のように曲がった首。‖「—をもたげる」

かま-くら〔名〕秋田県の横手地方で小正月(＝陰暦一月一五日)に行う子供たちの行事。窯に似た雪室をつくって水神を祭り、その前で火を焚きながら鳥追いの歌をうたう。賽銭や餅をもってお参りにくる大人には甘酒をふるまうのが習い。また、その雪室。

かま・ける〔自下一〕ある一つのことだけに気をとられる。‖「クラブ活動に—けて勉強をおろそかにする」文かま・く

がまし・い〔接尾〕〈名詞や動詞の連用形などに付いて形容詞を作る〉いかにも…のようだ。…の傾向がありありと感じられる。‖「言い訳〔未練〕—ことをいう」「恩着せ—・晴れ—・おこ—・差し出—」

かま-す【▼叺】〔名〕わらむしろを二つに折り、両端を縄でとじた袋。塩・穀物・肥料などを入れる。▼古くは蒲の葉で編んだことから「蒲簀」の意という。

かます【▼魳・〈▼梭子魚〉】〔名〕ヤマトカマス・アカカマスなど、カマス科の海魚の総称。体は細長く、長く突き出た口には鋭い歯が並ぶ。食用。

かま・す【▼噛ます】〔他五〕❶歯でくわえるようにさせる。‖「猿ぐつわを—」❷物と物の間にすき間があかないように差し込む。‖「楔を—」❸相手がひるむように打撃や攻撃を与える。‖「びんた〔はったり〕を—」異形かませる

かまち【▼框】〔名〕❶戸・障子・ふすまなどの外側をかこむ枠木。❷床などの端に渡してふちにする化粧横木。上がりがまち・床がまち・縁がまちなど。

かま-ど【▼竈】〔名〕❶なべ・かまなどをかけ、下から火を燃やして煮炊きをするための設備。へっつい。▼土・石・煉瓦などで築く。❷独立した生活を営む所帯の意。➡釜〔ことば比べ〕 ▼「釜をかける所」の意。▼かまどを一家の象徴とみなしていう。 竈

◉**竈を分・ける** 分家する。

かま-とと〔名〕(男女間のことなど)知っているくせに知らないふりをして、うぶをよそおうこと。また、その人。‖「—ぶる」▼ある女性が「蒲鉾は魚か」と聞いたことに由来するという。

がま-の-あぶら【〈▼蝦▼蟇〉の油】〔名〕ヒキガエルの皮膚からでる分泌物から製したという民間薬。書き方「あぶら」は「▼膏」とも。

かま-びすし・い【▼囂しい・▼喧しい】〔形〕やかましい。かしましい。‖「—蟬の声」派生—さ 囂

かま-ぼこ【▼蒲▼鉾】〔名〕❶白身の魚をすり身にして調味し、よく練ってから形を整え、蒸し煮またはあぶり焼きにした食品。語源 古くは、円筒型にして細い竹にさして焼いた。その形が蒲の穂に似ていたことから。❷板付きかまぼこのような、中高の形をしたもの。‖「—屋根」❸宝石をはめてない中高の指輪。

かま-めし【釜飯】〔名〕魚介・肉・野菜などを取り合わせ、小さな釜で一人前ずつたく炊き込み飯。釜のまま食卓などに出す。

かま-もと【窯元】〔名〕陶磁器の製造元。また、その主人。‖「萩焼の—」

かま-ゆで【釜▼茹で】〔名〕❶かまで物をゆでること。‖「—にしたタコ」❷戦国時代の極刑の一つ。罪人を湯などの煮えたぎるかまの中に入れて煮殺したもの。かまいり。

かまわ-な・い【構わない】ハマ〔連語〕➡構う

が-まん【我慢】〔名〕❶〔他サ変〕感覚的なつらさや生理的欲求などを受け止めて、それによく耐えること。こらえること。‖「苦しみを—する」「緑茶で—してくれ」「遊びたいのを—する」「あいつの態度にはもう—できない」❷〔古風〕我を張り通すこと。強情。‖「—をお言いでない」

◈書き方 かな書きも多い。

品格 隠忍自重「おとなしく—する」 受忍「—限度」 辛抱「—が足りない」 耐乏「—生活」 耐え忍ぶ「制裁を—」 忍苦「—の精神」 忍耐「—強い」

がまん-づよ・い【我慢強い】〔形〕よく我慢するさま。辛抱強い。‖「—性格」「—く機会を待つ」派生—さ

カマンベール【Camembert】〔名〕白いかびをつけて熟成させた軟質のナチュラルチーズ。▼フランスのノルマンディー地方の地名から。

かみ【上】〔名〕❶流れなどの初めの方。‖「川の—の方」「風—」❷時間的に初めの方。ずっと以前。昔。‖「その—は平安時代にさかのぼる」「—つ世(＝上代)」❸物事をいくつかに分けたものの初めの部分。‖「—(＝うえ・以上)に述べたように」「—の句」「—二桁の数字」❹ある期間を二つ、または三つに分けた際の前のほう。‖「—期」「—半期」❺位置の高いところ。‖「山の—にある祠」❻地位・格式などの高いほう。また、身分・地位の高い人。‖「—座」➡御上・上さん ❼舞台の、客席から見て右のほう。上手。❽体の腰から上の部分。❾都に近い方。‖「—方」◈①③〜⑨⬍下 使い方 現在は複合語の例が多く、単独の用法は少ない。

かみ【神】〔名〕❶人知を超えた存在として畏怖・崇拝され、信仰の対象となるもの。絶対的能力をもって人間に禍福をもたらすとされる。‖「—に誓って偽りはない」▼

ユダヤ教・キリスト教・イスラム教では宇宙・万物の創造者である絶対的存在。仏教では、仏や菩薩の権化・守護者とされる。古来の神道では、八百万の神というように、習俗的に多数の神がまつられてきた。❷人格化されて神話・伝説などに登場し、超能力をもって活躍するもの。❸神社にまつられた死者の霊。

かみ【紙】[名] ❶植物などの繊維を溶かし、薄く平面状に漉いて乾燥したもの。製法により、手漉き紙・機械漉き紙・加工紙などがある。書画を書く、印刷する、物を包むなど、用途は広い。❷じゃんけんで、ぱあ。

かみ【髪】[名] ❶人の頭にはえる毛。髪の毛。頭髪。「ーが伸びる」「ーを切る」❷髪形。「ーが乱れる」

◉髪を下ろ・す ⇒頭を下ろす

かみ【〈長官〉・▽守】[名] 律令制で、四等官制(かみ・すけ・じょう・さかん)のうちの第一等官。長として庁務を統率する。▽役所によって異なる漢字を当てる。

か-み【加味】[名・他サ変] ❶味をつけ加えること。❷あるものに別の要素を添え加えること。「住民感情もーして工場誘致を検討する」

か-み【佳味(▼嘉味)】[名] ❶よい味。また、よい味の食べ物。❷よい趣。おもしろみ。

かみ-あ・う【▼噛み合う】[自五] ❶獣などが互いにかみつく。「ライオンがー」❷歯や歯型のものが互いにぴたりと組み合う。「歯車がー」❸論点などがずれないでうまく合う。「話がー・わない」

かみ-あわせ【▼噛み合わせ】[名] ❶上下の歯がぴたりと合うこと。また、そのぐあい。咬合。「入れ歯のーが悪い」❷歯車の凹凸の部分がぴたりと合うこと。また、そのぐあい。

かみ-あわ・せる【▼噛み合わせる】[他下一] ❶上下の歯を合わせてかむ。「歯をーたびに痛む」❷歯車など歯型のものを互いにすきまなく合わせる。「大小の歯車をー」❸獣などにかみ合いをさせる。「土佐犬をー」❹論点などをずれないように合わせる。「話をうまくー」 文 かみあは・す 名 かみ合わせ

かみいちだん-かつよう【上一段活用】[名] 動詞の活用形式の一つ。語尾が五十音図のイ段(または、それに「る」「れ」「ろ」の付いた形)だけに変化するもの。「着る」が「き・き・きる・きる・きれ・きろ(口語)・きよ(文語)」と変化する類。▽文語・口語ともにある。

かみ-いれ【紙入れ】[名] 紙幣を入れて持ち歩く財布。札入れ。▽古くは鼻紙・小間物・金銀などを入れて持ち歩く革製または絹製の袋をいった。

かみ-がかり【神懸かり・神▼憑り】[名] ❶神霊が人にのりうつること。また、のりうつった人。❷論理を無視して超自然的なものを妄信し、常識から大きくはずれた思考や行動に身をゆだねること。また、そのような人。

かみ-かくし【神隠し】[名] 子供や娘が突然行方不明になること。かみがくし。「ーにあう」▽昔、神や天狗のしわざと考えたことから。

かみ-かぜ【神風】[名] ❶神の力によって吹き起こるという風。▽特に元寇のとき元の船を沈めた暴風雨をいう。❷太平洋戦争末期、日本海軍の特別攻撃隊に冠した名称。正しくは、神風特別攻撃隊。❸[俗] 人命を粗末にして、向こう見ずに走り回ること。「ータクシー・ー運転」▽他の語と複合して使う。

かみ-がた【上方】[名] 京都・大阪地方。また、広く関西地方。「ー歌舞伎〔落語・漫才〕」▽皇居のある方角の意。もとは京都とその付近を指していった。

かみ-がた【髪型・髪形】[名] 整えた頭髪の形。ヘアスタイル。

がみ-がみ [副ト] 口やかましくしかりつけたり文句を言ったりするさま。「ー(と)小言を言う」

かみ-き【上期】[名] 会計年度などで、一年を二期に分けたときの前半の期間。上半期。⇔下期

かみきり-むし【〈天牛〉・髪切り虫】[名] カミキリムシ科の昆虫の総称。体は細長く、節のある長い触角をもつ。鉄砲虫と呼ばれる幼虫は樹木の材部を食い荒らす。きわめて種類が多い。

かみ-き・る【▼噛み切る】[他五] 歯でかんで切りとる。「舌をー」「堅くてー・れない肉」

かみ-きれ【紙切れ】[名] 紙の切れはし。また、小さく切った紙。紙片。「倒産してただのーとなった(=価値を失った)株券」

かみ-くず【紙▼屑】[名] いらなくなった紙きれ。くず紙。「ーと化した外れ馬券」

かみ-くだ・く【▼噛み砕く】[他五] ❶歯でかんで粉々にする。「梅干しの種をー」❷難しい事柄を分析してわかりやすくする。「論旨をー・いて説明する」

かみ-こ【紙子(紙▽衣)】[名] 厚くて丈夫な和紙に柿渋をひき、乾燥して揉みやわらげたもので仕立てた衣服。軽くて防寒性に富む。▽はじめ律宗の僧が着用したが、後に貧民の防寒衣となる。元禄期には豪華な紙子も作られて流行した。

かみ-ころ・す【▼噛み殺す】[他五] ❶かみついて殺す。食い殺す。「虎がウサギをー」❷あくび・笑いなどを、歯をかみしめて無理におさえる。「吹き出したくなるのをー」✔注意 怒りや後悔などマイナスの感情をこらえる意で使うのは誤り。「×敗退の悔しさを噛み殺す」

かみ-ざ【上座】[名] 上位の人が座る席。じょうざ。「主客がーに着く」⇔下座 ▽日本間では入り口から遠く、床の間に最も近い席をいう。

かみ-さ・びる【神さびる】[自上一] 古びてこうごうしくなる。かんさびる。「杉木立の中のー・びた社」 文 かみさ・ぶ

かみ-さま【神様】[名] ❶神の敬称。「ーにお祈りする」❷ある分野で、非凡な知識・能力・技術をもっている人。「俳句〔野球〕のー」

かみ-ざら【紙皿】[名] 紙で作った皿。

かみ-さん【上さん】[名] 親しい間で、自分の妻や他人の妻を指していう語。「うちのー」⇩おかみさん

かみ-しつ【髪質】[名] 毛髪の性質。「柔らかいー」

かみ-しばい【紙芝居】[名] 物語の各場面を何枚かの絵にかき、それを次々に見せながら語りを加えていくもの。

かみ-し・める【▼噛み締める】[他下一] ❶力を入れて強くかむ。「くやしさに唇をー」「涙をー(=涙が出るのをじっとこらえる)」❷よくかんで味わう。「するめをー」❸よく味わって、その深い意味を十分に感じとる。「やっと訪れた幸せをー」 文 かみし・む

かみ-しも【▼裃】[名] 江戸時代の武士の礼服。袖のない肩衣と同色の袴とからなる。「ーを着る(=格式張って堅苦しくなる)」「ーを脱ぐ(=四角張らないで打ち解ける)」▽「上下」の意。「裃」は国字。

かみ-しも【上下】[名] かみと、しも。うえとした。上下。「舞台のー(=上手と下手)」「川のー」「マッサージ師がー(=腰から上の部分と下の部分)をもむ」

かみ-すき【紙▼漉き】［名］和紙をすくこと。また、その職業の人。

かみ-そり【〈▼剃刀〉】［名］❶ひげなどをそるのに用いる、薄くて鋭利な刃物。‖「―に負ける」▽「髪そり」の意。数「一丁(挺)…」「一口…」と数える。❷頭の働きや動作が鋭くて素早いこと。‖「―の頭脳をもつ数学者」「―パンチ」▽よく切れることから。

かみそり-まけ【〈▼剃刀〉負け】［名］かみそりでそったあとの皮膚に炎症を生じること。

かみ-だな【神棚】［名］家の中で、神を祭っておく棚。‖「―に手を合わせる」

かみ-だのみ【神頼み】［名］神に祈って加護を求めること。‖「苦しいときの―」

かみ-たばこ【▼嚙み〈煙草〉】［名］かんで香気を味わうたばこ。たばこの葉に香料などを加え、ひも状や板状に押し固めたもの。

か-みつ【過密】［名・形動］限られた地域や範囲の中に集中しすぎていること。‖「―(な)スケジュール」「人口の―地域」「―ダイヤ」⬍過疎 派生 -さ

かみ-つ・く【▼嚙み付く】［自五］❶歯や牙で食いつく。‖「子供がふざけて指に―」❷激しく食ってかかる。‖「論争相手に―」

かみ-づつみ【紙包み】［名］紙でつつむこと。また、そのもの。

かみ-つぶ・す【▼嚙み潰す】［他五］かんでつぶす。‖「西瓜の種を―」「苦虫を―・したような顔」

かみ-て【上手】［名］❶上の方。上座の方。‖「―に座る」❷川の上流の方。‖「船を―にやる」❸客席から見て、舞台の右の方。◈⬍下手

かみ-でっぽう【紙鉄砲】［名］子供のおもちゃの一つ。細い竹筒の両端にぬらして丸めた紙をつめ、一方から棒で押すと空気の圧力で紙玉が音を発して飛び出すしかけのもの。

かみ-なり【雷】［名］❶雲と雲の間、あるいは雲と地表の間の放電によって、空中に光と音響が生じる気象現象。多く強い雨と風を伴う。‖「―が鳴る」使い方 頭ごなしにがみがみとどなりつけることのたとえにもいう。‖「親父の―が落ちる」❷雲の上にいて、雷をおこすという神。鬼のような姿をして虎の皮の褌をしめ、輪形に連ねて背負った太鼓を打ち鳴らす。人間のへそを好むという。雷神。かみなりさま。◈「神鳴り」の意。

かみなり-おやじ【雷親▽父(雷親▼爺)】［名］何かにつけてすぐに大声でどなりつけるおやじ。

かみにだん-かつよう【上二段活用】［名］文語動詞の活用形式の一つ。語尾が五十音図のイ・ウの二段(または、それに「る」「れ」「よ」の付いた形)に変化するもの。例えば、「落つ」が「ち・ち・つ・つる・つれ・ちよ」と変化する類。

かみ-ねんど【紙粘土】［名］細かくちぎった紙を煮てから粘着剤を加え、粘土のようにしたもの。

かみ-の-く【上の句】［名］❶短歌で、前半五・七・五の三句。⬍下の句 ❷連歌で、五・七・五の長句。❸俳句で、最初の五文字。

かみ-の-け【髪の毛】［名］頭部にはえる毛。頭髪。髪。

◉**髪の毛を逆立・てる** ひどく立腹する。

かみ-ばさみ【紙挟み】［名］書類などをはさんで整理しておく文房具。ペーパーホルダー。

かみ-ばな【紙花】［名］紙の造花。特に、葬儀で飾る造花。

かみ-はんき【上半期】［名］⬇上期 ⬍下半期

かみ-ひとえ【紙一重】［名］紙一枚の厚さほどの、ごくわずかな隔たり。‖「―の差」

かみ-ぶくろ【紙袋】［名］紙で作った袋。

かみ-ふぶき【紙《吹雪》】［名］祝賀や歓迎のために、色紙などを細かく切ってまきちらすもの。‖「―が舞う」

かみ-もうで【神詣で】［名・自サ変］神社に参詣すること。神まいり。書き方「神詣」とも。⬇詣で

かみ-やしき【上屋敷】［名］江戸時代、諸国の大名などが平常の住まいとして江戸市中に設けた屋敷。⬍中屋敷・下屋敷

かみ-やすり【紙▼鑢】［名］厚手の紙や布の一面に金剛砂・ガラス粉などを付着させたもの。金属の研磨や木工製品の仕上げなどに使う。やすりがみ。サンドペーパー。

かみ-ゆい【髪結い】［名］髪を結うこと。また、それを職業にする人。‖「―床(=江戸時代、男性のひげやさかやきをそり、髪を結った店)」

かみ-よ【神代(神世)】［名］神が治めていたという時代。日本の神話では、天地開闢から神武天皇の前までの時代。神代。‖「―の昔」

かみ-わ・ける【▼嚙み分ける】［他下一］❶よくかんで味のよしあしなどを区別する。‖「酸いも甘いも―」❷よく考えて、物事の細かな違いなどを見分ける。‖「物の道理を―」文 かみわ・く

かみ-わざ【神業】［名］神でなくてはできないわざ。また、そのようにすぐれて超人的な技術。‖「―の妙技」⬇人間業

か-みん【仮眠】［名・自サ変］一時的に少しの間ねむること。かりね。仮睡。‖「交替で―をとる」「―所」

カミング-アウト［coming-out］［名］世間には言いにくい自分の立場や秘密を表明すること。特に、同性愛者など性的指向を表明すること。カムアウト。

か・む【▼擤む】［他五］鼻汁を鼻から吹き出して紙などでふきとる。‖「はなを―」可能 かめる

か・む【▼嚙む・▼咬む・▼嚼む】 ■一［他五］嚙 ❶食物を砕いたり切り離したりするために、歯を上下に動かす。‖「ガムを―」「ご飯をよく―・んで食べる」「砂を―ような(=味気ない)食事」「ぽりぽり[くちゃくちゃ]―」❷歯で相手を傷つける。‖「毒蛇が人を―」「窮鼠猫を―」❸愛情の表現として、相手に軽く歯を立てる。‖「犬が身をすり寄せるようにして手を―」❹自分の体や身近な持ち物に歯を立てる。‖「爪を―癖がある」「唇を―・んで屈辱に耐える」「難しい発音で舌を―・みそうだ」❺(修辞的な言い方で)激しくぶつかる。襲いかかる。‖「狂瀾が岩を―」「身を―ような孤独に震える」
■二［自五］❶歯車などがかみあう。‖「ファスナーの歯がぴたりと―」❷計画や事件などに関係をもつ。仲間として加わる。‖「彼はこのプロジェクトに一枚―・んでいる」❸話すときに、ことばがなめらかに出なかったり、言い間違えたりする。‖「緊張してスピーチで―」
◈書き分け (1)「犬が人を咬む」「よく嚼んで食べる・嚼んで含める」など【咬】【嚼】も使うが、一般には【嚙】でまかなう。(2)「噛」は、「嚙」の簡易慣用字体。可能 かめる

◉**嚙んで吐き出すよう** 不快そうに、ぶっきらぼうに物を言うさま。‖「―に答える」

⊙**噛んで含・める**　よく分かるように丁寧に言い聞かせる。〓「ひとつひとつ—ように説明する」▼かんで柔らかくして子供の口に含ませる意から。

カム[cam] [名] 回転軸に取りつけて、回転運動を往復運動などの複雑な周期的運動に変える装置。回転軸からの距離が一定でない輪郭曲線または溝をもつ円盤。

ガム[gum] [名]「チューインガム」の略。〓「—をかむ」

がむしゃら [名・形動] よく考えないで(勢いをもって)物事を行うこと。〓「若さにまかせて—に働く」書き方「我武者羅」とも当てる。派生—さ

ガム-シロップ[gum syrup] [名] 砂糖液に、結晶化を防ぐためのアラビアゴムを加えたシロップ。

ガム-テープ[和製gum+tape] [名] 丈夫な紙や布に粘着液を塗布した幅広のテープ。荷物の梱包などに用いる。

カムバック[comeback] [名・自サ変] もとの地位や身分にもどること。復帰。〓「政界に—する」

カムフラージュ[camouflage フランス] [名・他サ変] ❶敵の目をくらますために武器・施設・兵員などに偽装や迷彩を施すこと。また、その偽装や迷彩。❷本当の姿や本心を知られないように、表面を取りつくろうこと。〓「失策をうまく—する」◈俗に「カモフラージュ」とも。

ガムラン[gamelan マレーシア] [名] インドネシアのジャワ島やバリ島で行われる伝統的な器楽合奏音楽。ゴング・ガンバンなど、金属製・木製・竹製の打楽器を主体とし、宗教儀式・舞踊劇・影絵芝居などの伴奏に用いる。ガメラン。

かむ・る【▽被る】[他五] [古風] かぶる。

かむろ【▼禿】[名] ➡かぶろ(禿)

かめ【亀】[名] カメ目に属する爬虫類の総称。体は平たく、胴部をおおう堅い甲羅に頭・四肢・尾を隠すことができる。世界に二〇〇種以上が分布し、そのほとんどは淡水産・海水産だが、ゾウガメのように陸にすむ種もある。▼古来、ツルとともに長寿でめでたい動物とされる。〓「鶴は千年—は万年」

かめ【▽瓶・▼甕】[名] 液体などを入れる、口径が広く、底の深い容器。土製・陶磁製・金属製などがある。〓「—から酒を汲む」

か-めい【下命】[名・他サ変] ❶命令を下すこと。また、その命令。〓「—を拝する」❷〈「御下命」の形で〉商品・仕事などの注文。〓「御—の品をお届けに上がりました」

か-めい【加盟】[名・自サ変] 団体や組織に加入すること。〓「国連の—国」

か-めい【仮名】[名] 実名を伏せて、仮につける名。〓「—で報道する」

か-めい【家名】[名] ❶家の名。また、家の跡目。かみょう。〓「—を継ぐ」❷一家の名誉・名声。〓「—を上げる」

が-めい【雅名】[名] ❶風雅な名前。キクを隠君子、ユリカモメを都鳥と呼ぶ類。❷雅号。

カメオ[cameo] [名] 貝殻・瑪瑙・大理石などの色層を利用し、精巧な浮き彫りを施した装飾品。〓「—のブローチ」▼図柄は肖像が多い。

かめ-かん【▼甕棺】[名] 埋葬に用いた土製の棺。土器一個の単棺と土器二個の口縁を合わせた合わせ口甕棺とがある。日本では縄文・弥生時代に用いられた。

がめつ・い [形] [俗] 金もうけに抜け目がないさま。けちで、がっちりしている。〓「—商法」「—・く金をためる」▼昭和三四(一九五九)年、菊田一夫の戯曲『がめつい奴』から流行し、広く使われるようになった語。大阪の方言をもとにした造語という。派生—さ

かめ-の-こう【亀の甲】[名] ❶カメの甲羅。かめのこ。❷六角形の図形を上下・左右に並べた模様。亀甲。

⊙**亀の甲より年の劫**　長年かけて積んできた経験はとうとく、価値があるということ。▼「コウ」の音が通じる「甲」は甲羅、「劫」はきわめて長い時間。書き方「年の劫」は長年の功績の意から「年の功」とも書く。

かめ-ぶし【亀節】[名] かつお節の一つ。小形のカツオを三枚におろし、その片身から作ったもの。➡本節 ▼形が亀の甲に似ていることから。

かめ-むし【亀虫(▼椿象)】[名] 扁平な六角形をしたカメムシ科の昆虫の総称。さわると悪臭を発する。種類が多い。クサガメ。

カメラ[camera] [名] ❶写真機。〓「銀塩—・デジタル—」❷映画やテレビなど、映像の撮影機。〓「—アイ」

カメラ-アングル[camera angle] [名] 被写体に対するカメラの撮影角度。また、それによって決まる写真の構図。〓「低い—からとらえる」

カメラマン[cameraman] [名] ❶職業として写真をとる人。写真家。〓「報道—」❷テレビ・映画などの撮影技師。

カメラワーク[camerawork] [名] 映像撮影などにおける、撮影技術。

が・める [他下一] [俗] こっそり自分の物にする。ちょろまかす。

カメレオン[chameleon] [名] カメレオン科に属する爬虫類の総称。形はトカゲに似るが、体の色を環境や感情に応じて変える。長い舌をのばして虫を捕食する。北アフリカ・マダガスカル島・インドなどに分布。

か-めん【仮面】[名] ❶人間・動物・妖怪などの顔をかたどった面。マスク。〓「—劇」「—舞踏会」❷本心・素性・真実などをかくすもの。〓「—を脱ぐ」

⊙**仮面を被・る** ❶仮面を顔に付ける。❷本心や本性を隠して、別なものに見せかける。

が-めん【画面】[名] ❶かかれた絵の表面。❷映画・テレビなどの、映しだされた映像。〓「—が暗い」

かも【▼鴨】[名] ❶マガモ・コガモ・オナガガモ・カルガモなど、カモ科の水鳥の総称。一般に雄の羽色は雌よりも派手で美しい。多くは初冬に日本へ飛来し、春、北へ帰る。❷だまして、利用しやすい相手。また、負かしやすい相手。〓「—にされる」

⊙**鴨が葱をしょって来る**　ますます好都合であることのたとえ。▼カモ肉がある上にネギまでそろえば、すぐにでも鴨鍋がつくれることから。略して「鴨葱」とも。

か-も [連語]〈「かも知れない」「かも分からない」の形で〉疑いながらも可能性があると推測する気持ちを表す。〓「あしたは行けない—知れない」➡かも知れない ▼終助詞「か」+終助詞「も」。使い方 くだけた話し言葉では文末でも使う。〓「忘れてるのかも」「そうかもね」

かも-い【▼鴨居】[名] 引き戸・ふすま・障子などをはめ込むために、部屋と部屋の間や出入り口の上部に渡した溝のある横木。⇕敷居 ➡床の間(図)

が-もう【▼鵞毛】[名] ガチョウの羽毛。▼白いもの

や、きわめて軽いもののたとえにもいう。〓「鋭い風が—の様な雪片を運んで来て〈中島敦〉」

か-もく【科目】[名] ❶いくつかに区分したそれぞれの項目。〓「予算書の—」「勘定—」❷教科・学科の区分。課目。〓「二—を選択する」「必修—」

か-もく【寡黙】[名・形動] 口数が少ないこと。〓「—な人」「急に—になる」⬌饒舌 派生 -さ

か-もく【課目】[名] ❶税をかける場合の個々の項目。〓「課税[法定]—」❷学校で修得するように課せられた学科目。また、教科・学科の区分。科目。〓「不得意な—」「—外の授業」

か-もじ【▼髢】[名] 女性が髪を結うときに補って添える毛。入れ髪。▽髪の意の女房詞「髪文字」から。

かも-しか【▼氈鹿・〈▼羚羊〉】[名] 山岳地帯にすむウシ科の哺乳類。ヤギに似るが毛が多く、雌雄とも短い角をもつ。特別天然記念物。ニホンカモシカ。カモシシ。▽「—のような足の選手」などと、ほっそりとした俊足にたとえる「かもしか」は、アフリカなどにすむ羚羊の通称。

かもし-だ・す【醸し出す】[他五] ある気分や感じをそれとなくつくりだす。〓「和やかな雰囲気を—」「張りつめた空気が異様な緊張を—」

かも-しれ-な・い【かも知れない】[連語] ❶疑問だが、可能性があることを表す。〓「明日地震が起こる—」「彼の話はもしかすると本当—」「車で行けば間に合った—」❷〈「…かもしれないが、…」などの形で〉その主張などをいったん(半分)は認めつつ、それでもなおと、異議申し立てをする意を表す。〓「仕事はできる—が、魅力のない人だ」「あなたにとっては些細なこと—けれど、私には大切な問題です」◈ 書き方 かな書きも多い。

かも・す【醸す】[他五] ❶麹に水を加えて発酵させ、酒・醤油などをつくる。醸造する。〓「酒を—」❷その場にある雰囲気・状態などを生みだす。〓「物議を—」 可能 醸せる

か-もつ【貨物】[名] ❶貨車・トラック・船舶・飛行機などで運送する荷物。〓「—自動車[船]」❷荷物を運送するために、貨車だけで編成した列車。▽「貨物列車」の略。

かも-なんばん【▼鴨南蛮】[名] カモの肉とネギを入れて煮たそば・うどん。鴨南。

かも-ねぎ【▼鴨▼葱】[名] 「鴨が葱をしょって来る」の略。

かもの-はし【▼鴨▼嘴】[名] ❶単孔目カモノハシ科の原始的な哺乳類。カモに似たくちばしをもち、四肢には水かきがある。尾はビーバーに似て幅が広い。卵生で、孵化した子は乳で育てる。オーストラリア東部やタスマニア島に分布。❷海岸の草地などに自生するイネ科の多年草。葉は細長く、赤紫色の花穂はカモのくちばしに似る。

カモフラージュ[camouflageフランス][名・他サ変] ⬇カムフラージュ

カモミール[chamomile][名] 薬用植物として栽培するキク科の一年草または越年草。北ヨーロッパ原産。全体に芳香があり、葉は羽状に裂ける。夏、周辺が白く、中心が黄色の頭状花を開く。乾燥した花は健胃剤・発汗剤などとする。カミツレ。カミルレ。

かもめ【▼鷗】[名] ❶冬、日本各地の海岸に渡来するカモメ科の海鳥。体は白いが背は灰色、翼の先端は黒い。海辺に群れをなしてすむ。❷カモメ科の海鳥の総称。日本には、カモメ・ユリカモメ・セグロカモメ・ウミネコなどが分布する。◈ 書き方 「鴎」は簡易慣用字体。

かも・る【▼鴨る】[他五] [俗] 勝負事などで、ねらいをつけた弱い相手を負かし、金品をまきあげる。▽「鴨」を動詞化した語。

か-もん【下問】[名・自サ変] 目下の者に問い尋ねること。また、その質問。〓「国王が御—になる」

か-もん【家門】[名] ❶一家。一族の全体。❷家の格式。家柄。

か-もん【家紋】[名] それぞれの家で定められている紋所。

か-もん【渦紋】[名] うずの形をした模様。うずまき模様。〓「水面が—を描く」

かや【▼茅・▼萱】[名] 屋根をふくのに用いる草の総称。ススキ・チガヤ・スゲなど。

かや【▼榧】[名] 山地に自生するイチイ科の常緑高木。種子から油をとり、材は建材・家具・碁盤・将棋盤などに用いる。

か-や【《蚊帳》(蚊屋)】[名] 蚊を防ぐために、つりさげて寝床をおおうとばり。麻・木綿などで作る。〓「—をつる」 数 「一張…」と数える。

◉**蚊帳の外** 内情を知らされない立場に置かれること。

がや-がや[副ト] 大ぜいの人がうるさく話し合うさま。〓「—(と)騒ぐ」「—(と)騒がしい教室」

か-やく【火薬】[名] 熱や衝撃によって急激な化学変化を起こし、瞬間的に高熱と多量のガスを発生する物質。〓「—庫」

か-やく【加薬】[名] ❶料理に添える香辛料。薬味。❷主に関西で、めん類や飯に加えるさまざまな具。〓「—飯(=五目飯)」

カヤック[kayak][名] ❶イヌイットなどが猟に用いる、木枠にアザラシの皮をはった小舟。両端に水かきのついた櫂(=パドル)を操ってこぎ進める。❷①に似せて作った競技用のカヌー。また、それを使って速さや技能を競う競技。

かや-ぶき【▼茅▼葺き・▼萱▼葺き】[名] かやで屋根をふくこと。また、その屋根。〓「—の家」

か-やり【蚊▽遣り】[名] 蚊を追い払うために草木の葉などをいぶすこと。また、そのいぶすもの。蚊いぶし。

かゆ【▼粥】[名] 水を多く入れて米をやわらかく煮たもの。〓「—をすする」「お—」▽古くは、米を炊いたものの総称。

かゆ・い【▼痒い】[形] 〈小さな痛みなどによって〉皮膚がむずむずして掻きたいと感じる。〓「蚊に刺されて腕が—」 派生 -さ/-み/-がる

◉**痒い所に手が届く** 細かいところにまで気遣いが行き届いていることのたとえ。〓「—サービス」

かゆ-ばら【▼粥腹】[名] かゆを食べただけの腹の具合。〓「—では力が入らない」

かよい【通い】[名] ❶通うこと。ある区間を何度も行き来すること。〓「血の—がよくない」❷自宅と職場の間を毎日行き来すること。通勤。〓「—の店員」⬌住み込み ❸「通い帳」の略。

かよい-こん【通い婚】[名] 夫婦が同居せず、夫または妻が相手のもとに訪ねる婚姻形態。

かよい-じ【通い路】[名] 〔古風〕行き来する道。〓「雲[恋]の—」

かよい-ちょう【通い帳】[名] ❶掛け買いの品名や金額などを記入しておく帳面。通い。❷〔古風〕銀

行預金や郵便貯金の通帳。

かーよう【火曜】クヮ エウ [名]（日曜から数えて）週の第三日。月曜の次の日。火曜日。

かーよう【可溶】[名・形動] 水などの液体にとけること。‖「—性たんぱく質」

かーよう【歌謡】ウエ [名] ❶韻文形式の文学の総称。‖「記紀—（＝古事記や日本書紀に記された古代歌謡）」❷節をつけてうたう歌の総称。民謡・俗謡・童謡・流行歌など。‖「—曲」

かよ・う【通う】カヨ フ [自五] ❶ある場所に目的をもって何度も行く。‖「毎朝バスで会社に—」「高校に—・っている（＝在学している）娘が二人いる」「ダンスの稽古に—」❷そこをとおって、行き来する。通る。また、行ったり来たりする。‖「橋の袂に、釣り人が河原に—道がある」‖「—人とてない僻遠の地」❸乗り物が（定期的に）行き来する。‖「壱岐へは連絡船が—・っている」▼乗り物を主語にしていう。❹〔古風〕道筋がつながる。通じる。至る。続く。‖「新道は山道を抜けて海岸へと—」「京都へ—街道」▼道を主語にしていう。❺液体や気体などがある方向へ連続して動いてゆく。流れる。通る。‖「二階の部屋は風が—・って気持ちいい」「血の—・った（＝人間味のある温かい）政治」❻心が相手に伝わる。通じる。また、互いに通じ合う。通い合う。‖「皆の心が—」「飼い主と愛犬の気持ちが—」❼互いにつながりを持つ。似通う。‖「声や体型に—ところがある」可能 **通える** 名 **通い**

かーよう【▽斯様】ウヤ [形動]〔古風〕このよう。このとおり。‖「—に申しております」

かようーきょく【歌謡曲】ウエ [名] 日本的な情感を綴った詩に口ずさみやすい曲をつけ、放送・レコード・映画などによって流布する現代的・大衆的な歌謡。

がようーし【画用紙】グヮ ウ [名] 絵をかくのに使う厚手の白い紙。

かようーび【火曜日】クヮ エウ [名] ⬇火曜

かーよく【寡欲（寡▼慾）】クヮ [名・形動] 欲が少ないこと。‖「—の人」

がーよく【我欲（我▼慾）】[名] 自分だけの利益や満足を追い求める気持ち。‖「—が深い」

かーよわ・い【か弱い】[形] 非常に弱々しいさま。‖「—腕」「—生きもの」派生 **-げ／-さ**

かよわ・す【通わす】カヨ ハス [他五] 通うようにさせる。‖「子供を高校へ—」「互いに心を—」異形 **通わせる**

かよわ・せる【通わせる】カヨハ セル [他下一] ⬇通わす 文 **かよはす**

から【空】 ㊀[名] 中に何もないこと。からっぽ。‖「—の財布」「一升びんを—にする」㊁（造）❶何も持っていない、何も伴っていない意を表す。‖「—手」「—馬」❷見せかけだけで実質が伴わない意を表す。‖「—手形」「—元気」「—威張り」「—出張」◈「殻」と同語源。

から【唐】 ㊀[名] 中国の旧称。‖「—から渡ってきた文物」㊁（造）中国の。また、舶来の。‖「—綾」「—獅子」「—様」「—文字」

から【殻】[名] ❶動物の体や植物の実・種などをおおって保護している堅いもの。‖「貝[卵]の—」「籾—」使い方 自分だけの世界を外界から隔離して守るもののたとえにもいう。‖「自分の—に閉じこもる」「古い—を打ち破る」❷昆虫などが脱皮したあとの外皮。‖「セミ[もぬけ]の—」❸中身などがなくなって、用済みになったもの。‖「弁当の—」「たばこの吸い—」「茶—」

から[副]〈否定的表現を伴って〉まったく。からきし。‖「—役に立たない」

から

A 起点となるものを表す

㊀[格助] ❶**起点**や**通過点**となる場所を表す。‖「成田から出発する」「出先から戻る」「玄関から入る」「すきまから光が漏れる」使い方 出発や通過の場所を表すときは「を」に言い換えられる。‖「成田を出発する」

❷起点となる時間を表す。‖「三時から始まる」「九月から再開する」

❸変化する前のもとの状態や事態を表す。‖「ひなから育てる」「少女から大人になる」

❹〈多く「…から…まで」の形で〉範囲を定める基準点を表す。‖「駅前から商店街までをパレードする」「三歳から五歳までの子供」「この川から南を規制区域とする」

❺**順序**を表す。‖「好きなものから食べる」「子供から診察する」

❻〈「…てから」の形で、動詞連用形を受けて〉一つの動作の成立時点を次の事態の起点として表す。‖「食事を済ませてから出かける」「別れてから会っていない」

❼〈数量を表す語に付いて〉それ以上であることを表す。程度が多いという含みがある。‖「金は百万からかかる」「重さは一〇キログラムからある」「五万人からの署名を集めた」使い方 一般に「も」に言い換えられる。‖「金は百万もかかる」

B もとになる出来事や材料を表す

❽**原因・根拠**を表す。‖「不注意からけがをする」「顔色から健康状態を判断する」

❾**原料・成分**を表す。‖「果物から酒を造る」「台座は青銅から作る」「この本は三章からなる」使い方「で」に言い換えられることもある。‖「果物で酒を造る」

❿〈「から見て」「から言って」などの形で〉後に続く判断の**根拠**を表す。‖「状況から見て、殺人事件だ」「年齢から言って最後のチャンスだろう」⬇からして①

⓫〈しばしば「して」を伴って〉最も基本的なものを挙げ、他はまして、と強める。‖「先生から（して）そんな服装では困ります」⬇からして②

C 相手や主体を表す

⓬受身やり取りの表現の相手を表す。‖「友だちから頼まれた」「父から受け継ぐ」「人から聞いた」使い方「に」に言い換えられることもある。‖「人に聞いた」

⓭〈方向性のある表現を伴って〉動作を起こす主体を表す。‖「君から渡しなさい」「僕から電話しようか？」使い方「が」に言い換えられることもある。‖「君が渡しなさい」

D 原因・理由・根拠を表す

㊁[接助]〈活用語の終止形を受けて〉❶次に続くことの**原因・理由・根拠**を表す。‖「時間がないから急ごう」「連絡がないから心配した」使い方 ⬇ので

❷〈「…で（も）いいから」「…て（も）いいから」の形で〉後に続く事柄が成立するための、許容できる（最低限の）根拠を表す。‖「死球でいいから塁に出たい」「高くてもいいから売ってください」使い方 自然のなりゆきで成立する、希望・命令などの根拠を表す「から」を使うのが標準的。説得・説明する気持ちで理由を述べる「ので」を用いるのは標準的でない。‖「×誰でもいいので連れて来い」「△一日でいいので、つきあってください」

❸〈「からだ」の形で〉先に述べたことの**原因・理由・根拠**を表す。‖「遅れたのは渋滞に巻き込まれたからだ」「やっ

ぱり叱られたな。悪ふざけするからだよ」❹〈「…からといって」「…からって」などの形で、多く打ち消しを伴って〉…という理由で。また、ただそれだけの理由で。≡「疲れたからといって休むわけにはいかない」「長男だからっていばるなよ」使い方 古風な言い方で「からとて」とも。❺〈「…から(に)は」の形で〉…する以上は。⬇からには ❻〈文末に使って〉注意・警告・慰めなどの気持ちを表す。≡「先生に言いつけてやるから」「私もう帰るから」「心配しなくていいから」❼〈「…んだから」「…のだから」の形で、言いさして〉相手に反論する気持ちで、言外に示す意見のよってきたる理由を説得的に示す。≡「(だって)ことばが通じないんだから」「(気持ちはわかるが)こんな時代なのだから」

から［名］❶肉を取り去ったあとの鶏などの骨。だしをとるのに用いる。❷品質の劣ったコークス。また、石炭の燃えたあとに残ったコークス状のもの。◈「殻(から)」が濁音化した語。

がら【柄】㊀［名］❶布・織物などの模様。≡「派手な—の服」❷からだつき。体格。≡「—が大きい」❸その人生来の性質・品格。また、身分・分際。≡「—の悪い学生」「—にもなく照れる」「偉そうなことを言えた—か」㊁［接尾］〈名詞に付いて〉そのものにそなわっている性質・状態や、そのものにふさわしい性質・状態の意を表す。≡「土地—」「商売—朝が早い」「時節—ご自愛下さい」

がら【瓦▽落】［名］相場が急に暴落すること。がら落ち。▼がらがらと崩れる意。書き方「瓦落」は当て字。

カラー［collar］［名］洋服やワイシャツのえり。

カラー［color］［名］❶色。色彩。❷色彩が多色の写真や映画。≡「—フィルム」⬍モノクロ・モノクローム ❸全体的な雰囲気・特色。≡「学校の—」「チーム—」

がら-あき【がら空き(がら明き)】［名・形動］中がほとんど空であること。≡「—の映画館」「始発の電車は—だ」

から-あげ【唐揚げ(空揚げ)】［名］肉や魚に小麦粉か片栗粉を薄くまぶして揚げること。また、その料理。≡「鶏の—」

カラー-チャート［color chart］［名］色を系統的に配列した表。色見本帳。色図表。

カラーリング［coloring］［名］色をつけること。着色。彩色。≡「ヘアー—」

から・い【辛い】［形］❶味わうと舌が強い刺激を受けてぴりぴりと感じる。≡「唐辛子を入れすぎて—・くて食べられない」「山椒は小粒でぴりりと—」❷塩味を感じる。塩辛い。しょっぱい。≡「みそ汁が—」書き方「▼鹹い」とも。❸酒などの味が、甘みが少なくてきりっとしているさま。辛口である。≡「—酒」❹評価や採点基準が厳しいさま。≡「点数が—」◈⬍甘い 派生 -さ／-み

から-いばり【空威張り】［名・自サ変］実力もないのに、うわべだけ偉そうにいばること。≡「弱いくせにすぐ—する」

から-いり【▽乾煎り】［名・他サ変］なべに油を引かないで、材料を水気がなくなるまでいること。また、そのようにして作った料理。≡「こんにゃくの—」

から-うす【唐臼・▼碓】［名］うすを地面に固定し、支柱にのせたきねの柄(え)を足で踏んで穀物をつく仕掛けのもの。踏みうす。

から-うた【唐歌】［名］漢詩。からのうた。⬍大和歌(やまとうた)

から-うり【空売り】［名］株式の信用取引や商品の先物取引で、一定の証拠金を預託し、株・商品などを借りて売ること。▼相場が値下がりしたときに買い戻し、その差益を得る。

から-オケ【空オケ】［名］歌の伴奏だけを録音したもの、または、それを再生する装置。また、それに合わせて歌うこと。≡「—ボックス」▼「オケ」は「オーケストラ」の略。書き方 多く「カラオケ」と書く。

から-おし【空押し】［名・他サ変］革・厚紙・布などに彫刻を施した金版を強く押しつけ、模様や文字をうきださせること。また、その模様や文字。

から-おり【唐織り】［名］中国から渡来した織物。また、それをまねて織った国産の織物。金襴(きんらん)・緞子(どんす)・繻子(しゅす)・錦など。書き方 公用文では「唐織」。

からか・う(カラカフ)［他五］冷やかしたり心ないことをいったりして、相手を困らせて面白がる。≡「弟を—・って遊ぶ」使い方 古く、「〜にからかう」(自動詞)とも。≡「わざと英語を使って人に—のだから〈漱石〉」可能 からかえる 名 からかい

品格 愚弄(ぐろう)「相手を—する」嘲弄(ちょうろう)「敵を—する」揶揄(やゆ)「物好きだなと—する」

から-かさ【唐傘(▽傘)】［名］割り竹の骨に油紙をはり、柄(え)をつけて開閉できるようにした雨がさ。番がさ・蛇の目がさなど。▼唐風のかさの意。

から-かぶ【空株】［名］株式取引で、実際の受け渡しをせずに相場の上がり下がりで損益を計算する株。くうかぶ。⬍実株

から-かみ【唐紙】［名］❶色模様・金泥(きんでい)・銀泥などのついた厚手の紙。多く、ふすまを張るのに用いる。▼昔、中国から渡来したことから。❷ふすま。▼「唐紙障子(しょうじ)」の略。

から-から［副］❶［ト］堅い物・乾いた物などが触れ合ってたてる音を表す語。≡「—(と)高下駄を響かせて歩く」❷［ト］車などが軽快に回る音を表す語。≡「車井戸が—(と)鳴る」❸［ト］高らかに笑う声を表す語。≡「大きな口を開けて—(と)笑う」❹［ニ］すっかり乾いて水分がなくなっているさま。≡「のどが—だ」「田が—に干上がる」❺［ニ］中がからっぽで、何もないさま。≡「財布が—だ」

から-がら【辛辛】［副］やっとのことで。かろうじて。▼多く「命からがら」の形で使う。⬇命からがら

がら-がら㊀［副ト］❶かたい物などが一度に崩れ落ちる音を表す語。≡「ブロック塀が—(と)崩れる」❷引き戸を開閉する音や、かたい車輪などが回転する音を表す語。また、そのさま。≡「—(と)雨戸を開ける」❸うがいをする音を表す語。また、そのさま。≡「—(と)のどをすすぐ」❹性格や言動があけっぴろげで、がさつなさま。≡「—しているが気のいいやつ」❺［ニ］声がかすれているさま。≡「低くて—の声で話す」㊁［形動］内部がほとんどからであるさま。≡「客席が—だ」㊂［名］振るとがらがら音のするおもちゃ。

がらがら-へび【がらがら蛇】［名］クサリヘビ科マムシ亜科に属するヘビの総称。アメリカ大陸の砂漠や森林に分布し、ほとんどが猛毒。攻撃するときは尾を振り、尾端に連なった角質の輪から「ガラガラ」「シューシュー」などと独特の音を発する。

から-き【唐木】［名］紫檀(したん)・黒檀(こくたん)・白檀(びゃくだん)など、熱帯産の上等な木材。とうぼく。▼もと、中国を経て輸入したことから。

から-きし［副］〈多く打ち消しや否定的な語を伴って〉まったく。まるで。からっきし。「―意気地がない」「語学は―だめだ［苦手だ］」

から-ぎぬ【唐▽衣】［名］平安時代、女性が十二単の上に着た丈の短い表衣。綾・錦などで仕立て、腰から下には裳をつける。

から-くさ【唐草】［名］つる草がはったり、からんだりしている様子を図案化した模様。▽「唐草模様」の略。

から-くじ【空▼籤】［名］何も当たらないくじ。「―なし」

がら-くた［名］使い道のない雑多な古道具。また、値打ちのなくなった雑多な品物。「―市」書き方「瓦楽多」「我楽多」などと当てる。

から-くち【辛口】［名］❶飲食物の塩気・辛みなどが強いこと。また、そのもの。「―の酒［味噌・カレー］」❷甘みよりも辛みを好むこと。また、その人。辛党。▽酒を好む人の意でも使う。❸手厳しいこと。辛辣なこと。「―の批評」◈⬍甘口

からく-も【辛くも】［副］やっとのことで。かろうじて。「―踏みとどまる」

から-くり【▽絡繰り・〈機関〉】［名］❶糸・ぜんまい・水力などを応用し、人形や道具を動かす仕掛け。「―人形」「のぞき―」❷機械などを動かす複雑な仕掛け。❸計略。たくらみ。「―を見破る」◈動詞「からくる（＝糸を引いて仕掛けを動かす）」の連用形から。

から-くれない【唐紅（▽韓紅）】ークレナヰ［名］あざやかな濃い紅色。深紅色。「―の紅葉」▽舶来の紅の意。

から-げいき【空景気】［名］うわべだけは景気がよいように見えること。また、景気がよいように見せかけること。からけいき。「―に終わる」

ガラ-ケー［名］日本独自の通信方式や機能に特化した携帯電話。また、スマートフォンに対して、従来のボタン式の携帯電話。▽「ガラパゴス携帯」の略。生物が独自の進化をとげたガラパゴス諸島にたとえていう。

から-げる【▽絡げる・▼紮げる】［他下一］❶束ねてくくる。「ひもで古新聞を―」❷衣類の一部をまくりあげて、帯などにはさむ。「着物の裾を―」文から-ぐ

から-げんき【空元気】［名］うわべだけ元気があるように見せかけること。見せかけの元気。「―を出す」

から-こ【唐子】［名］❶中国風の身なりや髪型をした子供。❷①の姿をした人形。▽「唐子人形」の略。❸元服前の子供の髪型。もとどりから先の髪を二つに分け、頭の上で二つの輪を作るもの。▽「唐子髷」の略。

から-ごころ【▽漢心（▽漢▽意）】［名］漢籍を学び、中国の文化や思想に心酔する心。⬍大和心▽近世、国学者が中国に感化された考え方を批判して使った語。

カラザ［chalaza ラテ］［名］鳥類の卵黄を卵殻膜につなぐ白いひも状のもの。卵黄の位置を安定させる働きをする。

から-ざお【殻▼竿・〈連▼枷〉】ーザヲ［名］豆類・穀類のさやや穂を打って、その実やもみをとる農具。さおの先に回転する打ち棒を取りつけたもの。れんか。

から-さわぎ【空騒ぎ】［名］たいしたことではないのに、むやみに騒ぎたてること。また、その騒ぎ。「一夜の―に過ぎない行事」

からし【▼芥子・▼芥・辛子】［名］カラシナの種子をひいて粉にしたもの。黄色くて辛い。水や湯で練って香辛料にする。「―和え・―醤油」

から-しし【唐▼獅子】［名］❶ライオン。獅子。▽外国産の「しし（＝獣）」の意。獅子をいのしし（猪）・かのしし（鹿）の「しし」と区別していった語。❷獅子を装飾化・図案化したもの。「牡丹に―の図」▽桃山時代に特に好まれた。◈「からじし」ともいう。

から-して［連語］❶後に続く判断の根拠を表す。…からみて。…からいって。「今の状況―成功は望めない」「彼の口ぶり―転職する気はなさそうだ」❷最も基本的なものを挙げ、他はましてと強める。…さえ（も）。…も。「着るもの―人とは違う」「こんな初歩的なこと―理解できない」❸起点の意味を強める。「子供の時分―頑固だった」◈格助詞「から」＋動詞「する」の連用形「し」＋接続助詞「て」。古風な言い方に「よりして」がある。「入口よりして長蛇の如き列をつくり〈太宰治〉」

からし-な【▼芥子菜・▼芥菜】［名］野菜として栽培されるアブラナ科の越年草。辛みのある葉は漬物などに、種子は粉にして香辛料に用いる。

からす【▼烏・▼鴉】［名］カラス科カラス属の鳥の総称。大形でくちばしが大きく、全身黒色のものが多い。羽には光沢がある。林や人家の近くにすみ、雑食性。日本にはハシブトガラスとハシボソガラスが全国に分布する。その色や不気味に「かあ、かあ」と鳴く声の印象などから不吉な鳥とされるが、知能は高く、神の使いとする信仰もある。　烏

◉**烏の足跡** 目尻にできる小じわ。

◉**烏の行水** カラスが水浴びをするように、ろくに洗いもしないで、さっと入浴をすますこと。

◉**烏の濡れ羽色** 水に濡れた烏の羽のように、つやつやした黒い色。

から-す【枯らす】［他五］草木が枯れるようにする。枯れさせる。（意図的な行為にも非意図的な行為にもいう）「雑草を―ために除草剤を使う」「苗を―・してしまう」▽「涸らす」「嗄らす」と同語源。使い方 草木が枯れることを引き起こす意で、〈物〉を主語にしてもいう。「秋の霜が草木を―」「酸性雨が森林を―」

から-す【▼涸らす】［他五］❶使い尽くしたり自然のなりゆきに任せたりして、水や資源が涸れるようにする。涸れさせる。「池を―」「井戸を―・してしまった」❷有効に使わなかったり使い尽くしたりして、活動の源となるものをなくしてしまう。「乱作で才能を―・してしまう」「財源を―」◈書き方「枯らす」とも。

から-す【▼嗄らす】［他五］声をかすれさせる。「演説で声を―」

ガラス［glas オランダ］［名］石英・ソーダ・石灰などをまぜて高温でとかし、冷やして作る物質。透明で固いが、割れやすい。窓・器・工芸品などに広く用いる。「―窓」「耐熱―」書き方〈硝子〉と当てる。

からす-うり【▼烏▼瓜】［名］山野に自生するウリ科の多年生つる草。夏の夕方、白い花を開き、晩秋に楕円形の赤い実をつける。▽近縁種のキカラスウリの塊根からとったでんぷんを「天瓜粉」という。

からす-がい【▼烏貝】ーガヒ［名］湖沼にすむイシガイ科の二枚貝。殻長約二〇センチメートルに達し、日本の淡水産の貝では最も大きい。食用には適さないが、内面に真珠光沢のある殻はボタンや貝細工の材料にする。

からす-がね【▼烏金】［名］翌日返す約束で借りる高利の金。▽翌朝、カラスが鳴くまでに返す金の意。

から-すき【唐▼鋤・▼犂】[名] 曲がった柄(え)をつけた、刃の広いすき。牛馬にひかせて田畑を耕すのに用いる。

がら-すき【がら▽空き】[名・形動] がらがらにすいていること。がらあき。「ーの電車」

からす-ぐち【▼烏口】[名] 墨汁で線を引くときに使う、先端がカラスのくちばしのような形をした製図用具。

ガラス-せんい【ガラス繊維】(センイ) [名] グラスファイバー。

からす-てんぐ【▼烏天▼狗】[名] 色が黒く、口がカラスのくちばしのようにとがっているという小天狗。

ガラス-ど【ガラス戸】[名] 板ガラスをはめ込んだ戸。

ガラス-ばり【ガラス張り】[名] ❶板ガラスを張ってあること。また、そのもの。「ーのスタジオ」❷内部がよく見えて、秘密がないこと。「ーの審議会」

から-すみ【〈▼鱲子〉・〈▼烏魚子〉】[名] ボラの卵巣を塩漬けにし、形を整えてからよく天日乾燥させた食品。小口から薄く切って酒肴(しゅこう)にする。長崎の名産。▼形が唐墨(＝中国製の墨)に似ていることから。 鱲

からす-むぎ【▼烏麦】[名] ❶道ばたなどに群生するイネ科の二年草。葉は細長く、初夏、薄緑色の穂を円錐(えんすい)状につける。チャヒキグサ。▼「エンバク(燕麦)」の原種とされる。❷エンバクの別称。

から-せき【▽乾▼咳・空▼咳】[名] ❶痰(たん)のからまないせき。また、痰の切れない咳。❷わざとするせき。せきばらい。◈「からぜき」とも。

からだ【体(▼躰・▼軀・〈身体〉)】[名] ❶人間・動物の頭から足の先までの全体。身体(しんたい)。「ーは小さいが力が強い」▼「体にぴったりと合う服」のように、特に胴の部分を指してもいう。❷肉体的な健康。また、体力。「ーを鍛える」「ーをこわす」「おーを大切に」

◉**体が空(あ)・く** 暇ができる。

◉**体に馴染(なじ)・む** 体になれてしっくりくる。「何度も着るうちにーんできた服」「新しい考え方がーまない」

◉**体を張・る** 自分の身を犠牲にするつもりで、懸命に事に当たる。

から-だき【空▼焚き】[名・他サ変] ふろおけ・なべ・やかんなどに、水を入れるのを忘れて火をたきつけること。

から-たけ【▽乾竹・▽幹竹】[名] マダケまたはハチクの別称。「ー割り(＝からたけを割るように、勢いよくまっすぐに切りさくこと)」

から-たち【〈▼枳殻〉・〈▼枸▼橘〉】[名] 枝にとげのあるミカン科の落葉低木。春、新葉にさきがけて白い五弁花を開き、秋に丸くて黄色い実をつける。漢方では乾燥させた未熟な実を「きこく」といい、健胃剤にする。

から-たちばな【唐▼橘】[名] 夏、白い小花を開くヤブコウジ科の常緑低木。球形の果実は赤く熟したまま年を越す。観賞用に栽培。コウジ。タチバナ。

からだ-つき【体つき(体付き)】[名] 体のかっこう。「がっしりとしたー」

から-ちゃ【空茶】[名] 茶菓子をそえないで茶だけ出すこと。また、その茶。「ほんのーですがどうぞ」

からっ-かぜ【空っ風】[名] 雨・雪などを伴わないで吹く強風。多く、冬、関東地方に吹く乾いた寒風をいう。からかぜ。「上州名物ー」

から-って [連語]「からとて」の変化した語。

からっ-と [副] ⬇からりと

カラット【carat】[名] ❶宝石の重さを表す単位。一カラットは二〇〇ミリグラム。記号car ct K ❷合金中の金の割合を表す単位。純金は二四カラットで、一カラットはその二四分の一。記号K kt ▼米語ではkaratと綴る。

がらっ-と [副] ❶引き戸などを勢いよく開けるさま。また、その音を表す語。「雨戸をーあける」❷様子が急にすっかり変わるさま。「態度がー変わる」

がらっ-ぱち [名・形動] [俗] 言動が粗野で、落ち着きのないこと。また、そのような人。

からっ-ぽ【空っぽ】[名・形動] 中に何も入っていないこと。「財布の中はーだ」「ーの/な部屋」

から-つゆ【空《梅雨》】[名] 梅雨の時期にほとんど雨が降らないこと。てりつゆ。

から-て【空手】[名] ❶手に何も持たないこと。てぶら。素手(すで)。「ーで友人宅を訪問する」「ーで敵に立ち向かう」❷中国の拳法が沖縄に伝来して発達した武術。突き・けり・受けを基本のわざとする。[書き方] ②は「唐手」とも。

から-てがた【空手形】[名] ❶実際の商取引がないのに、資金の融通を受けるために発行する手形。融通手形。「ーを振り出す」❷実行されない約束。「公約はまたーに終わった」

から-とう【辛党】(タウ) [名] 酒類を好む人。左党。⬍甘党 ▼辛い食べ物を好む人の意で使うのは俗用。

から-とて [連語] ⬇から(二)④

から-とりひき【空取引】[名] 現物の受け渡しをせずに、相場の上がり下がりによる差益金を得るために行われる取引。空相場。空売買。くうとりひき。

から-にしき【唐錦】[名] 中国から渡来したにしき。唐織のにしき。

から-には [連語] ある状況・立場をとりたてて示し、そこから当然望まれる状況・あるべき立場を導く。…する以上は。「約束したー必ずやる」「試合に出るー優勝したい」▼古風な言い方で「からは」とも。

から-はふ【唐破風】[名] 中央部が弓形にふくらみ、左右両端部が反り上がった曲線状の破風。桃山時代の建築の特色の一つで、門・玄関・神社の向拝などに用いられる。

カラーバリ [名]「カラーバリエーション」の略。同じ製品の色違い。色展開。「ーが豊富なシャツ」

から-びつ【唐▼櫃】[名] 四本または六本の脚のついた、ふたのある大きな中国風の箱。衣類・図書・調度品などをおさめる。

カラビナ【Karabiner(ドイツ)】[名] 登山で、ザイルを通し、ハーケンなどと連結するのに用いる金属製の環。一部が開閉できる。

から・びる【▽乾びる・▼涸らびる】[自上一] かわいて水分がなくなる。「ーびた大根の葉」[文] から・ぶ

から-ぶき【▽乾拭き】[名・他サ変] つやを出すために、かわいた布でふくこと。「柱をーする」

から-ぶり【空振り】[名・自他サ変] ❶振ったバット・ラケット・クラブなどにボールが当たらないこと。「ーの三振」「直球をーする」❷振るったパンチ・こぶしなどが相手に当たらないこと。❸企図したことが失敗に終わること。「懸命の捜査もーに終わる」

カラフル【colorful】[形動] 色彩が豊かなさま。多彩。「ーな装い」[派生] ーさ

ガラ-ホ [名] スマートフォンの機能を搭載したガラケー。

ガラケー型スマホ。⬇ガラケー

から-ぼり【空堀(空▼濠)】[名] 水のない堀。からほり。

から-まつ【唐松・〈落葉松〉】[名] 本州中部の高冷地に自生するマツ科の落葉高木。柔らかな針状の葉は晩秋に黄葉し、散り落ちる。材は建築・土木用。

から-ま・る【絡まる】[自五] ❶巻きついて離れなくなる。からみつく。からまりつく。からむ。☰「フジが木の幹に—」☰「糸が—・って解けない」「足が—・って転倒する」☰「のどに痰(たん)が—」❷物事が複雑に入り組む。からみ合う。からまり合う。☰「いろいろな条件が—・って解決を困難にしている」❸物事が密接に結びつく。関係する。からむ。☰「判定に私情が—」❹言いがかりをつけるような言い方をする。からむ。☰「『…御二人とも御承知じゃありませんか』と鼻子は乙に—・って来る〈漱石〉」

から-まわり【空回り】[名・自サ変] ❶車輪や機関がむだに回転すること。❷同じ状態を繰り返すだけで、理論や行動が進展しないこと。☰「議論が—する」

から-み【辛み(辛味)】[名] ❶辛い味。☰「このカレーは—が足りない」「—の強い大根おろし」「—餅(もち)」❷こしょう・とうがらし・わさび・しょうがなど、辛い味のあるものの総称。調味料・薬味に使う。◈「味」は当て字。

から-み【空身】[名] 荷物や同行者がなく、身一つであること。☰「—で気楽な旅に出る」

がらみ【絡み・▼搦み】(造) ❶〈年齢・値段などを表す語に付いて〉だいたいその前後である意を表す。☰「五〇—の店長」「五千円—の品」❷〈名詞に付いて〉それと密接な関連があることを表す。☰「政治—のイベント」❸〈名詞に付いて〉…をくるめて、…と一緒に、の意を表す。☰「容器—買う」「鞘(さや)—打ちすえる」

からみ-あ・う【絡み合う】[自五] ❶互いに巻きつく。☰「釣り糸が—」❷いくつかの事柄が複雑にかかわり合う。☰「さまざまな要因が—」[名]**絡み合い**

からみ-つ・く【絡みつく(絡み付く)】[自五] ❶巻きつく。まといつく。☰「蔦(つた)が—・いた門柱」❷言いがかりをつけて、人につきまとう。☰「酔ってしつこく—」

から・む【絡む】[自五] ❶巻きつくようについて離れなくなる。まといつく。からまる。☰「朝顔のつるが垣根に—」「痰(たん)が—」「糸が—・んでほどけない」[使い方]もと「胎児の頸(くび)を絡んでいた臍帯(さいたい)…〈漱石〉」のように、巻きつける意(他動詞)でも使った。❷付加される形で関係づけられる。また、複雑に入り組んだ形で関係づけられる。☰「横綱に大関陣が—・んで優勝争いが混沌(こんとん)とする」「両党の駆け引きや思惑が複雑に—・んで法案は棚上げ状態だ」❸密接に結びついた関係でかかわりをもつ。☰「別れ話に金銭が—」❹相手に難癖を付けたり言いがかりをつけたりする。☰「酔うと—癖がある」[名]**絡み**

から-むし【▼苧・〈▼苧麻〉】[名] 山野に自生するイラクサ科の多年草。茎の皮から丈夫で弾力性のある繊維をとり、越後上布(えちごじょうふ)・越後縮(ちぢみ)などを織るのに用いる。栽培もされる。

ガラム-マサラ【garam masala ヒンディー】[名] クローブ・カルダモン・シナモン・ナツメグなどを主原料にする混合香辛料。主にインド料理に用いる。▼ガラムは辛い、マサラは混ぜ合わせたものの意。

から-め【辛め(辛目)】[名・形動] ❶辛みが普通よりやや強いこと。☰「—の(な)味つけ」「—に煮つける」❷判定が普通よりやや厳しいこと。☰「—に点をつける」

から-メール【空メール】[名] タイトルや本文に何も書かない電子メール。受信者に自分のメールアドレスを知らせるためなどに送る。

からめ-て【▼搦め手】[名] ❶城の裏門。陣地などの後ろ側。また、そこから攻める軍勢。☰「—から攻める」⬍大手 ❷相手が注意を向けていないところ。相手の弱点。☰「—から説得する」

からめ-と・る【▼搦め捕る】[他五]〔古風〕とらえて縛り上げる。☰「泥棒を—」

から・める【絡める】[他下一] ❶しっかりと巻きつけて離れないようにする。からませる。☰「スパゲッティをフォークに—」「小指と小指を—」❷粘りけのあるものなどをくっつける。からませる。☰「パスタにバターを—」❸主たるものに副次的なものをつけ加える。からませる。☰「三塁打に犠打を—・めて一点を奪う」❹ある物事に他の物事を結びつける。関連づける。関係づける。☰「本件は年金問題に—・めて処理する」[文]から・む

から・める【▼搦める】[他下一] ❶動かないように縛りつける。捕縛(ほばく)する。☰「荒縄で賊を—」❷登山で、障害物や通行困難な所を避けたコースをとる。☰「ガレ場を—・めて登る」◈「絡める」と同語源。[文]**から・む**

カラメル【caramel フランス】[名] 少量の水を加えた砂糖を高温で熱して作る、黒褐色をした飴(あめ)状のもの。食品・菓子などの着色や風味づけに用いる。☰「—ソース」

がら-もの【柄物】[名] 布地・衣服などで、模様のあるもの。☰「—のシャツ」

がら-ゆき【柄行き】[名] 布地などのがらから受ける感じ。☰「着物の—が派手すぎる」

から-よう【唐様】[名] ❶中国風であること。唐風(からふう)。☰「—の趣味」❷中国風の書体。特に、江戸中期に流行した元・明(みん)風の書体。❸鎌倉時代に宋(そう)から伝えられた禅宗寺院の建築様式。禅宗様(ぜんしゅうよう)。▼代表例に鎌倉市の円覚寺舎利殿や東京都東村山市の正福寺地蔵堂がある。◈⬍和様

がらり[副] ❶引き戸・障子などを勢いよくあけるさま。また、その音を表す語。☰「—と雨戸を開ける」❷ある状態が急にすっかり変わるさま。☰「態度が—と変わる」

からり-と[副] ❶広々として、明るいさま。☰「空が—晴れ渡る」❷性格などが、明朗でさっぱりしているさま。☰「くったくのない—した人柄」❸よく乾いていて、べたべたしないさま。☰「—揚がった天ぷら」◈「からっと」とも。

カラン【kraan オランダ】[名] 給水管の出口に取りつけ、栓を開くと水や湯が出るようにした金具。蛇口(じゃぐち)。

がらん【▼伽藍】[名] 寺の建物。☰「七堂—」▼梵語(ぼんご)の音写「僧伽藍摩」の略。

がらん-と[副] ❶金属製の物がぶつかって発する騒々しい音を表す語。☰「石油缶が—倒れる」❷何もなくて、また、だれもいなくて、広々と感じられるさま。☰「—した教室」

がらん-どう[名・形動] 中に何もないこと。☰「人気(ひとけ)のない—の/な家」

かり【仮】[名] 正式のものでないこと。本来のものでないこと。☰「—の住まい」「—処置・姿」「—免許」

かり【▼雁・▼鴈】[名] ガンの別称。☰「—が渡る」「—の便り(=手紙)」▼詩歌に多く使う。

かり【狩り(▽猟)】[名] ❶鳥獣を追いかけてとらえること。狩猟。☰「山へ—に行く」❷海辺や山野で動植物をとること。☰「潮干—・キノコ—・ホタル—」❸山野で花や草木を観賞するために捜し求めること。☰「桜—・紅葉

ー」❹不都合なものを、さがしあててとらえること。‖「赤ー（＝共産主義者への弾圧）」「刀ー」◈②〜④は連濁して「がり」の形になる。

かり【借り】〔名〕❶金品を借りること。また、借りた金品。‖「一〇万円ほどーになる」❷報いなくてはならない恩義。また、果たさなくてはならない恨み。‖「世話になってーができた」「このーはいつか返してやる」❸「借り方」③の略。◈⇕貸し

かり【下吏】〔名〕身分の低い役人。下役人（したやくにん）。

カリ〔kali^オラ^〕〔名〕⇒カリウム ‖「ーガラス・ー肥料」書き方「加里」と当てる。

がり〔名〕鮨屋（すしや）で、甘酢漬けのショウガ。薄く切って鮨に添える。▼がりがりと嚙（か）むことからという。書き方「ガリ」とも。

が-り【我利】〔名〕自分だけの利益。‖「ー私欲」

かり-あげ【刈り上げ】〔名〕❶頭髪を刈り上げること。また、その髪形。‖「さっぱりとーにする」❷すっかり刈り取ること。‖「稲のーに二日かかる」

かり-あ・げる【刈り上げる】〔他下一〕❶すっかり刈り終える。‖「土手の雑草をー」❷頭髪の後部を、すそから上へ髪が次第に長く残るように刈っていく。‖「髪を短くー」文 **かりあ・ぐ** 名 **刈り上げ**

かり-あ・げる【借り上げる】〔他下一〕官庁が民間から、または目上の者が目下の者から金品を借りる。‖「民家をー」文 **かりあ・ぐ** 名 **借り上げ**

かり-あつ・める【駆り集める】〔他下一〕あちこちから急いで寄せ集める。‖「アルバイトをー」文 **かりあつ・む**

かり-いれ【刈り入れ】〔名〕穀物などを刈って取り入れること。収穫。‖「稲のー」

かり-いれ【借り入れ】〔名・他サ変〕金銭などを借りること。‖「住宅資金のー」書き方 公用文では「借入れ」。慣用の固定した「借入金・借入残高」などは、送りがなを付けない。

かり-い・れる【刈り入れる】〔他下一〕稲・麦などを刈って取り入れる。収穫する。‖「麦をー」文 **かりい・る** 名 **刈り入れ**

かり-い・れる【借り入れる】〔他下一〕資金・資材などを借りる。‖「銀行から営業資金をー」文 **かりい・る** 名 **借り入れ**

かり-う・ける【借り受ける】〔他下一〕借りて受ける。‖「国有地をー」文 **かりう・く** 名 **借り受け**

カリウム〔Kalium^ドイ^〕〔名〕アルカリ金属元素の一つ。銀灰色でやわらかい。ガラス・肥料・火薬などの原料。カリ。元素記号K

カリエス〔Karies^ドイ^〕〔名〕骨が結核菌などによって冒され、次第に破壊されていく病気。‖「脊椎（せきつい）ー」

かり-おや【仮親】〔名〕❶養父母。❷結婚・養子縁組・奉公などの際に、一時的に親の代わりをつとめる人。

かり-かた【借り方】〔名〕❶借りる方法。‖「金のーがうまい」❷借りる方の側。借り手。❸複式簿記で、勘定口座の左側の欄。資産の増加・負債または資本の減少・費用の発生などを記入する。借り。書き方③は、公用文では「借方」。◈⇕貸し方

カリカチュア〔caricature〕〔名〕戯画。風刺画。カリカチュール。▼文章などの風刺的な表現にもいう。

かり-がね【▼雁が音・▼雁金・▼雁】〔名〕❶〔古風〕ガンの鳴き声。また、ガン。❷冬鳥として渡来するカモ科の水鳥。マガンに似るが小さく、目の周囲に黄色い輪がある。

かり-かぶ【刈り株】〔名〕稲・麦などを刈り取ったあとの根株。

かり-かり〔副ᵀ〕❶堅い物や乾いた物を軽快にかみ砕いたり削ったり引っかいたりするさま。また、その音を表す語。‖「煎餅（せんべい）をー（と）かじる」「鍋にこびりついた汚れをー（と）かき落とす」❷気分がいらだっているさま。しきりに腹を立てているさま。‖「思うようにならなくてーする」❸〔ニ〕適度にかたく、かむと歯切れがよいさま。‖「ーに焼いたベーコン」

がり-がり〔副ᵀ〕❶かたい物を、かみくだいたりけずったり引っかいたりするさま。また、その音を表す語。‖「氷をー（と）かじる」❷むきになって一つのことをするさま。‖「ー勉強する」❸〔ニ〕ひどくやせていること。‖「肉が落ちてーになる」

がりがり-もうじゃ【我利我利亡者】^ーマウジャ^〔名〕欲が深くて、ひたすら自分の利益ばかりを追い求める人。

かり-ぎ【借り着】〔名〕衣服を借りて着ること。また、その衣服。‖「ーのタキシード」

かり-ぎぬ【狩▽衣】〔名〕平安時代、公家が着用した略服。丸襟（まるえり）で両わきの下はあき、袖口（そでぐち）にくくりひもの飾りがある。江戸時代には公家や武家の礼服となった。▼もと、狩りなどに着用したことから。

カリキュラム〔curriculum〕〔名〕学習する内容を系統立てて配列した教育計画。教育課程。‖「ーを組む」

かり-き・る【借り切る】〔他五〕❶乗り物・場所などを、ある一定期間専用に借りる。‖「バスをー」❷借りられるものを、すっかり借りる。‖「融資限度ぎりぎりまで金をー」◈⇕貸し切る 名 **借り切り**

カリグラフィー〔calligraphy〕〔名〕❶文字を美しく書く技術。能書法。書道。❷抽象絵画で、文字的な表現。また、書道の筆勢を応用した表現手法。

かり-こし【借り越し】〔名〕❶一定の限度以上に借りること。❷貸してある額よりも多く借りること。特に、当座預金で、預金残高以上の金を借りること。◈⇕貸し越し 書き方 慣用の固定した「借越金・借越残高」などは、送りがなを付けない。動 **かりこ・す**（自五）

かり-こ・む【刈り込む】〔他五〕❶草木の枝葉や頭髪を刈って形を整える。‖「庭木をー」「頭を短めにー」❷刈り取ってたくわえる。‖「牧草をー」

かり-しゃくほう【仮釈放】^ーシャクハウ^〔名〕懲役、禁錮または拘留の受刑者を釈放すること。▼「仮出獄」と「仮出場」「仮退院」を合わせていう。

かり-しゅっしょ【仮出所】〔名〕〔俗〕仮釈放。

かり-しょぶん【仮処分】〔名〕判決が確定するまでの間、権利を保全するために裁判所が当事者の申請によって命令する暫定的な処分。強制執行を保全するためのものと、係争中の権利関係について仮の地位を定めるものとがある。

カリスマ〔Charisma^ドイ^〕〔名〕❶預言者・呪術師・英雄などにみられる、超自然的・超人間的・超日常的な資質。この資質をもつ指導者の支配をマックス＝ウェーバーはカリスマ的支配と呼び、伝統的支配・合法的支配とともに支配類型の一つとした。‖「ー性」❷すぐれた資質や技術で高い人気を持つ人。‖「ー美容師」

かり-ずまい【仮住まい】^ーズマヒ^〔名・自サ変〕一時的にすむこと。また、その家。

かり-そめ【仮初め・〈▼苟且〉】［名・形動］❶一時的なこと。‖「—の恋［命・住まい］」❷いいかげんなこと。‖「人の好意を—にしてはならない」

かりそめ-にも【仮初めにも・〈▼苟且〉にも】［副］〈多く打ち消しを伴って〉❶どんなことがあっても。けっして。‖「—それを言ってはならない」❷〈実態はともかく〉そのような地位や立場にあることを強調する意を表す。仮にも。いやしくも。‖「—公務員ではないか」

かり-たお・す【借り倒す】［他五］借りたままで返さないでしまう。踏み倒す。‖「十万円の借金を—」

かり-だ・す【借り出す】［他五］❶借りて外へ持ち出す。‖「図書館から本を—」❷借りはじめる。

かり-だ・す【駆り出す】［他五］❶獲物などを、追いたてて出す。‖「藪から—・した熊を仕留める」書き方「狩り出す」とも。❷強くうながして、引っぱりだす。‖「野球の応援に—・される」

かり-た・てる【駆り立てる】［他下一］❶獲物を捕らえるために追い立てる。‖「草むらから野ウサギを—」書き方「狩り立てる」とも。❷強く促してそこに行かせる。また、そうさせる。‖「牧舎に牛を—」「営業マンを—・てて売り上げ増を図る」❸情念や教説が人を突き動かす。駆る。‖「好奇心が私を研究生活に—」「不安に—・てられる」注意 感情などを刺激するのは「掻き立てる」。‖「×競わせて、闘争心を駆り立てる」文 かりた・つ

かり-ちん【借り賃】［名］物を借りたときに支払う料金。⬍貸し賃

かり-て【借り手】［名］金品を借りる人。また、金品を借りた人。借り主。‖「マンションの—がつく」⬍貸し手

かり-とじ【仮▼綴じ】［名］❶［他サ変］本・書類などを、仮に簡単にとじておくこと。また、そのもの。❷製本の方法の一つ。糸・針金・接着剤などでとじた中身を表紙でくるみ、表紙と中身を同時に裁断して仕上げるもの。並製本。仮製本。

かり-と・る【刈り取る】［他五］❶刈り入れる。‖「稲を—」❷刈って取り去る。‖「畦の草を—」❸不都合なものを取り除く。‖「悪の芽を—」名 **刈り取り**

かり-に【仮に】［副］あることを仮定して述べることを表す。もし。‖「—要請されても引き受ける気はない」

かりに-も【仮にも】［副］「かりそめにも」に同じ。

かり-ぬい【仮縫い】［名・他サ変］洋服を仕立てるとき、体に合うかどうか仮に縫ってみること。下縫い。‖「背広の—をする」

かり-ぬし【借り主】［名］金品を借りた当人。借り手。⬍貸し主 書き方 公用文では「借主」。

かり-ね【仮寝】［名・自サ変］❶仮に少し寝ること。うたたね。‖「ソファで一時間ほど—する」❷〔古風〕旅先で寝ること。旅寝。また、野宿。‖「—の宿」

かり-ば【狩り場】［名］狩りをする場所。猟場。

かり-ばらい【仮払い】［名・他サ変］金額が確定していない場合、一時、概算で支払っておくこと。仮渡し。‖「出張旅費を—する」「—金」

がり-ばん【がり版】［名］謄写版。‖「—刷り」▼「がり」は、鉄筆で原紙を切る音から。書き方 多く「ガリ版」と書く。

カリフ［caliph］［名］かつてイスラム教国で、最高権威者の称号。▼教祖ムハンマド（マホメット）の後継者の意。

カリフォルニア-ロール［California roll］［名］アメリカ風の太巻き鮨。アボカド・カニかまぼこ・きゅうりなどを芯にし、海苔を内側にして巻く。カリフォルニア巻き。

カリプソ［calypso］［名］西インド諸島のトリニダード島で生まれた歌謡を主体とする民族音楽。また、そのはずむような二拍子のリズム。

カリフラワー［cauliflower］［名］キャベツの一変種から改良された野菜。茎の頭部にできる白いつぼみの集合体（＝花蕾）を食用にする。花椰菜。花キャベツ。

がり-べん【がり勉（我利勉）】［名・自サ変］学校の成績をあげるために、ただひたすら勉強ばかりすること。また、その人。書き方「ガリ勉」と書くことも多い。

かり-また【▼雁股】［名］先を二またにし、その内側に刃をつけたやじり。また、それをつけた矢。

かり-めん【仮免】［名］一定の資格を得た者に、正式の免許が与えられるまでの間、暫定的に与えられる免許。自動車運転の仮免など。▼「仮免許」の略。

かり-もの【借り物】［名］❶人から借りた物。❷受け入れた考え方や意見が、まだ自分のものになっていないこと。‖「—の思想」

か-りゅう【下流】［名］❶川の流れの、河口に近いほう。川下。‖「石狩川の—」❷社会的地位・経済力などが下のほうの階級。下層。◈⬍上流

か-りゅう【花柳】［名］芸者や遊女のいる町。色町。また、芸者や遊女。‖「—界」「—病（＝性病）」▼「花街柳巷」の略。

か-りゅう【▼顆粒】［名］❶小さなつぶ。‖「—状の風邪薬」❷トラコーマのとき結膜に生じる、水泡状の小さなつぶ。

が-りゅう【我流】［名］正統ではない、自分だけのやり方。自己流。‖「—の剣法」「—で茶をたてる」

かりゅうど【狩▽人（▽猟▽人）】［名］鳥獣をとることを職業とする人。猟師。かりうど。▼「かりびと」の転。

かりゆし［名］❶沖縄で、めでたいこと、栄えていることをいう語。❷沖縄で、アロハシャツに似た半袖開襟のシャツ。かりゆしウエア。

か-りょう【下僚】［名］役所などで、その人より地位の低い人。下役。

か-りょう【加療】［名・自サ変］治療をほどこすこと。‖「通院して—する」

か-りょう【佳良】［名・形動］かなりよいこと。‖「品質が—だ」

か-りょう【科料】［名］軽微な犯罪を犯した者に科せられる財産刑。罰金より軽く、前科にはならない。▼「過料」と区別して「とがりょう」とも。

か-りょう【過料】［名］行政法規に従わなかった者に制裁として科せられる金銭罰。▼刑法上の刑罰ではない。「科料」と区別して「あやまちりょう」とも。

が-りょう【画▽竜】［名］絵にかいた竜。がりゅう。

◉**画竜点睛** 物事をりっぱに完成させる最後の仕上げ。また、物事の全体を引き立たせる最も肝心なところ。‖「—を欠く」語源「睛」はひとみの意。中国、梁の絵師張僧繇が金陵の安楽寺の壁にかいた竜が、ひとみをかきいれるとたちまち天に昇ったという故事から。注意「睛」を「晴」と書くのは誤り。

がりょう【▼臥▽竜】 グヮ‥ [名] すぐれた能力をもちながら、世に知られていない大人物。語源「臥竜」は臥している竜の意。蜀の諸葛孔明を臥竜にたとえた故事から。

がりょう【雅量】 [名] 人をよくうけ入れる、おおらかで広い心。

かりょうびんが【▼迦陵頻▼伽】 [名] 極楽浄土にすむという想像上の鳥。女性の顔をもち、きわめて美しい声で法を説くとされる。▽梵語の音写から。

か-りょく【火力】 クヮ [名] ❶火の力。火の勢い。「―が弱い」「―発電」❷銃砲など、火器の威力。「敵の―に圧倒される」

が-りょく【画力】 グヮ [名] 絵を描く技量。

か・りる【借りる】 [他上一] ❶あとで返す約束で、他人のものを一時的に自分のものと(して使用)する。借用する。「友達から/にカメラを―」「マンションを―」「軒先を―・りて雨宿りする」❷他人の能力・労力などを使わせてもらう。拝借する。「ぜひ君の知恵を―・りたい」「相手の胸を―(=上位者に指導してもらう)つもりで頑張る」❸ある目的のために他のものを一時的に利用する。「薬の力を―・りて眠る」「この場を―・りて一言御挨拶を申し上げます」❹他の言語から語形や意味を取り入れる。借用する。「英語から―・りてきた用語をカタカナ語化して使う」❺本来とは違ったある装いをする。「神が旅人の姿を―・りて現れる」「慈善事業に名を―・りた悪徳商法」◈四段動詞「借る」が上一段化したもの。西日本では「借る」が多い。①②⬍貸す 名借り

品格 借用「―の申し入れ」 寸借「―詐欺」 チャーター「政府の―機」 拝借「お知恵を―する」

か-りん【花▽梨・花▼櫚】 クヮ‥ [名] 春、淡紅色の花を開くバラ科の落葉高木。秋に黄熟する硬い果実は芳香と酸味があり、果実酒・砂糖漬けなどにする。材は床柱・家具などに使用。

かりんさん-せっかい【過▼燐酸石灰】 クヮリンサンセキクヮイ [名] 燐酸二水素カルシウムと硫酸カルシウムからなる化学肥料。水溶性で、即効性がある。

かりん-とう【花林糖】 クヮリンタウ [名] 砂糖などを加えた小麦粉を練って棒状に切り、油で揚げて黒砂糖の蜜などをまぶした菓子。

か・る【刈る(▼苅る)】 [他五] 一面に生えそろっているものを道具を使って切り取る。「バリカンで髪を―」「羊の毛[稲]を―」

か・る【狩る】 [他五] ❶鳥獣を追って捕らえる。狩りをする。「山野に猪を―」「鷹を使って鳥を―」使い方 罪人などを追って山狩りをする意にもいう。「警官隊が裏山に逃亡犯を―」「犯人を追って山を―」❷[古風] 花や草木を観賞するために捜し求める。「紅葉を―」◈「駆る」と同語源。名狩り

か・る【借る】 [他五][古風] 借りる。「くたびれて宿―ころや藤の花〈芭蕉〉」「ビデオを―・ってきたけん一緒にどうね」▽西日本の方言でも使う。名借り

か・る【駆る(▼駈る)】 [他五] ❶家畜をせき立てて追う。追い立てる。駆り立てる。「牧舎に牛を―」❷ある行動をするように強くしむける。駆り立てる。「欲望が人々を戦争へと―」「老軀を―・って指揮をとる」❸乗り物を速く走らせる。急がせる。「宮殿へと馬を―」使い方 速く処理する能力を駆使する意にもいう。「健脚を―・って四二キロを走り抜ける」「得意の速筆を―・って一晩で書き上げる」❹〈多く「…の余勢[勢い]を駆って」の形で〉あり余った力の勢いに乗って。「国内成功の余勢を―・って海外へ進出する」❺〈「…に駆られる」の形で〉ある情念に動かされる。駆り立てられる。「望郷の思いに―・られて夜汽車に乗る」「不安[衝動]に―・られる」

が・る [接尾]〈形容詞・形容動詞の語幹、名詞、希望の助動詞「たい」の「た」に付いて五段活用の動詞を作る〉…という気持ちや様子を外に見せる意を表す。「悲し―・恥ずかし―・珍し―・煙た―・寒―・強―」「いや―・得意―・不思議―」「粋―」「会いた―・話した―」使い方 感情や感覚が外部に現れた様子をいう。「悲しがって(=悲しそうにして)いる姿が哀れだ」

かる・い【軽い】 [形] ❶物の重量が小さい。軽量だ。「この荷物[弟の体重]は―」「油は水より(比重が)―」❷回転・牽引などに大きな力を必要としない。「この車はハンドルが―」❸程度があまり大きくない。「出かける前に―・く食事をしておく」「―運動をする」「幸いに症状は―」「罪[処分・責任]が―」「―役職に甘んじる」❹事が簡単なさま。また、手軽に対処したり軽視したりするさま。「―・くやってのける」「―気持ちで引き受ける」❺重量感がなく衝撃が小さい。「―ジャブを放つ」「―球は飛距離が出る」❻体(の一部)が快適に動いて快いと感じる。「マッサージで体が―・くなる」「薬が効いて頭が―・くなる」❼解放感を得て快いと感じる。「責任を果たして気持ちが―・くなる」❽動きが早くなめらかである。軽快だ。軽やかだ。「足取りも―・く家路をたどる」「パソコンの動きが―・くなる」「身が―」「腰が―(=気軽に動く)」❾性格や言動が慎重さを欠いて、軽々しい。「性格が―・くて信用されない」「口が―(=秘密などをすぐにもらす)」「尻が―(=浮気性だ)」使い方 マイナス評価が多いが、「性格の軽い(=軽妙な・深刻ぶらない)ところがうけている」のようにプラス評価にもいう。❿音に軽やかで弾むような感じがある。「風車がからからと―音を立てて回る」⓫味があっさりして、軽やかな感じを与えるさま。また、酒やタバコなどの刺激が少ないさま。「切れのよい、―味のビールが飲みたい」「度の―カクテルを飲む」⓬話などに深刻さや重厚さがないさま。また、そのためにたやすく受け入れられるさま。「―冗談を飛ばす」「寝ころんでも読める―読み物はないか」◈⬍重い 派生 ―さ

かる-いし【軽石】 [名] 溶岩が急速に冷えてできた軽い岩石。海綿のようにたくさんの小さな穴があって、水にも浮く。垢すりなどに使う。浮き石。

かる-がも【軽▼鴨】 [名] 日本各地の川・湖沼などにすむカモ科の水鳥。茶褐色で、くちばしの先が黄色い。なつがも。

かる-かや【刈▼萱】 [名] 山野に自生するイネ科の多年草。葉は線形で細長い。秋、茎の上部の葉の間から総状の花穂をのばす。ひげ状の堅い根をたわしやはけの材料に用いた。オガルカヤとメガルカヤに分類される。

かる-がる【軽軽】 [副ト] ❶いかにも軽そうに動かすさま。「バーベルを―(と)持ち上げる」❷いかにもたやすそうに物事をするさま。「―(と)強敵を破る」

かるがる-し・い【軽軽しい】 [形] 言動に責任が伴わないさま。軽率だ。「―・く仕事を引き受けるな」⬍

重重しい 派生 -さ

カルキ【kalk オランダ】[名] ❶さらし粉。≡「ーくさい水」▽「クロールカルキ」の略。❷石灰。

かる-くち【軽口】[名] ❶〔形動〕軽率に何でもしゃべってしまうこと。また、そのような人。❷軽妙で、ちょっと気のきいたことばや話。≡「ーをたたく」❸江戸時代に流行した、軽妙な洒落。地口(じぐち)・秀句の類。

かる-さ【軽さ】[名] ❶物の重量が軽いこと。≡「機体の一を売りにする」❷物事の程度が小さいこと。また、その度合い。≡「刑[言葉]の一」「この酒は飲み口の一が特徴だ」◈⬍重さ

カルサン【calção ポルトガル】[名] 上部をゆるやかに裾幅(すそはば)を狭く仕立てたはかま。もんぺに似る。▽ポルトガル人のズボンをまねて作られた。書き方「軽▼衫」「軽▼袗」なども当てる。

カルシウム【calcium オランダ】[名] アルカリ土類金属元素の一つ。銀白色の軽い金属。動物の骨組織をつくる重要な成分。元素記号Ca

カルスト-ちけい【カルスト地形】[名] 石灰岩地域が雨水・地下水などによって溶解・侵食されて生じた特殊な地形。カレンフェルト(岩柱が林立する地形)・ドリーネ(すりばち状の穴)・鍾乳洞などが形成される。▽スロベニア北西部のカルスト地方にこの地形が多いことから。

カルタ【carta ポルトガル】[名] 遊びやばくちに使う、絵または文字がかかれている長方形の小さな札。また、それを使った遊びやばくち。いろはガルタ・歌ガルタ・花ガルタ・トランプなど。書き方「歌留多」「加留多」「〈骨▼牌〉」などとも当てる。

カルダモン【cardamon】[名] 小荳蔲(しょうずく)(=インド原産のショウガ科の多年草)の種子を乾燥した香辛料。強い芳香と苦み・辛みがあり、カレー粉の原料にするほか、肉料理・魚料理などに用いる。

カルチャー【culture】[名] 教養。文化。カルチュア。≡「サブー」

カルチャー-ショック【culture shock】[名] 考え方・慣習・行動様式などが自分とは異なる文化に接したときに受ける精神的な衝撃。

カルチャー-センター【和製 culture + center】[名] 社会人を対象に各種の教養講座を提供する所。

カルテ【Karte ドイツ】[名] 医師が診断した患者の病状・処置・経過などを記入しておく記録簿。

カルテット【quartetto イタリア】[名] ❶四重奏。四重唱。また、その楽団や合唱団。❷四重奏曲。◈「クァルテット」「クワルテット」とも。

カルデラ【caldera】[名] 火山活動などにより、火口が崩壊・陥没してできた円形の大きなくぼみ。≡「一湖」▽阿蘇山のカルデラは直径約二五キロメートルに及ぶ。

カルテル【Kartell ドイツ】[名] 企業の独占形態の一つ。同種の企業が商品価格・生産量などについて協定を結び、市場を独占して利潤の増大を図ること。企業連合。⬇トラスト・コンツェルン

カルト【cult】[名] ❶カリスマ的指導者を中心に、熱狂的な信者をもつ新興の宗教集団。❷一部の熱狂的ファンに支持される映画・小説など。≡「一ムービー」

かる-はずみ【軽はずみ】〔ーハヅミ〕[名・形動] 言動が軽々しく、慎重さを欠いていること。軽率。≡「一な行動」≡「一に引き受けて後悔する」

カルパッチョ【carpaccio イタリア】[名] 薄切りにした生の牛肉や魚介類にマヨネーズソースなどを網の目状にかけ回したイタリア料理。

カルビ【kalbi 朝鮮】[名] 牛・豚のばら肉。焼き肉料理などに用いる。

カルボナーラ[名] ベーコン・卵黄・チーズ・黒胡椒(こしょう)などを混ぜたソースで和えたスパゲッティ。▽spaghetti alla carbonara イタリア から。「カルボナーラ」は炭焼き人の意。黒胡椒が炭の粒に見えることからの名称という。

かる-み【軽み】[名] ❶軽い感じ。軽やかな趣。≡「師匠の噺(はなし)には巧まざる色気と一がある」⬍重み ❷松尾芭蕉(ばしょう)の俳諧(はいかい)理念の一つ。身近な題材に新しい美を見いだし、それを率直に淡々と表現する趣。≡「一の俳風」

カルメ-やき【カルメ焼き】[名] ⬇カルメラ

カルメラ【caramelo ポルトガル】[名] 赤ざらめに少量の水を加えて煮つめ、重曹を入れてふくらませた軽石状の砂糖菓子。カルメ。カルメ焼き。

かる-やき【軽焼き】[名] もち米の粉に砂糖を加えて生地をつくり、干してから焼いたせんべい。よくふくらんで、軽い。▽「軽焼き煎餅(せんべい)」の略。

かる-わざ【軽業】[名] 危険を伴う動作を身軽に演じてみせる芸。綱渡り・はしご乗り・玉乗りなど。曲芸。≡「一師」

かれ【彼】■〔代〕❶〔三人称〕話し手・聞き手以外の男性を指し示す語。≡「あれが一の家だ」❷〔俗〕〔二人称〕相手の男性を指し示す語。≡「そこの一、こっちに来て」■[名] 恋人である男性。彼氏。≡「妹に一ができる」◈⬍彼女 語源 古くは「あれ」に近い遠称の指示代名詞。明治以降、英語 he などの訳語として使われるようになった語。

がれ[名] 登山用語で、山崩れなどで土砂や岩石におおわれた、歩きにくい急斜面。がれ場。

かれい【▼鰈】〔カレヒ〕[名] マガレイ・マコガレイ・イシガレイ・アサバガレイなど、カレイ科の海魚の総称。平たい体形はヒラメに似るが、多くは両眼が体の右側にある。食用。

か-れい【加齢】[名] ❶〔自サ変〕新年または誕生日を迎えて年齢が一つふえること。加年。❷高齢になること。また、高齢になるにつれて生理的機能などが変化していくこと。エイジング。≡「一学(=高齢化に関する学問の総称。ジェロントロジー。老年学)」

か-れい【佳麗】[名・形動] 容姿などが整っていて美しいこと。

か-れい【家令】[名] もと、皇族や華族の家で、その家の事務・会計を管理し、使用人を監督した人。

か-れい【家例】[名] その家に代々伝わるしきたり。

か-れい【華麗】〔クヮー〕[名・形動] はなやかで美しいこと。≡「一な舞台[演技]」派生 -さ

かれい-しゅう【加齢臭】〔ーシウ〕[名] 中高年者に特有の体臭。ノネナールが原因となる。▽加齢によって生じることから。

カレー【curry】[名] ❶黄褐色をした粉末の混合香辛料。ウコン・とうがらし・黒こしょう・コリアンダー・カルダモン・クミンなど、十数種のスパイスを配合してつくる。カレー粉。▽インドから英国を経て、明治時代に日本に伝わった。語源はソースを意味するタミール語のカリー(kari)。❷「カレーライス」「ライスカレー」の略。

ガレージ【garage】[名] 自動車の車庫。

ガレージ-セール【garage sale】[名] 家庭の

不要品などを自宅のガレージや庭先に並べて売ること。

カレー-ライス【名】煮込んだ肉・野菜などをカレー粉で調味したものを飯にそえて食べる料理。ライスカレー。▽curry and rice から。

かれ-おばな【枯れ尾花】ヲバナ【名】枯れすすき。

かれ-がれ【枯れ枯れ】【形動】草木が生気を失い、今にも枯れそうなさま。

かれ-き【枯れ木】【名】枯れた木。また、葉の枯れ落ちた木。⇕青木

◉**枯れ木に花が咲く** 衰えたものが再び栄える。

◉**枯れ木も山の賑わい** つまらないものでも、ないよりはあったほうがよいということ。

が-れき【瓦▼礫】グワ【名】❶かわらと小石。また、破壊された建造物の残骸。‖「ーと化した被災地」❷価値のないものの集まり。

かれ-くさ【枯れ草】【名】❶枯れた草。❷飼料などにする干し草。まぐさ。

かれ-これ【彼▼此】【副】❶あれやこれや。とやかく。‖「ーしているうちに夜が明ける」❷時・年月・数値などを示す語を伴って、ほぼそれに近いさまを表す。おおよそ。だいたい。‖「卒業してからー五年になる」

かれ-さんすい【枯山水】【名】水を使わず、おもに石と砂を配置して山水の風景を表現する庭園形式。竜安寺の石庭など。かれせんすい。▽室町時代に伝わった宋・明の山水画の影響を受けて発達した。

かれ-し【彼氏】一【代】〔三人称〕ややふざけた気持ちをこめて、話題の人を指し示す語。あの男。‖「ーは来られないそうだ」二【名】恋人である男性。‖「妹にーができたらしい」⇕彼女▽昭和初期、映画説明者の徳川夢声が「彼女」に対する造語として使いはじめたという。

か-れつ【苛烈】【名・形動】きびしく、激しいこと。‖「ーな商戦【経験】」派生ーさ

カレッジ【college】【名】大学。特に、単科大学。⬇ユニバーシティー

ガレット【galette フランス】【名】❶円形の平たい焼き菓子。❷そば粉などの生地で作るクレープ。フランスのブルターニュ地方の郷土料理。

かれ-は【枯れ葉】【名】枯れた草木の葉。‖「ーの散り敷く道」

かれ-ら【彼▽等】【代】〔三人称〕あの人たち。‖「ーは新入生だ」▽「かれ」の複数。女性を含むこともある。

か・れる【枯れる】【自下一】❶草木が水けをなくして死ぬ。‖「排気ガスで松がー」「葉がーれて黄色く変色する」「やせてもーれても(=どんなに零落しても)政治家だ」使い方 体などに潤いや生気がなくなる意にも転用する。‖「湯を浴びている父の背中が、ーれて小さく見える」❷人格や芸などが円熟して、深い味わいをもつようになる。枯淡の味わいをもつ。‖「芸がーれて深みを増す」「人柄がーれて丸みを帯びる」「ーれた渋みのある声で歌う」使い方 マイナスに評価していう「詞藻が涸れる」「風邪で声が嗄れている」などと違い、プラスに評価していう。◈「涸れる」「嗄れる」と同語源。文 か・る

か・れる【▼涸れる】【自下一】❶川や池などの水がなくなる。また、天然の資源がなくなる。涸渇する。‖「日照り続きで池がー」「石油資源がー」❷涙や唾液などが出なくなる。また、出にくくなる。‖「泣き続けて涙もーれた」❸活動の源となるものがなくなる。‖「情熱【愛情】がー」「才能【詞藻】がー」「資金がー」◈書き方「枯れる」とも。

か・れる【▼嗄れる】【自下一】声がかすれて出なくなる。また、出にくくなる。しわがれる。しゃがれる。‖「歌いすぎて声がー」文 か・る

か-れん【可▼憐】【形動】いじらしくて、かわいいさま。‖「ーな花【子供たち】」▽「憐れむべし」の意から。派生ーさ

カレンダー【calendar】【名】こよみ。七曜表。

かれん-ちゅうきゅう【苛▼斂▼誅求】チウキウ【名】年貢・税金などを情け容赦もなく取りたてること。▽「斂」は取り上げて納める、「誅」は責めるの意。

か-ろう【家老】ラウ【名】江戸時代、大名を助けて藩政を行い、家中の武士を統率した最高位の重臣。また、その職。江戸家老・城代家老などがある。▽多くは世襲制。一藩に複数が置かれ、政務は合議輪番制。

か-ろう【過労】クワラウ【名】働きすぎて心身が疲れること。

が-ろう【画廊】グワラウ【名】絵画などの美術品を陳列し、客に見せる所。ギャラリー。▽画商の店の意でも使う。

かろう-し【過労死】クワラウ【名・自サ変】勤労者が業務上の過労やストレスが原因となって急死すること。

かろう-じて【辛うじて】カラウ【副】❶実現の可能性がきわめて低そうなことが、すれすれのところで実現するさま。やっとのことで。何とか。‖「ー最終便に間に合った」❷ようやくのことで。わずかに。‖「ー食えるぐらいの収入」◈「からくして」の転。書き方 かな書きも多い。

かろ・し・める【軽しめる】【他下一】軽視する。あなどる。文 かろし・む

カロチン【carotin】【名】⬇カロテン

カロテノイド【carotenoid】【名】野菜・果実、一部の魚介類に含まれる黄色、橙色、赤紫色の色素成分。β-カロテン、リコピンなど。カロチノイド。

カロテン【carotene】【名】ニンジン・カボチャ・トウガラシなどに含まれる、黄色または赤色の色素。動物の体内にはいるとビタミンAに変わる。カロチン。

かろ-とうせん【夏炉冬扇】【名】時期はずれで役に立たない物事のたとえ。冬扇夏炉。▽「夏の囲炉裏と冬の扇」の意から。

かろ-やか【軽やか】【形動】いかにも軽そうなさま。また、軽快なさま。かるやか。‖「ーに舞うバレリーナ」「ーな笑い声」派生ーさ

カロリー【calorie】【名】❶熱量を表す単位。一カロリーは、一気圧のもとで水一グラムを摂氏一度上げるのに必要な熱量。記号 cal ▽現在はジュール(記号J)を使う。一カロリーは約四・一八六ジュール。❷食物を消化して得られる熱量を表す単位。また、その熱量。‖「ーをとりすぎる」▽一般に①の一〇〇〇倍にあたるキロカロリー(記号 kcal)で表す。‖「一日二二〇〇キロカロリーの糖尿病食」

か-ろん【歌論】【名】和歌に関する理論や評論。‖「ー書」

ガロン【gallon】【名】ヤードポンド法で、液体の体積を表す単位。日本はアメリカの規格を採用し、一ガロンは約三・七八五リットル。記号 gal‖「三ーのビール」▽イギリスは約四・五四六リットル。

かろん・じる【軽んじる】【他上一】価値がないものとして、軽く見る。あなどる。‖「命をー・じてはならない」⇕重んじる 異形 軽んずる

かろん・ずる【軽んずる】【他サ変】⬇軽んじる 文 かろん・ず

かわ【川(河)】 カハ［名］地表の水が細長いくぼみに集まり、傾斜に沿って流れるもの。河川(かせん)。‖「―を渡る」 書き分け もと日本の川には【川】、外国の大河には【河】を使った(利根川/ナイル河)。今は一般に【川】を使う。

かわ【皮】 カハ［名］❶動物・植物の外側をおおっている薄い膜。表皮。‖「リンゴの―をむく」「木の―をはぐ」❷中身を外からおおい包んでいるもの。‖「餃子(ギョーザ)の―」❸物事の本性・本質などをおおい隠しているもの。‖「化けの―がはがれる」

かわ【革】 カハ［名］獣類の皮の毛を除いて、なめしたもの。‖「―の財布」「―靴(ぐつ)」「―製品」▼「皮」と同語源。

かわ【側】 カハ［名］➡がわ①〜③

か-わ【佳話】［名］よい話。美談。‖「古今東西の―」

か-わ【歌話】［名］和歌についての話。歌談。

がわ【側】 ガハ［名］❶相対するものの一方の面。‖「川の向こう―」「南―の窓」❷相対するものの一方の立場。‖「消費者―からの発言」❸ある物のまわりを取り囲んでいるもの。‖「―がプラチナの懐中時計」「縁―」❹周囲の人。はた。‖「当事者より―がうるさい」◈①〜③は「かわ」ともいうが(南のかわ・左っかわ)、現在は「がわ」が一般的。

かわ-あかり【川明かり(河明かり)】 カハ［名］暗い中で、川の水面がほのかに明るいこと。

かわ-あそび【川遊び】 カハ［名・自サ変］川や河原で遊び楽しむこと。▼昔は、船をやとって川の風情を楽しむ風流な遊びの一つだった。

かわい・い【可▽愛い】 カハイ［形］❶幼さやか弱さを感じとり、まもり慈しみたいと思うさま。また、そのように思わせるさま。‖「娘が―・くてしかたがない」「君は何よりも自分が―んだ」「親にとって子は―ものだ」❷外見・しぐさ・性格・行動様式などがほほえましく、愛情を感じさせるさま。愛らしい。愛くるしい。可憐(かれん)だ。‖「あの子は笑顔が―」「パンダも―けどコアラも―」「―服」「妙に落ち着き払って―・くないやつだ」❸日用品などが小さくて愛らしい。‖「―デジタルカメラ」❹どことなく心をくすぐるところがあって好感が持てる。‖「先生ってば、てれちゃって、―!」◈「カホ(顔)ハユ(映)シ」から転じた。書き方「可愛」は当て字。使い方 ②③は「かわいらしい」で置き換えることができるが、「かわいい」のほうが主観的な言い方で、話者の心理が前面に押し出される傾向が強い。派生 -げ/-さ「―余って憎さ百倍」/-が・る

品格 愛くるしい「―笑顔」 愛らしい「―指」 あどけない「―しぐさ」 いじらしい「ひたむきさが―」 いたいけ「―な幼子」 愛(いと)おしい「三人の子が―」 愛(いと)しい「―わが子」 可憐(かれん)「―な瞳」 かわいらしい「―洋服」

かわい-が・る【可▽愛がる】 カハイ［他五］❶かわいいと思って大切に扱う。優しく扱う。‖「弟［カナリア］を―」❷〔俗〕痛い目にあわせる。厳しく扱う。‖「そいつをたっぷり―・ってやれ」「先輩に―・ってもらった」

かわい-げ【可▽愛げ】［名・形動］かわいいと感じさせること。‖「―がない」

かわい-そう【可▽哀相・可▽哀想】 カハイサウ［形動］相手の不幸な状態に同情する気持ちだ。‖「私はマッチ売りの少女が―でならない」「あの子には―な(=気の毒な)ことをしてしまった」書き方「可哀相」「可哀想」は当て字。使い方 俗に、同情が必要なほどに劣っているとして、能力のない人をあわれがる意にもいう。‖「こんなことも分からないなんて―なやつだ」

かわい-らし・い【可▽愛らしい】 カハイ［形］姿・形やしぐさなどがほほえましく、心を引きつけられるさま。また、小さくて愛らしいさま。‖「赤ん坊の―手」「庭の福寿草が―花を咲かせた」使い方「かわいい」に比べて客観的な言い方。事物を描写するのに用いる。派生 -げ/-さ

かわ-うそ【▼獺・川▼獺】 カハ［名］水辺にすむイタチ科の哺乳(ほにゅう)類。イタチより大きく、指の間には水かきがある。潜水して巧みに魚を捕らえる。特別天然記念物だが、ニホンカワウソは絶滅種。うそ。おそ。かわおそ。

かわ-おと【川音(河音)】 カハ［名］川の水の流れる音。‖「―を雨かと思う」

かわ-おび【革帯】 カハ［名］なめし革などでつくった帯。ベルト。バンド。書き方 慣用的に「皮帯」とも。

かわか・す【乾かす】［他五］日光・火・風などに当てて、ぬれた物や湿った物の水分を取り除く。‖「ぬれた服をストーブで―」「涼風に当たって汗を―」可能 **乾かせる**

かわ-かみ【川上】 カハ［名］川のみなもとに近いほう。上流。⬍川下

かわき【乾き】［名］水分がなくなること。‖「風があるので洗濯物の―がはやい」

かわき【渇き】［名］❶のどが渇くこと。‖「のどの―を覚える」「谷川の水で―を癒やす」❷ほしいものが得られなくて、満たされないこと。‖「心［魂］の―」

かわ-ぎし【川岸(河岸)】 カハ［名］川の流れに接する土地。河岸(かがん)。

かわき-もの【乾き物】［名］酒のつまみで、するめ・ポテトチップス・ナッツ類など乾いたもの。

かわ-きり【皮切り】 カハ［名］物事のし始め。手始め。‖「パリ公演を―にヨーロッパ各地で演奏会を開く」▼最初にすえる灸(きゅう)の意から。

かわ-ぎり【川霧】 カハ［名］川に立ちこめる霧。‖「―が立つ」

かわ・く【乾く】［自五］❶物に付いたり含まれたりしていた水分がなくなる。‖「洗濯物［額の汗・ペンキ］が―」「今日は空気が―・いている」「―・いたタオルで汗をふく」❷〈多く「乾いた…」の形で〉物事にしっとりした潤いが感じられない意を表す。‖「落ち葉がかさかさと―・いた音を立てる」「―・いた咳［笑い声］」「―・いた(=ドライな)文体［ユーモア］」⬍湿る◈「渇く」と同語源。名 **乾き**

かわ・く【渇く】［自五］❶のどが潤いを失って、水分がほしくなる。‖「のどがからからに―・いた」❷〈多く「…に渇いた」の形で〉心から求めても得られず、心が満たされない状態にある意を表す。…に飢えた。…にかつえた。‖「静かな祈りが愛に―・いた青年の心をいやす」「血に―・いた野獣のように通り魔が襲う」名 **渇き**

かわ-ぐ【革具】 カハ［名］皮革で作った道具。書き方 慣用的に「皮具」とも。

かわ-くだり【川下り】 カハ［名］両岸の景観を楽しみながら船で川を下ること。保津川下り、天竜下りなど。

かわ-ぐち【川口(河口)】 カハ［名］川が海や湖に流れ込む所。河口(かこう)。川じり。‖「―の港」

かわ-ぐつ【革靴】 カハ［名］皮革で作ったくつ。書き方 慣用的に「皮靴」とも。

かわ-ごし【川越し】 カハ［名］❶川を隔てていること。‖「―に呼ぶ声が聞こえる」❷［自サ変］川を歩いて渡ること。

かわ-ごろも【皮衣(▼裘)】 カハ［名］毛皮で作った衣服。かわぎぬ。‖「羊の―」

かわ-ざかな【川魚】 カハ［名］川などの淡水にすむ魚。

コイ・フナ・アユなど。かわうお。

かわ-ざんよう【皮算用】 カハ [名] まだ結果が出ないうちから、収益を得たつもりで計算すること。||「月に一〇〇万はもうかるとーをする」▽「取らぬ狸(たぬき)の皮算用」の略。

かわ-しも【川下】 カハ [名] 川の、河口(かこう)に近いほう。川じり。下流。⇔川上

かわ-ジャン【革ジャン】 カハ [名] 革製のジャンパー。

かわ-じり【川尻】 カハ [名] ❶川下。下流。❷川口。||「ーに開けた町」

かわ-す【▼躱す】 カハ [他五] ❶すばやく体をひるがえして避ける。||「突進するバイクから身をー」「切っ先をー」❷攻撃などを避けてのがれる。||「非難[追及]をー」❸競技で、相手の攻勢や戦術を軽くしのぐ。軽くあしらう。いなす。||「継投策を難なくー」「後続選手にー・される(=抜き去られる)」可能 かわせる

かわ・す【交わす】 カハ [動五] 一 [他] ❶互いにやりとりをする。取り交わす。||「両国首脳がにこやかに言葉をー」「握手[視線・意見・杯]をー」「枕(まくら)をー(=男女が共寝する)」❷互いにまじえる。交差させる。||「枝をー」 二 〈動詞の連用形に付いて複合動詞を作る〉互いに…しあう。||「酒を酌みー」「契約書を取りー」「固く言いー」

かわず【▼蛙】 カハヅ [名]〔古風〕カエル。||「古池やー飛び込む水の音〈芭蕉〉」

かわ-すじ【川筋】 カハスヂ [名] ❶川の流れる道筋。❷川に沿って続く道。また、川に沿った土地。||「ーに開けた市場町」

かわ-せ【川瀬】 カハ [名] 川底が浅く、流れの速い所。瀬。||「ーを渡る」

かわせ【《為替》】 カハセ [名] 遠隔地との金銭の決済を、現金を輸送しないで手形・小切手・証書などで行う方法。また、その手形・小切手・証書など。||「代金をーで送る」「ー相場」▽国内で行うものを「内国為替」、国と国の間で行うものを「外国為替」という。

かわせ-そうば【《為替》相場】 カハセサウバ [名] 自国の通貨と外国の通貨の交換比率。外貨建て相場と邦貨建て相場がある。▽「外国為替相場」の略。

かわせ-てがた【《為替》手形】 カハセ [名] 手形の発行者である振出人が、受取人またはその指図人への支払いを第三者(支払人)に委託する形式の手形。

かわ-せみ【〈▼翡▼翠〉・川▼蟬】 カハ [名] 川辺にすむ、カワセミ科の鳥。スズメよりやや大きく、長いくちばしをもつ。背は光沢のある青緑色、腹は赤褐色で美しい。水に飛び込んで小魚を捕食する。翡翠(ひすい)。ショウビン。

かわ-そう【革装】 カハサウ [名] 表紙に皮革を使った装丁。||「ーの豪華本」書き方 慣用的に「皮装」とも。

かわ-ぞこ【川底(河底)】 カハ [名] 川の底。

かわ-たれ カハ [名]〔古風〕明け方の薄暗いころ。かわたれ時(どき)。▽人の見分けがつきにくく、「彼(か)は誰(たれ)」と問うことから。➡たそがれ

かわ-ちどり【川千鳥】 カハ [名] 川辺に集まる千鳥。||「河原(かわら)に遊ぶー」

かわ-づら【川面】 カハ [名] 川の水面。かわも。||「ーに水鳥が浮かぶ」

かわ-づり【川釣り】 カハ [名] 川で魚を釣ること。

かわ-と【革▼砥】 カハ [名] 刃物をとぐのに使う帯状の革。

かわ-どこ【川床(河床)】 カハ [名] 川の底の地盤。河床(かしょう)。||「ーが現れる」

かわ-とじ【革▼綴じ】 カハトヂ [名] ❶表紙・背に皮革を用いて製本すること。また、その本。❷皮革のひもで物をとじること。◈書き方 慣用的に「皮▼綴じ」とも。

かわ-ながれ【川流れ(河流れ)】 カハ [名] 川の水に流されて、おぼれ死ぬこと。また、その人。||「河童(かっぱ)のー」

かわ-の-じ【川の字】 カハ [名] 両親が子供をまん中にして三人で寝るさまを、「川」の字に見立てていう語。||「ーに寝る」

かわ-はぎ【皮剝ぎ】 カハ [名] 近海の磯にすむカワハギ科の海魚。体はひし形で平たく、小さな口には鋭い歯がある。食用。特に肝臓を美味として珍重する。語源 ざらざらした堅い皮をはいでから調理することから。

かわ-ばた【川端】 カハ [名] 川のほとり。川辺。||「ーに出て夕涼みをする」

かわ-びらき【川開き】 カハ [名] 夏、川涼みの始まりを祝い、水難の防止を願って行う年中行事。▽江戸時代、隅田川では陰暦五月二八日に川開きが行われ、以後三か月を夕涼みの期間とした。

かわ-ぶね【川船・川舟】 カハ [名] 川を上り下りして人や貨物を運ぶ船。かわふね。▽古くは水運の重要な機関だった。多くは喫水線が浅く、細長い。

かわ-べ【川辺(河辺)】 カハ [名] 川のほとり。川端。||「ーの小道を散歩する」

かわ-べり【川▽縁】 カハ [名] 川に沿った所。川のふち。

かわ-むこう【川向こう】 カハムカフ [名] 川を隔てた向こう側の岸。川向かい。||「ーの火事(=自分には何も影響のないことのたとえ)」

かわ-も【川▽面】 カハ [名] 川の水面。かわづら。||「ーを風が吹きわたる」

かわ-や【▼厠】 カハ [名]〔古風〕便所。▽川の上に設けた「川屋」の意とも、家のわきに建てた「側屋」の意とも。

かわ-やなぎ【川柳】 カハ [名] ❶川辺にはえている柳。かわやぎ。❷ネコヤナギの別称。書き方〈▼楊柳〉とも。❸上等な番茶。

かわら【瓦】 カハラ [名] 粘土を一定の形に固めて窯(かま)で焼いたもの。おもに屋根をふくのに使う。鬼がわら・丸がわら・軒がわら・桟がわらなど、種類が多い。▽セメントや金属を材料にしたものもある。

かわら【《河原》・《川原》〈▼磧〉】 カハラ [名] 川辺の平地で、水の流れていない、砂や石の多い所。||「ーでキャンプをする」

かわら-け【〈土器〉】 カハラ [名] 釉(うわぐすり)をかけてない素焼きの陶器。また、素焼きの杯。

かわら-せんべい【瓦煎餅】 カハラ [名] 小麦粉・卵・砂糖などを材料とし、屋根がわらの形に焼いた甘いせんべい。

かわら-ばん【瓦版】 カハラ [名] 江戸時代、天変地異・火事・心中などの事件を絵入りで速報した一枚刷りまたは二枚刷りの新聞。売り子が街頭を売り歩いた。▽もとは粘土に文字や絵を彫り、かわらのように焼いたものを版にしたというが、現存する原版はすべて木版。

かわり【代わり・替わり】 カハリ [名] ❶入れかわること。交替すること。また、そのもの。❷ある役割を他の人や物がすること。また、そのもの。||「市長のーに挨拶をする」「段ボール箱を食卓のーにする」❸➡お代わり ❹〈「…代わりに」などの形で〉…にひきかえて。…の代償に。

═「遊園地に連れてってもらう─に庭掃除をする」

かわり【変わり】カハリ［名］❶物事や状態が前と違ったものになること。変化。═「状況に─はない」❷普通とは違った状態。異状。異変。═「お─ありませんか」❸物事の間の違い。差異。═「メーカーは違うが品質に─はない」

かわり-だね【変わり種】カハリ［名］❶ふつうのものとは違った種類。変種。═「ヒマワリの─」❷ある仲間のうちで、ふつうとは異なった性質や経歴をもった人。═「弁護士からオペラ歌手になった─」

かわり-ばえ【代わり映え（代わり栄え）】カハリ［名］〈ふつう打ち消しを伴って〉かわったことで、前よりもよくなること。═「─のしない閣僚人事」

かわり-は・てる【変わり果てる】カハリ［自下一］すっかり変わって悪い状態になる。═「─・てた姿」文 **かわりは・つ**

かわり-ばんこ【代わり番こ】カハリ［名］交代ですること。代わる代わるすること。代わり番。═「妹と─に小鳥の世話をする」▼やや子供っぽい言い方。

かわり-み【変わり身】カハリ［名］❶相撲などで、とっさに体の位置を変えること。═「立ち上がりに─を見せる」❷状況に応じて、自分の都合のよいように言動を変えること。═「政治家の─の早さにはあきれるばかりだ」

かわり-め【変わり目】カハリ［名］物事がある別の状態に移り変わるとき。═「季節の─には風邪をひきやすい」「時代の─にさしかかる」

かわり-め【替わり目・代わり目】カハリ［名］物事の入れかわるとき。交替するとき。═「舞台の─」

かわり-もの【変わり者】カハリ［名］性質・言動などが、一般の人とはどこか違っている人。変人。

かわ・る【変わる】カハル［動五］㊀［自］❶物事や状態がこれまでと違ったものになる。変化する。(自然による変化と人為的変容の結果としての変化がある)═「雨が雪に─」「悲報に表情が─」「気［食生活・立場］が─」「信号が赤から青に─」「以前とは人柄が─・った」「法律が─」❷時間が経過して、特定の季節や月日が別の季節や月日になる。═「春から夏に季節が─」「年［日付］が─（＝改まる）」❸位置や住所・所属先などがこれまでと違ったものになる。═「地震で机の位置が─・った」「銀座から新宿に住所が─・った」❹〈「変わった」「変わっている」の形で〉普通と少し違っている。═「─・った靴を履いているね」「彼は発想が一風─・っている」❺〈「AはBと変わらない」などの形で〉AとBが等しい関係にあることをいう。═「勤勉さは以前と少しも─・らない」「無言は同意と何ら─ところがない」❻相撲で、相手にぶつからないように身をかわす。═「注文をつけて右に─」㊁［他］座席や住所・所属先などをこれまでと違ったものにする。═「最前列に席を─」「頻繁にアパートを─・って逃げ延びる」使い方「〜を変わる」は、動作主の意図性において、「〜が変わる（自動詞）」と「〜を変える（他動詞）」の中間に位置する言い方。「銀座に事務所が変わった（a）／を変わった（b）／を変えた（c）」では、aは意図に言及せず、cは意図が強く出る。bはそのほどよさが好まれる。「〜が替わる／〜を替わる／〜を替える」の場合も同じ。◈「替わる」と同語源。書き分け 取り替え、入れ替えの意では「替わる」と書く。可能 **変われる** 名 **変わり**

◉**変われば変わるものだ** 物事の激変を感嘆していうことば。

かわ・る【替わる・代わる・換わる】カハル［動五］㊀［自］❶【替・代】古いものが退き、新しいものがくる。入れ替わったり取り替えられたりする形で、他のものがくる。═「風が陸風から海風に─」「担当が山田から佐藤に─（＝交替する）」「入れ─・切り─・生え─・すり─」❷【換・替】あるものが取りかえられて別のものになる。═「手形が現金に**換わる**」「家屋敷がお金に**換わる**（＝換金される）」「漢字がかなに**換わって**読みやすくなった」「交通手段がバスから電車に**替わる**」「千円札が硬貨に**替わる**（＝両替される）」❸【代】ある役割を他の者がする。代役を務める。═「社長に─・って挨拶する」「石油に─新しいエネルギー」「取って─・成り─」◈書き分け (1)【替】は別の（新しい）ものになる、【代】は別のもので代用される、【換】は物と物が交換される、の意で使うが、実際には併用されることも多い。太字で示した用例はその表記が標準的。(2)「母に代わって／替わって犬の散歩をする」では、【代】は代理（ピンチヒッター）、【替】は単に役割の交替の意になる。近年はそれほど意味の違いをこめずに【替】のかわりに【代】を使う傾向がある。(3)取り替え・入れ替えの意が弱い、単なる変化・変更の意では「変わる」と書く。「やり方が変わる」(4)①はまれに「▽更わる」とも。㊁［他］❶【替】位置や所属を取り替えて別のものにする。═「もう少し前の方へ席を─・ろう」「勤め［会社］を─」書き分け 取り替えの意が弱い、単なる移動変化の意では「変わる」と書く。使い方➡変わる㊁ ❷【替・代】持ち場を明け渡す形で、仕事で人が入れかわる。═「誰か餅つきを─・ってくれ」可能 **かわれる** 名 **かわり**（代・替）

かわる-がわる【代わる代わる】カハルガハル［副］互いに代わり合って。交代に。順番に。═「二人が─手話通訳をする」「出席者が─（に）意見を述べる」

かん【甲】［名］邦楽で、高い音域の音。また、基本の音より一オクターブ上の音。

かん【▼奸】［名］❶よこしまなこと。悪賢いこと。═「─猾・─臣・─智」❷悪者。═「─を誅す」「漢─」◈「姦」と通じる。

かん【缶】クヮン ㊀［名］金属製、特にブリキ製の容器。═「菓子を─にしまう」「─入りのドロップ」「─詰・─ビール」「石油─・ドラム─」㊁（造）❶「缶詰」の略。═「蟹─・鮭─」❷金属製の湯わかし。═「薬─」❸かま。ボイラー。═「汽─・蒸気─」◈㊀㊁①はオランダ語のkanまたは英語のcanから。書き方「▼罐」と「缶」は本来別字だが、常用漢字表では「罐」を「缶」の旧字体とする。旧 罐

かん【完】クヮン ㊀［名］❶おわり。完結。═「前編─」▼映画・小説などの終わりに記す。❷すべて備わっていること。完備。═「ガス、水道─」㊁（造）❶欠けたところがない。═「─勝・─璧」❷やりとげる。まっとうする。═「─遂・─成・─走」「未─」

かん【官】クヮン ㊀［名］政府。役所。また、その役職。═「─につく」「─庁・─房」「半─半民」㊁（造）❶役人。═「教─・警─」❷一定の働きをになう、生物体の一部。═「器─・五─」

かん【冠】クヮン ㊀［名］かんむり。═「─をいただく」「栄─・戴─」「三─王」㊁［形動トタル］最もすぐれているさま。═「世界に─たる医療技術」㊂（造）成人のしるしとしてかんむりをかぶる。元服。═「─婚葬祭」「弱─」

かん【巻】クヮン［名］巻いた物。巻物。また、書物。═「読み

終えて—を閉じる」「—頭」「圧—・全—・別—・第一—」「ビデオテープ四—」読み分け「一巻・二巻…」は、巻いたものや巻く行為の数を表す場合は「ひとまき・ふたまき」と読み、分割された書物・映像作品の数の場合は「いっかん・にかん」と読む。同じく書物の数を表す「巻(之)一・巻(之)二」は「まき(の)いち・まき(の)に」と読む。旧卷

かん【▼疳】[名] ❶漢方で、神経性の小児病の総称。夜泣きや引きつけなど。▼「疳の虫」によって起こるとされた。❷発作的に全身のけいれんや引きつけを起こす病気。癇。癇症。

かん【勘】 ■一 [名] 物事を直感的に感じ取る心のはたらき。第六感。≡「—を働かせる」「—が鋭い」「—に頼る」「山—」「—所」 ■二 (造) ❶よく考える。≡「—案・—定」❷罪を問いただす。≡「—気・—当」

かん【貫】 ■一 [名] ❶尺貫法で、重量を表す単位。一貫は一〇〇〇匁で、三・七五キログラム。❷昔の貨幣の単位。一貫は一〇〇〇文。▼江戸時代には九六〇文。 ■二 (造) つきとおす。つらぬく。また、やりとおす。≡「—通・—徹」「一—・突—」▼握り鮨を数える用法はこのページの下段の「かん」を参照。

かん【寒】 ■一 [名] 二十四節気のうち、小寒と大寒。≡「—の入り[内]」▼立春前の三〇日間のうち、前半を小寒、後半を大寒という。 ■二 (造) ❶さむい。冷たい。さむさ。≡「—波・—風・—流」「厳—・防—」❷さむざむとした。さびしい。また、まずしい。≡「—村」

かん【棺】[名] ひつぎ。≡「—桶」「出—・石—」

◉**棺を蓋いて事定まる** 人は死んではじめて真の評価が決まるということ。

かん【款】 ■一 [名] まごころ。また、親しい交わり。よしみ。≡「—を通じる(=親しく交わる。転じて、敵に内通する)」「—待」「交—」 ■二 (造) ❶予算書・決算書などで、「部」の下、「項」の上におかれる区分。また、法令や規約などの条項。≡「定—・約—」❷金石などに文字をくぼませて彫ること。また、その文字。≡「落—」

かん【間】 ■一 [名] 物と物、場所と場所とのあいだ。また、時間的にある一定のあいだ。≡「東京・箱根—往復の大学駅伝」「その—わずか三〇秒」「政党—の対立」「—隙」「—食」「瞬—」 ■二 (造) ❶ある範囲の中。≡「空—・民—」❷ひそかにすきをうかがう。≡「—者・—諜」

◉**間髪を容れず** 少しもあいだを置かずに。すぐさま。▼あいだに髪の毛一本も入れるすきまがない意から。注意 (1)「間髪」を一語化して「かんぱつ」と言うのは誤り。正しくは「かん、はつをいれず」と切る。(2)「間髪(を)置かず」は誤り。

かん【閑】 ■一 [名] することがなくて、ひまなこと。≡「忙中—あり」「—居・—散」「農—期」「有—」 ■二 (造) ❶しずか。≡「—雅・—寂」「深—・清—」❷なおざりにする。おろそか。≡「等—」

かん【感】 ■一 [名] ❶物事に触れて心が動くこと。≡「—極まる」「—激」「実—・多—」❷物事に対してある思いを持ったり、刺激などを知覚したりすること。また、その思いや感じ。≡「隔世[今昔]の—がある」「遅きに失した[精根尽きたといった]—がある」「—触・—電」「音—・敏—・予—」「立体—・存在—・使命—」使い方 近年用法を広げて、様態を表す副詞にも付く。≡「もちもち—・ゆったり—・すっきり—」 ■二 (造)「感冒」の略。≡「流—」

◉**感に堪えない** 非常に感動して、それを表に出さずにはいられない。つくづく感動する。

かん【漢】 ■一 [名] ❶劉邦が秦を滅ぼして建てた、中国古代の王朝。長安を都とする。西漢。前漢(前二〇二〜後八年)。❷劉秀(光武帝)が新を滅ぼして再興した漢王朝。洛陽を都とする。東漢。後漢(二五〜二二〇年) ❸三国の一つ。始祖は劉備。成都を都とする。蜀漢(二二一〜二六三年)。▼ほか、五胡十六国の成漢・漢(前趙)、五代十国の後漢・北漢・南漢など。 ■二 (造) ❶中国。中国語。中国の本土にすむ民族。≡「—詩・—字・—文・—方」「国—」❷おとこ。≡「痴—・熱血—・門外—」❸天の川。≡「雲—・天—」旧漢

かん【管】 ■一 [名] 内部が空になっている筒状のもの。くだ。≡「ガスの—」「血—・土—・試験—・水道—」 ■二 (造) ❶笛。≡「—楽器・—弦楽」「笛一—」❷筆の軸。筆。≡「彩—」「小筆三—」❸つかさどる。とりしまる。≡「—下・—区・—財・—長」「移—・主—」

かん【歓】[名] よろこび。楽しみ。≡「—を尽くす」「—迎・—声・—談」「哀—・交—」旧歡

かん【▼燗】[名] 酒を温めること。また、その温めぐあい。≡「—をつける」「—がぬるい」

かん【館】 ■一 [名] 公共の大きな建物や施設。≡「—所蔵の美術品」「公民—・図書—」 ■二 (造) 大きな建物や店。やかた。≡「洋—・旅—・映画—」

かん【▼癇】[名] ❶感情が激しやすく、すぐに興奮していらだつこと。また、その性質。癇性。≡「—が強い」❷発作的に全身のけいれんや引きつけを起こす病気。疳。

◉**癇に障る** 神経を刺激していらいらさせる。

かん【簡】 ■一 [名] 手軽であること。おおまかなこと。≡「—潔・—便・—略」 ■二 (造) ❶手紙。書物。≡「手—・断—」❷文字を記す木や竹のふだ。≡「竹—・木—」

◉**簡にして要を得る** 簡単だが、よく要点をとらえている。≡「彼の言は簡にして要を得ていた」

かん【観】 ■一 [名] 外から見える姿。様子。≡「乱世の—を呈する」「結論が出た—がある」「景—」 ■二 (造) ❶みる。ながめる。≡「—客・—察」「静—・傍—」❷ものの見方・考え方。意識。≡「—念」「人生—・先入—」旧觀

かん【艦】[名] 戦闘に用いる船。≡「—の乗員」「—首・—隊・—長」「軍—」

かん【▼鐶】[名] 金属などでできた輪。≡「蚊帳の—」

かん (造) 握り鮨の個数を数える語。≡「中トロ一—」▼近年始まった言い方で、語源未詳。書き方「貫」「巻」と当てるが、「カン」と書くことが多い。

かん【干】(造) ❶ほす。かわかす。また、ひる。かわく。≡「—拓・—潮・—瓢」書き方「▼旱」の代用字ともする。≡「—害・—魃」❷かかわる。たちいる。≡「—渉・—与」❸矢や槍から身を守る、たて。≡「—戈」❹もとめる。≡「—禄」❺みき。≡「—支」「十—」

かん【刊】(造) 出版する。発行する。≡「二〇〇二年—」「—行」「週—・創—・朝—・復—・小社—」

かん【甘】(造) ❶うまい。あまい。≡「—味・—露」「辛—」❷あまんずる。満足する。≡「—受・—心」❸あまやかす。快い。≡「—言」

かん【汗】(造) ❶あせ。あせを出す。≡「—顔・—腺・—牛充棟」「冷—・流—」❷モンゴルなどの遊牧民の長の称号。≡「成吉思—」

かん【▼旱】(造) ひでり。≡「—害・—天・—魃」▼「干」で代用する。

かん【肝】(造) ❶肝臓。≡「—炎・—油」❷こころ。まごころ。≡「—銘」❸最も大切なところ。かなめ。≡「—心・—腎・—要」

かん【▼函】（造）❶手紙を入れるはこ。≡「投―」❷「函館」の略。≡「青―トンネル」

かん【▼姦】（造）❶よこしま。わるがしこい。≡「―計・―臣・―賊」❷男女の間で不義を犯す。また、女性を犯す。≡「―淫（いん）・―通」「強―・輪―・和―」◈「奸（かん）」と通じる。

かん【▼柑】（造）ミカンの類。≡「―橘（きつ）」「伊予―」

かん【看】（造）❶よく見る。見守る。≡「―過・―護・―破・―板・―病」❷読む。≡「―経（きん）・―書」

かん【陥】（造）❶おちこむ。へこむ。また、おとしいれる。≡「―没」❷攻め落とされる。≡「―落」❸おとしあな。≡「―穽（せい）」❹不足する。≡「欠―」旧陷

かん【乾】（造）かわく。かわかす。ほす。≡「―燥・―杯・―パン・―物・―電池」

かん【患】クヮン（造）❶うれい悩む。あれこれと心配する。≡「―難」「外―・憂―」❷病気。病気の人。≡「―部」「急―・重―」

かん【喚】クヮン（造）❶大声でさけぶ。わめく。≡「―声」「叫―」❷呼びよせる。呼びおこす。≡「―問」「召―」

かん【堪】（造）❶がまんする。たえる。≡「―忍」❷すぐれている。≡「―能（のう・たん）」「不―」

かん【換】クヮン（造）かえる。入れかえる。とりかえる。≡「―気・―金・―言・―算」「交―・互―・転―・変―」

かん【敢】（造）あえて。あえてする。思いきって行う。≡「―然・―闘」「果―・勇―」

かん【勧】クヮン（造）すすめる。はげます。≡「―学・―業・―告・―誘・―善懲悪」旧勸

かん【寛】クヮン（造）心がひろい。おおらか。≡「―大・―容」旧寬

かん【幹】（造）❶樹木のみき。また、物事の中心となるもの。≡「―線・―部」「基―・語―・根―・主―」❷わざ。仕事をする能力。≡「才―」

かん【慣】クヮン（造）なれる。ならす。また、ならわし。≡「―行・―用・―例」「旧―」

かん【関】クヮン（造）❶かんぬき。≡「―鍵（けん）」❷国境などで通行人の出入りを調べる所。せき。また、出入り口。≡「―門」「玄―・税―・難―」❸物と物をつなぐ仕組み。≡「―節」「機―」❹つながりをもつ。かかわる。≡「―係・―心・―与・―連」「相―」❺「関白」の略。≡「摂―」旧關

かん【監】（造）❶見守る。見張る。また、見守って取り締まる人。≡「―察・―視・―守・―修・―督」「総―・寮―」❷ろうや。≡「―房」「収―」

かん【緩】クヮン（造）ゆるい。ゆるむ。ゆるめる。≡「―急・―衝・―和」「弛（し）―（しかん）」

かん【▼緘】（造）❶とじる。≡「―書」「封―」▽手紙の封じ目に書く文字としても使う。❷口をふさぐ。≡「―口令・―黙」

かん【▼諫】（造）過ちを改めるように忠告する。いさめる。≡「―言・―止」「忠―・直―・諷（ふう）―」

かん【憾】（造）残念に思う。不満に思う。≡「遺―」

かん【▼翰】（造）❶筆で書いた、手紙や文章。≡「貴―・書―・宸（しん）―」❷文人や学者の仲間。≡「―林・―苑（えん）」

かん【還】クヮン（造）もとにもどる。かえす。かえる。≡「―付・―暦」「帰―・召―・生―・送―・奪―」

かん【環】クヮン（造）❶輪。輪の形をしたもの。≡「―礁（しょう）・―状」「一―・金―」❷ひとまわりする。とりまく。≡「―境」「循―」

かん【▼艱】（造）むずかしくて、動きがとれない。また、くるしむ。≡「―険・―難」「時―」

かん【韓】（造）「大韓民国」の略。韓国。≡「日―会談」

かん【▼灌】クヮン（造）❶水をつぎこむ。そそぎかける。≡「―漑（がい）・―腸・―仏」❷群がりはえる。≡「―木」

かん【鑑】（造）❶かがみ。手本。いましめ。≡「宝―・殷―（いんかん）・亀―（きかん）」❷身分・資格などを見分ける、しるしとなるもの。≡「―札」「印―」❸資料を系統的に並べた本。≡「図―・年―・名―」❹よく考えて見分ける。見定める。≡「―査・―識・―定」

がん【▼雁】【名】カモ科の渡り鳥の総称。日本へは秋に飛来し、翌春北へ帰る。カモよりも大きく、首が長い。群れをなして生活し、並んで飛ぶ習性がある。かり。かりがね。▽一般にはマガンを指す。

がん【▼癌】【名】❶悪性の腫瘍（しゅよう）。表皮・粘膜・腺（せん）などの上皮性細胞に発生する癌腫と非上皮性細胞に発生する肉腫とに分けられ、狭義には癌腫をさす。≡「胃―」「肝臓―」❷機関・組織などの内部にあって、運営などの障害となるもの。≡「古い体質が改革の―になっている」

がん【願】グヮン ㊀【名】神仏に願うこと。また、その願い。≡「―立て・―文（もん）」「祈―・発（ほつ）―・満―」㊁（造）希望する。望む。≡「―書・―望」「哀―・懇―・志―・念―」

⊙願を懸（か）ける 神仏に願い事をする。祈願する。

がん【▼龕】【名】❶仏像などを安置するために石窟（せっくつ）や寺院の壁に設けたくぼみ。❷仏像などを納める厨子（ずし）。≡「―灯」

がん【丸】グヮン（造）まるい。まるめる。まるいもの。≡「―薬」「一―・睾（こう）―・弾―・砲―」

がん【元】グヮン（造）❶もと。≡「―金・―利」❷はじめ。≡「―日・―祖・―旦（たん）・―年・―来」

がん【含】（造）ふくむ。ふくみもつ。≡「―蓄・―有」「内―・包―」

がん【岸】（造）❶水と接している陸地。きし。≡「―頭・―壁」「沿―・海―・護―・対―・彼（ひ）―」❷切り立った。いかめしい。≡「魁（かい）―・傲（ごう）―」

がん【岩】（造）大きな石。いわ。≡「―塩・―窟（くつ）・―盤・―壁」「溶―・花崗（こう）―」

がん【玩】グヮン（造）❶もてあそぶ。おもちゃにする。≡「―具・―弄（ろう）」「愛―」❷深く味わう。≡「―味」「賞―」

がん【眼】（造）❶めだま。まなこ。≡「―下・―光・―帯」「義―・近―・老―・開―（かいげん）」❷のぞく穴。≡「銃―」❸物事の本質を見抜く能力。≡「慧（けい）―・心―・観察―」❹物事の大事なところ。かなめ。≡「―目」「主―」

がん【頑】グヮン（造）❶融通がきかない。かたくな。≡「―固・―迷」❷丈夫で、強い。≡「―健・―丈」

がん【顔】（造）❶かお。かおつき。≡「―色・―面」「厚―・酔―・洗―・童―・拝―」❷いろどり。≡「―料」

がん【▼贋】（造）本物に似せて作ったもの。まがいもの。≡「―作・―札・―造・―物」「真―」

ガン【gun】【名】銃。鉄砲。≡「マシン―・モデル―」

かん-あく【▼奸悪（▼姦悪）】【名・形動】心がねじけていて悪いこと。また、その人。≡「―を憎む」

かん-あけ【寒明け】【名】寒が明けて立春になること。また、その日。▽暦の上では二月四日ごろ。

がん-あつ【眼圧】【名】眼球内部の圧力。眼球内の水溶液の循環によって一定に保たれる。眼内圧。▽異常に高くなると緑内障を引き起こす。

かん-あん【勘案】【名・他サ変】いろいろと考え合わせること。≡「諸般の情勢を―して処置する」

かん-い【官位】クヮンヰ【名】❶官職と位階。❷官職の等級。

かん‐い【敢為】ヰ [名] 困難を押し切って物事をやり通すこと。「―の精神」

かん‐い【簡易】[名・形動] 手軽で簡単なこと。「―な方法をとる」「―宿泊施設」「―書留郵便」 派生 ‐さ

がん‐い【含意】[名・自他サ変] ❶表面に現れた意味の背後に別の意味を含みもつこと。また、その意味。「―を読み取る」 ❷論理学で、命題間の関係の一つ。任意の命題p、qについて、pが真であれば常にqが真になるとき、pはqを含意するという。

がん‐い【願意】グヮン [名] 願う気持ち。また、願っていることの内容。「―が通じる」

かんい‐さいばんしょ【簡易裁判所】[名] 最下級の裁判所。軽微な民事・刑事事件の第一審を扱う。

かんいっぱつ【間一髪】[名] 時間・距離などの差がごくわずかで、きわめてきわどい状況であること。「―のところで事故をまぬがれた」▼髪の毛一すじのすきまの意から。

かん‐いん【官印】クヮン [名] 官庁や公務員が職務上使う印。⇔私印

かん‐いん【官員】クヮンヰン [名] 役人。官吏。▼明治時代に使われた語。

かん‐いん【▼姦淫】[名・自他サ変] 道義にはずれた性的関係をもつこと。「汝なんじ、―するなかれ」

かんうん‐やかく【閑雲野▽鶴】[名] 何ものにも束縛されず、自然の中でゆうゆうと暮らす境遇のたとえ。▼静かに浮かんでいる雲と野に遊ぶツルの意から。

かん‐えい【官営】クヮン [名] [古風] 政府が経営すること。国営。「―の鉄道」⇔民営

かん‐えつ【観閲】クヮン [名・他サ変] 高官が軍隊などの状況を検閲すること。「―式」

かん‐えん【肝炎】[名] ウイルス・薬物などによって、肝臓が炎症を起こす病気。食欲不振・倦怠けんたい感・黄疸おうだんなどの症状が現れる。

がん‐えん【岩塩】[名] 粒状または立方体の結晶として岩石の間などから産出する天然の塩。食用・工業用。山塩やまじお。石塩いしじお。

かん‐おう【感応】[名・自サ変] ➡かんのう(感応)

かん‐おう【観桜】クヮンアウ [名] 桜の花を観賞すること。花見。「―会」

かん‐おけ【棺▼桶】クヮンヲケ [名] 遺体を入れて葬るための木のおけ、または木の箱。

◉棺桶に片足を突っ込・む 年老いて死期が近いことのたとえ。

かん‐おん【感恩】[名・自サ変] 受けた恩をありがたく思うこと。「心から―の意を表す」

かん‐おん【漢音】[名] 日本の漢字音の一つ。隋ずい代・唐代に、長安(今の西安)などの中国北方系の音が遣唐使や留学生によって伝えられたもの。「人」を「ジン」、「間」を「カン」と読む類。▼呉音・唐音などに対していう。平安時代の初期に正しい音として奨励された。

かん‐か【干▼戈】クヮ [名] ❶武器。また、武力。「―を交える」 ❷戦争。◈干たてと戈ほこの意から。

かん‐か【看過】クヮ [名・他サ変] 見過ごすこと。見逃すこと。「―すべからざる問題」「入札者の談合を―する」

かん‐か【換価】クヮン [名・他サ変] 金銭に換えること。特に、差し押さえた財産を金銭に換えること。「株を―して資金を得る」

かん‐か【閑暇(間暇)】[名] いとまがあること。ひま。「数日の―を得る」

かん‐か【感化】クヮ [名・他サ変] 影響を与えて考えや行動を変えさせること。「悪友に―されて非行に走る」

かん‐か【管下】クヮン [名] 官庁などが管轄する範囲内にあること。管轄下。管内。「県警の―にある事件」

かん‐が【官▼衙】クヮン [名] 官庁。役所。「古代の―の遺跡」▼「衙」は役所の意。

かん‐が【閑雅】[名・形動] ❶しとやかで奥ゆかしいこと。「扇をかざして―に舞う」 ❷景色などが、もの静かで趣があること。「借景を生かした―な庭園」

がん‐か【眼下】[名] 目の下のほう。目の前。「―に広がる氷原」

◉眼下に見・る ❶高い所から見下ろす。「高台から海を―」 ❷相手をあなどって軽く見る。見下す。

がん‐か【眼科】クヮ [名] 目の病気を扱う医学の一分野。また、その病院。「―医」

がん‐か【眼▼窩(眼▼窠)】クヮ [名] 眼球のおさまっている頭骨の穴。

かん‐かい【官界】クヮン [名] 官吏の社会。「大学卒業後―に入る」

かん‐かい【勧戒(勧▼誡)】クヮン [名・他サ変] 善をすすめ悪をいましめること。勧懲かんちょう。

かん‐かい【寛解・緩解】クヮン [名・自サ変] 白血病などの症状が一時的に、あるいは永続的に軽くなること。「―導入療法」

かん‐かい【感懐】クヮイ [名] あることに接して心に抱く思い。「別離の―を歌った詩」「帰郷の―を述べる」

かん‐かい【環海】クヮン [名] 四方を海にかこまれていること。また、その海。「四面―の国」

かん‐がい【干害(▼旱害)】[名] 日照り続きによる農作物などの被害。書き方「干害」は代用表記。

かん‐がい【寒害】[名] 季節はずれの異常な寒さによる農作物の被害。冷害。

かん‐がい【感慨】[名] 心に深く感じて、しみじみとした思いになること。また、その思い。「―にふける」

かん‐がい【管外】クヮングヮイ [名] 管轄かんかつする区域の外。「県警―の事件」⇔管内

かん‐がい【▼灌▼漑】クヮン [名・他サ変] 人工的に水を引き入れて、田畑をうるおすこと。「―用水」 灌漑

がん‐かい【眼界】[名] ❶視野に入る範囲。視界。「霧が晴れて―が開ける」 ❷考えの及ぶ範囲。「狭い―から自説を主張する」

かんがい‐ぶか・い【感慨深い】[形] しみじみと身にしみて感じるさま。「当時のことを思うと―」 派生 ‐げ／‐さ

かんがい‐むりょう【感慨無量】ヤウ [名・形動] はかりきれないほど感慨が深いこと。感無量。「三〇年ぶりの帰国かと思うと―だ」「―の面持ち」

かんがえ【考え】カンガヘ [名] 考えること。また、考えて得た結論・決意・意見・判断・予測など。「―をまとめる」「相手の―を聞く」「よい―が浮かぶ」「―が甘い」「相手がそうならこちらにも―がある」

かんがえ‐ごと【考え事】カンガヘ [名] 頭の中であれこれと思案すること。また、その事柄。「何かと―が多い」▼多く気がかりなことにいう。

かんがえ‐こ・む【考え込む】カンガヘ [自他五] 一つのことをつきつめて深く考える。「打つ手はないかと―」

かんがえ‐ちがい【考え違い】カンガヘチガヒ [名] まちがっ

た考え方をすること。また、その考え。思いちがい。‖「どうも―をしていたらしい」

かんがえ-つ・く【考えつく（考え付く）】 カンガヘ [他五] 考えが頭に浮かぶ。思いつく。‖「おもしろいことを―・いた」

かんがえ-なお・す【考え直す】 カンガヘナホス [他五] もう一度考える。また、考え方を変える。‖「何か別の方法はないか―・してみよう」「辞任は―・したほうがいい」

かんがえ-もの【考え物】 カンガヘ [名] 十分に考えてから決定すべき事柄。‖「その株を買うのは―だ」

かんが・える【考える】 カンガヘル [他下一] ❶ある物事や事柄についてあれこれと頭を働かせる。思考する。特に、筋道を立てて問題や疑問を解決しようとする。‖「事故対策を―」「海外旅行のプランを―」「時間ぎりぎりまで数学の問題を―」❷そのことを心に置いて、あれこれと思考や想像をめぐらす。‖「日本の将来を―といささかの不安が残る」「あの日から結婚を―ようになった」❸周囲の状況などをあれこれと気遣う。考慮する。‖「安全性を第一に―・えて設計する」❹新しい方法や技術などを工夫して生み出す。考案する。‖「弊社が―・えました新しいシステムを御案内致します」❺物事について、疑念・予想・推測・希望・決意などの気持ちをもつ。思う。‖「いい試合になるだろうと―・えている」「フィンランド語を勉強したいと―・えています」❻思索や推論の結果として、物事に判断を下す。理性によって判断する。‖「僕は通報者が犯人だと―」「この問題は深刻に［軽く］―べきではない」▼「…と―」の形が多い。◈ 書き方 深くつきつめて考える意で、「▽勘える」とも。使い方 ⑤はほとんどの文脈で、②⑥はしばしば「思う」で置き換え可。「思う」は情緒的で、「考える」は理知的なニュアンスを伴う。文 かんが・ふ 名 考え

品格 頭をひねる「難問に―」 案ずる「一計を―」 勘案（かんあん）「損失と利得を―する」 考察「―を加える」 考慮「―に入れる」 考量（こうりょう）「―を加える」◉「勘案」「考量」は幾つかの事柄を考え合わせる意。

◉**考える葦（あし）** 人間は自然の中で最も弱い一本のアシのようなものである、しかし、それは考えるという能力をもった存在である、ということ。▼パスカルの『パンセ』にある言葉で、思考する人間存在の偉大さをいう。

かん-かく【▼扞格（▼捍格）】 [名・自サ変] 互いに相手を受け入れないこと。‖「双方の意見に―がある」「―齟齬（そご）」▼「扞」も「格」も、突き当たって進まないの意。

かん-かく【間隔】 [名] 物と物とのあいだの距離。また、物事と物事とのあいだの時間。‖「ベッド間の―を広くとる」「列の―を詰める」「一メートル―に並べる」「バスは十分―で運行する」

かん-かく【感覚】 [名] ❶目・耳・鼻・舌・皮膚など、体のある部分がさまざまな刺激を感じ取る働き。また、それによって感じ取られる内容。‖「手が冷たくて―がなくなる」「痺（しび）れるような［ぬるぬるした］―」「平衡―」❷物事をとらえる心の働き。‖「―が古い」「―の鋭い人」「現代的な―」「ゲーム―（＝ゲームをやっているような感じ）で楽しめる勉強法」「色彩―・金銭―・バランス―」

かん-がく【官学】 クヮン [名] ❶〔古風〕官立の学校。‖「―出」⬄私学 ▼多く大学についていう。❷政府が正しいと認めた学問。▼江戸時代の朱子学など。

かん-がく【漢学】 [名] 中国の漢詩・漢文・思想などを研究する学問分野。▼国学・洋学に対していう。

かん-がく【管楽】 クヮン [名] 管楽器で演奏される音楽。吹奏楽。

がん-かけ【願掛け】 グヮン [名・自サ変] 誓いをたてて、神仏に願い事をすること。‖「茶断ちをして―をする」

かん-かつ【寛▼闊】 クヮンクヮツ [名・形動] おおらかで、ゆったりしていること。‖「気持ちが―になる」

かん-かつ【管轄】 クヮン [名・他サ変] 権限をもって支配すること。また、その支配する範囲。‖「国から県へ―を移す」「―区域」

かん-がっき【管楽器】 クヮンガクキ [名] 吹き口から管（くだ）に息を吹き込み、中の空気を振動させることで音を出す楽器。フルート・ホルン・トランペットなど。吹奏楽器。▼木管楽器と金管楽器に分ける。

かんが・みる【鑑みる】 [他上一] 先例や手本に照らして考える。‖「過去の事例に―」「国際情勢を―に楽観は許されない」文 かんが・みる

カンガルー【kangaroo】 [名] 有袋目カンガルー科に属する哺乳（ほにゅう）類の総称。前あしは短いが強大な後ろあしと太い尾をもち、走るときはよく跳躍する。雌は下腹部にある育児嚢（いくじのう）に子を入れて育てる。主としてオーストラリアとニューギニア島に分布。代表種はアカカンガルー。

かん-かん【感官】 クヮン [名] 外界からの刺激を受け入れて神経に伝える器官。視覚器官・嗅覚（きゅうかく）器官・味覚器官・聴覚器官・平衡器官など。感覚器官。

かん-かん【漢▼奸】 [名] 中国で、敵に通じる者。売国奴。‖「堕落して―となる」

かん-かん【閑閑】 [形動タルト] ゆったりと落ち着いているさま。‖「悠々（ゆうゆう）―と日々を送る」

かん-かん [副]ト ❶金属・石など堅いものをたたいたときに発する、高く澄んだ音を表す語。❷日光が強く照りつけるさま。‖「夏の太陽が―（と／に）照りつける」❸炭火などが勢いよくおこるさま。❹激しく怒るさま。‖「悪口をいわれて―になる」「親父は―だ」

かん-がん【汗顔】 [名・形動] 顔から汗を流すほど、恥ずかしく感じること。‖「重ね重ねの失敗、―の至りです」

かん-がん【▼宦官】 クヮングヮン [名] 昔、中国などで宮廷や後宮に仕えた、去勢された男性の役人。▼中国ではしばしば政権を左右するほどの勢力を振るった。

がん-がん [副]ト ❶金属などをたたいて発する大きな音を表す語。❷音がやかましく鳴り響くさま。また、小言や不平をやかましく言うさま。‖「ロックを―（と）響かせる」「そう―言わなくてもいいじゃないか」❸火を勢いよく燃やすさま。‖「ストーブを―たく」❹激しい勢いで物事をするさま。‖「―勉強する」❺大きな音が響くように頭がひどく痛むさま。‖「二日酔いで頭が―する」

かんかん-がくがく【▼侃▼侃▼諤▼諤】 [名・形動タルト] 互いに正しいと思うことを堂々と主張し、大いに議論すること。侃諤（かんがく）。‖「―の議論」▼「侃侃」は信念を曲げないさま、「諤諤」はありのままをずばりというさま。⬇喧喧囂囂（けんけんごうごう）

かんかん-しき【観艦式】 クヮンカン [名] 元首などが自国の艦隊を観閲する儀式。

かん-き【官紀】 クヮン [名] 官吏が守らなくてはならない規律。‖「―を粛正する」

かん-き【乾季・乾期】 [名] 一年のうちで、特に雨の少ない季節・時期。▼サバナ気候・地中海式気候・モンスーン気候などで顕著にみられる。⬄雨季・雨期 書き分け 「乾季・乾期」は本来別語で、【乾季】は季節

に、【乾期】は時期に重点を置いて使う。

かん-き【勘気】［名］目上の人の怒りにふれて、とがめを受けること。また、そのとがめ。‖「—にふれる」

かん-き【喚起】［名・他サ変］呼び起こすこと。‖「注意を—する」「論陣を張って世論を—する」

かん-き【寒気】［名］さむさ。‖「—がゆるむ」⇔暑気

かん-き【換気】［名・自サ変］部屋などの空気を入れかえること。‖「窓を開けて—する」「—口・—扇」

かん-き【歓喜】［名・自サ変］非常によろこぶこと。‖「勝利に—する」

がん-ぎ【▼雁木】［名］❶雪の多い地方で、雪よけのために家並みの軒から路上に長いひさしを張り出し、その下を通路とするもの。がんぎづくり。❷桟橋に取りつけた木の階段。❸材木を切るのに使う、大きくて歯のあらいのこぎり。おおが。◈ぎざぎざの形状が空を飛ぶ雁の列に似ることから。

かん-ぎく【寒菊】［名］冬に咲くキクの総称。特に、アブラギクの園芸品種。耐寒性が強く、晩秋から冬にかけて黄色い小花を開く。

かん-ぎく【観菊】［名］キクの花を観賞すること。菊見。‖「—会」

かんき-せん【換気扇】［名］モーターで羽を回転させて、部屋などの空気を入れ換える電気器具。

かん-きつ【▼柑▼橘】［名］ミカン科植物のうち、ミカン属・キンカン属・カラタチ属に属する果樹の総称。また、その果実。ミカン・イヨカン・ユズ・ハッサク・ザボン・オレンジ・レモン・ライム・グレープフルーツなど。柑橘類。

かんぎ-てん【歓喜天】［名］仏教の守護神の一つ。ヒンズー教の神(ガネーシャ)が仏教にとり入れられたもので、頭は象、身体は人間の形で表される。男神と女神が抱擁し合う双身像が多い。除災・財宝・夫婦和合・子宝の神として信仰される。歓喜自在天。大聖歓喜天。聖天。

かん-きゃく【閑却】［名・他サ変］なおざりにして、ほうっておくこと。‖「—してはおけない問題」

かん-きゃく【観客】［名］映画・演劇・スポーツなどを見る人。興行の見物人。かんかく。‖「—を楽しませる」「—席」

かん-きゅう【官給】［名・他サ変］政府から関係者に金銭や物品を支給すること。また、その金銭や物品。‖「—品」

かん-きゅう【感泣】［名・自サ変］感激のあまり泣くこと。‖「温かい隣人の援助に—する」

かん-きゅう【緩急】［名］❶ゆるやかなことと急なこと。遅いことと速いこと。‖「—宜しきを得る」「—自在の演奏」❷ひどく差し迫った事態。‖「一旦—あれば、ただちに援軍を送る」▽「緩」は語調を整える語で、特に意味はない。

がん-きゅう【眼球】［名］球形をして眼窩におさまっている、脊椎動物の視覚器の主要部分。後方は視神経につらなる。目の玉。目玉。

かんぎゅう-じゅうとう【汗牛充棟】［名］蔵書が極めて多いことのたとえ。また、書物が非常に多いことのたとえ。▽引っぱれば牛が汗をかくほど重く、積み上げれば棟木まで届くほど量があるの意。

かん-きょ【官許】［名・他サ変］政府が民間にある行為を許すこと。また、その許可。

かん-きょ【閑居】［名］❶静かな住まい。❷［自サ変］世俗から離れて、心静かに暮らすこと。また、することがなくて、いたずらに日を送ること。‖「山中に庵を結び—を楽しむ」

かん-ぎょ【還御】［名・自サ変］天皇・三后などが出かけた先から帰ること。

かん-きょう【感興】［名］興味をおぼえること。また、その興味。おもしろみ。‖「月影が—を誘う」「—がわく」「ごみの山が—を殺ぐ」

かん-きょう【環境】［名］人間やその他の生物を取り囲み、影響を与える外界。‖「恵まれた—」「—破壊［基準］」「自然［生活］—」

かん-きょう【艦橋】［名］軍艦の上甲板の上に設けた一段高い構築物。ブリッジ。

かん-ぎょう【官業】［名］政府が行う営利事業。国有林事業など。⇔民業

かん-ぎょう【寒行】［名］寒のあいだに行う苦行。寒念仏・寒参り・寒垢離など。

かん-ぎょう【勧業】［名］産業を奨励すること。

がん-きょう【眼鏡】［名］めがね。‖「—店」

がん-きょう【頑強】［形動］❶意志が強く、容易には屈しないさま。‖「—に自説を主張する」❷体ががっしりして丈夫なさま。‖「—な肉体をもつ」派生—さ

がん-ぎょう【願行】［名］仏教で、誓願と修行。果報を願い求めて修行に励むこと。

かんきょう-アセスメント【環境アセスメント】［名］開発が環境に及ぼす影響を事前に調査し、予測・評価をすること。環境影響評価。

かんきょう-しょう【環境省】［名］国の行政機関の一つ。自然環境の保護・整備、公害防止などの行政事務を担当する。長は環境大臣。

かんきょう-ぜい【環境税】［名］環境に悪影響を及ぼす物質の排出を抑制するために課す税。二酸化炭素の排出源に課す炭素税など。▽日本では平成二四(二〇一二)年に地球温暖化対策税が導入された。

かんきょう-ホルモン【環境ホルモン】［名］体内に摂取されると内分泌作用を攪乱し、生殖機能障害や悪性腫瘍などを引き起こすとされる化学物質。ダイオキシン・ポリ塩化ビフェニール(PCB)・DDTなどに含まれる。外因性内分泌攪乱化学物質。

かん-きり【缶切り】［名］缶詰のふたを切り開く金属製の道具。書き方 公用文では「缶切」。

かん-きん【官金】［名］政府の所有する金銭。‖「—を濫費する」

かん-きん【▼桿菌】［名］細長い形をした細菌。結核菌・赤痢菌・炭疽菌など。バチルス。

かん-きん【換金】［名・他サ変］❶物品を売って現金にかえること。‖「株を—する」「—作物(＝現金収入を目的に作る農作物)」⇔換物 ❷小切手や手形を現金にかえること。

かん-きん【監禁】［名・他サ変］人をある場所に閉じこめて、行動の自由を束縛すること。‖「人質を—する」

がん-きん【元金】［名］❶金銭の貸借や預貯金で、利子を生じるもととなる金銭。⇔利息 ❷商売などを始めるときの、資本金。元手。◈「もときん」とも。

かん-く【甘苦】［名］楽しみと苦しみ。苦楽。‖「—を共にする」

かん-く【寒九】［名］寒に入ってから九日目。一月一三日ごろ。

かん-く【管区】［名］管轄する区域。‖「—気象台」

かん-く【▼艱苦】[名] つらいことと苦しいこと。艱難辛苦。‖「—に耐える」
がん-ぐ【玩具】[名] おもちゃ。‖「郷土—」「—店」
がん-ぐ【頑愚】[名・形動] がんこで、おろかなこと。
がん-くつ【岩窟(▼巌窟)】[名] 岩にできたほら穴。岩屋。
かんく-の-あめ【寒九の雨】[名] 寒九に降る雨。豊年の兆しとされる。
がん-くび【▼雁首】[名] ❶キセルの頭部。▼形が雁の首に似ていることから。❷人の首・頭。‖「—をそろえてあいさつに来る」
かん-ぐ・る【勘ぐる(勘繰る)】[他五] 気を回して悪い意味に推察する。邪推する。‖「だますつもりではないかと—」「口を出して変に—・られてもつまらない」[名] 勘ぐり
かん-ぐん【官軍】[名] 朝廷、または政府側の軍隊。‖「勝てば—、負ければ賊軍」⇔賊軍
かん-げ【勧化】[名・他サ変] ❶仏の道に入るようにすすめること。‖「衆生を—する」❷寺社や仏像の建立・修復のために信者から寄付をつのること。勧進。
かん-けい【▼奸計(▼姦計)】[名] 悪いはかりごと。悪だくみ。‖「—をめぐらす」
かん-けい【関係】[名] ❶[自サ変] ある事柄が他の事柄とかかわり合うこと。また、そのかかわり合い。‖「悪い仲間と—する」「両国は密接な—がある」「音楽—の雑誌」❷人と人との間柄。‖「二人は伯母と甥の—にある」「先輩後輩の—」❸[自サ変] 性的交渉をもつこと。‖「二人が—を持つ」
品格 係る「成否は努力にかかっている」 関する「青少年教育に—問題」 携わる「調査に—」 触れる「外交の本質に—」 依る「年齢に依らず採用する」
かん-けい【簡▼勁】[名・形動] 簡潔で力強いこと。‖「—な文章[筆致]」
かん-げい【歓迎】[名・他サ変] 人や物事を喜んでむかえること。‖「遠来の客を—する」「建設的な意見ならいつでも—する」「—会」
かん-げいこ【寒稽古】[名] 寒中の早朝や夜間に寒さをついて行う武芸・芸事などの練習。‖「柔道部の—」
かんけい-しゃ【関係者】[名] ある事柄に関係している人。‖「—の意見を聞く」「—以外立入禁止」▼マスコミ関係で、人の名前や機関を明らかにできない場合にも使う。‖「—の話によると…」
かんけい-づ・ける【関係づける(関係付ける)】[他下一] 二つ以上のものを、何らかのつながりをもたせて結びつける。‖「頻発する地震を火山活動と—・けて考える」[名] 関係づけ
かんけい-どうぶつ【環形動物】[名] 細長いひも状の体に多くの体節をもつ動物の一門。ゴカイ・ミミズ・ヒルなど。環虫類。環節動物。
かん-げき【間隙】[名] ❶物と物との間。また、事と事との間。すき。すきま。‖「車と車の—を縫って進む」❷人間関係のへだたり。仲たがい。‖「二人の間に—が生じる」
かん-げき【感激】[名・自サ変] 人の言動や物事に心を打たれ、感情が高まること。‖「勝利の—にひたる」「すばらしい演奏に—する」「感謝—」
かん-げき【観劇】[名・自他サ変] 演劇を見ること。‖「—を趣味とする」「—会」
かん-けつ【完結】[名・自サ変] しめくくりをつけて、すっかり終わること。‖「連続ドラマ[取引]が—する」「—編」 使い方 「物語を完結する」など他動詞の用法も見られるが、「物語が完結する」「物語を完結させる」など自動詞の用法が標準的。
かん-けつ【間欠(間▼歇)】[名] 一定の時間をおいて、起こったりやんだりすること。‖「胃が—的に痛む」 書き方 「間欠」は代用表記。
かん-けつ【簡潔】[名・形動] 簡単で要領よくまとまっていること。‖「—な文章[表現]」「要点を—に述べる」 派生 -さ
かん-げつ【寒月】[名] 寒い冬の夜の、冷たくさえわたった月。
かん-げつ【観月】[名] 月、特に仲秋の名月をながめ楽しむこと。月見。‖「—の宴」
かんけつ-せん【間欠泉】[名] 一定の時間をおいて、周期的に熱湯や水蒸気を噴き出す温泉。▼宮城県の鬼首温泉などで見られる。
かんけつ-ねつ【間欠熱】[名] 一定の時間や日数をおいてくり返す発熱。マラリア・回帰熱などに見られる。
かん-けん【官権】[名] 政府の権力。また、(それに支えられた)官庁や官吏の権限。‖「—をかさにきる」
かん-けん【官憲】[名] ❶行政官庁。当局。❷(国家権力に支えられた)官吏。特に、警察官。‖「—の弾圧が厳しくなる」
かん-けん【管見】[名] 見識が狭いこと。視野の狭い見解。また、自分の見識や見解のことをいう丁重語。‖「—にとらわれる」「あえて—を述べれば…」▼竹の管を通して見る意から。
かん-げん【甘言】[名] 相手の気をひくための、口先だけのうまいことば。‖「—を弄する」「—に乗せられる」
かん-げん【換言】[名・自他サ変] 別のことばに言いかえること。‖「自我本能、—すれば自己保存の本能は…」
かん-げん【寛厳】[名] 寛大なことと厳格なこと。‖「—よろしきを得た処置」
かん-げん【管弦(管▼絃)】[名] ❶管楽器と弦楽器。‖「—楽」「—楽団」❷音楽、特に雅楽を演奏すること。また、その音楽。‖「—の遊び」「詩歌—」◈ 書き方 もと、もっぱら「管絃」。
かん-げん【▼諫言】[名・他サ変] 目上の人をいさめること。また、そのことば。‖「主君に—する」
かん-げん【還元】[名・自他サ変] ❶もとの形状や形態にもどること。また、もどすこと。‖「企業が利益の一部を地域に—する」「円高差益—」❷酸化された物質から酸素を奪い、もとにもどすこと。また、ある物質が水素と化合すること。‖「—鉄」⇔酸化
がん-けん【眼▼瞼】[名] まぶた。‖「—閉鎖反射(=刺激に対して反射的にまばたきをする反応)」
がん-けん【頑健】[名] 体がじょうぶで、きわめて健康なこと。‖「風邪一つ引かないという—な人」
かんげん-がく【管弦楽】[名] 洋楽で、種々の管楽器・弦楽器・打楽器を組み合わせた大規模な合奏。また、その楽曲。オーケストラ。
かんげん-しゅぎ【還元主義】[名] 複雑な事象を、単一の基礎的な要素に戻して解釈しようとする立場。
かん-こ【歓呼】[名・自サ変] 喜んで大声をあげること。また、その声。‖「勝利の報に—の声をあげる」「—して

勝者を迎える」

かん-こ【▼鹹湖】[名] 湖水一リットル中に〇・五グラム以上の塩分を含む湖。死海・カスピ海など。鹹水湖。塩水湖。塩湖。⇔淡湖 鹹

かん-ご【看護】[名・他サ変] 病人やけが人の手当てや世話をすること。「手厚く—する」「—人」

かん-ご【閑語】[名・自サ変] ❶もの静かに話をすること。また、その話。閑談。❷ひまにまかせて、むだばなしをすること。また、その話。閑話。「閑人—」

かん-ご【漢語】[名] 昔、中国から伝来して日本語となり、字訓ではなく字音で読む語。また、日本で作られた語のうち、字音で読む語。⬇和語

かん-ご【監護】[名・他サ変] 監督し、保護すること。

がん-こ【頑固】グヮン[形動] ❶人の言うことを聞こうとせず、自分の考えを押し通そうとするさま。「—な人」「—に言い張る」「—一徹」使い方⬇強情 ❷しつこくて、なかなか排除できないさま。「—な汚れ」「—に根を張る雑草」派生—さ

かん-こう【刊行】カウ[名・他サ変] 書籍などの印刷物を発行して、世に出すこと。出版。「評論集を—する」「—物」

かん-こう【完工】クヮン[名・自他サ変] 工事が完成すること。また、工事を完成させること。「—までに八年を要する」⇔起工

かん-こう【勘考】カウ[名・他サ変] じっくりと考えること。「諸事情を—して処置する」

かん-こう【勘校】カウ[名・他サ変] 比べ合わせて、誤りを正すこと。また、書物を校訂すること。校勘。「写本を原本と—する」

かん-こう【敢行】カウ[名・他サ変] 無理を承知で、あえて行うこと。「住民の反対を押し切ってダム工事を—する」

かん-こう【寛厚】クヮン[名・形動] 心が広くて、人情に厚いこと。「—の君子」

かん-こう【感光】クヮウ[名・自サ変] フィルム・印画紙などが、光に反応して化学変化を起こすこと。

かん-こう【慣行】クヮンカウ[名] 以前からのならわしとして行われていること。「農山村に残る—」「—にならって式典を行う」

かん-こう【▼箝口（▼鉗口・▼緘口）】[名] ❶[自サ変] 口を閉ざして何も言わないこと。緘口。「—して語らず」❷[他サ変] 発言を封じること。言論の自由を奪うこと。◈「箝口・鉗口」は「けんこう」の慣用読み。

かん-こう【緩行】クヮンカウ[名] 鉄道で、各駅に停車しながら進むこと。「—列車・—線」▽ゆっくり進む意から。

かん-こう【還幸】クヮンカウ[名・自サ変] 天皇が出先から帰ること。還御。⇔行幸

かん-こう【観光】クヮンクヮウ[名・他サ変] 他の国や地方を訪れて風景・風物・史跡などを見て歩くこと。「イタリア各地を—して回る」「—客」「—バス」「—シーズン」

かん-ごう【勘合】ガフ[名] ❶[他サ変] 照らし合わせること。また、突き合わせて考えること。「訳文を原文と—する」❷明代の中国で、正式の使船であることを証明するために外国に交付した割り符。勘合符。「—船」「—貿易」

がん-こう【眼孔】[名] ❶眼球の入っている頭骨のあな。眼窩。❷物事を見分ける力。見識の範囲。「—大なる人」

がん-こう【眼光】クヮウ[名] ❶目の光。目の輝き。❷物事の真意を見通す力。洞察力。眼力。

◉**眼光紙背に徹する** 書物から字句の背後にある深い意味まで読み取ること。▽目の光が紙の裏側に通るほど深く読むことをいう。

がん-こう【▼雁行】カウ[名] ❶斜めに並んで空を飛ぶ雁の列。❷[自サ変] 斜めにならんで進むこと。「艦隊が洋上を—する」

かんこう-し【感光紙】カンクヮウ[名] 感光乳剤を塗って表面に感光膜層を作った紙。印画紙・複写紙など。

かんごう-しゅうらく【環▼濠集落】クヮンガウシフラク[名] 排水・防衛などのために周囲に濠をめぐらした集落。環溝集落。

がんこう-しゅてい【眼高手低】ガンカウ[名] 他人の作品を批評する力はあるが、実際に創作する力のないこと。批評はうまいが創作は下手なこと。

かんこう-しょ【官公署】クヮンコウ[名] 国および地方公共団体の諸機関の総称。

かんこう-ち【観光地】クヮンクヮウ[名] 名勝・史跡・文化財・温泉などがあって、観光の対象とされる土地。「風光明媚な—」

かんこう-ちょう【官公庁】クヮンコウチャウ[名] 国および地方公共団体の役所。

かんこう-ちょう【観光庁】クヮンクヮウチャウ[名] 国土交通省の外局。観光行政を主な業務とする。

かんこう-ば【勧工場】クヮンコウ[名] 明治・大正時代、多くの商店が一つの建物の中に入り、いろいろな商品を陳列して販売した所。百貨店・マーケットなどの前身にあたる。勧商場。▽明治一一（一八七八）年、東京に第一勧工場が開設されたのが最初。

かんこう-へん【肝硬変】カウヘン[名] 慢性の肝疾患によって肝細胞が破壊され、組織が線維化して肝臓が萎縮・硬化する病気。症状が進むと黄疸・むくみ・腹水・食道静脈瘤などがあらわれ、全身の衰弱をきたす。肝硬変症。

かんこう-れい【▼箝口令（▼鉗口令・▼緘口令）】[名] ある事柄について口外することを禁じる命令。「事故に関して社内に—を敷く」

かん-ごえ【寒肥】[名] 春に備えて寒中にほどこす肥料。寒ごやし。

かん-こく【勧告】クヮン[名・他サ変] ある行動や措置をとるように説きすすめること。「辞任を—する」「人事院の—」▽多く行政指導などで使う。

かん-ごく【監獄】[名] 刑事被告人・自由刑の受刑者・死刑囚などを拘禁する施設。拘置所・少年刑務所・刑務所など。刑法上は「刑事施設」という。⬇刑事施設

かんご-し【看護師】[名] 法定の資格をもち、医師の診療の補助や傷病人の看護にあたることを職業とする人。▽女性の「看護婦」と男性の「看護士」とを統一した名称。法律で定め、平成一四年三月から使用。

かん-こつ【▼顴骨】クヮン[名] ほおの上、目の斜め下にある左右一対の骨。頬骨。ほおぼね。▽「けんこつ（顴骨）」の慣用読み。

かんこつ-だったい【換骨奪胎】クヮンコツ[名・他サ変] 先人の詩文の作意や形式を生かしながら、新しい工夫を加えて独自の作品にすること。「古詩から—した新体詩」▽骨を取りかえ、胎（＝子宮）をわが物として使う意。注意「焼き直し」の意に使うのは誤り。

かんこ-どり【閑古鳥】[名] カッコウのこと。

⊙閑古鳥が鳴・く　客の訪れがなく、ひっそりとしているさま。

かんご-ふ【看護婦】［名］女性の看護師の旧称。また、通称。⬇看護師

かん-ごり【寒▼垢離】［名］寒中に冷水を浴びて心身を清め、神仏に祈願すること。また、その寒行。

かん-こん-そう-さい【冠婚葬祭】クヮンコンサウサイ［名］慣習として定まった形式で行われる慶弔の儀式。▽「冠」は元服、「婚」は結婚、「葬」は葬式、「祭」は祖先の祭りの意。

かん-さ【感作】［名］生体に抗原を与えて記憶させ、同じ抗原の侵入に感じやすい状態にすること。⬍減感作

かん-さ【監査】［名・他サ変］監督し、検査すること。‖「会計ー」「ー役」

かん-さ【鑑査】［名・他サ変］芸術作品などをよく調べて、良否・優劣などの評価を決めること。‖「応募作品をーする」「無ーで出品する」

かん-さい【完済】クヮン［名・他サ変］借金などをすべて返すこと。‖「住宅ローンをーする」

かん-さい【関西】クヮン［名］京都・大阪・神戸を中心とする一帯。京阪神地方。‖「ー弁」「ー風の味付け」「ー人」⬍関東▽古くは逢坂(おうさか)の関より西の諸国をいった。

かん-ざい【寒剤】［名］低温を得るために使う混合物。氷と食塩の混合物など。起寒剤。

かん-ざい【管財】クヮン［名］財産を管理すること。‖「ー人（＝破産者の財産などを管理する人）」

かん-さいぼう【幹細胞】ーサイバウ［名］特定の機能をもつ細胞に分化する能力を保ちながら、絶えず自己増殖を続ける細胞。造血や表皮組織の再生などに関与する。

かん-さく【▼奸策（▼姦策）】［名］人を陥れるためのたくらみ。わるだくみ。奸計。‖「ーをめぐらす」

かん-さく【間作】［名・他サ変］❶ある作物を栽培している畝(うね)と畝の間で別の作物を作ること。また、その作物。❷ある作物の収穫後、次の作物を植えるまでの間に短期間で収穫できる野菜などを作ること。また、その作物。◈「あいさく」とも。

がん-さく【▼贋作】［名・他サ変］美術品などの、にせ物を作ること。また、その作品。‖「ルノアールのー」

かん-ざけ【▼燗酒】［名］燗をして温めた日本酒。⬍冷(ひ)や酒

かん-ざし【▼簪】［名］女性の髪にさす装飾品。‖「花ー」▽「かみさし」の転。もとは冠をとめるために髻(もとどり)にさしたもの。

簪

かん-さつ【監察】［名・他サ変］調べて、取り締まること。‖「業務の実態をーする」「行政ー」「ー官」

かん-さつ【観察】クヮン［名・他サ変］物事の様相などを注意深く見ること。‖「アリの生態をーする」「ー力」

かん-さつ【鑑札】［名］ある種の営業や行為を公認したしるしとして役所が交付する証票。▽現在は「免許証」「許可証」の語を用いる。

がん-さつ【▼贋札】［名］贋造された紙幣。にせ札。

かんさつ-い【監察医】［名］不審死体の解剖(かいぼう)などを行い、死因を明らかにすることを任務とする医師。

かん-ざまし【▼燗冷まし】［名］燗酒(かんざけ)の冷えたもの。

かん-ざらし【寒▼晒し】［名］❶寒中、穀類などを戸外の冷気や冷水にさらしておくこと。また、そのもの。❷寒ざらしにしたもち米を臼(うす)でひき、水につけてからよく乾燥させたもの。和菓子の材料にする。白玉粉。▽「寒晒し粉」の略。

かん-さん【甘酸】［名］楽しいことと苦しいこと。‖「人生のーをなめる」

かん-さん【換算】クヮン［名・他サ変］ある数量を別の単位にかえて計算し直すこと。かんざん。‖「円をユーロにーする」

かん-さん【閑散】［形動・形動タルト］❶することがなくて、ひまなさま。‖「農家がーな時期」❷ひっそりとしてもの静かなさま。‖「ーとした冬の海水浴場」

がん-ざん【元三】グヮン［名］❶一月一日。元旦。❷元日から三日間。三が日。◈「がんさん」ともいう。

かん-し【干支】［名］十干(じっかん)と十二支。また、それらを組み合わせたもの。えと。

かん-し【冠詞】クヮン［名］印欧語などにみられる品詞の一つ。形容詞として分類されることもある。名詞の前において、数・性・格や、名詞の定、不定などを示す語。定冠詞と不定冠詞がある。英語の the, a やフランス語の le, la, les など。

かん-し【漢詩】［名］中国の詩。また、その形式にならって日本で作った詩。古詩・楽府(がふ)・絶句・律詩などの種類があり、一句が四言(しごん)・五言(ごごん)・七言(しちごん)からなるものが多い。平仄(ひょうそく)・脚韻などの規則をもつ。からうた。

かん-し【▼鉗子】［名］手術などで使う、はさみのような形をした金属製の医療器具。

かん-し【監視】［名・他サ変］不都合な事が起こらないように見張ること。警戒して見守ること。また、その人。‖「国境[囚人]をーする」「ーの目をのがれる」

かん-し【▼諫止】［名・他サ変］いさめて思いとどまらせること。‖「クーデターをーする」

かん-し【▼諫死】［名・他サ変］死んで、または死を覚悟して目上の者をいさめること。

かん-し【環視】クヮン［名・他サ変］多くの人がまわりを取りまいて見ること。‖「衆人ーの中で服を脱ぎ始めた」

かん-じ【幹事】［名］❶団体の中心になって事務処理や折衝を行う役（を務める人）。‖「ー長」❷会合・宴会などの世話人。‖「同窓会[社内旅行]のー」

かんじ【感じ】［名］❶感覚。‖「冷たくて指先のーが鈍る」「ざらざらしたーの紙」❷物事に接したときに生じる気持ち。物事から受ける印象。‖「ーの悪い人」「夢を見ているようなーがする」❸いかにもそれらしい味わいや雰囲気。‖「春らしいーのスーツ」❹物事を処理するかんどころ。‖「ヒッティングのーがつかめない」

かん-じ【漢字】［名］中国で作られ、日本などでも使われている表語文字。▽原則として、一字一音節で一語を表す。普通、日本で作られた国字(こくじ)を含めていう。

かん-じ【監事】［名］❶団体などで、庶務を担当する役（を務める人）。❷法人の財産・会計や理事の業務執行などを監督する機関。▽株式会社の監査役にあたる。

かん-じ【▼莞▼爾】クヮン［形動タルト］にっこりと笑うさま。‖「ーとして笑う」

かんじ-い・る【感じ入る】［自五］身にしみて感じる。すっかり感心する。‖「見事な技にー」

がんじ-がらめ【▼雁字▼搦め】［名］❶ひもや縄を縦横に幾重にも巻きつけてしばること。がんじがらみ。❷強く束縛されて自由に動けなくなること。‖「因習にーに

される」

かん-しき【乾式】［名］液体を使わない方式。また、液体を蒸発させる方式。‖「―複写機」「―変圧器」

かん-しき【鑑識】［名・他サ変］❶物事の真偽・良否などを見分けること。また、その力。‖「確かな―眼」❷犯罪捜査で、指紋・声紋・足跡・血痕などの資料を科学的に調べること。また、その係。

かんじき【▼樏・▼檋】［名］雪上を歩くとき、足が雪の中にもぐらないように履物の下につけるもの。多くは木の枝やつるを輪の形に曲げて作る。▼氷雪用には鉄製の「かなかんじき」を使う。

がん-しき【眼識】［名］物事の真偽・優劣などを見分ける力。‖「―を養う」

かん-じく【巻軸】［名］❶巻物。‖「洛中洛外図の―」❷巻物の終わりの軸に近い部分。また、書物の終わりの部分。❸その巻物・書物の中の最もすぐれた詩歌や俳句。

カンジダ-しょう【カンジダ症】［名］真菌の一種であるカンジダの感染によって、皮膚・口腔・膣・気管支・肺・消化管などに起こる病気。モリニア症。

かん-しつ【乾湿】［名］かわきと湿り気。乾燥と湿気。‖「―計」「―球湿度計（＝空気中の湿度を計る装置）」

かん-しつ【乾漆】［名］❶うるしの液がかわいてかたまったもの。漢方で、駆虫剤・鎮咳剤などに用いる。❷何枚もの麻布をうるしの液で塗りかためる工芸技術。奈良時代に中国から伝わり、仏像や道具の製作に用いられた。‖「―像」

がん-しつ【眼疾】［名］目の病気。眼病。

がん-じつ【元日】［名］一年の最初の日。一月一日。▼国民の祝日の一つ。

かん-じつげつ【閑日月】［名］❶ひまな月日。‖「隠居して―を送る」❷ゆったりとして心に余裕のあること。‖「胸中自ずから―あり」

かん-して【関して】［連語］➡関する②

かんじ-と・る【感じ取る】［他五］感じとして受け取る。特に、様子や雰囲気からそれと察する。感取する。感得する。‖「舌で味を―」「第六感でうそだと―」「はっきりと［ぼんやりと］―」

かん-しゃ【甘▼蔗】［名］➡かんしょ（甘蔗）

かん-しゃ【官舎】［名］国や地方自治体が建てた公務員用の住宅。

かん-しゃ【感謝】［名・自他サ変］自分に対する好意や親切をありがたいと思うこと。‖「―のことばを述べる」「両親に―する」「先生のご指導を／に―いたします」➡感謝のことば（一八〇㌻）

かん-じゃ【冠者】［名］❶元服して冠をつけた少年。また、若者。‖「猿面―」❷召し使いの若者。‖「太郎―、次郎―」◈「かじゃ」とも。

かん-じゃ【患者】［名］病気やけがをして治療を受ける人。‖「外来［入院］―」▼主に治療をする側からいう。✓注意「患者」に「様」を付けるのは不適切。➡様㊁①［使い方］

かん-じゃ【間者】［名］ひそかに敵方のようすを探る者。間諜。▼スパイの古い言い方で、日露戦争のころまで使われた。

かん-しゃく【官爵】［名］官職と爵位。

かん-しゃく【▼癇▼癪】［名］感情をおさえられずに、発作的に興奮して怒りを表すこと。また、そうなりやすい性質や、その発作。‖「―を起こす」

癇癪

かん-じゃく【閑寂】［名・形動］もの静かで、落ち着いていること。‖「林間の―な住まい」派生-さ

かんしゃく-だま【▼癇▼癪玉】［名］❶砂を混ぜた火薬を紙に包み、小さな玉にしたもの。地面などにたたきつけると破裂して大きな音をたてる。❷かんしゃくの発作。‖「―が破裂した」

かんしゃく-もち【▼癇▼癪持ち】［名］すぐに癇癪を起こす性質の人。癇持ち。

かんじ-やす・い【感じ▽易い】［形］❶ちょっとしたことにも感情が動かされるさま。‖「―年ごろ」❷敏感に反応するさま。‖「光に―薬品」◈使い方「痛みを―」など、〜ヲとなることも多い。派生-さ

かん-しゅ【看守】［名］刑務所で、囚人の監督や所内の警備などにあたる職員。

かん-しゅ【看取】［名・他サ変］外見などから事情や真相を知ること。観取。‖「不審な言動からたくらみを―する」

かん-じゅ【甘受】［名・他サ変］やむを得ないものとして受け入れること。‖「不利な条件を―して交渉に臨む」

かん-じゅ【官需】［名］政府の需要。また、その物資。⬍民需

かん-じゅ【貫首（貫主）】［名］❶天台宗で、最高の僧職。天台座主。管主。貫長。❷各宗の総本山や諸大寺などの長。管主。貫長。◈「かんしゅ」とも。

がん-しゅ【▼癌腫】［名］皮膚・粘膜・腺など、上皮性の細胞に発生する悪性腫瘍。

がん-しゅ【願主】［名］神仏に願を立てる当人。

かん-しゅう【慣習】［名］ある社会で一般に行われてきた伝統的なしきたり。‖「地域の―を守る」

かん-しゅう【監修】［名・他サ変］書物の著述・編集などを最高責任者として監督すること。また、その人。‖「医学事典を―する」

かん-しゅう【観衆】［名］スポーツや催し物を見物する大勢の人々。‖「大―」

がん-しゅう【含羞】［名］はにかむこと。はじらい。‖「―の色を浮かべる」

かんしゅう-ほう【慣習法】［名］社会生活上の慣習に基づいて成立する法。商慣習法・国際慣習法の類。不文法。▼立法機関が制定する「制定法」に対していう。

かんしゅかん-せい【間主観性】［名］複数の主観の間で共通して成立すること。相互主観性。

かん-じゅく【完熟】［名・自サ変］果実や種子が完全に熟すこと。‖「―トマト」⬍未熟

かん-じゅく【慣熟】［名・自サ変］物事になれてじょうずになること。‖「ジャンボ機の操縦に―したパイロット」

かんじゅ-せい【感受性】［名］外界の刺激を印象として心に受け入れる能力。‖「―が鋭い［鈍い］」「―の豊かな人」

かん-しょ【甘▼蔗】［名］サトウキビの別称。‖「―糖」▼「かんしゃ（甘蔗）」の慣用読み。

かん-しょ【甘▼藷・甘▼薯】［名］サツマイモの別称。

かん-しょ【官署】［名］官庁とその補助機関。

かん-しょ【漢書】［名］漢文で書かれた（中国の）書物。漢籍。

かん-じょ【官女】［名］昔、宮中や将軍家に仕えた女性。女官。かんにょ。‖「三人—」

かん-じょ【寛▼恕】［名・形動］心が広く、思いやりがあること。心を広くして過ちなどを許すこと。‖「ご—を請う」

かん-じょ【緩徐】［名・形動］ゆるやかで静かなこと。‖「—楽章」

がん-しょ【▼雁書】［名］手紙。雁の便り。語源 匈奴に捕らえられた漢の蘇武が書簡を雁の脚に結びつけて天子に送ったという故事から。

がん-しょ【願書】［名］❶神仏への願い事を記した文書。願文。❷許可を得るために必要事項を記して差しだす書類。‖「入学—」

かん-しょう【干渉】［名・自サ変］❶当事者でないものが口出しをし、他人を自分の意思に従わせようとすること。‖「私生活に—する」❷国際法で、一国が他国の意思に反して、その内政や外交に介入すること。‖「内政—」❸物理で、二つ以上の同じ種類の波が重なって、互いに強め合ったり弱め合ったりする現象。

かん-しょう【完勝】［名・自サ変］一方的に勝つこと。‖「緒戦で—する」「—で決勝戦を飾る」⇔完敗

かん-しょう【冠省】［名］時候のあいさつなどを省略する意で、手紙文の冒頭に記す語。「草々」「不一」などで結ぶ。▼「前略」よりやや公式的。注意「かんせい」と読むのは誤り。

かん-しょう【勧奨】［名・他サ変］すすめ励ますこと。‖「退職—」

かん-しょう【勧賞】［名・他サ変］ほめて励ますこと。かんじょう。‖「—すべき善行」

かん-しょう【感傷】［名］物事に感じやすく、すぐに寂しくなったり悲しくなったりすること。‖「—にふける」「—的になる」

かん-しょう【感賞】［名］❶［他サ変］感心してほめたたえること。‖「非凡の画才を—する」❷功績をほめて授けるほうび。

かん-しょう【管掌】［名・他サ変］自分の管轄の仕事として取り扱うこと。‖「政府—の健康保険」

かん-しょう【緩衝】［名・他サ変］対立するものの間にあって、その不和や衝突を和らげること。また、そのもの。‖「衝撃の—をはかる装置」「—国（＝強国間にあって、その武力衝突を和らげる役目を果たしている国）」

かん-しょう【環礁】［名］環状に発達した珊瑚礁。外側は深い外洋に接し、内側は浅い礁湖となる。‖「ビキニ—」

かん-しょう【▼癇性（▼癇症）】［名・形動］❶感情が激しやすく、すぐに興奮していらだつこと。また、その性質。❷神経質で、ひどく潔癖なこと。また、その性質。

かん-しょう【簡▼捷】［名・形動］手軽にすばやく行われること。‖「事務処理を—にする」

かん-しょう【観照】［名・他サ変］❶主観をまじえずに、冷静な観察と思索から物事の本質を認識しようとすること。‖「自己の存在を—する」❷美を直感的にとらえること。

かん-しょう【観賞】［名・他サ変］自然の中で物を見て、その美や趣を味わい楽しむこと。‖「月を—する」「—用の植物」「—魚」

かん-しょう【鑑賞】［名・他サ変］芸術作品などにふれて、その価値を理解し味わうこと。‖「詩文を—する」「—力」「名曲［映画］—」　鑑

かん-じょう【干城】［名］国を防ぎ守る軍人や武士。‖「国家の—となる」▼「干」は盾の意。

かん-じょう【冠状】［名］冠のような形。

かん-じょう【勘定】［名］❶［他サ変］数をかぞえること。計算。また、その合計。‖「人数［集金した金］を—する」「—が合わない」❷［他サ変］代金を支払うこと。また、その代金。‖「—を払う」「—を済ませる」「お—」❸［他サ変］利害・得失などを計算すること。‖「損得—」❹ある事態などを予測して考慮すること。‖「悪天候を—に入れて登山計画を立てる」❺複式簿記で、資産・負債・資本などの増減を記録・計算するために設ける特殊な形式。

かん-じょう【勧▽請】［名・他サ変］❶祈って神仏の来臨を願うこと。❷神仏の分霊を別の所に移して祭ること。‖「神を新宮に—する」

かん-じょう【感状】［名］戦功のあった者に主君や上官が与える賞状。

かん-じょう【感情】［名］物事に対して生じる、快・不快、喜怒哀楽などの気持ち。‖「—を表す［抑える］」「恋愛—」

かん-じょう【環状】［名］環のような円い形。‖「—道路」

かん-じょう【▼灌頂】［名］❶仏教で、菩薩が仏位に登るとき、諸仏が智慧の水を頭に注ぐこと。また、その儀式。❷密教で、伝法・授戒などのとき、受者の頭に香水を注ぐこと。また、その儀式。❸墓参のとき、墓石に水を注ぎかけること。❹雅楽・謡物・和歌などで、奥義や秘事を伝授すること。

がん-しょう【岩床】［名］地層に沿って板状に広がっている火成岩の層。シート。

がん-しょう【岩▼漿】［名］マグマ。

がん-しょう【岩礁】［名］海中に隠れている大きな岩。‖「深海の—にすむ魚」

がん-じょう【頑丈】［名・形動］がっしりとして丈夫なこと。‖「たくましく—な体つき」「—にできているテーブル」▼もとは馬が強健であることをいった語。書き方 古くは「岩乗」「岩畳」などとも当てた。派生 -さ

かんじょう-いにゅう【感情移入】［名］自然や芸術作品などの対象に自分の感情を投射し、その対象と自分との融合を感じとる意識作用。

かんじょう-がき【勘定書き】［名］売掛金や代金の請求書。書き方 慣用で「勘定書」も多い。

かんじょう-ずく【勘定ずく】［名・形動］損得だけを考えて事を行うこと。そろばんずく。‖「—でしか動かない人」書き方「勘定▽尽く」とも。現代仮名遣いでは「勘定づく」も許容。

かんじょう-せん【環状線】［名］環状に走る道路、または電車・バスなどの路線。

かんじょう-だか・い【勘定高い】［形］損得ばかり考えて、金銭の計算に細かいさま。‖「一円の損にも嘆息するほど—」派生 -さ

かんしょう-ちたい【緩衝地帯】［名］対立する国などの衝突を避けるために設けた中立地帯。▼ある物事とある物事の間に入って一段階置くことのたとえにもいう。‖「団地と道路の間に—として広場を設けた」

かんしょう-てき【感傷的】［形動］物事に心を動かされやすく、涙もろいさま。センチメンタル。‖「月を

見て—になる」

かんじょう‐てき【感情的】［形動］❶感情にかかわるさま。≡「—には理解できる意見」❷理性を失って、感情をあらわにするさま。≡「—になる」⬍理性的

かんじょう‐どうみゃく【冠状動脈】［名］⬇冠動脈

かんじょう‐ろん【感情論】［名］理性ではなく、感情にかられてなされる議論。

かん‐しょく【完食】［名・他サ変］用意された食べ物を完全に食べきること。≡「大食い競争で十人前の鮨を—する」

かん‐しょく【官職】［名］国の機関で、公務員が一定の職務と責任をもって占める地位。≡「—を得る」▼「官」は職務の一般的な種類、「職」はその職務の具体的な範囲をいう。

かん‐しょく【寒色】［名］見た目に冷たい感じを与える色。青色、またはその系統の色。⬍暖色・温色

かん‐しょく【間色】［名］原色を混ぜ合わせてできる色。中間色。

かん‐しょく【間食】［名・自サ変］定まった食事と食事の間に物を食べること。また、その食べ物。≡「—にケーキを食べる」

かん‐しょく【閑職】［名］あまり仕事のない職務。また、重要でない職務。

かん‐しょく【感触】［名］❶手や肌に物がふれたときの感じ。手ざわり。肌ざわり。≡「ぬるっとした—」❷外部との接触によって心に受ける感じ。≡「必ず合意に達するとの—を得た」

がん‐しょく【顔色】［名］かおいろ。また、かおつき。≡「押し寄せる軍勢を前に—なし（=顔色を失う）」

◉**顔色を失・う** ❶恐れや驚きのために顔色が青くなる。❷圧倒されて手も足も出なくなる。◈✓注意「顔色」を「かおいろ」と読むのは避けたい。

かん・じる【感じる】［他上一］❶感覚を通して知覚する。≡「人は舌で味を—」「患者は目に光を—・じていない」「身の危険を—」使い方 感覚器官や計測機器を主語にしてもいう。≡「目が光を—」「観測器が音に—・じて（=反応して）針を動かす」❷刺激を受けてある感覚をもつ。≡「のどの渇きを—」「激しい揺れを—・じた」「胸に痛みを—」❸物事に対してある感情や気持ちをもつ。≡「愛情を—」「営業活動の難しさを肌で—」「仕事の不手際に責任を—」「休息の必要性を—」❹あるものに強く反応する。特に、心を深く動かす。≡「別れに—・じて涙を催す」「人生、意気に感ず」❺［古風］病気に感染する。≡「いつどんな病に—・じて、こんな風に死ぬかもしれない…」〈鷗外〉異形 感ずる

かん・じる【観じる】［他上一］⬇観ずる

かん‐しん【▼奸臣（▼姦臣）】［名］主君に対して悪事をたくらむ家臣。

かん‐しん【汗▼疹】［名］「あせも」に同じ。

かん‐しん【寒心】［名・自サ変］恐れや不安で、ぞっとすること。

◉**寒心に堪えない** 恐ろしさや不安に襲われ、心配でたまらない。≡「生命を軽視する昨今の風潮は—」✓注意「かんしん」を「感心」「関心」と書くのは誤り。

かん‐しん【感心】［名・形動・自サ変］すぐれている、立派であるとして心を動かされること。≡「見事な技に—する」「約束を覚えていたとは—だ」「—な心がけ」「あの演出には—しない（=よいと思わない）」

品格 頭が下がる「熱意に—」 感服「頑張る姿に—する」 感銘「聴衆に—を与える」 敬服「師の見識の高さに—する」 心服「部下の—を得る」 ◉「敬服」は目上に、「感服」は同等、目下に対しても使う。

かん‐しん【関心】［名］ある物事に心をひかれ、特に注意を払うこと。≡「政治に—がある」「教育への—が高い」「目下の—事」

◉**関心を呼・ぶ** ある物事が多くの人に興味を持たせる。興味を引く。≡「世間の—・んだニュース」

かん‐しん【歓心】［名］うれしいと思う気持ち。≡「—を得るために付け届けをする」

◉**歓心を買・う** 機嫌をとって、気に入られようとする。≡「おべっかを使って上役の—」✓注意「かんしん」を「感心」「関心」と書くのは誤り。

かん‐じん【肝心・肝腎】［名・形動］最も重要なこと。特に大切なこと。≡「何よりも養生が—だ」「開講の準備はできたが—の講師が決まらない」「—な話を忘れていた」「—要」▼肝臓と心臓、または肝臓と腎臓は、共に人体にとって非常に重要な臓器であることから。

かん‐じん【閑人】［名］ひまのある人。ひまじん。

かん‐じん【勧進】［名・他サ変］寺社・仏像などの建立や修理のために金品を寄付するようにすすめること。勧化。≡「—相撲（=勧進のために興行する相撲）」

かん‐じん【寛仁】［名・形動］心が広く、慈悲深いこと。

かんしん‐じ【関心事】［名］関心を持っている事柄。≡「最近の—は国際問題だ」

かんしん‐せい【完新世】［名］地質時代の区分で、新生代第四紀更新世に次ぐ最も新しい時代。最後の氷河期が終わった約一万年前から現在まで。沖積世。

かんしん‐たいせい【間身体性】［名］自分の身体は他者との関係性によって自らを制御するということ。

かんじん‐たいど【寛仁大度】［名］寛大で情け深いこと。≡「—の名君」

かんじん‐ちょう【勧進帳】［名］寺社の建立・修理などのために寄付金を募る趣旨を記した帳面・巻物。

かんじん‐もと【勧進元】［名］❶勧進のための興行を取りしきる人。❷あることを発起してその世話をする人。

かん‐す【▼鑵子】［名］❶青銅や真鍮で作った湯沸かし。❷茶の湯で使う釜。茶釜。

かん‐すい【完遂】［名・他サ変］終わりまですっかりなしとげること。≡「五か年計画の—を内外に宣言する」「所期の目的を—する」

かん‐すい【冠水】［名・自サ変］洪水などで、田畑や道路が水をかぶること。≡「川の氾濫で稲が—する」

かん‐すい【▼灌水】［名・自サ変］水を注ぎかけること。≡「茶畑に—する」「—浴」

かん‐すい【▼鹹水】［名］塩分を含んでいる水。海水。≡「—魚（=海水魚）」「—湖（=塩湖）」⬍淡水

がんすい‐たんそ【含水炭素】［名］炭水化物の旧称。

かん‐すう【関数（▼函数）】［名］二変数 x と y との間に、x の値が決まると y の値が一定の値に決まるという関係があるとき、x に対する y のこと。▼y が x の関数であることは $y=f(x)$ で表す。書き方「関数」は

代用表記。

かん‐すうじ【漢数字】[名] 数を表す漢字。一・二・三……十・百・千・万など。

カン‐スト[名] 数字が上限に達し、それ以上計測できなくなること。コンピューターゲームの点数などについていう。▽「カウンターストップ（和製counter＋stop）」の略。

かん・する【関する】(クヮン)[自サ変] ❶ある物事に関係をもつ。かかわる。関係する。関連する。‖「人間の尊厳に―問題」「彼に―限りそんなことはない」❷〈「…に関して」の形で〉…について。‖「情報公開に―・して説明会を開く」「その件に―・しては興味がない」文くゎん・す

かん・する【冠する】(クヮン)[他サ変] ❶冠(かんむり)をかぶせる。‖「王冠を―」▽元服する意でも使う。❷ことばなどを、上に付ける。‖「接頭語の『お』を―・して丁寧にいう」「企業名を―・したコンサート」文くゎん・す

かん・する【▼緘する】[他サ変] ❶封をする。‖「厳重に―・した機密文書」❷口を閉ざす。‖「頑として口を―」文かん・す

かん・ずる【感ずる】[他サ変] ⬇感じる 文かん・ず 名感じ

かん・ずる【観ずる】(クヮン)[他サ変] ❶心静かに観察する。‖「世相を―」❷静かに思いをめぐらせて真理を悟る。‖「万物は流転すると―」文くゎん・ず 異形観じる

かん‐せい【完成】(クヮン)[名・自他サ変] 完全にできあがること。また、完全に仕上げること。‖「新庁舎が―する」「―された作風」「徹夜で作品を―させる」使い方「～を完成する／完成させる」では、後者が一般的。⬇品詞解説（一八六㌻）

かん‐せい【官制】(クヮン)[名] 行政機関の設置・廃止・名称・組織・権限などに関する法規。▽明治憲法下の官制は勅令で定められたが、現行憲法下では国家行政組織法などの法律による。

かん‐せい【官製】(クヮン)[名] 政府がつくること。また、そのもの。‖「―の組織」⬍私製

かん‐せい【陥▼穽】[名] 人をおとしいれる策略。わな。‖「敵の―にはまる」▽落とし穴の意から。

かん‐せい【乾性】[名] 空気中ですぐに乾く性質。また、水分をあまり含まない性質。乾燥している性質。‖「―油（＝空気にふれるとすぐに乾いて固まる植物性の油）」⬍湿性

かん‐せい【喚声】(クヮン)[名] 大きな叫び声。‖「興奮した群衆が―をあげる」

かん‐せい【▼喊声】[名] 戦場で士気を鼓舞し、敵を威圧するために大勢であげる叫び声。吶喊(とっかん)の声。ときの声。

かん‐せい【閑静】[名・形動]（環境が）静かで落ち着いていること。静閑。‖「―な住宅地[住まい]」派生‐さ

かん‐せい【感性】[名] 外界からの刺激を直観的に印象として感じ取る能力。感受性。‖「―が鋭い」「豊かな―をもつ人」

かん‐せい【慣性】(クヮン)[名] 物体が、外力が働かないかぎり、いつまでもその運動状態または静止状態を続ける性質。惰性(だせい)。‖「―の法則」

かん‐せい【管制】(クヮン)[名] ❶[他サ変] 非常事態に応じ、国家がある活動などを強制的に管理し、制限すること。‖「通信を―する」「報道―を敷く」「灯火―」❷空港で、航空機と交信しながら離着陸・航路・高度などの指示をすること。‖「―官」▽「航空交通管制」の略。

かん‐せい【歓声】(クヮン)[名] 喜びのあまり叫ぶ声。歓呼の声。‖「全員無事の報に―があがる」

かん‐せい【監製】[名・他サ変] 監督して製造させること。

かん‐ぜい【関税】(クヮン)[名] 外国から輸入する品物に課せられる税。

かんせい‐だんごう【官製談合】(クヮンセイダンガフ)[名] 公共事業などを発注する官公庁の職員が関与する談合。

かんせい‐とう【管制塔】(クヮンセイタフ)[名] ⬇コントロールタワー

がんせい‐ひろう【眼精疲労】(ヒラウ)[名] しばらく目を使うと、疲労感とともに眼痛・頭痛・肩こりなどが起こる状態。

かんぜ‐おん【観世音】(クヮンゼオン)[名] 大慈大悲(だいじだいひ)の徳によって衆生(しゅじょう)を救う菩薩(ぼさつ)。救いの求めに応じてさまざまに姿を変えるとされる。阿弥陀仏(あみだぶつ)の左の脇士(わきじ)。観自在菩薩。観世音菩薩。観音(かんのん)。

かん‐せき【漢籍】[名] 漢文で書かれた（中国の）書籍。漢書(かんじょ)。‖「―読み（＝返り点・送り仮名などをつけて漢文を読む法）」

がん‐せき【岩石】[名] ❶石と岩。また、大きな石の塊。❷地殻を構成する物質。ふつう数種の鉱物の集合体からなり、火成岩・堆積(たいせき)岩・変成岩に大別される。

かん‐せつ【官設】(クヮン)[名] 国が設立し、維持すること。また、そのもの。‖「―の図書館」「―鉄道」⬍私設

かん‐せつ【間接】[名] 物事と物事の間にへだてるものを置いて対すること。他の物を仲立ちにして行うこと。‖「―に聞いた話」「―的な言い方」「―照明」⬍直接

かん‐せつ【関節】(クヮン)[名] 骨と骨とを自由に動けるように連結している部分。‖「肩の―が外れる」「股(こ)―」「―炎（＝関節の炎症）」

かん‐せつ【環節】(クヮン)[名] ゴカイ・ミミズ・ヒルなどの体表面に見られる環状の分節。輪節。‖「―動物」

かん‐ぜつ【冠絶】(クヮン)[名・自サ変] 比べるもののないほどすぐれていること。冠前絶後。‖「世界に―する偉業」

かんせつ‐ぜい【間接税】[名] 実際に税を負担する人と、その税を税務署に納める人が異なる税。消費税に代表される。⬍直接税▽この税金分は価格・料金などに上乗せされ、消費者が税負担者、製造・販売者が納税者となる。

かんせつ‐せんきょ【間接選挙】[名] 有権者がまず選挙委員を選び、その選挙委員が改めて代表者を選ぶ選挙制度。⬍直接選挙▽アメリカの大統領選挙などにみられる。

かんせつ‐わほう【間接話法】(ハフ)[名] 文章中に他人の発言を引用するとき、そのまま表現せず、書き手の立場から見た表現に置き換えて述べる話法。⬍直接話法

がんぜ‐な・い【頑是無い】(グヮンゼ)[形] 幼くてまだものの是非がわからないさま。‖「―子供を相手に言い争いをする」派生‐げ／‐さ

かんぜ‐より【観世▼縒り】(クヮンゼ)[名] 細く切った和紙を指先でよって紐(ひも)のようにしたもの。かんぜこより。かんじんより。こより。

かん‐せん【汗腺】[名] 皮膚の内層にあって、体内から汗を分泌する腺。

かん‐せん【官選】(クヮン)[名・他サ変] 政府が選ぶこと。国選。‖「―弁護人（＝国選弁護人の旧称）」⬍公選・民選

かん-せん【幹線】［名］道路・鉄道・電話などで、中心となる重要な線。「—道路」「新—」

かん-せん【感染】［名・自サ変］❶病原体が体内にはいること。病気がうつること。「ウイルスに—する」「—経路・—源」「二次—」▼種々の病態があらわれる（＝発病）の意を含めても使う。❷感化されて、それに染まること。「悪習に—する」「あくびが—する」▼多く、よくないことにいう。

かん-せん【観戦】（クヮン）［名・他サ変］戦争のようすを視察したり試合などを見物したりすること。「試合を—する」「名人戦の—記」

かん-せん【艦船】［名］軍艦と船舶。また、艦艇の総称。

かん-ぜん【完全】（クヮン）［名・形動］必要な条件がすべて整っていること。不足や欠点が全くないこと。「—を期する」「—な形で出土した土器」「—な敗北」「実験は—に失敗だった」「—の美」派生 -さ

かん-ぜん【間然】［名・他サ変］欠点をあげてとやかく非難すること。

◉**間然する所がな・い** 少しも非難すべき点がない。

かん-ぜん【敢然】［形動タル］思いきって行うさま。「困難にもめげず—として決行する」

がん-ぜん【眼前】［名］目の前。すぐ近いところ。「—に広がる風景」

かんぜん-こよう【完全雇用】（クヮンゼン）［名］働く意思と能力をもつ人のすべてが現行の賃金率のもとで雇用され、非自発的失業者の存在しない状態。

かんぜん-じあい【完全試合】（クヮンゼンジアヒ）［名］野球で、投手が一試合を完投し、相手チームに一人の走者も得点も許さないで勝った試合。パーフェクトゲーム。パーフェクト。

かんぜん-しつぎょうしゃ【完全失業者】（クヮンゼンシツゲフ）［名］働く能力と意思をもち、現に就職活動をしていながら、就業の機会が得られない者。

かんぜん-しつぎょうりつ【完全失業率】（クヮンゼンシツゲフ）［名］労働力人口に占める完全失業者の割合。

かんせん-しょう【感染症】（シヤウ）［名］ウイルス・細菌などの病原体が生体に侵入して引き起こす病気。伝染性のインフルエンザ・赤痢などばかりでなく、非伝染性の破傷風・敗血症なども含めていう。

かんぜん-ちょうあく【勧善懲悪】（クヮンゼン）［名］よい行いをすすめ、悪い行いをこらしめること。特に、芝居・小説などで、結局は善玉が栄え、悪玉が滅びるという筋書きで表される道徳観をいう。勧懲。

かんぜん-ねんしょう【完全燃焼】（クヮンゼンネンセウ）［名・自サ変］可燃性物質が十分に酸素がある状態で燃焼し、最終段階まで燃え尽きること。⇔不完全燃焼 ▼スポーツなどで全力を出し切る意でも使う。「引退試合で—する」

かんぜん-はんざい【完全犯罪】（クヮンゼン）［名］犯罪であるという証拠を全く残さずに行われる犯罪。

かんぜん-むけつ【完全無欠】（クヮンゼン）［名・形動］完全で、欠点や不足が全くないこと。「—な／の人間などいない」派生 -さ

かん-そ【簡素】［名・形動］よけいなものがなくて、質素なこと。「—で素朴な木造建築」「—な生活を送る」「結婚式を—化する」派生 -さ

がん-そ【元祖】（グヮン）［名］❶その家系の最初の人。先祖。❷ある物事を始めた最初の人。「小野派一刀流の—」「豚カツ屋の—」

かん-そう【完走】（クヮン）［名・自サ変］決められたコースを最後まで走り通すこと。「マラソンで／を—する」

かん-そう【乾燥】（サウ）［名・自他サ変］水分がなくなること。かわくこと。また、水分をなくすこと。かわかすこと。「空気が—する」「茶葉を—させる」「—機」使い方「〜を乾燥する／乾燥させる」では、後者が一般的。⬇品詞解説（八二六ジー）

かん-そう【間奏】［名］独奏や独唱の途中で、伴奏楽器だけで演奏する部分。また、その演奏。「—が入る」

かん-そう【感想】（サウ）［名］ある物事にふれて心に感じたことや思ったこと。所感。「—を抱く」「—を述べる［もらす］」「結婚［旅行］の御—はいかがですか」「—文」

かん-そう【歓送】（クヮン）［名・他サ変］人の出発をよろこび祝い、はげまして送ること。「—会」▼「歓迎」に対してつくられた語。

かん-そう【観相】（クヮンサウ）［名］人相・骨相などをみて、その人の性格や運命を判断すること。「—学・—家」

かん-そう【観想】（クヮンサウ）［名・他サ変］対象に心を集中し、静かに思いをこらすこと。「—念仏」

かん-ぞう【甘草】（サウ）［名］中国などに分布するマメ科の多年草。独特の甘みをもつ根を漢方薬や甘味料に用いる。あまくさ。「—の丸呑（の）み（＝物事をよく噛みしめて味わわないことのたとえ）」

かん-ぞう【肝臓】（ザウ）［名］腹腔（ふくこう）の右上部にある臓器。胆汁（たんじゅう）の生成、養分の代謝と貯蔵、有害物質の解毒など、きわめて多様な機能をもつ。きも。「—炎」「—ジストマ」

がん-そう【含▼嗽（含▼漱）】［名・自サ変］口をすすぐこと。うがい。「—剤」

がん-ぞう【▼贋造】（ザウ）［名・他サ変］本物に似せてつくること。また、そのもの。偽造。「—の小判」「美術品を—する」

かんそう-きょく【間奏曲】［名］多楽章の楽曲の間に挟んで演奏される小曲。また、劇や歌劇の幕間に演奏される小曲。インテルメッツォ。

かんそうげい-かい【歓送迎会】（クヮンソウゲイクヮイ）［名］行く人を歓送し、来る人を歓迎する会。「新旧支店長の—」

かん-そく【観測】（クヮン）［名・他サ変］❶天体・気象などの自然現象を精密に観察し、測定すること。「彗星を—する」「一時間六〇ミリの強い雨が—された」「—所」「定点—」❷物事の様子をみて、そのなりゆきを予測すること。「景気の動向を—する」「希望的—」

かん-ぞく【▼奸賊（▼姦賊）】［名］卑劣きわまりない悪人。「—を誅（ちゅう）す」▼はげしく賊を憎んでいう。

かん-そん【寒村】［名］さびれた、貧しい村。「人家もまばらな山間の—」

かんそん-みんぴ【官尊民卑】（クヮンソン）［名］政府や役人を尊び、民間や一般人を卑しむこと。また、その考え。

カンタータ【cantata イタ】［名］独唱・重唱・合唱および器楽伴奏からなる大がかりな声楽曲。交声曲。

カンタービレ【cantabile イタ】［名］音楽で、発想記号の一つ。なだらかに演奏することを表す。▼「歌うように」の意。

かん-たい【寒帯】［名］地球の南緯・北緯それぞれ六六度三三分から両極までの、寒冷な地帯。「—気候」

かん-たい【歓待（款待）】（クヮン）［名・他サ変］心をこめて、手厚くもてなすこと。「—を受ける」

かん-たい【緩怠】 クヮン [名] ❶ [形動] なまけ、おこたること。❷ておち。過失。❸ [形動] 無作法なこと。また、無礼なこと。〓「—至極(しごく)」

かん-たい【艦隊】 [名] 二隻以上の軍艦で編成した海軍の部隊。〓「連合[無敵]—」

かん-だい【寛大】 クヮン [名・形動] 度量が大きく、思いやりがあること。〓「—な処置」「—な心で罪を許す」 派生 -さ

がん-たい【眼帯】 [名] 眼病のとき、目を保護するためにあてるもの。

かんたい-じ【簡体字】 [名] 中華人民共和国で公式に使われている、字体を簡略化した漢字。车(車)、鸟(鳥)、门(門)など。▼一九五六年に制定された。伝統的な字を「繁体字」という。

かん-だか・い【甲高い(▼疳高い)】 [形] 声の調子が高く鋭いさま。〓「—声で呼ぶ」 派生 -さ

かん-たく【干拓】 [名・他サ変] 浅海・湖沼などの水をほして陸地にすること。〓「湿地を—して農地にする」「—地」

がん-だて【願立て】 グヮン [名・自サ変] 神仏に願をかけること。願かけ。立願(りゅうがん)。

かん-たん【肝胆】 [名] 心の中。▼肝臓と胆嚢(たんのう)の意から。

◉**肝胆相(あい)照ら・す** 互いに心の底まで打ち明けて親しくつきあう。〓「彼とは—仲だ」

◉**肝胆を砕(くだ)・く** 非常に苦心する。

かんたん【▼邯▼鄲】 [名] ❶中国河北省南部の地名。戦国時代、趙(ちょう)の都があった。❷コオロギ科の昆虫。深い黄緑色で、長い触角を持つ。秋に低い声で鳴く。

◉**邯鄲の歩(あゆ)み** むやみに他人のまねをすると自分本来のものまで失ってしまうということ。語源 中国、燕(えん)の青年が、都の邯鄲の人々の歩き方をまねようとしたが身に付かず、自分の歩き方まで忘れて這って帰ったという故事から。

◉**邯鄲の夢** 人生の栄枯盛衰がはかないものであるということ。邯鄲(かんたん)の枕。盧生(ろせい)の夢。語源 昔、邯鄲の盧生という青年が道士に枕を借りて寝たところ、立身出世する夢を見たが、目がさめると黍(きび)もまだ炊けないほどの短い間だったという故事から。一炊(いっすい)の夢。

かん-たん【感嘆(感▼歎)】 [名・自サ変] 感心して、ほめたたえること。〓「思わず—の声をあげる」

かん-たん【簡単】 [形動] ❶物事が込み入ってなく、単純にできているさま。〓「—な作業」「—な作りの器械」「—に説明する」⇔複雑 ❷行うのに手間のかからないさま。たやすい。容易。〓「説明するのは—だ」「飲むだけで—に治る」❸本格的でなく、手軽なさま。簡略。〓「—な食事ですます」◈もと「単簡」とも。 派生 -さ

かん-だん【寒暖】 [名] 寒さと暖かさ。

かん-だん【間断】 [名] とぎれること。たえま。〓「—なく降る雨」 注意 「間断なく」を「まだんなく」と読むのは誤り。

かん-だん【閑談】 [名] ❶ [自サ変] ゆったりとした気持ちで、静かに話をすること。〓「—のひと時をもつ」❷暇つぶしにする、気楽な雑談。閑話。

かん-だん【歓談(款談)】 クヮン [名・自サ変] うちとけて楽しく話し合うこと。また、その話。〓「旧友と—する」「しばし御—ください」▼⬇懇談(こんだん)

がん-たん【元旦】 グヮン [名] ❶元日の朝。元朝(がんちょう)。▼「旦」は早朝の意。 注意 「一月元旦」「元旦の朝」は厳密な意味では重言。改まった場では、それぞれ「〇〇年元旦」「〇〇年元日」「〇〇年一月一日」、「元日の朝」などとしたい。矛盾表現となる「元旦の昼」「元旦の夜」なども避けたい。❷一般に、元日。一月一日。

かんだん-けい【寒暖計】 [名] 人間の感じる範囲内の気温を計る温度計。

かんたん-し【感嘆詞】 [名] 感動詞。

かんたん-ふ【感嘆符】 [名] 文の終わりに付けて感動・驚き・強調などの意を表す「!」の符号。エクスクラメーションマーク。

かんたん-ふく【簡単服】 [名] 簡単に仕立てた、夏物の女性用ワンピース。あっぱっぱ。

かん-ち【▼奸知(▼奸▼智・▼姦▼智)】 [名] 悪がしこい知恵。悪知恵。〓「—にたける」

かん-ち【完治】 クヮン [名・自サ変] 病気やけがが完全になおること。かんじ。〓「傷が一週間で—した」

かん-ち【寒地】 [名] 寒冷な土地。〓「—植物」⇔暖地

かん-ち【換地】 クヮン [名・自サ変] 土地を交換すること。また、その交換した土地。かえ地。

かん-ち【閑地】 [名] ❶静かな土地。❷使っていない土地。空き地。❸ひまな地位や身分。

かん-ち【感知】 [名・他サ変] 感じとって知ること。〓「危険[煙]を—する」「火災—器」

かん-ち【関知】 クヮン [名・自サ変] かかわっていて、事情を知っていること。あずかり知ること。〓「この件については一切—しない」

かん-ちがい【勘違い】 ガヒ [名・自サ変] まちがって思いこむこと。思い違い。〓「—して一つ手前の駅に降りる」

かん-ちく【寒竹】 [名] 生け垣や観賞用に植える、タケの一品種。高さは二〜三㍍。表皮に紫色の斑点がある。タケノコは、秋に生える。紫竹(しちく)。

がん-ちく【含蓄】 [名] 表面にはあらわれない、味わいのある深い意味。〓「—のあることば[文章]」

かん-ちつ【巻▼帙】 クヮン [名] 書物。書籍。▼巻物(=巻)と巻物をおおいつつむもの(=帙)の意から。

かん-ちゅう【寒中】 [名] 寒の入りから寒明けまでの期間。寒の内。また、冬の寒さのきびしい期間。〓「—見舞い・—水泳」

がん-ちゅう【眼中】 [名] ❶目の中。❷目に見える範囲。また、意識や関心の及ぶ範囲。〓「周囲のことを—に置かない」▼多く打ち消しを伴って用いる。

◉**眼中にな・い** 問題にしない。気にかけない。〓「金のことなど—」

かん-ちょう【干潮】 テウ [名] 潮がひいて海面が最も低くなる状態。引き潮。⇔満潮 ▼ふつう一日に二回起こる。

かん-ちょう【完調】 クヮンテウ [名・形動] 体などの調子が最良の状態であること。

かん-ちょう【官庁】 クヮンチャウ [名] ❶国家の事務を取り扱う機関。国家の意思を決定し、それを表示する権限をもつ。担当事務によって司法官庁と行政官庁に、管轄区域によって中央官庁と地方官庁に分けられる。❷一般に、役所。

かん-ちょう【官長】 クヮンチャウ [名] ❶役人の長。長官。❷太政官(だいじょうかん)または神祇官(じんぎかん)の長。

かん-ちょう【▼浣腸(▼灌腸)】 クヮンチャウ [名・自サ変] 排

便促進や栄養補給などのために、肛門から薬液を注入すること。
かん-ちょう【貫長（貫頂）】［名］貫首。
かん-ちょう【間▼諜】［名］ひそかに敵のようすを探り、味方に通報する者。間者。スパイ。「―を放つ」
かん-ちょう【勧懲】［名］「勧善懲悪」の略。
かん-ちょう【管長】［名］仏教・神道などで、一宗一派を管理する長。
かん-ちょう【館長】［名］図書館・美術館・博物館など、「館」と名のつく施設の長。
かん-ちょう【艦長】［名］軍艦の乗組員を指揮し統率する長。
がん-ちょう【元朝】［名］元日の朝。元旦。
かん-つう【▼姦通】［名・自サ変］男女が道徳にそむいた交わりを結ぶこと。特に、配偶者のある者が、配偶者以外の異性と性的関係を結ぶこと。
かん-つう【貫通】［名・自他サ変］ある物の中を貫いて通ること。「海底トンネルが―する」「弾丸が腹部を―する」「―銃創」
カンツォーネ【canzoneイタリア】［名］イタリアの民衆的な歌曲。▼ナポリ民謡からポピュラーソングまでを含めていう。
かん-づ・く【感づく（感付く・勘付く）】［自五］直観的に気づく。「怪しいと―・かれる」
かん-つばき【寒▼椿】［名］❶サザンカに似たツバキ科の常緑低木。冬、淡紅色の八重の花をつける。❷寒中に花を開くツバキ。冬椿。
かん-づめ【缶詰】［名］❶調理した食品を缶につめて密封し、加熱殺菌して長期間保存できるようにしたもの。「桃の―」❷仕事などのために、本人の同意を得て、人をある場所に一定期間閉じこめておくこと。「ホテルに―になって原稿を書く」◈書き方「缶詰め」とも。
カンテ【Kanteドイ】［名］❶登山で、岩壁の稜角。岩の突出部。❷スキーのジャンプ競技で、踏み切り台。
かん-てい【官邸】［名］大臣や長官に国が在任中の住居として貸し与える邸宅。「首相―」⇔私邸
かん-てい【艦艇】［名］各種の軍艦の総称。▼「艦」は大型のもの、「艇」は小型のものをいう。
かん-てい【鑑定】［名・他サ変］物事の真偽・良否などを見定めて判定すること。「骨董品を―する」「筆跡―」
がん-てい【眼底】［名］眼球内部の後面で、網膜のある部分。「―検査」
かんてい-しょ【鑑定書】［名］❶美術品・宝石などの鑑定をし、その結果を記した文書。❷裁判所から鑑定を求められた鑑定人が、その結果を記して提出する報告書。
かんてい-りゅう【勘亭流】［名］歌舞伎の看板・番付などを書くときに用いる、丸みのある筆太の書体。▼江戸時代、岡崎屋勘亭が中村座のために創作したという。
かん-てき［名］主に関西で、七輪。
かん-てつ【完徹】［名］全く寝ずに、一晩中（ある事をして）起きていること。▼「完全徹夜」の略。
かん-てつ【貫徹】［名・他サ変］主義主張・方針などを最後までつらぬきとおすこと。「初志―」
カンテラ【kandelaarオランダ】［名］ブリキ・真鍮などで作った、手提げ用の石油ランプ。
カンデラ【candela】［名］光度を表す単位。周波数五四〇テラヘルツの単色放射を放出し、所定の方向におけるその強度が六八三分の一ワット毎ステラジアンである光源の、その方向における光度。記号cd
かん-てん【干天（▼旱天）】［名］ひでり続きの空。ひでり。書き方「干天」は代用表記。
◉**旱天の慈雨** 日照りの後に降る恵みの雨。また、待ち望んでいたものや、ありがたい救いの手。
かん-てん【寒天】［名］❶さむざむとした冬の空。寒空。「―に星一つ」❷テングサなどの煮汁を固め、凍らせてから乾燥させたもの。また、それを水に戻してから煮溶かし、冷やして固めたもの。
かん-てん【観点】［名］物事を見たり考えたりするときの立場。見地。「教育的な―に立つ」
かん-でん【乾田】［名］水はけがよく、排水すればすぐに乾いて畑となる田。⇔湿田
かん-でん【感電】［名・自サ変］電流が体に流れてショックを受けること。「―死」
かん-でんち【乾電池】［名］電解液を金属製の容器に密封した携帯用の小型電池。マンガン乾電池・アルカリ電池など。
かん-と【官途】［名］官吏としての職務・地位。「―に就く」
かん-ど【感度】［名］❶外からの刺激を心に感じ取る程度。「―の鋭い人」❷受信機・測定器などが電波や電流を感じ取る度合い。「―のいいラジオ」❸フィルムなどの感光材料が光に反応する度合い。「高―のフィルム」
かん-ど【漢土】［名］中国。唐土。もろこし。
かん-とう【完投】［名・自サ変］野球で、一人の投手が一試合の最初から最後まで投げとおすこと。「延長一三回を―する」「―勝利」
かん-とう【官等】［名］官吏の等級。「―を減ずる」
かん-とう【▼竿頭】［名］さおの先。「百尺―に一歩を進める」
かん-とう【巻頭】［名］巻物・書物などの最初の部分。巻首。「―を飾る論文」「―言（＝雑誌などの初めに載せる文章やことば）」⇔巻尾・巻末
かん-とう【敢闘】［名・自サ変］勇ましくたたかうこと。「強豪を相手に一人よく―する」「―賞」
かん-とう【関東】［名］❶東京都と、神奈川・千葉・埼玉・栃木・茨城・群馬の各県を含む地域。▼「関東地方」の略。❷江戸時代、箱根の関から東の八か国。相模・武蔵・安房・上総・下総・常陸・上野・下野の諸国を含む地域。関東八州。関八州。▼古くは逢坂の関より東の国をいった。
かん-とう【関頭】［名］物事の重大なわかれめ。せとぎわ。「生死の―に立つ」
かん-どう【勘当】［名・他サ変］不行跡などを理由に、親が子との縁を切ること。義絶。「放蕩息子を―する」▼主従関係・師弟関係を絶つことにもいう。
かん-どう【間道】［名］主要な道から外れた道。わき道。ぬけ道。「―を抜ける」⇔本道
かん-どう【感動】［名・自サ変］物事に（特別な意味や価値を感じて）強く心を動かされること。また、その心持ち。「自然の美しさに―する」「あの日の―は決して忘れない」「―的な場面」
がん-とう【岩頭（▼巌頭）】［名］岩の上。岩の突

端。≡「ーに立つ」

がんどう-がえし【▽強盗返し(▼龕灯返し)】[名] 歌舞伎で、それまでの背景を後ろに倒すとともに底になっていた次の背景を立ち上げて場面を転換させる大道具の仕掛け。どんでんがえし。がんどう。

かんとう-し【間投詞】[名] 感動詞。

かんどう-し【感動詞】[名] 品詞の一つ。自立語で活用がなく、単独で文になれるが、主語にも修飾語にもならないもの。話し手の感動を表す「ああ」「おや」「まあ」、呼びかけを表す「おい」「もし」「ねえ」、応答を表す「はい」「うん」「いいえ」、あいさつを表す「おはよう」「さようなら」など。間投詞。感嘆詞。

かんとう-じょし【間投助詞】[名] 助詞の一つ。文中または文末の文節に付いて語調を整え、感動・余情・強調などの意を添えるもの。口語では「な(なあ)」「ね(ねえ)」「さ」、文語では「や」「よ」「を」「ゑ」など。

かんとう-だき【関東▽煮き・関東炊き】[名] 関西で「煮込みおでん」をいう語。関東煮。

がんどう-ちょうちん【▽強盗▽提▽灯(▼龕灯▽提▽灯)】[名] 銅・ブリキなどで釣鐘形の枠を作り、中に自由に回転するろうそく立てと反射鏡を取りつけたちょうちん。光は正面だけを照らす。忍び提灯。

かん-どうみゃく【冠動脈】[名] 大動脈の基部から左右に分かれ、さらに枝分かれして心臓壁をとりまく動脈。心室・心房の筋肉に酸素や栄養を送る。冠状動脈。

かん-とく【感得】[名・他サ変] 深い道理などをはっきりと感じ、悟ること。≡「茶道の奥義をーする」

かん-とく【監督】[名] ❶[他サ変] 上に立って取り締まったり、指図をしたりすること(人)。≡「部下をーする」「ー不行き届き」「現場[試験]ー」❷映画・舞台・スポーツ競技などで、制作グループやチームの成員をまとめて指揮・指導する役(を務める人)。≡「陸上部のー」「映画ー」

かん-どころ【勘所】[名] ❶三味線・琴などの弦楽器で、目的の音を出すために指で弦を押さえる位置。つぼ。≡「ーをはずす」 書き方「甲所」とも。❷はずしてはならない最も重要な所。≡「ーを押さえた答弁」 書き方「肝所」とも。

がんと-して【頑として】[副] 強く自説を主張し、人の言うことを聞き入れないさま。かたくなに。頑固に。≡「いったん言いだしたらー譲らない」

カントリー【country】[名] ❶田園。郊外。また、国。≡「ースタイル」▽多く他の語と複合して使う。❷アメリカの南部・西部の農村部から生まれたポピュラー音楽。▽「カントリーミュージック(country music)」の略。❸郊外にあってテニス・水泳・ゴルフなどの施設を備えたクラブ。▽「カントリークラブ(country club)」の略。

かんな【▼鉋】[名] 材木の表面を平らにけずるための大工道具。木の台に鉄の刃を斜めにはめこんだもの。≡「ーをかける」▽柄の先に刃を取りつけた槍がんなに対して「台がんな」ともいう。数「一丁(挺)…」と数える。

カンナ【canna】[名] 夏から秋にかけて赤・黄・橙などの大きな花を総状につける、カンナ科の多年草。

かん-ない【管内】[名] 役所などの、管轄区域の内。≡「県警のーで発生した事件」⇕管外

かん-ながら【〈随神〉・〈▼惟神〉】[副]〔古風〕神であるままに。また、神代のままに。≡「ーの道(=神道)」

かんな-づき【神無月】[名] 陰暦十月の別称。神無し月。かみなづき。▽俗に全国の神々がみな出雲大社に集まり、諸国から神がいなくなる月の意という。「な」は「の」の意で、神を祭るための「神の月」とする説も有力。

かん-なべ【▼燗鍋】[名] 酒の燗をするときに使うなべ。▽多くは銅製で、やかんを平たくしたような形をしている。

かんなめ-さい【神▼嘗祭】[名] 天皇がその年の新穀を伊勢神宮に奉納する祭儀。神嘗の祭り。しんじょうさい。▽古くは陰暦九月十七日だったが、明治十二(一八七九)年以降は十月十七日に行われるようになった。

かん-なん【▼艱難】[名] 困難に出あって苦しみ悩むこと。≡「ー辛苦」

艱

⊙**艱難汝を玉にす** 人は多くの苦労を経験することによって立派な人物になるということ。

かん-にゅう【陥入】[名・自サ変] ❶落ち込むこと。くぼむこと。≡「道路がーする」❷主に動物の初期発生の段階で、胞胚期の細胞の一部が内側に向かってくぼんでいくこと。また、その現象。

かん-にゅう【貫入】[名] ❶[自他サ変] つらぬいて入ること。また、突き抜いて入れること。≡「鉄棒が壁面にーする」❷[自サ変] 地下深部で発生したマグマが上昇し、地殻内に入り込んで固まること。また、その現象。❸陶磁器の釉薬の表面に生じる細かいひび。観賞・鑑定で重視される。書き方「貫乳」とも。

かん-にゅう【▼嵌入】[名・自他サ変] はまりこむこと。また、はめこむこと。≡「金・銀をーして文様を表す」

かん-にん【堪忍】[名・自他サ変] 怒りを抑えて、人の過ちや無礼を許すこと。≡「悪かった、どうかーしてくれ」「弟をーしてやって下さい」「もうーならない」▽たえしのぶ意から。多く許しを請うときに使う。

がん-にん【願人】[名] ❶訴願をした人。願い主。❷神仏に祈願をする人。❸江戸時代、あほだら経を唱えるなどして門づけをして歩いた民間の宗教者。乞食僧。願人坊主。

カンニング【cunning】[名・自サ変] 試験のとき、監督官の目をぬすんで不正な行為をすること。また、その行為。≡「ーペーパー」▽ずるい、の意から。

かんにん-ぶくろ【堪忍袋】[名]〈「堪忍袋の緒が切れる」の形で〉我慢できなくなって怒りが爆発する。

かん-ぬき【▼閂】[名] ❶観音開きの門を内側から動かないようにしめきるための横木。左右の扉につけた金具に差し通して固定する。❷相撲で、もろ差しになった相手の両腕を上から抱え込んで絞り上げる技。◈「貫の木」の転という。

かん-ぬし【神主】[名] 神社に仕えて神を祭ることを仕事とする人。神官。

かん-ねい【▼奸▼佞(▼姦▼佞)】[名・形動] ずるがしこく、人にこびへつらうこと。また、そのような人。≡「ーの臣」

かん-ねん【観念】[名] ❶(現実や実在に対して)ある物事について人が抱く考えや意識など。≡「あの人には自分が悪いことをしたという―がない」「ーの(=非現実的な)世界に閉じこもる」「衛生[経済・固定]ー」❷哲学で、人間がある対象を意識したときに抱く主観的な形象。イデア。❸[他サ変] あきらめること。覚悟。≡「もは

やこれまでと—する」

がん-ねん【元年】 グヮン [名] ❶その年号の最初の年。〓「平成—」❷画期的な物事の出発点となるような年。〓「福祉—」

かんねん-てき【観念的】 クヮンネン [形動] 具体的な事実から離れ、現実性を欠いた抽象的な考えにかたよっているさま。〓「—で空疎な学問」⇔実際的

かんねん-ぶつ【寒念仏】 [名] 寒中の夜、鉦(かね)をたたき念仏を唱えながら寺に詣(もう)でること。かんねぶつ。

かんねん-ろん【観念論】 クヮンネン [名] ❶精神を根元的な存在とし、外界はすべて自己の観念で認めたものであるとする哲学上の説。アイデアリズム。❷現実を離れて、頭の中だけでつくりあげた考え。〓「理想は盛られているが—でしかない」

かん-の-いり【寒の入り】 [名] 小寒に入ること。また、その日。一月六日ごろ。

かん-のう【完納】 クヮンナフ [名・他サ変] 納めるべきものを、すべて納め終えること。全納。〓「授業料を—する」

かん-のう【肝脳】 ーナウ [名] 肝臓と脳髄。また、肉体と精神。

◉肝脳地に塗(まみ)・れる 肝臓や脳が泥まみれになる。むごたらしく殺されることのたとえ。▼『史記』から。

かん-のう【官能】 クヮン [名] ❶感覚器官の働き。❷性的な感覚。〓「—をくすぐる」「—的な陶酔にふける」

かん-のう【堪能】 [名・形動] 深くその道に通じていて巧みなこと。また、その人。たんのう。〓「スペイン語に—な人」▼「たんのう」は「堪能」の慣用読み。

かん-のう【間脳】 ーナウ [名] 脊椎(せきつい)動物の、大脳半球と中脳を結ぶ部分。視床(ししょう)・視床下部などから成り、自律神経の中枢をなす。

かん-のう【感応】 ーオウ [名・自サ変] ❶信仰する真心が神仏に通じて、そのしるしがあらわれること。〓「竜神が—を垂れる」❷物事にふれて心が感じ動くこと。〓「芸術への熱情に—する」◈「かんおう」の連声。

かん-の-もどり【寒の戻り】 [名] 暖かくなった晩春のころ、一時的に寒さがぶり返すこと。寒返り。

かん-のん【観音】 クヮンオン [名] ➡かんぜおん(観世音)

かんのん-びらき【観音開き】 クヮンオン [名] 中央から左右の扉が正面の手前に開く仕組みの戸。また、その開き方。▼観音をおさめた厨子(ずし)の扉から。

かん-ば【汗馬】 [名] ❶馬を走らせて汗をかかせること。また、走って汗をかいた馬。❷一日に千里を走るほどの名馬。駿馬(しゅんめ)。

◉汗馬の労(ろう) 戦場での功労。また、物事をうまくまとめるために東奔西走する労苦。

かん-ば【▼悍馬(▼駻馬)】 [名] 気があらくて、人になれにくい馬。あばれうま。あれうま。

かん-ぱ【看破】 [名・他サ変] かくされた物事を見やぶること。〓「陰謀を—する」

かん-ぱ【寒波】 [名] 寒気団が移動してきて、気温が急激に下がる現象。

カンパ [名] ❶大衆に呼びかけて政治活動などの資金を集めること。また、それによって集めた資金。❷[他サ変] カンパに応じて金銭を出すこと。また、その金銭。〓「五〇〇円ずつ—する」◈「カンパニア(kampaniyaロシア)」の略。

かん-ばい【完売】 クヮン [名・他サ変] 商品を売りつくすこと。〓「初版を—する」「即日—」

かん-ばい【寒梅】 [名] 寒中に咲く梅。

かん-ばい【観梅】 クヮン [名] 梅の花を観賞すること。梅見(うめみ)。

かん-ぱい【完敗】 クヮン [名・自サ変] 一方的に負けること。〓「—を喫する」⇔完勝

かん-ぱい【乾杯(乾▼盃)】 [名・自サ変] 祝福などの気持ちを込めて、(いっせいに)杯の酒を飲み干すこと。またその時に発する合図の声。〓「ビールで—する」「—の音頭をとる」「両家の弥栄(いやさか)を祝して、—!」

かん-ぱい【感▼佩】 [名・自サ変] ありがたいと思い、心から感謝すること。〓「師の恩に—する」▼「佩」は身に帯びるの意。

かん-ぱく【関白】 クヮン [名] ❶昔、天皇を補佐して政治のいっさいを行った重職。一の人。▼平安中期に始まり、江戸末期まで続いた。➡摂政 ❷権力・威力の強い者のたとえ。〓「亭主—」◈「万機を関(あずか)り白(もう)す」の意。

かんばし・い【芳しい】 [形] ❶よい香りがするさま。香り高い。かぐわしい。〓「バラの—香り」❷食べ物などが焼けて、心地よいにおいがするさま。こうばしい。〓「煎餅(せんべい)を焼く—におい」❸〈多く打ち消しを伴って〉好ましいさま。誉められた状態である。〓「成績が—・くない」書き方 ①②は「▽香しい」「▼馨しい」とも。派生 —さ

かんばし・る【甲走る】 [自五] 細い声が高く鋭くひびく。〓「きんきんと—・った声で叫ぶ」

カンバス【canvas】 [名] ➡キャンバス①②

かん-ばせ【▽顔・〈顔容〉】 [名] 〔古風〕❶顔。顔つき。❷体面。面目。〓「何の—あって相まみえん(=合わせる顔がない)」◈「かおばせ」の転。

かん-ぱち【間八】 [名] 暖海に分布するアジ科の海水魚。体形はブリに似るが、体高が高い。高級魚の一つとして、養殖もされる。語源 背面から見ると頭部に八の字形の斑紋があることから。

かん-ばつ【▼旱▼魃(干▼魃)】 [名] 長い間雨が降らず、農作物に必要な水が涸(か)れてしまうこと。ひでり。▼「魃」は、ひでりの神。

旱魃

かん-ばつ【間伐】 [名・他サ変] 密生を防ぐために、適当な間隔をおいて不要な木を伐採すること。すかしぎり。

かん-ばつ【簡抜】 [名・他サ変] 選んで抜きだすこと。〓「人材を—する」

かん-ぱつ【▼渙発】 クヮン [名・他サ変] 勅令を広く天下に発すること。〓「大詔(たいしょう)を—する」

かん-ぱつ【▼煥発】 クヮン [名・自サ変] 火が燃えでるように、そとに輝き現れること。〓「才気—」

カンパニー【company】 [名] 会社。商会。略号Co.

カンパリ【Campariイタリア】 [名] ビターオレンジの果皮とキャラウェイ・シナモンなどを原料としたイタリアのリキュール。カクテルや食前酒として飲む。▼開発者であるガスパーレ・カンパリの名から。商標名。

がんば・る【頑張る】 グヮン [自五] ❶自分の考えや意志を押し通そうとする。我を通す。〓「一歩も譲らないと—・っている」❷(困難や障害にまけないで)精一杯努める。〓「会社再建に一生懸命—」「声援で」フレー、フレー、—・れ!」「—・って練習したかいがあって優勝できた」「最後の一週間を精一杯—・ろう」使い方 ⑴他動詞としても使う。〓「英語の勉強を—・って一番になったこともある」⑵プラスに評価していう。❸警備を固めてそこから動こうとしない。〓「警官隊が玄関先で—・っている」「(吾

輩ガ)台所の真中に—!っていると(鼠ガ)三方面共少々ずつ騒ぎ立てる〈漱石〉」◈「我に張る」の意からという。可能 頑張れる 名 頑張り

品格 勤しむ「勉学に—」 研鑽に励む「日夜—」 刻苦「—鏤骨の大業」 精進「仕事に—する」 精励「職務に—する」 精を出す「練習に—」 努める「ご希望に添うように努めます」 奮励「—努力」 骨(を)折る「他人のために—」

かん-ばん【看板】[名] ❶宣伝・広告のために、商店や劇場などが店名・販売商品や演目などを書いて人目につきやすい所に掲げておく板状のもの。❷人の注意を引き評判を得るためのもの。「安売りを—にしているスーパー」「—役者」❸店の名称の権利。また、店の信用。「—に傷がつく」「店の—が泣く」❹飲食店などがその日の営業を終えること。閉店。「すみません、—です」▼閉店時には看板を外すことから。

◉**看板に偽りなし** 看板に書いてあることと実情が一致している。外見と実質とが一致している。

◉**看板を下ろ・す** その日の営業を終えて店を閉める。また、廃業して店をたたむ。「老舗が—」 使い方 店以外のものに転用して、方針や立場を取り下げる意にもいう。「ついに愛煙家の—」 注意 「看板を下げる(＝看板を取り付ける、ぶらさげる)」は別の語。

かん-ぱん【干犯】[名・他サ変] 権限を越えて干渉し、他の権限をおかすこと。「統帥権を—する」

かん-ぱん【甲板】[名] 船舶の上部の、木の板や鉄板を張りつめた広く平らな床。デッキ。 読み分け 船舶学では「こうはん」、機械工学では「かんぱん」という。

かん-ぱん【官版(官板)】[名] ❶政府が刊行すること。また、その出版物。⇔私版 ❷江戸時代、幕府の昌平坂学問所が教科書として出版した漢籍。

かん-ぱん【乾板】[名] 写真感光板の一つ。ガラスなどの透明な板に感光乳剤を塗って乾燥させたもの。

かん-パン【乾パン】[名] 堅くて小さなビスケット状のパン。保存・携帯用。かたパン。▼もと、軍隊の携行食。

がん-ばん【岩盤】[名] やわらかな堆積層の基盤となっている硬い岩石の層。「—に亀裂が走る」

かんばん-だおれ【看板倒れ】[名] 見かけはりっぱだが、内容がそれにともなわないこと。「—に終わった保健福祉計画」

かんばん-むすめ【看板娘】[名] 店先にいて客を引きつける魅力的な娘。

がんばん-よく【岩盤浴】[名] 温めた岩石の上に横たわり、サウナのような発汗効果を得ること。

かん-び【甘美】[名・形動] ❶甘くてうまいこと。「—な果物」❷うっとりするほど心地がよいこと。「—なメロディー」 派生 -さ

かん-び【完備】[名・自他サ変] 設備・制度などが欠けることなくすっかり備わっていること。また、すっかり備えること。「保険制度が—されている」「冷暖房—」⇔不備

かん-ぴ【官費】[名] 政府が支出する費用。「—留学」⇔私費 ▼俗に、会社などの組織体から出る費用にもいう。

がん-ぴ【▼雁皮】[名] ❶夏、枝先に黄色い小花をつけるジンチョウゲ科の落葉低木。樹皮からとる繊維を和紙の原料にする。❷「雁皮紙」の略。

がんぴ-し【▼雁皮紙】[名] がんぴの樹皮繊維から作った、薄くて丈夫な上質の和紙。光沢のある表面はなめらかで、虫害にも強い。

かん-びょう【看病】[名・他サ変] 病人に付き添って世話をすること。「つきっきりで—する」「—疲れ」

かん-ぴょう【干▼瓢・乾▼瓢】[名] ユウガオの果肉をひも状にむいて干した食品。水に戻してから調理し、のり巻きなどに使う。「—巻き」

がん-びょう【眼病】[名] 目の病気。めやみ。

かん-ぶ【患部】[名] 病気やけがのある部分。

かん-ぶ【幹部】[名] 団体や組織などで、活動の中心になる人。「労働組合の—」「—候補生」

かん-ぷ【完膚】[名] 傷のついていない完全な皮膚。

◉**完膚なきまで** 無傷のところがないほど徹底的に。「—(に)やっつける」

かん-ぷ【▼姦夫】[名] 他人の妻と密通した男性。間男。

かん-ぷ【▼姦婦】[名] 夫以外の男性と密通した女性。

かん-ぷ【▼悍婦】[名] 気性の荒い女性。

かん-ぷ【乾布】[名] かわいた布。「—摩擦」

かん-ぷ【還付】[名・他サ変] 本来の持ち主、または本来受け取るべき者へ返すこと。「税の減免分を—する」「—金(＝税金に納め過ぎなどがあった場合、納税者に返される金銭)」

カンファレンス[conference] [名] 会議。協議会。コンファレンス。

カンフー【功夫中国】[名] 中国拳法。クンフー。

かん-ぷう【完封】[名・他サ変] ❶相手の活動などを完全におさえること。「敵軍の反撃を—する」❷野球で、投手が相手チームを無得点におさえたまま最後まで投げ通すこと。シャットアウト。「—勝ち」

かん-ぷう【寒風】[名] 冬に吹く寒い風。「—吹きすさぶ中を走る」

かん-ぷく【官服】[名] 官公庁から公務員に支給される制服。⇔私服

かん-ぷく【感服】[名・自サ変] 深く感じ入って敬服すること。「見事な技に—する」

がん-ぷく【眼福】[名] 素晴らしいもの、珍しいものなどを見ることのできた幸せ。「—を得る」

かん-ぷくろ【▽紙袋】[名] 紙で作った袋。「猫を—に押し込んで…」▼「かみぶくろ」の転。

かん-ぶつ【▼奸物(▼姦物)】[名] 悪知恵のはたらく、邪悪な人物。

かん-ぶつ【乾物】[名] 保存がきくように、乾燥させた食品。かんぴょう・干ししいたけ・こんぶ・のり・するめ・煮干しなどの類。 書き方 まれに「干物」とも。

かん-ぶつ【換物】[名・自サ変] 金銭を品物にかえること。⇔換金

がん-ぶつ【▼贋物】[名] にせもの。まがいもの。「—をつかまされる」

かん-ぶつ【▼灌仏】[名] ❶仏像に香水をそそぎかけること。「—の偈」❷「灌仏会」の略。

かんぶつ-え【▼灌仏会】[名] 釈迦の誕生日(陰暦四月八日)に、花御堂に安置した誕生仏の像に香水・甘茶などをそそぎかける法会。仏生会。降誕会。花祭り。灌仏。

かん-ぶな【寒▼鮒】[名] 寒中にとれるフナ。脂がのって美味とされる。

かん-ぶり【寒▼鰤】[名] 寒中にとれるブリ。脂がのっ

て美味。

カンフル【kamfer オランダ】[名] 精製した樟脳(しょうのう)液。中枢神経を興奮させ、心臓の収縮力を強める作用があるので、かつては蘇生(そせい)薬として盛んに用いた。‖「―注射」 使い方 末期状態の物事を回復させる効果的な措置の意にもいう。‖「金利引き下げが景気回復の―剤となる」

かん-ぶん【漢文】[名] 中国古来の文語体の文章。また、日本でそれをまねて書いた漢字だけからなる文章。‖「―を訓読する」「―調の文体」

かん-ぷん【感奮】[名・自サ変] 感銘を受けてふるいたつこと。‖「演説に―する」「―興起」

かん-ぺい【観兵】クヮン―[名] 元首・国賓などが、兵を整列または行進させて検閲すること。‖「―式」

かん-ぺき【完璧】クヮン―[名・形動] まったく欠点がないこと。完全無欠。‖「―を期する」「―な演技」「―に仕上げる」▼きずのない宝玉の意から。

かん-ぺき【▼癇癖】[名] かんしゃくを起こしやすい性質。‖「―が強い」

がん-ぺき【岸壁】[名] ❶壁のようにけわしく切り立った岸。❷船舶を横づけするために港や河岸に築いた壁。‖「船が―を離れる」

がん-ぺき【岩壁】[名] 壁のようにけわしく切り立った岩。‖「谷底から―を見上げる」

かん-べつ【鑑別】[名・他サ変] よく調べて見分けること。‖「真贋(しんがん)を―する」

かんべつ-しょ【鑑別所】[名] ⬇少年鑑別所

かん-べに【寒紅】[名] 寒中につくった紅。特に色が鮮やかとされる。▼寒中の丑(うし)の日に買う紅を丑紅といい、唇に塗ると口中の病気を防ぐとされた。

かん-べん【勘弁(勘▼辨)】[名・他サ変] 他人の過ちや要求をがまんして許すこと。‖「もう―できない」「それだけは御(ご)―願います」「出資の話は―してもらった」

かん-べん【簡便】[名・形動] 手軽で便利なこと。‖「―な方法を選ぶ」「―に操作できるパソコン」 派生 ―さ

かん-ぺん【官辺】クヮン―[名] 政府や官庁に関係のある方面。‖「―筋から情報を得る」

かん-ぼう【官房】クヮンバウ[名] 行政機関の内局の一つ。内閣・府・省などに置かれ、機密事項・予算・会計・統計・人事などの事務を取り扱う。

かん-ぼう【感冒】[名] おもにウイルスの感染によって起こる呼吸器系の炎症の総称。かぜ。‖「流行性―」

かん-ぼう【監房(▼檻房)】―バウ[名] 刑務所や拘置所で、被疑者・受刑者などを入れておく部屋。

かん-ぼう【観望】クヮンバウ[名・他サ変] ❶広く遠くまで景色をながめ見ること。‖「高台から太平洋を―する」❷事のなりゆきをうかがい見ること。‖「両軍の形勢を―する」

かん-ぽう【官報】クヮン―[名] 政府が国民に公示する事項を載せて毎日刊行する文書。▼発行は独立行政法人国立印刷局。

かん-ぽう【観法】クヮンボフ[名] ❶心に仏法の真理を観想して悟りを得ようとする修行法。❷人相を見る法。◈「かんぼう」とも。

かん-ぽう【漢方】―パウ[名] 中国から伝来した医術。

かん-ぽう【艦砲】―パウ[名] 軍艦に装備した大砲。‖「―射撃」▼主砲・副砲・高角砲などがある。

がん-ぼう【願望】グヮンバウ[名・他サ変] 願いのぞむこと。また、その願い。がんもう。‖「―を抱く」

かんぼう-ちょうかん【官房長官】クヮンバウチャウクヮン[名] ⬇内閣官房長官

かんぽう-やく【漢方薬】カンパウ―[名] 漢方で用いる薬。主として草の根や葉、樹皮から製する。

かん-ぼく【▼灌木】クヮン―[名] 低木の旧称。⬍喬木(きょうぼく)

かん-ぼつ【陥没】[名・自サ変] 落ち込むこと。‖「地盤が―する」「頭蓋骨―骨折」「―湖(=地盤の陥没などによってできた湖)」

かん-ぽん【刊本】[名] ❶印刷して発行された本。❷版木などに彫って印刷した本。版本(はんぽん)。◈⬍写本

かん-ぽん【完本】クヮン―[名] 全集・叢書(そうしょ)・分冊本などで、全部そろっているもの。丸本(まるほん)。⬍欠本・端本(はほん)

がん-ぽん【元本】グヮン―[名] ❶元金。もとで。‖「―が不足する」❷利益・収入を生みだすもととなる財産や権利。預金・債券・株・版権・貸家など。‖「―保証付き」

がんぽん-われ【元本割れ】グヮンポン―[名] 株式・債券・投資信託などの価格が投資した金額より下がること。

カンマ【comma】[名] ⬇コンマ

かん-まいり【寒参り】―マヰリ[名] 寒中の三〇日間、信心や祈願のために毎夜社寺に参詣(さんけい)すること。また、その人。寒詣(かんもう)で。

ガンマ-ジーティーピー【γ-GTP】[名] 腎臓・膵臓(すいぞう)・肝臓などに含まれる酵素。肝疾患などでは血中の濃度が増加するので、肝機能検査などに利用する。ガンマグルタミルトランスペプチダーゼ。▼γ-glutamyl transpeptidase の略。

ガンマ-せん【γ線】[名] ラジウムなどから出る放射線の一つ。波長の短い電磁波で、X線より透過力が大きい。がんの治療や材質検査などに利用される。

かん-まつ【巻末】クヮン―[名] 巻物や書物の終わりの部分。巻尾。‖「―に参照資料一覧を載せる」「―索引」⬍巻頭

かん-まん【干満】[名] 潮のみちひき。干潮と満潮。‖「―の差が大きい」

かん-まん【緩慢】クヮン―[名・形動] ❶動きなどがゆるやかで、おそいこと。‖「―な運動をくり返す」❷処置などが手ぬるいこと。‖「―な政府の対応」 派生 ―さ

ガンマン【gunman】[名] 銃の名手。特に、アメリカ西部開拓時代の拳銃使い。ガンファイター。

かん-み【甘味】[名] あまい味。また、あまい食べ物。あまみ。‖「―料(=甘味をつけるための調味料)」

かん-み【▼鹹味】[名] 塩からい味。‖「―が強い干物」

がん-み【がん見】[名・他サ変] 新 じっと見ること。凝視すること。‖「相手が振り返るまで―する」▼「がんがん見る」の意。 書き方 多く「ガン見」と書く。

がん-み【玩味(▼翫味)】グヮン―[名・他サ変] ❶食べ物をよくかんで味わうこと。含味。❷意味や内容をよく理解して味わうこと。‖「『老子』を熟読―する」

かん-みん【官民】クヮン―[名] 官庁と民間。また、公務員と民間人。‖「―一体となって環境問題に取り組む」

かんむり【冠】[名] ❶頭にかぶるもの。特に昔、衣冠束帯などをつけたときに用いたかぶりもの。‖「―をつける」「孔雀(くじゃく)の―(=クジャクの頭部の羽)」❷漢字を構成する部首のうち、上部にかぶせるもの。草冠(艹)、ワ冠(冖)、ウ冠(宀)など。❸催し物や大会にスポンサーなどの民間企業名や商品名がかぶせられていること。‖「―大会」

◉**冠を曲・げる** きげんを悪くする。

かん-むりょう【感無量】―ムリャウ[名・形動]「感慨無

量」に同じ。〓「―な/の 表情」

かん-め【貫目】[名] ❶⬇貫㊀① ❷重量。目方。〓「少し―が足りない」

かん-めい【官名】[名] 官職の名称。〓「―詐称」

かん-めい【官命】[名] 政府の命令。〓「―を帯びて渡欧する」

かん-めい【感銘(肝銘)】[名・自サ変] 忘れられないほど深く心に感じること。〓「『罪と罰』を読んで―を受ける」「多くの人に―を与える行い」

かん-めい【漢名】[名] 動植物などの、中国語に由来する名称。カマキリを「蟷螂」、ハゲイトウを「雁来紅」と称するなどの類。

かん-めい【簡明】[名・形動] 簡潔で、わかりやすいこと。簡単明瞭。〓「―な記述」派生―さ

がん-めい【頑迷・頑冥】[名・形動] 考え方に柔軟性がなく、物の道理がわからないこと。〓「―に自説に固執する」「―固陋」書き方 今は「頑迷」が定着。派生―さ

かん-めん【乾麺】[名] 干しためん類。干しうどん・ひやむぎ・そうめんなど。

がん-めん【顔面】[名] 顔の表面。顔。〓「―を殴打する」「―蒼白」

かん-もく【▼緘黙】[名・自サ変] 口を閉じて黙っていること。〓「場面―」

がん-もく【眼目】[名] 最も重要なところ。主眼。〓「ここがこの論文の―だ」

かん-もち【寒餅】[名] 寒中につくもち。また、それを切りもちにし、水にひたしてたくわえたもの。寒のもち。▽寒中につくもちは、かびが生えないという。

がん-もどき【▼雁▽擬き】[名] 水気を切ってくずした豆腐につなぎの卵白・ツクネイモなどを加えてすり鉢ですり、細かく刻んだ野菜・ぎんなん・麻の実などを混ぜ、円盤状またはボール状にして油であげた食品。がんも。▽雁の肉に味が似るの意。関西では「飛竜頭」という。

かん-もん【喚問】[名・他サ変] 公的な機関が人を呼びだして、問いただすこと。〓「証人を―する」

かん-もん【関門】[名] ❶関所の門。また、関所。❷通過するのがむずかしい要所。〓「司法試験の―を突破する」

がん-もん【願文】[名] 神仏に願を立てるとき、その願いの趣旨を記す文。また、法会などを営むとき、施主がその願意を記す文。

かん-やく【完訳】[名・他サ変] 外国語や古語で書かれた書物の全文を訳すこと。また、訳したもの。〓「シェークスピア全集[万葉集]の―」⇔抄訳

かん-やく【簡約】[名・形動・他サ変] 要点をおさえて、簡潔にまとめること。〓「―な入門書」派生―さ

がん-やく【丸薬】[名] 練って小さく丸めた薬。

かん-ゆ【肝油】[名] サメ・タラなど、魚類の肝臓からとった脂肪油。ビタミンA・Dを多量に含む。

かん-ゆ【換喩】[名] 比喩法の一つ。ある事物を表現するとき、それと関係の深い別の事物で言い表す法。「二本差し」で武士を、「金バッジ」で国会議員を表すなどの類。メトニミー。

かん-ゆう【官有】[名] 政府が所有すること。国有。〓「―地・―林・―財産」⇔民有

かん-ゆう【勧誘】[名・他サ変] 人に働きかけてある行動をするように誘い込むこと。〓「新入生をサークルに―する」「新聞の―員」▽多く集団に誘い入れるときなどに使う。

がん-ゆう【含有】[名・他サ変] 成分・内容として、中にふくんでいること。〓「金の―量」「―率」

かん-よ【関与(干与)】[名・自サ変] ある物事にかかわりをもつこと。〓「この件には一切―しない」

かん-よう【肝要】[名・形動] きわめて重要なこと。肝心。〓「諦めが―だ」▽人間の肝と扇の要の意。

かん-よう【▼涵養】[名・他サ変] 徐々に養い育てること。〓「徳性[忍耐力]を―する」「水源―林」▽「涵」はうるおすの意。派生―さ

かん-よう【寛容】[名・形動・他サ変] 心が広く、人の言動をよく受けいれること。また、人の過ちや欠点をきびしくせめないこと。〓「―の精神を説く」「―な態度で接する」派生―さ

かん-よう【慣用】[名・他サ変] 習慣として使い慣れること。また、習慣として一般に広く使われていること。〓「―に従った読み方」

かんよう-おん【慣用音】[名] 本来の字音(=漢音・呉音・唐音)ではないが、日本で一般に通用している漢字音。「攪乱」の「攪」を「かく」、「掉尾」の「掉」を「とう」と読むの類。

かんよう-く【慣用句】[名] 習慣的に二つ以上の語が結合した形で使われ、全体である特定の意味を表すもの。「口を割る」「油をしぼる」の類。

かんよう-しょくぶつ【観葉植物】[名] 葉の色や形を観賞するために栽培される植物。オモト・ポトス・ドラセナ・カラジウム・インドゴムノキなど。

がん-らい【元来】[副] 初めからその状態や性質であるさま。もとより。もともと。そもそも。〓「この山林は―我が家の所有地だ」「これは―他人に任せるべき仕事ではない」

がんらい-こう【▼雁来紅】[名] ハゲイトウの別称。▽秋、ガンが渡ってくる頃に葉が紅色になることから。

かん-らく【陥落】[名・自サ変] ❶地面の一部分が落ちこむこと。陥没。❷攻め落とされること。また、地位や順位が下に落ちること。〓「首都が―する」「二軍に―する」❸口説き落とされること。

かん-らく【乾酪】[名] チーズ。

かん-らく【歓楽(▼懽楽)】[名] よろこび楽しむこと。〓「―に酔う」

かんらく-がい【歓楽街】[名] 娯楽施設・飲食店などが多く集まっているにぎやかな区画。

かん-らん【甘藍】[名] キャベツ。

かん-らん【▼橄▼欖】[名] ❶カンラン科の常緑高木。初夏、黄白色の小花をつける。楕円形の果実は食用・薬用。❷オリーブの誤訳。

かん-らん【観覧】[名・他サ変] ながめ、見ること。見物。〓「秘宝を―に供する」「―席」

かんらん-しゃ【観覧車】[名] 水車形の大きな輪にゴンドラをつるし、ゆっくり回転させて高所からの展望を楽しめるようにした、遊園地などの乗り物。

かん-り【官吏】[名] 役人。国家公務員。▽旧憲法下では国の選任する高等官と判任官を指していった。

かん-り【管理】[名・他サ変] 全体を管轄し、一定の基準を保つように処理すること。望ましい状態を維持するために全体に渡って取り仕切ること。〓「ビルを―する」「財産の―を委任される」「―の行き届いた公園」「品

質「健康ー」「ー人」▼法律上は、財産・施設などの現状を維持し、その目的の範囲内で利用・改良をはかることをいう。

かん-り【監理】［名・他サ変］監督・管理すること。≡「ー技術者」「工事ー」

がん-り【元利】［名］元金と利子。≡「ー合計」

かんり-えいようし【管理栄養士】［名］厚生労働大臣の免許を受けて栄養士を指導し、傷病者の療養に必要な栄養指導や給食管理などを行う人。栄養士の免許をもつ人だけに取得資格がある。

かんり-かかく【管理価格】［名］市場の需給作用にかかわりなく、市場支配力をもつ寡占的な大企業によって設定される価格。

がん-りき【眼力】［名］物事の正邪・成否・真相などを見抜く能力。がんりょく。≡「鋭いーをもつ」

がん-りき【願力】［名］❶願を立てて志を貫こうとする念力。❷阿弥陀仏の本願の力。

かんり-しゃかい【管理社会】［名］社会の組織化・情報化が進み、人間の生活が広範に管理される社会。▼人間が管理と被管理によって統制される現代社会を批判的にとらえていう。

かんり-しょく【管理職】［名］官公庁・企業などで、管理・監督の任に当たる職。また、その任にある人。≡「上級ー」

かん-りつ【官立】［名］〔古風〕国立。

かん-りゃく【簡略】［名・形動］細部ははぶいて簡単にしてあること。≡「ーな解説を添える」「要点だけをーに話す」「式典をー化する」派生 -さ

かん-りゅう【乾留(乾▼溜)】［名・他サ変］空気を断って固体有機物を加熱し、揮発成分と残留物を分離・回収すること。書き方「乾留」は代用表記。

かん-りゅう【貫流】［名・自サ変］つらぬいて流れること。≡「関東平野をーして太平洋に注ぐ川」

かん-りゅう【寒流】［名］高緯度地方から低緯度地方へ流れる、周囲の海水よりも水温の低い海流。千島海流(親潮)・カリフォルニア海流など。⬍暖流 ▼プランクトンが多く、好漁場となる。

かん-りゅう【還流・環流】［名・自サ変］❶流れがもとの方向へもどること。めぐるように流れること。≡「ー冷却器」❷大気や海水が地球規模で循環すること。また、その流れ。

かん-りょう【完了】［名］❶［自他サ変］物事が完全に終わること。また、完全に終えること。≡「校舎の補修工事がーする」「今日中に手続きをーする」「準備［任務］ー」使い方「〜を完了する／完了させる」では、前者が一般的。⬇品詞解説(一八二六ページ) ❷文法で、動作・状態がすでに終わっていることを表す言い方。口語では助動詞に助動詞「た」や補助動詞「(て)いる」を、文語では助動詞「つ」「ぬ」「たり」「り」を付けて表す。

かん-りょう【官僚】［名］役人。特に、国家機構に直接携わっている上級の役人。≡「ー政治」「ー的」

かん-りょう【感量】［名］計器やはかりの針が示すことのできる最低の量。

がん-りょう【含量】［名］中に含んでいる量。含有量。

がん-りょう【顔料】［名］❶水や油に溶けない、有色・不透明な物質。着色剤として塗料・印刷インキ・化粧品などに用いる。❷絵の具。

がん-りょく【眼力】［名］⬇がんりき(眼力)

かん-りん【▼翰林】［名］❶学者・文人の仲間。❷「翰林院」の略。▼「翰」は筆の意。

かんりん-いん【▼翰林院】［名］❶中国で、唐代から歴代王朝に置かれた役所の一つ。儒学者や文士を集め、詔勅の作成・国史の編纂などを行った。❷「アカデミー」の訳語。

かん-るい【感涙】［名］感激して流す涙。≡「ーにむせぶ」

かん-れい【寒冷】［名・形動］ひえびえとして寒いこと。≡「ーな気候」「ー作物」⬍温暖

かん-れい【慣例】［名］くり返し行われて習慣のようになっている事柄。ならわし。しきたり。≡「ーとなっている儀式」

かんれい-しゃ【寒冷▼紗】［名］薄くて目のあらい、平織りの綿布。のりづけをして仕上げ、カーテン・かや・造花・芯地・裏打ちなどに用いる。

かんれい-ぜんせん【寒冷前線】［名］寒気団が暖気団の下に入り込んだときに発生する不連続線。通過時には急に温度が下がり、にわか雨・雷雨・突風などが起こる。⬍温暖前線

かん-れき【還暦】［名］数え年六一歳のこと。華甲。本卦がえり。≡「ーの祝い」▼六〇年すると再び生まれた年の干支にかえることから。

かん-れん【関連(関▼聯)】［名・自サ変］ある事柄と他の事柄との間につながりやかかわりがあること。連関。≡「二つの事件はーがありそうだ」「総選挙にーする記事」「ー会社」

かん-ろ【甘露】［名］❶［形動］甘くて、非常にうまいこと。≡「ーの味わい」「ー、ーと飲み干す」❷中国の伝説で、天子が仁政を施すとき、天がそれに感じて降らせるという甘いつゆ。

かん-ろ【寒露】［名］❶晩秋から初冬のころにおりる冷たい露。❷二十四節気の一つ。太陽暦の十月八日ごろ。▼このころ北国では初氷が張るようになる。

がん-ろう【玩弄(▼翫弄)】［名・他サ変］もてあそぶこと。なぶりものにすること。≡「ー物」

かん-ろく【貫▼禄】［名］身に備わった威厳や風格。≡「元首としてのーがある」書き方 新聞は「貫録」で代用してきたが、今は「貫禄」と書く。

かんろ-に【甘露煮】［名］アユ・フナ・ハゼなどの小魚を醤油・砂糖・水あめなどで甘辛く煮つめた食品。また、クリ・キンカンなどの果実を砂糖と水で甘く煮つめた食品。

かん-わ【官話】［名］北京官話・南京官話・西方官話など、かつて中国で用いた共通語。狭義では、北京官話を指す。▼官衙(=官庁)で用いる言語の意。

かん-わ【閑話】［名］❶静かに話をすること。また、その話。❷むだ話をすること。また、その話。

かん-わ【漢和】［名］❶中国と日本。和漢。❷漢語と日本語。❸「漢和辞典」の略。≡「ーをひく」

かん-わ【緩和】［名・自他サ変］激しさや厳しさの程度がやわらぐこと。また、やわらげること。≡「混雑がーする」「制限をーする」「規制ー」

かんわ-きゅうだい【閑話休題】［名］話を余談から本筋にもどすときに使うことば。それはさておき。ところで。▼ふつう文中で接続詞的に使う。

かんわ-じてん【漢和辞典】［名］漢字・漢語の読み方や意味を日本語で解説した辞書。漢和。

き

き【木】［名］❶地上部に堅く木質化した幹をもつ植物の総称。低木と高木に分けられる。樹木。立ち木。‖「—が繁る」「庭に—を植える」書き方「▽樹」とも。❷木材。材木。‖「—の机」❸拍子木(ひょうしぎ)。‖「—がはいる」書き方「▼柝」とも。

◉**木で鼻を括(くく)る**　そっけない態度で応じる。冷淡にあしらう。‖「—・ったような返事」▽元来は「木で鼻をこくる(＝こする)」。「くくる」は「こくる」の誤用が一般化したもので、括(くく)るの意ではない。

◉**木に竹を接(つ)ぐ**　不自然で調和がとれないことのたとえ。また、筋道の通らないことのたとえ。‖「—・いだような説明」

◉**木に縁(よ)りて魚(うお)を求む**　方法を誤ると目的を達成できないということ。また、見当違いな望みを抱くこと。▽『孟子』から。

◉**木を見て森を見ず**　細かい点にばかり注意して全体を見ないたとえ。

き【生】■一［名］混じりけがないこと。‖「スコッチを—で飲む」■二(造)自然のままの。純粋な。‖「—醤油(じょうゆ)・—まじめ」「—糸・—地」

き【黄】［名］色の三原色の一つで、レモンの皮や卵の黄身のような色。黄色。イエロー。‖「—緑・—表紙」▽古くは「黄なり」と形容動詞に活用した。「黄粉(きなこ)」はそのなごり。

き【気】■一［名］❶生命力や活力の根源となる心の働き。‖「浩然(こうぜん)の—を養う」❷外界を知覚する心の働き。意識。‖「—を失う」「—を確かに持つ」❸その人が生来もっている心の傾向。気質。‖「—が荒い[弱い]」「—のいい[短い]人」❹物事に反応する心の働き。物事に反応して変化する心の状態。気分。気持ち。‖「—が変わる」「—が滅入る」「—を楽にする」「ちょっと恥ずかしい—がする」❺物事についてあれこれ考える心の働き。‖「—が散る」「試験の結果が—になる」❻何かを(積極的に)しようとする気持ち。また、何かをなし遂げようとする精神力。‖「その話にはどうも—が乗らない」「—がゆるむ」「あの団体を支援する—はない」「やる—のない人」「これからどうする—(＝つもり)だ」❼物事に引きつけられる気持ち。関心。‖「兄は彼女に—があるらしい」「—が向いたら遊びにいらっしゃい」❽その場に感じられるようす。雰囲気。‖「殺伐(さつばつ)の—が漂う」「復興の—がみなぎる被災地」「鬼—・妖—・霊—」❾寒暑・風雨など、気象を変化させる自然現象。また、天地間に生じる大気。‖「秋の—がみなぎる」「山の—を吸う」「—温・—候」「天—・陽—」❿ある物がもつ特有の味や香り。‖「—の抜けたビール」■二(造)❶息。‖「—管・—息」「吸—・呼—」❷精神や感情の働き。活力。‖「—概・—質・—分・—魄(きはく)」「才—・本—・勇—・病—」❸気体。ガス体。‖「—圧・—化」「外—・空—・蒸—」❹一年を二十四分した期間。‖「—節」「節—・二十四節—」読み分け 次のような「〜気」は「き」とも「け」とも読み、上に来る語によっては「ぎ」「げ」「つけ」とも読む(ただし「つけ」は今は多く「〜っ気」「〜っけ」と書く)。「男気(ぎ・け)／男っ気(け)」「芝居気(き・け・げ)／芝居っ気(け)」「商売気(ぎ・げ)／商売っ気(け)」「むら気(き・ぎ・け)／むらっ気(け)」旧氣

◉**気がある**　❶その意志・意欲がある。‖「参加する—のか」❷ある人に恋愛感情をいだいている。

◉**気が置けない**　遠慮する必要がなく、心からうちとけることができる。‖「—仲間と旅行する」注意 肯定形の「気が置ける[置かれる]」と取り違えて、「気が置けない」を気が許せない、油断がならないの意に使うのは誤り。

◉**気が置ける**　気が許せない。遠慮される。‖「—上司」

◉**気が利(き)く**　❶細かなことにも注意が行き届く。気が回る。‖「お茶も出さずに、—・きませんで」❷しゃれている。‖「—・いた花瓶」

◉**気が気でない**　気にかかって落ち着かない。

◉**気が差す**　気がとがめる。後ろめたく感じる。

◉**気が知れない**　何を考えているのか分からない。

◉**気が済む**　晴れ晴れとした気持ちになる。気持ちがおさまる。すっきりする。

◉**気が立つ**　感情が高ぶる。いらだつ。

◉**気が付く**　❶そのことに考えが及ぶ。気づく。❷細かいところまで注意がゆきとどく。‖「よく—人」❸意識を取り戻す。‖「—と病院のベッドの上だった」

◉**気が遠くなる**　意識が薄れてぼうっとなる。

◉**気が咎(とが)める**　心の中で悪いという気持ちになる。後ろめたさを感じる。

◉**気が長い**　ゆったりと構え、あせらない。のんびりしている。‖「脱稿までに二〇年もかけるとは—話だ」

◉**気が引ける**　気おくれする。引け目を感じる。

◉**気が回る**　細かいところまで注意が行き届く。‖「玄関の掃除にまで—・らなかった」

◉**気が短い**　待つことができず、すぐにいらいらする。短気だ。‖「—・くてすぐに怒り出す」

◉**気が揉(も)める**　心配で落ち着かない。やきもきする。

◉**気に入(い)る**　好みに合う。‖「私の—・っている服」▽五段動詞としての一語化が進んでいる。⬇お気に入り 使い方「彼のことが気に入る／彼のことを気に入る」では、前者が伝統的。「〜が好き／〜を好き」と並行的。

◉**気に掛かる**　心配である。心に掛かる。‖「消息が—」

◉**気に食わない**　好きになれない。気に入らない。

◉**気に障(さわ)る**　不快に感じる。感情を害する。‖「(お)—・ったのなら謝ります」

◉**気に病(や)む**　心配する。悩む。‖「不合格を—」

◉**気は心**　量や額はわずかでも、真心がこもっていること。‖「少しばかりですが、—ですからお納め下さい」

◉**気を失う**　失神する。意識を失う。

◉**気を落とす**　落胆する。気落ちする。

◉**気を利(き)かせる**　相手の気持ちや立場にふさわしいように、先回りして配慮する。‖「—・せて席を立つ」

◉**気を配る**　あれこれと注意を払う。配慮する。

◉**気を付ける**　注意する。‖「事故のないように—」

◉**気を取り直す**　失敗したあとなど、気持ちを新たにして元気にふるまう。‖「—・して仕事に励む」

◉**気を抜く**　緊張をゆるめる。‖「—・いて失敗する」

◉**気を吐(は)く**　威勢のよい言動によって、意気盛んなところを見せる。‖「一人—」

◉**気を紛(まぎ)らす**　何かをして、不快な気持ちを一時的に忘れる。‖「散歩をして—」

◉**気を回す**　必要以上に、あれこれと推測する。‖「それは—・し過ぎだ」

◉**気を許す**　相手を信用して、警戒心をゆるめる。

き【忌】■一［名］死者の喪に服して一定期間行いをつつ

しむこと。また、その期間。いみ。≡「—があける」「—中」[二]（造）❶はばかる。いむ。≡「—憚（きたん）・—避」「禁—・嫌—」❷死者の命日。≡「—日」「回—・年—」「桜桃—・河童（かっぱ）—」

き【奇】[一]［名］珍しいこと。不思議なこと。≡「事実は小説より—なり」「—行・—跡」「怪—・数—」[二]（造）❶思いがけない。予想外の。≡「—遇・—襲」❷すぐれている。すばらしい。≡「—才」❸数が、二で割り切れない。≡「—数」

◉奇を衒（てら）う わざと風変わりなことをして人の注意を引こうとする。≡「—った衣装」✓注意「奇を狙（ねら）う」は誤り。

き【季】[一]［名］俳句によみこむ四季の景物。季語。季題。≡「この句には—がない」「—が重なる」[二]（造）❶とき。時節。春夏秋冬それぞれの時節。≡「—刊・—候・—節」「—末」「雨—・今—・半—・春—」❷すえ。終わり。≡「—夏・—秋」

き【紀】[一]［名］❶「日本書紀」の略。≡「—によれば…」「記—」❷地質時代の一区分。≡「白亜—・ジュラ—」[二]（造）❶書き記す。書き記したもの。≡「—行・—伝・—要」「本—」❷のり。きまり。すじみち。≡「—律」「綱—・風—」❸とし。年月のまとまり。≡「—元」「皇—・世—」❹「紀伊（きい）」の略。≡「—州」「南—」

き【軌】[一]［名］のり。すじみち。[二]（造）❶わだち。車輪の跡。≡「—跡」❷車輪やレールの幅。レール。≡「—道」「広—」

◉軌を一（いつ）にする ❶法律や制度を同じにする。転じて、天下が統一されている。❷考え方や方法を同じにする。≡「両者の論点が—」◈車輪の通った跡を同じくする意から。使い方 方法という意の「揆（き）」を用いた「揆を一にする」もほぼ同じ意味。また「機を一にする」は、時期を同じくする意。

き【記】[一]［名］❶書きしるしたもの。しるし。≡「思い出の—」「手—・伝—・日—」❷「古事記」の略。≡「—紀」[二]（造）❶書きしるす。≡「—述・—帳・—入」「左—・速—・転—・明—」❷おぼえる。≡「—憶・—念」

き【▼揆】［名］はかりごと。方法。≡「農民一—」

◉揆を一（いつ）にする 考え方や方法を同じにする。⬇軌を一にする

き【期】[一]［名］とき。時期。≡「—をたがえる」「—限・—末」「延—・初—」「老年—・思春—・倦怠（けんたい）—」[二]（造）待つ。待ちもうける。≡「—待」「予—」

き【機】[一]［名］❶物事の生じるきっかけ。また、物事をするのによいおり。≡「改革の—が熟す」「反撃の—をうかがう」「—運・—会」「危—・好—・待—」❷物事の大切なところ。かなめ。≡「—を制する」「—軸」「枢—」❸飛行機。≡「—から降り立つ」「民間—」「三—の飛行機」❹心の働き。特に仏教で、仏の教えにふれて発動する心のはたらき。≡「—嫌・—知・—転」「心—」[二]（造）精密な働きをする道具。からくり。≡「—械・—関・—器」「洗濯—・電算—」

◉機を見るに敏（びん） 機会をうまくとらえて的確に行動するさま。≡「—な企業家は、すぐ市場から撤退した」

き［助動 特活型］（（せ）-○-き-し-しか-○）〔古風〕過去の状態や出来事を表す。…た。≡「後につきて入りしは、十二三と見ゆる女の子なり—〈鷗外〉」「若かりし時」「在りし日の思い出」「彼が来ると思い—や、兄の方が来た」使い方 (1)活用語の連用形に付く。カ変・サ変動詞には特別の接続をする。(2)未然形は「せば」の形で、反実仮想を表す。≡「もしやわれ草にありせば…その足に触れましものを〈藤村〉」

き【貴】[一]［接頭］〈相手に関する語に付いて〉尊敬の意を表す。≡「—兄・—校・—国・—社」[二]（造）❶身分が高い。≡「—族・—賓・—婦人」❷値段が高い。価値がある。≡「—金属・—重」「珍—・騰—」

き【企】（造）くわだてる。≡「—画・—業・—図」

き【危】（造）❶あぶない。あやうい。≡「—機・—急・—険・—篤」「安—」❷あやぶむ。≡「—惧（きぐ）」❸おびやかす。そこなう。≡「—害」

き【机】（造）つくえ。≡「—案・—下・—上」「浄—」

き【岐】（造）わかれる。わかれ道。≡「—路」「多—」

き【希】（造）❶まれ。珍しい。≡「—書・—少・—代」「古—」❷うすい。うすめる。≡「—釈・—薄・—硫酸」❸ねがう。こいねがう。≡「—求・—望」◈①②は「稀」に通じる。

き【汽】（造）ゆげ。蒸気。≡「—車・—船・—笛」

き【祈】（造）神仏にいのる。いのり。≡「—願・—禱（きとう）・—念・—年祭」旧祈

き【帰】（造）❶もどる。かえる。≡「—還・—国・—省・—宅」「回—・不—・復—」❷あるべき所におさまる。おもむく。≡「—依（きえ）・—結・—属・—納」旧歸

き【既】（造）❶すでに終わっている。≡「—刊・—婚・—述」❷つくす。つきる。≡「皆—食」旧旣

き【起】（造）❶立ちあがる。身をおこす。また、高くもちあがる。≡「—臥（きが）・—床・—伏」「再—・突—」❷活動をはじめる。動きだす。おこる。おこす。≡「—案・—工・—訴・—爆」「決—・蜂—（ほうき）」❸物事のおこり。はじまり。≡「—因・—源・—点」「縁—（えんぎ）」❹起句。

き【飢】（造）❶うえる。うえ。≡「—餓・—渇」❷穀物が実らない。≡「—饉（ききん）」◈「饑」に通じる。

き【鬼】（造）❶死者の霊魂。死者。≡「—哭（きこく）・—籍」「幽—」❷人に害をもたらす悪神。恐ろしく、無慈悲なもの。化け物。≡「—気・—畜・—門」「邪—・殺人—」❸超人的にすぐれているもの。≡「—才」

き【亀】（造）❶かめ。≡「—甲（きっこう）・—頭」❷かめの甲。≡「—卜（きぼく）・—裂」旧龜

き【基】（造）❶もとい。よりどころ。≡「—幹・—金・—準・—地・—調」❷化学反応の際、まとまって一個の原子のように反応する原子団であることを表す語。≡「アルキル—・水酸—・メチル—」▼原子団の名称につけて使う。❸すえつけたものを数える語。≡「灯籠（とうろう）一—」「大砲四—」「クレーン五—」

き【寄】（造）❶立ちよる。≡「—港・—航」❷身をよせる。たよる。≡「—寓（きぐう）・—宿・—生」❸人にまかせる。あずける。あたえる。≡「—進・—贈・—稿・—付」

き【規】（造）❶円をかく道具。コンパス。≡「—矩（きく）」「定—（じょうぎ）」❷基準。きまり。てほん。≡「—格・—則・—定」「内—・法—」❸ただす。≡「—正」

き【喜】（造）よろこぶ。よろこび。≡「—劇・—寿・—色」「歓—」「—怒哀楽」「一—一憂」

き【幾】（造）❶数量をたずねる語。いくつ。≡「—何（きか）」❷願う。≡「庶—」

き【揮】（造）❶ふるう。ふりまわす。≡「—毫（きごう）」「指—・発—」❷散る。まき散らす。≡「—発」

き【棋】（造）囲碁。また、将棋。≡「—界・—士・—譜」

き【棄】（造）すてる。なげすてる。また、しりぞける。≡「—却・—権」「遺—・破—・廃—・放—・自暴自—」

き【毀】(造)❶こわす。そこなう。‖「―棄・―傷」「破―」❷そしる。‖「―誉・―謗」「誹―」

き【旗】(造)はた。‖「―艦・―手」「校―・半―・叛―」「星条―・日章―」

き【器】(造)❶いれ物。うつわ。‖「食―・茶―」❷器具。道具。‖「楽―・消火―」「―機」▽「機」よりも小型で簡単なものをいう。❸器官。‖「呼吸―・消化―」❹力量や才能。‖「大―」旧器

き【▼毅】(造)つよい。意志がつよく、物事に動じない。‖「―然」「剛―」

き【畿】(造)みやこ。帝都。‖「―内」「近―・京―」

き【輝】(造)かがやく。かがやかしい。‖「―石」「光―」

き【騎】(造)❶馬に乗る。また、馬に乗った兵士。‖「―士・―手」「敵―」❷兵士が乗った馬または馬に乗った兵士を数える語。‖「一―・単―」「百―の精鋭」

ぎ【技】[名]腕前。わざ。‖「―、神に入る」「巧―・師―・―術・―能・―量」「演―・球―・実―・特―」

ぎ【偽】[名]❶いつわり。虚偽。‖「―証・―善・―名」❷論理学で、ある命題が誤っていること。◈⬍真 旧僞

ぎ【義】㊀[名]❶人として行うべき正しい道。利欲にひかれず、筋道をたてる心。‖「―を尽くす」「―を見てせざるは勇無きなり」「―士・―理」「信―・正―・道―」❷意味。また、理由。条理。‖「ことばの―を解する」「原―・主―・定―・同―」㊁(造)❶血族ではない親族。また、その関係。‖「―父・―母・―兄弟」❷本物の代用となるもの。人工の。‖「―手・―歯」

ぎ【儀】㊀[名]❶礼法にかなった行い。また、礼式。作法。‖「婚礼の―」「葬―・略―・流―」❷こと。事柄。‖「お願いの―がございます」「公―・祝―・難―・余―」使い方 通知や通達の文書で、人名や人代名詞などにも付ける。‖「私―(=私に関する事として、)この度一身上の都合により…」㊁(造)天体などを測量する器械。‖「地球―・天球―」

ぎ【議】㊀[名]❶はかること。論じ合うこと。また、相談。‖「理事会の―を経る」「―員・―決」「会―・協―・審―」❷意見。‖「―をさしはさむ」「異―・建―」㊁(造)「議員」の略。‖「市―・県―・都―」

ぎ【着】(造)きもの。衣服。‖「雨―・上―・運動―・晴れ―・普段―」

ぎ【▽伎】(造)❶うでまえ。わざ。技。‖「―芸・―倆」❷役者。芸人。‖「―楽」

ぎ【▼妓】(造)あそびめ。遊女。‖「―楼」「芸―」

ぎ【宜】(造)都合がよい。ほどよい。‖「時―・適―・便―」

ぎ【欺】(造)あざむく。だます。‖「―瞞」「詐―」

ぎ【疑】(造)うたがう。うたがわしい。‖「―心・―念・―問・―惑」「懐―・質―・容―・半信半―」

ぎ【戯】(造)❶たわむれる。ふざける。また、あそび。‖「―画・―書」「球―」❷芝居。‖「―曲・―場」旧戲

ぎ【▼誼】(造)親しい間柄。よしみ。‖「交―・厚―・友―」

ぎ【擬】(造)にせる。なぞらえる。‖「―音・―人・―装・―態」「模―」

ぎ【犠】(造)いけにえ。‖「―牲」旧犧

ギア[gear][名]歯車。また、歯車を組み合わせた伝動装置。ギヤ。‖「車の―を入れる」「―チェンジ」

き‐あい【気合い】キアヒ[名]心を集中させて事に当たるときの勢い。また、そのときの掛け声。書き方 公用文では「気合」。

◉**気合いを入・れる** ❶緊張感を高め、精神を集中させる。❷しかるなどして発憤させる。また、精神がたるんでいるとして体罰を加える。

きあい‐まけ【気合い負け】キアヒ‐[名・自サ変]相手の勢いにおされ、気持ちの上で負けること。

ぎ‐あく【偽悪】[名]わざと悪くみせかけること。‖「―家」▽「偽善」をもじって造られた語。⬍偽善

き‐あけ【忌明け】[名]喪の期間が終わること。いみあけ。

ギア‐チェンジ[gear change][名]自動車などで、変速機のギアを切り替えること。ギアシフト。

き‐あつ【気圧】[名]大気の圧力。‖「―配置・―計」▽一気圧は一〇一三・二五ヘクトパスカル。摂氏零度の水銀柱では七六〇ミリメートル。

きあつ‐はいち【気圧配置】[名]広範囲における気圧の分布状態。高気圧・低気圧・前線などを等高線の分布で示す。西高東低型(冬型)、南高北低型(夏型)、梅雨型などの型がある。

き‐あわ・せる【来合わせる】キアハセル[自下一]たまたまその場所にやって来て出会う。‖「鴨があるとはいい所に―・せた」文きあは・す

き‐あん【起案】[名・他サ変]公式文書などのもとになる案文をつくること。起草。‖「自治会の会則を―する」「―者」

ぎ‐あん【議案】[名]審議・決定するために、会議に提出する原案。‖「―を可決する」「―書」

き‐い【忌▼諱】キイ[名・自他サ変]いみきらって避けること。▽「忌諱」の慣用読み。

◉**忌諱に触・れる** いやがる言動があって目上の人の機嫌をそこねる。

き‐い【奇異】[名・形動]ふつうと様子が違っていて怪しく思われること。‖「―に感じる」派生‐さ

き‐い【貴意】[名]相手の意見・考えをいう尊敬語。お考え。‖「―を得たく存じます」▽多く手紙文で使う。

キー[key][名]❶かぎ。‖「車の―」「―ホルダー」❷問題などを解決する手がかり。‖「事件の―をにぎる人物」❸ピアノ・オルガンなどの鍵盤。また、ワープロ・コンピューターなどで、文字や記号を入力するために指で押す部分。❹音楽で、調。

キー‐きょく【キー局】[名]⬇キーステーション

キー‐ステーション[key station][名]ネットワーク(放送網)の中核として各地域の加盟放送局に自社の制作番組を送り出す放送局。親局。キー局。

きいた‐ふう【利いた風】[名・形動]わかってもいないのに、知ったかぶりをして生意気な態度をとること。‖「―な事をぬかす」注意「聞いた風」と書くのは誤り。

き‐いちご【木▼苺・木▼莓】[名]❶春、白色の五弁花を開くバラ科の落葉低木。黄色く熟す実は食用。モミジイチゴ。❷モミジイチゴ・ラズベリー・ブラックベリーなど、バラ科キイチゴ属の植物の総称。多くは落葉低木。

き‐いつ【帰一】[名・自サ変]分かれていたものが一つにまとまること。‖「神の教えはある真理に―する」

き‐いっぽん【生一本】[名]❶[形動]純真で、まじめひとすじに物事に打ち込んでいくこと。‖「―な性格」❷純粋で、混じりけのない日本酒。‖「灘の―」

き‐いと【生糸】[名]カイコの繭からとった繊維をよりあわせただけで、まだ練ってない絹糸。

キー‐ノート[keynote][名]❶音楽で、主音。主調音。❷文学・芸術作品などの中心思想。基調。

キーパー【keeper】〔名〕ゴールキーパー。

キーパーソン【key person】〔名〕かぎを握る人物。重要人物。キーマン。

キープ【keep】〔名・他サ変〕❶確保すること。保持すること。「一定水準［よい席］を―する」❷飲食店などで、酒を瓶ごと買って預けておくこと。❸サッカー・バレーボールなどで、ボールやサーブ権を相手側に渡さないで保持すること。❹ラグビーで、味方のボールをスクラムの中に保持すること。❺テニスで、サービスゲームをとること。

キー-ポイント【key point】〔名〕問題や事件の解決に際しての重要な手がかりとなる点。主眼点。「事件解決の―」

キー-ボード【keyboard】〔名〕❶楽器の鍵盤(けんばん)。❷鍵盤楽器の総称。特に、電子鍵盤楽器。❸コンピューターで、入力用のキーを配列してある盤。

キー-ホルダー【key holder】〔名〕家・自動車などの鍵(かぎ)をまとめて束ねておくための用具。

キーマ-カレー【keema curry】〔名〕ひき肉を使ったカレー。▽「キーマ」はヒンディー語などでひき肉の意。

キーマン【keyman】〔名〕⇒キーパーソン

キール【keel】〔名〕船の竜骨(りゅうこつ)。

キール【kir フランス】〔名〕白ワインにカシスのリキュールを加えたカクテル。

き-いろ【黄色】〔名・形動〕黄の色。黄。「一面―の菜の花畑」

きいろ・い【黄色い】〔形〕黄色をしている。「ヒマワリの―花」「まだくちばしが―(=ひよこのように未成熟だ)」▽文語では「黄なり」または「黄色なり」で、「黄色い」はそれを形容詞化したもの。派生 -さ／-み

きいろい-こえ【黄色い声】〔名〕かん高い声。「アイドルの登場にファンから―が上がる」

キー-ワード【keyword】〔名〕❶文章の理解や問題解明の手がかりとなる重要な語句。❷情報検索で、データを引き出すときの索引として使用する語句。

き-いん【気韻】〔名〕書画などの、気品のある趣。「―生動(=風雅な趣が生き生きとあらわれていること)」

き-いん【起因(基因)】〔名・自サ変〕それが直接の原因となって物事が起こること。「不注意に―する事故」

ぎ-いん【議員】〔名〕国会や地方議会などの合議制の機関を構成し、議決権をもっている人。「―立法」▽国会議員・都道府県議会議員・市区町村議会議員がある。

ぎ-いん【議院】〔名〕国政を審議する機関。国会。「―内閣制」▽わが国では衆議院と参議院。

ぎいん-りっぽう【議員立法】〔名〕国会議員の発議による法案に基づいて行われる立法。▽内閣が提出する政府法案(閣法)に対していう。

き-う【気宇】〔名〕心の持ち方。度量。「―壮大［闊達(かったつ)］」

キウイ【kiwi】〔名〕❶ニュージーランドに生息するキウイ科の鳥の総称。大きさはニワトリ大。翼は退化して飛べない。ニュージーランドの国鳥。キーウィ。❷果樹として栽培されるマタタビ科のつる性落葉樹。また、その果実。実は全体に毛のある長楕円形で、果皮は褐色、果肉は緑色で甘酸っぱい。▽「キウイフルーツ」の略。語源 果実が①に似ることから。

き-うつ【気鬱】〔名・形動〕気分がふさぐこと。「―な話」派生 -さ

き-うつり【気移り】〔名・自サ変〕注意や関心が一つのところに集中しないで、ほかに移ること。「一つ選ぶとなると―する」

き-うん【気運】〔名〕物事がある状態になろうとする傾向。時勢の成り行き。「倒幕の―が高まる」書き方 新聞は「気運」「機運」を区別せずに「機運」と書く。

き-うん【機運】〔名〕あることを行うのに適した、時のめぐりあわせ。「―到来」

き-え【帰依】〔名・自サ変〕神仏を信仰して、その威徳にすがること。「仏道に―する」「―僧」

き-えい【気鋭】〔名・形動〕気力にあふれ、意気さかんなこと。「新進―の作曲家」

き-えい【帰営】〔名・自サ変〕兵営に帰ること。

き-えい【機影】〔名〕飛んでいる航空機の姿。また、そのかげ。

きえ-い・る【消え入る】〔自五〕❶(小さくなって)そのまま消えてなくなる。「自信なげな―ような声で話をする」❷悲しみや苦しみで気を失う。魂が消える。「魂も―・らんばかりに嘆き悲しむ」◈①②とも比喩表現に使うことが多い。

きえ-う・せる【消え▽失せる】〔自下一〕消えてなくなる。また、姿を消す。「金庫から札束が―・せた」文 **きえう・す**

き-えつ【喜悦】〔名・自他サ変〕よろこぶこと。よろこび。「―を感じる」「―の声をあげる」

きえ-のこ・る【消え残る】〔自五〕一部が消えないで残る。「空に煙が―」

き・える【消える】〔自下一〕❶人の姿や物の形が見えなくなる。「姿が闇の中に―」「雲がかかって星影が―」❷音や声が聞こえなくなる。「足音［話し声］が―」❸匂いや味が感じられなくなる。「悪臭［辛み］が―」❹痛み・かゆみなどが感じられなくなる。「疼痛(とうつう)が―」❺それまで存在していた人がいなくなる。また、行方がわからなくなる。「容疑者がどこかへ―」「広場から人影が―」「野の露と―」❻それまで存在していたものがなくなる。また、行方がわからなくなる。「石鹸(せっけん)の泡が―」「金庫から現金が―」「不審な車が―」❼それまで行われていた社会的な事柄などがなくなる。「また一つ伝統行事が―」❽燃えていた火が絶える。「火が―」❾放っていた光がなくなる。「明かり［テレビの画像］が―」❿雪・霜などがとけてなくなる。「根雪が―」⓫霧・もや・雲・虹(にじ)などが薄れてなくなる。また、露などが蒸発してなくなる。「霞(かすみ)が―」「虹が次第に―・えていく」⓬感情・印象・記憶などがなくなる。「憎しみが―」「罪の意識［幼時の記憶］が―」⓭罪や疑いがなくなる。「罪［容疑］が―」⓮望みなどがなくなる。「夢［希望］が―」⓯世間の評判などがなくなる。「うわさが―」⓰身についていた気質などがなくなる。「とげとげしさが―」「かたくなな態度が―」⓱埋め合わされて、なかったものになる。「債務が―」文 **き・ゆ**

品格　雲散霧消(うんさんむしょう)「あっけなく―する」散逸(さんいつ)「史料の―を防ぐ」消去「データを―する」消失「権利が―する」消滅「―の危機に瀕する」抹消(まっしょう)「登録を―する」流失(りゅうしつ)「橋が―する」

き-えん【気炎(気▼焔)】〔名〕燃え上がるように盛んな意気。「―万丈」

◉**気炎を上・げる**　盛んに勢いのよいことを言う。

き-えん【奇縁】[名] 不思議な縁。≡「合縁—」

き-えん【機縁】[名] ❶衆生(しゅじょう)に仏の教えを聞いて受け入れる能力(機)と機会(縁)があること。❷きっかけ。機会。≡「思わぬ—で知己を得る」「これを—によろしくお願いします」

ぎえん-きん【義援金(義▼捐金)】(ギヱ・ギヱ) [名] 慈善や被災者救済のために差しだす金品。▼「捐」は捨てるの意。書き方「義援金」は代用表記。

き-えんさん【希塩酸(▼稀塩酸)】[名] 水でうすめた塩酸。殺菌剤・洗剤などに使う。

き-おい【気負い】(ヒオ) [名] 気負うこと。≡「—を抑える」「—のない作品」

きおい-た・つ【気負い立つ】(ヒキオ) [自五] おさえがきかないほど意気込む。≡「負けてはならじと—」

き-おう【既往】(ワウ) [名] 過ぎ去った時。過去。また、過去の事柄。

き-お・う【気負う】(フォ) [自五] 自分こそはと意気込む。≡「—・ったところのない素直な文章」名 **気負い**

きおう-しょう【既往症】(キワウシャウ) [名] 現在は治っているが、過去にかかったことのある病気。

き-おく【記憶】[名・他サ変] ❶過去に経験した事柄を忘れずにおぼえていること。また、その内容。≡「幼年期のことには確かな—がない」「そのことは全く僕の—にない」「—に新しい出来事」「—力」❷コンピューターに、データを保存しておくこと。≡「—装置」

きおく-ばいたい【記憶媒体】[名] データを記録するために使用する部品や装置。ハードディスク・CD-ROM・フラッシュメモリーなど。

き-おくれ【気後れ】[名・自サ変] 相手の勢いや雰囲気に圧倒されて心がひるむこと。≡「面接の場では—してうまく話せない」

キオスク [kiosk] [名] 新聞・雑誌・菓子などを売る小さな売店。▼もとトルコ語で、トルコやイランなどのイスラム式庭園にある東屋(あずまや)のこと。

き-おち【気落ち】[名・自サ変] がっかりして気力がなえること。≡「—した声でぼそぼそとつぶやく」

き-おん【気温】(ヲン) [名] 大気の温度。▼普通、地表面から高さ一・五メートルの日陰で計った温度を地上気温とする。

き-おん【基音】[名] 楽器の弦や管が振動して発する複合音のうち、振動数の最も少ない音。基本音。原音。▼音の高さは、その基音によって決まる。

ぎ-おん【▼祇▽園】(ヲン) [名] ❶昔、インドの須達(すだつ)長者が釈迦(しゃか)とその教団のために建てた寺院。▼「祇園精舎(しょうじゃ)」の略。❷京都の八坂神社。また、その付近一帯の地。▼近世以降、花街として発展した。❸八坂神社の祭礼。七月一七日から二四日まで行われる。▼「祇園会(え)」の略。

ぎ-おん【擬音】[名] 放送・演劇・映画などで、本物の音に似せてつくりだす人工的な音。≡「—効果」

ぎおん-ご【擬音語】[名] ⬇擬声語(ぎせいご)

き-か【机下(▼几下)】[名] 手紙の脇付(わきづけ)の一つ。あて名の左下に添えて相手に対する敬意を表す。▼机の下に差し出す意。

き-か【気化】(クワ) [名・自サ変] 液体が蒸発または沸騰(ふっとう)して気体になること。≡「水が—する」▼固体が昇華して気体になることも含めていうことがある。

き-か【奇貨】(クワ) [名] ❶珍しい品物。❷利用すれば意外な利益が得られそうな品物や機会。≡「閑職に回されたのを—として絵筆をとる」

◉**奇貨居(お)くべし** 好機はのがさずに利用しなくてはならない。▼珍しい品物は買っておいて、値上がりする時期を待つべきだという意から。

き-か【奇禍】(クワ) [名] 思いがけない災難。

き-か【帰化】(クワ) [名・自サ変] ❶他国の国籍を得て、その国の国民になること。≡「日本に—する」❷外国から渡来した動植物が環境に適応し、野生化して繁殖すること。≡「—動物」

き-か【幾何】[名] 図形や空間の性質を研究する数学の一部門。≡「ユークリッド—学」「微分—学」

き-か【貴家】[名] 相手の家や家族をいう尊敬語。≡「—益々御清栄の段」▼改まった手紙文などで使う。

き-か【▼麾下】[名] ❶将軍直属の家来。旗本。旗下。≡「徳川の—」❷ある人の指揮下にあること。また、その人。◈「麾」は指揮者の持つ旗の意。

き-か【貴下】[代] (二人称) 同等以下の相手を高めて指し示す語。▼手紙文などで使う。

き-が【帰▼臥】(クワ) [名・自サ変] 官職を辞めて故郷に帰り、静かに暮らすこと。≡「故山に—する」

き-が【起▼臥】(クワ) [名・自サ変] 起きることと寝ること。日々の生活。≡「—を共にする」

き-が【飢餓(▼饑餓)】[名] 食べ物がなくて、うえること。うえ。≡「—に苦しむ」「—感」

ぎ-が【戯画】(クワ) [名] たわむれに描いた絵。また、風刺を交えたこっけいな絵。カリカチュア。≡「鳥獣—」

ギガ [giga] (造) 単位の上に付いて、その一〇億倍の意を表す。記号G ≡「一〇〇—バイト」

き-かい【奇怪】(クワイ) [名・形動] ❶常識では考えられないほど変わっていて、ぶきみなこと。≡「—な事件が続発する」❷常識を外れていて、けしからぬこと。≡「—な行動をとる」◈「きっかい」とも。派生 -さ

き-かい【棋界】[名] 碁・将棋の世界。

き-かい【器械】[名] 装置の簡単な機械。また、道具。≡「測量—」「光学—」「—体操」書き方「光学器械」は、近年「光学機械」とも。使い方 ⬇機械

き-かい【機会】(クワイ) [名] 何かを行うのにちょうどいい時機。チャンス。≡「絶好の—をのがす」「—均等」

き-かい【機械】[名] 動力によって作動し、一定の運動・仕事を行う装置。≡「工作—」「精密—」使い方 一般に「機械」はそれ自体に動力源を備えた規模の大きな装置をさし、「器械」は比較的小規模な装置や道具をさす。「機器(器機)」は両者をあわせた総称。

き-がい【危害】[名] 生命・身体・物品などに及ぶ危難や損害。≡「—を加える」「—が及ぶ」

き-がい【気概】[名] 困難にもくじけない盛んな意気。≡「必ずやり遂げるという—をもつ」「—のある新人」

ぎ-かい【議会】(クワイ) [名] 選挙で選ばれた議員によって構成され、選挙民の意思を代表して立法などに参与する合議制の機関。▼特に国会を指すことがある。
注意「気概」と書くのは誤り。

きかい-か【機械化】(クワ) [名・自他サ変] 人力のかわりに機械を使うこと。≡「農業の—が進む」

きかい-たいそう【器械体操】(タイサウ) [名] 鉄棒・あん馬・吊り輪・平行棒・平均台・跳馬(跳び箱)などの器械を使って行う体操。⬍徒手体操

きかい-てき【機械的】[形動] ❶機械で動くさま。また、機械に関するさま。❷機械が動くように、型通り

に一つの方式で物事を処理するさま。‖「リストに従って―に文書を分類する」

きかい-ろん【機械論】［名］あらゆる現象を機械のようなものとみなし、その因果関係によって説明しようとする立場。▽mechanism の訳語。

き-がえ【着替え(着▽更え・着換え)】［名・自サ変］着ている衣服をかえること。また、着がえるための衣服。‖「洗濯したばかりで―がない」

き-か・える【着替える(着▽更える・着換える)】［他下一］着ている衣服を脱いで別の衣服にかえる。きがえる。‖「普段着に―」文きか・ふ 名着替え

き-がかり【気がかり(気掛かり・気懸かり)】［名・形動］あることが心配で、心から離れないこと。‖「子供の将来が―だ」「―な問題」

き-がき【記書き】［名］文書作成の書式で、挨拶や主文の後に必要事項や重要事項を箇条書きにするもの。ふつう、箇条書きの前に「記」、最後に「以上」と記す。

きか-きゅうすう【幾何級数】［名］隣り合う二項の比が常に一定である級数。等比級数。

き-かく【企画(企▼劃)】［名・他サ変］あることを行うために計画を立てること。また、その計画。‖「新製品［春の演奏会］を―する」「―立案」

き-かく【規格】［名］❶製品の品質・形・寸法などについて定めた標準。‖「―に合った商品」「日本工業―」「―判(=日本工業規格によって定められた紙の寸法)」❷物事の標準。基準。また、その型。‖「子供を―化しようとする」

き-がく【器楽】［名］楽器によって演奏する音楽。‖「―曲」⇔声楽

ぎ-かく【擬革】［名］布などに塗料をぬって加工し、本物の革に似せたもの。人造皮革。レザークロス。

ぎ-がく【▽伎楽】［名］日本古代の、楽器伴奏つきの無言仮面劇。インド・チベット地方に発生し、推古天皇の時に百済を経て伝来した。

き-かげき【喜歌劇】［名］喜劇的な要素をもつ軽い歌劇の総称。オペレッタなど。

き-かざ・る【着飾る】［自他五］美しい衣服を身につけてかざる。‖「―・ってパーティーに行く」

きか・す【利かす・効かす】［他五］⬇きかせる(利・効)

きか・す【聞かす】［他五］⬇聞かせる

きか・せる【利かせる・効かせる】［他下一］❶【利・効】機能・効果が十分に発揮されるようにする。‖「料理にコショウを―」「シャツにのりを―」「気［機転・にらみ・幅・冷房］を―」「小節［メリハリ・ワサビ］を―」書き分け 一般には【利】でまかなえるが、機能には【利】、効果には【効】と使い分けることもできる。「パンチを利かせて打つ／ワサビを効かせた鮨」❷【利】話をする機会を与える。‖「おれにも口を―・せろ(=話をさせろ)」文きか・す 異形 利かす・効かす

きか・せる【聞かせる】［他下一］❶聞くようにさせる。‖「先生は町の歴史を生徒たちに―・せた」「若い人に―・せたい話ですね」❷ことばで言ってよく分からせる。‖「私の方からとくと申し―・せます」「自分の胸に言い―」❸歌や話の作り方や表現のしかたが巧みで、思わず聞き入らせる。‖「なかなか―曲［話］だった」▽多く連体形を使う。文きか・す 異形 聞かす

き-がた【木型】［名］❶鋳型を作るときに使う木製の型。❷靴・帽子などの形を整えるのに使う木製の型。

き-かつ【飢渇(▼饑渇)】［名］飢えとかわき。飲食物の欠乏。

き-がね【気兼ね】［名・自サ変］他人に気を遣って、遠慮すること。‖「隣室に―して声をひそめる」

きか-ねつ【気化熱】［名］液体が気体になるために必要な熱量。蒸発熱。

ギガバイト【gigabyte】［名］コンピューターで、情報量を表す単位。一ギガバイトは一〇億七三七四万一八二四(二の三〇乗)バイト。または、一〇億(一〇の九乗)バイト。記号GB

き-がまえ【気構え】［名］❶物事に対処するときの心の準備。また、物事に取り組むときの意気込み。‖「必勝の―で試合に臨む」❷漢字の部首の一つ。「気」「氛」「氤」などの「气」の称。

き-がみ【生紙】［名］のりなどを加えず、こうぞ・みつまた・がんぴだけですいた和紙。生漉き紙。

き-がる【気軽】［形動］行動に際して、気持ちに負担がかからないさま。‖「料金が安く、―に利用できる店」「―な服装で(=普段着で)お越しください」▽対象と関わる際に、特別な準備や形式、礼儀などが不要なようすをいう。派生 -げ／-さ

きがる・い【気軽い】［形］気軽であるさま。‖「何でも―・く引き受けてくれる」

き-かん【気管】［名］脊椎動物ののどの下部から気管支に続く円柱状の管。呼吸の際に空気の通路となる。

き-かん【汽▼罐(汽缶)】［名］ボイラー。

き-かん【奇観】［名］珍しいながめ。‖「―を呈する渓谷」

き-かん【季刊】［名］年に四回、三か月ごとに発行すること。また、その刊行物。クオータリー。‖「―誌」

き-かん【帰還】［名・自サ変］戦地・外地などから帰ってくること。‖「第一線からの―兵」

き-かん【既刊】［名］すでに刊行されていること。また、その刊行物。‖「―の文庫本」⇔未刊

き-かん【亀鑑】［名］行動の規準となるもの。手本。模範。‖「教育者の―とされる」▽「亀」は占いに用いたかめの甲、「鑑」はかがみの意。

き-かん【基幹】［名］物事のおもととなるもの。‖「―部門」

き-かん【期間】［名］ある一定の日時から一定の日時までの間。‖「―限定」

き-かん【貴簡(貴▼翰)】［名］相手の手紙をいう尊敬語。‖「―拝受」

き-かん【旗艦】［名］艦隊の司令長官または司令官の乗っている軍艦。▽マストに将旗を掲げる。

き-かん【器官】［名］生物体を構成する一部分。いくつかの組織が集まって固有の形態をつくり、一定の生理作用を営むもの。‖「発声―・感覚―・消化―」

き-かん【機関】［名］❶電力・水力・火力などのエネルギーから動力を起こして機械を作動させる装置。‖「蒸気―・内燃―」❷ある目的を達成するために設けられた組織。‖「金融―・交通―・議決―」

き-かん【貴官】［代］(二人称)官吏または軍人である相手を高めて指し示す語。

き-がん【奇岩(奇▼巌)】［名］珍しい形をした岩。

き-がん【祈願】［名・他サ変］望みがかなうように神仏に祈り願うこと。‖「合格―」「―成就」

きーがん【帰▼雁】［名］春、南から北へ帰って行くガン。

ぎーかん【技官】―クワン［名］特別な学術・技芸に関する仕事をする国家公務員。農林水産技官・国土交通技官・文部科学技官など。

ぎーかん【技監】［名］技師・技官を統括する役職。

ぎーがん【義眼】［名］ガラスや合成樹脂で作った人工の眼球。入れ目。

きかん-き【利かん気(聞かん気)】［名］負けずぎらいで、人の言うなりになるのをひどく嫌うこと。また、そのような性質。「―が強い」▽「きかぬ気」の転。

きかん-さんぎょう【基幹産業】―サンゲフ［名］一国の経済活動の基盤となる重要な産業部門。キーインダストリー。

きかん-し【気管支】キクヮン―［名］気管の下端から左右に分かれ、両肺の内部でさらに枝分かれしながら肺胞に通じる細い管。「―炎」

きかん-し【機関紙・機関誌】キクヮン―［名］ある団体や組織がその主張や活動内容などを発表・宣伝するために発行する新聞や雑誌。書き分け 新聞の場合は【紙】、雑誌の場合は【誌】を使う。

きかん-しゃ【機関車】キクヮン―［名］原動機を備え、客車や貨物列車を牽引(けんいん)して走る鉄道車両。蒸気機関車・電気機関車・ディーゼル機関車など。

きかん-じゅう【機関銃】キクヮン―［名］引き金を引いている間、弾丸を連続して発射できる小口径の銃。機銃。マシンガン。▽普通、口径二〇ミリメートル以上のものは「機関砲」という。

きかん-とうしか【機関投資家】キクヮン―［名］収益を上げる目的で継続的に有価証券の運用を行う法人形態の投資家。

きき【利き・効き】■一［名］❶【利】働き。作用。「ブレーキの―が甘い」❷【効】ききめ。効能。「この薬は―がはやい」■二（造）【利】働きがすぐれている。「―腕」「左―・目―」

きーき【危機】［名］危険な時期。きわめてあぶない状況。ピンチ。「―を脱する」「絶滅の―に瀕する」

きーき【忌▼諱】［名・自サ変］➡きい(忌諱)

きーき【記紀】［名］古事記と日本書紀。「―歌謡」

きーき【鬼気】［名］不気味で、恐ろしい気配。「―迫る闇夜の墓場」

きーき【機器(器機)】［名］機械・器械・器具の総称。「教育［オーディオ］―」使い方 ➡機械

きーき【▼嬉▼嬉(▼嘻▼嘻・喜喜)】［形動タルト］うれしそうに笑い楽しむさま。「―として遊ぶ」書き方「喜喜」は代用表記だが、近年盛ん。

きーぎ【▼嬉戯】［名・自サ変］楽しそうに遊びたわむれること。「―する子供たち」

きーぎ【機宜】［名］時機が適切であること。また、ちょうどよい機会。「―を得た発言」

ぎーき【義気】［名］正義を守ろうとする意気。義侠心(ぎきょうしん)。

ぎーき【義旗】［名］正義のために掲げる旗じるし。「―を翻(ひるがえ)す（＝正義の戦いを起こす）」

ぎーぎ【疑義】［名］疑問に思われる事柄。「―をただす」

ぎーぎ【▼巍▼巍(▼魏▼魏)】［形動タルト］山などが高く大きいさま。「―としてそびえ立つ摩天楼」

きき-いっぱつ【危機一髪】［名］一つ間違えれば重要な危機に陥るという瀬戸際。きわめて危ない状態。多くは、そこで踏みとどまって、最悪の状態を免れた場合に使う。▽髪の毛一筋のところまで迫った危険の意から。注意「危機一発」と書くのは誤り。

きき-い・る【聞き入る(聴き入る)】［自五］一心に聞く。「講話に―」

きき-い・れる【聞き入れる】［他下一］願いや要求を聞いて承知する。「住民の要望を―」文 ききい・る

きき-うで【利き腕】［名］力が入りやすく、細かな動作がよくできるほうの腕。▽右利きの人は右腕、左利きの人は左腕。

きき-おさめ【聞き納め】―ヲサメ［名］それを最後として、もう二度と聞く機会のないこと。「教授の講義もこれが―だ」

きき-おと・す【聞き落とす】［他五］うっかりして聞かないでしまう。聞きもらす。「肝心の名前を―」名 聞き落とし

きき-おぼえ【聞き覚え】［名］❶聞いた記憶があること。「―のある声」❷聞いて覚えること。「―の英語を使う」動 ききおぼ・える（他下一）

きき-およ・ぶ【聞き及ぶ】［他五］人づてに聞いて知る。「―限りでは経営は順調だ」名 聞き及び

きーかいかい【奇奇怪怪】―クヮイクヮイ［形動］きわめて奇怪なさま。「―な出来事」▽「奇怪」のそれぞれの語を重ねて意味を強めた言い方。

きき-かえ・す【聞き返す】―カヘス［他五］❶前に聞いたものをもう一度聞く。「お気に入りのCDを―」❷一度たずねたことをさらにたずねる。「聞き取れなかったので住所氏名を―」❸相手の問いかけに対して、逆にこちらから質問する。「そうと認めたらどうすると―」

きき-がき【聞き書き】［名・他サ変］話を聞いて内容を書きとめること。また、その記録。「芸談の―」

きき-かじ・る【聞き▼齧る】［他五］人から聞いて、物事の一部分やうわべだけを知る。「―・った知識を振り回す」名 聞きかじり

きき-かた【聞き方(聴き方)】［名］❶聞く方法。また、聞くときの態度。❷聞くほうの側。聞き手。「―に回る」

きき-かん【危機感】［名］このままでは危ないという感じ。危機意識。「―を抱く」

きき-かんり【危機管理】―クヮンリ［名］自然災害や不測の事件・事故にすばやく対処し、被害を最小限に食い止めるように事前に準備する政策・体制。クライシスマネージメント。「―能力」

きき-ぐるし・い【聞き苦しい】［形］❶聞いていて不愉快なさま。聞くにたえない。「自慢話ばかりで―」❷聞きとりにくいさま。「ひどい風邪声だから―」派生 ―げ／―さ

きき-こみ【聞き込み】［名］情報などを聞いて知ること。特に、刑事などが、犯罪捜査のための情報を求めてあちこち聞いてまわること。「―捜査」

きき-こ・む【聞き込む・聴き込む】［他五］❶【聞】他人から聞いて知る。聞いて情報を得る。「妙なうわさを―」❷【聞・聴】十分に聞く。「気に入ったCDを―」

きき-ざけ【聞き酒・利き酒】［名］酒のよしあしを鑑定するために、少量を口に含んで味わうこと。また、それに使う酒。

きき-じょうず【聞き《上手》】ジャウズ［名・形動］うまく受け答えをして、相手に十分に話させること。また、その人。‖「―は話し上手」⇔聞き下手

きぎす【▼雉・〈▼雉子〉】［名］〔古風〕キジ。キギシ。‖「焼け野の―、夜の鶴（つる）」

きき-ずて【聞き捨て】［名］聞いたことを問題にしないで放っておくこと。動 ききす・てる（他下一）

◉**聞き捨てならない** 聞き流せない。‖「―暴言だ」

きき-だ・す【聞き出す】［他五］❶聞いてさぐり出す。‖「真相を―ために取材を重ねる」❷聞き始める。

きき-ただ・す【聞き▽質す・聞き▼糺す・聞き▽糾す】［他五］不明な点などを、聞いてはっきりさせる。‖「当事者に事の真偽を―」

きき-ちがい【聞き違い】ガヒ［名］内容をあやまって聞くこと。聞きあやまり。聞きちがえ。‖「中止の話は何かの―だろう」動 ききちが・う（他五）

きき-つ・ぐ【聞き継ぐ】［他五］❶続けて聞く。❷人から人へと次々に聞いて伝える。‖「昔から―がれてきた哀話」

きき-つ・ける【聞きつける（聞き付ける）】［他下一］❶たまたま音や声に気づく。❷伝え聞いて知る。‖「うわさを―けて芸能記者が集まる」❸聞き慣れる。‖「―けない声だ」文 ききつ・く

きき-つた・える【聞き伝える】ヘル［他下一］直接ではなく、人を通して聞く。伝え聞く。‖「評判を―えて客が殺到する」文 ききつた・ふ 名 聞き伝え

きき-づら・い【聞き▽辛い】［形］❶聞きとりにくい。‖「混信して音声が―」❷たずねにくい。‖「プライバシーに関することなので―」❸聞くにたえない。‖「人の悪口は―」派生 -げ／-さ

きき-て【利き手】［名］❶利き腕。❷腕前のすぐれた人。腕利き。‖「道場一の―」

きき-て【聞き手（聴き手）】［名］❶話などを聞く側の人。⇔話し手 ❷話などを聞くのがうまい人。聞きじょうず。‖「あの人はなかなかの―だ」

きき-とが・める【聞き▼咎める】［他下一］話の中の不審な点に気づく。また、それを問いただし、不都合なところを非難する。‖「愚痴（ぐち）を―めて訳を聞く」文 ききとが・む

きき-どころ【利き所】［名］❶効き目のある部分。‖「鍼（はり）の―」❷物事の特に大切な部分。要所。‖「―を押さえて交渉する」

きき-どころ【聞き所（聴き所）】［名］聞く値打ちのある部分。

きき-とど・ける【聞き届ける】［他下一］上位にある者が、願いなどを聞いて承知する。聞き入れる。‖「代官が村人の要望を―」文 ききとど・く

きき-とり【聞き取り（聴き取り）】［名］聞き取ること。‖「―テスト」「―調査」

きき-と・る【聞き取る（聴き取る）】［他五］❶音声やことばをとらえて、その内容を理解する。‖「雑音がひどくて―れない」「英語を―力が弱い」❷事情がわかるように詳しく聞く。◈書き方 ②は「聴き取る」とも。名 聞き取り

きき-なお・す【聞き直す】ナホス［他五］❶もう一度聞く。聞き返す。❷もう一度問う。聞き返す。‖「住所氏名を―」

きき-なが・す【聞き流す】［他五］聞いても気にしないでおく。聞き過ごす。‖「陰口などは柳に風と―」

きき-な・れる【聞き慣れる（聞き▼馴れる）】［自下一］何度も聞いて、耳になじむ。‖「―れた声［曲］」文 ききな・る

きき-にく・い【聞き▽難い】［形］❶聞き取るのがむずかしい。聞きづらい。‖「声がこもっていて―」❷たずねにくい。聞きづらい。‖「別れた理由までは―」❸聞いていて不愉快なさま。聞き苦しい。‖「話が下卑ていて―」派生 -げ／-さ／-がる

き-ぎぬ【生絹】［名］生糸で織った、練っていない絹布。⇔練り絹 ▼肌ざわりがよく、多く裏地に使う。

きき-のが・す【聞き逃す】［他五］❶うっかり聞かないでしまう。‖「大事な講義を―」❷聞かないことにする。‖「今の話は―・してくれ」

きき-ふる・す【聞き古す（聞き▽旧す）】［他五］何度も聞いて新鮮味を失う。‖「―・した話ばかりでうんざりする」▼多く「―・した」の形で使う。

きき-べた【聞き《下手》】［名・形動］受け答えがまずく、相手の話をうまく引きだせないこと。‖「よくしゃべるが―な人」⇔聞き上手

きき-ほ・れる【聞き▼惚れる・聴き▼惚れる】［自下一］心をうばわれ、うっとりとして聞く。‖「フルートの音色に―」文 ききほ・る

きき-みみ【聞き耳（聴き耳）】［名］よく聞こうとすること。また、そのときの耳。‖「ひそひそ話に―を立てる」

きき-め【効き目（利き目）】［名］ある働きかけや作用によって現れる効果。効能。‖「いくら忠告しても―がない」「―の早い薬」

> **品格** 効果「―が現れる」 効験（こうけん）「―あらたかな秘薬」 効能「―書（が）き」 効用「胃潰瘍（いかいよう）に―がある」 効力「ビザの―を停止する」 実効「―性に疑問が残る」

きき-もの【聞き物】［名］聞く価値のあるもの。聞き事。

きき-もら・す【聞き漏らす（聞き▼洩らす）】［他五］聞くべきことをうっかり聞かないでしまう。聞き落とす。‖「結論の部分を―」

き-きゃく【棄却】［名・他サ変］❶捨てて取り上げないこと。‖「市民の要求を―する」❷裁判所が申し立てに理由がないものとして訴訟をしりぞけること。‖「上告を―する」

きき-やく【聞き役】［名］もっぱら人の話を聞く立場。また、その人。聞き手。

き-きゅう【企及】キフ［名・自サ変］努力して追いつくこと。‖「凡人には―しがたい天賦の才」

き-きゅう【危急】キフ［名］危険や災難がまぢかに迫っていること。

◉**危急存亡（そんぼう）の秋（とき）** 生き残れるか滅びるかの瀬戸際。‖「売り上げが激減している今がわが社の―だ」

き-きゅう【気球】キウ［名］空気よりも軽い気体や熱した空気をみたして空中にあげる、球形の袋。軽気球。バルーン。▼気象観測・宣伝・飛行などに用いる。

き-きゅう【希求（▼冀求）】キウ［名・他サ変］強く願い求めること。‖「恒久の平和を―する」

き-きゅう【帰休】キウ［名］❶［自サ変］家や故郷に帰って休息すること。‖「―兵」❷不況による操業短縮のために、労働者を一時自宅待機させること。一時帰休制。

き-きょ【起居】［名・自サ変］❶立つことと座ること。

立ち居振る舞い。「介護者が―動作の手助けをする」❷日常の生活をすること。また、その生活。「叔父の家に―する」「―を共にした仲間」

き‐きょ【▼欷▼歔】〔名・自サ変〕すすり泣くこと。むせび泣き。欷泣(ききゅう)。「幾度か出しては見、見ては―す〈鷗外・舞姫〉」

ぎ‐きょ【義挙】〔名〕正義のために起こす行動。

き‐きょう【気胸】〔名〕❶胸膜腔(きょうまくくう)に空気が入って肺が圧迫された状態。❷胸膜腔に空気を注入して肺を縮め、病巣を押しつぶすことで治癒をはかる肺結核の治療法。人工気胸。▼現在では行われない。

き‐きょう【奇×矯】〔名・形動〕言動がひどく変わっていること。「―な言行」派生―さ

き‐きょう【帰京】〔名・自サ変〕都へ帰ること。特に、東京に帰ること。「任務を終えて―する」

き‐きょう【帰郷】〔名・自サ変〕ふるさとへ帰ること。帰省(きせい)。「―して家業を継ぐ」

き‐きょう【▼桔▽梗】〔名〕八・九月頃、つりがね形の青紫色の花を開くキキョウ科の多年草。秋の七草の一つ。白色・二重咲きなどの園芸品種もある。

き‐きょう【棄教】〔名・自他サ変〕それまで信仰していた宗教を捨てること。

き‐ぎょう【企業】〔名〕営利を目的として生産・販売・サービスなどの事業を継続的に行う組織体。「大〔中小〕―」

き‐ぎょう【起業】〔名・自サ変〕新しく事業を始めること。「四〇歳で―する」「―家」

き‐ぎょう【機業】〔名〕織物を織る事業。

ぎ‐きょう【義×侠】〔名〕正義を重んじ、弱い者を助けること。また、その気性。おとこだて。「―心に富む」

ぎ‐きょうだい【義兄弟】〔名〕❶約束を結んで兄弟としての交わりをする人。❷義理の兄弟。配偶者の兄弟、姉妹の夫、異父母の兄弟など。

きぎょう‐ねんきん【企業年金】〔名〕企業が従業員の老後保障を目的として設ける私的年金。

ぎ‐きょく【戯曲】〔名〕演劇の脚本・台本。また、その形式で書かれた文学作品。ドラマ。

きき‐わけ【聞き分け】〔名〕人の話を聞いて納得し、それに従うこと。「―のない子」「―がよい」▼多く子供についていう。

きき‐わ・ける【聞き分ける】〔他下一〕❶音や声を聞いて違いを区別する。「楽器の音を―」❷人の話を聞いてその道理や意味を納得する。「ここは一つ―けてくれ」文ききわ・く 名聞き分け

き‐きん【飢▼饉(▼饑▼饉)】〔名〕❶農作物が不作で、食糧が極端に欠乏すること。❷必要なものが非常に不足すること。「水―」

饉

き‐きん【基金】〔名〕事業などの財産的な基礎となる資金。「市民病院設立の―を集める」

ぎ‐きん【義金】〔名〕義捐(ぎえん)金。「―を募る」

き‐きんぞく【貴金属】〔名〕化学変化を起こしにくく、空気中で酸化しない貴重な金属。産出量が少ないので高価。金・銀・白金など。⇔卑金属

きく【菊】〔名〕❶観賞用に栽培され、多くは秋に色・形ともさまざまな花を咲かせるキク科の多年草。また、その花。桜とともに日本を代表する花の一つ。江戸時代以降、盛んに栽培されるようになり、多くの品種がつくられた。花弁を食用とする種もある。奈良時代に中国から渡来したとされ、平安時代には宮中の年中行事として、陰暦九月九日の重陽の節句に菊の宴が行われた。▼ふつう野生種のノジギク・シオギク・ハマギクなどは、野菊と称してこれと区別する。❷菊の形をかたどった紋所。▼一六弁の「十六菊」は皇室の紋章。

き‐く【危×懼】〔名・他サ変〕⇩きぐ(危惧)

き‐く【起句】〔名〕❶詩文の最初の句。❷漢詩の最初の句。特に、絶句の第一句。起承転結の、起。▼律詩では、第一・二句をさす。

き‐く【規▼矩】〔名〕規準とするもの。手本。規則。「―準縄(じゅんじょう)(=物事の規範)」▼「規」はコンパス、「矩」は物差しの意。

き・く【利く・効く】■〔自五〕❶【効】効果や効能が現れる。効きめがある。「この薬は頭痛によく―」「宣伝が―いて連日大入り満員だ」「風刺の―いた批評」
❷【利・効】そのものの特性や機能が強く現れる。「この料理は酸味が利いている」「唐辛子の利いた漬物」書き分け「唐辛子の効いた漬物」など、【効】を使うと、特にその効果に言及する意味合いが出る。
❸【利】身体の機能がきちんと働く。また、高度に働く。「年をとって体が―かない」「風邪で鼻が―かない」「刀剣類の鑑定に目が―」
❹【利】精神の機能や制御がよく働く。また、その機能が他に及ぶ。「彼は気が―人だ」「抑制の―いた演技で成功する」「組織へのにらみが―かなくなる」書き分け「抑制の効いた演技」など、特にその効果に重きをおく場合には【効】も使う。
❺【利】ある機械の機能がきちんと働く。「車のブレーキが―かない」「小回りが―いて便利な車だ」
❻【利】それをすることが可能である。できる。「この靴は修理が―」「やり直しが―ならもう一度挑戦したい」「年々無理が―かなくなる」「前方の見通しが―かない」
❼【利】それを利用することが可能である。「この手術には保険が―」「学割が―」
■〔他五〕【利】❶〈「口を利く」の形で〉ものを言う。また、間に立って世話をする。⇩口を利く「誰とも口を―かない」「伯父が政治家に口を―いてくれた」
❷⇩聞く⑥◈「聞く」と同語源。ものの感じや効果をためして手ごたえがある意。注意「顔〔目・鼻〕が利く」「口を利く」など身体に関する成句を、「効く」と書くのは誤り。その部位がきちんと働く意で「利く」と書く。

き・く【聞く・聴く(▼訊く)】〔他五〕❶【聞・聴】音・声を耳で感じとる。「さっき階下で物音を聞いた」「音楽を聞きながら眠る」「ラジオでニュース〔音楽〕を聴く」「為政者は国民の声を聴かねばならない」
❷【聞】話を情報として受け取る。「昨日の会合で花子の噂(うわさ)を―いた」「話には―いていたが、見るのは初めてだ」「―ところによると入院されていたとか…」
❸【聞】相手の言うことを受け入れる。聞き入れる。「私の頼みを―いてくれ」「要求〔訴え・警告〕を―」
❹【聞・聴・訊】質問する。尋ねる。問う。「駅へ行く道を聞く」「本人に聞いてみないことには分からない」「警察が事情を聴く」「犯行の動機を訊く」使い方「手紙〔メール〕で聞く」のように、音声によらない場合にもいう。
❺【聞】においをかぐ。また、においのよしあしなどを感じとる。「香を―」
❻【聞】酒のよしあしなどを舌で感じとる。「酒を―」
◈「利く」と同語源。書き分け①は【聞】が一般的だが、注意深く耳を傾ける意では【聴】を使う。ただし謹聴する

ようすが明らかな場合（耳を澄まして聞く・いいか、よく聞け）や、使役の場合（御意見をお聞かせ下さい）は【聞】が一般的。④も【聞】が一般的だが、警察による聴取は【聴】、訊問（じんもん）する意では【訊】も使う。⑥は【利く】とも。

品格 承る（うけたまわる）「用件を—」謹聴（きんちょう）「—に値する」傾聴（けいちょう）「被災者への—」聴聞（ちょうもん）「—を行う」拝聴（はいちょう）「ご意見を拝聴しました」耳にする「蟬の声を—」

◉**聞くは一時（いっとき）の恥（はじ）聞かぬは末代（まつだい）の恥** 知らないことを聞くことの恥ずかしさはその時だけのことで、知らないままに生涯を過ごすのはもっと恥ずかしいことだ。問うは一時の恥問わぬは末代の恥。

き-ぐ【危惧】［名・他サ変］成り行きを心配し、おそれること。危懼（きく）。「国の将来を—する」

き-ぐ【器具】［名］簡単な器械や道具類。「料理用の—」「電気［ガス］—」

き-ぐ【機具】［名］機械・道具類の総称。「農—・工作—」

ぎ-く【疑▼懼】［名・他サ変］疑いを抱き、不安に思うこと。疑惧（ぎぐ）。「—（の念）を抱かせる」

きく-いも【菊芋】［名］秋に一重の黄色い花をつけるキク科の多年草。サトイモに似た塊茎は食用、また飼料やアルコールの原料にする。北アメリカ原産。

き-ぐう【奇遇】［名］思いがけない出会い。また、意外なめぐり合わせ。「こんな所で会うとは—だね」

き-ぐう【寄▼寓】［名・自サ変］❶一時的に他人の家に住み、世話になること。「叔母の家に—する」❷仮の住まい。寓居（ぐうきょ）。

きく-ぎ【木▼釘】［名］家具や細工物に使う、木製のくぎ。

ぎく-しゃく［副］❶（考えや感情などに食い違いがあって）平静な関係でなくなるさま。「事件を機に—した両国の関係を修復したい」❷動作が滑らかでないさま。「—（と）した足取りで歩く」

き-くず・す【着崩す】［他五］衣服の着付けを乱す。また、衣服を着古して形をくずす。「浴衣を—」

き-ぐすり【生薬】［名］⬇しょうやく（生薬）

きく・する【▼掬する】［他サ変］❶水などを両手ですくう。❷事情などをくみとる。気持ちを察する。「友の心情を—」文きく・す

き-くずれ【着崩れ】［名・自サ変］きちんとしていた着物の着付けが、着用している間に乱れること。動きくず・れる（自下一）

き-くずれ【気崩れ】［名・自サ変］上昇していた相場が、特別の原因もないのに下がること。

き-ぐち【木口】［名］❶材木の種類や品質。❷木材を横に切った切り口。こぐち。「—五寸の松材」❸手提げなどの口に取りつけた木製の取っ手。

ぎくっ-と［副］予想しなかった事態に直面して驚くさま。ぎくりと。「不意をつかれて—する」

きく-な【菊菜】［名］シュンギクの別称。

きく-にんぎょう【菊人形】［名］菊の花や葉を衣装に見たてて飾りつけた人形。また、それで歌舞伎狂言の一場面などを作って見せる見せ物。

き-くばり【気配り】［名・自サ変］失敗や失礼がないように気を使うこと。配慮。「—が行き届く」

きく-ばん【菊判】［名］❶洋紙の原紙寸法の一つ。縦九三九ミリメートル、横六三六ミリメートルの大きさ。▼明治初頭に輸入されたとき、菊花の商標がついていたことから。❷書籍の判型の一つ。①の全紙を一六折りにした大きさで、縦二一八ミリメートル、横一五二ミリメートル。A5判よりやや大きい。

きく-びより【菊《日和》】［名］秋、菊の花が咲くころのよい天気。

き-ぐみ【木組み】［名］木造建築などで、材木に切り込みを入れて組み合わせること。

き-ぐみ【気組み】［名］意気ごみ。心構え。

き-ぐらい【気位】［名］品位を誇り、それを目立たせようとする気持ち。「—が高い」

きくらげ【〈木耳〉】［名］枯れ木に群がって生えるキクラゲ科のきのこ。形は人の耳に似て、色は暗褐色。食用。語源 生のものはクラゲに似た感触があることから。

ぎくり-と［副］不意をつかれて驚くさま。ぎくっと。「弱点をつかれて—する」

き-ぐるみ【着▽包み】［名］⬇ぬいぐるみ②

き-ぐろう【気苦労】［名・形動］心配や気づかいなどで精神的に疲れること。「—がたえない」

き-くん【貴君】［代］（二人称）軽い敬意をこめて、同等以下の相手の男性を指し示す語。「—の健闘を祈る」▼手紙文などで使う。

ぎ-ぐん【義軍】［名］正義のために起こすいくさ。また、そのための軍隊。

き-けい【奇形（▼畸形）】［名］生物学で、遺伝または発生途中の発育不全によって生物体に生じる、変異の範囲を超えた形態。書き方「奇形」は代用表記。

き-けい【奇計】［名］意表をつくような、巧みなはかりごと。奇策。

き-けい【奇警】［名・形動］考え方や言動が、人並みはずれて奇抜なこと。「—な言を吐く」▼もとは、すぐれて賢いの意。派生-さ

き-けい【▼詭計】［名］人をだまし、おとしいれる計略。「—をめぐらす」

き-けい【貴兄】［代］（二人称）軽い敬意や親しみをこめて相手の男性を指し示す語。「—の健闘を祈ります」▼手紙文などで使う。

ぎ-けい【義兄】［名］❶兄弟の約束を交わして兄になった人。❷婚姻・縁組みなどによって兄になった人。配偶者の兄、姉の夫など。義理の兄。⬍実兄

ぎ-げい【▽伎芸】［名］歌舞・音曲などの芸。「—天（＝伎芸を守り福徳を授ける天女）」

ぎ-げい【技芸】［名］美術・工芸などの技術。「—を修得する」

き-げき【喜劇】［名］❶滑稽（こっけい）みや機知・風刺などを織り込み、観客を笑わせながら人生の諸相を描こうとする演劇。コメディー。❷思わず笑ってしまうような滑稽な出来事。「事件がとんだ—に終わる」◈⬍悲劇

き-けつ【帰結】［名・自サ変］議論・行動などが、最終的にある結果や結論に行きつくこと。また、その結果や結論。「当然の—として議案は否決された」「国際平和は核の廃絶に—する」

き-けつ【既決】［名］❶すでに決定していること。「—書類」❷裁判で、判決がすでに確定していること。「—囚」◈⬍未決

ぎ-けつ【議決】［名・他サ変］合議によってある事柄を決定すること。また、その決定された事柄。「賛成多数で予算案を—する」「—機関（＝団体などの意思を合議によって決定する機関）」「—権（＝議案の評決に参加する権利）」

き-けん【危険】［名・形動］❶身体や生命に危害が生

じるおそれがあること。‖「身の—を感じる」「—な坂道」「—物」⬍安全 ❷悪い結果を招くおそれがあること。‖「このままでは倒産の—がある企業」

きーけん【気圏】［名］地球を取り巻く大気の存在する範囲。大気圏。

きーけん【貴見】［名］相手の意見を高めていう語。‖「まさに—のとおりです」▼多く手紙・文書などで使う。

きーけん【貴顕】［名・形動］身分が高く、名声のあること。また、その人。

きーけん【棄権】［名・他サ変］自分の意思で権利を放棄すること。特に、選挙権を行使しないこと。‖「投票を—する」

きーげん【紀元】［名］歴史上の年数を示すときの基準となる年。‖「—二〇〇〇年」▼国際的にはキリスト生誕の年を元年とする西暦紀元が用いられている。

きーげん【起源（起原）】［名］物事の始まり。事の起こり。‖「日本語の—を探る」「この行事の—は鎌倉時代にさかのぼる」

きーげん【期限】［名］あらかじめ、その時までと定められている期間。‖「支払いの—を延ばす」「有効［賞味］—」

きーげん【機嫌】［名・形動］❶表情や態度にあらわれる快・不快などの感情。‖「今朝は父の—がいい」「—を直す」「上—」❷相手の思わく。また、相手の安否。‖「—を伺う」◈［語源］もと「▼譏嫌」と書き、世間の人々がそしりきらう意の仏教語。［注意］「気嫌」と書くのは誤り。

◉**機嫌を取・る** 人の気分を慰めやわらげる。相手の気に入るように振る舞う。‖「むずかる子供の—」「上役の—」

［注意］「きげん」を「気嫌」と書くのは誤り。

きげん-かい【機嫌買い】カヒ［名］❶他人に対する好悪の感情や気分が変わりやすいこと。また、その人。❷相手の機嫌をとること。また、その人。▼「機嫌変え」の転か。

きけん-きゅう【危険球】キウ［名］野球で、頭部への死球など、打者の選手生命に影響を与える危険のある投球。

きげん-ぜん【紀元前】［名］西暦紀元元年以前。B.C.(Before Christ)の記号で表す。

きーげんそ【希元素（▼稀元素）】［名］地球上にごく少量しか存在しないと考えられていた元素。希ガス類元素・白金族元素・ウラン・セシウム・ラジウムなど。

きーこ【旗鼓】［名］軍隊を指揮し号令を伝える、軍旗と太鼓。転じて、軍隊。‖「—の間に相見(あいまみ)ゆ（＝戦場で敵味方として会う）」

きーこ【騎虎】［名］とらの背に乗ること。

◉**騎虎の勢い** 虎(とら)の背に乗って走る者が途中でおりられないように、行きがかり上途中でやめることができなくなること。‖「もはや—だ。最後まで頑張ろう」

きーご【季語】［名］俳句・連歌で、季節を表すために詠み込むことを定められたことば。季題。‖「—集」⬇一八四ページ

きーご【▼綺語】［名］❶仏教で、十悪の一つ。真実に反してうわべだけを飾ったことば。❷美しく飾ったことば。‖「狂言—」▼多く、小説や詩文の美辞麗句をいう。◈「きぎょ」とも。

ぎーこ【擬古】［名］昔の風習や様式をまねること。‖「—文（＝古体、特に平安時代の文体にならって書いた文章）」

きーこう【気孔】［名］植物の表皮、特に葉の裏側にある小さな穴。酸素・炭酸ガス・水蒸気の通路となる。

きーこう【気功】［名］深呼吸・体操などの鍛錬法によって体内の気と血を循環させ、病気の予防や健康増進をはかる、中国古来の健康法。

きーこう【気候】［名］一定の地域の晴雨・気温・湿度・降水量などを総合した大気の状態。‖「温暖な—」「海洋性—」▼一年を周期としてくり返される長期の気象状態をいい、短い期間には普通「天候」を使う。

きーこう【▼稀▼覯（希▼覯）】［名］めったに見られないこと。‖「—本(ぼん)（＝まれにしか手に入らない珍しい書物）」

きーこう【奇功】［名］思いがけない功績。

きーこう【奇行】カウ［名］きわめて風変わりなふるまい。‖「—を演じる」

きーこう【奇効】カウ［名］思いがけない効果。また、不思議なききめ。

きーこう【季候】［名］その季節の気候。時候。‖「山歩きにはもってこいの—になる」

きーこう【紀行】カウ［名］旅行中の見聞・感想などを書きつづった文。旅行記。‖「チベット—」

きーこう【帰校】カウ［名・自サ変］❶出先から学校へ帰ること。❷学校から家に帰ること。下校。

きーこう【帰航】カウ［名・自サ変］船や航空機が帰りの航路につくこと。また、その航路。⬍往航

きーこう【帰港】カウ［名・自サ変］船が出航した港に帰ること。‖「予定より二日遅れて—する」

きーこう【起工】［名・自他サ変］大がかりな工事に取りかかること。着工。‖「—式」⬍完工・竣工(しゅんこう)

きーこう【起稿】カウ［名・自他サ変］原稿を書き始めること。⬍脱稿

きーこう【寄航】カウ［名・自サ変］❶寄港。❷航空機が目的地に行く途中で他の空港に立ち寄ること。

きーこう【寄港】カウ［名・自サ変］航海中の船が途中の港に立ち寄ること。‖「神戸に—する」「—地」

きーこう【寄稿】カウ［名・自他サ変］新聞・雑誌などに、依頼された原稿を書いて送ること。また、その原稿。‖「新聞に追悼文を—する」

きーこう【機甲】カフ［名］兵器を機械化し、車両を装甲すること。‖「—部隊」

きーこう【機構】［名］❶一つ一つの部分が互いに関連しあって働く仕組み。メカニズム。‖「ジェットエンジンの—を調べる」❷会社・団体・官庁などの組織体。また、その仕組み。‖「国連の—」「生鮮食品の流通—」

きーこう【貴公】［代］〔古風〕〔二人称〕同等以下の相手の男性を指し示す語。▼もとは目上の相手に対して使った。

きーごう【記号】ガウ［名］❶一定の約束に基づいてある意味・内容などを指し示すために使われるしるし。文字・音声・符号・信号・身振りなど、知覚を介して意味などを伝達するもの。▼広義には、意味内容を持つ形式一般を言う。❷文字に対して、符号類。‖「元素［化学］—」

きーごう【揮▼毫】ガウ［名・他サ変］毛筆で文字や絵を書くこと。‖「名僧が—した書」▼「揮」はふるう、「毫」は筆の意。

ぎーこう【技工】［名］手で加工する技術。また、その技術を持つ人。‖「歯科—士」

ぎーこう【技巧】カウ［名］すぐれて巧みな技術。特に、巧みな表現を生みだす芸術上の技術。‖「—をこらした蒔絵(まきえ)細工」「—派の作家」

きーこうし【貴公子】［名］❶高貴な家に生まれた

（若い）男性。❷気品のある男性。‖「映画界の—」

きこう-ぶん【紀行文】［名］「紀行」に同じ。

きごう-ろん【記号論】［名］広く記号を対象とし、その本質・機能を探究する学問。記号学。▼アメリカのパースとスイスのソシュールとによって始まったとされる。

きこえ【聞こえ】［名］❶聞こえること。また、その程度。❷聞いたときの感じ。‖「マンションといえば—がいいが、普通のアパートだ」❸うわさ。評判。‖「俊才の—が高い」

きこえよ-がし【聞こえよがし】［名］当人がその場にいるのに気づかないふりをして、わざと聞こえるように話すこと。‖「—に悪口をいう」▼「聞こえる」の命令形＋接尾語「かし」から。

きこ・える【聞こえる】［自下一］❶音・声が耳に感じられる。自然に耳に入ってくる。耳で感じとることができる。‖「騒々しくて話し声がよく—・えない」「新しい時代の足音が—」「耳が—（＝聴覚能力がある）」 書き分け 「聞こえる」は音が自然に耳に入ってくる意。注意して耳を傾ける意の【聴】を使って「聴こえる」と書くのは、本来は誤り。「音楽を聴く」にひかれて、「音楽が聴こえる」としない。❷聞いて、そのように受け取られる。‖「あの人が言うともっともらしく—」「そんな言い方をすると僕が怠け者のように—じゃないか」❸〔古風〕人の言葉が納得できる。分かる。‖「そりゃ—・えません伝兵衛さん〈浄瑠璃・近頃河原の達引〉」▼多く、打ち消しを伴う。❹ある話がうわさや評判として所に伝わる。また、広く知れ渡る。‖「君の評判は社長にまで—・えているぞ」「神童をもって—・えた音楽家」 文 きこ・ゆ 名 聞こえ

き-こく【帰国】［名・自サ変］❶外国から本国に帰ること。‖「留学を終えて—する」❷〔古風〕ふるさとに帰ること。帰郷。

き-こく【鬼▼哭】［名］成仏できない霊魂が泣くこと。また、その声。‖「—啾々（しゅうしゅう）（＝亡霊が悲しげに泣くさま。転じて、恐ろしい気配が辺りにただよい迫るさま）」

ぎ-ごく【疑獄】［名］犯罪の疑いはあるが経過・罪跡などが明確につかめず、有罪・無罪の判決を下しにくい事件。特に、政府高官などのからむ大がかりな汚職事件。

きこく-しじょ【帰国子女】［名］親の勤務の関係などから長年海外で生活し、のち日本に帰ってきた児童・生徒。特に、外国の学校で教育を受けた子供たち。

き-ごこち【着《心地》】［名］衣服を着たときの感じや気分。‖「このスーツは—がよい」

き-ごころ【気心】［名］その人が本来持っている気質や物の考え方。‖「互いに—の知れた仲」

きこし-め・す【聞こし召す】［他五］酒を飲む。‖「一杯—・してご機嫌だ」▼もと「聞く」や「飲む」の尊敬語。現在はたわむれていう。

ぎこち-な・い［形］不慣れであったり緊張・遠慮をしたりして物事がうまく行えないさま。物事の進め方が自然さを欠くさま。ぎごちない。‖「—手つきで工具を使う」「—・く笑う」 注意 「ぎこち（が）ありません」は誤り。⇩「ない」のコラム（一三〇三ページ） 派生 -げ／-さ

き-こつ【気骨】［名］困難にも屈せずに信念を貫こうとする強い心。‖「—のある人」 注意 「きぼね（気骨）」は別語。‖「×きぼね（○きこつ）に欠ける若者」「×きこつ（○きぼね）が折れる」

き-こつ【奇骨】［名］普通とは違う個性の強い性格。‖「—の持ち主」

き-こなし【着こなし】［名］衣服の着方。‖「シャツの—がうまい」「シンプルな—」

き-こな・す【着こなす】［他五］衣服をぴたっと身に合うように、じょうずに着る。‖「スーツをシックに—」 名 着こなし

き-こ・む【着込む】［他五］❶衣服を何枚も重ねて着る。‖「冷えるので下着を—」❷あらたまって、きちんと着る。‖「モーニングを—・んで式典に臨む」▼「着る」を強めた語。

き-こり【▼樵・〈▼木▼樵〉・〈▼樵夫〉】［名］山林の木を切りだすこと。また、それを職業にする人。

き-こん【気根】［名］❶困難などに耐える気力。根気。❷地上の幹や茎からのびて、空気中に露出している根。マングローブ・タコノキ・キヅタ・トウモロコシなどに見られる。

き-こん【既婚】［名］すでに結婚していること。‖「—者」⇔未婚

き-ざ【気▽障】［名・形動］服装・言動などがきどっていて、嫌みに思われること。‖「—なことをいう」▼「気ざわり」の略。

き-さい【奇才】［名］まれにみるほどの、すぐれた才能。また、その持ち主。

き-さい【既済】［名］物事がすでに済んでいること。また、金銭などをすでに返済していること。‖「代金の—分」⇔未済

き-さい【記載】［名・他サ変］書類・書物などに書いてのせること。‖「—事項・—漏れ」

き-さい【起債】［名・自他サ変］国・公共団体・会社などが、債券を発行すること。‖「—市場（しじょう）（＝新しく債券を発行して資金を調達する市場）」

き-さい【鬼才】［名］人並みはずれてすぐれている才能。また、その持ち主。

き-さい【機才】［名］素早く働く才知。‖「—が利く」

き-ざい【基材】［名］基本となる材料。

き-ざい【器材】［名］器具と材料。また、器具を作る材料。‖「実験用の—」

き-ざい【器財】［名］うつわや道具。また、家財道具。

き-ざい【機材】［名］機械と材料。また、機械を作る材料。‖「建築用の—」「撮影—」

き-さき【▽后・▽妃】［名］❶天皇の妻。皇后。❷国王・皇族の妻。◈「后」は正式の配偶者、「妃」は側室を意味した。

き-さき【期先】［名］先物取引で、受け渡し期日が先であること。⇔期近（きぢか）

ぎざ-ぎざ［名・形動］のこぎりの歯のような細かい刻み目が並んでついていること。また、その刻み目。‖「—のある葉っぱ」

き-さく【奇策】［名］意表をつく奇抜な策略。奇計。

き-さく【気さく】［形動］気どりがなく、うちとけやすいさま。‖「明るくて—な人」「誰にでも—に話しかける」 派生 -さ

ぎ-さく【偽作】［名・他サ変］書画などを、他人の作品に見せかけて作ること。また、そのにせの作品。▼法律では、著作権者の許可なく複製・翻訳・興行・放送などをして、著作権を侵害すること。

き-ざけ【生酒】［名］混じり物のない純粋な酒。醇酒（じゅんしゅ）。▼「生酒（なまざけ）」は別義。

きさご【〈細▼螺〉・喜佐古・〈▽扁▼螺〉】［名］浅海

の砂泥地にすむニシキウズガイ科の巻き貝。そろばん玉に似た形の殻には青黒色や黄色の絣模様がある。肉は食用、殻は貝細工に用いる。ナガラミ。キシャゴ。▽昔は殻をおはじきにした。

き-ささげ【木〈▼豇豆〉・▼楸】[名]夏、淡黄色の花を円錐状につけるノウゼンカズラ科の落葉高木。漢方では、ささげに似た細長い実を利尿剤に用いる。

きざし【兆し(▼萌し)】[名]物事が起こり始まろうとする気配。兆候。‖「春の—を感じる」「ようやく復興の—が見えてきた」▽草木の芽生えの意から。

きざ・す【兆す(▼萌す)】[自五]❶草木が芽を出す。芽ばえる。芽ぐむ。萌える。‖「若芽[新緑]が—」❷物事が起こり始まろうとする。特に、心の中にある気持ちが起こる。‖「恐怖の念[敵意]が—」◈書き分け ①は【萌】を使う。②はともに使うが、今は【兆】が一般的。名 兆し

き-さつ【貴札】[名]相手の手紙をいう尊敬語。貴翰。▽改まった手紙文で使う。

きざ-はし【▽階・〈段階〉】[名]〔古風〕階段。

き-さま【貴様】[代]〔二人称〕同等以下の相手を指し示す語。さげすみ、ののしっていうことが多い。‖「—は口を出すな!」▽古くは手紙文などで、同等以上の相手に対して使った。

きざみ【刻み】■[名]❶刻むこと。また、刻み目。❷たばこの葉を細かく刻んだもの。キセルに詰めて吸う。▽「刻みたばこ」の略。■(造)…ごとに。…おきに。‖「五分—にバスが発車する」「五〇円—に料金が上がる」

きざみ-つ・ける【刻み付ける】[他下一]❶刃物などで刻んであとをつける。彫りつける。‖「墓石に戒名を—」❷忘れないように心にとどめておく。‖「忠告を心に—」文 きざみつ・く

きざ・む【刻む】[他五]❶切って細かくする。切り刻む。‖「包丁でネギを—」❷物の形を作るために、素材から不要な部分を削り落とす。また、そのようにして物の形を作る。彫り刻む。彫刻する。‖「のみで木片を—」「仏像を—」❸板状の物などに線状のしるしなどを彫りつける。刻印する。刻する。‖「粘土板に文字を—」「記念碑に銘を—」「不朽の名を文学史上に—」使い方 受身の形で、表面に線状のしるしや表情などが現れる意にもいう。‖「顔には苦労の跡[深い悲しみ]が—・まれている」❹(等間隔の)細かい区切り目を入れるようにして、物事が進行する。‖「腕時計が無類の正確さで時を—」「ベースがリズムを—」「年輪を—・んだ(=年を重ねた)顔」❺心にくっきりと印象づける。心にしっかりと記憶する。‖「深く心[脳裏]に—」可能 刻める 名 刻み

きさらぎ【〈如月〉・〈二月〉・〈更衣〉】[名]陰暦二月の別称。転用して、太陽暦の二月にもいう。▽「更衣着」すなわち「寒いので衣を更に重ねて着る」意という。

き-ざわし【木▼醂し】[名]木になったまま熟して甘くなった柿の実。きざがき。きざらし。

き-ざわり【気障り】[名・形動]相手の言動を不快に感じること。‖「何かと—なことをいう」

き-さん【帰山】[名・自サ変]僧が自分の寺に帰ること。きざん。

き-さん【帰参】[名・自サ変]❶帰ってくること。‖「遊学を終えて—する」❷一度主家を去った武士などが、許されてまたもとの主人に仕えること。‖「—がかなう」▽勘当されたものが許されて親もとへ帰ることにもいう。

き-さん【起算】[名・自サ変]ある点を起点として数え始めること。‖「契約日から—して五〇日間は有効」

ぎ-さん【▼蟻酸】[名]構造が最も簡単なカルボン酸。刺激臭のある無色の液体で、皮膚に触れると炎症を起こす。アリやハチの毒腺などに含まれる。

き-さんじ【気散じ】[名]❶いやな気分を発散させること。気晴らし。❷[形動]苦労がなく、気楽なこと。‖「隠居して—な日々を送る」

きし【岸】[名]陸地が川・湖・海などに接しているところ。水ぎわ。‖「—を洗う波」

き-し【棋士】[名]職業として碁または将棋をする人。

き-し【貴姉】■[名]他人の姉を高めていう語。‖「—によろしくお伝えください」■[代]〔二人称〕目上の女性を高めて指し示す語。▽手紙文などで使う。

き-し【貴紙】[名]相手(の社)を高めてその発行している新聞をいう語。‖「長年—を愛読しております」

き-し【貴誌】[名]相手(の社)を高めてその発行している雑誌をいう語。‖「—を楽しく拝読しています」

き-し【▼愧死】[名・自サ変]恥ずかしさのあまり死ぬこと。また、死ぬほど深く恥じ入ること。慙死。

き-し【旗▼幟】[名]❶合戦のときに自分の存在を明らかにする、旗とのぼり。旗じるし。❷ある物事についての態度や主張。◈注意「きしょく」と読むのは誤り。

◉**旗幟を鮮明に・する** 立場や意見をはっきりさせる。‖「賛成派として—」

き-し【騎士】[名]❶馬に乗っている武士。❷中世ヨーロッパで、封建領主に仕えた武人の称号。ナイト。▽名門の子弟が武道・礼節などの修業をつんだ後この位に叙せられ、常に騎士道に従って行動した。

きじ【▼雉・〈▼雉子〉】[名]疎林や草原にすむキジ科の野鳥。雄は長く美麗な尾羽をもち、ケンケーンと高い声で鳴く。日本の国鳥。きぎし。きぎす。

◉**雉も鳴かずば打たれまい** 余計なことを言ったばかりに災いを招くことのたとえ。▽「ずば」は語法的には「ずは」が正しいが、転じて、一般に「ずば」とする。

き-じ【木地】[名]❶木材の地質。‖「—の木目を生かした家具」❷細工物や木彫の材料にする、あらくひいただけの白木。❸まだ漆などの塗料を塗っていない、白木のままの椀・盆・玩具など。‖「—師」

き-じ【生地(▽素地)】[名]❶手を加えていない、もともとの性質。地。‖「—が出る」❷布地の地質。また、染色・縫製などの加工を施してない布地。❸陶磁器で、まだ釉をかけてないもの。❹パン・麺類などを作るために、水分を加えた小麦粉を練り上げたもの。‖「パイの—」

き-じ【記事】[名]新聞・雑誌などの、事実を書き伝えるための文章。‖「—を書く」「収賄事件を—にする」

ぎ-し【技士】[名]機関・機器などを取り扱う資格をもつ人。医療工学技士・ボイラー技士など。

ぎ-し【技師】[名]工業・土木建築などの専門的な技術を身につけ、それを職業にしている人。エンジニア。‖「診療放射線[衛生検査]—」

ぎ-し【義士】[名]正義を守り行う人。義人。▽特に「赤穂義士」のことをいう。

ぎ-し【義子】[名]義理の子。養子・継子や実の子の配偶者など。⇔実子

ぎ-し【義姉】[名]❶姉妹の約束を交わして姉となった人。❷婚姻・縁組みなどによって姉となった人。配偶

者の姉、兄の妻など。義理の姉。⬍実姉

ぎ-し【義肢】[名] 失った手足の代わりに装着する人工の手足。義手と義足。

ぎ-し【義歯】[名] 失った歯の代わりに入れる歯。入れ歯。

ぎ-じ【疑似(擬似)】[名] 本物によく似ていてまぎらわしいこと。‖「—症(=真性の感染症によく似た病気)」「—赤痢」

ぎ-じ【議事】[名] 会議を開いて審議すること。また、その事項。‖「—を進める」

きし-かいせい【起死回生】(-クワイセイ)[名] 絶望的な状態にある物事を立て直すこと。‖「—の策を講じる」

きし-かた【来し方】[連語] 過ぎ去った時。また、通り過ぎてきた所。こしかた。‖「—行く末(=過去と未来)」▽「き」は動詞「く」の連用形、「し」は過去の助動詞「き」の連体形。

きし-かん【既視感】[名] デジャビュ。

ぎ-しき【儀式】[名] 公事・神事・仏事・祭事など、一定の作法・形式に従って行われる行事。また、その作法・形式。‖「創立記念の—を執り行う」

ぎし-ぎし[副] ❶[ト] 堅いものがすれ合ってきしむ音を表す語。‖「歩くと床が—(と)鳴る」❷[ト] 遠慮しないで厳しくものを言うさま。ずけずけ。‖「—文句をいう」❸[三] すき間なく詰めこむさま。‖「弁当箱に飯を—(に)詰める」

ぎしき-ば・る【儀式張る】[自五] 形式を重んじ、ものものしく体裁を飾る。‖「—・って堅苦しい晩餐会」

き-じく【基軸】(-ヂク)[名] 物事の中心となるもの。中軸。‖「—通貨(=米ドル・ユーロなど、国際間の決済に広く使われる通貨)」

き-じく【機軸】(-ヂク)[名] ❶機関や車輪の心棒。❷活動や構想の中心となるもの。‖「販売戦略に新—を打ち出す」

き-しつ【気質】[名] ❶気だて。気性。‖「穏やかな—」「国民の—」「学生[サラリーマン]—」 読み分け (1)「サラリーマン気質・ラテン気質・アメリカ人気質」など外来語(を含む語)に付いたものは現在は「ぎしつ」と読むことが多いが、固有名詞や昔の文章では「かたぎ」とも読む。‖「ウィーン気質(かたぎ)(=曲名)」(2)「きしつ」「かたぎ」は和語・漢語のどちらにも付き、また「芸術家気質・町人気質」など両方で読まれるものもある。「昔気質・田舎気質」はふつう「かたぎ」と読む。❷心理学で、遺伝や体質によって規定され、個人の性格の基礎をなすと考えられている感情傾向。▽クレッチマーの分類による分裂気質・躁鬱(そううつ)気質(循環気質)・粘着気質など。

き-しつ【器質】[名] 生体の器官を形づくっている構造的・形態的な性質。器官の機能的性質に対していう。‖「—性(=症状・疾患が臓器・組織の器質的な病変によって生じている状態)」

き-じつ【忌日】[名] ➡きにち(忌日)

き-じつ【期日】[名] ❶ある物事を行うのに、あらかじめ定められている日。‖「審議会の—を決める」❷期限の日。‖「—までに納入する」

ぎ-じっか【義実家】[名]〈新〉夫または妻の実家。▽新しい言い方で、違和感を持つ人も多い。

きし-づたい【岸伝い】(-ヅタヒ)[名] 岸に沿っていくこと。‖「—に歩く」

きじつまえ-とうひょう【期日前投票】(キジツマヘトウヘウ)[名] 仕事や旅行などの理由で投票日に投票できない選挙人が、選挙の期日以前に、名簿登録地の市区町村で行う投票。きじつぜん投票。

きし-どう【騎士道】(-ダウ)[名] 中世ヨーロッパで、騎士階級の精神的支柱となった気風。敬神・忠誠・勇気・礼節・名誉・寛容などの徳を理想とし、婦人への奉仕を重んじた。

ぎじ-どう【議事堂】(-ダウ)[名] 議員が集まって議事を行うための建物。特に、国会議事堂。

き-しな【来しな】[名] 来る途中。来がけ。‖「—にスーパーに寄ってきた」

きじ-ばと【▼雉▼鳩・〈▼雉子〉▼鳩】[名] 山野にすむハト科の留鳥。羽模様は雌のキジに似るが、首の両側に黒と灰青色のしま模様がある。ヤマバト。

ぎじ-ばり【擬餌針(擬餌▼鉤)】[名] 羽毛・金属片・プラスチックなどで虫・小魚などの形に似せて作った餌(えさ)をつけた釣り針。毛鉤・ルアー・フライなど。ぎじ。

きし-べ【岸辺】[名] 岸のほとり。‖「—を歩く」

きし・む【▼軋む】[自五] ❶固い物がこすれあって滑りの悪い(不快な)音を立てる。きしる。‖「体の重みで床が—」「長靴の下で雪が—」「きしきし[みしみし]と—」❷滑らかな人間関係が失われて、ぎすぎすした摩擦が起こる。‖「党内が不協和音で—」 名 きしみ

きし-めん【▼棊子麺】[名] 平たく打ったうどん。名古屋の名産。ひもかわ。▽古くは、小麦粉を練って薄くのばしたものを竹筒で棊子(きし)(=碁石)のように丸く打ち抜き、ゆでてきな粉をかけた食べ物。それが変化したものか。

きしも-じん【鬼子▽母神】[名] 仏教で、安産と幼児保護の神。ふつう一児を抱き、手にざくろを持った天女の姿をとる。訶梨帝母(かりていも)。きしぼじん。▽もと夜叉(やしゃ)の娘で、千人もの子を生みながら他人の子を奪って食べたが、のち釈迦(しゃか)に戒められて仏道に帰依した。

き-しゃ【汽車】[名] ❶蒸気機関車で客車や貨車を引き、レールの上を走る列車。❷長距離を走る列車。

き-しゃ【帰社】[名・自サ変] 社員などが出先から自分の会社へ戻ること。‖「午後三時に—の予定」

き-しゃ【記者】[名] 新聞・雑誌・放送などで、取材・執筆・編集などに携わる人。‖「新聞—」

き-しゃ【喜捨】[名・他サ変] 寺社や困っている人に、進んで金品を寄付すること。‖「浄財を—する」

き-しゃ【貴社】[名] 相手の会社や神社をいう尊敬語。御社(おんしゃ)。‖「—の御発展を祈ります」▽商用文などの書面で使う。➡御社[使い方]

き-しゃ【騎射】[名・自サ変] 馬に乗って走りながら弓を射ること。また、その行事。▽行事には流鏑馬(やぶさめ)・笠懸(かさがけ)・犬追物(いぬおうもの)などがある。

きしゃ-かいけん【記者会見】(-クワイケン)[名] 一定の場所に記者を集めて情報を提供したり質疑応答を受けたりすること。‖「首相が官邸で—をする」

き-しゃく【希釈(▼稀釈)】[名・他サ変] 溶液に水や溶媒を加えて濃度を薄めること。‖「—液」

き-じゃく【着尺】[名] 大人物の和服一枚を仕立てるのに必要な反物の長さと幅。‖「—地・—物」⬍羽尺

き-しゅ【奇手】[名] 奇抜な手段や方法。

き-しゅ【鬼手】[名] 囲碁・将棋で、相手の意表を突くような奇抜ですぐれた手。

き-しゅ【旗手】[名] ❶軍隊や団体の行進などで、その象徴となる旗を持つ役目の人。‖「日本選手団の—を

務める」「連隊ー」❷新しい思想や運動の先頭に立って活躍する人。〓「革命運動のー」

き-しゅ【機首】［名］航空機の前頭部。〓「ーを上げる」

き-しゅ【機種】［名］❶航空機の種類。❷機械の種類。〓「ーが古いので部品がない」

き-しゅ【騎手】［名］競馬で、馬の乗り手。ジョッキー。

き-じゅ【喜寿】［名］数え年七七歳。また、その長寿の祝い。喜の字の祝い。▽「喜」の字の草書体「㐂」が七十七と読めることから。

ぎ-しゅ【技手】［名］会社・官庁などで、技師の下に属して技術関係の仕事に従事する人。▽技師(ぎし)とまぎらわしいので「ぎて」ともいう。

ぎ-しゅ【義手】［名］失った手の代わりに装着する人工の手。

き-しゅう【奇習】［名］珍しい風習・習慣。

き-しゅう【奇襲】［名・他サ変］不意をつき、思いがけない方法で敵をおそうこと。〓「背後からーをかける」

き-しゅう【既習】［名・他サ変］すでに学習し、習得していること。〓「ーの学科」

き-しゅう【貴酬】［名］返信に用いる手紙の脇付。返事を書く相手に敬意を表す。▽「御返事」の意。

き-じゅう【機銃】［名］「機関銃」の略。〓「ー掃射」

きじゅう-き【起重機】［名］重量物を上下または水平に移動させる機械。クレーン。

き-しゅく【▼耆宿】［名］豊かな学識と徳望をもつ老大家。▽「耆」「宿」ともに年を経ているの意。

き-しゅく【寄宿】［名・自サ変］❶一時的に他人の家に住み、世話になること。寄寓(きぐう)。❷学校・会社などが設けた宿舎に住むこと。〓「ー舎」

き-しゅつ【既出】［名］すでに提示されていること。〓「ーの漢字」

き-じゅつ【奇術】［名］巧みな仕掛けによって、現実には起こらないような不思議な現象を展開してみせる芸。手品。マジック。〓「ー師」

き-じゅつ【既述】［名・他サ変］すでに述べてあること。前述。〓「この事例は前節でーした」「ーの通り…」

き-じゅつ【記述】［名・他サ変］文章にして書き記すこと。また、書き記したもの。〓「観察したことをつぶさにーする」「調査報告のーを読む」

ぎ-じゅつ【技術】［名］❶物を作るわざ。また、物事を扱い、処理するわざ。〓「運転ーを身につける」「表現ーを磨く」❷科学理論・知識を実地に応用し、人間生活に役立たせる方法・手段。科学技術。〓「先端ー」「ー革命」

ぎじゅつ-しゃ【技術者】［名］専門の科学技術を身につけ、それを応用することを職業とする人。技術家。

ぎじゅつ-てき【技術的】［形動］技術に関係するさま。〓「理論的には可能でもーには難しい」「ーには倍までの生産が可能だ」

きしゅ-ぶっしん【鬼手仏心】［名］大胆に体を切り開く外科医の技は鬼のように残酷にみえるが、その心はひたすら患者を治そうと念じているということ。

き-しゅん【季春】［名］❶春の末。晩春。暮春。❷陰暦三月の別称。

き-じゅん【帰順】［名・自サ変］反抗をやめて服従すること。〓「反乱軍がーする」

き-じゅん【基準】［名］物事を比較・判定するときの基礎となるよりどころ。〓「評価のーを示す」「水質ーを満たす」

き-じゅん【規準】［名］判断・行動などの模範となるよりどころ。従うべき規則。〓「道徳のー」▽「規」はコンパス、「準」は水準器の意。書き方 法令では「基準」。一般にも「基準」でまかなうことが多い。

き-しょ【奇書】［名］他に類のないほど構想・内容が奇抜な本。

き-しょ【寄書】［名・自他サ変］❶手紙を書き送ること。また、その手紙。❷新聞・雑誌などに文章を書き送ること。寄稿。

き-しょ【▼稀書(希書)】［名］めったに手に入らない、珍しい書物。稀覯書(きこうしょ)。

き-しょ【貴所】㊀［名］相手の居住地をいう尊敬語。㊁［代］(二人称)敬意を表して相手を指し示す語。〓「ーますますご健勝の段…」▽手紙文などで使う。

き-しょ【貴書】［名］相手の手紙・書物などをいう尊敬語。〓「ー拝読いたしました」▽改まった手紙文などで使う。

き-じょ【鬼女】［名］❶女性の姿をした鬼。〓「ーの伝説」❷鬼を思わせるように残酷非情な女性。

き-じょ【貴女】㊀［名］身分の高い女性。㊁［代］(二人称)相手の女性を高めて指し示す語。▽手紙文などで使う。

き-じょ【機序】［名］しくみ。機構。メカニズム。〓「遺伝のー」

ぎ-しょ【偽書】［名］本物に見せかけた、にせの手紙・文書・書物。

きしょ・い［形］〔新〕気味が悪い。不快に感じる。〓「にやにやしながらこちらを見てきてー」「ー虫」▽「気色(が)悪い」の略。

き-しょう【気性】［名］生まれつきの性質。気質。〓「ーが激しい」「さっぱりしたー」「ーの勝った(=気が強い)若者」書き方「気象」とも書くが、今はまれ。

き-しょう【気象】［名］❶大気の状態。また、大気中に生じる雨・雪・風などの諸現象。〓「ー観測」❷気性。

き-しょう【希少(▼稀少)】［名・形動］きわめて少ないこと。ごくまれで珍しいこと。〓「偶然が重なって起きたーなケース」「ー金属」派生 -さ

き-しょう【奇勝】［名］❶思いがけない勝利。奇捷(きしょう)。❷めったに見られない、すばらしい景色。〓「ーに富む海岸線」

き-しょう【記章(▼徽章)】［名］身分・職業・所属などを示すために衣服や帽子につけるしるし。バッジ。〓「襟に学校のーをつける」▽「徽章」はバッジ、「記章」は記念の標章の意で、本来は別語。

き-しょう【記▼誦】［名・他サ変］❶記憶して、そらで唱えること。暗唱。〓「詩をーする」「今も尚(なお)ーせるものが数十ある〈中島敦・山月記〉」❷記憶して唱えるだけで、理解も実践もしないこと。〓「ーの学」

き-しょう【起床】［名・自サ変］寝床から起き出ること。〓「毎朝六時にーする」「ー時間」⇔就床・就寝

き-しょう【起▽請】［名・自サ変］偽りや背信のないことを神仏に誓うこと。また、その誓いを書き記した文書。起請文(きしょうもん)。▽昔、男女の間で多く取り交わした。

き-しょう【毀傷】［名・他サ変］そこない傷つけること。〓「身体髪膚(しんたいはっぷ)これを父母に受く、あえてーせざる

は孝の始めなり〈孝経〉」

きじょう【机上】[名] 机の上。‖「―プラン」

きじょう【気丈】[名・形動] 気持ちがしっかりとしていること。気丈夫。‖「重なる不運に耐えた―な人」「負傷したが―にも歩き続けた」派生 ―さ

きじょう【軌条】[名] 線路。レール。‖「単―鉄道」

きじょう【機上】[名] 飛行機の中。機中。‖「―の人となる」

きじょう【騎乗】[名・自サ変] 馬に乗ること。‖「―して戦場に向かう」

ぎしょう【偽証】[名・自他サ変] いつわりの証明や証言をすること。特に、法廷で、宣誓をした証人が虚偽の陳述をすること。‖「―罪」

ぎじょう【儀▼仗】[名] 儀式のときに装飾として用いる武器。‖「―兵（＝儀式や警護のために国賓・皇族・高官などにつける兵士）」

ぎじょう【議場】[名] 会議をする場所。会議場。‖「―が混乱する」

きしょう‐かち【希少価値】[名] ごくわずかしか存在しないために生じる値打ち。‖「―のある写本」

きしょう‐だい【気象台】[名] 各地で気象の観測・調査・研究を行い、天気予報や気象警報を出す気象庁管下の機関。▼管区気象台・海洋気象台・高層気象台・地方気象台などがある。

きしょう‐ちょう【気象庁】[名] 国土交通省の外局の一つ。気象関係業務の最高機関として、各気象台・気象研究所などを統轄する。▼もと「中央気象台」といった。

きしょう‐てん‐けつ【起承転結】[名] 漢詩、特に絶句の構成法。「起」で詩意を言い起こし、「承」でそれを受け、「転」で変化を与えて発展させ、「結」で全体を締めくくる。▼広く文章や物事の組み立てや順序にもいう。‖「―のはっきりした小説」

きじょう‐の‐くうろん【机上の空論】[名] 頭の中で考えただけで、実際には役に立たない理論や案。

きじょう‐ぶ【気丈夫】[名・形動] ❶気持ちがしっかりしていること。気丈。‖「―な人だがこの事件のショックは大きい」❷頼るものがあって心づよいこと。‖「優秀なガイドがいるので―だ」派生 ―さ

きじょう‐ゆ【生▼醤油】[名] ❶もろみを絞ったまま、殺菌のための火入れをしていない醤油。❷調味料や水を加えていない、なまのままの醤油。

きしょう‐よほう‐し【気象予報士】[名] 気象データを総合的に判断し、民間の事業所で気象などの予報業務を行う人。気象業務法に基づく国家資格を必要とする。

きしょく【気色】[名] ❶心中に思っていることが表れた顔つき。顔色。‖「上司の―をうかがう」❷あるものから受ける感じ。気分。‖「見えすいた世辞ばかり言って―の悪いやつだ」

きしょく【寄食】[名・自サ変] 他人の家に身を寄せて、衣食住の世話になること。居候。‖「姉の家に―する」

きしょく【喜色】[名] うれしそうな表情。

きしょく‐まんめん【喜色満面】[名] うれしそうな表情が顔に満ちていること。

きしょく‐わる・い【気色悪い】[形] 気味が悪い。いやな感じである。‖「―話し方」派生 ―さ

キシリトール[xylitol][名] 植物の細胞壁から得られるキシランを原料とする甘味料。虫歯予防などに効果があるとされ、ガムなどの食品に利用される。

きし・る【▼軋る・▼轢る】[自五] きしむ。‖「戸が―」「ギシギシ[ミシミシ]と―」名 きしり

ぎじ‐ろく【議事録】[名] 会議の内容・議決事項などの記録。会議録。

き‐しん【忌▼辰】[名] 祥月命日。忌日。

き‐しん【帰心】[名] 故郷やわが家に帰りたいと願う気持ち。‖「―が募る」「―矢のごとし」

き‐しん【寄進】[名・他サ変] 社寺に金品を寄付すること。‖「菩提寺に灯籠を―する」

き‐しん【貴信】[名] 相手の手紙をいう尊敬語。‖「―拝受しました」

き‐じん【奇人（▼畸人）】[名] 性格や言動がふつうとはひどく変わっている人。‖「―変人」書き方「奇人」は同音類義語で代用したもの。

き‐じん【鬼神】[名] ❶死者の霊魂と天地の神霊。❷荒々しく恐ろしい力を持った神霊。おにがみ。‖「断じて行えば―も之を避く」◈「きしん」とも。

き‐じん【貴人】[名] 身分や地位の高い人。高貴な人。きにん。

ぎ‐しん【疑心】[名] うたがう心。うたがい。

ぎ‐じん【義人】[名] 自分の利害は顧みずに、正義のために行動する人。ぎにん。

ぎしん‐あんき【疑心暗鬼】[名] 「疑心暗鬼を生ず」の略。うたがいの心が妄想をかきたて、さまざまな不安を呼び起こすこと。▼「列子」から。注意「半信半疑」と混同して、真偽の判断に迷う意で使うのは誤り。‖「×疑心暗鬼で試してみたが、うまくいった」

ぎじん‐か【擬人化】[名・他サ変] 人間でないものを人間に見立てて表現すること。‖「鳥を―した童話」

ぎじん‐ほう【擬人法】[名] 人以外のものを人にたとえて表現する修辞法。「花が笑う」「山は招く」の類。

きす【▼鱚】[名] 内湾などの砂泥底にすむキス科の海魚。体は筒形で、細長い。食用。シロギス。

き・す【期す】[他五] ➡期する

キス[kiss][名・自サ変] くちづけ。接吻。キッス。‖「頬に―をする」「彼女と―する」

きず【傷（▼瑕・▼疵・▽創）】[名] ❶切る、突く、打つなどして皮膚・筋肉などが損なわれた部分。また、その跡。‖「深い―を負う」「切り―」❷精神的な痛手。‖「心の―を癒やす」❸物の表面の、欠けたり裂けたりした部分。‖「柱の―」「玉に瑕」❹不完全な部分。欠点。‖「あいつは短気なのが―だ」❺不名誉なこと。また、好ましくない評判。汚点。‖「経歴に―がつく」◈書き分け 刃物によるきずの意で【創】、欠点・汚点、物についたきずの意で【瑕】や【疵】を使うこともあるが〈二の腕の創／短気なのが瑕だ／商品に疵がつく〉、今は一般に【傷】を使う。

きず‐あと【傷痕・傷跡（▼疵痕）】[名] ❶傷のついたあと。また、傷の治ったあと。❷災害や損傷などを受けた影響。‖「震災の―が生々しい」❸心の受けた痛手のあと。‖「失恋の―」

き‐すい【汽水】[名] 淡水と海水が混じり合った、塩分の少ない水。汽水湖や河口の水。‖「―域」

き‐すい【既遂】[名] ❶すでにし終えていること。‖「―の行為」❷犯罪の構成要件がみたされ、犯罪が成立したこと。‖「―犯」◈⇔未遂

き‐ずい【気随】［名・形動］自分の思うままにふるまうこと。すきかって。‖「―気ままに暮らす」

き‐ずい【奇▼瑞】［名］めでたいことの前兆として現れる不思議なしるし。

き‐すう【奇数】［名］二で割り切れない整数。一、三、五、…一五、一七など。⇔偶数

き‐すう【帰▼趨】［名・自サ変］ある物事が結果として落ち着くこと。また、行き着くところ。‖「抗争の―する所」 趨

き‐すう【基数】［名］数をあらわすもとになる数。十進法では〇から九までの整数。

ぎす‐ぎす［副］ト ❶やせていて、ふくらみに乏しいさま。‖「―した体つき」❷無愛想で、親しみにくいさま。‖「思いやりのない―した人間関係」「―した口の利きよう」

き‐ず・く【築く】クツ［他五］❶土や石を積み上げ、つきかためて建造物をつくる。‖「城［ダム］を―」「見物衆が押しかけて人山を―」❷ある行為を重ねて、しっかりと安定したものをつくりだす。‖「心理学発展の基礎を―」「隣国と友好関係を―」「財を―」 使い方 普通、〈人〉が主語に立つが、〈物〉を主語にしてもいう。‖「国民の努力が国の繁栄を―」◈「城(き)築(つ)く」の意。 可能 **築ける**

きず‐ぐち【傷口(▼疵口)】［名］傷のついた部分。▽かくしておきたい欠点や過去のあやまちにもたとえる。‖「いまさら古い―には触れないでほしい」

きず‐つ・く【傷つく(傷付く・▼疵付く)】［自五］❶体に傷を受ける。傷がつく。‖「兵士が銃弾で／に―」「―・いた小鳥の手当てをする」❷物(の表面)に傷ができる。‖「風水害で家屋が―」❸物事が(致命的な)打撃を受ける。‖「バブルの崩壊で日本経済が大きく―・いた」❹人の感情や面目が損なわれる。‖「心ないことばに―」「体面が―」

きず‐つ・ける【傷つける(傷付ける・▼疵付ける)】［他下一］❶体に傷を負わせる。けがをさせる。負傷させる。‖「刃物で相手を―」❷物(の表面)に傷をつける。損傷する。‖「机の角でカメラのレンズを―」❸人の感情や面目を損なう。害する。‖「友のことばが太郎(の心)を―・けた」「名誉を―」 使い方 「不用意な発言が／で友人の自尊心を傷つけてしまう」のように、～ガを～デ(＝手段)に替えていうこともできる。 文 **きず・つく**

き‐ずな【▼絆(▼紲)】ナツ［名］断ちがたい人と人との結びつき。‖「親子の―」▽もと、動物をつないでおく綱の意。 書き方 現代仮名遣いでは「きづな」も許容。

キス‐マーク【和製**kiss＋mark】**［名］❶唇の形をした口紅の跡。❷強くキスをした肌に残るあざ。

きず‐もの【傷物(▼疵物)】［名］傷のついた物。また、傷があって不完全な物。‖「このりんごは―だ」

き・する【帰する】㊀［自サ変］結果としてある所に行き着く。‖「努力が水泡に―」「すべては無に―・した」㊁［他サ変］人に負わせる。‖「他人に罪を―」 文 **き・す**

き・する【記する】［他サ変］❶書きつける。‖「石碑に功績を―」❷記憶する。‖「その言を心に―」 文 **き・す**

き・する【期する】［他サ変］❶前もって期限や時刻を決める。‖「正午を―・してストライキを決行する」❷確かなものとして期待する。また、そうなるようにはかる。‖「再会を―・して別れる」「慎重を―・して出航を見合わせる」❸あらかじめ覚悟する。決意する。‖「心中深く―ところがある」 文 **き・す** 異形 **期す**

ぎ・する【擬する】［他サ変］❶突きつける。‖「拳銃を胸に―」❷なぞらえる。また、仮にあてはめてみる。‖「鉄舟の書体に―」「家元の後継者に―・せられる」 文 **ぎ・す**

ぎ・する【議する】［他サ変］会議を開いて相談する。合議する。 文 **ぎ・す**

き‐せい【気勢】［名］意気込んでいる気持ち。‖「―をそぐ」

◉**気勢を上・げる** 人々が集まって意気込みを示す。‖「行進して―」

き‐せい【希世(▼稀世)】［名］世にまれなこと。希代。‖「―の天才」

き‐せい【奇声】［名］奇妙な声。頓狂(とんきょう)な声。‖「―を発する」

き‐せい【祈誓】［名・自サ変］神仏に誓いをたてて祈ること。‖「天神様に―をかける」

き‐せい【紀勢】［名］紀伊(きい)国と伊勢(いせ)国。現在の和歌山・三重両県にあたる。

き‐せい【帰省】［名・自サ変］故郷に帰ること。‖「夏休みには―する」▽「省」は親の安否を問うの意。

き‐せい【既成】［名］すでに成り立っていること。‖「―の概念」「―政党」

き‐せい【既製】［名］注文によるのではなく、すでに商品としてできあがっていること。出来合い。‖「―服・―品」

き‐せい【寄生】［名・自サ変］ある生物が他の生物の体表または体内に付着し、そこから栄養をとって生活すること。‖「―虫・―植物」▽自分では働かずに他人や組織の力に依存して生きていくことにもいう。‖「芸能界に―してうまい汁を吸う」

き‐せい【規正】［名・他サ変］規則・規律によって正しく改めること。‖「乱れた風紀を―する」「政治資金―法」

き‐せい【規制】［名・他サ変］規則を決めて制限すること。また、その規則。‖「交通量を―する」

き‐せい【規整】［名・他サ変］規則に従って正しく整えること。‖「度量衡を―する」 書き分け 新聞は、類義の「規正・規制・規整」を使い分けず「規制」と書く(「政治資金規正法」などは除く)。

き‐せい【期成】［名］あることを成し遂げようと誓いあうこと。‖「―同盟」

き‐せい【棋聖】［名］❶囲碁・将棋で、技量の特にすぐれた人。❷囲碁・将棋で、棋聖戦の勝者に与えられる称号。

き‐せい【機制】［名］仕組み。機構。‖「行動の―」

ぎ‐せい【擬制】［名］実質は異なるものを同一のものとみなし、法律上同一の効果を与えること。▽失踪宣告を受けた者を死亡したとみなし、窃盗罪について電気を財物とみなすなど。

ぎ‐せい【擬勢】［名］❶見せかけだけの勢い。虚勢。❷動物が敵を脅し身を守るために見せる姿態。▽攻撃しようとするコブラが頸部(けいぶ)をふくらませるなど。

ぎ‐せい【犠牲】［名］❶ある目的を達成するために大切なものを引き換えにすること。‖「青春を―にして研究に打ち込む」❷天災・人災などのために死んだり傷ついたりすること。‖「戦争の―と／になる」「―者」◈もと神・精霊などに供えるいけにえの意。

きせい‐かんわ【規制緩和】ワクヮ［名］経済活動を活性化するために、政府・自治体などが民間の経済活動に関する規制を緩めたり廃止したりすること。デレギュレーション。

ぎせい‐ご【擬声語】[名] 物音や動物の声を言語音で象徴的に表した語。「バタバタ」「ザアザア」「ワンワン」「ニャアニャア」など。語例のように、カタカナで書く傾向が強い。擬音語。写声語。オノマトペ。⬇擬態語

きせい‐じじつ【既成事実】[名] すでに生じていて、事実として認めなくてはならない事柄。

きせい‐ちゅう【寄生虫】[名] 動物に寄生する小動物。ノミ・ダニ・回虫など。▽自分では働かず、他人や組織にたかって生きている者のたとえにもいう。

ぎせい‐てき【犠牲的】[形動] 自分の損得を考えないで他人に尽くすさま。「―精神を発揮する」

ぎせい‐どうふ【擬製豆腐】[名] 精進料理の一つ。ゆでてつぶした豆腐を砂糖・醤油で味つけした汁でさっと煮上げ、とき卵を加えて蒸すか焼くかしたもの。好みでニンジン・ゴボウなどのみじん切りを加える。ぎせどうふ。

ぎせい‐バント【犠牲バント】[名] 野球で、打者が自分はアウトになる覚悟で、走者を進塁させるために行うバント。

ぎせい‐フライ【犠牲フライ】[名] 野球で、打者はアウトになるが、塁上の走者は進塁できたフライ。犠牲飛球。犠飛。

きせ‐かえ【着せ替え】ヘカ [名] それまで着せていた衣装を別のものにかえること。「ドレスから着物への―」「―人形」動**きせか・える**(下一)

きせ‐か・ける【着せ掛ける】[他下一] 衣類を着せるために後ろから肩にかけてやる。「コートを―」文**きせか・く**

き‐せき【奇跡(奇▼蹟)】[名] ❶常識では考えられない不思議な出来事。「―の生還」❷キリスト教などで、神の超自然的な力によって行われるとされる不思議な現象や出来事。ミラクル。

き‐せき【軌跡】[名] ❶車輪の通った跡。わだち。❷ある人がたどってきた人生の跡。また、ある物事がたどってきた動きの跡。「先人の―をたどる」「一定の―を描く行動パターン」❸幾何学で、点が一定の条件を満たしながら動くときに描く図形。▽たとえば、定点から等距離という条件を満たす点の軌跡は円となる。

き‐せき【鬼籍】[名] 死ぬことを遠回しに言うことば。

◉**鬼籍に入(い)る** 死ぬことを婉曲(えんきょく)にいうことば。

ぎ‐せき【議席】[名] 議場での議員の席。また、議員の資格。「―を争う[失う]」「二〇〇―」

きせき‐てき【奇跡的(奇▼蹟的)】[形動] 常識では考えられないほど不思議なさま。「―に一命をとりとめる」

きせず‐して【期せずして】[連語] 思いがけなく。偶然に。「―意見が一致した」

き‐せつ【気節】[名] ❶気概があり、節操のかたいこと。「―に乏しい」❷気候。時候。

き‐せつ【季節】[名] ❶一年間を気象の変化に従って分けたときの、それぞれの期間。温帯では春夏秋冬の四季がある。「―の変わり目」「―感」❷ある物事が集中する時期。シーズン。「桜[台風・行楽]の―」

き‐せつ【既設】[名] すでに設置あるいは建設されていること。⬍未設

き‐ぜつ【気絶】[名・自サ変] 一時的に意識を失うこと。失神。「―して倒れる」

き‐ぜつ【奇絶】[名・形動] きわめて珍しいこと。「―の景勝地」

ぎ‐ぜつ【義絶】[名・自他サ変] 親子・兄弟などが、肉親の縁を切ること。「一族[生家]と―する」

きせつ‐かん【季節感】[名] いかにもその季節らしい感じ。「―を大切にした料理」

きせつ‐はずれ【季節外れ】ハズレ [名] 物事がその季節にふさわしい状態から外れていること。「―の雪」

きせつ‐ふう【季節風】[名] 大陸と海洋の間で、季節によって吹く方向を変える風。大陸と海洋の温度差によって起こり、ふつう冬は大陸から海洋へ、夏は海洋から大陸に向けて吹く。モンスーン。▽東アジア・インドなどで顕著に見られる。

き・せる【着せる】[他下一] ❶衣服を着るようにさせる。着させる。「赤ちゃんに服を―」「肩から毛布を―(=かける)」❷上から他のものをかぶせる。「銀地金に金を―」「歯に衣(ぬ)―・せぬ(=遠慮会釈のない)言い方で非難する」❸不名誉なことをおしつけて、それを負わせる。「覚えのない濡(ぬ)れ衣を―・せられてはかなわない」「部下に背任の罪を―」「恩に―」文**き・す**

キセル【〈煙管〉】[名] ❶刻みタバコを吸うための道具。タバコを詰める口を火皿、火皿の付いた湾曲した部分全体を雁首(がん)、雁首と吸い口をつなぐ管の部分を羅宇(ラウ)と呼ぶ。❷鉄道で、乗降駅付近の乗車券や定期券だけを買い、途中の区間をただ乗りすること。▽キセルは途中の管は竹で作り、両端だけ金(かね)を使うことから。◈カンボジア語のkhsier(=管)から。

き‐ぜわ【生世話】[名] 当時の世相・風俗・人情を題材にした歌舞伎の世話物狂言のうち、演出・内容ともに写実性の高いもの。生世話物。▽江戸中期以降の江戸歌舞伎で発達した。

き‐ぜわし・い【気▽忙しい】シイ [形] ❶気持ちがせかされて落ち着かないさま。きぜわしない。「年の瀬はなにかと―」❷せっかちで落ち着かないさま。きぜわしない。「相変わらず―人だ」派生 **-げ／-さ**

き‐せん【汽船】[名] 蒸気機関を動力とする大型の船。蒸気船。

き‐せん【基線】[名] ❶三角測量で、基準として地上に定置する直線。❷投影図で、立画面と平画面とが交わってできる直線。

き‐せん【貴▼賤】[名] とうといことと、いやしいこと。また、身分の高い人と低い人。「職業に―なし」

き‐せん【輝線】[名] スペクトルの中の明るく輝いている線。「―スペクトル」⬍暗線

き‐せん【機先】[名] 事を行おうとするその寸前。また、事が起ころうとするその寸前。

◉**機先を制(せい)する** 相手より先に行動を起こして気勢をくじく。注意「気勢を制する」は誤り。

き‐せん【機船】[名] 内燃機関を動力とする船。▽「発動機船」の略。

き‐ぜん【▼毅然】[形動タル] 意志がしっかりしていて、ものに動じないさま。「―として孤高を守る」「―たる態度を示す」

ぎ‐せん【義戦】[名] 正義を守るための戦争。

ぎ‐ぜん【偽善】[名] うわべをいかにも善人らしく見せかけること。また、見せかけだけの善行。「―に満ちた社会」「―的」「―者」⬍偽悪

ぎ‐ぜん【▼巍然】[形動タル] ひときわ高くそびえ立つさま。また、ぬきんでて偉大であるさま。巍々(ぎぎ)。巍峨(ぎが)。「―としてそそり立つアルプスの主峰」「戦乱の世を平らげた―たる武将」

きーそ【起訴】［名・他サ変］刑事訴訟で、検察官が裁判所に公訴を提起すること。〓「—猶予」

きーそ【基礎】［名］❶建築物の土台。いしずえ。〓「—工事」❷物事の土台となる大もと。〓「研究の—を固める」「発展の—を築く」「—知識」

きーそう【帰巣】［名・自サ変］動物が自分の巣や繁殖地から遠く離れても、再びそこへ戻ってくること。〓「—性・—本能」✓注意「きすう」と読むのは誤り。

きーそう【起草】［名・他サ変］草案や草稿を書き始めること。〓「法案を—する」

きーそう【基層】［名］ある物事の根底にあって、その基礎となっているもの。〓「日本文化の—」

きそ・う【競う】［他五］少しでも相手に先んじようとして張り合う。競争する。競い合う。〓「競技者が勝敗を—」「贅を—」「—って買い占める」使い方⬇争う　可能 競える

きーぞう【寄贈】［名・他サ変］公共の機関などに物品をおくり与えること。きそう。〓「図書館に蔵書を—する」

ぎーそう【擬装・偽装】［名・他サ変］人や敵の目をあざむくために、ほかの物とまぎらわしい色・形状・状態などをよそおうこと。〓「戦車［食品の産地表示］を—する」「—工作」書き分け 新聞は、敵をあざむくためのカムフラージュを「擬装」、それ以外を「偽装」と使い分ける。

ぎーそう【▼艤装】［名・他サ変］完成して進水した船体に、航海に必要な装置・備品を取りつけること。また、その装置・備品。

ぎーぞう【偽造】［名・他サ変］にせものをつくること。贋造。〓「パスポートを—する」「—紙幣」

きそうーきょく【奇想曲（▼綺想曲）】［名］カプリッチオ。書き方「奇想曲」は代用表記。

きそうーてんがい【奇想天外】［名・形動］ふつうでは思いつかないほど奇抜であること。〓「—なアイデア」▼「奇想天外より落つ」から。

きーそく【気息】［名］いき。呼吸。

きーそく【規則】［名］その団体・組織などで、秩序を守るために皆が従うべき決まり。ルール。〓「—を守る［破る］」「就業—」

きーそく【▼驥足】［名］すぐれた才能。また、才能のすぐれた人。〓「—を展ばす（＝才能を十分に発揮する）」▼「驥」は一日に千里を行くという駿馬の意。

驥

きーぞく【帰属】［名・自サ変］❶特定の国や団体に属し、それに従うこと。〓「国家への—意識」❷財産・権利・領土などが特定の人・団体・国などに属し、その所有となること。〓「国庫に—する金」

きーぞく【貴族】［名］❶政治的・社会的特権を世襲する上層階級。また、その階級に属する人。〓「—政治」❷恵まれた境遇を享受している人。〓「独身—」

ぎーそく【偽足・擬足】［名］運動や食物摂取のために、原生動物などの原形質体が一時的に突き出したもの。アメーバ・白血球などに見られる。虚足。仮足。

ぎーそく【義足】［名］失われた足の代わりに装着する人工の足。義脚。

ぎーぞく【義賊】［名］富者から奪った金を貧者に与えるような、義侠心に富んだ盗賊。

きそくーえんえん【気息▼奄▼奄】［形動タルト］息も絶え絶えで、いまにも死にそうなさま。また、物事が苦しい状態にあるさま。〓「不景気で—としている企業」

きそくーせい【規則性】［名］規則的であること。〓「変化に—がある」

きそくーただし・い【規則正しい】［形］一定の決まりに従って物事が順序よく行われるさま。〓「—生活をする」「—く配列する」

きそくーてき【規則的】［形動］物事が一定の決まりに従っているさま。規則正しいさま。〓「—な生活をする」「—に変化する」

きそーじょう【起訴状】［名］被告人の氏名・公訴事実・罪名などを記載し、検察官が裁判所に対して公訴提起の意思を表示する文書。

きそーたいしゃ【基礎代謝】［名］人間が生命を維持するのに必要な最低のエネルギー。成人で一日一二〇〇〜一五〇〇キロカロリー。

きーそつ【既卒】［名］すでに学校を卒業していること。新卒に対していう。〓「—者」

きそーねんきん【基礎年金】［名］国民年金法に基づいて全国民に適用される定額の基礎的な年金。老齢基礎年金、障害基礎年金、遺族基礎年金がある。

きーそば【生〈▼蕎麦〉】［名］小麦粉などを混ぜない、そば粉だけで打ったそば。▼「なまそば」は別語。近代の造語で、干していない生のままのそばの意。

きーぞめ【着初め】［名］❶新調の衣服を初めて着ること。❷成人した武士の子弟が初めて鎧を身につけること。また、その儀式。

きそーゆうよ【起訴猶予】［名］犯罪が成立し、証拠がそろっていても、犯罪者の年齢・性格・境遇・情状・罪の軽重などを考慮して、検察官が公訴を提起しないこと。

きーそん【帰村】［名・自サ変］郷里の村に帰ること。

きーそん【既存】［名・自サ変］すでに存在していること。〓「—の施設」▼俗に「きぞん」とも。

きーそん【毀損（棄損）】［名］❶［自他サ変］物がこわれること。また、こわすこと。〓「文化財を／が—する」❷［他サ変］体面や利益をそこなうこと。〓「中傷によって信用を—する」「名誉—」◈書き方「棄損」は、「毀」が表外字であった時代の新聞による代用表記。

きた【北】［名］方角の一つで、北極点に向かう方向。東に向かって左。また、その方向にある場所。〓「—へ二キロ歩くと駅に出る」「—の生まれだから寒さに強い」「博多は福岡県の—（＝北部）にある」⬍南

ぎーだ【犠打】［名］野球で、打者自身はアウトになるが、走者が進塁または得点できるように打った打撃。犠牲フライ・犠牲バントなど。犠牲打。

ギター【guitar】［名］8の字形をした胴と棹からなる木製の弦楽器。六本の弦を張り、指またはピック（つめ）ではじいて弾く。音域は広い。

きーたい【危▼殆】［名・形動］きわめてあぶないこと。
⊙**危殆に瀕する** きわめてあぶない状態に陥る。大きな危険にさらされる。〓「世界情勢が—している」

きーたい【気体】［名］固体・液体とともに物質の三態の一つ。一定の形がなく、温度・圧力によって体積が容易に変化するもの。流動性に富み、自ら広がろうとする性質をもつ。空気・ガスなど。⬍液体・固体

きーたい【希代（▼稀代）】［名・形動］きわめてまれなこと。きだい。〓「—の英雄」

きーたい【奇態（奇体）】［名・形動］普通とは変わっていて、奇妙な感じを与えること。〓「—なことを言う」派生 —さ

きーたい【期待】〔名・自他サ変〕望ましい状態や結果をあてにして、その実現を心待ちにすること。‖「新人の活躍に／を―する」「―に応える」

きーたい【機体】〔名〕航空機（の胴体）。また、航空機のエンジン以外の部分。

きーだい【季題】〔名〕❶季語。❷句会などで、詠題として出される季語。

きーだい【貴台】〔代〕〔二人称〕相手を高めて指し示す語。貴下。高台。尊台。▽手紙文などで使う。

ぎーたい【擬態】〔名〕動物が周囲の物や他の生物体と似た色や形をしていること。他からの発見を避け、身を守るのに役立つ。

ぎーだい【議題】〔名〕会議にかけて討議する題目。‖「―にのぼった問題」

ぎたいーご【擬態語】〔名〕事物の状態や身ぶりを、いかにもそれらしい言語音で象徴的に表した語。「きらきら」「ぴかぴか」「つるつる」「のそのそ」「にっこり」など。▽語例のように、ひらがなで書く傾向が強い。オノマトペ。▽広義の擬声語の一種とすることもある。

きたいーはずれ【期待外れ】〔名〕心待ちにしていた通りの結果にならないこと。‖「―の作品」 注意「期待倒れ」は誤り。

きたえーあ・げる【鍛え上げる】〔他下一〕十分に鍛える。また、十分に鍛えて仕上げる。‖「新人選手をエースに―」 文きたへあ・ぐ

きた・える【鍛える】〔他下一〕❶金属を何度か高温に熱し、くり返し打つことで硬度・密度などを高くする。また、そのようにして刀剣などを作る。打ち鍛える。鍛錬する。‖「鉄を―・えて鋼にする」「刀を―」▽前者は〜ヲに〈対象〉を、後者は〈結果〉をとる。❷練習や修練を繰り返させて（または、して）、他人（や自分）の身心や技術をしっかりしたものにする。‖「先輩が特訓で新人をびしびし―」「生徒の計算力を―」「強靱な肉体に―」「よく―・えられたチーム」 文きた・ふ

きーだおれ【着倒れ】〔名〕衣服に金をかけすぎて財産をなくすこと。‖「京の―、大阪の食い倒れ」

きたーかいきせん【北回帰線】〔名〕北緯二三度二七分の緯線。夏至の日に太陽はこの線の真上を通る。

きたーかぜ【北風】〔名〕北から吹いてくる風。⇕南風

きたーきり【着た切り】〔名〕今着ている衣服のほかに着るものがないこと。

きたきりーすずめ【着た切り▼雀】〔名〕着たきりであること。また、その人。‖「スーツ一着の―」▽「着たきり」に「舌切り雀」をかけた語。

きーたく【帰宅】〔名・自サ変〕自分の家に帰ること。‖「六時頃に―する」「―時間」

きーたく【寄託】〔名・他サ変〕物品を他人にあずけ、その処理や保管を頼みまかせること。また、その契約。‖「絵画のコレクションを美術館に―する」

きたーぐに【北国】〔名〕北の方にある国。また、北の地方。⇕南国

きたくーぶ【帰宅部】〔名〕〔新〕学校で、どの部活動にも所属しないこと。また、その生徒。

きーたけ【着丈】〔名〕衣服を着たときの寸法。きだけ。▽洋服では後ろ襟ぐりから裾までの寸法をいい、着物では着付けをしたときの肩山から裾までの寸法をいう。

きた・す【来す】〔他五〕結果としてある状態を生じさせる。‖「不便を―」▽多く好ましくない事態にいう。

きたたいせいようーじょうやくきこう【北大西洋条約機構】〔名〕⇩ナトー

きーだち【木《太刀》】〔名〕木製の太刀。木刀。木剣。

きーだて【気立て】〔名〕他人に接する態度などにあらわれる、その人の心の持ちよう。生来の気質。心だて。‖「―のいい子」▽ふつう、よい場合に使う。

きたな・い【汚い（▼穢い）】〔形〕❶よごれていて不快な感じを与える。不潔だ。‖「手［川の水］が―」「換気扇が油で汚れて―」❷乱雑・無秩序で不快な感じを与える。また、服装などが丁寧さを欠いて、フォーマルな礼儀に失した感じを与える。‖「テーブルの上が―」「―字を書く」「散らかっていて―部屋」「旅行中なもので―格好で失礼します」❸色や音が澄み切った美しさに欠けている。よくない。悪い。‖「このテレビは色が―」「声が―ので声優には向かない」❹考え方ややり方があくどくて公正でない。卑劣だ。卑怯だ。‖「根性が―」「―手を使う」「―（＝不正なことにかかわる）金は受け取れない」❺〈「〜に汚い」の形で〉物事（特に金）に執着する気持ちが強い。欲が深い。意地汚い。‖「あいつは金に―」❻言動が下品でいやしい。野卑だ。‖「―ことばでののしる」◈⇕きれい 使い方 後に「そうだ」「すぎる」が続くときは、「きたなそうだ」「きたなすぎる」が標準的。「きたなさそうだ」「きたなさすぎる」は誤り。 派生 -げ／-さ／-がる

きたならし・い【汚らしい（▼穢らしい）】〔形〕いかにも汚いと感じさせるさま。‖「泥まみれの―足」「そんな―言葉は使わないでよ！」 使い方「汚い」はよごれの状態を直接的に表すのに対し、「汚らしい」は汚いと感じさせるさまを表す。そのため、よごれが外面に見えない場合は「汚らしい」は使いにくい。‖「〇透き通っているが汚い水」「×透き通っているが汚らしい水」 派生 -げ／-さ

きたはま【北浜】〔名〕大阪証券取引所の通称。▽大阪市中央区の船場北部にある街区で、大阪証券取引所を中心とする証券街。

きたーはんきゅう【北半球】〔名〕地球の赤道以北の地域。⇕南半球 ▽南半球より陸地面積が大きい。

きたーまくら【北枕】〔名〕❶釈迦の涅槃にならい、死者の頭を北向きにすること。❷頭を北に向けて寝ること。▽不吉とされる。

ぎだゆう【義太夫】〔名〕浄瑠璃の流派の一つ。元禄（一六八八〜一七〇四）のころ竹本義太夫が創始し、人形浄瑠璃と結びついて発展した。太棹の三味線を伴奏に力強く語る。▽「義太夫節」の略。

きーたら〔連語〕⇩来る㊀⑯‖「あの恐ろしさと―、今考えても身の毛がよだつ」

きた・る【来たる】〔自四〕〔古風〕くる。やってくる。‖「〇〇先生、―」「待ち人―・らず」▽「来至る」の転という。文語動詞のため常用漢字表の例欄には語例を掲げないが、送りがなは「来る」に準じて「来たる」と送る。

きたる【来たる】〔連体〕〈日付などの上に付いて〉もうすぐくる。この次にくる。‖「―五日は創立記念日だ」▽動詞「来たる」の連体形から出た語。送りがなは慣用で「来る」とも。

きーたん【忌▼憚】〔名〕❶〔他サ変〕ひどくいやがること。❷〈ふつう否定的表現を伴って〉はばかって遠慮すること。‖「―のない意見」「―なく思うところを述べる」

きーたん【▼愧▼赧】〔名・自サ変〕恥ずかしく思って顔を赤らめること。赤面。‖「―の念」

きーだん【気団】［名］温度・湿度がほぼ一様な空気のかたまり。大陸や大洋上の広い地域に空気が停滞して形成される。☰「シベリアー」▼気団の発達・移動などによって天気が変わる。

きーだん【奇談】［名］珍しい話。不思議な話。☰「珍談ー」

きーだん【▼綺談（奇談）】［名］巧みに作られた、おもしろい話。☰「ー百話」▼「綺」は巧みに飾る意。書き方「奇談」は代用表記。

ぎーだん【疑団】［名］心中にわだかまる疑いの気持ち。

きち【吉】［名］めでたいこと。よいこと。☰「ーと出るか凶と出るか」「ー事・ー例」「大ー・小ー」⇔凶

きーち【危地】［名］危険な場所。また、危険な立場。☰「ーに陥る」

きーち【奇知（奇▼智）】［名］奇抜で、すぐれた知恵。

きーち【既知】［名］すでに知られていること。また、すでに知っていること。☰「ーの事実」「ー数（＝方程式の中で、その値がすでにわかっている数）」⇔未知

きーち【基地】［名］行動の拠点となる場所。☰「軍事ー」「観測ー」

きーち【貴地】［名］相手の居住地をいう尊敬語。御地。☰「近々ーに赴きたく…」▼多く手紙文で使う。

きーち【機知（機▼智）】［名］その場に応じてすばやく働く鋭い才知。ウイット。☰「ーに富んだ文章」

きーぢか【期近】［名］先物取引で、受け渡し期日が近いこと。⇔期先

きーちがい【気違い（気▽狂い）】［名］❶言動が正常でないこと。また、その人。▼人をののしったり、不当に貶めたりする、差別的な語。❷ある一つのことにひどく夢中になること。また、その人。マニア。▼「釣りー」など他の語に付いた形でも使うが、不当な差別を連想させるので、適切とは言えない表現である。

きちがいーざた【気違い沙汰】［名］常識では考えられないような振る舞い。

きちがいーじ・みる【気違いじみる（気違い染みる）】［自上一］言動が正常ではないようにみえる。文きちがひじ・む

きちがいーみず【気違い水】［名］〔俗〕酒のこと。▼飲むと正気を失うことがあることから。

きちーきち［副］❶［と］決められた通りにするさま。きちんきちん。☰「毎月ー（と）家賃を支払う」❷［三］時間・空間・分量などに余裕のないさま。☰「ーの予算で乗り切る」「格好はよいが足にーのブーツ」

ぎちーぎち［副］❶［と］物がこすれ合ってきしむ音を表す語。☰「床板がー（と）鳴る」❷［三］物事がいっぱいに詰まっていて余裕のないさま。☰「スケジュールがーだ」◈注意 アクセントは、①はギチギチ、②はギチギチ。

きーちく【鬼畜】［名］❶鬼と畜生。❷ひどく残酷で、無慈悲な人。

きちーじ【吉事】［名］めでたいこと。縁起のよいこと。きつじ。☰「婚礼、出産とーが続く」⇔凶事

きちーじつ【吉日】［名］縁起のよい日がら。めでたい日がら。きちにち。きつじつ。☰「思い立ったがー」「大安ー」⇔悪日・凶日

きちじょうーてん【吉祥天】［名］仏教を守護し、衆生に福徳を授ける女神。もとインド神話の神でビシュヌ神の妃とされ、仏教にとり入れられて毘沙門天の妃となる。功徳天。吉祥天女。きっしょうてん。

きちっーと［副］「きちんと」に同じ。

きちーにち【吉日】［名］⇒きちじつ（吉日）

きちーむ【吉夢】［名］縁起のよい夢。めでたい夢。きつむ。⇔凶夢

きーちゃく【帰着】［名・自サ変］❶帰り着くこと。❷議論・考えや物事がある点に落ち着くこと。☰「結局いつもの問題にーする」

きーちゅう【忌中】［名］死者の近親者が喪に服し、忌みつつしんでいる期間。喪中。▼ふつう死後四九日間をいう。

きーちょ【貴著】［名］相手の著書をいう尊敬語。☰「ー大変面白く拝読しました」

きーちょう【▼几帳】［名］昔、貴人の家屋で室内の仕切りに使った調度。台に二本の柱を立てて横木を渡し、そこから幕をかけおろしたもの。数「一基…」と数える。

きーちょう【帰朝】［名・自サ変］外国から日本へ帰ってくること。☰「ー報告会」

きーちょう【記帳】［名・他サ変］帳簿や帳面に記入すること。☰「銀行で通帳にーする」

きーちょう【基調】［名］❶音楽で、楽曲全体の中心となる調。主調。❷絵画・装飾などで、その中心となる色。☰「青と白をーとした抽象画」❸言動・思想・作品などの根底に流れる基本的な考え方や傾向。☰「平和共存をーとする外交政策」「ー講演」

きーちょう【機長】［名］航空機の乗務員の長。キャプテン。▼ふつうは正操縦士がなる。

きーちょう【貴重】［形動］非常に大切なさま。☰「ーな体験をする」「ーな資源」「ー品」派生ーさ／ーがる

ぎーちょう【議長】［名］❶会議の席で議事を進め、採決を行う人。❷国会や地方公共団体の議会で、議員の中から選ばれて議会を代表する人。議事の整理、議場の秩序維持などをつかさどる。

きちょうーめん【▼几帳面】一［名］建具・器具などの角を丸くけずり、その両側に段状の刻み目を入れたもの。▼几帳の柱に多く使われたことからという。二［形動］性格や行動が折り目正しく、細かなところまできちんとしていること。☰「ーな人」「ーにノートをとる」派生ーさ

きちーれい【吉例】［名］めでたいしきたり。きつれい。

きちんーと［副］❶整っているさま。☰「部屋をーかたづけなさい」❷手順や処理が的確であるさま。☰「薬はー飲みましょう」「定刻にー集合する」◈「きちっと」とも。

きちんーやど【木賃宿】［名］❶昔、自炊のための薪代を取って旅人を泊めた安宿。▼食事を提供した旅籠に対していう。❷粗末な安宿。

きつ【喫】（造）❶のむ。すう。☰「ー煙・ー茶」「満ー」▼「吃」に通じる。❷身に受ける。☰「ー驚」

きつ【詰】（造）❶なじる。せめる。☰「ー問」「難ー・論ー」❷まがる。かがむ。☰「ー屈」

きつ【▼橘】（造）たちばな。また、みかん類の総称。☰「柑ー」

きつ・い［形］❶すき間やゆとりがないさま。窮屈だ。☰「この背広［靴］は少しー」❷締め方や縛り方・詰め方などで、力の入れ方が強い。固い。☰「蛇口の締め方がー」「目をー・く閉じる」「びんのふたがー・くて外れない」❸少しの容赦もしないほどきびしい。☰「取り締まり［風当たり］がー」「ー・くしかる」❹負担が大きくてつらいと感じる。☰「百メートル走っただけでもうー」❺物事の程度がはなは

だしい。特に、刺激の程度が強い。‖「日差し[勾配(こうばい)]がー」「冗談がー」「この酒はー」❻気性や言葉が激しい。また、表情などがけわしい。‖「性格がー」「ーことを言う」「目つきがー」◈①②⬍ゆるい 派生 -さ/-がる

きつ-えん【喫煙】[名・自サ変] たばこを吸うこと。‖「外に出てーする」「ー室・ー者・非ー者」

きつ-おん【▼吃音】[名] 言語障害の一つ。おもに第一音が容易に出ない、ある音をくり返す、ある音を引きのばすなどの症状があらわれる。吃音症。

きっ-か【菊花】(キククヮ) [名] 菊の花。また、それをかたどった紋章。きくか。

きっ-かい【奇っ怪】(キークヮイ) [名] 「きかい(奇怪)」を強めていう語。‖「ーな事件」

き-づかい【気遣い】(ーヅカヒ) [名] ❶心配して気をつかうこと。‖「どうぞおーなく」❷心配していることが起こるおそれ。懸念。‖「ここなら人に知られるーはない」

き-づか・う【気遣う】(ーヅカフ) [他五] 心配して気をつかう。案じる。‖「家族の安否をー」 名 **気遣い**

きっ-かけ【(切っ掛け)】[名] 物事を始める手がかり。また、その動機や機会。契機。‖「話のーをつくる」「質問のーを失う」

品格 糸口(いとぐち)「解決のーをつかむ」起因(きいん)「放射線ー性が認められる」契機(けいき)「飛躍のーとなる」原因「ーの究明」端(たん)「領土問題にーを発する戦争」端緒(たんしょ)「流行のーを作る」引き金「原油安が円高のーになる」誘因(ゆういん)「ー物質」要因「決定的ーとなる」

きっかり [副](と) ❶時間・数量などが正確で、端数のないさま。かっきり。きっちり。‖「ー(と)三キロの距離」「三千円ーしかない」「五時ーまで待とう」❷きわめてはっきりしているさま。くっきり。‖「空と海の境がーと分かれて見える」

き-づかれ【気疲れ】[名・自サ変] 気配りや緊張のために神経が疲れること。‖「初めての客はーがする」

き-づかわし・い【気遣わしい】(ーヅカハシイ) [形] 成り行きが気がかりであるさま。心配だ。‖「祖父の容態がー」 派生 -げ/-さ

きっ-きょ【▼拮▽据】[名・自サ変] 忙しく働くこと。けっきょ。‖「政務にーする」

きっ-きょう【吉凶】[名] 縁起のよいことと悪いこと。禍福。‖「ーは糾(あざな)える縄の如(ごと)し(=禍福は糾える縄の如し)」

きっ-きょう【喫驚(▼吃驚)】(ーキャウ) [名・自サ変] びっくりすること。‖「大音声に一同ーする」

きっ-きん【喫緊(▼吃緊)】[名・形動] 差し迫っていて、非常に重要なこと。‖「ーの課題」 派生 -さ

キック [kick] [名・他サ変] 足で蹴ること。‖「コーナーー・ペナルティーー」「ドルフィンー」

き-づ・く【気づく(気付く)】[自五] ❶その方面に意識が向いて、突然物事の存在や状態を知る。気がつく。‖「尾行者[事の重大さ]にーく」「守衛にーかれないように侵入する」 使い方 「〜に気づく」が標準的だが、「〜を気づく」の形(他動詞)でも使う。‖「私の振り返ったのをーかないらしく千代子が言った〈川端康成〉」❷意識を取り戻す。正気に戻る。気がつく。‖「ーいたときは病院のベッドにいた」 名 **気づき**

キック-オフ [kickoff] [名] サッカー・ラグビーなどで、ボールをけって試合を開始または再開すること。▼事業などの開始にもいう。‖「ーミーティング[イベント]」

キックオフ-ミーティング [kickoff meeting] [名] 企画や事業を新しくはじめる際に行う会議。

キック-バック [kickback] [名] 割り戻し。リベート。また、わいろ。

キック-ボクシング [kickboxing] [名] 足蹴りなどの攻撃法も認められるボクシング。タイ式ボクシングをもとに日本で考案された。

ぎっくり-ごし【ぎっくり腰】[名] 急に腰をひねったときや、中腰で重い物を持ち上げようとしたときに起こる急激な腰痛症。▼急性腰痛症の通称。

き-つけ【着付け】[名] ❶和服をきちんと着ること。また、きちんと着せること。❷和服の着こなし。また、和服を着たぐあい。‖「ーがだらしない」❸着なれていること。‖「ーの背広で出かける」

き-つけ【気付け】[名] ❶気絶した人の意識を回復させること。また、そのための薬や酒。‖「ー薬」❷元気をつけること。❸⬇きづけ(気付)

き-づけ【気付】[名] 郵便物を相手の住所ではなく、その人の勤務先や立ち寄り先に送ること。また、そのときにあて先に添えて書く語。気付(きつけ)。‖「福岡支社ーで小荷物を送る」「〇〇ホテルー××様」

きつ-ご【▼吃語】[名] 発音する際に第一音が容易に出てこない、同じ音を繰り返すなどの現象が現れること。また、そのことば。

きっ-こう【▼拮抗(▼頡▼頏)】(ーカウ) [名・自サ変] ほぼ同じ勢力や力をもって、互いに対抗して張り合うこと。‖「二大勢力がーする」▼「けっこう」の慣用読み。

きっ-こう【亀甲】(キカフ) [名] ❶かめの甲羅(こうら)。❷かめの甲羅をかたどった六角形。また、その連続模様。亀甲形。

きっ-さ【喫茶】[名] ❶茶を飲むこと。きっちゃ。❷「喫茶店」の略。‖「ジャズー・ゲームー・マンガー」

きっ-さき【切っ先(切▼尖・▼鋒)】[名] 刃物の尖端。また、切りそいでとがらせた物の尖端。‖「刀のー」「ーをかわす」▼「きりさき」の転。

きっさ-てん【喫茶店】[名] コーヒー・紅茶などの飲み物や菓子・軽食を出す飲食店。喫茶。

ぎっ-しゃ【▽牛車】[名] 昔、牛に引かせた屋形車(やかたぐるま)。平安時代の貴族が乗用にした。御所車(ごしょぐるま)。ぎゅうしゃ。うしぐるま。

キッシュ [quiche フラ] [名] パイ生地で作った器に溶き卵と生クリームや牛乳を混ぜたものを流し込んで焼いた料理。好みでチーズ・ハム・ベーコン・野菜などの具を加える。

きっ-しょく【喫食】[名・他サ変] 食べること。食事をすること。‖「毒キノコをーして中毒にかかる」「ー障害」

ぎっしり [副](と) すき間なくいっぱいに詰まっているさま。‖「スケジュールがー(と)詰まっている」「書棚にー(と)詰まった本」

きっ-しん【吉▼辰】[名] よい日。めでたい日。吉日(きちじつ)。▼「辰」は時の意。

きっ-すい【生粋】[名] 混じりけがまったくないこと。‖「三代続いたーの江戸っ子」▼「きすい」の転。 書き方 「生っ粋」とも。

きっ-すい【喫水(▼吃水)】[名] 船が水上にあるとき、船体の最下端から水面までの垂直距離。船脚(ふなあし)。 書き方 「喫水」は代用表記。

きっすい-せん【喫水線】[名] 水に浮いている船体が水面と接する線。

きっ・する【喫する】〔他サ変〕❶食う。飲む。また、たばこを吸う。‖「晩飯〔茶・たばこ〕を—」❷受ける。こうむる。‖「大敗を—」▽よくないことに使う。文きっ・す

きつ-ぜん【▼屹然】〔形動トタル〕❶山などが高くそびえ立つさま。‖「—たる霊峰」❷まわりの状況に屈することなく孤高を保つさま。‖「—として我が道を行く」

きっ-そう【吉相】サウ〔名〕❶よいことが起こる前兆。吉兆。❷よい人相。福相。

きっ-そう【吉左右】サウ〔名〕❶よい知らせ。吉報。❷よいか悪いか、いずれかの便り。

き-づた【木▼蔦】〔名〕茎から気根を出し、木・岩・壁などを伝ってのびるウコギ科のつる性常緑低木。晩秋に黄緑色の小花をつけ、翌春黒くて丸い実を結ぶ。フユヅタ。

きった-はった【切った張った】〔連語〕切ったりなぐったり、乱暴なことをするさま。‖「—の大立ち回り」

き-づち【木▼槌】〔名〕木製のつち。

キッチュ【Kitsch ドイ】〔名・形動〕けばけばしくて俗悪なもの。まがいもの。▽俗悪さを積極的に用いた芸術やファッションにもいう。

ぎっちょ〔名〕〔俗〕左利き。左ぎっちょ。

きっ-ちょう【吉兆】テウ〔名〕めでたいことの起こりそうなしるし。吉事の前兆。吉相。⇔凶兆

きっちり〔副ト〕❶時間・数量などが正確で、端数のないさま。かっきり。‖「—(と)一時に開会する」「—(と)一メートルずつ間隔をあける」❷物事が正確で、よく整っているさま。‖「言われた仕事は—(と)やる」❸すき間なく合うさま。ぴったり。‖「窓を—(と)しめる」

キッチン〔kitchen〕〔名〕台所。調理場。キチン。‖「ダイニング—」

キッチン-ドリンカー〔kitchen drinker〕〔名〕家事をしながらの飲酒が原因で、アルコール依存症になること。また、その人。

き-つつき【〈▼啄木鳥〉・〈▼啄木〉】〔名〕コゲラ・アカゲラ・アオゲラ・クマゲラなど、森林にすむキツツキ科の鳥の総称。鋭いくちばしで木をつつき、長い舌で中の虫を捕食する。ケラ。タクボク。

きっ-て【切手】〔名〕❶「郵便切手」の略。❷商品券。▽「商品切手」の略。

きって-おと・す【切って落とす】〔連語〕〈「幕が切って落とされる」などの形で〉ある期間続けて行われる行事・催し物などが始まる。‖「ワールドカップの幕が—!される」

きって-す・てる【切って捨てる・斬って捨てる】〔連語〕人や物を切って、そのまま放っておく。切り捨てる。‖「一刀のもとに—」

きって-と・る【切って取る】〔連語〕勝負・試合などで相手を討ち取る。‖「三者三振に—」

きって-の【〈切っての〉】〔連語〕…の中で最もすぐれている。‖「当代—名優」

きっ-と【▼屹度・▽急度】〔副〕❶自分の推測が実現する可能性が高いという気持ちを表す。‖「彼なら—合格するよ」「夕方までには—帰ってくるだろう」❷話し手の決意が強いさま。また、相手に対する要望が強いさまを表す。‖「明日中には—伺います」「明日は—来て下さい」❸表情や態度を改めて、厳しく構えるさま。‖「—にらみつける」「—なって反論する」◈「きと」の促音化した語。

キット〔kit〕〔名〕❶模型・機械などを組み立てる材料一式。❷ある目的のための道具一式。‖「検査—」

キッド〔kid〕〔名〕❶子ヤギのなめし革。丈夫でやわらかく、靴・手袋などに用いる。❷子供。若者。

きつね【▼狐】〔名〕❶口先が細くとがり、三角形の大きな耳をもつイヌ科の哺乳類(ほにゅうるい)。体は細く、尾は太い房状。毛色はふつう黄赤色。夜行性で、ノネズミ・ノウサギなどを捕食する。日本にはホンドギツネとキタキツネの二亜種が生息。人を化かすずるがしこい動物として民話などにも多く登場するほか、稲荷の神の使者ともされる。❷「きつねうどん」など、油揚げを使った料理。

◉**狐と狸(たぬき)の化かし合い** ずるがしこい者どうしが互いにだまし合うことのたとえ。狐も狸も人を化かすとされることから。

◉**狐に▼抓(つま)まれる** 思いがけないことが起こって、わけがわからず、ぼんやりする。‖「—!れたような顔」

きつね-いろ【▼狐色】〔名〕キツネの毛色のような薄い焦げ茶色。

きつね-うどん【▼狐▼饂▼飩】〔名〕甘辛く煮た油揚げをのせたかけうどん。▽大阪の名物。大阪では「けつねうどん」ともいう。

きつね-けん【▼狐拳】〔名〕拳(けん)の一つ。手の位置でキツネ・庄屋・猟師の形をつくり、キツネは庄屋に、庄屋は猟師に、猟師はキツネに勝つという約束のもとで勝負する。藤八拳(とうはちけん)。

きつね-つき【▼狐▼憑き・▼狐付き】〔名〕キツネの霊が人にのりうつって、心の不安定や病気などをおこさせるという俗信。また、のりうつったとされる人。▽多く、特定の家系に継承されるとされ、不当な差別を引き起こす原因となった。

きつねの-よめいり【▼狐の嫁入り】〔名〕❶夜、狐火がいくつも連なって嫁入り行列の提灯のように見えるもの。❷日が照っているのに小雨がぱらつくこと。また、その天気。天気雨。日照り雨。

きつね-び【▼狐火】〔名〕闇夜に山野などで見られる正体不明の怪火。きつねの提灯(ちょうちん)。鬼火。▽キツネの口から吐き出された火という俗信から。実は燐(りん)の燃焼ともいわれる。

きっぱり〔副ト〕言動が明確であるさま。‖「—(と)断る」「—(と)悪縁を絶つ」

きっ-ぷ【切符】〔名〕❶乗車券・入場券・引換券など、料金を支払った証拠となる紙片。‖「往復—」▽競技などに出場する資格や権利のたとえにもいう。‖「オリンピックへの—を手に入れる」❷特定の品物の購入や引き換えに用いる紙片。‖「衣料—」❸交通違反を犯したときに交付される通告書。‖「スピード違反の—を切られる」▽「交通切符」の略。

きっ-ぷ【▽気っ▽風】〔名〕言動にあらわれるその人の気性。特に、小事にはこだわらない、さっぱりとした気性をいう。‖「—のよさを見せる」▽「気風(きふう)」の転。書き方「気っ風」と書く。

きっ-ぽう【吉報】〔名〕喜ばしい知らせ。‖「合格の—を待つ」⇔悲報・凶報

き-づま【気▼褄】〔名〕人の機嫌。‖「—を合わす(=相手の気に入るように調子を合わせる)」「機嫌—」

き-づまり【気詰まり】〔名・形動〕周囲に気がねをして、窮屈に感じること。‖「初対面の人ばかりで—だ」

［ことば探究］「気詰まり」の使い方

▼似た意味をもつ語として「気兼ね」があるが、「気

「詰まり」が「気詰まりな」の形で使えるのに対し、「気兼ね」は「気兼ねな」の形では使えない。また、「気兼ねする」とは言えるが、「気詰まりする」とは言いにくい。
▼「気兼ね」と比べて、「気詰まり」は具体的な場面についていうことが多い。「長時間知らない人と一緒にいるのは×気兼ねがある／○気詰まりだ」
▼場面が存在しない場合には「気兼ね」では言えるが、「気詰まり」が使えないことがある。「忙しい祐介に対しては×気詰まりで／○気兼ねがあり遊びに誘えない」

きつ‐もん【詰問】〔名・他サ変〕相手の非を責めて、厳しく問いつめること。〓「職場放棄の理由を—する」「—調（＝詰問する調子）になる」

きづよ・い【気強い】〔形〕❶頼りになって、心強く思うさま。〓「仲間が一緒だから—」❷気が強い。気丈である。〓「—人」派生‐げ／‐さ

きつ‐りつ【▼屹立】〔名・自サ変〕山などが高くそびえ立つこと。〓「高層ビルが—する副都心」

き‐て【来手】〔名〕来る人。来てくれる人。〓「臨時講師の—がない」

ぎ‐て【技手】〔名〕⬇ぎしゅ（技手）▼「技手」が「技師」と紛らわしいので、区別するための呼び方。

き‐てい【汽艇】〔名〕蒸気機関を動力とする小型の船。ランチ。

き‐てい【既定】〔名〕すでに決まっていること。〓「—の方針通りに進める」⬍未定

き‐てい【基底】〔名〕基礎となる底面。土台。また、物事の基礎となる事柄。

き‐てい【規定】〔名・他サ変〕❶物事の内容・手順・方法などを一定の形に定めること。また、その定め。決まり。〓「概念を—する」「—の限度額を超える」「会の—に反する」「（体操の）—種目」❷法令の条文として定めること。また、その条文。〓「労働［罰則］—」

き‐てい【規程】〔名〕❶規定。決まり。❷役所などで、事務を取り扱う上で、基準として定められた一連の条項。〓「服務［取扱］—」「両院協議会に関する—」▼「規定」と紛れやすいことから、法令では「規則」と言い換える。新聞では法律名などの固有名詞を除き、「規定」を使う。

き‐てい【旗亭】〔名〕酒場。料亭。また、旅館。▼昔、中国で看板として旗を立てたことから。

ぎ‐てい【義弟】〔名〕❶兄弟の約束を交わして弟になった人。弟分。❷婚姻・縁組みなどによって弟になった人。配偶者の弟、妹の夫など。義理の弟。⬍実弟

ぎ‐てい【議定】〔名・他サ変〕会議をして事を決めること。また、その決めたこと。ぎじょう。〓「税率の改定を—する」

ぎてい‐しょ【議定書】〔名〕❶議定した事項を記録した文書。❷外交交渉や国際会議の議事を記し、関係国の代表が署名した公式報告書。◈「ぎじょうしょ」ともいう。

き‐てき【汽笛】〔名〕蒸気の噴出によって音を出す仕組みの笛。また、その音。〓「蒸気機関車が—を鳴らして走る」「出船の—が聞こえる」

き‐てる【来てる】〔連語〕❶〔新〕人気や関心、勢いなどが高まっている。〓「今一番—ファッション」❷程度がはなはだしい。限度を超えている。〓「手荒れが—」❸怒っている。また、気が変である。

きてれつ〔形動〕きわめて風変わりなさま。〓「なんとも—な事件だ」書き方「奇▽天烈」と当てる。派生‐さ

き‐てん【岐点】〔名〕道の分かれるところ。分岐点。

き‐てん【起点】〔名〕物事の始まる点。出発点。〓「マラソンコースの—」⬍終点

き‐てん【基点】〔名〕もとになる点。特に、距離をはかるもとになる点。〓「東京を—として半径百キロの範囲」

き‐てん【機転（気転）】〔名〕その場の状況に応じた、機敏で適切な心の働き。〓「—を利かせて窮地を脱する」

き‐でん【起電】〔名・自サ変〕電気を発生させること。〓「—機・—力」

き‐でん【貴殿】〔代〕〔二人称〕対等または目上の相手を高めて指し示す語。〓「—のお力添えの賜物と心より感謝申し上げます」▼手紙文などで使う。

ぎ‐てん【疑点】〔名〕疑わしい部分。〓「若干の—が残る」

ぎ‐てん【儀典】〔名〕儀式を行うためのきまり。典例。典範。〓「—長」

きでん‐たい【紀伝体】〔名〕歴史記述の形態の一つ。歴史の総体を本紀（＝帝王一代の伝記）・列伝（＝個人の伝記）・表（＝制度の一覧）などに分類して記述するもの。▼『史記』に始まり、中国の正史の標準形式となった。日本では『大鏡』『大日本史』がこれにならう。⬇編年体

き‐と【企図】〔名・他サ変〕あることをくわだて、その実現をはかること。〓「海外進出を—する」

き‐と【帰途】〔名〕ある場所からの帰り道。帰る途中。〓「—につく」

き‐ど【木戸】〔名〕❶庭や通路の出入り口などに設ける、木で作った簡単な開き戸の門。❷芝居・相撲など、興行場の出入り口。木戸口。❸興行場の入場料。▼「木戸銭」の略。

き‐ど【輝度】〔名〕広がりをもつ発光体の明るさの度合い。単位面積あたりの光度で表す。▼計量法の基準となるSI単位では、カンデラ毎平方メートル。

きど‐あい‐らく【喜怒哀楽】〔名〕喜びと怒りと悲しみと楽しみ。人間のさまざまな感情。〓「—の情」

き‐とう【気筒】〔名〕シリンダー。〓「六—のエンジン」

き‐とう【祈▼禱】〔名・他サ変〕神仏に祈ること。また、その儀式。〓「平癒を祈って—する」「—師」「加持—」書き方「祷」は、「禱」の簡易慣用字体。

き‐とう【飢凍】〔名・自サ変〕飢えてこごえること。〓「道塗に—する〈中島敦〉」

き‐とう【亀頭】〔名〕陰茎の先端の部分。かりくび。

き‐どう【気道】〔名〕肺につながる空気の通路。鼻腔・喉頭・気管・気管支などからなる。

き‐どう【軌道】〔名〕❶電車・列車などを走らせる、レールを敷いた道。〓「地下鉄の—」「複線—」❷一定の法則で運動する物体が描く道筋。特に、天体が運行する道筋。〓「放送衛星が—に乗る」❸物事が進行するときにたどる一定方向の道筋。〓「事業が—に乗る」

き‐どう【起動】〔名・自他サ変〕運転を開始すること。また、開始させること。〓「発電器が—する」「パソコンを—する」使い方 以前は自動詞だけだったが、他動詞としても用いられるようになった。「〜を起動する／起動させ

る」では、現在では前者が一般的。⬇品詞解説（二八一六ページ）

き‐どう【機動】〔名〕❶軍隊が戦闘中に行う戦略上の迅速な行動。‖「―作戦［部隊］」❷状況に応じてすばやく行動できること。‖「―力のあるチーム」

き‐どう‐しゃ【気動車】〔名〕内燃機関を動力として走行する鉄道車両。ガソリンカー・ディーゼルカーなど。

き‐どう‐たい【機動隊】〔名〕緊急・非常事態に応じて出動し、公安警備や暴動鎮圧にあたる警察隊。▼「警察機動隊」の略。

き‐どうらく【着道楽】〔名〕衣服にぜいたくをして楽しむこと。また、その人。

き‐とお・す【着通す】〔他五〕同じ衣服、または同じ種類の衣服を着続ける。‖「一年中和服を―」

ぎと‐ぎと〔副‖形動〕脂ぎっているさま。油が浮いたり付いたりして、べとべとしているさま。‖「―したスープ」「換気扇が油で―だ」

き‐とく【危篤】〔名〕病気やけがの症状が重く、生命が危ういこと。‖「―に陥る」

き‐とく【奇特】〔名・形動〕行いや心がけがまれに見るほどすぐれていること。殊勝。きどく。‖「今時―な人もあるものだ」✓注意「こんなものを買うなんて奇特なやつだ」など、風変わりの意でも使われるが、誤り。派生‐さ

き‐とく【既得】〔名〕すでに自分のものにしていること。‖「―権益」

き‐どく【既読】〔名〕すでに読み終えていること。‖「―の論文集」「―メール」⬍未読

きとく‐けん【既得権】〔名〕国家・個人が法律上正当に取得している権利。

きど‐ごめん【木戸御免】〔名〕相撲・芝居などの興行場に、木戸銭を払わないで入場できること。また、その人。▼一般に出入り自由なことにもいう。

キトサン［chitosan］〔名〕キチンからアセチル基を除いて得る高分子化合物。重金属吸着剤・化粧品・食品材料・医療用材料などに利用される。

き‐どり【木取り】〔名・自サ変〕大きな材木から必要な寸法の用材を切り取ること。‖「板目―・正目―」

き‐どり【気取り】〔名〕❶体裁をつくろって、もったいぶること。‖「―のない人」❷そのものになったつもりで、それらしく振る舞うこと。‖「夫婦―・英雄―・アイドル―・エリート―」▼多く他の語と複合して使う。

き‐ど・る【気取る】［一］〔自五〕体裁をつくろって、もったいぶったり取りすましたりする。‖「蝶ネクタイなんか締めて妙に―・っている」「―・らない人柄が魅力だ」［二］〔他五〕その人の価値観に従って、それになったつもりでそれらしく振る舞う。‖「大物政治家［ワイン通］を―」◈使い方［一］［二］とも、マイナスに評価していう。名 気取り

きどるい‐げんそ【希土類元素】〔名〕⬇レアアース

キナ［kinaオランダ］〔名〕アカネ科キナ属の常緑高木の総称。アルカロイドを含む樹皮からマラリアの特効薬キニーネを製する。書き方「規那」とも当てる。

き‐ない【畿内】〔名〕朝廷の置かれていた京都周辺の五か国、山城・大和・河内・和泉・摂津の総称。きだい。▼「畿」は、古代中国で王城から五百里（＝約二〇〇キロメートル）四方の地の意。

き‐ない【機内】〔名〕飛行機の中。‖「―食」

き‐なが【気長】〔名・形動〕のんびりして、あせらないこと。‖「機が熟すのを―に待つ」⬍気短 派生‐さ

き‐ながし【着流し】〔名〕着物だけを着て羽織・袴をつけない、男性のくだけた和装。動 きなが・す（他五）

きな‐くさ・い【きな臭い】〔形〕❶布・綿・紙などの焦げるにおいがする。焦げくさい。❷戦争などの不穏なことや、不正なよからぬことがありそうな気配がする。‖「国境周辺が―」「利権のからんだ―話」派生‐さ

き‐なぐさみ【気慰み】〔名〕ふさいだ気分を晴らすこと。また、そのもの。気晴らし。‖「―に釣り堀へ行く」

き‐なこ【▽黄粉】〔名〕いった大豆をひいて粉にしたもの。‖「―餅」▼「黄な（＝黄色な）粉」の意。

き‐なり【生成り】〔名〕❶糸・布地などの晒していないもの。‖「―の木綿」❷生地のままで飾り気のないこと。書き方「生▽形」とも。

き‐なん【危難】〔名〕命にかかわるような災難。‖「―が身に迫る」

キニーネ［kinineオランダ］〔名〕キナの樹皮から製する結晶性アルカロイド。味はきわめて苦い。健胃剤・解熱剤にも用いるが、特にマラリアの特効薬とする。キニン。書き方「規尼▼涅」と当てた。

き‐にち【忌日】〔名〕その人が死んだ日と同じ日付の日。命日。きじつ。

き‐にゅう【記入】〔名・他サ変〕所定の箇所などに必要な事柄を書き入れること。‖「申込書に住所・氏名を―する」使い方 類義の和語「書き入れる」「書き込む」は、所定の箇所のほか行間や余白に書く場合にもいう。

ギニョール［guignolフランス］〔名〕人形の頭部と両手部分に指を差し入れて操るもの。指人形。また、それを使った芝居。

き‐にん【帰任】〔名・自サ変〕一時離れていた任地や任務にもどること。‖「本社に―する」

きぬ【▽衣】〔名〕衣服。着物。‖「歯に―着せずものを言う」

きぬ【絹】〔名〕蚕のまゆからとった繊維。絹糸。また、絹織物。

◉**絹を裂くよう** かん高く鋭い声のたとえ。‖「女の―な悲鳴が聞こえた」▼絹の布を裂くときに、高く鋭い音が出ることから。

キヌア［quinoa］〔名〕アカザ科の一年草。種子は食用で、たんぱく質・ミネラル・食物繊維などを豊富に含む。南米アンデス原産。キノア。

きぬ‐いと【絹糸】〔名〕蚕のまゆからとった糸。けんし。▼生糸と練り糸があるが、ふつう練り糸をいう。

きぬ‐え【絹絵】〔名〕絹地にかいた絵。

きぬ‐おりもの【絹織物】〔名〕絹糸で織った織物。絹織り。▼羽二重・縮緬・絽・綸子・錦・紬などがある。

きぬ‐がさ【▽衣▼笠・絹傘】〔名〕❶絹をはった柄の長いかさ。昔、貴人の後ろからさしかけた。❷仏像などの上に飾る天蓋。

きぬ‐かつぎ【▽衣▽被ぎ】〔名〕里芋の子を皮をつけたままゆでたり蒸したりしたもの。きぬかずき。▼中秋の名月の供え物とする。

きぬ‐ぎぬ【▽衣▽衣・〈後朝〉】〔名〕〔古風〕男女が共寝をして迎えた朝。また、その朝の別れ。‖「―の別れ」▼寝るときには二人の着物を重ねてかけ、翌朝はそれぞれに衣を身につけたことから。

き‐ぬけ【気抜け】〔名・自サ変〕❶気持ちの張りをな

くして、ぼんやりすること。〓「定年を迎えて―する」❷炭酸ガスが抜けて、炭酸飲料水などの風味がなくなること。〓「―したビール」

きぬ‐ごし【絹▼漉し】〔名〕❶〔他サ変〕絹篩や絹布でものをこすこと。また、こしたもの。❷濃い豆乳に凝固剤を加えて熱し、型箱に入れて固めた豆腐。▽「絹ごし豆腐」の略。豆乳の上澄みを捨てないのできめが細かく、型箱に布を敷かないので木綿豆腐のような布目がつかない。

きぬ‐さや【絹▼莢】〔名〕⬇さやえんどう（莢豌豆）

きぬ‐じ【絹地】〔名〕❶絹で織った布地。絹布。❷日本画をかくのに用いる薄い絹の布。絵絹。

きぬ‐ずれ【▽衣擦れ】〔名〕着ている人の動きにつれて着物がすれ合うこと。また、その音。〓「―の音」

きぬた【▼砧】〔名〕木槌で布を打つときに下に敷く木や石の台。また、それを打つこと。〓「―を打つ」▽「きぬいた（衣板）」の転。昔は布をやわらげ、つやを出すためにきぬたを打った。

きぬ‐ばり【絹針】〔名〕絹布を縫うために使う細い針。

きぬ‐ばり【絹張り】〔名〕絹布をはること。また、そうして作ったもの。〓「―の傘」

きぬ‐ぶるい【絹▼篩】〔名〕底に絹布を張ったごく目の細かいふるい。

きぬ‐もの【絹物】〔名〕絹織物。また、絹で作った衣類。

きぬ‐わた【絹綿】〔名〕くず繭から作った綿。真綿の一種。▽保温・防湿性に富む。

きね【▼杵】〔名〕臼に入れた穀物や餅をつくために用いる木製の道具。

き‐ねずみ【木▼鼠】〔名〕リスの別称。

きね‐づか【▼杵▽柄】〔名〕きねの柄。〓「昔とった―（＝以前に鍛えた自信のある腕前）」

キネティック‐アート【kinetic art】〔名〕モーター・風などによってその一部または全体が動く芸術作品。▽動く芸術の意。

キネマ〔名〕映画。活動写真。シネマ。▽「キネマトグラフ（kinematograph）」の略。

き‐ねん【祈念】〔名・他サ変〕願いがかなうように神仏に祈ること。祈願。〓「五穀豊穣を―する」「平和―式」

き‐ねん【紀年】〔名〕ある紀元から数えた年数。〓「西暦による―」

き‐ねん【記念】〔名・他サ変〕❶思い出となるように残しておくこと。また、そのもの。〓「旅行の―に写真を撮る」「―品」「―スタンプ」❷何かを行って過去の出来事や人物などを思い起こし、気持ちを新たにすること。〓「創立十周年を―する式典」「―行事」書き方「紀念」とも書いた（中国では「紀念」が一般的）。

ぎ‐ねん【疑念】〔名〕うたがわしく思う心。うたがい。〓「―を抱く」

きねん‐ひ【記念碑】〔名〕ある出来事や人の功績を記念して建てる石碑。モニュメント。〓「平和―」

きのう【《昨日》】〔名〕今日の一日前の日。昨日。〓「―の朝の出来事」「―から調子が悪い」

◉**昨日の今日** 事が起こった昨日からわずか一日しか経っていない今日。そのことがあって間もなく。〓「―で、もう約束を忘れている」

き‐のう【気▼嚢】〔名〕❶鳥類の肺に付属する薄い膜でできた袋。空気を出し入れして浮揚や呼吸を助ける。❷飛行船・気球などで、ガスを入れる袋。

き‐のう【帰納】〔名・他サ変〕個々の具体的な事実から共通点を探り、そこから一般的な原理や法則を導き出すこと。〓「―法」「―的推論」⬍演繹

き‐のう【帰農】〔名・自サ変〕都会での職をやめて地方に帰り、農業に従事すること。

き‐のう【機能】〔名・自サ変〕ある物事に特性として備わっている働き。また、それが作用すること。〓「体［言語］の―」「ストで工場の―がストップする」「組織体がうまく―していない」

ぎ‐のう【技能】〔名〕物事を行うときの技術上の能力。〓「機械修理にすぐれた―を持つ人」「特殊―」「―オリンピック・―賞」

きのう‐きょう【《昨日》《今日》】〔名〕昨日と今日。また、つい最近。このごろ。〓「―に始まったことではない」

きのうせい‐ひょうじ‐しょくひん【機能性表示食品】〔名〕事業者が科学的根拠に基づき、健康の維持や増進に役立つ機能を表示できる食品。

きのう‐てき【機能的】〔形動〕十分な機能が発揮されるさま。〓「―な間取りの部屋」

き‐の‐え【▽甲】〔名〕十干の第一番目。こう。▽「木の兄」の意。

きのえ‐ね【▽甲▽子】〔名〕干支の第一番目。十干の甲と十二支の子との組み合わせに当たる年・月・日。かっし。

き‐の‐こ【▼茸・▼蕈・▽菌】〔名〕胞子で繁殖する大型菌類の通称。多くは傘状で、山野の木陰や朽木に生じる。マツタケ・シメジ・シイタケなど食用になるものと、ベニテングタケ・ツキヨタケなど有毒なものとがある。▽「木の子」の意。

き‐の‐じ【喜の字】〔名〕七七歳。▽「喜」の草書体「㐂」が「七十七」と読めることから。

き‐の‐せい【気の▽所為】〔連語〕はっきりした根拠もなく、自分だけがそう感じること。〓「誰か来たようだったが―だろうか」書き方一般に「気のせい」と書く。

き‐の‐と【▽乙】〔名〕十干の第二番目。おつ。▽「木の弟」の意。

き‐の‐どく【気の毒】〔名・形動〕❶他人の不幸や苦痛などに同情してかわいそうに思うこと。〓「―な境遇」「―に思って金を貸す」❷〔自サ変〕他人に迷惑をかけてすまなく思うこと。〓「つらい思いをさせて―なことをした」派生‐げ／‐さ／‐がる

き‐のぼり【木登り】〔名・自サ変〕立ち木によじ登ること。〓「―（を）して遊ぶ」

き‐の‐み【木の実】〔名〕木になる果実。このみ。

きのみ‐きのまま【着の身着の▼儘】〔連語〕いま身につけている衣服のほかは何ひとつ着るものをもっていないこと。〓「―で焼け出される」✔注意「気の向くままの意で「気のみ気のまま」と書くのは、これをもじった俗用で、誤り。

き‐の‐め【木の芽】〔名〕❶樹木の新芽。〓「―がふく」❷さんしょうの新芽。〓「―和え」◈「このめ」とも。

きのめ‐どき【木の芽時】〔名〕樹木の芽が一斉に萌えでる早春のころ。このめどき。▽心身の変調をきたしやすいという。

き‐の‐り【気乗り】〔名・自サ変〕ある物事に興味がわ

き、進んでそれをしようという気持ちになること。‖「その仕事にはーがしない」

きのり-うす【気乗り薄】［名・形動］あまり気が進まないこと。‖「参加にはーだ」

きば【牙】［名］哺乳(ほにゅう)動物の歯で、特に鋭く長大になったもの。犬・ライオン・セイウチなどでは犬歯(けんし)が、象などでは門歯が発達する。▼常用漢字表では、一画多い「牙」も同字とする。

◉**牙を研(と)・ぐ** 相手を倒そうと用意して、その機会を待ち受ける。‖「報復のー」

きば【木場】［名］木材の集配に便利な場所に設けた貯木場。また、材木商の多く集まっている地域。

きば【騎馬】［名］馬に乗ること。また、馬に乗った人。‖「ー民族」

き-はい【▼跪拝】［名・自サ変］ひざまずいて礼拝すること。拝跪(はいき)。‖「神[彼女の美貌]の前にーする」

き-ばい【木灰】(ーバヒ)［名］草木・落葉などを焼いてつくった灰。肥料やあく抜きに用いる。もっかい。

き-ばえ【着映え(着栄え)】［名］身につけたとき、衣服がりっぱに見えること。‖「この着物はーがしない」

き-はく【気迫・気▼魄】［名］ひるまずに立ち向かう強い精神力。‖「相手のーに圧倒される」 書き方 「気迫」は代用表記。「魄」はたましいの意。

き-はく【希薄(▼稀薄)】［名・形動］❶液体の濃度や気体の密度がうすいこと。‖「酸素がーになる」❷ある要素が乏しいこと。‖「事件との因果関係はーだ」「家族間の愛情がーになる」◈⇔濃厚 派生 -さ

き-ばく【起爆】［名・自サ変］衝撃・摩擦・熱などを加えて、火薬を爆発させること。‖「ー装置・ー薬」

きばく-ざい【起爆剤】［名］❶起爆に用いる火薬。❷刺激を与えて、ある事態を引き起こすきっかけになるもの。‖「減税を景気回復のーとしたい」

き-ばさみ【木▼鋏】［名］庭木の刈り込みなどに使う、長い柄のついたはさみ。

き-はずかし・い【気恥ずかしい】(ーハツカシイ)［形］何となく恥ずかしい。きまりが悪い。‖「人前で話すのはーい」 派生 -げ／-さ

き-はだ【木肌(木▽膚)】［名］樹木の外皮。また、外皮をはぎとった樹木の表面。‖「杉のーをはぐ」

き-はだ【黄▼蘗・黄▽膚】［名］初夏、黄緑色の小花をつけるミカン科の落葉高木。内側が黄色い厚い樹皮は黄蘗(おうばく)といい、健胃薬や黄色染料に用いる。光沢のある材は家具や細工物用。きわだ。

きはだ-まぐろ【黄肌▼鮪】［名］マグロの一種であるサバ科の海水魚。ひれや体は黄色を帯び、第二背びれと尻びれが著しく長い。食用。きはだ。きわだ。

き-ばたらき【気働き】［名］気が利くこと。機転。‖「ーのある人」

き-はちじょう【黄八丈】(ーハチヂャウ)［名］黄色の地に茶・黒などの縞(しま)や格子柄を織り出した絹織物。‖「ーの着物」▼東京都八丈島の特産であったことから。

き-はつ【既発】［名］すでに発生したこと。‖「ーの災害」

き-はつ【揮発】［名・自サ変］液体が常温で気化すること。‖「オイルがーする」「ー性」

き-ばつ【奇抜】［名・形動］思いも及ばないほどすぐれていること。また、人の意表をつくほど風変わりなこと。‖「着想がーだ」「ーなデザイン」 派生 -さ

きはつ-ゆ【揮発油】［名］原油を分留するとき、セ氏一八〇度以下の低温で得られる油。ガソリン・ベンジンなど。

き-ば・む【黄ばむ】［自五］黄色みをおびる。‖「汗でシャツがーむ」

き-ばや【気早】［名・形動］思い立ったことをすぐしなければ気がすまないこと。また、そういう性質の人。せっかち。‖「ーな人」「ーな(の)連中」

き-ばらし【気晴らし】［名・自サ変］うっとうしい気分を晴らすこと。‖「ーに釣り堀に行く」「寄席でものぞいてーをしよう」

き-ば・る【気張る】 ━［自五］❶息をつめて力を入れる。いきむ。‖「ーって重い荷を抱え上げる」❷意気込んで張りきる。‖「早く片づけようとーって稲を刈る」 ━［他五］気前よく多額の金銭を出す。はずむ。‖「見栄を張ってチップをーる」 可能 気張れる

き-はん【帰帆】［名］港へ帰ってくる帆掛け船。‖「矢橋(やばせ)のー」

き-はん【規範(軌範)】［名］行動・判断・評価などのよりどころとなる手本や規準。‖「道徳ー」「ー性」

き-はん【▼羈▼絆】［名］人の行動を拘束し、妨げとなるもの。ほだし。‖「浮き世のーから脱する」▼牛馬をつなぎとめる意から。

き-ばん【基板】［名］電子部品を組み込むプリント板。また、集積回路を配線するシリコンの結晶板。

き-ばん【基盤】［名］物事が成り立つための基礎となるもの。土台。‖「経営のーを固める」「生活のーを失う」

きはん-せん【機帆船】［名］発動機と帆を備えている小型の船。

き-ひ【忌避】［名・自他サ変］❶きらって避けること。‖「徴兵をーする」❷不公平な裁判が行われるおそれのあるとき、訴訟当事者が裁判官または裁判所書記官に職務執行をしないように申し立てること。また、その申し立てによって、その者を職務執行から排除すること。

き-ひ【基肥】［名］⬇元肥(もとごえ)

きび【▼黍(▼稷)】［名］畑で栽培されるイネ科の一年草。夏から秋にかけてふさ状の花穂をつけ、淡黄色の実を結ぶ。ウルチキビ・モチキビなどがあるが、いずれも実は食用。

き-び【機微】［名］表面からはとらえにくい微妙な事情や趣。‖「人情のーに通じる」「外交のーにふれる」

き-び【▼驥尾】［名］駿馬(しゅんめ)の尾。

◉**驥尾に付(ふ)・す** すぐれた人に付き従って行動すれば、凡人も名を成し功を立てることができるということ。‖「先輩のーして研究を完成させることができた」

き-びき【忌引】［名］近親者の死に際し、学校・勤めなどを休んで喪に服すること。また、そのための休暇。

きび-きび［副ト］動作がすばやく、生き生きとしてむだがないさま。‖「ー(と)よく働く」

きびし・い【厳しい】［形］❶規律などにきちんと従って、少しの妥協も許さないさま。取り扱いに容赦がないさま。‖「戒律がーい」「違反者をーく取り締まる」❷緊迫・逼迫(ひっぱく)した状況にあり、対処が困難であるさま。見込みが立たないさま。‖「生活がーい」「この成績では進級はーい」❸寒暑などの程度が、はなはだしいさま。‖「ー寒さ」❹山などの傾斜が人を寄せつけないほどけわしいさま。‖「ー山容」 派生 -げ／-さ

き-びす【▼踵】［名］かかと。くびす。

◉**踵を返(かえ)・す** あともどりする。引き返す。

⊙**踵を接せ・する** 人や物がすき間なく並ぶ。また、物事が次々と起こる。‖「客が―して訪れる」

⊙**踵を巡ら・す** 後へ引き返す。きびすを返す。

きび-だんご【▼黍団子・▽吉備団子】[名] ❶【黍】きびの実の粉で作っただんご。❷【吉備】蒸したもち米の粉と砂糖などをねって作った、求肥(ぎゅうひ)の小さなだんご。▼岡山(旧国名「吉備」)の名産であることから。

き-ひつ【起筆】[名・自他サ変] 文章を書き始めること。⇔擱筆(かくひつ)

ぎ-ひつ【偽筆】[名] 他人の文字や絵に似せて書くこと。また、そのもの。‖「藤原定家の―」⇔真筆

き-ひょう【起票】(ヘウ) [名・自他サ変] 伝票を起こすこと。新しく伝票を書くこと。‖「伝票を―する」

き-びょう【奇病】(ヤウ) [名] 医学で解明できない不思議な病気。また、変わった症状が現れる病気。

き-びょうし【黄表紙】(ヘウシ) [名] 江戸中期から後期にかけて刊行された大人向けの草双紙。絵を主とした読み物で、洒落(しゃれ)・地口・風刺などを特色とする。▼黄色の表紙を用いたことから。

き-ひん【気品】[名] 上品なおもむき。‖「―のある婦人」「―の高い作品」

き-ひん【気▼稟】[名] 人が生来もっている気質。

き-ひん【貴賓】[名] 身分の高い客。‖「―席・―室」

き-びん【機敏】[名・形動] 機に応じて、頭や体をすばやく適切に働かせること。‖「―な処置」「―に行動する」「動作が―だ」派生 -さ

き-ふ【寄付(寄附)】[名・他サ変] 公共の団体・事業や社寺などに金品を差し出すこと。‖「―を募る」「図書館に本を―する」「―金」書き方 本来は「寄附」。公用文では「寄附」と書く。使い方 物品だけを贈ることは「寄贈」、信仰の対象である社寺に金品を贈ることは「寄進」という。数「一口(ひとくち)…」と数える。

き-ふ【棋譜】[名] 囲碁・将棋の対局手順を記録したもの。

き-ふ【貴腐】[名] 熟したブドウに不完全菌の一種がついて水分が蒸発し、干しブドウのようになること。また、そのブドウ。高級白ワインの原料となる。

き-ぶ【基部】[名] 基礎となる部分。‖「柱の―が腐る」

ぎ-ふ【義父】[名] 婚姻・縁組みなどによって父となった人。配偶者の父や継父・養父など。義理の父。⇔実父

ギブ-アップ[give up][名・自サ変] あきらめること。降参すること。‖「万策尽きて―する」

ギブ-アンド-テイク[give-and-take][名] 相手に利益を与え、自分も相手から利益を得ること。もちつもたれつ。

き-ふう【気風】[名] ある集団や地域の人々に共通する気質。‖「質実剛健の―を尊ぶ」

き-ふう【棋風】[名] 将棋の指し方や碁の打ち方にあらわれるその人の個性。‖「豪快な―」

き-ふく【帰服(帰伏)】[名・自サ変] 降服してつき従うこと。‖「朝廷に―させる」

き-ふく【起伏】[名・自サ変] ❶土地などが、高くなったり低くなったりしていること。‖「―の多い地形」❷盛んになったり衰えたりして、変化すること。‖「―に富んだ生涯を送る」「感情の―が激しい」

き-ぶく【忌服】[名] 近親者の死に際し、一定期間喪に服すること。

き-ぶく・れる【着膨れる・着▼脹れる】[自下一] 衣服を何枚も着て、体がふくれたようになる。‖「厚着をして―」文きぶく・る 名着ぶくれ

きふ-こうい【寄付行為(寄附行為)】(カウヰ) [名] 財団法人を設立するために一定の目的を決めて財産を提供し、その運用のための根本規則を定める行為。また、その根本規則。定款(ていかん)。

き-ふじん【貴婦人】[名] 高貴な身分の女性。

ギプス[Gips(ドイツ)][名] 石膏(せっこう)などで固めた包帯。患部を固定するために用いる。ギプス包帯。▼なまって「ギブス」とも。

き-ぶつ【木仏】[名] ❶木で作った仏像。きぼとけ。❷情愛に乏しく、風流を解さない人。

⊙**木仏金仏(かなぶつ)石仏(いしぼとけ)** 人情の薄い人、また、融通(ゆうずう)のきかない人のたとえ。

き-ぶつ【器物】[名] うつわ。また、うつわ・道具類の総称。‖「―損壊罪」

キブツ[kibbutz(ヘブライ)][名] イスラエル国の農業共同体。私有財産を否定し、生産・運営・教育のすべてを集団で行う。

ぎ-ぶつ【偽物】[名] にせもの。贋物(がんぶつ)。‖「―の青磁」

き-ぶっせい【気ぶっせい】[形動] 気がふさいで、くさくさするさま。また、親しみにくくて気づまりなさま。‖「むっつりとして―な人だ」▼「きぶさ(気塞)い」の転。

ギフト[gift][名] 贈り物。‖「―カード(=贈答用商品券)」

き-ぶとり【着太り】[名・自サ変] ❶厚着をして太って見えること。着ぶくれ。❷衣服を着ると実際より太って見えること。⇔着痩(や)せ

ぎ-ふぼ【義父母】[名] 義理の父母。夫または妻の両親。▼近年、「義両親(ぎりょうしん)」ともいうが、「義父母」「義理の両親」などの言い方が標準的。

き-ふるし【着古し】[名] 長い間着て古くなること。また、その衣服。‖「―のコート」動きふる・す(他五)

きふ-ワイン【貴腐ワイン】[名] 不完全菌の一種が付いて水分が蒸発し、糖度が凝縮されたブドウを原料とする白ワイン。芳醇(ほうじゅん)な香りをもつ。

き-ぶん【気分】[名] ❶そのときどきの心の状態。そのときの快不快などの気持ち。‖「快晴で―がいい」「船酔いで―が悪くなる」「今は遊びに行く―じゃない」「―転換」❷ある状況の中で多くの人が共通してもつ心の状態。また、その場の様子・雰囲気。感じ。‖「正月[学生]―が抜けない」「旅行―・お祭り―・リゾート―」

き-ぶん【奇聞】[名] 珍しくて興味をそそる話。

ぎ-ふん【義憤】[名] 道義・正義に外れたことに対するいきどおり。‖「―を覚える」

ぎ-ぶん【戯文】[名] たわむれに書いた文章。また、滑稽(こっけい)な趣に主眼を置いた文章。

きぶん-や【気分屋】[名] そのときの気分によって言動や態度が変わる人。

き-へい【騎兵】[名] 馬に乗って戦う兵士。また、その軍隊。‖「―が襲撃をかける」「―隊」

ぎ-へい【義兵】[名] 正義のために起こすいくさ。また、その兵。

き-へき【奇癖】[名] 奇妙なくせ。‖「―の持ち主」

き-べら【木▼篦】[名] 木製のへら。

き-へん【机辺】[名] 机のそば。‖「辞書を―に置く」

き-べん【▼詭弁(▼詭▼辯)】[名] 道理に合わないことをいかにももっともらしくこじつける、巧みな弁論。‖「―を弄する」「―家」書き方 論理学では「危弁」で代用

する。新聞では、もと「奇弁」で代用した。

きーぼ【規模】［名］物事の構造・仕組みなどの大きさ。〓「組織の━を拡大する」「世界的━の活動」

ぎーぼ【義母】［名］婚姻・縁組みなどによって母となった人。配偶者の母や継母・養母など。義理の母。⇔実母

きーほう【気泡】ハウ［名］液体や固体の中に生じる、気体をつつみこんだあわ。〓「━コンクリート」

きーほう【奇峰】［名］珍しい形をした峰。

きーほう【既報】［名］すでに知らせてあること。また、その知らせ。

きーほう【機▼鋒】［名］刀剣のきっさき。▼鋭い攻撃や勢いの意でも使う。〓「敵の━をそらす」

きーほう【貴方】ハウ［代］〔二人称〕対等の相手を敬っていう語。貴殿。▼手紙文などで使う。

きーぼう【希望】ハウ［名］❶［他サ変］こうあってほしいとのぞみ願うこと。また、その願い。〓「進学を━する」「自分の━を述べる」❷将来に対する明るい見通し。〓「この調子なら━がもてる」「夢も━もない」

きーぼう【既望】ハウ［名］陰暦一六日の夜。また、その夜の月。いざよい。▼すでに望（＝満月）を過ぎたの意。

ぎーほう【技法】ハフ［名］技術上の方法。〓「油絵の━」

ぎーぼうしゅ【擬宝珠】［名］❶欄干の柱頭につける宝珠の形をした飾り。❷ねぎの花。ねぎぼうず。◈「ぎぼし」「ぎぼうし」ともいう。

きぼうてきーかんそく【希望的観測】キバウテキクワンソク［名］希望する結果を期待しながら、物事を都合よく推測すること。〓「それは━にすぎない」

きーぼく【亀▼卜】［名］亀の甲を焼き、そのひび割れの状態によって吉凶を判断する占い。▼古代中国で盛んに行われ、日本には奈良時代に伝来した。

きーぼね【気骨】［名］気づかい。気苦労。

◉**気骨が折・れる**　あれこれ気づかいをして疲れる。〓「お偉方の接待は━」✓注意⇩気骨（きこつ）

きーぼり【木彫り】［名］木材に彫刻して形や模様を作ること。また、そのもの。木彫（もくちょう）。〓「━の人形」

きーほん【基本】［名］物事のよりどころとなる大もと。〓「経営の━を学ぶ」「演技の━を身につける」「━方針」

使い方「基本的に」の意で、「基本、チェンジすることが大切だ」などと使うのは、本来の用法になじまない。

きほんーきゅう【基本給】キフ［名］諸手当・賞与などを除いた基本的な賃金。本給。本俸。

きほんーてき【基本的】［形動］❶物事の根幹となるような性質を持っているさま。〓「新政権の━な方針」❷〈「基本的に」の形で、副詞的に〉原則として。だいたい。〓「━に賛成だ」

きほんてきーじんけん【基本的人権】［名］すべての人間が生まれながらに持っている、人間としての基本的な権利。▼日本国憲法では平等権、思想・信教の自由、集会・結社・表現の自由、社会権などを「侵すことのできない永久の権利」として保障する。

ぎーまい【義妹】［名］❶姉妹の約束を交わして妹になった人。妹分。❷婚姻・縁組みなどによって妹になった人。配偶者の妹や弟の妻など。義理の妹。⇔実妹

きーまえ【気前】ヘマ［名］金や物を惜しみなく差し出す気性。〓「━がいい」「━よく部下におごる」

きーまかせ【気任せ】［名・形動］気の向くままにふるまうこと。気まま。〓「━な旅をする」

ぎーまく【偽膜・義膜】［名］粘膜の炎症部分などにできる膜のようなもの。ジフテリアのとき咽頭（いんとう）部にみられるものなど。

きーまぐれ【気▽紛れ】［名・形動］❶その時々の思いつきや気分によって行動すること。〓「━を起こす」❷変わりやすくて予想ができないこと。〓「━な天候」

きーまじめ【生《真面目》】［名・形動］融通がきかないほどまじめなこと。〓「━で誠実な人」✓注意「気まじめ」と書くのは誤り。派生━さ

きーまず・い【気〈不味〉い】ツイマ［形］お互いの気持ちがしっくりとしなくて不快なさま。〓「余計なことを言って━思いをした」派生━げ／━さ

きーまつ【期末】［名］ある一定期間の終わり。〓「決算は━ごとに行う」「━テスト」

きまっーて【決まって（▽極まって）】［副］ある条件のもとで必ずそうなるという気持ちを表す。〓「彼は帰宅途中━本屋に立ち寄る」「春先になると━花粉症になる」

きーまま【気▼儘】［名・形動］自分の思うままにふるまうこと。〓「━な隠居暮らし」「━に町をぶらつく」「勝手━」派生━さ

きーまよい【気迷い】ヨヒ［名］❶［自サ変］判断がつかなくて心が迷うこと。❷取引所で、相場の見通しがたたなくて株式の売買が低調になること。

きまり【決まり（▽極まり）】［名］❶未定だった物事が一つの結果に落ち着くこと。決着。〓「これで方針は━だ」❷規準として定められている事柄。規則。規定。〓「学校の━に従う」「━に背く」❸いつものこととして定まっている事柄。〓「毎朝一時間ほど歩くのを━としている」⇩お決まり

◉**決まりが悪・い**　体裁が悪くて恥ずかしい。ばつが悪い。きまり悪い。

きまりーきった【決まり切った】［連体］あたりまえの。わかりきった。〓「聞くまでもなく━ことだ」

きまりーて【決まり手】［名］相撲で、勝負が決まったときの技。〓「━は上手出し投げ」

きまりーもんく【決まり文句】［名］いつも決まっていう文句。また、型にはまった新鮮みのない文句。

きまりーわる・い【決まり悪い】［形］体裁が悪くて恥ずかしい。〓「勘違いと知って━・くなった」派生━げ／━さ／━がる

きま・る【決まる（▽極まる）】［自五］❶未定だった物事がはっきりと一つの結果に落ち着く。決定する。定まる。〓「裁判で有罪が━」「就職先がA社に━・った」「継続審議することで話が━・った」「九時になると━・ったように（＝例外なく）現れる」使い方「ハムレット役が鈴木君に決まった」などでは、名詞を入れ替えて「鈴木君がハムレット役に決まった」とすることができる。❷心がはっきりと一つに定まる。〓「離婚ということで気持ちが━・った」❸あること（特に、重要なこと）が決定づけられる。〓「出会いで人生が━」「八日目で勝ち越しが━」❹〈「決まっている」「決まった」の形で〉物事が一定していて変化がない。〓「出席者の顔ぶれはいつも━・っている」「毎晩━・った時間に帰る」▼強めた言い方に「決まり切っている」「決まり切った」がある。❺〈「…と決まっている」の形で〉必然的な結果や動かしがたい事実としてそれがある意を表す。…ということになっている。〓「生あるものはやがては滅びると━・っている」「自慢じゃないが喧嘩（けんか）は弱いと昔から━・っている」

❻スポーツ・演劇などで、技や演技が思い通りにうまくゆく。≡「技[速攻]が―」❼おめかしした服装がぴたりと合う。≡「タキシードがびしっと―っている」❽〈「…に決まっている」の形で〉当然の意や確実性の高い推量を表す。当然だ。違いない。きっとそうだ。≡「そんなことうそに―っている」「夏は暑いに―っている」◈書き分け【極】はきわまる、きわめる意だが、もと、きまる、きめる意(国訓)で多用された。今は【決】を使う。名 決まり

きーまわし【着回し】[名] 一組みの服を組み合わせを変えてさまざまな装いに着こなすこと。

ぎーまん【欺瞞】[名・他サ変] あざむき、だますこと。≡「―に満ちた言動」

きみ【君】一[名] ❶自分が仕えている人。主君。また、君主。❷敬意や親愛の情をこめて他人をいう語。≡「いとしの―」❸〈代名詞的に〉「〜君」という形で出てきた人を指していう語。≡「中村君は…。―の功績は…」二[代]〈二人称〉同等以下の親しい相手を指し示す語。≡「―、元気を出したまえ」▼「あなた」よりも敬意が低く、「おまえ」よりも丁寧な言い方。

きーみ【黄み】[名] 黄色がかっていること。黄色み。≡「―がかった緑色」書き方「黄味」とも当てる。

きーみ【黄身】[名] 卵の中の丸くて黄色い部分。卵黄。⇕白身

きーみ【気味】[名] ❶物事から受ける感じ。心持ち。≡「―の悪い屋敷」使い方「いい―だ」などの形で、他人の失敗・不遇などをあざ笑うときにもいう。❷ある状態・傾向にあること。その気配があること。≡「君は筆無精の―がある」「後れ―・風邪―・困惑―」

きみーがーよ【君が代】[名] 日本の国歌である歌。▼平成一一(一九九九)年公布の国旗国歌法で規定。

きーみじか【気短】[名・形動] 落ち着いていられなくて、すぐにいらだつこと。≡「―ですぐ怒りだす」⇕気長 書き方 慣用的に「気短か」とも書く。

きーみつ【気密】[名] 気体が流通しないよう密閉し、内部の気圧を一定に保つこと。≡「―性の高い構造」

きーみつ【機密】[名] 国家・機関・組織などに関する、きわめて重要な秘密。≡「軍事上の―をもらす」「―費」▼枢機に関する秘密の意。

ギミック【gimmick】[名] ❶からくり。仕掛け。❷放送などで、映像上の特殊効果。

きーみどり【黄緑】[名] 黄色がかった緑色。

きーみゃく【気脈】[名] 互いの考えや気持ちのつながり。▼血液の流れる筋道の意から。

⊙**気脈を通・じる** 連絡をとってひそかに意思を通じ合う。

きーみょう【帰命】[名] 身命を投げ出して仏の教えに従うこと。

きーみょう【奇妙】[形動] ❶不思議なさま。≡「―な現象が起こる」「―なことに、そこだけ氷が溶けない」❷普通とは変わっているさま。風変わりなさま。≡「―な格好をして現れる」派生 -さ

きみょうーきてれつ【奇妙きてれつ】[形動] ひどく変わっていて不思議なさま。≡「―な出来事」▼「奇妙」を強めた言い方。書き方「きてれつ」は「奇▽天烈」と当てる。派生 -さ

きみょうーちょうらい【帰命頂礼】[名] ❶[自サ変] 仏に深く帰依すること。▼「頂礼」は、仏の足に額をつけて礼拝する意。❷仏を拝むときに唱える語。

ぎーみん【義民】[名] 身命をなげうって正義のために尽くす民。▼特に江戸時代、百姓一揆の先頭に立って権力と闘った農民をいう。

ぎーむ【義務】[名] 道徳上または法律上、人がそれぞれの立場に応じて当然果たさなくてはならないこと。≡「納税の―を負う」⇕権利

ぎむーきょういく【義務教育】[名] 国民の義務として、学齢に達した子供に受けさせなくてはならない普通教育。▼日本では小学校・中学校の九年間の教育。

きーむずかし・い【気難しい】[形] 簡単には人と同調しないので、機嫌がとりにくいさま。きむつかしい。≡「―人」派生 -げ/-さ

きーむすめ【生娘】[名] 世間慣れしていない、うぶな女性。処女。⇕生息子

キムチ【kimch'i 朝鮮】[名] 朝鮮の漬物の総称。白菜に多量のにんにく・とうがらし・塩辛などを加えて塩漬けにしたものが代表的。ほかに大根・きゅうりなどのキムチがある。書き方 漢字で「▽沈▽菜」とも。

ぎむーづ・ける【義務づける(義務付ける)】[他下一] 義務としてそれをするようにさせる。≡「納税を―」

ぎむーてき【義務的】[形動] 義務としてするさま。≡「―に負担する」

きーめ【木目】[名] ❶⬇もくめ(木目) 書き方「木▽理」とも。❷皮膚や物の表面に見える細かな模様。また、その手ざわり。≡「―の細かい肌」❸気配りなどが行き届いている程度。≡「―の粗い仕事」◈書き方②③は「〈肌理〉」とも。

きーめい【記名】[名・自他サ変] 氏名を書き記すこと。≡「帳簿に―する」「―投票」

きーめい【記銘】[名・他サ変] 記憶の第一段階で、新たに経験した内容を覚え込み、定着させること。

きーめい【貴名】[名] 相手の名前をいう尊敬語。

ぎーめい【偽名】[名] 本名を隠すために使う、いつわりの名。≡「―を使う」

きめーうち【決め打ち】[名・自サ変] ❶囲碁やマージャンで、この手しかないと決めて打つこと。また、その打ち方。≡「清一色で―する」❷あらかじめ決めて行動すること。≡「―で賭ける」

きめーこまか【木目細か・〈肌理〉細か】[形動] ❶皮膚や物の表面がなめらかなさま。≡「―な肌」❷気配りなどがよく行き届いているさま。≡「―な対応」「―に指導する」

きめーこみ【木目込み】[名] ❶押し絵の一つ。和紙をはり重ねた上に切れ地を張りつけたもの。❷「木目込み人形」の略。

きめこみーにんぎょう【木目込み人形】[名] 木彫りの型に衣装として金襴・縮緬などの布を張りつけて作る人形。布の端を型に彫られた溝に埋め込んで形を整える。加茂川人形。きめこみ。

きめーこ・む【決め込む】[他五] ❶自分でそうだと勝手に決めてしまう。≡「契約は成立したものと―」❷自分でそうと意図的に決めて、そのようにふるまう。≡「居留守[知らぬ顔]を―」

きめーぜりふ【決め〈台詞〉】[名] 演劇の最高潮の場面などで、場をしめるために発する定型の台詞。また、

ここぞというときに発する小気味いい台詞。

きめ-だま【決め球】[名] 野球で、投手が打者を打ち取るのに最も自信のある球。ウイニングショット。

きめ-つ・ける【決めつける（決め付ける）】[他下一] ❶一方的にそうと断定する。‖「証拠もないのに犯人と━」❷一方的にしかりつける。文きめつ・く

きめ-て【決め手】[名] ❶勝ち負けを決定したり、確かな判断・結論を導き出したりするよりどころとなるもの。‖「血液型の一致が━となった」❷物事を決定する人。

きめ-どころ【決め所】[名] 物事を決定するのにちょうどよい時機。また、物事の最も大切な所。‖「今が態度の━だ」

き・める【決める（▽極める）】[他下一] ❶未定だった物事をはっきりこうと定める。決定する。‖「重役会議で企画の中止を━・めた」「旅行先を北海道に/と━」❷規則や方針を作り上げる。まとめる。定める。‖「発起人が会則の大要を━・めた」❸心をはっきりと一つに定める。また、心にしっかりと思い定める。‖「受諾することに心を━」「腹[覚悟]を━・めて事に当たる」❹あること（特に、重要なこと）を決定づける。‖「得意の投げで優勝を━」「師との出会いが人生を━・めた」使い方「最後の一球で/が勝負を━・めた」など、〜デ（＝手段）はしばしば〜ガ（＝主格）と入れ替えがきく。❺〈「決めている」の形で〉変えないでいつも同じようにしている。習慣としてそうしている。‖「朝食はパンに/と━・めている」❻かたくなにそう思いこむ。決め込む。決めつける。‖「観客は挑戦者が負けるものと━・めている」❼スポーツ・演劇などで、技や演技を思い通りに成功させる。‖「四回転ジャンプを━」「花形役者が見得を切って型を━」❽〈礼服などで〉ぴたりと合った服装をする。‖「紺のスーツでびしっと━」❾相撲や柔道で、相手の差した両腕を抱え込んで動きを封じる。‖「両手をかんぬきに━」❿わざと好ましくない態度をとる。決め込む。‖「ずる[居留守]を━」
◈書き分け➡決まる 文き・む 名決め

き-めん【鬼面】[名] 鬼の顔。また、それをかたどった仮面。

◉**鬼面人を驚か・す** うわべだけの威勢で人をおどす。鬼面人を嚇す。

きも【肝（▽胆）】[名] ❶内臓。臓腑。五臓六腑。❷肝臓。‖「鳥の━」❸精神。また、精神力。胆力。気力。❹〈新〉重要な点。肝心なところ。‖「話の━」「ここが━だ」書き方「キモ」とカタカナで書くことも多い。

◉**肝が据わ・る** 落ち着いていて、めったなことでは動揺しない。▼覚悟を決めることは「肝を据える」という。注意「すわる」を「座る」と書くのは誤り。

◉**肝が太・い** 度胸があって物に動じない。‖「彼は平然と火中に飛び込むほど━」使い方「肝が大きい」とも言うが、「肝が太い」が標準的。反対の意は、「肝が細い」よりも「肝が小さい」が標準的。

◉**肝に銘・じる** 心にしっかりと刻みつける。肝に銘ずる。‖「師の戒めを━」

◉**肝を潰・す** 非常に驚く。びっくり仰天する。

◉**肝を冷や・す** 危ない目にあって、ひやりとする。

きも・い[形]〈新〉気持ち悪い。‖「いつもへらへらしていて━」▼「気持ち(が)悪い」の略。書き方 多く「キモい」と書く。

きも-いり【肝煎り】[名] ❶中に立って世話をすること。また、その人。‖「叔父の━で就職する」❷名主。庄屋。❸〈新〉意見や考えを、中心になってとなえること。主唱。発案。‖「首相の━で始まった案件」

き-もう【起毛】[名・自サ変] 織物・編み物などの表面を毛羽立たせること。‖「━機」

きも-すい【肝吸い】[名] ウナギの肝を入れた吸い物。麩や三つ葉などを入れることもある。

きも-だめし【肝試し（▽胆試し）】[名] 墓場など気味の悪い場所に行かせて度胸があるかどうかを試すこと。

き-もち【気持ち】[名] ❶ある物事や人に対していだく心の状態。気がまえ。心情。‖「━を落ち着かせる」「感謝の━でいっぱいだ」「行きたい━はあるのだが、…」「━のこもった手紙」使い方 (1)「ほんの━だけですが…」など、贈答の際の謙遜のことばとしても使う。(2)「気持ち」の程度表現は「強い/弱い」や「大きい/小さい」が一般的。まれに「多い/少ない」も用いるが、使いにくいものもある。‖「出馬する━が強い」「彼への━が大きくなっていった」「△残留より移籍を希望する━のほうが多い」❷からだの具合や状況からおこる心の状態。気分。‖「飲み過ぎで━が悪くなる」「温泉につかり、いい━だ」❸〈副詞的に〉ほんの少し。こころもち。‖「髪を━短めに刈る」

きもっ-たま【肝っ玉（肝っ▽魂）】[名] どんなことにも動じない精神力。胆力。‖「━の太い選手」▼「きもだま」を強めた語。

き-もの【着物】[名] ❶体に着る物。衣服。❷洋服に対して、和服。➡図

き-もん【奇問】[名] 思いも寄らない質問や問題。

き-もん【鬼門】[名] ❶艮（＝東北）の方角。また、その方角にあたる場所。▼陰陽道では、悪鬼が出入りするとして万事に忌み嫌った。❷苦手で避けたい人や事柄。‖「子供のころから数学は━だ」

ぎ-もん【疑問】[名] ❶疑って問うこと。‖「子供の━に答える」❷疑わしいこと。また、その事柄。‖「発表された数字に━を抱く」「合格するかどうか━だ」

ぎもん-し【疑問視】[名・他サ変] 疑わしいと見ること。‖「政策を━する」

ぎもん-し【疑問詞】[名] 疑問文で疑問の事物・状態を表す語の総称。ふつう印欧諸語の文法で使われる用

❖着物の各部

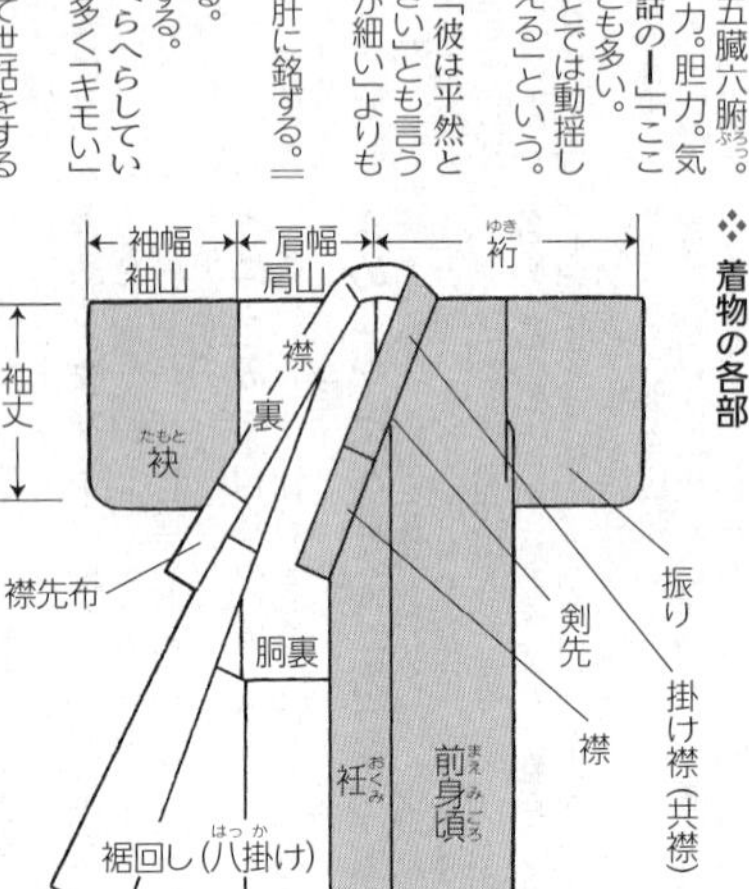

語で、英語では疑問代名詞(who, what)、疑問副詞(when, where, why)、疑問形容詞(which＋名詞)などの類をいう。

ぎもん-ふ【疑問符】［名］疑問を表す符号「?」。クエスチョンマーク。インタロゲーションマーク。「―を打つ」

ぎもん-ぶん【疑問文】［名］疑問または反語の意を表す形の文。日本語ではふつう文末に終助詞「(の)か」を用いる。

ギヤ【gear】［名］⇒ギア

ぎゃあ［感］恐ろしい目に遭ったり激しい苦痛に襲われたりしたときに思わず発する語。「―と悲鳴をあげる」

きゃあ-きゃあ［副(と)］驚いたり怖がったり、はしゃいだりするときに発する声を表す語。「―と悲鳴をあげる」「女の子たちが―騒ぐ」

ぎゃあ-ぎゃあ［副(と)］❶やかましく泣く声を表す語。「赤ん坊が―(と)泣く」❷不平・不満をうるさく言い立てるさま。「―(と)文句ばかり並べ立てる」「いつまでも―言うな」

きゃく【客】■［名］❶招かれて来る人。また、訪ねてくる人。「今夜は―がある」「―間」「先―・珍―」❷金銭を払って品物を買ったりサービスを受けたりする人。「―の入りが悪い」「―足・―席」「顧―・乗―・観光―」❸旅人。また、止宿人。「―死・―舎」■(造)❶主体・主観などに対して、外にあるもの。「―観・―語・―体」⇔主 ❷人。また、あることに長じた人。「剣―・食―・論―」❸接待用の道具・器物を数える語。「椀(わん)五―」

きゃく【▽格】［名］奈良・平安時代に、律令の不備を補うために臨時に公布した法令。また、それを集めた書物。「弘仁(こうにん)―」

きゃく【却】(造)❶しりぞく。しりぞける。返す。「―下」「棄―・退―」❷取り去る。なくなるようにする。「焼―・売―・忘―」❸すっかり…する。「困―・冷―」

きゃく【脚】(造)❶あし。「―光・―線・―力」「健―・馬―・飛―」❷物の下の部分。また、物事の支えとなるもの。土台。「―韻・―注・―本」「橋―・失―」❸あしのある道具を数える語。「机四―・椅子(いす)五―」

き-やく【規約】［名］団体・組織などが協議して定めた規則。「―改正」

ぎゃく【逆】■［名］❶方向・順序・位置などが反対であること。さかさま。「立場が―になる」「右と左を―にする」「―戻り」「―光・―転」❷〈「逆に」の形で副詞的に〉予想や期待をする方向と反対であるさま。かえって。「時間をかけて勉強したのに、―に成績が下がってしまった」❸論理学で、ある命題の仮説と終結を入れ替えて得られる命題。「AならばB」に対して、「BならばA」とするもの。「―は必ずしも真ならず」■(造)そむく。さからう。「―臣・―賊」「悪―・反―」

ぎゃく【虐】(造)むごく扱う。しいたげる。「―殺・―待」「残―・自―・暴―」

ギャグ【gag】［名］❶漫才などで、観客を笑わせるために挿入する即興的なせりふや動作。❷しゃれ。冗談。

きゃく-あし【客足】［名］商店・興行場などで、客の出入り。「―が遠のく」

きゃく-あしらい【客あしらい】［名］客をもてなすこと。また、そのやり方。客扱い。「―がうまい」

きゃく-あつかい【客扱い】［名］❶客あしらい。❷［他サ変］客として待遇すること。「―を受ける」

きゃく-いん【客員】［名］団体・組織などで、正規の構成員ではないが、特に客分として迎えられた人。かくいん。「―教授」⇔正員

きゃく-いん【脚韻】［名］押韻法の一つ。詩歌で、句末・行末に同音または同じ母音の語をおいて音調を整えること。「―を踏む」⇔頭韻

きゃく-うけ【客受け】［名］客の気に入ること。また、客の評判。「―のする演題」「―の良い店」

きゃく-えん【客演】［名・自サ変］俳優・演奏家などが、自分の所属している劇団・楽団以外の興行に招かれて出演すること。「―指揮者」

ぎゃく-えん【逆縁】［名］❶仏教で、悪事をしたことがかえって仏道に入る機縁となること。❷順序が逆になって、親が子の供養をすること。◈⇔順縁

ぎゃく-かわせ【逆《為替》】［名］為替の決済方法で、債権者が相手側の送金を待たずに債務者の為替手形を振り出し、取引銀行経由で取り立てること。輸出入の代金決済に用いられる。取立為替。

ぎゃく-ぎれ【逆ぎれ】［名・自サ変］〔新〕きれて怒っている人に対し、怒られる立場の人や冷静なほうの人が急に怒り出すこと。「上司に注意されて―する」▼逆にきれる意。書き方 多く「逆ギレ」と書く。

きゃく-ご【客語】［名］他動詞の意味する動作・作用の対象を表す語。目的語。客辞。かくご。▼「本を読む」の「本を」が客語。

ぎゃく-こうか【逆効果】［名］期待した効果とは逆の結果があらわれること。ぎゃっこうか。「しかるばかりでは―になる」

ぎゃく-コース【逆コース】［名］❶進むべき方向とは反対の道すじ。❷時代の流れや社会の進歩にさからった動き。▼政治的な反動や右傾した復古調を皮肉っていう。◈「ぎゃっコース」とも。

きゃく-さき【客先】［名］顧客。また、得意先。取引先。

きゃく-ざしき【客座敷】［名］客をもてなすための座敷。客間。

ぎゃく-さつ【虐殺】［名・他サ変］残虐な方法で殺すこと。「侵略者に―される」「―者」「大量―」

ぎゃく-ざや【逆▼鞘】［名］❶株式相場で、当然高いはずの銘柄が安く、安いはずの銘柄が高いこと。⇔順鞘(じゅんざや) ❷中央銀行の公定歩合が市中銀行の貸出金利を上回ること。また、その差。⇔順鞘 ❸先物取引で、当限(とうぎり)より中限(なかぎり)の相場が安く、中限より先限(さきぎり)の相場が安いこと。また、その差額。⇔本鞘(ほんざや)

ぎゃく-さん【逆算】［名・他サ変］終わりを起点に、前にさかのぼって計算すること。「没年から―すると生年は一九〇〇年だ」

ぎゃく-ざん【逆産】［名］胎児が頭からではなく、足を先にして生まれること。逆子(さかご)。

きゃく-しつ【客室】［名］❶客をもてなすための部屋。客間。❷ホテル・客船などで、客が使用する部屋。

きゃく-しつ【脚質】［名］競馬で、競走馬の走り方の特徴。逃げ・先行・差し脚・追い込みなどに分けられる。

きゃくしつ-じょうむいん【客室乗務員】［名］旅客機内で乗客の世話をする乗務員。フライトアテンダント。キャビンアテンダント。▼従来の「スチュワーデス」などに代わる呼び方。

きゃく-しゃ【客車】［名］旅客を乗せる鉄道車両。かくしゃ。⇔貨車

きゃく-しゃ【客舎】［名］旅館。宿屋。かくしゃ。

ぎゃく-しゅ【逆修】［名］❶生前に、自分の死後の冥福を祈って仏事を行うこと。予修。❷年老いた者が年若くして死んだ者の冥福を祈ること。

ぎゃく-しゅう【逆襲】（ーシフ）［名・自サ変］攻撃を受けていた者が、一転して相手を攻撃すること。≡「―されて退却する」

ぎゃく-じゅん【逆順】［名］❶道理に合うことと合わないこと。順逆。≡「―をわきまえる」❷逆の順序。≡「そう並べては―だ」

ぎゃく-じょう【逆上】（ージャウ）［名・自サ変］興奮のあまり分別を失うこと。≡「―して事件を起こす」

きゃく-しょうばい【客商売】（ーシャウバイ）［名］旅館・飲食店など、客の接待を主とする職業。

きゃく-しょく【脚色】［名・他サ変］❶小説・記録などをもとにして脚本を作ること。❷話をおもしろくしようと事実に枝葉をつけ加えること。≡「その話はだいぶ―してある」

きゃく-じん【客人】［名］客として来ている人。≡「―をもてなす」

ぎゃく-しん【逆心】［名］主君にそむこうとする気持ち。謀反（むほん）の心。

ぎゃく-しん【逆臣】［名］主君にそむく臣下。また、主君に謀反（むほん）を起こした臣下。≡「―の汚名を着る」

ぎゃく-すう【逆数】［名］ある数が0でないとき、その数との積が1になる数。▽たとえば、3の逆数は$\frac{1}{3}$、4の逆数は$\frac{1}{4}$になる。

きゃく-すじ【客筋】（ースヂ）［名］❶興行場・商店などに出入りする客の傾向や種類。客種（きゃくだね）。≡「あの店は―がいい」❷商売上の客。得意先。≡「昔からの―を大切にする」

ぎゃくせい-せっけん【逆性石▼鹼】（ーセキケン）［名］洗浄作用は弱いが、強い殺菌作用をもつ薬用せっけん。水に溶かすと、普通のせっけんとは逆に分子が陽イオンになる。陽性せっけん。

きゃく-せき【客席】［名］観客の座る席。≡「―が埋まる」

ぎゃく-せつ【逆接】［名］二つの句・文を接続するとき、前の句・文とは逆の含意をもつ句・文を後に続けること。「冬になった。しかし、暖かい」の「しかし」、「読んだけれどもわからない」の「けれども」などで表されるような接続関係をいう。⇔順接

ぎゃく-せつ【逆説】［名］❶一見真理に反するように見えて、よく考えると一面の真理を表している説。「急がば回れ」「負けるが勝ち」の類。パラドックス。❷ある命題から正しい推論によって導き出されているように見えて、結論で矛盾をはらむ命題。パラドックス。❸ある事実に反する説で、その説に反対する正当な論拠を見出しがたいもの。パラドックス。

きゃく-せん【客船】［名］旅客を乗せて運ぶ船。かくせん。≡「豪華―」

きゃく-ぜん【客膳】［名］客をもてなすために出す食事。また、その膳。

きゃくせん-び【脚線美】［名］足の輪郭や曲線が表す美しさ。

きゃく-そう【客僧】［名］❶他の寺に客として身を寄せている僧。❷修行のために旅をしている僧。旅僧。◈「かくそう」とも。

きゃく-そう【客層】［名］顧客の階層。性別・年齢・職業などによって区分する。

ぎゃく-そう【逆送】［名・他サ変］❶送り返すこと。≡「書簡を差出人に―する」❷少年法で、家庭裁判所に送致された少年事件を、再び検察官へ戻すこと。▽家庭裁判所が刑事処分が相当と認めたときにこの手続きがとられる。

ぎゃく-ぞく【逆賊】［名］主君に反逆した臣下。≡「―を討つ」

きゃく-たい【客体】［名］❶主体の意志・認識・行為などの対象となるもの。❷主体の意志・認識・行為などとは関係なく外界に存在するもの。◈「かくたい」とも。⇔主体

ぎゃく-たい【虐待】［名・他サ変］むごい扱いをすること。≡「幼児を―する」

きゃく-だね【客種】［名］➡客筋①

ぎゃく-たんち【逆探知】［名・他サ変］電波・電話などの発信地を受信側からたどってつきとめること。

きゃく-ちゅう【脚注（脚▼註）】［名］書物などで、本文の下段につける注釈。フットノート。⇔頭注

ぎゃく-て【逆手】［名］❶柔道などで、相手の関節を逆に曲げて攻める技。逆。❷相手の攻撃を利用して攻め返すこと。また、不利な条件を利用して攻勢に転じること。さかて。≡「夜襲を―に取って陽動作戦に出る」「過疎を―に取って地域の活性化を図る」❸ある状況などに対し、普通予想される方法とは逆の方法で応じること。さかて。≡「―に出る」❹普通の持ち方とは逆の方向に持つこと。さかて。◈⇔順手

ぎゃく-てん【逆転】［名・自他サ変］❶それまでとは反対の方向に回転すること。また、回転させること。❷事の成り行きや優劣の位置などがそれまでとは反対になること。また、反対にすること。≡「形勢が―する」「三対〇の試合を―する」◈注意「逆点」と書くのは誤り。

きゃく-ど【客土】［名］耕地の土壌を改良するために、よその土地から性質の異なる土を運び入れること。また、その土。いれつち。かくど。

ぎゃく-と【逆徒】［名］主君にそむいて謀反（むほん）を起こした者たち。反逆者。

ぎゃく-と【逆▼睹（逆▼覩）】［名・他サ変］あらかじめ成り行きを見通すこと。げきと。

ぎゃく-ばり【逆張り】［名］取引で、相場が上がっているときに売り、下がっているときに買う手法。⇔順張り

ぎゃく-ひ【逆比】［名］比の前項と後項を入れ替えて逆にした比。反比。▽たとえば、a:b の逆比は b:a になる。

きゃく-ひき【客引き】［名・自サ変］自分の店などに客を誘い入れること。また、それを仕事とする人。

ぎゃくびき-じてん【逆引き辞典】［名］語末音節を五十音順に配列した辞典。

ぎゃく-ひれい【逆比例】［名］➡反比例

ぎゃく-ふう【逆風】［名］進行方向から吹いてくる風。向かい風。⇔順風

きゃく-ぶん【客分】［名］客として待遇されること。また、その人。

きゃく-ほん【脚本】［名］演劇・映画などのせりふ・動作・舞台装置などを場面ごとに細かく記したもの。台本。ほん。≡「―家」▽映画や放送の脚本を特に「シナリオ」という。

きゃく-ま【客間】［名］客と応接するための部屋。客

座敷。客室。

ぎゃく-もどり【逆戻り】 [名・自サ変] もとの場所や状態にもどること。||「冬に—したような寒さだ」

ぎゃく-ゆしゅつ【逆輸出】 [名・他サ変] ❶海外に進出した企業が現地の工場で生産した製品を本国に輸出すること。❷一度輸入した製品などを相手国へ再び輸出すること。広く技術・文化などについてもいう。

ぎゃく-ゆにゅう【逆輸入】 ニフ [名・他サ変] 一度輸出した物を加工品などの形で輸入すること。

きゃく-よう【客用】 [名] 来客のために使用するもの。||「—の座布団」

ぎゃく-よう【逆用】 [名・他サ変] ある目的で行われていることをそれとは反対の目的に利用すること。||「ライバル会社の宣伝を—する」

きゃく-よせ【客寄せ】 [名] 商店などがさまざまな手段を用いて客が集まるようにすること。また、その手段。

きゃくよせ-パンダ【客寄せパンダ】 [名] 客を集めるために使われる人気者や有名人を揶揄ゆしていう語。人寄せパンダ。▼動物園のパンダがよく人を集めることから。

ぎゃく-りゅう【逆流】 リウ [名・自サ変] ふつうとは反対の方向に流れること。また、その流れ。||「川が—する」

きゃく-りょく【脚力】 [名] 歩き続ける、また、走り続ける足の力。

ぎゃく-ろう【逆浪】 ラウ [名] さかまく波。げきろう。

ギャザー [gathers] [名] 布地を縫いちぢめて作るひだ。||「袖口に—を寄せる」

ギャザリング [gathering] [名] ❶集めること。収集。収集品。❷集まり。集会。❸⇩ギャザー

きゃ-しゃ【▽華▼奢・▽華車・▽花車】 [形動] ほっそりとして品がよいさま。また、繊細で弱々しいさま。||「—な体つき」「—なつくりの文机」

き-やす・い【気安い(気▽易い)】 [形] 遠慮がなくて気楽に思うさま。心やすい。||「何でも—く相談できる友」「—仲間」 派生 -げ/-さ

キャスケット [casquetteフランス] [名] 前びさしの付いた帽子。カスケット。

キャスター [caster] [名] ❶家具・ピアノなどの下につけた、自由に向きの変わる小さな車輪。❷「ニュースキャスター」の略。

キャスティング [casting] [名・他サ変] ❶映画・演劇などで、役を割り振ること。また、配役。▼イベントなどの出演者を選ぶ意でも使う。||「キャンペーンに有名モデルを—する」❷投げ釣り。

キャスティング-ボート [casting vote] [名] ❶会議で賛成者と反対者が同数のとき、議長が行使できる決定権。❷決定権。||「新党が—をにぎる」◆「キャスチングボート」とも。 注意 「キャスティングボード」は誤り。

キャスト [cast] [名] 映画・演劇・テレビドラマなどの配役。||「豪華—・ミス—」

き-やすめ【気休め(気安め)】 [名] その場限りの安心やなぐさめ。また、そのための言葉や行為。||「試験直前の勉強など—に過ぎない」「そんな—は言わないでくれ」

き-やせ【着痩せ】 [名・自サ変] 衣服を着ると実際よりもやせて見えること。||「—して見えるスーツ」⇔着太り

きゃ-たつ【脚立(脚▼榻)】 [名] 二つの短いはしごを左右から合わせ、上に板をとりつけた踏み台。八の字型に開いて用いる。

キャタピラ [Caterpillar] [名] 鋼板を帯状につなぎ合わせ、輪の形にして前後の両車輪にかけ渡した装置。地面との接触面積が大きいので悪路や急坂を自在に走行できる。トラクター・雪上車・戦車などに利用。無限軌道。カタピラー。▼商標名。もとは芋虫の意。

きゃつ【▽彼▽奴】 [代] (三人称) [俗] あいつ。やつ。||「くそ、また—に出し抜かれた」▼「かやつ(彼奴)」の転。

きゃっ-か【却下】 キャク [名・他サ変] 官庁・裁判所などが、訴訟上の申し立てや申請を取り上げないでさしもどすこと。||「上告を—する」

きゃっ-か【脚下】 キャク [名] 足の下。足もと。||「—に広がる雄大な風景」「—照顧しょうこ(=足もとに注意せよ。真理を外にばかり求めずに、まず身辺を顧みて自己反省をせよという禅家の標語)」

きゃっ-かん【客観】 キャククワン [名] 哲学で、主観の認識作用の対象となるもの。また、主観の認識から独立して存在する外界の事物。かっかん。⇔主観

きゃっかん-せい【客観性】 キャククワン [名] 主観を離れて独立し、誰がみてもそうだと納得できるような性質。||「—を欠く論文」⇔主観性

きゃっかん-てき【客観的】 キャククワン [形動] ❶主観または主体に関係なく、独立して存在するさま。||「否定できない—な事実」❷主観を離れ、誰もがそうだと納得できるような立場から物事をみるさま。||「—な意見を求める」◆⇔主観的

ぎゃっ-きょう【逆境】 ギャクキャウ [名] 苦労の多い、不運な境遇。||「—に/を耐え抜く」⇔順境

きゃっ-こう【脚光】 キャククワウ [名] 舞台前面の床に取りつけ、俳優を足もとから照らす照明。フットライト。

◉脚光を浴あ・びる ❶舞台に立つ。❷世間の注目の的となる。◆ 注意 「脚光を集める」は誤り。

ぎゃっ-こう【逆光】 ギャククワウ [名] 写真撮影などで、対象となるものの背後からさす光。逆光線。⇔順光

ぎゃっ-こう【逆行】 ギャクカウ [名・自サ変] ❶進むべき方向とは反対の方向に進むこと。||「電車が—する」「時代に—する考え」❷惑星などが天球上を東から西へ動くこと。◆⇔順行

キャッサバ [cassava] [名] 熱帯地方で栽培されるトウダイグサ科の落葉低木。サツマイモに似た太い塊根からタピオカと呼ばれる食用のでんぷんをとる。イモノキ。タピオカの木。

キャッシャー [cashier] [名] ❶現金出納すいとう係。レジ係。❷金銭登録器。キャッシュレジスター。レジ。

キャッシュ [cash] [名] 現金。||「—で払う」

キャッシュ-カード [cash card] [名] 銀行などの現金自動預け払い機に挿入して預金を引き出すのに用いるカード。

キャッシュ-ディスペンサー [cash dispenser] [名] キャッシュカードを使って自動的に現金を引き出す装置。現金自動支払い機。CD。

キャッシュバック [cashback] [名] 顧客サービスとして、買い物の代金の一部を払い戻すこと。

キャッシュ-フロー [cash flow] [名] 現金の収入と収支。特に、企業活動による現金収支。

キャッシュレス [cashless] [名] 現金ではなく、口座振替・クレジットカード・電子マネーなどを利用して

支払いなどの決済を行うこと。

キャッシング【cashing】[名]❶手形・小切手などを現金に替えること。❷金融機関が個人に対して行う小口金融。

キャッチ【catch】[名]❶[他サ変]とらえること。〓「電波を—する」❷[他サ変]球技で、ボールを受け取ること。❸キャッチャー。

キャッチ-アップ【catch-up】[名・自他サ変]追いつくこと。遅れを取り戻すこと。〓「欠席した会議の議事を—する」

キャッチ-アンド-リリース【catch and release】[名・他サ変]釣った魚を水に放すこと。

キャッチー【catchy】[形動]人の心を引くさま。また、楽しくて覚えやすいさま。〓「—なメロディー」

キャッチ-コピー【和製catch＋copy】[名]消費者の心を引きつけることを意図した印象的な広告文。

キャッチ-セールス【和製catch＋sales】[名]街頭などで通行人に声をかけ、商品やサービスを売りつけること。また、その販売方法。キャッチ商法。

キャッチフレーズ【catchphrase】[名]人の注意を引く簡潔な宣伝文句。うたい文句。惹句(じゃっく)。

キャッチ-ボール【和製catch＋ball】[名]野球のボールを投げ合うこと。▼英語では単にcatchという。

キャッチャー【catcher】[名]野球で、捕手。キャッチ。

キャッツ-アイ【cat's-eye】[名]❶猫目石(ねこめいし)。❷道路上の交差点や中央線などに埋め込まれた夜間標識用の鋲(びょう)。夜間、車のヘッドライトを受けると反射して光る。

キャップ【cap】[名]❶つばのない、または前面だけにつばのある帽子。❷先端にかぶせるもの。瓶・缶のふたや、万年筆・鉛筆のさやなど。❸小人数の組織・グループなどの責任者。〓「取材班の—」▼「キャプテン」の略。

ギャップ【gap】[名]意見・考え方などのへだたり。〓「双方の見解には大きな—がある」▼すき間・割れ目の意から。

キャディー【caddie】[名]ゴルフ場で、ゴルファーのクラブを運んだりゴルファーに助言をしたりしてプレーの手助けをする人。

キャド【CAD】[名]コンピューターを使って機械や構造物などの設計をすること。コンピューター支援設計。▼computer-aided designの略。

キャニスター【canister】[名]紅茶・コーヒーなどを入れる蓋(ふた)つきの容器。

キャパ[名]「キャパシティー」の略。〓「会場の—」「—オーバー(=能力・受容力を超えること)」

ギャバ【GABA】[名]抑制性神経伝達物質として働くアミノ酸。生体内ではグルタミン酸から合成される。ガンマアミノ酪酸(らくさん)。▼gamma-aminobutyric acidの略。

キャバ-クラ[名]女性が客の席について接待をする飲食店。▼和製cabaret(フランス)＋clubから。

キャパシティー【capacity】[名]❶容量。〓「タンクの—」❷収容能力。定員。❸能力。受容力。〓「—を超えた仕事」◈俗に「キャパ」とも。

ギャバジン【gabardine】[名]うねが高く、織り目の細かい綾織りの服地。ギャバ。▼本来は毛と綿の交織物だが綿や化繊のものもある。

キャバレー【cabaret(フランス)】[名]舞台やダンスホールを備え、ホステスが客にサービスする酒場。

きゃ-はん【脚▼絆(脚半)】[名]旅行や作業用の足ごしらえとして、すねに巻きつけてひもで結ぶ細長い布。はばき。

キャビア【caviar】[名]チョウザメの卵を塩漬けにした食品。

きゃぴ-きゃぴ[副ト・形動]気分がうきうきしているさま。また、若い女性などがふざけたり騒いだりして、陽気なさま。〓「女子高生が—騒ぐ」

キャピタリズム【capitalism】[名]資本主義。

キャピタル【capital】[名]❶アルファベットの大文字。頭文字。キャピタルレター。❷首都。❸資本。

キャピタル-ゲイン【capital gain】[名]有価証券・不動産などの値上がりによる収益。⬇インカムゲイン

キャビネ【cabinet(フランス)】[名]写真判のサイズの一つ。印画紙では縦一六・五センチメートル、横一二センチメートル。キャビネ判。

キャビネット【cabinet】[名]❶飾り棚。また、書類などを整理・収納する戸棚。❷ラジオ・テレビの受信機の外箱。❸内閣。〓「シャドー—」

キャビン【cabin】[名]客船の船室。また、旅客機の客室。ケビン。

キャビン-アテンダント【cabin attendant】[名]⬇客室乗務員▼略して「CA」とも。

キャプション【caption】[名]❶新聞・雑誌などで、写真やイラストに添える簡潔な説明文。ネーム。〓「—をつける」❷映画・テレビなどの字幕。

キャプチャー【capture】[名]ディスプレーに表示された画像データをファイルとしてコンピューターなどに取り込むこと。▼捕獲の意。

キャプテン【captain】[名]❶運動チームの主将。〓「卓球部の—」❷船長。艦長。機長。

キャプテンシー【captaincy】[名]キャプテンの任務。特に、キャプテンとしての指導力・統率力。

キャブレター【carburetor】[名]ガソリン機関で、気化させた燃料に空気を混合してシリンダーに送る装置。気化器。

ぎゃふん[副ト]やりこめられて一言もないさま。〓「今度こそ—と言わせてやる」「証拠を突きつけられて—となる」

キャベツ【cabbage】[名]結球する大きな厚い葉を食用にするアブラナ科の越年草。野菜として栽培され、品種が多い。ヨーロッパ原産。かんらん。たまな。▼日本へは幕末に渡来し、明治末期頃から一般化した。

ギヤマン【diamant(オランダ)】[名]ガラス。また、ガラス製品。▼原義はガラスを切って細工するのに使ったダイヤモンド。

き-やみ【気病み】[名]気苦労から起こる病気。〓「—が高ずる」

キャミソール【camisole】[名]肩から紐でつり、胸から腰までをおおう袖なしの女性用の下着や上衣。

キャメル【camel】[名]❶ラクダ。また、ラクダ色。❷ラクダの毛で織った織物。

きゃら【▼伽羅】[名]❶沈香(じんこう)。❷沈香から製する香料のうち、特に良質のもの。❸観賞用として庭などに植えるイチイ科の常緑高木。春に開花し、秋に赤い実をつける。キャラボク。きゃらのき。

キャラ[名]「キャラクター」の略。〓「異色の—」

◉キャラが立・つ　個性や特性が際立ち、他との違いがはっきりする。≡「脇役なのに━っている」

ギャラ［名］出演料。契約料。▽「ギャランティー（guarantee）」の略。

キャラクター［character］［名］❶性格。人格。また、その人の持ち味。≡「得がたい━の持ち主」❷小説・映画・漫画などの登場人物。≡「人気アニメの━」「━商品」

キャラコ［calico］［名］薄くて目の細かい平織りの綿布。カナキンを漂白し、のりを施して仕上げたもの。衣類・シーツ・たびなどに用いる。キャリコ。

キャラバン［caravan］［名］❶ラクダに荷を積み、隊を組んで砂漠を行く商人の一団。隊商。❷商品の宣伝・販売などのために各地を回る一団。

きゃら-ぶき【▼伽羅▼蕗】［名］フキの茎を醬油で伽羅色（＝黒に近い茶色）になるまで煮つめた食品。

キャラ-べん【キャラ弁】［名］食材の色や形によってご飯の上などにアニメ・漫画などのキャラクターを描いた弁当。キャラクター弁当。

キャラメリゼ［caraméliser フランス］［名］砂糖をカラメルにすること。キャラメル化。また、カラメルをかけた菓子。

キャラメル［caramel］［名］❶水飴（みずあめ）に砂糖・練乳・バター・香料などをまぜ、煮つめてから冷やし固めた飴菓子。❷⇩カラメル

ギャラリー［gallery］［名］❶絵画などの美術品を陳列し、客に見せる所。画廊。❷ゴルフ・テニスなどの、試合の観衆。また、観客席。◈柱廊の意。

ギャランティー［guarantee］［名］❶⇩ギャラ ❷保証。保証書。また、保証金。≡「━カード（＝保証書）」

き-やり【木▽遣り】［名］❶重い材木や石などを大勢で音頭を取りながら引き運ぶこと。❷①のときに歌う作業歌。地突き・棟上げ・祭礼の行列などでも歌われる。木遣り節。木遣り歌。

キャリア［career］［名］❶実地の経験。経歴。≡「長い━をもつ画家」❷職業。≡「━ウーマン（＝職業をもつ女性。特に、専門職についている女性）」❸国家公務員試験Ⅰ種（上級甲）に合格して、本庁に採用されている人。⇕ノンキャリア ❹電気通信事業者。

キャリア［carrier］［名］❶物を運搬するもの。台車など。❷自転車などの荷台。❸保菌者。

キャリア-アップ［和製 career＋up］［名・自サ変］❶資格などを取得して経歴を高くすること。❷より高い地位や給料の会社へ転職すること。

キャリア-デザイン［career design］［名］自分の生き方や職業を具体的に構想し、設計すること。

キャリア-プラン［career plan］［名］技能習得や就職についての将来に向けた具体的な計画を立てること。また、その計画。キャリアプランニング。

キャリー-オーバー［carry-over］［名］❶繰り越すこと。また、繰越額。❷宝くじなどで、当籤（とうせん）者がなかった場合、賞金を次回に持ち越すこと。また、その賞金。

キャリー-バッグ［carry bag］［名］❶底に小さな車輪が付いた小型のスーツケース。キャリーケース。❷中に物などを入れて運ぶかばん。キャリー。

ギャル［gal］［名］若い女性。女の子。

ギャルソン［garçon フランス］［名］ホテル・レストランなどの給仕。ボーイ。ガルソン。▽男の子の意。

ギャロップ［gallop］［名］馬術で、馬の最も速い走法。一歩ごとに四本の足をすべて地上から離して走る。襲歩（しゅうほ）。ガロップ。

ギャング［gang］［名］組織的な犯罪集団。強盗団。▽特にアメリカの犯罪組織を指していうが、単独の凶悪犯や強盗にも使う。

キャンセル［cancel］［名・他サ変］契約や予約を取り消すこと。≡「ホテルの予約を━する」「━待ち」

キャンディー［candy］［名］水飴（みずあめ）・砂糖などを煮つめて作った洋風の飴菓子。キャンデー。

キャンドル［candle］［名］ろうそく。

キャンドル-サービス［名］❶キリスト教会で、火をともした蠟燭（ろうそく）を手にして行う礼拝。❷結婚披露宴で、新郎新婦が参会者のテーブルの上の蠟燭に火をつけて回ること。◈candlelight service から。

キャンバス［canvas］［名］❶あらく織った麻布。帆布。❷油絵用の画布。麻や木綿の布地に膠（にかわ）・亜麻油などを塗ったもの。≡「五〇号の━」❸野球で、一・二・三塁のベース。◈①②は「カンバス」とも。

キャンパス［campus］［名］❶大学などの構内。❷大学。学園。≡「━ライフ［ルック］」

キャンピング［camping］［名］「キャンプ」①をすること。≡「━カー（＝炊事設備やベッドを備えたキャンプ用の自動車）」

キャンプ［camp］［名］❶［自サ変］テントを張って野営すること。≡「━村」❷収容所。❸兵営。≡「米軍の━」❹野球選手などの合宿練習。≡「━で調整する」

キャンプファイア［campfire］［名］夜、皆が集まって燃やす野営地のたき火。また、そのたき火を囲んで歌ったり踊ったりするつどい。

ギャンブラー［gambler］［名］賭博（とばく）師。ばくち打ち。

ギャンブル［gamble］［名］かけごと。ばくち。≡「公営━」

キャンペーン［campaign］［名］人々を相手に組織的に行う啓蒙・宣伝活動。≡「地球環境保全の━を張る」

きゅう【九】ウキ 一［名］数の名で、八の次。ここのつ。く。≡「━族・━天」二（造）数が多い意を表す。≡「━牛の一毛」「三拝━拝」 読み分け 次の語などは「く」と読む。「九寸五分（くすんごぶ）・九分九厘（くぶくりん）（ほとんど、の意）・三三九度（さんさんくど）・四十九日（しじゅうくにち）・十中八九（じっちゅうはっく）・面壁九年（めんぺきくねん）」

きゅう【旧】ウキ［名］❶古いこと。古い物事。≡「━を捨てて新につく」「━民法」「━家・━式・━知」❷昔。昔の状態。≡「━に復する」「━姓・━宅」「懐━・倍━・復━」❸「旧暦」の略。≡「━の正月」「━盆」◈⇕新 旧 舊

きゅう【▼灸】ウキ［名］つぼにあたる肌の上にもぐさを置いて焼き、その熱の刺激で病気を治す漢方の療法。やいと。≡「温━・鍼━（しんきゅう）」

◉**灸を据す・える** ❶灸で治療する。❷きつく注意したり罰を加えたりしてこらしめる。

きゅう【急】フキ 一［名］❶急ぐこと。≡「━を要する仕事」❷切迫した事態。また、突発した変事。≡「風雲━を告げる」❸雅楽・能楽などで、曲の最後の部分。≡「序、破、━」二［形動］❶調子・進行などが速いさま。≡「流れが━だ」「━行・━速・━流」❷物事が突然に起こるさま。≡「━に飛び出す」「天候が━に悪化する」「━な話」

「—死・—病・—変」❸急ぐさま。事態がさし迫っているさま。‖「—な用事」「—務」「火—・危—・緊—」❹傾斜の度合いが大きいさま。‖「—な坂道」「—カーブ」⇔ゆるい
㊂(造)「急行」の略。‖「準—・特—」

品格　俄然(がぜん)「—張り切る」　突然「チャンスは—巡ってきた」　頓(とみ)に「—彼に会いたくなる」　俄(にわか)に「—信じられない」

きゅう【級】[名]❶物事を一定の地位や段階によって分けるときの区切り。‖「将棋の—が上がる」「—数」「高—・進—・等—」「初—・中—・三—・準一—」❷学校で、入学年度によって児童・生徒を組み分けたグループ。学年。‖「飛び—」❸学校で、児童・生徒を一定の人数に組み分けたグループ。組。クラス。‖「—長・—友」「同—」

きゅう【▼笈】[名]書物などを入れて背に負う竹製の箱。おい。‖「—を負う(=勉学のために郷里を離れる)」「書—・薬—」

きゅう【球】㊀[名]数学で、空間の一定点から一定の距離にある点の軌跡がつくる立体。㊁(造)❶まりのようにまるいもの。たま。‖「—菌・—根」「地—・電—」❷ボールを用いた競技。球技。‖「卓—・庭—」❸ボール。‖「—種・—速」「打—・百—」❹「野球」の略。‖「—界」

きゅう【久】(造)ひさしい。‖「—闊(きゅうかつ)」「永—・恒—・長—・悠—・天長地—」

きゅう【弓】(造)❶ゆみ。‖「—道」❷弓の形をしたもの。‖「胡—(こきゅう)」

きゅう【及】(造)追いつく。届く。‖「—第・—落」「言—・遡—(そきゅう)・追—・波—・普—」

きゅう【▼仇】(造)あだ。かたき。‖「—怨(きゅうえん)・—恨」

きゅう【丘】(造)おか。‖「—陵」「砂—」

きゅう【休】(造)❶仕事をやすむ。くつろぐ。‖「—暇・—憩・—日」「公—・産—・定—・連—」❷途中でやめる。中止する。‖「—刊・—業・—講」「運—」

きゅう【朽】(造)くさる。くちる。おとろえて役に立たなくなる。‖「—廃」「不—・老—」

きゅう【臼】(造)うす。また、うすのような形をしたもの。‖「—歯・—砲」「脱—」

きゅう【吸】(造)❶すう。すいこむ。‖「—引・—血・—収・—入」「呼—」❷すいつく。‖「—着・—盤」

きゅう【求】(造)もとめる。ほしがる。‖「—刑・—婚・—職・—人・—道(きゅうどう・ぐどう)」「探—・追—・要—」

きゅう【究】(造)きわめる。つきつめて明らかにする。‖「—理」「学—・研—・探—・追—・論—」

きゅう【泣】(造)涙を流してなく。‖「—哭(きゅうこく)・—訴」「哀—・号—」

きゅう【糾】(造)❶よりあわせる。‖「—合」❷もつれる。‖「紛—」❸ただす。取り調べる。‖「—弾・—明・—問」◈「糺」は「糾」の異体字。

きゅう【宮】(造)❶王や天子の住む大きな建物。ごてん。‖「—城・—中・—廷」「王—・後—」❷天球の区分で、黄道を十二分したもの。‖「獅子(しし)—・白羊—」

きゅう【救】(造)すくう。たすける。‖「—急・—護・—済・—出・—命」

きゅう【給】(造)❶足す。くばる。‖「—水・—付」「供—・自—・補—」❷あてがい。手当。‖「—料・—与」「時—・有—」❸世話をする。つかえる。‖「—仕」

きゅう【▼鳩】(造)❶はと。‖「—舎・—信」❷一か所にあつめる。あつまる。‖「—合・—首」

きゅう【嗅】(造)においをかぐ。‖「—覚」

きゅう【窮】(造)❶きわめる。つきつめる。‖「—理」「無—」❷ゆきづまる。困る。‖「—状・—屈」「貧—」

キュー【cue】[名]❶ビリヤードで、玉をつくのに用いる棒。❷テレビやラジオの放送で、演出者が演技・音楽などの開始を指示する合図。‖「—を出す」

き-ゆう【▼杞憂】[名]する必要のない心配。取り越し苦労。‖「—に終わってほっとした」語源 中国の杞の国の人が天が崩れ落ちたらどうしようとしきりに憂えたという故事から。

ぎゅう【牛】㊀[名]うしの肉。‖「—のヒレ」「—鍋」㊁(造)❶うし。‖「—舎・—馬・—歩」「闘—・乳—」「汗—充棟」❷二十八宿の一つ。ひこぼし。‖「牽—(けんぎゅう)」

ぎ-ゆう【義勇】[名]正義のために発する勇気。‖「—軍(=危機に面した国のために人民が自ら志願して編成する戦闘部隊)」「—兵」

キューアール-コード【QRコード】[名]格子状のパターンで文字や数字の情報を表すコードの商標名。携帯電話のカメラなどで読み取る。▼QRはquick response(すばやい反応)の略。

きゅう-あい【求愛】[名・自サ変]相手に自分を愛してくれるように求めること。‖「—の手紙」「男の—を受け入れる[拒む]」「動物の—行動」

きゅう-あく【旧悪】[名]過去におかした悪事。‖「—をあばく」

きゅう-い【球威】[名]球技で、飛んでいく球の勢い。特に野球で、投手の投げる球の勢い。‖「—がある」

きゅう-いん【吸引】[名・他サ変]❶すいこむこと。また、すいつけること。‖「酸素を—する」「磁石が鉄を—する」「—力」❷人を引きつけること。

きゅう-いん【吸飲】[名・他サ変]すってのむこと。‖「阿片(あへん)を—する」

ぎゅういん-ばしょく【牛飲馬食】[名・自サ変]一度に大量に飲み食いすること。鯨飲馬食。▼牛のように飲み馬のように食べる意から。

ぎゅう-えき【牛疫】[名]牛・綿羊(めんよう)などがかかる家畜伝染病の一つ。ウイルスを病原体とする急性の伝染病で、死亡率が高い。

きゅう-えん【休演】[名・自サ変]出演を休むこと。また、公演を取りやめること。‖「主役が—する」

きゅう-えん【救援】[名・他サ変]危難に陥っている人を救い助けること。‖「被災者の—に駆けつける」「各国に—を求める」「—活動[物資]」

キューオーエル【QOL】[名]「クオリティーオブライフ(quality of life)」の略。

きゅう-おん【旧恩】[名]以前に受けた恩。‖「—にむくいる」

きゅう-おん【吸音】[名・自サ変]音を吸収して反響を防ぐこと。‖「—材」

きゅう-か【旧家】[名]古くから続いてきた由緒ある家柄。‖「—の出」

きゅう-か【休暇】[名]❶学校・会社・官庁などで公的に認められた、授業や業務のない日。休み。‖「—を山で過ごす」「夏期—(=夏休み)」❷会社・官庁などで、願い出によって認められる(欠勤扱いとされない)休み。‖「—を取って旅行をする」「—願い」「有給[育児]—」

きゅう-か【急火】[名]❶急に燃え上がった火事。❷近所の火事。近火。‖「—見舞い」

きゅう-かい【休会】[名・自他サ変]❶定例の会・会議などを開かないこと。❷国会・地方議会などの

会期中に、議決によって一時その活動を休止すること。≡「―明けの国会」「自然―（＝国会で、各党間の申し合わせなどにより審議を休むこと）」

きゅう‐かい【球界】 キウ［名］野球に関係する人々の社会。≡「―のホープ」

きゅう‐かく【嗅覚】 キウ［名］においに反応する感覚。臭覚（しゅうかく）。≡「―が鋭い」「―器官」 嗅

きゅう‐がく【休学】 キウ［名・自サ変］学生や生徒が長期間学校を休むこと。≡「―願い」

きゅう‐かざん【休火山】 キウクワザン［名］長い間噴火活動を休止している火山。▽古い火山分類の一つ。

きゅう‐がた【旧型】 キウ［名］古い型。従来の型。≡「―のノートパソコン」「―マシン」⇔新型

きゅう‐かつ【久▼闊】 キウクワツ［名］長い間会わないこと。また、久しく便りをしないこと。

◉**久闊を叙（じょ）する** ❶無沙汰（ぶさた）をわびる挨拶（あいさつ）をする。❷久しぶりに会って話をする。旧交を温める。≡「クラス会を開いて―」

きゅう‐かなづかい【旧《仮名》遣い】 キウカナヅカヒ［名］歴史的仮名遣い。⇔新仮名遣い

きゅう‐かぶ【旧株】 キウ［名］増資などによって新たに発行された株式に対し、すでに発行されている従来の株式。⇔新株

ぎゅう‐かわ【牛革】 ギウカハ［名］牛の革。牛の皮をなめしたもの。ぎゅうがわ。

きゅう‐かん【旧慣】 キウクワン［名］昔からのならわし。

きゅう‐かん【旧館】 キウクワン［名］新しく建てた建物に対し、古いほうの建物。⇔新館

きゅう‐かん【旧観】 キウクワン［名］昔のすがた。≡「―をとどめる街道筋」

きゅう‐かん【休刊】 キウ［名・自他サ変］新聞・雑誌などの定期刊行物が発行を休むこと。≡「発行を一時―する」▽「廃刊」の遠回しな言い方にも用いられる。

きゅう‐かん【休閑】 キウ［名］地味を肥やすために一定期間耕作を休むこと。休耕。≡「―地」

きゅう‐かん【休館】 キウクワン［名・自他サ変］図書館・水族館など館と名のつく施設が業務を休むこと。≡「―日」

きゅう‐かん【吸汗】 キフ［名］汗を吸うこと。≡「―性の高いシャツ」

きゅう‐かん【急患】 キフクワン［名］急病の患者。

きゅうかん‐ちょう【九官鳥】 キウクワンテウ［名］愛玩用に飼われるムクドリ科の鳥。全身は光沢のある黒紫色で、くちばしと足は橙（だいだい）色。人語を巧みにまねる。

きゅう‐き【旧記】 キウ［名］当時の事柄を記録した古い文書。

きゅう‐き【吸気】 キフ［名］❶息を吸いこむこと。また、吸いこんだ息。⇔呼気 ❷内燃機関などが混合ガスなどの気体を吸いこむこと。また、その気体。≡「―管・―弁」⇔排気

きゅう‐ぎ【球技】 キウ［名］ボールを使ってする競技。野球・テニス・サッカー・バレーボールなど。

きゅう‐ぎ【球戯】 キウ［名］❶球やボールを使ってする遊び。❷ビリヤード。撞球（どうきゅう）。≡「―場」

きゅう‐きゅう【救急】 キウキフ［名］急場の難儀を救うこと。特に、急な病気や負傷の手当てをすること。≡「―病院」

きゅう‐きゅう【▼汲▼汲】 キフキフ［形動タリ］一つのことに心を奪われ、他を顧みるゆとりがないさま。≡「金もうけに―とする」

きゅう‐きゅう ［副ト］❶物がこすれたりきしんだりする音を表す語。≡「靴が―（と）鳴る」❷［三］物をいっぱいに詰めこむさま。また、強く締めつけるさま。≡「小さな箱に―（と）押し込む」「革ひもで―に締め上げる」❸貧しくてゆとりのないさま。≡「金がなくて―（と）暮らす」

きゅう‐ぎゅう【九牛】 キウギウ［名］九頭の牛。また、たくさんの牛。

◉**九牛の一毛（いちもう）** たくさんの中のきわめて少ない部分。また、とるにたりないこと。▽多くの牛の毛の中のたった一本の毛の意から。

ぎゅう‐ぎゅう ［副ト］❶［三］つまってひしめきあっているさま。≡「頭に知識を―詰め込む」「この部屋はもう―だ」❷力を入れて締めたり押したりするさま。また、その音を表す語。≡「ひもで―（と）縛り上げる」❸手厳しく責めて言うことを聞かせるさま。≡「―言わせてやる」

きゅうきゅう‐きゅうめい‐し【救急救命士】 キウキフキウメイ［名］救急車に乗車し、除細動器による心臓の鼓動の回復、器具による気道確保など、高度の応急処置を行う専門職。国家資格を必要とする。

きゅうきゅう‐しゃ【救急車】 キウキフ［名］消防署に配置され、急病人や事故による負傷者を早急に医療機関に運ぶ自動車。

きゅうきゅう‐ばこ【救急箱】 キウキフ［名］救急手当てに必要な薬品・包帯などを入れた箱。

きゅう‐きょ【旧居】 キウ［名］以前住んでいた家。≡「―を取り壊す」⇔新居

きゅう‐きょ【急▼遽】 キフ［副］急いで物事を行うさま。にわかに。≡「訃報（ふほう）を聞いて―帰国する」注意「急拠」と書くのは誤り。 遽

きゅう‐きょう【旧教】 キウケウ［名］カトリック。⇔新教

きゅう‐きょう【窮境】 キウキャウ［名］きわめて苦しい立場。≡「―を脱する」

きゅう‐ぎょう【旧業】 キウゲフ［名］❶以前の仕事・事業。≡「―に復す」❷昔の人の成し遂げた業績。

きゅう‐ぎょう【休業】 キウゲフ［名・自サ変］❶学校・会社・商店などが授業や業務を行わないこと。≡「棚卸につき―致します」「臨時―」❷労働者が業務を休むこと。≡「―手当」

きゅう‐きょく【究極（窮極）】 キウ［名・自サ変］物事をつきつめて、きわまること。また、そうして最後に到達する所。≡「―の目的は一つに絞られる」「―的」

◉**究極するところ** つまりは。最終的には。≡「―個々の人間性に帰着する」

きゅう‐きょく【▼嬉遊曲（喜遊曲）】 キイウ［名］⇒ディベルティメント 書き方「喜遊曲」は代用表記。

きゅう‐きん【球菌】 キウ［名］球状をした細菌。ぶどう球菌・連鎖球菌・双球菌など。

きゅう‐きん【給金】 キフ［名］給料として支払われる金銭。≡「―を直す（＝大相撲で、勝ち越しを決めて昇給を確保する）」

きゅうきん‐ずもう【給金《相撲》】 キフキンズマフ［名］大相撲の本場所で、勝ち越しとなる八勝目がかかった取組。

きゅう‐くつ【窮屈】 キウ［名・形動］❶空間が狭かったり物が小さかったりして、思うように身動きができないこと。≡「―な座席」「服が―になる」❷融通がきかなくて堅苦しいこと。≡「あまり―に考えることはない」❸金や物が不足していて思い通りにならないこと。≡「―な暮らし」

をする」[派生]-げ／-さ／-がる

きゅう-けい【弓形】[名] ❶弓のように曲がった形。ゆみがた。「—の月」❷円の弧とその両端を結ぶ弦で囲まれた図形。

きゅう-けい【休憩】[名・自サ変] 活動を一時やめて心身を休めること。仕事・勉強・観劇などの中休み。「幕間(まくあい)に二〇分の—が入る」「—時間」

きゅう-けい【求刑】[名・他サ変] 刑事裁判で、検察官が裁判官に対して被告人に科せられるべき刑種や刑量について意見を述べること。また、その意見。「無期懲役を—する」

きゅう-けい【急啓】[名]「急いで申し上げます」の意で、手紙文の冒頭に記すあいさつの語。急白。急呈。▽文末は「草々」「敬具」「不一」などで結ぶ。

きゅう-けい【球形】[名] まりのように丸い形。「—の果実」

きゅう-けい【球茎】[名] 養分などを蓄え、肥大して球状になった地下茎。サトイモ・コンニャクイモ・クワイ・グラジオラスなどにみられる。

きゅう-げき【旧劇】[名] 歌舞伎(かぶき)のこと。▽明治以降に起こった新劇・新派劇に対していう。

きゅう-げき【急激(急劇)】[形動] 物事の変化や動きが突然で、はげしいさま。「—な情勢の変化」「—に株価が下がる」

きゅう-けつ【吸血】[名・自サ変] 生き血を吸うこと。「人体に寄生し—する」「—動物」

きゅう-けつ【▼灸穴】[名] きゅうをすえるのに最も適した部分。三里・身柱(ちりけ)など。つぼ。灸点。

きゅう-けつ【給血】[名・自サ変] 輸血用の血液を提供すること。供血。

きゅう-けつ-き【吸血鬼】[名] 人の生き血を吸うという魔物。バンパイア。▽情け容赦なく人を苦しめて利益を吸い上げる金貸し・搾取者などのたとえにもいう。

きゅう-げん【急減】[名・自サ変] 急に減ること。「児童数が—する」⇔急増

きゅう-げん【給源(給原)】[名] 必要なものを供給するみなもと。供給源。「エネルギーの—」

きゅう-ご【救護】[名・他サ変] 被災者・傷病者などを助け、看護・治療をすること。「遭難者の—に向かう」「—班を結成する」

ぎゅう-ご【牛後】[名] 強者につき従って使われる者。「鶏口(けいこう)となるも—となるなかれ」▽牛のしりの意から。

きゅう-こう【旧交】[名] 昔からの付き合い。◉旧交を温・める 昔の友人と会って再び親しく交際する。

きゅう-こう【旧稿】[名] 以前に書いた原稿。「—に手を入れる」

きゅう-こう【休校】[名・自サ変] 学校が授業をやめて休みにすること。「三日間—にする」

きゅう-こう【休耕】[名・自サ変] 田畑の耕作を一時やめること。「—田」

きゅう-こう【休航】[名・自サ変] 船・航空機が運航を休止すること。

きゅう-こう【休講】[名・自サ変] 教師が講義を休むこと。

きゅう-こう【急行】[名] ❶[自サ変] 急いで行くこと。「事故現場に—する」❷主要な駅だけに止まり、目的地に早く到着するようにした電車や列車。⇔鈍行 ▽「急行電車」「急行列車」の略。

きゅう-こう【▼躬行】[名・自サ変] 口で言うばかりでなく、身をもって実行すること。「実践—する」

きゅう-こう【救荒】[名] 飢饉(ききん)から人々を救うこと。「—作物(=ヒエ・アワ・ソバ・サツマイモなど、一般の作物が凶作のときでも生育して収穫が望める作物)」

きゅう-ごう【糾合(▼鳩合)】[名・他サ変] ある目的のために人々を呼び集めること。「同志を—する」▽「糾」は縄をよりあわせる意。

きゅう-こう-か【急降下】[名・自サ変] 飛行機が急角度で降下すること。「—爆撃」

きゅう-こう-ぐん【急行軍】[名] 歩調を速め、ほとんど休憩をとらずに行軍すること。また、そのように徒歩で移動すること。

きゅう-こく【急告】[名・他サ変] 急いで知らせること。「—本日の公演は中止となりました」

きゅう-こく【救国】[名] 国家の危難を救うこと。「—の志士」

きゅう-ごしらえ【急▼拵え】[名・形動] 間に合わせに急いでつくること。また、そのもの。急造。「—の舞台[診療所]」

きゅう-こん【求婚】[名・自サ変] 結婚を申し込むこと。プロポーズ。「彼女に正式に—する」

きゅう-こん【球根】[名] 多年生植物の地下茎や根が養分を蓄えて球状・塊状になったもの。▽鱗茎(りんけい)・球茎・塊茎・根茎・塊根などに分けられる。

きゅう-さい【旧債】[名] 以前の負債。「—を清算する」

きゅう-さい【休載】[名・他サ変] 新聞や雑誌で、連載中の記事・小説などの掲載を一時休むこと。「作者病気のためコラムを—する」

きゅう-さい【救済】[名・他サ変] 苦しんでいる人々を救い助けること。「難民を—する」「—事業」

きゅう-さく【旧作】[名] 以前作った作品。⇔新作

きゅう-さん【急▼霰】[名] にわかに降ってくるあられ。また、その音。「—の如き拍手が起こる」

きゅう-し【九死】[名] もう助からないと思われるほど危険な状態。▽九分通りの死の意。◉九死に一生(いっしょう)を得(え)る ほとんど死にそうな状態から、かろうじて助かる。「救助隊に発見され—」

きゅう-し【九紫】[名] 陰陽道(おんようどう)で、九星(きゅうせい)の一つ。五行では火星、方位では南にあたる。➡九星

きゅう-し【旧▼址(旧▼趾)】[名] 歴史的な建物や事件のあったあと。旧跡。

きゅう-し【旧師】[名] 以前に教えを受けた先生。

きゅう-し【休止】[名・自他サ変] 一時止まること。また、一時休むこと。「運動が—する」「運転を—する」

きゅう-し【臼歯】[名] 哺乳(ほにゅう)類の歯のうち、歯列の奥にあるうすのような形をした歯。おくば。うすば。

きゅう-し【急死】[名・自サ変] 突然死ぬこと。「旅先で—する」

きゅう-し【球史】[名] 野球の歴史。「—に残る大記録」

きゅう-し【窮死】[名・自サ変] 貧苦のうちに死ぬこと。「不遇のうちに、陋巷(ろうこう)に—した」

きゅう-じ【▼灸治】[名・他サ変] 灸をすえて治療すること。

きゅうじ【球児】［名］野球をする青少年。≡「高校―」

きゅうじ【給仕】［名］❶レストランなどのボーイ。接客係。❷もと、役所・会社・学校などで、お茶くみなどの雑用に従事した人。❸［自サ変］食事の席で、飲食の世話をすること。また、その人。

ぎゅうし【牛脂】［名］牛の皮下脂肪。精製して食用油とするほか、石けん・ろうそくなどの原料に使う。ヘット。

ぎゅうじ【牛耳】［名］牛の耳。

◉**牛耳を執る** 同盟の盟主となる。また、団体・党派などの実権をにぎって思うままに支配する。牛耳る。語源 中国の春秋戦国時代、同盟を結ぶときは盟主がいけにえとなる牛の左耳をとって裂き、諸侯がその血をすすって誓い合ったという故事から。

キューシー【QC】［名］製品の品質を一定水準に保つこと。品質管理。▽quality control の略。

きゅうしき【旧式】［名・形動］時代遅れで古いこと。≡「―な考え方」「―の自動車」⇔新式

きゅうじたい【旧字体】［名］当用漢字表（昭和二一年告示。昭和二四年、字体表）で新しい字体が制定される以前に、正式とされていた、漢字の字体。現在の「学」「駅」に対する「學」「驛」など。▽常用漢字・人名用漢字についてもいう。

きゅうしつ【吸湿】［名・自サ変］湿気を吸いとること。≡「―剤」「―性（＝物質が空気中の水分を吸着する性質）」

きゅうじつ【休日】［名］❶学校や会社で業務・授業などを行わない日。休みの日。≡「毎週土曜日を―とする」「水曜日が―の職場に勤める」❷国民の祝日。◈使い方「休日」は自分の申し出による休みではないので、「休日を取る」とはいわない。⇩休暇

きゅうしふ【休止符】［名］楽譜で、音の一時的な休止とその長さを示す符号。休符。≡「―を打つ（＝進行している物事に一応の区切りをつける）」

きゅうしゃ【▼鳩舎】［名］はとを飼うための小屋。はと小屋。

きゅうしゃ【▼厩舎】［名］❶馬を飼うための小屋。うまや。馬小屋。❷競馬で、馬主から競走用の馬を預かって調教・管理する所。

ぎゅうしゃ【牛車】［名］❶牛が引く荷車。うしぐるま。❷⇩ぎっしゃ

ぎゅうしゃ【牛舎】［名］牛を飼うための小屋。牛小屋。

きゅうしゅ【旧主】［名］❶前代の君主。❷以前の君主。また、以前の主人。

きゅうしゅ【球趣】［名］野球の試合の面白み。

きゅうしゅ【▼鳩首】［名］人々が寄り集まって相談すること。≡「閣僚が―協議する」

きゅうしゅう【九州】［名］福岡・佐賀・長崎・大分・熊本・宮崎・鹿児島・沖縄の八県を合わせた地域。九州地方。

きゅうしゅう【旧習】［名］古くからのならわし。旧慣。

きゅうしゅう【吸収】［名・他サ変］❶吸い取ること。≡「吸取紙で水分を―する」❷外から取り入れて自分のものにすること。≡「新しい知識を―する」「周辺の町村を―合併する」

きゅうしゅう【急襲】［名・他サ変］相手の不意をついておそいかかること。≡「敵陣を―する」

きゅうしゅつ【救出】［名・他サ変］危険な状態から救い出すこと。≡「被災者［人質］を―する」

きゅうじゅつ【弓術】［名］弓で矢を射る武術。弓道。

きゅうじゅつ【救▼恤】［名・他サ変］困っている人に金品を与えて救うこと。≡「―金」▽「恤」はめぐむ意。

きゅうしゅん【急▼峻】［名・形動］山・坂などの傾斜が急で、けわしいこと。≡「―な崖」派生 ―さ

きゅうしゅん【球春】［名］プロ野球のオープン戦などが開幕する春先のころ。≡「―到来」

きゅうしょ【急所】［名］❶体の中で、生命にかかわる大事な部分。≡「―を刺されて死ぬ」❷物事の最も大事な部分。≡「問題の―を突く」

きゅうじょ【救助】［名・他サ変］危険にさらされている人などを救い助けること。≡「遭難者を―する」「―隊」「人命―」

きゅうしょう【旧称】［名］以前の名前。

きゅうしょう【求償】［名・自他サ変］賠償や償還を求めること。≡「―権（＝他人の債務を弁済した者が、その他人に対してもつ返還請求の権利）」

きゅうじょう【休場】［名・自他サ変］❶競技者・出場者などが休んで出場しないこと。≡「けがで春場所を―する」❷興行場などが業務を休むこと。

きゅうじょう【宮城】［名］皇居の旧称。

きゅうじょう【球場】［名］野球場。≡「―を沸かせた熱戦」

きゅうじょう【窮状】［名］困り苦しんでいる状態。≡「―を救う」

きゅうしょうがつ【旧正月】［名］旧暦の正月。▽新暦より約一か月あとになる。

きゅうしょく【休職】［名・自サ変］公務員や会社員がその身分・資格を保ったまま一定期間職務を休むこと。≡「病気で―する」

きゅうしょく【求職】［名・自サ変］職業を探し求めること。⇔求人

きゅうしょく【給食】［名・自サ変］学校や工場で、児童・生徒・従業員などに一定の食事を提供すること。また、その食事。

ぎゅうじる【牛耳る】［他五］団体・組織などを支配し、自分の思うままに動かす。牛耳を執る。≡「党を―長老」▽「ぎゅうじ（牛耳）」を動詞化した語。可能 **牛耳れる**

きゅうしん【旧臣】［名］❶古くから使えている家臣。❷以前仕えていた家臣。≡「維新前の―」

きゅうしん【休心（休神）】［名・自サ変］安心すること。≡「みな元気でおりますからご―下さい」▽多く手紙文で使う。

きゅうしん【休診】［名・自サ変］病院・医院などが診療を休むこと。

きゅうしん【求心】［名］中心に近づこうとすること。⇔遠心

きゅうしん【急伸】［名・自サ変］❶売上げ・利益などが急に伸びること。❷株価・相場などが急に上がること。≡「株価が―する」

きゅうしん【急進】［名・自サ変］❶急いで進むこと。❷目的・理想などを急いで達成しようとすること。

「―主義」「―的な考え方」◈⬍漸進

きゅう-しん【急診】キフ [名] 急病人や病状が急変した患者を医者がいそいで診察すること。

きゅう-しん【球心】キウ [名] 数学で、球の表面から等距離にある点。球の中心。

きゅう-しん【球審】キウ [名] 野球・ソフトボールなどで、捕手の後ろにいる審判員。投手の投球や打者の打球を判定し、試合全体の進行を統率する。主審。チーフアンパイア。

きゅう-じん【九▼仞】キウ [名] 非常に高いこと。▽一仞は中国周代の七尺。一尺は約二二・五センチメートル。

◉九仞の功（こう）を一簣（き）に欠く　事が今にも成就するというときになって、ちょっとした油断で失敗すること。▽「簣」は土を運ぶもっこ。築山をつくるにも、最後にもっこ一杯の土を欠けば完成しない意から。

きゅう-じん【旧人】キウ [名] ❶その社会で、古くから活躍している人。また、考えや感覚が古くて、時流に合わなくなった人。❷原人に次いで出現した旧石器時代の化石人類。

きゅう-じん【求人】キウ [名・自他サ変] 必要な働き手を探し求めること。「―広告を出す」⬍求職

きゅうしん-りょく【求心力】キウシン [名] 円運動をしている物体が回転の中心に向かおうとする力。向心力。⬍遠心力 使い方 広く物事を中心に引きつけようとする力の意でもいう。「党内の―が低下する」

きゅう-す【急須】キフ [名] 葉茶と湯を入れて茶を煎（せん）じる道具。多くは陶磁製で、取っ手と注ぎ口がついている。

きゅう・す【休す】キウ [自サ変] [古風] おしまいになる。休する。「万事（ばんじ）―」(⬇万事休す)

きゅう-すい【吸水】キフ [名・自他サ変] ❶水を吸い取ること。また、水を吸い上げること。「スポンジで―する」「―性の高い物質」「―口」❷植物が必要な水を外界から取り入れること。多くの陸生植物は根から、藻類・苔類などは水との接触面から行う。

きゅう-すい【給水】キフ [名・自他サ変] 水、特に飲料水を供給すること。「―車・―制限」

きゅう-すう【級数】キフ [名] 数列の各項を順に加法記号(+)で結んだもの。等差級数・等比級数など。

きゅう・する【窮する】[自サ変] ❶行きづまって困る。「返答に―」❷金や物が足りなくて苦しむ。「生活に―」文きゅう・す

◉窮すれば通（つう）ず　事態が行き詰まってどうにもならなくなると、かえって活路が開けるものだ。

きゅう・する【給する】キフ [他サ変] 金品を与える。あてがう。支給する。「学費を―」文きふ・す

きゅう-せい【九星】キウ [名] 陰陽道（おんようどう）で、一白（いっぱく）・二黒（じこく）・三碧（さんぺき）・四緑（しろく）・五黄（ごおう）・六白（ろっぱく）・七赤（しちせき）・八白（はっぱく）・九紫（きゅうし）の九つの星。これを五行（ごぎょう）・方位に配し、人の生年にあてて吉凶を占う。九曜星（くようせい）。

きゅう-せい【旧制】キウ [名] ❶以前の制度。「―の大祭日（たいさいじつ）」❷第二次世界大戦以前の学校制度。「―中学」◈⬍新制

きゅう-せい【旧姓】キウ [名] 結婚・養子縁組などで改姓する以前の姓。

きゅう-せい【急性】キフ [名] 症状が急に現れ、その進行が速いこと。「―肝炎」⬍慢性

きゅう-せい【急逝】キフ [名・自サ変] 急に死ぬこと。「若くして―した天才画家」▽「急死」より改まった言い方。

きゅう-せい【救世】キウ [名] 乱れた現世を救うこと。特に、宗教の力によって苦しむ人々を現世から救い、幸福へ導くこと。「―主」

きゅうせい-き【急性期】キフセイ [名] 病気にかかった当初の、症状が変化しやすい時期。「脳卒中―の治療」

きゅうせい-ぐん【救世軍】キウセイ [名] 軍隊的な組織で伝道・社会事業などを行うキリスト教プロテスタントの一派。サルベーションアーミー。

きゅうせい-しゅ【救世主】キウセイ [名] ❶人類を救う人。救い主。▽ヘブライ語ではメシア、ギリシア語ではキリストという。❷キリスト教で、イエス=キリスト。

きゅう-せき【旧跡(旧▼蹟)】キウ [名] 昔、歴史に残る事件や建造物のあった所。旧址（きゅうし）。「名所―」

きゅう-せき【休戚】キウ [名] 喜びと悲しみ。また、幸と不幸。「―を共にする」▽「休」は喜び、「戚」は悲しみの意。

きゅう-せつ【旧説】キウ [名] 昔からの学説や意見。また、以前の学説や意見。⬍新説

きゅう-せつ【急設】キフ [名・他サ変] 急いで設けること。「宿舎を―する」

きゅうせっき-じだい【旧石器時代】キウセッキ [名] 人類が打製石器や骨角器（こっかくき）を用い、採取・漁猟生活をしていた時代。地質時代の更新世にあたる。⬇新石器時代

きゅう-せん【弓▼箭】キウ [名] ❶弓と矢。また、武器。❷弓矢をとる者。武士。「―の道」

きゅう-せん【休戦】キウ [名・自サ変] 交戦国が合意の上で戦闘行為を一時中止すること。「―協定」

きゅう-ぜん【▼翕然】キフ [形動タリ] 多くの物事が集まり合うさま。「―たる同情を集める」

きゅうせん-ぽう【急先▼鋒】キフ [名] 人の先頭に立って激しい勢いで行動すること。また、その人。「反戦運動の―に立つ」

きゅう-そ【泣訴】キフ [名・自他サ変] 泣いて訴えること。「窮状[援助]を―する」

きゅう-そ【窮▼鼠】[名] 追いつめられて逃げ場を失ったねずみ。

◉窮鼠猫（ねこ）を嚙（か）む　絶体絶命の窮地に追い詰められれば、弱者といえども強者を打ち破ることがあるというたとえ。「―の反撃が功を奏す」

きゅう-そう【急送】キフ [名・他サ変] 急いで送ること。「宅配便で―する」

きゅう-ぞう【急造】キフザウ [名・他サ変] 急いでつくること。にわかづくり。「宿舎を―する」

きゅう-ぞう【急増】キフ [名・自他サ変] 急に増えること。また、急いで増やすこと。「老齢人口が―する」「仮設住宅を―する」⬍急減

きゅう-そく【休息】キウ [名・自サ変] 仕事などをやめて心身を休めること。「ゆっくりと―をとる」

きゅう-そく【球速】キウ [名] 投手が投げる球の速さ。「―が衰える」

きゅう-そく【急速】キフ [形動] 物事の進行や変化がきわめてはやいこと。「―な進歩を遂げる」「―に工業化が進む」「―冷凍」

きゅう-たい【旧態】キウ [名] 以前からの状態。また、昔のままの姿。「―を脱する」

きゅう-たい【球体】キウ [名] 球状の物体。

きゅう-だい【及第】［名・自サ変］試験や検査に合格すること。〓「試験に―する」「―点」⇕落第

きゅうたい-いぜん【旧態依然】［形動タルト］元のままで少しも変化や進歩がないさま。〓「―とした経営方針」

きゅう-たいりく【旧大陸】［名］アメリカ大陸発見以前からヨーロッパ人に知られていた大陸。アジア大陸・ヨーロッパ大陸・アフリカ大陸など。旧世界。⇕新大陸

きゅう-たく【旧宅】［名］以前住んでいた家。⇕新宅

キュー-ダブリュー-エル【QWL】［名］勤労生活の質。仕事のやりがい・働きやすさなど労働のあり方を改善する取り組み。▽quality of working life の略。

きゅう-たん【急▾湍】［名］流れの速い浅瀬。早瀬。

きゅう-だん【糾弾（▾糺弾）】［名・他サ変］罪・不正・責任などを問いただして、非難すること。〓「不明瞭な政治献金を―する」

きゅう-だん【球団】［名］プロ野球のチームをもち、その試合を見せることを事業とする団体。職業野球団。

ぎゅう-タン【牛タン】［名］牛の舌の肉。焼き肉やシチューの材料にする。▽「タン」はtongue（＝舌）から。

きゅう-ち【旧知】［名］古くからの知り合い。昔なじみ。〓「彼とは―の間柄だ」

きゅう-ち【窮地】［名］逃げ場のない苦しい立場。〓「―に陥る」

きゅうち-しん【求知心】［名］知識を得ようとする心。知識欲。

きゅう-ちゃく【吸着】［名］❶［自サ変］吸いつくこと。〓「ヒルが皮膚に―する」❷気体や液体の中の物質が他の液体または固体の表面に吸いつけられる現象。臭気や水に溶けている不純物が木炭に吸いとられるなど。〓「―作用・―剤」

きゅう-ちゅう【吸虫】［名］扁平動物門吸虫綱に属する動物の総称。ふつう体の前端と腹部に吸盤をもち、他の動物の内臓や体表に寄生する。肝蛭・肺吸虫・肝吸虫・日本住血吸虫など種類が多い。旧称ジストマ。

きゅう-ちゅう【宮中】［名］皇居の中。〓「―晩餐会」

きゅう-ちょ【旧著】［名］以前に書きあらわした書物。⇕新著・近著

きゅう-ちょう【急潮】［名］❶流れの速い潮流。❷太平洋沿岸で、冬、沖合を低気圧が通過するときなどに外洋水が急に湾内に流れ込む現象。

きゅう-ちょう【級長】［名］おもに旧制の小・中学校で、学級を代表する児童・生徒。

きゅう-ちょう【窮鳥】［名］追いつめられて逃げ場を失った鳥。

◉**窮鳥懐に入れば猟師も殺さず**　追い詰められて逃げ場を失った者が助けを求めてくれば、どんな理由があれ見殺しにすることはできないというたとえ。

きゅう-つい【急追】［名・他サ変］逃げる者を激しい勢いで追うこと。〓「敵の―をかわす」

ぎゅう-づめ【ぎゅう詰め】［名］もう余地がないほどぎゅうぎゅうに詰め込んだ状態。すし詰め。〓「―の通勤電車」

きゅう-てい【休廷】［名・自サ変］法廷で、進行している裁判を一時休むこと。

きゅう-てい【宮廷】［名］皇帝・国王の住んでいる所。〓「―画家［舞踊］」

キューティクル【cuticle】［名］❶生物の体表にできる硬い層。クチクラ。❷髪の毛の表皮を構成する、うろこ状の層。〓「―ケア」❸つめの甘皮。〓「―クリーム」

きゅう-てき【▾仇敵】［名］恨みを抱いている敵。かたき。

きゅう-てん【▾灸点】［名］❶きゅうをすえるべき体の部分。また、そこに墨でつけた点。❷［自サ変］きゅうをすえること。

きゅう-てん【急転】［名・自サ変］物事の状態や様子が急に変わること。〓「事態が―する」「―直下」

きゅう-でん【宮殿】［名］皇帝・国王などが居住する御殿。〓「―建築」

きゅう-でん【給電】［名・自他サ変］電力を供給すること。〓「―線」

きゅうてん-ちょっか【急転直下】［名］行きづまっていた事態が急に変わって結末に向かうこと。〓「戦局は―の様相を呈した」

きゅう-と【旧都】［名］昔、都だった所。古都。〓「―奈良」⇕新都

キュート【cute】［形動］活発でかわいらしいさま。〓「―な笑顔」

きゅう-とう【旧冬】［名］昨年の冬。昨冬。〓「―には大変お世話になりました」▽ふつう新年になってから挨拶などに使う。

きゅう-とう【旧▾套】［名］古い慣習。また、ありきたりの方法。

きゅう-とう【急騰】［名・自サ変］物価・相場などが急激に上がること。〓「地価［株価］が―する」⇕急落

きゅう-とう【給湯】［名・自他サ変］湯を供給すること。〓「―器・―室」

きゅう-どう【弓道】［名］弓で矢を射る武道。弓術。

きゅう-どう【旧道】［名］新しい道に対して、古くからある道。⇕新道

きゅう-どう【求道】［名］真理や悟りの境地を求めて修行すること。〓「―の士」「―者」 読み分け 仏教では「ぐどう」という。

ぎゅう-とう【牛刀】［名］牛を切り裂くための大きな包丁。〓「―を以て鶏を割く（＝小さなことを処理するのに大げさな手段を用いるたとえ）」

ぎゅう-とう【牛痘】［名］牛の痘瘡。▽人間の痘漿に対して免疫性があるので、その瘡毒を種痘に用いる。

ぎゅう-どん【牛丼】［名］牛肉をネギなどと煮て、汁とともにどんぶり飯にかけたもの。牛飯。

ぎゅう-なべ【牛鍋】［名］牛肉を野菜などとともに鉄鍋で煮ながら食べる料理。明治の文明開化期に東京で流行した。〓「―屋」▽今では「すきやき」という関西での呼称が一般的。

きゅう-なん【急難】［名］急に起こった災難。差し迫った難儀。

きゅう-なん【救難】キウ［名］災害・危難などから人を救い出すこと。「ー活動」

ぎゅう-にく【牛肉】ギウ［名］食用としての牛の肉。牛（ぎゅう）。ビーフ。

きゅう-にゅう【吸入】キフニフ［名・他サ変］❶吸い込むこと。❷治療のため、霧状の薬品や気体を口から吸い入れること。「酸素ー」「ー器」

ぎゅう-にゅう【牛乳】ギウ［名］乳牛からしぼりとった白色の乳汁。脂肪・たんぱく質・カルシウム・ビタミンなどを豊富に含み、栄養価が高い。殺菌などの処理をして飲用とするほか、バター・チーズ・アイスクリーム・乳酸飲料などの原料にする。ミルク。

きゅう-ねん【旧年】キウ［名］去年。昨年。▽新年の挨拶（あいさつ）などに使う。「ー中はお世話になりました」

きゅう-は【旧派】キウ［名］❶古くからの流派・流儀。「ーの歌人」❷新派劇に対して、歌舞伎。旧派劇。旧劇。◈⇔新派

きゅう-は【急派】キフ［名・他サ変］急いで派遣すること。「特使［記者］をーする」

きゅう-ば【弓馬】［名］弓術と馬術。また、武芸一般。「ーの道（＝武芸の道。また、武士道）」「ーの家（＝武士の家柄）」

きゅう-ば【急場】キフ［名］急いで対処しなくてはならない場面。「救援物資でーをしのぐ」

ぎゅう-ば【牛馬】ギウ［名］牛と馬。

きゅう-はい【九拝】キウ［名］❶［他サ変］九度拝礼すること。また、何度もくり返してお辞儀をすること。「三拝ーして頼み込む」❷手紙の末尾に書いて敬意を表す語。

きゅう-はい【朽廃（朽敗）】キウ［名・自サ変］朽（く）ち果てて役に立たなくなること。「ーした納屋」

きゅう-はく【急迫】キフ［名・自サ変］急速に迫ってくること。また、せっぱつまった状態になること。切迫。「事態がーする」

きゅう-はく【窮迫】［名・自サ変］経済的にせっぱつまった状態になること。「生活がーする」

きゅう-ばく【旧幕】キウ［名］明治維新後、徳川幕府を指していった語。旧幕府。

きゅうば-しのぎ【急場▼凌ぎ】キフバ［名］事が差し迫っているとき、一時の間に合わせでその場を切り抜けること。「ーの代用品」

きゅう-はん【旧版】キウ［名］同じ出版物で、改訂・増補などをする以前の古い版。⇔新版

きゅう-はん【旧藩】キウ［名］明治維新後、徳川幕府時代の藩を指していった語。

きゅう-はん【急坂】キフ［名］傾斜の急な坂。「ー用の歯車式鉄道」

きゅう-ばん【吸盤】キフ［名］❶動物が他の物に吸いつくための、中がくぼんだ形をした器官。筋肉を収縮させ、くぼみの中の圧力を減じるなどして吸着する。タコ・イカ・コバンザメ・ヒル・ヤモリ・吸虫などに見られる。❷①のように吸着するよう、ゴムなどで作ったもの。

きゅう-ひ【給費】キフ［名・自他サ変］国・公共団体などが個人に学費などの費用を支給すること。また、その費用。「ー留学生」

きゅう-ひ【▼厩肥】キウ［名］家畜の糞尿（ふんにょう）と敷きわらなどをまぜて腐らせた肥料。うまやごえ。

ぎゅう-ひ【▽求肥】ギウ［名］白玉粉をこねて蒸したものに砂糖・水あめを加え、さらに火にかけて練りかためた菓子。半透明で弾力がある。求肥飴（ぎゅうひあめ）。書き方「牛皮」とも書く。

キューピー［kewpie］［名］キューピッドをかたどった裸の人形。先端のとがった大きな頭と大きな目をもち、背中には小さな翼をつけている。

キュービズム［cubism］［名］二〇世紀初頭のフランスに起こった芸術運動。対象を複数の視点から幾何学的にとらえ、それを同一画面上で再構成する技法を試みた。立体派。立体主義。キュビスム。▽ピカソ・ブラック・レジェらによって代表される。

きゅう-ピッチ【急ピッチ】キフ［名・形動］調子や進行がきわめて速いこと。「ーで工事を進める」

キューピッド［Cupid］［名］ローマ神話の愛の神。ビーナスの子。背中に小さな翼をはやし、手に弓矢を持った裸の少年として描かれる。ギリシア神話のエロスにあたる。クピド。▽その矢に射られた者は恋に落ちるという。

きゅう-びょう【急病】キフビャウ［名］急に起こった病気。「ー人」

きゅう-びん【急便】キフ［名］急ぎの通信や運送。また、急ぎの使い。

きゅう-ふ【休符】キウ［名］楽譜で、音の一時的な休止とその長さを示す符号。𝄽の類。休止符。

きゅう-ふ【給付】キフ［名・他サ変］❶国・公共団体などが、金品を支給すること。「年金［制服］をーする」「現物ー」「付加ー金」❷債権の目的となっている、債務者の行為。たとえば売主が目的物を引き渡したり、被用者が労務を提供したりする行為をいう。▽買主が代金を支払ったり、雇用者が賃金を支払ったりする行為は「反対給付」という。

きゅう-ぶ【休部】キウ［名・自サ変］クラブ活動を行う部、またはその部員が活動を休止すること。「卓球部がーになる」「ーして勉強をする」

きゅう-ふう【旧風】キウ［名］古い風習。昔からのしきたり。旧習。

きゅう-ぶん【旧聞】キウ［名］以前に聞いた古い話。「ーに属する（＝耳新しくない）話」

きゅう-へい【旧弊】キウ ■［名］古い思想・制度・習慣などの弊害。「ーを打破する」■［形動］古くさい考え方や習慣にとらわれているさま。「ーな見方」

きゅう-へん【急変】キフ［名］❶急に起こった変事。❷［自サ変］状態が急に変わること。「病状［態度・天候］がーする」▽多く悪化するときに使う。

きゅう-ぼ【急募】キフ［名・他サ変］急いで募集すること。「従業員ー」

ぎゅう-ほ【牛歩】ギウ［名］牛のようにのろい歩み。

きゅう-ほう【旧法】キウハフ［名］すでに廃止された古い法令。⇔新法

きゅう-ほう【急報】キフ［名・他サ変］急いで知らせること。「ーを受ける」「ーを発する」

きゅう-ぼう【窮乏】ボフ［名・自サ変］金銭や物資が著しく不足して苦しむこと。「職を失ってーする」「ー生活」

ぎゅうほ-せんじゅつ【牛歩戦術】ギウ［名］議会などで、審議の引き延ばしをもくろみ、投票のときなど極端にのろのろと行動すること。

キューポラ［cupola］［名］鋳鉄を溶かすための円筒形の直立炉。溶銑炉（ようせんろ）。キュポラ。

きゅう-ぼん【旧盆】キウ［名］旧暦で行う盂蘭盆（うらぼん）。

きゅう-みん【休眠】 キウ [名・自サ変] ❶生活条件に適さない環境にある動植物が、一定期間ほとんどの成長や活動をやめること。▽動物では冬眠・夏眠、植物では休眠芽・休眠胞子などにみられる。❷ある期間、物事の活動が停止すること。‖「ー状態にある工場」

きゅう-みん【救民】 キウ [名・自サ変] 苦しんでいる人民を救うこと。‖「済世(さいせい)ー」

きゅう-みん【窮民】 [名] 貧困に苦しんでいる人民。

きゅうみん-こうざ【休眠口座】 キウミン [名] ⬇睡眠口座

きゅう-む【急務】 キフ [名] 急いでしなくてはならない仕事や任務。‖「真相の解明が目下のーだ」

きゅうむ-いん【▼厩務員】 キウムヰン [名] 厩舎で、競走馬を扱い、その世話をする人。

きゅう-めい【旧名】 キウ [名] 以前の名前。旧称。

きゅう-めい【究明】 キウ [名・他サ変] つきつめて明らかにすること。‖「真相をーする」「原因のーをする」

きゅう-めい【糾明(▼糺明)】 キウ [名・他サ変] 犯罪・不正などを問いただして不明の点をはっきりさせること。‖「容疑者をーする」

きゅう-めい【救命】 キウ [名] 危険にさらされている人命を救うこと。‖「ー胴衣・ーボート」

ぎゅう-めし【牛飯】 ギウ [名] 牛丼(ぎゅうどん)。

きゅう-めん【球面】 キウ [名] ❶球の表面。❷一定点から等距離にある点が集合してつくる曲面。‖「ー鏡」

きゅう-やく【旧約】 キウ [名] ❶昔の約束。❷キリスト降誕以前に、神がモーセを通してイスラエルの民に与えた契約。❸「旧約聖書」の略。◈⬍新約

きゅう-やく【旧訳】 キウ [名] 新しい訳に対して、以前の訳。⬍新訳

きゅうやく-せいしょ【旧約聖書】 キウヤク [名] キリスト教の聖典の一つ。ユダヤ教の聖典をキリストの出現を預言する書としてキリスト教会がとり入れたもの。律法(モーセ五書)・預言書・諸書の三部三九巻から成る。旧約全書。旧約。⬇新約聖書

きゅう-ゆ【給油】 キフ [名・自他サ変] ❶機械類の摩擦部分に潤滑油を注入すること。❷乗り物に燃料油を補給すること。‖「ー所」

きゅう-ゆう【旧友】 キウイウ [名] 昔の友人。また、古くからの友人。

きゅう-ゆう【旧遊】 キウイウ [名] かつてその地に旅行したことがあること。曽遊(そうゆう)。‖「ーの地」

きゅう-ゆう【級友】 キフイウ [名] 同じ学級の友達。同級生。クラスメート。

きゅう-よ【給与】 キフ [名] ❶[他サ変] 金品を支給すること。また、その金品。‖「現物ー」❷給料・手当などの総称。‖「ー所得」

きゅう-よう【休養】 キウヤウ [名・自サ変] 気力や体力を養うために仕事などをしばらく休むこと。‖「ーを取る」

きゅう-よう【急用】 キフ [名] 急いでしなければならない用事。急ぎの用事。‖「ーができた」

きゅう-よう【給養】 キフヤウ [名・他サ変] ❶金品を支給して養うこと。❷軍隊で、人馬に必要な衣食・かいばなどを供給すること。

きゅうよ-の-いっさく【窮余の一策】 [名] 苦しまぎれに思いついた一つの手段。

きゅう-らい【旧来】 キウ [名] 以前から行われていること。従来。‖「ーの陋習(ろうしゅう)を破る」「式典はー通り行う」

きゅう-らく【及落】 キフ [名] 及第と落第。合否。‖「ーを判定する」

きゅう-らく【急落】 キフ [名・自サ変] 物価・相場などが急激に下がること。‖「地価[株価]がーする」⬍急騰

ぎゅう-らく【牛酪】 ギウ [名] バター。

きゅう-り【〈▼胡▼瓜〉】 キウリ [名] 野菜として栽培されるウリ科のつる性一年草。また、その果実。春から夏にかけて黄色い花を開く。食用とする緑色の実は熟すと黄色くなる。きうり。▽「黄色いうり」の意。

きゅう-り【久離(旧離)】 キウ [名] 江戸時代、奉行所に届け出て親族との縁を切ったこと。‖「ーを切る(＝親族の縁を切る。また、勘当する)」

きゅう-り【窮理(究理)】 キュウ・キウ [名] 物事の道理・原理をきわめ、明らかにすること。‖「ー学(＝「物理学」の旧称)」

きゅう-りゅう【急流】 キフリウ [名] 川などの速い流れ。‖「ーを下る」

きゅう-りょう【丘陵】 キウ [名] 起伏の少ない、低い山状の地形。‖「ー地帯」

きゅう-りょう【旧領】 キウリヤウ [名] もとの領地・領土。

きゅう-りょう【給料】 キフレウ [名] 労働の報酬として支払われる金銭。給与。サラリー。‖「ー日(び)」▽国家公務員の場合は「俸給」。使い方 ⬇賃金

きゅう-れき【旧暦】 キウ [名] 太陰太陽暦の通称。▽一八七二(明治五)年に採用された太陽暦(新暦)に対していう。

きゅう-れき【球歴】 キウ [名] 野球などの球技で、選手としての経歴。

きゅう-ろう【旧▼臘】 キフラフ [名] 去年の十二月。去年の暮れ。▽「臘」は陰暦十二月の意。多く年頭に手紙文などで使う。

きゅっ-と [副] ❶動作が瞬間的に力強く行われるさま。‖「口をー結ぶ」❷ものがきしんだりこすれたりして、瞬間的に出る甲高い音を表す語。‖「新しい靴がー鳴る」❸酒などを一気に飲むさま。‖「冷や酒をーやる」

ぎゅっ-と [副] ❶瞬間的に力を入れたり、きつく固定したりするさま。‖「手をー握る」「ひもでー縛る」❷ものがきしんだりこすれたりして、瞬間的に出る鈍い音を表す語。‖「靴がー鳴る」

キュラソー【curaçao フランス】 [名] オレンジの果皮から抽出した香料を加えた甘いリキュール酒。カクテルや洋菓子に使う。

キュリー【curie】 [名] 放射能を表す単位。一キュリーは一秒間に三七〇億個の原子核が崩壊するときの放射能。記号Ci ▽物理学者キュリー夫妻の名にちなむ。現在の標準単位はベクレルBq。$1Ci = 3.7 \times 10^{10}Bq$

キュレーション【curation】 [名] ❶美術館・博物館などで開催される企画展示。❷特定の主題に沿って情報を集めること。‖「ーサイト(＝まとめサイト)」

キュレーター【curator】 [名] 博物館や美術館で、作品収集や展覧会などの企画立案に携わる専門職員。

キュロット【culotte フランス】 [名] ❶乗馬用などの、半ズボン。❷半ズボン式にすそが分かれたスカート。▽「キュロットスカート(和製culotte フランス＋skirt)」の略。

きゅん-と [副] 急に感情が高まって、胸が締めつけられるような感じがするさま。‖「彼に再会して胸がーなった」

きょ【居】 ㊀[名] 住居。すまい。‖「ーを定める」「皐ー・新ー・転ー」㊁(造) いる。住む。また、すわる。‖「ー室・ー留」「隠ー・蟄(ちっ)ー・同ー・独ー・別ー」

きょ【挙】㊀[名]ふるまい。行動。‖「反撃の―に出る」「―動」「快―・軽―・暴―」㊁(造)❶くわだてる。行う。‖「―式・―兵」❷高くあげる。‖「―手」❸とりあげる。とりたてる。‖「推―・選―」❹ならべたてる。‖「枚―・列―」❺とらえる。‖「検―」❻こぞって。あげて。‖「―国・―党」旧擧

きょ【虚】㊀[名]すき。油断。‖「―に乗ずる」㊁(造)❶中身がない。むなしい。また、むなしくする。つつましい。‖「―数・―無・―心」「空―・謙―」❷実(じつ)がない。うわべだけの。‖「―栄・―偽・―構・―勢」旧虚

◉虚を衝(つ)く すきを襲う。‖「―かれて黙り込む」

きょ【去】(造)❶たちさる。遠く離れていく。‖「―就・―年」「逝―・退―」❷とりのぞく。なくす。‖「―勢」「消―・撤―」❸漢字の四声の一つ。‖「―声(きょしょう)」

きょ【巨】(造)❶非常に大きい。‖「―艦・―人・―像・―木」❷数量が非常に多い。‖「―額・―費・―万」

きょ【拒】(造)こばむ。よせつけない。‖「―絶・―否」

きょ【拠】(造)よる。また、よりどころ。‖「―点」「根―・準―」▽「醵出・醵金」では「醵」の代用字とする。旧據

きょ【許】(造)認める。ゆるす。‖「―可・―否・―容」「勅―・特―・免―」

きょ【距】(造)へだたる。へだてる。‖「―離」

きょ【▼醵】(造)金品を出し合う。‖「―出」⇩拠(きょ)

きょ‐よ【寄与】[名・自サ変]社会や人のために力を尽くして役立つこと。‖「業界の発展に―する」

きょ‐よ【毀誉】[名]そしることと、ほめること。悪口と称賛。

ぎょ【御】㊀[接頭]❶〈天皇の行為や持ち物を表す語に付いて〉尊敬の意を表す。‖「―衣・―苑・―物」❷〈相手の行為や持ち物を表す語に付いて〉尊敬の意を表す。‖「―意・―慶」㊁[接尾]〈天皇の行為や持ち物を表す語に付いて〉尊敬の意を表す。‖「還―・遷―・崩―」㊂(造)あやつる。治める。おさえとめる。‖「―宇・―者」「制―・統―」▽「禦」「馭」に通じる。

ぎょ【魚】(造)さかな。うお。‖「―介・―拓」「鮮―・人―」「深海―・熱帯―・淡水―」

ぎょ【漁】(造)❶魚や貝をとる。‖「―業・―場・―船・―村」❷あさる。むさぼる。‖「―色」

きょ‐あく【巨悪】[名]大きな悪。また、大きな力をもつ悪人。‖「―に立ち向かう」

きょ‐い【虚位】‐ヰ[名]❶あいている地位。空位。❷実権の伴わない名目だけの地位。

きよ・い【清い(▽浄い)】[形]❶汚れや濁りなどがなく、澄んでいて美しいさま。‖「―く澄んだ月」❷世俗にけがされたところがなく純粋であるさま。また、神聖なさま。‖「―心を持ち続ける」「清しこの夜」❸肉欲・物欲などにとらわれていないさま。清廉潔白なさま。‖「―(＝プラトニックな)仲」「清き一票」派生‐げ/‐さ

ぎょ‐い【御衣】[名]天皇や高貴な人を高めて、その衣服をいう語。お召し物。

ぎょ‐い【御意】[名]❶高貴な人・目上の人を高めて、その考え・意志・意向などをいう語。おぼしめし。‖「―に召す(＝お気に入る)」❷ごもっとも。おっしゃるとおり。‖「―にござります」▽「御意の通り」の意。高貴な人・目上の人に対する同意・肯定の返事として使う。

きょう【《今日》】ケフ[名]❶現在過ごしているこの日。本日。‖「―は朝から寒い」「―通知を受けとりました」▽副詞的にも使う。❷その日と同じ日付の日。‖「去年の―近所で火事があった」

きょう【凶】㊀[名]縁起が悪いこと。不吉。わざわい。‖「占いは―とでた」「―兆」「吉―・大―」⇕吉 ㊁(造)❶作物の出来が悪い。不作。‖「―作・―年」「豊―」❷悪い。人を傷つける。また、悪人。‖「―器・―行・―弾・―暴」「元―」▽「兇」に通じる。

きょう【京】キャウ㊀[名]❶みやこ。首都。‖「―にのぼる」「平安―・平城―」❷「京都」の略。‖「―の着倒れ、大阪の食い倒れ」「―間・―人形」㊁(造)「東京」の略。‖「帰―・上―」

きょう【香】キャウ[名]「香車(きょうしゃ)」の略。

きょう【経】キャウ㊀[名]仏陀(ぶっだ)の教えを書き記した書。お経。‖「―を読む」「あげる」「写―」「華厳(けごん)―・法華(ほけ)―」㊁(造)儒教の基本的な教えを記した書物。経書(けいしょ)。‖「四書五―」旧經

きょう【▼卿】キャウ㊀[名]❶律令制で、太政官(だいじょうかん)の下にあった八省の長官。また、明治時代の太政官制で、各省の長官。❷大納言・中納言・参議・三位(さんみ)以上の人。公卿(くぎょう)。㊁[接尾]イギリスで爵位をもつ人の名に付ける敬称。‖「モリソン―」▽「ロード(Lord)」「サー(Sir)」の訳語。

卿

きょう【境】キャウ㊀[名]❶場所。地域。‖「無人の―を行く」「秘―・魔―」❷人の置かれている状態。立場。また、心の状態。‖「無我の―」「環―・逆―・老―」㊁(造)土地のさかい。くぎり。‖「―界」「国―」

きょう【興】[名]面白み。楽しみ。‖「―が湧く」「さめる」「―に入る」「―趣・―味」「即―・不―・遊―・余―」

きょう【強】キャウ㊀[接尾]端数を切り捨てたことを表す。‖「千人―の人数」「四(メートル)―の高さ」㊁(造)❶つよい。つよいもの。‖「―力・―風」「屈―・最―」⇕弱 ❷強める。‖「補―・増―」❸しいる。むりやり。‖「―行・―制」

きょう【▼兇】(造)悪い。悪者。‖「―悪・―漢・―弾・―暴」「元―」▽「凶」に通じる。

きょう【共】(造)❶ともに。ともにする。‖「―演・―通・―同・―犯・―有」「公―」❷「共産党」「共産主義」の略。‖「日―・反―・防―」

きょう【叫】ケウ(造)大声を出す。さけぶ。‖「絶―」

きょう【狂】キャウ(造)❶気がくるう。また、くるったように激しい。‖「―気・―騒・―暴」「酔―・熱―」❷おどけた。こっけいな。‖「―歌・―言」❸一つのことに熱中している人。マニア。‖「映画―・野球―」

きょう【享】キャウ(造)うける。うけいれる。‖「―受・―楽」

きょう【供】(造)❶さし出す。用立てる。‖「―給・―与」「提―・試―品」❷申し立てる。述べる。‖「自―」❸もてなす。‖「―応」

きょう【協】ケフ(造)❶力をあわせる。‖「―会・―賛・―同」❷話し合って一致する。‖「―議・―定」「妥―」❸調子が合う。和合する。‖「―奏・―和」

きょう【▼怯】ケフ(造)ひるむ。おびえる。いくじがない。‖「―懦(きょうだ)」「卑―」

きょう【況】キャウ(造)❶ありさま。ようす。‖「活―・苦―・実―・状―・不―」❷くらべる。‖「比―」

きょう【▼俠】ケフ(造)おとこぎ。おとこだて。‖「―客(きょうかく)・―骨・―勇」「義―・剣―・任―」

きょう【峡】ケフ(造)谷あい。また、谷あいのように細長くせまいところ。‖「―谷」「海―」旧峽

きょう【挟】ケフ(造)はさむ。わきばさむ。はさまる。‖「―撃・―持」旧挾

きょう【狭】ケフ(造)せまい。せまくする。‖「―義・―量・

—小」「偏—」旧狹

きょう【恐】(造)❶おそれる。こわがる。‖「—慌・—妻・—怖」❷おそれいる。かしこまる。‖「—懼・—悦・—縮」❸おどす。‖「—喝」

きょう【恭】(造)うやうやしく、かしこまる。敬いつつしむ。‖「—賀・—順」

きょう【胸】(造)❶首と腹の間の部分。むね。‖「—囲・—像」❷むねのうち。心。‖「—中・—襟」「度—」

きょう【脅】(造)おどす。おびやかす。‖「—迫・—威」

きょう【教】(造)❶おしえる。導く。おしえ。‖「—育・—師」「説—・調—」❷神や仏のおしえ。宗教。また、宗教の一派。‖「—会・—祖」「殉—・布—」

きょう【郷】(造)❶むらざと。ふるさと。‖「—愁・—土」「帰—・同—」❷土地。場所。‖「理想—」旧鄕

きょう【▼嬌】(造)なまめかしい。愛らしい。‖「—艶・—羞・—声・—態」

きょう【橋】(造)はし。‖「—梁」「鉄—・歩道—」

きょう【矯】(造)❶曲がったものをまっすぐに直す。ためる。‖「—正・—風」❷強い。はげしい。‖「奇—」❸いつわる。‖「—飾」

きょう【鏡】(造)❶かがみ。‖「—台」「銅—・凹面—・三面—」❷レンズやかがみを用いた光学器械。‖「顕微—・双眼—・望遠—」❸手本。‖「—鑑」

きょう【競】(造)きそう。せりあう。‖「—技・—争」

きょう【響】(造)❶ひびく。ひびき。‖「影—・音—・反—」❷「交響楽団」の略。‖「N—」旧響

きょう【▼饗】(造)もてなす。ごちそうする。‖「—宴」

きょう【驚】(造)おどろく。おどろかす。‖「—異・—愕・—嘆・—天動地」

きょう【▼驕】(造)おごりたかぶる。‖「—傲・—児」

き‐よう【紀要】[名]大学・研究所などが定期的に刊行する学術研究論文集。

き‐よう【起用】[名・他サ変]重要な仕事や大切な役に取り立てて用いること。‖「主役に新人を—する」

き‐よう【器用】[形動]❶(手足などを思うように動かして)物事を巧みにやりとげるさま。‖「手先の—な人」「何でも—にこなす」❷要領よく立ち回るさま。‖「—に世渡りをする」派生—さ

ぎょう【行】[名]❶文字などの並び。縦書きの場合の縦の並び、横書きの場合の横の並び。‖「—を改める」❷仏教で、悟りを開くための修行。‖「無言の—」❸行書。‖「楷・—、草」

ぎょう【▼尭】[名]古代中国の伝説上の帝王。五帝の一人。舜とともに理想の天子とされた。

ぎょう【業】[名]❶生活のためにする仕事。また、物を生産・販売する仕事。‖「著述を—とする」「—界・—種」「企—・産—・商—」❷努力してなしとげる事柄。‖「—を修める」「—績・—務」「偉—・卒—」

ぎょ‐う【御宇】[名]君主が天下を治めている期間。御代。▼宇内(=天下)を御する意。

ぎょう【仰】(造)見上げる。あおぐ。‖「—角・—視」

ぎょう【形】(造)かたち。すがた。‖「—相」「人—」

ぎょう【暁】(造)❶夜明け。あかつき。‖「—鐘・—星」「早—・払—」❷さとる。‖「通—」旧曉

ぎょう【凝】(造)❶こりかたまる。じっとして動かない。‖「—血・—結・—縮」❷心を集中する。‖「—視」

ぎ‐よう【儀容】[名]礼儀・作法にかなった、きちんとした態度。容儀。

きょう‐あい【狭▼隘】[名・形動]❶面積などがせまいこと。❷度量がせまいこと。狭量。‖「—な心」

きょう‐あく【凶悪(▼兇悪)】[名・形動]性質が残忍で、平然とむごい悪事を行うこと。‖「—な殺人犯」「—犯」派生—さ

きょう‐あす【《今日》《明日》】[名]今日と明日。また、今日か明日のうち。ほどなく。‖「解散が—に迫る」「—をも知れない命」

きょう‐あつ【強圧】[名・他サ変]強い力や権力で押さえつけること。‖「—的な態度」

きょう‐あん【教案】[名]授業の目的・方法・時間配分などを記した計画案。学習指導案。

ぎょう‐あん【暁▽闇】[名]まだ夜明け前のほの暗いやみ。あかつきやみ。‖「—を破る鬨の声」

きょう‐い【胸囲】[名]胸の周囲の長さ。

きょう‐い【脅威】[名]威力や勢いにおびやかされて感じる恐ろしさ。‖「戦争の—にさらされる」

きょう‐い【強意】[名]文章表現で、ある部分の意味を強めること。‖「—の助詞」

きょう‐い【驚異】[名]思いもよらないような驚くべきことがら。また、それに対する驚き。‖「自然界の—」「—的な記録が出る」

きょう‐いき【境域】[名]❶土地の境界。また、境界内の区域。❷分野。領域。

きょう‐いく【教育】[名・他サ変]社会生活に適応するための知識・教養・技能などが身につくように、人を教え育てること。また、それによって身に備わったもの。‖「学生を—する」「—を受ける」▼狭義では一定期間、計画的・組織的に行われる学校教育をさす。

さまざまな「教育」

一般教育・一貫教育・英才教育・遠隔教育・開発教育・科学教育・学校教育・家庭教育・環境教育・技術教育・義務教育・郷土教育・言語教育・後期中等教育・公教育・高等教育・国語教育・国民教育・産業教育・視聴覚教育・市民教育・社会教育・生涯教育・情操教育・消費者教育・職業教育・初等教育・性教育・成人教育・前期中等教育・全人教育・専門教育・早期教育・通信教育・道徳教育・同和教育・日本語教育・ゆとり教育・幼児教育

きょういく‐いいんかい【教育委員会】[名]地方公共団体に設置されている教育行政の機関。その地域内の教育・学術・文化に関する事務などを扱う。

きょういく‐がく【教育学】[名]教育の本質・目的・方法・制度・歴史などを総合的に研究する学問。

きょういく‐かてい【教育課程】[名]学校教育の目的を達成するため、教育内容・教材などを学習段階に応じて配列した指導計画。カリキュラム。

きょういく‐かんじ【教育漢字】[名]常用漢字のうち、小学校の期間に読み書きができるように指導することが指定された漢字の通称。学習指導要領の「学年別漢字配当表」に示されている一〇二六字を指す。学習漢字。▼学習指導要領の改訂により、書くことについては中学校第二学年までに習得するよう指導される。

きょういく‐きほんほう【教育基本法】[名]日本国憲法に基づいて日本の教育の根本理念を明示した法律。教育の目的・機会均等・義務教育・学校教育・家庭教育・社会教育などについて規定する。昭和

二二〈一九四七〉年制定。

きょういく-じっしゅう【教育実習】［名］教職を志望する学生が教員免許取得の必須単位として、一定期間教育現場で実習授業を行うこと。

きょういく-てき【教育的】［形動］教育の目的にかない、教育上役に立つさま。また、教育上重要なかかわりがあるさま。「―配慮をする」

きょう-いん【教員】［名］学校で児童・生徒・学生を教育する職務に従事する人。教師。「―免許状」

きょう-うん【強運】［名］運が強いこと。また、強い運勢。「―の持ち主」

きょう-えい【共栄】［名・自サ変］いくつかのものが共に繁栄すること。「共存―を図る」

きょう-えい【競泳】［名・自サ変］一定の距離を泳いで、その速さをきそうこと。また、その競技。

きょう-えき【共益】［名］共同の利益。「―権（＝法人の目的の達成のためにその経営に参与する権利）」

きょうえき-ひ【共益費】［名］集合住宅などで、居住者が外灯・エレベーター・ごみ処理などの共用部分の維持・管理のために負担し合う費用。

きょう-えつ【恐悦（恭悦）】［名・自サ変］つつしんで喜ぶこと。「―至極に存じます」▽手紙文などで、相手の好意に謝意を述べるとき、また、目上の人の慶事に喜びを述べるときに使う。

きょう-えん【共演】［名・自他サ変］主役格の俳優や歌手が二人以上いっしょに出演すること。「二大スターが―する映画」

きょう-えん【競演】［名・自他サ変］演技や演奏の優劣をきそうこと。また、劇団や役者が同一または類似の作品・役を演じてきそうこと。

きょう-えん【▼饗宴】［名］客をもてなす盛大な酒宴。▽華やかな催しの意でも使う。「音と光の―」 書き方 新聞などでは「供宴」で代用する。〔饗〕

きょう-おう【胸奥】［名］心の奥底。

きょう-おう【▼饗応（供応）】［名・他サ変］酒食で客をもてなすこと。「料亭で顧客を―する」 書き方 「供応」は代用表記。

きょう-おく【胸臆】［名］心。また、心の中。「―を開いて語る」

きょう-おん【▼跫音】［名］あしおと。「空谷の―」

きょう-おんな【京女】［名］京都で生まれ育った女性。「東男に―」

きょう-か【狂歌】［名］俗語を用いて滑稽や風刺を詠み込んだ短歌。▽『古今集』の諧謔歌の系統を引くもので、江戸時代の中期頃から流行した。

きょう-か【供花】［名］仏前や死者に花を供えること。また、その花。くげ。

きょう-か【強化】［名・他サ変］力や物を補って、さらに強くすること。「チーム［戦力・規制］を―する」「―合宿［ガラス］」⇔弱化

きょう-か【教化】［名・他サ変］人を望ましい方向へ進ませるために教え導くこと。「非行少年を―する」

きょう-か【教科】［名］学校で、児童・生徒に教える科目。国語・算数・社会・理科など。

きょう-が【恭賀】［名］うやうやしく祝うこと。謹賀。「―新年」

ぎょう-が【仰▼臥】［名・自サ変］あおむけに寝ること。「床の上に―する」⇔伏臥

きょう-かい【協会】［名］ある目的のために会員が協力して組織し、運営する会。「日本文藝家―」

きょう-かい【胸懐】［名］胸のうち。胸中。

きょう-かい【教会】［名］一つの宗教を信じ、その教義を教え広めようとする人々の団体。また、その礼拝儀式などを行うための建物。▽キリスト教における教会は、信仰を同じくする人々の集団として、それ自体が信仰の対象とされるほど重要な意味をもつ。

きょう-かい【教戒（教▼誡）】［名・他サ変］教えいましめること。「―を施す」

きょう-かい【教▼誨（教戒）】［名・他サ変］（罪を犯した人を）教えさとすこと。「―師」 書き方 「教戒」は代用表記。

きょう-かい【境界】［名］土地のさかい目。また、物事のさかい目。「隣村との―を定める」「―線」▽「きょうがい（境界）」は別語。

きょう-がい【境界】［名］❶仏教で、前世の因縁によって定まる現世での境遇。❷境涯。

きょう-がい【境涯】［名］人が生きていく上で置かれている立場や環境。境遇。境界。「不幸せな―に生まれる」

ぎょう-かい【業界】［名］同じ産業や商業に携わっている人々の社会。「金融―」「―紙（＝特定の業界に関する情報を専門に扱う新聞）」「―用語」

ぎょう-かい【凝塊】［名］こり固まったもの。「血液の―」

ぎょうかい-がん【凝灰岩】［名］火山灰・火山砂などが堆積し、固まってできた岩石。もろいが加工しやすいので、土木・建築材とする。

きょう-かく【▼侠客】［名］強きをくじき弱きを助けるという任侠を建て前に世渡りをする人。江戸時代に始まる町奴や博徒など。男伊達。

きょう-かく【胸郭（胸▼廓）】［名］胸部の骨格。胸椎・肋骨・胸骨からなる。「―成形術」

きょう-がく【共学】［名・自サ変］男子と女子が同じ学校・教室で一緒に学ぶこと。

きょう-がく【教学】［名］教育と学問。

きょう-がく【驚▼愕】［名・自サ変］非常に驚くこと。「突然の訃報に―する」

ぎょう-かく【仰角】［名］水平面より上にある対象物を見る視線と水平面とがなす角度。⇔俯角

ぎょう-かく【暁角】［名］夜明けを知らせる角笛の音。「どこからか、―が哀しげに響き始めた〈中島敦・山月記〉」

きょうか-しょ【教科書】［名］教科の教材として編集された図書。教科用図書。▽小学校・中学校・高等学校などでは文部科学大臣の検定を経た教科書または文部科学省著作の教科書の使用が義務づけられている。

きょう-かたびら【経▽帷子】［名］仏式の葬儀のとき、死者に着せる白い衣。麻・木綿などで作り、墨で経文や題目を書く。

きょう-かつ【恐喝】［名・他サ変］相手の弱みなどにつけ込んでおどすこと。また、おどして金品をとること。「悪徳代議士［一億円］を―する」「―罪」

きょう-がのこ【京鹿の子】［名］❶京都で染めた鹿の子絞り。❷紅餡を使った鹿の子餅。❸夏、茎頂に密集した赤い小花をつけるバラ科の多年草。

きょう-が・る【興がる】［自他五］おもしろがる。‖「駄洒落をとばして一」「弟の体験談を／に一」

きょう-かん【凶漢(▼兇漢)】［名］人に危害を加える悪者。悪漢。

きょう-かん【共感】［名・自サ変］他人の意見や感情を全くその通りだと感じること。また、その気持ち。‖「若者の一を呼ぶ主張」「その考えには一できない」 使い方 まれに「主人公の思いを共感する」など他動詞の用法も見られるが、「主人公の思いに共感する」(自動詞)が標準的。

きょう-かん【叫喚】［名］❶［自サ変］大声でわめきさけぶこと。また、そのさけび。‖「一(の声)があがる」➡阿鼻叫喚 ❷八大地獄の第四。殺生・邪淫などを犯した者が落ち、熱湯や猛火に責められて泣き叫ぶところとされる。▽「叫喚地獄」の略。

きょう-かん【胸間】［名］❶胸のあたり。❷胸のうち。胸中。‖「一に去来する思い」

きょう-かん【教官】［名］国立の学校・研究所などで教育や研究に従事する公務員。‖「文部科学一」▽一般に私立大学や専門学校の教員にも使う。‖「自動車学校の一」

きょう-かん【経巻】［名］経文を書いた巻物。きょうがん。

きょう-かん【郷関】［名］郷里と他郷との境。また、郷里。‖「志を立てて一を出づ」

ぎょう-かん【行間】［名］文章の行と行との間。

◉行間を読・む 文章の表面には表れていない筆者の真意をくみとる。言外の真意をくみとる。

きょう-き【凶器(▼兇器)】［名］人を殺傷する道具。

きょう-き【共起】［名・自サ変］二つ以上の単語が同一の発話・文・文脈の中で互いに関連し合って現れること。「聞く」が「ラジオ」とともに生起するなど。▽アメリカの言語学者ハリスの用語。

きょう-き【狂気】［名］精神状態が正常でないこと。‖「一の沙汰」⇔正気

きょう-き【狂喜】［名・自サ変］異常と思えるほど、ひどく喜ぶこと。‖「初優勝に一する」「一乱舞」

きょう-き【▼侠気】［名］強きをくじき、弱きを助けようとする気持ち。おとこぎ。‖「一に富んだ人」

きょう-き【狭軌】［名］鉄道で、レールの間隔が国際標準軌間(＝一・四三五メートル)よりも狭いもの。⇔広軌

きょう-き【強記】［名・他サ変］記憶力がすぐれていること。また、よく記憶すること。‖「博覧一」

きょう-き【驚喜】［名・自サ変］驚き喜ぶこと。‖「思いがけない再会に一する」

きょう-ぎ【協議】［名・他サ変］ある問題を解決するために、関係者が話し合うこと。また、その話し合い。‖「善後策を一する」「一離婚(＝夫婦の合意によって成立する婚姻の解消)」

きょう-ぎ【狭義】［名］あることばが持つ意味のうち、範囲をせまくかぎったほうの意味。⇔広義

きょう-ぎ【教義】［名］宗教や宗派が真理として説く教えの内容。ドグマ。教理。

きょう-ぎ【経木】［名］スギ・ヒノキなどの木材を紙のように薄くけずったもの。食品の包装などに用いる。▽昔、これに経文を書いたことから。

きょう-ぎ【競技】［名］一定の規則に従って、技術や運動能力の優劣を競い合うこと。‖「陸上[体操]一」

ぎょう-ぎ【行儀】［名］日常生活での、礼儀にかなった動作や態度。‖「一が良い」「一作法」

ぎょう-ぎ【凝議】［名・他サ変］熱心に相談すること。‖「鳩首一」

きょう-きゃく【橋脚】［名］橋げたを支える柱。

きょう-きゅう【供給】［名・他サ変］❶要求や必要に応じて物を与えること。‖「工場に電力を一する」❷販売または交換のために市場に商品を出すこと。⇔需要

きょうぎゅう-びょう【狂牛病】［名］牛海綿状脳症(BSE)の通称。

きょう-きょ【▼僑居】［名・自サ変］仮に住むこと。また、その住まい。仮住まい。‖「我がモンビシユウ街の一に帰らんと〈鷗外・舞姫〉」

きょう-きょう【▼兢▼兢(恐恐)】［形動タル］おそれてびくびくするさま。‖「発覚するのではないかと一としている」「戦々一」 書き方「恐恐」は代用表記。

きょう-きょう【恐恐】［副］おそれかしこまるさま。‖「一謹言(＝つつしんで申し上げるの意から、手紙文の結びに記して敬意をそえる語)」

きょう-ぎょう【協業】［名・自サ変］一定の生産過程で労働者が仕事を分担し、協同して組織的に働くこと。また、その生産形態。‖「一経営」

ぎょう-きょう【業況】［名］個々の企業またはある産業の景気の状況。‖「通信産業の一」

ぎょうぎょう-し・い【仰仰しい】［形］物事をいかにも立派そうに思わせるさま。大げさだ。‖「言うことが一」「会場を一・く飾る」 派生 -げ／-さ

きょう-きん【胸襟】［名］胸のうち。心の中。▽胸と襟の意から。

◉胸襟を開・く 心中を隠すことなく打ち明ける。

きょう-く【狂句】［名］滑稽な内容を詠み込んだ俳句形式の句。

きょう-く【恐▼懼】［名］❶［自サ変］おそれいって、かしこまること。‖「一おく所を知らず」❷手紙文の末尾に記して敬意を表す語。‖「再拝一」「一謹言」

きょう-く【教区】［名］布教のために便宜上もうけた区域。

きょう-ぐ【教具】［名］学習を効果的に行うための道具。黒板・掛け図・標本・視聴覚器具など。

きょう-ぐう【境遇】［名］その人が置かれている立場や環境。‖「恵まれた一にある」「今の一に甘んじる」

きょう-くん【教訓】［名・他サ変］教えさとすこと。また、その言葉や内容。‖「一を垂れる」

きょう-げ【教化】［名・他サ変］衆生を教え導いて仏道に向かわせること。きょうけ。

きょう-けい【恭敬】［名］つつしんで、うやまうこと。

ぎょう-けい【行刑】［名］懲役・禁錮・拘留などの自由刑を執行すること。‖「一施設」

ぎょう-けい【行啓】［名］太皇太后・皇太后・皇后・皇太子・皇太子妃・皇太孫が外出すること。

きょう-げき【京劇】［名］中国の古典劇の一つ。胡弓・月琴・銅鑼・横笛などの伴奏をつけ、俳優の歌・せりふ・しぐさ・立ち回りなどによって物語を展開する。けいげき。▽北京の演劇の意。

きょう-げき【挟撃(▼夾撃)】［名・他サ変］はさみうちにすること。‖「前後からの一に遭う」

きょう-げき【矯激】［名・形動］言動・思想などが

きわめて激しいこと。「―な言を吐く」

きょう-けつ【供血】[名・自他サ変] 輸血に必要な血液を提供すること。「―者」

ぎょう-けつ【凝血】[名・自サ変] 血管外に出た血液がゼリー状に固まること。また、その固まった血液。「―塊(＝血栓)」

ぎょう-けつ【凝結】[名・自サ変] ❶溶液中のコロイド粒子が集まって大きな粒子をつくり、沈殿すること。また、その現象。凝固。❷気体が冷却または圧縮されて液体になること。また、その現象。凝縮。❸感情・考えなどが一つにこりかたまること。「疑念が―する」

きょう-けん【狂犬】[名] 狂犬病にかかった犬。

きょう-けん【恭倹】[名・形動] 人に対してはうやうやしく、自らは慎み深いこと。「―己を持す」

きょう-けん【恭謙】[名・形動] 慎み深く、へりくだること。「―卑遜の態度」

きょう-けん【強肩】[名] 野球などで、球を遠くまで投げられること。また、その強い肩の力。

きょう-けん【強健】[名・形動] 体が強くて丈夫なこと。「―な肉体」「身体―」派生―さ

きょう-けん【強堅】[名・形動] 強くてしっかりしていること。強固。堅固。「―な意志」派生―さ

きょう-けん【強権】[名] 国家がもつ司法上・行政上の強い権力。「―発動(＝強権を実際に用いること)」

きょう-けん【教権】[名] ❶教育上、教師が学生・生徒に対してもつ権力。❷宗教上の権力。特にカトリック教で、教会・教皇がもつ権力。

きょう-げん【狂言】[名] ❶能楽で、能と能の間に演じられる滑稽味を主とした劇。能狂言。▼室町時代に始まり、江戸時代に大蔵・鷺・和泉の三流が確立した。現在は独立して演じられることも多い。❷歌舞伎芝居。また、その出し物。「当たり―・顔見せ―」❸人をだますために仕組んだたくらみ。「―自殺」

きょうげん-きご【狂言▼綺語】[名] 道理に合わないことばと、大げさに飾りたてたことば。きょうげんきぎょ。▼仏教・儒教などの立場から、小説・物語の類を卑しめていう。

きょうけん-びょう【狂犬病】[名] ❶ウイルスを病原体とする犬の急性伝染病。❷①にかかった犬に噛まれたとき、その傷口からウイルスが唾液を通して感染する感染症。神経系を冒され、頭痛・発熱・興奮などの症状が現れたのち、全身の痙攣・麻痺が起こる。発症するとほぼ死亡するが、ワクチンで予防できる。恐水病。

きょうげん-まわし【狂言回し】[名] 芝居などで、主役ではないが筋の展開や主題の解説に終始かかわる重要な役柄。▼陰に回って物事の進行をつかさどる人のたとえにもいう。「首班交代劇の―を務める」

きょう-こ【強固(▼鞏固)】[形動] しっかりして動かないさま。「―な意志」「基盤を―にする」

きょう-ご【教護】[名・自サ変] 非行少年などを教育し、保護すること。

ぎょう-こ【凝固】[名・自サ変] ❶こり固まること。「血液が―する」❷液体または気体が固体に変わること。また、その現象。⇔融解 ❸⇒凝結①

きょう-こう【凶行(▼兇行)】[名] 人を殺傷するなどの凶悪な行為。

きょう-こう【凶荒】[名] 農作物の実りがきわめて悪いこと。凶作。

きょう-こう【▽向後・▼嚮後】[名] 今からのち。今後。きょうご。こうご。「―一切関係を断つ」

きょう-こう【恐慌】[名] ❶恐れあわてること。「―をきたす」❷資本主義の景気循環で、好況から極端な不況に陥るときなどに起こる経済の大混乱。生産過剰による物価の暴落、株価の暴落、銀行の取り付け、会社の倒産、失業者の増大などが一挙に発生する。パニック。「金融―」

きょう-こう【恐▼惶】[名] ❶恐れかしこまること。「―の態で平伏する」❷改まった手紙文の末尾に記し、相手に敬意を表す語。「―謹言・―敬白」

きょう-こう【胸▼腔】[名] 肺臓・心臓などをおさめる、胸郭の内側の部分。読み分け 医学では「きょうくう」という。

きょう-こう【強行】[名・他サ変] 反対や障害を押しきって、強引に行うこと。「悪天候の中で試合を―する」「―突破[採決]」「核実験の―に抗議する」「×強行に採決を行う」注意 形容動詞としては用いない。

きょう-こう【強攻】[名・他サ変] 無理を承知で、強引に攻めること。「―策をとる」

きょう-こう【強硬】[名・形動] 自分の意見などを強く主張してゆずらないこと。「―に反対する」「―な態度を崩さない」注意「強行」と混同して、「強硬採決」「採決を強硬する」などというのは誤り。

きょう-こう【教皇】[名] ローマカトリック教会の最高位の聖職。法王。ポープ。「―庁・―領」

きょう-ごう【▽校合(▼挍合)】[名・他サ変] 写本・刊本などを基準となる本と照らし合わせて異同を確かめること。こうごう。

きょう-ごう【強豪】[名] 強くて手ごわいこと。また、その人。「世界の―を相手に善戦する」

きょう-ごう【競合】[名・自サ変] ❶互いにきそいあうこと。「大手企業が―する国際市場」「―商品」❷いくつかの要素が重なり合っていること。「―脱線」

きょう-ごう【▼驕傲】[名・形動] おごりたかぶること。「―な振る舞い」

ぎょう-こう【行幸】[名・自サ変] 天皇が外出すること。みゆき。⇔還幸 ▼行く先が数か所にわたる場合は「巡幸」という。

ぎょう-こう【▼僥▼倖】[名] 思いがけない幸運。「―に恵まれる」

きょうこう-ぐん【強行軍】[名] ❶軍隊で、早く目的地に着くために日程を詰めて行うきびしい行軍。❷無理な日程で強引に事を進めること。「三日間の―で県下を遊説して回る」◈注意「強硬軍」は誤り。

きょう-こく【峡谷】[名] きりたった崖にはさまれた、狭くて深い谷。「黒部―」

きょう-こく【強国】[名] 強大な軍事力と経済力をもつ国。⇔弱国

きょう-こつ【▼侠骨】[名] 義侠心の強い気性。

きょう-こつ【胸骨】[名] 胸郭の前面で肋骨と接合している、扁平で細長い骨。⇒骨(図)

きょう-さ【教唆】[名・他サ変] ❶ある事をするように、人をそそのかすこと。❷人をそそのかして、犯罪実行の決意を生じさせること。「―犯」

きょう-さい【共済】[名] (同種の職業または同一の事業に従事する人達が)共同して助け合うこと。「―事業[組合]」

きょう-さい【共催】[名・他サ変] 一つの催しを二つ以上の団体が共同で行うこと。共同主催。

きょう-さい【恐妻】[名] 夫が妻に頭が上がらないこと。‖「—家」

きょう-ざい【教材】[名] 授業や学習に用いる材料。教科書・副読本・標本・模型など。

きょう-さく【凶作】[名] 農作物のできがきわめて悪いこと。凶荒。⇔豊作

きょう-さく【狭▼窄】[名・形動] すぼまって狭いこと。‖「視野—・幽門—・食道—」

きょう-さく【競作】[名・他サ変] きそいあって作品を作ること。‖「新進作家が彫刻を—する」

きょうざつ-ぶつ【▼夾雑物】[名] あるものの中にまじりこんでいる余計なもの。‖「—を取り除く」

きょう-ざまし【興▽醒まし】[名・形動] 楽しい気分や面白みを失わせること。また、そうさせるもの。‖「無粋で—な話」「へたな歌を聞かされるのでは—だ」

きょう-ざめ【興▽醒め】[名・自サ変・形動] 興味がそがれること。おもしろみがなくなること。‖「何とも—な話」動 きょうざ・める(自下一)

きょう-さん【共産】[名] 資産・生産手段などを、その社会の成員が共有すること。‖「—社会」

きょう-さん【協賛】[名・自他サ変] 催し物などの趣旨に賛同して協力すること。

きょう-さん【強酸】[名] 水溶液中での電離度が大きい酸。塩酸・硝酸・硫酸など。⇔弱酸

ぎょう-さん【▽仰山】[形動] ❶大げさなさま。大ぎょう。‖「—な身ぶりで話す」❷[副] 数量や程度が甚だしいさま。‖「貝が—とれた」▼主に関西でいう。

きょうさん-しゅぎ【共産主義】[名] 私有財産制を否定し、生産手段や生産物をすべて共有することによって貧富の差のない社会を築こうとする思想・運動。コミュニズム。▼マルクスとエンゲルスによって体系づけられ、のちにレーニンらによって実践に移された。

きょうさん-とう【共産党】[名] マルクスなどの学説に基づく共産主義社会の実現を目標とする政党。

きょう-し【狂死】[名・自サ変] 発狂して死ぬこと。狂い死に。‖「—を遂げた」

きょう-し【狂詩】[名] 俗語を用い、滑稽・風刺を詠み込んだ漢詩体の詩。江戸中期以後に流行した。

きょう-し【教旨】[名] 宗教の教えの趣旨。

きょう-し【教師】[名] ❶学校で、一定の資格をもって児童・生徒・学生などの教育にあたる人。教員。‖「英語の—になる」「高校—」❷一般に学問・技能・技術などを教える人。‖「ピアノの—」「家庭—」❸宗教の布教・宣教を行う人。

きょう-じ【凶事】[名] 不吉なできごと。‖「—が続く」⇔吉事

きょう-じ【▼夾侍・▽脇侍・▽脇士】[名] 本尊の両脇または周囲に控えている仏像。釈迦如来では文殊と普賢菩薩、阿弥陀如来では観音と勢至菩薩など。脇立。わきじ。

きょう-じ【▼矜持(▼矜▼恃)】[名] 自分の能力をすぐれたものとして抱く誇り。プライド。‖「聖職者としての—を持つ」「—を傷つけられる」▼「きんじ」は慣用読み。

きょう-じ【教示】[名・他サ変] 教え示すこと。きょうし。‖「例を挙げて—する」「御—を賜る」

ぎょう-し【仰視】[名・他サ変] あおぎ見ること。

ぎょう-し【凝視】[名・他サ変] 目をこらして、じっと見つめること。‖「一点を—する」

ぎょう-じ【行司】[名] 相撲で、力士を立ち合わせ、勝負の進行・判定をつかさどる役。また、その人。

ぎょう-じ【行事】[名] 日程を組んで計画的に行う儀式や催し。‖「年末の—」「学校[年中]—」

きょうしき-こきゅう【胸式呼吸】[名] 主として胸郭の肋間筋の運動によって行う呼吸。⇔腹式呼吸

きょうし-きょく【狂詩曲】[名] ラプソディー。

きょう-しつ【教室】[名] ❶学校などで授業を行う部屋。‖「大—」❷大学で、専攻科目ごとの研究組織。‖「日本文学—」❸技芸・技能・知識などを教える所。また、その組織。‖「書道—・料理—」

きょう-じつ【凶日】[名] 物事を行うのに縁起の悪い日。⇔吉日

きょうじ-てき【共時的】[形動] 言語学で、ある言語の一定時期の構造を体系的に記述するさま。シンクロニック。⇔通時的

きょう-しゃ【香車】[名] 将棋の駒の一つ。前方へだけいくつでも進めることができる。香子。香。やり。

きょう-しゃ【強者】[名] 強い人。‖「—の論理」⇔弱者

きょう-しゃ【▼驕▼奢】[名・形動] おごって、ぜいたくをすること。‖「—をほしいままにする」

きょうじ-や【経師屋】[名] 書画の幅や屏風・襖などを表装することを業とする職人。表具師。

ぎょう-しゃ【業者】[名] ❶商工業などの事業を営んでいる人。‖「出入りの—」「製造[輸入・旅行]—」❷同業者。‖「—仲間」「—間の協定」

ぎょう-じゃ【行者】[名] ❶仏道を修行する人。修行者。行人。❷修験道を修行する人。修験者。山伏。

きょう-じゃく【強弱】[名] 強いことと弱いこと。また、強さの程度。‖「材質の—を測定する」「音に—の変化をつける」

きょうじゃく-ひょうご【強弱標語】[名] 楽曲演奏の音の強弱を指示する標語。フォルテ・ピアニシモなど。▼「f」「pp」など、楽譜に記す略号を強弱記号という。

きょう-しゅ【凶手(▼兇手)】[名] 殺傷など、凶悪な行為をする者。また、そのしわざ。‖「—に倒れる」

きょう-しゅ【▼拱手】[名・自サ変] ❶中国の敬礼で、両手を胸の前で重ね合わせておじぎをすること。❷手をつかねて何もしないこと。‖「—傍観」▼「こうしゅ」は慣用読み。

きょう-しゅ【教主】[名] ❶宗教の一派を開いた人。宗祖。❷仏教で、釈迦。

きょう-しゅ【興趣】[名] 味わいのある、おもしろみ。‖「桜が春宵に—を添える」「芸術的—を解する心」

きょう-じゅ【享受】[名・他サ変] 受け取って自分のものにすること。また、受け入れて味わい楽しむこと。‖「未曽有の繁栄を—する」「—者」

きょう-じゅ【教授】[名] ❶[他サ変] 学問・技術・技能などを教えること。‖「経済学を—する」「個人—」❷大学・高等専門学校・旧制高等学校などで、専門の学問・技能を教え、その研究に従事する職(を務める

人〉。また、その敬称。准教授・講師の上。≡「大学ー」

ぎょうーしゅ【業種】〔名〕事業の種類。また、業務の種類。≡「ー別の組合」

きょうーしゅう【強襲】〔名・他サ変〕激しい勢いでおそいかかること。≡「敵の牙城をーする」

きょうーしゅう【教習】〔名・他サ変〕特殊な知識や技術を教えて習得させること。≡「自動車ー所」

きょうーしゅう【郷愁】〔名〕ふるさとをなつかしく思う気持ち。また、過去のものや失われたものをなつかしく思う気持ち。ノスタルジア。≡「ーを誘う夕焼けの空」

きょうーしゅう【▼嬌羞】〔名〕なまめかしいはじらい。

ぎょうーしゅう【凝集(凝▼聚)】〔名・自サ変〕❶一か所に集まって固まること。❷赤血球・細菌など、粒子状のものが集まって塊状になること。また、その現象。≡「ー反応」

ぎょうじゅうーざが【行住▼坐▼臥】〔名〕日常の立ち居振る舞い。≡「ーを慎む」▼行くこと・とどまること・すわること・ふすことの意から。使い方 日常、の意で副詞的にも使う。≡「ー感謝の念を忘れず」

きょうーしゅく【恐縮】〔名・自サ変〕申し訳なく思い、恐れ入ること。≡「彼は非常にーしていた」「迷惑ばかりかけてーの至りです」「お心遣いをいただきーに存じます」使い方 人にものを頼むときのあいさつの語としても使う。≡「ーですが電話を貸して下さい」

ぎょうーしゅく【凝縮】〔名・自他サ変〕❶こり固まってちぢむこと。また、ばらばらなものを一点に集中させること。≡「金属は冷却するとーする」「作者の思想がーされている戯曲」❷⬇凝結②

きょうーしゅつ【供出】〔名・自他サ変〕❶政府の要請に応じて、金品などを公のために提供すること。❷法律に基づいて、生産農家が主要農作物などを一定の価格で政府に売り渡すこと。≡「ー米」

きょうーじゅつ【供述】〔名・他サ変〕被告人・被疑者・証人などが、裁判官・検察官などの取り調べに対して事実を申し述べること。また、その内容。≡「ー書」

きょうーじゅん【恭順】〔名・自サ変〕つつしんで命令などに従うこと。≡「降伏してーの意を表す」

きょうーしょ【教書】〔名〕❶アメリカの大統領や州知事が連邦議会または州議会に提出する政治上の意見書。メッセージ。≡「一般ー・予算ー」❷ローマカトリック教会で、教皇や司教が信徒を教導するために発する公的な書簡。

きょうーじょ【共助】〔名・自サ変〕❶互いに助け合うこと。互助。≡「ーして調査を進める」❷裁判所間および行政機関の間で、その職務執行について必要な協力・補助をすること。≡「国際司法ー」

ぎょうーしょ【行書】〔名〕漢字の書体の一つ。楷書を少しくずして画を続け書きにしたもの。楷書と草書の中間にあたる。⬇楷書・草書

きょうーしょう【協商】〔名・自サ変〕❶相談して取り決めること。また、その取り決め。❷二つ以上の国家間で係争点を調整し、親善関係を結ぶ協定を取り交わすこと。また、その協定。≡「三国ー」▼同盟よりゆるやかな関係を保つ。「商」は諮るの意。

きょうーしょう【狭小】〔名・形動〕狭くて小さいこと。≡「ーな敷地」「度量がーな人」⬍広大 派生 ーさ

きょうーしょう【胸章】〔名〕衣服の胸につける記章。

きょうーじょう【凶状(▼兇状)】〔名〕凶悪な犯罪を犯した経歴。罪状。

きょうーじょう【教条】〔名〕キリスト教で、教会が公認した教義。また、それを箇条にしたもの。ドグマ。

きょうーじょう【教場】〔名〕技能や知識を教える場所。≡「警察学校のー」「野外ー」▼現在は「教室」ということが多い。

ぎょうーしょう【行商】〔名・他サ変〕店を持たないで、商品をたずさえて売り歩くこと。また、その人。≡「魚のーをする」「ー人」

ぎょうーしょう【暁鐘】〔名〕夜明けを知らせるために鳴らす鐘。明けの鐘。⬍晩鐘▼新しい時代を告げ知らせるもののたとえにもいう。≡「大政奉還が近代日本のーとなる」

ぎょうーじょう【行状】〔名〕日々の行い。品行。≡「ーが悪い」「ー記」

きょうじょうーしゅぎ【教条主義】〔名〕特定の教義・思想を絶対的なものとし、現実を無視しても機械的に適用しようとする立場。ドグマチズム。▼特にマルクス主義を絶対視する公式主義をいう。

きょうーしょく【教職】〔名〕学校で、児童・生徒・学生を教育指導する職務。≡「ーに就く」

きょうしょくーいん【教職員】〔名〕教員および教育関係の事務を行う職員。

きょう・じる【興じる】〔自他上一〕おもしろがって、楽しむ。≡「トランプにー」「笑いー」異形 **興ずる**

きょうーしん【共振】〔名・自サ変〕振動体にその固有振動数と等しい振動を加えたとき、振動の幅がさらに大きくなること。また、その現象。特に電気的振動・機械的振動でいい、音などの場合は共鳴という。

きょうーしん【狂信】〔名・他サ変〕理性を失い、一つのことをはげしく信じ込むこと。≡「ファシズムをーする」

きょうーしん【強震】〔名〕❶強い地震動。強震動。≡「ー計」❷気象庁の旧震度階級(八階級)の一つで、震度五に当たるもの。

きょうーじん【凶刃(▼兇刃)】〔名〕人を殺傷するのに用いる刃物。≡「暴徒のーに倒れる」

きょうーじん【狂人】〔名〕精神に異常をきたした人。狂者。

きょうーじん【強▼靱】〔名・形動〕しなやかで強いこと。≡「ーな体〔意志・精神力〕」派生 ーさ

きょうしんーかい【共進会】〔名〕産業を振興するために広く産物や製品を集めて展示し、その優劣を審査する会。競進会。▼明治初期から各地で開催された。

きょうしんーざい【強心剤】〔名〕衰えた心臓の機能を回復させるために使う薬剤。ジギタリス・アドレナリン・ドーパミンなど。

きょうしんーしょう【狭心症】〔名〕心筋の酸素欠乏により、前胸部などに締めつけられるような痛みが発作的に起こる病気。≡「異型ー」

きょうーすい【胸水】〔名〕胸膜炎・肝硬変などにより、胸膜腔内にたまる液体。

ぎょうーずい【行水】〔名・自サ変〕たらいに水や湯を入れ、その中で体の汗や汚れを洗い流すこと。また、その水や湯。≡「烏のー」

きょうーすずめ【京▼雀】〔名〕住みなれた京都の事情に詳しく、あれこれとうわさを流す人。京烏。▼

こうるさい雀に見立てていう。

きょう・する【狂する】［自サ変］正気を失う。気がくるう。また、くるったように一つの物事に熱中する。文**きゃう・す**

きょう・する【供する】［他サ変］❶神仏などにそなえる。ささげる。〓「仏前［神前］に花［新穀］を―」❷客の前に酒食などを差し出す。〓「来客に茶菓を―」「店を営んで酒肴を―」❸〈「…に供する」の形で〉差し出して広く使えるようにする。提供する。〓「わが蔵書を一般の使用に―」「参考に―」文**きょう・す**

きょう・する【▼饗する】［他サ変］酒食を用意して客をもてなす。〓「遠来の客人を―」文**きゃう・す**

きょう・ずる【興ずる】［自他サ変］⇩興じる 文**きょう・ず**

ぎょう・ずる【行ずる】［他サ変］❶修行する。〓「仏道を―」❷行う。〓「善を―」文**ぎゃう・ず**

きょう-せい【共生・共▼棲】［名・自サ変］❶【生】ともに生きていくこと。〓「自然と―する」❷【生・棲】別種の生物が相互に（または片方だけが）利益を受けながら共同して生活すること。アブラムシとアリ、イソギンチャクとクマノミ、サメとコバンザメの関係など。

きょう-せい【▼匡正】［名・他サ変］誤りなどを正しい状態に改め直すこと。〓「乱れた道徳を―する」

きょう-せい【叫声】［名］さけび声。

きょう-せい【胸声】［名］おもに胸腔の共鳴によって発する比較的低い音域の声。⇩頭声

きょう-せい【強制】［名・他サ変］権力・威力・腕力などによって、当人の意思にかかわりなく、無理にあることをさせること。〓「労働を―する」「―的に参加させる」

きょう-せい【強請】［名・他サ変］無理にたのむこと。また、ゆすること。〓「寄付を―する」

きょう-せい【教生】［名］大学の教職課程の一環として学校で教育実習をする学生。教育実習生。

きょう-せい【▼嬌声】［名］なまめかしい声。

✓注意 わめき声や歓声の意で使うのは誤り。〓「×スターの登場に女性ファンの嬌声が湧き起こった」

きょう-せい【矯正】［名・他サ変］欠点・悪習などを正しい状態に直すこと。〓「歯並びを―する」「―視力」

ぎょう-せい【行政】［名］❶国家の統治作用のうち、立法・司法を除いたものの総称。法に基づいて国を治めること。❷国家機関または地方公共団体が法律・政令に基づいて行う政治上の実務。

ぎょう-せい【暁星】［名］❶夜明けの空に消え残る星。▽きわめて数の少ないもののたとえにいう。❷明けの明星。金星。

ぎ-ようせい【偽陽性】［名］医学検査で、陰性であるのに陽性の反応が出ること。

ぎ-ようせい【疑陽性（擬陽性）】［名］医学検査で、陽性に似た反応が出ること。

ぎょうせい-けん【行政権】［名］国家の統治権のうち、法律に従って行政を行う権能。▽日本国憲法では内閣に属し、内閣は国会に対して、その行使についての責任を負う。⇩司法権・立法権

きょうせい-しっこう【強制執行】［名］債権者の申し立てにより、国家権力によって私法上の請求権を実現させる手続き。

きょうせい-しょぶん【強制処分】［名］刑事訴訟の手続きで、犯罪捜査の必要上強制的に行うことのできる処分。逮捕・勾留・捜索・押収など。

ぎょうせい-しょぶん【行政処分】［名］行政機関が国民に権利を与え、または義務を課すなど、法規に基づき法律上の効果を発生させる行為。税の賦課・営業の認可・免許資格の停止など。行政行為。

ぎょうせい-そしょう【行政訴訟】［名］行政機関の処分によって権利を侵害された者が、その取り消しまたは変更を求める訴訟。▽民事・刑事の訴訟と同じく、司法裁判所で扱う。

ぎょう-せき【行跡】［名］日ごろの行いのあと。行状。〓「とかく―の悪い人」

ぎょう-せき【業績】［名］事業や研究などでなしとげた実績。〓「遺伝子の研究で―をあげる」

きょう-せん【胸腺】［名］胸骨の後方、心臓の左上方にあるリンパ性器官。リンパ球の分化・成熟に関係する。

きょう-せん【教宣】［名］労働組合・政党などの活動で、教育と宣伝。〓「―部」

ぎょう-ぜん【凝然】［形動トタル］じっとして動かないさま。〓「―と目をこらす」

きょう-そ【教祖】［名］ある宗教・宗派の創始者。▽新しい主義・運動などを始めたリーダーのたとえにもいう。〓「ヌーベルバーグの―」

きょう-そう【共創】［名・他サ変］多様な立場の人・団体が協力して、新たな商品・サービス・価値などを創り出すこと。〓「顧客との―」

きょう-そう【狂騒（狂▼躁）】［名］正常とは思えないばか騒ぎ。〓「―の巷」

きょう-そう【強壮】［名・形動］体力があって元気なこと。〓「―剤」

きょう-そう【競争】［名・自他サ変］どちらがまさっているか、どちらが勝つかを互いにきそい合うこと。〓「―に勝つ［敗れる］」「―心・―相手」「生存―」

きょう-そう【競走】［名・自サ変］一定の距離を走って速さをきそうこと。また、その競技。〓「友達と校門まで―する」「一〇〇メートル―」

きょう-そう【競▼漕】［名・自サ変］ボートをこいで速さをきそうこと。また、その競技。ボートレース。

きょう-ぞう【胸像】［名］人物の胸から上の彫像・塑像。

きょう-ぞう【経蔵】［名］❶仏教で、三蔵の一つ。釈迦の説いた教えを集成したもの。❷寺院で、経典を収めておく蔵。経堂。

ぎょう-そう【行草】［名］行書と草書。

ぎょう-そう【形相】［名］激しい感情の表れた顔つき。〓「必死の―で走る」「みるみる―が変わる」

きょうそう-きょく【狂想曲】［名］カプリッチオ。

きょうそう-きょく【協奏曲】［名］独奏楽器と管弦楽とが対等の立場で合奏する器楽曲。コンチェルト。〓「ピアノ―」

きょうそう-ば【競走馬】［名］競馬用に改良された馬。サラブレッド・アングロアラブなど。

きょう-そく【▽脇息】［名］座ったときにひじをかけ、体をもたせかける和室用の道具。ひじ掛け。数「一脚…」と数える。

きょう-そく【教則】［名］物事を教える上での規則。〓「―本（＝楽器演奏の基本的技術などを段階的に学ぶように編集した本）」

きょう-ぞく【凶賊(▼兇賊)】[名] 人を殺傷する凶悪な賊。

きょう-ぞん【共存】[名・自サ変] 複数の異なったものが同じ環境のもとで同時に存在すること。「—共栄」「平和—」▼近年「きょうぞん」が盛んだが、本来は「きょうそん」。

きょう-だ【▼怯▼懦】ケフ [名・形動] おくびょうで気が弱いこと。「—を恥じる」

きょう-だ【強打】キャウ [名・他サ変] ❶強く打つこと。「横転して頭部を—した」❷野球で、球を強く打つこと。また、打者が積極的に打っていくこと。

きょう-たい【狂態】キャウ [名] 正気とは思えない行為や態度。「酔って—を演じる」

きょう-たい【▼筐体】キャウ [名] 機器類を収める箱。

きょう-たい【▼嬌態】ケウ [名] なまめかしい振る舞いや態度。

きょう-だい【兄弟】キャウ [名] ❶同じ親から生まれた間柄(の人たち)。「—は三人です」「兄二人、妹一人の四人—」❷結婚や養子縁組などによって生じた義兄・義弟・義姉・義妹などの間柄(の人たち)。「義理の—」❸くだけた場面で男性同士が相手を親しんで呼ぶ語。「よう、—、元気かい」◈書き分け「兄弟」のほか、間柄を指定したり性別を示したりしたいときなど、「〈姉弟〉」「〈兄妹〉」「〈姉妹〉」「〈兄姉〉」「〈弟妹〉」などとも書く。

きょう-だい【強大】キャウ [名・形動] 強くて大きいこと。「—な権力[勢力]を誇る」⇔弱小 派生 -さ

きょう-だい【鏡台】キャウ [名] 鏡を立てる台。多くは箱造りで、化粧品などを入れる引き出しがついている。

ぎょう-たい【業態】ゲフ [名] 事業・企業などが運営されている状態。「会社の—が悪くなる」

ぎょう-たい【凝滞】[名・自サ変] とどこおって進まないこと。「一部に—した財貨」

きょうだい-ぶん【兄弟分】キャウダイ [名] 他人どうしだが、兄弟として交わる約束を結んだ間柄(の人)。▼やくざ仲間などで使う。

きょう-たく【供託】[名・他サ変] 保証などのため、金銭・有価証券・物品などを供託所または特定の人にあずけて保管をたのむこと。「—金」

きょう-たく【教卓】ケウ [名] 教室で教師が使う机。

きょうだ-しゃ【強打者】キャウ [名] 野球で、長打力をもつ選手。スラッガー。

きょう-たん【驚嘆(驚▼歎)】キャウ [名・自サ変] 非常におどろいて感心すること。「素晴らしい出来に—する」

きょう-だん【凶弾(▼兇弾)】[名] 凶悪な者が人を殺そうとして発射した弾丸。「暗殺者の—に倒れる」

きょう-だん【教団】ケウ [名] 同一の教義を信奉する人々によって組織された宗教団体。

きょう-だん【教壇】ケウ [名] 教室で教師が授業をするときに立つ一段高い所。

◉**教壇に立・つ** 教職につく。✔注意 ⬇教鞭(きょうべん)を執(と)る

きょう-ち【境地】キャウ [名] ❶その人がいま置かれている立場。「苦しい—に立つ」❷ある段階に達した心の状態。心境。「いまや悟りの—にある」「無我の—」❸場所。また、領域。「造形の世界に新しい—を開く」

きょうちく-とう【▼夾竹桃】ケフチクタウ [名] 夏、紅または白の花を開くキョウチクトウ科の常緑低木。葉は革質で細長い。樹液は有毒。インド原産。

ぎょう-ちゃく【凝着】[名・自サ変] 異種の物質が接触して互いにくっつき合うこと。また、その現象。付着。

きょう-ちゅう【胸中】[名] 心の中。また、心中の気持ち。「—を打ち明ける」「—察するに余りある」

ぎょう-ちゅう【▼蟯虫】ゲウ [名] おもに子供の小腸・盲腸などに寄生する、白い糸くずのような形の線虫。夜間、肛門(こうもん)からはい出てその周辺に産卵する。

きょう-ちょ【共著】[名] 二人以上の人が共同して一つの本を書き著すこと。また、その本。

きょう-ちょう【凶兆】ウ [名] 不吉な前兆。⇔吉兆

きょう-ちょう【協調】ケフテウ [名・自サ変] 利害や立場の異なる者が互いにゆずり合って協力すること。「労使が—する」「—性に欠ける」「国際—」

きょう-ちょう【強調】キャウテウ [名] ❶[他サ変] ある事柄を特に強く主張すること。「法改正の必要性を—する」❷[他サ変] ある部分を特に目立たせること。「赤を—して描いた絵」「同意語を重ねて文意を—する」❸相場が着実に上昇しようとしている状態。

きょう-ちょく【強直】キャウ [名] ❶[自サ変] かたくこわばること。硬直。「筋肉が—する」❷[形動] 意志が強くて正直なこと。「律儀で—な人」派生 -さ

きょう-つい【胸椎】[名] 脊柱(せきちゅう)のうち、頸椎(けいつい)と腰椎との間にあって、それぞれが肋骨(ろっこつ)に連結する一二個の椎骨。⬇骨(ほね)(図)

きょう-つう【共通】[名・形動・自サ変] 複数のものの、どれにも当てはまること。「—の友人」「全員に—な意見」「両者に—する特徴」「—点」

きょう-つう【胸痛】[名] 胸部に感じる痛み。

きょうつう-ご【共通語】[名] ❶異なる言語を話す集団の間で通用する言語。❷一国内のどこでも通用する言語。⇔方言 ▼⬇標準語

きょう-づくえ【経机】キャウ [名] 読経のときに経文(きょうもん)を置く小さな机。

きょう-てい【協定】ケフ [名] ❶[他サ変] 協議して取り決めること。また、その決めた事項。「労使が時間外労働について—を結ぶ」「—価格」❷国家間の取り決め。「日米行政—」▼効力は条約と変わらないが、文書作成に条約ほど厳重な形式はとらない。

きょう-てい【教程】ケウ [名] ある教科を教えるときの順序や方法。また、それに従った教科書。「フランス語の—」

きょう-てい【競艇】キャウ [名] モーターボートによる競走。また、その着順を賭(か)けの対象とする公認賭博(とばく)。モーターボートレース。

きょう-てき【強敵】キャウ [名] 強い敵。また、手ごわい相手。「—が現れる」⇔弱敵

きょう-てん【教典】ケウ [名] ❶宗教上のよりどころとなる書物。❷教育上のよりどころとなる書物。

きょう-てん【経典】キャウ [名] ❶仏教の経文を書き記した書物。仏典。❷宗教の根本となる教義を記した書物。キリスト教の聖書、イスラム教のコーランなど。

きょう-でん【強電】キャウ [名] ❶産業に使用する大電力・高電圧・大電流。❷電力の発生、電気エネルギーの伝送、熱エネルギーへの変換などを扱う電気工学部門の通称。◈⇔弱電

ぎょう-てん【仰天】ギャウ [名・自サ変] 非常に驚くこと。「—して腰を抜かす」「びっくり—する」▼驚きのあまり天を仰ぐ意。

ぎょう-てん【暁天】ゲウ [名] 夜明けの空。また、夜明

け。‖「―の星（＝夜明けの空に見えるまばらな星。転じて、きわめて数が少ないことのたとえ）」

きょうてん-どうち【驚天動地】キャウテン [名] 世間をひどく驚かせること。震天動地。‖「―の大事件」▼「天を驚かし、地を動かす」意から。

きょう-と【凶徒（▼兇徒）】[名] 人を殺傷するなど、凶悪なことを行う悪人。また、その仲間。‖「―の手に倒れる」

きょう-と【教徒】ケウ [名] ある宗教の信者。信徒。

きょう-ど【強▼弩（▼彊▼弩）】キャウ [名] 強い威力をもったいしゆみ。‖「―の末（＝勢力の強かったものも衰えてしまえば何もできなくなるたとえ）」

きょう-ど【強度】キャウ [名] ❶強さの程度。‖「鉄骨の―をはかる」❷度合い・程度がはなはだしいこと。‖「―の近視に悩む」⇔軽度

きょう-ど【郷土】キャウ [名] ❶生まれ育った土地。‖「―愛」❷その地方。‖「―史・―芸能・―料理」「―色豊かな踊り」▼ふつう他の語の上につけて使う。

きょう-とう【共闘】[名・自サ変] 二つ以上の組織・団体が共同して闘争すること。共同闘争。‖「労組が住民と―する」

きょう-とう【▼俠盗】ケフタウ [名] 金持ちから盗んで貧しい者に与えるような、義俠心のある盗賊。

きょう-とう【教頭】ケウ [名] 小学校・中学校・高等学校で、校務いっさいを掌握し、校長を補佐する職制（を務める人）。

きょう-とう【郷党】キャウタウ [名] 郷里。また、郷里を同じくする人々。‖「―の名誉をになう偉人」

きょう-とう【驚倒】キャウタウ [名・自サ変] 非常に驚くこと。‖「戦争勃発のニュースに―する」

きょう-どう【共同】[名・自サ変] ❶二人以上の人や団体が一緒に物事を行うこと。‖「―で企画[出資]する」「―作業」❷ある物事に対し、二人以上の人が同じ資格や条件でかかわること。‖「―浴場[墓地]」

きょう-どう【協同】ケフ [名・自サ変] 二人以上の人や団体が力を合わせて物事を行うこと。‖「住民が―して町おこしに努める」「産学―」 使い方 「共同」①と同じように使われるが、「協同」の方が協力する意が強い。

きょう-どう【協働】ケフ [名・自サ変] 同じ目的のために協力して働くこと。‖「両国の―による事業」

きょう-どう【教導】ケウダウ [名・他サ変] 教え導くこと。‖「ご―を賜りたく」

きょう-どう【経堂】キャウダウ [名] 経典を納めておく建物。経蔵（きょうぞう）。

ぎょう-とう【行頭】ギャウ [名] 文章などの行のはじめ。⇔行末

きょうどう-くみあい【協同組合】ケフドウクミアヒ [名] 一般消費者・中小商工業者・農林漁業者などが、各自の生活や事業の改善を図るために協同して組織する団体。消費生活協同組合・農業協同組合・事業協同組合など。

きょうどう-しゃかい【共同社会】シャクワイ [名] ➡ゲマインシャフト ⇔利益社会

きょうどう-せいはん【共同正犯】[名] 複数の者が共同して犯罪を実行すること。関与した全員が正犯として処罰される。

きょうどう-せんげん【共同宣言】[名] 二人以上の人、または二つ以上の団体・国家などが共同で発表する宣言。

きょうどう-たい【共同体】[名] ➡共同社会

きょうとう-ほ【橋頭▼堡】ケウトウ [名] ❶橋を守るために、橋の両岸などに築く陣地。❷渡河作戦・上陸作戦などで、攻撃の拠点として敵地に築く陣地。▼相手を攻める拠点のたとえにもいう。‖「支社を置いて海外進出の―とする」◈「きょうとうほ」とも。 書き方 もと、新聞では「橋頭保」で代用した。

きょうどう-ぼきん【共同募金】[名] 社会福祉事業の資金を集めるために行われる募金運動。▼日本では昭和二二（一九四七）年より、毎年十月から十二月まで社会福祉法人の共同募金会によって行われ、寄付者には赤い羽根が渡される。

きょうど-げいのう【郷土芸能】キャウド [名] 各地域社会に伝承されてきた芸能。祭礼や民間信仰の行事などで演じられるものが多い。民俗芸能。

きょう-な【京菜】キャウ [名] 野菜として栽培するアブラナ科の越年草。根本から多数分かれ出る細長い葉を、漬物・鍋物・煮物などにする。水菜。

きょう-にん【▼杏▽仁】キャウ [名] アンズの種子。また、それを乾燥させたもの。漢方で鎮咳（ちんがい）・去痰（きょたん）薬などに用いる。あんにん。

きょうにん-どうふ【▼杏▽仁豆腐】キャウニン [名] ➡あんにんどうふ

きょう-ねつ【狂熱】キャウ [名] くるおしいほどの熱情。‖「―の恋」

きょう-ねん【凶年】[名] ❶凶作の年。⇔豊年 ❷大きな災禍のあった年。

きょう-ねん【享年】キャウ [名] この世に生存した年数。死去したときの年齢。行年（ぎょうねん）。‖「―八〇」▼「天から享（う）けた年」の意から。

きょう-は【教派】ケウ [名] 同一宗教の中の分派。宗派。

きょう-はい【狂▼悖】キャウ [名] 人の道にそむいて言動が非常識になること。‖「―の性は愈々（いよいよ）抑え難くなった〈中島敦・山月記〉」

きょう-ばい【競売】キャウ [名・他サ変] 複数の買い手に値をつけさせ、最も高い価格をつけた人に売ること。せりうり。オークション。‖「名画を―にかける」 読み分け 法律では「けいばい」という。

きょう-はく【脅迫】ケフ [名・他サ変] ❶相手をおどして、あることをするように無理強いすること。‖「人質を取って―する」「―状」❷刑法で、害を加えることを告げて、相手に恐怖心を生じさせること。‖「―罪」

きょう-はく【強迫】キャウ [名・他サ変] ❶あることをするように無理に要求すること。‖「寄付を―する」❷民法で、相手に害悪の生じることを知らせて恐怖心を起こさせ、自由な意思決定を妨げること。

きょうはく-かんねん【強迫観念】キャウハククワンネン [名] 考えまいとしても強く心にまとわりついて離れない不安・不快な考え。

きょう-はん【共犯】[名] 二人以上の者が共同して一つの犯罪を行うこと。また、それを行った者。‖「―者」▼刑法上、共同正犯・教唆犯・従犯の区別がある。

きょう-はん【教範】ケウ [名] 教育の模範となる方法。また、それを記した書物。

きょう-はん【橋畔】ケウ [名] 橋のたもと。橋頭。

きょう-び【《今日》日】ケフ [名] きょうこのごろ。今どき。‖「―めったに手に入らない品」

きよう-びんぼう【器用貧乏】ボフ [名] 何事も器

用にこなすが、一つのことに徹底することができなくて大成しないこと。また、そのような人。

きょう-ふ【恐怖】[名・自他サ変] おそれること。「―を覚える」「―心」

きょう-ふ【教父】ケウ [名] ❶二〜八世紀のカトリック教会で、教理についての著述を行い、教会から使徒の代弁者として公認された神学者。オリゲネス・アウグスティヌスなど。❷キリスト教で、洗礼を受けるときに立ち会う保証人。名付け親。ゴッドファーザー。

きょう-ぶ【胸部】[名] ❶胸の部分。❷呼吸器。

きょう-ふう【狂風】キャウ [名] 激しく吹きまくる風。

きょう-ふう【強風】キャウ [名] 強い風。「―にあおられる」

きょうふ-しょう【恐怖症】シャウ [名] 特定の事物や状況について過度な不安や恐怖を感じる神経症。「高所―・対人―」

きょう-ぶん【凶聞】[名] 凶事の知らせ。凶報。

きょう-ぶん【狂文】キャウ [名] 滑稽(こっけい)・風刺を主とする戯文。▼江戸中期以後、狂歌に対して起こった。

きょう-へい【強兵】キャウ [名] ❶強い兵士・軍隊。❷軍事力を増強すること。「富国―」

きょう-へき【胸壁】[名] ❶敵弾を防ぎ、兵士が射撃しやすくするために、胸の高さほどに築いた盛り土。胸牆(きょうしょう)。❷とりで。要塞(ようさい)。❸内臓を保護する、胸部の外側の部分。

きょう-へん【凶変(▼兇変)】[名] 不吉なできごと。また、凶悪なできごと。「―を予知する」「テロの―に遭う」

きょう-へん【共編】[名・他サ変] 二人以上が共同して書物を編集すること。また、その書物。「三人の―で辞書を出す」

きょう-べん【強弁(強▼辯)】キャウ [名・他サ変] むりに理屈をつけて言いはること。「犯意のないことを―してはばからない」「自分は正しいと―する」

きょう-べん【教▼鞭】ケウ [名] 教師が生徒を教えるときにつかうむち。

◉**教鞭を執(と)る** 教職に従事する。「〇〇大学で―」

注意 「教壇(きょうだん)に立つ」ともいう(四月から〇〇高校の教壇に立つ)。両者を混同した「教鞭に立つ」は誤り。

きょう-ほ【競歩】キャウ [名] 陸上競技の一つ。どちらかの足が必ず地面についているようにして一定距離を歩き、速さと順位をきそう。ウォーキングレース。

きょう-ほう【凶報】[名] ❶悪い知らせ。⇔吉報 ❷死去の知らせ。訃報(ふほう)。「親友の―に接する」

きょう-ほう【教法】ケウホフ [名] 仏の教え。

きょう-ぼう【凶暴(▼兇暴)】[名・形動] 人を殺傷するほど乱暴なこと。「―な犯人[性格]」派生 -さ

きょう-ぼう【共謀】[名・他サ変] 二人以上の者が共同して悪事などをたくらむこと。「―して窃盗(せっとう)を働く」

きょう-ぼう【狂暴】キャウ [名・形動] 手におえないほど乱暴なこと。「―な振る舞いに恐れをなす」使い方 ふつう「凶暴」は性質・性格に、「狂暴」は状態についていう。派生 -さ

ぎょう-ぼう【仰望】ギャウバウ [名・他サ変] ❶あおぎ見ること。❷尊敬して慕うこと。「君子の徳を―する」

きょう-ぼく【▼喬木】ケウ [名] 高木(こうぼく)の旧称。⇔灌木(かんぼく)

きょう-ほん【狂奔】キャウ [名・自サ変] ❶わき目もふらずに夢中で走り回ること。「手負いの猪(いのしし)が―する」❷ある目的のために懸命になって動き回ること。「資金集めに―する」

きょう-ほん【教本】ケウ [名] ❶教えの根本。「仏法の―」❷教科書。また、教則本。「ギリシア語の―」

きょう-ま【京間】キャウ [名] ❶京都地方で多く用いられた柱間(はしらま)の基準寸法。柱間を曲尺(かねじゃく)の六尺五寸(=約一・九七メートル)にとり、これを一間(いっけん)とする。▼曲尺六尺を一間とする江戸間に対していう。❷日本建築で、畳の大きさを縦六尺三寸(=約一・九〇メートル)、横三尺一寸五分(=約〇・九五メートル)にとる部屋の造り方。▼同じ六畳でも、京間のほうが江戸間より広くなる。

きょう-まい【供米】[名] 生産農家が米を政府に供出すること。また、その米。供出米。

きょう-まく【胸膜】[名] 胸腔(きょうこう)の内側と肺の表面をおおう二重の膜。肋膜(ろくまく)。

きょう-まく【▼鞏膜(強膜)】キョウ・キャウ [名] 眼球の角膜以外の部分をおおう、白くて堅い繊維質の膜。眼球の前面では白目の部分。書き方 「強膜」は代用表記。

きょうまく-えん【胸膜炎】[名] 感染症・癌(がん)などによって起こる、胸膜の炎症。肋膜炎(ろくまくえん)。

ぎょう-まつ【行末】ギャウ [名] 文章などの行の終わり。⇔行頭

きょう-まん【▼驕慢(▼憍慢)】ケウ [名・形動] おごりたかぶって、人を見下すこと。「―な態度で応対する」派生 -さ

きょう-み【興味】[名] おもしろいと思って、心がひかれること。「園芸に―を持つ」

きょうみ-しんしん【興味津津】[形動タル] 興味が尽きないさま。

きょうみ-ぶか・い【興味深い】[形] 心が引きつけられて、非常に面白い。「―論文」

きょうみ-ほんい【興味本位】ホンヰ [名] おもしろいと思わせることだけをねらうこと。「―の記事」

きょう-む【教務】ケウ [名] ❶学校での教育にかかわる事務。「―主任」❷宗門上の事務。「―所」

ぎょう-む【業務】ゲフ [名] 職業・事業として日常継続して行われる仕事。「―に励む」「―上過失」

きょう-めい【共鳴】[名・自サ変] ❶振動体が他の振動体の作用を受けて、振動体に固有の振動数で振動すること。また、その現象。❷人の意見や考えに同感すること。「民族主義に―して独立運動に加わる」

きょう-めい【▼嬌名】ケウ [名] なまめかしくて美しいという評判。「―をはせた芸者」

ぎょう-めい【▼驍名】ゲウ [名] 勇敢で強いという評判。

きょう-もう【凶猛(▼兇猛)】マウ [名・形動] 荒々しくて強いこと。「―な悪徒」派生 -さ

きょう-もん【経文】キャウ [名] 経典に書かれている文章。また、経典。お経。「―を唱える」

きょう-やく【共訳】[名・他サ変] 二人以上の人が共同して訳すこと。また、その訳したもの。「『ユリシーズ』を―する」

きょう-やく【協約】ケフ [名] ❶協議をして約束すること。また、その内容。「労働―」❷二か国以上の間で文書を交換して結ぶ契約。「日露漁業―」▼広義の条約と同等の効力を持つ。

きょう-ゆ【教諭】ケウ [名] 小・中・高等学校、幼稚園、

特別支援学校の正教員。

きょう-ゆう【共有】［名・他サ変］一つの物を二人以上の人が共同で持つこと。〓「山林［秘密］を―する」「―地・―財産」⇔専有 ▼法律では、同一物の所有権が二人以上に属することをいう。

きょう-ゆう【享有】［名・他サ変］権利・能力などを、生まれながらに持っていること。〓「基本的人権の―」「自由［特権］を―する」

きょう-ゆう【▼梟雄】［名］たけだけしく強いこと。また、その人。

きょう-よ【供与】［名・他サ変］必要としているものを差し出して与えること。〓「武器［便宜］を―する」

きょう-よう【共用】［名・他サ変］❶二人以上の人が一つの物を共同で使うこと。〓「職場でパソコンを―する」「―の水道」❷一つの物が二種類以上の物に共通して使えること。〓「あらゆる車に―できる部品」

きょう-よう【強要】［名・他サ変］無理に要求すること。〓「寄付［自白］を―する」

きょう-よう【教養】［名］学問や知識を身につけることによって得られる心の豊かさや物事への理解力。また、社会人として必要な文化に関する広い知識。カルチャー。〓「―のある人」「一般―」

きょうよう-しょうせつ【教養小説】［名］主人公がさまざまな体験を経ながら自己形成を果たしていく過程を描いた小説。ビルドゥングスロマン。

きょう-らく【京▼洛】［名］みやこ。特に、京都。けいらく。▼「洛」は、中国の古代に都があった洛陽。

きょう-らく【享楽】［名・他サ変］思うままに快楽を味わうこと。〓「存分に青春を―する」「―主義（＝快楽主義）」「―的」

きょう-らく【競落】［名・他サ変］競売で、せりおとすこと。読み分け 法律用語では「けいらく」という。

きょう-らん【狂乱】［名・自サ変］心を乱して異常な振る舞いをすること。〓「半―になって子供をさがす」▼物事の異常な状態のたとえにもいう。〓「―物価」「地価―」 書き方 ⇒狂瀾

きょう-らん【狂▼瀾】［名］荒れ狂う波。狂濤。▼物事の乱れた状態のたとえにもいう。〓「―怒濤」 書き方 新聞は「狂乱（怒とう）」で代用。 瀾

◉**狂瀾を既倒に廻らす** 悪くなった形勢を立て直してもとの状態に戻す。極めて難しいことのたとえに使う。〓「会社を再建するのは―ようなものだ」

きょう-らん【供覧】［名・他サ変］公開して多くの人に見せること。〓「作品を―に付す」

きょう-り【胸裏（胸▼裡）】［名］心の中。胸中。〓「さまざまな思いが―に浮かぶ」

きょう-り【教理】［名］ある宗教が真理とする教えの体系。

きょう-り【郷里】［名］生まれ育った土地。故郷。ふるさと。〓「―に帰って商売を始める」

ぎょう-りき【行力】［名］仏道や修験道の修行によって得た功徳の力。

きょうりき-こ【強力粉】［名］たんぱく質・グルテンを多く含み、粘りけの強い小麦粉。パン・パスタなどに用いる。

きょう-りつ【共立】［名・他サ変］一つのものを共同で設立すること。〓「―校」

きょう-りゅう【恐竜】［名］中生代に生存した爬虫類の総称。▼化石によって小型のものから三〇㍍に及ぶ巨大なものまで多くの種類が知られる。

きょう-りょう【狭量】［名・形動］度量が狭いこと。〓「些事にこだわる―な人物」⇔広量

きょう-りょう【橋▼梁】［名］交通の便をはかるために、河川・道路・線路などの上に架け渡す構造物。橋。〓「―工事」

きょう-りょく【協力】［名・自サ変］一つの目的のために他と力を合わせて物事を行うこと。〓「新事業に―する」「―を得る」「―して事に当たる」

きょう-りょく【強力】［名・形動］力・作用などが強いこと。〓「改革を―に推進する」「―なエンジン」 派生 -さ

きょう-れつ【強烈】［形動］力・作用などが強く激しいさま。〓「―なにおいが鼻を刺す」「―な印象を受ける」 派生 -さ

ぎょう-れつ【行列】［名］❶［自サ変］多くの人が順序よく並ぶこと。また、その列。〓「―のできる店」❷数学で、数字や文字を方形に並べたもの。横の並びを行、縦の並びを列という。マトリックス。

きょう-れん【教練】［名］❶［他サ変］軍隊で、実戦に役立つよう兵士を訓練すること。❷学校で、陸軍将校が学生・生徒を対象に行った軍事に関する教育・訓練。▼「軍事教練」の略。大正一四（一九二五）年から昭和二〇（一九四五）年まで実施された。

きょう-わ【共和】［名・自サ変］複数の者が共同和合して事に当たること。

きょう-わ【協和】［名・自サ変］心を合わせて仲良くすること。

きょうわ-こく【共和国】［名］共和制をとる国家。〓「コンゴー（＝リパブリック・オブ・コンゴ）」

きょうわ-せい【共和制】［名］世襲の君主制に対し、複数者が主権をもつ政治形態。主権者の国民が直接・間接に選出した代表者や国家元首によって統治される民主的共和制が一般的だが、少数の特権階級にだけ主権がある貴族的共和制・寡頭的共和制などもある。

きょう-わん【峡湾】［名］⇒フィヨルド

きょ-えい【虚栄】［名］うわべを飾って、自分を実質以上に見せかけようとすること。〓「―を張る」

ぎょ-えい【魚影】［名］群れをなして水中を泳ぐ魚の姿。また、その魚の集まりぐあい。〓「―が濃い」▼釣り・漁業などで使う語。

ぎょ-えい【御詠】［名］天皇や皇族が作った詩歌。

きょえい-しん【虚栄心】［名］自分を実質以上に見せようと、みえを張る心。

ぎょ-えん【御▼苑】［名］皇室が所有する庭園。〓「新宿―」

きょ-おく【巨億】［名］数がきわめて多いこと。〓「―の富を築く」

ギョーザ【餃子 中国】［名］中国料理の点心の一つ。小麦粉を練って薄くのばした皮でひき肉とみじん切りにした野菜などを半月形にくるみ、調理したもの。焼いたもの、蒸したもの、ゆでたもの、揚げたものなど種類が多い。チャオズ。 書き方「ギョウザ」とも。

きょ-か【▼炬火】［名］たいまつ。かがり火。

きょ-か【許可】［名・他サ変］願い出に対して、それを認めること。〓「入学を―する」「外泊の―が下りる」

ぎょ-か【漁火】［名］夜、魚を集めるために船でたく火。いさりび。

ぎょ-か【漁家】[名] 漁業で生計を立てている家。

きょ-かい【巨▼魁(▼渠▼魁)】クワイ[名] 盗賊などの首領。

ぎょ-かい【魚介(魚貝)】[名] 魚類と貝類。▼「介」は貝の意。書き方「魚貝」は近年多用されるようになったもの。

ぎょかい-るい【魚介類(魚貝類)】[名] 魚類や貝類など、海産物の総称。

きょ-がく【巨額】[名・形動] 金額がきわめて多いこと。≡「—の/な負債を抱える」

ぎょ-かく【漁獲】クワク[名] 水産物をとること。また、その水産物。≡「—高・—量」

きょ-かん【巨漢】[名] 体が非常に大きい男性。大男。

きょ-かん【巨艦】[名] 非常に大きな軍艦。

きょ-がん【巨岩(巨▼巖)】[名] 非常に大きな岩。

ぎょ-かん【御感】[名] 貴人、特に天皇が感心すること。叡感。≡「—にあずかる」

ぎょ-がん【魚眼】[名] さかなの目。▼一八〇度に近い視野を持つ。

ぎょがん-レンズ【魚眼レンズ】[名] 一八〇度前後の写角を持つ広角の凸レンズ。

きょ-き【▼歔▼欷】[名・自サ変] すすり泣くこと。むせび泣き。≡「—するごとき胡弓の音」

きょ-ぎ【虚偽】[名] 真実でないことを真実のように見せかけること。表現されたものの内容にうそ偽りがあること。いつわり。≡「—の申し立て[証言]をする」⇔真実

ぎょ-き【漁期】[名] 目的とする魚介のとれる時期。りょうき。

きょ-ぎょう【虚業】ゲフ[名] 堅実でない投機的な事業。▼「実業」をもじった語。

ぎょ-きょう【漁協】ケフ[名] 一定地域内の漁民を構成員とし、組合員に必要な物資の供給、加工施設の共同利用、漁獲物の販売などの事業を行う水産業協同組合。▼「漁業協同組合」の略。

ぎょ-きょう【漁況】キヤウ[名] 漁業の状況。魚介類のとれ具合や質の良否。

ぎょ-ぎょう【漁業】ゲフ[名] 魚介類・海藻などの捕獲・採取・養殖などを行う産業。≡「遠洋[沿岸]—」▼第一次産業に属する。

きょきょ-じつじつ【虚虚実実】[名] 互いに計略や秘術をつくして戦うこと。虚実。≡「—の駆け引き」

きょ-きん【拠金(▼醵金)】[名・自サ変] ある目的のために金銭を出し合うこと。また、その金銭。書き方「拠金」は代用表記。

きょく【曲】〔一〕[名] ❶正しくないこと。まちがっていること。≡「—を正す」「—解」「歪—」⇔直 ❷音楽のふし。メロディー。また、音楽の作品。≡「詩に—をつける」「明るい—が流れる」「作—家・編—・謡—・交響—・歌謡—」❸変わった面白み。≡「(当時ノ私ハ)質素で、真面目で、あんまり—がなさ過ぎるほど凡庸で〈谷崎潤一郎〉」〔二〕(造) ❶まがる。まげる。≡「—折・—線」「婉—」⇔直 ❷こまごまとしている。≡「委—」

きょく【局】〔一〕[名] ❶官庁などの組織の単位で、省・庁などの下で部よりも上のもの。≡「事務—・内閣法制—」❷「郵便局」「放送局」などの略。≡「—あての手紙」「—舎・—長」「本—・支—」❸当面の状況。情勢。≡「その—に当たる」「—面」「時—・政—」〔二〕(造) ❶小さく区切られた部分。≡「—所・—地」❷囲碁・将棋などの盤面。また、その勝負。≡「対—」「七番勝負第一—」

きょく【極】[名] ❶いきついたところ。きわみ。≡「興奮[疲労]の—に達する」「—刑・—限・—端・—致」❷地軸が地表と交わる点。≡「南—」❸地球の自転軸のはし。❹磁石・電気回路などのはし。≡「マイナスの—」

きょ-く【巨▼軀】[名] きわめて大きな体。巨体。

ぎょく【玉】〔一〕[名] ❶美しい石。東洋で宝石として珍重した、翡翠・碧玉など。≡「—杯」「紅—・硬—」❷芸者・娼妓。また、その揚げ代。玉代。≡「—をつける」❸取引所で、売買の成立した株式・商品。❹すし屋・料理屋などで、鶏卵。また、卵焼き。❺「王将」「玉将」の略。≡「入—」〔二〕[接頭] ❶〈天子に関する事物に付いて〉敬意を表す。≡「—音・—顔・—座」❷〈他人に関する事物に付いて〉敬意を表す。≡「—案・—稿」〔三〕(造) 美しい。優れている。≡「—露」「金科—条」

ぎょ-く【漁区】[名] 漁業をすることが許されている区域。

ぎょ-ぐ【漁具】[名] 漁業に使う道具。漁網・ロープ・釣り具・銛など。

ぎょくあん-か【玉案下】[名] 手紙の脇付けに用いて敬意を表す語。▼「お机の下」の意。

きょく-いん【局員】ヰン[名] 局と名のつく組織の職員。≡「郵便局[放送局]の—」

きょく-う【極右】[名] 極端な右翼思想。また、その思想をもった人。⇔極左

きょく-うち【曲打ち】[名・他サ変] 太鼓などを手ばやく、またふつうとは変わったやり方で、曲芸のように打つこと。また、その打ち方。

ぎょく-おん【玉音】[名] 天皇を高めてその声をいう語。ぎょくいん。≡「—放送」

きょく-がい【局外】グワイ[名] ❶郵便局・印刷局など、局と名のつく組織の管轄から外れた範囲。また、局と名のつく建物のそと。⇔局内 ❷その事件や仕事などと直接関係のない立場。≡「政争の—に立つ」

きょく-がく【曲学】[名] 真理を曲げて解釈する不正の学問。

きょくがく-あせい【曲学▼阿世】[名] 学問の真理を曲げて、世間や権力者におもねること。≡「—の徒」

ぎょく-がん【玉顔】[名] ❶玉のように美しい顔。❷天皇を高めてその顔をいう語。竜顔。

きょく-ぎ【曲技】[名] 軽業。また、軽業のような技術。

きょく-げい【曲芸】[名] ふつうの人にはできない、危険で変わった芸当。軽業。≡「サーカスの—」

きょく-げん【局限】[名・他サ変] 範囲を一定のせまい部分に限ること。≡「この鉱石の産地は—される」

きょく-げん【極言】[名・他サ変] 遠慮しないで思った通りにいうこと。極端に誇張していうこと。≡「一切が国民の責任だとまで—する」「—すれば、優勝は無理だ」

きょく-げん【極限】[名] ❶物事の限界ぎりぎりのところ。≡「体力[疲労]が—に達する」「能力の—を超える」❷一定の法則に従って変化する数がある値に限りなく近づくとき、その値。極限値。

きょく-さ【極左】[名] 極端な左翼思想。また、その思想をもった人。⇔極右

ぎょく-ざ【玉座】[名] 天皇・国王のすわる席。

きょく-ざい【局在】[名・自サ変] 限られた場所に存在すること。≡「—する機能」

ぎょく-さい【玉砕(玉▼摧)】［名・自サ変］全力を尽くして戦い、大義のために潔く死ぬこと。⇔瓦全 語源『北斉書』の「玉砕すべきも瓦全せず（＝貴重な玉のままくだかれるとも無価値な瓦として恥多き生を全うしようとはしない）」から。

きょく-し【曲師】［名］浪曲で、伴奏の三味線をひく人。

きょく-じ【曲事】［名］曲がったこと。不正なこと。

きょく-じつ【▼旭日】［名］朝の太陽。朝日。‖「―旗」

きょく-しゃ【曲射】［名］障害物に隠れた目標や水平の目標を攻撃するために、湾曲した弾道で上方から砲弾を落下させる射撃。‖「―砲」⇔直射・平射

きょく-しょ【局所】［名］❶限られた一定の場所。特に、体の一部分。局部。‖「―麻酔」❷陰部。局部。

きょく-しょう【極小】［名］❶［形動］きわめて小さいこと。‖「―の粒子」❷関数の値が次第に小さくなってきて、これから大きくなろうとするときの値。ミニマム。◈⇔極大

きょく-しょう【極少】［名・形動］きわめて少ないこと。‖「―の資源」

ぎょく-しょう【玉将】［名］将棋の駒の一つ。慣例として下手の者が用いる王将。

ぎょく-しょう【玉章】［名］❶美しく、すぐれた詩文。❷手紙や文章をいう尊敬語。たまずさ。

ぎょく-ずい【玉髄】［名］石英の微小な結晶が霜柱状または放射状に集まってできた鉱石。白・緑・紅などさまざまな色がある。装飾・印材などに用いる。▽瑪瑙もその一つ。

ぎょく-せき【玉石】［名］玉と石。また、すぐれたものと劣ったもの。

ぎょく-せき-こんこう【玉石混▼淆（玉石混交）】［名］よいものと悪いもの、また、価値のあるものとないものとが入りまじっていること。書き方「玉石混交」は代用表記。

きょく-せつ【曲折】［名・自サ変］❶折れ曲がること。また、曲がりくねること。‖「―の多い山道」❷物事が複雑に変化すること。また、複雑に入り組んだ事情。‖「―の多い人生を送る」「紆余―」

きょく-せつ【曲節】［名］楽曲のふし。メロディー。

きょく-せん【曲線】［名］連続してなめらかに曲がっている線。カーブ。‖「ゆるやかな―を描く」⇔直線

きょく-そう【曲想】［名］楽曲の構想。また、楽曲のモチーフ。‖「―が浮かぶ」

きょく-だい【極大】［名］❶［形動］きわめて大きいこと。❷関数の値が次第に大きくなってきて、これから小さくなろうとするときの値。マキシマム。◈⇔極小

ぎょく-たい【玉体】［名］天皇、または貴人を高めてその体をいう語。

ぎょく-だい【玉代】［名］芸者・娼妓などを呼んで遊ぶための料金。花代。玉。

きょく-たん【極端】［一］［形動］考え・言動・方法などがひどくかたよっているさま。‖「―な意見」「―に簡略化する」派生-さ ［二］［名］最も端のところ。‖「―から―へ走る」

きょく-ち【局地】［名］一定の限られた地域・土地。‖「―的な豪雨」

きょく-ち【極地】［名］さいはての土地。特に、南極または北極の地方。‖「―観測」

きょく-ち【極致】［名］達することのできる最高の境地。‖「美の―をきわめる」

きょく-ちょう【曲調】［名］楽曲の調子。

きょく-ちょう【局長】［名］局と名のつく組織の最高責任者。‖「郵便―・事務―」

きょく-ちょく【曲直】［名］曲がっていることとまっすぐなこと。不正なことと正しいこと。‖「―を明らかにする」

きょく-てん【極点】［名］❶行きつくことのできる究極の点。‖「緊張が―に至る」❷南極点、または北極点。

きょく-ど【極度】［名・形動］物事の程度がこれ以上は限界だというところ。また、程度がはなはだしいこと。‖「―の疲労で倒れる」「―に衰弱する」

きょく-とう【極東】［名］ヨーロッパから見て、最も東方の地域。日本・中国・朝鮮半島・シベリア東部など。➡近東・中東 ▽Far East の訳。

きょく-どめ【局留め】［名］郵便物を発信人の指定する郵便局に留めておく扱い。また、その郵便物。

きょく-のり【曲乗り】［名］馬・自転車・玉などに乗って曲芸をすること。また、その曲芸。

きょく-ば【曲馬】［名］馬に曲乗りをすること。また、馬を使った曲芸。‖「―団（＝サーカス）」

ぎょく-はい【玉杯（玉▼盃）】［名］玉でつくったさかずき。また、さかずきの美称。

きょく-ばん【局番】［名］電話番号の前につける、各電話局の呼び出し番号。‖「市外―」

きょく-ひ【曲▼庇】［名・他サ変］道理や法律を曲げて人をかばうこと。‖「罪人を―する」

きょく-び【極微】［名・形動］目に見えないほど小さいこと。ごくび。‖「―の物質」「―な生物」

きょく-びき【曲弾き】［名・他サ変］三味線・琴などを非常に速く、また特殊な技巧を用いて、曲芸のようにひくこと。

きょく-ひつ【曲筆】［名・他サ変］事実を曲げて書くこと。また、その文章。‖「史実を―する」⇔直筆

きょくひ-どうぶつ【▼棘皮動物】［名］無脊椎動物の一門。放射相称形をした海産動物で、多くは体表にとげをもつ。ウニ・ヒトデ・ナマコなどの類。

きょく-ふ【曲譜】［名］音楽の譜。楽譜。

きょく-ふ【局譜】［名］囲碁の対局の経過を図譜にしたもの。

きょく-ぶ【局部】［名］❶限られた一定の部分。特に、体の一部分。局所。‖「―麻酔」「―的な問題」❷陰部。局所。

きょく-ほう【局方】［名］「薬局方」の略。

きょく-ほく【極北】［名］北の果て。北極に近い地域。

きょく-めん【曲面】［名］曲線が連続的に動いたときの軌跡。平面でない面。球の表面や円柱・円錐の表面など。

きょく-めん【局面】［名］❶囲碁・将棋などの盤表面。また、そこで行われている勝負の形勢。❷物事が直面している事態・情勢。‖「紛争が新しい―を迎える」

きょく-もく【曲目】［名］演奏される楽曲の名。また、それを演奏順に列記したもの。‖「演奏会の―」

きょく-りょう【極量】［名］劇薬・毒薬などの、一日または一回に使用できる最大の量。

きょく-りょく【極力】［副］できる限りの力を尽くすさま。〓「期待にそえるよう—努力する」

ぎょく-ろ【玉露】［名］❶玉のように美しい露。❷最も上等な煎茶(せんちゃ)。▽日覆いをした茶樹の若葉から製したもので、独特の香りと風味をもつ。

きょく-ろく【曲▼彔・曲▼椂】［名］法要のさいなどに僧侶が用いる椅子(い す)。背もたれをまるく曲げ、脚をX字形に交差させたものが多い。

きょく-ろん【曲論】［名・他サ変］道理や事実を曲げて論じること。また、その議論。〓「それは自己中心的な—だ」

きょく-ろん【極論】［名・他サ変］極端な言い方で論じること。また、その議論。〓「—すれば経営陣に会社再建の能力はない」

ぎょ-ぐん【魚群】［名］水中にいる魚の群れ。〓「—探知機」

ぎょ-けい【御慶】［名］およろこび。お祝い。〓「新年の—めでたく申し納めます」▽多く新年を祝うあいさつの語として使う。

きょ-けつ【虚血】［名］臓器や組織に流入する動脈血が著しく減少あるいは途絶すること。〓「—性心疾患(=心筋の酸素が不足したために起こる心疾患の総称)」

きょ-げつ【去月】［名］前の月。先月。

きょ-げん【虚言】［名］いつわりのことば。うそ。きょごん。〓「—癖(へき)」

きょ-こう【挙行】(—カウ)［名・他サ変］正式にとり行うこと。〓「式典を—する」

きょ-こう【虚構】［名・他サ変］❶実際にはないものを、あたかも実在するもののように見せかけること。〓「—を見破る」❷文芸作品などを作者が想像力によって組み立てること。また、そのもの。仮構。フィクション。

きょ-ごう【▼倨傲】(—ガウ)［名・形動］おごりたかぶって人をあなどること。傲慢(ごうまん)。派生 -さ

ぎょ-こう【漁港】(—カウ)［名］漁船の根拠地となる港。

きょ-こく【挙国】［名］国全体。国民のすべて。〓「—一致」▽「国を挙(あ)げて」の意。

きょ-こん【虚根】［名］方程式の根のうち、実数でないもの。虚数解。⇔実根

きょ-こん【許婚】［名］婚約をすること。また、婚約をした人。いいなずけ。

ぎょ-ざ【御座】［名］天皇や貴人の座席。

きょ-さい【巨細】［名・形動］⇩こさい(巨細)

きょ-ざい【巨材】［名］❶大きな材木。❷偉大な才能。また、それを持った人。〓「建国に活躍した—」

きょ-ざい【巨財】［名］巨額の財産。〓「—を築く」

きょ-さつ【巨刹】［名］大きな寺。〓「県下随一の—」

きょ-し【巨資】［名］巨額の資本。〓「—を投じる」

きょ-し【挙止】［名］立ち居振る舞い。挙措(きょそ)。

きょ-し【▼鋸歯】［名］❶のこぎりの歯。❷植物の葉の縁にある、のこぎりの歯のような切れ込み。

きょ-じ【虚字】［名］❶漢文で、「行」「来」「高」「美」など、動作や性質を表す文字。▽実字・虚字・助字で三分類するときの一つ。❷漢文で、「為」「于」「者」「焉」など、文法上の形式的意味を表す文字。助字。▽実字・虚字(助字)で二分類するときの一つ。

きょ-じ【虚辞】［名］❶うそのことば。虚言。❷⇩虚字②

ぎょ-じ【御璽】［名］天皇の印。玉璽(ぎょくじ)。〓「御名—」

きょ-しき【挙式】［名・自サ変］結婚式などをとり行うこと。〓「神前［教会］で—する」注意「挙式を挙げる」は重言。「式を挙げる」「挙式する」などが適切。

きょ-しつ【居室】［名］ふだん居る部屋。居間。

きょ-じつ【虚実】［名］❶ないこととあること。うそとまこと。虚構と事実。〓「—を取り混ぜて語る」❷「虚虚実実」の略。

きょじつ-ひにく【虚実皮▽膜】［名］近松門左衛門の芸術論で、芸の真実は事実と虚構の微妙な接点にあるということ。きょじつひまく。

きょし-てき【巨視的】［形動］❶肉眼で識別できる程度の大きさを対象とするさま。〓「—な物理現象」❷対象を全体的につかんで観察するさま。マクロ的。〓「—な観点［見地］」◈⇔微視的

ぎょ-しゃ【御者(▼馭者)】［名］馬車の馬を操って走らせる人。書き方「御者」は代用表記。

きょ-じゃく【虚弱】［名・形動］体が弱いこと。〓「—な体質」派生 -さ

きょ-しゅ【挙手】［名・自サ変］❶片手を高くあげること。〓「—による採決」❷右手を曲げて顔の横にあげ、相手に視線を注ぐ敬礼。挙手の礼。

きょ-じゅ【巨樹】［名］巨大な樹木。巨木。

きょ-しゅう【去就】(—シウ)［名］去ることと、とどまること。進退。また、どのように身を処するかの態度。〓「首相の—が注目される」

きょ-じゅう【巨獣】(—ジウ)［名］大きなけもの。

きょ-じゅう【居住】(—ヂユウ)［名・自サ変］ある場所に住むこと。〓「海外に—する人」「—地」

ぎょ-しゅう【漁舟】(—シウ)［名］漁をする小舟。

きょじゅう-せい【居住性】(キヨヂユウ—)［名］住宅の住みごこち。また、乗り物に長時間乗るときの居ごこち。〓「—に問題のあるマンション」「—のよい車両」

きょ-しゅつ【拠出(▼醵出)】［名・他サ変］ある目的のために金銭や品物を出し合うこと。〓「見舞金を—する」「確定—型年金」書き方「拠出」は代用表記。

きょ-しょ【居所(居処)】［名］居住する場所。すまい。〓「—が定まらない」▽法律では本拠となる「住所」に対し、多少の期間継続して住んでいる場所をいう。

きょ-しょう【去声】(キヨシヤウ)［名］漢字の四声の一つ。発音の最初が高く、あとが急激に下がるもの。きょせい。

きょ-しょう【巨匠】(—シヤウ)［名］芸術などの分野で、際だって優れた実績を持つ人。大家。〓「映画界の—」

きょ-しょう【挙証】［名・自他サ変］証拠をあげて示すこと。〓「—責任」

きょ-じょう【居城】(—ジヤウ)［名］領主などが日ごろ住んでいる城。

ぎょ-しょう【魚礁(漁礁)】(—セウ)［名］海底の岩場など、魚が多く集まりやすい場所。〓「人工—」

ぎょ-しょう【魚▼醬】(—シヤウ)［名］塩漬けにして発酵させた魚から出た汁を漉(こ)し取ったもの。秋田地方のしょっつる、石川地方のいしる、ベトナムのニョクマム、タイのナンプラーなど。うおじょうゆ。

ぎょ-じょう【漁場】(—ヂヤウ)［名］漁業をするのに適した場所。また、漁業権が設定されている水域。ぎょば。

きょ-しょく【虚飾】［名］実質の伴わないうわべだけの飾り。

きょしょく-しょう【拒食症】(—シヤウ)［名］心理的な原因で食べ物をとることをこばむ症状。思春期に発症しやすい。思春期やせ症。神経性無食欲症。神経性やせ症。

きょ-しん【虚心】［名・形動］先入観やわだかまりがなく、心がすなおであること。「―に耳を傾ける」

きょ-じん【巨人】［名］❶きわめて体の大きい人。❷その分野で、偉大な能力と実績を持つ人。「財界の―」

ぎょ-しん【御寝】［名］「寝ること」の意の尊敬語。「―になる（＝おやすみになる）」

きょしん-たんかい【虚心▼坦懐】クワイ［名・形動］心に何のわだかまりもなく、さっぱりした気持ちで物事にのぞむこと。

きょ-すう【虚数】［名］実数でない複素数。⇕実数 ▼√-1を虚数単位とし、記号iで表す。

キヨスク【KIOSK】［名］JR駅構内にある売店の名称。▼一部では「キオスク」とも。⬇キオスク

ぎょ・する【御する】［他サ変］❶馬などを巧みにあやつる。「悍馬（かんば）を―」［書き方］「▼馭する」とも。❷他人を自分の思うとおりに動かして使う。「―・しやすい人」［文］ぎょ・す

きょ-せ【季寄せ】［名］季語を集め、分類して整理した本。歳時記の簡略なもの。

きょ-せい【去勢】［名・他サ変］❶動物の生殖腺を取り去って生殖機能を失わせること。❷主体性や気持ちの張りを根底から失わせること。「管理社会によって―された現代人」▼多く受け身の形で使う。

きょ-せい【巨星】［名］❶恒星のうち、半径と光度の大きい星。アンタレス・ベテルギウス・カペラなど。⇕矮星（わいせい）❷輝かしい業績を持つ偉大な人物。

◉**巨星墜（お）・つ** 偉大な人物が死ぬ。

きょ-せい【虚勢】［名］うわべだけの威勢。

◉**虚勢を張・る** 実力もないのに、うわべだけの威勢を示す。からいばりをする。

ぎょ-せい【御製】［名］天皇が作った詩歌や文章。

きょ-せき【巨石】［名］非常に大きな石。「―文化」

きょ-せつ【虚説】［名］根拠のないうわさ。浮説。

きょ-ぜつ【拒絶】［名・他サ変］相手の頼みや要望をことわること。「不当な要求を―する」「面会を―される」

きょぜつ-はんのう【拒絶反応】オウ ハン［名］個体が移植された組織や臓器を排除しようとする一種の免疫反応。拒否反応。▼ある物事を生理的・心理的に受けつけないことのたとえにもいう。「核に―を示す」

ぎょ-せん【漁船】［名］漁業をするための船。

きょ-そ【挙措】［名］立ち居振る舞い。挙止。「―を失う（＝取り乱した行いをする）」「―動作」

きょ-ぞう【虚像】ザウ［名］❶レンズや反射鏡によって物体から出た光線を発散させたとき、その光線の逆方向に実際の物体があるように結ばれる像。❷実際とは異なる、見せかけの姿。「芸能界の―と虚飾をあばく」◈⇕実像

ぎょ-ぞく【魚族】［名］魚のなかま。魚類。

ぎょ-そん【漁村】［名］住民の多くが漁業によって生計を立てている村。

きょ-たい【巨体】［名］きわめて大きな体。

きょ-だい【巨大】［形動］極めて大きいさま。「―な岩」「資本・エネルギー―」［派生］―さ

ぎょ-だい【御題】［名］❶天皇が選んだ詩文の題。勅題。❷宮中の歌会始めの題。

きょ-たく【居宅】［名］ふだん住んでいる家。すまい。

きょ-だく【許諾】［名・他サ変］相手の要求や希望を聞き入れて許すこと。「使用を―する」「著作権者の―を得る」「申請者に―を与える」

ぎょ-たく【魚拓】［名］魚の拓本。墨や絵の具を使って和紙や布に転写する。

きょ-だつ【虚脱】［名・自サ変］❶心臓の衰弱などによって血液循環がそこなわれ、死にそうな状態になること。❷ショックなどによって気力を失い、ぼんやりとして何もできない状態になること。「―感・―状態」

きょ-たん【去▼痰（▼祛▼痰）】［名］気管・気管支にたまった痰を取り除くこと。「―薬・―剤」

きょ-だん【巨弾】［名］大きな砲弾や爆弾。▼相手に大きな打撃を与えるような攻撃のたとえにもいう。

きょっ-かい【曲解】クヮイ［名・他サ変］相手の言動などをすなおに受けとらず、むりに曲げて解釈すること。「好意を―して逆恨みする」

きょっ-かん【極冠】キョククヮン［名］火星の南北両極に見られる白い部分。火星の夏にはほぼ消失し、冬に広がることから氷雪と考えられる。

きょっ-けい【極刑】キョク［名］最も重い刑罰。現在の法律では、死刑。

きょっ-こう【▼旭光】キョククヮウ［名］朝日の光。

きょっ-こう【極光】キョククヮウ［名］オーロラ。

ぎょっ-こう【玉稿】ギョクカウ［名］原稿の尊敬語。「―を賜る」

ぎょっ-と［副］突然のことに驚いて動揺するさま。「不気味な物音に―する」

きょ-てん【拠点】［名］活動のよりどころとなるところ。「ボランティア活動の―」「軍事―」

きょ-でん【虚伝】［名］根も葉もないうわさ。また、何の根拠もない言い伝え。虚聞（きょぶん）。

きょ-とう【巨頭】［名］国家や組織の中で重要な地位を占め、大きな実権を握っている人物。「―会談」

きょ-とう【挙党】タウ［名］政党などの、党員全体が団結して事に当たること。「―体制」

きょ-どう【挙動】［名］行動や動作。ふるまい。「―不審」

ぎょ-とう【漁灯】［名］漁船で、夜、漁をするときにともす明かり。また、魚を誘い寄せるためにともす明かり。いさりび。

ぎょ-どう【魚道】ダウ［名］❶魚の群れが回遊する道すじ。▼魚類・潮流・水深などによってほぼ決まっている。❷ダム・堰（せき）などをつくるとき、魚の通路として設けておく人工の水路。魚梯（ぎょてい）。

きょと-きょと［副（と）］落ち着かない様子であたりを見回すさま。「不安そうに―（と）周囲を見る」

きょとん-と［副］目を見開いてぼんやりしているさま。「叱られたわけもわからず―している」

ぎょ-にく【魚肉】［名］魚の肉。「―ソーセージ」

きょ-にゅう【巨乳】［名］〔俗〕乳房が並はずれて大きいこと。きわめて豊かなバスト。⇕貧乳

きょ-にんか【許認可】［名］許可と認可。

きょ-ねん【去年】［名］今年（ことし）を基準として、前の年。昨年。

ぎょ-ば【漁場】［名］⬇ぎょじょう

ぎょ-ばん【魚板】［名］木を彫って魚の形に作った仏具。禅寺などで、時刻を知らせるときなどにたたいて鳴らす。

きょ-ひ【巨費】［名］巨額の費用。「―を投じる」

きょ-ひ【拒否】[名・他サ変] 相手の要求・提案などを受け入れないで断ること。「署名を—する」

きょ-ひ【許否】[名] 許可するか、しないかということ。

ぎょ-ひ【魚肥】[名] 乾燥させた魚類を原料とする肥料。干し鰯(か)など。

きょひ-けん【拒否権】[名] ❶議会で決定した事項への同意をこばみ、それを無効にすることができる権利。❷国連安全保障理事会において常任理事国に認められている議決阻止権。

きょ-ふ【巨富】[名] きわめて多くの財産。巨万の富(みと)。

ぎょ-ふ【漁夫】[名] 漁業で生計を立てる人。漁師。

◉**漁夫の利** 両者が争っているうちに、第三者が労せずして利益をさらうこと。書き方「漁父の利」とも書く。「漁父」は「ぎょほ」とも読む。語源 シギとハマグリが争っているところに通りかかった漁師が、簡単に両方とも捕らえたという中国の故事(『戦国策』)から。

きよ-ぶき【清拭き】[名・他サ変] ぬれた布でふいたあと、仕上げとしてかわいた布でふくこと。

ぎょ-ふく【魚腹】[名] 魚の腹。魚の腹の中。「—に葬られる(=水死する)」

ぎょ-ぶつ【御物】[名] 皇室が所有している品物。ごもつ。ぎょもつ。

ぎょ-ふん【魚粉】[名] 魚を乾燥させて粉末にしたもの。飼料・肥料などにする。

きょ-へい【挙兵】[名・自サ変] 兵を集めて軍事行動を起こすこと。「—して政府軍と戦う」

きょ-へん【巨編(巨▼篇)】[名] 文学・映画などで、きわめて規模の大きい作品。「スペクタクル—」

きょ-ほ【巨歩】[名] 大きな功績。「医学界に—を印(しる)す」▼「大またの歩み」の意から。

きょ-ほう【巨峰】[名] ブドウの一品種。黒紫色の実は大粒で、甘みが強い。アメリカ系ブドウとヨーロッパ系ブドウの交雑種で、日本で育成された。▼商標名。

きょ-ほう【巨砲】ハウ [名] 巨大な大砲。▼野球で、強打者のたとえにもいう。

きょ-ほう【虚報】[名] 間違った知らせ。

ぎょ-ほう【漁法】ハフ [名] 魚介類をとる方法。網漁・釣り漁・雑漁に大別される。

きよ-ほうへん【毀誉褒▼貶】[名] けなすこととほめること。世間の評判。「—に惑わされない」「—半ばする」▼「毀」「貶」はそしる、「誉」「褒」はほめる意。

きょ-ぼく【巨木】[名] 大きな木。巨樹。「杉の—」

きよま・る【清まる】[自五] 清らかになる。「美しい話を聞いて心が—」

きょ-まん【巨万】[名] きわめて多くの数量。「—の富を築く」

ぎょ-み【魚味】[名] 魚の味。また、魚の料理。

きよみず-の-ぶたい【清水の舞台】キヨミヅ [名] 京都市東山区にある清水寺本堂の舞台。切り立った崖(がけ)の上に掛け渡してある。

◉**清水の舞台から飛び降・りる** 思い切って大きな決断を下すたとえ。

ぎょ-みん【漁民】[名] 漁業で生計を立てている人々。

きょ-む【虚無】[名] ❶何もないこと。空虚。❷価値があると認められるものが何もなく、むなしいこと。「—感に襲われる」❸老子の説く、有無相対を超越した絶対の境地。万物の始元としての無。

きょむ-しゅぎ【虚無主義】[名] 実在や真理、また既存の社会秩序・権威などを否定する立場。ニヒリズム。

きよめ【清め(▽浄め)】[名] 清めること。罪やけがれを取り除くこと。「—の塩をまく」「お—をする」

きょ-めい【虚名】[名] 実力をともなわない名声。虚聞。

ぎょ-めい【御名】[名] 天皇の名。「—御璽(ぎょじ)(=天皇の署名と印章)」

きよ・める【清める(▽浄める)】[他下一] 汚れやけがれを除いて清らかにする。「水を浴びて体を—」文 きよ・む 名 清め

きょ-もう【虚妄】マウ [名] 事実でないこと。いつわり。「—の説」

ぎょ-もう【魚網・漁網】マウ [名] 魚介類をとるための網。書き方 新聞は「漁網」。

ぎょ-もつ【御物】[名] ➡ぎょぶつ

きよもと【清元】[名] 江戸浄瑠璃(じょうるり)の一派。清元延寿太夫(えんじゅだゆう)が創始した。繊細で粋(いき)な曲調を特色とする。▼「清元節」の略。

ぎょ-ゆ【魚油】[名] イワシ・ニシンなどの魚類からとった油。

ぎょ-ゆう【御遊】イウ [名] 昔、宮中などで行われた管弦の遊び。

きょ-よう【許容】[名・他サ変] そこまではよいと認めて受け入れること。「少々の誤差は—する」「—範囲」

きょ-らい【去来】[名・自サ変] 行ったり来たりすること。また、感情などが、浮かんだり消えたりすること。「脳裏に—するさまざまな思い」

ぎょ-らい【魚雷】[名] 水中を自走し目的物に命中すると爆発する円筒形の水雷。「—艇」▼「魚形水雷」の略。

きよ-らか【清らか】[形動] ❶汚れや濁りなどがなく、澄んでいて美しいさま。「谷川の—な流れ」❷世俗にけがされたところがなく純粋であるさま。清純なさま。「—な心」「愛」派生 -さ

ぎょ-らん【魚卵】[名] 魚の卵。特に、イクラ・筋子(すじこ)・鱈子(たらこ)など、食用に加工したものをいう。

ぎょ-らん【魚▼籃】[名] 魚を入れるかご。びく。

きょ-り【巨利】[名] きわめて大きな利益。「—をむさぼる」⇔小利

きょ-り【距離】[名] 二つの場所または物の間の隔たり。二点を結ぶ直線の長さ。「長い—を走る」「走行—」▼抽象的な事柄と事柄の間や、人と人との間などに感じられる、心理的な隔たりの意にも使う。「理想と現実の—」「—をおいて付き合う」

きょり-かん【距離感】[名] ❶対象までの距離をつかむ感覚。❷相手との間に隔たりがあると思う気持ち。「—が狂う」「友人と程よい—を保つ」

きょ-りゅう【居留】リウ [名・自サ変] ある土地に一時的にとどまって住むこと。「—民」

きょりゅう-ち【居留地】キョリウヂ [名] 条約などに基づき、外国人の居住・営業を特別に認めた地域。

ぎょ-りょう【漁猟】レフ [名] ❶漁業と狩猟。❷漁業。

ぎょ-りん【魚▼鱗】[名] ❶魚のうろこ。また、さかな。❷兵法で、うろこ形に並べた陣の中央部を敵に最も近づけて配置する陣形。

ぎょ-るい【魚類】[名] 水中にすみ、えらで呼吸する

脊椎動物の総称。多くは体表にうろこを持つ。魚族。

きょ-れい【挙例】［名・自サ変］例をあげること。

きょ-れい【虚礼】［名］しきたりやつき合いから形式的に行う、誠意の伴わない礼儀。「ー廃止」

ぎょ-ろう【魚▼蠟】（ラフ）［名］魚やクジラの油からとった白色の固形脂肪。ろうそくの原料などに用いた。

ぎょ-ろう【漁労（漁▼撈）】（ラウ）［名］魚介類・海藻などの水産物をとること。また、その仕事。「ー長」 書き方 「漁労」は代用表記。

きょろ-きょろ［副ト］落ち着かない態度で、目をあちこちに動かしながら周囲を見回すさま。「授業中にーするな」

ぎょろ-ぎょろ［副ト］大きく目をむいてあたりを見回すさま。「目をーさせて部下をにらみ回す」

ぎょろ-め【ぎょろ目】［名］よく動く大きな目。

き-よわ【気弱】［名・形動］気が弱いこと。また、その性質。「生来がーな人」「もうだめだとーなことをいう」 派生 -げ／-さ

き-ら【▼綺羅】［名］美しい衣服。また、装いなどがきらびやかなこと。「ーをまとう」「ーを飾る（＝華やかに装う。また、みえを張る）」▼「綺」は綾織りの絹、「羅」は透けるように薄い絹の意。

◉**綺羅星の如く** 美しくきらびやかなさまは夜空に輝く星のようだ。 注意 「きらぼしの如く」と発音されることが多いが、「綺羅、星の如く」が正しい。

キラー［killer］［名］特定の相手に強い力を発揮する人やもの。「マダムー・左打者ー」▼多く他の語と複合して使う。原義は、殺人者。

キラー-コンテンツ［killer contents］［名］ある分野を広く普及させるきっかけとなるような、魅力を持った製品やサービス。

き-らい【帰来】［名・自サ変］帰ってくること。

き-らい【機雷】［名］水中や水面に設置し、艦船がふれると爆発するように仕かけた水雷。▼「機械水雷」の略。

きらい【嫌い】（キラヒ） 一［形動］その物事や人がいやで、それとかかわりたくない気持ちだ。「牛乳［待たされるの］はーだ」⇔好き 使い方 ⬇好き㊀

二［名］❶〈「…のきらいがある」などの形で〉好ましくない気がかりな傾向がある。「独断専行のーがある」「業績を鼻にかけるーがある」 使い方 「頭でっかちの嫌いがある」のように、形容動詞用法のある語の場合でも「…の嫌い」の形が普通。ただし、「情報公開に消極的な嫌いがある」のように、前の部分が文相当の場合は「…な嫌い」の形も使われる。❷〈「…のきらいなく」の形で〉…を区別しないで。「敵味方［昼夜］のーなく」

三（造）〈連濁して「ぎらい」の形で〉嫌っていること。「勉強ー・食わずー・カメラー」

きら・う【嫌う】（キラフ）［他五］❶その人や物事がいやで、かかわりたくないと思う。いやがる。「私は先生をーってはいない」「ニンニク［不正］をー」⇔好く・好む▼動植物にも転用する。「ヒマワリは日陰をー」❷好ましくない結果になることを恐れてそれを避ける。「鬼門をー」「長打をーって歩かせる」⇔好む ❸（ものを人になぞらえて）両者の関係が相性のいいものではないことをいう。「塩は湿気をー」「火は水をー」❹〈「嫌わず」の形で〉相手や場所を選ばずに…する。構わず…する。「相手ーわず議論をふきかける」「（犬ハ）私の顔を所ーわず舐め…〈漱石〉」 名 嫌い

品格 厭う「いかなる苦労も厭わない」 忌む「ーべき風習」 疎む「同僚から疎まれる」 疎んじる「上司に疎んじられる」 忌避「他人に関わることをーする」 嫌悪「自己ー」 唾棄「唾棄すべき悪事」 敵視「テロ組織としてーする」 白眼視「世間から白眼視される」

きら-きら［副ト］断続して美しく光り輝くさま。「星がー（と）またたく」「目をーさせて話を聞く子供たち」

ぎら-ぎら［副ト］強烈に光り輝くさま。また、どぎつく光るさま。「ー（と）照りつける真夏の太陽」▼欲などがどぎついたとえにもいう。「ーした欲望」

きらきら-ネーム［名］漢字に伝統的でない読みを当てたり、人名に合わない単語を用いたりした、個性的な名前。 書き方 多く「キラキラネーム」と書く。

き-らく【気楽】［名・形動］❶気づかいや気苦労がなくて、のんびりしていること。「ーな独身生活」「一線から退いてーになった」❷物事を深刻に考えないで、のんきなこと。「他人事のようにーなことをいう」 派生 -さ

き-らく【帰▼洛】［名・自サ変］都に帰ること。特に、京都に帰ること。「昨一五日ー」

きら・す【切らす】［他五］❶切れた状態にする。「息をー」「しびれをー（＝我慢しきれなくなる）」❷たくわえておいた品物を使い切る。「あいにく米をーした」

き-らず【〈雪花菜〉・切らず】［名］豆腐を作るときのしぼりかす。おから。うのはな。▼切らずに使える意。「おから」が「空（から）」に通じるのを嫌って言い換えた語という。

ぎら-つ・く［自五］ぎらぎら光る。ぎらぎらする。「太陽がー」

きらびやか【▼煌びやか】［形動］輝くばかりに華やかで美しいさま。「ーに着飾った人たち」 派生 -さ

きら-ぼし【▼綺羅星（▼煌星）】［名］夜空に輝く無数の星。▼「綺羅、星の如く」の誤用から。

きら-めか・す【▼煌めかす・▼燦めかす】［他五］⬇きらめかせる

きら-めか・せる【▼煌めかせる・▼燦めかせる】［他下一］きらめくようにする。「目をー」 異形 きらめかす

きら-め・く【▼煌めく・▼燦めく】［自五］きらきらと（美しく）光り輝く。「夜空に星がー」「詩句の随所に卓越した才知がー」

きらら【〈雲母〉】［名］⬇うんも▼きらきらと光ることから。

きらり［副ト］瞬間的に輝くさま。「星がーと輝く」「ーと光る才能」

ぎらり［副ト］一瞬、不気味な光を放つさま。「目がーと光る」

き-らん【貴覧】［名］相手を高めて、その人が見ることをいう語。御覧。高覧。「ーに供する」

きり【▼桐】［名］材を利用するために植栽されるノウゼンカズラ科の落葉高木。葉は大きな広卵形。五月ごろ、紫色の筒状の花を開く。軽くて防湿性の高い材は、たんす・琴・下駄などに用いられる。

きり【▼錐】［名］材木などに小さな穴をあける工具。先端を鋭くとがらせた細い鉄棒に木の柄をつけたもので、両手でもむように回転させて使う。

きり【霧】［名］❶大気中の水蒸気が集まって細かな水滴となり、地表や水面近くで煙のように立ちこめるもの。「ーがかかる」「朝ー」▼平安時代以降、春に立ちこめる

ものを霞(かすみ)、秋のものを霧と言い分けてきた。気象用語では視界一キロメートル未満のものをいい、靄(もや)と区別する。⬇霞 ❷細かな水滴を空中に散るように飛ばしたもの。‖「ーを吹く」

きり【切り】 ㊀［名］❶物事がそこで終わりになるところ。区切り。切れ目。‖「ーのよいところで休む」❷かぎり。際限。‖「欲を言えばーがない」▼多く「ーがない」「ーのない」の形で使う。❸定期の取引で、受け渡しの期限。限月(げんげつ)。書き方「▽限」と書く。❹能楽や浄瑠璃で、終わりの部分。❺寄席で、その日の最後の出し物。また、その演者。❻「切り能」の略。❼「切り狂言」の略。㊁（造）〈動詞の連用形や過去の助動詞「た」の連体形に付いて〉その状態がずっと変わらない意を表す。…つきり。‖「かかりー・つきー・着たー」

きり［副助］❶〈名詞や動詞連体形や過去の助動詞「た」の連体形に付いて〉範囲をそれだけに限る意を表す。…だけ。‖「二人きりで話そう」「手持ちの金はこれっきりだ」「そこには若い夫婦ものが二人いるきりで〈佐藤春夫〉」❷〈代名詞や助動詞「た」の連体形に付いて〉それを最後とする意を表す。‖「それっきり会っていない」「出ていったきり帰ってこない」◈名詞「切り(＝際限)」から。使い方 話し言葉では「っきり」となることが多い。古風な言い方で「ぎり」とも。

ぎ-り【義理】［名］❶社会生活を営む上で、人として守るべき正しい筋道。道義上または立場上、他人に対して果たさなくてはならないつとめ。‖「ーと人情の板ばさみ」「あの人にはー(＝報いなくてはならない恩義)がある」「ーで出席する」「今さら相談できたーではない(＝相談できる立場ではない)」❷結婚・養子縁組などで生じる、血縁関係と同様の関係。‖「ーの兄」

◉**義理にも**　お世辞にも。‖「ーうまいとは言えない」

◉**義理を欠(か)く**　他人との付き合いの上で当然しなくてはならないことを怠る。‖「多忙にかまけてー」

◉**義理を立・てる**　付き合いや恩義を大切に考え、それに見合うだけの行為で応える。

きり-あげ【切り上げ】［名］❶区切りをつけて一応の終わりとすること。‖「ここらで仕事はーにしよう」❷計算上、端数を一とみなし、その上の位に加えること。⬍切り捨て ❸通貨の対外価値を引き上げること。‖「円のー」⬍切り下げ

きり-あ・げる【切り上げる】［他下一］❶区切りをつけて、一応の終わりとする。‖「日が暮れたので練習をー」❷計算上、端数を一と見なして、その上の位に加える。‖「小数点以下をー」⬍切り捨てる ❸自国通貨の対外価値を引き上げる。‖「円をー」⬍切り下げる 文きりあ・ぐ 名切り上げ

きり-いし【切り石】［名］❶用途に合わせて一定の形に切った石材。❷石だたみ。敷石。

きり-うり【切り売り】［名・他サ変］❶まとまっているものを必要な分だけ切って売ること。‖「すいかをーする」❷体系的な知識などを小出しにして講義や著述に利用すること。‖「私生活をーする作家」「知識のー」

きり-え【切り絵】(ヱ)［名］紙を人や動物の形に切り抜いて台紙に貼ったもの。色を塗ることもある。切り紙絵。

きり-おとし【切り落とし】［名］❶切り落とすこと。また、そのもの。‖「丸太のー」❷食品を切り分けたときにできる、形のそろわない半端な部分。‖「牛肉［カステラ］のー」❸江戸時代の劇場で、一階正面の観客席のうち、最前列の大衆席。大入り場。▼舞台だった部分を切り落として作ったことからという。

きり-おと・す【切り落とす】［他五］❶ある物の一部を切って本体から離す。‖「邪魔な枝をー」❷堤防の一部を壊して水を流す。‖「堤(つつみ)をー」名切り落とし

きり-かえ【切り替え・切り換え】(ヘ)［名］切り替えること。転換すること。‖「頭のーが早い」「気持ちのーが難しい」書き方 公用文では表記「切替え」。

きり-かえし【切り返し】(ヘシ)［名］❶切り返すこと。❷剣道で、相手の正面と左右の横面を交互に打つ練習法。❸相撲の決まり手の一つ。四つ相撲で、踏み込んできた相手の膝の外側に自分の膝の内側を当て、後ろにねじり倒すわざ。◈書き方 ①②は「斬り返し」とも。

きり-かえ・す【切り返す】(ヘス)［他五］❶切りかかってきた相手をかわし、逆に切りかかる。書き方「斬り返す」とも。❷論争などで、相手の攻撃にただちに反論する。やり返す。‖「論詰を逆手にとってー」❸自動車の運転で、方向を転換するため一方に回したハンドルをすばやく逆の方向に回す。‖「ハンドルをー」名切り返し

きり-か・える【切り替える・切り換える】(ヘル)［他下一］それまでの方式・方法・制度などをやめて別のものにする。‖「冷房を暖房にー」「考え方［気分］をー」「チャンネル［ギヤ］をー」文きりか・ふ 名きりかえ

きり-かか・る【切りかかる(切り掛かる)】 ㊀［自五］切ろうとして襲いかかる。‖「大刀を振りかざしてー」書き方「斬りかかる」とも。㊁［他五］切り始める。

きり-かけ【切りかけ(切り掛け)】［名］❶切る動作を途中までするこ と。また、途中まで切ったもの。‖「ーの食パン」❷幾枚もの細長い板を、間が透くように横に並べて張った板塀(いたべい)。▼庭先の目隠しなどにする。

きり-か・ける【切りかける(切り掛ける)】 ㊀［自下一］刃物で切ろうとする。書き方「斬りかける」とも。㊁［他下一］切り始める。また、切る動作を途中までする。‖「枝をー・けたところに夕立が来た」文きりか・く 名切りかけ

ぎり-がた・い【義理堅い】［形］他人との人間関係のうえでの恩義や体面などを非常に重んじるさま。‖「ー人」「ー・く盆暮れの挨拶(あいさつ)をする」派生-さ

きり-かぶ【切り株】［名］木や草を切りとったあと、地上に残された根本の部分。

きり-がみ【切り紙】［名］❶奉書紙・鳥の子紙などを横に二つに折り、それを折り目にそって切ったもの。半切(はんき)り。❷①に記した芸道などの免許目録。◈「きりがみ」とも。

きり-きざ・む【切り刻む】［他五］切って細かくする。‖「わが身をー・まれるような思い」

きり-ぎし【切り岸】［名］切り立ったけわしいがけ。断崖(だんがい)。絶壁。

きり-きず【切り傷】［名］刃物などで切った傷。創傷。‖「頬にーのあとが残る」

きり-きょうげん【切り狂言】(キャウゲン)［名］歌舞伎で、その日の興行の最後の出し物。大ぎり。きり。

きり-きり［副］❶物が強くこすれ合う音を表す語。‖「歯をー(と)いわせてくやしがる」❷ひもや縄を巻きつけて強くしめるさま。‖「ー(と)縛り上げる」❸弓のつるを強くぎりぎりまで引くさま。また、その音を表す語。‖「弓をー(と)引き絞る」❹鋭く刺すように痛むさま。‖「下腹がー(と)痛む」

ぎり-ぎり［副］❶［三］限度いっぱいで、それ以上ゆと

りがないさま。‖「いま行けばー終電に間に合う」「締め切りーに願書を出す」「ーの線まで譲歩する」❷力を強く加えるさま。‖「縄でー縛り上げる」◈もとの用字は「▽限り▽限り」。

きりぎりす【〈▼螽▼蟖〉】〔名〕❶夏から秋にかけて草むらで見られる、キリギリス科の昆虫。形はイナゴに似るが、体長より長い触角を持つ。雄は日中、ギースチョン、チョンギースなどと鳴く。❷〔古風〕コオロギ。書き方 ②は「〈▼蟋▼蟀〉」とも。

きりきり-まい【きりきり舞い】ヒ-マ〔名・自サ変〕❶片足をあげて、勢いよく体を回すこと。❷あわただしく立ち働くこと。また、あわてふためくこと。てんてこ舞い。‖「客が殺到してーする」

きり-くず【切り▼屑】ツ-ク〔名〕物を切ったときに残った、不要の部分。‖「材木[野菜]のー」

きり-くず・す【切り崩す】ツ-クス〔他五〕❶削り取って元の形をこわす。‖「山をー」❷相手の弱点を攻めて、団結や防備を分散させる。‖「反対勢力をー」❸〔新〕預金や貯金から、少しずつ使う。‖「貯金をー・して生活する」▼「取り崩す」との混同から。名 **切り崩し**

きり-くち【切り口】〔名〕❶物を切ったあとの面。切断面。書き方「▼截り口」とも。❷切り傷の口。❸物の切り方。また、物事を分析するときの視点や方法。‖「鋭いーの批評」❹封をした袋などで、そこから切り開くようにした部分。

きり-くび【切り首・斬り首】〔名〕首を切ること。また、切り落とされた首。

きり-く・む【切り組む】■〔自五〕切り合う。‖「太刀を振るってー」書き方「斬り組む」とも。■〔他五〕材木などを切って組み合わせる。‖「白木を格子にー」

きり-ぐも【霧雲】〔名〕霧のように低くただよう雲。

きり-こ【切り子(切り▽籠)】〔名〕立方体のそれぞれの角を切り落とした形。また、その形のもの。‖「ギヤマンのーの杯」「ー灯籠(どうろう)」

きり-こうじょう【切り口上】ーコウジャウ〔名〕感情を交えずに一語一語をはっきりと区切っていう、改まった調子の話し方。

きりこ-ガラス【切り子ガラス】〔名〕カットグラス。

きり-ごたつ【切り▼炬▼燵(切り▽火▼燵)】〔名〕掘りごたつ。‖「茶の間のーに足を入れる」

きり-こみ【切り込み】〔名〕❶刀を抜いて敵中に攻め込むこと。書き方「斬り込み」とも。❷刃物を使って切れ目を入れること。また、その切れ目。‖「はさみで紙にーを入れる」❸切った魚肉を塩と麴(こうじ)に漬けた食品。

きり-こ・む【切り込む】■〔自五〕❶刀を抜いて敵中に攻め込む。‖「敵陣にー」書き方「斬り込む」とも。❷鋭く攻めかける。また、鋭く問いつめる。‖「新製品をもって寡占市場にー」「証言の矛盾点にー」■〔他五〕❶刃物で深く切る。❷切って中に入れる。‖「たっぷりの野菜をー・んだ汁」名 **切り込み**

きり-さいな・む【切り▽苛む】〔他五〕むごたらしく切って苦しめる。‖「わが身をー・まれる思い」

きり-さ・く【切り裂く】〔他五〕切って開く。また、切ってばらばらにする。‖「魚の腹をー」「布をー」

きり-さげ【切り下げ】〔名〕切り下げること。‖「平価ー」⇕切り上げ

きり-さ・げる【切り下げる】〔他下一〕❶上から下へと切る。切りおろす。‖「一刀のもと肩口からー」書き方「斬り下げる」とも。❷切って垂らす。‖「前髪をー」❸自国通貨の対外価値を引き下げる。‖「円をー」❹物価・サービスなどの水準を引き下げる。‖「薬価をー」「コストをー」「待遇をー」◈①③⇕切り上げる 文 きりさ・ぐ 名 **切り下げ**

きり-さめ【霧雨】〔名〕霧のように細かく降る雨。ぬか雨。きりあめ。‖「ーに煙る街」

ギリシア-しんわ【ギリシア神話】〔名〕古代ギリシア民族が伝承した神話・伝説の総称。天地創造、主神ゼウスとオリンポスの神々の神話、ヘラクレス・オデュッセウスの英雄伝説などからなる。ギリシャ神話。

キリシタン【Christão ポルトガル】〔名〕キリスト教、またその信徒。天主教。耶蘇(やそ)教。‖「ーバテレン(=キリシタンの神父の敬称)」「隠れー」▼天文一八(一五四九)年、日本にローマカトリック教が伝えられて以来、明治時代まで使われた語。書き方「▽吉利支丹」、のち「切支丹」などと当てた。

きり-じに【切り死に・斬り死に】〔名・自サ変〕切り合って死ぬこと。‖「合戦でーする」

きり-すて【切り捨て】〔名〕❶不要なものとして見捨てること。‖「高齢者福祉のー」❷計算上、ある位より下の端数をないものとして除くこと。⇕切り上げ ❸人を切って、そのまま打ち捨てておくこと。書き方 ③は「斬り捨て」とも。

きりすて-ごめん【切り捨て御免・斬り捨て御免】〔名〕武士の特権として、無礼を働いた町民・農民などを殺しても罰せられなかったこと。▼力を持つものが無理を通す意にも使う。‖「ーの政治は願い下げだ」

きり-す・てる【切り捨てる】〔他下一〕❶不要な部分を切りとって捨てる。‖「魚の頭をー」❷不要なものとして見捨てる。‖「弱者をー」❸計算で、ある位より下の端数をないものとして除く。‖「小数点以下をー」⇕切り上げる ❹人を切って、そのまま打ち捨てておく。書き方 ④は「斬り捨てる」とも。文 きりす・つ 名 **切り捨て**

キリスト【Christo ポルトガル】〔名〕イエス。イエス=キリスト。クリスト。▼もとは救世主(メシア)としてナザレのイエスに与えられた敬称。書き方「▽基▽督」とも当てた。

キリスト-きょう【キリスト教】ーケウ〔名〕イエス=キリストを救世主(メシア)と信じ、唯一絶対の父としての神をいただく宗教。仏教・イスラム教とともに世界三大宗教の一つ。▼古くは「天主教」「耶蘇(やそ)教」などといった。

きり-ずみ【切り炭】〔名〕適当な長さに切った木炭。

きり-たお・す【切り倒す】ータフス〔他五〕❶立っている物を切って倒す。‖「大木をー」❷人を切って殺す。‖「敵をー」書き方「斬り倒す」とも。

きり-だし【切り出し】〔名〕❶切り出すこと。‖「杉のー」書き方「▽伐り出し」とも。❷斜めに刃をつけ、先をとがらせた小刀。切り出しナイフ。

きり-だ・す【切り出す】〔他五〕❶切って取り出す。特に、木材や石を切って運び出す。‖「山から檜(ひのき)をー」書き方「▽伐り出す」とも。❷大切な話・用件などを言い始める。‖「深刻な顔で相談事をー」名 **切り出し**

きり-た・つ【切り立つ】〔自五〕刃物で切ったように、鋭い傾斜でそびえ立つ。‖「ー・った岩山」

ぎり-だて【義理立て】〔名・自サ変〕義理を立てること。交際上、相手に対する義理を守って行動すること。‖「本家にーをする」

きり-たんぽ【切りたんぽ】[名] 秋田地方の郷土料理。炊きたての飯をすり鉢に入れてつきつぶし、杉串などに円筒状にぬりつけて焼いたもの。また、それを鶏肉・きのこ・野菜などとともに煮た料理。▽たんぽ槍やりに形が似ることから。

ぎり-チョコ【義理チョコ】[名] バレンタインデーに、女性が恋愛感情を持たない男性に対して儀礼的に贈るチョコレート。

き-りつ【起立】[名・自サ変] 立ち上がること。‖「全員―して黙禱を捧げる」「―、礼」

き-りつ【規律(紀律)】[名] ❶社会生活・集団生活を営むために、行為の基準として定められたきまり。‖「―を守る」❷一定の秩序。‖「―正しい生活」

きり-つぎ【切り継ぎ・切り接ぎ】[名] ❶[他サ変]【継・接】物を切りとって、つぎ合わせること。‖「布地を―する」❷【接】接ぎ木の方法の一つ。皮と木質部を縦に少し割った台木に、下方を斜めにそいだ接ぎ穂を差し込んで密着させるもの。

きり-つ・ける【切りつける(切り付ける)】■[自下一] 刃物をもって襲いかかる。‖「待ちぶせをして―」書き方「斬りつける」とも。■[他下一] 刃物で切って印などをつける。‖「立木に目印を―」文 **きりつ・く**

きりっ-と[副] ⬇きりりと

きり-づま【切り妻】[名] ❶棟を境にして、左右に二つの斜面をふきおろした屋根。‖「―造り」▽「切り妻屋根」の略。❷①の両端の、山形になった壁の部分。

きり-つ・める【切り詰める】[他下一] ❶不要な部分を切りとって短くする。‖「上着の丈を―」❷無駄な支出を抑えて倹約する。‖「生活費を―」文 **きりつ・む**

きり-どおし【切り通し】ードホシ [名] 山や丘を切り開いて通した道路。きりわり。

きり-とり【切り取り】[名] ❶切り取ること。‖「―線」❷土木工事で、高い部分の土を削り取ること。切り土。

きり-と・る【切り取る】[他五] 一部を切って取り除く。また、切って取る。‖「胃を三分の一―」「ファイルを―」名 **切り取り**

きり-ぬ・く【切り抜く】[他五] 一部分を切って抜き取る。‖「記事を―」名 **切り抜き**「―帳(=スクラップブック)」

きり-ぬ・ける【切り抜ける】[他下一] ❶敵の包囲を破ってのがれ出る。❷困難な状況や苦しい立場からなんとか抜け出す。‖「ピンチを―」文 **きりぬ・く**

きり-のう【切り能(▽尾能)】[名] 能楽で、その日の出し物の最後に演じる能。五番目物。きり。

きり-は【切り羽(切り端)】[名] 鉱山や炭坑で、採掘をしている坑道の最先端。

きり-はく【切り▼箔】[名] 金銀の箔を細かく切ったもの。色紙・短冊・屛風びょうぶなどの装飾に用いる。

きり-ばな【切り花】[名] 枝や茎をつけたまま切り取った花。

きり-はな・す【切り放す】[他五] つながれていたものを放す。‖「犬を綱から―」名 **切り放し**

きり-はな・す【切り離す】[他五] 結びついていたものを分離する。‖「後部車両を―」「二つの問題を―して考える」名 **切り離し**

きり-はら・う【切り払う】ーハラフ [他五] ❶草木などを切って取り除く。‖「じゃまな下枝を―」❷切って敵を追い払う。‖「敵兵を―」書き方 ②は「斬り払う」とも。

きり-ばり【切り張り・切り貼り】[名・他サ変] ❶障子などの破れた部分を切り取って張り替えること。‖「襖ふすまを―する」「新聞を―した脅迫状」❷一部分を切りぬいて張りつけること。‖「データを―する」

きり-び【切り火(▼鑽火)】[名] ❶檜ひのきなどの堅い材をすり合わせて起こす火。また、火打ち石と火打ち金を打ち合わせて起こす火。▽清浄な火として神事などに用いる。❷旅立ちや外出のときに、火打ち石を使って打ちかける清めの火。‖「―を打つ」

きり-ひとは【▼桐一葉】[名] 秋の訪れとともに落ちる一枚の桐の葉。▽衰亡の兆しを知るたとえにいう。‖「―落ちて天下の秋を知る」

きり-ひら・く【切り開く】[他五] ❶田畑・道路・宅地などを造るために、山地を切り崩し、荒れ地を開墾する。‖「丘陵を―いて宅地を造成する」❷敵の包囲を破って進路をつくる。‖「突破口を―」❸困難な状況を打ち破って、新しい方向を見いだす。‖「運命[未来]を―」

きり-ふき【霧吹き】[名] 液体を霧状にして吹きかけるための器具。噴霧器。スプレー。

きり-ふ・せる【切り伏せる・斬り伏せる】[他下一] 人を切って倒す。‖「敵を―」文 **きりふ・す**

きり-ふだ【切り札】[名] ❶トランプで、最も強いと決められた札。❷とっておきの、最も有力な手段。‖「―を出す」

きり-ぼし【切り干し(切り▽乾し)】[名] 大根やさつまいもを千切り、または薄い輪切りにして日に干すこと。また、その干したもの。‖「―大根」

きり-まわ・す【切り回す】ーマハス [他五] ❶手当たり次第に切る。‖「刀であちこちを―」書き方「斬り回す」とも。❷中心になって手際よく処理する。‖「一人で店を―」名 **切り回し**

きり-み【切り身】[名] 魚肉を適当な大きさに切ったもの。

きり-むす・ぶ【切り結ぶ・斬り結ぶ】[自五] 刀を交えて激しく切り合う。‖「丁々発止と―」▽激しく争う意でも使う。‖「論陣を張って政敵と―」

きり-め【切り目】[名] ❶刃物で切ったあと。❷物事の区切り。切れ目。

きり-もち【切り餅】[名] 食べやすい大きさに切った四角いもち。

きり-もみ【▼錐▼揉み】[名] ❶[自サ変] 穴をあけるために、きりを両方の手のひらでもみながら回すこと。❷(失速した)飛行機が機首を下にして回転しながら降下すること。‖「―降下」

きり-もり【切り盛り】[名・他サ変] ❶食べ物を適当に切って器に盛り分けること。❷物事をうまく処理すること。‖「家計[一家]を―する」

き-りゃく【機略】[名] その場に応じた巧みなはかりごと。臨機応変の策略。‖「―にたけた人」

き-りゅう【気流】ーリウ [名] 大気中に起こる空気の流れ。‖「ジェット―・乱―・上昇―」

き-りゅう【寄留】ーリウ [名・自サ変] 一時的に他の土地または他人の家に身を寄せて住むこと。

き-りゅうさん【希硫酸(▼稀硫酸)】ーリウ [名] 水で薄めた低濃度の硫酸。

き-りょ【▼羇旅(▼羈旅)】[名] ❶たび。旅行。❷和歌・俳句の部立ての一つ。旅情をよんだもの。

きりょう【器量】ヤウリャウ〔名〕❶地位・役割などにふさわしい才能や人徳。「社長としての—に欠ける」「—人」❷顔立ち。容貌。「—好し」

ぎりょう【技量(技▼倆・▽伎▼倆)】ヤウリャウ〔名〕ある事を行う手腕。腕前。「すぐれた—の持ち主」

ぎりょう【議了】レウ〔名・他サ変〕審議や議事を終えること。

ぎりょうしん【義両親】リャウシン〔名〕〔新〕⬇義父母

きりょく【気力】〔名〕ある物事を行おうとする精神力。「最後までやり遂げる—がない」「無—」

きりりと〔副〕ゆるんだところがなく、引き締まっているさま。きりっと。「—した顔」「鉢巻きを—締める」

きりわける【切り分ける】〔他下一〕❶切っていくつかに分ける。「ケーキを—」❷区別する。「事実と感情を—・けて考える」〔文〕きりわ・く

きりわり【切り割り】〔名〕❶切って割ること。❷山や丘の一部を切り崩して道を通すこと。また、その道。切り通し。

きりん【▼騏▼驎】〔名〕一日に千里を走るという名馬。駿馬。

◉**騏驎も老いては駑馬に劣る**　どんなにすぐれた人物でも、年老いると凡人にも劣るようになる。

きりん【▼麒▼麟】〔名〕❶アフリカの草原などにすむキリン科の哺乳動物。淡黄色の体には褐色のまだらがあり、前足と首が長い。頭には皮膚におおわれた一対の短い角がある。ジラフ。〔書き方〕ふつう「キリン」と書く。❷古代中国で、聖人が世に現れ、王道が行われると出現するとされた想像上の動物。体は鹿、尾は牛、ひづめは馬に似て、頭上に一角を持ち、その毛は五色に輝くという。▼傑出した人物のたとえにもいう。

麒麟

きりんじ【▼麒▼麟児】〔名〕特にすぐれた才能を持ち、将来を嘱望される若者。「棋界の—」

きる【切る(斬る・▽伐る)】〔動五〕

A 鋭利なもので分断したり傷つけたりする

一〔他〕❶刃物などで物を断ち分ける。「はさみで紙を—」「缶切りで缶詰を—」「包丁でにんじんを—」

❷刃物などの力が加わって体の一部(に相当するもの)を傷つける。特に、あやまって傷つける。傷を負う。「ナイフで頸動脈を—」「転倒してアキレス腱を—った」「身を—ような寒さ」

❸刃物で人を傷つけたり殺したりする。斬殺する。また、そのようにして、批判したり解雇したりする。「一刀のもとに敵を斬る」「世相〔官僚の腐敗〕を斬る(=鋭く批判する)」「リストラで首を斬られる」⬇〔書き分け〕

❹切開手術をする。また、手術して患部を取り去る。切除する。「盲腸の手術で腹を—・ったことがある」「胃を三分の二—・った」

❺封じ目を切断するなどして、閉じているものを開ける。特に、カメラを操作して閉ざされた光の通路を瞬間的に開く。「手紙の封〔吟醸酒の口〕を—」「シャッターを—」

❻使用済みであることを示すために、切符を二つに切り離したり切り込みを入れたりする。「切符を—」

❼水の流れが堤や堰を破壊する。「濁流が堤防を—・って流れ出す」

❽謄写版のやすりの上に載せた原紙に鉄筆で文字を書く。また、そのようにして印刷版を作る。「原紙を—」「ガリ版を—」▼原紙に切れ目を入れて版を作ることから。〔使い方〕「原紙を切る」は、〜ヲに〈対象〉を、「ガリ版を切る」は〈結果〉をとる言い方。

❾その場所に①の動作を加えて、そのものを作る。「壁面に通気口を—」「床に囲炉裏を—(=掘る)」

B それまで続いていたものを止める

❿話や文章を続けないで区切りを入れる。「いったんここで話を—」「音節ごとに言葉を—」

⓫他の人との関係を断つ。「不良仲間と手を—」「親子の縁を—」⇔結ぶ

⓬機械を操作して電気などの流れを止める。また、そのようにして機械の働きを止める。オフにする。「電源〔暖房〕を—」(⇔入れる)「パソコンを—」

⓭本体や主要なグループから除外する。切り捨てる。「不満分子〔合格点に達しない者〕は—」

⓮期限・人数をある範囲内に定める。「五日までと期限を—」「先着一〇名で—」

⓯振り落としたりしたたらせたりして、水分や油気を除く。「傘のしずくを—」「天ぷらの油を—」

C 〈切るような動きによって〉ある動作をする

⓰波や風を立てて勢いよく移動する。また、空中を勢いよく動く。「船が波を—・って進む」「肩で風を—・って歩く」「矢が空を—・って飛ぶ」▼水や空気を分断するように勢いよく移動する意。

⓱〈「先頭を切る」などの形で〉集団などの先頭に立って…する意を表す。「先頭〔トップ〕を—・って走る」「先陣を—・って名乗り出る」▼後続を断ち切ることから。

⓲トランプ・花札などで、そろえた札を手でよく交ぜ合わせる。シャッフルする。「カードをよく—」

⓳伝票や小切手などを発行する。「小切手〔伝票〕を—」▼切り離して発行することから。

⓴目立つような仕方で大金を使う。「札びらを—」

㉑手や体を動かして、その形を作る。「十字〔とんぼ〕を—」「〔相撲で〕無双を—」▼手や体が空間を切り裂くような動きをすることから。

㉒ハンドル・舵を操作して、進む方向を変える。また、その結果車などが曲線を描いて進む。「右にハンドルを—」「左にカーブを—」▼「ハンドルを切る／カーブを切る」は、前者は〜ヲに〈道具〉を、後者は〈結果〉をとる言い方。

㉓テニス・卓球などで、打球に特殊な回転を与えて打つ。カットする。「サーブを—」

㉔わざと目立つような口振りや所作をしたり、強い口調で疑惑を否認したりする。「たんか〔見得・しら〕を—」

㉕〈「スタートを切る」の形で〉競走が始まる。出発する。スタートする。また、物事が始まる。「一斉にスタートを—」「開幕早々好スタートを—」

㉖〈「口を切る」などの形で〉物事を始める。「最初に口を—・った(=口を利いた)のは監督だった」「論争の口火を—」「選挙戦の火蓋を—」

D ゲームでよい手を使って勝負する

㉗囲碁で、相手の石のつながりを断つ。

㉘トランプで、とっておきの札(特に、切り札)を使って勝負をつける。「切り札を—・って勝負に出る」

㉙将棋で、大駒を捨てて勝負をする。「飛車を—・って銀をとる」

E 数値を下回る

二〔自〕ある基準の数値を下回る。割る。「体重が五〇キロを—」「百メートル走で一〇秒を—」「開店まで一月を—・った」

F 「〜きる」の形で使う

三〈動詞の連用形に付いて複合動詞を作る〉❶完全に

…する。最後まで…する。‖「全財産を使い―」「坂道を上り―」「全力を出し―」❷これ以上の事態は考えられない意を表す。すっかり…する。ひどく…する。‖「分かり―ったことを言う」「澄み―った空」「苦り―・疲れ―」❸はっきり…する。きっぱり…する。‖「必ずやって見せると言い―」「関係を断ち―」「後続を振り―」

◈書き分け ⑴【切】は広く使う。【斬】は、刀で切る・批判する意で㊀③で使う。㊀③は【切】も使うが、「斬」のほうが意味が強く表現に迫力が増すため小説などで好まれる。【伐】は立木や材木を切り倒す意で、「斧で伐る」「木材を伐る」などと使うが、一般には【切る】を使う。⑵布や紙を切る意で「▽截る」、切りそろえる意で「▽剪る」とも書くが(紙を截る・つめを剪る)、一般には「切る」を使う。可能 切れる 名 切り

◉**切っても切れない** 切ろうとしても切ることができない。関係が密接であることをいう。‖「―関係」

き・る【▼鑽る】［他五］石と金属を打ち合わせたり木と木をこすり合わせたりして、火を発生させる。‖「火を―」▽「切る」と同語源。

きる【着る】［他上一］❶衣服を身につける。特に、体全体または上半身に身につける。まとう。着する。着用する。‖「上着［コート・着物・潜水服］を―」「布団を着て寝る」⬌脱ぐ 使い方 ⑴もと、笠・烏帽子・袴・刀など身につけるものに広く使った。「親の威光を笠に着る」「裃を着たようにかしこまる」などの比喩表現に残る。⑵「はく(穿く)」は、衣類を下半身につける場合に使われ、動作は足先から身体の中心部に向かってなされる。「かぶる(被る)」はその逆で、「ぼうしをかぶる」のように頭から身体の中心部に向かってなされる動作。また、「はめる(嵌める)」は、「てぶくろをはめる」のように身体の一部分にぴったりとつける場合に使われる。「着る」は、漠然と身体全体に衣類を身につける場合に使う。また、下半身につける衣類についてもまれに「袴を着る」などと単独で使うほか、「羽織と袴を着る」「モーニングに縞のズボンを着る」など、上下を対比的に並べるときに使う。❷身に引き受ける。身に負う。‖「無実の罪を着て獄舎につながれる」「濡れ衣を―」「権力を笠に―」「恩に―」

◈使い方 ⑴可能形は「着られる」。「着れる」は、ら抜き言葉。⬇ら抜き言葉 ⑵尊敬語に「召す・召される」がある。 文 き・る

品格 袖を通す「新しい制服に―」 着用「ヘルメット―を義務付ける」 羽織る「ガウンを―」 纏う「晴着を身に―」 身拵え「―をして出かける」 身支度「―を整える」 装う「華やかに―」

キルク［kurk オランダ］［名］⬇コルク

キルティング［quilting］［名］⬇キルト(quilt)

キルト［kilt］［名］スコットランドの民族衣装で、男性が着用する格子縞の巻きスカート。

キルト［quilt］［名］二枚の布地の間に綿などを入れ、重ねて刺し縫いしたもの。キルティング。

ギルド［guild］［名］中世ヨーロッパの都市で発達した商人や手工業者の独占的な同業者組合。▽日本での「座」に当たる。

ギルト-フリー［guilt-free］［名］食べても健康上の罪悪感を感じない食品。ギルティーフリー。‖「―スイーツ」

きれ【切れ】［名］❶物を切った部分、また、物の切れ端。‖「木の―」「紙―」「一―の切り身」「たくあん三―」❷切れぐあい。切れ味。‖「錆びて―の悪い庖丁」❸織物を切ったもの。また、織物。布。布地。‖「ウールの―」「余り―」書き方「▽布」「▽裂」とも。❹書画などの、著名な古人の筆跡の断片。‖「古筆―」書き方「▽裂」とも。❺頭脳の働きの鋭さ。また、技術などの鮮やかさ。‖「頭の―がいい」「技に―がない」❻すっきりとして、しつこさをあとに残さない味わい。‖「―のいいビール」

きれ-あが・る【切れ上がる】［自五］上の方に向かって切れる。切れ目が上の方を向いている。‖「―・った目」

きれ-あじ【切れ味】［名］❶刃物の切れぐあい。きれ。❷才能・技能などのさえぐあい。きれ。‖「鋭い―の評論」

き-れい【奇麗・▼綺麗】［形動］❶見た目が華やかで、美しく心地よく感じられるさま。‖「このセーターは色が―だ」「―な人」「花が―に咲く」❷音声が心地よく聞こえるさま。‖「このピアノは音が―だ」「―な声」❸濁りや汚れがなく清潔だ。‖「―な水」「―に洗う」❹心のけがれや、やましさがない。また、未練がましくなく潔い。‖「―な心［金］」「―な関係」「引き際が―だ」❺整然として乱れたところがない。‖「足並みが―にそろう」「片づいて―な部屋」❻〈「きれいに」の形で〉完成されていて非の打ち所がないさま。‖「打球が三遊間を―に抜く」「着地が―にきまる」❼〈「きれいに」の形で〉余計なものが全く残らないさま。‖「弁当を―に平らげる」「―に忘れてしまう」

◈②〜⑤⬌汚い 書き方「綺」は「綾絹」。そのように美しい意で、「綺麗」が規範的とされるが、「奇麗」の「奇」は「綺」に通じ、ともに昔からよく使われた。今は、かな書きが多い。派生 -さ

品格 美しい「―風景」 麗しい「見目―」 華麗「―な演技」 秀麗「眉目―」 美々しい「美々しく飾る」 美麗「端正―」 ◉「美しい」は深い精神性を持つものに、「きれい」は清潔さを指しても使われる。

ぎ-れい【儀礼】［名］慣習として形式が整えられている礼法や儀式。‖「冠婚葬祭の―」「通過―」

きれい-ごと【奇麗事・▼綺麗事】［名］見せかけの体裁を整えただけで、実質の伴わない事柄。‖「―ばかり言う」

きれい-さっぱり【奇麗さっぱり・▼綺麗さっぱり】［副］余計なものが残らないで、すっきりしているさま。‖「―あきらめる」

きれい-ずき【奇麗好き・▼綺麗好き】［名・形動］身の回りをいつも清潔に、または整頓しておきたい性分。また、その人。‖「―な人」

ぎれい-てき【儀礼的】［形動］単に儀礼の形式を重んじるだけで心のこもらないさま。‖「―な挨拶」

きれい-どころ【奇麗所・▼綺麗所】［名］芸者。きれいどこ。

きれ-ぎれ【切れ切れ】［名・形動］いくつにも小さく切れていること。また、途切れそうになりながら、かろうじて続くこと。‖「記憶が―になる」「息も―に駆け込む」

きれ-こみ【切れ込み】［名］刃物で深く切り込んだあと。また、そのような形。‖「―を入れる」

きれ-こ・む【切れ込む】［自五］切れ目が深いところまで入り込む。‖「深く―・んだ海岸線」名 切れ込み

きれ-じ【切れ字】［名］俳句や連歌で、句の切れ目や末尾に置いて詠嘆の意を表し、言い切った形にする語。「や」「かな」「けり」など。

きれ-じ【切れ▾痔（▿裂れ▾痔）】〔名〕肛門の皮膚と粘膜の境目が切れて傷ができる病気。裂肛。裂け痔。

き-れつ【亀裂】〔名〕亀の甲の模様のような、ひび割れ。割れ目。▼人間関係の断絶などの意でも使う。〽「組織の結束に―が生じる」

ぎ-れつ【義烈】〔名〕正義を守る心が非常に強いこと。

きれ-なが【切れ長】〔名・形動〕目尻の切れ込みが細長くのびていること。〽「―の目」

きれ-はし【切れ端】〔名〕必要な部分を切り取った残りの小片。きれっぱし。〽「材木［食パン］の―」

きれ-ま【切れ間】〔名〕物が切れてできたあい間。また、続いている物がとだえたあい間。〽「雲の―から薄日が射す」「雨の―に外出する」

きれ-め【切れ目】〔名〕❶物が切れた部分。また、その跡。〽「雲の―」「包丁で肉に―を入れる」❷続いている物事が一区切りついたところ。〽「作業の―」❸物事や関係がすっかり尽きたとき。〽「金の―が縁の―」

きれ-もの【切れ者】〔名〕才知があって、物事をてきぱきと処理できる人。敏腕家。

き・れる【切れる】〔動下一〕━〔自〕❶断たれたり、引っ張る・こするなどの力が加えられたりして、一続きの物が離れ離れになる。〽「ひも［鼻緒］が―」「電球（のフィラメント）が―」「アキレス腱が―・れた」❷体の一部に傷がついたり裂け目ができたりする。また、ひび・あかぎれができる。〽「殴られて額が―」「冷たくて足の先が―・れそうだ」「ひびが―」❸破れ損なわれる。〽「堤防が―」❹つながっていた関係がなくなる。〽「夫婦の縁が―」「悪い仲間とはすっかり（手が）―・れている」❺続いていたものにすき間や切れ目ができる。〽「雲が―・れて日が差す」❻続いていた物事が（そこで）終わりになる。尽きる。とだえる。〽「五分も行くと家並みが―」「車の流れが―」使い方 綱や糸の切断を言って、物事の消滅を表す言い方も多い。〽「緊張の糸が―（＝緊張感がなくなる）」「二人を結ぶ信頼のきずなが―」❼続いていた言葉や文章に区切りや切れ目ができる。〽「文章がぷつぷつ―・れて読みにくい」❽連絡や通信が継続できなくなる。不通になる。〽「通信が―」「無言のまま電話が―」❾つながっていた電気回路がつながらなくなる。また、作動していたエンジンが止まる。〽「電源［電気］が―」「エンジンが―・れて車が動かなくなる」❿売れたり使ったりして、蓄えていた物がなくなる。〽「在庫［食糧・タバコ］が―」⓫有効期間が過ぎる。〽「任期［賞味期限・定期］が―」⓬薬品などの有効な働きがなくなる。〽「あと数分で鎮痛効果が―」⓭蓄えられていた動力源がなくなる。〽「電池［油・スタミナ］が―」⓮振り落としたり滴らせたりした結果、水気がなくなる。〽「野菜類は水気がよく―・れてから和える」⓯トランプ・花札などで、札がよく交ぜ合わされている。⓰テニス・卓球などで、打球に特殊な回転が与えられている。〽「よく―・れた球が戻ってくる」⓱ある基準の数値を下回る。～を切る。～を割る。〽「目方が百グラムからわずかに―」⓲囲碁で、石がつながらない状態になる。⓳進む方向が左右いずれかへ変わる。〽「横丁を東へ―と、道が急に悪くなった〈漱石〉」「打球が大きく左へ―」⓴抑制を失って見境なくいらだったり逆上したりする。〽「あの人はすぐ―」書き方 多く「キレる」と書く。㉑⇩息が切れる ㉒⇩しびれが切れる ㉓刃物が鋭くてよく切ることができる。切れ味が鋭い。〽「もっと―包丁が欲しい」㉔頭の働きが鋭く、物事を処理する能力にすぐれている。〽「頭の―人」㉕スポーツで、切れ味が鋭くて技が効果的に決まる。また、体の動きがきびきびとして鋭く動く。切れがよい。〽「技が―・れている」「体がよく―・れて動きがシャープだ」━〔自他〕「切る」の可能形。切ることができる。〽「痰が―・れない」「悪童どもとまだ手が［を］―・れないのか！」━〈動詞の連用形に付いて複合動詞を作る〉❶最後まで…することができる。〽「どこまで辛抱し―か」「待ち―・れない」❷すっかり…することができる。〽「これくらいなら食べ―」「どうしてもあきらめ―・れない」❸はっきり…することができる。〽「そうと言い―だろうか」「関係が断ち―・れない」文き・る 名切れ

品格 いきり立つ「判定が納得できず―観客」 激する「激した口調でなじる」 気色ばむ「気色ばんだ声」 殺気立つ「追い詰められて―」 逸り立つ「―気持ちを抑えられぬ」

き-ろ【岐路】〔名〕❶分かれ道。❷重大な選択を迫られる転機。〽「人生の―に立つ」

き-ろ【帰路】〔名〕帰り道。〽「―に就く」⇕往路

キロ〔kiloフランス〕━〔名〕「キログラム」「キロメートル」「キロワット」などの略。〽「―（＝一キログラム）当たり千円」「駅は二―（＝二キロメートル）先だ」━（造）基本単位の上に付いて、その一〇〇〇倍である意を表す。記号k

ぎ-ろう【▾妓楼】〔名〕遊女を置いて客を遊ばせることを業とする家。遊女屋。女郎屋。

キロカロリー〔kilocalorie〕〔名〕熱量を表す単位。カロリーの一〇〇〇倍。一キロカロリーは一〇〇〇カロリー。記号kcal

き-ろく【記録】〔名〕❶〔他サ変〕のちに伝えるべき事柄を文字や映像にとどめること。また、その文書・映像など。〽「議事を―する」❷スポーツ競技などで、数値として残された成績・結果。〽「よい―が出る」「新―」

きろく-えいが【記録映画】〔名〕虚構を排し、事実の記録に基づいて作られた映画。ドキュメンタリー映画。

きろく-てき【記録的】〔形動〕記録しておく価値があるほど珍しいさま。〽「―な豪雨に見舞われる」

キログラム〔kilogrammeフランス〕〔名〕メートル法で、質量・重量を表す基本単位。一キログラムは一〇〇〇グラム。キロ。記号kg

ギロチン〔guillotineフランス〕〔名〕断頭台。フランス革命時に多く用いられた。▼考案者の医師ギヨタン（J.I. Guillotin）の名にちなむ。

キロバイト〔kilobyte〕〔名〕コンピューターで、情報量を表す単位。一キロバイトは一〇二四（二の一〇乗）バイト。または一〇〇〇（一〇の三乗）バイト。記号KB

キロヘルツ【kilohertzドイ】[名] 振動数・周波数を表す単位。ヘルツの一〇〇〇倍。一〇〇〇分の一秒間あたりの振動数。記号 kHz

キロメートル【kilomètreフラ】[名] メートル法で、長さを表す単位。メートルの一〇〇〇倍。一キロメートルは一〇〇〇メートル。キロ。記号 km

キロリットル【kilolitreフラ】[名] メートル法で、容積を表す単位。リットルの一〇〇〇倍。一キロリットルは一立方メートル。記号 kl

キロワット【kilowatt】[名] 熱量・電力量を表す単位。一キロワットは一〇〇〇ワット。記号 kW

キロワット-じ【キロワット時】[名] 電力量を表す単位。一キロワットの電力を一時間使用したときの電力量。一キロワット時は三六〇万ジュール。記号 kWh

ぎ-ろん【議論】[名・他サ変] ある問題について、それぞれが意見を出し合って論じること。また、その内容。「税制について—する」「—が白熱する」

きわ【際】ハキ [名] ❶ある物が他の物と接している境目。また、ある物にきわめて近い所。「崖の—を歩く」「壁—」「窓—」「波打ち—」❷ある行動や状態に移ろうとする、まさにそのとき。「今わの—」「帰り—・別れ—」

ぎ-わく【疑惑】[名] 本当かどうか疑うこと。また、その疑い。「—を持つ」

き-わた【木綿】[名] ❶東南アジアに分布するパンヤ科の常緑高木。種子に生える長い綿状の軟毛を布団・クッションなどの詰め物にする。❷わた。綿花。▽繭から取る真綿に対していう。

き-わだ【黄▼蘗】ダハ [名] ⬇きはだ(黄蘗)

きわ-だ・つ【際立つ】キハ [自五] 他との区別がはっきりしていて目だつ。「—って美しい花」「赤を—・たせたデザイン」

きわ-ど・い【際▽疾い】キハ [形] ❶もう少しで悪い事態に陥るというぎりぎりの状態であるさま。「—ところで間に合う」「反則に近い—プレー」❷下品で、猥褻になりかねないさま。「—ヌード写真」派生 -さ

きわまり-な・い【極まりない・窮まりない(極まり無い・窮まり無い)】リキハマ [形] ❶この上ない。「不愉快なこと—」「危険—場所」❷限りがない。「—・き宇宙」◆書き分け ①は【極】が、②は【窮】が一般的。

きわま・る【極まる・窮まる】マルキハ [自五] ❶【極・窮】ぎりぎりの状態まで達する。また、この上ないものとしてそれがある。「感—・って泣き出す」「釣りはフナに—」❷【極・窮】〈形容動詞の語幹に付いて〉この上なく…である。…極まりない。「失礼—話だ」「大胆—戦術を繰り出す」使い方「複雑 極まる/極まりない 操作」のように、「ない」はあってもなくとも意味が変わらない。❸【窮】行き詰まって動きがとれない。困り果てる。窮する。「進退—」❹【極・窮】続いていたものが(極限に達して)そこで終わりになる。「秋冷が—・り、やがて霜枯れの冬となる」◆書き分け ①②④は【極】が一般的。③はもと【▽谷まる】が好まれたが、今は一般に【窮】を使う。名 きわまり

きわみ【極み】ミキハ [名] 物事が行きつく極限のところ。「ここで断念するのは遺憾の—だ」「困惑の—」使い方 形容動詞用法のある語の場合でも「…の極み」の形が普通。「○贅沢の極み/×贅沢な極み」

きわめ【極め】メキハ [名] 価値を見きわめて、刀剣・書画などを鑑定すること。また、その鑑定書。「—書き(=鑑定書)」

きわめ-つき【極めつき(極め付き)】メキハ [名] ❶刀剣・書画などに鑑定書がついていること。また、そのもの。❷確かなものとして定評があること。また、そのもの。極めつけ。「—の早業」「—の酒豪」

きわめ-つけ【極めつけ(極め付け)】メキハ [名] 極め付き。

きわめ-て【極めて】メキハ [副] 程度がはなはだしいさま。非常に。この上なく。「業績は—悪い」「経過は—良好だ」「—まれなケース」

きわ・める【極める・窮める・究める】メルキハ [他下一] ❶【極】この上もないところに達する。「チョモランマの山頂[北極点]を—」「歌舞伎界[世界]の頂点を—」❷【極・窮】頂点に達した状態になる。この上なく…である。「王国は繁栄を—・めた」「作業は煩雑[困難]を—・めた」「辛辣を—・めた批評」書き方「極」が一般的。❸【極】余すところなく出し尽くす。「口を—・めて(=これ以上ないような言い方で)称賛する[罵倒する]」「情理を—・めて(=尽くして)説得する」❹【究・窮】深く研究して、物事の真理・本質を明らかにする。「学問[真理・奥義・道理・芸の道]を—」文 きわ・む 名 極め

きわ-もの【際物】ノキハ [名] ❶ある時季のまぎわにだけ需要が集中する商品。羽子板・雛人形・鯉のぼりなど。▽一時的な流行をあてこんで売り出す商品にもいう。❷作品などで、話題になった事件や流行をそのまま安直に取り入れたもの。書き方 カタカナ表記も多い。

きわ-やか【際やか】キハ [形動] はっきりと目だつさま。「—に光る一条の滝」派生 -さ

きを-つけ【気を付け】[連語] 直立不動の姿勢をとらせるときにかける号令。また、その姿勢。「—、礼」

きん【斤】[名] ❶尺貫法で、重量を表す単位。一斤は一六〇匁で、約六〇〇グラム。「二—の牛肉」❷食パンの塊を数える単位。一斤は三五〇〜四〇〇グラム。

きん【金】[一][名] ❶自然界から産出される金属元素の一つ。金属中、最も延性・展性が大きい。単体は黄色がかった美しい光沢を持ち、特に価値の高い貴金属として、装飾品・工芸品・貨幣などに用いられる。黄金。こがね。元素記号 Au「—の延べ棒」「—貨・—箔・純—・砂—」使い方 価値あるもののたとえにもいう。「沈黙は—」「—の卵」❷おかね。通貨。「—一封」「税—・貯—」「—額」▽金額を示すとき、上に付けて使う。「—三万円也」❸①のような光沢のある黄色。こがね色。「表面を—に塗る」「—髪・—ボタン」▽「金色」の略。❹金メダル・金賞など、競技などで第一位を表すもの。❺「金将」の略。❻合金中の金の割合を表す単位。カラット。「二八—の指輪」[二](造) ❶すぐれた。美しい。りっぱな。「—言」「—科玉条」❷「金曜日」の略。

きん【菌】[名] 単細胞の微細な生物。また、きのこ・かび・酵母の類。「—を培養する」「抗—・殺—・雑—・黴—」「結核—・大腸—」

きん【琴】[一][名] 七本(古くは五本)の弦を張った、柱のない弦楽器。昔、中国から伝わった。琴の琴。「—瑟」[二](造) 十三弦の琴(=箏)や、琴に似た形状の楽器、鍵盤楽器の類。「鉄—・木—・洋—(=ピアノ)」

きん【筋】[一][名] 動物体の骨に付着し、収縮して運動を行う繊維状の肉。「—が収縮する」「—骨・—力」「腹—・大胸—」[二](造) 中心部にあって骨組みとなるすじ状のもの。「鉄—・木—」

きん【禁】 ㊀[名] おきて。いましめ。‖「―を破る」「―制」「解―」㊁(造) ❶さしとめる。やめさせる。やめる。‖「―煙・―止・―断・―欲」「厳―・発―」❷つつしむ。いむ。‖「―句・―忌」❸宮中。皇居。‖「―城・―中・―裏」▼みだりに人を入らせないことから。

きん【巾】 (造) ❶ぬの。ぬのきれ。‖「―着(きんちゃく)」「雑―(ぞうきん)・茶―」❷ぬのでつくったかぶり物。‖「頭―」

きん【均】 (造) ひとしい。平らにする。‖「―一・―衡・―質」「平―」

きん【近】 (造) ❶距離がちかい。‖「―海・―県」「遠―・至―」❷時間的にちかい。‖「―影・―刊・―況・―日」「最―」❸関係がちかい。‖「―親」◈⇕遠

きん【▼欣】 (造) よろこぶ。よろこび。‖「―快」

きん【勤】 (造) ❶力を尽くしてはたらく。一所懸命にはげむ。‖「―怠・―勉」「精―・忠―」❷つとめ先で仕事をする。また、つとめ。‖「外―・転―・非常―」旧勤

きん【▼欽】 (造) ❶うやまいつつしむ。‖「―慕」❷天子に関する事柄につけて敬意を表す。‖「―定・―命」

きん【僅】 (造) わずか。少し。‖「―少・―差」

きん【▼禽】 (造) 鳥類の総称。‖「―獣」「家―・猛―」

きん【緊】 (造) ❶かたくしまる。ひきしめる。‖「―張・―密」❷さしせまる。‖「―急・―迫」

きん【錦】 (造) ❶にしき。‖「―衣」❷にしきのように美しい。‖「―秋」

きん【謹】 (造) つつしむ。かしこまる。‖「―賀・―啓・―慎・―製・―呈」旧謹

きん【襟】 (造) ❶衣服のえり。‖「開―シャツ」❷胸のうち。心の中。‖「胸―」

ぎん【吟】 ㊀[名] ❶詩歌をくちずさむこと。うたうこと。‖「―行・―声」❷詩歌をつくること。また、詩歌。‖「芭蕉(ばしょう)の―」「苦―・独―」㊁(造) うめく。うなる。‖「呻―(しんぎん)」

ぎん【銀】 ㊀[名] ❶自然界から産出される金属元素の一つ。電気・熱の伝導率は金属中最大で、延性・展性は金に次いで大きい。単体は白色がかった美しい光沢を持ち、貴金属として装飾品・工芸品・貨幣などに用いられる。しろがね。元素記号Ag‖「―の食器」「―貨・―山・―時計」❷①のような光沢のある灰色。‖「―に塗る」「―髪・―幕・―世界」▼「銀色」の略。❸銀メダル・銀賞など、競技などで第二位を表すもの。❹「銀将」の略。㊁(造) ❶おかね。通貨。‖「賃―・路―」❷「銀行」の略。‖「市―・都―・日―」

きん-あつ【禁圧】 [名・他サ変] 権力などでおさえつけ、禁ずること。‖「反政府運動を―する」

きん-いき【禁域】 [名] 入ることを禁じた区域。

きん-いつ【均一】 [名・形動] 価格・量・品質などが、どれも一様であること。‖「千円―の商品」「―料金」

きん-いっぷう【金一封】 [名] 一包みの金。‖「表彰して―を贈る」▼賞金・寄付金などで、金額をあからさまにしないときにいう。

きん-いろ【金色】 [名] 金のような色。こがねいろ。こんじき。

ぎん-いろ【銀色】 [名] 銀のような色。しろがねいろ。

きん-いん【近因】 [名] 直接的な原因。⇕遠因

きん-いん【金員】 [名] 金銭。また、金額。▼「員」は数の意。

きん-うん【金運】 [名] 金銭に関する運勢。‖「―が強い」

きん-えい【近詠】 [名] 最近作った詩歌。‖「―十首」

きん-えい【近影】 [名] 人物の写真で、最近撮影したもの。

きん-えい【禁衛】 [名] 皇居の守護。また、それに当たる衛兵。

ぎん-えい【吟詠】 [名・他サ変] ❶節をつけて詩歌をうたうこと。‖「漢詩を―する」❷詩歌を作ること。また、その詩歌。

きん-えん【近縁】 [名] ❶血縁が近いこと。また、その人。‖「―の娘」⇕遠縁 ❷生物種の分類で、両者が近い関係にあること。‖「―種」

きん-えん【金円】 [名] 金銭。金子(きんす)。

きん-えん【筋炎】 [名] 筋肉の炎症。▼ふつう細菌の感染によって起こる化膿(かのう)性筋炎をいう。

きん-えん【禁煙】 [名・自サ変] たばこを吸う習慣をやめること。また、喫煙を禁止すること。‖「全面―」

きん-えん【禁▼厭】 [名] まじないをして、病気や災難を防ぐこと。きんよう。

ぎん-えん【銀塩】 [名] デジタルカメラに対し、フィルムを使って撮影するカメラ。銀塩カメラ。▼写真感光剤の塩化銀から。

きん-か【近火】 [名] 近所に起こった火事。‖「―見舞い」

きん-か【金貨】 [名] 金を主成分とする貨幣。

きん-か【▼槿花】 [名] むくげの花。朝開いて夕方しぼむことから、はかない栄華のたとえに使う。‖「―一朝の夢」「―一日(いちじつ)の栄(えい)」

きん-が【謹賀】 [名] つつしんで喜びを申し述べること。

ぎん-か【銀貨】 [名] 銀を主成分とする貨幣。

ぎん-が【銀河】 [名] ❶澄んだ夜空に見える、淡い光の川のような星の集まり。あまのがわ。天漢。銀漢。❷恒星や星間物質からなる巨大な天体。

きん-かい【近海】 [名] 陸地に近い海。‖「日本の―でとれる魚」⇕遠海

きん-かい【▼欣快】 [名・形動] 非常によろこばしくて気持ちがよいこと。‖「―の至りだ」

きん-かい【金塊】 [名] 精製した金のかたまり。

ぎんかい-しょく【銀灰色】 [名] 銀色を帯びた灰色。シルバーグレー。

きんか-ぎょくじょう【金科玉条】 [名] 大切に守らなくてはならない規則。また、絶対のよりどころとなるもの。‖「聖書の教えを―とする」▼金や玉のように尊い科条(=法律)の意。

きん-がく【金額】 [名] 数字で表した金銭の量。‖「莫大な―」

きん-かくし【金隠し】 [名] 和式の便所で、大便用便器の前方に設けたおおい。▼金玉を隠すの意。

ぎんが-けい【銀河系】 [名] 太陽系を含む約二〇〇〇億個の恒星からなる天体。その一部が天の川。

きんが-しんねん【謹賀新年】 [名] つつしんで新年の喜びを申し述べること。年賀状などに記す挨拶(あいさつ)の語。

ぎん-がみ【銀紙】 [名] ❶銀粉・銀箔(ぎんぱく)などを押した紙。また、銀色の塗料をぬった紙。❷鉛と錫(すず)の合金やアルミニウムを紙のように薄く延ばしたもの。

ギンガム【gingham】 [名] 格子柄や棒縞を織りだした平織りの綿布。‖「―チェック」

きん-かん【近刊】 [名] ❶近いうちに出版されるこ

と。また、その本。〓「—予告」❷最近出版されたこと。また、その本。〓「—の文学書」

きん-かん【金冠】クヮン[名]❶黄金製のかんむり。黄金で飾ったかんむり。❷虫歯などを治療したあと、歯にかぶせる金製のおおい。

きん-かん【金▼柑】[名]果樹として栽培するミカン科の常緑低木。また、その果実。冬に球形または楕円形の果実が黄熟する。生食のほか、砂糖漬けなどにする。

きん-かん【金環】クヮン[名]金製の輪。また、金色の輪。

きん-がん【近眼】[名]近視。〓「—鏡(きょう)」

ぎん-かん【銀漢】[名]天の川。銀河。天漢。

きんかん-がっき【金管楽器】キンクヮンガクキ[名]演奏者の唇を簧(した)(リード)として音を出す管楽器。トランペット・トロンボーン・チューバなど。

きんかん-しょく【金環食(金環▼蝕)】キンクヮン—[名]日食の一つ。月が太陽の中央部をおおい、太陽の光が月の周囲に金色の輪のように見えるもの。金環日食。[書き方]「金環食」は代用表記。

きん-かんばん【金看板】[名]❶金文字を彫り込んだ看板。❷世間に対して堂々と誇示する主義・主張。

きん-き【近畿】[名]京都・大阪・兵庫・奈良・和歌山・滋賀・三重の二府五県からなる地域。近畿地方。

きん-き【▼欣喜】[名・自サ変]非常に喜ぶこと。

きん-き【禁忌】[名]❶[他サ変]慣習上、また習俗上、してはならないこととしていみきらうこと。また、その事柄。タブー。〓「—をおかす」「—にふれる」❷病気を悪化させる恐れから、使用を避ける薬品・治療法など。

きん-き【錦旗】[名]赤地の錦(にしき)に金銀で日月を描いた天皇の旗。昔、官軍の旗印とした。錦の御旗(みはた)。

ぎん-き【銀器】[名]銀でつくった器物。

きんき-じゃくやく【▼欣喜▼雀躍】[名・自サ変]おどりあがって喜ぶこと。〓「優勝の報に—する」

ぎん-ぎつね【銀▼狐】[名]黒い毛に白い差し毛がまじり、全体が銀色に見えるキツネ。カナダ・アラスカなどに多く、その毛皮を珍重した。シルバーフォックス。▼動物学上の分類ではない。

きん-きゅう【緊急】キフ[名・形動]事が重大で、その対応や処置を急がなくてはならないこと。〓「—を要する問題」「—な／の用事で呼び出される」「—事態が発生する」「—発進(=スクランブル)」「—避難」

きんきゅう-たいほ【緊急逮捕】キンキフ—[名]逮捕状なしに被疑者を逮捕すること。死刑・無期または三年以上の懲役・禁錮(きんこ)に相当する罪を犯した疑いが十分にあり、かつ緊急を要する場合にのみ認められる。逮捕後、直ちに裁判官に逮捕状を請求しなくてはならない。

きん-ぎょ【金魚】[名]フナを原種として人為的につくられた観賞用の淡水魚。和金・出目金・琉金(りゅうきん)・蘭鋳(らんちゅう)など、多くの品種がある。中国原産。

きん-きょう【近況】キャウ[名]最近の状況。〓「—報告」

きん-きょう【禁教】ケウ[名]ある宗教を信仰することや布教することを禁ずること。また、その宗教。

きん-ぎょう【近業】ゲフ[名]❶最近なしとげた業績や作品。〓「田中氏の—」❷読書・パソコン作業・テレビ鑑賞など、近くを見る作業。〓「長時間の—で目が疲れる」▼眼科の医療などでいう。

きん-きょく【琴曲】[名](七弦の)ことで演奏する曲。▼厳密には、十三弦のことで演奏する「箏曲(そうきょく)」と区別して使う。

きん-ぎょく【金玉】[名]❶金と玉。❷珍重すべき、貴重なもの。〓「—の声」

きんぎょ-の-ふん【金魚の▼糞】[名]人や物事が切れずに長くつながっていることのたとえ。

きん-きょり【近距離】[名]近い距離。〓「駅は徒歩五分の—にある」⇔遠距離

きん-きん[副](と)❶声や音が高く不快に響くさま。〓「—した声」❷鋭く痛むさま。〓「耳が—痛む」❸非常によく冷えているさま。〓「—に冷えたビール」

きん-きん【近近】[副]近い将来。もうすぐ。ちかぢか。〓「—渡米の予定だ」

きん-きん【僅僅】[副]数量がごく少ないさま。わずか。ほんの。〓「申込者は—三名に過ぎない」

きん-く【禁句】[名]❶俳諧・連歌などで、詠(よ)むことを避けるべき不吉な句。止め句。❷聞き手を不快にさせないように、使うことを避けるべきことばや文句。〓「あの人の前で政治の話は—だ」

キング[king][名]❶王。王者。▼最もすぐれたものの意でも使う。〓「ホームラン—」❷トランプで、王の姿をかいた札。〓「スペードの—」❸チェスの王将。

キング-サイズ[king-size][名]標準より特に大きい寸法。特大。〓「—のコート」⇒クイーンサイズ

きん-ぐち【金口】[名]吸い口に金紙を巻いた巻きたばこ。▼「金口たばこ」の略。

きん-けい【近景】[名]❶近くの景色。❷写真・絵画などで、手前の方に見える風景。◈⇔遠景

きん-けい【謹啓】[名]つつしんで申し上げるの意で、手紙の最初に書くあいさつの語。▼「敬白」「謹言」「敬具」などで結ぶ。「拝啓」よりも敬意が高い。

きん-けつ【金欠】[名]金銭を持っていないこと。〓「—病(=金がなく困っていることを病気にたとえた語)」

きん-けつ【金穴】[名]❶金を掘り出す鉱坑。金坑。❷資金や費用を出してくれる人。金づる。

きん-けん【金券】[名]❶金貨と引き換えることができる紙幣。❷特定の範囲内で、金銭と同じように通用する券。郵便切手・収入印紙・商品券など。

きん-けん【金権】[名]多額の金銭を持つことによって生じる権力。〓「—政治(=金の力で支配される政治)」

きん-けん【勤倹】[名]仕事にはげみ、むだな金を使わないこと。〓「—貯蓄」「—力行(りっこう)」

きん-げん【金言】[名]いましめや教えとなる短いことば。金句。

きん-げん【謹言】[名]つつしんで述べるの意で、手紙の末尾に用いて相手に敬意を表す語。〓「恐惶(きょうこう)—」▼「謹啓」などで始まる手紙で使う。

きん-げん【謹厳】[名・形動]非常にまじめで、重々しいこと。〓「—にして至誠の人」「—実直」[派生]-さ

きん-こ【近古】[名]歴史上の時代区分の一つ。中古と近世の間。日本史ではふつう鎌倉・室町時代を指す。

きん-こ【金庫】[名]❶現金・重要書類・貴重品などを盗難や火災から守るための、錠のついた金属製の箱や室。〓「—破り」❷国または地方公共団体の現金出納機関。国庫金を出納する日本銀行など。❸特別法によって設立された特殊金融機関の名称。農林中央金庫、商工組合中央金庫など。

きん-こ【禁錮(禁固)】[名]自由刑の一つ。刑務所に留置するが、労働は強制されない刑。〓「—三年」▼一室に閉じこめて外へ出さない意から。[書き方]「禁錮」は

法令表記。「禁固」は、「錮」が表外字であった時代の新聞による代用表記。

きん-こ【金〈海▼鼠〉】[名] 前端の口の周囲に一〇本の触手をもつ、ナマコ綱キンコ目の棘皮動物。煮て干したものも「光参」といい、中国料理に用いる。ふじこ。

きん-こう【均衡】[名・自サ変] 二つまたはそれ以上の物事の間で、力や数量などの釣り合いがとれていること。バランス。‖「ーを保つ[破る]」▽「衡」ははかりの竿の意。

きん-こう【近郊】[名] 都市に近い地域。‖「東京ーの住宅地」

きん-こう【▼欣幸】[名] 幸せだと思い、喜ぶこと。‖「ーの至り」

きん-こう【金工】[名] 金属・貴金属に細工を施す工芸。また、その職人。

きん-こう【金鉱】[名] ❶金を含んでいる鉱石。❷金を掘り出す鉱山・鉱脈。金山。

きん-こう【謹厚】[名・形動] つつしみ深くて温厚なこと。‖「ーな人柄」

きん-ごう【近郷】[名] 近くの村。また、都市に近い村。‖「ー近在から人が集まる」

ぎん-こう【吟行】[名・自サ変] ❶詩歌を口ずさみながら歩くこと。❷和歌や俳句を作るために、名所・旧跡などに出かけていくこと。‖「ー会」

ぎん-こう【銀行】[名] ❶預金の受け入れ、資金の貸し付け、為替取引、手形割引などを主な業務とする金融機関。中央銀行・普通銀行・信託銀行などがある。❷需要の多いものなどを確保・保管し、求めに応じてそれを供給する組織。‖「血液ー」

ぎん-こう【銀鉱】[名] ❶銀を含んでいる鉱石。❷銀を掘り出す鉱山・鉱脈。銀山。

ぎんこう-けん【銀行券】[名] 中央銀行が通貨として発行する紙幣。わが国では日本銀行が発行する。

きん-こく【謹告】[名・他サ変] つつしんで知らせること。また、その知らせ。‖「ー、弊社の以下の商品につきまして…」▽多く、客に対する挨拶文などの冒頭に使う。

きん-ごく【近国】[名] ❶近くの国。❷律令制で、京都に近い国々。◈⇔遠国

きん-こつ【筋骨】[名] 筋肉と骨格。体つき。‖「ー隆々」

きん-こん【緊▼褌】[名] 褌をかたくしめること。

きんこん-いちばん【緊▼褌一番】[名] 気持ちを引き締めて事に当たること。‖「ーの大勝負」

きんこん-しき【金婚式】[名] 結婚五〇周年を祝って行う式。また、その祝い。

ぎんこん-しき【銀婚式】[名] 結婚二五周年を祝って行う式。また、その祝い。

きん-さ【僅差】[名] ごくわずかの差。‖「ーで負ける」

ぎん-ざ【銀座】[名] ❶江戸幕府の銀貨鋳造所。勘定奉行の管轄下にあった。❷①が置かれていた、東京都中央区の地名。東京を代表する繁華街。▽全国各地の繁華街の名に付けても使う。

きん-ざい【近在】[名] 都市の近くの村。‖「ーの農家」「近郷ー」

きん-さく【近作】[名] 最近の作品。

きん-さく【金策】[名・自サ変] あれこれ工夫して、必要な金銭をととのえること。‖「ーに走り回る」

きん-さつ【金札】[名] ❶金製の札。また、金色の札。❷金貨の代用となる紙幣。▽江戸時代の諸藩や明治初期の政府が発行した。

きん-さつ【禁札】[名] 禁止事項を書き記した立て札。制札。

きん-ざん【金山】[名] 金を産出する鉱山。

ぎん-ざん【銀山】[名] 銀を産出する鉱山。

きんざんじ-みそ【金山寺味▼噌・▽径山寺味▼噌】[名] いり大豆と大麦の麹をまぜて食塩を加え、ナス・ウリ・ショウガなどを刻み込んで熟成させたなめみそ。▽中国の径山寺から製法が伝えられたという。

きん-し【近視】[名] 平行光線が網膜の前方で像を結ぶために、遠くのものがはっきり見えない状態。また、その目。近眼。⇔遠視

きん-し【金糸】[名] 金箔をはった薄紙をよった金色の糸。また、細く切った金箔を絹糸などによりつけた金色の糸。

きん-し【金▼鵄】[名] 神武天皇が長髄彦と戦ったとき、天皇の弓に止まって勝利に導いたという金色のとび。‖「ー勲章」

きん-し【菌糸】[名] 菌類の体をつくっている糸状の細胞または細胞列。

きん-し【禁止】[名・他サ変] ある行為をしてはいけないとさしとめること。‖「通行をーする」「使用[全面]ー」

きん-じ【近似】[名・自サ変] よく似かよっていること。‖「ーしたデザイン」

きん-じ【近侍】[名・自サ変] 主君のそば近くに仕えること。また、その人。近習。

きん-じ【近時】[名] 近ごろ。このごろ。‖「ーの政情」「ー地震が頻発する」⇔往時▽副詞的にも使う。

きん-じ【金地】[名] 布・紙などの地に、金箔や金泥を置いたもの。‖「ーの屏風」

きん-じ【金字】[名] 金泥などで書いた、金色の文字。金文字。

きん-じ【▼矜持】[名] ⇒きょうじ(矜持)

ぎん-し【銀糸】[名] 銀箔をはった薄紙をよった銀色の糸。また、細く切った銀箔を絹糸などによりつけた銀色の糸。

ぎん-じ【銀地】[名] 布・紙などの地に、銀箔や銀泥を置いたもの。‖「ーの扇」

きんじ-えな・い【禁じ得ない】[連語] 抑えることができない。‖「疑問[同情の念]をー」

きんし-がん【近視眼】[名] ❶近視の目。近眼。❷目先のことだけにとらわれて、先を見通す力のないこと。‖「ー的な批評」

きん-じき【禁色】[名] ❶律令制下で、定められた位階相当の色より上位の色の着用を禁じたこと。また、その色。❷天皇・皇族の衣服の色で、臣下の着用が禁じられていたもの。青・赤・黄丹・梔子・深紫・深緋・深蘇芳の七色。

きんし-ぎょくよう【金枝玉葉】[名] 天皇の一門。皇族。▽「枝」「葉」は子孫の意。

きん-じさん【禁治産】[名] ⇒きんちさん

きん-ジストロフィー【筋ジストロフィー】[名] 遺伝性の、筋力低下を主症状とする病気。

きんし-たまご【金糸卵・錦糸卵】[名] 薄い卵焼きを糸のように細く刻んだもの。

きんじ-ち【近似値】[名] 真の値に近い値。‖「三・一四は円周率のー」

きん-しつ【均質】[名・形動] ある物体のどの部分を

とっても物理的・化学的に同じ性質を持っていること。‖「ーな水溶液」

きん-しつ【琴▼瑟】［名］琴と瑟。▼「瑟」は弦数の多い大きな琴。琴と瑟を合奏すると調和がとれることから、夫婦仲のむつまじいことのたとえにいう。‖「ー相和す」「ーの交わり」

きん-じつ【近日】［名］ごく近い将来。近いうち。‖「ー中に伺います」「ー開店」▼副詞的にも使う。

きんじ-て【禁じ手】［名］相撲・囲碁・将棋などで、使うことを禁じられた技や手。きんて。

きんじ-とう【金字塔】［名］❶ピラミッド。▼側面の形が「金」の字に似ていることから。❷後世に長く残る偉大な業績。‖「学界にーを打ち建てる」

きん-しゃ【金砂】［名］❶金粉。また、金砂子。❷金色をした砂。また、砂金。

きん-しゃ【金▼紗（錦▼紗）】［名］❶金糸を織り込んで模様を表した紗。❷練り染め糸で平織り・紋織りにした絹織物。▼「金紗御召」の略。❸細めの生糸で織った、しぼが小さい縮緬。▼「金紗縮緬」の略。

ぎん-しゃ【吟社】［名］詩歌を作る人々の結社。

ぎん-しゃり【銀舎利】［名］白米の飯。書き方 多く「銀シャリ」と書く。

きん-しゅ【金主】［名］資金を提供する人。スポンサー。

きん-しゅ【筋腫】［名］筋肉組織にできる良性の腫瘍。‖「子宮ー」

きん-しゅ【禁酒】［名・自サ変］酒を飲む習慣をやめること。また、飲酒を禁止すること。‖「ー禁煙」

きん-じゅ【近習】［名］主君のそば近くに仕えること。また、その人。近侍。きんじゅう。

きん-しゅう【錦秋】［名］紅葉が錦のように美しい秋。‖「ーの候」

きん-しゅう【錦▼繡（錦▼綉）】［名］錦と、刺繡を施した織物。また、美しい衣服・織物。▼字句の美しい文章、また、美しい紅葉や花のたとえにもいう。‖「ーの山々」

きん-じゅう【▼禽獣】［名］鳥と獣。鳥獣。▼道理や恩義をわきまえない人のたとえにもいう。

きん-しゅく【緊縮】［名］❶［自他サ変］引き締まること。また、引き締めること。❷［他サ変］費用などを切りつめること。‖「ー財政」

きん-しょ【禁書】［名］法律や命令により、特定の書物の出版・販売・所持を禁止すること。また、その書物。

きん-しょ【謹書】［名・他サ変］謹んで書くこと。▼書画などの署名のあとに添える語としても使う。

きん-じょ【近所】［名］近いところ。近辺。‖「隣ー」

品格 界隈「両国ー」 近辺「東京ー」 近傍「太陽ー」 近隣「ー住民」 付近「ーを捜索する」

きん-しょう【近称】［名］代名詞・連体詞で、話し手（書き手）に近い事物・場所・方向などを示すもの。「これ」「ここ」「こちら」「この」の類。⬇遠称・中称・不定称

きん-しょう【金将】［名］将棋の駒の一つ。前後・左右・斜め前へ一つずつ進むことができる。金。

きん-しょう【金賞】［名］展覧会・品評会・コンクールなどで、第一位の賞。

きん-しょう【僅少】［名・形動］ほんのわずかであること。‖「残品ー」

きん-じょう【今上】［名］現在の天皇。今上陛下。▼「今上天皇」の略。

きん-じょう【近状（近情）】［名］近ごろの様子。近況。

きん-じょう【金城】［名］❶防備のかたい城。‖「ー鉄壁（＝守りが非常に堅固な城。転じて、物事が非常に堅固なこと）」「ー湯池（＝守りやすく攻めにくい城と堀。転じて、他から侵害しにくい勢力範囲）」▼金で造った城の意。❷名古屋城。▼金の鯱があることから。

きん-じょう【錦上】［名］錦の上。

◉**錦上花を添・える** 美しいものの上に、さらに美しいものを添える。立派なものに、さらに立派なものを加える。‖「処女作の出版に文学賞受賞が重なりー」

きん-じょう【謹上】［名］つつしんで奉ること。▼多く手紙の宛名に添えて使う。

ぎん-しょう【吟唱（吟▼誦）】［名・他サ変］詩歌などに節をつけて、歌うようによむこと。‖「古歌をーする」書き方「吟唱」は代用表記。

ぎん-しょう【銀将】［名］将棋の駒の一つ。前方と斜め後の五方向に一つずつ進むことができる。銀。

ぎん-しょう【銀賞】［名］展覧会・品評会・コンクールなどで、第二位の入賞。

ぎん-じょう【吟醸】［名］吟味した原料を使って念入りに醸造すること。‖「ー酒」「大ー」

きんじょ-めいわく【近所迷惑】［名・形動］近所の人にとって迷惑であること。また、そのような行為。

きん・じる【禁じる】［他上一］⬇禁ずる

ぎん・じる【吟じる】［他上一］⬇吟ずる

きん-しん【近臣】［名］主君のそばに仕える臣下。

きん-しん【近信】［名］最近の便り。

きん-しん【近親】［名］血縁の近い親族。‖「ー結婚」

きん-しん【謹慎】［名］❶［自サ変］反省して、言動をつつしむこと。‖「酒をやめてーする」❷一定の期間、登校や出勤を禁じて反省をうながす処罰。‖「ー処分」

きん-す【金子】［名］〔古風〕金貨。また、お金。金銭。

ぎん-す【銀子】［名］〔古風〕銀貨。また、お金。金銭。

きん-すなご【金砂子】［名］金箔を粉にしたもの。

ぎん-すなご【銀砂子】［名］銀箔を粉にしたもの。

きん・ずる【禁ずる】［他サ変］❶ある行為をしてはいけないとさしとめる。禁止する。‖「医者は患者に酒をー・じた」「入室をー」「法律で固くー」❷〈「禁じ得ない」などの形で〉みずから抑えることができない。‖「失笑［望郷の念］をー・じ得ない」文 きん・ず 異形 **禁じる**

ぎん・ずる【吟ずる】［他サ変］❶詩歌に節をつけてうたう。‖「漢詩をー」❷詩歌・俳句などをつくる。‖「花を見て一句ー」文 ぎん・ず 異形 **吟じる**

きん-せい【均整（均斉）】［名］全体がつりあって整っていること。‖「ーのとれた体」

きん-せい【近世】［名］歴史上の時代区分の一つ。中世と近代との間。ふつう日本史では安土桃山・江戸時代をさす。▼東洋史では明の末から辛亥革命まで、西洋史ではルネサンスからフランス革命までの時代をいう。

きん-せい【金星】［名］太陽から数えて二番目の軌道を回る、地球から最も明るく見える惑星。ビーナス。太白。▼夕方西の空に見えるときは「宵の明星」、明け方東の空に見えるときは「明けの明星」と呼ぶ。

きん-せい【金製】［名］金で作ること。また、その品物。

きん-せい【禁制】［名・他サ変］ある行為を禁止すること。また、その法規。きんぜい。‖「ー品」

きん-せい【謹製】［名・他サ変］つつしんで作ること。また、その品物。〓「当店ーの蒲鉾(かまぼこ)」▼多く製造業者や製作者が商品の上書きなどに使う。

ぎん-せい【吟声】［名］詩歌を吟ずる声。

ぎん-せい【銀製】［名］銀で作ること。また、その品物。〓「ーの食器」

ぎん-せかい【銀世界】［名］雪が降り積もって白一色になった景色をいう語。〓「一晩で一面のーとなる」

きん-せき【金石】［名］金属と岩石。また、金属器と石器。▼きわめて堅固なことのたとえにもいう。〓「ーの交わり」

きんせき-ぶん【金石文】［名］金属器・石碑などに刻まれた古代の文字や銘文。

きん-せつ【近接】［名・自サ変］❶近づくこと。接近。❷近くにあること。〓「住宅地にーした工場」

きん-せつ【緊切】［名・形動］❶きわめて近いこと。❷差し迫っていて切実なこと。〓「ーな課題」

きん-ぜつ【禁絶】［名・他サ変］禁止して根絶やしにすること。〓「麻薬をーする」

ぎん-せつ【銀雪】［名］銀色に輝く雪。

きん-せん【金銭】［名］お金。通貨。〓「ー取引」「ー感覚」

きん-せん【琴線】［名］❶琴(こと)の糸。❷物事に感動し共鳴する胸奥の心情。

◉**琴線に触(ふ)れる**　素晴らしい物事に触れて、感動し共鳴する。感銘を受ける。〓「心のー話」注意 触れられたくないこと、不快な話題に触れる意で使うのは誤り。〓「×私の一言が彼の琴線に触れたのか、急に怒り出した」

きん-ぜん【欣然】［形動タリ］心からよろこぶさま。

ぎん-ぜん【銀髯】［名］銀白色の美しいほおひげ。白髯(はくぜん)。

きんせん-か【金盞花】ワク［名］春から夏にかけて黄色・黄赤色などの頭状花をつける、キク科の一年草または越年草。地中海沿岸原産。

きんせん-ずく【金銭ずく】クツ［名］金銭の損得だけで行動すること。また、金の力で物事を解決しようとすること。勘定ずく。〓「ーで引き受けた仕事」書き方「金銭尽く」とも。現代仮名遣いでは「金銭づく」も許容。

きん-そく【禁足】［名・他サ変］外出を禁止すること。〓「ー令」

きん-そく【禁則】［名］禁止する事項を定めた規則。〓「ーを破る」

きん-ぞく【金属】［名］金・銀・銅・鉄・アルミニウムなど、自然界から産出される金属元素およびその合金の総称。一般に独特の光沢をもち、熱や電気の伝導率が高い。強度が大きく展性・延性に富むので、さまざまに加工される。〓「ー性」「ーバット」「軽ー」

きん-ぞく【勤続】［名・自サ変］勤め先を変えずに続けて勤務すること。〓「ー三〇年」「永年ー者」

きんそく-しょり【禁則処理】［名］ワープロソフトの文章作成やコンピューター組版で、行頭に句点・読点・閉じ括弧を置かないなどの処理によって文字を適切な位置に配置すること。

きんぞく-ひろう【金属疲労】ラウ［名］金属材料に繰り返し外力が加わって微小な亀裂が生じ、やがて全体の破壊に至ること。また、その現象。

きん-だ【勤惰】［名］勤怠。

きん-たい【近体】［名］漢詩で、唐代に成立した絶句と律詩。近体詩。⇔古体

きん-たい【勤怠】［名］仕事に励むことと怠けること。また、出勤と欠勤。勤惰。〓「ー表(=出欠簿)」

きん-だい【近代】［名］❶現代に近い時代。また、現代。〓「ー人」「ー都市」❷歴史の時代区分の一つ。「近世」と同義にも使われるが、一般には封建制社会のあとに続く資本主義社会の時代をいう。〓「ー国家」▼日本史では明治維新から太平洋戦争終結までの時代をさし、それ以降を現代とする。西洋史ではフランス革命以降ロシア革命までの時代。

きんだい-か【近代化】ワク［名・自他サ変］近代的な状態に移行すること。封建的な因習・様式などを排して、物事を科学的・合理的・民主的に行うようにすること。

きんだい-げき【近代劇】［名］一九世紀末のヨーロッパに起こった新しい演劇。個人主義・自由主義の立場から人生や市民社会の問題を扱った。

きんだい-ごしゅ【近代五種】［名］オリンピック種目の一つ。一人の選手がフェンシング・ランニング・射撃・水泳・馬術の五種目を一日一種目ずつ行い、総合得点を争う。近代五種競技。

きんだい-し【近代詩】［名］明治以降、漢詩・短歌・俳句の伝統から脱し、西洋の詩にならって新しい思想と感情を自由な形式と平易なことばで表現した詩。

きんだい-てき【近代的】［形動］近代としての特徴や傾向をもっているさま。また、前時代にはない新しい感じをもっているさま。〓「ーな思想」「技法」「ーな町並み」「工場」

きん-だか【金高】［名］金額。かねだか。

きん-だま【金玉】［名］睾丸(こうがん)。

きんたろう【金太郎】ラウ（キンタ）［名］❶相模の国(=神奈川県)の足柄山(あしがらやま)で育ったという怪童。よく太って赤ら顔、まさかりをかついで腹がけをかけた姿で描かれる。▼坂田公時(金時(きんとき))の幼名。❷菱形(ひしがた)の布地に結び紐(ひも)をつけた幼児用の腹がけ。

きんたろう-あめ【金太郎飴】キンタラウ［名］❶どこを切っても、切り口に金太郎の顔が現れる棒状の飴。❷画一的であること。どれも同じようで、個性や特性がないこと。〓「ーの教育」▼①のようだとしていう。

きん-だん【金談】［名］金銭の貸し借りの相談。

きん-だん【禁断】［名・他サ変］ある行為をかたく禁ずること。〓「ーの場所に入る」「ーの木(こ)の実(み)(=旧約聖書で、アダムとイブが神から食べることを禁じられていた知恵の果実。転じて、求めてはならない快楽)」

きんだん-しょうじょう【禁断症状】ジャウシャウ［名］麻薬・アルコール・ニコチンなどの慢性中毒者が、その使用を禁じられたときに起こす精神的・身体的症状。悪寒(おかん)・動悸(どうき)・嘔吐(おうと)・幻覚・妄想など。

きん-ち【錦地】［名］相手の居住地をいう尊敬語。貴地。▼手紙などで使う。

きん-ちさん【禁治産】［名］心神喪失の状況にある人を法律上保護するために、後見人をつけてその財産を管理すること。また、その制度。きんじさん。平成一一年の民法改正で廃止。⬇後見②・補助②・成年後見制度

きん-ちゃく【巾着】［名］❶口を紐(ひも)でくくるようにした、布製または革製の小さな袋。〓「ー切り(=すり)」❷⬇腰巾着(こしぎんちゃく)②

きん-ちゃく【近着】［名・自サ変］最近到着したこと。また、そのもの。〓「ーの雑誌」

きん-ちゅう【禁中】［名］皇居の中。宮中。禁裏。

きん-ちょ【近著】［名］最近の著書。⇔旧著

きん-ちょう【金▽打】（ーチャウ）〔名〕かたい約束。誓い。▽昔、誓いのしるしに金属製の物（武士は刀の刃と刃、僧は鉦と鉦、女子は鏡と鏡など）を打ち合わせたことから。

きん-ちょう【禁鳥】（ーテウ）〔名〕法令によって捕獲を禁止されている鳥。保護鳥。

きん-ちょう【緊張】（ーチャウ）〔名・自サ変〕❶心が張りつめて、体がこわばること。〓「試験の前でーする」❷両者の関係が悪化し、紛争に発展しそうな状態であること。〓「二国間のーが高まる」❸生理学で、筋肉が一定の収縮状態を持続していること。また、その状態。トーヌス。

きん-ちょう【謹聴】（ーチャウ）〔名・他サ変〕敬意をもって熱心に聞くこと。〓「諸君、ー、ー！」

きん-ちょく【謹直】〔名・形動〕つつしみ深くて正直なこと。謹厳実直。〓「ーな人柄」派生 ーさ

きん-つば【金▽鍔】〔名〕❶水で溶いて薄く延ばした小麦粉の皮で餡を包み、刀のつばの形にして鉄板で焼いた和菓子。金つば焼き。▽皮にうるち米の粉を使ったものは「銀つば」といった。❷四角に切った餡を水で溶いた小麦粉の液にくぐらせ、鉄板で焼いた和菓子。金つば焼き。▽現在のものは多くこの製法による。

きん-てい【▼欽定】〔名〕君主の命によって制定すること。〓「ー憲法（＝君主の意思によって制定された憲法。日本の旧憲法である大日本帝国憲法など）」

きん-てい【謹呈】〔名・他サ変〕つつしんで差し上げること。〓「近著をーする」

きん-でい【金泥】〔名〕金粉をにかわで溶いたもの。顔料として、書画や工芸品に用いる。こんでい。

きん-てき【金的】〔名〕❶射的で、約三センチメートル平方の金紙に直径約一センチメートルの円を描いた小さな的。❷なかなか手に入らない、すばらしい目的物。〓「ーを射止める」

きん-てつ【金鉄】〔名〕金と鉄。また、金属。▽堅固で、たやすくは崩れないもののたとえにいう。〓「ーの誓い」

きん-てん【均▼霑】〔名・自サ変〕利益や恩恵を平等に受けること。〓「恩沢がーする」▽均等に霑うの意。

きんでん-ぎょくろう【金殿玉楼】〔名〕美しく飾りたてた豪華な建物。▽金の御殿と玉の高殿の意。

きん-てんさい【禁転載】〔名〕新聞・雑誌・書籍などに発表された文章・図版・写真などを無断で転載することを禁ずること。

きんでん-ず【筋電図】（ーヅ）〔名〕筋肉が収縮するときの活動電流を測定し、波形のグラフに記録したもの。運動機能障害の診断・検査に用いる。

きん-ど【襟度】〔名〕相いれない立場や意見の人を受け入れる心の広さ。

きん-とう【均等】〔名・形動〕平等で差がないこと。〓「利益をーに配分する」「各自の負担をーにする」

きん-とう【近東】〔名〕ヨーロッパに近い東方諸国。トルコ・シリア・レバノン・イスラエル・エジプト・バルカン諸国など。⬇中東・極東

きんとき【金時】〔名〕❶坂田金時のこと。幼名は金太郎。▽赤い顔のたとえにいう。❷砂糖で甘く煮たあずきにかき氷をかけたもの。氷あずき。氷金時。❸サツマイモの一品種。皮が赤く、黄色い身は甘い。川越いも。金時いも。

⊙**金時の火事見舞い** 顔が非常に赤いことのたとえ。多く酒を飲んで赤くなった顔をからかっていう。

きん-トレ【筋トレ】〔名〕筋力の強化を目的とするトレーニング。▽「筋力トレーニング」の略。

きん-とん【金団】〔名〕サツマイモを煮て裏ごしした餡に、甘く煮た栗・いんげん豆などを練り合わせたもの。お節料理や懐石料理の口取りにする。〓「栗ー」

ぎん-なん【銀▼杏】〔名〕❶イチョウの通称。❷イチョウの実。内部の胚乳を食用にする。◈「ぎんあん」の連声。

きん-にく【筋肉】〔名〕収縮・弛緩作用によって動物の運動をつかさどる器官。筋。〓「ー質」⬇図

きんにく-つう【筋肉痛】〔名〕筋肉の痛み。特に、運動のあとに生じる筋肉の痛み。筋痛。

ぎん-ねず【銀▼鼠】〔名〕銀色を帯びたねずみ色。銀ねずみ。銀ねず色。

きん-ねん【近年】〔名〕最近の数年。ここ数年。〓「ーにない大雪」「ーまれに見る快挙」▽副詞的にも使う。

注意「近年（中）に建設する予定です」など、これからの数年の意で未来についていうのは標準的でない。

きん-のう【金納】（ーナフ）〔名・他サ変〕租税・小作料などを金銭で納めること。〓「地代をーする」⇔物納

きん-のう【勤王（勤皇）】（ーワウ）〔名〕天皇に忠義を尽くすこと。特に江戸末期、江戸幕府を倒して天皇親政を実現しようとした思潮。〓「ーの志士」⇔佐幕▽「きんおう」の連声。

きん-ば【金歯】〔名〕金冠をかぶせた歯。また、金製の入れ歯。

きん-ぱい【金杯（金▼盃）】〔名〕金製または金めっきのさかずき・カップ。

きん-ぱい【金▼牌】〔名〕賞や記念として与える金製または金めっきの楯やメダル。

ぎん-ぱい【銀杯（銀▼盃）】〔名〕銀製または銀めっきのさかずき・カップ。

ぎん-ぱい【銀▼牌】〔名〕賞や記念として与える銀製または銀めっきの楯やメダル。

きん-ばえ【金▼蠅】（ーバヘ）〔名〕日本全土に分布するクロバエ科の昆虫。体は金緑色で光沢がある。腐った物や動物の死体などに集まる。

きん-ばく【緊縛】〔名・他サ変〕かたくしばること。

きん-ぱく【金▼箔】〔名〕金を槌でたたいて紙のように薄く延ばしたもの。〓「ーを施す」

きん-ぱく【緊迫】〔名・自サ変〕情勢が切迫し、今にも事が起こりそうなこと。〓「ーした空気に包まれる」

きん-ぱく【謹白】〔名〕手紙や文書の結びに添えて相手に敬意を表す語。つつしんで申し述べる意。謹言。

ぎんはく-しょく【銀白色】〔名〕銀色を帯びた白色。〓「ーの髪」

きん-ぱつ【金髪】〔名〕金色の髪の毛。ブロンド。

ぎん-ぱつ【銀髪】〔名〕銀色の髪の毛。▽白髪をいう語としても使う。〓「ーの紳士」

きん-ばん【勤番】〔名・自サ変〕❶交替で勤務すること。また、その番。❷江戸時代、大名の家臣が交替で江戸などの藩邸に勤めること。また、幕臣が交替で遠国の幕府直轄地に駐在して勤務すること。

ぎん-ばん【銀盤】〔名〕❶銀製の皿。❷平らな氷の表面。また、スケートリンク。〓「ーに舞う」

きん-ぴ【金肥】〔名〕化学肥料など、金銭を払って購入する肥料。かねごえ。

きん-ぴか【金ぴか】〔名・形動〕金色にぴかぴか光り輝くこと。また、そのもの。〓「ーの腕時計」使い方 安っぽいが新しくて派手なもの、豪華なものの形容にも使う。

きん-びょうぶ【金▼屏風】（ービャウ）〔名〕地紙全体に金

箔を置いた屏風。

きんぴら【金平】〔名〕ささがきやせん切りにしたゴボウを油で炒め、砂糖と醤油で煮てから唐辛子で辛みをつけた料理。▼「金平牛蒡」の略。ゴボウ以外の野菜を同じように調理したものを言うこともある。

きん-ぴん【金品】〔名〕金銭と品物。||「ーの贈与」

きん-ぶち【金縁】〔名〕金製または金色のふち。||「ーの額」「ーの眼鏡」

ぎん-ぶち【銀縁】〔名〕銀製または銀色のふち。

ぎん-ぶら【銀ぶら】〔名・自サ変〕〔俗〕東京の銀座通りをぶらぶら散歩すること。

きん-ぶん【均分】〔名・他サ変〕同じ割合に分けること。等分。||「ー相続」

きん-ぷん【金粉】〔名〕金の粉末。また、金色をした合金の粉末。

ぎん-ぷん【銀粉】〔名〕銀の粉末。また、銀色をした合金の粉末。

きん-べん【勤勉】〔名・形動〕仕事や勉強に、まじめに励むこと。||「ーな学生」「ーに働く」 派生 -さ

きん-ぺん【近辺】〔名〕その場所から近いあたり。付近。||「公園のーを散策する」

きん-ペン【金ペン】〔名〕金と銅の合金でつくったペン先。▼多くは一四金で、万年筆に用いる。

きん-ぼ【▼欽慕】〔名・他サ変〕敬いしたうこと。敬慕。

きん-ぼう【近傍】〔名〕近辺。付近。

きんぽう-げ【金▼鳳▽花（<毛▼茛>）】〔名〕晩春から初夏に黄色い五弁花をつける、キンポウゲ科の多年草。茎や葉には細かい毛が密生する。有毒。ウマノアシガタ。▼特に八重咲きの栽培種だけをいうこともある。

きん-ぼし【金星】〔名〕大相撲で、平幕の力士が横綱をやぶったときの勝ち星。▼大きな手柄の意でも使う。||「ーを挙げる」

きん-ほんい【金本位】〔名〕金を本位貨幣とする通貨制度。貨幣の単位価値は一定量の金と等価になる。金本位制度。

ぎん-ほんい【銀本位】〔名〕銀を本位貨幣とする通貨制度。貨幣の単位価値は一定量の銀と等価になる。銀本位制度。

きん-まく【筋膜】〔名〕個々の筋および筋群を包む結

筋肉の各部

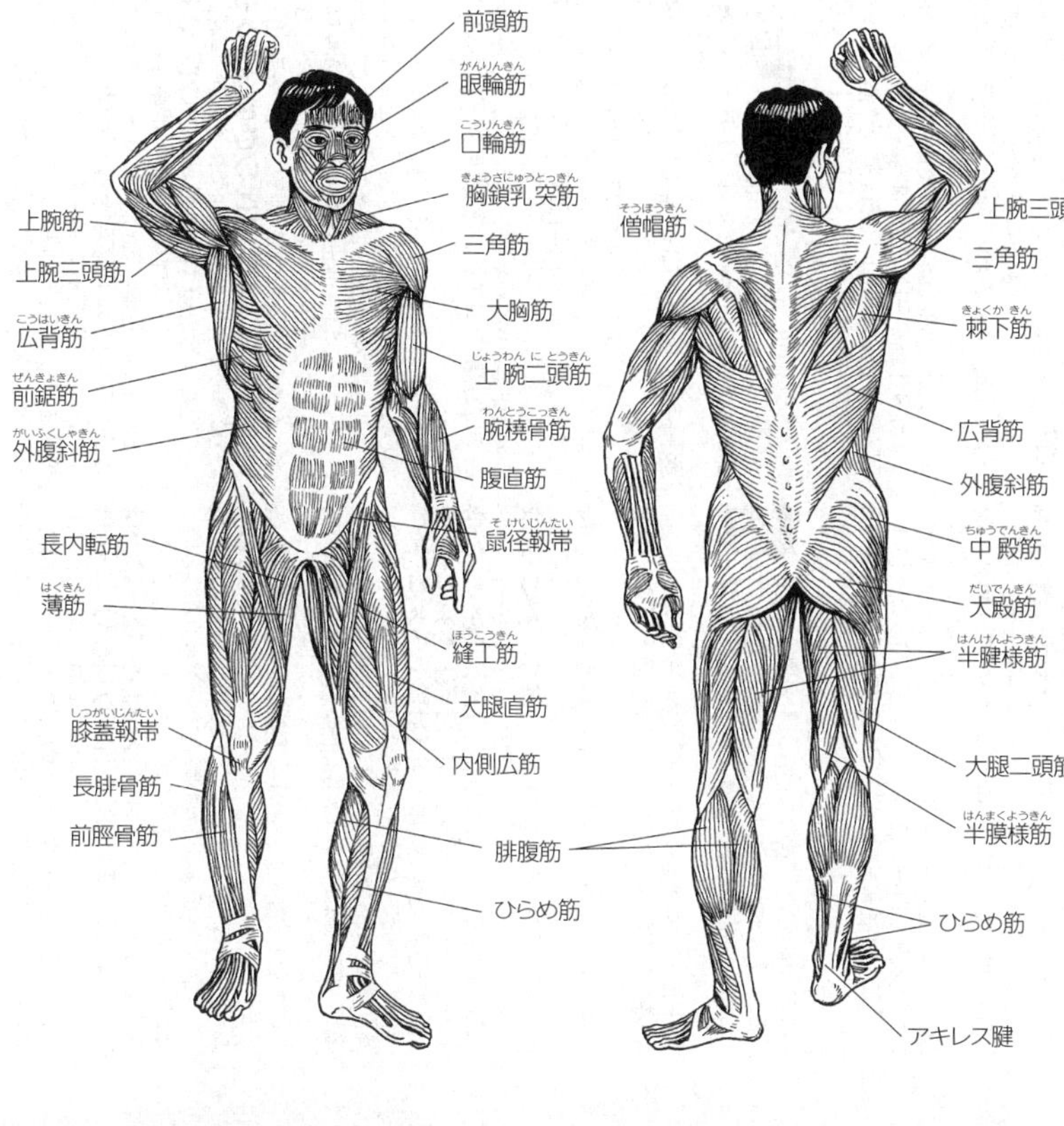

前頭筋
眼輪筋
口輪筋
胸鎖乳突筋
上腕筋
三角筋
上腕三頭筋
大胸筋
広背筋
上腕二頭筋
前鋸筋
腕橈骨筋
外腹斜筋
腹直筋
鼠径靱帯
長内転筋
薄筋
縫工筋
大腿直筋
膝蓋靱帯
内側広筋
長腓骨筋
前脛骨筋
腓腹筋
ひらめ筋

僧帽筋
上腕三頭筋
三角筋
棘下筋
広背筋
外腹斜筋
中殿筋
大殿筋
半腱様筋
大腿二頭筋
半膜様筋
ひらめ筋
アキレス腱

合組織の膜。筋を保護し、筋と筋とが滑らかに動くようにする。

ぎん-まく【銀幕】［名］❶映写幕。スクリーン。❷映画。映画界。「―デビュー」

きんまん-か【金満家】［名］大金持ち。富豪。

ぎん-み【吟味】［名・他サ変］❶内容・品質などを念入りに調べること。「企画書を―する」「―した食材を使う」❷［古風］容疑者の罪状を取り調べること。◈詩歌を吟じて味わう意から。

きん-みつ【緊密】［名・形動］物事と物事とがしっかり結びついていること。「医療と福祉が―に連携する」「担当者と―な連絡をとる」派生 -さ

きん-みゃく【金脈】［名］❶金の鉱脈。❷資金を引き出すところ。かねづる。「政治家の―を追及する」

きん-みらい【近未来】［名］現在からほど近い未来。「―小説」

きん-む【勤務】［名・自サ変］会社などに属して仕事をすること。また、その仕事。「工場に―する」「在宅―」

きん-むく【金無▼垢】［名］混じりけのない金。純金。

きん-め【斤目】［名］めかた。斤量。

ぎん-めし【銀飯】［名］白米の飯。銀しゃり。

きんめ-だい【金目▼鯛(金▽眼▼鯛)】ダヒ［名］本州中部以南の深海にすむキンメダイ科の海魚。全身が鮮紅色で、金色に輝く大きな目をもつ。食用。▼タイとは別種。

きん-モール【金モール】［名］❶金糸をより合わせた装飾用のひも。また、金めっきを施した装飾用の金属線。❷縦糸に絹糸、横糸に金糸を使った織物。

きん-もくせい【金木▼犀】［名］秋、香りの高い赤黄色の小花を密集してつける、モクセイ科の常緑小高木。雌雄異株。中国原産。

きん-もつ【禁物】［名］してはならない物事。避けるべき物事。「油断は―」「パソコンに湿気は―だ」

きん-もん【金紋】［名］金箔(きんぱく)・金漆で描いた紋所。

きん-もん【禁門】［名］皇居の門。禁裏の門。また、皇居。禁裏。

きん-ゆ【禁輸】［名・他サ変］輸出入を禁止すること。

きん-ゆう【金融】［名］金銭の融通。特に、資金の需要と供給に関すること。「―業」「―政策」

きんゆう-かんわ【金融緩和】クヮンワ［名］景気を回復するために、中央銀行が公定歩合の引き下げ・資金供給量の増加などを行い、資金調達を容易にすること。

きんゆう-きかん【金融機関】キクヮン［名］資金の融通・仲介や預貯金の運用などを行う機関。銀行・金融公庫・信用金庫・証券会社・保険会社など。

きんゆう-こうこ【金融公庫】［名］公共目的にそった融資を行うために、政府が出資してつくった金融機関。

きんゆう-さきものとりひき【金融先物取引】［名］通貨・金利・債券・株式などの金融商品を対象とし、将来の一定期日に現時点で約定した価格によって売買することを約束する取引。

ぎんゆう-しじん【吟遊詩人】ギンイウ［名］フランスを中心とする中世ヨーロッパで、楽器を演奏し、自作の詩を歌い聞かせながら各地をめぐり歩いた叙情詩人。トルバドゥール。トルベール。

きんゆう-しほん【金融資本】［名］❶銀行資本と産業資本が融合して経済組織を支配する独占的な資本形態。❷銀行資本。

きんゆう-ちょう【金融庁】チャウ［名］内閣府の外局の一つ。金融制度に関する企画立案、銀行・保険会社・証券会社などの検査・監督などを担当する行政機関。国務大臣を長官とする。

きんゆう-はせいしょうひん【金融派生商品】シャウヒン［名］デリバティブ。

きん-よう【金曜】エウ［名］(日曜から数えて)週の第六日。木曜の次の日。金曜日。

きん-よう【緊要】エウ［名・形動］差し迫っていて重要であること。「今は事故原因の追及が―だ」

きんよう-び【金曜日】キンエウ［名］➡金曜

きん-よく【禁欲(禁▼慾)】［名・自サ変］本能的な欲望、特に性欲を自ら抑えること。「―主義」「―的」

ぎん-よく【銀翼】［名］飛行機の(銀色に輝く)つばさ。また、飛行機。

きん-らい【近来】［名］近ごろ。このごろ。最近。「―まれに見る好成績」▼副詞的にも使う。

きん-らん【金▼襴】［名］錦地(にしきじ)に金糸で模様を織り出した豪華な織物。袈裟(けさ)・能衣装・帯地・袋物などに用いる。「―緞子(どんす)」

襴

きん-り【金利】［名］❶貸し金・預金などにつく利子。利息。「―がかさむ」❷元金に対する利子の割合。利率。「年五分五厘の―」

きん-り【禁裏(禁▼裡)】［名］皇居。宮中。御所。

きんり-スワップ【金利スワップ】［名］同一通貨の債務で支払い利子が異なる場合、想定元本・期間などを決めて固定金利と変動金利を交換する取引。

きん-りょう【斤量】キンリャウ［名］はかりで計った物の重さ。めかた。斤目。

きん-りょう【禁猟】レフ［名］法令で狩猟を禁止すること。「―区」

きん-りょう【禁漁】レフ［名］水産資源の保護・繁殖のために、一定の期間、一定の場所を限って水産物の漁獲・採取を禁止すること。きんぎょ。「―区」

きん-りょく【金力】［名］金銭の威力。金の力。

きん-りょく【筋力】［名］筋肉の力。「―が衰える」

きん-りん【近隣】［名］隣り合った近いあたり。隣近所。「―の村々」「―諸国」

ぎん-りん【銀輪】［名］❶銀製または銀色の輪。❷自転車。

ぎん-りん【銀▼鱗】［名］銀色のうろこ。また、銀色に光る魚。

きん-るい【菌類】［名］きのこ類・かび類などの総称。寄生や腐生で生活し、胞子・分裂・発芽などによって増える。真菌類。

きん-れい【禁令】［名］ある行為を禁止する法令。

ぎん-れい【銀▼嶺】［名］雪が積もり銀色に輝く山。

きん-ろう【勤労】ラウ［名・自サ変］心身を使って仕事にはげむこと。また、賃金をもらって一定時間、一定の仕事に従事すること。「―奉仕」「―所得」

きんろうかんしゃ-の-ひ【勤労感謝の日】キンラウ［名］国民の祝日の一つ。十一月二十三日。国民が勤労を尊び、生産を祝い、互いに感謝し合う日。▼もとの新嘗祭(にいなめさい)にあたる。

きんろう-しゃ【勤労者】キンラウ［名］勤労して得た所得によって生活する人。

きん-わ【謹話】［名］つつしんで話すこと。また、その話。▼もと皇室に関することを述べるとき、話し手の名前などに添えて使った語。「侍従長―」

く

く【九】[名] 数の名で、八の次。ここのつ。きゅう。‖「―月」「―献」

く【区】㊀[名] 行政上の区画の一つで、自治区(特別区・財産区)・行政区(政令指定都市の区)の総称。‖「―の事業」「―議・―政・―長・―民」㊁(造) ❶くぎる。分ける。‖「―画・―別」 ❷くぎられた場所。くぎり。‖「―域・―間」「学―・管―・選挙―」㊐區

く【句】[名] ❶ことば・文章のひとくぎり。‖「―を切る」 ❷二つ以上の単語が連なってある意味を表すもの。また、一つあるいは二つ以上の単語から構成される文の成分。フレーズ。‖「語と―」「警―・詩―」「副詞―・慣用―」 ❸漢詩・和歌・連歌・俳句などで、字数・字音によるひとまとまり。‖「上の―」「結―・初―」 ❹俳句。‖「―をひねる」「―浮かぶ」「―会・―集」「佳―・選―・名―」

く【苦】㊀[名] くるしみ。‖「―あれば楽あり」「―に病む」「四―八―」「―痛・―労」「困―・生活―」㊁(造) ❶にがい。にがにがしい。‖「―汁・―笑・―杯」 ❷つとめる。努力をする。‖「―学・―心」「刻―」

く【駆】(造) ❶馬などを走らせる。かる。かける。‖「―使・―動」「疾―・先―」 ❷追い払う。‖「―除・―逐」㊐驅(「駈」は俗字。)

ぐ【具】㊀[名] ❶ある目的を果たすための手段。‖「政争の―に利用される」 ❷汁物・まぜご飯などに加える材料。‖「五目ずしの―」「―だくさん」㊁(造) ❶そろえる。そろっている。‖「―現・―象・―足・―体」 ❷そろえておく器物。‖「家―・玩―・寝―」 ❸くわしく申し述べる。‖「―申・―陳」 ❹衣類・器具など、ひとそろいになったものを数える語。‖「甲冑一―」「装束二―」

ぐ【愚】[名] ❶おろかなこと。‖「―の骨頂」「―直・―問」「暗―」 ❷自分のこと、また、自分に関する物事についていう丁重語。‖「―案ずるに…」「―考・―妻・―僧」

◉**愚にも付か・ない** ばかばかしくて話にもならない。‖「―ことを言う」

ぐ【惧】(造) おそれる。おそれ。‖「危―」

ぐ-あい【具合(▽工合)】[ヒア] [名] ❶物事の進め方。また、うまく進んでいるかどうかの程度。‖「うまい―にいった」「でき―」 ❷体の状態。体調。‖「どうも―が悪い」 ❸機械などの調子。‖「洗濯機の―がおかしい」 ❹都合。また、体裁。‖「明日の午後は―が悪い」

グアノ [guano] [名] 海鳥の糞が堆積して固まったもの。燐酸肥料にする。鳥糞石。

グアバ [guava] [名] 果樹として熱帯・亜熱帯地方で栽培される、フトモモ科の常緑小高木。また、その果実。淡黄色の果実は特有の香りがあり、生食するほか、ジュース・缶詰などに加工する。バンジロウ。バンザクロ。

クアハウス [Kurhaus ドイツ] [名] 健康と保養を目的とする温泉施設。入浴施設とトレーニング施設を併せ持つ。

く-あわせ【句合わせ】[ハセ] [名] 左右に分かれた組から俳諧の発句を一句ずつ出し合い、判者の判定によってその優劣を競うもの。

ぐ-あん【具案】[名] ❶原案を立てること。また、その案。 ❷一定の手段・方法をそなえている案。具体案。

ぐ-あん【愚案】[名] ❶つまらない案。 ❷自分の考えのことをいう丁重語。愚見。▼おろかな考えの意。

くい【▼杭・▼杙】[ヒク] [名] 地中に打ち込んで目印や支柱にする棒。‖「出る―は打たれる」

くい【悔い】[名] 悔いること。後悔。‖「たとえ負けても―はない」

く-い【句意】[名] 俳句の意味。

くい-あ・う【食い合う】[アクヒ] ㊀[自五] ❶互いに相手を食う。‖「猛獣が―」 ❷組み合わせた部分がぴたりと合う。かみ合う。‖「歯車が―」㊁[他五] ❶一つのものを一緒に食う。 ❷一つのものを互いに奪い合う。‖「選挙の地盤を―」[名] 食い合い

くい-あげ【食い上げ】[クヒ] [名] 失業などによって、生活の手段を失うこと。‖「首になったら飯の―になる」

くい-あら・す【食い荒らす】[クヒ] [他五] ❶あちこちに箸をつけて汚くする。‖「ご馳走を―・して帰る」 ❷片端から乱暴に食べて損害を与える。‖「いのししが畑を―」 ❸他の領域を侵して損害を与える。‖「保守派の選挙地盤を―」

くい-あらた・める【悔い改める】[他下一] これまでのあやまちを反省して心を改める。‖「前非を―」 文 くいあらた・む 名 悔い改め

くい-あわせ【食い合わせ】[クヒアハセ] [名] ❶一緒に食べると中毒を起こすといわれる食べ物の組み合わせ。梅干しとウナギ、スイカと天ぷらなど。‖「―が悪い」▼科学的根拠はない。 ❷材木などを組み合わせてつなぐこと。また、その部分。かみ合わせ。

くい-いじ【食い意地】[イヂ] [名] むさぼり食おうとする気持ち。‖「―が張っている」

くい-い・る【食い入る】[クヒ] [自五] 物の内部に深く入り込む。‖「腕に縄が―」▼「―ように見る」などの形で、真剣にじっと見つめる意にも使う。

クイーン [queen] [名] ❶女王。王妃。▼ある集団の中で最もすぐれた女性の意でも使う。 ❷トランプで、女王の姿をかいた札。 ❸チェスで、女王の駒。

クイーン-サイズ [queen size] [名] 婦人服で、特別に大きいサイズ。▼英語ではキングサイズに次ぐサイズの意。

くい-かけ【食いかけ(食い掛け)】[クヒ] [名] 食べ始めて途中でやめること。また、その食べ物。食いさし。食べかけ。‖「―のパン」

く-いき【区域】[キー] [名] くぎられた範囲の地域。‖「警備を担当する―」「通学―」「遊泳禁止―」

くい-き・る【食い切る】[クヒ] [他五] ❶歯でかみ切る。‖「犬が縄を―」 ❷すっかり食べてしまう。‖「一人で一キロの肉を―」

ぐい-ぐい [副ト] ❶強い力を続けてかけるさま。‖「―(と)引っ張る」「押す」 ❷動作が勢いよく行われるさま。‖「ビールを―(と)あおる」「先頭集団に―(と)近づく」 ❸物事を積極的に行うさま。‖「―(と)計画を押し進める」

くい-け【食い気】[クヒ] [名] ものを食べたいと思う気持ち。食欲。

くい-こ・む【食い込む】[クヒ] [自五] ❶中に深く入り込む。食い入る。‖「腕に縄が―」 ❷限度を超えて他の領分や範囲に入り込む。‖「会議が昼休みに―」「予選で上位三位までに―」 ❸支出が多くなって赤字になる。‖「先月は五万円ほど―・んだ」

くい-さが・る【食い下がる】[クヒ] [自五] ❶食いついて離れない。‖「猟犬が猪に―」 ❷強い相手に粘り

強く立ち向かう。≡「執拗[しつよう]に—・って追及する」❸相撲で、相手の胸に頭をつけて前褌[まえみつ]を引き、姿勢を低くして組み付く。

くい-しば・る【食いしばる(食い縛る)】 クヒ〔他五〕強くかみ合わせる。▽「歯を—」の形で、多く我慢する意を表す。≡「屈辱に耐えて歯を—」

くい-しろ【食い代】 クヒ〔名〕食べ物の代金。食費。

くいしん-ぼう【食いしん坊】 クヒシンバウ〔名・形動〕食い意地が張っていて、むやみに食べたがること。また、そういう人。くいしんぼ。

クイズ [quiz]〔名〕問題を出してそれに答えさせる遊び。また、その問題。≡「—を出す」

くい-すぎ【食い過ぎ】 クヒ〔名〕度を越して食べたりエネルギーを消費したりすること。≡「ガソリンの—」 動くいす・ぎる(他上一)

くい-ぞめ【食い初め】 クヒ〔名〕生後一〇〇日または一二〇日の乳児に初めて飯を食べさせる祝いの儀式。箸ぞめ。箸立て。▽実際には食べさせるまねだけをする。

くい-たお・す【食い倒す】 クヒタフス〔他五〕❶飲食した代金を払わないままにする。≡「すし代を—・される」❷遊び暮らして財産を使い果たす。食いつぶす。≡「先祖代々の遺産を—」

くい-だおれ【食い倒れ】 クヒダフレ〔名〕❶飲み食いにぜいたくをして貧乏になること。≡「京の着倒れ、大阪の—」❷働かないで遊び暮らすこと。また、その人。

くい-だめ【食い▼溜め】 クヒ〔名・自他サ変〕しばらく食べないですむように一度にたくさん食べておくこと。食い置き。

くい-ちが・う【食い違う】 クヒチガフ〔自五〕❶組み合わせの部分がうまく合わない。≡「歯車が—」❷物事や意見がうまく一致しない。≡「両者の証言が—・っている」 名食い違い

くい-ちぎ・る【食いちぎる(食い千切る)】 クヒ〔他五〕かみついて切りはなす。かみきる。≡「犬が綱を—」

くい-ちら・す【食い散らす】 クヒ〔他五〕❶食べこぼしてあたりをよごす。≡「—・した飯つぶを拾う」❷出された料理にやたらと箸[はし]をつけて、きたならしく食べる。≡「せっかくの会席料理を—」❸興味本位に、あれこれと少しずつ手を出す。◈「食い散らかす」ともいう。 名食い散らし

クイック [quick]（造）動作がすばやいこと。≡「—ステップ・—モーション」

くい-つ・く【食いつく(食い付く)】 クヒ〔自五〕❶しっかりとかみつく。≡「魚が餌[えさ]に—」❷よろこんで飛びつく。≡「もうけ話に—・いてくる」❸相手に議論をしかけて迫る。食ってかかる。≡「上司に—」

くい-つな・ぐ【食い▼繋ぐ】 クヒ〔自五〕❶乏しい食べ物を少しずつ食べて生き延びる。≡「保存食で—」❷どうにかやりくりして生計を立てる。≡「家財を売って—」

くい-つぶ・す【食い潰す】 クヒ〔他五〕遊び暮らして財産を使い果たす。食い倒す。≡「親の身代を—」

くい-つ・める【食い詰める】 クヒ〔自下一〕収入がなくて暮らしが立たなくなる。≡「失業して—」 文くひつ・む

くい-で【食いで(食い出)】 クヒ〔名〕食べて十分だと思えるほどの分量。食べで。食いごたえ。≡「—のある料理」

ぐい-と〔副〕❶力を込めて急にある動作をするさま。≡「腕をつかんで—引っぱる」❷勢いよくひと息に飲むさま。≡「酒を—飲み干す」◈「ぐいっと」とも。

くい-どうらく【食い道楽】 クヒダウラク〔名〕うまい物・珍しい物を食べることを格別の趣味とすること。また、その人。食道楽[しょくどうらく]。

くい-と・める【食い止める】 クヒ〔他下一〕好ましくない物事がそれ以上進まないように防ぎとめる。≡「延焼[インフレ]を—」 文くいと・む

くいな【〈水鶏〉(〈▼秧鶏〉)】 クヒナ〔名〕❶冬鳥として飛来するクイナ科の渡り鳥。全長はハトより小さく、くちばしと足が長い。▽その鳴き声を「たたく」として古くから和歌に詠まれてきたのは、夏鳥のヒクイナのこと。❷クイナ・ヒクイナ・オオクイナなど、クイナ科の鳥の総称。

くい-にげ【食い逃げ】 クヒ〔名・自サ変〕飲食店で飲み食いした代金を払わずに逃げること。また、その人。無銭飲食。▽食べるだけ食べて、後始末もしないで立ち去ることにもいう。

ぐい-のみ【ぐい飲み(ぐい▼呑み)】〔名〕❶一気にぐいと飲むこと。❷底の深い大ぶりの杯。

くい-はぐ・れる【食いっ逸れる】 クヒ【一】〔他下一〕食べる時機をのがす。食べそこなう。≡「昼飯を—」【二】〔自下一〕生計を立てる手段を失う。≡「手に職をつければ—ことはない」▽「食いっぱぐれる」ともいう。 文くいはぐ・る 名食いはぐれ

くい-ぶち【食い扶▽持】 クヒ〔名〕食べ物を買う費用。食費。食い代。

くい-ほうだい【食い放題】 クヒハウダイ〔名〕食べ放題。

くい-もの【食い物】 クヒ〔名〕❶食べ物。≡「何か—を探してこよう」▽粗野な言い方。❷他人の利益のために不当に利用されるもの。≡「老人を—にする悪徳業者」

くい-やぶ・る【食い破る】 クヒ〔他五〕かみついて破る。かみやぶる。≡「ネズミが米袋を—」

く・いる【悔いる】〔他上一〕取り返しのつかないことをしてしまったと悟って、悔しがったり反省したりする。悔やむ。後悔する。≡「前非を—・いて仏門に入る」「事前に相談しなかったことを—」 使い方「悔いる」は道徳など精神的に重い事柄に、「悔やむ」は失敗・欠点など日常的な軽い事柄に使う傾向がある。 文く・ゆ 名悔い

クインテット [quintetto イタリア]〔名〕❶五重奏(曲)。五重奏団。❷五重唱(曲)。五重唱団。

くう【空】〔名〕❶そら。おおぞら。≡「—を漂う」「—中・—路」「上—・滞—」❷何もないこと。また、何もないところ。≡「—をつかむ」「バットが—を切る(=空振りをする)」「—席・—白」「架—・真—」❸実りのないこと。むだなこと。≡「努力が—に帰す」「—論」❹仏教で、すべての存在は因縁によって仮にその姿を現したもので、実体はないということ。≡「色即是—」❺「空軍」の略。

く・う【食う(▼喰う)】 フク〔他五〕❶生命を維持するために、食物を食べる。特に、固形の食物をかんで飲み込む。食べる。食らう。食する。≡「食物をむさぼり—」「うちで飯を—・っていかないか」「もりもり[がつがつ・むしゃむしゃ]—」「—や—・わずの(=満足な食事もできない貧しい生活)」「彼とは同じ釜[かま]の飯を—・った仲だ」 使い方丁寧な言い方である「食べる」に対して、一般的な言い方として使われてきたが、粗野な感じを伴うようになり、また敬語化もできず、「食べる」に取って代わられる傾向にある。❷動物が歯を立ててかむ。また、虫が刺す。≡「サメが鋭い歯で人を—」「蚊に—・われる」▽この意が原義で、「食い付く」「食いしばる」など、複合語にその意をとどめている。

❸暮らしを立てる。生活する。食べる。‖「私は文筆業で飯を━っている」「こんな薄給では━ってゆけない」❹人の領分を侵す。特に、強い相手を負かす。‖「相手の縄張り[票]を━」「子役が主役を━」❺エネルギーや金などを大量に消費する。費やす。‖「この電子レンジは電気を━」「時間を━仕事はごめんだ」使い方 マイナスに評価していう。❻好ましくない行為や作用を身に受ける。こうむる。食らう。‖「お目玉[足止め]を━」「鳩(はと)が豆鉄砲を━ったような(=きょとんとした)顔をする」❼〈「年を食う」の形で〉かなりの年齢になる。‖「見かけよりは年を━っている」❽〈「人を食った」の形で〉人をばかにした。こけにした。‖「全く人を━った話ではないか」可能 食える 名 食い

ぐう [名] じゃんけんで、握りこぶしの形で表すもの。石。▽ちょきに勝ち、ぱあに負ける。

ぐう【宮】(造) ❶神を祭る場所。みや。‖「━司」「参━・神━・遷━」❷天子・皇族などの住む建物・場所。‖「行(あんぐう)━・東━・竜━」

ぐう【偶】(造) ❶対になる。向かい合う。‖「配━者」❷二で割りきれる整数。‖「━数」❸ひとがた。人形。‖「━像」「土━・木━(もくぐう・でく)」❹たまたま。思いがけなく。‖「━然・━発」

ぐう【▼寓】(造) ❶身を寄せる。仮住まい。‖「━居」❷〈姓の下に添えて〉自宅のことをいう丁重語。‖「谷崎━」❸ことよせる。かこつける。‖「━意・━話」❹目をつける。目を向ける。‖「━目」

ぐう【遇】(造) ❶出会う。‖「奇━・遭━」❷めぐりあう。また、めぐりあわせ。‖「境━・不━・千載一━」❸もてなす。‖「厚━・処━・待━・知━・優━・冷━」

ぐう【隅】(造) かたすみ。かど。‖「一━・四━」

くう-い【空位】〔ヰ〕[名] ❶ある地位にだれもついていないこと。また、その地位。❷名ばかりで実質の伴わない地位。‖「会長の座は━にすぎない」

ぐう-い【▼寓意】[名] 他の物事にかこつけて真意を遠回しに表すこと。また、その真意。アレゴリー。‖「━劇」

くう-いき【空域】〔ヰキ〕[名] 航空機の航行の安全のために設定された空中の一定区域。

ぐう-いん【偶因】[名] たまたまある結果をもたらすきっかけになった原因。偶然の原因。‖「合理化が━となって発生した事故」

ぐう-えい【偶詠】[名] ふと心に浮かんだことを、そのまま詩歌に詠むこと。また、その詩歌。

くう-かぶ【空株】[名] 株式の空買い・空売りで、実際に受け渡しをしないで取り引きされる株。からかぶ。⇕実株

くう-かん【空間】[名] ❶何も存在しないで空いている所。‖「狭い━をうまく利用する」❷上下・左右・前後への果てしない広がり。‖「宇宙[生活]━」❸哲学で、時間とともに物体界を構成する基礎概念。

ぐう-かん【偶感】[名] たまたま心に浮かんだ感想。‖「━を綴る」

くうかん-ち【空閑地】[名] 利用しないで放置されている土地。空き地。

くう-き【空気】[名] ❶地球の表面をおおう大気圏の下層部分を構成する無色透明の混合気体。窒素と酸素を主成分とし、微量の二酸化炭素・アルゴン・ヘリウムなどを含む。‖「新鮮な━を吸う」「タイヤに━を入れる」▽あるかないかを意識しないもののたとえにもいう。‖「━のような存在」❷その場の雰囲気。‖「気まずい━になる」

◉**空気を読・む** その場の雰囲気をくみ取る。‖「━んだ発言」▽その場の雰囲気がくみ取れないことは「空気が読めない」という。‖「空気が読めない人」

くうき-いす【空気椅子】[名] 腰を落として椅子に座っているような姿勢を保つトレーニング。

くうき-かんせん【空気感染】[名・自サ変] 空気中に飛び散った病原菌が体内に入って感染すること。空気伝染。

くうき-じゅう【空気銃】[名] 圧縮空気の力で弾丸を発射させる銃。エアライフル。

くうき-まくら【空気枕】[名] 空気を吹き入れ、ふくらませて使う携帯用の枕。

くう-きょ【空虚】[名・形動] ❶からっぽで何もないこと。‖「無限で━な空間」❷実質的な内容や価値に乏しく、むなしいこと。‖「受け売りばかりの━な説」「━に日々を送る」派生 -さ

ぐう-きょ【▼寓居】[名] ❶[自サ変] 仮に住むこと。また、その住まい。仮住まい。仮寓(かぐう)。❷自分の住まいのことをいう丁重語。‖「郊外に━を構える」

くう-くう【空空】[形動タルト] ❶何もないさま。‖「━たる蒼穹(そうきゅう)」❷ぼんやりとして、何も考えないさま。‖「━として時を過ごす」❸煩悩(ぼんのう)を捨て去り、物事に執着しないさま。‖「━寂々(じゃくじゃく)」

ぐう-ぐう [副] ❶寝息やいびきをかくさま。また、その音を表す語。‖「━寝ている」❷空腹で腹がなるさま。また、その音を表す語。‖「腹が━鳴る」

くうくう-ばくばく【空空漠漠】[形動タルト] ❶限りなく広いさま。‖「━たる荒野」❷とらえどころのないさま。また、むなしいさま。‖「━とした話」「━と失意の日々を送る」▽「空漠」の二字を重ねて意味を強めた語。

くう-ぐん【空軍】[名] 航空機による攻撃や防御をおもな任務とする軍隊。⇕陸軍・海軍

くう-けい【空▼閨】[名] 夫または妻がいないので、ひとりで寝るさびしい寝室。‖「━をかこつ」

くう-げき【空隙】[名] 物と物との間。すきま。間隙(かんげき)。‖「心の━を埋める」

くう-けん【空拳】[名] ❶手に武器や道具を持たないこと。素手。‖「徒手━・赤手━」❷他人の援助・財力を借りず、ひとりで事に当たること。‖「━をふるい一大事業を成す」

くう-げん【空言】[名] ❶根拠のないうわさ。そらごと。❷言うだけで実行の伴わないことば。

ぐう-げん【▼寓言】[名] 他の物事にかこつけて意見や教訓を述べたことば。たとえ話。‖「荘子の━」「━法(=寓意を用いる修辞法)」

くう-こう【空港】〔カウ〕[名] 航空機が定期的に発着する公共の飛行場。エアポート。‖「国際━」

くう-こく【空谷】[名] 人けのないさびしい谷。

◉**空谷の跫音(きょうおん)** 孤独なときに思いがけなく人が訪れたり便りが届いたりする喜び。▽さびしい谷間に響く足音の意から。

くう-さい【空際】[名] 天と地が接して見える所。天際。‖「━無辺」

ぐう-さく【偶作】[名] 詩歌などが、たまたまできあがること。また、その作品。偶成。

くう-さつ【空撮】[名] 空中から撮影すること。

ぐう-じ【宮司】[名] 神社に仕え、祭祀(さいし)・祈禱(きとう)・庶

務などをつかさどる職（を務める人）。▽神主・神官の敬称としても使う。

くう-しつ【空室】［名］使ってない部屋。また、人の住んでいない部屋。あきべや。

くう-しゃ【空車】［名］営業用の自動車で、人や貨物を乗せていないもの。⇔実車

くう-しゅう【空襲】［名・他サ変］爆撃機によって空から襲撃すること。「―警報」「東京大―」

くう-しょ【空所】［名］空いている所。何もない所。

くうしん-さい【空心菜】［名］野菜として栽培されるヒルガオ科の多年草。東南アジア原産。若い葉や茎を炒め物などにする。ヨウサイ。▽茎が中空なのでこの名がある。

ぐう-すう【偶数】［名］二で割り切れる整数。⇔奇数

グーズベリー【gooseberry】［名］セイヨウスグリ・アメリカスグリなど、果樹として栽培するユキノシタ科の落葉小低木の総称。また、その果実。酸味のある黄緑色の実は生食用のほかジャムなどに加工する。

ぐう・する【▼寓する】■一［自サ変］仮住まいをする。■二［他サ変］他の物事にかこつけて、それとなく言う。「教訓を童話に―」文ぐう・す

ぐう・する【遇する】［他サ変］人をもてなす。待遇する。「首相を国賓として―」文ぐう・す

ぐう-せい【偶成】［名］詩歌などが、ふとしたことからできあがること。また、その作品。偶作。

くう-せき【空席】［名］❶空いている座席。「―待ち（＝空港で、予約された航空券のキャンセルを待つこと）」❷欠員になっている職や地位。「監査役のポストが―になる」

くう-せつ【空説】［名］根拠のない説。

くう-ぜん【空前】［名］これまでに例がないこと。「―のヒット曲」

ぐう-ぜん【偶然】■一［名・形動］因果関係もなく、思いがけなくそのようになること。「―の出来事」「―の一致」⇔必然 ■二［副］思いがけなく。たまたま。「街で―知人に会った」

くうぜん-ぜつご【空前絶後】［名］過去に例がなく、将来にもあり得ないと思われるような珍しいこと。

くう-そ【空疎】［名・形動］見せかけばかりで、実質に乏しいこと。「―な理論を振り回す」派生―さ

くう-そう【空想】［名・他サ変］現実をはなれて、頭の中であれこれと想像すること。また、その想像物。「未来の世界を―する」「―にふける」「―を追う」

ぐう-ぞう【偶像】［名］❶木・石・金属などで作った像。❷信仰の対象とする、神仏をかたどった像。❸熱狂的な人気や崇拝の対象となるもの。「―化された革命家」

くうそう-かがくしょうせつ【空想科学小説】［名］⇒エスエフ（SF）

ぐうぞう-すうはい【偶像崇拝】［名］❶神仏をかたどった像などを、神仏そのものとして尊重・礼拝すること。❷実体のないものを無批判に信じること。

ぐうたら［名・形動］ぐずぐずしていて働こうとしないこと。不精で、怠けてばかりいること。また、そのような人。怠け者。「―な生活」「―亭主」

くう-ち【空地】［名］宅地や農地として利用されていない土地。空閑地。あき地。

くう-ちゅう【空中】［名］地表面から離れた空間。大気の中。そら。「―遊泳」

くうちゅう-けん【空中権】［名］土地の上の空間を利用する権利。

くうちゅう-せん【空中戦】［名］❶軍用機どうしが空中で行う戦闘。空戦。⇒海戦・陸戦 ❷サッカー・ラグビーなどで、空中で球を奪い合うこと。

くうちゅう-ぶんかい【空中分解】［名・自サ変］❶飛行中の航空機などが事故などによってばらばらに壊れること。❷計画や組織が途中でつぶれること。「景気の後退から新事業のプロジェクトが―する」

くうちゅう-ろうかく【空中楼閣】［名］❶空中に高い建物を築くような、現実性のない物事。「理想を追って―を描く」❷蜃気楼。

くう-ちょう【空腸】［名］小腸の一部で、十二指腸と回腸との間の部分。

くう-ちょう【空調】［名］室内や建物内部の換気・温度・湿度などを自動的に調節すること。エアーコンディショニング。また、その装置。▽「空気調節」の略。

くう-てい【空▼挺】［名］地上部隊を空中輸送によって敵地に侵入させること。▽「空中挺進」の略。

クーデター【coup d'État フランス】［名］武力などによって非合法的に政権を奪うこと。「反政府軍が―を起こす」▽体制の変革を目指す革命とは異なり、権力移動は支配階級の内部で行われる。原義は、国家への一撃の意。

くう-てん【空転】［名・自サ変］❶車輪・歯車などがむだに回転すること。からまわり。❷何の成果もないままに、物事がむだに進行すること。「国会審議が―する」

くう-でん【空電】［名］空中の放電によって起こり、ラジオなどの受信機に雑音を与える電波。

くう-どう【空洞】［名］❶内部がうつろになっていること。また、そのあなの部分。ほらあな。❷臓器の組織の一部が欠損してできた空間。

くうどう-か【空洞化】［名・自サ変］❶周辺部分だけが残り、中心部分が欠落すること。「都市の―」❷形だけが残り、実質が失われること。「―した制度」

くう-とりひき【空取引】［名］⇒からとりひき

ぐう-の-ね【ぐうの音】［名］〈「ぐうの音も出ない」の形で〉一言も反論ができない。▽「ぐう」は息が詰まったときなどに発する声。

くう-はく【空白】［名］❶書き込むべき紙面に何も書いていないこと。また、その部分。「記事の―をカットで埋める」❷［形動］継続しているものの一部分が欠けて何もないこと。また、その部分。「当時の記憶には―がある」「―の一年」

くう-ばく【空漠】［名・形動タル］❶果てしなく広がっていること。「―たる氷原が続く」❷漠然としてとらえどころがないこと。「―とした不安に襲われる」

くう-ばく【空爆】［名・他サ変］爆撃機から爆弾を投下して攻撃すること。▽「空中爆撃」の略。

くう-はつ【空発】［名・自サ変］❶爆薬などが目的物を破壊しないでむだに爆発すること。❷小銃などで、ねらいを定めないうちに弾丸を発射すること。

ぐう-はつ【偶発】［名・自サ変］物事が偶然のきっかけによって起こること。「―した脱線事故」

くう-ひ【空費】［名・他サ変］むだに使うこと。「貴重な時間［資金］を―する」

くう-ふく【空腹】［名・形動］腹がすいていること。す

きばら。‖「―を訴える」「―の／な子供」⇔満腹

くう-ぶん【空文】［名］実際の役に立たない文章。‖「―化した条約」

クーペ［coupé フランス］［名］乗用車の車体型式で、前部座席を優先したツードアの箱形で車高が低いもの。後部座席のないものもある。▼原義は二人乗りの箱形馬車。

クーベルチュール［couverture フランス］［名］カカオバター含有量が多いチョコレート。ケーキの仕上げなどに使われる。▼原義は、覆い。

くう-ぼ【空母】［名］「航空母艦」の略。

くう-ほう【空包】［名］発射音だけを発するようにした演習・儀礼用の弾丸。⇔実包▼実弾の代わりに、薬莢の先に木製・紙製の栓を装置する。

くう-ほう【空砲】［名］実弾をこめてない銃砲。また、その発射音。‖「歓迎の―を撃つ」

クーポン［coupon フランス］［名］❶切り取り式の券。債券の利札や回数券の類。❷乗車券や宿泊券を一つづりにした旅行券。❸割引券・優待券。

ぐう-もく【▼寓目】［名・自サ変］注意して見ること。注目。‖「―に値する大作」

くうや-ねんぶつ【空▼也念仏】［名］平安中期、空也上人が始めたという念仏。ひょうたん・鉢・鉦などを打ち鳴らし、和讃や念仏を唱えながら踊り歩くもの。空也踊り。踊り念仏。鉢たたき。

くう-ゆ【空輸】［名・他サ変］航空機で人や貨物を運ぶこと。‖「物資を―する」▼「空中輸送」の略。

ぐう-ゆう【偶有】［名・他サ変］ある性質などを偶然に備えもっていること。‖「―性」

クーラー［cooler］［名］❶冷却器。冷房装置。❷釣りや行楽に用いる携帯用の保冷箱。アイスボックス。

くう-らん【空欄】［名］何も書いてない空白の欄。

くう-り【空理】［名］一応の理屈は通っているが、実際の役には立たない理論。‖「―空論」⇔実理

クーリー【苦力 中国】［名］もと中国・インドなどで荷物の運搬などに従事した下層労働者。クリー。

くう-りく【空陸】［名］❶空中と陸上。❷空軍と陸軍。

クーリング-オフ［cooling-off］［名］割賦販売や訪問販売で契約を締結した消費者が、一定期間内なら違約金を支払うことなく契約を解除できる制度。

クール［cours フランス］［名］放送で、週一回の連続番組を一区切りする単位。一三週(三か月)を一クールとする。

クール［Kur ドイツ］［名］特定の治療に必要とする一定期間。‖「一―十日間の湯治」▼原義は治療。

クール［cool］［形動］❶涼しくてさわやかなさま。冷たい。‖「―な色調」❷冷静で感情におぼれないさま。冷ややかだ。‖「いつも―な人」「事態を―に受けとめる」❸かっこいいさま。

クール-ダウン［cool down］［名・自サ変］❶激しい運動の後に心身を平静に戻すために行う軽い運動。クーリングダウン。❷興奮や怒りがさめること。冷静になること。

クール-ビズ［和製 cool＋biz］［名］ノーネクタイ・ノージャケットなど、環境省が提唱する夏のビジネス用軽装の愛称。▼クールは「涼しい」「格好良い」の意、ビズは「ビジネス(business)」の略。

くう-れい【空冷】［名］機械などを空気で冷やすこと。‖「―式エンジン」⇔水冷▼「空気冷却」の略。

くう-ろ【空路】［名］❶航空機の飛行経路。航空路。❷航空機に乗って行くこと。‖「―ボンベイに向かう」⇔海路・陸路▼副詞的に使う。

くう-ろん【空論】［名］実際の役に立たない理論・議論。‖「机上の―」「空理―」

クーロン［coulomb フランス］［名］電気量を表す単位。一クーロンは一アンペアの電流が一秒間に運ぶ電気の量。記号C▼フランスの物理学者の名前から。

ぐう-わ【▼寓話】［名］教訓的・風刺的内容を擬人化した動物などに託して語る物語。▼イソップやラ＝フォンテーヌの寓話が有名。

くえ【九絵】［名］本州中部以南の磯に分布するハタ科の海水魚。全長一メートルに達する。マハタに似て体側に数本の暗色横帯があるが、老成魚では全身暗褐色になる。食用。アラ。

ぐ-えい【愚詠】［名］自作の詩歌のことをいう丁重語。▼へたな詩歌の意。

クエーカー［Quaker］［名］神から直接黙示を受けることを重視する、キリスト教プロテスタントの一派。質朴な生活を旨とし、絶対平和主義を唱える。フレンド派。

クエーサー［quasar］［名］数十億光年以上の遠方にあって、光学望遠鏡では暗い恒星状に見える天体。きわめて活動的な銀河の中心核と考えられている。恒星状天体。準星。

く-えき【苦役】［名］❶つらく苦しい肉体労働。❷〔古風〕懲役。

クエスチョン-タイム［question time］［名］党首討論。

クエスチョン-マーク［question mark］［名］疑問を表す符号。疑問符。インタロゲーションマーク。はてな。記号「?」

くえ-な・い【食えない】［連語］❶食べられない。‖「煮ても焼いても―魚」❷生活できない。‖「この収入では―」❸ずるがしこくて気が許せない。一筋縄ではいかない。‖「腰は低いが―やつだ」

く・える【食える】［自下一］❶食べることができる。‖「この野草は―」❷食べる価値がある。‖「この店のピザはわりに―」❸生活できる。‖「それだけ収入があればどうにか―」

くえん-さん【▼枸▼櫞酸】［名］柑橘類の果実に多く含まれる有機酸。無色無臭の結晶で、味はすっぱい。清涼飲料水の材料などに使う。▼「枸櫞」はシトロンのこと。【書き方】「クエン酸」と書くことが多い。

クオーク［quark］［名］ハドロンを構成する最も基本的な素粒子。クォーク。

クオーター［quarter］［名］四分の一。特に競技で、試合時間の四分の一。クォーター。

クオーターバック［quarterback］［名］アメリカンフットボールで、四人のバックスのうちの一人。センターの後ろに位置してパスを受け、プレーの起点となる。略称QB。クォーターバック。

クオータリー［quarterly］［名］年に四回発行される定期刊行物。季刊誌。クォータリー。

クオーツ［quartz］［名］水晶発振器を組み込んだ高精度の時計。水晶時計。クォーツ。▼原義は石英・水晶。

クオーテーション［quotation］［名］❶引用。

引用文。❷引用文の前後につける「" "」「、」などの符号。引用符。▽「クオーテーションマーク」の略。

クオリア [qualia] [名] 感覚的・主観的な経験に基づく質感。「夕焼けの赤い感じ」など。感覚質。

クオリティー [quality] [名] ❶品質。質。‖「ハイー」❷質がよいこと。上質。高級。‖「ーペーパー（＝社会的影響力の強い新聞）」

クオリティー-オブ-ライフ [quality of life] [名] 生命の質。生活・人生の質。QOL。

く-おん【久遠】クヲン [名] 時がかぎりなく続くこと。永遠。‖「ーの理想」

く-かい【句会】クワイ [名] 俳句を作って互いに批評し合う会。

く-がい【苦界】 [名] ❶苦しみや悩みの絶えない世界。人間の世界。❷遊女の境遇。

く-かく【区画（区▼劃）】クワク [名・他サ変] 土地などを仕切って分けること。また、その仕切った一つ一つ。‖「宅地をーする」「ー整理」「行政ー」

く-がく【苦学】 [名・自サ変] ❶苦労を重ねて学問をすること。‖「ー力行」❷働いて学費や生活費をかせぎながら学校に通うこと。‖「ーして大学を出る」「ー生」

く-がつ【九月】クワツ [名] 一年の第九番目の月。長月(ながつき)。菊月(きくづき)。⬇季節のことば（一八二ジペ）

く-かつよう【ク活用】クワツヨウ [名] 文語形容詞の活用形式の一つ。語尾が「く・く・し・き・けれ・○」と変化するもの。「清し」「白し」「高し」など。事物の属性を意味する形容詞が多い。▽補助活用のカリ活用を加えて「く(から)・く(かり)・し・き(かる)・けれ・かれ」とすることもある。

く-がら【句柄】 [名] 連歌・俳句などの句の品格。‖「ーがよい」

く-かん【区間】 [名] ある距離をいくつかの点で分けたときの、ある地点と他の地点との間。‖「単線のーが長いローカル線」「駅伝のー新記録」「乗車ー」

く-かん【苦寒】 [名] ❶厳しい寒さ。酷寒。❷陰暦十二月の別称。▽最も寒いときの意。

く-かん【苦▼艱】 [名] 苦しみと悩み。苦難。‖「袂を分つはただ一瞬のーなりと思いしは〈鷗外・舞姫〉」

く-かん【▼軀幹】 [名] からだ。特に、胴体。

ぐ-がん【具眼】 [名] 物事の是非・真偽を判断し、その本質を見抜く見識を持っていること。‖「ーの士」▽眼(め)（＝眼識）を具(そな)える意。

くき【茎】 [名] 高等植物で、花や葉を支え、根から吸収した水分や養分を各部に送る通路となる器官。地上に伸びるのが普通だが、地下茎もある。▽木の場合の幹(みき)にあたる。

くぎ【▼釘】 [名] 細く小さな棒状にした金属・木・竹などの一端をとがらせたもの。打ちつけて物と物とを継ぎ合わせたり、物を掛けたりするのに使う。

◉**釘を刺・す** あとで問題が生じないように相手に念を押す。‖「他言するなとー」

くぎ-かくし【▼釘隠し】 [名] 長押(なげし)などに打ったくぎの頭を隠すための木製または金属製のかざり。

くぎ-ざき【▼釘裂き】 [名] 衣服などをくぎに引っかけて裂くこと。また、その裂け目。

くぎ-づけ【▼釘付け】 [名] ❶くぎを打ちつけて物を固定すること。❷そこから動けなくすること。また、動けなくなること。‖「走者を塁上にーにする」「目を奪われてその場にーになる」

くぎ-ぬき【▼釘抜き】 [名] 打ちつけたくぎを抜き取る道具。

ぐ-きょ【愚挙】 [名] おろかな行い。ばかげた企て。‖「ーに出る」

く-きょう【句境】キャウ [名] 俳句を作るときの心境。また、俳句に表れた作者の心境・境地。‖「枯淡のー」

く-きょう【苦境】キャウ [名] 苦しい境遇。困難な立場。‖「ーに立つ」「ーに立たされる」

く-ぎょう【▽公▼卿】キャウ [名] 「公(こう)」と「卿(けい)」の総称。公は太政(だいじょう)大臣・左大臣・右大臣、卿は大納言(だいなごん)・中納言・参議および三位以上の高官をいう。上達部(かんだちめ)。卿相(けいしょう)。こうけい。

く-ぎょう【苦行】ギャウ [名・自サ変] 悟りを開くため、断食・不眠などの苦しい修行を積むこと。また、その修行。‖「ーに耐える」「ー僧」「難行(なんぎょう)ー」

く-ぎり【区切り】 [名] ❶物事の切れ目。‖「仕事にーをつける」❷詩文の、発音上・意味上の切れ目。くぎれ。◈書き方「句切り」とも。

く-ぎ・る【区切る】 [他五] ❶広さや長さをもつものに境目を入れていくつかに分ける。また、分けることによってそのものを現出させる。‖「カーテンで部屋を二つにー」「五〇分ごとに時間をーって授業を行う」「ロープで各レーンをーって水泳路とする」使い方「川が町を二つにー」のように〈物〉を主語にしてもいう。❷ことばや文章に切れ目を入れる。‖「文をーって単語に分ける」◈書き方「句切る」とも。可能 **区切れる** 名 **区切り**

く-ぎん【苦吟】 [名・自他サ変] 苦心して詩歌や俳句を作ること。また、その作品。

く-く【九九】 [名] 一から九までの数をかけ合わせた積の一覧表。また、その唱え方。

く-く【区区】 [形動タリ] ❶ばらばらでまとまりのないさま。まちまち。‖「世評ーとして定まらず」❷小さくてとるに足らないさま。‖「ーたる問題に過ぎない」

くぐつ【〈▼傀▼儡〉】 [名] ❶操り人形。また、歌などに合わせてそれを操る芸。でく。かいらい。❷①を操りなどして各地を漂泊した芸能者。くぐつ師。くぐつ回し。❸遊女。▽くぐつ回しの女性たちが宴席にはべり、売色もしたことから。

くぐも・る [自五] 声などが内にこもる。‖「声がーってよく聞きとれない」

くぐり【▽潜り】 [名] ❶くぐって通ること。‖「胎内(たいない)ー」▽他の語に付けて使う。❷扉や戸の一部に設けた、くぐって出入りする小さな戸口。▽「くぐり戸」の略。

くぐり-ぬ・ける【▽潜り抜ける】 [自下一] ❶くぐって通り抜ける。‖「鉄条網の下をー」❷難事や危険な状況をうまく切り抜ける。‖「戦火をー」文 **くぐりぬ・く**

くく・る【▽括る】 [他五] ❶ひもなどを物の回りに巻いてしめる。‖「ひもで小包をー」「首をー（＝吊る）」書き方「首をくくる」の場合は「▼縊る」とも。❷ばらばらになっているものをまとめるために、ひもや縄をかけてしばる。‖「ひもで薪(たきぎ)をー」❸他の物にしばりつける。‖「泥棒を柱にー」❹ものにまとまりをつける。くくりつける。‖「引用部分をかぎかっこでー」「収支をー（＝決算する）」「締めー」❺⬇高(たか)を括る ❻⬇腹を括る ❼くくり染め（＝絞り染め）にする。可能 **くくれる** 名 **くくり**

くぐ・る【▽潜る】 [自五] ❶物の下やすき間などを通り抜ける。くぐり抜ける。‖「門」「暖簾(のれん)・トンネル」をー」使い方 時間に転用する。‖「長い沈黙の時代をーって再登場する」❷もぐって水面下を進む。▽「水を━って向こう岸にたどり着く」❸困難な事態や危険をかろうじて切り抜ける。ぐぐり抜ける。▽「戦火を━って逃げる」❹すきをねらって事を行う。ぐぐり抜ける。▽「法の網[監視の目]を━」

く-げ【▽公家】[名]❶天皇。朝廷。❷朝廷に仕える人々。朝臣。公家衆。⇔武家 ❸公卿(くぎょう)。

く-げ【供▽花(供華)】[名]仏前や死者に花を供えること。また、その花。きょうか。

く-けい【▼矩形】[名]長方形の旧称。

ぐ-けい【愚兄】[名]❶おろかな兄。⇔賢兄 ❷自分の兄をいう丁重語。▽「━は司書をしております」

くけ-だい【▼絎台】[名]裁縫道具の一つ。着物をくけるとき、布がたるまないように一端を固定して引っぱる台。

くけ-ぬい【▼絎縫い】ヌヒ[名]和裁で、縫い目の糸が表から見えないように縫うこと。また、その縫い方。

くけ-ばり【▼絎針】[名]くけ縫いに使う長い針。

く・ける【▼絎ける】[他下一]くけ縫いにする。▽「襟を━」文く・く

く-げん【苦言】[名]言われた相手にとっては聞くのがつらいような、批判や忠告の言葉。▽「━を呈する」

く-げん【苦▽患】[名]苦しみと悩み。

ぐ-けん【愚見】[名]自分の意見をいう丁重語。▽「━を申し述べる」▼おろかな意見の意から。

ぐ-げん【具現】[名・他サ変]具体的な形に表すこと。▽「理想の━を目指す」「イメージを━化する」

く-こ【▼枸▼杞】[名]夏、淡紫色の花を開くナス科の落葉小低木。紅熟する果実は枸杞子(くこし)といい、果実酒や漢方薬用。柔らかい若葉は枸杞茶にする。

く-ご【供御】[名](古風)天皇または上皇・皇后・皇子を高めて、その飲食物をいう語。くぎょ。▼武家時代には将軍の飲食物についてもいった。

く-こう【句稿】カウ[名]俳句の原稿。

ぐ-こう【愚考】カウ[名・自他サ変]おろかな考え。また、自分が考えることや自分の考えをいう丁重語。▽「━をめぐらす」

ぐ-こう【愚行】カウ[名]おろかしい行い。▽「━を重ねる」

く-ごころ【句心】[名]❶俳句を詠みたいと思う気持ち。▽「━がわく」❷俳句を理解し、味わうことのできる心。▽「━のある人」

く-こん【九献】[名]杯を三献(=三杯)ずつ三度さすこと。三三九度。

くさ【草】■一[名]植物で、茎の部分が柔らかく、木質にならないものの総称。冬になると枯れるものが多い。▽「野の━をつむ」「庭の━(=雑草)をむしる」■二(造)〈名詞に付いて〉見かけは似ているが、本式でないものの意を表す。▽「━競馬・━相撲・━野球」

くさ【▼瘡】[名]皮膚に生じるできもの。

ぐさ【▽種・草】(造)…を生じるもと。…の材料。▽「語り━・(お)笑い━・質(しち)━」

くさ・い【臭い】[形]❶いやなにおいがする。また、食品などが独特の刺激臭をもっている。▽「トイレが━ぞ!」「ニンニクは━」❷巧みに隠蔽(いんぺい)されているが、怪しげな感じがする。におう。疑わしい。あやしい。▽「あの態度はどうも━」「あいつが━ぞ」❸いかにも作り物然としている。わざとらしい。▽「━芝居はやめろ」❹そのものに特有のにおいがする。▽「ガス━・かび━・汗━・酒━」❺いかにもそれらしい雰囲気が(して、いやな感じが)する。▽「うそ━話」「面倒━仕事」「古━思想」「陰気━部屋」◆❹❺は体言に付く。派生-さ/-み/-がる

◉**臭い物に蓋**(ふた)　悪事や醜聞が他にもれないよう、一時しのぎの手だてで隠そうとするたとえ。

ぐ-さい【愚妻】[名]自分の妻をいう丁重語。荊妻(けいさい)。▽「━をご紹介します」▼おろかな妻の意。

ぐ-ざい【具材】[名]料理の具となる食品。▽「おでんの━をそろえる」

くさ-いきれ【草▽熱れ・草▼熅れ】[名]夏、草むらが強い太陽に照らされて、むっとするような熱気を発すること。また、その熱気。▽「━のする野原」

くさ-いち【草市】[名]盂蘭盆会(うらぼんえ)の仏前に供える草花や飾り物を売る市。▼ふつう陰暦七月一二日の夜から翌朝にかけて立つ。

くさ-いちご【草▼苺】[名]春、白い五弁花を開くバラ科の木本状多年草。地をはう蔓(つる)状の茎にはまばらにとげがある。紅熟する実は食用。ワセイチゴ。

くさ-いろ【草色】[名]青みがかった緑色。草葉色。

くさ-かげろう【草〈▼蜉▼蝣〉・草〈▼蜻▼蛉〉】カゲロフ[名]クサカゲロウ科の昆虫の総称。形はトンボに似るが、細く弱々しい。休むときは四枚の薄い羽を屋根形にとじる。糸状の柄を持つ卵は優曇華(うどんげ)と呼ばれる。

くさ-がめ【臭亀・草亀】[名]淡水にすむカメの一種。暗褐色で、頭や首に淡黄色の模様がある。子は「ぜにがめ」と呼ばれ、愛玩(あいがん)用。

くさ-かり【草刈り】[名]草を刈ること。また、草を刈る人。

くさ-がれ【草枯れ】[名]秋から冬にかけて、寒さ・雪・霜などで草が枯れること。また、その季節。

くさ-き【草木】[名]草と木。植物。そうもく。

◉**草木も靡**(なび)**く**　勢力が盛んで、多くの人がそれに従うさま。▽「今や━勢いの実力者」

◉**草木も眠**(ねむ)**る**　夜が更けてすべてのものが寝静まる。▽「━丑三(うしみ)つ時」注意「草木もなびく丑三つ時」は誤り。

く-さく【句作】[名・自サ変]俳句を作ること。▽「━にふける」

ぐ-さく【愚作】[名]❶つまらない作品。❷自分の作品をいう丁重語。▽「━をご覧に入れましょう」

ぐ-さく【愚策】[名]❶おろかなはかりごと。▽「━を弄(ろう)する」❷自分のはかりごとをいう丁重語。

くさ-くさ[副]心が晴れなくて憂鬱(ゆううつ)なさま。くしゃくしゃ。▽「降りこめられて気が━する」

くさ-ぐさ【▽種▽種】[名]種類が多いこと。さまざま。いろいろ。▽「━の道具をそろえる」

くさ-けいば【草競馬】[名]農村などで行われる小規模の競馬。また俗に、地方で行われる公営競馬。

くさ-ごえ【草肥】[名]青草をそのまま田畑にすきこんで肥料とするもの。緑肥(りょくひ)。

くさ・す【腐す】[他五]悪くいう。けなす。▽「入選作をさんざんに━」書き方かな書きも多い。

くさ-ずもう【草《相撲》】スマフ[名]祭礼などで素人が行う相撲。

くさ-ずり【草▼摺り】[名]鎧(よろい)の胴から垂らし、腰から下をおおい守る板状のもの。▼裾が草をすることから。

くさ-ぞうし【草双紙】ザウシ[名]江戸時代の中期以

降に流行した絵入り読み本の総称。絵双紙。

くさ-ち【草地】［名］草が一面にはえている土地。

ぐさっ-と［副］❶刃物などを勢いよく突きさすさま。‖「包丁を━突き立てる」❷発言などが心に衝撃を与えるさま。‖「その一言が胸に━きた」◈「ぐさりと」とも。

くさ-とり【草取り】［名］雑草を取ること。

くさ-の-ね【草の根】［名］❶草の根もと。葉のかげになって見えないところ。❷政党・結社などに属さない一般大衆。民衆の一人一人。‖「━運動」

◉草の根を分けて捜・す 隅々まで捜す。徹底的に捜す。

くさ-ば【草葉】［名］草の葉。‖「━色（＝草色）」

◉草葉の陰（かげ） 墓の下。あの世。‖「亡き母が━から見守ってくれる」「お父上もさぞ━で喜んでいらっしゃることでしょう」✓注意 (1)「陰ながら」の意に解して、生きている人に対して使うのは誤り。(2)弔辞の中で使うのは避けたい。

くさ-ばな【草花】［名］花の咲く草。また、草に咲く花。

くさ-はら【草原】［名］草が一面にはえている野原。

くさび【▼楔】［名］❶堅い木や鉄で作った、断面が鋭角三角形の道具。木材や石材を割るとき、重い物を押し上げるときなどに使う。責め木。❷つなぎ目が離れないように、二つの物にまたがらせて打ち込むもの。▼二つの物事を強く結ぶもののたとえにもいう。‖「両国民の心をつなぐ━となる」

楔

◉楔を打ち込・む ❶敵陣に攻め込み、その勢力を二分する。また、自分の勢力を広げるための足がかりを相手の勢力範囲の中に作る。❷仲を裂くために親しい間柄にじゃまを入れる。‖「二人の間に━」◈✓注意 この成句の意で「楔を打つ」というのは標準的でない。

くさび-がた-もじ【▼楔形文字】［名］➡せっけいもじ（楔形文字）

くさ-ひばり【草〈雲▼雀〉】［名］淡黄褐色をしたコオロギ科の昆虫。コオロギより小さく、触角が長い。雄は夏から秋にかけて「フィリリリ…」と美しい声で鳴く。

くさ-ぶえ【草笛】［名］草の葉を唇に当てて笛のように吹き鳴らすもの。

くさ-ぶか・い【草深い】［形］❶草が生い茂っているさま。❷いかにも田舎らしいさま。ひなびている。‖「━出で湯の里」

くさ-ぶき【草▼葺き】［名］茅（かや）・藁（わら）などで屋根をふくこと。また、その屋根。

くさ-ぼうき【草▼箒】［名］乾燥したホウキグサの茎を束ねて作ったほうき。

くさ-まくら【草枕】［名］旅寝。旅枕。笹枕（ささまくら）。‖「わびしく━の日々を重ねる」▼草を結んだ枕の意から。「旅」「旅寝」「夕（ゆう）（＝結（ゆ）う）」などの枕詞ともする。

くさ-み【臭み（臭味）】［名］❶いやなにおい。❷その人や物に特有のいやな感じ。‖「技巧的な━の抜けない文章」◈「味」は当て字。➡接尾語「み」①

くさ-むら【▼叢・草▼叢】［名］草が群がって生えている所。

叢

くさめ【▼嚔】［名］➡くしゃみ

くさ-もち【草餅】［名］蒸したヨモギの葉をまぜてついた餅。三月三日の雛祭（ひなまつ）りに供える。▼古くはハハコグサの葉を用いた。

くさ-もみじ【草《紅葉》】［名］秋、草が色づくこと。また、色づいた草。くさのもみじ。

くさや［名］開いたムロアジやトビウオを繰り返し使って発酵させた塩汁に漬けて干した食品。独特のくさみがある。▼伊豆諸島、特に新島（にいじま）を本場とする。

くさ-や【草屋】［名］❶草ぶきの家。書き方「草家」とも。❷まぐさを蓄えておく小屋。まぐさ小屋。

くさ-やきゅう【草野球】［名］素人（しろうと）が集まり、楽しみとしてする野球。

くさ-やぶ【草▼藪】［名］丈の高い草が生い茂っている所。

くさら-か・す【腐らかす】［他五］〔俗〕腐らせる。

くさら・す【腐らす】［他五］➡腐らせる

くさら・せる【腐らせる】［他下一］❶腐るようにする。腐敗させる。（意図的なものにもそうでないものにもいう）‖「わらを━・せて堆肥（たいひ）を作る」「生鮮食品を大量に買い込んではいつも━・せている」❷思い通りにならないために、気分を損なっている。‖「そう気を━なよ」文 くさら・す 異形 腐らす

くさり［名］話・音曲などの区切り。➡ひとくさり

くさり【鎖】［名］❶金属製の輪をつないでひも状にしたもの。チェーン。❷物事と物事をつないでいるもの。きずな。‖「因縁の━を断ち切る」

くさり-がま【鎖鎌】［名］鎌の柄（え）に長い鉄の鎖をつけ、その端に分銅（ふんどう）をつけた武器。▼分銅を投げて鎖を相手の武器にからみつかせ、手前に引き寄せてから鎌で切りつける。

くさ・る【腐る】［動五］■一［自］❶食品類が細菌の作用によって変質し、食べられなくなる。腐敗する。いたむ。‖「暑さで果物が━」「━・った魚の目のよう（＝生気のない目の形容）」❷動物の組織が細菌の作用によって破壊され、崩れたり悪臭を発したりする。また、体組織の一部がうみただれる。‖「死体が━」「凍傷で指先が━」❸物が変質してだめになる。特に、風化したり酸化したりしてぼろぼろになる。‖「金魚鉢の水が━」「倒木が羽蟻（はあり）に食われてぼろぼろに━」「釘（くぎ）が━」❹心がねじけて、まともさを失う。堕落する。‖「性根が━・っている」❺思い通りにならないために、気落ちする。‖「気が━」「受験に失敗して━・っている（＝くさくさしている）」■二〈動詞の連用形に付いて複合動詞を作る〉その人の動作を憎みさげすむ気持ちを表す。…やがる。‖「あいつはいつまでも寝━・って」「いばり━」▼主に関西でいう。書き方 普通かな書き。

◉腐っても鯛（たい） 元来すぐれたものは、多少傷んだところでそれなりの価値があるということ。

◉腐るほど 使い切らないで腐らせてしまうほどあるの意で、物や人などの多いことをいう。あり余るほど。捨てるほど。‖「暇［金］なら━ある」

くされ【腐れ】■一［名］腐ること。また、腐ったもの。‖「在庫に━が出る」■二（造）〈名詞に付いて〉不正な、不道徳な、軽蔑（けいべつ）すべき、などの意を表す。‖「━金（がね）・━儒者・━縁」

くされ-えん【腐れ縁】［名］離れられないで、だらだら続く好ましくない関係。悪縁。▼切れない関係に親しみをこめて使うこともある。‖「彼とは学生時代からの━だ」

くさ・れる【腐れる】［自下一］〔古風〕腐る。‖「地面に落ちて━・れかけた梨に目をやった〈北杜夫〉」使い方 中世に四段動詞「腐る」が二段化してできた。「ふて腐る」「腐れ縁」「持ち［立ち］腐れ」など、複合の動詞や連用形名詞に姿をとどめるのみ。文 くさ・る

くさ-わけ【草分け】[名] ❶荒れ地を開拓して町や村の基礎を築くこと。また、その人。❷ある物事を最初に行って発展の基礎を築くこと。また、その人。‖「ファッション界の―」

くし【串】[名] 食べ物などを刺し通して焼いたり干したりするのに使う、先のとがった細長い棒。多くは竹製や鉄製。

くし【▼櫛】[名] 髪の毛をとかしたり髪飾りにしたりする道具。 櫛

⦿**櫛の歯を挽く** 物事が次から次へと続くことのたとえ。‖「―ように、やっかいな問題がふりかかる」

く-し【句誌】[名] 俳句結社の発行する雑誌。また、俳句の専門誌。

く-し【駆使】[名・他サ変] 思いのままに使いこなすこと。‖「最先端技術[五か国語]を―する」

くじ【▼籤・▼鬮】[名] 同じ形の紙片・木片などに語句や符号を記し、その一つを抜き取ることで勝敗・当落・吉凶などを決めるもの。また、その紙片・木片など。‖「―を引く」「あみだ―・宝―」 籤 鬮

く-じ【九字】[名] 護身の呪文として唱える九文字「臨兵闘者皆陣列在前」の文句。‖「―を切る(=九字を唱えてまじないをする)」▼中国の道家から起こり、のち密教の僧・修験者などが用いるようになった。

く-じ【公事】[名]〔古風〕❶朝廷の政務・儀式。❷訴訟。

くじ-うん【▼籤運】[名] よいくじに当たるかどうかの運。‖「―が強い」

くし-がき【串柿】[名] 渋柿の皮をむき、数個ずつ竹串に刺して干したもの。

くし-がた【▼櫛形】[名] ❶櫛のように、下部が平らで上部にゆるやかな丸みをもった半月形。❷採光・換気のために欄間に設けた半月形の窓。▼「櫛形窓」の略。

くし-カツ【串カツ】[名] 小さく切った肉・野菜などを串にさし、衣をつけて揚げたもの。▼関東では豚肉とネギやタマネギをさしたものに限定していうことが多い。

くしき【▽奇しき】[連体] 不思議な。神秘的な。‖「―因縁」▼文語形容詞「くし」の連体形から。

くじ・く【▽挫く】[他五] ❶攻撃を加えて相手の勢いを弱める。‖「機先を制して敵の野望[やる気]を―」「出端を―・かれて苦戦する」「強きを―・き弱きを助ける」❷ねじったり打ちつけたりして、関節やその周辺の組織を傷つける。捻挫する。‖「足を―」

くしく-も【▽奇しくも】[副] 偶然にも。不思議にも。‖「―謎の事故死を遂げた二人の生年月日は同じだった」 注意 「きしくも」は誤り。

くし-げ【▼櫛▼笥】[名] 櫛や化粧道具を入れておく箱。櫛箱。‖「玉―」

くしけず・る【▼梳る】[他五] 髪の毛を櫛ですいて整える。‖「緑の黒髪を―」

くじ・ける【▽挫ける】[自下一] ❶ねじったり打ち付けたりしたために、関節やその周辺の組織が傷つく。捻挫する。‖「腕が―」❷勢いや意欲が弱まる。‖「やる気が―」 文くじ・く

くし-ざし【串刺し】[名] ❶物をくしに刺すこと。また、くしに刺した物。‖「―のだんご」❷やりなどで刺し殺すこと。

ぐし-ぬい【▽串縫い】[名] 表裏の縫い目を細かくそろえて縫うこと。また、その縫い方。くしぬい。▼和裁の基本的な縫い方。

くじ-びき【▼籤引き】[名・自サ変] くじを引くこと。また、くじを引いて物事を決めること。抽籤。 書き方 公用文では「くじ引」。

くし-め【▼櫛目】[名] 櫛ですいた髪に残る筋目。‖「きれいに―の通った髪」

ぐ-しゃ【愚者】[名] おろかな人。愚人。⇔賢者

⦿**愚者にも千慮に一得あり** 愚かな者でも一つぐらいは妙案を思いつくことがあるということ。愚者にも一得。千慮の一得。

くし-やき【串焼き】[名] 肉・魚介・野菜などを串に刺して焼くこと。また、そのようにして焼いたもの。

く-じゃく【▽孔▼雀】[名] インドクジャク・マクジャク・コクジャクなど、熱帯の森林に分布するキジ目クジャク科の鳥の総称。雄は先端に目玉のような模様のある飾り羽を扇状に広げる。

くしゃ-くしゃ 一[形動] ❶[副ト] 紙や布などがしわだらけになるさま。また、そのときの音を表す語。しわくちゃ。‖「―になった新聞」❷形がくずれて、まとまりがないさま。‖「髪の毛を―にする」「顔を―にして笑う」 二[副ト] うっとうしくて、気分が晴れないさま。‖「気分が―したので街に出た」

ぐしゃ-ぐしゃ [副ト・形動] ❶水気を多く含んでいるさま。ぐじゃぐじゃ。‖「涙で―になったハンカチ」❷形がくずれるさま。乱れてまとまりがないさま。‖「髪を―とかき乱す」「柿がつぶれて―になる」

くじゃく-せき【▽孔▼雀石】[名] 水酸化銅・炭酸銅から成る鉱物。光沢のある青緑色で、クジャクの羽の紋に似た同心円の濃淡がある。装飾品・顔料などに利用する。マラカイト。くじゃくいし。

くしゃく-にけん【九尺二間】[名] 非常に狭い家。また、粗末な住居。▼間口九尺(=約二・七メートル)、奥行き二間(=約三・六メートル)の家の意。

くしゃみ【▼嚔】[名] 鼻の粘膜が刺激されて起こる、発作的に激しく息を吐き出す生理現象。‖「―が出る」▼「くさめ」の転。強い光の作用で出ることもある。

く-じゅ【口授】[名・他サ変] 直接に口で述べて教え授けること。こうじゅ。‖「弟子に秘伝を―する」

く-しゅう【句集】[名] 連歌や俳句を集めた本。

く-じゅう【苦汁】[名] 苦い汁。また、それを飲まされたような苦しい経験。

⦿**苦汁を嘗める** つらい思いをする。苦汁を飲む。苦汁を喫する。苦杯をなめる。‖「落選の―」「失業して―」 注意 「くじゅう」を「苦渋」と書くのは誤り。

く-じゅう【苦渋】[名] ❶にがくて、しぶいこと。❷[自サ変] 悩み苦しむこと。‖「―に満ちた表情」

く-じょ【駆除】[名・他サ変] 追い払って、とりのぞくこと。‖「ねずみを―する」「害虫―」

く-しょう【苦笑】[名・自サ変] にがにがしく思いながら、しかたなく笑うこと。にが笑い。‖「痛いところをつかれて―する」「―をもらす」

く-じょう【苦情】[名] 他から受けた迷惑や害悪に対する不平不満の気持ち。また、それを表したことば。‖「市民から―が出る」

ぐ-しょう【具象】[名] ❶はっきりした姿・形をそなえていること。具体。‖「―世界・―画」⇔抽象 ❷[他サ変] はっきりした形をもって表すこと。‖「悟りの心を円相に―する」

ぐしょ-ぐしょ [副ト・形動] 雨や水ですっかりぬれてし

まうさま。‖「雨で―になる」

ぐしょ-ぬれ【ぐしょ▼濡れ】［名］ひどく濡れること。ずぶぬれ。びしょぬれ。

くじら【鯨】クヂラ［名］❶クジラ目の哺乳類の総称。海洋に生息し、形は魚に似る。種類は多く、ヒゲクジラ類（シロナガスクジラ・ザトウクジラなど）とハクジラ類（マッコウクジラ・ツチクジラなど）に大別される。シロナガスクジラは体長三〇メートルにも達し、現存する動物中最大。▼一般に体長四メートル以下の小形種をイルカと呼ぶが、明確な区別はない。数「一頭（いっとう）…」と数える。❷「鯨尺（くじらじゃく）」の略。

くじら-じゃく【鯨尺】クヂラ［名］和裁用の物差しの一つ。また、それで計った長さ。一尺は曲尺（かねじゃく）の一尺二寸五分（約三八センチメートル）に当たる。鯨差し。くじら。▼昔、鯨のひげで作られたことから。

くじら-まく【鯨幕】クヂラ［名］黒と白の布を縦に交互に縫い合わせた幕。葬儀などに用いる。

くじ・る【▼抉る】［他五］❶物をさし込んで、穴の中をかき回す。‖「爪楊枝で歯を―」❷えぐる。また、えぐって中の物を取り出す。‖「目の玉を―」

く-しん【苦心】［名・自サ変］物事を成し遂げるために、あれこれと手間をかけ、心を使うこと。‖「―の作」

ぐ-しん【具申】［名・他サ変］上位の者に意見・事情などを詳しく申し述べること。‖「首脳部に改革案を―する」

ぐ-じん【愚人】［名］おろかな人。愚者。⇔賢人

くしん-さんたん【苦心惨▼憺】［名］非常に苦心すること。‖「―の末、完成した」

くす【▼樟・▼楠】［名］⇒くすのき

くず【▼屑】クヅ［名］❶ちぎれたり砕けたりして役に立たなくなったもの。また、必要な部分を取り去ったあとに残ったもの。‖「野菜の―」「紙［鉄］―」❷役に立たない、つまらないもの。‖「人間の―だ」

くず【葛】［名］初秋、赤紫色の花を房状につける、マメ科のつる性多年草。秋の七草の一つ。茎の繊維から葛布（くずふ）を作り、肥大した根から葛粉（くずこ）をとる。干した根は葛根（かっこん）と呼ばれ、漢方の解熱剤。 葛

ぐずグヅ［名・形動］動作や決断がにぶく、はっきりしないこと。また、そのような人。書き方「愚図」は当て字。

くず-あん【葛▼餡】［名］味付けした汁に水で溶いた葛粉（くずこ）を入れ、煮立ててどろりとさせたもの。あんかけ料理に用いる。くずだまり。

くず-いと【▼屑糸】クヅ［名］使い残りの短い糸。

くず-お・れる【▼頽れる】クヅホ［自下一］❶倒れるように座り込む。‖「悲報を聞いてその場に―」❷気力を失う。‖「張りつめた気持ちが―」書き方「崩折れる」「くず折れる」と書くことも多い。文くづほ・る

くず-かご【▼屑籠】クヅ［名］紙くずなどを捨てて入れるかご。

くず-きり【葛切り】［名］水でといたくず粉を煮冷まして固め、細長く切ったもの。黒砂糖の蜜（みつ）などをかけて食べる。

くす-くす［副］❶［ト］小さな声で笑うさま。‖「―（と）笑う」❷小さくひねこびたさま。‖「あいつの根性は―している」

ぐず-ぐずグヅグヅ［副］❶［ト］動作や決断がにぶく、はっきりしないさま。‖「返事を―（と）引き延ばす」「―している時間はない」❷［ト］天候がはっきりしないさま。‖「―した天気が続く」❸［ト］かげでぶつぶつ不平をいうさま。‖「いつまでも―いうな」❹［ト］鼻水がたまっているさま。また、その音を表す語。‖「鼻を―させる」❺［三］しっかりと締まっていないさま。‖「せっかくの包装が―になる」◈書き方「愚図愚図」は当て字。

品格 因循（いんじゅん）「―な態度に業を煮やす」逡巡（しゅんじゅん）「逡巡しているうちに好機をのがす」ためらう「ためらわず発砲する」躊躇（ちゅうちょ）「躊躇せず扉を開ける」

くすぐった・い【▼擽ったい】［形］❶衣服や人の手などが皮膚の表面に軽く触れて、笑いたくなるように感じる。こそばゆい。‖「足の裏が―」❷照れくさい。‖「そんなにほめられると―」派生-げ／-さ／-が・る

くすぐ・る【▼擽る】［他五］❶皮膚を軽く刺激して、むずむずして笑いたくなるような感じを起こさせる。‖「手でわきの下を―」「こちょこちょと―」❷ある刺激が官能や心の急所にふれて、そわそわした心地よい気分を起こさせる。刺激する。‖「賛辞が耳を―」「自尊心を―言葉」❸演芸などで、ことさらに人を笑わせようとして滑稽（こっけい）なことを言ったりしたりする。くすぐりを入れる。‖「受けをねらって観客を―」名くすぐり

くず-こ【葛粉】［名］クズの根からとったでんぷん。菓子や料理の材料にする。くず。▼奈良県の吉野くずが有名。

くず-ざくら【葛桜】［名］くず粉を練った皮で餡（あん）をくるんで蒸し、よく冷やしてから桜の葉で包んだ夏向きの和菓子。

くすし【▽薬師】［名］〔古風〕医者。▼「くすりし」の転。

くずし-がき【崩し書き】クヅシ［名］❶草書体や行書体で書くこと。また、その文字。❷字画を省略して書くこと。また、その文字。

くず・す【崩す】クヅス［他五］❶まとまった形のあるものを壊す。（人の意図的な営みにも自然の営みにもいう）‖「山を―・して団地を造る」「豪雨が堤防を―」❷（攻撃して）相手の堅い守りなどを打ち破る。突き崩す。‖「敵陣［アリバイ］を―」❸これまで維持してきたものを壊したり乱したり変えたりする。‖「隊形を―・して逃走する」「バランス［姿勢・相好（そうごう）・体調］を―」「ダブルボギーでスコアを―」❹株が（大幅に）値を下げる。値崩れを起こす。‖「電気株が大きく値を―」❺（「声を崩す」などの形で）一連のことばを最後まできちんと言い終わらずにしまう。‖「竟（つい）には、…叱る声を―・して笑ってしまう〈二葉亭〉」❻行書や草書にしたり字画を省略したりして書く。‖「字を―・して書く」❼伝統的な方法に異を唱えて従わない。また、言葉を正統的な用法から逸脱させて使う。‖「定型を―・して作詩する」「行儀のよすぎる言葉づかいは―・さずに、永々と柏木の非行を愬（うった）えた〈三島由紀夫〉」❽同額の細かい貨幣に替える。両替する。‖「一万円札を千円札に―」可能崩せる 名崩し

くす-だま【▽薬玉】［名］❶香料を入れた錦（にしき）の玉を造花などで飾り、長い五色の糸を垂らしたもの。昔、端午の節句に、邪気を払う魔除けとして柱などにかけた。❷造花などで①に似せて作った大きな飾りものの玉。開店祝いや進水式などに用いられる。

ぐず-つ・くグヅ［自五］❶行動や態度がだらだらして、はっきりしない。ぐずぐずする。‖「決心がつかなくて―」❷機嫌が悪くて、むずかる。ぐずる。‖「子供が―・いて寝

つかない」❸天候の状態がはっきりしない。‖「—・いた天気が続く」◈書き方「愚図つく」は当て字。

くず‐てつ【▼屑鉄】[名] ❶鉄製品を作るときに出る鉄の切りくず。❷廃品として捨てられた鉄製品。スクラップ。

くす・ねる [他下一] 人の目をごまかして、こっそり盗み取る。‖「店の売上げを—」

くす‐の‐き【▼樟・▼楠】[名] 暖地に自生するクスノキ科の常緑高木。全体に芳香があり、幹・根・葉は樟脳の原料。材は堅く、建材・家具などに用いる。くす。

くすぶ・る【▼燻る】[自五] ❶勢いよく燃えないで煙を出し続ける。いぶる。❷煙で黒くなる。‖「煙に—・って黒光りする天井」❸ぱっとしない境遇や状態にとどまる。‖「うちに—・ってばかりいないで外に出ろ」❹解決できないで感情や思いが残ったままである。‖「反乱は鎮圧したものの、まだ人民の不平不満は—・っていた」「子供のころの夢は今なお胸の内に—・っている」名 **くすぶり**

くず‐まい【▼屑米】[名] 精米するときに砕けた米。また、虫食いの米。

くすみ [名] くすむこと。黒ずんだ色が出ること。‖「肌の—を防ぐ」

くす・む [自五] ❶黒ずんで渋くなる。また、つやを失ってさえなくなる。‖「—・んだ茶色」❷地味で、目だたなくなる。‖「職場では—・んだ存在の人」名 **くすみ**

くず‐もち【葛餅】[名] 水で溶いたくず粉を火にかけてのり状にし、型に流して冷やし固めた菓子。きな粉や黒みつをかけて食べる。

くず‐もの【▼屑物】[名] ❶使い古して役に立たなくなったもの。廃物。‖「—入れ」❷良いものを選び出したあとに残ったもの。

くず‐ゆ【葛湯】[名] くず粉に砂糖を加え、熱湯を注いでかきまぜた飲み物。病人食や乳幼児食にする。

くすり【薬】[名] ❶病気や傷の治療のために、また健康の維持・増進のために、飲んだり注射したり塗ったりするもの。‖「—が効く」「風邪—」▼心や体のためになる物事や、将来に役立つ苦い体験などの意でも使う。‖「睡眠が何よりの—だ」「この失敗も彼にはいい—になるだろう」❷防虫・殺虫・除草・消毒などに使う、化学作用をもった物質。❸焼き物の釉薬。

◉**薬九層倍** 薬の売価が原価の九倍にもなること。不当に利益をむさぼることのたとえ。

◉**薬にしたくも無・い** どこを捜してもまったくない。‖「反省する気持ちなど—」▼薬にしたくても（わずかな量すら）無い、の意。

くすり‐ゆ【薬湯】[名] 薬品や薬草を入れたふろ。

くすり‐ゆび【薬指】[名] 親指から数えて四本目の指。紅指し指。無名指。▼薬を溶かすのに使ったという。

ぐ・する【具する】 一 [自サ変] つれそう。つれだつ。‖「父に—・して外出する」 二 [他サ変] ❶必要なものをそろえる。そなえる。‖「古代人が—・していた自然観」❷つれていく。ともなう。‖「供を—・して旅立つ」❸申し述べる。‖「意見を—」文 **ぐ・す**

ぐず・る [動五] 一 [他] いうことをきかないで、人を困らせる。ぐずぐず不平をいう。‖「手伝うのはいやだと—」 二 [自] 機嫌が悪くなって、むずかる。‖「赤ん坊が—」◈書き方「愚図る」は当て字。

くずれ【崩れ】 一 [名] くずれること。また、くずれたもの。‖「髪の—を直す」「天候の—を心配する」 二（造）〈身分・職業などを表す語に付いて〉以前は…だったが今は落ちぶれている人、…のなれの果ての意を表す。‖「御家人—・役者—・新聞記者—」

くず・れる【崩れる】[自下一] ❶まとまった形をなして（安定して）いたものが、みずから支える力を失って壊れる。‖「大雨で裏山が—・れた」「斜面の土砂が—」❷（攻撃されて）相手の堅い守りなどが失われる。‖「アリバイ［論拠］が—」❸皮膚の組織がつぶれたり壊れたりする。‖「水疱が—」❹これまでしっかりと維持してきた形や状態が壊れる。崩壊する。‖「解散の号令で隊列が—」「体勢［化粧・体調・ローテーション］が—」「入選の知らせに表情が—」❺物品や株の値が大幅に下がる。値崩れが起こる。‖「野菜の値が—」❻自分の体が支えられなくなって、他に寄りかかったり倒れ込んだりする。‖「親の胸に—・れて泣く」「泣き—」❼天気が悪くなる。‖「夕方には天気が—でしょう」❽スポーツで、調子が維持できなくなって思った通りの試合ができなくなる。‖「〔ゴルフなどで〕後半大きく—・れて二〇位に終わる」❾話が最後まで進まずに終わってしまう。また、心中に築いた夢などが実現することなく壊れる。‖「話は春雨と共に—・れた〈漱石〉」「夢が無惨にも—」❿酒を飲んで正気を失う。‖「いくら飲んでも—・れない」⓫言葉遣いが正統的な用法から逸脱している。‖「最近、言葉遣いが—・れていると思いませんか」⓬生活態度や服装などが一般の常識から逸脱している。‖「あの役者のちょっと—・れたところが魅力的だ」⓭同額の細かい貨幣に替えられる。両替できる。‖「千円札が百円硬貨に—・れますか」文 **くづ・る** 名 **崩れ**

くすん‐ごぶ【九寸五分】[名] 短刀のこと。▼刃の長さが九寸五分（＝約二九センチメートル）あるところから。

くせ【▽曲】[名] 謡曲で、一曲の中心になる最も大切な部分。地謡によってうたわれる。▼シテが立って舞う場合は「舞いぐせ」という。書き方 ふつう「クセ」と書く。

くせ【癖】[名] ❶無意識のうちに身についてしまった言行。また、習慣となっている行動。‖「髪をかき上げる—がある」「夜更かしが—になる」「口—」❷普通ではない、そのものに特有の偏った性質や傾向。‖「—のある文章」❸曲がったり折れたりした跡がついて、元に戻しにくくなっていること。‖「髪の—を直す」

ぐ‐せ【▽救世】[名] 世の人々を苦しみから救うこと。ぐぜ。くせ。くぜ。‖「—観音」

ぐ‐せい【愚生】[代]〔一人称〕自分を指し示していう丁重語。小生。▼手紙文などで使う。

ぐ‐ぜい【▽弘誓】[名] すべての衆生を救おうとする仏・菩薩の広大な誓い。

くせ‐げ【癖毛】[名] ちぢれたり波打ったりして生える、癖のある毛髪。癖髪。

くせ‐して【（癖して）】[連語] ➡くせに ‖「大学生の—こんなことも知らないのか」▼くだけた話し言葉で使う。

く‐せつ【苦節】[名] 困難や苦しみに耐えて、初心や信念を貫き通すこと。‖「—十年、初志を貫徹する」

く‐ぜつ【口舌（口説）】[名] ❶ことば。弁舌。また、おしゃべり。‖「—をふるう」❷言い争い。口げんか。特に、男女間の口げんか。

ぐ‐せつ【愚説】[名] ❶取るに足りない、ばかげた説。‖「とんでもない—を持ちだす」❷自説をいう丁重語。‖

「—を述べるならば…」

くせ-に【(癖に)】[連語] …のに。…にもかかわらず。‖「子供の—生意気な口をきくな」「気がかりな—黙っている」「知らない—知ったかぶりをする」◈非難や反発の気持ちを伴う。普通は話し言葉に使う。使い方 (1)名詞の場合には「…なくせに」とは言わない。‖「自分も×学生なくせに(○学生のくせに/学生であるくせに)」(2)文末に使うこともある。‖「なによ、なにも分かっていないくせに」

くせ-もの【▽曲者】[名] ❶あやしい者。❷ひとくせあって、油断のできない者。❸表面には表れない何かがあって、用心しなくてはならないこと。‖「話のできすぎているところが—だ」

く-せん【苦戦】[名・自サ変] 不利な状況の中で、苦しみながら戦うこと。また、その戦い。‖「強敵を相手に—する」

くそ【▼糞・▼屎】■一[名] ❶大便。糞ふん。‖「—をする」❷分泌物が乾いたもの。‖「耳—・鼻—」❸〈「…もくそもない」などの形で〉そんなことは問題にならない意を表す。‖「今さらおわびも—もあるか」■二[感] 思うようにならないとき、人をののしるとき、自分を奮起させようとするときなどに発する語。くそっ。‖「—、負けてたまるか」■三[接頭] ❶その度が過ぎている意を表す。‖「—まじめ」「—暑い」「—力」❷卑しめ、ののしる意を表す。‖「—ばばあ・—坊主」■四[接尾] 卑しめる気持ちを表す。また、その語の意味を強める働きをする。‖「へた—・ぼろ—・やけ—」

糞

◉**糞食らえ** 相手の言葉や行為などをののしって言う語。糞を食らえ。▽価値のないものとみなして強く否定する意でも用いる。‖「そんな説教など—だ」

ぐ-そう【愚僧】[代] [一人称] 僧が自分を指し示していう丁重語。拙僧。

ぐ-そく【具足】[名] ❶[自他サ変] 十分にそなわっていること。また、十分にそなえていること。‖「円満—」❷甲冑かっちゅう。また、道具。調度。‖「—煮(=甲冑に見立て、イセエビを殻のついたまま適当な大きさに切って煮たもの)」

ぐ-そく【愚息】[名] 自分の息子をいう丁重語。‖「—をよろしくお願い致します」▽おろかな息子の意。

くそ-たれ【▼糞垂れ】[名] [俗] 人をののしっていう語。くそったれ。

くそ-ぢから【▼糞力】[名] 並外れて強い力。ばかぢから。‖「火事場の—」

くそっ-たれ【▼糞っ垂れ】[名] ➡くそたれ

くそ-どきょう【▼糞度胸】[名] 並外れてずぶとい度胸。

くそ-ばえ【▼糞▼蠅】ヘハ[名] キンバエのこと。

くそ-みそ【▼糞味▼噌】[形動] ❶価値のあるものとないものを区別できないさま。‖「名作も駄作も—に扱う」▽くそもみそも一緒にする意から。❷人をさんざんにやりこめるさま。ぼろくそ。‖「—にけなす」◈「みそくそ」ともいう。

くだ【管】[名] ❶中が空になっている細長い円筒。管かん。パイプ。チューブ。❷機はたの横糸を巻いて梭ひに入れるもの。❸糸繰り車の錘つむに差して糸を巻きつける軸。

◉**くだを巻・く** 酒に酔って、つまらないことをくどくど言う。▽「管」❸に糸を巻きつけるときぶうぶうと音を立てることに、くだくだしいの意を掛けて言う。

く-だい【句題】[名] ❶古い漢詩や和歌の一句をとって詩歌の題とすること。また、その詩歌。❷俳句の題。

ぐ-たい【具体】[名] 物事がはっきりとした形態・内容を備えていて、直接知覚できるものであること。‖「—例」⬍抽象ちゅうしょう

ぐたい-か【具体化】ワク[名・自他サ変] 抽象的な事柄を実際に形として表すこと。‖「構想を—する」「画面に—されたイメージ」⬍抽象化

ぐたい-てき【具体的】[形動] 物事がはっきりとした形態・内容を備えているさま。観念的なものでなく、個々の事物に即しているさま。‖「—に例をあげて説明する」⬍抽象的ちゅうしょうてき

くだ・く【砕く】[他五] ❶固まっている物に力を加えて、細かい破片にする。‖「アイスピックで氷を—」「貝殻を—・いて粉末にする」「強烈なパンチが相手のあごを—」❷相手が心に描いた理想や思わくなどを打ち壊す。粉砕する。‖「渾身こんしんの一撃で敵の野望を—」❸難しい表現などを分かりやすい形にかえる。かみ砕く。‖「内容を易しく—・いて説明する」❹〈身体に関する語とともに使って〉気持ち・考え・労力などを尽くして物事に当たる。‖「育児に心を—(=気を遣う)」「会社の再建に肝胆かんたん「肝骨もっ・肺肝はいかん」を—(=大いに苦心する)」「協会の発展に身骨こつを—(=労苦をいとわずはげむ。身を粉こにする)」◈書き方「▼摧く」とも。可能 砕ける

ぐ-だくさん【具だくさん(具沢山)】[名・形動] 料理で、具がたくさん使われていること。‖「—オムレツ」

くた-くた [副] ❶使い古して張りがなくなったさま。‖「着古して—になったスーツ」❷疲労でぐったりしたさま。‖「—に疲れる」❸物がよく煮えて軟らかくなりすぎたさま。‖「野菜を—になるまで煮る」

くだ-くだ [副] 同じようなことを長々としつこく述べるさま。くどくど。‖「—(と)弁解する」

ぐだ-ぐだ [副] ❶同じようなことをしつこく繰り返していうさま。ぐだぐだ。くどくど。‖「—と説明する」❷[三] 無気力でやる気のないさま。また、締まりがなく、物事がはかばかしく進まないさま。‖「いつまでも—するな」「今日の会議は—だった」「せっかくの旅行が—に終わる」

くだくだし・い [形] くどくて煩わしいさま。‖「一々説明するのも—」派生 -さ

くだ・ける【砕ける】■一[自下一] ❶固まっている物が力を加えられて、細かい破片になる。‖「コップが粉々に—」「窓に当たって雨粒が—」「当たって—・けろ」❷心に描いた理想や思わくなどが壊れてしまう。潰ついえる。‖「つれない返事に夢も希望も—・けてしまった」❸態度などが堅苦しくなくなる。うちとける。‖「緊張がとれて態度が—・けてきた」「—・けた話題で座がにぎわう」❹言葉の表現が分かりやすくなる。特に、その語の文体的特徴が、堅苦しくなくて親しみやすくなる。‖「もっと—・けた言葉で云い直すと、事件の責任は全く自分にないという事に過ぎなかった〈漱石〉」「『やっぱり』は『やはり』の—・けた言い方」❺〈修辞的な言い方で〉水面に映る影(特に、月の影)が、波の動きとともに姿を崩しながら揺れ動く。‖「月が美しく埠頭に—・けて、今着いた船からぞろぞろと人が上った〈花袋〉」「池に宿る月は、風もないのに、千々に—・けてみえるような気がした〈三島由紀夫〉」文 くだ・く ■二[自他下一]「砕く」の可能形。砕くことができる。◈書き方「▼摧ける」とも。

ください【下さい】[「下さる」の命令形] ■一「くれ」の尊敬語。相手に何かを要求・依頼する意を表す。頂戴ちょうだい

したい。〓「お手紙［考える時間］を―」㊁《「…て［で］下さい」「お［ご］…下さい」の形で》尊敬 Aに…てくれと要望・懇願することについて、Aを高める。〓「頑張って―」「私に構わないで―」「どうかあの子の幸せを祈ってやって―」「先生、こちらにお掛け―」「ご依頼の件よろしくご検討―」▼「お［ご］…下さい」の「…」には動詞連用形や漢語サ変動詞語幹が入る。使い方「…て下さい／お［ご］…下さい」では、後者の方が敬意の度合いが高い。「右、ご了承下さい」「明日までにご返答下さい」など一方的に要望する意が強く出る場合もあるため、「何とぞ」「恐れ入りますが」などの言葉を足したり、「…下さいませんか」「…下されば幸いです」などの言い方にしてやわらげる。注意 ⑴「お［ご］」を付けず動詞連用形・サ変動詞語幹に直接「下さい」を続けるのは誤り。〓「×取り寄せ下さい」「×確認下さい」⑵サ変動詞として使わない〔〇〇すると言わない〕名詞を「ご［お］…下さい」とするのは誤り。〓「×ご参考下さい→〇参考になさって下さい・ご参考になって下さい」⬇注意すべき「お」「ご」の敬語表現11・13・14（一八〇〇ページ）◈「下さる」の本来の命令形「くだされ」の転とも、連用形「ください」＋「ませ」の下略からともいう。書き方 ㊁はかな書きも多い。

くださ・る【下さる】〔動五〕㊀〔他〕「与える」「くれる」の尊敬語。お与えになる。くだされる。〓「殿様が家臣に褒美を―った」「我々に協力を―った方々は次の通りです」㊁〔補動〕《「…て［で］下さる」「お［ご］…下さる」の形で》尊敬 Aが…てくれるという動作について、Aを高める。〓「神様がお守り―」「ご援助―り誠に感謝に堪えません」「先輩方がいつも私をかわいがって―」「います」「山田さんが私に教えて―った」▼「お［ご］…下さる」の「…」には動詞連用形や漢語サ変動詞語幹が入る。⬇お（御）①・ご（御）①◈下一段動詞「下される」が五段化した語。書き方 ㊁はかな書きも多い。使い方 ⑴もと、「くださった」「くださって」は、上品な言い方では「くだすった」「くだすって」となった。「先生の下すった、それはね〈徳富蘆花〉」「それをお奉行様が聴いて下すって〈鷗外〉」など例は多いが、今では古風な印象を与える。⑵くれるかどうか聞く、また、くれとお願いするときは、次の順で丁寧さが増す。〓「くださいますか」「くださいませんか」「くださいませんでしょうか」

くだされ-もの【下され物】〔名〕目上の人からいただいたもの。ちょうだいもの。賜りもの。

くださ・れる【下される】〔動下一〕「与える」「くれる」の尊敬語。〓「これが旦那様が―れた銀時計でございます」「御出席―れたく謹んでお願い申し上げます」▼「下さる」より古風な言い方。尊敬の度合いも高い。文 くださ・る

くだ・す【下す】〔動五〕㊀〔他〕❶上位の人や権威ある人が下の人に命令・判決などを申し渡す。言い渡す。告げる。〓「裁判官が被告に懲役二年の実刑判決を―・した」❷みずからはっきりとした判断をする。〓「的確な判断［決断］を―」❸霊的な存在が天界から地上に罰や言葉を申し渡す。〓「天罰［お告げ］を―」❹戦いや試合で、相手を負かす。破る。〓「A校がB校を二対一で―」❺薬を使って、寄生虫を肛門から体外へ出す。〓「駆虫剤で虫を―」❻下痢をする。腹が下る。〓「食あたりで腹［おなか］を―」❼《「手を下す」の形で》みずからが実際に処理する。〓「みずから手を―・して殺害する」❽用具を下の方におろして何かをする。〓「揮毫の筆を―」㊁《動詞の連用形に付いて複合動詞を作る》物事を滞りなく一気に進める。〓「書き―・読み―・飲み―」◈高い所から低い所に移す意。書き方 ㊀③④は「▽降す」、⑥は「▽瀉す」とも。可能 下せる 名 下し

くだって【下って・▽降って】〔連語〕手紙文で、自分のことを述べる文の前に書いて、へりくだった気持ちを表す語。〓「―小生もこの春に定年を迎え…」▼「くだりて」の転。書き方「▽降▼而」とも。

くたっ-と〔副〕気力や体力が衰えて姿勢がくずれるさま。また、物が張りを失って形がくずれるさま。〓「疲れて―座り込む」「ナスを―なるまで炒める」

くたば・る〔自五〕〔俗〕❶ひどくくたびれる。〓「炎天下の練習で―・った」❷死ぬ。〓「奴もとうとう―・ったか」▼ののしって、また、粗暴にいう語。

くたびれ-もうけ【〈草▼臥〉れ▼儲け】〔名〕いくら苦労しても疲れるだけで何の利益にもならないこと。〓「骨折り損の―」

くたび・れる【〈草▼臥〉れる】〔動下一〕㊀〔自〕❶体や頭を使いすぎて、これ以上動いたり働いたりするのがいやになる。疲れる。〓「ああ、今日は―・れたわ」「働きづめで体が―」「へとへとに―」❷年老いたり苦労が続いたりして、若さや気力が衰える。疲れる。〓「人生に―」「生活に―・れた顔をしている」❸長く使ったため、古ぼけてみすぼらしくなる。〓「二〇年も住めば家も相当に―」「―・れた（＝よれよれの）背広」㊁《動詞の連用形に付いて複合動詞を作る》…しすぎていやになる。いやになるほど…する。〓「待ち―・泣き―・話し―」◈くずれた言い方で「くたぶれる」とも。文 くたび・る 名 くたびれ

くだ-もの【《果物》】〔名〕食用になる木や草の実。ふつう水分が多く、甘みのあるものをいう。フルーツ。水菓子。

くだら-な・い【下らない】〔連語〕まじめに取りあげるだけの価値がない。低俗だ。〓「―冗談を言う」▼動詞「くだる」の未然形＋打ち消しの助動詞「ない」。使い方「くだらぬ」「くだらん」とも言う。丁寧な形として「くだりません」とは言わず、一般に「くだらない〇〇です」「くだらないです」などと言う。⬇「ない」のコラム（一三〇三ページ）

くだり【▽行・▽件・▽条】〔名〕文章の、ある行。また、文章の、ある部分。〓「主人公が母と再会する―は実に読ませる」「一―」

くだり【下り】〔名〕❶高いところから低いところへ移動すること。上から下におりること。また、その道。〓「―は楽だ」❷上流から下流へ移動すること。〓「川―」❸交通機関で、線区または路線区の起点から終点への方向。また、その方向に走る列車やバス。〓「―ホーム」❹都から地方へ向かうこと。〓「東―」◈⬍上り 書き方「▽降り」とも。

くだり-あゆ【下り▼鮎】〔名〕秋、産卵のために川をくだるあゆ。おちあゆ。さびあゆ。

くだり-ざか【下り坂】〔名〕❶進むにつれて低いほうへ向かう坂。❷盛りを過ぎて衰えていくこと。また、その状態や時期。〓「景気［人気］は―だ」❸天気が悪くなること。〓「明日は西から―です」◈①②⬍上り坂

くだり-ばら【下り腹】〔名〕下痢を起こしていること。はらくだし。くだりはら。

くだ・る【下る】〔自五〕❶低い所に移動する。〓「山［坂道］を―」「舟で川を―」使い方⬇下りる① ❷都（もと京都、今は東京）から地方へ行く。〓「常陸の

国へ━」
❸京都で、市中を南へ向かって行く。さがる。〓「四条通を少し━った所」▽内裏が都の北にあったことから。
❹より低いと考えられている所へ移る。〓「臣籍に━」「野に━(＝下野する)」
❺〔古風〕上位の人から下げ渡される。下賜される。〓「恩賜金が━」
❻上位の人から申し渡される。下りる。〓「被告に判決が━」「辞令[評価・決断]が━」
❼霊的なものが天界から地上におりてくる。〓「天啓[お告げ・天罰]が━」
❽時が移って現代に近い時代になる。また、現代に近い時代に視点を移す。〓「時代が━とともに貨幣経済が発達する」「江戸から明治へと時代を━って日本文化を概観する」 使い方 (1)「時代が下る」の主語は〈時〉、「時代を下る」の隠れた主語は、話者である〈人〉。(2)「〜を」が移動の時空間を表すことから、一般に自動詞とされる。
❾戦いに負ける。⬇軍門に下る
❿基準の数値より下になる。下回る。〓「希望者は百人を━らない」▽「下らない」の形が多い。
⓫寄生虫が肛門から体外へ出る。下りる。〓「回虫が━」
⓬下痢をする。腹を下す。〓「食べ過ぎて腹が━」
⓭涙が流れ出る。〓「滂沱として涙が━」
◈①②⬍上る ①⬍上がる 書き分け ①④⑦⑧⑨(特に⑦⑨)は「▽降る」とも書き、⑫は「▼瀉る」とも書くが、今は一般に【下】を使う。①④は「エレベーターで降る・急坂を降る(高い所から勢いよく下りる意)」「臣籍に降る」など。 可能 下れる 名 下り

くだん【▽件】[名] 前に述べたことを、聞き手や読者が承知しているものとして指し示す語。〓「━の話で呼び出された」「依って━の如し(⬇よって)」

くち【口】 一 [名] ❶動物が飲食物を取り入れる部分。高等動物では頭部の下方にあって、唇・歯・舌などをそなえる。消化の一部を受けもつとともに、発声器官ともなる。〓「食べ物を━に入れる」「大きく━を開けて歌う」
❷飲食物を味わう感覚。味覚。また、食べ物の好み。〓「━が肥えている」「お━に合いますかどうか」
❸生活のための食料を必要とする人数。〓「━が減る」
❹ものを言うこと。話すこと。〓「余計な━を出すな」
❺評判。うわさ。〓「世間の━を気にする」
❻人が出入りする所。〓「改札━」「非常━」
❼容器の中身を出し入れする所。また、そこをふさぐもの。〓「缶の━を開ける」「瓶の━を締める」
❽外部に開いた所。穴。すきま。〓「座礁して船腹に━があく」「傷━」
❾物の端。また、物事の初め。最初。〓「切り━」「序の━」「宵の━」
❿就職・縁組みなどで、落ち着く先。〓「いい━があったら紹介してくれ」「勤め━」「嫁入り━」
⓫物事を分類するとき、同じ種類に属する一つ。〓「酒ならいける━だ」「飲める━」「甘━」「別━」
二 (造) ❶飲食物を口に入れる回数を数える語。〓「一━で食べる」
❷数量・金額などを申し込む単位を数える語。〓「一━千円の寄付」
❸刀剣などを数える語。〓「太刀二━」

◉**口が奢る** 食べ物の好みがぜいたくになる。
◉**口が重い** 口数が少ない。寡黙だ。
◉**口が堅い** 言うべきではないことをむやみに他言しない。書き方「堅い」は「固い」とも書く。
◉**口が軽い** ❶軽薄で、言ってはならないことまで言ってしまう。❷よくしゃべる。多弁だ。
◉**口が裂けても** 言わない意思が固いことをいう。〓「悪口など━言えない」
◉**口が過ぎる** 言うべきでないことまで言う。
◉**口が滑る** 言ってはいけないことをうっかり言ってしまう。口を滑らす。〓「つい━って秘密をもらす」
◉**口が減らない** 口が達者で、反論や負け惜しみをいくらでも言う。〓「━やつだ」
◉**口が悪い** ずけずけ言う性質である。〓「いい人だが━」
◉**口にする** ❶口に入れる。食べる。〓「朝から何も━していない」❷口に出して言う。話す。〓「そんな下品なことばは━ものではない」
◉**口に上る** うわさになる。話題になる。〓「政界のスキャンダルが世間の━」
◉**口に任せる** よく考えないで思いつくままに言う。〓「━せて大きなことを言う」
◉**口は禍の門** 何げなく言ったことばが災難を招くことがあるので、話すことには十分に注意せよということ。口は禍のもと。
◉**口も八丁手も八丁** ⬇口八丁手八丁
◉**口を利く** ❶ものを言う。話をする。また、そのようなものの言い方をする。〓「一日中誰とも━かなかった」「生意気な━」❷間に立って世話をする。仲介をする。〓「就職のために━いてもらう」◈ 注意 「口を聞く」「口を効く」は誤り。⬇利く[注意]
◉**口を切る** ❶最初に発言する。〓「まず司会者が━」❷はじめてそのふたや栓・封などをあける。〓「秘蔵のワインを出して━」
◉**口を極めて** ありったけのことばを尽くして。あらゆる言い方をして。〓「━ほめそやす」
◉**口を酸っぱくする** 忠告などをいやになるほど繰り返して言う。〓「━して注意する」▽「口が酸っぱくなる(ほど)」ともいう。
◉**口を揃える** 多くの人が同時に同じことを言う。〓「━えて反論する」
◉**口をつぐむ** 口を閉じてものを言わない。話すのをやめる。
◉**口を尖らせる** 唇を前に突き出してとがらせる。怒ったときの口つきや、不平不満を表す顔つきをいう。〓「不満そうに━」
◉**口を閉ざす** 沈黙する。黙る。〓「事件についてはかたくなに━している」
◉**口を糊する** やっとのことで生計を立てる。口に糊する。〓「ようよう━ことの出来るだけで満足した〈鷗外〉」▽かゆをすする意から。
◉**口を挟む** 他人が話している途中に割り込んで話す。〓「横から━」
◉**口を割る** 白状する。〓「証拠を突きつけられて━」

ぐ-ち【愚痴】[名] 言っても仕方がないことを言って嘆くこと。〓「━をこぼす」

くち-あけ【口開け】[名] ❶封をした物の口を初めてあけること。また、あけたばかりであること。口切り。❷商売などのはじめ。かわきり。〓「━の客」

くち-あたり【口当たり】[名] ❶飲食物を口に入れたときの感じ。〓「━の良い酒」❷人に接するときの物

腰や口のきき方。人当たり。≡「―のやわらかな人」

くち・い〔形〕〔俗〕満腹だ。≡「腹が―・くなる」

くち-いれ【口入れ】〔名〕❶〔自サ変〕横から干渉すること。口出し。❷奉公口・奉公人などの世話をすること。また、その人。≡「―屋」

くち-うつし【口写し】〔名〕話し方や話の内容が他の人のそれとそっくりであること。

くち-うつし【口移し】〔名・他サ変〕❶飲食物などを、自分の口から相手の口に直接移し入れること。≡「―に薬を飲ませる」❷ことばだけで直接言い伝えること。口伝え。

くち-うら【口裏】〔名〕ことばや話しぶりの裏に隠されている真意。また、真意がうかがえるようなことばや話しぶり。≡「―から察するに…」

◉**口裏を合わ・せる**　あらかじめ相談して言うことが食い違わないようにする。≡「―・せてアリバイ工作をする」

✓注意「口車を合わせる」は誤り。

くち-うるさ・い【口▽煩い】〔形〕細かなことまでもうるさく小言をいうさま。口やかましい。≡「箸の上げ下ろしまで―・く注意する」

くち-え【口絵】ーヱ〔名〕書籍・雑誌などで、巻頭または本文の前にのせる絵や写真。

くち-おし・い【口惜しい】ーヲシイ〔形〕〔古風〕敗北・失敗・屈辱などを経験して、腹立たしく思うさま。くやしい。≡「落選して―思いをする」派生-げ／-さ／-がる

くち-おも【口重】〔名・形動〕❶口のきき方がたどたどしいこと。≡「―に戦争体験を語る」❷慎重で軽々しくものを言わないこと。また、その人。◈⇔口軽

くち-かず【口数】〔名〕❶ものを言う回数。ことば数。≡「―の少ない人」❷人数。頭数。≡「―が増えたので食費がかさむ」❸件数。≡「今月は応募の―が少ない」

くち-がた・い【口堅い】〔形〕❶その人の言うことが確かであるさま。≡「―人の言うことだから間違いはない」❷軽々しく他言しないさま。派生-げ／-さ

くち-がため【口固め】〔名・自サ変〕〔古風〕❶他言を禁ずること。口止め。❷かたく口約束をすること。≡「夫婦の―をする」

くち-がね【口金】〔名〕器物の口につける金具。

くち-がる【口軽】〔名・形動〕軽々しく何でもしゃべること。秘密などをすぐ人にもらすこと。また、そのような人。⇔口重

くち-き【朽ち木】〔名〕腐った木。

くち-きき【口利き】〔名〕❶間に立って紹介や世話をすること。また、その人。≡「伯父の―で就職する」❷〔古風〕巧みな弁舌で交渉・談判・仲裁などをじょうずにこなす人。また、それによって幅を利かせている人。◈

✓注意「口聞き」「口効き」は誤り。

くち-ぎたな・い【口汚い（口▼穢い）】〔形〕❶言葉づかいが乱暴で、品がないさま。いやしいさま。≡「―・くののしる」❷食い意地がはっていて、いやしいさま。≡「―・く料理を食い散らす」派生-げ／-さ

くち-きり【口切り】〔名〕❶密封した容器の口を開くこと。口あけ。❷茶道で、新茶を入れた茶壺の封を切ること。また、その茶会。▼陰暦十月ごろに行う。❸物事のしはじめ。かわきり。≡「余興の―に都々逸どどいつをうたう」

く-ちく【駆逐】〔名・他サ変〕追い払うこと。≡「敵艦〔害虫〕を―する」≡「―艦（＝ミサイルや魚雷を搭載して対潜・対空攻撃などの任務にあたる高速軍艦）」

くち-ぐせ【口癖】〔名〕癖のようにすぐそのことばを口に出すこと。また、そのことば。≡「―のように言う」

くち-ぐち【口口】〔名〕❶あちこちの出入り口。❷〈「くちぐちに」の形で〉大勢の人がそれぞれものを言うこと。≡「従業員が―に不満を述べる」

くち-ぐるま【口車】〔名〕口先だけの、うまい言い回し。

◉**口車に乗・る**　巧みなことばにまんまとだまされる。

くち-げんか【口▼喧▼嘩】ーゲンクワ〔名・自サ変〕声を荒らげてののしり合うこと。言い争い。

くち-ごたえ【口答え】ーゴタヘ〔名・自サ変〕目上の人に逆らって言い返すこと。口返答。≡「親に―する」

くち-コミ【口コミ】〔名〕評判・うわさなどが口から口に伝えられて広がること。≡「―で広がる」▼「マスコミ」をもじった語。

くち-ごも・る【口籠もる】〔自五〕❶ことばが口の中にこもってはっきりしない。❷ためらって、はっきり言わない。≡「何か言いかけて―」

くち-さがな・い【口さがない】〔形〕口汚く、つつしみがないさま。≡「―連中」派生-さ

くち-さき【口先】〔名〕❶口の先。≡「不満そうに―をとがらせる」❷心のこもらない、ただ口に出しただけのことば。≡「―だけの約束」

くち-ざみし・い【口▽寂しい・口▼淋しい】〔形〕❶何か口に入れる物がほしいと感じる。≡「―・くてガムをかむ」❷食べる物が少なくて物足りないと感じる。◈「くちさびしい」「くちさみしい」とも。派生-さ

くち-ざわり【口触り】ーザハリ〔名〕飲食物を口に入れたときの感じ。口当たり。

くち-しのぎ【口▼凌ぎ】〔名〕❶何かを食べて、一時的に空腹をしのぐこと。また、その食べ物。❷一時的に暮らしを立てること。≡「当座の―にパートで働く」

くち-じゃみせん【口《三味線》】〔名〕❶口で三味線の調子や音色をまねること。また、そのことば。◈「くちざみせん」ともいう。❷口先で人をだますこと。

◉**口三味線に乗・せる**　ことば巧みに言いくるめてだます。口車に乗せる。

くち-じょうず【口《上手》】ージヤウズ〔名・形動〕話し方・言い方がうまいこと。また、その人。⇔口下手べた

くち-すぎ【口過ぎ】〔名〕暮らしを立てること。生計。≡「定年後の―を考える」

くち-ずさ・む【口▽遊む・口▽吟む】〔他五〕心に浮かんだ詩歌などを軽く声に出す。くちずさぶ。≡「藤村の詩を―」名口ずさみ

くち-すす・ぐ【口▼漱ぐ・口▼嗽ぐ】〔自五〕口の中を洗い清める。≡「石に―・ぎ流れに枕まくらす」

くち-ぞえ【口添え】ーゾヘ〔名・他サ変〕交渉などがうまくいくように、そばからことばを添えてとりなすこと。≡「友人のために師へのとりなしを―する」

くち-だし【口出し】〔名・自サ変〕他人が話しているときに、そばから割り込んで口を利くこと。さしで口。≡「人事に―する」「よけいな―をするな」

くち-だっしゃ【口達者】〔名・形動〕口先がうまく、よくしゃべること。また、その人。口上手。口巧者。

くち-ぢゃ【口茶】〔名〕一度せんじた茶の葉に、新しい茶の葉を加えること。また、そうしていれた茶。

くち-つき【口付き】〔名〕❶口もとのかっこう。❷物の言い方。口ぶり。≡「さも不満そうな―」❸吸い口の

ついている紙巻きタバコ。▼「口付きタバコ」の略。◈書き方 ①②は多く「口つき」と書く。

くち-づけ【口づけ(口付け)】［名・自サ変］接吻(せっぷん)すること。キス。≡「彼女に―(を)する」「―を交わす」

くち-づたえ【口伝え】(ーヅタヘ)［名］❶口頭で伝授すること。口伝(くでん)。❷人から人へ語り伝えること。くちづて。≡「―に聞いた話」

くち-どけ【口溶け】［名］食べ物が口の中で溶けること。また、そのときの感触。≡「なめらかな―のチョコレート」

くち-どめ【口止め】［名・他サ変］❶口外することを禁ずること。≡「契約の件は堅く―する」❷口外しないことを条件に与える金品。▼「口止め料」の略。

くち-とり【口取り】［名］❶牛馬のくつわや手綱(たづな)をとって引くこと。また、それを仕事とする人。❷本膳料理の最初に出す、かまぼこ・きんとん・卵焼きなどを取り合わせた皿盛り物。ふつう、その場では食べずに、折り詰めにして持ち帰った。▼「口取り肴(ざかな)」の略。

くち-なおし【口直し】(ーナホシ)［名］口中に残った(不快な)味を消すために、また、口中をさっぱりさせるために、別の物を飲食すること。また、その飲食物。使い方 新たに出した料理などをすすめるときのあいさつにも使う。≡「お―にお一つどうぞ」

くち-なし【〈梔子〉・〈山▼梔子〉】［名］夏、枝の先に芳香のある白い花をつける、アカネ科の常緑低木。黄赤色に熟す果実は薬用・染料用。語源 果実が熟しても口を開かないことから。

くち-なめずり【口▼舐めずり】(ーナメヅリ)［名・自サ変］大好物を食べる前や食べたあとに、舌でくちびるの辺りをなめまわすこと。舌なめずり。▼獲物などを待ちかまえることの意にも使う。≡「―して待つ」

くち-ならし【口慣らし(口▼馴らし)】［名・自サ変］❶すらすら言えるように、前もって話す練習をしておくこと。❷絶食などをしたあと、舌に飲食物の味をなじませること。≡「―におかゆを食べる」

くち-なわ【▽蛇】(ーナハ)［名］［古風］ヘビ。▼「朽ち縄(なわ)」の意という。

くち-の-は【口の端】［名］ことばのはしばし。また、うわさや評判。≡「怒りが―に出る」

◉**口の端に上(のぼ)・る** ⬇口に上る

くち-ば【朽ち葉】［名］腐った落ち葉。枯れ葉。≡「―色(=赤みを帯びた黄色)」

くち-ぱく【口ぱく】［名］〔俗〕歌手が実際には歌わず、別に録音された音声に合わせて口をぱくぱくと動かし、その音声を聴衆に聴かせること。書き方 多く「口パク」と書く。

くち-ばし【▼嘴・▼喙】［名］鳥類の口器。上下のあごの骨がのびて、表面が角質化したもの。嘴

◉**嘴が黄色い** 年が若くて経験が足りない。未熟だ。▼ひなのくちばしが黄色いことから。

◉**嘴を容(い)・れる** 自分とは関係ないことに横から口出しをする。くちばしを挟む。容喙(ようかい)する。書き方「嘴を入れる」とも。

くち-ばし・る【口走る】［他五］言ってはならないことを、無意識のうちに言ってしまう。≡「泥酔してあらぬことを―」

くち-はっちょう【口八丁】(ーハッチャウ)［名］口が達者なこと。

◉**口八丁手八丁(てはっちょう)** ものを言うことも何かをすることも達者なこと。

くち-は・てる【朽ち果てる】［自下一］❶もとの形をとどめないまでに腐ってしまう。≡「―・てた廃家」❷世に知られないまま、むなしく死ぬ。≡「流浪の末に異郷で―」文 くちは・つ

くち-はばった・い【口幅ったい】［形］身の程もわきまえず、生意気な口のきき方をするさま。≡「―ようですが一言いわせて下さい」

くち-ばや【口早(口速)】［名・形動］ものの言い方がはやいこと。早口。≡「―に用件を述べる」

くち-び【口火】［名］❶爆薬に点火するための火。❷ガス器具に点火するためにつけておく小さな火。❸物事の起こるきっかけ。

◉**口火を切・る** 最初に物事を行って、きっかけをつくる。≡「話［攻撃］の―」✓注意「口火をつける」は誤り。

くち-ひげ【口▼髭】［名］鼻の下にはやしたひげ。▼俗に「鼻ひげ」とも言うが、避けたい。

くち-びる【唇(▼脣)】［名］口の上下の、薄い皮でおおわれた軟らかい部分。上唇と下唇とに分かれ、飲食や発音を助ける。口唇(こうしん)。≡「―を盗む(=相手の気持ちにかかわりなくキスをする)」書き方 本来は「脣」。「唇」は、本来、驚いてふるえるくちびるの意だが、古くから「くちびる」の意で使う。

◉**唇を奪・う** 強引に同意のないキスをする。唇を盗む。

◉**唇を噛(か)・む** 悔しさをじっと我慢する。

◉**唇を尖(とが)ら・せる** 不満そうな顔つきをする。また、不満そうにものを言う。

くち-ふうじ【口封じ】［名・他サ変］秘密などを口外しないようにさせること。口止め。≡「―のために殺す」

くち-ぶえ【口笛】［名］くちびるをすぼめ、または指を口に入れ、息を強く吹いて笛のような音を出すこと。また、その音。≡「―を吹く」

くち-ふさぎ【口塞ぎ】［名］❶他言を禁ずること。口止め。❷〈「お口ふさぎ」の形で〉客に出す料理などをいう丁重語。口よごし。≡「お―にどうぞ」

くち-ぶり【口ぶり(口振り)】［名］話し方のようす。ことばつき。≡「自信のありそうな―」

品格 語り口「明快な―」口調(くちょう)「あきらめたような―」口吻(こうふん)「弁解めいた―を漏らす」語気「―鋭く詰め寄る」歯切れ「―が悪い答弁」

くち-べた【口《下手》】［名・形動］思っていることを言い表すのがへたなこと。口不調法。⬍口上手(じょうず)

くち-べに【口紅】［名］くちびるに塗る紅。ルージュ。≡「真っ赤な―をつける」

くち-べらし【口減らし】［名・自サ変］家計の負担を軽くするために、養うべき人数を減らすこと。

くち-まえ【口前】(ーマヘ)［名］その場をとりなす、ものの言い方。≡「―がうまい」

くち-まかせ【口任せ】［名］考えもなく、口から出るに任せて言うこと。出まかせ。

くち-まね【口〈真似〉】［名］他人の話し方や声をまねること。≡「大人の―をする」

くち-もと【口元・口▽許】［名］❶口のあたり。また、口のあたりのようす。≡「―がほころぶ」❷出入り口のあたり。≡「洞窟(どうくつ)の―」

くち-やかまし・い【口▼喧しい】［形］❶口数が多くてうるさい。❷細かいことまで小言をいうさま。≡「―・く文句をつける」派生 ―さ

くちーやくそく【口約束】〔名・自他サ変〕証文などをつくらずに、口頭だけで約束すること。また、その約束。口約(こうやく)。

くちゃーくちゃ 一〔副ト〕食べ物をかむときに発する音を表す語。「ガムをーかむ」 二〔形動〕❶紙や布がしわだらけになるさま。くしゃくしゃ。「ーなワイシャツ」「紙をーにする」❷形がくずれてまとまりがないさま。くしゃくしゃ。「ーの字を書きなぐる」「髪の毛がーになる」

ぐちゃーぐちゃ〔副ト〕❶愚痴や不満をとりとめもなく述べるさま。「終わったことをー(と)言っても仕方がない」❷〔形動〕水分を多く含んで軟らかなさま。「ーの雪解け道」「ー(と)したご飯」❸〔形動〕ひどく乱れているさま。「机の上がーだ」「順序がーになる」

くーちゅう【苦衷】〔名〕苦しい心のうち。「ーを察する」

くーちゅう【駆虫】〔名・自他サ変〕寄生虫や害虫を取り除くこと。「完全にーする」「ー剤」

くーちょう【口調】(テウ)〔名〕ことばとして口に出したときの調子。「改まったーで切り出す」「演説ー」

くーちょう【句帳】(チャウ)〔名〕作句を書きとめる手帳。

ぐーちょく【愚直】〔名・形動〕あまりに正直すぎて、融通がきかないこと。ばか正直。「ーに規則を守る」派生ーさ

くちーよごし【口汚し】〔名〕〈「お口汚し」の形で〉客に出す料理などをいう丁重語。口ふさぎ。「ほんのおーですが、どうぞ」▼口を汚すほどの物でしかないの意。

くちーよせ【口寄せ】〔名・自サ変〕巫女(みこ)が死者の霊を呼び寄せ、そのことばを自分の口で語ること。また、その巫女。

く・ちる【朽ちる】〔自上一〕❶草木・木材などが腐って、ぼろぼろになる。「潮風で金属製の窓枠がーる」❷名声などが衰え滅びる。すたれる。「永遠にーことのない名を残す」❸むなしく人生を終える。「陋巷(ろうこう)の片すみにーる」◈「腐(くた)す」の自動詞形。文く・つ

ぐち・る【愚痴る】〔他五〕ぐちをいう。「収入減をーる」▼「ぐち」を動詞化した語。可能 愚痴れる

ぐーちん【具陳】〔名・他サ変〕くわしく述べること。「滞納の事由をーする」

くつ【靴(▽履・▼沓)】〔名〕革・合成皮革・布・ゴムなどで作り、その中に足を入れて歩くようにした履物。「ーを履く〔脱ぐ〕」

くつ【屈】(造)❶かがむ。かがめる。まげる。折れまがっている。「ー指・ー伸・ー葬」「偏ー」❷くじける。従う。「ー辱・ー託・ー伏」「卑ー・不ー」❸ゆきづまる。「窮ー・退ー」❹つよい。「ー強」

くつ【掘】(造)土をほる。穴をほる。「ー削」「採ー・盗ー・発ー」

くつ【窟】(造)❶ほらあな。いわや。「石ー・洞ー」❷人の集まり住む所。すみか。「巣ー・魔ー・阿片(あへん)ー」

くーつう【苦痛】〔名〕肉体や心に感じる痛みや苦しみ。「患者のーを和らげる」「気遣いをかえってーに感じる」

くつがえ・す【覆す】(クツガヘス)〔他五〕❶裏返したり逆さまの状態にしたりする。ひっくり返す。「巨船をもー激浪」❷国家や組織を打ち倒す。また、現行の計画や制度などを打ち倒す。転覆させる。「政権をー」❸上(優勢)と下(劣勢)の関係を逆にする。「五点差をーして優勝する」「劣勢の下馬評をーして当選する」❹今まで維持してきた意見や考え方などを根本から変える。「定説を根底からー」「審判が判定をー」◈「ひっくり返す」よりも改まった言い方。書き方 かな書きも多い。なお、送りがなは「覆えす」としない。可能 覆せる

くつがえ・る【覆る】(クツガヘル)〔自五〕❶裏返しや横倒しの状態になったり逆さまになったりする。ひっくり返る。「大波で船がーる」「前車のーは後車の戒め」❷国家や組織が倒れる。また、計画や制度などが打ち負かされる。転覆する。「国家体制がーる」「大勢がーる」❸上(優勢)と下(劣勢)の関係が逆になる。「満塁本塁打で三点差がーる」❹今まで維持されてきた意見や考え方が根本から変わる。「抗議で判定がーる」「前提がーる」◈書き方 かな書きも多い。なお、連用形「覆った」「覆って」は、「覆(おお)った」「覆(おお)って」と紛れやすい。

ことば探究「くつがえる」の使い方

▼「くつがえる」①にはかなり古めかしい語感がある。

▼「ひっくり返る」と言い換えられる。ただし、「ひっくり返る」はかなりくだけた語感を持つ。

「船〔法体系/上下関係/判決〕がくつがえる/ひっくり返る」

クッキー【cookie】〔名〕小麦粉にバター・牛乳・卵・砂糖・香料などをまぜて焼いた、小さな洋菓子。脂肪分が多い。ビスケットの一種。

くっーきょう【▽究▼竟】(クキャウ) 一〔名・形動〕❶きわめて都合のよいこと。あつらえむき。「ーの機会を逃す」❷すぐれて強いこと。屈強。派生ーさ 二〔副〕つまるところ。結局。畢竟(ひっきょう)。「ー内閣は総辞職に至った」

くっーきょう【屈強】(クキャウ)〔形動〕頑丈で、力の強いさま。究竟。「ーな若者」派生ーさ

くっーきょく【屈曲】〔名・自サ変〕折れまがること。「ーした山道が続く」「ー著しい海岸線」

くっきり〔副ト〕物の輪郭が、きわだってはっきりしているさま。「ーと山容が浮かび上がる」

クッキング【cooking】〔名〕料理。また、料理法。

ぐつーぐつ〔副ト〕物が煮え立つ音を表す語。「牛肉をー(と)煮込む」

くっーさく【掘削(掘▼鑿)】〔名・他サ変〕地盤や岩盤を掘って穴をあけること。また、土砂や岩石を掘って取り除くこと。「ー機」書き方「掘削」は代用表記。

くっーし【屈指】〔名〕多くの中でも、指を折って数え上げられるほどすぐれていること。ゆびおり。「ーの名演奏家」「日本ーの景勝地」

くつーした【靴下】〔名〕皮膚の保護や保温のために直接足につける衣料。ソックスやストッキングなど。

くつーじゅう【屈従】〔名・自サ変〕権力や勢力に負けて、仕方なく強いものに従うこと。「強国にーする」

くつーじょく【屈辱】〔名〕権力や勢力に抑えられ、屈服して受ける恥。「ーに耐える」「ー的な敗北を喫する」

ぐっしょり〔副ト〕ひどくぬれるさま。「ー(と)汗をかく」「にわか雨にあってーぬれてしまった」

クッション【cushion】〔名〕❶中にパンヤやスポンジを入れた椅子(いす)用の座布団。❷座席などで、体への抵抗を和らげるために弾力性をもたせた部分。また、その弾力性。「ーのきいたソファ」❸間において、衝撃を和らげるもの。「エアー」「ワンー置く(=物事が直接に作用することを避けて間に一段階を設ける)」❹玉突き台の内側に設けた、弾力性のある縁。「ーボール」

くっ-しん【屈伸】［名・自他サ変］かがんだり、のびたりすること。また、かがめたり、のばしたりすること。‖「膝を―する」「関節を―させる」「―運動」

くっ-しん【掘進】［名・自サ変］地中に坑道などを掘ってさらに奥まで進むこと。‖「―機」

グッズ［goods］［名］商品。品物。‖「パーティー―」

くつ-ずみ【靴墨】［名］靴の革のつや出しや保護のために塗るクリーム。黒のほか、各種の色がある。靴クリーム。

ぐっすり［副ㇳ］深く眠るさま。‖「―(と)眠り込む」

くっ・する【屈する】 ■一［自サ変］❶折れ曲がる。‖「がくりと膝(ひざ)が―・して前のめりに倒れる」❷負けて服従する。屈服する。‖「権力者に―」「どんな批判にも―・しない」❸気がめいる。ふさぎこむ。鬱屈(うっくつ)する。‖「主税(ちから)は何か、思い―・した、沈んだ、憂わしげな色が見える〈鏡花〉」■二［他サ変］❶体やひざ・指などを折り曲げる。‖「指を―・して数える」❷卑屈な態度で服従する。ひざまずく。ひれふす。へりくだる。‖「下吏となって長く膝を俗悪な大官の前に―よりは〈中島敦・山月記〉」❸自分にそむいて主張をまげる。節操をまげる。‖「節(せつ)を―」❹勢いをくじいて服従させる。文くっ・す

くつ-ずれ【靴擦れ】［名］靴が合わないために、靴の内側と足の皮膚がすれあうこと。また、それによる傷。

くっ-せつ【屈折】［名・自サ変］❶折れ曲がること。‖「―した坂道」❷性質や感情がゆがめられ、単純には理解できない状態になること。‖「―した心理」❸光波や音波がある媒質から別の媒質に進むとき、その境界面で進行方向が変わること。また、その現象。‖「―望遠鏡」

くっせつ-ご【屈折語】［名］言語の形態上の類型的分類の一つ。おもに語形や語尾の変化によって、性・数・格・時制・態・法などの文法的関係を示す言語。インド-ヨーロッパ語族、セム語族に属す言語が典型。⬇膠着(こうちゃく)語・孤立語

くっせつ-りつ【屈折率】［名］光が二つの媒質の境界で屈折するときの、入射角の正弦と屈折角の正弦との比。

くっ-たく【屈託】［名・自サ変］❶あることにこだわって、心配すること。‖「―のない晴れ晴れとした顔」❷疲れてあきること。また、することがなくて、いやになること。‖「単調な生活に―する」

ぐったり［副ㇳ］人間や動物が、疲れや病気で力がなくなるさま。また、植物が生気のないさま。‖「疲れきって―(と)横たわる」「水分が足りなくて―(と)している花」

くっちゃ-ね【食っちゃ寝】［名］食っては寝るだけで無為に過ごすこと。また、そのような生活。

くっちゃべ・る【くっ▼喋る】［自五］〔俗〕くだらないおしゃべりをする。‖「―・ってないで仕事をしろ」

くっ-つ・く［自五］❶すき間をあけずにぴたりと接する。付く。‖「傷口が―」「親子が―・いて四畳一間に寝る」「建物が―ように建っている」❷あるものに付着する。‖「顔にご飯粒が―」「かむと歯にあめが―」❸付き従ったりついて回ったりして、そばを離れずにいる。‖「お目付役が―・いて離れない」❹恋人などの親密な関係になる。◈書き方「くっ付く」とも。名くっつき

くっ-つ・ける［他下一］❶すき間をあけずにぴたりと接するようにする。付ける。‖「紙と紙をのりで―」「体を―ようにして座る」❷あるものに付着させる。付ける。‖「荷物に荷札を―」❸恋人などの親密な関係にさせる。‖「あの手この手で二人を―」◈書き方「くっ付ける」とも。

くって-かか・る【食ってかかる(食って掛かる)】［自五］激しい口調で相手に立ち向かう。‖「球審に―」

ぐっ-と［副］❶瞬間的に力を入れるさま。‖「―押し返す」❷感動したり困ったりして、胸や息などがつまるさま。‖「事情を聞いて胸に―きた」「だしぬけの質問に―つまる」❸それまでと比べて程度の差がはるかに大きいさま。一段と。ずっと。‖「値段が―高くなる」

◉**ぐっと来る** ❶感動して胸が詰まる。‖「親子の愛に―」❷魅力を感じる。‖「エレガントな仕草に―」

グッド［good］■一［感］その物事をよいと感じたときに発する語。よし。けっこうだ。■二(造)よい。すぐれた。‖「―アイディア」「―タイミング」「―デザイン」

グッド-バイ［good-by］［感］さようなら。グッバイ。

くつ-ぬぎ【靴脱ぎ(▼沓脱ぎ)】［名］❶玄関・縁側などの上がり口にある、履物をぬぐ所。❷①に置く石。ぬいだ履物を置いたり、踏み台にしたりする。▽「沓脱ぎ石」の略。

クッパ［kukpap 朝鮮］［名］熱いスープに米飯を入れて食べる朝鮮料理。‖「カルビ―」

グッピー［guppy］［名］観賞用の熱帯魚として飼われるカダヤシ科の淡水魚。メダカに似るが、雄の体色は変化に富み、美しい。卵胎生。

くっ-ぷく【屈服(屈伏)】［名・自サ変］相手の権力や勢力に負けて、服従すること。‖「敵を―させる」

くつ-べら【靴▼篦】［名］靴をはくとき、足を入れやすくするためにかかとに当てるへら。

くつ-みがき【靴磨き】［名］靴をみがくこと。また、それを職業とする人。

くづめ-らくがみ【苦爪楽髪】［名］苦労が多いと爪が早く伸び、楽をしていると髪が早く伸びるということ。▽逆に考えて「苦髪楽爪(くがみらくづめ)」ともいう。

くつろ・ぐ【▽寛ぐ】［自五］心身を休めたりきゅうくつな姿勢・服装をやめたりして、ゆったりとした気分になる。‖「仕事を終えて家で―」「膝をくずして、お―・ぎください」可能くつろげる 名くつろぎ

くつ-わ【▼轡】［名］手綱をつけるために、馬の口にかませる金具。くつばみ。▽「口輪」の意。

◉**轡を並・べる** 馬首を並べて進む。転じて、大勢が一緒に行動する。

轡

くつわ-むし【▼轡虫】［名］草原にすむキリギリス科の昆虫。体色は緑色または褐色で、触角が長い。雄は夏から秋にかけて「がちゃがちゃ」と鳴く。ガチャガチャ。語源 鳴き声が「くつわ」の鳴る音に似ることからという。

ぐ-てい【愚弟】［名］❶おろかな弟。‖「―を紹介します」❷自分の弟をいう丁重語。‖「―賢兄」⬍賢弟

く-てん【句点】［名］文の終わりにつける符号。ふつう「。」を使う。まる。‖「―を打つ(＝物事に区切りをつける)」

く-でん【口伝】［名・他サ変］❶学問や技芸の奥義を弟子に口頭で教え授けること。また、その教え。❷学問や技芸の奥義を記した書物。‖「後鳥羽院―」

ぐでん-ぐでん［副ニ］酒に酔って正体をなくすさま。ぐでぐで。‖「―に酔っぱらう」

くど【▼竈】［名］❶かまど。へっつい。❷かまどの後ろにある煙出しの穴。

くど・い【▼諄い】[形] ❶同じようなことをしつこくくり返すので、うんざりする。「話がー」「ーほど念を押す」❷色・味などが濃すぎて、しつこい。「煮物の味が少しー」◈ 書き方 普通、「諄い」の表記は②には使わない。派生 ーさ

く-とう【苦闘】[名・自サ変] 苦しみながら戦うこと。また、その戦い。「ーを重ねる」「悪戦ーする」

く-どう【駆動】[名・他サ変] 動力を与えて動かすこと。また、動力によって動くこと。「モーターをーする」「前輪[四輪]ー」

ぐ-とう【愚答】フタ [名] ばかばかしい答え。「愚問ー」

ぐ-どう【▽求道】ウタ [名] ❶仏の教えを求めて修行すること。求法(ぐほう)。「ー者」❷正しい道理を求めること。きゅうどう。

くとう-てん【句読点】[名] 文章を読みやすくするために、文の終わりや語句の切れ目に添える符号。句点「。」と読点「、」。句読(くとう)。「ーを打つ」

くどき【口説き】[名] ❶くどくこと。また、そのことば。「意中の人をーに掛かる」「ー上手」❷謡曲や浄瑠璃(じょうるり)などで、心中の思いを述べる語りの部分。

くどき-おと・す【口説き落とす】[他五] なかなか承知しない相手を執拗に説いて納得させる。「渋る相手をー」

く-どく【功徳】[名] ❶現世・来世に幸福をもたらすもとになる、よい行い。善根。「ーを施す」❷神仏の恵み。御利益(ごりやく)。

くど・く【口説く】[他五] 相手を自分の意向に従わせようと、熱心に説得する。「友人をーいて出資させる」「あの手この手でお目当ての人をー」▼もと、同じことをくどくどとくり返して言う意。可能 口説ける 名 口説き

くど-くど [副] 同じことをしつこくくり返していうさま。「ー(と)文句をいう」▼形容詞「くどい」の語幹を重ねた語。

ぐ-どん【愚鈍】[名・形動] 頭の働きが悪く、行動もにぶいこと。「ーな連中」派生 ーさ

くない-ちょう【宮内庁】ヤウチ [名] 内閣府の庁の一つ。皇室関係の国家事務と天皇の国事行為に関する事務を担当する行政機関。

く-なん【苦難】[名] 心身に受ける苦しみ。「ーの道を歩む」

くに【国】[名] ❶国家。国土。「ーの財政」「日本のー」▼転用して「子供のー」「おとぎのー」などとも使う。書き方「▽邦」とも。❷地域。土地。「北のーから雪の便り」❸生まれ育った土地。故郷。郷里。「ーを出る」「(お)ー訛(なま)り」❹江戸時代までの行政区画の一つ。また、大名の領地。任国。「伊勢のー」

くに-いり【国入り】[名・自サ変] ❶大名が自分の領地に赴くこと。❷出世した人などが故郷に帰ること。「大臣がおーする」▼多く「おー」の形で使う。

くに-おもて【国表】[名] 大名の領国。国元。▼藩邸のあった江戸表・京表に対していう。

くに-がら【国柄】[名] ❶国家の成り立ちや状態。❷その国や地方に固有の特性。「南国らしい陽気なおー」▼多く「おー」の形で使う。

くに-がろう【国家老】ラウカ [名] 江戸時代、主君が参勤交代で江戸にいる間、領地で藩政をあずかった家老。

く-にく【苦肉】[名] 敵を欺くために、自分の体を苦しめること。「ーの措置」

◉**苦肉の策(さく)** わが身を苦しめてまで行うはかりごと。また、苦しまぎれに考え出した策。「ーを用いる」

くに-ことば【国言葉】[名] その地方特有のことば。方言。「おーで話す」▼多く「おー」の形で使う。

くに-ざかい【国境】カヒサ [名] 国と国との境界。こっきょう。

くに-たみ【国民】[名] 一国の人民。こくみん。

くに-づくし【国尽くし】[名] 日本諸国の名を列挙し、となえやすい文に綴ったもの。▼江戸時代から明治の初期にかけて習字の手本とされた。

くに-づめ【国詰め】[名] 江戸時代、大名がその領国にいること。また、その家臣が主君の領地で勤めること。⇔江戸詰め

くに-なまり【国▼訛り】[名] その地方特有の発音やアクセント。「おーが出る」▼多く「おー」の形で使う。

くに-はら【国原】[名] 広々とした平原。また、広々とした国土。

くに-ぶり【国▽風・国振り】[名] その国や地方に特有の風俗や習慣。国柄。「南国ならではのおー」▼多く「おー」の形で使う。書き方 今は「国ぶり」と書くことが多い。

くに-もと【国▽許・国元】[名] ❶領国。本国。❷その人の生まれた土地。故郷。「ーから便りがある」

ぐにゃ-ぐにゃ [副] ❶[ト]やわらかくて形が変わりやすいさま。また、外からの力を受けて変形しているさま。「ー(と/に)曲がった針金」❷力が抜けて、しっかりしたところがないさま。「ー(と)だらしない姿勢」

くぬぎ【▼櫟・▼椚・▼橡・▼櫪・▼橿】[名] 山野に自生するブナ科の落葉高木。灰褐色の樹皮には不規則な裂け目が多い。材は良質の木炭となるほか、シイタケの原木にも使う。球状の果実は「どんぐり」という。

くね-くね [副] ❶曲がりくねっているさま。「ー(と)続く山道」❷体をしなやかに曲げるさま。「腰をーさせて踊る」

く-ねつ【苦熱】[名] 暑さに苦しむこと。また、はげしい暑さ。

くね・る [自五] ゆるやかに幾度も折れ曲がる。「うねうねとーった坂道」

くねん-ぼ【九年母】[名] 果樹として栽培されるミカン科の常緑低木。また、その果実。橙色の果実は香りが高く甘いが、種が多い。香橘(こうきつ)。

くの-いち【くの一】[名] 女性の忍者。また、女性のこと。▼「女」の字が「く」「ノ」「一」に分解できることから。

く-のう【苦悩】ナウ [名・自サ変] 苦しみ悩むこと。また、その苦しみや悩み。「家族のことでーする」「ーに満ちた表情」使い方「創作上の行きづまりをーして自死する」のように、他動詞としても使う。

く-はい【苦杯(苦▼盃)】[名] つらくて苦しい経験。にがい経験。▼にがい酒を入れたさかずきの意から。

◉**苦杯を嘗(な)・める** つらくて苦しい経験をする。苦杯を喫(きっ)する。苦汁をなめる。「敗戦のー」注意 (1)「苦敗」と書くのは誤り。(2)「一敗地にまみれる」「恥辱にまみれる」との混同で、「苦杯にまみれる」というのは誤り。

くば・る【配る】[他五] ❶ある物を複数の相手に割り当てて渡す。「各戸に郵便物をー」「参会者に弁当をー」「親が子にカードをー」「街頭でビラをー」❷人や物を適当な場所に置く。配置する。配する。「庭に大石小

石を—って変化を持たせる」❸注意などを行き渡らせる。〓「身だしなみに気を—」「健康に心を—」「周囲に目を—」可能 配れる 名 配り「字の—」

ぐはん-しょうねん【▽虞犯少年】(ーセウネン)〔名〕少年法で規定する不良行状がみられ、将来罪を犯すおそれのある二〇歳未満の男女。

く-ひ【句碑】〔名〕俳句を彫りつけた石碑。

くび【首(▼頸)】〔名〕❶動物の頭と胴をつないでいる、やや細い部分。あたま。頸部(けいぶ)。〓「キリンは—が長い」❷①から上の部分。あたま。かしら。〓「敵将の—を頂戴する」❸①に似た形をしたもの。また、①に相当する部分。〓「—の細い花瓶(かびん)」「セーターの—がほころびる」❹職をやめさせること。解雇。馘首(かくしゅ)。〓「会社を—になる」▼「首を切る」意から。◈書き分け 本来①③は【頸】だが、今は一般に【首】を使う。④は「▼馘」「クビ」とも。

◉**首が回らない** 借金などが多くて、やりくりがつかない。

◉**首を傾(かし)げる** ❶首をちょっと曲げる。❷疑問に思う。不審に思う。〓「—・げたくなるような言動」◈✓注意「頭をかしげる」は誤り。

◉**首を切る** 解雇する。馘首(かくしゅ)する。

◉**首を捻(ひね)る** ❶疑わしく思う。〓「予想外の結果に—」❷理解できなくて考えこむ。〓「数学の難問に—」

◉**首を長くする** 今か今かと期待して待ちわびる。

◉**首を縦(たて)に振る** 承知・承諾する。うんという。

◉**首を突っ込む** その事に興味をもって関わったり、深入りしたりする。

◉**首を横に振る** 承知しない。賛成しない。

ぐ-び【具備】〔名・自他サ変〕必要なものが十分にそなわること。また、そなえること。〓「すべての条件が/を—した候補地」

くび-かざり【首飾り(▼頸飾り)】〔名〕宝石や貴金属をつないで首にかける装身具。ネックレス。〓「真珠の—」

くび-かせ【首▼枷(▼頸▼枷)】〔名〕❶罪人の首にはめて自由を束縛する刑具。❷自由のさまたげとなるもの。くびっかせ。〓「子は三界の—」

くび-き【▼頸木・▼軛】〔名〕❶車のながえの先につける横木。牛馬の首にかけて車を引かせる。❷思考や行動の自由を妨げるもの。〓「家制度の—を逃れる」

くび-きり【首切り・首斬り】〔名〕❶首を切ること。特に、罪人の首を切ること。また、その役目の人。〓「—台」❷解雇すること。馘首(かくしゅ)。〓「—反対」

くび-くくり【首▼縊り】〔名〕自分の首をくくって死ぬこと。また、その人。首つり。縊死(いし)。

ぐび-ぐび〔副(と)〕酒などをのどを鳴らしながら飲むさま。また、その音を表す語。ぐびりぐびり。〓「ビールを—(と)あおる」

くび-じっけん【首実検】〔名・自サ変〕❶昔、戦場で討ち取った敵の首が本人のものかどうか、大将が自ら検分したこと。❷実際に会ってみて、本人かどうか確認すること。〓「容疑者の—をする」◈✓注意「首実験」と書くのは誤り。

ぐびじん-そう【▽虞美人草】(ーサウ)〔名〕ヒナゲシの美称。▼「虞美人」は中国の武将項羽(こうう)の愛人だった虞氏の通称。虞美人が自決したときに流れた血がこの花になったという。

くびす【▼踵】〔名〕かかと。きびす。

くび-すじ【首筋(▼頸筋)】(ーチ)〔名〕首の後ろの部分。うなじ。えりくび。

くびっ-たけ【首ったけ(首っ丈)】〔名・形動〕ある人にほれこんで夢中になること。〓「彼はあの娘に—だ」▼「くびだけ(首丈)」の転。首の高さまで深くはまりこむ意から。

くびっ-たま【首っ玉】〔名〕くび。くびすじ。〓「母親の—にかじりつく」▼「くびたま」の転。

くびっ-ぴき【首っ引き】〔名〕手元に置いた書物などを絶えず参照して物事を行うこと。〓「辞書と—で洋書を読む」▼「首引き」の転。

くび-つり【首▼吊り】〔名〕首をつって死ぬこと。首くくり。縊死(いし)。

くび-なげ【首投げ】〔名〕❶相撲のきまり手の一つ。相手の首に腕を巻きつけ、腰を入れながらひねるように投げ倒す技。❷レスリングで、相手の首に一方の腕を巻きつけ、一方の手で相手の腕を引きながら投げる技。

くび-ねっこ【首根っこ(首根っ子)】〔名〕首すじ。首根。

◉**首根っこを押さ・える** 相手の弱点や急所を押さえて動きがとれないようにする。〓「証拠を突きつけて—」

くび-まき【首巻き(▼頸巻き)】〔名〕えりまき。マフラー。

くびり-ころ・す【▼縊り殺す】〔他五〕ひもなどで首を絞めて殺す。絞め殺す。

くび・れる【▽括れる】〔自下一〕両はしがふくれ、中ほどがくくられたように細くしまる。〓「胴の—・れた酒器」文くび・る

くび・れる【▼縊れる】〔自下一〕〔古風〕首をくくって死ぬ。〓「—・れて命を絶つ」文くび・る

くび-わ【首輪(▼頸輪)】〔名〕❶飾りとして首にかける輪。首飾り。❷犬やネコの首にはめる輪。

ぐ-ふ【愚夫】〔名〕❶愚かな男性。❷自分の夫をいう丁重語。〓「—が申すには…」▼愚かな夫の意。

く-ふう【工夫】〔名・他サ変〕いろいろと考えて、よい手段・方法を生み出すこと。また、その手段・方法。〓「デザインに—をこらす」書き方 古くは「工風」とも。

ぐ-ふう【▼颶風】〔名〕強く激しい風。▼もと気象用語で、風速三三メートル以上の強風をいった。

くぶ-くりん【九分九厘】〔名〕ほぼ完全に近いこと。また、ほぼ確実であること。ほとんど。〓「—まで完成する」「—確かな情報だ」▼十分(じゅうぶ)のうち一厘だけを残す意から。副詞的にも使う。

ぐ-ぶつ【愚物】〔名〕おろか者。愚人。

く-ぶん【区分】〔名・他サ変〕区切って分けること。また、区別して分けること。区分け。〓「土地を—する」「気候—・時代—」

く-べつ【区別】〔名・他サ変〕ある物事と他の物事の差異を認めて分けること。また、その差異。〓「善悪[夢と現実]を—する」「よく似ているので—がつかない」「公私の—をはっきりさせる」

く・べる【▽焼べる】〔他下一〕燃やすために火の中に入れる。〓「ストーブに石炭を—」文く・ぶ

くぼ【▼窪・▽凹】〔名〕くぼんだ所。くぼみ。〓「盆の—(=うなじのくぼみ)」

く-ほう【句法】(ーハフ)〔名〕詩歌や俳句を作るときの語句の組み立て方。

く-ぼう【▽公方】(ーバウ)〔名〕❶朝廷。また、天皇。❷鎌倉時代以降、幕府または将軍。〓「犬—」

ぐ-ほう【▼弘法】(ーホフ)〔名・自サ変〕仏の教えを世に広め

ること。弘布(ぐふ)。

くぼ-ち【▼窪地・▽凹地】[名] くぼんでいる土地。周囲より低い土地。‖「ーに水がたまる」

くぼま・る【▼窪まる・▽凹まる】[自五] 周囲より落ちこんで低くなる。へこむ。‖「地面がー」

くぼみ【▼窪み・▽凹み】[名] くぼんでいること。また、くぼんでいる所。‖「グラウンドのーに水がたまる」

くぼ・む【▼窪む・▽凹む】[自五] ❶地形が低く落ち込んで周りより低くなる。へこむ。‖「地震で道路がー」❷体の部分が低く落ち込んで周りより低くなる。‖「笑うと右の頬(ほお)がー」「過労で目がー・んでいる」◈[読み分け] ➡へこむ [名]くぼみ

くま【▼隈】[名] ❶曲がって入り込んだ所。また、奥まって隠れた所。物陰。片隅(かたすみ)。‖「川のーに船を着ける」「残るーなく探す」❷光と陰、また濃い色と薄い色とが接する部分。陰影。‖「照明の下で彫像がーをつくる」[書き方]「▼暈」とも。❸疲れたときに目のまわりにできる黒ずんだ部分。‖「目の下にーができる」❹「隈取り」②の略。

くま【熊】[一][名] 体が大きく四肢が太いクマ科の哺乳(ほにゅう)類の総称。体色は白色・褐色・黒色など。雑食性で、嗅覚・聴覚が鋭く、木登りや泳ぎを得意とする。ときには人畜を襲うこともある。温帯・寒帯にすむ種類は冬眠する。日本にはヒグマとツキノワグマが生息。胆嚢(たんのう)は熊の胆(い)と称し、健胃薬などに用いる。[二]〈造〉〈動植物名の上に付いて〉大きい・力が強い、などの意を表す。‖「ー蟬(ぜみ)」「ー蜂(ばち)」

く-まい【供米】[名] 神仏にそなえる米。‖「ー田」

ぐ-まい【愚妹】[名] 自分の妹をいう丁重語。‖「ーは銀行に勤めております」▼おろかな妹の意。

ぐ-まい【愚昧】[名・形動] おろかで物の道理がわからないこと。‖「ーな大衆への風刺」▼「昧」は暗い意。[派生]ーさ

くま-ぐま【▼隈▼隈】[名] すみずみ。

くま-ざさ【熊▼笹・▼隈▼笹】[名] 長楕円形の大きな葉を料理の装飾などに使うイネ科のササ。山野に自生するが、庭園用にも植える。

くま-そ【熊▽襲】[名]『古事記』『日本書紀』などで、古代、九州の南部に住んでいたとされる部族。大和朝廷に反抗して討伐された。▼「くま」は肥後の球磨(くま)、「そ」は大隅の贈於(おそ)の意といわれる。

くま-たか【熊▼鷹】[名] 大木の枝に巣を作り、野うさぎや小鳥を捕食するタカ科の鳥。古くから鷹(たか)狩りに用いられ、尾ばねは矢羽に利用されたが、現在では絶滅危惧種の一つ。

くま-で【熊手】[名] ❶昔の武器で、長い柄の先にクマの手のように曲げた鉄製のつめを並べてつけたもの。❷長い柄の先にクマの手のように先端を曲げた竹などを扇形に並べてつけた道具。落ち葉などをかき集めるのに使う。❸②に宝船・おかめの面・大判・小判・稲穂などを飾りつけたもの。福をかき集める縁起物として酉(とり)の市で売られる。

くま-どり【▼隈取り】[名] ❶東洋画で、遠近感・立体感などを表すために、墨や色彩に濃淡をつけてぼかす技法。❷歌舞伎(かぶき)で、役柄の性格や表情を強調するために、役者が紅・青・墨などの絵の具で顔を彩る化粧法。また、その模様。くま。

くま-なく【▼隈無く】[副] ❶くもりやかげりがなく、はっきりしているさま。‖「ー晴れた青空」❷すみずみまで行き届くさま。余すところなく。‖「家中をーさがす」◈形容詞「くまなし」の連用形から。

くま-の-い【熊の▽胆】[名] クマの胆嚢(たんのう)を乾燥させた生薬(しょうやく)。胃腸薬に用いる。極めて苦い。熊胆(ゆうたん)。

くま-ばち【熊蜂】[名] ミツバチ科の大きなハチ。体色は黒く、胸部背面に黄色い毛が密生する。性質は穏和で、集団生活は営まない。▼しばしば混同されるクマンバチはスズメバチのこと。

くみ【組み・組】[名] ❶【組み】いくつかのものを合わせて一そろいにしたもの。そろい。対(つい)。セット。‖「大小ーになった皿」「ー布団」「茶器一ー」❷【組】目的・性格などを同じくする人の集まり。特に、学級。クラス。‖「紅白のーに分かれる」「五年三ー」❸【組み】活字を並べて印刷の版面を作ること。また、そのもの。組み版。▼今は、コンピューターで、文字列を整えて版面を作ることもいう。◈[書き分け] 動詞「組む」の意識が残る①③は【組み】が標準的(➡一八二六ジペー「送り仮名の付け方」)。ただし許容形【組】も多用される。

く-み【苦味】[名] 苦い味。にがみ。

ぐみ【〈胡▼頽子〉・〈茱▼萸〉】[名] アキグミ・ナツグミ・ツルグミ・ナワシログミなど、グミ科グミ属の植物の総称。落葉または常緑の低木。つる性のものもある。赤く熟す果実は、多く食用。

グミ【Gummi(ドイツ)】[名] ゼラチン・砂糖・水飴(みずあめ)・果汁などを原料にして作る、弾力性のある菓子。グミキャンディー。▼ゴムの意。

くみ-あい【組合】ヒア [名] ❶共通の目的や利害を持つ者が集まって出資し、共同の事業のために協力し合う組織。‖「協同ー」「信用ー」「労働ー」❷「労働組合」の略。

くみ-あ・う【組み合う】フア [一][自五] ❶仲間になって力を合わせる。‖「ー・って要求を出す」❷互いに組みついて争う。‖「侵入した賊とー」[二][他五] 互いに組む。‖「腕をー・って歩く」[名]組み合い

くみ-あ・げる【▼汲み上げる】[他下一] ❶水などをくんで、高い所へ上げる。‖「地下水をー」❷下の者の意見などを取り上げる。‖「住民の声をー・げた政策」[文]くみあ・ぐ

くみ-あわせ【組み合わせ】ハセア [名] ❶組み合わせること。また、組み合わせたもの。‖「色のーが悪い」「準決勝のーを決める」❷数学で、*n*個の異なるものの中から任意に*r*個のものを取り出して作った組。また、そうしてできた組の総数。‖「順列ー」◈[書き方] 公用文では「組合せ」。

くみ-あわ・せる【組み合わせる】セルアハ [他下一] ❶ある物を作るために、その要素となるものを絡み合わせたり交差させたりする。組む。‖「木材をー・せて筏(いかだ)を作る」❷手や腕を絡み合わせる。組む。‖「両手をー」❸いくつかのものを取り合わせ、関連づけて、ひとまとまりのものにする。‖「ノートと鉛筆をー・せて賞品にする」❹競技・勝負事などで、その一組が勝負を争うように決める。対戦させる。‖「初戦で古豪と新鋭をー」[文]くみあは・す [名]組み合わせ [異形]組み合わす

くみ-いと【組み糸】[名] 組み合わせてよった糸。

くみ-い・れる【▼汲み入れる】[他下一] ❶水などをくんで中に入れる。くみ込む。‖「井戸水を風呂桶(ふろおけ)にー」⇔汲み出す ❷他人の意見や事情などを考えに入れる。‖「住民の意向をー」[文]くみい・る

くみ-い・れる【組み入れる】〔他下一〕一つのまとまりをもったものの中に、その一部となるように加え入れる。組み込む。‖「交際費を予算に―」文くみい・る 名組み入れ

くみ-うた【組歌・組唄】〔名〕邦楽で、いくつかの小唄を組み合わせて一曲としたもの。箏曲・地唄の古典形式の一つ。

くみ-うち【組み打ち（組み討ち）】〔名〕❶互いに組み合って戦うこと。取っ組み合い。❷戦場で、敵と組み合って討ち取ること。‖「敵兵を―にする」

くみ-お【組み緒】〔名〕組みひも。

くみ-おき【▼汲み置き】〔名〕水などを汲んでおくこと。また、汲んでおいた水。‖「―の飲料水」

くみ-か・える【組み換える・組み替える】〔他下一〕すでに組まれているものをとりやめて新しく編成し直す。また、組み合わせを変える。‖「予算を―」文くみか・ふ 名組み換(替)え

くみ-がしら【組頭】〔名〕組と名のつく組織の長。

くみ-かわ・す【▼酌み交わす】〔他五〕互いに杯をやりとりして酒を飲む。‖「酒を―」

くみ-きょく【組曲】〔名〕器楽曲の形式の一つ。いくつかの小曲を集めて一曲にまとめたもの。‖「管弦楽―」

くみ-こ【組子】〔名〕❶江戸時代、徒組・弓組・鉄砲組などの組頭の配下にあった者。組下。❷格子・欄間・障子などで、骨組みとして縦横に組んだ細い材。

くみ-こ・む【組み込む】〔他五〕あるものを全体の一部となるように加え入れる。組み入れる。‖「国際会議を年次計画に―」

くみ-さかずき【組み杯（組み▼盃）】〔名〕大小いくつかを重ねて一組みとする杯。重ね杯。

くみ-し・く【組み敷く】〔他五〕取り組んだ相手を倒し、自分の下に押さえ込む。組み伏せる。‖「賊を―・いて縛り上げる」

くみ-した【組下】〔名〕⬇組子①

くみし-やす・い【▽与し▽易い】〔形〕相手として扱いやすい。‖「―チーム」使い方 文語の終止形「与し易し」を「と」で受ける形も使われる。‖「与し易しと見て誘いをかけてくる」派生―さ

くみ-じゅう【組み重】〔名〕いくつも重ねられるように作った重箱。かさね重。‖「輪島塗の―」

くみ・する【▽与する】〔自サ変〕同意して加勢する。仲間に加わる。‖「少数意見に―」「いずれの提案にも―・しない」書き方「組する」とも。文くみ・す

くみ-たいそう【組み体操】〔名〕二人以上の人が体を組み合わせ、いろいろな形をつくり出す体操。組み立て体操。

くみ-だし【▼汲み出し】〔名〕❶くみだすこと。❷茶の湯で、白湯・香煎などを出すのに使う大ぶりの茶碗。汲み出し茶碗。

くみ-だ・す【▼汲み出す】〔他五〕❶くみ始める。❷くんで外に出す。‖「船底にたまった水を―」⬍汲み入れる 名汲み出し

くみ-たて【組み立て】〔名〕組み立てること。また、その構成・構造。‖「論理の―に苦心する」「―式の机」書き方 公用文では「組立て」。

くみ-た・てる【組み立てる】〔他下一〕個々の部品や素材を組み合わせて一つのまとまったものを作り上げる。‖「ブロックで船を―」「頭の中で考え〔文章〕を―」使い方 ～ヲに〈結果〉をとる言い方。「部品を―・ててラジオを作る」「曲想の断片を大曲に―」など、～ヲに〈対象〉（部品や素材名）をとる言い方もある。文くみた・つ 名組み立て

くみ-ちが・える【組み違える】〔他下一〕❶互い違いに組み合わせる。‖「二色のひもを―」❷組みまちがえる。‖「活字を―」文くみちが・ふ

くみ-ちょう【組長】〔名〕組と名のつく集団の長。

くみ-つ・く【組みつく（組み付く）】〔自五〕相手の体に手や足をからめて取りつく。‖「背後から―」

くみ-て【組み手】〔名〕❶相撲・柔道で、相手との組み方。❷空手で、相手と組んで攻防の型を示すこと。また、その練習形式。❸建築で、材と材とを組み合わせた部分。

くみ-てんじょう【組み天井】〔名〕角材を細かな格子形に組み、裏板を張った天井。組み入れ天井。

くみ-とり【▼汲み取り】〔名〕くみ取ること。特に、ため込み式の便所から糞尿をくみ出すこと。‖「―便所」

くみ-と・る【▼汲み取る】〔他五〕❶水などをくんで取り出す。くみ出す。‖「柄杓で湯を―」❷表面に表れない事柄を推察して理解する。‖「相手の心中〔事情〕を―」名くみ取り

くみ-はん【組み版】〔名〕❶活字を組んで印刷用の原版を作ること。また、その原版。❷書籍や雑誌などで、文字列を一定の形に整え、ページごとにまとめること。

くみ-ひも【組み▼紐】〔名〕数本の糸を交互に組み合わせて作ったひも。羽織のひもや帯じめに使う。打ちひも。組み緒。

くみ-ふ・せる【組み伏せる】〔他下一〕相手に組みついて倒し、自分の体の下におさえつける。組み敷く。‖「賊を仰向けに―」文くみふ・す

くみ-ほ・す【▼汲み干す・▼汲み▽乾す】〔他五〕水などをすっかりくみ出して、からにする。‖「井戸を―」

くみ-もの【組み物】〔名〕❶組になっているもの。‖「―の茶器」❷寺院などの木造建築で、軒を支えるために柱の上で斗と肘木を組み合わせたもの。斗栱。枡組み。

ぐ-みん【愚民】〔名〕おろかな民衆。

ぐみん-せいさく【愚民政策】〔名〕支配者が権力を保つために、人民を政治に対する批判力をもたない無知の状態に置きとどめようとする政策。

く・む【組む】■〔自五〕❶互いに相手の体にとりつき合う。（とっ）組み合う。‖「がっぷりと四つに―」❷何かをするために、仲間になる。組になる。‖「友人と―・んで事業を興す」「二人が／で―・めば鬼に金棒だ」■〔他五〕❶ある物を作るために、材料・部品などを互い違いに並べたり交差させたりする。また、そのようにしてある物を作り出す。‖「丸太を―・んで足場を築く」「木材を井げたに―」「足場〔いかだ〕を―」❷自分の手足を交差させる。また、そのようにしてある形を作り出す。‖「両手を―・んで考え込む」「足を―」「胡座〔座禅〕を―」❸腕などを互いに絡ませたり交差させたりする。また、そのようにしてある形を作り出す。‖「肩〔腕〕を―・んで歩く」「円陣を―」「大資本と手を―（=協力関係を結ぶ）」❹何人かが同じ目的で寄り集まり、共同・協力する組織を作り出す。形成する。組織する。‖「兄弟でペア〔コンビ〕

を━」「徒党[船団]を━」「連立政権を━」
❺部分をまとめ合わせたり細部の調整を図ったりして、全体を作り上げる。〓「予算を━」「スケジュール[ローテーション・プログラム]を━」
❻印刷で、原稿の指定どおりに活字を並べる。植字する。また、そのようにして版を作り上げる。〓「活字を━」「版(はん)を━」
❼為替(かわせ)を送るための一連の手続きをする。また、そのようにして為替を作る。〓「百万円を為替に━んで送る」「○○商会宛に為替を━」 可能 組める 名 組み

く・む【▼汲む】[他五] ❶液体を器にすくい取る。また、ポンプを押したり蛇口をひねったりして水を器に移し入れる。〓「桶(おけ)で/に泉水を━」「新年の若水を━」「井戸水を━」「薬罐(やかん)に水を━」 ❷茶・酒などを器につぐ。特に、酒をついで飲む。〓「客にお茶を━」「旅先で一人酒を酌む」 ❸人の気持ちや立場を察して思いやる。くみ取る。〓「相手の気持ち[意]を━んで協力を申し出る」 ❹よく理解して、物事の精髄や興趣などを取り入れる。〓「宗教の神髄を━」「この絵には━めども尽きぬ味わいがある」 ❺〈「…の流れを汲む」などの形で〉…の系列・系統を引く。〓「ロマン派の流れを━作曲家」 書き分け ②③は「酌む」とも。②は酒の場合(特に、酌をして飲む場合)に使う。③は「斟酌(しんしゃく)」「酌量」などをふまえて【酌】を使うが、【汲】が一般的。 可能 くめる

く・む【酌む】[他五] ➡汲む[書き分け]

ぐ・む [接尾]〈名詞に付いて五段活用の動詞を作る〉内にあったものが外に現れる意を表す。〓「芽━・角(つの)━・涙━」

く-めん【工面】[名] ❶[他サ変] くふうして必要な金銭や品物を集めること。算段。〓「学資を━する」 ❷金回り。〓「いまは━が悪い」

くも【雲】[名] 白または灰色の綿のようになって空に浮かび、動いたり形を変えたりするもの。大気中の水蒸気が冷えて凝結した細かな水滴や氷晶(ひょうしょう)が群れ集まって生じる。〓「━一つない青空」
◉**雲を霞(かすみ)と** 一目散に逃げ出して姿をくらますさま。〓「賊は━逃げ去った」
◉**雲を摑(つか)むよう** ❶はっきりしなくて、とらえどころがないさま。〓「なんとも━な話」 ❷現実離れしているさま。〓「都心に家を買うなんて━な話だ」▼②は近年の用法。
◉**雲を衝(つ)くばかり** 雲までとどくかと思われるほど背の高いさま。雲をつく。〓「━の大男」

さまざまな「雲」

くも
茜(あかね)雲・雨雲・鼬(いたち)雲・凍(いて)雲・鰯(いわし)雲・浮き雲・薄雲・鱗(うろこ)雲・朧(おぼろ)雲・笠雲・風雲・鉄床(かなとこ)雲・雷雲・茸(きのこ)雲・霧雲・氷雲・黒雲・鯖(さば)雲・白(しら)雲・真珠雲・筋雲・滝雲・棚雲・千切れ雲・乳房雲・蝶蝶雲・豊旗(とよはた)雲・夏雲・入道雲・旗雲・飛行機雲・羊雲・日照り雲・群(むら)雲・八雲・山雲・夕雲・夕立雲・夕焼け雲・雪雲・横雲・レンズ雲・漏斗雲・ロール雲・綿雲

うん
暗雲・陰雲・下層雲・寒雲・閑雲・暁雲・慶雲・巻雲・巻積雲・巻層雲・行雲・黄雲・高積雲・高層雲・孤雲・五雲・彩雲・紫雲・秋雲・愁雲・春雲・祥雲・上層雲・曙(しょ)雲・瑞(ずい)雲・青雲・積雲・積乱雲・層雲・層積雲・対流雲・淡雲・断雲・塔状雲・白雲・波状雲・飛雲・碧(へき)雲・片雲・片積雲・片層雲・片乱雲・暮雲・密雲・夜光雲・雄大積雲・妖(よう)雲・乱雲・乱層雲・霊雲

くも【〈▼蜘▼蛛〉】[名] クモ目に属する節足動物の総称。体は頭胸部と腹部とからなり、四対の歩脚をもつ。オニグモ・ジョロウグモなどは腹端の突起から糸を出して網状の巣を張るが、ジグモ・ハエトリグモなど、巣を張らない種類も多い。肉食性で、小動物を捕食する。
◉**蜘蛛の子を散ら・す** クモの子の入っている袋を破ると、中の子が四方八方に散ることから、大勢の者がちりぢりになって逃げることのたとえ。

くも-あし【雲脚(雲足)】[名] ❶雲が流れ動くようす。〓「━が速い」 ❷低く垂れ下がって見える雨雲。❸机などの調度品で、雲形の装飾のある脚。

くも-い【雲居(雲井)】ヰ[名]〔古風〕 ❶雲のあるところ。空。 ❷はるかに遠いところ。 ❸宮中。皇居。

くも-がくれ【雲隠れ】[名・自サ変] ❶雲の中にかくれること。 ❷逃げて姿をくらますこと。〓「責任者が━する」

くも-がた【雲形】[名] たなびく雲の形。また、その模様。〓「━格子」

くもがた-じょうぎ【雲形定規】ヂャウギ [名] 曲線を描くために、楕円(だえん)・双曲線・放物線などの一部を組み合わせた定規。

くも-じ【雲路】ヂ[名] 雲が通うとされる道。また、月・星・鳥などが通るとされる雲の中の道。

くも-すけ【雲助】[名] 江戸時代、宿場や街道で荷物の運搬や駕籠(かご)かきなどに従事した無宿者。人の弱みにつけ込んで法外な金銭を取るなど、悪事をはたらく者も多かった。

く-もつ【供物】[名] 神仏にそなえる物。おそなえ。おそなえもの。〓「━を捧げる」

くも-の-うえ【雲の上】ヘウ [名] ❶宮中。禁中。 ❷手のとどかない所。〓「庶民にとって━の話」▼空の高い所の意から。

くも-ま【雲間】[名] 雲の切れ目。〓「━から日がさす」

くも-まく【〈▼蜘▼蛛〉膜】[名] 脳・脊髄(せきずい)をおおう三層の髄膜のうち中間にある薄い無血管性の膜。

くもまくか-しゅっけつ【〈▼蜘▼蛛〉膜下出血】[名] 脳の血管が破れて蜘蛛膜の下のすき間に出血すること。また、その疾患。突然、激しい頭痛や嘔吐(おうと)などを引き起こし、意識消失をきたすこともある。

くも-ゆき【雲行き】[名] ❶雲が流れ動くようす。〓「この━では一荒れきそうだ」 ❷物事のなりゆき。形勢。〓「二国間の━が怪しい」

くもら・せる【曇らせる】[他下一] ❶くもるようにする。〓「湯気が鏡を━」 ❷悲しみ・心配などで表情や声を暗くする。〓「一進一退の病状に顔[まゆ]を━・せた」 異形 曇らす

くもり【曇り】[名] 曇 ❶空が雲でおおわれること。〓「晴れのち━」 ❷透明なものや反射するものがくもっていること。〓「眼鏡の━」「━なき(=やましさのない)身」 ❸悲しみなどで気持ちや表情がはればれとしないこと。〓「心の━が晴れない」

くも・る【曇る】[自五] ❶空が雲でおおわれる。〓「西の空が━・ってきた」「どんよりと━」 ❷透明なものや反射するものが水滴やよごれでおおわれ(て、はっきりと見えなくな)る。〓「湯気で鏡[窓]が白く━」「涙で目[画面]が━」 ❸悲しみや心配などのために、心持ちや表情などが

はればれしなくなる。≡「危篤の知らせに心[表情]が—」「涙に／で声が—」❹明瞭さを失う。≡「判断[理性]が—」◈「雲」が動詞化した語。①③⇔晴れる ✓注意「雲る」と書くのは誤り。名 曇り

くーもん【苦▼悶】[名・自サ変]苦しみもだえること。また、その苦しみ。≡「—の表情を浮かべる」

ぐーもん【愚問】[名]ばかばかしい質問。≡「—愚答(=おろかしい問答)」

くやし・い【悔しい(〈口惜〉しい)】[形]敗北・失敗・屈辱などを経験して、腹立たしく思うさま。残念でたまらない。≡「決勝戦に残れなくて—」「ばかにされて—」派生 -げ／-さ／-がる

くやしーなき【悔し泣き】[名・自サ変]くやしがって泣くこと。≡「優勝をのがして—する」

くやしーなみだ【悔し涙】[名]くやしさのあまりに流す涙。≡「口汚くののしられて—をこぼす」

くやしーまぎれ【悔し紛れ】[名]あまりのくやしさに、理性や分別を失うこと。≡「—の暴言を吐く」

くやみ【悔やみ】[名]❶くやむこと。後悔。≡「いつまでも—が残る」❷〈多く「お悔やみ」の形で〉人の死を惜しみ悲しむこと。また、そのことば。≡「お—に行く」「お—を述べる」

くや・む【悔やむ】[他五]❶失敗したことや十分にできなかったことなどを後から残念に思う。後悔する。≡「失敗を—」「今さら—んでももう遅い」使い方⬇悔いる ❷人の死を惜しみ悲しむ。≡「あまりにも若すぎる死が—まれます」「御不幸に心からお—み申し上げます」名 悔やみ

ぐーゆう【具有】[名・他サ変]身にそなえ持つこと。≡「天賦の才を—する」

くゆら・す【▼燻らす(▽薫らす)】[他五]煙をゆるやかに立ちのぼらせる。≡「たばこ[パイプ]を—」異形 くゆらせる

くーよう【九曜】[名]日・月・火・水・木・金・土の七曜星に羅睺と計都の二星を加えたもの。陰陽道で、人の生年月日に配して運命を占う。▼「九曜星」の略。

くーよう【供養】[名・他サ変]仏や死者の霊に物を供え、経を読んで冥福を祈ること。また、その法会。≡「先祖を—する」「永代—・追善—」

くよーくよ[副]小さなことにこだわって、いつまでも思い悩むさま。≡「いつまでも—するな」

くら【倉・蔵】[名]家財・商品などを安全にしまっておくための建物。≡「穀物倉」「酒蔵」書き分け【倉】はもと穀物を保管する所で、のち広く倉庫の意に使われた。【蔵】はもと貴重な物をしまい込む所で、多く土蔵の意に使われるようになった。兵器や財宝をしまう建物の意で「▽庫」とも書くが、今は多く【倉】を使う。

◉**蔵が建・つ** 蔵を建ててしまうほど財産ができる。財産家になる。≡「商売上手で—」

くら【▼鞍】[名]馬・牛などの背に置いて、人や荷物をのせる道具。木・革などで作る。

くらい【位】[名]❶社会的な身分・職階などの段階。地位。≡「国王の—に就く」❷等級。品位。≡「書の—が上がる」❸数学で、十進法での数の段階。桁。≡「十の—」

くら・い【暗い】[形]❶光が乏しくて物がよく見えないさま。明るさが足りない。≡「日が落ちて辺りが—・くなる」「—夜道」❷色彩が黒みを帯びているさま。色がくすんでいるさま。≡「—緑色」「—色調の絵」❸陰気であるさま。気持ちが沈んではればれしないさま。≡「—声で力なく答える」「気分が—・くなる」❹先行きに希望がもてないさま。期待できないさま。≡「—世相」「見通しは—」❺不幸・不運を感じさせるさま。≡「—過去をもつ人」❻〈多く「…に暗い」の形で〉その方面・分野の物事をよく知らないさま。≡「政治に—」◈⇔明るい 書き方「▼昏い」とも。派生 -さ

くらい[副助](「ぐらい」とも)❶物事を示して、それとほぼ等しい分量や程度であることを表す。≡「大きさはピンポン玉くらいだ」「一年くらい前の話」「真ん中くらいの成績」「このくらいのことなら僕でもできる」❷物事を示して、その程度が軽いことを表す。≡「それくらいのことでめげるな」「お茶を飲むくらいつきあえよ」❸低い程度の物事を示して、せいぜいそれだけと限定する意を表す。≡「せめて日曜日くらい休みたい」❹ある事柄が極端なことであることを表す。≡「あいつに頼むくらいなら中止した方がましだ」❺〈「…くらい…はない」の形で〉それが一番であることを表す。≡「彼女くらい努力する人はいない」「試合を棄権するくらいつらいことはない」◈名詞「位」から。使い方「くらい／ぐらい」は今は区別なく使うが、古くは、体言には「ぐらい」、コソアド系の連体詞には「くらい」、活用語には「ぐらい」「くらい」ともに付いたという。✓注意 時の疑問詞に付く「いつぐらいに始まりますか」「何時ぐらいに伺えばいいですか」「実施予定は何日ぐらいですか」などは、新しい使い方。正しくは「ごろ」「ころ」を使う。

品格 前後「幅一メートル—の布」 ばかり「十日—前の話」 ほど「行列ができる—の人気店」

ぐらい[副助]⬇くらい(副助)

クライアント[client][名]❶顧客。得意先。❷専門的な仕事をする人への依頼人・相談者。❸コンピューターのネットワークで、サービスを受ける側のコンピューター。⬇サーバー◈「クライエント」とも。

くらいーこ・む【食らい込む】一[自五]刑務所などに入れられる。≡「窃盗罪で三年—・んだ」二[他五]めんどうなことを背負いこむ。≡「弟の借金を—」

クライシス[crisis][名]❶危機。重大局面。❷経済上の危機。恐慌。

くらい・する【位する】[自サ変]ある場所や地位を占める。≡「ヒマラヤ山脈は中国国境に—」文 くらゐ・す

グライダー[glider][名]エンジンもプロペラも持たない航空機。ウインチや飛行機に引かれて離陸し、上昇気流を利用して飛ぶ。滑空機。

くらいーつ・く【食らいつく(食らい付く)】[自五]❶勢いよく食いつく。≡「魚がえさに—」❷離れないように、しっかり取りつく。≡「うまい話に—」◈「食いつく」を強めた言い方。

くらいーどり【位取り】[名]算数や算盤で、値の位を定めること。≡「—を百にする」

クライマー[climber][名]登山者。特に、岩壁を登る人。登攀者。

くらいーまけ【位負け】[名・自サ変]❶実力よりも地位が高すぎて十分に活躍できないこと。≡「局長という肩書きに—する」❷相手の地位や品位が高すぎて圧倒されること。≡「戦う前から敵手に—している」

クライマックス[climax][名]緊張・興奮・感動

などが最も盛り上がった状態。最高潮。≡「ドラマ[事件]がーを迎える」

クライミング[climbing]〔名〕山などをよじ登ること。特に、ロッククライミング。

くら-いれ【蔵入れ(倉入れ)】〔名・他サ変〕物品を倉庫に入れてしまうこと。≡「米をーする」⇔蔵出し

グラインダー[grinder]〔名〕円形の砥石(といし)を高速で回転させ、工作物の表面を精密に研磨する工作機械。研削盤。

くら・う【食らう(▼喰らう)】(クラ/フ)〔他五〕❶「食べる」「飲む」をやや乱暴にいう語。≡「大飯(おおめし)[大酒]をー」「毒をー・わば皿まで」「くそー・え」❷(主によくないことを)身に受ける。こうむる。≡「げんこつ[大目玉]をー」

クラウチング-スタート[和製crouching+start]〔名〕陸上競技の短距離競走で、両手を地面につけ、両足を前後に開いてかがんだ姿勢から走り出すスタート法。⇔スタンディングスタート

クラウド[cloud]〔名〕❶雲。また、煙やほこりなどの雲状のもの。❷インターネット上のサーバーでソフトウエア・データベースなどを利用するサービス。▽「クラウドコンピューティング」「クラウドサービス」の略。

クラウドソーシング[crowdsourcing]〔名〕インターネットを通じて不特定多数の人に対して業務委託する雇用形態。

クラウド-ファンディング[crowd funding]〔名〕事業・開発などの資金を、インターネットを通じて不特定多数の人々から集めること。ソーシャルファンディング。

クラウン[crown]〔名〕❶王冠。❷昔、英国で使われた五シリングの貨幣。クラウン貨幣。▽王冠の模様が描かれていた。❸帽子の山の部分。

グラウンド[ground]〔名〕運動場。競技場。グランド。≡「ールール」

くら-がえ【▼鞍替え】(ヘ/カ)〔名・自サ変〕仕事・勤め先・所属などを別のものに変えること。≡「給料のいい会社にーする」▽もとは遊女や芸者が他の店に勤めがえすることをいった。

くら-がり【暗がり】〔名〕暗いこと。また、暗いところ。≡「ーに隠れる」「ーから牛を引き出す(⇩暗闇(くらやみ)から牛を引き出す)」

く-らく【苦楽】〔名〕苦しみと楽しみ。≡「ーを共にした夫婦」

クラクション[klaxon]〔名〕自動車の警笛。≡「ーを鳴らす」▽もと商標名。製造会社名「クラクソン」から。

くら-くら〔副(と)〕❶めまいがして倒れそうになるさま。≡「熱が高くて頭がーする」❷湯がさかんに煮えたつさま。ぐらぐら。≡「鉄瓶の湯がー(と)沸き立つ」

ぐら-ぐら〔副(と)〕❶[三]物が揺れ動いて安定しないさま。≡「奥歯がーする」❷気持ちや考えが揺れ動いて安定しないさま。≡「決心がーする(=ぐらつく)」❸湯がさかんに煮えたつさま。くらくら。≡「やかんの湯がー(と)煮えたつ」▽「くらくら」より激しいさまにいう。

くらげ【〈水母〉・〈海月〉】〔名〕腔腸(こうちょう)動物のうち浮遊生活を送る一群の総称。寒天質の体は傘状または鐘状で、ふちに触手がある。ほとんどが海生で、猛毒の刺細胞を持つものや、食用になるものもある。▽骨がないところから、はっきりとした定見のない人のたとえにもいう。

くら-ざらえ【蔵▼浚え】(ザラヘ)〔名・他サ変〕在庫品を整理するために、安値で売り払うこと。蔵払い。

くらし【暮らし】〔名〕❶暮らすこと。日々を送ること。生活。≡「外国でのーに慣れる」「気ままなー」❷生計。≡「ーが立たなくなる」

グラジオラス[gladiolus]〔名〕夏、白・赤・黄・桃色などの六弁花を茎の下から上へ順に開く、アヤメ科の球根多年草。南アフリカ原産。園芸品種が多い。

くらしき-りょう【倉敷料】(レウ)〔名〕貨物や商品を倉庫に預けたときに支払う保管料。倉敷。敷料。

クラシック[classic] [一]〔名〕❶文学・芸術の分野で、すでに評価の定まっている第一級の作品。古典。▽ヨーロッパでは、特に古代ギリシア・ローマのすぐれた文学・芸術作品を指す。❷ジャズ・ポピュラー音楽などに対して、西洋の伝統的な作曲技法・演奏法による純音楽。古典音楽。▽「クラシック音楽」の略。[二]〔形動〕古典的。伝統的。また、古風なさま。クラシカル。≡「ーな作風[髪型]」「ーカー」

クラシック-バレエ[classic ballet]〔名〕モダンバレエなどに対して、ヨーロッパの伝統的なバレエ。また、その形式によるバレエ作品。古典バレエ。

クラシック-レース[classic race]〔名〕競馬で、三歳のサラブレッドによって行われる重賞レース。中央競馬では、皐月(さつき)賞・東京優駿(ダービー)・菊花賞・桜花賞・優駿牝馬(オークス)。

くらし-むき【暮らし向き】〔名〕暮らしのようす。特に、経済面からみた暮らしの状態。≡「ーがよくなる」

くら・す【暮らす】〔動五〕[一]〔自〕❶(日が暮れるまでの)時間を過ごす。また、ある期間を過ごす。日々を送る。≡「日がな一日を読書をしてー」「待てどー・せど音さたがない」「夏はいつも田舎でー」❷生活する。また、生計を立てる。≡「都心のマンションで一人でー」「贅沢(ぜいたく)に[つましく]ー」[二]〈動詞の連用形に付いて複合動詞を作る〉一日中そのことをし続ける意を表す。≡「遊びー・泣きー・眺めー」◈本来は自動詞「暮れる」の他動詞形。今は自動詞と意識される。可能 **暮らせる** 名 **暮らし**

クラス[class]〔名〕❶学校で、授業を行う単位として組分けした児童・生徒などの集団。学級。組。≡「ールーム(=教室)」❷等級。階級。層。≡「トップーの成績」「エコノミーー」

グラス[glass]〔名〕❶ガラス。≡「ステンドー・カットー」❷ガラス製のコップ。≡「ーを傾ける」「ワインー」❸眼鏡。双眼鏡。≡「サンー・オペラー」

グラス-コート[grass court]〔名〕芝生を敷いたテニスコート。ローンコート。

グラス-スキー〔名〕芝の斜面をキャタピラの付いた短いスキー板で滑走するスポーツ。▽一九六〇年代、スノースキーの夏季トレーニング用としてドイツで開発された。grass skiing から。

クラスター[cluster]〔名〕❶同種のものや人の集まり。集団。群れ。❷原子・分子の集合体の中で特定の原子・分子が結合して安定し、その集合体の中で一定の役割を果たしている状態。❸都市計画で、個々の道路や建築物を相互に関連させ、一つの集合体にまとめた地域。❹コンピューターのディスク上の記憶領域の単位。❺ある疾患の発生率が高い集団。◈房の意から。

クラスト[crust]〔名〕❶パンやパイの外皮。❷積雪の表面がかたくしまったもの。▽多くは日中とけた雪の表面が夜間に凍結してできる。

グラス-ファイバー【glass fiber】[名] 溶かしたガラスを引きのばして繊維状にしたもの。断熱材・防音材・光通信用材など、用途は広い。ガラス繊維。

クラス-メート【classmate】[名] 級友。同級生。‖「学生時代の━」

くら-だし【蔵出し（倉出し）】[名・他サ変] 倉庫にしまってあった品物を取り出すこと。‖「━の（＝蔵から取り出したばかりの）吟醸酒」⇕蔵入れ

グラタン【gratin フラ】[名] ホワイトソースであえた肉・魚介・野菜などを焼き皿に入れ、パン粉・粉チーズなどをふりかけてオーブンで焼いた料理。‖「マカロニ━」

クラッカー【cracker】[名] ❶塩で味をつけ、薄く堅く焼いたビスケット。‖「チーズ━」❷祝宴などに使う、円錐形をした紙製の玩具花火。ひもを強く引くと、大きな音を発して紙テープなどが飛び出す。‖「━を鳴らす」❸⬇ハッカー②

ぐら-つ・く[自五] ❶固定した状態にあるべきものが土台の安定を失って揺れ動く。ぐらぐらする。‖「前歯が━」❷しっかりしていたはずの気持ちや考えが動揺する。‖「自信[決心]が━」

クラッシャー【crusher】[名] 鉱石・岩石などを適当な大きさに砕く機械。砕石機。粉砕機。

クラッシュ【crash】[名・自サ変] ❶自動車レースなどで、自動車が衝突すること。❷コンピューターで、ハードディスクが壊れたり、データが破壊されたりすること。また、アプリケーションソフトが異常終了すること。

グラッセ【glacé フラ】[名] ❶砂糖液で煮た菓子。‖「マロン━」❷バターや砂糖を加えて野菜などをつやよく煮たもの。‖「ニンジンの━」

クラッチ【clutch】[名] ❶動力を原動軸から従属軸へ断続して伝える装置。❷自動車で、エンジンの動力を車軸に伝える、①を操作するための踏み板。クラッチペダル。‖「━を切る」❸起重機のつめ。

クラッチ【crutch】[名] ボートの舷に取りつけてオールを支えるU字形の金具。

くらっ-と[副] 一瞬、めまいがするさま。また、めまいがして体の平衡を失うさま。‖「急に立ち上がったら━した」

ぐらっ-と[副]⬇ぐらりと

グラデーション【gradation】[名] 写真・絵画などで、明暗・色調などを段階的に変化させること。また、その技法。階調。濃淡法。

グラニュー-とう【グラニュー糖】ータウ [名] さらさらした顆粒（かりゅう）状の白砂糖。ざらめ糖の中で最も粒子が細かい。▼granulated sugar から。

くら-ばらい【蔵払い】ーハラヒ [名・他サ変] ⬇蔵浚（くらざら）え

グラビア【gravure フラ】[名] ❶写真製版による凹版（おうはん）印刷の一つ。原画の濃淡に比例した深さに腐食した原版を用い、輪転機で印刷する。グラビア印刷。❷雑誌などの写真のページ。グラビアページ。‖「巻頭━」▼①で印刷したことから。

くら-びらき【蔵開き】[名・自サ変] 商家や農家で、新年の吉日を選び、その年になって初めて蔵を開くこと。また、その祝い。▼多く一月一一日に行う。

クラブ【club】[名] ❶共通の目的を持つ人々が集まって組織する会。また、その会合場所。‖「テニス━・記者━」「━活動（＝生徒が課外に行う同好会・研究会などの活動）」書き方「▼倶▽楽部」と当てる。❷酒やダンス、音楽などを楽しむための店。❸ゴルフ・ホッケー・ポロなどで、球を打つための棒状の用具。❹トランプで、クローバーの葉を図案化した黒い♣の模様。また、その模様のついた札。‖「━のキング」

グラフ【graph】[名] ❶観察・比較を容易にするために、二つ以上の数量や関数の関係を図に表したもの。‖「棒━・円━」❷写真を主とした雑誌。画報。グラフィック。

グラブ【glove】[名]⬇グローブ(glove)

グラフィック【graphic】[名・形動] 写真・図版などを用いて視覚に訴えること。また、その出版物。

グラフィック-アート【graphic arts】[名] 写真・絵画・版画・線描など、平面的な視覚芸術。

グラフィックス【graphics】[名] ❶製図法。製図学。❷コンピューターのディスプレーに表示される図形・図表。

グラフィック-デザイン【graphic design】[名] 各種の印刷を表現・伝達の媒体とし、大量に複製される商業用のデザイン。

グラフィティー【graffiti】[名]（公道・壁・建造物などの）落書き。いたずら書き。

クラブサン【clavecin フラ】[名]⬇チェンバロ

クラブ-チーム【club team】[名] スポーツのチームで、地域社会などの同好の人々が組織をつくり、運営するもの。‖「サッカーの━」

クラフト【craft】[名] 手工芸。また、手工芸品。‖「ペーパー━」

クラフト-し【クラフト紙】[名] クラフトパルプ（＝硫酸塩パルプ）から作った褐色の丈夫な紙。セメント・化学肥料などの袋や封筒・包装紙に使う。▼「クラフト(kraft)」はもとドイツ語で、力の意。

クラブハウス【clubhouse】[名] スポーツ・趣味・娯楽などのクラブで、諸設備を備えた会員の集会所。また、その建物。

くらべ【比べ（▽較べ・▽競べ）】[名] くらべること。また、くらべて優劣を争うこと。‖「背（せい）━・腕━・知恵━・がまん━」▼多く他の語の下に付く。

くらべ-もの【比べ物】[名]〈多く「比べ物にならない」の形で〉きわめて大きな差があって比較にならない。‖「私の蔵書は彼の物とは━にならない」「十年前とは━にならないくらい技術は進んでいる」

くら・べる【比べる（▽較べる・▽競べる）】[他下一] ❶複数のものをつきあわせて、その異同や優劣を調べる。比較する。‖「二人の身長を━」「新作と旧作を━」「去年に／と━・べて今年は暖かい」「見━・食べ━」❷競い合うことによって優劣を明らかにする。‖「真剣で立ち合って腕のほどを━」◈書き分け【較】は「比」と同じように使うが、「比」が一般的。【競】は②の意で使うが、「競べ馬（昔の乗馬競技）」などを除いて、今は「比」でまかなう。文くら・ぶ 名比べ

グラマー【glamour】[名・形動] 肉体が豊満で、性的な魅力をそなえていること。また、そのような女性。

グラマー【grammar】[名] 文法。文法書。

くら-まい【蔵米】[名] 江戸時代、幕府・諸大名が年貢として収納し、それぞれの米蔵に貯蔵した米。

くらま・す【▼晦ます（暗ます）】[他五] ❶見つからないように隠す。‖「公金を横領して姿を━」❷わからないように、ごまかす。あざむく。‖「警備の目を━・して侵入する」異形 くらませる

クラミジア【Chlamydia ラテ】[名] 生きた動物細

胞内でだけ増殖するクラミジア目の微生物。トラコーマや性器クラミジア症などの病原体。

くら・む【暗む・▼眩む】[自五] ❶【暗】暗くなる。‖「辺りが━み人影がとだえる」❷【眩】⬇目が眩(くら)む

グラム【gramme フランス】[名] メートル法で、質量・重量を表す単位。キログラムの一〇〇〇分の一。記号g 書き方「▽瓦」と当てる。

グラム-じゅう【グラム重】ユーウ [名] 力の単位。一グラム重は質量一グラムの物体に働く標準重力の大きさで、〇・〇〇九八ニュートンに等しい。記号gf gw

クラム-チャウダー【clam chowder】[名] ハマグリ・じゃがいも・玉ねぎ・ベーコンなどを牛乳で煮込んだスープ。

くら-もと【蔵元】[名] 酒・醤油(しょうゆ)などの醸造元。

くら-やしき【蔵屋敷】[名] 江戸時代、幕府・諸大名が年貢米や領内の物産を売りさばくために、江戸・大坂などに設けた倉庫兼取引所。

くら-やみ【暗闇】[名] ❶まったく光がないこと。また、その所。❷人目につかない所。人に知られない所。‖「事件を━に葬る」❸前途の見通しが立たなくて、将来に希望がもてないこと。‖「この世は━だ」

◉**暗闇から牛を引き出す** 暗い所に黒牛がいると姿形がはっきりしないことから、物の識別ができないことのたとえ。また、動作がのろく、はきはきしないことのたとえ。暗がりから牛を引き出す。暗闇から牛。

ぐらり-と [副] 重量感のあるものが、突然大きく揺れたり傾いたりするさま。ぐらっと。‖「地震で家が━揺れる」「大関の体が━傾く」

クラリネット【clarinet】[名] 木管楽器の一つ。一枚のリードをつけた縦笛型の楽器で、広い音域と豊かな音色をもつ。クラリオネット。

くらわ・す【食らわす(▼喰らわす)】ハクス [他五] ❶飲み食いさせる。くわす。❷打撃などを受けさせる。くらわせる。‖「アッパーカットを━」

クランク【crank】[名] ❶往復運動を回転運動に、また、回転運動を往復運動に変える装置。❷手動式映画撮影機のハンドル。また、それを回して撮影すること。‖「━イン(=映画撮影を開始すること)」「━アップ(=映画撮影を完了すること)」

クランケ【Kranke ドイツ】[名] 患者。

クランチ【crunch】[名] 嚙(か)むと砕けるような歯触りのある洋菓子。ナッツや砕いた飴(あめ)を入れたチョコレートなど。‖「━チョコレート」

グランド【ground】[名] ⬇グラウンド

グランド-オープン[名・自サ変] ❶施設全体が、一斉に開業すること。‖「大型複合施設の━」❷新しい店舗が開店すること。‖「三号店が━する」❸華々しく開店すること。‖「盛大に広告を打って━する」◈grand opening から。

グランド-オペラ【grand opera】[名] 声楽と管弦楽からなる(台詞(せりふ)の入らない)壮大なオペラ。

グランドスタンド【grandstand】[名] 競技場・競馬場などの、正面特別観覧席。

グランド-スラム【grand slam】[名] ❶テニスで、その年の全英オープン(ウィンブルドン)・全米オープン・全仏オープン・全豪オープンのシングルスの全てに優勝すること。❷ゴルフで、全英オープン・全米オープン・全米プロ・マスターズの四大トーナメントの全てを制覇すること。❸野球で、満塁ホームラン。

グランド-デザイン【grand design】[名] 大規模な事業などの、壮大な計画・構想。

グランド-ピアノ【grand piano】[名] 平らな共鳴箱の中に弦を水平に張った、大型で三脚のピアノ。⬍アップライトピアノ

グランピング【glamping】[名] ホテル並みの設備やサービスを利用しながら、山野で自然との触れ合いを楽しむキャンプ。▼「グラマラス(glamourous)」と「キャンピング(camping)」からの造語。

グラン-プリ【grand prix フランス】[名] コンクール・競技会などで、最高位の賞。大賞。‖「━を獲得する」

クランベリー【cranberry】[名] 果樹として栽培するツツジ科の常緑小低木。また、その果実。赤く熟す果実は酸味が強く、ジュース・ジャムなどにする。北アメリカ原産。

くり【▼栗】[名] ❶山野に自生し、果樹としても栽培するブナ科の落葉高木。六月ごろにおいの強い淡黄色の小花を穂状につける。いがに包まれた果実は秋に熟し、食用。堅い材は枕木・船材・建材用。❷食用にする、①の果実。

くり【▼刳り】[名] えぐったように丸みをつけること。また、その丸み。‖「袖つけの━を大きくする」

く-り【庫裏(庫▼裡)】[名] ❶寺の台所。❷寺の、住職やその家族が住む所。◈⬍本堂

クリア【clear】㊀[名・他サ変] ❶棒高跳び・走り高跳びなどで、バーを落とさずに跳び越すこと。‖「一・五メートルを一回で━する」❷障害や困難を乗り越えること。‖「条件[規制の数値]を━する」❸サッカーで、守備側がボールをけり出して失点を防ぐこと。❹不要なものを、すっかり取り除くこと。‖「入力したデータを━する」㊁[形動] ❶明るく、はっきりしているさま。明晰(めいせき)なさま。‖「━な画像[頭脳]」❷透明であるさま。‖「━ファイル」派生 -さ ◈「クリアー」「クリヤー」とも。

くり-あが・る【繰り上がる】[自五] ❶順々に上または前に送られる。‖「順位が一つ━」❷予定されていた日時が早くなる。‖「会期が一週間━」❸足し算で、ある位の和が二桁になったとき、その十の位の数がひとつ上の位の数に移る。◈⬍繰り下がる 名 **繰り上がり**

くり-あげ【繰り上げ】[名] ❶繰り上げること。‖「━当選」⬍繰り下げ ❷歌舞伎で、口論・問答などの掛け合いの時に双方が徐々に台詞(せりふ)の調子を高めていくこと。

クリア-ケース【clear case】[名] 書類などを入れる透明のプラスチックケース。

くり-あ・げる【繰り上げる】[他下一] ❶順々に上または前に送る。‖「次点者を━・げて当選にする」❷予定されていた日時を早める。‖「開催日を一週間━」「三泊四日の予定を━・げて早々に帰宅する」❸足し算で、ある位の和が二桁になったとき、その十の位の数をひとつ上の位の数に移す。◈⬍繰り下げる 文 くりあ・ぐ 名 **繰り上げ**

クリア-ファイル【clear file】[名] 合成樹脂の薄いシートを重ね、間に書類などを挟めるようにしたファイル。

クリアランス【clearance】[名] かたづけること。一掃すること。‖「━セール」

くり-あわ・せる【繰り合わせる】セルアハ [他下一]

やりくりして都合をつける。‖「日程を—せて帰国する」▼糸などを繰って合わせる意から。文くりあは・す 名繰り合わせ「万障お—の上ご参加下さい」

クリーク【creek】[名] 灌漑(かんがい)や交通用の小水路・小運河。▼中国の長江下流部、日本の佐賀平野などに多い。

くり-いし【▼栗石】[名] ❶栗の実ぐらいの丸い小石。敷石などに使う。❷直径一〇〜一五センチメートルほどの丸い石。土木建築の基礎材に使う。

グリース【grease】[名] ❶機械の摩擦の多い部分に使う、粘りけのある潤滑油。鉱油に金属石鹸(せっけん)や黒鉛を混合してつくる。❷半固体状の整髪料。

グリーティング-カード【greeting card】[名] クリスマス・誕生日・結婚祝いなどにことばを書き添えて贈るカード。

クリーナー【cleaner】[名] ❶掃除用の機具。特に、電気掃除機。❷汚れを落とすための薬品・道具。❸空気清浄機。▼「エアクリーナー(air cleaner)」の略。

クリーニング【cleaning】[名] ❶洗濯。特に、洗濯屋の行うドライクリーニング。‖「ワイシャツを—に出す」❷機器類のごみや汚れを取り除くこと。

グリーフ-ケア【grief care】[名] 近しい人と死別した人が、悲しみから立ち直れるよう支援すること。また、その支援。悲嘆ケア。

クリーミー【creamy】[形動] クリームのようになめらかなさま。また、クリームを多く含むさま。‖「—な泡立ち」「—なプリン」

クリーム【cream】[名] ❶牛乳からとる脂肪質。乳脂。生クリーム。❷牛乳・卵・砂糖などで作る半固体の食品。カスタードクリーム。❸白い軟膏(なんこう)状の基礎化粧品。‖「ハンド—」❹靴墨。靴クリーム。❺「アイスクリーム」の略。‖「—餡蜜(あんみつ)」❻淡黄色。黄白色。▼「クリーム色」の略。

クリーム-いろ【クリーム色】[名] クリームのような淡黄色。

クリーム-ソース【cream sauce】[名] 生クリーム・牛乳・バターなどで仕上げたソース。また、ホワイトソース。魚介料理やパスタなどに用いる。

クリーム-ソーダ [名] ソーダ水にアイスクリームを浮かせた飲み物。アイスクリームソーダ。▼ice cream soda から。

クリーム-チーズ【cream cheese】[名] 生クリームまたは生クリームを加えた牛乳から熟成させずに作る軟質チーズ。

くり-い・れる【繰り入れる】[他下一] ❶順にたぐって引き入れる。‖「綱を—」❷あるものを別のものの中に移して入れる。組み入れる。編入する。‖「残高を次年度の予算に—」文くりい・る 名繰り入れ「繰入金」

くり-いろ【▼栗色】[名] 栗の実の皮のような濃い赤茶色。‖「—の髪」

クリーン【clean】[形動] ❶きれいなさま。清潔なさま。‖「—な試合」❷みごとなさま。‖「—ヒット」

グリーン【green】[名] ❶緑。緑色。❷草地。芝生。❸ゴルフ場で、ホールの周辺の芝を短く刈り込んだ区域。❹〈他の語に付いて〉環境に配慮した、などの意を表す。

クリーン-アップ【cleanup】[名] ❶野球で、三番・四番・五番打者の三人組。ここに強打者をそろえる。クリーンナップ。▼「クリーンアップトリオ(和製cleanup+trio)」の略。❷きれいにすること。一掃。

クリーン-エネルギー【clean energy】[名] 廃棄物が環境を汚染しないエネルギー。風力・波力・太陽熱・地熱など。

グリーン-サラダ【green salad】[名] レタス・キャベツなど、緑色の野菜を中心にしたサラダ。

グリーン-ティー【green tea】[名] 緑茶。日本茶。

グリーン-ピース【green peas】[名] ➡グリンピース

クリーン-ヒット【clean hit】[名] ❶野球で、あざやかなヒット。❷新しい企画・興行などが当たること。

グリーン-ベルト【greenbelt】[名] ❶道路の中央分離帯などに設けられた、草木の植えてある地帯。❷都市計画で、環境保全・防災などの目的で設けられた緑地帯。

クリエーター [名] ❶【Creator】造物主。神。❷【creator】創造的な仕事をする人。創作者。

クリエーティブ【creative】[形動] 創造的。

クリエート【create】[名・他サ変] 創造すること。つくりだすこと。‖「新時代を—する」

くり-かえし【繰り返し】ヘシカ [名・副] 繰り返すこと。何度も。‖「—読む」

くり-かえ・す【繰り返す】ヘス [他五] 同じことをもう一度行う。また、同じことを何度も行う。‖「返事を—」「歴史は—」名繰り返し

くり-か・える【繰り替える】ヘル [他下一] ❶あるものを他のものと入れ替える。振り替える。‖「公休日を別の日に—」❷他に転用する。流用する。‖「会議費を—・えて開発費にあてる」文くりか・ふ

くりから【▼倶利▼迦羅】[名] ❶不動明王の化身としての竜王。岩上に立てた剣に火炎に包まれた黒竜が巻きつき、まさにその切っ先をのもうとする形像で表される。倶利迦羅不動明王。▼「倶利迦羅竜王」の略。❷「倶利迦羅紋紋」の略。

くりから-もんもん【▼倶利▼迦羅紋紋】[名] 倶利迦羅竜王の入れ墨。また、その入れ墨をした人。倶利迦羅。▼一般に、入れ墨や入れ墨をした人にもいう。

く-りき【功力】[名] 仏道の修行によって得た不思議な力。功徳(くどく)の力。

くり-くり [副] ❶[と] 丸いものが軽やかに回るさま。‖「目を—させる」❷[と] 丸くてかわいらしいさま。‖「—(と)した黒い目」❸[と] 頭髪をそるなどして、頭が丸いさま。‖「頭を—にそる」

ぐり-ぐり ━[副][と] ❶押さえつけて強く回すさま。また、その音を表す語。‖「ひじで肩を—(と)もむ」❷丸くていかにも大きいさま。‖「やせて目ばかりが—した子供」❸堅くて丸いものが内部で動くさま。━[名] 皮下にできるリンパ腺(せん)などの腫(は)れ。◈注意 アクセントは、一はグリグリ、二はグリグリ。

くり-げ【▼栗毛】[名] 馬の毛色の一つ。地色が暗褐色で、たてがみ・尾が赤茶色のもの。また、その馬。

クリケット【cricket】[名] 一一人ずつの二チームで行う、イギリスの伝統的な球技。櫂(かい)のような形をしたバットで木球を打ち合い、ウイケット(=横木をのせた三柱門)へのタッチをめぐって得点を競う。

グリコーゲン【Glykogenドイ】[名] 動物の筋肉・

肝臓に多く含まれている多糖類。生体のエネルギー源の一つで、分解されるとぶどう糖となる。糖原質(とうげんしつ)。

くりこし【繰り越し】[名] ❶繰り越すこと。❷簿記で、計算の結果を次のページに書き送ること。❸会計勘定を次期の会計に組み入れること。❹「繰越金」の略。決算の結果、次の会計年度への繰り越しとなった剰余金または欠損金。書き方 公用文では「繰越」。

くりこ・す【繰り越す】[他五] ある期日までに済まなかった物事を次へ送る。‖「会議の日程を翌月に―」 名 繰り越し

くりごと【繰り言】[名] 同じ愚痴を何回もくり返していうこと。また、その愚痴。

くりこ・む【繰り込む】[一][自五] 大勢がそろって次々と入り込む。‖「一行が威勢よく会場に―」[二][他五] ❶手もとへたぐり寄せる。❷あるものを別のものの中に組み入れる。繰り入れる。‖「交際費を会議費に―」❸次々に送り入れる。‖「前線に軍勢を―」

くりさげ【繰り下げ】[名] 繰り下げること。‖「開演時間の―」⇕繰り上げ

くりさ・げる【繰り下げる】[他下一] ❶順々に下または後に送る。‖「順番を一つずつ―」❷予定されていた日時を後にずらす。‖「開催日を一週間―」❸引き算で、ある位の引く数が引かれる数よりも大きいとき、引かれる数の上の位の数から一を引き、引かれる数に一〇を加えて計算する。◈⇕繰り上げる 文 くりさ・ぐ 名 繰り下げ

クリスタル [crystal] [名] ❶水晶。❷透明度の高い、よく輝くガラス。美術工芸品・高級食器などに使う。‖「―のシャンデリア」▼「クリスタルガラス(crystal glass)」の略。

クリスチャニア [Kristianiaドイ] [名] スキーで、滑走中に急速度で方向転換・停止をする技術。

クリスチャン [Christian] [名] キリスト教の信者。キリスト教徒。‖「―ネーム(=洗礼のときに授けられる名前)」

クリスト [Christoポルト] [名] ⬇キリスト

クリスピー [crispy] [形動] 食べ物の食感がぱりぱりしているさま。‖「―タイプのピザ」

クリスマス [Christmas・Xmas] [名] イエス=キリストの誕生を記念する祝祭。また、その日(=十二月二十五日)。聖誕祭。降誕祭。▼「X'mas」は俗用。正式には避けたい。書き方「Xマス」とも。

クリスマスイブ [Christmas Eve] [名] クリスマスの前夜。十二月二十四日の夜。また、その夜に行う祝祭。聖夜。イブ。

クリスマスキャロル [Christmas carol] [名] クリスマスを祝ってうたう歌。クリスマス祝歌。クリスマスカロル。

クリスマスツリー [Christmas tree] [名] クリスマスに、モール・ろうそく・豆電球・人形・贈り物などの飾り付けをして立てる常緑樹。ふつうモミやエゾマツの若木を用い、最上部にベツレヘムの星を置く。

グリセード [glissade] [名] 登山で、斜め後ろについたピッケルで制動をかけながら、登山靴のまま雪の上をすべりおりること。

グリセリン [glycerin] [名] 油脂の構成成分の一つ。粘りけのある無色透明の液体で、石けん製造の副産物として得られる。薬品・化粧品・爆薬などの原料とする。リスリン。グリセロール。

くりだ・す【繰り出す】[一][自五] 大勢が一緒になって勢いよく出かける。‖「町内の連中が花見に―」[二][他五] ❶糸・ひもなどを、順々に引き出す。‖「リールから釣り糸を―」❷次々に送り出す。‖「次から次へ新手(あらて)を―」❸一度手もとに引いてから、勢いよく突き出す。‖「喉をねらって槍(やり)を―」

クリック [click] [名] ❶かちっという音。‖「―ノイズ」❷[他サ変] コンピューターで、マウスのボタンを押してすぐ離すこと。‖「マウスを―する」「ダブル―」

グリッター [glitter] [名] きらきらと輝くもの。

くりっと [副] 丸くてかわいらしいさま。くりくり。‖「―した目」

グリッド [grid] [名] ❶電子管の陽極と陰極の中間に置かれる格子状または網状の電極。管内の電子流を制御する。❷格子。‖「―線」

クリップ [clip] [名] 物を挟んでとめる小型の器具。

グリップ [grip] [名] ❶バット・ラケット・ゴルフクラブなどの握りの部分。また、その握り方。❷[他サ変] 物をしっかりとつかむこと。

クリティカル [critical] [形動] ❶重大なさま。危機に瀕(ひん)しているさま。危機的。‖「―な状況」❷物事を批判しようとするさま。批判的。‖「―な意見」

クリティカルシンキング [critical thinking] [名] 感情や主観に流されず、論理的・合理的に考えること。批判的思考。

クリティカルパス [critical path] [名] ❶計画などを進める上で最も問題が起こりやすく、時間もかかる部分。危機経路。❷標準となる治療内容や看護の手順などを示し、診療の効率化とコスト削減を図る計画表。診療計画表。クリニカルパス。

くりど【繰り戸】[名] 一本の溝の上をすべらせ、戸袋から順に一枚ずつ出し入れする戸。

クリトリス [clitoris] [名] 陰核。

クリニック [clinic] [名] 診療所。

くりぬ・く【▼刳り▽貫く・▼刳り抜く】[他五] えぐって穴をあける。また、えぐって中の物をぬき出す。‖「のみで板を―」「パイナップルの果肉を―」

くりの・べる【繰り延べる】[他下一] ❶細長い物を順々にのばす。‖「ロープを―」❷予定した日時や期限を先にのばす。‖「講演会を来週に―」 文 くりの・ぶ 名 繰り延べ

くりひろ・げる【繰り広げる】[他下一] ❶巻いてあるものを、端から順に広げる。‖「絵巻物を―」❷場面や情景を次々に展開する。‖「熱戦[議論]を―」 文 くりひろ・ぐ

くりまんじゅう【▼栗▼饅▽頭】[名] 栗あん、または栗をまぜた白あんを入れ、皮をつやのある栗色に焼き上げた和菓子。くりまん。

くりめいげつ【▼栗名月】[名] 陰暦九月一三日夜の月。のちの月。豆名月。▼この夜の月に栗・枝豆などを供えたことから。

くりや【▼厨】[名] [古風] 食べ物を調理する場所。台所。▼煤(すす)けて黒くなった「黒屋」の意という。

くりょ【苦慮】[名・自サ変] 苦心してあれこれと考えること。‖「難局の打開に―する」

グリル [grill] [名] ❶[他サ変] 焼き網。また、魚・肉などを焼き網であぶること。‖「―したチキン」▼焼き網で焼いた料理にもいう。‖「車えびの―」❷洋風の一品料

理店。また、ホテルなどの軽食堂。▼「グリルルーム〈grill-room〉」の略。

くり‐わた【繰り綿】〔名〕綿繰り車にかけて種を取り除いただけの、まだ精製していない綿。

くりん【九輪】〔名〕仏塔の頂上に飾る相輪のうち、水煙（すいえん）と請花（うけばな）の間に置く九つの輪。▼俗に相輪全体もいう。

クリンチ〔clinch〕〔名・自サ変〕ボクシングで、相手の体に抱きつき、相手の攻撃を一時防御すること。

グリン‐ピース〔green peas〕〔名〕完熟する前の、緑色をしたエンドウの種子。あおえんどう。青豆。グリーンピース。

く・る【▼刳る】〔他五〕刃物などで、えぐって穴をあける。‖「のみで丸太を―」 名 刳り

く・る【繰る】〔他五〕❶細長いものを順に引いて手もとに引き寄せる。たぐり寄せる。たぐる。‖「毛糸を―」「網を―・って魚を引き上げる」❷①の動作をして、ひもの先などについた道具を動かす。あやつる。‖「車井戸を―」❸手で回して糸をつむぎ出すための機械を操作する。‖「糸車を―」❹③の動作をして、糸を作り出す。つむぐ。‖「まゆから生糸を―」❺とじてある紙などを順にめくる。‖「電話帳〔ページ〕を―」❻順に送って動かす。‖「雨戸を―」❼順に数える。‖「日を―・ればすでに三か月が経つ」◈②③は～ヲに〈道具〉を、④は〈結果〉をとる。 可能 繰れる

くる【来る】〔動力変〕

A こちら側に移動する

㊀〔自〕❶ある場所からこちらに、近づくように動く。‖「多数の留学生が世界各地から日本に来ている」「北海道から来た山田です」「あ、電車が来た」 使い方 (1)「同窓会には来るかい?」と幹事が言う場合など、話し手がその場所にいる気持ちで言う場合にも使う。(2)「来る」の尊敬語には「いらっしゃる・見える」、謙譲語には「参ずる」、丁重語には「参る」などがある。(3)⬇行く㊀①

❷〈動詞連用形や動作性の漢語名詞＋「に来る」の形で〉あることをするためにこちらへ移動する。‖「当地へは祭りを見に来た」「彼は君の所へ相談(し)に来たんだ」

❸組織の一員として新しく加わる。‖「営業部に新入社員が来た」

❹ものが、運ばれたり通信手段に乗ったりしてこちらに届く。‖「手紙〔連絡〕が―」「依頼が―」

❺台風や波などの自然現象がこちらに移動する。‖「台風が―」「大きな波が―」

❻敷設（ふせつ）物などがこちらに通じる。‖「ガスが―」「わが家にはまだ大容量回線が来ていない」

B ものごとが起こる・発生する

❼地震や雨・風などの自然現象が起こる。‖「地震が来ても慌てないことだ」「一雨来そうな空模様だ」

❽感情・感覚などの作用や反応が生じる。‖「喜びの後に悲しみが―」「第六感にぴんと―」「胸にじんと―」「かちんと―」「その意見は僕にはしっくりこないなあ」

❾あることが原因・契機となって、そのことが起こる。起因する。‖「疲労から―病気」

❿言語や文化が…に由来する。…から入ってくる。‖「『クーデター』という語は仏語から来た」「儒教思想は中国から来た」

C ある状態に到達する

⓫時間が経過して、季節・時期・順番などがこちらに近づく。‖「新年〔春〕が―」「君の番が来たら声をかける」

⓬〈「…に来る」などの形で〉事態がある局面(特に、最終的な段階)に至る意を表す。‖「土壇場に来て手を引くか」「あと五分というところへ来て邪魔が入った」

D 相手からの働きかけがこちらに届く

⓭差し向けられた動作がこちらに届く。作用の影響がこちらに及ぶ。‖「強烈なパンチが顔面に―」「わさびが鼻につんと―」「静電気がびりっと―」

⓮差し向けられた動作に対するお返しがこちらに戻る。‖「反撃〔仕返し〕が―」「千円でおつりが―」

⓯相手が(ある態勢をとって)こちらに対処する。‖「その手で来たか」「そう来なくちゃ面白くない」

⓰(ある事態や話題をこちらに引き取るといった気持ちで)物事を取り立てる意を表す。‖「うれしいね、旅は道連れ酒は吟醸と来たもんだ」「今時の大人と来たら全くしょうがないなあ」 使い方「…ときたら」「…ときた日にゃ」には、多くあきれる気持ちなどがこもる。

E 実質的意味がある「～て来る」

㊁〔補動〕❶…した後で、(また)そこに来る意を表す。‖「文句を言って―」「顔を洗って出直してこい」

❷そのようなしかたで来る意を表す。‖「歩いて―」「終点まで立ってきた」

❸ある動作が、近づいてくる動作と並行して行われる意を表す。～しながら来る。‖「土産を持って―」「ベビーカーを押して―」

❹話し手に近づく動作である意を表す。‖「帰って―」「波が寄せて―」「向こうからやって―」 使い方 複合化の度合いが強く、文語的な表現では「て」が現れず、「寄せ来る」「迫り来る」などとなることが多い。

F 実質的意味がない「～てくる」

❺時間的・心理的に近づく気持ちを伴いながら、過去(や基準となる時点)から現在までの事態の展開を表す。‖「少しずつ賛同者が増えて―」「だんだんと事情がはっきりして―」「日に増して元気が出て―」⬇行く㊁⑤

◈ 書き方 ㊀は実質的意味が薄れたものはかな書きも多い(しっくりくる・大人ときたら)。㊁はかな書きが多く、特に㊁⑤は積極的にかなで書かれる。 文 く

◉**来たか長（ちょう）さん待ってたほい** 待ちかねていた人や事態の到来を歓迎していう軽口。

◉**来た、見た、勝った** カエサルがポントスの王ファルナケスを討ったとき、元老院に書き送った手紙の全文。簡潔明瞭な手紙文の代表とされる。▼veni, vidi, vici. から。

ぐる〔名〕悪いことをする仲間。共謀者。‖「―になって詐欺（さぎ）を働く」

くるい【狂い】〔名〕❶正確でないこと。また、予定通りにならないこと。‖「彼の目に―はない」「日程に―が生じる」❷〈名詞に付いて、「ぐるい」の形で〉理性を失うほどそれに夢中になる状態。また、その人。‖「役者―・競馬―」

くるい‐ざき【狂い咲き】〔名・自サ変〕その時期ではないのに花が咲くこと。また、その花。返り咲き。‖「―の梅」

くるい‐じに【狂い死に】〔名・自サ変〕精神に異常をきたして死ぬこと。狂死。

くる・う【狂う】〔動五〕㊀〔自〕❶精神の正常な機能がそこなわれる。おかしくなる。‖「気が―」「勘が―」❷(ある人から見て)考え方などが正常でなくなる。‖「世の中は―・っている」❸理性を失うほど夢中になる。‖「競馬に―」❹機械の機能、体や物事の状態が

普通でなくなる。‖「時計が五分ほど—っている」「手元〔予定・ペース〕が—」㊁〈動詞の連用形に付いて複合動詞を作る〉狂ったように…する。激しく…する。‖「怒り—・荒れ—・踊り—」名狂い

クルー【crew】〔名〕❶船・飛行機などの乗組員。❷ボートレースで、一つのボートに乗ってチームを組む選手たち。◈広く、同じ作業を行う一団にもいう。

クルーザー【cruiser】〔名〕❶居住設備をもち、外洋を巡航することができるヨットやモーターボート。❷巡洋艦。

クルーズ【cruise】〔名〕客船による観光旅行。周遊船旅行。

クルージング【cruising】〔名〕大型のヨット・モーターボートなどに乗って周航すること。周遊航海。

クルーネック【crew neck】〔名〕セーター・Tシャツなどの、丸い襟あき。クルーカラー。

クループ【croup】〔名〕のどや気管に繊維性の偽膜ができる急性の炎症。声がかれ、呼吸困難を起こすなどの症状が現れる。クルップ。

グルーブ【groove】〔名〕曲やリズムに乗っている状態。乗り。▽原義はレコード盤の溝。

グループ【group】〔名〕❶共通の目的を持つ人々の集団。仲間。‖「趣味を同じくする—」❷共通の性質などで分類した一団。‖「哺乳類を—に分ける」❸同じ系列に属する組織。‖「—会社」

グループ-サウンズ【和製group＋sounds】〔名〕エレキギターを中心に数人で編成されたロック調の音楽バンド。一九六〇年代後半に流行した。GS。

グループ-ホーム【group home】〔名〕高齢者や障害者などが、日常生活で必要な介護や援助を受けながら生活を送るための共同住居。

グルーミング【grooming】〔名〕❶髪・ひげ・皮膚などの手入れをして清潔に保つこと。❷動物の毛繕い。

くるおし・い【狂おしい】〔形〕平常心を失うほど感情が高ぶっているさま。くるわしい。‖「—までに胸が高まる」派生-げ／-さ

くる-くる〔副ト〕❶物が軽やかに回り続けるさま。‖「風車が—(と)回る」❷物を幾重にも巻くさま。また、幾重にも巻いたものをとくさま。‖「ひもを—(と)巻く」「包帯を—(と)ほどく」❸休まずにこまめに働くさま。‖「—(と)よく働く」❹物事が定まらないさま。‖「方針が—(と)変わる」

ぐる-ぐる〔副ト〕❶幾重にも巻き付けるさま。‖「紐で—(と)縛る」「包帯を—(と)巻く」❷何度も回転するさま。また、同じところを歩き回るさま。‖「手を—(と)回す」「街を—(と)歩く」❸平衡感覚を失ったり、めまいがするさま。‖「目が—する」

グルコース【glucose】〔名〕単糖類の一つ。甘い果実の中に含まれ、人間の血液中にもわずかに存在する。D型とL型に分けられ、Dグルコースが葡萄糖。

グルコサミン【glucosamine】〔名〕グルコースにアミノ基が付いたアミノ糖。動物の皮膚・軟骨・つめ・靱帯や、甲殻類の外皮のキチン質に含まれる。

くるし・い【苦しい】〔形〕❶耐えがたいほど、肉体的につらく感じる。‖「私は息切れがして—」「胸が—」❷耐えがたいほど、精神的につらく思うさま。‖「今日の試合は—・かった」「—胸の内を打ち明ける」❸物や金銭が不足して困った状態にあるさま。厳しい。‖「ローンの返済で家計が—」❹立場や状況が困った状態にあるさま。厳しい。‖「失政続きで首相の立場は極めて—」❺説明などに無理があって、つじつまが合わないさま。‖「その説明はいささか—」「—言い訳をする」❻〔古風〕〈「苦しゅうない」の形で〉差し支えがない。構わない。‖「苦しゅうない、面を上げよ」❼〈形容詞の語幹に付いて〉その状態が原因で不快に感じる。‖「あつ—・おも—・せま—・むさ—」❽〈「聞く」「見る」「寝る」の連用形に付いて「ぐるしい」の形で〉その行為を行うことを不快に感じる。…するのがいやだ。…しにくい。‖「見—まねはよせ」「聞き—話」「寝—夜」❾〈主に身体部分を表す語に付いて「ぐるしい」の形で〉その部分に苦しさを感じる。‖「胸—・心—・息—」◈使い方「つらい」と比べて「苦しい」のほうがより直接的でせっぱ詰まった感じがある。派生-げ／-さ／-がる

◉**苦しい時の神頼み** ふだんは不信心の者も、困窮したり災難に出会ったりすると、助けを求めて神仏に祈るということ。

くるし-さ【苦しさ】〔名〕苦しいこと。苦しいという感じ。また、その程度。‖「胸の—に耐える」「あまりの—に身もだえする」「立場の—がうかがえる」▽「苦しい」の語幹＋接尾語「さ」。

くるし-まぎれ【苦し紛れ】〔名・形動〕苦しさに耐えられず、とっさに何かをしてしまうこと。‖「—に思わずうそをつく」「—の言いわけ」

くるしみ【苦しみ】〔名〕苦しむこと。また、そのときに感じる苦しい感じや思い。苦しさ。苦痛。‖「生活[病気]の—から逃れようともがく」▽「苦しむ」の連用形から。

品格 苦汁「—をなめる」 苦渋「—に満ちた顔」 苦痛「—を与える」 苦難「—を強いられる」 苦悩「理解されない—」 苦慮「対応に—する」 四苦八苦「資金繰りに—する」 七転八倒「—のたうち回る」 試練「—に立ち向かう」

くるし・む【苦しむ】〔自五〕❶あることが原因となって肉体的・精神的に苦しい思いをする。苦痛を感じる。‖「腰痛に/で—」「弁解に—」「いじめに遭って—」使い方同族目的語をとって他動詞としても使う。‖「純粋な苦悩を—んでいた…〈福永武彦〉」❷〈「理解に苦しむ」などの形で〉うまく～できずに困惑する意で、相手の理不尽な言動を非難していう。‖「彼の言動は理解[判断]に—」名苦しみ

くるし・める【苦しめる】〔他下一〕肉体的・精神的に苦しむようにする。苦しませる。‖「果敢な攻撃で/が敵を—」「心ない一言で/が相手を—」「病魔に—・められる」使い方～デ（＝手段格）を～ガ（＝主格）に代えていう言い方もある。文くるし・む

クルス【cruz ポルトガル】〔名〕十字架。

グルタミン-さん【グルタミン酸】〔名〕たんぱく質を構成する成分として広く分布するアミノ酸。カゼイン・グルテンなどの加水分解によって得られる白色の結晶で、水によく溶ける。うま味調味料は、このナトリウム塩。

ぐるっ-と〔副〕ぐるりと。‖「町を—回る」⬇ぐるり㊀

グルテン【Gluten ドイツ】〔名〕穀類に含まれるタンパク質の混合物。粘りのある灰褐色の物質で、水を加えて練った小麦粉を水中で洗い流していくと得られる。多量のグルタミン酸を含む。麩の原料。麩素。

グルテン-フリー【gluten-free】〔名〕小麦など

の穀物に含まれるグルテンを摂取しない食事法。

クルトン【croûton フランス】[名] 賽の目に切ったパンを揚げたり焼いたりしたもの。スープの浮き実などにする。

くる‐びょう【▼佝▼僂病】[名] ビタミンDの欠乏によって骨の発育が不良になる病気。多く乳幼児に発生する。骨軟化症。

くる‐ぶし【▼踝】[名] 足首の関節の骨が左右に突き出ている部分。‖「―まで水に浸かる」

くるま【車】[名] ❶車輪を回転させて動き、人や荷物を運ぶもの。現代では普通、自動車をさす。‖「―に乗る」▼平安時代には牛車、明治・大正時代には人力車をさした。❷軸を中心に回転する輪。車輪。

くるま‐いす【車椅子】[名] 歩行が不自由なときに腰かけたまま動けるように、いすに車輪をつけたもの。‖「―を押す」

くるま‐いど【車井戸】[名] 滑車にかけた綱の両端に釣瓶をつけ、綱をたぐって水をくみ上げる仕掛けの井戸。

くるま‐えび【車〈海老〉・車▼蝦】[名] 内海の浅い海底にすむクルマエビ科のエビ。体を丸めると、腹部のしま模様が車輪に似る。食用。養殖も盛ん。

くるま‐ざ【車座】[名] 多くの人が輪の形に並び、内側を向いてすわること。‖「―になって酒盛りをする」

くるま‐だい【車代】[名] 自動車などの乗車料金。車賃。また、その名目で支払う若干の謝礼金。‖「お―」

くるま‐どめ【車止め】[名] ❶車の通行を禁ずること。また、その標識。❷線路の末端に設け、惰性などによる列車の進行を止める設備。❸自動車などの車体が動かないように、車輪の前後にあてがうもの。

くるま‐よせ【車寄せ】[名] 車を寄せて乗り降りできるように、玄関前に屋根を張り出した場所。

くるま・る【▽包まる】[自五] すっぽりと包まれる。‖「毛布に―って寝る」

くるみ【〈▼胡桃〉】[名] ❶オニグルミ・ヒメグルミ・テウチグルミなど、山地に自生するクルミ科クルミ属の落葉高木の総称。六月ごろ淡黄色の花を穂状につける。堅い殻に包まれた果実は食用にし、油もとる。材は家具用。❷食用にする、①の果実。

ぐるみ [接尾]〈名詞に付いて〉そのものも含めて全部、そこにあるものを残らず、の意を表す。‖「家族―の付き合い」「町―の反対運動」「身―はがれる」

くる・む【▽包む】[他五] 全体を巻くようにしてつつむ。‖「赤ん坊をバスタオルで―」「餅を餡で―」

グルメ【gourmet フランス】[名] ❶食通。美食家。❷おいしい料理。‖「ご当地―を楽しむ」▼①の転。

くる‐め・く【▼眩く】[自五] めまいがする。目がくらむ。‖「目も―ばかりの猛スピード」▼もと、くるくる回る意。

くる・める【▽包める】[他下一] ❶くるむ。また、一つにまとめる。‖「荷物を一つに―」❷ことば巧みにあざむく。言いくるめる。‖「巧言をもって―」文くる・む

くるり[副と] ❶急に一回転するさま。また、急に反転するさま。‖「―と振り返る〔向き直る〕」❷急に様子が変わるさま。‖「―と意見を変える」❸すっぽりとおおうさま。また、急におおいを外すさま。‖「新聞紙で―と包む」❹丸くてかわいらしいさま。‖「―とした目」

ぐるり ━[副と] ❶物が一回転するさま。また、一周するさま。‖「水車が―と回る」「町を―と回ってくる」▼「くるり」よりも鈍重な感じにいう。❷まわりをすっかり取り巻くさま。‖「―と人垣に囲まれる」━[名] まわり。周囲。‖「庭の―に垣を巡らす」

くるる【▽枢】[名] ❶開き戸を開閉するために扉の上下に設けた短い突起(＝戸まら)と、それをはめるために入り口の上下にくり抜いた小さな穴(＝戸ぼそ)。また、その仕掛け。❷戸締まりをするために、戸の桟から敷居にさし込む止め木。また、その仕掛け。おとし。

くる‐わ【▽郭・▼廓・▽曲輪】[名] ❶城・とりでなどの周囲に巡らせた土塁や石垣などの囲い。また、その内側の地域。❷遊女屋の集まっている地域。遊郭。遊里。‖「―ことば(＝江戸時代、遊郭で遊女が用いた特殊なことば)」▼周囲を塀や堀で囲ったことから。

くるわ・せる【狂わせる】[他下一] ❶心身や機器などを正常ではない状態にする。‖「時差が体調を―」❷予定や計画を混乱させる。‖「デマを流して作戦を―」文くるは・す 異形狂わす

くれ【暮れ】[名] ❶太陽が沈んであたりが暗くなるころ。夕暮れ。‖「―の鐘を打つ」⇕明け ❷ある季節が終わるころ。‖「春の―」❸一年が終わるころ。年の終わり。年末。‖「―も押し詰まる」

クレアチン【creatine】[名] 筋肉、特に随意筋中にクレアチンリン酸の形で含まれ、筋収縮のためのエネルギーを貯える化合物。メチルグリコシアミン。

クレー【clay】[名] ❶粘土。‖「―コート」❷「クレー射撃」の略。❸クレー射撃の標的にする皿状の土器。石灰とピッチをまぜて成型したものを素焼きにして作る。

グレー【gray】[名] ❶灰色。ねずみ色。‖「―のスーツ」❷白髪まじりの髪。‖「ロマンス―」◈「グレイ」とも。主にイギリスではgreyとつづる。

グレー‐カラー【gray-collar】[名] 技術系の仕事に従事する人など、ホワイトカラーとブルーカラーの中間に位置する労働者。

クレージー【crazy】[形動] 異常なさま。熱狂的。

クレー‐しゃげき【クレー射撃】[名] 皿状の標的を空中に飛ばし、散弾銃で撃ち落とす射撃競技。破砕された標的の数で勝敗を競う。

グレー‐ゾーン【gray zone】[名] どちらとも判別がつかない領域。あいまい領域。中間領域。‖「合法と非合法の間の―」

クレーター【crater】[名] 月面などに見られる、噴火口のようにくぼんだ地形。

グレード【grade】[名] 等級。階級。‖「―が高い」

グレード‐アップ【和製 grade＋up】[名・自他サ変] 等級・品質が上がること。また、上げること。格上げ。‖「製品を―する〔させる〕」▼英語ではupgradeという。

グレービー‐ソース【和製 gravy＋sauce】[名] 肉の焼き汁を煮詰め、ルーでとろみをつけて塩・胡椒などで調味したソース。グレービー。グレイビーソース。▼英語では単にgravyという。

クレープ【crêpe フランス】[名] ❶表面に縮緬のようなしわのある織物。‖「―シャツ・―デシン」❷小麦粉に牛乳・卵などを加えてとき、ごく薄く延ばして焼いたもの。クリームやジャムを巻いて食べる。

グレープ【grape】[名] ぶどう。‖「―ジュース」

グレープフルーツ【grapefruit】[名] 柑橘類の一つ。夏みかんに似た果実は、すべすべとした黄色い果皮におおわれ、多汁。米国フロリダやカリフォルニアの特

産。▽ぶどう(=グレープ)のように房状に実をつけることからこの名がある。

グレー-ヘア【gray hair】[名] 白髪を染めずに生かした髪。グレイヘア。

クレーマー【claimer】[名] 企業などに対して常習的に苦情を言う人。特に、過剰な苦情をしつこく言う人をいう。▽日本だけの用法。原義は原告・請求者。

クレーム【claim】[名] ❶売買契約違反があったとき、買い手が売り手に対して行う損害賠償請求。❷苦情。文句。‖「商品に—をつける」

クレーム【crème フランス】[名] クリーム。

クレーム-ブリュレ【crème brûlée フランス】[名] 卵黄・生クリーム・砂糖などを混ぜて蒸し焼きにし、砂糖を振りかけて表面に焼き色をつけた洋菓子。クリームブリュレ。

クレーン【crane】[名] 重量物をつり上げて垂直方向または水平方向に移動させる機械。起重機。橋形クレーン・ケーブルクレーンなどがある。‖「—車」▽原義は鶴(つる)。

クレオソート【creosote】[名] ブナ属の木を乾留してとった木(もく)タールをさらに蒸留して得られる油状の液体。強い刺激臭がある。消毒剤・殺菌剤などに使う。木(もく)クレオソート。

くれ-がた【暮れ方】[名] 日の暮れるころ。夕方。⇔明け方

くれ-ぐれ【暮れ暮れ】[名]〔古風〕日の暮れようとするころ。暮れ方。

くれぐれ-も【▽呉▽呉も】[副] 何度も念を入れて頼むさま。また、何度も念を入れて忠告するさま。‖「—ご自愛下さい」「—注意するように言い聞かす」

グレコ-ローマン【Greco-Roman】[名] レスリングの種目の一つ。腰から下の攻撃が禁じられ、上半身だけで戦う。グレコローマンスタイル。⇔フリースタイル

クレジット【credit】[名] ❶一国の政府・銀行・会社などが、他国の政府・銀行・会社などから短期または中期の融資を受ける契約。借款(しゃっかん)。❷信用貸しによる販売・金融。信用販売・月賦販売・消費者金融など。❸[他サ変] 書籍・映画・写真などの作品に著作権者・提供者などの名前を記すこと。また、その名前。‖「新作の映画に彼女の名が—されている」

クレジット-カード【credit card】[名] 銀行・信販会社などが会員に発行する信用販売制度のカード。カードを加盟店に提示すれば、現金を支払うことなく買い物などができる。

グレシャム-の-ほうそく【グレシャムの法則】[名] イギリスの財政家グレシャム(Gresham)が提唱した法則。⇒悪貨は良貨を駆逐する

クレゾール【Kresol ドイツ】[名] 木タールやコールタールから得られる無色または褐色の液体。消毒薬・殺菌剤・防腐剤などに利用する。

クレソン【cresson フランス】[名] 全体に淡い辛みとほろ苦さのある、アブラナ科の多年草。生食し、サラダにしたり肉料理に添えたりする。水田などで栽培。オランダガラシ。ウォータークレス。

くれ-たけ【▽呉竹】[名] ❶ハチクの別称。▽中国の呉(ご)から渡来した竹の意。❷マダケ。

ぐ-れつ【愚劣】[名・形動] おろかで、くだらないこと。‖「—な行為」派生 —さ

クレッシェンド【crescendo イタリア】[名] 音楽で、強弱標語の一つ。次第に強く、の意。cresc.または「＜」の記号で示す。クレシェンド。⇔デクレッシェンド

くれ-ない【紅】[名] あざやかな赤色。▽もとベニバナの意。

くれ-なず・む【暮れ▽泥む】[自五] 日が暮れそうで、なかなか暮れないでいる。‖「—春の空」注意 変化していく様子をいうのは誤り。‖「×空が次第に暮れなずんできた」

くれ-のこ・る【暮れ残る】[自五] 日が沈んだあとも、しばらく明るさが残る。また、日が沈んだあとも、なおぼんやりと見える。‖「—西の空」「庭先に—白菊の花」⇔明け残る

クレバス【crevasse】[名] 氷河や雪渓にできる深い割れ目。

クレマチス【Clematis ラテン】[名] ❶キンポウゲ科センニンソウ属のテッセン・カザグルマなどの交配によって作られた園芸品種。萼片(がくへん)が発達した大形の花を車輪状に開く。❷キンポウゲ科センニンソウ属のつる植物の総称。

くれ-むつ【暮れ六つ】[名] 昔の時刻名で、暮れ六つ時。今の午後六時ごろ。酉(とり)の刻。⇔明け六つ

クレムリン【Kremlin】[名] ❶ロシア連邦の首都モスクワにある宮殿。帝政時代はロシア皇帝の居城だったが、現在はロシア連邦政府の諸機関が置かれている。クレムリン宮殿。❷旧ソ連邦政府の通称。

クレヨン【crayon フランス】[名] パラフィンと顔料を練り合わせて棒状に固めた画材。クレオン。

く・れる【暮れる】[自下一] ❶太陽が沈んであたりが暗くなる。‖「日はとっぷりと—・れた」「そんな悠長なやり方では日が—・れてしまう(=もっと急ぐべきことを遠回しにいう)」❷時が経過して季節や年月日が終わりになる。‖「秋が—・れて冬が来る」「もうすぐ今年も—」❸同じ事を(繰り返)して時を過ごす。明け暮れする。‖「日がな一日練習で—」「今月は祝宴に明け祝宴に—・れた」「悲しみ[涙]に—」❹どうしていいか見通しが立たなくなる。‖「途方[思案]に—」❺〈「目が暮れる」の形で〉目がくらむ。‖「金に目が—」書き方 ⑤は「▼眩れる」「▼昏れる」とも。◈暗くなる意。①②⇔明ける 文く・る 名暮れ

く・れる【▽呉れる】[動下一] 一[他] ❶相手が自分または自分側の人にものを与える。‖「兄が僕に手紙を—・れた」「友人が娘に入学祝いを—・れた」「何か変わったことがあったら電話を—・れ」❷自分または自分側の人が相手にものを与える。また、相手に好ましくない行為を加える。‖「金なら幾らでも—・れてやる」「弟子にたっぷりと小言を—・れてやったよ」「げんこつを—」▽相手を一段低い者とみなしていう。「くれてやる」の形が多い。二[補動] ❶人が、話し手または話題の人物のために恩恵的な行為をする意を表す。また、物事が感情などの作用を引き起こす意を表す。‖「よくぞ言って—・れました」「手伝って—・れてありがとう」「彼の偉業が我々を感動させて—・れた」❷ある人が、話し手または話題の人物が不利益になるような行為をする意を表す。‖「よくも恥をかかせて—・れたな」「あの裏切り者、どうして—・れようか」

❸相手の行為を許可・容認する意を表す。「大学に行かせて―よう親に頼んでみる」「二、三日考えさせて―れないか」「憧れの人に会わせて―れて感謝しています」

◈**使い方** ⑴一般に目上の人には尊敬語「下さる」を使う。「先生が贈り物を下さった」「教えてくださってありがとうございます」

⑵命令形は、もと㊀㊁とも「一円くれろと云うんですよ〈二葉亭〉」「宜しく云ってくれろと云われました〈漱石〉」のように「くれろ」を使った。今は「早くしてくれ」「来てくれ」のように「くれ」を使う。

⑶㊁の①②は「…て〔で〕くれる」、③は「使役動詞の連用形＋てくれる」の形で使う。㊁③は、意図をもったものが主語に立つときの用法。意図をもたないものが主語に来る場合は、㊀①の意になる。文くる

ぐ・れる〔自下一〕❶見込みがはずれる。「すべてが―れて明日の予定も立たない」❷正道からはずれて非行化する。

ぐ-れん【▽紅▼蓮】〔名〕❶真っ赤なハスの花。「―白蓮」❷真っ赤な色。▼燃えさかる炎の色にたとえる。「天をこがす―の炎」❸八寒地獄の一つ。この地獄に落ちると極寒のために皮膚が裂けて流血し、真っ赤なハスの花びらのようになるという。▼「紅蓮地獄」の略。

クレンザー【cleanser】〔名〕研磨剤・洗剤などをまぜて作った、みがき粉。

クレンジング【cleansing】〔名〕❶きれいにすること。汚れを落とすこと。❷化粧を落とすこと。「―のあとに洗顔をする」

クレンジング-クリーム【cleansing cream】〔名〕皮膚の汚れや化粧を落とすためのクリーム。

ぐれん-たい【愚連隊】〔名〕町をうろついて悪事を働く不良の仲間。▼「ぐれる」から出た語。**書き方**「愚連」は当て字。

くろ【▽畔（▼畦）】〔名〕田畑の境につくった小さな土手。あぜ。

くろ【黒】〔名〕❶墨・木炭などのような色。「―の学生服」▼黒みを帯びた茶褐色のものをもいう。「―砂糖」❷黒い碁石。❸犯罪の容疑があること。「あいつは絶対―だ」◈②③⬍白

「黒」のイメージと表現

①汚れ。特に、白いものの上についた汚れ。また、精神的な汚点。(シャツに黒い汚れ〔しみ〕がある／人生に黒い汚点を残す)

②〔白と対比させて〕肌が日焼けしている。また、黒褐色の肌をしている。(真っ黒に日焼けしている／黒い弾丸〔稲妻〕の異名をとるスプリンター)

③不祝儀・不吉・いかがわしさ・不気味さなどの象徴。(文言を黒枠で囲む／前途に黒い影が差す／黒ずくめの服装／目の前を黒い人影がよぎる)

④〔白と対比させて〕正しくないこと。また、失態や敗北。(白黒をはっきりさせる／容疑者は限りなく黒に近い／黒白をつける／黒白を争う／黒を白と言いくるめる／黒星が続く)

⑤邪悪・悪徳・停滞・疑惑などの象徴(腹黒い／暗黒街の帝王／わが青春の暗黒時代／事件は黒い霧に包まれている)

＊黒色の代表例として、「闇夜／暗闇／影／夜／髪／ひげ／瞳／目／カラス(の羽)／墨汁／炭／焦げ／すす／黒煙／うるし／礼服／喪章／法服／学生服」などがあり、これらはしばしば「～のように黒い」などの比喩として使われる。陰陽五行説では、北に配し冬の色とする。

グロ〔名・形動〕「グロテスク」の略。「エロ―」

くろ・い【黒い】〔形〕❶黒の色をしている。また、黒みを帯びている。「―靴」「日に焼けた―肌」❷悪事・不正を感じさせる。「―うわさ」派生―さ／―み

グロ・い〔形〕〔俗〕異様で気味が悪い。グロテスクだ。「―虫〔シーン〕」▼「グロテスク」を形容詞化した語。

クロイツフェルト-ヤコブ-びょう【クロイツフェルトヤコブ病】〔名〕ヒトの体内にあるプリオン蛋白が異常プリオン蛋白へ変化して起こるとされる感染症。発病より数か月で認知症の症状が急速に進行、起立歩行が困難になり、数年で死亡する。

く-ろう【苦労】〔名・形動・自サ変〕何かをするのに大変に苦しい思いをし、力を尽くすこと。また、そのさま。「―を重ねて娘を育てる」「細部の表現に―した」「取り越し―」▼⬇御苦労・御苦労様

ぐ-ろう【愚弄】〔名・他サ変〕人をばかにして、からかうこと。「人を―するにも程がある」

ぐ-ろう【愚老】〔代〕〔一人称〕老人が自分を指し示す丁重語。

くろ-うと【《玄人》】〔名〕❶技芸などに熟達し、それを専門としている職業人。くろと。❷芸者・ホステスなど、水商売を職業にしている人。くろと。◈⬍素人

くろうと-はだし【玄人▼跣】〔名〕素人なのに、本職や専門家を圧倒するほど巧みなこと。▼玄人がはだしで逃げ出すの意。**注意**⑴「はだし」と「～肌」との混同から、「玄人肌」とするのは誤り。⑵「素人はだし」は誤り。

くろう-にん【苦労人】〔名〕いろいろな苦労を経て、世の中の事情や人情に通じた人。「―だから話がわかる」

クローク〔名〕ホテル・劇場などで、客のコートや携帯品を一時預かる所。▼cloakroomから。

クローザー【closer】〔名〕野球で、勝っている試合の最後に登板して試合を締めくくる投手。抑え投手。ストッパー。

クロージング【closing】〔名〕❶催し物などを終えること。閉幕。閉会。❷売買取引などを完了すること。また、契約を結ぶこと。

クローズ-アップ【close-up】〔名・他サ変〕❶映画・テレビ・写真などで、被写体またはその一部を画面いっぱいに大きく写しだすこと。大写し。❷ある事柄を〔問題として〕大きく取りあげること。「人口の高齢化が―される」

クローゼット【closet】〔名〕衣類などを収納する戸棚。クロゼット。

クローネ【kroneノルウェー・デンマーク】〔名〕ノルウェー・デンマークの通貨の基本単位。一クローネは一〇〇オーレ。

クローバー【clover】〔名〕牧草・緑肥用に植えられるマメ科の多年草。葉はふつう三枚の小葉からなる。夏、白い花を球状につける。ウマゴヤシ。シロツメクサ。▼四つ葉のクローバーは希望・信仰・愛情・幸福を表し、見つけると幸福が訪れるとされる。

グローバリズム【globalism】〔名〕巨視的な視

点から世界を一つの共同体であるとする考え方。汎地球主義。

グローバリゼーション【globalization】［名］世界化。特に、市場経済などが世界的規模に拡大すること。

グローバル【global】［形動］世界的な規模であるさま。「一な観点〔活動〕」

グローバル-スタンダード【global standard】［名］世界で通用する基準。世界標準。国際標準。

くろ-おび【黒帯】［名］柔道・空手・合気道などで、有段者が用いる黒い帯。また、有段者。

クローブ【clove】［名］香辛料の一つ。丁子(ちょうじ)の花のつぼみを乾燥させたもの。また、それを粉末にしたもの。肉料理・焼き菓子などに用いる。

グローブ【globe】［名］光源をおおうガラス製などの球。光色・光量などを調節する。

グローブ【glove】［名］野球・ボクシングなどで用いる革製の大きな手袋。▼野球では「グラブ」、ボクシングでは「グローブ」ということが多い。

グロー-ランプ【glow lamp】［名］蛍光灯などについている点灯用の放電管。真空管にネオン・アルゴンなどを封じ込めたもの。

クロール【crawl】［名］泳法の一つ。両腕で交互に水をかき、ばた足で進む。自由形の競泳で用いられる最も速い泳法。クロールストローク。

クローン【clone】［名］❶一個の細胞または個体から細胞分裂を繰り返すことで増えた細胞群または個体群。全く同一の遺伝子組成をもつ。分枝系。❷本物そっくりの複製品。

くろ-がき【黒柿】［名］台湾・フィリピンなどに分布するクロガキ科の常緑高木。暗紫色の堅い心材は建材・家具材・工芸用。台湾黒檀(こくたん)。

くろ-がね【▽鉄】［名］〔古風〕鉄。▼「黒い金属」の意。

くろ-かび【黒▼黴】［名］パン・餅(もち)などに生えるコウジカビ科のカビ。菌糸の先端に黒い胞子を数珠状につける。発酵作用をクエン酸・グルコン酸などの生産に利用する。

くろ-かみ【黒髪】［名］つややかな黒い髪。「緑の一」

くろ-き【黒木】［名］❶樹皮をつけたままの木材。「板葺きの一の屋根」▼古くは赤木の対、のちに白木の対。❷黒檀(こくたん)の別称。「一のテーブル」

くろ-くま【黒熊】［名］毛色の黒いくま。ツキノワグマのこと。

くろ-くも【黒雲】［名］雨を降らせる黒い雲。こくうん。▼不吉な前兆や不穏な気配のたとえにもいう。「戦乱の一に前途をおおわれる」

くろ-ぐろ【黒黒】［副］きわめて黒いさま。「墨一と題目を書く」「一(と)した髪」

くろ-こ【黒子(黒▽衣)】［名］歌舞伎の役者の後見役や、人形浄瑠璃(じょうるり)の人形遣いが着る、黒い衣服と頭巾(ずきん)。また、それを着た人。くろご。▼表に出ず、裏で物事を処理する人の意にも使う。「一に徹する」

くろ-こしょう【黒▼胡▼椒】(セウ)［名］完熟する前のコショウの実を皮をつけたまま乾燥したもの。また、その粉末。色が黒く、香りと辛みが強い。ブラックペッパー。

くろ-ごめ【黒米】［名］❶脱穀しただけで、まだ精白していない米。玄米(げんまい)。❷紫黒色の米。紫黒米。くろまい。

くろ-ざとう【黒砂糖】(タウ)［名］精製していない黒褐色の砂糖。サトウキビのしぼり汁をそのまま煮つめたもので、カルシウムや鉄分を多く含む。黒糖(こくとう)。

くろ-じ【黒地】(ヂ)［名］織物などの、地色が黒いこと。また、そのもの。「一の渋い着物」

くろ-じ【黒字】［名］❶黒く書かれた文字。❷支出より収入が多いこと。収支決算がプラスになること。⇔赤字▼帳簿で収支欠損分を赤字で書くことから、収支がマイナスの状態を「赤字」というのに対して、プラスの状態を「黒字」といったもの。

くろ-しお【黒潮】(シホ)［名］日本列島の太平洋岸を西南から東北に向かって流れる暖流。一部は対馬暖流として九州西方に流れる。高温・高塩分で、黒ずんで見える。日本海流。⬇親潮

くろ-しょうぞく【黒装束】(シャウゾク)［名］上から下まで黒一色の衣服をまとうこと。また、その人。「一の忍者姿」

クロス【cloth】［名］❶布。織物。「テーブル一」❷書物の表紙や壁紙に用いる加工した布(または紙)。布クロスやビニールクロスなど。◈「クロース」とも。

クロス【cross】［名］❶十字架。❷［自サ変］交差すること。「道路が一する」使い方「足をクロスする」「足をクロスさせる」など他動詞の用法も見られるが、「足がクロスする」など自動詞の用法が標準的。❸⬇センタリング①

くろ-ず【黒酢】［名］❶米を原料にし、瓶(かめ)の中で時間をかけて自然発酵させた黒っぽい色の酢。❷昆布または椎茸(しいたけ)を黒焼きにしてすりつぶし、酢に合わせたもの。魚介類の膾(なます)や野菜の和(あ)え物に用いる。

グロス【gloss】［名］唇などに塗る、つや出し用の化粧品。「リップ一」▼光沢の意。

グロス【gross】［名］❶数量の単位。一グロスは一二ダース。「一〇一の鉛筆」❷ゴルフで、ハンディキャップを差し引かない打数の総計。

クロスオーバー【crossover】［名］異なる分野のものを組み合わせて新しい分野のものを作り出すこと。特に、ジャズ・ロック・ソウル・ラテンなど、異なったジャンルの音楽を組み合わせて新形態の音楽を作ること。また、その音楽。⬇フュージョン

クロス-カウンター【cross counter】［名］ボクシングで、相手がくり出してきたパンチに対し、腕を交差させるようにして打ち返すパンチ。

クロス-カントリー【cross-country】［名］原野・丘陵・森林などを横断するコースで行う長距離競走。断郊競走。クロスカントリーレース。

クロス-キック【cross kick】［名］ラグビーで、敵の防御が堅いとき、ボールを相手側の選手の少ないサイドに蹴ること。

クロス-ゲーム【close game】［名］なかなか勝負のつかない白熱した試合。接戦。⇔ワンサイドゲーム

クロス-バー【crossbar】［名］❶走り高跳びや棒高跳びで、跳び越えるための横木。バー。❷ラグビー・アメリカンフットボールなどで、左右のゴールポストの間に渡されている横木。バー。

クロス-プレー【close play】［名］両者の力が拮抗して審判の判定しにくいプレー。

クロスボーダー-とりひき【クロスボーダー取引】 [名] 複数の国の間で行われる取引。

くろ-ず・む【黒ずむ】 [自五] 黒みを帯びる。黒っぽくなる。||「すすで―んだ顔」

クロスワード-パズル [crossword puzzle] [名] ヒントによって推測した語を碁盤の目のようにしきったますの中に書き入れ、縦横につながることばをつくる遊び。クロスワード。

クロソイド [clothoid] [名] 中心からの距離が曲率半径に反比例する渦巻き型の曲線。コルニュの螺旋(らせん)。

クロソイド-きょくせん【クロソイド曲線】 [名] 高速道路などで、クロソイドを描くなめらかなカーブ。▼運転が単調になることを防ぐために設ける。

くろ-だい【黒▼鯛】 [名] 日本各地の沿岸にすむ、タイ科の海水魚。形はマダイに似るが、体色は暗灰色。食用。チヌ。チヌダイ。▼幼魚を「ちんちん」、若魚を「かいず」などと呼ぶ。

くろ-ダイヤ【黒ダイヤ】 [名] ❶多少の不純物を含む、暗灰色または黒色のダイヤモンド。鑿岩(さくがん)機などに利用する。カルボナード。❷石炭。▼石炭が貴重だった時代に使われた語。

クロッカス [crocus] [名] 線形の葉を伸ばし、黄・青・紫・白などの花を開く、アヤメ科の球根草。春咲きのもの秋咲きのものなど、園芸品種が多い。花サフラン。クローカス。

クロッキー [croquis フランス] [名] 鉛筆やコンテで、(人物を)すばやく大まかに写生する素描。

グロッキー [groggy] [名] ❶ボクシングで、相手の打撃や疲労のためにふらふらになること。❷ひどく疲れて、ふらふらになること。||「徹夜続きでもう―だ」▼「グロッギー」の転。

グロッシー [glossy] [名] ❶光沢のある写真印画紙。❷光沢があること。||「―ルージュ」▼他の語と複合して使う。

くろ-つち【黒土】 [名] 腐敗した植物などを含んだ、黒い色の土。耕作に適する。こくど。

くろっ-ぽ・い【黒っぽい】 [形] ❶黒みを帯びているさま。||「―スーツ」❷〔俗〕いかにも玄人(くろうと)らしいさま。玄人臭い。派生―さ

グロテスク [grotesque フランス] [形動] 異様で、不気味なさま。奇怪なさま。グロ。||「―な姿の怪獣」▼もとは人物・動植物などを異様にゆがめて描いた装飾文様。

くろ-てん【黒▼貂】 [名] ユーラシア大陸北部に分布するイタチ科の哺乳(ほにゅう)類。毛色は淡褐色または黒褐色。暗色の毛皮はセーブルと呼ばれ、毛皮の最高級品の一つとされた。

クロニクル [chronicle] [名] 年代記。編年史。

くろ-ねずみ【黒▼鼠】 [名] ❶黒い毛のねずみ。❷主家の金品をかすめ取る雇い人。⇔白ねずみ ❸黒みがかったねずみ色。

クロノメーター [chronometer] [名] ❶精密に作られた携帯用のぜんまい時計。天文観測・経緯度観測・航海などに用いた。経線儀。❷公式の検定試験に合格した精密な時計のこと。

くろ-パン【黒パン】 [名] 黒褐色をしたパン。特に、ライ麦の粉で作った黒褐色のパン。

くろ-ビール【黒ビール】 [名] 原料の麦芽を焦がしてから醸造した、黒褐色のビール。独特の香りがある。

くろ-びかり【黒光り】 [名・自サ変] 黒くて、つやがあること。||「―する大きな梁(はり)」

くろ-ふく【黒服】 [名] ❶黒色の衣服。❷〔俗〕水商売の男性従業員。▼多く、黒いスーツを着用していることから。

くろ-ふね【黒船】 [名] 室町時代末期から江戸末期にかけて、欧米から日本へ来航した船舶。幕末には西洋型の艦船全般を指していった。▼船体が黒く塗られていたことから。

くろ-ぼし【黒星】 [名] ❶黒くて丸いしるし。❷的の中心の黒い丸。❸ねらいどころ。図星。||「その評は―を外れている」❹相撲の星取り表で、負けを表す黒いしるし。また、負けること。▼「失敗」「失策」の意でも使う。||「―続きの捜査陣」◆①④⇔白星

くろ-まく【黒幕】 [名] ❶黒い幕。特に、歌舞伎で、舞台の背景に用いて闇を表す黒い木綿の幕。▼場の替わり目などにも使う。❷隠然たる勢力を持ち、陰で策略を巡らして指図する人。||「政界の―」

くろ-まつ【黒松】 [名] 海岸近くに自生するマツ科の常緑高木。樹皮は黒褐色で、亀甲(きっこう)状の割れ目がある。潮風に強いので防風林に利用される。堅い材は建築・土木用。雄松(おまつ)。

くろ-まめ【黒豆】 [名] 大豆の一種。大粒で、皮の色が黒い。お節料理の煮豆や和菓子の材料にする。

くろ-み【黒み】 [名] 黒い色合い。黒っぽい感じ。||「―を帯びた液体」書き方「黒味」とも当てる。

くろ-み【黒身】 [名] カツオ・ブリ・マグロなどの魚肉の黒ずんだ部分。血合い。

くろ-みずひき【黒水引】 [名] 半分を白く、半分を黒または紺に染めた不祝儀用の水引。▼半分を紺に染めたものは「青水引」ともいう。

くろ・む【黒む】 [自五]〔古風〕黒みを帯びる。黒くなる。黒ずむ。||「―んだ羽織」

クロム [chrome] [名] 金属元素の一つ。天然にはクロム鉄鉱として産出。単体は銀白色で硬く、さびにくい。合金として、ニクロム・ステンレス鋼などに用いる。クローム。元素記号Cr ||「―鋼(=炭素鋼に少量のクロムを添加した強靱な鋼)」

くろ-め【黒目】【黒▽眼】 [名] 眼球の中央の黒っぽい部分。⇔白目

くろめ-がち【黒目勝ち】 [形動] 黒目の部分が大きく、目が美しいさま。||「―な目」

くろ-もじ【黒文字】 [名] ❶香気のある材から楊枝(ようじ)や箸を作る、クスノキ科の落葉低木。樹皮は暗緑色で、黒い斑点がある。❷茶菓子に添えて出す楊枝。また、つま楊枝。▼①で作ったことから。

くろ-やき【黒焼き】 [名] 薬用にするため、動植物を炭化するまで蒸し焼きにすること。また、そのもの。||「イモリの―」

くろ-やま【黒山】 [名] 大勢が一か所に群がり集まっているさまをいう語。||「―の人だかり」▼人の頭が黒いことからいう。

くろ-ゆり【黒〈百合〉】 [名] 高山・寒冷地に自生するユリ科の多年草。夏、茎の先に暗紫色の六弁花を下向きにつける。

クロレラ [chlorella] [名] 淡水中に生育する、緑藻類クロレラ属の単細胞藻類。クロロフィル・ビタミン・たんぱく質などを多く含むので、健康食品や飼料に利用

される。

クロロフィル[chlorophyll]〔名〕葉緑素。

クロロホルム[chloroform]〔名〕エーテル臭のある、揮発性で無色・透明の液体。溶剤・殺虫剤の原料などに使う。かつては吸入麻酔剤に用いられたが、現在は使用されていない。クロロフォルム。

クロロマイセチン[Chloromycetin]〔名〕抗生物質の一つ。腸チフス・パラチフス・赤痢・つつがむし病などに有効。造血機能障害等の副作用のため、現在は使用量が大幅に減少している。▼クロラムフェニコールの商標名。

くろ-わく【黒枠】〔名〕死亡通知・死亡広告・死者の写真などを囲む、黒色のわく。また、それで縁どられた死亡通知状など。

クロワッサン[croissantフランス]〔名〕多量のバターを加えた生地で焼いた三日月形のパン。▼三日月の意。

ぐ-ろん【愚論】〔名〕❶取るに足りない、ばかげた議論。❷自分の論や論文をいう丁重語。‖「—ながら一言述べさせていただきます」

くわ【桑】クハ〔名〕山野に自生し、栽培もされる、クワ科クワ属の落葉高木の総称。果実は暗赤色に熟し、甘い。葉は養蚕の飼料として重要。樹皮の繊維は和紙の原料とし、木目の美しい材は家具などに用いる。

くわ【▼鍬】クハ〔名〕刃のついた平らな鉄板に木の柄をつけた耕作用の農具。風呂ぐわ・唐ぐわ・備中ぐわなど、いろいろな種類がある。‖「畑に—を入れる」数「一丁(挺)…」「一口…」と数える。

くわい【〈慈▼姑〉】クワヰ〔名〕野菜として水田などで栽培するオモダカ科の多年草。青みがかった塊状の地下茎を食用にする。▼球塊の上部に芽が出ていることから「芽が出る」「めでたい」として正月料理などに使う。

くわ-いれ【▼鍬入れ】クハ〔名〕❶農家で正月の吉日(多くは一一日)に行う仕事始めの行事。年男が恵方に当たる田畑にその年初めてのくわを入れ、餅や米を供えて豊作を祈る。くわ初め。❷土木・建築工事の着工や植樹のとき、その地に初めてくわを入れること。また、その儀式。

くわうる-に【加うるに】クハフル〔接〕それに加えて。そのうえ。‖「雨が激しくなった。—風も勢いを増してきた」

くわえ-こ・む【▼銜え込む】クハヘ〔他五〕❶歯や唇で、しっかりとくわえる。‖「葉巻を—」❷〔俗〕異性を連れ込む。引っ張り込む。‖「どこからか男を—」

くわえ-ざん【加え算】クハヘ〔名〕足し算。寄せ算。

くわ・える【加える】クハヘル〔他下一〕❶基準となるものにあるものを付け足す。特に、補うものとして付け足す。‖「煮物に調味料を—」「コレクションに浮世絵を—」「原文に訓点を—」❷同じことをする人の集まりに含める。仲間に入れる。‖「気鋭の新人をメンバーに—」「君をもうけ話に—・えてやろう」「殉教者の列に—・えられる」❸働きを高めて、その程度を増す。‖「ますます芸が円熟味を—」❹ある動作・作用を他に及ぼす。‖「物体に熱を—」「企画案に検討を—」「危害を—」❺算数で、ある数にある数を足す。‖「5に3を—と8になる」❻〈「…にくわえて」の形で〉そのほかに追加説明すべきことがある意を表す。‖「運動不足に—・えて睡眠も不足しがちだ」使い方 ⑥は多くマイナスに評価される事柄を追加するのに使う。文 くは・ふ

くわ・える【▼銜える・▼啣える】クハヘル〔他下一〕口に軽くはさんで支える。‖「タバコを口に—」「物欲しそうに指を—・えて見ている」文 くは・ふ

くわ-がた【▼鍬形】クハ〔名〕❶兜の目庇の前につけた、二本の角のような飾り。金属や革で作る。❷「くわがたむし」の略。

くわがた-むし【▼鍬形虫】クハガタ〔名〕コクワガタ・ノコギリクワガタ・ミヤマクワガタなど、クワガタムシ科の甲虫の総称。体はつやのある黒褐色で、やや平たい。雄の頭部には兜のくわ形に似た一対のあごが突き出る。クワガタ。

く-わけ【区分け】〔名・他サ変〕全体をいくつかに区切って分けること。区分。‖「畑を—する」

くわし・い【詳しい(▽精しい・▽委しい)】クハシイ〔形〕❶細かい部分まで注意や説明などが行き届いていて、内容がよく分かるさま。詳細だ。‖「—地図」「経過を—・く説明する」❷よく知っているさま。精通している。‖「古典芸能に—人」派生 —さ

品格 委曲「—を尽くす」委細「—承知」克明「—に記憶している」細大漏らさず「—報告する」細密「—な研究」子細「—に見れば」詳細「—を明らかにする」逐一「—対応する」緻密「—な分析」具に「—観察する」詳らか「経緯は—でない」微に入り細を穿つ「—解説」

くわ・す【食わす】クハス〔他五〕➡食わせる ‖「まんまと一杯—・された」

くわず-ぎらい【食わず嫌い】クハズギラヒ〔名〕食べたこともないのに、その食べ物はいやだと決め込むこと。また、その人。食べず嫌い。▼試してもみないでわけもなく嫌うことのたとえにもいう。‖「—でパソコンをいやがる」

くわせ-もの【食わせ物】クハセ〔名〕❶見かけはよいが、内容は悪質な物。❷人がよさそうに装っているが、実は油断のならない者。書き方 多く「食わせ者」と書く。

くわ・せる【食わせる】クハセル〔他下一〕❶食物を食べさせる。飲食させる。‖「ご飯をスプーンで一口ずつ—」「何か—・せてくれ」❷扶養する。養う。食べさせる。また、生活が成り立つようにする。‖「家族を—」「従業員を—」❸人に害を受けさせる。‖「平手打ち[待ちぼうけ]を—」❹(うまいものを食わせる意から)料理屋などで、味がよくて思わず食べたくなる。食える。‖「あの店はなかなか—ぜ」◈①②④は、やや粗野な言い方。④は終止形と連体形を使う。文 くは・す 異形 食わす

くわ-だて【企て】クハ〔名〕計画を立てること。また、その内容。企図。もくろみ。‖「謀反の—が露見する」

くわ-だ・てる【企てる】クハ〔他下一〕あることをしようと計画する。また、それを実行しようとする。もくろむ。企図する。‖「金もうけ[悪事]を—」▼「くわたつ(=つまさき立って伸び上がる意)」から出た語。文 くはだ・つ 名 企て

グワッシュ[gouacheフランス]〔名〕➡ガッシュ

くわ-ばら【桑原】クハ〔感〕落雷を避けるためにとなえるまじないのことば。また、いやなことや不吉なことをさけるためにとなえるまじないのことば。ふつう「くわばら、くわばら」と二度続けていう。語源 雷神は桑の木を嫌うという伝説からとも、死後に雷神となった菅原道真の領地桑原には一度も落雷がなかったことからともいう。

く-わり【区割り】〔名・他サ変〕地域などをいくつかに分けること。区分け。区分。‖「分譲地を—する」

くわわ・る【加わる】クハハル〔自五〕❶基準となるものにあるものが付け足される。付加される。‖「定価に消費税

がーとちょうど一万円になる」「体力と技に精神力がー」❷同じことをする人の集まりやその仕事に参加する。仲間に入る。‖「仲間［チーム］にー」「相談にー」❸働きが高まって、その程度が増す。‖「加速度がついて車にスピードがー」❹ある動作・作用が他に及ぶ。‖「床板に強い力がー」「原案に修正がー」可能 加われる

くん【訓】 ■一［名］漢字をその意味に当てた日本語の読み方で読むこと。また、その読み方。‖「漢字の音とー」「ー点・ー読」「異ー・同ー・難ー」⇔音 ■二（造）❶字句の意味を解釈する。‖「ー釈・ー注」❷教え導く。さとす。‖「ー示・ー練・ー話」「家ー・教ー」❸上級官庁から下級官庁への指示や命令。‖「ー電・ー令」

くん【君】 ■一［接尾］〈対等または目下の人の姓や名などに付いて〉親しみや軽い敬意を表す。‖「中村ー、元気か」「貴ー・諸ー」■二（造）❶国などを治める人。‖「ー主・ー臨」「暴ー」❷徳のある立派な人。‖「ー子」

くん【勲】（造）❶国家や君主のために尽くした功績。手柄。‖「ー位・ー功・ー章」「元ー・殊ー・叙ー・武ー」❷勲章の等級に冠する語。‖「ー一等旭日章」旧 勳

くん【薫】（造）❶よいかおり。かおる。また、よいかおりのする草木。‖「ー香・ー風」❷香りを移すように、感化する。‖「ー陶」❸いぶす。‖「ー製」旧 薰

ぐん【軍】 ■一［名］戦争の目的で編制された兵士の集団・組織。軍隊。軍部。‖「ーの機密」「ー人・ー旗」「陸、海、空ー」■二（造）❶たたかい。いくさ。‖「ー記・ー需」❷スポーツなどのチーム・団体。‖「白ー」

ぐん【郡】［名］❶都道府県の市・区以外の町村を包括する区画。▼明治二三（一八九〇）年の郡制施行から大正一二（一九二三）年の廃止までは地方公共団体だったが、現在は地理上の区画。❷律令制での地方行政区画の一つ。国の下に位置し、郡司が管轄した。

ぐん【群】 ■一［名］むれ。‖「ー生・ー衆」「大ー・抜ー・流星ー」■二（造）多くの。いろいろの。‖「ー書・ー像」

◉**群を抜・く** 多くの中で飛び抜けてすぐれている。

ぐん‐い【軍医】［名］軍隊に属し、軍人の診察・治療に従事する医師。

くん‐いく【訓育】［名・他サ変］社会生活に必要な知識や心がけを教え、児童・生徒の品性や人格を養い育てること。また、その教育。‖「児童をーする」

ぐん‐えい【軍営】［名］軍隊が駐屯している所。兵営。

ぐん‐えき【軍役】［名］軍人として服務すること。

くん‐おん【君恩】［名］主君から受けた恩。

ぐん‐か【軍歌】［名］軍隊の士気を高揚するための歌。また、愛国心や軍国思想を普及するための歌。

くん‐かい【訓戒（訓▼誡）】［名・他サ変］物事の理非をさとし、いましめること。‖「部下にーを与える」

ぐん‐かく【軍拡】（クヮク）［名］軍事上の設備や器材を充実・増強させること。⇔軍縮 ▼「軍備拡張」の略。

ぐん‐がく【軍学】［名］戦術や用兵について研究する学問。兵学。

ぐん‐がく【軍楽】［名］士気を高揚するために、軍隊で演奏される音楽。‖「ー隊」

ぐん‐かん【軍艦】［名］戦闘用の艦船。戦艦・巡洋艦・航空母艦など。

ぐんかん‐まき【軍艦巻き】［名］握ったすし飯の側面を海苔(のり)で巻き、上にウニやイクラなどをのせたすし。▼横から見ると軍艦に似ていることから。

くん‐き【勲記】［名］勲章と共に受勲者に与えられる証書。

くん‐ぎ【訓義】［名］漢字の読みと意味。

ぐん‐き【軍紀（軍規）】［名］軍隊を統制するための風紀や規律。軍律。書き分け 風紀・秩序の意で「軍紀を保つ」、規則・決まりの意で「軍規を定める・軍規に反する」のように使い分けることもあるが、両用もされる。新聞は統一的に「軍紀」を使う。

ぐん‐き【軍記】［名］❶戦争を題材とした書物。戦記。軍書。❷鎌倉・室町時代に作られた、合戦を題材とする叙事的な物語。『平家物語』『太平記』など。▼「軍記物語」の略。

ぐん‐き【軍旗】［名］❶戦場で、主将の所在を示す旗。❷旧日本陸軍で、歩兵・騎兵連隊のしるしとして天皇から下賜された旗。連隊旗。

ぐん‐き【軍機】［名］軍事上の機密。

ぐん‐ぎ【軍議】［名］作戦の相談など、軍事についての評議。

ぐん‐きょ【群居】［名・自サ変］（同種の生物が）むらがって住むこと。‖「ウミネコがーする島」「ー本能」

くん‐くん［副ｔ］においをかぐさま。また、その音を表す語。‖「あたりをー（と）嗅ぎ回る」

ぐん‐ぐん［副ｔ］❶物事が勢いよく変化していくさま。‖「自動車がー（と）スピードを上げる」「病気がー回復する」❷動作が勢いよく行われるさま。‖「綱をー引っぱる」

くん‐こ【訓▼詁】［名］古い字句の読みや意味を解釈すること。‖「ー学」▼「訓」は解釈、「詁」は古いことばの意。

くん‐こう【君公】［名］自分の主君の敬称。

くん‐こう【勲功】［名］国や君主のために尽くした功績。

くん‐こう【薫香】（カウ）［名］❶よいかおり。芳香。❷くゆらせてよいかおりを出させる香料。たきもの。

ぐん‐こう【軍功】［名］戦争でたてた功績。戦功。

ぐん‐こう【軍港】（カウ）［名］海軍の根拠地となる港。

くん‐こく【訓告】［名］❶［他サ変］文書あるいは口頭で、教えや注意を与えること。また、そのことば。❷公務員の処分で、厳重注意より重く、戒告より軽いもの。

ぐん‐こく【軍国】［名］軍事を主要な政策とし、軍部が政治的権力をもっている国。‖「ー色を一掃する」

ぐんこく‐しゅぎ【軍国主義】［名］一国の政治・経済・教育・文化のすべてを軍部に従属させ、軍事力で国家の繁栄をもたらそうとする考え。ミリタリズム。

くん‐し【君子】［名］すぐれた教養と高い徳をそなえた人格者。‖「聖人ー」

◉**君子危(あや)うきに近寄らず** 君子は身を慎み、危険な所には近寄ろうとしないものだ。

◉**君子の交わりは淡(あわ)くして水の如(ごと)し** 君子の交際は水のように淡泊だが、その友情はいつまでも変わることなく続くということ。▼『荘子』より。

◉**君子は独(ひと)りを慎(つつし)む** 君子は一人でいるときも行いを慎み、良心に恥じるようなことはしない。▼『中庸』より。

◉**君子は豹変(ひょうへん)す** ❶君子は過ちと知ればすぐにそれを改め、きっぱりと正しい道に戻るものだ。❷機を見て態度や考えを一変させる。◈『易経』にあることば。②は転用。

くん‐じ【訓示】［名・他サ変］目上の人が目下の人に仕事上の注意などを教え示すこと。また、そのことば。‖

「—を垂れる」

くん-じ【訓辞】 [名] 教えいましめることば。‖「校長の—に耳を傾ける」

ぐん-し【軍使】 [名] 戦闘中、交渉の任務をもって敵軍に派遣される使者。

ぐん-し【軍師】 [名] 大将のもとで作戦や計略を考える人。参謀。▼策略に巧みな人の意でも使う。

ぐん-じ【軍事】 [名] 軍備・軍隊・戦争などに関する事柄。‖「—施設・—費・—力」

ぐんし-きん【軍資金】 [名] ❶軍事に必要な資金。軍用金。軍資。❷行動するのに必要な資金。‖「飲みに行きたいが—がない」

くん-しゃく【勲爵】 [名] 勲等と爵位。

くん-しゅ【君主】 [名] 世襲によって位につき、一国を統治する人。天子・皇帝・帝王など。‖「—国」「専制—」

くん-しゅ【▼葷酒】 [名] 臭気の強いネギ・ニラ・ニンニクなどの野菜と酒。▼仏門では香りの強い野菜を不浄とした。

◉**葷酒山門に入るを許さず** 葷酒は心を乱し、修行の妨げとなるので、清浄な寺門のうちに入れることは許さない。▼禅寺の山門の傍らに立てる戒壇石に刻まれる「不許葷酒入山門」を訓読みにしたことば。

ぐん-じゅ【軍需】 [名] 軍事上必要とすること。また、その物資。‖「—産業[景気]」⇔民需

ぐん-しゅう【群衆】 [名] 群がり集まった多数の人々。‖「広場に—が押し寄せる」

ぐん-しゅう【群集】 [名] ❶[自サ変] 多くの人や動物が群がり集まること。また、その群れ。‖「野次馬が—する」「—劇」❷一定の地域内で相互に有機的な関係をもって生活・生育するさまざまな生物の集団。▼生態学の研究対象となる。

ぐんしゅう-しんり【群集心理】 [名] 個人が群集の一人となったときに生じる特殊な心理状態。理性的思考が低下して無批判な言動に走り、暗示を受けて衝動的な行動をとりやすい。

ぐん-しゅく【軍縮】 [名] 軍事上の設備や兵隊の数を減らすこと。‖「—会議」⇔軍拡▼「軍備縮小」の略。

くんしゅ-せい【君主制】 [名] 君主を元首とする政治形態。

ぐん-しょ【軍書】 [名] ❶軍事や軍学に関する文書・書物。❷軍記。

くん-しょう【勲章】 [名] 国が功労のあった人に授ける記章。菊花章・桐花章・旭日章・瑞宝章・宝冠章および文化勲章がある。

くん-じょう【▼燻蒸】 [名・他サ変] 殺虫・殺菌のために、有毒ガスを発生させていぶすこと。‖「—剤」 書き方 「薫蒸」を代用表記とすることもある。

ぐん-しょう【群小】 [名] ❶数は多いが小さいもの。‖「—国家」❷多くのつまらないものや人。‖「—は相手にせず」

ぐん-じょう【群青】 [名] 鮮やかな藍青色の顔料。また、その色。群青色。‖「—の大空」

くん-しん【君臣】 [名] 君主と臣下。‖「—の礼」

ぐん-しん【軍神】 [名] ❶武運を守る神。いくさがみ。❷武勲を立てて戦死した軍人を神とあがめていった語。

ぐん-しん【群臣】 [名] 多くの臣下。諸臣。

ぐん-じん【軍人】 [名] 軍隊に籍のある将兵。

ぐん-じん【軍陣】 [名] 軍の陣営。また、軍が戦闘のために構える陣立て。‖「—を張る」

くんず-ほぐれつ【組んず▽解れつ】 [連語] 組み合ったり離れたりしながら激しく争うさま。‖「—の乱闘」▼「くみつほぐれつ」の転。 書き方 現代仮名遣いでは「くんづほぐれつ」も許容。

くん・ずる【薫ずる】 [自他サ変] かおる。また、かおらせる。‖「緑風—候」 文くん・ず

くん・ずる【訓ずる】 [他サ変] 漢字を訓で読む。訓読する。 文くん・ず

くん-せい【▼燻製(薫製)】 [名] 塩漬けした獣肉や魚肉を煙でいぶし、乾燥させた食品。独特の香味をもち、長期の保存がきく。‖「鮭の—」 書き方 「薫製」は代用表記。 燻

ぐん-せい【軍制】 [名] 軍事に関する制度。

ぐん-せい【軍政】 [名] ❶軍事に関する政務。❷戦時や内乱時に、軍隊が占領地・戒厳地などで行う統治。‖「—を敷く」⇔民政

ぐん-せい【群生・群▼棲】 [名・自サ変] ❶【生】同じ種類の植物が一か所に群がって生えること。‖「高山植物の—地」❷【生・棲】同じ種類の動物が群れをなして生活すること。‖「丹頂鶴の—する湿原」 書き方 ②の「群生」は代用表記。

ぐん-ぜい【軍勢】 [名] (人数・規模などから見た)軍の勢力。また、軍隊。‖「三万の—」

ぐん-せき【軍籍】 [名] 軍人としての身分。兵籍。

くん-せん【薫染】 [名・自他サ変] よい感化を受けること。また、よい感化を与えること。‖「老子の思想に—する」▼よい香りが染み込む意から。

ぐん-せん【軍扇】 [名] 武将が戦場で陣頭指揮に用いた扇子。▼骨を鉄で作り、地紙に日月星辰を描いたものが多い。

ぐん-せん【軍船】 [名] 昔、水上の戦闘に用いた船。いくさぶね。

ぐん-そう【軍曹】 [名] 旧日本陸軍の階級の一つ。下士官の第二位で、曹長の下、伍長の上。‖「鬼—」▼自衛隊では二曹にあたる。

ぐん-そう【軍装】 [名・自サ変] ❶戦闘用の装備をすること。また、その装備。❷軍服を着ること。また、その軍服。

ぐん-ぞう【群像】 [名] ❶多くの人々の姿。‖「青春—を描いた小説」❷絵画・彫刻で、人物群によって一定の主題を表した作品。‖「人間の喜怒哀楽を表現した—」

くん-そく【君側】 [名] 君主のそば。‖「—の奸(=君側に仕えているのをよいことに悪事を働く臣下)」

ぐん-ぞく【軍属】 [名] 軍人以外の身分で軍隊に勤務する人。陸海軍文官・技師・雇員など。

ぐん-たい【軍隊】 [名] (戦争の目的で編制された)兵士の集団・組織。

くんだり [接尾] 〈地名などに付いて〉中心地から遠く離れている意を表す。‖「こんな田舎—まで、よく来てくださいました」▼「くだり」の転。

ぐん-だん【軍団】 [名] 軍隊編成の単位の一つ。軍と師団との中間の規模にあり、歩兵二個師団以上で編成された。‖「—長」

ぐん-だん【軍談】 [名] ❶合戦を題材とした、江戸時代の通俗小説。『太閤記』『甲越軍記』など。❷軍記物に節をつけて面白く聞かせる講談。‖「—師」

くん-ちょう【君▼寵】 [名] 主君から特にかわいがられること。主君の寵愛。||「—を受ける」

くん-づけ【君付け】 [名] 人の名に「くん」をつけて呼ぶこと。||「生徒を—で呼ぶ」▽同等またはそれ以下の待遇を表す。

ぐん-て【軍手】 [名] 太い木綿の白糸で編んだ作業用の手袋。もとは軍用に作られた。||「—をはめる」▽「軍用手袋」の略。

くん-てん【訓点】 [名] 漢文を訓読するためにつける文字や符号の総称。ヲコト点・返り点・送り仮名・句読点など。||「白文に—を施す」

くん-でん【訓電】 [名・他サ変] 電報で訓令を伝えること。また、その電報。||「公使に—する」

ぐん-と [副] ❶思いきり力を入れるさま。ぐっと。ぐいと。||「—押す」❷他のものや今までの状態に比べて、差が際だって大きいさま。一段と。||「去年より—大きくなった」「気温が—上がる」「実力は—劣る」

くん-とう【勲等】 [名] 国が与える勲位の等級。▽平成一五(二〇〇三)年の栄典制度改正により、従来の勲一等などの数字による等級は廃止された。

くん-とう【薫陶】 ヲタ [名・他サ変] すぐれた徳で人を感化し、育てあげること。||「師の—を受ける」▽香をたいてかおりをしみこませ、土をこねて陶器を作り上げる意から。

くん-どう【訓導】 ウタ [名] ❶[他サ変] 教え導くこと。||「子弟を—する」❷旧制小学校の正規の教員。▽昭和二二(一九四七)年に「教諭」と改称された。

ぐん-とう【軍刀】 ウタ [名] 軍人が持つ戦闘用の刀。

ぐん-とう【群島】 ウタ [名] ある海域にまとまって点在する多くの島。||「八重山—・フィリピン—」

ぐん-とう【群盗】 ウタ [名] 徒党を組んで横行する盗賊。

くん-とく【君徳】 [名] 君主の徳。また、君主としてそなえるべき徳。

くん-どく【訓読】 [名・他サ変] ❶漢字をその意味に当てた日本語の読み方で読むこと。「春」を「はる」、「夏」を「なつ」と読むなど。訓読み。⇕音読 ❷漢文に訓点をつけ、日本語の文法に従って読み下すこと。

くん-のう【君王】 ワウ [名] 帝王。君主。||「—沛公はいこうと飲す」▽「くんおう」の連声れんじょう。

ぐん-ば【軍馬】 [名] 軍隊で使う馬。

ぐん-ばい【軍配】 [名] ❶昔、武将が戦場で陣頭指揮に用いたうちわ形の武具。❷相撲の行司が力士の立ち合いや勝敗の指示に用いるうちわ形の道具。◈「軍配団扇うちわ」の略。

◉**軍配を上・げる** 行司が勝った力士を軍配で指し示す。転じて、競争や争いなどで勝利の判定をくだす。||「私としては後者の案に—・げたい」

ぐん-ばつ【軍閥】 [名] 軍部を中心とする政治的な集団。||「—が跋扈ばっこする」「—政治」

ぐん-ぱつ【群発】 [名・自サ変] ある期間、局地的に集中して起こること。||「—地震」

ぐん-び【軍備】 [名] 国家の防衛・戦争のための軍事上の備え。||「—の縮小」

ぐん-ぴ【軍費】 [名] 戦争や軍事に必要な費用。軍事費。

ぐん-ぴょう【軍票】 ヘウ [名] 交戦地・占領地などで、軍隊が通貨に代えて発行する手形。軍用手形。▽「軍用手票しゅひょう」の略。

くん-ぷ【君父】 [名] 主君と父。

◉**君父の讐あだは倶ともに天を戴いただかず** 君父のかたきとは同じ空の下に生きることはできないので、必ず討ち取るということ。▽『礼記』から。

ぐん-ぶ【軍部】 [名] 陸・海・空軍の総称。また、軍の当局。||「—が政治に介入する」

ぐん-ぶ【郡部】 [名] 郡に属する地域。||「—に工場を建てる」⬇市部

ぐん-ぶ【群舞】 [名・自サ変] 大勢がいっしょになって舞い踊ること。また、その踊り。||「蝶の—する高原」

くん-ぷう【薫風】 [名] (若葉のかおりをただよわす)さわやかな初夏の風。||「—の五月」

ぐん-ぷく【軍服】 [名] 軍人の制服。

ぐん-ぼう【軍帽】 [名] 軍人の制帽。

ぐん-ぽう【軍法】 フハ [名] ❶戦争の方法。戦術。兵法。||「織田信長の—」❷軍隊の法律。軍律。

ぐんぽう-かいぎ【軍法会議】 グンパフクワイギ [名] 軍人・軍属の犯罪を裁く特別刑事裁判機関。軍事裁判所。

ぐん-む【軍務】 [名] 軍務上の事務。また、軍隊の勤務。

くん-めい【君命】 [名] 主君の命令。

ぐん-もう【群盲】 マウ [名] 大勢の目の見えない人たち。

ぐん-もん【軍門】 [名] 軍営の門。

◉**軍門に下・る** 戦争に負けて降参する。降伏する。||「敵の—」書き方「下る」は「降くだる」とも。

ぐん-ゆう【群雄】 [名] 多くの英雄。

ぐんゆう-かっきょ【群雄割拠】 [名] 多くの英雄が各地で勢力を振るい、対立すること。転じて、多くの実力者が互いに勢力を争うこと。

ぐん-よう【軍用】 [名] 軍事に用いること。||「—機」

くん-よみ【訓読み】 [名・他サ変] ⬇訓読くんどく① ⇕音読み

ぐん-らく【群落】 [名] 同一環境の地域内で相互に有機的な関係をもって生育する植物の集まり。一種の植物の場合と、多種にわたる場合とがある。植物群落。||「高山植物—」

ぐん-りつ【軍律】 [名] ❶軍隊の規律。軍規。❷軍隊の法律。軍法。

ぐん-りゃく【軍略】 [名] 攻撃・防衛に関する、軍事上の計略。戦略。

ぐん-りょ【軍旅】 [名] ❶軍隊。軍勢。❷戦争。

くん-りん【君臨】 [名・自サ変] ❶君主として国家を統治すること。❷ある分野で、絶大の勢力をもって他を支配すること。||「文壇に—する重鎮」

くん-れい【訓令】 [名・他サ変] ❶訓示して命令すること。また、その命令。❷上級官庁が下級官庁に対して指揮・監督上の命令を発すること。また、その命令。||「内閣—」

ぐん-れい【軍令】 [名] ❶軍隊での命令。❷明治憲法下で、作戦・用兵などに関する統帥事務。||「—部(=旧日本海軍の中央統帥機関)」

くん-れん【訓練】 [名・他サ変] ある能力や技術に習熟させるために、教えて練習させること。||「操船の—を行う」「盲導犬を—する」「よく—されたチーム」「避難—・実地—・職業—」

くん-わ【訓話】 [名・他サ変] 教えさとすために話をすること。また、その話。||「校長—」

け

け【毛】[名] ❶哺乳(ほにゅう)動物の皮膚をおおっている細い糸状のもの。体温を調節したり、体を保護したりする働きをもつ。‖「—のふさふさした犬」「—(=羊毛)の肌着」「鶏の—(=羽)をむしる」▽人間の場合、生じる部位によって「髪の毛」「眉毛(まゆげ)」「腋毛(わきげ)」「胸毛(むなげ)」「脛毛(すねげ)」などと区別して呼ぶことがある。❷頭髪。髪の毛。❸①のようなもの。‖「タンポポ[筆]の—」

◉**毛が生(は)えたような** (大したことがないものを基準として)それよりほんの少しだけまさっている。‖「別荘といっても山小屋に—ものだ」

◉**毛を吹いて疵(きず)を求む** ❶ことさらに人の欠点をあばきたてる。❷人の欠点を追及してかえって自分の欠点をさらけ出す。◈『韓非子(かんぴし)』から。

け【▼褻】[名] 日常的なこと。ふだん。‖「—にも晴れにも(=ふだんにも晴れがましいときにも)」⇕晴れ　褻

け【気】■[名] そこに何かがあると感じられる気配(けはい)。また、そのものがもつ傾向。‖「火の—のない部屋」「貧血の—がある」■[接頭]〈動詞・形容詞などに付いて〉何となく、どことなく、という意を添える。‖「—高い・—だるい」「—押される」■[接尾]〈名詞、動詞の連用形、形容詞・形容動詞の語幹などに付いて〉そのような様子・気配が感じられる意を表す。‖「人—・食い—・寒—」「嫌—(いやけ)がさす」▽「しゃれっけ」「商売っけ」のように促音「っ」がはいることもある。 読み分け ➡き(気) 旧氣

け【▼卦】[名] 易で、算木に現れる形象。乾(けん)・兌(だ)・離(り)・震(しん)・巽(そん)・坎(かん)・艮(ごん)・坤(こん)の八つに分かれ、その組み合わせによって吉凶を判断する。‖「—を立てる」「八—(はっけ)」

け[終助]〈断定の助動詞「だ」と過去の助動詞「た」に付いた「だっけ」「たっけ」の形で〉❶感慨を込めて**回想**や**想起**を表す。‖「昔はよくけんかしたっけねえ」「そうか、そんなこともあったっけ」❷忘れたことについて、質問したり確認したりする。‖「そんなこと言ったっけ」「出発はいつだっけ」「それから後でしたっけか、行願寺の寺内へ御引っ越しなすったのは〈漱石〉」◈文語助動詞「けり」から。

け【化】(造) ❶姿を変える。ばける。‖「—生(けしょう)・—粧・—身」「権—(ごんげ)・変—(へんげ)」❷教え導く。‖「教—(きょうけ・きょうげ)」

け【家】(造) 一族。家族。‖「—来」「武—・分—」 使い方 姓などに付いて、その家族・一族を表す。‖「お隣の山田—は外出中です」「徳川—の人々」

げ【下】■[名] ❶程度が劣っていること。わるいこと。‖「—の中の—の成績」❷順序が最後・後であること。‖「—の巻」「—旬」⇕上 ■(造) ❶位置がしたにある。したのほう。‖「—水・—段」❷地位・年齢などがしたである。‖「—人」❸くだる。くだす。おりる。おろす。‖「—車・—山」

げ【▼偈】[名] 仏典中、韻文の形式をとり、仏の功徳や教えをほめたたえたことば。四句からなるものが多い。

げ[接尾]〈動詞の連用形、形容詞・形容動詞の語幹などに付いて、形容動詞の語幹を作る〉いかにも…そう、…の様子、の意を表す。‖「うれし—・悲し—・さびし—」「言いた—」「訳あり—」「大人—ない」 書き方 「気」とも。 使い方 (1)「良さげ」「やばげ」など、「げ」の付かなかった形容詞などにも拡張して使うのは誤り。‖「×良さげな店(〇良さそうな店)」「×やばげな感じ(〇やばそうな感じ)」(2)➡無(な)げ

ケア【care】[名] ❶[他サ変] 病人や体の不自由な人を介護すること。‖「在宅—」❷手入れ。管理。‖「スキン—・アフター—」❸心づかい。配慮。

け-あがり【蹴上がり】[名] 鉄棒にぶら下がり、前方に振って、その振り戻りの反動を利用して鉄棒にあがる技。

け-あげ【蹴上げ】[名] 階段一段の高さ。

け-あし【毛足(毛脚)】[名] ❶毛織物・毛皮などで、表面に立っている毛。‖「—の長い絨毯(じゅうたん)」❷毛の伸びぐあい。‖「—が早い」「—の長い犬」❸毛の多く生えている足。毛ずね。

け-あな【毛穴】[名] 皮膚の表面にある、毛の生える穴。

ケア-ハウス【和製care+house】[名] 介護は必要ないが、独立して生活するには不安のある高齢者が、入浴や食事などの援助を受けながら生活する集合住宅。介護利用型軽費老人ホーム。

ケア-プラン【和製care+plan】[名] 介護保険制度で、ケアマネージャーが要介護・要支援の認定を受けた人の依頼に応じて作成する、必要なサービスの提供計画。介護サービス計画。

ケア-マネージャー【care manager】[名] 介護支援専門員。介護保険制度で、要介護・要支援の認定を受けた人のために介護サービス計画(ケアプラン)を作成し、適切なサービスが受けられるように市区町村・事業者・施設などと連絡調整を行う専門員。都道府県知事による資格試験がある。

ケアレス-ミス[名] 不注意から生じる間違いや失敗。▽careless mistake から。

ケア-ワーカー【care worker】[名] 日常生活の援助を必要とする障害者や高齢者に食事・入浴・衣服の着脱などの介助を行う人。▽➡介護福祉士

けい【刑】[名] 法律によって罪を犯した者に科する罰。刑罰。‖「懲役七年の—に処す」「—期」「終身—」

けい【系】[名] ❶ある系列をなしてつながるもの。また、ある特性をもってまとまるもの。‖「—図・—統・—譜」「大—・理—」「太陽—・神経—」「外資—・体育会—」「出会い—」❷数学で、一つの定理からただちに導かれる命題。

けい【径】■[名] さしわたし。‖「—七センチ」「口—・半—」■(造) ❶小道。‖「—路」「山—・石—」❷まっすぐに。‖「直情—行」 旧徑

けい【計】■[名] ❶はかりごと。計画。‖「一年の—は元旦にあり」❷合計。総計。‖「—三〇万円かかる」■(造) ❶見積もる。くわだてる。‖「—略」「一—・奸—(かんけい)・設—」❷数を数える。‖「—算・—理・—量」「会—・統—」❸数量をはかる器具・装置。‖「時—・温度—・歩数—」

けい【▼桂】■[名] 「桂馬(けいま)」の略。■(造) 肉桂(にっけい)・木犀(もくせい)など、香木の総称。また、月桂樹。‖「—冠」

けい【▼卿】■[名] 大納言(だいなごん)・中納言・参議および三位以上の人。■[代]〔古風〕〔二人称〕男性が同等以下の相手を軽い敬意をこめて指し示す語。

けい【景】■[名] けしき。ありさま。‖「湖畔の—を描く」「—観・—勝」「情—・背—・夜—」■(造) ❶演劇などの場面。‖「場—・第一—」❷大きい。また、めでたい。‖「—雲・—福」❸あおぐ。したう。‖「—慕」❹風情をそえるもの。‖「—品・—物」

けい【▼罫】[名] ❶一定の間隔で引いた細い線。‖「—を引く」❷印刷で、輪郭や仕切りを表す線。また、それを

印刷するために使う薄い金属板。≡「―を組む」「表―」❸碁盤・将棋盤の表面に引いた縦横の線。

けい【兄】㊀［代］（二人称）親しい先輩・友人に対する敬称。≡「―のご健闘を祈る」㊁［接尾］親しい先輩・友人の氏名に付けて敬意を表す。≡「鈴木―」㊂（造）❶あに。≡「長―・父―」⬌弟(てい)❷年長の男性に対する敬意を表す。≡「貴―・諸―・大―」◈㊀㊁は男性同士の手紙などで使う。

けい【茎】（造）草のくき。また、そのような形のもの。≡「根―・地下―・球―」旧莖

けい【係】（造）つなぐ。かかる。かかわりをもつ。≡「―数・―争・―累」「関―・連―」

けい【型】（造）❶物の形を作るもと。いがた。≡「原―・紙―・母―」❷模範となるもの。手本。≡「典―」

けい【契】（造）❶ちぎる。約束する。≡「―約」「黙―」❷割り符を合わせる。ぴたりと合う。≡「―印・―機」

けい【恵】（造）めぐむ。恩をほどこす。いつくしむ。≡「―愛・―贈」「互―・天―」旧惠

けい【啓】（造）❶ひらく。ひらいて明らかにする。教え導く。≡「―示・―蟄(けいちつ)・―発・―蒙(けいもう)」「天―」❷申す。申し上げる。≡「―白」「急―・謹―・拝―」❸皇后・皇太子などが外出する。≡「行―」

けい【掲】（造）高くさしあげる。かかげる。≡「―載・―示・―揚」「左―・前―」旧揭

けい【渓】（造）たに。たにがわ。≡「―谷・―流」「雪―・耶馬(やば)―・定山(じょうざん)―」旧溪（「谿」は異体字）

けい【経】（造）❶織物の縦糸。また、縦の線。≡「―緯」❷地球上に赤道と直角に引いた仮の線。≡「―度」❸「経度」の略。≡「東―」❹つねの。通常の。≡「―常・―費」❺不変の真理を説いた書物。≡「―典(けいてん・きょうてん)」❻筋道をたてて治める。管理する。≡「―営・―済」❼筋道をたどる。通り過ぎる。≡「―験・―由・―歴」「神―」❽「経済」の略。≡「政―」❾「月経」の略。≡「初―」旧經

けい【蛍】（造）ほたる。≡「―光・―雪」旧螢

けい【敬】（造）自分の言動をつつしみ、人をうやまって礼をつくす。≡「―具・―虔(けいけん)・―語・―礼・―老」「愛―(けいあい・あいきょう)・畏―(いけい)・失―・尊―・不―」

けい【軽】（造）❶かろやか。すばやい。≡「―快・―妙」❷目方がかるい。程度が少ない。≡「―傷・―装・―量・―金属」❸てがるな。簡易。≡「―食・―便」❹かるがるしい。≡「―率・―薄」「―挙妄動・―佻(けいちょう)浮薄」❺かろんじる。あなどる。≡「―視・―蔑(けいべつ)」旧輕

けい【傾】（造）ななめにする。かたむく。≡「―向・―城(けいせい)・―聴」「右―・左―」

けい【携】（造）❶手にさげてもつ。たずさえる。≡「―行・―帯」「必―」❷手をつなぐ。≡「提―・連―」

けい【継】（造）❶つなぐ。うけつぐ。≡「―承・―続・―投」「中―」❷義理の間柄。≡「―子・―父」旧繼

けい【詣】（造）❶いたる。≡「造―」❷社寺にもうでる。≡「参―」

けい【▼閨】（造）❶女性の部屋・寝室。また、夫婦・男女間のこと。≡「―怨(けいえん)・―中」「紅―・深―」❷女性。また、妻。≡「―秀」「令―」

けい【慶】（造）祝う。よろこぶ。よろこび。≡「―賀・―事・―弔・―福」「吉―・同―・落―」

けい【憬】（造）あこがれる。≡「憧―(しょうけい)」

けい【稽】（造）❶とどまる。とどめる。≡「―留」❷かんがえる。≡「―古」「滑―(こっけい)・荒唐無―」❸頭を地につけて敬礼する。≡「―首」

けい【憩】（造）いこう。やすむ。≡「―息」「休―・小―」

けい【▼頸】（造）くび。のどくび。≡「―椎(けいつい)」「刎―(ふんけい)」

けい【▼繋】（造）つなぐ。つなぎとめる。≡「―留」「連―」▽「係」と通じる。

けい【警】（造）❶注意する。用心させる。≡「―告・―鐘・―報」❷非常の事態にそなえる。まもり。≡「―戒・―備」「自―・夜―」❸すばやい。さとい。≡「―句」❹「警察」「警察官」の略。≡「県―・市―・府―・婦―」

けい【鶏】（造）にわとり。≡「―頭・―肉・―鳴・―卵」「闘―・養―」旧鷄（「雞」は異体字）

けい【競】（造）きそう。せりあう。≡「―馬・―輪」

げい【芸】㊀［名］習って身につける技。役者の演技、芸能などの技術、また、動物に仕込んだ曲芸など。≡「名優の―が光る」「猿が―をする」「一人―」㊁（造）草木を植える。≡「園―」旧藝（「芸(ウン)」「藝」は本来別字。「芸(ウン)」は、本来、香草の名。）

◉**芸が細か・い**　細かなところまで配慮がされていて、巧みである。

◉**芸が無・い**　ありきたりで面白みがない。

◉**芸は身を助(たす)・く**　一芸を身につけておくと、いざというとき役に立つ。

げい【迎】（造）❶むかえる。接待する。≡「―春・―賓・―撃」「歓―・送―」❷相手の意を入れる。≡「―合」

げい【鯨】（造）くじら。≡「―肉・―油」「白―・捕―」

ゲイ［gay］［名］同性愛者。特に、男性の同性愛者。

けい-あい【敬愛】［名・他サ変］尊敬して、親しみの気持ちをもつこと。≡「―する友」「―の念を抱く」✓注意 形容動詞として使うことも多いが、本来は誤り。≡「敬愛なる田中同志」

けい-い【経緯】(ヰ)［名］❶物事の筋道。いきさつ。≡「交渉の―を説明する」❷地球の経度と緯度。◈縦糸と横糸の意。

けい-い【敬意】［名］尊敬する気持ち。≡「―を表する」「―を払う」

けい-い【軽易】［名・形動］❶たやすいこと。手軽なこと。≡「―な服装」❷軽率なこと。派生―さ

げい-いき【芸域】(ヰキ)［名］修得した芸の領域。≡「―の広い役者」

けい-いん【契印】［名］一連の書類が互いに関連する文書であることを証明するために、それぞれの紙面にまたがらせて押す印。

げい-いん【鯨飲】［名・他サ変］くじらが海水を飲むように、いちどきに大量の酒を飲むこと。牛飲。≡「大杯の酒を―する」「―馬食」

けい-えい【形影】［名］ものの形とその影。▼ぴったりと寄り添って離れないさまにたとえる。

◉**形影相弔(あいとむら)う**　自分とその影が慰め合うだけで、誰一人訪れる人もない孤独をいう。≡「―の身」

◉**形影相伴(あいともな)う**　夫婦が仲むつまじく、いつも一緒にいるさま。≡「―オシドリ夫婦」

けい-えい【経営】［名・他サ変］❶利益があがるように、会社・商店などを運営すること。≡「旅館を―する」「―がゆきづまる」❷おおもとの方針などを定めて、物事を行うこと。≡「国家の―」◈もと、なわばりをし、土台を固めて建築を行う意。

けい-えい【継泳】［名］水泳のリレー競技。

けい-えい【警衛】[名・他サ変] 警戒して守ること。また、その人。

けい-えん【敬遠】[名・他サ変] ❶表面ではうやまう様子を見せながら、実際には避けてかかわらないようにすること。「説教癖のある上司を―する」❷いやがって避けること。「甘い物を―する」❸野球で、投手が打者との勝負を避け、故意に四球で出塁させること。

けい-えん【▼閨怨】[名] 夫や恋人と別れた女性が、一人で寝る寂しさをうらみ悲しむこと。また、その気持ち。「―の詩」

けい-おんがく【軽音楽】[名] ジャズ・シャンソンなど、気軽に楽しめる西洋音楽。ポピュラーミュージック。

けい-か【経過】[名] ❶[自他サ変] 時間が過ぎてゆくこと。「卒業して五年の歳月が―した」❷[自サ変] ある場所・段階を通りすぎること。「然しこの煩悶を―しないと自分の存在を生涯悟る事が出来ないのです〈漱石〉」❸時間が過ぎるとともに移り変わる物事のようす。なりゆき。「手術後の―は良好だ」「途中―」

けい-が【慶賀】[名・他サ変] 喜び祝うこと。祝賀。「ご成婚の儀―の至りに存じます」

げい-か【▼猊下】[名] ❶高僧の敬称。また、各宗派の管長の敬称。❷高僧に送る手紙の脇付に使う語。▼「猊座下」の略。仏の座(転じて高僧の座)のそばの意。

けい-かい【軽快】[名] ━[形動] ❶身軽ですばやいこと。「―な身のこなし」「―に動き回る」❷気持ちが軽やかで、浮きたつこと。「―な曲[リズム]」 派生 -さ ━[自サ変] 病気が回復すること。「順調に―した」

けい-かい【警戒】[名・他サ変] 被害・損失などをこうむらないように、あらかじめ用心して備えること。「暴動を―する」「警官が徹夜で―に当たる」

けい-がい【形骸】[名] ❶精神の働きをなくした、からだ。むくろ。❷建物などの、骨組み。「破壊されて―もとどめない」❸形だけ残して、実質的な意味や価値を持たないもの。「―化した制度」

けい-がい【▼謦▼咳】[名] せき。せきばらい。▼「謦」「咳」ともに、せきの意。

謦

◉**謦咳に接・する** 尊敬する人や身分の高い人の話を直接聞く。また、親しくお目にかかる。「老師の―」

けいかい-しょく【警戒色】[名] ❶毒・悪臭などをもつ動物に多く見られる鮮やかな体色や模様。スズメバチの黒と黄色、スカンクの黒と白など。警告色。▼他の動物を警戒させるためとされる。❷警戒する気配。

けいかい-せん【警戒線】[名] 非常線。「―を張る」

けい-かく【計画】[名・他サ変] あることを行うために、あらかじめその手順・方法などを考えること。また、その考え。「―を立てる[練る]」

けい-がく【経学】[名] 四書五経など、経書を研究する学問。

けいかく-けいざい【計画経済】[名] 生産・流通・消費・金融などの経済活動全般が、国家によって計画的に管理・運営される経済体制。▼社会主義国家経済の特徴の一つ。

けいかく-だおれ【計画倒れ】[名] 計画だけで実質・実行がともなわないこと。「新事業が―になる」

けいかく-てき【計画的】[形動] あらかじめ立てておいた計画に基づいて物事を行うさま。「―な犯行」「―に進める」

けいか-そち【経過措置】[名] 法令などの改廃によって不利益が生じる人のために設けられる、過渡的措置。「新法施行後、―として旧制度を併用する」

けい-かん【▼挂冠】[名・自サ変] 官職を辞めること。致仕。かいかん。 語源 「挂」は掛けるの意。後漢の逢萌(ほうぼう)が冠を城門に掛けて去ったという故事に基づく。

けい-かん【▼荊冠】[名] キリストが十字架にかけられた時にかぶせられた、いばらの冠。▼受難のたとえにもいう。

けい-かん【▼桂冠】[名] 「月桂冠(げっけいかん)」の略。

けい-かん【景観】[名] 見る人を引きつける、(すばらしい)ながめ。「―に富むリアス海岸」

けい-かん【警官】[名] 警察官。特に、巡査。

けい-かん【鶏冠】[名] ニワトリのとさか。

けい-がん【▼炯眼】[名] ❶鋭く光る目。「―人を射る」❷[形動] 慧眼(けいがん)。

けい-がん【▼慧眼】[名・形動] 物事の本質を見抜く鋭い洞察力をもつこと。また、その洞察力。炯眼(けいがん)。「―の士」⇕凡眼 ▼「慧」はさといの意。

けいかん-しじん【▼桂冠詩人】[名] 英国で、最高の詩人に王室から授けられる称号。終身制の名誉職。ポエットローリエット。

けい-き【刑期】[名] 懲役・禁錮などの自由刑を受ける期間。「―を終える」

けい-き【京畿】[名] ❶みやこに近い地域。みやこ。❷畿内(きない)。

けい-き【契機】[名] ❶物事の始まりや変化を引き起こす直接的な要因。動機。動因。きっかけ。「言論弾圧を―に暴動が起こる」❷独自の全体を構成している本質的要素。また、物事が独自の発展をするときに必ず通過しなくてはならない本質的段階。▼ヘーゲルの用語。Moment(ドイツ)の訳語。

けい-き【計器】[名] 長さ・重さ・速さなど、物の数量をはかるための器械。計量器械。メーター。「―飛行(＝航空機が計器の指示のみによって飛行すること)」

けい-き【景気】[名] ❶売買・商取引などの状況。また、社会全体の経済活動の状況。「―が上向く」「好―・不―」❷物事の勢い。威勢。「―のいい声」

けい-き【継起】[名・自サ変] 引き続いて起こること。「不祥事が―する」

げい-ぎ【芸▼妓】[名] 歌舞・音曲などで宴席に興を添えることを職業とする女性。芸者。

けい-きかんじゅう【軽機関銃】[名] 一人で携行し、射撃することのできる小型の機関銃。軽機。⇕重機関銃

けい-ききゅう【軽気球】[名] ➡気球

けい-き-づけ【景気づけ(景気付け)】[名] 勢いや元気が出るようにすること。「―に一杯やる」

けいきどうこう-しすう【景気動向指数】[名] 景気が上昇するか下降するかの転換点を総合的に示す指数。鉱工業生産指数・製品在庫率指数・完全失業率などの指標に基づいて作成し、毎月、内閣府が発表する。

けい-きへい【軽騎兵】[名] 軽装備をした騎兵。

けい-きょ【軽挙】[名・自サ変] 前後を考えないで軽率に行動すること。また、その行動。「―を慎む」

けい-きょう【景況】[名] ❶ある社会の、景気の動向。❷時とともに移り変わる、その場のありさま。「高速道路の開通で一変した郊外の―」

けい-きょく【▼荊▼棘】［名］❶いばらなど、とげの生えている低木。〓「―の地」❷障害になるもの。また、苦悩や困難に満ちていること。〓「―の道を歩む」

けいきょ-もうどう【軽挙妄動】(ーマウドウ)［名］軽はずみで向こう見ずな行動。

けい-きんぞく【軽金属】［名］比重が比較的軽い金属。アルミニウム・マグネシウム・ベリリウムなど。⇔重金属 ▼ふつう比重四〜五以下のものをいう。

けい-く【警句】［名］巧みな表現で人生や社会の真理をついた短いことば。アフォリズム。▼「夫婦生活は長い会話である〈ニーチェ〉」の類。

けい-ぐ【刑具】［名］体刑に用いる道具。棒・むち・かせ・絞首台など。

けい-ぐ【敬具】［名］つつしんで申し上げましたの意で、手紙文の末尾に書く挨拶(あいさつ)の語。▼「拝啓」に対応する。

けい-ぐん【鶏群】［名］にわとりの群れ。

◉鶏群の一鶴(いっかく) 凡人の中に一人だけすぐれた人物がまじっていること。〓「彼は門弟の中でも―だった」

けい-けい【▼炯▼炯】［形動タルト］目などが鋭く光るさま。〓「眼光―として辺りを睥睨(へいげい)す」

けいけい-に【軽軽に】［副］言動・考えなどに慎重さが欠けているさま。軽率に。かるがるしく。〓「―論じてはならない」

げい-げき【迎撃】［名・他サ変］攻めてくる相手を迎え撃つこと。邀撃(ようげき)。〓「―ミサイル」

けい-けつ【経穴】［名］灸(きゅう)をすえ、鍼(はり)を打つ箇所。経絡(けいらく)の要所にあたる。つぼ。

けい-けん【経験】［名・他サ変］自分で実際に見たり聞いたり行ったりすること。また、それによって得た知識や技能。〓「いろいろな仕事を―する」「貴重な―を積む」「―を生かす」 使い方 「戦争を経験／体験する」では、後者はなまなましい肉体面を強調する。「学識経験者」「経験者優遇」など、習得した知識・技能などを重んじる領域では「体験」は使いにくい。

けい-けん【敬▼虔】［形動］かしこまって、深くうやまうさま。特に、神仏をうやまい、深く帰依するさま。〓「―なクリスチャン」 派生 さ

けい-げん【軽減】［名・自他サ変］負担・苦痛などを減らして、軽くすること。また、減って軽くなること。〓「労力を―する」「症状が一時的に―する」

けいげん-ぜいりつ【軽減税率】［名］標準税率より低く設定する税率。課税の対象となるものや納税者層を限定するなど、税制上の特例として導入する。

けいけん-そく【経験則】［名］経験した事実によって得られる法則。経験的法則。

けいけん-ち【経験値】［名］経験によって得られた力の度合い。〓「―を積む」「―が高い」

けい-こ【稽古】［名・他サ変］❶武術・技芸などを（繰り返し）習うこと。また、その練習。〓「お茶［ピアノ］の―」「新弟子に―をつける」❷演劇などで、本番前の練習をすること。リハーサル。

けい-ご【敬語】［名］自分（＝話し手や書き手）が、相手（＝聞き手や読み手）、相手側の人物または話題の中の人物を高めていう語。また、相手に対して改まった気持ちを表したり、丁寧な気持ちを表すものもある。尊敬語・謙譲語・丁重語・丁寧語・美化語の五種に分けられる。⬇敬語解説（一九八㌻）

けい-ご【警護】［名・他サ変］警戒して守ること。また、その役の人。〓「首相の身辺を―する」「要人の―に当たる」 書き方 もと「警固」と書いた。「警護」は「警戒警護」に基づく新しい表記。

げい-こ【芸子】［名］主に関西で、芸者。芸妓(げいぎ)。

けい-こう【径行】(ケイカウ)［名］よしと思うことを意志を曲げないで行うこと。〓「直情―の人」

けい-こう【経口】［名］口を通って体内にはいること。〓「―感染・―ワクチン」

けい-こう【蛍光】(ケイクヮウ)［名］ある物質が光・紫外線・放射線などの照射を受けたときに発する、高熱を伴わない光。〓「―体・―塗料」▼ホタルの発する光の意から。

けい-こう【景仰】(ケイカウ)［名・他サ変］徳の高い人を尊敬して慕うこと。けいぎょう。

けい-こう【傾向】(ケイカウ)［名］❶性質や状態がある方向にかたむいていること。また、そのかたむき。〓「失業率増加の―に歯止めをかける」❷思想的に特定の方向、特に左翼的な方向にかたよること。〓「―文学」

けい-こう【携行】(ケイカウ)［名・他サ変］持って行くこと。身につけて行くこと。〓「雨具を―する」「―食糧」

けい-こう【鶏口】［名］にわとりの口。

◉鶏口となるも牛後(ぎゅうご)となるなかれ 大きな団体や組織の中で使われるよりも、小さな団体や組織の長となる方がよい。▼『史記』から。

けい-ごう【契合】(ケイガフ)［名・自サ変］割り符を合わせたように、ぴたりと一致すること。

げい-ごう【迎合】(ゲイガフ)［名・自サ変］自分の考えを曲げてまでも、他人の意向や世の風潮に調子を合わせること。〓「権力［大衆］に―する」

けい-こうぎょう【軽工業】(ーコウゲフ)［名］食品・繊維品・雑貨など、容積に比べて重量の軽い消費財を生産する工業。⬍重工業

けい-ごうきん【軽合金】(ーガフキン)［名］軽金属を主成分とした合金。軽くて強いので、自動車・航空機などの材料とする。アルミニウム合金・マグネシウム合金・ベリリウム合金など。

けいこう-とう【蛍光灯】(ケイクヮウ)［名］水銀蒸気中の放電によって生じた紫外線をガラス管の内側に塗った蛍光物質に当てて発光させる照明灯。

けいこう-ひにんやく【経口避妊薬】［名］内服避妊薬。ホルモン剤の一つで、継続的に服用することで排卵を抑制する。ピル。

けいこう-ペン【蛍光ペン】(ケイクヮウ)［名］蛍光顔料を用いた筆記具。マーカーなどとして使う。

けい-こく【経国】［名］国家を経営すること。国を治めること。〓「―済民(さいみん)（＝国を治めて民衆の生活を安定させること）」

けい-こく【渓谷（▼谿谷）】［名］山と山の間の、川の流れているところ。深い谷。谷間。

けい-こく【傾国】［名］傾城(けいせい)。

けい-こく【警告】［名・他サ変］よくない事態が起こらないように、事前に告げて注意をうながすこと。また、その注意。〓「火口に近づくなと―する」

けいこ-ごと【稽古事】［名］茶道・華道・書道・舞踊などの芸事を師匠について習うこと。また、その芸事。

けいこ-だい【稽古台】［名］❶舞踊の稽古などのために設ける、板張りの場所。❷稽古の相手。

けい-こつ【▼脛骨】［名］すねの内側にある、長くて太い骨。むこうずねの骨。〓「―神経」⬇骨(ほね)（図）

けい-こつ【▼頸骨】［名］首の骨。

げい-ごと【芸事】［名］舞踊・音曲などの遊芸。また、それに関する事柄。

けい-さい【▼荊妻】［名］自分の妻をいう丁重語。語源「荊」は、いばら。後漢の梁鴻(りょうこう)の妻孟光(もうこう)がいばらのかんざしを挿したという『列女伝』の故事から。

けい-さい【掲載】［名・他サ変］新聞や雑誌に文章・絵・写真などをのせること。||「紀要に論文を—する」

けい-さい【継妻】［名］後添いの妻。後妻。継室。

けい-ざい【経済】［名］❶人間の共同生活に必要な物資・財産を生産・分配・消費する活動。||「—援助・—界」❷個人的な金銭のやりくり。||「家の—が苦しい」❸［形動］費用・手間がかからないこと。||「共同購入をすると—だ」◈「経国済民」「経世済民」の略から。

けいざい-かい【経済界】［名］経済活動が活発に行われている社会。特に、実業家の社会。財界。

けいざい-がく【経済学】［名］人間社会の経済現象を研究する学問。理論経済学・経済史学・経済政策学などの部門に分けられる。

けいざいきょうりょくかいはつ-きこう【経済協力開発機構】［名］⬇オーイーシーディー（ＯＥＣＤ）

けいざいさんぎょう-しょう【経済産業省】［名］国の行政機関の一つ。産業政策、通商政策、中小企業振興、資源・エネルギーなどに関する業務を担当する。長は経済産業大臣。

けいざい-せいさい【経済制裁】［名］国際法に違反した国に対して、経済的手段による制裁を加えること。輸出入の制限・禁止、経済関係条約の停止、在外資産の凍結などが行われる。

けいざい-てき【経済的】［形動］❶経済・金銭に関するさま。||「—な理由で大学を中退する」❷むだがはぶけ、経費や時間が少なくてすむさま。||「電車を使ったほうが—だ」

けいざい-ふうさ【経済封鎖】［名］交戦国・敵対国などの対外的な経済交流を制限または禁止し、その国を経済的に孤立させること。

けい-さつ【警察】［名］❶国民の生命・身体・財産の保護、犯罪の予防・捜査、社会秩序の維持を目的とする行政。また、その組織。❷「警察署」の略。

けいさつ-かん【警察官】［名］警察の職務を遂行する公務員。警視総監以下、巡査までの九階級がある。警官。

けいさつ-しょ【警察署】［名］都道府県の各区域内で警察の仕事をする役所。

けいさつ-ちょう【警察庁】［名］国家公安委員会の管理下に置かれ、警察行政を統轄する中央機関。長は警察庁長官。

けい-さん【計算】［名・他サ変］❶足し算・引き算・掛け算・割り算などにより、数値を求めること。||「料金を—する」「—が合う」❷状況を判断し、こうすればこうなるという過程・結果を予測しておくこと。||「風を—に入れる」「反対意見が出るのも—の内」

けいさん-えん【▼珪酸塩（▼硅酸塩）】［名］二酸化珪素と金属酸化物とからなる塩。地殻をつくる造岩鉱物の主成分。一般に融点は高く、融解物を冷却するとガラス状になりやすい。

けいさん-き【計算機（計算器）】［名］いろいろな計算を短時間で正確に行う機器。

けいさん-ずく【計算ずく】［名］自分が損をしないように先のことを考えて行動すること。書き方「計算▽尽く」とも。現代仮名遣いでは「計算づく」も許容。注意「ずく」と「ずくめ」とを混同した「計算ずくめ」は誤り。||「×効果を狙って計算ずくめでやったことだ」

けいさん-だか・い【計算高い】［形］金銭・損得の計算に細かく気をつかうさま。打算的である。

けいさん-ぷ【経産婦】［名］子供を産んだことのある女性。

けい-し【兄姉】［名］兄と姉。⇔弟妹

けい-し【刑死】［名・自サ変］処刑されて死ぬこと。

けい-し【京師】［名］みやこ。帝都。▼「京」は大、「師」は衆で、多くの人々が住む所の意。

けい-し【軽視】［名・他サ変］物事の価値を軽くみること。||「企業倫理を—する風潮」⇔重視

けい-し【継子】［名］配偶者の子で、自分とは血のつながりのない子。ままこ。⇔実子 ▼旧法では継子との間にも自然の親子と同様の血族関係を認めたが、現民法は姻族関係を認めるにすぎない。

けい-し【継嗣】［名］あとつぎ。相続人。

けい-し【▼罫紙】［名］等間隔に線を引いた紙。

けい-し【警視】［名］警察官の階級の一つ。警視正の下、警部の上に位する。

けい-じ【兄事】［名・自サ変］兄に対するようにうやまい、親しみながら仕えること。

けい-じ【刑事】［名］❶刑法の適用を受ける事柄。||「—裁判［責任］」⇔民事 ❷犯罪の捜査や容疑者の逮捕にあたる警察官。階級では巡査または巡査部長。

けい-じ【計時】［名・自他サ変］競技などで、経過時間をはかること。||「ロスタイムを—する」「—係」

けい-じ【啓示】［名・他サ変］キリスト教・ユダヤ教などで、神自らが人知を超えた真理を人間にあらわし示すこと。黙示(もくし)。

けい-じ【掲示】［名・他サ変］伝達事項などを文書にし、人目につく所にかかげ示すこと。また、その文書。||「募集要項を—する」

けい-じ【慶事】［名］結婚・出産などの、よろこびごと。祝い事。⇔弔事

けい-じ【▼繫辞】［名］論理学で、命題の主語と述語をつなぎ、両者の関係を言い表す語。「人間は動物である」の「である」の類。連語。連辞。コプラ。コピュラ。

けいじ-か【形▼而下】［名］時間・空間内に形をとって現れ、感覚を通して認識できるすべてのもの。||「—学」⇔形而上 ▼the physicalの訳。

けい-しき【形式】［名］❶外に現れた形。外形。❷定まっている形。また、一定の手順や方法。||「—を踏む」❸内容が伴わず、うわべだけのこと。||「—にとらわれる」

けい-しき【型式】［名］⬇かたしき

けいしき-しゅぎ【形式主義】［名］内容よりも形式・体裁を重視する考え方。▼多く非難して使う。

けいしき-てき【形式的】［形動］❶形式に関するさま。||「—には問題はない」❷形式ばかりを重んじて、内容がないさま。||「—な答弁に終始する」

けいしき-ば・る【形式張る】［自五］内容ではなく、表面的な形にとらわれる。||「—・ったあいさつ」

けいしき-めいし【形式名詞】［名］その語自体には実質的な意味が乏しく、常に具体的な内容を示す連体修飾語を受けて使用される名詞。「食べたことがない」

の「こと」、「合格するわけがない」の「わけ」など。

けいじ-さいばん【刑事裁判】［名］犯罪の有無を審理し、その責任者の有罪・無罪を判断する裁判。

けいじ-じけん【刑事事件】［名］刑法が適用され、刑事裁判の対象となる事件。

けいじ-しせつ【刑事施設】［名］刑事被告人・自由刑の受刑者・死刑囚などを収容する施設。拘置所・少年刑務所・刑務所など。

けいじ-じょう【形▼而上】［名］時間・空間を超越し、感覚を通してはその存在を知ることができないもの。形をもたない、抽象的・観念的なもの。⇔形而下▽the metaphysical の訳。

けいじじょう-がく【形▼而上学】［名］思惟・直感などによって、現象的世界を超越したところにある事物の本質や存在そのものの根本原理を究めようとする学問。

けいじ-せきにん【刑事責任】［名］一定の違法行為を理由として刑罰を受けなくてはならない法律上の責任。

けいし-そうかん【警視総監】［名］警視庁の長官。

けいじ-そしょう【刑事訴訟】［名］刑罰法令に違反した者を、法律に基づいて罰するための訴訟手続き。刑事裁判の手続き。刑訴。「—法」

けいし-ちょう【警視庁】［名］東京都の警察行政をつかさどる本部。東京都公安委員会の管理下に置かれる。長は警視総監。

けい-しつ【形質】［名］生物を分類するときの指標となる形態的な特質。また、遺伝子によって伝えられる形態的・生理的な特質。

けい-しつ【継室】［名］後妻。継妻。

けいじ-どうしゃ【軽自動車】［名］全長三・四メートル以下、全幅一・四八メートル以下、全高二メートル以下、総排気量六六〇cc以下の自動車。軽自動。

けいじ-ばん【掲示板】［名］❶伝達事項などの文書を掲示するための板。❷電子掲示板。

けいじ-ほしょう【刑事補償】［名］刑事事件で無罪の裁判を受けた人などに対し、その未決の抑留・拘禁、刑の執行または死刑のための拘置について国が損害賠償を行うこと。

けい-しゃ【▼珪砂（▼硅砂）】［名］石英を主成分とする砂。花崗岩などの風化によってできる。陶磁器・ガラスなどの原料。けいさ。

けい-しゃ【傾斜】［名］❶［自サ変］かたむいて、ななめになること。また、その度合い。「—のゆるやかな坂」▽「斜面」の意でも使う。「—をのぼる」❷［自サ変］気持ちや考え方がある方向へかたむくこと。「次第に体制派へ—する」❸地層面と水平面とがなす角度。

けい-しゃ【鶏舎】［名］にわとりを飼うための建物。とりごや。にわとりごや。

げい-しゃ【芸者】［名］歌舞・音曲などで宴席をとりもつことを職業とする女性。芸妓。

げい-しゃ【迎車】［名］タクシー・ハイヤーなどが指定された場所に客を迎えに行くこと。また、その車。

けい-しゅ【警手】［名］鉄道で、事故防止などの任にあたる職員。

けい-しゅう【▼閨秀】［名］学問・芸術などにすぐれた女性。「—作家」▽多く他の語と複合して使う。

けい-じゅう【軽重】［名］⇒けいちょう（軽重）

けい-しゅく【慶祝】［名・他サ変］よろこび祝うこと。「—行事」

けい-しゅつ【掲出】［名・他サ変］人目につくように示すこと。「掲示板に募集要項を—する」

げい-じゅつ【芸術】［名］人間が心に感じたことや思想などを、さまざまな方法・様式によって、鑑賞の対象となる美的な作品として創り出すこと。また、その作品。絵画・彫刻・音楽・演劇・舞踊・文学・建築など。「—鑑賞」「舞台—」

げいじゅつ-いん【芸術院】［名］芸術上著しい功績のあった芸術家を優遇するための栄誉機関。文化庁の所管。▽「日本芸術院」の略。

げいじゅつ-しじょうしゅぎ【芸術至上主義】［名］芸術は他のものの手段として存在するのではなく、芸術それ自体が目的であり絶対的価値であるとする考え方。

げい-しゅん【迎春】［名］新春を迎えること。▽年頭の挨拶のことばとして年賀状などに使う。

けい-しょ【経書】［名］儒教の基本的な教えを記した書物。『四書』『五経』など。

けい-しょう【形勝】［名］❶敵を防ぎ、陣を敷くのに適した地勢。❷景勝。

けい-しょう【形象】［名］❶表に現れているかたち。❷ある対象を観照したとき、その内的な姿として心に浮かぶ具体的なかたち。イメージ。「—化」

けい-しょう【敬称】［名］❶人名・官職名などの下につけて、その人に対する敬意を表す語。「さん」「様」「殿」「氏」「先生」「閣下」など。❷敬意を表すために、相手の姓名や事物の名称に代えて用いる語。「教師」を「先生」、「相手の会社」を「貴社」というなど。

けい-しょう【景勝】［名］景色がすぐれていること。また、その土地。形勝。「—の地を訪ねる」

けい-しょう【軽少】［名・形動］❶ほんの少しであること。わずか。「—な被害ですむ」❷あまり重要ではないこと。「—な問題」派生—さ

けい-しょう【軽症】［名］症状が軽いこと。「—患者」⇔重症

けい-しょう【軽傷】［名］軽いけが。浅い傷。⇔重傷

けい-しょう【継承】［名・他サ変］財産・地位・権利・義務・仕事などを受けつぐこと。「王位を—する」

けい-しょう【警鐘】［名］❶危険を知らせ、警戒をうながすために打ち鳴らす鐘。❷危険を予告し、注意をうながすもの。警告。「ネット社会に—を鳴らす記事」

けい-じょう【刑場】［名］死刑を執行する場所。仕置き場。「—の露と消える（＝死刑になって死ぬ）」

けい-じょう【形状】［名］物のかたち。また、物のありさま。「複雑な—をした生物」

けい-じょう【計上】［名・他サ変］費用などを全体の数値の中に組み入れて計算すること。「開発費を予算に—する」

けい-じょう【啓上】［名・他サ変］申し上げること。「一筆—」▽多く手紙文で使う。

けい-じょう【経常】［名］常に一定していて変わらないこと。▽他の語と複合して使う。「計上」との誤解を避けて、俗に「けいつね」とも。

けい-じょう【警乗】［名・自サ変］犯罪を防ぐために、警察官などが列車・船などに乗って警戒に当たるこ

と。

けいじょうきおく-ごうきん【形状記憶合金】［名］成形後、一定の温度変化で変形するが、温度が元に戻ると前の形に戻る性質をもつ合金。チタンとニッケルの合金が一般的。

けいじょう-ひ【経常費】［名］毎年決まって支出される経費。

けいじょう-りえき【経常利益】［名］企業の通常の営業活動によって経常的・反復的に生じる利益。営業利益に営業外収益を加え、営業外費用を差し引いたもの。

けい-しょく【軽食】［名］簡単にすませる軽い食事。

けい-じょし【係助詞】［名］➡係かり助詞

けい-しん【敬神】［名］神をうやまうこと。

けい-しん【軽信】［名・他サ変］かるがるしく信じ込むこと。≡「効能を━する」

けい-ず【系図】［名］❶先祖代々の人名と血縁関係などを書き記した表。系譜。≡「━買い（＝家柄をよく見せるために他人の系図を買うこと）」❷由来。来歴。

けい-すい【軽水】［名］普通の水。▽重水に対していう。

けいすい-ろ【軽水炉】［名］冷却材および減速材として軽水（＝普通の水）を用いる発電用の原子炉。加圧水型と沸騰水型とがある。▽LWR（light water reactor の略）ともいう。

けい-すう【係数】［名］❶単項式・多項式の各項で、着目する変数に掛かっている数や文字。たとえば、$3axy$でxyに着目したときの$3a$をいう。❷比例関係にある二つの物理量間で、その関係式に現れる比例定数。たとえば、Aの数がBの数の増減に従って一定の変化をするときの、AとBの比をいう。≡「膨張［エンゲル］━」

けい-すう【計数】［名］数の計算。また、計算によって得た数値。≡「━機」

けい・する【刑する】［他サ変］刑罰を与える。特に、死刑にする。文けい・す

けい・する【啓する】［他サ変］皇太子や三后（皇后・皇太后・太皇太后）に申し上げる。➡奏する 文けい・す

けい・する【敬する】［他サ変］うやまう。尊敬する。文けい・す

◉**敬して遠ざ・ける** ❶尊敬して、みだりになれなれしくしない。❷尊敬するふりをして、避けてかかわらないようにする。敬遠する。▼『論語』から。

けい・する【慶する】［他サ変］よろこぶ。祝う。≡「長寿を━」文けい・す

けい-せい【形成】［名・他サ変］整った形に作りあげること。形づくること。≡「人格を━する」

けい-せい【形声】［名］漢字の六書の一つ。音を表す文字と意味を表す文字を組み合わせて新しい文字を作る方法。「銅」という文字が金属を意味する「金」と音を表す「同」との組み合わせで作られるなど。諧声。≡「━文字」

けい-せい【形勢】［名］変化する物事の、その時その時のありさま。≡「━が逆転する」

けい-せい【渓声（▼谿声）】［名］谷川の流れの音。

けい-せい【経世】［名］世の中を治めること。≡「━家（＝政治家。また、江戸時代、経世済民の論を説いた知識人）」≡「━済民（＝世を治め、民の苦しみを救うこと）」

けい-せい【傾▽城】［名］❶絶世の美女。❷遊女。◈『漢書』の「北方に佳人有り。…一顧すれば人の城を傾け、再顧すれば人の国を傾く」から。「傾国」ともいう。

けい-せい【警世】［名］世の人々に警告を与えること。≡「━の書」

けい-せい【警醒】［名・他サ変］警告を与え、世の人々の迷いをさますこと。▽眠りをさます意から。

けいせい-げか【形成外科】［名］身体の形態的な損傷や変形を手術によって治療したり、修復したりする医学の一分野。▽「整形外科」とは別の分野。

けい-せき【形跡】［名］何か物事の行われたあと。あとかた。≡「何者かが侵入した━がある」

けい-せき【▼珪石（▼硅石）】［名］石英を主成分とする鉱物の総称。ガラス・陶磁器・煉瓦などの原料とする。珪岩。

けい-せつ【蛍雪】［名］苦労して勉学に励むこと。蛍窓。語源 晋の車胤は蛍の光で、孫康は窓の雪明かりで書を読んだという故事から。

◉**蛍雪の功** 苦労して学問を修めた成果。

けい-せん【係船（▼繋船）】［名・自サ変］❶船を港につなぎとめること。また、その船。❷海運業の不況時、就航による損失を防ぐために、船会社が所有船の使用を中止して港につないでおくこと。また、その船。◈書き方「係船」は代用表記。

けい-せん【経線】［名］地球の両極をたてに結び、緯線と直角に交わる仮想の線。経度を表す。子午線。⇕緯線

けい-せん【▼罫線】［名］❶縦または横に等間隔で引かれた直線。罫。❷株式相場の動きをグラフに表したもの。罫線表。チャート。

けい-ぜん【▼炯然】［形動トタル］❶明るいさま。光り輝くさま。≡「━たる一星の火〈鷗外・舞姫〉」❷明らかなさま。

けい-そ【▼珪素（▼硅素）】［名］炭素族元素の一つ。天然には産出しないが珪酸塩・二酸化珪素などの形で存在し、土砂や岩石の主要な構成要素となる。シリコン。元素記号Si ≡「━樹脂」書き方 自然科学では「ケイ素」と書く。

けい-そう【形相】［名］❶外から見た物のかたち。姿。❷アリストテレスの哲学で、事物を他と区別する本質的な特徴となるもの。エイドス。⇕質料

けい-そう【係争（▼繋争）】［名・自サ変］訴訟で、当事者間が争うこと。≡「目下━中の事件」

けい-そう【恵送】［名・他サ変］物を送られることを、その送り主を高めていう語。≡「御━の品、有り難く頂戴致しました」注意 自分側が送ることを言うのは誤り。≡「×お礼の品を恵送いたします」

けい-そう【▼珪藻（▼硅藻）】［名］淡水中・海水中に分布する単細胞の藻類。多量の珪酸を含む二枚の殻をもつ。多くは浮遊生活をし、魚類のえさとなる。種類は多い。珪藻植物。

けい-そう【軽装】［名・自サ変］活動しやすいように、身軽な服装をすること。また、その服装。

けい-そう【軽▼躁】［名］❶落ち着きがなく、騒ぎたてること。❷躁鬱病で、軽度の躁状態。軽躁病。

けい-そう【継走】［名・自サ変］何人かの走者が一定の距離を順に引き継いで走ること。また、その競走。リレーレース。

けい-ぞう【恵贈】［名・他サ変］金品を贈られることを、その贈り主を高めていう語。恵与。恵投。≡「御━にあずかる」注意 自分側が贈ることを言うのは誤り。≡「×

記念品をご恵贈申し上げます」

けいそう-ど【▼珪藻土(▼硅藻土)】ケイサウ- [名] 珪藻の死骸が海や湖沼の底に沈殿してできた灰白色の堆積物。耐火材・吸収材などに用いられる。

けい-そく【計測】[名・他サ変] 器械を使って物の長さ・重さ・数・量などをはかること。「風速を━する」

けい-ぞく【係属(▼繋属)】[名・自他サ変] ❶つながっていること。また、つながりをつけること。❷訴訟事件が特定の裁判所で審理中であること。「━中の事件」
◈ 書き方 「係属」は代用表記。

けい-ぞく【継続】[名・自他サ変] 同一のことが引き続いて行われること。また、続いて行うこと。「討議が/を━する」「事業を━する」 使い方 「〜を継続する/継続させる」では、前者が一般的。➡品詞解説(八六ページ)

けい-そつ【軽率】[名・形動] 深く考えないで判断したり行動したりすること。軽はずみ。「━な行為」⇔慎重 書き方 俗に「軽卒」とも書くが、本来は誤り。派生 -さ

けい-そん【恵存】[名] 自分の著書などを贈るとき、相手の名前のわきなどにそえる語。けいぞん。▼手元に保存してくだされば幸いですの意。

けい-たい【形体】[名] 物事のかたち。「画家だけに━も色彩もちゃんと整って出来ている〈漱石〉」

けい-たい【形態】[名] ❶生物体・組織体などの、外に現れたかたちやありさま。「有袋類の━を観察する」「株式会社の━をとる」「━学(=生物体の体制や構造を研究する学問)」「━素(=意味をもった言語の最小単位)」 書き方 もと「形体」とも。❷➡ゲシュタルト

けい-たい【敬体】[名] 口語の文体の一つ。文末に「です」「ます」「ございます」などの丁寧語を用いて書くもの。です・ます体。⇔常体

けい-たい【携帯】[名・他サ変] ❶身につけること。また、手にして持ち歩くこと。「雨具を━する」「━用ラジオ」「免許証不━」❷「携帯電話」の略。 書き方 俗に「ケータイ」とも。

けい-だい【掲題】[名] 題名を掲示すること。また、その題名。「━の件」

けい-だい【境内】[名] 神社や寺院の敷地のなか。

けいたい-でんわ【携帯電話】[名] 小型で持ち運びができる無線電話。携帯。▼データ通信・撮影ほか通話以外のさまざまな機能を備える。

けい-たく【恵沢】[名] めぐみ。恩恵。恩沢。

げい-たっしゃ【芸達者】[名・形動] いろいろな芸を器用にこなすこと。また、その人。げいだっしゃ。「━な/の役者」

げい-だん【芸談】[名] 芸の奥義や修行の苦労など、芸能・芸道に関する話。

けい-だん-れん【経団連】[名] 日本経済団体連合会の略称。経済界の意見をとりまとめ、政府ほか各界に働きかける総合経済団体。▼もと経済団体連合会の略称。平成一四(二〇〇二)年に日経連と統合した。

けい-ちつ【啓▼蟄】[名] 二十四節気の一つ。太陽暦の三月六日ごろ。▼冬ごもりをしていた虫が地上にはい出る意。

けい-ちゅう【傾注】[名・他サ変] 一つの事に心や力を集中すること。「研究に精力を━する」

けい-ちょう【軽▼佻】ケイテウ [名・形動] 浮ついていて、言動が軽はずみなこと。軽薄。「━な野郎だ」▼「佻」も軽いの意。派生 -さ

けい-ちょう【軽重】[名] 軽いことと重いこと。また、その度合い。価値や程度の小さいことと大きいこと。けいじゅう。「命に━はない」「鼎の━を問う」

けい-ちょう【傾聴】ケイチャウ [名・他サ変] 耳を傾けて、熱心に聞くこと。「━に値する意見」

けい-ちょう【慶弔】ケイテウ [名] 喜び祝うべきことと悲しみとむらうべきこと。慶事と弔事。「━費」「━電報」

けいちょう-ふはく【軽▼佻浮薄】ケイテウ- [名・形動] 落ち着きがなく、行動が軽々しいこと。「━な雰囲気」

けい-つい【▼頸椎】[名] 脊椎の最上部にある七個の骨。➡骨(図)

けい-てい【兄弟】[名] 兄と弟。きょうだい。
◉**兄弟牆に鬩ぐ** 兄弟同士が内輪げんかをする。▼「詩経」から。

けい-てい【径庭(▼逕庭)】[名] 二つのものの間がかけ離れていること。隔たり。懸隔。「両者間に━はない」▼「径」「逕」は狭い道、「庭」は広場の意。

けい-てき【警笛】[名] 警戒や注意をうながすための音を発する装置。また、その音。「━を鳴らす」▼多く乗り物についているものをいう。

けい-てん【経典】[名] 聖人・賢人の教えを書き記した書物。「四書」「五経」など。経書。▼➡経典

けい-でんき【軽電機】[名] 比較的重量の軽い、小型の電気機械。家庭用の電気掃除機・電気洗濯機・電気炊飯器など。軽電。⇔重電機

けい-でんき【継電器】[名] ある電気回路の電流を断続させ、別の電気回路の接点を開閉する装置。リレー。

け-いと【毛糸】[名] 羊毛などをつむいだ糸。毛織物・編み物などに使う。「━のセーター」

けい-ど【経度】[名] 地球上の東西の位置を示す座標。本初子午線(=旧グリニッジ天文台を通る子午線)を含む平面と、ある地点を通る他の子午線(=経線)を含む平面とが地球の中心に対してなす角度で表す。本初子午線を基準として東西それぞれ一八〇度まで区分し、東経何度・西経何度で示す。⇔緯度▼経度が一五度の差で、時刻は一時間ずれる。

けい-ど【軽度】[名・形動] 程度が軽いこと。「━の近視がある」⇔重度・強度

けい-とう【系統】[名] ❶一定の順序を追って続くまとまりをもったつながり。「中国語とは━の異なる言語」「━的な研究」❷血筋。血統。❸同じ方面や種類のものとしてまとめられるつながり。「電気━の故障」

けい-とう【傾倒】ケイタウ [名・自サ変] ある物事に心を引かれ、ひたすら熱中すること。また、ある人物を尊敬し、ひたすらあこがれること。「ジャズ[漱石]に━する」

けい-とう【継投】[名・自サ変] 野球で、試合中に前の投手のあとを受け継いで投球すること。「━策」

けい-とう【鶏頭】[名] 夏から秋、茎の先に赤・白・黄などの小花をニワトリのとさか状につけるヒユ科の一年草。園芸品種が多い。鶏冠花。韓藍。

げい-とう【芸当】ゲイタウ [名] ❶人前で演じる、曲芸などの芸。❷ふつうではできないようなしわざ。はなれわざ。「社長に直言するとは、人には真似のできない━だ」

げい-どう【芸道】ゲイダウ [名] 技芸・芸能を修業する道。

けいとう-じゅ【系統樹】[名] 生物の類縁関係を、枝分かれした樹木のような形で示した図。

けいとう-だ・てる【系統立てる】[他下一] 物事

をしかるべき順序や分類によって整理する。‖「外国映画をーて紹介する」

けい-どうみゃく【▼頸動脈】［名］頸部の左右にあって、頭部に血液を送る太い血管。

げい-なし【芸無し】［名］何の芸も身につけていないこと。無芸。また、その人。▼これといった取り柄がないことの意でも使う。

けい-にく【鶏肉】［名］にわとりの肉。かしわ。

げい-にく【鯨肉】［名］くじらの肉。

げい-にん【芸人】［名］❶役者・落語家など、（伝統的な）芸能を職業とする人。‖「寄席ー・大道ー・お笑いー」❷素人で、芸の達者な人。また、多芸の人。

けい-ねん【経年】［名］年月を経ること。‖「ー劣化」

げい-のう【芸能】［名］❶映画・演劇・落語・舞踊・軽音楽など、娯楽性の強い大衆的な芸の総称。‖「郷土ー」「ー界」❷生け花・茶の湯・歌舞音曲などの芸事。

げいのう-じん【芸能人】［名］映画・演劇・音楽など、娯楽性の強い大衆的な芸を職業とする人。

けい-ば【競馬】［名］騎手が乗った馬の競走。特に、その着順を予想して行う賭博。▼競馬法で公認されたもので、日本中央競馬会が行う中央競馬と地方公共団体が行う地方競馬（公営競馬）とがある。

げい-は【鯨波】［名］❶大波。巨濤。❷鬨の声。

けい-はい【▼珪肺（▼硅肺）】［名］塵肺の一種で、長期にわたり遊離珪酸を含む粉塵を吸い込むことから起こる慢性の肺疾患。鉱石の採掘などに携わる人に多発する職業病。

けい-はい【軽輩】［名］地位や身分の低い人。▼自分のことを謙遜していうときにも使う。‖「私のごときーが口を出すことではない」

けい-ばい【競売】［名・他サ変］「競売」の法律用語。‖「強制ー」

けい-はく【啓白】［名］神仏に願いを申し述べること。また、その願文。けいびゃく。

けい-はく【敬白】［名］手紙・文書などの末尾にそえる語。うやまい謹んで申し上げる意。謹白。▼「謹啓」に対応する。

けい-はく【軽薄】［名］❶［形動］態度に慎重さがなく、誠意が感じられないこと。浮薄。‖「ーな言動」⇔重厚 派生ーさ ❷〔古風〕おせじ。追従。‖「ーを言う」

けい-ばく【▼繋縛】［名・他サ変］つなぎ、しばること。また、そのもの。‖「規則にーされる」

けい-はつ【啓発】［名・他サ変］気づかない点を教え示して、より高い認識や理解に導くこと。‖「専門家の意見にーされる」「自己ー」

けい-ばつ【刑罰】［名］犯罪を犯した者に対して与えられる法律上の制裁。‖「ーを科する」

けい-ばつ【▼閨閥】［名］婚姻関係により、妻の親族を中心にして結ばれた派閥。‖「ー政治」

けい-ばつ【警抜】［名・形動］着想などが、ぬきんでてすぐれていること。‖「ーな句」派生ーさ

けい-はん【京阪】［名］京都と大阪。また、その周辺。上方。‖「ー地方」書き方 古くは「京坂」と書いた。

けいはん-ざい【軽犯罪】［名］公衆道徳に反する程度の、軽微な犯罪。のぞき見・立ち小便・割り込みなど。▼軽犯罪法によって罰せられる。

けい-ひ【▼桂皮】［名］東京肉桂または肉桂の樹皮を乾燥したもの。特有の芳香をもち、甘みと刺激性の辛みがある。漢方で、健胃・発汗・鎮痛薬などに用いる。

けい-ひ【経費】［名］物事を行うのにかかる一定の費用。‖「宣伝のーとして五〇〇万円を計上する」「会社のーを削減する」「必要ー」使い方「費用」より改まった言い方で、大規模（で公的）な出費にいうことが多い。

けい-び【軽微】［名・形動］程度がわずかであること。‖「ーな負担で済む」派生ーさ

けい-び【警備】［名・他サ変］変事にそなえて警戒すること。‖「国境をーする」「空港周辺のーに当たる」

げい-び【芸備】［名］安芸国と備州の諸国。現在の広島・岡山両県にあたる。‖「ー線」

けい-ひん【京浜】［名］東京と横浜。また、その周辺。‖「ー工業地帯」

けい-ひん【景品】［名］❶商品に添えて、買った客に無料で贈る品物。おまけ。景物。❷催し物などの参加者に主催者が贈る品物。また、遊技などの得点者に与える品物。‖「福引きのー」

げい-ひん【迎賓】［名］重要な客を迎え、もてなすこと。‖「ー館（＝国賓などをもてなすための建物）」

けい-ふ【系譜】［名］❶血族関係のつながり。また、それを書き表したもの。系図。❷同じ系列にある物事のつながり。‖「印象派のーを引く画家」

けい-ふ【継父】［名］母の配偶者で、自分とは血のつながりのない父親。ままちち。⇔実父

けい-ぶ【軽侮】［名・他サ変］軽くみて、あなどること。‖「若輩と見てーする」「ーの念を抱く」

けい-ぶ【▼頸部】［名］頭と胴体をつないでいる部分。くび。▼首状に細くなってつながっている部分の意でも使う。‖「下北半島のー」

けい-ぶ【警部】［名］警察官の階級の一つ。警視の下、警部補の上に位する。▼「警部補」は、警部の下、巡査部長の上の階級。

げい-ふう【芸風】［名］その人独自の芸の演じ方。また、その趣。

けい-ふく【敬服】［名・自サ変］感心して、うやまい従おうとする気持ちを抱くこと。‖「彼の精神力にはーする」

けい-ふく【慶福】［名］めでたいこと。幸せなこと。

けい-ぶつ【景物】［名］❶花鳥風月など、四季折々の情趣ある風物。‖「初春のーを詠む」❷〔古風〕賞品。景品。

けい-ふん【鶏▼糞】［名］にわとりのふん。▼窒素・燐酸などを多く含むので、乾燥して肥料にする。

げい-ぶん【芸文】［名］学問と文芸。また、芸術と文学。

けい-べつ【軽蔑】［名・他サ変］劣ったものとして見下げること。ばかにすること。‖「ーした態度をとる」「ーの眼差し」

蔑

けい-べん【軽便】［名］❶［形動］扱い方が簡単で、便利なこと。‖「ーな大工道具」派生ーさ ❷軌道の幅が狭く、小型の機関車・車両を使用する小規模の鉄道。軽便鉄道。

けい-ぼ【敬慕】［名・他サ変］尊敬して、したうこと。‖「ーしてやまない恩師」

けい-ぼ【継母】［名］父の配偶者で、自分とは血のつながりのない母親。ままはは。⇔実母

けい-ほう【刑法】〔ハフ〕［名］犯罪になる行為と刑罰の種類・程度などを定めた法律。刑法典。

けい-ほう【警報】［名］災害や危険が迫っているとき、人々に注意や警戒をうながすための知らせ。‖「津波

―洪水―・空襲―」

けい-ぼう【▼閨房】ーバウ [名] 寝室。特に、夫婦の寝室。ねや。

けい-ぼう【警防】ーバウ [名] 変事・災害などを警戒して防ぐこと。||「―団」

けい-ぼう【警棒】[名] 警察官が装備として携行する木製の棒。

けい-ま【▼桂馬】[名] ❶将棋の駒の一つ。前方へ一つ間をおいて左右斜めに進める駒。桂(けい)。❷囲碁で、一つの石から一目または二目へだてた斜めの位置に石を打つこと。

けい-みょう【軽妙】ーメウ [名・形動] 気が利いていて、しゃれた味わいがあること。||「―な筆致」「―洒脱(しゃだつ)」 派生 -さ

けい-む【警務】[名] ❶警察に関する事務。❷警備・警戒に関する任務。

けいむ-しょ【刑務所】[名] 懲役・禁錮など、自由刑に処せられた者を収容する施設。▼俗に「むしょ」とも。

けい-めい【鶏鳴】[名] ❶にわとりの鳴き声。❷一番どりが鳴くころ。明け方。▼古くは丑(うし)の刻(=午前二時ごろ)をいった。

げい-めい【芸名】[名] 芸能人が用いる、本名以外の名前。

けいめい-くとう【鶏鳴▼狗盗】ータウ [名] にわとりの鳴きまねをして人を欺いたり、犬のように盗みを働いたりする卑しい者。▼斉(せい)の孟嘗君(もうしょうくん)が秦(しん)に幽閉されたとき、盗みやにわとりの鳴きまねの得意な食客たちの働きで脱出したという「史記」などの故事から。

けい-もう【啓▼蒙】[名・他サ変] 人々に正しい知識を与え、ものの道理がわかるように導くこと。||「大衆を―する」「―書」

けいもう-しそう【啓▼蒙思想】ーサウ [名] 一八世紀のヨーロッパに流布した革新的思想。伝統的権威や旧来の思想を批判し、合理的・自然的理性に基づく人類の進歩・改善を図ろうとしたもの。エンライテンメント。

けい-やく【契約】[名・他サ変] 約束すること。特に、当事者の合意によって法的効果を発生させる約束をすること。また、その約束。||「球団が選手と―する」「―を結ぶ」「賃貸―」

けいやく-しゃいん【契約社員】ーシャヰン [名] 契約によって一定期間採用される(主に専門職の)社員。

けい-ゆ【経由】[名・自サ変] ❶途中である地点を通過して行くこと。||「バンコクを―してインドへ行く」❷手続きの順序として、中間の機関を経ること。||「議案は審議会を―して上程される」

けい-ゆ【軽油】[名] ❶原油を蒸留したとき、灯油の次に分離される油。重油より軽い。ディーゼルエンジンの燃料などに用いる。ガス油。❷コールタールを分留したとき、最初に取れる油。ベンゼン・トルエンなどを含む。おもに溶剤用。タール軽油。

げい-ゆ【鯨油】[名] クジラからとった油脂。▼かつてはマーガリン・せっけん・硬化油などの原料にした。

けい-よ【刑余】[名] 以前に刑罰を受けていること。また、その人。||「―の身」「―者」

けい-よ【恵与】[名・他サ変] ❶めぐみ与えること。❷金品を贈られることを、その贈り主を高めていう語。恵贈。恵投。||「ご―の品」 注意 自分側が贈ることを言うのは誤り。||「×粗品を恵与いたします」

けい-よう【形容】[名] ❶[他サ変] 物事の形・ありさま・性質などを他のことばやたとえを使って言い表すこと。||「何とも―しがたい複雑な感情」❷ものの姿・形。また、ありさま。||「そびえ立つ山の―」

けい-よう【京葉】ーエフ [名] 東京と千葉。||「―線」

けい-よう【掲揚】ーヤウ [名・他サ変] 旗などを高い所へかかげること。||「国旗―」「―台」

けいよう-し【形容詞】[名] 品詞の一つ。事物の性質・状態、人間の感覚・感情などを表す自立語で、活用がある。動詞・形容動詞とともに用言に属する。「美しい」「温かい」の類。▼口語では「かろ・かっ(く)・い・い・けれ」と活用する。文語にはク活用・シク活用の二種がある。

けいよう-どうし【形容動詞】[名] 品詞の一つ。形容詞と同じく事物の性質・状態、人間の感覚・感情などを表す自立語だが、形容詞とは活用が異なるもの。動詞・形容詞とともに用言に属する。口語では「静かだ」「晴れやかだ」、文語では「静かなり」「晴れやかなり」「堂々たり」の類。▼口語では「だろ・だっ(で・に)・だ・な・なら」と活用。文語にはナリ活用・タリ活用の二種がある。

けい-よんりん【軽四輪】[名] 排気量六六〇cc以下の四輪の乗用車。▼「自家用軽四輪乗用車」の略。

けい-ら【警▼邏】[名・他サ変] 警戒のために見回ること。パトロール。また、その人。

けい-らく【京▼洛】[名] ⇩きょうらく(京洛)

けい-らく【経絡】[名] ❶物事の筋道。❷漢方で、灸(きゅう)や鍼(はり)のつぼとつぼを結ぶ筋道。▼「経」は動脈、「絡」は静脈の意。

けい-らん【鶏卵】[名] ニワトリのたまご。

けい-り【経理】[名] 事業所での会計・給与に関する事務。また、その処理。||「―課」

けいり-し【計理士】[名] 公認会計士の旧称。

けい-りゃく【計略】[名] 目的を達するためのはかりごと。また、人をだまそうとするたくらみ。策略。||「―をめぐらす」

けい-りゅう【係留(▼繫留)】ーリウ [名・他サ変] つなぎとめること。||「埠頭に―された船」 書き方 「係留」は代用表記。

けい-りゅう【渓流(▼谿流)】ーリウ [名] 谷を流れる川。また、その流れ。||「―下り」

けい-りょう【計量】ーリヤウ [名・他サ変] 分量や目方をはかること。||「―カップ」

けい-りょう【軽量】ーリヤウ [名・形動] 目方が軽いこと。||「―の機体」「―な素材」⇔重量

けい-りん【経▼綸】[名] 国を治めること。また、その施策。

けい-りん【競輪】[名] ❶職業選手による自転車競走。また、その着順を予想して行う公認賭博(とばく)。❷横一列でスタートした選手が順位をきそう自転車競技。二〇〇〇年のシドニーオリンピックから正式種目となった。 書き方 ②は「ケイリン」と書く。

げい-りん【芸林】[名] 芸術家・文学者などの仲間。芸苑(げいえん)。

けい-るい【係累(▼繫累)】[名] 面倒を見なくてはならない家族。▼繫ぎ止めるものの意から。

けい-れい【敬礼】[名・自サ変] 敬意を表して礼をすること。また、その礼。||「上官に―する」「全員―!」

けい-れき【経歴】[名] それまでに経験してきた学業・職業・地位などの事柄。履歴。||「特異な―を持つ作家」

けい-れつ【系列】[名] ❶物事が系統立てられたつ

ながりをもっていること。また、そのつながり。❷資本・生産・販売などで、企業間が組織的なつながりをもっていること。また、その関係。‖「ー会社」

けい-れん【▽痙▽攣】［名・自サ変］筋肉が発作的に収縮すること。‖「胃ー」

痙攣

けい-いろ【毛色】［名］❶動物の毛の色。❷種類。性質。‖「一般紙とはーの違う新聞」

けい-ろ【経路（径路）】［名］物事がたどってきた道すじ。‖「資料の入手ー」「感染ー」

けい-ろう【敬老】ウラ［名］老人をうやまい、大切にすること。

けいろう-の-ひ【敬老の日】ケイラウ［名］国民の祝日の一つ。多年にわたって社会に尽くしてきた老人を敬い、長寿を祝う日。九月の第三月曜日。▽もと、九月一五日。➡老人の日

けい-ろく【鶏▼肋】［名］たいして役に立たないが、捨てるにはおしいもの。▽ニワトリのあばら骨の意。

ゲイン【gain】［名］❶利益。収益。‖「キャピタルー」❷アメリカンフットボールで、攻撃側がボールを進めること。また、その距離。

け-う【▽希有（▼稀有）】［名・形動］めったにないこと。きわめて珍しいこと。‖「ーな出来事」「ーの存在」

け-うら【毛裏】［名］衣服の裏に毛皮がついていること。また、その衣服。

ケー【K】［名］家の間取りで、台所を表す記号。‖「2LDー」▽kitchen の頭文字から。

ケー-オー【KO】［名・他サ変］「ノックアウト（knockout）」の略。‖「ー勝ち」

ケーキ【cake】［名］西洋風の生菓子。‖「ショートー」

ケーク-サレ【cake salé フランス】［名］野菜やチーズ、ベーコンなどを具材に加えた、甘くないパウンドケーキ。▽塩味のケーキの意。

ケージ【cage】［名］❶鳥獣を入れて飼うためのかごや檻。❷エレベーターで、人や荷物をのせる箱状の室。❸投擲競技や野球の打撃練習で用いる防護用の金網。‖「バッティングー」

ゲージ【gauge】［名］❶物の長さ・太さなどを測定する器具・計器の総称。❷鉄道で、二本のレールの内側の幅。軌間。❸編み物で、一定寸法中の段数と目数。

ケージーアイ【KGI】［名］企業などで、最終的な目標を定量的に表した指標。売上高・利益率・成約件数などをいう。重要目標達成指標。▽key goal indicator の略。

ケージェー-ほう【KJ法】ハフ［名］情報を整理して発想する方法。収集した情報などを紙片に書き出し、関連性のあるものを統合したり、見出しづけをしたりして、整理・分析する手法。▽KJは考案者の川喜田二郎の頭文字から。

ケース【case】［名］❶容器。入れ物。‖「眼鏡のー」「三ーのビール」❷それぞれの場合。事例。‖「特殊なー」

ケース-スタディー【case study】［名］少数の具体的事例を詳細に調査・分析し、そこから帰納的に一般的原理を引きだす研究。事例研究。

ケース-バイ-ケース【case by case】［名］個々の場合に応じて適切に物事を処理すること。‖「ーで判断をする」

ケースワーカー【caseworker】［名］精神的・肉体的・経済的な問題を抱えて悩む人々に接し、個別に問題解決のための指導・援助をする社会福祉の専門家。ソーシャルケースワーカー。

ゲーセン［名］「ゲームセンター」の略。

ケーソン【caisson】［名］潜函。

ケータリング【catering】［名］❶パーティーやイベントの会場に料理を供給すること。また、そのサービス。❷家庭に料理を配達すること。また、その料理。

ケー-てん【K点】［名］スキーのジャンプ競技で、着地斜面の直線区間と、アウトラン（着地後の滑走）に至る移行部の曲線区間との分岐点。踏切台からK点までの距離によって、ノーマルヒル・ラージヒルなどのジャンプ台に分かれる。▽Konstruktionspunkt ドイツ（建築基準点の意）から。

ゲート【gate】［名］❶門。出入り口。関門。‖「空港のー」❷競馬で、スタートの瞬間まで競走馬を入れておく仕切り。

ゲート-ボール【和製 gate＋ball】［名］五人編成の二チームが木製のボールをスティックで打ち、ゲートをくぐらせながらゴールへ運ぶ競技。▽日本で考案され、高齢者の人気を得た。

ゲートル【guêtre フランス】［名］洋装で長時間歩行するときに、足首から膝までをおおう脚絆。巻きつけて使う帯状のものと筒状のものとがある。多くは軍服用。

ケーピーアイ【KPI】［名］企業などで、個人や部門の業績評価を定量的に評価するための指標。目標に対する進捗状況を明確にするもの。重要業績評価指標。▽key performance indicator の略。

ケープ【cape】［名］肩から背中・腕をおおう、袖のない短い外衣。

ケーブル【cable】［名］❶鋼鉄の針金をより合わせて作った太い綱。❷絶縁した電線を束ね、ゴム・プラスチックなどで被ったもの。電信・電話線などに用いる。❸「ケーブルカー」の略。

ケーブル-カー【cable car】［名］❶山などの急斜面に設けた軌道上を、巻揚機で操作して車両を上下させる鉄道。また、その車両。鋼索鉄道。❷ロープウエー。空中ケーブル。

ケーブル-テレビ［名］同軸ケーブル・光ファイバーケーブルなどを使って映像を伝送するテレビ放送。有線テレビ。CATV。▽cable television から。

ゲーマー【gamer】［名］ゲームをする人。また、ゲームを趣味や仕事にする人。主にテレビゲーム・コンピューターゲームの分野でいう。

ゲーム【game】［名］❶得点や勝ち負けを争う遊び。特に、コンピューター技術を利用した遊び。‖「毎日ーばかりしている」❷スポーツの試合。‖「好ー」

ゲーム-オーバー【和製 game＋over】［名］ゲームが終わること。ゲーム終了。

ゲーム-しょうがい【ゲーム障害】シャウガイ［名］コンピューターゲームをしたい衝動が抑えられず、日常生活に支障をきたしてもやめられない状態。ゲーム依存症。

ゲーム-セット［名］球技の試合で、勝負がつくこと。試合終了。▽game and set から。

ゲーム-センター【和製 game＋center】［名］いろいろなゲーム機械を備えた遊技場。▽俗に、略して「ゲーセン」とも。

ゲーム-りろん【ゲーム理論】［名］利害の対立する複数の主体間の行動を、数学的に分析する理論。ゲームの理論。

ケール【kale】［名］アブラナ科の越年草。キャベツなどの原種だが結球しない。料理に使うほか、青汁として飲用したり、家畜の飼料にしたりする。

け-おさ・れる【気▽圧される（気押される）】［自下一］相手の勢いなどに気持ちの上で圧倒される。‖「敵の気迫に━」文けおさ・る

け-おと・す【蹴落とす】［他五］❶けって下へ落とす。‖「崖（がけ）から石を━」❷自分がのしあがるために、人をある地位から強引に退かせる。‖「ライバルを━・して出世する」

け-おり【毛織り】［名］毛糸で織ること。また、その織物。‖「━の服」

け-が【▽怪我】［名］❶過失・事故などで体に傷を負うこと。また、その傷。負傷。‖「━人（にん）」❷損失。‖「投機で━をする」

◉**怪我の功名**（こうみょう） 何気なくしたことや、過失だと思われたことが、偶然よい結果をもたらすこと。

げ-か【外科】〔─クヮ〕［名］病気やけがを手術などによって治療する医学分野。‖「━医」「脳━・心臓━」⇔内科

げ-かい【下界】［名］❶天上界に対して、人間の住む地上。人間界。❷高い所から見下ろした地上。

け-かえし【蹴返し】〔─カヘシ〕［名］相撲の決まり手の一つ。相手のくるぶしのあたりを内側から外へけり、重心を失わせて前にはわせる技。

け-がき【毛描き】［名］日本画で、人の毛髪や鳥獣の毛を細かい線でえがくこと。また、その部分。

け-がき【▽罫書き（▽罫描き）】［名］機械工作で、材料の表面に加工上必要な点や線の印をつけること。

けが・す【汚す（▽穢す）】［他五］❶正しさ・清潔さ・神聖さなどを損なって、そのものをよごす。‖「神前［純真な心・名］を━」使い方⇒よごれる ❷《謙遜して》晴れがましい場に出たり、身に余る地位についたりする。‖「戴冠式の末席を━」読み分け⇒よごす 可能 汚せる

け-がに【毛▽蟹】［名］体全体が剛毛におおわれているクリガニ科のカニ。肉量が多く、北海道を代表する味覚の一つ。

けがらわし・い【汚らわしい（▽穢らわしい）】〔ケガラハシイ〕［形］❶道徳に反しているさま。けがれている。不正だ。‖「━行為［金］」❷〈「…する（の）も汚らわしい」の形で〉それを見聞きしたり言葉にしたりしただけでも自分がけがれると思えるほど、不道徳なさま。‖「見るのも━」「口にするのも━話だ」派生 ━げ／━さ

けがれ【汚れ（▽穢れ）】［名］❶正しさ・清潔さ・神聖さなどが損なわれて、よごれること。‖「━を知らない子供」❷死・出産・月経など、不浄とされた事柄。▽古代からの宗教的観念に発した語。さまざまな差別の要因ともなった。

けが・れる【汚れる（▽穢れる）】［自下一］❶正しさ・清潔さ・神聖さなどが損なわれて、そのものがよごれる。‖「神域が━」「耳が━（＝聞くことさえもおぞましく感じる）」「━・れた（＝不正に得た）金」使い方「よごれる」は主に物質についていい、「けがれる」は精神的に清らかでなくなることをいう。⇒よごれる ❷女性が貞操を失う。▽女性の性についての固定観念からいった語。❸死・月経・出産などにかかわって、身が不浄になる。▽古代からの宗教的観念に発した語。文けが・る 名汚れ

け-がわ【毛皮】〔─ガハ〕［名］毛がついたままの獣の皮。‖「━のコート」

げき【劇】■一［名］❶演劇。芝居。ドラマ。‖「━の稽古」「━場・━団」「喜━・人形━」❷劇的に展開される現実の出来事を演劇に見立てて言う。‖「逮捕━・救出━・政権交替━」■二（造）はげしい。はなはだしい。‖「━痛・━毒・━薬」▽「激」に通じる。

劇

げき【▽檄】［名］自分の主張などを強く訴え、多くの人々に賛同や決起をうながす文書。檄文。▽古代中国では、役所が召集・説諭などを記して発行する文書をさした。

檄

◉**檄を飛ば・す** ❶決起をうながすために、自分の主張を広く人々に知らせる。檄す。❷《新》指導者が選手・部下などの奮起を促すために、叱咤（しった）激励の声を発する。

◈注意「げき」を「激」と書くのは誤り。

げき【隙】（造）すきま。ひま。‖「間━・空━・寸━」

げき【撃】（造）❶強くうつ。‖「━殺」「打━・衝━」❷武力をもって攻める。‖「━退・━破」「襲━・進━・追━・反━」❸弾丸をうつ。‖「━沈・━墜」「射━・銃━・狙━（そげき）」❹感覚にふれる。‖「目━」旧擊

げき【激】（造）❶程度・勢いなどがはげしい。はなはだしい。‖「━痛・━怒・━突・━流・━論」「過━・急━」❷感情が高ぶる。励ます。‖「━昂（げきこう）」「感━・憤━」

げき-えいが【劇映画】〔─グヮ〕［名］物語としての筋をもち、俳優が演じる映画。記録映画などに対していう。

げき-えつ【激越】〔─ヱツ〕［名・形動・自サ変］感情が高ぶって、言動などが荒々しくなること。‖「━な文章」

げき-か【劇化】〔─クヮ〕［名・他サ変］文芸作品・事件などを脚色して演劇や映画に仕組むこと。

げき-か【激化】〔─クヮ〕［名・自サ変］前よりも激しくなること。また、激しくすること。げっか。‖「販売合戦が━する」使い方「敵が攻撃を激化している」のような他動詞の用法も見られる。

げき-が【劇画】〔─グヮ〕［名］❶写実的・動的な絵で物語を構成する漫画の一形式。滑稽（こっけい）さを主とするコミック漫画に対していう。❷《古風》紙しばい。

げき-から【激辛】［名］❶味が非常に辛いこと。‖「━ラーメン」❷評価がきわめて厳しいこと。‖「━の批評」

げき-げん【激減】［名・自サ変］数や量が急激に減ること。‖「売上高［輸入］が━する」⇔激増

げき-こう【激▽昂（激高）】〔─カウ〕［名・自サ変］怒って、激しく興奮すること。げっこう。‖「━してテーブルを叩く」書き方「激高」は代用表記。

げき-さい【撃砕】［名・他サ変］敵を攻めて徹底的に負かすこと。‖「敵の部隊を━する」

げき-さく【劇作】［名］演劇の脚本を書くこと。また、その脚本。

げきさっ-か【劇作家】［名］演劇の脚本を書く人。また、それを職業とする人。げきさくか。

げき-し【劇詩】［名］戯曲の形式で書かれた詩。ギリシア悲劇やゲーテの『ファウスト』など。

げき-しゃ【激写】［名・他サ変］世間があっと驚くような場面を写真に撮ること。‖「あの大物タレントのお忍びデートを━！」

げき-しゅう【激臭（劇臭）】〔─シウ〕［名］刺激の強い不快なにおい。

げき-しょ【激暑（劇暑）】［名］激しい暑さ。酷暑。

げき-しょう【激症・劇症】〔─シャウ〕［名］病気の進行が急激で、症状が重いこと。

げき-しょう【激賞】〔─シャウ〕［名・他サ変］大いにほめたたえること。‖「批評家の━を受けた小説」

げき‐じょう【劇場】[名] 演劇などを観客に見せるための建物。≡「野外ー」▽映画だけを上映する建物は映画館という。

げき‐じょう【激情】[名] 激しくこみ上げてくる感情。≡「ーに駆られる」

げき‐しょく【激職(劇職)】[名] 多忙で、心身の負担が大きい職務。≡「委員長のーに就く」

げき‐しん【激震】[名] ❶激しい地震。▽大きな衝撃の意にも使う。≡「スポーツ界にーが走った」❷気象庁の旧震度階級(八階級)の一つで、震度七に当たるもの。

げき‐じん【激甚(劇甚)】[名・形動] きわめて激しいこと。≡「ー災害(=特に被害の大きい災害)」

げき・する【激する】■一[自サ変] ❶激しくなる。激化する。≡「戦闘がー」❷気持ちが高ぶる。≡「感情がー・して泣き出す」❸激しくつき当たる。≡「岩にー奔流」■二[他サ変] はげます。激励する。≡「友をー」文げき・す

げき・する【▼檄する】[他サ変] 檄文を送る。檄を飛ばす。≡「広く天下に総決起をー」文げき・す

げき‐せん【激戦(劇戦)】[名・自サ変] 激しく戦うこと。また、その戦い。≡「ーを勝ち抜く」

げき‐ぞう【激増】[名・自サ変] 数や量が急激に増えること。≡「交通事故がーする」⇔激減

げき‐たい【撃退】[名・他サ変] 攻めてくる敵を攻撃して退けること。また、好ましくない相手を追い払うこと。≡「押し売りをーする」

げき‐たん【激▼湍】[名] 谷川などの、勢いの激しい流れ。≡「岩をかむー」

げき‐だん【劇団】[名] 演劇の上演・研究を目的に組織された団体。≡「ー員」

げき‐ちゅう【劇中】[名] 上演されている劇のなか。≡「ー歌」

げきちゅう‐げき【劇中劇】[名] 劇の一場面として演じられる、本筋とは別の劇。

げき‐ちん【撃沈】[名・他サ変] 艦船を攻撃して沈めること。≡「敵の戦艦をーする」

げき‐つい【撃墜】[名・他サ変] 飛行機を撃ち落とすこと。≡「敵機をーする」

げき‐つう【激痛(劇痛)】[名] 激しい痛み。≡「胸にーが走る」

げき‐てき【劇的】[形動] 劇に見るような感動や緊張を覚えるさま。ドラマチック。≡「ーな再会を果たす」

げき‐ど【激怒】[名・自サ変] 激しく怒ること。≡「勝手に変更されたことにーする」「会長がーした」

げき‐とう【激闘】[名・自サ変] 激しく戦うこと。また、その戦い。≡「五時間に及ぶー」

げき‐どう【激動】[名・自サ変] 政治・社会などが激しく変動すること。≡「ーする世相」「ーの昭和史」

げき‐どく【劇毒】[名] 作用の激しい毒。猛毒。

げき‐とつ【激突】[名・自サ変] 激しい勢いでぶつかること。また、激しく戦うこと。≡「車が壁にーする」「両横綱が千秋楽でーする」

げき‐は【撃破】[名・他サ変] 攻撃して打ち負かすこと。≡「敵[強豪チーム]をーする」

げき‐はく【激白】[名・他サ変] 心中の思いや秘密を衝撃的に打ち明けること。≡「ついに真相をーする」

げき‐はつ【激発】[名・自他サ変] 激しい勢いでわき起こること。次々と続いて起こること。また、起こすこと。≡「怒りがーする」「各地にーする暴動」

げき‐ばん【劇伴】[名] 映画・テレビドラマなどで、劇中で背景に流される音楽。

げき‐ひょう【劇評】[名] 演劇についての批評。

げき‐ぶつ【劇物】[名] 生命に激しい作用を及ぼす医薬品以外の物質。▽厚生労働大臣が指定し、その取り扱いは毒物及び劇物取締法で規定される。

げき‐ふん【激憤】[名・自サ変] 激しく怒ること。また、その怒り。憤激。≡「卑劣な行為にーする」

げき‐ぶん【▼檄文】[名] 自分の主張などを強く訴え、多くの人々に賛同や決起をうながす文書。檄。

げき‐へん【激変(劇変)】[名・自サ変] 急激に変わること。≡「情勢がーする」▽ふつう悪い状態になるときに使う。

げき‐む【激務(劇務)】[名] 非常に忙しく、心身の負担が大きい仕事。≡「ーに耐える」

げき‐めつ【撃滅】[名・他サ変] 攻撃して滅ぼすこと。

げき‐やく【劇薬】[名] 使い方・使用量などを誤ると生命にかかわる医薬品。▽毒薬に次ぐ毒性をもつもので、薬機法に基づき厚生労働大臣が指定する。

げき‐やす【激安】[名] 価格が一般より著しく安いこと。≡「ーの商品」「ーショップ」

け‐ぎらい【毛嫌い】[名・他サ変] これといったわけもなく嫌うこと。

げき‐りゅう【激流】[名] 川の激しい流れ。

げき‐りょ【▽逆旅】[名] 宿屋。旅館。▽「旅」は旅客、「逆」は迎えるの意。

げき‐りん【▽逆▼鱗】[名] 天子の怒り。また、目上の人の怒り。

鱗

◉**逆鱗に触・れる** 天子の怒りに触れる。また、目上の人を激しく怒らせる。≡「彼の発言が師のー」語源 竜の喉元には逆さに生えたうろこがあり、人がそれに触れれば必ず殺されるという中国の故事に基づく。

げき‐れい【激励】[名・他サ変] 奮起するように、大いにはげますこと。≡「選手団をーする」「叱咤ー」

げき‐れつ【激烈(劇烈)】[名・形動] 程度・勢いなどが、きわめて激しいこと。≡「ーな痛み」派生 ーさ

げき‐ろう【激浪】[名] 荒く激しい波。

げき‐ろん【激論】[名・自サ変] 激しく議論すること。また、その議論。≡「ーを闘わす」

げ‐くう【外▽宮】[名] 伊勢神宮の一つ、豊受大神宮。五穀の神、豊受大神をまつる。⇔内宮

げ‐げ【下下】[名] 非常に劣っていること。下の下。≡「ーの下という粗悪品」

げ‐けつ【下血】[名・自サ変] 血液が大便に混じって肛門から排出されること。

け‐げん【化現】[名・自サ変] 神仏が姿を変えてこの世に現れること。また、そのもの。≡「地蔵菩薩のー」

け‐げん【▽怪▼訝】[名・形動] 理由や事情がわからなくて、不思議に思うこと。≡「ーな顔をする」「ーに思う」派生 ーさ／ーがる

げ‐こ【下戸】[名] 酒の飲めない人。酒の嫌いな人。⇔上戸

げ‐こう【下向】[名・自サ変] ❶都から地方へくだること。❷神仏に参詣して帰ること。還向。

げ‐こう【下校】[名・自サ変] 学校から家に帰ること。≡「生徒が集団でーする」⇔登校

げ‐こく【下刻】[名] 昔、一刻(約二時間)を三分した最後の時刻。⇔上刻・中刻

げ‐ごく【下獄】[名・自サ変] 牢獄・刑務所に入って

刑に服すること。▽ふつう政治犯や思想犯にいう。

げ-こく-じょう【下克上・下▼剋上】[名]地位・身分の下の者が上の者を押しのけて権力をにぎること。下層階級が台頭した室町・戦国時代の社会風潮をいう。▽下が上に剋つの意。書き方もと専ら「下剋上」と書いた。

け-こみ【蹴込み】[名]❶階段の踏み板と踏み板とをつなぐ垂直の部分。❷蹴込み床で、床板と寄敷(=畳と水平に取りつける横木)との間の垂直の部分。▽「蹴込み床」は床の間の一形式で、床框(=床の間の前端に設ける化粧横木)を省いたもの。❸人力車で、客が足を乗せる所。◈足先の当たる所の意。

け-ごん【華厳】[名]❶大乗経典の一つ。釈迦が悟りを開いたのちの最初の説法を記した経文とされる。▽「華厳経」の略。❷華厳経を教義の根本とする仏教の一宗派。▽「華厳宗」の略。

げ-こん【下根】[名]仏道を修行する資質が生まれつき劣っていること。また、その人。⬌上根

けさ【《今朝》】[名]きょうの朝。こんちょう。〓「―は寒い」「―連絡があった」▽副詞的にも使う。

けさ【▼袈▼裟】[名]僧衣の一つ。左肩から右脇下にかけて衣をおおう。首から胸にかける簡素なものもある。▽「赤褐色」を意味する梵語の音号。インドで僧の衣をその色に染めたことから。数「一領…」「一帖…」「一具…」と数える。

げ-ざ【下座】[名]❶[自サ変]貴人に対し、座をおりて平伏すること。また、その礼。❷しもての席。しもざ。末座。⬌上座 ❸歌舞伎・文楽・寄席などで、観客からは見えない舞台の下手奥にある囃子方の席。また、そこで奏される音楽。外座。

げ-ざい【下剤】[名]排便をうながし、一時的に下痢を起こさせる薬。通じ薬。下し薬。

けさ-がけ【▼袈▼裟懸け】[名]❶(袈裟をかけるように)衣服などを一方の肩から他方の脇下へ斜めにかけること。❷刀で人をきるとき、一方の肩から他方の脇下へ斜めにきり下げること。袈裟斬り。

け-さき【毛先】[名]毛髪の先端。また、歯ブラシなどに植えた毛の先端。〓「―をカールさせた髪形」

げ-さく【下策】[名]下手なはかりごと。まずい策略。⬌上策

げ-さく【▽戯作】[名]❶たわむれに詩文を作ること。また、その作品。❷江戸時代後期の娯楽的な通俗小説の総称。黄表紙・洒落本・読物・滑稽本・人情本など。

げ-ざん【下山】[名・自サ変]❶山をおりること。〓「山小屋に一泊して―する」⬌登山 ❷修行を終えて寺から家へ帰ること。◈「げさん」とも。

け-し【▼芥子・〈▼罌▼粟〉】[名]❶初夏、茎頂に白・紫・赤などの四弁花をつけるケシ科の二年草。黒色または白色の小さな種子は食用。未熟な果実から阿片をとる。▽あへん法によって栽培は厳しく制限される。❷ケシ科ケシ属の植物の総称。

げ-し【夏至】[名]二十四節気の一つ。太陽暦の六月二一日ごろ。太陽が夏至点を通過するときで、北半球では昼が最も長く、夜が最も短くなる。

げじ【〈▼蚰▼蜒〉】[名]一五対の長い足をもつゲジ科の節足動物。形はムカデに似る。暗く湿った場所を好み、小昆虫を捕食する。ゲジゲジ。書き方歴史的仮名遣いは「ゲジ」とも。

げ-じ【下知】[名・他サ変]指図すること。命令。げち。書き方現代仮名遣いでは「げぢ」も許容。

けし-いん【消印】[名]郵便局が郵便切手やはがきに使用した証拠として押す日付印。スタンプ。

けし-か・ける【▼嗾ける】[他下一]❶犬などに声をかけ、相手を攻撃するようにしむける。〓「犬を―けて嚙みつかせる」❷他人をあおって、自分が思う通りの行動をするようにしむける。〓「殴れと―」文けしか・く

品格 鼓吹「軍国主義を―する」扇動「暴動を―する」挑発「―に乗る」

けしから-ん【▽怪しからん】[連語]道理・礼儀などにはずれていて許しがたい。ふとどきだ。〓「挨拶にも来ないとは―」▽「けしからぬ」の転。

け-しき【気色】[名]❶表情や態度に表れた心中のようす。❷人や物事が動き出そうとするけはい。

けしき【《景色》】[名]山・川・野原など自然の風物のながめ。風景。〓「―がいい」

けしき-ば・む【気色ばむ】[自五]怒りを表情にあらわす。〓「非難されて―」

げじ-げじ【〈▼蚰▼蜒〉】[名]節足動物のゲジの通称。▽忌み嫌われる人のたとえにもいう。書き方歴史的仮名遣いは「ゲジゲジ」とも。

げじげじ-まゆ【〈▼蚰▼蜒〉眉】[名]げじげじのような形をした、濃くて太いまゆ。げじげじまゆげ。

けし-ゴム【消しゴム】[名]鉛筆などで書いたあとをこすって消すための文房具。ゴム・プラスチックなどで作る。ゴム消し。字消し。

けし-ずみ【消し炭】[名]薪や木炭が燃えつきないうちに火を消して作る軟らかな炭。火つきがよい。

けし-つぶ【▼芥子粒】[名]ケシの種子。▽きわめて小さいもののたとえにもいう。〓「―のように見える人影」

けし-つぼ【消し▼壺】[名]燃えている薪や炭を入れ、密閉して火を消すためのつぼ。消し炭を作るのにも使う。火消しつぼ。

けし-と・ぶ【消し飛ぶ】[自五]勢いよく飛んで、すっかりなくなる。〓「不安が―」

けし-と・める【消し止める】[他下一]❶火を消して、延焼を防ぎ止める。〓「小火を―」❷うわさなどが伝わり広がるのを防ぎ止める。〓「デマを―」文けしと・む

けし-ぼうず【▼芥子坊主】[名]❶ケシの果実。直径五センチメートル前後の球形で、外皮は平滑。頂部には放射状の柱頭が残る。❷頭頂だけ毛髪を残し、周囲をそり落とした幼児の髪形。▽❶に似ていることから。

けじめ[名]❶態度や行動ではっきりと示すべき区分。くぎり。〓「公私の―をつける」❷物と物との区別。

げ-しゃ【下車】[名・自サ変]電車・自動車などから降りること。〓「博多駅で―する」「途中―」⬌乗車

げ-しゅく【下宿】[名・自サ変]他人の家の部屋を借りて住むこと。また、その部屋を貸す家。

け-じゅす【毛▼繻子】[名]綿糸を縦糸に、毛糸を横糸にして織った、滑らかでつやのある綾織物。服の裏地などに使う。

ゲシュタポ[Gestapoドイ][名]ナチスドイツの秘密国家警察。一九三三年、反ナチス運動の取り締まりを目的に創設され、親衛隊の統轄下に置かれた。一九四五年消滅。

ゲシュタルト[Gestaltドイ][名]全体を個々の要素の寄せ集めとしてではなく、機能的構造をもった統一

体としてとらえたときの形態。

げしゅ-にん【下手人】［名］〔古風〕自ら手をくだして人を殺した者。

げ-じゅん【下旬】［名］一か月のうちの二一日から末日までの約一〇日間。‖「八月の—」⇕上旬・中旬

げ-じょ【下女】［名］昔、炊事・雑用などの下働きに召し使われた女性。⇕下男

け-しょう【化生】［名・自サ変］❶仏教で、四生の一つ。母胎や卵からではなく、超自然的に忽然と生まれること。また、そのもの。❷⇒化身① ❸ばけること。ばけもの。‖「—の者」

け-しょう【化粧】［名・自他サ変］❶顔におしろい・紅などを塗って美しく見えるようにすること。また、その塗ったもの。‖「—品」❷ものの外見を美しく飾ること。‖「雪—・板—」

げ-じょう【下乗】［名・自サ変］❶乗り物から降りること。特に、貴人への礼として馬からおりること。‖「—して一礼する」❷社寺の境内などへ車馬を乗り入れることを禁ずること。下馬。

げ-じょう【下城】［名・自サ変］城から退出すること。⇕登城

けしょう-した【化粧下】［名］化粧の下地として肌につける化粧水やクリーム。おしろい下。

けしょう-しつ【化粧室】［名］❶化粧や身づくろいをするための部屋。化粧部屋。❷洗面所。便所。トイレ。

けしょう-なおし【化粧直し】［名］❶くずれた化粧を直すこと。‖「パウダーで—をする」❷いたんだ建物や部屋の外観を直すこと。‖「ロビーの—をする」

けしょう-ばこ【化粧箱】［名］❶化粧道具・化粧品などを入れる箱。❷進物用の商品などを入れる、装飾を施した箱。

けしょう-まわし【化粧回し】［名］大相撲で、十両以上の力士が土俵入りなどに用いる前垂れのついたまわし。緞子などで仕立て、豪華な刺繍を施す。

け-じらみ【毛▼虱】［名］カニに似た形をしたケジラミ科の小昆虫。人の陰毛やわき毛に寄生し、吸血する。

け-しん【化身】［名］❶仏や菩薩が衆生を救うために人の姿となって現れたもの。化生。応身。‖「弥勒菩薩の—」❷異類・鬼畜などが人に姿を変えて現れたもの。‖「悪魔の—」❸歌舞伎で、妖怪変化。また、役者がそれを演じるときの隈取り。❹抽象的な観念が、形をとって現れたもの。‖「美[悪]の—」

げ-じん【外陣】［名］神社の本殿や寺院の本堂で、内陣の外側にあって、一般の人々が拝礼する所。がいじん。⇕内陣

け・す【消す】［他五］❶それまで存在していたものをなくす。また、体の不具合をなくす。消滅させる。‖「黒板の字を—」「つやを—」「投薬して痛みを—」❷燃えている火を燃えないようにする。‖「タバコ[火事]を—」❸存在する記録などをなくす。消滅させる。‖「録音した音楽[不要なファイル・検索履歴]を—」❹相殺する形で、音やにおいがなくなるようにする。‖「魚の臭みをショウガで—」❺スイッチを切ったりして、その器具の働きを止める。切る。‖「電気[テレビ・暖房]を—」❻〈「姿を消す」の形で〉その場からいなくなる。姿が消える。また、その場からいなくならせる。‖「渡り鳥が町から姿を—」「マジシャンが観客の眼前でトラの姿を—・した」❼殺す。‖「邪魔者は—・せ！」［可能］消せる

げ-す【下▽種・下▽衆・下▽司】［名］❶〔古風〕身分のごく低い人。❷［形動］品性が下劣であること。また、その人。

◉下種の勘繰り 心の卑しい者はとかく邪推するものだということ。また、そのような邪推。

げす［助動 特活型］（げせ-げし-げす-げす-〇-〇）ございます。‖「それは結構で—な」「関取は大層評判が好う—から〈三遊亭円朝〉」▼「ございます」の転。江戸末期から明治初期にかけて江戸の芸人・職人などの間で使われた。［使い方］断定の助動詞「だ」の連用形「で」、形容詞連用形のウ音便形などに付く。

げ-すい【下水】［名］家庭や工場から流れる、使用済みの汚れた水。また、それを流す溝。‖「—処理（＝下水を人工的に浄化すること）」⇕上水

げすい-どう【下水道】［名］下水を流すために地下や地上に設けた排水施設。⇕上水道

け-すじ【毛筋】［名］❶一本一本の髪の毛。▼きわめて些細な事柄のたとえにもいう。‖「—ほどの疑いもない」❷髪の毛をくしけずったあとの筋目。

ゲスト［guest］［名］❶客。来客。❷テレビ・ラジオ番組などで、特別に招かれて出演する人。

ゲスト-ハウス［guest house］［名］❶来客のための宿泊施設。❷料金の安い簡易な宿泊施設。

ゲスト-ルーム［guest room］［名］ホテルの客室。また、個人宅の来客用寝室。

け-ずね【毛▼脛・毛▼臑】［名］毛の多く生えたすね。

げす-ば・る【下▽種張る】［自五］げびた振る舞いをする。いやしい根性を出す。

けずり-ぶし【削り節】［名］かつお節などを薄くけずったもの。

けず・る【削る】［他五］❶刃物などで物の表面を（うすく）そぎ取る。また、そのようにしてある物を作る。‖「ナイフで鉛筆を—」「命を—ほどの辛酸をなめる」❷全体から一部分を取り除く。‖「予算を一億円—」「名簿から名前を—」［可能］削れる ［名］削り

けず・る【▼梳る】［他五］櫛で髪をとかす。くしけずる。‖「髪の毛を—」▼「削る」と同語源。［可能］けずれる

けず・れる【削れる】［一］［自下一］自然の力で削られた状態になる。‖「表面が—・れて地肌がむき出しになる」［文］けづ・る ［二］［自他下一］「削る」の可能形。削ることができる。‖「予算は—ところから削ろう」

げ・せる【解せる】［他下一］「解す」の可能形。理解できる。納得できる。‖「市長のあの答弁は—・せない」

ゲゼルシャフト［Gesellschaft ドイツ］［名］人間が特定の目的や共通の利益のために作為的に形成する社会集団。国家・都市・会社・組合など。利益社会。⇕ゲマインシャフト

げ-せわ【下世話】［名・形動］❶世間で一般の人々がよく口にすること。また、そのことばや話。‖「—に言う、孝行したい時に親はなし」「—な表現」❷低俗であること。‖「—な興味[話]」

げ-せん【下船】［名・自サ変］船からおりること。⇕乗船

げ-せん【下▼賤】［名・形動］身分が低く、卑しいこと。

げ-そ［名］鮨屋などで、イカの足。▼「下足」の略。

け-そう【懸想】［名・自サ変］〔古風〕恋い慕うこと。

げ-そく【下足】［名］（大ぜいの人々が）脱いだ履物。

け-ぞめ【毛染め】［名］毛を染めること。また、その薬

品。

けた【桁】［名］❶建物・橋などの柱の上に横に渡して、他の部材を支える材。〓「屋根の―」「橋―(げた)」❷そろばんの玉を通してある棒。❸数の位取り。〓「五―の暗算」

◉桁が違・う ❶数の位に違いがあるほど、格段の差がある。〓「彼と私では収入の―」❷他に比べて突出している。程度や規模がはなはだしい。〓「このチームの強さは―」

げ-た【下▽駄】［名］❶厚手の板の下に歯を付けた台に、三つの穴をあけて鼻緒(はなお)をすげた履物。足の親指と人指し指の間に鼻緒をはさんで歩く。❷活版印刷の校正刷りで、その活字がないときに活字を裏返して組んでおく伏せ字。刷ると下駄の歯形「〓」になる。▽今は、コンピューターによる組み版での伏せ字についてもいう。

◉下駄を預(あず)・ける 相手に物事の処置をまかせる。

◉下駄を履(は)か・せる 点数・数量などを水増しして、実際より多く見せる。〓「売上高に―」

け-たい【▼懈怠】［名・自他サ変］なまけること。けだい。〓「―をかこつ」「―感」

げ-だい【外題】［名］❶書物の表紙などに記してある書名。⇔内題 ❷歌舞伎・浄瑠璃(じょうるり)などの題名。名題(なだい)。▽多く上方で使った語。

け-たお・す【蹴倒す】(ケタオス)［他五］❶足でけって倒す。〓「椅子を―」❷負債を支払わないままにする。ふみたおす。〓「借金を―」

け-だか・い【気高い】［形］気品があって、とうとく感じられるさま。〓「霊峰富士の―姿」派生 -さ

け-たぐり【蹴手繰り】［名］相撲の決まり手の一つ。立ち合いの瞬間に相手の足を内側から蹴り払い、重心を失った体を前に引き倒す技。

けた-けた［副］かん高い声で無神経に笑うさま。〓「馬鹿にして―と笑う」

け-だし【蹴出し】［名］和服用の下着。女性が腰巻きの上に重ねてまとう布。すそよけ。▽裾(すそ)を上げたとき腰巻きがあらわに見えないようにつける。

けだし【▽蓋し】［副］文頭に置き、確信のある推定を表す。思うに。おそらく。たしかに。〓「―至言である」

けたたまし・い［形］急に高い音や声が響きわたってさわがしいさま。〓「―クラクションの音」「大口を開けて―く笑う」派生 -げ／-さ

けた-ちがい【桁違い】(ケタチガイ)［名・形動］程度・規模などの差がはなはだしいこと。〓「―に強いチーム」

げ-だつ【解脱】［名・自サ変］この世の迷いや苦しみからのがれ、安らかで自由な境地に達すること。悟ること。涅槃(ねはん)。

げた-ばき【下▽駄履き】［名］下駄を履いていること。下駄掛け。

げた-ばこ【下▽駄箱】［名］靴・下駄などの履物を収納しておくための家具。

けた-はずれ【桁外れ】(ケタハズレ)［名・形動］程度・規模などが、標準から大きく離れていること。けたちがい。〓「―の安値で売る」

け-だま【毛玉】［名］❶編み物などの表面の繊維が寄り集まって小さな玉のようになったもの。ピリング。〓「―取り機」❷毛づくろいをしているうちに、猫などの体内にたまってしまう毛の玉。

け-だもの【▽獣】［名］❶全身が毛でおおわれ、四足で歩く動物。特に、野生のものをいう。けもの。じゅう。▽「毛の物」の意。❷動物的な本能をむきだしにした、残忍・非情な者をののしっていう語。

け-だる・い【気▽怠い】［形］なんとなくだるい。〓「微熱が続いて―」派生 -げ／-さ

げ-だん【下段】［名］❶下の方の段。かだん。〓「本箱の―」❷武術で、刀剣などの切っ先を水平より下げて構えること。また、その構え。◈⇔上段・中段

けち［名］❶［形動］金や物を惜しむこと。また、そのような人。吝嗇(りんしょく)。〓「―(な人)だから、寄付はしてくれないだろう」❷［形動］考えや心が狭く、こせこせしていること。〓「数をごまかそうなどという―な考えは持っていない」❸［形動］粗末で価値がないこと。〓「―な服を着ている」❹縁起でもないこと。不吉。不運。〓「あの失敗から―がついた」

◉けちを付・ける 欠点を探し出して悪く言い立てる。難癖(なんくせ)を付ける。〓「人の話に―気か」

けち-えん【▽結縁】［名］衆生(しゅじょう)が仏道に入る縁を結ぶこと。けつえん。

けち-がん【▽結願】(ケチグワン)［名・自サ変］仏教で、日数を定めて行う法会(ほうえ)・願立てなどの期日が終わること。また、その日。満願。けつがん。

けち-くさ・い【けち臭い】［形］❶いかにも金や物を惜しむさま。〓「―やつ」❷考えや心が狭く、こせこせしているさま。〓「何とか楽をしようとする考えが―」❸粗末で価値のないさま。〓「何とも―宴会だったなあ」派生 -さ

けち-けち［副］わずかな金品も出し惜しむさま。〓「―しないで払うものは払え」

ケチャップ［ketchup］［名］トマトなどの野菜を煮て裏ごしにかけ、食塩や香辛料で調味したソース。▽ふつうトマトケチャップをいう。

けちょん-けちょん［形動］徹底的にやりこめるさま。〓「―にけなす」

け-ちら・す【蹴散らす】［他五］❶固まっていたものを、けってばらばらにする。けちらかす。〓「ごみの山を―」❷勢いよく追い払って、ちりぢりにする。けちらかす。〓「群がる敵を―」

けち・る［他五］出し惜しむ。けちけちする。〓「食費を―」▽「けち」を動詞化した語。可能 **けちれる**

けちん-ぼう【けちん坊】(ケチンバウ)［名・形動］ひどく物惜しみをすること。また、その人。しわんぼう。けちんぼ。

けつ【欠】［名］足りないもの。かけているもの。〓「―を補う」「―如・―損・―乏」「出―・補―・不可―」▽「欠(ケン)(＝あくび)」は「缺(ケツ)(＝かける)」とは本来別字。今、「欠」は「闕(かけ)る」に通じる。「闕員・闕席・闕如・闕字」など。旧 缺

けつ【▽尻・穴】㊀［名］［尻・穴］［俗］❶しり。〓「まだ―の青い若者」❷順番などの最後。びり。しり。〓「―から二番目」書き方「ケツ」も好まれる。㊁(造)［穴］❶あな。ほらあな。〓「虎―(こけつ)・偕老同―(かいろうどうけつ)」❷東洋医学で、人体のつぼ。〓「灸―(きゅうけつ)・経―」

◉尻の穴が小さ・い 小心で、度量が狭い。

◉尻を捲(まく)・る ⇩しりをまくる

けつ【決】㊀［名］きっぱりと決めること。結論。また、可否を決めること。〓「―を採る」「―算・―心・―断」「解―・採―・判―」㊁(造)❶思い切って。きっぱりと。〓「―然」❷さける。やぶれる。〓「―壊・―裂」

けつ【血】(造)❶ち。ちしお。〓「―圧・―管」「喀―(かっけつ)・出―・輸―」❷ちのつながり。ちすじ。〓「―縁・―統・―

族」「純━」❸強く、いきいきとしている。血を流すようにはげしい。═「━気・━相・━戦」「熱━」

けつ【▼訣】(造)❶人とわかれる。═「━別」「永━」❷おくので。奥義。═「秘━」

けつ【傑】(造)すぐれている。すぐれている人。═「━作・━出」「英━・怪━・豪━・女━」

けつ【結】(造)❶むすぶ。固くむすびつく。═「━社・━束・━縁(けつえん・けちえん)」「団━・凍━・連━」❷物事のしめくくり。しめくくる。実をむすぶ。═「━果・━局・━末・━論」「完━・終━」❸結句。═「起承転━」

けつ【潔】(造)けがれがない。清い。いさぎよい。═「━斎・━白・━癖」「簡━・高━・純━・不━」

げつ【月】(造)❶地球の衛星。つき。═「━光・━食・━齢」「観━・山━・満━」❷一年を十二分した一区間。つき。═「━刊・━給」「今━・毎━・来━」❸七曜の一つ。「月曜(日)」の略。═「━水金の当番」

けつ-あつ【血圧】[名]心臓から押し出される血液が血管壁におよぼす圧力。═「━計」▼心臓の収縮期に最高血圧、拡張期に最低血圧を示す。

けつ-い【決意】[名・他サ変]自分の意志をはっきりと決めること。また、その意志。═「━を固める」「辞職を━する」「━表明」使い方「決意」は「決心」よりも心に決めた内容がより重大な意味をもつ場合にいうことが多い。

けつ-いん【欠員】(ヰン)[名]定員に満たないこと。また、その人数。═「━が生じる」

けつ-えき【血液】[名]動物の体内を循環する体液。血球・血小板・血漿(けっしょう)から成る。組織に酸素・栄養分などを供給し、炭酸ガスなどの老廃物を運び去る。血(ち)。

けつえき-がた【血液型】[名]血球の凝集反応をもとに分類した人間の血液の型。ABO式(A・B・AB・Oの四種)・Rh式(+と−の二種)など、多くの分類法式がある。

けつえき-せいざい【血液製剤】[名]人間の血液から製する薬剤。

けつ-えん【血縁】[名]親・兄弟など、血筋のつながっている間柄。また、その関係にある人々。血族。═「━関係」

けっ-か【欠課】(クワ)[名・自サ変]受講者が授業や講義に欠席すること。

けっ-か【決河】[名]川の水があふれて堤防を破ること。═「━の勢い(=猛烈な勢い)」

けっ-か【結果】(クワ)[名]❶ある原因によってもたらされた事柄・状態。═「試験の━を発表する」「━論」⇔原因 使い方 (1)「その政策は高成長を結果した」のような他動詞用法もある。(2)「結果を出す」「結果が出る」「結果が求められる」などの形で、よい結果の意味にいうことも多い。「天気」を、よい天気の意で使うのと同趣。═「日本代表として━を出す」❷〈上に連体修飾を伴って〉あることが原因となって、ある事態がもたらされる意を表す。═「話し合いの━、解決の道を見出す」「その━、優勝が決まった」使い方「その結果」「結果として」に代えて、「結果、失敗に終わった」などというのは新しい使い方。❸[自サ変]植物が実を結ぶこと。結実。また、その実。

げっ-か【月下】[名]月の光のさしている所。

げっ-か【激化】(ゲキクワ)[名・自他サ変]⇩げきか(激化)

けっ-かい【決壊・決潰】(クワイ)[名・自他サ変]切れてくずれること。また、切りくずすこと。═「ダムが━する」書き方 今は「決壊」が定着。

けっ-かい【結界】[名]❶修行僧が戒律を犯さないように衣食住について一定の区域を定めること。また、その区域。❷仏道修行の妨げになるものの出入りを禁ずること。また、その場所。

けっか-オーライ【結果オーライ】(ケックワ)[名]過程はどうあれ、結果がよければよしとすること。═「ミスはあったが勝ったのだから━だ」

けっ-かく【欠格】[名]必要な資格を備えていないこと。═「━者」⇔適格

けっ-かく【結核】[名]結核菌の感染によって起こる慢性の感染症。特に、肺結核。

げつ-がく【月額】[名]一か月当たりの金額。═「━千円の会費」

げっか-びじん【月下美人】[名]夏の夜、白い大形の花を開くサボテン科の多年草。芳香を放つ花は数時間でしぼむ。クジャクシャボテンの一種で、中南米原産。

げっか-ひょうじん【月下氷人】[名]男女の縁をとりもつ人。仲人(なこうど)。媒酌(ばいしゃく)人。▼「月下老人」と「氷人」の合成語。いずれも中国の故事から。

けっか-ふざ【結▼跏▼趺▼坐】[名]仏の座法の一つ。あぐらをかき、両足の甲をそれぞれ反対側のももの上に置く座り方。禅定修行者が座禅を組むときに行う。

けつか・る[補動五]《俗》〈「て[で]けつかる」の形で〉その動作を卑しめる意を表す。〜ていやがる。═「あんなところで見て━」

げっか-ろうじん【月下老人】(ラウ)[名]結婚の仲立ちをする人。仲人(なこうど)。媒酌(ばいしゃく)人。語源 唐の韋固(いこ)が、月光の下で婚姻に関する本を読み、夫婦となるべき男女の足を赤い縄で結ぶという不思議な老人に会ったという故事に基づく。

けっか-ろん【結果論】(ケックワ)[名]原因・経過などを考えず、結果だけを見て論じる議論。═「それを非とするのは━に過ぎない」

けっ-かん【欠陥】[名]欠けて足りないもの。また、不備な点。═「構造上の━を衝(つ)く」「━商品」

けっ-かん【血管】(クワン)[名]体内に血液を送る管。脊椎(せきつい)動物では動脈・静脈・毛細血管がある。

けつ-がん【▼頁岩】[名]粘土が水底に堆積してできた岩。薄片状にはがれやすい性質をもつ。泥板岩。

げっ-かん【月刊】[名]毎月一回定期的に発行すること。また、その刊行物。═「━誌」

げっ-かん【月間】[名]一か月の間。また、ある行事・運動などが行われる一か月間。═「生産の━目標」「交通安全━」

けっ-き【血気】[名]生き生きとした生命力。また、その活力にまかせた激しい意気。═「━盛んな若者」「━に逸(はや)る青年」

けっ-き【決起(▼蹶起)】[名・自サ変]決意を固めて行動を起こすこと。═「民衆が━する」「━集会」書き方「決起」は、同音類義語による代用表記。

けつ-ぎ【決議】[名・他サ変]会議・大会などで意見をまとめ、ある事柄を決定すること。また、その決定した事柄。═「━文」「大会━」

けっ-きゅう【血球】(キウ)[名]血液中に浮遊する球形の細胞。赤血球と白血球がある。▼血小板を含めていうこともある。

けっ-きゅう【結球】(キウ)[名・自サ変]野菜の葉が、重なり合って球状になること。また、そうなったもの。═「━白菜」

げっ-きゅう【月給】[名] 月ごとに支払われる給与。月俸。サラリー。‖「ー取り(=サラリーマン)」

けっ-きょ【穴居】[名・自サ変] 洞穴(ほらあな)または地中に掘った穴の中に住むこと。またその住居。

けっ-きょく【結局】■一 [名] いろいろな過程を経て、最後にいきつくところ。‖「ーのところ、会えなかった」■二 [副] 最後には。とうとう。とどのつまり。‖「ー(は)元に戻った」

けっ-きん【欠勤】[名・自サ変] 勤めを休むこと。‖「病気でーする」「無断ー」⇔出勤

げっ-きん【月琴】[名] 薄い円形の胴に短い棹(さお)をつけた四弦の弦楽器。琵琶(びわ)に似るが小さい。▽中国の古楽器「阮咸(げんかん)」から派生したもの。

けっ-く【結句】■一 [名] 詩歌の最後の句。特に漢詩で、絶句の第四句。▽「起承転結」の、結の句。■二 [副]〔古風〕あげくのはて。結局。‖「ー不首尾に終わった」

け-づくろい【毛繕い】[名] 動物が舌やつめなどを使って毛並みや体の部分をきれいに整えること。

げっ-けい【月▼桂】[名] ❶中国の伝説で、月に生えているという桂(かつら)の木。つきのかつら。❷月。また、月の光。❸「月桂樹」の略。

げっ-けい【月経】[名] 成熟期の女性にみられる周期的な生理現象。卵子が受精しなかった場合、平均二八日ごとに子宮内膜がはがれて出血し、数日間持続する。月のもの。生理。メンス。

げっけい-かん【月▼桂冠】[名] 月桂樹の枝葉で作った冠。古代ギリシアで競技の優勝者などにかぶせた。桂冠。▽名誉ある地位の象徴とされる。

げっけい-じゅ【月▼桂樹】[名] 葉・果実に芳香のあるクスノキ科の常緑高木。春、密集した淡黄色の小花をつける。乾燥した葉をベイリーフ(ローリエ)といい、香辛料とする。南ヨーロッパ原産。

けっけい-もじ【▼楔形文字】[名] ⬇せっけいもじ

げっ-けん【撃剣】[名] 刀剣・木剣などで身を守り、相手を討つ武術。剣術。

けつ-ご【結語】[名] 文章や話の結びのことば。特に、手紙で「拝啓」などの頭語に対して、結びの「敬具」などを言う。⇔頭語

けっ-こう【欠航】[名・自サ変] 定期的に発着している船舶や航空機が運航を取りやめること。

けっ-こう【血行】[名] 血液が体内を循環すること。血のめぐり。‖「指先のーが悪くなる」

けっ-こう【決行】[名・他サ変] 多少の無理があっても、思い切って行うこと。‖「ストをーする」「雨天ー」

けっ-こう【結構】■一 [名] 物事の構造や組み立て。‖「文章のーを考える」■二 [形動] ❶すぐれていて難点がないさま。‖「ーなお住まいですね」❷それで満足なさま。さしつかえないさま。‖「Mサイズでーです」「点検が終われば帰ってー」❸それ以上は不要であるさま。(現状に満足である。)‖「もう、お酒はーです」◈使い方「一杯どうですか?」のような提案に対して、単に「結構です」というと、②③のどちらの意なのかわかりにくい。②の場合は「(はい、)結構ですね」などと、③の場合は「もう結構です(よ)」「いや、結構です」などと答えると意味が明確になる。■三 [副] 予想した以上であるさま。極端ではないが、かなりの程度であるさま。‖「今度の試験はーいいところまで行くかもしれない」「ー席が空いている」

けつ-ごう【結合】[名・自他サ変] いくつかのものが結びついて一つになること。また、一つにすること。‖「両者のーを図る」「原子がーする」「ー組織(=体内の細胞と細胞、または器官と器官をつないで保護する組織)」

げっ-こう【月光】[名] 月の光。月影(つきかげ)。

げっ-こう【激▼昂(激高)】[名・自サ変] ⬇げきこう

けっ-こん【血痕】[名] 血のついた跡。‖「床に付着したー」

けっ-こん【結婚】[名・自サ変] 男女が夫婦になること。婚姻(こんいん)。‖「太郎と花子がーした」「恋愛ー」

けっ-さい【決済】[名・他サ変] 代金・証券・商品などを受け渡しして、売買取引を終えること。‖「現金でーする」

けっ-さい【決裁】[名・他サ変] 権限を持つ人が案の可否を決めること。‖「社長のーを仰ぐ」

けっ-さい【潔斎】[名・自サ変] 神事・仏事の前に、酒肉の飲食を断つなどして心身を清めること。‖「精進ー」

けっ-さく【傑作】[名] ❶作品のできばえが非常にすぐれていること。また、その作品。‖「推理小説のー」❷[形動] 奇妙でおもしろいこと。‖「なんともーな話だ」

けっ-さつ【結▼紮】[名・他サ変] 止血のために血管をしばって結ぶこと。また、避妊のために精管・卵管をしばって結ぶこと。

けっ-さん【決算】[名・自サ変] 金銭の収支を計算してまとめること。また、その計算。‖「ー書・ー期」

げっ-さん【月産】[名] 一か月間の生産高。‖「ー三万台」

けっ-し【決死】[名] 死んでもよいと決意すること。‖「ーの覚悟で救助に向かう」

けっ-し【傑士】[名] 抜きん出てすぐれた人物。傑物。

けつ-じ【欠字】[名] ❶文章中で、あるべき文字が抜けていること。また、その文字。脱字。欠け字。❷昔の文章で、敬意を表すために、天皇や貴人の名・称号の上に一字または二字分の空白を置いたこと。

けっ-しきそ【血色素】[名] ⬇ヘモグロビン

けっし-たい【決死隊】[名] 死んでもよいという覚悟で危険な物事に当たる部隊。

けつ-じつ【結実】[名・自サ変] ❶植物が実を結ぶこと。‖「ー期」❷よい結果が得られること。‖「多年の努力がーする」

けっし-て【決して】[副]〈否定や禁止の表現を伴って〉どんなことがあろうとも。絶対に。断じて。‖「ー嘘は言いません」「ー帰ってくるな」「ーそんなことは起こらない」▽俗に「けして」とも。

けっ-しゃ【結社】[名] 多数の人が共通の目的を達成するために団体を結成すること。また、その団体。‖「政治[秘密]ー」

げっ-しゃ【月謝】[名] 授業料・指導料として月ごとに支払う謝金。‖「ーを納める」

けっ-しゅ【血腫】[名] 内出血によって体内の一か所に血液がたまり、こぶのようにふくれあがったもの。

けっ-しゅう【結集】[名・自他サ変] ばらばらになっているものが一つにまとまること。また、まとめること。‖「前線に部隊がーする」「総力をーして事に当たる」

げっ-しゅう【月収】[名] 一か月の収入。

けっ-しゅつ【傑出】[名・自サ変] 多くのものの中で、抜きん出てすぐれていること。‖「絵画史上ーした存在」

けっ-しょ【血書】[名・他サ変] 決意を表すために自分の血で文字を書くこと。また、その文字・文書。

けつ-じょ【欠如】[名・自サ変] あるべきものが欠けて

いること。〓「公徳心の━を嘆く」

げっ-しょ【月初】[名]月のはじめ。月初め。⇔月末

けっ-しょう【血▼漿】シャウ[名]血液から血球・血小板などを除いた液体成分。細胞の浸透圧や水素イオンを一定に保つ働きをする。

けっ-しょう【決勝】[名]最終的に勝敗を決めること。特に競技などで、優勝者を決めること。また、その試合。〓「準━」

けっ-しょう【結晶】シャウ[名・自サ変]❶原子や分子が一定の周期で規則正しく配列した、均質な内部構造をもつ固体物質。また、その状態になること。〓「二酸化珪素が━して水晶になる」「雪の━」❷ある事柄が積み重なり、立派な結果となって現れること。〓「愛[汗]の━」

けつ-じょう【欠場】ヂャウ[名・自サ変]予定されていた人が出場するはずの場所に出ないこと。⇔出場

けつ-じょう【結縄】[名]文字のなかった時代に、縄の結び方によって数量などの表示や情報の伝達を行ったこと。▼明治時代中期まで用いられた沖縄の藁算(わらざん)もその一つ。

けつ-じょう【▼楔状】ジャウ[名]くさび形をしていること。また、そのもの。〓「━文字(=楔形(せっけい)文字)」

けっしょう-せん【決勝戦】[名]競技などで、優勝者を決める試合。

けっしょう-てん【決勝点】[名]❶競走などで、勝負を決めるコースの最終地点。ゴール。❷勝負を決める得点。

けっしょう-ばん【血小板】セウ[名]血液の有形成分の一つ。出血したとき血液を凝固させる働きをもつ。

けっ-しょく【欠食】[名・自他サ変]❶貧困などやむを得ない理由で食事がとれないこと。〓「━児童」❷食事をとらないこと。〓「朝の━が増える」

けっ-しょく【血色】[名]顔の色つや。〓「━がよい」

げっ-しょく【月食(月▼蝕)】[名]地球が太陽と月の間に入ったとき、地球の影によって月の全部または一部が欠けて見える現象。部分月食と皆既月食とがある。書き方「月食」は代用表記。

けっ-しん【決心】[名・他サ変]あることをしようと心を決めること。〓「留学を━する」「━がつく」

けっ-しん【結審】[名・自サ変]裁判で、すべての審理が終わること。〓「一〇年来の裁判が━する」

けつ-じん【傑人】[名]抜きん出てすぐれた人物。傑士。傑物。

けっ・する【決する】[自他サ変]きまる。また、きめる。〓「勝敗が━」「意を━・して結婚を申し込む」文けっ・す

けっ-せい【血清】[名]血液が凝固するときに分離される淡黄色で透明な液体。免疫抗体などを含む。

けっ-せい【結成】[名・他サ変]会や団体などの組織を作り上げること。〓「新党を━する」

けつ-ぜい【血税】[名]❶血をしぼられるような苦労をして納める重い税金。❷兵役義務。▼心血を租税とする意で、明治五年に公布された太政官告諭中の語。

げっ-せかい【月世界】[名]月の世界。月界。

けっ-せき【欠席】[名・自サ変]学校などを休むこと。また、会などに出ないこと。〓「無断━」⇔出席

けっ-せき【結石】[名]体内で分泌物・排泄(はいせつ)物などの成分が固まって石状になったもの。胆石・腎臓(じんぞう)結石など。

けっせき-さいばん【欠席裁判】[名]❶被告人が欠席したままの法廷で行われる裁判。❷本人のいないところで、その人に関係のあることを決めてしまうこと。

けっ-せつ【結節】[名]❶[自サ変]結ばれてふしになること。また、そのふし。〓「━点(=つなぎ合わされた部分)」❷炎症などによって皮膚や体内にできる、ふし状の硬い隆起物。

けっ-せん【血栓】[名]血管内で血液が凝固したもの。〓「━症」「脳━」

けっ-せん【血戦】[名・自サ変]血みどろになって激しく戦うこと。また、その戦い。

けっ-せん【決戦】[名・自サ変]最後の勝敗を決めるために戦うこと。また、その戦い。〓「天下分け目の━」「━の火蓋(ひぶた)が切られる」

けつ-ぜん【決然】[形動タルト]きっぱりと決意するさま。〓「━たる態度で臨む」

けつ-ぜん【▼蹶然】[形動タルト]勢いよく立ち上がるさま。また、勢いよく行動を起こすさま。〓「━として席を立つ」 蹶

けっせん-とうひょう【決選投票】ヘウ[名]一回目の投票で当選に必要な得票数を得た候補者がなかった場合、当選者を決めるために上位得票者二名について再度行う投票。注意「決戦投票」は誤り。

けっ-そう【血相】サウ[名]顔の表情。顔つき。顔色。〓「━を変えてどなり込む」

けっ-そく【結束】[名・自他サ変]❶たばねて結ぶこと。❷共通の目的をもつ者が団結すること。また、その結びつき。〓「兵が━して敵に当たる」「党の━を図る」

けつ-ぞく【血族】[名]血縁によってつながっている人々。▼法律上は養親・養子などを含む(法定血族)。

げっ-そり[副]❶体が急にやせ衰えるさま。げそり。〓「病気をして━(と)やせた」❷がっかりして気力を失うさま。〓「仕事のスケジュールを見て━(と)した」

けっ-そん【欠損】[名]❶[自サ変]物の一部が欠けてなくなること。〓「器具が━する」「機能を━させる」使い方「遺伝子を欠損する」などの他動詞用法もある。❷決算上の損失。赤字。

けっ-たい【結滞】[名・自サ変]心臓の拍動のリズムが乱れること。脈拍が不規則になること。

けっ-たい[形動]奇妙なさま。不思議なさま。〓「━な味がする」「━な話だ」▼主に関西でいう。「卦体(けたい)」の音便化とも、「希代(きたい)」の転ともいう。

けっ-たく【結託】[名・自サ変]示し合わせて事を行うこと。〓「業者と━して上前をはねる」▼多くよくないことについていう。

けっ-たん【血▼痰】[名]血のまじっているたん。

けつ-だん【決断】[名・他サ変]自分の考えをきっぱりと決めること。〓「大改革を━する」「━を迫られる」「━を下す」使い方「決断」は「決定」「判断」に比べて、下された結論に強い意志の働く場合にいう。

けつ-だん【結団】[名・自他サ変]団体を結成すること。〓「━式」⇔解団

げっ-たん【月旦】[名]❶月の初めの日。ついたち。❷人物批評。〓「人物━」▼「月旦評」の略。後漢の許劭(きょしょう)が毎月一日に郷里の人物評をしたという故事から。

けっ-ちゃく【決着(結着)】[名・自サ変]物事の決まりがつくこと。〓「一連の交渉が━する」「論争に━をつける」

けっ-ちゅう【血中】[名]血液の中。〓「━濃度(=

血液中に溶けている物質の濃度)」

けっ-ちょう【結腸】ーチャウ [名] 盲腸・直腸を除いた大腸の主要部分。

けっ-ちん【血沈】[名]「赤血球沈降速度」の略。

ゲッ-ツー【get two】[名] 野球で、ダブルプレー。併殺。

けっ-てい【決定】[名・自他サ変] 物事がはっきりと決まること。また、はっきりと決めること。〓「日取りが十月十日に―した」「予算を一億円以内に―する」

けってい-だ【決定打】[名] ❶野球などで、勝敗を決める打球。〓「―を放つ」❷物事の決着をつける重要な要素。〓「売上げ倍増の―となった製品」

けってい-てき【決定的】[形動] ほとんど決まっていて動かしがたいさま。また、物事がそこではっきりと決まろうとするさま。〓「優勝は―だ」「―瞬間を撮影する」

けってい-ばん【決定版】[名] ❶それ以上の修正や増補を必要としない最終的な書物・出版物。〓「芭蕉全集の―」❷同種中で品質・機能などが最高のもの。〓「デジタルカメラの―」◈ 書き方 レコード・CDなどの場合は「決定盤」と書く。

けってい-ろん【決定論】[名] 人間の意志や行為を含め、一切の事象はあらかじめ外的な原因によって決められているとする説。必然論。▽determinism の訳。

けっ-てん【欠点】[名] (人の性格、物の性能などで)よくないところ。不十分な点。短所。〓「行動力があるが、そそっかしいのが―だ」⬍美点

品格 瑕瑾(かきん)「末代までの―を残す」瑕疵(かし)「手続きに―がある」デメリット「コストがかかるのが―だ」

ケット [名]「ブランケット」の略。

ゲット【get】[名・他サ変] ❶手に入れること。獲得すること。〓「開幕戦のチケットを―する」❷アイスホッケー・バスケットボールなどで、得点すること。

けっ-とう【血統】[名] 祖先からの血のつながり。血筋。

けっ-とう【血糖】ータウ [名] 血液中に含まれている糖類。ふつう、ぶどう糖をいう。〓「―値」

けっ-とう【決闘】[名・自サ変] 恨み・争いなどを解決するために、あらかじめ決めた方法で命をかけて戦うこと。果たし合い。書き方「決▽斗」は俗用。一般には誤用とされる。

けっ-とう【結党】ータウ [名・自他サ変] 党派をつくること。また、政党を結成すること。⬍解党

けっとう-しょ【血統書】[名] 家畜や愛玩(あいがん)動物の血統を記した証明書。

げつ-ない【月内】[名] その月のうち。〓「―に決済する」

けつ-にく【血肉】[名] ❶血と肉。また、肉体。❷親子・兄弟など、血のつながりの近い一族。肉親。骨肉。〓「―の争い」

けつ-にょう【血尿】ーネウ [名] 血液のまじった尿。

けっ-ぱい【欠配】[名・自他サ変] 必要な物資や給与などの支給が欠けること。また、欠かすこと。〓「配給米が―する」

けっ-ぱく【潔白】[名・形動] 心や行いが正しく、やましいところなどがないこと。〓「身の―を証明する」「―な人」「清廉―」派生 さ

けっ-ぱつ【結髪】[名・自サ変] 髪を結うこと。また、結った髪。

けつ-ばん【欠番】[名] ❶一連の番号のうち、ある番号が欠けていること。また、その番号。❷プロ野球などで、チームに大きく貢献した選手の栄誉を記念して、その背番号を同チームの他選手につけないこと。〓「永久―」

けっ-ぱん【血判】[名] 自分の指先を切って血を出し、その血で署名の下に印を押すこと。また、その血の印。〓「―状」▽堅い誓いや誠意を示すために、起請文(きしょうもん)や誓詞などに押した。

けつ-び【結尾】[名] 終わり。結び。〓「文章の―」

けっ-ぴょう【結氷】[名・自サ変] 氷が張ること。また、張った氷。〓「―期」⬍解氷

げっ-ぴょう【月評】ーヒャウ [名] 出来事・文芸作品などについて、月ごとに批評すること。また、その批評。

けつ-びん【欠便】[名] 船舶や飛行機の定期便が運行を中止すること。

けっ-ぴん【欠品】[名] 客が求める商品の在庫がないこと。

げっぷ [名] 胃の中にたまったガスが口から出るもの。おくび。〓「―が出る」▽その音を表す擬声語から。

げっ-ぷ【月賦】[名] ❶代金を一度に払わずに、月々に割り当てて支払うこと。月賦払い。❷代金を分割し、毎月一定額の支払いを受ける契約で商品を販売すること。▽「月賦販売」の略。

けつ-ぶつ【傑物】[名] 抜きん出てすぐれた人物。傑人。傑士。

けつ-ぶん【欠文(▼闕文)】[名] 本来あるべき語句が脱落している文章。また、その脱落した部分の語句。〓「以下―」

げっ-ぺい【月餅】[名] 餡(あん)・ナッツ・ドライフルーツなどを小麦粉の生地で包み、平たい円形にして焼いた中国の菓子。▽中国では仲秋節に作る風習がある。

けっ-ぺき【潔癖】[名・形動] ❶不潔を極度にきらうこと。また、その性質。〓「―な人」❷不正や邪悪を極度にきらうこと。また、その性質。〓「金銭には―な人」派生 さ

けつ-べつ【決別(▼訣別)】[名・自サ変] いとまごいをして別れること。また、きっぱりと別れること。〓「同志と―する」「青春との―」書き方「決別」は代用表記。「訣」も「別」もわかれるの意。

ケッヘル【Köchel ドイ】[名] オーストリアの音楽研究家ケッヘルがモーツァルトの作品を年代順に整理してつけた番号。ケッヘル番号。略号K.またはK.V.

けつ-べん【血便】[名] 血液がまじった便。

けつ-ぼう【欠乏】ーボフ [名・自サ変] 必要なものが不足すること。〓「酸素の―を補う」「物資が―する」

げっ-ぽう【月俸】[名] 月々支払われる俸給。月給。

げっ-ぽう【月報】[名] ❶毎月定期的に出される報告(書)。❷全集・叢書(そうしょ)などの定期刊行物に添えて毎月発行される小冊子。

けっ-ぽん【欠本(▼闕本)】[名] 何巻かで一そろいになる本で、ある巻が欠けていること。また、その欠けた本。⬍完本

けつ-まく【結膜】[名] まぶたの裏側と眼球の表面をおおっている無色透明の粘膜。

けつまく-えん【結膜炎】[名] 結膜の炎症。ウイルスの感染・アレルギーなどによって、結膜の充血・目のかゆみなどの症状が現れる。

けつ-まず・く【蹴▼躓く】ーツマヅク [自五] ❶足先が物にぶつかってのめる。〓「石に―・いて転ぶ」❷障害にぶつ

かって途中で失敗する。▽「資金不足のために新規事業が―」◈「つまずく」を強めた言い方。書き方 現代仮名遣いでは「けつまづく」も許容。

けつ-まつ【結末】［名］物事の終わり。しめくくり。▽「話に―をつける」「悲惨な―を迎える」

げつ-まつ【月末】［名］月の終わり。つきずえ。▽「―払い」⇔月初

けつ-みゃく【血脈】［名］血のつながり。血すじ。血統。▽もと、血管の意。

け-づめ【蹴爪（▽距）】［名］❶雄のニワトリ・キジなどで、足の後ろに突き出ている鋭い角質の突起物。戦うときの武器となる。❷牛・馬・鹿などで、足の後ろについている小さな突起物。足指が退化したもの。

けつ-めい【血盟】［名・自サ変］血判を押すなどして、堅く誓い合うこと。また、その誓い。

けつ-めい【結盟】［名・自サ変］同盟を結ぶこと。また、その同盟。

げつ-めい【月明】［名］月の光が明るいこと。月明かり。

げつ-めん【月面】［名］月の表面。▽「―着陸」

け-づや【毛艶】［名］動物の毛のつや。▽「―のいい馬」「愛犬の―を気にかける」

けつゆう-びょう【血友病】（ケツイウビヤウ）［名］先天的に血液が凝固しにくく、出血するとなかなか止まらない遺伝性の病気。▽多く男性に現れる。

げつ-よ【月余】［名］一か月あまり。▽「審議が―に及ぶ」

げつ-よう【月曜】（エウ）［名］（日曜から数えて）週の第二日。日曜の次の日。月曜日。▽「―病（＝土・日と続く休日の影響で月曜日のサラリーマンを襲う疲労感や無気力感）」

げつよう-び【月曜日】（ゲツエウ）［名］⇩月曜

けつ-らく【欠落】［名・自サ変］必要な部分が欠け落ちること。▽「記憶の一部に―がある」

げつ-り【月利】［名］一か月を単位とする利率・利息。

けつ-りゅう【血流】（リウ）［名］血管内の血液の流れ。▽「―が悪くなる」

けつ-るい【血涙】［名］激しい悲しみや憤りのために流す涙。血の涙。▽「―を絞る」

けつ-れい【欠礼】［名・他サ変］あいさつなどの、礼儀を欠くこと。▽「喪中につき年賀（を）―いたします」

げつ-れい【月例】［名］毎月定期的に行うこと。▽「―報告」

げつ-れい【月齢】［名］❶朔（さく）（新月）の時を零として数える日数。約二九・五日を周期として月の満ち欠けを表す。▽満月はほぼ月齢一五にあたる。❷生後一年未満の乳児が育った月数。

けつ-れつ【決裂】［名・自サ変］意見がまとまらず物別れになること。▽「交渉が―する」

けつ-ろ【血路】［名］❶敵の包囲を破って逃げる道。❷困難な状態を切り抜けるための手段や方法。活路。▽「コストを切りつめて―を開く」

けつ-ろ【結露】［名・自サ変］大気中の水蒸気が冷たい壁などの表面にふれて凝結し、水滴となってくっつくこと。また、その現象。

けつ-ろう【欠漏】［名・自サ変］必要な部分が抜け落ちること。また、その部分。もれ。

けつ-ろん【結論】［名・自サ変］❶議論したり考えたりしたすえに、最後に判断を下すこと。また、その判断。▽「対策は不要との―に至る」「―から言うと正解だった」❷論理学の三段論法で、前提となる命題から導き出される最終的な判断。断案。

げて-もの【下手物】［名］❶安価で大衆的な品物。並の品。⇔上手物（じょうてもの）▽手作りの高価な品物に対していう。❷一般の人からは顧みられない、風変わりなもの。▽「―趣味・―食い」

げ-てん【外典】［名］仏教の立場からみて、仏教の経典以外の書籍。げでん。⇔内典

げ-でん【下田】［名］地味のやせた下等の田地。⇔上田

けど［接助・終助・接］「けれども」のくだけた言い方。けども。▽「休みたいけど、休めない」「それでいいですけど」「驚いたなあ。けど、面白かったね」

け-とう【毛唐】（タウ）［名］外国人、特に欧米人をいう差別的な語。▽「毛唐人」の略。毛深い外国人の意。

げ-どう【外道】（ダウ）［名］❶仏教の立場からみて、仏教以外の教え。また、それを信じる者。❷正統から外れた考え。また、その考えをもつ者。❸人の道に反する邪悪な人。人でなし。▽多く人をののしっていう。❹釣りで、目的とする魚以外の魚。

げ-どく【解毒】［名・他サ変］体内に入った毒物の働きを除くこと。▽「体を―する」「―作用」

け-とば・す【蹴飛ばす】［他五］❶けって飛ばす。また、強くける。▽「ボールを―」「馬に―・される」❷きっぱりと拒否する。▽「要求を―」

けど-も［接助・終助・接］「けれども」のくだけた言い方。けど。

ケトル［kettle］［名］やかん。湯わかし。

け-ど・る【気取る】［他五］その場の雰囲気や態度などからある事情に気づく。▽「秘め事を―・られる」▽多く「けどられる」の形で使う。

げ-な［終助］〔古風〕伝聞の意を表す。…そうだ。▽「電気とやらいうもんが今度ひけるだ―〈新美南吉〉」▽接尾語「げ」＋断定の助動詞「なり」の「げなり」の転。方言でも使う。使い方 活用語の終止形や連体形、形容詞の語幹などに付く。

け-なげ【▽健気】［形動］心がけが立派なさま。特に、年少者や力の弱い者が、立派な心がけで努力するさま。▽「一家を支えて働く―な少年」▽「異（け）なりげ（＝ふつうとは異なるさま）」の転。派生 ―さ

ことば探究「けなげ」の使い方

▼「努力している」ということに加え、「不利・逆境にあるにもかかわらず」というニュアンスがある。
「○強豪チームにリードされる中、けなげにボールを追う」
「×逆転に成功し勢いづいたチームが、けなげにボールを追っている」
▼「不利・逆境にあるにもかかわらず」のニュアンスがある点では「いじらしい」に似ており、同じような文脈で使われることがある。
「声を必死で張り上げて応援する姿がけなげだ/いじらしい」
▼「いじらしい」に比べ、「努力している」ことに重点があり、「遠慮」に重点がある場合には若干使いにくい。
「親の財布事情を知って物をねだらない子が×け

けな・す【▼貶す】［他五］悪い点ばかりを取りあげて非難する。くさす。‖「人の作品を—」⇕褒める 可能 けなせる

ケナフ［kenaf］［名］アオイ科の一年草。インド原産。高さ三㍍に達し、掌状の葉には長い柄がある。花は淡黄色で、中心は暗紅色。茎の繊維から綱・布などを作るほか、製紙にも用いる。

け-なみ【毛並み】［名］❶毛の生えそろっている様子。❷動物の血統や品質。‖「—のいいサラブレッド」❸人の血筋や育ち。‖「ちょっと—の変わった人」

げ-なん【下男】［名］昔、雑用や下働きに召し使われた男性。下僕(げぼく)。⇕下女

けに［接助］原因・理由を表す。…から。‖「金ならあるけに心配するな」▽主に西日本でいう。使い方 終助詞的にも使う。‖「それで片が付くんやけに〈菊池寛〉」

げ-に【▽実に】［副］［古風］まことに。いかにも。‖「—恐ろしき因縁かな」

げ-にん【下人】［名］❶身分の低い者。❷奉公人。使用人。

け-ぬき【毛抜き】［名］毛髪・ひげ・とげなどを挟んで抜き取る金属製の道具。

けぬき-あわせ【毛抜き合わせ】‐アハセ［名］裁縫で、表と裏の布の縁をぴったりとそろえて縫い合わせること。また、そのもの。

げ-ねつ【解熱】［名・自サ変］病気で高くなった体温を下げること。‖「—剤」

ゲネプロ［名］演劇・オペラ・バレエなどで、初日の直前に本番とまったく同じように行う総稽古(そうげいこ)。▽Generalprobe(ドイ)から。

け-ねん【懸念】［名・他サ変］❶先行きが気にかかって不安になること。‖「対日感情の悪化が—される」❷仏教で、一つのことに執着すること。執念。◈書き方 明治・大正期には「▽掛念」も多用された。

ゲノム［Genom(ドイ)］［名］生物の配偶子に含まれる染色体または遺伝子の全体。生物が持つ遺伝情報の全体。‖「ヒト—」

け-ば【毛羽(▼毳)】［名］❶紙・布などの表面がこすれてできる、細かい毛のようなもの。‖「畳に—が立つ」❷地図で、高低や傾斜を示すために用いる短くて細い楔形(くさびがた)の線。

げ-ば【下馬】［名］❶下等な馬。⇕上馬(じょうめ) ❷［自サ変］馬からおりること。‖「騎手が—する」❸［自サ変］社寺の境内や貴人の門前で、敬意を表すために馬からおりること。下乗。‖「—先」

ゲバ［名］「ゲバルト」の略。‖「内(うち)—」

け-はい【気配】‐ハヒ［名］❶どうもそうらしいと感覚的に感じられるようす。‖「人の—がする」「秋の—が忍び寄る」「誰も引き受ける—はない」❷株式などで、取引に先立って感じられる相場の動向。◈古くは「けわい」。「けはい」は後世の当て字「気配」の読みから生じた語。

けば・い［形］［俗］化粧などが派手で、品がない。‖「メイクが—」▽「けばけばしい」を短縮した語。書き方 多く「ケバい」と書く。

けはい-ね【気配値】［名］取引市場で、売り方・買い方が希望する値段。

けばけばし・い［形］どぎついまでに派手なさま。‖「—・く飾りたてた店先」派生 -さ

けば-だ・つ【毛羽立つ(▼毳立つ)】［自五］紙・布などの表面がすれ、細かい毛のようなものが数多くそそけ立つ。‖「—・った和紙」名 毛羽立ち

げば-ひょう【下馬評】‐ヒャウ［名］第三者の間で興味本位になされる評判。‖「優勝の—が高い」▽昔、下馬先で主人を待つ間、供の者たちが主人の批評をし合ったことから。

け-ばり【毛針(毛▼鉤)】［名］擬餌針(ぎじばり)の一つ。鳥の羽毛などをつけて餌(えさ)の昆虫に見せかけたもの。蚊針。

ゲバルト［Gewalt(ドイ)］［名］学生運動で、暴力をもってする実力闘争。ゲバ。▽原義は力・暴力。

け-びょう【仮病】‐ビャウ［名］病気ではないのに病気をよそおうこと。にせの病気。

げ-び・る【下卑る】［自上一］言動が卑しくなる。下品にみえる。‖「—・びた話」▽「びる」は接尾語で、「卑」は当て字。

ケビン［cabin］［名］⬇キャビン

げ-ひん【下品】［形動］品性・品格が悪く、いやしいさま。‖「—なことば［話］」⇕上品 派生 -さ

ケフィア［kefir］［名］ロシアや北欧などで作られる発酵乳。牛などの乳にケフィアグレインという種菌(たねきん)を加えて発酵させたもの。ケフィール。ヨーグルトきのこ。

け-ぶか・い【毛深い】［形］体毛が多い。また、体毛が濃い。‖「—腕」派生 -さ

け-ぶり【気振り】［名］何となく感じられる、それらしいようす。気配。そぶり。

けぶ・る【▽煙る・▼烟る】［自五］⬇けむる 名 けぶり

げ-ぼく【下僕】［名］下働きの男性。下男。

げほ-げほ［副(と)］むせたり咳(せ)き込んだりするときの音を表す語。‖「—(と)咳き込む」

け-ぼり【毛彫り】［名］彫金の技法の一つ。毛のように細い線で文字や模様を彫ること。また、その彫ったもの。

げ-ぼん【下▽品】［名］極楽浄土に往生するものを上・中・下に三区分したときの最下位の階級。さらにそれを下品上生(じょうしょう)・下品中生(ちゅうしょう)・下品下生(げしょう)に分ける。

ゲマインシャフト［Gemeinschaft(ドイ)］［名］人間が利害関係からではなく、地縁・血縁などによって自然的・有機的に形成する社会集団。家族・村落など。共同社会。⇕ゲゼルシャフト

け-まり【蹴▼鞠】［名］昔の貴族の遊戯で、数人が鹿革(しかがわ)製のまりをけり、地面に落とさないように受け渡しするもの。また、それに使うまり。しゅうきく。

け-まん【華▼鬘】［名］仏堂内陣の欄間などにかける金銅製の装飾具。うちわ状に作り、天女・花鳥などの透かし彫りを施す。▽もとインドでは生花をひもで連ねたものを用いた。

ケミカル［chemical］(造) 化学の、化学的に合成した、の意を表す。‖「—パルプ」「—シューズ(＝合成皮革製の靴)」

けみ・する【▽閲する】［他サ変］❶見て調べる。検閲する。‖「書類を—」❷年月を経る。‖「一〇年の歳月を—」文 けみ・す

けむ【▽煙・▼烟】［名］けむり。けぶ。

◉**煙に巻・く** 大げさなことやわけのわからないことをまくしたてて相手を戸惑わせる。注意 この成句では「けむ」を「けむり」とするのは誤り。

けむ［助動］⬇けん（助動）

けむ・い【煙い】［形］煙で目や鼻、のどなどが刺激され、息苦しく感じる。けむたい。けぶい。〓「たばこ（の煙）が―」派生 ―が・る

け-むくーじゃら【毛むくじゃら】［名・形動］濃い毛がたくさん生えていること。〓「―の腕」

け-むし【毛虫】［名］蛾(が)・蝶(ちょう)などの幼虫で、全身に毛の生えているものの総称。▽嫌われ者のたとえにもいう。

けむた・い【煙たい】［形］❶煙で目や鼻、のどなどが刺激され、息苦しく感じる。けむい。〓「煙草が―」❷気詰まりでいとわしい気持ちである。〓「親を―・く感じる年ごろ」派生 ―げ／―さ／―が・る

けむ-だし【▽煙出し】［名］❶室内の煙などを外へ出すために設けた窓や排出口。❷煙突。◈「けむりだし」とも。

けむり【煙（▼烟）】［名］❶物が燃える時に発生して空気中を浮遊する微細な粒子。けぶり。けむ。〓「煙草の―」❷①のように見えるもの。〓「砂―・水―」「湯の―」

けむ・る【煙る（▼烟る）】［自五］❶煙が出る。煙が立ちこめる。〓「タバコの煙で室内が―」❷煙が立ちこめたように辺りの情景がぼんやりする。〓「雨に―町」◈「けぶる」とも。名 煙

げ-めん【外面】［名］外側。特に、外に現れた顔つき。

⦿外面如菩薩(にょぼさつ)内心(ないしん)如夜叉(にょやしゃ)　容貌は菩薩のようにやさしいが心は夜叉のように邪悪で恐ろしい。

け-もの【獣】［名］けだもの。獣類。▽毛物の意。

けもの-みち【獣道】［名］野生の動物が往来することによって山中につくられた小道。

げ-や【下野】［名・自サ変］官職を辞めて民間の人となること。〓「政争に敗れて―する」

けやき【▼欅】［名］山野に自生し、庭木・街路樹などにも植栽するニレ科の落葉高木。枝がほうき状に分かれ、樹形が美しい。木目のそろった堅い材は、家具・器具・建築用の良材。

欅

け-やぶ・る【蹴破る】［他五］❶足でけって破る。〓「ふすまを―」❷勢いよく相手を負かす。けちらす。〓「敵を―」

け-やり【毛▼槍（毛▼鑓）】［名］さやを鳥の羽毛で飾ったやり。大名行列などで先頭を行くやり持ちが振り歩いた。

けら【〈▼螻▼蛄〉】［名］モグラの手に似た幅広い前足をもつケラ科の昆虫。土に穴を掘ってすみ、夜、活動する。農作物の根を食い荒らす害虫。おけら。▽土中でジーと鳴く声を俗に「ミミズが鳴く」という。

けら【〈▼啄木鳥〉】［名］キツツキの別称。▽「けらつつき」の略。

ゲラ［名］❶活版印刷で、組み上げた活字の版を入れる木製の箱。❷ゲラに入れた組み版を校正用に刷ったもの。▽「ゲラ刷り」の略。今は、各種組み版方式の校正刷り一般をいう。◈galleyから。

け-らい【家来】［名］主君に従い仕える者。特に、公家・武家の家臣。書き方 古くは「家礼」「家頼」などと書いた。

け-らく【▽快楽】［名］❶仏教で、煩悩から解放されて得られる無上の喜び。安楽。❷⬇かいらく

げ-らく【下落】［名・自サ変］価値・価格・相場などがさがること。〓「株価が―する」

けら-けら［副ㇳ］かん高い声で笑うさま。〓「からかって―（と）笑う」

げら-げら［副ㇳ］大きな声であけっぴろげに笑うさま。〓「大口をあけて―（と）笑う」

ケラチン［keratin］［名］角質。

けり［名］物事の終わり。結末。〓「仕事の―がつく」「論争に―をつける」▽和歌・俳句などは助動詞「けり」で終わるものが多いことから。書き方「▼鳧」の字を当てることもあった。注意「蹴り」と書くのは誤り。

けり【▼鳧】［名］草原や河原にすむチドリ科の渡り鳥。背は灰褐色、腹部は白色で、足が長い。「ケリリ」「キリッキリッ」と鋭い声で鳴く。

けり【蹴り】［名］蹴ること。特に、格闘技や喧嘩(かけん)などで、相手を蹴ること。〓「腹に―を入れる」

けり［助動　ラ変型］（（けら）-○-けり-ける-けれ-○）〔古風〕❶**過去** 自分が直接経験していない過去の事柄を回想する意を表す。…（てき）たなあ。…たということだ。〓「昔、男あり―〈伊勢〉」❷**詠嘆** ある事柄に初めて気づいて詠嘆する意を表す。…たのだなあ。〓「今宵は十五夜なり―〈源氏〉」「見渡せば柳桜をこきまぜて都ぞ春の錦なり**ける**〈素性・古今集〉」❸**過去**の事柄を表す。…た。〓「格子の鐸(ベル)の轟(とどろ)き**けれ**ば、はや夫の帰来(かえり)かと〈紅葉〉」◈使い方 活用語の連用形に付く。

げ-り【下痢】［名・自サ変］大便が液状または液状に近い状態で排泄(はいせつ)されること。腹下し。

けり-あ・げる【蹴り上げる】［他下一］❶けって上の方にあげる。〓「ボールを―」❷上にあるものを下方からける。〓「股間(こかん)を―」文 けりあ・ぐ

ゲリマンダー［gerrymander］［名］選挙区を自党に有利になるように改変して区画すること。語源 一八一二年、米国のマサチューセッツ州知事ゲリーが操作した選挙区の形が伝説上の怪獣サラマンダーの姿に似ていたことから作られた語。

げ-りゃく【下略】［名・自サ変］そこからあとに続く語句や文章を省くこと。かりゃく。⬍上略・中略

ゲリラ［guerrilla(スペイン)］［名］正規軍ではない小部隊が奇襲などによって敵を混乱させる戦法。また、その小部隊や戦闘員。〓「―戦」

ゲリラ-ごうう【ゲリラ豪雨】(ガウ)［名］突発的に、ごく狭い範囲に集中して降る激しい大雨。▽奇襲を行うゲリラにたとえていう。

け・る【蹴る】［他五］❶勢いをつけて足で物を突く。〓「ゴール目がけてボールを―」「布団を―・って飛び起きる」❷サッカー・ラグビーで、ボールを「蹴る」①ことによって、ある状態を作り出す。〓「ペナルティキックを―」▽～ヲに〈結果〉をとる。❸要求や申し入れなどを受け付けない。はねつける。〓「提案を―」「マスコミを―・ってメーカーに就職する」◈使い方 古くは下一段活用。江戸後期ごろから四段化したが、「け飛ばす」「け上げる」「け散らす」など複合語には下一段の名残が見られ、命令形も「けれ（五段）」「けろ（下一）」の二つが行われる。可能形「けれる」は、やや不安定な感じがある。名 **蹴り**

ゲル［名］金銭。かね。〓「―ピン（＝金がないこと）」▽もと学生用語。Geld(ドイツ)から。

ゲル［Gel(ドイツ)］［名］コロイド溶液が流動性を失い固化した状態。寒天・ゼラチン・シリカゲルなど。ジェル。

ケルト［Celt］［名］インド-ヨーロッパ語系のケルト語を用いていたヨーロッパの先住民族。五世紀ごろまで広くヨーロッパ中・西部に居住。現在はアイルランド・ウェー

ルズ・スコットランドなどに残る。

ゲルマニウム【Germanium ドイ】[名] 炭素族元素の一つ。単体は灰白色のもろい結晶。半導体としてトランジスター・ダイオードなどに利用される。元素記号Ge

ゲルマン【Germane ドイ】[名] 古代ヨーロッパの北部に居住し、インド-ヨーロッパ語系のゲルマン語を用いていた長身・碧眼などを特徴とする民族。四世紀後半、ヨーロッパ全域に大移動し、ドイツ人・イギリス人・オランダ人などの祖先となった。

ケルン【cairn】[名] 山頂・登山路などに、記念や道標として石を円錐形に積み上げたもの。

げ-れつ【下劣】[名・形動] 品性が低く、不道徳で卑しいこと。「一極まりない行為」派生 -さ

けれ-ど [接助・終助・接]「けれども」に同じ。

けれど-も [接] しかし。だが。けれど。「確かに下手だ。一面白い」「最善を尽くした。一惨敗だった」▽接続助詞「けれど(も)」から。くだけた言い方に「けど(も)」、方言的な言い方に「けんど」がある。

けれど-も 一 [接助] ❶対比的な関係にある二つの事柄を結び付ける。「頑張ったけれども認めてもらえなかった」「稚拙だけれども力強い」❷補足的説明を示す。「その件ならさっき聞きましたけれども」❸自分の立場や心情、また、自分が推測した相手の立場や心情を示す。「率直に言いますけれども」「失礼ですけれども」「ご存じとは思いますけれども」❹話題の前提となる物事を表す。「目が赤いけれども、どうしたんですか」「調査の結果だけれども、予想通りだね」

二 [終助] ❶心情を示して、実現を望む意をほのめかす。「うまくいくといいけれども」「手伝ってくれるとありがたいんだけれども」❷事情を示して、拒絶の意をほのめかす。「もう閉店なんですけれども」❸現状への関わりや認識などを示して、現状が期待通りでない意をほのめかす。「日ごろから注意していたんですけれども」「もう帰ってくる時間なんだけれども」❹未実現の事柄を示して、至らない点を悔いる意をほのめかす。「これさえ片づけば、あとは簡単なんだけれども」「もう少し早めに手当てをしておけばよかったんだけれども」❺相手の立場を示して、自分は同意できない意をほのめかす。「君にも言い分はあるだろうけれども」「それはそうだろうけれども」❻状況を示し、相手に反応を求める。「もしもし、田中ですけれども」「荷物が届いていますけれども」

◈使い方 (1)活用語の終止形に付く。活用語で切れると、独立して接続詞になる。⬇前項 (2)一二ともに「けれど」とも。くだけた言い方に「けど(も)」、方言的な言い方に「けんど」がある。また、「…が」にも言い換えられる。

け-れん【▽外連】[名] ❶歌舞伎などで、見た目本位の奇抜な演出・演技。早替わり・宙乗りなど。書き方「懸恋」とも当てる。❷はったり。ごまかし。「一みのない文章」

ゲレンデ【Gelände ドイ】[名] ❶スキーの練習場。滑走場。❷ロッククライミングの練習場。◈用地の意。

げろ [名] [俗] 嘔吐物。反吐。

ケロイド【Keloid ドイ】[名] やけど・潰瘍などが治ったあとにできる、紅色または暗褐色を帯びた皮膚の隆起。

げ-ろう【下郎】ゲラウ [名] 昔、人に使われていた身分の低い男性。

げろ-げろ [副]ト ❶嘔吐するさま。❷カエルが鳴く声を表す語。「田んぼでカエルが一鳴いている」

けろり-と [副] ❶何事もなかったように平然としているさま。「叱られても一している」❷跡形もなくなるさま。「約束したことを一忘れる」

け-わい【気配】ヒハ [名] [古風] けはい。▽近世以降「気配」の字を当てて「けはい」と読むようになった。

けわし・い【険しい】ケハシ [形] ❶頂上は高く斜面が急なさま。「一山々」❷顔つきや態度がとげとげしいさま。きつい。「顔つきが一くなった」❸余裕がない。予断を許さない。「前途は一」派生 -げ/-さ

けん [名] 料理の付け合わせ。特に、刺身の後ろや下に敷くもの。

けん【件】[名] 事柄。特に、問題にされている特定の事柄。「その一についてはこれから検討する」「お尋ねの一」「案一・物一・人一費」「事故が三一起こった」

けん【見】一 [名] 見て考えること。また、ものの考え方。「井蛙の一」「一解・一識・一地」「意一・所一」二 (造) ❶目でみる。みえる。「一学・一物・一聞」「一・外一・発一」❷人に会う。お目にかかる。「一参・謁一・会一」❸隠れていたものが現れる。「露一」

けん【券】[名] 商品の購入・入場などを保証する証書・切符。チケット。「映画の一」「株一・証一・入場一」

けん【▽妍】[名] 容姿が美しいこと。「一を競う」

けん【県】[名] 都道府と並ぶ地方公共団体。四三県ある。「一の事業」「一内・一道・一民」旧縣

けん【剣】[名] 刀。つるぎ。また、それを用いる武術。「一をとって戦う」「一客・一道」「真一・短一」旧劍

けん【拳】一 [名] 指や手でいろいろな形を作り、それを出し合って勝負を争う遊び。「じゃん一」二 (造) ❶こぶし。また、それを用いる武術。「一闘・一法・一骨」「鉄一・太極一」❷ささげ持つ。「一服膺」

けん【険】一 [名] ❶けわしいこと。また、その場所。「天下の一」「一路」▽「嶮」と通じる。❷表情や態度がとげとげしいこと。「一のある顔」「一相」「陰一・邪一」二 (造) あぶない。あぶないこと。「一悪」「危一・探一・冒一」旧險

けん【間】[名] 尺貫法で、長さを表す単位。一間は六尺で、約一・八二メートル。「間口二一の家」

けん【▽腱】[名] 筋肉と骨をむすびつける繊維状の組織。「アキレス一」「一鞘炎」

けん【権】一 [名] 他を支配する力。また、他に対して物事を主張・要求する力。「兵馬の一を握る」「一威・一限・一利」「実一・人一・利一」「選挙一・著作一」二 (造) ❶はかり。また、はかりのおもり。「一量」❷はかりごと。計略。「一謀術数」旧權

けん【鍵】[名] ピアノ・キーボードなどの指で押したりたたいたりする部分。キー。「一盤・一楽器」「黒一」

けん [助動 特活型](○-○-けん-けん-けめ-○) [古風] ❶**過去の推量** 過去の事実やその原因などを推量する意を表す。「子のために行く末よしやと思いはかり一、次の年の春、母は子を残していずれにか影を隠したり〈国木田独歩〉」❷**過去の伝聞** 過去の事実を伝聞したこととして推量的にいう意を表す。「木々の芽や素十住み一家はどこ〈高浜虚子〉」◈文語助動詞「けむ」が変化したもの。使い方 活用語の連用形に付く。

けん【軒】一 [接尾] 屋号や雅号に添える語。「東洋一・宝来一」二 (造) ❶のき。「一灯」❷家を数える語。「三一先の家」❸高く上がる。「意気一昂」

けん【犬】(造) いぬ。「一歯」「愛一・猟一・盲導一」

けん【肩】（造）かた。≡「—章・—胛骨（けんこうこつ）」「強—・双—」

けん【建】（造）❶新しく設ける。また、建物などをつくる。≡「—設・—造・—築」「再—・創—」❷意見を申し立てる。≡「—議・—白」

けん【研】（造）❶みがく。とぐ。≡「—磨」「薬—（やげん）」❷物事の道理を究める。≡「—究・—鑽（けんさん）・—修」❸すずり。≡「—北」❹「研究所」「研究会」の略。≡「国—」旧硏

けん【倹】（造）❶むだをはぶき生活をひきしめる。つましい。≡「—約」「節—」❷へりくだる。≡「恭—」旧儉

けん【兼】（造）❶あわせもつ。かねる。≡「—業・—任・—用」❷前もって用意する。かねて。≡「—題・—日」

けん【健】（造）❶体が丈夫で、力強い。すこやか。≡「—脚・—康・—在・—全」「頑—・壮—・保—」❷程度が普通以上だ。よくがんばる。≡「—啖（けんたん）・—闘・—筆」

けん【▼牽】（造）ひっぱる。引きつける。≡「—引」

けん【▼喧】（造）やかましい。騒がしい。≡「—嘩（けんか）・—噪・—伝・——囂々（ごうごう）」

けん【圏】（造）❶かこい。限られた区域・範囲。≡「—外・—内」「首都—・成層—・勢力—・南極—」❷白抜きのまる。輪。≡「—点」旧圈

けん【堅】（造）かたい。丈夫でしっかりしている。≡「—固・—持・—実・—牢（けんろう）」「中—」

けん【検】（造）❶取り締まる。調べる。≡「—閲・—死（屍）・—問」「探—・点—」❷「検定」「検査」の略。≡「英—・車—」❸「検察庁」の略。≡「送—・地—」旧檢

けん【嫌】（造）❶きらう。いやがる。≡「—煙・—厭（けんえん）・—悪（けんお）」❷疑う。疑い。≡「—疑」

けん【献】（造）❶ささげる。たてまつる。≡「—金・—上・—身・—本」「貢—」❷賢人。≡「文—」旧獻

けん【絹】（造）きぬ。生糸。また、生糸で織った布。≡「—本」「正—（しょうけん）・人—・純—」

けん【遣】（造）行かせる。つかわす。≡「—唐使」「派—」

けん【憲】（造）❶おきて。特に、国の根本となるおきて。≡「—章・—法」「違—・護—」❷役人。≡「—兵」「官—」

けん【賢】（造）❶かしこい。また、かしこい人。≡「—者・—明」「聖—・先—」❷相手に関する事柄に添えて敬意を表する語。≡「—兄」「諸—」

けん【謙】（造）へりくだる。≡「—虚・—遜（けんそん）」「恭—」

けん【顕】（造）❶目立つ。はっきりしている。≡「—著・—示・—花植物」❷あきらかになる。あきらかにする。≡「—彰・—微鏡」「露—」❸地位・身分が高い。≡「—官」「貴—」❹「顕教（けんぎょう）」の略。≡「—密」旧顯

けん【験】（造）❶調べる。ためす。≡「経—・試—・体—」❷しるし。証拠。≡「—左」❸ききめ。効果。≡「効—・霊—（れいけん・れいげん）」旧驗

けん【繭】（造）蚕などのまゆ。≡「—糸」

けん【懸】（造）❶かかる。ひっかかる。かける。≡「—案・—賞・—垂・—命」❷かけはなれる。≡「—隔」

げん【元】一［名］❶中国の王朝の一つ。一二七一年にモンゴル帝国のフビライが建国。一三六八年、明の太祖朱元璋（しゅげんしょう）に滅ぼされた。❷中国の通貨の基本単位。一元は一〇角。❸方程式で、未知数の数を表す語。≡「一—方程式・二—方程式」二（造）❶もと。根本。≡「—気・—素」「還—・復—」❷あたま。頭部。≡「—服」❸第一人者。首長。≡「—首・—帥・—老」❹はじめ。≡「—始」❺年号。≡「改—・紀—」

げん【言】［名］口に出して言うこと。また、ことば。≡「彼の—によると…」「—語・—論」「助—・宣—・提—・暴—」

◉**言を左右に・する**　はっきりしたことを言わない。あいまいな返事をする。

◉**言を俟（ま）た・ない**　言うまでもない。

げん【弦】一［名］❶弓に張る糸。つる。≡「—を張る」「鳴—」❷楽器に張る糸。≡「管—」▽「絃」に通じる。❸数学で、円周・曲線の二点を結ぶ線分。二（造）弓のような形の月。半月。≡「上—・下—」

げん【限】一［名］⬇時限②　二（造）区切りをつける。かぎる。また、区切り。さかいめ。≡「—界・—定・—度」「期—・極—・権—」

げん【舷】［名］船の側面。ふなばた。≡「—窓」「右—」

げん【減】一［名］へること。へらすこと。≡「収入三割の—」「—塩・—刑・—量」「削—・半—」⬄増　二（造）引く。引き算。≡「—法」「加—乗除」

げん【験】［名］❶仏道・修験道などの修行を積んだ効果。特に、修験者の行う加持祈禱（かじきとう）の効果として現れるしるし。❷前途の吉兆を示すような出来事。縁起。前兆。≡「—をかつぐ」旧驗

げん【厳】一［形動タリ］❶態度・処置などがきびしいさま。≡「—として慎むべきだ」「—格・—禁・—守・—重」「戒—」❷おごそかで侵しがたいさま。≡「—たる事実」「今なお—として存在する」「—粛」「威—・尊—」二（造）他人の父に対する尊敬の意を表す。≡「—君」「令—」旧嚴

げん【幻】（造）❶まぼろし。≡「—影・—覚・—想・—滅」「夢—」❷まどわす。≡「—術・—惑」「変—」

げん【玄】（造）❶黒い。赤黒い。≡「—武・—米」❷奥深くて暗い。また、奥深い道理。≡「—関・—妙」「幽—」

げん【原】（造）❶物事の起こり。もと。また、もとになったもの。≡「—因・—色・—料」「語—・根—」▽「源」と通じる。❷広くて平らな地形。はら。≡「—野」「高—・湿—・草—」❸「原子力」の略。≡「—潜・—発」

げん【現】（造）❶今。現在。≡「—代・—職・—執行部」❷実際。≡「—金」❸あらわれる。≡「出—・表—・実—」「—像」⬇現に

げん【源】（造）❶水の流れ出るもと。みなもと。≡「—泉・—流」❷物事の生じるもと。はじめ。≡「淵—（えんげん）・起—・語—・根—・震—」▽「原」と通じる。

けん‐あく【険悪】［名・形動］❶表情・性質などがとげとげしく、きびしいこと。≡「—な顔つき」❷状況・雰囲気などが悪化して油断ができないこと。≡「両国の関係が—になる」派生‐さ

げん‐あつ【減圧】［名・自他サ変］圧力が下がること。また、圧力を下げること。≡「—蒸留」⬄加圧

けん‐あん【検案】［名・他サ変］医師の診察・治療を受けないまま死亡した者の死体について、死亡の事実を医学的に確認すること。≡「死体—書」

けん‐あん【懸案】［名］問題とされながらまだ解決がつかないでいる事柄。≡「—の条約改正」

げん‐あん【原案】［名］もとになる案。

けん‐い【健胃】ヰ［名］胃を丈夫にすること。また、丈夫な胃。≡「—剤」

けん‐い【権威】ヰ［名］❶他の者をおさえて服従させる威力。≡「幕府の—が失墜する」❷ある分野できわめて高い信頼性があること。≡「—ある文学賞」❸ある分野で最高であると認められている専門家。権威者。オーソリティー。≡「東洋哲学の—」

げん‐い【原意】［名］本来の意味。原義。

けんい‐しゅぎ【権威主義】ヰケン［名］権威を振りかざしたり、権威を絶対的なものとする考え方。権威に対し

て無批判に服従したりする態度。

けんいん【▼牽引】[名・他サ変] ❶物を引っぱること。引き寄せること。また、先頭になってある事態を導き起こすこと。‖「業界を━する新製品」「抵抗しがたい━力を感じる」

けんいん【検印】[名] ❶検査をした証拠として押す印。❷書籍を発行する際、著者が契約発行部数を確認した証拠として自著の奥付に押す印。‖「━省略」▼日本独自の慣例。現在は多くは廃止。

げんいん【原因】[名・自サ変] ある物事や状態が生じるもとになること。また、その事柄。‖「出火[敗北・失敗]の━を探る」「━不明の難病」「過信に━する事故」⬍結果 使い方 右の用例のように、よくない物事に言うことが多い。「成功[勝利]の原因」などはまれ。 ✓注意 「げいいん」は誤り。

げんいん【現員】[名] 現在の人員。現在員。

げんいん【減員】[名・自他サ変] 人数が減ること。また、減らすこと。⬍増員

けんいんしゃ【▼牽引車】[名] ❶荷物を積載した車両を引っ張る機関車。❷他の車両を引っ張って運搬する特殊自動車。トラクター・レッカー車など。牽引自動車。❸大勢の先頭に立って行動する人。‖「世界経済の━となる」 書き方 ③を「牽引者」とも書くが、標準的でない。

けんうん【▽巻雲(絹雲)】[名] 高さ五〇〇〇～一万三〇〇〇ﾒｰﾄﾙに生じる細かい羽毛状の白雲。すじぐも。まきぐも。 書き方 「絹雲」は代用表記。

けんえい【県営】[名] 県が経営すること。‖「━住宅」「━グラウンド」

けんえい【兼営】[名・他サ変] 本業のほかに他の事業を兼ねて営業すること。‖「不動産業者がホテルを━する」

けんえい【献詠】[名] 宮中・神社などに、詩歌を詠んで献上すること。また、その詩歌。

げんえい【幻影】[名] 現実には存在しないのに実在するかのように見えるもの。幻覚による影像。まぼろし。

けんえき【検疫】[名・自他サ変] 感染症の侵入を防ぐために、港・空港で旅客や貨物の検診・検査などを行い、必要に応じて消毒・隔離などの措置を講じること。また、その検診・検査。

けんえき【権益】[名] 権利とそれによって生じる利益。特に、ある国が外国で得る権利と利益。‖「━を争う」

げんえき【原液】[名] 薄めたり加工したりする前の液体。

げんえき【現役】[名] ❶現在、ある地位や職に就いて活躍していること。また、その人。‖「━の選手」「━を退く」❷高校在学中に大学の入学試験を受ける者。▼受験浪人に対していう。❸旧日本軍で、部隊に配属され、軍務についていること。また、その軍人。

げんえき【減益】[名] 利益が減ること。⬍増益

けんえつ【検閲】[名・他サ変] そのままでよいかどうか調べること。特に、国家機関が思想統制・治安維持などの目的から、出版物・映画・放送・郵便物などの表現内容を調べて取り締まること。▼憲法第二一条によって禁止されている。

けんえん【犬猿】[名] 犬と猿。仲が悪いことのたとえ。‖「━の仲」

けんえん【▼倦▼厭】[名・自他サ変] あきていやになること。‖「冗長な講義に━する」

けんえん【嫌煙】[名] 他人の吸うタバコの煙によって受ける害を嫌うこと。‖「━権」

けんえん【▼慊▼焉】[形動タルト] ❶不満足に思うさま。‖「心中━たるものあり」❷〈多く下に打ち消しを伴って〉満足に思うさま。‖「その結果には━たらざるものあり」◈「慊」には満足と不満足の両意がある。

げんえん【減塩】[名・自サ変] 食品中の塩分を少なくすること。また、食塩の摂取量を減らすこと。‖「━食」

けんお【嫌悪】[名・他サ変] ひどくきらうこと。‖「不正[形式主義]を━する」「━感」「自己━」

げんおう【玄奥】[名・形動] 奥深くてはかりしれないこと。

けんおん【検温】[名・自サ変] 体温をはかること。‖「起床時に━する」「━器(＝体温計)」

げんおん【原音】[名] ❶外来語などの、原語の発音。❷録音・放送などの素材となった、もとの音。▼「再生音」に対していう。❸基音。

けんか【県下】[名] その県の管轄に属している地域。県内。‖「━の中学校」

けんか【県花】[名] 各県が定めた、その県を代表する花。山形県のベニバナ、岡山県のモモ、沖縄県のデイゴなど。

けんか【▼喧▼嘩】[名・自サ変] 言い争いをしたり、暴力を用いて争ったりすること。‖「兄弟━」

◉**喧嘩両成敗** けんかをした両方をそれぞれ悪いとして処罰すること。

けんか【堅果】[名] 果皮がかたく、熟しても裂けない果実。クリ・カシ・シイなどの実。

けんか【献花】[名・自サ変] 神前・霊前などに花を供えること。また、その花。‖「慰霊碑に━する」

けんか【▼鹸化】[名・自サ変] エステル類が加水分解してカルボン酸とアルコールになること。また、その化学反応。▼もとは油脂を加水分解して石鹸を製造する反応を指した。

けんが【懸河】[名] 急な傾斜面を滝のように速く流れる川。

◉**懸河の弁** よどみなくしゃべること。‖「━を振るう」▼『隋書』または『晋書』から。

げんか【言下】[名] 相手のことばが終わった直後。一言のもと。‖「━に答える」

げんか【弦歌(▼絃歌)】[名] 三味線・琴などを弾き鳴らして歌をうたうこと。また、その歌。▼華やかな遊興のさまをいう。

げんか【原価】[名] ❶仕入れ価格。もとね。‖「━を割る」❷商品の製造にかかった単位当たりの価格。生産費。コスト。‖「━計算(＝一つの製品製造に要した原材料・労働力などの費用を算出すること)」

げんか【現下】[名] いま。現在。目下。‖「━の国際情勢」

げんか【減価】[名・自サ変] ❶定価から割り引くこと。また、その価格。❷価格・価値などが下がること。

げんが【原画】[名] 複製に対して、もとの絵。

けんかい【見解】[名] ある物事についての評価や考え方。‖「専門家の━が分かれる」「否定的━」

けんかい【▼狷介】[名・形動] かたくなに自分の意志を守り、人と和合しないこと。‖「性、━、自ら恃むところ頗る厚く〈中島敦・山月記〉」「━孤高」▼「狷」は

片意地、「介」は堅いの意。今は多く悪い意に使う。

けん‐がい【県外】 [名] 県の行政区域外。‖「―の福祉施設を視察する」⇔県内

けん‐がい【圏外】 [名] ある条件などが定まった範囲の外。‖「優勝の―に去る」「台風の―」⇔圏内

けん‐がい【遣外】 [名] 外国へ派遣すること。‖「―使節」

けん‐がい【懸崖】 [名] ❶切り立ったがけ。きりぎし。❷盆栽で、枝葉が根よりも低く垂れるように作ったもの。‖「菊の―作り」

げん‐かい【厳戒】 [名・他サ変] 厳重に警戒すること。‖「―体制を敷く」

げん‐かい【限界】 [名] もうその先はないというぎりぎりの境目。‖「―を越える」「―に達する」

げん‐がい【言外】 [名] ことばには表されていないところ。‖「―に匂わす(＝ほのめかす)」

げん‐がい【限外】 [名] 制限された範囲の外。制限外。‖「―顕微鏡」

げんかい‐こうよう【限界効用】 [名] ある財の消費量を一単位増加したとき、その追加消費によって得られる満足度の大きさ。▼他の財の消費量が一定であるとき、特定の財の限界効用はその消費量が増加するにつれて減少する(限界効用逓減の法則)。

けん‐かく【剣客】 [名] 剣術にすぐれた人。けんきゃく。

けん‐かく【懸隔】 [名・自サ変] かけ離れていること。へだたり。‖「A社とB社の技術に―がある」

けん‐がく【見学】 [名・他サ変] 実際に見て学び、知識を広めること。‖「史跡を―する」「工場―」

けん‐がく【兼学】 [名・自他サ変] 二つ以上の学問や宗義を併せ学ぶこと。‖「八宗―」

げん‐かく【幻覚】 [名] 実際には存在しないのに、あたかも存在するかのように感じること。幻視・幻聴・幻味・幻嗅など。‖「―症状」

げん‐かく【厳格】 [形動] 厳しくて、不正や怠惰を少しも許さないさま。‖「―な親に育てられた」派生 ‐さ

げん‐がく【弦楽(▼絃楽)】 [名] 弦楽器で演奏する音楽。‖「―四重奏(＝第一バイオリン・第二バイオリン・ビオラ・チェロからなる四重奏)」

げん‐がく【▼衒学】 [名] 学問や知識を誇り、人にひけらかすこと。ペダントリー。

げん‐がく【減額】 [名・他サ変] 金額や数量を減らすこと。‖「手当[予算]を―する」⇔増額

けんか‐ごし【▼喧▼嘩腰】 [名] けんかを仕掛けるように食ってかかる態度。‖「―で談判する」

げんか‐しょうきゃく【減価償却】 [名] 時の経過や使用によって生じる固定資産の減少分を見積もり、決算期ごとに商品の販売額の中から回収していく会計上の手続き。

けんか‐しょくぶつ【顕花植物】 [名] 花を咲かせて実を結び、種子によって繁殖する高等植物。種子植物。裸子植物と被子植物に大別される。⇔隠花植物

げん‐がっき【弦楽器(▼絃楽器)】 [名] 弦の振動によって音を発する楽器。演奏法によって打弦楽器(ピアノなど)・撥弦楽器(ハープ・ギター・三味線など)・擦弦楽器(バイオリン・胡弓など)の三つに分けられる。

けんかっ‐ぱや・い【▼喧▼嘩っ早い】 [形] ささいなことですぐに喧嘩を始めるさま。けんかばやい。

けんが‐みね【剣が峰】 [名] ❶噴火口の周縁。▼特に富士山頂のものをいう。❷相撲で、土俵の円周を形づくる俵の上部。‖「―で残す」❸これ以上は後に引けないぎりぎりの状態。‖「―に立たされる」

けんか‐よつ【▼喧▼嘩四つ】 [名] 相撲で、両力士の得意な差し手が異なること。⇔相四つ

けんか‐わかれ【▼喧▼嘩別れ】 [名] けんかをしたまま別れること。‖「―をしたきり会っていない」

けん‐がん【検眼】 [名・自サ変] 視力を検査すること。‖「―鏡」

げん‐かん【玄関】 [名] ❶建物の主要な出入り口。‖「―先」「―払い(＝訪問客を、面会せずに追い返すこと。また、玄関で応対して帰すこと)」「表―」❷禅寺で、方丈に入るための門。▼玄妙な道に入る関門の意から。

げん‐かん【厳寒】 [名] 非常にきびしい寒さ。極寒。‖「―の候」「―地」⇔厳暑

けん‐き【嫌忌】 [名・他サ変] いみきらうこと。

けん‐ぎ【建議】 [名・自他サ変] ❶官庁などに意見を申し述べること。また、その意見。‖「―書」❷旧憲法下で、両議院が政府に意見や希望を申し述べること。

けん‐ぎ【嫌疑】 [名] 疑い。特に、犯罪を犯したのではないかという疑い。容疑。‖「横領の―をかけられる」

げん‐き【元気】 一[名] ものごとをやろうとする気力。‖「―がある[出る]」「―もりもり」二[形動] ❶健康であるさま。‖「病気が治って―になる」❷気力にあふれ、生き生きしたさま。‖「―な子供」「―に返事をする」❸〈「お元気で」の形で〉相手の息災を祈る別れの言葉。ごきげんよう。‖「では、みなさん、お―で」▼「お元気でお過ごしください」の意。派生 ‐さ

げん‐き【原器】 [名] 度量衡の標準として作られた器物。

げん‐き【▼衒気】 [名] 自分の才能・知識などを人に自慢したがる気持ち。てらいの気持ち。

げん‐ぎ【原義】 [名] そのことばのもともとの意味。原意。⇔転義

けんきせい‐さいきん【嫌気性細菌】 [名] 酸素の存在しない環境で生育する細菌。乳酸菌・大腸菌・破傷風菌など。⇔好気性細菌

けん‐きゃく【剣客】 [名] ⇒けんかく(剣客)

けん‐きゃく【健脚】 [名・形動] 足が丈夫で、よく歩けること。また、その足。‖「―な若者」

けん‐きゅう【研究】 [名・他サ変] 物事を学問的に深く調べたり考えたりして、事実や理論を明らかにすること。また、その内容。‖「脳の―をする」

けん‐ぎゅう【▼牽牛】 [名] 鷲座の首星アルタイル。七夕の伝説では年に一度天の川を渡って織女星に会うという。ひこぼし。▼「牽牛星」の略。

げん‐きゅう【言及】 [名・自サ変] 話題がある事柄に及ぶこと。‖「あえて―を避ける」

げん‐きゅう【原級】 [名] ❶進級する以前のもとの学年。❷欧米語で、形容詞・副詞の比較級・最上級に対する基本の語形。

げん‐きゅう【減給】 [名・自他サ変] 給料が減ること。また、給料を減らすこと。‖「―処分」⇔増給▼公務員では懲戒処分の一つ。

けん‐きょ【検挙】 [名・他サ変] 検察官・司法警察職員などが容疑者を特定し、刑事事件として処分するに足る捜査を完了すること。また、その容疑者を関係官署に連行すること。

けん-きょ【謙虚】［形動］つつましく控えめなさま。おごりたかぶらず素直なさま。＝「過ちを—に認める」派生 -さ

けん-きょう【検鏡】［名・他サ変］顕微鏡で検査すること。

けん-ぎょう【兼業】［名・他サ変］本業のほかに別の事業・仕事を兼ねて行うこと。また、その事業・仕事。＝「本の販売と出版を—する」「—農家」

けん-ぎょう【検▽校（▼撿▼挍）】［名］❶社寺で総務を監督する僧官。❷室町時代以降、盲人に与えられた最高の官名。

けん-ぎょう【顕教】［名］文字やことばでわかりやすく説いた教え。密教以外の仏教のこと。顕宗。けんきょう。⇕密教 ▽真言宗では釈迦の説いた教えをいう。

げん-きょう【元凶（元▼兇）】［名］悪事を行う中心人物。▽悪い状況を作り出す根源の意でも使う。＝「公害の—とされた工場」

げん-きょう【現況】［名］現在の状況。現状。＝「—報告」

げん-ぎょう【現業】［名］❶管理・事務の仕事ではなく、工場や作業場などの現場で行う仕事。＝「—員」❷公共事業などを行う官庁。林野庁など。▽「現業庁」の略。

けんきょう-ふかい【▼牽強付会】［名］自分の都合のよいように理屈をこじつけること。

げん-きょく【原曲】［名］編曲される前のもとの曲。

けん-きん【献金】［名・自サ変］ある目的のために金銭を献上すること。また、その金銭。＝「政治—」

げん-きん【現金】 ━［名］❶手元に実際にある金。あり金。❷手形や小切手、クレジットカードなどに対して、紙幣・硬貨など実際の貨幣。キャッシュ。＝「—で支払う」 ━［形動］目先の利益によってすぐに考えや態度を変えるさま。＝「金が出ると聞いた途端、働き出すとは—な奴だ」派生 -さ

げん-きん【厳禁】［名・他サ変］きびしく禁ずること。＝「火気—」

けん-ぐ【賢愚】［名］賢いことと愚かなこと。また、賢者と愚者。

げん-くん【元勲】［名］国家に対して大きな勲功を残した人。また、その勲功。＝「維新の—」

げん-げ【〈紫雲英〉】［名］レンゲソウ。

けん-けい【県警】［名］県の警察。また、県の警察本部。

けん-けい【賢兄】 ━［名］賢い兄。また、他人の兄の敬称。⇕愚兄 ━［代］（二人称）対等または目上の男性を高めて指し示す語。▽手紙文などで使う。

げん-けい【原形】［名］もとの形。＝「破壊されて—をとどめない」

げん-けい【原型】［名］❶もとの型。＝「農耕文化の—を探る」❷鋳物・彫刻などのもとになる型。

げん-けい【現形】［名］現在の形。また、現在のありさま。

げん-けい【減刑】［名・自サ変］恩赦の一つ。確定している刑、または刑の執行を軽くすること。

げん-けい【厳刑】［名］きびしい刑罰。＝「—に処する」

げんけい-しつ【原形質】［名］生物体の細胞を構成し、生命活動の基礎となる物質。核と細胞質からなる。

けん-げき【剣▼戟】［名］❶つるぎとほこ。武器。❷刀剣を武器とする戦い。＝「—の響き」

けん-げき【剣劇】［名］剣で切り合う場面を見せ場とする時代物の映画や演劇。ちゃんばら劇。

けん-けつ【献血】［名・自サ変］健康な人が輸血用の血液を無償で提供すること。＝「—運動」使い方 同族目的語をとって他動詞としても使う。＝「二〇〇ミリリットルの血液を献血する」

げん-げつ【弦月】［名］上弦または下弦の月。弓張り月。

けん-けん［名］片足でぴょんぴょん跳ぶこと。また、その遊び。片足跳び。

けん-げん【建言】［名・他サ変］官庁・上司などに、意見を申し述べること。また、その意見。＝「—書」

けん-げん【献言】［名・自他サ変］目上の人に意見を申し述べること。また、その意見。＝「—書」

けん-げん【権限】［名］❶国または公共団体が法令に基づいて職権を行使することができる範囲。❷命令や判断を下すことができる権利。＝「名目だけでなんの—もないポスト」

けん-げん【権原】［名］民法で、ある行為をすることを正当とする法律上の原因。例えば他人の土地に工作物を設置することを正当化する地上権・賃借権など。

けん-げん【顕現】［名・自他サ変］はっきりとした姿・形をとって現れること。また、現れるようにすること。＝「神の啓示が—する」「幸福な社会を—する」

げん-げん【言言】［名］一つ一つのことば。一語一語。＝「—句句（＝一言一言）」

けんけん-ごうごう【▼喧▼喧▼囂▼囂】［形動タリ］多くの人が口やかましく騒ぎ立てること。喧囂。＝「会場は—の騒ぎとなった」✓注意 「喧々諤々（けんけんがくがく）」は、「喧々囂々（けんけんごうごう）」と「侃々諤々（かんかんがくがく）」とを混同した語。口やかましく議論する意で使うのは誤り。 囂

けんけん-ふくよう【拳拳服▼膺】［形動タリ］両手で物をささげ持つように、しっかりと心に銘じて守り行うこと。 膺

けん-こ【▼眷顧】［名・他サ変］特に目をかけること。ひいき。愛顧。

けん-ご【堅固】［名・形動］❶しっかりしていて、こわれにくいこと。＝「—な要塞」❷精神がしっかりしていて、簡単には動かないこと。＝「—な決意」❸健康で丈夫なこと。＝「—に暮らす」派生 -さ

げん-こ【▽拳固】［名］にぎりこぶし。げんこつ。

げん-ご【言語】［名］❶音声や文字を媒体にして、人間が意志・思想・感情などを表現したり伝達し合ったりするのに用いられる記号の体系。また、それを用いて思考・表現・伝達を行う行為。世界に数千種の言語があると推定され、それぞれ独自の語彙・音韻・文法をもつ。音声を介するものを音声言語、文字を介するものを文字言語という。プログラム言語などの人工言語に対して自然言語ともいう。ことば。ごんご。げんぎょ。❷コンピューターのプログラムを記述する際に用いられる、規則文法をもつ記号の体系。プログラム言語。プログラミング言語。

◉言語に絶・する 状況や程度がはなはだしくて、とてもことばでは言い表せない。言語を絶する。＝「—惨状」使い方 本来はマイナスの事柄について言うが、転用してプラスの事柄にも言う。＝「—美しさ」

げん-ご【原語】［名］訳語・訳文に対して、もとの外国

語。

けん-こう【兼行】ケンカウ〔名〕❶〔自サ変〕休むことなく、急いで物事を行うこと。〓「昼夜ー」▽二日かかる行程を一日で行く意から。❷〔他サ変〕二つ以上の仕事を同時に行うこと。

けん-こう【健康】ケンカウ〔名〕❶体の状態。〓「ー診断」❷〔形動〕（病気や怪我などがなく）心身ともにすこやかで、元気なこと。〓「ーな子供」「ごーをお祈りします」❸〔形動〕考え方などにかたよりがなく、健全であること。〓「ーなレジャー」派生ーさ

けん-こう【権衡】ケンカウ〔名〕つりあい。平衡。▽「権」ははかりのおもり、「衡」はさおの意。

けん-こう【軒▼昂】ケンカウ〔形動タリ〕気持ちが奮い立つさま。〓「意気ーとして出立する」

けん-ごう【剣豪】ケンガウ〔名〕剣術の達人。〓「ー小説」

げん-こう【言行】ゲンカウ〔名〕口で言うことと実際に行うこと。また、ことばと行い。〓「ー一致」「ー録」

げん-こう【原鉱】ゲンクワウ〔名〕鉱山から掘りだしたままの鉱石。原石。

げん-こう【原稿】ゲンカウ〔名〕❶印刷・公表するために書いた文書。また、印刷のもとになる文書・写真・図版など。〓「ー料」「写真ー」❷講演・演説などの草案。下書き。

げん-こう【現行】ゲンカウ〔名〕現に行われていること。〓「ーの制度」

げん-こう【減耗】ゲンカウ〔名・自他サ変〕➡げんもう（減耗）

げん-ごう【元号】ゲンガウ〔名〕年につける称号。年号。▽日本では元号法により皇位継承があった場合に限り改元される。➡一八二六ペ

げんこう-いっち【言行一致】ゲンカウ〔名〕口で言うことと実際に行うことが一致すること。自分の主張のとおりに行動すること。

けんこう-こつ【肩甲骨（肩▼胛骨）】ケンカフ〔名〕両肩の背部にあって腕と胴とをつなぐ逆三角形状の骨。➡骨〔図〕書き方「肩甲骨」は代用表記。

けんこう-じゅみょう【健康寿命】ケンカウジュミャウ〔名〕人が健康な状態で自立して生きられる期間。平均寿命から介護を受ける年数を引いた期間をいう。▽二〇〇〇年、WHOが提唱。

けんこう-しょくひん【健康食品】ケンカウ〔名〕健康の増進に役立つとして販売・利用される食品。

げんこう-はん【現行犯】ゲンカウ〔名〕現に行っている時、または行った直後に発覚した犯罪。また、その犯人。

けんこう-ほけん【健康保険】ケンカウ〔名〕雇用労働者およびその家族の疾病・負傷・分娩・死亡などに対し、その医療費・損害などを補うための社会保険。健保。

げんこう-ようし【原稿用紙】ゲンカウ〔名〕原稿を書くための用紙。普通、一字ずつの枡目が印刷されている。

げんご-がく【言語学】〔名〕言語の本質・構造・系統・分布・歴史的変化・相互関係などを研究する学問。音韻論・音声学・意味論・構文論（統語論）・文法論・語彙論・心理言語学・社会言語学・比較言語学・対照言語学など。

けん-こく【建国】〔名・自他サ変〕新しく国家をつくること。〓「ローマをーしたのは紀元前七五三年だ」

げん-こく【原告】〔名〕民事訴訟・行政訴訟を起こして裁判を請求する当事者。⇔被告

げん-こく【厳酷】〔形動〕むごく、厳しいこと。

けんこくきねん-の-ひ【建国記念の日】〔名〕建国を記念し、国を愛する心を養う目的で制定された国民の祝日。二月一一日。建国記念日。▽一九六六年から実施。旧制の紀元節に当たる。

げんご-ゲーム【言語ゲーム】〔名〕ある社会の慣習に根ざした言語活動を、あるルールを共有した人々の間のゲームになぞらえたもの。▽ウィトゲンシュタインの用語。

げんご-しょうがい【言語障害】ーシャウガイ〔名〕吃音・失語症など、言語行動に関する障害。言語症。

げんご-ちょうかくし【言語聴覚士】ーチャウカクシ〔名〕言語・音声・嚥下の機能や聴覚に障害のある人に対し、言語訓練などを行う人。言語聴覚士法に基づく国家資格を必要とする。

げん-こつ【▽拳骨】〔名〕にぎりこぶし。げんこ。〓「ーを食らわす」

げんごろう【源五郎】ゲンゴラウ〔名〕❶池や沼にすむゲンゴロウ科の昆虫。体は扁平な楕円形。背面は黒緑色で、左右に黄褐色の縁どりがある。昆虫・カエル・魚などを捕食する。❷「源五郎鮒」の略。

げんごろう-ぶな【源五郎▼鮒】ゲンゴラウ〔名〕琵琶湖水系原産の大形のフナ。体長四〇センチメートルに達する。鮒鮨などにして賞味される。▽ヘラブナはこの飼育種。

けん-こん【▽乾▼坤】〔名〕❶易の卦で、乾と坤。❷天と地。❸陰と陽。❹乾（＝北西）と坤（＝南西）。

げん-こん【現今】〔名〕（近い過去も含めた）現在。〓「ーの文芸界」▽副詞的にも使う。

けんこん-いってき【▽乾▼坤一▼擲】〔名〕運命をかけて大勝負をすること。▽天地をかけて賽を振る意。

けん-さ【検査】〔名・他サ変〕ある基準をもとに、異常がないかどうか、適正であるかどうかを調べること。〓「血液をーする」「水質のー」

けん-さい【賢才】〔名〕すぐれた才能。また、それを持つ人。

けん-ざい【建材】〔名〕建築に用いる資材。建築材料。〓「新ー」

けん-ざい【健在】〔名・形動〕❶健康で達者に暮らしていること。〓「両親ともーです」❷それまでと変わりなく十分に能力や機能を保っていること。〓「ベテラン歌手としてーぶりを示す」派生ーさ

けん-ざい【顕在】〔名・自サ変〕はっきりと形にあらわれて存在すること。〓「ー化」「ー的失業者」⇔潜在

げん-さい【減殺】〔名・他サ変〕減らして少なくすること。〓「勢力をーする」▽「サイ」は「殺」の漢音で、そぐ、へらす意。使い方「興味が減殺する」「効果を減殺させる」のような自動詞の用法も見られる。

げん-さい【減債】〔名・他サ変〕債務を減らすこと。負債を償却すること。

げん-ざい【原罪】〔名〕キリスト教で、アダムとイブが神に背いて禁断の木の実を口にしたという人類最初の罪。すべての人間は生まれながらにしてその罪を背負うとされる。▽旧約聖書『創世記』による。

げん-ざい【現在】〔名〕❶過去と未来の間にある、今のこの時。近い過去や未来を含めてもいう。〓「ーの情勢を分析する」「ーのところ、変化は見られない」「ー我々は何をすべきか」⇔過去・未来▽副詞的にも使う。❷〈日時を表す語に付いて〉その日時の時点。〓「八時ーの

気温」❸文法で、時制の一つ。発話の時点での動作・状態などを表す表現形式。❹仏教で、三世の一つ。いま生を受けているこの世。現世。❺［自サ変］今ここにあること。実際に存在すること。〓「―する問題」

げんざい-かんりょう【現在完了】ークヮンレウ［名］英文法などの時制の一つ。動作・状態がいま終了したこと、また動作・状態が過去から現在まで続いていることを表す語法。

げんざい-しんこうけい【現在進行形】ーシンカウケイ［名］英文法などで、動作・状態が現在継続中であることを示す動詞の形態。▼比喩的に、ものごとが現在継続中であることの意でも使う。〓「―のプロジェクト」

げんざい-ち【現在地】［名］人が現在いる地点。また、物が現在ある地点。〓「地図で―を確かめる」「台風の―」

げんざい-りょう【原材料】ーザイレウ［名］生産のもとになる材料。原料と材料。

けん-ざかい【県境】ーサカヒ［名］県と県との境界。けんきょう。〓「―の橋」

けん-さく【研削】［名・他サ変］物の表面を砥石などでけずって滑らかにすること。〓「―して仕上げる」

けん-さく【検索】［名・他サ変］調べて探し出すこと。〓「インターネットで―する」

けん-さく【献策】［名・他サ変］上位の者や公の機関に計画・案などを進言すること。また、その計画・案など。

げん-さく【原作】［名］翻訳・脚色・改作などをする前の、もとになる作品。〓「―者」

げん-さく【減作】［名・自サ変］作物の収穫高が減ること。

けんさく-エンジン【検索エンジン】［名］インターネットで公開されている情報を、キーワードなどを使って検索するシステムの総称。サーチエンジン。

けん-さつ【検札】［名・自サ変］係員が乗客の乗車券などを調べて確認すること。

けん-さつ【検察】［名］❶［他サ変］取り調べて事情を明らかにすること。特に、犯罪を捜査し、その証拠を集めて事実を明らかにすること。❷「検察官」「検察庁」の略。

けん-さつ【賢察】［名・他サ変］推察をいう尊敬語。お察し。〓「当方の事情をご―下さい」

けんさつ-かん【検察官】ークヮン［名］犯罪を捜査して刑事事件の公訴を行い、裁判の執行を監督することを主な職務とする国家公務員。検事総長・次長検事・検事長・検事・副検事の総称。

けんさつ-ちょう【検察庁】ーチヤウ［名］検察官の事務を統轄する行政官庁。最高検察庁・高等検察庁・地方検察庁・区検察庁がある。法務省の所管。

けん-さん【研▼鑽】［名・他サ変］学問などを深く研究すること。〓「日夜―を積む」

鑽

けん-ざん【見参】［名・自サ変］❶参上して目上の人に会うこと。お目にかかること。〓「殿に―する」「―に入る（＝高貴の人に対面する）」❷目上の人が目下の人に会うこと。◈「げんざん」とも。

けん-ざん【剣山】［名］生け花で、花や枝の根本を固定するために使う道具。金属の台に多数の太い針を植え並べたもの。

けん-ざん【検算（験算）】［名・他サ変］計算したあと、もう一度計算してその正誤を確かめること。また、その計算。ためし算。

げん-さん【原産】［名］最初に産出されたこと。また、そのもの。〓「アフリカ―の果物」「―地（＝動植物のもともとの生息地。また、原料や製品の生産地）」

げん-さん【減産】［名・自他サ変］生産高が減ること。また、減らすこと。⇔増産

げん-さん【減算】［名・自サ変］ある数からある数を引いて、その差を計算すること。引き算。減法。⇔加算

けん-し【犬歯】［名］門歯と臼歯との間にあるとがった歯。上下左右に一本ずつ、計四本ある。糸切り歯。▼肉食動物では発達して牙となる。

けん-し【剣士】［名］剣術にすぐれた人。剣客。

けん-し【検死（検▼屍）】［名・他サ変］監察医などが変死者などの死体を外表から調べること。▼その結果により司法解剖・行政解剖などが行われる。

けん-し【検視】［名・他サ変］❶実際に見て検査すること。❷検察官が変死体または変死の疑いのある死体を実見し、犯罪によるものかどうかを調べること。

けん-し【献詞】［名］著者または発行者が書物を献呈するときに記すことば。特に、著者が特別のかかわりを持つ人に対し、感謝・敬意を込めて巻頭に記す献呈のことば。献辞。献題。

けん-し【絹糸】［名］きぬいと。▼狭義には生糸を精練してより糸にしたものをいう。

けん-し【繭糸】［名］まゆと糸。また、まゆからとった糸。絹糸。

けん-じ【健児】［名］元気な若者。

けん-じ【堅持】ーヂ［名・他サ変］思想・態度などをかたく守って、他と妥協しないこと。〓「方針を―する」

けん-じ【検字】［名］漢字の辞書で、漢字を総画数の順に配列した索引。

けん-じ【検事】［名］❶検察官の職階の一つ。副検事の上、検事長の下。❷検察官の旧称。

けん-じ【献辞】［名］献詞。

けん-じ【顕示】［名・他サ変］人にわかるように、はっきり示すこと。〓「財力を―する」「自己―欲」

げん-し【元始】［名］物事のはじめ。おこり。

げん-し【幻視】［名］幻覚の一つ。実際には存在しないものが、存在するかのように見えること。

げん-し【原子】［名］元素を構成する最小単位。正の電荷を持った原子核とそれを取り囲む電子とから成る。アトム。

げん-し【原糸】［名］織物を織るときの、もとになる糸。

げん-し【原始】［名］❶物事のはじめ。おこり。元始。❷自然のままで、人間の手による進歩や変化がないこと。〓「―林（＝原生林）」

げん-し【原紙】［名］❶謄写版印刷の原版にする、蝋引きの薄い紙。❷コウゾの皮からすいた、厚くて丈夫な紙。蚕卵紙に用いる。

げん-し【原詩】［名］翻訳や改作をする前の、もとの詩。

げん-し【原資】［名］❶資金源。もとで。❷財政投融資に充当する資金。

げん-し【減資】［名・自サ変］企業が資本金を減らすこと。⇔増資

げん-じ【言辞】［名］ことば。ことばづかい。

げん-じ【現時】［名］現在の時点。いま。〓「―の国際情勢」

げん‐じ【源氏】〔名〕❶源（みなもと）の姓を持つ氏族。清和源氏・嵯峨源氏・村上源氏など。❷「源氏物語」の略。また、その主人公である光源氏。

げんし‐か【原子価】〔名〕ある原子が他の原子何個と結合するかを示す数。▼ふつう水素を標準とし、水素原子一個と結合する原子の原子価を一、二個と結合するものを二とする。

げんし‐かく【原子核】〔名〕原子の中心部を構成するもの。陽子と中性子とからなる。原子の質量のほとんどを占め、正の電荷を持つ。

けん‐しき【見識】〔名〕物事の本質を見通すすぐれた判断力。また、ある物事についての確かな考えや意見。識見。「高い―を備えた人」

けんしき‐ば・る【見識張る】〔自五〕見識があるように見せかける。見識ぶる。「―・って口を出す」

げんじ‐ぐるま【源氏車】〔名〕牛車（ぎっしゃ）のこと。

げんし‐じだい【原史時代】〔名〕考古学上の時代区分の一つ。先史時代と歴史時代の中間に位置し、まだ文献資料に乏しい時代。日本では古墳時代に相当する。▼弥生時代を含めることもある。

げんし‐じだい【原始時代】〔名〕人類がまだ生産手段を持たず、狩猟と採取によって生活していた太古の時代。

げんし‐じん【原始人】〔名〕原始時代の人類。

けんじ‐せい【検事正】〔名〕検察官の職名の一つ。地方検察庁の長として庁務を掌理し、その庁および管内の区検察庁の職員を指揮監督する。

けん‐じつ【堅実】〔形動〕考え方ややり方などがしっかりしていて危なげがないさま。手がたく、確実なさま。「―な方法をとる」派生‐さ

げん‐しつ【玄室】〔名〕古墳時代の横穴式石室で、棺を納めるための部屋。

げん‐しつ【言質】〔名〕⇒げんち（言質）

げん‐じつ【現実】〔名〕現在、事実として存在している事柄や状態。「厳しい―を思い知らされる」「悲願が―のものとなる」⇔理想

げんじつ‐てき【現実的】〔形動〕❶現実に即しているさま。「―な問題」「―には実行困難な案」❷理想や夢がなく、目前の実利のみにとらわれているさま。「―な人」

げんじつ‐ばなれ【現実離れ】〔名・自サ変〕現実に即していないこと。実際にはあり得ないこと。「―した構想」

げんし‐てき【原始的】〔形動〕まだ自然のままに近く、ほとんど進化・進歩していないさま。「―な生物」「―な食料採集生活」

げん‐じてん【現時点】〔名〕現在の時点。今（いま）現在。「―でのコメントは差し控える」

げんじ‐な【源氏名】〔名〕❶『源氏物語』五四帖の巻名にちなんでつけられた女官・奥女中などの呼び名。❷遊女・芸妓（げいぎ）などにつけられた呼び名。バーなどのホステスの呼び名にもいう。

げんし‐ばくだん【原子爆弾】〔名〕連鎖的に核分裂を起こさせ、瞬間的に強大なエネルギーを放出させる爆弾。主原料はウラン二三五とプルトニウム二三九。原爆。▼昭和二〇（一九四五）年八月六日、ウランを用いたものが広島に、同九日、プルトニウムを用いたものが長崎に、それぞれアメリカ軍によって投下された。

げんじ‐ぼたる【源氏蛍】〔名〕本州以南に分布するホタル科の昆虫。日本産最大のホタルで、体長約一・五センチメートル。雌雄とも腹端に発光器を持つ。幼虫は清流にすみ、カワニナなどを食べる。

けん‐しゃ【検車】〔名〕故障がないかどうか車両を検査すること。

けん‐じゃ【賢者】〔名〕かしこい人。賢人。⇔愚者

げん‐しゃ【減車】〔名・自他サ変〕車両の数を減らすこと。また、運行回数を減らすこと。⇔増車

げん‐しゃく【現尺】〔名〕現物どおりの寸法。原寸。⇔縮尺

けん‐しゅ【堅守】〔名・他サ変〕領地・城・陣地などをかたく守ること。固守。「要塞を―する」

けん‐じゅ【犬儒】〔名〕犬儒学派の哲学者。キニク学派。キュニコス学派。▼Kynikos（＝犬のような）から。犬儒学派は古代ギリシア哲学の一派。社会的制度・慣習を無視して無欲な自然生活を営むことを理想とした。

げん‐しゅ【元首】〔名〕一国の首長。国際法上は外国に対して国家を代表する人。君主国の君主、共和国の大統領など。「国家―」

げん‐しゅ【原酒】〔名〕❶醸成したままで、まだ水などを加えていない日本酒。❷熟成のために樽に入れて貯蔵されたウイスキーの原液。

げん‐しゅ【原種】〔名〕❶改良品種のもととなっている動植物の野生種。❷栽培用の種子をとるための種子。

げん‐しゅ【厳守】〔名・他サ変〕きびしく守ること。「規則を―する」「時間―」

けん‐しゅう【研修】〔名・他サ変〕職務上の知識や技能を高めるために、ある期間特別の学習や実習をすること。また、そのための講習。「―期間・―所」

けん‐しゅう【兼修】〔名・他サ変〕同時に二つ以上のことをあわせて学ぶこと。兼学。

けん‐しゅう【検収】〔名・他サ変〕納品された品の数量・品質などを確認して受け取ること。

けん‐しゅう【献酬】〔名・他サ変〕宴席で、杯のやりとりをして酒をくみかわすこと。

けん‐じゅう【拳銃】〔名〕片手で操作できる小型の銃。ピストル。短銃。「自動―」

げん‐しゅう【現収】〔名〕現在の収入。

げん‐しゅう【減収】〔名・自サ変〕収入・収穫が減ること。また、減った収入・収穫。⇔増収

げん‐じゅう【現住】〔名〕❶〔自サ変〕現在そこに住んでいること。「―地」❷現在の住職。

げん‐じゅう【厳重】〔形動〕ささいな点もゆるがせにしないで、きびしく対処するさま。「―に注意する」派生‐さ

けんしゅう‐い【研修医】〔名〕医師免許取得後、大学病院や臨床研修指定病院で実地の臨床研修を受けている医師。レジデント。

げんじゅう‐しょ【現住所】〔名〕現在住んでいる場所。

げんじゅう‐みん【原住民】〔名〕その土地にもとから住んでいる人々。▼征服者・移住者に対していう。⇒先住民

げん‐しゅく【厳粛】〔形動〕❶おごそかで心が引きしまるさま。「―な儀式［雰囲気］」❷おごそかで動かしがたいさま。「―な事実である」❸真剣で、きびしいさま。「結果を―に受けとめる」派生‐さ

けん-しゅつ【検出】［名・他サ変］微量の成分などを、検査・実験によって見つけだすこと。

けん-じゅつ【剣術】［名］刀剣などで戦う武術。剣法。

げん-しゅつ【現出】［名・自他サ変］実際にあらわれ出ること。また、あらわし出すこと。出現。‖「悲惨な光景が—する」

げん-じゅつ【幻術】［名］❶人の目をくらます怪しい術。妖術。❷〔古風〕手品。奇術。

けん-しゅん【険▼峻（▼嶮▼峻）】［名・形動］山などが高くけわしいこと。また、その場所。派生 -さ

けん-しょ【険所（▼嶮所）】［名］けわしくて危険な場所。

げん-しょ【原初】［名］物事のいちばん初め。‖「宗教の—形態」

げん-しょ【原書】［名］❶翻訳本・書写本などに対して、そのもとになっている本。原本。❷外国語で書かれた本。特に、欧米の本。洋書。

げん-しょ【厳暑】［名］きびしい暑さ。極暑。酷暑。‖「—の候」⇔厳寒

けん-しょう【肩章】［名］軍人・警官などが制服や礼服の肩につける階級章。

けん-しょう【健勝】［名・形動］健康で元気なこと。▼多く手紙文で使う。‖「ますます御—のこととお慶び申し上げます」

けん-しょう【検証】［名・他サ変］❶実際に調べて証明すること。‖「仮説を—する」❷裁判官・調査機関などが直接現場に臨んで証拠物件などを調査すること。‖「現場—」

けん-しょう【憲章】［名］重要な事柄に関して定めた根本的なおきて。‖「児童—」

けん-しょう【謙称】［名］相手に対して丁重な気持ちを表す言い方。「小生」「拙宅」など。

けん-しょう【顕彰】［名・他サ変］隠れていた善行・功績などを広く世間に知らせること。また、広く知らせて表彰すること。‖「功労者を—する」「—碑」

けん-しょう【懸賞】［名］優秀な作品、クイズの正解者、捜し物を見つけた人などに、賞品や賞金をかけること。また、その賞品や賞金。‖「—金」

けん-じょう【堅城】［名］守りのかたい城。‖「—鉄壁」

けん-じょう【献上】［名・他サ変］身分の高い人に品物などを差し上げること。‖「—品」

けん-じょう【謙譲】［名・形動］自慢したり高ぶったりせず、控えめにして、他人にゆずること。謙遜（けんそん）。‖「—の精神」

げん-しょう【現象】［名］❶人が観察できる形をとって現れるすべての物事。特に、自然や生理の作用によって起こる、非人為的な物事。‖「屋敷内で夜ごと不思議な—が起こる」「自然［社会・神霊］—」❷本質に対して、表面的に現れた事柄。‖「—にとらわれるな」

げん-しょう【減少】［名・自他サ変］数量などが少なくなること。また、少なくすること。‖「人口が—する」「リスクを—させる」⇔増加 使い方「～を減少する／減少させる」では、後者が一般的。⬇品詞解説（八六六ページ）

げん-じょう【原状】［名］もとの状態。変化する前の状態。‖「—に復する」「—回復」

げん-じょう【現状】［名］現在の状態。‖「—を打破する」「—維持」✓注意「今の現状」は重言。「現状」「今の状態」「現在の状態」などが適切。

げん-じょう【現場】［名］事件・事故などが起こった場所。げんば。‖「—不在証明（＝アリバイ）」

けんしょう-えん【▼腱▼鞘炎】［名］腱鞘の炎症。局所の腫（は）れ、疼痛（とうつう）、運動制限などの症状を呈する。手指を激しく使う仕事の人に多くみられる。

げんしょう-かい【現象界】［名］感覚によってとらえることのできる世界。経験の世界。

げんしょう-がく【現象学】［名］❶ヘーゲルの立場で、精神現象学。精神の単純な現象である感覚的経験から絶対知に至るまでの発展過程を叙述する学。❷フッサールが提唱した哲学的立場。一切の先入見を捨てて意識に直接的に与えられる現象を直観し、その純粋意識の本質を叙述・分析する学。

けんじょう-ご【謙譲語】［名］敬語の一つ。自分（＝話し手・書き手）や自分側の人物から、相手（＝聞き手・読み手）や相手側の人物、あるいは話題の人物に向かう動作・ものごとについて、それが及ぶ人物を高めていう語。「拝見」「申し上げる」「うかがう」「先生へのお手紙」など。⬇敬語解説（一七八ページ）

けんじょう-しゃ【健常者】［名］心身に障害のない人。▼障害者に対していう。

げんしょう-ろん【現象論】［名］❶我々が認識できるのは現象だけで、本体そのものは認識できないとする説。❷我々が認識することのできる現象だけが実在し、ほかに本体の存在はないとする説。

けん-しょく【兼職】［名・他サ変］本職以外に他の職務を兼ねること。また、その職務。

けん-しょく【顕職】［名］地位の高い官職。

げん-しょく【原色】［名］❶すべての色の基本となる色。絵の具では赤・青・黄の三色、光では赤・緑・青の三色。混ぜ合わせることによってさまざまな色をつくることができる。❷純度が高く、強い刺激を与える色調。‖「けばけばしい—の服」❸絵画の複製・印刷などで、実物や原画そのものの色。‖「—魚類図鑑」

げん-しょく【現職】［名］現在就いている職務・職業。また、現在その職務・職業に就いていること（人）。‖「—の警官」

げん-しょく【減食】［名・自サ変］食事の量や回数を減らすこと。

げんし-りょく【原子力】［名］核分裂・核融合などの原子核反応によって放出される多量のエネルギー。原子エネルギー。原子核エネルギー。‖「—船・—発電」

げんし-ろ【原子炉】［名］ウラン・プルトニウムなどの原子核分裂の連鎖反応を制御しながら進行させ、そのエネルギーを有効に利用できるようにした装置。

けん-しん【見神】［名］キリスト教で、神の示現を感知すること。

けん-しん【健診】［名］疾病の予防・早期発見のために医師が行う診断。▼「健康診断」の略。

けん-しん【検針】［名・他サ変］ガス・水道・電気などの使用量を調べるために、メーターの目盛りを読みとること。‖「ガスメーターを—する」

けん-しん【検診】［名・他サ変］病気の有無を調べるために診察や検査をすること。‖「定期—」

けん-しん【献身】［名・自サ変］自分を犠牲にして人のために尽くすこと。

けん-じん【県人】［名］その県の出身者。また、その県

に住んでいる人。

けん-じん【堅陣】ヂン [名] 守りの堅い陣営。

けん-じん【賢人】[名] ❶かしこい人。また、聖人に次いで徳のある人。賢者。⇔愚人 ❷濁り酒。▼清酒を聖人にたとえるのに対していう。

げん-しん【原審】[名] 現在審理している裁判からみて、その一つ前の裁判。控訴審では第一審の裁判、上告審では控訴審の裁判をいう。

げん-じん【原人】[名] 猿人の後、旧人の前に位置づけられる化石人類。ジャワ原人・北京原人など。ホモエレクトス。

けんじん-かい【県人会】クワイ [名] 同県の出身者が他の都道府県で組織する親睦の会。‖「長野ー」

けんしん-てき【献身的】[形動] 自分を犠牲にして人のために尽くすさま。‖「ーに看護する」

げん-ず【原図】ヅ [名] 複写・模写などに対し、もとの図。

けん-すい【建水】[名] 茶道で、点茶の際に茶碗(ちゃわん)をすすいだ湯水を捨てる容器。水こぼし。▼「建」はこぼす意。

けん-すい【懸垂】[名・自サ変] ❶まっすぐに垂れ下がること。‖「ー下降」❷鉄棒・吊り輪などに両手でぶら下がり、腕を屈伸させて体を上げ下げする運動。

げん-すい【元帥】[名] ❶軍人の最高階級。大将の上に位する。❷旧日本軍で、陸海軍大将のうち元帥府(＝天皇の軍事上の最高顧問機関)に列せられた者に与えられた称号。

げん-すい【原水】[名] 地中・地表から汲みとったままで、人工的な処理をしていない水。天然の水。

げん-すい【減水】[名・自サ変] 水量が減ること。⇔増水

げん-すい【減衰】[名・自サ変] 次第に減少していくこと。‖「ー器(＝電気信号の強さを、その質を変えずに減少する装置)」

げんすい-ばく【原水爆】[名] 原子爆弾と水素爆弾。‖「ー禁止運動」

けん-すう【件数】[名] 事件や事柄の数。‖「交通事故のー」「販売ー」

けん・する【検する】[他サ変] 調べる。検査する。‖「手荷物をー」文けん・す

けん・する【験する】[他サ変] ❶ためす。試験する。‖「新薬の効果をー」❷検算する。‖「累計をー」文けん・す

けん・ずる【献ずる】[他サ変]「与える」の謙譲語。目上の人に物を差し上げる。また、神仏に物を供える。奉る。‖「一献(いっこん)ー」「仏前に花をー」文けん・ず 異形 献じる

げん・ずる【現ずる】[自他サ変] あらわれる。また、あらわす。‖「薬効がー」文げん・ず 異形 現じる

げん・ずる【減ずる】一 [自サ変] 数量・程度などが少なくなる。へる。‖「生産量がー」二 [他サ変] ❶数量・程度などを少なくする。へらす。‖「人員をー」❷引き算をする。文げん・ず 異形 減じる

げん-すん【原寸】[名] 実物と同じ寸法。現尺。‖「ー大の模型」

げん-せ【現世】[名] ❶現在の世の中。げんせい。‖「ー主義」❷仏教で、三世の一つ。この世。げんぜ。⇔前世(ぜんせ)・来世(らいせ)

けん-せい【県政】[名] 県の行政。

けん-せい【県勢】[名] 県の政治・経済・産業・文化・人口など、その総合的な情勢。‖「ー要覧」

けん-せい【牽制】[名・他サ変] ❶相手を監視または威圧することによって行動を抑制すること。‖「互いにーし合う」❷野球で、投手または捕手が野手に送球したり送球の動作を見せたりして走者の進塁を防ぐこと。‖「ー球」

牽

けん-せい【権勢】[名] 権力と威勢。権力を持ち、勢力があること。‖「ーを振るう」

けん-せい【憲政】[名] 憲法に基づいて行われる政治。立憲政治。‖「ー擁護」

けん-せい【顕性】[名] 対立形質をもつ両親の交配によって、次の代に必ず現れる方の形質。優性。⇔潜性

げん-せい【原生】[名] 発生したままで進化・発展していないこと。

げん-せい【現世】[名] ❶⇒げんせ ❷地質時代区分の一つ。新生代第四紀の末期に当たる、約一万年前から現代まで。完新世。

げん-せい【現勢】[名] 現在の勢力または情勢。

げん-せい【厳正】[名・形動] 厳格で公正なこと。‖「ーに審査する」「ーな判断」「ー中立」派生 -さ

げん-ぜい【減税】[名・自他サ変] 税額が減ること。また、税額を減らすこと。⇔増税

げんせい-だい【原生代】[名] 地質時代区分の一つ。先カンブリア時代の後半で、約二五億年前から五億七〇〇〇万年前まで。

げんせい-どうぶつ【原生動物】[名] 単一細胞からなる最も下等な動物の総称。分裂・出芽などで増殖する。ミドリムシ・アメーバ・マラリア病原虫・ゾウリムシなど。▼寄生虫学などでは「原虫」ともいう。

げんせい-りん【原生林】[名] 人の手が入ったことのない自然のままの森林。原始林。

けん-せき【譴責】[名・他サ変] ❶不正・過失などをとがめて責めること。‖「ーを受ける」❷「戒告」②の旧称。

げん-せき【言責】[名] ❶自分の述べたことばに対する責任。‖「ーを負う」❷物事の是非をはっきりと述べるべき責任。

げん-せき【原石】[名] ❶精錬する前の鉱石。原鉱。❷採取したままで、まだ加工していない宝石。‖「ダイヤモンドのー」▼比喩(ひゆ)的に、未熟ではあるが才能を秘めた人の意でも使う。‖「企業がーを求めて採用試験を行う」

げん-せき【原籍】[名] ❶転籍する以前の戸籍。‖「ー地」❷本籍。

けんせき-うん【巻積雲(絹積雲)】[名] 五〇〇〇〜一万三〇〇〇メートルの上空に群がるように浮かぶ白くて小さい雲。まだら雲。いわし雲。さば雲。うろこ雲。書き方「絹積雲」は代用表記。

けん-せつ【建設】[名・他サ変] ❶建物・道路などをつくること。‖「ビルをーする」「ー業」❷組織・機構などを新たにつくること。‖「新国家をーする」

けん-ぜつ【懸絶】[名・自サ変] 他と大きくかけはなれていること。懸隔。

げん-せつ【言説】[名] 考えなどをことばにして述べること。また、そのことば。‖「相手のーに反論する」

けんせつ-しょう【建設省】シャウ [名] 以前あった省の一つ。⇒国土交通省

けんせつ-てき【建設的】[形動] 物事を積極的に

よくしていこうとするさま。‖「ーな提案」⇕破壊的

げんぜ-りやく【現世利益】［名］この世で受ける神仏の恵み。げんせりやく。

けん-ぜん【健全】［形動］❶心身が正常に機能して、健康であるさま。‖「ーな体」❷物事が正常に機能してしっかりしているさま。また、公序良俗にかなうさま。‖「ーな経営［娯楽］」派生 -さ

けん-ぜん【顕然】［形動タル］はっきりと現れているさま。‖「原因はーとしている」⇕隠然

げん-せん【源泉（原泉）】［名］❶水や温泉がわき出るみなもと。❷物事が生じるもと。‖「エネルギーのー」

げん-せん【厳選】［名・他サ変］基準をきびしくして選ぶこと。‖「材料をーする」

げん-ぜん【現前】［名・自サ変］目の前に現れること。また、目の前にあること。‖「ーの事実」

げん-ぜん【厳然（▼儼然）】［形動タル］おごそかで、近寄りがたいさま。また、いかめしく、動かしがたいさま。‖「ーたる態度で臨む」「ーたる事実」

げんせん-ちょうしゅう【源泉徴収】チョウシウ［名］給与や利子などの支払いの際に、支払者が所得税を差し引いて国に納付すること。源泉課税。‖「ー票」

けん-そ【険阻（▼嶮▼岨）】［名・形動］地勢がけわしいこと。また、その場所。派生 -さ

げん-そ【元素】［名］❶化学的にそれ以上は分解できない物質。それぞれに特定の原子番号をもつ。❷万物の基本的な構成要素。ギリシア哲学の四元素（地・水・空気・火）、仏教の四大（しだい）（地・水・火・風）など。

けん-そう【険相】ウサ［名・形動］けわしく、すごみのある顔つき。また、顔つきがけわしいこと。

けん-そう【▼喧▼噪・▼喧騒】ウサ［名・形動］物音・人声などがやかましいこと。‖「都会のーを離れる」

けん-ぞう【建造】ウサ［名・他サ変］建物・船舶などをつくること。‖「タンカー［倉庫］をーする」「ー物」

げん-そう【幻想】ウサ［名・他サ変］実際にはありえないことを現実の事柄のように想像すること。‖「ーをいだく」

げん-そう【現送】［名・他サ変］現金・現物を輸送すること。

げん-そう【舷窓】ウサ［名］船体の側面に設けた小さな窓。

げん-ぞう【幻像】ウサ［名］実在しないのに、存在するかのように見える像。

げん-ぞう【現像】ウサ［名・他サ変］撮影したフィルム・乾板などを化学的に処理して映像をあらわし出すこと。

けんそう-うん【▽巻層雲（絹層雲）】［名］約九〇〇〇メートルの上空をおおう、薄いベール状の白雲。太陽や月にかかると暈（かさ）を生じる。薄雲（うすぐも）。書き方「絹層雲」は代用表記。

げんそう-きょく【幻想曲】ゲンサウ［名］楽想のおもむくままに、自由な形式でかかれた器楽曲。ファンタジー。

げんそう-てき【幻想的】ゲンサウ［形動］現実からはなれて、空想の世界にいるようなさま。ファンタスティック。‖「ーな音楽」

けん-そく【検束】［名・他サ変］❶行動を抑制して自由にさせないこと。❷かつての行政執行法で、警察官が公安を乱すおそれのある者などを一定の場所に連行し、一時留置すること。

けん-ぞく【▼眷属（▼眷族）】［名］❶血筋のつながっている者。一族。親族。❷配下の者。家の子。郎党。

げん-そく【原則】［名］基本的な方針となっている規則。‖「ーを貫く」「ーとして、外出を認めない」使い方「原則として」に代えて、「原則、禁止とする」などと言うのは新しい使い方。

げん-そく【舷側】［名］船の側面。ふなばた。ふなべり。

げん-そく【減速】［名・自他サ変］速度が落ちること。また、速度を落とすこと。⇕加速

げん-ぞく【▽還俗】［名・自サ変］僧籍にあった者が俗人に戻ること。復飾。

けん-そん【謙遜】［名・形動・自他サ変］相手に遠慮して、自分の能力や価値、言動などをわざと低く評価すること。自慢したり高ぶったりせず、控えめであること。‖「『まぐれです』とーする」「それはごーでしょう」

げん-そん【玄孫】［名］孫の孫。ひまごの子。やしゃご。

げん-そん【現存】［名・自サ変］現実に存在すること。また、現在あること。げんぞん。‖「ーする最古の漢詩集」

げん-そん【減損】［名・自他サ変］物・資産などが減ること。また、減らすこと。‖「利益がーする」

げん-そん【厳存（▼儼存）】［名・自サ変］厳然として確かに存在すること。げんぞん。

けん-たい【▼倦怠】［名・自サ変］❶飽きていやになること。‖「ー期」❷心身が疲れてだるいこと。‖「ー感」

けん-たい【兼帯】［名・他サ変］❶一人で二つ以上の職務を兼ねること。兼務。兼任。❷一つで二つ以上の用を兼ねること。‖「晴雨ーの傘」

けん-たい【検体】［名］医学で、検査の対象とする材料。血液・髄液・尿・大便・組織の一部など。検査材料。

けん-たい【献体】［名・自サ変］死後、自分の体を医学研究用に無償で提供すること。

けん-だい【見台】［名］読書をするときに書物を載せる台。また、邦楽で、譜面・台本などを載せる台。▽「書見台」の略。

けん-だい【兼題】［名］歌会・句会などで題をあらかじめ出しておくこと。また、その題。⇕席題

けん-だい【献題】［名］献詞（けんし）。

けん-だい【賢台】［代］〔二人称〕対等または目上の相手を高めて指し示す語。貴台。▽手紙文などで使う。

げん-たい【原隊】［名］軍隊で、もと所属していた部隊。

げん-たい【減退】［名・自サ変］体力・意欲などが衰えること。‖「食欲がーする」⇕増進

げん-だい【原題】［名］翻訳や改題をする前の、もとの題。

げん-だい【現代】［名］❶今の世。現今。当世。❷歴史の時代区分の一つ。日本史では、太平洋戦争以後の時代。‖「ー史」▽広く明治維新以後をさすこともある。

げんだい-かなづかい【現代《仮名》遣い】ヅカヒ［名］現代語の発音に基づいて、現代語を仮名で表記するときの準則。新仮名遣い。⇕歴史的仮名遣い ▽昭和二一（一九四六）年に内閣告示により制定、昭和六一年に改定。➡一八三六ページ「現代仮名遣い」

げん-たいけん【原体験】［名］その人の生き方や考え方に大きな影響を与えるに至った幼少時の特異な体験。

げんだい-し【現代詩】［名］現在の時代に、内容・

形式とも自由に作られた詩。一般に近代詩成立以降に書かれた詩をいう。

げんだい-じん【現代人】［名］現代に生きる人。

げんだい-てき【現代的】［形動］現代にふさわしいさま。現代風。当世風。「—な住宅」「—感覚」

げんだい-ばん【現代版】［名］古典・昔話などの主人公や昔の事件がそのまま現代に再現されたようなもの。「—忠臣蔵」

けん-だか【権高（見高）】［名・形動］気位が高くて、傲慢（ごうまん）なこと。「—な態度」

げん-だか【現高】［名］現在ある数量や金額。現在高。

げん-たつ【厳達】［名・他サ変］きびしく通達すること。また、その通達。

けん-だま【剣玉・拳玉】［名］両端を皿状にえぐった胴に、先端をとがらせて他端を皿状にえぐった柄を突き通し、それに穴をあけた球を糸で結びつけた木製の玩具（がんぐ）。球を柄の先端にはめたり、皿のくぼみにのせたりして遊ぶ。書き方「けん玉」とも。

けん-たん【健▼啖】［名・形動］旺盛な食欲で、たくさん食べること。「—な人」「—家」派生—さ

けん-たん【検▼痰】［名・自サ変］結核菌など細菌の有無を調べるために、痰の検査をすること。

げん-たん【減反（減▽段）】［名・自他サ変］農作物の作付面積を減らすこと。「—政策」⇔増反

げん-たん【厳探】［名・他サ変］厳重にさがすこと。

けん-ち【見地】［名］考察や議論をするときの、よりどころとなる立場。観点。「教育的—からの意見」

けん-ち【検地】［名・他サ変］近世、年貢高とその負担者を明らかにするために、領主が田畑を測量したこと。「太閤（たいこう）—」

けん-ち【検知（見知）】［名・他サ変］❶機器などを使って検査し、故障などを知ること。「漏電を—する」「—器」❷実際に目で見て知ること。見て悟ること。「実相を—する」

けん-ち【▼硯池】［名］すずりの墨汁をためておくくぼみ。硯海（けんかい）。墨池。すずりの海。

げん-ち【言質】［名］あとで証拠となる約束のことば。ことばじち。「—を取る」▼「げんしち」「げんしつ」は慣用読み。

げん-ち【現地】［名］❶現在、自分が居住している土地。❷現にあることが行われている、また話題になっている場所・土地。「—からの報告」「—調査」「—集合」

けん-ちく【建築】［名・他サ変］家屋・ビルなどの建物をつくること。また、建てられたもの。「住宅を—する」「木造—」「—物」「—家」

げんち-ほうじん【現地法人】［名］企業が海外に進出する際、相手国の法律によって設立される法人。

けん-ちゃ【献茶】［名・自サ変］❶神仏に茶を供えること。また、その茶。❷貴人に茶をたてて供すること。

げん-ちゃり【原ちゃり】［名］［俗］原動機付き自転車。▼「ちゃり」は「ちゃりんこ」の略。書き方多く「原チャリ」と書く。

けん-ちゅう【▼繭▼紬・絹▼紬】［名］柞蚕（さくさん）（＝ヤママユガ科の昆虫）の糸で織った淡褐色の平織物。紬（つむぎ）の一種で、節がある。中国山東省の名産。

げん-ちゅう【原虫】［名］寄生虫学で、原生動物。「マラリア—」

げん-ちゅう【原注（原▼註）】［名］著者のつけた注釈。原本に初めからある注釈。⇔訳注

けん-ちょ【顕著】［名・形動］きわだって目につくこと。著しいこと。「—な例」

げん-ちょ【原著】［名］翻訳・改作などのもとになっている著作。

けん-ちょう【県庁】［名］県の行政事務を取り扱う役所。県知事を長とする。「—所在地」

けん-ちょう【堅調】［名・形動］❶調子が堅実であること。「売上げが—に伸びる」❷相場が上昇する傾向にあること。⇔軟調 派生—さ

げん-ちょう【幻聴】［名］幻覚の一つ。実際には音がしていないのに、聞こえたように感じること。

けん-ちん【▽巻▽繊】［名］❶千切りにした大根・ニンジン・ゴボウ・椎茸（しいたけ）などを油でいため、くずした豆腐を加えて味つけしたものを湯葉で巻いて揚げたもの。❷くずした豆腐と千切りにした野菜を油でいため、澄まし汁仕立てにしたもの。▼「けんちん汁」の略。◈「ちん」は「繊」の唐音。

げん-つき【原付き】［名］❶原動機が付いていること。❷エンジンの排気量五〇cc以下のオートバイ。▼「原動機付き自転車」の略。

けん-つく【剣突】［名］あらっぽく叱りつけること。とげとげしい言い方をすること。また、そのことば。「—を食わせる」

けん-てい【検定】［名・他サ変］一定の基準に従って検査し、合否・資格・等級などを決めること。「—試験」

けん-てい【献呈】［名・他サ変］物を差し上げること。「自著を—する」「—本」

けん-てい【賢弟】■［名］賢い弟。また、他人の弟を敬っていう語。「—愚兄」■［代］（二人称）目下の男性を高めて指し示す語。▽手紙文などで使う。⇔愚弟

げん-てい【限定】［名・他サ変］数量や範囲などをあるところまでで限ること。「期間—の特売品」

げん-てい【舷▼梯】［名］乗船・下船のとき舷側にとりつけるはしご。ふなばしご。タラップ。

けん-てき【▼涓滴】［名］水のしずく。▽「涓」はしずくの意。

◉**涓滴岩を穿（うが）つ**　わずかな水のしたたりも絶えず落ちていれば岩に穴をあけることから、努力を続ければどんなに困難なことでもやり遂げることができるというたとえ。雨だれ石を穿つ。

けん-てき【▼硯滴】［名］❶すずりに垂らす水のしずく。❷すずりに水をさす器。水入れ。

けん-てつ【賢哲】［名］❶賢人と哲人。❷かしこくて道理に通じていること。また、その人。

けん-てん【圏点】［名］文章中の要点を示すために文字のそばに付ける点。「。」「、」「・」など。傍点。

けん-でん【▼喧伝】［名・他サ変］盛んに言いふらして世間に知らせること。「広く—された逸話」

げん-てん【原典】［名］引用や翻訳のもとになった本・文献。

げん-てん【原点】［名］❶長さなどをはかるときの基準になる点。❷物事の根拠・根源になる出発点。「発想の—に戻る」❸座標軸の交わる点。

げん-てん【減点】［名・他サ変］点数を減らすこと。また、その減らした点数。⇔加点

けん-ど［接助・接・終助］「けれども」の方言的な言い方。

≡「来たけんど、手おくれどすわ〈織田作之助〉」

げん-ど【限度】［名］これ以上は超えられないというぎりぎりの範囲・程度。≡「がまんするにも—がある」

けん-とう【見当】ータウ［名］❶見通し。予想。予測。≡「さっぱり—が付かない」❷おおよその方向。❸〈数を表す語に付いて〉おおよそ、そのくらい。≡「一日一〇人—で計画を立てる」

けん-とう【拳闘】［名］ボクシング。≡「—家」

けん-とう【軒灯】［名］軒先につける灯火。

けん-とう【健闘】［名・自サ変］全力を尽くしてよく戦うこと。≡「強敵を相手に—する」「—むなしく敗退する」

けん-とう【検討】ータウ［名・他サ変］よく調べて考えること。≡「対策を—する」「—を加える」

けん-とう【献灯】［名・自サ変］社寺に灯明(とうみょう)や灯籠(とうろう)を奉納すること。また、その灯明や灯籠。

けん-とう【賢答】ータフ［名］かしこい答え。また、答えをいう尊敬語。≡「愚問—」「ご—をお待ちしています」

けん-どう【県道】ーダウ［名］県が敷設し、管理する道路。

けん-どう【剣道】ーダウ［名］剣術。特に、運動競技としての剣術。面・籠手(こて)・胴などの防具を身につけ、竹刀を用いて対戦する。

けん-どう【権道】ーダウ［名］常道からは外れているが、その場合としては正しいやり方。臨機応変の手段。▼「権」は仮の意。

げん-とう【幻灯】［名］ガラス板やフィルムに写した像に強い光を当て、凸レンズで拡大して映写幕に映し出して見せるもの。また、その装置。≡「—機」

げん-とう【原頭】［名］野原のほとり。また、野原。

げん-とう【舷灯】［名］夜間航行中の船が舷側につける灯火。右舷には緑灯、左舷には紅灯をかかげる。

げん-とう【舷頭】［名］ふなばた。ふなべり。舷側。

げん-とう【厳冬】［名］寒さのきびしい冬。また、冬の最も寒いころ。≡「—の候」「—期」

げん-どう【言動】［名］ことばと行い。言行。≡「過激な—を慎む」

げんどう-き【原動機】［名］自然界に存在するエネルギーを機械的エネルギーに変える装置。熱機関・電動機・水力機関・風力機関・原子力機関など。≡「—付き自転車」

けんとう-し【遣唐使】ケンタウ［名］奈良時代から平安時代の初期にかけて日本から中国の唐に派遣された使節。

けんとう-ちがい【見当違い】ケンタウチガヒ［名・形動］❶推測や判断を誤ること。≡「—な/の答弁」❷方向を間違えること。≡「—な/の方角に進む」

げんどう-りょく【原動力】［名］❶機械に運動を起こさせる力。❷活動や活力のもとになる力。≡「選手の結束が優勝の—となる」

ケント-し【ケント紙】［名］硬くて緻密(ちみつ)な、純白の上質紙。絵画・製図・印刷などに用いる。▼イギリスのケント州(Kent)で製造されたことから。

けんど-ちょうらい【▼捲土重来】［名・自サ変］一度敗れたものが、再び勢いを盛り返すこと。けんどじゅうらい。≡「—を期する」▼杜牧(とぼく)の詩から。砂ぼこりを巻き上げるような勢いで再びやってくるの意。書き方「▽巻土重来」とも。

けん-どん【▼慳貪】［名・形動］❶けちで欲が深いこと。❷無慈悲で、思いやりのないこと。つっけんどん。派生—さ

けん-ない【県内】［名］県の行政区域内。⇕県外

けん-ない【圏内】［名］ある条件などが定まった範囲のなか。≡「優勝—にとどまる」「通話—」⇕圏外

げん-なま【現生】［名］〔俗〕現金。キャッシュ。書き方「現ナマ」と書くことも多い。

げんなり［副ト］❶心身が疲れて元気がなくなるさま。≡「猛暑が続いて—(と)する」❷飽きてうんざりするさま。≡「長話に—(と)する」

けん-なん【剣難】［名］刀剣などで殺傷される災難。≡「—の相」

けん-なん【険難(▼嶮難)】［名・形動］❶道などがけわしく、進むのが困難なこと。また、そのような難所。❷苦しみや悩みが多いこと。また、悩みや苦しみ。≡「—の人生を歩む」

げん-に【現に】［副］単なる話題や予測ではなく、現実であるさま。実際に。≡「—目撃した人がいる」

げん-に【厳に】［副］きびしく。厳重に。≡「軽挙妄動を—戒める」

けん-にょう【検尿】ーネウ［名・自サ変］病気の有無や病状を知るために尿を検査すること。

けん-にん【兼任】［名・他サ変］一人で二つ以上の職務を兼ねること。兼務。≡「総務部長が宣伝部長を—する」⇕専任

けん-にん【堅忍】［名・自他サ変］苦しさやつらさによく耐え忍ぶこと。

けん-にん【検認】［名］❶検査して認定すること。❷家庭裁判所が変造などを防ぐために、公正証書によらない遺言書の存在および内容を調査する手続き。

げん-にん【現任】［名］現在その役職に任命されていること。また、その役職。≡「—の事務次官」「—者」

けんにんじ-がき【建▽仁寺垣】［名］割り竹の表を外に向けて密に並べ、竹の押し縁(ぶち)を水平に取り付けて要所をしゅろ縄で結んだ垣根。▼京都の建仁寺で初めて作ったことから。

けんにん-ふばつ【堅忍不抜】［名・形動］我慢強くこらえて志を変えないこと。≡「—の精神」

けん-のう【献納】ーナフ［名・他サ変］社寺などに金品を差し上げること。献上。奉納。

けん-のう【権能】［名］ある事柄について権利を主張し、行使することのできる能力。

げんのう【玄翁】ゲンヲウ［名］石などを砕くのに使う大型の金槌(かなづち)。▼玄翁和尚が殺生石を砕くのに用いたことからの名という。書き方「玄能」とも当てる。

げんの-しょうこ【現の証拠】［名］夏から秋にかけて白色または紅紫色の五弁花をつける、フウロソウ科の多年草。乾燥した茎や葉を煎(せん)じて下痢止めにする。語源 飲むとすぐに証拠としての効き目が現れるということから。

けん-のん【剣▼呑・険▼呑】［形動］あぶないさま。また、不安を覚えるさま。≡「—な成り行き」▼「剣難(けんなん)」の転という。派生—さ

けん-ば【犬馬】［名］犬と馬。

◉**犬馬の労(ろう)** 主君や他人のために尽くす労苦を謙遜(けんそん)していう語。≡「—を取る」

けん-ぱ【検波】［名・他サ変］❶特定の波長の電波があるかないかを調べること。❷高周波電流を整流し、変

調波から音声電流を取り出すこと。また、その操作。復調。☰「ー器」

げん-ば【現場】〔名〕❶事件・事故などが実際に発生している(発生した)場所。げんじょう。☰「事故のーを目撃する」「ー検証」❷実務・作業などを行っている場所。☰「教育のー」「ーの声を聞く」「工事ー」

けん-ぱい【献杯(献▼盃)】〔名・自サ変〕敬意を表して、相手に杯をさすこと。

げん-ぱい【減配】〔名・他サ変〕株式の配当や物品の配給量を減らすこと。⇕増配

けんばい-き【券売機】〔名〕乗車券・入場券・食券などを販売する機械。

けん-ぱく【建白】〔名・他サ変〕政府・官庁・上司などに自分の意見を申し述べること。また、その意見。☰「ー書」

げん-ばく【原爆】〔名〕「原子爆弾」の略。☰「ードーム」

げんばく-しょう【原爆症】〔名〕原子爆弾の被爆によって生じる人体の障害。火傷などの急性障害のほか、再生不良性貧血・白血病などの晩発性障害がある。

げん-ばつ【厳罰】〔名〕きびしく罰すること。また、きびしい処罰。☰「ーに処する」

げん-ぱつ【原発】〔名〕❶原子力を利用して発電を行う施設。▼「原子力発電所」の略。数「一基…」と数える。❷〔自サ変〕病因から直接、または最初に発症すること。☰「ー巣(=腫瘍の初発部位)」

けん-ばん【検番・見番】〔名〕待合・料理屋への芸者の取り次ぎや玉代の計算を取り扱う事務所。

けん-ばん【鍵盤】〔名〕ピアノ・オルガン・タイプライターなどで、指でたたくところ。キーボード。キー。☰「ー楽器」

げん-ばん【原盤】〔名〕❶レコードを作るもとになる、音波を溝の形にして刻み込んだ金属製の円盤。❷古いレコードを複製するときの、もとになるレコード盤。

げん-ばん【原板】〔名〕写真で、焼き付け・引き伸ばしなどのもとになる現像した乾板やフィルム。ネガ。げんぱん。

げん-ぱん【原版】〔名〕❶活版印刷で、紙型や鉛版を取るもとになる活字組み版。❷複製・翻刻などのもとになる版。◈「げんぱん」とも。

けん-び【兼備】〔名・他サ変〕二つ以上の長所・美点などを兼ね備えていること。☰「才色ー」

けん-ぴ【建碑】〔名・自サ変〕碑を建てること。☰「ー式」

げん-ぴ【厳秘】〔名〕厳重に守らなくてはならない秘密。

げん-ぴ【原肥】〔名〕基肥。

けんび-きょう【顕微鏡】〔名〕ごく微細な物を拡大して観察するための装置。光学顕微鏡・偏光顕微鏡・電子顕微鏡などがある。

けん-ぴつ【健筆】〔名〕巧みな文字・詩文などを盛んに書くこと。☰「ーを振るう」

けん-ぴょう【堅氷】〔名〕厚くて、かたい氷。

げん-ぴょう【原票】〔名〕手形・証書などで、控えとして保存しておく伝票。

けん-ぴん【検品】〔名・他サ変〕品物や製品を検査すること。

げん-ぴん【現品】〔名〕実際の品物。また、現に手元にある品物。☰「ー限りの大安売り」

けん-ぶ【剣舞】〔名〕剣を持ち、詩吟に合わせて舞う舞。

けん-ぷ【絹布】〔名〕絹糸で織った布。絹織物。

げん-ぶ【減歩】〔名・他サ変〕区画整理などで、道路・公園などの公共用地を確保するために、区域内の各人が所有する宅地面積を整理前から少しずつ減らすこと。

げん-ぷ【厳父】〔名〕❶きびしい父親。❷他人の父の敬称。

げん-ぷう【厳封】〔名・他サ変〕厳重に封をすること。

げん-ふうけい【原風景】〔名〕幼少年期の体験から生じるイメージのうち、風景の形をとっているもの。☰「ーとしての瓦礫の街」▼かつてはそうであったという郷愁を誘う風景の意でも使う。☰「この村里のたたずまいは日本人のーともいえよう」

げんぶ-がん【玄武岩】〔名〕火山岩の一つ。暗灰色または黒色の緻密な岩石で、火山岩中で最も多く存在する。▼兵庫県の玄武洞に典型が見られることから。

げん-ぷく【元服】〔名・自サ変〕昔、貴族・武家の男子が成人したことを示すために行った儀式。服を改めて髪型を変え、冠または烏帽子をつけた。げんぶく。

けん-ぷじん【賢夫人】〔名〕かしこく、しっかりした夫人。

けん-ぶつ【見物】〔名・他サ変〕催し物やある場所などを見て楽しむこと。また、その人。☰「花火をーする」

げん-ぶつ【原物】〔名〕写真・模造品などに対して、そのもとになった物。

げん-ぶつ【現物】〔名〕❶実際の品物。また、現にある品物。❷金銭に対して、品物。☰「ボーナスをーで支給する」❸取引の対象となる、株式・公債・穀物・綿糸などの現品。⇕先物 ❹決済期日に代金と株・商品などの受け渡しを行う取引。実物取引。▼「現物取引」の略。

けん-ぶん【見聞】〔名・他サ変〕実際に見たり聞いたりすること。また、それによって得た知識。けんもん。☰「ーを広める」「ー録」

けん-ぶん【検分(見分)】〔名・他サ変〕実際に調べて、見届けること。☰「実地ー」

げん-ぶん【言文】〔名〕話しことばと書きことば。

げん-ぶん【原文】〔名〕翻訳・要約・改作などをする前の、もとの文章。

げんぶん-いっち【言文一致】〔名〕文語体ではなく、日常使われる話し言葉に近い形で文章を書くこと。また、その文体。☰「ー運動」

けん-ぺい【権柄】〔名〕権力。また、権力で人をおさえつけること。

けん-ぺい【憲兵】〔名〕旧日本陸軍で、軍事警察をつかさどった兵科。また、それに属した兵。

げん-ぺい【源平】〔名〕❶源氏と平家。☰「ーの合戦」❷相争う二つの組。敵と味方。❸赤と白。紅白。☰「ー餅」「ー縞」▼源氏が白旗、平家が赤旗を用いたことから。

けんぺい-ずく【権柄ずく】〔名〕権力にまかせて強引に事を行うこと。書き方「権柄▽尽く」とも書くが、かな書きが一般的。現代仮名遣いでは「権柄づく」も許容。

けんぺい-りつ【建蔽率】〔名〕敷地面積に対する建築面積の割合。建築面積率。▼建築基準法によって地区別に定められている。書き方「建▽坪率」で代用することもある。

蔽

けん-べん【検便】［名・自サ変］消化器内の出血や病原菌・寄生虫卵などの有無を調べるために大便を検査すること。

けん-ぼ【賢母】［名］かしこい母。「良妻━」

けん-ぽ【兼補】［名・他サ変］本務のほかに他の職務を兼ねさせること。

けん-ぽ【健保】［名］「健康保険」の略。

げん-ぼ【原簿】［名］❶写しに対して、もとの帳簿。「戸籍の━」❷簿記の主要帳簿。元帳(もとちょう)。

けん-ぼう【健忘】(バウ)［名］よく物忘れをすること。

けん-ぼう【権謀】［名］臨機応変のはかりごと。「━術策(じゅっさく)（＝権謀術数(けんぼうじゅっすう)）」

けん-ぽう【剣法】(ハフ)［名］剣を使う方法。特に、ある流派の剣の使い方。

けん-ぽう【拳法】(ハフ)［名］主としてこぶしによる突きと足による蹴(け)りを使う中国古来の武術。

けん-ぽう【憲法】(ハフ)［名］国家の統治機構などの基本的事項を定めた最高法規。他の法律や命令によって変更することはできない。「日本国━」

げん-ぽう【減法】(ハフ)［名］ある数からある数を引いてその差を求める計算。引き算。⇔加法

げん-ぽう【減俸】［名・自サ変］俸給の額を減らすこと。減給。⇔増俸

けんぽう-きねんび【憲法記念日】(ケンパフ)［名］国民の祝日の一つ。五月三日。昭和二二(一九四七)年五月三日に日本国憲法が施行されたことを記念する日。

けんぼう-じゅっすう【権謀術数】［名］人を巧みにあざむくためのはかりごと。「━をめぐらす」

けんぼう-しょう【健忘症】(ケンバウシャウ)［名］❶脳の障害によって記憶が著しく減退する症状。❷物忘れが激しいこと。また、よく物忘れをする性質。

けん-ぽく【▼硯北（研北）】［名］手紙で、宛名の左わきに書き添えて敬意を表す語。▼机を南向きに置くと人はすずりの北側に座るようになることから、相手の手もとの意。

げん-ぼく【原木】［名］まだ製材・加工されていない木。

けん-ぽん【献本】［名・自他サ変］書物を進呈すること。また、その書物。「新刊を━する」

けん-ぽん【絹本】［名］書画を描く絹地。また、それに描かれた書画。⬇紙本(しほん)

げん-ぽん【原本】［名］❶物事のおおもと。❷翻訳・改作・抄録などをするときの、もとになる本。❸謄本(とうほん)・抄本などに対し、一定の事項を表示する確定的なものとして最初に作成された文書。

けん-ま【研磨】［名・他サ変］❶金属・ガラスなどの表面を、とぎみがくこと。「━剤・━材」❷学問・技術・精神などをみがききたえること。

げん-ま【減摩】［名］❶［自サ変］すり減ること。❷［他サ変］摩擦を少なくすること。「━剤」

げん-まい【玄米】［名］もみがらを取り除いただけで、まだ精白してない米。「━茶・━パン」

けん-まく【剣幕（見幕・権幕）】［名］いきりたった、荒々しい顔つきや態度。「ものすごい━でどなる」▼一説に「けんあく（険悪）」の連声(れんじょう)からという。

げん-まん【▽拳万】［名・自サ変］約束を守ることを誓って相手と小指をからませ合うこと。指切り。▼関東地方の児童語。約束を破るとげんこつで一万回打たれる意という。書き方 かな書きが一般的。

げん-みつ【厳密】［形動］細部にわたってきびしく注意を行き届かせるさま。「━な審査」派生 -さ

げん-みょう【玄妙】(メウ)［名・形動］道理・技芸などが奥深くて微妙なこと。派生 -さ

けん-みん【県民】［名］その県の住民。「━性」

けん-む【兼務】［名・他サ変］本務のほかに別の職務も兼ねること。また、その職務。兼任。

けん-めい【件名】［名］❶一定の基準で分類したそれぞれの項目名。「━索引」❷電子メールの表題。❸図書館で、本の内容によって分類した項目名。

けん-めい【懸命】［名・形動］力をつくしてがんばること。「━の努力が実る」「一所［一生］━」派生 -さ

けん-めい【賢明】［形動］賢くて的確な判断が下せるさま。「━なる読者諸君」派生 -さ

げん-めい【言明】［名・他サ変］はっきり言い切ること。「━を避ける」

げん-めい【原名】［名］翻訳・変更などをする前の、もとの名称。

げん-めい【厳命】［名・他サ変］きびしく命じること。また、きびしい命令。「━を下す」

げん-めつ【幻滅】［名・自サ変］理想と考えていたものが現実とは異なることを知って落胆すること。

けん-めん【券面】［名］❶証券の、金額が書いてある面。❷証券の表面に書いてある金額。▼「券面額」の略。

げん-めん【原綿（原▼棉）】［名］綿糸の原料にする綿花。

げん-めん【減免】［名・他サ変］負担を軽減し、また免除すること。

げん-もう【原毛】［名］毛糸・毛織物の原料にする羊毛などの獣毛。

げん-もう【減耗】［名・自他サ変］減ること。また、減らすこと。「資本━」▼「減耗(げんこう)」の慣用読み。

けん-もつ【献物】［名］献上品。

けんも-ほろろ［形動］冷淡で、とりつくしまもないさま。「━な態度」▼「けん」も「ほろろ」もキジの鳴き声。その声が無愛想に聞こえるからとも、その声に「けんどん（慳貪）」「けんつく（剣突）」の「けん」を掛けたともいう。「剣もほろろ」「けんもほろほろ」は誤り。

けん-もん【検問】［名・他サ変］疑わしい点や違反がないか問いただして調べること。「━所」

けん-もん【権門】［名］官位が高く、権勢のある家柄。また、その家の人。

げん-もん【舷門】［名］船の舷側に設けた出入り口。

げん-や【原野】［名］人の手の入っていない広大な野原。

けん-やく【倹約】［名・他サ変・形動］むだを省いて出費などをできるだけ少なくおさえること。「━家」

げん-ゆ【原油】［名］地中から採掘したままで、まだ精製してない石油。赤褐色または暗褐色で、特有のにおいと粘りがある。「━価格」

げん-ゆう【現有】(イウ)［名・他サ変］現在、所有していること。「━勢力を伸ばす」

けん-よう【兼用】［名・他サ変］一つのものを二つ以上の用途に使うこと。また、一つのものを二人以上で使うこと。「書斎を応接間に━する」「晴雨━の傘」

けん-よう【顕揚】(ヤウ)［名・他サ変］名声などを世に広く知れ渡るようにすること。

けん-よく【謙抑】〔名・自サ変・形動〕つつましく、控えめにすること。

けん-らん【▼絢▼爛】〔形動タル〕きらびやかで美しいさま。≡「ーたる王朝の絵巻」「豪華ー」 爛 使い方「絢爛な／に」の形でも使う。≡「重くどっしり胴体を締めつけたーな帯地〈谷崎潤一郎〉」 派生 -さ

けん-り【権利】〔名〕❶自分の意思によってある物事を自由に行うことのできる資格。≡「私生活に口を出すーはない」 ❷ある利益を自分のために主張し、また、それを享受することができる法律上の資格。≡「土地のーを相続する」◈⇕義務

げん-り【原理】〔名〕❶事物や現象を成り立たせている根本の法則。また、認識や思想の根本となる理論。≡「てこのー」「民主主義のー」 ❷哲学で、それによって他のものは規定されるが、それ自体は他に依存しない根源的な真理。

けんり-おち【権利落ち】〔名〕所定の期日が過ぎて、旧株に割り当てられていた増資新株や子会社株式の取得権利がなくなること。

けんり-きん【権利金】〔名〕借地契約・借家契約の際に、借り主から地主・家主に支払われる金銭。敷金と異なり、契約終了後も返還されない。

けん-りつ【県立】〔名〕県が設立し、管理・運営すること。また、その施設。≡「ー高校［図書館］」

げん-りゅう【源流】〔名〕❶ある川のみなもと、そこからの水の流れ。❷物事の起こり。起源。

けん-りょ【賢慮】〔名〕かしこい考え。また、「考えること」の尊敬語。お考え。≡「ごー下されば幸いです」

けん-りょう【見料】〔名〕❶何かを見るときに支払う料金。見物料。❷手相・人相・運勢などを見てもらったときに払う料金。

げん-りょう【原料】〔名〕物を製造・加工するとき、もととして用いる材料。≡「石油をーとした製品」▼多く、材料がその姿をとどめていない場合にいう。

げん-りょう【減量】〔名・自他サ変〕重量・分量などが減ること。また、減らすこと。特に、体重を減らすこと。≡「ーして試合に臨む」⇕増量

けん-りょく【権力】〔名〕他人を支配し、服従させる力。≡「ーを行使する」「ー者」

けん-るい【堅塁】〔名〕守りのかたいとりで。▼簡単にはくずれない物事のたとえにもいう。≡「資本主義のー」

けん-れん【▼眷恋】〔名・自他サ変・形動タル〕恋いこがれること。≡「ーの情」

けん-ろ【険路】〔名〕けわしい道。険道。

けん-ろう【堅▼牢】〔名・形動〕がんじょうで壊れにくいこと。≡「ーなつくりの家」 派生 -さ

げん-ろう【元老】〔名〕❶官位・年齢が高く、広く人望のある功臣。❷明治から昭和の初めにかけて、天皇を補佐し重要な政務の決定などにあずかった老臣。伊藤博文など。❸ある分野で長い間活躍し、大きな功労のあった老年者。≡「経済界のー」

げんろう-いん【元老院】〔名〕❶古代ローマの立法・諮問機関。共和制時代には政治の中心機関だったが帝政期に入って衰退した。❷明治八(一八七五)年に設置された明治政府の立法機関。明治二三年、帝国議会の開設によって廃止された。

げん-ろく【元▼禄】〔名〕❶江戸中期、東山天皇の代の年号。一六八八年九月三〇日〜一七〇四年三月一三日。❷着物の袖形の一つ。丈が短く、たもとの丸みの大きなもの。▼「元禄袖」の略。❸元禄時代風の大柄で華やかな模様。市松模様・弁慶縞など。明治時代にも日露戦争後に流行した。▼「元禄模様」の略。

げん-ろん【言論】〔名〕意見や思想を話したり文章に書いたりして公表すること。また、その内容。≡「ーの自由(＝個人が自分の意見や思想を発表する自由)」「ー統制・ー弾圧」

げん-ろん【原論】〔名〕その学問の根本となる理論。≡「言語学ー」

げん-わく【幻惑】〔名・他サ変〕ありもしないことで、まどわすこと。≡「魔術にーされる」

げん-わく【▼眩惑】〔名・自他サ変〕目がくらんでまどうこと。また、目をくらませてまどわすこと。≡「策謀で世人をーする」 書き方 新聞は「幻惑」「眩惑」を区別せず「幻惑」を使う。

けんわん-ちょくひつ【懸腕直筆】〔名〕書道で、筆をまっすぐに持ち、ひじを脇から離して腕を上げた姿勢で筆を運ぶこと。また、その筆法。▼大きな字を書くのに適する。

こ

こ【子(▽児)】━〔名〕❶親から生まれた人。また、養子・継子など、実子と同じ立場にある人。子供。≡「ーができる」 ❷年少の男女。幼い者。≡「近所の男［女］のー」 ❸若い人。≡「新入りのー」 ❹動物の生まれて間のないもの。≡「猫のー」 ❺魚などの卵。≡「数のー・鱈ー」 ❻植物の幹・根などから生じたもの。≡「いも［竹］のー」 ❼元になるものに対して従属的なもの。≡「ー会社」 ❽利子。利息。≡「元もーもなくす」◈①④⑦⇕親 ━(造) ❶〈名詞に付いて〉そのような性質・状態の子供である意を表す。≡「ひとりっー・鍵っー・いじめっー」 ❷〈名詞や動詞の連用形に付いて〉その仕事をしている人、そのような状態の人などの意を表す。≡「踊りー・売りー・売れっー」 ❸〈名詞に付いて〉その場所やその時代に生まれた人の意を表す。≡「パリっー・江戸っー・明治っー」 ❹女性の名前に添える語。≡「花ー・恵美ー」 ❺〈名詞や動詞の連用形に付いて〉そのような働きをする物の意を表す。≡「振りー・背負いー」◈ 書き分け ━①②、━①③は「児」とも、━④は「▼仔」とも、━②は女性の場合は「▽娘」とも書いたが、今はまれ。

◉**子は鎹** 子供の存在は夫婦の仲を和やかに保つ上に、危うくなった縁をもつなぎとめてくれるものだということ。

◉**子は三界の首枷** 親は子供を思う心に引かれて一生自由を束縛されるものだということ。

◉**子を持って知る親の恩** 自分が親の立場になると、初めて自分を育ててくれた親の有り難さがわかるということ。

こ【粉】〔名〕ごくこまかにくだけたもの。こな。≡「身をーにする(＝非常に苦労する)」「火のー・小麦ー」

こ【孤】━〔名〕ひとりぼっち。ひとつ。≡「徳はーならず、必ず隣有り〈論語〉」「ー島・ー独・ー立」 ━(造) 親をなくした子。みなしご。≡「ー児」

こ【弧】〔名〕❶ゆみ。ゆみのように曲がった形。≡「ーを描く」「括ー」 ❷数学で、円周や曲線の一部分。

こ【個】━〔名〕一つの物。また、一人の人間。≡「ーに徹する」「ーを尊重する」「ー性・ー展」「各ー・別ー」

■(造)物を数える語。‖「ボール五―」書き方「▽箇」「ケ(个)の転という)」とも。使い方 学年・年齢など形のないものを「個」で数えることもあるが、本来は誤り。‖「×二個上の先輩」「×彼は私の一個下だ」

こ【小】[接頭]❶〈名詞に付いて〉形や規模が小さい意を表す。‖「―石・―皿・―部屋」❷〈名詞に付いて〉量などが少ない、わずかな、などの意を表す。‖「―雨(さめ)・―降り・―銭(ぜに)」❸〈名詞・形容詞・動詞などに付いて〉程度が少ない、また、程度が軽い意を表す。‖「―高い丘」「―ぜり合い」「―突く」❹〈数量を表す語に付いて〉それよりやや少ないが、ほぼそのくらいである意を表す。‖「―一時間・―半時(はんとき)」❺〈名詞・形容詞・形容動詞などに付いて〉ちょっとしたものである意、また、どことなくそのように感じられる意を表す。‖「―粋(いき)・―しゃく・―ぎれい・―にくらしい」「―ざっぱりした身なり」❻〈名詞・形容詞・形容動詞などに付いて〉まだ一人前ではない、大したものではないとして軽んじる意を表す。‖「―娘・―せがれ・―役人」「―ざかしい」❼〈身体の一部を表す名詞に付いて〉それに続く動作・作用がちょっとである意を表す。‖「―手をかざす」「―耳にはさむ」「―首をかしげる」

こ【故】■[接頭]〈姓名や称号の上に付いて〉既に死んでいることを表す。‖「―三島由紀夫・―伯爵」■(造)❶古い。昔の。昔の事柄。‖「―事・―実」「典―」❷昔なじみの。もとの。‖「―郷・―国」「縁―」❸さしさわりのある出来事。特別の事柄。‖「―障」「事―」❹死ぬ。死んだ。‖「―人」「物―」❺ことさらに。わざと。‖「―意」

こ[接尾]❶〈動詞の連用形に付いて〉…のこと、…すること、の意を表す。‖「できっ―ない」「慣れっ―になる」❷〈多く動詞の連用形に付いて〉互いに同じ動作をする、同じ動作を競い合う、などの意を表す。‖「駆けっ―」「にらめっ―」「代わり番―」❸〈擬声語・擬態語などに付いて〉…の状態である、の意を表す。‖「ぺしゃん―・どんぶり―」❹〈名詞に付いて〉小さいの意、または親しみの情を表す。‖「にゃん―・べこっ―」❺〈名詞に付いて〉話しことばや俗な言い方の語をつくる。‖「餡(あん)―・端っ―」

こ【己】(造)自分。おのれ。‖「一―・利―」

こ【戸】(造)❶出入り口のとびら。と。‖「―外」「門―」❷家。‖「―主・―籍」「一―・数―」❸飲酒の量。‖「上―(じょうご)・下―(げこ)」

こ【▼乎】(造)状態を表す語につけて語調を強める意を表す。‖「断―・確―」▽今は「固」で代用。⬇固④

こ【去】(造)時間が過ぎ去る。‖「―年(ぞ)」「過―」

こ【古】(造)❶ふるい。ふるめかしい。‖「―語・―酒・―書・―風」「最―・中―品」⬍新 ❷いにしえ。むかし。‖「―今(こん)・―代・―典・―墳」「懐―・太―・考―」

こ【呼】(造)❶息をはく。‖「―気・―吸」❷よぶ。声をかける。大声を出す。‖「―応」「歓―・点―・連―」❸名づける。‖「―称」

こ【固】(造)❶かたい。かたまる。かためる。‖「―形・―定」「強―・凝―」❷かたくな。あくまでも。‖「―辞・―執」「頑―」❸もとから。初めから。‖「―有」❹語調を強める「乎」の代用とする。‖「断―・確―」

こ【▼狐】(造)きつね。‖「―狸」「白―(びゃっこ)」

こ【股】(造)もも。また。‖「―間・―関節」「四―」

こ【虎】(造)とら。‖「―穴・―児」「白―・猛―・竜―」

こ【枯】(造)❶かれる。ひからびる。‖「―渇・淡―・木―」❷おとろえる。‖「栄―盛衰」

こ【▼胡】(造)中国で、北方または西方の異民族。また、広く外国の意を表す。‖「―弓・―馬・―麻(ま)」「五―」

こ【庫】(造)物をしまっておく建物・部屋・箱。‖「金―・車―・書―・倉―・冷蔵―」

こ【湖】(造)みずうみ。‖「―上・―水・―底・―畔・―面」「塩―」▽中国では「洞庭湖」、日本では「琵琶湖」を特に指すことがある。‖「―北・―西線」

こ【雇】(造)やとう。‖「―用」「解―」

こ【誇】(造)大げさにいう。自慢する。ほこる。‖「―示・―大・―張」

こ【鼓】(造)つづみ。たいこ。また、つづみを打つ。‖「―笛・―動・―膜・―舞」

こ【錮】(造)とじこめる。自由を奪う。‖「禁―」

こ【顧】(造)❶後方や過去を、ふりかえって見る。見まわす。‖「―望」「一―・回―」❷思いをめぐらす。心にかける。大切にする。‖「―客・―問」「愛―・恩―」

ご【五】[名]数の名で、四の次。いつつ。‖「四の―の言う」「―感・―経・―行・―穀・―輪」書き方 証書などで金額を記す場合は間違いを防ぐために「▼伍」とも書く。

ご【▼伍】[名]❶五人を一組にした単位。仲間。隊列。‖「―長」「落―」❷「五」の大字。‖「一金―万円也」

ご【期】[名]とき。時期。‖「この―に及んで逃げるとは…」

ご【碁】[名]盤上に引いた縦横各一九本の線がつくる交点の上に二人が交互に黒と白の石を並べ、囲い込んだ地の大小で勝負を決める遊戯。囲碁。‖「―を打つ」

ご【語】■[名]❶ことば。ことば遣い。また、言語。‖「―を次ぐ」「―学・―法」「口―・現代―・日本―」❷単語。‖「―と―の文法的な関係」「―源・―尾」「主―」「七万―」■(造)❶かたる。はなす。‖「―気・―調」「豪―・落―」❷「物語」の略。‖「源―(=源氏物語)」

ご【御】■[接頭]〈基本的に漢語の名詞に付く。ごく一部の和語にも付く。⬇「お」のコラム(一八〇ページ)・注意すべき「お」「ご」の敬語表現(一八〇ページ)〉

❶**尊敬** Aに関係する事物・状態や、Aが行う動作について、Aを高める。

〈名詞の上に付く〉‖「先生のご著書」「ご指導のほど、よろしくお願い致します」「殿から御酒(ごしゅ)を賜る」

〈「ご…だ[です]」「ご…て[で]いらっしゃる」「ご…下さる」「ご…なさる」「ご…になる」などの形で、間に漢語サ変動詞語幹などが入る〉‖「先生はひどくご立腹だ」「皆ご無事でいらっしゃる」「山田さんがご説明下さった」「まあ、そうご遠慮なさらず」「先生がご到着になりました」⬇だ(助動)③・です(助動)④・いらっしゃる二③・下さる二・なさる二・成る二③・遊ばす二・あらせられる①

使い方「ご」を用いた尊敬の依頼・命令・可能の表現は「お(御)」①の「使い方」を参照。

❷**謙譲** Aに差し向ける事物や、Aに及ぶ動作について、Aを高める。

〈名詞の上に付く〉‖「先生へのご書状」「ここで当社社長よりご挨拶(あいさつ)を述べます」「御酒(ごしゅ)をお注(つ)ぎします」

〈「ご…する[します]」「ご…申し上げる」などの形で、間に漢語サ変動詞語幹などが入る〉‖「私から田中さんにご連絡します」「係の者が皆様をご案内申し上げます」⬇する二④・申し上げる二 使い方 ⑴「(私は)A先生にご理解[ご足労]いただいた」などは句全体では自分側の動作についていう謙譲表現だが、「ご理解」「ご足労」の「ご」は、Aを高めていう尊敬用法である。⑵「ご」を用いた謙譲の可能表現、「いたす」などの丁重語と組み合わせた表現は、「お(御)」②の「使い方」⑵⑶を参照。

❸**美化語** 美しく上品な言い方をすることで、自分の品位を高める。いろいろな物事について言う。‖「御酒(ごしゅ)は冷やに限るね」「ご本を読んであげましょう」使い方 ①②③に挙げた用例のように、同じ「御酒」でも、尊敬語・謙譲語になる場合がある。
❹〈「ご…様」「ご…さん」の形で、他人の状態を表す語が入って〉他人に対するねぎらい・感謝・慰めの気持ちを表す。‖「ご苦労様でした」「とんだご迷惑様で」
❺からかいや自嘲(じちょう)、ふざけの意を表す。‖「よっ、ご両人!」「ひどいご面相だね」「ご大層な理屈だこと」
❻本来の敬意が失われて、形式的に添える語。‖「ご破算で願いましては」
二［接尾］〈人を表す語に付いて〉尊敬の意を添える。‖「殿御・親御・姪御(めいご)」
◈漢字「御」の字音に由来する語。古くは貴人の持ち物や行為についていう尊敬の用法に限られたが、のち、動作の及ぶ先を高める気持ちで、自分側の事物・行為に「ご」を付ける用法が生まれた。

ご【互】(造)たがい。たがいに。‖「ー角・ー換」「交ー」

ご【午】(造)十二支の第七。うま。時刻では昼の十二時、方位では南。‖「ー後・ー餐・ー睡」「正ー・子ー線」

ご【▽牛】(造)うし。‖「ー王・ー頭(ず)」

ご【呉】(造)古代中国の国名。‖「ー越同舟(ごえつどうしゅう)・ー音」

ご【後】(造)❶(時間的に)のち。あと。‖「ー日」「食ー・戦ー・放課ー・大会ー・五年ー」⬍前 ❷(空間的に)うしろ。‖「ー光」「背ー」❸おくれる。

ご【娯】(造)たのしむ。たのしみ。‖「ー楽」「歓ー」

ご【悟】(造)❶真理に目覚める。さとる。さとり。‖「悔ー・覚ー・大ー」❷理解がはやい。さとい。‖「穎ー(えいご)」

ご【誤】(造)まちがえる。あやまり。‖「ー解・ー算・ー診・ー報」「錯ー・正ー」

ご【護】(造)かばう。まもる。まもり。‖「ー衛・ー岸・ー憲・ー身」「援ー・庇ー(ひご)・弁ー・保ー」

コア［core］一［名］❶物の中心部。中核。❷地球の核。❸鋳物の中子(なかご)。❹コイルなどの鉄心。❺建築物で、共有施設をまとめて設置した部分。二［形動］【新】本格的・徹底的であるさま。‖「ーなファン」

こ-あがり【小上がり】［名］小料理屋などで、椅子(いす)席を設けた土間と衝立(ついたて)などで仕切った小さな座敷。

こ-あきない【小商い】(ーアキナヒ)［名］少ない資本で行う小規模の商売。⬍大商い

ご-あく【五悪】［名］仏教で、五戒に背く五つの悪事。殺生(せっしょう)・偸盗(ちゅうとう)・邪淫(じゃいん)・妄語(もうご)・飲酒(おんじゅ)。⬇五戒

こ-あくま【小悪魔】［名］❶小さな悪魔。❷不思議な魅力で男性をとりこにする女性。

こ-あざ【小字】［名］町村内の大字をさらに細かく分けた区画表示の単位。

こ-あじ【小味】(ーアヂ)［名・形動］こまやかな味わいや趣。‖「ーのきいた文章」⬍大味

コア-タイム［core time］［名］フレックスタイムで、全員が出社・就労するように定められている時間帯。核時間。

こ-あたり【小当たり】［名］他人の心中をちょっと探ってみること。‖「ーに当たってみる」

こ-あま・い【小甘い】［形］取引で、相場がやや下がり気味になるさま。⬇小確(こじっか)り

コアラ［koala］［名］オーストラリアに生息する有袋目コアラ科の哺乳類。樹上で生活し、ユーカリの葉を食べる。コモリグマ。フクログマ。

こい【恋】(コヒ)［名］特定の人を強く慕うこと。切なくなるほど好きになること。また、その気持ち。‖「ーに落ちる」

こい【▼鯉】(コヒ)［名］長短二対の口ひげをもつ、コイ科の淡水魚。フナよりも細長く、大きい。食用・観賞用に養殖され、ヤマトゴイ・ドイツゴイ・ヒゴイ・ニシキゴイなどの飼育品種がある。
◉**鯉の滝登(たきのぼ)り** 人が立身出世することのたとえ。竜門の滝登り。語源 中国の黄河上流にある竜門の滝を登ることのできた鯉は竜になるという伝説から。

こい【請い・乞い】(コヒ)［名］願い求めること。頼み。

こい【故意】［名］❶わざとすること。‖「ーに人の足を踏む」❷法律で、自分の行為から一定の結果が生じることを知りながら、あえてその行為をすること。‖「ー犯」▼刑法では罪を犯す意思をいい、故意のない行為は原則として処罰しない。

こ・い【濃い】［形］❶色合いが強く、くっきりと際立っているさま。‖「野山の緑がだんだんー・くなる」「化粧がー」「ー赤色のセーター」❷成分の濃度が高い。特に、味の刺激が強い。濃厚だ。‖「死海の水は塩分がー」「酸味がー」❸密度が高い。特に、そのために先の見通しがきかない。‖「ひげがー」「霧がー」❹そのような傾向や可能性が高い。濃厚だ。強い。‖「秋の気配［疲労の色］がー」❺思いやる気持ちが強い。‖「情がー」❻関係が深い。濃厚だ。濃密だ。‖「どちらかと言えば洋犬の血がー」❼どぎついくらいに印象的なさま。‖「キャラクターがー」「ー顔つき」◈①②③⬍薄い 使い方 西日本では「濃ゆい」「濃いい」とも。様態の助動詞「…そうだ」に続くときは「濃(こ)そうだ」が標準的だが、西日本では「濃ゆそうだ」「濃いそうだ」とも。接尾語「め」に続くときは、普通「濃いめ」となり、「濃め」は極めてまれ。⬇濃いめ 派生 -さ

ご-い【語彙】(ーヰ)［名］❶ある言語体系・地域・分野・作者・作品などで用いられる語の全体。また、それを収録して配列した書物。‖「日本語のー」「ー論(=語彙を体系的に記述研究する言語学の分野)」❷ある人が用いる語の全体。‖「ー(=ボキャブラリー)が豊富な人」▼「彙」は集める意。

彙

ご-い【語意】［名］ことばの意味。語義。‖「ーをつかむ」

こい-うた【恋歌】(コヒー)［名］恋心を詠んだ詩歌。こいか。

こい-かぜ【恋風】(コヒー)［名］思うままにならない恋のせつなさを冷たく身にしみる風にたとえていう語。

こい-がたき【恋敵(恋▼仇)】(コヒー)［名］自分が恋い慕う人を、同じように恋している人。恋の競争相手。

こ-いき【小粋(小意気)】［名・形動］どことなくあか抜けした趣があること。‖「背のすらりとしたーな人」派生 -さ／-がる

こい-くち【濃い口】［名］色の濃い醬油。濃い口醬油。薄口醬油に対していう。

こい-ぐち【▼鯉口】(コヒー)［名］刀の鞘(さや)の口。‖「ーを切る(=すぐに抜刀できるように刃を鯉口から少し引き出す)」▼鯉の開いた口に形が似ていることから。

ごいけん-ばん【御意見番】［名］忌憚(きたん)なく意見を述べ、他人の言行をいましめる人。‖「政界のー」

こい-こが・れる【恋い焦がれる】(コヒー)［自下一］耐えがたいほど恋い慕う。‖「人知れずー」文こひこが・る

こい-こく【▼鯉▽濃】(コヒー)［名］筒切りにした鯉をじっくりとみそ汁で煮込んだ料理。▼鯉の濃漿(こくしょう)の意。

こい-ごころ【恋心】(コヒー)［名］特定の人を恋しいと思

う気持ち。〓「—が芽生える」

ごい-さぎ【五位▼鷺】[名] 本州以南に多く見られるサギ科の鳥。頭と背が緑黒色、顔と腹は白く、頭には二本の飾り羽がある。夜行性で、水辺で魚介やカエルを捕食する。▼名は醍醐天皇の勅命に従って五位を授けられたという言い伝えによる。

こ-いし【小石・▼礫】[名] 小さい石。さざれ石。石ころ。

こい-じ【恋路】[名] 特定の人との間に恋心が通い合うことを道にたとえた語。恋の道。〓「人の—を邪魔する」

ご-いし【碁石】[名] 囲碁で使う、平たくて丸い白と黒の石。

こいし・い【恋しい】[形] 離れている人・場所・事物などに心が強く引かれ(て、会いたくなったり見たくなったりす)る。〓「私はあの人が無性に—」「郷里の両親が—」「緑陰が—季節になる」派生 -げ/-さ/-がる

こい-した・う【恋い慕う】[他五] ひたすら恋しく思う。〓「別れた母を—」

こい・する【恋する】[自他サ変] ❶特定の人に恋愛感情をいだく。恋をする。〓「隣の子に/を—」「—二人」❷こがれるほどに憧れる。〓「恋に/を—年頃」「加藤は山に—していた〈新田次郎〉」

こ-いちじかん【小一時間】[名] 約一時間。一時間弱。〓「手続きには—かかる」▼「こ」は接頭語。

こい-ちゃ【濃茶】[名] ❶抹茶の分量を多くして茶をたてること。また、その茶。❷①をたてる作法。数人分の抹茶を茶筅で練り、泡立てないようにして濃くたてる。一碗を数人で飲み回す。▼「濃茶点前」の略。❸濃い茶色。◈⬍薄茶

こいつ【▼此▽奴】[代]〔俗〕❶(三人称) 話し手の近くにいる人、また話題になっている人を、軽蔑・憎しみ、あるいは親しみの気持ちをこめて指し示す語。〓「—がひどいやつでね」「—をよろしく頼む」❷「これ」の乱暴な言い方。〓「—はうまい」「—は春から縁起がいいや」

ご-いっしん【御一新(御▽維新)】[名] 明治維新。

こい-なか【恋仲】[名] 恋し合う間柄。〓「—になる」

こい-にょうぼう【恋女房】[名] 恋し合って結婚し、深く愛している妻。

こ-いぬ【小犬・子犬・▼仔犬】[名] 小さい犬。また、犬の子。いぬころ。

こい-ねが・う【▽希う・▼冀う・〈庶幾〉う】[他五] 強く希望する。切望する。〓「一家の繁栄を—」▼「請い願う」の意。書き方 語源を反映させて「請い願う」「乞い願う」とも書く。

こい-のぼり【▼鯉▼幟】[名] 紙または布で鯉をかたどって作ったのぼり。端午の節句に立てる。五月幟。

こい-びと【恋人】[名] 恋しく思う相手。〓「—ができる」

こい-ぶみ【恋文】[名]〔古風〕恋い慕う気持ちを書きつづった手紙。ラブレター。

こい-め【濃いめ(濃い目)】[名・形動] 色・味などが普通より少し濃いこと。〓「お茶を—にいれる」⬍薄め ▼本来的な形は「濃め」だが、極めてまれ。

こ-いも【小芋・子芋】[名] 里芋の親芋のまわりにつく小さな芋。また、里芋。

コイル[coil] [名] 絶縁した導線を螺旋状などに巻いたもの。モーター・発電器などに用いる。

こい-わずらい【恋煩い(恋患い)】[名] ある人を恋するあまり病気のようになること。恋のやまい。

コイン[coin] [名] 硬貨。〓「—ランドリー」

ご-いん【五音】[名] ❶中国・日本の古典音楽で、音階を構成する五つの音。宮・商・角・徴・羽の五つ。五声。ごせい。ごおん。❷五十音図の各行の五つの音。また、五十音。ごおん。書き方 ②は「五韻」とも(歴史的仮名遣いはゴヰン)。

ご-いん【誤飲】[名・他サ変] 誤って異物を飲み込むこと。〓「子供がタバコを—する」

コイン-ランドリー[coin laundry] [名] 硬貨を入れると利用できる自動洗濯機や乾燥機を置く店。

コイン-ロッカー[和製coin+locker] [名] 硬貨を入れて施錠する仕組みの、手荷物保管用貸しロッカー。

こう【公】㊀[名] 爵位の一つ。五等爵(公・侯・伯・子・男)の第一位。公爵。〓「近衛—」㊁[接尾] ❶貴人や目上の人に敬意を表す。〓「菅—・老—」❷名前などの下に付いて、親しみや軽蔑の意を表す。〓「熊—・忠犬ハチ—」㊂(造) ❶国・政府・地方自治体などにかかわること。おおやけ。〓「—営・—私・—認」「奉—」❷社会一般。世間。〓「—安・—園・—開・—害・—募」❸かたよらない。正しい。〓「—正・—平」❹すべてにあてはまる。共通。〓「—理・—約数」❺君主。〓「—子」「王—」

こう【功】[名] ❶すぐれた仕事。てがら。〓「—績・—名」「年—」❷ききめ。効果。〓「労多くして—少なし」「—能・—用」

◉**功成り名を遂・げる** りっぱな仕事を成し遂げ、あわせて名声も手に入れる。〓「苦節十年ののち—」✓注意 (1)「こう」を「効」と書くのは誤り。(2)「功成り名を上げる」は誤り。

◉**功を奏・する** 成功する。うまくいく。奏効する。〓「広報活動が—」書き方「こう」は効果に視点を置いて「効」とも書く。

こう【甲】㊀[名] ❶表面をおおう硬い殻状のもの。こうら・よろい・かぶとなど。〓「亀の—より年の功」「—骨文」❷手のひら、足の裏の反対側。〓「手[足]の—」❸成績・等級などの第一位。〓「—種」▼昔、小学校などの成績表は「甲・乙・丙・丁」で示した。❹複数の物や人を区別するとき、その名の代わりに使う語。〓「雇用者を—、被雇用者を乙とする」㊁(造) ❶十干の第一。きのえ。〓「—子」❷「甲斐」の略。〓「—州・—信越」

こう【交】㊀[名] ❶やりとりすること。つきあい。〓「—を断つ」「—渉・—友」「外—・旧—」❷季節や時期などの変わり目。〓「五六月の—になるまで〈徳田秋声〉」㊁(造) ❶入り組む。まじわる。〓「—差・—錯」「混—」❷入れかわる。入れかえる。〓「—換・—互・—代」

こう【行】㊀[名] ゆくこと。旅をすること。〓「千里の—も一歩より起こる」「—進・—程・—楽」「急—・直—・尾—・夜—」㊁(造) ❶おこなう。おこない。〓「—為・—動」「孝—・実—・犯—」❷書物を世に出す。〓「刊—・発—」❸商店。みせ。❹「銀行」の略。〓「—員」❺漢詩の詩体の一つ。〓「琵琶—」

こう【▼劫】[名] ❶仏教で、極めて長い時間の単位。また、その期間。ごう。〓「—初」「永—」❷碁で、一目を双方が交互に取り合う形の争い。取られたあと相手の急所に一手打ち、相手がそれに応じたあとで一目取り返すという決まりがある。〓「—になる」

こう【孝】ウカ［名］親を大切にし、よく仕えること。‖「—は百行の本」「—養」「忠—・不—」

こう【更】ウカ 一［名］一夜を五等分した時刻の単位。‖「深—」 二（造）新しくなる。新しくする。入れかえる。‖「—衣・—代・—迭」「変—」

◉**更闌く** 夜がふける。

こう【効】ウカ［名］ききめ。‖「薬石の—」「—果・—用・—力」「即—・無—・有—」旧效

◉**効を奏する** ➡功を奏する

こう【幸】ウカ 一［名］運がよいこと。しあわせ。さいわい。‖「—か不幸か」「—運・—甚」「薄—」▽「倖」に通じる。 二（造）❶かわいがる。‖「—臣」「寵—」❷天子・天皇の外出。みゆき。‖「行—・巡—」

こう【侯】［名］❶封建時代の領主。大名。‖「王—・諸—」❷爵位の一つ。五等爵（公・侯・伯・子・男）の第二位。侯爵。‖「大隈—」

こう【香】ウカ 一［名］よいにおいを出すもの。たきもの。香木や練り香。‖「—を焚く」「—を聞く」 二（造）よいにおい。‖「—水・—草・—料」

こう【候】 一［名］時節。時季。‖「新緑の—」 二（造）❶貴人のそばに仕える。‖「伺—」❷まつ。‖「—補」❸物事の状態。きざし。‖「気—・兆—・天—」

こう【項】ウカ［名］❶文章などのひとまとまり。‖「—に分けて説明する」「—目」「事—・要—」❷数学で、数式・数列などを構成する各要素。‖「同類—」

こう【稿】ウカ［名］詩文などの下書き。‖「—を起こす」「—料」「寄—・拙—・脱—・投—」

こう【鋼】ウカ［名］かたくきたえた鉄。はがね。‖「—板」「鋳—・特殊—」

こう【講】ウカ 一［名］❶仏・菩薩・祖師などの徳を賛美する法会。また、経典の講義をする会式。❷神社・仏閣への参詣や寄進を目的とした信者の団体。‖「伊勢—・富士—」❸貯蓄や融資のために組織した相互扶助の団体。‖「頼母子—・無尽—」 二（造）❶説き明かす。‖「—演・—師・—読」「進—・輪—」❷「講義」の略。‖「休—・補—・聴—」❸ならう。‖「—習」❹和解する。‖「—和」▽「媾」に通じる。

こ・う【恋う】フコ［他五］❶特定の人に思いを寄せる。‖「別れた恋人を—い続ける」❷懐かしく思う。‖「故郷を—」◈使い方 (1)「恋うる」は、文語の上二段動詞「恋ふ」の連体形「恋ふる」を、現代仮名遣いで書いたもの。口語の五段動詞「恋う」の連体形「恋う」に比べ、古風な表現。‖「母を恋うる／恋う 歌」(2) ➡請う［使い方］(2) 名 恋

こ・う【請う・乞う】フコ［他五］ある物を与えてくれる（また、ある事をしてくれる）ように相手に願い求める。‖「先生に教えを—」「金品［案内］を—」「—・われて出馬する」「近日上演、乞う御期待（「乞御期待」とも書く）」 書き分け【請】は許しを願う意。【乞】は頼みねだる意。「慈悲を 請う／乞う」では、【乞】のほうがねだる気持ちが強い。 使い方 (1)「専門家から教えを乞う」など「〈人〉から乞う」の形も使われるが、〈〜に願い求める〉の意で「〈人〉に乞う」の形が一般的。‖「専門家に教えを乞う」(2)「て」「た」に続くときは、「こって」「こった」とならずに、「こうて」「こうた」となる（案内を請うた）。前項「恋う」の場合も同じ。

こう【▼斯う】ウカ［副］❶先に話し手が示した内容や、すぐ後に示す予定の内容を表す。このように。こんな風に。‖「—した積み重ねが後で役に立つのだ」「ああ言えば—言う」❷的確な表現が示せないときに、漠然とさせたままの内容や様子を表す。‖「ちょっと、—、引きつけるものがある」◈「かく」の変化したもの。「そう」も「さう」の変化したもので、本来、「こそあど」とは関わらない表現であったが、語形の変化によって、「こう／そう／ああ」という組み合わせができ、「こそあど」の体系に組み入れられた。

こう【口】（造）❶くち。‖「—蓋・—角」「開—・鶏—・糊—」❷口でいう。ことば。‖「—演・—外」「悪—」❸出入りするところ。‖「—径」「銃—・突破—・噴火—」注意 ➡孔 ❹人や家の数。‖「人—・戸—」❺人・刀剣・壺などを数える語。‖「伴僧一五—」「太刀一—」

こう【工】（造）❶物を作ること。また、その技術。‖「—具・—作・—程・—場」「施—・人—・着—」❷物をこしらえる人。職人。‖「石—・刀—・熟練—」❸「工業」「工学」の略。‖「—科」「商—・農—・理—」

こう【勾】（造）❶曲がる。斜めに傾く。‖「—配」❷とらえる。‖「—引・—留」

こう【孔】（造）❶あな。‖「気—・瞳—・鼻—」注意「通気孔／通気口」「換気口／換気孔」など、「孔」と「口」が両用されるものもある（右の例はともに前者が一般的）。「噴火口」を「噴火孔」とするのは誤り。❷孔子。‖「—孟・—門」

こう【巧】ウカ（造）じょうずなこと。また、そのわざ。‖「—拙・—緻・—妙」「技—・精—」

こう【広】ウクヮ（造）❶ひろい。‖「—域・—義・—大・—野」❷ひろげる。ひろめる。‖「—告・—報」旧廣

こう【▼弘】（造）❶ひろくて大きい。‖「—毅・—大」❷ひろめる。‖「—道・—報」

こう【光】ウクヮ（造）❶ひかる。ひかり。‖「—輝・—合成・—沢・—明」「脚—・月—・後—・日—」❷太陽。日。また、時間。‖「消—」「—陰」❸景色。‖「観—・風—」❹ほまれ。名誉。‖「—栄」「威—」❺相手の行為に敬意を表す。‖「—来・—臨」

こう【向】ウカ（造）❶ある方にむく。むかう。また、むき。‖「—日性・—上」「傾—・趣—」❷従う。‖「—背」

こう【后】（造）天子の妻。きさき。‖「皇—・立—」

こう【好】ウカ（造）❶愛する。このむ。このみ。‖「—悪・—色・—物」「嗜—・同—」❷このましい。すぐれている。‖「—運・—評・—人物・—敵手」「恰—」❸仲がよい。よしみ。‖「—誼」「修—・友—」

こう【江】ウカ（造）❶大きな川。特に、中国の長江。‖「—山」「—南」❷「近江」の略。‖「—州」

こう【考】ウカ（造）❶かんがえる。また、かんがえ。‖「—案・—慮」「思—・黙—」❷調べる。調べて判断する。‖「—査・—証」「参—・備—」❸調べた結果を述べた論文。‖「論—・万葉—」❹死んだ父。‖「—妣」「先—」

こう【坑】ウカ（造）❶地に掘った穴。‖「—道・—内・—夫」「金—・炭—」❷穴埋めにする。‖「焚書—儒」

こう【▼宏】ウクヮ（造）ひろげる。また、ひろくて大きい。‖「—遠・—壮」「寛—」▽「広」に通じる。

こう【抗】ウカ（造）手向かう。さからう。はりあう。‖「—議・—菌・—争」「拮—・対—・反—」

こう【攻】（造）❶せめる。‖「—撃・—防・—略」「侵—・速—・猛—」❷深くきわめる。‖「—究」「専—」

こう【▼庚】ウカ（造）十干の第七。かのえ。‖「—申」

こう【拘】（造）❶とらえる。とらえて自由を奪う。‖「—禁・—束・—留」❷こだわる。‖「—泥」❸まっすぐに伸びない。‖「—縮」

こう【▼昂】ウカ（造）たかくなる。また、感情がたかぶる。‖

「―進・―然・―奮」「激―・意気軒―」

こう【肯】(造) ❶うなずく。承知する。‖「―定」「首―」❷骨についた肉。‖「―綮(けい)」

こう【厚】(造) ❶あつみがある。ぶあつい。❷てあつい。心がこもり、ねんごろである。‖「―誼(ぎ)・―遇・―情」「温―・重―・濃―」❸ゆたかにする。‖「―生」

こう【後】(造) ❶(時間的に)のち。あと。‖「―輩」⇔先(せん) ❷(空間的に)うしろ。‖「―退・―方」⇔前(ぜん) ❸おくれる。あとになる。‖「―学・―進」

こう【恒】(造) いつも変わらない。一定している。‖「―久・―星・―常・―例」旧恆

こう【洪】(造) ❶おおみず。‖「―水」❷大きい。‖「―恩」❸「洪牙利(ハンガリー)」の略。‖「日―」

こう【▼狡】(造) ❶ずるい。わるがしこい。‖「―猾(かつ)」❷すばやい。はしこい。‖「―兎(と)」

こう【皇】(造) ❶天子。王。‖「―帝」「教―」❷天皇。天皇に関する物事。‖「―居・―室・―紀・―太子」「上―」❸あわただしい。‖「倉―」▽「惶」と通じる。

こう【紅】(造) ❶鮮やかな赤色。くれない。‖「―梅」「―白・―葉」「暗―」❷化粧用のべに。‖「―脂・―粉」

こう【荒】(造) ❶土地があれはてる。‖「―野・―涼」❷作物が実らない。ききん。‖「―年」「凶―」❸あらあらしい。‖「―天」❹あれて、すさむ。‖「―廃・―淫(いん)」❺でたらめ。‖「―唐無稽」

こう【郊】(造) 町はずれ。‖「―外」「近―・西―(せいこう・さいこう)」

こう【校】(造) ❶教育を授ける所。まなびや。学校。‖「―庭・―門」「下―・転―」❷くらべ合わせる。くらべて考える。‖「―閲・―正・―本」❸校正の回数を数える語。‖「初―・再―・三―」❹軍の指揮官。‖「将―」

こう【▼浩】(造) 広々としている。大きい。また、大いに。‖「―瀚(かん)・――・―然・―蕩(とう)」

こう【耕】(造) ❶たがやす。‖「―耘(うん)・―具・―地」「休―・農―」❷働いて生計を立てる。‖「筆―」

こう【航】(造) 船で水上を渡る。飛行機で空を行く。‖「―海・―路」「運―・曳(えい)―・欠―・就―・密―」

こう【貢】(造) さしあげる。みつぐ。みつぎもの。‖「―献・―租」「進―・朝―」

こう【降】(造) ❶ふる。‖「―雨・―雪・―水量」❷上からさがってくる。おりる。くだる。‖「―格・―臨」「滑―・乗―」❸ある時から、のち。‖「以―」❹負けて従う。‖「―参・―伏」「投―」

こう【高】(造) ❶空間的にたかい。また、たかさ。‖「―架・―原」「座―」❷程度がたかい。すぐれている。‖「―音・―官」「―収入・―視聴率」「至―」❸けだかい。‖「―潔・―尚」「崇―・孤―」❹年かさが大きい。‖「―祖・―齢」❺偉そうにする。‖「―言・―慢」❻他人の行為や事物について敬意を表す語。‖「―説・―覧」❼「高等学校」の略。‖「―裁・―卒」「女子―」

こう【康】(造) やすらか。すこやか。‖「安―・健―」

こう【控】(造) ❶おさえる。‖「―御・―制」❷差し引く。‖「―除」❸うったえる。‖「―訴」

こう【梗】(造) ❶花の柄。‖「花―」❷ふさがる。‖「―塞(そく)」❸骨組み。‖「―概」

こう【黄】(造) きいろ。きばむ。‖「―河・―塵(じん)・―土(どう・おう)・―葉」「玄―」旧黃

こう【喉】(造) のど。のどぶえ。‖「―頭」「咽(いん)―」

こう【慌】(造) ❶あわてる。うろたえる。‖「―忙(ぼう)」❷うっとりする。ぼんやりする。‖「―惚(こつ)」❸おそれる。‖「恐―」

こう【港】(造) みなと。船や飛行機の発着場。‖「―内・―湾」「開―・漁―・出―」

こう【硬】(造) ❶かたい。かたくて強い。‖「―貨・―球・―水」「―派」❷かたくな。‖「強―・生―」

こう【絞】(造) ひもなどでしめる。‖「―殺・―首」

こう【▼腔】(造) 体内の中空になっている所。‖「―腸動物」「胸(きょう)―・口(こう・くう)―」

こう【溝】(造) みぞ。用水路。‖「―渠(きょ)」「海―・側―」

こう【鉱】(造) 有用な金属を含む岩石。また、それを埋蔵している山。‖「―業・―泉・―夫・―脈」「金―・採―・炭―・廃―」▽「礦」に通じる。旧鑛

こう【構】(造) ❶組み立てる。仕組む。また、組み立てた物。仕組み。‖「―図・―想・―築・―文」「機―・虚―」❷かこい。‖「―内」

こう【綱】(造) ❶太いつな。物事の根本となるもの。‖「―紀・―領」「大―・要―」❷生物分類学上の区分で、「門」の下、「目」の上。‖「哺乳―・両生―」

こう【▼膏】(造) ❶動物のあぶら。‖「―血・―油」❷心臓の下の部分。‖「―肓」❸あぶらぐすり。‖「軟―」

こう【酵】(造) 酒をかもす。また、酒のもと。こうじ。‖「―素・―母」「発―」

こう【▼膠】(造) ❶にかわ。‖「―化・―質」❷ねばりつく。‖「―着」

こう【衡】(造) ❶はかり。はかりのさお。また、はかる。‖「権―・度量―・銓(せん)―」❷つりあいがとれる。‖「均―・平―」❸横。‖「合従連―(がっしょうれんこう)」

こう【興】(造) おこる。おこす。盛んになる。‖「―行・―奮・―亡」「再―・振―・新―・勃(ぼっ)―」

こう【▼薨】(造) 身分の高い人が死ぬ。‖「―去・―御」

こう【購】(造) 買い入れる。‖「―読・―入」

こう【▼曠】(造) ❶果てしなく広がる。‖「―野」❷遠い。はるかにへだたる。‖「―古・―世」❸むなしい。むなしくする。‖「―日」❹心が広い。‖「―達」

ごう【号】━[名] ❶呼び名。特に、学者・文人・画家などが本名のほかに付ける名。‖「趣のある―」「雅―・元―・俳―」❷雑誌・新聞など、定期刊行物のそれぞれ。また、その順番を表す語。‖「―を重ねる」「創刊―」「三―」━(造) ❶しるし。合図。‖「―砲・―音」「暗―・記―」❷叫ぶ。‖「―泣・―令」「怒―」❸乗り物などの名前に添える語。‖「ひかり―」❹大きさや順番を表す語。‖「九―の服」「二〇―のカンバス」「五―車」旧號

ごう【合】━[名] ❶弁証法で、ジンテーゼ。総合。「正反―」❷尺貫法で、容積を表す単位。一合は一升の一〇分の一で、約〇・一八リットル。❸尺貫法で、面積を表す単位。一合は一坪の一〇分の一で、約〇・三三平方メートル。❹登山路で、頂上までの道のりの一〇分の一。ふもとから一合目、二合目と数える。━(造) ❶一つにあわせる。いっしょになる。‖「―意・―格・―計」「化―・会―・集―」❷合戦・試合などの回数を数える語。❸ふたのある容器を数える語。‖「長櫃(ながびつ)三―」

ごう【剛】[名] かたくて強いこと。また、強くて勇ましいこと。‖「―の者」「柔よく―を制す」「―毅(き)」「金―(こん)」

ごう【▼毫】━[名] ❶尺貫法で、長さを表す単位。寸の一〇〇〇分の一。❷尺貫法で、重さを表す単位。匁(もんめ)の一〇〇〇分の一。━(造) ❶細い毛。‖「―毛」「一―・白―(びゃくごう)」❷筆の穂。‖「揮―(き)」

ごう【郷】[名] ❶むらざと。いなか。‖「水―」❷律令制度下の地方行政区画。郡内にあって数村からなった。

◉**郷に入っては郷に従え** 人はその住む土地の風俗・習慣に従うべきである。注意「入って」を「はいって」と読むのは誤り。

ごう【業】ゴフ［名］❶仏教で、未来に報いをもたらす善悪の行い。また、前世での善悪の行いによって現世で受ける報い。「—が深い」「—火・—苦」「因—・非—」❷理性ではどうすることもできない心の働き。

◉**業を煮やす** 物事が思うように運ばなくていらいらする。「煮え切らない態度に—」

ごう【豪】ガウ 一［名］強くてすぐれていること。また、すぐれている人。「—の者」「—快・—傑」「剣—・酒—」二（造）❶財力がある。「—商・—農・—遊」「富—」❷並はずれている。勢いが盛ん。「—雨・—雪」❸「豪太剌利（オーストラリア）」の略。「—州」書き方③は「▼濠」とも。

ごう【▼壕】ガウ［名］城のまわりのほり。土を深く掘った穴やみぞ。「—舎」「塹—（ざんごう）・防空—」

ごう【拷】ガウ（造）打つ。打ちすえる。「—問」

ごう【強】ガウ（造）❶つよい。「—情・—欲」❷無理に行う。おしつける。「—引・—姦（ごうかん）・—奪・—盗」

ごう【傲】ガウ（造）おごりたかぶる。「—慢」「驕—（きょうごう）」

ごう【▼轟】ガウ（造）大きな音が鳴りひびく。「—然」

こう‐あつ【光圧】クワウ［名］光・電磁波などが物体にあたって反射または吸収されるとき、その物体の表面に与える圧力。

こう‐あつ【高圧】カウ［名］❶高い圧力。また、強い圧力。「—の酸素」「—ガス・—釜（がま）・—浣腸（かんちょう）」❷高い電圧。「—線」◈⇔低圧

こうあつ‐ざい【降圧剤】カウアツ［名］血圧を下げる薬剤。血圧降下剤。

こうあつ‐てき【高圧的】カウアツ［形動］従うことが当然であるかのように、相手を押さえつけるさま。

こう‐あん【公安】［名］社会秩序が保たれて安全に暮らせること。

こう‐あん【公案】［名］禅宗で、参禅者を悟りに導くために与える課題。

こう‐あん【考案】カウ［名・他サ変］工夫して考えだすこと。「新式のエンジンを—する」「—者」

こうあん‐いいんかい【公安委員会】‐ヰヰンクワイ［名］警察の民主化と政治的中立を図るために設けられた警察行政の管理機関。国家公安委員会と都道府県公安委員会とがある。

こうあん‐じょうれい【公安条例】‐デウレイ［名］地方公共団体が公安維持のために制定する条例。集会・デモなどの取り締まりを目的とする。

こうあんちょうさ‐ちょう【公安調査庁】‐テウサチャウ［名］法務省の外局の一つ。暴力的破壊活動を行う団体を調査し、解散などの処分の請求を任務とする。その請求を審査・決定する機関が公安審査委員会。

こう‐い【好意】カウ［名］ある人に対する好感・親しみの気持ち。「—を抱く」「—的に解釈する」使い方⬇厚意

こう‐い【行為】カウヰ［名］人がある意思をもってするおこない。「親切な［勇敢な］—」「不正—」

こう‐い【更衣】カウ［名］❶［自サ変］衣服を着がえること。ころもがえ。❷平安時代、女御（にょうご）の次に位置した後宮の女官。▽もと天皇の衣をかえる役だった。

こう‐い【厚意】［名］ある人に対する思いやりの厚い気持ち。厚情。厚志。「（御）—にすがる」「御—を感謝いたします」使い方「厚意」は「好意」よりも心持ちが厚く、相手の気持ちについていうのが一般的。多く「御厚意」の形で使う。「好意／厚意を示す」「好意／厚意に甘える」など、両用されるものは「好意」を使うのが一般的。

こう‐い【皇位】クワウヰ［名］天皇の位。「—を継承する」

こう‐い【皇威】クワウヰ［名］天皇の威光。御稜威（みいつ）。

こう‐い【校医】カウ［名］学校から委嘱され、児童・生徒の健康管理や医療を担当する医師。学校医。

こう‐い【校異】カウ［名］古典などで、同一の書の内容が伝本によって異なるとき、その文章や文字の異同を比較して調べること。また、その結果をまとめたもの。

こう‐い【高位】カウヰ［名］高い地位。また、その地位にある人。「—に昇る」「—高官」

ごう‐い【合意】ガフ［名・自サ変］互いの意思・意見が一致すること。「—に達する」「離婚に—する」

こう‐いう【▼斯ういう】カウイフ［連体］このような。こんな。「—本が読みたかった」「とかく世の中とは—ものだ」

こう‐いき【広域】クワウヰキ［名］広い区域。また、広い範囲。「—に分布する植物」「—経済・—捜査」

こう‐いき【高域】カウヰキ［名］高い音域。⬍低域

こうい‐しつ【更衣室】カウイ［名］衣服を着替えるための部屋。

こうい‐しょう【後遺症】コウヰシャウ［名］❶病気やけがが治った後に残る機能障害などの症状。❷事件や出来事の後に残る悪い影響。「台風の—でダイヤが乱れる」

こう‐いつ【後逸】［名・他サ変］野球などで、球をとりそこねて後方へそらすこと。「ショートが—する」

ごう‐いつ【合一】ガフ［名・自他サ変］二つ以上のものが一つに合わさること。また、合わせて一つにすること。「南北朝の—を図る」「知行—」

こう‐いっつい【好一対】カウ［名］よく調和している一対の組み合わせ。「—の夫婦」

こう‐いってん【紅一点】［名］❶多くの平凡なもののなかに一つだけすぐれたものが存在すること。❷多くの男性の中に一人だけ女性がいること。また、その女性。▽王安石（おうあんせき）の詩句「万緑（ばんりょく）叢中（そうちゅう）紅一点（＝一面の緑の中に一輪の赤い花が咲いている）」に基づくという。

こう‐いん【工員】―ヰン［名］工場の現場で働く人。職工。

こう‐いん【公印】［名］公務で使用する印章。特に、官公庁の公式の印章。⬍私印

こう‐いん【勾引】［名・他サ変］書き方「拘引」とも。❶人を捕らえて無理に連行すること。❷裁判所が行う強制処分で、被告人・証人などを強制的に一定の場所に引致すること。召喚に応じない場合などに勾引状を発して行う。書き方②は、「勾」が常用漢字でなかったため新聞では「拘引」で代用してきたが、今は「勾引」と書く。

こう‐いん【光陰】クワウ［名］月日。年月。また、時間。「一寸の—軽んずべからず」▽「光」は日、「陰」は月の意。

◉**光陰矢の如し** 月日がたつのが早いことのたとえ。

こう‐いん【行員】カウヰン［名］銀行で働く人。▽「銀行員」の略。

こう‐いん【後▼胤】［名］子孫。後裔（こうえい）。

ごう‐いん【強引】ガウ［形動］❶すじの通らないやり方で物事を行うさま。相手の意向や物事の道理を考慮せず無理やりに行うさま。「—に奪い取る」「—なドリブル」❷ある物事をほかの物事に無理に関係づけるさま。「—な論法」派生‐さ

こうう【降雨】[カウ] [名] 雨が降ること。また、降る雨。

ごうう【豪雨】[ガウ] [名] 激しい勢いで降る大量の雨。〓「集中―」

こううん【幸運】[カウ] [名・形動] 運のよいこと。しあわせ。〓「―をつかむ」「―にも九死に一生を得る」「―な出会い」⬍不運・非運 書き方 好ましい巡り合わせの意では、「好運」とも。

こううん【耕▼耘】[カウ] [名・他サ変] 田畑をたがやすこと。〓「―機」▽「耘」は田畑の草をとる意。書き方 新聞では、「耕耘機」は「耕運機」で代用。

こううん-りゅうすい【行雲流水】[カウウンリウスイ] [名] とどまることなくさまざまに移り変わることのたとえ。また、物事に執着することなく成り行きに身をゆだねることのたとえ。▽空を行く雲も流れる水も自然の動きに逆らうことはないの意から。

こうえい【公営】[名] 公の機関、特に地方公共団体が経営すること。〓「―の市場」「―住宅」⬍私営

こうえい【光栄】[クワウ] [名・形動] 名誉に感じること。〓「お褒めに預かるとは身に余る―です」

こうえい【後▼裔】[名] 子孫。後胤(こういん)。

こうえい【後衛】[ヱイ] [名] ❶テニス・バレーボールなどで、コートの後方を守る選手。バックス。❷軍隊で、後方の護衛。特に、退却するとき、本隊の後方について援護をする部隊。◈⬍前衛

こうえい【高詠】[カウ] [名] ❶[他サ変] 高らかにうたうこと。❷格調の高い、すぐれた詩歌。▽詩歌をいう尊敬語としても使う。

こうえき【公益】[名] 社会一般の利益。公共の利益。⬍私益

こうえき【交易】[カウ] [名・自他サ変] 互いに物品の交換や売買をすること。〓「―条件(=貿易条件)」

こうえき-ほうじん【公益法人】[ハフジン] [名] 社団法人・財団法人のうち、祭祀・宗教・慈善・学術・技芸などの公益を目的とする非営利法人。

こうえつ【校閲】[カウ] [名・他サ変] 原稿・印刷物などの不備や誤りを調べ正すこと。〓「文書を―する」

こうえつ【高閲】[カウ] [名] 校閲をいう尊敬語。〓「御―を賜りありがたく存じます」

こうえん【口演】[名・他サ変] 浪曲・講談など、話芸を演じること。また、その話芸。〓「浪花節を―する」

こうえん【公園】[ヱン] [名] ❶市街地などで、人々の憩いの場として設けられる公共の庭園や遊園地。〓「児童―」書き方「公▼苑」は主に固有の名称に使う。〓「馬事公苑」❷自然の景観を保存し、観光・レクリエーションの場所として整備されている地域。〓「国立―」

こうえん【公演】[名・自他サ変] 演劇・演芸・舞踊・音楽などを公開の場で演じること。また、そのもの。〓「人形劇を―する」「来日―」使い方 ⬇上演

こうえん【広遠(▼宏遠)】[クワウヱン] [名・形動] 規模が広くて大きいこと。また、考えなどが広くて奥深いこと。〓「―な構想を抱く」「気宇―」派生 ―さ

こうえん【好演】[カウ] [名・他サ変] じょうずな演技・演奏をすること。また、その演技・演奏。

こうえん【後援】[ヱン] [名] ❶資金を提供するなど、うしろだてとなって援助すること。〓「新聞社の―でコンサートを開く」❷後方にひかえる援兵。〓「―部隊」

こうえん【香煙】[カウ] [名] 香のけむり。

こうえん【高遠】[カウヱン] [名・形動] ❶高くてはるかなこと。❷考えなどが高尚で、奥深いこと。〓「―な理想を抱く」派生 ―さ

こうえん【講▼筵】[カウ] [名] 講義をする場所。〓「―に列する(=講義を聞く)」▽「筵」はむしろの意。

こうえん【講演】[カウ] [名・自他サ変] 大勢の人の前で、ある題目のもとに話をすること。また、その話。〓「学校で―する」「―会」「基調―」

こうえん-かい【後援会】[コウヱンクワイ] [名] ある個人や団体などを応援・援助するために組織された団体。

こうお【好悪】[カウヲ] [名] 好むことと憎むこと。好き嫌い。〓「―の念」

こうおつ【甲乙】[カフ] [名] すぐれているものと劣っているもの。優劣。▽十干の一番目と二番目であることから。

◉甲乙つけがた・い 二つのものに差がなく、優劣の区別ができない。

こうおん【厚恩】[名] 人から受けた深い恩恵。〓「―に感謝する」

こうおん【恒温】[ヲン] [名] 温度が一定であること。

こうおん【高音】[カウ] [名] ❶高い調子の音・音声。また、大きい音・音声。❷音楽で、最も高い音域。ソプラノ。◈⬇低音・中音

こうおん【高温】[カウヲン] [名] 高い温度。〓「―殺菌」⬍低温

ごうおん【号音】[ガウ] [名] 信号や合図の音。

ごうおん【▼轟音】[ガウ] [名] とどろきわたる音。〓「大砲の―が鳴り響く」

こうおん-どうぶつ【恒温動物】[コウヲン] [名] 外界の温度変化に関係なく、ほぼ一定の体温を保つ動物。哺乳類・鳥類など。温血動物。定温動物。⬍変温動物

こうか【工科】[クワ] [名] 工業に関する学科・学問。また、大学の工学部。〓「―大学」

こうか【公課】[クワ] [名] 国・地方公共団体から課せられる租税以外の金銭負担。分担金・手数料・使用料など。

こうか【功科】[クワ] [名] 職務上の功績や成績。

こうか【考課】[カウクワ] [名] ❶公務員・会社員などの勤務成績を調べて優劣を評価すること。また、その評価。〓「人事―」❷銀行・会社などの営業成績を調べて報告すること。〓「―状」

こうか【効果】[カウクワ] [名] ❶ある働きかけによってもたらされる、よい結果。成果。効き目。〓「金融政策の―が上がる」「この薬は頭痛に―がある」「―覿面(てきめん)」「抑止―」使い方「逆効果」「マイナス効果」など、〈悪い結果〉をいう語があるほか、「薬にはよい効果もあるが悪い効果もあって、いわばもろ刃の剣だ」など、中立的な意味でもいう。❷音楽・擬音・照明などを用いて、その場面にふさわしい雰囲気をつくり出すこと。〓「音響―」「―音」

こうか【後架】[名] 便所。かわや。▽もと禅寺で、僧堂の後ろに架け渡した洗面所をいった。

こうか【校歌】[カウ] [名] その学校を象徴し、校風を発揚するために制定された歌。〓「―斉唱」

こうか【降下】[カウ] [名・自サ変] ❶高い所から低い所へおりること。さがること。〓「パラシュートで―する」❷地位の高い人から命令などがくだること。〓「大命―」

こうか【降嫁】[カウ] [名・自サ変] 皇女または王女が皇族以外の者にとつぐこと。〓「臣籍―」

こうか【高価】[カウ] [名・形動] 値段が高いこと。また、価値が高いこと。〓「―な絵皿」⬍安価・廉価 派生 ―さ

こうか【高架】[カウ] [名] 橋・線路・電線などを、地上高

く架けわたすこと。また、そのもの。「―線[鉄道]」

こう-か【高歌】 [名] 大声でうたうこと。「―放吟」

こう-か【硬化】 [名・自サ変] ❶かたくなること。「―セメント」「動脈―」❷意見・態度などが強硬になること。「交渉相手の姿勢が―する」◈⇕軟化

こう-か【硬貨】 [名] 金属でできた貨幣。コイン。「百円―」

こう-か【▼膠化】 [名・自サ変] コロイド溶液(ゾル)がゼリー状(ゲル)になってかたまること。ゲル化。

こう-が【高雅】 [名・形動] 気品が高くて優雅なこと。「―な作風」派生 -さ

ごう-か【▼劫火】 [名] 仏教で、人の住む世界を焼き尽くすという猛火。こうか。▽大火災のたとえにもいう。

ごう-か【業火】 [名] ❶仏教で、身を滅ぼす悪業を火にたとえていう語。❷罪人を焼くという地獄の猛火。▽大火災のたとえにもいう。

ごう-か【豪華】 [名・形動] いかにも派手でぜいたくなこと。「―な食事」

こう-かい【公海】 [名] 国際法上、どこの国にも属さず、各国が自由に使用できる海域。「―自由の原則」⇕領海

こう-かい【公開】 [名・他サ変] 広く一般に開放すること。特に、入場・出席・閲覧・観覧・使用できるようにすること。「秘仏[資産]を―する」「―講座」「情報―」

こう-かい【更改】 [名・他サ変] ❶古いしきたりや決まりを改め、新しいものにかえること。❷既存の債務を消滅させ、これに代わる新しい債務を成立させること。また、その契約。

こう-かい【後悔】 [名・自他サ変] すでにすんでしまった事柄について、あのときすれば(しなければ)よかったと悔やむこと。「今更―しても遅い」「―先に立たず」

注意 「後で後悔する」は重言。「後悔する」「後で悔やむ」などが適切。

品格 悔い「力を尽くしたので―はない」悔いる「罪を―」悔やむ「失態を―」臍(ほぞ)を噛(か)む「失敗し―」

こう-かい【航海】 [名・自サ変] 船で海上をわたること。「―士」「処女―・遠洋―」

こう-かい【降灰】 [名・自サ変] ⇒こうはい(降灰)

こう-がい【▼笄】 [名] ❶昔、髪をかき上げるのに使った箸(はし)状の細長い道具。象牙(ぞうげ)・銀などで作る。❷女性の髷(まげ)に横に挿す髪飾り。金・銀・水晶・鼈甲(べっこう)などで作る。◈「髪掻き」の転。

こう-がい【口外】 [名・他サ変] 第三者に話すこと。「決して―してはならない」「―無用」

こう-がい【口蓋】 [名] 口腔(こうこう)の上側の部分。硬口蓋と軟口蓋に分かれる。

こう-がい【公害】 [名] 工場から出る廃棄物・廃液、交通機関の振動・騒音・排ガスなどによって、住民の生活や健康、自然環境に被害が及ぶこと。また、そのような害。

こう-がい【光害】 [名] 過剰または不要な照明を使用することによって生じる公害。天体観測や生態系に悪影響を及ぼす。ひかりがい。

こう-がい【郊外】 [名] 市街地に隣接した田園地帯。都市周辺部。

こう-がい【校外】 [名] 学校の敷地の外。「―活動・―指導」⇕校内

こう-がい【梗概】 [名] 物語などのあらすじ。大略。「小説の―」

こう-がい【▼慷慨】 [名・自他サ変] 社会の矛盾・不正などを、いきどおり嘆くこと。「悲憤―」

こう-がい【構外】 [名] 建物・施設などの敷地の外。「駅の―」⇕構内

ごう-かい【豪快】 [名・形動] 規模が大きく、気持ちがよいほど力強いこと。「―な上手投げが決まる」「―に笑う」派生 -さ

ごう-がい【号外】 [名] 突発的な大事件などを急報するために、新聞社が朝・夕刊以外に発行する臨時の新聞。

こうがい-すい【口蓋垂】 [名] 軟口蓋の奥中央から垂れ下がっているやわらかな突起。懸壅垂(けんようすい)。のどひこ。のどちんこ。

こうかい-どう【公会堂】 [名] 公衆の会合などに使用される公共の建物。「日比谷―」

こうかがく-スモッグ【光化学スモッグ】 [名] 自動車の排気ガスなどに含まれる炭化水素や窒素化合物が太陽の紫外線を受けて発生する、オキシダント濃度の高いスモッグ。目や呼吸器に障害をもたらす。

こう-かく【口角】 [名] 口の両わき。「―炎」

◉**口角泡を飛ばす** 口からつばを飛ばして、激しく議論する。

こう-かく【広角】 [名] ❶角度が広いこと。特に、写真のレンズで、撮影する角度が広いこと。❷標準レンズより焦点距離が短く、広い範囲の撮影ができるレンズ。▽「広角レンズ」の略。

こう-かく【甲殻】 [名] エビ・カニなどの体表をおおう外皮。多量の石灰質を含み、硬い。甲皮。甲。「―類」

こう-かく【降格】 [名・自他サ変] 地位・階級などが下がること。また、下げること。「―人事」⇕昇格

こう-かく【高角】 [名] 地平面となす角度が大きいこと。「―砲(=高射砲)」

こう-がく【工学】 [名] 数学・化学・物理学などの基礎科学を応用し、工業生産技術について研究する学問。土木工学・機械工学・電子工学・人間工学など。

こう-がく【光学】 [名] 光の現象・作用、またその応用などを研究する物理学の一部門。「―器械」

こう-がく【向学】 [名] 学問に心を向けること。勉学に励もうと思うこと。「―心に燃える」

こう-がく【好学】 [名] 学問を好むこと。「―の士」

こう-がく【後学】 [名] ❶人より遅れて学問を始めた人。学問上の後輩。「―の指導にあたる」⇕先学▽学者が自分を指し示す丁重語としても使う。❷後日、自分の役に立つ知識・学問。「―のために施設を見学する」

こう-がく【高額】 [名] ❶[形動] 金額が大きいこと。多額。「―な買い物をする」「―の品」「―所得者」⇕低額 ❷単位の大きい金額。「―紙幣」⇕小額

ごう-かく【合格】 [名・自サ変] ❶特定の条件・資格などにかなうこと。「―品」❷入学試験・採用試験・資格試験などに受かること。「司法試験に―する」「○○大学工学部に―する」「不―」◈使い方 まれに「審査を合格する」など他動詞の用法も見られるが、「審査に合格する」(自動詞用法)が標準的。

こうかく-か【好角家】 [名] 角力(すもう)を愛好する

人。

こう‐がくねん【高学年】カウ [名] 学校で、上級の学年。おもに小学校の五・六年をいう。⇔低学年・中学年

こうかく‐るい【甲殻類】カフ [名] エビ・カニ・シャコ・ヤドカリなど、甲殻綱に属する節足動物の総称。体は頭・胸・腹の三部に分かれ、体表は甲殻におおわれる。ほとんどが水中にすみ、鰓(えら)または体表で呼吸する。

ごうか‐けんらん【豪華▼絢▼爛】ガウクワ [名・形動] 非常にぜいたくで、きらびやかで派手なこと。絢爛豪華。≡「―な装飾が施されたホテル」

こう‐かつ【口渇】 [名] のどがかわくこと。≡「―を覚える」

こう‐かつ【▼狡▼猾】カウクワツ [名・形動] 悪がしこくてずるいこと。≡「―なやり方」「―に立ち回る」派生 ‐さ

ごうか‐ばん【豪華版】ガウクワ [名] ❶印刷・用紙・装丁などにこった、ぜいたくな出版物。❷ふだんよりも金をかけて、ぜいたくなこと。≡「―のディナー」

こう‐かん【公刊】 [名・他サ変] 刊行して広く世間一般に示すこと。

こう‐かん【公館】クワン [名] 官庁の建物。特に、領事館・公使館・大使館など。≡「在外―」

こう‐かん【交換】カウクワン [名・他サ変] ❶互いにそれぞれの物を取りかえること。また、互いにやり取りすること。≡「贈り物[意見]を―する」「―日記」❷電話の交換台。また、電話の交換手。

こう‐かん【交感】カウ [名・自サ変] 感応し合うこと。≡「霊[異星人]と―する」

こう‐かん【交歓(交▼驩)】カウクワン [名・自サ変] 互いに打ち解けて、親しく交わること。≡「―会」

こう‐かん【向寒】カウ [名] 寒冷の季節に向かうこと。⇔向暑 ▼多く手紙で時候の挨拶などに使う。≡「―のみぎり…」

こう‐かん【好感】カウ [名] 好ましい感じ。≡「―のもてる青年」

こう‐かん【好漢】カウ [名] 好ましい感じの男性。

こう‐かん【▼巷間】カウ [名] まちなか。世間。ちまた。≡「―の噂(うわさ)」

こう‐かん【後患】クワン [名] そのことが原因となって、あとで起こるわずらわしい事柄。後日のうれい。

こう‐かん【校勘】カウ [名・他サ変] 刊本や写本の本文を比較し、その異同を明らかにすること。

こう‐かん【▼浩▼瀚】カウ [名・形動] 書物の分量が多いこと。また、書物の巻数やページ数が多いこと。≡「―な蔵書」

こう‐かん【高官】カウクワン [名] 地位の高い官職。また、その官職にある人。≡「政府の―」

こう‐かん【▼槓▼杆】カウ [名] ⇒梃(てこ)①

こう‐かん【鋼管】カウクワン [名] 鋼鉄製の管。≡「鍛接―」

こう‐がん【厚顔】 [名・形動] 面の皮があついこと。ずうずうしいこと。鉄面皮。≡「―な人」「―無恥」派生 ‐さ

こう‐がん【紅顔】 [名] 若々しくて血色のよい顔。≡「―の美少年」

こう‐がん【▼睾丸】カウクワン [名] 男性の生殖腺(せん)。精子をつくり、男性ホルモンを分泌する。きんたま。

ごう‐かん【合歓】ガフクワン [名] ❶[自サ変] ともに喜び楽しむこと。特に、共寝をすること。❷ネムノキの別称。▼「合歓木」の略。

ごう‐かん【強▼姦】ガウ [名・他サ変] 暴力や脅迫によって人(特に女性)を犯すこと。レイプ。≡「―罪」⇔和姦

ごう‐がん【傲岸】ガウ [名・形動] おごり高ぶって人にへりくだらないこと。≡「―不遜」派生 ‐さ

こうがん‐ざい【抗▼癌剤】カウ [名] 癌細胞の増殖をおさえる薬剤。制癌剤。

こうかん‐じょうけん【交換条件】カウクワンデウケン [名] 相手の要求を認める代わりとして出す条件。

こうかん‐しんけい【交感神経】カウ [名] 副交感神経とともに高等脊椎(せきつい)動物の自律神経系を形成する神経。呼吸・循環・消化などの働きを調整する。

こうがん‐むち【厚顔無恥】 [名・形動] ずうずうしく、恥知らずなこと。

こう‐き【工期】 [名] 工事を行う期間。工事期間。≡「―を短縮する」

こう‐き【公器】 [名] 社会一般のためにあるもの。公共の機関。≡「社会の―としての新聞」

こう‐き【広軌】クワウ [名] 鉄道で、レールの間隔が国際標準軌間(一・四三五メートル)よりも広いもの。⇔狭軌

こう‐き【光輝】クワウ [名] ❶かがやくひかり。≡「―を放つ」❷かがやかしい名誉。≡「―ある伝統を受け継ぐ」

こう‐き【好奇】カウ [名・形動] 珍しいものや未知のものに強い興味をもつこと。≡「―の目を向ける」

こう‐き【好季】カウ [名] ちょうどよい季節。≡「桜が満開の―」

こう‐き【好期】カウ [名] ちょうどよい時期。≡「潮干狩りの―」

こう‐き【好機】カウ [名] ある物事をするのにちょうどよい機会。チャンス。≡「―をのがす」「―到来」

こう‐き【後記】 [名] ❶書籍・雑誌などの、あとがき。≡「編集―」❷[他サ変] その文章より、あとの方に書くこと。また、その書いた事柄。⇔前記

こう‐き【後期】 [名] ある期間を二つまたは三つに分けたときの、あとの期間。≡「江戸時代の―」「―の授業」「―中等教育(=高等学校段階の教育)」⇔前期

こう‐き【皇紀】クワウ [名] 『日本書紀』の記述に基づき、神武天皇即位の年を元年とする紀元。▼皇紀元年は西暦紀元前六六〇年に当たる。

こう‐き【香気】カウ [名] よいかおり。≡「甘い―を放つ花」

こう‐き【校紀】カウ [名] 学校内の風紀。≡「―が乱れる」

こう‐き【校規】カウ [名] 学校の規則。校則。≡「―に違反する」

こう‐き【校旗】カウ [名] その学校のしるしとする旗。≡「―を掲げる」

こう‐き【高貴】カウ [名・形動] ❶身分・家格などが高くとうといこと。また、その身分や家格。≡「―な生まれ」❷人柄などが気高く、気品があること。≡「―な精神の持ち主」❸貴重で値段が高いこと。≡「―薬」派生 ‐さ

こう‐き【綱紀】カウ [名] 国家を治めるおおもとの規律。≡「―を粛正する」▼「綱」は大きなつな、「紀」は小さなつなの意。

こう‐き【興起】 [名・自他サ変] ❶勢いが盛んになること。また、盛んにすること。≡「産業を―する」「学問を―させる」❷心がふるいたつこと。また、ふるいたたせること。≡「感奮―」

こう‐ぎ【公儀】 [名] 朝廷・幕府など、人民を支配する為政者。また、その役所。お上(かみ)。≡「―隠密(おんみつ)」

こう‐ぎ【巧技】カウ [名] たくみな技術や演技。

こう-ぎ【広義】[名]あることばのもつ意味の範囲に幅があるとき、その広い範囲でとらえた意味。⬍狭義

こう-ぎ【交▼誼】[名]友人としての親しい交際。よしみ。「━を結ぶ」

こう-ぎ【好▼誼】[名]相手の好意にもとづく、心のこもったつきあい。「ご━のほど感謝いたします」

こう-ぎ【抗議】[名・自他サ変]不当だと思われる発言・行動・決定などに対して、反対の意見や要求を強く主張すること。「審判の判定に━する」「管理の杜撰さを当局に━する」「━集会」

こう-ぎ【厚▼誼】[名]交際する際の、厚い親しみの気持ち。「格別の御━を感謝いたします」

こう-ぎ【高▼誼】[名]目上の人から受ける、深い思いやり。「ご━を賜る」

こう-ぎ【講義】[名・他サ変]学問・学説の内容や研究の成果などについて口頭で解説すること。また、その解説。特に、大学の授業。「集中━」

ごう-き【剛▼毅】[名・形動]意志が強く、たやすく屈しないこと。書き方「豪▼毅」とも。派生-さ

◉**剛毅木訥仁に近し** 無欲で意志が強く、質朴で口数が少ないことは、道徳の理想である仁に近い。▼『論語』子路から。

ごう-き【豪気】[名・形動]❶心がおおきく、細かいことにこだわらないこと。また、そのように豪放な気性。書き方「剛気」とも。❷⬇豪儀 派生-さ

ごう-ぎ【合議】[名・自他サ変]関係者が集まって相談すること。「案件を━して決める」「━制」

ごう-ぎ【豪儀】[形動]規模が大きく、はでなさま。豪気。「世界一周旅行とは━な話だ」書き方「豪気」「強気」とも。派生-さ

こう-きあつ【高気圧】[名]大気中で、周囲よりも気圧の高い所。域内は一般に天気がよい。「移動性━」⬍低気圧

こう-きぎょう【公企業】[名]国や地方公共団体が経営する企業。上下水道・ガス・造幣など。⬍私企業

こうき-しん【好奇心】[名]珍しいものや未知のものに興味をもつ心。「━が強い」「━に駆られてのぞいてみる」

こうきせい-さいきん【好気性細菌】[名]酸素の存在する環境で生育する細菌。枯草菌・酢酸菌・結核菌など。⬍嫌気性細菌

こう-きゅう【公休】[名]❶休日・祝日以外に、官庁・会社などが公式に認めた勤労者の休日。❷同業者などが協定して一斉に休業すること。また、その日。公休日。

こう-きゅう【考究】[名・他サ変]深く考え、研究すること。「諸民族の神話を比較━する」

こう-きゅう【攻究】[名・他サ変]物事の道理や学芸を深くきわめること。「宇宙の根本原理を━する」

こう-きゅう【後宮】[名]皇后・妃などが起居する奥御殿。また、そこに住む皇后・妃・女官などの総称。

こう-きゅう【恒久】[名]永くいつまでも変わらないこと。永久。「━の平和を念願する」「━的な政策」

こう-きゅう【降級】[名・自他サ変]等級・階級が下がること。また、下げること。「二階級━する」

こう-きゅう【降給】[名・他サ変](罰などのために)給料を下げること。⬍昇給

こう-きゅう【高級】[名・形動]品質・等級などがすぐれていること。「━品」「━な内容の話」⬍低級 派生-さ

こう-きゅう【高給】[名]高い給料。「━取り」⬍薄給

こう-きゅう【硬球】[名]硬式のテニス・野球などで用いる、硬くて重いボール。⬍軟球

こう-きゅう【講究】[名・他サ変]深く調べ、研究すること。「江戸文学を━する」▼「講」は調査する意。

こう-きゅう【購求】[名・他サ変]❶賞金をかけて探し求めること。❷買い求めること。

ごう-きゅう【号泣】[名・自サ変]大声をあげて泣くこと。「人目もはばからず━した」「感極まって━した」

✓注意 声をあげずに大量の涙を流すことの意にいうのは誤り。

ごう-きゅう【剛球】[名]野球の投球で、速くて重量感のある球。「━投手」書き方「豪球」とも。

ごう-きゅう【強弓】[名]弦の張りが強く、引くときに強い力を必要とする弓。また、それを引く人。つよゆみ。

こう-きょ【公許】[名・他サ変]官公庁が許可を与えること。また、その許可。官許。

こう-きょ【抗拒】[名・自他サ変]対抗して防ぐこと。「━不能」

こう-きょ【皇居】[名]天皇の住まい。皇宮。▼古くは「宮城」と称した。

こう-きょ【溝▼渠】[名]❶給水や排水のために掘ったみぞ。❷心や気持ちのへだたり。

こう-きょ【▼薨去】[名・自サ変]皇族または三位以上の貴人が死ぬこと。

こう-ぎょ【香魚】[名]鮎の美称。

こう-きょう【口供】[名・他サ変]裁判官の問いに対して、被告人・証人などが口頭で答えること。また、それを記録したもの。供述。「━書」

こう-きょう【公共】[名]社会一般、民衆全体にかかわること。おおやけ。「━の建物」

こう-きょう【広狭】[名]広いことと狭いこと。

こう-きょう【交響】[名・自サ変]互いに響き合うこと。「━楽団(=交響曲を演奏する大編成の管弦楽団)」

こう-きょう【好況】[名]景気のよいこと。好景気。⬍不況

こう-きょう【高教】[名]教えをいう尊敬語。「御━を賜りたく存じます」▼立派な教えの意。

こう-ぎょう【工業】[名]原料を加工して生活に必要な製品を作る産業。第二次産業に属する。「化学━」「━地帯」

こう-ぎょう【鉱業】(▼礦業)[名]鉱物の採掘・精錬・精製などを行う産業。「━権(=一定の鉱区で鉱物を採掘・取得する権利)」

こう-ぎょう【興行】[名・他サ変]観客を集めて入場料を取り、映画・演劇・音曲・スポーツなどを視聴させること。また、その催し物。「地方を回って━する」「顔見世━」「━師」「━権」

こう-ぎょう【興業】[名]事業や産業を新しくおこすこと。また、それを盛んにすること。「殖産━」

こうきょう-いく【公教育】[名]公的性格をもつ教育。かつては国および地方公共団体によって管理・運営される国公立学校の教育を指したが、現在では公

共性をもち、公的な規制を受ける私立学校・各種学校の教育や社会教育も含めていう。

こうきょうかい【公教会】[名] ローマカトリック教会。天主公教会。▽Catholic Church の正式な邦訳として明治・大正時代に使われた。

こうきょうがく【交響楽】[名] 交響曲・交響詩など、管弦楽のための音楽の総称。

こうきょうきぎょうたい【公共企業体】[名] 公共の利益のために、国または地方公共団体が出資・監督する企業体。▽もと、民営化前の日本国有鉄道・日本専売公社・日本電信電話公社を指した。

こうきょうきょく【交響曲】[名] 管弦楽のために作られた、ふつう四楽章で構成される楽曲。主にソナタ形式をとる。シンフォニー。

こうきょうくみあい【公共組合】[名] 公共の利益のために特定の行政事務を行う社団法人。健康保険組合・水害予防組合・土地改良区など。

こうきょうこうこく【公共広告】[名] 社会・公共のためのキャンペーンを目的として非営利的に行われる広告。

こうきょうし【交響詩】[名] 標題音楽の一つ。管弦楽によって詩的・絵画的な内容を表現する自由な形式の楽曲。ふつう単一楽章から成る。▽一九世紀中頃にリストによって創始された。

こうきょうじぎょう【公共事業】[名] 国または地方公共団体が公共の利益や福祉を目的として行う事業。

こうきょうしょくぎょうあんていじょ【公共職業安定所】[名] ⬇職業安定所

こうきょうだんたい【公共団体】[名] 公共の目的のために国から事務を委任されて行政を行う団体。地方公共団体・公共組合・営造物法人の三種がある。

こうきょうほうそう【公共放送】[名] 営利を目的とせず、公共の利益のために行う放送事業。視聴者の支払う受信料を主な財源とする。日本のＮＨＫなど。⬇民間放送

こうきょうりょうきん【公共料金】[名] 国民生活に直接関係する公益的事業の料金。国または地方公共団体がその設定・変更などを規制し、認可する。交通・通信・電気・ガス・水道料金など。

こうきょく【好局】[名] 囲碁・将棋で、内容の充実したよい対局。

こうぎょく【紅玉】[名] ❶赤い色をした鋼玉。ルビー。❷りんごの一品種。果皮は深紅色で、薄黄色の果肉はやや酸味が強い。

こうぎょく【硬玉】[名] アルカリ輝石の一つ。青緑・緑・緑白色などの透明または半透明の鉱物。濃緑色の美しいものは翡翠として珍重される。

こうぎょく【鋼玉】[名] 酸化アルミニウムからなる透明な鉱物。ダイヤモンドに次いで硬い。赤色のものはルビー、青色のものはサファイアと呼ぶ。コランダム。

こうきん【公金】[名] 国や地方公共団体が所有する金銭。また、会社や団体が所有する金銭。

こうきん【行金】[名] 銀行の保有する金銭。「―横領」

こうきん【抗菌】[名] 有害な細菌が増えるのを抑えること。「―作用・―処理」「―性物質」

こうきん【拘禁】[名・他サ変] ❶人を捕らえて、一定の場所に閉じこめておくこと。監禁。❷法律で、逮捕に引き続き、身柄を比較的長期間拘束すること。⬇抑留②

こうぎん【高吟】[名・自他サ変] 大声で詩歌などをうたうこと。「万葉集の歌を―する」「放歌―」

ごうきん【合金】[名] ある金属に他の金属や非金属を溶解融合させて得る金属。真鍮・洋銀・ジュラルミンなど。

こうく【校区】[名] 主に西日本で、児童・生徒の通学区域。▽東日本でいう「学区」に相当する。

こうぐ【工具】[名] 工作に使う道具。特に、機械工作に使う刃物類。

こうぐ【香具】[名] ❶香道で使う道具。香炉・香盆・香箸など。香道具。❷香の材料。白檀・麝香・沈香など。

こうぐ【校具】[名] 学校教育に使うため、校内に備えておく諸用具。

こうぐ【耕具】[名] 田畑をたがやすために使う道具。すき・くわなど。

ごうく【業苦】[名] 仏教で、前世の悪業の報いとして現世で受ける苦しみ。

こうくう【口腔】[名] ⬇こうこう(口腔)

こうくう【航空】[名] 航空機などに乗って空を航行すること。「―写真・―路」

こうくう【高空】[名] 空の高い所。⬍低空

こうぐう【厚遇】[名・他サ変] 手厚くもてなすこと。十分な待遇をすること。優遇。⬍冷遇・薄遇

こうぐう【皇宮】[名] 天皇の宮殿。皇居。「―警察(=皇居の警備や皇族の護衛に当たる警察組織)」

こうくうき【航空機】[名] 空中を航行する乗り物の総称。気球・飛行船・グライダー・飛行機・ヘリコプターなど。現在では特に飛行機を指す。

こうくうしゃしん【航空写真】[名] 測量や地図製作などのために、飛行中の航空機から撮影した写真。空中写真。

こうくうびん【航空便】[名] 航空機で郵便物を輸送すること。また、その郵便物。エアメール。▽「航空郵便」の略。

こうくうぼかん【航空母艦】[名] 戦闘用の航空機を搭載し、それを発着させる広い甲板や格納庫を備えた軍艦。空母。

こうくん【校訓】[名] その学校で、児童・生徒への基本的な教育指針として定めた教えのことば。

こうぐん【行軍】[名・自サ変] 軍隊が隊列を組み、徒歩で長距離を移動すること。「強―」

こうぐん【皇軍】[名] 天皇が率いる軍隊。▽もと、日本の陸海軍の総称。

こうげ【香華】[名] 仏前に供える香と花。こうばな。

こうげ【高下】[名] ❶高いことと低いこと。また、まさっていることと劣っていること。❷[自サ変] 上がったり下がったりすること。上がり下がり。「相場が激しく―する」「乱―」

こうけい【口径】[名] 円筒状のものの、口の内側の直径。「四五―の拳銃」

こうけい【光景】[名] 目に見える景色。また、目に見えるその場のありさま。「日の出の―が美しい」「惨憺たる―を呈する」

こうけい【肯綮】[名] 物事の急所。▽「肯」は骨についた肉、「綮」は骨と肉のつなぎめの意。

◉肯綮に中(あ)た・る　意見などが要点をついて的中する。〓「ーった名批評」

こう-けい【後掲】［名・他サ変］文章などで、それより後の箇所に記述すること。また、その記述。後出。〓「ーの文章を読んで設問に答えよ」⬍前掲

こう-けい【後景】［名］❶背後の光景。特に、写真・絵画などで、中心になる題材の背後にある光景。⬍前景　❷劇場で、舞台の背景として描いた絵。書き割り。

こう-けい【後継】［名］地位・事業・学問などのあとを継ぐこと。また、その人。〓「ー者」

こう-げい【工芸】［名］美術的な価値をもつ工業製品を作る技術・技法。また、その製品。金工・木工・陶芸・染色など。〓「ー品」「ガラスー・伝統ー」

ごう-けい【合計】［名・他サ変］すべての数量を加え合わせること。また、加え合わせた総数量。〓「売上金をーする」「ー金額」

こう-けいき【好景気】［名］経済活動が活発で金回りがよいこと。好況。⬍不景気

ごうけい-とくしゅしゅっしょうりつ【合計特殊出生率】［名］一人の女性が生涯に産むと見込まれる子どもの数。一五歳から四九歳の女性の年齢別出生率を合計したもの。合計出生率。

こう-げき【攻撃】［名・他サ変］❶戦いで、敵を攻め撃つこと。また、試合などで相手を攻めること。〓「敵のーに遭う」❷相手の不正や誤りを非難すること。〓「非難ーの的」

こう-けち【▼纐▼纈】［名］飛鳥・奈良時代に行われた絞り染め。布の一部を縫いしぼって浸染(しんせん)し、縫いしぼった部分を文様として浮き出させるもの。こうけつ。

こう-けつ【公欠】［名］やむを得ないと公認される欠席。〓「テニス部の大会に出場するためーをとる」

こう-けつ【高潔】［名・形動］人格が気高く、私利私欲に心を動かさないこと。高尚潔白。〓「ーな人柄」派生ーさ

こう-けつ【▼膏血】［名］苦労して得た収益や財産。▽人の脂と血の意から。

◉**膏血を絞(しぼ)・る**　人の苦労して得たものを取り上げる。重税を取り立てることなどをいう。

ごう-けつ【豪傑】［名］❶武勇にすぐれ、強くて度胸のある人物。❷世間の常識からはずれて、大胆に一風変わった行動をする人。▽賛嘆あるいは揶揄(やゆ)の気持ちを込めて使う。

こうけつ-あつ【高血圧】［名］血圧が標準よりも持続的に高い状態。▽世界保健機関(WHO)と国際高血圧学会(ISH)の基準では、最高(収縮期)血圧一四〇ミリメートル水銀柱以上、または最低(拡張期)血圧九〇ミリメートル水銀柱以上とする。⬇低血圧

こう-けん【公権】［名］公法上認められている権利。国家的公権(刑罰権・警察権・財政権・統制権など)と個人的公権(参政権・受益権・自由権など)とに分けられる。⬍私権

こう-けん【効験】［名］ききめ。効能。〓「ーあらたかな妙薬」▽古くは「こうげん」とも。

こう-けん【後件】［名］❶後に記した箇条。後述した事項。❷「もしAならばBである」という論理学の仮言的判断で、Bに当たる部分。◈⬍前件

こう-けん【後見】［名］❶［他サ変］年少の家長・主君などを後ろだてとなって補佐すること。また、その役人。❷［他サ変］民法で、親権者のいない未成年者(＝未成年被後見人)および精神上の障害によって判断能力を欠く常況にある人(＝成年被後見人)を保護し、財産の管理などを行うこと。また、その制度。⬇成年後見制度　❸能・歌舞伎・舞踊などの舞台で、役者の後ろに控えて演技の介添えをする人。装束を直したり、小道具を受け渡したりする。

こう-けん【貢献】［名・自サ変］ある物事や社会のために役立つように力を尽くすこと。〓「世界平和にーする」「ー度が高い」▽貢ぎ物を献上する意から。

こう-けん【高見】［名］りっぱな考え。すぐれた識見。また、意見をいう尊敬語。〓「ごーを承る」

こう-げん【公言】［名・他サ変］人前でおおっぴらにいうこと。〓「堂々とーしてはばからない」

こう-げん【巧言】［名］口先だけでたくみに言い回すこと。また、そのことば。〓「ー令色」

こう-げん【広言】［名・自他サ変］口にまかせて大きなことをいうこと。また、そのことば。〓「優勝するとーする」「ーを吐く」

こう-げん【広原(▼曠原)】［名］広々とした野原。

こう-げん【光源】［名］光を発するもと。〓「ー体」

こう-げん【抗原】［名］生体内で抗体をつくらせ、免疫を生じさせる原因となる物質。たんぱく質・多糖類・細菌毒素など。

こう-げん【荒原】［名］(厳しい気候条件のもとで)荒れ果てた野原。荒れ野。〓「ー植物」

こう-げん【高言】［名・自他サ変］偉そうに大きなことをいうこと。また、そのことば。〓「自分は天才だとーする」

こう-げん【高原】［名］高地にある平原。〓「ー地帯」「ー野菜(＝高原の気候を利用して栽培される野菜)」

ごう-けん【合憲】［名］憲法に違反していないこと。⬍違憲

ごう-けん【剛健】［名・形動］強くてしっかりしていること。〓「ーの気風」「質実ー」派生ーさ

こうげん-がく【考現学】［名］現代の社会現象を研究し、世相・風俗の真相を明らかにしようとする学問。モデルノロジー。▽「考古学」をもじった造語。

こうげん-びょう【▼膠原病】［名］全身の結合組織にさまざまな炎症と変性が起こる一群の疾患。全身性エリテマトーデス・リウマチ熱・皮膚(ひふ)筋炎・強皮症など。自己免疫が関与すると考えられるが、原因は不明。

こうげん-れいしょく【巧言令色】［名］ことばをたくみに飾り、顔つきを和らげて人にへつらうこと。〓「ー鮮(すく)なし仁」▽『論語』学而(がくじ)から。

こう-こ【公庫】［名］公共目的のための融資を行う、全額政府出資の金融機関。

こう-こ【好個】［名・形動］ちょうどよいこと。適切なこと。〓「ーの研究テーマ」

こう-こ【江湖】［名］❶川とみずうみ。❷世間。世の中。〓「ーの好評を博す」

こう-こ【後顧】［名］心配して、後ろを振り返ること。

◉**後顧の憂(うれ)い**　あとあとの心配。あとに残る気遣い。〓「ーなく出立する」

こう-ご【口語】［名］❶日常の会話で用いられることば。話しことば。口頭語。❷話しことばと、それをもとにした書きことばを合わせた言語体系。現代語の総称。〓「ー体」「ー文(＝現代の話しことばをもとにして書かれた

文」◈⬍文語

こう-ご【交互】 カウ［名］❶代わる代わる行うこと。‖「—に意見を述べる」❷互い違いになること。‖「赤い紐(ひも)と白い紐を—に組む」◈多く「交互に」の形で副詞的に使う。

こう-ご【向後】 カウ［名］これから先。以後。きょうご。きょうこう。‖「以て—の戒めとする」

ごう-ご【豪語】 ガウ［名・自他サ変］意気盛んに大きなことを言い放つこと。‖「もはや敵なしと—する」

こう-こう【口▼腔】 カウ［名］口からのどまでの空間になった部分。‖「—衛生」読み分け 医学では慣用的に「こうくう」という。

こう-こう【坑口】 カウ［名］坑道の入り口。こうぐち。

こう-こう【孝行】 カウ［名・形動・自サ変］子が親を大切にし、よく尽くすこと。親孝行。‖「—な子」「—したい時に親はなし」⬍不孝

こう-こう【後攻】［名・自サ変］野球など、攻撃と防御を交互に行う試合で、あとから攻撃すること。また、そのチーム。あとぜめ。⬍先攻

こう-こう【後項】［名］❶後に掲げた箇条。後の項目。❷数学で、二つ以上の項のうち、後の方の項。◈⬍前項

こう-こう【航行】 カウ［名・自サ変］船や航空機が定められた航路を進むこと。‖「—の安全を図る」

こう-こう【高校】 カウカウ［名］「高等学校」の略。

こう-こう【港口】 カウ［名］港の出入り口。

こう-こう【硬▼膏】 カウカウ［名］常温では固形状態だが、体温に接すると軟化して粘着する外用薬。絆創膏(ばんそうこう)など。⬍軟膏

こう-こう【鉱坑】 クワウカウ［名］鉱物を採掘するために掘ったあな。

こう-こう【▼膏▼肓】 カウクワウ［名］体の奥深くにあって、治療が及ばないところ。‖「病(やまい)—に入る」▼「膏」は心臓の下の部分、「肓」は横隔膜の上の部分。誤読から俗に「こうもう」ともいう。

こう-こう【▼皓▼皓(▼皎▼皎)】 カウカウ［形動タルト］❶白いさま。白く光り輝くさま。‖「—と照る月」❷むなしく広がっているさま。‖「—たる原野」

こう-こう【▼煌▼煌】 クワウクワウ［形動タルト］きらきらと光り輝くさま。‖「—と輝く電飾」

こう-ごう【交合】 カウガフ［名・自サ変］性交。交接。媾合(こうごう)。

こう-ごう【▼咬合】 カウガフ［名］上の歯と下の歯とのかみ合わせ。‖「不正—」

こう-ごう【皇后】 クワウ［名］天皇・皇帝の妻。きさき。

こう-ごう【香合(香▼盒)】 カウガフ［名］香を入れる、蓋(ふた)つきの小さな容器。香箱。

こう-ごう【校合】 カウガフ［名・他サ変］⬇きょうごう(校合)

ごう-ごう【▼囂▼囂】 ガウガウ［形動タルト］大勢がうるさく言いたてるさま。‖「喧喧(けんけん)—」▼「囂」はやかましいの意。

ごう-ごう【▼轟▼轟】 ガウガウ［形動タルト］大きな音がとどろきわたるさま。‖「エンジンの音が—と響く」

こう-こうがい【硬口蓋】 カウ［名］上あごの前方の、骨があって硬い部分。⬍軟口蓋

こうごう-し・い【神神しい】 カウガウ［形］(神が宿っているように)気高くておごそかであるさま。‖「杉木立の中の—社」▼「かみがみし」の転。派生 -さ

こう-ごうせい【光合成】 クワウガフセイ［名］炭酸同化作用の一つ。緑色植物が光エネルギーを利用して水と二酸化炭素から炭水化物を合成する過程。このときに酸素を放出する。ひかりごうせい。

こうこうそつぎょうていどにんていしけん【高校卒業程度認定試験】 カウカウソツゲフテイド—［名］高等学校卒業者と同等以上の学力があることを認定するための試験。合格者は大学・短期大学・専門学校の受験資格が得られるほか、国家試験、各種資格試験や就職などにおいて、高等学校卒業者と同等に扱われる。高認。▼「高等学校卒業程度認定試験」の略。大学入学資格検定に替わり、平成一七(二〇〇五)年より実施。

こうこう-や【好好▼爺】 カウカウ［名］やさしくて人のよい老人。

こうこ-がく【考古学】 カウ［名］遺跡・遺構・遺物などを考察することによって、古い時代の生活や文化を研究する学問。

こう-こく【公告】［名・他サ変］国・公共団体・裁判所などが、ある事項を官報・新聞・掲示などによって広く一般に知らせること。

こう-こく【公国】［名］ヨーロッパで、公の称号を持つ君主が統治する小国。モナコ・ルクセンブルクなど。

こう-こく【広告】 クワウ［名・他サ変］❶有料の媒体を使って商品・サービス・事業などの内容を宣伝すること。また、そのための文書・記事・放送など。‖「新聞—・ネット—」❷広く一般の人々に告げ知らせること。また、そのための文書など。‖「意見—」

こう-こく【抗告】 カウ［名・自サ変］上訴の一つ。裁判所の決定・命令に対して上級裁判所に不服を申し立てること。‖「高等裁判所に—する」「—審」

こう-こく【皇国】 クワウ［名］天皇が統治する国。すめらみくに。▼かつて日本国の自称として用いられた語。

こう-こく【興国】［名］❶国の勢いを盛んにすること。また、勢いの盛んな国。❷新しく国をおこすこと。建国。

こう-こく【▼鴻▼鵠】［名］(大きな鳥を代表する)鴻(おおとり)と鵠(くぐい)。転じて、大人物。⬇燕雀(えんじゃく)

◉**鴻鵠の志(こころざし)** 大人物の遠大な志。▼『史記』から。⬇燕雀(えんじゃく)安(いずく)んぞ鴻鵠の志を知らんや

こうこく-だいりてん【広告代理店】 クワウコク—［名］広告主に代わって、広告活動を行う企業。広告主と新聞・雑誌・放送などのメディアとの仲介のほか、広告制作や市場調査なども行う。エージェンシー。

こうこく-とう【広告塔】 クワウコクタフ［名］❶広告の看板などを掲げるための建造物。‖「ビルの屋上の—」❷企業や団体などの宣伝の役割を果たす知名人。‖「政党の—」

こうご-たい【口語体】［名］話しことばの言語体系に基づいてつづる現代の一般的な文章の様式。口語文体。⬍文語体▼常体(「だ体」「である体」)と敬体(「です・ます体」「でございます体」「であります体」)とに分けられる。

こう-こつ【▼恍▼惚】 クワウ［名・形動タルト］❶心をうばわれて、うっとりすること。‖「妙なる調べに—として聴き入る」❷頭の働きや意識がはっきりしないこと。

こう-こつ【硬骨】 カウ［名］❶カルシウム分を多く含む、かたい骨。‖「—魚類」⬍軟骨 ❷［形動］意志が強く、容易には信念を曲げないこと。‖「—の士」「—漢」派生 -さ ◈書き方 ②は「▼鯁骨」とも。

こうこつ-もじ【甲骨文字】 カフコツ［名］亀甲(きっこう)や獣骨

に刻まれた中国古代の文字。現在、漢字の最古の形を示す。甲骨文。▼殷墟から多数発掘されたので殷墟文字ともいう。

ごう-コン【合コン】 ガフ [名] 二つ以上のグループが合同で行うコンパ。▼「合同コンパ」の略。

こう-さ【公差】 [名] ❶等差数列で、隣り合う二項の間の差。❷度量衡器の標準値と実際値の間で、法律で有効と認定される誤差の範囲。❸機械加工の工作物で、許容される誤差の最大寸法と最小寸法の差。

こう-さ【交差(交▼叉)】 カウ [名・自サ変] 二つ以上の線状のものが一点で十文字または筋かいに交わること。≡「襷を背中で―させる」「立体―」 書き方「交差」は代用表記。 使い方「腕を交差する」など他動詞の用法も見られるが、「腕が交差する」「腕を交差させる」など自動詞の用法が標準的。

こう-さ【考査】 カウ [名・他サ変] ❶調べて評価すること。考課。≡「人物―」❷学校で、試験などをして生徒の学力を調べること。また、その試験。≡「期末―」

こう-さ【黄砂】 クワウ [名] ❶黄色い砂。❷主に中国北西部で、強風に吹き上げられた黄色い砂塵が空をおおい、風に運ばれながら徐々に降下する現象。三〜五月に多く、しばしば日本にも及ぶ。

こう-さ【▽較差】 カウ [名] ➡かくさ(較差) ▼「かくさ」は慣用読み。

こう-ざ【口座】 [名] ❶簿記で、資産・負債の増減や損益の発生などを項目別に書き入れる所。❷預金者・加入者などの名義を記載して金銭の出し入れを管理する帳簿。≡「―を開く」▼「預金口座」「振替口座」の略。

こう-ざ【高座】 カウ [名] 寄席で、落語などを演じるために客席よりも一段高く設けた席。≡「―にのぼる」

こう-ざ【講座】 カウ [名] ❶大学で、学科ごとに教授・准教授・講師などを配した研究・教育のための組織。また、それに基づいて行われる講義。❷①をまねて体系的に編成された講習会・放送番組・出版物。≡「韓国語―」

こう-さい【公債】 [名] 国や地方公共団体が債券を発行して負う金銭の債務。また、その債券。国債・地方債など。

こう-さい【交際】 カウ [名・自サ変] 人とつきあうこと。≡「卒業後も―が続いている友」「彼には―している女性がいる」「―が広い」「―費」

こう-さい【光彩】 クワウ [名] ❶あざやかに輝く美しい光。≡「―陸離たる紅玉の輝き」❷きわだって現れる才能や美しさ。≡「ひときわ―を放つ逸材」

こう-さい【▽虹彩】 [名] 眼球の瞳孔を取り巻く環状の膜。伸縮して眼球内に入る光の量を調節する。

こう-さい【香菜】 [名] ➡コリアンダー

こう-さい【高裁】 カウ [名]「高等裁判所」の略。

こう-さい【鉱▼滓】 クワウ [名] 金属を精錬するときに出る非金属を主成分とするかす。スラグ。▼「こうし」の慣用読み。

こう-ざい【功罪】 [名] 功績と罪過。物事のよい点と悪い点。≡「―相半ばする」

こう-ざい【鋼材】 カウ [名] 鋼鉄を板・棒・管などに加工したもの。建築や機械の材料とする。≡「圧延―」

ごう-さい【合祭】 ガフ [名・他サ変] 合祀。

こう-ざいりょう【好材料】 カウザイレウ [名] ❶ちょうどよい材料。強材料。❷取引で、相場を上げる原因となる条件。上げ材料。⬍悪材料

こう-さく【工作】 [名・他サ変] ❶材料を用いて道具などを作ること。特に、簡単な器物を作ること。また、それを学ぶ学科。≡「―機械」「図画―(=図工)の時間」❷ある目的のために、他に対してあらかじめ計画的な働きかけを行うこと。≡「和平―」

こう-さく【交錯】 カウ [名・自サ変] いくつかのものが入り交じること。≡「期待と不安が―する」

こう-さく【耕作】 カウ [名・他サ変] 田畑を耕して穀物・野菜などを作ること。農作。≡「―地」

こう-さく【高作】 カウ [名] すぐれた作品。また、作品をいう尊敬語。≡「ご―拝見いたしました」

こう-さく【鋼索】 カウ [名] 鋼鉄の針金をより合わせて作った綱。ワイヤロープ。≡「―鉄道(=ケーブルカー)」

こうさく-いん【工作員】 ヰン [名] 諜報活動など、裏に回って秘密の活動をする人。

こうさく-きかい【工作機械】 [名] 切削・研削などの方法によって金属などの材料を目的の形に加工する機械の総称。旋盤・ボール盤・フライス盤など。

こう-さつ【考察】 カウ [名・他サ変] 物事の道理・本質を明らかにするために、よく調べて考えること。≡「宗教の歴史的意味を―する」

こう-さつ【高札】 カウ [名] ❶昔、禁令・罪人の罪状などを書いて人目のつく所に高く掲げた板。たかふだ。❷手紙をいう尊敬語。≡「ご―拝読いたしました」

こう-さつ【高察】 カウ [名] すぐれた推察。また、推察をいう尊敬語。≡「ご―の通りです」

こう-さつ【絞殺】 カウ [名・他サ変] 首をしめて殺すこと。≡「―死体」

こう-ざつ【交雑】 カウ [名・他サ変] 動植物で、遺伝子型の異なる系統・品種などの間で交配を行うこと。≡「―育種」

こうさ-てん【交差点(交▼叉点)】 カウ [名] 二本以上の道路・鉄道などが交わっている所。≡「スクランブル―」 書き方「交差」は代用表記。

こう-さん【公算】 [名] ある事態・事柄が生じる見込み。確率。≡「否決される―が大きい」「起訴される―が大だ[小さくない]」 使い方「公算」の最も一般的な程度表現は、「大小」。ほかに「強弱」「高低」や「多少」もある。≡「上陸の―が強い[高い・多い]」「撤退の―が強まる」

こう-さん【恒産】 [名] 一定の資産。また、安定した職業。≡「―無き者は恒心無し」

こう-さん【降参】 カウ [名・自サ変] ❶戦いや争いに負けて敵に服従すること。❷どうにもならず困りきること。≡「あの人のしつこさには―だ」

こう-さん【鉱産】 クワウ [名] 鉱業による生産。また、その生産物。≡「豊かな―資源」

こう-ざん【高山】 カウ [名] 高い山。≡「―植物・―帯」

こう-ざん【鉱山】 クワウ [名] 有用な鉱物を採掘する場所。また、その事業所。

こうざん-びょう【高山病】 カウザンビャウ [名] 比較的短時間内に高山へ登ったとき、気圧の低下や酸素の欠乏によって起こる病気。動悸・めまい・吐き気・耳鳴り・頭痛などの症状があらわれる。山岳病。

こう-し【公子】 [名] 貴族の子息。貴公子。

こう-し【公私】 [名] おおやけとわたくし。公的なことと、私的なこと。≡「―ともに忙しい」「―混同する」

こう-し【公使】 [名] 国を代表して条約国に駐在し、外交事務を取り扱う職務(を務める人)。階級は大使につぐが、その職務・権限は大使と等しい。特命全権公使

と代理公使があるが、ふつうは特命全権公使をいう。‖「駐日―」

こう-し【光子】クヮウ―［名］量子論で、光をエネルギーを持つ粒子の集まりと見たときの、光の粒子。光量子。

こう-し【行使】カウ―［名・他サ変］権利・権力などを実際に用いること。‖「武力［特権］を―する」「実力―」

こう-し【孝子】カウ―［名］親孝行な子。‖「家貧しくして―顕(あらわ)る」

こう-し【厚志】［名］深い思いやりの気持ち。‖「ご―ありがたく存じます」▽相手の好意に感謝するときに使う。

こう-し【後肢】［名］❶動物で、四本の足のうち後ろの方の一対。後ろ足。あと足。❷昆虫で、三対の胸脚のうち前から三番目の一対。後脚。◈⇔前肢

こう-し【後嗣】［名］あとつぎ。子孫。

こう-し【皇嗣】クヮウ―［名］皇位継承の第一順位にある人。皇太子。

こう-し【格子】カウ―［名］❶細い木や竹を縦横に間をすかして組み合わせたもの。窓や戸の建具として使う。❷格子を組み込んだ戸。▽「格子戸」の略。❸染織品などで、縦・横の縞(しま)を組み合わせた模様。▽「格子縞(じま)」の略。

こう-し【高士】カウ―［名］❶人格の高潔な人。❷世俗をきらい山奥などに隠れ住んでいる高潔な人。

こう-し【高師】カウ―［名］旧学制で、中学校・高等女学校・師範学校の教員を養成した官立の学校。▽「高等師範学校」の略。

こう-し【▼皓歯】カウ―［名］白くて美しい歯。‖「明眸(めいぼう)―」

こう-し【▼嚆矢】カウ―［名］物事のはじめ。‖「近代建築の―となった建物」▽昔、中国でかぶら矢（嚆矢）を敵陣に射て開戦の合図としたことから。

こう-し【講師】カウ―［名］❶講演会・講習会などで講義をする人。❷大学などで、准教授に準じる職務に従事する人。‖「非常勤―」❸小・中・高等学校で、非常勤で教諭の職務を補助する人。❹予備校・塾などで講座を受け持つ人。◈寺で説教をする僧をいった「講師(こうじ)」から出た語。

こうじ【▼麴・▼糀】カウジ［名］蒸した米・麦・大豆などにコウジカビを繁殖させたもの。酒・甘酒・みそ・しょうゆなどを醸造するのに使う。**書き方**「麹」は、「麴」の簡易慣用字体。　麴

こう-じ【小路】―ヂ［名］家と家に挟まれた幅のせまい道。⇔大路(おおじ)▽「こみち」の転。

こう-じ【工事】［名・自他サ変］建築や土木の作業。‖「自費で―する」「道路を―する」「―現場」

こう-じ【公示】［名・他サ変］おおやけの機関が決定事項などを発表して一般に広く知らせること。▽選挙の投票期日を知らせる場合、衆議院の総選挙と参議院の通常選挙については「公示」を使い、その他の選挙については「告示」を使う。

こう-じ【好事】カウ―［名］❶よいこと。めでたいこと。❷よい行い。‖「―門を出(い)でず（＝善行はなかなか世間に伝わらないものだ）」

◉**好事魔(ま)多し**　よいことには邪魔が入りやすい。

こう-じ【好餌】カウ―［名］❶人をうまく誘い寄せる手段。❷欲望の犠牲となるもの。手ごろなえじき。‖「悪徳商人の―となる」▽「うまいえさ」の意から。

こう-じ【後事】［名］将来のこと。特に、自分の死後のこと。‖「友人に―をゆだねる」

こう-じ【▼柑子】カウ―［名］古くから果樹として栽培されたミカン科の常緑小高木。ウンシュウミカンより小さい果実は濃黄色で、酸味が強い。コウジミカン。▽「かんじ」の転。

こう-じ【校時】カウ―［名］授業を行う時間割の単位。時限。‖「一―表」「三―は国語だ」

こう-じ【高次】カウ―［名］❶［形動］程度・水準などが高いこと。高い次元。‖「―の段階へ進む」❷数学で、次数が高いこと。ふつう三次以上をいう。‖「―方程式」◈⇔低次

こう-じ【講師】カウ―［名］❶宮中の歌会・歌合わせなどで、歌を読みあげる役の人。❷昔、法会のときなどに経文の講義をした僧。

ごう-し【合▼祀】ガフ―［名・他サ変］二柱以上の神や霊を一つの神社に合わせまつること。また、ある神社の神を別の神社に移して一緒にまつること。合祭(ごうさい)。

ごう-し【合資】ガフ―［名］複数の人が資本を出し合うこと。

ごう-し【郷士】ガウ―［名］江戸時代、農村に在住して農業に従事した武士。また、武士の待遇を受けていた農民。

こうしえん【甲子園】カフシヱン［名］兵庫県西宮市の一地区。高校野球の全国大会が行われる甲子園球場の所在地。▽球場が完成した一九二四（大正一三）年が甲子(きのえね)であったことによる命名。

ごうし-がいしゃ【合資会社】ガフシグワイシャ［名］会社債権者に対して直接に連帯無限責任を負う無限責任社員と、出資額の限度内で連帯責任を負う有限責任社員からなる会社。

こうし-かん【公使館】―クワン［名］公使が駐在国で公務を執る公館。

こう-しき【公式】［名］❶［形動］おおやけに決められた方式・形式。また、それに従って物事を行うこと。‖「―に訪問する」「―の発表」「―文書」❷一般的な原理や計算法則を数学上の記号で表した式。

こう-しき【硬式】カウ―［名］野球・テニスなどで、硬球を使って行う競技の方式。⇔軟式

こうしき-しゅぎ【公式主義】［名］既存の形式や原則にとらわれ、現実に即した処置をしようとしないこと。また、そのようなやり方。

こうしき-せん【公式戦】［名］公式の試合。特にプロ野球などで、正式に決められた日程で行う試合。

こう-しせい【高姿勢】カウ―［名］相手を威圧するような尊大な態度。⇔低姿勢

こう-した【▼斯うした】カウ―［連語］（前に述べた事柄を受けて）このような。こんな。‖「―例は枚挙にいとまがない」

こう-しつ【皇室】クヮウ―［名］天皇とその一族。

こう-しつ【高湿】カウ―［名・形動］湿度が高いこと。‖「高温―」

こう-しつ【硬質】カウ―［名・形動］質がかたいこと。また、かたい性質。‖「―の石［音・文体］」⇔軟質

こう-しつ【▼膠質】カウ―［名］コロイド。

こう-じつ【口実】［名］❶ごまかしや言い訳のためにかこつける理由。また、そのことば。❷言いがかりをつけるための材料。‖「論敵に攻撃の―を与える」

こう-じつ【好日】カウ―［名］よい日。気持ちよく過ごせる平穏な日。佳日。‖「日々是(これ)―」

こうじつ-せい【向日性】（カウジツ）［名］高等植物の茎や葉が太陽光線の強い方向に屈曲する性質。正の屈光性。向光性。⇕背日性

こうしつ-てんぱん【皇室典範】（クワウシツ）［名］皇位継承・皇族の身分・皇族会議など、皇室に関する事項を定めた法律。

こう-して【▼斯うして】（カウ）■一［副］こうやって。こんなかたちで。〓「現に一実物があるのだから信じる他はない」■二［接］このようなわけで。こんなことがあって。〓「とうとう最後の住人も村を離れた。一、この村は滅びた」

こう-しゃ【公社】［名］❶公共事業を行うために、国が全額出資して設立する特殊法人。▽日本国有鉄道・日本電信電話公社・日本専売公社や日本郵政公社など。いずれも民営化された。❷公共事業を行うために、地方公共団体が出資して設立する特殊法人。地方住宅供給公社・地方道路公社など。地方公社。

こう-しゃ【公舎】［名］公務員用の住宅。〓「知事一」

こう-しゃ【巧者】（カウ）［名・形動］物事にたくみなこと。また、そういう人。〓「試合一」「見一（みごうしゃ）」

こう-しゃ【後車】［名］あとに続く車。〓「前車の覆（くつがえ）るは一の戒め」⇕前車

こう-しゃ【後者】［名］❶二つ挙げたもののうち、あとのもの。⇕前者 ❷あとに続く人。後世の人。

こう-しゃ【校舎】（カウ）［名］学校の建物。

こう-しゃ【降車】（カウ）［名・自サ変］電車・自動車などから降りること。下車。〓「一口」⇕乗車

こう-しゃ【講社】（カウ）［名］同じ神仏を信仰する人々が結成する団体。講。講中（こうじゅう）。

ごう-しゃ【豪▼奢】（ガウ）［名・形動］非常にぜいたくで、はでなこと。〓「一な暮らし［衣装］」

こう-しゃく【公爵】［名］旧華族制度で、爵位の一つ。五等爵の第一位。

こう-しゃく【侯爵】［名］旧華族制度で、爵位の一つ。五等爵の第二位。

こう-しゃく【講釈】（カウ）［名］❶［他サ変］文章や語句の意味などを説明して聞かせること。また、その説明。❷［他サ変］もったいぶって自分の考えや解釈を説いて聞かせること。また、その説明。❸講談。〓「一師」

こうしゃ-さい【公社債】［名］❶公債と社債の総称。❷公社の発行する債券。

こう-しゅ【工手】［名］鉄道敷設などの土木工事に従事する人。〓「線路一」

こう-しゅ【巧手】（カウ）［名］技芸などの、たくみなわざ。また、そのわざを持つ人。〓「地唄舞（じうたまい）の一」

こう-しゅ【甲種】（カフ）［名］甲・乙・丙・丁などと分類したときの、甲の種類。第一等の種類。〓「一合格」

こう-しゅ【好手】（カウ）［名］❶すぐれたわざ。また、そのわざを持つ人。〓「弓の一」❷囲碁・将棋で、うまい手。また、一般的にうまい方法。

こう-しゅ【好守】（カウ）［名・他サ変］野球・サッカーなどで、うまくまもること。うまい守備。好守備。〓「一で投手をもり立てる」⇕拙守

こう-しゅ【攻守】［名］せめることとまもること。攻撃と守備。

◉**攻守所（ところ）を変・える** 攻め手と守り手の立場が逆転する。

こう-しゅ【▼拱手】［名・自サ変］⬇きょうしゅ（拱手）▽「きょうしゅ」の慣用読み。

こう-しゅ【耕種】（カウ）［名・他サ変］田畑をたがやし、種や苗を植えること。

こう-しゅ【絞首】（カウ）［名］首をしめて殺すこと。〓「一刑」

こう-じゅ【口受】［名・他サ変］その人の口から直接教えを受けること。くじゅ。

こう-じゅ【口授】［名・他サ変］口で述べて教えを伝授すること。くじゅ。〓「弟子に奥義を一する」

ごう-しゅ【強酒・豪酒】（ガウ）［名・形動］酒を大量に飲み、酒に強いこと。また、その人。

こう-しゅう【口臭】（ーシウ）［名］口から出るいやなにおい。

こう-しゅう【公衆】［名］社会一般の人々。〓「一の面前で恥をかく」「一便所」

こう-しゅう【講習】（カウシフ）［名・他サ変］希望者が集まって、一定期間学問・技芸などを学び習うこと。また、その指導をすること。〓「一会」

こう-じゅう【講中】（カウチユウ）［名］❶社寺参詣のために講をつくっている信仰者の集まり。❷頼母子講（たのもしこう）など金融講に入っている仲間。

こうしゅう-えいせい【公衆衛生】（ーヱイセイ）［名］公私の諸機関による組織的な活動によって、広く地域社会の人々の病気を予防し、健康の保持・増進をはかること。また、その活動。母子保健・学校保健・環境衛生・食品衛生など。

こうしゅう-でんわ【公衆電話】［名］一般の人々が利用できるように、駅頭や店頭に設置された有料電話。

こうしゅう-どうとく【公衆道徳】（ーダウトク）［名］社会の一員として一人一人が守るべき道徳。

こうしゅう-は【高周波】（カウシウハ）［名］周波数が高いこと。また、その電波・電流。⇕低周波 ▽ふつう電力分野では数百ヘルツ以上、通信分野では三〜三〇メガヘルツの電波をいう。

こう-じゅく【紅熟】［名・自サ変］果実などが熟して赤くなること。

こう-じゅく【黄熟】（クワウ）［名・自サ変］⬇おうじゅく

こう-しゅつ【後出】［名］文章などで、それより後に示してあること。また、そのもの。⇕前出

こう-じゅつ【口述】［名・他サ変］口頭で述べること。〓「一筆記」「一試験」

こう-じゅつ【公述】［名・自他サ変］公聴会など、公式の席で意見を述べること。〓「一人」

こう-じゅつ【後述】［名・他サ変］あとで述べること。また、そのことがら。〓「詳細は一する」⇕前述

こうじゅ-ほうしょう【紅▼綬褒章】（ーハウシヤウ）［名］人命救助に功績のあった者に授与される褒章。リボンは紅色。

こう-じゅん【孝順】（カウ）［名・形動］親に孝行を尽くし、その意に従順であること。派生 ーさ

こう-じゅん【降順】（カウ）［名］大きい数から小さい数へと順に並べられていること。また、その順序。逆順。⇕昇順

こうじゅん-かん【好循環】（カウジユンクワン）［名］二つの事柄が互いに影響し合って際限なくよい状態を作り出していくこと。〓「消費の伸びが景気の一を生み出す」▽「悪循環」の類推から生まれた語。

こう-しょ【公署】［名］市役所・町村役場など、地方公共団体の諸機関。〓「官一」

こう‐しょ【向暑】(カウ) [名] 暑い季節に向かうこと。〓「―のみぎり、ご自愛専一のほどお祈り申し上げます」⬍向寒 ▽おもに手紙で時候の挨拶などに使う。

こう‐しょ【高所】(カウ) [名] ❶高い場所。〓「―恐怖症」❷高い立場。高い見地。〓「大所(たいしょ)―に立って論議する」

こう‐じょ【公助】 [名] 公的機関が援助すること。

こう‐じょ【公序】 [名] 社会一般の人々が守るべき秩序。

こう‐じょ【孝女】(カウヂョ) [名] 親孝行な娘。

こう‐じょ【皇女】(クワウヂョ) [名] 天皇の娘。内親王。おうじょ。⬍皇子

こう‐じょ【控除(▼扣除)】(ヂョ) [名・他サ変] 金銭・数量などを差し引くこと。特に、収入の一部または全部を課税対象から除外すること。〓「扶養[基礎]―」

こう‐しょう【口承】 [名・他サ変] 口から口へと代々語り伝えること。〓「―文学」

こう‐しょう【口▼誦】 [名・他サ変] 詩歌などを口ずさむこと。また、書物などを声を出して読むこと。〓「漢詩を―する」

こう‐しょう【工匠】(ヤウ) [名] ❶〔古風〕工作物を作る職人。大工・細工師など。たくみ。▽技術的にすぐれた腕を持つ者をいう。❷工作物の意匠。デザイン。

こう‐しょう【工▼廠】(ヤウ) [名] 旧陸海軍に直属し、兵器・弾薬などの軍需品を製造・修理した工場。〓「砲兵―」

こう‐しょう【公称】 [名・他サ変] ❶表向きそのように発表すること。〓「―部数百万部の週刊誌」❷おおやけにそう称すること。また、その名称。

こう‐しょう【公▼娼】(ヤウ) [名] 昔、おおやけに営業を許可されていた娼婦。⬍私娼

こう‐しょう【公証】 [名] 特定の事実や法律関係をおおやけの機関が証明する行政行為。不動産登記・選挙人名簿への登録など。〓「―事務・―役場」

こう‐しょう【公傷】(ヤウ) [名] ❶公務中に生じたけが。〓「―休暇」⬍私傷 ❷大相撲で、本場所中の取り組みで生じたけが。

こう‐しょう【交渉】(カウセフ) [名] ❶[自他サ変] 取り決めをするために、相手と話し合うこと。〓「適正な値段[処分の撤回]を―する」「―がまとまる」「団体―」❷人と人との交わり。かかわりあい。関係。〓「没―」

こう‐しょう【好尚】(カウシャウ) [名] このみ。喜ぶところ。嗜好。〓「時代の―に乗る」

こう‐しょう【考証】(カウ) [名・他サ変] 文献や事物を調べ、古い事柄を実証的に説明すること。〓「時代―」

こう‐しょう【行賞】(カウシャウ) [名] 功績に対して賞を与えること。〓「論功―」

こう‐しょう【▼哄笑】(ウセ) [名・自サ変] 大口をあけてどっと笑うこと。

こう‐しょう【▼咬傷】(カウシャウ) [名] かまれてできたきず。かみきず。

こう‐しょう【校章】(カウシャウ) [名] 学校の記章。

こう‐しょう【高尚】(カウシャウ) [名・形動] 知性の程度が高く、気品があること。〓「―な趣味を持つ」⬍低俗 派生 ―さ／―がる

こう‐しょう【高唱】(カウシャウ) [名・他サ変] 大きな声で歌うこと。また、大きな声でとなえること。⬍低唱 ▽声を大にして主張する意でも使う。〓「核兵器の廃絶を―する」

こう‐しょう【鉱床】(クワウシャウ) [名] 地中で、有用な鉱物が多量に集まっている場所。

こう‐じょう【口上】(ジャウ) [名] ❶口頭で述べること。また、その内容。特に、口頭で述べる型どおりのあいさつ。〓「お祝いの―を述べる」❷歌舞伎などの興行で、出演者または劇場の代表者が観客に対して舞台の上から申し述べるあいさつ。初舞台・襲名披露などで行われる。

こう‐じょう【工場】(ヂャウ) [名] 一定の機械などを設備し、物の製造・加工・修理などを行う所。〓「紡績―」使い方「こうば」より規模の大きなものをいうことが多い。

こう‐じょう【交情】(カウジャウ) [名] ❶交際している相手に対する親しみの気持ち。〓「―を深める」❷性的な関係を持つこと。情交。

こう‐じょう【向上】(カウジャウ) [名・自サ変] いっそうよい方向へ進むこと。〓「学力が―する」⬍低下

こう‐じょう【厚情】(ジャウ) [名] あついなさけ。心からの親切。〓「ご―を賜る」▽相手の厚意に感謝して使う語。

こう‐じょう【恒常】(ジャウ) [名・形動] 一定していて変わらないこと。〓「―的なイベント」「―心」

こう‐じょう【荒城】(クワウジャウ) [名] 荒れはてた城。

こう‐じょう【▼膠状】(カウジャウ) [名] にかわのようにねばりけのある性質。

ごう‐しょう【豪商】(ガウシャウ) [名] 大資本を持った、規模の大きな商人。富豪の商人。

ごう‐じょう【強情(剛情)】(ガウジャウ) [名・形動] 人のことばを聞き入れず、どこまでも自分の考えや行動を押し通そうとすること。〓「―を張る」「―に押し黙る」使い方「頑固」は性質そのものにいい、「強情」は対人関係を前提にしていう趣が強い。派生 ―さ

こうじょう‐しょ【口上書】(コウジャウ) [名] 外交文書の一つ。相手国に一定の意向を伝えるため、口述する代わりに文書にして渡すもの。自国・相手国ともに三人称で書かれ、ふつう宛名も署名もない。

こうじょう‐しん【向上心】(カウジャウ) [名] よりよい方向を目指し自らを高めようとする心。〓「―のない人」「精神的に―のないものは馬鹿だ〈漱石・こころ〉」

こうじょう‐せい【恒常性】(コウジャウ) [名] ➡ホメオスタシス

こうじょう‐せん【甲状腺】(カウジャウ) [名] のどぼとけの下方、気管上部の左右にある蝶(ちょう)型の内分泌腺(せん)。成長・発育・新陳代謝に必要なホルモンを分泌する。

こうしょう‐にん【公証人】 [名] 公正証書の作成、私署証書や定款に認証を与えるなどの権限を持つ公務員。法務大臣が任命する。

こう‐しょく【公職】 [名] 公務員・議員など、公的な性格を持つ職。〓「―につく」「―選挙法」

こう‐しょく【交織】(カウ) [名] 絹糸と綿糸など、異種の糸をまぜて織ること。また、その織物。まぜおり。

こう‐しょく【好色】(カウ) [名・形動] 色事をこのむこと。色好み。〓「―家・―漢」派生 ―さ

こう‐しょく【紅色】 [名] べにいろ。くれない色。〓「淡―」

こう‐しょく【降職】(カウ) [名・他サ変] 職務上の地位を下げること。降任。

こう‐しょく【黄色】(クワウ) [名] きいろ。おうしょく。〓「―人種」

ごうじょっ‐ぱり【強▽情っ張り】(ガウジャウ) [名・形動] 意地を張ってどこまでも自分の考えや行動を押し通そう

とすること。また、そういう人。意地っ張り。▽「ごうじょうはり」の転。

こうじょ-りょうぞく【公序良俗】［名］おおやけの秩序と善良の風俗。

こう・じる【▽困じる】［自上一］⬇困ずる

こう・じる【高じる（▼嵩じる・▼昂じる）】［自上一］程度がはなはだしくなる。‖「趣味が―・じて本職となる」異形 高ずる

こう・じる【講じる】［他上一］❶講義をする。‖「学生に哲学を―」❷問題を解決するために方策をめぐらせて実行する。‖「有効な対策を―」❸敵と和解する。講和する。‖「和を―」書き方 ③は「▼媾じる」とも。異形 講ずる

こう-しん【口唇】［名］くちびる。‖「―炎」

こう-しん【功臣】［名］国や主君に対して功績のあった臣下。

こう-しん【交信】［名・自サ変］信号を取り交わすこと。‖「無線で―する」使い方 まれに他動詞としても使う。‖「情報を―する」

こう-しん【行進】［名・自サ変］多くの人が列を整えて進むこと。‖「デモ―」「―曲」

こう-しん【孝心】［名］孝行をしようとする心。

こう-しん【更新】［名］❶［自他サ変］古いものが新しく改まること。また、新しく改めること。‖「契約が―する」「世界記録を―する」❷［他サ変］法律で、契約の期間が満了した契約をさらに継続させること。‖「賃貸契約を―する」

こう-しん【▼庚申】［名］❶干支の一つ。かのえさる。❷「庚申待ち」の略。

こう-しん【▼昂進・▼亢進】［名・自他サ変］❶感情・病状などが、高ぶって進むこと。また、進めること。‖「機能―症・心悸―」❷物価などが高くなること。また、高くさせること。‖「インフレが―する」◈書き方 ①は「亢進」が好まれる。新聞は①の病名以外は「高進」で代用する。

こう-しん【後身】［名］❶生まれ変わった身。また、境遇などが一変したあとの身。❷団体・組織などで、以前の形から変化・発展したあとのもの。‖「貴族院の―である参議院」◈⬍前身

こう-しん【後進】［名］❶学問・技芸などで、先人のたどった道をあとから進んでくること。また、その人。‖「―を指導する」⬍先進 ❷進歩・発達が遅れていること。‖「―国（＝発展途上国の旧称）」「―性」❸［自サ変］車・船などが、後ろへ進むこと。⬍前進

こう-しん【恒心】［名］常に変わらない正しい心。‖「恒産無き者は―無し」

こう-しん【紅唇】［名］赤いくちびる。べにをさしたくちびる。朱唇。▽美人のくちびるのたとえにいう。

こう-じん【公人】［名］公務員・議員など、公職に就いている人。⬍私人

こう-じん【行人】［名］道を歩いて行く人。また、旅人。

こう-じん【幸甚】［名・形動］非常にありがたく、幸せに思うこと。‖「お引き受けいただければ―に存じます」▽多く手紙文で使う。

こう-じん【後人】［名］後世の人。⬍前人・先人

こう-じん【後陣】［名］本陣の後方に構えた陣。あとぞなえ。ごじん。⬍先陣

こう-じん【後▼塵】［名］車馬などの通り過ぎたあとの土ぼこり。

◉**後塵を拝・する** ❶地位や権勢のある人につき従う。‖「師の―」❷人に先んじられる。

こう-じん【荒神】［名］仏・法・僧の三宝を守るという神。三面六臂で、怒りの形相を表す。不浄を忌み、火を好むということから、民間ではかまどの神としてまつる。▽「三宝荒神」の略。

こう-じん【黄▼塵】［名］❶空が黄色く見えるほどのはげしい土ぼこり。‖「―万丈」❷わずらわしい世間の俗事。俗塵。

こうしん-じょ【興信所】［名］依頼に応じて個人や法人の信用・財産などを内密に調査する民間の機関。

こうしん-せい【更新世】［名］地質時代の区分の一つ。約一六四万年前から一万年前までの時代で、人類やマンモスが出現した。氷期と間氷期が繰り返されたので氷河時代とも呼ばれる。洪積世。

こうしん-づか【▼庚申塚】［名］青面金剛などを祭った塚。三猿を刻んだ石とともに、村境や道端などに立てた。

こう-じんぶつ【好人物】［名］気だてのよい人。お人よし。

こうしん-まち【▼庚申待ち】［名］庚申の日、仏教では青面金剛または帝釈天、神道では猿田彦命を祭って徹夜をする行事。庚申会。▽眠ると三尸が体内から抜け出して天帝にその人の罪業を告げ、そのために命を縮めるといわれた。

こうしん-りょう【香辛料】［名］料理に香気や辛みを添えて風味を増す植物性の調味料。こしょう・さんしょう・ちょうじ・シナモンなど。スパイス。

こうしん-りょく【向心力】［名］「求心力」に同じ。⬍遠心力

こうしん-れつ【口唇裂】［名］先天的に上口唇の皮膚に割れ目が生じた疾患。

こう-ず【構図】［名］❶絵画・写真などで、芸術的効果を考えて対象となる素材を配置した画面の構成。コンポジション。‖「この写真は―がいい」❷物事の全体をとらえたときの姿・形。‖「政財界を巻き込んだ汚職事件の―」

こう-すい【香水】［名］香料をアルコール類に溶かした液体性の化粧品。

こう-すい【降水】［名］大気中の水分が雨・雪・霰などになって地上に降下する現象。また、その雨・雪・霰など。‖「―確率」

こう-すい【硬水】［名］カルシウム塩類・マグネシウム塩類を多く含んだ天然水。洗濯・染色などには適しない。⬍軟水

こう-すい【鉱水】［名］❶鉱物質を多く含む天然の水。鉱泉の水。ミネラルウォーター。❷鉱山の坑内や精錬所から排出される有害物質を含んだ水。

こう-ずい【洪水】［名］❶豪雨・雪解け水などで河川の水が氾濫すること。‖「―注意報」❷ものがあふれるほどたくさんあること。‖「車［情報］の―」

こう-ずい【香水】［名］❶仏具・身体などを清めるためにふりかける、諸種の香をまぜた水。❷仏前に供える水。閼伽。

こうすい-りょう【降水量】［名］雨・雪・雹・霰など、地表に降った水分の量。すべてを水に換算し、全部が地表にたまったものと仮定してミリメートル単位

で表す。

こう-すう【工数】［名］ある作業を行うのに必要な延べ作業時間および仕事量。人数と時間の積で表す。

ごう-すう【号数】ガウ［名］号を表す数。また、号で表される大きさ・順位などの番号を表す数。

こうず-か【好事家】カウズ［名］変わったことに興味を持つ人。また、風流を好む人。

こう・する【抗する】カウ［自サ変］さからう。抵抗する。‖「ーしがたい誘惑」文かう・す

こう・する【航する】カウ［自サ変］船で水上を行く。航海する。‖「西洋にー」「今の我は、西にーせし昔の我ならず〈鷗外・舞姫〉」文かう・す

こう・ずる【▽困ずる】［自サ変］困る。困惑する。‖「いよいよーじ果てた」文こう・ず 異形こうじる

こう・ずる【高ずる（▼嵩ずる・▼昂ずる）】カウ［自サ変］⬇高じる 文かう・ず

こう・ずる【▼薨ずる】［自サ変］皇族や三位以上の人が死ぬ。薨去(こうきょ)する。文こう・ず

こう・ずる【講ずる】カウ［他サ変］⬇講じる 文かう・ず

ごう・する【号する】ガウ［他サ変］❶誇って言いふらす。‖「自分を天下一とー男」❷雅号をつける。号として呼ぶ。‖「夏目金之助、ーして漱石」文がう・す

こう-せい【公正】［名・形動］公平で正しいこと。‖「ーな立場」「裁判のーを期す」⬇公平 派生ーさ

こう-せい【向性】カウ［名］❶心理学で、性格が内向的か外向的かという傾向。‖「ー検査」❷固着生活をする生物の器官が外部からの刺激を受けて一定方向に曲がる性質。▼植物の場合は多く「屈性」という。

こう-せい【攻勢】［名］積極的に敵を攻撃しようとする態勢。‖「ーに転じる」⇔守勢

こう-せい【更正】カウ［名・他サ変］登記事項・税額・判決などの誤りを改めて正しくすること。‖「ー決定（＝税務署が正しくない納税申告に訂正を求める処分と納税申告をしない者の税額を決める処分）」

こう-せい【更生】カウ［名］❶［自サ変］生き返ること。よみがえること。蘇生(そせい)。‖「生死の境からーする」書き方「▼甦生」とも。「甦生(こうせい)」は「甦生(そせい)」の慣用読み。❷［自サ変］精神的・社会的に好ましくない状態から正常な状態に立ち直ること。‖「自力ー」❸［他サ変］廃品に手を加えて再び使えるようにすること。‖「ータイヤ」

こう-せい【厚生】［名］人々の暮らしを健康で豊かなものにすること。‖「ー施設」「福利ー」

こう-せい【後世】［名］あとにくる時代。のちの世。‖「ーに名を残す」

こう-せい【後生】［名］あとから生まれてくる人。また、あとから学ぶ人。後進。

◉**後生畏(おそ)るべし** 若者はさまざまな可能性を秘めているのだから畏敬すべきである。注意(1)若者のすることは恐ろしい、思いやられる、の意で使うのは誤り。(2)「こうせい」を「後世」と書くのは誤り。

こう-せい【恒星】［名］自ら光を発し、天球上で互いの位置をほとんど変えない星。太陽もその一つ。⬇惑星

こう-せい【校正】カウ［名・他サ変］校正刷りと原稿を照合し、文字の誤り・体裁・色調などを正すこと。

こう-せい【構成】［名・他サ変］いくつかの要素を組み立てて全体を成り立たせること。また、組み立てたもの。‖「三つの課で部局がーされている」「文章のー」「家族ー」

ごう-せい【合成】ガフ［名・他サ変］❶二つ以上のものを混ぜ合わせたり組み合わせたりして、一つのものを作り出すこと。‖「ー写真」❷複数の元素から化合物を作ること。また、簡単な化合物から複雑な化合物を作ること。化学合成。

ごう-せい【剛性】ガウ［名］外から加えられる力に対して、物体がもとの形を保とうとする性質。曲げられた針金がもとに戻ろうとする性質など。

ごう-せい【豪勢】ガウ［名・形動］きわめてぜいたくなこと。‖「ーな晩餐」「ーに遊ぶ」派生ーさ

ごうせい-ご【合成語】ガフセ［名］独立して使われうる単語が二つ以上結合して、あるいは、独立して使われうる単語に接辞が結合して、新たな意味・機能を持つ一つの単語となったもの。前者を複合語（「坂道」「咲きにおう」など）、後者を派生語（「お菓子」「健康的」など）という。⬇派生語・複合語

ごうせい-しゅ【合成酒】ガフセ［名］アルコールにぶどう糖・琥珀酸(こはくさん)・香料などを加え、風味などを清酒に似せて造った酒。合成清酒。新清酒。

ごうせい-じゅし【合成樹脂】ガフセ［名］人為的に作った高分子化合物で、可塑性のあるものの総称。塩化ビニル樹脂・フェノール樹脂・ポリエチレンなど。プラスチック。

こうせい-しょう【厚生省】シャウ［名］以前あった省の一つ。⬇厚生労働省

こうせい-しょうしょ【公正証書】［名］公証人が民事上の法律行為・権利などに関して作成した証書。法律上完全な証拠力をもつ。

ごうせい-せんい【合成繊維】ガフセイセンヰ［名］石油などを原料にして人為的に作った高分子化合物による繊維。ナイロン・ビニロン・アクリル・ポリエステルなど。

こうせいとりひき-いいんかい【公正取引委員会】ヰヰンクワイ［名］内閣府の外局の一つ。独占禁止法の目的を達成するために設けられた行政委員会。委員長と四人の委員からなる。公取委(こうとりい)。

こう-せいねん【好青年】カウ［名］感じのよい青年。好感のもてる青年。▼ふつう男性をいう。

こうせい-ねんきん【厚生年金】［名］厚生年金保険に加入している給与所得者が老齢・病気・けがなどで働けなくなったときや、退職・死亡したときなどに支払われる年金。保険料は事業主および被保険者が半額ずつ負担する。

こうせいねんきん-ききん【厚生年金基金】［名］企業が基金を設立して老齢厚生年金の運営を代行し、独自の上積み給付を付加する企業年金制度。調整年金。

こうせい-ぶっしつ【抗生物質】カウセ［名］かびや細菌などの微生物からつくられる、抗菌作用や抗がん作用のある物質。ペニシリン・ストレプトマイシン・カナマイシン・ブレオマイシンなど。

こうせいろうどう-しょう【厚生労働省】ラウドウシャウ［名］国の行政機関の一つ。社会福祉・社会保障・公衆衛生、および労働者の福祉・職業の確保などの行政事務を担当する。長は厚生労働大臣。▼厚生省・労働省を統合して二〇〇一年一月に発足。

こう-せき【口跡】［名］ことばづかい。特に、歌舞伎役者のせりふ回し。また、その声色。

こう-せき【功績】［名］あることのために成し遂げた、すぐれた働き。‖「地域産業にーを残す」

こう-せき【光跡】［名］光るものが移動したとき、残像として見える光の軌跡。

こう-せき【航跡】［名］船が通り過ぎたあとに残る波や泡の筋。みお。

こう-せき【鉱石(▼礦石)】［名］有用な金属を多く含んでいる岩石。〓「—ラジオ」「鉄—」

こうせき-うん【高積雲】［名］高さ二〜七キロメートルの空に斑状になって浮かぶ、白色または灰色の大きな雲塊。むら雲。ひつじ雲。

こうせき-せい【洪積世】［名］➡更新世

こう-せつ【公設】［名］国や地方公共団体が設立すること。〓「—市場・—秘書」⇕私設

こう-せつ【巧拙】［名］じょうずなことと、へたなこと。じょうずへた。〓「作品の—を問わない」

こう-せつ【交接】［名・自サ変］❶人と接すること。交際。❷性交すること。交合。

こう-せつ【▼巷説】［名］世間のうわさ。風説。〓「街談—」

こう-せつ【降雪】［名］雪がふること。また、ふった雪。〓「山間部に—があった」「—量」

こう-せつ【高説】［名］すぐれた説。また、説をいう尊敬語。〓「ご—を拝聴する」

こう-せつ【講説】［名・他サ変］講義し、解説すること。また、その説。こうぜつ。

こう-ぜつ【口舌】［名］口先だけのことば。おしゃべり。〓「—の徒」

ごう-せつ【豪雪】［名］きわだって多い降雪。〓「—地帯」

こう-せん【口銭】［名］売買の仲介をして得る手数料。コミッション。

こう-せん【工船】［名］船内に漁獲物を缶詰・魚油などに加工する設備を持つ船。〓「蟹—」

こう-せん【公選】［名・他サ変］一般有権者の投票によって選挙すること。民選。⇕官選

こう-せん【交戦】［名・自サ変］互いに戦うこと。〓「敵国と—する」「—国」

こう-せん【光線】［名］光の流れる道筋を示す線。また一般に、光。〓「太陽［カクテル］—」

こう-せん【好戦】［名］戦いを好むこと。すぐ武力に訴えること。〓「—的」⇕厭戦

こう-せん【抗戦】［名・自サ変］抵抗して戦うこと。〓「わずかな兵で—する」「徹底—の構え」

こう-せん【香煎】［名］穀類をいって粉にしたもの。特に、麦をいって粉にしたもの。麦こがし。

こう-せん【高専】［名］「高等専門学校」の略。

こう-せん【黄泉】［名］人の魂が死後に行くとされる所。あの世。冥土。よみ。▽地下の泉の意。

◉**黄泉の客** 黄泉の国へ旅立った人。死んだ人。

こう-せん【鉱泉】［名］鉱物質・ガスなどを多く含むわき水。温泉と冷泉があるが、ふつう冷泉をいう。

こう-せん【鋼線】［名］鋼鉄で作ったはりがね。

こう-ぜん【▼昂然】［形動タルト］自信に満ちて意気の盛んなさま。〓「—と言い放つ」

こう-ぜん【▼浩然】［形動タルト］心が広くゆったりしているさま。

◉**浩然の気** こせこせしない、おおらかな気持ち。〓「—を養う」▽『孟子』から。

こう-ぜん【公然】［副・形動タルト］一般に知れ渡っているさま。また、隠さないでおおっぴらにするさま。〓「—と人の悪口をいう」▽「公然の」の形で連体修飾にも使う。〓「—の秘密」

ごう-ぜん【傲然】［形動タルト］威張って尊大にふるまうさま。〓「腕組みをして—と構える」

こう-そ【公租】［名］国税・地方税の総称。〓「—公課」

こう-そ【公訴】［名・他サ変］検察官が裁判所に起訴状を提出し、犯罪の被疑者に対して刑の適用を求めること。〓「—棄却（＝公訴条件が欠けていることを理由に控訴を無効とする裁判）」

こう-そ【皇祖】［名］天皇の先祖。〓「—皇宗」

こう-そ【皇▼祚】［名］天皇の位。

こう-そ【高祖】［名］❶遠い先祖。特に、四代前の先祖。❷中国で、漢・唐の王朝を創始した皇帝の廟号。▽漢では劉邦、唐では李淵。❸仏教で、一宗一派の開祖の敬称。

こう-そ【控訴】［名・自サ変］第一審の判決を不服として、上級裁判所に再審査を求めること。〓「—審（＝第二審の裁判所）」「—棄却（＝控訴による不服の申し立てに理由がないとして原判決を維持する控訴審の裁判）」

こう-そ【酵素】［名］生体内のほとんどの化学反応に触媒として働く高分子化合物。細胞内でつくられ、たんぱく質を主体とする。

こう-ぞ【▼楮】［名］山地に自生するクワ科の落葉低木。春、淡黄緑色の小花を球状につける。樹皮の繊維を和紙の原料にするので、各地で栽培もされる。

ごう-そ【強訴】［名・自サ変］正規の手続きを踏まず、徒党を組んで上位者に訴え出ること。書き方「▼嗷訴」とも。

こう-そう【広壮(▼宏壮)】［名・形動］建物などが広くてりっぱなこと。〓「—な邸宅」派生 -さ

こう-そう【好走】［名・自サ変］❶野球などのスポーツで、適切なときにうまく走ること。❷競走で、見事な走りを見せること。〓「二位に入る—を見せる」

こう-そう【抗争】［名・自サ変］互いに張り合って争うこと。〓「派閥間の—」「武力—」

こう-そう【後送】［名・他サ変］❶戦場などで、前線から後方へ送ること。❷あとから送ること。〓「書類は別便で—する」

こう-そう【皇宗】［名］天皇家の代々の先祖。

こう-そう【紅藻】［名］葉緑素のほかに紅藻素などを含む、紅色または紅紫色をした藻類。アサクサノリ・テングサ・オゴノリ・ツノマタなど。紅藻類。紅藻植物。

こう-そう【香草】［名］よい香りのする草。

こう-そう【校葬】［名］学校が喪主となって行う葬儀。学校葬。

こう-そう【降霜】［名］霜がおりること。また、おりた霜。

こう-そう【高僧】［名］徳の高い僧。また、位の高い僧。

こう-そう【高層】［名］❶空の非常に高い所。〓「—気流」❷層をなして幾重にも高く積み重なっていること。〓「—ビル」

こう-そう【高燥】［名・形動］土地が高い所にあって、湿気が少ないこと。〓「—な地域」⇕低湿

こう-そう【鉱層】［名］水中の鉱物成分が海底や湖底に沈殿してできた層状の鉱床。成層鉱床。

こう-そう【構想】［名・他サ変］これから行おうとす

る物事について全体の内容や実現方法を考え、その骨子をまとめること。また、その考え。〓「新事業を━する」「小説の━を練る」

こう‐ぞう【構造】［名］❶機械や組織などを成り立たせている内部の組み立て。仕組み。〓「耐震━」❷さまざまな要素が関連し合って成り立たせている総体。また、それぞれの要素の機能的な関連。〓「━改革」「社会━」

ごう‐そう【豪壮】［形動］規模が大きくてりっぱなさま。〓「━な邸宅」派生 ━さ

こうそう‐うん【高層雲】［名］高度二〜七キロメートルの全天に広がる灰色の雲。薄い部分では太陽がおぼろに見える。おぼろ雲。

こうぞう‐しゅぎ【構造主義】［名］人間的・社会的な諸現象を有機的に結びつけている全体的構造を想定し、個々の現象をその構造全体の中でとらえようとする立場。言語を記号の体系としてとらえたソシュールの理論に端を発する。ストラクチュラリズム。

こうぞうてき‐けっかん【構造的欠陥】［名］構造そのものの根本的な欠陥。

こう‐そく【光速】［名］「光速度」の略。

こう‐そく【拘束】［名・他サ変］❶捕らえて行動の自由を奪うこと。〓「容疑者の身柄を━する」❷行動・判断・選択などの自由を制限すること。〓「━力のある勧告」❸労働者が職場に勤務する、休憩時間を含めた労働時間。▽「拘束時間」の略。⬇実働

こう‐そく【校則】［名］児童・生徒・学生が守るべき学校の規則。校規。

こう‐そく【高足】［名］特に優れた弟子。高弟。

こう‐そく【高速】［名］❶［形動］速度がはやいこと。高速度。〓「━運転」「このパソコンはデータ処理が━だ」⬍低速 ❷「高速道路」の略。〓「東名━」

こう‐そく【梗塞】［名・自サ変］ふさがって通じなくなること。特に、血栓などで動脈が詰まって血液が流れなくなり、その先の組織が壊死えしすること。〓「心筋━」

こう‐ぞく【後続】［名・自サ変］あとに続くこと。また、そのもの。〓「━を断つ」「━の列車」「━部隊」

こう‐ぞく【皇族】［名］天皇の一族。皇后・太皇太后・皇太后・親王・親王妃・内親王・王・王妃・女王の総称。

こう‐ぞく【航続】［名・自サ変］船舶・航空機が、燃料の補給なしに航行を続けること。〓「━距離」

ごう‐ぞく【豪族】［名］昔、その土地に長く住み、大きな財力や権力を持っていた一族。

こうそく‐ぞうしょくろ【高速増殖炉】［名］発電しながら燃料として消費した量以上のプルトニウムを生産する原子炉。FBR（fast breeder reactor の略）。

こうそく‐ど【光速度】［名］光が伝わる速度。真空中では秒速約三〇万キロメートル。光速。

こうそく‐ど【高速度】［名］速度がはやいこと。高速。〓「━鋼（＝金属を高速度で切り削る工具の材料に使う特殊な鋼）」「━撮影（＝フィルムのこま送りを一秒間二四こまの標準よりもはやくして撮影すること）」

こうそく‐どうろ【高速道路】［名］自動車が高速で走るための専用道路。高速。ハイウエー。

こう‐そつ【高卒】［名］高等学校を卒業していること。また、その人。

ごうそっ‐きゅう【豪速球・剛速球】［名］スピードが速くて威力のある投球。〓「━を投げる」

こう‐そふ【高祖父】［名］祖父母の祖父。

こう‐そぼ【高祖母】［名］祖父母の祖母。

こう‐そん【公孫】［名］❶王侯の孫。❷貴族の子弟。

こう‐そん【皇孫】［名］天皇の孫。また、天皇の子孫。

こ‐うた【小唄】［名］江戸時代に流行した俗謡小曲の総称。特に、江戸末期に端唄はうたから生まれた、三味線を伴奏とする短い歌曲。江戸小唄。

こう‐だ【好打】［名・他サ変］野球などで、好機にうまく打つこと。〓「直球を三遊間に━する」

こ‐うたい【小謡】［名］謡曲の中から短い一節を抜き出したもの。祝儀・送別・追善・余興などで謡われる。

こう‐たい【交替・交代】［名・自他サ変］その位置や役目などが入れ替わること。〓「選手が交替する」「議長［主役］が交代する」「役目を交替する」「交替で番をする」

書き分け【交代】は「世代交代」のように、その役目などが一回限りの場合に、【交替】は「昼夜交替」「交替での勤務」のように、繰り返される場合に使われることが多い。ただし絶対的なものではなく、「参勤交代」などは伝統的に【交代】を使う。新聞は区別せず「交代」を使う。

こう‐たい【抗体】［名］病原体などが動物の体内に侵入したとき、それに対応して生成される抵抗性のある物質。生体に免疫性を与える。免疫体。

こう‐たい【後退】［名・自サ変］❶後ろへ下がること。〓「兵が前線から━する」⬍前進 ❷勢いなどが衰えて、低い段階へ下がること。〓「景気が━する」

こう‐だい【広大（▼宏大）】［名・形動］広く大きいこと。〓「━な領地」⬍狭小 派生 ━さ

こう‐だい【後代】［名］のちの時代。後世。〓「名を━に残す」

ごう‐たい【剛体】［名］外力が加わっても形や大きさの変わらない物体。力学で、仮想的な存在とする。

こうたい‐ごう【皇太后】［名］前天皇の皇后。おおきさき。

こうたい‐し【皇太子】［名］皇位を継承すべき皇子。東宮。〓「━妃」

こうだい‐むへん【広大無辺】［名・形動］広く果てしないこと。

こう‐だか【甲高】［名］❶［形動］手・足の甲がふつうよりも高いこと。❷靴・足袋たびなどで、甲をふつうよりも高く作ったもの。

こう‐たく【光沢】［名］物の表面のつや。〓「━のある紙」

ごう‐だつ【強奪】［名・他サ変］暴力や脅迫によって強引に奪い取ること。〓「現金を━する」

こう‐たん【降誕】［名・自サ変］神仏・聖人・偉人などが、この世に生まれること。〓「キリストの━」

こう‐だん【公団】［名］公共的事業のために政府・地方公共団体が出資してつくった特殊法人。もと、日本道路公団、都市基盤整備公団などがあった。

こう‐だん【▼巷談】［名］世間のうわさ話。巷説。〓「━に惑わされる」「━俗説」「世相━」

こう‐だん【後段】［名］❶うしろの段。❷文章・芝居などで、あとの方の一区切り。◈⬍前段

こう‐だん【降壇】［名・自サ変］壇上からおりること。⬍登壇

こう‐だん【高段】カウ [名] 武道・囲碁・将棋などで高い段位。高段位。‖「―者」

こう‐だん【高談】カウ [名] ❶ [自他サ変] 無遠慮に大声で話すこと。❷談話をいう尊敬語。‖「御―拝聴いたしました」

こう‐だん【講談】カウ [名] 寄席演芸の一つ。軍記・武勇伝・仇討ち・侠客伝などを独特の調子をつけて語り聞かせるもの。‖「―師・―本」▽古くは「講釈」といった。

こう‐だん【講壇】カウ [名] 講演・講義などをする壇。▽他の語に付いて、理論的だが実際的ではない意で揶揄(やゆ)的にも使う。‖「―学者・―哲学」

ごう‐たん【豪胆・剛胆】ガウ [名・形動] 度胸があって、ものに動じないこと。‖「―な登山家」派生 ―さ

こうたん‐え【降誕会】カウタンヱ [名] 四月八日に釈迦の誕生を記念して行う法会。

こうたん‐さい【降誕祭】カウタンサイ [名] クリスマス。

こう‐だんし【好男子】カウ [名] ❶顔だちの美しい男性。美男子。❷好感のもてる男性。快男子。

こう‐ち【公知】[名] 世間に広く知れわたっていること。周知。

こう‐ち【巧遅】カウ [名] すぐれているが仕上がりまでが遅いこと。⇔拙速

◉**巧遅は拙速(せっそく)に如(し)かず** 上手だが遅いよりも、下手だが速い方がよい。

こう‐ち【巧緻】カウ [名・形動] たくみで、細部までよくできていること。巧妙緻密。‖「―な細工を施す」

こう‐ち【拘置】[名・他サ変] 刑事被告人や死刑の言い渡しを受けた者を刑事施設に拘禁すること。

こう‐ち【▼狡知(▼狡▼智)】カウ [名] ずるがしこい知恵。悪知恵。‖「―にたけた人物」

こう‐ち【耕地】カウ [名] 水田・畑など、農作物を耕作する土地。‖「―面積」

こう‐ち【高地】カウ [名] 海抜の高い土地。また、周囲より高い土地。⇔低地

ご‐うち【碁打ち】[名] 碁をじょうずに打つ人。また、碁を打つことを職業とする人。

こ‐うちがり【小内刈り】[名] 柔道の足技の一つ。相手の踏み出した足のかかとのあたりに内側から足先をかけ、手前に刈り上げるように払って倒す技。

こう‐ちく【構築】[名・他サ変] 組み立てて築くこと。‖「城[理論]を―する」「―物」

こうち‐しょ【拘置所】[名] 刑事被告人や死刑の言い渡しを受けた者を拘禁する刑事施設。

こうち‐せい【向地性】カウチ [名] 植物の根が重力の方向に従って伸びる性質。正の屈地性。⇔背地性

こう‐ちゃ【紅茶】[名] 摘み取った茶の若葉を発酵させ、乾燥したもの。また、それを熱湯に浸したり煎じたりして作った飲み物。

こう‐ちゃく【降着】カウ [名・自サ変] ❶航空機が地上または水上に降りること。❷競馬で、レース中に進路妨害をした馬の着順を被害馬の次の順位に置き換えること。

こう‐ちゃく【▼膠着】カウ [名・自サ変] ❶にかわのように粘りつくこと。❷ある事態が固定してほとんど進展しないこと。‖「内戦が―状態に陥る」

こうちゃく‐ご【▼膠着語】カウチヤク [名] 言語の形態上の類型的分類の一つ。実質的な意味をもつ語・語幹に助辞・接辞などが結びつき、それによって文法的機能が果たされる言語。日本語・朝鮮語・トルコ語など。粘着語。付着語。⇩屈折語・孤立語

こう‐ちゅう【口中】[名] 口のなか。‖「―薬」

こう‐ちゅう【甲虫】カフ [名] コウチュウ目(=鞘翅(しょうし)目)に属する昆虫の総称。革質化した堅い前ばねで膜質のはねと体を保護する。カブトムシ・コガネムシ・カミキリムシ・ホタル・テントウムシなど。

こう‐ちゅう【校注・校▼註】カウ [名] 古典などの文章を校訂して注釈を施すこと。また、その注釈。

こう‐ちょ【好著】カウ [名] 好ましい著書。読むにふさわしい本。‖「―として推薦する」

こう‐ちょ【高著】カウ [名] 著書をいう尊敬語。‖「御―拝読いたしました」

こう‐ちょう【広聴】クワウチヤウ [名・他サ変] 行政機関が広く住民の意見や要望を聞くこと。

こう‐ちょう【好調】カウテウ [名・形動] 調子がよく、物事が思いどおりにはかどること。‖「―を維持する」「―な出足」「絶―」⇔不調 派生 ―さ

こう‐ちょう【紅潮】ーテウ [名・自サ変] 運動・興奮・緊張などで、顔に赤みがさすこと。‖「―した頬」

こう‐ちょう【候鳥】ーテウ [名] 季節によって住む場所を変える鳥。渡り鳥など。⇔留鳥

こう‐ちょう【校長】カウチヤウ [名] 小・中・高等学校などで、校務を統括し、教職員を監督する最高責任者。

こう‐ちょう【高潮】カウテウ [名] ❶潮が満ちて最高点に達した状態。⇔低潮 ❷ [自サ変] 物事の勢いや調子が高まって激しくなること。また、その頂点。‖「議論が―する」「最―」

こう‐ちょう【高調】カウテウ [名] ❶音の調子が高いこと。❷ [自サ変] 調子や気分が高まること。‖「選手の士気が―する」⇔低調

こう‐ちょう【硬調】カウテウ [名] ❶写真の原板・印画で、明暗の対照がはっきりして、かたい感じであること。❷取引市場で、買い人気が高くて相場が上がりそうな形勢にあること。◈⇔軟調

こうちょう‐かい【公聴会】コウチヤウクワイ [名] 国会・行政機関などが重要な事項を決定する際に、利害関係者・中立者・学識経験者などの意見をきく公開の会。また、その制度。

こうちょう‐どうぶつ【▼腔腸動物】カウチヤウ [名] 無脊椎動物の一門。刺胞動物と有櫛(ゆうしつ)動物の総称。体内に大きな腔腸(=口に続く袋状の空所)のある水中動物で、体形は円筒またはつりがね状。ヒドラ・サンゴ・イソギンチャク・ミズクラゲ・クシクラゲなど。

こうちょう‐りょく【抗張力】カウチヤウ [名] 物体が引っぱられる力に耐えられる、最大の力の値。引っぱり強さ。

こう‐ちょく【硬直】カウ [名・自サ変] ❶筋肉がこわばって動かなくなること。‖「死後―」❷考え方・態度などが柔軟性を失うこと。‖「―した精神」

ごう‐ちょく【剛直】ガウ [名・形動] 気性が強く、心がまっすぐなこと。‖「―な/の人」派生 ―さ

こう‐ちん【工賃】[名] 製作・加工する労力に対して支払う手間賃。

ごう‐ちん【▼轟沈】ガウ [名・自他サ変] 艦船が爆撃や砲撃を受けて一瞬のうちに沈没すること。また、沈没させること。

こう‐つう【交通】カウ [名] ❶人や乗り物が道路などを行き来すること。‖「―が激しい」「―安全」❷運送・通

信などの総称。〓「隣国との—が途絶える」

こうつう-きかん【交通機関】（カウツウキクワン）［名］運輸・通信に関する機関の総称。特に、自動車・船舶・航空機・鉄道・道路などの運輸機関。

こうつう-もう【交通網】（カウツウマウ）［名］いろいろな交通機関が発達し、網の目のように縦横に通じること。

ごう-つくばり【業突く張り・強突く張り】（ゴフ・ガウ）［名・形動］非常に欲張りでがんこなこと。また、その人。▼人をののしる語としても使う。〓「この—め」

こう-つごう【好都合】（カウツガフ）［名・形動］条件・要求などにかなっていて、都合がよいこと。〓「来てくれるなら—だ」「先方にも—な話」⇕不都合

こう-てい【工程】［名］作業を進めていく順序・過程。また、その進行の程度。〓「自動車の製造—」「—管理」

こう-てい【公定】［名・他サ変］政府や公共団体が公式なものとして定めること。〓「—価格（＝政府が決める商品の最高または最低価格）」

こう-てい【公邸】［名］おおやけの機関が特定の高級公務員のために設けた公務用の邸宅。〓「知事—」⇕私邸

こう-てい【行程】（カウ）［名］❶目的地までの道のり。❷旅行などの日程。〓「無理のない—を組む」❸ピストンなどの往復距離。ストローク。

こう-てい【孝▼悌（孝弟）】（カウ）［名］父母によく仕え、兄弟の仲がよいこと。

こう-てい【肯定】［名・他サ変］❶そのことばを認めること。❷その存在を認めること。正しい・優れているなどとして、その存在や意義を認めること。容認すること。〓「現状を—する」◈⇕否定

こう-てい【皇帝】（クワウ）［名］帝国の君主。〓「ナポレオン—」

こう-てい【校定】（カウ）［名・他サ変］古典などで、本文の異同を比較・検討し、正しい本文を定めること。

こう-てい【校訂】（カウ）［名・他サ変］古典などで、本文を他の伝本と比較・検討し、より正しい形にすること。

こう-てい【校庭】（カウ）［名］学校の庭や運動場。

こう-てい【航程】（カウ）［名］船舶や航空機で航行するときの道のり。

こう-てい【高低】（カウ）［名］❶高いことと、低いこと。〓「—のある土地」❷［自サ変］物価などが、上がったり下がったりすること。上がり下がり。〓「地価が—する」

こう-てい【高弟】（カウ）［名］弟子のうちで特にすぐれた者。高足。

こう-でい【拘泥】［名・自サ変］こだわること。〓「些細なことに—する」

ごう-てい【豪邸】（ガウ）［名］大きくて立派な邸宅。

こうてい-えき【口▼蹄疫】［名］ウイルスによって牛・羊・豚などに感染する家畜の法定伝染病。発熱とともに口腔の粘膜や蹄部の皮膚に水疱が生じる。

こうてい-てき【肯定的】［形動］肯定にかかわるさま。ポジティブ。⇕否定的

こうてい-ぶあい【公定歩合】（—アヒ）［名］その国の中央銀行（＝日本では日本銀行）が決定し、金融機関に貸し出しをするときに適用する基準金利。公定利率。▼日本銀行は、平成一八（二〇〇六）年八月より名称を「基準割引率および基準貸付利率」に改めた。

こう-てき【好適】（カウ）［名・形動］何かをするのに、ちょうどよいこと。〓「ハイキングに—な季節」

こう-てき【公的】［形動］おおやけであるさま。公共に関係のあるさま。〓「—な立場」「—年金」⇕私的

ごう-てき【号笛】（ガウ）［名］合図のために吹く笛。

こうてき-しきん【公的資金】［名］金融システムの安全化を図るために、公的機関である預金保険機構から銀行へ注入される資本のこと。

こうてき-しゅ【好敵手】（カウ）［名］実力が同じくらいで、戦うのにちょうどよい相手。ライバル。

こう-てつ【更迭】（カウ）［名・自他サ変］ある地位・役職にある人を入れかえること。また、入れかわること。〓「成績不振で監督が—された」「大臣を—する」

こう-てつ【鋼鉄】（カウ）［名］焼き鍛えて強くした、弾力性のある鉄。〇・〇四〜二%程度の炭素を含む。はがね。鋼。スチール。▼きわめてかたいことのたとえにもいう。〓「—の意志」

こう-てん【公転】［名・自サ変］ある天体が別の天体のまわりを周期的に運行すること。〓「地球が太陽の周囲を—する」⇕自転

こう-てん【交点】（カウ）［名］❶数学で、線と線、また線と面が交わる点。❷天球上で、惑星や月の軌道が黄道と交わる点。

こう-てん【光点】（クワウ）［名］光を発する点。

こう-てん【好天】（カウ）［名］よい天気。好天気。〓「—が続く」⇕悪天

こう-てん【好転】（カウ）［名・自サ変］状況がよい方向に変わること。〓「食糧事情が—する」⇕悪化

こう-てん【後転】［名・自サ変］体を後方に回転すること。〓「マット上で—する」⇕前転

こう-てん【荒天】（クワウ）［名］雨や風の激しい、荒れた天気。悪天候。

こう-でん【公電】［名］官庁が打つ公務の電報。

こう-でん【香典（香▼奠）】（カウ）［名］香や花の代わりとして死者の霊前に供える金銭。〓「—を包む」書き方「香典」は代用表記。

こうでん-がえし【香典返し】（カウデンガヘシ）［名］香典の返礼として品物を贈ること。また、その品物。

ごう-てんじょう【▽格天井】（ガウテンジヤウ）［名］角材を格子状に組み、その上に板を張った天井。

こうてんせいめんえきふぜん-しょうこうぐん【後天性免疫不全症候群】（—シヤウコウグン）［名］⇩エイズ

こうでん-ち【光電池】（クワウ）［名］光のエネルギーを電流に変える装置。照度計・露出計などに利用する。ひかりでんち。

こうてん-てき【後天的】［形動］❶生まれつきではなく、あとから身にそなわるさま。〓「—な性質」❷⇩アポステリオリ◈⇕先天的

こう-と【江都】（カウ）［名］江戸。

こう-と【後図】［名］のちのちのためのはかりごと。将来に向けての計画。〓「—をはかる」

こう-と【▼狡▼兎】（カウ）［名］すばしこいうさぎ。

◉**狡兎死して走狗烹らる**　すばしこい兎が死ぬと、不用となった猟犬が煮て食われるように、敵国が滅びれば、いかに戦功のあった家臣でもじゃまになって殺されるということ。▼『史記』から。

こう-ど【光度】（クワウ）［名］❶光源の放つ光の強さの度合い。単位はカンデラ。記号cd ❷恒星の見かけの明るさ。ふつう等級で表す。⇩等級②

こう-ど【紅土】［名］酸化鉄・酸化アルミニウムなどか

らなる赤い土。熱帯・亜熱帯地方に広く分布する。ラテライト。

こうど【荒土】 [名] 荒れ果てた土地。

こうど【耕土】 [名] 耕地の表面の土。たがやされて農作物が栽培される土。作土。

こうど【高度】 [名] ❶海面上から測った高さ。‖「—一万メートル」「海抜—」 ❷天体を見上げたときの、天体と地平線が作る角度。天体の仰角。 ❸[形動] 程度が高いこと。‖「—な技術」

こうど【黄土】 [名] ❶⇩おうど(黄土) ❷あの世。黄泉。

こうど【硬度】 [名] ❶鉱物・金属などの硬さの度合い。 ❷水がカルシウムイオン・マグネシウムイオンを含む度合い。それにより軟水と硬水に分ける。

こうとう【口答】 [名・自サ変] 質問に対して、口で答えること。‖「口問—」⬍筆答

こうとう【口頭】 [名] 口先。また、じかに口で述べること。‖「—で説明する」「—試問(=口述試験)」

こうとう【公党】 [名] 主義・政策を社会に発表し、その活動が公式に認められている政党。⬍私党

こうとう【▼叩頭】 [名・自サ変] 頭を地につけておじぎをすること。また、そのように深々とおじぎをすること。叩首。▼頭で地を叩く意から。

こうとう【光頭】 [名] はげあたま。禿頭。

こうとう【好投】 [名・自サ変] 野球で、投手がうまく投球すること。‖「先発の投手が—する」

こうとう【後頭】 [名] 頭の後ろの部分。‖「—部」

こうとう【皇統】 [名] 天皇の血筋。‖「—譜」

こうとう【紅灯】 [名] ❶赤いともしび。‖「—の巷(=花柳界。また、歓楽街)」 ❷赤い提灯。

こうとう【高踏】 [名] 世俗を超越し、自らを高潔に保つこと。‖「—的」「—派(=一九世紀後半のフランスに起こった、客観的な描写と形式上の技巧を重んじた詩人の一派)」

こうとう【高騰(▼昂騰)】 [名・自サ変] 価格が著しく上がること。騰貴。‖「地価が—する」⬍低落

こうとう【喉頭】 [名] 気道の一部。上は咽頭に、下は気管に連なる部分。六個の軟骨に囲まれ、中央に声帯がある。‖「—癌」

こうとう【荒唐】 [形動] 言説に根拠がなく、とりとめがないさま。‖「—な話」⬇荒唐無稽

こうとう【高等】 [形動] 等級・品位・知能などの程度が高いさま。‖「—な技術を使う」⬍下等

こうどう【公道】 [名] ❶常に正しいとされる道。おおやけの道理。 ❷国や地方公共団体が建設し、管理・維持する道路。⬍私道

こうどう【行動】 [名・自サ変] 実際に体を動かして何かを行うこと。‖「—に移す」「自由—」

こうどう【坑道】 [名] 地下につくった通路。特に、炭鉱や鉱山の坑内につくった通路。

こうどう【香道】 [名] 香木をたいて、その香りを楽しむ芸道。香合わせ・薫き物合わせなどがある。

こうどう【高堂】 [名] 高く構えた、りっぱな家。また、他人の家または家人を高めていう語。

こうどう【黄道】 [名] ❶地球から見て、天球上を太陽が一年かかって運行する軌道。 ❷「黄道吉日」の略。

こうどう【講堂】 [名] ❶学校などで、講演・儀式・集会などを行うための広間または建物。 ❷七堂伽藍の一つ。経典の講義や説教をするための建物。

ごうとう【強盗】 [名] 暴力や脅迫によって他人の金品を奪うこと。また、その者。‖「銀行—」「—罪」

ごうとう【豪▼宕】 [名・形動] 気持ちが大きく、小事にこだわらないこと。豪放。‖「—な気性」 派生 -さ

ごうどう【合同】 [名] ❶[自他サ変] 二つ以上の組織・団体などが一つにまとまること。また、一つにまとめること。‖「全学年—の音楽会」「—庁舎」 ❷[形動] 数学で、二つの図形の形と大きさが全く同じであること。

こうとうがっこう【高等学校】 [名] 中学校卒業者に高等普通教育および専門教育を施す学校。修業年限は三年。高校。▼定時制・通信制の修業年限は三年以上。

こうどうきちにち【黄道吉日】 [名] 陰陽道で、何事をするにもよいとされる日。

こうとうけんさつちょう【高等検察庁】 [名] 高等裁判所に対応して設置される検察庁。検事長を長とする。

こうとうさいばんしょ【高等裁判所】 [名] 地方裁判所の上、最高裁判所の下に位置する裁判所。札幌・仙台・東京・名古屋・大阪・広島・高松・福岡の八か所にある。高裁。

こうどうしゅぎ【行動主義】 [名] ❶心理学で、意識を問題にせず、客観的に観察できる行動だけを研究対象にしようとする立場。行動心理学。 ❷行動を重んじ、行動を描写することによって人間性をとらえようとする文学上の主義。

こうどうしょく【行動食】 [名] 登山などの際に携行する、簡便で高カロリーの食料。チョコレート・ビスケット・おにぎりなど。

こうとうせんもんがっこう【高等専門学校】 [名] 中学校卒業者に、工業または商船に関する専門技術教育を施す学校。修業年限は五年または五年六か月。

こうどうはんけい【行動半径】 [名] ❶軍艦や軍用航空機などが燃料を補給せずに往復できる範囲の、片道の距離。 ❷人や動物が行動する範囲。行動範囲。‖「—の広い人」「ミツバチの—」

こうとうべんろん【口頭弁論】 [名] 民事訴訟で、裁判官の面前で直接行われる当事者またはその代理人の陳述。▼広義では、証拠調べなども含む訴訟手続きの全体をいう。

こうとうむけい【荒唐無稽】 [名・形動] 言動がでたらめで、まったく現実味がないこと。荒唐不稽。‖「—な話」▼「無稽」は根拠がないの意。 派生 -さ

こうとく【公徳】 [名] 社会生活を送る上で守るべき道徳。公衆道徳。‖「—心」

こうとく【高徳】 [名] すぐれて高い徳。‖「—の僧」

こうどく【鉱毒】 [名] 鉱物を採取・精錬する際の廃棄物・煤煙などから生じる害毒。

こうどく【講読】 [名・他サ変] 書物を読み進めながら、その内容を説き明かすこと。また、その講義。‖「月に一度、源氏物語の—をする」「原書—会」

こうどく【購読】 [名・他サ変] 新聞・雑誌などを買って読むこと。‖「新聞を—する」「定期—」 使い方 「購」は、買うの意。本来は代金の発生しないものにはいわないが、近年「無料メールマガジンを購読する」など、単に〈定期

的に読む〉の意でもいう。

こう-どくそ【抗毒素】 ［名］生体内で特定の毒素と結合し、その毒作用を中和する抗体。免疫血清中に含まれる。

こう-とり-い【公取委】 ［名］「公正取引委員会」の略。

こう-ない【口内】 ［名］口の中。

こう-ない【坑内】 ［名］炭坑・鉱坑などの内部。‖「―火災」⇔坑外

こう-ない【校内】 ［名］学校の敷地のなか。‖「―弁論大会・―暴力」⇔校外

こう-ない【構内】 ［名］建物・施設などの敷地のなか。‖「大学の―」⇔構外

こうない-えん【口内炎】 ［名］口内の粘膜や歯肉などに生じる炎症。

こう-なご【小▽女子】 ［名］⇒いかなご

こう-なん【後難】 ［名］あとになってふりかかる災難。‖「―を恐れる」

こう-なん【硬軟】 ［名］かたいことと、やわらかいこと。強硬と軟弱。また、硬派と軟派。‖「―両面を併せ持つ」

こう-にち【抗日】 ［名］日中戦争のとき、日本の侵略に対して中国人民が武力によって抵抗したこと。‖「―運動」

こう-にゅう【購入】 ［名・他サ変］買い入れること。‖「住宅［図書］を―する」「共同―」

こう-にん【公認】 ［名・他サ変］国・団体・政党などが正式に認めること。また、多くの人が公然と認めること。‖「―記録」「―の仲」

こう-にん【後任】 ［名］前任者に代わって、その任務につくこと。また、その人。‖「―者」⇔前任・先任

こう-にん【降任】 ［名・自他サ変］現在よりも下級の任務・地位に下げること。また、下がること。‖「自ら―する」⇔昇任

こうにん-かいけいし【公認会計士】 ［名］公認会計士法に基づき、貸借対照表・損益計算書などの財務書類の監査や証明を行うことを職業とする人。会計士。

こう-ねつ【高熱】 ［名］❶非常に高い温度。❷異常に高い体温。

こうねつ-ひ【光熱費】 ［名］調理・照明・冷暖房のために使う電気・ガス・灯油などの費用。

こう-ねん【光年】 ［名］天体間の距離を表す単位。一光年は光が真空中を一年間に進む距離で、約九兆四六〇〇億キロメートル。

こう-ねん【後年】 ［名］そのときから何年か経ったのち。▼副詞的にも使う。

こう-ねん【高年】 ［名］年齢が高いこと。高齢。‖「―層」

こうねん-き【更年期】 ［名］成熟期から老年期へ移行する時期。とくに、女性の閉経の前後数年間をいう。‖「―障害（＝更年期に生じる心身の不調）」

こう-のう【効能】 ［名］あるものの働きによって現れる、よい結果。ききめ。‖「薬の―」「―書き」［書き方］古くは「功能」とも（歴史的仮名遣いはコウノウ）。

こう-のう【後納】 ［名・他サ変］代金・料金などを利用後に支払うこと。‖「料金―郵便」

ごう-のう【豪農】 ［名］広大な土地と財産を有し、その地方で勢力のある農家。

こう-の-とり【▼鸛】 ［名］タンチョウに似たコウノトリ科の鳥。全身は白く、風切り羽とくちばしが黒い。松などの樹上に巣をつくることから、しばしば「松上の鶴」として描かれた。特別天然記念物に指定されていたが、野生種は絶滅。コウヅル。▼西欧にはコウノトリ科のシュバシコウが人間の赤ん坊を運んでくるという伝説がある。

鸛

こう-の-もの【香の物】 ［名］漬物。こうこ。

ごう-の-もの【剛の者】 ［名］武勇にすぐれた者。勇気があって強い者。つわもの。▼古くは「こうのもの」。

こう-は【光波】 ［名］波動としての光。

こう-は【硬派】 ［名］❶主義・主張を強く論じ、激しい行動をとろうとする一派。強硬派。❷男女関係などの軟弱をきらい、腕力や粗野な振る舞いをよしとして強調すること。また、そのような若者の一派。❸新聞などで、政治面や経済面。また、そこに掲載されている記事。◈⇔軟派

こう-ば【工場】 ［名］一定の機械などを設備し、物の製造・加工・修理などを行う所。‖「町―」［使い方］「こうじょう」よりも規模の小さなものをいうことが多い。

こう-はい【交配】 ［名・他サ変］動植物の雌雄を人為的に受精または受粉させること。‖「―種（＝交配によってできた新しい品種）」

こう-はい【光背】 ［名］仏像の背後につける光明をかたどった装飾。後光。

こう-はい【向背】 ［名］❶従うことと、そむくこと。❷物事の成り行き。動静。

こう-はい【好配】 ［名］❶よい配偶者。❷株などの、配当がよいこと。好配当。

こう-はい【後背】 ［名］うしろ。背後。

こう-はい【後輩】 ［名］年齢・地位・経験・学問・技芸などが自分よりも下の人。また、同じ学校や職場に自分よりもあとから入ってきた人。また、その互いの関係をいう。‖「彼は大学の五年―に当たる」⇔先輩・同輩

こう-はい【荒廃】 ［名・自サ変］❶土地・建物などが、荒れ果てること。‖「戦争で―した国土」❷うるおいをなくして荒れすさむこと。‖「人心が―する」

こう-はい【降灰】 ［名・自サ変］火山の噴火によって火山灰が降ってくること。また、その灰。こうかい。

こう-はい【高配】 ［名］❶配慮をいう尊敬語。‖「御―を賜る」❷率の高い配当。高配当。

こう-はい【興廃】 ［名］勢いが盛んになることと、すたれること。‖「皇国の―この一戦にあり〈東郷平八郎〉」

こう-ばい【公売】 ［名・他サ変］法律に基づき、おおやけの機関が差し押さえた物品などを強制的に売買すること。

こう-ばい【勾配】 ［名］❶水平面に対する傾きの度合い。傾斜。‖「―の急な坂道」❷斜面。‖「―を滑り降りる」

こう-ばい【紅梅】 ［名］❶濃い桃色の花をつける梅。また、その花。❷濃い桃色。紅梅色。

こう-ばい【購買】 ［名・他サ変］買うこと。買い入れること。‖「文房具を一括して―する」「―部」

こうばい-すう【公倍数】 ［名］数学で、二つ以上の整数に共通する倍数。‖「最小―」

こうはい-ち【後背地】 ［名］港湾の背後や都市の周辺にあって、その経済圏内に含まれる地域。

こうばい-りょく【購買力】 ［名］❶商品やサービ

スを買うことのできる財力。❷一単位の貨幣が各種の財やサービスを購入することのできる能力。貨幣価値。

こう-はく【後泊】［名・自サ変］用を終えた日の晩に目的地で宿泊すること。⇔前泊

こう-はく【紅白】［名］❶紅色と白色。赤と白。‖「―の餅」❷赤組と白組。‖「―試合」

こう-はく【黄白】クヮウ［名］❶黄色と白色。❷黄金と白銀。❸金銭。‖「多額の―を散ずる」

こう-ばく【広漠(▽宏漠)】クヮウ［形動タル］果てしなく広いさま。‖「―とした海」

こう-ばこ【香箱】カウ［名］香を入れる箱。香合。

こうばし・い【香ばしい・▽芳ばしい】カウバシイ［形］焦げたような匂いが心地よく香るさま。‖「―・く焙られた茶の葉」「―トースト」▼「かぐわしい」の転。書き方「香」は当て字。派生-さ

こう-はつ【好発】カウ［名・自サ変］病気などが発生しやすいこと。‖「若年層に―する疾患」「―部位」

こう-はつ【後発】［名・自サ変］あとから出発すること。また、あとから開発すること。‖「―部隊」「―のメーカー」⇔先発

こう-ばな【香花(香華)】カウ［名］仏前に供える花と香。香華。

ごう-はら【業腹】ゴフ［名・形動］非常に腹がたつこと。ひどくしゃくにさわること。‖「このまま引き下がるのは―だ」

こう-はん【公判】［名］公開の法廷で行う刑事事件の裁判。‖「初―」

こう-はん【孔版】［名］謄写版。‖「―印刷」

こう-はん【広範・広汎】クヮウ［名・形動］力・勢いなどが及ぶ範囲が広いこと。広範囲。‖「影響が―に及ぶ」書き方もと「広汎」が主流。今は「広範」で定着。

こう-はん【甲板】カフ［名］➡かんぱん(甲板)

こう-はん【後半】［名］前後二つに分けたうちの、後の半分。‖「一八世紀―」「週の―」「―戦」⇔前半

こう-はん【紅斑】［名］炎症などによって皮膚に生じる淡紅色の発疹。

こう-はん【▼攪▼拌】カウ［名・他サ変］かき混ぜること。▼「かくはん(攪拌)」は慣用読み。

こう-ばん【交番】カウ［名］市街地などの要所に設けられた警官の詰め所。派出所。

こう-ばん【香盤】カウ［名］❶「香炉」に同じ。❷演劇・映画などで、出演する役者の名と役を場面ごとに書いた表。香盤表。❸劇場の座席表。

こう-ばん【降板】カウ［名・自サ変］野球で、交替のため投手がマウンド(投手板)を降りること。⇔登板

こう-ばん【鋼板】カウ［名］板状に引き延ばした鋼鉄。こうはん。

ごう-はん【合板】ガフ［名］何枚かの薄い板を木目方向が直交するように張り合わせたもの。ごうばん。➡ベニヤ板

こう-はんい【広範囲】クヮウハンヰ［名・形動］範囲が広いこと。広範。‖「被害が―にわたる」「―の/な用途」

こう-はんせい【後半生】［名］人生のあとの半分。一生涯の後半。⇔前半生

こう-ひ【口碑】［名］昔からの言い伝え。伝説。

こう-ひ【工費】［名］工事に必要な経費。‖「総―七億円」

こう-ひ【公比】［名］等比数列で、ある項とその直前の項との比。

こう-ひ【公費】［名］官庁または公共団体の費用。⇔私費▼広く会社や組織の費用についてもいう。

こう-ひ【后妃】［名］きさき。皇后。

こう-ひ【皇妃】クヮウ［名］天皇の妻。皇后。きさき。

こう-ひ【高▼庇】カウ［名］庇護・援助などをいう尊敬語。‖「御―を賜る」

こう-ひ【高批】カウ［名］批評をいう尊敬語。‖「御―を賜りたく存じます」

こう-び【交尾】カウ［名・自サ変］動物の雌雄が生殖のために交わること。

こう-び【後尾】［名］長いものの、うしろの方。‖「列の―」「最―」

こう-び【後備】［名］❶後方の守備。また、後方に控える部隊。あと詰め。あとぞなえ。❷旧軍隊で、予備役を終えた者、または現役定限年齢に達した者が服した兵役。▼「後備役」の略。

ごう-ひ【合皮】ガフ［名］基布に合成樹脂を塗り重ねて天然皮革に似せたもの。擬革。人造皮革。▼「合成皮革」の略。

ごう-ひ【合否】ガフ［名］合格と不合格。また、合格か不合格か。

こうヒスタミン-ざい【抗ヒスタミン剤】カウ［名］ヒスタミンの作用を抑制する薬品。蕁麻疹・喘息などのアレルギー性疾患の治療に用いる。

こう-ひつ【硬筆】カウ［名］毛筆に対し、先のかたい筆記具。ペン・鉛筆など。‖「―習字」

こう-ひょう【公表】ヘウ［名・他サ変］まだ一般には知られていない情報を広く世間に発表すること。‖「事件の真相を―する」▼内々にはよく知られているが、という含みで使う。

こう-ひょう【好評】カウヒヤウ［名・形動］評判のよいこと。よい評判。‖「―を博す」⇔悪評・不評 注意「好評を博す」を「好評を取る」というのは誤り。

こう-ひょう【降▼雹】カウ［名］ひょうが降ること。

こう-ひょう【高評】カウヒヤウ［名］❶評判が高いこと。高い評判。❷批評をいう尊敬語。高批。‖「御―を仰ぐ」

こう-ひょう【講評】カウヒヤウ［名・他サ変］指導的な立場で、理由をあげて説明しながら批評すること。また、その批評。‖「厳しい[丁寧な]―を頂く」

ごう-びょう【業病】ゴフビヤウ［名］かつて、前世の悪業の報いでかかるとされた治りにくい病気。

こう-びん【幸便】カウ［名］❶ちょうどよいついで。‖「手紙を―に託す」❷手紙を人に託すとき、書き出しやあて名のわきに書く語。

こう-びん【後便】［名］あとで出す便り。後信。⇔前便

こう-ふ【工夫】［名］土木工事などに従事する労働者。▼現在は「工事作業員」などという。

こう-ふ【公布】［名・他サ変］法令・条約の成立およびその内容を官報などによって広く一般国民に知らせること。

こう-ふ【交付】カウ［名・他サ変］国や役所が一般の人に渡すこと。‖「免許証を―する」「―金(＝国や公共団体が関係機関や民間団体に渡す財政援助資金)」

こう-ふ【坑夫】カウ［名］炭鉱・鉱山などの坑内で働く労働者。▼現在は「鉱員」などという。

こう-ふ【鉱夫】クヮウ［名］鉱山で鉱石の採取に従事する労働者。▼現在は「鉱員」などという。

こう-ぶ【公武】［名］公家と武家。また、朝廷と幕府。「━合体」

こう-ぶ【後部】［名］うしろの部分。うしろの方。「━座席」⇔前部

こう-ぶ【荒▼蕪】クヮウ［名・自サ変］土地が荒れて雑草が生い茂ること。また、その土地。「━地」

こう-ふう【校風】カウ［名］その学校の特色とする伝統的な気風。

こう-ふう【高風】カウ［名］気品のある、すぐれた人格。

こうふう-せいげつ【光風▼霽月】クヮウフウ［名］さっぱりして少しのわだかまりもない心境のたとえ。▽さわやかな風と雨上がりの空に出る明るい月の意。宋の黄庭堅が周敦頤の人柄を評した語。

こう-ふく【口腹】［名］❶口と腹。また、飲食。食欲。❷口先と腹の中。言うことと考えていること。

こう-ふく【幸福】カウ［名・形動］不平や不満がなく、心が満ち足りていること。幸せ。「二人の━を祈る」「━な人生を送る」⇔不幸

こう-ふく【降伏（降服）】カウ［名・自サ変］戦いに負けたことを認めて敵に服従すること。降参。「敵に━を呼びかける」「無条件━」

ごう-ふく【剛腹】ガウ［名・形動］胆力があって、物事に動じないこと。「━な人」派生━さ

ごう-ぶく【▽降伏】ガウ［名・他サ変］神仏の加護によって悪魔・怨敵などを押さえ鎮めること。

こう-ぶつ【好物】カウ［名］好きなもの。特に、好きな飲食物。「魚が大の━」

こう-ぶつ【鉱物】クヮウ［名］地上や地中に自然に生成された無機物。石や岩などの類。

こう-ふん【口▼吻】［名］❶口先。くちばし。❷ものの言い方。口ぶり。「━をもらす（＝気持ちがそれとなく分かるようなもの言いをする）」

こう-ふん【公憤】［名］社会悪に対して私的な利害を超えて感じるいきどおり。⇔私憤

こう-ふん【紅粉】［名］べにとおしろい。「芝居の化粧部屋に入りてこそ━をも粧ひ〈鷗外・舞姫〉」

こう-ふん【興奮（▽昂奮・▽亢奮）】コウ・カウ・カウ［名・自サ変］❶刺激を受けて感情がたかぶること。「━してどなる」❷刺激を受けて肉体の組織・器官の活動が活発になること。「━剤」

こう-ぶん【行文】カウ［名］文章を書き進めるときの文字や語句の使い方。「━流麗」

こう-ぶん【構文】［名］文・文章の構造。文・文章の組み立て。「━論（＝シンタックス）」

こうぶん-しょ【公文書】［名］国・地方公共団体の機関、または公務員が職務上作成する公式の文書。「━偽造罪」⇔私文書

こう-べ【▽首・▽頭】カウベ［名］人のくびから上の部分。あたま。「━を垂れる」

◉**首をめぐらす** 振り返って見る。転じて、過去を振り返る。

こう-へい【工兵】［名］旧日本陸軍で、建築・土木作業などを任務とした兵。また、その兵科。

こう-へい【公平】［名・形動］判断や処理などがかたよっていないこと。「━に取り扱う」「━無私」使い方「公正」と意味が近いが、「公正」は正しいことに、「公平」はかたよらないことに重点がある。

こうへい-むし【公平無私】［名・形動］公平で、私心・私欲をまじえないこと。「━の態度」派生━さ

こう-へん【口辺】［名］口のあたり。口もと。

こう-へん【後編（後▼篇）】［名］二編または三編に分かれた書物・映画などで、あとの方の編。⇔前編・中編

こう-べん【抗弁（抗▼辯）】カウ［名・自サ変］❶相手の主張ややり方に反対して弁じ立てること。❷民事訴訟で、相手の申し立てを理由のないものとして排斥するために別個の事項を主張すること。

ごう-べん【合弁（合▼辦）】ガフ［名］外国資本と国内資本が提携して事業を行うこと。「━会社（＝外国資本と国内資本との共同出資によって設立された会社）」▽「辦」は事務などを処理する意。書き方「合弁」は代用表記。

こう-ほ【候補】［名］❶ある地位や身分を得る資格があるものとして、選択の対象になること。また、その人や物・場所など。「━地」❷選挙に立候補した人。「候補者」の略。「A━をよろしく」

こう-ぼ【公募】［名・他サ変］❶一般から広く募集すること。「標語を━する」❷新株や公社債を不特定多数の投資家を対象に市場を通して募集すること。⇔私募

こう-ぼ【公簿】［名］官公署が法令の規定によって作成し、常に備えておく帳簿。

こう-ぼ【酵母】カウ［名］出芽によって増殖し、糖分をアルコールと二酸化炭素に分解する働きを持つ菌類の一群。ワインの醸造やパンの製造に利用される。酵母菌。イースト。

こう-ほう【工法】コウハフ［名］土木・建築などで、工事の方法。

こう-ほう【公法】コウハフ［名］国・地方公共団体などの権力関係や公益に関する法。憲法・行政法・刑法など。⇔私法

こう-ほう【公報】［名］❶官庁が施策と業務について一般国民に発表する、施策と業務についての報告。❷官庁から国民個人に出す公式の通知。❸都道府県知事が官報に準じて発行する文書。

こう-ほう【広報（▼弘報）】クヮウ・コウ［名］官公庁・企業・団体などが、その業務や活動について一般に広く知らせること。また、その知らせ。「━紙・━活動」

こう-ほう【後方】ハウ［名］うしろの方。「━勤務（＝第一線の現場から離れた勤務）」⇔前方

こう-ほう【航法】カウハフ［名］船舶または航空機を正確かつ安全に航行させるための技術・方法。

こう-ほう【高峰】カウ［名］高くそびえる峰。たかね。

こう-ぼう【工房】バウ［名］画家・彫刻家・工芸家などの仕事場。アトリエ。

こう-ぼう【▼弘法】ボフ［名］弘法大師。空海。

◉**弘法にも筆の誤り** どんな名人でも、ときにはまさかの失敗をすることがあるということ。猿も木から落ちる。河童の川流れ。▽弘法大師のような書の達人にも書き損じがあるということ。

こう-ぼう【光▼芒】クヮウバウ［名］すじになって見える光線。▽「芒」はのぎのように細長く、先がとがったものの意。

こう-ぼう【攻防】カウバウ［名］せめることとふせぐこと。攻撃と防御。「━戦」

こう-ぼう【興亡】バウ［名］おこり栄えることとほろびること。興廃。「民族の━をかけた戦い」

ごう-ほう【号俸】ガウ［名］公務員の職階によって定

められた給料。何級何号俸と区分される。

ごう-ほう【号砲】[名] 合図のために撃つ銃砲。また、その音。

ごう-ほう【合法】[名・形動] 法律・規則にかなっていること。適法。「―な活動」「―の薬物」⇔非合法・違法

ごう-ほう【業報】[名] 前世に行った善悪の行為によって受けるむくい。特に、悪業のむくい。

ごう-ほう【豪放】[名・形動] 度量が大きく、小事にこだわらないこと。「―磊落(らいらく)」派生 -さ

こう-ほうじん【公法人】[名] 特定の公的な目的を遂行するために設立された法人。公庫・公共組合など。⇔私法人▽広義には国・地方公共団体を含む。

ごうほう-てき【合法的】[形動] 法規にかなっているさま。「―な手段」

こう-ぼく【公僕】[名] 公務員のこと。「国民の―」▽公衆に奉仕する者の意から。

こう-ぼく【坑木】[名] 坑道が崩れるのを防ぐために使用する支柱用の木材。

こう-ぼく【香木】[名] 香道で薫物(たきもの)に使うかおりのよい木。伽羅(きゃら)・沈香(じんこう)・白檀(びゃくだん)など。

こう-ぼく【高木】[名] ❶丈の高い木。❷樹木の便宜的な分類で、木質の堅い幹を持ち、直立して三メートル以上に生長する木。マツ・スギ・ケヤキなどの類。「落葉―・常緑―」▽旧称は喬木(きょうぼく)。◈⇔低木

こう-ほね【▽河骨】[名] 小川や池沼に自生するスイレン科の多年生水草。葉はサトイモの葉に似た長円形。夏に黄色い花をつける。かわほね。

こう-ほん【校本】[名] 数種の伝本を校合(きょうごう)し、本文の異同が一覧できるようにした本。

こう-ほん【稿本】[名] ❶下書き。原稿。❷筆写された本。

こ-うま【小馬・子馬・▽仔馬】[名] 小さい馬。また、馬の子。

こう-ま【黄麻】[名] 熱帯地域で栽培されるシナノキ科の一年草。茎の皮からジュートと呼ぶ繊維をとり、穀物袋・敷物などの材料にする。おうま。ツナソ。

ごう-ま【▽降魔】[名] 仏教で、悪魔を降伏(ごうぶく)すること。

こう-まい【高▽邁】[名・形動] 志などが高く、すぐれていること。「―な理想を抱く」派生 -さ

ごう-まつ【▽毫末】[名] ごくわずかなこと。「―の邪心もない」▽毛の先の意。

こう-まん【高慢】[形動] 自分がすぐれていると思い上がって、人を見下すさま。派生 -さ

ごう-まん【傲慢】[名・形動] おごりたかぶって人を見下すこと。「―な態度をとる」派生 -さ

こうまん-ちき【高慢ちき】[名・形動] いかにも高慢で鼻持ちならないこと。「―な娘」▽「ちき」は「とんちき」などの「ちき」と同じで、接尾語。

こう-み【香味】[名] 飲食物のかおりと味。「―料(=シソ・ユズ・ネギ・ゴマなど、料理に香味を添える薬味)」

こう-みゃく【鉱脈】[名] 岩石の割れ目をみたしている板状の鉱床。

こうみ-やさい【香味野菜】[名] 料理に香りや風味を添えるために用いる野菜。ニンニク・ショウガ・ネギ・セロリ・パセリなど。

こう-みょう【功名】[名] 手柄を立てて名をあげること。「けがの―」

こう-みょう【巧妙】[名・形動] 方法・手段・技術などが感心するほどに巧みなこと。「―な手口」派生 -さ

こう-みょう【光明】[名] ❶明るい光。❷逆境のなかで見いだす、希望や解決のきざし。「前途に―を見いだす」

こう-みょう【高名】[名] ❶[形動] 評判が高く、広く名を知られていること。また、その高い評判。こうめい。❷戦場で立てた手柄。武功。

こう-みん【公民】[名] 選挙などを通じ、国・地方公共団体の政治に参加する権利と義務を持つ国民。

こうみん-かん【公民館】[名] 社会教育法に基づき、市区町村が住民の教養・文化の向上、また住民の集会などのために設ける施設。

こうみん-けん【公民権】[名] 公民としての権利。選挙権・被選挙権を通じて政治に参加する権利など。

こう-む【工務】[名] 土木・建築の工事に関する仕事。「―店」

こう-む【公務】[名] 国または地方公共団体の事務・職務。

こう-む【校務】[名] 学校の教職員が行う事務。「―主任」

こうむ-いん【公務員】[名] 国または地方公共団体の公務に従事する人。「国家[地方]―」

こうむしっこうぼうがい-ざい【公務執行妨害罪】[名] 公務員が職務を執行する際、これに暴行・脅迫を加えて妨害することによって成立する罪。

こうむ・る【被る(▽蒙る)】[他五] ❶他人やある物事から恩恵や迷惑などの作用を受ける。「先代から格別の恩恵を―」「不景気で莫大な損害を―・った」「凶作の影響を―」❷⇒御免(ごめん)(を)こうむる

こう-めい【公明】[名・形動] 公平で不正や隠しだてがないこと。「―選挙」

こう-めい【高名】[名] ❶[形動] 評判が高く、広く名を知られていること。また、その高い評判。こうみょう。「―な彫刻家」派生 -さ ❷名前をいう尊敬語。「御―はかねがね承っております」

ごう-めい【合名】[名] 共同で責任を負うために名を書きつらねること。連名。「―会社(=社員全員が会社の債務について無限責任を負う会社)」

こうめい-せいだい【公明正大】[名・形動] 公平でやましいところがなく、堂々としていること。派生 -さ

ごう-も【▽毫も】[副] 〈打ち消しを伴って〉少しも。いささかも。「―やましいところはない」▽「毫」は細い毛の意。

こう-もう【紅毛】[名] ❶赤い髪の毛。「―碧眼(へきがん)(=紅毛と青い目の意から、西洋人)」❷江戸時代、オランダ人の呼称。また広く、西洋人。紅毛人。▽ポルトガル人・スペイン人を南蛮(なんばん)人と呼んだのに対していう。

こう-もう【▽膏▽肓】[名] ⇒こうこう(膏肓)▽「膏肓(こうこう)」の読み誤りによる俗用。

こう-もう【▽鴻毛】[名] オオトリの羽毛。「身を―の軽きに比する」▽きわめて軽いもののたとえにいう。

ごう-もう【剛毛】[名] ❶かたい毛。❷昆虫などの、かたくて短いキチン質の毛状突起。

こう-もく【項目】[名] ❶まとまりのある内容をある基準で小分けした一つ一つ。「問題を五つの―に整

理する」❷辞典・事典などの見出しと説明の総体。

こう-もく【綱目】[カウ] [名] 物事の大要と細目。大きな区分けと小さな区分け。

ごうもくてき-てき【合目的的】[ガフ] [形動] ある物事がその目的にかなっているさま。≡「―な活動方針」

こうもり【〈蝙蝠〉】[カウモリ] [名] ❶コウモリ目に属する哺乳動物の総称。発達した前あしと体側・後ろあし・尾の間に薄い飛膜が張り、それが翼となって飛行する。多くは夜行性。カクイドリ。カワホリ。▽鳥か獣かはっきりしないことから、状況に応じて一方についたり他方についたりする者のたとえにもいう。❷金属製の骨に布などを張った雨天用の(黒い)傘。▽「こうもり傘」の略。

こう-もん【肛門】[カウ] [名] 直腸の末端にあって、ふんを排出する穴。しりの穴。

こう-もん【校門】[カウ] [名] 学校の門。

こう-もん【黄門】[クワウ] [名] ❶中納言を中国風に呼んだ語。▽唐の黄門侍郎の職に似ることから。❷徳川光圀の通称。水戸黄門。▽官位が中納言であったことから。

こう-もん【閘門】[カフ] [名] ❶運河・放水路などで、水量を調節するための水門。❷水面に高低差のある運河で、水位を昇降させて船を通すための装置。前後を水門で仕切った閘室に船を入れ、扉の開閉によって水位を昇降させてから船を通す。

ごう-もん【拷問】[ガウ] [名・他サ変] 精神的・肉体的苦痛を与えて自白を強制すること。

こう-や【広野(曠野)】[クワウ] [名] ❶広々とした野原。ひろの。❷荒涼として果てしない広い野。あらの。≡「索莫たる―」[書き方]①は「広野」と書く。②の「広野」は、同音類義語による代用表記。

こう-や【荒野】[クワウ] [名] 荒れ果てた広い原野。荒れ野。

こう-や【紺屋】[カウ] [名] 染物屋。▽「こんや」の転。もとは専ら藍で布を紺色に染める職人を指した。

◉**紺屋の明後日** 約束の期限が当てにならないこと。▽紺屋の仕事は天候に左右されることから。

◉**紺屋の白袴** 人のことばかりに忙しく、自分のことをしている暇がないことのたとえ。

こう-やく【口約】[名・他サ変] 口頭で約束すること。また、その約束。くちやくそく。≡「―を交わす」

こう-やく【公約】[名・他サ変] おおやけに約束すること。特に選挙のとき、政党・候補者などが人々に政策の実行などを約束すること。また、その約束。

こう-やく【膏薬】[カウ] [名] 外傷・できものなどにつける、あぶらで練った外用薬。紙や布に塗りつけて使う。▽硬膏と軟膏があるが、ふつう硬膏をいう。

こうやく-すう【公約数】[名] 数学で、二つ以上の整数に共通する約数。≡「最大―」

こうや-どうふ【高野豆腐】[カウヤ] [名] 豆腐を凍らせてから乾燥させた食品。本来は寒中の戸外で凍らせて作る。凍り豆腐。しみ豆腐。▽高野山の宿坊で多く作られたからという。

こうや-ひじり【高野聖】[カウヤ] [名] 中世、高野山を本拠とし、教化や勧進のために諸国を行脚した下級僧。▽のちに行商僧・乞食僧の称となった。

こう-ゆ【香油】[カウ] [名] 香料を入れた化粧用の油。髪につけたり肌に塗ったりする。

こう-ゆ【鉱油】[クワウ] [名] 石油など、鉱物性の油。

こう-ゆう【公有】[イウ] [名・他サ変] 国や公共団体が所有していること。≡「―の財産」「―地・―林」⇔私有

こう-ゆう【交友】[カウイウ] [名] 友人として交際すること。また、その友人。≡「―を結ぶ」「―関係」

こう-ゆう【交遊】[カウイウ] [名・自サ変] 親しく交際すること。≡「家族ぐるみで―する」

こう-ゆう【校友】[カウイウ] [名] ❶同じ学校に学ぶ友達。❷同じ学校の卒業生。≡「―会」

ごう-ゆう【豪勇】[ガウ] [名・形動] 強くて勇ましいこと。また、その人。≡「―の士」[書き方]「剛勇」「強勇」とも。[派生]-さ

ごう-ゆう【豪遊】[ガウイウ] [名・自サ変] 惜しげもなく金を使って、豪勢に遊ぶこと。

こう-よう【公用】[名] ❶国や公共団体が使用すること。≡「―車」❷国や公共団体の用務。また、勤務する会社などの用務。◈⇔私用

こう-よう【孝養】[カウヤウ] [名・自サ変] 心をこめてよく親のめんどうをみること。きょうよう。≡「―を尽くす」

こう-よう【効用】[カウ] [名] ❶使いみち。用途。❷きき目。効能。❸経済学で、消費者が財やサービスによって得る満足度。

こう-よう【紅葉】[コウエフ] [名・自サ変] 秋に落葉植物の葉が紅色に変わること。また、その葉。もみじ。

こう-よう【高揚(昂揚)】[カウヤウ] [名・自他サ変] 精神や気分が高まること。また、高めること。≡「感情が―する」「士気を―する」[書き方]もと多く「昂揚」と書いた。

こう-よう【黄葉】[クワウエフ] [名・自サ変] 秋になって落葉植物の葉が黄色く変わること。また、その葉。

こう-よう【綱要】[カウエウ] [名] 基本となる重要な点。▽多く書名に使われる。≡「刑法―」

こうよう-ご【公用語】[名] 一国内で数か国語が使用されている場合、公の場での使用が正式に認められている言語。▽スイスでは、ドイツ語・フランス語・イタリア語・ロマンシュ語が公用語とされる。

こうよう-じゅ【広葉樹】[クワウエフ] [名] 平たくて幅の広い葉をつける樹木の総称。ブナ・ミズナラ・カエデなどの落葉広葉樹とカシ・クスノキ・ツバキなどの常緑広葉樹とがある。⇔針葉樹▽旧称は闊葉樹。

こうよう-ぶん【公用文】[名] 国・公共団体などが出す文書や、法令で用いる文章。

ごう-よく【強欲(強慾)】[ガウ] [名・形動] 非常に欲が深いこと。≡「―な人」「―非道」[派生]-さ

こう-ら【甲羅】[カフ] [名] ❶カメ・カニなどの背中をおおうかたい殻。甲。▽「ら」は接尾語。[書き方]もと「甲ら」とも。❷人の背中。≡「―干し(=腹ばいになって背中を日光に当てること)」❸年の功。長い経験。≡「―を経る(=年功を積む)」▽「甲」を「功」「劫」にかけていう。

こう-らい【光来】[クワウ] [名] 来訪をいう尊敬語。おいで。光臨。[書き方]「高来」とも。

こう-らく【行楽】[カウ] [名] 山野や観光地に出かけて楽しみ遊ぶこと。≡「―に出かける」「―の秋」「―客」

こう-らく【攻落】[名・他サ変] 攻め落とすこと。≡「敵陣を―する」

こう-らん【高覧】[カウ] [名] 見ることをいう尊敬語。≡「御―に供する」

こう-らん【高欄・勾欄】[カウ・コウ] [名] 社殿・宮殿などのまわりや橋・回廊・廊下などに取りつけた欄干。擬宝珠高欄・跳高欄などがある。

こう-らん【攪乱】[カウ] [名・他サ変] かき乱すこと。≡「―作戦」▽「かくらん(攪乱)」は慣用読み。

こ-うり【小売り】[名・他サ変] 仕入れた商品を消費者に直接販売すること。‖「―価格・―店」書き方 公用文では「小売」。「小売店・小売人・小売値・小売業」など、慣用の固定した複合語は送りがなをつけない。

こう-り【公吏】[名] 地方公務員の旧称。

こう-り【公理】[名] ❶一般に認められている道理。❷数学・論理学で、自明な真理として認められ、他の定理や命題を証明する前提となる根本命題。

こう-り【功利】[名] 功名と利得。また、幸福と利益。‖「―主義(=幸福と利益を社会や人生の最大目的とする思想的立場)」

こう-り【行▼李】[名] 竹・柳などで編んだ箱形の物入れ。かつては旅行用の荷物入れに用いたが、いまでは衣類などの保存に使う。‖「柳―」

こう-り【高利】[名] ❶高い利息・利率。‖「―の金」⇔低利 ❷大きな利益。

ごう-り【合理】[名] 論理の法則にかなっていること。また、道理にかなっていること。

ごうり-か【合理化】[名・他サ変] 技術導入・機械化・省力化・組織化などによって生産性の向上を図ること。‖「経営の―に踏み切る」

こうり-がし【高利貸し】[名] 不当に高い利息を取って金銭を貸すこと。また、それを職業とする人。こうりかし。

ごう-りき【合力】[名] ❶[自サ変] 力をかして助けること。ごうりょく。❷[他サ変] 金品を恵み与えること。

ごう-りき【強力】[名] ❶[形動] 力が強いこと。また、その人。❷登山者の荷物を背負って道案内をする人。◈書き方「剛力」とも。

こうり-しゅぎ【功利主義】[名] 倫理学で、快楽や幸福を得ることが人生や社会の最大目的だとする立場。「最大多数の最大幸福」を原理とする。▽ベンサムやミルらによって唱えられた。

ごうり-しゅぎ【合理主義】[名] ❶すべての物事を理性的に割り切って解釈しようとする態度。❷哲学で、経験による認識を否定し、真の認識は理性によってのみ得られるとする思想的立場。デカルト・スピノザ・ライプニッツなどに代表される。

こう-りつ【公立】[名] 地方公共団体が設立し、管理・運営すること。また、その施設。‖「―の大学」

こう-りつ【効率】[名] ❶機械が働いた仕事量とそれに消費されたエネルギーとの比率。‖「熱―」❷得られた成果とそれに費やした労力の割合。‖「―の悪い作業工程」

こう-りつ【高率】[名・形動] 比率が高いこと。また、高い比率。‖「―の利息」⇔低率

こうり-てき【功利的】[形動] 物事を行うとき、まず自分の功名と利益を重視するさま。‖「―な考え方」

ごうり-てき【合理的】[形動] ❶論理や道理にかなっているさま。❷能率的でむだがないさま。‖「―な生産方式」

こう-りゃく【攻略】[名・他サ変] ❶敵地などを攻めて奪い取ること。❷巧みに攻めて相手を打ち負かすこと。‖「敵のエースを―する」

こう-りゃく【後略】[名・自他サ変] 引用文などで、あとの部分を省くこと。⇔前略・中略

こう-りゅう【勾留】[名・他サ変] 裁判所が被疑者や刑事被告人を一定の場所にとどめておくこと。未決勾留。▽逃亡・証拠隠滅などを防ぐためで、刑罰ではない。

こう-りゅう【交流】[名] ❶[自サ変] 系統・組織・地域などを異にする人々や文物が互いに行き来すること。‖「アジアの国々が―する」「子供たちが専門家と―する」「文化の―」「国際―」使い方 交わって意見をやりとりする意の他動詞用法も見られるが、標準的でない。‖「教育についての意見を交流する」❷一定の周期で流れる方向が変化する電流。交流電流。▽家庭用の電気は五〇または六〇ヘルツの交流。⇔直流

こう-りゅう【拘留】[名・他サ変] 自由刑の一つ。一日以上三〇日未満の間、拘留場に拘置すること。

こう-りゅう【興隆】[名・自サ変] 勢いが盛んになって栄えること。‖「仏教の―」

ごう-りゅう【合流】[名・自サ変] ❶二つ以上の流れが合わさって一つになること。‖「―点」❷別々に行動していた人・団体・組織などが一緒になること。‖「駅で仲間と―する」

こう-りょ【考慮】[名・他サ変] ある物事について、それと関連するさまざまな条件や要素を考え合わせること。‖「相手の立場を―する」

こう-りょ【高慮】[名] 考慮をいう尊敬語。高配。‖「御―に感謝いたします」

こう-りょう【口糧】[名] ❶兵士一人分の食糧。‖「携帯―」❷生活に必要な食糧。また、生活費。‖「月々の―を得る」

こう-りょう【広量(▼宏量)】[名・形動] 心が広く、小事にこだわらないこと。‖「―な人物」⇔狭量

こう-りょう【考量】[名・他サ変] あれこれと考え合わせて判断すること。‖「利害を―する」

こう-りょう【香料】[名] ❶食料品・化粧品などによいかおりをつける物質。❷線香の代わりとして霊前に供える金銭。香典。

こう-りょう【校了】[名・他サ変] 校正がすべて終わって印刷できる状態になること。‖「御―」

こう-りょう【綱領】[名] ❶物事のおもととなるところ。要点。‖「心理学の―」❷政党や団体の政策・主張・運動方針などの基本を示したもの。

こう-りょう【稿料】[名] 原稿料。

こう-りょう【荒涼】[形動タル] ❶荒れ果ててものさびしいさま。‖「―たる風景」❷精神的・物質的に満たされるものがなく、むなしいさま。‖「―とした気分に襲われる」◈書き方「荒▼寥」とも。

こう-りょく【光力】[名] 光の明るさ。光度。

こう-りょく【抗力】[名] ❶二つの物体が接触するとき、その接触面に働いて互いに逆らおうとする力。面に垂直に働く垂直抗力と、面に平行に働く摩擦抗力とがある。❷航空機など、流体中を運動する物体に逆らって働く流体の力。

こう-りょく【効力】[名] ある効果や働きを及ぼすことのできる力。‖「契約が―を失う」

ごう-りょく【合力】[名] ❶力学で、一つの物体に同時に働く二つ以上の力と等しい効果をもつ一つの力。合成力。❷[自サ変] ⇒ごうりき(合力)①

こう-りん【光輪】[名] キリスト教美術で、聖人や神的人格の象徴として頭の周囲に描く輪。輪光。

こう-りん【光臨】[名] 来訪をいう尊敬語。おいで。光来。‖「御―を仰ぐ」

こう-りん【後輪】［名］車の後部にある車輪。⇕前輪

こう-りん【降臨】［名］神仏が天から人間の世界へ降りてくること。‖「天孫ー」

こう-るい【紅涙】［名］❶血の涙。悲嘆にくれて流す涙。❷美しい女性が流す涙。

こ-うるさ・い【小▽煩い】［形］何かにつけうるさいさま。何かとわずらわしい。‖「ー存在」派生 -げ／-さ

こう-れい【交霊】［名］生きている者が死者の霊魂と交信すること。‖「ー術」

こう-れい【好例】［名］うまく当てはまる例。適例。

こう-れい【恒例】［名］儀式や行事がいつもと同じように行われること。また、その儀式や行事。‖「ーの運動会」

こう-れい【降霊】［名］霊能者が、死者の霊と交信すること。神降ろし。‖「ー術」

こう-れい【高齢】［名］年をとっていること。高年。

ごう-れい【号令】［名・自他サ変］❶多くの人に大声で命令や指図をすること。また、その命令や指図。❷支配者が人々を従わせるために命令を下すこと。また、その命令。‖「天下に節約をーする」

こうれい-か【高齢化】［名・自サ変］総人口のうち、六五歳以上の高齢者の割合が次第に高くなっていくこと。

こうれいか-しゃかい【高齢化社会】［名］総人口のうち、高齢者の割合が高まりつつある社会。▼一般に、六五歳以上の人口比率が七パーセントを超えた社会をいう。

こうれい-しゃ【高齢者】［名］高齢の人。一般に、六五歳以上の人をさす。▼六五～七四歳を前期高齢者（ヤングオールド）、七五歳以上を後期高齢者（オールドオールド）という。

こうれい-しゃかい【高齢社会】［名］六五歳以上の人口比率が一四パーセントを超えた社会。▼一般に、二一パーセントを超えると「超高齢社会」という。

こうれい-ち【高冷地】［名］標高が高く、寒冷な土地。‖「ー農業（＝海抜の高い高原地帯で行われる農業）」

こう-れつ【後列】［名］うしろの列。⇕前列

こうレベル-ほうしゃせいはいきぶつ【高レベル放射性廃棄物】［名］使用済み核燃料を再処理してウランとプルトニウムを分離したあとに残る廃棄物。強い放射能をもつ核種が含まれる。

こう-ろ【行路】［名］❶道を行くこと。また、その道や道すじ。‖「ーの人（＝道行く人。転じて、面識のない人）」「ー病者（＝病気・飢えなどで道路上に倒れ、引き取り手のない人）」❷生きていく道。世渡り。‖「人生ー」

こう-ろ【香炉】［名］香をたくときに使う器。数「一基…」と数える。

こう-ろ【航路】［名］船舶や航空機が通る定まった道すじ。また、その進む方向。‖「ー標識」

こう-ろう【功労】［名］功績と、そのための努力。‖「ー者」

こう-ろう【抗老】［名］⬇アンチエイジング

こう-ろう【高楼】［名］高く構えた建物。たかどの。

こうろう-しょう【厚労省】［名］「厚生労働省」の略。

こうろう-しょう【厚労相】［名］厚生労働大臣の通称。

こう-ろく【高▼禄】［名］多額の俸禄。高額の給与。

こう-ろん【口論】［名・自サ変］言い争うこと。口げんか。‖「親子が結婚の是非をめぐってーする」使い方 他動詞としても使う。‖「…の是非を口論する」

こう-ろん【公論】［名］❶世間一般の意見。世論。❷公平な議論。正論。

こう-ろん【抗論】［名・自サ変］相手の論に対抗して自説を述べること。‖「勝手な言い分にーする」

こう-ろん【高論】［名］❶すぐれた意見・議論。‖「ー卓説」❷意見・議論をいう尊敬語。‖「御ーを拝聴する」

こう-ろん【硬論】［名］強硬な意見・議論。⇕軟論

こうろん-おつばく【甲論乙▼駁】［名・自サ変］互いに論じ合い反対し合うばかりで、なかなか意見がまとまらないこと。▼甲が論ずれば乙が反駁する意。

こう-わ【口話】［名］耳の不自由な人が、相手が話す言葉を唇の動きや表情によって理解し、自らも発音器官を訓練して発語すること。‖「ー法」

こう-わ【高話】［名］話をいう尊敬語。

こう-わ【講和】［名・自サ変］交戦国が互いに取り決めを行い、戦争をやめて平和な状態に戻ること。また、その取り決め。‖「ー条約」書き方「▼媾和」とも。

こう-わ【講話】［名・自他サ変］ある題目について大勢にわかりやすく説き聞かせること。また、その話。‖「健康についてのーを聞く」

こう-わん【港湾】［名］船舶が発着・停泊し、客の乗降や積み荷のあげおろしができる設備をもった水域。みなと。‖「ー都市」

ごう-わん【剛腕・豪腕】［名］❶腕力が強いこと。特に野球で、投手が豪速球を得意とすること。また、その人。‖「ー投手」❷自分の力を頼んで、強引に物事を進めること。また、その人。‖「ーの幹事長」

ご-うん【五▼蘊】［名］仏教で、現象界の存在を形づくる五つの要素。色（＝外的な物質と肉体）・受（＝感覚作用）・想（＝表象作用）・行（＝意志・欲求・記憶などの心作用）・識（＝認識作用）の五つをいう。

こえ【声】［名］❶人や動物が発声器官を使って出す音。また、虫が羽などをこすり合わせて発する音。‖「ーを立てる」「笑いー」▼人間の場合、のどから口を通して息を出す際、音声器官を働かせてさまざまな音に区別する。❷物が振動しておこる音。‖「鐘［松風］のー」❸意見。考え。‖「庶民［天］のー」❹〈「…の声を聞く」の形で〉季節や年月の気配を感じる。‖「秋のーを聞くと寂しくなる」「五〇のーを聞く」

◉**声なき声** 表立っては聞こえない人々の意見。‖「ーに耳を傾ける」

◉**声の下から** そのことばのすぐあとから。‖「禁煙すると言ったーまた吸いだす」

◉**声を上・げる** ❶大きな声を出す。また、今までより大きな声を出す。‖「驚いてー」❷主張する。‖「抗議のー」

◉**声を掛・ける** 呼びかける。また、誘う。

こえ【肥】［名］❶こやし。肥料。❷肥料にする糞尿。下肥。‖「ー溜め」

ごえ【越え・超え】（造）❶【越】〈国名や山・峠などの名に付いて〉そこを越えていく意を表す。‖「鵯ー・伊賀ー・天城ー」❷【超】〈基準や数を表す語に付いて〉それ

を上回る意を表す。‖「百万部ーの大ヒット」

こ-えい【孤影】 [名] たった一人だけの寂しそうな姿。

ご-えい【護衛】 [名・他サ変] そばに付き添って守ること。また、その役割(を務める人)。‖「大統領をーする」「ー艦」

ご-えいか【御詠歌】 [名] 巡礼や仏教の信者がとなえる、仏の徳をたたえた歌。

こえ-がら【声柄】 [名] 声の質。声のようす。

こえ-がわり【声変わり】 [名・自サ変] 思春期のころ、声帯が変化して音声・声域などがかわること。男性に著しく、一般に低く太い声になる。

こえ-ごえ【声声】 [名] 多くの人の声。それぞれの声。‖「ーに非難する」

こ-えだ【小枝】 [名] 小さな枝。さえだ。‖「梅のー」

こえ-だめ【肥▼溜め】 [名] 肥料にする糞尿をためておくところ。

ごえつ-どうしゅう【呉越同舟】 [名] 敵対する者どうしが同じ場所に居合わせること。また、敵対する者どうしも共通の困難に遭遇すれば手を携えてそれに立ち向かうということ。語源 中国の春秋時代、宿敵どうしの呉と越の者が同じ舟に乗り合わせたが、暴風に襲われて舟が転覆しそうになると、互いが左右の手のように動いて助け合ったという『孫子』の故事に基づく。

ごえもん-ぶろ【五▽右▽衛門風呂】 [名] かまどの上に据え、下から火を燃やしてわかす鉄製の風呂。入浴するときは、浮き蓋を踏み沈めて底板にする。かまぶろ。長州風呂。▼盗賊の石川五右衛門がかまゆでの刑に処せられたという俗説から。

こ・える【肥える】 [自下一] ❶動物や人の体がふとってたっぷりと肉がつく。‖「まるまるとー・えた子犬」使い方 方言的な言い方で、「太る」の方が標準的。また、「ビワの実がまるまると肥える」のように、植物の実にもいう。❷地味が豊かになる。‖「ー・えた土地」❸ものを鑑別する能力が発達している。‖「目[舌]がー・えている」❹資産などが増大する。‖「土地転がしでー」◈①②⬍やせる 文こ・ゆ 名肥

こ・える【越える・超える】 [自下一] ❶【越】妨げや境界となる物を渡って向こう側に行く。‖「山[塀・国境]をー」❷【越・超】物事の適切な度合いを過ぎる。‖「選手としてのピーク[絶頂期]をー」「度をー振る舞い」❸【越】先に行く人の実力や実績を上回る。追い越す。‖「芸風で師匠をー」❹【超・越】一定の限度や数量を上回る。超過する。‖「定員[能力・想像]をー」▼「五〇人を超える」は、基準の数値を含まないでそれより上、すなわち五一人以上の意。「超す」も同じ。❺【超・越】通常の概念や区分にとらわれない。超越する。‖「現代の技術水準をー建築物」「派閥をー・えて集結する」「時をー・えて伝えられる」

◈書き分け【越】は境界を過ぎて先に進む意のほか、広く使う。「飛び越す・負け越す」「乗り越える・踏み越える」など複合語も【越】を使うものが多い。【超】は一定の分量や基準を上回る意に使う。使い方 ①②④は「こす」ともいうが、ともに「こえる」が一般的。文こ・ゆ

ご-えん【誤▼嚥】 [名・他サ変] 誤って飲食物を気道内に入れてしまうこと。‖「ー性肺炎(=食物や胃の内容物などを誤って肺の中へ吸引することで起こる肺炎)」▼「誤飲」との混同から、誤って異物を飲み込むことの意に使うのは不適切。

コエンザイム【coenzyme】 [名] 酵素に結合しその活性を発現させる低分子の有機化合物。補酵素。

ゴー【go】 [名] ❶行くこと。進むこと。‖「ーサイン」❷交通信号で、行け・進めの意を表す語。⬍ストップ

こ-おう【呼応】 [名・自サ変] ❶ある行動にこたえて一方も行動を起こすこと。また、互いに気脈を通じて一つの行動をとること。‖「中央のクーデターにーして各地で反乱が起こる」❷文中で、ある語句の存在によって、その係り先が必ず一定の語句や表現として現れること。「決して」のあとには打ち消しの語が来るなど。

ご-おう【五黄】 [名] 陰陽道で、九星の一つ。五行では土星、方位では中央にあたる。⬇九星▼五黄の寅の年に生まれた人は運勢も気性も強いという俗信があった。

こおう-こんらい【古往今来】 [副] 昔から今に至るまで。古来。

ゴーカート【go-cart】 [名] 遊戯用または競技用の小型自動車。

コークス【Koks ドイツ】 [名] 石炭を乾留して得る、炭素に富んだ多孔質の固体。無煙燃焼し、火力が強い。溶鉱炉などの燃料に用いる。

ゴーグル【goggles】 [名] 風・水・紫外線の防止などに用いる大形の眼鏡。

ゴー-サイン【和製 go＋sign】 [名] 物事を実行する許可や承認を表す指示。‖「企画にーが出た」

ゴージャス【gorgeous】 [形動] 豪華で、ぜいたくなさま。‖「ーな生活」

コース【course】 [名] ❶決まった道筋。順路。また、進路や方針。‖「登山のー」「出世ー」❷陸上・水泳・スケート・ボートレースなどの競技で枠の指定されている進路。また、ゴルフの競技路。‖「ダートー」❸学課。課程。‖「進学ー・ドクターー」❹主に西洋料理で、順序に従って出る一組みの料理。‖「フルー」

品格 ◆足取り「犯行のーを追う」 軌跡「心のーをたどる」 軌道「衛星[放物線]のー」 経路「避難ー」 順路「ーに従って進む」 進路「ーを阻む」 針路「船[日本]のー」 道筋「将来へのーをつける」 ◉「足取り」は犯罪者の逃走経路についていう。

コース-アウト【和製 course＋out】 [名・自サ変] 競技中に規定のコースをはずれること。

コースター【coaster】 [名] ❶遊園地などで、急な起伏のあるレールの上を疾走する乗り物。‖「ジェットー」❷グラスなどの下に敷くもの。コップ敷き。

ゴースト【ghost】 [名] ❶幽霊。❷テレビで、電波が建物などに反射して生じる多重像や乱像。ゴーストイメージ。❸逆光による写真撮影の際に、レンズの縁などに強い光が反射して生じる放射状・リング状などの像。

ゴースト-タウン【ghost town】 [名] 住民が一人もいなくなって荒れ果てた町。‖「ーと化した鉱山町」

ゴー-ストップ【和製 go＋stop】 [名] 道路用の交通信号機。

ゴーストライター【ghostwriter】 [名] 作者本人に代わって陰で文章などを書く人。代作者。

コース-レコード【course record】 [名] 陸上競技・ゴルフなどで、そのコースで出された最高記録。

コーダ【coda イタリア】 [名] 楽曲・楽章、または楽曲中の大きな段落の結尾に、その締めくくりの効果を強調するためにつけ加える部分。

コーチ【coach】 [名・他サ変] 運動競技の技術などを

実地に指導・助言すること。また、その人。

コーチャー【coacher】[名] ❶コーチをする人。❷野球で、一・三塁のベース横の区画（＝コーチャーズボックス）にいて打者や走者に指示を与える人。

コーチン【cochin】[名] ニワトリの品種の一つ。中国原産の食肉種。▽名称はヨーロッパに輸入されたときコーチシナ産と誤って伝えられたことによる。「名古屋コーチン」はわが国の在来種との交配種。書き方「交▼趾」と当てた。

コーチング【coaching】[名] ❶教えること。指導・助言すること。❷コーチが対話などのコミュニケーションによって対象者から目的達成のために必要となる能力を引き出す指導法。

コーディネーター【coordinator】[名] ❶物事を調整して一つにまとめる役。また、その専門職。❷放送番組などの制作進行をまとめる責任者。

コーディネート【coordinate】[名・他サ変] ❶物事を調整して一つにまとめること。❷服飾・インテリアなどで、色・素材・形などを調和させて組み合わせること。

コーティング【coating】[名] 物体の表面を合成樹脂・パラフィン・化学物質などの薄膜や塗料でおおうこと。布や紙の防水・耐熱加工、レンズの反射防止加工などで行う。

コーデック【CODEC】[名] 音声・映像などのデータを別の形式に変換したり、圧縮・伸長したりするための装置やソフトウエア。▽coder（符号器）とdecoder（復号器）から。

コーデュロイ【corduroy】[名] 縦方向に畝(うね)状の筋を織りだした丈夫な綿織物。コールテン。

コート【coat】[名] ❶防寒・雨よけなどのため、外出時に衣服の上から着るもの。レインコート・オーバーコートなど。❷背広などの上着。≡「ブレザーー」

コート【court】[名] テニス・バレーボール・バスケットボールなどで、試合や練習を行う長方形の区画。

コード【chord】[名] ❶楽器の弦(げん)。❷和音。

コード【code】[名] ❶規定。特に、新聞社・放送局などの内部で設ける倫理規定。≡「プレスー」❷電信用の略号。また、暗号。≡「ーブック」❸コンピューターで、命令やデータを体系的な符号で表したもの。≡「文字ー」

コード【cord】[名] 綿糸・ビニール・ゴムなどで被覆した電線。電気器具の接続や屋内配線に用いる。

コード-ネーム【code name】[名] コード名。暗号名。

コードバン【cordovan】[名] 馬の臀部(でんぶ)の皮から作る上質のなめし革。▽もとは専らスペインのコルドバに産するきめの細かい山羊皮を指した。

コードレス【cordless】[名] 電気器具などで、電源用のコードを必要としないこと。また、そのもの。

こ-おどり【小躍り】(ドリ) [名・自サ変] おどりあがるほど喜ぶこと。雀躍(じゃくやく)。≡「ーして喜ぶ」書き方「▼雀躍り」とも当てる。

コーナー【corner】[名] ❶かど。すみ。≡「リングのー」❷陸上競技のトラックなどの曲がり角。❸野球で、ストライクゾーンの隅。❹売り場・催し物場などで、特別の目的のために設けた一区画。≡「旅行用品のー」❺放送番組・新聞紙面などで、特定のテーマをおいて設ける一区画。❻写真をアルバムにはるとき、その四隅につけてとめるもの。

コーナー-キック【corner kick】[名] サッカーで、守備側がゴールラインの外へボールを出したとき、攻撃側がボールを守備側のコーナーエリアに置いて蹴り入れること。

コーナー-ワーク【corner work】[名] ❶野球で、投手が内・外角をすれすれに投げ分ける制球技術。❷トラック競技・スケートなどで、競走路のコーナーを巧みに回って走る技術。

コーナリング【cornering】[名] スケート・自動車などでコーナーを回ること。また、その技術。

コーパス【corpus】[名] 言語資料。個別言語・発話などの情報を大規模または網羅的に集めたもの。

コーヒー【coffee・koffie(オランダ)】[名] ❶コーヒーノキの種子を煎(い)って粉末にしたもの。また、それを熱湯で煎(せん)じた飲み物。≡「アイスー」❷コーヒーノキの種子。コーヒー豆。◈書き方「▼珈▼琲」と当てる。

コーヒー-ブレイク【coffee break】[名] 仕事などの合間にとる、短い休憩時間。お茶の時間。

コーポ [名] 鉄筋造りの中高層集合住宅。▽「コーポラス(和製)corporate＋house から」の略。

コーポラティブ-ハウス【cooperative house】[名] 入居希望者が集まって組合をつくり、共同で土地購入・設計・工事発注などを行う方式の集合住宅。コープ住宅。

コーポレーション【corporation】[名] ❶法人。❷有限会社。株式会社。

コーポレート-ガバナンス【corporate governance】[名] 企業経営が適切に行われるように、経営陣を監視すること。また、その仕組み。企業統治。

コーム【comb】[名] 櫛(くし)。

ごおや [名] ツルレイシの別称。にがうり。ごおやあ。ゴーヤ。ゴーヤー。≡「ーちゃんぷるう（＝ごおやを入れた炒め物）」▽沖縄のことば。

コーラ【cola】[名] コーラノキ（＝熱帯で栽培されるアオギリ科の常緑高木）の種子から抽出した成分を主原料とした清涼飲料水。カフェインを多分に含む。コーラ飲料。

コーラス【chorus】[名] ❶合唱。また、合唱団。❷合唱曲。

コーラル【coral】[名] ❶珊瑚(さんご)。≡「ーリーフ（＝珊瑚礁）」❷珊瑚色。かすかな黄みを帯びた明るい赤色。

コーラン【Koran】[名] アラビア語で書かれた、一一四章からなるイスラム教の聖典。預言者ムハンマド（マホメット）が受けたとされるアラーの啓示を収録したもの。

こおり【氷】(コホリ) [名] ❶低温のために水が固体になったもの。一気圧のもとではセ氏零度以下で固体化する。≡「池にーが張る」▽冷たいもの、鋭いもののたとえにもいう。≡「ーのように冷たい手」「抜けば玉散るーの刃(やいば)」❷「氷水」②の略。≡「ー小豆(あずき)」

こおり【▼郡】(コホリ) [名] 昔、国（＝今の県）の下に位置した行政区画。いくつかの郷・村を含む。▽今の郡(ぐん)に相当する。

こおり-がし【氷菓子】(コホリグヮシ) [名] 牛乳・クリーム・果汁などに香料や砂糖を加えて凍らせた菓子。アイスキャンディー・アイスクリーム・シャーベットなど。

こおり-ざとう【氷砂糖】(コホリザタウ) [名] 純度の高い砂糖を溶かし、氷状に大きく結晶させたもの。

こおり-つ・く【凍りつく（凍り付く）】［自五］❶凍って他の物にくっつく。‖「道路が—」「瓶のふたが—」❷すっかり凍ってかたくなる。

こおり-ぶくろ【氷袋】［名］➡氷嚢

こおり-まくら【氷枕】［名］氷片や冷水を入れて頭を冷やすゴム製のまくら。

こおり-みず【氷水】［名］❶氷を入れて冷たくした水。❷細かく削った氷に蜜やシロップをかけた食べ物。かき氷。こおりすい。

コーリャン【高粱中国】［名］中国東北部・朝鮮半島北部などで栽培されるモロコシの一種。実を食料・飼料・蒸留酒の原料などに用いる。コウリョウ。

こお・る【凍る（▽氷る）】［自五］❶低温のため液体が固体になる。固く凍結して動かなくなる。‖「池の水が—」「冷凍庫でエビがかちかちに—」❷気温が低く、空気や物が「凍った」①ように冷たく感じられる。凍てつく。凍みる。‖「二人とも、白い息を—・った空気の中に吐いていた〈松本清張〉」❸寒さのために手足などが動かなくなる。凍える。‖「手足が—」❹激しい情動のために心臓が止まったように感じたり体が動かせなくなったりする。凍りつく。‖「衝撃で身も—思いだ」名氷

コール【call】［名］❶呼びかけること。また、かけ声。‖「カーテン—」❷［自他サ変］電話などで相手を呼び出すこと。また、通話。‖「ダイレクト—・モーニング—」❸［自他サ変］トランプで、相手の札を出すように要求すること。❹金融機関相互でごく短期間、資金を貸借すること。▼借り手からみた「コールマネー」、また貸し手からみた「コールローン」の略。

ゴール【goal】［名］❶［自サ変］決勝線。決勝点。また、そこへ到達すること。‖「一着で—する」❷［自サ変］サッカー・ラグビー・ホッケーなどで、そこにボールを入れると得点になる区域。また、そこにボールを入れて得点すること。‖「ペナルティー—」❸目的。目標。‖「情報公開という—を目指す」

ゴール-イン【和製goal+in】［名・自サ変］❶決勝線に到達すること。ゴール。❷サッカー・ラグビー・ホッケーなどで、ボールをゴールに入れて得点すること。ゴール。❸目標に到達すること。特に、結婚すること。‖「来春に—する」

コール-ガール【call girl】［名］電話の呼び出しに応じて客をとる娼婦。

ゴール-キーパー【goal keeper】［名］サッカー・ホッケー・水球などで、ゴールの守備にあたる選手。キーパー。

ゴール-キック【goal kick】［名］❶サッカーで、攻撃側がボールを守備側のゴールラインの外に出したとき、守備側がゴールエリア内からボールを蹴ること。❷ラグビーで、トライの後や相手にペナルティーがあったとき、ゴールを得るためにボールを蹴ること。◈GKとも。

コール-サイン【call sign】［名］無線局・放送局の電波呼び出し符号。NHK東京第一放送の「JOAK」など。

コールスロー【coleslaw】［名］千切りにしたキャベツをドレッシングであえたサラダ。

コール-センター【call center】［名］電話を通じて顧客の問い合わせや注文に専門的に応じる部署または施設。

コール-タール【coal tar】［名］石炭を乾留するときに得られる黒い粘液質の物質。防腐用塗料や、染料・火薬・溶剤などの原料に用いる。石炭タール。

コール-てん【コール天】［名］コーデュロイ。▼corded velveteen（＝畝織りのビロード）からか。一説に「コール」はcorduroyの略ともいう。「天」は「天鵞絨」の略。書き方「コール天」「コールテン」とも。

ゴールデン-ウイーク【和製golden+week】［名］祝日・休日の連続する四月末から五月初めにかけての週。黄金週間。ゴールデンウィーク。

ゴールデン-タイム【和製golden+time】［名］テレビで、視聴率の高い時間帯。夜の七時から十時まで。ゴールデンアワー。▼英語ではprime timeという。➡プライムタイム

ゴールド【gold】［名］金。黄金。また、金色。‖「—ラッシュ（＝新しく発見された金鉱に採掘者が殺到すること）」

コールド-クリーム【cold cream】［名］洗顔やマッサージに用いる油性クリーム。

コールド-ゲーム【called game】［名］野球で、五回終了以降、降雨・日没・大量得点差などの理由から主審がそれまでの得点で勝敗を決定し終了を宣言する試合。

コールド-チェーン【cold chain】［名］冷凍・冷蔵・低温貯蔵などの方法で、生鮮食料品を新鮮な状態のまま生産者から消費者まで流通させるシステム。低温流通体系。

コールバック【callback】［名・自サ変］折り返し電話をかけること。

ゴールポスト【goalpost】［名］サッカー・ラグビー・ホッケーなどで、クロスバーとともにゴールを形作っている二本の柱。

こおろぎ【〈▼蟋▼蟀〉】［名］草むらや石の下などにすむ、バッタ目コオロギ科の昆虫の総称。体色は黒褐色で、触角が長い。雄は夏から秋にかけて美しい声で鳴く。▼古くは「きりぎりす」と呼ばれた。

コーン【cone】［名］❶アイスクリームなどを入れる円錐形のウエハース。❷スピーカーに用いる円錐形の振動板。◈円錐・円錐形の意。

コーン【corn】［名］トウモロコシ。‖「—スープ」

ご-おん【呉音】［名］漢字音の一つ。古代日本へ朝鮮を経由して渡来した音で、中国南方系の発音に基づくといわれる。「明」を「ミョウ」、「眼」を「ゲン」、「若」を「ニャク」と読む類。仏教語に多い。

ご-おん【語音】［名］ことばを構成する音声。言語音。

コーンスターチ【cornstarch】［名］トウモロコシから取ったでんぷん。食品・糊などに用いる。コンスターチ。

コーンフレークス【cornflakes】［名］トウモロコシのひきわりを蒸して調味し、薄く押しつぶして乾燥させた食品。牛乳や砂糖をかけて食べる。

こ-か【古歌】［名］古い時代の歌。古人がよんだ歌。

こ-が【古画】［名］古い時代の絵画。古人の描いた絵。

こ-が【古雅】［名・形動］古風で優雅なこと。‖「—な茶室」

こ-が【個我】［名］他と区別された個としての自我。

こ-がい【子飼い】［名］❶鳥獣を生まれたばかりのときから飼い育てること。‖「—の猿」❷未熟なうちから大切に教えて、一人前に育てること。また、その育てら

れた人。≒「—の番頭」

こ-がい【戸外】[名]家のそと。屋外。

ごかい〈沙蚕〉[名]浅海の泥中にすむゴカイ科の環形動物。ひも状の体はミミズに似るが、環節の両側には剛毛の生えた脚状の突起がある。釣りのえさにする。

ご-かい【五戒】[名]仏教で、在家信者が守らなくてはならない五つのいましめ。不殺生・不偸盗・不邪淫・不妄語・不飲酒。

ご-かい【碁会】[名]人々が集まって碁を打ち合う会。≒「—を開く」

ご-かい【誤解】[名・自他サ変]まちがって理解すること。≒「手品師を超能力者と—する」「—を解く」

こ-がいしゃ【子会社】[名]資本参加・役員派遣などによって他の会社の支配下にある会社。⇔親会社

コカイン[Kokain ドイ・cocaine][名]南米原産のコカの葉から抽出されるアルカロイド。局所麻酔剤などに用いるが、常用すると中毒を起こすので麻薬に指定されている。

こ-がお【小顔】[名]小さな顔。≒「—の女性」

こ-がき【小書き】[名・他サ変]文中に注などを小さな文字で書き入れること。また、その書き入れたもの。

こ-かく【古格】[名]古くからの格式。古来のしきたり。

こ-かく【孤客】[名]一人で旅をしている人。

こ-かく【顧客】[名]⇒こきゃく

こ-がく【古学】[名]❶江戸時代に興った儒学の一派。朱子学・陽明学などの解釈に反対し、経書の本文を直接研究して真意を明らかにしようとした学派。❷国学。

ご-かく【互角】[名・形動]双方の力量に優劣の差がないこと。≒「—の戦い」書き方「▽牛角」とも。左右の牛の角に長短・大小の差がないことから。

ご-かく【語格】[名]言葉遣いのきまり。語法。

ご-がく【語学】[名]❶言語学。❷外国語を学ぶこと。また、外国語を使う能力。≒「—に堪能な人」

こ-がくれ【木隠れ】[名]重なり合った木の陰にかくれて部分的にしか見えないこと。木の間隠れ。

こ-かげ【小陰(小▼蔭)】[名]ちょっとしたものかげ。≒「塀の—」

こ-かげ【木陰(木▼蔭)】[名]木の下の、日光や雨の当たらないところ。木の下陰。≒「—で憩う」

こ-がし【焦がし】[名]いった米・大麦などを粉にひいたもの。香煎。

ごかし[接尾]〈体言に付いて〉…にかこつけて実は自分の利益を図る、の意を表す。≒「おため—・親切—」▼動詞「こかす」の連用形「こかし」が濁音化したもの。

こか・す【▽転かす】[他五]ころがす。たおす。≒「石を—」

こが・す【焦がす】[他五]❶物を火や熱で焼いて、黒く(または、茶色に)する。(意図的な場合にもそうでない場合にもいう)≒「大麦をほどよく—・して麦茶とする」「アイロンで畳を—」使い方 火や熱を主語にしていうこともできる。≒「燃えさかる炎が夜空を—(=焼かんばかりに燃える)」「灼熱の太陽が肌を—」❷切ない思いで心を悩ます。≒「恋に身を—」「胸を—」名 焦がし

こ-かた【子方】[名]❶能楽で、子供の役者。また、子供が演じる役。▼『船弁慶』の義経のように、子方が大人の役を演じる場合もある。❷子に当たる者。子分。⇔親方

こ-がた【小形】[名]それ自体の形が小さいこと。なりや作りが小さいこと。≒「—の花[鳥・獣・ノート・箱・かばん]」⇔大形

こ-がた【小型】[名]同類のものと比べて規模やスケールが小さいこと。≒「—台風[自動車・パソコン・犬]」⇔大型

ご-がたき【碁敵】[名]碁の好敵手。

こ-がたな【小刀】[名]❶細工物などに使う小さな刃物。ナイフ。❷⇒小柄

こ-かつ【枯渇(▼涸渇)】[名・自サ変]❶水がかれること。かれて水がなくなること。❷物が尽きてなくなること。≒「資源[才能]が—する」

ご-がつ【五月】[名]一年の五番目の月。さつき。⇒季節のことば(八二ページ)

ごがつ-にんぎょう【五月人形】[名]五月五日の端午の節句に飾る武者・鍾馗などの人形。

ごがつ-びょう【五月病】[名]四月に入った新入生や新入社員に、五月ごろになると現れる、環境不適応による精神的不安定状態をいう語。

こ-がね【小金】[名]少しばかりまとまった金銭。

こ-がね【黄金】[名]❶きん。おうごん。❷大判・小判などの金貨。≒「—の山」❸きんのように輝く黄色。きんいろ。こんじき。≒「—の波(=実った稲穂が風になびくさまの形容)」▼「黄金色」の略。

こがね-むし【黄金虫】[名]夏に出現するコガネムシ科の昆虫。体色は濃緑色または紫紅色で、金色の光沢をもつ。成虫は広葉樹の葉を、地虫と呼ばれる幼虫は植物の根を食い荒らす。

こ-かぶ【子株】[名]❶植物で、もとになる株から分かれてできた株。❷株式会社が増資して新たに発行した株式。新株。◈⇔親株

こ-がら【小柄】[名・形動]❶体格が普通より小さいこと。≒「—な生徒」❷着物などの模様や縞柄が小さいこと。◈⇔大柄

こ-がら【小▼雀】[名]九州以北の山林にすむシジュウカラ科の小鳥。背は灰褐色で、後頭部とのどは黒い。昆虫を捕食する益鳥。

こ-がらし【木枯らし(▼凩)】[名]秋の末から冬の初めにかけて吹く強く冷たい風。▼「凩」は国字。

こがれ-じに【焦がれ死に】[名・自サ変]ある人を恋い慕うあまり、病気になって死んでしまうこと。

こが・れる【焦がれる】[動下一]一[自]いちずに激しく恋い慕う。また、いちずに強く思い望む。≒「心の底から—」二〈動詞の連用形に付いて複合動詞を作る〉事の実現を待ち望んで、居ても立ってもいられない気持ちでじりじりする。≒「思い—・恋い—・待ち—」文こが・る

こ-かん【股間(▼胯間)】[名]またのあいだ。またぐら。

こ-がん【孤▼雁】[名]群れから離れて一羽だけで飛んでいる雁。

こ-がん【湖岸】[名]みずうみのきし。≒「—のホテル」

ご-かん【五官】[名]代表的な五つの身体の器官。「五感」に対応した目・舌・鼻・耳・皮膚や、五行思想の目・舌・口・鼻・耳など。

ご-かん【五感】[名]外界の事物を認識する五つの感覚。視覚・聴覚・嗅覚・味覚・触覚の総称。

ごーかん【互換】ワカン［名・他サ変］互いに取りかえること。また、取りかえがきくこと。‖「―性のある部品」

ごーかん【語幹】［名］国文法で、活用語の中の変化しない部分。「動く」の「うご」、「暗い」の「くら」の類。⇔語尾

ごーかん【語感】［名］❶ある語が本来の意味以外に持つ印象的な感じ。❷ことばに対する感覚。‖「鋭い―を持つ詩人」

ごーがん【護岸】［名］水害を防ぐため、河岸や海岸を堤防・コンクリートブロックなどで保護すること。‖「―工事」

こーかんせつ【股関節】コクワンセツ［名］骨盤と大腿骨をつなぐ、またの付け根の関節。‖「―脱臼」

こーき【子機】［名］電話機・ファックスなどで、本体に付属する機器。⇔親機

こーき【古希（古▼稀）】［名］数え年七十歳。また、その祝い。‖「祖母の―を祝う」▼杜甫「曲江詩」の「人生七十古来稀なり」から。

こーき【呼気】［名］肺から外へはき出す息。⇔吸気

こーぎ【古義】［名］古い時代の解釈。‖「―学」

ごーき【語気】［名］話すことばの調子や勢い。語勢。‖「―が荒い」

ごーき【誤記】［名・他サ変］間違って書くこと。また、そのもの。‖「―が目立つ文書」

ごーぎ【語義】［名］語の意味。語意。‖「―未詳」

コキール［coquille フランス］［名］帆立貝の殻またはその形をした容器にホワイトソースであえた魚介類・野菜などをいれてオーブンで焼いた料理。コキーユ。

こきーおろ・す【▽扱き下ろす】［他五］❶しごいて落とす。こき落とす。‖「籾を―」❷ことさらに欠点などを並べ立ててひどくけなす。‖「新作を―」

ごーきげん【御機嫌】［名］❶「機嫌」の尊敬語。‖「―いかがですか」❷［形動］非常に機嫌がよいこと。また、楽しくてよい気分であること。‖「景気がよいので―だ」「痛快で―な映画」

ごきげんーななめ【御機嫌斜め】［名・形動］機嫌が悪いこと。‖「―の妹をなだめる」

ごきげんーよう【御機嫌よう】［感］人と別れるときなどに、相手の健康を祈っていう挨拶のことば。‖「では、―」▼「よう」は「よい」の連用形「よく」の転。

こーきざみ【小刻み】［名・形動］❶小さくきざむこと。❷間隔を短くしてすばやく同じ動作を繰り返すこと。‖「―に体を震わす」❸何回かに分けて少しずつ行うこと。‖「―な値上げ」

こーぎたな・い【小汚い】［形］どことなくきたならしい。うすぎたない。‖「―身なり」⇔こぎれい 派生 ―さ

こきーつか・う【▽扱き使う】［他五］遠慮しないで手荒く人を使う。酷使する。‖「安月給で―・われる」

こぎーつ・ける【▼漕ぎ着ける】［他下一］❶船をこいで目的地に到達させる。‖「ボートを向こう岸に―」❷努力して目標に到達させる。‖「難工事を何とか完成まで―・けた」「ようやく契約に―・けた」▼自動詞的にも使う。文 こぎつ・く

こーぎって【小切手】［名］当座預金者が振り出し、その適法な所持人に対して当座預金から一定の金額を支払うことを銀行に委託する有価証券。チェック。‖「―を切る」

ごきぶり【〈▼蜚▼蠊〉】［名］ゴキブリ目の昆虫の総称。茶褐色または黒褐色の体には油を塗ったようなつやがある。体形は一般に扁平。食品を害するほか、病原体の媒介をする害虫。油虫。▼「御器囓り」の転という。

こきーま・ぜる【▽扱き交ぜる・▽扱き混ぜる】［他下一］まぜ合わせる。‖「見渡せば柳桜を―・ぜて都ぞ春の錦なりける〈素性・古今集〉」文 こきま・ず

こーきみ【小気味】［名］「気味」を強めていう語。

◉**小気味がよ・い** 胸がすっとするようで気持ちがよい。小気味よい。

こーきゃく【顧客】［名］ひいきにしてくれる客。得意客。こかく。

コキュ［cocu フランス］［名］妻を寝取られた男性。コキュー。

こーきゅう【呼吸】コキフ［名］❶［自他サ変］息を吸ったり吐いたりすること。生物が酸素を体内に取り入れ、炭酸ガスを排出する作用。‖「深―・人工―」❷共同で何かをするときの、お互いの調子。‖「二人の―が合う」「阿吽の―」❸物事をうまく行うための微妙な調子。要領。‖「仕事の―をつかむ」❹短い時間。間。‖「ひと―置く」

こーきゅう【故旧】ウキ［名］古くからの友人。昔なじみ。‖「―忘れがたし」

こーきゅう【▼胡弓（鼓弓）】［名］中国伝来の弦楽器。三味線を小さくしたような形で三弦または四弦。馬の尾の毛を張った弓で奏する。

こきゅうーき【呼吸器】コキフ［名］動物が呼吸作用を営む器官。高等脊椎動物の肺・気管支、魚類のえら、昆虫の気管など。呼吸器官。

こーきょう【故郷】キャウ［名］自分の生まれ育った土地。郷里。ふるさと。‖「―を離れる」「―に帰る」

◉**故郷へ錦を飾・る** 立身出世をして故郷に帰る。

こーぎよう【小器用】［形動］ちょっと器用なさま。こきよう。派生 ―さ

ごーきょう【五経】キャウ［名］儒学で、四書とともに尊ばれる五つの経書。『易経』『書経』『詩経』『春秋』『礼記』。

ごーぎょう【五行】ギャウ［名］中国の古代思想で、万物を構成し、支配する五つの元素。木・火・土・金・水の総称。

ごーぎょう【御形】ギャウ［名］ハハコグサの別称。オギョウ。▼春の七草の一つとしての呼称。

こーきょく【古曲】［名］昔の曲。古い時代の楽曲。

こーぎれ【小切れ（小▽布・小▽裂）】［名］布の切れ端。

こーぎれい【小奇麗・小▼綺麗】［形動］派手さはないが、清潔で整っているさま。また、気が利いていて感じがよいさま。‖「―な服装」「刺身を―に盛りつける」⇔小汚い 派生 ―さ

こきんーでんじゅ【古今伝授】［名］中世、古今和歌集の難解語句の解釈などを、秘伝として師から特定の弟子に伝授したこと。

こく［名］❶深みを感じさせるうまみ。‖「―のある酒」❷深みを感じさせる面白さ。‖「彼の文章には―がある」

こく【石】［名］❶尺貫法で、体積を表す単位。石は斗の一〇倍で、一石は約一八〇・四リットル。▼多く穀類を量るのに使う。❷材木の体積や、和船の積載量を表す単位。一石は一〇立方尺で、約〇・二七八立方メートル。‖「三〇―船」❸大名・武家の知行高を表す単位。‖「加賀百万―」

こく【刻】 ■一 [名] 昔の時間の単位。一昼夜を十二等分して十二支に配したもので、一刻はおよそ二時間。‖「丑(うし)の—」▽一刻をさらに三等分して上刻・中刻・下刻と呼ぶ。‖「子(ね)の下—」■二 (造) ❶刀で彫りつける。きざむ。‖「—印・—字」「彫—・篆(てん)—」❷身をきざむように厳しい。むごい。‖「—苦・—薄」「深—」❸水時計の目盛り。‖「漏—(ろうこく)」❹時間のきざみ目。とき。‖「—限」「遅—・定—・夕—」

こ‐く【古句】 [名] 古人のつくった詩文の一節。また、古人のつくった俳句。

こ・く【▽扱く】 [他五] 他の物にはさんで、むしるようにして落とす。しごく。‖「稲を—」

こ・く【▽放く】 [他五] [俗] ❶排泄(はいせつ)物などを体外に出す。ひる。‖「屁(へ)を—」❷(うそや愚かなことを)言う。‖「うそ—でない」

こく【酷】 ■一 [形動] 度を越して厳しいさま。むごい。‖「—な仕打ち」「—評」「残—・冷—」■二 (造) 程度がはなはだしい。‖「—似・—暑」

こく【克】 (造) ❶力を尽くしてうちかつ。‖「—己・—服」「相—・下—上」▽「剋」に通じる。❷じゅうぶんに。‖「—明」

こく【告】 (造) ❶話して聞かせる。しらせる。つげる。‖「—示・—知・—白」「広—・通—・報—・密—」❷訴える。‖「—訴・—発」「原—・上—・被—」

こく【谷】 (造) 山あいの低地。たに。‖「—風(こくふう・たにかぜ)」「峡—・深—・幽—」

こく【国】 (造) ❶くに。‖「—境」「外—・祖—・共和—」❷江戸時代までの行政区画の一つ。‖「—司(こくし)・—守(こくしゅ)」❸わが国の。日本の。‖「—学・—語」旧國

こく【黒】 (造) くろ。くろい。‖「—衣・—煙・—人・—板」「漆—(しっこく)」旧黑

こく【穀】 (造) 米・麦・豆など、人が常食とする植物の実。‖「—倉・—物」「五—・雑—・脱—」旧穀

こ・ぐ【▽扱ぐ】 [他五] 草木を根元から引き抜く。根こぎにする。‖「雑草[大根]を—」

こ・ぐ【▼漕ぐ】 [他五] ❶舟を進めるために、櫓(ろ)や櫂(かい)を動かす。‖「櫓を—」「舟を—」❷自転車を動かすために、ペダルを踏む。‖「ペダル[自転車]を—」❸足を屈伸させて、ブランコを揺らす。‖「ブランコを—」❹深い雪や藪(やぶ)の中をかきわけて進む。‖「雪の中を—・いで進む」❺⬇舟を漕ぐ 可能 こげる

ごく【獄】 ■一 [名] 罪人を閉じこめておく所。ろうや。‖「—につながれる」「—死・—中」「脱—・投—」■二 (造) 裁判。訴訟。また、判決。‖「疑—・大—」

ご‐く【語句】 [名] 語と句。ことば。‖「—を改める」

ごく【極】 ■一 [副] ❶程度がはなはだしいさま。極めて。‖「—親しい間柄」「—一部の人が反対している」「—まれに副作用がある」❷通常であるさまを強調していう。‖「—普通[当たり前]の生活」◈ 書き方 一般に、かな書き。■二 (造) きわめて。‖「—細(ぼそ)」「—安(やす)」「—悪」

ごく‐あく【極悪】 [名・形動] きわめて悪いこと。‖「—な人」「—非道」

こく‐い【国威】 [名] 他の国に対して示す国家の威力。

こく‐い【黒衣】 [名] 黒い衣服。特に、黒い僧服。こくえ。

ごく‐い【極意】 [名] 武道・芸道などで、その道をきわめたときに体得できる最も深遠な境地。奥義。

こく‐いっこく【刻一刻】 [副] (ある状態に向かって)時間が次第に経過していくさま。次第次第に。刻々。‖「—(と)別れの時が迫る」

こく‐いん【刻印】 [名] ❶ [自他サ変] 印を彫ること。また、その印。❷消しがたい証拠・証明。極印。‖「売国奴の—を打たれる」

ごく‐いん【極印】 [名] 消しがたい確かな証拠・証明。刻印。▽江戸時代、品質を保証し偽造を防ぐために金銀貨や器物にきざんだ印の意から。

こ‐くう【虚空】 [名] 何もない空間。また、空。大空。

◉**虚空を摑(つか)・む** 手を突きだして指を固く握りしめる意で、断末魔の苦しみのさまをいう。

こく‐う【穀雨】 [名] 二十四節気の一つ。陽暦の四月二十日ごろ。▽春雨が百穀をうるおす意。

ごく‐うす【極薄】 [名] きわめて薄いこと。‖「—の生地」

こく‐うん【国運】 [名] 国家の運命。‖「—隆盛」

こく‐うん【黒雲】 [名] ⬇くろくも(黒雲)

こく‐えい【国営】 [名] 国家が経営すること。また、その事業。官営。‖「—事業・—放送」⇔私営

こく‐えき【国益】 [名] 国家の利益。‖「—を守る」

こく‐えん【黒煙】 [名] 黒い色のけむり。くろけむり。

こく‐えん【黒鉛】 [名] 炭素の同素体の一つ。金属光沢を持つ灰黒色の板状結晶で、天然にも産出する。電極、鉛筆の芯、るつぼ、原子炉の中性子減速材などに広く利用される。石墨(せきぼく)。グラファイト。

こく‐おう【国王】 ⁻ᵒ̄ [名] 王と称される一国の君主。

こく‐おん【国恩】 [名] 国家から受けるめぐみ。

こく‐がい【国外】 [名] 一国の領土のそと。‖「—追放」⇔国内

こく‐がく【国学】 [名] 日本固有の思想・精神を究明しようとする学問。『古事記』『日本書紀』『万葉集』など、古典の文献学的な研究に重きを置く。江戸中期に興り、荷田春満(かだのあずままろ)・賀茂真淵(かものまぶち)・本居宣長(もとおりのりなが)・平田篤胤(あつたね)らによって確立された。

こく‐ぎ【国技】 [名] その国を代表する伝統的な武芸・競技。日本では相撲。‖「—館」

こく‐ぐら【穀倉】 [名] 穀物を蓄えておく倉。こくそう。

ごく‐げつ【極月】 [名] 陰暦十二月の別称。師走(しわす)。ごくづき。▽年の極(きわ)まる月の意。

こく‐げん【刻限】 [名] ❶定められた時刻。定刻。‖「約束の—に遅れる」❷とき。時刻。‖「早い—に家を出る」

こく‐ご【国語】 [名] ❶それぞれの国で、共通語または公用語として使っている言語。❷日本語。❸日本語の理解・表現などを学習する、学校の教科。国語科。‖「—の時間」

こく‐ごう【国号】 ⁻ᵍᵃ [名] 国の称号。国名。

こくご‐がく【国語学】 [名] 日本語を対象とし、日本語の音韻・文字・語彙・文法・文体などを通時的・共時的に研究する学問。日本語学。

こく‐こく【刻刻】 [名・副] ⬇こっこく

ごく‐ごく【極極】 [副] きわめて。この上なく。至極。‖「—親しい仲」▽「ごく」を強めた言い方。

こくご‐しんぎかい【国語審議会】 ⁻ᵍᵃⁱ [名] 昭和九(一九三四)年の設置から平成一二(二〇〇〇)年まで、国語の改善、国語教育の振興、国字・ローマ字に関する事項などについて調査・審議し、必要に応じて政府に建議した

機関。平成一三(二〇〇一)年、著作権審議会などとともに整理統合されて文化審議会の国語分科会となる。

こく-さい【国債】［名］国が財政上の必要から発行する債券。

こく-さい【国際】［名］一国内の範囲にとどまらず、諸国家・諸国民に関連すること。世界的であること。‖「―会議[問題]」

こくさい-うちゅうステーション【国際宇宙ステーション】［名］アメリカが提唱し、欧州宇宙機関・カナダ・ロシア・日本などが参加・協力している有人の宇宙施設。ISS(International Space Station の略)。

こくさい-けっこん【国際結婚】［名］国籍が異なる二人による結婚。

ごく-さいしき【極彩色】［名］いくつもの鮮やかな色彩を用いた濃密ないろどり。また、派手でけばけばしいいろどり。

こくさい-しょく【国際色】［名］いろいろな国の人々や風物が集まってかもし出される情緒や雰囲気。‖「―豊かな会場」

こくさい-じん【国際人】［名］広く世界の国々を相手に活躍している人。また、広く世界の国々に通用する人。コスモポリタン。

こくさい-つうかききん【国際通貨基金】［名］➡アイエムエフ(IMF)

こくさい-てき【国際的】［形動］多くの国々と関係のあるさま。また、世界的な広がりがあるさま。‖「―な見地に立つ」「―観光都市」

こくさいひょうじゅんか-きこう【国際標準化機構】［名］➡アイエスオー(ISO)

こくさい-ほう【国際法】［名］国家間の合意に基づき、国家間の関係を規律する法。国際公法。▼平時国際法と戦時国際法とがある。

こくさい-れんごう【国際連合】［名］第二次大戦後、国際平和と安全の維持、経済・文化面の国際協力などを目的に設立された国際機構。一九四五年に発足。本部はニューヨーク。国連。UN。

こく-さく【国策】［名］国家の基本政策。

こく-さん【国産】［名］自分の国で生産すること。また、その産物。‖「―車」

こく-し【国士】［名］❶その国の中で特にすぐれた人物。‖「―無双(＝天下随一の人物)」❷国のために身命をなげうって尽くす人物。憂国の士。

こく-し【国史】［名］一国の歴史。特に、日本の歴史。日本史。

こく-し【酷使】［名・他サ変］限度を超えてはげしく使うこと。こき使うこと。‖「体を―する」

こく-じ【告示】［名・他サ変］国や地方公共団体が、ある事項を一般の人に広く公式に知らせること。‖「内閣―」▼官報・公報への掲載によって行われる。

こく-じ【刻字】［名・自他サ変］文字を彫りつけること。また、その文字。

こく-じ【国字】［名］❶国語を表記するものとして公式に採用されている文字。‖「―問題」❷漢字に対して、仮名文字。和字。❸漢字にならって日本で作られた文字。和字。「峠」「畑」「凩」の類。

こく-じ【国事】［名］国家、特に一国の政治に直接かかわる事柄。

こく-じ【国璽】［名］国家の表象として用いる印。

こく-じ【酷似】［名・自サ変］非常によく似ていること。そっくりなこと。‖「筆跡が―する」

ごく-し【獄死】［名・自サ変］捕らわれたまま牢獄の中で死ぬこと。牢死。‖「服役中に―する」

こくじ-こうい【国事行為】［名］日本国憲法で定められた、国事に関する形式的・儀礼的な行為。天皇が内閣の助言と承認によって行う法律の公布、国会の召集、栄典の授与など。

こくじ-はん【国事犯】［名］内乱罪など、国の政治秩序を侵害する犯罪。また、その犯人。政治犯。

こくし-びょう【黒死病】［名］ペスト。▼敗血症のために皮膚が紫黒色になることから。

ごく-しゃ【獄舎】［名］囚人を収容しておく所。牢獄。

こく-しゅ【国手】［名］❶名医。また、医師の敬称。▼国を医する名手の意から。❷囲碁の名人。

こく-しゅ【国主】［名］❶一国の君主。❷江戸時代、一国以上を領有していた大名。国守。▼「国主大名」の略。

こく-しゅ【国守】［名］❶国司の長官。くにのかみ。‖「―に任ぜられる」❷➡国主②

こく-しょ【国書】［名］❶一国の元首がその国の名をもって出す正式の外交文書。❷漢籍・洋書などに対し、日本語で著述された日本の書籍。和書。

こく-しょ【酷暑】［名］ひどく暑いこと。厳しい暑さ。⇔酷寒

ごく-しょ【極暑】［名］きわめて暑いこと。最高の暑さ。⇔極寒

こく-じょう【国情(国状)】［名］国の政治・経済・社会などのありさま。‖「―を視察する」

ごく-しょう【極小】［名・形動］きわめて小さいこと。きょくしょう。

ごく-じょう【極上】［名・形動］きわめて上等なこと。また、そのもの。‖「―のシャンパン」

こく-しょく【黒色】［名］黒い色。‖「―人種」

こく-じょく【国辱】［名］国のはじ。国または国民全体の面目にかかわる不名誉。国恥。

こく-じん【黒人】［名］皮膚の色が黒色または黒褐色の人種に属する人。‖「―霊歌(＝アメリカの黒人が生みだした宗教歌)」

こく-すい【国粋】［名］その国の特徴となる長所や美点。

こくすい-しゅぎ【国粋主義】［名］自国の政治や伝統的な要素をどの国よりもすぐれたものと考え、それだけを守り広めようとする主張や立場。

こく・する【▼哭する】［自サ変］声をあげて泣き叫ぶ。慟哭する。‖「遺体にすがって―」使い方「立原道造を哭す〈室生犀星〉」のように、激しく嘆き悲しむ意の他動詞としても使う。文こく・す

こく・する【刻する】［他サ変］きざみつける。彫刻する。‖「石に仏像を―」文こく・す

こく-ぜ【国是】［名］国や国民が正しいと認めた、政治の基本的な方針。

こく-せい【国政】［名］国の政治。‖「―に参与する」

こく-せい【国勢】［名］国の勢い。人口・産業・資源など、一国の総合的な状態。

こく-ぜい【国税】［名］国が賦課して徴収する税金。所得税・法人税・相続税・消費税・酒税など。

こくぜい-ちょう【国税庁】［名］財務省の外局。内国税の賦課・徴収、税務署の指揮・監督などを主な業務とする。

こくせい-ちょうさ【国勢調査】［名］国が行政の基礎調査とするために全国で一斉に行う、人口およびそれに関する事項についての調査。センサス。▽日本では五年ごとに簡易調査、一〇年ごとに大規模調査が行われる。

こく-せき【国籍】［名］❶個人が特定の国家に所属する身分・資格。❷航空機・船舶などが特定の国家に所属する資格。

こく-せつ【克雪】［名］多雪地域で、雪がもたらす負担や危険を軽減すること。「―住宅(=屋根の雪下ろしが不要なように工夫して設計された住宅)」▽雪を克服する意。

こく-せん【国選】［名］国が選ぶこと。「―弁護人(=貧困などのために弁護士を選任できない被告人に対し、国がつける弁護人)」

こく-そ【告訴】［名・他サ変］犯罪の被害者やその法定代理人などが捜査機関に犯罪の事実を申告し、犯人を裁判にかけるよう求めること。

こく-そう【国葬】［名］国家に大きな功労のあった人の死に際し、国の儀式として国費で行う葬儀。

こく-そう【穀倉】［名］❶穀物を蓄えておく倉。こくぐら。❷穀物を多く産出する地域。「―地帯」

ごく-そう【獄窓】［名］牢獄の窓。また、牢獄の中。

こくぞう-むし【穀象虫】［名］貯蔵米などを食い荒らすオサゾウムシ科の昆虫。体長は三ミリメートル前後で、頭部に突き出た吻は象の鼻に似る。

こく-ぞく【国賊】［名］国民でありながら国家に害を与える者。

ごく-そつ【獄卒】［名］❶もと牢獄で囚人を直接管理した下級役人。❷地獄で亡者の罪を責めたてるという鬼。

こく-たい【国体】［名］❶国家の体面・体裁。❷主権または統治権の所在によって区分される国家の形態。共和制・君主制・立憲君主制など。❸「国民体育大会」の略。

こく-だか【石高】［名］❶収穫した米穀の量。❷米の収穫量に換算した田畑の生産力。▽太閤検地以降に普及。石盛(=一反歩あたりの米の標準生産高)によって決められた。❸米で給付された武士の俸禄の高。扶持高。

こく-だち【穀断ち】［名・自サ変］修行や祈願のために、ある期間穀物を食べないこと。

こく-たん【黒▼檀】［名］東南アジアに分布するカキノキ科の常緑高木。光沢のある黒色の材は緻密で堅く、高級家具などの材料として珍重される。烏木。烏文木。

こく-ち【告知】［名・他サ変］告げ知らせること。通知。「解約を―する」「癌の―」

こ-ぐち【小口】［名］❶切り口。切断面。❷書物の、背をのぞいた三方の紙の切り口。特に、背と反対側の前小口。➡喉④ ❸金額や数量が少ないこと。「―の注文」⇔大口

こ-ぐち【木口】［名］木材を横に切った切り口。木材の端。きぐち。「―寸法」

こぐち-ぎり【小口切り】［名］長い物を端から少しずつ切っていくこと。「ネギを―にする」

ごく-ちゅう【獄中】［名］牢獄のなか。獄内。

こく-ちょう【国鳥】［名］国の象徴として選ばれた鳥。日本ではキジ。

こく-ちょう【黒鳥】［名］動物園などで飼育される、カモ目カモ科の水鳥。体形はハクチョウに似るが全身が黒く、くちばしが赤い。ブラックスワン。

ごく-つぶし【▽穀潰し】［名］食べることだけは一人前だが、定職も収入もなくぶらぶらと遊び暮らす者。▽人をののしっていう語。

こく-てい【国定】［名］国が制定すること。「―教科書(=文部省が著作し、検定制に移行する一九四七年まで全国の学校で使用された教科書)」

こくてい-こうえん【国定公園】［名］国立公園に準じる景勝地として環境大臣が指定し、所在の都道府県がその管理にあたる公園。

コクテール【cocktail】［名］➡カクテル

こく-てつ【国鉄】［名］日本の国有鉄道事業を主たる目的に設立された公共企業体。一九八七(昭和六二)年に分割民営化。➡ジェーアール(JR)▽「日本国有鉄道」の略。

こく-てん【黒点】［名］太陽の表面に見える黒い斑点。暗部と半暗部からなり、周囲より一〇〇〇～一五〇〇度温度が低い。太陽黒点。

こく-と【国都】［名］一国の首府。首都。

こく-ど【国土】［名］❶一国の統治権が及ぶ地域。領土。❷その国の土地。「―計画(=国土を総合的に利用・開発する計画)」

こく-ど【国▼帑】［名］国家の財産。国財。▽「帑」はかねぐらの意。

こく-ど【黒土】［名］黒色または黒褐色のよく肥えた土。腐敗した植物質を多量に含み、耕作に適する。くろつち。「―地帯」

こく-とう【黒糖】［名］➡黒砂糖

こく-どう【国道】［名］国が建設し、維持・管理する幹線道路。高速自動車国道と一般国道がある。

ごく-どう【極道(獄道)】［名］悪事を行うこと。酒色やばくちにふけること。また、そういう人。「―者」

こくどこうつう-しょう【国土交通省】［名］国の行政機関の一つ。国土の利用や開発、交通政策、観光政策、気象業務、海上の治安などの行政事務を担当する。長は国土交通大臣。▽運輸省・建設省・北海道開発庁・国土庁を統合して二〇〇一年一月に発足。

こく-ない【国内】［名］国の領土の中。また、その国の内部。「―便」⇔国外

こくない-そうせいさん【国内総生産】［名］国民総生産から海外で得た純所得を差し引いたもの。国内の経済活動の指標として用いられる。GDP。➡国民総生産

こく-なん【国難】［名］国家の存亡にかかわる危機。

こく-ねつ【酷熱】［名］非常に厳しい暑さ。酷暑。

ごく-ねつ【極熱】［名］きわめてあついこと。この上ないあつさ。

こく-はく【告白】［名・他サ変］❶心の中の思いや秘密を打ち明けること。また、そのことば。「愛[己の過ち]を―する」❷キリスト教で、自分の罪を神に打ち明け、罪の許しを求めること。

こく-はく【酷薄】［名・形動］むごくて思いやりがないこと。残酷で薄情なこと。「―を極める暴君」「―な一面

を見せる」派生-さ

こく-はつ【告発】[名・他サ変] ❶悪事・不正などをあばいて広く世間に知らせること。〓「内部—」❷犯人と被害者以外の第三者が捜査機関に犯罪事実を申告し、犯人の処罰を求めること。

こく-ばん【黒板】[名] チョークで文字などを書くのに使う、黒色または緑色の塗料を塗った板。

こくはん-びょう【黒斑病】[名] 植物の葉・茎・果実などにかびの一種が寄生し、その部分に黒い斑点ができる病害の総称。

こく-ひ【国費】[名] 国庫から支出する経費。

こ-くび【小首】[名] くび。頭。▼首に関するちょっとした動作をいうのに使う。

⦿小首をかし・げる 首をちょっと曲げて考え込む。小首を傾ける。

ごく-ひ【極秘】[名・形動] きわめて秘密であること。〓「—の情報」

ごく-び【極微】[名・形動] きわめて小さいこと。きょくび。

こく-びゃく【黒白】[名] ❶黒と白。〓「—の差(=きわめて大きな差)」❷善と悪。正と邪。是と非。〓「—をつける(=物事の是非・善悪をはっきりさせる)」

⦿黒白を弁ぜ・ず 物事の是非・善悪の区別ができない。

こく-ひょう【酷評】[名・他サ変] 手きびしく批評すること。また、その容赦のない批評。

こく-ひん【国賓】[名] 国が公式の賓客として国費で待遇する外国人。国王・大統領・首相など。

ごく-ひん【極貧】[名・形動] きわめて貧しいこと。

こく-ふ【国父】[名] 国民から父として敬愛される指導者。

こく-ふ【国富】[名] 国の財力。

こく-ふう【国風】[名] ❶その国・地方に独特の風俗や習慣。くにぶり。❷その国・地方の風俗をうたった詩歌や俗謡。くにぶり。▼中国では『詩経』の部立ての一つとされた。

こく-ふく【克服】[名・他サ変] 努力して困難にうちかつこと。〓「病[悪条件]を—する」

こく-ふく【克復】[名・他サ変] 戦いに勝ってもとの状態にもどすこと。〓「乱を平らげ平和を—する」

ごく-ぶと【極太】[名・形動] きわめて太いこと。また、そのもの。〓「—の毛糸[筆]」⇔極細

こく-ふん【穀粉】[名] 穀物をひいた粉。

こく-ぶん【告文】[名] ❶祈願の意などを書き記して神仏に奉る文。こうぶん。こうもん。❷上役・役所などに上申する文書。

こく-ぶん【国文】[名] ❶漢文に対して、日本語で書かれた文章。❷「国文学」の略。❸大学などで、国文学を学習・研究する学科。▼「国文学科」の略。

こくぶん-がく【国文学】[名] ❶日本の文学。❷日本の文学を研究する学問。

こくぶん-じ【国分寺】[名] 奈良時代、聖武天皇が鎮護国家・五穀豊穣を祈って国ごとに建立させた官寺。

こくぶん-ぽう【国文法】[名] 日本語の文法。

こくへい-しゃ【国幣社】[名] もと、官幣社につぐ社格の神社。古くは国司から、明治以降は国庫から幣帛が奉られた。昭和二一(一九四六)年廃止。

こく-べつ【告別】[名・自サ変] 別れを告げること。〓「友人たちに—して郷里を離れる」「—の辞」

こくべつ-しき【告別式】[名] ❶死者の霊に別れを告げる儀式。❷転任・退職などの送別の儀式。

こく-へん【黒変】[名・自サ変] 色が黒く変わること。〓「麦の穂が—する」

こく-ほ【国保】[名] 「国民健康保険」の略。

こく-ぼ【国母】[名] ❶皇后。❷天皇の母。皇太后。◈「こくも」ともいう。

こく-ほう【国宝】[名] ❶国のたから。❷国の重要文化財のうち文部科学大臣が特に指定し、法律によって保護・管理する建造物・美術品・古文書など。

こく-ほう【国法】[名] 一国の法律・法規。特に、憲法。

こく-ぼう【国防】[名] 国家が外敵の侵略に対処して行う軍事力による防衛。〓「—計画」

こくほう-きゅう【国宝級】[名] ❶国宝に匹敵するものであること。〓「—の仏像」❷めったにないほど優れていること。〓「—の歌唱力」

ごく-ぼそ【極細】[名・形動] きわめて細いこと。また、そのもの。〓「—のペン」⇔極太

こく-ほん【国本】[名] 国家の基礎。

こく-みん【国民】[名] その国家の構成員となり、その国の国籍を有している人。〓「—所得」

こくみん-きゅうかむら【国民休暇村】[名] 国民の保養、健康の増進などを目的に国立公園・国定公園などの域内に整備された、宿泊施設のあるレクリエーション地域。

こくみん-けんこうほけん【国民健康保険】[名] 被用者保険に加入していない一般国民を対象とし、その疾病・負傷・分娩・死亡などの際に必要な給付を行う社会保険。国保。

こくみん-しゅぎ【国民主義】[名] 国民の権利と自由を尊重する立場から国民の統一をはかり、国民の政治参画による近代国家の形成をめざす思想・運動。ナショナリズム。

こくみん-しゅくしゃ【国民宿舎】[名] 自然環境にすぐれた休養地に設立された宿泊施設。主に地方自治体が運営する公営のものと、民営のものとがある。

こくみん-しんさ【国民審査】[名] 国民が最高裁判所裁判官の適・不適を審査すること。また、その制度。▼任命後の最初の衆議院議員総選挙のときに投票によって行われる。

こくみん-せい【国民性】[名] その国の国民に共通して見られる気質や感情。〓「陽気で音楽が好きな—」

こくみん-そうせいさん【国民総生産】[名] 一国民経済が一定期間(通常一年)に生産した財貨・サービスの総額を貨幣価値で表したもの。GNP。

こくみん-たいいくたいかい【国民体育大会】[名] 国民の体力向上、体育の振興などを目的とする総合競技大会。毎年、冬季・夏季・秋季の三大会に分かれ、各都道府県の代表選手が総合得点を競う。国体。

こくみん-とうひょう【国民投票】[名] 議員その他の公務員の選挙以外の国政にかかわる重要事項について国民一般が行う投票。

こくみん-ねんきん【国民年金】[名] すべての国民を対象に、その老齢・障害・死亡などに際して給付を行う年金制度。また、それによって給付される基礎年金。

こくみん-の-しゅくじつ【国民の祝日】[名]

法律で制定された日本国民の祝祭日。元日・成人の日(一月の第二月曜)・建国記念の日(二月十一日)・天皇誕生日(二月二十三日)・春分の日(三月二十一日ごろ)・昭和の日(四月二十九日)・憲法記念日(五月三日)・みどりの日(五月四日)・こどもの日(五月五日)・海の日(七月の第三月曜)・山の日(八月十一日)・敬老の日(九月の第三月曜)・秋分の日(九月二十三日ごろ)・スポーツの日(十月の第二月曜)・文化の日(十一月三日)・勤労感謝の日(十一月二十三日)。

こく-む【国務】［名］国家の政務。▼日本国憲法では、司法・立法を除いた、内閣が行う国の事務。

こくむ-しょう【国務省】ーシヤウ［名］外交関係の事務を担当するアメリカの行政機関。日本の外務省にあたる。

こくむ-だいじん【国務大臣】［名］内閣を構成し、国務をつかさどる大臣。広義では内閣総理大臣とその他の大臣、狭義では内閣総理大臣を除くその他の大臣。

こく-めい【国名】［名］国の名称。

こく-めい【克明】［形動］曖昧(あいまい)なところがないように細かなところまで念を入れること。「―な観察記録」

こく-もつ【穀物】［名］人間がその種子などを常食とするために栽培する農作物。米・麦・アワ・ヒエ・キビ・豆など。穀類。

ごく-もん【獄門】［名］❶牢獄(ろうごく)の門。❷昔、斬罪になった者の首を牢獄の門や刑場のさらし台にかけてさらしたこと。さらし首。梟首(きょうしゅ)。▼江戸時代には磔(はりつけ)に次ぐ重い刑罰。

ごく-やす【極安】［名・形動］値段がきわめて安いこと。「―の中古車」

こく-ゆ【告諭】［名・自他サ変］目下の者などに、言い聞かせること。また、そのことば。

こく-ゆう【国有】ーイウ［名］国家が所有すること。「―地・―林」⇔民有

こくよう-せき【黒曜石】コクエウー［名］灰黒色でガラス質の光沢をもつ火山岩。貝殻状に割れる破片は鋭い。石器時代には矢尻・刃物などに利用された。

こ-ぐら・い【小暗い】［形］光が乏しくて、どことなく暗いさま。薄暗い。ほの暗い。おぐらい。「―納戸の中」

こ-ぐら・い【木暗い】［形］木が茂っていて、その下が暗いさま。「―森の中」

ごく-らく【極楽】［名］阿弥陀仏のいる浄土。西方十万億土の彼方にあるという、一切の苦患(くげん)を離れた安楽の世界。西方浄土。極楽浄土。⇔地獄 ▼この上なく平和で楽しい境遇や場所のたとえにもいう。

ごくらく-おうじょう【極楽往生】ーワウジヤウ［名・自サ変］❶この世の生を終え、極楽浄土に生まれかわること。❷安らかに死ぬこと。「―を遂げる」

ごくらく-ちょう【極楽鳥】ーテウ［名］ニューギニア・オーストラリア北部などに分布するフウチョウ科の鳥の総称。スズメ大からカラス大のものまで、種類は多い。雄は極めて美しい飾り羽をもつ。風鳥(ふうちょう)。

ごくらく-とんぼ【極楽〈▼蜻▼蛉〉】［名］楽天的でのんきな人。▼先のことも考えないで困ったものだと批判していう語。

こく-り【国利】［名］国家の利益。国益。

こく-り【酷吏】［名］人民を苦しめる冷酷な役人。

ごく-り【獄吏】［名］牢獄(ろうごく)で囚人を取り締まる役人。

こく-りつ【国立】［名］国が設立・維持・管理すること。また、その施設や機関。「―の大学」「―劇場」

こくりつ-こうえん【国立公園】ーコウヱン［名］国を代表する景勝地の自然を保護するために国が指定し管理する公園。日本では、阿寒・富士箱根伊豆・瀬戸内海・霧島屋久など。

ごくり-と［副］液体などをひと息で飲むときの音を表す語。「ビールを―飲む」「生つばを―飲み込む」

こく-りょく【国力】［名］一国がもつ軍事力・経済力などの総合的な勢力。

こく・る【告る】［自五］〔新〕愛を告白する。「クラスメートに―」書き方「コクる」とも。

こく・る［動五］〈動詞の連用形に付いて複合動詞を作る〉はげしく…する、どこまでも…する、の意を表す。「ペンキを塗り―」「いつまでも黙り―」

こく-るい【穀類】［名］穀物のたぐい。

こく-れつ【酷烈】［形動］きわめて厳しいさま。「―な批判をあびる」

こく-れん【国連】［名］「国際連合」の略。

ご-くろう【御苦労】ーラウ［名・形動］❶「苦労」の尊敬語。「―をおかけします」❷苦労をかける立場の人が、苦労をする相手の骨折りをねぎらっていう語。「―、もう帰ってよろしい」「どうも―さん」使い方 目上の人に使うのは失礼とされる。⬇御苦労様 ❸人の努力や骨折りを皮肉って、またはあざけっていう語。「この寒いのに―なことだ」

ごくろう-さま【御苦労様】ゴクラウー［感・形動］❶苦労をかける立場の人が、苦労をする相手の骨折りをねぎらって丁寧にいう語。「配達、―です」「[上司が部下に]遅くまで―でした」使い方 目上の人に対しては「お疲れ様」を使う方が自然。「部長、大変なお仕事でしたね。△ご苦労様でした→○お疲れ様でした」❷人の努力や骨折りを皮肉って、またはあざけっていう語。

こく-ろん【国論】［名］国民一般の論・意見。世論。「―を二分する一大事」

こ-くん【古訓】［名］❶漢字・漢文の、古い時代の訓読み。❷古人のいましめ。

こ-ぐん【孤軍】［名］援軍もなく孤立した少数の軍勢。

こぐん-ふんとう【孤軍奮闘】［名］助ける者もなくただ一人で懸命に努力すること。

こけ【▼苔】［名］コケ植物、地衣類・シダ類、ごく小さな種子植物などの総称。湿地・古木・岩石などに生える。▼「こけが生える」は古くなる意でも使う。

こ-け【虚仮】［名］❶仏教で、内心と外見が一致しないこと。うそ。いつわり。❷愚かなこと。また、その人。「―も一心(いっしん)(＝愚かな人でも一心に物事をすれば立派になしとげられるということ)」「人を―にする(＝ばかにすること)」

こげ【焦げ】［名］❶焦げること。また、そのもの。「鍋(なべ)の―を落とす」❷「焦げ飯(めし)」の略。おこげ。

ご-け【後家】［名］❶夫と死別して再婚せずにいる女性。未亡人。寡婦(かふ)。❷対になった道具などで、片方が失われて残っている方のもの。「―蓋(ぶた)」

ご-け【碁▼笥】［名］碁石を入れる球形の容器。

こ-けい【古形】［名］古い形式。古い形。

こ-けい【固形】［名］質がかたく、一定の形にまとまっているもの。「―燃料」「―スープ」

こ-けい【孤▼閨】［名］夫が不在の間、妻が一人でさびしく寝ること。また、その部屋。

ご-けい【互恵】［名］互いに特別の便宜や利益を与え合うこと。||「隣国［顧客・自然］との—関係」「—的な関係を築く」

ご-けい【語形】［名］単語を音韻の連続体としてとらえたときの、語の外形。||「—変化（＝文法的機能などに応じて語形が変化すること）」

こけい-ねんりょう【固形燃料】ネンレウ［名］アルコールなどの有機物を固形化した燃料。

こけ-おどし【虚仮▽威し】［名］見せかけは大げさだが中身が伴わないこと。こけおどかし。

こげ-くさ・い【焦げ臭い】［形］物が焦げたようなにおいがするさま。||「なべが—」派生 -さ

こけし［名］丸い頭と円筒形の胴をもつ、ろくろ引きの木製人形。多くは童女を表す。もと、東北地方の郷土玩具。書き方「小▼芥子」と当てる。

こけ-しみず【▼苔《清水》】ミヅ［名］こけに覆われた岩の間を伝わり流れる清らかな水。

こげ-ちゃ【焦げ茶】［名］黒みがかった茶色。

こ-けつ【虎穴】［名］トラの住んでいる岩穴。▼きわめて危険な場所のたとえにいう。

◉**虎穴に入らずんば虎子を得ず** 危険を冒さなくては大きな利益や成果を手に入れることはできないことのたとえ。書き方「虎子」は「虎児」とも書く。

こげ-つ・く【焦げつく（焦げ付く）】［自五］❶焦げて鍋などにくっつく。||「飯が—」❷貸した金銭が回収できなくなる。||「売掛金が—」名 **焦げつき**

コケットリー［coquetterie フラ］［名］色っぽさやなまめかしさ。

コケティッシュ［coquettish］［形動］色っぽくなまめかしいさま。

ご-けにん【御家人】［名］❶鎌倉時代、将軍家と主従関係を結んだ家臣。❷江戸時代、将軍直属の家臣のうち、将軍に謁見する資格を持たない小禄の武士。旗本の下に位した。

こけ-む・す【▼苔▽生す】［自五］❶こけが生える。||「—・した岩」❷長い年月を経て古くなる。||「—・した思想」

こげ-め【焦げ目】［名］こげた跡。||「—が付く」

こけら【▼柿・▼杮】［名］❶材木のけずりくず。こっぱ。❷スギ・ヒノキ・マキなどの木材を薄くはいだ板。屋根をふくのに用いる。こけら板。◈書き方 柿 「柿」（九画）は別字。

こけら【▼鱗】［名］魚などのうろこ。

こけら-おとし【▼柿落とし】［名］新築または改築された劇場で最初に行われる興行。▼新・改築のあとで、残った「こけら」①を払い落とす意。

こ・ける［動下一］〈動詞の連用形に付いて複合動詞を作る〉その動作・状態が長く続く意を表す。||「笑い—・眠り—」

こ・ける【▽転ける】［自下一］❶ころぶ。倒れる。❷芝居などの興行が失敗する。文 こ・く

こ・ける【▼瘦ける】［自下一］やせて肉が落ちる。||「ほおが—」文 こ・く

こ・げる【焦げる】［自下一］物が火や熱で焼かれて、黒く（または、茶色に）なる。||「タバコの火で絨毯が—」「かまの底の飯が—」使い方 のどがちりちりと痛む意のたとえにいう。||「喉が—ように痛い」文 こ・ぐ 名 焦げ

こ-けん【▼沽券】［名］人の値打ち。体面。▼「沽」は売るの意。もと、土地・家屋などの売り渡し証文のこと。

◉**沽券に関わる** 体面や品位にさしつかえる。||「ここで退散しては—」✔注意「こけん」を「古券」と書くのは誤り。

こ-げん【古▼諺】［名］昔からのことわざ。

ご-けん【護憲】［名］現行の憲法を守ること。また、立憲政治を守ること。||「—運動」

ご-げん【五弦（五▼絃）】［名］❶弦楽器の五本の弦。❷「五弦琵琶」の略。

ご-げん【語源（語原）】［名］単語のもとの形や意味。また、個々の単語が成立した由来や起源。||「—俗解（＝語源の学問的でない解釈）」

ごげん-びわ【五弦▼琵▼琶】ビハ［名］❶中国の唐代に用いられた五弦五柱の琵琶。日本にも奈良時代に伝来し、平安初期まで使われた。五弦。❷広く五本の弦をもつ琵琶。筑前琵琶・錦琵琶など。五弦。

こ-こ【戸戸】［名］一戸一戸。家ごと。

こ-こ【▼呱▼呱】［名・形動タリ］赤ん坊が声をあげて泣くこと。また、その泣き声。||「—の声を上げる（＝赤ん坊が生まれる。転じて、新しく物事が始まる）」

こ-こ【個個】［名］一つ一つ。ひとりひとり。おのおの。||「—に意見を聞く」「—別々（＝一つ一つ異なっていること）」

こ-こ【▼此▽処・▼此▽所】［代］❶話し手が現にいるところ。また、自分に近い場所を指し示す語。||「—は景色がいい」「—で待っています」❷現に話題としている場面や事柄などを指し示す語。||「—が重要な点です」「—は私に任せてください」❸現在を基準としてその前または後の近い日時。||「—のところ雨が降らない」「—二三日が山です」

◉**ここを先途と** ここが大事なところだと必死になるようす。||「—攻めたてる」

こ-ご【古語】［名］古い時代の語で、今では一般に使われなくなったことば。||「—辞典」

ご-ご【午後（午▽后）】［名］正午から夜の十二時までの間。また、正午から夕方ごろまでの間。⇕午前

ココア［cocoa］［名］カカオの種子をいって粉末にし、脂肪分を除いたもの。また、それに砂糖やミルクを加えて煮溶かした飲み物。▼脱脂しないものがチョコレートの原料。

ごご-いち【午後一】［名］その日の午後、一番最初。午後一番。||「—で伺います」

ここ-いちばん【▼此▽処一番】［名］ここが勝負のしどころという重大な局面。||「—の勝負どころ」

こ-こう【戸口】［名］戸数と人口。||「—調査」

こ-こう【孤高】カウ［名・形動］ひとり超然として高い理想と志を保つこと。||「—の人」

こ-こう【股▼肱】［名］手足となって働く、最も頼りになる部下。

こ-こう【虎口】［名］虎の口。▼非常に危険な場所や状態のたとえにいう。||「—を脱する」

こ-こう【弧光】クワウ［名］弧状の光。アーク放電の光。

こ-こう【枯▼槁】カウ［名・自サ変］❶草木が枯れること。❷やつれること。やせ衰えること。||「形容—して見る影もなし」▼「槁」も枯れる意。

こ-こう【▼糊口（▼餬口）】［名］ほそぼそと暮らしを

立てること。くちすぎ。生計。▽「口を糊する（＝粥をする）」意から。

◉**糊口を凌ぐ** やっとのことで生活していく。

こ‐ごう【古豪】〔名〕十分な経験を積み、力と技術にすぐれた人。ふるつわもの。⇔新鋭

こ‐ごう【呼号】〔名・自他サ変〕❶大声で呼び叫ぶこと。❷威勢を示して、大げさに言いたてること。‖「改革を—する」

ご‐こう【五更】〔名〕❶昔の時刻で、一夜を五つに分けたものの総称。初更・二更・三更・四更・五更に分ける。一更は約二時間。❷①の五番目。現在の午前三時〜五時ごろにあたる。寅の刻。

ご‐こう【後光】〔名〕❶仏・菩薩の体から発するという光。❷絵画・彫刻などで、①をかたどって仏・菩薩像の背後に表す金色の光。光背。▽キリスト教の絵画で神・聖者の頭上に表す光の輪は「光輪」という。

ご‐こう【御幸】〔名〕上皇・法皇・女院を高めてその外出をいう語。みゆき。

こ‐ごえ【小声】〔名〕小さな声。‖「—でささやく」⇔大声

こごえ‐じに【凍え死に】〔名・自サ変〕こごえ死ぬこと。凍死。

こごえ‐し・ぬ【凍え死ぬ】〔自五〕寒さのために体が冷えきって死ぬ。凍死する。‖「ヒマラヤ山中で—」文こごえし・ぬ 名凍え死に

こご・える【凍える】〔自下一〕寒くて体がかじかむ。‖「手が—」文こご・ゆ

ここ‐かしこ【▽此▽処▽彼▽処】〔代〕こちらやあちら。あちらこちら。ほうぼう。‖「—をさまよい歩く」

こ‐こく【故国】〔名〕❶自分の生まれ育った国。母国。祖国。❷自分の生まれ育った土地。故郷。

ご‐こく【五穀】〔名〕五種の主要な穀物。ふつう、米・麦・アワ・キビ・豆をいう。また、穀物の総称。‖「—豊穣」

ご‐こく【後刻】〔名〕今よりも少しあとの時。のちほど。⇔先刻

ご‐こく【護国】〔名〕国の平安を守ること。‖「—神社」

こ‐ごし【小腰】〔名〕こし。腰部。‖「—をかがめる」▽こしに関するちょっとした動作をいうのに使う。

ここ‐じん【個個人】〔名〕ひとりひとり。各人それぞれ。‖「—が責務を果たす」「—の価値観」

ここ‐ち【《心地》】〔名〕外界の刺激に反応して起こる心の状態。気分。‖「生きた—がしない」「住み—のよい家」「居—」

ここち‐よ・い【《心地》▽好い】〔形〕気持ちよい。快い。‖「ひんやりとした夜風が—」「—眠りにつく」派生‐げ／‐さ

こ‐こつ【枯骨】〔名〕❶朽ち果てた白骨。❷死んだ人。

ココット【cocotte フランス】〔名〕❶耐熱性のある小さな陶製の容器。また、それに盛った料理。❷西洋料理で使う蓋付きの厚手鍋。キャセロール。

こ‐ごと【小言】〔名〕細かいことを取りたててしかったり、不平不満などをぶつぶつ言ったりすること。また、そのことば。

こ‐ごと【戸▽毎】〔名〕一軒一軒。家ごと。戸々。

ココナッツ【coconut】〔名〕ココヤシの実。また、その胚乳。ココナツ。

ココナッツ‐ミルク【coconut milk】〔名〕ココヤシの種子の胚乳。菓子や料理の材料に用いる。

ここ‐に【▽此▽処に・▽是に・▽爰に・▽茲に】〔副〕この時に。この場所で。‖「その功績を—賞する」

ここの‐え【九重】〔名〕❶物が九つ重なること。また、物がいくつにも重なること。❷皇居。宮中。また、皇居のある所。都。▽昔、中国の王城は門を九つ重ねて造ったことから。

ここの‐か【九日】〔名〕❶月のうちの九番めの日。‖「一月—」❷日数の九日。

ここの‐つ【九つ】〔名〕❶一の九倍の数。八の次の数。く。きゅう。❷九個。❸九歳。❹昔の時刻の名で、現在の午前および午後零時ごろ。九つ時。

ここ‐の‐ところ【▽此▽処の所】〔副〕少し以前から現在までの時。最近。このところ。‖「—大きな事件はない」

こ‐こまい【古古米】〔名〕収穫後、貯蔵されたまま二年以上たった米。

こごみ〔名〕クサソテツ（オシダ科のシダ植物）の通称。また、食用にするその若葉。

こご・む【▽屈む】〔自五〕❶腰やひざを折り曲げて姿勢を低くする。かがむ。しゃがむ。❷肩をすくめ、背を丸く曲げたかっこうになる。

こ‐ごめ【小米（粉米）】〔名〕精米するときに砕けた米。くだけまい。さいまい。

こご・める【▽屈める】〔他下一〕体を折り曲げて姿勢を低くする。かがめる。‖「腰を—・めて草を取る」文こご・む

ここ‐もと【▽此▽処▽許】〔代〕〔古風〕❶このあたり。ここ。❷〔一人称〕わたくし。▽自分の方の意から。

ココ‐やし【ココ▽椰子】〔名〕熱帯地方に分布するヤシ科の常緑高木。最も普通のヤシ。楕円形の若い果実（ココナッツ）の胚乳は液状で飲用、成熟して固化した胚乳（コプラ）からは油脂を採る。

ここ‐ら【▽此▽処ら・▽此▽所ら】〔代〕場所・時間・程度などを漠然と指し示す語。このあたり。このへん。ここいら。‖「—ではあまり見かけない顔だ」「—でそろそろ結論を出そう」

ここら‐へん【▽此▽処ら辺・▽此▽所ら辺】〔名〕このあたり。ここらあたり。ここいらあたり。ここいらへん。‖「—に公園があったはずだ」「—で休憩にしよう」

こご・る【▽凝る】〔自五〕液状のものが冷えて固まる。‖「魚の煮汁が—」名こごり

こころ【心】〔名〕❶人間の体の中に宿り、意志や感情など精神活動のもとになるもの。精神の働きそのものや、その現れ、また、それをつかさどる場所などとしてとらえられる。胸（＝心臓）がそれに当たると信じられてきた。‖「—が揺れる」「人々の—をつかむ」「—を入れ替える」❷他人の事情などを察して、優しく思いやる気持ち。誠意。情け。‖「—を込めて料理を作る」❸情趣を解する精神。‖「風雅を愛する—を持つ」❹〈「心の…」の形で〉気持ちの通った、真実の、支えや慰めとなる、などの意を表す。‖「—の友［師］」「母校はわが—のふるさとだ」❺芸能などの深い意味・理念。本質。極意。‖「音楽の—を理解する」❻なぞで、答えの成り立つ根拠。‖「朝刊とかけて坊主と解く。その—は、けさきて（今朝来て・袈裟着て）きょう（今日・経）読む」◈心臓の意から。

◉**心が動・く** ❶動揺する。また、感動する。❷ある物事

に心が引かれ、その気になる。
⦿**心が躍る** 喜びや期待で心がわくわくする。胸がおどる。
⦿**心が折れる** 心のよりどころを失い、くじける。逆境に立ち向う意欲をなくす。〓「度重なる怪我で—れた」
⦿**心が通う** 互いに心が通じ合う。
⦿**心が弾む** 期待や喜びで心が浮き浮きする。胸が弾む。
⦿**心が晴れる** 心配事がなくなって明るい心になる。
⦿**心が引かれる** それに引き寄せられるような魅力を感じる。
⦿**心ここに在らず** 他に心を奪われて当面のことに関心が向かない。▼『大学』の「心ここに在らざれば視れども見えず」から。
⦿**心に懸かる** 心配になる。気にかかる。
⦿**心に懸ける** 心配する。いつも念頭に置いて忘れないようにする。
⦿**心に適う** 気に入る。満足に思う。
⦿**心に留める** 意識して忘れないでおく。〓「師匠の教えを—」
⦿**心を致す** ある物事に気持ちを注ぎ入れる。心をこめる。〓「事業の発展に—」
⦿**心を痛める** 非常に心配する。心を悩ます。
⦿**心を入れ替える** これまでの態度や考えを改める。改心する。〓「—えて修業に打ち込む」
⦿**心を動かす** ❶動揺する。また、感動する。❷他からの働きかけによって、その気になる。〓「熱心な説得に—」
⦿**心を打つ** 強く感動させる。〓「名演説が聴衆の—」
⦿**心を奪われる** 夢中になる。熱中する。
⦿**心を鬼にする** かわいそうだと思う気持ちを振り切り、きびしい態度であたる。
⦿**心を掻き毟られる** 気分を大いに乱される。心が激しく痛む。
⦿**心を傾ける** 心を集中させる。傾注する。また、気をそそられる。心を寄せる。
⦿**心を砕く** いろいろと考え、苦心をする。
⦿**心を配る** 相手を思いやり気を遣う。配慮する。
⦿**心を遣う** 物事に配慮する。心遣いをする。
⦿**心を尽くす** 真心をもってできる限りのことをする。尽力する。
⦿**心を一つにする** 全員が心を合わせる。一致団結する。一丸となる。心を一にする。
⦿**心を開く** 隠し事やわだかまりをなくす。心をオープンにする。また、打ち解けた気持ちになる。
⦿**心を揺さぶる** 感情に訴えかける。感動させる。〓「熱心に取り組む姿に—られた」
⦿**心を許す** 信頼して警戒しない。気を許す。
⦿**心を寄せる** ❶好意を抱く。〓「級友に—」❷関心をもつ。傾倒する。〓「花鳥風月に—」

こころ-あたたま・る【心温まる(心暖まる)】[連語] あたたかい人情が感じられ、心がなごむ。〓「—話」

こころ-あたり【心当たり】[名] 心にそれと思い当たること。また、それと思い当たる場所。〓「その件なら—がある」

こころ-あて【心当て】[名] ❶心の中で見当をつけること。当て推量。❷それとなくあてにすること。心頼み。

こころ-ある【心ある(心有る)】[連体] ❶深い思慮・分別がある。〓「—人々の怒りを買う」❷ものの情緒がわかる。〓「—人の詩心をそそる」◈⬍心ない

こころ-いき【心意気】[名] さっぱりして、いさぎよい気性。また、物事に積極的に立ち向かおうとする、いさぎよい気構え。

こころ-いれ【心入れ】[名] あれこれと気を配ること。心遣い。

こころ-いわい【心祝い】[名] 大げさでなく、気持ちの上だけで祝うこと。心ばかりの祝い。

こころ-うさ【心憂さ】[名] つらく思うこと。情けなく思うこと。

こころ-え【心得】[名] ❶ある事を行うに当たって知っておかなくてはならないこと。〓「接客の—を教わる」❷日ごろから心がけていなくてはならないこと。心構え。❸ある技術・技能を習いおぼえて身につけていること。〓「武道の—がある」❹官庁・会社などで、ある役職を下級の者が代行または補佐するときの職名。〓「課長—」

こころえ-がお【心得顔】[名] ある事情などをすっかり承知しているような顔つき・ようす。

こころえ-がた・い【心得難い】[形] 納得しにくい。理解しがたい。〓「何とも—話だ」

こころえ-ちがい【心得違い】[名] ❶道理にはずれた考えや行い。❷思い違い。誤解。〓「とんだ—をしてしまった」

こころ・える【心得る】[他下一] ❶物事の意味や方法を理解する。〓「物の道理をよく—えている」「[敬意の不足を非難して]当家のご主人様を何と—か!」❷事情をよく飲み込んで、引き受ける。〓「委細、しかと—ました」❸技芸にたしなみがある。心得がある。〓「いささか茶道を—えている」[文]こころう [名]心得

こころおき-なく【心置きなく(心置き無く)】[副] ❶遠慮なく。気がねすることなく。〓「—語り合う」❷心配なく。安心して。〓「—旅立つ」

こころ-おぼえ【心覚え】[名] ❶心に覚えていること。思い当たる記憶。〓「夕べのことは全く—がない」❷忘れないようにつけておくしるしや控え。〓「—に赤札を張る」「—にメモをとる」「手帳に—を書きつける」

こころ-がかり【心がかり(心掛かり・心懸かり)】[名・形動] 気がかり。

こころ-がけ【心がけ(心掛け・心懸け)】[名] 日ごろの心の持ち方。〓「平素の—がよくない」

こころ-が・ける【心がける(心掛ける・心懸ける)】[他下一] いつもそのことの達成や実現を気にかける。心にかける。〓「常日ごろから安全運転を—」
使い方 まれに「健康[節約]に心がける」のように自動詞としても使う。[文]こころがく [名]心がけ

こころ-がまえ【心構え】[名] 物事に対処する気持ちの準備。覚悟。

こころ-から【心から】[副] 心の底から。ほんとうに。心より。〓「—感謝する」

こころ-がわり【心変わり】[名・自サ変] 心が他に移ること。特に、愛情が他の人に移ること。

こころ-くばり【心配り】[名] あれこれと気をつかうこと。心づかい。

こころ-ぐみ【心組み】[名] 心積もり。心構え。

こころ-ぐるし・い【心苦しい】[形] ❶相手の身を思いやって心が痛む。〓「親の嘆きを思うと—」❷相手に対して申し訳なく思う。すまない気持ちがする。〓「餞別までいただいては—」[派生]-げ/-さ/-がる

こころ-ざし【志】［名］❶心に決めた目標に向けて進もうとする気持ち。また、心に決めた目標。‖「ーを同じくする」❷相手のためを思う親切な気持ち。厚意。‖「ーを無にする」❸好意・謝意などを表すために贈る金品。❹僧侶への布施や香典返しなどの表に書く語。

こころ-ざ・す【志す】■一［自他五］❶［古風］目標とする場所に向かう。目指す。‖「江戸をーして…〈鷗外〉」❷心に立てた目標に向かって進む。目指す。‖「学問にー」「哲学をー」■二［他五］心を決めて、目標とする人になろうとする。また、あることをなしとげようとする。‖「政治家［アメリカ留学］をー」◈心指すの意。名**志**

こころ-して【心して】［副］十分に注意して。よく心構えをして。‖「ー聞きなさい」

こころ-じょうぶ【心丈夫】ーヂャウ［形動］頼りになるものがあって安心できるさま。心強い。派生-さ

こころ・する【心する】［自サ変］心を構えて、十分に気をつける。‖「失礼のないようにー」文**こころ・す**

こころ-ぞえ【心添え】ヘソ［名］親身になって注意や忠告をすること。‖「おーに感謝いたします」

こころ-だのみ【心頼み】［名］心の中で当てにして頼ること。

こころ-づかい【心遣い】カヒ［名］あれこれと気を配ること。配慮。‖「おーかたじけなく存じます」

こころ-づ・く【心付く】［自五］❶気づく。感づく。❷意識を取り戻す。正気に戻る。‖「されど今ここにーきて、我が心は猶冷然たりし歟〈鷗外・舞姫〉」

こころ-づくし【心尽くし】［名］真心を込めてすること。また、そうしてととのえたもの。‖「ーの手料理」
✔注意「心ずくし」と書くのは誤り。

こころ-づけ【心付け】［名］感謝の気持ちを示すために贈る金品。祝儀。チップ。

こころ-づもり【心積もり】［名］心の中であらかじめ考えておくこと。‖「謝礼のーをしておく」

こころ-づよ・い【心強い】［形］頼りにできるものがあって安心に思うさま。心丈夫だ。‖「君が応援してくれるのでーい」「ー味方」⇔心細い 派生-げ／-さ

こころ-な・い【心ない（心無い）】［形］❶思慮・分別がないさま。‖「ー人が花を折る」❷他に対する思いやりがないさま。‖「ーー言」❸ものの情趣を解さないさま。‖「ー身にすら秋の風情が感じられる」◈①③⇔心ある

こころ-なし【心▼做し】［名］〈「心なしか」の形で副詞的に〉そう思うからか。気のせいか。‖「ーか顔が赤くなった」

こころならず-も【心ならずも】［連語］自分の本心からではなく。不本意ながら。しかたなく。‖「ー帰国の途につく」「資金不足でー計画を白紙に戻す」

こころ-にく・い【心憎い】［形］憎らしく感じるほどすぐれているさま。‖「ー演技を見せる」派生-さ

こころ-ね【心根】［名］心の奥底にある気持ち。真情。心根。性根。‖「ーが優しい」「ーが卑しい」

こころ-のこり【心残り】［名・形動］あとに心配や未練が残ってすっきり思い切れないこと。‖「完成を見届けられないのがーだ」

こころ-ばえ【心▽延え】ハヘ［名］心の状態。気だて。‖「ーの優しい子供」▼心の働きが外へ向かう意。

こころ-ばかり【心▽許り】［名］気持ちのほんの一部だけを表したものであること。‖「ーの品」▼贈り物などをするとき謙遜けんそんしていう語。副詞的にも使う。

こころ-ばせ【心▼馳せ】［名］❶よく心を働かせること。心くばり。❷気だて。性格。心ばえ。

こころ-ひそかに【心▽密かに】［副］心の中でこっそりと思うさま。‖「ー思いを寄せる」

こころ-ぼそ・い【心細い】［形］頼るものがなくて不安に思うさま。‖「一人で出かけるのはーい」⇔心強い 派生-げ／-さ／-がる

こころ-まかせ【心任せ】［名］思いのままに物事をすること。‖「ーの一人旅」

こころ-まち【心待ち】［名・他サ変］心の中でひそかに待ち望むこと。‖「吉報をーにする」

こころ-み【試み】［名］試しにやってみること。また、その事柄。‖「初めてのー」

こころみ-に【試みに】［副］具合や結果を見るためにちょっと行うさま。ためしに。‖「ー新しい手法を使った」

こころ・みる【試みる】［他上一］どんな結果になるか分からないが、（いい結果をめざして）とにかくやってみる。試しにやってみる。‖「脱出をー」「いろいろな方法で実験をー」▼「心を見る」の意。使い方「実力を試ためす／盗塁を試みる」のように、「試す」は調べて知ることに、「試みる」は実際にやってみることに重点がある。✔注意「心みる」と書くのは誤り。名**試み**

こころ-もち【心持ち】■一［名］❶物事に応じて変わる心の状態。気持ち。‖「親御さんのーは察して余りある」❷物事や人に対する心の持ち方。気持ち。心がけ。‖「非を悔いてーを改める」■二［副］その程度がわずかであるさま。ほんの少し。ちょっとだけ。気持ち。‖「ー太りぎみだ」「ー右に寄せる」

こころ-もとな・い【心▽許ない（心▽許無い）】［形］どこか頼りなくて不安に思うさま。‖「新人だけではーい」派生-げ／-さ

こころ-やさし・い【心優しい】［形］思いやりの心がこもっているさま。気持ちがやさしい。

こころ-やす・い【心安い】［形］❶気がかりなことがなく、安心に思うさま。‖「どうぞーくお休み下さい」❷親しくて遠慮がいらない。‖「ー仲間の集まり」❸気軽である。たやすい。‖「ーく引き受けてくれた」派生-げ／-さ

こころ-やすだて【心安だて】［名］親しいのをよいことに無遠慮になること。‖「ーに借金を申し込む」

こころ-やり【心▽遣り】［名］気ばらし。うさばらし。✔注意「心遣こころづかい」「思いやり」の意で使うのは誤り。‖「×相手への心やりがにじみ出た手紙」

こころ-ゆ・く【心ゆく（心行く）】［自五］十分に満足する。‖「ーまで音楽を聴く」▼多く「ーまで」「ーばかり」の形で使う。

こころ-よ・い【快い】［形］気持ちがよいさま。‖「頬に当たる風がー（＝ここちよい）」「仕事をーく引き受ける」書き方「心よい」の意だが、「心良い」「心好い」などとしない。送りがなも「快よい」としない。派生-げ／-さ

こ-こん【古今】［名］昔と今。また、昔から今に至るまで。‖「ーの名作」「ー独歩（＝今日に至るまで匹敵するもののないこと）」

ご-こん【語根】［名］語の構成要素の一つ。単語の意味の基本をなす部分で、それ以上分けることのできない最小の単位。「ほのか」「ほのめく」「ほのぐらい」の「ほの」の類。

ご-ごん【五言】［名］一句が五字からなる漢詩の句。また、その句からなる漢詩の形式。〓「―絶句（＝五言四句からなる漢詩）」「―律詩（＝五言八句からなる漢詩）」

ここん-とうざい【古今東西】［名］昔から今までと、東西四方あらゆるところ。いつでも、どこでも。

こ-ざ【▼胡座（▼胡▼坐）】［名・自サ変］あぐらをかいてすわること。また、あぐら。書き方 本来は「胡坐」。

ご-さ【誤差】［名］❶真の値と計算・測定して得た近似値との差。❷食い違い。違い。〓「プランと現実との間に―が生じる」

ご-ざ【▼茣▼蓙（▼蓙）】［名］イグサの茎で編んだ敷物。ござむしろ。うすべり。〓「花―」▼「蓙」は国字。

コサージュ［corsage］［名］飾りとして洋服の胸・襟元などにつける小さな花や花飾り。コサージ。コルサージュ。

こ-さい【小才】［名］目先のことに働くちょっとした才知。〓「―が利く（＝ちょっとした機転が働く）」▼やや軽蔑した気持ちで使う。

こ-さい【▽巨細】［名］❶大きいことと小さいこと。細大。❷［形動］こまかく詳しいこと。〓「―に観察する」◈「きょさい」とも。

ご-さい【五彩】［名］❶五色（ごしき）。❷中国の磁器の一つ。白磁に赤・青・黄・緑・紫などの上絵の具で文様を表したもの。

ご-さい【後妻】［名］妻と死別または離別した男性が、その後で結婚した妻。のちぞい。⇕先妻

こ-ざいく【小細工】［名］❶手先を使ってするこまごまとした細工。❷目先をごまかすだけの浅はかな策略。

ござい-ま・す【（御座います）】［連語］❶動詞「ある」を丁重かつ丁寧にいう語。〓「机の上に―」❷〈「てございます」「でございます」「にございます」の形で、また形容詞連用形のウ音便に付いて〉補助動詞「ある」を丁重かつ丁寧にいう語。〓「こちらに用意して―」「お久しぶりで―」「さようで―」「お早う―」◈「ござります」の転。
使い方 疑問の形は、次の順で丁寧さが増す。「ございますか」「ございませんか」「ございませんでしょうか」

コサイン［cosine］［名］三角関数の一つ。直角三角形の一つの鋭角について、底辺と斜辺の比。余弦。記号cos ▼角Cが直角の三角形ABCにおいて、辺ACと辺ABの比を角Aのコサインといい、cos Aと書き表す。

こさ・える【▼拵える】（コサヘル）［他下一］〔俗〕こしらえる。▼「こしらえる」の転。

こ-ざかし・い【小▽賢しい】［形］❶利口ぶっていて生意気なさま。〓「―口を利くな」❷ずるがしこくて抜け目がないさま。〓「商いの手口が―」派生 -げ／-さ

こ-ざかな【小魚】［名］小さな魚。ざこ。

こ-さく【小作】［名］借地料を払って地主から借りた土地を耕作して農業を営むこと。また、その人。〓「―権」⇕自作

こ-さじ【小▼匙】［名］小形のさじ。特に、調理で計量に使う容量五ミリリットルのさじ。〓「―一杯の砂糖」

こ-さつ【古刹】［名］由緒のある古い寺。

こ-さつ【故殺】［名・他サ変］❶故意に人を殺すこと。❷計画的にではなく、一時の激情から人を殺すこと。▼旧刑法では「謀殺」と区別して用いたが、現行法ではその区別を廃した。

コサック［Cossack］［名］一四世紀以降、ロシア中央部から南ロシア・ポーランド・ウラル地方などに散在する農民集団。馬術にすぐれ、かつてロシアの騎兵として活躍した。カザーク。カザック。

こ-ざっぱり［副］飾りけはないが、整然としているさま。また、見るからに清潔な感じがするさま。〓「―と髪を刈る」「―（と）した身なり」

ご-さどう【誤作動】［名・自サ変］機械・装置などが指示どおりに動かないで、誤った動作をすること。また、その動き。誤動作。〓「制御装置が―する」

こ-さめ【小雨】［名］少し降る雨。また、細かく降る雨。

こ-ざら【小皿】［名］小さい皿。てしお皿。⇕大皿

ござり-ま・す【（御座ります）】［連語］〔古風〕丁重語「ござる」を丁寧にいう語。〓「光栄で―」

ござ・る【（御座る）】［動五］〔古風〕■一［自］❶「ある」「いる」「行く」「来る」の尊敬語。いらっしゃる。〓「殿が国から江戸へ―」❷「ある」の丁重語。あります。ございます。〓「お願いが―」■二［補動］〈「てござる」「でござる」「にござる」の形で、また形容詞連用形のウ音便に付いて〉補助動詞「ある」「いる」の尊敬・丁重語。〓「社長は酒を飲んで―」「用意して―」「うれしゅう―」◈「ござある」の転。現在はもっぱら「ございます」の形で使う。

こ-さん【古参】［名］ずっと以前からその職や地位にあること。また、その人。⇕新参▼古くから参上している意から。

こ-ざん【故山】［名］ふるさとの山。また、故郷。

ご-さん【午▼餐】［名］昼食。〓「―会」

ご-さん【誤算】［名・他サ変］❶計算を間違えること。計算違い。❷見込みや予測がはずれること。見込み違い。

ご-ざん【五山】［名］禅宗で、格式の高い五つの寺。京都では天竜寺・相国（しょうこく）寺・建仁（けんにん）寺・東福寺・万寿寺、鎌倉では建長寺・円覚（えんがく）寺・寿福寺・浄智（じょうち）寺・浄妙寺。ござん。

ご-さんけ【御三家】［名］❶徳川将軍家の一族である尾張（おわり）・紀伊（きい）・水戸（みと）の三家。❷ある分野で有力または有名な三人。〓「歌謡界の―」

ござん・す【（御座んす）】［動特活］（せ・しょ－し－す－す－〇－〇）〔古風〕■一［自］動詞「ある」の丁重語。ございます。〓「こちらに―」■二［補動］〈「てござんす」「でござんす」「にござんす」の形で、また形容詞連用形のウ音便に付いて〉補助動詞「ある」の丁重語。ございます。〓「お久しぶりで―」「よ（う）―か」◈「ござります」の転。

こし【腰】■一［名］❶胴体の下部で、脊椎（せきつい）が骨盤と連絡している部分。上半身を曲げたり回したりするときの基点になる。腰部（ようぶ）。〓「―が曲がる」「―をおろす」❷❶の周り。ウエスト。〓「細い―」❸衣服などの❶にあたる部分。❹壁・障子などの中央よりも少し下の部分。❺めん類などの粘りけ・弾力。また、紙などの張りがあって破れにくい性質。〓「―のある蕎麦（そば）」■二（造）刀や袴（はかま）など、腰に付けるものを数える語。〓「太刀一―」

◉**腰が重・い** すぐに動かない。なかなか行動を起こさない。

◉**腰が砕（くだ）・ける** ❶腰で上体が支えられなくなる。〓「―・けて地面にへたり込む」❷初めの勢いがなくなる。腰砕けになる。〓「この計画も途中で―・けた格好だ」

◉**腰が低・い** 他人に対する態度が謙虚で、高ぶらない。

◉**腰を上・げる** 新たな行動を起こそうとする。

◉**腰を落と・す** 腰を入れて安定した姿勢になる。〓「―・し

て構える」

⊙**腰を折・る** 途中で邪魔をして、続ける気をなくさせる。‖「話の—・られてしまった」

⊙**腰を下ろ・す** 座る。‖「畳の上に—」

⊙**腰を据・える** 落ちついて物事に取り組む。また、ある場所に長く住み続ける。腰を落ち着ける。

⊙**腰を抜か・す** 驚きや恐怖のために立ち上がれなくなる。

こし【▼輿】［名］❶屋形の下に二本の轅をつけ、それを肩にかついだり手に持ったりして運ぶ乗り物。❷みこし。神輿。

輿

こ-し【古▼址（古▼趾）】［名］昔、建造物や都市のあったあと。また、昔の建造物の土台石。

こ-し【古紙（故紙）】［名］古い紙。不用になった紙。反故。また、使用されたのちに再び原料となる紙。

こ-し【古詩】［名］❶古代の詩。❷漢詩の形式の一つ。唐代に成立した近体詩（律詩・絶句）に対し、それ以前の詩。韻を踏むだけで、平仄・句数などに厳しい制限はない。古体詩。

こ-し【枯死】［名・自サ変］草木が枯れ果てること。

こ-じ【古寺】［名］古い寺。歴史のある寺。ふるでら。

こ-じ【固持】［名・他サ変］自分の意見や考えをかたく守って変えないこと。‖「自説を—して譲らない」

こ-じ【固辞】［名・他サ変］かたく辞退すること。‖「就任［退陣］を—する」

こ-じ【孤児】［名］❶両親をなくした子。みなしご。‖「—院（＝養護施設の旧称）」❷仲間のない人。

こ-じ【《居士》】［名］❶学問や徳がありながら官に仕えず民間にある人。処士。❷出家しないで在俗のまま仏教に帰依した男子。また、その称号。‖「維摩—」❸成人男子の戒名の下につける称号。‖「文献院古道漱石—」⇔大姉 ◈**使い方** 他の語に付いて、その性質をもつ男性である、の意も表す。‖「大石くんに、にたところがありますな、一徹—なところ〈壺井栄〉」

こ-じ【故事】［名］昔あった事柄。また、昔から伝えられてきた、いわれのある事柄や物語。‖「—成句」

こ-じ【誇示】［名・他サ変］誇らしげに見せびらかすこと。‖「武力を—する」

ご-し【五指】［名］❶五本の指。❷すぐれたものとして挙げられる五つ。‖「業績は日本で—に入る」❸多数、または少数であるものとしての五つ。‖「—に余る団体が参加した」「この分野の専門家は—にも足りない」

ご-し【語誌（語史・語志）】［名］ある語の起源・意味・用法などの歴史。また、それを記したもの。

ごし【越し】（造）❶それを隔てて物事をする意を表す。‖「窓—に話しかける」「肩—にのぞき込む」❷〈時間・年月などを表す語に付いて〉その間ずっとある状態が続いている意を表す。‖「三年—の懸案事項」

ご-じ【誤字】［名］まちがった形の文字。うそじ。

ご-じ【護持】［名・他サ変］大切に守り保つこと。‖「仏法を—する」

こし-あげ【腰揚げ（腰上げ）】［名］和服の丈を調節するために、長い分を腰の位置で縫い上げること。また、その部分。

こじ-あ・ける【▼抉じ開ける】［他下一］すきまに細い棒などを差し込んで無理にあける。‖「ドアを—」文こじあ・く

こし-あん【▼漉し▼餡】［名］煮てすりつぶした小豆を裏ごしし、皮を除いて作ったあん。

こし-いた【腰板】［名］❶壁・障子などの下の部分に張った板。❷はかまの後ろの腰に当たる部分に当てる山形の板。ふつう厚紙を共ぎれで包んだものを使う。

こし-いれ【▼輿入れ】［名・自サ変］〔古風〕嫁にいくこと。嫁入り。▼婚礼のとき嫁の乗った輿を婿の家に担ぎ入れたことから。

こ-しお【小潮】［名］一か月のうちで、潮の干満の差が最も小さくなること。また、その時期。⇔大潮 ▼ふつう月に二回、上弦の月と下弦の月の頃に起こる。

こし-おび【腰帯】［名］女性の和装で、着くずれないように帯の下に結ぶ細いひも。こしひも。

こし-おれ【腰折れ】［名］第三句と第四句の接続が悪い短歌。へたな短歌。また、広く自作の詩歌・文章をいう丁重語。‖「—歌」

こし-かけ【腰掛け】［名］❶腰をおろすための台。いす。❷本来望んでいる職や地位につくまでの間、とりあえずある職や地位に身を置くこと。また、その職や地位。

こし-か・ける【腰掛ける】［自下一］椅子・台・段などの上に腰を下ろす。腰をかける。すわる。‖「ベンチに—」文こしか・く 名腰掛け

こし-かた【来し方】［名］過ぎ去った時。また、通り過ぎてきた所。きしかた。

こし-がたな【腰刀】［名］武士が腰にさす短い刀。鞘巻き。わきざし。

こしかた-ゆくすえ【来し方行く末】［名］過去と未来。きしかたゆくすえ。

こしき【▼甑】［名］米・豆などを蒸すための鉢形の土器。底に湯気を通す穴を開け、湯釜の上にのせて使った。▼現在の「蒸籠」に当たる。

こしき【▼轂】［名］車輪の中央の太くてまるい部分。放射状に輻を差し込み、その中心に車軸を通す。

こ-しき【古式】［名］昔からの方式。‖「—ゆかしい行事」**使い方**「古式ゆかしい」は、近年「古式豊か」とも言うが、本来は誤り。‖「—豊かな祭り」

こ-じき【▽乞食】［名］人から食べ物や金を恵んでもらって生活すること。また、その人。▼「こつじき」の転。

ご-しき【五色】［名］五種類の色。特に、青・黄・赤・白・黒の五つの色。また、さまざまな色。五彩。ごしょく。‖「—の糸」

こし-ぎんちゃく【腰巾着】［名］❶腰につける巾着。❷いつもある人の身辺に付き従っている人。▼多く目上の者に付き従ってご機嫌をとる人を軽蔑して使う。

こし-くだけ【腰砕け】［名］❶相撲などで、腰の力が抜けて体勢がくずれること。❷途中で物事を持続する勢いがなくなること。‖「計画が—になる」

こし-け【〈帯下〉・腰気】［名］女性の生殖器から分泌される粘液や組織片。生理的なものと病的なものとがある。おりもの。**読み分け** 医学では「たいげ」という。

ごし-ごし［副ˇ］力を込めて物をこするさま。また、その音を表す語。‖「たわしで—と洗う」「目を—こする」

こし-じ【越路】［名］越の国（現在の福井・石川・富山・新潟）へ行く道。北陸道の旧称。また、北陸地方。

こし-だか【腰高】［名］❶器物で、腰の部分を高く作ったもの。高坏など。❷腰板の部分を二尺（約六〇センチ）ほどに作った障子。▼「腰高障子」の略。❸［形動］相撲などで、腰の位置が高くて姿勢が不安定なこと。❹［形動］態度が横柄なこと。

こし-だめ【腰▼撓め】［名］❶銃などを腰のあたりに構え、おおよそのねらいをつけること。❷おおよその見込

みで物事を行うこと。

こし-たんたん【虎視▼眈▼眈】[形動タルト] 虎とらが鋭い目つきで獲物をねらっているように、油断なくじっと機会をねらっているさま。〓「ーと政権をねらう」

ごしち-ちょう【五七調】[名] 詩歌で、語句を五音・七音の順で繰り返す形式。また、その韻律。『万葉集』に多い。⬇七五調

ごしち-にち【五七日】[名] ある人が死んだ日から三五日目。また、その日に営む法要。

こ-しつ【固執】[名・自他サ変] 自分の考えや意見をかたくなに守って譲らないこと。〓「自分の意見に/をーする」▼「固執こしゅう」の慣用読みだが、今日では「こしつ」が一般的。

こ-しつ【個室】[名] 個人用の部屋。また、共用ではなく他と仕切られた専用の部屋。〓「患者をーに移す」「ーのある居酒屋」

こ-しつ【▼痼疾】[名] いつまでも長く治らない病気。持病。

こ-じつ【故実】[名] 昔の儀式・法令・作法・服飾などのしきたり。〓「有職ー」

ご-じつ【後日】[名] ❶現在よりもあとの日。〓「ーご報告いたします」❷ある出来事が起こった日よりもあとの日。〓「事件のー談」

こ-じっかり【小▽確り】[名] 取引で、相場が急騰するわけではないが、徐々に上昇気味になる状態。⬇小甘い

こし-つき【腰つき（腰付き）】[名] ある動作をするときの腰のかっこう。また、腰の辺りのようす。〓「危なっかしいー」

ゴシック【Gothic】[名] ❶一二世紀中頃の北フランスに興った中世ヨーロッパの美術・建築様式。垂直の線を強調する先のとがったアーチと高くのびる尖塔を備えた寺院が代表的。ゴシック式。❷活字の書体の一つ。字画の縦横の太さを一様にした肉太の活字。ゴシック体。ゴチック。ゴチ。

こじ-つ・ける[他下一] 本来関係のないことを、無理に理屈をつけて他の事柄に結びつける。〓「下手な理由をー」▼「故事つける」の意か。文こじつ・く 名こじつけ

ごじつ-だん【後日談】[名] ある事件などが一段落した後、それからどうなったかという話。後日譚ごじつたん。後談ごだん。〓「事件のー」

ゴシップ【gossip】[名] 面白半分のうわさ話。

ごじっぽ-ひゃっぽ【五十歩百歩】[名] わずかな違いはあっても、本質的には同じであること。語源 退散したことには違いがないのに戦場で五十歩逃げた者が百歩逃げた者を臆病だといって笑ったという『孟子』の寓話から。

こし-なわ【腰縄】[名] ❶腰につけて持ち歩くなわ。❷軽い罪人を護送するときなど、腰になわをかけること。また、そのなわ。

こし-ぬけ【腰抜け】[名] ❶腰の力がぬけて立てないこと。また、その人。❷おくびょうで意気地のないこと。また、その人。

こし-の-もの【腰の物】[名] ❶腰に差す刀。また、腰に差している刀。❷印籠・巾着きんちゃくなど、腰につけるもの。こしもの。

こし-はば【腰幅】[名] 腰の端から端までの幅。〓「足をーに開いて立つ」

こし-ばり【腰張り】[名] 壁・ふすまなどの下部に紙や布を張ること。また、その紙や布。

こし-ひも【腰▼紐】[名] 女性の和装で、着丈を整え、着くずれを防ぐために腰のあたりに結ぶひも。腰帯。

こし-べん【腰弁（腰▼辨）】[名] ❶腰に結びつけて携える弁当。❷毎日弁当を持って出勤するような、安月給取りや下級官吏。▼江戸時代、勤番の下侍が腰に弁当を下げて出仕したことからという。◈「腰弁当」の略。

こし-ぼね【腰骨】[名] ❶腰の骨。❷忍耐強く物事をやりとおす気力。〓「ーの強い選手」

こし-まき【腰巻き】[名] ❶和装で、女性が下着として腰に巻き、腰から脚にかけての肌をじかにおおう布。ゆもじ。おこし。❷書籍やそのケースの下部に巻いてある紙。帯紙。帯。

こし-みの【腰▼蓑】[名] 腰から下を覆う短いみの。

こし-もと【腰元】[名] ❶腰のあたり。❷昔、身分の高い人のそばに仕えて雑用をした女性。

ご-しゃ【誤写】[名・他サ変] 文章などを書き写すときに間違えること。また、その間違えたところ。

ご-しゃ【誤射】[名・他サ変] 目標をまちがえて射撃すること。〓「友軍機をーする」

こ-しゃく【小▼癪】[名・形動] どことなく生意気で、しゃくにさわること。〓「ーなやつ」派生 -さ

こ-じゃく【孤弱】[名・形動] 身寄りがなくてか弱いこと。また、その人。〓「家を焼かれたーな子どもたち」

ご-しゃく【語釈】[名・他サ変] ことばの意味を解釈すること。また、その解釈。

ごしゃ-ごしゃ[副ト] いろいろなものが無秩序に入り乱れているさま。ごちゃごちゃ。〓「雑多な商品をー(と)並べる」

こ-じゃ・れる【小▼洒▽落る】[自下一] [俗] ちょっとしゃれている。ちょっと気が利いている。〓「ー・れたレストラン」

こ-しゅ【戸主】[名] ❶一家の主人。家長。❷旧民法の家族制度で、家督相続によって継承される戸主権を持ち、一家の長として家を統率し支配した人。▼昭和二二（一九四七）年、新憲法により家制度とともに廃止。

こ-しゅ【古酒】[名] ❶長い間貯蔵して熟成させた酒。❷火入れ後、一年以上貯蔵して熟成させた清酒。秘蔵酒。◈⬍新酒

こ-しゅ【固守】[名・他サ変] かたくしっかりと守ること。〓「城をーする」

こ-しゅ【故主】[名] もとの主人。旧主。

こ-しゅ【鼓手】[名] つづみや太鼓を打つ役の人。

こし-ゆ【腰湯】[名] たらいなどに湯を入れ、腰から下だけ湯につかること。座浴ざよく。

ご-しゅ【御酒】[名] 「酒」の尊敬・謙譲・美化語。おさけ。〓「殿からーを賜る」「先生、ーをおつぎしましょう」「ーは冷やに限りますね」⬇ご(御)

ご-しゅいん【御朱印】[名] ⬇朱印

こ-しゅう【呼集】[名・他サ変] 分散している人々を呼び集めること。〓「非常ー」

こ-しゅう【固執】[名・自他サ変] ⬇こしつ(固執)

こ-しゅう【孤舟】[名] 水上にただ一そうだけ浮かんでいる舟。

ご-じゅう【後住】[名] 後任の住職。⬍先住

ごじゅう-おん【五十音】[名] 五〇の音からなる日本語の基本的な音節の総称。仮名で表記する。〓「ー

順」▼時代により実際の音節数は異なり、現代では「ん」を除き清音は四四。

ごじゅうおん-ず【五十音図】 [名] 五十音を縦五段、横一〇行の枠の中に配列した表。同じ母音をもつものを横に、同じ子音をもつものを縦に配置する。▼古く平安時代から作られている。

ごじゅう-かた【五十肩】 [名] 五〇歳頃の人によく起こる、肩や腕の慢性的な痛み。五十腕。▼四〇歳頃の人に起こるものは「四十肩」という。

ごじゅうさん-つぎ【五十三次】 [名] 江戸時代、江戸日本橋から京都三条大橋に至る東海道に置かれた五三の宿駅。▼「東海道五十三次」の略。

ごしゅうしょう-さま【御愁傷様】 [形動] 身内を失った人に対する悔やみのことば。お気の毒さま。

ごじゅう-そう【五重奏】 [名] 室内楽の演奏形式の一つ。五つの独奏楽器による重奏。弦楽四重奏にビオラまたはチェロが加わる弦楽五重奏、ピアノが加わるピアノ五重奏など。クインテット。

こ-じゅうと【小▼舅・小▼姑】 [名] ❶【舅】夫または妻の兄弟。❷【姑】夫または妻の姉妹。こじゅうとめ。

こ-じゅうとめ【小▼姑】 [名] 夫または妻の姉妹。こじゅうと。▼日常会話では多く「こじゅうと」の方を使う。

ごじゅう-の-とう【五重の塔】 [名] 地・水・火・風・空の五大にかたどり、屋根を五層に重ねた仏塔。内部に仏舎利をおさめることを目的とする。

こ-じゅけい【小▼綬鶏】 [名] 大正時代に猟鳥として輸入され、本州以南で野生化したキジ科の鳥。形はウズラに似るが、やや大きい。鳴き声は「チョットコイ」と聞こえる。

ご-しゅじん【御主人】 [名] 他人の夫の敬称。

ご-じゅん【語順】 [名] 文や句の中で語が配列される順序。語序。

こ-しょ【古書】 [名] ❶昔の書籍・文書。❷古本。

ご-しょ【御所】 [名] ❶天皇の住む所。禁中。内裏。また、天皇の敬称。〓「京都ー」❷上皇・三后・皇子の住む所。また、それらの人々の敬称。〓「東宮ー」❸親王・将軍・大臣などの住む所。また、それらの人々の敬称。

ご-じょ【互助】 [名] 互いに助け合うこと。相互扶助。〓「ー会」

ご-じょ【語序】 [名] 語順。

こ-しょう【小姓】 [名] 昔、貴人のそば近くに仕えて雑用をした少年。

こ-しょう【古称】 [名] 昔使われていた名称。

こ-しょう【呼称】 [名] ❶[他サ変] 名をつけて呼ぶこと。また、その呼び名。称呼。❷体操をするときの、「一、二、三」などのかけ声。

こ-しょう【故障】 [名] ❶[自サ変] 機械や体の一部がそこなわれて正常に働かなくなること。〓「車がーする」❷異議。不服。〓「ーを申し立てる」

こ-しょう【▼胡▼椒】 [名] ❶アジアの熱帯地方各地で栽培される、コショウ科のつる性常緑低木。インド南部原産。❷①の果実から製した香辛料。独特の芳香と辛みがある。ペッパー。▼緑色の未熟果を乾燥・粉末にしたものを黒胡椒(ブラックペッパー)、赤熟した果実の果皮を除いて乾燥・粉末にしたものを白胡椒(ホワイトペッパー)という。

こ-しょう【湖沼】 [名] みずうみ・ぬま・池などの総称。〓「ー地帯」

こ-しょう【誇称】 [名・他サ変] 自慢して大げさにいうこと。〓「世界一をーする」「大作だとーする」

こ-じょう【古城】 [名] 古い城。

こ-じょう【孤城】 [名] ❶ただ一つだけ離れて建っている城。❷敵に囲まれて孤立した城。

こ-じょう【弧状】 [名] 弓のような形に曲がっていること。弓状。〓「ー列島」

こ-じょう【湖上】 [名] 湖の上。〓「ーの月」

ご-しょう【五障】 [名] ❶仏教で、女性が生来身に備えているという五つのさまたげ。修行を積んでも、その障りによって梵天王・帝釈天・魔王・転輪聖王・仏身の五者にはなり得ないとされる。五礙。▼仏教経典にある、女性差別の思想。仏教界では、近年、さまざまな形で見直しが行われている。❷仏教で、修行をする上での五つのさまたげ。煩悩障・業障・生障・法障・所知障。

ご-しょう【後生】 [名] ❶仏教で、人が死後に生まれ変わること。また、その生まれ変わった世。来世。⇕前生・今生。❷仏教で、死後極楽に生まれ変わること。極楽往生。後生善処。❸人に哀願するときに用いる語。〓「ーだから助けてくれ」

ご-じょう【五常】 [名] ❶儒教で、人が常に守るべき五つの道徳。ふつう、仁・義・礼・智・信をいう。❷五倫。

ご-じょう【互譲】 [名] 互いにゆずり合うこと。〓「ーの精神」

ごしょう-いっしょう【後生一生】 [名] 現世、来世を通じてただ一回だけであること。▼多く人に懇願するときに使う。〓「ーのお願い」

こ-しょうがつ【小正月】 [名] 陰暦一月一五日。また、一月一四日から一六日までの三日間。二番正月。▼元日から七日までを「大正月」と呼ぶのに対していう。

ごしょう-だいじ【後生大事】 [名] ❶仏教で、来世の安楽を願って信仰にはげむこと。❷物事をいつまでも大切にすること。〓「古雑誌をーに取っておく」

こじょう-らくじつ【孤城落日】 [名] 心細く頼りないことのたとえ。▼孤立無援の城に夕日がさしかかる意。王維の詩に基づく。

ごしょ-がき【御所柿・五所柿】 [名] 古くから栽培されたカキの一品種。果実は扁平で、種が少ない。富有が普及する以前は甘ガキの代表品種だった。▼奈良県御所市の原産という。

こ-しょく【古色】 [名] 時代を経て古びた色合い。また、古びた趣。

こ-しょく【孤食】 [名] [新] 食事を一人だけでとること。特に、子どもや高齢者が一人で寂しく食事をとること。

こ-しょく【個食】 [名] ❶食事を一人だけでとること。孤食。❷同じ食卓についた家族などが、それぞれ異なったものを食べること。

ご-しょく【誤植】 [名] 印刷物などで、文字・記号などに誤りがあること。また、その誤り。ミスプリント。▼印刷組み版で、間違った文字・記号を植字する意から。

こしょく-そうぜん【古色▼蒼然】 [形動タルト] 長い年月を経て、いかにも古めかしく見えるさま。〓「ーとした山門」

ごしょ-ぐるま【御所車】〔名〕❶牛車(ぎっしゃ)のこと。源氏車。❷牛車の車輪を図案化した紋所。

こし-よわ【腰弱】〔名・形動〕❶腰の力の弱いこと。また、その人。❷粘りけや弾力が少ないこと。❸進んで相手に立ち向かおうとする意欲に欠けること。また、そのような人。弱腰。派生 -さ

こじ-らいれき【故事来歴】〔名〕伝えられてきた事物のいわれや歴史。

こしらえ【▼拵え】コシラヘ〔名〕❶出来上がった物のようす。出来ぐあい。つくり。‖「数寄屋風の—」❷物事の準備。用意。したく。❸身なりを整えること。また、その身なり。‖「地味な—の客」❹扮装(ふんそう)。❺刀剣類の柄(つか)や鞘(さや)に施す外装。柄巻・金具・塗りなど。

こしらえ-ごと【▼拵え事】コシラヘ—〔名〕つくりごと。

こしら・える【▼拵える】コシラヘル〔他下一〕❶いろいろと手を加えて形のあるものを作る。こさえる。‖「人形[おにぎり]を—」❷不本意ながら物や体に傷や汚れを負わせてしまう。‖「頭にたんこぶを—」❸美しく整え飾る。‖「身なりを—」❹何かをするために必要なものを整えそろえる。作る。‖「旅費を—」❺友人などを作る。‖「友達を—」❻ないことをあるかのように見せかける。‖「口実を—・えて会社をサボる」文こしら・ふ 名こしらえ

こじら・す【▼拗らす】〔他五〕➡こじらせる

こじら・せる【▼拗らせる】〔他下一〕❶物事をもつれさせて処理や解決を困難にする。こじれさせる。‖「問題[話・関係]を—」❷病気を治しそこねて長引かせる。こじれさせる。‖「風邪を—」文こじら・す 異形こじらす

こ-じり【▼鐺】〔名〕❶刀のさやの先端。また、そこにはめる金属製の飾り。❷垂木(たるき)の末端。また、そこにつける金属製の飾り。

こじ・る【▼抉る】〔他五〕すき間などに物をさし入れてねじる。‖「缶のふたをナイフで—」

ご-じる【呉汁(▽豆汁)】〔名〕水に浸して柔らかくした大豆をすり鉢ですりつぶし、出し汁でのばして味噌味をつけた汁。火にかけて青菜などを加える。

こじ・れる【▼拗れる】〔自下一〕❶話が食い違ったり物事がもつれたりして、処理や解決が困難になる。‖「交渉[二人の仲]が—」❷病気が治らずに長引く。‖「風邪が—・れて肺炎になる」文こじ・る

こ-じわ【小▼皺】〔名〕細かいしわ。‖「目尻の—」

こ-しん【個信】〔名〕個人の経済的な信用度についての情報。ローン・クレジットなどの利用履歴、返済状況の記録など。▽「個人信用情報」の略。

こ-しん【湖心】〔名〕みずうみの真ん中。

こ-じん【古人】〔名〕昔の人。⇔今人(こんじん)

こ-じん【故人】〔名〕❶死亡した人。物故者。‖「—をしのぶ」❷〔古風〕古くからの友人。旧知。

こ-じん【個人】〔名〕❶ある社会や集団を構成するひとりひとりの人間。‖「—経営」❷公的な立場を離れたひとりの人間。一私人。‖「—の立場で集会に参加する」

ご-しん【誤信】〔名・他サ変〕まちがったことを正しいと信じ込むこと。‖「—を招く言い方」

ご-しん【誤診】〔名・他サ変〕医師が診断をまちがえること。また、そのまちがった診断。

ご-しん【誤審】〔名・他サ変〕審判をまちがえること。また、そのまちがった審判。

ご-しん【護身】〔名〕危険から身を守ること。‖「—術」

ご-じん【後陣】ゴヂン〔名〕本陣の後方に構えた陣。あとぞなえ。こうじん。⇔先陣

ご-じん【御仁】〔名〕他人の敬称。お方。おひと。▽からかいや皮肉の気持ちをこめても使う。‖「どうにも困った—だ」

ご-じん【▼吾人】〔代〕〔一人称〕わたくし。また、われわれ。‖「—の関知するところにあらず」▽論説文などで使った。

ご-しんえい【御真影】〔名〕天皇・皇后を高めて、その写真をいう語。

ご-じんか【御神火】ゴジンクワ〔名〕火山を神聖視して、その噴火をいう語。特に、伊豆大島の三原山のものをいう。

こじん-さ【個人差】〔名〕各個人にみられる、精神的・肉体的な特性の違い。‖「体力には—がある」

こじん-しゅぎ【個人主義】〔名〕❶社会・国家などの集団より個人の意義と価値を尊重し、その自由と権利を重視しようとする立場。▽封建制度の崩壊と資本主義の発達に伴って普及した。⇔全体主義 ❷〔俗〕利己主義。

こじん-じょうほう【個人情報】コジンジャウホウ〔名〕個人に関する私的な情報。▽「個人情報の保護に関する法律」では、特定の個人を識別することのできる情報をいう。

ご-しんぞう【御新造】ゴシンザウ〔名〕➡新造

こじん-てき【個人的】〔形動〕個人を主体とするさま。個人だけにかかわるさま。‖「—な事情で欠席する」

ご-しんとう【御神灯】〔名〕❶「神灯」の尊敬語。❷「御神灯」の文字を書き記した提灯。芸妓屋や職人・芸人などの家で、縁起をかついで戸口につるした。◈「ごじんとう」ともいう。

こじん-ねんきん【個人年金】〔名〕個人を対象とする年金商品の総称。公的年金、企業年金と合わせて、年金の三本柱と呼ばれる。

ご-しんぷ【御親父】〔名〕他人の父親の敬称。御尊父。▽改まった場合や手紙文で使う。

こじん-プレー【個人プレー】〔名〕団体競技や共同作業で、他の人と協力せずに勝手な行動をすること。また、その行動。‖「—に走る」⇔チームプレー

こじん-メドレー【個人メドレー】〔名〕競泳種目の一つ。一人の泳者がバタフライ・背泳ぎ・平泳ぎ・自由形の順で、各五〇㍍計二〇〇㍍、または各一〇〇㍍計四〇〇㍍を泳いで最終順位を競う。

こ・す【越す・超す】〔自五〕❶【越】➡越える① ‖「線路[国境]を—」「容態はもう山を—・した」❷【超・越】➡越える② ‖「批判[冗談]が度を—」❸【超・越】➡越える④ ‖「収容人数を—」「体温は三八度を—・している」「還暦を—」❹【越】〈「先(せん)を越す」の形で〉相手に先んじて事を行う。機先を制する。‖「遺伝子の研究で先を—・される」❺【越】ある所で区切りとなる時間を過ごす。‖「温泉で年を—」「渡り鳥が日本で冬を—」❻【越】〈「…に越したことはない」の形で〉…に勝るものはない意を表す。…がいちばんよい。‖「給料は多いに—・したことはない」❼【越】転居する。引っ越す。‖「山田夫妻が昨日隣に—・してきた」❽【越】➡お越し㊀ ‖「ぜひこちらにお—・しください」◈書き分け ➡こえる(越・超) 使い方 ➡こえる(越・超) 可能 こせる

こ・す【▼濾す・▼漉す】〔他五〕❶【濾】細かいすき間に液体を通して、そこに含まれる不純物を取り除く。濾

過する。また、そのようにしてコーヒーなどの飲料を作る。〓「不純物を濾紙でー」「ネルでコーヒーをー」使い方「フィルターでタバコのタールをこす」など、気体にも転用する。❷【漉】細かいすき間を通して、純度の高いものを作る。〓「酒をー」可能こせる

ごーず【▽牛頭】[名]頭は牛、体は人間の形をしているという、地獄の番人。〓「ー馬頭」

こーすい【湖水】[名]みずうみ。また、みずうみの水。

こーすい【鼓吹】[名・他サ変]❶励まして元気づけること。鼓舞。❷ある意見や思想を盛んに主張し、相手に吹きこむこと。▽鼓を打ち、笛を吹く意から。

こす・い【▼狡い】[形]❶わるがしこい。ずるい。〓「やり方がー」❷けちけちしているさま。〓「金にはー人」派生ーさ

ごーすい【午睡】[名・自サ変]昼寝をすること。昼寝。〓「ーを貪る」「電話がーの夢をさます」

こーすう【戸数】[名]家の数。

こーすう【個数】[名]物の数。〓「荷物のーを数える」

ごーすう【語数】[名]語の数。単語数。

こーずえ【▼梢】[名]樹木の幹や枝の先。▽木の末の意。

コスチューム【costume】[名]衣装。特に、舞台衣装・民族衣装など。

コスチュームープレー【costume play】[名]❶⬇コスプレ ❷ある時代の衣装をつけて演じる演劇・映画。

こすっーから・い【▼狡っ辛い】[形]ずるくて抜け目がないさま。また、ずるくてけちけちしているさま。こすからい。〓「ー奸商」

コスト【cost】[名]費用。特に、物を生産するのに必要な費用。原価。〓「ーを割る(=売値が原価を下回る)」

コストーダウン【和製cost＋down】[名・自他サ変]生産原価が下がること。また、引き下げること。〓「効率化によってーを図る」

コストーパフォーマンス【cost performance】[名]❶商品の価格に対する性能。〓「ーの高いパソコン」❷投入される費用や労力と、それによって得られる成果や満足度の割合。

コスーパ[名]「コストパフォーマンス」の略。

コスープレ[名]アニメ・漫画・ゲームなどに登場するキャラクターなどの扮装をして楽しむこと。▽「コスチュームプレー」の略。

ゴスペルーソング【gospel song】[名]黒人霊歌にジャズ・ブルースなどの要素が加わった福音歌。二〇世紀前半、アメリカの黒人教会から生まれた。

コスメ[名]「コスメチック」の略。

コスメチック【cosmetic】[名]❶化粧品。コスメティック。❷チック。棒状に固めた男性用の整髪料。

コスモス【cosmos】[名]秋に白・紅・桃色などの花を開くキク科の一年草。葉は細かい線状に裂ける。メキシコ原産。アキザクラ。

コスモス【kosmosギリシア】[名]秩序と調和をもつ世界。宇宙。〓「ミクロー」⬍カオス

コスモポリタニズム【cosmopolitanism】[名]世界を民族・国家を超越した一つの共同体とみなし、すべての人間をその世界国家の同胞として位置づける思想。世界主義。世界市民主義。世界公民主義。

コスモポリタン【cosmopolitan】[名]❶国籍・民族などを超越し、全世界を一国と考えて行動する人。世界主義者。❷世界的な視野を持ち、世界を股にかけて活躍する人。国際人。

こすりーつ・ける【▽擦り付ける】[他下一]❶こするようにして塗りつける。〓「シャンプーを髪にー」❷押しつけてこする。〓「畳に額をー・けて頼む」文こすりつ・く

こす・る【▽擦る】[他五]❶ある物に他の物を強く押し当てたままで動かす。(意図的な場合にもそうでない場合にもいう)〓「バイオリンは弦を弓でーって鳴らす」「背中をーって垢を落とす」「電柱でーって車体を傷つける」❷[古風]他のことにかこつけて皮肉をいう。あてこする。〓「どんなにー・られても、さほどにも感じなかったが〈二葉亭〉」可能こすれる

こ・する【鼓する】[他サ変]❶楽器などを打ち鳴らす。〓「洞裏に瑟をーが如く〈漱石〉」❷勇気などを奮いたたす。〓「勇をー」文こ・す

ご・する【▼伍する】[自サ変]同等の位置に並ぶ。肩を並べる。〓「強豪にー・して戦う」使い方「〜に/と伍する」では、前者のほうが一般的。文ご・す

ご・する【期する】[他サ変][古風]期する。〓「再会をー」文ご・す

こす・れる【▽擦れる】■[自下一]物と物とがすれあう。〓「かかとが靴でー・れてまめができる」文こす・る ■[自他下一]「擦る」の可能形。こすることができる。

ゴスーロリ[名]退廃的・耽美的なイメージに少女的なイメージが加わったファッション。ゴシックロリータ。▽和製Gothic＋and＋Lolitaから。「ロリータ」はナボコフの小説にちなむ。

ごすんーくぎ【五寸▼釘】[名]太くて長いくぎ。▽もとは長さ五寸(約一五センチメートル)のものをいったが、いまは二寸(約六センチメートル)のものをいう。

ごーせ【後世】[名]❶仏教で、死後の世界。来世。後生。〓「ーを弔う」❷仏教で、死後極楽に生まれ変わること。極楽往生。後生善処。〓「ーを願う」

ごぜ【〈▼瞽女〉】[名]三味線などを弾き、歌をうたって門付けをした盲目の女性芸能者。民謡・俗曲などのほか説経系の語り物も語った。

ごーぜ【御▽前】[接尾][古風]〈女性を表す名詞に付いて〉敬意を添える語。〓「母ー・尼ー」▽「ごぜん」の転。

こーせい【個性】[名]個人または個物を他から区別する固有の性質。パーソナリティー。〓「ーの強い人」

こーぜい【小勢】[名]❶[形動]人数が少ないこと。小人数。〓「ーな家族」⬍大勢 ❷人数の少ない軍勢。

ごーせい【互生】[名・自サ変]植物の葉が茎の各節に一枚ずつ方向をたがえて生じること。また、そのもの。⬇対生・輪生▽バラ・ヒマワリなどにみられる。

ごーせい【悟性】[名]物事を論理的・知的に思考する能力。

ごーせい【語勢】[名]話すときのことばの勢い。語気。

こせいーだい【古生代】[名]地質時代の区分の一つ。原生代と中生代の間に属す時代で、約五億七千万年前から二億四千五百万年前まで。植物では藻類・シダ類が、動物では海生の無脊椎動物が栄えた。

こせいーてき【個性的】[形動]その人や物が他とは異なる固有の特性をもっているさま。〓「ーな作風」

こーせがれ【小▼倅】[名]❶年の若い者を軽蔑し、ののしっていう語。❷自分の息子をいう丁重語。❸他人の息子を乱暴に言う語。〓「商家のー」

こ‐せき【戸籍】[名] 夫婦とその未婚の子とで構成され、各個人の氏名・生年月日・性別・家族関係などを記載した公文書。戸籍法に基づいて作成され、本籍地の市区町村長が管掌する。

こ‐せき【古跡(古▼蹟)】[名] 歴史的な出来事や建造物のあった場所。旧跡。

こせき‐しょうほん【戸籍抄本】[名] 戸籍のうち、請求者の指定した部分だけを抜き写した文書。

こせき‐とうほん【戸籍謄本】[名] 戸籍の全部を写した文書。

こせ‐こせ[副ト] ❶気持ちにゆとりがなく、ささいなことにこだわって落ち着かないさま。||「―(と)動き回る」❷場所などが、狭く区切られていてゆとりがないさま。||「―(と)した街」

こ‐せつ【古拙】[名・形動] 美術・建築などで、技巧的にはつたないが、古風で素朴な味わいがあること。アルカイック。||「―な絵」「―的な微笑」派生‐さ

こ‐ぜつ【孤絶】[名・自サ変] 他から切り離されて孤立していること。||「雪に閉ざされて―した山村」

こせ‐つ・く[自五] ❶気持ちにゆとりがなく、落ち着かない。こせこせする。||「仕事に追われて―」❷場所などが狭く区切られて、ゆとりがない。こせこせする。||「狭苦しくて―・いた庭」

ご‐せっく【五節句(五節供)】[名] 昔、季節の変わりめなどを祝った五つの節句。人日(一月七日)・上巳(三月三日)・端午(五月五日)・七夕(七月七日)・重陽(九月九日)。

ご‐せっけ【五摂家】[名] 鎌倉時代以降、摂政・関白に任ぜられる資格をもった五つの家柄。近衛・鷹司・九条・二条・一条の五家。五門。

こ‐ぜに【小銭】[名] ❶小額の貨幣。細かいお金。ばら銭。||「千円札を―に換える」❷多額ではないが、ある程度まとまったお金。||「―をためる」

こ‐ぜりあい【小競り合い】[名] ❶小規模の戦闘。❷ちょっとしたいさかい。ごたごた。||「討論会で―を演じる」

こ‐せん【古銭】[名] 昔、通用していた硬貨。特に、寛永通宝よりも古い硬貨。

こ‐せん【弧線】[名] 弓なりに曲がった線。||「ボールが―を描く」

ご‐せん【五線】[名] 楽譜を作成するときに音符を書き入れる、間隔を等しくした五本の平行線。||「―紙・―譜」

ご‐せん【互選】[名・他サ変] ❶関係者が集まって、ある役に就く人を互いに選び出すこと。また、その選挙。❷俳句・短歌などの会で、参加者が互いに優秀作を選び出すこと。また、その選考。

ご‐ぜん【午前】[名] 夜中の零時から正午までの間。また、夜明けごろから正午までの間。||「―十時」「―の授業」⇔午後

ご‐ぜん【御前】㊀[名] 身分の高い人を高めて、その面前や座前をいう語。||「―会議」㊁[代]〔二人称〕身分の高い人をその家臣などが高めて指し示す語。㊂[接尾]〔古風〕〈身分の高い女性や白拍子の名に付いて〉敬意を添える語。||「静―・巴―」

ご‐ぜん【御膳】[名] ❶食膳・飯・食事をいう尊敬・美化語。||「―をお出しする」「三度の―」❷飲食物を表す語の上に付いて、そのものが上等・上品である意を表す。

こせん‐きょう【▼跨線橋】[名] 鉄道線路の上をまたぐように架け渡した橋。

ごぜん‐さま【午前様】[名] 宴会や遊びなどで、午前零時を過ぎて帰宅すること。また、その人。▽「御前様」をもじった語。

こ‐せんじょう【古戦場】[名] 昔、歴史に残る戦いのあった場所。

ごぜん‐じるこ【御膳汁粉】[名] こしあんで作った汁粉。⇔田舎汁粉

ごぜん‐そば【御膳〈▼蕎麦〉】[名] 上質のそば粉で打った白いそば。

こそ[副助] ❶それを他からきわだたせて示す。||「これこそ私の探していたものだ」「それでこそプロの料理人だ」「苦労してこそ喜びもひとしおだ」❷〈「…こそすれ」「…こそ…だが」などの形で〉物事を他から取り立てて、それと対比的な物事が否定されることを予測させる。…こそ…けれど。||「喜びこそすれ怒ったりはしない」「男女の違いこそあれ二人はうりふたつだ」「物腰こそ慇懃だが、根は腹黒い」❸〈動詞仮定形＋接続助詞「ば」に付いて〉理由を強調して示す。||「子供のことを思えばこそ我慢してきた」使い方 文語の名残で已然形＋「ば」にも付く(「さればこそ(=それだからこそ)心配なのじゃ」)。未然形＋「ば」の形に付くのは俗用。||「四番×ならば/○なればこその決勝打」❹〈動詞未然形＋接続助詞「ば」に付いて、言いさしの形で〉〔古風〕強い否定を表す。まったく…ない。||「夢や希望のあらばこそ」◈文語文法では係助詞とする。使い方 ①の場合、文語では文末を已然形で結ぶ(係り結び)。②にもその名残がある。

こ‐ぞ【〈去年〉】[名]〔古風〕去年。昨年。||「―の秋」

こ‐そ‐あ‐ど[名] 文法で、「これ」「それ」「あれ」「どれ」、「この」「その」「あの」「どの」など、指示機能をもつ代名詞・連体詞・副詞などの体系を表す語。語頭の共通性によって近称・中称・遠称・不定称の別に整理したもの。

こ‐そう【個装】[名] 商品の一個一個に施される包装。▽「個別包装」の略。

こ‐ぞう【小僧】[名] ❶仏門に入って、僧になる修行をしている子供。小坊主。❷商店などに雇われて働く少年。❸年少の男子を見下していう語。小僧っ子。||「いたずら―」

ご‐そう【誤送】[名・他サ変] 荷物などをまちがった所へ送ること。||「宅配便を―する」

ご‐そう【護送】[名・他サ変] ❶人や物に付き添い、守りながら送り届けること。❷囚人・犯罪容疑者などに付き添い、監視しながら他の場所に送り届けること。||「―車」

ごそうせんだん‐ほうしき【護送船団方式】[名] 金融機関全体の存続と利益を保証するために、競争力の弱い中小金融機関の保護を図ろうとする金融行政。▽船団の護衛で、最も速力の遅い船に合わせて航行することから。

ごぞう‐ろっぷ【五臓六▼腑】[名] ❶漢方で、心臓・肝臓・肺臓・腎臓・脾臓の五臓と、大腸・小腸・胃・胆・膀胱・三焦の六腑。❷体内。腹の中。また、心中。||「―にしみわたる」

こ‐そく【▼姑息】[名・形動] 根本的な解決をせず、一時の間に合わせにすること。場当たり的。||「―な手段(=一時しのぎの手段)をとる」「その日その日を―に送っている様な気がして〈漱石〉」「因循―」注意「姑」は、しばらく、かりそめの意。「姑息」を卑怯の意に使うのは、本

来は誤り。派生-さ

こ-ぞく【古俗】[名]昔の風俗。古くからのならわし。

ご-ぞく【語族】[名]同一の祖語から派生したと考えられる言語の一族。‖「インド-ヨーロッパ-ウラル-」

こそぐ・る【▼擽る】[他五]⇩くすぐる▼古くは「こそくる」。

ご-そくろう【御足労】(ラウ)[名]わざわざ出向いてもらうことをいう尊敬語。‖「-をかける」

こそ・げる【▼刮げる】[他下一]物の表面をけずりとる。また、表面についている物をこすってはがす。こそぐ。‖「付着したペンキを-」文**こそ・ぐ**

こそ-こそ[副]（とがめだてされるのを恐れて）人に隠れて物事をするさま。‖「-と逃げるように去る」「人目を避けて-会う」使い方 マイナスに評価していう。

ごそ-ごそ[副]こわばった物、乾いた物などがふれ合って立てる音を表す語。また、そのような音を立てて何かをしているさま。‖「-（と）音を立てて動く」「部屋に閉じこもって-している」

こ-そだて【子育て】[名・自サ変]子を育てること。‖「働きながら-（を）する」「-を終える」

こぞっ-こ【小僧っ子】[名]年少の男子を見下していう語。小僧。

こぞっ-て【▽挙って】[副]構成するものが、ひとり残らず。あげて。‖「職員が-参加する」▼「こぞりて」の転。

こそっ-と[副]ひそかに物事をするさま。こっそりと。‖「-耳打ちする」

ごそっ-と[副]一度にたくさん。ごっそり。‖「商品を-盗まれた」「会員が-減った」

こ-そで【小袖】[名]❶広袖や大袖に対して、袖口を狭く仕立てた和服。▼古くは肌着だったが次第に上衣として用いられるようになり、現在の和服の原形となった。❷絹の綿入れ。

こそ-どろ【こそ泥】[名]すきをみて、こそこそとわずかなものを盗み取るどろぼう。こそこそどろぼう。

こそばゆ・い[形]❶衣服や人の手などが皮膚の表面に軽く触れて、笑いたくなるように感じる。くすぐったい。‖「背中が-」❷照れくさい。‖「そうほめられては-」派生-げ／-さ／-がる

こぞ・る【▽挙る】[自他五]残らず集まる。また、残らず集める。‖「もろびと-・りて迎えまつれ〈賛美歌〉」「国を-・って事に当たる」⇩こぞって

ご-ぞんじ【御存じ】[名]❶「知っていること」の意の尊敬語。ご承知。‖「-のとおりの結果です」❷〈連体詞的に〉だれもが知っている。‖「-怪盗ルパン」◈書き方「御存知」とも当てる。⇩存ずる[注意]

こ-たい【古体】[名]❶[形動]古めかしいこと。古風。‖「-の文章」❷漢詩で、絶句・律詩などの近体詩に対し、唐代以前から行われた詩体。平仄(ひょうそく)・句数などに制限はない。古詩・楽府(がふ)など。古体詩。◈⇔近体

こ-たい【固体】[名]定まった形・体積をもち、変形しにくい物質。‖「-燃料」⇔気体・液体

こ-たい【個体】[名]❶哲学で、個々に独立して存在し、それ以上分割されればそのものの固有性を失ってしまう統一体。個物。❷生物学で、生存に必要な機能と構造を備え、独立した生活を営む生物体。

こ-だい【古代】[名]❶古い時代。‖「-の生物」❷歴史の時代区分の一つ。原始時代と中世との間。日本史ではふつう大和朝廷の時代から奈良・平安時代まで、世界史では原始社会に続く奴隷制社会の時代をさす。

こ-だい【誇大】[名・形動]実際を超えて大げさであること。‖「-広告」

ご-たい【五体】[名]❶身体の五つの部分。頭・両手・両足。また、頭・首・胸・手・足。転じて、からだ全体。‖「-満足」▼漢方では、筋・脈・肉・骨・皮をいう。❷書道で、五つの書体。篆(てん)・隷(れい)・真・行・草。また、古文・大篆・小篆・八分(はっぷん)・隷。

ご-だい【五大】[名]仏教で、万物を構成するという五つの要素。地・水・火・風・空。

こ-だいこ【小太鼓】[名]小形の太鼓。⇔大太鼓

ご-たいそう【御大層】[形動]他人の言動を大げさだとからかい、または皮肉っていう語。‖「-に理屈をこねるじゃないか」派生-さ／-がる

こだい-むらさき【古代紫】[名]やや赤みを帯びた紫色。

こだい-もうそう【誇大妄想】(サウマウ)[名]自分を過大に評価し、それを事実と信じ込む妄想。

こたえ【応え】(コタヘ)[名]他からの作用・刺激に対する反応。‖「決起を促したが-がない」「手-(ごたえ)・見-(ごたえ)」

こたえ【答え】(コタヘ)[名]❶相手の呼びかけや質問に対して言葉を返すこと。返事。‖「いくら呼んでも-がない」❷問題などを解いて得る結果。解答。‖「-を出す」

こたえ-られ-な・い【▽堪えられない】(コタヘ)[連語]この上もなくすばらしい。たまらない。‖「一汗流した後の爽快(そうかい)感は-」

こた・える【応える】(コタヘル)[自下一]❶他からの働きかけに対して、それに沿うような反応を示す。応じる。‖「期待[呼びかけ・恩顧]に-」❷刺激や苦痛がひどく負担になる。‖「酷暑が（身に）-」「つれない言葉が心に-」「深酒は体に-」書き方②は体の芯(しん)まで深く感じる意では「▽徹える」とも。◈「答える」「堪える」と同語源。文**こた・ふ** 名**応え**

こた・える【▽堪える】(コタヘル)[自下一]困難に耐えて、そのままの状態を保ちつづける。たえしのぶ。こらえる。たえる。‖「あの暑さに-・えられるかどうか心配だ」「持ち-・踏み-」文**こた・ふ**

こた・える【答える】(コタヘル)[一][他下一]相手の質問などに対して、言葉を返す。また、返事をする。‖「問われるままにありのままを-・えた」「名前を呼ばれて-」[二][自下一]問題を解いて答えを出す。解答する。‖「次の問いに-・えよ」文**こた・ふ** 名**答え**

こ-だか・い【小高い】[形]❶土地が周囲より少し高いさま。‖「-丘」❷取引で、相場が上がり気味であるさま。⇩小安い 派生-さ

こ-だから【子宝】[名]大切な子供。‖「-に恵まれる」▼子は親にとって何にもまさる宝である意から。

ご-たく【御託】[名]もったいぶってくどくどと言うことば。また、自分勝手な偉そうな言い分。‖「-を並べる」▼「御託宣」の略から。

こ-だくさん【子だくさん（子沢山）】[名・形動]夫婦の間に子供がたくさんあること。また、そのような人。‖「-の家」「律儀者の-」

ごた-ごた[一][副]❶[と]雑多なものが秩序なく入りまじっているさま。‖「食品から電化製品まで-（と）店先に並べる」❷不平などをいろいろと言うさま。‖「-（と）抜かすな」[二][名・自サ変]めんどうなことが起こってもめること。また、そのもめごと。‖「隣人との間に-が絶え

ない」

こ-だし【小出し】［名］まとまったものの中から少しずつ出すこと。‖「知識［集めた情報］を—にする」

こ-だち【木立】［名］樹木がまとまって生えている場所。また、その樹木。‖「夏［冬］—」

こ-だち【小《太刀》】［名］短い太刀。

こ-たつ【▼炬▼燵・▽火▼燵】［名］熱源の上にやぐらを置き、布団をかけて暖をとる器具。置きごたつ・切りごたつ（掘りごたつ）・電気ごたつなどがある。‖「—にあたる」

ご-だつ【誤脱】［名］文章中で、字句の誤っているところと字句の抜けているところ。また、その誤字・脱字。‖「転写に—が見られる」

ごた-つ・く［自五］❶整理がつかなくて混雑する。‖「観客が殺到して会場が—」❷争いごとが起こってもつれる。紛糾する。‖「人事問題で社内が—」

こ-だて【戸建て】［名］一戸建ての住宅。▼集合住宅に対して言う。

こ-だね【子種（子▼胤）】［名］❶子となるもと。精子。‖「—がない」❷家系を継ぐべき子。‖「—を授かる」

こ-たび【▼此度】［名］〔古風〕このたび。今回。こたみ。

ごーダブリュー-いち-エイチ【5W1H】［名］物事を正確に伝えたり、計画的に進めたりする際の基本的な要素。「いつ（When）、どこで（Where）、誰が（Who）、何を（What）、なぜ（Why）、どのように（How）」の六つ。▼「どのくらい（How much／How many）」を加えて「5W2H」と言うこともある。

ご-たぶん【御多分】［名］多くの人の意見や行動。▼「多分」は多数・大部分の意。

◉**御多分に漏れず** 世間一般の例と同じように。注意「ごたぶん」を「御他聞」「御多聞」と書くのは誤り。また、「お多分に漏れず」は誤り。

こ-だま【木霊・木▽魂・▼谺】［名・自サ変］声・音が山や谷に反響して返ってくること。また、その声・音。やまびこ。‖「谷間に—する声」▼もと木の霊の意。音の反響を樹木の霊が答えると考えたことから。

ごた-まぜ【ごた混ぜ】［名・形動］いろいろなものが乱雑にまじっていること。ごったまぜ。‖「良いものも悪いものも—にする」

こだわり【▽拘り】［名］❶ささいなことを必要以上に気にすること。拘泥（こうでい）。‖「胸中の—を除く」❷〔新〕細かな点にまで気を使って価値を追求すること。‖「食材への—をみせる」▼プラスに評価していう。❸〔古風〕難癖（なんくせ）をつけること。文句をいうこと。‖「—をつける」

こだわ・る【▽拘る】（ハル/ダ）［自五］❶つまらないことに心がとらわれて、そのことに必要以上に気をつかう。拘泥（こうでい）する。‖「小事［体面］に—」「彼は物事に—らない人だ」使い方 マイナスに評価していう。❷〔新〕細かなことにまで気をつかって味覚などの価値を追求する。‖「微妙な苦みに—って作りました」「徹底的に鮮度に—って吟味する」使い方 プラスに評価していう。❸〔古風〕物事が素直に運ばないで、途中でつかえたりひっかかったりする。‖「（ドウシテコノ挨拶ガ）それ程—らずに、するすると私の咽喉を滑り越したものだろうか〈漱石〉」名 こだわり

品格 かかずらう「俗事に—」かまける「仕事に—」拘泥（こうでい）「過去に—する」執着（しゅうちゃく）「財産に—する」頓着（とんちゃく）「服装に頓着しない」

こ-たん【枯淡】［名・形動］世俗の名利から離れて、淡々としていること。また、俗っぽさがなく、淡々とした中に深い味わいがあること。‖「—の境地に至る」「—な趣」派生 -さ

ご-だん【誤断】［名・他サ変］誤った判断を下すこと。また、その判断。

ごだん-かつよう【五段活用】（ヨウ/クワツ）［名］口語動詞の活用形式の一つ。語尾が五十音図のア・イ・ウ・エ・オの五段にわたって活用するもの。例えば、「行く」が「か（こ）・き・く・く・け」と変化する類。▼元来は四段活用と同じだが、その未然形に助動詞「う」の付いた形、例えば「行かう」を、現代仮名遣いでは発音に従って「行こう」と表記することから五段活用と呼ぶ。

こち【▼鯒・〈牛尾魚〉】［名］浅海の砂泥地にすむコチ科の海水魚。体は扁平で、頭が大きい。固くしまった白身の肉は淡泊。洗い・刺身・煮つけなどにする。マゴチ。

こち【〈東風〉】［名］〔古風〕春、東から吹いてくる風。ひがしかぜ。

こ-ち【故地・古地】［名］❶以前所有していた土地。❷古くからの縁故がある土地。ゆかりの地。‖「源義経の—を訪ねる」

ごち［名］〔新〕食事をおごること。‖「—になります」▼「ごちそう」の略。

こ-ぢから【小力】［名］ちょっとした力。

こち-こち［副］❶［ト］堅い物と堅い物とが連続的に触れ合う音を表す語。かちかち。‖「柱時計が—と時を刻む」❷［ニ］物がひどくかたくなったさま。‖「—に凍った肉」❸［ニ］頑固で融通がきかないさま。‖「うちの親父は頭が—だ」❹［ニ］緊張して体がこわばるさま。‖「面接で—になる」

ご-ちそう【御▼馳走】［名］❶［他サ変］心を込めてもてなすこと。特に、食事などをふるまってもてなすこと。また、そのもてなし。‖「今夜は私が—しましょう」「—にあずかる」❷贅沢な食事。豪華な料理。‖「今夜は—だね」◈「ちそう（馳走）」の尊敬・謙譲・美化語。⬇ご（御）

ごちそう-さま【御▼馳走様】［感・形動］❶ご馳走になった礼として述べる挨拶（あいさつ）のことば。❷食事の終わった後にいう挨拶のことば。❸仲のいいさまを見せつけられたときや、のろけを聞かされたときなどに軽い皮肉やからかいの気持ちを込めていうことば。

ゴチック【Gotik ドイ】［名］⬇ゴシック

こちとら【▼此▽方▽人▽等】［代］〔俗〕一人称 おれ。私。私たち。‖「—は江戸っ子だ」

こ-ちゃく【固着】［名・自サ変］❶かたくしっかりとくっつくこと。‖「ボルトで板を—させる」❷幼児期の愛の対象に愛着を持ち続けるなど、性的発展の最初の段階にとどまること。▼精神分析の用語。

ごちゃ-ごちゃ［副］❶［ト］いろいろなものが乱雑に入りまじっているさま。雑然としている。‖「机の上が—としている」❷［ニ］性質の異なるものが入りまじっているさま。ごっちゃ。‖「二つの話の筋が—になっている」❸［ト］いろいろと言うさま。‖「おまえが—言うから話が面倒になるんだ」

ごちゃ-まぜ【ごちゃ混ぜ】［名・形動］いろいろなものが秩序なく入りまじっていること。‖「肉も野菜も—にしてスープをとる」

こ-ちゅう【▼壺中】［名］つぼの中。‖「—の天地（＝俗世間を離れた別天地）」

ご-ちゅう【語注（語▼註）】［名］文章中の語句について解説した注釈。‖「—を施す」

コチュジャン【kochujang 朝鮮】[名] 主に朝鮮料理で用いる味噌。もち米・麹・トウガラシなどを混ぜ合わせ、熟成させたもの。コチジャン。

こ-ちょう【▼胡▼蝶(▼蝴▼蝶)】[名] チョウ。

◉**胡蝶の夢** 自分と事物との別を忘れる物我一体の境地。また、現実の世界と夢の世界の区別がつかないことのたとえ。[語源] 蝶になった夢から目覚めた荘子が、自分が夢の中で蝶になったのか、蝶が夢の中で自分になったのかわからなくなったという『荘子』の寓話に基づく。

こ-ちょう【誇張】[名・他サ変] 実際よりも大げさに表現すること。また、その内容。「事実が—されて伝わる」

ご-ちょう【▼伍長】[名] 旧陸軍の階級の一つ。下士官の最下位で、軍曹の下、兵長の上。

ご-ちょう【語調】[名] 話すときの、ことばの調子。「—を整える」

こちょ-こちょ [副ト] ❶くすぐるさま。「わきの下を—くすぐる」❷せわしなく動き回るさま。また、すばやく物事をするさま。「ハムスターが—動く」「—と耳打ちする」

こち-ら【▼此▽方】[代] ❶話し手がいる方向・場所、また、話し手の領域に属する方向・場所を指し示す語。「—へいらっしゃい」「—はいい天気です」▼「ここ」より丁寧な言い方。❷話し手の領域に属する場所にある物を指し示す語。この物。これ。「—のほうが見事な仕上がりだ」❸〔一人称〕話し手の側を表す。当方。われわれ。「—で判断します」❹〔三人称〕話し手に近い位置の人を指し示す語。この方。「—は田中さんです」◈くだけた言い方では「こっち」とも。

こちら-がわ【▼此▽方側】[名] ❶自分のいる方向・場所。「—は日当たりがよい」❷自分が関わりをもっている方。「—は手が足りない」◈⇕向こう側

こ-ぢんまり [副ト] 小さいがほどよくまとまって、落ち着いているさま。「—(と)した店」[書き方]「こ」+「ちんまり」説が有力だが、「こじんまり(小締まり)」の転とする説もあり、「こじんまり」も許容。

こつ【骨】■ [名] ❶火葬にした死者のほね。「(お)—を拾う」「—箱」「遺—」❷物事をうまく行う要領。かんどころ。「—をのみこむ」[書き方] かな書きが普通。また片仮名で「コツ」とも。■(造) ❶人間や動物のほね。「—格・—折」「鎖—・肋—」「心—・老—」❷からだ。「—子」「鉄—」❸品格・人柄。「気—・反—」❹物事のしんになるもの。

こつ【▼忽】(造) ❶たちまち。突然。「—然」❷うっかりする。いい加減。「粗—」

こつ【滑】(造) 乱れる。「—稽」

こつ-あげ【骨上げ・骨揚げ】[名・自サ変] 火葬にした死者のほねを拾い上げること。こつ拾い。

ごつ・い [形]〔俗〕❶大きくて、ごつごつとかどばっているさま。「—手」❷無骨で、荒々しいさま。「髭面の—学生」❸程度がはなはだしいさま。すごい。「—ことを言う」[派生] -さ

こっ-か【刻下】[名] 現在の時点。目下。現下。

こっ-か【国花】[名] その国民が最も愛好し、その国の代表とする花。日本のサクラ・キク、フランスのユリ・アイリス、イギリスのバラ・スイセンなど。

こっ-か【国家】[名] 一定の領土と住民を統治する組織をもった社会集団。くに。「近代—」「—権力」

こっ-か【国歌】[名] ❶その国家・国民を象徴するものとして公の儀式などで演奏され、歌われる歌曲。「—斉唱」▼日本では、平成一一(一九九九)年公布の国旗国歌法で「君が代」とする。❷和歌。やまとうた。

こ-づか【小▽柄】[名] 脇差のさやの外側に差し込む小刀。

こっ-かい【国会】[名] 国民によって選挙された議員で構成する国の議会。日本国憲法は国権の最高機関にして、唯一の立法機関と定める。衆議院と参議院からなる。

こ-づかい【小使い】[名] 用務員の旧称。

こ-づかい【小遣い】[名] 日常のちょっとした買い物や雑用に充てるための金銭。▼「小遣い銭」の略。
[注意]「こずかい」と書くのは誤り。

こっかい-ぎいん【国会議員】[名] 国会を組織する議員。日本では衆議院議員と参議院議員とがある。

こっかい-ぎじどう【国会議事堂】[名] 国会の議事を行う建物。議事堂。

こっ-かく【骨格(骨▼骼)】[名] ❶種々の骨からなる高等動物の器官。筋肉の付け根となってからだを支え、内臓を保護する。⬇骨(図) ❷①から見た、からだつき。骨組み。❸物事の全体を形作る基本となる部分。骨組み。「ビルの—ができあがる」

こっか-こうあんいいんかい【国家公安委員会】[名] 内閣府の外局の一つ。内閣総理大臣の所管のもとで国の公安に係わる警察運営事項の統括と警察行政の調整を行い、警察庁を管理する中央警察管理機関。国務大臣を委員長とし、五人の委員によって構成される。

こっか-こうむいん【国家公務員】[名] 国の公務に従事する職員。▼国家公務員法の適用を受ける一般職と、国会議員・国務大臣・裁判官などの特別職とがある。⇕地方公務員

こっか-しけん【国家試験】[名] 特定の資格を認定し、または免許を与えるために国家が行う試験。▼国家公務員・裁判官・検察官・弁護士・司法書士・公認会計士・医師・薬剤師などに適用される。

こっか-しゅぎ【国家主義】[名] 国家を至上の存在とみなし、個人を犠牲にしても国家の利益を尊重しようとする考え方。ナショナリズム。

こつ-がら【骨柄】[名] ❶骨組み。❷人柄。「人品—卑しからざる人物」

こっ-かん【骨幹】[名] ❶骨組み。❷硬い骨質からなる長骨の主要部分。

こっ-かん【酷寒】[名] 厳しい寒さ。⇕酷暑

ごっ-かん【極寒】[名] きわめて寒いこと。「—の地」⇕極暑

こっ-き【克己】[名・自サ変] 意志の力で、自らの欲望や邪念にうちかつこと。「—心・—復礼」

こっ-き【国旗】[名] その国の象徴として定められた旗。「—掲揚」▼日本では、平成一一(一九九九)年公布の国旗国歌法で日章旗とする。

こっ-きょう【国教】[名] 国民が信奉すべきものとして、国家が特に保護している宗教。

こっ-きょう【国境】[名] 国と国とのさかい。くにざかい。「—を越える」「—線」

こっきり [接尾]〔俗〕〈数量・回数などを表す語に付いて〉ちょうど…だけ、…かぎり、の意を表す。かっきり。「

「千円―しかない」「一回―でやめる」

こっ-きん【国禁】コク［名］国の法律によって禁止されていること。国の禁制。「―の書」

こっ-く【刻苦】コク［名・自サ変］心身を苦しめ、痛めつけるほど努力すること。「―勉励」

コック【cock】［名］水道・ガスなどの栓。「非常―」

コック【kokオランダ】［名］料理人。調理人。「ホテルの―さん」

こ-づ・く【小突く】［他五］❶相手の体を指先などで突っつく。「ひじで腹の辺りを―」❷意地悪くいじめる。「上司が部下を―」可能 **小突ける**

コックス【cox】［名］レース用ボートで、舵をとり号令をかける人。舵手。

コックピット【cockpit】［名］❶航空機の操縦室。❷レーシングカーの運転席。

こっくり ■［副］❶頭を前に傾ける動作を繰り返すさま。「―、―(と)居眠りをする」❷了解の意で、頭をたてに大きくふるさま。「―(と)うなずく」❸濃厚で、深みのあるさま。「―とした煮物」■［名］居眠りをすること。「電車の中で―を始める」

こ-づくり【小作り】［名・形動］❶作りがふつうより小さいこと。❷からだつきがふつうより小さいこと。「―な選手」

こっ-くん【国訓】コク［名］❶漢字に、その意味を表す日本語をあてて読むこと。また、その読み。「樹」を「き」、「森」を「もり」と読むなど。和訓。訓。❷漢字に、本来の意味とは異なる日本独自の意味をあてて使うこと。本来はナマズの意の「鮎」をアユの意で使うなど。

ごっくん ■［副］液体を一口で飲み込むときの、のどの鳴る音を表す語。「冷えた茶を―と飲み干す」■［名・他サ変］幼児語で、飲み込むこと。「お薬を―しなさい」

こっ-けい【滑稽】［名・形動］おかしかったりばかばかしかったりして、笑いの対象になること。「―なしぐさ」派生 -さ　稽

こっ-けい【酷刑】コク［名］残酷な刑罰。

こっけい-せつ【国慶節】コクケイ［名］中華人民共和国の建国記念日。十月一日。

こっ-けん【国権】コク［名］国家が国民を支配し統治する権力。国家権力。「―を発動する」

こっ-けん【国憲】コク［名］国家の基本となる法規。憲法。

こっ-けん【黒鍵】コク［名］鍵盤楽器の黒い鍵。嬰音・変音を弾くときに使う。⇔白鍵

こっ-こ【国庫】コク［名］財政権の主体としての国家。「―金(＝国庫に属する現金の総称)」「―支出金」

ごっこ［接尾］〈名詞に付いて〉二人以上が一緒にその物事のまねをする遊びの意を表す。「鬼―・お店やさん―」

こっ-こう【国交】カウ［名］国家間の公式の交際・交流。「―を回復する」「―断絶」

ごつごう-しゅぎ【御都合主義】ゴツガフ［名］定見をもたず、その場その場の状況に応じて自分の都合のよいように行動する態度をさげすんでいう語。オポチュニズム。

こっ-こく【刻刻】コク ■［名］時間のひと区切りひと区切り。■［副］次第に時間が過ぎていくさま。また、時を追ってある事態が進んでいくさま。刻一刻。「―(と)決別の時が迫る」「―(と)雲の形が変わる」◈「こくこく」とも。

こつ-こつ［副］かたいものが連続して軽くふれ合うさま。また、その音を表す語。「靴音が―(と)響く」

こつ-こつ【▽兀▽兀・▽矻▽矻】［副］地道に努力を続けるさま。「―(と)勉強する」「金を―(と)ためる」

ごつ-ごつ［副］❶表面などが角張ってかたいさま。「―(と)した岩山」❷荒っぽいさま。また、ぎこちないさま。「木綿の―(と)した感触」「―(と)した文体」

こつ-ざ【▽兀座(▽兀▽坐)】［名・自サ変］じっとすわっていること。「終日―する〈鷗外・舞姫〉」

こつ-ざい【骨材】［名］モルタルやコンクリートを作るときにセメントに混ぜる砂・砂利・砕石などの総称。

こっ-し【骨子】［名］物事を構成するうえでの中心となる部分。要点。「法案の―をまとめる」

こつ-じき【▽乞食】［名］❶修行僧が人家の門前に立って食べ物を請い求めること。また、その僧。托鉢。❷(古風)こじき。物もらい。

こっ-しつ【骨質】［名］❶動物の硬骨を構成する繊維性のたんぱく質。骨基質。❷動物の骨のように硬い物質。また、そのような性質。

こつ-ずい【骨髄】［名］❶骨の内部の空洞を満たす柔らかな組織。ここで赤血球・白血球・血小板などがつくられる。「―炎・―移植」「―バンク(＝骨髄移植で、提供者と患者の組織適合性抗原(HLA)の一致率を高めるため、提供者のそれをあらかじめ登録しておく機関)」❷心の奥。心底。「恨み―に徹する」　髄

こつずい-いしょく【骨髄移植】［名］白血病・再生不良性貧血などで、提供者から採取した正常な骨髄液を患者の静脈内に注入して移植する治療法。

こっ-せつ【骨折】［名・他サ変］外力が加わって、体の骨が折れること。「腕を―する」「大腿骨―」

こつ-ぜん【▼忽然】［副］物事が急に起こるさま。たちまち。突然。こつねん。「―と姿を消す」

こっ-そう【骨相】サウ［名］❶体の骨組み。骨格。❷頭・顔などの骨組みに現れた、その人の性質や運命。「―学」

こつそしょう-しょう【骨粗▼鬆症】ヤウ［名］骨質全体が減少し、もろく折れやすくなった状態。高齢者や閉経後の女性に多く見られる。

こっそり［副］人に気づかれないように物事をするさま。「―と現場を抜け出す」「君にだけ―教えよう」

ごっそり［副］数量が多いさま。「―(と)持っていった」

ごった［形動］いろいろなものが無秩序に入りまじっているさま。乱雑なさま。「話の内容が―になる」

ごった-がえ・す【ごった返す】ヘス［自五］非常に混雑する。「帰省客で―駅」

ごった-に【ごった煮】［名］いろいろな材料を混ぜ合わせて煮ること。また、そのもの。ごたに。「野菜と肉の―」▽いろいろなものを一つに混ぜ合わせることにもいう。「日本も西洋も―にした特集」

こっ-ち【▼此▽方】 ■［代］「こちら」のくだけた言い方。「―に来い」▽「こち」の転。■［名］〈「…から(こっち)」「…よりこっち」の形で〉以来。以後。このかた。「あの事故から―ふさぎこんでいる」

こ-づち【小▼槌】［名］小さなつち。「打ち出の―」

こっちの-もの【▼此▽方の物】［連語］自分の思いのまま。「都市部の票さえ集まれば、あとは―だ」

ごっちゃ【形動】性質の異なるものが入りまじっているさま。ごちゃごちゃ。〓「新旧のデータが━になる」

こっちょう【骨頂・骨張】【名】〈「…の骨頂」の形で〉程度が最も上であること。〓「愚(やぼ)の━」▽多く好ましくないことにいう。

ごっつぁん【感】相撲界で、力士が感謝の意を表すときに発する語。〓「━です」▽「ごちそうさま」の転。

こつつぼ【骨▼壺】【名】火葬にした人骨を納めるつぼ。

こつづみ【小鼓】【名】小形の鼓。左手で調べ緒をにぎり、右肩にのせて右手で打つ。⇕大鼓▽能楽や長唄の囃子(はやし)などに用いる。

こづつみ【小包】【名】❶小さい包み。❷小さな品物を包装して送る郵便。また、その郵便物。▽二〇〇七年まで用いられた「小包郵便物」の略。

こってり【副(と)】❶味・色などが濃くてしつこいさま。濃厚であるさま。〓「脂ぎって━したスープ」⇕あっさり❷塗ったり、かけたり、付けたりする量が多いさま。〓「白粉を━(と)塗る」❸時間をかけて責められるさま。いやというほど。〓「先生から━(と)油を絞られる」

こつでんどう【骨伝導】【名】振動する物が直接頭に接触するときに、音波が鼓膜ではなく、頭蓋骨(ずがいこつ)を介して内耳に達することで、音が聞こえること。補聴器や携帯電話などに利用される。〓「━イヤホン」

ゴッド【God】【名】神。造物主。

こっとう【骨▼董】【名】希少価値のある古道具や古美術品。骨董品。アンティーク。〓「━趣味」「書画━」

董

こつどう【骨堂】【名】遺骨を納める堂。納骨堂。

コットン【cotton】【名】❶木綿。綿織物。〓「━のシャツ」❷化粧用の脱脂綿。

こつにく【骨肉】【名】❶骨と肉。肉体。❷親子・兄弟など、互いに血のつながりのある者。〓「━の争い」

◉**骨肉相食(あいは)む**　肉親どうしが争う。

こつにくしゅ【骨肉腫】【名】大腿骨(だいたいこつ)や頸骨(けいこつ)に生じる悪性腫瘍(しゅよう)。青少年期の男性に多く、肺に転移することがある。

こっぱ【木っ端】【名】❶木のきれはし。木くず。❷取るに足りない、つまらないもの。〓「━役人」▽多く名詞の上に付けて使う。

こつばい【骨灰】【名】❶骨が焼けて灰状になったもの。❷動物の骨から脂肪やにかわ質を除き、それを焼いて作った粉末。燐酸(りんさん)の原料・燐酸肥料などに用いる。こつかい。

こっぱい【骨▼牌】【名】❶カルタ。❷獣骨などで作ったマージャン用の牌(パイ)。

こつばこ【骨箱】【名】遺骨を納める箱。

こっぱずかし・い【小っ恥ずかしい】【形】ちょっときまりが悪い。〓「人違いして━思いをした」▽「こはずかしい」の転。「こっ」は接頭語。

こっぱみじん【木っ端▽微▼塵】【名】こなごなに砕けること。こなみじん。〓「窓ガラスが━に砕け散る」

こつばん【骨盤】【名】腰部にあって、腹部の臓器を保護する骨格。

こっぴど・い【こっ▽酷い】【形】非常にひどい。手きびしい。〓「━く叩かれる」▽「ひどい」を強めていう語。

こつひろい【骨拾い】【名】骨揚げ。

こつぶ【小粒】【名・形動】❶粒が小さいこと。また、小さな粒。〓「━の(な)ブドウ」「山椒(さんしょう)は━でもぴりりと辛い」⇕大粒❷体の小さいこと。また、その人。〓「━な力士」❸度量・器量などが小さいこと。また、その人。〓「━ばかりで大物がいない」

コップ【kop オランダ】【名】ガラスやプラスチックで作った、飲み物を入れる(おもに円筒形の)容器。〓「━酒(ざけ)」「紙━」

こっぷん【骨粉】【名】動物の骨をくだいて粉末にしたもの。燐酸(りんさん)肥料にする。

コッペパン【名】紡錘形で、底が平らなパン。コッペ。▽「コッペ」は切られた意のフランス語 coupé からとも、頭の意のドイツ語 Kopf からともいう。

コッヘル【Kocher ドイツ】【名】登山・キャンプ用の、組み立て式炊事用具。なべ・やかん・食器などが一式になっている。

こっぺん【骨片】【名】❶骨のかけら。❷海綿動物・刺胞動物・ナマコ類などの体内にある、微小な骨。炭酸カルシウム・石灰質・珪質(けいしつ)などを主成分とする。

こっぽう【骨法】【名】❶体の骨組み。骨相。❷学問・技芸などの奥義。こつ。

こづま【小▼褄】【名】着物のつま。〓「━を取る」

こつまく【骨膜】【名】骨の表面をおおう白い膜。〓「━炎」

こつみつど【骨密度】【名】骨を構成するカルシウムやマグネシウムなどのミネラルの含有量。低下すると骨はもろくなり、骨折しやすくなる。BMD。

こづめ【小爪】【名】つめのはえぎわにある、三日月形の白い部分。

ごづめ【後詰め】【名】先陣の後方に控えている軍勢。後陣(ごじん)。

こづれ【子連れ】【名】子供を連れていること。子供連れ。

こて【▼鏝】【名】❶壁土・しっくい・セメントなどを塗る道具。鉄などの平たい板に柄をつけたもの。❷和裁で、熱して布地のしわをのばすのに使う鉄製の道具。焼きごて。❸熱して、毛髪にウエーブをつけるのに使うはさみ状の道具。❹熱して、はんだづけなどに使う道具。先のとがった金属の棒に柄をつけたもの。

こて【小手】【名】❶ひじと手首との間の部分。また、手首。▽剣道で「小手(=籠手)を打つ」などと使うほか、「小手先・小手調べ」など、他の語に付けて使う。❷手のちょっとした動作についていう語。〓「━をかざす(=手をちょっとだけ目の上の辺りにあげる)」「━が利く(=ちょっとしたことに器用だ)」

こて【▽籠手】【名】❶鎧(よろい)の付属品の一つで、腕の部分を覆うもの。袋状の布に鎖・鉄金具などを綴じつけて仕立てる。❷弓を射るとき、袖に弦があたるのを防ぐために、弓手(ゆんで)の手先からひじの辺りにつける布または革製の覆い。❸剣道で、手の甲からひじの辺りまでを覆う防具。また、その部分を打つ技。書き方「小手」とも。

ごて【後手】【名】❶相手に先を越されて受け身になること。機先を制せられて不利な立場となること。〓「ライバル会社の━に回る」❷囲碁・将棋で、先手のあとから着手する番(の人)。また、相手に勝負の主導権をにぎられ、守勢に立たされること。◈⇕先手

こてい【小体】【名・形動】こぢんまりしていること。質素で、つつましいこと。〓「━な家」

こてい【固定】【名・自他サ変】一定の場所や状態におかれて動かないこと。また、動かないようにすること。〓

「足場を━する」「━金利」

こ-てい【湖底】［名］みずうみの底。☰「━に沈む」

こてい-かんねん【固定観念】(ークヮンネン)［名］状況の変化や異なる意見があっても、そう思いこんだまま容易には変わることのない考え。

こてい-しさん【固定資産】［名］流通を目的とせず、長期に渡って使用・消耗される資産。土地・建物・機械などの有形固定資産と営業権・特許権・商標権などの無形固定資産に分けられる。☰「━税」

こてい-でんわ【固定電話】［名］携帯電話などに対して、設置場所が固定された電話。家電(いえでん)。

コテージ［cottage］［名］山小屋風の小別荘。コッテージ。

こ-てき【鼓笛】［名］太鼓と笛。☰「━隊(＝打楽器と吹奏楽器で編成された楽団)」

こて-こて［副亡］分量が多いさま。☰「白粉(おしろい)を━(と)塗る」使い方「こてこての」の形で、濃厚なさま、その性質が非常に強く感じられるさまを表す。☰「こてこてのとんこつラーメン［関西弁］」

ごて-ごて［副亡］(乱雑で)分量が多いさま。また、(不快に感じるほど)濃厚なさま。くどいさま。☰「━した装飾」▼「こてこて」を強めた語。

こて-さき【小手先】［名］手の先。また、手の先を使ってするような、ちょっとした技術や才能。小才。☰「━が器用だ」「━の芸」

こて-しらべ【小手調べ】［名］本格的に始める前に、ちょっと試してみること。☰「━に投げてみる」

ごて-どく【ごて得】［名］あれこれと文句や不平を言って相手に譲歩させ、その分だけ利益を得ること。ごね得。

こて-なげ【小手投げ】［名］相撲のきまり手の一つ。相手の差し手を上手から抱え、浅く腰を入れながら振るようにして投げる技。

こ-でまり【小手▼毬】［名］春、球状に密集した白い小花をつけるバラ科の落葉小低木。庭木などとして植栽する。

ご・てる［自他下一］［古風］ぐずぐずと不平や文句を言う。ごてつく。ごねる。☰「立ち退き料が安すぎると━」

こ-てん【古典】［名］❶学問・芸術などの分野で、古い時代に作られ、長年の評価を経て現在も高い価値を認められている作品。☰「━音楽(＝クラシック音楽)」「━落語」▼日本文学では江戸時代以前の作品を指す。❷過去のある時期まで高い評価を受け、その後、新しい方法・様式などに主流の位置を譲った学問や技芸。☰「━物理学」

こ-てん【個展】［名］ある個人の作品だけを集めた展覧会。

こ-でん【古伝】［名］古くからの言い伝え。古来の伝授。

ご-てん【御殿】［名］❶貴人を高めてその邸宅をいう語。❷造りの大きい豪華な邸宅。

ご-でん【誤伝】［名・他サ変］まちがって伝えること。また、その内容。

ごてん-い【御殿医・御典医】［名］江戸時代、将軍家や大名に仕えた医者。▼町医者に対していう。

こてん-こてん［副亡］ひどくやっつけられる(また、やっつける)さま。こてんぱん。☰「━に打ち負かされる」

こてん-しゅぎ【古典主義】［名］一七、八世紀のヨーロッパで、古代ギリシア・ローマの芸術作品を規範とし、理知・調和・形式美などを追究した芸術上の立場。クラシシズム。

こてん-てき【古典的】［形動］❶古典を尊び、伝統や形式を重んじるさま。☰「━な作風」❷古典としての価値を備えているさま。☰「━名著」

こてん-ぱん［副亡］「こてんこてん」に同じ。

こと【言】［名］口に出していうこと。また、ことば。☰「━挙げ・━魂(だま)」「繰り━(ごと)・泣き━」▼「事」と同語源。

こと【事】［名］❶この世に起こる現象や出来事、人間の行為、また、それらの成果・推移などを広くいう。特に、大きな出来事や事件をいう。☰「━が起こる前に手を打とう」「━は重大だ」「心臓発作でも起こしたら━だ」
❷〈連体修飾語を受けて〉それによって特徴づけられるさまざまな事柄をいう。☰「それはある日の暮れ方の━だった」「どんな━があってもそこを動くな」「困った━になった」「人生には辛い━もあるさ」「細かい━にはこだわるな」
❸〈「…のこと」の形で〉それに関連するさまざまな事柄を表す。☰「釣りの━なら任せてくれ」「今後の━は頼む」「病気の━が心配で…」「太郎君の━をよろしく」使い方(1)意味の境界が曖昧(あいまい)な言い方。「…のこと」を省くと、より直截(ちょくせつ)的な表現となる。☰「太郎君をよろしく」(2)それに関連する事柄というより、そのものを指す場合もある。☰「彼女のことが好きだ(＝彼女が好きだ)」
❹〈連体修飾語を受けて〉ことばで表される内容を表す。意味や指示対象物をいう。☰「急にそんな━を言われても困るよ」「ILOとは国際労働機関の━だ」
❺〈思考・知覚・発話などを表す動詞の連体形を受けて〉その内容を表す。〜するところの事柄の意。…ところ(のもの)。☰「思っている━を言いなさい」「私が見た━を申し上げます」
❻〈活用語の連体形を受けて〉活用語を名詞化する。☰「見る━は信ずる━である」「僕は本を読む━が好きだ」▼「こと」は文法的に働くだけで、何らかの意味を追加するわけではない。
❼命令的な伝達を表す。…ように。☰「決して口外しない━」「五時までに集合の━」▼終助詞ともされる。
❽〈動詞の連用形・名詞・形容動詞の語幹などに付いて、「…ごと」の形で〉そのような事柄の意を表す。☰「願い━・隠し━・考え━」「勝負━」「きれい━」
◈実際に見たり触れたりできる「もの」に対し、「こと」は抽象的な動作・作用・状態・変化などの事柄をさす。
書き分け【事】事件・事態など、実質的な意味を表す①は【事】と書くのが標準的(事が起こる・事を急ぐ)。形式的な意味を表す②〜⑦は【こと】と書くのが標準的(彼のことが心配だ・見たことがある)。⑧は、新聞では原則として漢字で書くが、一般にはかな書きも多い(勝負事／勝負ごと)。「事が事」「事ここに至る」のような「事」で始まる成句は、漢字で書くのが標準的。「『こと』の文型表現」にあるような「こと」はかな書きが標準的。

品格 儀(ぎ)「その━はお許しください」事項「機密━」事象「複雑な━の背景」事物「歴史を伝える━」物事「━が進まない」

◉**事ある毎(ごと)に** 何か物事が起こるたびに。ことごとに。いつも。☰「━権利を主張する」◈注意「ことある事に」と書くのは誤り。

◉**事が事(こと)だけに** その事柄が問題含みであることをいう。☰「━だから先行きが心配だ」

◉**事ここに至(いた)る** どうにも打開しようのない状態に至る。

≡「―・ってはあきらめざるをえない」

◉**事、志と違・う** 現実の結果が意図したものと食い違う。事、志と違う。

◉**事と次第による** 物事の結果や人の対応が事柄や成り行きに左右される。≡「―・っては今夜は徹夜だ」

◉**事と・する** 専らそのことに打ち込む。専らとする。≡「詩作を―・して晩年を送る」▼この成句では「事にする」とは言わない。⬇こととする(五九二ジペー)

◉**事ともせ・ず** 問題にもせず。物ともせず。

◉**事なきを・得る** 危ういところを無事に助かる。≡「とっさに身をかわして―」

◉**事に触れ(て)** ある物事に触発されて。何かに関連して。

◉**事によ・る** 事にかかわる。事情次第である。≡「正直なのも―」

◉**事によると** もしかすると。ひょっとして。ことによったら。

◉**事のついで** ちょうどよい機会。もの(ごと)のついで。≡「―に言っておく」

◉**事もあろうに** 他にいろいろあるだろうに、よりによって。あろうことか。

◉**事を欠・く** 事欠く。≡「毎日の食べ物にも―」

◉**事を構・える** 争いを起こそうとする。

◉**事を好・む** 何か事件や変動が起こるのを待ち望む。

◉**事を運・ぶ** 物事を進める。≡「秘密裏に―」

◉**事を分・ける** 説明のために筋道を立てる。条理を尽くす。

「こと」の文型表現

㋐〔人などを表す語＋こと〕それについて言う意を表す。…に関して言うと。≡「私―(＝私儀)この度転居いたしました」「弊社―、この度…」

㋑〔雅号・通称などと本名との間にはさんで〕同一人物であることを表す。すなわち。≡「金太郎―坂田金時」

㋒〔…ことだ〕特定の相手に対する勧告・忠告・要求などを表す。…することが肝心〔最善〕だ。≡「君はとにかくゆっくり休息する―だ」

㋓〔…ことだ〕感動・詠嘆を表す。≡「故郷の山々は何と懐かしい―だ」「いやあ、うらやましい―で…」 使い方「…ことです(丁寧語)」「…こった(俗語)」などのバリエーションがある。「だ」を伴わない言い方も多い。「まあ、景色の美しい―」

㋔〔…ということだ・…とのことだ〕伝聞の意を表す。…と聞く。…という。≡「もうすぐ帰れるという―だ」「宜しくとの―だった」 使い方 伝え聞いた情報を直接引用して述べる気持ちでいう。丁寧形は「…ということです」「…とのことです」。

㋕〔…ことか〕感動・詠嘆を表す。…ことだろう。≡「この絵の何と素晴らしい―か」 使い方 やや古い言い方に「(何と)…ことよ」がある。「めでたい―よのう」

㋖〔…ことだろう〕推測を詠嘆的に表す。≡「さぞかし無念だった―だろう」▼丁寧形は「ことでしょう」。

㋗〔…ことだし〕理由や根拠を述べて(または、他にも理由や根拠があることをほのめかして)、下に続ける。≡「還暦を迎えた―だし、引退を考え始めているところだ」 使い方 (1)「ことだ」の形で、いったん言い切る言い方もある。≡「夏休みも終わった―だ。あとは頑張るしかない」(2)倒置させて終助詞的にも使う。≡「ここは私が持とう。先日ご馳走になった―だし…」(3)丁寧形は「…ことですし」。

㋘〔…ことこの上ない〕事柄の程度が最高である意を表す。≡「面白い―この上ない」「手のかかる―この上ない」

㋙〔ことに(は)〕その感情を事実として強調する。≡「ありがたい―に(は)、全員が無事だった」▼感情を表す活用語の連体形や完了の助動詞「た」などを受ける。前置きや挿入句の形で使う。

㋚〔…ことと思う・…ことと存ずる〕それが相手や第三者についてなされた推測の内容であることを明示する。≡「御承知の―と思いますが、…」「突然の申し入れにさぞや驚かれた―と存じます」 使い方 「御迷惑とは思いますが/御迷惑なこととは思いますが」のように、「なこと」は省略しても意味に変わりはないが、丁寧さの度合いは落ちる。

㋛〔程度を表す副詞＋のこと〕その意味を強める。≡「なおの―、君が悪い」「いっその―死んでしまいたい」

㋜〔AことはAだが…〕事実として肯定しながらも、十全に肯定できない要素があることをいう。一応Aであることは確かだが、しかし…。≡「行く―は行くが、みずから進んでではない」「好きな―は好きだが、君ほどではない」 使い方 「労作なことは労作だが、深みがない」など、名詞を受けるときは、名詞＋「な」の形をとることも多い。

㋝〔形容詞の連体形＋こと〕全体で副詞のように使って述語を修飾する。≡「長い―(＝長い間)待たされた」「早い―(＝早めに)済ませてしまおう」

㋞〔…ってことよ〕さとすような調子で、相手を説得したり言い含めたりする。≡「気にするな。いいって―よ」

◈そのほか、次の項目も参照。⬇ことがある・ことがない・こととする・こととなる・ことにする・ことになる・ことはない・だけ⑥(だけのことはある)・できる㊀⑦(ことができる)・としたことが・ないことはない・まで㊁⑥(までのこともない)

こと【異】〔名〕〈「…をことにする」の形で〉…を別にする。…をちがえる。≡「考え〔趣〕を―にする」 読み分け ⬇い(異)

こと【琴(▼箏)】〔名〕桐で作った中空の胴に弦を張った撥弦楽器。ふつう弦は一三本で、指につけた三本の爪で弾く。箏。▼古くは撥弦楽器の総称。 数 「一面…」「一張…」と数える。

こ-と【古都】〔名〕古いみやこ。昔のみやこ。旧都。

こ-と【▼糊塗】〔名・他サ変〕一時しのぎに、うわべだけをとりつくろうこと。≡「失策を―する」

こと〔終助〕〔古風〕軽い感動や問いかけ、また、断定を和らげる意を表す。≡「まあ、お上手だこと!」「お父様、お怒りになりませんこと?」「お変わりありませんことよ」▼名詞「こと」から。

ごと【▽如】〔文語助動詞「ごとし」の語幹〕〔古風〕…のようだ、…のように、の意を表す。≡「月の―大きな露の玉一つ〈高浜虚子〉」 使い方 活用語の終止形・連体形に付く。

ごと〔接尾〕〈名詞に付いて〉そのものも含めて一緒に、の意を表す。…とともに。…ぐるみ。≡「皮―たべる」「梯子―転倒する」

ごと【▽毎】〔接尾〕〈名詞や動詞の連体形に付いて〉❶それを一つの単位として物事が行われる意を表す。そのものに応じて。≡「分野ーに色分けする」「クラスーの出展」❷そのたびに物事が行われる意を表す。その時はいつも。≡「ことあるーに反対する」❸そのたびに物事の程度が進む意を表す。…につれてますます。≡「失敗するーに上達する」「一雨ーに暖かくなる」

こと-あげ【言挙げ】［名・自他サ変］〔古風〕ことばに出して言いたてること。

こと-あたらし・い【事新しい】［形］❶いままでのものと違って新しいさま。≡「ー作品はなにもない」❷わざとらしい。ことさらしい。≡「ー・く説明するには及ばない」派生-げ

こ-とう【古刀】［名］古い時代に作られた刀剣。特に、慶長年間（一五九六〜一六一五）以前に作られた刀剣。⬍新刀

こ-とう【孤島】［名］陸地や他の島から遠く離れて、海上にただ一つある島。≡「陸のー（＝陸上にあるが、極端に交通の不便な土地）」

こ-どう【古道】［名］❶古い交通路。旧道。❷古代あるいは古来の道義・学問・技芸。

こ-どう【鼓動】［名・自サ変］❶ふるえ動くこと。ふるわし動かすこと。また、その動き。≡「大地がーする」❷心臓が血液を送り出すためにどきどきと脈打つこと。また、その音。≡「胸のーが高まる」▼ある活動が始まろうとするきざしにたとえる。≡「春のーが聞こえてくる」

ご-とう【▼梧▼桐】［名］アオギリの別称。

ご-とう【誤答】［名・自サ変］まちがって答えること。また、その答え。≡「ーして減点される」⬍正答

ご-とう【語頭】［名］語のはじめの部分。⬍語尾・語末

ご-どう【悟道】［名］仏道の真理を悟ること。≡「ーに入る」

こ-どうぐ【小道具】［名］❶身のまわりの、こまごました道具類。❷演劇などで、舞台で使う小さな道具類。また、それを扱う係。⬍大道具

ご-とうしょ【御当所】［名］「当所」の尊敬語。御当地。≡「ー相撲（＝その力士の出身地や居住地で行われる相撲興行）」

ご-とうち【御当地】［名］❶「当地」の尊敬語。ある土地を訪問した人が、そこに住む人を高めてその土地をいう語。≡「ーは風光明媚なところですね」❷（ある土地に特有のものを指し示して）その土地。その地方。≡「ーソング（＝ある土地をテーマにした歌謡曲）」

こと-おさめ【事納め】［名］物事のしおさめ。

ごと-おび【五十日】［名］月のうち、五と十のつく日。取引の支払日にあたることから交通渋滞が激しい日とされる。

ことが-あ・る［連語］❶経験を表す。≡「壱岐には一度行ったー」❷状況の違いに応じて、そういう事態が起こる意を表す。≡「度が過ぎると罰せられるー」

こと-か・く【事欠く】［自五］❶必要なものがなくて困る。≡「毎日の米にもー暮らし」⬍事足りる ❷〈「…に事欠いて」の形で〉他にいろいろできそうなのに、よりによって。≡「言うにー・いて身内の恥までしゃべりだす」▼非難の気持ちをこめて使う。

ことが-で・きる［連語］⬇できる㊀⑦

ことが-な・い［連語］❶経験がない意を表す。≡「こんな漢字見たー」❷⬇ことはない②

こと-がら【事柄】［名］物事の様子・事情・内容など、物事の抽象的な側面をいう。こと。≡「見聞きしたーを報告する」「特殊なーに興味を持つ」▼「事」の模様の意。使い方⬇物事

こと-き・れる【事切れる】［自下一］息が絶える。死ぬ。≡「病院に運んだときにはすでにー・れていた」文こと・き・る

こ-どく【孤独】［名・形動］❶身寄りなどがいなくて、ひとりであること。≡「天涯ーの身」❷行為・志などを同じくする人や精神的つながりのある人がいなくて、ひとりであること。≡「ーな学究の道を行く」派生-さ

ご-とく【五徳】［名］❶五つの徳目。儒教で、温・良・恭・倹・譲。兵家で、知・信・仁・勇・厳。❷三脚または四脚をつけた鉄製などの輪。火鉢や炉の中に立てて、鉄瓶・やかんなどをかける。

ご-どく【誤読】［名・他サ変］まちがって読むこと。また、まちがった読み方。≡「名前をーする」

こどく-し【孤独死】［名・自サ変］誰にもみとられずに一人きりで死ぬこと。≡「高齢者のー防止策」

ごとく-・だ【▽如くだ】［連語］…ようだ。≡「開票の結果は次のー」「会則の第一条を右のー・に定める」▼文語助動詞「ごとし」の連用形「ごとく」＋断定の口語助動詞「だ」。

ごとく-・なり【▽如くなり】［連語］〔古風〕…ようだ。≡「人間五十年、化天のうちをくらぶれば、夢まぼろしのー（幸若舞・敦盛）」▼文語助動詞「ごとし」の連用形「ごとく」＋文語助動詞「なり」。

こと-こと［副と］❶物を軽くたたく音や、堅い物が連続して軽く触れ合う音を表す語。≡「ー（と）戸をたたく」❷物が（静かに）煮える音を表す語。≡「豆をー（と）煮る」

ことごと-く【▼悉く・▽尽く】［名・副］個々に注目しながら、その全体をいう語。あるものすべて。残らず。みんな。≡「住民のーが反対した」「あらゆる試みがー裏目に出る」▼「事々」＋接尾語「く」から。

ことごと-し・い【事事しい】［形］物事をいかにも重要なことのように思わせるさま。おおげさだ。ものものしい。≡「言うことがー」派生-げ／-さ

ことごと-に【事▽毎に】［副］ことがあるたびに。いつも。≡「ー反論する」

こと-こまか【事細か】［形動］細部にわたって詳しいさま。≡「ーに説明する」派生-さ

こと-さら【殊更】［副］❶考えがあって、特にあることをするさま。わざと。わざわざ。≡「ー（に）いやがらせをする」❷特に際だっているさま。とりわけ。≡「ー（に）寒い朝」◈書き方 かな書きも多い。

［ことば探究］「ことさら」の使い方

▼「ことさら」①は、「わざわざ」「わざと」と共通するところも多いが、「ことさら」には程度を強めてそうしたというニュアンスが加わる。強める要素がない場合は「ことさら」は使いにくい。

「相手を落ち着かせるために、わざとゆっくりと話をした（ゆっくりと話をしたのが意図的であるというニュアンス）」

「相手を落ち着かせるために、ことさらにゆっくりと話をした（わざとゆっくりさを強めたというニュアンス）」

「相手を落ち着かせるために、×ことさらに／○わざと食べ物の話をした」

こーとし【《今年》】[名] 現在経過している年。本年。

ことーじ【琴▽柱】ヂ [名] 琴の胴の上に立てて弦を支える器具。その位置を移動して音の高低を調節する。〓「ーに膠(にかわ)す(=融通が利かないことのたとえ)」

ごとし【▽如し】[助動 形型] (〇-ごとく-ごとし-ごとき-〇-〇)[古風]
❶**比況** 似たものにたとえる。…ようだ。〓「人生は泡沫(ほうまつ)のー」「風のごとく去りぬ」
❷**例示** 例として示す。…ようだ。〓「本件のごとき行為は許されない」「お前ごとき若輩に何が分かるか」
❸**前置き** 相手がすでに知っていることをことわる。また、後述することを告げる。〓「ご存じのごとく」「論点は以下のー」「実情はかくのー」
❹**不確かな断定**を表す。…ようだ。〓「売れ行きはなはだ振るわざるがー〈芥川〉」
◈使い方 ⑴体言＋が、体言＋の、活用語の連体形(＋が)に付く。②は「お前ごとき…」の用例のように、「ごとき」の形で体言に直接付くこともある。その場合、前にくる体言についての何らかの評価を伴うことも多い。⑵口語の「ようだ」に相当するが、連用形「ごとく」、連体形「ごとき」は現在でもよく使う。

ことーだま【言霊】[名] 古代日本で、ことばに宿ると信じられていた神秘的な霊力。〓「ーの幸(さき)わう国(=ことばの霊力が幸福をもたらす国。日本のこと)」

ことーた・りる【事足りる】[自上一] それだけで用が足りる。間に合う。〓「これだけで十分にー」⬌事欠く ▽四段活用の「事足る」が上一段化した語。

ことーづか・る【言付かる】(▽託かる)[他五] 人から伝言を頼まれる。また、人から品物などを届けるように頼まれる。ことづけられる。〓「母から伝言をー」

ことーづけ【言付け】(▽託け)[名] ことづけること。また、そのことば。伝言。ことづて。〓「ーを頼む」

ことーづ・ける【言付ける】(▽託ける)[他下一] 人に頼んで先方に伝言してもらう。また、人に頼んで品物などを先方に届けてもらう。託(たく)す。〓「父あてのメッセージを帰省する妹にー」「姪(めい)へのお祝いを母にー」文ことづ・く 名**言付け**

ことーづて【言▽伝】[名] ❶ことづけ。伝言。❷間接に伝え聞くこと。伝聞。〓「ーに聞いた話」◈注意「ことずて」と書くのは誤り。

ことーづめ【琴爪】[名] 琴を弾くとき、親指・人さし指・中指の先にはめるつめ形の道具。象牙(ぞうげ)・獣骨・竹などで作る。

ことーてん【事典】[名] ⬇じてん(事典) ▽ことばの解釈を主とする「辞典(じてん)」と区別するためにいう語。「ことてん(事典)」に対して、「辞典」は「ことばてん」、「字典」は「もじてん」という。

こととー・する[連語]「…ことにする」のやや改まった言い方。〓「貸し出しは今後一切廃止するー」

こととーて[連語] それが原因・理由で、の意。…なので。〓「年金生活のー贅沢はできない」

こととーな・る[連語] ❶「…ことになる」のやや改まった言い方。〓「処女作が文壇に迎えられ、一世を風靡(ふうび)するー」❷自然の成り行きで言及した事柄を主題化する意を表す。〓「他人のーと、勝手なものだ」

ことなかれーしゅぎ【事▼勿れ主義】[名] やっかいな問題が起こらず、ただ平穏無事にすめばよいと望む消極的な態度や考え方。

ことーな・る【異なる】[自五] ❶ある事柄が基準となる事柄や他の同様の事柄と同一でない。一致しない。違う。〓「見本と実物とが/でー」「報告が事実とー」使い方「違う」と置き換えることができるが、「違う」に比べてやや文章語的。❷〈「…に異ならず」などの形で〉二つのものが同一として認定される意を表す。…にほかならない。…以外の何ものでもない。〓「太い洋杖をわざとらしく振り廻す彼の態度は、まるで冷たい空気に抵抗する示威運動者にーらなかった〈漱石〉」◈文語形容動詞「異なり」の動詞化。名**異なり**

ことーに【殊に】[副] 特に。とりわけ。〓「この小説はーおもしろい」「今年の夏はー暑い」

ことにー・する[連語] ❶ある動作・行為が自分の意志で決めたものである意を表す。…こととする。〓「旅行は一人で行くーした」使い方⬇ようだ⑦ ❷〈「…たことにする」の形で〉事実に反して(都合よく)、そのように決める(みなす)意を表す。〓「このことは見なかったー」❸〈「ことにしている」の形で〉意志的な行為が自然に習慣化したものである意を表す。〓「家では仕事の話はしないーしている」

ことにーな・る[連語] ❶ある事態の成立・発生をいう。ことが起こる(生じる)。〓「困ったーったなあ」❷自然の成り行きや状況、規則などによって、そう決まる意を表す。〓「電車賃も節約しなければならないから、歩いて帰るというー〈開高健〉」「試験は二月初めに実施されるーっている」使い方⬇ようだ⑧ ❸筋道立てて考えた結果、必然的にそのように導かれる意を表す。〓「それが事実ならば、二人は従姉妹(いとこ)同士というー」❹もともとの趣旨とは関係なく、そう解釈される意を表す。〓「そんなことをすると彼を侮辱(ぶじょく)したー」❺〈多く「ことになっている」などの形で〉口裏を合わせる形でそう取り決めている意を表す。〓「一身上の都合で退職したーっている」❻〈「ことになっている」などの形で〉慣習として定着している意を表す。〓「代金は食べる前に払うーっている」「拝観料を頂くーっております」

ことにーよると【事に▽依ると】[連語] ひょっとすると。ことによったら。〓「ー中止かもしれない」

ことーのーは【言の葉】[名][古風] ❶ことば。❷和歌。

ことーのーほか【殊の外】[副] ❶予想していたこととかなりの差があるさま。思いのほか。意外に。〓「ー出費がかさんだ」❷程度がきわめてはなはだしいさま。とりわけ。〓「ー嬉しい知らせ」

ことーば【言葉】(▽辞・▽詞)[名] ❶人間の言語。社会的に決められた音の組み合わせで、意志・思想・感情などを表現するもの。広くは、文字によるものもいう。〓「ーを交わす」「話しー・書きー」❷単語。また、語句。〓「別のーに置き換える」❸能楽・邦楽などで、旋律を持った節(ふし)の部分に対して、通常のせりふの部分。❹小説・戯曲などで、地の文に対して、会話の部分。◈書き方③④は「詞」と書くことが多い。

◉**言葉が過・ぎる** 言い過ぎて失礼にあたる。〓「どうもーぎました」

◉**言葉に甘(あま)・える** 〈多く「お言葉に甘える」の形で〉相手の親切な申し出に従う。〓「おーえて頂戴します」

◉**言葉に余(あま)・る** とても言葉で言い尽くせない。

◉**言葉を返・す** ❶返事をする。❷口答えをする。〓「おーようですが、一言言わせていただきます」

◉**言葉を尽く・す** 相手が納得するように、いろいろな言葉を使ってこと細かに言う。
◉言葉を詰まら・せる　話し続けることができなくなる。言葉に詰まる。〓「涙にー・ながら話す」「思いも寄らない質問にー」
◉言葉を紡つむ・ぐ　言葉を組み合わせて、物語などを生み出す。
◉言葉を濁にご・す　はっきり言わず、あいまいな言い方をする。□を濁す。

ことば-がき【▽詞書き（言葉書き）】［名］❶和歌の前書き。その歌を作った日時・場所・事情などを簡単に記したもの。❷絵巻物で、絵と絵の間に記した説明の文章。❸絵本・草双紙などで、画中の人物の会話を記した文。◈書き方「詞書」と書くことが多い。

ことば-かず【言葉数】［名］❶ことばの数。語数。❷ものを言う回数。□数。

ことば-がり【言葉狩り】［名］特定の言葉を不適切とみなし、その使用を抑制しようとしたり、過剰に控えたりすること。

こと-はじめ【事始め】［名］❶物事を新しく始めること。物事の始め。手始め。❷江戸時代、陰暦十二月八日にすす払いなどして正月の準備を始めたこと。御事始め。

ことば-じり【言葉尻】［名］❶ことばの終わり。語尾。❷ことばの端々。特に、ことばの言いそこなった部分。〓「ーをとらえて非難する」

ことば-ずくな【言葉少な】［形動］□数の少ないこと。ことばすくな。〓「ーに答える」

ことば-づかい【言葉遣い】カヅ［名］話すときの、ことばの使い方。〓「ーが悪い」⬇つかう［書き方］

ことば-つき【言葉つき（言葉付き）】［名］話すときの、ことばの調子。物の言い方。

ことは-な・い［連語］❶…する必要がない意を表す。〓「もう何も心配するー」❷そういう事態は起こらない意を表す。…ことがない。〓「しばらくは金に困るー」「あんな頼りないー!かった(=この上なく頼りなかった)」使い方②は、「毛筆を使うことはほとんど[めったに]ない」のように、間に修飾語が入ることも多い。

こと-ぶき【寿】［名］❶めでたいこと。祝い。また、祝いのことば。ことほぎ。▼祝儀袋などに書く文字としても使う。❷命の長いこと。長寿。〓「百歳のーを保つ」◈「ことほぐ」の名詞形「ことほぎ」の転から。

ことぶき-たいしょく【寿退職】［名］結婚を契機として、女性が会社をやめること。寿退社。

こと-ぶれ【事触れ（言触れ）】［名］物事を広く世間に知らせて歩くこと。また、その人やもの。〓「角ぐむ葦あしは春のー(=春が来たという知らせ)」

こと-ほ・ぐ【言▽祝ぐ・▽寿ぐ】［他五］祝って喜びのことばを述べる。また、祝う。〓「新春をー」▼ことばでもって祝福する意。名ことほぎ

ことほど-さように【事程左様に】ーサヤウニ［副］〈前に述べたことを受けて〉それほどに。それくらいに。〓「世の中とはーきびしいものだ」

こ-ども【子供】［名］❶親から生まれた人。また、養子・継子など、実子と同じ立場にある人。子。〓「三人のーを育てた」⬍親 ❷まだ成人していない人。児童。小児。〓「ーたちが表で元気に遊んでいる」「ー料金」⬍大人おとな ❸動物のまだ十分に成長していないもの。〓「ーの犬」❹考え方などが幼稚で世間知らずなもの。〓「あいつはいつまでもーで困る」◈「ども」は本来複数を表す接尾語だが、「子供」は主に単数として使う。複数形は「子供たち」「子供ら」。書き方公用文では「子供」。マスコミでは「供」が実質的な意味を表さないとして、「子ども」と書くことも。

こども-ごころ【子供心】［名］まだ物事の道理や深い意味が理解できない子供の心。〓「ーにも納得がいった」

こども-だまし【子供▼騙し】［名］子供しかだませないような、程度の低いこしらえごと。〓「ーの企画」

こども-っぽ・い【子供っぽい】［形］様子・言動などが子供のような感じを与えるさま。〓「ー考え」「ー・く笑う」⬍大人っぽい 派生-さ

こども-づれ【子供連れ】［名］子供を連れていること。また、その人。〓「ーで賑わう遊園地」

こと-も-なげ【事も無げ】［形動］何事もないかのように平然としているさま。〓「難しい仕事をーにやってのける」

こどものけんり-じょうやく【子どもの権利条約】ーデウヤク［名］教育を受ける権利をはじめ、子供に保障されるべき権利を包括的に保障することを規定した条約。一九八九年、国連総会で採択。▼正式名称は「児童の権利に関する条約」。

こども-の-つかい【子供の使い】カヅ［連語］要領を得ない使いのたとえ。また、役に立たない使いのたとえ。〓「ーじゃあるまいし、何の収穫もなく帰れるか」

こども-の-ひ【こどもの日】［名］国民の祝日の一つ。五月五日。子供の人格を重んじ、その幸福をはかる日。端午の節句にあたる。

こと-よ・せる【事寄せる】［自下一］ほかのことを口実にして目的の事をなす。かこつける。〓「視察にー・せて観光旅行をする」文ことよ・す

こ-とり【小鳥】［名］小さな鳥。スズメ・ウグイス・カナリアなど。

こと-わざ【▼諺】［名］教訓・風刺・真理などを巧みに言い表し、古くから世間の人々に知られてきた短いことば。俚諺りげん。「親の心子知らず」「旅は道連れ世は情け」などの類。

こと-わり【▽理】［名］❶物事の正しい筋道。道理。条理。❷理由。わけ。◈「断り」と同語源。

こと-わり【断り】［名］❶拒絶すること。辞退すること。〓「ーの手紙を書く」❷了承を得るために前もって連絡しておくこと。また、その連絡。〓「なんのーもなく欠席する」❸わびること。あやまること。また、そのことば。〓「車をぶつけておいて一言のーもない」

こと-わ・る【断る】［他五］❶他からの要求・依頼・提案などに応じられないことを告げる。拒否する。拒絶する。辞退する。拒こばむ。〓「援助の申し出を手紙でー」「ー・り切れず引き受ける」「きっぱり[にべもなく]ー」使い方⬇拒む ❷後で起こることが予想される不具合を解消するために、そのことを前もって知らせておく。〓「何もー・らずに一週間も休んだのか?」「ちょっと待ってて、お父さんにー・って来るから」❸念のためにいう。〓「私が賛成であることはいちいちーまでもない」❹雇用や取引の契約を打ち切る。解消する。〓「今後一切の取引はおー・りします」◈「事割る」の意。書き方送りがなは「断わる」も許容。可能断れる 名断り
品格 拒絶「要求をーする」拒否「入国をーする」固辞こじ「就任をーする」辞退「受賞をーする」謝絶

「面会ー」

ことん【副】❶小さくてかたいものが他のかたいものに当たって発する音を表す語。‖「湯飲みをー置く」❷あっという間に眠りに落ちるさま。‖「ーと寝入る」

ごとん【副】かたくて重いものが他のかたいものに当たって発する音を表す語。‖「列車がーと動き出す」

こな【粉】【名】非常に小さい粒の固体。粉末。特に、穀物をひいて細かくしたもの。‖「小麦をーにひく」▽他の語の下に付くときは多く「粉こ」を使う。‖「小麦粉こ」

こないだ【名】「このあいだ」のくだけた言い方。

こ-なから【小▽半（〈二合半〉）】【名】一升の四分の一。二合五勺（＝約〇・四五リットル）。‖「ーの酒」▽「こ」も「なから」も半分の意。半分の半分で四分の一。

こな-ぐすり【粉薬】【名】粉末状の薬。散薬。

こな-ごな【粉粉】【形動】粉のように細かく砕けるさま。‖「ガラスがーに割れる」

こ-なし【▽熟し】【名】❶こなすこと。❷体の動かし方。‖「身のーが軽い」

こ-な・す【▽熟す】【動五】㊀【他】❶砕いて細かくする。粉砕する。特に、食物を消化する。‖「畑の土をー」「胃で食物をー」❷技芸を習得して、それを自在に使いこなす。‖「絵画も彫刻も巧みにー」❸一定の仕事を処理する。特に、困難な仕事を上手にやってのける。‖「ノルマ［多くの注文］をー」「数をー（＝大量に処理する）」❹商品を売ってしまう。売りさばく。‖「バーゲンで在庫品をー」㊁〈動詞の連用形に付いて複合動詞を作る〉熟達して思いのままに…する。うまく…する。完全に…する。‖「乗りー」「着ー・使いー・弾きー」◈「粉こに成す」の意。可能 こなせる 名 こなし

こ-なた【▽此▽方】【代】［古風］話し手に近い場所・方向などを指し示す語。こちら。この方。‖「一同がーを見る」▽「このかた」の転。

こ-なまいき【小生意気】【形動】いかにも生意気で、しゃくにさわるさま。‖「ーな子供」派生 -さ

こな-みじん【粉▽微▽塵】【名】固い物がごく細かに砕けること。‖「窓ガラスが割れてーになる」

こな-ミルク【粉ミルク】【名】牛乳を濃縮し、乾燥させて粉末にしたもの。粉乳。ドライミルク。

こな-ゆき【粉雪】【名】粉のようにさらさらして、細かい雪。粉雪こゆき。‖「ーが舞う」

こ-なら【小▽楢】【名】山野に自生するブナ科の落葉高木。葉は倒卵形で、縁にぎざぎざがある。材は器具・薪炭となるほか、シイタケの原木にも使う。楕円だえん形の果実は「どんぐり」という。ははそ。なら。

こ-な・れる【▽熟れる】【自下一】❶食べた物が消化される。‖「胃の中でー」❷熟成してよい味がでる。‖「ー・れた味噌」❸技芸などが熟達して、よい趣がでる。‖「技がー」「芸がー・れてくる」❹世事になれて、人柄・性格などが円満になる。‖「近頃、人間がー・れてきた」文 こな・る 名 こなれ

ご-なん【御難】【名・形動】災難・難儀などをいう尊敬・美化語。また、丁寧にいう語。‖「入院、倒産とこの一年はー続きだ」▽からかい・自嘲の気持ちをこめても使う。

コニーデ［Konide ドイツ］【名】成層火山。富士山のような円錐えんすい状の火山のこと。

こ-にくらし・い【小憎らしい】【形】人のある部分や一時的な振る舞いが、生意気だと思わせるさま。‖「ー口のきき方」「ませてー子供だ」派生 -さ

ご-にち【後日】【名】あとの日。▽「ごじつ（後日）」より古風な言い方。⇩ごじつ

こ-にもつ【小荷物】【名】❶手に持って運べるほどの、小さい荷物。‖「ー預かり所」❷鉄道で扱う、軽少な輸送荷物。

コニャック［cognac フランス］【名】フランス西部のコニャック地方で産するブランデー。最高級とされる。

ご-にゅう【悟入】【名・自サ変】仏教で、悟りの境地に達すること。

ご-にん【誤認】【名・他サ変】別のものを、まちがってそれと認めること。‖「事実をーする」「ー逮捕」

こ-にんずう【小人数】【名】人数が少ないこと。わずかな人数。こにんず。‖「ーの集会」⇔大人数おおにんずう

ごにん-ばやし【五人▽囃子】【名】雛人形の中の一組。向かって右から、地謡じうたい・笛・小鼓こつづみ・大鼓おおつづみ・太鼓の奏者を模した五童子の人形を配する。

こ-ぬか【小▽糠・粉▽糠】【名】ぬか。米ぬか。

こぬか-あめ【小▽糠雨】【名】雨滴のきわめて細かい雨。ぬか雨。

コネ【名】物事をうまく運ぶのに役立たせる人間関係。縁故関係。‖「あの会社にはーがある」▽「コネクション（connection）」の略。

コネクション［connection］【名】❶関係。つながり。❷⇩コネ ❸麻薬の密売組織。また、密売ルート。

コネクター［connector］【名】電線と、電線または電気器具とを接続するための部品。

こね-く・る【▽捏ねくる】【他五】「こねる」のくだけた言い方。また、強調した言い方。‖「粘土をー」

こ-ねこ【小猫・子猫・▽仔猫】【名】小さな猫。また、猫の子。

ごね-どく【ごね得】【名】⇩ごて得

こね-まわ・す【▽捏ね回す】【他五】❶何度もこねてかき回す。‖「小麦粉に水を加えてー」❷物事をしつこくいじり回す。‖「屁へ理屈をー」

こ・ねる【▽捏ねる】【他下一】❶粉・土などに水を加えてねる。また、粘りけのある塊をねる。‖「水でメリケン粉をー」「手で粘土をー」❷くどくどと理屈を並べたり筋の通らないことを言ったりする。‖「理屈［だだ］をー」文 こ・ぬ

ご・ねる【自他下一】素直に従おうとはせず、不平や文句をくどくどという。ごてる。‖「条件が悪いとー」

ご-ねん【御念】【名】「念」の尊敬語。お心遣い。ご配慮。‖「何ともーの入った話だ」▽からかいの気持ちを込めても使う。

こ-の【▽此の】【連体】❶話し手に近いものを指す語。‖「ー字は何と読む」「ー歌は聞いたことがある」❷話し手が直前に話題としたことを指す語。‖「ー点をどう判断されますか」❸現在を基準としてその前またはあとの近い日時。‖「ー三日風邪気味だった」❹〈人を表す語に付いて〉とがめたり叱責したりする意を表す。‖「ー野郎」「ーおっちょこちょいめ」

この-あいだ【▽此の間】【名】先日。先ごろ。‖「ーはどうも御馳走さま」「ー読んだ本」▽副詞的にも使う。くだけた言い方では「こないだ」とも。

品格　いつぞや「ーは失礼いたしました」　過日「ー寄贈した本」　過般「ーはご足労いただき…」　先頃「ー開店した店」　先日「ーご相談した件」　先だって「ー

はお世話になりました」先般「ーご承知おきの通り」

この-うえ【▾此の上】［連語］❶これよりも以上。≡「さんざん飲んだ揚げ句、ーにまだ飲もうというのか」❷〈多く「この上は」の形で〉こうなった以上は。かくなる上は。≡「ーは謝るしかない」◈ 書き方 かな書きも多い。

このうえ-とも【この上とも】［副］これからも。今後とも。≡「ーよろしくお願いします」

このうえ-な・い【▾此の上無い】［形］これ以上のことはないさま。この上もない。≡「ー悲しみを味わう」

この-え【▿近▿衛】［名］天皇・君主の側近くに仕えて警護すること。≡「ー師団(＝旧日本陸軍で、宮城の守護と儀仗を任務とした師団)」

この-かた【▾此の方】［名］ある時点から現在に至るまでずっと。以来。≡「創立よりー」

この-かん【▾此の間】［連語］ある時点から他の時点へのあいだ。≡「ー約二か月」

この-ごろ【▾此の頃】［名］少し前から今までの間。最近。近ごろ。≡「ー元気がないようだ」▼副詞的にも使う。

品格　近時「ー問題となっている」近年「ー、急速に進んだ都市化」近来「ーの風潮」今日「高齢化社会と言われるー」昨今「ーの情勢」時下「ーますますご健勝のこととお慶び申し上げます」近頃「ーはデフレが続く」当今「ーの急務」当節「ーの流行」

この-さい【▾此の際】［名］こういう状態のとき。今の機会。≡「ーだから、事実をはっきりさせよう」▼副詞的にも使う。

このしろ【▾鰶・▾鮗】［名］本州中部以南の沿海に分布するニシン科の海魚。背部は青く、数列の黒点が並ぶ。東京では四、五センチメートルの一年魚をシンコ、一〇センチメートル前後の若魚をコハダと呼び(関西以西ではいずれもツナシ)、すしの材料にする。

この-たび【▾此の度】［名］ごく近い過去、またはごく近い未来に何かが行われる、そのときを表す。今度。≡「ーは失礼いたしました」「ー留学することになりました」▼副詞的にも使う。

この-ため［接］〈前の文を受けて〉それを目的・理由として。これゆえに。だから。≡「ー、開発が急がれている」

この-つぎ【▾此の次】［連語］次の機会。次回。

コノテーション［connotation］［名］❶語の第二義的な意味。言外の意味。含意。❷論理学で、内包。◈⇕デノテーション

この-ところ【▾此の所】［名］最近。ちかごろ。ここのところ。≡「ーの暑さには閉口だ」▼副詞的にも使う。

この-のち【▾此の後】［連語］これから先。以降。

こ-の-は【木の葉】［名］樹木の葉。きのは。▼軽くて小さいもの、取るに足りないもののたとえにもいう。≡「ー侍」

この-はずく【木の葉〈木▾菟〉】［名］森林にすむフクロウ科の鳥。日本では最小のミミズクで、体長約二〇センチメートル。頭部に耳状の羽毛がある。夜行性。▼仏法僧は別種の鳥だが、鳴き声が「ブッポウソウ」と聞こえることから「声の仏法僧」とも呼ばれる。書き方 現代仮名遣いでは「このはづく」も許容。

この-ぶん【▾此の分】［連語］今の状態。この様子。≡「ーなら、すぐ退院できるでしょう」

この-へん【▾此の辺】［名］❶このあたり。≡「ーに銀行はありませんか」❷この程度。≡「ーで休憩しよう」

この-ほど【▾此の程】［名］このたび。今度。≡「ー発表された計画」▼副詞的にも使う。

こ-の-ま【木の間】［名］樹木と樹木との間。樹間。

この-まえ【▾此の前】［名］前のとき。前回。

このまし・い【好ましい】［形］❶好感がもてるさま。感じが良い。≡「ー青年」❷事の都合や成り行きに満足がいくさま。望ましい。都合の良い。≡「ー結果がでた」◈やや古い言い方で「好もしい」とも。派生 -げ／-さ

この-まま【▾此の▾儘】［名］今の状態のまま。≡「ーでは危険だ」▼副詞的にも使う。

このみ【好み】［名］❶趣味や嗜好として好んでいること。また、そのもの。≡「食べ物のーがうるさい」❷〈「…ごのみ」の形で〉ある傾向のものを好むこと。〜好き。≡「はでー」❸〈「…ごのみ」の形で〉特定の人や時代などに好まれること。≡「利休ーの色」

こ-の-み【木の実】［名］木になる実。きのみ。▼古くはカキ・ナシなどの果実も含めて言ったが、現在ではクリ・クルミなど、多く堅い皮をもった実を言う。

この・む【好む】［他五］❶好きだと思(ってそれを楽しみ味わ)う。〜が好きだ。≡「淡泊な味をー」「一人でいることをー」使い方 動植物にも転用する。≡「光をー・んで虫が集まる」「シダ類は湿気をー」❷進んでそうしたいと思う。望む。欲する。≡「私は人に指図されることをー・まない」◈⇕嫌う 名 好み

◉**好むと好まざるとにかかわらず**　当人の好みや意志を超越して。好む好まざるにかかわらず。≡「ー出席しなければならない」

こ-の-め【木の芽】［名］❶樹木の新芽。≡「ーがふく」❷さんしょうの新芽。≡「ー和え・ー田楽」◈「きのめ」より雅語的な言い方。

このもし・い【好もしい】［形］このましい。派生 -げ／-さ

この-よ【▾此の世】［名］いま生きている現実の世の中。現世。≡「ーのものとは思えない美しさ」⇕あの世

この-よう【▾此の様】［形動］こういうふう。このとおり。≡「ーにすればうまくいく」

こ-の-わた【〈海▾鼠腸〉】［名］ナマコの腸管を塩漬けにして作った塩辛。▼越前(福井)のウニ、肥前(長崎)のカラスミとともに、尾張(愛知県知多半島)のコノワタを天下三珍味と称した。

この-んで【好んで】［副］みずから進んで。好きで。≡「ー辛い物を食べる」▼「好みて」の転。

こ-ば【木端(木羽)】［名］❶材木のきれはし。こっぱ。❷屋根をふくのに使う、ヒノキなどを薄くそいだ板。こけら。≡「ー葺き」

こ-ば【古馬】［名］二歳馬・三歳馬に対し、四歳以上の馬。ふるうま。

ご-ば【後場】［名］取引所で、午後の立ち会い。⇕前場

こ-ばい【故買】［名］盗品と知っていながら買うこと。≡「ー品」

ご-はい【誤配】［名・他サ変］宛先とちがう所へ配達・配信すること。≡「年賀状［メール便］のー」

こ-ばか【小馬鹿】［名］〈「こばかにする」の形で〉相手を見くびって、軽蔑するような態度をとる。≡「人をーにした態度」

こ-はく【▾琥▾珀】［名］❶地質時代の樹脂が地中で化石となったもの。色は黄・赤・黄褐色などで、透明また

は半透明。しばしば昆虫の化石を含む。装身具・絶縁材料などに用いる。赤玉(あかだま)。アンバー。〓「―色」❷横糸の方向にうねのある平織りの絹織物。帯・袴地(はかまじ)などに用いる。▽「琥珀織」の略。

ご-ばく【誤爆】［名］❶［他サ変］誤った目標を爆撃すること。〓「民家を―する」❷［自サ変］扱い方を間違えたために爆発すること。〓「手榴弾(しゅりゅうだん)が―する」

ご-はさん【御破算】［名］❶そろばんで、それまでの計算を終えて珠を零の状態に戻し、新しい計算ができるようにすること。〓「―で願いましては…（＝次の計算に移るとき、数を読み上げる人が言うことば）」❷それまでの経過を破棄して、何もなかったもとの状態に戻すこと。〓「契約を―にする」

こ-ばしら【小柱】［名］バカガイの貝柱。天ぷらやすし種にする。〓「―のかき揚げ」

こ-ばしり【小走り】［名］狭い歩幅で、走るように急いで歩くこと。

こ-はぜ【小▼鉤・▼鞐】［名］足袋(たび)・脚絆(きゃはん)・書物の帙(ちつ)などの合わせ目につけた、爪形(つめがた)の留め具。「こはぜかけ」に掛けて留める。

こ-はだ【小▼鰭】［名］コノシロの若魚で、体長一〇センチメートル前後のもの。鮨(すし)の材料などにする。

こ-ばち【小鉢】［名］❶食器・植木鉢などで、小さな鉢。❷和食で、小さな器に盛った料理。和え物・浸し物などが多い。

ご-はっと【御法度】［名］「法度」の尊敬語。

こ-ばな【小鼻】［名］鼻の下部の左右に膨(ふく)らんだ所。〓「―をうごめかす（＝得意そうな表情をする）」

こ-ばなし【小話（小▼咄）】［名］滑稽(こっけい)・艶笑を種とした短い話。一口話。〓「江戸―」

こ-ばなれ【子離れ】［名］子供の成長に伴って、親がその自主性を尊重するようになること。〓「―のできていない親」⇔親離れ

こ-はば【小幅】(一)［名］反物の幅の規格で、大幅の半分。約三六センチメートル。並幅(なみはば)。(二)［形動］数量の格差や変化の度合いが小さいさま。〓「相場が―な値動きをみせる」◈⇔大幅

こば・む【拒む】［他五］❶他からの命令・要求・依頼などを受け入れることを固く拒否する。いやだと強く断る。〓「配置転換を―んで退社に追い込まれる」「証言を―」［使い方］「断る」よりも文章語的で、かつ意味が強い。〓また、「拒む」は、「断る」と違って、謙譲語化ができない。〓「×ご同行をお拒みします」❷進んで来るものをさまたげとどめる。はばむ。〓「精鋭部隊が敵の侵入を―」［可能］拒める

こ-ばら【小腹】［名］腹。〓「―が減る」▽腹に関するちょっとした作用・状態についていう語。

ご-ばらい【後払い】［名］⬇あとばらい

こ-はる【小春】［名］陰暦十月の別称。〓「―日（＝小春日和(びより)）」「―空」▽しばしば春に似た温暖な晴天が現れることから。

コバルト［cobalt］［名］❶鉄族元素の一つ。光沢をもった灰白色の金属で、強磁性を示す。合金の成分として利用するほか、酸化物を陶磁器などの青色着色顔料にする。元素記号Co ▽放射性同位元素コバルト六〇はガンマ線源として理化学・医療などに利用される。❷コバルトブルー。

コバルト-ブルー［cobalt blue］［名］酸化コバルトと酸化アルミニウムから作る青色顔料。また、その鮮やかな濃青色。〓「―の空」

こはる-びより【小春《日和》】［名］初冬のころの、暖かくて穏やかな天気。

こ-はん【湖畔】［名］みずうみのほとり。

こ-ばん【小判】［名］❶江戸時代に流通した楕円形の金貨。一枚を一両とする。⇔大判 ❷紙・書物などの判の小さいもの。

ご-はん【御飯】［名］❶米を炊いたもの。飯(めし)。〓「―を炊く」❷食事。〓「朝―」◈本来、めしをいう美化語。

ご-はん【誤判】［名・他サ変］まちがった判決・判定をすること。

ご-ばん【碁盤】［名］囲碁に使う方形の盤。表面に縦横一九本ずつの線を平行に引き、三六一個の目を設ける。〓「―割り（＝碁盤の目のようにきちんと分割すること）」［数］「一面(めん)…」と数える。

こばん-ざめ【小判▼鮫】［名］❶温・熱帯の海に分布するコバンザメ科の海水魚。全長約八〇センチメートル。体色は青褐色。頭部に小判形の吸盤をもち、サメやクジラなどに吸着して移動する。❷コバンザメ科の海水魚の総称。コバンイタダキ。◈有力者などに取り入って行動する者のたとえにもいう。〓「社長に―のようにくっつく」

ごばん-じま【碁盤▼縞】［名］同じ太さの線を縦横に組み合わせた縞模様。また、その模様の織物。

ごはん-つぶ【御飯粒】［名］飯粒(めしつぶ)をいう美化語。

こ-はんにち【小半日】［名］およそ半日ほど。

こび【▼媚】［名］こびること。また、その動作。〓「―を含んだ声」

◉**媚を売・る** 機嫌を取る。へつらう。〓「上司に―」

ご-び【語尾】［名］❶話すことばの終わりの部分。❷単語の末尾の音節。語末。⇔語頭 ❸活用語の変化する部分。「読む」の「む」、「青い」の「い」など。活用語尾。⇔語幹

コピー［copy］［名］❶［他サ変］複写すること。また、複写したもの。〓「データを―する」❷美術品・商品などの複製・模造品。❸広告などの文案・文章。

コピー-アンド-ペースト［copy and paste］［名］コンピューターのデータ編集作業で、文字・画像などの一部を複写し、指定した位置に貼りつけて表示させること。▽略して「コピペ」とも。

コピー-ガード［copy guard］［名］CD・DVD・ソフトウエアなどの違法複製を防止するための機能。コピープロテクト。

コピー-ライター［copywriter］［名］広告文を作成することを職業とする人。

コピー-ライト［copyright］［名］著作権。記号©

こ-びき【木▼挽き】［名］木材を大鋸(おが)でひいて用材にすること。また、それを職業にする人。〓「―唄(うた)」

こ-ひざ【小膝】［名］ひざ。〓「―を打つ（＝ふと思いついたり感心したりして、ひざを軽く打つ）」▽ひざに関するちょっとした動作についていう語。

こ-びじゅつ【古美術】［名］古い時代の絵画・書・彫刻・陶磁器などの美術品。〓「―品・―商」

こ-ひつ【古筆】［名］古人の筆跡。特に、平安・鎌倉時代に書かれた和様書道のすぐれた筆跡。

こひつ-ぎれ【古筆切れ】［名］古筆の断簡。冊子・巻子本(かんすぼん)などの形で伝えられた古筆を、掛け物や手鑑(てかがみ)に仕立てるために切断したもの。

こ-ひつじ【小羊・子羊】[名] 小さな羊。また、羊の子。▽弱いもの、犠牲にされるもののたとえにもいう。〓「迷える—」

こ-びと【小人】[名] 童話・物語などに登場する、きわめて背丈の低い想像上の人間。〓「—の国」

こび-へつら・う【▼媚び▼諂う】[自五] 相手の気に入るように卑屈なまでに機嫌をとる。おもねる。〓「上役に—」

ごひゃく-らかん【五百羅漢】[名] 釈迦の入滅後、その教えをまとめるために集まったという五百人の聖者。また、その像。五百阿羅漢。

ご-びゅう【誤▼謬】[名] あやまり。まちがい。〓「—を犯す」

こ-ひょう【小兵】[名] 体が小さいこと。また、その人。⇔大兵 ▽多く兵士・力士などにいう。

こびり-つ・く [自五] ❶物がかたくくっついて離れなくなる。〓「ズボンにガムが—」 ❷ある考え・印象などが強く意識に残って忘れられなくなる。〓「悲惨な光景が頭に—」

こ-びる【小昼】[名] 朝食と昼食の間にとる軽い食事。また、おやつ。こひる。▽昼に近い時刻の意から。

こ・びる【▼媚びる】[自上一] ❶人に気に入られるように機嫌をとる。へつらう。〓「権力[上司]に—」 ❷人の気を引くために、なまめかしい態度をとる。〓「しなをつくって—」 文こ・ぶ 名こび

こ-びん【小▼鬢】[名] 頭の左右側面の髪。びん。

こ-ふ【誇負】[名・他サ変] 自信をもって、ほこること。

こぶ【▼瘤】[名] ❶病気・打撲などのために、皮膚の表面に盛り上がったしこり。たんこぶ。 ❷表面に盛り上がったかたまり。〓「木[ラクダ]の—」 ❸紐などのかたい結び目。 ❹じゃまになるやっかいなもの。特に、世話をしなくてはならない子供。〓「目の上の—」「—つきで再婚する」

こぶ【昆布】[名] ⇒こんぶ 〓「—茶」

こ-ぶ【鼓舞】[名・他サ変] 人を励まし、ふるいたたせること。〓「士気を—する」▽鼓を打って舞う意から。

ご-ふ【護符(御符)】[名] 神仏の名・像・まじないの句などが記してある札。これを身につけると、神仏の加護によって災厄をのがれるという。ごふう。

ご-ぶ【五分】[名] ❶尺貫法の長さの単位で、一寸の半分。約一・五センチメートル。〓「一寸の虫にも—の魂」 ❷一割の半分。一〇〇分の五。〓「定価の—引き」 ❸全体の半分。〓「—袖」 ❹双方の間に優劣の差がないこと。五分五分。〓「実力は—だ」

ご-ぶいん【御無音】[名]「無音」の謙譲語。ごぶさた。〓「久しく—に打ち過ぎ…」▽多く手紙文で使う。

こ-ふう【古風】 ■一[名] 昔の流儀・習慣。 ■二[形動] 昔風であるさま。古めかしいさま。〓「—な考え方」 派生 -さ/-が・る

ごふう-じゅうう【五風十雨】[名] 五日に一度風が吹き、十日に一度雨が降る意から、天候が順調で、農作物に都合のよいこと。▽世の中が平穏無事であることのたとえにもいう。

こ-ぶか・い【木深い】[形] 樹木が生い茂って、奥深い感じがするさま。〓「—森の中をさまよう」

ご-ふく【呉服】[名] ❶和服用の織物の総称。反物。〓「—屋」 ❷太物に対して、絹織物の称。 語源 中国の呉から渡来して大和朝廷に仕えた織物の技術者「呉服(くれはとり)」を音読した語からという。

ごぶ-ごぶ【五分五分】[名] 相互の可能性がほぼ同じであること。双方の間に優劣のないこと。互角。〓「勝負は—だ」

ご-ぶさた【御無沙汰】[名・自サ変] ❶「無沙汰」の謙譲語。長らく訪問や便りをしていないことをわびる挨拶の語。〓「久しく—しております」 ❷長い間、物事とのかかわりがないこと。〓「映画館にはすっかり—だ」

こぶし【拳】[名] 五本の手の指を折り曲げて堅くにぎりしめたもの。にぎりこぶし。げんこつ。げんこ。〓「—を振り上げる」

こ-ぶし【小節】[名] 民謡・歌謡曲などで、微妙に声を震わせながらのばす装飾的な節回し。〓「—をきかせて歌う」

こぶし【〈辛▼夷〉】[名] 春、葉よりも先に白い大形の六弁花をつける、モクレン科の落葉高木。ヤマアララギ。 語源 つぼみが子供の握りこぶしに似ることから。

こ-ぶし【古武士】[名] 武士道をわきまえた、古い時代の武士。

ご-ふじょう【御不浄】[名]「便所」を遠回しに、また上品にいう語。

こ-ぶつ【古仏】[名] ❶昔の仏像。 ❷禅宗で、悟りを開いた高僧の尊称。 ❸過去世(=過ぎ去った世・前世)に現れた仏。

こ-ぶつ【古物】[名] ❶使い古した品物。ふるもの。〓「—商」 ❷古くから伝えられてきた由緒ある品物。

こ-ぶつ【個物】[名] 哲学で、感覚で認識され、他と区別される一つ一つの事物。個体。

こ-ぶとり【小太り(小▽肥り)】[名・形動] 少し太っていること。〓「—の/な人」

こぶ-まき【昆布巻き】[名] 身欠きニシンなどを昆布で巻き、甘辛く煮含めた料理。こんぶまき。

コブラ【cobra】[名] キングコブラ・インドコブラ(メガネヘビ)・エジプトコブラなど、コブラ科に属する毒蛇の総称。怒ると体の前部を直立させ、頸部を頭巾状に広げて威嚇する。

コプラ【copra】[名] ココヤシの果実の胚乳を乾燥させたもの。圧搾して椰子油(コプラ油)をとり、菓子・マーガリン・石鹸などの原料にする。

コプラ【copulaラテン】[名] 文法で、繋辞。コピュラ。

ゴブラン-おり【ゴブラン織り】[名] さまざまな色糸を使って風景・静物・人物などを精巧に織り出したつづれ織り。壁掛けに用いる。▽一五世紀にベルギーの染織家ゴブラン(Gobelins)がパリで創製。

こ-ぶり【小振り】[名] ❶小さく振ること。 ❷[形動] 同種の他のものに比べるとやや小さめであること。〓「—の茶碗」◈⇔大振り

こ-ぶり【小降り】[名] 雨・雪などの降る勢いが弱いこと。⇔大降り・本降り

コフレ【coffretフランス】[名] 化粧品などの小物を入れる小さなケース。また、それに入れて販売される化粧品のセット。〓「クリスマス—」▽小箱の意。

こ-ふん【古墳】[名] 土を高く盛り上げて造った古代の墓。形状によって円墳・方墳・前方後円墳などに分けられる。

こ-ぶん【子分】[名] 手下の者。部下。⇔親分 書き方「〈乾児〉」「〈乾分〉」とも。

こ-ぶん【古文】[名] ❶中国で、篆字以前の古い漢字。▽「ぶん」は文字の意。 ❷昔の文体・語句を用いた

文章。特に、江戸時代以前に書かれた文章。❸高等学校の国語科で、江戸時代以前の詩文を教材とする古典の一分野。◈②③⬍現代文

ごーふん【▼胡粉】［名］カキなどの貝殻から作る白色顔料。日本画に使う。▽主成分は炭酸カルシウム。

ごーぶん【誤聞】［名］❶［他サ変］内容をまちがって聞くこと。聞き誤り。❷まちがった内容の噂。

こふんーじだい【古墳時代】［名］古代日本で、多くの大型古墳が造られた時代。弥生時代に続いて三世紀後半から七世紀ごろまで。大和朝廷が日本国家を統一し、階級社会が成立した時代にあたる。

こーへい【古兵】［名］軍隊で、先に入隊した兵士。古参兵。⬍新兵

ごーへい【御幣】［名］幣束をいう尊敬語。たたんで細長く切った紙を幣串にはさんだもの。神に供え、また、神主がおはらいをするときに用いる。おんべ。

ごーへい【語弊】［名］用語が適切でないために招く誤解や弊害。〓「そう言ってはーがある」

こーべつ【戸別】［名］家ごと。一軒一軒。〓「ー訪問」

こーべつ【個別】［名］いくつかあるものを、一つ一つ別にすること。個々別々。〓「ーに審査する」

こーべや【小《部屋》】［名］小さな部屋。⬍大部屋

コペルニクスてきーてんかい【コペルニクス的転回】［名］従来の考え方が根本的に変わること。一八〇度の転回。語源 主観が客観に従うという従来の考えに対し、認識の先天性を説く上で客観が主観に従うと論じたカントが、自らの立場を天動説から地動説に転回したコペルニクス(Copernicus)にたとえて用いた語から。

ごーほう【午砲】ーハウ［名］正午を知らせた号砲。また、その音。どん。▽東京では明治四(一八七一)年から昭和四(一九二九)年まで行われた。

ごーほう【語法】ーハフ［名］❶ことばの使い方。文の表現方法。❷語が文を構成する上でのきまり。文法。

ごーほう【誤報】［名・他サ変］まちがって知らせること。また、まちがった知らせ。

ごーほう【護法】ーハフ［名］❶法律を擁護すること。〓「ー精神」❷仏法を守護すること。また、仏法を守護する鬼神。❸祈祷によって物の怪や病気などを追い払う法力。◈書き方②③の歴史的仮名づかいは「ーホフ」。

ごーぼう【▽牛▼蒡】ーバウ［名］野菜として栽培するキク科の越年草。夏、アザミに似た紫色の花をつける。褐色の細長い根を食用にする。

ごーぼう【御坊・御房】ーバウ［名］僧坊・寺院をいう尊敬語。また、僧の敬称。

こーぼうず【小坊主】ーバウズ［名］❶年少の僧。❷男の子を親しんで、また、乱暴にいう語。

ごーほうぜん【御宝前】［名］「宝前」の尊敬・美化語。神仏の前。また、社寺の賽銭箱を置いた辺り。

ごぼうーぬき【▽牛▼蒡抜き】ーバウー［名］❶ゴボウを引き抜くように、棒状のものを一気に引き抜くこと。❷多くの人の中から一人ずつ抜き出すこと。❸競走などで、数人を一気に追い抜くこと。▽本来は誤用。

こーぼく【古木】［名］長い年月を経た樹木。老木。

こーぼく【枯木】［名］枯れた立ち木。枯れ木。

ごほーごほ［副ㇳ］咳をする音を表す語。〓「ーと咳き込む」

ごぼーごぼ［副ㇳ］水などがわき上がったり動いたりするときの音を表す語。〓「温泉がーとわき出る」

こぼ・す【▽零す・▼溢す】［他五］❶容器の中の液体や粉状・粒状のものを、ひっくり返したりあふれさせたりして、うっかり外に出してしまう。〓「つまずいてバケツの水をー」「ゆでー」使い方 意図的な行為にもいう。〓「米粒をーしておいて小鳥を呼ぶ」❷涙や笑顔などを顔の表面に表す。〓「人知れず涙をー」「口元に不敵な笑みをー」❸心にたまった不満などをついつい人に話してしまう。〓「愚痴をー」可能 こぼせる

こーぼね【小骨】［名］❶細くて小さい骨。❷ちょっとした苦労。〓「ーの折れる仕事」

こぼれ【▽零れ】［名］❶こぼれること。また、こぼれたもの。❷人が手をつけたあとの残りもの。⬇おこぼれ

こぼれーだま【▽零れ球】［名］サッカー・ラグビーなどで、誰も保持していないボール。ルーズボール。

こぼれーばなし【▽零れ話】［名］ある出来事などに関連して生じた、ちょっとした軽い話。余話。余聞。

こぼ・れる【▽毀れる】［自下一］刃の一部が欠け損じる。〓「刀の刃がー」▽「零れる」と同語源。文 こぼ・る

こぼ・れる【▽零れる・▼溢れる】［自下一］❶容器に入った液体や粉状・粒状のものが、ひっくり返ったりあふれたりして外に出る。〓「升からーれた米を拾い集める」「吹きー・煮ー」❷音や光がすき間からもれたり一定の範囲をこえたりして外へ出る。また、隠れているものがふいに外に現れる。〓「雨戸を透かして明かりがー」「笑った口元に白い歯がー」❸内に抑えていた感情や美質が、あふれるようにして表に現れる。〓「満面に笑みがー」「愛嬌がー」「子どもたちの眼から涙がーれた」
◈書き方「溢れる」と書くと、「溢(あふ)れる」と紛れやすい。
⬇あふれる［使い方］［読み分け］文 こぼ・る

こーほん【古本】［名］❶ふるほん。古書。⬍新本 ❷古い伝本。

こーぼんのう【子煩悩】ーナウ［名・形動］自分の子供を非常にかわいがること。また、その人。〓「ーな人」

こーま【細・小間】［名］こまぎれ。〓「豚ー」

こま【駒】［名］❶［古風］馬。また、子馬。〓「瓢箪からー」▽「こうま(子馬)」の転。❷将棋・チェス・双六などで、盤上に置いて動かすもの。▽自分の手中にあって自由に動かせる物や人の意にも使う。〓「新事業に向けてーをそろえる」❸三味線・バイオリンなどの弦楽器で、胴と弦の間に置いて弦を支えるもの。

◉**駒を進・める** 次の段階へ進む。〓「決勝戦へー」

こま【▼齣】［名］❶映画フィルムの一画面。〓「ー送り」❷漫画などの一場面。〓「四ー漫画」❸小説・戯曲・出来事などの一場面。〓「青春の一ー」❹大学などで、時間割の一区切り。〓「週に三ーの授業」

こま【〈独楽〉】［名］木や金属で作った厚みのある円盤の中心に心棒を通し、手やひもで回転させて遊ぶおもちゃ。さまざまな種類がある。こまつぶり。〓「ーを回す」

ごーま【▼胡麻】［名］❶種子をとるために栽培するゴマ科の一年草。夏、茎の上部に淡紫色を帯びた筒状の白い花をつける。中に多数の種子を含む果実は、円柱状。種子の色によって、白ごま・黒ごま・金ごまなどの種類があり、食用にするほか、搾ってごま油をとる。❷食用にするごまの種子。〓「ーをいる」

◉**胡麻を擂・る** 自分の利益を図るために、他人にへつらう。おべっかを使う。〓「上役にー」

ごま【護摩】［名］密教で、本尊である不動明王や愛染

明王の前に壇を築き、ヌルデの木などを燃やして息災・降伏などを祈る修法。〓「ーを焚く（＝護摩の修法を行う）」「ー壇」

ごま-あえ【▼胡麻▽和え】ヘアエ［名］炒りごまをよくすりつぶし、砂糖・醤油などで味をつけて野菜などをあえた料理。ごまよごし。

コマーシャリズム【commercialism】［名］商業主義。営利主義。

コマーシャル【commercial】［名］❶民間放送で、ラジオ・テレビ番組の前後や途中で放送する広告・宣伝。CM。❷商業上の。宣伝のための。〓「ーベース（＝商業上の採算）」「ーソング」

コマーシャル-ペーパー【commercial paper】［名］企業が短期資金を調達するために割引方式で発行する無担保の約束手形。CP。

ごま-あぶら【▼胡麻油】［名］ゴマの種子を搾ってとった食用の油。

こま-あみ【細編み】［名］かぎ針編みの基礎編みの一つ。編み目の短い編み方で、かぎ針にかけた輪奈と前段の目から引き出した輪奈とを一緒に引き抜いて一目とする。みじかあみ。

こ-まい【木舞・小舞】ヒマ［名］❶土壁の下地として縦横に組んだ細い竹や木。❷軒の垂木に渡して屋根の下地板などを受ける細長い木材。

こまい【〈氷魚〉・〈氷下魚〉】［名］北海道以北の日本海・太平洋沿岸に分布するタラ科の海魚。灰褐色の体は細長く、下あごにひげがある。食用。多く干物にする。

こ-まい【古米】［名］収穫後、一年以上たった古い米。ふるごめ。ひねごめ。⬍新米

こま・い【細い】［形］［俗］こまかい。〓「計算がー」

こま-いぬ【▼狛犬】［名］神社の社頭や社殿の前に対にして置き、魔除けとする獅子に似た霊獣の像。▽高麗から来た犬の意。

こま-おち【駒落ち】［名］将棋で、強い方が特定の駒をはずして対局すること。角落ち・飛車落ち・香落ち・二枚落ちなどがある。⬍平手

こまか【細か】［形動］細かいさま。〓「ーな雨」「きめーな肌」「対応」

こまか・い【細かい】［形］❶集まった物の一つ一つが小さい。〓「この大豆は粒がー」「セーターの編み目がー（⬍粗い）」「野菜をー・く刻む」❷紙幣や硬貨の表す金額の単位が小さい。〓「万札をー・くしてくれ」❸連続した動きの一つ一つが小さい。〓「緊張で手がー・く震える」❹聞こえるか聞こえないかくらいに音量が小さい。〓「このマイクはー音まで拾う」❺内容が微細・細部にわたるさま。事細かだ。きめ細かだ。〓「ー指示を与える」使い方プラスに評価していう。❻〈連体形を使って〉枝葉末節にわたり、あまり重要でない。小さい。細かな。〓「ー点ばかり注意する」使い方マイナスに評価していう。❼細部まで気をつかうさま。細やかだ。〓「仕事がー」❽気質や感受性などが繊細なさま。〓「神経がー」❾損得に非常に気をつかうさま。勘定高い。〓「お金にー」派生-さ

品格　緻密「ーな考察」微細「ーな事柄」微小「ーな粒子」微塵「こっぱー」細密「ー画」

ごまか・す［他五］❶人の目をあざむいて、悪いことをする。〓「看守の目をー・して侵入する」「値段をー」❷本心などを見破られないように、その場をとりつくろう。また、心を他に移して自分のすさんだ気持ちなどを紛らす。偽りつくろう。〓「舌先でその場をー」「ふさぎ込んだ気持ちを酒でー」「自分の気持ちをー」◈書き方「誤魔化す」「▼胡麻化す」とも当てる。可能ごまかせる　名ごまかし

こま-ぎり【細切り（小間切り）】［名］細かく切ること。また、細かく切ったもの。〓「牛肉のー」

こま-ぎれ【細切れ（小間切れ）】［名］細かく切ったもの。また、切れ切れになったもの。〓「豚肉のー」「ーの話」

こ-まく【鼓膜】［名］外耳道の奥にあって中耳との境をなす楕円形の薄い膜。音波を受けて振動し、耳小骨を介して音を内耳に伝える。

こま-ぐみ【駒組み】［名］将棋で、駒を動かして陣形を組むこと。また、その陣形。

こま-げた【駒下▽駄】［名］一つの材から台と歯をくりぬいて作ったげた。▽足駄より低い、最も一般的なげた。

こま-ごま【細細】［副］❶小さいものがいろいろあるさま。〓「雑貨をーと並べて売る」❷細かい点まで尽くしているさま。また、細かい点まで気をかけるさま。〓「ーとした注意」「ーと世話をやく」読み分け小さいものがたくさんある様子、行き届いた様子や散発的な状態を表す文では「こまごま」と読む。「細々とした部品［仕事］」「細々と世話を焼く」「細々と何度もすみません」など。これらは「こまかい」「こまやか」などで言い換えられることが多い。細さが問題となるものや消え入るような状態になり得るものは「ほそぼそ」と読む。「細々とした腕［店］」「どうにか、細々とやっています」「細々ながら活動を続けてきた」など。「ホームページの情報を細々と更新する」など、「こまごま」「ほそぼそ」とも読みうるものもある。

こまごま-し・い【細細しい】［形］いかにも細かい。〓「ー話を続ける」派生-げ／-さ

ごま-しお【▼胡麻塩】ホシ［名］❶炒った黒ゴマと焼き塩をまぜたもの。❷髪の毛に白髪がまじっていること。〓「ー頭」

こましゃく・れる［自下一］子供が変に大人びて、こざかしいふるまいをする。こまっしゃくれる。こまっちゃくれる。〓「ー・れた子供」

ごま-すり【▼胡麻▼擂り】［名］自分の利益をはかるため、他人に取り入ってへつらうこと。また、その人。

こ-また【小股】［名］❶股。また、股についての、ちょっとした動作についていう語。❷歩幅がせまいこと。⬍大股

◉**小股が切れ上が・る**　すらりとして、粋な和服姿がぴたりと似合う女性の形容。

こまた-すくい【小股▼掬い】クヒ［名］❶相撲の決まり手の一つ。相手の内またを手ですくって倒す技。❷相手のすきをねらって自分の利をはかること。

ごま-だれ【▼胡麻垂れ】［名］醤油・みりん・砂糖などで作ったたれに煎り胡麻をすって加えたもの。書き方「ごまダレ」と書くことも多い。

こまち【小町】［名］その土地で評判の美しい娘。小町娘。▽小野小町が絶世の美女であったということから。ふつう土地の名を上につけて言う。〓「深川ー」

こ-まつ【小松】［名］小さい松。また、若い松。若松。

ご-まつ【語末】［名］語の終わりの部分。語尾。⬍語頭

こま-づかい【小間使い】カヒ［名］雇われて、主人の身の回りの雑用をする女性。

こま‐つ‐な【小松菜】〔名〕冬野菜として栽培される、アブラナの変種。浸し物・汁の実・漬物などにする。若い菜は鶯菜(うぐいすな)とも呼ぶ。語源 江戸・小松川の椀屋久兵衛がこの菜を改良したことからの名という。

こま‐どり【駒鳥】〔名〕夏鳥として日本に飛来し、冬、中国南部に渡るツグミ科の小鳥。スズメほどの大きさで、雄は背面が赤褐色、腹部は白色。ロビン。語源 ヒンカラカラとさえずる声が馬のいななきに似ることから。

こまね・く【▼拱く】〔他五〕腕組みをする。こまぬく。〓「手を━(=何もしないで傍観する)」▼「こまぬく」の転。現在は「こまねく」が一般的。

こま‐ねずみ【〈独楽〉▼鼠・〈高麗〉▼鼠】〔名〕ハツカネズミの変種。全身が純白で、体長約七センチメートル。輪を描いてくるくる走り回る習性がある。まいねずみ。▼休みなく動き回るさまのたとえにいう。〓「━のように働く」

こま‐むすび【小間結び(細結び)】〔名〕ひもの両端を打ち違えて結び、さらにまた打ち返して結ぶこと。また、その結び方。真結び。玉結び。固結び。

こ‐まめ【小〈忠実〉】〔形動〕労を惜しまず、気軽によく動くさま。〓「━に日記を付ける」派生 ‐さ

ごまめ【▼鱓・〈田作〉】〔名〕カタクチイワシの幼魚を干したもの。また、それをからいりし、砂糖・醤油・みりんを煮立たせた汁でからめたもの。祝いごとや正月料理に用いる。たづくり。▼「まめ(=健康なこと)」に通じることから縁起のよいものとされる。

◉鱓の魚交じり ➡雑魚の魚交じり

◉鱓の歯軋り 実力のない者が、やたらに憤慨して悔しがること。

こま‐もの【小間物】〔名〕化粧品・装身具・日用品など、こまごましたもの。〓「━屋」➡荒物

こま‐やか【細やか・▽濃やか】〔形動〕❶細かいさま。❷色が濃くて深みがあるさま。〓「緑━な松」❸相手を思う気持ちがすみずみまで行き届いているさま。〓「━な配慮」派生 ‐さ

こまり‐き・る【困り切る】〔自五〕すっかり困る。困り果てる。〓「苦情が殺到して━っている」

こまり‐ぬ・く【困り抜く】〔自五〕解決策が見いだせなくて、すっかり困る。〓「━いて家屋敷を手放す」

こまり‐は・てる【困り果てる】〔自下一〕どうしてよいかわからないほど、ひどく困る。困り切る。〓「金がなくてほとほと━」文 **こまりは・つ**

こまり‐もの【困り物】〔名〕厄介なもの。〓「親切すぎるのも━だ」「場所をとるから━だ」

こまり‐もの【困り者】〔名〕扱いにてこずる人。もてあまし者。やっかい者。〓「一家の━」

こま・る【困る】〔自五〕❶どう対処していいか分からなくて悩む。〓「過分に褒められて返事に━」「人手が足りなくて━っている」「━!った時の神頼み」使い方「…で困る」などの形で、原因の表現に注目していうことができる。❷経済的に苦しくて悩む。〓「金に━」「食うに━」❸被害が及んで迷惑を感じる。〓「ピアノの音がうるさくて━」使い方 婉曲的な禁止・命令などをも表す。〓「君ねえ、こういうことでは困るんだよ(↓やりなおせ)」「約束は守ってもらわないと困る(↓きちんと守れ)」

品格 往生「泣かれて━する」 窮する「窮すれば通ず」 困じる「困じ果てた様子」 困却「ほとほと━の末」 困苦「━に陥る」 手詰まり「━になる」 難渋「山路に━する」 辟易「愚痴を聞かされ━する」

こ‐まわり【小回り】〔名〕❶半径を小さくして回ること。⬍大回り ❷状況に応じてすばやく動くこと。〓「小人数のグループだから━が利く」❸〔自サ変〕少し回り道をすること。

コマンド【command】〔名〕❶命令。指令。❷コンピューターで、特定の機能の実行を指示するための命令。また、その命令を表す単語や略号。

コマンド【commando】〔名〕❶特別奇襲隊。また、その隊員。❷ゲリラ隊員。

ごまん‐と〔副〕きわめてたくさんあるさま。山ほど。〓「言いたいことが━ある」書き方 俗に「五万と」とも。

こみ【込み】〔名〕❶種類・大小・善し悪しなどを区別しないでとりまぜること。〓「大小━にして買う」「新品も中古品も━で引き取る」❷含んでいること。〓「税━の料金」❸互い先の囲碁の対局で、先手が負うハンディキャップ。〓「六目半の━」

ごみ【▼塵・▼芥】〔名〕自然にたまるきたないもの。ほこり。また、不要になって捨てられるもの。〓「━箱」「生━・粗大━」書き方「ゴミ」と書くことも多い。

ご‐み【五味】〔名〕五種の味覚。甘(=あまい)・鹹(=しおからい)・酸(=すっぱい)・辛(=からい)・苦(=にがい)。

こみ‐あ・う【混み合う(込み合う)】〔自五〕多くの人や物が一か所に入りまじって混雑する。〓「通勤者で車内が━」

こみ‐あ・げる【込み上げる】〔自下一〕収まっていたものが、刺激を受けてあふれ出そうになる。また、抑えきれずに、あふれ出てくる。〓「涙[怒り]が━」文 **こみあ・ぐ**

こみ‐い・る【込み入る】〔自五〕複雑に入り組む。〓「これには━!った事情がある」

コミカル【comical】〔形動〕滑稽なさま。喜劇的。コミック。〓「━なしぐさ」

コミケ〔名〕「コミックマーケット」の略。▼商標名。

こみ‐こみ【込み込み】〔名〕〔新〕税・サービス料などが含まれること。〓「━の料金」

ごみ‐ごみ〔副〕雑多なものが無秩序に入り組んで、雑然としているさま。〓「━(と)した一角」

こ‐みだし【小見出し】〔名〕❶長い文章を章・節などに区切って添える小さな見出し。❷新聞・雑誌などで、大きな見出しに小さな活字で添える補足的な見出し。◈⬍大見出し

ごみ‐ため【▼塵▼溜め・▼芥▼溜め】〔名〕ごみを捨てて集めておく所。

こ‐みち【小道】〔名〕幅のせまい道。細道。また、横道。わき道。⬍大道 書き方「小▽径」「小▽路」とも。

コミック【comic】 ━〔名〕❶漫画。また、漫画本。漫画雑誌。コミックス。❷喜劇的な内容をもつ歌劇。▼「コミックオペラ(comic opera)」の略。━〔形動〕滑稽なさま。コミカル。

コミック‐マーケット【和製comic＋market】〔名〕漫画・アニメ・ゲーム同人誌の展示即売会。コミケ。▼商標名。

コミッショナー【commissioner】〔名〕プロ野球・プロボクシングなどで、その統制をとるために全権を委ねられた最高責任者。

コミッション【commission】〔名〕商取引などで、仲介の手数料。周旋料。口銭。

コミット【commit】〔名・自サ変〕かかわりをもつこと。関係すること。〓「環境保護運動に━する」

コミットメント【commitment】[名] ❶かかわり合い。関与。‖「政策への—を表明する」❷約束。公約。また、責任。‖「条約上の—を守る」

こ-みみ【小耳】[名] 耳。また、聞くことに関するちょっとした動作についていう語。

◉**小耳に挟む** 聞くともなしに、ちらりと聞く。

ご-みゃく【語脈】[名] 語と語との続きぐあい。

コミュニケ【communiqué フランス】[名] 政府が外交交渉の経過・結果などを発表する公式声明書。‖「日米共同—」

コミュニケーション【communication】[名] ことば・文字・身振りなどによって、意思・感情・思考・情報などを伝達・交換すること。‖「—をはかる」

コミュニスト【communist】[名] 共産主義者。

コミュニズム【communism】[名] 共産主義。

コミュニティー【community】[名] ❶生活様式や社会通念を共有しながら、近隣の地域に暮らす人々の集まり。地域社会。‖「地域の—」「—センター（＝公民館・集会所など、地域の文化活動を促進するための共同施設）」「—スクール（＝学校と地域社会が一体になって行う教育）」❷文化的・社会的な背景や、同じ価値観・目的・興味などを共有する人々の集まり。‖「海外で働く日本人の—」「子育ての—」

コミュニティー-サイクル【和製community＋cycle】[名] 特定の地域内で、共用の自転車を貸し出す仕組み。複数設置された自転車置き場のどこでも貸し出しや返却ができる。自転車シェアリング。

こ-みんか【古民家】[名] 古い時代に建てられた、日本の伝統的建築様式の民家。多く、木造で太い梁や柱をもつ。

こ・む【込む・混む】[動五] ━ [自] ❶【混】ある場所に人や物などが集まって、いっぱいになる。混雑する。‖「通勤通学で電車が—」「客で行楽地が—」❷【込】行動の予定などがぎっしり詰まっている。‖「日程[予定]が—・んでいる」❸【込】勝負事などで負けが重なる。‖「負けが—」❹【込】仕組みや細工が複雑に入り組む。‖「手の—・んだ仕事」◈ 書き分け ①は「込む」とも書くが、今は「混雑」をふまえて【混】が一般的。②〜④は【込】を使う。━〈動詞の連用形に付いて複合動詞を作る〉【込】❶中に入る。‖「海に飛び—」「攻め—・怒鳴り—・転がり—」❷中に入れる。‖「誘い—・追い—・詰め—」❸すっかり…して、そのままの状態でいる。また、その状態になる。‖「座り—・黙り—・ふさぎ—」「老け—」❹十分にそのことを行う。‖「教え—・煮—」「使い—・んだ万年筆」

名 込み

品格 立て込む「店が客で—」ひしめく「ブランド店が—」輻輳「船舶の航行が—する」

ゴム【gom オランダ】[名] 弾性に富み、絶縁体の性質を持つ物質。ゴムの木の樹液から作る天然のもののほか、化学的に合成されたものもある。タイヤ・緩衝材・消しゴムなど、工業用品・日用品に広く用いる。‖「輪—」「—印」 書き方「護▼謨」と当てる。

ゴム-あみ【ゴム編み】[名] 表編みと裏編みを交互にくり返し、縦方向に畝ができるようにする編み方。伸縮性に富み、セーターのすそ・手首などに用いる。

こ-むぎ【小麦】[名] 重要な穀物として古くから栽培されてきたイネ科の一、二年草。種子は味噌・醤油などの原料とするほか、小麦粉にひいてパン・めん類・菓子などに加工。茎は麦わら細工・敷きわら・飼料などに利用する。

こむぎ-こ【小麦粉】[名] 小麦の種子をひいて粉にしたもの。パン・うどん・菓子などの原料にする。うどん粉。メリケン粉。

こ-むずかし・い【小難しい】[形] ❶いささかむずかしい。ちょっとばかり面倒だ。‖「—理屈を並べる」❷何となく不機嫌だ。‖「—顔をする」派生 -げ／-さ

こ-むすび【小結】[名] 相撲で、関脇の次の位。三役の最下位。

こ-むすめ【小娘】[名] まだ一人前になっていない娘。一四、五歳の少女。▼しばしば若い娘をさげすんでいう。

こむ-そう【虚無僧】[名] 禅宗の一派である普化宗の僧。有髪の頭に天蓋と呼ぶ深編み笠をかぶり、尺八を吹いて諸国を行脚した。薦僧。梵論子。

ゴム-ぞこ【ゴム底】[名] 靴などの底がゴム製であること。また、そのような靴。

ゴム-テープ【和製gom オランダ＋tape】[名] 平打ちにしたゴムひも。

ゴム-なが【ゴム長】[名] ゴム製の長靴。

ゴム-まり【ゴム▼毬】[名] ゴム製のまり。

こむら【▼腓】[名] すねの裏側のふくらんだ部分。ふくらはぎ。こぶら。

こ-むら【木▼叢】[名] 木が密集して茂っている所。また、木の枝が群がり茂っている所。

こむら-がえり【▼腓返り】[名] こむらの筋肉が急に痙攣を起こしてひきつること。激しい痛みを伴う。こぶら返り。

こ-むらさき【濃紫】[名] やや黒みを帯びた濃い紫色。

こめ【米】[名] 稲の種子からもみ殻を取り去ったもの。そのままのものを玄米、精白したものを精米または白米という。通常の飯として炊く粳と、餅や赤飯などにする糯米とがある。日本人の主食。酒や菓子の原料にもされる。

こめ-かみ【〈▼顳▼顬〉・〈▼蟀谷〉】[名] 耳の上、目のわきの、物をかむと動く部分。▼「米嚙み」の意。

こめくい-むし【米食い虫】[名] ❶コクゾウムシのこと。❷飯を食うだけで何の役にも立たない人。ごくつぶし。▼あざけっていう語。

こめ-こ【米粉】[名] 米をひいて粉末にしたもの。糝粉・みじん粉・白玉粉など。

こめ-じるし【米印】[名] 注記などを示す、漢字の「米」に似た記号。「※」の記号。

こめ-ず【米酢】[名] 米を原料として酢酸発酵させた酢。こめす。よねず。

こめ-だわら【米俵】[名] 米を入れる藁製の俵。また、米の入った俵。数「一俵…」と数える。

こめ-つき【米▼搗き】[名] 玄米をついて精白すること。また、それを業とする人。

こめつき-ばった【米▼搗き〈飛▼蝗〉】[名] ❶ショウリョウバッタの通称。▼後脚をそろえて持つと、体を前後に動かして米をつくような動作をすることから。❷頭をぺこぺこ下げて相手にへつらう人。▼あざけっていう語。

こめ-つぶ【米粒】[名] 米の一つ一つの粒。

コメディアン【comedian】[名] 喜劇役者。喜劇俳優。▼女優の場合は「コメディエンヌ」とも。

コメディー【comedy】[名] 喜劇。特に、大衆向き

の軽い喜劇。
コ-メディカル【co-medical】[名] 医師とともに医療に携わる、看護師・薬剤師・検査技師・放射線技師・歯科衛生士・理学療法士などの医療従事者。
こめ-どころ【米所】[名] 良質の米を多く産する土地・地方。
こめ-ぬか【米▼糠】[名] 玄米を精白するときに生じる外皮・胚などの粉末。淡黄色で、脂肪・たんぱく質・ビタミンB1などに富む。飼料・肥料・漬物などに用いる。ぬか。こぬか。
こめ-びつ【米▼櫃】[名] 米を入れて保存する箱。‖「―が空になる(=米が買えないほど貧しい)」
こめ-もの【込め物】[名] ❶物と物のすき間に詰めるもの。❷活版印刷で、印刷されない空白部分をつくるために組み込むもの。
こ・める【込める(▽籠める)】[動下一] 一[他] ❶銃器に弾丸をしっかりと収め入れる。装塡する。詰める。‖「銃に弾を―」❷その中に十分に注ぎ入れる。注入する。また、ある事柄に感情や情熱を注ぎ入れる。‖「心を―・めてもてなす」「仕事に精魂を―」「満身の力を―・めて投げる」❸ある項目に別の項目を含める。‖「消費税を―・めた料金」二[自]〔古風〕霧や煙などがあたり一面に広がる。たちこめる。‖「霧が―」三〈動詞の連用形に付いて複合動詞を作る〉❶中に入れる。‖「押し―・閉じ―・封じ―・塗り―」❷…して動きを取れなくする。やっつける。負かす。‖「やり―・言い―」◈書き分け 一は【込】を、二は【籠】を使う。三①はまれに【籠】も使うが、三は一般に【込】を使う。文こ・む
こ-めん【湖面】[名] 湖の水面。‖「―を渡る風」
ご-めん【御免】一[名] ❶免許・許可などを、その決定を下す人を高めていう語。‖「天下―」❷免官・免職などを、その決定を下す人を高めていう語。‖「お役が―になる」❸拒否・拒絶の気持ちを表す語。‖「戦争はもう―だ」二[感] ❶謝罪や断りなどをいうときの挨拶の語。‖「さっきは―」「―ね。悪かった」▼丁寧な言い方は「ごめんなさい」。❷〔古風〕他家を訪問したり退去したりするときにいう挨拶の語。‖「では、―」▼丁寧な「ごめんください」の形で使うことが多い。
◉**御免(を)蒙る** ❶相手の許しを得る。お許し頂く。❷相手の許しを得て退出する。失礼する。‖「今日はこれで―・ります」❸いやだとして断る。‖「そんな役目は―・りたい」◈書き方「こうむる」は「被る」とも。
ごめん-ください【(御免下さい)】[連語] ❶他家を訪問したり退去したりするときにいう挨拶の語。❷丁寧にわびるときのことば。‖「失礼の段―」
ごめん-そう【御面相】[名] 顔つき。容貌。▼からかうとき、また悪く言うときなどに使う。
コメンテーター【commentator】[名] 解説者。論説者。特に、ラジオ・テレビなどの、ニュース解説者。
コメント【comment】[名・自他サ変] ある問題・事件などについて、意見や見解を述べること。また、論評。解説。‖「法改正について―を寄せる」「ノー―」
ごめん-なさい【御免なさい】[連語] 謝罪や恐縮などの気持ちを表す語。‖「遅くなって―」「―。急ぐので失礼します」使い方「ごめん」よりは丁寧だが、友達同士などで使うことが多く、目上の相手に使うのは適切ではない。「手伝ってくれて、ごめんなさい」のように、感謝のことばとして使うのは誤り。
こも【▽薦・▼菰】[名] ❶〔古風〕マコモ。❷藁で荒く織ったむしろ。▼古くはマコモで織ったことから。
こも-かぶり【▽薦▽被り】[名] ❶こもで包んだ四斗(=約七二リットル)入りの酒樽。❷こじき。おこも。▼昔、こもをかぶって歩いたことから。
ご-もく【五目】[名] ❶五種の品。❷種々の物が入りまじっていること。特に料理で、種々の食材を取り合わせてあること。❸「五目鮨」「五目そば」「五目飯」などの略。❹「五目並べ」の略。
ごもく-ずし【五目▼鮨】[名] 種々の魚介・野菜などの具を味つけしてすし飯にまぜたもの。ちらしずし。ばらずし。五目。
ごもく-そば【五目〈▼蕎麦〉】[名] 肉・野菜・卵など、種々の具を取り合わせた中華そば。また、種々の具を取り合わせたかけそば。五目。
ごもく-ならべ【五目並べ】[名] 碁盤の上に交互に碁石を置き、縦・横・斜めのいずれかに先に五つ並べた方を勝ちとする遊び。連珠。五目。
ごもく-めし【五目飯】[名] 鶏肉・野菜など、数種の具をまぜて炊き込んだ味つけ飯。加薬飯。五目。
こも-ごも【▽交▽交】[副] つぎつぎに。かわるがわる。いれかわりたちかわり。‖「悲喜―至る」
こ-もじ【小文字】[名] 欧文の字体で、大文字以外の字体。A・B・Cに対するa・b・cなど。⇔大文字
こ-もち【子持ち】[名] ❶子供、特に幼い子供を持っていること。また、その人。‖「三人の―」❷魚などが、卵をはらんでいること。また、その魚。‖「―がれい」▼「子持ち若布」は、にしんの卵が生みつけられた若布。❸大きなものそばに小さなものが添えられて一組みになっていること。また、そのもの。‖「―罫・―縞」
コモディティ【commodity】[名] ❶商品。日用品。❷個性を失い、ほかの商品との差別化が困難になった商品。
こ-もど・す【小戻す】[自五] 取引で、下がっていた相場が、元の水準までは戻らないものの、少し上昇する。
こ-もの【小物】[名] ❶こまごまとしたもの。小さな道具類。‖「―入れ」❷能力や実力に乏しく、とるに足りない人物。小人物。❸釣りで、小さい魚。小魚。◈②③⇔大物
こ-もり【子守・子守り】[名] 幼い子供の面倒をみること。また、その人。‖「孫の子守りをする」書き分け 人の場合は【子守】、動作の場合は【子守り】。
こもり-うた【子守歌・子守唄】[名] 子供をあやしたり寝かせつけたりするときにうたう歌。‖「モーツァルトの子守歌」「赤城の子守唄」
こも・る【籠もる】[自五] ❶ある一定の領域に入ったまま外に出ないでいる。引きこもる。また、外との関係を断ってあるものの中に深く入り込む。‖「執筆のため家に―」「祈願のために寺に―」「自分の殻に―・ったまま心を閉ざしている」❷音や声が中に閉じこめられた状態で、外にはっきりと伝わってこない。‖「声が―・ってよく聞き取れない」❸煙やにおいなどがその場に満ちる。立ちこめる。充満する。‖「焼き肉のにおいが部屋に―・っている」「会場には若者たちの熱気が―」❹ある事柄に精力・感情・情熱などが注ぎ入れられる。‖「仕事に熱が―」「心の―・った贈り物」◈書き方 ①は隠れ住む意では「▽隠る」とも書くが、まれ。「閉じこもる①」「満身に力がこもる④」などでは、「込める」をふまえて「込もる」と

も(ただし、いまだ熟さない一面がある)。

こもれ-び【木漏れ日(木▼洩れ日)】[名] 木々の枝や葉の間からさし込む日の光。

こ-もん【小紋】[名] 布地一面に染めだした細かい模様。また、その模様を染めだした布地。||「ー染(ぞ)め」

こ-もん【顧問】[名] ❶会社・団体などで、相談を受けて助言を与える役目(を務める人)。❷学校の部活動などで、部の管理や生徒の指導を行う責任者。

こ-もんじょ【古文書】[名] 史料となる昔の文書・記録。注意「こぶんしょ」と読むのは誤り。

コモン-センス【common sense】[名] 常識。良識。

こ-や【小屋】[名] ❶小さくて粗末な家。また、簡単な造りの建物。||「山ー(ご)・うさぎー(ご)・物置ー(ご)」❷芝居・見世物などの興行に使用する建物。||「芝居ー(ご)」

ご-や【後夜】[名] 六時(=晨朝(じんちょう)・日中・日没・初夜・中夜・後夜)の一つ。夜半から夜明け前まで。

こや-がけ【小屋掛け】[名・自サ変] 仮小屋をつくること。特に、芝居・見世物など興行のための仮小屋をつくること。また、その小屋。

こ-やかまし・い【小▼喧しい】[形] 小さなことにまでいちいち口出しをしてうるさいさま。||「ー上司」派生 -さ

こ-やく【子役】[名] 映画・演劇・テレビなどで、子供の役。また、それを演じる子供の役者。

ご-やく【誤訳】[名・他サ変] まちがって訳すこと。また、その翻訳。||「ーが多い書類」

こ-やくにん【小役人】[名] 地位の低い役人。▼多く下級の役人を軽蔑していう。

こやし【肥やし】[名] 作物の生育をよくするために土壌などに施す栄養物質。肥料。こえ。||「菜畑にーをやる」▼成長の糧(かて)となるもののたとえにもいう。||「茶屋遊びを芸のーとする」

こ-やす【子安】[名] 子を安らかに産むこと。安産。||「ー観音・ー地蔵」

こや・す【肥やす】[他五] ❶栄養を与えてふとらせる。||「馬をー」❷肥料などを与えて地味(ちみ)を豊かにする。肥沃(ひよく)にする。||「やせ地をー」❸美を識別したり創造したりする能力を豊かにする。||「審美眼をー」❹不当に自分の利益をはかる。||「私腹をー」可能 肥やせる 名 肥やし

こ-やす・い【小安い】[形] 取引で、相場が下がり気味であるさま。⬇小高い②

こ-やつ【▼此▽奴】[代](古風)(三人称) こいつ。

こ-やま【小山】[名] 小さい山。低い山。

こ-やみ【小▽止み】[名] 雨や雪が少しの間降りやむこと。おやみ。||「雨がーになる」「ーなく降る雪」

こゆ・い【濃ゆい】[形]「濃い」の西日本方言的な言い方。||「味がー」

こ-ゆう【固有】[名・形動] もとから持っていること。また、そのものだけが備えていること。特有。||「日本ーの文化」「人間にーな問題」「ー財産」

こゆう-めいし【固有名詞】[名] 名詞の一類。同類の中のある事物を他の事物と区別するために、そのものだけにつけられた名称を表す名詞。「東京」という地名、「徳川」という人名、「日本」という国名など。

こ-ゆき【小雪】[名] 少しの雪。少し降る雪。

こ-ゆき【粉雪】[名] ⬇こなゆき

こ-ゆび【小指】[名] 手足の指のうち、一番外側にある最も小さい指。

こ-よい【▽今宵】[名] 今夜。今晩。||「ーは十三夜」

こ-よう【小用】[名] ❶ちょっとした用事。❷小便を遠回しに言う語。||「ーに立つ」◈「しょうよう」ともいう。

こ-よう【古謡】[名] 古代の歌謡。また、古くから伝わる歌謡。

こ-よう【雇用(雇▼傭)】[名・他サ変] 賃金を払って人をやとうこと。||「ー条件」「終身ー」書き方「雇」も「傭」もやとう意。全体の意をくんで、「雇用」を代用表記としたもの。

ご-よう【御用】[名] ❶用事・用件・用命などをいう尊敬語。||「何かーですか」「ーを承ります」❷宮中・幕府・政府などの用務。❸江戸時代、捕り手が犯罪者を捕らえること。また、そのときのかけ声。||「鼠小僧がーになる」▼警察につかまる意でも使う。❹権力者に迎合し、その意のままに動く者を軽蔑していう語。||「ー学者・ー作家」▼名詞の上につけて使う。

ご-よう【誤用】[名・他サ変] 方法・用法などをまちがえて使うこと。また、まちがった使い方。

ごよう-おさめ【御用納め】[名] 官公庁で、その年の仕事を終わりにすること。また、その日。ふつうは十二月二十八日。⬍御用始め

ごよう-きき【御用聞き】[名] ❶商店などで、得意先を回って注文を聞くこと。また、その役(を務める人)。❷江戸時代、官から十手・捕り縄を預かり、捕吏の手先として犯人の捜査・逮捕に当たった町人。岡っ引き。

こ-ようじ【小▼楊枝】[名] 爪楊枝(つまようじ)。

ごよう-しょうにん【御用商人】[名] 認可を受けて宮中・官庁などに用品を納入する商人。御用達(ごようたし)。

ごよう-たし【御用▽達】[名] 宮中・官庁などに商品を納入すること。また、その商品や商人。ごようたつ。||「宮内庁ーの菓子」

ごよう-てい【御用邸】[名] 皇室の別邸。

ごよう-はじめ【御用始め】[名] 官公庁で、その年の仕事を始めること。また、その日。ふつうは一月四日。⬍御用納め

こよう-ほけん【雇用保険】[名] 社会保険の一つ。事業主および労働者が加入し、失業給付のほか、事業主の行う雇用安定事業・能力開発事業などへの助成を行う保険。

ごよう-まつ【五葉松】[名] 山地に自生するマツ科の常緑高木。枝は水平に伸び、針状の葉が五葉ずつ束になって生える。庭木・盆栽などにもする。ヒメコマツ。

こよ-な・し[形ク] 他とは比べものにならないほど差がある。この上ない。格別だ。||「ー・く酒を愛す」▼古語だが、特に連用形を多く使う。

こ-よみ【暦】[名] 一年間の月・日・曜日・祝祭日・月の満ち欠け・日の出・日の入り・干支(えと)などを日を追って記したもの。七曜表。カレンダー。||「ーの上ではもう春だ(=立春になった)」▼「日(か)読み」の意。

こ-より【▽紙▼縒り・▽紙▼捻り・▽紙▼撚り】[名] 細長く切った和紙をよって、ひも状にしたもの。観世より。▼「かみより」の音便「こうより」の転。

こら[感] 人をしかるため、また、人をとがめるため、相手に強く呼びかける語。こらっ。||「ー、待て」「おい、ー」

コラーゲン【collagen】[名] 動物の結合組織の主成分である硬たんぱく質。骨・腱(けん)・皮などに多く含まれ、膠(にかわ)の原料となる。膠原質(こうげんしつ)。

コラージュ【collage フランス】[名] 画面に印刷物・写真・布きれ・木の葉・針金などを貼りつけて特殊な効果を生み出す絵画の技法。また、写真や立体などで、応用したものについてもいう。▼糊(のり)付けの意。

コラール【Choral ドイツ】[名] ドイツのプロテスタント教会ルター派で用いる賛美歌。衆賛歌。

こ-らい【古来】[名・副] 昔から今まで。古くから。〓「日本ーの風習」「この山中ではー狩猟が禁じられている」 使い方 「古来より」「古来から」は本来は重言だが、古くから使う。

ご-らいこう【御来光】(ゴライクワウ) [名] 高山の頂上で見る日の出。また、その荘厳な景観。御来迎(ごらいごう)。〓「ーを拝む」

ご-らいごう【御来▽迎】(ゴライガウ) [名] ❶「来迎」①の尊敬語。❷御来光。❸高山で日の出時や日没時に太陽を背にして立ったとき、前面の霧に映る自分の影の周囲に色のついた光の輪が現れる現象。グローリー。▼光背を負った阿弥陀仏の来迎になぞらえていう。

こらえ-しょう【▽堪え性】(コラヘシャウ) [名] つらいことや苦しいことに耐え忍ぶ気力。〓「ーがない人」

こら・える【▽堪える・▽怺える】(コラヘル) [他下一] ❶つらい思いを受け止めて、それによく耐える。我慢する。辛抱する。〓「痛みをー」❷感情・生理的欲求を抑えて、それを外に出さないようにする。抑制する。自制する。〓「怒り[衝動]をー」「ーえきれずに笑ってしまう」❸外から加えられた力などによく耐える。〓「反り身になって土俵際でー」❹我慢して許す。堪忍(かんにん)する。〓「今日のところはーえておこう」◈「怺」は国字。心を長くして我慢する意で使う。 読み分け ⬇堪(た)える 文 こら・ふ

ご-らく【娯楽】[名] 仕事・勉強を離れた余暇などに心を楽しませたり慰めたりしてくれるもの。〓「ー施設」

こらし・める【懲らしめる】[他下一] 制裁を加えて、悪いことはもう二度としないという気持ちにさせる。懲りるようにする。こらす。〓「いたずら小僧をー」 文 こらし・む 名 懲らしめ

こら・す【凝らす】[他五] ❶感覚などの働きを一つに集中させる。〓「一点に目をーして見る」「息をーして聞く」❷一か所に集まり合って、はかりごとなどの相談をする。〓「都内某所で密議をー」❸精度の高いものを作ろうとして、趣味的な面に一心に考えをめぐらす。また、そのようにして精度の高い状態を作り出す。〓「離宮の造営に趣向[工夫]をー」 可能 凝らせる

こら・す【懲らす】[他五] [古風] 懲らしめる。

コラボ [名・自サ変] 「コラボレーション」の略。

コラボレーション【collaboration】[名・自サ変] 共同制作。共同作業。共同研究。コラボ。

コラム【column】[名] 新聞・雑誌などで、短い評論などを載せる囲みの欄。また、その囲み記事。

コラムニスト【columnist】[名] 新聞・雑誌のコラムに執筆する記者や社外の寄稿者。

ご-らん【御覧】[名] ❶見ることをいう尊敬語。〓「ーのとおりです」❷「御覧なさい」の略。〓「あれをー」

ごらん-なさい【御覧なさい】[連語] ❶「見なさい」の尊敬語。〓「地図をよくー」▼ふつう目上の人には使わない。③も同じ。⬇なさい㊁ ❷自分の判断や予想どおりになったとき、得意になってその結果をさし示す語。〓「それ、ー」❸〈「…てごらんなさい」の形で補助動詞的に〉「…てみなさい」の尊敬語。〓「耳を澄ませてー」「ちょっと食べてー」

こり【▼梱】[名] ❶行李(こうり)。❷梱包(こんぽう)した荷物。〓「生糸一ー」

こり【▼垢離】[名] 神仏に祈願するとき、冷水を浴びて心身を清めること。水ごり。〓「ーを取る(=垢離の行をする)」「ーを掻く(=垢離を取る)」▼「かわお(川降)り」の転という。「垢離」は当て字。

こり【凝り】[名] 筋肉が張って固くなること。〓「肩のーをほぐす」

こ-り【▼狐▼狸】[名] きつねと、たぬき。▼人をだまして、こそこそと悪事を働く者のたとえにもいう。〓「ーの輩(やから)」

ごり【▼鮴】[名] 淡水魚のチチブ・ヨシノボリ類・ウキゴリ類などの通称。

コリアンダー【coriander】[名] セリ科の一年草。葉は細かく裂けた羽状で、夏、茎の先に白い小花をつける。特有の香りがあり、若葉は食用、果実は香料や薬にする。こうさい。コエンドロ。パクチー。シャンツァイ。

コリー【collie】[名] 犬の一品種。顔は細長く、全身が長毛におおわれる。スコットランド原産の代表的な牧羊犬で、現在は多く愛玩用。

ごり-おし【ごり押し】[名・他サ変] 自分の意見や要求を強引に押し通すこと。〓「少数意見をーする」

こり-かたま・る【凝り固まる】[自五] ❶一か所に凝集して固くなる。〓「疲労でーった筋肉」❷一つの物事に熱中して他を顧みなくなる。〓「古くさい倫理観にーった人」

こ-りくつ【小理屈】[名] どうでもよいような、つまらない理屈。

こ-りこう【小利口】[形動] ちょっとした才覚があって、こざかしいさま。〓「ーに立ち回る」▼やや非難・軽蔑の意を込めて使う。派生 -さ

こり-こり [副と] ❶少しかたくて歯ごたえがあるさま。また、それをかむ音を表す語。〓「ーした食感の貝」❷かたくしまり弾力があるさま。〓「ーした腕の筋肉」❸体の一部が凝って、かたくなるさま。〓「肩が凝ってーする」

こり-ごり【懲り懲り】[副] すっかり懲りるさま。懲りて二度としたくないと思うさま。〓「寒中水泳はもうーだ」

ごりごり-の [連語] 頑なである。〓「ー形式論者」

こり-しょう【凝り性】(コリシャウ) [名] ❶[形動] 一つのことに熱中すると、満足するまでしつこくやり通すこと。また、その性質(の人)。❷肩などが凝りやすい体質。

ご-りしょう【御利生】(ゴリシャウ) [名] 「利生」の尊敬語。御利益(ごりやく)。

コリジョン-ルール【collision rule】[名] 野球で、本塁での衝突を防止するための規定。走者の捕手への体当たりや、捕手が走者の進路をふさぐことなどを禁止する。▼collision は衝突の意。

こ-りつ【孤立】[名] 他とのつながりや他からの助けがなく、一つまたは一人だけで存在すること。〓「ー無援」

こりつ-ご【孤立語】[名] 言語の形態上の類型的分類の一つ。単語には語形変化がなく、語と語の文法的関係が文中の配列の順序によって示される言語。中国語・チベット語・タイ語など。⬇屈折語・膠着(こうちゃく)語

こりつ-むえん【孤立無援】[名] 一人ぼっちで、助けてくれる者がいないこと。〓「ーで奮闘する」

ごりむ-ちゅう【五里霧中】［名］どうすべきかの判断に迷い、方針や見込みがまったく立たないこと。▽「五里霧」は、道術によって起こすという五里四方に立ちこめる霧の意。注意「五里夢中」は誤り。

ご-りやく【御利益】［名］「利益」の尊敬語。神仏から受ける恩恵。御利生（ごりしょう）。「―のあるお守り札」

こ-りゅう【古流】［名］昔から伝えられている流儀。

こ-りょ【顧慮】［名・他サ変］よく考慮して、気をくばること。「周囲の事情を―する」

ご-りょう【御料】［名］❶天皇・貴人が用いるもの。衣服・器物・飲食物など。❷皇室の所有地。▽「御料地」「御料所」の略。

ご-りょう【御陵】［名］天皇・皇后などの墓。みささぎ。

ごりょう-にん【御寮人】［名］主に関西で、中流の町家の若い妻。ごりょうはん。ごりょんさん。

こ-りょうり【小料理】［名］和風の手軽な料理。ちょっとした料理。「―屋」

ゴリラ［gorilla］［名］アフリカの森林にすむ、類人猿中最大の猿。雄は体長二メートルに達する。性質は比較的穏和だが、興奮すると後肢で立ち上がり、両腕で胸を叩きながら大声でほえる。

こ・りる【懲りる】［自上一］失敗などを悔いて、もう二度とすまいという気持ちになる。「彼の運転には―・りた」「［挨拶で］―・りずにまた遊びに来て下さい」図こ・る

ご-りん【五倫】［名］儒教で、人として守るべき五つの道。君臣の義、父子の親、夫婦の別、長幼の序、朋友の信。五常。

ご-りん【五輪】［名］❶オリンピックの大会旗に描かれた、五大州を表す五つの輪。また、オリンピック。❷仏教で、五大を円輪に見立てていう語。地輪・水輪・火輪・風輪・空輪の総称。

ごりん-とう【五輪塔】［名］石などで五大を方形・円形・三角形・半月形・宝珠形にかたどって積み重ねた塔。五輪卒塔婆（ごりんそとば）。

こ・る【凝る】［自五］❶物事に興味を持って夢中になる。熱中する。「釣りに［手打ちそばに］―」❷細かい点にまでこだわって、自分の好みや美意識を追求する。「この店は室内のデザインが／に―・っている」「―・りに―・った演出」❸筋肉が張って固くなる。「肩が―」❹〔古風〕一か所に寄り集まって固まる。また、硬直して動かなくなる。凝り固まる。「女の顔は石のように―・っていた〈鷗外〉」名 凝り

コル［col フランス］［名］山の鞍部（あんぶ）。

こ-るい【孤塁】［名］孤立したとりで。▽ただ一つだけ残された根拠地の意でも使う。「純文学の―を守る」

コルク［kurk オランダ］［名］コルクガシの表皮下に発達した保護組織。軽くて弾力性に富むので、防音材・保温材・瓶の栓などに加工する。キルク。

ゴルゴタ［Golgotha］［名］キリストが十字架の刑に処せられたエルサレム郊外の丘。カルバリ。ゴルゴダ。▽されこうべの丘の意。

ゴルゴンゾーラ［Gorgonzola イタリア］［名］青かびをつけて熟成したイタリアのナチュラルチーズ。独特の刺激臭がある。ゴルゴンゾーラチーズ。ゴルゴンゾラ。

コルセット［corset］［名］❶女性が胸から腰にかけての体形を整えるために着用する下着。❷整形外科で、脊柱（せきちゅう）・骨盤などを保護・固定するために用いる装具。「―をはめる」

コルチゾン［cortisone］［名］副腎（ふくじん）皮質ホルモンの一つ。リウマチ性関節炎・気管支喘息（ぜんそく）などの治療に用いる。コーチゾン。

コルト［Colt］［名］アメリカ人サミュエル＝コルトが発明した、回転式六連発拳銃。また、コルト社製の拳銃の総称。▽商標名。

コルネット［cornet］［名］三つの弁をもち、形・音色ともトランペットに似る金管楽器。管がやや短い。

ゴルフ［golf］［名］ボールを杖状のクラブで打ち、芝をはったコースに設けられた一八のホールに順に入れていく球技。総打数の少ない者を勝ちとする。

ゴルファー［golfer］［名］ゴルフをする人。「プロ―」

コルホーズ［kolkhoz ロシア］［名］旧ソ連の集団農場。協同組合が生産手段を所有し、国家計画に基づいた大規模な生産を行う。共同作業に携わる農民は、労働に応じた報酬を得る。⬇ソフホーズ

これ【▼此れ・▽是れ・▼之れ】■［代］❶話し手が自分に近いと意識している物を指し示す語。この物。また、そのような場所を指し示す語。この所。「―に決めた」「―より先は行き止まりだ」❷直前（または現在）や直後の自分の発言や行動に表される事柄を指し示す語。「やり方を変えてみたよ。―で文句ないだろう？」「―が最後の忠告だ。あいつには関わるな」❸話し手と聞き手がともに関わっていて、聞き手と共通の話題として取り上げている、または取り上げようとしている事柄を指し示す語。「―って、どっちが間違ってるの？」❹現在の時を開始または到達点ととらえて指し示す語。「―から表彰式を行います」「―まで苦労されたことでしょう」❺漢文訓読文で、提示した語を強調したり口調を整えたりする語。「遺漏―無きよう」書き方「是」「之」「▼惟」などと書く。❻法令文などで、提示した主題を目的語として改めて指示する語。「学問の自由は、―を保障する」❼〔三人称〕話し手が、目の前の第三者を自分の側の者として指し示す語。この者。「―に案内させます」
■［感］人に呼びかけて、注意したり叱ったりするときに発する語。「―、早くしなさい」◈書き方 古くは、送らずに「此」「是」「之」とも。現在はかな書きが普通。

こ-れい【古例】［名］昔からの慣例。また、先例。

ご-れい【語例】［名］例としてあげる語句。

ご-れいぜん【御霊前】［名］❶「霊前」の尊敬語。死者を高めていう。❷霊前に供える香典や供物（くもつ）に書き記す語。

これ-から【▼此れから】［副・名］今から以後。今後。「―すぐ行く」「―が本番だ」

コレクション［collection］［名］❶特定のものを趣味として集めること。また、その集めたもの。収集。❷有名デザイナーなどが、そのシーズン用に発表する作品。また、その発表会。

コレクター［collector］［名］収集家。「切手の―」

コレクト-コール［collect call］［名］電話で、料金受信人払いの通話。

これ-これ【▼此れ▼此れ】［名］内容を具体的に述べることを省略する語。「―の理由で欠席するそうだ」

これ-これ［感］人に注意を促すとき、また、人を軽くとがめるときに呼びかける語。「―、待ちなさい」「―、静か

にしなさい」▽多く目下の人に対して使う。

これ‐しき【▼此れしき】〔名〕たかがこれくらい。この程度。「―の失敗でくよくよするな」「何の―」書き方 かな書きが一般的。まれに「これ式」とも。

コレステロール[cholesterol]〔名〕動物性ステロールの一種。生体膜の重要な成分だが、血中濃度が高くなると動脈硬化の要因となる。コレステリン。

これ‐だけ【▼此れだけ】〔名・副〕❶「これ」と範囲を限定していう。一定の、このこと・このものだけ。こればかり。「―はどうしても譲れない」「知っていることは―だ」❷「これ」と範囲を限定してその程度をいう。この程度。「旅費は―あれば十分だ」使い方「これだけ言っても分からないのか」など、相当に高い程度の意を表すことも多い。◈書き方「▼此れ丈」とも当てる。

これっ‐ぽっち〔名〕量などの少ないこと。また、物事の程度が小さいこと。たったこれだけ。「だます気なんて―もない」

これ‐は〔感〕意外なことに驚いたり感動したりしたときに発する語。「―ようこそ」「―見事だ」

これ‐ばかり【▼此れ▽許り】〔名〕❶これだけ。「最近―を聴いている」❷この程度。これほど。特に、程度が相当に低いことをいう。「―の人数でどうしようというのか」❸〈「こればかりも」の形で、打ち消しを伴って副詞的に〉全面的否定を表す。少しも。これっぽっちも。「疑念は―もない」

これは‐これは〔感〕「これは」を強めていう語。

これは‐したり〔感〕〔古風〕意外なことに驚いたときや、あきれたときに発する語。また、自分の過ちに気づいたときに発する語。

これ‐ほど【▼此れ程】〔名・副〕❶これくらい。この程度。特に、程度が相当に高いことをいう。こんな(にまで)。「―頼んでもだめかい」❷〈「これほども」の形で、打ち消しを伴って〉全面的否定を表す。少しも。こればかりも。これっぽっちも。「君のことは―も疑っていない」

これ‐まで【▼此れまで】〔連語〕❶この時点に至るまで。今まで。今日まで。「―のことは水に流そう」❷この場所や状況に至るまで。ここまで。「この先危険、一般の立ち入りは―」「今日(の練習)は―」❸この相当に高い程度にまで。ここまで。「―言われても我慢するのか」❹〈多く「もはや[今は・もう]これまで」の形で〉事態が限界に達したことを表す。「もはや―と観念する」

これ‐みよがし【▼此れ見よがし】〔名・形動〕これを見よと言わんばかりに得意そうなさま。当てつけがましいさま。「―に高級車を乗り回す」▽「がし」は本来清音「かし」で、念を押す終助詞。

コレラ[cholera オランダ]〔名〕コレラ菌による急性の感染症。激しい下痢と嘔吐(おうと)を引き起こす。▽かつては死亡率が高く、発病後一、二日でころりと死んだことから「ころり」ともいう。書き方「虎▽列▼剌」と当てた。

ころ〔名〕重い物を動かすとき、摩擦が少なくなるように下に敷いて転がす丸い棒。

ころ【頃(▽比)】〔名〕❶特定の時期の前後を漠然(ばくぜん)という語。「若い―」「初めの―」「鎌倉に住んでいた―」❷年齢を漠然と指す語。「年の―は四〇余り」❸物語などで事件や物事の起こった時期をいう。それが起こったその時。「―は元禄一五年極月の一四日〈岡本綺堂〉」❹何かをする(のにちょうどいい)時機。「今や―はよし」「―を見はからって話を切り出す」❺〈「…ごろ」の形で〉だいたいの時間を表す。「昭和六〇年―」「真夜中―」❻〈「…ごろ」の形で〉それが行われる(のにふさわしい)時期の意を表す。「桜は今日が見―だ」「食べ―のメロン」❼〈「…ごろ」の形で〉その条件にちょうど合うの意を表す。「値―の品」「手―」◈③④は、他の語に付けずに「頃」単独で使う用法。

ごろ〔名〕「ごろつき」の略。「会社―」

ごろ【頃】〔名〕➡ころ⑤〜⑦

ご‐ろ【語呂(語路)】〔名〕❶ことばを口にしたときや耳にしたときの調子や続きぐあい。「―がいい」❷「語呂合わせ」の略。

ゴロ〔名〕野球で、地面を転がっていく打球。「サード―」▽ごろごろ転がる意からとも、grounder の転ともいう。

ころ‐あい【頃合い】ヒア〔名〕❶ちょうどよい時機。「―を計る」❷ちょうどよい程度。手ごろ。「―の値段」

ごろ‐あわせ【語呂合わせ】ハセア〔名〕ことわざ・成句などの音や口調に似せて、意味の異なる滑稽な句を作ること。地口(じぐち)。「善は急げ」に対して「電話急げ」、「案ずるより産むが易し」に対して「アンズよりウメが安し」などという類。

コロイド[colloid]〔名〕物質が顕微鏡では見えないほどの微細な粒子(〇・一〜〇・〇〇一マイクロメートル)となって気体・液体・固体などの媒体中に分散している状態。また、そのもの。膠質(こうしつ)。▽煙・石けん水・ゼラチンの水溶液などはコロイド。

こ‐ろう【古老(故老)】ウラ〔名〕昔のことをよく知っている老人。

こ‐ろう【固▼陋】〔名・形動〕見識がせまく、がんこなこと。「―の言」「―な人」「頑迷―」派生‐さ

こ‐ろう【虎▼狼】ウラ〔名〕とらと、おおかみ。▽残忍非道のたとえにいう。「―の心」

ごろう・じる【御▽覧じる】ゴラウ〔他上一〕「見る」の尊敬語。ごらんになる。「細工は流々、仕上げを―・じろ」▽サ変動詞「ごらんず」が「ごろうず」に転じ、さらに上一段化した語。

ころ‐おい【頃おい】ヒホ〔名〕あるときを漠然と指す語。時分。ころ。「もう桜の花も開く―だ」

ころ‐がき【枯露柿・▽転柿】〔名〕ほしがき。特に、小さくて丸いほしがき。

ころが・す【転がす】〔他五〕❶ころころと回転するようにする。また、回転させながら動かす。ころばす。「さいころを―」「舌の上で酒を―・して味を見る」「ちょっと車を―・して(＝運転して)箱根まで行った」❷力を加えて倒れるようにする。ひっくり返す。「上手投げで相手を―」❸物を無造作に放置しておく。「荷物はとりあえずその付近に―・しておいてくれ」❹利益を得るために転売を重ねる。「土地を―」❺人をあやつり動かす。操縦する。「男を―」可能 転がせる 名 転がし「土地―」

ころがり‐こ・む【転がり込む】〔自五〕❶球状のものが回転しながら中に入り込む。「ボールが隣家の庭に―」❷あわてて或る場所に入り込む。「暴漢に襲われて交番に―」❸予期していなかったものが急に手に入る。「思わぬ大金が懐に―」❹他人の家に入って世話になる。「叔父の家に―」◈「転げ込む」とも。

ころが・る【転がる】〔自五〕❶ころころと回転しながら進む。「ボールが転々と外野を―」「坂道を―・り(＝

転げ）落ちる」使い方 速度を速めながら勢いよく進む意にもいう。‖「―ように走り去る」❷横倒しになる。転倒する。‖「手元が乱れてコップが卓上に―った」❸体を横にする。横たわる。寝ころがる。‖「ベッドに―って本を読む」❹物が無造作に置かれている。放置されている。‖「床には彼の飲んだ酒瓶が―っていました〈遠藤周作〉」❺たやすく手に入るものとしてどこにでも存在している。‖「こんな物、その辺にいくらでも―っている」「どっちに―っても大差はない」◈❹❺は多く「転がっている」の形で使う。❻物事の進展する方向が変わる。ころぶ。

ご-ろく【語録】［名］儒者・禅僧などの説いた教えを記録した書物。また、広く著名人・有名人などのことばを記録した書物。

こ-ろくがつ【小六月】グヮツ［名］陰暦十月の別称。小春。

ころげ-こ・む【転げ込む】［自五］➡転がり込む

ころ・げる【転げる】［自下一］ころころと回転しながら動く。また、立っている物が横倒しになる。ころがる。‖「坂を―ように没落の道をたどる」使い方 複合語の形で使うことが多い。‖「―げ落ちる」「笑い―」文 ころ・ぐ

ころ-ころ［副ト］❶物が軽やかに転がるさま。また、その音を表す語。‖「まりが―（と）転がる」❷あっけなく物事が行われるさま。また、物事が簡単に次々と変わるさま。‖「上位陣が―負ける」「意見が―変わる」❸明るく高い声で笑うさま。また、その声を表す語。‖「―（と）よく笑う」❹丸々として、かわいらしいさま。‖「―（と）した子犬」

ごろ-ごろ ㊀［副ト］❶大きな物が重そうに転がるさま。また、その音を表す語。‖「岩が―（と）転がり落ちる」❷雷がとどろき響く音を表す語。❸猫などがのどを鳴らす音を表す語。❹あちこちにたくさん転がっているさま。また、（あちこちにあって）ありふれているさま。‖「カレーにジャガイモが―入っている」「芸能界には―している話」❺何もしないで（寝転がったりして）過ごすさま。‖「一日中家で―している」㊁［名］幼児語で、雷。

ころし【殺し】［名］❶殺すこと。❷殺人。また、殺人事件。‖「―の現場」▼もとは警察用語。

コロシアム［colosseum］［名］❶（円形の）競技場。❷コロセウム。

ころ-しも【頃しも】［副］〔古風〕ちょうどそのころ。時まさに。‖「―四月の初め」

ころし-もんく【殺し文句】［名］相手の心をすっかり引きつけてしまう巧みなことば。‖「―を並べる」

ころ・す【殺す】［他五］❶生きているもの（特に、人や動物）の生命を絶つ。命を奪う。‖「強盗が首を絞めて店主を―」「猫がネズミを―」「虫も―・さぬ顔をして…」⇔生かす 使い方 死因を主語にして、「戦争が彼を殺した」などともいう（やや修辞的）。❷不本意ながら人や動物を死なせる。‖「肺炎で息子を―・してしまった」使い方 自分や人が無力であったことなどを責めて、殺した（殺す）も同然だの気持ちでいう。❸生理現象や感情を抑える。押し殺す。また、意図的にものの勢いを弱くする。‖「息を―・して見守る」「声を―・して泣く」「感情を―・して話を続ける」「スピードを―・して変化球を投げる」❹ある作用が、そのものの持つ能力や特性を損なう。駄目にする。壊す。‖「濃すぎる味付けが素材の持ち味を―」❺好ましくない特性を抑える。‖「ワサビが魚の臭みを上手に―・してくれる」使い方 人を主語にしてもいう。‖「コックが種々の香辛料で豚肉の臭みを―」❻相手を悩殺する。‖「流し目で―」❼相撲で、相手の差し手の働きを封じる。‖「左を―・して一気に寄る」❽野球で、走者をアウトにする。‖「牽制球で走者を―」❾囲碁で、相手を攻めて目が二つ以上できないようにする。‖「左すみの石を―」可能 殺せる 名 殺し

コロセウム［Colosseum］［名］古代ローマの円形の闘技場・劇場。コロッセウム。

コロタイプ［collotype］［名］ガラス板に二クロム酸アンモニウムとゼラチンを混合した感光剤を塗布し、これに写真を焼きつけて印刷する方式。写真・絵画などの精巧な複写に用いる。

ごろ-つき［名］一定の住所・職業をもたず、盛り場などをうろついてゆすりなどの悪事を働く者。無頼漢。ごろ。書き方「〈破落戸〉」と当てた。

ごろ-つ・く［自五］❶ごろごろと転がる。また、物がごろごろしている。‖「石が―・いている河原」❷決まった職業もなく、ぶらぶらしている。また、ぶらぶらと遊びまわる。‖「盛り場を―」名 ごろつき

コロッケ［croquetteフラ］［名］ひき肉・魚介類・野菜などを、ゆでてつぶしたじゃがいも、またはホワイトソースでつなぎ、形を整えてから小麦粉・溶き卵・パン粉をつけて揚げた洋風料理。

ころっ-と［副］「ころりと」に同じ。

ごろっ-と［副］「ごろりと」に同じ。

コロナ［corona］［名］太陽大気の最も外側にある高温のガス層。皆既日食のとき、黒い太陽の周囲で淡い真珠色に輝いて見える。

コロナウイルス［coronavirus］［名］コロナウイルス科に属する一本鎖RNAウイルス。哺乳類（ほにゅうるい）・鳥類に感染し、呼吸器感染症などの疾患を引き起こす。▼ウイルス表面の突起が太陽のコロナのように見えることから。

コロニアル［colonial］［名・形動］植民地風であること。‖「―な住宅」

コロニー［colony］［名］❶植民地。また、植民者の集落。❷ある一地域に定着した、同一種または数種の生物の集団。❸細菌を培養するとき、培養基上に形成される細菌の集落。❹心身障害者などが保護や訓練を受けながら生活する福祉施設。

ごろ-ね【▽転寝】［名・自サ変］寝具を使わず、その場にごろりと横になって寝ること。

ころば・す【転ばす】［他五］❶回転させて動かす。ころがす。‖「ボールを―」❷立っているものを倒す。‖「足をすくって―」異形 転ばせる

ごろはち-ぢゃわん【五▽郎八茶▼碗】［名］ふつうより大きくて厚手の飯茶碗。▼「五郎八」は、これを創製した陶工の名という。

ころ・ぶ【転ぶ】［自五］❶立っていたものが倒れる。横倒しになる。転倒する。‖「足を滑らせて―」「寝―」使い方「転がる」「転げる」とも言うが、この意では「転ぶ」が最も一般的。❷物事の進展する方向が変わる。‖「どちらに―・んでも大差はない」❸芸者などがひそかに売春をする。‖「二貫も御祝儀を遣りゃすぐ―っていうんで…〈永井荷風〉」❹キリシタンが弾圧に屈して改宗する。また、権力や誘惑に負けて主義主張を曲げる。転向する。

❺〔古風〕ころころと回転しながら動く。転がる。転げる。使い方「転び出る」など、多く複合語の形で使う。

◉**転ばぬ先の杖**（つえ）　しくじらないように前もって十分に用意しておくことが大切だということ。使い方「ぬ」は打ち消しの「ぬ」だが、この場合は「転ぶ前の杖」のように打ち消しを伴わずに言っても同じ意味になる。

◉**転んでもただでは起きない**　たとえ失敗しても何か利益を得ようとする。強欲であることのたとえ。

ころも【衣】［名］❶僧の着る衣服。僧衣。法衣（ほうえ）。‖「墨染めの—」❷衣服。衣装。‖「—替え」▼古い言い方で、単独では普通使わない。❸てんぷら・フライなどで、たねになるものの外側を包んだもの。

ころも-がえ【衣替え（衣▽更え・〈更衣〉）】ヘガ［名・自サ変］❶時候のかわりめに、季節に合った衣服に着替えること。▼昔は、陰暦四月一日と十月一日に行うしきたりがあった。現在では制服などについて、ふつう六月一日と十月一日に行う。❷外観・外装などをすっかり変えること。

ころり-と［副］❶ものが軽やかに一回転がったり倒れたりするさま。‖「土俵に—投げられる」❷簡単に物事が生じるさま。‖「—だまされる」◈「ころっと」とも。

ごろり-と［副］❶ものが重そうに一回転がったり倒れたりするさま。‖「大きな石が—道に転がっている」❷無造作に横になるさま。‖「ベッドに—寝転がる」◈「ごろっと」「ごろんと」とも。

コロン［colon］［名］欧文の句読点の一つ。引用句・説明句の前や対句の間に使う。記号「:」

ごろん-と［副］「ごろりと」に同じ。

コロンブス-の-たまご【コロンブスの卵】［連語］人の行ったあとでは簡単そうにみえることでも、それを最初に行うのは至難であるということ。語源 大陸発見などだれにでもできると評されたコロンブス（Columbus）が、それでは卵を立ててみよと言い、だれ一人できなかった後で、卵の端をつぶして立ててみせたという逸話から。

こわ・い【怖い（▽恐い）】コハ［形］❶危害を加えられそうな感じで、身がすくむ思いがする。恐ろしい。おっかない。‖「僕は蛇［真実を知ること］が—」「—先生」「—もの見たさにのぞき込む」❷不満足な結果や成り行きになりそうで、不安な気持ちである。‖「試験の結果が—」「約束を破ると後（あと）が—ぞ」派生 -げ／-さ／-がる

◉**怖いもの知らず**　後先考えず、何事も恐れず無鉄砲なこと。また、その人。

こわ・い【▽強い】コハ［形］❶水分が少なくて堅いさま。‖「飯が—」❷容易に意見を変えないさま。強情だ。強硬だ。‖「情の—人」

こわ-いけん【▽強意見】コハ［名］〔古風〕厳しくいましめること。手厳しい訓戒。

こわ-いろ【声色】［名］❶話すときの声の調子。また、声の質。こわね。❷役者・芸能人・有名人などのせりふ回しや声をまねること。また、その芸。‖「—を使う」

こわ-がり【怖がり（▽恐がり）】コハ［名］ちょっとしたことにもこわがること。また、そのような人。

こわ-が・る【怖がる（▽恐がる）】コハ［他五］怖いという気持ちを態度に表す。びくびくする。おそろしがる。‖「雷を—」「ライバル社に—・られる存在」名 **怖がり**

こ-わき【小脇】［名］わき。また、わきに関するちょっとした動作にいう語。‖「本を—に抱える」

こ-わく【▼蠱惑】［名・他サ変］あやしい魅力で人の心を引きつけ、まどわすこと。‖「—的な眼差し」

こ-わけ【小分け】［名・他サ変］細かくいくつかに分けること。また、その分けた部分。‖「荷物を—にして運ぶ」「離乳食を—して冷凍する」

こわ-ごわ【怖怖（▽恐▽恐）】コハ［副］恐ろしいと思いながら物事をするさま。おそるおそる。

ごわ-ごわゴワ［副］紙・布などがこわばっていて、しなやかでないさま。‖「厚くて—（と）した紙」

こ-わざ【小技】［名］相撲・柔道などで、ちょっとした動作でかける、すばやい技。⇔大技

こわ・す【壊す（▽毀す）】スコハ［他五］❶力を加えて、物の形を損なわせる。破壊する。（意図的な場合にもそうでない場合にも使う）‖「ドアを—」「自然を—のも守るのも人間だ」「床に落として花瓶を—・してしまった」❷取り扱いを間違えたり使いすぎたりして、器機などの機能を損なう。‖「いじり回してパソコンを—・してしまう」❸体またはその部分の機能を悪くする。損なう。害する。‖「飲み過ぎで体を—」❹ある作用が物の形や機能を損なう。破壊する。‖「熱によってビタミンが—・される」❺物事のまとまった状態を損なう。つぶす。‖「計画［夢・二人の仲］を—」❻ある貨幣をより小額の貨幣にかえる。両替する。くずす。‖「一万円札を千円札に—」◈書き分け【毀】はやぶれ損なう意で、「壊」より意味が強い。「城門［腹・話］を毀す」なども使うが、今は【壊】が一般的。「こわれる」の場合も同じ。可能 **壊せる**

ごわ・す［動特活］（せ・しょ-し-す-すれ-○）㊀［自］動詞「ある」の丁寧語。‖「酒のさかなも—」㊁［補動］補助動詞「ある」の丁寧語。‖「お願いで—」「よう—」◈鹿児島方言。

こわ-だか【声高】［形動］声が高く、大きいさま。‖「—に話す」

こ-わたり【古渡り】［名］古い時代に外国から渡来したこと。また、その品物。古渡（こと）。‖「—の更紗（さらさ）」⇔新渡（しんと）▼狭義には室町時代以前に渡来した織物・美術工芸品・薬品などにいう。

こわ-だんぱん【▽強談判】コハ［名］強い態度で相手に迫るかけあい。手厳しい談判。

ごわ-つ・く【▽強つく】コハ［自五］かたくなって、ごわごわする。‖「髪が—」「のりのきいたシーツが—」

こ-わっぱ【小▽童】［名］子供や未熟な若者をばかにして、ののしる語。小僧。若造。▼「こわらは」の転。

こわ-ね【声音】［名］話すときの声の調子・響き。こわいろ。

こわ-ば・る【▽強張る】コハ［自五］やわらかいものが、つっぱったように固くなる。‖「緊張のあまり体が—」「—・った表情」

こわ-めし【▽強飯】コハ［名］もち米を蒸した飯。特に、もち米に小豆などを入れて蒸した赤飯。こわいい。おこわ。

こわもて【▽強面・怖面】コハ［名・形動］こわい顔つき。また、（こわい顔をして）強硬な態度で相手にのぞむこと。‖「—に意見をする」▼「こわおもて」の転。

こわ-もて【▽強持て・▽怖持て】コハ［名］相手に恐れられ、それだけ丁重に扱われること。‖「—のする人」

こ-わり【小割り】［名］❶材木などを小さく割ること。また、その割ったもの。❷まきなどを割る小さな鉈（なた）。

こわれ-もの【壊れ物（▽毀れ物）】コハ［名］❶壊れた物。❷壊れやすい物。陶磁器・ガラス製品など。

こわ・れる【壊れる（▽毀れる）】〔自下一〕❶（力が加えられて）物の形が損なわれる。≡「花瓶が粉々に—」「—れた傘を修理する」❷機械などの機能が損なわれる。≡「ラジオが—れて音が出ない」❸ある作用が加えられて、そのものの持つ本来の特性や機能が損なわれる。破壊される。≡「熱を加えるとビタミン類が—」❹物事の、調和がとれたりまとまったりした状態が損なわれる。≡「心ない一言で雰囲気が—」「合併話が—」❺高額の貨幣がより小額の貨幣にかえられる。≡「千円札が百円玉に—れますか」◈書き分け ➡壊す 文こはる

品格 壊滅「—的打撃」 壊乱「風俗—」 瓦解「体制の—」 決壊「堤防が—する」 損壊「器物—」 破壊「大量—兵器」 崩壊「家屋が—する」

こん【根】■一〔名〕❶持って生まれた性質。≡「鈍—・利—」❷あきずに物事をし続ける力。気力。≡「—のいる仕事」「—気・—性」❸ある数を何乗かして得た数値に対するもとの数。また、方程式で、未知数を満たす数。≡「実—・平方—」■二（造）❶植物のね。≡「—菜」「球—・蓮—」❷物事のもと。≡「—拠・—源」「病—・無—」

◉根を詰・める 精神を集中させて物事に没頭する。

こん【紺】〔名〕紫がかった濃い青色。紺色。≡「—のスーツ」「—絣・—青・—碧」

こん【今】（造）❶いま。現在。≡「—昔」「現—・昨—」❷この。このたびの。≡「—回・—度・—春」「—大会・—シーズン」❸今日の。≡「—晩・—夜」

こん【困】（造）苦しむ。こまる。≡「—窮・—難・—憊」「—惑」「貧—」

こん【▼昏】（造）❶日が沈んで暗い。≡「—冥」「黄—」❷目が見えなくなる。意識がなくなる。≡「—睡・—倒」❸道理に暗い。≡「—惑」

こん【昆】（造）❶兄。≡「—弟」❷あと。のち。また、よつぎ。≡「—裔・—孫」「後—」❸多い。≡「—虫」

こん【金】（造）❶きん。こがね。また、こがねいろ。≡「—色・—泥・—銅・—堂」「黄—」❷美しい。かたい。りっぱな。≡「—剛」

こん【恨】（造）うらむ。くやむ。うらみ。≡「遺—・怨—・痛—」「長—歌・多情多—」

こん【婚】（造）夫婦の縁組みをする。≡「—姻・—約・—礼」「求—・再—・新—・未—・離—」

こん【混】（造）まじる。まざりあう。まぜる。≡「—血・—淆・—成・—然・—沌」

こん【痕】（造）❶きずあと。≡「刀—」❷あとに残ったしるし。≡「—跡」「血—・弾—・墨—」

こん【献】（造）宴席などで杯をさす回数を表す語。≡「一—おあがりください」旧獻

こん【魂】（造）こころ。精神。たましい。≡「—胆・—魄」「商—・精—・鎮—・闘—・霊—」

こん【墾】（造）荒れ地をきりひらいて耕す。≡「—田」「開—・未—」

こん【懇】（造）真心がこもっている。また、心からうちとけて親しい。≡「—意・—願・—親・—談」「昵—」

コン（造）❶「コンディショナー」の略。≡「エアー」❷「コントロール」の略。≡「ラジ—・リモ—」❸「コンクリート」の略。≡「生—」❹「コンピューター」の略。≡「パソ—・マイ—」❺「コンプレックス」の略。≡「マザ—」

ごん【言】（造）口に出して言う。また、ことば。≡「—上・—語道断」「遺—・過—・他—・無—」

こん-い【懇意】〔名・形動〕親しく交際していること。≡「日ごろ—にしている人」「かねてより—な／の間柄」

こん-いつ【混一】〔名・自他サ変〕まじって一つになること。また、まぜて一つにすること。統一すること。

こん-いん【婚姻】〔名・自サ変〕男女が結婚すること。また、結婚している状態。≡「—届」▼ふつう法律的な面からいう。

こん-か【今夏】〔名〕今年の夏。この夏。≡「—の平均気温」

こん-か【婚家】〔名〕嫁入り、または婿入りした先の家。⇔実家

コンガ［conga スペイン］〔名〕❶中南米音楽に用いる細長い太鼓。指や手のひらを使って演奏する。❷キューバの民俗舞踊・舞曲。四分の二拍子の陽気な曲調で、カーニバルなどで踊る。

こん-かい【今回】〔名〕何回か行われるものの、現在の回。≡「—は出席者が少ない」

こん-がい【婚外】〔名〕婚姻関係にない男女の関係。

こんがい-し【婚外子】〔名〕法律上の婚姻関係にない男女の間に生まれた子。非嫡出子。

こん-がすり【紺▼絣・紺〈飛白〉】〔名〕紺地に白いかすり模様のある木綿織物。また、その模様。

こん-かつ【婚活】〔名〕〔新〕よい結婚相手を探すための活動。▼「結婚活動」の略。

こんがらか・る〔自五〕❶糸などがもつれて絡まる。≡「釣り糸が—」❷物事が複雑に入り組んで筋道がたどれなくなる。ややこしくなる。混乱する。≡「話が—」◈「こんがらがる」「こんぐらかる」ともいう。

こんがり〔副上〕食べ物などが、ほどよい色に焼けるさま。≡「餅が—(と)焼ける」

こん-かん【根幹】〔名〕物事のおおもとになる、最も大切なところ。≡「民主主義の—を揺るがす事件」▼木の根と幹の意から。

こん-がん【懇願】〔名・他サ変〕心をこめて丁重にお願いすること。≡「助命を—する」

こん-き【今季】〔名〕❶今の季節。この季節。❷スポーツで、このシーズン。

こん-き【今期】〔名〕現在の期間。この期間。≡「—の決算報告」

こん-き【根気】〔名〕一つの物事を途中で投げ出さずにやり通す気力。こん。≡「—のいる仕事」

こん-き【婚期】〔名〕結婚するのに適した年ごろ。

こん-ぎ【婚儀】〔名〕結婚の儀式。婚礼。結婚式。

こん-きゃく【困却】〔名・自サ変〕こまりはてること。≡「はなはだ—する出来事」

こん-きゅう【困窮】〔名・自サ変〕この上なく、こまり苦しむこと。また、ひどく貧しくて、こまり苦しむこと。≡「生活に—する」

こん-きょ【根拠】〔名〕❶ある考えや言動のもとになるもの。よりどころ。≡「—を示す」❷ねじろ。本拠。≡「—地」

こん-ぎょう【今暁】〔名〕きょうの夜明け方。

ごん-ぎょう【勤行】〔名・自サ変〕僧侶が時を定め、仏前で読経・回向などを行うこと。おつとめ。

こん-く【困苦】〔名・自サ変〕必要なものがなくて、こまり苦しむこと。≡「—の生活にあえぐ」

ごん-ぐ【▼欣▽求】〔名・他サ変〕心から(喜んで)仏の道を願い求めること。

ゴング［gong］〔名〕ボクシング・レスリングなどで、競

技の開始や終了を知らせる鐘。〓「—が鳴る」

コンクール【concours フランス】[名] 競技会。競演会。〓「合唱[写真]—」

ごんぐ-じょうど【▼欣▽求浄土】ゴンジャウド [名] 極楽往生を心から願い求めること。⬍厭離穢土(えんりえど)

こんくらべ【根比べ(根▽競べ)】[名·自サ変] 根気の強さを競い合うこと。根気くらべ。

コンクリート【concrete】[名] セメント·砂·砂利に水を加えて練りまぜたもの。また、その硬化したもの。土木·建築用材にする。コンクリ。〓「—を打つ(=流し込んで固める)」「鉄筋—」 書き方「混▽凝▽土」と当てた。

コングロマリット【conglomerate】[名] 業種の異なる企業が合併して多角的経営を営む大企業体。複合企業。

ごんげ【権化】[名] ❶仏·菩薩(ぼさつ)が衆生を救うために、この世に仮の姿となって現れること。また、その仮の姿。権現。❷ある抽象的な特質が具体的な姿となって現れたと思えるような人やもの。〓「美[悪]の—」

こんけい【根茎】[名] 根のように見える地下茎。地中または地表をはい、節から芽や根をのばす。はす·竹·カンナなどに見られる。

こんけつ【混血】[名] 人種の異なる男女から生まれた子に両者の特質がまじりあうこと。また、その子。

こんげつ【今月】[名] 現在の一か月。この月。当月。〓「—は先月よりも出費がかさんだ」

こんげん【根源(根元)】[名] 物事のおおもと。また、物事のはじまり。〓「諸悪の—」「—的な誤り」

ごんげん【権現】[名] ❶⬇権化① ❷仏·菩薩(ぼさつ)が衆生を救うために、日本の神に姿を変えてこの世に現れること。また、その神。熊野三所権現·山王権現など。

ごんげん-づくり【権現造り】[名] 神社の建築様式の一つ。屋根を連続させて本殿と拝殿を建造し、その間を床の低い石の間でつなぐ。日光東照宮本殿など。

こんご【今後】[名] 今から先。これから。〓「—の政治情勢が注目される」

ごんご【言語】[名] ことば。⬇げんご

こんこう【混交(混▼淆)】コンカウ [名·自他サ変] ❶異質のものが入りまじること。また、異質のものを入れてまぜること。〓「玉石が—する」「神仏—」「和漢—文」❷意味の類似した二つの語や句がまじり合って、新しい語や句ができること。「とらえる」と「つかまえる」から「とらまえる」が、「スモーク」と「フォッグ」から「スモッグ」ができるの類。コンタミネーション。◈ 書き方「混交」は代用表記。

こんごう【金剛】コンガウ [名] ❶「金剛石」の略。❷非常にかたくて壊れない性質。特に仏教で、堅固·最上の意。〓「—界·—力·—杵(しょ)·—不壊(ふえ)」◈梵語 vajra の漢訳で、堅固の意。

こんごう【根号】コンガウ [名] 平方根·立方根など、累乗根を表す記号。$\sqrt{\ }$, $\sqrt[3]{\ }$, $\sqrt[4]{\ }$など。ルート。

こんごう【混合】コンガフ [名·自他サ変] 性質の異なるものがまじり合うこと。また、性質の異なるものをまぜ合わせること。〓「—物」「—ダブルス」

こんごう-しゃ【金剛砂】コンガウ [名] 不純物の多い砂状の鋼玉。または、石榴(ざくろ)石の粉末。研磨剤に用いる。

こんごう-しんりょう【混合診療】コンガフシンレウ [名] 同一患者に健康保険の適用される保険診療と、適用されない自由診療を併用して行うこと。また、その診療形態。混合医療。

こんごう-せき【金剛石】コンガウ [名] ダイヤモンド。

こんごう-づえ【金剛▼杖】コンガウヅエ [名] 修験者(しゅげんじゃ)や巡礼者が持つ、白木でできた八角または四角のつえ。こんごうじょう。▽転用して登山者なども用いる。

こんごう-りきし【金剛力士】コンガウ [名] 金剛杵(しょ)を手にして仏法を守護する強力の神。筋骨たくましく、怒りの形相をした像として表され、寺門の左右に置かれる。金剛神。仁王。

コンコース【concourse】[名] 駅·空港などの、通路をかねた中央ホール。また、公園などの中央広場。

ごんご-どうだん【言語道断】ダウ [名·形動] ことばでは言い表せないほどひどいこと。もってのほかであること。〓「—のふるまい」▽もと仏教語で、深遠な真理はことばでは表現しきれないことをいう。✓注意「言語道断」は、ことばで説明する道が断たれる意。「言語同断」と書くのは誤り。また、「言語」は「げんご」ではなく「ごんご」と読む。

こんこん【▼昏▼昏】[形動タルト] ❶暗いさま。また、道理に暗いさま。〓「—たる闇夜」❷深く眠っているさま。また、意識がはっきりしないさま。〓「—と眠り続ける」

こんこん【▼滾▼滾(▼渾▼渾)】[形動タルト] 水などがさかんに流れるさま。また、尽きることなくさかんにわき出るさま。〓「—とわき出る泉」「アイデアが—とわく」

こんこん【懇懇】[形動タルト] 心をこめてくり返し説くさま。〓「—とさとす」

コンサート【concert】[名] 音楽会。演奏会。〓「—を開く」

コンサートマスター【concertmaster】[名] 管弦楽団の第一バイオリンの首席奏者。楽団全体の指導的役割を担い、時には指揮者の代わりも務める。

こんさい【根菜】[名] 根や地下茎を食用とする野菜。大根·にんじん·ごぼう·はす·里芋など。根菜類。

こんざい【混在】[名·自サ変] 入りまじって存在すること。〓「農家と新興住宅が—する地域」

こんさく【混作】[名·他サ変] 同一の耕地に二種以上の作物を同時に栽培すること。

こんざつ【混雑】[名·自サ変] 多くの人や物が無秩序に入りまじってこみあうこと。〓「開演前から会場が—する」

コンサバ [名·形動]「コンサバティブ」の略。〓「—ファッション(=流行に左右されない保守的なファッション)」

コンサバティブ【conservative】[名·形動] 保守的なさま。また、そのような人。〓「—な考え方」⬍プログレッシブ

コンサルタント【consultant】[名] 専門的な問題について相談を受け、診断·助言·指導などを行う人。〓「経営—」「—会社」

コンサルティング【consulting】[名] 専門家の立場から相談に応じたり助言したりすること。

こんし【懇志】[名] 心の行き届いた親切な気持ち。

こんじ【今次】[名] このたび。こんど。〓「—の大戦」

こんじ【恨事】[名] うらみが残る事柄。きわめて残念な事柄。痛恨事。〓「千載の—」

こんじ【根治】ヂ [名·自他サ変] 病気などが根本からすっかり治ること。また、すっかり治すこと。こんち。〓「病が[を]—する」「—手術」

コンシーラー【concealer】[名] 顔のしみや目の下の隈(くま)などを隠すための化粧品。

コンシェルジュ【concierge フランス】[名] ホテルで、

観光の案内や手配などを行う接客係。▼広く、特定の分野の案内や手配を行う人にもいう。

こん-じき【金色】［名］黄金のような色。きんいろ。こがねいろ。〓「ーに輝く雲」

こん-じゃく【今昔】［名］今の世と昔の世。今と昔。こんせき。

◉今昔の感 今と昔を思い比べたとき、その違いの大きさに対して抱く感慨。〓「ーに堪えない」注意「昔日の感」は誤り。

こん-しゅう【今秋】［名］今年の秋。この秋。〓「ーの諸行事」

こん-しゅう【今週】［名］現在の一週間。この週。

コンシューマー［consumer］［名］消費者。

コンシューマー-ゲーム［consumer game］［名］家庭用のコンピューターゲーム。テレビゲーム機・携帯型ゲーム機など。⬇アーケードゲーム

こんじゅ-ほうしょう【紺▼綬褒章】［名］公益のために多額の私財を寄付した人に与えられる褒章。リボンの色は紺色。

こん-しゅん【今春】［名］今年の春。この春。〓「ー大学を卒業する」

こん-しょ【懇書】［名］心のこもった丁寧な手紙。また、手紙をいう尊敬語。〓「御ー拝受いたしました」

こん-じょう【今生】［名］この世に生きている間。現世。〓「ーの別れ」⇔前生・後生

こん-じょう【根性】［名］❶その人が生まれつきもっている性質。しょうね。〓「ーを入れかえる」❷〈名詞に付いて〉あるものにそなわっている特有の性質。〓「島国ー・野次馬ー・助平ー」使い方 マイナスに評価して言う。❸物事を成し遂げようとする強い精神力。〓「ーのある人」「勝負ーがある」

こん-じょう【紺青】［名］明るく鮮やかな藍色。また、その色の顔料。〓「ーの空」

こん-じょう【懇情】［名］心のこもった親切な心配り。〓「御ーを賜り有り難く存じます」

ごん-じょう【言上】［名・他サ変］目上の人に申し上げること。〓「殿様に意見をーする」

こん-しょく【混食】［名・自他サ変］❶動物性食物・植物性食物の両方を食べること。雑食。❷米に麦・あわ・ひえなどの雑穀をまぜて主食とすること。また、その食べ物。

こん-しょく【混植】［名・他サ変］❶二種以上の作物などを一緒に植えること。〓「ネギとニラをーする」❷印刷で、異なる字種などを組み合わせること。〓「和欧ー」

こん・じる【混じる】［自他上一］まじる。まざる。また、まぜる。〓「米に砂粒がー」異形 **混ずる**

こん-しん【混信】［名・自サ変］電信・放送などで、異なる発信源からの電波がまじって受信されること。

こん-しん【▼渾身】［名］からだ全体。全身。満身。〓「ーの力をふりしぼる」▼「渾」はすべての意。

こん-しん【懇親】［名］うちとけて仲良くつきあうこと。親睦。〓「ー会」

こん-すい【▼昏睡】［名・自サ変］❶深く眠り込むこと。❷意識が完全に失われ、強い刺激を与えても覚醒しないこと。また、その状態。

コンスターチ［cornstarch］［名］⬇コーンスターチ

コンスタント［constant］ ■一［形動］一定しているさま。〓「ーに三割を打つ打者」■二［名］数学・物理学で、定数。常数。

こん・ずる【混ずる】［自他サ変］⬇混じる 文 **こん・ず**

こん-せい【混生】［名・自サ変］種類の異なる植物が入りまじって生えること。また、種類の異なる動物が入りまじって生息すること。

こん-せい【混成】［名・自他サ変］異種のものが、まじりあってできること。また、まぜあわせてつくること。〓「ーガス［チーム］」

こん-せい【混声】［名］男声と女声とを組み合わせること。〓「ー合唱」

こん-せい【懇請】［名・他サ変］礼を尽くして、ひたすら頼むこと。また、その頼み。〓「援助をーする」

こん-せき【今夕】［名］きょうの夕方。こよい。今晩。こんゆう。〓「ー六時より討論会を開催する」

こん-せき【痕跡】［名］過去に何事かがあったことを示すあと。あとかた。〓「誰かが侵入したーがある」

こん-せつ【今節】［名］❶このごろ。今時。このせつ。〓「ーの若者」❷スポーツなどで、競技期間をいくつかに区切ったうちの、いまの期間。

こん-せつ【懇切】［名・形動］細かいところまで気が配られて、親切なこと。〓「ーに指導する」「ーなご教示に感謝申し上げます」「ー丁寧な説明」派生 **-さ**

こん-ぜつ【根絶】［名・他サ変］根本からすっかりなくしてしまうこと。ねだやし。〓「覚醒剤のーをめざす」

コンセプト［concept］［名］❶概念。観念。❷広告・企画・新商品などの全体をつらぬく、新しい観点・発想による基本的な考え方。また、それを表した主張。

コンセプト-ショップ［concept shop］［名］独自の主張・感性などに基づいて品揃えを行う店舗。

こん-せん【混戦】［名・自サ変］敵味方が入り乱れて戦うこと。また、実力が伯仲して勝敗の予想がたたないような戦い。

こん-せん【混線】［名・自サ変］電話・電信などで、別の通話や通信がまじること。▼いくつかの話題が入りまじり、話の筋が混乱する意にもいう。〓「話がーする」

こん-ぜん【婚前】［名］結婚する前。〓「ー旅行」「ー交渉」

こん-ぜん【▼渾然（混然）】［形動タルト］別々にあったものが溶けあって一つにまとまるさま。〓「幻想と現実がー一体となった作品」

コンセンサス［consensus］［名］意見の一致。合意。〓「ーを得る」

コンセント［名］屋内配線に電気器具のコードをつなぐための、プラグの差し込み口。〓「プラグをーに差し込む」▼和製 concentric + plug からか。米語では outlet、英語では socket という。注意 プラグを抜く意味で「コンセントを抜く」というのは本来は誤りだが、一般には多く用いられる。

コンソーシアム［consortium］［名］❶協会。組合。企業連合。❷発展途上国への経済援助を調整するために先進国の政府・企業などが形成する機関・会議。国際借款団。債権国会議。

コンソール［console］［名］❶テレビ・ステレオなどで、足付きのキャビネットに収められた大型のもの。〓「ー型」❷コンピューターなどの、操作卓・制御台。

コンソメ［consommé フランス］［名］澄まし仕立ての

スープ。⇩ポタージュ

こん-だく【混濁(▾溷濁)】[名・自サ変] ❶いろいろなものがまじり合って、にごること。‖「ーした空気」❷意識・記憶などが乱れて、あいまいになること。

コンダクター[conductor][名] ❶オーケストラなどの、指揮者。❷団体旅行などの、添乗員。‖「ツアーー」

コンタクト[contact][名] ❶相手と直接連絡をとること。‖「ーをとる」❷眼球に密着させて視力を矯正する薄いレンズ。▽「コンタクトレンズ」の略。

こん-だて【献立】[名] 食卓に出す料理の種類・組み合わせ・順序などの計画。また、それを書き出したもの。メニュー。‖「ー表」

こん-たん【魂胆】[名] 心中にもっているたくらみ。‖「何かーがある」

こん-だん【懇談】[名・自他サ変] 打ち解けた雰囲気で、親しく話し合うこと。‖「旧友とーする」「ー会」▽さらに親しく会話を楽しむ意では「歓談」を使う。

こん-ち【根治】[名・自他サ変] ⇩こんじ(根治)

コンチェルト[concerto イタリア][名] 協奏曲。コンツェルト。‖「ピアノー」

コンチネンタル[continental][形動] ヨーロッパ大陸風であるさま。‖「ータンゴ」

こん-ちゅう【昆虫】[名] 昆虫綱に属する節足動物の総称。成虫の体は頭・胸・腹の三部に分かれ、頭部には一対の触角と複眼、胸部には三対の脚がある。胸部に二対のはねがある有翅(ゆうし)昆虫と、はねのない無翅昆虫とに大別される。成虫になる過程で変態するものが多い。

コンツェルン[Konzern ドイツ][名] 一つの巨大企業や金融資本が形式的には独立している諸企業を支配・統制する独占企業形態。▽日本の旧財閥がこれに当たる。⇩カルテル・トラスト

コンテ[名] 映画・テレビなどの、撮影台本。シナリオをもとに、画面の構成・演技の内容・撮影方法などの指示を細かく書き入れたもの。▽「コンティニュイティー(continuity)」の略。

コンテ[conté フランス][名] 鉛筆よりも柔らかく、濃淡がはっきりと描けるデッサン用の画材。クレヨンに似るが、蠟分(ろうぶん)は含まれない。▽フランスの化学者コンテの創製。もと、商標名。

こん-てい【根底(根▾柢)】[名] 物事や考え方のおおもと。根本。‖「既成概念をーからくつがえす」書き方「根底」は代用表記。

こん-でい【金泥】[名] ⇩きんでい(金泥)

コンディショナー[conditioner][名] ❶調節装置。‖「エアーー」❷髪・肌などの状態を整えるための液剤。‖「ヘアー・スキンー」

コンディショニング[conditioning][名] 体調・環境などをととのえること。調整。調節。‖「エアーー」

コンディション[condition][名] 調子。状態。特に、健康状態。‖「グラウンドのーが悪い」「ベストー」

コンテクスト[context][名] 語句の意味の決定に重要な役割を果たすもの。言語が使用される場面や文章内部の前後のつながり。文脈。コンテキスト。

コンテスト[contest][名] 作品・技能などの優劣を競う催し。コンクール。‖「物まねー」「スピーチー」

コンテナー[container][名] 貨物輸送に用いる大きな箱形の容器。コンテナ。‖「ー船」

コンデンサー[condenser][名] ❶絶縁した二つの導体を対向させ、電圧を加えて電気を蓄える装置。蓄電器。❷蒸気機関で、蒸気を冷却して液体にする装置。凝縮器。復水器。❸光学器械の集光レンズ・集光鏡。

コンデンス-ミルク[名] 牛乳に砂糖を加え、煮詰めて濃縮したもの。加糖練乳。練乳。▽condensed milkから。無糖のものは「エバミルク」という。

コンテンツ[contents][名] ❶中身。内容。❷書籍の目次。❸文書・音声・映像などの情報サービスの内容。

コント[conte フランス][名] ❶風刺と機知に富んだ小話。軽妙な味わいをもつ掌編小説。❷滑稽な寸劇。

こん-ど【今度】[名] ❶ごく近い過去、またはごく近い未来に何かが行われる、そのときを表す。‖「ーの旅行は楽しかった」「ー音楽会がある」❷次の機会。次回。‖「もう一度勝負だ。ーは負けないぞ」

こん-とう【今冬】[名] 今年の冬。この冬。

こん-とう【▾昏倒】ウタ[名・自サ変] 目がくらんで、急に倒れること。卒倒。‖「その場にーする」

こん-どう【金堂】ウタ[名] 寺院で、本尊を安置する堂。伽藍(がらん)配置の中心をなす。本堂。▽堂内を金色に飾ったことからという。

こん-どう【金銅】[名] 銅・青銅に金めっきを施したもの。また、銅・青銅に金箔を押したもの。‖「ー仏」

こん-どう【混同】[名・他サ変] 本来区別しなくてはならないものを、同じものとして扱うこと。‖「自由と放縦をーする」「公私ー」

コンドーム[condom][名] 避妊や性病予防のために、性交時に男性器にかぶせる薄いゴム製のふくろ。サック。スキン。ゴム。

こん-とく【懇篤】[名・形動] 丁寧で、心がこもっているさま。

コンドミニアム[condominium][名] ❶分譲式マンション。❷キッチンなどの付いた宿泊施設。

ゴンドラ[gondola][名] ❶イタリアのベネチアで使われる平底の舟。船体は細長く、船首と船尾がそり上がっている。❷飛行船・気球・ロープウエーなどの、つりかご状の客室。

コントラスト[contrast][名] 二つのものを対比させたときの違い。対照。対比。‖「赤と緑のーが美しい」「ーをつける」

コントラバス[Kontrabaß ドイツ][名] バイオリン属中で最も大きく、最低音部を受け持つ弦楽器。バス。ベース。ダブルベース。

コントラルト[contralto イタリア][名] アルト。

コンドル[condor][名] ❶カリフォルニアコンドル・クロコンドル・ヒメコンドルなど、北米南部から南米にかけて分布するコンドル科の鳥の総称。❷南米のアンデス山地に生息する①の一種。雄は全長一メートル以上、翼を広げると三メートル以上になる。動物の死肉を主食とする。▽頭部に羽毛がないので「はげたか」「はげわし」とも呼ばれるが、ハゲワシ類とは別種。

コンドロイチン[chondroitin][名] 軟骨・血管壁など結合組織に多く含まれるムコ多糖類。

コントローラー[controller][名] ❶制御装置。制御器。‖「リモートー」❷企業経営を管理する人。また、その機関。❸航空管制官。

コントロール[control][名・他サ変] ❶ものごと

の程度をちょうどよいように調整・管理すること。制御。≡「感情を−する」❷野球で、投手が自分の思う所にボールを投げること。また、その技量。制球。

コントロール-タワー【control tower】[名]空港内で航空交通の管制を行う塔状の施設。管制塔。

こん-とん【混▾沌(▾渾▾沌)】[名]❶天地創世の神話で、天と地がまだ分かれていない状態。カオス。❷[形動タリ]入りまじって区別がつかないさま。また、なりゆきが分からないさま。≡「−とした世界情勢」

こんな[形動]状態や程度がこのようであるさま。このよう(な)。≡「天気が−だから試合は中止だろう」「−やり方では効果がない」[使い方](1)一般に語幹が連体形の働きをして体言に直接つくが、接続助詞「ので」「のに」や終助詞「の」に続くときは「−な」の形をとる。≡「体調が−なので期待できない」(2)「−点数は二度と取れない」「−にうまくは作れません」など、程度のはなはだしさ(の否定)を強調する言い方も多い。

こんなに[形容動詞「こんな」の連用形]➡こんな

こん-なん【困難】[名]❶[形動]実行したり解決したりすることが難しいこと。また、その事柄。≡「歩くのも−になる」「和解が−な状況」「入手[呼吸]−」⇔容易 [派生]−さ ❷[自サ変][古風]困り苦しむこと。特に、生活に困窮すること。≡「(高柳ハ)自分が生活に−しているものだから〈漱石〉」

こん-にち【今日】[名]❶「きょう」の改まった言い方。≡「−まで必死の努力をしてまいりました」❷このごろ。現在。≡「−の世界情勢」

こんにち-は【今日は】[感]昼間、人に会ったり訪問したりするときのあいさつの語。▼「今日はよいお天気で…」などのあとが略されたもので、本来「は」は助詞。近年「わ」と書くことも多いが、「は」と書く決まりになっている。ただし、長音化する[コンニチワー][(コン)チワー]などでは「わ」が優勢。

こん-にゃく【▾蒟▾蒻・▾菎▾蒻】[名]❶畑で栽培されるサトイモ科の多年草。夏、包葉につつまれた紫褐色の花をつける。大形の球茎は「こんにゃく玉」と呼ばれ、食品などの原料。❷水で練ったこんにゃく玉の粉末に石灰液を加え、ゆでて固まらせた食品。

蒟蒻

こん-にゅう【混入】フ二[名・自他サ変]他のものがまじって入ること。また、まぜて入れること。≡「不純物が−した飲料水」「酒に毒物を−する」

こん-ねん【今年】[名]ことし。本年。

コンパ[名]学生などが、仲間で費用を出し合って飲食する親睦会。▼「コンパニー(company)」の略。

コンバージョン【conversion】[名]❶変換。転換。❷コンピュータで、異なる機種間でも動作するように、プログラムやデータなどの形式を変えること。❸ウェブサイトにおける最終的な成果。サイトの閲覧者による商品購入・会員登録・資料請求などをいう。

コンバーター【converter】[名]❶交流電流を直流電流に変換する装置。回転変流機。➡インバーター ❷通信で、受信した高周波電波を中間周波数に変換する装置。変換器。❸信号やデータの形態を変換するための装置やソフトウエア。◈「コンバータ」とも。

コンバーチブル【convertible】[名]❶折りたたみ式の幌(ほろ)が付いていて、オープンカーに切り換えることのできる自動車。カブリオレ。❷いろいろな形態に変えて着ることのできる服。≡「−ジャケット」

コンバート【convert】[名・他サ変]❶野球で、選手の守備位置を転向させること。❷コンピューターで、ファイルなどのデータ形式を変換すること。

コンパートメント【compartment】[名]仕切りのある席・部屋。特に客車で、小人数用に仕切った客室。▼「区画」の意。

こん-ぱい【困▾憊】[名・自サ変]疲れはてること。≡「疲労−する」

コンパイラー【compiler】[名]コンピューターで、人間が理解しやすい形で書かれたプログラムを、コンピューターが実行できる形に変換するプログラム。

コンパイル【compile】[名・他サ変]人間の言葉に近いプログラミング言語で作成されたプログラムをコンピューターが理解できる機械語に変換すること。

コンバイン【combine】[名]穀物の刈り取り・脱穀・選別を一台で行う農業用機械。

こん-ぱく【魂▾魄】[名]死者のたましい。霊魂。

コンパクト【compact】[名]❶白粉(おしろい)・パフなどを入れる、鏡つきの携帯用化粧用具。❷[形動]小型で内容が充実していること。≡「−サイズ・−カメラ」

コンパクト-ディスク【compact disc】[名]音声や画像をデジタルデータとして記録するディスク(円盤)。レーザー光線を照射し、その反射光を電気信号に戻して音や画像を再生する。CD。

コンパス【kompasオランダ】[名]❶円を描くための製図器具。開閉自在の二本の脚からなる。ぶんまわし。❷羅針盤。磁気コンパスやジャイロコンパスなど。特に、オリエンテーリングなどで方位を知るのに使う小型のもの。❸[俗]両足の幅。歩幅。また、両足の長さ。≡「−が長い人」

コンパニオン【companion】[名]❶博覧会・展示場などで、展示物の説明、来賓の案内・接待などに当たる女性。❷パーティー・宴会などで、客の接待に当たる女性。

コンパルソリー【compulsory】[名]フィギュアスケートの旧種目の一つ。決められた図形通りにすべって正確さなどを競う規定課題。

こん-ばん【今晩】[名]今日(きょう)の夜。今夜。≡「−お暇ですか」

こん-ぱん【今般】[名]このたび。今回。≡「−福岡に支店を開設いたしました」▼副詞的にも使う。

こんばん-は【今晩は】[感]夜、人に会ったり訪問したりするときのあいさつの語。≡「−。お邪魔します」▼「今晩は穏やかな夜で…」などのあとが略されたもので、本来「は」は助詞。近年「わ」と書くことも多いが、「は」と書く決まりになっている。

コンビ[名]❶二人の組み合わせ。≡「あの二人はいい−だ」▼「コンビネーション」の略。❷二色の革、または革と布とを組み合わせて作ったくつ。▼「コンビネーションシューズ」の略。

コン-ビーフ[名]牛肉に香辛料と少量の硝石を加えて塩蔵した食品。ふつう、蒸し煮にしてからほぐし、圧縮して缶詰にする。▼corned beefから。

コンピテンシー【competency】[名]❶能力。力量。適性。❷企業の人事考課で、優秀な業績を維持する人材の行動・思考特性。◈「コンピタンシー」とも。

コンビナート【kombinatロシア】[名]生産の合理化を図るために、関連企業・工場などが一定の地域内に計画的に集結したもの。‖「石油化学―」▽結合の意。

コンビニ【名】「コンビニエンスストア」の略。

コンビニエンス-ストア【convenience store】【名】食料品・日用品を中心に扱う小型のスーパーストア。無休・長時間営業などの便利さを特徴とする。コンビニ。

コンビネーション【combination】【名】❶組み合わせ。取り合わせ。‖「―サラダ」❷上下が一つにつながった下着。❸スポーツで、同一チームの選手間で行う連係動作。‖「―プレー」❹野球で、球種の異なった投球の組み合わせ。配球。❺⬇コンビ②

コンピューター【computer】【名】電子回路を利用して、高速度の計算や情報の保存、情報処理などを行う機械。電子計算機。電算機。コンピュータ。

コンピューター-ウイルス【名】コンピューターに侵入してデータの改竄(かいざん)やファイルの破壊などを行うプログラム。▽通信回線などを介して他のコンピューターに伝染することからウイルスと呼ぶ。computer virusから。

コンピューター-グラフィックス【computer graphics】【名】コンピューターを使用して画像や動画を作成・表示する技術分野。また、その技術によって作成された画像や動画。CG。

コンピューター-ネットワーク【computer network】【名】⬇ネットワーク①

こんぴら【金▼毘羅・金比羅】【名】❶仏教の守護神。日本では航海の安全を守る神として信仰される。❷香川県琴平町にある、金刀比羅宮(ことひらぐう)のこと。

コンピレーション【compilation】【名】一定のテーマに基づいて複数の曲を集めて編集したCDやレコード。▽「コンピレーションアルバム」の略。

こんぶ【昆布】【名】マコンブ・リシリコンブ・ミツイシコンブ・ナガコンブなど、褐藻綱コンブ目コンブ科に属する海藻の総称。北海道・東北などの寒海に産する。暗褐色の葉は厚く、帯状。食用にするほか、ヨード・カリなどの原料とする。乾燥したものは出し用として重要。こぶ。

コンファーム【confirm】【名】確認すること。特に、為替(かわせ)取引で取引内容を確認すること。

コンフィチュール【confiture フラ】【名】ジャム。

コンフィデンシャル【confidential】【名・形動】公開しないこと。内密であること。機密。

コンプライアンス【compliance】【名】❶命令・要求などに従うこと。服従。❷法令遵守。特に、企業が法令・社会規範・企業倫理などを守ること。❸服薬遵守。処方された薬剤を指示どおりに服用すること。

コンプリート【complete】■一【形動】全部そろっているさま。完成・完結しているさま。‖「―な状態」■二【名・他サ変】〔新〕全部そろえること。完成すること。‖「フィギュアを全種類―する」▽略して「コンプ」「コンプリ」とも。

コンプレックス【complex】【名】❶精神分析で、意識下に抑圧されて存在する、複合した感情のしこり。現実の行動に影響を与える。❷劣等感。‖「―を感じる」▽「インフェリオリティーコンプレックス(inferiority complex)」の略。❸複合的であること。

コンプレッサー【compressor】【名】気体を圧縮して圧力を高める機械。圧縮機。

コンペ【名】❶ゴルフの競技会。❷公募による建築設計・デザインなどの競技会。◈「コンペティション(competition)」の略。

コンペイトー【confeito ポルト】【名】豆粒大の球状で、周囲に小さな突起のある砂糖菓子。▽昔はケシの実を、現在は砂糖の結晶を核にし、まわりに糖蜜をかけて作る。書き方「金平糖」「金米糖」などと当てる。

こん-ぺき【紺▼碧】【名】黒みがかった濃い青色。‖「―の海原」

コンペティター【competitor】【名】競争者。競合相手。

コンベヤー【conveyor】【名】物をのせて一定の距離を連続的に運搬する帯状の自動装置。ベルトコンベヤー・チェーンコンベヤーなど。コンベヤ。コンベアー。

コンボ【combo】【名】三〜八人の小人数で編成するジャズ楽団。

コンポ【名】音響再生装置で、チューナー・アンプ・プレーヤー・スピーカー・テープデッキなどがそれぞれ単独の機器として販売され、それらを組み合わせて使う仕組みのもの。▽「コンポーネント(component)」の略。

こん-ぼう【混紡】ウハ【名・他サ変】質の異なる二種以上の繊維をまぜて糸を紡ぐこと。また、その糸で織った織物。

こん-ぼう【▼棍棒】【名】❶何かを打つのに、ほどよい長さの木の棒。❷とっくりの形をした木製・プラスチック製の体操用具。クラブ。

こん-ぽう【▼梱包】ウハ【名・他サ変】紙・むしろなどで包み、縄などをかけて荷造りすること。‖「製品を―する」

コンポート【compote】【名】❶果物の砂糖煮。❷果物などを盛る、足付きの皿。また、それに似た形の花器。

コンポーネント【component】【名】❶構成要素。構成部品。❷⬇コンポ

コンポジション【composition】【名】❶写真・絵画などの構図。❷作曲。作曲法。❸作文。特に、英作文。

こん-ぽん【根本】【名】物事を成り立たせているおおもと。根底。‖「事件の―にある問題」「新学説を―から否定する」「―的」

コンマ【comma】【名】❶欧文など横書きの文に使う読点。カンマ。記号「,」▽横書きの数字の位取りにも使う。❷小数点を表す記号。「5.1」などと使う場合「.」。‖「―以下(=小数点以下。転じて、標準以下であること)」▽江戸末期、蘭学者がオランダの習慣に倣って小数点に①を使ったことから。

こん-まけ【根負け】【名・自サ変】相手の根気強さに負けること。‖「執拗な依頼に―して融資を承諾する」

こんみょう-にち【今明日】コンミャウ【名】今日か明日。

こん-めい【混迷・▼昏迷】【名・自サ変】❶混乱して見通しがつかないこと。‖「―する世界情勢」❷意識の低下はないが、精神活動が停滞し、外界の刺激に反応しなくなること。また、その状態。◈書き方「混迷」は代用表記。

こん-もう【根毛】【名】植物の若い根の表皮細胞が糸状になって伸びたもの。地中の養分や水分を吸収する。

こん-もう【懇望】ウマ【名・他サ変】心から願い望むこと。こんぼう。‖「うちで働いてくれと―される」

こんもり【副「と」】❶木が盛り上がるように生い茂っているさま。‖「―(と)した森」❷丸く盛り上がっているさま。

‖「ー(と)した丘」

こん‐や【今夜】［名］今日の夜。今晩。‖「ーの番組」

こん‐や【紺屋】［名］➡こうや(紺屋)

こん‐やく【婚約】［名・自サ変］結婚の約束をすること。また、その約束。‖「ー者・ー指輪」

こん‐ゆう【今夕】フユ［名］きょうの夕方。こんせき。‖「ー六時にコンサートを開く」▽副詞的にも使う。

こん‐よう【混用】［名・他サ変］まぜて使用すること。また、混同して用いること。

こん‐よく【混浴】［名・自サ変］男女が同じ浴場で一緒に入浴すること。

こん‐らん【混乱】［名・自サ変］秩序が乱れてめちゃめちゃになること。‖「停電で場内がーする」「頭がーする」

品格 ◆混濁(こんだく)「意識がーする」 混沌(こんとん)「ーとした状態」 錯綜(さくそう)「情報がーする」 混迷(こんめい)「ーする国際社会」 錯乱(さくらん)「ー状態」 紊乱(びんらん)「風紀ー」

こん‐りゅう【建立】フリ［名・他サ変］寺院・堂塔などを建てること。造立(ぞうりゅう)。‖「本堂をーする」

こん‐りゅう【根粒(根▼瘤)】フリ・ウリ［名］根粒菌(＝土壌細菌)が植物の根に侵入し、共生してできるこぶ状の組織。マメ科植物に多く見られる。

こん‐りん【金輪】［名］仏教で、地下で大地を支えているという三輪の最上層。その下に水輪・風輪がある。

こんりん‐ざい【金輪際】［副］〈多く打ち消しや否定的な語を伴って〉絶対に。断じて。‖「ー会うつもりはない」「ー嫌だ」▽金輪の下部が水輪と接する、大地の最下底とされる所の意の仏教語から。

こん‐れい【婚礼】［名］結婚の儀式。結婚式。婚儀。‖「ーの宴(うたげ)を催す」「ーに招かれる」「ー衣装」

こん‐ろ【▼焜炉】［名］炊事用の加熱器具。‖「ガスー」「電気ー」▽もとは、据え付けてあるかまどに対して、持ち運びができる鉄製・土製などの小さな炉を言った。

こん‐わ【混和】［名・自他サ変］まじり合ってよくなじむこと。また、よくまぜ合わせること。‖「溶けた金属がーする」

こん‐わ【懇話】［名・自サ変］互いに打ち解けて話し合うこと。また、その話。懇談。‖「ー会」

こん‐わく【困惑】［名・自サ変］どうしたらよいかわからなくて、こまること。‖「出馬を要請されてーする」

さ

さ【左】 一［名］縦書きの文章でその左の方。‖「細則はーのとおり」 二(造) ❶ひだり。ひだりがわ。‖「ー腕・ー折」 ❷革新的な立場・傾向。‖「ー傾・ー翼」 ❸地位の低い方。‖「ー遷」▽古代中国で右を尊んだことから。 ❹支えとなるもの。‖「証ー」◈二①② ⬍右

さ【差】 一［名］❶へだたり。違い。‖「性格のー」「性ー・個人ー・格ー・時ー」 ❷ある数からある数を引いた残りの数。‖「ーを求める」「一点ー」「ー額」⬍和(わ) 二(造) つかわす。人を向ける。‖「ー配」

さ【▽然】［副］前に述べたことばを受けて、それを指示する語。そう。そのように。‖「ーにあらず(＝そうではない)」「ーはあれど(＝そうではあるが)」

さ［終助］❶〈文節末に付いて〉相手の注意を引きつけるのに使う。‖「あしたはさ、日曜日だからさ、休みなんだ」 ❷〈文末に付いて〉親しみを込めて軽く言い放つ。‖「好きにしたらいいさ」「そうはいかないさ」「これが現実ってものさ」 使い方 ⑴活用語の場合、終止形に付く。助動詞「だ」には付かず、形容動詞には語幹に付く。‖「×そんなこと簡単ださ」→「○そんなこと簡単さ」 ⑵(多く男性が)親しい間柄で常体に使う。また、終助詞「よ」に比べて、相手かまわず一方的に言い放つ気持ちが強く、命令・勧誘や、終助詞「か」を使った質問の文には付きにくい。‖「早く入れ×さ／○よ」「もう帰るのか×さ／○よ」➡よ(終助)② ❸〈疑問を表す語とともに使って〉質問・反問に詰問(きつもん)・反駁(はんばく)の意を加える。‖「何時に帰るのさ」「なんでそんなことしたのさ」「何さ、あんなやつ」 ❹〈「…とさ」「…ってさ」の形で〉伝聞の意を表す。‖「いつまでも幸せに暮らしましたとさ」「少し遅れるってさ」

さ［接頭］〈名詞・動詞・形容詞に付いて〉語調を整える。‖「ー夜(よ)・ー霧(ぎり)」「ー迷う」

さ【▽早・▽小】［接頭］〈名詞に付いて〉時期が早く若々しい、などの意を表す。‖「ー苗・ー乙女・ーわらび」

さ［接尾］〈形容詞・形容動詞の語幹に付いて名詞を作る〉形容詞・形容動詞の表す性質・気持ちやその程度を表す。‖「大きー・懐かしー・嬉しー」「華やかー・無鉄砲ー」

さ【▼些】(造) わずか。とるに足りない。‖「ー細・ー事」

さ【佐】(造) ❶わきで支え助ける。‖「ー幕(さばく)」「補ー」 ❷軍隊などで、「将」の下、「尉」の上の階級。‖「ー官」「大ー・陸ー」 ❸「佐渡(さど)」の略。‖「ー州」

さ【作】(造) ❶なす。おこなう。また、ふるまい。‖「ー業・ー法」「所ー・操ー」 ❷起こる。あらわれる。‖「発ー(ほっさ)」

さ【沙】(造) ❶すな。‖「ー漠」 ❷水で洗って悪いものを除く。‖「ー汰(さた)」

さ【査】(造) 調べる。明らかにする。‖「ー察・ー定・ー問」「監ー・検ー・審ー・探ー」

さ【砂】(造) ❶岩石が砕けた細かい粒。すな。‖「ー丘・ー漠」「黄ー」 ❷粒状のもの。‖「ー金・ー糖」

さ【茶】(造) チャの葉を飲料用に加工したもの。また、その飲料。‖「ー菓・ー道・ー房」「喫ー」▽「さ」は唐音。

さ【唆】(造) そそのかす。けしかける。‖「教ー・示ー」

さ【詐】(造) うそをいう。だます。‖「ー欺・ー称」

さ【▼瑣】(造) こまかい。とるに足りない。‖「ー細・ー末」「煩ー(はんさ)」

さ【鎖】(造) ❶くさり。‖「ー骨」「連ー」 ❷かぎをかける。とざす。‖「ー国」「封ー・閉ー」

ざ【座】 一［名］❶すわる場所。席。‖「ーにつく」「上(かみ)ー・下(しも)ー」 ❷地位。‖「社長のーにつく」 ❸何人かが集まっている場所。また、その集まり。‖「満ー」 ❹物を置く台。‖「仏のー」「砲ー」 ❺中世の同業組合。また、近世、貨幣を扱ったところ。‖「金ー・銀ー」 二(造) ❶すわる。また、すわるための道具。‖「ー席・ー像」「正ー・鎮ー」 書き方 すわる意では本来は「▼坐」だが、今は「座」を使う。 ❷劇団。劇場。‖「歌舞伎ー」「ー長」 ❸星座。‖「白鳥ー」 ❹山・仏像・神体・劇場などを数える語。‖「七ーからなる連峰」

◉**座が白・ける** 会合などで、場の雰囲気が興ざめになる。

ざ【▼坐】(造) ひざをつく。すわる。‖「ー礁・ー禅・ー像」「正ー」「行住ー臥(ぎょうじゅうざが)」➡座二①

ざ【挫】(造) ❶関節をねじまげて痛める。くじく。‖「ー骨・ー傷」「捻ー(ねんざ)」 ❷途中でつまずく。くじける。‖「ー折」「頓ー(とんざ)」

さあ［感］❶人を誘うとき、または促すときに発する語。‖

「ー、行こう」「ー、いらっしゃい」❷自分の気持ちを奮い立たせるときに発する語。⇒「ー、勉強しよう」❸ためらうとき、とまどうとき、疑うときなどに発する語。⇒「ー、どっちにしよう」「ー、知りません」❹ある事態に直面したとき、また、ある状態が終わったときに発する語。⇒「ー、大変だ」「ー、できた」

サー【Sir】[名] 英国で、ナイトまたは准男爵の称号をもつ人の姓名に冠する敬称。卿(きょう)。⇒「ー=ウォルター=スコット」▽「サー=ウォルター」は略式、「サー=スコット」と姓だけに冠するのは不可。

サーカス【circus】[名] 動物と人間の曲芸を中心に展開する大がかりなショー。また、その一座。

サーキット【circuit】[名] ❶電気回路。回線。❷自動車・オートバイ(モーターサイクル)などのレースに用いる環状コース。❸同じ主催者が開催地を移しながら行うスポーツ試合。

サーキット-トレーニング【circuit training】[名] 数種類の運動を組み合わせて、繰り返し行うトレーニング法。

サーキュレーター【circulator】[名] 空気・ガス・液体などの循環装置。

サークル【circle】[名] ❶円。円形。また、円形に区切られた範囲。⇒「ストーンー」❷趣味を同じくする人の集まり。同好会。⇒「演劇ー」

ざあ-ざあ[副と] ❶雨が激しく降ったり水が激しい勢いで流れ落ちたりするさま。また、その音を表す語。⇒「雨がー(と)降っている」❷ラジオなどで雑音がするさま。また、その音を表す語。

ザーサイ【榨菜・搾菜 中国】[名] 中国、四川省特産の漬物。カラシナの変種の根茎をトウガラシなどの香辛料と塩で長期間漬け込んだもの。ザーツァイ。

サージ【serge】[名] 綾織(あやお)りの洋服地。羊毛・木綿・絹・ナイロンなどを使う。無地の物が多い。

サーズ【SARS】[名] サーズコロナウイルスを病原とする感染症。発熱や咳(せき)、呼吸困難など、肺炎に似た症状があらわれる。重症急性呼吸器症候群。▽severe acute respiratory syndrome の略。

さあたあ-あんだぎい[名] 沖縄の揚げ菓子。小麦粉・卵・砂糖などを混ぜ合わせて丸め、油で揚げたもの。沖縄風ドーナッツ。▽首里方言で、「さあたあ」は砂糖、「あんだぎい」は揚げ物の意。

サーチ-エンジン【search engine】[名] インターネット上の情報を探し出す一連の仕組み(システム)。検索エンジン。

サーチャージ【surcharge】[名] 追加料金。割増金。⇒「燃油ー(=定期航路で、突発的な事情により発生した費用の補塡のために、航空会社などが請求する追加料金)」

サーチライト【searchlight】[名] 遠方を照らすための照明装置。また、その明かり。探照灯。

サード【third】[名] ❶第三。三番目。❷野球で、三塁。また、三塁手。▽「サードベース(third base)」の略。❸自動車の変速ギアで、前進の三段目。▽「サードギア(third gear)」の略。

サード-パーティー【third party】[名] コンピューター本体を製造する企業やその系列企業以外で、周辺機器やソフトウエアを作る企業。▽原義は第三者。

サーバー【server】[名] ❶テニス・バレーボールなどで、サーブをする人。❷料理や菓子を取り分けるのに用いる、大形のフォークとスプーン。❸飲み物をコップに分配するための容器や機械。⇒「ウォーターー」❹コンピューターのネットワークで、各種の要求を処理してサービスを提供する側のコンピューター。⬇クライアント

サービス【service】[名] ❶[自サ変] 人のために気を配って尽くすこと。⇒「家族ー」「ー精神」❷[自他サ変] 商店などで、客に気を配って尽くすこと。また、客が満足するように値引きをしたり景品をつけたりすること。⇒「ビール一杯ーしておきます」「ーのいい店」「アフターー」❸国・地方公共団体・民間団体などが一般の人々のために事業を提供すること。また、その事業。⇒「介護ー」❹サーブ。

サービス-エース【service ace】[名] テニス・バレーボールなどの球技で、相手が打ち返せなかった好サーブ。また、それによる得点。

サービス-エリア【service area】[名] ❶一つの放送局から発する電波が届く区域。また、特定の通信会社などの商品を利用できる区域。❷高速道路で、給油・食事・休憩などの設備がある区画。

サービス-カウンター【service counter】[名] 百貨店・スーパーマーケットなどで、商品の配送や返品、商品券の販売などのサービスを行うところ。

サービス-ぎょう【サービス業(ゲフ)】[名] 生産に直接関係のない、技能・技術・施設・情報の提供や物品の賃貸などを商品とする産業。通信・金融・娯楽・医療・公務・教育など多種多様。

サービス-ざんぎょう【サービス残業(ゲフ)】[名] 時間外労働だが、手当が支払われない残業。▽従業員のサービスとして行われる意から。

サーブ【serve】[名・自サ変] テニス・バレーボールなどの球技で、攻撃側が最初の球を相手のコートに打ち込むこと。また、その球。サービス。

サーファー【surfer】[名] サーフィンをする人。サーフライダー。

サーフィン【surfing】[名] サーフボードに乗り、バランスをとりながら波の上を進む水上スポーツ。▽正式名称は、サーフボードライディング。

サーフボード【surfboard】[名] サーフィンに使う、全長二㍍ほどの長円形の板。

サーブル【sabre フランス】[名] フェンシング用の剣の一つ。また、それを用いて行う競技。相手の上半身を突くか切るかして勝敗を競う。

サーベイ【survey】[名] 調査。測量。実地調査。

サーベイランス【surveillance】[名] 監視。見張り。また、監査。⇒「感染症ー(=感染症の発生状況や経過を監視・分析し、予防と管理に役立てること)」

サーベル【sabel オランダ】[名] 西洋風の細身の剣。片刃で、刀身にはやや反りがある。

ざあます[助動 特活型](ざあませ・ざあましょ-ざあまし-ざあます-ざあます-○-○) 丁寧な気持ちを表す。…です。…でございます。⇒「先生ーか」「おかしゅうーわ」▽「ざます」の転。東京山の手の婦人ことばから始まったと言われ、これを使用することば遣いを「ざあますことば」という。使い方 体言や形容動詞の語幹、形容詞の連用形のウ音便などに付く。

ザーメン【Samen ドイツ】[名] 精液。

サーモグラフィー【thermography】[名] 物体の表面温度分布を測定・画像化する装置。また、その

画像。医療では体表の温度分布を測定して病気の診断に用いる。

サーモスタット【thermostat】[名] 電気回路を自動的に開閉し、温度を一定に保つ装置。▽バイメタルや水銀の膨張などを利用する。

サーモン【salmon】[名] 鮭。また、鮭の肉。

サーモン-ピンク【salmon pink】[名] 鮭の肉のような赤みがかったピンク色。

サーロイン【sirloin】[名] 牛肉のうち、背中の中央部から腰の上にかけての部位のもの。肉質はやわらかく、適度な脂肪がある。||「―ステーキ」

さい【才】[名] ❶生まれつきの能力。才能。||「作曲の―がある」「画―・鬼―・秀―・多―」 ❷尺貫法で、容積を表す単位。一才は一勺の一〇分の一で、約一・八ミリリットル。 ❸尺貫法で、石材や船の積み荷の容積を表す単位。一才は一立方尺で、約〇・〇二七八立方メートル。 ❹尺貫法で、木材の体積を表す単位。一才は一寸(=約三・〇三センチメートル)角で一間(=約一・八二メートル)または二間の長さ。◈ 書き方 小学校では年齢を表す「歳」の字を学習しないため、「才」で代用する。

さい【妻】[名] 夫の配偶者。つま。また、他人に対して自分のつまをいう語。||「愛―・恐―・先―」

さい【細】 ■[名] くわしいこと。精密であること。||「微に入り―を穿つ」 ■(造) ❶ほそい。||「―腰」「毛―管」 ❷小さい。こまかい。||「―菌・―部・―胞」「些―・繊―・微―」 ❸つまらない。取るに足りない。||「―君」

さい【菜】 ■[名] おかず。副食。また、料理。||「お―」「―箸」「前―・総―・一汁一―」 ■(造) やさい。な。||「―園・―食」「根―・山―」

さい【▼犀】[名] サイ科に属する哺乳類の総称。草食性で、陸上動物では象に次いで大きい。皮膚は厚く、鼻先に皮膚が角質化した一本または二本の角をもつ。国際保護動物。

さい【際】 ■[名]〈連体修飾を受けて〉おり。場合。||「利用する―の注意を申し上げます」「その―は連絡をください」 ■(造) ❶きわ。ほど。||「―限」「分―」 ❷交わり。||「交―・国―」

さい【▼賽】 ■[名] 双六・ばくちなどに用いる小さな立方体の道具。六つの面に一から六までの目が刻んである。さいころ。 書き方 「采」とも。 ■(造) 神仏にお礼をする。||「―銭」

◉**賽は投げられた** 事ここに至った以上は、もはや断行するしかないということ。

さ-い【差異(差違)】[名] 二つ以上のものを比べたときの、違いやへだたり。||「いずれの製品も性能には―がない」

さい【再】(造) かさねて。ふたたび。くり返し。||「―開・―現・―婚・―発・―放送」

さい【西】(造) にし。||「―下・―国」「関―・東―」

さい【災】(造) わざわい。(自然が引き起こす)悪い出来事。||「―害・―難」「火―・震―・防―」「被―地」

さい【采】(造) ❶とる。選びとる。||「―択」「納―」 ❷いろどり。あや。||「―衣・―色」「喝―」 ❸すがた。かたち。||「異―・風―」

さい【砕】(造) くだく。くだける。||「―石」「破―・粉―」 旧碎

さい【宰】(造) 仕事を取りしきる。また、取りしきる人。||「―相」「主―」

さい【栽】(造) 草木を植える。また、植えてある草木。||「―培」「前―・盆―」

さい【埼】(造) 「崎」に同じ。||「―玉県・―京線」▽「さき(埼)」の転。

さい【彩】(造) ❶いろどる。いろどり。美しい色合いや、つや。||「―雲・―筆」「光―・水―・精―・迷―」 ❷様子。すがた。||「異―・神―」

さい【採】(造) とる。選びとる。つみとる。||「―決・―光・―寸・―用」「伐―」

さい【斎】(造) ❶心身を清めて神を祭る。ものいみ。||「―宮・―場・―戒」「精進潔―」 ❷読書などをする部屋。||「書―」 旧齋

さい【済】(造) ❶すむ。すます。||「完―・決―・返―」 ❷すくう。たすける。||「共―」「経世―民」 ❸盛んなさま。||「多士―」 旧濟

さい【祭】(造) ❶神をまつる。まつり。||「―祀・―壇」「大―・例―」 ❷にぎやかな催し。||「学園―・芸術―・体育―」 ⬇「祭り」のコラム(一五六五ページ)

さい【最】(造) もっとも。一番。||「―高・―大・―悪・―初」「―後部・―年長」 ⬇最たる

さい【裁】(造) ❶布をたつ。||「―断」 ❷さばく。処理する。||「―決・―判・―量」「制―・仲―」 ❸形。外見。||「体―」 ❹「裁判所」の略。||「地―・家―・最高―」 ❺「裁縫」の略。||「和―・洋―」

さい【債】(造) ❶借り。借りがあること。||「―券・―務」「負―」 ❷貸し。貸しを取りたてること。||「―権」 ❸「債券」の略。||「国―・社―」

さい【催】(造) ❶うながす。||「―告・―促」 ❷もよおさせる。||「―眠・―涙」 ❸会などをもよおす。||「―事」「開―・共―・主―」

さい【塞】(造) とりで。||「―外」「城―・防―・要―」

さい【歳】(造) ❶とし。一か年。||「―月・―時・―入」 ❷年齢や年数を数える語。||「三〇―」「五―年上の人」 書き方 ⬇才

さい【載】(造) ❶車・船などに物をのせる。||「積―・搭―・満―」 ❷書籍・新聞・雑誌などにのせる。||「―録」「掲―・転―・連―」 ❸とし。一年。||「千―一遇」

ざい【在】 ■[名] 都会から離れた場所。いなか。||「関東の―に住む」「―郷・―所」「近―」 ■(造) ある。いる。||「―位・―庫・―職」「健―・滞―・点―・内―」

ざい【材】[名] ❶建築などの原料となる木。||「柱に太い―を使う」「―質」「角―・製―」 ❷もととなるもの。原料。||「印の―に玉を使う」「―料」「画―・機―・教―」 ❸才能。また、才能のある人。||「偉―・逸―」

ざい【財】 ■[名] ❶富。資産。||「―を成す」「―力」「私―」 ❷経済学で、人間の欲望を満たすもの。財貨。||「自由―・経済―」 ■(造) 人の生活に役立つもの。||「文化―・消費―」

ざ-い【座位】[名] ❶座席の位置。席の順序。席次。 ❷座った姿。||「―分娩(=上体を起こした姿勢で分娩すること)」

ざい【剤】(造) 調合する。また、調合した薬。||「錠―・配―・溶―」「殺虫―・除草―・防腐―」 旧劑

ざい【罪】(造) ❶法を犯す行為。道徳に反する行為。つみ。||「―悪・―人」「謝―・重―・無―・余―」 ❷刑罰。||「流―・横領―・殺人―」

さい-あい【最愛】[名] もっとも愛すること。||「―の人」「―の娘」

さい-あく【最悪】[名・形動] もっとも悪いこと。||「―

の事態となる」「―な一日」⬍最良・最善

ざい-あく【罪悪】［名］人として従わなくてはならない法律・道徳・宗教の教えなどにそむくこと。また、その悪い行い。とが。「―感」

ざい-い【在位】ヰ［名・自サ変］国王・天皇などが位についていること。また、その期間。

さい-いき【西域】ヰキ［名］⬇せいいき(西域)

さい-う【細雨】［名］こまかく降る雨。ぬかあめ。きりさめ。

さい-うよく【最右翼】［名］競い合うものの中で、最も有力なもの。「金メダル候補の―」▽士官学校などで、右から成績順に並んだことから。

さい-えい【才英・才▼穎】［名］才知がすぐれていること。また、その人。「博学―」

ざい-えき【在役】［名・自サ変］❶判決を受けて懲役に服していること。❷軍籍にあって軍務についていること。「招集されて三年間―した」

さい-えん【才媛】ヱン［名］教養があって、才知にたけた女性。

さい-えん【再演】［名・他サ変］❶同じ劇・芝居などを再び上演すること。「好評に応えて『マクベス』を―する」❷同じ役者が同じ役を再び演じること。◈「―を重ねる」のように、二度だけとは限らない。

さい-えん【再縁】［名・自サ変］二度目の結婚をすること。▽多く、三度目以上にも言う。

さい-えん【菜園】ヱン［名］野菜を作る畑。「家庭―」

サイエンス［science］［名］科学。自然科学。

サイエンス-フィクション［science fiction］［名］⬇エスエフ(SF)

さい-おう【再往・再応】ワウ・ヲウ［名］再びくり返すこと。再度。「一往も―も問いただす」

さい-おう【塞翁】ヲウ［名］昔、中国で、北方の国境にあるとりでの近くに住んでいた老人。

◉**塞翁が馬**(うま)　人生の幸不幸は予測しがたいことのたとえ。「人間万事―」［語源］塞翁が飼っていた馬が胡(こ)の地に逃げたが、のちにその馬は胡の駿馬(しゅんめ)を連れて戻ってきた。その馬に乗った塞翁の子は落馬して足を折ったが、そのおかげで兵役を免れて命拾いをしたという。『淮南子(えなんじ)』の故事に基づく。

ざい-おう【在欧】［名・自サ変］ヨーロッパに滞在、または在住していること。「―の研究者」

さい-か【西下】［名・自サ変］首都から西の地方へ行くこと。特に、東京から関西地方へ行くこと。「東海道を―する」⬍東上

さい-か【災禍】クヮ［名］天災や事故によって受けるわざわい。

さい-か【裁可】［名・他サ変］君主が臣下の奏上する案文を裁決し、許可すること。「―を仰ぐ」

ざい-か【在荷】［名・自サ変］商店・倉庫・工場などに、現在、商品や製品があること。また、その商品や製品。在庫品。

ざい-か【財貨】クヮ［名］❶金銭と価値のある品物。財物。❷経済学で、人間の欲望を満足させ、人間が支配・処分できる物質。財。

ざい-か【罪科】クヮ［名］❶法律や道徳、宗教のおきてなどに反した罪。❷法による処罰。刑罰。

ざい-か【罪過】クヮ［名］つみや、あやまち。犯罪や過失。

さい-かい【再会】クヮイ［名・自サ変］長く別れていた人どうしが再び会うこと。「―を期す」「―を果たす」

さい-かい【再開】［名・自他サ変］中止または中断していた物事を、ふたたび始めること。また、ふたたび始まること。「審議が―される」「近く営業を―する」［使い方］「〜を再開する／再開させる」では、前者が一般的。⬇品詞解説(八六ページ)

さい-かい【斎戒】［名・自サ変］神事・祈願などを行う人が飲食や行動をつつしみ、心身を清めること。潔斎。「―沐浴(もくよく)」

さい-かい【際会】クヮイ［名・自サ変］重大な事件や時機に出あうこと。「困難［変革の時］に―する」

さい-かい【最下位】ヰ［名］いちばん低い順位。また、いちばん低い地位。「―に沈む」

さい-がい【災害】［名］地震・台風・津波などの天災や、事故・火災・感染症など、思いがけず受けるわざわい。また、それによる被害。

さい-がい【際涯】［名］土地などの果て。「―のない大地」

ざい-かい【財界】［名］大企業の実業家などが構成する社会。経済界。「―人」

ざい-がい【在外】グヮイ［名］外国にいること。また、外国にあること。「―邦人［公館］」

さい-かいはつ【再開発】［名・他サ変］すでに開発されたものに手を加え、新たに開発し直すこと。特に、市街地などに手を加え、構想を新たにして開発し直すこと。「駅周辺を―する」

さい-かく【才覚】［名］❶すばやく知恵を働かせる能力。機転。「―のある人」❷［他サ変］知恵を働かせて手際よく物事を処理すること。❸［他サ変］工夫して金品などを手に入れること。工面(くめん)。

ざい-がく【在学】［名・自サ変］児童・生徒・学生として学校に籍を置いていること。「―証明書」

ざい-かた【在方】［名］都市部から離れた土地。いなか。在。在所。

さいかち【〈▼皂▼莢〉】［名］幹や枝にとげのあるマメ科の落葉低木。夏、淡黄緑色の小花を穂状につけ、秋、長いさやに入った果実を結ぶ。果実は漢方薬に、材は器具材に利用。▽昔は果実を石けんの代用とした。

さい-かん【才幹】［名］物事をなしとげる能力。手腕。

さい-かん【再刊】［名・他サ変］休刊または廃刊していた定期刊行物などを再び刊行すること。復刊。

さい-かん【彩管】クヮン［名］えふで。画筆。

さい-かん【菜館】クヮン［名］中国で、料理店のこと。「北京―」▽日本では店の名に付けて使う。

ざい-かん【在官】クヮン［名・自サ変］官職についていること。

ざい-かん【在監】［名・自サ変］刑務所に収監されていること。

さい-き【才気】［名］才知の働き。物事をすばやく理解し、的確に処理する能力。「―がみなぎる作品」

さい-き【再帰】［名］再び帰ってくること。「―熱(＝回帰熱)」

さい-き【再起】［名・自サ変］悪い状態を克服して立ち直ること。「弱小チームの―を図る」「―不能」

さい-き【祭器】［名］祭事に用いる器具。

さい-ぎ【再議】［名・他サ変］再び審議すること。

さい-ぎ【▼猜疑】［名・他サ変］人の言動を勘ぐり、何

か裏があるのではないかと疑うこと。≡「―心」

さい‐ぎ【祭儀】［名］神仏を祭る儀式。

さいき‐かんぱつ【才気▼煥発】（―クヮンパツ）［名・形動］すぐれた才知の働きが盛んに現れること。

サイキック［psychic］［名・形動］超自然的であること。また、超能力者。霊能者。

さい‐きどう【再起動】［名・他サ変］コンピューターを起動し直すこと。

さいき‐ばし・る【才気走る】［自五］いかにも才気がありそうに見える。また、才気が働きすぎる。才走る。

さい‐きょ【裁許】［名・他サ変］役所などが上申事項を審査し、裁決して許可を与えること。

さい‐きょう【西京】（―キヤウ）［名］西の都。特に、東京に対して京都。

さい‐きょう【最強】（―キヤウ）［名］もっとも強いこと。≡「史上―のチーム」

ざい‐きょう【在京】（―キヤウ）［名・自サ変］都に滞在または居住していること。古くは京都、現在では東京に滞在または居住していること。≡「半年ほど―する」

ざい‐きょう【在郷】（―キヤウ）［名・自サ変］郷里にいること。ざいごう。

さいきょう‐やき【西京焼き】（サイキヤウ―）［名］白味噌（みそ）に漬けた魚の切り身を焼いた料理。≡「鰆（さわら）の―」

さい‐きん【細菌】［名］主に分裂によって繁殖する、単細胞の原核微生物。地球上のあらゆる所に存在し、病原体となるもの、発酵・腐敗作用を起こすものなど、種類はきわめて多い。バクテリア。

さい‐きん【最近】［名］現在より少し前のある時。また、少し以前から現在までの間。≡「ごく―の出来事」「―車を買った」▼副詞的にも使う。

ざい‐きん【在勤】［名・自サ変］ある勤務についていること。≡「英国―中の出来事」「二年間―した」

さい‐く【細工】［名・他サ変］❶手先を使って細かい器物・道具などを作ること。また、その作った物。≡「飴（あめ）―・竹―」❷ある計画を実現するために、または全体を取りつくろうために、細かいところに工夫やたくらみを施すこと。また、その工夫やたくらみ。

◉**細工は流流**（りゅうりゅう）**仕上げを御覧**（ごろう）**じろ** やり方はいろいろあるのだから、途中でとやかく言わないで、できあがった結果を見てくれ。

さい‐ぐ【祭具】［名］祭事に用いる道具。

さい‐くつ【採掘】［名・他サ変］地中の鉱物などを掘って取ること。≡「金を―する」「―権」

サイクリング［cycling］［名］スポーツやレクリエーションとして自転車を走らせること。また、自転車の遠乗り。≡「―コース」

サイクル［cycle］［名］❶周期。循環過程。≡「自然の―に従う」❷振動数・周波数を表す単位。サイクル毎秒。一サイクルは一ヘルツ。記号c、c/s ▼慣用的に用いられたもので、計量法の基準となるSI単位系外の単位。❸自転車。≡「―レース」

サイクル‐ヒット［cycle hit］［名］野球で、一打者が一試合中に単打・二塁打・三塁打・本塁打のすべてを打つこと。

サイクロトロン［cyclotron］［名］高周波電界を用いて電荷を持った粒子を加速する円型の装置。原子核の人工破壊や放射性同位体の製造に利用する。

サイクロン［cyclone］［名］インド洋や太平洋南部に発生する強い熱帯低気圧。台風と同じ性質をもつ。

さい‐くん【細君（妻君）】［名］❶親しい人に対して自分の妻をいう語。妻（さい）。❷同輩以下の人の妻をいう語。≡「―によろしく」

ざい‐け【在家】［名］在俗のまま仏教に帰依すること。また、その人。≡「―仏教」⇔出家

さい‐けい【再掲】［名・他サ変］前に掲げたものを再度示すこと。≡「表を―する」

さい‐けい【歳計】［名］国または地方公共団体で、一会計年度内の歳入・歳出の総計。≡「―欠損」

ざい‐けい【財形】［名］勤労者の資産保有促進を目的として設けられた貯蓄などの優遇制度。▼「勤労者財産形成促進制度」の略。

さいけい‐こく【最恵国】［名］通商条約を結ぶ諸国のうち、通商・関税・航海などの事項について最も有利な扱いを受ける国。≡「―待遇」

さいけい‐れい【最敬礼】［名・自サ変］もっとも丁寧な敬礼。直立不動の姿勢をとり、手の先をひざまで下げて前方に深く体をまげる。▼もと天皇や神に対する礼式として定められていた。

さい‐けつ【採血】［名・自他サ変］病気の診断や輸血の目的で、体内から血液をとること。

さい‐けつ【採決】［名・他サ変］会議構成員の賛否の数によって議案の採否を決めること。≡「―をとる」

さい‐けつ【裁決】［名・他サ変］❶上位にある者が、物事の理非をさばいて決定すること。また、それを申し渡すこと。❷法律で、行政庁が係争中の訴訟に対して判断を与える行為。特に、行政不服審査法で、行政庁が審査請求または再審査請求に対して判断を与える行為。

さい‐げつ【歳月】［名］としつき。年月。

◉**歳月人を待たず** 年月は人の都合などにはお構いなく、どんどん過ぎ去ってしまうものだ。

サイケデリック［psychedelic］［形動］幻覚剤などによって生じる幻覚や恍惚（こうこつ）状態を想起させるさま。けばけばしい原色や不調和な音を駆使した表現をいう。サイケ。≡「―なファッション」

さい‐けん【再見】［名・他サ変］一度見たものを再度見ること。また、見直すこと。≡「日本文化―」

さい‐けん【再建】［名・他サ変］❶建築物を建て直すこと。❷衰退した事業・組織などを立て直すこと。

さい‐けん【再検】［名・他サ変］もう一度検査すること。もう一度検討すること。再検査。再検討。

さい‐けん【細見】［名］❶［他サ変］こまかく見ること。≡「資料を―する」❷細部までくわしく書き記した地図や案内書。特に、江戸吉原の案内書。

さい‐けん【債券】［名］国・地方公共団体・法人などが一般から必要な資金を借り入れるときに発行する有価証券。国債・地方債・社債など。

さい‐けん【債権】［名］財産権の一つ。特定人（＝債権者）が他の特定人（＝債務者）に対して一定の給付を請求する権利。金銭を貸した者が借り手に対してその返済を請求する権利など。≡「―者」

さい‐げん【再現】［名・自他サ変］以前にあった物事がもう一度現れること。また、もう一度現すこと。≡「事故の状況を―する」「昔の町並みが―される」

さい‐げん【際限】［名］物事の限界。かぎり。はて。≡「―なく続く話」

ざい‐げん【財源】［名］収入を得るためのもと。必要な金銭の出どころ。≡「―を確保する」

さいげん-かのうせい【再現可能性】［名］同じ条件のもとで同じ事象が繰り返し起こりうること。反復可能性。⇕一回性

さい-けんとう【再検討】タウ［名・他サ変］もう一度検討すること。再検。‖「企画を―する」

さい-こ【最古】［名］もっとも古いこと。‖「日本―の木造建築」⇕最新

サイコ［psycho］［名］❶精神の。心理の。▽多く他の語と複合して使う。❷［形動］反社会的な傾向であること。また、その人。

さい-ご【最後】［名］❶物事のいちばん終わり。‖「列の―に並ぶ」⇕最初 ❷〈「…が最後」「…たら最後」などの形で〉いったん…したら、それっきりの意を表す。‖「食いついたが―、離れない」「行ったら―、二度と戻ってこない」

さい-ご【最期】［名］命が絶える時。死にぎわ。臨終。‖「父の―をみとる」▽「期」は呉音。

ざい-こ【在庫】［名］商品・製品などが倉庫にあること。また、その商品・製品。ストック。‖「―品」

サイコアナリシス［psychoanalysis］［名］精神分析。また、精神分析学。

さい-こう【再考】カウ［名・他サ変］もう一度考えること。考え直すこと。‖「―を促す」

さい-こう【再校】カウ［名］二度目の校正。また、その校正紙。

さい-こう【再興】［名・自他サ変］衰えていたものがふたたび盛んになること。また、ふたたび盛んにすること。‖「国家の―をはかる」「主家［古寺］を―する」

さい-こう【採光】クワウ［名・自他サ変］室内に日光などの光線をとり入れること。

さい-こう【採鉱】クワウ［名・自他サ変］鉱山で鉱石を掘りとること。

さい-こう【最高】カウ［名］❶もっとも高いこと。‖「―気温」読み分け「血圧の最高値」などは「さいこうち」と読むが、取引市場でいう「最高値」は「さいたかね」と読む。❷もっともすぐれていること。最良。‖「―の食材をそろえた料理」❸［形動］この上なくすばらしいこと。‖「―に面白い映画」◈⇕最低

さい-こう【催行】カウ［名・他サ変］旅行会社などが、団体旅行を計画通り実施すること。‖「最少―人数二〇名」

ざい-こう【在校】カウ［名・自サ変］❶児童・生徒・学生として学校に籍を置いていること。‖「―生」❷児童・生徒・学生・教師などが学校の中にいること。

ざい-ごう【在郷】ガウ［名］❶都会から離れた地方。いなか。在。❷［自サ変］郷里にいること。ざいきょう。‖「―軍人」

ざい-ごう【罪業】ゴフ［名］仏教で、悪いむくいを受ける行い。罪となる悪い行為。

さいこう-がくふ【最高学府】サイカウ［名］もっとも程度の高い学問を学ぶ学校。ふつう大学を指す。注意 一番レベルの高い大学の意で使うのは誤り。

さいこう-けいえいせきにんしゃ【最高経営責任者】サイカウ［名］⇩シーイーオー

さいこう-けんさつちょう【最高検察庁】サイカウ―チヤウ［名］最高裁判所に対応して設置される、最上級の検察庁。長は検事総長。最高検。

さいこう-さいばんしょ【最高裁判所】サイカウ［名］国家最高の司法機関。法令の審査権のほか、上告および違憲を理由とする特別抗告事件についての裁判権をもつ終審裁判所。最高裁判所長官と一四人の最高裁判所判事によって構成される。最高裁。

さいこう-ちょう【最高潮】サイカウテウ［名］感情や緊張が最も高まること。また、その状態・時期・場面。クライマックス。‖「―に達する」

さいこう-ほう【最高峰】サイカウ［名］❶（連山の中で）一番高いみね。❷ある一群の中で最も優れたもの。

さい-こく【催告】［名・他サ変］債務者に対して債務の履行を求めるなど、相手方に対して一定の行為をするように請求すること。また、それを請求する通知。‖「債務者に支払いを―する」

さい-ごく【西国】［名］❶近畿より西の地方。中国・四国・九州地方。特に、九州地方。❷日本の西方に位置する国。特に、インド。❸アジアの西方に位置する国。西洋の国。❹「西国三十三所」の略。◈「さいこく」とも。

ざい-こく【在国】［名・自サ変］❶国もとにいること。在郷。❷江戸時代、大名またはその家臣が領国にいること。⇕在府

さいごく-さんじゅうさんしょ【西国三十三所】―サンジフ［名］近畿地方三十三か所にある観音巡礼の霊場。西国札所。西国。

サイコセラピー［psychotherapy］［名］精神療法。心理療法。サイコテラピー。

さいご-つうちょう【最後通▼牒】―テフ［名］国家間で、紛争解決のための友好的な外交交渉を打ち切って最終的な要求を提示し、それが受諾されなければ相手国に対して自由行動をとることを記述した外交文書。使い方 交渉している相手に一方的に提示する最終的な要求・通告のたとえにもいう。‖「―をつきつける」

さいごっ-ぺ【最後っ▼屁】［名］❶追いつめられたイタチが苦しまぎれに尻から放つ悪臭。❷追いつめられたときに苦しまぎれにとる行動。最後のあがき。

さい-ころ【〈▼賽子〉・〈▼骰子〉】［名］⇩賽㊀

サイコロジー［psychology］［名］心理学。

さい-こん【再建】［名・他サ変］神社・寺院などを建て直すこと。さいけん。‖「塔堂を―する」

さい-こん【再婚】［名・自サ変］配偶者と死別または離別した人が再び結婚すること。⇕初婚▽二度以上の結婚にもいう。

さい-さい【再再】［副］ある言動をくり返すさま。たびたび。再三。‖「―忠告する」

さい-さい【歳歳】［副］としどし。毎年。‖「年年―」

さい-さき【▽幸先】［名］❶良いことが起こる前兆。吉兆。❷これから始める物事の先行きを感じさせるきざし。前兆。‖「―が良い」▽「さきさき」または「さちさき」の転。

さい-さん【採算】［名］利益を考慮して収支を計算すること。また、利益の有無からみた収入と支出のつりあい。‖「―が合う（＝収支が引き合う）」「―割れ」

さい-さん【再三】［副］ある言動を二度も三度もくり返すさま。たびたび。‖「―注意する」「―再四（＝くり返し何度も）」

ざい-さん【財産】［名］個人や団体が所有する金銭・有価証券や土地・家屋・物品など、経済的に価値のあるもの。資産。使い方 金銭に換算できるものばかりでなく、精神的価値の高いものについてもいう。‖「健康が私の―だ」

ざいさん-けい【財産刑】［名］財産を取り上げる刑罰。罰金・科料・没収など。⇔自由刑

さい-し【才子】［名］才知にすぐれた人。「―多病」

⊙**才子才に倒れる** すぐれた才知を持っている人は、自信過剰に陥ってとかく失敗するものだ。

さい-し【再思】［名・他サ変］もう一度よく考えること。考え直すこと。再考。「―三考」

さい-し【妻子】［名］妻と子。

さい-し【祭司】［名］宗教上の儀式を執り行う人。

さい-し【祭▼祀】［名・他サ変］神や祖先を祭ること。まつり。「―を執り行う」「―をつかさどる」

さい-じ【祭事】［名］祭りの行事。神事。

さい-じ【細字】［名］こまかい文字。また、ほそい文字。

さい-じ【細事】［名］ささいな事柄。また、ことこまかな事柄。

さい-じ【催事】［名］特別のもよおし。展示会・特売会など。「―場」

さい-しき【彩色】［名・自他サ変］色をつけること。さいしょく。

さい-しき【祭式】［名］祭りの儀式。また、それを行う順序や作法。

さいじ-き【歳時記】［名］❶一年中の行事・風物・自然現象などを季節別あるいは分野別に整理して記した書物。書き方「歳事記」とも。❷俳句の季語を集めて分類し、それぞれに解説と例句をほどこした書物。俳諧歳時記。季寄せ。

さい-じつ【祭日】［名］❶神社などで祭りを行う日。❷神道で、死者の霊を祭る日。❸皇室で祭典を行う日。大祭日と小祭日がある。▼旧制では、四つの祝日と七つの祭日が定められていた。現在の「国民の祝日」に相当する。❹「国民の祝日」の通称。「日曜―は休業いたします」

ざい-しつ【在室】［名・自サ変］部屋の中にいること。「職員が―の場合は声を掛けて下さい」

ざい-しつ【材質】［名］❶木材の性質。❷材料の性質。

さい-して【際して】［連語］〈「…に際して」の形で〉…の時や事態に臨んで。…にあたって。「出発に―注意を受ける」

ざい-しゃ【在社】［名・自サ変］❶会社の中にいること。❷社員としてその会社に勤務していること。

さい-しゅ【採取】［名・他サ変］❶研究・調査などの目的で、必要なものを選びとること。また、選んで集めること。「血液を―する」❷有用な鉱物・動植物などを選びとること。「砂金を―する」

さい-しゅ【採種】［名・自他サ変］次の栽培のために植物のたねをとること。

さい-しゅ【祭主】［名］❶祭事を行うとき、その中心になる人。❷伊勢神宮の神職の長。

さい-しゅう【採集】［名・他サ変］標本や資料となるものなどをとり集めること。「昆虫［方言］を―する」

さい-しゅう【最終】［名］❶いちばん終わり。「―の局面」「―回・―学年・―目標」⇔最初 ❷その日、最後に運行される電車・バス・飛行機など。

ざい-じゅう【在住】［名・自サ変］その土地に住んでいること。「ロンドンに―する日本人」

さい-しゅつ【歳出】［名］国や地方公共団体で、一会計年度内の支出の総計。⇔歳入

さい-しゅっぱつ【再出発】［名・自サ変］出直すこと。気分を新たにして、もう一度始めること。「郷里に帰って―する」

さい-しょ【最初】［名］いちばんはじめ。「―のあいさつ」「何事も―が肝心だ」⇔最後・最終

さい-じょ【才女】［名］才知のすぐれた女性。才媛。

さい-じょ【妻女】［名］❶妻と娘。❷妻である女性。

さい-じょ【細叙】［名・他サ変］詳細に叙述すること。「別後の情を―するにも遑あらず〈鷗外・舞姫〉」

ざい-しょ【在所】［名］❶住んでいる所。また、物が存在する所。ありか。❷故郷。国もと。❸都会から離れた地方。いなか。在。

さい-しょう【妻▼妾】［名］つまと、めかけ。

さい-しょう【宰相】［名］総理大臣。首相。▼中国では、昔、天子を補佐して政治を行った最高の官職。

さい-しょう【細小】［名・形動］こまかくて小さいこと。「―な粒子」

さい-しょう【最小】［名］もっとも小さいこと。「―の努力で最大の効果を上げる」⇔最大

さい-しょう【最少】［名］❶もっとも少ないこと。「―の人数で戦う」⇔最多 ❷年齢がいちばん低いこと。最年少。⇔最長

さい-じょう【斎場】［名］❶神仏を祭る清浄な場所。いつきのにわ。祭場。❷葬儀を行う場所。葬儀場。「青山―」

さい-じょう【祭場】［名］⇩斎場①

さい-じょう【最上】［名］❶重なったものの、いちばん上。「ビルの―階」❷もっともすぐれていること。この上ないこと。「―の品」

ざい-しょう【罪障】［名］成仏・往生のさまたげとなる悪い行い。

ざい-じょう【罪状】［名］犯罪が行われたときの具体的な内容や状況。「―認否」

さいじょう-きゅう【最上級】［名］❶程度・等級などが最も高いこと。「―の客室」❷英語・ドイツ語などで、形容詞・副詞がとる語形変化の一つ。事物の性質・状態などの程度が最も高いことを表す。英語のgood（よい）、happy（幸せな）に対するbest（最もよい）、happiest（最も幸せな）の類。⇩比較級

さいしょう-げん【最小限】［名］ある範囲の中でもっとも小さいこと。最小限度。「被害を―に抑える」⇔最大限 注意「最少限」と書くのは誤り。

さいしょう-こうばいすう【最小公倍数】［名］二つ以上の自然数の公倍数のうち最小のもの。▼LCM（= least common multiple）と略記する。

さい-しょく【才色】［名］女性のすぐれた才知と美しい容色。

さい-しょく【菜食】［名・自他サ変］野菜・果物など、植物性の食品を常食とすること。「―主義」

ざい-しょく【在職】［名・自サ変］その職についていること。「三〇年間―した」「―期間」

さいしょく-けんび【才色兼備】［名］すぐれた才知と美しい容色とを併せ持っていること。「―の女流歌人」▼ふつう、女性にいう。

さい-しん【再診】［名］二回目以降の診察。⇔初診

さい-しん【再審】［名・他サ変］❶もう一度審査する

こと。||「資格を一する」❷裁判で判決が確定した事件に対し、重大な誤りや瑕疵(かし)があることを理由として審理をしなおすこと。また、その手続きや審理。

さい-しん【細心】[名・形動] こまかいところまで心を配ること。||「一の注意を払う」派生 -さ

さい-しん【最深】[名] もっとも深いこと。||「日本海溝の一部」

さい-しん【最新】[名] もっとも新しいこと。||「一の技術」⇔最古

さい-じん【才人】[名] 才知のすぐれた人。才子。

さい-じん【祭神】[名] その神社に祭ってある神。さいしん。

サイズ[size][名] 大きさ。寸法。||「一をはかる」

ざ-いす【座椅子(▼坐椅子)】[名] 和室で、すわって背をもたせかけるのに使う、脚のない椅子。

さい・する【際する】[自サ変] 出来事にあう。当たる。⇩際して 文さい・す

さい-すん【採寸】[名・自他サ変] 衣服を仕立てるとき、体の各部分の寸法をはかること。||「首回りを一する」

さい-せい【再生】[名] ❶[自他サ変] 死にかかっていたものが生き返ること。また、生き返らせること。||「死の淵から一する」❷[自サ変] 心を改めてまともな生活に戻ること。更生。❸[他サ変] 廃品を原料にして再び製品を作り出すこと。||「一紙」❹[他サ変] 録音・録画したテープやディスクなどを装置にかけて、もとの音声・画像を出すこと。❺[自他サ変] 失われた生体の一部が再び作り出されること。❻[自他サ変] 心理学で、記銘され保持されていた経験内容を思い出すこと。

さい-せい【再製】[名・他サ変] 一度製品となったもの、または廃物となったものに手を加えて別の製品をつくること。||「一品」

さい-せい【済世】[名] 世の弊害をのぞき、人々を苦しみから救うこと。||「一救民」

さい-せい【祭政】[名] 祭祀(さいし)と政治。||「一一致(=祭事と政治との間には区別がないとする思想ならびに政治形態)」

さい-せい【最盛】[名] もっとも盛んなこと。||「一期」

ざい-せい【在世】[名・自サ変] この世に生きていること。また、この世に生きている間。ざいせ。||「父の一中に…」「先帝が御一の頃…」▼故人についていう。

ざい-せい【財政】[名] ❶国や地方公共団体が収入を得、その管理・支出を行う経済行為。||「地方一」❷個人や会社などの経済状態。かねまわり。||「わが社の一は厳しい」▼やや俗な用法。

さいせい-いりょう【再生医療】(ーイレウ)[名] 欠損したり機能しなくなったりした器官や組織を再生させる医療。

さいせいかのう-エネルギー【再生可能エネルギー】[名] 自然界から半永久的に得られ、継続して利用できるエネルギー。地熱・太陽光・バイオマスなど。

さいせい-き【最盛期】[名] 勢いなどが、もっとも盛んな時期。

さいせい-さん【再生産】[名・他サ変] 生産されたものが流通・消費され、また新たな生産が行われること。また、絶えずそれがくり返される過程。▼単純再生産・拡大再生産・縮小再生産に分けられる。

さいせい-し【再生紙】[名] 古新聞・古雑誌などを溶かして繊維状にし、すき直して作った紙。

ざいせい-とうゆうし【財政投融資】[名] 国の財政資金による投資および融資の総称。政府・特殊会社・独立行政法人・地方公共団体への貸し付けや、政府金融機関を通じた民間への貸し付けがある。▼運用全体の計画を財政投融資計画という。

さい-せき【砕石】[名・自他サ変] 岩石を細かくくだくこと。また、くだいた石。バラスト。

さい-せき【採石】[名・自他サ変] 石材を切り出すこと。||「一場」

ざい-せき【在席】[名・自サ変] 職場などで、自分の席にいること。

ざい-せき【在籍】[名・自サ変] 学校・団体などの成員として、その籍に登録されていること。||「一証明」

ざい-せき【材積】[名] 木材の体積。単位は立方メートル。▼古くは「石(こく)」を単位とした。

ざい-せき【罪責】[名] 罪を犯した責任。

ざい-せき【罪跡】[名] 犯罪の証拠となる痕跡(こんせき)。

さい-せつ【再説】[名・他サ変] くり返して説明すること。

さい-せつ【細説】[名・他サ変] くわしく説明すること。詳説。||「国際情勢について一する」

さい-せん【再選】[名] ❶[他サ変] 選挙などで、同じ人をふたたび選ぶこと。❷二度目の当選。

さい-せん【▼賽銭】[名] 祈願成就のお礼として神仏に奉納する金銭。また、参拝に際して神仏に奉納する金銭。||「一箱」▼「賽」は神にむくいる意。

さい-ぜん【最前】[名] ❶いちばん前。||「一の席に座る」❷ほんの少し前。さきほど。さっき。||「一から客が待っている」▼副詞的にも使う。

さい-ぜん【最善】[名] ❶もっともよいこと。||「一の策」⇔最悪 ❷できる限りのこと。全力。||「一の努力を払う」

さい-ぜん【▼截然】[形動タリ] ⇩せつぜん ▼「せつぜん」の慣用読み。

さいぜん-せん【最前線】[名] ❶戦場で、敵に最も近い戦線。❷仕事などで、最も激しい競争や活動が繰り広げられているところ。||「営業の一で活躍する」

さいせん-たん【最先端】[名] ❶長いもののいちばん先の部分。❷とがったもののいちばん先の部分。||「半島の一」❸時代・流行などのいちばん先のところ。||「一の医療」◈書き方 ②③は「最▼尖端」の代用表記。

さい-そう【再送】[名・他サ変] もう一度送ること。||「メールを一する」

さい-そう【採草】(ーサウ)[名・自他サ変] ❶飼料・肥料用に、草を刈りとること。||「一地」❷海草類をとり集めること。

さい-そく【細則】[名] 総則や通則に基づいた、さらに細かい規則。

さい-そく【最速】[名] もっとも速いこと。||「世界一のF1」

さい-そく【催促】[名・他サ変] 早くするようにと、急がせること。||「返済を一する」「矢の一」

ざい-ぞく【在俗】[名] 出家しないで、俗人のままでいること。また、その人。在家(ざいけ)。||「一僧」

さい-た【最多】[名] もっとも多いこと。||「一出場記録」⇔最少

サイダー[cider][名] 炭酸水にシロップ・香料などを入れて作る清涼飲料水。▼原義は、りんご酒。

さい-たい【妻帯】［名・自サ変］妻をもつこと。妻がいること。≡「―者」

さい-たい【▼臍帯】［名］➡せいたい（臍帯）

さい-だい【細大】［名］細かいことと大きいこと。

◉細大漏らさず　細かいことも大きいこともすべて。一部始終。

さい-だい【最大】［名］もっとも大きいこと。≡「我が国―の建築物」「―値」⇕最小
さいだい-きゅう【最大級】［名］もっとも程度が甚だしい段階。≡「―の賛辞」

さいだい-げん【最大限】［名］ある範囲の中でもっとも大きいこと。最大限度。限度いっぱい。≡「―の努力をする」⇕最小限
さいだい-こうやくすう【最大公約数】［名］❶二つ以上の自然数の公約数のうちで最大のもの。▼GCM（= greatest common measure）と略記する。❷異なる意見や立場の間で共通する部分。

さいだい-たすう【最大多数】［名］もっとも多くの人。≡「―の最大幸福」

さい-たく【採択】［名・他サ変］いくつかある中から選んでとりあげること。≡「決議が―される」

ざい-たく【在宅】［名・自サ変］自分の家にいること。≡「午前中は―しています」「―勤務」

ざいたく-かいご【在宅介護】［名］寝たきり・認知症などの高齢者を自宅で介護すること。≡「―支援センター（= 在宅介護に関して相談を受け、指導を行う施設）」

ざいたく-ケア【在宅ケア】［名］介護や看護を必要とする障害者や高齢者に対して、在宅のまま保健・福祉サービスを提供すること。また、その保健・福祉サービス。

さい-たる【最たる】［連体］程度が一番甚だしい。第一番の。≡「面前での嘲笑は侮辱の―ものだ」

さい-たん【採炭】［名・自他サ変］石炭を掘りとること。≡「―量」

さい-たん【最短】［名］もっとも短いこと。≡「―のコース」⇕最長
さい-たん【歳旦】［名］一月一日の朝。元旦。≡「―吟」▼「旦」は朝の意。


さい-だん【祭壇】［名］神事・仏事を行うために設けた壇。

さい-だん【裁断】［名・他サ変］❶紙・布・鋼材などを型に合わせてたち切ること。❷物事の善悪・理非を判断してはっきりと決めること。≡「―を下す」

ざい-だん【財団】［名］❶一定の目的のために提供され、法律上一個の物権と見なされる財産の集合。❷「財団法人」の略。

ざいだん-ほうじん【財団法人】［名］一定の目的のために提供された財産を運営する法人。非営利目的の一般財団法人と、行政庁から公益性の認定を受けた公益財団法人がある。

さい-ち【才知（才▼智）】［名］才能と知恵。≡「―にたけた人」

さい-ち【細緻】［名・形動］細かいところまで行き届いていること。綿密なこと。≡「―な工芸品」派生―さ
さい-ちゅう【最中】［名］動作や状態がもっとも盛んなとき。ある行為・動作が行われている、ちょうどそのとき。さなか。≡「その問題については調査をしている―です」▼強調して「真っ最中」とも。

ざい-ちゅう【在中】［名・自サ変］中にその物が入っていること。≡「写真―」▼多く封筒・包みなどの上書きに使う。注意「在住」と混同して使うのは誤り。≡「×日本在中の外国人（→○日本在住）」

さい-ちょう【最長】［名］❶もっとも長いこと。≡「世界―の川」⇕最短 ❷いちばん年上であること。最年長。⇕最少
さい-づち【才▼槌】［名］木製の小形のつち。▼胴の部分がふくらんだ形をしている。

さいづち-あたま【才▼槌頭】［名］後頭部と額が突き出た頭。▼横から見た形が才槌に似ることから。

さい-てい【再訂】［名・他サ変］❶文字・文章などの誤りをふたたび訂正すること。❷書籍を再版するとき、初版の誤りなどを訂正すること。また、その版。

さい-てい【最低】［名］❶もっとも低いこと。≡「過去―の水準」「―気温」❷［形動］品性・品質などが、きわめて劣ること。≡「あんなことを言うなんて―だ」「―の／な奴」◈⇕最高
さい-てい【裁定】［名・他サ変］物事の可否を判断して決定すること。また、その決定。

さいてい-げん【最低限】［名］❶もっとも低いほうの限度。最低限度。≡「―の利率」❷必要とされる最小の範囲。≡「必要―の栄養」▼副詞的にも使う。

さいてい-ちんぎん【最低賃金】［名］企業が労働者に支払わなければならない賃金の最低基準額。最低賃金法などに基づいて決定される。

さいてい-とりひき【裁定取引】［名］有価証券や外国為替などの取引で、市場間の価格差を利用して利益をあげること。

さい-てき【最適】［名・形動］もっとも適していること。≡「委員長として―な／の人物」

ざい-テク【財テク】［名］企業や個人が株式・債券・不動産などに投資し、余剰資金運用の多様化・効率化を図ること。▼「財務テクノロジー」の略。

さい-てん【再転】［名・自サ変］一度変わったことが、また変わること。

さい-てん【採点】［名・他サ変］評価するために点数をつけること。また、その点数。≡「―表」

さい-てん【祭典】［名］❶祭りの儀式。祭儀。❷華やかで盛大な行事。≡「スポーツの―（= オリンピック大会）」「労働者の―（= メーデー）」

さい-でん【祭殿】［名］祭りの儀式を行う建物。

ざい-てん【在天】［名・自サ変］天上にあること。≡「―の霊（= 死者の霊を高めていう語）」

サイト【site】［名］❶敷地。用地。≡「ダム［キャンプ］―」❷インターネットで、ホームページや各種コンテンツ。ウェブサイト。

さい-ど【彩度】［名］色の三属性の一つ。色の鮮やかさの度合い。➡色相・明度
さい-ど【済度】［名・他サ変］仏が迷い苦しむ人々を救い、悟りの境地である彼岸へ導くこと。≡「衆生―」▼「済」は救う、「度」は渡す意。

さい-ど【再度】［副］ふたたび。二度。≡「―試みる」

サイド【side】［名］❶側面。わき。≡「―ミラー」「プール―」❷一方の側。≡「消費者―から苦情が出る」「住民―の意見」❸副次的・補助的であること。≡「―ビジネス」▼多く他の語と複合して使う。

サイド-アウト【side out】［名］テニスなどで、ボ

ールがサイドラインの外へ出ること。

さい‐とう【彩陶】タウ［名］彩色した文様を描いた素焼きの土器。▽初期農耕民が使用し、世界各地に分布する彩色土器のうち、特に中国で出土したものをいう。

サイドカー［sidecar］［名］オートバイの横に取りつける一輪の車両。また、それをつけたオートバイ。側車。

さい‐とく【才徳】［名］才知と徳行。

さい‐どく【再読】［名・他サ変］もう一度読むこと。‖「資料を━する」「━文字（＝漢文訓読で、一つの文字で二度読まれるもの）」

サイド‐ステップ［side step］［名］❶ボクシング・ラグビーなどで、すばやく足を横に踏み出して移動すること。❷ダンスの踊り方で、片足を横に踏み出してから、もう一方の足を引き寄せてそろえる足取り。

サイド‐スロー［和製side＋throw］［名］野球で、投手が腕を地面とほぼ水平に振ってボールを投げること。横手投げ。サイドハンド。

サイド‐ディッシュ［side dish］［名］メインの料理に添えて出す料理。

サイド‐ビジネス［和製side＋business］［名］本業以外の仕事。副業。サイドワーク。

サイド‐ブレーキ［和製side＋brake］［名］自動車で、運転席の横につけた手動式のブレーキ。

サイド‐ボード［sideboard］［名］食堂・居間などの壁際に置いて、食器や小物類を収納する戸棚。飾り棚としても使う。

サイドライン［sideline］［名］❶テニス・バレーボール・バスケットボールなどで、コートの両翼の区画線。⇔エンドライン▽ラグビー・サッカーなどではタッチラインという。❷字のわきに引いた線。傍線。

さい‐とり【才取り】［名］売買の仲介をして手数料を取ること。また、それを職業とする人。ブローカー。

サイド‐リーダー［和製side＋reader］［名］英語などの授業で使う副読本。

サイド‐ワーク［和製side＋work］［名］副業。内職。サイドビジネス。

さいな・む【▽苛む・▼嘖む】［他五］責め苦しめる。いじめ、悩ます。‖「罪の意識に━・まれる」「責め━」

さい‐なん【災難】［名］突然身に起こる不幸な出来事。わざわい。‖「トラックに追突されて、━だった」「━が降りかかる」「━に遭う」「━続き」

ざい‐にち【在日】［名・自サ変］外国人が日本に滞在または居住していること。‖「━アメリカ人」

さい‐にゅう【歳入】ニフ［名］国や地方公共団体で、一会計年度内の収入の総計。⇔歳出

さい‐にょう【採尿】ネウ［名・自サ変］検査のために一定量の尿を採取すること。

さい‐にん【再任】［名・自他サ変］もう一度前と同じ役職につくこと。また、つかせること。

ざい‐にん【在任】［名・自サ変］任務についていること。また、任地にあること。‖「━期間」

ざい‐にん【罪人】［名］罪を犯した人。また、有罪と決定された人。つみびと。

サイネリア［cineraria］［名］⇩シネラリア

さい‐ねん【再燃】［名・自サ変］❶消えていた火がまた燃えだすこと。❷衰えていたものが、また盛んになること。‖「ブームが━する」❸一旦収まっていた物事が、また動き出すこと。‖「貿易摩擦問題が━する」

さい‐のう【才能】［名］ある物事をうまくなしとげる、すぐれた能力。‖「音楽の━がある」

品格　器量「大いに━を上げる」才「━に溺(おぼ)れる」才気「━煥発(かんぱつ)」才略「━にたける」

さい‐のう【採納】ナフ［名・他サ変］とり入れること。採用。

ざい‐のう【財▼嚢】ナウ［名］金銭を入れる袋。財布。

さい‐の‐かわら【▼賽の《河原》】カハラ［名］親に先立って死んだ子供が行くという、三途(さんず)の川の河原。ここで子供は親の供養のために小石を積み上げて塔をつくろうとするが、何度も何度も地獄の鬼にくずされたのち、ようやく地蔵菩薩によって救われるという。▽むだな努力のたとえにもいう。

さい‐の‐め【▼賽の目】［名］❶さいころの各面に記してある一から六までの点。❷さいころほどの大きさの小さな立方体。‖「豆腐を━に切る」

サイバー‐スペース［cyber space］［名］電脳空間。コンピューターネットワーク上の仮想的な空間。

サイバー‐テロ［名］コンピューターネットワークに侵入し、システムを破壊したり情報を盗み出したりして、政治的・経済的・社会的混乱を引き起こそうとするテロ行為。▽cyber terrorism から。

さい‐はい【再拝】［名・自サ変］❶二度くり返しておがむこと。❷手紙の終わりに記し、相手に敬意を表す語。‖「頓首(とんしゅ)━」「恐懼(きょうく)━」

さい‐はい【采配】［名］❶昔、戦場で大将が士卒を指揮するために用いた道具。厚紙を細長く切って作ったふさに、柄をつけたもの。❷指揮。指図。

◉**采配を振・る**　指揮をする。指図をする。采配をとる。

注意「振る」を「振るう」とするのは誤り。「采配」は武器ではないため。

さい‐ばい【栽培】［名・他サ変］野菜・草花・樹木などの植物を植えて育てること。‖「温室━」

さい‐ばし【菜箸】［名］料理を作るときに使う長めのはし。また、料理を取り分けるときに使うはし。

さい‐ばし・る【才走る】［自五］才気にあふれる。また、才知が働きすぎる。‖「━・った顔」

さい‐はつ【再発】［名・自サ変］❶一度なおった病気がまた起こること。❷同じような出来事がまた発生すること。‖「少年犯罪の━を防ぐ」

ざい‐ばつ【財閥】［名］❶コンツェルンの形態をとり、大資本・大企業を独占的に支配した一族・一門。戦前の三井・三菱・住友・安田など。⇩コンツェルン❷〔俗〕金持ち。

さい‐はて【最果て】［名］これより先はないという、いちばん端の所。‖「━の地」▽多く、北方の地にいう。

サイバネティックス［cybernetics］［名］生物と機械の間に共通点を見いだし、通信と制御の問題を統一的・体系的に追究する学問。

さいばら【催馬▽楽】［名］古代歌謡の一つ。平安初期、上代の民謡などが雅楽に取り入れられて歌われるようになったもの。笏拍子(しゃくびょうし)・箏(そう)・笙(しょう)・竜笛(りゅうてき)・篳篥(ひちりき)・琵琶などで伴奏した。

さい‐はん【再犯】［名］❶一度罪を犯した者が、ふたたび罪を犯すこと。❷刑法で、懲役に処せられて釈放された者、またはその執行を免除された者が、その日から五年以内にまた懲役に当たる罪を犯すこと。刑が加重される。◈⇩初犯

さい‐はん【再版】［名・他サ変］前に出版した書籍を、

同一の原版を用いて再び出版すること。また、その書籍。＝「文学全集を━する」⬇初版・重版

さい-はん【再販】［名］生産業者が販売業者に対してその商品の販売価格を指定し、その価格を維持させることを内容とする契約。公正取引委員会が指定する商品に限って認められる。再販契約。再販制度。▼「再販売価格維持契約」の略。

さい-ばん【裁判】［名・他サ変］裁判所が紛争や訴訟に対して法律に基づいた判断を下すこと。判決・決定・命令の三形式がある。

さい-ばん【歳晩】［名］年の暮れ。歳末。年末。

さいばんいん-せいど【裁判員制度】サイバンイン［名］一般市民が裁判員として裁判に関与する制度。殺人などの刑事事件について、裁判官とともに有罪無罪の決定と量刑の判断を行うもの。平成二一（二〇〇九）年より実施。

さいばん-かん【裁判官】ワン［名］裁判所に所属し、裁判を行う権限をもつ特別職の国家公務員。

さいばん-しょ【裁判所】［名］裁判を行う権限をもつ国家機関。最高・高等・地方・家庭・簡易裁判所の五種がある。

さい-ひ【採否】［名］採用するかしないかということ。採用と不採用。＝「応募者の━を決定する」

さい-ひ【歳費】［名］❶一年間に使用する公共の費用。❷国会議員に国から支給される一年間の手当。

さい-び【細微】［名・形動］❶極めて細かいこと。微細。＝「━な粒子」❷身分が低いこと。また、低い身分。

さい-ひつ【才筆】［名］巧みな文章。また、それを書く才能。＝「━を振るう」

さい-ひょう【砕氷】［名・自他サ変］氷をくだくこと。＝「━船」

さい-ふ【財布】［名］お金を入れておく携帯用の入れ物。金入れ。

◎**財布の底をはたく** 持っている金をすべて使う。

◎**財布の紐**ひも**を握**にぎ**る** 金銭の出し入れを一手につかさどる。＝「わが家では母が━っている」

さい-ふ【採譜】［名・他サ変］口承されてきた曲を楽譜に書き取ること。＝「民謡を━する」

さい-ぶ【細部】［名］こまかい部分。＝「━にわたって点検する」

サイフォン【siphon】［名］❶大気圧を利用し、液体をいったん液面よりも高所に上げてから低所に移すのに用いる曲がった管。❷コーヒーをわかすガラス製の器具。◈「サイホン」とも。

さい-ふく【祭服】［名］祭主・神官や司祭などが祭祀しのときに着る衣服。

さい-ぶつ【才物】［名］すぐれた才能をもった人物。才人。

ざい-ぶつ【財物】［名］金銭と品物。ざいもつ。▼刑法では、窃盗・強盗・詐欺・恐喝・横領など、財産犯の客体となるものをいう。

さい-ぶん【細分】［名・他サ変］こまかく分けること。＝「業務を━化する」

さい-べつ【細別】［名・他サ変］こまかく区別すること。＝「色を━し、それぞれに名前をつける」

さい-へん【再編】［名・他サ変］編成または編集しなおすこと。再編成。再編集。＝「組織を━する」

さい-へん【砕片】［名］くだけたかけら。破片。

さい-ぼ【歳暮】［名］年の暮れ。年末。歳末。せいぼ。

さい-ほう【再訪】ウハ［名・他サ変］ふたたび訪れること。

さい-ほう【西方】ウハ［名］❶西の方。せいほう。❷「西方浄土」の略。

さい-ほう【採訪】ウハ［名・他サ変］歴史学や民俗学で、資料を集めるために辺地・社寺・旧家などを訪ねること。採集訪問。

さい-ほう【裁縫】［名・自サ変］布地を裁断して衣服などに縫いあげること。針仕事。＝「━箱」

さい-ぼう【細胞】ウハ［名］❶生物体を構成する基本単位。ふつう核・細胞質・原形質膜などからなる。細胞分裂によって増殖する。さいほう。＝「単━・多━」❷共産党が地域・職場などに設けた末端組織の旧称。

ざい-ほう【財宝】［名］財物と宝物。たからもの。＝「金銀━」

さいほう-じょうど【西方浄土】サイハウジャウド［名］阿弥陀如来あみだにょらいのいる極楽浄土。人間界から十万億の仏土をへだてた西方にあると説かれる。

さいぼう-しん【細胞診】サイバウ［名］生体から採取した細胞を顕微鏡で検査し、癌がんなどの病気を判定する診断法。

さいほう-そう【再放送】ソウハウ［名・他サ変］ラジオ・テレビで、以前に放送した番組を再度放送すること。

さいぼう-ぶんれつ【細胞分裂】サイバウ［名］一個の細胞が二個以上の細胞に分かれること。また、それをくり返して増殖すること。

サイボーグ【cyborg】［名］特殊な環境下でも活動できるように生理機能の一部を電子機器などに改造した人間。▼cybernetic＋organism の合成語。

さい-まい【砕米】［名］脱穀や精白のときに細かくくだけた米。くだけまい。

さい-まつ【歳末】［名］年の暮れ。年末。歳晩。＝「━風景」

さい-みつ【細密】［名・形動］きわめてこまかく注意が行き届いていること。＝「━な作り」「━画（＝ミニアチュール）」派生 -さ

さい-みん【細民】［名］社会の下層にある貧しい人々。＝「━窟くつ（＝スラム）」

さい-みん【催眠】［名］ねむくなること。また、ねむけをもよおさせること。＝「━薬・━療法」

さいみん-じゅつ【催眠術】［名］暗示によって人を半ばねむった状態に引き入れる技術。催眠法。精神療法や精神病理の研究などに応用される。

さい-む【債務】［名］債権に対応する債務者の義務。金銭を借りた者が貸し手に対してそれを返済しなくてはならない義務など。＝「━者」

ざい-む【財務】［名］財政に関する事務。＝「━管理」

ざいむ-しょう【財務省】ヤシ［名］国の行政機関の一つ。財政・課税・税関業務・通貨・外国為替などに関する事務を担当する。長は財務大臣。▼旧称は大蔵省。

ざい-めい【在銘】［名］刀剣・器物などに、その作者の名が記されていること。⬍無銘

ざい-めい【罪名】［名］犯罪の種類を表す名称。

さい-もく【細目】［名］こまかい項目。＝「規則の━を決める」

ざい-もく【材木】［名］建築や土木などの材料とする木。木材。多く、角材・板などに加工してあるものをいう。

さい-もん【祭文】［名］❶祭りのときに神にささげる祝詞のりと。さいぶん。❷⬇歌祭文うたさいもん ❸昔、歌祭文を語

って歩いた人。▽「祭文語り」の略。

ざい‐や【在野】［名］❶官職につかないで、民間にあること。⇔在朝 ❷政党が野党の立場にあること。

さい‐やく【災厄】［名］わざわい。災難。

さい‐ゆ【採油】［名・自サ変］❶石油を掘りとること。❷植物の種などから油をしぼりとること。

さい‐よう【採用】［名・他サ変］❶適切な案・意見・方法などをとり上げて用いること。‖「新人の企画案を━する」❷官庁・企業などが、適切な人を選んで雇うこと。‖「━試験」

さい‐よう【細腰】（‐エウ）［名］腰が、ほっそりとしていること。また、ほそい腰の美人。柳腰（やなぎごし）。

さい‐らい【再来】［名・自サ変］❶前と同じ状態が再び起こること。❷一度死んだ人が（別の人の姿を借りて）再びこの世に生まれ出ること。また、その人。生まれかわり。‖「釈迦（しゃか）の━」

ざい‐らい【在来】［名］これまでふつうに存在していたこと。また、ふつうに行われてきたこと。‖「━種・━工法」「━線（＝同一区間を走る新設路線に対し、従来の路線）」

さい‐らん【採卵】［名・自他サ変］卵を採取すること。

さい‐り【▼犀利】［形動］才知や文章などが鋭く、的確なさま。‖「━な筆致」▽「犀」は堅く鋭い意。派生 ‐さ

サイリウム［名］化学反応により蛍光を発する棒状の照明器具。折って振ると光る。ケミカルライト。▽商標名「サイリューム（Cyalume）」の通称。

さい‐りゃく【才略】［名］才知と策略。また、よく知恵を働かせたはかりごと。‖「━にたけた軍師」

さい‐りゅう【細流】（‐リウ）［名］ほそい流れ。小川。

ざい‐りゅう【在留】（‐リウ）［名・自サ変］一時、外国のある土地にとどまって住むこと。‖「━邦人」

さい‐りょう【宰領】（‐リヤウ）［名・他サ変］多くの人を指揮・監督して、仕事などをとりしきること。また、その役（を務める人）。

さい‐りょう【最良】（‐リヤウ）［名］もっとも良いこと。‖「━の方法をとる」⇔最悪

さい‐りょう【裁量】（‐リヤウ）［名・他サ変］その人が自分の考えで判断し、物事を処理すること。‖「自由━」

ざい‐りょう【材料】（‐レウ）［名］❶物を製造・加工するとき、もととして用いるもの。原料。資材。‖「料理の━」❷調査・発表・研究などのもととなる資料。データ。‖「判断の━が不足している」❸芸術作品の題材。素材。

さいりょう‐ろうどうせい【裁量労働制】（サイリヤウラウドウ‐）［名］出勤時刻・勤務時間などの管理を労働者の裁量に委ねる制度。労働基準法に基づくもので、特殊な業務ばかりでなく、企画・立案・調査などの仕事にも適用される。

さい‐りょく【才力】［名］才知のはたらき。

ざい‐りょく【財力】［名］財産があることによって生じる勢力。金力。経済力。

さい‐りん【再臨】［名・自サ変］キリスト教で、世界の終わりの日に、キリストが最後の審判を行うために再びこの世に現れること。‖「━の日」

ザイル【Seil ドイ】［名］登山用の綱。ロープ。

さい‐るい【催涙】［名］涙を出させること。‖「━ガス」

さい‐れい【祭礼】［名］神社などの祭り。祭儀。

さいれ‐ことば【さ入れ言葉】［名］五段動詞・サ変動詞の未然形に付く使役の助動詞「せる」の前に余計な「さ」が挿入された言葉。「作らせる」を「作らさせる」、「読ませる」を「読まさせる」、「言わせていただきます」を「言わさせていただきます」などと言う類。⇩せる［使い方］(1)

サイレン【siren】［名］穴のあいた二枚の円板を高速度で回転させ、空気を振動させて音響を発生する装置。警報・信号などに使う。

サイレント【silent】［名］❶無音・無言であること。❷つづり字の中のある文字を発音しないこと。また、その文字。knowのk、climbのbなど。黙字。❸音響を伴わない映画。無声映画。▽「サイレント映画」の略。

サイレント‐トリートメント【silent treatment】［名］プロ野球などで、活躍した選手に対してチームメイトがはじめはよそよそしい態度を取り、その直後に祝福すること。好意的な意味を込めて行う。

サイロ【silo】［名］❶牧草・トウモロコシなどの飼料を発酵させて貯蔵するための倉庫。円筒形のタワーサイロ、地下に設けるトレンチサイロなどがある。❷①の形に似た、セメントやミサイルなどの貯蔵庫。

さい‐ろく【再録】［名・他サ変］❶一度発表された記事などを別の形でまた取り上げること。‖「処女作を━する」❷もう一度録音・録画しなおすこと。

さい‐ろく【採録】［名・他サ変］とりあげて記録すること。また、とりあげて録音・録画すること。‖「民話を━する」

さい‐ろく【載録】［名・他サ変］文章にして書籍・雑誌などにのせること。

さい‐ろん【再論】［名・他サ変］すでに論じられた事柄について再び議論すること。また、その議論。

さい‐わ【再話】［名・他サ変］❶昔話・伝説・民話などを、現代的な表現に改めるなどしてまとめ直すこと。また、その話。❷文学作品などを子供向きにわかりやすくまとめ直すこと。また、その作品。また、その話。

さい‐わい【幸い】（‐ハヒ）■［名・形動］めぐまれた状態でしあわせなこと。さち。‖「若きふたりに━あれ」「お役に立てば━です」■［副］運がいい、好都合だと見なす気持ちを表す。‖「━、切符が手にはいった」

さい‐わん【才腕】［名］すぐれた才能と手腕。

サイン【sign】［名・自他サ変］❶名前を書くこと。また、そのもの。署名。‖「小切手に━する」❷合図。暗号。‖「━を送る」「ブロック━」

サイン【sine】［名］三角関数の一つ。直角三角形の一つの鋭角について、斜辺と高さの比。正弦。記号sin ▽角Cが直角の三角形ABCにおいて辺BCと辺ABの比を角Aのサインといい、sin A と書き表す。

ざ‐いん【座員】（‐ヰン）［名］演劇などの一座に属している人。

ザイン【Sein ドイ】［名］哲学で、いま現に事実としてあること。実在。存在。⇔ゾルレン

サイン‐ペン【和製 Sign＋Pen】［名］水性インクを用いたフェルトペン。▽商標名。

サインレス【signless】［名］クレジットカードの決済で、署名や暗証番号の入力が必要ないこと。

ざ‐う【座右】［名］⇩ざゆう

サウスポー【southpaw】［名］❶野球で、左腕投手。❷ボクシングで、左利きのボクサー。❸左利きの人。

サウナ【sauna フィンランド】［名］フィンランド風の蒸し風呂（ぶろ）。加熱した石の熱と、その石に水をかけて得られる蒸気

熱とで室内の温度・湿度を高めるもの。サウナ風呂。

サウンド［sound］［名］音。音響。

サウンド-トラック［sound track］［名］❶映画フィルムの縁にある、音声・音楽などを録音した帯状の部分。サントラ。❷映画の音声や音楽を収録したもの。▽「サウンドトラック盤」の略。

さえ【冴え】［名］❶光・音・色などが澄みきっていること。‖「月光の—」❷頭脳や感覚が鋭く働くこと。‖「頭の—」❸技術・腕前などが際立ってあざやかなこと。‖「ピッチングに—をみせる」

さえ［副助］❶極端な事柄を提示して、他のものはまして、と事柄の甚だしいさまを暗示する。…すら。‖「子供にさえ分かる」「こちらを見ようとさえしない」「応対のしかたに悪意をさえ感じる」「先生の忠告さえをも無視する」❷同類の事柄がつけ加わって、さらに物事が進展する意を表す。…まで。‖「風だけでなく雨さえ降ってきた」「子供だけでなく大人さえもが夢中になる」❸〈下に条件句を伴って〉それだけで十分に条件が満たされる意を表す。‖「これさえあれば大丈夫」「無事に帰って来さえすればいい」◈「添え」の転と言われる。

さえ-かえ・る【冴え返る】［自五］❶光・音などがよく澄んで、はっきりと感じられる。‖「月の光が—」「その檸檬の色彩はガチャガチャした色の階調をひっそりと紡錘形の身体の中へ吸収してしまって、カーンと—っていた〈梶井基次郎・檸檬〉」❷春になってから寒さがぶり返す。❸頭の働きがきわめてよくなる。‖「深夜になると頭が—」

さ-えき【差益】［名］売買の収支、価格の改定、為替相場の変動などで生じた、差額の利益。‖「—還元」⇕差損

さえぎ・る【遮る】［他五］❶あるものが、自然のもたらす物理的な作用をさまたげる。遮断する。‖「カーテンで直射日光を—」「霧が視界を—」❷あるものが、人の行動や物事の進行（特に人の話）をさまたげる。じゃまをする。‖「バリケードで敵の侵入を—」「川が行く手を—」「発言を—」◈「先切る→さいぎる→さえぎる」と転じた。書き方「さえぎる」の「さえ」を「障え」とみて、もと歴史的仮名遣いは「サヘ」とすることが多かった。可能 遮れる

さえ-ざえ【冴え冴え】［副］澄み切って、はっきりしているさま。また、すっきりとして、さわやかなさま。‖「—と輝く秋の月」「—（と）した顔つき」

さえず・る【囀る】［自五］❶小鳥がしきりに鳴く。‖「ヒバリが—」❷［他五］ぺちゃくちゃとやかましくしゃべる。‖「団体客が—りながら食事を始める」▽軽蔑して使う。名 さえずり

囀

さ-えつ【査閲】［名・他サ変］❶実地に見て調べること。❷学校の軍事教練の成績を査閲官が実地に調べること。

さ・える【冴える】［自下一］❶月・星などの光が、（寒空に）くっきりと澄んで見える。さやかに澄んで見える。‖「夜空に星が—」「月が—」❷音・声が澄んで、くっきりと聞こえる。‖「笛の音が—」「—えた声」❸色がくっきりと鮮やかに見える。‖「白い花弁が点々として月光に—えた〈漱石〉」❹ぼんやりした頭の働きが鋭さを増す。特に、神経がたかぶって眠気がなくなる。‖「勘が—」「頭が—えてきて眠れなくなる」❺表情や気分がすっきりと晴れる。すかっとする。‖「顔色［表情・気分］が—えない」▽「冴えない」の形が多い。❻技術・腕前などが鮮やかに発揮される。‖「腕［包丁さばき・ベテランの味］が—」❼〈「冴えない」の形で〉際だったところがなく物足りない。ぱっとしない。‖「見かけは—えないが頭は切れる」❽寒さが厳しくなる。また、（凍りつくかのように）冷え冷えと感じられる。‖「冬たけなわにして寒気—今日この頃、…」文 さ・ゆ

さえ-わた・る【冴え渡る】［自五］❶光・音・色などが、くまなく澄んで広がる。‖「笛の音が—」❷頭の働きなどがひときわ明晰になる。‖「頭脳が—」

さお【竿・棹】㊀［名］❶竹の幹や木から枝葉を取り、棒状にしたもの。物干しざお・釣りざお・旗ざおなど。▽金属製・合成樹脂製のものなども含めていう。❷水の底を突いて舟を進ませる長い棒。❸三味線の糸を張る長い柄の部分。また、三味線。㊁（造）❶たんす・長持ちなどを数える語。‖「桐だんす二—」▽竿でかついだことから。❷三味線・羊羹など細長いものを数える語。

さお-さ・す【棹さす】［自五］❶さおを操って舟を進める。‖「急流に—して渓谷を下る」❷うまく立ち回って機に乗じる。‖「時流［時勢］に—」注意 ⇩流れに掉さす ◈書き方「さす」は「刺す」「差す」とも。

さお-だけ【竿竹】［名］枝や葉をはらって、さおにした竹。たけざお。

さお-だち【竿立ち】［名］馬などが前足を上げ、後ろ足でまっすぐに立ち上がること。棒立ち。

さ-おとめ【《早乙女》（早少女）】［名］［古風］❶田植えをする若い女性。❷少女。おとめ。

さお-ばかり【竿秤・棹秤】［名］はかりの一つ。目盛りをつけたさおの一端にはかりたい物をかけ、さおが水平になるように分銅を動かして重さをはかる。

さか【坂】［名］❶道路など土地の一方が高く一方が低くて、傾斜している所。‖「急な—を登る」❷人生の行路を①にたとえ、ある年齢などを一つの節目としていう語。‖「五〇の—にさしかかる」

さか【逆】［名］さかさま。ぎゃく。‖「—を食わす（＝相手をなじり返す）」「—恨み・—毛」

さ-か【茶菓】［名］茶と菓子。ちゃか。

さか【酒】（造）さけ。‖「—蔵・—場・—屋」

さが【性】［名］❶人の力で左右できない本性。また、もって生まれた宿命。‖「悲しい—」❷いつもそうであること。ならわし。‖「定めなきは浮き世の—」

ざ-か【座下】［名］❶座席のすぐそば。座右。❷手紙の脇付の一つ。あて名の左わきに記して敬意を表す。▽「あなたのおそば近くにさしあげます」の意で、目上の人に使う。

ざ-が【座臥（坐臥）】［名・自サ変］すわることと、ねること。おきふし。また、日常。日常生活。‖「常住—」書き方 本来は「坐臥」。

さか-あがり【逆上がり】［名］鉄棒・吊り輪などで、両足をそろえて上にあげ、腕の力と反動を利用して体をさかさまに引き上げること。また、その技。

さかい【境（界）】［名］❶土地と土地、また、物と物が接しているところ。境界。しきり。‖「—の塀」❷物事の分かれ目。‖「生死の—をさまよう」❸特定の場所・地域。境地。‖「安心立命の—」

さかい［接助］原因・理由を表す。…ので。…から。‖「すぐに行くさかい待っててや」「そやさかいやめとというたんや」▽近世の上方語で、主に関西で使う。名詞「さかい（境）」が助詞化したものという。

さかい-め【境目】 [名] 境となる所。区切りとなる所。また、分かれ目。||「ここが成否の―だ」

さか-うらみ【逆恨み】 [名・他サ変] ❶恨みに思う人から逆に恨まれること。また、その恨み。❷人の好意を悪くとって、逆に恨むこと。||「助言をしたら―された」❸〔新〕筋違いなことを理由に恨むこと。||「解雇を―して放火する」

さか・える【栄える】 [自下一] ❶勢いが盛んになる。繁栄する。||「恐竜が―・えた時代」「門前町として町が―」⇔衰える ❷〔古風〕話が活気を帯びる。はずむ。||「会話はいよいよ―・えて、笑い声が雑じって来る〈鷗外〉」文さかゆ

品格 殷賑(いんしん)「―を極める」 栄華「―の夢」 活況(かっきょう)「―を呈する」 清栄(せいえい)「御―の段」 時めく「今を―」 隆盛(りゅうせい)「アニメ映画の―を支える」 ◉「清栄」は主に手紙の挨拶として使う。

さか-おとし【逆落とし】 [名] ❶高い所から、さかさまにして落とすこと。❷絶壁または絶壁のように急な坂道。また、そこを一気に駆けおりること。

さか-がめ【酒▼甕】 [名] 酒をたくわえておくかめ。さけがめ。

さかき【▼榊】 [名] ❶神木として神域に植える常緑樹の総称。❷神社の境内などに植え、枝葉を神事に用いるツバキ科の常緑高木。厚い葉は楕円形で、光沢がある。◈「榊」は国字。 榊

さ-がく【差額】 [名] 差し引きした残りの金額。||「収支の―」「―ベッド(=病院のベッド使用料で、医療保険でまかなわれる費用を越える差額を入院患者が負担するもの)」

さか-ぐら【酒蔵(酒倉)】 [名] 酒を醸造する蔵。また、酒を貯蔵しておく蔵。書き方「酒倉」も多用されるが、規範的には「酒蔵」。

さか-げ【逆毛】 [名] ❶横や下に向かず、逆の方向に立っている毛。❷髪の先の方から根本に向けてさかさにくしけずった毛髪。髪型をふくらませるときに用いる。

さか-ご【逆子】 [名] 赤ん坊が尻や足のほうから生まれてくること。また、その赤ん坊。

さか-さ【逆さ】 [名] 「さかさま」の略。

さか-さま【逆様】 [名・形動] ❶上下・左右・表裏・前後などの位置が反対の関係にあること。||「絵を―に掛ける」「銃口を―に向ける」❷予想や期待をする方向と反対であること。

さがし-あ・てる【探し当てる・捜し当てる】 [他下一] ほうぼうをさがして目当ての人や物を見つけだす。||「決定的な証拠を―」「尋ね人を―」文さがしあ・つ

さかし・い【▽賢しい】 [形] ❶かしこい。||「―やり方」❷利口ぶっていて生意気なさま。こざかしい。||「―口をきく」派生-げ／-さ

さか-しお【酒塩】 [名] 調味料として加える酒。

さか-しま【逆しま】 [名・形動]〔古風〕❶さかさま。❷道理に反すること。よこしま。||「―な考えを抱く」

さがし-もと・める【探し求める・捜し求める】 [他下一] 目当てのものを手に入れようとあちこちをさがす。||「―・めていた用地」文さがしもと・む

さかし-ら【▽賢しら】 [名・形動] 自分はかしこいと信じているようなふるまい。また、いかにもかしこそうにふるまうこと。||「偉そうに―をする」「―な顔」

ざ-がしら【座頭】 [名] 演劇や演芸で、一座の長。特に歌舞伎で、一座の長を務める最高位の役者。

さが・す【探す・捜す】 [他五] ❶あちこちをたずねて、欲しいものや見えなくなったものを見つけだそうとする。||「貸家［初版本・職］を探す」「ハンターが獲物を探す」「彼の長所［あら］を探す」「なくした財布［犯人・行方不明者］を捜す」❷自分の求めるものを見つけるために、ある場所を調べる。||「新聞をくまなく探して問題の記事を発見する」「ポケットを捜したが切符は見つからなかった」「警察が踏み込んで容疑者の家を捜す」◈①は〈対象〉を、②は〈場所〉を目的語とする言い方。書き分け一般に、欲しいものは【探】、見えなくなったものは【捜】と使い分けるが、混用されることも多い。可能さがせる

さか-ずき【杯(▼盃・▼坏)】 [名] ❶酒を飲むときに使う小さな器。酒杯。||「―をさす」❷酒を酌み交わすこと。特に、夫婦・兄弟分・親分子分などの約束を固めるために同じ杯の酒を酌み交わすこと。||「固めの―」▼「杯事」の略。◈書き方現代仮名遣いでは「さかづき」も許容。

さか-ぞり【逆▼剃り】 [名・他サ変] 髪の毛やひげの生えている方向とぎゃくの方にかみそりの刃を向けてそること。さかずり。

さか-だい【酒代】 [名] 酒を買う代金。また、飲食店で酒を飲む代金。

さか-だち【逆立ち】 [名・自サ変] ❶両手を地につけて体を支え、両足を上にのばして逆さまに立つこと。❷〈「逆立ちしても」などの形で〉不可能なことを強調していう語。どんなに頑張っても。||「―したってかなわない」❸物の上下、または物事の関係が逆さまになっていること。||「棚の本が―している」

さか-だ・つ【逆立つ】 [自五] 横や下を向いたものが上向きに立つ。逆さまに立つ。||「恐ろしさに髪の毛が―」

さか-だ・てる【逆立てる】 [他下一] 逆さまに立てる。逆立つようにする。||「髪の毛を―」文さかだ・つ

さか-だる【酒▼樽】 [名] 酒を入れておくたる。

さか-て【逆手】 [名] ❶刃物の柄を小指側が刃の方にくるように握ること。❷鉄棒・平行棒などを、手のひらを手前に向けて握ること。また、その握り方。⇔順手 ❸相手の攻撃や不利な立場を逆に利用すること。ぎゃくて。||「論難を―にとって言いこめる」

さか-て【酒手】 [名] ❶⇩酒代(さかだい) ❷〔古風〕駕籠(かご)かき・船頭などに、約束の賃金以外に与える金銭。心づけ。

さか-な【▼肴】 [名] ❶酒を飲むときのつまみ。酒のさかな。❷酒席に興を添えるための歌・踊り。また、恰好(かっこう)の話題。||「うわさ話を―に一杯やる」◈「酒菜(さかな)」の意。

さか-な【魚】 [名] 魚類。うお。||「海［川］の―」語源「酒菜(さかな)」の意。多く魚肉を酒の肴(さかな)としたことから。読み分け「魚釣り」「川魚」など「さかな」とも「うお」とも読むものがある。次の語などはふつう「うお」と読む。「魚心(うおごころ)あれば水心・水を得た魚」「魚市場(うおいちば)・魚河岸(うおがし)・出世魚(しゅっせうお)」

さか-なで【逆▼撫で】 [名・他サ変] ❶髪の毛などを生えている方向と逆の方向になでること。❷わざと相手の気にさわるような言動をとること。||「市長の発言が市民感情を―する」

さか-なみ【逆波(逆▽浪)】 [名] 流れにさからって立つ波。さかまく波。

ざ-がね【座金】 [名] ❶ボルトを締めるとき、ナットの下に置く薄い金属板。ワッシャー。❷調度・器具などに

鋲(びょう)を打つとき、鋲の下に置く装飾用の金具。座金物(ざがなもの)。

さか-ねじ【逆▼捩じ】(ーネヂ)[名]❶反対の方向にねじること。❷非難・抗議されるべき人が、ぎゃくに非難・抗議すること。‖「ーを食わせる」

さか-のぼ・る【遡る(▼溯る)】[自五]❶流れに逆らって上流に向かって移動する。‖「ボートで川をー」「○○渓谷を沢伝いにー」❷時間の流れを逆にたどって、過去や物事の本源にもどる。‖「歴史を過去へー」「ロマン主義の源流にー」「昇給は四月にー・って支給する」使い方「この町の歴史は五〇〇年も昔にさかのぼる」「話は五年前にさかのぼる」など、認識の対象となった事柄を主語にしてもいう。話題とする事柄が過去に属することを表す。◈「逆上る」の意。可能 **さかのぼれる**

さか-ば【酒場】[名]客に酒を飲ませる店。

さか-ま・く【逆巻く】[自五]❶川や潮の流れに逆らって波が巻き上がる。また、水底からわき上がるように激しく波立つ。‖「ー怒濤(どとう)」❷炎や煙が激しく巻き上がる。‖「ー火炎」

さか-まつげ【逆▼睫・逆▼睫毛】[名]眼球の方に向かって生えるまつげ。さかさまつげ。

さか-みち【坂道】[名]坂になっている道。‖「急なーを登る」

さか-むけ【逆▽剝け】[名]つめの生え際の皮膚が指の付け根の方に細くむけること。ささくれ。

さか-もぎ【逆茂木】[名]敵の侵入を防ぐために、とげのある木の枝または先を鋭くとがらせた木の枝を束ね合わせて作った柵(さく)。さかもがり。鹿砦(ろくさい)。

さか-もり【酒盛り】[名・自サ変]人々が集まり、酒を酌み交わして楽しむこと。酒宴。

さか-や【酒屋】[名]❶酒を売る店。また、その職業(の人)。❷酒の醸造を職業とする家。造り酒屋。

さか-やき【〈月代〉】[名]近世、成人男子が額から頭の中ほどにかけて髪をそり落としたこと。また、その部分。▼古くは男子が冠の下にあたる前額部の髪を半月形にそり落としたことをいった。

さか-やけ【酒焼け】[名・自サ変]酒をよく飲むために、顔や胸が日に焼けたように赤くなっていること。

さか-ゆめ【逆夢】[名]現実とは逆のことを見る夢。また、現実には夢で見たことと逆のことが起こるとされる夢。⇔正夢

さから・う【逆らう】(サカフ)[自五]❶流れや力が向かう方向とは逆の方向に進む。抗する。逆行する。‖「舟が風にー・って前進する」「引力にー・ってジャンプする」❷運命や物事の勢いなどに従わない。抵抗する。‖「時代(の流れ)にー・って生きる」「運命にー」❸目上の人の言うことや決められたことに従わない。そむく。反抗する。‖「親の命令にー」◈⇔従う 可能 **逆らえる**

品格 抗(あらが)う「運命にー」異(い)を唱える「ーでもなく従う」抗(こう)する「権力にー」背(そむ)く「約束にー」盾突(たてつ)く「親にー」反旗(はんき)を翻(ひるがえ)す「体制にー」

さかり【盛り】[名]❶物事の勢いが最も盛んであること。また、その時期。‖「今をーと咲く桜」「夏の暑いー」「花ー・菜の花ー」❷人の一生のうちで心身ともに最も充実している時期。‖「人生のーを過ぎる」「食べー・伸びー・働きー」❸動物が一年の一定の時期に発情すること。‖「ーのついた犬」◈①②とも他の語に付いて複合語をつくるときは多く「ざかり」となる。

さがり【下がり】[名]❶下がること。‖「気温の上がりー」「値ー」⇔上がり ❷ある時刻を過ぎること。‖「昼ー・七つー」❸⬇お下がり ❹力士が褌(みつ)の前に垂らすひも状の飾り。

さかり-ば【盛り場】[名]いつもたくさんの人が集まっている、にぎやかな場所。繁華街。

さがり-め【下がり目】[名]❶目じりの下がっている目。たれめ。❷物事の勢いが下がる傾向にあること。また、物価・相場などが下がる傾向にあること。◈⇔上がり目

さか・る【盛る】[自五]❶勢いが盛んになる。‖「火が燃えー」「今はタケノコが出ー時期だ」▼多く、動詞の連用形に付く。❷物事が盛んに行われる。特に、商売が繁盛する。にぎわう。‖「鶴見から横浜へかけてどうやらー・ってますんで〈石川淳〉」❸動物が発情する。交尾する。‖「猫がー」名 **盛り**

さが・る【下がる】[自五]❶上部が固定されて、他方が下に垂れる。人為によってそうなる場合とそうでない場合とがある。‖「広間[軒端]にシャンデリア[風鈴]がー・っている」「今日はつららがーほどの寒さだ」❷物の一端が他より下に垂れる。‖「目じりがー・っている」「絵の右側がややー・っている」❸物の位置が上から下へ移動する。‖「ブラインド[ズボン・地盤]がー」❹段階・程度などが低いところに移る。‖「関脇から小結に位がー」「成績[質・能率・温度・物価]がー」❺公的な所や目上の人のいる所から離れる。退出する。引き下がる。‖「ー・ってよい(=使用人が用済みであることをいう)」「御前(おんまえ)をー」「控え室にー・って待つ」❻京都で、市中を南へ向かって行く。下(くだ)る。‖「烏丸(からすま)通りを五条までー」▼内裏が都の北にあったことから。❼後ろへ移動する。後ろへ退く。‖「危険ですから白線の内側までおー・り下さい」❽【古風】官庁などから下げ渡される。下りる。下(くだ)る。‖「恩給がー」❾【古風】時が移る。時が過ぎる。‖「朝の薄曇りが昼少しー頃より雨となって〈二葉亭〉」❿時代が現代に近い方になる。下(くだ)る。‖「時代がー・って令和となる」◈②③④⑥⇔上がる 可能 **下がれる** 名 **下がり**

さ-かん【左官】(サクワン)[名]壁を塗る職業の人。しゃかん。▼昔、宮中の修理などに、仮に木工寮の属(さかん)という位を与えて出入りを許したことからという。

さ-かん【佐官】(サクワン)[名]軍人の階級で、大佐・中佐・少佐の総称。将官の下、尉官の上。▼自衛隊では、一佐・二佐・三佐の総称。

さかん【盛ん】[形動]❶勢いのよいさま。元気のよいさま。‖「老いてますますー」❷広く行われているさま。繁栄しているさま。‖「観光業がーな町」❸しきりに物事を行うさま。‖「ーに勧誘する」◈「さかり」の転。書き方「▽壮ん」とも。

品格 鬱勃(うつぼつ)「ーたる闘志」旺盛(おうせい)「好奇心ー」軒昂(けんこう)「意気ー」澎湃(ほうはい)「ーとして起こる」雄渾(ゆうこん)「ーな志」

さ-がん【左岸】[名]河川の下流に向かって左側の岸。⇔右岸

さ-がん【砂岩】[名]堆積岩の一つ。石英・長石などの砂粒が堆積して固まった岩石。建材・土木材・砥石(といし)などに利用する。しゃがん。

さき【先】[名]❶細長い物の先端。特に、とがった物の先端。‖「トンボが指のーに止まる」「靴のー」「つまー」⇔しり 書き方 とがった物には、「▼尖」とも。❷進んでいく

ものの一番前。先頭。〓「列の—に立って行進する」「—を争って飛び出す」⇔あと・しり ❸ある基準より空間的に前の方。前方。〓「目的地を目指して—へ進む」「技術では一歩—を行く」「銀行とデパートは目と鼻の—(=すぐ近く)にある」「玄関—」❹展開する物事の、それに続く部分。〓「話の—を聞かせてください」❺順序で、前のほう。〓「名簿の—のほうに彼の名前が出ている」「お—に失礼します」❻物事が優先される意を表す。〓「初対面では、何よりも挨拶が—だ」❼時間的に、ある基準より以前。特に、現在からあまり遠くない過去。前。〓「事情は—にお知らせしたとおりです」「こんなことは後にも—にも一度しかない」「転ばぬ—の杖」⇔あと・のち 書き方「▽前」「▼曩」とも。❽時間的に、ある基準より以後。これから。将来。〓「—のことは分からない」「三年—が楽しみだ」「辞書づくりは—の長い(=長年月を要する)仕事だ」「お—真っ暗」「—送り」「老い—」❾動作の及ぶ相手や場所。〓「行く—」「旅行—・取引—」「—様」

さき【崎】[名] ❶海・湖などに向かって突き出ている陸地の先端。みさき。▼多く他の語と結びついて固有名詞をつくる。〓「石廊崎・室戸岬」❷〔古風〕平野に突き出ている山や丘の先端。◈「さき(先)」と同語源。書き方「▽埼」「▽岬」「▼碕」とも。

さ-き【左記】[名] 縦書きの文章で、その文の左の行以下に書いてあること。また、その内容。〓「—の通り」⇔右記

さぎ【▼鷺】[名] アオサギ・ゴイサギ・コサギ・ダイサギなど、サギ科の鳥の総称。くちばし・首・脚が長く、ツルに似るがやや小さい。多くは水田・沼地などの水辺にすみ、魚・カエル・昆虫などを捕食する。

◉**鷺を烏と言・う** 見えすいた嘘を真実だと言い曲げること。また、理に合わないことを強引に言い張ること。▼白い鷺を指して烏だと主張する意から。

さ-ぎ【詐欺】[名] 人をだまして、金品を奪うなどの損害を与えること。〓「—師」▼法律では人を錯誤におとしいれる行為をいい、民法上、それによる意思表示は取り消すことができ、それによって財物を奪った場合は刑法上の犯罪が成立する。

さき-おくり【先送り】[名・他サ変] 当面する問題の処理・解決などを先へ延ばすこと。〓「決定を—(に)する」

さき-おととい【〈一昨昨日〉】[名] おとといの前の日。三日前の日。さきおとつい。

さき-おととし【〈一昨昨年〉】[名] おととしの前の年。三年前の年。

さき-がい【先買い】[名] ❶値上がりを見越して他人より先に買うこと。❷先物を買うこと。⇔先売り

さき-がけ【先駆け(先▼駈け・▼魁)】[名・自サ変] ❶まっ先に敵陣に攻め入ること。「—して功名を得る」❷物事のはじめとなること。先んじること。また、そのもの。〓「流行の—となったデザイン」

さき-が・ける【先駆ける(先▼駈ける・▼魁ける)】[自下一] 他よりも先に立つ。他よりも先立って物事をする。〓「他社に—・けて低公害車を売り出す」

注意「先駆ける」「先立つ」は、いずれも「先に立つ」意だが、「先駆ける」は本来、味方のうちで先陣を切ることを言ったもので、「ほかよりも早く」というニュアンスで使う。「そのことの前に」の意の場合は「先立つ」が適当。〓「×授章式に先駆け、会見が行われる」 文 さきが・く 名 先駆け

さき-ぎり【先▽限】[名] 限月を立てて行う清算取引で、受け渡し期日が最も先の月のもの。⬇当限・中限

さき-こぼ・れる【咲き▼溢れる】[自下一] 花が枝や茎からあふれるように、いっぱい咲く。〓「—紫陽花の花」 文 さきこぼる

さき-ごろ【先頃】[名] 現在からあまり遠くない過去。このあいだ。先日。〓「—亡くなった小説家」▼副詞的にも使う。

さき-ざき【先先(▽前▽前)】[名] ❶行く末。将来。のちのち。〓「—のことを考えて保険をかける」▼副詞的にも使う。❷ずっと以前。まえまえ。〓「—からの約束」❸出かける場所のそれぞれ。〓「行く—で歓迎を受ける」

さき-さま【先様】[名] 話題に上っている相手方の敬称。

さき-ぞなえ【先備え】[名] 先頭に立つ軍陣。先陣。

さき-そろ・う【咲き▼揃う】[自五] たくさんの花がいっせいに咲く。〓「花壇の花が—」

さき-だか【先高】[名] 株価や商品の値段が将来高くなる見込みであること。⇔先安

さき-だ・つ【先立つ】[自五] ❶先頭に立って行く。また、先頭に立って行動する。〓「登山隊に—・ってシェルパが道案内をする」「時流に—・ってフロンガスの危険性を訴える」❷基準となるものより前に起こったり行われたりする。特に、何にもまして先に起こったり行われたりする。〓「一般公開に—・って試写会を催す」「驚きにもましてばかばかしさが—・ってしまう」❸ある人より先に死ぬ。〓「—不孝をお許し下さい」❹〈「先立つ物」の形で〉お金。〓「—物がなくては何もできない」▼何にもまして必要になるものの意。

さ-ぎちょう【左義長(▽三▼毬▼杖)】[名] ❶昔、正月一五日および一八日に宮中で行われた悪魔払いの行事。❷〔民間で〕どんど。

さき-づけ【先付け】[名] ❶日付がその日よりもあとであること。❷本式の料理の前に出す軽い料理。お通し。突き出し。

さきっ-ぽ【先っぽ】[名] 物の先の方。先端。さきっちょ。

さき-どり【先取り】[名・他サ変] ❶他人より先にその物をとること。また、ある物事が広く行われる前に、それをしてしまうこと。〓「時代を—した新感覚のイベント」❷代金や利子を先に受け取ること。◈近年、動詞「先取る」の形でも使われる。

さき-に【先に】[副] 今よりも前に。以前に。〓「—行われた会議」

さき-にお・う【咲き匂う】[自五] 花が色美しく咲く。〓「山桜が—」▼「におう」は色美しく映える意。

さき-のこ・る【咲き残る】[自五] ❶ほかの花は散ったのに、散らないで咲いている。〓「霜枯れの庭に—白菊の花」❷ほかの花は咲いたのに、まだ咲かないでいる。また、ほかの花よりも遅れて咲く。〓「—・った桃の花」

さき-のばし【先延ばし】[名] すぐにすべきことや予定されていたことを先に延ばすこと。先送り。〓「工事を—にする」

さき-のり【先乗り】[名] ❶行列の先頭を行く騎馬の人。前駆。⇔後乗り ❷旅興行や団体旅行で、準備

のために先に目的地に行くこと。また、その人。

さき-ばし・る【先走る】［自五］人に先んじようとして、軽はずみにひとりよがりの行動をする。‖「ー・って失敗する」▼人よりも先に走り出る意から。名 **先走り**

さき-ばらい【先払い】ラヒ［名・他サ変］❶代金・料金などを前もって支払うこと。前払い。⬍後払い ❷運賃・郵便料金などを受け取る人が支払うこと。着払い。❸昔、身分の高い人が外出するとき、前方の通行人を退かせたこと。また、その役をした人。先追い。

さき-ぶとり【先太り】［名・自サ変］❶先になるほど太くなること。❷時がたつにつれて勢いが盛んになること。また、先に行けば行くほど数量が増えること。‖「資産がーになる」◈⬍先細り

さき-ぶれ【先触れ】［名］前もって知らせること。また、その知らせ。

さき-ぼう【先棒】［名］❶駕籠(かご)などを二人でかつぐとき、棒の前の方をかつぐこと。また、その人。⬍後棒(あとぼう) ❷人の手先となること。また、その人。⬇お先棒

さき-ほこ・る【咲き誇る】［自五］花が今をさかりと見事に咲く。‖「大輪のダリアがー」

さき-ぼそり【先細り】［名・自サ変］❶先になるほど細くなること。❷時がたつにつれて勢いが衰えていくこと。また、先に行けば行くほど数量が減ること。‖「事業がーになる」◈⬍先太り

さき-ほど【先程】［名］今より少し前。いましがた。先刻。‖「ーは失礼いたしました」▼副詞的にも使う。くだけた言い方では「さっき」とも。

さき-まわり【先回り】ハリマ［名・自サ変］❶相手より先にその場所へ行くこと。❷相手を出しぬいて物事をすること。‖「ーをして弁明につとめる」

さき-みだ・れる【咲き乱れる】［自下一］たくさんの花があたり一面に咲く。‖「リンドウがー高原」文 **さきみだ・る**

さき-もの【先物】［名］商品取引・為替取引などで、将来の一定期日に受け渡す条件で売買契約される銘柄。また、その売買契約。⬍現物

さきもの-がい【先物買い】ヒガ［名・他サ変］❶先物を買うこと。❷将来性を見越して、まだ評価の定まらないものに投資すること。

さきもの-とりひき【先物取引】［名］将来の一定期日に現品の受け渡し、または反対売買による決済を行うことを約定する売買取引。

さき-もり【〈防人〉】［名］古代、筑紫(つくし)・壱岐(いき)・対馬(つしま)など、九州北辺の防備にあたった兵士。多くは東国から派遣された。‖「ーの歌(＝防人のよんだ和歌)」▼「崎守(さきもり)(＝辺境を守る人)」の意。

さき-やす【先安】［名］株式・取引などで、値段が将来安くなる見込みであること。⬍先高

さ-きゅう【砂丘】ーキウ［名］風に運ばれてきた砂が堆積してできた丘。‖「鳥取ー」

さき-ゆき【先行き】［名］今後の成り行き。行く末。さきいき。‖「このままではーが心配だ」

さ-ぎょう【作業】ーゲフ［名］体や頭を働かせて一定の手順で仕事をすること。また、その仕事。‖「流れー」

ざ-きょう【座興】［名］宴席などで、その場に興を添えるための芸や遊び。また、その場限りの戯れ。‖「ーに小唄を披露する」

ざ-ぎょう【座業(▼坐業)】ーゲフ［名］仕事場にすわったままでする仕事や職業。書き方 本来は「坐業」。

さぎょう-りょうほう【作業療法】サゲフレウハフ［名］農耕や手芸などの作業を通して、障害者の身体運動機能や精神心理機能などの向上をめざす治療法。医師の指示のもとで作業療法士が行う。

さき-よみ【先読み】［名・他サ変］先を読むこと。将来を推測すること。‖「時代をーする」

さ-ぎり【▽狭霧】［名］〔古風〕霧。

さき-わ・う【▽幸う】フ－ハ［自五］豊かに栄える。‖「言霊(ことだま)のー国(＝日本のこと)」

さき-わけ【咲き分け】［名］一本の草木に色の違う花が咲くこと。また、その草や木。‖「紅白ーの梅」

さき-わたし【先渡し】［名・他サ変］❶売買取引で、代金の支払い前に商品を引き渡すこと。また、商品の引き取り前に代金を支払うこと。❷貨物などを到着地で相手に引き渡すこと。❸賃金などを決まった期限の前に支払うこと。前渡し。

さ-きん【砂金】［名］風化・浸食された金鉱床から水流などによって運ばれ、粒状になって河床や海岸の砂中に堆積した自然金。しゃきん。

さ-きん【差金】［名］株式売買や商品の先物取引で、差し引きした残りの金額。差額。‖「ー取引(＝売買代金の差額の決済で行う取引)」

さきん・じる【先んじる】［自上一］人よりも先に進む。また、人よりも先に何かをする。‖「ライバルにー」「宇宙開発で一歩ー・じた国」異形 **先んずる**

さきん・ずる【先んずる】［自サ変］⬇先んじる ▼「さきにする」の転。文 **さきん・ず**

◉**先んずれば人を制(せい)す** 人より先に事を行えば、有利な立場に立つことができるということ。

さく［名］マグロなどの魚を刺身用に下ごしらえした細長い切り身。

さく【作】［名］❶作ること。また、作ったもの。特に、文学・音楽・美術・工芸などの作品。‖「会心のー」「代表ー」❷農作物のできぐあい。‖「平年ー」「豊ー・凶ー」

さく【柵】［名］木や竹を立て並べ、そこに横木を打ちつけて作った囲い。また、それで周囲をかためた小規模の砦(とりで)。‖「ーをめぐらす」「鉄ー・城ー」

さく【▼朔】［一］［名］昔、中国で、天子が歳末に諸侯に与えた翌年のこよみ。また、天子の政令。‖「正ー」［二］(造)❶月の第一日。ついたち。‖「ー月・ー日」❷北。‖「ー風」

さく【策】［名］はかりごと。計略。また、物事をうまく運ぶための手段・方法。‖「ーを弄(ろう)する」「解決ー・善後ー・予防ー」「画ー・奇ー・失ー」「ー士・ー略」

さ・く【咲く】［自五］花のつぼみが開く。開花する。‖「花がー」「庭の牡丹が今年も大輪の花をー・かせた」「ー・き乱れる」「ー・き誇る」▼「咲」は本来「笑う」の意。漢詩文の「鳥鳴花咲(鳥鳴き花咲(わら)う)」を「鳥鳴き花咲く」と読み慣わして、「咲(さ)く」の訓が生まれた。

さ・く【裂く・割く】［他五］❶【裂・割】強い力を加えて、一続きの物を一直線に引き離す。手で破り離したり刃物で切り離したりする。‖「ハンカチを二つにー」「包丁でウナギを割く」「悲しみが胸をー」書き分け ①は【裂】が一般的だが、刃物で切り離す意では【割】も使う。「さける」の場合も同じ。使い方「落雷が大木をさく」など、〈物〉を主語にしてもいう。❷【裂】二人の仲をむりやり引き離す。‖「二人の仲をー」使い方「企みが二人の関係をさいた」など、〈物〉を主語にしてもいう。❸【割】予

さ

さきばし—さく

定しているものの一部を、融通して別の用に当てる。≡「特集に紙面を━」「時間［人手］を━」 可能 さける

さく【冊】(造) ❶書き付け。≡「短━」 ❷天子の任命書。≡「━立」「封━」

さく【削】(造) けずる。そぐ。≡「━減・━除」「添━」 書き方「▼鑿」の代用字とする。うがつ意。≡「開━・掘━」

さく【昨】(造) ❶きのう。≡「━晩・━夜・━十五日」 ❷ひと回り前の時期。≡「━春・━年・━シーズン」

さく【索】(造) ❶太いつな。≡「━条・━道」「羂━・鉄━」 ❷探し求める。≡「━引」「検━・思━・詮━・捜━・模━」 ❸ものさびしい。≡「━然・━漠」

さく【酢】(造) 酸味のある液体。≡「━酸」

さく【搾】(造) しぼる。≡「━取・━乳」「圧━」

さく【錯】(造) ❶乱れて入り組む。まじる。≡「━綜」「交━」 ❷たがえる。まちがえる。≡「━覚」「倒━」

さく【▼鑿】(造) うがつ。穴をあける。また、その道具。≡「開━・掘━・穿━・斧━」 書き方「開鑿・掘鑿」の場合は、「削」で代用する。

ざく［名］鍋料理で、肉や魚に添えて煮る野菜。特に、斜めに切ったネギ。

さく-い【作為】［名］❶［自サ変］何かたくらむところがあって、わざと手を加えること。また、たくらんで仕組んだ意図。≡「━の跡が見られる」「━的な行為」 ❷法律で、意思に基づく積極的な行為。住居に侵入する、人の物を盗む、人を殺すなど。⇕不作為

さく-い【作意】［名］❶芸術作品を制作するときの、作者の意図。創作上の趣向。 ❷たくらみの心。≡「━があってしたことではない」

さく・い［形］❶性質があっさりしているさま。きさくだ。≡「━人」 ❷もろい。こわれやすい。≡「材質が━」

さく-いん【索引】［名］書物の中の語句や事項を抽出し、一定の順序に配列してページ数などを示した表。インデックス。≡「音訓━」

さく-おとこ【作男】［名］雇われて耕作をする男性。

さく-が【作画】［名・自他サ変］絵や写真を制作すること。≡「CGで━する」「アニメの原画を━する」

さく-がら【作柄】［名］農作物のできぐあい。作況。

さく-がん【削岩・▼鑿岩】［名］岩石に穴をあけること。≡「━機」 書き方「削岩」は代用表記。

さく-ぎょう【昨暁】［名］きのうの明け方。

ざく-ぎり【ざく切り】［名］野菜をざくざくとおおまかに切ること。

さく-ぐ【索具】［名］帆綱など、綱を使って作った船具。綱具。

さく-げん【削減】［名・他サ変］けずってへらすこと。≡「経費を━する」

さく-げん【▽遡源(▼溯源)】［名・自サ変］⬇そげん ▼「そげん」の慣用読み。

さく-ご【錯誤】［名］❶まちがうこと。あやまり。≡「試行━」 ❷その人の観念と事実とが一致しないこと。≡「時代━」

さく-さく【▼嘖▼嘖】［形動タルト］口々にほめそやすさま。≡「━たる賞賛を受ける」「高評［名声］━」 ▼「悪評━」は、一般に誤り。

さく-さく［副ト］❶刃物の切れ味が良くて、野菜などがあまり手応えなく切れるときの音。またそのさま。≡「研ぎ立ての包丁だから野菜が━切れる」 ❷ほんの少し堅さがあるがもろいものを砕く音。≡「霜を━踏んで進む」「ウエハースを━食べている」 ❸仕事・勉強などを手際よくこなすさま。≡「仕事が━進むと気持ちが良い」

ざく-ざく［副ト］❶野菜を大まかに力強く刻む音を表す語。≡「キャベツを━(と)刻む」 ❷敷き詰められた小石の上や凍った雪の上などを踏み歩く音を表す語。≡「雪原を━(と)踏みながら行進する」 ❸金貨や物品が数限りなくあるさま。≡「大判小判が━(と)出る」

さく-ざつ【錯雑】［名・自サ変］秩序なく入りまじっていること。錯綜。≡「━した街路［状況］」

さく-さん【▼柞蚕】［名］ヤママユガ科の大形の蛾。眼状紋のある翅は黄褐色または灰褐色。幼虫はクヌギ・コナラなどの葉を食う。繭からは光沢のある柞蚕糸をとる。中国原産。▼明治時代に輸入され、長野県などで飼育された。

さく-さん【酢酸(▼醋酸)】［名］アセトアルデヒドを酸化させて得る、刺激臭と酸味のある無色の液体。食酢の主成分。エタン酸。 書き方「酢酸」は代用表記。

さく-し【作詞】［名・自他サ変］歌曲・歌謡曲などの文句を作ること。≡「━家」 書き方 近年は「作詩」とも。

さく-し【作詩】［名・自他サ変］詩を作ること。詩作。≡「━法」 書き方 ⬇作詞

さく-し【策士】［名］はかりごとの巧みな人。また、好んではかりごとを用いる人。≡「彼は相当の━だ」

◉**策士策に溺れる** 策略に巧みな人は、策を用いすぎてかえって失敗するものだ。策士策に倒れる。 注意「策士策に敗れる」は誤り。

さく-じつ【昨日】［名］「きのう」の改まった言い方。

さく-しゃ【作者】［名］作品(特に芸術作品)を作る人。また、その作品を作った人。

さく-しゅ【搾取】［名・他サ変］❶しぼって、汁などをとること。 ❷資本家・地主などが労働者・農民などに労働に見合った賃金を払わず、その利益のほとんどを独占すること。≡「労働者を━する」「中間━」

さく-しゅう【昨秋】［名］昨年の秋。去年の秋。

さく-しゅん【昨春】［名］昨年の春。去年の春。

さく-じょ【削除】［名・他サ変］文章などの一部をけずりとること。≡「名前［画像］を━する」

さく-じょう【作条】［名］種をまくために、一定の幅で平行に掘った浅い溝。

さく-ず【作図】［名・自他サ変］❶図面や図形をかくこと。 ❷幾何学で、コンパスと定規を使って与えられた条件をみたす図形をかくこと。

さく・する【策する】［他サ変］はかりごとをめぐらす。画策する。≡「政権の奪回を━」 文 さく・す

さく-せい【作成】［名・他サ変］文章・図表・書類や計画・指針などを作り上げること。≡「法案［講演の原稿］を━する」 書き分け 設計・図案にかかわるものは「作製」とも。

さく-せい【作製】［名・他サ変］機械や道具を使って物品を作ること。製作。≡「本棚［地図］を━する」

さく-せい【▼鑿井】［名・自他サ変］石油・地下水などをとるために地中深く穴を掘ること。ボーリング。

鑿

サクセス【success】［名］成功。出世。

サクセス-ストーリー【success story】［名］成功談。立身出世物語。

さく-せん【作戦】［名］❶戦闘や試合をうまく運ぶための方法・策略。また、ある目的を達成するための方

法・策略。〓「—を立てる」❷軍隊が計画に沿って一定期間行う一連の対敵戦闘行動。〓「陽動—」使い方 比喩的に戦闘以外にもいう。〓「ゴミ減量—」◈ 書き方「策戦」とも。

さく-ぜん【索然】［形動タル］おもむきがなくて、つまらないさま。〓「興味—たり」

さくせん-がち【作戦勝ち】［名］よい作戦のおかげで、勝利を得ること。〓「力相撲で攻めた大関の—だった」

さく-そう【錯▼綜】［名・自サ変］複雑に入り組むこと。〓「情報が—する」

サクソフォン［saxophone］［名］歌口に一枚のリードをもつ真鍮(しんちゅう)製の管楽器。音色は豊かで柔らかい。サクソフォーン。サキソフォン。サックス。

さく-たい【昨対】［名］「昨年対比」の略。昨年と比べた今年の数字の割合。昨対比。

さく-づけ【作付け】［名・他サ変］田畑に農作物を植えつけること。さくつけ。〓「—面積」書き方 慣用の固定した「作付面積」などは、送りがなを付けない。

さくっ-と［副］❶微妙な堅さがあるものをあまり手応えを感じずに切ったり砕いたりするときの音。またそのさま。〓「ウエハースを一口—かじる」「研ぎ立ての包丁だから野菜が—切れる」❷〔新〕本来手間のかかるものを手際よく仕上げてしまうさま。〓「宿題は—やってしまった」「彼とは—別れた」

品格 手際(てぎわ)よく「—仕事をする」手早い「手早くできる料理」要領よく「—説明してください」

さく-てい【策定】［名・他サ変］方針を立てて決めること。〓「基本政策を—する」

さく-てき【索敵】［名・自他サ変］敵軍の所在・状況・兵力などを探ること。〓「—機」

さく-ど【作土】［名］田畑の表層の土。耕して作物を植えつける部分の土。表土。耕土。⇔心土(しんど)

さく-とう【作陶】(タウ)［名・自サ変］陶磁器を作ること。また、製作した陶磁器。〓「—家」「—展」

さく-とう【昨冬】［名］昨年の冬。去年の冬。

さく-どう【索道】(ダウ)［名］ロープウエー。▼「架空索道」の略。

さく-どう【策動】［名・自他サ変］ひそかに策略をめぐらして行動すること。▼多く悪いはかりごとにいう。

さく-にゅう【搾乳】［名・自他サ変］牛などの乳をしぼること。〓「—機」

さく-ねん【昨年】［名］「きょねん」の改まった言い方。

さく-ばく【索漠（索▼莫・索▼寞）】［形動タル］荒涼として、もの寂しいさま。心が満たされず、気分が沈むさま。〓「—とした冬枯れの野」「—たる日々を送る」

さく-ばん【昨晩】［名］きのうの晩。ゆうべ。昨夜。

さく-ひん【作品】［名］作った物。特に、芸術的な意図で作った物。〓「芸術—」

さく-ふう【作風】［名］作品に表れた傾向・特徴。〓「手堅い—」

さく-ふう【▼朔風】［名］北風。▼「朔」は北の意。

さく-ぶつ【作物】［名］小説・絵画・彫刻などの作品。

さく-ぶん【作文】［名・自サ変］文章を作ること。特に、（国語教育で）与えられた課題に基づいて文章を書くこと。また、その文章。〓「遠足のことを—に書く」▼形式は整っていても、内容の乏しい文章の意でも使う。〓「—に過ぎないお役所の報告書」

さく-ほう【作法】(ハフ)［名］詩歌・文章などの作り方。さほう。

さく-ぼう【策謀】［名・他サ変］はかりごと。また、はかりごとをめぐらすこと。〓「倒閣の—をめぐらす」

さく-ほく【▼朔北】［名］北のほう。特に、中国北方の辺地。▼「朔」は北の方角の意。

さく-もつ【作物】［名］❶田畑に植えて栽培する植物の総称。穀類・野菜など。農作物。〓「園芸—」❷〔古風〕さくぶつ。芸術作品。

さく-や【昨夜】［名］きのうの夜。夕べ。昨晩。〓「—から熱がある」

さく-やく【▼炸薬】［名］砲弾・爆弾などに詰めて、爆発させる火薬。

さく-ゆ【搾油】［名・自他サ変］植物の種子・果実などから、油をしぼりとること。

さく-ゆう【昨夕】(ユフ)［名］きのうの夕方。さくせき。

さく-よう【▼腊葉】(エフ)［名］草木の枝葉などを押して乾かした標本。押し葉。▼「せきよう」の慣用読み。

さくら［名］講演会などで、他の聴衆に共鳴を起こさせるために聴衆にまじって講演者に賛同の声などをかける人。また、露店などで、客の買い気をそそるために、客のふりをして品物をほめたり買ったりする仲間の人。▼「花はただで見る」意から、芝居を無料で見物する代わりになれ合いで役者に声をかける者をいい、そこから生じたという。

さくら【桜】［名］❶春、白色・淡紅色で一重・八重・菊咲きなどの花を多数咲かせるバラ科サクラ属の落葉高木。また、その花。日本にはヤマザクラ・カスミザクラ・オオシマザクラ・ヒガンザクラなどが自生。古くから植栽もされ、園芸品種が多い。現在最も多く見られるのはソメイヨシノ。材は家具・建築・細工物に利用される。単に花といえば桜をさすなど、春を代表する花として親しまれ、短期間で散る花の見頃には花の下で花見の宴をする風習がある。古来多くの和歌にも詠まれ、また近世以降は国学者などによって日本を象徴する花とされる。〓「世の中にたえて—のなかりせば春の心はのどけからまし〈在原業平・古今集〉」❷桜の花のような、薄い紅色。▼「桜色」の略。❸馬肉。桜肉。〓「—鍋(なべ)」語源 色が桜の花の色に似ていることからとも、「咲いた桜になぜ駒つなぐ、駒が勇めば花が散る」の里謡からともいう。

さくら-えび【桜〈海老〉・桜▼蝦】［名］多く相模湾・駿河湾などで漁獲されるサクラエビ科の小エビ。体は透明だが、微小な色素胞があり、淡紅色に見える。生食のほか、干しえびに加工する。ヒカリエビ。

さくら-がい【桜貝】(ガヒ)［名］浅海の砂底にすむニッコウガイ科の二枚貝。淡紅色の薄い貝殻は美しく、貝細工などに使われる。ベニガイ。

さくら-がみ【桜紙】［名］薄くて柔らかい和紙。ちり紙などに使う。▼もと反故(ほご)紙をすきかえして作ったが、現在ではマニラ麻・化学パルプなどを原料にする。

さくら-がり【桜狩り】［名］桜の花を訪ね歩いて観賞すること。

さくら-ぜんせん【桜前線】［名］日本各地のサクラの開花日が等しい地点を結んだ線。天気図上の前線にたとえていう。

さくら-そう【桜草】(サウ)［名］春、茎の先に桜花に似た紅紫色の五弁花をつける、サクラソウ科の多年草。観賞用に栽培され、多くの品種がある。

さくら-だい【桜▼鯛】(ダヒ)［名］❶桜花の開くころ、産卵のために内湾に集まるマダイ。▼特に瀬戸内海沿岸でとれたものをいい、タイの中で最も美味とされる。❷南日本の岩礁底にすむハタ科の海水魚。雄は鮮やかな紅色、雌は黄色を帯びた紅色。形はタイに似るが、尾びれの上下両端が著しく長い。食用。

さくら-づけ【桜漬け】〔名〕❶開きかけた八重桜の花を塩漬けにしたもの。熱湯を注いで、桜湯として飲む。❷短冊に切った日野菜の根と細かく刻んだその葉とを塩漬けにしたもの。

さくら-めし【桜飯】〔名〕醬油(しょうゆ)と酒を入れて炊いた飯。茶飯。

サクラメント〔sacrament〕〔名〕キリスト教で、神の恩恵を信者に授ける儀式。洗礼・聖餐(せいさん)など。▽カトリック教会では「秘跡」、ギリシア正教会では「機密」、プロテスタントでは「礼典」または「聖礼典」と訳す。

さくら-もち【桜餅】〔名〕小麦粉などを焼いた皮にあんを入れて巻き、塩漬けにした桜の葉で包んだ和菓子。関西は蒸した道明寺粉を使う。

さくら-ゆ【桜湯】〔名〕塩漬けにした八重桜の花に湯を注いだ飲み物。祝儀の席で用いる。

さく-らん【錯乱】〔名・自サ変〕さまざまな感情や思考が入り乱れて統一を失うこと。≡「精神が━する」

さくらん-ぼ【桜ん▽坊・〈桜桃〉】〔名〕桜の実の通称。特に、果樹として栽培される桜桃(おうとう)の実をいう。さくらんぼう。

さぐり【探り】〔名〕❶相手に気づかれないように、それとなく事情や様子を調べること。≡「━を入れる」❷⬇ゾンデ① ❸印判の胴の部分にある人さし指を添えるためのくぼみ。

さぐり-あし【探り足】〔名〕暗闇などを歩くとき、足先で行く先を確かめること。また、そのようにして歩くこと。

さぐり-あ・てる【探り当てる】〔他下一〕❶手や足の先でさわって物を見つけ出す。≡「暗やみの中でスイッチを━」❷あちこちをさがして、また、あれこれと調べて、目的のものを見つけ出す。≡「金脈〔相手の弱点〕を━」文さぐりあ・つ

さく-りつ【冊立】〔名・他サ変〕勅命によって皇后・皇太子などを正式に定めること。

さく-りゃく【策略】〔名〕相手をおとしいれるためのはかりごと。計略。≡「━をめぐらす」

さぐ・る【探る】〔他五〕❶手足などの感触で、見えない物をさがしたりその様子を感じ取ったりする。≡「切符を捜してポケットを━」「つま先で足元を━」❷相手に気づかれないように、それとなく様子を調べる。〜に探りを入れる。≡「相手の動静〔真意〕を━」「━・り出す」❸未知の物事を探し求める。探求する。≡「新たな可能性〔解決の方策〕を━」❹美しい景色や人に知られていない土地などを尋ね求める。探訪(たんぼう)する。≡「古都の秋〔ヒマラヤの秘境〕を━」可能 探れる 名 探り

さく-れい【作例】〔名〕❶詩文などの、作り方の手本・実例。❷辞書で、その語の用法を示すために作った例文。

さく-れつ【▼炸裂】〔名・自サ変〕砲弾・爆弾などが爆発して飛び散ること。≡「手榴弾(しゅりゅうだん)が━する」

ざくろ【▽石▼榴・▼柘▼榴】〔名〕初夏、赤い筒形の六弁花をつけるザクロ科の落葉小高木。球形の果実は熟すと裂け、淡紅色の種皮をもつ多数の種子が現れる。甘ずっぱい種皮は食用、樹皮は薬用。セキリュウ。ジャクロ。

さけ【酒】〔名〕❶ビール・ウイスキーなど、アルコールを含む飲料の総称。≡「━は百薬の長」❷米と麴(こうじ)を発酵させて作る日本酒。≡「ビールよりも━を好む」◈名詞の上にくるときは「さか」となることがある。⬇さか(酒)

さまざまな「酒」

さけ
朝酒・甘酒・祝い酒・燗(かん)酒・生(き)酒・生(ま)酒・コップ酒・地酒・白酒・卵酒・樽(たる)酒・茶碗酒・濁り酒・寝酒・梯子(はしご)酒・花見酒・冷や酒・鰭(ひれ)酒・深酒・振る舞い酒・升酒・迎え酒・自棄(やけ)酒・雪見酒

しゅ
梅酒・果実酒・火酒・吟醸酒・原酒・合成酒・古酒・純米酒・紹興酒・醸造酒・蒸留酒・新酒・新清酒・清酒・大吟醸酒・斗酒・毒酒・日本酒・発泡酒・美酒・葡萄(ぶどう)酒・本醸造酒・銘酒・薬酒・洋酒・緑酒・冷酒

さけ【▼鮭】〔名〕❶北太平洋を広く回遊するサケ科の海水魚。秋、川をさかのぼって産卵する。産卵期の雄は上あごがのびて曲がるので、俗に「鼻曲がり」と呼ばれる。淡紅色の肉は食用として重要。卵も筋子(すじこ)・イクラとして賞味される。アキアジ。シロザケ。しゃけ。❷サケ科に属する海水魚の総称。サケ・ベニザケ・ギンザケ・カラフトマス・サクラマスなど。

さげ【下げ】〔名〕❶下げること。また、下げたもの。≡「箸(はし)の上げ━」❷相場が安くなること。下落。❸⬇落ち③ ❹邦楽で、旋律が低い音に進むこと。また、その部分。❺「下げ緒」の略。◈①②⬍上げ

さげ-あし【下げ足】〔名〕取引で、相場が下降していくこと。下げ足どり。▽相場が上昇していくことを「上げ足」という。

さ-けい【左傾】〔名・自サ変〕❶左に傾くこと。❷思想が急進的・革新的になること。◈⬍右傾

さげ-お【下げ緒】ヲ〔名〕刀のさやの栗形(くりかた)に通して下げるひも。刀を上帯に結びつけるのに使う。下げ。

さげ-かじ【下げ▼舵】カヂ〔名〕航空機を下降させるための、かじの取り方。⬍上げかじ

さけ-かす【酒▼粕・酒▼糟】〔名〕もろみから酒をしぼったあとのかす。蒸留して焼酎(しょうちゅう)をつくるほか、かす漬け・かす汁などに用いる。

さげ-がみ【下げ髪】〔名〕❶もとどりで束ねた髪を後ろに長く垂れ下げた女性の髪型。近世後期、貴婦人・女官などが結った。すべらかし。❷⬇お下げ

さけ-ぐせ【酒癖】〔名〕酒に酔ったときに現れる癖。さかぐせ。さけくせ。≡「━が悪い」

さけ-じ【裂け▼痔】ヂ〔名〕切れ痔。

さげ-しお【下げ潮】シホ〔名〕引き潮。⬍上げ潮

さげ-じゅう【提げ重】ヂユウ〔名〕手に提げて持ち運べるように作った重箱。▽「提げ重箱」の略。

さけ-ずき【酒好き】〔名・形動〕酒が好きなこと。また、その人。≡「━の/な連中」

さげす・む【蔑む(▼貶む)】〔他五〕自分より劣ったものとして人を見くだす。軽蔑(けいべつ)する。≡「怠け者の弟を━」「嘘つきと━・まれる」名 さげすみ

さげ-だな【下げ棚】〔名〕つり下げた棚。つり棚。

さげ-どま・る【下げ止まる】〔自五〕下がり続けていた相場が、ある水準で止まる。≡「地価が━」名 下げ止まり

さけ-のみ【酒飲み(酒▼吞み)】〔名〕酒が好きで、たくさん、またはしょっちゅう飲む人。

さけび【叫び】〔名〕❶大声をあげること。また、その声。❷必死になって訴える主張。≡「民族解放の—」

さけび-ごえ【叫び声】〔名〕大きく張りあげる声。叫び。

さけ・ぶ【叫ぶ】〔他五〕❶大声を出していう。大声を発する。≡「助けてと—」「快哉を—」「泣き—」❷強く主張する。声高に訴える。≡「戦争反対[予算の削減]を—」[可能]叫べる [名]叫び

さけ-め【裂け目】〔名〕裂けたところ。≡「氷の—に落ちる」

さげ-もどし【下げ戻し】〔名〕政府・官庁などに提出したものを、そのまま差出人に戻すこと。

さ・ける【裂ける・割ける】[一]〔自下一〕(力が加えられて)一続きの物が一直線に切れて分かれる。裂け目ができた状態になる。≡「地震で地面が—・けた」「ズボンがぼろぼろに—」「殴られて額が—」[書き分け]⬇さく(裂・割) [文]さ・く [二]〔自他下一〕「さく(裂・割)」の可能形。さくことができる。

さ・ける【避ける】[一]〔自下一〕遠ざかったり身をかわしたりして、迫りくる危険や不都合などとかかわりを持たないようにする。〜から身をよける。≡「嵐[ラッシュ時]を—」「人目を—・けて会う」「あの人は最近私を—・けている」「—・けて通れる問題ではない」[使い方]「敵の攻撃から身を—」など、〜ヲに〈対象〉をとる他動詞用法もある。[二]〔他下一〕❶事前に手を打って、危険や混乱などの不都合が起こらないようにする。回避する。≡「最悪の事態[混乱]を—」❷混乱・摩擦などを防ぐために、都合の悪い行動を控える。差し控える。慎む。≡「結婚式では忌み言葉を—」「常温での保存を—」「明言を—」[文]さ・く

さ・げる【下げる(提げる)】〔他下一〕❶上部を固定し他方が下に垂れるようにして取り付ける。≡「軒下に提灯を—」「本日休業の札を—」❷手・肩・腰などで支えて下に垂らす。ぶらさげる。また、そのようにして引き連れる。引っ提げる。≡「胸に胸飾りを—」「手土産を—・げてやって来た」「買い物かごを手に提げる」[書き分け]手につるし持つ、引き連れる意では【提】を使う。❸物の位置を上から下に移動させる。≡「柱時計の位置を—」「銃口を—」「深々と頭を—」[使い方]「地震が海面の水位を—」など、〈物〉を主語にしてもいう。❹段階・程度などを低いところに移す。(意図的な行為にもそうでない場合にもいう)≡「取締役から部長に地位を—」「値段[質・音量]を—」「失言がもとで評判を—」[使い方]「長引く不況が業績を—」など、〈物〉を主語にしてもいう。❺目上の人のいる場所から遠ざける。また、膳などを取り去って片づける。≡「客間から家人を—」「膳[供物]を—」❻後ろへ移動させる。≡「心持ち車の位置を—」「机と椅子を—」❼〔古風〕上位の者や官庁などが金銭・許可などを下げ渡す。下付する。下ろす。≡「恩給を—」❽〔古風〕貯金などを引き出す。下ろす。≡「ありったけの貯金を—・げ〈壺井栄〉」❾一度提出した要求などを自分のもとに戻す。引き下げる。引っ込める。≡「訴えを—」◈③④⬍上げる [文]さ・ぐ [名]下げ

さげ-わた・す【下げ渡す】〔他五〕❶目上の者から、目下の者へ与える。❷官庁から民間へ下付する。払い下げる。≡「国有地を—」

さ-けん【差遣】〔名・他サ変〕公的に使者をさしつかわすこと。派遣。

さ-げん【左舷】〔名〕船尾から船首に向かって左側のふなばた。⬍右舷

ざ-こ【《雑魚》】〔名〕❶いろいろな種類の小ざかな。また、小さい魚。じゃこ。❷とるに足らないもの。小物。

◉**雑魚の魚交じり** 大物の中に小物が交じっていること。鱓の魚交じり。

ざ-こう【座高(▼坐高)】〔名〕上体をのばしていすに腰かけたときの、座面から頭頂までの高さ。[書き方]本来は「坐高」。

さこ-うべん【左顧右▼眄】〔名・自サ変〕⬇右顧左眄

さ-こく【鎖国】〔名・自サ変〕国が他国との通商・交通などを禁止または強く制限すること。特に、江戸幕府が一六三九(寛永一六)年から一八五八(安政五)年まで行った対外政策をいう。⬍開国

さ-こつ【鎖骨】〔名〕肩の前方にあって、胸骨と肩胛骨をつなぐ左右一対の長骨。⬇骨(図)

ざ-こつ【座骨(▼坐骨)】〔名〕骨盤の下半部を占める左右一対の骨。≡「—神経痛」[書き方]本来は「坐骨」。⬇骨(図)

ざこ-ね【《雑魚》寝】〔名〕大勢が入りまじって雑然と寝ること。

ささ【▽酒】〔名〕酒。

ささ【▼笹】〔名〕丈の低い竹の総称。ふつう竹の子の皮が生長後も落ちずに残るものをいう。クマザサ・ミヤコザサ・チシマザサ・ヤダケなど、種類が多い。ササダケ。

さ-さ【▼些▼些】〔形動タルト〕わずかなさま。とるに足りないさま。≡「—たる問題を大げさに言いたてる」

さ-さい【▼些細】〔形動〕わずかなさま。とるに足りないさま。≡「—なことにこだわる」[書き方]「▼瑣細」とも。

ささえ【支え】〔名〕ささえること。また、ささえるもの。≡「若木に—をする」「子供を心の—とする」

さざえ【〈栄▼螺〉】〔名〕沿岸の岩礁にすむリュウテンサザエ科の巻き貝。厚い殻はにぎりこぶし状で、太いとげのような突起をもつ。刺身・壺焼きなどにして食べる。さざい。

ささ・える【支える】〔他下一〕❶つっぱったり押さえつけたりして、物が倒れたり落ちたりしないようにする。≡「倒れかかる仲間を両手で—」「しっかりとはしごを—」[使い方]手段を表す〜デを主格〜ガに代えていうこともできる。≡「柱で/が屋根を—」❷自らの重みを持ちこたえて、形態を維持する。≡「タンポポは茎で花を—」「重さを—・えきれなくなって家屋が倒壊する」❸放置すると崩れてしまうおそれのあるものについて言って、その崩れそうな状態をくいとめる。≡「一致団結して幼君を—」「親しみやすさが彼の人気を—」「縁の下から会社を—」❹〔古風〕敵の攻撃などをくいとめる。防ぎ止める。≡「後方で敵の進撃を—」[文]ささ・ふ [名]支え

ささ-おり【▼笹折り】〔名〕経木で作った小さな箱。食べ物を入れて持ち運ぶのに用いた。折り。

ささ-がき【▼笹▼搔き】〔名〕ゴボウ・ニンジンなどを、ささの葉のように細く薄くそぎ切ること。また、そのように切ったもの。

ささ-がに【▽細▼蟹】〔名〕〔古風〕クモ。また、クモの糸。

ささくれ-だ・つ【ささくれ立つ】〔自五〕❶ささくれた状態になる。≡「荒れて—・った指」❷気持ちがすさんでとげとげしくなる。≡「傷ついて—・った心」

ささ-く・れる【自下一】❶物の先端や表面が細かく裂けて分かれる。「竹竿の先が—」「—・れた畳」❷つめの生え際の皮膚(ふ)が指の付け根の方に細くむける。さかむけになる。「指の皮膚が荒れて—」❸気持ちがすさんでとげとげしくなる。「—・れた心」名ささくれ

ささげ【〈大角豆〉・〈▼豇豆〉】[名] 野菜として栽培するマメ科の一年草。若いさややや熟した種子を食用にする。種子はアズキよりやや大きい。ささぎ。

ささげ-もの【▼捧げ物】[名] ❶神仏にささげる供物。供え物。❷貴人にさしあげる物。献上品。

ささ・げる【▼捧げる・▽献げる】[他下一] ❶[古風]押し頂いた物などを両手で高く差し上げる。ささげ持つ。「賜杯を高々と—」❷「与える」「贈る」の謙譲語。謹んで、神仏、または尊敬する人などに差し上げる。献上する。「仏前に香華(こう)を—」「神に祈りを—」「功労者に感謝状を—」❸心をこめて、真心・愛情・生命などを差し出す。「神[恋人]に命[愛]を—」「福祉活動に一生を—」「日ごろの御懇情に衷心より謝意を—・げます」◈「差し上ぐ」→「ささぐ」と転じた。文ささ・ぐ

ささ-だけ【▼笹竹】[名] 小さい竹の総称。ササタケ。ササ。

さ-さつ【査察】[名・他サ変] 状況を視察し、調査すること。「会社に当局の—が入る」

さざ-なみ【▽細波・▽小波・▼漣】[名] 水面に細かく立つ波。さざなみ。さざれなみ。使い方 心中の小さな動揺や小さな争いのたとえにもいう。「両国の間に—が立ちはじめる」

ささ-ぶき【▼笹▼葺き】[名] 小石を押さえとし、小さな幅のせまい板で屋根をふくこと。また、その屋根や家。

ささ-ぶね【▼笹舟】[名] ささの葉を折って舟の形にしたもの。

ささ-べり【▼笹▽縁】[名] 衣服・袋物・ござなどのへりを布や平たい組みひもで細くふちどったもの。ささへり。▼ささの葉の縁に細く色の変わった部分があることから。

ささ-み【▼笹身】[名] にわとりの胸肉で、手羽の内側の部分。淡泊でやわらかい。▼ささの葉の形をしていることから。

さざ-め・く【自五】声をたててさわぐ。また、さわがしい音を立てる。ざわめく。さんざめく。「酔客が—」「—波」「—・き笑う」名さざめき

ささめ-ごと【〈私語〉】[名] ひそひそ話。ささめきごと。

ささめ-ゆき【▽細雪】[名] こまかに降る雪。また、まばらに降る雪。

ささ-やか【▽細やか】[形動] ❶控えめで、こぢんまりしているさま。「—な店を営む」❷形ばかりで、粗末なさま。「—な贈り物をする」▼自分の用意した品などを謙遜(けんそん)していう。派生—さ

ささ-やき【▼囁き・〈私語〉】[名] ささやくこと。また、その声や音。「愛の—」「小川の—」

ささ-や・く【▼囁く・〈私語〉く】[他五] ❶声をひそめて話す。ひそひそと話す。「耳もとで—」「甘い声で愛を—」使い方「風[こずえ]が—」など、自然が立てる静かな音についてもいう。❷〈「ささやかれる」の形で〉ひそかにうわさされる。「引退説がまことしやかに—・かれている」可能 ささやける 名ささやき

ささ-やぶ【▼笹▼藪】[名] ささが一面に生い茂っている所。また、竹やぶ。

ささら【▼簓】[名] ❶竹棒を細かに割り、刻み目を入れた細い棒(=ささらこ)でこすって音を出す日本の民俗楽器。田楽や歌祭文(うたざいもん)で用いる。❷びんざさら。❸細かく割った竹を束ねた道具。鍋(なべ)などの汚れを落とすのに使う。❹物の先端が細かく割れ砕けること。また、そのもの。「青竹を—に割る」▼台無しになったもののたとえにもいう。「身代を—にする」

ささ・る【刺さる】[自五] ❶先のとがった物が他の物に突き立つ。「指にとげが—」「突き—」❷[新]強い衝撃や感動を与える。「心に—歌詞」「購買層に—広告」

さざれ【▽細】■[接頭]〈名詞に付いて〉細かい、小さい、わずかな、などの意を表す。「—石・—波」■[名]小さな石。▼「細石」の略。

さざん-か【▽山▽茶花】ワク [名] 秋から冬にかけて白い五弁花を開く、ツバキ科の常緑小高木。庭木としても植えられ、一重咲き・八重咲き、紅色・淡紅色など園芸品種が多い。▼字音「さんさか」の転という。

さし【刺し】[名] ❶米俵に突き刺して中の米を少し取りだし、その品質などを調べるための道具。竹または金属製の筒の先端を斜めにそいだもの。こめさし。❷「刺身」の略。「馬(ば)—・いか—」

さし【差し・指し(▽尺)】[名] ものさし。

さし【差し】■[名] ❶二人が向かい合うこと。さしむかい。「—で話そう」❷二人で荷をかつぐ。さしになない。❸謡曲で、拍子に合わせないで、ごく単純な節でうたう部分。書き方 ふつう「サシ」と書く。❹江戸時代、銭の穴に通して束ねるのに用いた麻または藁(わら)製のひも。ぜにさし。書き方「▼緡」とも。❺牛やマグロ肉などの赤身に入った筋状の脂肪。「—が入(はい)る」書き方 多く「さし」と書く。■[接頭]〈動詞に付いて〉語調を整え、また、その意味を強める。「—出す・—戻す・—迫る」■(造)舞の曲を数える語。「ひと—舞う」書き方「指し」とも。

さ-し【砂▼嘴】[名] 沿岸流によって運ばれてきた砂礫(されき)が入り江や湾口に堆積し、岸から海中へ堤状になって突き出たもの。駿河湾の三保の松原、東京湾の富津州(ふっつす)などの類。しゃし。⬇砂州

さし【▽止し】[接尾]〈動詞の連用形に付いて〉その動作が中止の状態になっていること。また、中止の状態になっているものの意を表す。「読み—の本」「パンの食い—」

さ-じ【▼匙】[名] 小皿状の頭部に柄をつけた形の、液体・粉末などをすくい取る道具。スプーン。

◉**匙を投・げる** ❶医者がもう治療法はないとして患者を見放す。❷〈努力をしても好転が見込めず〉あきらめて手を引く。「解決のしようがなくて—」

さ-じ【▼些事・▼瑣事】[名] とるに足らないつまらない事柄。ささいなこと。小事。

ざ-し【座視(▼坐視)】[名・他サ変] 黙って見ているだけで、かかわりをもとうとしないこと。「—するのが忍びない」書き方 本来は「坐視」。

さし-あ・げる【差し上げる】[動下一] ■[他] ❶手に持って高くあげる。「高々とグラスを—」❷「与える」「やる」の謙譲語。ものを与える先の人物を高める。「お茶も—・げずに失礼しました」「お手紙を—・げます」「息子をお迎えに—・げます」使い方 本来は謙譲語だが、その意識が薄れ、上品にいう語ととらえられることが多い。「上げる」よりも敬意が高いが、「上げる」同様、恩着せがましさや押しつけがましさを伴うため、場面によっては

使いにくいことがある(三の場合も同じ)。「お中元を差し上げましたのでお収め下さい」「夜も遅いですから私が送って差し上げましょう」など。 二 [補動]〈「…て[で]差し上げる」の形で〉「…して上げる」をさらに敬意を高めていう語。「少しおまけして—げましょう」「受付まで御案内して—げなさい」 使い方 ➡ 一② 文 さしあ・ぐ

さし-あし【差し足】 [名] ❶音を立てないように、足をつま先からそっとおろして進む歩き方。「抜き足、—、忍び足」 ❷競馬で、先行馬を抜き去るときの走り方。

さし-あたり【差し当たり】 [副] 将来は未定だがひとまず現時点での処置として。今のところ。当面。差し当たって。「—、二万円ほど都合してくれ」

さし-あみ【刺し網】 [名] 海中に長く張りめぐらし、泳いできた魚を網目にかからせてとる帯状の網。

さし-いれ【差し入れ】 [名・他サ変] ❶留置場・拘置所などに入れられている人に外部から食べ物・衣類・日用品などを届けること。また、その品。 ❷閉じこもって仕事をしている人などに、慰労や激励のための飲食物を届けること。また、その飲食物。

さし-い・れる【差し入れる】 [他下一] ❶中へはさみ入れる。「ドアのすき間からビラを—」 ❷差し入れをする。「弁当を—」 文 **さしい・る** 名 **差し入れ**

サシェ [sachet フランス] [名] ハーブ・香料などを入れた小さな袋。匂い袋。

さし-え【挿絵】 [名] 新聞・雑誌・書籍などの文中にさし入れる、その内容に関係のある絵。挿画(そうが)。 書き方 「挿し絵」とも。

サジェスチョン [suggestion] [名] 示唆。暗示。また、提言。サジェッション。

サジェスト [suggest] [名・他サ変] 示唆すること。暗示すること。「解決法を—する」

さし-お・く【差し置く(差し▽措く)】 [他五] ❶そのままにしておく。放っておく。「何を—・いてもすぐ来てほしい」 ❷考慮に入れるべき人をないがしろにする。「先輩を—・いて余計なことを」◈ 書き方 かな書きも多い。

さし-おさえ【差し押さえ】 [名] ❶国の執行機関が債務者に対して財産の処分を禁止すること。また、国が税金滞納者の財産を強制的に取得すること。 ❷警察・検察庁などが証拠物などを強制的に取り上げること。 書き方 公用文では「差押え」。慣用の固定した「差押命令」などは、送りがなを付けない。

さし-おさ・える【差し押さえる】 [他下一] ❶押さえて動かないようにする。「酔漢を—」 ❷差し押さえをする。「家財を—」 文 **さしおさ・ふ** 名 **差し押さえ**

さし-かえ【差し替え(差し換え)】 [名] 差し替えること。また、そのもの。「一面の記事が—になる」

さし-か・える【差し替える(差し換える)】 [他下一] あるものを抜いて、別のものを差す。別のものと取り替える。「花瓶の花を—」「番組を—」 文 **さしか・ふ** 名 **差し替え**

さし-かか・る【差し掛かる】 [自五] ❶進んできてすぐそこのところまで行く。達する。至る。「頂上[曲がり角]に—」 ❷ちょうどその時期や場面になる。「子供が思春期に—」「会談が終盤に—」 ❸せり出しておおいかぶさる。「木の枝が屋根に—」 ❹光が差し込んでくる。「斜めから日が—・ってまぶしい」◈ 書き方 「差しかかる」の形も多い。

さし-か・ける【差し掛ける】 [他下一] 他のものの上へ、おおうようにかざす。「濡れないように傘を—」 文 **さしか・く** 名 **差し掛け**

さじ-かげん【▼匙加減】 [名] ❶薬を調合するときの分量の程度。 ❷料理の味つけのぐあい。 ❸人に対する配慮の程度やぐあい。手加減。「上司の—一つでどうにでもなる」

さし-かざ・す【差し▼翳す】 [他五] ❶手や手に持った物を頭上にかかげておおいとする。「手[扇]を—」 ❷ふりあげる。ふりかざす。「太刀を—」

さし-かた・める【差し固める】 [他下一] 門・戸などをかたくとざす。また、その場所を厳重に警戒する。「夜間には木戸を—」「兵士が城門を—」 書き方 「▽鎖し固める」とも。 文 **さしかた・む**

さし-がね【差し金】 [名] ❶木工や建築で使う、直角に曲がった金属製の物差し。かねざし。 ❷陰で指図して人をあやつること。「だれの—だ」▼歌舞伎などで作り物の蝶(ちょう)などをあやつるための仕掛けから。

さし-き【挿し木】 [名] 草木の枝・茎・葉などを切り取って地中に挿し込み、根を出させて新株を作ること。また、その方法。

さ-じき【《桟敷》】 [名] ❶祭りの行列などを見物するために、道路のわきなどにつくる仮設の席。 ❷劇場・相撲場などで、土間よりも一段高くつくった見物席。

ざ-しき【座敷】 [名] ❶畳を敷き、客間などに使われる部屋。 ❷宴会の席。 ➡ 御座敷②

さし-きず【刺し傷】 [名] とがったもので突き刺した傷。

さし-き・る【差し切る】 [他五] 競馬で、先行馬をゴールの直前で追い抜いて勝つ。

ざしき-ろう【座敷▼牢】 [名] 人を監禁するために、格子などで厳重に仕切った座敷。

さし-ぐすり【差し薬】 [名] 目にさす薬。点眼薬。

さし-ぐ・む【差しぐむ】 [自五]〔古風〕涙がわいてくる。涙ぐむ。▼「ぐむ」は接尾語。

さし-く・る【差し繰る】 [他五] 予定などをやりくりして都合をつける。「日程を—・って急きょ帰国する」

さし-げ【差し毛】 [名] 動物の毛並みで、一部に異なる色の毛がまじっていること。また、その毛。

さし-こ【刺し子】 [名] 綿布を重ね合わせ、一面に細かく刺し縫いをすること。また、そのもの。丈夫なので、柔道着などに用いる。

さし-こみ【差し込み】 [名] ❶差し込むこと。また、そのもの。 ❷電気器具のコードをコンセントに接続するための器具。プラグ。また、俗にコンセントのこと。 ❸胸・腹などに起こる急激な痛み。▼胃潰瘍(いかいよう)・胆石症などの症状。

さし-こ・む【差し込む】 一 [他五] 物の中やすきまに、つきさすように入れる。さし入れる。「穴の中に棒を—」 書き方 「挿し込む」とも。 二 [自五] ❶胸・腹などが急に激しく痛み出す。「下腹が—」 ❷光が入ってくる。「部屋に西日が—」 書き方 「▽射し込む」とも。 名 **差し込み**

さし-さわり【差し障り】 [名] さまたげとなること。また、都合のわるいこと。「急に—ができて行けなくなった」「それを話すと家族に—がある」 動 **さしさわ・る**(自五)

さし-しお【差し潮】 [名] 満ちてくる潮。上げ潮。満ち潮。

さし-しめ・す【指し示す】［他五］指などを向けて示す。また、指示する。〓「方角を—」「今後の課題を—」

さし-ず【指図】［名・他サ変］❶人に言いつけて、ある事をさせること。また、その言いつけ。〓「人の—は受けない」❷法律で、証券上に記載することによって、ある人を権利者として指定すること。

さし-ずめ【差し詰め】［副］❶将来は未定だが現時点で考えてみて。差し当たり。当面。とりあえず。〓「—落ちつく先を探そう」❷当てはまるものを探した結果を言えば。結局のところ。いわば。〓「その姿は—着ぶくれた熊と言ったところだ」◈現代仮名遣いでは「さしづめ」も許容。

さし-せま・る【差し迫る】［自五］処置すべき事態や期日が間近に迫る。切迫する。〓「—った仕事」

さし-ぞえ【差し添え】［名］❶付き添うこと。また、その人。❷大刀に添えて腰にさす小刀。脇差(わきざ)し。

さしだし-にん【差出人】［名］郵便物・荷物などを発送する人。

さし-だ・す【差し出す】［他五］❶相手の前に出す。また、体の一部を突き出すようにして出す。〓「来客に名刺を—」「握手をしようと相手に手を—」❷相手に与えるために出す。提供する。また、書類などを提出する。〓「手土産を—」「執行部に改革案を—」❸先方に届くように人や郵便物などを送り出す。〓「使者[案内状]を—」

さし-た・てる【差し立てる】［他下一］❶(突きさして)立てる。〓「校旗を—」❷人を差し向ける。〓「使者を—」❸郵便物などを送り出す。〓「案内状を—」文 **さした・つ**

さ-したる【▽然したる】［連体］〈下に打ち消しを伴って〉取りたててこれというほどの。さほどの。〓「いずれを選んでも—相違はない」

さし-ちが・える【刺し違える】［自他下一］互いに刃物で刺し合う。〓「敵と—・えて死ぬ」「互いが腹を—・えて重傷だ」文 **さしちが・ふ**

さし-ちが・える【差し違える】［他下一］大相撲で、行司が判定を誤って負けた力士に軍配を上げる。〓「結びの一番を—」文 **さしちが・ふ** 名 **差し違え**

さし-つかえ【《差し支え》】［名］都合の悪い事情。支障。差し障り。〓「—があって出席できない」

さしつかえ-な・い【《差し支え》ない】［形］消極的な許可・許容を表す。…ても構わない。〓「君が来ることは—」「発表しても—」「大人でも子供でも—」▼「差し支えは／が／のない」など助詞の挿入が可能で、ゆるやかに一語化している。使い方 丁寧形は「差し支え(が)ありません」「差し支え(が)ございません」。⬇「ない」のコラム(二〇四ページ)

さし-つか・える【《差し支える》】［自下一］あることを行う際に、その妨げになる。支障が生じる。〓「夜更かしは明日の仕事に—」▼否定形は「差し支えない」を使う。「差し支えず」とは言わない。⬇差し支えない 文 **さしつか・ふ** 名 **差し支え**

さし-つぎ【刺し継ぎ】［名］布地の弱った部分を同質・同色の糸で縫って補強すること。また、継ぎ方。

さし-つぎ【指し継ぎ】［名］指しかけとなっていた将棋を続けて指すこと。

さし-て【指し手】［名］❶将棋で、駒を動かす手順。❷将棋を(じょうずに)指す人。〓「なかなかの—だ」

さし-て【差し手】［名］相撲で、相手のわきの下に手を差し入れること。また、その差した手。〓「—を返す(＝相手の投げを防ぐために、差した腕のひじを大きく横に上げる)」

さ-して［副］〈打ち消しを伴って〉取りたてていうほど。それほど。〓「—重要ではない話」

さしで-がまし・い【差し出がましい】［形］よけいな口出しなどをして、不必要に介入するさま。〓「—ことを言うようだが…」派生 -さ

［ことば探究］「さしでがましい」の使い方

▼「でしゃばる」と似ているが、「でしゃばる」が人を主語にして言うことが多いのに対し、「さしでがましい」は行為・態度について言うことが多い。
「太郎はでしゃばっている」
「太郎のあの口出しはさしでがましい」「さしでがましい態度」
▼「でしゃばっている」に比べ、口出しをするなど、特定の人に介入しているというニュアンスが強く、ただ目立とうとしているような場面では使いにくい。
「彼はなんでもかんでも立候補して、×さしでがましい／○でしゃばっている感じだ」

さしで-ぐち【差し出口】［名］分をこえてよけいな口出しをすること。また、そのことば。さしいでぐち。

さし・でる【差し出る】［自下一］❶前に出る。進み出る。〓「一歩—・でて敬礼をする」❷身の程をわきまえない言動をする。でしゃばる。

さし-とお・す【刺し通す】［他五］刺して裏側まで穴をあける。また、穴をあけて一本の棒や糸を通す。

さし-と・める【差し止める】［他下一］ある行為をやめさせる。禁止する。〓「違法工事を—」文 **さしと・む** 名 **差し止め**

さし-ぬい【刺し縫い】［名］❶布を何枚も重ねて、針を一針ずつ刺し通して縫うこと。❷日本刺繡(ししゅう)で、模様の輪郭は針目をそろえて、内側は針目を長短交互にして全体を刺し埋める方法。色の濃淡などを表すのに用いる。

さし-ぬき【指▽貫】［名］昔、衣冠・直衣(のうし)・狩衣(かりぎぬ)をつけたときに着用したはかま。すそ口にさし通したひもをくくり、足首のところで結ぶようにしたもの。

さし-ね【指し値】［名］株式や商品の売買を委託するとき、客が売買の値段を指定すること。また、その値段。

さし-の・べる【差し伸べる・差し延べる】［他下一］❶ある方向にのばして出す。〓「手を—・べて握手を求める」「鶴が首を—」❷〈「手を差し伸べる」の形で〉力を貸す。援助をする。〓「被災者に救援の手を—」文 **さしの・ぶ**

さし-のぼ・る【差し昇る(差し上る)】［自五］太陽や月がのぼる。〓「朝日が—」

さし-ば【差し歯】［名］❶足駄(あしだ)の台に歯を入れること。また、その歯。❷歯が欠けたとき、歯根に土台を作って人工の歯を差し入れること。また、その人工の歯。

さし-はさ・む【差し挟む(▽挟む・▽挿む)】［他五］❶間に入れる。はさみこむ。〓「読みかけの本にしおりを—」❷他人の会話などに割り込んで別のことを述べる。〓「口を—」❸ある考えを心中に抱く。〓「疑問を—余地はない」

さし‐ひか・える【差し控える】 ㊀［自下一］そばにいる。控える。‖「左右に―えた重臣たち」㊁［他下一］控えめにする。また、遠慮してやめる。‖「飲酒の量を―」「コメントを―」文 さしひか・ふ

さし‐ひき【差し引き】［名］❶［他サ変］ある数量から他の数量を引き去ること。また、その結果。‖「―ゼロ」❷［自サ変］潮が満ち引きすること。潮の満ち干。◈書き方 公用文では「差引き」。慣用の固定した「差引額・差引残高・差引勘定」などは、送りがなを付けない。

さし‐ひ・く【差し引く】［他五］❶ある数量から他の数量を引き去る。‖「バス代と本代を―いて、まだ千円ある」「会社に与えた損金は給料から―」❷ある判断を得るために、かりに判断・評価の重要な要因となる事柄を取り去って考えてみる。‖「幾つかの欠点を―いてもお実直さは評価できる」名 差し引き

さし‐まね・く【差し招く（▼麾く）】［他五］手招きをして呼び寄せる。‖「窓からしきりに―」

さし‐まわ・す【差し回す】［他五］指図してある場所へ行かせる。差し向ける。‖「迎えの車を―」名 差し回し

さし‐み【刺身】［名］新鮮な魚介類などを生のまま薄く切り、薬味を添えた醤油（しょうゆ）などをつけて食べる料理。つくり。

さし‐み【差し身】［名］相撲で、自分の得意とする差し手を早く相手の脇に差す体勢になること。

さし‐みず【差し水】［名・自サ変］水をつぎ足すこと。また、その水。

さし‐むかい【差し向かい】［名］二人が向かい合うこと。‖「―にすわる」

さし‐むき【差し向き】［副］〔古風〕目下のところ。さしあたり。書き方 かな書きが多い。

さし‐む・ける【差し向ける】［他下一］❶その方に向ける。‖「明かりを―」❷ある場所へ向かわせる。‖「空港まで迎えの車を―」文 さしむ・く

さし‐も［副］あれほどに。そんなにも。‖「―堅固を誇った城もついに落ちた」「―の（＝さすがの）名人も指し手を誤った」

さし‐もどし【差し戻し】［名］差し戻すこと。‖「書類の―を食らう」「―判決」

さし‐もど・す【差し戻す】［他五］❶やり直すように、元に戻す。‖「不備のある書類を―」❷上級審が原判決を取り消し、審理をやり直させるために事件を原裁判所に送り返す。‖「第一審に―」名 差し戻し

さし‐もの【指し物（差し物）】［名］❶昔、武士が戦場の目印として鎧（よろい）の背にさした小旗や飾り物。旗指物。❷板を組み合わせて作った家具や器具。箱・机・たんすなどの類。‖「―師」◈書き方「指物（差物）」と書くことも多い。

さ‐しゅ【詐取】［名・他サ変］金品をだまし取ること。‖「百万円を―する」

さし‐ゆ【差し湯】［名・自サ変］❶湯をさし足すこと。また、その湯。‖「浴槽に―(を)する」❷茶道で、少ない湯で練り上げた濃茶（こいちゃ）に適量の湯をさすこと。

さ‐しゅう【査収】［名・他サ変］よく調べて受け取ること。‖「どうぞ御―ください」

さ‐じゅつ【詐術】［名］人をだます手段。

さ‐しょう【査証】［名］ビザ。▼調査して証明する意から。

さ‐しょう【詐称】［名・他サ変］氏名・住所・職業・経歴などをいつわっていうこと。‖「学歴を―する」

さ‐しょう【▼些少】［形動］わずかであるさま。‖「―ですが、お納めください」

さ‐じょう【砂上】［名］砂の上。

◉**砂上の楼閣**（ろうかく） 基礎がもろくて長続きしない物事のたとえ。また、実現不可能なことのたとえ。

ざ‐しょう【座礁（▼坐礁）】［名・自サ変］船舶が暗礁に乗り上げること。書き方 本来は「坐礁」。

ざ‐しょう【挫傷】［名］打撲・転倒などによって外力が加えられたとき、皮膚の表面には傷がないのに、内部の組織に傷が生じること。また、その傷。うちみ。‖「脳―」

ざ‐じょう【座乗（▼坐乗）】［名・自サ変］海軍で、司令官が艦船・航空機に乗って指揮をとること。書き方 本来は「坐乗」。

ざ‐しょく【座食（▼坐食）】［名・自サ変］働かないで生活すること。徒食。書き方 本来は「坐食」。

さし‐りょう【差し料】［名］自分が腰に差す刀。

さし‐わたし【差し渡し】［名］直径。‖「―二尺の円」

さ‐じん【砂▼塵】［名］すなぼこり。

さ‐す【砂州（砂▼洲）】［名］砂嘴（さし）がさらにのびて、その先が入り江や湾の対岸に達したもの。また、ほとんど達したもの。京都府の天橋立（あまのはしだて）など。➡砂嘴

さ・す【▽止す】［動五］〈動詞の連用形に付いて複合動詞を作る〉しかけていた動作を途中でやめる。‖「言い―・読み―・飲み―」

さ・す【▽射す】［自五］➡差す㊀①

さ・す【差す】 ㊀［自五］❶光が発現する。‖「雲が切れて日が―」「窓から朝の光が―」書き方「▽射す」とも。❷潮が満ちてくる。また、水が入り込んでくる。❸色などが表面に現れる。‖「頰（ほお）に赤みが―」「景気に陰りが―」❹その気分や気持ちが起こってくる。‖「眠けが―」「仕事に嫌気（いやけ）が―」「魔が―」◈自然の現象が直線的に作用する意。
㊁［他五］❶舞で、手を前方に伸ばす。‖「―手引く手」書き方「指す」とも。❷相撲で、相手のわきの下に手を入れる。‖「左を―」❸競馬で、ゴール間近で先行する馬を追い抜く。‖「先行馬を―」❹手で物を上の方に上げる。かざす。‖「傘を―」❺刀剣などを腰の帯の間にはさみ入れる。‖「刀を―」書き方「挿す」とも。❻物の間にはさみ入れる。差し込む。‖「状差しに手紙を―」「鉛筆を筆立てに―」書き方「挿す」とも。❼舟を進めるために、棹（さお）を水底に突き立てる。‖「流れに棹を―」書き方「刺す」とも。❽液体などを（少しずつ）そそぎ入れる。つぐ。つぎ足す。‖「―しつ―されつして酒を飲む」「花瓶〔鍋〕に水を―」「機械に油を―」「目薬を―」「炭を―・して火を強める」書き方 液体は「▽注す」とも書くが、今は「差す」を使う。❾いろどりを添える。‖「頰（ほお）に紅を―」書き方「▽点す」とも書くが、今は「差す」を使う。◈「指す」「刺す」「挿す」「鎖す」「注す」「点す」と同語源。可能 差せる 名 差し

さ・す［他五］させる。‖「少しは贅沢（ぜいたく）を―・してやりたい」使い方 ➡させる（他下一）

さ・す【刺す】［他五］❶ある物の内部に先のとがった

物を突き入れる。突き刺す。‖「大根に箸(はし)を—」「壁に鋲(びょう)を—・してカレンダーを止める」❷ある物を先のとがった物に突き刺して、固定したりひとまとめにしたりする。‖「アユを串に—・して焼く」❸先のとがった物を体の内部に突き入れて、人などを傷つける。‖「ナイフで相手の胸を—」「とどめを—(=確実に息の根を止める)」❹虫やクラゲなどが人を傷つけて害を加える。‖「ハチが襲って人を—」「蚊に—・される(=食われる)」書き方 昆虫の場合は「▼螫す」とも。❺つづり合わせるために、畳や厚い布などに針を突き入れる。また、そのようにして物を作る。‖「太針を—・して畳を縫う」「雑巾(ぞうきん)を—」❻⬇差す㊁⑦‖「流れに棹(さお)を—」❼〔古風〕もちざおで小鳥を捕らえる。‖「鳥を—」❽野球で、走者をタッチアウトにする。‖「一塁ランナーを牽制(けんせい)球で—」❾感覚器官や心に強い刺激や衝撃を与える。‖「北風が肌を—」「臭気が鼻を—」可能 刺せる

さ・す【▽注す・▽点す】〔他五〕⬇差す㊁⑧⑨‖「目薬を—」

さ・す【指す】〔他五〕❶指などで目標とする事物や場所・方向などをそれと示す。指し示す。指さす。‖「司会者は私を—・して質問を促した」「東はこっちだと指を—・して示す」書き方「指を指す」などでは「指」を廃して「差す」とすることも多い。また、かな書きも多い。❷特定のものを取りあげて、それと指名する。指さす。‖「先生に—・されて(=当てられて)立ち上がる」❸観測器機の針などがある数値や方向を示す。‖「時計(の針)が正午を—・している」「磁石が北を—」❹言葉が外界の事物や文中の語をそれと示す。指し示す。指示する。‖「下線部の『それ』は何を—・しているか答えよ」「現代を—・して『情報化社会』と呼ぶ」❺その方向へ向かう。目指す。‖「西を—・して進む」❻将棋で、駒を進める。また、将棋のゲームをする。‖「6四歩と—」「将棋を—」可能 指せる

さ・す【挿す】〔他五〕❶細長い物をあるものの間に突き入れる。特に、髪にかんざしなどの飾りを差し入れる。‖「〔畠ノ〕周囲は小枝を—・して囲ってあった〈大岡昇平〉」「髪にかんざしを—」書き方「差す」とも。❷挿し花をする。また、挿し木をする。‖「花瓶に花を—」「菊の茎を土に—・して根づかせる」書き方「差す」とも書くが、まれ。❸⬇鎖(さ)す‖「かんぬきを—」❹⬇差す㊁⑤‖「刀を—」可能 挿せる

さ・す【▼螫す】〔他五〕⬇刺す④

さ・す【▽鎖す】〔他五〕錠などを下ろす。また、そのようにして門や戸を閉める。閉ざす。‖「戸口にかんぬきを—」「戸を—」書き方「差す」「挿す」とも。

さす〔助動 下二型〕(させ‐させ‐さす‐さする‐さすれ‐させよ)〔古風〕助動詞「さする」の古い形。四段・ラ変・ナ変以外の動詞の未然形に付き、それ以外の動詞には「す」が付く。⬇させる・せる

ざ‐す【座主】〔名〕大寺を統括する最高位の僧職。また、その僧。‖「天台—」▼延暦寺・金剛峰寺・醍醐寺などに置かれ、官命によって任じられた。

ざ・す【座す・▼坐す】〔自サ変〕〔古風〕座する。

さすが【〈流石〉】〔副ニ〕❶予想や評判にかなっているという気持ちを表す。‖「名人だけあって—(に)うまいものだ」❷〈「さすがに」「さすがの…も」の形で〉評判や見かけから特別扱いできそうだが、やはりそうではないという気持ちを表す。‖「彼も—にその問題は解けなかった」「—の僕もそこまでは言えない」

さずかり‐もの【授かり物】(サヅカリ)〔名〕神仏から賜ったもの。天から与えられたもの。特に、子供。

さずか・る【授かる】(サヅカル)〔他五〕神仏や目上の人からある特別なものを与えられる。授けられる。‖「神からお告げを—」「子宝を—」

さず・ける【授ける】(サヅケル)〔他下一〕神仏や目上の人が目下の人にある特別なものを与える。授与する。‖「領土〔教育〕を—」「師匠が弟子に秘伝を—」文 さづ・く

サステナビリティー[sustainability]〔名〕自然環境・社会・経済などが、適切に維持・保全され、長期的に持続できること。持続可能性。サステイナビリティー。サスティナビリティー。‖「地域環境の—」

サステナブル[sustainable]〔形動〕持続可能であるさま。特に、自然環境を維持しながら、産業・開発などを持続できるさま。‖「—な社会を目指す」

サスペンション[suspension]〔名〕❶自動車・電車などで、車体をその上に載せ、車輪から車体に伝わる衝撃や振動を緩衝させる装置。懸架(けんか)装置。❷液体中に固体の微粒子が分散しているもの。印刷インクや泥水など。懸濁液(けんだくえき)。

サスペンス[suspense]〔名〕小説・演劇・映画などで、物語の展開が読者や観客に与える不安感や緊張感。また、そのような小説・演劇・映画など。‖「—ドラマ」

サスペンダー[suspenders]〔名〕❶ズボンつり。また、スカートのつりひも。❷靴下どめ。

サスペンデッド‐ゲーム[suspended game]〔名〕野球・ゴルフなどで、悪天候・日没などの事情により、後日残りの試合を同じ状況下で続行することを条件に打ち切られた試合。

さす‐また【刺股・刺▼叉】〔名〕長い棒の先に二またに分かれた金具を取りつけた武器。江戸時代、罪人ののど首を押さえて捕らえるのに用いた。▼現在は、護身用などに使われる。

さすら・う【〈流離〉う】(サスラフ)〔自五〕あてもなくあちこちをさまよい歩く。漂泊する。流浪(るろう)する。‖「異郷を—」可能 流離える 名 流離い

さす・る【▽摩る・▽擦る】〔他五〕(体の痛みなどをいやすために)てのひらなどで軽くなでる。‖「痛む腰を—」可能 さすれる

ざ・する【座する(▼坐する)】〔自サ変〕❶すわる。‖「—・して待つ」❷事件などにかかわる。巻き添えを食う。連座する。‖「汚職事件に—」◈書き方 本来は「坐する」だが、混同もされた。常用漢字表では「座する」と書くことになっている。文 ざ・す

さ‐すれば【▽然すれば】〔接〕〔古風〕❶そうであるから。‖「出立は明朝と決まった。—すぐに旅支度をせねばならぬ」❷そうだとすると。‖「事故が多発すると聞いた。—早急に対策を講じる必要があろう」

ざ‐せき【座席(▼坐席)】〔名〕すわる場所。席。‖「列車の—」「—指定」書き方 本来は「坐席」。

さ‐せつ【左折】〔名・自サ変〕左に曲がること。‖「二つ目の信号を—する」⬍右折

ざ‐せつ【挫折】〔名・自サ変〕事業・計画などが中途でくじけ、だめになること。また、そのためにやり遂げようとする意欲や気力を失うこと。‖「資金不足で新事業が—する」「—感を味わう」

させて‐いただ・く【させて頂く】〔連語〕「(Aに)させてもらう」の謙譲語。自分の行為について、Aに…

させてもらうのだというとらえ方をし、さらに「いただく」と謙譲語を用いてAを高める言い方。Aの許可を得て行う場面や、Aの意向によって行うと見なせる関係の場合に使う。〓「〔説明してご覧、と上司に言われ〕それでは、説明ーきます」「〔先生のご厚意によって〕出席ーきます」

使い方 (1)五段動詞を受けて使うときは、「意見を書かせていただく」のように、「…せていただく（五段動詞の未然形＋助動詞「せる」）」の形になる。「せる」の意味をより明確に強く示そうとして、五段動詞の未然形に「させる」を付けた「読まさせていただきます」「あとでファックスを送らさせていただきます」などは、誤り。

(2)人に配慮しながら、自分の一方的な行為や意向を伝えるのにも使う。〓「僭越（せんえつ）ながら私がお供をーきます」「しばらく考えーきたい」

(3)大勢の聴衆や目上の人の前で、自分の意見を述べたり、会を取り仕切ったりするような場面でも使う。〓「では、発表をーきます」「閉会とーきます」

注意 (1)許可を得なければならない相手がいない、またそのような相手が漠然としていて特定されない場合に使うのは、慇懃（いんぎん）無礼な表現となって不適切。〓「×今日は感動させていただきました（〇感動いたしました）」「〔自己紹介で〕×俳優をさせていただいています（〇俳優をしております）」

(2)「…ていただく」は、〈相手のことは考えず、自分の都合でそうする〉という含みを持つため、お願いの意を示す場合には「…ください」を使うほうが適切。〓「〔上司に向かって〕×帰らせていただきます／〇帰らせてください」

さ・せる［他下一］❶ある行為をするようにしむける。〓「子供に勉強をー」「犬に散歩をー」❷積極的に関与しないでおく。放任・許容する。〓「子供の好きにーせておく」「勝手なまねはーせないぞ」「御厚意に甘えて、お先にーせてもらいます」❸不本意な状態をもたらす。〓「株主に損をー」❹現象を引き起こす。〓「がたがたと音をー」❺感情が起こるようにする。〓「つらい思いをー」「彼を不安にー」◈動詞「する」の未然形「せ」に使役の助動詞「させる」が付いた「せさせる」の転。「する」の未然形「さ」＋助動詞「せる」と見る考え方もある。使い方 話し言葉では、「損をさせないように」「つらい思いをさした」のように五段型の活用でも使う。文さ・す

さ‐せる【▽然せる】［連体］〔古風〕〈下に打ち消しを伴って〉特に取りたてていうほどの。それほどの。さしたる。〓「ーこともなく一日が過ぎた」

させる［助動　下一型］（させ‐させ‐させる‐させる‐させれ‐させよ・させろ）

❶**使役**を表す。〓「子供にご飯を食べー」「庭師に桜を植えー」

❷**放任・許容**を表す。〓「ちょっと考えさせて下さい」「もう少し寝させてやれ」

❸〈「てもらう」「ていただく」とともに使って〉自分の行為が他人の許容の内にあるという、配慮の気持ちを表す。〓「会を始めさせていただきます」➡させていただく

❹物を放置して、不本意な状態にする意を表す。〓「風呂（ふろ）の水をあふれー」

❺取り返しのつかない事態を引き起こす意を表す。〓「育て方を間違って子供をいじけー」

❻引き起こす意の他動的な表現を作る。〓「彼の発言が私を慌てさせた」「人を疲れー音」「心を乱れー」

❼〔古風〕〈「させられる」などの形で〉最高位の敬意を表す。〓「お言葉を掛けさせられた」「頭を垂れさせ給う」

◈文語形は「さす」。使い方 (1)上一段・下一段・カ変動詞、一部のサ変動詞の未然形に付く。それ以外の動詞には「せる」が付く。

(2)①〜⑥は、話し言葉では、「食べさす」「片づけさす」のように「〜さす」ということがある。➡せる・さ入れ言葉

さ‐せん【左遷】［名・他サ変］それまでよりも低い地位・官職におとすこと。〓「閑職［支店］にーされる」▽昔、中国で、右を尊び左を卑しんだことから。

ざ‐ぜん【座禅（▼坐禅）】［名］禅宗などで、心静かに結跏趺坐（けっかふざ）の姿勢をとり、無念無想の境地に入って悟りを求める修行法。また、その姿勢。〓「毎朝ーを組む」書き方 本来は「坐禅」。

さ‐ぞ【▼嘸】［副］〈推量の表現を伴って〉自分では直接経験していないものについて推量する気持ちを表す。きっと。どんなにか。さだめし。〓「ー楽しかったに違いない」

さそい【誘い】サソヒ［名］さそうこと。勧誘。また、誘惑。〓「ーに応じる［乗る］」

さそい‐だ・す【誘い出す】サソヒ［他五］❶誘って外へ連れ出す。また、おびき出す。〓「散歩にー」「甘言を用いてー」❷ある行為をするようにうまくしむける。〓「話をー」

さそい‐みず【誘い水】サソヒミヅ［名］❶井戸などのポンプから水がでないとき、水を導き出すためにポンプの上から注ぐ水。呼び水。❷ある事柄を引き起こすきっかけとなるもの。〓「一つの発言がーとなって論争が起こる」

さそ・う【誘う】サソフ［他五］❶自分と一緒に何かをするように相手に呼びかける。何かをしようと勧める。〓「部下を昼食にー」「入会をー」「ボランティア活動にー」「悪の道にー」❷ある物事がある気分を起こさせる。また、ある行動を起こすように働きかける。〓「けなげさがみんなの涙をー」「焦りがミスをー」「春風にーわれて旅に出る」可能 誘える 名 誘い

品格 誘（いざな）う「王朝文学の世界へー」勧誘「入会のー」誘惑「甘いーに負ける」

ざ‐ぞう【座像（▼坐像）】ザウ［名］すわっている姿像。⬄立像 書き方 本来は「坐像」。

さぞ‐かし【▼嘸かし】［副］〈推量の表現を伴って〉どんなにか。さだめし。〓「ー苦しかったことだろう」▽「さぞ」を強めていう語。「かし」は文語の終助詞。

さぞ‐や【▼嘸や】［副］〈推量の表現を伴って〉どんなにかまあ。さだめしまあ。〓「ー寒かったでしょう」▽「さぞ」を強めていう語。「や」は詠嘆の助詞。

さそり【▼蠍】［名］熱帯・亜熱帯に広く分布する、クモ綱サソリ目の節足動物の総称。四対の脚と二本のはさみ（触肢）をもち、多くの関節に分かれた腹部の尾端には毒針がある。夜行性。 蠍

さ‐そん【差損】［名］売買の収支、価格の改定、為替（かわせ）相場の変動などで生じた、差額の損失。⬄差益

さ‐た【沙汰】［名］❶［自他サ変］物事の是非・善悪などを論じて定めること。裁定。また、それについて通知・指示・命令すること。下知。〓「追ってーする」「地獄のーも金次第」❷［自他サ変］話題にすること。うわさ。評判。〓「あれこれーする」「取りー」❸話題・問題となるような事件。〓「表（おもて）ー・裁判ー・色恋ー・警察ー」▽多く他の語と複合して使う。❹便り。知らせ。〓「音ー」◈「沙」は砂、「汰」はより分ける意。砂を捨てて米や砂金を

選び分けることから。

さだ-か【定か】［形動］はっきりしているさま。たしかなさま。‖「ーな話ではないが…」▽多く下に打ち消しの語を伴う。

ざ-たく【座卓（▼坐卓）】［名］畳や床の上にすわって使う机・テーブル。書き方 本来は「坐卓」。

さだま・る【定まる】［自五］❶未定だった物事が一つに決まる。また、一つに決まって不動の状態になる。‖「目標がー」「シンポジウムは争点がーらなくて退屈した」「この作品はすでに世間の評価がーっている」❷気持ちなどが一つに決まる。‖「心がー」❸物事がある作用（特に超越的な力）によって決定づけられる。定められる。‖「価格は需要と供給の関係によってー」❹〈「定まった…」の形で〉一定の、の意を表す。‖「私には月々のーった収入がない」❺天気が安定する。‖「このところ天気がーらない」❻内乱が治まって国情が安定する。平定される。治まる。‖「天下がー」◈使い方 ①〜④は「決まる」とほぼ同義だが、「定まる」は「決まる」に比べて文章語的。名 定まり ➡お定まり

さだめ【定め】［名］❶決めること。また、決められたこと。取り決め。おきて。‖「親のーに従う」❷前世から定まっている運命。宿命。‖「悲しいー」❸定まっていて変わらないこと。‖「ーなき世」

さだめ-し【定めし】［副］〈推量の表現を伴って〉かなり確かなことだろうと推量する気持ちを表す。きっと。さだめて。‖「誰もいなかったのでー不安に感じたのだろう」▽本来は「定めて」。

さだめ-て【定めて】［副］［古風］〈推量の表現を伴って〉きっと。さぞかし。さだめし。

さだめ-な・い【定めない】［形］一定しない。はかない。‖「ー浮き世」派生 -さ

さだ・める【定める】［他下一］❶よるべきものとして、ある決まりを作る。‖「憲法をー」「一定の制限をーめて運用する」❷一定の形に収めて、よるべきものとして示す。規定する。‖「憲法に／で戦争の放棄をー」❸未定だった物事をそれと決める。‖「ここをついの住みかとー」「狙いをーめて撃つ」使い方 ③は「AをBと／にー」の文型をもつが、この文型でA（＝対象）とB（＝内容）を入れ替えても文意はおおむね同じ。‖「ブラジル［永住の地］を永住の地［ブラジル］にー」❹割り振って役割や持ち分をきっちりと決める。‖「それぞれの分担をー」❺一定の場所にしっかりと身を落ち着かせる。また、しっかりと据えて動かさない。‖「郊外に居をー」「女は瞳をーめて、三四郎を見た〈漱石〉」❻［古風］内乱を鎮めて国情を安定させる。平定する。鎮める。‖「天下をー」◈使い方 ①〜④は「決める」とほぼ同義だが、「定める」は「決める」に比べて文章語的。名 定め

さた-やみ【沙汰▽止み】［名］命令・計画などが中止になること。おながれ。‖「建設計画がーになる」

さ-たん【左▼袒】［名・自サ変］味方すること。‖「革新派にーする」語源 左の肩を肌脱ぎにする意。呂氏(りょし)の乱が起こった時、前漢の将兵は皆左袒して劉氏(りゅうし)に味方することを誓ったという『史記』の故事から。

さ-たん【▼嗟嘆（▼嗟▼歎）】［名・自他サ変］❶感心してほめること。❷なげくこと。‖「己の不運をーする」

サタン［Satan］［名］キリスト教で、悪魔。

ざ-だん【座談】［名・自サ変］❶何人かがすわって自由に話し合うこと。❷その場限りの話。

ざだん-かい【座談会】［名］何人かが集まり、ある問題について自由に話し合う会。

さち【幸】［名］❶しあわせ。幸福。‖「ー多かれと祈る」❷海や山でとれる食べ物。獲物。収穫。‖「海のー、山のー」

ざ-ちゅう【座中】［名］❶集会の席。また、集会の列席者の中。❷芸人などの一座の仲間。‖「ーの若手」

さちゅう-かん【左中間】［名］野球で、左翼手と中堅手との間。レフト・センター間。‖「ーのヒット」

ざ-ちょう【座長】［名］❶芸人などの一座のかしら。座頭(ざがしら)。❷会議などで進行や取りまとめをする人。

さつ【札】㊀［名］紙幣。‖「おー」「千円ー」書き方〈紙幣〉とも。㊁（造）❶ものを書いたふだ。‖「表ー」❷券。‖「改ー」❸証となる書き付け。‖「入ー・落ー」

さつ【察】㊀［名］［俗］警察。‖「ーにたれこむ」書き方「サツ」と書くことが多い。㊁（造）❶調べて明らかにする。よく見る。‖「観ー・考ー・査ー・診ー・偵ー」❷おしはかる。思いやる。‖「ー知」「推ー・拝ー」

さつ【冊】（造）書物。文書。‖「ー子」「分ー・別ー」「三ー・五〇ー」

さつ【刷】（造）❶文字や図を写し取る。する。‖「印ー・縮ー」❷ぬぐい去る。清める。‖「ー新」❸印刷の回数を数える語。すり。‖「初版第三ー」

さつ【刹】（造）寺。寺院。‖「古ー・仏ー・名ー」

さつ【拶】（造）せまる。すりよる。‖「挨ー」

さつ【殺】（造）❶ころす。‖「ー意・ー気・ー菌」「暗ー・必ー」「絞ー・銃ー・毒ー」❷なくす。けす。‖「ー伐・ー風景」「抹ー」❸程度のはなはだしい意を添える語。‖「ー到」「悩ー・忙ー・黙ー」旧殺

さつ【撮】（造）❶つまむ。つまんで取る。‖「ー要」❷写真などをとる。撮影。‖「特ー・空ー」

さつ【擦】（造）こする。こすれる。‖「ー過傷」「摩ー」

ざつ【雑】㊀［形動］あらいさま。ぞんざいなさま。‖「仕上がりがーだ」㊁（造）いろいろと入りまじる。まとまりがない。‖「ー音・ー誌・ー談」「夾(ざっきょう)ー・複ー」旧雜

さつ-い【殺意】［名］人を殺そうとする意思。‖「ーを抱く」

さつ-いれ【札入れ】［名］紙幣を入れて懐中に収める平たい袋。紙入れ。

さつ-えい【撮影】［名・他サ変］カメラなどの機器を使って物体の像を記録すること。また、そのようにして写真・ビデオ・映画などを作り出すこと。撮ること。‖「事故現場［役者］をーする」「ー所」「記念ー」

ざつ-えい【雑詠】［名］詩歌や俳句で、題を決めないで自由に詠むこと。また、その作品。

ざつ-えき【雑役】［名］種々雑多の仕事。

ざつ-おん【雑音】［名］❶騒がしく、不愉快に感じられる音。❷ラジオ・テレビ・電話などに入る不要な音。ノイズ。❸無責任な批判やうわさ。‖「ーに惑わされる」

さっ-か【作家】［名］芸術作品を作る人。また、それを職業とする人。特に、小説家。‖「放送［童話］ー」

さっ-か【作歌】［名・自他サ変］和歌を作ること。また、その和歌。

さっ-か【昨夏】［名］昨年の夏。

さっ-か【擦過】［名・自サ変］かすること。こすること。

ざっ-か【雑貨】［名］日常生活に使うこまごまとした品物。‖「ー店」「輸入ー」

サッカー［名］木綿などを素材にして縞(しま)状の凹凸を織

り出した薄地の織物。主に夏服用。▽seersucker から。

サッカー【soccer】[名] 一一人ずつの二組に分かれ、相手のゴールにボールを蹴り入れて得点を競う競技。ゴールキーパー以外は手を使えない。蹴球。

さつ-がい【殺害】[名・他サ変] 人を殺すこと。せつがい。‖「隣人をー した疑いがある」

さっ-かく【錯角】[名] 一つの直線が二つの直線と交わるとき、二直線の内側の四つの角のうち、筋交いにある角。

さっ-かく【錯覚】[名・他サ変] ❶心理学で、客観的事実をまちがって知覚すること。❷事実とは違うのに、本当にそうであると思い込むこと。思い違い。勘違い。‖「ほめられたとーする」

ざつ-がく【雑学】[名] 広い分野にわたるまとまりのない知識や学問。また、学問として体系化されていない雑多な知識。

さっか-しょう【擦過傷】[名] すりむいてできたきず。すりきず。

ざつ-がみ【雑紙】[名] 家庭から出されるごみのうち、段ボールや新聞・雑誌など以外で、資源再生できる雑多な紙類。紙箱・コピー用紙など。

サッカリン【saccharin】[名] 人工甘味料の一つ。砂糖の約五〇〇倍の甘さを持つ、白色・半透明の結晶。発癌性の疑いから、使用量は制限されている。

ざっ-かん【雑感】[名] 雑多な感想。思いついたままの、とりとめのない感想。‖「年頭ー」

さっ-き【▽先】[名・副] ちょっと前。いましがた。先ほど。‖「ーは電話中で失礼しました」「ついー、荷物が届いた」▽「さき(先)」の転。

品格 今し方「ー帰った」 最前「ー伺った者ですが」 先程「ついー」 先刻「ーご承知の通り」

さっ-き【殺気】[名] 人を殺そうとする緊迫した気配。また、敵意に満ちた、あらあらしい気配。‖「ーを感じる」

さっ-き【▽数奇】[名・形動] ➡すうき(数奇)

さ-つき【《五月》(▼皐月)】[名] ❶陰暦五月の別称。▽太陽暦の五月にもいう。❷初夏、枝先に紅紫色・白色などの花をつけるツツジ科の常緑低木。盆栽や庭木に好まれ、園芸品種が多い。サツキツツジ。

ざっ-き【雑記】[名] いろいろなことを思いつくままに書き記すこと。また、書き記したもの。‖「ー帳」「身辺ー」

ざ-つき【座付き】[名] 役者や作者が特定の一座・劇場に専属していること。また、その人。‖「ー作者」

さつき-あめ【《五月》雨】[名] ➡さみだれ

さっき-だ・つ【殺気立つ】[自五] 殺気が顔つきや態度に表れる。また、興奮してあらあらしい態度になる。‖「ーった表情」「八百長レースだと観衆がー」

さつき-ばれ【《五月》晴れ】[名] ❶梅雨の合間の、晴れた天気。つゆばれ。❷五月の、さわやかに晴れた天気。

さつき-やみ【《五月》闇】[名] 梅雨のころの夜が暗いこと。また、その暗やみ。

さっ-きゅう【早急】[名・形動] 非常にいそぐこと。そうきゅう。‖「ーに対策を講じる」

さっ-きゅう【▽遡及(▼溯及)】[名・自サ変] ➡そきゅう(遡及)▽「そきゅう(遡及)」の慣用読み。

ざっ-きょ【雑居】[名・自サ変] ❶一つの家に数家族が一緒に居住すること。また、一つの部屋に何人かの他人どうしが居住すること。‖「ー房」❷同じ地域に異なる国の人々が入りまじって居住すること。❸同じ場所にいろいろなものが入りまじって存在すること。‖「ービル(=さまざまな業種の店が同居しているビル)」

さっ-きょう【作況】[名] 農作物の出来ぐあい。作柄。‖「ー指数(=平年作を基準にしてその年の作柄を指数で表したもの)」

さっ-きょく【作曲】[名・自他サ変] 楽曲をつくること。また、歌詞に旋律をつけること。‖「ピアノでーする」「校歌をーする」「ー家」「作詞ー」

さっ-きん【殺菌】[名・他サ変] 熱や薬品を用いて、細菌・病原菌などを死滅させること。‖「ー作用」

ざっ-きん【雑菌】[名] 種々雑多な細菌。特に、特定の細菌などを培養するとき、培養基に混入した異種の細菌。

サック【sack】[名] ❶小形の袋。さや。‖「指ー」❷コンドーム。▽「ルーデザック(roedzak オランダ)」から。

ザック【Sack ドイツ】[名] 登山用のリュックサック。

サックス【sax】[名] サクソフォン。

サックス-ブルー【saxe blue】[名] インディゴを硫酸溶液で溶いた染料。また、そのくすんだ青色。サックス。

ざっくばらん[形動] 遠慮や隠しごとのないさま。気取らずに率直に心情を表すさま。‖「ーに話し合う」

さっくり[副ト] ❶抵抗感なく簡単に切れたり割れたりするさま。‖「ケーキの生地をー混ぜる」❷あっさりしているさま。淡泊なさま。さっぱり。‖「ーした性格」

ざっくり[副ト] ❶力を込めて一気に切ったり割ったりするさま。‖「白菜をー(と)切る」❷大きく割れるさま。また、深くえぐられるさま。‖「ー(と)開いた傷口」❸布地・編み物などの目や手ざわりがあらいさま。‖「ー(と)したセーター」❹大まかであるさま。‖「ー計算したところでは…」

ざっ-けん【雑件】[名] 種々雑多な事件や用件。

ざっ-こく【雑穀】[名] 米・麦以外の穀類。アワ・ヒエ・キビ・ソバ・豆など。

さっ-こん【昨今】[名] きのうきょう。このごろ。ちかごろ。‖「ーの国際情勢」

さっ-さつ【▼颯▼颯】[形動タリ] 風がさっと音をたてて吹くさま。また、その音の形容。‖「ーたる松風の音」

さっさ-と[副] 迷ったりぐずついたりしないで、物事を手早く行うさま。‖「ー仕事を片づける」「用事をすませてー帰る」「ー歩け」

ざっ-さん【雑▼纂】[名] 種々雑多な記録や文書を集めて編集すること。また、書物。

さっ-し【冊子】[名] 糸でとじた本。また、一般に書物。‖「小ー」

さっ-し【察し】[名] 察すること。推し量ること。‖「ーがいい」

◉**察しがつ・く** 事情を推察することができる。

サッシ【sash】[名] 金属製の窓枠。サッシュ。‖「アルミー」

ざっ-し【雑誌】[名] 簡易な装丁でさまざまな記事・読み物・論文・写真などを載せ、定期的に発行する書物。週刊誌・月刊誌・季刊誌など。ジャーナル。マガジン。

ざつ-じ【雑事】[名] 種々雑多な用事。雑用。‖「ーに追われる」

サッシュ【sash】[名] ❶➡サッシ ❷ドレスの胴回りにつけたり肩からかけたりする、幅の広い飾り帯。柔らかな布を用いる。サッシュベルト。

ざっ-しゅ【雑種】［名］動植物で、異なった種類の雌雄の間に生まれた個体。

ざっ-しゅうにゅう【雑収入】［名］定収入または主な収入以外の、こまごました収入。

ざっ-しょ【雑書】［名］❶図書の分類で、どの部門にも入らない書物。雑本。❷雑多な事柄をとりとめなく記した書物。雑本。▽自著をいう丁重語としても使う。

さっ-しょう【殺傷】［名・他サ変］殺したり傷つけたりすること。「―事件」

ざっ-しょく【雑色】［名］さまざまな色がまじった色。また、さまざまな色。「―の毛並み」

ざっ-しょく【雑食】［名・自他サ変］❶いろいろな食べ物をとり混ぜて食べること。❷動物が、動物性と植物性の食物を両方食べること。混食。

さっ-しん【刷新】［名・他サ変］これまでの事態を改めて、すっかり新しくすること。「体制［紙面］を―する」「市政の―に乗り出す」 注意 「刷新」には弊害を取り除く意があるので、以前の状態に特に問題がなく、単に新しくする場合に使うと、誤解を生むおそれがある。「一新する」などが適当。

さつ-じん【殺人】［名・自他サ変］人を殺すこと。「―を犯す」「―事件」

さつ-じん【殺陣】［名］映画・演劇などで、斬(き)り合いの場面。立ち回り。たて。

さつじん-てき【殺人的】［形動］人命にかかわると思えるほど、その程度が甚だしいさま。「―な混雑」

さっ-すい【▼撒水】［名・自サ変］⇩さんすい（散水）「―車」▽「さんすい」は慣用読み。

さっ-する【察する】［他サ変］❶状況や雰囲気から推し量って、事情をそれと知る。察知する。「危険を―・して現場を去る」❷他人の気持ちなどを推し量る。特に、思いやる。同情する。「どうか私の立場を―・して下さい」「貴殿の御苦衷、お―・し申します」「子に先立たれる悲しみは―に余りある（＝同情してもし足りない）」◈ 使い方 下に「られる」が続く場合、「察せられる」と「察しられる」がある。「彼の心中が察せられる／察しられる」 文さっ・す 名察し

さっする-に【察するに】［連語］以下に述べることが推断に基づくものであることを表す。考えてみるに。思うに。「―、失敗の原因は私の慢心にあっただろう」

ざっ-せつ【雑節】［名］太陰太陽暦で、二十四節気以外の、季節の移り変わりを示す名称。土用、節分、彼岸、八十八夜、入梅、半夏生(はんげしょう)、二百十日など。⇩季節のことば（一八三ページ）

ざつ-ぜん【雑然】［形動トタル］いろいろなものが入りまじってまとまりがないさま。「―としたオフィス」 派生 -さ

さっ-そう【▼颯爽】［形動トタル］姿・態度・行動などがすっきりして、見た目にさわやかなさま。また、きりりとして勇ましいさま。「―と歩く」「―たる勇姿」

さつ-ぞう【撮像】［名・他サ変］カメラなどを使って物体の像、特に天体の像を記録すること。

ざっ-そう【雑草】［名］自然に生える雑多な草。 使い方 生命力・生活力の強いことのたとえにもいう。「―のようにたくましい」

さっ-そく【早速】［副］時間をおかないで行うさま。すぐに。すぐさま。「―仕事に取りかかる」

ざっ-そん【雑損】［名］所得税の控除対象となる、災害・盗難・横領などの損失。「―控除」

ざっ-た【雑多】［名・形動］いろいろな種類のものが入りまじっていること。「―な道具を並べる」「種々―の者たち」 派生 -さ

さつ-たば【札束】［名］紙幣を重ねて束ねたもの。また、多額の金。「百万円の―」

ざつ-だん【雑談】［名・自サ変］気楽にとりとめのない話をすること。また、その話。「友人と―する」

さっ-ち【察知】［名・他サ変］おしはかって知ること。「危険を―して逃げ出す」

さっ-ちゅう【殺虫】［名］害虫を殺すこと。「―剤」

さっ-と【▼颯と】［副］❶物事がすばやく行われるさま。「雨が―降って―上がる」「顔色が―青ざめる」❷物事を手早く行うさま。「青菜を―湯に通す」

ざっ-と［副］❶大まかに概略を示すさま。おおよそ。ほぼ。「―五百人はいる」「その意味は―こんなところだ」❷手間暇をかけないで、大まかに行うさま。簡略に。粗略に。「―説明する」「―掃除をする」❸粗略にやっても出来映えはこの通りだと、相手に自慢していう語。「まあ、―こんなものさ」◈ 書き方 もと「雑と」とも当てた。

さっ-とう【殺到】［名・自サ変］多くの人や物が一度に押し寄せること。「乗客が改札口に―する」

ざっ-とう【雑踏（雑▼沓）】［名・自サ変］たくさんの人が出てこみあうこと。人ごみ。

ざつ-ねん【雑念】［名］精神の集中を妨げるさまざまな思い。「―を払う」

ざつ-のう【雑▼嚢】［名］雑多なものを入れて肩からさげる布製のかばん。

ざっ-ぱい【雑俳】［名］雑多な形式と内容をもつ遊戯的な句の総称。前句付け・冠(かむり)付け・沓(くつ)付け・折句・川柳など。本格的な俳諧(はいかい)に対していう。

ざっ-ぱく【雑▼駁】［名・形動］雑多なものが入りまじって、まとまりがないこと。「―な知識」 派生 -さ

さつ-ばつ【殺伐】［形動トタル］すさんで荒々しいさま。また、荒廃して、うるおいのないさま。「―とした世相」「―たる光景」 使い方 「殺伐な／に」の形でも使う。「―な気分」「二人の仲は、次第に―に為り〈花袋〉」

さっぱり ■［副］❶気になるものがなくなり気持ちがよいさま。あとくされがない。すっきり。「気持ちが―した」❷不必要なものがなくて爽快(そうかい)に感じさせるさま。「ひげを剃って―した顔」❸〈打ち消しを伴って〉一度もないさま。少しも。全然。「―寄りつかない」❹〈打ち消しを伴って〉何から何まで。すべて。まったく。「―わからない」■［形動］まったく否定的な状態であるさま。「商売の方は―です」

ざっ-ぴ【雑費】［名］どの費目にも属さない、こまごまとした雑多な費用。

さっ-ぴ・く【差っ引く】［他五］「さしひく」の転。「給料から―・かれる」

さつ-びら【札▽片】［名］紙幣。さつ。
◉**札片を切る** 金のあることを見せつけるようにして、惜しげもなく大金を使う。

ざっ-ぴん【雑品】［名］こまごまとした雑多な品物。

ザッピング【zapping】［名］テレビを視聴する際に、リモコンを使って次々とチャンネルを変えること。

さっ-ぷ【▼撒布】［名・他サ変］⇩さんぷ（散布）▽「さんぷ」は慣用読み。

さっ-ぷうけい【殺風景】［名・形動］❶変化に乏

しく、趣やうるおいがないこと。‖「ーな部屋」❷趣がなく、興ざめがすること。‖「ーな話」◈「殺」は、そぐ意。

ざつ-ぶん【雑文】[名] ❶気楽に書かれた、軽い内容の文章。❷つまらない文章。‖「ーを書いて糊口をしのぐ」▽自分の文章をいう丁重語としても使う。

ざっ-ぽう【雑報】[名] あまり重要でない、種々雑多な報告や記事。‖「ー欄」

ざつ-ぼく【雑木】[名] 種々雑多な木。また、あまり用途のない木。ぞうき。ぞうぼく。

さつま-あげ【▼薩摩揚げ】[名] すりつぶした魚肉に塩・砂糖・でんぷんなどを加え、細かく刻んだニンジンなどの野菜をまぜて揚げたもの。▽鹿児島では「つけあげ」、関西では「てんぷら」と呼ぶ。「薩摩」は旧国名で、いまの鹿児島県西部と甑島列島。

さつま-いも【▼薩摩芋・〈甘▼藷〉】[名] 地中の塊根を食用にするヒルガオ科のつる性多年草。また、その塊根。肥大した塊根は、でんぷん・アルコールなどの原料にもする。古くから栽培され、品種が多い。甘藷。カライモ。▽一七世紀初頭、中国・琉球を経て薩摩・長崎などに伝わった。

さつま-じる【▼薩摩汁】[名] ぶつ切りにした鶏肉を大根・ネギ・コンニャクなどとともに煮込み、味噌で調味した汁。鹿児島の郷土料理。▽広く、豚肉・ニンジン・ゴボウ・里芋などを入れた味噌汁(=豚汁)のことも言う。

さつま-の-かみ【▼薩摩▽守】[名] 無賃乗車をすること。また、その人。▽平忠度が薩摩守だったことから、「ただ乗り」にかけて言う。

さつま-はやと【▼薩摩▼隼▽人】[名] 薩摩の武士。また、一般に鹿児島県出身の若者。▽上代、薩摩に住んでいた隼人一族が勇猛果敢だったことから、美称として使う。

さつま-びわ【▼薩摩▼琵▼琶】[名] 室町末期、薩摩の国に起こった悲壮な曲風の琵琶歌。また、その伴奏に用いる四柱・四弦の琵琶。⬇琵琶

ざつ-み【雑味】[名] 飲食物に混入して本来の味を損なう異質の味。‖「ーのないビール」

ざつ-む【雑務】[名] 本来の仕事以外の、こまごまとした用務。

さつ-よう【撮要】[名] 要点を抜き出して書き記すこと。また、その書物。摘要。‖「論理学ー」

ざつ-よう【雑用】[名] 種々のこまごまとした用事。

さつ-りく【殺▼戮】[名・他サ変] 多くの人をむごたらしく殺すこと。

ざつ-ろく【雑録】[名] さまざまな事柄についての雑然とした記録。

ざつ-わ【雑話】[名・自サ変] さまざまな事柄についてとりとめもなく話すこと。また、その話。雑談。‖「身辺ー」

さ-て ■一[接] ❶新しい話題に転じるときに使う。‖「以上、天気予報でした。ー次に、交通情報をお届けします」❷〈「さて…してみると」「さて…となると」などの形で〉実際に…してみると。いざ…となると。‖「人は簡単だと言うが、ーやってみるとなかなか難しい」◈もとの用字は、「▼扨」「▼扠」「▼偖」。■二[感] ❶次の行動に移ろうとするときに発する語。‖「ー、そろそろ出かけようか」❷腑に落ちない、納得がいかない気持ちを表す語。‖「ーそんなこと言ったかな」

さで-あみ【▼叉手網】[名] 二本の木や竹を交差させ、袋状に網を張った漁具。魚をすくいとるのに使う。さで。

さ-てい【査定】[名・他サ変] 調査をして評価を決めること。‖「住宅をーする」「ー価格」

サディスティック[sadistic][形動] サディズムの傾向があるさま。加虐的。‖「ーな性癖」

サディスト[sadist][名] サディズムの傾向にある人。加虐的な性格の人。サド。⇕マゾヒスト

サディズム[sadism][名] 相手に身体的・精神的な苦痛を与えることで性的満足を得る異常性欲。また一般に、加虐的傾向。サド。⇕マゾヒズム 語源 フランスの作家マルキ=ド=サドの名にちなむ。

さて-おき[五段動詞「さておく(▼扨置く)」の連用形]…はさしおいて。別として。‖「冗談はー」

さて-さて[感] 困惑あるいは驚嘆したときに発する語。なんとまあ。はてさて。‖「ーどうしたものだろう」

さ-てつ【砂鉄】[名] 風化・浸食された岩石から鉄鉱石が流出し、河床や海底に砂粒状になって堆積したもの。しゃてつ。

さ-てつ【▼蹉▼跌】[名・自サ変] 失敗して行きづまること。しくじること。挫折。▽つまずく意から。

さて-は ■一[接] それだけではなく、ほかにもまだあることを表す。さらにその上。そしてまた。‖「英語・フランス語、ー韓国語・中国語まで話す」■二[感] 思い当たる節があったときに発する語。それではきっと。‖「ーだましたな」

さて-も[感] 物事に感じ入ったときに発する語。なんとまあ。‖「ー感心な子だ」

サテライト[satellite][名] ❶衛星。人工衛星。❷本部とは別の所にある関連施設や機関。‖「ースタジオ・ー会場」

さ-てん【茶店】[名] ❶ちゃみせ。ちゃや。❷〔俗〕「喫茶店」の略。

サテン[satin][名] 繻子。

さと【里】[名] ❶人の住まない山などに対して、人家のあるところ。村落。人里。❷田舎。在所。また、ふるさと。❸生まれ育った家。実家。親元。‖「ー帰り」❹生い立ち。育ち。⬇御里② ◈書き方 ①②は「▽郷」とも。

> **[ことば比べ]「里」と「田舎」**
>
> ▼「里」も「田舎」も都会から離れた、田畑、山林の多い場所を表す。また、出身地をいう。
> 「里/田舎 に帰る」
>
> ▼「田舎」は、都会的な要素が欠けた不便さ、野暮ったさなどマイナスのニュアンスを付随させることが多い。
> 「田舎なので見るべきところがない」

サド[名]「サディスト」「サディズム」の略。⇕マゾ

さと・い【▼聡い・▽敏い】[形] ❶理解がはやいさま。かしこい。‖「この子はー」❷感覚や反応が鋭いさま。‖「利にー人」

さと-いも【里芋】[名] 葉柄(=ずいき)と球茎を食用にするサトイモ科の多年草。また、その球茎。長い柄のある葉は心臓形で、よく水をはじく。栽培品種が多い。

さ-とう【左党】[名] ❶急進的な政党。左翼政党。❷酒の好きな人。酒飲み。左利き。◈⇕右党

さ-とう【砂糖】[名] 菓子・料理などに多く使われる甘味料。蔗糖を主成分とし、サトウキビ・サトウダイコンなどからとる。精製の仕方により、白砂糖・黒砂糖・

グラニュー糖などの種類がある。シュガー。

さ-とう【差等】［名］一定の基準によって差をつけること。また、その差。等差。

さ-どう【作動】［名・自サ変］機械・装置などの運動部分が動きだすこと。また、その動き。動作。‖「安全装置を—させる」

さ-どう【茶道】ーダウ［名］❶⇒ちゃどう ❷近世、城中で茶事をつかさどる役（を務める人）。茶坊主。書き方「茶頭」「茶堂」とも。

ざ-とう【座頭】［名］近世、当道座に属した僧形の盲人。琵琶・琴・三味線などを弾いて語り物を語り、また、あんま・はり・金融などを業とした。▼もと、当道座（＝琵琶法師の座）の四官の一つ。盲人の琵琶法師の通称としても使われた。現在は差別していう語。

さとう-きび【砂糖▼黍】サタウー［名］茎のしぼり汁から砂糖（甘蔗糖）をとるイネ科の常緑多年草。節のある茎は高さ二〜四メートル。日本では鹿児島・沖縄県で栽培される。甘蔗。

さとう-だいこん【砂糖大根】サタウー［名］肥大した根のしぼり汁から砂糖（甜菜糖）をとるアカザ科の二年草。地中海沿岸地方原産。日本では北海道で栽培される。甘菜。甜菜。ビート。

さと-おや【里親】［名］他人の子供を預かり、親代わりになって育てる人。⇔里子

さと-がえり【里帰り】ーガヘリ［名・自サ変］❶結婚後、新婦が初めて実家へ帰ること。❷結婚している人がしばらくの間実家へ帰ること。‖「子供を連れて—(を)する」❸奉公人が一時生家へ帰ること。◈国外に出ていた品物が一時的に戻ってくる意などにも使う。‖「ボストン美術館の浮世絵が—する」注意 一時的ではなく、永続的に戻る場合に使うのは誤り。‖「×流出していた美術品が無事里帰りする」

さと-かぐら【里《神楽》】［名］各地の神社で行われる民間の神楽。神話にちなむものが多い。▼宮中で行われる御神楽に対していう。

さと-かた【里方】［名］嫁・婿・養子などの実家。また、その親族。

さ-どく【査読】［名・他サ変］論文などの内容を審査するために読むこと。‖「—して掲載を決める」

さと-ご【里子】［名］他人に預けて育ててもらう子。‖「—に出す」⇔里親

さと-ごころ【里心】［名］実家や故郷をしきりに恋しがる気持ち。

さと・す【諭す】［他五］物事の道理（特に、自分の非）がよく分かるように目下の人を教え導く。また、行動の指針を与えて目下の人に言い聞かせる。‖「子供にその心得違いを—」「命の大切さについて懇々［諄々］と—」

さと-びと【里人】［名］❶村里に住む人。田舎の人。❷その土地に住んでいる人。

さと-やま【里山】［名］人の住む地域に隣接した、小山や林や沼などの自然環境。

さとり【悟り】（▽覚り）［名］❶悟ること。❷仏教で、心の迷いを去って永遠の真理を会得すること。‖「—を開く」

さと・る【悟る】（▽覚る）［他五］❶ものの本質や意味などを（直観的に）はっきりと理解する。また、隠されていたことなどをはっきりと認識する。‖「事の重大さを—」「敵に—・られないように注意せよ」❷仏教で、心の迷いを去って永遠の真理を会得する。悟りを開く。‖「仏法の真理を—」可能 悟れる 名 悟り

サドル【saddle】［名］自転車・オートバイなどの、腰を掛ける台。▼原義は鞍。

サドン-デス【sudden death】［名］❶急死。突然死。❷ホッケー・ゴルフなどの延長戦で、一方が勝ち越した時点で勝敗が決着する方式。

さ-なえ【《早苗》】ーナヘ［名］苗代から田へ移し植えるころの稲のなえ。‖「—歌（＝田植え歌）」

さ-なか【▽最中】［名］❶ある状態がもっとも著しいとき。最中。‖「暑い—に外出する」❷〈時を表す名詞に付いて〉その中心となる時期。‖「冬［昼・一九世紀］の—に起こった出来事」

さ-ながら【▽宛ら】［副］❶〈名詞に付いて〉本物をそのまま思い起こさせるようなさま。そのまま。同然。‖「実戦—(に)訓練を行う」❷他になぞらえるならばそれがぴったりである、というようす。あたかも。まるで。‖「その姿は—眠った猫のようだ」❸前に示されたことがそっくり当てはまるさま。そのまま。‖「これは—今日の我々の問題でもある」◈副詞「さ」＋副助詞「ながら」。

［ことば探究］「さながら」の使い方

▼「さながら」①は、「そっくり」に似た表現だが、「そっくり」は「似ているが違うもの・人である」というニュアンスをもつのに対し、「さながら」は「様子・状況が同等・同様である」というニュアンスに重点が置かれる。

「枯れ葉 ×さながら／○そっくり の姿をした蝶」

「実戦 ○さながら／×そっくり の練習」

▼「さながら」②は、「ようだ」「といった」「よろしく」など、比況の表現とともに使うことも多い。

「入学したての彼女は、さながら大都市で迷子になった野生動物のようだった」

「さながら大舞台の初日といった緊張感があった」

「さながら親ばかの父親よろしく、その学生を褒めそやしていた」

さなぎ【▼蛹】［名］完全変態する昆虫の幼虫が、成虫になる途中で形態を変え、食べ物をとらずに静止状態になったもの。土中にもぐるもの、まゆをつくって中にこもるものなどがある。‖「蚕の—」

さ-なき-だに【▽然なきだに】［連語］〔古風〕そうでなくてさえ。‖「—さびれた町が一段ともの寂しくなる」▼副詞的に使う。

さなだ【▽真田】［名］太い木綿糸で平たく織った紐。さなだ打ち。▼「真田紐」の略。戦国時代の武将真田昌幸が刀の柄を巻くのに用いたからという。

さなだ-むし【▽真田虫】［名］条虫類の通称。▼体が「さなだ（ひも）」に似ていることから。

サナトリウム【sanatorium】［名］療養所。特に、高原・海浜などに設けられた結核療養所。

サニー-レタス【和製sunny＋lettuce】［名］結球せず、縮れた葉の上部が赤紫色をしたレタス。

サニタリー【sanitary】［名］衛生的であること。

さね【▽札】［名］鎧の材料となる、鉄や革でできた小さな板。糸や革緒でうろこ状につづって作る。

さね【▽実・▽核】［名］❶果実・木の実などの中心にある堅い部分。核。種。❷板と板をつなぎ合わせるため

に、一方の板の側面に作る細長い突起。これを他方の板の側面に作った凹部にはめる。❸陰核。

さ-のう【左脳】ナウ［名］大脳の左半分。言語・文字などの情報の処理を行うとされる。⬌右脳

さ-のう【砂▼嚢】ナウ［名］❶砂を入れた袋。❷鳥類の胃の後半部にある筋肉性の袋。飲み込んだ砂粒などを貯え、えさを細かく砕く。砂袋（すなぶくろ）。砂肝（すなぎも）。砂ずり。ずり。

さ-のみ【▽然のみ】［副］〔古風〕〈打ち消しを伴って〉さほど。それほど。そんなに。〓「料金も—高いというほどではない」

さ-は【左派】［名］一つの団体・政党などの中で急進的な考えをもつ一派。また、その人。⬌右派

さば【▼鯖】［名］サバ科の海水魚、マサバとゴマサバの総称。体は紡錘形で、青緑色の背部には波形のしま模様がある。食用として重要。▼マサバは秋に脂がのって美味となり、特に「秋さば」と呼ばれる。

◉**鯖を読・む** 自分に都合のよいように数をごまかす。▼魚市場で鯖を数えるとき、わざと早口で数えてごまかしたことからという。✔注意「さばを言う」は誤り。

さ-はい【差配】［名・他サ変］❶指図して、とり仕切ること。また、その人。〓「職人を—して普請にかかる」❷持ち主の代わりに貸家・貸し地などを管理すること。また、その人。〓「—に家賃を渡す」

サバイバル［survival］［名］困難な状況を切り抜けて生き延びること。〓「—ゲーム」

サバイバル-ゲーム［survival game］［名］❶敵味方に分かれ、遊戯用のエアガンを撃ち合うゲーム。SVG。サバゲー。❷生き残りをかけた過酷な競争。

サバイバル-ナイフ［survival knife］［名］軍用の大型鞘入（さやい）りナイフ。両刃で一方の刃が鋸（のこぎり）状のものや、柄（え）に医薬品などを格納できるものなどがある。

さばき【▼捌き】［名］物事を取り扱うこと。処理すること。〓「手—・太刀—・手綱—・客—」

さばき【裁き】［名］事の理非・曲直をはっきりさせること。また、その判断。審判。裁判。〓「法の—を受ける」

さ-ばく【佐幕】［名］江戸末期、倒幕・尊皇攘夷（そんのうじょうい）に反対して幕府を支持したこと。また、その一派。⬌勤王▼「佐」は助ける意。

さ-ばく【砂漠（沙漠）】［名］雨がほとんど降らないため植物が生育せず、砂や岩が広がっている土地。サハラ砂漠・ゴビ砂漠など。

さば・く【▼捌く】［他五］❶取り扱いの難しい道具を巧みに使う。〓「見事にハンドルを—」「手綱を—」▼～ヲに〈道具〉をとる。❷入り乱れている物事や難しい仕事などを手際よく処理する。〓「元締めがもめごとを—」「遊撃手が難しいゴロを—」❸売って処理する。売りさばく。〓「売れ残りのチケットを—」❹くっついたりからまったりするものを解き分ける。解きほぐす。〓「パッと裾を—・いて火鉢の側に坐ると〈二葉亭〉」「紙を—・いてから印刷機にかける」❺魚・肉などの食材を解体する。〓「手ずから魚を—」◈「裁く」と同語源。可能 捌ける 名 捌き

さば・く【裁く】［他五］〈法律に従って〉事の理非・曲直をはっきりさせる。裁判をする。〓「裁判で放火事件を—」「公平に—」可能 裁ける 名 裁き

さばく-か【砂漠化】クワ［名・自サ変］過放牧・森林伐採・干魃（かんばつ）などによって砂漠周辺の土地が不毛となり、砂漠が広がること。

さば-ぐも【▼鯖雲】［名］「巻積雲（けんせきうん）」の通称。▼サバの背の模様に似ていることから。

さば・ける【▼捌ける】一［自下一］❶入り乱れている物事や難しい仕事などが手際よく処理される。取りさばかれる。〓「時差通勤を導入すれば混雑がいくらかは—」❷商品がよく売れる。また、売れてなくなる。はける。〓「在庫品が八割方—・けた」「今はこの手の物がよく—」❸くっついたりからまったりしたものが解き分かれる。解きほぐされる。〓「外套の裾の—ときに〈三島由紀夫〉」❹世事に通じていて物分かりがよい。〓「彼は—・けた人だ」文さば・く 二［自他下一］「さば（捌）く」の可能形。さばくことができる。

さば-さば［副亠］❶小さなことにこだわらず、さっぱりしているさま。さばけているさま。〓「—（と）した性格の人」❷いやなことや気がかりなことがなくなって、気持ちがさわやかになるさま。〓「試験が済んで—（と）した」

さはち-りょうり【▽皿鉢料理】レウ［名］刺身・たたき・鮨（すし）・煮物・焼き物などを大皿に盛り合わせた宴席料理。高知県の郷土料理。さわちりょうり。

サバティカル［sabbatical］［名］大学教員などに定期的に与えられる研究のための長期休暇。サバティカルリーブ。サバティカルイヤー。▼旧約聖書で、七年ごとに休耕し大地を休ませた安息年の意から。

さば-よみ【▼鯖読み】［名］さばを読むこと。⬇さば

さはん-じ【茶飯事】［名］茶を飲み飯を食うように、ごくありふれたこと。〓「日常—」

サバンナ［savanna］［名］雨季と乾季をもつ熱帯地方にみられる草原。雨季には丈の高い草が茂るが、乾季には枯れる。低木も点在し、草食動物・猛獣などの野生動物が生息する。サバナ。

さび［名］歌謡曲などで、聞かせどころの部分。〓「この曲は—の部分がいい」書き方 多く「サビ」と書く。

さび【寂】［名］❶古びていて物静かな趣があること。❷謡曲などで、低くて渋みのある声。また一般に、低くて太い声。〓「—のある声」❸蕉風（しょうふう）俳諧の基本理念の一つ。中世のわび・幽玄の美意識が発展したもので、芸術的な美として洗練され、句から自然ににじみ出るような枯淡・閑寂の情調をいう。

さび【▼錆・▼銹】［名］空気中・水中の酸素の作用によって金属の表面に生じる酸化物などの皮膜。

さび【〈山▼葵〉】［名］鮨（すし）屋で、わさび。〓「—を利かす」（＝わさびを多く入れて辛くする。転じて、物事をぴりっとひきしまった感じにする）

さび-あゆ【▼錆▼鮎】［名］秋の産卵期のアユ。背にさび色のまだらが生じる。落ちあゆ。

さび-ごえ【寂声】ヱ［名］趣のある渋い声。▼謡など芸事の修練を積んだ声にいう。書き方「▼錆声」とも。

さびし・い【寂しい（▼淋しい）】［形］❶人やものが少なくて、にぎわいを感じさせないさま。〓「ひっそりとした—村」⬌にぎやか ❷寄り添うものがあってほしいのに、それがなくて孤独な気持ちである。〓「君がいなくて僕は—」❸あるべきものがなくて、物足りない気持ちである。〓「たばこをやめて口が—」◈「さみしい」とも。派生 -げ／-さ／-がる

品格 ◆うら寂しい「—冬枯れの山」 わびしい「—仮住まい」 ◉「わびしい」は、みじめさが強調される。

さびた［名］ノリウツギの別称。ユキノシタ科の落葉低木。夏、アジサイに似た花をつける。幹の内皮で和紙漉（す）き用ののりを作る。

さびーつ・く【▼錆びつく(▼錆び付く)】[自五] 金物がすっかりさびる。また、さびて他の物に固く付着する。‖「缶のふたがー」「錠前がーいて動かない」

さびーどめ【▼錆止め】[名] 金属のさびを防ぐために塗装・メッキなどをほどこすこと。また、その塗装・メッキなど。

さーびょう【詐病】ビャウ [名] 病気でもないのに病気だといつわること。‖「ーではないかと疑われる」

ざーひょう【座標】ヘウ [名] 任意の点の位置を、基準となる点や直線からの距離・角度などによって表すひと組の数値。‖「ー軸(=座標を決める基準となる直線)」

さ・びる【▽寂びる】[自上一] ❶古くなって物静かな趣が出る。閑雅の趣がある。物さびる。‖「海の風荒きに耐へて老松の梢のーびたる見ればかなしも〈若山牧水〉」❷俗気のない清らかな心になる。‖「老優がーびた芸を見せる」「骨董(こっとう)を捻(ひね)くればーびた心持ちになる〈漱石〉」◈「錆びる」と同語源。文さ・ぶ 名寂び

さ・びる【▼錆びる・▼銹びる】[自上一] ❶金属にさびができる。さびがつく。さびつく。‖「鉄が赤くー」❷声が低く太くて、渋みが出る。‖「その太いーびた声が一しきり広い本堂に響き渡った〈花袋〉」◈「寂びる」と同語源。もと、荒れ古びる意。文さ・ぶ 名錆び

さび・れる【寂れる】[自下一] ❶人の行き来が衰えて昔の活気がなくなる。すたれる。‖「過疎化が進んで商店街がーれてゆく」❷声や音が勢いを失って小さくなる。‖「虫の声がめっきりーれた〈川端康成〉」文さび・る

サブ[sub] 一[名] 補欠。補充員。二[接頭] 下位の。補助の。副の。‖「ータイトル・ーノート・ーバンク」

サファイア[sapphire][名] 青色で透明な鋼玉。宝石とする。青玉(せいぎょく)。▽九月の誕生石。

サファリ[safari][名] アフリカでの、狩猟を目的にした旅行。‖「ーパーク(=野生動物を放し飼いにした動物園)」

さぶ・い【▽寒い】[形] ⬇さむい

さぶーいぼ【▽寒▼疣】[名] 鳥肌。▽主に関西でいう。

サブカルチャー[subculture][名] ある社会を支配する正統的・伝統的な文化に対し、その社会の特定の集団を担い手とする独特な文化。若者文化・大衆文化・都市文化など。下位文化。サブカル。

ざぶーざぶ[副と] 水が勢いよく揺れ動くさま。また、その音を表す語。じゃぶじゃぶ。‖「ーと川を渡っていく」

サブジェクト[subject][名] ❶主題。題目。❷主語。主格。

サブスク[名] 製品やサービスの一定期間の利用に対して、代金を支払う方式。定額制。▽「サブスクリプション(subscription)」の略。

サブスクリプション[subscription][名] ⬇サブスク

サブタイトル[subtitle][名] ❶書籍・論文などの副表題。副題。❷映画で、画面だけではわからない日時・場所・筋などを説明するための補助字幕。

ざーぶとん【座布団(座▼蒲団)】[名] すわるときに敷く布団。

サブプライム[subprime][名] 信用度の低い顧客。一般に中低所得者をいう。‖「ーローン(=アメリカで、信用度の低い顧客を対象にした住宅などのローン)」

サブマリン[submarine][名] ❶潜水艦。❷野球で、アンダースロー(の投手)。▽ボールが浮き上がるように進むことから。

サプライズ[surprise][名] 驚くべきこと。意外なこと。‖「ー人事」

サプライーチェーン[supply chain][名] ある製品が、原材料の段階から消費者に供給されるまでの全過程の一連のつながり。

サプライヤー[supplier][名] 物品の供給者。広く商品の製造業者や原料の供給国をいう。

サフラン[saffraan オランダ][名] ❶観賞用・薬用として栽培されるアヤメ科の多年草。晩秋、球茎から花茎をのばし、紫色の六弁花をつける。❷①の花柱を乾燥させた香辛料。水に溶けると鮮やかな黄色になる。ブイヤベース・パエリアなどに用いる。

サブリミナル[subliminal][形動] 潜在意識に働きかけること。特にラジオ・テレビ・映画などで、感覚としては認知できない速度・音量のメッセージをくり返して流し、視聴者の潜在意識に働きかけること。

サプリメント[supplement][名] 栄養補助食品。

サブレ[sablé フランス][名] 小麦粉・バター・卵黄・砂糖などをこねて伸ばし、型で抜いて焼いた菓子。さっくりとした食感のものをいうことが多い。サブレー。

さぶろくーきょうてい【▽三六協定】ケフ [名] 労働基準法第三六条に基づき、時間外労働および休日労働に関して、雇用者と労働組合または労働者の代表との間で結ばれる協定。時間外協定。

さーぶん【差分】[名] ❶関数で、ある二つの点における関数値の差。❷数列で、隣り合う二項の間の差。階差。❸和算で、比例配分。衰分。

ざぶん[副と] 水中に飛び込んだり、勢いよく水をかけたりする音を表す語。ざぶり。‖「ーと川に飛び込む」

さーべつ【差別】[名・他サ変] ❶種類・性質・状態などの違いによって区別すること。また、その違い。‖「大きさによってーをつける」「無ーに抽出する」❷偏見などによって差をつけ、一方を他よりも価値の低いものとして扱うこと。‖「ー待遇」「人種ー」

さべつーか【差別化】クワ [名・他サ変] 他との違いや特性をはっきりさせること。‖「素材を変えて自社製品をーする」「独自性を出して他機種とのーを図る」

さーへん【左辺】[名] 等式や不等式で、等号または不等号の左側にある数式。⬍右辺

サボ[sabot フランス][名] ❶木をくり抜いて作った靴。ヨーロッパの農民などが用いた。❷①を模した木底やコルク底の靴やサンダルのこと。

さーほう【作法】ハフ [名] ❶物事を行うときの、慣例となっている方法。しきたり。‖「武家のーに従う」❷起居・動作の手本となる、正しい法式。‖「礼儀ー」❸詩歌・小説などの、きまった作り方。さくほう。

さーぼう【砂防】バウ [名] 山地・河岸・海岸などで、土砂の崩壊や流出を防ぐこと。‖「ーダム」

さーぼう【茶房】バウ [名] 喫茶店。▽喫茶店の名につけても使う。

サポーター[supporter][名] ❶支持者。後援者。特にサッカーで、特定のチームの応援者。❷運動選手などが手足の関節や筋肉を保護するために使う、ゴムを織り込んだ布製の包帯。

サポート[support][名・他サ変] 支えること。支援すること。‖「ボランティア活動をーする」

サボタージュ[sabotage フランス][名・自サ変] ❶労

働者の争議戦術の一つ。就業した労働者が団結して作業能率を落とし、経営者に損害を与えて紛争の解決を迫ること。怠業。❷怠けること。‖「授業を━する」

サボテン [名] サボテン科の多肉植物の総称。柱状・扁平状・塊状など、形状はさまざま。一般に葉の変形した針状のとげをもつ。観賞用に栽培もされる。シャボテン。 書き方「〈仙人掌〉」「〈覇王樹〉」などと当てる。

さ-ほど【▽然ほど(▽然程・左程)】 [副]〈多く打ち消しを伴って〉それほど。たいして。‖「━熱くはない」

サボ・る [自五] 怠ける。怠けて休む。‖「学校を━」▼「サボタージュ」の略の「サボ」を動詞化した語。

ザボン [zamboa ポルトガル] [名] 九州・四国などの暖地で栽培されるミカン科の常緑高木。また、その果実。果実は柑橘(かんきつ)類中最も大きく、生食のほか、厚い果皮を砂糖漬けなどにする。ブンタン。ザンボア。 書き方「〈朱▼欒〉」とも当てる。

さま【様】 ■一[名] 物の姿かたちや状態、物事のあり方や動作の仕方など、ものの様態を外からの観察に基づいていう語。ありさま。様子。‖「一夜にして街の━が一変した」「平然として狼狽(ろうばい)する━も見せない」 使い方「逃げ去るの／逃げ去るところ／逃げ去るさまを目撃する」で、「の」は事実としての行為そのものに、「ところ」は臨場性に、「さま」は、慌てて・悠然と・血まみれになって、などの様態に視点を据えていう。■二[接尾] ❶〈人を表す語や団体名などに付いて〉尊敬を表す。‖「山田━・あなた━・お客━・社長━・協同組合御一行━」 使い方 一般に、良くない印象のある呼び方には「様」は付けない。‖「△患者様」「×負傷者様」 ❷〈多く、接頭語「お」「ご」+形容動詞語幹や名詞の形に付いて〉ねぎらいの意を表す挨拶(あいさつ)のことばで、相手の行為を丁寧に言い表す。…なことです。‖「お待ち遠━・お気の毒━・ご苦労━・はばかり━」 ❸その方向・方角の意を表す。‖「横━(ざま)」「さか━」 ❹〈動詞の連用形に付いて〉そのようす、そういう動作の仕方であることを表す。‖「続け━(ざま)に失敗する」「壮絶な死に━(ざま)」 ❺〈動詞の連用形に付いて〉そうすると同時に、その途端の意を表す。…するや否(いな)や。‖「振り向き━(ざま)なぐりかかった」◈原義は、方向の意。■二の③④⑤はもと清音。今は「ざま」となることが多い。 書き方 ■二①は、漢字書きが一般的だが、近年かな書きも多い(ただし、親愛の度合いは増すが尊敬の度合いは落ちる)。他もかな書きが増える傾向にある。

◉**様にな・る** それにふさわしい様子になる。格好がつく。‖「彼もだんだんとひげが━ってきた」

ざま【▽様・▽態】 ■一[名] 様子・格好をののしっていう語。ていたらく。‖「大口を叩いて、その━はなんだ」「━を見ろ」■二[接尾] ➡さま■二③④◈「さま」の転。

サマー [summer] [名] 夏。‖「━スクール(=夏期講習会)」「━ウール(=夏服用のウール地)」▼多く他の語と複合して使う。

サマー-タイム [summer time] [名] 夏の一定期間、標準時間を一時間進めて、日照時間を有効に使おうとする制度。夏時間。

さま-がわり【様変わり】 [名・自サ変] ❶様子や情勢がすっかり変わること。‖「━した故郷の町」 ❷取引で、相場の形勢が一変すること。

さま-さま【様様】 [接尾]〈人や物の名に付いて〉その人や物が自分にとってこの上なくありがたいという意を表す。‖「こう暑くてはクーラー━だ」

さま-ざま【様様】 [形動] ❶一つの様式だけでなく、いくつもの型が見られるさま。いろいろ。種々。‖「━な工夫がこらされている」 ❷〈名詞に付いて〉それぞれ。各様。各種。‖「大小━の旗」

さま・す【冷ます】 [他五] ❶熱い物の温度を下げて、熱くなくする。‖「鮨飯(すしめし)をうちわであおいで━」「湯を六〇度に━して使う」⬍あたためる ❷高ぶっていた感情や興味を衰えさせる。‖「興奮を━」「興を━ような発言は慎みたい」 書き方「▽醒ます」とも。◈「覚ます」と同語源。 可能 冷ませる

さま・す【覚ます(▽醒ます)】 [他五] ❶〈「目を覚ます」の形で〉眠っていた状態から意識のはっきりした状態になる。目が覚める。目ざめる。また、そのような状態にする。目ざめさせる。‖「物音で目を━」「眠れる獅子が目を━(=本来の力を発揮する)と怖い」「監視員の目を━さないように注意しろ」 ❷〈「目を覚ます」の形で〉精神的に目ざめる。覚醒(かくせい)する。また、そのようにさせる。覚醒させる。‖「師の一言で心の迷いから目を━」「師の訓辞が弟子の目を━した」 ❸意識をしっかりさせるために、眠け・酒の酔い・薬の効果などを取り去る。なくす。‖「眠けを━ためにコーヒーを飲む」「頭から冷水を浴びて酔いを━」◈ 書き分け【醒】は、眠り・迷い・興奮・酔いなどの状態から意識のある状態や正常な状態にもどす意で「眠り[迷妄・興奮・酔い]を醒ます」などと書くが、一般に【覚】または【冷】を使う。「さめる」の場合も同じ。

ざます [助動 特活型](ざませ・ざましょ-ざまし-ざます-ざます-ざますれ-○) 丁寧な気持ちを表す。…でございます。‖「いや━」「うれしゅう━」▼江戸の遊里語。東京山の手の婦人ことばとして使われた。

さまたげ【妨げ】 [名] 妨げること。また、そのもの。じゃま。‖「故障車が通行の━になる」

さまた・げる【妨げる】 [他下一] ❶物事の滞りない進行や展開に支障が起こるようにする。妨害する。阻害する。じゃまをする。(意図的な行為にもそうでないものにもいう)‖「難癖をつけて企画の進行を━」「騒音[煩悩]が安眠[仏道修行]を━」 ❷〈「…を妨げない」の形で〉…しても差し支えない。…であっても構わない。‖「再任を━・げない」▼法令などで使う。 文 さまた・ぐ 名 妨げ

さ-まつ【▼瑣末・▼些末】 [名・形動] それほど重要でない、ちょっとしたこと。とるに足りないこと。些細(ささい)。‖「━な雑務に追われる」 派生 -さ

さ-まで【▽然まで】 [副]〔古風〕〈多く打ち消しを伴って〉それほどまで。そんなに。‖「━気を使うことはない」

さ-まよ・う【さ迷う・〈▼彷▼徨〉う】 [自五] ❶あてもなく、また、迷ってあちこち歩き回る。‖「歓を求めて盛り場を━」「仲間とはぐれて山中を━」 ❷一か所にとどまらず、行ったり来たりする。‖「生死の境を━」

サマリー [summary] [名] 要約。摘要。概括。

サマ・る [他五]〔新〕要約する。集計する。‖「会議の内容を━った資料」「データを━」▼「サマリー」の略の「サマ」を動詞化した語。

さみし・い【▽寂しい(▼淋しい)】 [形] ➡さびしい

さみ-せん【▽三味線】 [名] ➡しゃみせん

さみだれ【《五月雨》】 [名] 陰暦五月ごろに降り続く長雨。梅雨。つゆ。さつきあめ。 使い方 断続的にだらだらと続くことのたとえにもいう。‖「━スト」

さみだれ-しき【《五月雨》式】 [名] 断続的に何度

か行うこと。また、そのようなやり方。‖「—に攻撃する」

サミット【summit】[名] 主要国首脳会議。主に政治・経済問題を協議する国際会議。現在は米・英・日・仏・独・伊・カナダ・ロシアの八か国と欧州連合(EU)が参加。G8(ジーエイト)。▼頂上の意。広く首脳会談・トップ会談の意でも使う。‖「環境—」

さ-みどり【▽早緑】[名] 若草や若葉の緑色。

さむ・い【寒い】[形] ❶気温や体全体で感じる温度が、適温より低いと感じる。‖「今年の冬は—」「そんなに薄着だと—よ」「背筋が—・くなる(=恐怖や悪い予想で悪寒を感じる。背筋がぞっとする)」⇔暑い ❷⬇お寒い ❸⬇懐(ふところ)が寒い⇔温かい ❹[新] 興ざめするほどつまらない。‖「—ギャグ」派生 -げ/-さ/-がる

さむ-え【作務▽衣】[名] 禅宗寺院で、僧の作業服。上衣は筒袖の打ち合わせ式で、下衣は裾がつぼまったズボン状。▼家庭着としても用いられる。

さむ-がり【寒がり】[名・形動] ふつう以上に寒さを感じること。また、その人。‖「—の人」⇔暑がり

さむ-け【寒け(寒気)】[名] 発熱や恐怖感・嫌悪感などによって体に不快な寒さを感じること。また、その寒いという感じ。悪寒(おかん)。‖「—立(だ)つ(=寒けを感じる。また、ぞっとする)」

サムゲタン【samgyetang 朝鮮】[名] 朝鮮料理の一つ。ひな鳥の腹にもち米・ナツメ・松の実・高麗(こうらい)人参などを詰め、土鍋で水炊きにする料理。書き方 漢字で書けば、「▽参▽鶏▽湯」。

さむ-さ【寒さ】[名] 寒いこと。⇔暑さ

さむ-ざむ【寒寒】[副ト] ❶いかにも寒そうなさま。‖「—とした冬景色」▼心に寒さを感じる意でも使う。‖「—とした人間関係」❷趣がなくて殺風景なさま。また、がらんとして寂しいさま。‖「放課後の—とした教室」

さむざむ-し・い【寒寒しい】[形] ❶いかにも寒そうである。‖「—冬枯れの庭」❷趣がなくて殺風景なようすである。‖「ベッドだけしかない—部屋」

サムズ-アップ【thumbs up】[名] こぶしを握り、親指を上に向ける動作。欧米などでは、合意・賛成など肯定的な気持ちを表すが、中東などでは侮蔑を表す。

さむ-ぞら【寒空】[名] 寒々とした冬の空。また、寒さが身にしみる冬の気候。‖「この—に住む家もない」

サムターン【thumbturn】[名] ドアの内側に取り付けて施錠・解錠に用いる回転式のつまみ。

サムネイル【thumbnail】[名] ❶コンピューターで、画像や文書ファイルのデータのイメージを縮小して一覧表示したもの。❷広告・雑誌の制作過程で、イラストやコピーのイメージを視覚化して表示したもの。◈「サムネール」とも。親指のつめの意から。

さむらい【侍(▽士)】(サムライ)[名] ❶昔、朝廷・公家などに仕えてその身辺を警護した者。さぶらい。❷江戸時代、幕府の旗本・諸藩の中小姓(ちゅうごしょう)以上の者。また、士農工商のうち士の身分に属した者。武士。❸並外れたことをする人。また、ずぶとくて物に動じない人。▼多少の皮肉をこめて使う。

さめ【▼鮫】[名] サメ目に属する軟骨海水魚の総称。体形は細長く、小さなうろこで覆われた体表はざらざらしている。歯は鋭く、凶暴で人を襲うものもある。肉はかまぼこの材料、乾燥したひれは中華料理に用いられる。アオザメ・ホシザメ・オナガザメ・ノコギリザメ・シュモクザメ・ジンベイザメなど、種類が多い。▼地方によって「ふか」「わに」などと呼ばれる。

さめ-ざめ[副ト] 涙を流しながら静かに泣き続けるさま。‖「顔をふせて—と泣く」

ざ-めつ【挫滅】[名・自サ変] 外部からの強い衝撃を受けて筋肉などの組織が押しつぶされること。

さめ-はだ【▼鮫肌・▼鮫▼膚】[名] サメの皮のように、乾燥してざらざらした肌。

さめ-やらぬ【覚め▽遣らぬ・冷め▽遣らぬ】[連語] まだすっかり覚めないでいる。‖「夢—風情」「興奮—面もち」✓注意「覚め止(や)まぬ」は誤り。

さ・める【冷める】[自下一] ❶熱い物の温度が下がって、熱くなくなる。冷たくなる。‖「ご飯が—・めないうちにお上がりなさい」「風呂(ふろ)が—」⇔あたたまる ❷高ぶっていた感情や興味が衰えたりうすらいだりする。‖「愛情[興・ほとぼり]が—」「熱しやすく—・めやすい人」書き方「▽醒める」とも。❸〈「冷めた」「冷めて」の形で〉物の見方や受け止め方が冷静である。また、冷酷である。‖「—・めた見方をする」「犯人の頭脳は酷薄無情なまでに—・めている」◈「覚める」「褪める」と同語源。文 さ・む

さ・める【覚める(▽醒める)】[自下一] ❶〈多く「目が覚める」の形で〉眠っていた状態から意識のはっきりした状態に戻る。目ざめる。‖「昼寝から目が—」「目の—ような本塁打」❷〈多く「目が覚める」の形で〉精神的に目ざめる。目を覚ます。覚醒(かくせい)する。‖「母の一言で迷いから目が—・めた」❸意識のはっきりしない状態から意識のはっきりした状態に戻る。現実に立ち返る。我に返る。覚醒する。‖「空想[夢]から—」❹〈「覚めた」「覚めて」の形で〉意識や観察眼がしっかりしている。覚醒している。‖「—・めた意識」「—・めた目で眺める」❺眠けや酔い、薬や魔法の効果などがなくなる。‖「酔いが—」「麻酔が—」◈書き分け ⬇覚ます 文 さ・む

さ・める【▼褪める】[自下一] 色が薄くなって本来の輝きを失う。褪色(たいしょく)する。あせる。‖「色の—・めた背広」「青—(ざめる)」文 さ・む

ざ-めん【座面】[名] 椅子(いす)の、腰を下ろす面。

さ-も【▽然も】[副] ❶そうなるのが当然だという気持ちを表す。‖「—あろう」❷そう形容するのがふさわしいという気持ちを表す。いかにも。‖「—気持ちよさそうに寝ている」

さも-あらば-あれ【〈遮▼莫〉】[連語][古風] それならそれでしかたない。どうであれ。

さも-ありなん【▽然もありなん(▽然も有りなん)】[連語] そうであっても全くおかしくない。そうであろう。もっともだ。

さもし・い[形] 品性・態度に欲が表れ、卑しいさま。あさましい。いじきたない。‖「損得で動く—根性」▼托鉢(たくはつ)して歩く沙門(しゃもん)のみすぼらしいさまをいう「さもんしい」が変化した語という。派生 -げ/-さ

ざ-もち【座持ち】[名] 座が白けないように興を添えて取り持つこと。また、それを(巧みに)する人。‖「—がうまい」

ざ-もと【座元】[名] 芝居・見せ物などの、興行主。また、興行場の持ち主。太夫元(たゆうもと)。

さも-ないと【▽然もないと(▽然も無いと)】[接] その条件からはずれた場合には。そうでなければ。そうしないと。

さも-なくば【▽然もなくば(▽然も無くば)】[接] さもないと。

さも-なければ【▽然もなければ(▽然も無け

れば)】[接] さもないと。

サモワール【samovarロシア】[名] ロシア特有の卓上湯沸かし器。銅・黄銅・銀などで作る。中央の管の中に炭火を入れ、そのまわりの水を加熱する仕組み。▽現在は電熱を利用するものもある。

さ-もん【査問】[名・他サ変] 事件の関係者などを呼び、問いただして調べること。‖「—委員会」

さや【▽莢】[名] マメ科植物の種子を包んでいる殻。

さや【▼鞘】[名] ❶刀剣類の刀身を納めておく筒。‖「元の—に収まる」❷筆・鉛筆などの先端を保護するためにかぶせる筒。キャップ。❸価格や利率の差によって生じる利益金。利鞘(りざや)。

さや-あて【▼鞘当て】[名] ❶昔、武士がすれ違ったとき、互いの刀のさやが当たったのをとがめだてて争ったこと。また、ささいなことをとがめて起こるけんか。❷一人の女性をめぐって二人の男性が争うこと。‖「恋の—」 語源 歌舞伎『浮世柄比翼稲妻(うきよづかひよくのいなずま)』で、不破伴左衛門と名古屋山三郎(さんざぶろう)が遊女葛城(かつらぎ)を争って「鞘当て」①をしたことから。

さや-いんげん【▼莢隠元】[名] 種子が未熟なうちに、さやのまま食べるいんげんまめ。

さや-えんどう【▼莢▼豌豆】(—ヱンドウ) [名] 種子が未熟なうちに、さやのまま食べるえんどう。

さや-か【▽明か・▽清か】[形動] ❶明るくて、はっきりしているさま。また、澄みきって、さわやかなさま。‖「—に輝く月」「星が—に見える」❷音や声が澄んで、はっきりと聞こえるさま。‖「—な笛の音」 派生 -さ

さや・ぐ [自五] ざわざわと音を立てる。風にざわめく。‖「木の葉が—」

ざ-やく【座薬(▼坐薬)】[名] 肛門(こうもん)・膣(ちつ)などに挿入し、体温で溶かして用いる薬。座剤。 書き方 本来は「坐薬」。

さや-け・し【▽明けし・▽清けし】[形ク]〔古風〕❶さえて、明るい。‖「—き月影」❷音や声が澄んで、よく聞こえる。‖「—・く響く谷川の音」 派生 -さ

さや-さや [副ト] 物が軽くふれあって発する音を表す語。‖「竹の葉が—と鳴る」

さや-どう【▼鞘堂】(—ダウ) [名] 仏堂・社殿などを保護するために、外側からすっぽり覆うように造った建物。▽中尊寺金色堂のものは代表例。

さや-とり【▼鞘取り】[名] 受け渡し期限の開きや市場の違いなどによって生じる差額を利益として得ることを目的にして行われる取引。さや取引。

さや-まき【▼鞘巻き】[名] 武士が太刀に添えて差した、つばのない短刀。腰帯から滑り落ちないように、さやに刻み目をつけた。

さや・る【▽障る・▽触る】[自五] 物にひっかかる。さわる。ふれる。‖「わが心はかの合歓(ねむ)という木の葉に似て、物—・れば縮みて避けんとす〈鷗外・舞姫〉」

さ-ゆ【さ湯】[名] 真水を沸かしただけの飲用の湯。 書き方 「▽白湯」とも。

さ-ゆう【左右】(—イウ) [名] ❶ひだりとみぎ。‖「—を確認する」❷まわり。かたわら。‖「—に気を使う」❸そば近くに仕える者。側近。❹[他サ変] 影響を与え、思うままに動かすこと。‖「天候に—されやすい作物」

ざ-ゆう【座右】(—イウ) [名] ❶座っている場所の右側。かたわら。身辺。ざう。‖「—の銘(=いつも身辺に置いて日常の戒めとする言葉)」❷手紙文で、直接相手を指すことをはばかって用いる語。また、相手への敬意を表す脇付の語。‖「愚見を—に呈す」

さ-ゆり【▽小〈百合〉】[名]〔古風〕ゆり。

さ-よ【▽小夜】[名]〔古風〕よる。‖「—千鳥(=夜半に鳴く千鳥)」「—更けて」

さよ-あらし【▽小夜嵐】[名]〔古風〕夜に吹く強い風。よあらし。

さ-よう【作用】[名・自サ変] ❶他に働きかけて影響を与えること。また、その働き。‖「薬の—」「副—」❷力学で、二つの物体の間で力が働き合うときの一方の力。⇔反作用

さ-よう【▽然よう(▽然様・左様)】(—ヤウ) 一 [形動] そのよう。その通り。‖「—に思います」「—でございます」▽⇨ことほどさように 二 [感]〔古風〕❶相手の話を肯定するときに発する語。‖「—、おっしゃる通りです」❷自分の思い出したことをまとめて話し始めるときに発する語。‖「—、あれは私が高校に入学した年のことだった」

さよう-てん【作用点】[名] 物体に対して力が働く点。⇔力点・支点

さよう-なら(サヤウ—) [感] 別れるときのあいさつのことば。さようなら。 語源 「然様(さよう)ならば(=それでは)これにて御免」のような言い方から。

さよ-きょく【▽小夜曲】[名] セレナーデ。▽「しょうやきょく」は誤読。

さ-よく【左翼】[名] ❶左のつばさ。❷隊列・座席など、左右に広がったものの左側。❸社会主義・共産主義など、急進的・革新的な思想。また、その思想をもつ人や団体。左派。▽フランス革命後の議会で、急進派が議長席からみて左側の席を占めたことから。❹野球で、本塁からみて左側の外野。また、そこを守る人。レフト。◈⇕右翼

ざ-よく【座浴(▼坐浴)】[名] 腰から下だけ湯につかること。また、その入浴法。腰湯(こしゆ)。 書き方 本来は「坐浴」。

さよ-なら 一 [感]「さようなら」の転。二 [名] ❶別れること。‖「君とはこれで—だ」❷最後となること。‖「—ホームラン」「—公演」

さより【〈細魚〉・〈針魚〉・▼鱵】[名] 本州以南の沿岸域に分布するサヨリ科の海水魚。背は青緑色、腹は銀白色。体は細長く、下あごがくちばしのように伸びる。食用。

さら【皿】[名] ❶食べ物を盛る浅くて平たい容器。❷皿に盛って出す料理。‖「五—も食べる」❸皿のような形のもの。‖「ひざ(はかり)の—」

さら【▽新】[名] 新しいこと。まだ一度も使っていないこと。‖「まっ—」「—湯・—地」

さら【沙羅・▼娑羅】[名] 夏、淡黄色の小花を多数つけるフタバガキ科の常緑高木。光沢のある葉は卵形。堅い材は建築・器具用、種子からは油をとる。インド原産。サラノキ。サラジュ。▽釈迦(しゃか)入滅のとき、四方に同根二本ずつの沙羅があったということから「沙羅双樹」とも。

サラ [名] ❶「サラリー」の略。‖「安—」❷「サラリーマン」の略。‖「—金」❸「サラブレッド」の略。◈多く他の語と複合して使う。

ざら 一 [形動] どこにでもあって珍しくないさま。‖「—にある話」二 [名] ❶「ざら紙」の略。❷結晶のあらい、ざらざらした砂糖。ざらめ。‖「赤—」▽「ざらめ糖」の略。

さ-らい【再来】(造)〈週・月(げつ)・年(ねん)の上に付いて〉次の次の、翌々の、の意を表す。‖「—週」▽「再来日」とは言

わず、「明後日(みょうごにち)」などを使う。

さらい-げつ【再来月】［名］来月の次の月。次の次の月。

さらい-しゅう【再来週】(ーシウ)［名］来週の次の週。次の次の週。

さらい-ねん【再来年】［名］来年の次の年。次の次の年。明後年(みょうごねん)。

さら・う【▼浚う】(サラフ)［他五］底にたまった土砂やごみなどをきれいに取り除く。一般に、たまった物を取り除く。‖「どぶを━」「おひつの御飯を残らず━」▽「攫(さら)う」と同語源。可能 さらえる

さら・う【▼攫う・▼掠う】(サラフ)［他五］❶すきを見て奪い去る。‖「子供を━」「鳶(とび)［波］に油揚げ［足］を━・われる」❷残らず持ち去る。‖「話題を━」「ダークホースが優勝を━」◈書き方 まれに「▼浚う」とも。可能 さらえる

さら・う【〈復習〉う・〈温習〉う】(サラフ)［他五］教えられたことなどを繰り返し学習する。おさらいをする。復習する。‖「長唄を━」書き方 まれに「▼浚う」とも。可能 さらえる

サラウンド［surround］［名］❶取り囲むこと。‖「━効果」❷前後左右から音が聞こえるような音響再生の仕組み。立体音響。サラウンドシステム。

ざら-がみ【ざら紙】［名］ざらざらした、あまり質のよくない洋紙。わら半紙。ざら。

サラ-きん【サラ金】［名］貸し金業者がサラリーマン・主婦などを対象に行う小口金融。無担保・無保証だが高利。▼「サラリーマン金融」の略。

さらけ-だ・す【▼曝け出す】［他五］隠すところなく、すべてを出して示す。すっかり見せる。‖「手の内を━」

サラサ［saraça ポルト］［名］綿布・絹布などに人物・花・鳥獣などの模様を多色で染めだしたもの。‖「インド━」書き方「更▼紗」と当てる。

さら-さら［副］❶かわいたものが軽くふれ合って立てる音を表す語。‖「━と笹の葉が鳴る」❷浅い川の水が軽やかに流れる音を表す語。また、お茶漬けをよどみなく口中に流し込む音を表す語。‖「小川が━(と)流れる」「お茶漬けを━(と)かき込む」❸物事がよどみなく軽快に進むさま。‖「筆で━と手紙を書く」❹［三］湿り気や粘り気がなく、さっぱりしたさま。‖「━(と)した髪の毛」

さら-さら【(更更)】［副］〈打ち消しを伴って〉少しも。まったく。‖「謝る気など━ない」

ざら-ざら［副］❶粗い粒状の物が音を立てて触れ合うさま。また、その音を表す語。‖「大豆が━(と)こぼれる」❷［三］物の表面が粗く、さわった感じがなめらかでないさま。‖「━(と)した紙」

さらし【▼晒し・▼曝し】［名］❶【晒・曝】さらすこと。また、さらしたもの。❷【晒】さらして白くした麻布または綿布。さらし布。とくに、さらし木綿。❸【晒】江戸時代、縛った罪人を路傍にさらして見せしめにした刑罰。

さらし-あめ【▼晒し▼飴】［名］水あめを何度も引き伸ばして気泡を含ませた白いあめ。

さらし-あん【▼晒し▼餡】［名］生のこしあんを加熱乾燥して粉状にしたもの。干しあん。

さらし-くび【▼晒し首】［名］江戸時代、斬首刑を受けた者の首を獄門にさらして衆人に見せたこと。また、その首。

さらし-こ【▼晒し粉】［名］❶水酸化カルシウム(消石灰)に塩素ガスを吸収させて作った白い粉末。水溶液を漂白剤・消毒剤などに用いる。クロルカルキ。カルキ。❷水にさらして白くした米の粉。

さらし-もの【▼晒し者】［名］大勢の前で恥をかかされる者。皆の笑い者にされる人。▼さらしの刑にされた罪人の意から。

さらし-もめん【▼晒し《木綿》】［名］さらして白くした木綿。さらし。

さら・す【▼曝す・▼晒す】［他五］❶【曝・晒】日光や風に当てる。また、そのようにして湿り気を取り除く。特に、虫干しをする。‖「窓を開けて風に身を━」「寝具を日光に━」「蔵書を外気に━」❷【曝・晒】風雨や日光の当たるままにしておく。‖「風雨に━・された石仏」❸【晒】質をよくするために、布などを水につけたり日に当てたり薬を使ったりする。‖「布を川の流れに━・して漂白する」「玉ねぎを水で［に］━」❹【曝・晒】隠すところなく人々の目に触れるようにする。見られてはいけないもの、見られたくないものなどについていう。‖「人前に恥［醜態］を━」❺【曝・晒】好ましくない状況の中に身を置く。‖「危険に身を━」「我が国は今敵の脅威に━・されている」❻【曝・晒】〈「…に目をさらす」の形で〉…をじっと見る。…に目を凝らす。‖「死亡欄に目を━・して新聞を読む」❼【晒】江戸時代、「晒し」③や晒し首の刑にする。可能 さらせる 名 さらし

サラダ［salad］［名］生野菜やゆでた野菜に冷肉・ハム・魚介・卵などを取り合わせ、ドレッシングやマヨネーズソースで調味した料理。サラド。‖「グリーン━・ポテト━」

サラダ-オイル［salad oil］［名］ドレッシングやオイル漬けなどに使う、精製した植物油。サラダ油。

サラダ-な【サラダ菜】［名］チシャの一品種。丸く大きな葉は淡緑色または緑色で、結球はゆるい。生のまま料理の付け合わせやサラダに使う。玉ヂシャ。

さら-ち【更地(▽新地)】［名］❶手を入れてない土地。❷樹木・建物などのない空き地。

ざら-つ・く［自五］ざらざらする。‖「舌が━」

さらっ-と［副］⬇さらりと

さらで-だに【▽然らでだに】［副］〔古風〕そうでなくてさえ。ただでさえ。

さら-なる【更なる】［連体］今以上の。いっそうの。‖「━支援を求める」▼文語形容動詞「更なり」の連体形から。

さら-に【更に】［副］❶物事が加わり重なるさま。重ねて。その上。‖「━一年が経過する」❷物事がくり返されるさま。また、引き続き行われるさま。‖「━申し入れる」「━眠り続ける」❸それまでより程度が高まるさま。いっそう。もっと。‖「━議論を深める」❹〈否定的表現を伴って〉一向に。少しも。さらさら。‖「反省する気など━ない」◈書き方 かな書きも多い。

さら-ば【▽然らば】〔古風〕■［接］それならば。そうしたら。‖「求めよ、━与えられん」■［感］別れの挨拶(あいさつ)に用いる語。さようなら。‖「━友よ」「いざ、━」

さら-ばかり【皿▼秤】［名］量る物をのせる部分が皿の形をしたはかり。竿秤(さおばかり)・上皿天秤(うわざらてんびん)など。

サラブレッド［thoroughbred］［名］イギリス原産種にアラビア系の馬を交配して改良した、優秀な競走馬。サラ。▼家柄などのよい、秀でた人のたとえにもいう。‖「角界の━」

さら-まわし【皿回し】(ーマハシ)［名］皿・茶碗などを指先や細い棒の先端にのせて回す曲芸。また、それを演じる芸人。

サラミ【salami イタリア】[名] ドライソーセージの一つ。牛肉と豚肉にラード・香辛料・ラム酒などを加え、低温で乾燥させたもの。サラミソーセージ。

ざらめ【▽粗目】[名] 結晶のあらい、ざらざらした砂糖。

さら-ゆ【▽新湯】[名] 沸かしたばかりで、まだ誰も入っていないふろ。あらゆ。

サラリー【salary】[名] 給料。月給。

サラリー-マン【和製salary+man】[名] 給料をもらって生活する人。月給取り。

さらり-と[副] ❶湿り気や粘り気がなく、感触がなめらかなさま。「━した髪[油]」❷こだわりがなく、あっさりしているさま。「いやなことは━忘れる」❸物事がとどこおりなく軽快に行われるさま。「難題を━片づける」

ざり[文語助動詞「ず」の補助活用]〈古風〉⬇ず(助動) ▼打ち消しの助動詞「ず」+「あり」の「ずあり」の転。

サリー【sari】[名] インドなどで、主としてヒンズー教徒の女性が着用する衣装。一枚の長い布を腰から肩に巻きつけて着る。

ざり-がに【〈▼蝲▼蛄〉】[名] 蝲 ❶北海道・東北地方の河川に分布するアメリカザリガニ科のエビ。殻は茶色で、一対のはさみをもつ。日本固有種。えびがに。ニホンザリガニ。❷北海道を除く各地の河川・水田などに分布するアメリカザリガニ科のエビ。殻は赤褐色で、一対の大きなはさみをもつ。田の畦などに穴を掘ってすみ、稲作に害を与える。エビガニ。▼昭和五(一九三〇)年、アメリカから食用ガエルのえさとして輸入され、日本各地に広がった。

さり-きらい【去り嫌い】ーキラヒ [名] 連歌・俳諧のきまりの一つ。単調さを避けるために、同季・同語・類似の語などを続けて、または近接して用いないこと。

さりげ-な・い【▽然りげない(▽然り気無い)】[形] はっきりした考えや深い意図もなくふるまうさま。また、そう見えるようにふるまうさま。なにげない。「━会話」「━・く証言を聞き出す」✓注意「さりげなく」を「さりげに」というのは誤り。⬇助動詞「ない」の「使い方」(6)
派生 ━さ

さり-じょう【去り状】ーヂヤウ [名] 離縁状。三行半。

さり-とて【▽然りとて】[接]〈古風〉そうだからといって。「━見過ごすわけにもいかない」

サリドマイド【thalidomide】[名] 非バルビツール酸系の催眠剤。妊娠初期に服用すると出生児にあざらし肢症などが多く現れることが判明し、各国で製造・販売が禁止された。▼現在、厚生労働省は一部の治療薬として製造・販売を承認。

さり-ながら【▽然りながら】[接]〈古風〉そうではあるが。しかしながら。「同情はする。━本人の責任も大きい」

さ-りょう【茶寮】ーレウ [名] ❶茶室。❷喫茶店。また、料理屋。◈「ちゃりょう」とも。②は店名に添えても使う。

サリン【sarin】[名] 有機リン系の有毒ガス。常温では無色・無臭の液体。気化しやすく、吸入すると即効的に神経麻痺を起こす。▼第二次大戦中、ドイツで化学兵器として開発された。

さる【▽申】[名] 十二支の第九。▼動物では猿に当てる。時刻では午後四時、または午後三時から五時の間。方角では西南西。✓注意「猿」と書くのは誤り。「[×猿年→○申年]」

さる【猿】[名] ❶サル目のうち、人類以外の哺乳類の総称。知能が高く、発達した手の指で物を握ることができる。植物食または雑食で、多くは昼行性。原猿(アイアイ・キツネザルなど)・広鼻猿(オマキザル・クモザルなど)・狭鼻猿(ニホンザル・マントヒヒなど)・類人猿(オランウータン・チンパンジー・ゴリラなど)などに大別される。日本ではふつうニホンザルをさし、犬と不仲とされる(⬇犬猿)。ましら。▼十二支では第九番目の「申」に当てる。❷小利口な人や、ずるがしこい人を軽蔑していう語。❸雨戸などの上下の桟に取りつけ、敷居・鴨居にあけた穴に差し込んで戸締まりをする仕掛け。❹自在鉤をつるす竹に取りつけ、自在鉤の高さを調節する仕掛け。

⊙猿も木から落ちる その道に長じた人でも、ときには失敗することがあるということ。河童の川流れ。弘法にも筆の誤り。上手の手から水が漏れる。

さ・る【去る】[動五] ㊀[自] ❶ある場所や所属・地位などを離れる。また、そこを離れてよそへ行く。「その場[職場・首相の座]を━」「台風が太平洋上に━」「若くして世を━(=死ぬ)」▼本来は、移動する意で、離れる意にも近づく意にもいった。⬇⑦

❷〈古風〉〈多く「…を去ること」の形で、後に距離や時間を表す数値を伴って〉空間的・時間的に隔たる。「東京を南に━こと二〇キロ」「事件は今を━(=さかのぼる)五年前に起こった」

❸ある季節・時期が遠のく。過ぎ去る。「秋が━・って冬になる」「幼年期が━と記憶も鮮明になってくる」

❹今まであったある状態(特に、危機的な状況や精神的苦痛)がなくなる。消える。「ピンチ[痛み]が━」「一難━・ってまた一難」

❺心を占めていた想念や記憶がなくなる。「病気のことが一瞬たりとも念頭を━・らない」

❻仏教で、修行の妨げとなるような想念から遠ざかる。離れる。避ける。「煩悩を━・って涅槃に入る」▼~ヲを〈対象〉(取り去る意)と解して、他動詞とすることもできる。⬇㊁②

❼〈古風〉時・季節などが近づく。めぐってくる。「夕━・れば小倉の山に鳴く鹿は…〈舒明天皇・万葉集〉」

㊁[他] ❶〈古風〉離して遠くへやる。遠ざける。「妻を━(=離縁する)」「悪友を━」

❷有害・無益だとして遠ざけたり取り除いたりする。なくなるようにする。取り去る。捨て去る。「雑念を━・って勉強する」「日に当てて水けを━」▼⬇㊀⑥

㊂〈動詞の連用形に付いて複合動詞を作る〉すっかり…する。…しつくす。「葬り━・消し━・忘れ━」「消え━・逃げ━」可能 去れる

⊙去る者は追わず 去り行く者はしいて引きとめようとはしないということ。「━、来たる者は拒まず」

⊙去る者は日々に疎し 親しく交わった人でも、遠ざかると次第に交情が薄れるものだということ。また、死んだ人は年月がたつに従って次第に忘れられるものだということ。▼『文選』に「去る者日に以て疎し、生くる者は日に以て親し」とあるのによる。

さる【去る】[連体] 過ぎ去った。「━九月八日」

さる【▽然る】[連体] ❶具体的な名前や内容を示さずに、人・場所・物事などを漠然と指していう語。ある。とある。「━人の推薦」「━事情があって来られない」❷〈古風〉(前の事柄を受けて)そのような。「━事はなし」❸相当の。かなりの。「敵も━者」◈「さあり」の約「さり」の連体形から。

ざる【▼笊】［名］❶細長くそいだ竹などを編んで作った底の浅い容器。▼ざるの目から水がもれるように、抜け落ちることの多いもののたとえにもいう。〓「—法（＝抜け道の多い不備な法律）」「—碁（＝へたな碁）」❷「ざるそば」の略。❸酒をいくら飲んでもなかなか酔わない人。

さる-がく【猿楽（▽申楽・▽散楽）】［名］古代から中世に行われた、物まね・歌舞・寸劇・曲芸などの芸能。唐から伝来した散楽（さんがく）に由来する。のち、次第に演劇化し、能楽と狂言に分化した。

さる-ぐつわ【猿▼轡】［名］声を立てさせないように、口にかませて首の後ろで縛っておくもの。手ぬぐいなどの布を用いる。〓「—をはめる」

サルサ［salsaスペ］［名］❶キューバの民族音楽を起源とするラテン音楽。ニューヨークに住むプエルトリコ人の間で生まれ、一九六〇年から七〇年代にかけて流行した。速いテンポと複雑なリズムを特徴とする。❷トマトを主体とした辛くて酸味のあるソース。サルサソース。

さる-しばい【猿芝居】（シバヰ）［名］❶かつらや衣装をつけさせた猿に芝居のまねごとをさせる見世物。❷へたな芝居。▼あざけっていう。❸すぐに見すかされてしまうような、愚かしいたくらみ。

さる-すべり【〈百日紅〉・猿滑】［名］夏から秋にかけて白・紅などの小花をつけるミソハギ科の落葉高木。樹皮は薄くはがれ落ち、幹の表面は滑らか。花期が長いので「ひゃくじつこう」とも呼ばれる。

ざる-そば【▼笊〈▼蕎麦〉】［名］ざるや蒸籠（せいろう）に盛ったそば。薬味を添え、つけ汁につけて食べる。ふつう上にもみ海苔（のり）をかける。ざる。▼もと、もりそばの角蒸籠に対して丸い蒸籠を使い、汁ももりそばの辛汁に対して甘汁を用いた。数「一枚（いちまい）…」と数える。

サルタン［Sultan］［名］⇒スルタン

さる-ぢえ【猿知恵】（ヂヱ）［名］気が利いているように見えて、実は間の抜けている考え。

さる-ど【猿戸】［名］❶庭園の出入り口などに設ける簡素な木戸。❷内側に取りつけた横木を柱の穴に差し込んでしめる仕組みの戸。

サルバルサン［Salvarsanドイ］［名］梅毒などの治療薬。砒素（ひそ）原子を含む世界最初の化学療法剤。合成試験番号から六〇六号とも呼ばれる。▼アルスフェナミンの商標名。現在は使用されない。

サルビア［salvia］［名］❶夏から秋にかけて緋色の唇形（しんけい）花を穂状につけるシソ科の一年草。ブラジル原産。ヒゴロモソウ。❷観賞用・薬用・香辛料用として栽培される、シソ科アキギリ属の多年草の総称。▼「セージ」もその一種。

サルファ-ざい【サルファ剤】［名］スルファミンを基本とする抗菌剤の総称。

サルベージ［salvage］［名］海難救助。また、沈没船などの引き揚げ作業。〓「—船」

さる-ほどに【▽然る程に】［接］［古風］❶そうしているうちに。やがて。〓「—夜も明けたり」❷さて。ところで。

さる-また【猿股】［名］男性用の短い下ばき。さるももひき。

さる-まね【猿〈真似〉】［名］猿が人の動作をまねるように、考えもなくただうわべだけ他人のまねをすること。▼軽蔑していう。

さる-まわし【猿回し】（マハシ）［名］猿に芸をさせて金銭をもらい受ける大道芸。また、それを職業にする人。さるひき。さるつかい。

さる-めん【猿面】［名］猿のような顔。

サルモネラ-きん【サルモネラ菌】［名］腸チフス・パラチフス・食中毒などの原因となる腸内細菌の一群。飲食物や手指などに付着して経口感染する。▼サルモネラは、salmonellaラテ。

ざるを-えな・い【ざるを得ない】［連語］〈動詞・助動詞の未然形に付いて〉しないわけにいかない。〓「悪天候のため引き返さ—かった」注意「ざるおえない」「ざる終えない」は誤り。

ざれ-うた【▽戯れ歌】［名］❶滑稽（こっけい）な和歌。俳諧歌。❷狂歌。

さ-れき【砂▼礫】［名］砂と小石。しゃれき。〓「—層」

され-こうべ【〈▼髑▼髏〉】（カウベ）［名］風雨にさらされて白くなった頭骨。野ざらし。どくろ。しゃれこうべ。▼「曝（さ）れ頭（こうべ）」の意。

ざれ-ごと【▽戯れ言】［名］ふざけて言うことば。冗談。ざれこと。

ざれ-ごと【▽戯れ事】［名］ふざけてする事柄。冗談事。ざれこと。

さ-れど【▽然れど】［接］［古風］前に述べたことと次に述べることが対立することを表す。そうではあるが。しかし。〓「たかが映画、—映画」▼「さあれど」の転。

され-ば【▽然れば】［接］［古風］❶前に述べたことを受け、次に述べることがその帰結として起こることを表す。そうであるから。〓「命（めい）は天に在り。—ただ時を待つのみ」❷話題を転じるときに使う。さて。それでは。◈「さあれば」の転。

さ・れる［動下一］［一］［他］❶他動詞「する」の尊敬語。なさる。〓「先生が講演を—」「これからどう—おつもりですか」❷他動詞「する」の受身の形。〓「仲間に意地悪を—」［二］［自他］❶サ変動詞「…する」の尊敬語。なさる。〓「さぞかしびっくり—れたことでしょう」「先生は物理学を研究—れています」❷サ変動詞「…する」の受身の形。〓「山田氏は誰からも尊敬—れている」「田中氏が学位を授与—れる」［三］［自］〈「…とされる」の形で〉ある意見や考えが、個人的なものではなく、一般的なものだとして提示する。一般に…と言われ（てい）る、…と考えられている。〓「一般に成功は難しいと—」「鶴は千年亀は万年生きると—」◈動詞「する」の未然形「せ」に受身・尊敬の助動詞「られる」が付いた「せられる」の転。「する」の未然形「さ」＋助動詞「れる」と見なす考え方もある。
注意 謙譲の「お［ご］…する」に尊敬の「れる」を続けた「お［ご］…される」は誤り。助詞「を」を入れたり、「お［ご］…になる」「お［ご］…なさる」を使ったりするのが適切。〓「課長が×ご説明された（〇ご説明をされた）件ですが…」「先生が×お話しされた（〇お話しになった）問題」

ざ・れる【▽戯れる】［自下一］［古風］ふざける。たわむれる。〓「子供が犬と—れて遊ぶ」文ざ・る

サロン［salonフランス］［名］❶客間。応接間。サルーン。❷ホテル・客船などの談話室。サルーン。❸ヨーロッパ、特にフランスで、上流社会の夫人が自宅の客間に名士を招いて開いた社交的な集まり。ここで芸術・学問・政治などが論じられた。▼一般に芸術家・学者などの社交的な集まりの意でも使う。❹美術展覧会。使い方 美容院・バーなどの名称にも使う。〓「ビューティー—」

サロン［sarong］［名］インドネシア・マレーシアなどの民族衣装。筒状に縫った布をスカートのようにはき、あ

まった部分をひだにたたんで腰にはさむ。▼もとはマレー語で、「筒」「さや」の意。

さわ【沢】サハ［名］❶浅く水がたまり、草が生えている低地。❷源流に近い、山間の渓谷。||「―歩き・―登り」

さ-わ【茶話】［名］茶を飲みながらする気軽な話。茶飲み話。茶話（ちゃわ）。||「―会」

サワー［sour］［名］❶酸味のある飲み物。||「―ミルク」❷ウイスキー・ジン・焼酎などにレモンやライムを加えて炭酸水で割った飲み物。

ザワークラウト［Sauerkraut ドイツ］［名］ドイツ料理で、せん切りのキャベツを香辛料とともに塩漬けにし、乳酸発酵させて酸味をもたせたもの。シュークルート。ザワアークラウト。

サワークリーム［sour cream］［名］牛乳から分離したクリームを乳酸発酵させた食品。菓子の材料や料理の風味づけに用いる。

さわがし・い【騒がしい】［形］❶人が落ち着いていられないほど、音や声が多かったり続いたりするさま。うるさい。やかましい。耳ざわりだ。||「何やら表通りが―」「―子どもたち」使い方⬇うるさい① ❷事件が起こったりその兆候があらわれたりして、世の中が落ち着かない。騒々しい。||「凶悪事件が続くわ、戦争は始まるわで、本当に―世の中だね」❸多くの人々が要求や不満、不安などを盛んに訴えて不穏なさま。かまびすしい。||「汚職事件をめぐって世間が―」❹つまらないことをごちゃごちゃ言い立てるさま。やかましい。うるさい。||「解散を求めて野党がなんやかやと―」▼相手が盛んに言い立てる意見をまともに採り上げず、①のように見なしていう言い方。派生 -げ／-さ

さわが・す【騒がす】［他五］⬇騒がせる

さわが・せる【騒がせる】［他下一］騒ぐようにする。騒がしくなるようにする。||「失踪事件で世間を―」「お―せして申し訳ありませんでした（＝自分のせいで騒動を引き起こしたとして、その不手際をわびることば）」文 さわが・す 異形 騒がす

さわ-がに【沢▼蟹】サハ［名］山間の清流などにすむサワガニ科のカニ。丸みを帯びた四角形の甲は幅二・五センチメートル前後。唐揚げなどにして食べる。

さわぎ【騒ぎ】［名］❶騒ぐこと。また、騒がしいこと。||「どんちゃん―」❷世間が騒ぐような出来事。騒動。ごたごた。||「―を鎮める」「異臭―」❸多くの人が言い立てたりもてはやしたりすること。||「スターの来日で大―になる」❹〈「…どころの騒ぎではない」などの形で〉その程度のことではない。それどころではない。||「忙しくて休暇どころの―ではない」

さわ・ぐ【騒ぐ】［自五］❶やかましい声や音をたてる。||「生徒ががやがやと―」❷風を受けてものがざわざわと音を立てる。||「こずえが風に―」❸多くの人々がいっせいに不満や要求を訴えて不穏になる。騒ぎ立てる。||「判定をめぐって観衆が―」❹自分（たち）の意見や主張をさかんに言い立てる。騒ぎ立てる。||「体罰をめぐってマスコミが―」「アイドルとして―がれた歌手」❺驚きあわて、落ち着きを失った行動をとる。うろたえる。||「少しも―がずに暴漢を取りおさえる」❻驚き・恐怖・期待などのために心が落ち着きを失う。高鳴る。||「胸［心・血］が―」可能 騒げる 名 騒ぎ

ざわ-ざわ［副］❶多くの人々が立てる物音や話し声が騒がしく、落ち着かないさま。||「会場が―（と）する」❷木の葉や水面が風に吹かれてやや大きな音を立てるさま。また、その音を表す語。||「木の葉が―と鳴る」

さわ・す【▼酥す】サハス［他五］❶渋柿（しぶがき）の渋を抜く。あわす。||「焼酎（しょうちゅう）を吹き付けて柿を―」❷〔古風〕黒漆を光沢をおさえて薄く塗る。❸〔古風〕水につけてさらす。

さわち-りょうり【▽皿▽鉢料理】サハチレウリ［名］⬇さはちりょうり（皿鉢料理）

ざわ-つ・く［自五］声や音が騒がしくなる。ざわざわする。||「会場が―」

さわ-に【沢煮】サハ［名］白身の魚、鶏のささ身、数種の野菜などを取り合わせた、煮汁の多い煮物。ごく淡泊な味つけをする。

さわ-べ【沢辺】サハ［名］沢のほとり。沢の近く。

ざわ-め・く［自五］ざわざわと騒がしくなる。||「場内が―」名 ざわめき

さわ-やか【爽やか】サハ［形動］❶気持ちがすっきりして快適であるさま。すがすがしい。爽快だ。||「朝は気分が―だ」「―な春の風」❷態度がすっきりしていて好感が持てるさま。||「―に話す青年」派生 -さ

さわら【▼椹】サハラ［名］山中に自生するヒノキ科の常緑高木。ヒノキに似るが、うろこ状の葉の先端がとがる。耐水性の強い材は桶・器具などに用いる。

さわら【▼鰆】サハラ［名］北海道南部以南の沿岸に分布するサバ科の海水魚。背は淡灰青色で、青緑色の斑紋が散在する。全長約一メートル。食用。▼五〇センチメートルくらいまでのものを関東では「さごち」、関西では「さごし」という。

さ-わらび【▽早▼蕨】［名］〔古風〕芽を出したばかりのわらび。

さわり【触り】サハリ［名］❶手などでふれること。また、ふれたときの感じ。||「手―（ざわ）」「舌―（ざわ）」▼多く他の語に付いて複合語をつくる。❷人に接したときの感じ。人あたり。||「―の冷たい人」❸義太夫節の曲中で、最も聞きどころとされている歌謡的・叙情的な部分。転じて、芸能の見どころ・聞きどころや、話などの最も印象的な部分。||「小説の―だけ読む」▼もとは人形浄瑠璃で、義太夫節以外の流派の曲節を取り入れた部分の意。注意 冒頭・出だしの意で使うのは誤り。||「×さびのところはいいから、触りだけ聴かせて」

さわり【障り】サハリ［名］❶さまたげになるもの。差し支え。支障。||「修行の―」「耳―（ざわ）り・目―（ざわ）り」❷健康に害をもたらすもの。また、病気になること。||「暑中何の―もなくお過ごしの由…」❸月経。月の障り。

さわ・る【触る】サハル［自五］❶あるものに手などをふれる。||「そっと手で―ってみる」「額に―と熱がある」「展示品には―らない」使い方 ⑴近年他動詞としても使う。動作の積極性が増強される趣がある。||「子どもらがウサギやヤギを―ってはしゃぎ回る」⑵ふれることで操作・演奏などをする意にもいう。||「しばらくパソコンに［ピアノを］―っていない」❷あるものが体にふれる。||「何かひんやりするものが顔［手］に―った」▼〜ガに〈もの〉がくる。❸ある事柄や人とかかわりを持つ。関係する。||「その件は―らないほうがいい」◈「障る」の意から出た語。名 触り

◉**触らぬ神（かみ）に祟（たた）りなし**　かかわりさえ持たなければ災いを招くことはないの意で、よけいなことに手出しをすることを戒めていう。

さわ・る【障る】サハル［自五］❶ある事柄が心身の害になる。||「夜更かしは体に―」「お気に―ったらお許し下さ

い」「その命令口調が癪(しゃく)にー」❷ある事柄が何かの障害となる。差し支える。差し障る。「長期休暇が仕事にーらなければいいが…」 名 障り

さ-わん【左腕】[名]左のうで。また、左利き。⬌右腕

さん【三】[名]❶二の次の数。一の三倍の数。み。みつ。みっつ。 書き方 証書などでは改竄(かいざん)を防ぐために「参」とも書く。❷三味線で、最も高い調子の音を出す糸。三の糸。「ー下がり」

さん【桟】■[名]❶戸・障子などの骨。❷板が反るのを防ぐために打ちつける細長い木材。❸はしご・やぐら・土台などに渡す横木。❹戸締まりのために、戸のわくに取りつけて鴨居(かもい)や敷居の穴に差し込む木の栓。さる。■(造)がけなどに棚のようにかけわたした木の橋。かけはし。「ー道」「雲ー」 旧 棧

さん【産】■[名]❶子をうむこと。「おー・早ー」「ー院・ー休・ー後」❷生まれた場所。また、作られた場所。「この牡蠣(かき)は三陸のーだ」「日本ー・ノルウェーー」❸金銭・土地など、経済的な価値のあるもの。「ーを成す」「資ー・倒ー」■(造)物をつくり出す。つくられた物。「ー業・ー地」「原ー・水ー」

さん【算】■[名]❶「算木」の略。❷数をかぞえること。また、かぞえる。「ーを入れる」「ー数・ー定」「暗ー・試ー・精ー」■(造)❶見当をつける。はかる。はかりごと。「ー段」「誤ー・公ー」❷年齢。「聖ー・宝ー」

◉**算を乱・す** 算木を乱したように、ちりぢりになる。算を散らす。

さん【酸】■[名]水に溶けると水素イオンを生じ、酸性の反応を示す水素化合物の総称。青色のリトマス試験紙を赤色に変える。「ー性」「胃ー・塩ー・硝ー・炭ー」⬌アルカリ ■(造)❶すっぱい。「ー敗・ー味」❷すっぱい液体。す。「乳ー」❸つらい。いたましい。「ー鼻」「辛ー」❹「酸素」の略。「ー化」

さん【賛】■[名]❶漢文の文体の一つで、人物や事物をほめたたえる韻文。❷画面の中に書き添える、その絵に関する詩句。画賛。■(造)❶ほめたたえる。ほめたたえることば。「ー歌」「絶ー」▽「讃」に通じる。❷力を添えて、助ける。「ー成・ー否」「協ー・翼ー」 旧 贊

さん【▼讃】■[名]❶漢文の文体の一つで、人物や事物をほめたたえる韻文。❷画面の中に書き添える、その絵に関する詩句。画讃。■(造)❶ほめたたえる。ほめたたえることば。「ー歌・ー美」「賞ー・絶ー」▽「賛」に通じる。❷仏の徳をたたえることば。「梵ー・和ー」❸「讃岐」の略。◈ 書き方 「讃」は印刷標準字体。正字は「讚」。

さん【惨】[形動タリ]むごく、いたましいさま。「ーたる光景」「ー状・ー憺」「陰ー・凄ー・悲ー」 旧 慘

さん【▼燦】[形動タリ]鮮やかに輝くさま。また、きわだって輝かしいさま。「ーたる栄誉」「ー然」

さん[接尾]❶〈人を表す語や団体名などに付いて〉軽い尊敬や親しみの気持ちを表す。「高橋ー・妹ー・お客ー・大工ー」 使い方 (1)組織内で使う「課長ー」などは標準的な言い方ではない(役職名は本来敬称)。ただし、部外者の立場からは尊敬語として使う。(2)幼児語では動物名などに付けて親しみを表す。「ぞうー」❷〈多く、接頭語「お」「ご」+形容動詞語幹や名詞の形に付いて〉ねぎらいの意を表す挨拶(あいさつ)のことばで、相手の行為を丁寧に言い表す。「お待ち遠ー・ご苦労ー」◈「さま」の転。「さま」よりも敬意が軽く、親しみのある言い方。

さん【山】(造)❶やま。「ー河・ー頂」「火ー・氷ー・富士ー・比叡ー」❷鉱物を産するやま。「金ー・銀ー」❸寺院。「ー門」「総本ー」

さん【参】(造)❶加わる。あずかる。「ー画・ー政」「古ー・新ー」❷比べ合わせる。調べる。「ー考・ー照」❸高位の人の所や社寺・宮中などにおもむく。「ー上」「ー内」「見ー・墓ー」❹「三」の大字。「一金ー万円也」❺「参議院」の略。「衆ー両議院」 旧 參

さん【蚕】(造)かいこ。また、かいこを飼う。「ー業・ー糸・ー室」「原ー・天ー」 旧 蠶(「蚕」「蠶」は本来別字。)

さん【傘】(造)かさ。また、人や物を覆うかさ状のもの。「ー下」「落下ー」

さん【散】(造)❶ばらばらになる。ちる。ばらばらにする。ちらす。「ー逸・ー華・ー在・ー財」「解ー・拡ー・四ー・分ー」❷とりとめがない。自由気ままな。「ー文・ー歩・ー漫」「胡ー」❸ひまな。役に立たない。「閑ー」❹こなぐすり。「ー剤」「胃ー」

さん【▼纂】(造)あつめる。また、文書をあつめて編む。「編ー・類ー・論ー」

ざん【残】■[名]のこり。あまり。「五千円のー」「ーが少ない」「ー金・ー雪・ー務」■(造)❶そこなう。傷つける。「ー殺」「廃ー」❷むごい。「ー虐・ー酷・ー忍」▽「惨」に通じる。 旧 殘

ざん【斬】■[名]打ち首の刑。斬罪。■(造)❶きる。また、きりはなす。「ー首・ー髪」❷きわだって。「ー新」

ざん【▼讒】[名]人を罪におとしいれるためにそしること。「ーにあって失脚する」「ー言・ー訴」

ざん【惨】(造)むごい。いたましい。「ー虐・ー酷・ー殺」 旧 慘

ざん【暫】(造)しばらく。わずかの時間。「ー時・ー定」

さん-い【賛意】[名]賛成する気持ち。賛成の意志。「ーを表す」

ざん-い【▼慚▼恚・▼慙▼恚】[名・自サ変]恥じて怒ること。

さん-いつ【散逸(散▼佚)】[名・自サ変]まとまっていたものが、ばらばらになってなくなること。散失。

さん-いん【山陰】[名]❶山のかげ。山の北側。❷「山陰道」の略。❸「山陰地方」の略。中国山地の北、日本海側の地域。鳥取・島根両県と山口県の北部。兵庫県・京都府の北部を含むこともある。

さん-いん【参院】[名]「参議院」の略。

さん-いん【産院】[名]妊産婦や新生児の診療を専門に行う医院。

さんいん-どう【山陰道】[名]五畿七道の一つ。現在の近畿・中国地方の日本海側。丹波・丹後・但馬・因幡・伯耆・出雲・石見・隠岐の八か国。また、その地方に通じる街道。

さん-う【山雨】[名]山に降る雨。また、山の方から降ってくる雨。

ざん-えい【残映】[名]夕映え。夕焼け。▽華やかだったものの名残のたとえにもいう。「江戸文化のー」

さん-えん【三猿】[名]三様の姿をした三匹の猿の像。それぞれが両手で両目・両耳・口をおおい、「見ざる・聞かざる・言わざる」の意を表す。さんざる。

さん-か【山▼窩】[名]移動しながら山奥や河原に仮の居を定め、漁猟や竹細工などを生業としていたとされる人々。

さん-か【参加】[名・自サ変]団体や活動に仲間とし

て加わること。‖「大会[地域活動]に一する」「一者」

さん-か【参稼】[名] 特殊技能・技術をもつ人がある組織・団体などの一員として仕事をすること。‖「一報酬」

さん-か【惨禍】[名] 天災・人災などによる、むごたらしい災難。‖「地震の一を被る」

さん-か【産科】[名] 妊娠・出産・新生児などを扱う医学の一分野。

さん-か【傘下】[名] 大きな勢力を持つ人物・組織などの下で、その指導や支配を受ける立場にあること。翼下。‖「大企業の一に入る」

さん-か【酸化】[名・自他サ変] 物質が酸素と化合すること。また、物質が水素を失うこと。⇔還元

さん-か【賛歌・▼讃歌】[名] ある事柄をほめたたえる歌。‖「愛の一」

さん-が【山河】[名] 山と川。また、山や川が形づくっている自然。さんか。

さん-が【参賀】[名・自サ変] 新年などに、皇居に行って祝賀の気持ちを表すこと。‖「一般一」

ざん-か【残火】[名] 消え残っている火。残り火。

さん-かい【山海】[名] 山と海。‖「一の珍味」

さん-かい【山塊】[名] 山脈から離れ、塊状に重なり合った山地。‖「奥秩父一・六甲一」

さん-かい【参会】[名・自サ変] 会合に参加すること。‖「この機会にぜひご一ください」「一者」

さん-かい【散会】[名・自サ変] 会合が終わること。また、会合が終わって、参会者が帰り去ること。

さん-かい【散開】[名・自サ変] ❶ばらばらにちらばること。❷戦闘のとき、兵が一定の間隔を置いてちらばること。また、その隊形。

さん-がい【三界】[名] ❶仏教で、すべての衆生が生死をくり返す、三つの迷いの世界。欲界・色界・無色界をいう。❷「三千大千世界」の略。❸仏教で、過去・現在・未来の三世(さんぜ)。‖「子は一の首枷(くびかせ)」❹〈地名に付いて〉…のように遠く離れた場所の意を表す。‖「インド一を放浪する」

さん-がい【惨害】[名] むごたらしい災害。また、いたましい被害。

ざん-がい【残骸】[名] ❶戦場・被災地などに捨て置かれた死体。‖「累々たる一」❷原形をとどめないほど破壊されて残っているもの。‖「墜落機の一」

さんかい-き【三回忌】[名] 人の死後、満二年目の忌日。また、その日に行う法要。三周忌。三年忌。

さん-かく【三角】[名・形動] ❶三つの角(かど)があること。また、その形。三角形。❷「三角法」の略。

さん-かく【参画】[名・自サ変] 政策・事業などの計画に加わること。‖「新党の創設に一する」

さん-がく【山岳】[名] 高く険しい山々。‖「一信仰(=山岳を霊的なものとして信仰する宗教形態)」

さん-がく【産額】[名] 生産・産出される物資の数量。また、それを金額で表したもの。

ざん-がく【残額】[名] 残りの数量または金額。

さんかく-かんけい【三角関係】[名] 三者の間の関係。特に、三人の間の複雑な恋愛関係。

さんかく-かんすう【三角関数】[名] 一つの角の大きさによって定まる関数。サイン(正弦)・コサイン(余弦)・タンジェント(正接)・コタンジェント(余接)・セカント(正割)・コセカント(余割)の六種。

さんがく-きょうどう【産学協同】[名] 産業界と学校が協力し合って技術の開発や技術者の養成を促進すること。

さんかく-きん【三角巾】[名] 正方形の布を対角線で二つに折った、三角形の布。包帯に用いたり、料理のとき頭にかぶったりする。書き方「三角布」は誤り。

さんかく-けい【三角形】[名] 三つの線分で囲まれた平面図形。さんかっけい。‖「直角一」

さんかく-す【三角州(三角▼洲)】[名] 河水の運んできた土砂が河口付近に堆積してできた扇形の砂地。デルタ。

さんかく-すい【三角▼錐】[名] 底辺が三角形である角錐。

さんかく-そくりょう【三角測量】[名] 地図などを作成する際に三角法を応用して行う測量。地上の三地点を選んで三角形をつくり、その一辺の長さと夾角(きょうかく)を測ることで他の二辺の長さや頂点の位置を求める。

さんかく-ちゅう【三角柱】[名] 底辺が三角形である角柱。

さんかく-てん【三角点】[名] 三角測量のとき、基準とする地点。また、そこに置く花崗岩(かこうがん)などの標識。

さんかく-なみ【三角波】[名] 方向の異なる二つ以上の波が重なり合ってできる三角状の波。波長と比べて波高が高い。さんかくは。

さんかく-のり【三角乗り】[名] 大人用自転車のペダルに足が届かない子供が、サドルと車体の三角形の部分から足を入れて自転車をこぐこと。また、その乗り方。

さんかく-ひ【三角比】[名] 直角三角形の二辺の比。

さんかくぶち-しんじゅうきょう【三角縁神獣鏡】[名] 縁の断面が三角形をなす神獣鏡。日本の古墳から出土するもので、大型品が多い。魏王が卑弥呼(ひみこ)に贈った鏡とする説と、すべて日本製とする説とがある。

さんかく-ほう【三角法】[名] 三角関数の性質や、その応用を研究する数学の一分野。

さん-がつ【三月】[名] 一年の第三番目の月。弥生(やよい)。➡季節のことば(一八一〇ページ)

さんかっ-けい【三角形】[名] ➡さんかくけい

さんが-にち【三が日(三箇日)】[名] 正月元日から三日までの三日間。

さんか-めいちゅう【三化▼螟虫】[名] メイガ科のガ、イッテンオオメイガの幼虫。ずいに食い入って稲を枯らす害虫。一年に三回発生する。

さん-かん【三冠】[名] 三つの栄冠。特にスポーツなどの一分野で、三つの賞。

さん-かん【三韓】[名] ❶古代、朝鮮半島の南部にあった三つの部族国家。馬韓(ばかん)・弁韓(べんかん)・辰韓(しんかん)の総称。❷古代朝鮮の三国、高句麗(こうくり)・百済(くだら)・新羅(しらぎ)の総称。

さん-かん【山間】[名] 山と山とのあいだ。山の中。やまあい。‖「一部」

さん-かん【参看】[名・他サ変] 参考として照らし合わせること。参照。

さん-かん【参観】[名・他サ変] その場所に行って見ること。‖「授業一」

さんかん-おう【三冠王】[名] ❶野球で、一シーズンに首位打者・打点王・本塁打王の三タイトルを

独占した選手。トリプルクラウン。❷ある分野の三部門で、一定の期間内に一位を独占した人。

さんかん-しおん【三寒四温】〔名〕冬、寒い日が三日ほど続いたのち、暖かい日が四日ほど続く気候がくり返されること。中国東北部や朝鮮半島北部などで顕著に見られる。

さんかん-ば【三冠馬】〔名〕日本の競馬で、三歳馬のクラシックレース中、皐月賞・日本ダービー・菊花賞の三大レースをすべて制覇した馬。

さん-き【山気】〔名〕山中に特有の冷え冷えとした空気。

さん-ぎ【参議】〔名〕❶昔、太政官に置かれた令外の官の一つ。大臣・大納言・中納言につぐ重要な職。❷明治初年、左右両大臣の次に位し、朝政に参与した官職。

さん-ぎ【算木】〔名〕❶易で占いに使う六本の角棒。長さ約九センチメートルで、陰陽を示す四面に記された爻を組み合わせて卦の形を表す。❷昔、和算で計算に使った小さな角棒。長さ約四センチメートルで、赤は加、黒は減を表す。

ざん-き【▼慙▼愧・▼慚▼愧】〔名・自サ変〕自分の行為を反省して、心から恥ずかしく思うこと。恥じ入ること。「この度の弊社の不手際、はなはだ―の至りです」「―の念［情］を催す」

◉**慙愧に堪えない**　自分の行為が堪えられないほど恥ずかしい。はずかしさを抑えられない。「軽率な発言をし、―・ません」使い方　自分が全く関わらないことについて言うのは不適切。「×彼の行動は慙愧に堪えない」

さんぎ-いん【参議院】〔名〕衆議院とともに国会を構成する一院。参議院議員で構成され、衆議院に対して補正・抑制の機能を持つ。議員の任期は六年。解散はない。

ざん-ぎく【残菊】〔名〕重陽の節句（陰暦九月九日）を過ぎても咲いている菊の花。また、晩秋や初冬まで咲き残っている菊の花。

さん-きゃく【三脚】〔名〕❶三本の足。「二人―」❷開閉・伸縮の自由な三本のあしを備えた台。カメラ・望遠鏡・カンバスなどをのせる。▼「三脚架」の略。❸木を三叉に組み、上に布などを張った、折り畳み式の腰かけ。▼「三脚椅子」の略。

ざん-ぎゃく【残虐】〔名・形動〕むごたらしくしいたげること。「―な行為」書き方「惨虐」とも。派生 ―さ

さん-きゅう【産休】〔名〕女性労働者が産前産後にとることを認められている休暇。労働基準法で定める。▼「出産休暇」の略。

サンキュー［thank you］〔感〕感謝の気持ちを表すときにいう語。ありがとう。

さん-きょ【散居】〔名・自サ変〕ちらばって住むこと。

さん-きょう【山峡】〔名〕山と山との間。谷間。やまかい。

さん-ぎょう【三業】〔名〕料理屋・待合・芸者屋の三業種。「―地（＝三業の営業を許可された特定の区域）」

さん-ぎょう【蚕業】〔名〕かいこを飼って、繭から生糸をとる産業。「―試験場」

さん-ぎょう【産業】〔名〕生活に必要な諸財貨やサービスを生産・提供する事業。「―資本」▼第一次産業・第二次産業・第三次産業に分類される。

さまざまな「産業」

宇宙産業・エネルギー産業・外食産業・川上産業・川下産業・基幹産業・軍需産業・地場産業・情報産業・静脈産業・シルバー産業・先端産業・戦略産業・装置産業・素材産業・第一次産業・第三次産業・第二次産業・知識産業・動脈産業・平和産業・リーディング産業・レジャー産業

さん-ぎょう【▼讃仰・賛仰】〔名・他サ変〕聖人・偉人などの徳をあおぎ、尊ぶこと。書き方 本来は「▼鑽仰」。語源『論語』子罕の「之を仰げば弥高く、之を鑽れば弥堅し」に基づく語。

ざん-きょう【残響】〔名〕ある音が鳴りやんだあとも、壁面・天井などに反射して消え残る音響。

ざん-ぎょう【残業】〔名・自サ変〕規定の労働時間以後も残って仕事をすること。また、その仕事。

さんぎょう-い【産業医】〔名〕職場で従業員の健康管理に当たる医師。

さんぎょう-かくめい【産業革命】〔名〕生産技術の変革がもたらした産業・経済上の大変革。工場の機械化によって大量生産が可能になり、近代資本主義経済確立の基礎となった。▼一八世紀末のイギリスに起こり、一九世紀前半にはヨーロッパ各国に広がった。

さんぎょう-はいきぶつ【産業廃棄物】〔名〕燃えがら・汚泥・廃油・廃プラスチックなど、工場の事業活動によって生じた廃棄物。法令によってその事業者が処理することを義務づけられている。

さん-きょく【三曲】〔名〕邦楽で、琴・三味線・尺八（または胡弓）による合奏。また、その三種の楽器。

ざん-ぎり【▽散切り】〔名〕ちょんまげを切り落とし、西洋風に短く刈り込んだ髪。散切り頭。斬髪。散髪。▼明治四（一八七一）年に断髪令が出されてから流行した。

さん-きん【産金】〔名〕金を産出すること。「―高」

ざん-きん【残金】〔名〕❶支出後、手元に残っている金。❷未払いになっている金。「月賦の―を払う」

さんきん-こうたい【参勤交代（参▼覲交代）】〔名〕江戸幕府が諸大名を原則として一年おきに江戸と領地とに居住させた制度。大名統制策の一つとして、寛永一二（一六三五）年、武家諸法度の改正によって制度化された。

さん-く【惨苦】〔名〕つらい苦しみ。

さん-ぐう【参宮】〔名・自サ変〕神宮、特に伊勢神宮に参拝すること。

サンクチュアリ［sanctuary］〔名〕❶聖域。❷鳥獣の保護区域。禁猟区。

サングラス［sunglasses］〔名〕直射日光や紫外線から目を防ぐためにかける色ガラスの眼鏡。

サングリア［sangría スペ］〔名〕赤ワインにレモン・オレンジなどを加え、甘口にした飲み物。

さん-ぐん【三軍】〔名〕❶陸軍・海軍・空軍の総称。❷軍隊の全体。全軍。

さん-け【産気】〔名〕今にも子供が生まれそうなけはい。「―を催す」

さん-げ【散華】〔名・自サ変〕❶仏を供養するために仏前に花をまき散らすこと。❷華々しく戦死すること。▼花と散る意から。

ざん-げ【▼懺▼悔】〔名・他サ変〕❶犯した罪悪を神仏の前で告白し、悔い改めることを誓うこと。読み分け 仏教では「さんげ」という。❷過去の悪事

懺

や過ちを悔いて他人に告白すること。〓「—録」

さん-けい【三景】［名］景色の最もすぐれた三か所。⬇日本三景

さん-けい【山系】［名］二つ以上の山脈が近接し、全体で一系統をなしているもの。〓「ヒマラヤ—」

さん-けい【参詣】［名・自サ変］神社や寺におまいりすること。おまいり。参拝。〓「鹿島神宮に—する」

さん-げき【惨劇】［名］❶むごたらしい内容の演劇。❷殺人などの、むごたらしい事件。悲惨な出来事。

さん-けつ【酸欠】［名］ある場所の空気中の酸素が足りなくなること。〓「—状態」

ざん-けつ【残欠】［名］一部が欠けていて不完全なこと。また、そのもの。〓「—本」

ざん-げつ【残月】［名］明け方の空に残っている月。有明の月。

さんけ-づ・く【産気づく（産気付く）】［自五］今にも子供が生まれそうな状態になる。〓「深夜に—」

さん-けん【三権】［名］三種の国家統治権の総称。立法権・司法権・行政権。〓「—分立（＝三権それぞれを独立した機関に受けもたせることで相互の均衡を保とうとする政治原理）」

さん-けん【散見】［名・自サ変］あちこちに、ちらほら見えること。〓「紙面に誤記が—する」「一帯に—する高層ビル」「このところ対応が不十分な例が—される」

さん-げん【三弦（三▼絃）】［名］❶三味線。❷雅楽で使う三種の弦楽器。琵琶・和琴・箏の総称。

ざん-げん【▼讒言】［名・自他サ変］人をおとしいれるために事実を曲げて悪くいうこと。 讒

さん-げんしょく【三原色】［名］すべての色を表すもととなる三種の色。光では赤・緑・青、絵の具や印刷インキでは青緑（シアン）・赤紫（マゼンタ）・黄の三色。

さん-ご【▼珊▼瑚】［名］❶サンゴ科に属する腔腸動物の総称。海底の岩に着生して群体をつくる。サンゴ虫。❷サンゴ虫の個体が死んだあとに残る樹枝状または塊状の骨軸。美しいものは装飾品に加工する。

さん-ご【産後】［名］子供を出産したあと。〓「—の肥立ちが悪い」「—休暇」⬍産前

さん-こう【三后】［名］太皇太后・皇太后・皇后の総称。三宮。

さん-こう【三更】［名］五更の第三。現在の午後十一時ごろから午前一時ごろまで。また、一説に、午前零時ごろから午前二時ごろまで。⬇五更

さん-こう【山行】［名］❶山に遊びに行くこと。また、登山に行くこと。❷山を越えて旅をすること。山中の旅行。

さん-こう【参向】［名・自サ変］高位の人のもとへ出向くこと。参上。

さん-こう【参考】［名］考えをまとめたり、物事を決めたりする手がかりとして、他人の意見や他の事例・資料などを利用すること。また、そのための材料。〓「先例を—にする」「—文献」

さん-こう【▼鑽孔】［名・自サ変］機械などで、穴をあけること。穴を打ち抜くこと。〓「—機」

さん-ごう【山号】［名］寺院の名の上につける称号。「高野山（金剛峰寺）」「成田山（新勝寺）」などの類。▼昔、多く山中に建てられた寺が、その所在地を表すためにつけたのが始まり。

ざん-こう【残光】［名］消え残っている光。▼多く日没後も空や雲に残る光をいう。

ざん-ごう【▼塹▼壕】［名］野戦で、敵弾を避けるために歩兵の守備線にそって溝を掘り、前方に土や土嚢を積み上げた設備。

さんこう-しょ【参考書】［名］学習・調査・研究などの際に参考として使用する書物。〓「受験—」

さんこう-にん【参考人】［名］❶犯罪捜査の過程で、被疑者以外の人で、捜査機関の取り調べを受ける人。出頭・供述は強制されない。❷国会の委員会などで、審査または調査のために参考意見を述べる人。

さんこうにん-しつぎ【参考人質疑】［名］国会の委員会などで、調査対象となる人を呼んで行う質問。特に、参考人が犯罪を犯していると疑われる場合は証人喚問の前段階として行うことが多い。

さん-ごく【三国】［名］❶三つの国。〓「—同盟」❷昔、日本・唐（＝中国）・天竺（＝インド）の三つの国。▼全世界の意でも使った。❸古代中国で、後漢の滅亡後に天下を三分した、魏・呉・蜀の三つの国。〓「—志」

ざん-こく【残酷】［名・形動］行いなどが厳しく冷たいこと。〓「—な言葉［運命］」 書き方 「惨酷」「残刻」とも。 派生 —さ

さんごく-いち【三国一】［名］世界で一番であること。〓「—の名山」

さんご-じゅ【▼珊▼瑚珠】［名］さんごを磨いて作った装飾用の玉。さんご。

さんご-じゅ【▼珊▼瑚樹】［名］❶木の枝の形をしたサンゴ。❷初夏、白い小花を密につけるスイカズラ科の常緑高木。秋に熟す球形の果実は赤く美しい。

さんご-しょう【▼珊▼瑚礁】［名］イシサンゴなどの造礁サンゴや石灰藻の遺殻が集積してできた石灰質の岩礁。熱帯・亜熱帯地方の海域に多い。

さん-こつ【散骨】［名・自サ変］遺骨を細かくして海や山河にまくこと。また、その葬礼。〓「—葬」

さんこ-の-れい【三顧の礼】［名］目上の人があるすぐれた人に礼を尽くして仕事を頼むこと。また、目上の人がある人物を見込んで特別に優遇すること。〓「—を尽くす」 語源 三国時代の中国で、蜀の劉備が無位無冠の諸葛孔明を軍師に迎えるために、その草庵を三度も訪ねてようやく承諾を得たという故事に基づく。

さん-こん【三献】［名］昔の酒宴の礼法。酒肴を出し、大中小の杯で一杯ずつ酒を供して膳を下げることを一献といい、それを三度くり返す。式三献。▼三三九度のもととなった。

ざん-さ【残▼渣】［名］濾過したあとなどに残った不純物。のこりかす。

さん-さい【三才】［名］❶天と地と人。三材。三極。❷宇宙間に存在する万物。〓「—図会」

さん-さい【三彩】［名］緑・白・褐色など、三種の鉛釉をかけて焼いた陶器。〓「唐—」▼色数が二色・四色のものも一般に三彩と呼ぶ。

さん-さい【山菜】［名］山野に自生する植物のうち、食用になるもの。ワラビ・ゼンマイ・ヤマウドなどの類。〓「—料理」

さん-さい【山塞・山▼砦】［名］山上に築いたとりで。

さん-ざい【散在】［名・自サ変］あちこちに散らばってあること。点在。〓「山間に—している人家」

さん-ざい【散剤】［名］粉状の薬剤。こなぐすり。散

薬。

さん-ざい【散財】［名・自他サ変］金銭をやたらに使うこと。また、金銭をむだに費やすこと。‖「派手に―する」「―させて申し訳ない」

ざん-さい【残債】［名］まだ返済の終わっていない借金。残存債務。

ざん-さい【残▼滓】［名］⇒ざんし（残滓）▽「ざんし」の慣用読み。

ざん-ざい【斬罪】［名］首を切り落とす刑罰。打ち首。

さん-さがり【三下がり】［名］三味線の調弦法の一つ。本調子の第三弦を一全音下げたもの。長唄や小唄に多く用いる。

さん-さく【散策】［名・自サ変］気の向くままにあちこちをぶらぶら歩くこと。散歩。逍遥（しょうよう）。

さん-ざし【山査子・山▼樝子】［名］春、とげのある枝先に梅に似た五弁花をつける、バラ科の落葉低木。赤く熟す果実は漢方薬用。

ざん-さつ【惨殺】［名・他サ変］むごたらしく殺すこと。‖「凶漢に―される」

ざん-さつ【斬殺】［名・他サ変］刀などできり殺すこと。‖「藩士らを―する」

さんざ-め・く［自五］にぎやかに、浮き浮きと騒ぎたてる。‖「弦歌―紅灯の巷（ちまた）」「陽気に笑い―」▽「さざめく」の転。［名］さんざめき

さん-さ-ろ【三▼叉路】［名］みつまたに分かれている道。［書き方］新聞では「交差」に準じて、「三差路」と書く。

さん-さん【▼潸▼潸】［形動タルト］❶しきりに涙をながすさま。さめざめ。‖「―と落涙する」❷雨の降るさま。‖「―と降る雨」

さん-さん【▼燦▼燦】［形動タルト］太陽の光などが明るく輝くさま。‖「―と降り注ぐ陽光」

燦

さん-ざん【散散】■［副］ニ 容赦ないさま。また、物事の程度がはなはだしいさま。‖「―（に）殴りつける」「―苦労して手に入れた品」■［形動］物事の結果・状態などがきわめて悪いさま。‖「試験の結果は―だった」「―な目にあう」

さんさん-くど【三三九度】［名］結婚式で行う献杯の礼法。新郎新婦が三つ組の杯を用い、それぞれの杯で三回ずつ、合計九回の献杯をすること。

さんさん-ごご【三三五五】［副］三人ずつ、五人ずつというように、小人数がまとまって行動するさま。‖「―出発する」

さん-し【三思】［名・自サ変］何度もよく考えること。熟考。

さん-し【蚕糸】［名］❶カイコの繭（まゆ）からとった糸。生糸。❷養蚕と製糸。‖「―業」

さん-し【蚕紙】［名］⇒蚕卵紙（さんらんし）

さん-じ【三次】［名］❶三度。三回。また、三度目。‖「忘年会の―会」❷数学で、三乗。‖「―方程式」

さん-じ【三時】［名］❶午後三時ごろに食べる間食。おやつ。おさんじ。❷農業に大切な三つの時季。種まきの春、草取りの夏、収穫の秋。❸仏教で、仏滅後に仏教が行われる三つの時期。正法（しょうぼう）時・像法時・末法時。❹仏教で、過去・現在・未来。

さん-じ【参事】［名］❶国会職員の職名。また、その職の人。議院事務局・議院法制局などで、事務総長または法制局長の命を受けて事務を行う。❷中小企業等協同組合・農業協同組合などの職員の職名。また、その職の人。❸内閣官房・内閣法制局または各省庁で、その部局の事務に参画し、重要事項の企画や総括整理を行う官職。また、その職の人。▽「参事官」の略。

さん-じ【惨事】［名］むごたらしい出来事。悲惨な事件。

さん-じ【産児】［名］子供をうむこと。また、生まれたばかりの子。‖「―制限」

さん-じ【賛辞（▼讃辞）】［名］ほめたたえることば。‖「―を呈する」

ざん-し【残▼滓】［名］あとに残ったかす。▽慣用読みでは「ざんさい」。

ざん-し【惨死】［名・自サ変］むごたらしく死ぬこと。

ざん-し【▼慙死（▼慚死）】［名・自サ変］深く恥じて死ぬこと。また、死ぬほど深く恥じること。

ざん-じ【暫時】［名］しばらくの間。少しの間。‖「―の猶予を乞（こ）う」▽副詞的にも使う。

さん-しき【算式】［名］加減乗除などの記号を用いて計算の順序や方法を表した式。

さん-じげん【三次元】［名］われわれが認識する空間のように、次元が上下・左右・前後の三つの方向に広がっていること。立体的空間。3D。‖「―の世界」

さんし-すいめい【山紫水明】［名］日に映えて山は紫色にかすみ、川の水は澄んで清らかに流れること。山水の景色が美しいことをいう。‖「―の地」

さん-した【三下】［名］ばくち打ちの仲間で、最も身分の低い者。三下奴（さんしたやっこ）。▽ばくちで、賽（さい）の目の数が三より下では勝ち目がないことからという。

さんしち-にち【三七日】［名］❶二一日間。‖「―の参籠（さんろう）」❷人の死後二一日目。また、その日に行う仏事。みなぬか。❸出産後二一日目に行う床上げの祝い。

さん-しつ【蚕室】［名］カイコを飼う部屋。

さん-しつ【産室】［名］出産をするための部屋。うぶや。産所。

さんし-の-れい【三枝の礼】［名］⇒鳩（はと）に三枝の礼あり

さん-しゃ【三社】［名］三つの神社。特に、伊勢神宮・石清水八幡宮（いわしみずはちまんぐう）・賀茂（かも）神社（または春日（かすが）大社）をさす。さんじゃ。

さん-しゃ【三者】［名］三人の人。また、三つのもの。‖「―会談」「―三様」

さん-しゃ【三舎】［名］古代中国で、軍隊が三日間行軍する距離。九〇里（約六〇キロメートル）の行程。

◉**三舎を避（さ）ける** 相手を恐れてしりごみする。また、相手に一目（いちもく）おく。▽三舎の距離より遠く退く意から。『春秋左氏伝』より。

さん-しゃく【参酌】［名・他サ変］他と照らし合わせて参考にすること。また、比べ合わせて長所を取り入れること。

さん-じゃく【三尺】［名］❶一尺の三倍。曲尺（かねじゃく）では約九〇センチメートル、鯨尺（くじらじゃく）では約一一四センチメートル。❷鯨尺で約三尺の、簡単な木綿の帯。また、男性や子供が締めるしごき帯。兵児帯（へこおび）。▽「三尺帯」の略。

さん-しゅ【三種】［名］❶三つの種類。また、三種類のもの。❷内国通常郵便物の一つ。定期刊行物のうち日本郵便株式会社の認可を受けたものを内容とする低料金の郵便物。▽「第三種郵便物」の略。

さん-じゅ【傘寿】［名］数え年八十歳。また、その祝い。▽傘の略字「仐」が八十と読めることから。

ざん-しゅ【斬首】［名・他サ変］首をきり落とすこと。また、きり落とした首。

さん-しゅう【参集】［名・自サ変］集まってくること。≡「各地の会員が全国大会に—する」

さん-じゅう【三重】［名］三つ重なること。≡「—の塔」「—衝突」

さん-しゅうき【三周忌】［名］三回忌。

さんじゅうさん-しょ【三十三所】［名］観世音菩薩を安置した三三か所の霊場。坂東三十三所・秩父三十三所・西国三十三所など。特に、西国三十三所。

さんじゅう-しょう【三重唱】［名］三人の歌手がそれぞれ異なる声部を歌う重唱。トリオ。

さんじゅう-そう【三重奏】［名］三人の奏者が三種の楽器を演奏する合奏。ピアノ・バイオリン・チェロによるピアノ三重奏、バイオリン・ビオラ・チェロによる弦楽三重奏など。トリオ。

さんじゅうに-そう【三十二相】［名］❶仏が備えているという、三二のすぐれた身体的特徴。❷女性の美しさを表す、すべての身体的特徴。

さんじゅうろっ-かせん【三十六歌仙】［名］平安中期、藤原公任が選んだという、三六人のすぐれた歌人。柿本人麻呂・在原業平・小野小町など。

さんじゅうろっ-けい【三十六計】［名］中国古代の兵法にある、三六種類の計略。兵法上の、いろいろなはかりごと。

◉**三十六計逃げるに如かず** 形勢が不利になったときは、あれこれと策を用いるよりも逃げてしまうのが最良の方法であるということ。

さん-しゅつ【産出】［名・他サ変］物をつくり出すこと。また、物資をうみ出すこと。≡「陶磁器［原油］を—する」

さん-しゅつ【算出】［名・他サ変］計算して数値を出すこと。≡「必要経費を—する」

さん-じゅつ【算術】［名］❶計算の方法。算法。❷旧制小学校の教科名。現在の算数がこれにあたる。

さんしゅ-の-じんぎ【三種の神器】［名］皇位のしるしとして歴代の天皇が受け継いだとされる三つの宝物。八咫鏡・天叢雲剣・八尺瓊勾玉。

使い方 そろえておくと便利な三種の品物のたとえにもいう。

さん-じょ【産所】［名］出産をするための部屋。うぶや。産室。

さん-じょ【賛助】［名・他サ変］事業などの趣旨に賛成して力添えをすること。≡「—会員」

ざん-しょ【残暑】［名］立秋を過ぎてもなお残っている暑さ。≡「—見舞い」

さん-しょう【三唱】［名・他サ変］三度くり返してとなえること。≡「万歳を—する」

さん-しょう【三賞】［名］大相撲で、技能賞・殊勲賞・敢闘賞の三つの賞。対象はその場所を勝ち越した関脇以下の幕内力士。

さん-しょう【山椒】［名］山地に自生するミカン科の落葉低木。葉柄の基部に一対ずつとげがある。香りの高い若葉は「木の芽」といって食用。ぴりっと辛い実は香辛料、材はすりこぎに利用する。さんしょ。

◉**山椒は小粒でもぴりりと辛い** 体は小さくとも才能や手腕がすぐれていてあなどれないことのたとえ。

さん-しょう【参照】［名・他サ変］他のものを照らし合わせて参考にすること。≡「前章を—のこと」

さん-じょう【三乗】［名・他サ変］同じ数または式を三回かけ合わせること。立方。≡「—根（＝立方根）」

さん-じょう【参上】［名・自サ変］目上の人のところへうかがうこと。また、「訪問すること」の意の謙譲語。≡「殿のもとへ—する」「早速—します」

さん-じょう【惨状】［名］むごたらしいありさま。また、いたましいありさま。

ざん-しょう【残照】［名］太陽が沈んでからも、雲などになお残っている夕日の光。残光。

さんしょう-うお【山椒魚】［名］有尾目サンショウウオ科に属する両生類の総称。カエルと違って変態後も尾を持ち続け、四肢の発達した体はイモリに似る。日本にはカスミサンショウウオ・クロサンショウウオ・ハコネサンショウウオなどが分布。▽別科のオオサンショウウオを含めていうこともある。

さん-しょく【三色】［名］❶三種類の色。≡「—旗（＝フランスの国旗）」❷三原色。

さん-しょく【三食】［名］三度の食事。特に、朝・昼・晩の三回の食事。≡「—付きのツアー」

さん-しょく【山色】［名］山の色。また、山の景色。

さん-しょく【蚕食】［名・他サ変］カイコが桑の葉を食うように、片端から他の領域を侵していくこと。

さん-じょく【産褥】［名］出産のとき産婦が用いる寝床。≡「—期（＝出産後、母体が回復するまでの期間）」

さんしょく-すみれ【三色菫】［名］春から夏にかけて白・黄・紫などの五弁花を開く、スミレ科の一年草または二年草。園芸種が多い。サンシキスミレ。パンジー。

さん・じる【参じる】［自上一］⬇参ずる

さん・じる【散じる】［自他上一］⬇散ずる

さん-しん【三振】［名・自サ変］野球・ソフトボールで、打者がストライクを三つとられてアウトになること。≡「好球を見のがして—する」

さん-しん【三線】［名］沖縄および奄美諸島で用いる撥弦楽器。両面に蛇皮を張った木製の胴に黒檀・紫檀・桑などの棹をつけ、三本の弦をわたしたもの。撥は使わず、角製の義甲を人差し指にはめて演奏する。蛇皮線。▽一四世紀後半に中国から伝来した三弦を起源とし、のち本土に渡って三味線のもとになった。

さん-じん【山人】［名］❶俗世を離れて山中に隠れ住んでいる人。❷文人・墨客が雅号に添えて用いる語。≡「紅葉—」

さん-じん【散人】［名］❶俗世を離れて自由気ままに暮らす人。また、官職につかない人。❷文人・墨客が雅号に添えて用いる語。≡「荷風—」

ざん-しん【斬新】［形動］着想・趣向などがきわだって新しいさま。≡「—なデザイン」派生 -さ

さんしん-せい【参審制】［名］ドイツやフランスなどで、一般市民が参審員として裁判官とともに合議体を構成し、裁判に当たる制度。

さん-しんとう【三親等】［名］親等の一つ。直系では本人または配偶者と曽祖父母・曽孫との関係。傍系では伯父・叔父・伯母・叔母・甥・姪との関係。三等親。

ざんす［助動 特活型］（ざんせ・ざんしょ-ざんし-ざんす-ざんす-ざんすれ-○）〔古風〕丁寧な気持ちを表す。…です。…でございます。≡「そういうもん—」「それはようざんした」「私も参ります—よ」▽江戸時代の遊里語か

ら。[使い方]体言、形容動詞の語幹、形容詞の連用形(ウ音便)のほか、活用語の終止形などにも付く。

さん-すい【山水】[名] ❶山と川。また、山と川などがある自然の風景。〓「—の美」❷築山と池がある庭園。〓「枯れ—」❸山と川がある自然の風景を描いた東洋画。▼「山水画」の略。

さん-すい【散水(▼撒水)】[名・自サ変] 水をまくこと。〓「—車」▼「撒水(さっすい)」の慣用読み。[書き方]「散水」は代用表記。

さん-すう【算数】[名] ❶小学校の教科の一つ。数量や図形について基礎的な知識を教える、初歩の数学。▼古くは算術といった。❷数量の計算。〓「—に明るい」

さん-すくみ【三▼竦み】[名] 三者が牽制(けんせい)し合って互いに身動きがとれなくなること。▼蛇(へび)はなめくじを恐れ、なめくじは蛙(かえる)を恐れ、蛙は蛇を恐れてすくむということから。

サンスクリット[Sanskrit][名] 古代インドで用いられた文章語。梵語(ぼんご)。▼完成された言語の意。

さん-すけ【三助】[名] 昔、銭湯で湯を沸かし、浴客の背中を流すなどの仕事をした男性。

さんず-の-かわ【三▽途の川】(サンヅノカハ)[名] 仏教で、人が死後冥途(めいど)へ行く途中で渡るという川。〓三瀬川(みつせがわ)。▼川の中に三つの瀬があり、生前の業(ごう)によって渡る瀬が異なるという。

さん・する【産する】[自他サ変] ❶うむ。うまれる。〓「男児を—」❷つくり出される。また、つくり出す。産出する。〓「石油を—国」「この地では良質の米が—」[文]さん・す

さん・する【賛する(▼讃する)】[自他サ変] ❶力を添えて助ける。賛助する。〓「新規の事業に—」「大会の開催を—」❷同意する。賛成する。〓「趣旨に—人々を募る」❸絵画などに賛のことばを書く。〓「山水画に句を—」❹ほめる。賞賛する。〓「故人の徳を—」[文]さん・す

さん・する【算する】[他サ変] 数える。また、数えた結果、ある数に達する。〓「敵の軍勢は一〇万を—」「五万を—観客」[文]さん・す

さん・ずる【参ずる】[自サ変] ❶「行く」「来る」の謙譲語。行ったり訪問したりする先の人物を高める。伺う。参上する。〓「すぐに—・じます」「お願いに—」「電話を受けて急ぎ—」❷一員として加わる。参加する。〓「事業計画に—」[文]さん・ず [異形]参じる

さん・ずる【散ずる】[自他サ変] ❶散る。散らばる。また、散らす。〓「宴が終わって客が—」「春の嵐に桜が—」❷ちりぢりになって、なくなる。また、なくす。〓「貴重な文献が—」❸不快な感情が失せる。気持ちが晴れる。また、気持ちを晴らす。〓「気を—・じようと散歩をする」[文]さん・ず [異形]散じる

ざん・する【▼讒する】[他サ変] 人をおとしいれるために、事実を曲げて悪口をいう。讒言する。[文]ざん・す

さん-ぜ【三世】[名] ❶仏教で、前世・現世・来世。また、過去・現在・未来。三際。〓「主従は—」「—因果」❷親・子・孫の三代。さんせい。〓「—一身の法」

さん-せい【三省】[名・他サ変] 日に三度反省すること。何度もよく反省すること。〓「再思—する」▼『論語』学而の「吾日に吾が身を三省す」から。

さん-せい【三聖】[名] 三人の聖人。釈迦(しゃか)・孔子・キリストをいう。

さん-せい【参政】[名] 政治に参加すること。

さん-せい【産生】[名・他サ変] うみ出すこと。作り出すこと。〓「クローン牛を—する」「体内で抗体が—される」

さん-せい【酸性】[名] 酸の性質。また、ある物質が酸の性質をもっていること。〓「—雨」「—食品(=肉類・魚類・卵・穀類など、体内に入ると酸化される食品)」⇔アルカリ性・塩基性 ▼水溶液中では水素イオン指数がpH7より小さく、青色のリトマス試験紙を赤変させる。

さん-せい【賛成】[名・自サ変] 議案・人の意見などをよしと認めて支持すること。〓「議案に—する」「—多数で可決される」⇔反対

[品格] 肯(がえ)んずる「もっともだと—」 合意「与野党が—する」 首肯(しゅこう)「指摘には—できる点もある」 賛同「理念に—する」 支持「—を訴える」 同意「本人の—を得る」 同調「仕方なく—する」 付和雷同(ふわらいどう)「巧みな言説に惑わされ—する」 ◉「付和雷同」は、自らにしっかりした考えのないまま同調すること。

ざん-せい【残生】[名] 年老いて残り少なくなった人生。余生。

さんせい-う【酸性雨】[名] 大気中の硫黄酸化物・窒素酸化物などが溶け込んだ雨。酸性度が強く、動植物・建造物などに被害を与える。

さんせい-けん【参政権】[名] 国民が直接または間接に政治に参加する権利。選挙権・被選挙権、公務員となる権利、公務員を罷免する権利など。

さん-せき【山積】[名・自サ変] 山のように高くつもること。また、物事がたくさんたまること。やまづみ。〓「貨物[問題]が—する」

ざん-せき【残席】[名] 残っている座席。〓「—情報」

ざん-せつ【残雪】[名] (春になっても)消えないで残っている雪。

さん-せん【三遷】[名] 住居などを三度変えること。➡孟母(もうぼ)三遷の教え

さん-せん【山川】[名] 山と川。山河。〓「—草木(=自然の景色)」

さん-せん【参戦】[名・自サ変] ❶戦争に参加すること。❷競技大会などに参加する。〓「レースに—した」

さん-ぜん【参禅】[名・自サ変] 禅門に入って修行すること。また、座禅を組むこと。〓「禅寺に—する」「—して大悟する」

さん-ぜん【産前】[名] 出産をする前。臨月のころ。〓「—産後」⇔産後

さん-ぜん【▼潸然】[形動タルト] しきりに涙を流して泣くさま。〓「—と頬を伝う涙」

さん-ぜん【▼燦然】[形動タルト] きらきらと鮮やかに光り輝くさま。〓「—と輝く王冠」

ざん-ぜん【▼嶄然】[形動タルト] 他よりも一段高くぬきんでているさま。〓「—としてそびえる連山」▼「嶄」は高く険しい意。

さんぜん-だいせんせかい【三千大千世界】[名] 仏教で、広大無辺の世界。須弥山(しゅみせん)を中心にした一世界の千倍を小千世界、その千倍を中千世界、さらにその千倍を大千世界とし、それらをすべて合わせた世界のこと。三千世界。▼仏の教化が及ぶ範囲とされる。

さん-そ【酸素】[名] 生物の呼吸や物質の燃焼に欠かせない無色無臭の気体元素。空気中では約五分の一の体積を占める。元素記号O 〓「—吸入」

ざん-そ【▼讒訴】[名・他サ変] 人をおとしいれるために、事実を曲げてあしざまに言いつけること。

さん-そう【山相】(サンサウ)[名] 山の姿や様子。山の形状・

地質・気象など。‖「―学」

さん-そう【山草】（サウ）［名］山に生えている草。

さん-そう【山荘】（サウ）［名］山の中にある別荘。

さん-ぞう【三蔵】（ザウ）［名］❶仏教で、三種の聖典。経蔵・律蔵・論蔵の総称。❷三蔵に精通した僧の敬称。‖「玄奘(げんじょう)―」▽「三蔵法師」の略。

ざん-ぞう【残像】（ザウ）［名］刺激が去ったあとでも、なお感覚が残っている現象。特に、視覚に残っている映像。▽映画は視覚の残像を利用したもの。

さん-ぞく【山賊】［名］山中に根拠地を構え、旅人などを襲う盗賊。

さん-そん【山村】［名］山間にある村。‖「―留学（＝都会の子供たちが、一定の期間親元を離れて自然豊かな山村の農家などで暮らす制度）」

さん-そん【散村】［名］人家が密集しないで、あちこちに広く散在している村。‖「―集落」

さん-ぞん【三尊】［名］❶三体のほとけ。本尊とその左右にひかえる脇侍(きょうじ)の二菩薩(ぼさつ)。❷仏・法・僧の三宝。

ざん-そん【残存】［名・自サ変］なくならずに残っていること。ざんぞん。‖「敵の―勢力」「―種」

サンタ【Santaポルトガル**】**［名］❶聖。聖者。‖「―マリア」❷クリスマスの前夜、煙突から家に入って子供たちに贈り物をするという伝説上の老人。白いひげをのばし、赤い外套を着た姿であらわされる。▽「サンタクロース（Santa Claus）」の略。伝説上の聖者、セント＝ニコラウスに由来するという。

さん-だい【三代】［名］❶親・子・孫の三世代。❷三番目の世継ぎ。三代目。第三代。‖「―将軍家光」

さん-だい【参内】［名・自サ変］宮中に参上すること。▽「内」は「内裏(だいり)」の意。

さん-だい【散大】［名・自サ変］ひとみが開くこと。瞳孔(どうこう)散大。▽死ぬときや麻薬中毒の際に起こる。

さんだい-ばなし【三題▼噺・三題▼咄】［名］落語の一つ。客が任意に出した三つの題を使い、その場で一席の落語にまとめて演じるもの。▽文化元年（一八〇四）、初代三笑亭可楽が始めたという。

ざん-だか【残高】［名］収支または貸借を差し引いて残った金額。残金。‖「預金の―が乏しい」

サンタ-クロース【Santa Claus】［名］➡サンタ②

さん-だつ【▼簒奪】［名・他サ変］臣下が君主の位や政権を奪い取ること。‖「―者」

簒

さんだゆう【三太夫】（サンダイフ）［名］華族や富豪の家で家事や会計を任されていた家令・執事などの通称。

サンダル【sandal】［名］❶足をおおい包まず、甲の部分をかけひもやベルトなどでとめてはく履物。❷つっかけ。

さん-だわら【桟俵】（ダハラ）［名］米俵の両端に当てる、藁(わら)で編んだ丸いふた。さんだらぼうし。さんだらぼっち。

さん-たん【三嘆（三▼歎）】［名・自サ変］❶何度もなげくこと。❷非常に感心すること。‖「一読―」

さん-たん【賛嘆（▼讃嘆・▼讃▼歎）】［名・他サ変］深く感心してほめること。‖「思わず―の声をもらす」

さん-たん【惨▼憺・惨▼澹】［形動タリ］❶［名］見るに忍びないほど、いたましいさま。きわめてみじめなさま。‖「試合は―たる結果に終わった」❷心をくだいて苦労するさま。‖「苦心―」

さん-だん【散弾（▼霰弾）】［名］発射と同時に薬莢(やっきょう)に込められた多数の細かい鉛のたまが霰(あられ)のように飛び散る仕組みの弾丸。狩猟用。ばら弾(だま)。‖「―銃（＝ショットガン）」

さん-だん【算段】［名・他サ変］苦心して方法や手段を考え出すこと。特に、金銭の工面をすること。‖「高く買わせる―をする」「無理―」「やりくり―」

さんだん-とび【三段跳び】［名］陸上競技の一つ。助走してから踏み切り板で第一歩を踏み切って跳び（ホップ）、その踏み切った足で第二歩を跳び（ステップ）、最後に反対の足で第三歩を跳んで（ジャンプ）両足で着地し、その距離の長さで勝負を決める。トリプルジャンプ。

さんだん-め【三段目】［名］❶相撲の番付で、幕下の下、序二段の上の地位。また、その力士。▽番付の三段目にしるされることから。❷浄瑠璃(じょうるり)の三番目の段。五段からなる一曲の中で最も重要な部分とされる。

さんだん-ろんぽう【三段論法】（ロンパフ）［名］論理学で、大前提と小前提から結論を引き出す推論形式。たとえば、「すべての人間は死ぬ（大前提）」と「アリストテレスは人間である（小前提）」から「アリストテレスは死ぬ」という結論を導くの類をいう。

さん-ち【山地】［名］❶山の多い土地。また、山の中の土地。❷山が集まって連なる広い地域。丘陵・台地よりも標高が高く、大きな起伏と傾斜をもつ。北上山地・秩父(ちちぶ)山地・紀伊山地などの類。

さん-ち【産地】［名］❶ある物品が産出される土地。生産地。‖「メロンの―」「―直送」❷出生地。

サンチ［名］センチメートル。‖「二〇―砲」▽多く大砲の口径寸法を表すのに使う。「サンチメートル（centimètre**フランス**）」の略。

さん-ちゃく【参着】［名・自サ変］目的地に行きつくこと。到着。

サンチュ【sangchu朝鮮**】**［名］チシャの一種。葉は長楕円形で結球しない。焼き肉などを包んで食べる。掻(か)きチシャ。

さん-ちゅう【山中】［名］山の中。‖「―に隠れ住む」

◉**山中の賊(ぞく)を破(やぶ)るは易(やす)く心中(しんちゅう)の賊を破るは難(かた)し**　山に立てこもる賊を討伐するのはやさしいが、心の中の邪念を抑えることはむずかしい。▽中国の明(みん)の儒学者、王陽明(おうようめい)のことば。

◉**山中暦日(れきじつ)無し**　山の中で静かに暮らしていると、のんびりとして歳月のたつのも忘れる。▽唐代の隠者、太上隠者(たいじょういんじゃ)の「人に答うるの詩」から。

さん-ちょう【山頂】（チャウ）［名］山のいただき。山巓(さんてん)。

さん-ちょく【産直】［名］卸売市場を通さないで生産物を生産者から直接消費者へ供給すること。▽「産地直結」「産地直売」「産地直送」の略。

さん-つう【惨痛】［名］心をひどく痛めて苦しむこと。また、その苦しみ。‖「―を味わう」「腸(はらわた)日ごとに九廻すともいうべき―をわれに負わせ〈鷗外・舞姫〉」

さん-つう【産痛】［名］出産のときの痛み。陣痛(じんつう)。

さん-づけ【さん付け】［名］人の名に「さん」をつけて呼ぶこと。‖「生徒を―で呼ぶ」▽敬意や親愛の意を表す。

さん-てい【算定】［名・他サ変］計算してはっきりした数値を決めること。‖「必要経費を―する」

ざん-てい【暫定】［名］確定するまでの間、とりあえず一時的に定めておくこと。‖「―予算」「―的な計画」

サンデー【sundae】［名］アイスクリームに果物を添

え、チョコレート・果汁・シロップなどをかけたもの。アイスクリームサンデー。

サンデー【Sunday】[名] 日曜日。

ざん-てき【残敵】[名] 討ち漏らした敵兵。

サン-デッキ【sun deck】[名] ❶大型客船の上甲板。乗客が日光浴やスポーツをする場所。❷日のよく当たる、広いぬれ縁。

さん-てん【山▼巓】[名] 山の頂上。山頂。

さん-でん【参殿】[名・自サ変] 御殿に参上すること。▽他人の家を訪問することの意の謙譲語としても使う。

さん-と【三都】[名] 三つの大きな都市。特に、江戸(東京)・大坂(大阪)・京都をいう。

さん-ど【三度】[名] 三回。みたび。「―の食事」

◉**三度目の正直** 占いや勝負で、一度目や二度目は当てにならないが、三度目は確実であるということ。物事は三度目には期待どおりになるということ。

さん-ど【酸度】[名] 酸の強さ。すっぱさの度合い。塩基一分子中に含まれる水酸基(-OH)の数で表す。

サンド [名] 「サンドイッチ」の略。「―オープン―」

サンドイッチ【sandwich】[名] ❶薄く切ったパンの間に肉・ハム・卵・野菜などの具を挟んだ食べ物。サンド。▽イギリスのサンドイッチ伯爵が考案したという。❷両側から何かにはさまれている状態。また、そのもの。◈「サンドウィッチ」とも。

サンドイッチ-マン【sandwich man】[名] 宣伝のために、二枚の広告板を体の前後にかけて街頭を歩く人。▽広告のプラカードを掲げて歩く人もいう。

さん-とう【三冬】[名] ❶陰暦で、冬季の三か月。初冬(十月)・仲冬(十一月)・晩冬(十二月)の総称。❷三回冬を過ごすこと。三年。

さん-とう【三等】[名] ❶二等の次の等級。第三位。❷もと、鉄道の客車を三等級に分けていたころ、最下級の車両。▽「三等車」の略。❸同類のものの中で、程度が劣ること。「―地」

さん-どう【山道】[名] 山の中の道。やまみち。

さん-どう【参堂】[名・自サ変] ❶神仏を祭ってある堂に参ること。❷他人の家を訪問することをへりくだっていう語。参殿。

さん-どう【参道】[名] 社寺に参拝する人のために設けられた道。「表―」

さん-どう【桟道】[名] がけの中腹などに棚のように張り出して設けた道。また、がけからがけへ架け渡した橋の道。

さん-どう【賛同】[名・自サ変] 他人の意見・主張などをよしとして同意すること。「新党結成の趣旨に―する」

ざん-とう【残党】[名] 敵に敗れた一党の中で、討ち漏らされて生き残った人々。また、その徒党。

サンド-ウエッジ【sand wedge】[名] ゴルフで、バンカー(=砂地のくぼみ)からボールを打ち上げるためのアイアン。サンドウエッジ。

さん-とうしん【三等親】[名] ⬇三親等

さんとう-せいじ【三頭政治】[名] 古代ローマ共和制の末期に行われた、三人の有力政治家による政治。▽第一回は、カエサル・ポンペイウス・クラッススの三人、第二回はオクタビアヌス・アントニウス・レピドゥスの三人によって行われた。

さんとう-な【山東菜】[名] 野菜として栽培するアブラナ科の越年草。白菜に似るがやや大きく、結球はゆるい。中国山東省原産。サントウサイ。サントウハクサイ。

さんど-がさ【三度▼笠】[名] 顔が隠れるほど深く作った菅笠。飛脚や旅人が用いた。▽三度飛脚(=江戸時代、月に三度江戸と大坂間を往来した飛脚)がかぶったことによる。

さん-とく【三徳】[名] ❶三つの徳目。知・仁・勇、天徳・地徳・人徳など。❷一つで三つの用途があること。「―ナイフ」

サントニン【santonin】[名] 回虫駆除薬の一つ。シナヨモギ・ミブヨモギなどの花から抽出する、苦みのある無色の結晶。

サンドバッグ【sandbag】[名] 中に砂・おがくずなどを詰めた円筒形の革袋。ボクシングなどの打撃練習用に使う。

サンドペーパー【sandpaper】[名] 紙やすり。

サントメ【São Thomé】[名] ❶しわのあるなめし革。サントメ革。❷紺地に赤・浅黄などの縦縞が入った綿織物。サントメ縞。◈サントメは、聖トマスが布教に訪れたという、インド南東部のコロマンデル地方のこと。①②とも、ここから渡来した。[書き方]「桟留」と当てる。

サン-トラ [名] 「サウンドトラック」の略。

さん-ない【山内】[名] ❶山の中。山中。❷寺の境内。寺内。

さん-にゅう【参入】[名・自サ変] ❶貴人のいる所へまいること。❷新たに参加すること。「数社が入札に―する」

さん-にゅう【算入】[名・他サ変] 計算に加え入れること。

ざん-にゅう【▼竄入(▼攙入)】[名・自サ変] ❶逃げ込むこと。❷誤ってまぎれこむこと。「本文に注記が―する」

ざん-にょう【残尿】[名] 排尿後も膀胱内に残っている尿。「―感を覚える」

さん-にん【三人】[名] 人の数が三であること。「―三様」

◉**三人寄れば文殊の知恵** 凡人でも三人集まって考えればすばらしい知恵が出るものだということ。▽「文殊」は知恵をつかさどる菩薩。[注意]「凡人でも」という意を含むので、目上の人などに使うときは注意が必要。

ざん-にん【残忍】[名・形動] むごいことを平気で行うこと。「―を極めた暴君」[書き方]「惨忍」とも。[派生] -さ

さんにん-かんじょ【三人官女】[名] 雛人形のうち、官女の姿をした三人一組の人形。

さんにん-しょう【三人称】[名] 人称の一つ。話し手(書き手)が自分自身および聞き手(読み手)以外の第三者や事柄を指していうもの。「彼」「彼女」「あいつ」「あれ」「これ」の類。第三人称。他称。

さん-ぬる【去んぬる】[連体][古風] 過ぎ去った。去る。「―八月一五日の正午」▽「去りぬる」の転。

ざん-ねん【残念】[名・形動] ❶期待と食い違った結果や状態に落胆し、心残りに感じること。「―ながら、不合格だった」「画家の死を―に思う」❷期待通りにいかなかった人に対し、その気持ちをくみ取って慰めるのに言う語。「―でした、またどうぞ」[派生] -さ/-がる

品格 **生憎**「―曇りだ」 **遺憾**「―の意を表する」 **心残り**「活躍できず―だ」 **痛恨**「―の極み」

◉「遺憾」には相手に対して申し訳なく思う、「心残り」にはすっきりと思いきれないなどのニュアンスが含まれる。

「残念」を表す表現

心残りがする・心残り［無念／残念／遺憾］に思う・悔しい思いをする・悔しさをかみしめる・悔し涙を流す・悔し涙に暮れる・我ながら情けない思い・悔い［未練／思い］を残す・未練［思い／心］を引きずる・残念無念口惜しや・慚愧（の念）に堪えない・痛恨（の思い）に堪えない・自責の念にかられる

臍をかむ・がっくりと肩を落とす・切歯扼腕して［髪をかきむしって／歯ぎしりをして／拳を握りしめて／足を踏みならして／腕を扼して／肩をすくめて／身をよじらせて／身もだえして］悔しがる

逃がした［釣り落とした］魚は大きい・開けて悔しい玉手箱

ざんねん-しょう【残念賞】［名］競技会やくじ引きなどで、惜しくも入賞できなかったり当たらなかったりした人に贈られる賞または賞品。

さん-の-ぜん【三の膳】［名］正式の日本料理で、二の膳の次に出す膳。⬇一の膳・二の膳

さん-の-とり【三の▼酉】［名］十一月に三つの酉の日があるとき、その三回目の酉の日。また、その日に行われる酉の市。▼三の酉のある年は火事が多いという俗信がある。

さん-ば【産婆】［名］「助産師」の古い言い方。

サンバ［samba］［名］ブラジルの代表的なダンス音楽。また、その情熱的なリズム。四分の二拍子で、テンポが速い。

さん-ぱい【三拝】［名・自サ変］三度拝礼すること。‖「神前で━する」

さん-ぱい【参拝】［名・自サ変］神社・寺などにおまいりして神仏をおがむこと。‖「神前に━する」

さん-ぱい【産廃】［名］「産業廃棄物」の略。

さん-ぱい【酸敗】［名・自サ変］酒類や油脂類が酸化して、色・味・においなどが変わること。また、一般に、食べ物が腐ってすっぱくなること。

ざん-ぱい【惨敗】［名・自サ変］さんざんに負けること。さんぱい。‖「初戦で━する」「━を喫する」

サン-バイザー［sun visor］［名］❶自動車で、フロントガラスの上部に取りつける遮光板。❷ひさしの部分だけでできている日よけ帽。

さんばい-ず【三杯酢】［名］酢に醤油（または塩）と砂糖（または味醂）を加えた、やや甘みのある合わせ酢。酢の物に用いる。

さんば-がらす【三羽▼烏】［名］門下・部下の中で、また、ある分野で、特にすぐれている三人。

さんぱく-がん【三白眼】［名］黒目が上に寄り、左右と下部の三方に白目のある目。

さん-ばし【桟橋】［名］❶船を横づけできるように岸から水上に長く突きだした構築物。床面を木やコンクリートの脚柱で支える。❷建築現場で、高所に登るために傾斜をつけて架け渡す板の足場。

さんば-そう【三番▼叟】［名］❶能の「翁」で、千歳・翁に次いで三番目に舞う老人の舞。また、その役や面。❷歌舞伎・人形浄瑠璃で、①を取り入れて舞踊化したもの。多く開幕前の祝儀として舞われる。

さん-ぱつ【散発】［名］❶［自他サ変］弾丸が間をおいてまばらに発射されること。また、まばらに発射すること。❷［自サ変］物事が間をおいてとぎれとぎれに起こること。‖「原因不明の事故が━する」

さん-ぱつ【散髪】［名］❶［自サ変］髪を刈って、ととのえること。‖「━屋」❷元結を結わずに、ばらばらに乱した髪。散らし髪。❸⬇散切り

ざんばら-がみ【ざんばら髪】［名］ばらばらに乱れた髪。さんばらがみ。▼もと、元結が切れて髷がくずれたさまをいう。

サンパン【三板 中国】［名］❶中国や東南アジアの沿岸で使われる木造の小船。平底で、喫水が浅い。❷通い船。はしけ。書き方「▼舢板」とも。

ざん-ぱん【残飯】［名］食べ残しためしや料理。

さん-はんきかん【三半規管】［名］無顎類以外の脊椎動物の内耳にある三つの半円形の管。それぞれの内部を満たすリンパ液の動きによって回転運動を感知し、平衡感覚をつかさどる。

さん-び【酸鼻】［名・形動］むごたらしく痛ましいこと。‖「━を極めた事故現場」

さん-び【賛美・▼讃美】［名・他サ変］ほめたたえること。‖「自然の美を━する」

さん-ぴ【賛否】［名］賛成と不賛成。‖「出席者に━を問う」

さんび-か【賛美歌・▼讃美歌】［名］プロテスタント教会で、神をたたえ、信仰を励ます歌。▼カトリック教会では聖歌という。

さん-ぴつ【算筆】［名］計算することと文字を書くこと。算術と読み書き。

さんびゃく-だいげん【三百代言】［名］❶いいかげんで頼りにならない弁護士をののしっていう語。❷詭弁を用いて他人を言いくるめること。また、そのような人。▼明治初期、もぐりの代言人（＝弁護士）をいったことから。「三百」は「三百文」の略で、価値の低いものの意。

さん-ぴょう【散票】［名］❶選挙で、ある候補者について、あちこちの投票所で少しずつ入れられる票。❷選挙で、票が特定の候補者や政党に集まらず、多くの候補者に分散して入れられること。また、その票。

さん-びょうし【三拍子】［名］❶音楽で、強・弱・弱の三拍を一単位とする拍子。❷囃子などで、三種の楽器（小鼓・大鼓・太鼓または笛）で拍子をとること。また、その拍子。❸三つの重要な条件。‖「横綱には心・技・体の━が求められる」

さんぴ-りょうろん【賛否両論】［名］賛成と反対の両方の意見があること。また、その両方の意見。

さん-ぴん【三一】［名］❶二つのさいころに、三の目と一の目が出ること。▼「ぴん」はpinta（ポルトガル＝点）の転という。❷江戸時代、身分の低い侍をさげすんで呼んだ語。‖「━侍」▼一年間の扶持が三両一分だったことから。

さん-ぴん【産品】［名］産出する品物。生産品。‖「一次━（＝農業・漁業・林業・鉱業などの生産物で、まだ加工されていないもの）」

ざん-ぴん【残品】［名］売れ残りの品物。‖「━整理」

さん-ぶ【三部】［名］三つの部分。三つの部門。‖「━合唱（＝高・中・低の三つの声部からなる合唱）」「━作（＝三つの独立した部分が互いに関連しながら一つのテーマを追う作品）」

さん-ぷ【産婦】［名］出産直前または直後の女性。

さん-ぷ【散布(▼撒布)】［名・他サ変］一面にまき散らすこと。「空中から農薬を―する」▽「撒布(さっぷ)」の慣用読み。書き方「散布」は代用表記。

ざん-ぷ【残部】［名］❶残りの部分。❷書籍などの、売れ残った部数。「―僅少(きんしょう)」

ざん-ぶ【▼讒▼誣】［名・他サ変］事実ではないことを言い立ててそしること。「他人を―する」「彼(か)の人々は余を猜疑(さいぎ)し、又遂に余を―するに至りぬ〈鷗外・舞姫〉」

さん-ぷく【三伏】［名］初伏(＝夏至後の第三の庚(かのえ)の日)・中伏(＝第四の庚の日)・末伏(＝立秋後の第一の庚の日)の総称。夏の最も暑い時期。「―の候」

さん-ぷく【山腹】［名］山頂とふもととの間。山の中腹。

さんぷく-つい【三幅対】［名］三つで一組みになっている掛け物。

さんふじん-か【産婦人科】クヮ［名］産科と婦人科。妊娠・出産および女性に特有の病気を扱う医学の一分野。「―医」

さん-ぶつ【産物】［名］❶その土地でとれたり作ったりする物。❷ある物事の結果として生じたもの。「妥協の―」

ざん-ぶつ【残物】［名］のこりもの。あまりもの。

サンプリング［sampling］［名］❶検査や統計調査のために、対象となる集団の中から標本を抜き出すこと。標本抽出。「―調査」「ランダム―(＝任意抽出)」❷コンピューターを使ってある音を取り出し、新しい要素を加えて音楽を作る手法。

サンプル［sample］［名］見本。標本。

さん-ぶん【散文】［名］韻律(いんりつ)や定型にこだわらず、自由な形式で書かれた文章。通常の文章。⬍韻文

さんぶん-し【散文詩】［名］散文形式で書かれた詩。

さんぶん-てき【散文的】［形動］❶散文のような趣であるさま。「―な技法」❷詩情に乏しく、しっとりとした趣がないさま。「―な風景」◈⬍詩的

さんぺい-じる【三平汁】［名］北海道松前地方の郷土料理。塩鮭(しおざけ)のあらをぶつ切りにし、大根・ニンジン・ジャガイモ・ネギなどの野菜と煮込んだ塩味の汁。酒粕を加えることもある。もとはぶつ切りのニシンを用いた。

さん-ぺき【三▼碧】［名］陰陽(おんよう)道で、九星の一つ。五行では木星、方位では東にあたる。➡九星

ざん-ぺん【残片】［名］残ったかけら。残りのきれはし。

さん-ぽ【散歩】［名・自サ変］気晴らしや健康のために、戸外をのんびりと歩くこと。「犬の―」

さん-ぼう【三方】ハウ［名］❶三つの方向。三方面。さんぽう。❷方形の折敷(おしき)に前と左右の三方に穴をあけた台をつけたもの。神仏に供え物をするときなどに使う。三宝。▽普通、ひのきの白木で作る。

さん-ぼう【三宝】［名］❶仏教で、三つの宝。悟りを開いた仏と、仏の教えである法と、その教えを奉じる僧。仏・法・僧。❷➡三方②

さん-ぼう【参謀】［名］❶司令官の幕僚として作戦や用兵の計画・指導に当たる将校。「―本部」❷重要な計画などに参与し、その運営を助ける人。「選挙―」

さん-ぽう【山砲】ハウ［名］山地での戦闘に適した軽量の大砲。分解して運搬することができる。

さん-ぽう【算法】ハフ［名］❶計算の方法。計算法。❷江戸時代、数学。算術。

ざん-ぼう【▼讒▼謗】バウ［名・他サ変］悪口をいうこと。そしること。「罵詈(ばり)―」

さんぼう-こうじん【三宝荒神】クワウ［名］仏・法・僧の三宝を守護する神。三面六臂(ろっぴ)で、憤怒(ふんぬ)の相を表す。▽火を好み、不浄を嫌うことから、民間ではかまどの神として祭った。

サンボリスム［symbolisme フランス］［名］象徴主義。

さんぼん-じめ【三本締め】［名］儀式・宴会などで、三回繰り返して手拍子を打つ手締め。

さんま【〈秋刀魚〉】［名］夏から秋にかけて北の海から南下するサンマ科の海水魚。背が暗青色、腹部が銀白色の体は刀状で、細長い。秋の味覚の一つ。

さん-まい【三枚】［名］❶一枚の三倍。❷魚の切り方の一つ。魚の頭を落とし、中央の骨から両側の身を切り離すこと。三枚おろし。▽片身二枚と中骨の三枚になることから。

さん-まい【三昧】［名］❶仏教で、雑念を捨て、精神を一つの対象に集中すること。「―境(＝忘我の状態)」❷〈多く連濁して「ざんまい」の形で〉そのことに熱中する。また、したい放題にする意を表す。「読書―の日々」「贅沢(ぜいたく)―」

さん-まい【産米】［名］生産された米。「―量」

さんまい-にく【三枚肉】［名］牛肉・豚肉などで、あばら骨を包んでいる肉。ばら肉。▽肉と脂肪が三枚の層をなして見えることから。

さんまい-め【三枚目】［名］❶演劇・映画などで、滑稽(こっけい)な役。また、それを演じる俳優。▽昔、歌舞伎の道化方(どうけがた)の名が番付の三枚目に書かれたことから。❷滑稽な人。また、笑いものになる立場の人。

さん-まん【散漫】［名・形動］集中力に欠けて、しまりがないこと。まとまりのないこと。「注意力が―だ」派生 -さ

さん-み【三位】ヰ［名］❶位階の第三位。正(しょう)三位または従(じゅ)三位。また、その位にある人。❷キリスト教で、父(神)と子(キリスト)と聖霊の総称。◈「さんい」の連声(れんじょう)。

さん-み【酸味】［名］すっぱい味。すみ。「―の強いみかん」

さんみ-いったい【三位一体】サン［名］❶キリスト教で、父・子・聖霊の三位は唯一の神が三つの姿となって現れたもので、もとは一体であるとする教理。❷三つの異なるものが一つになること。また、三者が心を合わせること。「―となって難局を乗り切る」

さん-みゃく【山脈】［名］多くの山が連なって脈状をなしている山地。「奥羽―」

さんみん-しゅぎ【三民主義】［名］民族主義・民権主義・民生主義の三原則からなる政治理論。中国の孫文が提唱し、国民党の政綱となった。

ざん-む【残務】［名］未処理のまま残っている事務。「―整理」

さん-めん【三面】［名］❶三つの平面。「正面と左右の―の壁に絵を描く」❷三つの方面。❸三つの顔。❹新聞の社会面。「―記事」▽新聞が四ページだったころ、第三ページが社会面だったことから。

さんめん-きょう【三面鏡】キャウ［名］三方から姿が見られるように、正面の鏡の左右に折りたためる鏡を一

面ずつ取り付けた鏡。また、その鏡を付けた鏡台。

さんめん-ろっぴ【三面六▼臂】〔名〕❶一体の仏像が三つの顔と六本の腕を備えていること。❷一人で何人分もの働きをすること。≡「—の大活躍」

さんもう-さく【三毛作】〔名〕同じ耕地で一年間に三種類の作物を順次栽培すること。

さん-もん【三文】〔名〕❶一文銭三枚の価。きわめて安い価。≡「二束(にそく)—で売り飛ばす」❷他の語の上に付けて、安っぽい・価値の低い・粗悪な、などの意を表す。≡「—判・—小説・—文士」

さん-もん【三門】〔名〕❶中央の大きな門と左右の小さな門の三つを一組みとする門。❷禅宗の寺の正門。空・無相・無願の三解脱門(さんげだつもん)にたとえていう。

さん-もん【山門】〔名〕❶寺院の正門。三門。また、寺院。▼寺院が多く山中に建てられたことから。❷比叡山(ひえいざん)延暦寺(えんりゃくじ)の称。

さんもん-ばん【三文判】〔名〕安価な出来合いの印判。

さん-や【山野】〔名〕山と野原。のやま。

さん-やく【三役】〔名〕❶相撲で、大関・関脇・小結の総称。▼かつて横綱は大関の特称であったことから、横綱も三役に含めていう。❷ある組織・団体などで、重要な三つの役職。また、その役職の人。≡「党の—」

さん-やく【散薬】〔名〕こなぐすり。散剤。

さんや-そう【山野草】〔名〕野や山に自生する草花。山草(さんそう)。

さんゆう-かん【三遊間】〔名〕野球で、三塁手と遊撃手との間。

さん-よ【参与】〔名〕❶〔自サ変〕ある事柄にかかわって協力すること。≡「国政に—する」❷学識経験者を行政事務などに起用するときの職名。また、その役職の人。≡「内閣—」

ざん-よ【残余】〔名〕のこり。余り。≡「—財産」

さん-よう【山容】〔名〕山の形。山の姿。山相。≡「—水態(すいたい)(=山水の景色)」

さん-よう【山陽】〔名〕❶山の南側。❷「山陽道」の略。❸「山陽地方」の略。中国山地の南、瀬戸内海側の地域。岡山・広島両県と山口県の中南部。兵庫県南部を含むこともある。

さん-よう【算用】〔名・他サ変〕金額や数量を計算すること。また、計算。勘定。≡「皮—・胸—」

さんよう-すうじ【算用数字】〔名〕筆算に用いる数字。アラビア数字。

さんよう-ちゅう【三葉虫】〔名〕古生代カンブリア紀から二畳紀にかけて生存した三葉虫綱の節足動物の総称。体は扁平(へんぺい)で、頭部は半月形。胸部・尾部は多くの体節からなる。種類はきわめて多い。古生代の示準化石として重要。

さんよう-どう【山陽道】〔名〕五畿七道の一つ。現在の中国地方の瀬戸内海側。播磨・美作(みまさか)・備前・備中・備後・安芸(あき)・周防(すおう)・長門の八か国。またその地方に沿って畿内と太宰府(だざいふ)を結んだ街道。

さん-らく【惨落】〔名・自サ変〕相場が急激に下落すること。暴落。

さん-らん【蚕卵】〔名〕カイコの卵。

さん-らん【産卵】〔名・自他サ変〕卵を産むこと。≡「—期」

さん-らん【散乱】〔名・自サ変〕❶あたり一面にちらばること。≡「ガラスの破片が—する」❷波動や粒子線が物体や微粒子に当たって、ばらばらな方向に進路を変えること。また、その現象。

さん-らん【▼燦▼爛】〔形動タリ〕きらびやかに光り輝くさま。≡「—たる夕焼け雲」

さんらん-し【蚕卵紙】〔名〕カイコに卵を産みつけさせる紙。種紙(たねがみ)。蚕紙(さんし)。

さん-り【三里】〔名〕❶一里の三倍。約一二キロメートル。❷灸点(きゅうてん)の一つ。ひざがしらの下で、すねの外側の少しくぼんだところ。足三里(あしさんり)。

さん-りく【三陸】〔名〕陸前(=宮城県)・陸中(=岩手県)・陸奥(むつ)(=青森県)の三国の総称。特に、その太平洋沿岸地方。≡「—海岸」

さん-りゅう【三流】〔名〕❶三つの流派。❷その分野で三番目の等級。二流よりもかなり劣った等級。≡「—の店」⬇一流・二流

ざん-りゅう【残留】〔名・自サ変〕ある場所に残ってとどまること。あとに残っていること。≡「果物に—する農薬」

さん-りょう【山陵】〔名〕❶山と丘。❷天皇・皇后の墓。みささぎ。御陵(ごりょう)。

さん-りょう【山▼稜】〔名〕山頂と山頂をつなぐ峰じ。尾根(おね)。≡「—を伝って下山する」

ざん-りょう【残量】〔名〕残っている分量。≡「燃料の—」「電池—」「—計」

さん-りん【山林】〔名〕❶山と林。また、山中の林。❷樹木の多く生えている山。また、その土地。≡「—を切り開く」

さんりん-しゃ【三輪車】〔名〕❶三つの車輪をつけた幼児用の自転車。❷荷物運搬用の三輪自動車。オート三輪。

さんりん-ぼう【三隣亡】〔名〕民間の暦で、建築を始めると火災が起こり近隣三軒を焼き滅ぼすとして忌む日。

さん-るい【三塁】〔名〕❶野球で、二塁と本塁との間にある塁。サードベース。サード。❷野球で、①を守る野手。サード。▼「三塁手」の略。

さん-るい【酸類】〔名〕酸性をもつものの総称。酢酸・硝酸・塩酸・硫酸などの類。

ざん-るい【残塁】〔名〕❶攻め落とされないで残っているとりで。❷〔自サ変〕野球で、その回の攻撃が終了したとき走者が塁上に残っていること。≡「二者—」

サンルーフ【sunroof】〔名〕日光を入れるための窓がついている、自動車や建物の屋根。

サンルーム【sunroom】〔名〕日光を採り入れるために屋根・壁面などをガラス張りにした部屋。

さん-れい【山霊】〔名〕山を支配する神。山の精霊。

さん-れい【山▼嶺】〔名〕山のみね。

さん-れつ【参列】〔名・自サ変〕式・行事などに参加すること。列席。≡「葬儀［表彰式］に—する」「—者」

さん-れつ【惨烈】〔名・形動〕きわめてむごたらしいこと。≡「—な被災地の状況」

さん-ろう【参籠】〔名・自サ変〕神社・寺などに一定期間こもって祈願すること。おこもり。

さん-ろく【山麓】〔名〕山のふもと。山すそ。≡「—の牧場」

さん-わおん【三和音】〔名〕一つの音を根音(こんおん)とし、それに三度上の音と五度上の音を重ねて作った和音。長三和音・短三和音・増三和音・減三和音がある。

し【士】■一［名］教養・学徳のある立派な男子。〓「同好［篤学・練達］のー」「知名ー・紳ー・文ー」■二（造）❶ある資格を持った有用な人。また、その職業に従事する人。〓「弁護ー・税理ー・計理ー・弁理ー・建築ー・栄養ー・公認会計ー」❷武士。さむらい。〓「ー官」「藩ー」

し【子】■一［名］❶学問・人格が優れた人の敬称。特に、孔子。〓「ー日(のたま)わく」「荘ー・孫ー・孟ー・老ー」❷爵位の一つ。五等爵（公・侯・伯・子・男）の第四位。子爵。■二（造）❶こ。こども。〓「ー女・ー息・ー孫」「遺ー・養ー」❷卵。実。〓「ー嚢(しのう)・ー房」「種ー・精ー・胞ー」❸人。〓「才ー・女ー・男ー・編集ー」❹十二支の第一。ね。〓「甲ー」❺小さいもの。〓「原ー・電ー・粒ー」❻物の名に添える語。〓「杓ー(しゃくし)・障ー・銚ー・帽ー」

し【四】［名］三の次、五の前の数。一の四倍の数。よ。よつ。よっつ。よん。書き方 証書などで金額を記す場合は間違いを防ぐために「▼肆」とも書く。

し【市】■一［名］地方公共団体の一つ。人口五万人以上で、都市としての一定の条件を満たしているもの。〓「ー長・ー民」「札幌ー・さいたまー」■二（造）❶まち。〓「ー街」「都ー」❷売り買いをする場所。いち。〓「ー場」

し【死】■一［名］❶命がなくなること。死ぬこと。〓「ーに至る」「ーを悼(いた)む」「ー因・ー期・ー体」「餓ー・即ー・過労ー・尊厳ー」⇔生(せい)▼心臓の停止をもって死とする従来の判定に対して、脳死をもって「人の死」と判定する見解もあるが、なお議論が続いている。❷活動しなくなること。また、役に立たないこと。〓「ーの海」「ー物」❸命にかかわる危険なこと。〓「ーの闇」「ー線・ー地」■二（造）❶命がけ。死にもの狂い。〓「ー守・ー闘」「決ー・必ー」❷野球で、アウト。〓「二ー満塁」

し【刺】■一［名］名刺。〓「ーを通ずる（＝名刺を出して面会を求める）」■二（造）❶さす。突きさす。〓「ー殺・ー繡(ししゅう)」❷弱点をつく。そしる。〓「風ー」❸とげ。針。〓「有ー鉄線」

し【師】■一［名］人を教え導く人。先生。〓「ーと仰ぐ」「ー事・ー匠」「恩ー・牧ー」■二（造）❶その資格を持ってその業務を専門に行う人。また、その職業に従事する人。〓「医ー・看護ー・美容ー・調理ー」「詐欺ー・手品ー」「技ー」❷いくさ。軍隊。〓「ー団」「水ー・出ー(すいし)」

し【▼梓】［名］あずさ。また、版木。〓「ーに上(のぼ)す（＝書籍を出版する）」「桑ー(そうし)」

し【詞】［名］❶ことば。文章や詩歌。特に、歌詞。〓「ーに曲をつける」「ー華」「作ー・序ー・誓ー」❷単語のうち、単独で文節を構成することのできる語。自立語。名詞・動詞など。▼「辞」に対していう。❸中国の韻文の一つ。一句の字数は不定で、俗語を多く使う。唐末から宋代にかけて流行。〓「宋ー」

し【詩】［名］❶さまざまな感情・思想などを一定の韻律をもつ形式で表現した文学。〓「ーを朗読する」「ー集・ー人」「自由ー・叙事ー」❷漢詩。〓「ー吟」「唐ー」

し【資】■一［名］❶もとになるもの。もとで。材料。〓「糊口(ここう)のーを得る」「ー金・ー源」「学ー・投ー」❷生まれつきそなわっているもの。たち。〓「天与のー」「ー格」■二（造）❶たすける。〓「師ー」❷「資本家」の略。〓「労ー交渉」

し■一［接助］❶類似の事柄を並べて示す。〓「体は大きいし力も強い」「勉強はできるしスポーツも万能だ」❷一つ、ないし二つ以上の事柄を述べて、それが理由であることを表す。〓「暗くなってきたし、そろそろ帰ろうか」「まだ若いんだし、いくらでもやり直せるよ」使い方「…し…しで」「…し…するから」となることも多い（「駅からは遠いしバスもないしで大変だ」「金もないし暇もないしするからどこにも行けない」）。また近年、理由や言い訳を言いさしにした終助詞的な使い方も見られる（「だって眠かったし。」）。❸〈「…では［じゃ］あるまいし」の形で〉軽いさげすみの気持ちをこめて、…ではないのだからの意を表す。〓「子供ではあるまいし、しっかりしてくれ」「他人じゃあるまいし、みずくさいじゃないか」◈文語形容詞の活用語尾「し」の用法が転じたもの。使い方 活用語の終止形に付く。■二［副助］［古風］上の語を強く指示して意味を強める。〓「片こいの身にしあらねど わが得しはただこころ妻〈佐藤春夫〉」▼間投助詞ともする。

し【氏】［接尾］❶氏名などに付けて敬意を表す。〓「鈴木ー」「両ー」▼代名詞的にも使う。〓「ーの功績は多大である」❷氏族の名に付けて、その血族であることを表す。うじ。〓「源ー(げんじ)・平ー(へいじ)」

し【姉】■一［接尾］同輩以上の女性の名前に付けて敬意を表す。〓「山田花子ー」■二（造）❶あね。〓「ー弟・ー妹」「長ー」❷年長の女性に対する敬意を表す。〓「貴ー・諸ー・大ー」

し【支】（造）❶ささえる。ささえ。〓「ー援・ー持・ー柱・ー点」❷枝のように分かれる。枝のように分かれたもの。〓「ー社・ー線・ー流」「干ー・気管ー」❸分け与える。しはらう。〓「ー給・ー出」「収ー」❹てくばりする。〓「ー度(したく)」❺さしつかえる。〓「ー障」❻「支那(しな)」の略。〓「北ー」

し【止】（造）❶ひと所にとまる。とどまる。〓「ー宿」「静ー・停ー」「明鏡ー水」❷活動をとめる。とどめる。〓「ー血」「禁ー・制ー・廃ー」❸ふるまい。〓「挙ー・容ー」

し【仕】（造）❶官職につく。つかえる。〓「ー官」「出ー・奉ー」❷動詞「する」の連用形「し」の当て字。〓「ー掛け・ー切り・ー組み」

し【司】（造）❶役目を担当する。つかさどる。〓「ー会・ー法・ー令」❷役目を担当する人。また、資格を持ったり委嘱を受けたりして、その職務を行う人。〓「ー教・ー書・ー直」「行ー(ぎょうし)・国ー・上ー」「保護ー・児童福祉ー」

し【史】（造）❶物事の移り変わり。出来事。出来事の記録。〓「ー学・ー実・ー跡」「先ー・戦ー・歴ー」❷出来事を記録する人。文章を書く人。〓「ー官」「侍ー」

し【矢】（造）弓の弦につがえて射るもの。〓「一ー・嚆ー(こうし)」

し【旨】（造）❶考え。考えの内容。むね。〓「ー意・ー趣」「主ー・趣ー・要ー」❷うまい。〓「ー酒」

し【糸】（造）❶いと。〓「金ー・蚕ー・製ー・綿ー」❷糸のように細いもの。〓「ー雨」「菌ー」❸弦楽器。〓「ー管・ー竹」旧絲（「糸」「絲」は本来別字。「糸」は細いと、「絲」は絹糸。）

し【至】（造）❶ゆきつく。いたる。〓「乃ー(ないし)・必ー」❷この上ない。いたって。〓「ー急・ー近・ー難・ー福」❸太陽が極点に達した時期。〓「夏ー(げし)・冬ー(とうじ)」

し【伺】（造）うかがう。さぐる。〓「ー候」「奉ー」

し【▼址】（造）建物の土台。また、そのあと。〓「遺ー・旧ー・城ー」▼「趾」に通じる。

し【志】（造）❶こころざす。こころざし。〓「ー学・ー向・

―望」「意―・遺―・闘―」❷書き記す。書き記したもの。≡「地―・三国―」▽「誌」に通じる。

し【私】（造）❶個人。自分一人だけに関すること。わたくしごと。≡「―見・―生活・―服」「公―・無―」「―利―欲」❷ひそかに。こっそり。≡「―語・―淑」

し【使】（造）❶働かせる。つかう。≡「―役・―用」「駆―・行―」❷つかい。≡「―者・―節・―徒」「大―・特―・遣唐―」❸「使用者」の略。≡「労―」

し【始】（造）はじめる。はじまる。はじめ。≡「―業・―動・―発」「開―・原―・終―・年―」

し【枝】（造）❶えだ。≡「―葉・―幹」「樹―」❷えだのように分かれたもの。≡「―流」「連―」

し【祉】（造）しあわせ。めぐみ。≡「福―」旧祉

し【肢】（造）❶手足。≡「―体」「下―」❷手足のように分かれ出たもの。≡「選択―」

し【姿】（造）すがた。≡「―勢・―態」「勇―・容―」

し【▼屍】（造）死体。しかばね。≡「―斑」「検―」

し【思】（造）おもう。おもいやる。おもい。≡「―案・―考・―索」「相―・沈―」

し【指】（造）❶手足のゆび。≡「―圧・―紋」「屈―・十―・食―」❷さし示す。さしずする。≡「―揮・―定・―摘」

し【施】（造）しく。実際に行う。≡「―策・―設」「実―」

し【恣】（造）ほしいままにする。気まま。≡「―意」「放―」

し【脂】（造）❶動物のあぶら。≡「―肪」「脱―・皮―」❷植物のやに。≡「―燭（しそく）」「樹―」❸あぶらで溶いた紅。≡「―粉」「臙―（えんじ）」

し【▼祠】（造）❶神仏を祭る。また、祭り。≡「―官」❷神仏を祭る場所。やしろ。ほこら。≡「―堂」「社―」

し【紙】（造）❶かみ。また、文字の書かれたかみ。≡「―型・―幣」「懐―・色―・白―・和―・包装―」❷「新聞紙」の略。≡「―上・―面」「本―」

し【紫】（造）むらさき色。≡「―雲・―檀（したん）」「紅―」

し【視】（造）❶みる。注意してみる。≡「―界・―察・―線」「監―・凝―・正―」❷そのように見る。みなす。≡「重―・敵―・無―・疑問―」❸視力。≡「遠―・乱―」旧視

し【▼斯】（造）事物を指す語。この。これ。≡「―界・―学」

し【歯】（造）は。≡「―科・―石」「抜―・永久―」旧齒

し【嗣】（造）あとをつぐ。あとつぎ。≡「―君」「嫡―（ちゃくし）」

し【▼肆】（造）❶みせ。≡「―中」「酒―・書―」❷ほしいままにする。≡「放―」❸数字「四」の大字。

し【試】（造）❶こころみる。ためす。≡「―案・―写・―乗・―用」❷「試験」の略。≡「追―・入―」

し【雌】（造）❶めす。≡「―蕊（しずい）・―雄」❷弱い。弱い者。

し【飼】（造）動物をやしなう。かう。≡「―育・―料」

し【誌】（造）❶記す。また、書き記したもの。≡「会―・地―・日―」❷「雑誌」の略。≡「―上」「週刊―・月刊―」

し【摯】（造）まこと。まじめ。≡「真―」

し【賜】（造）上の者が下の者に金品などを与える。たまう。≡「―暇・―杯」「恩―・下―」

し【諮】（造）上の者が下の者に意見を求める。はかる。≡「―詢（しじゅん）・―問」

シ［si イタリア］［名］❶西洋音楽で、長音階の第七音の階名。また、短音階の第二音の階名。❷日本音名ロ音のイタリア音名。

じ【▽柱】チ［名］弦楽器の駒（こま）。琴などの胴の上に立てて弦を支え、音を胴に伝えるためのもの。

じ【地】チ［名］❶地面。土地。≡「雨降って―固まる」「―所・―震」❷その地域。≡「―の野菜」「―酒」❸もともと備わっている性質。≡「―が出る」「―声」❹織物などの生地（きじ）。また、肌。≡「―が黒い」「裏―」❺文章で、会話などを除いた叙述の部分。≡「―の文」❻実地。実際。≡「推理小説を―で行く事件」❼囲碁で、石で囲み、領分として認められる部分。❽「地謡（じうたい）」の略。

じ【字】［名］文字。また、筆跡。≡「―が上手だ」「画―・幕―」「漢―・数―」

じ【持】チ ❶［名］囲碁・歌合わせなどで、勝負がつかないこと。引き分け。もちあい。もち。❷（造）もつ。また、たもつ。もちこたえる。≡「―病・―論」「維―・支―・所―」

じ【▼痔】チ［名］肛門（こうもん）とその周辺におこる病気の総称。

じ【辞】 ❶［名］❶ことば。文章。≡「送別の―」「―を低くする（＝ことばづかいを丁寧にする。転じて、腰を低くする）」「―典・―令」「謝―・祝―」❷日本語文法で、常に自立語に伴って文節を構成する語。助詞・助動詞など。付属語。▽「詞」に対していう。❸漢文の韻文体の一つ。賦（ふ）に似るもの。❷（造）やめる。ことわる。また、いとまごいをする。≡「―意・―職」「固―・拝―」旧辭

じ［助動 特活型］（○-○-じ-じ-じ-○）〔古風〕❶打ち消しの推量を表す。…ないだろう。…まい。≡「ただ事にはあらじ」❷打ち消しの意志を表す。…ないようにしよう。…まい。≡「サルスベリの花が猛暑に負けじと咲き誇る」◈意味的には、推量の助動詞「む」に打ち消しの意が加わったもので、現代語の「まい」に当たる。使い方 活用語の未然形に付く。

じ【路】チ（造）❶〈地名を表す語に付いて〉その地方を通る道、また、その地方へ向かう道の意を表す。≡「木曽―・信濃―」❷〈日数を表す語に付いて〉その日数を要する行程である意を表す。≡「三日―」❸〈十を単位とする数字に付いて〉その年齢であることを表す。≡「四十（よそ）―・六十（むそ）―」

じ【示】（造）人に知らせる。しめす。≡「―威・―唆」「暗―・誇―・展―・例―」

じ【寺】（造）てら。≡「―院・―社」「古―・国分―」

じ【次】（造）❶つぎ。二番目。≡「―回・―官・―期」❷順序。≡「―元・―第（しだい）」「式―・席―・目―」❸度数・回数を数えるときに添える語。≡「今―・三―・毎―」❹ついで。途中。≡「途―・路―」❺宿る。宿る所。≡「旅―」

じ【耳】（造）音を聞くための器官。みみ。≡「―朶（じだ）・―目」「俗―」「馬―東風」

じ【自】（造）❶みずから。自分で。自分の。≡「―覚・―粛・―宅・―力」「各―・独―」❷おのずから。ひとりでに。≡「―然」「―明」

じ【似】（造）にる。にている。まねる。≡「疑―・近―」

じ【児】（造）❶幼いこども。ちのみご。≡「―童」「育―・園―」❷自分のこども。≡「―孫」「愛―・豚―」❸若者。青年。≡「健―・反逆―・風雲―」旧兒

じ【事】（造）❶ことがら。できごと。≡「―件・―項・―実・―例」「議―・行―・故―」❷しごと。しわざ。≡「―業・―務」「悪―・家―」❸つかえる。≡「兄―・師―」

じ【侍】（造）仕える。はべる。≡「―医・―従」「近―」

じ【治】チ（造）❶世の中をおさめる。≡「政―・文―」❷病気をなおす。病気がなおる。≡「療―」「主―医」

じ【時】（造）❶とき。時間。時刻。≡「―差・―速」「瞬―・日―」「九―・午前六―・十八―」❷そのころ。おり。機会。≡「―下・―価」「随―・当―・空腹―・就寝―」

じ【滋】（造）うるおう。うるおす。養分になる。≡「―味・―養」

じ【慈】(造) かわいがる。いつくしむ。恵み深い。‖「―愛・―雨・―善・―悲」「仁―・大―」

じ【▼爾】(造) ❶なんじ。おまえ。‖「―汝」❷近い事物や事柄をさす。それ。その。‖「―今・―来」❸修飾語に付いて、その状態であることを表す。‖「莞―・卒―」

じ【磁】(造) ❶鉄を引きつけ、南北を指す性質のある鉱物。また、その性質。‖「―界・―気・―石・―場」❷高温で焼いた堅い焼き物。‖「―器」「青―・白―」

じ【餌】(造) ❶えさ。‖「好―」「擬―針」❷食べ物。‖「食―・薬―」書き方「餌」は許容字体。

じ【璽】(造) 印章。特に、天子・天皇の印。‖「―符」「御―・国―」 璽

シアー[sheer][名・形動] 透き通るように薄いこと。また、透けるほど薄い織物。シア。‖「―な仕上がりのファンデーション」

しーあい【試合(仕合)】[名] ❶スポーツ・武術などで、技を競い、勝負を争うこと。‖「野球の―」❷双方が互いに同じようなことをしかけて争うこと。‖「泥―」◈「為合い」の意。「試」「仕」は当て字。書き方 ①は「試合」、②は「仕合」と書く。武術などでは、「(御前)仕合」も好まれる。

じーあい【自愛】[名] ❶[自サ変] 自分の体を大切にすること。‖「時節柄ご―ください」▼多く手紙文などで使う。❷倫理学で、自分の幸福を追求しようとする自己保存の感情。

じーあい【慈愛】[名] 親がわが子をいつくしむような、深い愛。

じーあい【地合い】[名] ❶布地の質・品質。❷囲碁のある局面で、白黒それぞれが盤上に占めている地の割合。❸取引市場で、人気・気配などから見た相場の状態。

しーあがり【仕上がり】[名] できあがること。また、そのできばえ。‖「―は明日になる」「―が悪い」

しーあが・る【仕上がる】[自五] できあがる。完成する。‖「作品が―」名 仕上がり

しーあげ【仕上げ】[名] ❶仕事を最後の段階までし終えること。また、その結果。‖「見事な―」❷仕事の最後の工程。また、物事の最後の段階。

じーあげ【地上げ・地揚げ】[名] ❶低い土地に土を盛って高くすること。‖「土を運んできて―をする」❷地権者が分かれたいくつかの土地を強引に買収して、一つにまとめること。‖「―屋」

しーあ・げる【仕上げる】[他下一] ❶仕事を最後の段階までしおえる。完成させる。‖「月末までに仕事を―」「娯楽作品に―」❷[古風] 財産・身分などを作り上げる。文 しあ・ぐ 名 仕上げ

しーあさって【〈明明後日〉】[名] あさっての次の日。みょうみょうごにち。▼地方によっては、あさっての翌々日をいう。

ジアスターゼ[Diastaseドイ][名] 多糖類を麦芽糖とデキストリンに加水分解する酵素。消化促進剤として用いられる。アミラーゼ。

シアター[theater][名] 劇場。映画館。

じーあたま【地頭】[名] ❶髪などをつけていない、自然のままの頭。❷学校の教育などで身につけるのではない、生まれつきのあたまの働き。‖「―のいい人」

しーあつ【指圧】[名・他サ変] 神経を刺激し、血行をよくするために、指や手のひらで人体の局部を押すこと。また、その療法。‖「―療法・―師」

じーあつ【地厚】[名・形動] 織物などの生地が厚いこと。‖「―な布地」⇕地薄

じーあまり【字余り】[名] 和歌・俳句などで、音数が定型の音(五音または七音)よりも多いこと。また、その句。⇕字足らず

じーあめ【地雨】[名] 同じような勢いで長く降り続く雨。

しーあわせ【幸せ】[名] ❶[形動] 幸運に恵まれて、心が満ち足りていること。幸福。‖「―に暮らす」「あなたに会えて―です」⇕不幸せ ❷めぐり合わせ。運。また、幸運。‖「それがどういう―か、今日までこうしている〈漱石・こころ〉」◈動詞「為合わす」の連用形から。書き方 偶然性を重視するときは「仕合わせ」も好まれる。

品格 果報「―は寝て待て」 吉事「―のしるし」 僥倖「―に巡り合う」 慶事「―の引き出物」 幸い「ご覧いただければ―です」

しーあん【私案】[名] 個人としての考え。自分だけの案。

しーあん【思案】[名・他サ変] あれこれと考えること。あれこれと思い悩むこと。また、物思い。‖「行く先をあれこれと―する」「―に暮れる」「―顔」

しーあん【試案】[名] こころみに立てた案。仮につくった計画。⇕成案

シアン[cyaanオランダ][名] ❶炭素と窒素が化合して生じる無色の気体。猛毒で、特有の臭気を放つ。水に溶けやすい。❷絵の具・印刷インキなどで、原色の青。澄んだ青緑色。

じーあん【事案】[名] 問題になっている事柄。‖「一連の―を処理する」

しい【▽椎】[名] 初夏、香りの強い花を穂状につけるブナ科の常緑高木。材は建材・器具材用のほか、椎茸栽培の原木用。どんぐり状の果実は食べられる。

しーい【四囲】[名] まわり。周囲。

しーい【私意】[名] ❶自分だけの考え・意見。私見。❷自分の利益だけをはかろうとする心。私心。

しーい【思▼惟】[名・自他サ変] ❶深く考えること。思考。‖「―する人間」❷➡しゆい(思惟)①

しーい【恣意】[名] 思うままの気持ち。思いつくままの考え。‖「―による人選」➡恣意的

しーい【▼緇衣】[名] ❶墨染めのころも。❷僧侶。「しえ」ともいう。

しーい【紫衣】[名] ➡しえ(紫衣)

じい【▼爺】[名] ❶老年の男性。男性の老人。❷老年の下男を親しんで呼ぶ語。じいや。⇕婆▽「じじ」の転。

じい【〈祖父〉】[名] 父母の父親。そふ。⇕祖母▽「じじ」の転。

じーい【示威】[名・他サ変] 相手に対して威力や気勢を示すこと。じい。‖「軍事力を―する」「―運動(=デモンストレーション)」

じーい【自慰】[名・自サ変] ❶自分で自分をなぐさめること。❷自分の性器を自分の手などで刺激して性的な満足を得ること。手淫。オナニー。マスターベーション。

じーい【侍医】[名] 宮内庁侍従職に属し、天皇・皇族の診療をする医師。

じーい【辞意】[名] 辞職・辞退しようとする気持ち。‖「―を表明する」

ジー【G・g】[名] ❶[g] 質量の単位、グラム(gramme)を表す記号。❷[g] 重力加速度(gravity)を表す単位および記号。❸[G] 数の単位、ギガ(giga)を表す記号。❹[G] 磁束密度の単位、ガウス(gauss)を表す記号。❺[G] 万有引力定数を表す記号。❻[G] 音楽で、音名の一つ。ト音。

ジー-アイ【GI】[名] アメリカ軍の下士官・兵士。‖「—カット」▽government issue (＝官給品) の略。制服その他が官給であることから。

シー-アイ-オー【CIO】[名] ❶企業内で、情報戦略の意思決定を行う最高責任者。最高情報責任者。▽chief information officer の略。❷企業内で、投資についての意思決定を行う最高責任者。最高投資責任者。▽chief investment officer の略。

シー-イー-オー【CEO】[名] 社長・取締役会長など、企業の最高経営責任者。▽chief executive officer の略。

ジー-エイト【G8】[名] サミット(主要国首脳会議)に参加する八か国の総称。また、その会議。⬇サミット▽Group of Eight の略。

シー-エー-ティー-ブイ【CATV】[名] ケーブルテレビ。▽もと community antenna television (＝共同アンテナで受信した番組を難視聴地域にケーブルで配信するテレビ放送) の略。

シー-エス【CS】[名] 通信衛星。▽communications satellite の略。

ジー-エヌ-ピー【GNP】[名] 国民総生産。▽gross national product の略。

シー-エム【CM】[名] コマーシャル。▽commercial message の略。

シー-オー-イー【COE】[名] すぐれた人材と最先端の設備を備えた中核的な研究拠点。センターオブエクセレンス。▽Center of Excellence の略。

しい-か【詩歌】[名] 漢詩と和歌。また、詩・和歌・俳句など、韻文の総称。▽「しか(詩歌)」の慣用読み。

シー-カヤック[sea kayak] [名] 海で使用するカヤック。河川用のカヤックより大きく、安定性がある。

しい-ぎゃく【▼弑逆】[名・他サ変] 自分の主君や父を殺すこと。▽「しぎゃく(弑逆)」の慣用読み。

シー-キュー【CQ】[名] アマチュア無線家(ハム)が不特定の相手を呼び出すときに使う信号。▽call to quarters から。

し-いく【飼育】[名・他サ変] 家畜などを飼ってそだてること。‖「ハムスターを—する」

シークレット[secret] [名] 秘密。機密。

シークレット-サービス[Secret Service] [名] 米国の警察機関の一つ。大統領など国家要人の警護およびテロ予備行為の取り締まりを任務とする。

しいくわあさあ [名] 沖縄原産のミカン科の常緑低木。また、その果実。酸味の強い果実を飲料・料理などに用いる。ヒラミレモン。シークワーサー。シークァーサー。

シーケンス[sequence] [名] ❶映画・テレビで、いくつかのシーンを集めたひと続きの場面。❷カリキュラム編成で、教科内容を段階的に学習する順序。❸DNAの塩基配列。❹機器の自動制御で、あらかじめ設定された動作の順序。❺トランプで、同種で数が連続する三枚以上のカード。◈「シークエンス」とも。連続の意。

しい-さあ [名] 沖縄で、魔よけとして屋根などに取り付ける焼き物の獅子像。シーサー。▽「獅子さん」の意。

シーザー-サラダ[Caesar salad] [名] オリーブ油・おろしチーズ・レモン汁・ニンニクなどを混ぜたドレッシングで、レタス・アンチョビー・クルトンなどを和えた濃厚なサラダ。▽メキシコ・ティファアナ市のレストラン名(Caesar's)に由来するという。

シーサイド[seaside] [名] 海辺。海浜。海岸。‖「—ホテル」

じい-さん【▼爺さん】[名] 「お爺さん」のくだけた言い方。⬍婆さん

じい-さん【〈祖父〉さん】[名] 「お祖父さん」のくだけた言い方。⬍祖母さん

じいじ [名] 祖父を親しんで呼ぶ語。⬍ばあば ▽「祖父」の転。多く幼児が使う。

しい-しい【▽為い▽為い】[連語] その動作をくり返して行う意を表す。…しながら。‖「おじぎを—立ち去る」▽動詞「する」の連用形「し」を重ねた「しし」の転。書き方 かな書きが一般的。

シー-シー【cc】[名] ❶立方センチメートル(cm^3)を表す。ミリリットル(ml)。‖「排気量二〇〇〇—」▽cubic centimeter の略。❷電子メールで、本来の受信者以外の人にメールのコピーを送ること。また、その機能。▽carbon copy の略。

シー-ジー【CG】[名] 「コンピューターグラフィックス(computer graphics)」の略。

じ-いしき【自意識】[名] 他と区別された自分についての意識。自我の意識。自己意識。‖「—過剰(＝自分のことを意識しすぎること)」

シース[sheath] [名] 数本の鉛筆・万年筆などをさして持ち歩く携帯用のケース。▽原義は、刀の鞘。

シーズニング[seasoning] [名] ❶調味料。❷慣らすこと。特に、鉄製の鍋を使う際に油に慣らすこと。また、木材などを加工前に湿度に慣らすこと。

しい・する【▼弑する】[他サ変] 自分の主君や父を殺す。弑逆する。‖「王を—」文しい・す

シー-スルー[see-through] [名] 肌が透けて見えること。また、そのような服。‖「—ファッション」

シーズン[season] [名] ❶季節。時季。‖「新緑の—」❷ある物事が盛んに行われる季節・時期。また、ある物事をするのにふさわしい季節・時期。‖「行楽の—」「受験—」

シーズン-オフ[和製 season＋off] [名] スポーツなどの催し物や行事が行われない時期。季節はずれ。オフシーズン。

シーソー[seesaw] [名] 中央に支点を置いた細長い板の両端に人が乗り、交互に上下運動をくり返す遊び。また、その遊具。ぎっこんばったん。

シーソー-ゲーム[seesaw game] [名] 追いつ追われつの接戦となる試合。‖「—が続く」

しい-たけ【▽椎▼茸】[名] シイ・カシ・クヌギなどの枯れ木に生えるキシメジ科の食用キノコ。菌を接種した原木によって栽培される。乾燥した干しシイタケも食用。

しいた・げる【虐げる】[他下一] むごい扱いをして弱いものを苦しめる。虐待する。‖「—・げられた人のために立ち上がる」使い方「我と我が身を—」のように、自虐的な行為にも転用していう。文しひた・ぐ

シーツ[sheet] [名] 敷き布団の上に敷く布。敷布。

じいっ-と [副] ⬇じっと

しい-て【強いて】[副] 困難・反対・不都合などを

押し切って物事を行うさま。あえて。むりに。むりやり。‖「一言えば、歌舞伎より文楽に関心がある」

シーティー【CT】[名] X線装置とコンピューターを組み合わせて人体の横断面を映像化する方法。また、その装置。CTスキャン。▼computed tomography の略。

シーディー【CD】[名] ❶「コンパクトディスク(compact disc)」の略。❷キャッシュカードを使って現金を引き出す装置。現金自動支払機。▼cash dispenser の略。

シーディーアール【CD-R】[名] データを記録できるCD。書き換えはできないが、空きエリアに追記することはできる。▼CD recordable の略。

ジーディーピー【GDP】[名] 国内総生産。▼gross domestic product の略。

シーティービーティー【CTBT】[名] 包括的核実験禁止条約。▼Comprehensive Test Ban Treaty の略。

シーディーロム【CD-ROM】[名] コンピューターで、コンパクトディスクを使った読み出し専用の記憶媒体。▼「ROM」は read only memory の略。

しいてき【恣意的】[形動] 思いつくままに物事をするさま。‖「一な裁量」「一に解釈する」 注意「意図的(=あるもくろみをもって行うさま)」の意で使うのは誤り。また、「私意的」と書くのは誤り。

シート【seat】[名] ❶座席。席。‖「チャイルドー」❷野球で、選手の守備位置。‖「ーノック」

シート【sheet】[名] ❶一枚の紙。特に、切り離していない一つづりの郵便切手。❷日よけや雨よけに使う大きなビニールや防水布。

シード【seed】[名・他サ変] トーナメント方式の試合で、最初から有力な選手・チームどうしが対戦しないように組み合わせを調整すること。また、調整の際に有力な選手・チームを選び出すこと。‖「一校」

じいと【地糸】ヂ [名] 織物の地を織るための糸。

シートノック【和製seat＋knock】[名] 野球で、守備位置についた各選手が打球を受けて捕球・送球などの練習をすること。

シートベルト【seat belt】[名] 自動車・航空機などの座席に取り付け、乗員の体を座席に固定するベルト。体が投げ出されるのを防ぐ。安全ベルト。

しいな【▼粃・▼秕】シヒナ [名] ❶殻ばかりで実の入っていない籾(もみ)。❷熟さないうちに、しなびてしまった果実。

シーハイル【Schi Heil ドイ】[感] スキーヤーが交わす挨拶(あいさつ)のことば。▼「スキーに幸いあれ」の意。

ジーパン [名] デニムで作ったラフな感じのズボン。ジーンズ。▼和製 jeans＋pants から。書き方「Gパン」とも。

ジーピーエス【GPS】[名] 複数の人工衛星から発信される電波の到達時間差から、地球上の位置を算出するシステム。全地球測位システム。カーナビゲーションはこのシステムを利用したもの。▼global positioning system の略。

シーピーユー【CPU】[名] コンピューターの中央処理装置。▼central processing unit の略。

ジープ【jeep】[名] 強力な馬力をもつ、四輪駆動の小型自動車。第二次大戦中、アメリカの軍用車として開発された。▼商標名。

シーフード【seafood】[名] 魚介・海藻など、海産食品の総称。‖「ーカレー・ーサラダ」

シーベルト【sievelt】[名] 放射線の線量当量を表す単位。被爆(ひばく)の影響の度合いを示す。記号Sv

ジーマーク【Gマーク】[名] 公益財団法人日本デザイン振興会が主催するグッドデザイン賞の受賞対象につけるマーク。▼Gは good design の略。

シームレス【seamless】[名] ❶継ぎ目のないこと。‖「一管・一構造」❷縫い目のないこと。特に、女性用ストッキングで、後ろに縫い目のないもの。

ジーメン【G-men】[名] 米国連邦捜査局(FBI)に属する捜査官の通称。日本では、麻薬などの捜査・摘発を行う特別捜査官をいう。▼Government men の略。

じいや【▼爺や】ヂイ [名] 年をとった男の使用人。また、その人を親しんで呼ぶ語。⇔ばあや

シーユーアイ【CUI】[名] コンピューターで、キーボードによる入力によって指示を出し、ソフトウエアを操作するシステム。現在ではGUIが主力。▼character user interface の略。

ジーユーアイ【GUI】[名] コンピューターで、画面上の絵やアイコンなどを使って視覚的・直感的にソフトウエアを操作するシステム。▼graphical user interface の略。

しいら【▼鱰・▼鱪】[名] 暖海に分布するシイラ科の海水魚。体形は細長く扁平(へんぺい)、雄は前額部が大きい。浮遊物の陰に群れる習性がある。食用。マンビキ。

シーラカンス【coelacanth】[名] シーラカンス目に属する魚類の総称。四億年前に出現し、数千万年前に絶滅したと考えられていたが、一九三八年にラチメリアと呼ばれる現生種が発見された。体長約一・五メートル。

シーリング【ceiling】[名] ❶天井。‖「ーランプ」❷予算編成で、財務省に対する各省の概算要求枠の上限。‖「ゼロー」❸法令によって定められる賃金・価格などの最高限度。

シーリングライト【ceiling light】[名] 天井に取り付ける照明器具。

し・いる【強いる】シヒル [他上一] あることをむりにさせる。強制する。強要する。‖「大国が隣国に譲歩を一」「苦戦を一・いられる」 文し・ふ

し・いる【▼誣いる】シヒル [他上一] 事実を曲げていう。ありもしないことをいって人を陥れようとする。‖「人を一」▼「強いる」と同語源。 文し・ふ

シール【seal】[名] ❶封印。また、そのしるしとして手紙などの封じ目にはる切手大の紙片。❷表に絵や文字を印刷し、裏に糊(のり)をつけた紙片。

シールド【shield】[名] ❶電磁場や放射能の影響を遮断するための覆いや構造物。❷軟弱な地盤でトンネルを掘る際に用いられる、刃口のついた鋼鉄製の円筒。

しいれ【仕入れ】[名] 販売・加工などのために、商品や原材料を買い入れること。‖「一値段」 書き方 公用文では、「仕入価格・仕入先」は送りがなを付けない。

しい・れる【仕入れる】[他下一] ❶販売や加工のために、商品や原材料を買い入れる。‖「問屋から商品を一」❷自分のものとしてあるものを手に入れる。‖「インターネットから／で情報を一」 文しい・る 名仕入れ

じいろ【地色】ヂ [名] 布・紙などの、下地の色。素材そのものの色。

しいん【子音】[名] 言語音を二分類した場合の一つ。発音する際に、呼気が発音器官のいずれかの閉鎖・摩

擦・せばめなどによって妨げられることから生じる単音。声帯が振動するか否かによって有声子音（[g、z、d、b]など）と無声子音（[k、s、t、p]など）とに分けられる。父音。しおん。⇔母音

しーいん【死因】[名] 死亡の原因。≡「ーは薬物中毒」

しーいん【私印】[名] 個人の用いる印章。⇔公印・官印

しーいん【試飲】[名・他サ変] 味を知るために、ためしに飲むこと。≡「新酒のーをする」「ー会」

シーン【scene】[名] ❶場面。特に、映画・演劇などの場面。≡「ラブー・ラストー」「ビジネスーに適した服装」❷光景。情景。≡「感動的なー」❸業界。世界。≡「ミュージックー」

じーいん【寺院】[名] てら。また、キリスト教・イスラム教などの礼拝堂。≡「ー建築」

ジーン【gene】[名] 遺伝子。

ジーンズ【jeans】[名] ❶細綾織りの丈夫な綿布。仕事着・遊び着などに用いる。❷ジーパン。

しいんーと[副] 物音一つせず、静まりかえっているさま。しんと。≡「ー静まりかえった部屋」

じーう【慈雨】[名] 草木や農作物をうるおし、育てる雨。また、日照り続きのときに降る雨。恵みの雨。≡「干天（かんてん）のー」

じーうす【地薄】ヂ [名・形動] 織物などの生地が薄いこと。⇔地厚

じーうた【地唄・地歌】ヂ [名] その土地だけでうたわれている俗謡。土地のうた。特に、京阪地方を中心に伝承された三味線歌曲。上方唄。

じーうたい【地謡】ヂウタヒ [名] 能で、謡曲の地の文を大勢でうたうこと。また、それをうたう人々やその謡。

じうたーまい【地唄舞（地歌舞）】ヂウタマヒ [名] 京阪を中心に発達した座敷舞踊（上方舞）のうち、音楽として地唄を用いるもの。また広く、上方舞。

しーうち【仕打ち】[名] 人に対する行為や態度。扱いぶり。≡「ひどいーを受ける」▽多く悪い意味で使う。

しーうん【紫雲】[名] 紫色の雲。▽仏がこの雲に乗って来迎（らいごう）するということから、めでたいしるしとされる。

じーうん【時運】[名] 時のめぐり合わせ。時の運。≡「ーに乗る」

しーうんてん【試運転】[名・他サ変] 完成した乗り物・機械などの調子をみるために、ためしに運転すること。

しーえ【紫▽衣】[名] 紫色の法衣。しい。▽古くは勅許（ちょっきょ）によって高僧が着用した。

シェア【share】[名] ❶[他サ変] 分け合うこと。また、共有すること。≡「ルームー」❷⇒市場占有率 ≡「ーを拡大する」

シェアウエア【shareware】[名] インターネットなどからダウンロードできるソフトウエアで、試用は無料だが、ユーザーが継続使用する場合には対価を払う必要のあるもの。シェアウェア。

シェアーハウス【share house】[名] 一つの住宅を複数の人で共有し、居住すること。また、その住宅。

しーえい【市営】[名] 市が経営すること。≡「ー住宅」

しーえい【私営】[名] 個人や民間会社が経営すること。≡「ーのバス」「ー鉄道」⇔公営・国営

じーえい【自営】[名・他サ変] 独立して自力で営業すること。≡「ーの商売」「独立ー」

じーえい【自衛】[名・自他サ変] 他からの攻撃などに対し、自分の力で自分を守ること。≡「商業上の権利をーする」「ー策を講じる」

じえいーぎょう【自営業】[名] 独立して自ら事業を営むこと。また、その事業。≡「うちはーです」「ー者」▽広く、会社に雇われず個人で営む事業をいう。家族経営の商店、フリーランスの仕事など。

じえいーけん【自衛権】[名] 国際法上、他国からの急迫・不正の侵略に対し、自国を守るために国家がやむを得ず行使する防衛の権利。

じえいーたい【自衛隊】[名] 日本の独立と平和を守り、国の安全を保つことを主な目的とする防衛組織。防衛省に属し、陸上・海上・航空の各自衛隊からなる。

シェイプーアップ【shape up】[名・自他サ変] 美容と健康増進のために運動やカロリー調整をして体形を整えること。シェープアップ。≡「ダンスでーする」▽原義は「体調がよくなる」。

ジェーーアール【JR】[名] 国鉄が分割民営化されてできた企業の総称。また、それら企業による鉄道。ジェイアール。≡「ーで行く」▽Japan Railway の略。

ジェーーアールーエー【JRA】[名] 日本中央競馬会。▽Japan Racing Association の略。

ジェーーエー【JA】[名] 農業協同組合。農協。ジェイエー。▽Japan Agricultural Cooperatives の略。

ジェーーオーーシー【JOC】[名] 日本オリンピック委員会。▽Japan Olympic Committee の略。⇒NOC

シェーカー【shaker】[名] カクテルを作るとき、洋酒などを入れて振りまぜる金属製の容器。

シェーク【shake】[名] ❶アイスクリーム、牛乳、果物などを攪拌（かくはん）して作る冷たい飲み物。シェイク。❷[他サ変] 振り動かすこと。≡「シェーカーでーする」

シェークーハンド【shake hands】[名] 卓球で、ラケットを柄と握手をするように持つ握り方。テニスグリップ。⇔ペンホルダー▽「シェークハンドグリップ（shake-hands grip）」の略。

シェード【shade】[名] ❶日よけ。ブラインド。❷電灯・電気スタンドなどのかさ。≡「ランプー」

シェーバー【shaver】[名] かみそり。電気かみそり。

シェービング【shaving】[名] ひげやむだ毛をそること。

ジェーーリーグ【Jリーグ】[名] 日本プロサッカーリーグの通称。J1リーグ・J2リーグ・J3リーグの三部制をとる。ジェイリーグ。

シェールーオイル【shale oil】[名] 地中の頁岩（けつがん）（＝シェール）層に含まれる石油。

しーえき【私益】[名] 個人の利益。≡「私利ー」⇔公益

しーえき【使役】[名] ❶[他サ変] 他人を使って物事をさせること。≡「労働者をーする」❷文法で、他者にあることをさせる用法。口語では普通「せる・させる」、文語では「す・さす・しむ」を使って表す。≡「ーの助動詞」

ジェスチャー【gesture】[名] ❶身振りや手振りを使って意思を伝えること。また、その身振りや手振り。❷本心からではない、見せかけの態度や行為。≡「あのおとぼけは彼女一流のーだ」◈「ゼスチュア」「ゼスチャー」とも。

ジェット【jet】[名] ❶気体や液体をノズルの先など

から急速に噴射させること。❷「ジェット機」の略。

ジェット-エンジン【jet engine】[名] 吸入・圧縮した空気に燃料を噴射して燃焼し、発生したガスがノズルから高速で噴出する反動を利用して推力を得る熱機関。航空機用エンジンとして使用される。

ジェット-き【ジェット機】[名] ジェットエンジンで飛ぶ飛行機。

ジェット-きりゅう【ジェット気流】リウ [名] 対流圏上部の偏西風帯の中を噴流のように流れる強風。ジェットストリーム。

ジェット-コースター【和製 jet＋coaster】[名] 遊園地などの遊具で、高所から滑降し、急な起伏やカーブのあるレールの上を疾走する小型の列車。▼英語では roller-coaster という。

ジェネリック-いやくひん【ジェネリック医薬品】[名] 先発医薬品の特許期間が過ぎてから製造・販売される同じ成分の医薬品。ジェネリック薬。後発医薬品。

ジェネレーション【generation】[名] 世代。また、同世代の人々。ゼネレーション。「―ギャップ（＝世代間の断絶）」「ヤング―」

シェパード【shepherd】[名] 犬の品種の一つ。牧羊犬を改良した大形の犬。体形はオオカミに似る。勇敢だが用心深いので、警察犬・軍用犬・盲導犬として使われる。セパード。

シェフ【chef フラ】[名] コック長。料理長。

ジェラート【gelato イタ】[名] イタリア風のアイスクリーム。

ジェラシー【jealousy】[名] 嫉妬（しっと）。やきもち。

シェリー【sherry】[名] 独特の芳香をもつ南スペイン産の白ぶどう酒の一種。ブランデーを加えるので普通のぶどう酒よりもアルコール度が高い。ドライと甘口とがある。シェリー酒。セリー。

ジェル【gel】[名] ❶ゼリー状のもの。特に、整髪剤や化粧品などについていう。❷⇒ゲル(Gel)

シェルター【shelter】[名] 避難所。特に、核攻撃に備えるための避難所。核シェルター。

シェルパ【Sherpa】[名] ❶ヒマラヤ山地に住むチベット系ネパール人。農耕・牧畜・交易などを営む。登山隊のポーターや案内人としても有名。❷首脳会議で首脳の代理として事前準備を担当する各国の高官。▼サミット（＝頂上）を助ける意から。

シェルフ【shelf】[名] 棚。棚板。

し-えん【支援】ヱン [名・他サ変] 力を貸して助けること。「独立運動を―する」「―団体」

し-えん【私怨】ヱン [名] 個人的なうらみ。「―を抱く」

し-えん【紫煙】[名] タバコの煙。「―をくゆらす」

し-えん【試演】[名・他サ変] 一般公開する前に、ためしに上演・演奏してみること。プレビュー。

ジェンダー【gender】[名] ❶生物学上の性別を表すセックスに対し、文化的・社会的につくられる男女の性差。男らしさ、女らしさなど。❷文法上の性。⇒性㊀④

ジェンダー-フリー【和製 gender＋free】[名] 性別による社会的・文化的差別や役割分担をなくし、それぞれの個性や能力を生かしながら行動・生活すること。また、その思想。

ジ-エンド【the end】[名] 物事の終わり。おしまい。「ばか騒ぎもようやく―となった」

ジェントルマン【gentleman】[名] 紳士。ゼントルマン。⇔レディー

しお【塩】シホ [名] ❶塩辛い味のする物質。海水または岩塩から製して精製する白い結晶で、塩化ナトリウムを主成分とする。食塩のほか、工業用にも利用。▼古来、けがれを清めるものとしても用いられてきた。「清めの―を盛る」❷塩味の具合。塩気。「―加減」

しお【潮（▼汐）】シホ [名] ❶海面が太陽や月の引力の影響で周期的に高くなったり低くなったりする現象。また、その昇降する海水。うしお。「―が満ちる」❷海水。また、潮流。「―のかおり」❸物事をするのにちょうどよいころあい。しおどき。「合図を―に席を立つ」◈「塩」と同語源。書き方 本来「潮」は朝しお、「汐」は夕しおの意だが、一般に「潮」でまかなう。

しお-あい【潮合い】シホアヒ [名] 物事をするのにちょうどよいころあい。しおどき。▼潮が満ち干するころあいの意から。

しお-あし【潮足】シホ [名] 潮が満ち引きする速さ。

しお-あじ【塩味】シホアヂ [名] 塩でつけた味。

しお-かげん【塩加減】シホ [名] 塩味をつけるときの、塩の量の程度。塩あんばい。

しお-がしら【潮頭】シホ [名] 満ちてくる潮の波先。しおさき。

しお-かぜ【潮風】シホ [名] 海から吹いてくる潮気をふくんだ風。書き方「▼汐風」も好まれる。

しお-から【塩辛】シホ [名] 魚介類の肉・内臓・卵などを塩漬けにして発酵させた食品。「イカの―」

しお-から・い【塩辛い】シホ [形] 塩分が強いと感じる。しょっぱい。「―漬物」派生 ―さ／―がる

しおから-ごえ【塩辛声】シホカラゴヱ [名] しわがれた声。

し-おき【仕置き】[名・他サ変] ❶江戸時代、罪人を処罰すること。特に、死刑にすること。❷こらしめのために罰すること。特に、子供に体罰を加えてしかること。▼多く「お仕置き」の形で使う。

し-おくり【仕送り】[名・他サ変] 生活を助けるために金品を送ること。また、その金品。動 しおく・る（他五）

しお-け【塩気】シホ [名] 食べ物などに含まれている塩の分量。塩分。また、塩味。

しお-け【潮気】シホ [名] 海上・海辺などの空気に感じられる、塩分を含んだ湿りけ。

しお-こうじ【塩▼麴】シホカウヂ [名] 麴に塩と水を加えて発酵させた調味料。料理の味付けに使うほか、野菜や魚などの漬け床にする。

しお-こしょう【塩▼胡▼椒】シホコセウ [名・自サ変] 塩と胡椒。また、塩と胡椒で味付けすること。

しお-さい【潮▽騒】シホサヰ [名] 潮が満ちてくるときに波が立ちさわぐ音。しおざい。

しお-ざかい【潮境】シホザカヒ [名] 暖流と寒流など、性質の異なる潮流が接する境界。

しお-さき【潮先】シホ [名] ❶潮が満ちてくる時。また、満ちてくる潮の波先。しおがしら。❷物事が始まろうとする時。また、物事をするのにちょうどよい時機。

しお-ざけ【塩▼鮭】シホ [名] 内臓を取り除いたサケに多量の塩をふり、塩分をよくしみこませたもの。塩びき。塩じゃけ。⇒新巻（あらまき）

し-おさめ【仕納め】ヲサメ [名] それをして終わりにすること。それを最後の仕事とすること。「今年の仕事はこれで―だ」

しお-じ【潮路】[名] ❶海流のみちすじ。しおみち。❷船の通るみちすじ。海路。船路。「八重の―（＝非常に長い海路）」◈書き方「▽汐路」も好まれる。

しお-しお【▽悄▽悄】[副] 落胆して元気のないさま。しょんぼり。「一喝されて―(と)引き下がる」

しお-ぜ【塩瀬】[名] 羽二重に似た厚地の絹織物。帯地・羽織地・半襟地などに用いる。

しお-せんべい【塩煎餅】[名] 醤油をつけて焼いた塩からいせんべい。

しお-たいおう【塩対応】[名]〔新〕そっけない態度。愛想のない対応。「アイドルがファンに―をする」

しお-だし【塩出し】[名] 塩漬けにした食品を水や薄い食塩水などに浸して塩分を抜くこと。

しお-た・れる【潮垂れる(塩垂れる)】[自下一] ❶海水などに濡れてしずくがたれる。❷悲しみや落胆で、元気がなくなる。また、身なりなどが、みすぼらしいようすになる。「しょんぼりと―れた姿で帰ってくる」◈書き方かな書きが一般的。文しほた・る

しお-づけ【塩漬け】[名] 野菜・魚・肉などを、塩をふりかけてつけ込むこと。また、その食品。

しお-どき【潮時】[名] ❶潮が満ちる時。また、潮が引く時。❷あることをするのにちょうどよい時機。「そろそろ引退の―だ」◈書き方「▽汐時」も好まれる。

しお-に【塩煮】[名] 塩味をつけて煮ること。また、その料理。

しお-はま【塩浜】[名] 海水から塩を作るために設けた砂地。塩田。しおばま。

しお-ひ【潮干】[名] 潮がひくこと。引き潮。書き方「▽汐干」も好まれる。

しおひ-がり【潮干狩り】[名] 潮の引いた浜に出て貝などをとって遊ぶこと。しおひ。▽春の大潮のころを好期とする。

しお-びき【塩引き】[名] 魚類(特にサケ)に多量の塩をふり、塩分をよくしみこませること。また、その魚類。塩物。

しお-ふき【潮吹き】[名] ❶クジラが鼻孔から呼気と海水を吹き上げること。❷干潟の砂泥にすむバカガイ科の二枚貝。殻は丸みを帯びた三角形で、細かい横筋がある。掘り出すと水管から潮水を吹き出す。食用。シオフキガイ。

ジオプトリー[Dioptrie ドイツ][名] 眼鏡のレンズの度を表す単位。焦点距離をメートルで表した数の逆数。焦点距離〇・五メートルのレンズなら二ジオプトリー。記号D

しお-ぼし【塩干し(塩▽乾し)】[名] 魚などに塩をして日干しにすること。また、その食品。

しお-ま【潮間】[名] 潮の引いている間。

しお-まち【潮待ち】[名] ❶船出などのために、ちょうどよい潮位や潮流になるのを待つこと。❷よい時機や機会が来るのを待つこと。

しお-まねき【潮招き・〈望潮〉】[名] 南日本の干潟に穴を掘って群生するスナガニ科の小ガニ。雄は一方のはさみが大きく、干潮時にはそれを上下に動かして潮を招くような動作をする。

しお-みず【塩水】[名] 塩分を含んだ水。また、食塩をとかした水。⇔真水

しお-みず【潮水】[名] 海の水。うしお。

しお-め【潮目】[名] 性質の異なる潮流が接するとき、その海面に見られる帯状のすじ。潮境。▽プランクトンが繁殖するのでよい漁場になる。

しお-もの【塩物】[名] ➡塩引き

しお-もみ【塩▽揉み】[名・他サ変] 野菜などに塩をふりかけてもむこと。また、その食べ物。

しお-やき【塩焼き】[名] 魚や肉に塩をふって焼くこと。また、その料理。「アジの―」

しお-やけ【潮焼け】[名・自サ変] ❶潮風と太陽にさらされて皮膚の色が赤黒くなること。❷海面から立ちのぼる水蒸気が太陽の光に映えて赤く見えること。

しおらし・い[形] ひかえめでおとなしいさま。けなげだ。いじらしい。「がらにもなく―ことを言う」「人前では―くしている」派生-げ/-さ

ジオラマ[diorama フランス][名] ❶背景画の前に人物・動物などの模型を置いて照明を施し、窓からのぞかせて現実の光景のように見せる装置。また、その見せ物。幻視画。❷展示などに用いられる立体模型。◈「ディオラマ」とも。

しおり【▽撓り】[名] 芭蕉の俳諧の根本理念の一つ。対象を眺める作者の哀感が自ずから余情として句の姿にあらわれること。

しおり【枝折り・▽栞】[名] ❶読みかけた本の間にはさみ目印にするもの。紙・布・革などで作る。❷簡単な案内書。手引き書。「海外旅行の―」◈もと、山道などで木の枝を折って帰りの道しるべとする意。

じ-おり【地織り】[名] その土地で織られ、主として自家用にする織物。

しおり-ど【枝折り戸・▽柴折り戸】[名] 折った木の枝や竹を束ねて作る、簡単な開き戸。庭の出入り口などに設ける。

しお・れる【▽萎れる・▽凋れる・▽悄れる】[自下一] ❶【萎・凋】草木が生気を失ってぐったりする。なえる。「渇水で/に草木が―」「花瓶の花が―」❷【悄・萎】元気を失ってしょんぼりする。悄然とする。「しかられて―」文しを・る

し-おん【四恩】[名] 仏教で、人がこの世で受ける四つの恩。▽「心地観経」では父母・衆生・国王・三宝の恩をいう。

し-おん【師恩】[名] 先生から受ける恩。師の恩。

し-おん【紫▽苑】[名] 秋、キクに似た淡紫色の花を多数つけるキク科の多年草。観賞用に栽培もされる。乾燥した根はせんじてせきどめの薬にする。

し-おん【歯音】[名] 歯または歯ぐきと舌先との間で、閉鎖あるいは摩擦によって発する子音。破裂音の[t, d, n]、摩擦音の[s, z]の類。

じ-おん【字音】[名] 日本に伝来して国語化した漢字の読み方。漢音・呉音・唐音など。

じおん-かなづかい【字音《仮名》遣い】[名] 漢字音を仮名で書き表すときの仮名遣い。歴史的仮名遣いのうち、同音の「東」「答」「塔」を、昔の中国語の発音に基づいて「とう」「たふ」「たう」と書き分けるなど、同音の仮名による書き分けをいう。

しか【鹿】[名] シカ科の哺乳類の総称。世界各地に分布し、種類が多い。雄には多く枝分かれした角があり、毎年生え変わる。草食性。

◉**鹿を逐う** 帝位・政権などを得るために争うこと。中原に鹿を逐う。▽『史記』淮陰侯伝から。

◉**鹿を追う者は山を見ず** 利益を追うことに熱中している人はほかのことを顧みなくなることのたとえ。

しーか【史家】［名］歴史を研究する人。歴史家。

しーか【市価】［名］商品が市場で売買される価格。市場価格。

しーか【私家】［名］自分の家。また、個人の家。「―集」

しーか【糸価】［名］糸、特に生糸の価格。生糸の相場。

しーか【紙価】［名］紙の値段。紙の相場。「洛陽の―を高める」

しーか【歯科】ワク［名］歯および口腔内の病気の予防や治療を扱う医学の一分科。「―医・―衛生士」

しーか【賜暇】［名］官吏が願い出て休暇をたまわること。また、その休暇。

しか［副助］〈「…しか…ない」の形で〉ある物事を取りあげて、それ以外をすべて否定する。「百円しかない」「たったこれだけしかない」「私しか知らない」「思いきってやるしかない」「初めは不安しかありませんでした」 使い方 (1)数量に付くときは「わずか」の意がこめられる。「あと三日しかない」(2)くだけた言い方では「しきゃ」「つきゃ」となる。「百円しきゃない」「やるっきゃない」 注意 「名詞＋しかない［しかありません］」の場合は、その名詞部分に「ある／ない」で言わないものがくると、不適切な言い方に感じられる。「○感謝の気持ち［思い］がある／ない→○感謝の気持ち［思い］しかありません」「△感謝がある／ない→△感謝しかありません」

しーが【歯牙】［名］歯ときば。また、歯。

◉**歯牙にも掛けない** 無視して問題にしない。

じか【▽直】ヂカ［名］間に他のものを入れないこと。直接。「―の返答を請う」「―談判」➡じかに ▽「じき」の転。

じーか【自火】ワク［名］自分の家から出した火事。

じーか【自家】［名］❶自分の家。「―製の果実酒」「―発電」❷自分。自分自身。

◉**自家薬籠中の物** 自分の薬箱の中にある薬のように、いつでも自分の思うままに使えるもの。「数百の兵を―とする」▽「自家」を略して「薬籠中の物」とも。

じーか【時下】［名］近ごろ。このごろ。目下。「―秋冷の候、ますますご健勝のことと存じます」▽多く手紙文の冒頭で副詞的に使う。

じーか【時価】［名］その時点での商品の価格。現在の市価。

じーか【磁化】ワク［名・自他サ変］磁界内に置いた物体が磁気を帯びること。また、磁気を帯びさせること。

じーが【自我】［名］❶哲学で、認識・意志・行動の主体として、外界や他人と区別されて意識される自分。⇔非我 ❷心理学で、自分自身に対する意識・観念。自我意識。エゴ。「―の形成」

シガー【cigar】［名］葉巻。

しーかい【司会】ワク［名・自他サ変］会議・会合・番組などの進行をつかさどること。また、その役（を務める人）。「―者」

しーかい【四海】［名］四方の海。また、その内にある世の中。国内。天下。

◉**四海波静か** 天下が平和に治まっていることのたとえ。宋の楊万里の「六合塵清み、四海波静か」から。

しーかい【死灰】ワイ［名］火の気がなくなり冷たくなった灰。▽生気のなくなったもののたとえにいう。

しーかい【志怪】ワイ［名］中国の六朝・東晋時代に興った小説の一類。怪奇な出来事を短い文に綴ったもの。干宝の『捜神記』など。志怪小説。

しーかい【視界】［名］一定の位置から見通すことのできる範囲。眼界。視野。「島が―に入る」「濃霧で―が悪い」

しーかい【▼斯界】［名］その道を専門とする社会。この分野。「―の権威」▽「斯」は「この」の意。

しーがい【市外】ワイ［名］市の区域外。⇔市内

しーがい【市街】［名］人家・商店などが多く建ち並んでいる区域。また、町のにぎやかな通り。「―地・―電車」

しーがい【死骸（▼屍骸）】［名］人や動物の死んだ体。しかばね。「犬の―」▽人間の場合は多く「死体」を使う。丁寧な言い方では「遺体」「遺骸」が一般的。

じーかい【次回】ワイ［名］何回か行われるものの、この次の回。「―の研究会は金曜日です」

じーかい【耳介】［名］外耳の一部。耳の入り口に突き出た貝殻状の器官。耳殻。

じーかい【自戒】［名・自サ変］自ら自分の言動をいましめること。「道を誤らないように―する」

じーかい【自壊】ワイ［名・自サ変］組織などが、外からの働きによらず、内部的な原因によってこわれること。「派閥の抗争で組織が―する」「―作用」

じーかい【持戒】ヂ［名］仏教で、戒律を堅く守ること。⇔破戒

じーかい【磁界】［名］磁気作用が働く場所。また、その範囲。磁石・電流などの周囲に生じる。磁場。

じーがい【自害】［名・自サ変］刃物などで、自分の体を傷つけて死ぬこと。自尽。「短刀で―する」

しかい-けいてい【四海兄弟】［名］世界の人々はすべて兄弟のように親しくすべきだということ。四海同胞。▽『論語』に基づく。

しがい-せん【紫外線】イシグヮ［名］スペクトルが紫色の外側に現れる、目には見えない光線。波長は可視光線より短く、X線より長い。太陽光線中にあって、殺菌作用や体内のビタミンDを生成する作用があるが、日焼けの原因になる。医療・写真などにも広く利用される。UV。

しーかえし【仕返し】ヘシ［名・自サ変］❶相手に同じようなことをして、うらみやあだをかえすこと。報復。❷やりなおすこと。「失敗したら―がきかない」 動 **しかえ・す**（他五）

品格 意趣返し「拒まれた―に中傷する」 一矢を報いる「最終回にヒットが出て―」 雪辱「―を果たす」 復讐「―劇」 報復「―措置」

じーがお【地顔】ホヂ［名］化粧をしていない、もとのままの顔。素顔。

しーかか・る【仕掛かる】［他五］しはじめる。また、途中までする。しかける。「旅の支度を―」「―・った仕事の手をとめる」 書き方 かな書きも多い。 名 **仕掛かり**

しーかく【四角】［名・形動］❶四つの角があること。また、その形。四角形。方形。「―なテーブル」「―の窓」❷かどばっていること。「―な顔」

しーかく【死角】［名］❶射程内にありながら、銃砲の構造上の理由や障害物によって弾丸をうちこむことのできない範囲。❷ある角度からは見えない範囲。「運転席からは―になる地点」▽身近にありながら気づかない事柄の意でも使う。「警察の―に入った犯罪」

しーかく【刺客】［名］これと決めた人物をつけねらって、ひそかに殺す者。暗殺者。しきゃく。▽「せっかく」の慣用読み。

しーかく【視角】［名］対象物の両端と目を結ぶ二直線がつくる角度。▽物事を見る立場の意でも使う。「

「ーを変えて考える」

しーかく【視覚】［名］五覚の一つ。光の刺激を受けて、目で物を見る感覚。‖「映像を使ってーに訴える」

しーかく【資格】［名］❶ある職業・任務・地位などにつくために必要とされる条件。‖「調理師のーを得る」「出場ー」✓注意「個」で数えるのは不適切。‖「×資格を三個以上お持ちの方は…（○三つ）」❷ある組織内での身分や立場。‖「株主のーで総会に出席する」

しーがく【史学】［名］歴史を研究する学問。歴史学。

しーがく【志学】［名］❶学問に志すこと。❷一五歳のこと。▼『論語』為政の「吾十有五にして学に志す」より。

しーがく【私学】［名］私立の学校。⇕官学

しーがく【視学】［名］旧制度で、学事を視察し、教育現場の指導・監督に当たった地方教育行政官。府県視学・郡視学・市視学などがあった。

しーがく【歯学】［名］歯および歯の病気の治療に関する医学。

しーがく【▼斯学】［名］この方面の学問。‖「ーの権威」▼「斯」は「この」の意。

しーがく【詩学】［名］詩の本質・形式・形態・技法などを研究する学問。詩論。

じーかく【字画】［名］漢字を構成している点や線。また、その数。

じーかく【寺格】［名］寺の格式。本山・別院・末寺などの類。

じーかく【耳殻】［名］⬇耳介

じーかく【自覚】［名・他サ変］❶自分の置かれている立場や自分の能力・使命などをはっきりと認識すること。‖「己の至らなさをーする」「公務員としてのーが足りない」❷自分で感じとること。‖「ー症状」

じーかく【▼痔核】［名］肛門周辺および直腸の静脈が鬱血して、こぶのようになる病気。多く痛みと出血を伴う。いぼ痔。

じーがく【自学】［名・他サ変］自分一人で学ぶこと。

しかく・い【四角い】［形］❶四つ角があるさま。四角形をしている。長方形・正方形である。‖「ー容器」「紙をーく折る」❷角張っている。ごつごつしている。‖「ー顔」◈「四角」を形容詞化した語。

じがくーじしゅう【自学自習】［名・他サ変］先生の指導を受けずに自分一人で学習すること。

しかくーしめん【四角四面】［名・形動］❶真四角なこと。❷まじめで堅苦しいこと。‖「ーなあいさつ」

しかくーば・る【四角張る】［自五］❶四角形をなす。かどばる。‖「ーった顔」❷かしこまって、堅苦しい態度をとる。‖「ーって口上を述べる」

しーかけ【仕掛け】［名］❶物事をしている途中であること。やりかけ。❷ある仕組みをもつ装置。からくり。‖「種もーもない」❸釣りのための針・おもり・浮きなどの仕組み。

しかけーにん【仕掛け人】［名］製品やもよおし、流行などをつくり出す人。‖「新製品［ブーム］のー」

しーか・ける【仕掛ける】［他下一］❶取り付ける。装置などを設ける。‖「わなをー」❷こちらから相手に対してはたらきかける。‖「論戦をー」❸あることをし始める。‖「勉強をー・けたところで停電になった」◈書き方②③は、普通かな書き。文しか・く 名仕掛け

しーかざん【死火山】［名］有史以来一度も噴火した記録のない火山。▼古い火山分類の一つ。

しかーし【▽然し・▽併し】［接］❶前に述べられたことを受けて、それとは対立する事柄を述べ始めるときに使う。けれども。だが。‖「列車が脱線した。ーけが人はいない」「『分かったと言ったじゃないですか』『ー賛成したとは言っていない』」❷前の話題からそれることを述べ始めるときに使う。‖「ー今日は暑いですね」「企画は順調です。ーお茶はまだかな」

しかーじか【▽然▽然・▼云▼云】［副］〔古風〕具体的に述べたり文章を繰り返したりすることを省略する語。‖「理由をーと述べる」「かくかくー」

じがーじさん【自画自賛】［名・他サ変］自分で自分のことをほめること。‖「我ながらよくできたとーする」▼自分で描いた絵に自分で賛を書くことから。

しかーして【▼而して・▽然して】［接］〔古風〕そうして。▼副詞「しか」＋文語動詞「す」の連用形＋助詞「て」。

しかしーながら【▽然しながら・▽併しながら】
━［接］そうではあるが。しかし。‖「アイデアはよい。ー予算がかかりすぎる」▼改まった文章や演説などで使う。
━［副］〔古風〕そっくりそのまま。すべて。

しかーしゅう【詞花集・詞華集】［名］すぐれた詩文を集めた書物。アンソロジー。▼「詞花」は美しく飾ったことばの意。

じかーせい【自家製】［名］自分の家で作ること。また、作ったもの。‖「ーのハム」

じかーせん【耳下腺】［名］外耳道の前下部にある唾液腺。‖「ー炎」

じがーぞう【自画像】［名］自分で描いた自分の肖像。

しーかた【仕方】［名］❶物事を行う方法や手順。やりかた。‖「説明のーが悪い」▼「仕方がない」については「仕方ない」を参照。書き方「仕」は当て字。仮名書きも多い。❷身ぶり。⬇仕方話

じーかた【地方】［名］❶農村。また、農政一般。▼江戸時代、「町方」に対していった語。❷日本舞踊などで、三味線などの伴奏音楽を行う人。⬇立方

しかたーな・い【仕方ない（仕方無い）】
━［形］❶それ以外に取るべき方法がない。‖「ここまで来たら、もう打ち明けるよりー」❷必然的に受け入れざるを得ない状況であるさま。やむを得ない。致し方ない。‖「ーよ、二人とも用事があるということだから」「ー・く引き返す」❸対応のしようがないほどひどいさま。救いようがない。‖「怠けてばかりいてーやつだ」❹〈「ても［でも］仕方ない」などの形で〉…しても手遅れだ。…ても無意味だ。…ても始まらない。かいがない。詮ない。‖「今さら後悔してもー」「くよくよ考えたところでー」
━［補形］〈「…て［で］仕方ない」の形で〉感情・感覚などの程度が大きくて、自分では制御する方法をもたない意を表す。…てならない。…てたまらない。‖「うれしくてー」「不思議でー」「のどが渇いてー」◈「仕方」の「し」は動詞「する」の連用形で、「仕」は当て字。使い方(1)もともと「仕方」＋「無い」で、現在でも「仕方は／が／のない」など助詞の挿入も可能。「仕方はない」は━③と━には言わない。「仕方のない」は━には言わない。また、「しようがない」はほぼ同じように使う。(2)丁寧形は「仕方(が)ありません」「仕方(が)ございません」。丁重な言い方は「致し方ありません」「致し方ございません」。⬇「ない」のコラム（二〇四ページ）

しかたなしーに【仕方なしに（仕方無しに）】

〔副〕どうしようもなく。やむをえず。しかたなく。≡「━中止する」

しかた-ばなし【仕方話（仕方▼噺）】〔名〕身振り・手振りをまじえてする話。特に、身振りを多く取り入れた落語。

じか-たび【地下《足袋》】ヂカ〔名〕厚いゴム底をつけた労働用のたび。ちかたび。▼直（じか）（＝直接）に土を踏むたびの意。書き方「地下」は当て字。

じ-がため【地固め】ヂ〔名・自サ変〕❶建築をする前に、地面をならして固めること。地形（じぎょう）。❷物事の基盤や基礎を固めること。≡「新事業の━をする」

じか-だんぱん【▽直談判】ヂカ〔名・他サ変〕間に人を入れず、直接相手に会って交渉すること。

じか-ちゅうどく【自家中毒】〔名〕❶自分の体内で生成された毒物によって起こる中毒症状。尿毒症など。▼比喩（ゆひ）的に、人や組織の内部の原因によって生じる悪い状態の意にも使う。❷小児が嘔吐（おうと）をくり返す病気。脂肪の代謝物であるアセトンが血液中に増加するために起こる。周期性嘔吐症。アセトン血性嘔吐症。

し-かつ【死活】クヮツ〔名〕死ぬことと生きること。死ぬか生きるかということ。≡「━問題」

し-がつ【四月】グヮツ〔名〕一年の四番目の月。卯月（うづき）。⬇季節のことば（二八〇ジペー）

じ-かつ【自活】クヮツ〔名・自サ変〕援助や保護を受けないで、自力で生活すること。≡「卒業後は━する」

しかつめらし・い〔形〕形式的でかたくるしいさま。もったいぶっていて、わざとらしいさま。≡「━顔をして相づちを打つ」「━・くあいさつをする」書き方「鹿爪らしい」とも当てる。注意「しかめっつらしい」「しかめつらしい」は誤り。派生 ━げ／━さ

しかと〔名・他サ変〕〔俗〕相手を無視すること。≡「挨拶（あいさつ）をしたのに━された」▼花札の十月（鹿（かし）の十（おと））に描かれた鹿が横を向いていることからという。書き方 多く「シカト」と書く。

しか-と【▽確と・▼聢と】〔副〕❶たしかに。はっきりと。≡「━承りました」❷しっかりと。かたく。≡「━両の手を握る」

じか-どうちゃく【自家▼撞着】〔名・自サ変〕同じ人の言動や文章が前後で食い違うこと。自己矛盾。≡「論理が━に陥る」「━に終わる」

しが-な・い〔形〕人の地位や生活ぶりが取るに足りないさま。みすぼらしい。貧しい。≡「━浮き草稼業」▼多く卑下して使う。「さがない」の転か。

じか-に【▽直に】ヂカ〔副〕間に何も入れないで直接にするさま。何も介さずに。直接に。≡「責任者と━話し合う」「地面に━置く」

じ-がね【地金】ヂ〔名〕❶めっきの下地となる金属。また、加工の材料となる金属。じきん。❷生まれつき持っている性質。本性。≡「酔うと━が出る」▼多く悪い意味で使う。

しかのみ-ならず【▽然のみならず・〈加▼之〉】〔接〕〔古風〕そればかりでなく。そのうえ。≡「夏はことさら高温多湿となる。━風土病も多い」

じか-ばき【▽直履き・▽直▼穿き】ヂカ〔名〕履物などを素足に直接はくこと。

じが-ばち【似我蜂】〔名〕腰部が細長く伸びたジガバチ科のハチ。地中に掘った巣穴に青虫などを運び込み、貯えて幼虫の餌（えさ）にする。すがる。こしぼそばち。

し-かばね【▼屍・▼尸】〔名〕死体。死骸。≡「野に━をさらす」

しか-ばん【私家版】〔名〕販売を目的とせず、自費で出版する本。

じか-び【▽直火】ヂカ〔名〕料理などで、材料に直接火を当てること。また、その火。≡「━で焼く」

じか-まき【▽直▼播き】ヂカ〔名〕⬇じきまき

じ-がみ【地紙】ヂ〔名〕❶傘・扇子などにはる厚手の紙。❷金箔・銀箔などをはる下地の紙。

じ-がみ【地髪】ヂ〔名〕入れ髪などに対し、自然に生えている髪の毛。地毛（じげ）。

しがみ-つ・く〔自五〕❶離れまいとして強くすがりつく。しっかりと抱きつく。≡「母親に━」❷ある物事に強く執着する。≡「権力の座に━」

しかめっ-つら【▼顰めっ面】〔名〕まゆのあたりにしわを寄せた不機嫌そうな顔。しかめつら。

しか・める【▼顰める・▼蹙める】〔他下一〕苦痛や不快のために、まゆのあたりにしわを寄せる。≡「向こうずねを打って顔を━」文しか・む

顰

しか-も【▽然も・▼而も】〔接〕❶前に述べたことにさらに他のことが加わる意を表す。その上。≡「この店は安くて、━味がよい」❷前に述べたことと対比的なことが次に続く意を表す。それでもなお。≡「糾弾されて、━平然としている」

じかよう-しゃ【自家用車】〔名〕自分の家で使用する目的で所有する自動車。自家用自動車。マイカー。

しから-し・める【▽然らしめる】〔他下一〕〔古風〕そうさせる。そのような結果に至らせる。≡「かかる倒産も放漫経営の━所であった」文しからし・む

しからずん-ば【▽然らずんば】〔接〕〔古風〕そうでないならば。さもなくば。≡「自由を与えよ、━死を与えよ」

しから-ば【▽然らば】〔接〕〔古風〕それならば。そうしたら。≡「なお努めよ、━道も開かれよう」

しがらみ【▽柵・▽笧】〔名〕❶水流をせきとめるために、川の中に打ち並べたくいの横に竹や木の枝を結びつけたもの。❷ひきとめるもの。まつわりついて離れないもの。≡「世間の━を断ち切る」

しか・り【▽然り（▼爾り）】〔自ラ変〕〔古風〕そうである。そのとおりである。≡「名馬も老いれば駄馬にも劣る、英雄豪傑もまた━」▼「しかあり」の転。終止形を感動詞的にも使う。≡「━、御明察の通りだ」

しかり-つ・ける【叱りつける（叱り付ける）】〔他下一〕強くしかる。きびしくしかる。≡「頭ごなしに━」文しかりつ・く

しか・る【叱る（▼呵る）】〔他五〕目下の人の非を認め、それを改めさせようとして厳しく注意する。叱責（しっせき）する。≡「わがままな子供を━」「先生に━・られる」書き方「叱」と「叱」は本来別字（後者は、口を開くさま）だが、常用漢字表では慣用により同字とする。可能 しかれる

しかる-に【▽然るに】〔接〕〔古風〕そうであるのに。それなのに。≡「連絡はした。━何の返信もない」

しかる-のち【▽然る後】〔連語〕そのあと。そうしてから。≡「受付を済ませ、━（に）入場する」

しかる-べき【▽然るべき】〔連語〕❶〈「…してしかるべき」の形で〉そうするのが当然である。≡「一言あいさつがあって━だ」❷それにふさわしい。適当な。≡「━対策を考える」

しかる-べく【▽然るべく】〔連語〕適当に。よいよ

うに。≡「ー取りはからう」

シガレット【cigarette】〔名〕紙巻きたばこ。

しかれ-ども【▽然れども】〔接〕〔古風〕そうであるけれども。しかしながら。≡「敵は迫りぬ。ー援軍来たらず」

し-かん【士官】〔名〕軍隊で、兵・下士官に対して、将校または将校相当官の総称。

し-かん【子▼癇】〔名〕妊産婦が突発的に痙攣(けいれん)を起こし、意識を失う病気。一種の妊娠中毒症。

し-かん【止観】〔名〕天台宗の行法で、雑念を止めて一つの対象に精神を集中し、正しい知恵によって対象を観ずること。

し-かん【仕官】〔名・自サ変〕❶官職につくこと。❷武士が大名などに召し抱えられること。≡「前田家にーする」「ーがかなう」

し-かん【史観】〔名〕歴史を解釈するときの根本的な考え方・立場。歴史観。≡「唯物[皇国]ー」

し-かん【▼弛緩】〔名・自サ変〕ゆるむこと。たるむこと。≡「筋肉[精神]がーする」▼「ちかん」は慣用読み。

し-かん【私感】〔名〕個人としての立場からの感想。

し-かん【▼祠官】〔名〕神官。神主。

し-かん【歯間】〔名〕歯と歯の間。≡「ーブラシ」

し-かん【詩巻】〔名〕詩を集めた書物。詩集。

し-がん【▼此岸】〔名〕仏教で、悩みや迷いに満ちた現実世界。この世。⬌彼岸(ひがん)

し-がん【志願】〔名・自他サ変〕自分から望んで願い出ること。≡「入学ー者」「ー兵」

じ-かん【字間】〔名〕文字と文字との間。また、その間隔。≡「ーをあけて書く」

じ-かん【次官】〔名〕各省庁で国務大臣または長官の次に位し、大臣を補佐する職(を務める人)。⬇事務次官

じ-かん【時間】〔名〕❶ある時刻と時刻との間。長さを持った時。≡「まだーがある」「待ちー」❷ある目的のために区切られた時。≡「授業ー」「ー割」❸時刻。ある時点。≡「出発のーになる」「集合ー」❹過去から現在、未来へと切れ目なく連なり、一定の速さでとどまることなく流れ去るもの。とき。≡「長いーがたつ」❺時間を表す単位。一時間は一日の二四分の一の長さで、六〇分。≡「八ーの睡眠」

◉**時間との勝負**　限られた時間の中で成し遂げなければならないことのたとえ。時間との戦い。≡「試験はーだ」

◉**時間の問題**　結果の見通しがついていて、あとはその時を待つだけであること。≡「和解するのもーだ」

じかん-がい【時間外】〔名〕ある一定の時間からはずれていること。≡「ー診療」「ー労働」

じかん-きゅう【時間給】〔名〕働いた時間数に応じて支給する給料。時給。

じかん-たい【時間帯】〔名〕一日のうちの、ある時刻からある時刻までの一定の時間。≡「混雑するー」

じかん-ひょう【時間表】〔名〕❶仕事・授業などを行う手順をそれぞれの時間とともに書いた表。時間割。❷⬇時刻表

じかん-わり【時間割】〔名〕仕事・授業などをそれぞれの時間に割り振ること。また、それを書いた表。

しき【敷き】■〔名〕❶「敷金」の略。❷「敷き布団」の略。■(造)しくこと。また、物の下にしくもの。≡「板ー」「下ー(じき)」「鍋ー」「花瓶ー」

しき【式】■〔名〕❶人々が集まり、一定の手順や形式で行われる行事。儀式。≡「神前でー(=結婚式)を挙げる」「ー場」「葬ー」「卒業ー」「表彰ー」❷数学・化学・物理学などで、計算の順序や関係・法則などを記号・数字で表したもの。≡「ーを解く」「数ー」「化学ー」「方程ー」❸律令の施行についての細目。■〔接尾〕そのような形式・方法である意を表す。≡「和ー」「洋ー」「旧ー」「公ー」「単勝ー」「芋蔓(いもづる)ー」「スパルタ―」▼まれに名詞としても使う。≡「いつものーで対応する」

しき【色】■〔名〕仏教で、五感によって認識されるすべてのもの。かたちあるすべてのもの。≡「ー即是空(しきそくぜくう)」■(造)❶いろ。≡「ー感」「ー紙」「金ー(こんじき)」「極彩ー」❷性的な欲望。≡「ー道」

し-き【士気】〔名〕兵士が戦おうとする意気込み。また、一般に、人々が団結して物事を行おうとする意気込み。≡「ーがあがる」⬇志気

し-き【子規】〔名〕ホトトギス。

し-き【四季】〔名〕春・夏・秋・冬の四つの季節。≡「ー折々の草花」

し-き【死期】〔名〕死ぬとき。死ぬべきとき。≡「ーが迫る」

し-き【志気】〔名〕ある物事を行おうとする意気込み。≡「ー盛んな若者」使い方「士気」は団体(の一人)としての意気込みをいうが、「志気」は主として個人のこころざしについていう。

し-き【私記】〔名〕個人として書いた記録。

し-き【始期】〔名〕❶物事の始まる時期。❷法律で、法律行為の効力が発生する期限。また、債務の履行を請求できるようになる期限。◈⬌終期

し-き【指揮】〔名・他サ変〕❶全体がまとまりをもって動くように、多くの人々を指図すること。≡「陣頭でーをとる」「ー官」❷合唱・合奏などの演奏を、指揮棒などを使って指示を出して統率すること。≡「ー者」◈書き方「指▼麾」とも書いたが、今はまれ。

し-き【紙器】〔名〕紙で作った容器。紙箱・紙コップ・紙皿・ボール箱など。≡「ー製造業」

しき〔副助〕〈「これ」「それ」「あれ」に付いて〉たかが…くらい、と程度を限定する意を表す。≡「これしきの怪我で弱音を吐くな」「なんの、これしき」▼名詞「しき(式)」が助詞化した語という。

しき【織】(造)おる。くみたてる。≡「組ー」

しき【識】(造)❶物事の道理を知る。見分ける。また、その能力。≡「ー者」「ー別」「学ー」「常ー」「知ー」「認ー」❷見知っている。知り合い。≡「面ー」❸しるす。しるし。≡「ー語」「標ー」

しぎ【▼鴫・▼鷸】〔名〕イソシギ・タシギなど、チドリ目シギ科の鳥の総称。多く水辺にすみ、長いくちばしで貝・カニなどを捕食する。日本には旅鳥として春・秋に渡来。

し-ぎ【仕儀】〔名〕物事の成り行き。事の次第。≡「不本意なーと相成りました」▼多く結果の思わしくないことにいう。

し-ぎ【市議】〔名〕公選されて市議会を組織する議員。任期は四年。▼「市議会議員」の略。

し-ぎ【私議】〔名〕❶自分一人の意見。私見。❷〔他サ変〕陰で批評すること。陰でそしること。

し-ぎ【試技】〔名〕重量挙げ・跳躍競技・投擲(とうてき)競技などで、選手に許されている一定回数の演技。トライアル。

じき【直】■〔名〕間に他のものをはさまないこと。直接であること。≡「ーの弟子」■〔副〕時間・距離が隔た

っていないさま。すぐ。≡「—終わります」「もう—春だ」「頂上は—だ」⬇じきに

じき【次期】［名］次の期間。≡「—選挙に立候補する」

じき【自記】［名・他サ変］❶自分で書き記すこと。❷機械が自動的に記録すること。≡「—装置」

じき【自棄】［名］自分で自分を見はなして、すてばちになること。やけになること。≡「自暴—」

じき【時季】［名］季節。特に、あることが盛んに行われる季節。≡「花見の—になった」「—外れの台風」

じき【時期】［名］ある一定の期間。また、あることを行う時。≡「多忙な—を迎える」「—尚早（しょうそう）」

じき【時機】［名］あることを行うのに都合のいい機会。ころあい。タイミング。≡「—をうかがう」

じき【磁気】［名］磁石や磁性体が鉄を引きつけるなどの作用。また、その根源となるもの。

じき【磁器】［名］陶器より高温で焼かれ、素地（きじ）がガラス化して半透明になった硬質の焼き物。吸水性はほとんどなく、たたくと金属性の音がする。有田焼・九谷焼などの類。

じ-ぎ【字義】［名］漢字のもつ意味。文字の表している意味。

じ-ぎ【児戯】［名］子供の遊び。▼幼稚で、価値に乏しいことの意で使う。≡「—に等しい策略」

じ-ぎ【時宜】［名］時期がちょうどよいこと。ほどよいころあい。

◉時宜を・得る 時や状況にうまく合う。≡「時宜を得た発言」✓注意「時期［時機］を得る」は誤り。

じ-ぎ【辞儀（辞宜）】［名・自サ変］頭を下げて礼をすること。≡「丁寧に—をする」▼現在では多く「お—」の形で使う。書き方 古くは「時儀」とも。

じき-あらし【磁気嵐】［名］地球の磁場が不規則に変動する現象。磁針が乱れ、電波通信が妨げられる。太陽表面の爆発によって放出される荷電粒子が原因。

しき-い【敷居】［名］❶門の内外を区切るために敷く横木。しきみ。≡「—をまたぐ（＝その家に入る）」「—越しに話す」❷引き戸・障子・ふすまなどを開け閉めするために、部屋の開口部の下に敷く溝のある横木。⬍鴨居（かもい）⬇床の間（図）◈書き方「▼閾」とも。

◉敷居が高・い ❶不義理や面目のないことをしているので、その家に行きにくい。≡「無沙汰をしているので、あの家は—」▼「敷居」①が高く、その家の領域に入りにくい意から。❷〔新〕程度や難度が高い。≡「高級すぎて僕らには—店」「初心者には—ゴルフコース」▼②は転用。◈✓注意「仕切りが高い」は誤り。

しき-いき【識▼閾】［名］心理学で、刺激によってある意識作用が生起または消失する境界。閾。

しき-いし【敷石】［名］道路・庭・玄関先などに敷き並べた平らな石。≡「—道」

しき-いた【敷板】［名］❶物の下に敷く板。底板。❷根太（ねだ）の上に張る板。床板。

しきい-ち【▼閾値】［名］⬇いきち（閾値）

しき-うつし【敷き写し】［名・他サ変］❶書画などの上に薄紙を置き、そのまま写し取ること。透き写し。❷人の文章などを、そっくりまねること。≡「他人の論文を—する」動 しきうつ・す（他五）

じき-カード【磁気カード】［名］表面に磁性材料を塗布して情報を記憶させるカード。

しき-かく【色覚】［名］色を識別する感覚。

しきかく-いじょう【色覚異常】［名］色覚のうち、ある系統の色覚が弱い、あるいは欠けている状態。一般に先天性のものをいう。色覚多様性。

しき-がみ【敷紙】［名］❶物の下に敷く紙。❷渋紙などを厚く張り合わせてつくった紙製の敷物。

しき-がわ【敷皮】［名］毛皮の敷物。

しき-がわ【敷革】［名］靴の中に敷くなめしがわ。中敷。

しき-かん【色感】［名］❶色彩から受ける感じ。≡「冷たい—の部屋」❷色を見分ける感覚。色彩感覚。≡「鋭い—をもつ画家」

し-きぎょう【私企業】［名］民間の出資・経営による企業。⬍公企業

しき-きん【敷金】［名］家屋・部屋などの賃貸借で、貸主が賃料などの債務の担保として借主から預かる保証金。しきがね。しき。⬇礼金

しき-けん【識見】［名］物事を正しく判断・評価する能力。また、それに基づく考えや意見。見識。

しき-ご【識語】［名］写本・刊本などで、本文の前または後に書写の来歴や年月日などを記したもの。しご。

しき-さい【色彩】［名］❶色。いろどり。≡「鮮やかな—の絵」❷ある傾向・性質。≡「選挙運動の—が強い講演会」

じき-さん【直参】［名］江戸時代、徳川将軍に直属した一万石以下の武士。旗本と御家人。

しき-し【色紙】［名］❶和歌・俳句・書画などを書きしるす方形の厚紙。多く色や模様を施してある。❷衣服の地の弱くなったところなどに裏から当てる布。

しき-じ【式次】［名］儀式を進める順序。式次第。

しき-じ【式辞】［名］儀式の席で述べる挨拶のことば。

しき-じ【識字】［名］文字の読み書きができること。≡「—率」

じき-じき【直直】［副］間に人を入れずに、本人が直接するさま。直接。じかに。≡「首相が—（に）面会する」

しき-しだい【式次第】［名］式を進める順序。式次。

しき-じつ【式日】［名］❶儀式を行う日。❷祝日。祭日。

しきしま【敷島】［名］〔古風〕❶大和（やまと）の国（＝現在の奈良県）。また、日本国。▼崇神（すじん）・欽明（きんめい）天皇が大和の国の磯城（しき）に都を置いたことから。❷和歌の道。歌道。▼「敷島の道（＝日本古来の道）」の意から。

しき-じゃく【色弱】［名］色覚異常のうち比較的軽いものの旧称。

しき-しゃ【識者】［名］見識のある人。有識者。

じき-しょ【直書】［名］❶［他サ変］本人が直接書くこと。また、その文書。直筆。自筆。≡「社長が—した紹介状」❷古文書の一形式。自筆の書状。特に、主君が臣下にあてた自筆の書状。直状。

しき-じょう【式場】［名］儀式を行う場所。

しき-じょう【色情】［名］性的な欲望。欲情。情欲。色欲。

しき-そ【色素】［名］物体が色を発するもとになる物質。

じき-そ【直訴】［名・他サ変］一定の手続きをふまないで、上位の者などに直接訴えること。

しき-そう【色相】［名］❶色の三属性の一つ。ある色を他の色と感覚的に識別するよりどころとなる色の特質。色合い。⬇彩度・明度 ❷仏教で、肉眼で見ることのできる一切の姿・形。≡「—界」

しき-そく-ぜ-くう【色即是空】［名］仏教で、宇宙間のすべてのものは因と縁によって存在しているだけで、その本質は空であるということ。〓「—空即是色」▼『般若心経』にある語。

しき-だい【式台(敷台)】［名］和風建築で、玄関先に一段低く設けた板敷きの部分。客の送迎をする所。

しき-たく【色沢】［名］いろつや。しょくたく。

しき-たり【仕来たり・▽為来たり】［名］地域や集団の中で、そうすることが決まりとなっていること。ならわし。慣習。〓「武家の—」書き方 かな書きも多い。

ジギタリス［digitalisオラ］［名］夏、紅紫色の釣鐘状の花をつけるゴマノハグサ科の多年草。薬用・観賞用に栽培するが、葉は有毒。キツネノテブクロ。

しき-ち【敷地】［名］建築物・道路などに使う一定区画の土地。

しき-ちょう【色調】ーテウ［名］色彩の濃淡・強弱・明暗などの調子。色合い。〓「明るい—の絵」

しき-つ・める【敷き詰める】［他下一］すきまなく一面に敷く。〓「玉砂利を—・めた参道」文 しきつ・む

じき-テープ【磁気テープ】［名］細長い帯状のプラスチックに酸化鉄などの磁性体を塗ったもの。音声・画像などの信号を記録するのに用いる。

じき-でし【直弟子】ヂキ［名］師から直接教えを受ける弟子。直門。

しき-てん【式典】［名］一定の形式に従って行う大がかりな儀式。

じき-でん【直伝】ヂキ［名］師から弟子に直接伝授すること。〓「—の奥義」

しき-どう【色道】ーダウ［名］色恋や情事に関すること。いろのみち。

じき-に【直に】ヂキ［副］もう少ししたら。まもなく。〓「にわか雨だから—やむよ」「—家に着きます」

しき-ねん【式年】［名］神宮などで祭儀を行うことが定められている年。〓「—遷宮」▼「式」は定める意。

しき-のう【式能】［名］儀式として催される能。▼江戸時代には、幕府の行事などに際し行われた。

じき-のう【直納】ヂキナフ［名・他サ変］直接納めること。〓「年貢を—する」「—品」

じき-ひ【直披】ヂキ［名］手紙の脇付(わきづけ)の一つ。自分で直接封を開いてくださいの意。親展。ちょくひ。

じき-ひつ【直筆】ヂキ［名］本人が直接筆をとって書くこと。また、書いたもの。⇔代筆

しき-ふ【敷布】［名］敷き布団の上に敷く布。シーツ。

しき-ふく【式服】［名］儀式のときに着る衣服。礼服。⇔平服

しき-ぶとん【敷き布団(敷き▼蒲団)】［名］寝るときに体の下に敷く布団。⇔掛け布団

しき-べつ【識別】［名・他サ変］物事の性質・種類などを見分けること。〓「雌雄を—する」

しき-ま【色魔】［名］色欲をみたすために、多くの女性をだましてもてあそぶ男性。

じき-まき【直▼播き】ヂキ［名］苗床などを使わず、田畑に直接種をまくこと。じかまき。直播(ちょくはん)。〓「—栽培」

しきみ【▼樒・▼梻】［名］早春、淡黄色の花を開くシキミ科の常緑小高木。芳香のある葉は樹皮とともに抹香の材料。葉のついた枝を仏前や墓前に供える風習がある。しきび。〓「墓前にお—を供える」

しき-もう【色盲】ーマウ［名］色覚異常の旧称。

しき-もく【式目】［名］❶武家時代、法規などを箇条書きにしたもの。御成敗式目など。式条。❷連歌・俳諧を作るときの規定。また、それを記したもの。

しき-もの【敷物】［名］物の下に敷くもの。また、床の上に敷くもの。花瓶敷き・じゅうたん・座布団などの類。

じき-もん【直門】ヂキ［名］師からじかに教えを受けること。また、その人。直弟子(じきでし)。

しぎ-やき【▼鴫焼き】［名］ゴマ油を塗って焼いたナスに、さらに練り味噌(みそ)をつけてあぶった料理。〓「ナスの—」▼もとは中身をくりぬいたナスにシギの肉を詰めて焼いたものだという。

し-ぎゃく【▼嗜虐】［名］残虐なことを好むこと。〓「—心」

じ-ぎゃく【自虐】［名］自分で自分の体や心をいじめ苦しめること。〓「—趣味」「—的な態度」

し-きゅう【子宮】［名］哺乳(ほにゅう)動物の雌の生殖器の一部。受精卵が着床し、胎児が発育するところ。

し-きゅう【支給】ーキフ［名・他サ変］金銭・物品をあてがい渡すこと。〓「給料を—する」「現物—」

し-きゅう【四球】ーキウ［名］フォアボール。

し-きゅう【死球】ーキウ［名］デッドボール。

し-きゅう【至急】ーキフ［副］非常に急ぐこと。大急ぎ。〓「—来てほしい」

じ-きゅう【自給】ーキフ［名・他サ変］必要なものを他に求めるのでなく、自分でつくり出すなどして自らまかなうこと。〓「野菜[石油]を—する」「食料—率」

じ-きゅう【持久】ヂキウ［名］長い間もちこたえること。〓「—力」「—戦(=時間をかけて敵側の消耗を待つ戦法)」

じ-きゅう【時給】ーキフ［名］仕事量ではなく、働いた時間数に応じて支給する給料。時間給。〓「—千円」

しきゅう-しき【始球式】シキウ［名］野球で、第一試合の開始前に来賓などが投手の位置から本塁へ球を投げる行事。公式戦の開幕試合や親善試合などで行う。

じきゅう-じそく【自給自足】ジキフー［名・他サ変］必要な物資を他から求めずに、自分で生産して満たすこと。

じきゅう-そう【持久走】ヂキウー［名］学校の体育で、長時間・長距離を一定のペースで走ること。また、その運動。〓「—大会」

し-きょ【死去】［名・自サ変］死ぬこと。死んでこの世を去ること。〓「心不全で[病院で]—した」

じ-きょ【辞去】［名・自サ変］別れを告げて立ち去ること。〓「用談を終えて—する」「田中家を—する」

し-きょう【司教】ーケウ［名］カトリック教会の聖職の一つ。司祭の上に位し、司教区を統轄する。

し-きょう【市況】ーキャウ［名］市場で商品・株式などが取り引きされる状況。〓「株式—」

し-きょう【示教】ーケウ［名・他サ変］具体的に示して教えること。教示。じきょう。

し-きょう【詩境】ーキャウ［名］詩に詠みこまれた心境。また、詩を作るときの心境。

し-きょう【詩興】［名］詩を作ろうと思う気持ち。また、詩を読んだときに感じる趣。〓「—がわく」

し-ぎょう【仕業】ーゲフ［名］機械を操作すること。また、車両を運転・運行すること。〓「—点検」

し-ぎょう【始業】ーゲフ［名・自サ変］❶その日の業務や授業を始めること。〓「—時間」❷学校で、その学期または年度の授業を始めること。〓「—式」

し-ぎょう【▼斯業】ーゲフ［名］この事業。

し-ぎょう【嗣業】ーゲフ［名］キリスト教で、受け継ぐも

の。遺産。‖「神から賜ったー」

じ-きょう【自供】[名・他サ変] 警察官などの取り調べに対し、犯人・容疑者が自分の犯罪事実などを自ら申し述べること。また、その申し述べた事柄。

じ-きょう【自▼彊】ーキャウ [名] 自ら進んで努力すること。

じ-きょう【持経】ヂキャウ [名] 常に持ち歩いて読誦(どくじゅ)する経典。特に、法華経をさす。

じ-ぎょう【地形】ヂギャウ [名] 建築をする前に地面をならして固めること。地がため。また、建築物の基礎工事。[書き方]「地業」とも。

じ-ぎょう【事業】ーゲフ [名] ❶生産・営利などを目的として継続的に行われる経済活動。‖「ーを興す」❷社会への貢献を目的とする比較的規模の大きい仕事。‖「社会福祉ー」

しきょう-ひん【試供品】[名] 化粧品・薬品などで、試しに使ってもらうために客に無料で提供する品。

し-きょく【支局】[名] 新聞社・放送局・郵便局などで、本社・本局の管理のもとに各地に置かれ、その地域の業務を取り扱う所。

し-きょく【私曲】[名] 自分の利益だけをはかって、公平でないこと。

しき-よく【色欲(色▼慾)】[名] 性的な欲望。

じ-きょく【時局】[名] 国家・社会などが当面している情勢。そのときの時世の局面。‖「ーを大観する」

じ-きょく【磁極】[名] 磁石の両端の、鉄を引きつける力の最も強いところ。正磁極(N極)と負磁極(S極)とがある。

じき-らん【直覧】ヂキー [名] 手紙の脇付(わきづけ)の一つ。親しく直接ご覧になってくださいの意。親展。

し-きり【仕切り】[名] ❶区切ること。また、区切った境界。‖「カーテンでーを作る」❷取引や帳簿をしめくくること。決算。‖「ー帳」❸相撲で、土俵上の力士が立ち合いの身構えをすること。

しきり【▽頻り】[形動] 同じことが何度も起こるさま。また、その程度・度合いがはなはだしいさま。‖「後悔することーだ」▼動詞「しき(頻)る」の連用形から。

しきり-しょ【仕切り書】[名] 商品発送の際、代金の総額や貨物の明細を記して荷受け人に送る書類。仕切り状。送り状。[書き方]「仕切書」も多い。

しきり-と【▽頻りと】[副] しきりに。

しきり-なおし【仕切り直し】ーナホシ [名] ❶相撲の立ち合いで、両力士の呼吸が合わないために、仕切りをやり直すこと。❷最初からやり直すこと。‖「試合はーとなった」「交渉にはーが必要だ」[動] **しきりなお・す**(他五)

しきり-に【▽頻りに】[副] ❶しばしば。ひっきりなしに。しきりと。‖「ー咳をする」❷むやみに。やたらに。また、熱心に。しきりと。‖「ー恐縮する」

し-き・る【仕切る】㊀[他五] ❶間に境を設けていくつかに区切る。‖「広間を二つにー」「庭を垣根でー」❷ある時点で取引や帳簿をしめくくる。決算をする。‖「掛け売りを三月末にー」❸ある範囲内の一切を掌握し、責任をもって処理する。とりしきる。‖「一人で宴会をー」㊁[自五] 相撲で、土俵上の力士が立ち合いの身構えをする。[可能] **仕切れる** [名] **仕切り**

じき-わ【直話】ヂキー [名] 本人が直接する話。また、本人から直接聞いた話。

し-きん【至近】[名・形動] きわめて近いこと。‖「ーの場所」「ー距離・ー弾」

し-きん【資金】[名] ある目的のために使われる金銭。特に、事業などの元手となる金銭。‖「運転[住宅]ー」

し-きん【賜金】[名] 天皇や国家から下賜される金銭。‖「傷病ー」

し-ぎん【市銀】[名]「市中銀行」の略。

し-ぎん【歯▼齦】[名] 歯ぐき。歯肉。‖「ー炎」

し-ぎん【詩吟】[名] 漢詩に節をつけてうたうこと。

しきん-ぐり【資金繰り】[名] 資金の調達や運用。資金のやりくり。‖「ーが苦しい」

しきん-せき【試金石】[名] ❶金などの貴金属の鑑定に用いる黒色の硬い石。表面に金属をこすりつけ、その条痕(じょうこん)によって純度・品位などを判定する。❷物の価値や人物の能力などを評価するために試みる物事。‖「実力をはかるーとなったコンクール」

しきん-せんじょう【資金洗浄】ーセンジャウ [名] ➡ マネーロンダリング

し-く【四苦】[名] 仏教で、人生の四つの苦しみ。生苦(しょうく)・老苦・病苦・死苦。➡ 四苦八苦

し-く【死苦】[名] 仏教で、四苦の一つ。人間が免れることのできない死の苦しみ。また、死ぬときの苦しみ。

し-く【詩句】[名] 詩の文句。詩の一節。

し・く【▽如く・▽若く・▽及く】[自五] 匹敵する。肩を並べる。‖「憂いを払うなら酒にーものはない」「三十六計逃げるにーかず」▼多く下に打ち消しの語を伴う。

し・く【敷く】㊀[他五] ❶平らに広げ並べる。また、一面に平らに並べたり散らばらせたりする。‖「居間[客間]に絨毯(じゅうたん)[布団]をー」「畳をーいた部屋」❷線条の物を敷き並べて鉄道やケーブルなどを作る。敷設(ふせつ)する。‖「東京・横浜間に鉄道をー」「民営化のためのレールをー(=下準備をする)」❸命令や政治の体制を築く。また、それを築いて広く行き渡らせる。‖「戒厳令[軍政]をー」❹人を配置して、陣立てや態勢を作る。‖「強力な布陣をーいて戦いに臨む」「盤石の態勢をー」❺ある物を(平らにして)ある物の下に置く。特に、敷物にする。‖「薬罐(やかん)の下に鍋敷(なべし)きをー」「どうぞ座布団をーいて下さい」「草をーいて座る」❻押さえつけて自由を奪う。‖「倒れた木にーかれて死んだ」「亭主を尻にー」㊁[自五] 一面に散らばる。‖「はらはらと落ち葉がーき積もる」「ひらひらと桜花散りー」◈[書き方]㊀②③④は「▽布く」、⑤は「▼藉く」とも。[注意]「ヒク」と紛れやすい。➡ 引く[注意] [可能] **敷ける**

じく【軸】ヂク [名] ❶車やこまなどの回転の中心となる心棒。‖「車ー」❷巻物の中心となる棒。軸木。また、その巻物・掛け軸。‖「良寛のー」「ー装」「巻物一ー」❸筆・ペン・マッチなどの棒状の部分。❹物事の中心となるもの。‖「経済問題をーに据えて検討する」❺幾何学で、線対称の図形や座標の基準となる線。‖「対称ー」

じ-く【字句】[名] 文章の中の文字や語句。

ジグ【jig】[名] 機械工作で、刃物などを工作物の正しい位置に導くための工具。[書き方]「治具」と当てる。

じく-あし【軸足】ヂクー [名] スポーツなどで、軸として自分の体を支える方の足。

じ-くう【時空】[名] 時間と空間。‖「ーを超越する」

じく-うけ【軸受け】ヂクー [名] ❶回転または往復運動をする軸を支える装置。ベアリング。❷扉などの軸を受けて支える部分。◈[書き方]「軸▽承け」とも。公用文では「軸受」。

しく-かつよう【シク活用】ークヮツヨウ [名] 文語形容詞の活用形式の一つ。「しく・しく・し・しき・しけれ」と活用

するもの。「うれし」「かなし」の類。人の感情を意味する形容詞が多い。▼補助活用のカリ活用を加えると、「しく(しから)・しく(しかり)・し・しき(しかる)・しけれ・しかれ」のようになる。

しーぐさ【仕草・仕▽種】[名] ❶ものごとをするときのちょっとした身のこなしや表情。「ーが子供っぽい」❷役者が舞台で見せる動作や表情。

ジグザグ【zigzag】[名・形動] 直線が右に左に何度も折れ曲がっていること。また、その形。いなずま形。「ーの山道」

じくーじ【▼忸▼怩】チクヂ [形動タトル] 反省して、深く恥じ入るさま。「このような事態を招き、内心ーたるものがある」「力及ばず、ーたる思いだ」注意 (他人に対して)腹立たしいの意で使うのは誤り。「× 連日報道される汚職事件に忸怩たる思いだ」

しくーしく[副ト] ❶しおれて弱々しく泣くさま。「哀れっぽくー(と)泣き続ける」❷鈍い痛みがいつまでも続くさま。「腹がー痛む」

じくーじく[副ト] 水分が少しずつにじみ出てくるさま。「うんだ傷口がー(と)する」

しくじ・る[他五] ❶したことが目的とは違う結果となる。やりそこなう。失敗する。「仕事[人生・選択]をー」 使い方 「改革にー」のように自動詞としても使う。❷過失などによって勤め先や仕事の場を失う。「酒で会社をー」「師匠をー」名 しくじり

じくーずれ【地崩れ】チクヅレ [名・自サ変] 地震・大雨などによって、ゆるんだ地盤が崩れること。

ジグソー・パズル【jigsaw puzzle】[名] 厚紙などに印刷された絵や写真を不規則に分割し、そのばらばらになった断片をもとの絵や写真に復元する玩具がんぐ。はめ絵。▼ジグソーは糸のこぎりの意。

じーぐち【地口】チ [名] ことわざや成句に語呂を合わせて作るしゃれ。「案ずるより産むが易い」をもじって「アンズより梅が安い」という類。江戸時代に流行した。

しーくつ【試掘】[名・他サ変] ためしに掘ってみること。

シグナル【signal】[名] ❶合図。信号。「ーを送る」❷鉄道などの、信号機。

しくーはっく【四苦八苦】[名] ❶仏教で、人生にまつわるすべての苦しみ。四苦に愛別離苦・怨憎会苦おんぞうえく・求不得苦ぐふとっく・五陰盛苦ごおんじょうくの四つを加えたもの。❷[自サ変] 非常に苦しむこと。「資金繰りにーする」

じーくばり【字配り】[名] 文字の配列。文字の取り合わせ。

しーくみ【仕組み】[名] ❶組み立てられているものの構造。「機械のー」❷計画。からくり。「最後にあっと驚かせようというーだ」❸(小説・戯曲などの)筋の運び。組み立て。「劇のー」

しーく・む【仕組む】[他五] ❶構造体などを工夫して作り設ける。作りつける。「城内に精巧な落とし穴をー」❷ある物事(特に、悪事など)をたくらむ。企てる。計画する。「内部の者が狂言強盗をー」「入念にー・まれた嘘うそ」❸素材に手を加えて、元の話を物語や芝居に作りかえる。「遭難事件を小説にー」◈使い方 ①②は〜ヲに〈結果〉を、③は〈対象〉をとる。③には、「話を巧みに仕組む」のように、〜ヲに〈結果〉をとる言い方もある。可能 仕組める 名 仕組み

じーぐも【地〈▼蜘▼蛛〉】チ [名] 樹木の根もとや石垣などの下に細長い袋状の巣を作るジグモ科のクモ。アナグモ。フクログモ。ツチグモ。

じくーもの【軸物】チク [名] 軸に巻くように表装した書画。掛け物。また、絵巻物や巻子本かんすぼん。

シクラメン【cyclamen】[名] 春に白・赤・桃などの花を開くサクラソウ科の多年草。夏咲き・冬咲きなど、園芸品種が多い。ブタノマンジュウ。カガリビバナ。

しぐれ【《時雨》】[名] ❶晩秋から初冬にかけて断続的に降る小雨。「ー空」「秋ー・片ー・北山ー・小夜さよー・初ー・村ー・横ー」❷「時雨煮」の略。

しぐれーに【《時雨》煮】[名] ハマグリのむき身などにショウガの薄切りを加え、たまり醤油じょうゆで煮つめたもの。また、一般にショウガを加えた佃煮つくだに。▼ハマグリの時雨煮は三重県桑名の名産。

しぐ・れる【〈時雨〉れる】[自下一] 時雨が降る。「夕方になってー」文 しぐる

じくーろ【▼舳▼艫】チク [名] 船のへさきと、とも。船首と船尾。「ー千里(=多くの船が連なるさま)」

じーくん【字訓】[名] 漢字の日本語としての読み。漢字の意味が和語の発音と結びついて固定化したもの。「海」を「うみ」と読むの類。訓。

しーくんし【士君子】[名] 学問・人格にすぐれた人。

しーくんし【四君子】[名] 東洋画の画題とする、蘭らん・竹・梅・菊の総称。▼清らかで気品のあるさまを君子にたとえた語。

しけ【▽時化】[名] ❶風雨のために海が荒れること。「ーに遭う」⇔凪なぎ ❷海が荒れて魚がとれないこと。❸興行で客の入りが悪いこと。また、商売で売れ行きが悪いこと。

じーげ【地下】チ [名] ❶昔、清涼殿殿上てんじょうの間への昇殿を許されなかった官人。一般には六位以下の官人をいう。地下人。⇔堂上どうじょう ❷昔、宮中に仕える人が、それ以外の人をさして言った語。農民。庶民。

じーげ【地毛】チ [名] かつらに対して、自分の髪の毛。地髪じがみ。

しーけい【支系】[名] 直系から分かれた系統。傍系。

しーけい【死刑】[名] 犯罪者の生命を絶つ刑。極刑。死罪。「ーを宣告する」

しーけい【私刑】[名] 個人や集団が法律や裁判を無視して加える暴力的な制裁。リンチ。

しーけい【紙型】[名] 印刷用の鉛版を作るために、活字組み版などを特殊な紙に押しつけてとった鋳型いがた。これに鉛合金を流し込んで鉛版を鋳造する。「ーをとる」

しーけい【詩形・詩型】[名] 詩の形式。七五調・五七調・定型詩・自由詩・文語詩・口語詩・散文詩など。

しーげい【至芸】[名] この上なく優れた芸。芸の極致。

じーけい【字形】[名] 実際に書き表された、文字の形。

じーけい【次兄】[名] 上から二番目の兄。

じーけい【自警】[名] ❶[自サ変] 自らいましめること。自戒。❷[他サ変] 自分の力で身の回りを警戒・警備すること。「ー団」

じけいーれつ【時系列】[名] ある事象の観測値を時間の経過に沿って並べたもの。「ーデータ」

しーげき【史劇】[名] 歴史上の事実に題材を求めた戯曲・演劇。歴史劇。

しーげき【刺激(刺▼戟)】[名・他サ変] ❶生物に作用して何らかの反応や変化を起こさせること。また、その作用をするもの。「鼻をーする異臭」❷外部から働きかけて人の感情や精神を興奮させること。また、その働きを

するもの。〓「世論を—する」「—の強い映画」

しげき【詩劇】〔名〕韻文で書かれた劇。韻文劇。

しげき-てき【刺激的】〔形動〕強い刺激を与えるさま。知覚・感覚を興奮させるさま。〓「—な表現〔香り〕」

しけ-こ・む【しけ込む】〔自五〕〔俗〕❶遊郭などに入り込む。また、情事のためにある場所に入り込む。〓「ホテルに—」❷遊ぶ金がなくて家に閉じこもる。

しげ-しげ【▽繁▽繁】〔副ᶜ〕❶ある行為が度重なるさま。たびたび。〓「病室に—と見舞いに来る」❷念入りに見るさま。よくよく。つくづく。〓「—(と)顔を見る」

し-けつ【止血】〔名・自サ変〕出血を止めること。血止め。〓「—剤」

じ-けつ【自決】〔名〕❶自分の意志で態度・行動などを決めること。〓「民族—」❷〔自サ変〕責任をとって自殺すること。自裁。〓「腹を割いて—する」

しげ-とう【▽重▼籐(▽滋▼籐)】〔名〕下地を黒漆で塗り、その上を籐でしっかりと巻いた弓。多く大将が持った。しげどう。

しげ-み【茂み・▽繁み】〔名〕草や低木のおいしげっている場所。

し・ける【▽時化る】〔自下一〕❶風雨が強く、海が荒れる。また、海が荒れて不漁になる。〓「台風の余波で海が—」❷〔俗〕不景気で意気が上がらない。ふさぎ込む。〓「近ごろは—・けた話ばかりだ」文し・く

し・ける【▽湿気る】〔自下一〕湿気を帯びる。しめる。しっける。〓「—・けたせんべい」▼五段にも活用する。〓「海苔がしけらない(=しけない)ように保存する」

しげ・る【茂る・▽繁る】〔自五〕草木が伸びて枝・葉がたくさん出る。繁茂する。〓「若葉〔夏草〕が—」「青々と〔鬱蒼と〕—」名茂り

し-けん【私見】〔名〕一個人としての意見・見解。〓「—を述べる」▼自分の意見・見解をいう丁重語としても使う。

し-けん【私権】〔名〕私法上の権利。人格権・身分権・財産権・相続権など。⇕公権

し-けん【試験】〔名・他サ変〕❶試すこと。実験すること。〓「完成度を—する」「—的に実施する」❷問題を出して解答させ、合否・優劣などを判定すること。〓「採用〔入学〕—」

し-げん【至言】〔名〕真理・真実をきわめて適切に言い当てたことば。また、最高の真理を説くことば。

し-げん【始原】〔名〕物事のはじめ。原始。〓「道祖神の—を調べる」

し-げん【資源】〔名〕自然から得られ、産業の原材料として用いられる物資。天然資源。〓「地下—」▼広く産業を支えるものの意でも使う。〓「人的—・観光—」

じ-けん【事件】〔名〕❶社会的に問題となる出来事。〓「盗難—」❷裁判所に訴えられた事柄。▼「訴訟事件」の略。

じ-げん【示現】〔名・自他サ変〕❶仏・菩薩が衆生を救うために、さまざまな姿となってこの世に現れること。また、姿を現すこと。❷神仏が霊験を示し現すこと。

じ-げん【字源】〔名〕個々の文字の起こり。特に、漢字を成り立たせているみなもと。

じ-げん【次元】〔名〕❶数学で、点の位置を表すのに必要な実数(座標)の個数。ディメンション。▼直線は一次元、平面・曲面は二次元、空間は三次元という。ここからさらに、n次元や無限次元の空間も考えられる。❷物事を考え、行動するときの立場。また、その基準。〓「—の高い話」「—の異なる問題」

じ-げん【時限】〔名〕❶時を限ること。また、限界として定められた時刻。〓「—爆弾(=一定の時刻になると爆発するように装置した爆弾)」「—スト(=一定の時間を限って行うストライキ)」❷授業などを行う時間割の単位。校時。〓「今日は五—まで授業がある」

じ-げん【慈眼】〔名〕仏・菩薩が慈悲の心をもって衆生を見るまなざし。じがん。

しげんエネルギー-ちょう【資源エネルギー庁】〔名〕経済産業省の外局の一つ。鉱物資源の開発、電力などのエネルギーの安定供給などを主な業務とする。

しけん-かん【試験官】〔名〕受験者に対面して試験を行う人。また、試験の監督にあたる人。

しけん-かん【試験管】〔名〕化学実験などに使う、一端を閉じた細長いガラス管。

しこ【四股】〔名〕相撲で、力士が両足を左右交互に高くあげ、手をひざに添えて力強く踏み下ろす基本動作。力足。〓「—を踏む」▼「醜足」の略か。

し-こ【四顧】〔名・自サ変〕四方を見回すこと。また、四方。付近。

し-こ【指呼】〔名・他サ変〕指さして呼ぶこと。指図すること。〓「—の間(=呼べば答えるほどの近い距離)」

し-ご【死後】〔名〕死んだのち。没後。〓「—を託す」

し-ご【死語】〔名〕❶昔は使われていたが、現在では使用されていない言語。古代ギリシア語・ヒッタイト語など。❷昔は使われていたが、現在、一般には使用されなくなった語。廃語。

し-ご【私語】〔名・自サ変〕公の場で、ひそひそと勝手に話すこと。また、その話。〓「—を慎む」

し-ご【詩語】〔名〕特に詩を書くときに使われることば。詩のことば。

じ-こ【自己】〔名〕自分自身。おのれ。〓「—の責任」「—評価」

じ-こ【事故】〔名〕(不注意や災害などで)不意に起こる悪い出来事。〓「交通—」

じ-ご【事後】〔名〕物事が起こったあと。また、物事が終わったあと。〓「—処理〔承諾〕」⇕事前

じ-ご【持碁】〔名〕白黒の地の目数が同じで、引き分けになった碁。

じ-ご【▼爾後】〔名〕ある事があって、その後。それ以来。〓「—の詳細は定かでない」▼副詞的にも使う。

じこ-あんじ【自己暗示】〔名〕自分で自分にある観念をうえつけることによって、それが現実であると信じる意識が生じること。〓「—にかかる」

し-こう【四更】〔名〕五更の第四。現在の午前一時ごろから午前三時ごろまで。また、一説に、午前二時ごろから午前四時ごろまで。⇓五更

し-こう【至高】〔名・形動〕この上なく高く、すぐれていること。最高。〓「—の芸に達する」

し-こう【伺候・▼祗候】〔名・自サ変〕貴人のそば近くに仕えること。また、貴人のご機嫌うかがいに参上すること。〓「殿のそば近くに〔藩邸に〕—する」

し-こう【志向】〔名・他サ変〕意識や思考がある対象に向かうこと。〓「平和国家の建設を—する」「アウトドア〔本物・上昇〕—」書き分け「指向」とも書かれるが、「指向」は主に物理的な方向をいう。本来的な用法ではない。

しこう【私考】シカウ[名]自分一人だけの考え。私見。

しこう【私行】シカウ[名]一個人の私生活上の行い。

しこう【思考】シカウ[名・自他サ変]直観・経験・知識などをもとに、あれこれと思いめぐらすこと。また、その考え。「—停止」「主観的—」

しこう【指向】シカウ[名・他サ変]ある一定の方向をめざして進むこと。また、その方向へ向かわせること。「市場を東南アジア全域に—する」「性的—」「—性アンテナ」 書き分け ⇒志向

しこう【施工】[名・自他サ変]⇒せこう(施工)

しこう【施行】シカウ[名・他サ変]❶実際に行うこと。実施。❷公布された法令の効力を発揮させること。「条例を—する」「新法が—される」「—細則」▽「執行」と区別するために官庁などでは「せこう」ということが多い。

しこう【歯▼垢】[名]歯の表面に付く柔らかな堆積(たいせき)物。プラーク。

しこう【▼嗜好】シカウ[名・他サ変]好んで、それに親しむこと。また、好み。「—が変わる」▽多く、飲食物についていう。注意「趣向(しゅこう)を凝(こ)らす(=工夫をめぐらす)」の意で「嗜好を凝らす」というのは誤り。

しこう【試行】シカウ[名・他サ変]ためしにやってみること。「—期間・—錯誤」

しこう【詩稿】シカウ[名]詩の草稿。詩の下書き。

しごう【師号】シガウ[名]朝廷から徳の高い僧に与えられた称号。大師・国師・禅師など。「—を賜る」

しごう【▼諡号】シガウ[名]貴人・僧侶などの徳をたたえ、その死後に贈る名。おくり名。

じこう【事項】ジカウ[名]ある物事を構成している一つ一つの事柄・項目。「重要な—の審議」「注意—」

じこう【侍講】ジカウ[名]君主・天皇などに学問の講義をすること。また、その役(を務める人)。

じこう【時好】ジカウ[名]その時代の世間一般の好み。その時代の流行。「—に投ずる(=その時代の好みにあって歓迎される)」

じこう【時効】ジカウ[名]法律で、一定の事実状態が長年継続した場合、それが真実の事実関係に合致するかどうかを問わず、その継続した事実状態をそのまま権利として認める制度。民法上では取得時効と消滅時効があり、刑法上では公訴の時効と刑の時効がある。「—が成立する」▽一定期間が経過して効力がなくなる意でも使う。「あの約束はもう—だ」

じこう【時候】[名]四季それぞれの気候。「—のあいさつ」

じごう【寺号】ジガウ[名]寺の称号。例えば高野山金剛峰寺(こんごうぶじ)は、「金剛峰寺」が寺号、「高野山」が山号。

じごう【次号】ジガウ[名]次の号。特に、雑誌などの定期刊行物で、次に発行されるもの。「—予告」⇔前号

しこう-さくご【試行錯誤】シカウ—[名・他サ変]さまざまな試みをくり返し、失敗を重ねながら目的に近づいていくこと。「—を重ねる」

しこう-して【▼而して・▽然して】シカウ—[接]〔古風〕そうして。そして。「—戦いの火蓋(ひぶた)は切られた」▽漢文訓読から。

じごう-じとく【自業自得】ジゴフ—[名]自分がした悪い行為の報いを自分自身が受けること。▽もと仏教語。善悪両方の結果について言った。

しこう-ひん【▼嗜好品】シカウ—[名]栄養のためではなく、味や香りを楽しむためにとる飲食物。コーヒー・茶・酒など。

じごえ【地声】ヂゴエ[名]生まれつき持っている声。持ち前の声。

しごき【▽扱き】[名]❶しごくこと。❷きびしく暴力的にきたえること。❸女性が着物を身長に合わせてはしょるときに使う腰帯。また、花嫁衣装・女児の盛装などで、帯の下ぎわに締めて飾りにする帯。▽「しごき帯」の略。

しこく【四国】[名]徳島・香川・愛媛・高知の四県を合わせた地域。▽「四国地方」の略。もと、阿波(あわ)・讃岐(さぬき)・伊予(いよ)・土佐(とさ)の総称。

しごく【至極】一[名・形動]この上ないこと。「—の成績をおさめる」「恐縮[滑稽(こっけい)]—」二[副]この上もなく。きわめて。「—便利な品」

しご・く【▽扱く】[他五]❶片方の手で細長い物を握り、一方の手でそれを引き抜くように強く引く。「槍(やり)を—」「帯を—・いて締める」❷きびしく暴力的にきたえる。「先輩に—・かれる」可能しごける 名しごき

じこく【▽二黒】[名]陰陽道(おんようどう)で、九星の一つ。五行では土星にあたる。方位では南西。⇒九星

じこく【自国】[名]自分の国。「—語」⇔他国

じこく【時刻】[名]❶時間の流れの中の瞬間的な一点。「発車—」❷ちょうどいい時。時機。「—到来」

じごく【地獄】ヂ—[名]❶仏教で、現世で悪事を行った者が、死後その報いによって責め苦を受けるという所。奈落(ならく)。「—に落ちる」⇔極楽 ❷キリスト教などで、罪を犯して悔い改めない者が、死後に苦しみを受ける所。⇔天国 ❸非常に苦しく、つらい世界・状態。「受験—」「借金—」❹火山や温泉で、地中から熱湯や火煙が絶えず噴出している所。「—巡り」

しこく-はちじゅうはっかしょ【四国八十八箇所】—ハチジフハッカショ[名]四国にある八十八か所の、弘法大師(こうぼうだいし)ゆかりの霊場。八十八か所。

じこく-ひょう【時刻表】—ヘウ[名]列車・バス・航空機などの発着の時刻を記した表。時間表。

じごく-みみ【地獄耳】ヂゴク—[名]❶一度聞いたら決して忘れないこと。また、そういう人。❷人の秘密などをすばやく聞きつけること。また、そういう人。

じこ-けいはつ【自己啓発】[名]本人の意思で、自分の潜在的な能力を引き出すこと。また、その訓練。

じこ-けんお【自己嫌悪】—ケンヲ[名]自分で自分自身がいやになること。「—に陥る」

じこ-けんじ【自己顕示】[名]自分の存在をことさら目立つようにすること。「—欲が強い」

しこ-しこ[副ト]❶表面はやわらかそうだが、嚙(か)むと歯ごたえがあるさま。「腰のある—(と)した麺(めん)」❷いつまでも地道に続けるさま。「—(と)貯金する」

じこ-じつげん【自己実現】[名]自分のもつ能力を最大限に開発し、より成長した自己を実現すること。「—を目指す」

じこ-しほん【自己資本】[名]企業が自社内部で調達する資本。株式発行などによって調達した資本金と、経営活動によって得た剰余金を合計したもの。内部資本。⇔他人資本

じこしほん-ひりつ【自己資本比率】[名]企業の総資本の中に占める、自己資本の割合。企業の財務状態の安全性を判断する経営指標の一つとなる。

じこ-しゅちょう【自己主張】—シュチャウ[名・自サ変]自分の意見を強く言うこと。また、自分の存在を目立たせ

ること。▽「―の強い人」「服装で―する」

じこ-しょうかい【自己紹介】(ーセウカイ)[名・自サ変] 初対面の人などに、自分で自分の名前・経歴・職業などを知らせること。

じご-しょうだく【事後承諾】[名] 前もって承諾を得ておくべきことについての、事が終わったあとでの承諾。

しご-せん【子午線】[名] ❶地球の両極をたてに結び、緯線と直角に交わる仮想の線。地球の子午線。経線。❷天球上で、天の北極からある地点の天頂を通って天の南極にいたる大円。天の子午線。

じこ-そがい【自己疎外】(ーグワイ)[名] 社会や集団の中に埋没した人間が主体性を失い、他者に対してのみならず自分自身に対しても疎遠な感じを抱くようになること。▽Selbstentfremdungドイツの訳語。もとはヘーゲルの用語で、マルクスを経て一般に使われるようになった。

しこ-たま [副]〔俗〕たくさん。どっさり。▽「―もうける」

じこ-ちゅう【自己中】[名・形動]〔俗〕自己中心的なこと。自分中心に考えたり行動したりすること。また、そのような人。▽「彼は―だ」「―な人」 書き方 「自己チュー」「ジコチュー」などとも。

し-ごと【仕事】[名] ❶しなければならないこと。働くべきこと。▽「大事な―を任される」❷収入を得るための勤め。職業。▽「新しい―を探す」❸力学で、ある物体に力が働いて、その位置が移動すること。

品格 職「手に―を持つ」 職業「―選択の自由」 生業(なりわい)「文筆を―とする」 ビジネス「サイド―」◉「職」は、働き口の意のほか、技能・技術を指すこともある。「生業」は、雇用契約によるものにはなじまない。

しごと-おさめ【仕事納め】(ーヲサメ)[名] 年末にその年の仕事を終えること。また、その日。⇔仕事始め

しごと-はじめ【仕事始め】[名] 新年になって、その年の仕事を始めること。また、その日。⇔仕事納め

しごと-りつ【仕事率】[名] 単位時間当たりの仕事量。単位はワット(記号W)。工率。

しこ-な【四股名】[名] 大相撲の力士の呼び名。千代の富士・貴乃花など。▽「醜名(しこな)(=自分の名前の謙称。また、あだ名)」の意から。「四股」は当て字。

じこ-はさん【自己破産】[名] 債務者自身が破産手続きを裁判所に申し立てること。破産宣告を受けた場合、必要最低限以外の家財は没収されるが、債務弁済の免責という効果を生じる。

じこ-ひはん【自己批判】[名・他サ変] 自分の思想や言動の誤りを明らかにし、自分で自分を批判すること。

じこ-まんぞく【自己満足】[名] 自分自身に、または自分の行為に、自分で満足すること。

し-こみ【仕込み】[名] ❶教えて身につけさせること。しつけること。❷〈「…じこみ」の形で〉そこで身につけたの意を表す。▽「本場―の中国語」「フランス―の料理の腕」「メジャー―の技」❸商店が商品を仕入れること。また、飲食店などが材料を仕入れて下ごしらえをすること。❹醸造業で、原料を桶などに入れて発酵・熟成するように調えること。▽「酒の―」❺「仕込み杖(づえ)」の略。

しこみ-づえ【仕込み▼杖】(ーヅヱ)[名] 細工をして中に刀身などを入れたつえ。

し-こ・む【仕込む】[他五] ❶知識・技術などを教えて身につけさせる。しつける。▽「芸[商売・行儀作法]を―」❷知識・技術などを自分のものとする。▽「新しい情報を―・んでおく」❸商売をするために商品を買い入れる。仕入れる。また、飲食店などが材料を買い入れて料理の下ごしらえをする。▽「正月用品を大量に―」「宴会用に活け魚を―・んでおく」❹酒・味噌(みそ)・醤油(しょうゆ)などを醸造するために、原料を調合して桶などに詰める。▽「吟醸酒を―」❺細工して中に作り入れる。▽「刀身を杖(つえ)に―」 可能 仕込める 名 仕込み

じこ-むじゅん【自己矛盾】[名] 自分自身の内部で論理や言動が食い違うこと。▽「―に陥る」

しこ-め【▽醜女】[名] ❶〔古風〕黄泉(よみ)の国にいるという女性の鬼。❷容貌のよくない女性。

しこり【▼痼り・▽凝り】[名] ❶筋肉や皮下組織の一部がこって固くなること。また、その部分。❷もめごとなどのあとに残る、気まずいわだかまり。▽「和解はしたが―が残る」 動 しこ・る(自五)

じこ-りゅう【自己流】(ーリウ)[名] 自分で考え出した自分だけのやり方。我流。▽「―の学習法」

じこ・る【事故る】[自五]〔俗〕事故を起こす。特に、交通事故を起こす。▽事故を動詞化した語。

しころ【▼錏・▼錣】[名] 兜(かぶと)の鉢の左右と後方に垂らして首を防御するもの。革や鉄の札(さね)を綴(つづ)って作る。

ジゴロ[gigoloフランス][名] 女性に養われて生活する男性。ひも。男妾(だんしょう)。

し-こん【士魂】[名] 武士のたましい。さむらいとしての精神。▽「―商才」

し-こん【紫根】[名] ❶ムラサキの根を乾燥したもの。古くは染料にした。漢方では解熱・解毒剤にする。❷深みのある濃い紫色。▽「紫根色」の略。

し-こん【紫紺】[名] 紺がかった紫色。濃い紫色。

し-こん【歯根】[名] 歯ぐきの中にあって、歯槽(しそう)に納まっている部分。

し-こん【詩魂】[名] 詩を作ろうとする心。

じ-こん【自今・▼爾今】[名] 今からのち。今後。▽「―の出入りを禁ずる」▽副詞的にも使う。

し-さ【示唆】[名・他サ変] それとなく教え示すこと。ほのめかすこと。じさ。▽「―に富んだ話」

し-さ【視差】[名] ❶一つの対象物を異なった二点から見たときに生じる網膜像や視方向の差。❷カメラのファインダーを通して見た範囲とフィルムに写る範囲との差。パララックス。

し-ざ【視座】[名] 物事を見る立場。視点。観点。

じ-さ【時差】[名] ❶ある地方の標準時と他の地方の標準時との差。▽経度一五度につき一時間の時差がある。❷時刻をずらすこと。時刻上の差。▽「―出勤」

し-さい【子細・▼仔細】[名] ❶[形動] こまかいこと。詳しいこと。▽「機械を―に点検する」❷詳しい事情。また、込み入った事情。▽「―に及ばず(=あれこれと事情を言い立てるほどのことはない)」「―ありげな顔」❸〈下に打ち消しの語を伴って〉都合の悪い事情。差し支え。▽「多少遅れても―はなかろう」

し-さい【司祭】[名] カトリック教会の聖職の一つ。司教または主教の下に位し、ミサを執行するなど、教会を統轄し儀式をつかさどる。▽一般に「神父」と呼ばれる。

し-さい【詩才】[名] 詩歌を作る才能。

し-ざい【死罪】[名] ❶犯罪者の生命を絶つ刑。死刑。❷死刑に処せられるべき犯罪。❸手紙文・批評文などの終わりに記し、非礼をわびる気持ちを表す語。▽「頓首(とんしゅ)―」▽失礼が死に値する意。

しーざい【私財】[名] 個人の所有する財産。資産。‖「—を投じる」

しーざい【資材】[名] 物を作る材料とする物資。‖「建築—」

しーざい【資財】[名] 生活や事業のもとでとなる財産。資産。資本。

じーざい【自在】[名] ❶[形動] 思いのままであること。‖「自由[変幻・伸縮]—」 ❷「自在鉤(かぎ)」の略。

じざい-かぎ【自在▼鉤】[名] いろりなどの上に天井の梁(はり)からつり下げ、それに掛けた鍋や鉄瓶などと火との距離を自由に調節できるようにしたかぎ。

じーざかい【地境】(ヂザカヒ) [名] 土地と土地の境目。

じーざかな【地魚】(ヂ) [名] その土地でとれる魚。

しーさく【思索】[名・他サ変] 筋道を立てて考えをめぐらすこと。‖「—にふける」

しーさく【施策】[名] 行政機関などが政策や対策を立てて実施すること。また、その政策や対策。せさく。‖「高齢者福祉の—をまとめる」

しーさく【試作】[名・他サ変] 本格的に製作・生産する前に、ためしに作ってみること。またその品。‖「新式のエンジンを—する」「—品」

しーさく【詩作】[名・自他サ変] 詩を作ること。作詩。また、作った詩。‖「望郷の歌を—する」

じーさく【自作】[名] ❶[他サ変] 自分で作ること。また、作ったもの。‖「映画[パソコン]を—する」「—の詩を朗読する」 ❷自分で土地を所有して農業を営むこと。また、その人。‖「—農」⇔小作

じさく-じえん【自作自演】[名] ❶自分で脚本を書き、自分で演じること。また、自分で作曲して自分で演奏すること。‖「—のドラマ」 ❷準備から実行までの一切を自分一人で行うこと。‖「—の狂言強盗」

じーざけ【地酒】(ヂ) [名] その地方でつくられる酒。いなか酒。▼特に、灘(なだ)・伏見(ふしみ)の酒に対して言う。

じさ-しゅっきん【時差出勤】[名・自サ変] ラッシュ時の混雑緩和のために、官公庁・会社などの出勤時刻をずらすこと。時差通勤。

しーさつ【刺殺】[名・他サ変] ❶刃物などで刺し殺すこと。‖「ナイフで男を—した」 ❷野球で、野手が飛球をとらえて打者をアウトにすること。また、走者に直接ボールをつけてアウトにすること。

しーさつ【視察】[名・他サ変] 現地や現場に行って、実際の状況を見きわめること。‖「工場を—する」

じーさつ【自殺】[名・自サ変] 自分で自分の生命を絶つこと。‖「—を図る」「—未遂」⇔他殺

じさつ-てん【自殺点】[名] ➡オウンゴール

じさ-ぼけ【時差▼惚け】[名] 飛行機で時差のある地へ移動したとき、生活時間のずれから心身に不調が生じること。‖「—でよく眠れない」

しさ・る【▽退る】[自五] 前を向いたまま後ろへさがる。後じさりする。後ずさりする。しざる。

しーさん【四散】[名・自サ変] 四方にちらばること。ちりぢりになること。‖「窓ガラスが割れて—する」

しーさん【私産】[名] 私有の財産。私財。

しーさん【試算】[名・他サ変] ❶ためしに計算してみること。また、その計算。‖「旅費を—する」 ❷計算に誤りがないかどうか確かめること。また、その計算。検算。

しーさん【資産】[名] 個人または法人が所有する、土地・家屋・金銭などの財産。資本としての力を持ち、負債の担保とすることのできる財産。‖「—家」「固定—税」

しーざん【死産】[名・自サ変] 胎児が死んで分娩(ぶんべん)されること。しさん。

じーさん【自賛(自▼讃)】[名・他サ変] 自分で自分の行為や業績をほめること。‖「自分の能力を—する」▼自分で描いた絵に自分で賛をつけることから。

じーさん【持参】(ヂ) [名・他サ変] 持っていくこと。また、持ってくること。‖「願書を—する」 使い方 「参」に謙譲語の意識は薄く、他人の行為について「ご持参ください」なども言える。

じさん-きん【持参金】(ヂサン) [名] 嫁や婿(むこ)などが、縁組みするときに実家から縁づく先へ持参する金。

しし【▽肉・▼宍】[名] [古風] ❶人の体の肉。肉づき。‖「太り—(じし)」 ❷食用となるけものの肉。‖「干し—(じし)」

しし【▽獣】[名] [古風] けもの。けだもの。特に肉を食用にするシカとイノシシ。‖「—鍋(なべ)」▼「肉(しし)」と同語源。肉をとるけものの意。 書き方 「▽鹿」「▼猪」とも。

◉獣食(く)った報(むく)い 悪い事やよい思いをしたために受ける当然の報い。▼昔、仏教が食肉を禁じていたことから。

しーし【四肢】[名] 人間の両手と両足。手足。また、動物の前足と後ろ足。

しーし【死▼屍】[名] しかばね。死体。‖「—累々(るいるい)」

◉死屍に鞭打(むちう)つ 死んだ人の言行を非難する。

しーし【志士】[名] 高い志をもって国家・民族のために尽くそうとする人。‖「勤王の—」

しーし【師資】[名] ❶先生。師匠。▼「資」は「助け」の意。 ❷師匠と弟子。師弟。‖「—相承(そうしょう)(=師から弟子へと教えを伝えていくこと)」

しーし【嗣子】[名] 家を継ぐべき子。あととり。

しーし【▼獅子】[名] ❶ライオン。からじし。‖「—奮迅の働き」 ❷獅子の頭部をかたどった木製のかぶりもの。獅子舞に使う。▼「獅子頭(がしら)」の略。 ❸「獅子舞」の略。

◉獅子身中(しんちゅう)の虫 内部にいて恩恵に浴しながら災いをもたらす者や恩を仇(あだ)で返す者のたとえ。

しーじ【支持】(ヂ) [名・他サ変] ❶物が倒れたり落ちたりしないように保つこと。支えて保つこと。 ❷ある思想・意見・方針、事物のあり方などに賛成して、その後押しをすること。‖「新内閣を—する」

しーじ【四時】[名] ❶四つの季節。春・夏・秋・冬。しいじ。 ❷仏教で、一日の四つの時。旦(たん)(朝)・昼・暮(ぼ)・夜。

しーじ【死児】[名] 死んだ子。また、死んで生まれた子。‖「—の齢(よわい)を数える(=取り返しのつかないことを悔やんでぐちを言うたとえ)」

しーじ【私事】[名] ❶個人的な生活に関する事柄。‖「話が—にわたる」⇔公事(こうじ) ❷個人が秘密にしている事柄。‖「—を暴く」

しーじ【指示】[名・他サ変] ❶物事をそれと指し示すこと。‖「指で—しながら説明する」 ❷人に指図すること。また、その指図されたこと。‖「行き先を—する」「—を守る」

しーじ【指事】[名] 漢字の六書(りくしょ)の一つ。数量・位置などの抽象的な事柄を点や線を使って象徴的に表したもの。一・二・三・上・下など。

しーじ【師事】[名・自サ変] 先生としてその人に仕え、教えを受けること。‖「著名な作曲家に—する」▼「事」は仕える意。

じーし【次子】[名] 二番目に生まれた子。

じーし【次姉】[名] 上から二番目のあね。

じーし【自死】[名・自サ変] みずから自分の命を絶つこ

と。自殺。≡「思い悩んで—する」「—を選ぶ」

じ-し【侍史】[名] 手紙の脇付(わきづけ)の一つ。あて名の下に記して敬意を表す。▽「侍史」は昔、貴人に仕えた書記のこと。書記に取り次いでもらってお渡しするの意。

じじ【〈祖父〉】(ヂヂ)[名] 父母の父親。そふ。じい。⇔祖母(ばば)

じ-じ【自▼恃】(ヂ)[名・自サ変] 自分自身を頼みにすること。≡「人には—があればよい!〈中原中也〉」

じ-じ【時事】[名] その時々の社会的な出来事。≡「—問題[英語]」

じじい【▼爺】(ヂヂイ)[名] 老年の男性。⇔婆(ばば) ▽親しみやののしりの気持ちを込めていう。

しし-おどし【▽鹿▽威し】[名] 中ほどを支点にした竹筒に水を注ぎ入れ、重みで筒が傾いて水を吐き、戻るときに石などを打って音を発する仕掛け。もと田畑を荒らす鳥獣を脅すためのものだが、のちに庭園などでその音を楽しむようになった。添水(そうず)。

シシ-カバブ[shish kebab][名] 中東の料理の一つ。羊肉を金ぐしに刺して焼いたもの。

しし-きゅう【四死球】(ーキュウ)[名] 野球で四球(フォアボール)と死球(デッドボール)をまとめていう語。

しし-く【▼獅子▼吼】[名・自他サ変] 演説会などで、意気盛んに熱弁をふるうこと。≡「壇上で—する」▽もと悪魔・外道(げどう)を屈伏させる釈迦の説法を、獅子がほえて百獣を恐れさせることにたとえた語。

し-じげん【四次元】[名] ⬇よじげん

しじ-ご【指示語】[名] 物事を指し示す機能をもつ語。代名詞の「これ・それ・あれ・どれ」、連体詞の「この・その・あの・どの」、副詞の「こう・そう・ああ・どう」などの類。指示詞。

じじ-こっこく【時時刻刻】[副] 経過する時間とともに。しだいに。じじこくこく。≡「—と移り変わる景色」

しし-そんそん【子子孫孫】[名] 子孫の末の末。まご代々。≡「秘法を—に伝える」

しじ-だいめいし【指示代名詞】[名] 事物・場所・方角などを、その名をあげないで直接に指し示す代名詞。近称(これ・ここ・こちら)、中称(それ・そこ・そちら)、遠称(あれ・あそこ・あちら)、不定称(どれ・どこ・どちら)などに分けられる。

し-しつ【私室】[名] 公共の建物の中で、特定の個人が専用に使う部屋。

し-しつ【紙質】[名] 紙の性質。紙の品質。

し-しつ【脂質】[名] 炭水化物・たんぱく質などとともに生体を構成する有機化合物。脂肪・ろうなどの単純脂質と、燐(りん)脂質・糖脂質などの複合脂質とに大別される。リピド。

し-しつ【資質】[名] 生まれつきもっている性質や才能。≡「すぐれた—の持ち主」

し-じつ【史実】[名] 歴史上の事実。

じ-しつ【地質】(ヂ)[名] 生地の性質・品質。

じ-しつ【自失】[名・自サ変] われを忘れてぼんやりすること。≡「しばし—した」「茫然(ぼうぜん)—」

じ-しつ【自室】[名] 自分の部屋。≡「—にこもる」

じ-しつ【▼痔疾】(ヂ)[名] 痔。

じ-じつ【事実】■一[名] 実際に起こった事柄。また、実際に存在する事柄。≡「—に基づいて小説を書く」「彼が結婚するというのは—だ」「—関係」■二[副] ほんとうに。実際に。≡「調査すると—そのとおりだった」

◉**事実は小説よりも奇(き)なり** 実生活で起こる事柄は、巧みに仕組まれた小説よりも不思議で面白いものだ。▽イギリスの詩人バイロンのことば。

じ-じつ【時日】[名] ❶時間と日にち。日数。≡「—を要する工事」❷予定された日と時刻。

じじつ-こん【事実婚】[名] 法律に基づく婚姻の届け出はないが、事実上夫婦と同一の関係であること。

じじつ-じょう【事実上】(ージョウ)[名] 正式ではないが、実質的にそのようであること。≡「—の倒産」「—の標準(=デファクトスタンダード)」「両国は—戦争状態に入った」▽副詞的にも使う。

じじつ-むこん【事実無根】[名] まったく事実に基づいていないこと。根拠のないこと。≡「—のデマ」

しし-とう【▼獅子唐】(ートウ)[名] トウガラシの栽培品種の一つ。細長い果実の先端部分はへこみ、その中に小さな突起がある。ピーマンの仲間で、辛味は少ない。ししとうがらし。▽果実の先端が獅子面に似ることから。

しし-ばな【▼獅子鼻】[名] 獅子頭の鼻のように、低くて小鼻の開いた鼻。ししっぱな。

しし-ふんじん【▼獅子奮迅】[名] 獅子が奮い立ったように激しい勢いで物事に当たること。≡「—の働き」

しじま[名] 物音一つなく、静まりかえっていること。静寂。≡「夜の—」

しし-まい【▼獅子舞】(ーマイ)[名] 獅子頭をかぶって行う舞。五穀豊穣(ほうじょう)の祈願や悪魔祓(あくまばら)いとして、新年の祝いや祭礼に舞われる。ししおどり。しし。おしし。

しじみ【▼蜆】[名] 淡水または河口近くの汽水にすむシジミ科の二枚貝の総称。日本にはマシジミ・ヤマトシジミ・セタシジミの三種が分布し、いずれも食用。しじみ貝。

じじ-むさ・い【▼爺むさい】(ヂヂ)[形] 男性の姿・態度・服装などが年寄りじみているさま。むさくるしい。≡「身なりが—」派生-げ/-さ

し-しゃ【支社】[名] ❶会社・団体などで、本社から分かれて別の地方に設けられた事業所。❷大きな神社の分社。末社。◈⇔本社

し-しゃ【死者】[名] 死んだ人。死人。≡「—を弔う」⇔生者

◉**死者に鞭(むち)打・つ** ⬇死屍(しし)に鞭打つ

し-しゃ【使者】[名] 命令や依頼を受けて使いをする人。使いの者。≡「和平交渉の—を立てる」

し-しゃ【試写】[名・他サ変] 完成した映画を一般公開する前に、関係者や評論家を集めて上映して見せること。≡「新作の—をする」「—会」

し-しゃ【試射】[名・他サ変] 銃砲・ミサイルなどを、ためしに撃ってみること。≡「—場」

じ-しゃ【寺社】[名] 仏寺と神社。社寺。

じ-しゃ【自社】[名] 自分の会社。自分の所属している会社。≡「—製品」⇔他社

じ-しゃ【侍者】[名] 貴人のそば近くに仕えて雑用をする人。

し-しゃく【子爵】[名] もと五等爵の第四位。伯爵の下、男爵の上の位。

じ-しゃく【磁石】[名] ❶磁鉄鉱。じせき。❷鉄を引きつける性質をもつ物体。棒磁石・永久磁石・電磁石など。マグネット。❸磁針が地磁気によって南北を指す性質を利用した方位測定器。磁気コンパス・磁気羅針盤。

じ-じゃく【示寂】[名・自サ変] 高僧が死ぬこと。入寂。

じーじゃく【自若】［形動タルト］大事に際しても、落ち着き払って動じないさま。〓「泰然—」

ししゃーごにゅう【四捨五入】ニフ［名・他サ変］計算で、端数を処理して概数を求める方法。求める位の一つ下の位が四以下であれば切り捨て、五以上であれば切り上げて求める位の数に一を加えること。

シシャモ【〈柳葉魚〉】［名］北海道南東部の沿岸に分布するキュウリウオ科の海水魚。体形はワカサギに似る。秋、川を上って産卵する。食用。▽アイヌ語から。同じ科のカラフトシシャモをシシャモと呼ぶことも多い。

しーしゅ【死守】［名・他サ変］命がけで守ること。〓「砦(とりで)を—する」

しーしゅ【詩趣】［名］詩にあらわれたおもむき。また、詩的なあじわい。詩情。〓「—を味わう」「—に富んだ風景」

じーしゅ【自主】［名］他からの保護や干渉を受けず、独立して物事を行うこと。〓「—の精神」「—規制（＝批判・攻撃や権力の介入を避けるために、個人や団体が自らその活動に制約を設けること）」「—的に避難する」

じーしゅ【自首】［名・自サ変］犯罪事実または犯人が捜査機関に発覚する前に、犯罪者が捜査官に対して自発的に犯罪事実を申告し、その処分を求めること。刑法上は一般に刑の軽減事由となる。▽「首」は述べる意。

しーしゅう【死臭（▼屍臭）】シウ［名］死体が腐敗して発する悪臭。

しーしゅう【刺▼繡】シウ［名・他サ変］布地にいろいろな糸を使って絵や模様を縫い表すこと。また、そのもの。［書き方］「繍」は、「繡」の簡易慣用字体。繍

しーしゅう【詩集】シフ［名］詩を集めた書物。〓「—を編む」

しーじゅう【始終】［一］［名］❶ある事柄の、始めから終わりまでのすべて。〓「事件の一部—を語る」❷物事の始めと終わり。［二］［副］絶えず。いつも。しょっちゅう。〓「—忙しい」

じーしゅう【次週】シウ［名］次の週。

じーしゅう【自宗】［名］自分が所属する宗派。

じーしゅう【自修】シウ［名・他サ変］独力で学問・技芸などを身につけること。〓「作曲法を—する」

じーしゅう【自習】シフ［名・他サ変］他者の指導を受けないで、自分で学習・練習すること。特に学校で、教師の不在などのため生徒がある時間自分で学習すること。また、その時間。〓「—時間」「自学—」

じーしゅう【時宗】［名］鎌倉時代、一遍(いっぺん)上人によって開かれた浄土教の一派。平生を臨終の時と心得て常に念仏をとなえ、諸国を遊行(ゆぎょう)して民衆を教化したことから「遊行宗」とも呼ばれる。

じーじゅう【自重】ヂュウ［名］航空機・車両・機械などの、本体の重さ。

じーじゅう【侍従】［名］君主のそば近くに仕える人。特に、天皇・皇后の側近をつとめる宮内庁の職員。〓「—長」

しじゅうーうで【四十腕】シジフ［名］四〇歳ごろになって起こる、慢性的な腕の痛み。〓「—五十肩」

しじゅうーから【四十▼雀】シジフ［名］頭は黒く、ほおは白いシジュウカラ科の小鳥。スズメよりやや小さい。全国各地の林や公園にすむ。

しじゅうくーにち【四十九日】シジフ［名］人の死後四九日目に当たる日。また、その日に行う法要。七七日(しちしちにち)。

しじゅうーしょう【四重唱】シヂュウシャウ［名］声部の異なる四人の歌手による重唱。カルテット。

しじゅうーそう【四重奏】シヂュウ［名］四つの独奏楽器による重奏。カルテット。〓「弦楽—」

しじゅうはっーて【四十八手】シジフハッ［名］❶相撲で、勝負を決める四八種のわざ。▽日本相撲協会では八二手のきまり手を定めている。❷物事を行うときの、さまざまな駆け引きや手段。〓「商売の—」

ししゅうーびょう【歯周病】シシウビャウ［名］歯肉炎・歯槽膿漏(しそうのうろう)など、歯を支えている組織（＝歯周組織）にかかわる病気。

しーしゅく【止宿】［名・自サ変］旅館などに泊まること。また、下宿すること。

しーしゅく【私淑】［名・自サ変］直接の教えは受けないが、ひそかにその人を師として尊敬し、手本として学ぶこと。〓「私の—する音楽家」

しーじゅく【私塾】［名］❶個人が生徒を集めて学問や技術などを教える小規模の学校。❷江戸時代、儒学者・国学者・洋学者などが開いた私設の教育機関。家塾。

じーしゅく【自粛】［名・他サ変］自分から進んで行動や態度をつつしむこと。〓「業界が執拗(しつよう)な訪問販売を—する」「政治献金の—を望む」

しーしゅつ【支出】［名・他サ変］ある目的のために金品を支払うこと。また、その金品。〓「交際費を—する」「—を抑える」「百万円の—」⇔収入

しーじゅつ【施術】［名・自サ変］⇒せじゅつ

じしゅートレ【自主トレ】［名］スポーツ選手などが自主的に行う練習。▽「自主トレーニング」の略。

しじゅーほうしょう【紫▼綬褒章】ハウシャウ［名］学術・芸術上にすぐれた業績のあった人に国から与えられる褒章。綬（＝リボン）の色は紫色。

しーじゅん【至純（至▼醇）】［名・形動］きわめて純粋なこと。〓「—の愛をつらぬく」「至誠—の魂」

じーじゅん【耳順】［名］六〇歳のこと。▽『論語』為政の「六十而耳順（＝六十にして耳順(したが)う）」から。

ししゅんーき【思春期】［名］第二次性徴があらわれ、性的な関心が高まる時期。ふつう一二歳から一七歳ごろまでをいう。春機発動期。

しーしょ【支所】［名］会社・役所などで、本社・本庁から離れた所に設ける事務所。

しーしょ【支署】［名］本署から離れた地に設置され、その所在地の業務を担当する役所。

しーしょ【司書】［名］図書館などで図書の収集・整理・保管などの専門的な事務を扱う職。また、その人。▽図書館法に規定された資格を必要とする。

しーしょ【史書】［名］歴史を書いた書物。歴史書。

しーしょ【四書】［名］儒教の経典である四つの書物。『大学』『中庸』『論語』『孟子(もうし)』。〓「—五経」

しーしょ【死所（死処）】［名］❶死ぬのにふさわしい場所。❷死んだ場所。

しーしょ【私署】［名・自サ変］個人として署名すること。また、その署名。〓「—証書」

しーじょ【士女】ヂョ［名］男と女。紳士と淑女。

しーじょ【子女】ヂョ［名］❶息子と娘。子供。❷女の子。女子。

じーしょ【地所】ヂ［名］家の敷地・用地・財産としての土地。

じーしょ【字書】［名］❶字典。❷辞書。

じ-しょ【自署】[名・自サ変] 自分で自分の氏名を書き記すこと。また、その署名。⬍代署

じ-しょ【辞書】[名] ことばを集めて一定の順序に配列し、発音・表記・意味・用法などを説明した本。辞典。字引。▷「ーを引く」▼「辞典」のほか「字典」も含めていう。

じ-じょ【次女(▽二女)】ヂョ [名] 女性の子供のうち二番目に生まれた子。

じ-じょ【次序】[名] 順序。次第。また、順序をつけること。

じ-じょ【自助】[名] 他人の力に頼らずに、自分の力だけで物事をなしとげること。▷「ー努力を促す」

じ-じょ【自序】[名] 著者自身が自著に記した序文。

じ-じょ【自叙】[名・他サ変] 自分で自分に関することを述べること。▷「ー伝」

じ-じょ【児女】ヂョ [名] ❶男の子と女の子。特に、女の子。❷子供と女性。

じ-じょ【侍女】ヂョ [名] 貴人のそば近くに仕えて身の回りの世話をする女性。腰元。

し-しょう【支障】シャウ [名] 進行のさまたげとなるもの。さしつかえ。さしさわり。▷「業務にーをきたす」

し-しょう【死傷】シャウ [名・自サ変] 死ぬことと傷つくこと。▷「事故で多数の乗客がーする」「ー者」

し-しょう【私消】セウ [名・他サ変] 公の金品を勝手に自分のために使うこと。

し-しょう【私▼娼】シャウ [名] 公娼制度が認められていた時代、許可を得ずに営業していた娼婦。⬍公娼

し-しょう【私傷】シャウ [名] 公務を離れているときに受けた傷やけが。⬍公傷

し-しょう【刺傷】シャウ [名・他サ変] とがったもので刺して傷つけること。また、その傷。

し-しょう【師匠】シャウ [名] ❶学問・技芸などを教える人。特に、歌舞音曲などの遊芸を教える人。▷「小唄のー」⬍弟子 ❷落語家など、寄席芸人の敬称。

し-しょう【視床】シャウ [名] 間脳の大部分を占める灰白質のかたまり。知覚神経を大脳皮質に伝える中継部となるほか、運動機能の調節や感情の発現にも関係する。➡脳(図)

し-しょう【詞章】シャウ [名] ❶詩歌と文章。文字で表されたことばの総称。❷謡曲・浄瑠璃(じょうるり)などの文章。

し-じょう【史上】ジャウ [名] 歴史に記録されているところ。歴史上。▷「ー初の快挙」「ー最高の賞金額」

し-じょう【市場】ヂャウ [名] ❶売り手と買い手が集まって商品や株式の取引を行う特定の場所。中央卸売市場・証券取引所など。❷商品の売買や交換が行われる場を抽象的にいう語。国内市場・国際市場・金融市場など。▷「ー開放」❸商品が売買される範囲。販路。マーケット。❹いちば。

し-じょう【至上】ジャウ [名・形動] この上ないこと。最高。最上。▷「ーの喜び」

し-じょう【至情】ジャウ [名] ❶この上なく誠実な感情。まごころ。▷「ーあふれる文面」❷ごく自然な人情。

し-じょう【私情】ジャウ [名] 公の立場を離れた、個人としての感情。また、個人の利を図ろうとする感情。▷「ーを交える」「ーにかられる」

し-じょう【紙上】ジャウ [名] ❶紙の上。❷新聞の記事面。紙面。

し-じょう【試乗】[名・自サ変] ためしに乗ってみること。試運転の乗り物に乗ること。▷「新車にーする」

し-じょう【詩情】ジャウ [名] ❶詩を作りたくなる気持ち。詩興。▷「ーがわく」❷詩に表現されているおもむき。また、詩がもっているようなおもむき。詩趣。▷「ーあふれる高原の秋」

し-じょう【誌上】ジャウ [名] 雑誌の記事面。誌面。▷「ー対談」

じ-しょう【自称】[名] ❶[他サ変] 真偽はともかく、自分から勝手に名のること。▷「ジャーナリストをーする」「ーデザイナー」❷文法で、人称の一つ。話し手・書き手が自分自身または自分を含む仲間をさしていう語。「ぼく」「わたくし」「われわれ」など。一人称。第一人称。

じ-しょう【自傷】シャウ [名・自サ変] 自分で自分の体を故意に傷つけること。▷「ーを繰り返す」「ー行為」

じ-しょう【自照】セウ [名・自サ変] 自分自身をかえりみて、客観的に観察すること。

じ-しょう【事象】シャウ [名] 観察できる形をとって現れる人為的事柄や自然的現象。▷「院内に発生したーは院長の責任である」「歴史的ー」▼「事実と現象」の意。

じ-じょう【自乗(▽二乗)】[名・他サ変] 平方。二乗(にじょう)。▷「三のーは九」「ー根(=平方根)」

じ-じょう【自浄】ジャウ [名] ❶川・海・大気などの自然物が、それ自体の働きで清らかになること。▷「ー作用」❷組織などが、内部の腐敗したところを自力で改めること。▷「政界のー能力が問われる」

じ-じょう【事情】ジャウ [名] 物事のなりゆきや様子。事の次第。▷「ーを説明してわびる」「二年前とはーが違う」「個人的なーで欠席する」「交通ー」

じ-じょう【磁場】ヂャウ [名] ➡磁界

ししょう-かぶ【視床下部】シシャウ [名] 間脳の底部にあって、視床の前下方から脳下垂体につながる部分。自律神経系の高次中枢で、体温調整や睡眠、生殖などをつかさどる。➡脳(図)

じじょう-じばく【自縄自縛】[名] 自分の言動によって自分自身の動きがとれなくなること。▷「ーに陥る」▼自分のなった縄で自分自身をしばる意から。

し-しょうせつ【私小説】セウセツ [名] ❶作者が自分自身の生活体験を綴(つづ)りながら、その間の心境や感慨を吐露していく小説形態で、大正期には文壇の主流をなした。▼日本独特の要素をもつ小説。わたくし小説。❷主人公が一人称で自らの体験や思想を語る形式の小説。一人称小説。▼Ich-Roman(ドイ)の訳語。

しじょう-せんゆうりつ【市場占有率】シヂャウセンイウリツ [名] ある商品の売上高が市場に出回る同種商品全体の売上高に占める割合。市場占拠率。マーケットシェア。

しじょう-ちょうさ【市場調査】シヂャウテウサ [名] 企業が生産販売活動に役立てるために、消費者の需要動向、商品の販売量・販売経路・価格・広告などについて情報を収集し、科学的に分析すること。マーケティングリサーチ。

じしょう-ぶんがく【自照文学】ジセウ [名] 日記・随筆など、自己反省や自己観察の心から書かれた文学。

しじょう-めいれい【至上命令】シジャウ [名] 絶対に従わなくてはならない命令。▷「ーがくだる」「リーグ制覇をーとする」▼「景気回復が至上命題だ」など、達成しなくてはならない最重要課題の意で「至上命題」を使うのは、「至上命令」と混同したもの。

し-しょく【試食】[名・他サ変] 味をみるために、ため

しに食べてみること。‖「オランダ製のチーズを―する」

じ-しょく【辞職】[名・自サ変] 自分から職をやめること。‖「責任をとって議員を―する」「内閣の総―を求める」 ✓注意 役職についていうのは誤り。「辞任」が適切。‖「×議長を辞職する」

じじょ-でん【自叙伝】[名] 自分で書いた自分の伝記。自伝。

ししょ-ばこ【私書箱】[名] 郵便局に設置される、個人・団体専用の郵便受け。郵便私書箱。▽古くは「私書函(かん)」といった。

し-しん【至心】[名] きわめて誠実な心。まごころ。至情。

し-しん【私心】[名] ❶自分一人の考え。私意。‖「―を述べる」 ❷自分の利益だけを考える心。利己心。‖「―を去る」

し-しん【私信】[名] 個人の手紙。‖「―を公開する」

し-しん【使臣】[名] 君主や国家の代理・代表として外国に派遣される使者。大使・公使など。

し-しん【指針】[名] ❶磁石盤・計器類などの、目盛りを指し示す針。 ❷進むべき方向をしめすもの。基本的な方針。手引き。‖「福祉政策の―をまとめる」

し-しん【指▼箴】[名] 指針となる戒め。

し-しん【視診】[名・他サ変] 医師が患者や患部を目で見て診察すること。

し-しん【詩心】[名] 詩を味わい理解する心。また、感じた事柄を詩に作ろうとする心。しごころ。

し-しん【詩神】[名] 詩をつかさどる神。▽すぐれた詩人をたたえる語としても使う。

し-じん【士人】[名] ❶さむらい。武士。 ❷教養と徳を備えた人。

し-じん【至人】[名] 道を修めて最高の境地に達した人。

し-じん【私人】[名] 公的な立場・地位などを離れた、一個人。‖「―として式に参列する」⇔公人

し-じん【詩人】[名] 詩を作る人。詩を作ることを専門とする人。‖「吟遊―」▽詩的な感受性を持った人についてもいう。‖「あの人はなかなかの―だ」

じ-しん【地震】ヂ[名] 火山活動や地殻の変動によって大地が震動する現象。✓注意「ぢしん」は誤り。

じ-しん【自身】[名] ❶自分みずから。自分。自己。おのれ。‖「―でよく考える」「ご―は作曲もなさいます」 ❷〈人・組織を表す語に付いて〉それを強めていう。その人そのもの。そのもの自体。‖「私―は関心がない」「自分―で調べなさい」「校長―が推進役だ」「会社―(=自体)の在り方が問われる」▽英語のselfの訳語として普及。接尾語的に使う。使い方 人・組織以外にいうのは俗用。「自体」が正しい。‖「×制度[法律]自身が悪い」

じ-しん【自信】[名] 自分の能力・価値や自分の言行の正しさなどをみずから信じること。また、その気持ち。‖「体力には―がある」「―たっぷりに持論を語る」「―作・―過剰」

じ-しん【侍臣】[名] 君主のそば近くに仕える家臣。近侍。

じ-しん【時針】[名] 時計の時(じ)を示す針。時計の短針。

じ-しん【磁針】[名] 両端が南北を指し示す、針状の磁石。水平に回転できるように中央に支点を置く。羅針。▽磁石盤に用いる。

じ-じん【自刃】[名・自サ変] 刀剣を用いて自分の命を絶つこと。‖「―して果てる」

じ-じん【自尽】[名・自サ変] 自分で自分の生命を絶つこと。自殺。

じ-じん【自陣】ヂン[名] 自分の陣地・陣営。

ししんけい【視神経】[名] 眼球の網膜が受けた刺激を大脳に伝える神経。第二脳神経。

ししん-でん【紫▼宸殿】[名] 平安京内裏(だいり)の正殿。朝賀・即位・節会(せちえ)などの儀式や公事(くじ)を行った。南殿(なでん)。ししいでん。

じ・す【辞す】[自五] ⇩辞する

ジス【JIS】[名] 産業標準化法による、鉱工業製品・データ・サービス等の国家規格。認証されたものにはジスマークが表示できる。日本産業規格。▽Japanese Industrial Standards の略。

し-すい【止水】[名] ❶流れないで静かにとどまっている水。‖「明鏡―」⇔流水 ❷水の流れを止めること。

し-ずい【歯髄】[名] 歯の内部をみたしている、やわらかな結合組織。‖「―炎」

し-ずい【雌▼蕊】[名] ⇩めしべ ⇔雄蕊(ゆうずい)

じ-すい【自炊】[名・自サ変] ❶自分で自分の食事を作ること。‖「外食をやめて―する」 ❷手持ちの書籍や雑誌をスキャナで取り込み、電子書籍にすること。

し-すう【指数】[名] ❶ある数字・文字の右上に小さく記し、それを何回掛け合わせるかを示す数字や文字。冪(べき)指数。 ❷特定の方式によって指標を定め、ある事象の程度を数の大小によって示す数値。ふつう、百分比によって表す。‖「知能[不快・物価]―」

さまざまな「指数」
暑さ指数・快適指数・株価指数・乾燥指数・企業物価指数・教育指数・景気動向指数・鉱工業生産指数・在庫指数・作況指数・消費者態度指数・消費者物価指数・生計費指数・生産指数・知能指数・賃金指数・不快指数・物価指数

し-すう【紙数】[名] ❶紙の枚数。特に、依頼された原稿などの枚数。‖「―が尽きる」 ❷書物のページ数。

しずか【静か】シヅ[形動] ❶やかましい声や物音がしないさま。ひっそりしているさま。‖「―な境内」「―に廊下を歩く」 ❷動きや変化が少ないさま。穏やかだ。‖「―な海」書き方 ②は「▽徐か(に)」とも。 ❸気持ちや態度が落ち着いているさま。穏やかだ。ものしずかだ。‖「―に余生を送る」書き方 ③は「▽閑か」とも。派生 -さ

しずく【滴(▼雫)】シヅ[名] したたり落ちる水や液体が粒状になったもの。‖「雨の―」「ひと―の涙」

しずけ-さ【静けさ】シヅ[名] 静かであること。また、静かな状態。‖「嵐の前の―」▽形容詞「しずけし」の語幹+接尾語「さ」。

ジス-コード【JISコード】[名] JIS(日本産業規格)によって定められた情報交換用の符号。

しず-ごころ【静心】シヅ[名]〔古風〕静かな心。落ち着いた心。‖「―なく花の散るらん」

シス-コン[名] ⇩シスターコンプレックス

しず-しず【(静静)】シヅシヅ[副と] 動きが静かでゆっくりとしているさま。‖「―と神前に進む」

シスター[sister][名] ❶姉または妹。姉妹。 ❷カトリックで、修道女。

シスター-コンプレックス[和製sister+complex］［名］姉妹に対して極端な愛情や執着をもつ心理的傾向。シスコン。

システマチック［systematic］［形動］組織的・体系的・系統的であるさま。システマティック。

システム［system］［名］❶体系。また、秩序・系統だった組織・制度。‖「管理ー」「ー工学」❷コンピューターで、情報を処理するための一連の方式・仕組み。また、その装置。

システムーエンジニア［systems engineer］［名］コンピューターシステムの分析や設計に携わる専門技術者。SE。

システムーキッチン［和製system＋kitchen］［名］広さや使い勝手に合わせ、流し台・調理台・ガス台・収納戸棚などを組み合わせてひと続きにした台所。

システムーこうがく【システム工学】［名］ある目的を達するための合理的なシステムのあり方を体系的に研究する工学の一分野。生産工程の管理、交通・通信網の管理、経営管理、情報処理、宇宙開発システムなどに広く応用される。システムエンジニアリング。SE。

ジステンパー［distemper］［名］ウイルスを病原体とする、犬の急性伝染性感染症。下痢・肺炎・粘膜の炎症などを起こす。ディステンパー。

ジストマ［distomaラテ］［名］動物に寄生する吸虫類の総称。体は扁平で、前端と腹部に吸盤をもつ。肝吸虫・肺吸虫・横川吸虫は人体寄生虫。二口虫。

ジストロフィー［dystrophy］［名］栄養障害。また、変性・萎縮などの発育異常。

じーすべり【地滑り（地▼辷り）】［名］❶傾斜地の表層部が徐々に滑り落ちること。また、その現象。❷状況が大きく変動すること。‖「景気がーを起こす」

ジスーマーク【JISマーク】［名］JIS（日本産業規格）に合格した製品につけられるマーク。

しーすま・す【▽為済ます】［他五］うまくやってのける。‖「ーしたりと悦に入る」

しずまりーかえ・る【静まり返る】［自五］すっかり静かになる。‖「場内が水を打ったようにー」

しずま・る【静まる・鎮まる】［自五］
❶【静】物音や声がやんで静かになる。‖「室内がー」
❷【静・鎮】勢いが衰える。‖「風［波］がー」
❸【静・鎮】高ぶっていた感情が落ち着く。‖「怒りがー」
❹【静・鎮】体の変調や痛みがなくなる。‖「痛みがー」
❺【鎮・静】騒動・動乱などがおさまる。‖「内乱がー」
❻【鎮】神霊が鎮座する。‖「神ー宮居」
◈書き分け【静】は広く使うが、特に状態について言い、内発的・自然的な事象に使う。【鎮】は動作的な意を表し、外圧的・人為的な事象に使う。「火勢［発作・怒り］が鎮まる」と書けば、消火など人の力によってしずまるという含みが出る。「しずめる」も同様。

しずみ【沈み】［名］❶沈むこと。また、その程度。❷漁具を沈めるためにつけるおもり。しずめ。

しず・む【沈む】［自五］❶水面から水中・水底に没する。また、水にひたされて水底に姿を隠す。‖「大きな桃が浮いたりーんだりして流れてくる」「村がダムの底にー」⇔浮く・浮かぶ
❷太陽や月が下に移動して見えなくなる。‖「日が山かげにー」⇔昇る
❸地面や床などが周囲より低くなる。‖「地震で地盤がー」「本の重みで床がー」
❹物の中へめりこむようにして入ってゆく。‖「砂に後輪がーんで空回りする」
❺野球などで、空中を行くボールが急激に下方に変化する。‖「変化球が内角低めにー」
❻ある心的・生理的な状態の中に深く入り込む。また、好ましくない状況や環境の中に深く入り込む。落ちる。陥る。‖「悲しみ［深い眠り］にー」「不幸な境遇にー」
❼気持ちや雰囲気が暗く重苦しくなる。浮き浮きしたところがなくなる。‖「気分がーんで何をするのもおっくうだ」「ーんだ表情で答える」⇔浮く
❽地味で落ち着いた感じになる。‖「ーんだ色合いのポスター」「クラリネットのーんだ音色」
❾周りの風景や地色にとけこんで浮き立たなくなる。‖「街は靄の中にーんでいた〈吉行淳之介〉」
❿ボクシング・レスリングで、倒されて負ける。‖「痛打を浴びてマットにー」
⓫激しい攻撃を受けて、戦いに負けたり立ち上がれなくなったりする。‖「〇〇党、首都圏でー」
⓬麻雀などのゲームで、持ち点がマイナスになる。‖「二万点ー」⇔浮く 名沈み

しず・める【沈める】［他下一］❶水中・水底に没するようにする。‖「海中にたこつぼをー」⇔浮かべる 使い方〈物〉を主語にしてもいう。‖「行政の愚策が村をダムの底にーめた」❷水の中に体を入れる。‖「湯ぶねにゆったりと身をー」❸下の物にめりこませるようにする。‖「ソファに深々と体をー」❹頭や腰を下げて低い（安定した）姿勢になる。‖「腰をーめて脇差しを抜く」❺好ましくない状態や環境に身を置く。‖「悲しみ［逆境］に身をー」❻記憶や情念を奥深いところに追いやって、表面に現れないようにする。うずめる。‖「忌まわしい思い出を忘却の淵にー」❼ボクシング・レスリングで、相手を倒して勝つ。‖「挑戦者をキャンバスにー」❽球技で、球をホールやゴールに入れる。また、そのようにして、ある一定の得点の状況を作り出す。‖「ホールに球をー」「バーディーパットをー」◈「静める」と同語源。

しず・める【静める・鎮める】［他下一］❶【静】物音や声を立てさせないようにする。静かにさせる。‖「隣室の騒ぎをー」❷【静・鎮】勢いを弱くさせる。‖「風［嵐・火勢］をー」❸【静・鎮】高ぶった感情を落ち着かせる。‖「気［怒り］をー」❹【鎮・静】体の変調や痛みをなくさせる。‖「咳［痛み］をー」❺【鎮・静】騒動・動乱などをおさめる。鎮圧する。‖「反乱をー」「暴徒と化した群衆をー」❻【鎮】神霊を鎮座させる。また、霊魂などを落ち着かせる。‖「神［精霊］をー」書き分け⬇しずまる

し・する【死する】［自サ変］死ぬ。文し・す
◉死して後已む 死ぬまで努力し続ける。

し・する【資する】［自サ変］助けとなる。役に立つ。‖「医学の発展にーところが大きい」文し・す

シズル［sizzle］［名］食べ物の味わいを想起させること。また、食欲や購買意欲をそそること。‖「ー感のある写真」▼焼き立てや揚げ立ての料理が立てる音を表す語から。

じ・する【侍する】［自サ変］身分の高い人のそば近くに仕える。はべる。‖「皇帝にー」文じ・す

じ・する【辞する】［自サ変］❶あいさつをして帰る。‖「社長宅をー」❷勤めていた役・職をやめる。辞職する。辞任する。‖「議員をー」「委員長の任をー」❸辞退する。‖「申し出［受賞］をー」❹〈「…を辞せず」「…も辞しない」など、打ち消しを伴って〉ためらわずに…する。‖「僕

は諸君と血闘をすることも—しないつもりだ〈下村湖人〉」 使い方 五段動詞「辞す」に打ち消しの付いた「…を辞さない」「…も辞さず」などの形が多い。〓「ストも辞さない」「死をも辞さない覚悟」 文 じ・す 異形 辞す

じ・する【持する】[他サ変] ある状態・態度を保ち続ける。かたく守る。⬇満を持す 文 じ・す

しーせい【四声】[名] 昔の中国語で使われた、平声・上声・去声・入声の四つの声調。しょう。▼現代中国語では第一声～第四声の四つの声調をいう。

しーせい【四姓】[名] ❶⬇カースト ❷平安時代の名家、源・平・藤原・橘の四氏。

しーせい【四聖】[名] 四人の聖人。釈迦・キリスト・孔子・ソクラテスをいう。

しーせい【市井】[名] 人家が多く集まっている所。まち。ちまた。〓「—の人」▼昔、中国で、井戸のある所に人が集まり市が立ったことから。「いちい」は誤読。

しーせい【市制】[名] 地方自治体としての市の制度。

しーせい【市政】[名] 地方自治体としての市の政治。

しーせい【市勢】[名] 市の人口・産業・財政・施設などの、総合的な情勢。〓「—要覧」

しーせい【死生】[名] 死ぬことと生きること。生死。〓「—観」「—命あり（＝死生は天命によるもので、人の力ではどうすることもできない）」

しーせい【至誠】[名・形動] きわめて誠実なこと。また、その心。まごころ。〓「—天に通ず」

しーせい【私製】[名] 個人が作ること。また、作ったもの。〓「—はがき」⬍官製

しーせい【刺青】[名] 入れ墨。彫り物。

しーせい【姿勢】[名] ❶体のかまえ・格好。〓「—を正す」❷物事に対する態度。心がまえ。〓「前向きの—で取り組む」「低—」

しーせい【施政】[名] 政治を行うこと。また、その政治。〓「—方針」

しーせい【詩聖】[名] ❶きわめてすぐれた詩人。❷唐の詩人、杜甫の敬称。▼李白は「詩仙」という。

しーせい【試製】[名] ためしに作ること。試作。

しーせい【資性】[名] もって生まれた性質や能力。天性。

しーせい【雌性】[名] 雌に共通する性質。⬍雄性

じーせい【自生】[名・自サ変] 植物が栽培によらないで自然に生え育つこと。〓「—植物・—種」

じーせい【自制】[名・自他サ変] 自分の感情や欲望を自分でおさえること。〓「—が利かない」「—心」

じーせい【自省】[名・他サ変] 自分の言動などを自ら反省すること。〓「高慢な言動を—せよ」

じーせい【自製】[名・他サ変] 自分で作ること。また、作ったもの。手製。〓「—のソーセージ」

じーせい【時世】[名] 時とともに移り変わる世の中。時代。ときよ。〓「—に合わない」「いやな御—だ」

じーせい【時制】[名] 文中で表された行為・状態と、発話時との間の時間関係を動詞の語形変化などによって示す言語形式。過去・現在・未来など。時相。▼「テンス（tense）」の訳語。

じーせい【時勢】[名] 移り変わる時代のいきおい。世の中のなりゆき。〓「—に後れる」

じーせい【辞世】[名] この世に別れを告げること。また、その時に残す詩歌やことば。〓「—の歌」

じーせい【磁性】[名] 磁石が鉄片を吸いつけるなどの性質。〓「—体」

しーせいかつ【私生活】[名] 個人としての生活。

しせいーし【私生子】[名] 旧民法で、法律上の婚姻関係にない男女の間に生まれ、父親が認知していない子。私生児。▼父親に認知された子は「庶子」。現行法では「庶子」も含めて「嫡出でない子」という。

しーせき【史跡（史×蹟）】[名] 歴史に残る事件や建造物などがあった場所。

しーせき【史籍】[名] 歴史を記した書物。史書。

しーせき【▼咫▽尺】[名] ❶ごく近い距離。〓「—を弁ぜず（＝暗くて一寸先のものも区別がつかない）」❷[自サ変] 身分の高い人にそば近くで会うこと。◈中国周代の長さの単位で、「咫」は八寸（約一八センチ）、「尺」は十寸（約二二・五センチ）。

しーせき【歯石】[名] 唾液中の石灰分などが歯に付着して固まったもの。

じーせき【次席】[名] 席次・地位が二番目であること。また、その人。〓「—検事」

じーせき【自席】[名] 自分の席。

じーせき【自責】[名・自サ変] 自分で自分の過ちを責めること。〓「反省し—した」「—の念に駆られる」

じーせき【事跡（事×蹟）】[名] ある事柄が行われたあと。事件のあと。

じーせき【事績】[名] ある人が成し遂げた仕事と功績。〓「古人の—を後世に伝える」「輝かしい—を残す」

じせきーてん【自責点】[名] 野球で、投手の責任による失点。

じーせだい【次世代】[名] ❶次の世代。〓「戦争体験を—へ語り継ぐ」❷技術やシステムなどが革新的な変化を遂げる、次の段階。〓「—ゲーム機」

しーせつ【私設】[名] 個人が設立すること。〓「—道路」「—応援団」⬍公設・官設

しーせつ【使節】[名] 国家の代表として他国へ派遣される人。〓「外交—」「—団」▼昔、中国で、外国へ行く使者が節符（割符）を持参したことから。

しーせつ【施設】[名] ❶[他サ変] ある目的のために建物や設備をつくること。また、その建物や設備。〓「医療[娯楽]—」❷社会福祉事業を行う所。▼「児童福祉施設」「老人福祉施設」「児童養護施設」などの略。

じーせつ【自説】[名] 自分の学説・意見。〓「—に固執する」

じーせつ【持説】[名] ふだんから主張している自分の意見。持論。

じーせつ【時節】[名] ❶移り変わる四季が実感される折々の時分。時候。〓「花便りの届く—」❷何かをするのにちょうどよい機会。時機。〓「—到来」❸世の中の情勢。時世。〓「世知辛い—となる」

じせつーがら【時節柄】[副] このような時節であるから。時分柄。季節柄。〓「—御自愛ください」

しーせん【支線】[名] ❶鉄道・道路・送電線などで、本線から分かれた線。⬍本線 ❷電柱などを支えるために、その上部から地上に張った斜めの鉄線。

しーせん【死線】[名] ❶牢獄・捕虜収容所などの周辺に設けられ、そこを越えると逃亡を企てたものとして射殺される境界線。デッドライン。❷死ぬか生きるかの境目。〓「—を越える（＝生死の境を切り抜ける）」

しーせん【私▼撰】[名・他サ変] 個人が詩文を選び、書物を編集すること。また、その書物。⬍勅撰

しーせん【私選】[名・他サ変] 個人が選ぶこと。〓「—

弁護人（＝刑事事件の被告人などが自ら選任した弁護人）」

し-せん【視線】［名］❶眼球の中心点と見ている対象とを結ぶ線。❷物を見ている方向。目の向き。「―をそらす」

し-せん【詩仙】［名］❶世俗を超越した大詩人。❷唐の詩人、李白の敬称。▽杜甫は「詩聖」という。

し-ぜん【自然】㊀［名］❶人為によらないでこの世に存在する、すべての物や現象。森羅万象。天地万物。「―を友とする」「―の営み」「―災害」❷［形動］人為によらない、そのもの本来の状態であること。天然。「―の／な甘み」「―のままの森林」⇔人工 ❸［形動］言動にわざとらしさがないこと。また、無理がないこと。「―な解釈」「―に振る舞う」❹［形動］何もしないのに、ひとりでにそうなること。「―の成り行き」「―に生えてくる」㊁［副］必然的な成り行きとして、そうなるさま。おのずと。「内気だから―(と)友人も少ない」

し-ぜん【至善】［名］この上ない善。「至高―の人」

じ-せん【自選】［名］❶［自サ変］選挙のとき、自分で自分を選ぶこと。「―投票」❷［自他サ変］自分の作品の中から自分で選び出すこと。自撰。「―歌集」

じ-せん【自薦】［名・自サ変］自分で自分を推薦すること。⇔他薦

薦

じ-ぜん【次善】［名］最良とはいえないが、それに次ぐもの。「―の策をとる」

じ-ぜん【事前】［名］物事が起こる前。また、物事が行われる前。「ストを―に通告する」「―運動（＝立候補の届け出前に行われる選挙運動）」⇔事後

じ-ぜん【慈善】［名］あわれみ助けること。特に、恵まれない人々に金品をおくって助けること。「―市」

しぜん-かい【自然界】［名］❶宇宙と地球上のすべてのものが存在する世界。❷人間界に対して、それをとりまく生物・無生物の世界。❸人間界・生物界に対して、物理的な世界。

しぜん-かがく【自然科学】［名］自然界に起こるさまざまな現象を研究する学問。ふつう天文学・物理学・化学・地学・生物学などに分ける。⬇社会科学・人文科学

しぜん-しゅぎ【自然主義】［名］❶文学で、理想化を排して社会や人間の醜悪な面を直視し、現実をあるがままに描写しようとする立場。一九世紀後半のフランスに興り、日本の近代文学にも大きな影響を与えた。ゾラ・モーパッサンなどを代表とする。❷哲学で、自然を唯一の原理と考え、すべての現象を自然科学の方法で説明しようとする立場。❸倫理学で、道徳の基準を本能・素質などの自然的欲求に置く立場。快楽主義・功利主義などに代表される。❹教育学で、人間の自然的性情を重視し、その円満な発達を教育の目的とする立場。ルソーが提唱した。◈naturalism の訳。

しぜん-じん【自然人】［名］❶文明の影響を受けることなく、生まれながらの純粋無垢な性情を保ち続けて生きる人。❷法律で、権利・義務の主体となる人間。⇔法人

しぜん-すう【自然数】［名］一、二、三、四…のように、一から順に一つずつ増して得られる数。正の整数。

しぜん-たい【自然体】［名］❶気負いのない、あるがままの態度。「―で交渉の場に臨む」❷柔道で、自然のまま素直に立った基本的な姿勢。

しぜん-とうた【自然▼淘汰】［名］自然界で生存に少しでも有利な形質をもつ個体が生き残って子孫を保ち、適応しないものは滅びること。自然選択。▽ダーウィンが『種の起源』の中で提唱した概念。

しぜん-ほう【自然法】［名］❶自然界のすべてを支配するとみられる理法。❷人間の本性から自然に生じたもので、時代や場所を超越して永久不変の効力を持つと考えられる法。⇔実定法・人定法

しせん-わかしゅう【私▼撰和歌集】［名］私人が作品を選び、編集した和歌集。⇔勅撰和歌集

し-そ【始祖】［名］❶先祖。また、元祖。「精神分析の―」❷禅宗で、達磨大師。

し-そ【紙塑】［名］紙などをまぜて練った粘土でこしらえた人形や器物。

し-そ【紫▼蘇】［名］香りの高い葉を食用にするシソ科の一年草。秋、淡紫色の小花をふさ状につける。暗紫色のアカジソの葉は梅干しの着色用。緑色のアオジソの葉は大葉ともいい、刺身のつまや薬味にする。実も塩漬けなどにして食用。ちそ。

し-そ【▼緇素】［名］僧侶と俗人。僧俗。▽「緇」は僧侶の着る黒衣、「素」は俗人の着る白衣の意。

し-そう【死相】［名］❶死の近いことを示している人相。「―が現れる」❷死に顔。「安らかな―」

し-そう【志操】［名］志を守って容易には変えない心。「―堅固な人」

し-そう【思想】［名］❶人生・社会・政治などに対する一定の考え。「穏健な―」「社会―」❷哲学で、思考作用の結果得られた、体系的な意識内容。

し-そう【師僧】［名］師である僧。

し-そう【歯槽】［名］上下のあごの骨にある、歯根がはまっている穴。

し-そう【詞藻】［名］❶文章を飾る美しいことば。ことばのあや。「―の豊かな文」❷詩歌や文章。また、それを作る才能。「―に長じる」

し-そう【試走】［名・自サ変］❶競技の前に、ためしに走ってみること。❷性能や調子を確かめるために、自動車などを試験的に走らせてみること。「―車」

し-そう【詩草】［名］詩の草稿。詩稿。

し-そう【詩想】［名］❶詩作のもとになる感情・着想。「―がわく」❷詩にうたわれている思想・感情。

し-そう【詩藻】［名］❶詩に表れた美しい語句。❷美しい詩を生み出す感受性。「―が涸れる」

し-ぞう【死蔵】［名・他サ変］活用せず、むだにしまい込んでおくこと。「貴重な資料が―されている」

し-ぞう【私蔵】［名・他サ変］個人が所蔵すること。「―の美術品を広く公開する」

じ-そう【寺僧】［名］寺に所属している僧。寺の僧。

じ-ぞう【地蔵】［名］釈迦の入滅後、弥勒菩薩が現れるまでの間、仏のいない世に住んで六道の衆生を教え導くという菩薩。日本では、子供や旅人を守る菩薩としても盛んに信仰された。▽「地蔵菩薩」の略。

しそう-のうろう【歯槽▼膿漏】［名］歯槽部の組織が炎症を起こして化膿する病気。

しそう-はん【思想犯】［名］思想に基づく犯罪。特に、もと治安維持法に触れた犯罪の通称。また、その犯罪者。

シソーラス［thesaurus］［名］❶語句を同義・類義などによって分類・配列した語彙集。また、類義語集。❷コンピューターで、同義語・類義語などからも検索でき

るようにした辞書機能。

し-そく【子息】［名］むすこ。▼多く「御ー」の形で、他人のむすこをいう。

し-そく【四則】［名］算数で、加法・減法・乗法・除法の総称。〓「ー計算」

し-ぞく【士族】［名］❶武士の家柄。❷明治時代に設けられた身分制度で、もと武士階級に属した者。華族の下、平民の上に位した。第二次大戦後に廃止。

◉**士族の商法**　不慣れな商売に手を出して失敗することのたとえ。▼明治維新後、士族となり商売を始めた旧武士が多く失敗したことから。

し-ぞく【氏族】［名］共通の祖先から出たことで結ばれている一族。同じ氏族名をもつ多数の家族からなる。

じ-そく【自足】［名］❶自分で必要なものを満たすこと。〓「ー経済」「自給ー」❷自分の置かれている境遇や状態に満足すること。〓「ーした生活を送る」

じ-そく【時速】［名］乗り物などの速度を一時間当たりの進行距離で表したもの。〓「ー一〇〇キロで飛ばす」

じ-ぞく【持続】［名・自他サ変］ある状態がそのまま長く保たれること。また、保ち続けること。〓「効果がーする」「臨戦態勢をーする」「ー力」 使い方 自らの状態を維持する場合は、「好調［集中力］を持続した／持続させた」のように「持続する」「持続させる」のどちらも使われる。他に働きかける場合は、「ハーブが保湿効果を持続させる」「彼の愛情を持続させる」のように「持続させる」を使う。⇩品詞解説（八六六ページ）

じぞくかのうな-かいはつもくひょう【持続可能な開発目標】［名］⇩SDGs

じぞく-てき【持続的】［形動］ある状態を保ち続けるさま。〓「企業のーな発展」

し-そこな・う【▽為損なう】［他五］何かをしようとして失敗する。また、何かをする機会をのがす。やりそこなう。〓「計算をー」「願書の提出をー」 名 **しそこない**

し-そつ【士卒】［名］下士官と兵卒。また、兵士。

し-そん【子孫】［名］❶子と孫。❷先祖からの血筋を受けて、代々あとを継ぐ人々。末流。〓「ー繁栄」

し-そん【至尊】［名］❶この上なく尊いこと。また、そのもの。❷天皇。天子。

じ-そん【自存】［名］❶自己の生存。自己の存在。❷［自サ変］他に頼らずに、自分の力で生存すること。〓「ー自衛」

じ-そん【自尊】［名］❶自らを誇って、うぬぼれること。〓「ー自大」❷自らの人格を尊び、誇りと品格を保つこと。〓「独立ーの精神」

じ-そん【自損】［名］自分の過失によって怪我をし、また損害を受けること。〓「ー事故」⇔他損

じ-そん【児孫】［名］子と孫。子孫。〓「ーのために美田を買わず」

し-そん・じる【仕損じる・▽為損じる】［他上一］失敗する。しくじる。〓「計算をー」「せいては事をー」 文 **しそん・ず** 名 **しそんじ** 異形 **しそんずる** 書き方「し損じる」と書くことが多い。

じそん-しん【自尊心】［名］自分の人格を大切にし、品格を保とうとする気持ち。また、自分を価値のあるものと思う気持ち。〓「ーを傷つけられる」

した【下】■［名］❶三次元の空間で、基準となるものより低いほう。〓「ーをのぞくと目がくらむ」「柳のーに幽霊が出る」「シャツはーの引きだしに入っている」❷平面上の位置関係で、中心部や基準とする所よりも視線が下がる所。〓「この欄の一番ーに君の名前がある」❸おおわれた物の内側。〓「コートのーにセーターを着る」❹文章で、これから述べられる部分。以下。次。〓「詳細をーに記す」 使い方 横書きで「下」、縦書きで「左」と使い分ける場合もある。❺地位・能力・程度・年齢などが劣っていること。また、その人。〓「ーの意見を聴く」「実力は僕のほうがーだ」「三歳ーの弟」❻地位が低く、力・支配の及ぶところ。もと。〓「ワンマン社長のーで働く」■（造）あらかじめ。前もって。〓「ー書き・ー準備」◈■①〜⑤⇔上 読み分け「親の保護の下に置かれる」「学校の許可の下で行う」「一言［一刀］の下に切り捨てる」など、ある影響や状況が及ぶところという意の「下」は「もと」と読む場合が多いが、「ワンマン社長の下で働く」（⑥の例）のように、「した」「もと」両方ともに読む場合もある。

◉**下に・出る**　下手に出る。

◉**下にも置かない**　非常に丁重にもてなす。下へも置かない。〓「ーもてなしを受ける」▼下座に付かせない意。

した【舌】［名］❶動物の口中にある筋肉質の器官。味覚をつかさどり、咀嚼を助け、食べ物を飲み下す働きをするほか、人間では発声器官の一部として、さまざまに動いて発音を調節する。べろ。❷ひちりき・クラリネット・ハーモニカ・リードオルガンなどの発音源となる、葦・竹・金属などの薄片。吹きつける空気によって振動し、音を発する。リード。 書き方「▼簧」とも。

◉**舌が回・る**　よくしゃべる。流暢に話す。

◉**舌を出・す**　❶陰で相手をばかにするさま。❷失敗したときの照れくささなどを恥じたり、ごまかしたりするさま。

◉**舌を巻・く**　非常に感心し、驚くさま。〓「彼の才能には皆ーいた」

しだ【〈羊歯〉・歯▼朶】［名］❶シダ類に属する植物の総称。花はなく、胞子によって増える。ワラビ・ゼンマイ・タマシダ・シノブなど。❷ウラジロ。

じ-た【自他】［名］❶自分と他人。〓「ーともに認める斯界の第一人者」❷文法で、自動詞と他動詞。

じ-だ【耳▼朶】［名］みみたぶ。また、みみ。〓「ーに触れる（＝聞き及ぶ）」

した-あご【下顎】［名］下の方のあご。かがく。⇔上顎

した-あじ【下味】［名］料理の材料にあらかじめ味をつけておくこと。また、その味。

シタール【sitar】［名］北インドの撥弦楽器。瓢箪製の共鳴胴に太くて長い棹をつけ、七本の主弦と多数の共鳴弦を張り渡したもの。右手の人さし指につけた金属製の義甲で演奏する。

し-たい【四▽諦】［名］仏教で、人生の四つの真理。苦しみ（苦諦）・苦しみの原因（集諦）・苦しみの消滅（滅諦）・苦しみを消滅させる道（道諦）。四聖諦。苦集滅道。▼「諦」は真理の意。

し-たい【死体（▼屍体）】［名］死んだ人間や動物のからだ。〓「ーを収容する」「ー遺棄罪」 使い方 ⇩遺体

し-たい【肢体】［名］手足。また、手足とからだ。

し-たい【姿態】［名］ある動作をしたときの、すがた。からだつき。〓「しなやかなー」

し-だい【四大】［名］❶仏教で、地・水・火・風の四元素。万物はこの四元素から成り立つとされる。四大種。❷四大からなるとされる、人間の肉体。

し-だい【次第】■［名］❶順序。〓「式のー」❷現在に至るまでの事情。いきさつ。なりゆき。〓「事のーを述

べる」「事と━によっては由々しき事態となろう」━(二)(造)❶〈名詞に付いて〉その人の意向や物事の事情にまかせる意を表す。‖「どうするかはあなた━だ」❷〈主に動詞の連用形に付いて〉その動作などのなりゆきにまかせる意を表す。‖「手当たり━に物を投げつける」❸〈動詞の連用形に付いて〉その動作が終わるとすぐに、の意を表す。‖「満員になり━締め切る」使い方 俗に、「到着し次第連絡する」を「到着次第連絡する」のように、直接動作性の名詞に続ける言い方もある。

し-だい【至大】[名・形動] この上なく大きいこと。‖「━の業績を上げる」▼無形のものについていう。

し-だい【私大】[名] 個人や民間団体が設立し、管理・運営している大学。▼「私立大学」の略。

じ-たい【字体】[名] ❶発音・意味・用法などを同じくする文字が二種以上あるとき、それぞれの文字がもつ形。新字体・旧字体、本字・正字・俗字などの形。❷書体。

じ-たい【自体】━(一)[名]〈名詞に付いて〉❶その物事がもっている特質を取り出して強くいう。それそのもの。‖「建物━は頑強にできている」「そもそも考え方━が悪い」「組織の存在━が問われる」使い方 普通人を表す語には「自身」が付く。‖「×それは彼自体の問題だ(○彼自身の問題だ)」❷〈多く「…こと自体」の形で、活用語の連体形を受けて〉そのことを強めていう。…であることがそもそも。そもそもそれ。‖「例外を許したこと━が間違いだ」使い方 まれに「甘ったれていること自身が問題だ」のようにもいうが、俗用。「自体」が正しい。━(二)[副]〔古風〕本来的にいって。そもそも。だいたいが。‖「━、答弁になっていない」◈自分の体の意から。

じ-たい【事態】[名] 物事の様子や成り行き。‖「ゆゆしき━が発生する」「不測の━」「非常━」▼「事の状態」の意。多くよくない状態をいう。

じ-たい【辞退】[名・自サ変] 他人の勧めや与えられた権利などを受けられないとして引き下がること。‖「立候補を━する」「故人の遺志により供花の儀はご━申し上げます」

じ-だい【地代】━ヂ[名] ❶土地の借用料。借地料。❷土地の値段。地価。◈「ちだい」とも。

じ-だい【次代】[名] 次の時代。次の世代。‖「━を担う青年」

じ-だい【事大】[名] 弱い者が強い者の言いなりになって仕えること。‖「━主義(=勢力の強い者につき従って自己の安全を図ろうとする態度)」語源『孟子』の「惟だ智者のみ能く小を以て大に事うるを為す」に基づく。

じ-だい【時代】[名] ❶ある目安によって区分した期間。また、歴史上、ある基準によって区分した一定の期間。‖「平安━」「古き良き━」❷人の一生を区切ったある期間。‖「幼年[学生]━」❸その当時。当代。‖「━の先端をゆく」❹長い年月を経て、古びていること。‖「━のついた茶道具」

さまざまな「時代」

足利時代・飛鳥時代・安土桃山時代・江戸時代・黄金時代・王朝時代・鎌倉時代・魏晋南北朝時代・旧石器時代・原始時代・原史時代・元禄時代・古墳時代・三国時代・春秋時代・春秋戦国時代・縄文時代・織豊時代・新石器時代・青銅器時代・石器時代・戦国時代・先史時代・大航海時代・田沼時代・中石器時代・鉄器時代・天平時代・徳川時代・奈良時代・南北朝時代・白鳳時代・氷河時代・武家時代・文化文政時代・平安時代・封建時代・室町時代・明治時代・大和時代・弥生時代・有史時代・律令時代・歴史時代・鹿鳴館時代

じだい-おくれ【時代遅れ(時代後れ)】[名・形動] その時代の傾向や風潮に合わなくなっていること。‖「━の服装」

じだい-がか・る【時代がかる(時代掛かる)】[自五] 古めかしく見える。また、古風で大げさな感じになる。‖「━・った言い回し」

じだい-かんかく【時代感覚】[名] その時代の傾向や風潮をとらえる感覚。‖「━が鋭い」

じだい-げき【時代劇】[名] 江戸時代またはそれ以前の武家時代を題材とした演劇や映画。まげもの。

じだい-こうしょう【時代考証】━カウ━ショウ[名] 映画・演劇などで、使われる衣装・調度や風俗などが設定された時代に合っているかどうかを考証すること。

じだい-さくご【時代錯誤】[名] ❶ある時代の人物・事柄などを別の時代のものと混同する誤り。❷言動や考え方がその時代の傾向や風潮からずれていること。アナクロニズム。

じだい-しょうせつ【時代小説】━セウ━セツ[名] 明治時代以前の事件や人物を素材にした通俗小説。

じだい-しょく【時代色】[名] その時代特有の傾向や風潮。‖「━豊かな祭事」

しだい-に【次第に】[副] ❶状態や程度が少しずつ変化するさま。だんだんと。‖「━寒くなる」「━景気が上向きになる」「隣の人との間隔が━狭くなっている」❷事態が進行した末に。ついに。‖「ゲームに熱中し、━は通勤の行き帰りにまでやるようになった」「話は下級生物の繁殖から始めて、━人類に及ぶというのである〈鷗外〉」

じだい-もの【時代物】[名] ❶長い年月を経てきたもの。年代物。❷映画・演劇・小説などで、江戸時代またはそれ以前の武家時代を題材にした作品。⇔世話物

した・う【慕う】シタフ[他五] ❶相手に敬愛や魅力を感じて、付き従いたいと思ったり追い求めたいと思ったりする。敬慕する。愛する。愛慕する。‖「国民こぞって国王を━」「寮生から、お母さん、お母さんと━・われる」「ずっと貴方をお━・い申しておりました」使い方 多く、目上の人についていう。恋愛感情でいう場合は、古風な言い方。❷遠く離れた故郷を懐かしんで求める。懐かしがる。‖「祖国を━」❸昆虫や魚類が火を好み求める。‖「灯火を━・って虫が集まる」

した-うけ【下請け】[名・他サ変] ある人が請け負った仕事の全部または一部を、さらに請け負うこと。また、その人。又請け。下請負。‖「工事を━する」書き方 公用文では「下請」。

した-うち【舌打ち】[名・自サ変] 舌で上あごをはじいて音を立てること。▼自分の思うとおりにならないときや、食べ物を味わうときにするしぐさ。

した-え【下絵】━ヱ[名] ❶下がきの絵。❷図柄のもととして、下地に描いておく絵。‖「陶磁器の━」

した-えだ【下枝】[名] 樹木の下のほうの枝。しずえ。

した-おび【下帯】[名] ❶ふんどし。または、腰巻き。❷肌着の上にしめる帯。下ひも。

したが・う【従う(▽随う・▽遵う・▽順う)】シタガフ[自五] ❶先に立つ人のあとについてゆく。あとに続く。

付き従う。〓「生徒たちが引率の先生のあとに—」❷道・川などの進む方向に沿う。〓「流れに—って山を下りる」「街道に—って北上する」▼「従って～する」の形が多い。❸他人の意向や規則のとおりにする。〓「法律[命令・指示・慣例]に—」「郷に入っては郷に—・え」⬍背く・逆らう ❹自分の判断や自然のなりゆきの命ずるままにする。また、一定の基準や方針を取り決めてそのとおりにする。〓「自分の信念[自然の欲求]に—」「見本に—って組み立てる」❺自然や社会の現象が一定の因果関係のもとに展開する。〓「物体は引力に—って落下する」「世の移り変わりに—って歌も変わる」❻仕事にたずさわる。従事する。〓「業務に—」❼〈「…に従って」「…に従い」の形で〉あることに対応して。…につれて。…にともなって。〓「成長するに—って無口になってきた」「人口が都市に集中するに—い農村の過疎化が進む」

◈書き分け【随】はついてゆく・なるに任せる意、【遵】【順】は規則などに従う意で、「引率の先生[命令]に随う」「規則[意向]に遵う[順う]」などと書くが、今は一般に【従】を使う。「したがえる」の場合も同じ。可能 従える

したが・える【従える(▽随える・▽遵える・▽順える)】 シタガヘル 一 [他下一] ❶引き連れる。〓「部下を—・えて外遊する」❷服従させる。従わせる。〓「知力でもって反対派を—」文 したが・ふ 二 [自下一]「従う」の可能形。したがうことができる。〓「そんな意見には—・えない」◈書き分け ⬇従う

した-がき【下書き】 [名] ❶[他サ変] 書道などで、清書する前に練習として書くこと。また、その書いたもの。❷まだ加筆や修正をしていない文章。草稿。草案の類。❸[他サ変] 絵を本格的に描く前に、おおよその形や構図を描くこと。また、そのもの。書き方「下描き」とも。

したがっ-て【従って】 [接] だから。それゆえに。よって。〓「台風が接近している。—航海は中止だ」使い方 丁寧語化して「従いまして」となることもある。⬇「ます」のコラム(一五五七ページ)

した-がり【下刈り】 [名] 若木を保護するために、樹木の下の雑草や雑木を刈り取ること。

した-ぎ【下着】 [名] 上着の下に着る衣類。特に、肌に直接つける衣類。肌着。⬍上着

し-たく【支度・仕度】 [名・他サ変] ある物事を行うために必要なものを準備し、整えること。〓「早起きして朝食を—する」「旅行の—をする」「身—」

し-たく【私宅】 [名] 個人の家。また、自分の家。自宅。

しだ・く【▽拉く】 [動五]〈動詞の連用形に付いて複合語を作る〉おしつぶす。くだく。〓「踏み—・噛み—」

じ-たく【自宅】 [名] 自分の生活の本拠としている家。自分の家。〓「午前中は—にいます」「—療養[待機]」

したく-きん【支度金】 [名] 就職・結婚などの準備に必要な金。〓「嫁入りの—」

した-くさ【下草】 [名] 樹木の下に生えている雑草。森や林の中に茂っている丈の低い草木。したぐさ。

した-くちびる【下唇】 [名] 下側の唇。〓「—を噛む」⬍上唇

した-げいこ【下稽古】 [名・他サ変] ❶本舞台に出る前に、けいこを行うこと。また、そのけいこ。リハーサル。❷芸事などのけいこに行く前に、あらかじめ練習しておくこと。予習。

した-ごころ【下心】 [名] 心中に隠し持っている意図やたくらみ。〓「—があって親切をよそおう」

した-ごしらえ【下▼拵え】 シタゴシラヘ [名・他サ変] ❶本番の前に準備をしておくこと。下準備。❷すぐ料理にとりかかれるように、前もって材料に手を加えておくこと。

した-さき【舌先】 [名] ❶舌の先。❷うわべばかりのことば。口先。

したさき-さんずん【舌先三寸】 [名] 口先だけで巧みに人をあしらう弁舌。舌三寸。〓「—で世の中を渡る」注意「口先三寸」は誤り。

した-ざさえ【下支え】 シタザサヘ [名・他サ変] ある水準より下がらないように支えること。〓「消費の伸びが景気を—する」

した-ざわり【舌触り】 シタザハリ [名] 食べ物などが舌にふれたときの感じ。〓「ざらざらした—の果肉」

した-さんずん【舌三寸】 [名]「舌先三寸」に同じ。

した-じ【下地】 ヂ [名] ❶物事の土台や基礎となるもの。素地。❷その上に彩色や加工をほどこす土台となるもの。〓「壁—」❸生まれつき持っている性質や才能。素養。❹醤油。また、天ぷら・そばなどのつけ汁。〓「お—」「割り—」▼味つけのもとになることから。

し-だし【仕出し】 [名] ❶注文に応じて料理を作って届けること。また、その料理。〓「—弁当」書き方「仕出屋・仕出業・仕出店」など慣用の固定化した語には送りがなをつけない。❷歌舞伎で、通行人・群衆など、場面の雰囲気を作るためのごく軽い端役。また、その役者。

したし・い【親しい】 [形] ❶心がかよいあっているさま。仲がいい。親密だ。〓「彼は山田さんと—」「—友達」「これを機に—・くなる」❷血筋が近い。近親の間柄だ。〓「—縁者」❸〈連用形を使って〉直接に。まのあたりに。じかに。〓「旧跡を—・く見聞する」派生 -げ/-さ

◉親しき中にも礼儀あり 仲のよい間柄であっても、度が過ぎてなれなれしくなるのは避けるべきだ。

した-じき【下敷き】 [名] ❶物の下に敷くもの。特に、字を書くとき、その紙のすぐ下に敷く薄い板。❷物の下に敷かれること。〓「崩れた積み荷の—になる」❸創作などの手本にするもの。〓「説話を—にした小説」

した-しごと【下仕事】 [名] ❶ある仕事の下準備としての仕事。下ごしらえ。❷下請けの仕事。

したしみ【親しみ】 [名] 親しく思う気持ち。〓「—が増す」

したし・む【親しむ】 [自五] ❶心に隔てをおかずに仲よくする。親しくする。〓「友と—」❷〈多く「親しまれる」の形で〉身近な存在として親近感をもって迎えられる。〓「誰からも—・まれている駅長さん」「デゴイチの愛称で—・まれる蒸気機関車」❸〈「親しんで」の形で下に「言う」「呼ぶ」などの動詞を伴って〉ことばに親愛の気持ちをこめていう意を表す。〓「母親を—・んで『お袋』と呼ぶ」❹物事とあるかかわりをもって身近に接する。特に、日常的・職業的になじむ。〓「子供のころから昆虫に—」「灯火—の候」可能 親しめる 名 親しみ

した-じゅんび【下準備】 [名・他サ変] 本番の前にしておく準備。下ごしらえ。〓「登山の—」

した-しょく【下職】 [名] 下請けを専門にする職業。また、その職人。したじょく。

した-しらべ【下調べ】 [名・他サ変] ❶あらかじめ調べておくこと。予備調査。❷学習する部分をあらかじめ勉強しておくこと。予習。

した-ず【下図】 ヅ [名] 絵や図面の下書き。

し-だ・す【仕出す・▽為出す】 [他五] ❶やりはじ

める。とりかかる。[書き方] 普通かな書き。❷注文に応じ、料理を作って届ける。[名] 仕出し

したーそうだん【下相談】 [名・他サ変] きちんとした相談の前にしておく打ち合わせ。

したーだい【舌代】 [名] 口上の代わりに書いたもの。「申し上げます」の意で、挨拶や品書きなどのはじめに記す。口上書き。ぜつだい。

したたーか【▽強か】 一 [形動] 強くて、容易には屈しないさま。また、世なれていて、手ごわいさま。‖「ーな豪傑」「世知辛い世をーに生きる」[派生] ーさ 二 [副ニ] 程度・分量などがはなはだしいさま。ひどく。たくさん。‖「ー(に)頭を打つ」「ー酒を飲む」

したた・める【▽認める】 [他下一] ❶書き記す。‖「手紙をー」❷〔古風〕食事をする。‖「夕食をー」[文] したた・む [名] したため

したたーら・す【滴らす】 [他五] しずくをたらす。また、しずくがたれるようにする。‖「汗をー」

したーたらず【舌足らず】 [名・形動] ❶舌がよく回らず、発音がはっきりしないこと。‖「ーな口調」❷ことばが足らなくて、意味や意図が十分に伝わらないこと。‖「説明がーだ」「ーの点がある」

したーた・る【滴る】 [自五] ❶しずくになってたれ落ちる。‖「汗がー」❷あふれるばかりに満ちている。‖「緑ー山々」◈「下垂る」の意。[名] 滴り

したーたる・い【舌▽怠い】 [形] 物の言い方が甘えているようで、はっきりしないさま。したったるい。

じーたつ【示達】 [名・他サ変] 上級官庁から下級官庁などに指示や注意を通達すること。また、その知らせ。したつ。

したーつづみ【舌鼓】 [名] うまいものを飲み食いしたときに舌を打ち鳴らすこと。したづつみ。‖「山海の珍味にーを打つ」▽「舌で鼓を打つ」の意から。「したづつみ」は、「つづみ」の「つ」「づ」が転倒したもので本来は誤りだが、今はかなり一般化している。

したっーぱ【下っ端】 [名] 身分や地位が低いこと。また、その人。▼軽蔑した言い方。

したっーぱら【下っ腹】 [名] ⬇したはら

したーづみ【下積み】 [名] ❶他の物の下に積むこと。また、下に積まれた物。⬍上積み ❷能力を発揮できないまま、いつまでも人の下に使われていること。また、その人。‖「長かったー時代」

したーて【下手】 [名] ❶下の方。特に、風下・川下をいう。しもて。❷相手より地位や立場が下であること。また、その地位や立場。❸へりくだった態度。したで。❹相撲で、組んだときに相手の腕の下からまわしを取ること。また、その手。差し手。‖「ー出し投げ」◈⬍上手

◉**下手に出る** 相手に対してへりくだった態度をとる。

しーたて【仕立て】 [名] ❶作り上げること。特に、衣服を縫って作り上げること。また、そのできばえ。‖「ーのよいスーツ」❷特別の用途のために乗り物などを準備してととのえること。‖「特別ーの列車」❸あるものを素材として作り上げること。‖「味噌ーの鍋物」「ミュージカルーのドラマ」❹教え込むこと。仕込むこと。‖「師匠のーがよい」

したてーおろし【仕立て下ろし】 [名] 仕立てたばかりの衣服を着ること。また、その衣服。

したてーなげ【下手投げ】 [名] ❶相撲のきまり手の一つ。差した手で相手のまわしをつかみ、相手を引きつけて投げる技。❷野球で、アンダースロー。◈⬍上手投げ

したてーもの【仕立て物】 [名] 縫い物。また、縫い上がった衣服。[書き方] 公用文では「仕立物」。

しーた・てる【仕立てる】 [他下一] ❶材料に手を加えてある物を作り上げる。特に、衣服を作り上げる。‖「反物を晴れ着にー」「誘拐事件を映画にー」[使い方] 〜ヲに〈結果〉をとる言い方もできる。‖「絹地でドレスをー」❷教え込んで一人前にする。しこむ。養成する。‖「何の変哲もない一少年を名選手にー」❸手を尽くしてそれらしく見えるものを作り上げる。‖「容疑者を犯人にー」❹ある用向きのために(特別の)乗り物を用意する。‖「臨時列車をー」[文] した・つ [名] 仕立て

したーところで [連語]〈「…にしたところで」の形で〉⬇にしても‖「姉にー良い案があるわけではない」

したーどり【下取り】 [名・他サ変] 代金の一部に当てるものとして、売り手が新品を購入する客から同種の中古品をある値段で引き取ること。‖「古いCDをーする」「車をーに出す」[使い方] 近年、動詞「下取る」の形で使う例が見られる。‖「他社の製品を下取る」

したーなめずり【舌▼舐めずり】 [名・自サ変] ❶うまそうな食べ物を前にしたときなど、舌を出して唇をなめ回すこと。❷ねらった物を前にして期待に胸をときめかすこと。‖「ーして獲物が罠にかかるのを待つ」

したーぬい【下縫い】 [名・他サ変] 本縫いの前に仮に縫うこと。仮縫い。

したーぬり【下塗り】 [名・他サ変] 上塗り・中塗りの前に、下地を塗ること。また、塗ったもの。

したーね【下値】 [名] 取引相場で、それまでの相場よりも安い値段になること。また、その値段。安値。⬍上値

したーのーね【舌の根】 [名] 舌のつけね。

◉**舌の根の乾かぬうちに** そのことばを言い終わるか終わらないうちに。‖「ーうそをつく」[注意]「舌の先の乾かぬうちに」は誤り。

したーばえ【下生え】 [名] 樹木の下に生えている雑草や低木。下草。

したーばき【下▼穿き】 [名] 腰から下につける下着。ズボン下・ブリーフ・パンティーなど。

したーばき【下履き】 [名] 屋外で履くための履物。⬍上履き

じたーばた [副] ❶手足をばたばた動かして抵抗するさま。❷ある状態から逃れようと、あわてふためくさま。‖「この期に及んでーするな」

したーばたらき【下働き】 [名] ❶ある人の下について働くこと。また、その人。❷雇われて、炊事・掃除などの雑用をすること。また、その人。下回り。

したーはら【下腹】 [名] 腹の下の部分。下腹部。したっぱら。したばら。

したーばり【下張り・下貼り】 [名・他サ変] 壁・ふすまなどの下地に紙や布を張ること。また、その紙や布。‖「和紙でふすまのーをする」⬍上張り

したーび【下火】 [名] ❶火の勢いが衰えること。❷物事の勢いが弱まること。‖「流行がーになる」

したーびらめ【舌平目(舌▼鮃)】 [名] アカシタビラメ・クロウシノシタなど、カレイ目ウシノシタ科の海水魚の総称。本州中部以南の砂泥底にすむ。体形は著しく扁平で、牛の舌に似る。食用。

したーぶれ【下振れ】 [名・自サ変] 想定した指標や数値より下がること。‖「景気見通しがーする」⬍上振れ

した-まえ【下前】ヘ|マ〔名〕着物の前を重ねたとき、下になる方の身ごろ。下交。⇔上前

じ-たまご【地卵】ヂ〔名〕その土地で産する鶏卵。じたま。

した-まち【下町】〔名〕都会で、土地の低い地域に発達した町。商店・小工場などが多い。「―育ち」⇔山の手▼東京では、浅草・下谷・神田・本所・深川あたりをいう。

した-まわり【下回り】ハ|リマ〔名〕❶雇われて雑用をすること。また、その人。下働き。❷歌舞伎などで、端役を演じる役者。また、芸の未熟な役者。

した-まわ・る【下回る】ハ|ル〔自五〕数量や程度がある基準より下になる。「生産高が去年を―」「入場者は五〇人を―」⇔上回る▼「五〇人を下回る」は、五〇を含まないでそれより下、すなわち四九人以下の意。

した-み【下見】〔名〕❶〔他サ変〕前もって見て調べておくこと。下検分。「式場を―する」❷〔他サ変〕前もって書物などに目を通しておくこと。下読み。「書類を―しておく」❸上の板の下端が下の板の上端に少し重なるようにして打ち付け、ところどころを縦の細木で押さえた板壁。風雨を防ぐために家の外壁や塀などに取り付ける。

した・む【▼湑む】〔他五〕〔古風〕しずくをしたたらせる。一滴も残らずしぼりだす。「急須の茶を―」

した-むき【下向き】〔名〕❶下の方を向いていること。「照明を―にする」❷物事の勢いが衰えはじめること。「人気が―になる」❸相場などが下がる傾向にあること。◈⇔上向き

した-む・く【下向く】〔自五〕❶下のほうを向く。❷物事の状態や調子が悪い方に転ずる。「景気が―」◈⇔上向く

した-め【下目】〔名〕❶顔は動かさずに、視線だけを下に向けること。また、その目つき。⇔上目❷劣っていること。「―に見る」

した-もえ【下▼萌え】〔名〕早春、ひっそりと草の芽が生えてくること。また、その芽。

した-やく【下役】〔名〕❶職場などで、地位が自分より下の人。⇔上役❷下級の役人。また、配下の役人。

した-よみ【下読み】〔名・他サ変〕あらかじめ読んで調べておくこと。「―をしてから授業に臨む」

じ-だらく【自堕落】〔名・形動〕日ごろの行いや生活態度にしまりがなく、だらしがないこと。「―な生活が続く」派生―さ

じ-たらず【字足らず】〔名〕和歌・俳句などで、音数が定型の音（五音または七音）よりも少ないこと。また、その句。⇔字余り

したり-がお【したり顔】ホ|ガ〔名〕してやったりという顔つき。得意顔。「万事うまくいったと―で言う」✔注意「訳知り顔」「知ったかぶり」の意で使うのは誤り。

しだれ-ざくら【枝垂れ桜（▽垂れ桜）】〔名〕エドヒガンの一変種。三月下旬、細長くたれ下がった枝に淡紅白色の花をつける。糸桜。しだりざくら。

しだれ-やなぎ【枝垂れ柳（▽垂れ柳）】〔名〕川岸や街路に植えられるヤナギ科の落葉高木。枝はしなやかにたれ下がり、葉は細長い。垂揚。糸柳。

しだ・れる【枝垂れる（▽垂れる）】〔自下一〕細い枝などが長くたれ下がる。「柳が川面に―」文しだ・る 名枝垂れ

したわし・い【慕わしい】シタハ|シイ〔形〕心がひきつけられて、近くにいたい気持ちである。恋しい。「故郷の父を―く思う」派生―げ／―さ

し-たん【紫▼檀】〔名〕南インド・スリランカに自生するマメ科の常緑高木。暗紅紫色の堅い材は高級家具材として珍重される。

し-だん【史談】〔名〕歴史についての話。史話。

し-だん【指弾】〔名・他サ変〕非難して排斥すること。つまはじき。「社会から―される」

し-だん【師団】〔名〕陸軍の部隊編成上の単位。複数の連隊や旅団からなり、司令部のもとで独立した作戦行動をとる。「近衛―」

し-だん【詩壇】〔名〕詩人の社会。詩文学の世界。

じ-たん【時短】〔名〕「時間短縮」の略。特に、労働時間の短縮。「―勤務・―レシピ」

じ-だん【示談】〔名〕民事上の紛争を、裁判によらずに当事者間の話し合いで解決すること。「―金」

じ-だんだ【地団駄・地団太】ヂ〔名〕足で地を何回も踏みつけること。▼「地蹈鞴（＝足で踏むふいご）」の転。

◉地団駄を踏・む　激しく地を踏んで悔しがったり怒ったりする。

しち【七】〔名〕六の次、八の前の数。なな。なな。「―曜・―宝・―福神」書き方証書などで金額を記す場合は間違いを防ぐため「▽漆」とも書く。

しち【質】〔名〕❶契約を履行する担保として相手に物を預けること。また、その物。抵当。かた。「車を―に取る」❷借金の担保として質屋に品物を預けること。また、その品物。「カメラを―に入れる」「―が流れる」

し-ち【死地】〔名〕❶死ぬ場所。死ぬべき場所。❷死を覚悟しなくてはならないような危険な場所。「―に赴く」❸のがれようもない窮地。

じ-ち【自治】〔名〕❶自分や自分たちに関することを自身の責任で処理すること。「大学の―」「―会」❷地方公共団体が住民の意思に基づいて自主的に地域内の行政や事務を行うこと。「―体」「地方―」

しち-いれ【質入れ】〔名・他サ変〕金銭を借りる担保として物品を質屋に預けること。

しちかい-き【七回忌】シチクワイ〔名〕人の死後満六年目の祥月命日。また、その日に行う法要。七年忌。七周忌。

しち-がつ【七月】ワツ〔名〕一年の七番目の月。文月。➡季節のことば（八二ページ）

し-ちく【紫竹】〔名〕観賞用・器具材用に栽培されるイネ科の竹。若い茎は緑色だが、二年目から黒紫色に変わる。黒竹。

しち-ぐさ【質草（質▽種）】〔名〕質屋に預け入れる物品。質物。

しち-くど・い〔形〕非常にくどいさま。「―い説明」派生―さ

しち-けん【質権】〔名〕債権者が債権の担保として債務者から受け取った物を債務が弁済されるまで留置し、弁済のない場合にはその物から優先弁済を受けることを内容とする担保物権。

しち-ご-さん【七五三】〔名〕❶子供の成長を祝い、将来を祈願する行事。男子は三歳と五歳、女子は三歳と七歳になった年の十一月十五日に行い、氏神などに参拝する。❷本膳に七菜、二の膳に五菜、三の膳に三

菜をつける盛大な祝宴。七五三の膳。❸しめなわ。

しちごちょう【七五調】［名］韻文の音数律の一つ。七音句に五音句を続け、それをくり返す形式。⬇五七調

しちごん【七言】［名］漢詩で、一句が七語からなるもの。また、その漢詩体。‖「―絶句［律詩］」

しちさん【七三】［名］❶一方が七分、一方が三分の割合。七対三の比率。七分三分。‖「髪を―に分ける」❷歌舞伎の花道で、揚げ幕から七分、舞台から三分の位置。▽「すっぽん」がある所で、花道での演技の中心になる。

しちしちにち【七七日】［名］人の死後、四九日目。また、その日に行う法要。四十九日。なななぬか。

しちしょう【七生】［名］仏教で、この世に七回生まれ変わること。また、生まれ変わる限りの未来。永遠。しちせい。‖「―報国」

じちしょう【自治省】［名］以前あった省の一つ。⬇総務省

しちしょく【七色】［名］七種類の色。特に、太陽光線をスペクトルで分けたときにあらわれる、赤・橙・黄・緑・青・藍・紫の七つの色。なないろ。

しちせき【七赤】［名］陰陽道で、九星の一つ。五行では金星にあたる。方位では西。⬇九星

じちたい【自治体】［名］国家から自治権を認められて行政を行う公の団体。都・道・府・県・市・町・村など。自治団体。地方公共団体。

しちてんはっき【七転八起（七▼顚八起）】［名・自サ変］何度失敗してもくじけず、そのたびに立ち上がって奮闘すること。ななころびやおき。‖「―の人生」

しちてんばっとう【七転八倒（七▼顚八倒）】［名・自サ変］苦痛のために、のたうち回ること。しってんばっとう。‖「あまりの痛さに―する」「―の苦しみ」▽何度も転び倒れる意。

しちどう【七道】［名］東海道・東山道・北陸道・山陽道・山陰道・南海道・西海道の総称。

しちどうがらん【七堂▼伽藍】［名］寺院として備えるべき七つの建物。また、それの備わった寺院。▽ふつう、塔・金堂・講堂・鐘楼・経蔵・僧房・食堂の七堂を指すが、宗派によって異なる。

しちながれ【質流れ】［名］期限までに借りた金を返済しないために、質物の所有権が質屋に移ること。また、その品物。

しちなん【七難】［名］❶仏教で、火難・水難など、七種の災難。‖「―八苦」❷さまざまな難点や欠点。‖「色の白いは―隠す」

しちねんき【七年忌】［名］七回忌。

しちふくじん【七福神】［名］七人の福徳の神。大黒天・恵比須・毘沙門天・弁財天・福禄寿・寿老人・布袋の総称。

しちふだ【質札】［名］質屋が質物を預かったしるしとして出す証書。質券。

しちへんげ【七変化】［名］❶変化舞踊の一つ。一人の俳優が七種の小品舞踊を早変わりしながら踊り分けるもの。七化け。❷アジサイのこと。

しちみ【七味】［名］「七味唐辛子」の略。

しちみとうがらし【七味唐辛子】［名］香辛料の一つ。唐辛子・胡麻・陳皮・罌粟の実・菜種・麻の実・山椒などを混ぜて粉末にしたもの。七味。七味唐辛子。

しちむずかしい【しち難しい】［形］やっかいでむずかしい。‖「―本を読む」

しちめんちょう【七面鳥】［名］頭・首には羽毛がなく、興奮すると皮膚の色が赤・青・紫などに変化するキジ目シチメンチョウ科の家禽。肉はクリスマスや感謝祭の料理に使う。ターキー。

しちめんどう【しち面倒（七面倒）】［形動］ひどくめんどうなさま。‖「―な手続き」

しちもつ【質物】［名］質草。

しちや【七夜】［名］❶七日目の夜。また、七日間の夜。❷子供が生まれて七日目の夜。子に名をつけるなどして祝う。お七夜。

しちや【質屋】［名］質物を担保にして金銭を貸すことを業とする人。また、その店。質店。▽俗に「質」を「七」にかけて「七屋」「一六銀行」などともいう。

しちゃく【死着】［名・自サ変］生き物を輸送したとき、死んで到着すること。‖「熱帯魚が―する」「―補償」

しちゃく【試着】［名・他サ変］体に合うかどうか、ためしに着てみること。‖「背広を―する」

しちゅう【支柱】［名］❶物を支える柱。つっかいぼう。❷物事の支えとなる重要なもの。また、そのような人。‖「一家の―を失う」

しちゅう【市中】［名］市の内。まちのなか。‖「―を見回る」

しちゅう【死中】［名］死や破滅を待つほかはない絶望的な状態。

◉**死中に活を求・める**　絶望的な境地にあってなお生き延びる道を探し求める。死中に生を求む。

シチュー［stew］［名］スープストックなどに肉と野菜を入れ、とろ火でじっくりと煮込んだ料理。‖「ビーフ―・ホワイト―」

しちゅうぎんこう【市中銀行】［名］❶中央銀行に対して、民間の銀行。市銀。❷大都市に本店を置き、全国に支店網をもつ普通銀行。都市銀行。市銀。

シチュエーション［situation］［名］❶状況。立場。❷小説・映画・演劇などで、筋を展開するために設定した場面。また、主人公の境遇。

じちょ【自著】［名］自分の著書。‖「―を贈呈する」

しちょう【支庁】［名］都道府県庁の総合出先機関。都道府県内では島地または交通不便の地に、北海道では全道に設置される。

しちょう【市庁】［名］市役所。‖「―舎」

しちょう【市長】［名］市の長。市を代表し、市政を統轄する執行機関の長。また、その人。市民の直接選挙によって選ばれ、任期は四年。

しちょう【▼弛張】［名］❶ゆるむことと張ること。❷ゆるやかにすることと厳しくすること。寛大と厳格。‖「―よろしきを得る」

しちょう【思潮】［名］その時代の社会を支配している思想の傾向。その時代の思想の流れ。‖「世紀末の―」「文芸―」

しちょう【師長】［名］先生と目上の人。

しちょう【視聴】［名］❶［他サ変］見ることと聞くこと。聴視。‖「―者」❷見聞きすることへの注意や関心。‖「世間の―を集める」

しちょう【試聴】［名・他サ変］放送番組・音楽などを、公開や購入の前にためしに聴いてみること。

しちょう【▼輜重】［名］旧陸軍で、兵器・弾薬・食

糧・衣服など軍隊が輸送・補給すべき軍需品の総称。‖「—兵」

しち-よう【七曜】—エウ［名］❶中国古代の天文学で、日・月と火星・水星・木星・金星・土星の五星。❷一週七日に①を割り当てたもの。日曜・月曜・火曜・水曜・木曜・金曜・土曜の総称。‖「—表(=カレンダー)」

じ-ちょう【次長】ヂチャウ［名］官公庁・会社などで、局長・部長などの次位にあって長を補佐する職(を務める人)。

じ-ちょう【自重】ヂ—［名・自サ変］❶自分の品位を重んじ、むやみに卑下しないこと。‖「自尊—の念が強い」❷軽はずみにならないように、言動をつつしむこと。‖「—自戒」「隠忍—」❸自分の体を大切にすること。自愛。‖「くれぐれもご—ください」

じ-ちょう【自嘲】—テウ［名・自サ変］自分で自分を軽蔑し、あざけること。‖「—気味につぶやく」

しちょう-かく【視聴覚】シチャウ—［名］視覚と聴覚。‖「—教育(=視覚や聴覚に直接訴える教材を利用して行う教育)」

しちょう-そん【市町村】—チャウ—［名］市と町と村。一定の区域とその区域内の住民を存立の基盤とする基礎的な地方自治団体。‖「—議会」

しちょう-りつ【視聴率】シチャウ—［名］テレビなどで、ある放送番組がどれくらいの人や世帯で視聴されているかを示す割合。百分率で表す。聴視率。‖「高—」

し-ちょく【司直】［名］法律によって事の正否・善悪などをさばく役職(を務める人)。裁判官や検察官をいう。‖「—の手にゆだねる」

しちり-けっかい【七里結界】［名］密教で、修行を妨げる悪魔が入らないように、七里四方に境界を設けること。しちりけっぱい。▼ある人や物事をひどく嫌って寄せつけない意でも使う。

じ-ちりょう【自治領】—リャウ［名］ある国家の一部であって、広範囲の自治権を認められている領土。イギリス連邦から独立する前のカナダ・オーストラリア・ニュージーランドなど。

しち-りん【七輪(七厘)】［名］木炭を燃料にする、土製のこんろ。かんてき。▼わずか七厘ほどの値の炭で煮炊きができる意からという。

じ-ちん【自沈】［名・自サ変］自分たちの乗っている艦船を自らの手で沈めること。

じちん-さい【地鎮祭】ヂチン—［名］土木・建築工事を起工する前に、その土地の神を祭って工事の安全を祈る儀式。とこしずめのまつり。

しつ【室】■［名］❶部屋。‖「—に入る」「—温・—内」❷貴人の妻。夫人。‖「徳川家光の—」「正—・側—」■（造）❶物をたくわえる穴。むろ。‖「石—・氷—(ひょうしつ・ひむろ)」❷家族。一家。‖「王—・皇—」

しつ【質】■［名］❶あるものを形づくっている内容。実質。‖「—のいい品物」「材—」❷生まれつきの性質。‖「天成の—」「気—・素—」■（造）❶飾り気のないさま。‖「—実」❷問いただす。‖「—疑・—問」

しつ【𠮟】（造）しかる。‖「—責・—咤(しった)」書き方「𠮟」と「叱」は本来別字(後者は、口を開くさま)だが、常用漢字表では慣用により同字とする。

しつ【失】（造）❶うしなう。なくす。わすれる。‖「—格・—業」「消—・喪—」❷うっかり誤る。あやまつ。あやまち。しくじり。‖「—火・—言・—態」「過—」

しつ【疾】（造）❶やまい。‖「—患」「肺—」❷はやい。激しい。‖「—駆・—走」❸にくむ。ねたむ。‖「—視」

しつ【執】（造）❶手にとる。とり行う。扱う。‖「—刀・—筆」❷しつこくこだわる。とらわれる。‖「—拗(しつよう)」「固—(こしつ・こしゅう)・偏—(へんしつ・へんしゅう)」

しつ【湿】（造）水気を含んでじめじめしている。しめる。しめらせる。‖「—気・—原」「陰—・加—・除—」旧濕

しつ【嫉】（造）ねたむ。そねむ。そねみ。‖「—視・—妬(しっと)」

しつ【漆】（造）うるしの木。うるし。‖「—器・—黒」「乾—」

漆

しつ【▽膝】（造）ひざ。‖「—下・—行」

じっ【十】（造）数の名で、九の次の数。とお。じゅう。‖「—干・—指・—哲」⬇じゅう(十)

じつ【実】■［名］❶うそ偽りのないこと。真実。本当。‖「—を言うと実験は失敗だった」「—の姉」「—印・—話」❷中身。実質。‖「名を捨てて—を取る」「充—・名—」❸誠実な気持ち。真心。‖「—のある人」「誠—・忠—・不—」❹実際の成果。実績。‖「改革の—を上げる」■（造）草木の実(み)。‖「果—・結—」旧實

じつ【日】（造）❶太陽。ひ。‖「—月」「春—・落—」❷一昼夜。二四時間。‖「過—・期—・終—・当—」

しつ-い【失意】［名］望むことがかなわなくて、がっかりすること。‖「—のうちに晩年を送る」⇔得意

じつ-い【実意】［名］❶ほんとうの気持ち。本心。❷誠実な気持ち。まごころ。‖「—を示す」

しつ-いん【室員】—ヰン［名］研究室・分室など、室と名のつく所に属している職員。

じつ-いん【実印】［名］市区町村の役所に登録しておき、必要なときには印鑑証明の交付を求めることのできる印鑑。⇔認め印

じつ-いん【実員】—ヰン［名］実際の人数。実人数。

し-つう【止痛】［名］痛みを止めること。‖「—剤」

し-つう【私通】［名・自サ変］配偶者以外の人とひそかに肉体関係を持つこと。密通。

し-つう【歯痛】［名］歯やその周辺組織が痛むこと。はいた。

しつう-はったつ【四通八達】［名・自サ変］道路・線路などが四方八方によく通じていること。交通の便がよいこと。‖「—の地」

じつ-えき【実益】［名］実際の利益。実利。‖「趣味と—を兼ねる」

じつ-えん【実演】［名・他サ変］❶公衆の前で実際にやってみせること。‖「—販売」❷俳優・歌手などが、劇場などの舞台で実際に演じること。▼映画・テレビなどの出演に対していう。

しつ-おん【室温】—ヲン［名］室内の温度。

しっ-か【失火】—クヮ［名・自サ変］過失から火事を起こすこと。また、その火事。‖「—による火災」

しっ-か【▽膝下】［名］❶ひざのした。ひざもと。❷ある人の庇護(ひご)のもと。‖「親の—を離れる」❸父母・祖父母などに出す手紙の脇付(わきづけ)に書く語。

じっ-か【実科】—クヮ［名］❶学校教育で、図工・音楽など実技の訓練を主とする学科。❷農業科・商業科など、実用的なことを教える教科。

じっ-か【実家】［名］自分の生まれた家。特に、婚姻・養子縁組などによって他家の籍に入った人からみて、その実父母の家。‖「半年ほど—から通勤する」「妻が子供を連れて—に帰る」⇔婚家・養家

しっ-かい【▼悉皆】［名］残らず。すべて。すっかり。‖「—調査(=全数調査)」▼副詞的にも使う。

しつ‐がい【室外】〔名〕部屋の外。また、家の外。屋外。「―の気温」「―機」⇔室内

しつ‐がい【▽膝蓋】〔名〕ひざがしら。

じっ‐かい【十戒(十▼誡)】〔名〕❶仏道修行上、守らなくてはならない十の戒律。❷モーセがシナイ山で神から与えられたという十か条の啓示。「私以外の何ものも神とするな」以下、偶像礼拝・殺人・姦淫(かんいん)・盗みなどを戒めたもの。のち、キリスト教の訓戒となった。▼旧約聖書の「出エジプト記・第二〇章」に記されている。[書き方]もと、専ら「十誡」と書いた。

じつ‐がい【実害】〔名〕実質的に受けた損害。実際の被害。「心配したが―はなかった」

しつがい‐こつ【▽膝蓋骨】〔名〕ひざの関節の前にある皿状の骨。ひざの皿。⇩骨(ほね)(図)

しっ‐かく【失格】〔名・自サ変〕資格を失うこと。「反則をして―する」

じつ‐がく【実学】〔名〕習得した知識や技術がそのまますぐ社会生活に役立つような学問。商学・工学・医学などの類。「―主義」

しっか‐と【▽確と・▼聢と】〔副〕しっかりと。かたく。「手を―握る」▼「しかと」を強めた言い方。

じつ‐かぶ【実株】〔名〕株式取引で、実際に受け渡しされる株。現株。正株(しょうかぶ)。⇔空株(からかぶ・くうかぶ)

しっかり【▽確り・▼聢り】〔副〕❶堅固なさま。容易に揺らいだり崩れたりしないさま。「―(と)した土台」「靴ひもを―(と)結ぶ」❷堅実で、信頼できるさま。「―者」❸心を引き締めて、確実に行うさま。「もっと―勉強しろ」❹心身の動きが確かであるさま。「脈が―(と)している」「気を―(と)もて」

しっ‐かん【失陥】〔名・自サ変〕失うこと。特に、敵に攻め落とされて城・拠点などを失うこと。

しっ‐かん【疾患】〔名〕病気。「呼吸器―」

しつ‐かん【質感】〔名〕材質の違いがもたらす、見たとき、または触ったときの感じ。「ぬくもりのある―」

じっ‐かん【十干】〔名〕木(き)・火(か)・土(ど)・金(ごん)・水(すい)の五行を兄(え)と弟(と)に分けたもの。甲(きのえ)・乙(きのと)・丙(ひのえ)・丁(ひのと)・戊(つちのえ)・己(つちのと)・庚(かのえ)・辛(かのと)・壬(みずのえ)・癸(みずのと)。「―十二支」▼十二支と組み合わせ年・月・日を表す。⇩干支(えと)⇩付録(一八三五ページ)

じっ‐かん【実感】〔名・他サ変〕現実の物事に接することで得られる感じ。現実の物事に接しているかのような感じ。また、そのように感じること。「―がわかない」「ただ悲しいというのが―だ」

しっ‐き【湿気】〔名〕⇩しっけ

しっ‐き【漆器】〔名〕うるしを塗って仕上げた器物。塗り物。

しつ‐ぎ【質疑】〔名・自サ変〕疑問の点を問いただすこと。不明な点について、口頭で説明を求めること。「―に答える」「―応答」[注意]「質議」と書くのは誤り。

じっ‐き【実記(実紀)】〔名〕事実をありのままに記録したもの。実録。

じっ‐き【実機】〔名〕実物の機械や飛行機。「―訓練」「携帯電話の―」

じ‐つき【地付き】〔名〕❶その土地に古くから住みついていること。❷魚が四季にわたって一定の水域から離れずにいること。「―の鯛」

じ‐つき【地突き(地▼搗き)】〔名〕建築をする前に、地面をならして固めること。地固め。地形(じぎょう)。

じつ‐ぎ【実技】〔名〕実地に行う技術・演技。「体育の―」「―試験」

しっ‐きゃく【失脚】〔名・自サ変〕それまでの地位や立場を失うこと。

しつ‐ぎょう【失業】〔名〕❶〔自サ変〕それまで就いていた職を失うこと。失職。「会社が倒産して―する」❷労働の意思と能力をもつ人が職に就けないでいる状態。「―率」⇔就業

じっ‐きょう【実況】〔名〕実際の状況。ありのままのようす。「競馬の―放送」

じつ‐ぎょう【実業】〔名〕農業・工業・商業・水産業など、生産・製造・販売などにかかわる事業。「―界」

じつぎょう‐か【実業家】〔名〕商工業・金融など、生産・経済に関する事業を営む人。

じっきょう‐けんぶん【実況見分】〔名〕捜査機関が関係者の承諾を得て行う、犯行現場、事物の存否・状態などの任意捜査。

じつぎょう‐だん【実業団】〔名〕実業に携わる社団法人によって組織されている団体。「―野球」▼「実業団体」の略。

しっ‐きん【失禁】〔名・自サ変〕無意識に、また抑制できずに、大小便をもらすこと。

しっ‐く【疾駆】〔名・自サ変〕車馬などが速く走ること。「草原を―する幌馬車」

シック【chic フラ】〔形動〕あか抜けていて、いきなさま。「ドレスを―に着こなす」「―なデザイン」

しっ‐くい【漆▼喰】〔名〕消石灰に粘土・糸くず・ふのりなどをまぜて水で練ったもの。壁・天井などの塗料や瓦(がわら)・瓦(かわら)などの接合剤に用いる。▼「石灰」の唐音からという。[書き方]「漆喰」は当て字。

シックス‐パック【six-pack】〔名〕〔俗〕腹筋が鍛えられ、六つの隆起ができた腹部。▼英語では、缶ビールなどの六本入りパックの意。

シックハウス‐しょうこうぐん【シックハウス症候群】〔名〕住宅建材に含まれる揮発性の化学物質が原因で発症する、めまい・頭痛・呼吸器障害・精神不安などの疾患の総称。

しっくり〔副〕物事や人の心がほどよく調和しているさま。「スーツに―(と)合ったネクタイ」「夫婦の仲が―(と)いかない」

じっくり〔副〕時間をかけて物事を念入りに行うさま。「―(と)考える」

しっ‐け【湿気】〔名〕空気や物の中に含まれている水分。しめりけ。しっき。「―の多い部屋」

し‐つけ【仕付け・▼躾】〔名〕❶〔仕付け・躾〕礼儀作法を身に付けさせること。また、そうして身に付いた礼儀作法。❷〔仕付け〕裁縫で、仕立てがくずれないように本縫いの前にあらく縫っておくこと。また、その糸。

しっ‐けい【失敬】[一]〔名〕❶〔形動・自サ変〕人に対して礼を欠いたふるまいをすること。失礼。無礼。「―なことを言うな」「ゆうべは飲み過ぎて―した」❷〔自サ変〕〔古風〕人と別れること。「一足先に―する」▼親しい男性同士が使う。❸〔他サ変〕人の物を無断で持ち出すこと。軽い気持ちでぬすむこと。「店先のリンゴを一つ―する」▼些細な物について言う。❹挙手の礼。[二]〔感〕〔古風〕人と気軽に別れるとき、また、失礼をわびるときに発する語。「連絡もしないで、―、―」

じっ‐けい【実兄】〔名〕同じ父母から生まれた兄。実の兄。⇔義兄

じっ‐けい【実刑】〔名〕執行猶予がなく、実際に科せ

られる自由刑。〓「懲役三年の—に処せられる」

じっ-けい【実景】［名］実際の景色や情景。

しっ-けつ【失血】［名・自サ変］生体が出血によって大量の血液を失うこと。〓「—死」

じつ-げつ【日月】［名］❶太陽と月。〓「—星辰(＝太陽と月と星)」❷年月。歳月。つきひ。

しつ-ける【仕付ける・▼躾ける】［他下一］❶【仕付・躾】礼儀作法などを教えて身につけさせる。〓「子供を厳しく—」❷【仕付】いつもしている。やりなれている。〓「—・けない仕事をしてくたびれた」❸【仕付】しつけ糸で縫ってとめる。文しつ・く 名しつけ

しっ-けん【失権】［名・自サ変］権利や権力を失うこと。

しっ-けん【執権】［名］鎌倉幕府で、将軍を補佐して政務を統轄した重職。▼三代将軍源実朝のときに北条時政が任じられ、以後、北条氏の世襲となった。

しつ-げん【失言】［名・自サ変］言ってはならないことを、うっかり言ってしまうこと。また、そのことば。

しつ-げん【湿原】［名］低温・多湿の地に発達した草原。〓「—植物」「釧路—」

じっ-けん【実見】［名・他サ変］実際にそのものを見ること。〓「外国で—した祭礼」「—談」

じっ-けん【実検】［名・他サ変］実際にそのものを見て確かめること。〓「首—」

じっ-けん【実権】［名］実際の権力。〓「経営の—を握る」

じっ-けん【実験】［名・他サ変］❶理論や仮説で考えられることが正しいかどうか、条件を設定して試してみること。〓「—室」❷実地に経験すること。

じつ-げん【実現】［名・自他サ変］計画・希望などが実際にかなえられること。また、かなえること。〓「夢が—する」「計画を—する」「理想の—を目指す」使い方「〜を実現する／実現させる」では、前者が一般的。⬇品詞解説(八六ページ)

じっけん-だい【実験台】［名］❶実験用の器具や材料をのせる台。❷実験の対象や材料になるもの。〓「—になる」「患者が新薬開発の—にされる」

しっ-こ【疾呼】［名・他サ変］慌ただしく呼びたてること。激しく叫ぶこと。

しつこ・い［形］❶迷惑に感じるほどつきまとうさま。〓「犬が—・くまとわりつく」「今度の風邪は—」❷飽きていやになるほど一つのことを繰り返すさま。くどい。〓「あの人は酔うと—・くなる」❸味・においなどが濃厚で、後に残るさま。くどい。〓「—料理」派生-さ

しっ-こう【失効】［名・自サ変］効力を失うこと。〓「条約が—する」⬍発効

しっ-こう【執行】［名・他サ変］❶決められたことを実際にとりおこなうこと。特に、法律・命令・裁判・処分などの内容を実施すること。〓「刑を—する」「—委員会」❷「強制執行」の略。

しっ-こう【▽膝行】［名・自サ変］神前や貴人の前で、ひざまずいたまま進退すること。

じっ-こう【実行】［名・他サ変］実際に行うこと。〓「計画を—に移す」「—力」「不言—」

じっ-こう【実効】［名］実際にあらわれる効力や効果。

しっこう-きかん【執行機関】［名］❶団体・法人などで、意思決定の執行をする機関。理事会・取締役会など。❷民事訴訟法上、債権者の申立てに基づき、強制執行を実施する国家機関。執行官・執行裁判所など。❸行政法上、官庁の命令を受けて実力でその意思を執行する機関。警察官・収税官吏など。

しっこう-ぶ【執行部】［名］政党や労働組合などの団体で、議決事項を執行する機関。

しっこう-やくいん【執行役員】［名］企業で、実際の業務の執行を担当する役員。

しっこう-ゆうよ【執行猶予】［名］有罪の判決を受けた者に対し、情状によって一定の期間刑の執行を猶予し、その期間を無事に経過すれば実刑を科さないことにする制度。猶予期間は一年以上、五年以下。

しっ-こく【▼桎▼梏】［名］自由な行動を束縛するもの。▼「桎」は足かせ、「梏」は手かせの意。

しっ-こく【漆黒】［名］うるしを塗ったように黒くてつやがあること。また、その色。〓「—の闇」

しつご-しょう【失語症】［名］脳卒中や外傷などによって大脳皮質の言語中枢が冒され、言語理解や発語ができなくなる症状。

じつ-ごと【実事】［名］歌舞伎で、常識・分別のある人物を主役として、身近な事件を写実的に演じるもの。また、その演技や役柄。〓「—師」⬇和事・荒事

じっ-こん【実根】［名］方程式の根のうち、実数のもの。実数解。⬍虚根

じっ-こん【▼昵懇(▽入魂)】［名・形動］親しくつきあっていること。〓「あの人とは—にしている」「—の間柄」

じっ-さい【実際】㊀［名］❶理論や想像ではなく、現実の場に即して捉えられる事柄・状態。〓「戦争を—に体験した人」「—には不可能な計画」❷物事のあるがままの姿。実態。〓「家計の—は火の車だ」㊁［副］本当のところ。まったく。〓「あの時は—残念だった」

じつ-ざい【実在】［名］❶［自サ変］実際に存在すること。〓「—の人物」「—しない動物［団体］」❷哲学で、意識から独立して客観的に存在するもの。生滅変化する現象の奥にあると考えられる常住不変の実体。〓「—論(＝認識論において、意識・主観から独立した客観的存在を認める立場)」

じっさい-てき【実際的】［形動］理論に流れるのではなく、現実によく即しているさま。〓「—な考え方」⬍観念的

しっ-さく【失策】［名・自サ変］物事をやりそこなうこと。しくじり。〓「—を犯す」書き方「失錯」とも。

じっ-さく【実作】［名・他サ変］芸術作品などを実際に作ること。また、その作品。〓「—者」

しっ-し【嫉視】［名・他サ変］ねたましい思いで見ること。そねむこと。

しつ-じ【執事】［名］❶身分・地位のある人の家などで家政や事務を監督し、とりしきる職(を務める人)。❷貴人などにあてた手紙の脇付に用いる語。

じっ-し【十指】［名］十本の指。また、多くの人の指。〓「—の指す所(＝誰もが正しいと認めるところ)」

◉**十指に余る** 十本の指では数え切れない。十より多い。〓「—肩書きをもつ名士」注意「十指」は俗に「じゅっし」とも読まれるが、本来は「じっし」。

じっ-し【実子】［名］血を分けた自分の子。実の子。⬍養子・義子・継子

じっ-し【実姉】［名］同じ父母から生まれた姉。実の姉。⬍義姉

じっ-し【実施】［名・他サ変］予定されていたことを実際に行うこと。施行。「計画どおり―する」

じつ-じ【実字】［名］❶漢文で、「山」「川」「草」「木」など、実在する具体的な事物を表す文字。▽実字・虚字・助字で三分類するときの一つ。❷漢文で、その文字単独で実質的な意味を表す文字。▽実字・虚字（助字）で二分類するときの一つ。

しっ-しき【湿式】［名］溶液・溶剤などの液体を用いて処理する方式。「―印刷［精練］」⇔乾式

しっ-しっ［感］動物などを追い払ったり、前へ進ませたりするときに発する語。

しつ-じつ【質実】［名・形動］飾りけがなくて、誠実なこと。「―な武家」派生―さ

じっ-しつ【実質】［名］実際に備わっている内容・性質。「外見は立派でも―が伴わない」「一か月の間があったとはいえ、練習できたのは―（=正味）一週間だった」

しつじつ-ごうけん【質実剛健】ガウケン［名・形動］誠実で飾り気がなく、強くてしっかりしていること。

じっしつ-ちんぎん【実質賃金】［名］賃金として支払われる貨幣額で実際に購入できる生活物資の量を考慮に入れた賃金。ふつう名目賃金指数を物価指数で割った実質賃金指数で表す。⇔名目賃金

じっしつ-てき【実質的】［形動］❶実質が充実しているさま。「―な贈り物を選ぶ」❷実質そのものに注目するさま。形式・名目よりも、実質を重視するさま。「―には年収が減っている」

じっ-しゃ【実写】［名・他サ変］実際の情景や状況を、映画・写真などに写し取ること。また、その映画・写真など。「アニメの―版」

じっ-しゃ【実車】［名］ハイヤー・タクシーなどが客を乗せて走行すること。また、そのタクシー・ハイヤーなど。「―率」⇔空車

じっ-しゃ【実射】［名・他サ変］銃砲に実弾をこめて発射すること。実弾発射。「―訓練」

じっ-しゃかい【実社会】シャクワイ［名］現実の社会。実世間。「―に飛び込む」

じっ-しゅう【実収】シウ［名］❶経費・税金などを差し引いた、実際の収入。手取り。❷農作物などの、実際の収穫量。

じっ-しゅう【実習】シフ［名・他サ変］技術・方法などを実地に学ぶこと。「―生」「教育―」

じっしゅ-きょうぎ【十種競技】キヤウギ［名］男子の陸上競技種目の一つ。一人の競技者が一〇〇メートル競走・走り幅跳び・砲丸投げ・走り高跳び・四〇〇メートル競走（第一日目）、一一〇メートルハードル・円盤投げ・棒高跳び・やり投げ・一五〇〇メートル競走（第二日目）の十種目を二日間で行い、その総合得点を争う。デカスロン。

しつ-じゅん【湿潤】［名・形動］しめりけを帯びていること。また、湿度が高いこと。「―な気候」派生―さ

しっ-しょう【失笑】セウ［名・自サ変］思わず笑い出すこと。こらえきれずに、ふき出すこと。「思わず―する」「洒落を思い出して皆も一緒に―した〈徳永直〉」使い方 あざ笑うこと・冷笑の意で使われることが多いが、冷笑に限らずいう。

◉**失笑を買・う** 愚かな言動のために人から笑われる。

じっ-しょう【実正】シヤウ［名・形動］まちがいないこと。確かなこと。「―明白」

じっ-しょう【実証】［名］❶確かな証拠。確証。❷［他サ変］事実や証拠に基づいて証明すること。「仮説を―する」

じつ-じょう【実情】ジヤウ［名］❶実際の状況・事情。実態。「苦しい―を訴える」書き方「実状」とも。❷真実の心。真情。「―を吐露する」

じっしょう-しゅぎ【実証主義】［名］哲学で、一切の超越的な考えを否定し、経験的事実だけを認識の根拠とする立場。

しっ-しょく【失職】［名・自サ変］職を失うこと。失業。「市長がリコールで―する」「―中の身」

じっ-しょく【実食】［名・他サ変］実際に食べること。「新作スイーツの―レポート」

しっ-しん【失神（失心）】［名・自サ変］意識を失うこと。気絶。「恐怖のあまり―する」

しっ-しん【湿▼疹】［名］皮膚の表面にできる炎症。小水疱や膿疱などを生じ、かゆみを伴うことが多い。

じっしん-ほう【十進法】ハフ［名］記数法の一つ。〇から九までの数字を使い、一〇ずつまとめて位を上げていく数の表し方。

じっ-すう【実数】［名］❶有理数と無理数の総称。⇔虚数 ❷実際の数。「入場者の―を調べる」

しっ-する【叱する】［他サ変］しかる。文しっ・す

しっ-する【失する】㊀［他サ変］なくす。失う。また、あるべきものを欠く。「時機［礼］を―」㊁［自サ変］〈「…に失する」の形で〉あまりに…にすぎる。程度が過ぎる。「遅きに―・した」「重きに―処分」文しっ・す

じっ-すん【実寸】［名］実際の寸法。サイズ。

しっ-せい【叱正】［名］人の書いた文章の誤りや欠点を厳しく正すこと。「ご―を請う」▽詩文などの添削を頼むときにいう語。

しっ-せい【失政】［名］政治の方法を誤ること。また、まちがった政治。

しっ-せい【執政】［名］❶政務を執ること。また、その役（を務める人）。❷江戸時代、幕府の老中、また、各藩の家老の称。

しっ-せい【湿性】［名］水分の多い性質。また、湿りやすい性質。「―胸膜炎」⇔乾性

じっ-せい【実勢】［名］見せかけではない実際の勢力。現実の勢い。「―価格（=実際に取引される価格）」

じっ-せいかつ【実生活】セイクワツ［名］実際の日常生活。「―に役立つ学問」

しっ-せき【叱責】［名・他サ変］他人の過失・不正などをしかりとがめること。「部下を―する」

しっ-せき【失跡】［名・自サ変］行方をくらますこと。また、行方がわからないこと。

じっ-せき【実績】［名］それまでに残してきた成績や功績。

しつ-ぜつ【湿舌】［名］南方から日本列島に入り込む、多量の水蒸気を含んだ暖かい気流。しばしば集中豪雨をもたらす。▽天気図では舌状に伸びる形で表されることからいう。

じっ-せつ【実説】［名］実際にあった話。実話。

じっ-せん【実戦】［名］演習ではない、実際の戦闘。また、実際の試合。「まだ―の経験がない」

じっ-せん【実践】［名・他サ変］理論や決意した事柄などを自分で実際に行うこと。実行。

じっ-せん【実線】［名］途中に切れたところのない、連続した線。⇔点線・破線

じっせん-きゅうこう【実践▼躬行】キウカウ［名・自

他サ変〕自分から率先して行動すること。▽「躬」は、みずからの意。

しっ-そ【質素】〔名・形動〕身なり・暮らしぶりなどに無駄な金をかけず、地道でつつましいこと。「━に暮らす」「━な食事」「━倹約」

しっ-そう【失踪】〔名・自サ変〕行方をくらますこと。また、行方がわからないこと。失跡。「━者」

しっ-そう【疾走】〔名・自サ変〕非常に速く走ること。「町中を━する」「バイクで━する」「全力━」

しっ-そう【執奏】〔名・他サ変〕意見などを取り次いで天子などに申し上げること。伝奏。

じっ-そう【実相】ーサウ〔名〕❶実際のありさま。本当の姿。「社会の━にふれる」❷仏教で、万物の真実の姿。ありのままの真実。真如。

じっ-そう【実装】ーサウ〔名・他サ変〕機器などに新しい機能や部品を取り付けること。インプリメンテーション。

じつ-ぞう【実像】ーザウ〔名〕レンズや球面鏡を通って屈曲・反射した光が、実際にある場所に集まって結ぶ像。⇔虚像 ▽外見・風説などをはぎ取った真の姿の意でも使う。「金融界の━に迫る」

じっそう-かんにゅう【実相観入】ジッサウクワンニフ〔名〕斎藤茂吉が提唱した歌論。正岡子規の写生論を発展させ、表面の写生にとどまることなく自己を対象に投入し、自己と対象とが一体になった世界を如実に写しだそうとするもの。

しっそう-せんこく【失踪宣告】〔名〕生死不明の状態が一定期間続くとき、家庭裁判所が利害関係人の請求によって不在者を死亡したものとみなす宣告。

しっ-そく【失速】〔名・自サ変〕❶飛行中の航空機が急速に速度を失うこと。また、その現象。❷物事が急速に勢いを失うこと。「財政難で福祉計画が━する」

じっ-そく【実測】〔名・他サ変〕実際にはかること。実地の測量。「面積[距離]を━する」「━値」

じっ-そん【実損】〔名〕実質上の損失。「多大の━をこうむる」

じつ-ぞん【実存】〔名〕❶〔自サ変〕実際にこの世に存在すること。実在。❷実存主義で、人間的実存。自由な選択によって自己を形づくる、人間の主体的な存在をいう。▽Existenzドイの訳語。

じつぞん-しゅぎ【実存主義】〔名〕合理主義・実証主義に対し、人間を主体的・自覚的な存在としてとらえ、その視点から現実の人間的実存を明らかにしようとする思想的立場。キルケゴール・ハイデッガー・ヤスパース・マルセル・サルトルなどの哲学を代表とする。実存哲学。

しっ-た【叱▼咤】〔名・他サ変〕大声でしかりつけること。また、大声をあげて励ますこと。「━激励」

しっ-たい【失対】〔名〕国や地方公共団体の失業者対策。▽「失業対策」の略。「━事業」

しっ-たい【失態(失体)】〔名〕失敗して面目をそこなうこと。また、体面を失うような失敗。へま。「━を演じる」

じっ-たい【実体】〔名〕❶事物の本体。「━のない幽霊会社」❷哲学で、変化する性質の基盤をなす普遍的なもの。

じっ-たい【実態】〔名〕実際のありさま・状態。実情。「天下りの━を調査する」使い方「実体」が現象の背後にある本質をさすのに対して、「実態」は外から観察される現象そのものをさす。

しったか-ぶり【知ったかぶり(知ったか振り)】〔名〕ほんとうは知らないのに、さも知っているようなふりをすること。

しっ-たん【▼悉▽曇】〔名〕❶梵語ぼんごの字母。▽日本には天平年間にインドから伝わった。❷梵語・梵字を研究する学問。▽「悉曇学」の略。梵語の音訳。

じつ-だん【実弾】〔名〕❶本物の弾丸。実包。「━射撃」❷〔俗〕わいろ・買収などに使う現金。

しっ-ち【失地】〔名〕❶戦争などで奪われた領土。❷失った地位や地盤。「━回復を図る」

しっ-ち【湿地】〔名〕湿りけが多く、じめじめした土地。「━帯」

じっ-ち【実地】〔名〕❶あることが行われた、また、行われる場所。実際の土地。「━検証[見学]」❷実際にそのことを行うこと。また、実際の場合。「理論を━に試してみる」「━訓練」

しっちゃか-めっちゃか〔形動〕〔俗〕物事がひどく入り乱れているさま。めちゃくちゃ。「空き巣に入られて部屋の中が━だ」

じっちゅう-はっく【十中八九】〔名〕十のうちの八か九。ほとんど。おおかた。「━間違いない」▽副詞的にも使う。「十中」は俗に「じゅっちゅう」とも。

しっ-ちょう【失調】ーテウ〔名〕調和を失うこと。また、調子がくずれること。「栄養[自律神経]━」

じっ-ちょく【実直】〔名・形動〕まじめで正直なこと。律儀。実体じってい。「━な人柄」「謹厳━」派生-さ

しっ-ちん【七珍】〔名〕⇒七宝しっぽう①「━万宝」

しっ-つい【失墜】〔名・自他サ変〕権威・名声などが失われること。また、失うこと。「銀行の信用が━する」「社長が信頼を━する」

じ-つづき【地続き】ヂ〔名〕海・川などで隔てられずに土地が続いていること。また、間に隔てるものがなく土地が続いていること。

じっ-て【十手】〔名〕江戸時代、同心・目明かしなどの捕吏ほりが罪人をとらえるために使った武器。長さ一尺五寸(約四五センチメートル)ほどの鉄棒で、手元近くに鉤かぎがある。柄につけたふさ紐ひもの色で所管を明らかにした。

じっ-てい【実体】〔名・形動〕まじめで正直なこと。実直。

じっ-てい【実弟】〔名〕同じ父母から生まれた弟。実の弟。⇔義弟

じってい-ほう【実定法】ーハフ〔名〕人為的に定められ、社会で現実に実施されている法。制定法・慣習法・判例法など。人為法。⇔自然法

しっ-てき【質的】〔形動〕質に関わっているさま。「━に低下する」⇔量的

じっ-てつ【十哲】〔名〕十人のすぐれた門人。「蕉門しょうもんの━」

しっ-てん【失点】〔名〕❶競技・勝負などで、点数を失うこと。また、失った点数。⇔得点 ❷野球で、投手が登板中に相手チームに取られた点数。❸失敗・失策となる事柄。おちど。

しつ-でん【湿田】〔名〕水はけが悪く、常に水がたまっている水田。⇔乾田かんでん

しっ-と【嫉妬】〔名・自他サ変〕❶自分が愛している人や心を引かれる人の愛情が他の人に向けられることを恨み憎むこと。また、その気持ち。やきもち。悋気りんき。❷自分よりすぐれている人や恵まれている

嫉

人をうらやみねたむこと。また、その気持ち。〓「友人の才能に／をーする」

しつーど【湿度】［名］空気の乾湿の程度を表す尺度。一立方メートルの空気中に含まれる水蒸気量（＝絶対湿度）と、その温度における飽和水蒸気量との比率をパーセントで表す。相対湿度。

じっーと［副］❶動かないでいるさま。静かにその状態を保っているさま。〓「少しの間もーしていられない」❷視線や意識などを集中させるさま。〓「友の顔をー見つめる」「ー考え込む」

しっーとう【失当】［名・形動］やり方などが適当でないこと。道理に合わないこと。不当。

しっーとう【失投】［名・自他サ変］野球で、投手が打者に打ちやすい球を投げてしまうこと。また、その球。

しっーとう【執刀】［名・自サ変］手術や解剖を行うためにメスをとること。また、手術や解剖を行うこと。〓「院長自らーする」「ー医」

じつーどう【実動】［名・自サ変］機械・車両などが実際に動くこと。〓「ーする機関車の模型」「ー台数」

じつーどう【実働】［名］実際に働くこと。〓「ー時間（＝勤務時間から休憩時間などを除いた実際の労働時間）」

じっーとく【十徳】［名］室町時代に下級武士が着用した、脇を縫いつけた小素襖。江戸時代には、医師・儒者・絵師などが外出着にした。

しつどーけい【湿度計】［名］大気中の湿度を測る計器。

しっとり［副］❶少ししめりけを含んださま。〓「春雨にー（と）濡れる」❷落ち着きがあって、趣があるさま。また、しとやかなさま。〓「ー（と）した物腰」

じっとり［副］ひどくしめっているさま。〓「ー（と）汗ばむ」

しつーない【室内】［名］部屋の中。建物の内部。〓「ー競技」⇔室外

しつないーがく【室内楽】［名］小編成の器楽合奏音楽。また、その楽曲。ピアノ三重奏・弦楽四重奏・ピアノ五重奏など。チェンバーミュージック。▼室内で演奏される音楽の意。

じつーに【実に】［副］いつわりでなく。本当に。まったく。〓「ー面白い映画」「ー三〇年ぶりの再会」

しつーねん【失念】［名・他サ変］うっかりして忘れること。ど忘れ。〓「約束をーする」

じつーねん【実年】［名］❶五、六〇歳代の年齢層をさす語。〓「ー世代」▼実りある年ごろの意で、厚生省（現厚生労働省）が一九八五（昭和六〇）年に公募して決めたことば。❷実際の年齢。実年齢。

じつーの【実の】［連体］❶本当の。真実の。〓「ー話」❷血のつながりのある。〓「ー親子」

じつーは【実は】［副］これまではともかく、以下で正直に事実を述べるという、話し手の伝達態度を表す。事実を言えば。本当のところは。〓「ーすべて作り話なのだ」「ーこれから出かけるんです」

ジッパー［zipper］［名］スカート・かばん・袋などの合わせ目をとじる留め具。ファスナー。チャック。▼もと、商標名。

しっーぱい【失敗】［名・自他サ変］予期・計画のとおりにいかず、目的が達せられないこと。〓「ロケットの打ち上げにーする」「ーは成功のもと」「ー作」⇔成功

品格　過ち「ーを繰り返す」過誤「医療ー」過失「業務上ー致死」挫折「ーを味わう」蹉跌「ーを招く」失策「ーを誘う」失態「ーを演じる」粗相「ーなきよう」不始末「ーをしでかす」不調法「ーの段、お許しください」ミス「ーを防止する」

じつーばい【実売】［名］実際の売り上げ。〓「ー部数」

じっぱーひとからげ【十把一▽絡げ】［名］いろいろな種類のものを無差別に、また価値の低いものとしてひとまとめにして扱うこと。〓「応募作品をーにしてこき下ろす」注意「一把一絡げ」は誤り。

じっーぴ【実否】［名］事実か事実でないかということ。本当かうそか。じっぷ。

しっーぴ【▼櫛比】［名・自サ変］くしの歯のようにすきまなく並んでいること。〓「土産物屋がーする門前町」

しっーぴ【失費】［名］ついやした金銭。出費。

じっーぴ【実費】［名］実際にかかる費用。

しっーぴつ【執筆】［名・他サ変］文章を書くこと。〓「コラムのー陣」「ー者」▼筆を手に持つ意から。注意「しゅっぴつ」は誤り。

しっーぷ【湿布】［名・自他サ変］炎症などを起こした患部に湯・冷水・薬液などに浸した布を当てること。また、その布。〓「患部に／をーする」「温ー」

じっーぷ【実父】［名］血のつながっている父。実の父。⇔義父・継父・養父

ジップ-アップ［zip-up］［名］ファッションで、前あきの部分をジッパーでとめるデザインのこと。

しっーぷう【疾風】［名］速く吹く風。はやて。

しっぷうーじんらい【疾風迅雷】［名］勢いなどが非常にすばやくて激しいことのたとえ。▼激しく吹く風と激しい雷の意から。

しっぷうーどとう【疾風怒▼濤】［名］速く吹く風と激しく荒れる波。また、状態・状況が激動に富むことのたとえ。〓「ーの快進撃」

しっぷうーもくう【▼櫛風▼沐雨】［名］風雨にさらされて苦しみを重ねること。〓「ーの三〇年」▼風で髪をくしけずり、雨で体を洗う意から。

じつーぶつ【実物】［名］（模型や複写などでない）実際の物。本物。〓「この写真はーよりいい」

じつぶつーだい【実物大】［名］実物と同じ大きさ。〓「ーの銅像」

しっーぺい【▽竹▼篦】［名］❶割り竹を束ねて籐を巻いた弓状の棒。禅宗で、参禅者の眠りなどを戒めるのに使う。❷人差し指と中指をそろえて相手の手首などを打つこと。

しっーぺい【疾病】［名］病気。〓「ーにかかる」

しっぺーがえし【▽竹▼篦返し】［名・自サ変］即座に仕返しをすること。しっぺいがえし。〓「ーを食う」▼竹篦で打った相手を竹篦で打ち返す意から。

しっーぽ【《尻尾》】［名］❶動物の尾。また、魚の尾びれ。〓「犬がーを振る」❷長いものの端の方。また、順位などの終わりの方。〓「行列のーにつく」◈「しりお」の転。

◉**しっぽを出・す**　悪事・ごまかしなどが露見する。

◉**しっぽを摑・む**　悪事などの証拠を押さえる。

◉**しっぽを巻・く**　勝ち目がないことを認めて従順になる。降参する。〓「ーいて逃げる」

じーつぼ【地坪】［名］地面の坪数。⇩建坪

じつーぼ【実母】［名］血のつながっている母。実の母。⇔義母・継母・養母

しつーぼう【失望】［名・自サ変］期待が外れてがっ

かりすること。また、その結果、将来への希望を失うこと。〓「大学の授業に—する」「実物を見て—した」

しっ-ぽう【七宝】［名］❶仏教で、七種の宝。ふつう、金・銀・瑠璃(るり)・玻璃(はり)・硨磲(しゃこ)・珊瑚(さんご)・瑪瑙(めのう)の七種をいう。七珍。しちほう。❷金・銀・銅などの表面にガラス質の色釉(いろぐすり)を焼き付けて模様などを表す金属工芸。▽「七宝焼き」の略。

じっ-ぽう【十方】［名］東・西・南・北の四方、北東・南東・南西・北西の四隅と、上・下を合わせた方向。あらゆる方向。すべての場所。〓「—世界」

じっ-ぽう【実包】［名］火薬を込めてある弾丸。実弾。⇕空包

しっ-ぼく【質朴(質▼樸)】［名・形動］飾り気がなくて、まじめなこと。〓「—な人」派生—さ

しっ-ぽく【▽卓▼袱】［名］❶中国風の食卓。多くは朱塗りで、周囲に紅白の紗綾(さや)を垂らす。しっぽく台。▽食卓をおおう布の意から。❷中国料理に日本料理の手法をとり入れた長崎特有の料理。大皿・大鉢などに盛った料理を各自が取り分けて食べる。❸かまぼこ・鶏肉・シイタケなどを入れて煮たうどんやそば。しっぽこ。

しっぽり［副ㇳ］❶しっとりとぬれるさま。〓「雨に—とぬれる」❷男女の情愛が細やかなさま。

じつ-まい【実妹】［名］同じ父母から生まれた妹。実の妹。⇕義妹

じつ-みょう【実名】［名］➡じつめい

しつ-む【執務】［名・自サ変］事務をとること。〓「部屋で—している」「—室・—時間」

じつ-む【実務】［名］実際に行う業務。具体的な仕事。〓「—家(=実務に携わる人。また、実務に熟達した人)」

じ-づめ【字詰め】［名］一行または一ページに収める文字の数。〓「四百—の原稿用紙」

しつ-めい【失名】［名］氏名がわからないこと。

しつ-めい【失明】［名・自サ変］視力を失うこと。

じつ-めい【実名】［名］仮名・雅号・通称などに対して、本当の名前。本名。じつみょう。

しつ-もん【質問】［名・自他サ変］わからないことや疑問の点などをたずね、説明を求めること。また、その内容。〓「生徒が教師に—する」「—に答える」「—攻め」

しつ-よう【執▼拗】［名・形動］相手に対する態度が、ねばり強くしつこいさま。また、頑固なさま。〓「—に迫る」「—に自説を主張する」派生—さ

じつ-よう【実用】［名］実際に用いること。また、用いて役立てること。〓「—に供する」「—品」

じつよう-しゅぎ【実用主義】［名］哲学で、知識が真理であるか否かは、それに基づく行為とその有効性によって判断されるとする立場。一九世紀末から二〇世紀にかけてのアメリカで発展した。パース・ジェームズ・デューイらが代表者。プラグマティズム。

じつよう-しんあん【実用新案】［名］既存の物品の形状・構造・組み合わせなどに改良を加え、新規に実用上・産業上利用しやすい考案を施すこと。登録によって実用新案権が得られる。

じ-づら【字面】［名］❶文字の形や文字の配列。また、それから受ける視覚的な感じ。〓「このコピーは—が悪い」❷語句や文章が表面的に示す意味。〓「—通りに解釈する」◈「じめん」とも。

しつら・える【▽設える】［他下一］作り設ける。整える。また、飾りつける。〓「休憩所を—」「ロココ風に—・えた部屋」文しつら・ふ 名しつらえ

じつ-り【実利】［名］実際の利益や効用。実益。〓「—主義(=功利主義)」

じつ-り【実理】［名］経験によって得た道理。実際に即した理論。⇕空理

しつ-りょう【質量】［名］物体に備わっている固有の量。ニュートンの定義では、物体に働く力を加速度で割った値。単位はキログラム、またはグラム。▽相対性理論によれば質量はエネルギーの一形態で、物体の速さが光速度に近づくにつれて増加する。

じつ-りょく【実力】［名］❶実際に持っている力量・能力。〓「—を発揮する」❷武力や腕力。〓「—行使」

しつ-れい【失礼】■一［名・自サ変］❶［形動］礼儀・作法にはずれたふるまいをすること。〓「どうも—しました」「—の段、お許し下さい」「なんて—なやつだ」使い方「失礼ですが」などの形で、非礼な言動を行うことの断りを表す。〓「—ですが、お名前をお聞かせ願えませんか?」❷立ち去ることを丁寧にいう語。〓「お先に—いたします」■二［感］相手に迷惑をかけそうなとき、軽くわびるとき、相手に何かを問いかけるときなどに発する語。〓「—、ちょっと前を通ります」

じつ-れい【実例】［名］実際にあった例。

しつ-れん【失恋】［名・自サ変］恋が成就しないこと。恋の相手に拒まれること。〓「—の痛手」

じつ-ろく【実録】［名］事実をありのままに記録すること。また、その記録。〓「—昭和史・—物」

じつ-わ【実話】［名］実際にあった話。〓「—記事」

し-て【仕手】［名］❶あることを行う人。〓「力仕事の—がない」書き方「▽為手」とも。❷能・狂言の主人公の役。また、その演者。⇕わき(脇)③・あど 書き方ふつう「シテ」と書く。❸市場で、定期売買をする人。また、投機的な売買をする相場師。

し-て［接］［古風］そして。それで。〓「—、その結果はどうなったかのう」▽接続助詞「して」から。

し-て［連語］❶〈「みんな」「〇〇人(複数)」などの語に付いて〉全員がいっしょになって事をする意を表す。…で。〓「みんな**して**阻止する」「二人[親子三人]**して**出かける」使い方動作に使うことが多いが、状態表現にも使う。〓「兄弟二人**して**優秀だ」❷〈「…をして」の形で〉使役表現の被使役者を表す。〓「私を**して**言わしめれば、彼こそ天才だ」「師匠を**して**降参させたとは大した腕前だ」▽漢文訓読調の言い方。使い方下に動詞未然形＋使役の助動詞「しむ」「しめる」、まれに「(さ)せる」を伴う。❸〈形容(動)詞の連用形に付いて〉断定の気持ちをこめながら、同類のことを並べ上げる。…でありかつ。〓「荘厳に**して**優美な曲」「労多く**して**功少ない」「簡(かん)に**して**要(よう)を得る」❹〈形容詞、打ち消しの「ない」、トタル型形容動詞の連用形などに付いて〉そのような状態で。〓「若く**して**名をなす」「彼女なく**して**は生きられない」「頑(がん)と**して**譲らない」❺➡からして ➡として ➡にして

しで【四手・▽垂】［名］❶玉串(たまぐし)・注連縄(しめなわ)などにつけて垂らす、細長い紙。昔は木綿(ゆう)を用いた。▽「垂(し)づ(=たらす)」の連用形から。❷ヤクの尾の毛を束ねた払子(ほっす)のようなもの。昔、槍(やり)の柄につけて槍印とした。◈動詞「する」の連用形「し」＋接続助詞「て」。

し-で【死出】［名］死んで冥土(めいど)へ行くこと。〓「—の旅

（＝死ぬこと）」「―の山（＝冥土にあるという険しい山）」

しーてい【子弟】［名］❶子と弟。❷若者。目下の者。

しーてい【私邸】［名］個人の屋敷。⇔官邸・公邸

しーてい【指定】［名・他サ変］物事を特定のものに決めること。また、ある資格のあるものに決めること。「期日を―する」「文化財に―する」

しーてい【師弟】［名］師と弟子。先生と生徒。「―愛」

しーてい【視程】［名］大気の汚濁の程度を表す尺度の一つ。ある目標物を肉眼で認めることのできる最大距離で表す。

じーてい【自邸】［名］自分の屋敷。「―に引きこもる」

シティー【city】［名］都市。都会。シティ。「―ホール（＝市庁舎）」「アトランティック―」

シティー-ホテル【和製city＋hotel】［名］都心部や駅の周辺にあるホテル。

してい-かんせんしょう【指定感染症】［名］感染症予防法の一類から三類に分類されていない既知の感染症のうち、緊急の対応の必要があると判断された場合に、政令で指定する感染症。

してい-とし【指定都市】［名］人口五〇万以上の市で、特に政令によって指定された都市。行政区を設けられるなど、普通の都市とは異なる取り扱いが認められる。政令指定都市。政令都市。

しーでか・す【仕出かす・▽為出かす】［他五］困ったこと、また大きなことなどをする。やらかす。やってのける。「とんでもないことを―」 書き方 普通かな書き。

して-かぶ【仕手株】［名］株式市場で、「仕手」③が投機の対象とする株。一般に値動きが激しく、売買回転率も高い。

してーからーが［連語］⬇にしてからが

しーてき【指摘】［名・他サ変］重要な点や問題となる点を取り上げて示すこと。「間違いを―する」

しーてき【史的】［形動］歴史に関係があるさま。歴史的。「―事実」「―唯物論（＝唯物史観）」

しーてき【私的】［形動］個人にかかわっているさま。プライベート。「―な発言を禁ずる」⇔公的

しーてき【詩的】［形動］詩のような趣があるさま。ポエティック。「―情緒［センス］」⇔散文的

じーてき【自適】［名・自サ変］自分の心のままに楽しむこと。自分の思うままにのびのびと暮らすこと。「悠々―」

しーてつ【私鉄】［名］民間の企業が経営する鉄道。私営鉄道。

じーてっこう【磁鉄鉱】［名］強い磁性をもつ黒色の鉱物。火成岩や変成岩に広く分布する。製鉄の原料として重要。

してーやら・れる【▽為て▽遣られる】［連語］相手の思い通りにされる。うまくだまされる。「まんまと―・れた」▼「してやる」の受身形から。

してーや・る【▽為て▽遣る】［他五］思い通りにうまくやりおおせる。また、たくらんで、うまくだます。「―・ったりとほくそ笑む」「まんまと―・られた」

しーてん【支店】［名］本店と分かれて別の場所に設けられた店。分店。⇔本店

しーてん【支点】［名］てこや天秤を支える固定された点。⇔力点・作用点

しーてん【始点】［名］一連の物事の始まる点。出発点。起点。

しーてん【視点】［名］❶視線が注がれる所。❷物事を考える立場。「独自の―に立った考察」❸絵画の遠近法で、画面に対して視線が直角に交わる仮定の一点。

しーでん【史伝】［名］歴史書と伝記。特に、歴史書。

しーでん【市電】［名］❶市が経営する電車。▼「市営電車」の略。❷市街を走る路面電車。▼「市街電車」の略。

しーでん【師伝】［名］極意や秘術を師匠から直接伝授されること。また、伝授されたもの。「―の奥義」

しーでん【紫電】［名］紫色のいなずま。▼鋭い眼光、また、刀剣の鋭い光のたとえにいう。「―一閃」

じーてん【字典】［名］漢字を集めて一定の順序に配列し、字形・音訓・意味などを説明した本。字書。字引。

じーてん【次点】［名］❶最高点に次ぐ点数。また、それをとった人。❷選挙で、当選者に次ぐ得票数。また、それをとった人。

じーてん【自転】［名・自サ変］❶自分の力で回転すること。❷天体がその内部を通る軸を中心にして回転すること。「地球は一日一回―する」⇔公転

じーてん【事典】［名］事物を表す語を取り上げて一定の順序に配列し、解説した本。百科事典など。▼「辞典（ことばてん）」・「字典（もじてん）」と区別するために「ことてん」と呼ぶことがある。⬇ことてん

じーてん【時点】［名］時の流れの上の、ある一点。「現在の―では予断を許さない」

じーてん【辞典】［名］ことばを集めて一定の順序に配列し、発音・表記・意味・用法などを説明した本。辞書。字引。

じーでん【自伝】［名］自分で書いた自身の伝記。自叙伝。

じてんーしゃ【自転車】［名］乗り手が自分の足でペダルを踏み、その力で車輪を回転させて走る乗り物。ふつうは二輪車をいう。「―をこぐ」▼なまって「じでんしゃ」とも。

じてんしゃーそうぎょう【自転車操業】［名］資金の借り入れと返済を繰り返しながらかろうじて経営を維持すること。また、そのような経営状態。▼自転車は走るのをやめると倒れてしまうことから。

してんーのう【四天王】［名］❶仏教で、帝釈天に仕え、仏法を守るという四人の守護神。東方の持国天・西方の広目天・南方の増長天・北方の多聞天の総称。❷門人・臣下・部下などの中で、最もすぐれた四人。

しーと【使徒】［名］福音を伝えるためにキリストによって選ばれた一二人の弟子。▼神聖な目的のために献身する人のたとえにもいう。「平和の―」

しーと【使途】［名］使いみち。「―不明金」

しーど【示度】［名］計器の針が示す目盛りの数値。

じーど【磁土】［名］磁器の原料にする土や粘土。

しーとう【死闘】［名・自サ変］命をかけて戦うこと。また、命がけの戦い。「凄絶な―を繰り広げる」

しーとう【至当】［名・形動］極めて適当であること。しごく当然であること。「―な意見」「―の処置」

しーとう【私党】［名］個人的な目的や利害関係によって結成した党。⇔公党

しーとう【私闘】［名・自サ変］個人的な恨みによって戦うこと。また、その戦い。

しーどう【士道】［名］武士として守り行わなければならない道義。武士道。

しーどう【市道】ダウ〔名〕市の区域内にあって、市長がその路線を認定した道路。

しーどう【私道】ダウ〔名〕個人が自分の敷地内に設けた道路。⇔公道

しーどう【始動】〔名・自他サ変〕動き始めること。また、動かし始めること。〓「エンジン［新体制］が一する」「プロジェクトを一する／させる」

しーどう【指導】ダウ〔名・他サ変〕知識・技術などを習得できるように教え導くこと。〓「初心者を一する」

しーどう【師道】ダウ〔名〕人の師として守り行わなければならない道。

しーどう【▼祠堂】ダウ〔名〕❶先祖の霊を祭る所。御霊屋（みたまや）。❷神仏を祭る小さな社（やしろ）。ほこら。

しーどう【▼斯道】ダウ〔名〕学問・技芸などで、その人がかかわっている分野。〓「一の大家」

じーとう【地頭】ヂ〔名〕昔、荘園を管理した官職。地頭職。鎌倉時代には、土地の管理・租税の徴収などの権限を持ち、しだいに勢力を増して領主化した。〓「泣く子と一には勝てぬ」

じーどう【自動】〔名〕機械などが自身の力で動き働くこと。オートマチック。〓「一ドア」⇔手動 書き方「自働」は、昔、一部に用いられた表記。今は「自動」と書く。

じーどう【児童】〔名〕❶子供。特に、小学生。〓「一劇」▼学校教育法では満六歳から一二歳までの者を学齢児童とする。❷児童福祉法で、満一八歳未満の者。

しとうーかん【四等官】ークワン〔名〕律令制で、各役所に置かれた四等級の官職。長官（かみ）・次官（すけ）・判官（じょう）・主典（さかん）の総称。

しどうーげんり【指導原理】シダウ〔名〕ある行為・運動などで、人々を導くための基本的な理論。

じどうーし【自動詞】〔名〕その表す動作・作用が他に及ばないで、主体の動きや変化として述べられる動詞。「馬が走る」「皿が割れる」の「走る」「割れる」などの類。ふつうは目的語をとらない。⇔他動詞

じどうーしゃ【自動車】〔名〕エンジンの力で車輪を回転させ、レールや架線を用いないで路上を走る車の総称。

しどうーしゅじ【指導主事】シダウ〔名〕教育委員会の事務局に置かれる専門職員。現場の教員に対して教育課程・教科などについての指導と助言を行う。

じどうじりつしえんーしせつ【児童自立支援施設】ーシヱンー〔名〕児童福祉施設の一つ。不良行為を行った児童、また、そのおそれのある児童を保護し、教育する施設。▼もと「教護院」といった。

じどうーせいぎょ【自動制御】〔名・他サ変〕機械や設備が条件の変化などを感知し、自動的に必要な操作や調整を行うこと。オートマチックコントロール。

じどうーそうだんじょ【児童相談所】ーサウダンジョ〔名〕児童福祉法に基づいて都道府県が設置する、児童に関するさまざまな相談に応じる機関。

じどうーてき【自動的】〔形動〕❶他の力によらず、ひとりでに動くこと。〓「警報装置が一に作動する」❷ある条件に従って、必然的にそうなるさま。〓「一に契約が更改される」

じどうーはんばいき【自動販売機】〔名〕硬貨・紙幣などを入れて操作すると自動的に販売物が得られる機械。自販機。〓「タバコ［ジュース］の一」

じどうふくしーしせつ【児童福祉施設】〔名〕児童福祉法に基づいて国または地方公共団体が設置する施設。助産施設・乳児院・母子生活支援施設・保育所・児童厚生施設・児童養護施設・知的障害児施設・知的障害児通園施設・盲ろうあ児施設・肢体不自由児施設・重症心身障害児施設・情緒障害児短期治療施設・児童自立支援施設・児童家庭支援センターなどがある。

じどうようごーしせつ【児童養護施設】ーヤウゴー〔名〕児童福祉施設の一つ。乳児を除く保護者のいない児童や虐待されている児童などを入所させて生活を保障し、自立を支援する施設。▼もと「養護施設」といった。

しどうーようろく【指導要録】シダウエウロク〔名〕小・中・高等学校で、個々の児童・生徒の成績・出欠状況・健康状態などを継続的に記録していく帳簿。

しとぎ【▼粢・▼糈】〔名〕神前に供える、米の粉または蒸したもち米で作った長円形に丸めたもち。

しーどく【死毒（▼屍毒）】〔名〕動物の死肉が細菌の作用などによって分解されるときに生じる有毒物の総称。プトマイン。

じーとく【自得】〔名〕❶〔他サ変〕自分の力で理解し、会得すること。❷〔自サ変〕自ら満足して、それでよしとすること。また、うぬぼれること。❸自分の身に報いを受けること。〓「自業一」

じーとく【自▼瀆】〔名・自サ変〕自慰。オナニー。

じーどく【侍読】〔名〕天皇・東宮に仕えて学問を教授する学者。侍講。じとう。

しどけーな・い〔形〕髪や服装が乱れていて、だらしがないさま。〓「寝間着のままの一姿」⬇「ない」のコラム（三〇六ベー）派生 -げ／-さ

しーどころ【▽為所】〔名〕しなくてはならない場合。また、やりがいのあるところ。〓「ここが思案の一だ」

しとーしと〔副ト〕雨が静かに降るさま。〓「雨が一（と）降る」

じとーじと〔副ト〕不快なほど湿気を含んでいるさま。〓「梅雨時は部屋中が一する」

しとど〔副ニ〕ひどく濡れるさま。〓「にわか雨に遭って一に濡れる」

しとね【▼茵・▼褥】〔名〕座るときや寝るときに下に敷くもの。ふとん・ざぶとんなど。

しとみ【▼蔀】〔名〕寝殿造りなどで、中に板をはさみ、その表裏に格子を組みつけた戸。日光や風雨を防ぐための建具で、多くは上下二枚からなり、下部を立て、上部を金物でつり上げて開閉する。半蔀（はじとみ）。

しーと・める【仕留める（仕止める）】〔他下一〕武器を使って、ねらった敵や獲物を確実に殺す。〓「一発の銃弾で熊を一」▼ねらったものを確実に自分のものにする意でも使う。〓「意中の人を一」書き方 かな書きも多い。文 しと・む 名 仕留め

しとーやか【▽淑やか】〔形動〕ことば・動作・性質などがもの静かで、気品があるさま。また、つつしみ深いさま。〓「一に話す」▼多く女性についていう。派生 -さ

シトラス［citrus］〔名〕柑橘（かんきつ）類。

じーどり【地鳥・地▽鶏】ヂ〔名〕その土地の在来種として古くから飼われているニワトリ。また、その肉。

じーどり【地取り】ヂ〔名〕❶家を建てるとき、地面の区画をすること。地割り。❷囲碁で、地を取ること。

じーどり【自撮り】〔名・自サ変〕スマートフォンやデジタルカメラなどで、自分自身の写真や動画を撮影すること。自分撮り。自画撮り。セルフィー。

しどろ〔形動〕秩序なく乱れているさま。〓「一に乱れた」

髪」

しどろ‐もどろ［形動］ことばや話の内容がひどく乱れるさま。≡「―の答弁」▽「しどろ」を強めていう語。

シトロン［citron］［名］❶暖地で果樹として栽培されるミカン科の常緑小高木。果実は長卵形で、酸味が強い。果汁を飲料やクエン酸の原料にする。マルブシュカン。❷炭酸水にレモン汁・砂糖・香料などを加えた清涼飲料水。

しな【品】㊀［名］❶何かの用途にあてる物。品物(しなもの)。≡「お礼の―」❷商品としての物品。≡「―ぞろえ・―不足」❸物の品質。≡「―定め」◈もと、階級や家柄などをさした。㊁（造）料理の種類を数える語。≡「八―のコース料理」

しな【▽科】［名］ちょっとした身ぶり・しぐさ。特に、こびるときの色っぽいしぐさ。≡「―をつくる（＝あだっぽいようすをする）」

しな【支那】［名］中国に対する古い呼称。▽昔、インドで中国を呼んだ称を、仏典を漢訳するときに音読したもの。「秦(しん)」の転といわれる。

しな［接尾］〈動詞の連用形に付いて〉…するその時、…のついで、などの意を表す。≡「寝―に酒を飲む」「出―に電話がかかってきた」

しない【《竹刀》】［名］剣道で使う竹製の刀。四本の割り竹を束ねて作る。▽「撓(しな)い竹」の意。

し‐ない【市内】［名］市の区域内。⇔市外

じ‐ない【地内】［名］ある区域の土地の中。

じ‐ない【寺内】［名］寺の境内。寺院の中。山内。

しな・う【▼撓う】［自五］折れないで、しなやかに曲がる。≡「雪が積もって竹が―」

撓

しな‐うす【品薄】［名・形動］需要に対して品物が不足していること。品枯れ。

し‐なお・す【▽為直す】［他五］もう一度同じことをする。やりなおす。≡「計算を―」名**し直し**

しな‐がき【品書き】［名］品物の名を書き並べたもの。目録。≡「結納の―」「料理屋のお―（＝メニュー）」

しな‐かず【品数】［名］品物の数。また、品物の種類。≡「―が少ない」

しな‐がら【品柄】［名］品物の質。品質。

しな‐がれ【品枯れ】［名］生産量が少なくて品物が出回らないこと。

しな‐ぎれ【品切れ】［名］売り尽くして品物がなくなること。

しな‐さだめ【品定め】［名］品物や人物の価値・優劣などを判定すること。品評。≡「骨董品の―をする」

シナジー［synergy］［名］❶共同作用。相乗作用。❷経営戦略で、各部門の機能が結合することによって利益が生み出される相乗効果のこと。

しな‐しな［副］❶弾力があって、しなやかに曲がるさま。❷なよなよと体を動かすさま。≡「―(と)歩く」

しな・す【死なす】［他五］⬇死なせる

しな・せる【死なせる】［他下一］死ぬようにする。死に至らせる。死なす。≡「この子を―・せてはならない」 使い方 遠回しに「殺す」の意にもいう。≡「幼児を―・せた疑いで逮捕された」 文**しな・す** 異形**死なす**

しな‐だ・れる【▼撓垂れる】［自下一］甘えてもたれかかる。こびて寄り添う。しなだれかかる。≡「恋人に―」 文**しなだ・る**

しな‐ちく【支那竹】［名］メンマ。

しな・びる【▽萎びる】［自上一］水気が失われてしぼむ。また、生気が失われてしわがよる。≡「野菜が―」「老いて―・びた肌」 文**しな・ぶ**

シナプス［synapse］［名］神経細胞で、ニューロンからニューロンへと興奮を伝達するための接合部。

しな‐もの【品物】［名］何かの用途にあてる物。品(しな)。物品。

シナモン［cinnamon］［名］セイロン肉桂(にっけい)の樹皮を発酵・乾燥させて作る香辛料。甘い芳香と辛みがあり、肉料理・菓子などに広く用いられる。

しな‐やか［形動］❶弾力があって、柔らかに曲がるさま。≡「―な枝」「―にたわむ竹」❷動作や態度がなめらかで優美なさま。≡「―な身のこなし」❸考え方や対応の仕方が柔軟なさま。≡「―な感性」 派生‐さ

じ‐ならし【地▽均し】［名］❶［自サ変］地面の高低をなくして平らにすること。また、その作業。❷地面を平らにするために使う道具。ローラーなど。❸［自サ変］ある事柄がうまく運ぶように事前に調整をしておくこと。また、その準備工作。根回し。

じ‐なり【地鳴り】［名］地震や火山活動により、地盤が振動して鳴り響くこと。また、その音。

シナリオ［scenario］［名］❶映画・テレビドラマなどの脚本。台本。❷（ある結果に向けて）組み立てられた計画。筋書き。≡「最悪［複数］の―」

シナリオ‐ライター［scenario writer］［名］映画・テレビドラマなどの脚本を書く人。脚本家。

しな・る【▼撓る】［自五］「しなう」の転。≡「枝が―」

し‐なん【至難】［名・形動］きわめてむずかしいこと。≡「三冠王の達成は―のわざだ」

し‐なん【指南】［名・他サ変］武芸などを教え導くこと。また、その教え。≡「剣術を―する」「―番（＝幕府や大名に仕え、武芸の指導をした人）」「―役（＝ある物事を指導する人。また、指南番）」▽指南車が一定の方向を指し示すことから。

じ‐なん【次男（▽二男）】［名］男性の子供のうち二番目に生まれた子。

しなん‐しゃ【指南車】［名］❶中国古代の車の一つ。歯車の仕掛けで、車上の木像の手をはじめに南に向けると、常に南を指し続けるように作ったもの。❷指針・導きとなるもの。≡「当時の―であった思想」 書き方 ②を「指南者」と書くこともあるが、慣用になじまない。

シニア［senior］［名］年長者。また、上級生。≡「英語の―コース」⇔ジュニア 使い方 高齢者の意でもいう。≡「この町には元気な―が多い」「―ライフ」

しに‐いそ・ぐ【死に急ぐ】［自五］死ななくてもよいのに早まって死のうとする。命を縮めるような生き方をする。≡「人生―ことはない」「―若者たち」 名**死に急ぎ**

しに‐おく・れる【死に遅れる・死に後れる】［自下一］❶ある人が先に死んで、自分だけが生き残る。≡「妻に―」▽自分の身内や特に親しい人が死んだ場合にいう。❷死ぬべき機会を失って生きながらえる。≡「―・れて生き恥をさらす」 文**しにおく・る** 名**死に後(遅)れ**

しに‐がお【死に顔】［名］死んだときの顔つき。死者の表情。

しに‐がくもん【死に学問】［名］実際の役に立たない学問。また、活用できないでいる学問。

しに‐がね【死に金】［名］❶ためるだけで活用しない金。⇔生き金 ❷使っただけの効果がない金。むだがね。❸自分の葬儀用に蓄えておく金。≡「こつこつと―

をためる」
しに-がみ【死に神】[名] 人を死に誘うという神。
シニカル [cynical] [形動] 皮肉な態度をとるさま。冷笑的であるさま。シニック。≡「—な表現」
しに-ぎわ【死に際】[名] まさに死のうとするとき。臨終のとき。≡「—に残したことば」
し-にく【死肉(▼屍肉)】[名] 死体の肉。
し-にく【歯肉】[名] 歯茎(はぐき)。歯齦(しぎん)。≡「—炎」
しに-ざま【死にざま(死に様)】[名] 死ぬときのようす。死によう。また、死んだすがた。≡「惨めな—をさらす」
シニシズム [cynicism] [名] 一般の習俗・道徳・世論などを無視し、万事を冷笑的にながめる態度。冷笑主義。シニスム。▼ギリシア哲学で、シニク学派の哲学者たちが文明社会の制度や慣習を無視したことから。
しに-しょうぞく【死に装束】[名] ❶死者に着せる衣服。❷武士などが切腹するときに着た白い装束。
し-にせ【《老舗》】[名] 何代も同じ商売を続けてきた、格式と信用のある店。ろうほ。▼「仕似す(=家業を守り継いで信用を得る)」の連用形から。
しに-ぞこない【死に損ない】[名] 死ぬべきときに死ねなかったこと。死のうとして死ねなかったこと。また、その人。▼役に立たないのに生き残っているとして老人をののしる語としても使われた。
しに-そこな・う【死に損なう】[自五] ❶死のうとして失敗する。また、死ぬべきときに死ねずに、生き残る。≡「服毒したが—・った」「—・って生き恥をさらす」❷もう少しで死にそうになる。≡「崖から落ちてあやうく—・った」名死に損ない
しに-たい【死に体】[名] 相撲で、すでに足の裏が返り、自力では体勢を立て直すことができないとみなされる状態。⬍生き体 ▼力士がほぼ同体で倒れたとき、勝敗を決める判断材料とする。
しに-た・える【死に絶える】[自下一] 一家・一族のものや同種の動物がすべて死に、その血筋・種が絶える。≡「一門[恐竜]が—」文しにた・ゆ
シニック [cynic] [形動] ➡シニカル
しに-どき【死に時】[名] 死ぬとき。死ぬのにふさわしい時機。≡「—を得る」
しに-どころ【死に所・死に▽処】[名] 死ぬ場所。死ぬのにふさわしい場所や場合。しにどこ。≡「—を得る」
しに-はじ【死に恥】[名] 死に際の恥。また、死後に残る恥。≡「—をさらす」⬍生き恥
しに-ばしょ【死に場所】[名] 死ぬ場所。死ぬのにふさわしい場所。
しに-ばな【死に花】[名] 死に際のほまれ。また、死後の栄誉。≡「—を咲かせる」
シニフィアン [signifiant フランス] [名] 言語学者ソシュールの用語の一つ。言語記号の音声面。所記(しょき)とともに言語記号を構成する要素となる。記号表現。能記。➡シニフィエ
シニフィエ [signifié フランス] [名] 言語学者ソシュールの用語の一つ。言語記号の意味内容。能記とともに言語記号を構成する要素となる。記号内容。所記(しょき)。➡シニフィアン
しに-み【死に身】[名] ❶死んだからだ。また、死ぬべきからだ。≡「生き身は—」⬍生き身 ❷死ぬことを覚悟した身。捨て身。
しに-みず【死に水】[名] 臨終の人の唇をしめしてやる水。また、臨終の人の口をうるおす水。末期(まつご)の水。
◉**死に水を取る** 臨終の人の唇をしめしてやる。また、臨終まで介抱する。
しに-め【死に目】[名] 死にぎわ。臨終。≡「親の—に会えない」
しに-ものぐるい【死に物狂い】[名・形動] 死ぬことも恐れないで奮闘すること。必死になること。≡「—になって働く」「—の抵抗」
し-にょう【▼屎尿】[名] 大便と小便。糞尿(ふんにょう)。≡「—処理」
しに-よく【死に欲】[名] 死が近づくに従ってますます欲が深くなること。
しに-わか・れる【死に別れる】[自下一] その人が死んで、永久に別れることになる。死別する。≡「親に—」⬍生き別れる 文しにわか・る 名死に別れ
し-にん【死人】[名] 死んだ人。死者。しびと。
◉**死人に口無し** 死者は何も語れないので、証言することも釈明することもできないということ。
し-にん【視認】[名・他サ変] 実際に目で確認すること。≡「信号を—する」「上空の機影を—する」
じ-にん【自任】[名・他サ変] 自分の能力や資質がその任務・地位などにふさわしいと思い込むこと。≡「天才を—する」「食通をもって—する」➡自認
じ-にん【自認】[名・他サ変] 自分自身で認めること。≡「失敗[失策・過失]を—する」▼しばしば「自任」と混同されるが、「自認」は自身の犯した失策などについていう。
じ-にん【辞任】[名・自サ変] 職務や任務を自分から申し出てやめること。≡「委員長を—する」「—を迫る」
し・ぬ【死ぬ】[自五] ❶生物(特に、動物)が生命をなくする。≡「祖父は老衰のため九〇歳で—・んだ」「妻に—・なれてさびしい」「—まで(=一生)働き続けるつもりだ」❷そのものの持つ、本来的な生命感や躍動感が失われている。生き生きしていない。≡「演出が独りよがりで作品が—・んでしまった」「近頃の彼は疲れて目が—・んでいる」❸そのものの持つ、本来的な機能が有効に働かなくなる。≡「鍛錬を怠れば才能は—と心得よ」❹囲碁で、相手の石に囲まれて自分の石をとられる。≡「石が—」❺野球で、走者がアウトになる。刺殺と封殺がある。≡「一塁で—」
◈⬍生きる ① ⬍生まれ 使い方 活用の四段(五段)化は室町期に起こり明治以降に定着したが、今も「死ぬる」「死ぬれ(ば)」などのナ変の活用を使うことがある(ただし、古風な言い方)。≡「生きるか死ぬるか、とにかく旅へ出たいと思っております〈林芙美子〉」文し・ぬ 可能死ねる 名死に「生き—」

品格 逝く「父母より先に—」永眠「—の地」往生「大—を遂げる」事切れる「近寄ると既に事切れていた」先立つ「—不孝」死去「脳内出血のため—」死没「—者を悼む」昇天「—日」成仏「安らかに—する」逝去「御—をお悔やみ申し上げます」他界「—の後」入寂「日蓮—の地」眠る「故郷の地に—」果てる「自ら—」崩御「昭和天皇—」没する「旅先で—」身罷る「若くして—」瞑する「もって瞑すべし」世を去る「失意のうちに—」◉コラム「『死ぬ』を表す表現」も参照。➡「死ぬ」のコラム(次ページ)

⦿**死んだ子の年を数える**　今となってはどうしようもない過去のことを悔やんだり愚痴を言ったりすることのたとえ。死児の齢を数える。

⦿**死んで花実が咲くものか**　人は死んでしまえば万事おしまいで、生きていればこそよいこともあるということ。死んで花実がなるものか。

「死ぬ」を修飾する表現

ぽっくりと［あっけなく／突然／急に］死んだ。
薬石効なく［毒杯をあおいで］死ぬ。
若くして［つぼみの内に／日ならずして］死ぬ。
寂しく［ひっそりと／孤独のうちに／貧苦のうちに／不遇のうちに／失意のうちに／泰然として／莞爾として／笑みを浮かべて／喜んで／畳の上で］死ぬ。

「死ぬ」を表す表現

命を落とす・命が絶える・息を引き取る・息が絶える・心臓が止まる［停止する］・瞳孔が開く［散開する］・目をつぶる・冷たくなる
（この）世を去る・永遠の眠りに就く・仏になる・骨になる・骨と化す・灰になる・灰と化す・土になる・土と化す・土に帰る・煙になる・煙と化す・鳥部野［鳥部山］の煙となる・星となる・お陀仏になる・はかなくなる・むなしくなる・一巻の終わり（となる）
亡き数に入る・鬼籍［鬼簿］に入る・過去帳［点鬼簿］に載る・不帰［黄泉］の客となる・帰らぬ人［不帰の人／天上の人／あの世の人］となる
あの世に／へ行く・遠くへ行ってしまう・幽明境を異にする・幽明相隔てる・三途の川を渡る・お迎えが来る・神［天国］に召される・西方浄土［極楽浄土］に生まれ変わる・巨星墜つ
天寿［生］を全うする・命運［命数／命脈］が尽きる
非業の死を遂げる・壮烈な最期を遂げる
生涯［一生］を終える［終わる］・生涯［一生］を閉じる・人生の幕を下ろす・余生を終える・生涯［人生］に別れを告げる
命［生命］が燃え尽きる・命［生命］を燃やし尽くす・人生を駆け抜ける［通り過ぎる］
断頭台［刑場］の露と消える・海の藻屑と消える・死地に赴く

お悔やみのことば

［遺族に］御冥福をお祈りします・お悔やみ（を）申し上げます・御愁傷様です・（この度は）お力落としのことと存じます・（この度はとんだことになり）心中お察し申します
［死者に］安らかにお眠り下さい・魂の平安をお祈りします

じ-ぬし【地主】ヂ［名］土地の所有者。

シネコン［名］「シネマコンプレックス」の略。

し-ねつ【▼熾熱】［名］盛んに燃えて熱いこと。

じ-ねつ【地熱】ヂ［名］地球内部の岩石中にたくわえられた熱。ちねつ。☰「―発電」▽中心部では四〇〇〇～六〇〇〇度の高温になる。

シネマ【cinéma フラ】［名］映画。キネマ。

シネマ-コンプレックス【cinema complex】［名］一つの映画館の内部を区切って複数の上映施設を設置し、同一時間帯に複数の映画を上映するシステム。シネプレックス。マルチプレックス。シネコン。

シネマスコープ【CinemaScope】［名］横長の大型画面に映し出す方式の映画。シネスコ。▽商標名。

シネラマ【Cinerama】［名］ワイドスクリーン映画の一つ。三台の特殊カメラで同時に撮影したフィルムを、湾曲した横長のスクリーンに三台の映写機で映写するもの。▽商標名。

シネラリア【cineraria】［名］早春、紅・紫・青・白などの花を房状につけるキク科の越年草。観賞用に温室で栽培される。サイネリア。▽「シネ」が「死ね」に通じるとして、「サイネリア」も好まれる。

し-ねん【思念】［名・他サ変］考えること。常に心の中で思うこと。☰「真理を―する」

じ-ねん【自然】［名］人為が加わらないこと。ひとりでにそうなること。しぜん。☰「―と浸み込んで来る光線の暖かみ〈漱石〉」▽副詞的にも使う。

じねん-じょ【自然▼薯】［名］ヤマノイモ。自然生。▽栽培されるナガイモに対していう。　薯

しの【▼篠】［名］❶篠竹。❷「篠笛」の略。

し-のう【詩▼嚢】ナウ［名］❶作った詩を入れておく袋。❷詩作のもとになる思想。詩想。☰「―を肥やす」

しのう-きん【子▼嚢菌】シナウ［名］真菌類のうち有性生殖によって子嚢胞子をつくる菌類の総称。コウジカビ・アカパンカビ・アミガサタケなど。

し-のう-こう-しょう【士農工商】シヤウ［名］武家時代の階級観念によって順位づけられた、武士・農民・職人・商人の四階級を指す語。四民。▽工・商は一括して町人と呼ばれた。

しのぎ【▼鎬】［名］刀身の刃と峰との間を一線に走る、少し高くなった部分。鎬筋。

⦿**鎬を削る**　激しく争う。☰「与野党が―激戦区」▽互いの刀の鎬を削り合うほど、激しく切り合う意から。

注意「しのぎ」を「凌ぎ」と書くのは誤り。

しのぎ【▼凌ぎ】［名］何とかもちこたえて困難や苦境を切り抜けること。また、その方法・手段。☰「野草を食べて当座の―にする」「退屈―」

しの・ぐ【▼凌ぐ】［自五］❶つらいことになんとか対処して切り抜ける。乗り切る。☰「水を飲んで飢えを―」「応急処置で急場を―」「粘り強い投球で敵の猛攻を―」「今年の夏は涼しくて―・ぎやすい」❷能力や程度が他を越えてそれ以上になる。こえる。凌駕する。☰「彼女の実力は師を―」「壮者を―体力」「一方には空を―ほどの高い樹が聳えていた〈漱石〉」可能 しのげる 名 凌ぎ

［ことば探究］「しのぐ」の使い方

▼「しのぐ」①には、対処の仕方が十分ではなく、「なんとか」「ぎりぎりで」というニュアンスが含まれる。「その場しのぎ」「当座しのぎ」などにも同様のニュアンスがある。
▼「飢えをしのぐ」に対し、「渇きをしのぐ」は使われることが少なく、「渇きをいやす」と言うことが多い。
▼「しのぐ」②は、マイナスの内容については言わない。
「×前年度をしのぐ赤字額」

しの-ごの【四の五の】〔連語〕面倒なことをあれこれ言いたてるさま。つべこべ。〓「ー言わずにさっさと仕事をしろ」

じ-のし【地▽伸し】ヂ〔名〕布地を裁つ前にアイロンなどをかけて地質を平らにすること。地直し。

しの-だけ【▼篠竹】〔名〕群がって生える、茎の細い竹類の総称。スズタケ・メダケ・アズマネザサなど。シノザサ。シノ。

しのだ-ずし【▽信太▼鮨・▽信田▼鮨】〔名〕いなりずし。▼油揚げを狐が好むということから、信太の森の白狐(びゃっこ)伝説にかけていう。

しのだ-まき【▽信太巻き・▽信田巻き】〔名〕袋状に開いた油揚げの中に野菜・肉・しらたきなどの具を詰めてかんぴょうで結び、調味した出し汁で煮た料理。しのだ。⇩しのだずし

しの-つ・く【▼篠突く】〔自五〕篠竹を束ねて突き落とすように激しく飛んでくる。〓「ー雨の中を歩く」▼もっぱら雨が激しく降るさまの形容に使う。

シノニム【synonym】〔名〕同義語。同意語。⇕アントニム

しののめ【〈東雲〉】〔名〕〔古風〕東の空がわずかに白むころ。明け方。

し-の-はい【死の灰】ヒハ〔名〕核爆発や原子炉内の核分裂によって生じた放射性微粒子の通称。半減期が長い核種を含み、永く残留して人体に重大な放射線障害を引き起こす。

しのば・せる【忍ばせる】〔他下一〕❶人に知られないように隠し持つ。また、配下の者などを物陰などに潜伏させる。〓「懐に匕首(あいくち)をー」「カーテンの陰に刺客をー」❷物陰や暗がりなどに身を隠す。〓「扉の陰に身をー」❸足音や話し声が周囲に聞かれないようにする。〓「足音をー・せて近づく」文しのば・す

しのば・せる【▼偲ばせる】〔他下一〕身近なものが遠く離れたものを感慨深く思い起こさせる。文しのば・す

しの-はら【▼篠原】〔名〕篠竹(しのだけ)が生い茂っている原。笹原(ささはら)。

しのば・れる【▼偲ばれる】〔自下一〕身近なものから遠く離れたものが感慨深く思い起こされる。〓「孤軍奮闘(こぐんふんとう)のようすから苦労のほどがー」⊘注意「忍ばれる」と書くのは誤り。文しのば・る

しのび【忍び】〔名〕❶人にさとられないように、ひそかに行うこと。⇩おしのび ❷忍術。忍びの術。❸忍者。忍びの者。❹窃盗。こそどろ。

しのび-あし【忍び足】〔名〕足音をたてないように、そっと歩くこと。〓「抜き足差し足ー」

しのび-がえし【忍び返し】ヘシ〔名〕賊や敵が入り込めないように、塀などの上に先のとがった木・竹・鉄などを並べて取りつけたもの。

しのび-こ・む【忍び込む】〔自五〕人に気づかれないように、そっと入り込む。〓「こそ泥が窓からー」名忍び込み

しのび-ず【忍びず】〔連語〕〈「…に忍びず」の形で〉…するのにたえられず。〓「捨てるにー懐に入れる」▼「忍び」は上一段「忍ぶ」の未然形。

しのび-な・い【忍びない】〔連語〕〈「…に忍びない」の形で〉…するのにたえられない。〓「見るにー惨状」▼「忍びず」の「ず」を「ない」に置き換えた形。

しのび-なき【忍び泣き】〔名〕人目をはばかり、声を立てないように泣くこと。動しのびな・く(自五)

しのび-ね【忍び音】〔名〕❶忍び泣きの声。〓「ーに泣く」❷陰暦四月ごろの、ほととぎすの初音。▼声をひそめて鳴くことから。

しのび-やか【忍びやか】〔形動〕人目をはばかって、ひそかに振る舞うさま。〓「ーに近づく」

しのび-よ・る【忍び寄る】〔自五〕気づかれないように、そっと近寄る。〓「敵陣にー」「老いがー」

しのび-わらい【忍び笑い】ラヒ〔名〕声をひそめて笑うこと。

しの・ぶ【忍ぶ】一〔他五〕つらいことなどに耐える。我慢する。〓「恥をー・んで申し上げます」「耐え難きを耐えー・び難きをー」二〔自五〕❶見つからないようにする。隠れる。〓「物陰にー」❷人に知られないように事を行う。人の目から隠れて事を行う。〓「人目をー・んで会う」「この世をー仮の姿」「ー恋路」◈「偲ぶ」とは本来別語。古くは上二段に活用。可能忍べる 名忍び

しの・ぶ【▼偲ぶ】〔他五〕今はないものや、離れたものを感慨深く思い起こす。思いをはせる。〓「故郷(故人・先生の遺徳)をー」「〇〇君をー会(＝追悼会)」▼「忍ぶ」とは本来別語。上代は「しのふ」と清音。

しの-ぶえ【▼篠笛】〔名〕篠竹(しのだけ)で作った横笛。歌舞伎囃子(ばやし)・里神楽(さとかぐら)・獅子舞(ししまい)などに使う。指孔(ゆびあな)はふつう七つ。

しのぶ-ぐさ【忍ぶ草】〔名〕❶山地の木の幹や岩の表面に根茎を長くのばし着生する、シノブ科のシダ植物。葉は細かく切れ込んでいて光沢がある。夏、根茎を丸めて釣り忍ぶを作り、軒下などにつるして観賞する。シノブ。❷ノキシノブ。

シノプシス【synopsis】〔名〕あらすじ。梗概(こうがい)。

じ-の-ぶん【地の文】ヂ〔名〕小説・戯曲などで、会話文や引用文を除いた文章。

シノワズリ【chinoiserie フランス】〔名〕ヨーロッパの絵画・工芸品・服飾などに見られる中国趣味。一七世紀から一八世紀にかけて流行した。

しば【芝】〔名〕庭園などに植えて芝生とするイネ科の多年草。地面をはう茎は細く、節からひげ根をおろして広がる。芝草。

しば【▼柴】〔名〕山野に生える丈の低い雑木。また、雑木の小枝。〓「ーの戸」

し-ば【死馬】〔名〕死んだ馬。

◉死馬の骨を買う　つまらない者を優遇すれば、すぐれた者が自然と集まってくることのたとえ。

シバ【Siva サンスクリット】〔名〕ヒンズー教で、ブラフマン・ビシユヌとともに三主神の一つ。破壊と創造をつかさどる神。仏教にとり入れられて大自在天となった。書き方「▽湿婆」とも。

じ-ば【地場】ヂ〔名〕❶その地域。地元。〓「ー産業(＝その地域に根ざした伝統的な産業)」❷証券取引所の所在地。また、その取引所の会員や玄人(くろうと)的な投資家。

じ-ば【磁場】〔名〕⇩磁界

し-はい【支配】〔名・他サ変〕❶上に立って統括し、指図・命令をすること。〓「ー者」❷行動や意志を統制・束縛すること。〓「感情にーされる」

し-はい【紙背】〔名〕紙の裏面。また、文書の裏。〓「眼光(がんこう)ーに徹(てっ)す」「ー文書(もんじょ)」

し-はい【賜杯】〔名〕天皇や皇族が試合・競技などの勝者に贈られる優勝杯。

しば-い【芝居】キヰ〔名〕❶演劇。特に、歌舞伎・文楽・

新派など、日本的な演劇をいう。≡「人形ー」❷役者が行う演技。≡「臭いー」❸[自サ変]人をだますための作り事をすること。また、その作り事。≡「あの涙はーだったのか」

しばい-がか・る【芝居がかる(芝居掛かる)】[自五]言動が芝居でもしているようにわざとらしくなる。≡「ー・った口調で話す」

しばい-ぎ【芝居気】[名]芝居じみた大げさなことや派手なことをして人の関心を引こうとする気持ち。しばいげ。しばいっけ。

じばい-せき【自賠責】[名]自動車事故による損害を賠償するために、自動車の保有者が加入を義務づけられている保険。▽「自動車損害賠償責任保険」の略。

しはい-にん【支配人】[名]営業主に代わって、営業に関する一切の業務をとりしきる役職(を務める人)。マネージャー。≡「ホテルのー」

しば-いぬ【▼柴犬】[名]日本犬の一品種。小形・短毛で、耳は直立し、尾は巻いている。毛色は赤褐色のものが多い。本来は小型獣用の狩猟犬。

しば-えび【芝〈海老〉・芝▼蝦】[名]東京湾以南の内湾にすむクルマエビ科のエビ。クルマエビに似るがやや小さく、淡黄色の体に青色の斑点がある。食用。

しば-がき【▼柴垣】[名]柴を編んで作った垣根。

しば-かり【芝刈り】[名]伸びた芝を刈りそろえること。≡「ー機」

しば-かり【▼柴刈り】[名]柴を刈り取ること。また、その人。

しば・く[他五]棒などでひどく打つ。≡「鞭でー」▽関西では殴る・蹴るなどの意で、俗語的に使う。≡「ー・いたろか」

じ-はく【自白】[名・他サ変]❶自分の秘密や悪事を白状すること。❷民事訴訟法上、相手の主張する自己に不利益な事実を認めること。また、その旨の陳述。❸刑事訴訟法上、被疑者・被告人が自己の犯罪事実を認めること。また、その供述。

じ-ばく【自爆】[名・自サ変]自分の乗っている飛行機や艦船を自ら爆破すること。≡「ー行為」

しば-くさ【芝草】[名]➡芝

しば-ぐり【▼柴▼栗】[名]山野に自生する、クリの一品種。果実は小さいが、甘い。ささぐり。

しば-ざくら【芝桜】[名]公園や庭に植えるハナシノブ科の多年草。茎は地面をはって伸び、春、茎の先に白・ピンク・赤などの花をつける。北アメリカ原産。モスフロックス。花爪草。

しば-し【▽暫し】[副](それほど長くはない)少しの間。しばらく。≡「ーためらう」「ーの別れ」

しば-しば【▼屢・▼屢▼屢】[副]何度もくり返されるさま。たびたび。しきりに。≡「同じような事件がー起こる」「春先になるとー風邪を引く」

屢

しはす【《師走》】[名]➡しわす

じ-はだ【地肌(地▽膚)】[名]❶大地の表面。土の面。❷本来のはだ。(化粧や毛髪の下にある)生来のはだ。≡「ーが黒い」「髪とーのお手入れ」❸刀身の表面。

しばたた・く【▽瞬く】[他五]しきりにまばたきをする。しばたく。≡「涙ぐんで目をー」▽「屢叩く」の意。

しば-ち【芝地】[名]芝の生えている所。芝生。

し-はつ【始発】[名]❶その日の運行予定のうち、最初に発車すること。また、その列車・電車・バスなど。⇔終発 ❷列車・電車・バスなどが、その場所を起点として発車すること。また、その駅。≡「上野ーの列車」⇔終着

じ-はつ【自発】[名]❶外からの働きかけによるのではなく、自分から進んで物事を行うこと。≡「ー呼吸」「ー的に勉強する」❷文法で、動作が他からの作用に関わりなく自然に起こる意を表す用法。動詞の未然形に「れる・られる」(文語では「る・らる」「ゆ・らゆ」)を付けて表す。「思い出される」「偲ばれる」などの類。

しば-づけ【▼柴漬け】[名]ナス・キュウリ・ミョウガなどを薄く切り、赤ジソの葉などを加えて塩漬けにしたもの。また、それに醤油・味醂・酢などを加えて漬け直したもの。京都大原の名産。

しば-はら【芝原】[名]一面に芝の生えている原。

しば-ふ【《芝生》】[名]一面に芝の生えている所。また、一面に芝を植えてある所。

しば-やま【芝山】[名]芝を植えた築山。また、芝の生えている山。

じ-ばら【自腹】[名]自分の持っている金。また、自分の金で支払うこと。

◉**自腹を切・る** あえて負担しなくてもよい経費を自分の金で支払う。身銭を切る。≡「ー・って欠損を埋める」

し-はらい【支払い】[名]支払うこと。≡「ー期日」
書き方 公用文では「支払」。

し-はら・う【支払う】[他五]代金・料金などを払い渡す。支払いをする。払う。≡「ホテルに宿泊代をー」「給料をー」「カードでー」 可能 **支払える** 名 **支払い**

しばら-く【▽暫く】[副]❶さほど長くはないが、すぐともいえないほどの時間がかかるさま。≡「ーお待ち下さい」「ーして試合が始まった」❷ある程度長い時間が経過するさま。≡「ー見ないうちに、ずいぶん大きくなったね」▽久しぶりの再会などで挨拶としても使う。≡「やあ、ー」「ーでした」◈➡少々[使い方]

しばり【縛り】[名]❶しばること。また、しばるもの。❷制限。期限。≡「元請けからのーがきつい」

しばり-あ・げる【縛り上げる】[他下一]動けないように、しっかりと縛る。≡「賊をー」 文 **しばりあ・ぐ**

しばり-くび【縛り首】[名]❶縄で首を絞めて殺すこと。また、その刑。絞首刑。❷武家時代、罪人の両手を後ろ手に縛り、首を差し出させて切った刑。

しばり-つ・ける【縛り付ける】[他下一]❶あるものに縛って、離れないようにする。≡「柱にー」❷自由な行動ができないようにする。束縛する。≡「規則でー」 文 **しばりつ・く**

しば・る【縛る】[他五]❶(動きを固定するために)ひもなどを巻きつけて締める。≡「新聞紙をひもでー」「手ぬぐいで傷口をー」「取り押さえて手足をー」❷自由にできないように制限する。≡「校則で生徒たちをー」「因習にー・られる」 可能 **縛れる** 名 **縛り**

しば・れる[自下一]厳しく冷え込む。また、凍る。≡「今夜はー」▽東北・北海道地方の方言。

し-はん【市販】[名・他サ変]一般の小売店で売っていること。また、売ること。≡「ーの用紙を使う」

し-はん【死斑(▼屍斑)】[名]死体の皮膚に現れる紫赤色または暗紫色の斑点。血液が自重で死体の下面に集まることから生じる。書き方 新聞では「死班」で代用してきたが、今は「死斑」と書く。

し-はん【私版】[名]❶民間で出版すること。また、その書物。⇔官版 ❷個人が自費で出版すること。また、その書物。私家版。

しーはん【師範】[名] ❶人の手本となること。また、その人。❷学問・技芸などを教える人。また、その資格。≡「剣術の―」❸「師範学校」の略。

しーはん【紫斑】[名] 内出血によって皮膚に生じる紫色の斑点。≡「―病」 書き方 新聞では「紫班」で代用してきたが、今は「紫斑」と書く。

じーはん【事犯】[名] 法令に違反し、刑罰に処せられるような行為。≡「暴力―」

じーばん【地盤】[名] ❶地殻の表層部。特に、建造物・工作物などの土台となる地面。≡「―がゆるむ」❷活動の拠点。また、勢力の及ぶ範囲。≡「財界に強い―を築く」

しはん-がっこう【師範学校】[名] 旧制度で、小学校教員の養成を目的に設けられた公立学校。

しはん-き【四半期】[名] 一年を四等分した期間。三か月間。≡「第一―」

じはん-き【自販機】[名]「自動販売機」の略。

しはん-せいき【四半世紀】[名] 一世紀の四分の一。二五年。

しーひ【私費】[名] 個人が支払う費用。自費。≡「―留学」⇕公費・官費

しーひ【詩碑】[名] 詩を刻んだ石碑。

しび【▼鮪】[名] マグロ。特に、クロマグロの成魚。

しーび【詩美】[名] 詩の美しさ。また、詩のような美しさ。≡「幽かな爽やかななんとなく―と言ったような味覚が漂って来る〈梶井基次郎・檸檬〉」

しーび【▼鴟尾・▼鵄尾】[名] 古代、宮殿・仏殿などの大棟の両端に取りつけた装飾。鳥または魚の尾をかたどったもの。立てた沓の形に似ることから沓形とも呼ばれる。▼後世の鬼瓦や鯱の原形。

じーひ【自費】[名] 自分で支払う費用。私費。

じーひ【慈悲】[名] ❶仏教で、仏・菩薩が衆生をあわれみ、楽を与え、苦を除くこと。❷いつくしみ、あわれむこと。情け。≡「―の心」

じーび【耳鼻】[名] 耳と鼻。≡「―科（＝耳や鼻の疾患を扱う医学の一分野）」

シビア [severe] [形動] きびしいさま。過酷なさま。≡「―な条件」「結果を―に受けとめる」

じ-ビール【地ビール】[名] 中小の醸造会社がその土地だけで少量生産するビール。

じびいんこう-か【耳鼻咽喉科】[名] 耳・鼻・咽頭・喉頭などの病気を扱う医学の分野。耳鼻科。

ジビエ [gibier フランス] [名] 狩猟によって捕獲し、食用にする野生の鳥獣。また、その肉。

じーびき【地引き・地▼曳き】[名] 引き網の一つ。遠浅の沖合に張り回した網で魚を囲い、引き綱で陸上に引き上げて捕獲する。地引き網。また、それを引くこと。

じーびき【字引】[名] 字書。また、辞書。

じひ-しゅっぱん【自費出版】[名・他サ変] 著者が自分で製作費を負担して出版すること。私費出版。

じひしん-ちょう【慈悲心鳥】[名] カッコウ科のジュウイチのこと。語源 ⬇じゅういち

しーひつ【史筆】[名] 歴史を書き記す筆。

しーひつ【紙筆】[名] 紙と筆。筆紙。≡「―にのぼせる」

しーひつ【試筆（始筆）】[名・自サ変] 新年になって初めて毛筆で字を書くこと。書き初め。≡「新年―」

じーひつ【自筆】[名] 本人が自分で書くこと。また、その書いたもの。自書。≡「―原稿」⇕代筆

しーびと【死人】[名] 死んだ人。しにん。▼「しにん」より古い言い方。

じーひびき【地響き】[名] 大きな物音が地面を伝わって響いてくること。また、その音。

じひーぶか・い【慈悲深い】[形] いつくしみ、あわれむ心が深いさま。情け深い。≡「―人」 派生 -さ

しひゃくしーびょう【四百四病】[名] 仏教で、人間がかかる病気のすべて。≡「―の外（＝恋わずらい）」

しーひょう【死票】[名] 選挙で、落選した候補者に入れられた票。死に票。

しーひょう【指標】[名] ❶物事の基準になるめじるし。≡「経済[株価]―」❷常用対数を正または負の整数と正の小数の和として表すとき、その整数部分。

しーひょう【師表】[名] 世の中の手本となること。また、その人。

しーびょう【死病】[名] 助かる見込みのない病気。

じーひょう【時評】[名] 社会の出来事などについて、その時点で行う評論。≡「文芸[社会]―」

じーひょう【辞表】[名] 職をやめるとき、そのわけを書いて差し出す文書。≡「―を出す[受理する]」

じーびょう【持病】[名] 完治しないで、いつも、または時々起こる慢性の病気。 使い方 なかなか治らない悪い癖のたとえにもいう。≡「すぐ怒りだすのが私の―だ」

しーびょうし【四拍子】[名] ❶能の囃子に使う四種の楽器。能管・太鼓・大鼓・小鼓の総称。また、その演奏者。❷強・弱・中強・弱の四拍を一単位とする拍子。よんびょうし。

シビリアン [civilian] [名] ❶一般市民。民間人。▼軍人に対していう。❷文官。文民。▼武官に対していう。

シビリアン-コントロール [civilian control] [名] 政府の文民が軍隊に対する最高の指揮権をもつこと。軍部の政治への介入や独走を抑制するための民主政治の原則。文民統制。

しびれ【▼痺れ】[名] しびれること。末梢神経や中枢神経の障害によって、体の全部または一部の感覚が失われること。

◉しびれが切・れる ⬇しびれを切らす

◉しびれを切ら・す ❶長く座っていたために足の感覚をなくす。❷あまり長く待たされて我慢できなくなる。待ちきれなくなる。≡「―・して先に行く」◈「しびれが切れる」とも。

しび・れる【▼痺れる】[自下一] ❶強い刺激を受けて体の感覚がなくなる。麻痺する。≡「荷物の重みで手が―」「正座して足が―」❷電気などにふれて、びりびりっと震える。≡「感電して―」❸強い刺激を受けて頭の感覚がなくなったかと思うほどに興奮する。陶酔する。≡「ジャズの熱演に―」◈ 書き方 本来的には「▼痹れる」。「痺（＝うずらの雌）」と混同され、ついにはこれが「しびれる」の意を獲得した。 文 **しび・る** 名 **しびれ**

しーびん【▼溲瓶・▽尿瓶】[名] 病人などが床についたまま排尿するのに使う容器。▼「しゅびん」の転。

しーふ【師父】[名] ❶師匠と父。❷父として敬い仕える師。

しーふ【詩賦】[名] 詩と賦。▼ともに中国の代表的な韻文。

しぶ【渋】[名] ❶渋い味。渋み。≡「―を抜く」❷「柿渋」の略。❸水・茶などの、あか。水渋・茶渋など。

しーぶ【支部】[名] 本部の管理下にあって、本部から離

れた地域で活動する機関。〓「地裁の―」⬍本部

しーぶ【市部】 [名] 市に属している地域。⬇郡部

じーふ【自負】 [名・自サ変] 自分の能力・学問・仕事などに自信や誇りをもつこと。〓「第一人者だと―する」

じーふ【慈父】 [名] 子に対する愛情の深い父。また、父を敬愛していう語。⬍慈母

しぶ・い【渋い】 [形] ❶柿や茶に感じるような、舌を刺激する味を感じる。〓「―ワイン」❷地味で落ち着いた中に深い趣があるさま。〓「―柄の着物」❸不満であることが表情に表れているさま。〓「―顔をする」❹金品を出し惜しみするさま。けちだ。〓「金に―人」派生 ―さ／―み／―がる

しぶーいろ【渋色】 [名] 柿渋のような色。くすんだ赤茶色。

しぶーうちわ【渋〈団扇〉】 ―ウチハ [名] 柿渋を塗った赤茶色の丈夫なうちわ。

シフォン【chiffon フランス】 [名] 片撚(かたよ)りの生糸を用いて平織りにしたごく薄い絹織物。ブラウス・イブニングドレス・ベール・スカーフなどに用いる。絹モスリン。

シフォンーケーキ【chiffon cake】 [名] 小麦粉・卵黄・砂糖・サラダ油などを混ぜたところに硬く泡立てた卵白を加え、ふわっと膨らむように焼いたスポンジケーキ。▼絹織物のシフォンのように軽くふんわりとした食感であることからの名。

しぶーおんぷ【四分音符】 [名] 全音符の四分の一の長さを表す音符「♩」。しぶんおんぷ。

しぶーがき【渋柿】 [名] 熟しても渋みの抜けない柿。さわし柿や干し柿にする。

しぶーがみ【渋紙】 [名] 和紙をはりあわせて柿渋を塗った丈夫な紙。包装紙や敷物に使う。しぶかみ。

しぶーかわ【渋皮】 ―カハ [名] 樹木・果実などの表皮の内側にある薄い皮。タンニンを含むので渋い。甘皮。〓「―が剝(む)ける（＝あか抜けして美しくなる）」

しぶき【〈飛▼沫〉】 [名] 細かい粒になって勢いよく飛び散る水。〓「波の―がかかる」

しーふく【仕服・仕覆】 [名] 抹茶の茶入れを入れておく袋。金襴(きんらん)・緞子(どんす)・名物切れなどで作る。茶入れ袋。

しーふく【至福】 [名] この上ない幸せ。〓「―の境地」

しーふく【私服】 [名] ❶個人の服。〓「―に着替える」⬍制服・官服 ❷制服ではなく、個人の服を着て勤務する刑事。▼「私服刑事」の略。

しーふく【私腹】 [名] 自分の財産・利益。

◉**私腹を肥(こ)や・す** 公の地位や立場を利用して自分の財産をふやす。〓「賄賂(わいろ)を受け取って―」

しーふく【紙幅】 [名] 執筆の際に割り当てられた原稿の枚数。〓「―の許す限り詳述する」▼「紙のはば」の意。

しーふく【雌伏】 [名・自サ変] 活躍の機会を待って、人の下に屈服すること。また、実力を養いながら活躍の機会を待つこと。〓「―すること十余年」⬍雄飛 ▼雌鳥が雄鳥に服従する意から。

しぶ・く [自五] ❶水などが細かい粒になって勢いよく飛び散る。〓「波が―」❷風雨が激しく吹きつける。〓「雨が―・いてずぶぬれになる」名 しぶき

じーぶくろ【地袋】 ―ヂ [名] 違い棚の下につけた、収納用の小さな戸棚。⬍天袋(てんぶくろ)

ジプシー [名] ❶[Gypsy] ⬇ロマ ❷[gypsy] 各地・各界を転々と渡り歩く人。放浪者。

しぶーしぶ【渋渋】 [副と] 気が進まず、いやいやながら物事をするさま。〓「―(と)帰り支度をする」

しぶーぞめ【渋染め】 [名] 柿渋で染めること。渋色に染めること。また、染めた物。

しぶーちゃ【渋茶】 [名] 出しすぎて渋くなった茶。また、渋いだけの下等な茶。

しぶーちん【渋ちん】 [名・形動] 物や金を出し惜しむこと。また、その人。

しーぶつ【死物】 [名] ❶生命のないもの。❷役に立たないもの。また、利用されていないもの。〓「―と化した法令」

しーぶつ【私物】 [名] 個人の所有物。〓「会社のものを―化する」

じーぶつ【事物】 [名] 物事。特に、有形的な物事。物(もの)。〓「あらゆる―に精霊が宿る」「自然界の―」▼「事と物」の意。使い方 ⬇物事(ものごと)

じーぶつ【持仏】 ―ヂ [名] 守り本尊として常に身近に置く仏像。念持仏。〓「―堂」

ジフテリア【diphtheria】 [名] ジフテリア菌の飛沫(ひまつ)感染による感染症。主として呼吸器粘膜が冒され、粘膜細胞の壊死(えし)によって口蓋扁桃(こうがいへんとう)などに灰白色の偽膜が生じる。

シフト【shift】 [名] ❶[自サ変] 位置が移動すること。また、状態・態勢・配置などが移行すること。〓「旧制度から新制度に―させる」「―キー」❷野球で、特定の打者や攻撃に備えて変更する守備態勢。〓「バント―」❸交替制勤務。また、その勤務時間。〓「休日はアルバイトの―が入っている」

しぶと・い [形] (逆境にありながらも)へこたれず粘りづけるさま。粘り強い。〓「強豪チームに―・く食い下がる」派生 ―さ

じぶーに【治部煮】 ―ヂ [名] そぎ切りにした鴨(かも)肉や鶏肉に小麦粉をまぶし、季節の野菜・きのこ・麩(ふ)などとともに醤油(しょうゆ)仕立てのだし汁で煮込んだ料理。石川県金沢の郷土料理。

じーふぶき【地《吹雪》】 ―ヂ [名] 地上に降り積もった雪が、風によって吹き上げられる現象。

しぶーみ【渋み（渋味）】 [名] ❶渋い味。〓「―の強い煎茶」❷はでではないが、深みのある趣。〓「―のある芸」◈「味」は当て字。

しぶりーばら【渋り腹】 [名] 下痢の症状の一つ。便意はあるがごく少量の排便しかなく、すぐにまた腹痛と便意を催すもの。赤痢などに見られる。

しぶ・る【渋る】 ㊀[自五] ❶物事がなめらかに進まなくなる。〓「筆[出足]が―」❷渋り腹になる。〓「腹が―」㊁[他五] いやがって、なかなか物事を進めようとしない。〓「返答を―」「売り―・貸し―」

しぶーろく【四分六】 [名] 四分と六分の割合。また、四割と六割の割合。〓「利益を―で分ける」

しーふん【私憤】 [名] 私事についての恨みやいきどおり。〓「―を抱く」⬍公憤

しーふん【脂粉】 [名] 紅とおしろい。また、化粧。

しーぶん【士分】 [名] 武士の身分。

しーぶん【死文】 [名] 条文はあるが実際には何の効力もない法令・規則。空文。〓「―と化した条例」

しーぶん【▼斯文】 [名] この学問。この道。特に、儒教の学問・道徳。語源『論語』子罕の「天の将に斯(こ)の文を喪(ほろ)ぼさんとするや」に基づく。

しーぶん【詩文】 [名] 詩と散文。また、文芸。〓「―に親しむ」

じ-ふん【自▼刎】〔名・自サ変〕自分で自分の首をきって死ぬこと。自剄(じけい)。

じ-ふん【自噴】〔名・自サ変〕地下から自然にふき出ること。≡「石油が—する」

じ-ぶん【自分】㊀〔名〕その人自身。自己。おのれ。≡「—のことは—でしよう」㊁〔代〕❶〔一人称〕わたくし。≡「—にやらせてください」「—もそう思います」 使い方 もと男性が改まった場で使った。軍隊用語としても使われ、今は体育系の男子の用語などに残る。❷〔二人称〕〔俗〕同等以下の相手を、親しみやぞんざいな気持ちで指し示す語。≡「—、何しとるん?」▼主に関西でいう。

品格 己(おのれ)「—を知る」 自家(じか)「—薬籠中(やくろうちゅう)の物」 自己「—申告」 自身「御—でお書きください」 当方「—で処理します」 我(われ)「—とわが身を省みる」

◉自分に返・る 正気を取り戻す。我に返る。≡「夢心地から—」

じ-ぶん【時分】〔名〕❶だいたいの時・時期。ころ。≡「小学生の—」❷ちょうどよい時期。時機。≡「—を見はからって外出する」

じぶん-かって【自分勝手】〔名・形動〕他人のことは考えず、自分の都合だけを考えて振る舞うこと。身勝手。手前勝手。≡「—な行動をする」

じぶん-じしん【自分自身】〔名〕「自分」を強めていう語。≡「—の問題」

し-ぶんしょ【私文書】〔名〕法律で、公務員以外の者が作成した文書。私署証書。≡「—偽造罪」⇔公文書

じぶん-どき【時分時】〔名〕食事の時刻。≡「—にお邪魔してすみません」

しべ【▼稭】〔名〕稲の芯(しん)。わらしべ。

しべ【▼蕊】〔名〕花の生殖器官。雄しべと雌しべ。ずい。 書き方 「▼蘂」「▼蕋」とも。

し-へい【私兵】〔名〕個人が勢力の拡張や自衛のために養成する兵。

し-へい【紙幣】〔名〕紙でつくった貨幣。さつ。≡「—を発行する」「新(しん)—・高額—」

じ-へい【時弊】〔名〕その時代の悪い風俗や習慣。その時代の弊害。

じへい-しょう【自閉症】ヤウシ〔名〕発達障害の一つ。言語発達の障害、対人的孤立、同じ行動の繰り返しなどを特徴とする。

じ-べた【地べた】ヂ〔名〕〔俗〕地面。≡「—に座り込む」

し-べつ【死別】〔名・自サ変〕その人が死んだために、永久に別れること。死に別れ。⇔生別

ジベレリン【gibberellin】〔名〕植物ホルモンの一種。発芽や生長を促進する作用をもつ。促成栽培や種なしブドウの栽培などに利用。

し-へん【四辺】〔名〕❶自分のまわり。あたり。❷四方の境。❸数学で、四つの辺。≡「—形」

し-へん【紙片】〔名〕紙きれ。

し-へん【詩編(詩▼篇)】〔名〕❶一編の詩。また、詩を集めた書物。詩集。❷旧約聖書で、神を讃美する詩一五〇編からなる一書。

し-べん【支弁(支▼辨)】〔名・他サ変〕金銭を支払うこと。

し-べん【至便】〔名・形動〕非常に便利なこと。≡「通勤に—の住宅地」

し-べん【思弁(思▼辨)】〔名・他サ変〕哲学で、実証や経験を介さず、純粋な思考によって真理の認識を得ようとすること。≡「—哲学」

じ-へん【事変】〔名〕❶天変地異・暴動などの、異常な出来事。❷宣戦布告なしで行われる国家間の武力紛争。≡「満州—」

じ-べん【自弁(自▼辨)】〔名・他サ変〕自分で費用を負担すること。≡「宿泊費を—する」

し-ほ【試補】〔名〕官庁で、ある官職に任命されるまで実地に事務の見習いをする人。≡「司法官—」

しぼ【▼皺】〔名〕糸のより方によって織物の表面に表れる細かい凹凸。また、革や紙の表面に加工してつけたしわ。

し-ぼ【思慕】〔名・他サ変〕懐かしく思って慕うこと。恋しく思うこと。≡「—の念がつのる」

じ-ぼ【字母】〔名〕❶梵字(ぼんじ)・アルファベット・仮名など、ことばを綴(つづ)る表音文字の一つ一つ。❷活字を鋳造するもとになる字型。母型。

じ-ぼ【慈母】〔名〕子に対する愛情の深い母。また、母を敬愛していう語。⇔慈父

し-ほう【仕法】フハ〔名〕しかた。方法。

し-ほう【司法】フハ〔名〕国家の統治作用のうち、既定の法律に基づいて民事・刑事の裁判を行い、一切の紛争を解決する作用。≡「—機関(＝司法を担当する最高裁判所および下級裁判所)」➡立法・行政

し-ほう【四方】ウハ〔名〕❶東・西・南・北の四つの方角。❷あたり一面。また、周囲。≡「破片が—に飛び散る」「—の山々」❸正方形の四辺。≡「一メートル—」

し-ほう【至宝】〔名〕この上なく貴重な宝。▼きわめて大切な人のたとえにもいう。≡「画壇の—」

し-ほう【私法】フハ〔名〕個人の権利・義務など、私人間の法律関係を規律する法。民法・商法など。⇔公法

し-ほう【詩法】フハ〔名〕詩を作る方法。

し-ぼう【子房】ウハ〔名〕被子植物で、雌しべの下端の膨らんだ部分。受精すると種子を包む果実になる。

し-ぼう【死亡】ウハ〔名・自サ変〕人が死ぬこと。≡「事故で—する」「—届・—率・—広告」 注意 動物には使わない。≡「×特別天然記念物のトキが死亡した」

し-ぼう【志望】ウハ〔名・他サ変〕自分の将来などについて、こうなりたい、こうしたいと望むこと。また、その望み。≡「—する大学に入る」「画家—の学生」

し-ぼう【脂肪】ウハ〔名〕動植物体に含まれている不揮発性のあぶら。ふつう常温では固体。動物では皮下・筋肉・内臓などに貯蔵され、大切なエネルギー源となる。≡「皮下—」

じ-ほう【時報】〔名〕❶ラジオ・テレビなどで、標準時刻を知らせること。また、それに用いる音。≡「正午の—」❷その時々の出来事を人々に知らせること。また、それを掲載する雑誌類。≡「経済—」

しほう-かいぼう【司法解剖】フシハ〔名〕犯罪に関係ある、またはその疑いのある死体について、死因や死後経過時間などを明らかにするために行う解剖。

しほう-かん【司法官】クシハフワン〔名〕司法権を行使する公務員。ふつう裁判官をさす。

しぼう-かん【脂肪肝】ウシハ〔名〕肝臓に大量の中性脂肪が蓄積した状態。また、その肝臓。栄養過多・飲酒過剰・糖尿病などが原因になって起こる。

しほう-けん【司法権】フシハ〔名〕国家の統治権のうち、司法作用を行う権能。すべて最高裁判所および下級裁判所に属する。➡立法権・行政権

しぼう-さん【脂肪酸】シバウ［名］カルボキシル基を一個もち、炭素原子が鎖式構造をなすカルボン酸。飽和脂肪酸と不飽和脂肪酸に大別される。

じぼう-じき【自暴自棄】［名・形動］自分の思いどおりにならないからと、投げやりになって自分の身を粗末に扱うこと。やけになること。

しほう-しけん【司法試験】シハフ［名］裁判官・検察官・弁護士になるために必要な学識およびその応用能力を判定することを目的とする国家試験。合格者は司法修習生となる資格を取得する。

しほう-しょし【司法書士】シハフ［名］司法書士法に基づき、裁判所・検察庁・法務局などに提出する書類を依頼人に代わって作成することを業とする人。

し-ほうじん【私法人】シハフジン［名］私法上の法人。公益財団法人・公益社団法人・会社・協同組合など。⇔公法人

しほう-どうぶつ【刺胞動物】シハウ［名］無脊椎動物の一門。体内に大きな腔腸(こうちょう)(＝口に続く袋状の空所)のある水中動物で、口の周囲に触手があり、刺胞を持つ。従来の腔腸動物からクシクラゲ類(有櫛(ゆうしつ)動物)を除いたもの。ミズクラゲ・サンゴ・イソギンチャクなど。

しほう-とりひき【司法取引】シハフ［名］米国などの刑事裁判で、事件にかかわる検察官と弁護士が、被告の協力を条件として刑の軽減をはかるために行う取引。

しほう-はい【四方拝】シハウ［名］元日に行われる宮中の行事で、天皇が天地四方の神を拝み、五穀豊穣(ほうじょう)や天下太平を祈る儀式。

しほう-はっぽう【四方八方】シハウハツパウ［名］あらゆる方角。あたり一面。「―に逃げ散る」

しぼう-ゆ【脂肪油】シバウ［名］油脂のうち、常温で液状であるもの。オリーブ油・ゴマ油・大豆油など。

し-ぼつ【死没(死▼歿)】［名・自サ変］人が死ぬこと。死亡。「―者」

しぼ・む【▽萎む・▼凋む】［自五］❶生気を失って、しおれる。なえしなびる。「花が―」❷張りつめていたものが、勢いをなくしてちぢむ。「風船［夢］が―」

しぼり【絞り】［名］❶カメラなどの光学器械で、入射光線の量を調節する装置。また、その調節目盛り。❷「絞り染め」の略。「―の浴衣」❸花びらなどで、絞り染めのように色がまだらになっているもの。

しぼり-あ・げる【絞り上げる・搾り上げる】［他下一］❶すっかりしぼる。「洗濯物を―」❷精一杯の声を張り上げる。「声を―・げて応援する」❸容赦なく責める。「容疑者を―」❹金品を容赦なく取り立てる。「人民から税を―」◈書き分け②③は【絞】、④は【搾】が一般的。文しぼりあ・ぐ

しぼり-こ・む【絞り込む】［他五］❶汁などをしぼって中へ入れる。「紅茶にレモンの汁を―」❷条件を定めて、対象になる範囲をせばめていく。「テーマを―」「容疑者を―」名絞り込み

しぼり-ぞめ【絞り染め】［名］図案の部分を糸でくくった布地を染色液に浸し、染料の浸入しない部分を模様として染め残す染色法。また、その染め物。しぼり。くくり染め。

しぼり-だし【絞り出し・搾り出し】［名］一端を押すと先端の口から中に詰めた物が出る、管状の容器。チューブ。

しぼり-だ・す【絞り出す・搾り出す】［他五］❶しぼって中に含まれているものを出す。「チューブから歯磨きを―」❷無理をしてやっと出す。「ない知恵を―」「やっとのことで声を―」名絞り出し

しぼ・る【絞る・搾る】［他五］❶【絞・搾】強くねじったり押しつけたりして含まれた水分などを取り去る。また、そのようにしてそのものに含まれる液体を取り出す。「洗濯物を絞る」「オリーブの実を搾って油を採る」「袖(そで)を絞る(＝涙にぬれて泣く)」「乳牛から乳を搾る」❷【絞・搾】頭脳やのどなどを精一杯使って、その能力を最大限に発揮させようとする。また、そのようにして内在する能力を取り出す。「頭を絞ってアイディアを出す」「声を絞って応援する」「知恵を絞る」❸【絞・搾】きつく責めたり鍛えたりする。「強化合宿では徹底的に絞ってやるからな」「特訓ではコーチにこってりと絞られた」▽「油を搾る」から出た。❹【絞】張り広がった状態のものを小さくする。特に、押し縮めて一方に寄せる。「そで口を―・った服」❺【絞】問題点を整理して範囲を限定する。「読者対象を女性に―」「人数［的］を―」❻【絞】カメラで、レンズの絞りを小さくする。「レンズを―」❼【絞】ラジオなどで、音量を小さくする。「音を―」❽【絞】弓を力いっぱい張る。引きしぼる。「弓をぐいと―・って矢を放つ」❾【絞】相撲で、自分のわきに相手の手をはさみ、相手の重心を浮かせるようにして締めつける。「差し手を―・ってつりぎみに寄る」❿【絞】絞り染めにする。「鹿(か)の子に―」◈書き分け【絞】はねじって取り去る意のほか、広く使う。【搾】は押し締め付けて採る意で使う。②③はどちらも使うが、【絞】が一般的。可能しぼれる 名絞り

し-ほん【紙本】［名］書画・文書(もんじょ)などで、紙に書かれたもの。⇩絹本(けんぽん)

し-ほん【資本】［名］❶事業を行うのに必要な基金。もとで。使い方活動などのもととなる大切なもののたとえにもいう。「何をやるにしても体が―だ」❷土地・労働と並ぶ、生産の三要素の一つ。新たな生産に用いられる、原料・機械・設備などの生産手段。

しほん-か【資本家】［名］自分の所有する資本を投下し、企業を経営して利潤を上げる人。また、資本を貸し付けて、利子・利益を得る人。「―階級(＝ブルジョアジー)」

しほん-きん【資本金】［名］事業を運営するときの基礎となる資金。

しほん-ざい【資本財】［名］過去の生産活動の産物で、新たな生産のために使用される財貨やサービス。⇔消費財▽工場・機械などの固定資本財と原材料・仕掛かり品などの流動資本財とがある。

しほん-しゅぎ【資本主義】［名］生産手段をもつ資本家が労働者から労働力を商品として買い、その労賃を上回る価値をもつ商品を生産することによって利潤を得る経済体制。キャピタリズム。

しま【島】［名］❶周りを水で囲まれた、大陸よりも小さな陸地。「―めぐり」❷周囲からそこだけ孤立している地域。「言語の―」❸なわ張りとしている地域。「―を荒らす」❹頼りとするもの。「取りつく―もない」❺会社などで、グループごとの机のかたまり。「あちらの―にも書類を配付してくれ」

しま【▼縞】［名］❶二色以上の糸を使って織り出した

縦または横の筋。また、その模様のある織物。❷筋のような模様。〓「黒い―のある魚」◈南洋諸島から渡来した物の意から。書き方 古くは「島」「▼嶋」とも。

し-ま【死魔】[名] 仏教で、四魔（＝煩悩魔・陰魔・天魔・死魔）の一つ。死を、命を奪って仏道修行を妨げる魔物に見立てていう語。

しま-あい【▼縞合い】[名] 縞模様の色合い。

し-まい【仕舞】[名] 能楽で、見せ場の部分を、シテが紋服・袴姿で地謡に合わせて舞うもの。

し-まい【仕舞い・▽終い・▽了い】[名] ❶物事を終わりにすること。〓「今日の仕事は―にしよう」「店―」❷物事の最後。終わり。〓「原書を―まで全部読む」「―には怒り出した」❸〈「…ずじまい」の形で〉…しないで終わってしまった意を表す。〓「連休はどこへも行かず―でした」注意「…ずじまい」の「ず」を「ない」に変えた「…ないじまい」は誤り。〓「×会わないじまいだった→○会わずじまいだった」

し-まい【姉妹】[名] ❶姉と妹。女性のきょうだい。〓「三人―」❷同じ系統・種類のもの。また、特別の交流を持つもの。〓「―校・―都市・―編」

しま・う【仕舞う・▽終う・▽了う】[動五] 一[他] ❶使用済みの物や大切な物などをもとの場所や入れ物などに納め入れる。また、秘密などを心に畳んで表に出さないようにする。〓「冬物をたんすに―」「証券の類は金庫に―ってある」「大切な秘密は心に―っておこう」❷〔古風〕仕事などを終わりにする。すませる。〓「学校を―って、…浜へ行った〈漱石〉」❸〔古風〕事業などをやめる。廃業する。〓「経営不振で店を―」

二[自]〔古風〕仕事などが終わりになる。終わる。〓「仕事が―・ぬうちは帰れない」

三[補動] ❶〈意志性の動詞＋「…て[で]しまう」の形で〉その動作・作用が完了する意を表す。〓「一人で食べて―・ったのか！」「その本なら読んで―・った」❷〈無意志性の動詞＋「…て[で]しまう」の形で〉その動作・作用が完了してしまって、もとへ戻らない意を表す。特に、取り返しがつかない意を表す。〓「昔のことは忘れて―・った」「まずいところを見られて―・った」▼くだけた言い方で「…っちまう」「…っちゃう」「…じまう」とも。❸〔古風〕〈「…ずにしまう」の形で〉…ないで終わる意を表す。〓「今年は花見もせずに―・った」

◈「し」は「する」の連用形。可能 しまえる 名 しまい

じまう [助動 五型]（じまわ・じまお-じまい・じまっ-じまう-じまう-じまえ-じまえ）「…でしまう」のくだけた言い方。その動作がすっかり完了する意。〓「死ん―ところだった」「すっかり寝こんじまった」▼接続助詞「て」の連濁形「で」＋補助動詞「しまう」の転。「…てしまう」から転じたものは「ちまう」となる。使い方 ナ・バ・マ行の五段動詞の連用形（撥音便形）やガ行五段動詞の連用形（イ音便形）に付く。

しま-うま【▼縞馬】[名] アフリカ大陸の草原に分布するウマ科の哺乳類。ウマよりやや小さく、黄白色の地に黒いしまがある。ゼブラ。

じ-まえ【自前】[名] ❶自分についての費用などを自分で負担すること。〓「―の衣装」❷職人・芸者などが独立して営業すること。また、その職人や芸者。⇔抱え

しま-か【▼縞蚊】[名] カ科シマカ亜属の蚊の総称。ヤブカよりやや小さく、腹部と胸部に白い縦筋がある。人畜の血を吸い、デング熱などを媒介するものもある。

しま-かげ【島陰】[名] 島にさえぎられて見えない所。また、島の、岬などにさえぎられて外洋からは見えない所。

しま-かげ【島影】[名] 島の姿。〓「―一つ見えない大海原」

しま-がら【▼縞柄】[名] しまのある模様。〓「―のネクタイ」

じ-まく【字幕】[名] 映画やテレビで、題名・配役・説明などを文字で表したもの。また、スーパーインポーズ。

しま-ぐに【島国】[名] 周囲を海で囲まれている国。〓「―日本」

しまぐに-こんじょう【島国根性】[名] 外国との交流が少ない島国の国民にありがちな、視野が狭く、こせこせとしてゆとりのない気質。

しま-しま【▼縞▼縞】[名] 縞があること。また、縞模様。〓「―のシャツ」

しまだ【島田】[名] おもに未婚の女性や花嫁が結う、日本髪の代表的な髪型。高島田・文金島田・投げ島田など、多くの種類がある。▼「島田髷」の略。

し-まつ【始末】[名] ❶物事の始めと終わり。また、始めから終わりまでのいきさつ。顛末。❷ある物事の最終的な状態。〓「しまいには逃げ出す―だ」▼多くよくない結果についていう。❸[他サ変] 物事のきまりをつけること。片づけること。〓「ごたごたの―をつける」「荷物を―する」「後―」❹[他サ変] 浪費しないこと。倹約すること。〓「―屋」◈書き方 慣用的に「仕末」とも。

◉**始末に負え・ない** 処理できない。手に負えない。

しまつ-しょ【始末書】[名] 過失をわびるために、事実の一部始終を書き記して上司や官に差し出す文書。しまつがき。

しまっ-た【感】失敗に気づいたときなどに思わず発する語。〓「―、薬を間違えた」

しま-づたい【島伝い】[名] 船などで、島から島へと伝って行くこと。

しま-ながし【島流し】[名・他サ変] 昔、罪人を遠方の島や辺鄙な土地に送って居住地を制限した刑罰。流罪。遠島。〓「―された罪人」▼遠方の地や不便な地に転勤させられることのたとえにもいう。

しま-へび【▼縞蛇】[名] 日本の固有種として全国に分布するナミヘビ科のヘビ。全長一メートル前後。体は黄褐色で、黒褐色の縦じまが四本ある。無毒。▼全身が黒色の変種は「からすへび」と呼ばれる。

じ-まま【自▼儘】[名・形動] 自分の思うままに物事をすること。気まま。わがまま。〓「―の暮らしを楽しむ」

しま-め【▼縞目】[名] しまになっている色と色との境目。

しま-もの【▼縞物】[名] しま模様のある織物。しま織り。また、それで仕立てた着物。

しま-もり【島守】[名] 島を守る人。島の番人。

しま-やま【島山】[名] ❶島の中にある山。また、全体が山の形をした島。❷庭園の池の中に築いた山の形をした島。

しまり【締まり・閉まり】[名] ❶【締・閉】しまること。ゆるみやあきがなくなること。また、その度合い。〓「戸の―が悪い」❷【締】体つきや顔つきがひきしまっていること。〓「口元に―がない」❸【締】態度・状態・雰囲気などに緊張感があること。〓「冗長で―のない話」❹【閉・締】戸じまり。❺【締】倹約。しまつ。〓「家計の―がよい」❻【締】しめくくり。けじめ。〓「―をつける」

しまり-や【締まり屋】［名］倹約家。始末屋。けち。

しま・る【絞まる】［自五］首に周りから強い力が加わる。特に、そのようになって息ができなくなる。‖「ネクタイで首が—って苦しい」▽「締まる」と同語源。

しま・る【締まる・閉まる】［自五］❶【締・閉】ひもなどが固く締められたり土や雪が踏み固められたりして、ゆるんだところがなくなる。‖「水を含ませるとまわしがきちっと—」「結び目［蛇口］がきつく—っている」❷【締】体（の一部）が引き締まって、たるんだところやだらけたところがなくなる。‖「筋肉が—っている」「この魚は身がよく—っている」「口元がきっと—っている」❸【締】気持ちがしゃんとして、だらけたところがなくなる。特に、倹約に努めて無駄なところがなくなる。‖「全員、—って行こう！」「ローンがあっては生活も—らざるをえない」「—らない（＝ずっこけた）話ではないか」❹【締】体の周りに強い力が加えられて、締められた状態になる。‖「ベルトで胴が—って苦しい」❺【締】取引で、相場が堅調になる。❻【閉・締】あいているものが閉じた状態になる。‖「風でドアが—」「カーテン［蓋・鍵］が—」❼【閉・締】その日の業務が終了する。終業する。‖「郵便局は五時に—」「あの店は今日は朝から—っている」◈⑥⑦⇔開く・開く ⑤⇔だれる 書き分け (1)①〜⑤は【締】を使うが、「蛇口［栓］が—（①）」などは【閉】も使う。⑥⑦はどちらも使うが、近年は【閉】が多い。(2)④は、首の場合は【絞】が一般的。⬇絞まる 名 しまり

じ-まわり【地回り】［名］❶近在から町へ品物を送ってくること。また、その品物。‖「—の米」❷町やその近在を回って品物を売り歩くこと。また、その人。❸ある盛り場などを根城にしてうろつくならず者。

じ-まん【自慢】［名・他サ変］自分に関することを自らよいと認め、得意になって他人に示すこと。‖「ゴルフの腕を—する」「—話」「のど—」

じまん-たらし・い【自慢たらしい】［形］いかにも自慢しているようであるさま。‖「—く自分の経歴を話す」派生 -げ

しまんろくせん-にち【四万六千日】［名］七月一〇日の、観世音菩薩の縁日。この日に参詣すると四万六千日参詣したのと同じ功徳があるといわれる。▽東京の浅草寺ではこの日にほおずき市が立つ。

しみ【〈衣魚〉・〈紙魚〉】［名］和紙・衣類などを食害する総尾目シミ科の昆虫の総称。体長約一センチメートル。体はやや細長く、二本の長い触角と三本の尾をもつ。シミムシ。

しみ【染み】［名］❶液体などが部分的にしみこんで汚れること。また、その汚れ。‖「スーツの—を抜く」▽いつまでも残るいやな記憶や不名誉な事柄などのたとえにもいう。‖「心の—となった出来事」❷顔面や手の甲などに生じる褐色の色素斑。肝斑。

し-み【詩味】［名］詩のもつ趣。また、詩的な味わい。詩趣。

じ-み【滋味】［名］❶うまい味わい。また、栄養があってうまい食べ物。‖「—に富む料理」❷心の糧となる深い味わい。‖「—にあふれた随筆」

じ-み【地味】一［形動］性格や色・柄などが落ちついていて目立たないさま。‖「—な服」「—に暮らす」⇔派手 派生 -さ 二［名］⬇ちみ（地味）

しみ-い・る【染み入る】［自五］中まで深く入り込む。また、奥まで深く伝わってくる。‖「身に—寒気」「心に—話」

しみ-こ・む【染み込む】［自五］液体・匂いなどが奥まで深く入り込む。‖「インクが紙に—」名 染み込み

しみ-じみ［副］❶心の底から深く感じ入るさま。心に深くしみいるさま。‖「健康の有り難さが—（と）わかる」❷心静かに落ちついているさま。しんみり。‖「友と—語り合う」❸じっと見るさま。‖「—（と）妻の顔を見る」◈書き方 漢字では「▼沁▼沁」「▽染▽染」と書く。

し-みず【《清水》】［名］地中や岩間からわき出る、清らかに澄んだ水。

じ-みち【地道】［名・形動］地味な態度で、手堅く着実に物事をすること。‖「—な研究を重ねる」▽もとの意は、ふつうの速さで歩くこと。派生 -さ

しみ-つ・く【染み付く】［自五］❶色・匂いなどが移りつく。‖「石油の匂いが—」❷習慣となって身につく。‖「悪癖が—」

しみっ-たれ［名］［俗］必要以上に物惜しみをすること。また、その人。しみたれ。

しみった・れる［自下一］❶必要以上に物惜しみをする。けちけちする。‖「—れて寄付を出し渋る」❷こせこせした気持ちを持つ。‖「—れた根性」◈「しみたれる」の転。名 しみったれ

しみ・でる【染み出る】［自下一］中の液体が、それをおおっているものを通して表面に出る。染み出す。‖「包帯から血が—」

しみ-どうふ【▽凍み豆腐】［名］⬇高野豆腐

しみ-とお・る【染み透る・▼沁み▽透る】［自五］❶奥まで深く入り込む。また、奥まで深く伝わる。‖「雨が下着の裏まで—」「骨の髄まで—寒さ」❷心の奥まで深く感じる。‖「封建的な思想が—」◈書き方「染み通る」とも。

しみ-ぬき【染み抜き】［名］衣服・布などについた染みを取り除くこと。また、そのための薬品。

し-みゃく【支脈】［名］山脈・鉱脈・葉脈などで、主脈から分かれた脈。⇔主脈

シミュレーション［simulation］［名・他サ変］現実に想定される場面のモデルをつくり出し、そのモデルによって種々の状況に応じた実験・分析を行うこと。注意「シュミレーション」は誤り。

シミュレーター［simulator］［名］航空機・宇宙船などの操縦訓練や実験運転に使う、実物と同じ条件を再現できるようにした装置。模擬実験装置。

し-みょう【至妙】［名・形動］この上なく巧みなこと。‖「—の技」

し・みる【染みる】［自上一］❶液体・気体・味・においなどが物に移りついて、吸い取られるようにして中へ入ってゆく。浸透する。‖「雨がレインコートに—」「煮物に味が—」❷細いすきまや薄い膜などを通して、液体が表面ににじみ出てくる。‖「薬が包帯を通して—みてきた」❸痛いほどの刺激（感動）が突き抜けるように体（心）に入ってくる。‖「冷水が歯に—」「煙が目に—」「師の教えが心に—」❹悪い影響を受けて、その傾向をもつようになる。そまる。‖「悪に—」◈書き分け「▼沁みる」「▽泌みる」「▼滲みる」「▽浸みる」とも。【沁】は深く心に感じる、刺激が体にこたえる意から③で好まれ、【泌】はすき間から液体がしみ出る意から②で好まれる。【滲】【浸】は液体がしみ込む、にじみ出るの意で「雨水が土に滲［浸］みる」などと使うが、今はすべて【染】が一般的。【染】は本来は、色がしみこむ意。文 し・む 名 染み

しみる【▽凍みる】〔自上一〕水などがこおりつく。また、寒気が厳しくて、こおるように感じる。‖「雪が—」「ひどく—夜」文 **しむ** 名 **凍み**

じみる【（染みる）】〔接尾〕〈名詞に付いて上一段活用動詞をつくる〉❶それが染みついて汚くなる意を表す。‖「垢—・油—」「汗—・みたシャツ」❷いかにもそれらしく感じられる意を表す。‖「年寄り—・所帯—」「子供—・みたまねをするな」▼多く好ましくないことにいう。

しみわた・る【染み渡る】〔自五〕すみずみまで染みて、行きわたる。‖「酒が五臓六腑に—」

しみん【士民】〔名〕武士と庶民。また、士族と平民。

しみん【四民】〔名〕江戸時代の、士・農・工・商の四つの身分・階級。また、あらゆる階級の人々。‖「—平等」

しみん【市民】〔名〕❶市に住んでいる人。また、都市の住民。‖「—懇談会[ホール]」❷国政に参与する権利・資格をもつ、自立した個人。公民。❸ブルジョア。市民階級の人。

しみん【▼嗜眠】〔名〕意識障害の一つ。病的な睡眠状態に陥り、強い刺激を与えなければ反応しない状態。‖「—性脳炎」

しみんけん【市民権】〔名〕❶市民として思想・行動・財産の自由が保障され、国家の政治に参加することのできる権利。❷特殊だったものが広く世間に認められて一般化すること。‖「この言葉は—を得ている」

しみんしゃかい【市民社会】（シミンシャクワイ）〔名〕市民階級が政治的・経済的な主導権を握り、法の前での自由と平等を保障された個人が対等な関係をもって構成する社会。▼封建制を打破したヨーロッパの市民革命によって生まれ、近代社会として発展した。

し・む【染む】〔自五〕染みる。

しむ〔助動　下二型〕（しめ-しめ-しむ-しむる-しむれ-しめよ）〔古風〕助動詞「しめる」の古い形。動詞および一部の助動詞の未然形に付く。⬇しめる

じむ【寺務】〔名〕寺の運営に関する仕事。‖「—所」

じむ【事務】〔名〕会社・役所などで、主に机の上で書類の作成・整理などを行う仕事。‖「—をとる」

ジム[gym]〔名〕屋内の運動練習場。特に、ボクシング・レスリングなどの練習場。▼gymnasium の短縮形。

シムカード【ＳＩＭカード】〔名〕携帯電話やタブレット型端末に使用する、契約者情報が登録された小型のＩＣカード。▼ＳＩＭは、subscriber identity module の略。

じむかん【事務官】（ジムクワン）〔名〕国の行政機関で、一般の行政事務を扱う公務員。

じむきょく【事務局】〔名〕組織・団体などで、運営上の事務を取り扱う部局。

しむ・ける【仕向ける】〔他下一〕❶人がある行為・行動をするように働きかける。‖「奮起するように—」「意地悪く—」❷ある態度で人に接する。❸商品などを先方に送る。文 **しむ・く** 名 **仕向け**

じむし【地虫】（ヂ）〔名〕❶コガネムシ・クワガタムシ・カブトムシなどの幼虫。体は白または黄褐色の円筒形。地中にすみ、農作物の根などを食い荒らす。ネキリムシ。❷螻蛄（けら）など、地中にすむ昆虫の総称。‖「—が鳴いている」

じむじかん【事務次官】（ジムジクワン）〔名〕各省および国務大臣を長とする庁におかれ、大臣を補佐して省庁の事務を監督する一般職の国家公務員。

じむしょ【事務所】〔名〕事務を取り扱う所。オフィス。‖「法律—」

じむてき【事務的】〔形動〕感情を交えず、規定・規則どおりに物事を行うさま。‖「—に処理する」

しめ【▽標・〈注連〉】〔名〕❶領有または立入禁止を示すためのしるし。杭を立て、また、縄などを張りめぐらす。❷「しめなわ」の略。

しめ【締め】㊀〔名〕❶しめること。‖「—が弱い」❷金銭などの合計を出すこと。また、その総計。‖「売上の—を出す」❸手紙の封じ目に書く「〆」のしるし。㊁（造）❶束にした半紙・ちり紙などを数える語。一締め二〇束、すなわち二〇〇帖（＝二〇〇〇枚）。❷木綿・木材など、束ねたものを数える語。

しめあ・げる【締め上げる】〔他下一〕❶（持ち上げるようにして）強くしめる。‖「ひも[荒縄]で首[両手]を—」 書き方 首の場合は「絞め上げる」とも。❷帯などを体に巻きつけるようにしてしっかりとしめる。‖「コルセットで胴を—」❸だらけている状態を厳しく引き締める。また、厳しく追及して責める。‖「新入部員を—」「容疑者を—」文 **しめあ・ぐ**

しめい【氏名】〔名〕名字（みょうじ）と名前。姓名。‖「受付で住所・—を記入する」

しめい【死命】〔名〕死と生命。死と生を左右する急所。‖「—を制する（＝相手の死生を左右するような急所を押さえる）」

しめい【使命】〔名〕❶使者として命じられた任務。‖「—を帯びる」❷自分に課せられた重大な任務。‖「学者としての—を果たす」

しめい【指名】〔名・他サ変〕名を挙げて指定すること。名指し。‖「議長に—される」

じめい【耳鳴】〔名〕みみなり。

じめい【自明】〔名・形動〕証明するまでもなく明らかであること。わかりきっていること。‖「—の理」

しめいかん【使命感】〔名〕使命を果たそうとする気概。‖「—に燃える」「研究者としての—」

しめいだしゃ【指名打者】〔名〕野球で、打順が投手のとき、投手の代打として指名される打撃専門の選手。ＤＨ（designated hitter）。

しめいてはい【指名手配】〔名・他サ変〕逮捕状の出ている被疑者の名を挙げて、その逮捕を全国または他地区の捜査機関に依頼すること。

しめかざり【〈注連〉飾り】〔名〕正月などに、しめなわを張って飾ること。また、その飾り。

しめがね【締め金】〔名〕帯・ひもなどの端につけ、締めるときにゆるまないようにする金具。尾錠（びじょう）。

しめきり【締め切り】〔名〕❶戸・窓・門などを締め切ること。‖「雨戸を—にする」 書き方 「閉め切り」とも。❷期限などを定めて取り扱いを打ち切ること。また、その期限。‖「原稿の—が迫る」 書き方 「▼〆切り」とも。公用文では「締切り」。

しめき・る【締め切る】〔他五〕❶戸・窓・門などをすっかりしめる。‖「窓を—・った部屋で作業をする」 書き方 「閉め切る」とも。❷決められた期限や定員に達して、その取り扱いを打ち切る。‖「応募を—」「先着三〇名で—」 書き方 「▼〆切る」とも。名 **締め切り**

しめくくり【締め▽括り】〔名〕❶結末をつけること。‖「話の—をつける」❷管理・監督してまとめること。‖「仕事の—をつける」

しめくく・る【締め▽括る】〔他五〕❶ひもなどで

束ねて固くしばる。〓「柴を—」❷物事のまとまりをつける。結末をつける。〓「閉会の辞で式典を—」❸人を管理・監督して、まとめる。〓「部下を—」名締めくくり

しめ‐こみ【締め込み】[名] 力士が相撲をとるときに締めるふんどし。まわし。

しめ‐ころ・す【絞め殺す】[他五] 首をしめて殺す。絞殺する。〓「ネクタイで—」

しめ‐さば【締め▼鯖】[名] 新鮮なサバを三枚におろして塩を振り、よく身を締めてから酢に浸したもの。刺身や鮨にする。

しめし【示し】[名] ❶手本を見せて教えさとすこと。❷神仏の教え。〓「神のお—」

◉示しがつか・ない 教えるための手本にならない。〓「指導者が違反をしては子供たちへの—」

しめ‐じ【占地・▽湿地】[名] 秋、雑木林の地上に群生するキシメジ科のキノコ。色は淡い灰色で、柄の下部が太い。「匂い松茸、味しめじ」といわれ、味はよいが香気は少ない。ホンシメジ。▼「しめじ」として市場に出回るものは「ひらたけ」などの栽培品種がほとんど。

しめし‐あわ・せる【示し合わせる】[他下一] ❶前もって相談しておく。〓「友人と—・せて授業をさぼる」❷合図して知らせ合う。〓「目で—」文しめしあは・す 名示し合わせ 異形示し合わす

しめ‐しめ [感] 物事が自分の思いどおりに運んでいることを、ひそかによろこんで発する語。〓「—、うまく引っかかったぞ」▼「しめ」は「しめた」の略。

じめ‐じめ [副] ❶不快なほどしめっているさま。〓「—(と)した土地」❷性格や様子が陰気なさま。〓「—した話」

しめ・す【示す】[他五] ❶はっきりとわかるように出して見せる。提示する。〓「受付で身分証を—」「信じて欲しいなら証拠を—・せ」❷それと分かるように指などで指す。指し示す。〓「駅の方向を指で—・して教える」❸自分の気持ちや考えなどを(ある手段を使って)はっきりと表す。明示する。表明する。〓「首相は施政方針演説で決意のほどを—・した」「反対なら反対とはっきり態度で—・そう」❹ある事柄についての考え方や態度などをはっきりと表す。見せる。〓「憲法問題に鋭い反応を—」「海外勤務に難色を—」❺あるものが記号として働いてある事柄や意味を表す。表示する。告げる。〓「時計の針が正午を—・している」「相次ぐ事故が事態の深刻さを—・している」可能示せる 名示し

しめ・す【湿す】[他五] (少しだけ)水けを与える。湿らす。湿らせる。〓「布巾を—・してテーブルをふく」

しめ‐た [感] 物事が自分の思いどおりになったとき、よろこんで思わず発する語。〓「—、予想どおりだ」

しめ‐だ・す【締め出す(閉め出す)】[他五] ❶門や戸を閉めて中に入れないようにする。〓「門限に遅れて—・される」❷ある範囲内に入れないようにする。また、ある社会内で活動できないようにする。〓「外国製品を—」「芸能界から—・される」名締め出し

し‐めつ【死滅】[名・自サ変] 死んでほろびること。

じ‐めつ【自滅】[名・自サ変] 自然にほろびること。また、自分の行為・行動が原因となって自分がほろびること。〓「敵が—する」「失策で—する」

じめ‐つ・く [自五] ❶湿気が多くてじめじめする。〓「雨続きで畳が—」❷陰気になる。〓「暗い話ばかりで気持ちが—」名じめつき

しめ‐つ・ける【締めつける(締め付ける)】[他下一] ❶強くしめる。〓「胸が—・けられて苦しい」❷規制・監督などを厳しくして圧迫する。〓「公定歩合の引き上げが経営を—」文しめつ・く 名締めつけ

しめっ‐ぽ・い【湿っぽい】[形] ❶湿気が多くてじめじめしているさま。〓「畳が—」❷気分が沈んで、陰気くさいさま。〓「話が—・くなる」派生‐さ

しめ‐て【締めて】[副] 合計すると。全部で。〓「売上げは—三万円になる」書き方「▼メて」とも。

しめ‐なわ【〈注連〉縄・▽標縄・〈七五三〉縄】[名] 神事の場や神前などで、神聖な場所を他の場所と区別するために張る縄。また、魔除けのために新年に家の入り口などに張る縄。一定の間隔を置いてわらを三筋・五筋・七筋と垂らし、その間に紙四手などを垂らす。しめ。

しめ‐び【締め日】[名] ある期間の取引を合計する期日。書き方公用文では「締日」。

しめ‐やか [形動] ❶しんみりと落ち着いているさま。〓「—に雨が降る」❷悲しみに気分が沈んでいるさま。〓「—に葬儀が執り行われる」派生‐さ

しめら・す【湿らす】[他五] ⬇湿らせる

しめら・せる【湿らせる】[他下一] 湿るようにする。〓「のどを—」文しめら・す 異形湿らす

しめり【湿り】[名] ❶しめること。水気を帯びること。湿気。❷ほどよく雨が降ること。⬇お湿り

しめり‐け【湿り気】[名] 水分をわずかに含んでいる感じ。また、その水分。しっけ。しめりっけ。

しめ・る【湿る】[自五] ❶乾いたものが水けを帯びる。〓「潮風で髪が—」「洗濯物がまだ—・っている」「ひんやりと—・った空気」❷活気がなく意気が上がらない。また、じめじめして陰気くさい。〓「打線が—・って快音が聞かれない」「暗く—・った雰囲気が息苦しい」「—・った話はご免だ」❸声にしっとりとした潤いがある。〓「—・った声で話す」⇕乾く 名湿り

し・める【占める】[他下一] ❶あるものがその場を占有する形で、その部分をふさぐ。また、その場所が基準とする地域の中の、その位置にある。〓「ベッドが部屋の大部分を—・めている」「城山公園が市街地の一角を—」❷あるものが他を排する形で、ある位置・地位をふさぐ。〓「床の間を背に席を—」「王座[上位]を—」❸全体の中である割合をもつ。〓「賛成者が多数[大半・大勢]を—」「全社員に対して転職者の—割合は三〇パーセントである」❹ある情念が心の中に居座る。〓「鬱々たる思いが心を—・めている」❺自分のものとして利益や勝利を手に入れる。〓「漁夫の利を—」「勝利に味を—・めてかさにかかってくる」文し・む

し・める【絞める】[他下一] ❶首の周りに強い力を加える。特に、そのようにして息ができないようにする。〓「ネクタイで首を—・めて殺す」「のんきに構えていると自分の首を—(=自ら破滅を招く)ことになるぞ」❷食用に供するために、ニワトリなどを殺す。〓「鶏を—」◈「締める」と同語源。文し・む

し・める【締める・閉める】[他下一] ❶【締・閉】強くひっぱったりねじったりしてゆるみのないようにする。〓「靴のひも[ラケットの糸]を—」「ねじ[蛇口]を—」❷【締】体のある部分に巻きつけ、きつく結ぶなどして装着する。〓「帯[ネクタイ・前掛け・まわし]を—」「頭に鉢巻きを—」❸【締】あるもの(特に、体のある部分)に周りから力を加

えて強く押しつける。‖「足で相手の胴体を—」「抱き—・握り—」 ❹【締】料理で、塩や酢などで水分を抜いて魚の身を引き締める。‖「サバを酢で—」▼魚の鮮度を保つために血抜きなどの処理をする意にもいう。‖「釣った魚を—」 ❺【締】たるんだところやだらけたところをなくす。引き締める。‖「気を—・めてかかる」 ❻【締】倹約に努めて無駄なところをなくす。出費を切りつめる。‖「家計を—」 ❼【締】その時点で打ち切って金銭などの合計を出す。‖「帳簿を—」「月末で—」 書き方 「〆る」とも。 ❽【締・閉】しめくくりがついたのを祝って、一同で手を打ち合わせる。また、そのようにして会合を終わりにする。‖「イヨーと唱えて一本で—」「この辺で本日の会を—・めたいと思います」 ❾【閉・締】あいているものを閉じる。‖「ドア[門・窓・鍋の蓋・鍵]を—」 使い方 「戸を閉める」は〜ヲに〈対象〉を、「鍵を閉める」は〜ヲに〈道具〉をとる。 ❿【閉・締】その日の業務を終える。また、廃業する。‖「店は毎晩十時に—」「三代続いた店を—」
◈⑨⑩⇕開ける ①⇕緩める 書き分け (1)①〜⑧は【締】を使うが、「蛇口[栓]を—(①)」や「会を—(=閉会する。⑧)」は【閉】も使う。(2)③のうち、体の部分をしめる場合は【締】が一般的。「首を絞める/ベルトで腰を締める」⇓絞める① 文 し・む 名 締め

しめる [助動 下一型] (しめ-しめ-しめる-しめる-しめれ-しめよ・しめろ) ❶使役を表す。‖「環境を変化せ—要因」「同人をして圧死せ—に至った」「私をして言わしめれば」 ❷〈「しめ給う」などの形で〉尊敬を表す。…なさる。‖「み心のままになさしめ給え」◈文語形は「しむ」。 使い方 (1)動詞および一部の助動詞の未然形に付く。サ変動詞の場合は「せ」の形に付く。(2)硬い文章語で使う。

し-めん【四面】 [名] ❶四つの面。‖「—体」 ❷まわり。四方。

し-めん【紙面】 [名] ❶手紙。書面。 ❷紙の表面。特に、新聞などの記事が印刷されている面。‖「連日—をにぎわす事件」

し-めん【誌面】 [名] 雑誌の、記事が掲載されている面。誌上。

じ-めん【地面】 ーヂ [名] ❶土地の表面。じべた。地表。 ❷土地。地所。

じ-めん【字面】 [名] ⇓じづら

じめん-し【地面師】 ヂメンー [名] 所有者になりすまして他人の所有地を利用し詐欺を働く人。

しめん-そか【四面▼楚歌】 [名] 四方を敵に囲まれて孤立無援であること。 語源 楚の項羽が垓下で漢の劉邦に包囲されたとき、深夜、四面の漢軍が盛んに楚の歌をうたうのを聞いて、楚の民はすでに漢に降伏したのかと思い嘆いたという『史記』の故事に基づく。

しも【下】 [名] ❶流れなどの向かう方。‖「川の—の方は流れがゆるやかだ」「風—」 ❷物事をいくつかに分けたものの終わりの部分。‖「—のごとく(=以下のように答えた)」「—の句」「—二桁」 ❸ある期間を二つ、または三つに分けた際の後のほう。‖「—期・—半期」 ❹位置の低いところ。 ❺地位・格式などの低い方。また、身分・地位の低い人。‖「—座」「——」 ❻舞台の、客席から見て左のほう。下手。 ❼腰から下の部分。‖「—半身」 ❽排泄。大小便。‖「—の世話」 ❾陰部。また、性的で下品なこと。‖「—ネタ」 ❿都に遠い方。‖「—の村」◈①〜⑦⑩⇕上 使い方 現在は複合語の例が多く、単独の用法は少ない。

しも【霜】 [名] ❶夜間、気温が下がったとき、空気中の水蒸気が地面や地表の物体にふれて生じる細かな氷の結晶。‖「—が降りる」▼冷凍庫などの庫内に付着する氷の結晶もいう。 ❷白髪。‖「頭に—をいただく」

〔ことば比べ〕「霜」と「露」
▼「霜」と「露」は、いずれも夜間に生じ、朝に見られやすい。
▼「霜」は冬の到来、厳しさを含意することが多い。
「若くして社会に出て風霜に耐えて生きてきた」
▼「露」ははかなく消える無常観としてたとえられることが多い。
「露のようなはかない命」

し-も [副助] ❶強調 上に来る語を取り立てて強調する。‖「誰しもそう思っているだろう」「今しも襲いかかろうとする」 ❷〈下に打ち消しを伴って〉部分的に否定する。‖「必ずしも同じ意見ではない」「なきにしもあらず」◈副助詞「し」+副助詞「も」。

しもいちだん-かつよう【下一段活用】 ークヮツヨウ [名] 動詞の活用形式の一つ。語尾が五十音図のエ段(または、それに「る」「れ」「ろ」の付いた形)だけに変化するもの。例えば、「上げる」が「げ・げ・げる・げる・げれ・げろ」と変化する類。▼文語では「蹴る」の一語のみ。

しも-がか・る【下がかる(下掛かる)】 [自五] 下半身についての話になる。話が下品な方面に及ぶ。‖「話が—・ってきた」 名 下がかり

しも-がこい【霜囲い】 ーガコヒ [名] ⇓霜除け

しも-がれ【霜枯れ】 [名] ❶草木が霜にあって枯れること。‖「—の庭」 ❷草木が霜のために枯れてしまう時期。▼「霜枯れ時」の略。 ❸商売の景気が悪い時期。▼「霜枯れ時」の略。 動 しもが・れる(自下一)

しも-き【下期】 [名] 会計年度などで、一年を二期に分けたときの、後半の期間。下半期。⇕上期

じ-もく【耳目】 [名] ❶耳と目。また、聞くことと見ること。見聞。 ❷人々の注意や関心。‖「世の—を引く」 ❸見聞きしたことを知らせて、その人を補佐すること。また、その人。‖「—の官」

じ-もく【除目】 ーヂ [名] 平安時代以降、大臣以外の各官職を任命する儀式。▼地方官を任命する県召(春)、京官を任命する司召(秋)などの除目があった。

しも-ごえ【下肥】 [名] 人間の糞尿を肥料としたもの。

しも-ざ【下座】 [名] 下位の人が座る席。末席。⇕上座▼日本間では入り口に近い席をいう。

しも-じも【下下】 [名] 身分・地位などの低い人々。庶民。したじた。‖「—の者」

しもた-や【仕▽舞た屋】 [名] 町中にある、商家ではない普通の家。▼「しもうたや」の転。もと、商売をやめた家の意。

しも-つき【霜月】 [名] 陰暦十一月の別称。霜降月。

しも-て【下手】 [名] ❶下の方。下座の方。 ❷川の下流の方。‖「船を—にやる」 ❸客席から見て、舞台の左の方。◈⇕上手 ①⇕上手

じ-もと【地元】 ーヂ [名] ❶その人や事柄に直接関係す

る地域。‖「—住民」❷自分の出身地。また、住んでいる地方。

しも-どけ【霜解け(霜▽融け)】[名] 気温が上がって霜がとけること。

しもにだん-かつよう【下二段活用】⁻クヮツヨウ [名] 文語動詞の活用形式の一つ。語尾が五十音図のエ・ウの二段(または、それに「る」「れ」「よ」の付いた形)に変化するもの。例えば、「受く」が「け・け・く・くる・くれ・けよ」と変化する類。

しも-ねた【下ねた】[名] 性や排泄(はいせつ)についての下品な話題。▼「下」は下半身の意、「ねた」は「たね(種)」の倒語。[書き方]多く「下ネタ」と書く。

じ-もの【地物】⁻ヂ [名] その土地で産した物。‖「—の西瓜(すいか)」▼おもに食べ物についていう。

しも-の-く【下の句】[名] 短歌で、後半の七・七の二句。⇔上(かみ)の句

しも-ばしら【霜柱】[名] 冬、毛管現象によって地表にしみ出した水分が凍結してできる、細い氷柱の集まり。‖「—が立つ」

しも-はんき【下半期】[名] ⇩下期(しもき) ⇔上半期

しも-ぶくれ【下膨れ(下▼脹れ)】[名・形動] 下の方がふくらんでいること。特に、ほおの肉づきがよくて、顔の下の方がふくらんでいること。また、その顔。

しも-ふり【霜降り】[名] ❶霜が降りたような、白くて細かい斑点(はんてん)のある模様。また、その模様の布地。❷赤身の中に脂肪が細かい網の目のように入り込んでいる牛肉。霜降り肉。❸魚・貝・鶏肉などにさっと熱湯をかけてから冷水にひたし、表面を霜が降りたように白く縮ませること。

しも-べ【▽僕(下▽部)】[名] 雇われて雑用をする者。召し使い。‖「神の—」▼身分の低い者の意から。

しも-やけ【霜焼け】[名] 寒さのために皮膚の血管が麻痺(まひ)して起こる軽度の凍傷。赤くはれて、かゆみを生じる。凍瘡(とうそう)。しもばれ。

しも-やしき【下屋敷】[名] 江戸時代、大名が江戸の町はずれや郊外に構えた控えの屋敷。したやかた。したやしき。⇔上屋敷(かみやしき)・中屋敷

しも-よ【霜夜】[名] 霜の降りる寒い夜。

しも-よけ【霜▽除け】[名] 農作物・植木などを霜の害から守るために、わら・こもなどで覆いをすること。また、そのおおい。しもがこい。

し-もん【指紋】[名] 人間の指頭の内側にある、多くの線からできている模様。また、そのあと。‖「—が残る」▼同じものは二つとなく、しかも一生変わらないので個人の識別に用いられる。

し-もん【試問】[名・他サ変] 問題を出して学力・能力などを試験すること。‖「口頭—」

し-もん【諮問】[名・他サ変] 有識者または特定の機関に意見を求めること。諮詢(しじゅん)。‖「—機関(=行政官庁の諮問を受けて意見を述べる機関)」

じ-もん【地紋】⁻ヂ [名] ❶糸や織り方を変えて布地の全体に織り出した文様。❷塗り物・印刷物などで、地に描かれている模様。

じ-もん【寺門】[名] 寺の門。また、寺院。

じ-もん【自問】[名・自他サ変] 自分で自分の心に問い尋ねること。‖「—自答」「自分の生き方を—する」

しゃ【社】■[名]「会社」「新聞社」などの略。‖「—に戻る」「—員・—説」「貴—・出—」■(造) ❶土地の神。また、祭り。‖「—祠(しし)・—稷(しょく)」❷神を祭る所。ほこら。‖「—寺」「大—・末—」❸人々が集まってつくる組織・機関。‖「—会・—交」「結—・公—」[旧]社

しゃ【▼紗】[名] 生糸をからみ合わせて織った、目のあらい織物。薄くて軽いので、夏物の和服地やかやに用いる。うすぎぬ。‖「—の羽織」「金(きん)—」

しゃ【斜】[名] 傾いていること。なめ。‖「—線・—面」

⊙**斜に構(かま)える** ❶剣道で、刀などを斜めに構える。❷しっかりと身構える。また、改まった態度をとる。❸まともに対応しないで、皮肉やからかいの態度で臨む。‖「世間に対して—」◈「はすに構える」とも。

しゃ【写】(造) ❶ありのままにうつし取る。‖「—生・—本」「縮—・複—・模—」❷フィルム・スクリーンなどにうつし出す。‖「—植」「映—・試—」[旧]寫

しゃ【車】(造) ❶軸を中心にして回転する輪。また、輪のように丸い形をしたもの。‖「滑—・水—・風—」❷輪を回転させて人や物を運ぶ乗り物。‖「—庫・—体・—中・—両」「客—・乗—・新—・発—」

しゃ【者】(造) ❶ある特定の人。もの。‖「医—・使—・勝—・読—」❷ある特定の物事。‖「前—・後—」[旧]者

しゃ【舎】(造) ❶いえ。やど。家屋。建物。‖「駅—・厩(きゅう)—・校—・宿—」❷軍隊が行軍する際の一日の行程。‖「三—」❸自分の身内を謙遜(けんそん)していう語。‖「—兄・—弟」❹「寄宿舎」の略。‖「—監・—長」

しゃ【▼洒】(造) 洗う。また、さっぱりしている。‖「—脱・—落(しゃらく・しゃれ)」「瀟(しょう)—」

しゃ【砂】(造) 岩石が砕けて粒になったもの。すな。‖「—利(じゃり)」「土(ど)—・流(りゅう)—」

しゃ【射】(造) ❶矢や弾丸を発する。‖「—撃・—殺・—程・—的」「乱—」❷光・液体などを勢いよく出す。‖「—出」「注—・直—・反—」❸ねらう。‖「—幸心」

しゃ【捨】(造) ❶すてる。ほうりだす。‖「—身」「取—・四—五入」❷社寺や僧に寄進する。‖「喜—」

しゃ【赦】(造) 罪や過ちをゆるす。‖「—罪・—免」「恩—・特—・容—」

しゃ【▼奢】(造) ぜいたくをする。おごる。‖「—侈(しゃし)」「豪—」

しゃ【煮】(造) にる。にえる。‖「—沸」[旧]煮

しゃ【遮】(造) さえぎる。じゃまする。‖「—断・—蔽(しゃへい)」

しゃ【謝】(造) ❶あやまる。わびる。‖「—罪」「深—・陳—」❷ことわる。‖「—絶」❸礼をいう。‖「—意・—辞」「感—」❹お礼を表す金品。‖「月—・薄—」❺おとろえる。‖「新陳代—」

し-や【視野】[名] ❶目を動かさないで見ることのできる範囲。❷顕微鏡・望遠鏡・カメラなどで、レンズに写る範囲。❸思慮・知識・判断などが及ぶ範囲。‖「—が狭い」

じゃ【蛇】[名] ヘビ。また、ヘビの形に似たもの。‖「—口」「大—・毒—」

⊙**蛇の道は蛇(へび)** 同類の者は互いにその方面の事情に通じていることのたとえ。

⊙**蛇は一寸(いっすん)にして人を吞(の)む** すぐれている人は幼いときから常人とは違ったところがあることのたとえ。▼わずか一寸ほどのヘビでも人を吞むほどの気迫がある意から。

じゃ ⁻ヂヤ [接]「では」のくだけた言い方。じゃあ。‖「—、さようなら」▼接続詞「では」の転。

じゃ ⁻ヂヤ [助動 特活型](じゃろ-じゃっ-じゃ-(じゃ)-○-○) [古風]「だ」の古風な、また方言的な言い方。‖「そう—」「村一番の人気者じゃった」▼「である」の転。

じゃ【邪】（造）❶正しくない。よこしま。「―悪・―慳(けん)・―推・―道」「正―・破―」❷人に害を及ぼすもの。「―気・―魔」「風―(ふうじゃ)」

じゃ(ヂャ)［連語］「では」㊀㊁㊂のくだけた言い方。じゃあ。「私の好み―ない」「一万円―足りない」「ここで遊ん―ダメだ」▼連語「では」の転。なお、「ては」から転じたものは「ちゃ(あ)」となる。「見ちゃだめ」

ジャー［jar］［名］❶口の広い水差し。❷口の広い保温容器。「電子―」

じゃ-あく【邪悪】［名・形動］心がねじけていて悪いこと。よこしま。「―な心」派生-さ

ジャーク［jerk］［名］重量挙げ競技の一種目。バーベルを一気に胸上まで引きあげ、両足を前後に開いた反動を利用して頭上にさしあげるもの。

シャークスキン［sharkskin］［名］❶サメの皮のように表面をざらざらに仕上げた化繊の織物。夏の婦人服地などに用いる。❷二種の色糸を綾織りにしてサメの皮のような感じに仕上げた毛織物。背広やコートに用いる。◈原義は、サメの皮。

ジャージ［jersey］［名］メリヤス編みの布地を使ったサッカー・ラグビーなどの運動着。また一般に、運動着。ジャージー。

しゃあ-しゃあ［副と］❶水などが勢いよく流れ出るさま。また、その音を表す語。「樋(とい)から雨水が―(と)流れ落ちる」❷恥じることなく平然としているさま。「―とうそをつく」「いけ―(と)した顔でやってくる」

ジャーナリスティック［journalistic］［形動］❶時流に敏感な、ジャーナリストとしての感覚をそなえているさま。「―な視点」❷新聞・雑誌・放送などのジャーナリズムに取り上げられ、広く世間の関心を呼ぶさま。「―な話題」

ジャーナリスト［journalist］［名］ジャーナリズムの仕事にたずさわる記者・編集者など。

ジャーナリズム［journalism］［名］新聞・雑誌・放送などを通じて時事的な情報を伝達する活動。また、その媒体機関。

ジャーナル［journal］［名］日刊新聞。また、定期刊行の雑誌。

シャープ［sharp］㊀［形動］❶するどいさま。鋭敏なさま。「―な感覚」❷鮮明なさま。「―な画像」派生-さ ㊁［名］❶音楽の記譜法で、ある音を半音上げる記号。嬰(えい)記号。「♯」で表す。⇕フラット ❷「シャープペンシル」の略。

シャープ-ペンシル［和製sharp+pencil］［名］軸の中の芯(しん)を少しずつ押し出して使う筆記用具。シャープペン。シャーペン。

シャーベット［sherbet］［名］果汁に砂糖・香料などをまぜて凍らせた氷菓。ソルベ。「オレンジの―」

シャーペン［名］「シャープペンシル」の略。

シャーマニズム［shamanism］［名］原始宗教の一つ。厳格な修行を積んだシャーマン（巫女(みこ)・呪術師(じゅじゅつし)）が精霊・死霊などと交流し、没我の境地の中で吉凶の判断や予言などを行うもの。シャマニズム。巫術(ふじゅつ)。

シャーリング［shirring］［名］洋裁で、生地を縫い縮めて装飾的なギャザーをつけること。また、そのギャザー。

シャーレ［Schale ドイツ］［名］底の浅い、ガラス製のふた付き容器。細菌の培養などに用いる。ペトリ皿。

しゃ-い【謝意】［名］❶感謝の気持ち。「厚情に対し―を述べる」❷過ちをわびる気持ち。謝罪のこころ。「―を表して辞任する」

シャイ［shy］［形動］内気なさま。恥ずかしがりであるさま。「―な性格」

ジャイアント［giant］［名］巨人。また、巨大なもの。

ジャイロスコープ［gyroscope］［名］円板状のこまを三つの軸で支え、どの方向にも自由に回転できるようにした装置。こまが回転すると回転軸は空間に対して一定方向を保つ。羅針盤や船の安定装置に利用される。回転儀。

しゃ-いん【社印】［名］❶会社が公式に使用する印判。「契約書に―を押す」❷神社の印判。

しゃ-いん【社員】(ヰン)［名］❶その会社に雇用され、勤務している人。会社員。「新入―」❷社団法人の構成員。「―総会・―権」▼株式会社では株主という。

じゃ-いん【邪淫】［名］仏教で、配偶者ではない者とのよこしまな情事。「―戒」▼五戒の一つ。

じゃう(ヂャウ)［助動 五型］（じゃわ・じゃお-じゃい・じゃっ-じゃう-じゃう-じゃえ-じゃえ）「…じまう」の、さらにくだけた関東方言的な言い方。その動作がすっかり完了する意。「無理したら死ん―よ」「学校休んじゃった」「早く飲んじゃえよ」▼接続助詞「て」の連濁形「で」＋動詞「しまう」の「でしまう」の転。「…てしまう」から転じたものは「ちゃう」となる。使い方 ナ・バ・マ行の五段動詞の連用形（撥音便(はつおんびん)形）とガ行五段動詞の連用形（イ音便形）に付く。

シャウト［shout］［名・自サ変］叫ぶこと。また、叫ぶように歌うこと。

しゃ-うん【社運】［名］会社が栄えるか滅びるかの運命。「―を賭けた大事業」

しゃ-えい【射影】［名・他サ変］❶物の影を映すこと。また、その影。投影。❷幾何学で、平面図形上のすべての点と、その平面外の一点とを結ぶ直線を引くこと。

しゃ-えい【斜影】［名］ななめに映る影。

しゃ-おく【社屋】(ヲク)［名］会社の建物。「―を改築する」

しゃ-おん【遮音】［名・自他サ変］外部の音が中に伝わらないように、また内部の音が外に漏れないようにさえぎること。「―材」

しゃ-おん【謝恩】［名・自サ変］受けた恩に対して感謝の気持ちを表すこと。「―会・―セール」

しゃ-か【社歌】［名］その会社・結社を象徴し、設立理念などを表すものとして制定された歌。

しゃか【▽釈▼迦】［名］仏教の開祖。世界四聖の一人。釈尊(しゃくそん)。釈迦如来(にょらい)。「―三尊（＝釈迦を中央にして左右に文殊(もんじゅ)菩薩と普賢(ふげん)菩薩を配した三つの像）」▼「釈迦牟尼(むに)」の略。

◉**釈迦に説法**(せっぽう) 知り尽くしている人に教えを説く愚かさのたとえ。

しゃ-が【射▽干・▽著▼莪・〈▽胡▼蝶花〉】［名］初夏、黄色い斑点のある淡紫色の花を開くアヤメ科の多年草。山野の藪(やぶ)に群生し、また庭園などにも植える。

じゃが［名］「じゃが芋」の略。「新―・肉―」

ジャガー［jaguar］［名］南米などの森林に分布するネコ科の哺乳(ほにゅう)類。ヒョウに似た黒斑(こくはん)をもつ猛獣で、木登りと泳ぎがうまい。アメリカヒョウ。

ジャカード［jacquard］［名］ジャカード機で織っ

た紋織物。ジャガード。

しゃ-かい【社会】［名］❶人々が集まって組織を作り、共同生活をする集団。≡「—生活〔福祉〕」「地域〔国際〕—」▼家族のような小さな単位から国家のように大きな単位まで、さまざまな集団をさす。また、人間のほかに「動物〔昆虫〕の—」のようにも使う。❷世の中。世間。≡「—に出て働く」❸同類の仲間の世界。≡「武家—」❹「社会科」の略。≡「—の授業」

しゃ-がい【社外】［名］❶会社の建物のそと。≡「—勤務」❷会社や結社のそと。≡「—の人間」◈⇔社内

しゃ-がい【車外】［名］列車・自動車などの車両のそと。⇔車内

しゃかい-あく【社会悪】［名］社会に内在する矛盾から発生する悪弊や害悪。貧困・差別・犯罪・売春など。

しゃかい-うんどう【社会運動】［名］社会問題の解決や社会制度の変革を目的とする組織的な大衆運動。

しゃかい-か【社会科】［名］小学校・中学校の教科の一つ。社会生活に関する基本的な知識を学習し、社会人として必要な資質を身につけるための教科。▼高等学校では地理歴史科と公民科に分けられる。

しゃかい-かがく【社会科学】［名］人間の現実的な活動がもたらす社会現象を研究対象とする学問。経済学・政治学・法律学・社会学・教育学・歴史学・民族学など。⬇人文科学・自然科学

しゃかい-がく【社会学】［名］社会の構造や機能などの仕組みと、社会生活を営む人間の行為を明らかにしようとする社会科学の一分野。

しゃかい-きょういく【社会教育】［名］学校教育以外の場で、青少年・成人・高齢者を対象として行われる組織的な教育活動。

しゃかい-げんしょう【社会現象】［名］❶人間の社会生活によって生じる、経済・法律・芸術・道徳・宗教などの諸現象。❷社会全体に広まるような流行。ブーム。≡「—になったアニメ」

しゃかい-じぎょう【社会事業】［名］社会福祉全般の向上を目的に、公私の団体が組織的に取り組む事業。社会福祉事業。

しゃかい-しゅぎ【社会主義】［名］土地・資本などの生産手段を社会全体の共有とし、生産物や富を公平に分配することによって貧富の差のない社会を実現しようとする思想および運動。ソーシャリズム。▼広く空想的社会主義・共産主義・無政府主義・社会民主主義などを含むが、マルクス主義では共産主義社会の第一段階をいう。

しゃかい-じん【社会人】［名］❶学生などに対し、職業をもって実社会で生活している人。≡「—野球」❷社会の構成員としての個人。

しゃかいじん-きそりょく【社会人基礎力】［名］多様な人々と仕事をする上で必要な基礎的な能力。経済産業省が提唱し、「前に踏み出す力(アクション)」「考え抜く力(シンキング)」「チームで働く力(チームワーク)」の三つと、それらを構成する十二の要素により評価される。

しゃかい-せい【社会性】［名］❶集団をつくり、他人とかかわりながら生活しようとする人間の本来的な性質。また、他人とのかかわりなど、社会生活を重視する傾向。≡「—を養う」❷社会生活・社会問題などと密接な関係をもっている傾向。≡「—の強いドラマ」

しゃかい-てき【社会的】［形動］社会に密接な関係をもつさま。また、社会性があるさま。≡「いじめが—な問題となる」「人間は—動物だ」

しゃがい-ひ【社外秘】［名］社外にもらしてはならない情報。≡「この書類は—だ」

しゃかい-ふくし【社会福祉】［名］国民の生活の安定と福祉の向上を図る公的な施策。特に、生活困窮者、身体障害者、身寄りのない児童、要支援・介護の高齢者など、社会的弱者に対する救済・援護を図ること。

しゃかいふくし-し【社会福祉士】［名］専門的知識と技術をもって、日常生活を営む上で支障のある高齢者・障害者などの福祉に関する相談に応じ、助言・指導などの援助を行う人。社会福祉士及び介護福祉士法に基づく国家資格を必要とする。

しゃかい-ふっき【社会復帰】［名・自サ変］❶病気や事故などで通常の社会活動ができなくなっていた人が、リハビリテーションなどによって回復し、再び社会で活動すること。≡「療養を終え、—した」❷刑期を終えて出所した人が、再び社会生活を送ること。≡「更生して—を果たす」

しゃかい-ほけん【社会保険】［名］負傷・疾病・失業・老齢・死亡など、国民の生活を脅かす事由が発生したとき、一定基準による給付を行ってその生活を保障する保険。医療保険・年金保険・雇用保険・労働者災害補償保険など。

しゃかい-ほしょう【社会保障】［名］社会保険制度・社会福祉事業などによって、国家が国民の生存権を保障すること。

しゃかい-めん【社会面】［名］新聞で、社会の一般的な出来事についての記事を載せる紙面。第三面。

じゃが-いも【じゃが芋】［名］根茎を食用とするナス科の多年草。夏、白または淡紫色の花をつける。にぎりこぶし大の根茎はでんぷんに富み、アルコールの原料にもする。南米アンデス山地原産。馬鈴薯。▼ジャカルタから渡来した芋の意の「ジャガタラいも」の略。

しゃかい-もんだい【社会問題】［名］社会の欠陥・矛盾・不合理などから生じ、社会生活に大きな影響を及ぼす諸問題。≡「凶悪犯罪の増加が—となる」

じゃ-かご【蛇籠】［名］竹・鉄線などで編んだ円筒形のかごに石を詰めたもの。河川の護岸・水流調整などに用いる。

しゃか-しゃか［副と］❶小さなものや液体などを小刻みに動かしたときに生じる、軽い音を表す語。≡「泡立て器で—混ぜる」「マラカスを—と振る」❷耳につく小さな連続音を表す語。≡「ヘッドホンから—(と)音が漏れる」

じゃか-じゃか［副と］❶楽器をやかましく鳴らす音を表す語。≡「ギターを—かき鳴らす」❷ある物事が勢いよく行われるさま。≡「—金を使う」

じゃか-すか［副と］［俗］次々と勢いよく物事をするさま。≡「—(と)金を使う」

しゃがみ-こ・む【しゃがみ込む】［自五］立っていられないで、しゃがんでしまう。また、しゃがんで、そのままの姿勢でいる。≡「腹痛を起こして—」

しゃが・む［自五］ひざを曲げ腰を落として低い姿勢になる。≡「道に—んで話し込む」可能 しゃがめる

品格 蹲る「物陰に—」屈む「前に—」蹲踞「路傍に—する」つくばう「這い—」跪く「皇帝の前に—」へたり込む「疲れ果てて—」◉「しゃがむ」より低く体を丸めるのが「うずくまる」。膝を付けて、屈服の意を示すのが「ひざまずく」。

しゃかりき [名]〔俗〕懸命になって何かに取り組むこと。＝「—になって練習をする」▼語源未詳。

しゃがれ‐ごえ【▼嗄れ声】 [名]かすれてがさがさした声。しわがれ声。

しゃが・れる【▼嗄れる】 [自下一]声がかすれる。声がかれる。＝「風邪で声が—」▼「しわがれる」の転。

しゃ‐かん【車間】 [名]前後して走行する自動車と自動車との間隔。

しゃ‐かん【舎監】 [名]寄宿舎の管理・監督をする人。

しゃ‐がん【▼赭顔】 [名]あからがお。赭面。

じゃ‐かん【蛇管】 [名]❶吸熱・放熱効果を上げるために、螺旋状に曲げて表面積を大きくした管。❷ホース。

しゃかん‐きょり【車間距離】 [名]走行中の自動車が前後の自動車との間に保つ距離。

しゃ‐き【社旗】 [名]その会社のしるしとする旗。

しゃ‐ぎ【謝儀】 [名]感謝の気持ちを表す礼儀。また、そのための贈り物。謝礼。

じゃ‐き【邪気】 [名]❶病気などを引き起こす悪い気。悪気。＝「—を払う」❷ねじけた気持ち。悪意。わるぎ。＝「—のない人」

シャギー [shaggy] [名]❶織物の毛足が長いこと。また、その織物。❷「シャギーカット」の略。

シャギー‐カット [shaggy cut] [名]レザーやはさみで毛髪を不ぞろいにそぐ技法。また、その技法を用いた髪形。

しゃき‐しゃき [副]❶食べ物をかむときや物を切り刻むときに、快い歯ごたえ・切れ味であるさま。また、その音を表す語。＝「—(と)したセロリ」❷言動がてきぱきとして、物事の処理がすばやいさま。＝「—(と)した子」

しゃきっ‐と [副]❶ゆるんだ気持ちなどが引き締まって、すっきりするさま。また、姿勢・態度などが引き締まって、しっかりするさま。＝「水を浴びて気分を—させる」「高齢ながら—した宮大工」❷生野菜などが、みずみずしくて歯切れのよいさま。＝「—した歯触りの胡瓜」

しゃ‐きょう【写経】 [名・自他サ変]経文を書き写すこと。また、書き写した経文。

しゃ‐ぎょう【社業】 [名]会社の事業。＝「—の発展を祈る」

じゃ‐きょう【邪教】 [名]人心をまどわす、邪悪な宗教。邪宗。＝「淫祠—」⇔正教▼その宗教を退けようとする立場から用いる語。

じゃ‐きょく【邪曲】 [名・形動]心がねじけていること。よこしま。＝「—な野心を抱く」

しゃぎり [名]❶狂言で、笛だけの短い演奏。❷歌舞伎で、一幕が終わるごとに笛・太鼓・大太鼓などで演奏するはやし。しゃんぎり。▼最終幕の大切りには奏さない。

しゃ‐きん【砂金】 [名]⇒さきん(砂金)

しゃ‐きん【謝金】 [名]謝礼の金銭。礼金。

しゃく【▼勺】 [名]❶尺貫法で、容積を表す単位。一勺は一合の一〇分の一で、約一八ミリリットル。せき。❷尺貫法で、面積を表す単位。一勺は一坪の一〇〇分の一で、約三・三平方センチメートル。

しゃく【尺】 [名]❶尺貫法で、長さを表す単位。寸の一〇倍。一尺は、曲尺では約三〇・三センチメートル、鯨尺では約三七・九センチメートル。❷長さ。＝「—を取る(=長さを測る)」❸ものさし。＝「曲—」

しゃく【▼杓】 [名]水などをくむ道具。ひしゃく。＝「茶—」

しゃく【▼笏】 [名]礼服・朝服を着用するとき、右手に持つ細長い板。初めは裏に張った紙に式次第などを記して備忘用にしたが、のちに儀礼の用具となった。今日では神官などが用いる。▼「笏」の字音「こつ」が「骨」に通じるのを避けて、その長さが一尺ほどであることから「尺」の音を借りたものという。

しゃく【酌】 ㊀[名]酒を杯などにつぐこと。＝「—をする」「手—・晩—」㊁(造)相手の気持ちや事情をくむ。＝「—量」「斟—」

しゃく【▼錫】 ㊀[名]「錫杖」の略。㊁(造)すず。＝「—石」

しゃく【爵】 [名]貴族の世襲的身分を示す位。＝「襲—・叙—」▼明治憲法下では、公・侯・伯・子・男の五階級があったが、昭和二〇(一九四五)年に廃止された。

しゃく【▼癪】 [名]❶〔古風〕腹部や胸部に発作的に起こる激痛。胆石症・尿路結石症・胃腸疾患などが原因と考えられる。さしこみ。＝「—が起こる」❷[形動]腹立たしくて気持ちがむしゃくしゃすること。＝「—なことを言う」

◉**癪に障る** 腹が立つ。

しゃく【借】 (造)❶かりる。かり。＝「—金・—家・—用」「仮—・貸—・拝—」❷ゆるす。＝「仮—」❸かりに。ためしに。＝「—問」

しゃく【釈】 (造)❶意味を説き明かす。また、事情・理由などを説明する。＝「—明」「解—・講—・語—」❷疑いなどが消える。＝「—然」「氷—」❸とかす。うすめる。＝「希—」❹許して解き放つ。＝「—放」「保—」❺釈迦。また、仏教。＝「—尊・—典・—門」旧釋

しゃ‐やく【試薬】 [名]化学分析、薬品試験、ある物質の検出などに用いる化学薬品。アンモニアを検出するネスラー試薬など。

じゃく【弱】 ㊀[接尾]〈数を表す名詞に付いて〉端数を切り上げたことを表す。＝「五百メートル—の距離」「三万人—の観客」「三か月—の工事期間」㊁(造)❶よわいこと。よわいもの。＝「—者・—小・—点」「—アルカリ性」「衰—・軟—・病—」⇔強 ❷わかい。幼い。＝「—年・—輩」▼「若」に通じる。

じゃく【若】 (造)❶わかい。＝「—年・—輩」「老—」❷少し。いくらか。＝「—干」❸…のようだ。ごとし。＝「傍—無人」❹性質・状態などを表す語に添える語。＝「自—・瞠—」▼「弱」に通じる。

じゃく【寂】 (造)❶ひっそりとして、ものさびしい。＝「——・—寞」「閑—・静—」❷僧が死ぬこと。＝「—滅」「入—」

じ‐やく【持薬】 [名]常用している薬。また、用心のために常に持っている薬。

しゃく‐い【爵位】 [名]貴族の世襲的階級を示す称号。明治憲法下の華族では公・侯・伯・子・男の五階級があったが、昭和二〇(一九四五)年に廃止された。

しゃく・う【▼杓う】 [他五]〔俗〕すくう。しゃくる。＝「柄杓で水を—」

じゃく-おん【弱音】［名］よわい音。また、音をよわくすること。‖「―器」

しゃく-ぎ【釈義】［名］文章・語句などの意味を解釈し、説明すること。また、その内容。

しゃく-ざい【借財】［名・自他サ変］金銭を借りること。また、借りた金銭。借金。

じゃく-さん【弱酸】［名］水溶液中での電離度が小さい酸。炭酸・酢酸・硼酸など。⇔強酸

しゃく-し【▼杓子】［名］汁や飯をすくうのに用いる道具。柄の先に中くぼみの小皿をつけたような形をした汁用と、先の丸い平板形をした飯用とがある。▼一般に飯用のものは「しゃもじ」という。

しゃく-し【釈氏】［名］❶釈迦。釈尊。❷釈迦の弟子。また、出家して仏門に入った人。僧侶。釈子。

じゃく-し【弱志】［名］意志がよわいこと。よわい意志。‖「―弱行」

じゃく-し【弱視】［名］レンズでは十分に矯正できないほど、視力がよわいこと。‖「―児」

ジャグジー【Jacuzzi】［名］噴流式の気泡風呂。数か所の穴から空気を噴出して気泡を発生させる。ジャクージ。ジャグジーバス。▼商標名。

しゃくし-じょうぎ【▼杓子定規】［名・形動］いつも一つの基準や規則にとらわれて、応用・融通が利かないこと。‖「規則を―に解釈する」▼杓子の曲がった柄を定規として使う意から。

しゃくし-な【▼杓子菜】［名］野菜として栽培するアブラナ科の一、二年草。葉は杓子状で多肉。多く漬物にする。中国原産。体菜。

じゃく-しゃ【弱者】［名］力のよわい人。また、社会的によわい立場にある人。⇔強者

しゃく-しゃく【▼綽▼綽】［形動タルト］ゆったりと落ち着いているさま。‖「余裕―」

じゃく-じゃく【寂寂】［形動タルト］ひっそりとして寂しいさま。‖「―として人影もなし」

し-やくしょ【市役所】［名］市の行政事務を扱う役所。市庁。

しゃく-じょう【▼錫▼杖】［名］僧侶・修験者が持ち歩くつえ。頭部につけた金属製の環に数個の小環をかけ、突くと鳴るようにしたもの。

じゃく-しょう【弱小】［名・形動］❶力がよわくて小さいこと。‖「―の/な零細企業」⇔強大 ❷年が若いこと。弱年。年少。‖「―の身で家計を支える」

じゃく-じょう【寂静】［名］❶［形動］俗世間を離れて物静かなこと。せきせい。❷仏教で、煩悩を離れて一切の苦患を絶つこと。涅槃の境地。

しゃく・する【釈する】［他サ変］文意・語意などを説き明かす。‖「歌の心を―」文しゃく・す

じゃく・する【寂する】［自サ変］僧侶が死ぬ。入寂する。文じゃく・す

しゃく-すん【尺寸】［名］長さ・広さなどが、ほんのわずかであること。せきすん。‖「―の土地」▼一尺と一寸の意から。

しゃく-せん【借銭】［名］〔古風〕借りた金銭。借金。

しゃく-ぜん【釈然】［形動タルト］迷い・疑いなどが解けて、気持ちがさっぱりするさま。‖「なにか―としない」

じゃく-そつ【弱卒】［名］よわい兵士。また、実力のない部下。‖「勇将の下に―なし」

しゃく-そん【釈尊】［名］釈迦牟尼の敬称。

じゃく-たい【弱体】［名］❶弱いからだ。❷［形動］組織・体制などが弱いこと。‖「―化した組合」

しゃく-ち【借地】［名・自他サ変］土地を借りること。また、借りた土地。‖「―権（＝建物の所有を目的とした地上権および賃借権）」

じゃ-ぐち【蛇口】［名］水道管の先に取り付けて水の量を調節する金属製の器具。‖「―をひねる」

じゃく-てん【弱点】［名］❶不完全なところ。欠点。‖「―をさらけだす」❷後ろ暗いところ。よわみ。‖「―を握られる」

じゃく-でん【弱電】［名］通信機・家庭用電気器具など、比較的弱い電流を扱う電気機器部門の通称。⇔強電

しゃく-ど【尺度】［名］❶長さを測る道具。ものさし。❷長さ。寸法。❸計量の基準。また、物事を評価・判断する基準。‖「優劣を判定する―を決める」

しゃく-どう【赤銅】［名］❶銅に少量の金と微量の銀を加えた日本特有の合金。仏像・装飾品などの金属工芸に用いられる。▼緑青・硫酸銅・明礬などを加えた水溶液中で煮沸すると紫色を帯びた黒色になる。❷つやのある赤黒い色。▼「赤銅色」の略。

じゃく-どく【弱毒】［名］医学で、毒性を弱めること。また、弱いもの。‖「―ワクチン」

しゃくとり-むし【尺取り虫】［名］シャクガ科の蛾の幼虫の総称。細い枝に似た形の芋虫で、色は淡緑色または灰黄色。寸取り。語源 人が親指と人さし指で尺をはかるような形で進むことから。

しゃくなげ【石南▽花・石▼楠▽花】［名］初夏、ツツジに似た淡紅色の花をつける、ツツジ科シャクナゲ属の常緑低木の総称。ツクシシャクナゲ・アズマシャクナゲ・ハクサンシャクナゲなどが深山に自生。園芸品種も多い。

じゃくにく-きょうしょく【弱肉強食】［名］弱い者が強い者のえじきとなること。また、弱い者の犠牲によって強い者が繁栄すること。

しゃく-ねつ【▼灼熱】［名・自サ変］金属などが、焼けて熱くなること。また、焼けつくように熱いこと。‖「―の太陽」▼情熱などを激しく燃やす意でも使う。‖「―の恋」

じゃく-ねん【若年（弱年）】［名］年が若いこと。また、その人。‖「―の友」「―層」

じゃく-ねん【寂然】［形動タルト］ひっそりとして静かなさま。‖「―とした山寺」

じゃく-はい【若輩（弱輩）】［名］年が若い者。また、経験が浅くて未熟な者。‖「―ですが、よろしくお願いします」「―のくせに何を言うか」▼自分を謙遜して、また他人を軽蔑していう。

しゃく-はち【尺八】［名］竹の根元に近い部分で作った縦笛。前面に四つ、背面に一つの指孔があり、管の上端を斜めにそぎ取った歌口に直接唇を当てて吹く。長さは一尺八寸（約五六センチメートル）が標準。

しゃく-ふ【酌婦】［名］料理屋・居酒屋などで、酒の酌などをして客をもてなす女性。

しゃく-ぶく【▽折伏】［名・他サ変］仏法を説いて、迷妄や煩悩にとらわれている悪人・悪法をくじきふせること。‖「悪魔を―する」

しゃく-ほう【釈放】［名・他サ変］拘束をといて自由にすること。▼刑法では、命令・恩赦・刑期満了などによって在監者の拘禁をとく処分をいう。

しゃく-ま【借間】［名・自サ変］部屋を借りること。また、その部屋。間借り。

しゃ-ぐま【▽赤熊(▼赭熊)】［名］❶赤く染めたヤク(ウシ科の哺乳類)の尾の毛。払子・兜の飾り、かつらなどに用いる。❷赤い毛髪。赤毛。

じゃく-まく【寂▼寞】［名・形動タリ］ひっそりとして、ものさびしいこと。せきばく。「━とした山里」

しゃく-めい【釈明】［名・自他サ変］非難・誤解などに対し、相手の理解を求めるために自分の考えや事情を説明すること。「疑惑について━する」「━を求める」

じゃく-めつ【寂滅】［名・自サ変］❶仏教で、すべての煩悩を捨て去り、悟りの境地に入ること。また、その境地。涅槃。❷消えてなくなること。死ぬこと。

しゃく-もん【借問】［名・他サ変］⇩しゃもん(借問)

しゃく-もん【釈門】［名］釈迦の教えを奉ずる門流。仏門。また、僧侶。

しゃく-や【借家】［名］家を借りること。また、借りた家。しゃっか。「━ずまい・━人」⇔貸家

しゃく-やく【▼芍薬】［名］初夏、茎頂にボタンに似た白・淡紅・紅などの花を開くボタン科の多年草。乾燥した根は鎮痛・鎮痙薬にする。園芸品種が多い。

じゃく-やく【▼雀躍】［名・自サ変］こおどりして喜ぶこと。「欣喜━」

しゃく-よう【借用】［名・他サ変］使用するために金銭・物品などを借りること。「無断━」「━証書」

じゃく-ら【▼雀羅】［名］スズメなどの小鳥を捕らえる網。「門前━を張る」

しゃく-らん【借覧】［名・他サ変］書物などを借りて読むこと。

しゃくり-あ・げる【▼噦り上げる】［自下一］声や息を何度も引き入れるようにして激しく泣く。「肩をふるわせて━」文しゃくりあ・ぐ

しゃく-りょう【借料】［名］物を借りたときに支払う料金。借り賃。

しゃく-りょう【酌量】［名・他サ変］事情を考慮して処置・処分などに手心を加えること。「情状━」

ジャグリング【juggling】［名］ボールなどの小道具をいくつか投げ上げて自在に扱うこと。また、その曲芸。

しゃく・る［他五］❶中ほどがくぼむようにえぐる。「のみで板を━」❷液体などをすくい取る。しゃくう。「柄杓で水を━」❸頭を後ろに引いて、下あごを軽く突き出すように上げる。「横柄にあごを━って指し示す」

じゃく-れい【若齢(弱齢)】［名］年が若いこと。若年。

しゃく・れる［自下一］中ほどがくぼんで弓なりになる。「あごが━れている」

しゃ-くん【社訓】［名］その会社の経営理念や社員が守るべき指針として定めたもの。

しゃけ【▼鮭】［名］⇩さけ(鮭)

しゃ-け【社家】［名］世襲神職の家柄。

しゃ-けい【舎兄】［名］人に対して自分の兄をいう語。⇔舎弟

しゃ-げき【射撃】［名・他サ変］銃砲から弾丸を発射して目標を狙いうつこと。「一斉━」

しゃ-けつ【▼瀉血】［名・自他サ変］治療の目的で、一定量の血液を体外に除去すること。▼高血圧症・脳出血などの治療法として用いられた。現在でも真性赤血球増加症など、一部の治療に用いられる。

ジャケツ【jacket】［名］〔古風〕❶毛糸で編んだ長袖の上着。❷⇩ジャケット①

ジャケット【jacket】［名］❶丈の短い上着の総称。ジャケツ。❷CD・レコードなどの外側のカバー。

ジャケット-がい【ジャケット買い】［名］CDなどを「ジャケット」②のデザインで選び、購入すること。▼俗に、略して「ジャケ買い」とも。

しゃ-けん【車券】［名］競輪で、勝者を予想して賭けるために買う券。勝者投票券。▼競馬では「馬券」、競艇では「舟券」という。

しゃ-けん【車検】［名］道路運送車両法によって義務づけられている、自動車の定期的な車体検査。

じゃ-けん【邪見】［名］仏教で、因果の道理に反する誤った考え。五見・十惑の一つ。▼一般に、誤った考え方・見方の意でも使う。

じゃ-けん【邪険(邪▼慳)】［名・形動］思いやりがなく、人をむごく扱うこと。「追いすがる子を━に突き飛ばす」「若い人に━にされる」

しゃ-こ【車庫】［名］電車・自動車などの車両を入れておく建物や場所。「━入れ」

しゃ-こ【▼硨▼磲】［名］南海の珊瑚礁にすむシャコガイ科の二枚貝の総称。厚い殻は扇形で、五本の太い放射状の隆起がある。貝類中最大のオオシャコガイは殻長一メートル以上に達する。肉は食用、殻は水盤・置物などに利用。シャコガイ。

しゃ-こ【▼蝦▼蛄】［名］浅海の泥中にすむシャコ科の甲殻類。エビに似るが平たく、腹部の幅も広い。カマキリの前脚のような第二胸脚で小魚などを捕食する。鮨種などとして食用。

しゃ-こ【▼鷓▼鴣】［名］キジ科シャコ属の鳥の総称。キジより小さく、コジュケイに似る。コモンシャコ。

じゃ-こ【〈雑魚〉】［名］⇩ざこ

しゃ-こう【社交】［名］社会生活を営むために必要な、人と人とのつきあい。

しゃ-こう【車高】［名］自動車の高さ。タイヤの接地面から屋根などの最上部までの高さ。「━制限」

しゃ-こう【射幸・射▼倖】［名］偶然に得られる利益や成功を当てにすること。「━心をあおる」「━行為」書き方もと専ら「射倖(心)」と書いた。

しゃ-こう【斜光】［名］ななめにさし込む光線。

しゃ-こう【斜坑】［名］鉱山・炭坑などで、坑口から地下へななめに掘り進めた坑道。「━方式」

しゃ-こう【遮光】［名・自他サ変］光線をさえぎること。「━幕」

じゃ-こう【▼麝香】［名］雄のジャコウジカの分泌物を乾燥して得る黒褐色の香料。▼漢方では興奮剤・強心剤などに用いるが、ワシントン条約の規制を受ける。

麝

しゃこう-かい【社交界】［名］上流階級の人々が集まって交際する社会。「━にデビューする」

じゃこう-じか【▼麝香鹿】［名］中国・チベット・シベリアなどの森林にすむジャコウジカ科の哺乳類。原始的なシカで、雌雄とも角がない。雄の下腹部にある麝香腺から麝香をとる。

しゃこう-じれい【社交辞令】［名］相手を喜ばせるためにいう、儀礼的な、口先だけのお世辞。外交辞令。

しゃこう‐せい【社交性】[名] ❶社会の人々とうまくつきあっていく性質。社交を好む性質。「―に富む人」❷個人が集まって社会を形成しようとする、人間の本来的な性質。社会性。

しゃこう‐ダンス【社交ダンス】[名] 男女二人が一組となり、音楽に合わせて踊るダンス。ソシアルダンス。

しゃこう‐てき【社交的】[形動] 人々とのつきあいに積極的なさま。社交がじょうずなさま。「―な人」

しゃ‐こく【社告】[名] 会社・新聞社などが、広く一般の人々に向けて出す知らせ。

シャコンヌ【chaconneフラ】[名] スペインの舞曲を起源とする、ゆったりとした三拍子の変奏曲。一八世紀のバロック時代に流行した。

しゃ‐さい【社債】[名] 株式会社が一般から資金を調達するために発行する債券。一定の利子がつき、元本の償還が義務づけられている。▼一般事業会社が発行する事業債と金融機関が発行する金融債とがある。

しゃ‐さい【車載】[名] 車に荷物などを積むこと。

しゃ‐ざい【謝罪】[名・他サ変] 罪や過ちをわびること。「過去の過ちを素直に―する」

しゃ‐ざい【▼瀉剤】[名] くだしぐすり。下剤。

しゃ‐さつ【射殺】[名・他サ変] 銃などでうち殺すこと。「猛獣を―する」

しゃ‐し【社司】[名] ❶神主。神官。❷旧制で、府県社・郷社および内務大臣が指定する護国神社の神職。▼昭和二一(一九四六)年に廃止された。

しゃ‐し【社史】[名] その会社の歴史。

しゃ‐し【斜視】[名] 眼筋の異常などにより、一方の目が対象を直視しているとき、他方の目が異なる方向を向いていること。また、その状態の目。

しゃ‐し【▼奢▼侈】[名・形動] 度を越してぜいたくなこと。身分不相応な暮らしをすること。「―に流れる」 奢

しゃ‐じ【▼匙】[名] 「さじ(匙)」の転。

しゃ‐じ【社寺】[名] 神社と仏寺。寺社。

しゃ‐じ【謝辞】[名] ❶感謝のことば。お礼のことば。❷謝罪のことば。

しゃ‐じく【車軸】[名] 車の心棒。

◉車軸を流・す 車軸のような雨脚の太い雨が降る。激しく雨が降るさまをいう。「やがて―ような大雨となった〈太宰治〉」

しゃ‐じつ【写実】[名・他サ変] 物事をありのままに描写すること。「―的に描く」

しゃじつ‐しゅぎ【写実主義】[名] 主観を抑えて、自然や社会の現実をありのままに描写しようとする芸術上の立場。リアリズム。▼特に、ロマン主義への反動として一九世紀中ごろのヨーロッパに興った芸術思潮をいう。

じゃじゃ‐うま【じゃじゃ馬】[名] ❶人になかなか馴れないあばれ馬。荒馬。❷気性が激しく、わがままできかん気な女性。

しゃしゃ‐らくらく【▼洒▼洒落落】[形動タル] 気質・言動などがあっさりしていて、物事にこだわらないさま。「―たる態度」▼「洒落(しゃらく)」を強めていう語。

しゃしゃり‐でる【しゃしゃり出る】[自下一]〔俗〕分をわきまえずに出しゃばる。「厚かましくも―」

しゃ‐しゅ【社主】[名] 会社・結社などの持ち主や代表者。

しゃ‐しゅ【車種】[名] 自動車を動力・用途・型などによって分けた種類。「新型―」

しゃ‐しゅ【射手】[名] ❶弓を射る人。いて。❷銃を撃つ人。射撃手。「魔弾の―」

じゃ‐しゅう【邪宗】[名] ❶人心をまどわす邪悪な宗教。邪教。❷江戸時代、幕府によって禁止されていたキリスト教のこと。邪宗門。

しゃ‐しゅつ【射出】[名] ❶[他サ変] 矢・弾丸などをうち出すこと。発射。❷[自他サ変] 細い口から液体を勢いよく噴き出すこと。また、噴き出ること。❸[自他サ変] 光線などが一点から放射状に出ること。また、出すこと。「―光線」

しゃ‐じゅつ【射術】[名] 弓で矢を射る術。弓術。

しゃ‐しょう【社章】[名] 会社・結社などの記章。

しゃ‐しょう【車掌】[名] 列車・電車・バスなどに乗務して、旅客・荷物などに関するサービスや事務を行う職員。

しゃ‐しょう【捨象】[名・他サ変] 事物または表象からある要素や性質を抽象するとき、それ以外の要素や性質を考察の対象から切り捨てること。

しゃ‐じょう【写場】[名] 写真を撮影する設備のある場所。写真館。フォトスタジオ。

しゃ‐じょう【車上】[名] 車の上。また、乗り物に乗っていること。「―の人となる」

しゃ‐じょう【射場】[名] ❶銃砲の射撃を行う場所。射撃場。❷弓を射る場所。いば。

しゃ‐じょう【謝状】[名] ❶謝礼の書状。礼状。感謝状。❷わびを述べた書状。わび状。

しゃ‐しょく【写植】[名] 「写真植字」の略。

しゃ‐しょく【社食】[名] 社員のための食堂。▼「社員食堂」の略。

しゃ‐しょく【社▼稷】[名] 国家。「―の臣(=国家の安危を左右する重臣)」▼土地の神(=社)と五穀の神(=稷)の意から。

しゃ‐しん【写真】[名] ❶カメラでフィルムに写した像を印画紙などに焼き付けて映像にすること。また、その焼き付けたもの。デジタルカメラなどで写したものにもいう。「―を撮る」「記念―」❷「活動写真」の略。

しゃ‐しん【捨身】[名・自サ変] ❶俗界の身を捨てて仏門に入ること。❷仏教で、仏法や衆生(しゅじょう)救済のために自分の命を捨てること。

じゃ‐しん【邪心】[名] 悪事を行おうとする、よこしまな心。

じゃ‐しん【邪神】[名] 人に災いをもたらす邪悪な神。悪神。「悪鬼―」

しゃしん‐か【写真家】[名] 写真を撮ることを専門とする人。

しゃしん‐き【写真機】[名] 写真を撮影するための光学機械。カメラ。

しゃしん‐しょくじ【写真植字】[名] 写真植字機によって文字・数字・記号などを印画紙やフィルムに露光し、現像して写真製版用の版下やフィルム原版を作ること。また、その技法。写植。

しゃ・す【謝す】[自他五] ➡謝する「非礼を―」

ジャズ【jazz】[名] アメリカの黒人音楽から発達したポピュラー音楽。独特のリズムと即興的演奏を特徴とするが、その演奏形態やスタイルはきわめて多様。「スイング―・モダン―」

じゃ‐すい【邪推】〔名・他サ変〕他人の言動を悪い方に推測すること。ひがみから悪く想像して考えること。「二人の仲を―する」

ジャスダック【JASDAQ】〔名〕東京証券取引所が運営する新興企業向けの株式市場。▼ジャスダック証券取引所の解散後、大阪証券取引所への吸収合併などを経て、二〇一三年から運営。

ジャスト【just】〔副〕時間・金額などが、ぴったりその数値であるさま。「五時―に会おう」「一一秒二で走った」「財布には千円―しかない」

ジャスト‐アイディア【和製just＋idea】〔名〕ただの思いつき。「―ですが、提案します」

ジャスト‐フィット【和製just＋fit】〔名・自サ変〕ちょうど合うこと。適合すること。

ジャスト‐ミート【和製just＋meet】〔名・自サ変〕野球で、打者がバットの芯(しん)でうまく球の中心をとらえて打つこと。

ジャス‐マーク【JASマーク】〔名〕日本農林規格に合格した農産品・畜産品・水産品・林産物などに付けられるマーク。▼JASはJapanese Agricultural Standardの略。

ジャスミン【jasmine】〔名〕熱帯・亜熱帯地方に分布するモクセイ科ソケイ属の植物の総称。ソケイ・オウバイ・キソケイ・マツリカなど。また、その花から抽出した香油。

ジャスラック【JASRAC】〔名〕日本音楽著作権協会。日本における音楽関係の著作権を管理する社団法人。▼Japanese Society for Rights of Authors, Composers and Publishersの略。

しゃ・する【謝する】㊀〔自サ変〕いとまごいをして立ち去る。辞する。「師のもとを―」㊁〔他サ変〕❶感謝の気持ちを表す。「師に高恩を―」使い方「神の恩寵(おんちょう)に謝する」のように自動詞としても使う。❷あやまる。わびる。「大兄に非礼を―」❸丁重にことわる。謝絶する。「面会を―」文しゃ・す 異形謝す

しゃ‐ぜ【社是】〔名〕会社などの基本的な経営方針や主張。また、それを表す標語。

しゃ‐せい【写生】〔名・他サ変〕実際の事物や景色を見たままに写し取ること。「―画・―文」

しゃ‐せい【射精】〔名・自サ変〕精液を射出すること。

しゃ‐せつ【社説】〔名〕新聞・雑誌などで、その社の主張・意見として掲載する論説。

しゃ‐ぜつ【謝絶】〔名・他サ変〕辞退して断ること。拒絶すること。「客[交際]を―する」「面会―」

じゃ‐せつ【邪説】〔名〕人心をまどわす不正な説。異端の説。

しゃ‐せん【社線】〔名〕民間会社が経営する鉄道またはバスの路線。▼旧国鉄線に対して言った語。

しゃ‐せん【車線】〔名〕自動車一台が安全・円滑に走行できる幅をもった車道上の区分。「追い越し―」

しゃ‐せん【斜線】〔名〕ななめになっている線。一つの直線や平面に対して垂直または平行でない直線。

しゃ‐そう【社葬】(ーサウ)〔名〕会社が施主となって行う葬儀。

しゃ‐そう【車窓】(ーサウ)〔名〕列車・電車・自動車などの窓。「―の眺め」

しゃ‐そく【社則】〔名〕会社の規則。

しゃ‐たい【車体】〔名〕車両で、人や荷物を積載する部分。また、車両の外形全体。ボディー。

しゃ‐たい【斜体】〔名〕❶欧文活字で、左右いずれかに傾いた書体。イタリック・スクリプトなど。❷写真植字などで、基準となる字体に対して左右いずれかに傾斜させた書体。

しゃ‐だい【車台】〔名〕❶車両で、車輪の上にあって車体を支えている鉄製の台枠。シャーシー。❷車両の数。「―が不足する」

しゃ‐たく【社宅】〔名〕社員やその家族を住まわせるために、会社が所有し管理する住宅。

しゃ‐だつ【▼洒脱】〔名・形動〕俗気がぬけて、さっぱりと洗練された趣があること。「―な人柄」「軽妙―」派生‐さ

しゃ‐だん【社団】〔名〕一定の目的のもとに集まった団体で、その団体自身が社会において一個の単一体として存在し活動するもの。

しゃ‐だん【遮断】〔名・他サ変〕流れなどをさえぎって、とめること。「交通を―する」

しゃだん‐き【遮断機】〔名〕踏切などで、列車・電車の通過時に道路を閉鎖し、人や車両の通行を止める装置。

しゃだん‐ほうじん【社団法人】(ーハフジン)〔名〕法律上の権利・義務の主体であることを認められた社団。一般社団法人・公益社団法人・営利社団法人などがある。

しゃち【▼鯱】〔名〕❶クジラ目マイルカ科の歯クジラ。雄は全長九㍍(メートル)に達する。体は背面が黒色、腹部は白色。性質は獰猛(どうもう)で、群れをなしてクジラ・海獣などを襲う。サカマタ。❷「しゃちほこ」の略。

じゃ‐ち【邪知(邪▼智)】〔名〕不正なことに働く知恵。悪知恵。奸知(かんち)。「―暴虐」

しゃ‐ちく【社畜】〔名〕飼い慣らされた家畜のように、自分の意思をもたず会社の言いなりになって働く会社員をからかっていう語。

しゃちこ‐ば・る【しゃちこ張る】〔自五〕➡しゃちほこばる▼「しゃちほこばる」の転。

しゃち‐ほこ【▼鯱】〔名〕❶想像上の海獣。魚形だが頭は虎(とら)に似、背には鋭いとげがあって、常に尾を高くそり上げているという。❷①をかたどった金属製・瓦製の飾り物。防火の効があるとされ、城郭などの大棟の両端に飾る。しゃち。「金の―」

しゃちほこ‐ば・る【▼鯱張る】〔自五〕❶鯱のように、いかめしく構える。「―・って訓示を垂れる」❷緊張して体をこわばらせる。かたくなる。「―・って畏(かしこ)まる」◈「しゃちこばる」ともいう。

しゃ‐ちゅう【社中】〔名〕❶会社などの建物の中。また、会社などの内部。社内。❷詩歌・邦楽などで、同門の仲間。また、同じ結社の仲間。

しゃ‐ちゅう【車中】〔名〕列車・電車・自動車などの中。車内。「―談」

しゃ‐ちょう【社長】(ーチャウ)〔名〕会社の長。業務執行の最高責任者で、会社代表の権限をもつ。

シャツ【shirt】〔名〕❶上半身に着る下着。アンダーシャツ。❷上着として着る西洋風の衣服。ワイシャツ・スポーツシャツなど。

しゃっ‐か【借家】(シャクー)〔名〕➡しゃくや

じゃっ‐か【弱化】(ジャクー)〔名・自他サ変〕力や勢いがしだいに弱くなること。また、弱くすること。⬆強化

しゃっ‐かん【借款】(シャククヮン)〔名〕政府または公的機関が他国政府や国際金融機関から資金を借り入れること。

広義では民間借款も含む。≡「円―」▼「款」は契約書の意。

じゃっ-かん【若干】[名] はっきりと明示しにくいが、あまり大きくない数量・程度などを表す語。いくらか。少し。≡「―の金を用意する」「―不安が残る」▼副詞的にも使う。

じゃっ-かん【弱冠】[名] ❶男子二〇歳の称。また、成年に達すること。▼古代中国で、男子二〇歳を「弱」と称し、元服して冠をかぶったことからいう。❷年が若いこと。≡「―一八歳のチャンピオン」◈注意「若冠」と書くのは誤り。

しゃっかん-ほう【尺貫法】[名] 長さの単位を尺、質量の単位を貫、容積の単位を升とする、日本古来の度量衡法。▼昭和三四(一九五九)年に廃止され、メートル法に統一された。

じゃっかん-めい【若干名】[名] はっきりと明示しにくいが、あまり多くない人数を表す語。数名。≡「社員―を採用する」使い方「数名」は二から六人程度を、「若干名」は一人を含み、四、五人(場合によっては九人まで)程度をいう。

じゃっ-き【▼惹起】[名・他サ変] 事件や問題を引き起こすこと。≡「大論争を―する」

ジャッキ [jack] [名] 歯車・ねじ・油圧などを利用し、小さな人力で重い物を垂直に持ち上げる器具。扛重機。ジャック。

しゃっ-きょう【釈教】[名] 釈迦の教え。仏教。≡「―歌」

しゃっ-きり [副] ぴんと張りがあって、しっかりしているさま。≡「―(と)背筋を伸ばして立つ」

しゃっ-きん【借金】[名] ❶[自他サ変] 金銭を借りること。また、借りた金銭。≡「兄に百万円を―する」❷プロ野球などの公式戦で、負けた試合数が勝った試合数を越えること。また、負け越した試合数。≡「三つの―がある」⇕貯金

しゃっ-く【赤口】[名] 六曜の一つ。すべてに凶とされる日だが、正午だけは吉。しゃっこう。

じゃっ-く【▼惹句】[名] 人の注意や興味を引きつける短い文句。特に、広告などのうたい文句。キャッチフレーズ。

ジャック [jack] [名] ❶トランプの絵札の一つ。一〇の上位、クイーンの下位の札で、廷臣または兵士を表すという若者の絵が描かれている。❷電気器具の差し込み口。≡「ヘッドホン―」❸⇩ジャッキ

ジャックナイフ [jackknife] [名] 折り畳み式の大形ナイフ。

しゃっくり【▼嚔・〈▼吃逆〉】[名・自サ変] 横隔膜が痙攣を起こし、急に吸い込まれた空気が声門を開いて特殊な音を発すること。

ジャッグル [juggle] [名・他サ変] 野球で、捕球の際、つかみそこねた球をグラブの中で弾ませること。お手玉。

しゃっ-けい【借景】[名] 庭園外にある山や樹木の風景を、庭園の景観を構成する要素として取り入れること。また、その造園技法。

じゃっ-こう【弱行】[名] 実行力がよわいこと。≡「薄志―」

じゃっ-こう【寂光】[名] ❶仏教で、衆生を解脱させる寂静の真理と、そこから発する真智の光。❷仏の住む世界。衆生が解脱して究極の悟りに達した境地をいう。▼「寂光土」の略。

じゃっ-こく【弱国】[名] 国力のよわい国。⇕強国

しゃっ-こつ【尺骨】[名] 前腕にある二本の骨のうち、小指側にある長い管状の骨。⇩骨(図)

ジャッジ [judge] [名] ❶[他サ変] 判定すること。❷競技の審判員。▼ボクシングやレスリングでは副審をいう。

シャッター [shutter] [名] ❶金属でできた巻き上げ式の扉。よろい戸。≡「防火―」❷カメラで撮影するとき、瞬間的に開閉して感光剤に光を当てる装置。≡「―を切る」

シャッター-チャンス [shutter chance] [名] 動いている被写体を撮影するとき、シャッターを切るのに最もよい瞬間。≡「―を逃す」

シャット-アウト [shutout] [名・他サ変] ❶閉め出すこと。≡「報道関係者を―する」❷野球などで、相手に一点も与えずに勝つこと。完封。

シャット-ダウン [shutdown] [名] ❶一時的に活動を停止すること。操業停止。❷コンピューターで、システムを終了すること。

ジャップ [Jap] [名] 日本人。▼軽蔑していう語。

シャッフル [shuffle] [名・他サ変] ❶トランプのカードを切り混ぜること。❷ばらばらにして位置や順序を入れ替えること。≡「曲順を―する」

シャッポ [chapeau フランス] [名] 帽子。シャポー。
◉**シャッポを脱・ぐ** 脱帽する。降参する。兜を脱ぐ。

しゃ-てい【舎弟】[名] ❶人に対して自分の弟をいう語。⇕舎兄 ❷弟分。

しゃ-てい【射程】[名] ❶銃砲を発射する起点から弾着点までの水平距離。特に、その弾丸が届く最大距離。射距離。≡「ミサイルの―内」❷勢力・能力などの及ぶ範囲。≡「チャンピオンの座を―(内)に入れる」

しゃ-てき【射的】[名] ❶標的を置いて銃で撃つこと。❷空気銃にコルクの弾丸を詰め、おもちゃなどを標的にして撃つ遊び。撃ち落とした標的が景品となる。

しゃ-でん【社殿】[名] 神社の殿舎。特に、神体を祭ってある殿舎。本殿。

しゃ-ど【斜度】[名] 水平面に対して傾斜面がなす角度。斜面の傾きの度合い。≡「最大―」

しゃ-ど【▼赭土】[名] 酸化鉄を含んだ赤褐色の土。あかつち。▼良質のものは着色料に利用する。

しゃ-とう【社頭】[名] 社殿の前。また、社殿の付近。

しゃ-どう【車道】[名] 道路を区分し、車両が通行するように定めた部分。⇕歩道・人道

じゃ-どう【邪道】[名] ❶道徳から外れた、よこしまな道。❷本筋から外れた、望ましくない方法。≡「その食べ方は―だ」◈⇕正道

シャトー [château フランス] [名] ❶城。宮殿。また、大邸宅。❷フランスのボルドー地方で、ワインを醸造・貯蔵する建物を備えた葡萄園。

シャドー [shadow] [名] 影。陰影。

シャドー-キャビネット [shadow cabinet] [名] 野党が将来政権をとることを予想し、その最高幹部によって組織する政策立案機関。政権をとれば、そのまま閣僚に移行することが多い。影の内閣。▼イギリスの野党幹部会の呼称から。

シャドー-ボクシング [shadowboxing] [名]

ボクシングで、相手がいるものと想定して一人で攻撃や防御の練習をすること。

シャトル [shuttle]〔名〕❶織物の杼(ひ)。シャットル。❷定期往復便。‖「—バス」❸「シャトルコック」の略。❹「スペースシャトル」の略。

シャトルコック [shuttlecock]〔名〕バドミントンで使う羽根のついた球。シャトル。

シャトルバス [shuttle bus]〔名〕近距離を一定間隔で往復するバス。

しゃ-ない【社内】〔名〕❶会社の建物の内部。また、会社の組織の内部。‖「—報・—結婚」⇔社外 ❷神社の境内。また、社殿の中。

しゃ-ない【車内】〔名〕列車・電車・自動車などの中。車中。‖「—販売」⇔車外

じゃ-ない-か (チャ)〔連語〕❶相手に対する確認を表す。‖「あの店、今日は休み—」「熱があるん—」▽①は多く上昇調で、②以降は下降調でいう。❷共感や同意を求める気持ちを伴った控えめな断定を表す。‖「なかなかいい役者—」「お前も頑張った—」❸驚きや非難などの気持ちを伴った断定を表す。‖「何だ、こりゃ拳銃—」「早くしろ。遅刻する—」「お前、宿題やってない—」❹〈「…う[よう]じゃないか」の形で〉話し手の意志や勧誘を表す。‖「俺が受けて立とう—」「みんなで力を合わせよう—」◈ 使い方 ⑴相手に確認したり、同意を求めたりする表現なので、「じゃないですか」の形も多い。⑵「じゃないですか」を相手が知らないことに使うのは、知らないことについて同意や共感を求めることになるので、相手に不快感を与える恐れがある。‖「私って甘いもの嫌いじゃないですか」

しゃなり-しゃなり〔副と〕しなやかな身のこなしで気取って歩くさま。‖「着流しのまま—と出かける〈谷崎潤一郎〉」

しゃにく-さい【謝肉祭】〔名〕⇒カーニバル①

しゃ-にち【社日】〔名〕春分・秋分に最も近い戊(つちのえ)の日。春は春社(しゅんしゃ)といって地神に豊作を祈り、秋は秋社(しゅうしゃ)といって収穫を感謝する祭りを行う。しゃじつ。

しゃに-むに【(遮二無二)】〔副〕ほかのことは考えないで強引に物事をするさま。がむしゃらに。‖「—突撃する」 注意 「遮二無に」は誤り。「遮二無」＋「に」ではない。

しゃ-ねつ【遮熱】〔名・自サ変〕室温の上昇を抑えるために、夏の日射熱を建物の外部でさえぎること。

じゃ-ねん【邪念】〔名〕❶悪事を行おうとする、よこしまな考え。邪心。‖「—を抱く」❷心の迷いから生じる不純な考え。雑念。‖「—を払う」

じゃ-の-ひげ【蛇の▼鬚】〔名〕初夏、淡紫色の小花を総状につけるユリ科の常緑多年草。秋、球形の青黒い実を結ぶ。庭園の下草としても植える。リュウノヒゲ。

じゃ-の-め【蛇の目】〔名〕❶ヘビの目をかたどった、大小二つの同心円からなる文様。また、その形をした紋所。❷開くと①の模様が現れるように、中央と外縁を黒・青・赤などで太い輪状に塗り、その中間を白くした紙製の雨傘。▽「蛇の目傘」の略。

しゃ-ば【車馬】〔名〕車と馬。また、乗り物。‖「—賃(＝交通費)」

しゃば【▼娑婆】〔名〕❶仏教で、釈迦が衆生(しゅじょう)を教化するこの世界。煩悩や苦しみに満ちた人間の世界。現世。娑婆世界。❷〔俗〕刑務所・軍隊など、自由を束縛されている世界にいる人が、一般の人々が暮らす社会を指していう語。‖「—に出る」

しゃば-け【▼娑婆け(▼娑婆気)】〔名〕現世に執着する心。俗世間の名利にとらわれる心。しゃばっけ。‖「—が抜けない」

ジャパニーズ [Japanese]〔名〕日本人。日本語。また、日本式。

しゃ-はば【車幅】〔名〕自動車の幅。しゃふく。

じゃ-ばら【蛇腹】〔名〕❶蛇の腹のような形状または模様。❷折り畳み式カメラなどの一部で、ピントを合わせるために自由に伸縮できる部分。❸建物の軒や壁の最上部にめぐらせる、帯状に突出した装飾。❹細長い野菜を、切り離さないように、両面から連続して細かく小口切りにすること。蛇腹切り。

しゃ-はん【社販】〔名〕企業が従業員を対象に自社の商品を割り引いて販売すること。▽「社内販売」「社員販売」の略。

しゃ-はん【▼這般】〔名〕前に述べた事柄を指す語。このこと。これらのこと。‖「—の事情により」▽多く「—の」の形で使う。「這」は「此」の意。

しゃ-ばん【社判】〔名〕会社名の入った印判。会社印。

ジャパン [Japan]〔名〕日本。‖「—バッシング」

しゃ-ひ【社費】〔名〕❶会社・社団などが支出する費用。❷神社の費用。

しゃ-ひ【舎費】〔名〕寄宿舎などを維持するため、その居住者が支払う費用。

じゃびせん【蛇皮線】〔名〕沖縄の民俗楽器「三線(さんしん)」の本土での通称。⇒三線

しゃ-ふ【写譜】〔名・自他サ変〕楽譜を書き写すこと。

しゃ-ふ【車夫】〔名〕人力車を引くことを職業とする人。車引き。車屋。人力車夫。

しゃぶ〔名〕覚醒剤をいう隠語。‖「—を打つ」

ジャブ [jab]〔名〕ボクシングで、相手の顔面やボディーを小刻みに連打すること。‖「—の応酬」

しゃ-ふう【社風】〔名〕その会社の気風。‖「堅実な—」

しゃぶ-しゃぶ〔名〕薄切りにした牛肉や豚肉を熱湯にくぐらせ、たれやポン酢をつけて食べる鍋料理。▽中国の涮羊肉(シュワンヤンロウ)がもととされる。

じゃぶ-じゃぶ〔副と〕❶水が勢いよく揺れ動くさま。また、その音を表す語。ざぶざぶ。‖「顔を—と洗う」「浅瀬を—と進む」「酢を—かける」❷大量の金銭が動くさま。‖「資金を—と使う」「株で—もうける」

しゃ-ふつ【煮沸】〔名・他サ変〕水などを煮たたせること。また、煮えたぎる湯にひたすこと。‖「—消毒」

シャフト [shaft]〔名〕❶機械などの動力を伝達するための回転軸。❷道具などの柄の部分。

しゃぶ・る〔他五〕口に物を含んで、吸うようにしてなめる。‖「あめ玉を—」 可能 しゃぶれる

しゃ-へい【遮蔽】〔名・他サ変〕おおいかくすこと。また、おおってさえぎること。‖「日光を—する」「—幕」

しゃべ・る【▼喋る】〔他五〕ものを言う。話す。特に、無駄なことを口数多くぺらぺらと話す。‖「だんまりを決め込んで一言も—・らない」「秘密をうっかり—・ってしまう」 使い方 やや俗語的な言い方で、敬語化が難しく、目上の人には使いにくい。 可能 しゃべれる 名 しゃべり

シャベル [shovel]〔名〕土砂などをすくったり穴を掘ったりするのに使う、さじ状の道具。ショベル。⇒スコップ

しゃ‐へん【斜辺】〔名〕傾斜した辺。特に、直角三角形の直角に対する辺。

じゃ‐ほう【邪法】〔名〕人をまどわす、邪悪な宗教。邪宗。

シャボテン〔名〕⇒サボテン

しゃ‐ほん【写本】〔名〕本を手書きで書き写すこと。また、書き写した本。⇔刊本

シャボン【sabão ポルトガル】〔名〕❶石鹼。❷「シャボン玉」の略。

シャボン‐だま【シャボン玉】〔名〕ストローなどの管の先につけた石鹼水に空気を吹き込んで作る気泡。使い方 現れてはすぐ消える、はかないもののたとえにもいう。

じゃ‐ま【邪魔】〔名・他サ変〕❶〔形動〕何かの妨げになること。また、そのもの。‖「—がはいる」「—な車[存在]」❷〈「お邪魔します」などの形で〉訪問するとき、また、訪問先から辞去するときの挨拶のことば。‖「お—します」「どうもお—しました」▼相手の妨げとなる意から。◈もと、仏道修行を妨害する悪魔の意。

品格 遮る「質問を—」 妨げる「対策実行を—」 遮断「交通を—する」 制止「—を振り切る」 阻害「利益の—」 妨害「業務の—」

じゃま‐だて【邪魔だて（邪魔立て）】〔名〕わざと邪魔をすること。

じゃまっ‐け【邪魔っけ（邪魔っ気）】〔形動〕邪魔になるさま。‖「—な荷物を整理する」

じゃま‐もの【邪魔者・邪魔物】〔名〕邪魔になる人・物。

しゃみ【▽沙▽弥】〔名〕出家して沙弥十戒を受け、比丘になるための修行をしている男性の僧。さみ。▼梵語の音訳。

しゃみ‐せん【《三味線》】〔名〕❶邦楽の演奏に使う三弦の弦楽器。猫皮・犬皮を張った胴と弦を張った棹からなり、ふつう撥を使って鳴らす。三弦。さみせん。数「一棹…」「一丁(挺)…」と数える。❷〔俗〕勝負事などで、相手の裏をかくためにあらぬことを言ってごまかすこと。

しゃ‐む【社務】〔名〕❶神社の事務。‖「—所」❷会社の事務。また、会社の職務。

シャム【Siam】〔名〕タイ国の旧称。

ジャム【jam】〔名〕果物に砂糖を加えて煮詰めた保存食品。イチゴ・アンズ・リンゴ・木イチゴ類のものなど。

ジャム‐セッション【jam session】〔名〕〈ジャズの〉演奏家たちが数人集まり、自分たちの楽しみのために即興演奏を行うこと。また、その演奏会。

シャム‐そうせいじ【シャム双生児】〔名〕体の一部が結合した一卵性双生児。結合双生児。▼シャムで生まれた双生児に由来する名。

シャム‐ねこ【シャム猫】〔名〕家猫の一品種。体はほっそりとして、短毛。体色は白からクリームで、耳・脚・鼻先などは暗褐色。目は青い。原種はシャムの王宮で飼われていたとされる。

しゃ‐めい【社名】〔名〕神社・会社・結社などの名称。

しゃ‐めい【社命】〔名〕会社の命令。‖「—を帯びる」

しゃ‐めん【赦免】〔名・他サ変〕罪や過ちを許すこと。‖「—を請う」「—状」

しゃ‐めん【斜面】〔名〕傾斜している面。‖「山の—」

しゃも【〈軍鶏〉】〔名〕ニワトリの一品種。首が長く、太い脚に大きなけづめをもつ。江戸初期にシャム（現在のタイ）から渡来し、闘鶏用に改良された。現在は観賞用・食肉用としても飼育される。シャムロ鶏。ぐんけい。

シャモ〔名〕アイヌの人々が日本人を指して言う語。和人。▼アイヌ語「シサム（＝隣人）」の転か。

しゃ‐もじ【▼杓文字】〔名〕飯や汁をすくう柄のついた道具。特に、飯を盛る道具。めしじゃくし。▼もと「しゃくし(杓子)」の「しゃ」に「文字」をつけた女房詞。

しゃ‐もん【沙門】〔名〕仏門に入り、修行して悟りを求める人。さもん。▼梵語の音訳。

しゃ‐もん【▽借問】〔名・他サ変〕ためしに尋ねてみること。しゃくもん。

じゃ‐もん【蛇紋】〔名〕蛇の胴体にある斑紋に似た模様。

しゃ‐ゆう【社友】〔名〕❶同じ会社・結社などの仲間。❷社員ではないが、その会社に深い関係があり、特定の待遇を受けている人。▼新聞社・雑誌社などでは、一定年限を勤めて退職したもと社員のことをいう。

しゃ‐よう【社用】〔名〕❶会社の用事。❷神社の用務。

しゃ‐よう【斜陽】〔名〕❶西に傾いた太陽。また、その光。夕日。❷栄えていたものが時勢の変化によって衰亡に向かうこと。‖「—産業」

じゃ‐よく【邪欲（邪▼慾）】〔名〕道徳に反する不正な欲望。特に、性的にみだらな欲望。淫欲。

しゃら【▽沙羅・▼娑羅】〔名〕❶⇒さら ❷ナツツバキ。

しゃ‐らく【▼洒落】〔名・形動〕気質・言動などがあっさりしていて、物事にこだわらないこと。‖「—な人」

しゃらくさ・い【▼洒▽落臭い】〔形〕分に似合わず、しゃれたまねをして生意気であるさま。‖「—奴だ」

じゃら‐じゃら〔副ト〕❶金属製などの硬いものがたくさん触れ合って発する音を表す語。‖「小銭を—させる」❷だらしなくふざけかかって、いやらしい感じがするさま。‖「人前で—するな」

じゃら・す〔他五〕まつわりついてたわむれるように仕向ける。じゃれさせる。‖「子猫を—」名じゃらし

しゃ‐り【舎利】〔名〕❶聖者の遺骨。特に、仏陀の遺骨。仏舎利。‖「—塔」▼梵語の音訳。❷白い米粒。米。また、米の飯。‖「銀—」

しゃ‐り【射利】〔名〕手段を選ばず、利益を得ることだけを目標にすること。また、偶然の利益をねらうこと。

じゃり【《砂利》】〔名〕❶細かい石（の集まり）。また、小石に砂のまじったもの。ざり。‖「—を敷く」「—道」「玉—」❷子供。▼もと劇場などで子供の観客を指した隠語。書き方 普通かな書きにする。

しゃり‐かん【しゃり感】〔名〕〔新〕布地の風合いで、握ったときにやや弾力があって、肌にまつわらないような感じ。しゃりみ。

しゃ‐りき【車力】〔名〕大八車などを引いて荷物を運搬することを業とする人。また、その荷車。

しゃり‐しゃり〔副ト〕❶細かいものや硬くて薄いものが連続して触れ合う音を表す語。‖「りんごを—と嚙む」❷粗く張りがあって、べとつかないさま。‖「—とした手触りの帯」

じゃり‐じゃり〔副ト・形動〕硬い粒状のものが触れ合う音を表す語。また、硬い粒状のものに触れて、粗く感じるさま。‖「車輪が—と砂利をかむ」「砂で口の中が—だ」

しゃ‐りょう【車両（車▼輛）】〔名〕列車・電車・

自動車など、車輪のついた乗り物。〓「大型—」[書き方]もとは専ら「車輛」と書いた。

しゃ-りん【車輪】[名] ❶車の輪。また、車。〓「電車の—」❷休まずに懸命になって物事を行うこと。〓「—になって働く」▼もと役者が一所懸命に熱演することの意。

シャルマン[charmantフラ][形動] 魅力的なさま。魅惑的なさま。チャーミング。

しゃれ【▼洒▽落】[名] ❶座興として人を笑わせるために言う機知に富んだ文句。語呂合わせ・地口の類。〓「—を飛ばす」「駄—」❷戯れにすること。冗談事。〓「—では済まされないいたずら」❸服装や化粧に気を配って身を飾ること。〓「—者」▼多く「おしゃれ」の形で使う。◈[書き方]「洒落」は当て字。

洒

しゃ-れい【謝礼】[名・自サ変] 感謝の心を表すための言葉や金品。また、その金品を贈ること。〓「—金」

しゃ-れき【社歴】[名] ❶会社の歴史。❷その会社に入社してからの年数。〓「—二〇年のベテラン社員」

しゃれ-こうべ【〈▼髑▼髏〉】[名] ⇒されこうべ

しゃれ-こ・む【▼洒▽落込む】[自五] ❶入念におしゃれをする。めかしこむ。❷いつもはしないような気のきいたことをする。〓「趣向を凝らして花見と—」

しゃ-れつ【車列】[名] 車の列。〓「渋滞中の—」

しゃれっ-け【▼洒▽落っけ(▼洒▽落っ気)】[名] ❶化粧・服装などで、おしゃれをしようとする気持ち。❷気のきいた言動によって、人を感心させたり笑わせたりしようとする気持ち。〓「—たっぷりの人」

しゃれ-ぼん【▼洒▽落本】[名] 江戸後期に刊行された、花柳界を題材とする小説。会話を中心に、遊里の事情や色事の手管を写実的に描く「通」「うがち」を特色とする。蒟蒻本(こんにゃくぼん)。小本(こほん)。

しゃ・れる【▼洒▽落る】[自下一] ❶おめかしをする。おしゃれをする。〓「—・れた装いをして出かける」❷〈「しゃれた」「しゃれて」の形で〉気が利いていて、洗練されている。粋で、格好がよい。〓「—・れたネクタイ[言い回し・建物]」「デザインが—・れている」❸〈「しゃれた」の形で〉さしでがましいことや生意気なことをするさま。〓「—・れたまねをしてくれるじゃないか」❹しゃれを言う。〓「ゴルキと云うと露西亜(ロシア)の文学者みた様な名だねと赤シャツが—・れた〈漱石〉」[名]しゃれ

じゃ・れる【▽戯れる】[自下一] まつわりついてたわむれる。〓「子猫がまりに—」[文]じゃ・る

シャワー[shower][名] じょうろ状の噴出口から水や湯を雨のように注ぎかける装置。また、その水や湯。〓「—を浴びる」

シャン[schönドイ][名] 美しいこと。また、美人。〓「バック—」▼もと旧制高校の学生用語。

じゃん(ヂャン)[連語]「じゃないか」のくだけた言い方。相手に同意や確認を求めるときにいう。〓「結構うまい—」「約束した—」

ジャンキー[junkie][名] ❶麻薬中毒者。❷何かに病みつきになっている人。

ジャンク[junk][名] ❶価値のないもの。廃品。がらくた。❷[俗] 麻薬。ヘロイン。

ジャンク【戎克中国】[名] 中国の沿岸や河川で用いられる木造帆船の総称。▼もとはジャワ語で船の意。

ジャンクション[junction][名] 複数の高速道路が合流する地点。また、複数の高速道路を相互に連絡するための立体交差部分。▼連結・接合の意。

ジャンク-フード[junk food][名] 高カロリーだが栄養価の低い食品。スナック菓子・即席麺(めん)・ファーストフードなど。

ジャングル[jungle][名] 常緑樹・ツタ植物などが密生している熱帯地方の森林。密林。

ジャングル-ジム[jungle gym][名] 金属パイプなどを縦・横に一定の間隔で組み立てた児童用の遊具。子供たちが登り降りして遊ぶ。

じゃん-けん【じゃん拳】[名・自サ変] 片手で石(ぐう)・はさみ(ちょき)・紙(ぱあ)のいずれかの形をつくり、互いに同時に出し合って勝負を決めること。また、その遊び。石拳(けん)。じゃんけんぽん。〓「—して決める」▼「両拳」の中国音からという。

しゃん-しゃん[副ト] ❶数個の鈴が続けて鳴る音を表す語。〓「鈴を—(と)鳴らす」❷物事の成就などを祝う手じめなどで、多くの人がそろって手を打つ音を表す語。〓「—と手をしめる」❸心身が丈夫で、元気に活動しているさま。〓「年の割には—している」

じゃん-じゃん[副ト] ❶半鐘などを続けて激しく鳴らす音を表す語。❷ある物事を切れ目なく盛んに行うさま。また、次から次へと立て続けに起こるさま。〓「—酒を飲む」「注文が—入ってくる」

しゃんす[助動 特活型](しゃんせ-しゃんし-しゃんす-しゃんす-しゃんすれ-しゃんせ)[古風] 尊敬の意を表す。お…になります。〓「連れ舞なと舞わしゃんせ〈菊池寛〉」▼尊敬の助動詞「しゃります」の転。近世上方の、遊里の女性語から。[使い方] 四段動詞・ナ行変格動詞の未然形に付く。

ジャン-そう【ジャン荘(▼雀荘)】[名] 席料を取ってマージャンをする場所を提供する店。マージャン荘。▼「ジャン」は「マージャン(麻雀)」の略。

シャンソン[chansonフラ][名] フランスの大衆的な歌謡。▼本来はフランスの歌曲の総称。

シャンツァイ【香菜中国】[名] ⇒コリアンダー

シャンツェ[Schanzeドイ][名] スキーのジャンプ台。助走路・踏み切り台・着地斜面からなる。

シャンデリア[chandelier][名] 天井からつり下げる装飾的な室内灯。華やかなものが多い。

しゃん-と[副] 姿勢・態度などが、張りがあってしっかりしているさま。〓「—背筋を伸ばす」「泣いていないで—しなさい」

ジャンパー[jumper][名] ❶裾と袖口をしぼり、全体をゆったりと仕立てた上着。前はファスナーかボタンでとめる。作業着・運動着・遊び着用。▼おしゃれ着は「ブルゾン」とも。また、なまって「ジャンバー」とも。❷陸上やスキーのジャンプ競技の選手。

ジャンパー-スカート[jumper skirt][名] 胴着と一続きになったスカート。ブラウス・セーターなどと組み合わせて着用する。

ジャンバラヤ[jambalaya][名] 米国南部のケイジャン料理の一つ。鶏肉・ソーセージ・ピーマンなどを具材とし、香辛料を利かせた炊き込みご飯。

シャンパン[champagneフラ][名] フランス北東部シャンパーニュ地方産の発泡性ワイン(スパークリングワイン)。シャンペン。シャンパーニュ。▼栓を抜くときにポンと軽快な音を発し、多く祝宴の乾杯などに用いられる。[書き方]「▽三▼鞭▽酒」とも当てる。

ジャンプ[jump][名] ❶[自サ変] とぶこと。とび

上がること。跳躍。❷陸上競技の三段跳びで、最後の跳躍。‖「ホップ、ステップ、―」❸陸上競技やスキー競技の跳躍種目。ジャンプ競技。

シャンプー [shampoo]【名・自他サ変】洗髪剤。また、洗髪剤を使って髪を洗うこと。

ジャンプスーツ [jumpsuit]【名】上下一続きになったズボン形式の衣服。つなぎ服。▽落下傘部隊の降下服に似ることから。

ジャンプ-ボール [jump ball]【名】バスケットボールで、試合開始または再開のときに、審判が投げ上げたボールを両チームの二人の選手がジャンプして奪い合うこと。

ジャンボ [jumbo]【名】❶【形動】巨大なこと。‖「―サイズ」❷乗客定員四〇〇人以上の大型ジェット旅客機。特に、ボーイング七四七型ジェット機の愛称。ジャンボジェット。◈一九世紀末に英米で見世物になった巨大なアフリカ象の名にちなむ。

ジャンボリー [jamboree]【名】ボーイスカウトの大規模な野営大会。キャンピング・作業・競技・キャンプファイアなどの催しを行う。

ジャンル [genreフランス]【名】分野。種別。特に、文芸作品を様式・形態上から分類した種別。

しゅ【主】 ㊀【名】❶中心になること。また、そのもの。‖「学生が―になって企画を立てる」❷自分が仕える人。あるじ。‖「―家」❸国家・団体などのかしら。‖「君―・藩―」❹キリスト教で、神、またはキリスト。‖「―に祈りを捧げる」㊁(造)働きをするもの。‖「―観・―語」⇔客

しゅ【朱】【名】❶赤色。また、黄を帯びた赤色。‖「―唇」❷硫化水銀を主成分とする赤色の顔料。また、それで作った朱墨(しゅずみ)。‖「―印・―肉」

⦿**朱に交われば赤くなる**　人は交わる相手によって善人にも悪人にもなるということ。

⦿**朱を入・れる**　朱筆で訂正や添削をする。

⦿**朱を注(そそ)・ぐ**　顔などが真っ赤になることのたとえ。

しゅ【種】 ㊀【名】❶一定の基準のもとに分類・類別したもの。たぐい。‖「この―の事例ならいくつもある」「―類」「各―・機―」❷生物分類学上の区分の基本単位。属の下位。‖「―の保存」「品―・変―」㊁(造)❶植物のたね。また、産みふやすもとになるもの。‖「―子・―苗」「菌―」❷たねをまく。植える。‖「―痘」「接―」

しゅ【手】(造)❶肩先から指先までの部分。また、手首から先の部分。て。‖「―中」「握―・挙―・拍―・落―」❷自分の手でする。てずから。‖「―話・―芸・―術」❸てわざ。腕前。やり方。‖「―段・―法」「好―・魔―」❹仕事・役割をもつ人。技能をもつ人。‖「歌―・騎―・投―」

しゅ【守】(造)❶まもる。まもり。‖「―護・―勢・―備」「厳―・死―」❷役人。地方長官。‖「郡―・国―」

しゅ【取】(造)とる。手に入れる。‖「―材・―捨・―得」「採―・搾―・摂―・奪―」

しゅ【狩】(造)鳥獣を追いたてて捕らえる。かり。‖「―猟」

しゅ【首】(造)❶くび。あたま。‖「―肯・―尾」「鶴―・絞―・頓―」❷はじめ。先頭。‖「―唱」「巻―・艦―・機―・部―」❸第一のもの。中心になるもの。‖「―位・―座・―席・―都」❹上に立つ人。かしら。‖「―脳・―領」「元―・党―」❺罪を申し出る。‖「自―」❻和歌や漢詩を数える語。‖「百人一―」

しゅ【殊】(造)ふつうとは違っている。特別な。‖「―勲・―勝」「特―」

しゅ【珠】(造)❶貝の中にできる丸いたま。‖「―玉」「真―」❷たまのように丸いもの。‖「―算」「念―」

しゅ【酒】(造)アルコール含有飲料。さけ。‖「―宴・―豪」「濁―・醸造―・蒸留―・果実―」

しゅ【衆】(造)❶ある人々を親しんで、また丁寧に言う語。‖「若い―」❷多くの。‖「―生(しゅじょう)・―徒」

しゅ【▽須】(造)❶ひげ。あごひげ。‖「―髯(しゅぜん)・―髪」❷用いる。必要とする。‖「―要」「必―」❸わずかの時間。‖「―臾(しゅゆ)」

しゅ【腫】(造)はれる。むくむ。はれもの。むくみ。‖「―瘍」「癌―・筋―・水―」

しゅ【趣】(造)❶心の向かうところ。ねらい。‖「―意・―向・―旨」❷おもむき。ふぜい。味わい。‖「―味」「雅―・情―・野―」

じゅ【寿】 ㊀【名】とし。いのち。‖「百歳の―を保つ」「―命」「天―・白―・米―」㊁(造)❶いのちが長い。長生き。‖「福―」❷長命を祝う。また、その祝い。‖「―詞」「賀―」 旧壽

じゅ【呪】【名】❶まじない。また、その文句。‖「―術・―符」❷のろい。‖「―詛・―縛」

じゅ【▽綬】 ㊀【名】古代中国で、官職を示す印を身につけるときに用いた組み紐(ひも)。‖「―を結ぶ(＝官職に就く)」「印―」㊁(造)勲章・褒章・記章などを身につけるときに用いる紐。‖「黄―・紺―・紫―・藍―」

じゅ【受】(造)うける。うけとる。さずかる。‖「―戒・―験・―賞・―理」「享―・拝―」

じゅ【授】(造)さずける。与える。与えられる。‖「―業・―与」「教―・口―・伝―」

じゅ【需】(造)もとめる。必要とする。‖「―給・―要・―用」「軍―・必―」

じゅ【儒】(造)❶孔子の教え。また、その学徒・学者。‖「―家・―学」「坑―・碩―」❷背が低い。‖「侏―」

じゅ【樹】(造)❶立ち木。‖「―海・―氷・―齢」「植―・常緑―・針葉―・広葉―」❷たてる。‖「―立」

しゅ-い【主位】【名】❶君主のくらい。❷中心になる地位。また、重要な位置。‖「直観を―に置く」「―概念」⇔客位

しゅ-い【主意】【名】❶中心となる意味・考え。主眼。❷理性や感情よりも意志を重く見ること。‖「―主義」⇔主情・主知 ❸君主の意向。

しゅ-い【首位】【名】第一の地位。一位。‖「―を争う」⇔末位

しゅ-い【趣意】【名】❶ある物事を始めるときの目的や考え。‖「結社設立の―」❷文章・談話などで伝えようとしている意味。

し-ゆい【思▽惟】【名・自他サ変】❶仏教で、心を集中させて対象を分別すること。しい。‖「深く人世の俗性を―する」❷深く考えること。しい。

しゅ-いん【手淫】【名】自慰。オナニー。

しゅ-いん【主因】【名】おもな原因。⇔副因

しゅ-いん【朱印】【名】❶朱肉で押した印。特に武家時代、将軍・大名・武将などが公文書に押したものをいう。❷将軍などが花押(かおう)の代わりに朱印を押した公式の書状。‖「―船(＝近世初期、朱印状をもって東南アジア各国との貿易を行った船)」▽「朱印状」の略。◈「御朱印」とも。

じゅ-いん【樹陰(樹▽蔭)】【名】葉の茂った樹木の

かげ。

しゅう【▽主】［名］主君。主人。しゅ。≡「—に仕える」

しゅう【州】［一］［名］❶アメリカ・オーストラリアなど連邦国家の行政区画の一つ。≡「—政府」❷古代中国の行政区画の一つ。≡「蘇—(そしゅう)」❸古く、日本の行政区画の、くに。≡「奥—・信—」［二］(造)❶す。なかす。❷大陸。≡「欧—・豪—・五大—」◈［二］は「洲」に通じる。

しゅう【秀】［一］［名］成績などの評価で、最上の段階。［二］(造)ひいでる。すぐれている。≡「—逸・—歌」

しゅう【周】［一］［名］数学で、平面上の図形を囲む閉じた曲線または折れ線。また、その長さ。［二］(造)❶まわり。めぐる。ぐるりとまわる。≡「校庭を三—する」「—期」❷すみずみまで行きわたる。あまねく。≡「—知・—到」

しゅう【宗】［名］教義。また、それを信仰する団体。≡「—徒・—派」「真—・禅—・律—」

しゅう【週】［名］日曜から土曜までの七日間を単位として区切った期間。一週間。≡「—に一度会議がある」「今—・来—・先—・第三—」「—刊・—末」

しゅう【衆】［一］［名］❶人数が多いこと。また、多くの人々。≡「—を頼む」「—人・—知」「群—・聴—・民—」❷ある人々を親しんで、また丁寧に言う語。≡「皆の—」「旦那—」［二］(造)「衆議院」の略。≡「—参両議院」

しゅう【集】［一］［名］文章・詩歌などをあつめた書物。≡「歌の—」「画—・全—・作品—・万葉—」［二］(造)あつまる。あつめる。≡「—荷・—金・—計」「結—・編—・募—」

しゅう【収】(造)❶取りあつめる。取りこむ。おさめる。≡「—益・—穫・—蔵・—録」「回—・撤—・没—」❷取りまとめる。≡「—拾・—束」❸引きしまる。ちぢむ。≡「—縮・—斂(しゅうれん)」❹とらえる。≡「—監」旧收

しゅう【囚】(造)とらえる。とらわれる。また、とらわれ人。≡「—人」「獄—・虜—」

しゅう【舟】(造)こぶね。ふね。≡「—航」「漁—」

しゅう【拾】(造)ひろう。≡「—遺・—得」「収—」

しゅう【▽洲】(造)❶す。なかす。≡「—嶼(しゅうしょ)」❷大陸。≡「欧—・豪—・五大—」◈「州」に通じる。

しゅう【秋】(造)❶あき。≡「—雨・—分・—冷」「仲—・麦—・晩—・立—」❷年月。歳月。≡「千—」

しゅう【臭】(造)❶いやなにおい。くさい。≡「—気」「悪—・異—・口—」❷…らしい(いやな)感じ。≡「俗—・官僚—」旧臭

しゅう【修】(造)❶ととのえる。なおす。正す。≡「—辞・—正・—理」「改—・補—」❷おさめる。学問・技芸を身につける。≡「—業・—得・—了」「研—・専—・履—」❸書物をつくる。≡「—史・—撰(しゅうせん)」「監—」

しゅう【袖】(造)衣服のそで。≡「—珍」「領—」

しゅう【執】(造)とらえる。とりつく。こだわる。≡「—心・—着(しゅうちゃく・しゅうじゃく)・—念」「我—・固—・偏—・妄—」

しゅう【終】(造)❶おわる。おえる。おわり。≡「—焉(しゅうえん)・—結・—戦・—点・—了」「最—・有—・臨—(りんじゅう)」❷おわりまで。おわるまで。≡「—日・—身・—生」

しゅう【羞】(造)はじる。はじ。≡「—恥」「含—・嬌—(きょうしゅう)」

しゅう【習】(造)❶ならう。なれる。くり返しおこなって身につける。≡「—得・—練」「講—・自—・復—」❷ならわし。しきたり。≡「—慣・—性・—俗」「悪—・慣—・風—」

しゅう【就】(造)❶つく。つきしたがう。≡「去—」❷ある仕事につく。ある事にとりかかる。≡「—学・—航・—任」❸なしとげる。≡「成—(じょうじゅ)」

しゅう【愁】(造)うれえる。うれい。≡「—傷・—訴」「哀—・郷—・憂—・旅—」

しゅう【酬】(造)❶さされた杯を返す。≡「献—」❷お返しをする。むくいる。≡「応—・報—」❸返事。≡「貴—」

しゅう【▽聚】(造)❶あつまる。あつめる。≡「—議・—集」「類—(るいじゅう・るいじゅ)」❷人家のあつまった所。≡「—落」

しゅう【▽輯】(造)あつめる。まとめる。≡「—録」「特—・編—」

しゅう【醜】(造)みにくい。みにくいこと。≡「—悪・—態・—聞」「美—・老—」

しゅう【蹴】(造)ける。けとばす。≡「—球」「一—」

しゅう【襲】(造)❶おそう。おそいかかる。≡「—撃・—来」「逆—・空—」❷うけつぐ。≡「—名」「世—・踏—」

しゅう【▽讐】(造)あだ。かたき。むくいる。≡「—敵」「恩—・仇—(きゅうしゅう)・復—」▽正字は「讎」。一般に俗字「讐」が好まれる。

し-ゆう【私有】［名・他サ変］私人、または私的団体が所有していること。≡「—地・—財産」⇕公有

し-ゆう【師友】［名］❶先生と友人。≡「—に恵まれる」❷先生として敬うほどの友人。

し-ゆう【詩友】［名］詩を作るときの友人。

し-ゆう【雌雄】［名］❶めすとおす。≡「—異株」「同体」❷勝ちと負け。優劣。≡「—を決する」

じゅう【十】［一］［名］数の名で、九の次の数。とお。≡「—まで数える」「—両・—悪」 書き方 証書などで金額を記す場合は間違いを防ぐために「拾」とも書く。［二］(造)すべてそろっている。完全。≡「—全・—分」◈「十歳」「十分」など、現在の話し言葉では「じゅっさい」「じゅっぷん」のように「ジュッ…」と言うことが多いが、「十」は「ジュウ」または「ジッ」の音が正しく、「ジュッ」は本来は誤り。「ジッ」が「ジュッ」となるのは特殊であるため、一般に誤りとされてきたが、平成二二(二〇一〇)年改定の常用漢字表では、「十」の備考欄に『ジュッ』とも。」と加えられた。

じゅう【住】［一］［名］住むこと。住まい。≡「衣、食、—」「—所・—民」「移—・在—」［二］(造)「住職」の略。≡「先—・無—」

じゅう【柔】［一］［名］やわらかいこと。しなやかなこと。≡「—軟」［二］(造)❶おだやか。やさしい。≡「—順」❷態度がはっきりしない。よわよわしい。≡「優—不断」❸やわら。≡「—術・—道」

◉**柔能よく剛ごうを制す** しなやかなものがかたいものの矛先(ほこさき)をそらし、結局は勝つことになる。

じゅう【重】［一］［名］「重箱」の略。≡「お—」［二］(造)❶おもい。おもさ。≡「—心・—量」「荷—・体—」❷程度がはなはだしい。≡「—罪・—傷」❸おもおもしい。≡「—厚」「厳—」❹おもんじる。大切にする。≡「—視・—点・—要」❺かさなる。かさねる。≡「—版・—複(じゅうふく・ちょうふく)」

じゅう【従】［一］［名］中心になるものに次ぐもの。≡「内容を主とし形式を—とする」［二］(造)❶つきしたがう。つきしたがう人。≡「—軍・—順・—属」「主—・服—」❷仕事などにたずさわる。≡「—事」「専—」❸親族の中の傍系を表す。≡「—兄・—妹」❹ある時を起点として、それから。≡「—前・—来」旧從

じゅう【銃】［名］弾丸を発射する武器で、手で持てる小型のもの。≡「拳—・機関—」

じゅう【中】(造)❶ある範囲の全体。すべてにわたって。≡「家—が大騒ぎだ」「豆をそこら—にばらまく」❷

その期間のうちずっと。═「一日━遊ぶ」「年━忙しい」❸〈「…に」の形で〉その期間内に。それを期限として。═「今日━に仕上げる」 使い方 「本年(二〇二〇年度・二、三日中に」など、「じゅう／ちゅう」と言えるものもある。❹仲間うち。═「講━・連━」◈ 書き方 「連中」「心中」「老中」「一年中」など、連濁によるものは、現代仮名遣いでは「ぢゅう」も許容。

じゅう【汁】(造) しる。液体。═「果━・肉━・墨━」「一━一菜」

じゅう【渋】(造) ❶しぶい。にがにがしい。═「━面」「苦━」❷とどこおる。しぶる。═「━滞」「難━」 旧 澁

じゅう【充】(造) ❶みちる。みたす。═「━血・━足・━電・━分」「拡━」❷足りないところをみたす。あてる。═「━填・━当」「補━」

じゅう【獣】(造) けもの。けだもの。═「━医・━肉」「怪━・鳥━・猛━」 旧 獸

じゅう【縦】(造) ❶たて。上下・南北の方向。═「━横・━走・━断」❷思うままにする。ほしいまま。═「━覧・」「操━」 旧 縱

ジュー［Jew］［名］ユダヤ人。▼軽蔑的な意味合いの強い語。

じ-ゆう【自由】［名・形動］他から強制や命令をうけることなく、自分の思いどおりにできること。═「だれでも参加できる━な集まり」「言論の━」 派生 -さ

じ-ゆう【事由】［名］❶ある事柄の生じた原因や理由。❷法律で、直接の理由または原因となっている事実。

しゅう-あく【醜悪】［名・形動］容姿がみにくいこと。また、心や行いがけがらわしくて不快なこと。═「遺産をめぐる━な争い」 派生 -さ

じゅう-あく【十悪】［名］仏教で、身・口・意の三業が犯す十の罪悪。殺生・偸盗・邪淫・妄語・両舌・悪口・綺語・貪欲・瞋恚・邪見の総称。⇕十善

しゅう-あけ【週明け】［名］新しい週が始まること。ふつう、月曜日をいう。═「━に赴任する」

じゅう-あつ【重圧】［名］物理的に重く押しつける力。また、精神的に強く圧迫する力。═「職責の━に耐える」

しゅう-い【周囲】［名］❶物のまわり。═「池の━を歩く」❷まわりをとりまく環境。また、まわりにいる人。═「━がやかましい」

しゅう-い【拾遺】［名・他サ変］漏れ落ちている事柄・作品などを拾い補うこと。═「━和歌集」

じゅう-い【獣医】［名］家畜や愛玩動物の病気を診察・治療する医師。獣医師。▼国家試験に合格し、農林水産大臣の免許が必要。

じゆう-いし【自由意志】［名］他からの強制や拘束を受けることなく、行動を自発的に決定する意志。

じゅういち【十一】［名］夏鳥として渡来するカッコウ科の鳥。頭部と背面は暗灰褐色、腹部は赤褐色。コルリ・オオルリなどに托卵して繁殖する。慈悲心鳥。 書き方 「十一」とも当てる。 語源 鳴き声がジュイチーと聞こえることから。ジヒシンとも聞こえることから慈悲心鳥ともいう。

じゅういち-がつ【十一月】［名］一年の第十一番目の月。霜月。⬇季節のことば(一八二二ページ)

しゅう-いつ【秀逸】［名・形動］他よりもぬきんでてすぐれていること。また、そのもの。═「━な句」

じゅう-いつ【充▼溢】［名・自サ変］みちあふれること。═「気力が━している」

しゅう-いん【衆院】［名］「衆議院」の略。

じゅう-いん【充員】［名・他サ変］不足した人員を補充すること。また、その人員。

しゅう-う【秋雨】［名］秋に降る雨。あきさめ。

しゅう-う【▼驟雨】［名］急に降りだして、すぐにやんでしまう雨。にわか雨。═「━に遭う」 驟

しゅう-うん【舟運】［名］舟による交通や輸送。

しゅう-えき【収益】［名］事業などによって利益を得ること。また、その利益。═「店舗を広げて━をあげる」

しゅう-えき【囚役】［名］囚人に課せられる労役。

しゅう-えき【就役】［名・自サ変］❶役務・任務などにつくこと。❷新造の艦船が任務につくこと。═「原潜を━させる」

じゅう-えき【汁液】［名］しる。液。液汁。

じゅう-えき【獣疫】［名］獣類、特に家畜の伝染病。

しゅう-えん【周縁】［名］物のまわり。ふち。═「駅━の土地」

しゅう-えん【終▼焉】［名］❶死に臨むこと。また、その時。臨終。═「━の時が近づく」▼物事の終わりの意でも使う。═「帝国主義の━」❷隠居して余生を過ごすこと。═「━の地を定める」

しゅう-えん【終演】［名］芝居・演劇などで、その日の上演が終わること。はね。⇕開演

じゅう-おう【縦横】［名・形動］❶たてとよこ。また、南北と東西。═「市街を━につらぬく大通り」❷あらゆる方向。四方八方。═「通信網を━に張りめぐらす」❸自分の思うままに振る舞うこと。自由自在。═「━に活躍する」

じゅうおう-むじん【縦横無尽】［名・形動］どの方向にも限りがないこと。この上なく自由自在であること。═「世界を━に駆け回る」「━に走る鉄道」

しゅう-おん【集音】［名・自他サ変］音を集めること。═「屋外で(人の声を)━する」「━マイク」「━器」

じゅう-おん【重恩】［名］厚い恩義。大恩。ちょうおん。

しゅう-か【秀歌】［名］すぐれた和歌。

しゅう-か【衆寡】［名］多数と少数。

◉**衆寡敵せず** 少人数では多人数に勝つことができないということ。寡は衆に敵せず。═「━、ここはひとまず退去しよう」

しゅう-か【集荷】［名・自他サ変］各地から農水産物などの荷が集まること。また、荷を集めること。═「野菜を━する」「━場」 書き方 「▼蒐荷」とも。

しゅう-か【集貨】［名・自他サ変］貨物や商品が集まること。また、集めること。═「━駅」

じゅう-か【住家】［名］人が住むための家。すまい。すみか。

じゅう-か【銃火】［名］銃器を撃つときに出る火。また、銃器による射撃。═「━を交える」

じゆう-か【自由化】［名・他サ変］制限・制約などをなくすこと。特に、国による管理や統制をなくすこと。═「貿易の━」「農産物の輸入を━する」

しゅう-かい【周回】［名］❶物のまわり。周囲。❷［自サ変］まわりをぐるりとまわること。また、そのひと

まわり。≡「マラソンのーコース」

しゅう-かい【集会】[名・自サ変] 多くの人が共同の目的をもって一定の場所に集まること。また、その集まり。≡「ーを開く」「ーに参加する」

しゅう-かい【醜怪】[名・形動] みにくくて不気味なこと。

しゅうかい-どう【秋海▼棠】[名] 秋、長い柄の先に下垂した淡紅色の花をつけるシュウカイドウ科の多年草。ベゴニアの一種で、庭園などに植える。

じゅうか-き【銃火器】[名] 拳銃や小銃、大砲など、火薬をつかって弾丸を発射する武器。

しゅう-かく【収穫】[名] ❶[他サ変] 実った農作物を取り入れること。また、その収穫物。みのり。≡「野菜をーする」「ー高」❷魚・けものなどのえもの。書き方「収獲」とも。❸あることを通して得られた成果。≡「講習会に出席してーが多かった」

しゅう-かく【臭覚】[名] ⬇嗅覚

しゅう-がく【修学】[名・自サ変] 学問を習い、身につけること。

しゅう-がく【就学】[名・自サ変] 学校に入って教育を受けること。≡「ー率・ー義務」▼多く、義務教育についていう。

しゅうがく-りょこう【修学旅行】[名] 学習活動の一環として、教師が児童・生徒を引率して行う団体旅行。

じゅう-かさんぜい【重加算税】[名] 過少申告・無申告・不納付などに対して加算税が課せられる場合、その税額計算の基礎となる事実の全部または一部に隠蔽などがあったときに制裁として課せられる、さらにきびしい率の加算税。

じゅう-かしつ【重過失】[名] 法律で、重大な過失。不注意ないしは注意義務違反の程度がはなはだしい過失。

じゆう-がた【自由形(自由型)】[名] 競泳種目の一つ。泳法に制限のないもの。現在では最も速く泳げるクロールがふつう。フリースタイル。

しゅう-かつ【終活】[名]〔新〕人生の終わりについて考え、墓や遺言、遺産相続などの準備をすること。▼「就活」のもじり。

しゅう-かつ【就活】[名]〔新〕「就職活動」の略。≡「ースーツ」書き方「シューカツ」とも。

じゅう-がつ【十月】[名] 一年の第十番目の月。神無月。⬇季節のことば(八二ページ)

しゅう-かん【収監】[名・他サ変] 法令によって人を拘置所・刑務所に収容すること。≡「ー状」

しゅう-かん【終刊】[名・自サ変] 継続していた刊行物が、その刊行を終えること。また、その最終の刊行物。

しゅう-かん【習慣】[名] ❶生活の中でくりかえし行う決まった動作・行為。❷ある社会で、人々がふつうに行っている物事のやり方。ならわし。慣習。

しゅう-かん【週刊】[名] 新聞・雑誌などを一週間に一回刊行すること。ウイークリー。≡「ー紙」

しゅう-かん【週間】■一[名] ❶一週の間。日曜日から土曜日までの七日間。≡「ー天気予報」❷特別の行事などを行う七日間。≡「交通安全ー」■二(造) 七日間を一単位として期間を数える語。≡「締め切りまで二ーしかない」

じゅう-かん【重患】[名] おもい病気。また、その患者。

じゅう-かん【縦貫】[名・自サ変] たて、または南北につらぬくこと。≡「九州をーする」「ー鉄道」

じゅう-がん【銃丸】[名] 小銃の弾丸。銃弾。

じゅう-がん【銃眼】[名] 敵を監視・銃撃するために、防壁などに設けた小さな穴。

しゅうかん-し【週刊誌】[名] 一週間に一回発行される雑誌。週刊雑誌。

しゅう-き【周忌】[名] ❶人の死後、満一年目の忌日。❷人の死後、毎年めぐってくる忌日。また、その回数を数える語。回忌。年忌。≡「三ー」

しゅう-き【周期】[名] 一定時間をおいて同じ運動や現象がくり返されるとき、再びその運動や現象が起こるまでの一定時間。≡「地球公転のー」

しゅう-き【宗規】[名] 宗教上の規則。特に、仏教で、各宗派が定めた規則。

しゅう-き【秋気】[名] 秋のけはい。秋らしい感じ。また、冷ややかな秋の大気。≡「清涼のーがみなぎる」

しゅう-き【秋季】[名] 秋の季節。≡「ー運動会」

しゅう-き【秋期】[名] 秋の期間。秋のあいだ。

しゅう-き【臭気】[名] くさいにおい。悪臭。≡「ーが鼻をつく」▼いやな気風、また、いやみな感じの意でも使う。≡「ー芬々たる成金趣味」

しゅう-き【終期】[名] ❶続いていた物事のおわる時期。❷法律行為の効力が消滅する期限。◈⬍始期

しゅう-ぎ【宗義】[名] 宗派・宗門の教義。

しゅう-ぎ【祝儀】[名] ❶祝いの儀式。特に、結婚式。❷祝意を表すために贈る金品。❸こころづけ。チップ。≡「ーをはずむ」

しゅう-ぎ【衆議】[名] 多くの人々で評議・相談すること。また、その時に出される意見。≡「ーに諮る」

じゅう-き【▼什器】[名] 日常使用する器具・家具類。什物。

じゅう-き【重機】[名] ❶重工業に用いる大型機械。❷「重機関銃」の略。

じゅう-き【銃器】[名] 小銃・拳銃・機関銃などの総称。

しゅうぎ-いん【衆議院】[名] 参議院とともに国会を構成する一院。国民によって選ばれた議員(任期は四年)によって組織され、解散はあるが、法律の制定、予算案の議決、条約の承認、内閣総理大臣の指名などについて参議院より優越した権能を有する。衆院。

じゅうき-かんじゅう【重機関銃】[名] 数人で操作する大型の機関銃。命中精度が高く、長時間の連続射撃にたえる。重機。⬍軽機関銃

しゅうき-てき【周期的】[形動] ほぼ一定の時間をおいて同じことがくり返されるさま。≡「ーな寒波に見舞われる」

じゅうき-ネット【住基ネット】[名] 全国の市区町村と都道府県・行政機関をネットワークで結び、市区町村が管理する住民基本台帳の情報を共有するシステム。▼「住民基本台帳ネットワークシステム」の略。

しゅう-きゃく【集客】[名] 客を集めること。客集め。≡「ーに悩む」「ー力」「ー法」

しゅう-きゅう【週休】[名] 一週間のうちに決まった休日があること。また、その休日。≡「ー二日制」

しゅう-きゅう【週給】[名] 一週間を単位として支払われる給料。≡「ー制」

しゅう-きゅう【蹴球】[名] 革製のボールをけっ

て相手のゴールに入れ、得点を争う競技。フットボール。▼サッカー・ラグビー・アメリカンフットボールなどがあるが、ふつうサッカーを指す。

しゅうぎょ【集魚】シフ［名］魚群を漁船や魚網の方へ誘い寄せること。「―灯」

じゅうきょ【住居】ヂュウ［名・自サ変］人が住んでいる場所・家。すみか。「―を定める」「―侵入罪」

しゅうきょう【宗教】ウケ［名］神や仏など人間の力を超える絶対的なものの存在を信じ、それを信仰すること。また、そのための教義や制度の体系。「―活動」

しゅうぎょう【修業】シウゲフ［名・自他サ変］学問・技芸などを学び、身につけること。しゅぎょう。「―を積む」

しゅうぎょう【終業】フゲ［名・自サ変］❶その日の業務を終えること。「五時に―する」❷学校で、一学期・一学年の授業を終えること。「―式」

しゅうぎょう【就業】シウゲフ［名・自サ変］❶業務に従事すること。「―時間［規則］」❷一定の職業につくこと。「―人口」⇔失業

じゅうぎょう【従業】フゲ［名・自サ変］業務に従事すること。

じゆうぎょう【自由業】ジイウゲフ［名］雇用契約・勤務時間などの制約を受けずに、個人が独立して営む職業。芸術家・芸能人・弁護士・文筆業など。

じゅうぎょういん【従業員】ジュウゲフヰン［名］雇われてある仕事に携わっている人。

しゅうきょうかいかく【宗教改革】シュウケウ［名］一六世紀前半のヨーロッパに起こったローマカトリック教会の改革運動。この改革によりローマ教皇を否定するプロテスタント教会(新教)が設立された。

しゅうきょうがく【宗教学】シュウケウ［名］宗教を対象として、その教義や歴史などを客観的に比較・研究する学問。

しゅうきょうほうじん【宗教法人】シュウケウハフジン［名］公益法人の一つ。宗教法人法によって法人と認められた宗教団体。

しゅうきょく【終曲】［名］組曲・協奏曲・交響曲など、多楽章からなる楽曲の最終楽章。また、オペラの各幕の最後に奏される曲。フィナーレ。

しゅうきょく【終局】［名］❶碁・将棋の対局が終わること。❷物事が落着すること。終結。終末。「紛争が―を迎える」

しゅうきょく【終極】［名］物事の最後。果て。「審議が―に達する」

しゅうきょく【▼褶曲】シフ［名・自サ変］平らな地層が地殻変動によって波状に曲がること。また、その状態。「―山脈」

しゅうきりつ【周期律】シウ［名］元素を原子番号順に並べたとき、性質のよく似た元素が一定の周期で現れるという法則。

しゅうきん【集金】シフ［名・自他サ変］代金・貸し金などを集めること。また、集めた金銭。「毎月―する」「家賃の―」「―日」「―袋」

しゅうぎん【秀吟】シウ［名］すぐれた詩歌。

じゅうきんぞく【重金属】ヂュウ［名］比重が四〜五以上の、比較的重い金属。金・白金・銀・銅・鉄・鉛・コバルト・マンガンなど。⇔軽金属

しゅうく【秀句】シウ［名］❶すぐれた俳句。また、詩歌の中のすぐれた句。❷掛け詞・縁語などを巧みに用いたしゃれ。語呂合わせ・地口・口合いなどの類。すく。

しゅうぐ【衆愚】［名］多くのおろかな人々。「―政治(=堕落した民主政治をあざけって言う語)」

じゅうく【重苦】ヂュウ［名］非常につらい苦しみ。

ジュークボックス［jukebox］［名］硬貨を入れて選曲ボタンを押すと自動的にレコードがかかる装置。

シュークリーム［名］小麦粉・卵・バターをまぜて焼いた軽い皮の中にクリームをつめた洋菓子。▼chou à la crème(フランス)から。クリーム入りのキャベツの意。

じゅうぐん【従軍】［名・自サ変］軍隊につき従って戦地に行くこと。「―して南方へ行く」「―記者」

しゅうけい【集計】シフ［名・他サ変］数を寄せ集めて合計すること。また、合計した数。「売上金を―する」

じゅうけい【重刑】ヂュウ［名］おもい刑罰。重科。

じゅうけい【従兄】［名］年長の、男のいとこ。⇔従弟

じゅうけい【銃刑】［名］銃殺にする刑罰。銃殺刑。

じゆうけい【自由刑】ジイウ［名］財産刑・生命刑に対し、受刑者の自由を剝奪する刑。現行法では懲役・禁錮・拘留の三種。

じゆうけいざい【自由経済】ジイウ［名］個人や企業が国家などの統制・干渉を受けずに、それぞれの自由意志に基づいて活動を進める経済形態。

じゅうけいしょう【重軽傷】ヂュウキャウシャウ［名］重傷と軽傷。「事故で五人が―を負った」

じゅうけいてい【従兄弟】［名］男性のいとこ。⇔従姉妹

しゅうげき【襲撃】シフ［名・他サ変］敵の不意をついて襲いかかること。「背後から―する」

じゅうげき【銃撃】［名・他サ変］小銃・機関銃などで射撃すること。「敵に―される」「―戦」

しゅうけつ【終結】［名・自サ変］おさまりがついて物事がおわること。おわり。「裁判が―する」

しゅうけつ【集結】シフ［名・自他サ変］一か所に集まること。また、集めること。「艦隊を基地に―する」

しゅうげつ【秋月】シウ［名］秋の夜の月。

じゅうけつ【充血】［名・自サ変］体のある部分で動脈血の流れが異常にふえること。また、その状態。「目が―する」▼静脈血の場合は「鬱血(うっけつ)」という。

じゅうけつきゅうちゅう【住血吸虫】ヂュウケツキフチウ［名］吸虫綱住血吸虫科に属する寄生虫の総称。人・家畜などの血管内に寄生して血液を吸う。日本住血吸虫など。

しゅうけん【集権】シフ［名］権力を一か所に集めること。「中央―」⇔分権

しゅうげん【祝言】シウ［名］❶祝い。また、祝いのことば。❷結婚式。婚礼。「―を挙げる」「仮―」 使い方 「結婚式」より古風な印象を与える。

じゅうけん【銃剣】［名］❶銃と剣。「―類」❷小銃の先につける短い剣。また、それをつけた銃。

じゅうげん【重言】ヂュウ［名］❶同じ意味の語を重ねて使う言い方。じゅうごん。「大豆豆(だいず)」「半紙がみ」「後の後悔」「電車に乗車する」「馬から落馬する」の類。❷同じ語を重ねてできた熟語。「堂堂」「悠悠」「刻刻」「ざらざら」の類。畳字(じょう)。畳語。

重言のいろいろ

1 言葉を重ねて使う意味がない、表現が冗長になるなど、一般に不適切とされるもの(括弧内は適切

な表現の例)

あとで後悔する(↓あとで悔やむ、後悔する)・一月元旦(↓元旦、元日、一月一日)・今の現状(↓現在の状況、現状)・色が変色する(↓色が変わる、変色する)・炎天下の下(↓炎天の下、炎天下)・過信しすぎる(↓信頼しすぎる、過信する)・必ず必要(↓必ずいる、絶対に必要)・元旦の朝(↓元日の朝)・偽善者ぶる(↓善人ぶる、いい子ぶる)・ぐっすり熟睡する(↓ぐっすり眠る、熟睡する)・尽力を尽くす(↓力を尽くす、尽力する)・花が開花する(↓花が咲く、開花する)・平均アベレージ(↓アベレージ)・毎月ごと(↓月ごと、毎月)・まだ未定(↓まだ決まっていない、未定)・満面に笑顔をたたえる(↓満面に笑みをたたえる)・余分な贅肉(↓余分な肉、贅肉)

2 **意味が明確になる、強調される、新しい意味が加わる、そもそも意味の重なりではないなど、適当な理由があって「不適切な重言」ではないもの**

アンケート調査・一番最初・一番最後・一週間のあいだ・今現在・イメージ写真・違和感を感じる・かねてから・過半数を超える・関係者の方・古来より・死因は溺死・従来から・製薬メーカー・第一回目・中継がつながる・注目が集まる・排気ガス・約一年ほど・よい効果・リゾート地

3 **「〜ヲ」に〈動作・作用の結果に生じたもの〉がくる、結果目的語の適切な用法であるもの**

遺産を遺す・歌を歌う・建物を建てる・彫像を彫る・伝言を伝える・犯罪を犯す・被害を被る

＊「色が変色する」「花が開花する」の類は、「歯の色が変色する」「桜の花が開花する」など新しい情報が加わる場合は適切な表現となる。

＊「必ず必要」は「印鑑は必ず必要」などが重言。「必ず読んでおく必要がある」など「必ず」が直接「必要」にかからないものは重言でない。

＊「アンケート調査」「リゾート地」は、外来語に、なじみのある漢語や和語を添えて、意味をより明確にする。

＊「一番最初」「一番最後」「よい効果」は、意味を強調して明確にする。

＊「一週間のあいだ」は、「一週間のあいだ放置されていた」のように、時間の幅が〈活動の場〉としてとらえられるときに使われる。「一週間が過ぎた」など、経過する時間をいう場合には「一週間のあいだが過ぎた」のような言い方はしない(この場合は重言)。

＊「今現在」「イメージ写真」などは、「今」「イメージ」に意味の幅があり、「現在」「写真」という言葉を添えて、意味を限定する。

＊「かねてから」「古来より」「従来から」は、「かねて」「古来」「従来」だけで同じ意を表し、本来は重言。しかしこれらの語にある「から」「より」の意は強くは意識されず、「から」「より」を添えて意味を明確にし、昔から使われる。

＊「注目が集まる」は、「注目」の「注(そそぐ)」と「集まる」に意味の重なりがあるとされるが、重言ではない。

＊「関係者の方」「製薬メーカー」は、それぞれ「方」「メーカー」の項目を参照。

＊3の「結果目的語」は、〜することによって〜という行為や状態や事物を作り出すことを表すもので、日本語の一般的な用法。

じゅう-こ【住戸】 [名] マンションなどの集合住宅で、居住する一戸一戸。

じゅう-ご【銃後】 [名] 直接戦闘に加わっていない一般国民。また、戦場になっていない国内。〓「—の守り」▼戦場の後方の意。

しゅう-こう【舟行】 [名・自サ変] ❶舟が行き来すること。❷舟に乗って行くこと。〓「川下まで—する」

しゅう-こう【舟航】 [名・自サ変] 舟に乗って行くこと。

しゅう-こう【周航】 [名・自サ変] 船で各地をめぐること。船で一巡すること。〓「琵琶湖を—する」

しゅう-こう【秋耕】 [名・他サ変] 秋の収穫後、別の種をまくために田畑をたがやすこと。

しゅう-こう【修好(修交)】 [名・自サ変] 国と国とが親しく交流すること。〓「—条約」

しゅう-こう【就航】 [名・自サ変] 船舶・航空機などが初めてその航路につくこと。また、船舶・航空機などがその航路で運行されていること。

しゅう-こう【衆口】 [名] 多くの人の言うところ。多くの人の評判。しゅこう。〓「—一致してほめそやす」

しゅう-こう【集光】 [名・自他サ変] レンズや反射鏡を使って光線を一か所または一方向に集めること。〓「—レンズ」

しゅう-こう【醜行】 [名] 恥ずべき行い。異性間のみだらな行い。

しゅう-ごう【秋▼毫】 [名] 〈多く下に打ち消しの語を伴って〉きわめてわずかなこと。ごく小さいこと。〓「—も恥ずべきことはない」▼秋に生えかわる獣毛がごく細いことから。

しゅう-ごう【習合】 [名・他サ変] 哲学・宗教などで、相異なる教義・主義などを折衷すること。〓「神仏—」

しゅう-ごう【集合】 [名] ❶ [自サ変] ある目的のために、人などが一か所に集まること。〓「校庭に—する」「—場所」⬍解散 ❷同類の物事が一つのところに集まっていること。〓「—住宅」「分子の—体」 ❸数学で、あるものがそれに入っているかどうか識別することができ、また、そこから二つのものを取り出してそれが等しいか異なるかを識別できるような、ものの集まり。◈ 書き方 「▼聚合」とも。

じゅう-こう【重厚】 [名・形動] 重みがあって落ち着いていること。ちょうこう。〓「—な語り口[作風]」⬍軽薄 派生 -さ

じゅう-こう【銃口】 [名] 拳銃・小銃などの筒先。

じゅう-ごう【重合】 [名・自サ変] 低分子化合物が二個以上化学的に結合し、新たに分子量の大きい化合物(=高分子化合物)を生成すること。また、その化学反応。〓「—体(=重合によってできた化合物)」

じゅう-こうぎょう【重工業】 [名] 容積・重量の大きい財貨を製造する工業。鉄鋼業・造船業・車両製造業・機械製造業など。⬍軽工業 ▼これに化学工業・石油精製業などを加えたものを「重化学工業」と呼ぶ。

しゅう-ごく【囚獄】 [名] 囚人をとらえておく獄舎。牢獄。牢屋。

しゅう-こつ【収骨】 [名・自他サ変] ❶火葬した

骨を壺などに収めること。❷戦地などに残された戦死者の遺骨を、埋葬するために集めること。

しゅう-こつ【拾骨】〔名・自他サ変〕火葬した骨を拾い上げること。こつあげ。‖「—して壺に収める」

じゅうご-や【十五夜】〔名〕❶陰暦十五日の夜。満月の夜。❷陰暦八月十五日の夜。この夜、団子・芋・豆・栗などを供え、ススキや秋の草花を飾って月をまつる。▼この夜の月を「中秋の名月」「芋名月」という。

じゅう-こん【重婚】〔名・自サ変〕配偶者のある人が、さらにほかの人と結婚すること。二重結婚。▼民法では禁止され、刑法では「重婚罪」として処罰される。

しゅう-さ【収差】〔名〕レンズや球面鏡が物体の像を結ぶとき、光線が正しく一点に集まらないために不完全な像ができること。球面収差・色収差など。

じゅう-ざ【銃座】〔名〕射撃をするとき、銃が動かないように据えておく台。

ジューサー【juicer】〔名〕野菜や果物からジュースを取り出す器具。手動式と電動式がある。

しゅう-さい【収載】〔名・他サ変〕書物などに収めてのせること。収録。‖「七万語を—した国語辞典」

しゅう-さい【秀才】〔名〕❶学問・才能が人並み以上にすぐれた人。⇔鈍才 ❷昔、中国で科挙(=官吏登用試験)の科目の一つ。また、それに合格した人。

じゅう-ざい【重罪】〔名〕おもい罪。重科。

しゅう-さく【秀作】〔名〕すぐれた作品。⇔駄作・凡作

しゅう-さく【習作】〔名・他サ変〕美術・音楽・文芸などで、練習のために作品を作ること。また、その作品。エチュード。

しゅう-さつ【集札】〔名・自他サ変〕電車・バスなどで乗車券を改札口や乗降口で回収すること。‖「—係」

じゅう-さつ【重殺】〔名〕ダブルプレー。併殺。

じゅう-さつ【銃殺】〔名・他サ変〕銃で撃ち殺すこと。特に、刑罰として小銃で撃ち殺すこと。‖「—刑」

しゅう-さん【秋蚕】〔名〕七月下旬から晩秋にかけて飼育される蚕。あきご。

しゅう-さん【衆参】〔名〕衆議院と参議院。‖「—両院」

しゅう-さん【集散】〔名〕❶〔自他サ変〕集まることと散ること。また、集めることと散らすこと。‖「離合—」❷〔他サ変〕産地から集めた品物を消費地に送り出すこと。‖「木材の—地」

しゅう-さん【▼蓚酸】〔名〕最も簡単な構造をもつ二塩基性カルボン酸。無色柱状の結晶体で、水やアルコールに溶けやすい。天然にはカタバミなどの植物中に含まれる。染色助剤・漂白剤・分析試薬などに利用する。

しゅうさん-き【周産期】〔名〕妊娠満二二週から出産後一週間までの期間。周生期。

じゅうさん-や【十三夜】〔名〕❶陰暦十三日の夜。❷陰暦九月十三日の夜。▼この夜の月は「十五夜」②に次いで美しいとされ、「後の月」「豆名月」「栗名月」などと呼ばれる。

しゅう-し【収支】〔名〕収入と支出。‖「—決算」

しゅう-し【宗旨】〔名〕❶その宗教・宗派の中心となる教義。❷宗教の中の流派。宗派。宗門。❸その人の主義・主張・趣味。また、好むやり方や考え方。‖「ゴルフは—に合わない」

しゅう-し【秋思】〔名〕秋に感じるものさびしい思い。

しゅう-し【修士】〔名〕学位の一つ。大学院に二年以上在学して一定の単位を修め、修士論文の審査に合格した人に与えられる。マスター。

しゅう-し【修史】〔名〕歴史書を編修すること。

しゅう-し【終止】〔名・自サ変〕終わること。終わり。

しゅう-し【終始】■一〔名・自サ変〕態度・状態・内容などが、始めから終わりまでずっと変わらないで続くこと。‖「防戦に—する」■二〔副〕始めから終わりまで、ずっと。‖「—沈黙を守る」

しゅう-し【愁思】〔名・自サ変〕うれい思うこと。かなしい物思い。

しゅう-じ【修辞】〔名〕ことばを巧みに用いて美しく効果的に表現すること。また、その技術。レトリック。‖「—学」「—法(=修辞に関する法則や修辞の方法)」

しゅう-じ【習字】〔名〕文字を正しく、美しく書くための練習。▼もと小・中学校の国語科の一分野。いまは「書写」といい、硬筆・毛筆によって指導する。

じゅう-し【重視】〔名・他サ変〕大事なものとして重くみること。‖「面接では適性を—する」⇔軽視

じゅう-し【従姉】〔名〕年長の、女性のいとこ。⇔従妹

じゅう-し【獣脂】〔名〕獣類からとった脂肪。

じゅう-し【自由詩】〔名〕伝統的な韻律・形式などにとらわれず、自由な発想と形式で作る詩。⇔定型詩

じゅう-じ【十字】〔名〕漢字の「十」の形。十文字。‖「—砲火(=十字に交差して飛び交う砲火)」「—を切る(=キリスト教徒が神に祈るとき、手で胸もとに十字の形を描く)」

じゅう-じ【住持】〔名〕その寺の長である僧。住職。

じゅう-じ【従事】〔名・自サ変〕その仕事にたずさわること。‖「農業に—する」

ジューシー【juicy】〔形動〕果汁や水分が多いさま。‖「—な果物[ハンバーグ]」

しゅうし-いっかん【終始一貫】〔副〕始めから終わりまでずっと変わらないさま。‖「—反対し続ける」

じゅうじ-か【十字架】〔名〕❶昔、罪人をはりつけにした十字形の柱。❷キリスト教徒が贖罪・犠牲・苦難・愛などの象徴として崇敬する十字形のしるし。装飾としても用いる。クロス。クルス。▼イエスが①にはりつけにされたことから。

◉**十字架を負う** 生涯消えることのない罪の意識や苦難を身に受け持つ。十字架を背負う。

しゅうし-がえ【宗旨替え・宗旨変え】〔名・自サ変〕❶信仰していた宗教・宗派をやめて、別の宗教・宗派にかえること。❷主義・主張・趣味などをかえること。‖「日本酒党から焼酎党へ—する」

じゅうじ-ぐん【十字軍】〔名〕一一世紀末から一三世紀にかけて、ヨーロッパのキリスト教徒が聖地エルサレムをイスラム教徒から奪還するために結成した遠征軍。

しゅうし-けい【終止形】〔名〕国文法で、活用語の第三活用形。文を言い切る形。活用語の基本形とされ、辞書の見出しにも使われる。

じゅうじ-ざい【自由自在】〔名・形動〕どのようにでも思うままにすること。‖「—に描けるペン」

じゅうしち-もじ【十七文字】〔名〕俳句のこと。▼五・七・五の十七音でできていることから。

しゅう-じつ【秋日】シウ［名］秋の日。また、秋の季節。

しゅう-じつ【終日】［名］朝から晩まで。一日中。ひねもす。「―机に向かう」▽副詞的にも使う。

しゅう-じつ【週日】シウ［名］一週間のうち、日曜または土曜・日曜を除いた日。平日。ウイークデー。

じゅう-じつ【充実】［名・自サ変］必要なものが十分にそなわっていること。内容・実質が豊かで、満ち足りていること。「福祉施設の―をはかる」「―した日々を送る」「―感」

しゅうし-ふ【終止符】［名］欧文で、文の終わりにつける符号。ピリオド。記号「.」。

◉終止符を打・つ　終わりにする。決着を付ける。ピリオドを打つ。「不毛な論争に―」

じゅう-しまい【従姉妹】［名］女性のいとこ。⬍従兄弟(じゅうけい)

じゅう-しまつ【十姉▽妹】ジフ［名］スズメよりやや小さい、カエデチョウ科の飼い鳥。羽色は純白から黒に近いものまでさまざま。よく繁殖する。十姉妹(じゅうしまい)。

しゅう-しゃ【終車】［名］その日の最後に走る電車やバス。

じゅう-しゃ【従者】［名］主人の供をする人。供の者。供人(ともびと)。じゅさ。ずさ。

しゅう-しゃく【襲爵】シフ［名・自サ変］父祖の爵位を受け継ぐこと。

しゅう-じゃく【執着】シフヂャク［名・自サ変］⬇しゅうちゃく(執着)

しゅう-じゅ【収受】シウ［名・他サ変］金品などを受け取っておさめること。

しゅう-しゅう【収拾】シウシフ［名・他サ変］混乱した物事などをとりまとめること。「事態の―がつかない」

しゅう-しゅう【収集・▼蒐集】シウシフ［名・他サ変］❶【収】ものを一か所に集めること。「ごみの―」「情報―」❷【蒐・収】趣味・研究などのために、特定のものを集めること。コレクション。「コインの―家」「―癖」 書き方 ②は、「蒐集」を同音類義の「収集」で代用したもの。

しゅう-しゅう【▼啾▼啾】シウシウ［形動タルト］小声で弱々しく泣くさま。「鬼哭(きこく)―」

しゅう-じゅう【▽主従】［名］主君と家来。主人と従者。しゅじゅう。

じゅう-じゅう【重重】ヂュウヂュウ［副］❶同じことをたびたび繰り返すさま。かさねがさね。「―お詫び申し上げます」❷十分なさま。よくよく。「―承知の上です」

じゆう-しゅぎ【自由主義】ジイウ［名］個人の権利を尊重し、国家の規制・干渉を排除して、あらゆる領域で個人の自由な活動を保障しようとする思想的立場。一七、八世紀、封建制・専制政治に対抗して現れた新興ブルジョアジーの思想。リベラリズム。

しゅう-しゅく【収縮】シウ［名・自サ変］引きしまってちぢまること。「筋肉が―する」「通貨―(=デフレーション)」 使い方 「アドレナリンが筋肉を収縮する」のような他動詞用法もまれにあるが、「収縮させる」の形が標準的。⬇品詞解説(一八二六ページ)

じゅう-じゅく【習熟】シフ［名・自サ変］十分になれてじょうずになること。「運転に―する」

じゅう-しゅつ【重出】ヂュウ［名・自サ変］同じ事柄が二回以上出ること。ちょうしゅつ。

じゅう-じゅつ【柔術】ジウ［名］日本古来の武術の一つ。武器を用いず、投げる・組み伏せる・突く・蹴るなどの技を用いて相手を制する。やわら。⬇柔道

しゅうしゅ-ぼうかん【袖手傍観】シウシュバウクワン［名・他サ変］手をくだすことを避けてただ成り行きをながめていること。拱手(きょうしゅ)傍観。

じゅう-じゅん【柔順】ジウ［名・形動］すなおでおとなしいこと。「―な態度」 派生 ―さ

じゅう-じゅん【従順】［名・形動］すなおで人に逆らわないこと。「―な家臣」 派生 ―さ

しゅう-じょ【醜女】シウヂョ［名］しこめ。

じゅう-しょ【住所】ヂュウ［名］住んでいる場所。また、その所番地。「―氏名を明記する」「―不定」▽広く、会社などの所在地(の所番地)にもいう。「荷物は会社の―に送ってください」「県庁の―を調べる」

しゅう-しょう【周章】シウシヤウ［名・自サ変］あわてふためくこと。

しゅう-しょう【秋宵】シウセウ［名］秋のよい。秋の夜。

しゅう-しょう【終章】シヤウ［名］小説・論文・楽曲などの最後の章。⬍序章

しゅう-しょう【就床】シウシヤウ［名・自サ変］寝床にはいること。就寝。⬍起床

しゅう-しょう【愁傷】シウシヤウ［名・自サ変］嘆き悲しむこと。▽多く「御―様」の形で悔やみの言葉に使う。

しゅう-じょう【醜状】シウジヤウ［名］みにくいありさま。恥ずべき状態。醜態。

じゅう-しょう【重症】ヂュウシヤウ［名］重い病気・症状。⬍軽症 ▽程度がはなはだしい意でも使う。「あの人のギャンブル熱もかなり―だ」

じゅう-しょう【重唱】ヂュウシヤウ［名・他サ変］声楽で、二つ以上の声部をそれぞれ一人ずつの歌手が受け持って歌い合わせること。二重唱・三重唱・四重唱など。

じゅう-しょう【重傷】ヂュウシヤウ［名］重いきず。大けが。「―者」⬍軽傷

じゅう-しょう【重賞】ヂュウシヤウ［名］高額の賞金。「―レース(=競馬で、賞金の高い特定のレース)」

じゅう-しょう【銃床】シヤウ［名］小銃などで、銃身を支える木製の部分。前床・銃把・床尾からなる。

じゅう-しょう【銃傷】シヤウ［名］銃弾によって受けたきず。たまきず。銃創。

じゅうしょう-しゅぎ【重商主義】ヂュウシヤウ［名］国家が自国の輸出産業を保護・育成し、その貿易差額によって国富を増大させようとする経済思想。一六世紀末から一八世紀にかけて、西ヨーロッパ諸国の経済政策を支える重要な理論となった。

しゅうしょう-ろうばい【周章▼狼▼狽】シウシヤウラウバイ［名・自サ変］大いにあわてふためくこと。「脱税が発覚して―した」

しゅう-しょく【秋色】シウ［名］秋らしい趣。また、秋の景色。

しゅう-しょく【修飾】シウ［名・他サ変］❶ことばなどを美しくかざること。「字句を―する」❷文法で、体言・用言などに別の語を添えて意味を詳しくすること。限定。装定。「名詞を―する語」⬇修飾語

しゅう-しょく【就職】シウ［名・自サ変］勤め先が決まり、職に就くこと。「銀行に―する」「―先」

しゅう-しょく【愁色】シウ［名］うれいに沈んだ表情。悲しそうなようす。「―が濃い」

しゅう-じょく【就▼褥】シウ［名・自サ変］❶床に入って寝ること。❷病気で床についていること。

じゅう-しょく【住職】[名] その寺の長である僧。住持。

じゅう-しょく【重職】[名] 重要な職務。要職。

しゅうしょく-かつどう【就職活動】[名] 職業に就くために行う活動。特に、大学生などが就職のための情報を集めたり試験を受けたりする活動。就活。

しゅうしょく-ご【修飾語】[名] 文の成分の一つで、次にくる語句を修飾する文節。連体修飾語と連用修飾語とに大別される。「白い花」の「白い」、「たくさん咲く」の「たくさん」など。

しゅう-じょし【終助詞】[名] 助詞の一つ。文の終わりにあって、命令・禁止・疑問・願望・感動・強意・反語などの意を添える助詞。口語では「か・な・や・よ・わ・とも・ぞ・かい」などの類。

じゅうじ-ろ【十字路】[名] 十字形に交差している道路。また、その交差している所。四つ辻。

しゅう-しん【修身】[名] ❶身をおさめて正しい行いをするように努めること。❷旧学制下の小・中学校で、教育勅語をよりどころに道徳教育を授けた教科名。▼昭和二〇(一九四五)年廃止。現在の「道徳」に当たる。

しゅう-しん【執心】[名・自サ変] ある物事・人に強い関心を持ち、それにこだわること。‖「金にーする」「どうやらあの子に御ーらしい」

しゅう-しん【終身】[名] 死ぬまでの間。一生。終生。‖「ー刑」

しゅう-しん【終審】[名] 最終の裁判所の審理。原則として最高裁判所が行う。

しゅう-しん【就寝】[名・自サ変] 寝床にはいって寝ること。‖「ー時間」⇔起床

しゅう-じん【囚人】[名] 刑務所に入れられている人。‖「ー服」

しゅう-じん【衆人】[名] 大勢の人。

しゅう-じん【集▼塵】[名] 細かいごみを一か所に集めること。‖「ー装置」

じゅう-しん【重心】[名] 有限の大きさを持つ物体の各部に働く力を合成して一つの力におきかえたとき、その力が集まって作用する点。この一点を支えると物体は釣り合う。‖「ーが低い」

じゅう-しん【重臣】[名] 重要な職務についている臣下。

じゅう-しん【銃身】[名] 小銃などで、発射された弾丸が通る鋼鉄製の円筒部分。

しゅうじん-かんし【衆人環視】[名] たくさんの人がまわりを取り巻いて見ていること。‖「ーの中で起こった事件」

しゅうしん-こよう【終身雇用】[名] 一度就職すると定年まで雇用関係が継続する雇用形態。

しゅうじん-の-ジレンマ【囚人のジレンマ】[名] 各人が自分にとって最も利益のある行動をした結果、協力した時よりも悪い結果を招いてしまうというジレンマ。▼ゲーム理論の代表例。自白を求められた囚人の状況にたとえていう。⬇ゲーム理論

しゅうしん-ほけん【終身保険】[名] 生命保険のうち、期間を定めず、生涯にわたって保障される保険。

シューズ[shoes][名] くつ。短ぐつ。‖「ジョギングー」

ジュース[deuce][名] 卓球・テニス・バレーボールなどで、あと一点得点すれば一セットまたは一ゲームの勝敗が決まるときに同点となること。一方が二点先取すれば勝ちとなる。デュース。

ジュース[juice][名] 果物・野菜などをしぼった汁。また、それを加工した清涼飲料水。‖「オレンジー」

しゅう-すい【秋水】[名] ❶秋のころの清く澄みきった水。❷よく研ぎ澄ました刀。‖「三尺のー」

じゅう-すい【重水】[名] 重水素と酸素からなる水。ふつうの水よりも分子量が大きい。原子炉の中性子減速材や冷却剤に用いる。

じゅうすい-そ【重水素】[名] 水素の同位体のうち、質量数二の水素。核融合反応の材料とする。ジュウテリウム。▼質量数三のトリチウムを含めることもある。

しゅう・する【修する】[他サ変] ❶習い覚えて身につける。おさめる。しゅする。‖「学問をー」❷整えて正しくする。‖「身をー」❸こわれた所を直す。修理する。❹かざる。修飾する。‖「外見をー」❺仏事を執り行う。しゅする。‖「本堂をー」「法会をー」[文]しう・す

しゅう-せい【修正】[名・他サ変] 不十分な点や不適当な点を改め直すこと。‖「図面をーする」「ー予算」

しゅう-せい【修整】[名・他サ変] 写真で、画像をととのえるために原板や印画に手を加えること。レタッチ。‖「見合い写真をーする」

しゅう-せい【終生(終世)】[名] 生まれてから死ぬまでの間。一生。生涯。‖「ーの友」▼副詞的にも使う。

しゅう-せい【習性】[名] ❶長い間の習慣によって身についた性質。習癖。‖「夜ふかしがーとなる」❷同種の動物にみられる特有の行動様式。‖「ゴリラのーを研究する」

しゅう-せい【集成】[名・他サ変] 多くのものを集めて一つにまとめること。また、まとめたもの。集大成。‖「古今図書ー」

しゅう-ぜい【収税】[名・自サ変] 税金を取りたてること。徴税。‖「ー吏」

じゅう-せい【銃声】[名] 銃を発射したときに起こる音。

じゅう-せい【獣性】[名] ❶けものが持っている性質。❷人間が持っている動物的な性質。理性で抑えられない肉体的欲望や凶暴性・残忍性など。

じゅう-ぜい【重税】[名] 負担の重い税金。

しゅうせい-えき【修正液】[名] 誤字などを修正するために、文字や図の上に塗って消す液。ホワイトなど。

しゅうせい-しゅぎ【修正主義】[名] マルクス主義の革命的要素を修正し、階級闘争の放棄、議会主義への移行などを主張する立場。修正マルクス主義。

しゅう-せき【集積】[名・自他サ変] 多くのものが集まって積み重なること。また、集めて積み上げること。‖「物資をーする」

じゅう-せき【重責】[名] 重大な責任。‖「委員長のーを担う」「ーに堪えかねる」

しゅうせき-かいろ【集積回路】[名] トランジスター・抵抗・ダイオードなどの回路素子を一つの基板に組み込んだ超小型の電子回路。略称IC。

しゅう-せん【周旋】[名・他サ変] 売買・雇用・交渉などで、当事者の間に入って取り持ちをすること。斡旋。‖「下宿[アルバイト]をーする」「ー人」

しゅう-せん【終戦】[名] 戦争が終わること。‖「ー記念日」⇔開戦▼特に太平洋戦争の終結をいう。

しゅう-ぜん【修繕】 シウ [名・他サ変] つくろって直すこと。修理。「屋根を―する」

しゅう-ぜん【愁然】 シウ [形動タリ] うれいに沈んでいるさま。「―と涙を流す」

じゅう-ぜん【十全】 ジフ [名・形動] 少しの欠点もないこと。完全であること。「―の対策を講じる」

じゅう-ぜん【十善】 ジフ [名] ❶仏教で、十悪を犯さないこと。⇔十悪 ❷前世で①を行った果報としてこの世で受けるものとされる、天子の位。「―の君」

じゅう-ぜん【従前】 [名] 今よりもまえ。これまで。以前。「―通りの方式」▽副詞的にも使う。

しゅう-そ【宗祖】 [名] 一つの宗教・宗派を開いた人。開祖。

しゅう-そ【臭素】 シウ [名] ハロゲン元素の一つ。常温では刺激臭のある赤褐色の液体で、揮発しやすい。酸化剤・殺菌剤・写真材料などに用いる。ブロム。元素記号Br

しゅう-そ【愁訴】 シウ [名・自サ変] 悲しみや苦しみを嘆き訴えること。また、その訴え。「不定―」

じゅう-そ【重▼祚】 ヂュウ [名・自サ変] 一度退位した天皇が再びその位につくこと。ちょうそ。

しゅう-そう【秋霜】 シウサウ [名] ❶秋におりる冷たい霜。⇩秋霜烈日 ❷白髪。▽霜のおりたさまから。❸切れ味の鋭い刀剣。「―三尺」▽霜のように光ることから。

しゅう-ぞう【収蔵】 シウザウ [名・他サ変] ❶物を手元において保存すること。「ボストン美術館の―品」❷農作物を取り入れて貯蔵すること。

じゅう-そう【住僧】 ヂュウ [名] その寺に住んでいる僧。

じゅう-そう【重奏】 ヂュウ [名・他サ変] 二つ以上の声部を一人ずつの演奏者が違った楽器を受け持って合奏すること。「二―」「ピアノ三―」

じゅう-そう【重曹】 ヂュウサウ [名] 弱いアルカリ性を示す無色の結晶。加熱すると分解して炭酸ガスを発する。医薬品・ベーキングパウダーなどに用いる。炭酸水素ナトリウム。▽「重炭酸ソーダ」の略。書き方「曹」はソーダの当て字「曹達」から。

じゅう-そう【重層】 ヂュウ [名・自サ変] いくつもの層になって重なること。「―の建物」

じゅう-そう【銃創】 サウ [名] 銃弾によって受けたきず。銃傷。

じゅう-そう【縦走】 [名・自サ変] ❶縦または南北の方向に連なること。「―山脈」❷登山で、山を尾根伝いに歩くこと。

しゅうそう-れつじつ【秋霜烈日】 シウサウ [名] 刑罰・権威などがきびしくおごそかであることのたとえ。▽秋の冷たい霜と夏の強い日の意から。

しゅう-そく【収束】 シウ [名] ❶ [自他サ変] おさまりがつくこと。また、おさまりをつけること。「事態を―させる」❷ [自サ変] 数学で、変数の値がある数に限りなく近づくこと。収斂。❸ [自サ変] 多くの光線が一点に集まること。収斂。集束。◈②③⇔発散

しゅう-そく【終息(終▼熄)】 [名・自サ変] やむこと。終わること。終止。「インフレ[戦闘・感染症]が―する」書き方 もと、もっぱら「終熄」と書いた。

しゅう-ぞく【習俗】 シフ [名] ある社会集団に古くから伝わっている習慣や風俗。風習。ならわし。

じゅう-そく【充足】 [名・自他サ変] 満ち足りること。また、十分に満たすこと。「条件が―する」「労働力を―する」「欲望を―させる」「―感」

じゅう-そく【充塞】 [名・自他サ変] 満ちていっぱいになること。また、いっぱいに満たしてふさぐこと。「天地に陰の気が―する」

じゅう-ぞく【従属】 [名・自サ変] 中心になるものや強いものにつき従うこと。「大国に―する」

じゅう-そつ【従卒】 [名] 将校につき従って身の回りの世話などをする兵士。将校当番兵。従兵。

しゅう-たい【醜態】 シウ [名] 行動・態度などの見苦しく恥ずべきようす。「―をさらす」

じゅう-たい【重態・重体】 ヂュウ [名] 病気・けがなどの容態が重く、生命に危険があること。

じゅう-たい【渋滞】 ジフ [名・自サ変] 物事がとどこおってはかどらないこと。つかえて進まないこと。「流れ作業が―する」「交通―」

じゅう-たい【縦隊】 [名] たてに並んだ隊形。「一列―」⇔横隊

じゅう-だい【十代】 ジフ [名] ❶一〇歳から一九歳までの年齢。また、その年齢の人。▽ティーンエージャー(一三歳から一九歳までの若者)の意でも使う。❷一〇の代。また、一〇番目の代。「―将軍」

じゅう-だい【重代】 ヂュウ [名] 先祖から代々伝わっていること。また、そのもの。累代。

じゅう-だい【重大】 ヂュウ [形動] 非常に大きな意味を持つ事柄であるさま。「―な発表がある」「責任―」派生 -さ

しゅう-たいせい【集大成】 シフ [名・他サ変] 多くのものを集めて一つにまとめること。また、まとめたもの。集成。「万葉集研究の―」

じゅう-たく【住宅】 ヂュウ [名] 人が住むための家。住居。「―街」「集合―」

しゅう-だつ【収奪】 シウ [名・他サ変] 強制的に取り上げること。「人民から土地を―する」

しゅう-たん【愁嘆(愁▼歎)】 シウ [名・自サ変] なげき悲しむこと。

しゅう-だん【集団】 シフ [名] 人や物の集まり。「学生の―」「―で押しかける」「―登校」「先頭―・演劇―」

じゅう-たん【▼絨▼毯(▼絨▼緞)】 [名] 床の敷物などにする厚地の毛織物。カーペット。書き方 慣用的に「▼絨▼氈」とも(「▼氈」はセン)。

じゅう-だん【銃弾】 [名] 銃の弾丸。鉄砲のたま。「―に倒れる」

じゅう-だん【縦断】 [名] ❶ [他サ変] 縦に断ち切ること。「―面」❷ [自サ変] 縦または南北に通り抜けること。「大陸―飛行」◈⇔横断

しゅうだん-しんり【集団心理】 シフ [名] 「群集心理」に同じ。

しゅうだんてき-じえいけん【集団的自衛権】 シフダンテキジエイケン [名] 国連憲章によって加盟国に認められている自衛権の一つ。ある国が武力攻撃を受けた場合、その国と密接な関係にある他国が共同して防衛にあたる権利。

しゅうたん-ば【愁嘆場(愁▼歎場)】 シウタン [名] 芝居で、嘆き悲しむ所作のある場面。転じて、実生活での悲劇的な場面。愁嘆。「―を演じる」

じゅうたん-ばくげき【▼絨▼毯爆撃】 [名] 絨毯を敷きつめるように、ある地域をくまなく徹底的に爆撃すること。

しゅう-ち【周知】 シウ [名・自他サ変] 広く知れ渡って

いること。また、広く知らせること。〓「対応を担当者に―する／させる」「―徹底」使い方「～を周知する／周知させる」はともによく使われる。

しゅう-ち【羞恥】［名］恥ずかしく感じること。はじらい。〓「―心」

しゅう-ち【衆知（衆▼智）】［名］多くの人々の知恵。〓「―を集める」

しゅう-ちく【修築】［名・他サ変］建築物をつくろいなおすこと。〓「社殿を―する」

しゅう-ちゃく【祝着】［名］人の幸せや健康を、よろこび祝うこと。〓「―至極に存じます」▼多く手紙文で使う。

しゅう-ちゃく【執着】［名・自サ変］ある物事に心が深くとらわれて離れないこと。執着（しゅうじゃく）。〓「金［地位・昔の恋人・肉体・生］に―する」

しゅう-ちゃく【終着】［名］列車・電車・バスなどがその日の運行の最終としてその駅に着くこと。また、その路線の終点に着くこと。〓「―駅」⇔始発

しゅう-ちゅう【集中】［名・自他サ変］❶ひとつのところに集まること。また、集めること。〓「都市に人口が―する」〓「―攻撃」❷一つのことに意識を向けること。〓「仕事に―する」「神経を―する／させる」

しゅうちゅう-ごうう【集中豪雨】［名］限られた地域に数時間にわたって大量に降る強い雨。

しゅうちゅう-ちりょうしつ【集中治療室】［名］⬇アイシーユー（ICU）

しゅうちゅう-りょく【集中力】［名］一つのことに意識を向け続けることのできる能力。

しゅう-ちょう【▼酋長】［名］部族・氏族などの長。▼「酋」も、「首」と同じく「かしら」の意。現在では首長と呼ばれることが多い。

じゅう-ちん【重鎮】［名］ある社会・分野で、重要な地位をしめる人物。〓「法曹界の―」▼「おもし」の意。

しゅうちん-ぼん【袖珍本】［名］その中に入れて持ち歩けるほどの、小型の本。ポケット版の本。袖珍版。

じゅう-づめ【重詰め】［名］重箱に料理などをつめること。また、重箱につめた料理。

しゅう-てい【舟艇】［名］小型の船。ボート・艀（はしけ）の類。〓「上陸用―」

しゅう-てい【修訂】［名・他サ変］書物などの誤りを直して正しくすること。〓「―本」

じゅう-てい【重訂】［名・他サ変］改訂後に見つけられた誤りなどを重ねて訂正すること。〓「―版」

じゅう-てい【従弟】［名］年下の、男性のいとこ。⇔従兄

じゅう-ていおん【重低音】［名］腹に響くような、重厚感のある低音。〓「ベースの―」

シューティング-ゲーム［shooting game］［名］弾丸やレーザー光線などを発射して敵のキャラクターを撃ち倒すコンピューターゲーム。

しゅう-てん【終点】［名］物事の終わりとなる所。特に、電車・バスなどが最後に到着する所。⇔起点

しゅう-でん【終電】［名］「終電車」の略。

じゅう-てん【充塡】［名・他サ変］欠けた所やすき間に物を詰めてみたすこと。〓「虫歯をアマルガムで―する」

じゅう-てん【重点】［名］❶物事の重要な点。〓「人物に―を置いて採用する」❷重心のかかる点。作用点。

じゅう-でん【充電】［名・自他サ変］❶外部電源から電流を取り入れて蓄電池・蓄電器に電気エネルギーを蓄えること。〓「バッテリーに／を―する」「―式」⇔放電 ❷人が次の活動に備えて知識・活力などを蓄える。〓「休暇を取って―する」

じゅう-でんき【重電機】［名］生産財として使われる大型の電気機械器具。発電器・電動機・変圧器など。重電。⇔軽電機

しゅう-でんしゃ【終電車】［名］その日のダイヤで、最後に運行される電車。最終電車。終電。

じゅうてん-しゅぎ【重点主義】［名］特に重要な所に力や資材を集中して処理するやり方。

じゅう-でんち【充電池】［名］「蓄電池」に同じ。

じゅうてん-てき【重点的】［形動］特に重要だと認める所に力や資材を集中するさま。〓「ごみ問題を―に協議する」

しゅうと【▼舅・▼姑】［名］❶【舅】配偶者の父親。❷【姑】配偶者の母親。しゅうとめ。

舅

しゅう-と【囚徒】［名］服役中の罪人。囚人。

しゅう-と【宗徒】［名］ある宗教・宗派を信仰している人。信徒。

しゅう-と【衆徒】［名］⬇しゅと（衆徒）

シュート［chute］［名］穀物・石炭・郵便物・ごみなどを下へ送り落とす装置。〓「ダスト―」

シュート［shoot］［名］❶［自サ変］野球で、投手の投球が打者の前で投手の利き腕側に曲がること。また、その球。❷［他サ変］サッカー・ホッケー・バスケットボールなどで、ゴールをめがけてボールを打つこと。

ジュート［jute］［名］❶つなそ。黄麻（こうま・おうま）。❷つなそから得る繊維。袋・ズック・敷物などに用いる。

じゅう-ど【重度】［名］病気・障害などの程度が重いこと。〓「―の火傷を負う」⇔軽度

しゅう-とう【周到】［名・形動］細かいところまで行きとどいていて手落ちがないこと。〓「―な計画を立てる」「用意―」派生-さ

しゅう-どう【修道】［名・自サ変］道義をおさめて身につけること。特に、宗教の修行をすること。〓「―僧」

じゅう-とう【充当】［名・他サ変］人員・金品などを、ある目的や用途にあてること。〓「人員を警備に―する」

じゅう-とう【重盗】［名］ダブルスチール。

じゅう-どう【柔道】［名］投げ技・固め技・当て身技からなる格闘スポーツ。素手で取り組み、相手の力に順応して攻撃・防御を行う。▼明治一五（一八八二）年、嘉納治五郎が日本古来の柔術を改良して創始した。

しゅうどう-いん【修道院】［名］キリスト教で、修道士または修道女が一定の戒律に従って共同生活を営む施設。

しゅう-とく【収得】［名・他サ変］受け取って自分の所有物にすること。〓「―税」「―罪」

しゅう-とく【拾得】［名・他サ変］落とし物を拾うこと。〓「―物」

しゅう-とく【修得】［名・他サ変］学問・技芸などを学んで身につけること。特に、一定の教科・学科などを履修し終えること。〓「規定の単位を―する」

しゅう-とく【習得】［名・他サ変］学問・技術などを習って覚え込むこと。〓「運転技術［知識］を―する」

じゅう-とく【重篤】［名・形動］病状がきわめて重

いこと。〓「ー患者」

しゅうと-め【▼姑】 [名] 配偶者の母親。しゅうと。

じゅう-なん【柔軟】 [形動] ❶やわらかく、しなやかなさま。〓「ーな体」❷融通性があって、その場に応じて素直に対処できるさま。〓「ーな態度で臨む」派生 -さ

じゅうなん-ざい【柔軟剤】 [名] 洗濯後、衣類などの繊維をやわらかくしなやかに仕上げるための薬剤。柔軟仕上げ剤。ソフナー。

じゅうなん-たいそう【柔軟体操】 [名] 体をやわらかくするために、運動を始める前などに関節を屈伸して行う徒手体操。

じゅうに-がつ【十二月】 [名] 一年の第十二番目の月。一年の最後の月。師走。極月。臘月。⬇季節のことば(八二三ページ)

じゅうに-きゅう【十二宮】 [名] 春分点を起点として黄道を十二等分したもの。また、その各区分につけた名称。白羊宮・金牛宮・双子宮・巨蟹宮・獅子宮・処女宮・天秤宮・天蝎宮・人馬宮・磨羯宮・宝瓶宮・双魚宮の十二。黄道十二宮。▼太陽は一か月ごとにこれらの宮を順に移動するとされ、古代から占星術に使われてきた。

じゅう-にく【獣肉】 [名] けものの肉。

じゅう-にし【十二支】 [名] 暦法で、子・丑・寅・卯・辰・巳・午・未・申・酉・戌・亥の総称。これらを十二の動物にあてて、ね(鼠)・うし(牛)・とら(虎)・う(兎)・たつ(竜)・み(蛇)・うま(馬)・ひつじ(羊)・さる(猿)・とり(鶏)・いぬ(犬)・い(猪)と呼ぶ。時刻・方角を表すのに用い、十干と組み合わせて年や日を表す。

じゅうに-しちょう【十二指腸】 [名] 胃の幽門に続く小腸の始まりの部分。長さ約三〇センチメートル。〓「ー潰瘍」語源 指を横に一二本並べたほどの長さということから。

じゅうに-ひとえ【十二▽単】 [名] 平安時代以降の女官の正装。ひとえの上に袿を何枚も重ねて着たことからいう。

じゅうに-ぶん【十二分】 [名・形動] 十分すぎるほどたくさんあること。〓「ーの成果を上げる」▼「十分」を強めた言い方。注意「充二分」は誤り。

しゅう-にゅう【収入】 [名] 人・組織などに収められ、その人・組織などの所有となる金銭・物品。〓「臨時ー」⬌支出

しゅうにゅう-いんし【収入印紙】 [名] 国庫の収入となる、ある種の租税・手数料などを徴収するために政府が発行する証票。

しゅう-にん【就任】 [名・自サ変] ある任務・職務につくこと。〓「会長にーする」「ーの挨拶」

じゅう-にん【住人】 [名] その家や土地に住んでいる人。〓「隣家のー」

じゅう-にん【重任】 [名] ❶重要な任務・職務。大任。❷[自サ変] 任期を終えたのち、引き続き同じ任務・職務につくこと。〓「取締役にーする」

じゅうにん-といろ【十人十色】 [名] 好み・考え方・性格などは人それぞれに異なるということ。

じゅうにん-なみ【十人並み】 [名] 容貌・才能などがふつうの程度であること。〓「腕前はーだ」

しゅう-ねん【周年】 ━[名] まる一年。一周年。▼一年中の意で副詞的にも使う。〓「ーおだやかな気候」━(造)〈数を表す語に付いて〉ある物事が始まってからそれだけの年数が経過したことを表す。〓「創立[結婚]三〇ー記念」「生誕百ー」使い方 慶事の記念に言うことが多く、「震災[没後]二〇周年」などを避ける傾向もある。

しゅう-ねん【執念】 [名] 一つのことに深くとらわれて、そこから動かない心。〓「ーを燃やす」

じゅう-ねん【十念】 [名]「南無阿弥陀仏」の名号を十回唱えること。

じゅうねん-いちじつ【十年一日】 [名] 長い年月の間、変わることなく同じ状態であること。〓「ーのごとく変化のない生活」

しゅうねん-ぶか・い【執念深い】 [形] 執着する心がきわめて強いさま。〓「ー人」派生 -さ

しゅう-のう【収納】 [名・他サ変] ❶国や地方公共団体が租税などの現金を受領すること。〓「ー伝票」❷農作物などをとりいれること。❸箱や棚に物をしまいおさめること。〓「ー家具[スペース]」

しゅう-のう【就農】 [名・自サ変] 農業に従事すること。〓「ー人口」

じゅう-のう【十能】 [名] 炭火を入れて持ち運ぶ道具。金属製の容器に木の柄をつけたもの。

じゅうのう-しゅぎ【重農主義】 [名] 国家財政の基本を農業生産に置く経済理論。また、それに基づく経済政策。フィジオクラシー。▼一八世紀後半、重商主義に反対してフランスで唱えられた。

しゅう-は【周波】 [名] 周期的にくり返される波動の一循環。▼多く「周波数」の略として使う。〓「高ー・低ー」

しゅう-は【宗派】 [名] 同じ宗教の中の分派。

しゅう-は【秋波】 [名] こびを含んだ色っぽい目つき。〓「ーを送る」▼もと、秋の澄みきった波の意から美人の清らかに澄んだ目もとをいう。

しゅう-はい【集配】 [名・他サ変] 郵便物・貨物などを集めることと配ること。〓「宅配便をーする」

じゅう-ばこ【重箱】 [名] 料理を入れる箱形の容器。多くは木製の漆塗りで、二重・三重に重ねることができる。お重。

◉**重箱の隅を楊枝でほじくる** 非常に細かいことにまで口うるさく言うこと。重箱の隅を楊枝でつつく。〓「ーような穿鑿はするな」

じゅうばこ-よみ【重箱読み】 [名]「重箱」の読みのように、漢字二字以上からなる熟語で、上の字を音、下の字を訓で読む読み方。「台所」「献立」「懐中物」などの類。⬌湯桶読み

しゅう-バス【終バス】 [名] その路線で、一日の最後に運行されるバス。終発のバス。

しゅうは-すう【周波数】 [名] 交流電波・音波などの周期的変化が一秒間にくり返される数。単位はヘルツ、またはサイクル毎秒。

じゅうはち-ばん【十八番】 [名] ❶江戸歌舞伎の市川家に伝わる十八種の当たり狂言。▼「歌舞伎十八番」の略。❷その人の最も得意とする物事。おはこ。

しゅう-はつ【終発】 [名] その日の運行予定のうち、最後に発車すること。また、その列車・電車・バスなど。⬌始発

しゅう-ばつ【秀抜】 [名・形動] 他のものよりぬきんでてすぐれていること。〓「ーな作品」派生 -さ

しゅう-ばつ【修▼祓】 [名・自サ変] ⬇しゅうふつ ▼「しゅうばつ」は慣用読み。

じゅう-ばつ【重罰】 [名] 重い刑罰。厳罰。

しゅう-ばん【終盤】［名］❶碁・将棋などで、勝負が終わりに近づいた段階。また、その局面。≡「—戦」❷続いて行われてきた物事の終わりに近い段階。≡「選挙戦もいよいよ—に入る」◈⇔序盤・中盤

しゅう-ばん【週番】シウ［名］一週間ごとに交替する勤務・仕事。また、その当番の人。≡「—勤務」

じゅう-はん【重犯】ヂュウ［名］❶重い犯罪。また、それを犯した人。❷重ねて犯罪を犯すこと。また、その犯罪者。累犯(るいはん)。

じゅう-はん【重版】ヂュウ［名・他サ変］一度出版した書籍を、同じ版を用いて重ねて出版すること。また、その書籍。≡「発売早々—される」⇩初版・再版

じゅう-はん【従犯】［名］正犯の手助けをして、その実行行為を容易にする罪。また、それを犯した人。幇助(ほうじょ)犯。⇔主犯 ▽刑は正犯の刑に照らして軽減される。

しゅう-び【愁眉】シウ［名］心配して寄せたまゆ。また、心配そうな顔つき。

◉愁眉を開(ひら)・く 心配ごとがなくなってほっとする。

しゅう-ひょう【衆評】［名］多くの人たちの批評。大衆の評判。世評。

しゅう-ひょう【集票】シフヘウ［名・自他サ変］❶投票用紙や調査票などを集めること。≡「—袋」❷選挙で、投票を依頼して候補者への票をかき集めること。≡「—能力」

じゅう-びょう【重病】ヂュウビャウ［名］重い病気。大病。

しゅう-ふう【宗風】［名］❶仏教で、一宗の風習。❷芸道で、一派の家元の流儀。

しゅう-ふう【秋風】シウ［名］秋に吹く風。あきかぜ。

しゅう-ふく【修復】シウ［名・他サ変］壊れた箇所をもとのとおりに直すこと。しゅふく。≡「文化財を—する」▽破綻した関係などをもとのよい状態に戻す意でも使う。≡「関係の—をはかる」

じゅう-ふく【重複】ヂュウ［名・自サ変］⇩ちょうふく

しゅう-ふつ【修▼祓】シウ［名・自サ変］神道で、みそぎの儀式を行うこと。▽「しゅうばつ」は慣用読み。

しゅう-ぶん【秋分】シウ［名］二十四節気の一つ。九月二三日ごろ。秋の彼岸の中日にあたる。太陽は真東から出て真西に沈み、昼夜の長さがほぼ等しくなる。

しゅう-ぶん【醜聞】シウ［名］情事や金銭などに関するよくない評判。聞くに耐えないうわさ。スキャンダル。≡「—を流す」「—の絶えない人」

じゅう-ぶん【重文】ヂュウ［名］❶主語と述語を備えた部分が二つ以上並列的に含まれている文。「日が沈み、月が昇る」の類。⇩単文・複文 ❷「重要文化財」の略。

じゅう-ぶん【十分・充分】ジフ・ジュウ［形動・副］満ち足りていて、不足がないさま。≡「睡眠を—(に)とる」「—な説明がない」「古いが、まだ—使えるカメラ」書き方 本来的には「十分」で、古くから使われた。

じゅうぶん-じょうけん【十分条件】ジフブンデウケン［名］二つの条件A、Bについて「Aを満たすものは、すべてBも満たす」を意味する命題「AならばBである」が成立するとき、そのBに対するAのこと。▽このとき、Aに対するBを必要条件という。

しゅうぶん-の-ひ【秋分の日】シウ［名］国民の祝日の一つで、秋分にあたる九月二三日ごろ。祖先を祭り、故人をしのぶ日。

じゅう-へい【従兵】［名］将校につき従って身の回りの世話などをする兵士。従卒。

しゅう-へき【周壁】シウ［名］まわりにめぐらした壁。

しゅう-へき【習癖】シフ［名］習慣として身についてしまったくせ。

しゅう-へん【周辺】シウ［名］あるもののまわりの部分。地域・物事などの、中心からはなれた部分。≡「都市—の村」

じゅう-べん【重弁(重▼瓣)】ヂュウ［名］雄しべや雌しべが変化して、その種本来の枚数以上に花びらが重なっていること。八重咲き。≡「—花」⇔単弁

しゅう-ほ【修補】シウ［名・他サ変］欠点・欠陥などをおぎなってよくすること。補修。

じゅう-ぼいん【重母音】ヂュウ［名］二つの異なった母音が連続して一音節をなすもの。二重母音。buyの[ai]、makeの[ei]など。

しゅう-ほう【宗法】ーホフ［名］宗門が独自に制定した規律。宗規。

しゅう-ほう【週報】シウ［名］一週ごとの報告・報道。また、毎週定期的に発行する刊行物。≡「時事—」

しゅう-ぼう【衆望】ーバウ［名］多くの人々から寄せられる期待・信頼。≡「—をになう」「—を集める」

じゅう-ほう【重宝】ヂュウ［名］貴重な宝物。

じゅう-ほう【重砲】ヂュウハウ［名］口径の大きい大砲。破壊力の大きい砲弾を遠距離まで射撃できるもの。⇔軽砲

じゅう-ほう【銃砲】ーハウ［名］小銃と大砲。また、銃器類。

じゆう-ぼうえき【自由貿易】ジイウ［名］国家が輸出入品の制限、関税課税、為替管理などの規制をいっさい加えない貿易。⇩保護貿易

じゆうぼうえき-きょうてい【自由貿易協定】ジイウボウエキケフテイ［名］地域や国家の間で、関税や量的制限などの貿易障壁を相互に撤廃し、自由に貿易を行うことによって相互利益を図る取り決め。FTA。

じゆう-ほうにん【自由放任】ジイウハウニン［名］各人の自由にまかせて干渉しないこと。≡「—主義」

じゅう-ぼく【従僕】［名］召し使いの男性。下僕。

シューマイ【焼売中国】［名］中国料理の点心の一つ。豚などのひき肉にみじん切りにしたネギなどの野菜を加え、薄く伸ばした小麦粉の皮で包んで蒸したもの。書き方「シウマイ」「シュウマイ」とも。

じゅう-まい【従妹】［名］年下の女性のいとこ。⇔従姉

しゅう-まく【終幕】［名］❶演劇の最後の一幕。⇔序幕 ❷演劇・映画などが終わること。閉幕。⇔開幕 ❸出来事・事件などが終わること。また、その最後の場面。≡「争議が—を迎える」⇔序幕

しゅう-まつ【終末】［名］物事のおわり。しまい。≡「事件が—に近づく」「—論(=やがてこの世は破滅し、最後の審判の後に永遠の神の国が到来すると説く宗教思想)」

しゅう-まつ【週末】シウ［名］一週間の終わりごろ。金曜・土曜から日曜にかけてをいう。ウイークエンド。

しゅうまつ-いりょう【終末医療】ーレウ［名］⇩ターミナルケア

しゅうまつ-き【終末期】［名］死が迫っている時期。≡「—医療」

じゅう-まん【充満】［名・自サ変］ある空間に気体などがいっぱいにみちること。≡「坑道にガスが—する」

じゅうまん-おくど【十万億土】ジフマンオクー［名］❶この世から極楽浄土へ行くまでにあるという無数の仏土。

❷極楽浄土。

しゅう-み【臭味】シウ［名］❶くさいにおい。臭気。❷身にしみついた、いやな感じ。くさみ。

しゅう-みつ【周密】シウ［名・形動］細かいところまで注意が行き届いていること。周到。派生-さ

しゅう-みん【就眠】シウ［名・自サ変］眠りにつくこと。また、眠っていること。

じゅう-みん【住民】ヂュウ［名］その土地に住んでいる人。「—登録」

じゅうみん-きほんだいちょう【住民基本台帳】ヂュウミンキホンダイチャウ［名］市区町村が、住民票を世帯ごとに編成して作成した台帳。

じゆうみんけん-うんどう【自由民権運動】ジイウ［名］明治初期、専制的な藩閥政治に反対し、人民の自由と権利の確立、国会開設、憲法制定などを要求して起こった政治運動。▼明治一四（一八八一）年、国会開設の詔勅が出されるに及んで漸次衰退した。

じゅうみん-さんか【住民参加】ヂュウミン［名］行政、特に地方行政の意思決定に住民が参加し、その意見を政治に反映させること。

じゅうみん-ぜい【住民税】ヂュウミン［名］地方公共団体がその地域の住民・法人に対して課す地方税。

じゅうみん-とうひょう【住民投票】ヂュウミントウヘウ［名］直接民主制の一方式として、地方公共団体が一定の事項について住民に直接可否を問うために行う投票。

じゅうみん-ひょう【住民票】ヂュウミンヘウ［名］市区町村住民の個人を単位とし、氏名・生年月日・性別・住所などを記載する公簿。世帯ごとに編成して住民基本台帳を作成する。

しゅう-めい【醜名】シウ［名］恥になるようなよくない評判。醜聞。

しゅう-めい【襲名】シフ［名・他サ変］子や弟子が親・師匠などの芸名を受け継ぐこと。「—披露」

じゅう-めん【渋面】ジフ［名］不愉快そうな顔つき。にがにがしい顔。しかめっつら。「—をつくる」

じゅう-もう【▼絨毛】［名］脊椎(せきつい)動物の小腸粘膜などに密生している細かい毛のような突起。表面積を増し、栄養素の吸収を容易にする。

しゅう-もく【衆目】［名］多くの人の見る目。多くの人の観察。十目(じゅうもく)。「彼が天才であることは—の一致するところだ」

じゅう-もく【十目】ジフ［名］多くの人の見る目。

◉**十目の視(み)る所(ところ)十手(じっしゅ)の指す所** 多くの人の判断や評価が一致するところ。書き方「視る」は「見る」とも。

しゅう-もち【▽主持ち】［名］［古風］主君・主人に仕えている身分。また、その人。「—の身」

じゅう-もつ【▼什物】ジフ［名］❶日常用いる器具類。什器(じゅうき)。❷代々伝わる宝物。什宝(じゅうほう)。

しゅう-もん【宗門】［名］同じ宗教の中での分派。宗派。また、宗旨。「—改め（＝江戸時代、キリシタン禁圧のために各家・各人が仏教徒であることを檀那寺(だんなでら)に証明させた制度）」

じゅう-もんじ【十文字】ジフ［名］十の字の形。縦横に交わった形。

しゅう-や【秋夜】シウ［名］秋の夜。「春宵(しゅんしょう)—」

しゅう-や【終夜】［名］一晩中。夜通し。よもすがら。「—営業・—灯」▼副詞的にも使う。

じゅう-や【十夜】ジフ［名］浄土宗で、陰暦十月六日から十五日までの十昼夜、念仏を唱え続ける法要。十夜念仏。お十夜。

しゅう-やく【集約】シフ［名・他サ変］いくつかのものを整理して一つにまとめること。「会員の意見を—する」

じゅう-やく【重役】ヂュウ［名］❶重要な役目・役職。❷株式会社の取締役・監査役などの役職。

じゅう-やく【重訳】ヂュウ［名・他サ変］原文から直接翻訳するのではなく、それを翻訳した外国語からさらに翻訳すること。ちょうやく。

しゅうやく-のうぎょう【集約農業】シフヤクノウゲフ［名］一定面積の土地に多くの資本と労力を投下し、耕地を最高限度に利用しようとする農業経営。⇔粗放(そほう)農業

じゅう-ゆ【重油】ヂュウ［名］原油からガソリン・灯油・軽油などを分留した残油に軽油を混合して製する石油製品。ディーゼルエンジン・ボイラーなどの燃料に用いる。

しゅう-ゆう【周遊】シウイウ［名・自サ変］各地を旅行してまわること。「ヨーロッパ—の旅」「—券」

しゅう-よう【収用】シウ［名・他サ変］❶取り上げて使用すること。❷公共事業のために特定物の所有権などを強制的に取得し、国・公共団体または第三者の所有に移すこと。「強制—」「土地—法」

しゅう-よう【収容】シウ［名・他サ変］人や物を一定の場所や施設におさめ入れること。「施設に—される」「劇場の—人員」

しゅう-よう【修養】シウヤウ［名・自サ変］学問をおさめ徳性を養って、人格を高めるように努力すること。「—を積む」▼もとは道家(どうか)の語で、養生の意。

しゅう-よう【襲用】シフ［名・他サ変］そのまま受け継いで使うこと。

じゅう-よう【充用】［名・他サ変］あるものを不足しているところにあてて用いること。「寄付金を施設の建設費に—する」

じゅう-よう【重用】ヂュウ［名・他サ変］人を重要な地位に取り立てて用いること。ちょうよう。「若手を—する」

じゅう-よう【重要】ヂュウエウ［形動］特に大切であるさま。「—な課題」「—人物」派生-さ

じゅうよう-ぶんかざい【重要文化財】ヂュウエウブンクワザイ［名］文化財保護法による有形文化財のうち、重要なものとして文部科学大臣が指定したもの。特に文化史的価値の高いものは国宝に指定される。重文。

じゅう-よく【獣欲】ジウ［名］人間の動物的な欲望。特に、性的な欲望。肉欲。

しゅう-らい【襲来】シフ［名・自サ変］激しい勢いでおそいかかってくること。「敵機［寒波］が—する」

じゅう-らい【従来】［名］以前から今まで。これまで。「—の学説が覆(くつがえ)る」▼副詞的にも使う。使い方「従来より」「従来から」は重言だが、昔から使われる。

しゅう-らく【集落】シフ［名］❶人家が集まっている所。村落。「山間の—」❷同種のバクテリアなどが固形培養基(ばいようき)の上につくる集団。コロニー。◈書き方「▼聚落」とも。

しゅう-らん【収▼攬】シウ［名・他サ変］集めて手中におさめること。うまくとらえること。「人心を—する」▼「攬」は手に握る意。

じゅう-らん【縦覧】［名・他サ変］見たいものを自由に見ること。思うままに見て回ること。

しゅう-り【修理】シウ［名・他サ変］機械・道具・建物などの壊れたところ、いたんだところを直すこと。修繕。「

「カメラを—する」「車の—」「—工場」

じゆう‐りつ【自由律】ジイウ [名] 短歌・俳句の様式の一つ。短歌の三一文字、俳句の一七文字という定型にとらわれないで自由によむもの。

しゅう‐りょう【収量】シウリヤウ [名] 収穫した農作物などの分量。

しゅう‐りょう【秋涼】シウリヤウ [名] ❶秋になって感じるすずしさ。また、秋のすずしい風。||「—の候」▽手紙文では九月・十月の時候の挨拶（あいさつ）に使う。❷陰暦八月の別称。

しゅう‐りょう【修了】シウレウ [名・自他サ変] 学業などの一定の課程をおさめ終えること。||「—証書」

しゅう‐りょう【終了】—レウ [名・自他サ変] 物事が終わること。また、終えること。||「調査が—する」「作業を—する」「試合—」⇔開始 使い方「〜を終了する／終了させる」では、前者が一般的。⬇品詞解説（一八六ページ）

じゅう‐りょう【十両】ジフリヤウ [名] 相撲の番付で、幕内の下、幕下の上にある位。関取として待遇される。十枚目。▽昔、給金が年十両であったことから。

じゅう‐りょう【重量】ヂュウリヤウ [名] ❶物体に働く重力の大きさ。その値は物体の質量と重力加速度との積に等しい。❷物の重さ。目方。||「規定の—を超過する」❸目方が重いこと。||「—級のボクサー」⇔軽量

じゅうりょう‐あげ【重量挙げ】ヂュウリヤウ [名] バーベルを頭上に持ち上げてその重量を比べる競技。スナッチとジャークの二種目がある。ウエイトリフティング。

じゅうりょう‐せい【従量制】ジュウリヤウ [名] ❶通信サービスの料金制度で、利用した時間に応じて支払う方式。❷ゴミ処理の有料化で、排出量に応じて料金を徴収する方式。◈一定額を徴収する定額制に対していう。

じゅうりょう‐ぜい【従量税】ジュウリヤウ [名] 品物の重量・容積・個数などを基準にして税率を決める租税。酒税・揮発油（きはつゆ）税など。

しゅう‐りょく【衆力】 [名] 多くの人の力。大衆の力。

じゅう‐りょく【重力】ヂュウ [名] 地球上の物体が地球の中心に向かって引きつけられる力。万有引力と地球の自転による遠心力の合力で、物体に重さを与える原因となる。

しゅう‐りん【秋▼霖】シウ [名] 秋に降る長雨。||「—前線（=秋雨（あきさめ）前線）」

じゅう‐りん【▼蹂▼躙】ジウ [名・他サ変] ふみにじること。特に、暴力や権力によって他人の権利や社会秩序をおかし、ふみにじること。||「他国の領土を—する」「人権—」

蹂躙

シュール [surフランス] [名] ❶[形動] 表現・発想などが超現実的であること。||「—な室内装飾」派生 —さ ❷「シュールレアリスム」の略。

ジュール [joule] [名] 仕事・熱量・エネルギーを表す単位。一ジュールは、一ニュートンの力が働いて、力の方向に一メートル移動させるときの仕事量。記号J

じゅう‐るい【獣類】ジウ [名] けだものの類。けもの。

シュールレアリスム [surréalismeフランス] [名] 第一次大戦後のフランスに起こった芸術思潮の一つ。フロイトの深層心理学などの影響を受け、非合理なものや意識下の心象を表現する方法を主張した。超現実主義。シュルレアリスム。シュールリアリズム。

しゅう‐れい【秀麗】シウ [名・形動] きわだってうるわしいこと。||「—の地」「眉目（びもく）—な青年」派生 —さ

しゅう‐れい【秋冷】シウ [名] 秋になって感じる空気の冷ややかさ。秋の冷気。||「—の候」⇔春暖▽手紙文では九月・十月の時候の挨拶（あいさつ）に使う。

しゅう‐れい【秋麗】シウ [名] 秋の空が晴れわたってのどかなこと。あきうらら。

じゅう‐れつ【縦列】 [名] たてに並ぶこと。また、その列。||「—行進［駐車］」⇔横列

しゅうれっ‐しゃ【終列車】 [名] その日のダイヤの最後に運行する列車。最終列車。

しゅう‐れん【収▼斂】シウ [名] ❶[自他サ変] ちぢんでひきしまること。また、ちぢめてひきしめること。||「血管が—する」❷[自他サ変] 集まって一つにまとまること。また、集めて一つにまとめること。集約。||「市民の意見を—する」❸[自サ変] ⬇収束②③

しゅう‐れん【修練（修錬）】シウ [名・他サ変] 人格・学問・技芸などをみがき、きたえること。||「心身を—する」

しゅう‐れん【習練】シフ [名・他サ変] 上達するようにくり返し習うこと。練習。||「水泳の—に励む」

しゅう‐ろう【就労】シウラウ [名・自サ変] 仕事につくこと。また、職についていること。||「—人員・—ビザ」

じゅう‐ろうどう【重労働】ヂュウラウドウ [名] 肉体的にはげしい力を必要とする労働。

じゆうろうどう‐しゃ【自由労働者】ジイウラウドウ [名] 職種・職場・雇用期間などが一定していない労働者。日雇い労働者など。自由労務者。

しゅう‐ろく【収録】シウ [名・他サ変] ❶作品や情報を内容として収めること。||「未発表作を全集に—する」❷放送する内容を録音・録画すること。||「ドラマの—」

しゅう‐ろく【集録（▼輯録）】シフ [名・他サ変] 集めて記録すること。また、そのもの。||「説話を—する」

じゅうろく‐ミリ【十六ミリ】ジフロク [名] 一六ミリメートル幅のフィルム。また、それを用いる撮影機・映写機。

しゅう‐ろん【宗論】 [名] 仏教の宗派間で行われる教義上の論争。

しゅう‐ろん【衆論】 [名] 多くの人の意見や議論。

しゅう‐わい【収賄】シウ [名・自他サ変] 賄賂（わいろ）を受け取ること。||「—罪」⇔贈賄

ジューン‐ブライド [June bride] [名] 六月の花嫁。六月は結婚と女性の守護神ジュノーの月であることから、この月に結婚した女性は幸福になるとされる。

しゅ‐えい【守衛】—ヱイ [名] 会社や学校などで、建物の警備や出入りする人の監視をする職（を務める人）。

じゅ‐えい【樹影】 [名] 樹木のすがた。また、樹木のつくるかげ。

じゅ‐えき【受益】 [名] 利益を受けること。||「—者負担（=公共サービスを受ける者が一定限度内でその経費の一部を負担すること）」

じゅ‐えき【樹液】 [名] ❶立ち木の樹皮などから分泌される液。ゴムノキの乳液など。❷樹木に含まれている養分となる液。

ジュエリー [jewelry] [名] 宝石類。また、貴金属・宝石類を加工した装身具。

しゅ‐えん【主演】 [名・自サ変] 映画・演劇などで主役を演じること。また、その人。||「—俳優」

しゅ‐えん【酒宴】 [名] 人々が集まって酒を酌み交わす宴会。酒盛り。||「歓迎の—を開く［催す・張る］」

しゅ‐おん【主音】 [名] 西洋音階で、それぞれの調の

基礎となる第一音。ハ長調ではハの音。主調音。キーノート。

しゅ-おん【主恩】［名］主人・主君から受けた恩。しゅうおん。

しゅ-か【主家】［名］主人・主君の家。しゅけ。

しゅ-か【酒家】［名］❶酒をよく飲む人。酒飲み。❷酒を売る店。また、酒を飲ませる店。

しゅ-が【主我】［名］❶何事も自分の利益を中心に考え、他を顧みないこと。利己。「―主義」❷思考し経験する主体としての自己。自我。エゴ。

じゅ-か【儒家】［名］儒者の家。また、儒者。じゅけ。

じゅ-か【樹下】［名］樹木の下。じゅげ。⇔樹上

シュガー［sugar］［名］砂糖。「―ポット」

シュガー-スポット［sugar spot］［名］バナナが熟すと皮に現れる褐色の斑点。▽糖度の増す目安となることから。

シュガーレス［sugarless］［名］砂糖が含まれていないこと。「―ガム」

しゅ-かい【首▼魁】［名］悪事・謀反(むほん)などをたくらむ中心人物。首謀者。

じゅ-かい【受戒】［名・自サ変］仏門に入る者が仏の定めた戒律を受けること。

じゅ-かい【授戒】［名・自サ変］仏門に入る者に師僧が仏の定めた戒律を授けること。

じゅ-かい【樹海】［名］広範囲にわたって樹木が繁茂し、高所から見ると海のように見える所。

しゅ-がいねん【種概念】［名］論理学で、ある概念が他の概念を包括するとき、包括される方の概念。ある概念の下位概念。「生物」に対する「動物」、「動物」に対する「人間」の類。⇔類概念

しゅ-かく【主客】［名］❶主人と客人。❷重要なものとそうでないもの。❸文法で、主語と客語。❹哲学で、主観と客観。主体と客体。◈「しゅきゃく」とも。

しゅ-かく【主格】［名］文法で、主語を示す格。文や句の中で、名詞・代名詞などが述語に対してその作用や性状の主体であることを表す語格をいう。▽「私が行く」の「私が」のように、現代語ではふつう「が」が主格を表す。

しゅ-かく【酒客】［名］酒の好きな人。酒飲み。酒家。

じゅ-がく【儒学】［名］中国の孔子を祖とし、仁と礼を根本概念とする政治・道徳の学問。『四書五経』を重要な経典とする。「―者」⇩儒教

しゅかく-てんとう【主客転倒・主客▼顛倒】［名］主従の力関係が逆になること。物事の本末・軽重などを取り違えること。しゅきゃくてんとう。

しゅ-かん【主幹】［名］ある仕事を中心になって行う人。「編集―」

しゅ-かん【手簡(手▼翰)】［名］手紙。書簡。

しゅ-かん【主管】［名・他サ変］ある仕事を中心になって管轄・管理すること。また、その役(を務める人)。「―官庁」

しゅ-かん【主監】［名］ある仕事を監督・管理する人。「研究―」

しゅ-かん【主観】［名］❶外界の事物・現象を認識し、思惟・判断・行為などを担う意識の働き。また、その働きをする主体。❷その人の立場や観点だけに基づく考え。「評価に―がはいる」◈⇔客観

しゅ-がん【主眼】［名］物事の最もたいせつなところ。眼目。かなめ。「経済成長を―とする政策」

じゅ-かん【樹幹】［名］樹木のみき。

しゅかん-せい【主観性】［名］主観的であること。主観に依存した性質。「―の強い表現」⇔客観性

しゅかん-てき【主観的】［形動］❶対象についての認識・評価・判断などが個々の人間の意識の働きに基づいているさま。「―観念論」❷自分ひとりだけの見方・感じ方にとらわれているさま。「―な考え」◈⇔客観的

しゅ-き【手記】［名］自分で書き記すこと。また、そのもの。特に、自分の体験・感想などを書き記したもの。

しゅ-き【酒気】［名］酒くさいにおい。また、酒に酔ったようす。「―帯び運転」

しゅ-き【酒器】［名］酒を飲むときに用いる器。杯・徳利など。

しゅ-ぎ【手技】［名］編み物・マッサージ・鍼術(しんじゅつ)・手術など、手を使ってする技術。てわざ。

しゅ-ぎ【主義】［名］❶その人の考え・主張・行動などを支えている基本的な指針。「―主張」「事なかれ―」❷特定の理念や原理に基づく思想・学説などの立場。また、その立場による社会体制や制度。「資本―」「象徴―」

さまざまな「主義」

愛他主義・印象主義・共産主義・教条主義・虚無主義・軍国主義・形式主義・芸術至上主義・構成主義・構造主義・行動主義・功利主義・合理主義・国粋主義・国民主義・個人主義・国家主義・御都合主義・古典主義・事勿(ことなか)れ主義・菜食主義・三民主義・自然主義・実証主義・実用主義・資本主義・社会主義・写実主義・自由主義・重商主義・修正主義・重農主義・象徴主義・人道主義・神秘主義・人文主義・進歩主義・人本主義・刹那主義・全体主義・耽美(たんび)主義・詰め込み主義・帝国主義・点描主義・農本主義・博愛主義・表現主義・平和主義・マルクス主義・民権主義・民主主義・民族主義・民本主義・無政府主義・唯美主義・楽天主義・利己主義・理想主義・利他主義・浪漫主義・ロマン主義

しゅ-きゃく【主客】［名］❶客の中の主だった人。主賓。❷⇩しゅかく(主客)

しゅ-きゅう【守旧】［名］昔からの習慣・制度などを守ること。保守。「―的な経営陣」「―派」

しゅ-きゅう【首級】［名］討ちとった敵の首。しるし。「―を挙げる」▽中国の戦国時代、敵の首を一つ取ると一階級あがったことから。

じゅ-きゅう【受給】［名・他サ変］配給・給与などを受けること。「年金―者」

じゅ-きゅう【需給】［名］需要と供給。

しゅ-きょう【主教】［名］ギリシア正教会・英国国教会などで、聖職の位の一つ。ローマカトリック教会の司教、プロテスタント教会の監督にあたる。

しゅ-きょう【酒興】［名］酒に酔ってよい気分になること。また、酒の席を楽しくする慰みごと。「手品をして―を添える」

しゅ-ぎょう【修行】［名・自他サ変］❶仏教で、悟りを開くために、戒律を守って仏道に励むこと。また、そのために托鉢(たくはつ)・巡礼して歩くこと。「仏道を―する」「―僧」❷学問・技芸などを磨くために努力して自己を鍛えること。「武者(むしゃ)―」

しゅ-ぎょう【修業】［名・自他サ変］学問・技芸な

どを習い修めること。しゅうぎょう。‖「古文書学［板前］をーする」「古楽器演奏のーを積む」「花嫁ー」

じゅ-きょう【▼誦経】［名・自他サ変］声を出して経文を読むこと。また、経文をそらんじて唱えること。ずきょう。

じゅ-きょう【儒教】［名］孔子の教えを中心にして成立した政治・道徳の思想と教説。儒学の教え。

じゅ-ぎょう【授業】［名・自他サ変］学校などで、組織的に学問や技術を教え授けること。‖「算数のーをする」「ーを受ける」

じゅぎょう-りょう【授業料】［名］授業を受けるために学校などに納める費用。

しゅ-ぎょく【珠玉】［名］❶海から産する玉と、山から産する玉。真珠と宝石。❷美しいもの、すぐれたもののたとえ。特に、すぐれた詩文などをほめたたえていう。‖「ーの短編」

しゅ-きん【手巾】［名］手ぬぐい。また、ハンカチ。

しゅく【宿】■一［名］泊まること。また、やど。‖「品川のー」「ー舎・ー直」「合ー・寄ー」■二（造）❶以前からの。また、前世からの。‖「ー願・ー敵・ー命」❷年功を積んだ。年を経た。‖「ー老」「耆ー」❸星座。‖「二十八ー」

しゅく【叔】（造）❶父母の弟・妹。‖「ー父・ー母」❷兄弟の上から三番目。‖「伯仲ー季」

しゅく【祝】（造）❶いわう。いわい。‖「ー辞・ー日・ー福」❷のりとをあげる。また、その人。神官。‖「ー禱」「巫ー」旧祝

しゅく【淑】（造）❶よい。しとやか。‖「ー女・ー徳」「貞ー」❷よいと思ってしたう。‖「私ー」

しゅく【粛】（造）身をひきしめる。つつしむ。‖「ー啓・ー然」「厳ー・ーー」旧肅

しゅく【縮】（造）❶ちぢまる。ちぢめる。‖「ー尺・ー小・ー図」「圧ー・凝ー・軍ー・短ー・濃ー」❷ちぢこまる。心がいじける。‖「畏ー・萎ー・恐ー」

じゅく【塾】［名］❶私設の、学問・技芸などを学ぶところ。特に、学校授業の補足や進学のための教育を行う機関。学習塾。‖「珠算ー」❷➡私塾②

じゅく【熟】（造）❶煮る。煮える。‖「半ー」❷十分に成長する。うれる。‖「ー柿」「完ー・成ー・早ー・未ー」❸物事によくなれる。‖「ー達・ー練」「円ー・習ー」❹よくよく。十分に。‖「ー考・ー睡・ー読・ー慮」

しゅく-あ【宿▼痾】［名］長い間治らない慢性の病気。持病。

しゅく-あく【宿悪】［名］❶以前から重ねてきた悪事。また、過去に犯した悪事。旧悪。❷仏教で、前世で犯した悪事。‖「ーの報い」⇔宿善

しゅく-い【祝意】［名］喜び祝う気持ち。賀意。

しゅく-い【宿意】［名］❶以前から持ち続けている考え・希望。❷以前から抱いている恨み。宿怨。

しゅく-う【宿雨】［名］何日も降り続く雨。霖雨。また、前夜から降り続く雨。

しゅ-ぐう【殊遇】［名］格別に手厚いもてなし。特別の待遇。

しゅく-うん【宿運】［名］前世から定まっている運命。宿命。

しゅく-えい【宿営】［名・自サ変］❶軍隊が陣営に宿泊すること。また、その陣営。❷出動した軍隊が兵営外で宿泊すること。

しゅく-えき【宿駅】［名］昔、街道の要所にあって、宿泊のための設備や荷物運搬のための人馬などを備えていた集落。しゅく。▽鎌倉時代以降発達し、江戸期には宿場町として栄えた。

しゅく-えん【祝宴】［名］祝いの宴会。賀宴。‖「ーを催す」

しゅく-えん【宿怨】［名］長年抱いてきた恨み。

しゅく-えん【宿縁】［名］仏教で、前世からの因縁。宿因。すくえん。

しゅく-が【祝賀】［名・他サ変］よろこび祝うこと。‖「創立八〇年のー会」

しゅく-がん【宿願】［名］❶仏教で、前世に起こした誓願。❷以前から抱いてきた願い。宿望。

しゅく-き【淑気】［名］新春、四辺に満ち満ちているめでたいけはい。しゅっき。

じゅく-ぎ【熟議】［名・他サ変］十分に論議すること。

しゅく-けい【粛啓】［名］手紙文の書き出しに用いる語。つつしんで申し上げるの意。謹啓。粛白。

しゅく-げん【縮減】［名・他サ変］規模をちぢめて、小さくすること。量をへらすこと。‖「予算をーする」

じゅく-ご【熟語】［名］❶二つ以上の漢字が結合して一語として用いられるようになったもの。熟字。「言語」「辞書」「不思議」などの類。❷二つ以上の単語が結合して一語として用いられるようになったもの。複合語。「山桜」「花見」「雨降り」などの類。❸特定の意味に慣用されるようになった語句。成句。慣用句。イディオム。「気を回す」「手を抜く」などの類。

しゅく-ごう【宿業】［名］仏教で、現世でその報いを受ける原因となった前世での行為。また、前世で行った行為によって現世で受ける報い。すぐごう。

しゅく-さい【祝祭】［名］❶ある物事を祝う祭り。❷祝いと祭り。祝日と祭日。

しゅくさい-じつ【祝祭日】［名］祝日と祭日。

しゅく-さつ【縮刷】［名・他サ変］版の大きさをもとの版よりも縮めて印刷すること。また、その印刷物。‖「新聞のー版」

しゅく-し【祝詞】［名］祝いのことば。祝辞。

しゅく-し【宿志】［名］以前から持ち続けているこころざし。かねてからの願い。

しゅく-じ【祝辞】［名］祝いのことば。祝詞。‖「来賓のー」

じゅく-し【熟思】［名・他サ変］深く考えること。熟慮。

じゅく-し【熟▽柿】［名］よく熟した柿の実。

じゅく-し【熟視】［名・他サ変］じっと見つめること。凝視。

じゅく-じ【熟字】［名］➡熟語①

じゅくじ-くん【熟字訓】［名］熟字を訓読みにすること。また、その訓。「紅葉」を「もみじ」と読む類。➡当て字②

しゅく-じつ【祝日】［名］祝いごとのある日。特に、国が定めた祝いの日。‖「国民のー」

しゅく-しゃ【宿舎】［名］❶宿泊する場所・建物。❷職員などに提供される住宅。‖「公務員ー」

しゅく-しゃ【縮写】［名・他サ変］もとの形より小さく縮めて写すこと。また、その写したもの。

しゅく-しゃく【縮尺】［名・他サ変］地図・設計図などを実物よりも縮めてかくこと。また、その縮小した図の寸法と実物の寸法との比率。‖「ー率」⇔現尺

しゅく-しゅ【宿主】［名］寄生生物に寄生される側

の生物。やどぬし。‖「中間—」

しゅく-しゅく【粛粛】［形動タル］静かでおごそかなさま。‖「葬列が—と進む」「—と実務に励む」

しゅく-しょ【宿所】［名］宿泊する所。やど。

しゅく-じょ【淑女】［名］しとやかで気品のある女性。レディー。‖「紳士—」⇔紳士

じゅく-じょ【熟女】［名］成熟した大人の魅力をもつ女性。

しゅく-しょう【祝勝】［名］勝利を祝うこと。‖「—会」書き方「祝▼捷」とも。

しゅく-しょう【宿将】［名］豊かな経験をもつ、すぐれた将軍。老練な武将。▽老練な人のたとえにもいう。‖「財界の—」

しゅく-しょう【縮小】［名・自他サ変］形・規模などがちぢんで小さくなること。また、ちぢめて小さくすること。‖「脳が—する」「事業［規模］を—する」「—してコピーする」⇔拡大 使い方「〜を縮小する／縮小させる」では、前者が一般的。⇒品詞解説（八六ページ） 注意「縮少」と書くのは誤り。

しゅく-ず【縮図】［名］❶原形を一定の比率で縮小して描いた図。❷幅広い物事を規模を縮めて端的に表したもの。‖「社会の—」

じゅく・す【熟す】［自五］❶果物などの実が十分に実る。成熟する。うれる。また、酒などの食品が熟成する。‖「果物が—」「樽の中でワインが少しずつ—・してゆく」使い方「熟した」などの形で、人にも転用する。‖「熟した体」❷あることをするのにちょうどいい時機になる。‖「機が—のを待つ」❸未成熟の考えや構想などが成長して完成したものになる。‖「構想が十分に—・してから執筆にかかる」❹技芸が未熟さを脱して熟達したものになる。‖「彼の芸は十分に—・している」❺ことばとことばが結びついて、熟語や慣用的な言い回しを作る。熟合する。また、新奇だったことばが一般に行われるようになる。‖「『綺語』は『狂言綺語』と—・して使うことが多い」「いまだ表現が—・さない（＝こなれない）」異形 熟する

しゅく-すい【宿酔】［名］二日酔い。

じゅく-すい【熟睡】［名・自サ変］ぐっすり眠ること。熟眠。注意「ぐっすり（と）熟睡」は重言。「ぐっすり（と）眠る」「熟睡する」が適切。

しゅく・する【祝する】［他サ変］いわう。ことほぐ。‖「前途を—・して乾杯する」文 しゅく・す

じゅく・する【熟する】［自サ変］⇒熟す 文 じゅく・す

しゅく-せ【宿世】［名］仏教で、前世。また、前世からの因縁。すくせ。‖「—の業」「—によって結ばれる」

しゅく-せい【粛正】［名・他サ変］きびしく取り締まって不正を除き、規律を正すこと。‖「綱紀を—する」

しゅく-せい【粛清】［名・他サ変］きびしく取り締まって異分子などを除き、組織の純化を図ること。特に、独裁政党などで、反対者を追放・処刑などによって排除すること。‖「反対派を—する」

じゅく-せい【塾生】［名］塾で学ぶ学生・生徒。

じゅく-せい【熟成】［名・自サ変］❶十分に熟した状態になること。‖「機運が—する」❷発酵したものが十分に熟して独特な風味・うま味が生じること。

しゅく-ぜん【宿善】［名］仏教で、前世で行った善事。⇔宿悪

しゅく-ぜん【粛然】［形動タル］❶静かでおごそかなさま。‖「—と行進する」❷つつしんでかしこまるさま。‖「—として襟を正す」

しゅく-だい【宿題】［名］❶学校などで、家庭で学習するように児童・生徒に指示する課題。❷未解決のまま持ち越された問題。‖「その件は—にしておこう」

じゅく-たつ【熟達】［名・自サ変］よくなれて上手になること。‖「—した職人」

じゅく-だん【熟談】［名・他サ変］十分に話し合うこと。‖「相方—の上合意する」

じゅく-ち【熟知】［名・他サ変］よく知っていること。‖「あの界隈のことなら—している」

しゅく-ちょく【宿直】［名・自サ変］官庁・会社・学校などで、そこに勤務する人が交替で宿泊して夜間の用務や警備をすること。また、その人。⇔日直

しゅく-てき【宿敵】［名］ずっと以前からの敵。

しゅく-てん【祝典】［名］祝いの儀式。

しゅく-でん【祝電】［名］祝いの電報。‖「—を打つ」

じゅく-でん【熟田】［名］よく耕してある田地。

しゅく-とう【祝▼禱】［名］キリスト教で、儀式の終わりに牧師や司祭が会衆のために行う祝福の祈り。

じゅく-とう【塾頭】［名］塾の最高責任者。塾長。また、塾生の長。

しゅく-とく【淑徳】［名］女性の上品でしとやかな徳。

じゅく-どく【熟読】［名・他サ変］文章の内容を考えながらじっくりと読むこと。‖「教科書を—する」「—玩味」

じゅく-ねん【熟年】［名］五、六〇歳代の年齢層をさす語。中高年。実年。‖「—世代」▽円熟した年ごろの意で一九七〇年代から使われるようになった語。

しゅく-ば【宿場】［名］江戸時代、主要な街道筋にあって、旅人のための宿屋や宿継ぎなどの設備が整っていた場所。宿駅。‖「—町」⇒宿駅

しゅく-はい【祝杯（祝▼盃）】［名］祝いの酒を飲むさかずき。‖「—をあげる」

しゅく-はく【宿泊】［名・自サ変］旅先などで泊まること。‖「旅館に—する」「—人・—地・—所・—料」

しゅく-ふく【祝福】［名・他サ変］❶幸福を祝うこと。また、幸福を祈ること。‖「新郎新婦を—する」「前途を—する」❷キリスト教で、神が信者に恵みを授けること。また、その恵み。‖「神の—がありますように」

しゅく-へい【宿弊】［名］古くから続いている弊害。

しゅく-べん【宿便】［名］排泄されないで腸内に長い間たまっていた便。

しゅく-ほう【祝砲】［名］祝意を表すために撃つ空砲。礼砲。⇔弔砲

しゅく-ぼう【宿坊】［名］❶他寺の僧や参詣人が宿泊する寺の宿舎。宿院。❷僧が居住する建物。僧坊。

しゅく-ぼう【宿望】［名］長い間抱き続けてきた望み。宿願。しゅくもう。

じゅく-みん【熟眠】［名・自サ変］ぐっすり眠ること。熟睡。

しゅく-めい【宿命】［名］前世から定められている運命。宿運。しゅくみょう。‖「—のライバル」

しゅくめい-ろん【宿命論】［名］世界のすべての事象はあらかじめ定まっていて、人間の力では変えることができないとする考え方。運命論。

しゅく-もう【縮毛】［名］波状にちぢれた毛。‖「—

矯正(＝縮毛をまっすぐにするパーマ)」「綿羊の━」

しゅく-やく【縮約】［名・他サ変］規模を小さくして簡潔にすること。≡「三巻本を一巻に━する」「━版」

しゅく-ゆう【祝融】［名］中国で、火をつかさどる神。また、火事。火災。

じゅく-らん【熟覧】［名・他サ変］入念によく見ること。≡「資料[図面]を━する」

じゅく-りょ【熟慮】［名・他サ変］時間をかけて十分に考えること。熟考。≡「━して結論を出す」「━断行」

しゅく-りょう【宿料】ウレ［名］宿泊するための料金。宿泊料。やどちん。

じゅく-れん【熟練】［名・自サ変］十分に経験を積んで、巧みにできること。≡「━を要する仕事」「━工」

しゅく-ろう【宿老】ウラ［名］❶経験を積み、物事に精通している老人。❷武家時代の重臣。鎌倉幕府の評定(ひょうじょう)衆・引付衆、江戸幕府の老中、諸藩の家老など。❸江戸時代、町内の年寄役。

しゅ-くん【主君】［名］自分が仕えている君。君主。

しゅ-くん【殊勲】［名］特にすぐれたてがら。きわだった勲功。≡「━賞」

じゅ-くん【受勲】［名］勲章を受けること。受章。

しゅ-けい【主計】［名］❶会計をつかさどること。また、その役(を務める人)。≡「━官」❷旧陸海軍で、会計・給与などをつかさどった軍人。

しゅ-げい【手芸】［名］編み物・刺繍(ししゅう)など、手先を使ってする技芸。

じゅ-けい【受刑】［名・自サ変］刑の執行を受けること。≡「━者」

しゅ-けん【主権】［名］国民および領土を統治する最高の権力。統治権または国権。≡「━国(＝独立国)」

しゅ-げん【修験】［名］❶修験道の行者。山伏(やまぶし)。験者(げんじゃ)。▼「修験者」の略。❷役小角(えんのおづの)を開祖とする密教の一派。山中にこもって修行を積む。▼「修験道」の略。

じゅ-けん【受検】［名・他サ変］検査・検閲・検定などを受けること。≡「英語の検定を━する」

じゅ-けん【受験】［名・他サ変］試験を受けること。≡「〇〇大学を━する」「大学━・高校━」「━生」

じゅ-けん【授権】［名・他サ変］特定の人にある資格・権限などを与えること。特に、代理権を与えること。

しゅけん-ざいみん【主権在民】［名］国の主権が国民にあること。国民主権。▼日本国憲法ではこれを前文で宣言する。

しゅ-ご【主語】［名］❶文の成分の一つ。述語の示す動作・作用・状態などの主体を表す語。「川が流れる」の「川」、「水が冷たい」の「水」など。❷形式論理学で、命題・判断において肯定または否定の対象となる概念。たとえば「人は哺乳(ほにゅう)類である」における「人」、「鯨(くじら)は魚類ではない」における「鯨」など。主辞。◈⇔述語

しゅ-ご【守護】［名］❶［他サ変］まもること。≡「国家を━する」❷鎌倉・室町幕府の職名。軍事・警察権をもって諸国の警備・治安維持などに当たったが、次第に領主化して守護大名となった。

しゅ-こう【手工】［名］❶手先を使ってする工芸。手工芸。≡「━品」❷旧制の小・中学校の教科の一つ。現在の小学校の工作、中学校の技術に当たる。

しゅ-こう【手交】ウカ［名・他サ変］相手に手渡すこと。

しゅ-こう【手稿】ウカ［名］手書きの原稿。また、写本。

しゅ-こう【首肯】ウカ［名・自サ変］うなずくこと。納得して賛成すること。≡「━しがたい意見」

しゅ-こう【酒▼肴】ウカ［名］酒と酒のさかな。また、酒のさかな。≡「━料(＝酒をふるまう代わりに渡す金銭)」

しゅ-こう【趣向】ウカ［名］おもむきやおもしろみ。また、おもむきやおもしろみを出すための工夫。≡「舞台装置に━を凝らす」

しゅ-ごう【酒豪】ウカ［名］きわめて酒に強い人。大酒飲み。

じゅ-こう【受講】ウカ［名・自他サ変］講習・講義などを受けること。≡「基礎講座を━する」「━料」

しゅ-こうぎょう【手工業】ケフ［名］簡単な道具を使って、主に手作業で商品を製造する小規模な工業。

しゅこう-げい【手工芸】［名］機械を使わず、手先で行う工芸。≡「━の雑貨」

しゅご-しん【守護神】［名］安全を守る神。まもりがみ。しゅごじん。≡「技芸の━」使い方 野球やサッカーなどで、頼れる救援投手やゴールキーパーなどのたとえにもいう。≡「代表チームの━」

ジュゴン [dugong]［名］紅海・インド洋・南太平洋などの浅海に少数が生息する海牛目ジュゴン科の哺乳(ほにゅう)類。前肢はひれ状で、後肢は退化。海草を常食とする。▼古来、子を抱いて哺乳する姿から人魚に擬せられる。書き方「儒▼艮」と当てる。

しゅ-さ【主査】［名］中心になって調査・審査などにあたること。また、その役(を務める人)。

しゅ-ざ【主座】［名］かしらとしての地位。

しゅ-ざ【首座】［名］❶一番上位の席。また、その席につく資格のある人。❷禅宗で、修行僧の中の首席にある人。しゅそ。

しゅ-さい【主宰】［名・他サ変］人々の上に立って全体をとりまとめること。また、その人。≡「読書会[劇団]を━する」

しゅ-さい【主祭】［名］キリスト教で、祭事をつかさどること。また、その人。

しゅ-さい【主菜】［名］❶主となる副食物。❷献立の中心となる料理。メインディッシュ。≡「ローストビーフを━とする晩餐(ばんさん)」

しゅ-さい【主催】［名・他サ変］中心となって会合や催し物などを行うこと。≡「音楽コンクールを━する」

しゅ-ざい【主剤】［名］薬品を調合するときに主となる薬剤。

しゅ-ざい【取材】［名・自他サ変］記事や作品の材料をある物事・事件などから取り集めること。≡「汚職問題を関係者に/から━する」「━旅行」「密着━」

しゅ-ざい【首罪】［名］首をきられる罪。犯罪の中で最も重いもの。斬罪。

しゅ-ざん【珠算】［名］そろばんを使ってする計算。たまざん。

じゅ-さん【授産】［名］失業者・貧困者などに仕事を与え、生活できるようにさせること。≡「━所」

しゅ-し【手指】［名］手のゆび。≡「━を切断する」

しゅ-し【主旨】［名］文章・考え・話などの中心になる事柄や意味。主意。≡「━がはっきりしない演説」

しゅ-し【種子】［名］種子植物の胚珠(はいしゅ)が受精後成熟したもの。たね。

しゅ-し【趣旨】［名］❶ある事を行うときの中心になる考えや目的。≡「改正の━に反対する」❷話や文章な

ど で、述べようとする事柄。趣意。≡「話の―がよくわからない」

しゅ‐じ【主事】［名］官庁・学校などで、その長の命を受けて一定の事務を主管する職。また、その人。≡「指導―」

しゅ‐じ【主辞】［名］⇒主語②

じゅ‐し【▼豎子・▼孺子】［名］未熟な者や年少者をさげすんでいう語。青二才。

じゅ‐し【樹脂】［名］❶樹木、特に針葉樹から分泌される粘液。また、それが空気にふれて固まったもの。松脂・琥珀など。天然樹脂。❷天然樹脂と合成樹脂の総称。

しゅじ‐い【主治医】［名］❶数人である患者の治療にあたるとき、その中心になる医師。❷かかりつけの医師。

しゅ‐じく【主軸】［名］❶いくつかある軸の中で、中心になる軸。❷原動機から直接受けた動力を他の機械に伝える軸。シャフト。❸全体の中で中心になる事柄や人。≡「チームの―となって活躍する」

しゅし‐しょくぶつ【種子植物】［名］生活環の一部で種子を形成する植物の総称。裸子植物と被子植物とに分ける。顕花植物。

しゅ‐しゃ【手写】［名・他サ変］自分の手で書き写すこと。≡「経文を―する」「―本」

しゅ‐しゃ【取捨】［名・他サ変］よいものや必要なものを取り、悪いものや不要なものを捨てること。≡「―選択」

じゅ‐しゃ【儒者】［名］❶儒学を修めた人。儒学者。❷江戸幕府の職名。将軍に儒学の経典を進講した。

じゅ‐しゃく【授爵】［名・他サ変］爵位を授けること。

しゅ‐しゅ【守▽株】［名・他サ変］いつまでも古い習慣を守るばかりで進歩がないこと。また、古い方法にこだわって時に応じた処理ができないこと。≡「―の愚」語源 たまたま切り株にぶつかって死んだ兎を手に入れた農夫が、以来仕事をしないで毎日その株を見張っていたという『韓非子』の故事に基づく。

シュシュ［chouchou フランス］［名］筒状の布にゴムを通して輪にしたもの。髪を束ねるのに使う。

しゅ‐じゅ【▼侏儒（朱儒）】［名］❶背丈の非常に低い人。こびと。❷見識のない人を軽蔑していう語。

しゅ‐じゅ【種種】［名・形動］数多くの種類があること。さまざま。いろいろ。≡「―の花が咲き乱れる」「―雑多」「―相（＝いろいろな姿や様子）」▼副詞的にも使う。

じゅ‐じゅ【授受】［名・他サ変］授けることと受けること。受け渡し。≡「金銭の―」

しゅ‐じゅう【主従】［名］❶主となるものと従となるもの。❷主君と家臣。主人と使用人。しゅうじゅう。≡「―関係」

しゅ‐じゅつ【手術】［名・他サ変］医者が器具を用いて患部を切開・切断などし、外科的な治療を行うこと。≡「重傷の患者を―する」

じゅ‐じゅつ【呪術】［名］神霊などに働きかけて望むままに超自然的な現象を起こさせようとする行為。まじない。呪法。≡「―師」

しゅ‐しょ【手書】［名］❶［他サ変］自分の手で書くこと。また、書いたもの。❷自筆の手紙。親書。

しゅ‐しょ【朱書】［名・他サ変］朱で書くこと。また、書いたもの。朱書き。

しゅ‐しょう【手抄】［名・他サ変］書物などから自分で抜き書きすること。また、抜き書きしたもの。

しゅ‐しょう【主将】［名］❶全軍の総大将。首将。❷スポーツで、チームを統率する人。キャプテン。

しゅ‐しょう【主唱】［名・他サ変］ある意見・主張などを人々の中心になってとなえること。≡「自然保護運動の―者」

しゅ‐しょう【首相】［名］内閣総理大臣の通称。

しゅ‐しょう【首唱】［名・他サ変］先に立って言い出すこと。まっ先に提唱すること。≡「進化論の―者」

しゅ‐しょう【殊勝】［名・形動］❶けなげで感心なこと。≡「無償で引き受けるとは―な心がけだ」❷もっともらしく、神妙にしていること。≡「―な顔をしてかしこまる」派生 -げ／-さ／-がる

しゅ‐じょう【主上】［名］天皇の敬称。至尊。▼古くは「しゅしょう」。

しゅ‐じょう【主情】［名］理性や意志よりも感情・情緒などを重んじること。≡「―主義」⇔主知・主意

しゅ‐じょう【衆生】［名］仏教で、生命のあるすべてのもの。仏の救済の対象となるもの。特に、人間。有情。≡「縁なき―は度し難し」「―済度」

じゅ‐しょう【受章】［名・他サ変］勲章・褒章などを受けること。≡「紫綬褒章―者」

じゅ‐しょう【受傷】［名・自サ変］傷を負うこと。≡「交通事故で―する」「―率」

じゅ‐しょう【受賞】［名・他サ変］賞を受けること。≡「ノーベル賞を―する」

じゅ‐しょう【授章】［名・他サ変］勲章・褒章などを授けること。≡「業績をたたえて―する」「文化勲章の―式」注意「受章式」は誤り。

じゅ‐しょう【授賞】［名・他サ変］賞をさずけること。≡「アカデミー賞の―式」注意「受賞式」は誤り。

じゅ‐じょう【樹上】［名］樹木の上。⇔樹下

しゅ‐しょく【主食】［名］日常の食事の中心になる食物。主食物。⇔副食

しゅ‐しょく【酒色】［名］飲酒と女色。≡「―にふける」

しゅ‐しょく【酒食】［名］酒と食事。≡「―を供する」

しゅ‐しん【主神】［名］祭神が二柱以上ある神社で、主体となって祭られる神。

しゅ‐しん【主審】［名］❶複数の審判員の中で、中心になる審判員。⇔副審 ❷野球で、球審。

しゅ‐じん【主人】［名］❶家や店のあるじ。≡「旅館［魚屋］の―」❷その者が仕えている人。≡「―に忠実なペット」❸妻が他人に対して夫をさしていう語。

じゅ‐しん【受信】［名・他サ変］電信・電話・放送などを受けること。≡「電子メールを―する」⇔発信・送信

じゅ‐しん【受診】［名・自他サ変］診察を受けること。≡「心臓病検査を―する」「早期―」

しゅじん‐こう【主人公】［名］❶小説・映画・演劇・事件などの中心人物。≡「悲劇の―」❷「主人」①の敬称。≡「―が自ら出迎える」

しゅ‐す【▼繻子】［名］絹織物の一つ。縦糸または横糸の一方だけが表に現れるように織ったもの。表面がなめらかで、光沢がある。帯地・半襟・リボン・高級服地などに用いる。サテン。

じゅ‐ず【《数珠》】［名］仏・菩薩を拝むときに手にかける仏具。たくさんの小さな珠を糸に貫いて輪にしたもの。珠の数は人間の煩悩の数を表す一〇八個が基本だが、宗派によって異なる。念珠。ず。数「一連…」「一

具・…」と数える。

しゅ-すい【取水】［名・自他サ変］川などの水源から水を取り入れること。‖「―ダム・―制限」

じゅ-すい【▽入水】［名・自サ変］水中に身を投げて自殺すること。身投げ。にゅうすい。

じゅず-だま【《数珠》玉】［名］❶糸に通して数珠をつくる玉。ずだま。❷水辺などに群生するイネ科の多年草。初秋、葉の付け根から花穂をのばし、卵形のかたい実を結ぶ。ずだま。

じゅず-つなぎ【《数珠》▼繋ぎ】［名］数珠玉を糸に通すように、多くの人や物をひとつなぎにすること。また、そのようになったもの。

しゅ-ずみ【朱墨】［名］朱粉をにかわで練り固めた墨。朱書きに用いる。朱錠(しゅじょう)。しゅぼく。

しゅ・する【修する】［他サ変］❶修練して身につける。おさめる。‖「仏道を―」❷仏事を執り行う。‖「法会を―」◈「しゅうする」とも。文しゅ・す

じゅ・する【▼誦する】［他サ変］節をつけて唱える。口ずさむ。‖「経文を―」文じゅ・す

しゅ-せい【守成】［名・他サ変］創業を受け継いで事業の基礎を固めること。‖「創業は易く―は難し」

しゅ-せい【守勢】［名］相手の攻撃を防ぎ守る態勢。‖「―にまわる」⇔攻勢

しゅ-せい【酒精】［名］エチルアルコール。‖「―飲料(=酒類)」

しゅ-ぜい【酒税】［名］酒類にかけられる間接消費税。‖「―法」

じゅ-せい【受精】［名・自サ変］雄の生殖細胞と雌の生殖細胞が一つに結合すること。動物では精子と卵子とが、種子植物では精核と卵細胞核とが合体すること。‖「―卵」「体外―」

じゅ-せい【授精】［名・自サ変］精子と卵子とを結合させること。‖「人工―」

じゅ-せい【儒生】［名］儒学を学んでいる人。

しゅ-せいぶん【主成分】［名］ある物質を構成しているおもな成分。

しゅ-せき【手跡(手▼蹟)】［名］その人の書いた文字。また、文字の書きぶり。筆跡。

しゅ-せき【主席】［名］国家・政党などを代表する最高責任者。‖「国家―」

しゅ-せき【首席】［名］第一位の席次・地位。また、その人。‖「―で卒業する」「―代表」

しゅ-せき【酒席】［名］酒宴の席。酒盛りの場所。

しゅせき-さん【酒石酸】［名］ブドウなどの果実に含まれるカルボン酸の一つ。無色の柱状結晶で、水溶液にはさわやかな酸味がある。清涼飲料水・医薬品・染色などに利用する。

しゅ-せん【主戦】［名］❶開戦または戦争の継続を主張すること。‖「―論」❷戦争・競技などで、主力となって戦うこと。‖「―選手」

しゅ-せん【酒仙】［名］俗事を超越し、この上なく酒を愛し楽しむ人。また、非常に酒の強い人。

しゅ-ぜん【▼鬚▼髯】［名］あごひげと、ほおひげ。ひげ。

じゅ-せん【受洗】［名・自サ変］キリスト教で、洗礼を受けること。

じゅ-ぜん【受禅】［名・自サ変］先帝から帝位を譲り受けること。▽「禅」は譲る意。

しゅせん-ど【守銭奴】［名］金銭をためることだけに執着するけちな人。

しゅ-そ【主訴】［名］患者が医者に訴える症状のうちの主要なもの。

しゅ-そ【首▼鼠】［名］どちらにしようかと心を決めかねていること。ぐずぐずして態度がはっきりしないこと。日和見(ひよりみ)。▽ネズミが穴から首だけ出して辺りのようすをうかがうところから。「首鼠両端(りょうたん)を持す」とも。

じゅ-そ【呪▼詛】［名・他サ変］相手に災いが及ぶように神仏に祈ること。のろうこと。また、のろい。書き方もと慣用的に「呪▼咀」とも。(「詛」はのろう意、「咀」はかむ意)。現在は誤りとされることが多く、避けたい。

しゅ-ぞう【酒造】ーザウ［名］酒を造ること。造酒。

じゅ-ぞう【寿像】ーザウ［名］その人の生前につくっておく肖像。肖像画。

じゅ-ぞう【受像】ーザウ［名・他サ変］テレビ電波を受けて受信機に映像を再現すること。また、その像。⇔送像

じゅ-ぞう【受贈】［名・自他サ変］寄贈されたものを受けること。‖「―図書」

しゅ-そく【手足】［名］❶手と足。てあし。❷手足のように頼りになる部下。

しゅ-ぞく【種族】［名］❶同一の種類に属する生物。❷同一の人種的特徴をもち、言語・文化・風俗などを共有する人々の集団。▽部族・民族と同義にも用いる。

しゅ-たい【主体】［名］❶性質・状態・作用などの主として、それを担うもの。特に、認識と行動の担い手として意志をもって行動し、その動作の影響を他に及ぼすもの。‖「認識の―」「行政権の―たる内閣」⇔客体▽subjectの訳語。❷物事を構成する際に中心となるもの。‖「写真を―とした雑誌」

しゅ-だい【主題】［名］❶作品・議論・研究などの中心になる題材や思想。テーマ。‖「在宅介護を―に協議を進める」❷音楽で、作曲者の楽想を端的に表し、楽曲を展開させる基礎となる旋律。テーマ。

しゅ-だい【首題】［名］❶文書などの最初に書いてある題目。❷仏教で、経の最初に書かれた語句。経文の題目。

じゅ-たい【受胎】［名・自サ変］みごもること。妊娠すること。懐妊。‖「―告知(=大天使ガブリエルがマリアに懐妊を告げたこと。聖告)」

じゅ-だい【▽入内】［名・自サ変］皇后・中宮・女御になることが決まった女性が正式に宮中に入ること。

しゅたい-せい【主体性】［名］他から影響されることなく、自分の意志や判断によって行動しようとする性質・態度。‖「―のない人」

しゅたい-てき【主体的】［形動］自分の意志や判断によって行動するさま。‖「―に行動する」

しゅ-たく【手沢】［名］❶長く使っているうちに、手あかや手のあぶらがついて出たつや。❷故人が身近に置いて愛用した品。遺愛の品。❸故人が愛読した本。特に、その人の書き入れがある本。▽「手沢本」の略。

じゅ-たく【受託】［名・他サ変］頼まれて引き受けること。委託を受けること。‖「―販売」「―収賄(=公務員などが一定の職務行為を行うように依頼されて賄賂(わいろ)の収受・要求・約束をすること)」

じゅ-だく【受諾】［名・他サ変］相手の依頼・要求などを受け入れること。‖「申し出を―する」

しゅ-たる【主たる】［連体］おもな。‖「―理由」

しゅ-だん【手段】〔名〕目的を達成するための具体的な手だて。‖「調査の―を検討する」「目的のためには―を選ばない」「常套―」 使い方 ⇩方法

しゅ-ち【主知】〔名〕感情や情緒よりも理性・知性を重んじること。‖「―主義」⇔主情・主意

しゅ-ち【趣致】〔名〕おもむき。風情。

しゅ-ちく【種畜】〔名〕繁殖や品種改良のために飼育される雄の家畜。種馬・種牛など。‖「―牧場」

しゅち-にくりん【酒池肉林】〔名〕酒・肉をふんだんにそろえた、非常にぜいたくな酒宴。▽『史記』の「酒を以て池となし、肉を県けて林となす」から。

しゅ-ちゅう【手中】〔名〕手の中。手のうち。また、その人の所有・支配のうち。‖「勝利を―にする」「広大な領土を―に収める」

しゅ-ちゅう【主柱】〔名〕❶建造物の中心となる柱。❷物事の中心となる最も大切なもの。

じゅ-ちゅう【受注(受▼註)】〔名・他サ変〕注文を受けること。特に、生産者が製品の注文を引き受けること。‖「工事[仕事]を―する」⇔発注

しゅ-ちょ【主著】〔名〕その人のおもな著書。

しゅ-ちょう【主張】〔名・他サ変〕自分の意見・説を認めてもらえるよう、強く言うこと。また、その意見・説。‖「権利を―する」

しゅ-ちょう【主潮】〔名〕ある時代・社会などの中心を占めている思想や文化の傾向。

しゅ-ちょう【主調】〔名〕❶楽曲の中心となる主要な調。基調。‖「―音(=主音)」❷作品などの全体に流れる基本的な調子や傾向。‖「黒を―とする抽象画」

しゅ-ちょう【首長】〔名〕❶集団・団体などを統率する長。❷地方自治体の長。知事・市区町村長など。

しゅ-ちょう【腫▼脹】〔名・自サ変〕腫瘍・炎症などによって体の一部がはれ上がること。

シュチン〔名〕繻子地に金糸・銀糸などの色糸を使って模様を浮き織りにした厚手の絹織物。女帯・袋物・袈裟などに用いる。シチン。シッチン。 書き方 「▼繻珍」「朱珍」とも当てる。 語源 唐音語の「七糸緞」からともいう。

しゅつ【出】(造)❶外へでる。外へだす。‖「―荷・―血・―土」「選―・脱―」❷あらわす。あらわれる。‖「―現・―来」「続―・頻―」❸ぬきんでる。‖「―色」「傑―」❹おもむく。おもむいて活動する。‖「―勤・―向」❺生まれる。うまれ。‖「―身・―生」「嫡―」

じゅっ【十】(造)「十」のくずれた言い方。⇩じゅう

じゅつ【術】〔名〕❶身につけた特別のわざ。技芸。また、手段・方法。‖「忍びの―」「医―・芸―・馬―」❷はかりごと。計略。‖「相手の―にはまる」「―数」❸魔法。妖術。‖「幻―」

じゅつ【述】(造)のべる。‖「―懐」「記―・口―・詳―」

しゅつ-えん【出▼捐】〔名・他サ変〕金品を寄付すること。‖「―金」

しゅつ-えん【出演】〔名・自サ変〕舞台・映画・放送番組などに出て芸などを演じること。‖「―者・―料」

しゅっ-か【出火】〔名・自サ変〕火事を出すこと。火災が起こること。‖「台所から―する」

しゅっ-か【出荷】〔名・他サ変〕荷物を積み出すこと。特に、商品を市場に出すこと。‖「初荷を―する」⇔入荷

しゅつ-が【出芽】〔名・自サ変〕芽が出ること。

じゅっ-かい【述懐】〔名・他サ変〕心中の思いや思い出をのべること。‖「当時のことを―する」

しゅっ-かん【出棺】〔名・自サ変〕葬式のとき、死者を納めた棺を家や式場から送りだすこと。

しゅつ-がん【出願】〔名・自他サ変〕願書を出すこと。官公庁などに認可・許可を願い出ること。‖「志望校に―する」「採掘権を―する」「特許―中」

しゅつ-ぎょ【出御】〔名・自サ変〕天皇・皇后・皇太后・太皇太后が外出することを敬っていう語。おでまし。

しゅつ-ぎょ【出漁】〔名・自サ変〕⇩しゅつりょう

しゅっ-きょう【出京】〔名・自サ変〕❶地方から都へ出ること。上京。❷都を出て地方へ行くこと。離京。

しゅっ-きょう【出郷】〔名・自サ変〕故郷を出て他の土地へ行くこと。

しゅっ-きん【出金】〔名・自他サ変〕金銭を出すこと。また、その金銭。‖「―伝票」⇔入金

しゅっ-きん【出勤】〔名・自サ変〕勤め先に出かけること。また、勤めに出ていること。‖「早めに―する」「―時間」「時差―・休日―」⇔退勤・欠勤

しゅっ-け【出家】〔名・自サ変〕世俗の生活を捨てて仏門にはいること。また、その人。⇔在家

じゅっ-けい【術計】〔名〕はかりごと。計略。

しゅつ-げき【出撃】〔名・自サ変〕敵を攻撃するために陣地・基地から出て行くこと。‖「―命令」

しゅっ-けつ【出欠】〔名〕出席と欠席。‖「―をとる」

しゅっ-けつ【出血】〔名・自サ変〕❶血液が血管の外に流れ出ること。‖「頭から―する」「―多量」❷金銭上の損害をこうむること。また、人員・労力などの犠牲を払うこと。‖「―を強いられる」「―サービス」

しゅつ-げん【出現】〔名・自サ変〕あらわれでること。いままでなかったものや見えなかったものが姿をあらわすこと。‖「ライバルが―する」「大型新人の―」

しゅっ-こ【出庫】〔名〕❶〔他サ変〕倉庫や蔵から商品などを出すこと。くらだし。‖「―伝票」❷〔自他サ変〕電車・バスなどが車庫から出ること。また、出すこと。‖「―時間」◈⇔入庫

じゅつ-ご【述語】〔名〕❶文の成分の一つ。主語について、その動作・作用・状態などを述べる語。「川が流れる」の「流れる」、「水が冷たい」の「冷たい」など。❷形式論理学で、命題・判断において、主語について何かを陳述する概念。また、項と結合して命題を構成するもの。たとえば「人間は哺乳類である」における「哺乳類」など。賓辞。◈⇔主語

じゅつ-ご【術後】〔名〕手術をしたあと。‖「―の経過がよくない」

じゅつ-ご【術語】〔名〕学問・技術などの分野で、特に定義して使う語。専門用語。学術語。テクニカルターム。

しゅっ-こう【出向】〔名・自サ変〕❶でむくこと。❷籍はもとのままにして、他の会社や官公庁の仕事につくこと。‖「子会社に―する」「―社員」

しゅっ-こう【出校】〔名〕❶〔自サ変〕学校に出かけること。登校。❷〔自他サ変〕印刷物の校正刷りが出ること。また、校正刷りを出すこと。

しゅっ-こう【出航】〔名・自サ変〕船が航海に出ること。また、航空機が出発すること。

しゅっ-こう【出港】〔名・自サ変〕船が港を出ること。‖「函館港を―する」⇔入港

しゅっ-こう【出講】〔名・自サ変〕他の学校などに出向いて講義をすること。また、講義をするために出かけ

ること。≡「○○大学に―する」

じゅっ-こう【熟考】[名・他サ変] 深く考えをめぐらすこと。熟慮。≡「―した上で結論を出す」

しゅっ-こく【出国】[名・自サ変] その国を出て外国に行くこと。≡「日本から/を―する」⇕入国 ▼「しゅつごく」と言うこともあるが、避けたい。

しゅつ-ごく【出獄】[名・自サ変] 囚人が釈放されて刑務所を出ること。⇕入獄

じゅっ-さく【述作】[名・他サ変] 本などを書きあらわすこと。また、その本。著述。著作。

じゅっ-さく【術策】[名] はかりごと。たくらみ。術計。≡「―をめぐらす」

しゅっ-さつ【出札】[名・自サ変] 乗車券・入場券などの切符を売ること。≡「―口・―係」

しゅっ-さん【出産】[名・自他サ変] ❶子が生まれること。また、子を産むこと。≡「―率」❷産物が出ること。また、産物をつくること。産出。≡「―物」

しゅっ-し【出仕】[名・自サ変] ❶公の職につくこと。仕官すること。❷勤めに出ること。公式の席に出ること。

しゅっ-し【出資】[名・自他サ変] 資金を出すこと。また、資本を出すこと。≡「―金・―者」「共同―」

しゅつ-じ【出自】[名] その人の生まれ。でどころ。≡「語の―を明らかにする」

じゅつ-しき【術式】[名] 手術や施術の方式。

しゅっし-きん【出資金】[名] 資金として出される金銭。

しゅっ-しゃ【出社】[名・自サ変] 会社に出勤すること。≡「日曜も―する」「―に及ばず」⇕退社

しゅっ-しょ【出処】[名] ❶官に仕えることと、退いて民間にいること。▼「処」はとどまる意。❷でどころ。≡「資金の―を公表する」 書き方 「出所」とも。

しゅっ-しょ【出所】[名] ❶その人の生まれたところ。出生地。❷事物のでどころ。≡「―不明の情報」 書き方 「出処」とも。❸[自サ変] 刑期を終えて刑務所から出ること。≡「刑務所から/を―する」

しゅっ-しょう【出生】[名・自サ変] 人が生まれること。しゅっせい。≡「芭蕉―の地」「―率」

しゅつ-じょう【出場】[名・自サ変] 競技・演技などをするために、競技会や催し物に出ること。≡「大会に―する」≡「―権・―者」⇕欠場

しゅっしょう-とどけ【出生届】[名] 人の出生後一四日以内に父母などの届け出義務者が医師などの証明を受けた出生証明書を添えて出生地の市区町村長に届け出ること。また、その書類。

しゅっしょう-りつ【出生率】[名] 人口に対する出生数の割合。一般に人口一〇〇〇人当たりの、一年間の出生児数の割合をいう。

しゅっ-しょく【出色】[名・形動] 他よりもきわだってすぐれていること。≡「―のできばえ」

しゅっしょ-しんたい【出処進退】[名] その職にとどまるか退くかという、身の振り方。

しゅっ-しん【出身】[名] その土地の生まれであること。また、その学校・団体などの出であること。≡「―地」「民間―の閣僚」

しゅつ-じん【出陣】[名・自サ変] 戦いや試合に出向くこと。戦場に向かうこと。≡「学徒―」「―式」

しゅっ-すい【出水】[名・自サ変] 河川などの水があふれ出ること。でみず。

しゅっ-すい【出穂】[名] 稲・麦などの穂が出ること。でほ。≡「―期」

じゅっ-すう【術数】[名] はかりごと。たくらみ。術策。≡「権謀―」

しゅっ-せ【出世】[名・自サ変] 社会に出て高い地位や役職につくこと。≡「立身―」▼もと、衆生を救うために仏がこの世に現れる意。

しゅっ-せい【出生】[名・自サ変] ⬇しゅっしょう

しゅっ-せい【出征】[名・自サ変] 軍隊に加わって戦地に行くこと。≡「―する兵士を見送る」

しゅっ-せい【出精】[名・自サ変] 精を出して物事に励むこと。精励。

しゅっせい-ねびき【出精値引き】[名] 見積書の明細で、見積もり側の努力による値引きを表す項目。

しゅっせ-うお【出世魚】[名] 成長するに従って呼び名の変わる魚。ボラ・スズキ・ブリなど。▼ボラはスバシリ・イナ・ボラ・トドなどと変わる。

しゅっ-せき【出席】[名・自サ変] 授業や集会・儀式などに出ること。≡「―簿」⇕欠席

しゅっ-せけん【出世間】[名] 仏教で、この世の迷いから脱して悟りに達すること。また、出家して僧になること。

しゅっせ-さく【出世作】[名] 作者が世に認められるきっかけとなった作品。

しゅっせ-ばらい【出世払い】[名] 将来出世または成功したときに借財などを返済すること。また、その約束。

しゅっ-せん【出船】[名・自サ変] 船が港を出ること。ふなで。でふね。

じゅつ-ぜん【術前】[名] 手術をする前。≡「―の処置」

しゅっ-そう【出走】[名・自サ変] 競馬などで、レースに出場して走ること。≡「―馬」

しゅっ-たい【出▽来】[名・自サ変] ❶事件・事故などが起こること。≡「珍事が―する」❷物ができあがること。≡「美装本、近日中に―」◈「しゅつらい」の転。

しゅつ-だい【出題】[名・自他サ変] ❶試験・クイズなどの問題を出すこと。≡「教科書から―する」「古文の問題を―する」「―者・―傾向」❷詩歌の題を出すこと。

しゅっ-たつ【出立】[名・自サ変] 出発すること。特に、旅に出ること。旅立ち。≡「長崎を/に―する」

じゅっ-ちゅう【術中】[名] 相手のしかけた計略のなか。相手のわな。≡「まんまと敵の―にはまる」

しゅっ-ちょう【出張】[名・自サ変] 公用や社用で臨時に他の地域・場所へ派遣されること。≡「―手当」「―所(=役所・会社などの出先の事務所)」

しゅっ-ちょう【出超】[名] ある期間内の輸出総額が輸入総額よりも多いこと。⇕入超 ▼「輸出超過」の略。

しゅっ-ちん【出陳】[名・他サ変] 展覧会・展示会などに作品や品物を出して陳列すること。

しゅっ-てい【出廷】[名・自サ変] 裁判のために法廷に出ること。≡「裁判員として―する」

しゅっ-てん【出典】[名] 故事・成句・引用文などの出所。また、それの載っている書物。典拠。≡「『論語』を―とする警句」 注意 組織名に付けるのは誤り。≡「×出典・文部科学省」

しゅっ-てん【出店】[名・自他サ変] 店を出すこと。≡「駅ビルにレストランが/を―する」

しゅってん【出展】[名・他サ変] 展示会・展覧会などに出品すること。‖「見本市に新製品を―する」

しゅつど【出土】[名・自サ変] 古代の遺物・遺跡や化石などが土の中から出てくること。‖「―品」

しゅっとう【出頭】[名・自サ変] 呼び出しに応じて官庁などに出向くこと。‖「警察署に―する」

しゅつどう【出動】[名・自サ変] 編成された隊が活動するために出て行くこと。‖「軍隊[消防隊]が―する」

じゅつない【術ない(術無い)】[形] 方法がないさま。なすすべがない。やりようがない。‖「借金に追われて―く店を畳む」派生 ―げ/―さ/―がる

しゅつにゅう【出入】[名・自サ変] 出ることと入ること。でいり。‖「―国」

しゅつにゅうりょく【出入力】[名] ⇩入出力

しゅつば【出馬】[名・自サ変] ❶馬に乗って戦場におもむくこと。❷地位のある人が自らその場に出向いて事に当たること。❸選挙に立候補すること。‖「知事選に―する」

しゅっぱつ【出発】[名・自サ変] ❶目的地に向かって出かけること。‖「三時に―する」❷新しく物事をはじめること。‖「二人の新たな―を祝う」

しゅっぱん【出帆】[名・自サ変] 船が港を出ること。出港。‖「横浜を―する」

しゅっぱん【出版】[名・他サ変] 書物・雑誌などを印刷して世の中に出すこと。‖「―社」「自費―」▽データ化した情報を提供し、パソコンや携帯機器の画面上に表示することについてもいう。‖「電子―」

品格　梓(あずさ)に上(のぼ)す「著書を―」　上梓(じょうし)「来月、―する予定の本」

しゅっぴ【出費】[名・自他サ変] 費用を出すこと。また、その費用。‖「―がかさむ」「思わぬ―に泣く」

しゅっぴん【出品】[名・自他サ変] 展覧会・展示会などに作品や物品を出すこと。‖「―者・―目録」

しゅっぷ【出府】[名・自サ変] ❶地方から都へ出ること。❷江戸時代、武家が幕府のある江戸に出ること。

じゅつぶ【述部】[名] 文の中で、述語とその修飾語とからなる部分。⇕主部

しゅっぺい【出兵】[名・自サ変] 軍隊を出動させること。‖「シベリア―」⇕撤兵

しゅつぼつ【出没】[名・自サ変] 現れたり隠れたりすること。姿を現したり、いなくなったりすること。‖「この沢には熊が―する」

しゅっぽん【出奔】[名・自サ変] 逃げ出して姿をくらますこと。‖「金を盗んで故郷を/へ―する」

しゅつらん【出藍】[名] 弟子がその師よりもすぐれていること。‖「―の誉れ」▽荀子(じゅんし)の「青は藍(あい)より出(い)でて藍より青し」から。

しゅつり【出離】[名・自サ変] 煩悩(ぼんのう)を離れて、悟りの境地に達すること。出家して仏門に入ること。

しゅつりょう【出猟】[名・自サ変] 狩りに出かけること。

しゅつりょう【出漁】[名・自サ変] 漁に出かけること。しゅつぎょ。‖「北洋に―する」

しゅつりょく【出力】[名] ❶入力を受けた機械や装置が働き、その結果として外部に出すことのできる仕事の量。‖「一五〇〇万キロワットの発電所」❷[他サ変] 入力を受けた装置が働きその結果を外に出すこと。また、その結果。❸[他サ変] コンピューターで、データを外に出すこと。アウトプット。◈⇕入力

しゅつるい【出塁】[名・自サ変] 野球で、打者が安打・四死球などで塁に出ること。

しゅてん【主点】[名] 大切な箇所。主要な点。

じゅでん【受電】[名] ❶[自他サ変] 電信・電報を受けること。⇕打電 ❷送られた電力を受けること。‖「―装置」⇕送電

しゅと【首都】[名] その国の中央政府がある都市。▽日本の首都は東京。

しゅと【酒徒】[名] 酒を飲む仲間。また、酒好きの人々。

しゅと【衆徒】[名] 平安時代以後、大寺院に止宿していた多くの僧。また、僧兵。しゅうと。

しゅとう【手▼套】[名] 手袋。

しゅとう【酒盗】[名] カツオの内臓の塩辛(しおから)。▽これを肴(さかな)にするとますます酒がすすむことから。

しゅとう【種痘】[名] 天然痘の予防接種。牛痘(ぎゅうとう)を人体に接種して予防する。

しゅどう【手動】[名] 機械などを手で動かして操作すること。‖「―ブレーキ」⇕自動

しゅどう【主動】[名] 中心になって行動すること。‖「―的な立場」

しゅどう【主導】[名・他サ変] 中心になって導くこと。‖「改革プロジェクトを―する」「―権」

しゅどう【衆道】[名] 男色(だんしょく)。若道(にゃくどう)。しゅうどう。▽「若衆道(わかしゅどう)」の略。

じゅどう【受動】[名] 他から動作・作用を受けること。受け身。‖「―的な立場」⇕能動

じゅどうきつえん【受動喫煙】[名] 喫煙者の周辺にいる非喫煙者が、間接的にたばこの煙を吸い込んでしまうこと。間接喫煙。⇕能動喫煙

しゅどうけん【主導権】[名] 中心になって物事を行う力。イニシアチブ。‖「―を握る」「―争い」

じゅどうたい【受動態】[名] 主語が他からの動作・作用を受ける関係を示す文法範疇(はんちゅう)。受身。日本語では「追われる」「殴られる」のように、動詞未然形に助動詞「れる」「られる」をつける。パッシブヴォイス。⇕能動態

しゅとく【取得】[名・他サ変] 一定の手続きを経て、資格・権利・物品などを自分のものにすること。‖「免許を―する」

しゅとけん【首都圏】[名] 東京都とその周辺を含む地域。▽首都圏整備法では、東京都・神奈川県・埼玉県・千葉県・茨城県・栃木県・群馬県・山梨県の一都七県で、東京駅を中心に半径約一五〇キロメートルの区域とする。

しゅとして【主として】[副] ある物事の大部分を占めているさま。おもに。‖「参加者は―高齢者だ」「―経理を担当する」注意「おもとして」は誤り。

じゅなん【受難】[名] ❶[自サ変] 苦難・災難を受けること。‖「―の時代」❷キリスト教で、キリストが捕らえられて十字架にかけられた苦難。パッション。‖「―曲」

ジュニア【junior】[名] ❶年少者。特に、一〇代の少年少女。❷下級。また、下級生。❸息子。二世。‖「―が誕生する」❹英米などで、父と子が同名のとき、子の姓名の下につけて二世であることを示す語。‖「ウィリアム=ジョーンズ=―」書き方「Jr.」と略記する。◈①②⇕シニア

しゅにく【朱肉】[名] 朱色の印肉。▽朱と油を練り合わせ、繊維質のものをまぜて作る。

じゅ‐にゅう【授乳】［名・自他サ変］乳児に乳を飲ませること。║「―期」

じゅ‐にん【主任】［名］ある任務の担当者のなかで中心になる人。また、その役職。║「販売部の―」「教務―」

じゅ‐にん【受忍】［名］不利益や迷惑を受けても耐えて我慢すること。║「―限度（＝騒音などの被害の程度が社会通念上我慢できるとされる限度）」

しゅ‐ぬり【朱塗り】［名］朱色に塗ること。また、塗ったもの。║「―の箸(はし)」

しゅ‐のう【首脳】ナウ［名］組織・団体などで中心になる人。║「―陣・―会談」

じゅ‐のう【受納】ナフ［名・他サ変］贈り物などを受け取っておさめること。║「結納の品を―する」

シュノーケル［Schnorchel ドイツ］［名］❶潜水艦の通風・排気装置。❷潜水用具の一つ。J字形をした管の一端を口にくわえ、他端を水面に出して呼吸する。❸排煙装置を備えた消防自動車。▼「シュノーケル車」の略。◈「スノーケル」とも。

しゅ‐はい【酒杯(酒▼盃)】［名］さかずき。

じゅ‐ばく【呪縛】［名・他サ変］まじないをかけて動けなくすること。║「―を解く」▼心理的に人の自由を束縛する意でも使う。║「死の―から解放される」

しゅ‐はん【主犯】［名］二人以上で犯罪を犯したとき、その犯罪行為の中心となった者。⇔従犯

しゅ‐はん【首班】［名］第一の席次。特に、内閣の首席。内閣総理大臣。

じゅばん【▼襦▼袢】［名］和服用の肌着。じばん。║「長―・肌―」▼jubão ポルトガル また、gibão ポルトガル から。「襦袢」の字を当てたもの。

しゅ‐ひ【種皮】［名］種子の外側をおおっている皮。胚珠(はいしゅ)の珠皮(しゅひ)が発達したもの。

しゅ‐び【守備】［名・他サ変］戦いで、敵の攻撃を防いで味方の陣地を守ること。また、試合などで相手の攻撃を防ぐこと。║「砦(とりで)を―する」「―につく」

しゅ‐び【首尾】［名］❶始めと終わり。始めから終わりまで。終始。▼頭と尾の意から。❷物事の経過や結果。║「―は上々だ」「―よく（＝都合よく）」

じゅ‐ひ【樹皮】［名］樹木の表皮。║「杉の―をはぐ」

しゅび‐いっかん【首尾一貫】クワン［名・自サ変］はじめから終わりまで考え方を貫くこと。║「―した態度」

しゅひ‐ぎむ【守秘義務】［名］職務上知ることのできた秘密を守らなくてはならない義務。

しゅ‐ひつ【主筆】［名］新聞社・雑誌社などで、首席の記者として主要な社説・論説などの執筆に当たる人。

しゅ‐ひつ【朱筆】［名］朱墨用の筆。しゅふで。また、朱墨による書き入れや訂正。║「―を入れる」

しゅび‐はんい【守備範囲】ハンヰ［名］❶スポーツなどで、守備することができる広さ。❷特に受け持つことができる分野・領域。また、人が知識・理解を持っている領域。║「住宅から宇宙ロボットまで、―の広い新素材」

しゅ‐びょう【種苗】ベウ［名］❶植物のたねとなえ。║「―栽培」❷栽培漁業に用いる魚介類の卵や稚魚。

じゅ‐ひょう【樹氷】［名］霧氷の一つ。氷点下五度以下に冷却した霧が樹枝などに付着して凍りついたもの。白色・不透明の美しい氷で、風上側へ羽毛状に成長する。

しゅ‐ひん【主賓】［名］客の中で最も中心になる人。

賓

しゅ‐びん【▼溲瓶】［名］⬇しびん

しゅ‐ふ【主夫】［名］（夫であり）一家の家事を中心になって行っている男性。ハウスハズバンド。

しゅ‐ふ【主婦】［名］（妻であり）一家の家事を中心になって行っている女性。║「専業―」

しゅ‐ふ【首府】［名］首都。

しゅ‐ぶ【主部】［名］❶主要な部分。❷文の中で、主語とその修飾語とからなる部分。⇔述部

じゅ‐ふ【呪符】［名］災厄を防ぐ呪力があるとして身につける札。守り札。▼同様の呪力があると信じられている奇石・宝石、動物の骨・爪の類もいう。

シュプール［Spur ドイツ］［名］雪面をスキーで滑った跡。

じゅ‐ぶつ【呪物】［名］ある社会集団の中で、超自然的な呪力や霊験があるとして神聖視される物。特定の動植物・岩石・人形など。║「―崇拝」

シュプレヒコール［Sprechchor ドイツ］［名］❶演劇で、一団の俳優が一つの台詞(せりふ)を合唱するように朗唱する表現形式。❷デモ・集会などで、大勢がスローガンなどを一斉に叫ぶ示威行為。

しゅ‐ぶん【主文】［名］❶一つの文章の中の主要な部分。❷判決文の中の、結論となる部分。判決主文。

じゅ‐ふん【受粉】［名・自サ変］種子植物で、雄しべの花粉が雌しべの柱頭につくこと。║「人工―」「自家―」

しゅ‐へい【手兵】［名］直接の指揮下にある手もとの兵士。手勢。

しゅ‐へい【守兵】［名］守備にあたる兵士。

しゅ‐へき【酒癖】［名］酒に酔ったときのくせ。さけぐせ。

しゅ‐べつ【種別】［名・他サ変］種類によって区別すること。また、その区別。║「鉱石の標本を―する」

しゅ‐ほ【酒保】［名］兵営内にあって、飲食物や日用品を売る店。▼酒を売る人の意から。

しゅ‐ほう【手法】ハフ［名］物事のやり方。特に、芸術作品を創造するときの技術的な方法。║「キュービズムの―を取り入れる」

しゅ‐ほう【主峰】［名］その山脈や山塊の中で最も高い山。

しゅ‐ほう【主砲】ハウ［名］❶その軍艦が装備する最大口径の大砲。▼副砲に対していう。❷野球で、そのチームの主力となる強打者。

しゅ‐ぼう【首謀・主謀】［名］中心になって悪事・陰謀などを企てること。また、その人。║「―者」

じゅ‐ほう【呪法】ホフ［名］❶呪術。❷密教で、呪文を唱えて行う加持祈禱(かじきとう)の法。

しゅ‐み【趣味】［名］❶職業や専門としてではなく、個人が楽しみで愛好していること。║「―と実益を兼ねた仕事」❷物事のもっている味わい。おもむき。❸物事の味わいや美しさを感じとる能力。また、その好みの傾向。║「―のいい服」「悪(あく)―」

シュミーズ［chemise フランス］［名］女性用の下着の一つ。肩からひもでつり、胸部からひざの辺りまでをおおうもの。多くは袖がない。シミーズ。

しゅみ‐せん【▽須▽弥▽山】［名］仏教で、世界の中心にあるとする高山。頂上には帝釈天(たいしゃくてん)、中腹には四天王が住み、その周囲を日月がめぐるとする。蘇迷盧(そめいろ)。すみせん。▼「須弥」は梵語の音訳。「妙高山」と訳す。

しゅみ‐だん【▽須▽弥壇】［名］仏像を安置する台座。もと、須弥山をかたどったものという。仏の座。須弥

座。すみだん。

しゅ-みゃく【主脈】［名］❶山脈・鉱脈・水脈などの中心になるもの。❷植物の葉の中央を貫く最も太い葉脈。中肋。◈⬍支脈

じゅ-みょう【寿命】［名］❶いのち。また、いのちの長さ。命数。‖「平均—」❷物が使用にたえる期間。‖「このクーラーはもう—だ」

品格 天寿「—を全うする」天命「—が尽きる」命数「—を縮める」命脈「—を保つ」余命「—を数える」◉「天寿」「天命」などは、命は天から与えられたものだという観念に基づく。現代人の死生観とは必ずしも相いれないことに注意。

しゅ-む【主務】［名］主としてその事務・任務を取り扱うこと。また、その人。‖「—官庁［大臣］」

しゅ-めい【主命】［名］主人・主君の命令。しゅうめい。

しゅ-もく【種目】［名］種類によって分けた一つ一つの項目。また、その名称。‖「オリンピックの競技—」「支出を—別に集計する」

しゅ-もく【▼撞木】［名］鐘・鉦・磬などを打ち鳴らすT字形の棒。かねたたき。

じゅ-もく【樹木】［名］立ち木。特に、高木。‖「—が生い茂る」

しゅ-もつ【腫物】［名］はれもの。できもの。

じゅ-もん【呪文】［名］それを唱えると呪術的な効果が現れ、災いや福をもたらすことができると信じられたことば。まじないの文句。‖「—を唱える」

しゅ-やく【主役】［名］映画・演劇などで、主人公の役。また、それを演じる役者。⬍脇役▽主要な役目（を担う人）の意でも使う。‖「機構改革の—を担う」

しゅ-やく【主薬】［名］いくつかの薬剤を調合するとき、その主成分となる薬剤。主剤。

しゅ-ゆ【▽須▼臾】［名］ほんのわずかな時間。しばし。‖「—にして消える」

じゅ-よ【授与】［名・他サ変］さずけあたえること。‖「卒業証書を—する」「—式」

しゅ-よう【主用】［名］❶主人・主君に命じられた用事。しゅうよう。❷おもだった用事。

しゅ-よう【腫瘍】［名］体の組織の一部や細胞が周辺組織とは無関係に異常に増殖したもの。臨床的に良性腫瘍（筋腫・脂肪腫など）と悪性腫瘍（癌腫・肉腫など）とに分けられる。

しゅ-よう【主要】［形動］物事の中心になっていて、大切なさま。‖「話の—な点をまとめる」「—メンバー」

じゅ-よう【受容】［名・他サ変］受け入れること。‖「異文化を—する」

じゅ-よう【需用】［名］用途にしたがって用いること。特に、電気・ガスなどを求めて用いること。‖「電力の—がふえる」

じゅ-よう【需要】［名］❶あるものを必要として求めること。‖「学生の—に応じる」❷消費・生産のために、購買力のある人や企業が市場から商品を買い求めようとする欲望。また、その商品の総量。⬍供給

しゅ-よく【主翼】［名］飛行機に揚力を与える、最も大きな翼。

しゅら【修羅】［名］❶「阿修羅」の略。インドの鬼神。❷激しい戦闘や醜い争いのたとえ。また、激しい怒りや情念などのたとえ。‖「—を燃やす（＝激しく嫉妬する）」▼阿修羅が嫉妬深く、戦いを好むことから。❸大石や大木を運搬する、そり状の道具。▼「修羅車」の略。

じゅ-らく【▽入▼洛】［名・自サ変］京都にはいること。にゅうらく。

しゅら-どう【修羅道】［名］仏教で、六道の一つ。阿修羅の住む世界。人間と畜生の間にあって、常に争いが絶えないという。阿修羅道。

しゅら-ば【修羅場】［名］❶戦争や闘争が行われる血なまぐさい場所。しゅらじょう。‖「平和な町が—と化す」「幾多の—をくぐり抜ける」❷演劇・講談などで、激しい戦いが演じられる場面。

シュラフ［名］寝袋。スリーピングバッグ。シュラーフ。▼「シュラフザック（Schlafsackドイ）」の略。

ジュラルミン［duralumin］［名］アルミニウムに銅・マグネシウム・マンガンなどを加えた軽合金。強度が大きく加工しやすいので、飛行機などの構造用材にする。

しゅ-らん【酒乱】［名］酒に酔うと人が変わったようにあばれること。また、そのような癖のある人。

じゅ-り【受理】［名・他サ変］書類などを受け取って処理すること。‖「辞表［婚姻届］を—する」

しゅり-けん【手裏剣】［名］手に持って敵に投げつける鉄製の武器。小剣類のほか、回転させて投げつける十字手裏剣の類もあった。

じゅ-りつ【樹立】［名・自他サ変］物事がしっかりと定まること。また、しっかりと打ち立てること。‖「新政権を—する」「国交—」

しゅ-りゅう【主流】［名・形動］❶川のおおもととなる流れ。本流。⬍支流 ❷中心になっている流派や傾向。また、中心をなす勢力。‖「保守派が—を占める」「当時の—の考え方」

しゅ-りゅう【腫▼瘤】［名］はれもの。こぶ。‖「頸部に—ができる」

しゅ-りゅうだん【手▼榴弾】［名］手で投げる小型の爆弾。手投げ弾。てりゅうだん。

しゅ-りょう【狩猟】［名・自他サ変］銃・網・わななどで山野の鳥獣を捕らえること。狩り。猟。

しゅ-りょう【首領】［名］仲間・集団のかしらに立つ者。頭目。▼ふつう悪党についていう。

しゅ-りょう【酒量】［名］飲む酒の量。また、飲める酒の量。

じゅ-りょう【受領】［名・他サ変］金品を受け取ること。‖「金品を—する」「—証・—印」

しゅ-りょく【主力】［名］❶中心になる戦力・勢力。‖「わが社の—商品」「—部隊」❷もっている力のうちのおもな部分。おもな力。‖「英語の勉強に—を注ぐ」

じゅ-りょく【呪力】［名］呪術のもとになる超自然的な力。まじない、またはのろいの力。

じゅ-りん【樹林】［名］樹木がびっしりと生えている群落。高木からなるものを森林、低木からなるものを低木林という。‖「針葉—」

シュリンク［shrink］［名］❶縮小すること。圧縮すること。❷熱で収縮する包装用のプラスチックフィルム。シュリンクフィルム。シュリンクラップ。

シュリンプ［shrimp］［名］小形のエビ。

しゅ-るい【酒類】［名］酒の種類。また、アルコール分を含む飲み物の総称。‖「—販売店」▼酒税法では発泡性酒類（ビールや発泡酒）、醸造酒類（清酒や果実酒）、蒸留酒類（焼酎やウイスキー）・混成酒類（合成清酒や味醂）に分類する。

しゅ-るい【種類】［名］ある基準によって物事を分類した、それぞれの集まり。‖「さまざまな—の書籍」

しゅる-しゅる［副と］細長いものがほどけたり通り抜けたりする音を表す語。‖「帯が—と解ける」

じゅ-れい【寿齢】［名］長いいのち。長寿。長命。

じゅ-れい【樹齢】［名］樹木の年齢。▽年輪の数によって測る。

ジュレ［gelée フランス］［名］ゼリー。

シュレッダー［shredder］［名］不要の書類などを細かく裁断する機械。

しゅ-れん【手練】［名］熟練した腕前。よく慣れて巧みな手ぎわ。▽「手練」は別の意。

しゅ-ろ【▼棕▼櫚】［名］直立した幹の上方に大きな掌状の葉をつけるヤシ科の常緑高木。初夏、黄色い小花を多数つけ、球形の実を結ぶ。幹を包む繊維をロープ・ほうき・たわしなどの材料にする。南九州原産。ワジュロ。

しゅ-ろう【▽鐘楼】［名］➡しょうろう

じゅ-ろうじん【寿老人】［名］七福神の一つ。長寿を授けるという神。白いひげをたらした長頭の老人で、巻物を先につけた杖とうちわを持ち、鹿を連れている。▽中国宋代の伝説中の人物にちなむといわれ、福禄寿との混同もある。

しゅ-わ【手話】［名］主に耳の不自由な人の間で用いられる、手・指の動きや身振り、表情で意思を伝達する視覚的な言語。

じゅ-わき【受話器】［名］電話機・無線機で、直接耳に当てて相手の話を聞く装置。レシーバー。⇕送話器

しゅわ-しゅわ［副と］炭酸などが泡立つ音を表す語。また、炭酸などがはじけるさま。‖「サイダーが—(と)泡立つ」

しゅ-わん【手腕】［名］物事をたくみに処理していく能力。すぐれた腕前。‖「改革に—を振るう」

しゅん【旬】［名］❶野菜・果物・魚介類などの、出盛りで最も味のよい時期。‖「鰹は今が—だ」❷物事を行うのに最も適した時期。

しゅん【俊】（造）すぐれている。また、すぐれた人。‖「—英・—足・—敏」

しゅん【春】（造）❶はる。‖「—雨・—分・—眠」「早—・陽—・立—」❷年のはじめ。正月。‖「賀—・迎—・新—」❸若くて元気なころ。‖「青—」❹愛欲。‖「—画・—本」❺としつき。

しゅん【▼峻】（造）❶山が高くけわしい。‖「—険・—嶺」「急—」❷きわめてきびしい。‖「—厳・—烈」

しゅん【▼駿】（造）❶すぐれている。‖「—才」❷足の速い良馬。また、足が速い。‖「—足・—馬」「優—」

しゅん【瞬】（造）まばたきをする。また、それほどの短い間。‖「—間・—時」「一—」

じゅん【順】［名］❶一定の規則に従って並んだ配列。順番。順序。‖「—に前へつめる」「—不同」「打—・筆—」❷［形動］すじみちに沿っていること。順当であること。‖「向こうから謝ってくるのが—だ」「—風」❸［形動］素直で逆らわないこと。‖「—な性格」「—応」➡遵

◉**順を追・う**　順番に従って行う。順序通り事を進める。‖「—って状況を整理する」

じゅん【純】［形動］まじりけがないさま。また、気持ちなどがすなおで、けがれのないさま。‖「—な心」「—愛・—金・—粋」「清—・単—」

じゅん【準】 一［接頭］それに次ぐ、の意を表す。‖「—会員・—決勝・—優勝」 二（造）❶水平を計る道具。みずもり。‖「平—」「水—器」❷物事をはかるよりどころ。めやす。‖「基—・規—・標—」❸よりどころにする。なぞらえる。のっとる。‖「—拠・—備」

じゅん【巡】（造）❶めぐる。めぐり歩く。視察して回る。‖「—回・—業」「一—」❷ためらう。‖「逡—」

じゅん【旬】（造）一〇日。一か月を三分した一〇日間。‖「上—・中—・下—」

じゅん【盾】（造）矢・刀などを防ぐ武具。たて。‖「矛—」

じゅん【准】（造）❶主たるものになぞらえる。準ずる。‖「—看護師・—教授」❷ゆるす。許可する。‖「批—」

じゅん【殉】（造）❶主人のあとを追って死ぬ。‖「—死」❷大事なもののために死ぬ。‖「—教・—職」

じゅん【▼淳】（造）まごころがある。飾りけがない。‖「—風・—朴」

じゅん【循】（造）❶したがう。そう。‖「—守」「因—姑息」❷めぐる。まわる。‖「—環・—行」

じゅん【潤】（造）❶うるおう。うるおす。‖「—滑」「湿—」❷つやがある。つやをつける。つや。‖「—色・—沢」❸もうけ。‖「利—」

じゅん【遵】（造）道をはずれない。規則・方法にしたがう。‖「—守・—法」▽「順」に通じる。

じゅん【▼醇】（造）❶まじりけのない濃厚な酒。‖「芳—」❷まじりけがない。‖「—化」❸人情に厚い。‖「—風」

じゅん-あい【純愛】［名］純粋な愛情。ひたむきな愛。

じゅん-い【准尉】ヰ［名］❶旧日本陸軍で、曹長の上、少尉の下の階級。准士官。❷自衛隊で、曹長の上、三尉の下の階級。准陸尉・准海尉・准空尉の通称。

じゅん-い【順位】ヰ［名］ある基準によって決めた順序の中の位置。‖「成績の—」「優先—」

じゅん-いつ【純一】［名・形動］まじりけがないこと。また、飾りけや偽りがないこと。‖「—な愛情をささげる」

しゅん-えい【俊英】［名］才知が人よりも秀でていること。また、その人。

じゅん-えき【純益】［名］総収益から種々の経費を差し引いた純粋の利益。純収益。

じゅん-えん【巡演】［名・自サ変］演劇などを上演して各地を回ること。‖「全国を—する」

じゅん-えん【順延】［名・他サ変］予定の期日を順繰りにのばしていくこと。‖「雨天—」✔注意 日にちが飛ぶ場合に使うのは誤り。‖「×試合は雨のためあさってに順延とする」

じゅん-えん【順縁】［名］❶善事を縁として仏道にはいること。また、その縁。❷老いた者から順に死ぬこと。◈⇕逆縁

じゅん-おくり【順送り】［名］順を追って次へ次へと送ること。

しゅん-が【春画】クヮ［名］情交のさまを描いた絵。枕絵。笑い絵。

じゅん-か【純化】クヮ［名・自他サ変］❶まじりものが除かれて純粋になること。また、純粋にすること。醇化。‖「意識が／を—する」❷複雑なものが単純になること。また、単純にすること。単純化。

じゅん-か【順化(▼馴化)】クヮ［名・自サ変］異なる環境に移された動植物が、次第にその地域の環境に適した性質を持つようになること。気候順化・高地順化など。

書き方「順化」は代用表記。

じゅん‐か【▼醇化】〔名・他サ変〕❶教えさとして感化すること。「大衆を―する」❷まじりものを除いて純粋にすること。純化。

じゅん‐かい【巡回（巡▼廻）】〔名・自サ変〕❶ある目的のために各地を回ること。「―公演」❷一定の区域内を次々に見て回ること。「警備員が構内を―する」

しゅん‐か‐しゅう‐とう【春夏秋冬】〔名〕春と夏と秋と冬。四季。一年じゅう。

しゅん‐かん【春寒】〔名〕立春が過ぎてからの寒さ。春先の寒さ。はるさむ。「―の候」▽多く手紙文・俳句などで使う。

じゅんかつ‐ゆ【潤滑油】〔名〕機械が接触する部分の摩擦を減らすために用いる油。「軸受け部分に―を差す」▽物事を円滑に運ぶための仲立ちとなるもののたとえにも使う。「政党と内閣の―になる」

しゅん‐かん【瞬間】〔名〕❶きわめて短い時間。「―の出来事」「決定的―」▽またたきをする間の意。❷何かをした、ちょうどその時。…したとたん。「立ち上がった―(に)、めまいがした」

じゅん‐かん【旬刊】〔名〕新聞・雑誌などを一〇日ごとに刊行すること。また、その刊行物。「―紙」

じゅん‐かん【旬間】〔名〕一〇日間。特に、行事などを行うために区切られた一〇日間。「交通安全―」

じゅん‐かん【循環】〔名・自サ変〕物がある経路や変化をたどって、元に戻ること。また、それを繰り返すこと。「市内を―するバス」「血液の―がよくなる」

じゅんかん‐き【循環器】〔名〕体内の各組織に栄養素・酸素などを運び、体内の各組織から老廃物を運び去る器官の総称。脊椎動物では、心臓・血管・リンパ管など。

じゅん‐かんごし【准看護師】〔名〕医師や看護師の指示のもとで患者の看護および診療の補助をする専門職。准看。▽女性の「准看護婦」と男性の「准看護士」を統一した名称。

じゅん‐かんごふ【准看護婦】〔名〕女性の准看護師の旧称。▽男性は「准看護士」といった。

しゅん‐き【春季】〔名〕春の季節。「―キャンプ」

しゅん‐き【春期】〔名〕春の期間。「―講習」

しゅん‐ぎく【春菊】〔名〕野菜として栽培するキク科の一年草または二年草。独特の香りをもつ葉には深い切れ込みがある。菊菜。

じゅん‐きっさ【純喫茶】〔名〕コーヒー・紅茶などだけを供し、酒類を扱わない喫茶店。

しゅんき‐はつどうき【春機発動期】〔名〕思春期。▽「春機」は情欲の意。

じゅん‐ぎゃく【順逆】〔名〕❶正しい順序と逆の順序。❷道理に合うことと合わないこと。正しいことと誤っていること。「―をわきまえる」

じゅん‐きゅう【準急】〔名〕急行列車に準じるもので、普通列車よりも停車駅の数が少ない列車。▽「準急行列車」の略。

しゅん‐きょ【▼峻拒】〔名・他サ変〕きびしい態度で拒絶すること。「心からの依頼を―する」

じゅん‐きょ【準拠】〔名・自サ変〕あるものを規準として、それに従うこと。「法令に―する」

じゅん‐きょう【殉教】〔名・自サ変〕信仰する宗教のために自らの命をささげること。「―者」

じゅん‐きょう【順境】〔名〕環境に恵まれ、物事がすべて順調に運んでいく境遇。⇔逆境

じゅん‐ぎょう【巡業】〔名・自サ変〕相撲・芝居などの一団が、興行しながら各地を回ること。「地方―」

じゅん‐きょうじゅ【准教授】〔名〕大学で、教授に次ぐ職階。また、その職階にある人。▽平成一九(二〇〇七)年の法改正で、助教授に代わって新設。

じゅん‐きん【純金】〔名〕まじり物のない金。金無垢。二四金。「―のブレスレット」

じゅん‐ぎん【純銀】〔名〕まじり物のない銀。銀無垢。

じゅん‐きんちさん【準禁治産】〔名〕自分で財産を管理する能力のない心神耗弱者または浪費者を保護するために、家庭裁判所の宣告によってその行為能力を制限したこと。また、その制度。▽平成一一(一九九九)年の民法改正で廃止。⇩保佐・成年後見制度

じゅん‐ぐり【順繰り】〔副〕順を追って物事を行うさま。「―に意見を述べる」

じゅん‐けい【純系】〔名〕自家受精または近親交配をくり返すことによって、まったく同じ遺伝子型を持つようになった個体群。すべての個体が同一の形質を現す。

しゅん‐けつ【俊傑】〔名〕才知などがきわだってすぐれた人。

じゅん‐けつ【純血】〔名〕異種の血のまじらない純粋な血統。「―種」

じゅん‐けつ【純潔】〔名・形動〕❶けがれがなくて清らかなこと。「―な心」❷性的経験がないこと。派生‐さ

じゅん‐げつ【旬月】〔名〕❶一〇日間、または一か月。また、短い日数。❷一〇か月。

じゅん‐けっしょう【準決勝】〔名〕競技で、決勝戦に出場する選手やチームを決めるための試合。セミファイナル。

しゅん‐けん【▼峻険（▼峻▼嶮）】〔名・形動〕❶山などが高くけわしいこと。また、高くけわしい所。「―な山陵」❷態度などがきびしくて近づきがたいこと。「―な学者」

しゅん‐げん【▼峻厳】〔名・形動〕きわめてきびしいこと。「―な態度で臨む」派生‐さ

じゅん‐けん【巡見】〔名・他サ変〕警戒や監督のために見回ること。

じゅん‐けん【巡検】〔名・他サ変〕見回って調べること。

じゅん‐けん【純絹】〔名〕正絹。

じゅん‐げん【純減】〔名〕純粋に減少した分。減少した分量から増加した分量を差し引いたもの。⇔純増

じゅん‐こ【▼醇▼乎・純▼乎】〔形動タリ〕心情・思想などが純粋でまじりけがないさま。「―たる詩境」

しゅん‐こう【春光】〔名〕春の日ざし。また、春の景色。

しゅん‐こう【春郊】〔名〕春の郊外。春の野辺。

しゅん‐こう【春耕】〔名〕春、田畑をたがやすこと。

しゅん‐こう【▼竣工（▼竣功）】〔名・自サ変〕建築工事・土木工事などが完了すること。「工事［新社屋］が―した」「―式」⇔起工▽「竣」は終わる意。使い方 まれに他動詞としても使う。「記念館を―した」

じゅん‐こう【巡行】〔名・自サ変〕各地をめぐり歩

いたり回ったりすること。‖「神輿(みこし)が町内を―する」

じゅん-こう【巡幸】(ジュンカウ)［名・自サ変］天皇が各地をめぐり歩くこと。

じゅん-こう【巡航】(ジュンカウ)［名・自サ変］船舶・航空機が各地を回ること。‖「―船」「―速度（＝船舶や航空機が最も少ない燃料で長時間航行できる速度）」

じゅん-こう【順光】(ジュンクワウ)［名］写真撮影などで、対象となるものの正面からさす光線。順光線。⇕逆光

じゅん-こう【順行】(ジュンカウ)［名・自サ変］❶順序に従って逆らわずに行くこと。また、逆らわずに行うこと。‖「社会の風潮に―する」❷地球から見て、天体が西から東に向かって動くこと。◈⇕逆行

じゅん-こく【殉国】［名］命を捨てて国のために尽くすこと。‖「―の志士」

じゅん-さ【巡査】［名］警察官の階級の最下位。巡査部長の下位。また、一般に警察官。

しゅん-さい【俊才(▼駿才)】［名］才知がすぐれていること。また、その人。

じゅん-さい【▼蓴菜】［名］泥中の根茎から長い茎を伸ばし、楕円(だえん)形の葉を池沼の水面に浮かべるスイレン科の多年生水草。ぬめりのある若い芽や葉を食用にする。ヌナワ。

蓴

じゅん-さつ【巡察】［名・自サ変］事情などを調べるために見回ること。‖「諸国を―する」

じゅん-ざや【順▼鞘】❶株式相場で、当然高いはずの銘柄が高く、安いはずの銘柄が安いこと。❷市中銀行の貸出金利が中央銀行の公定歩合を上回ること。また、その差。◈⇕逆鞘(ぎゃくざや)

しゅん-じ【瞬時】［名］またたく間。きわめてわずかな時間。瞬間。‖「―の出来事」「―にして消える」

じゅん-し【巡視】［名・自サ変］警戒や監督のために見回ること。‖「沿岸[校内]を―する」「―船」

じゅん-し【殉死】［名・自サ変］主君の死後、臣下があとを追って自殺すること。‖「―者」✔注意 職責や信仰する宗教のために死ぬことの意で使うのは誤り。‖「×災害救助中に殉死した隊員」「×殉死した宗派の指導者」⬇殉職・殉教

じゅん-じ【順次】［副］順序に従って物事を行うさま。順々。順繰り。順番。‖「―結果を報告する」

じゅん-しさん【純資産】［名］資産総額から負債額を差し引いた金額。

しゅん-じつ【春日】［名］春の日。はるび。また、春の日ざし。‖「―遅遅(ちち)（＝春の日が長くてうららかなさま。また、春の日が長くて暮れるのが遅いさま）」

じゅん-じつ【旬日】［名］一〇日間。また、約一〇日。‖「―を経ずして事態が急変する」

じゅん-しゅ【順守・遵守】［名・他サ変］法律・規則・教えなどに従い、それをよく守ること。‖「交通法規を―する」書き方「遵守」は古い書き方。✔注意「遵守」を「そんしゅ」と読むのは誤り。

しゅん-しゅう【俊秀】(シュンシウ)［名］才知が人よりもきわだってすぐれていること。また、その人。俊才。

しゅん-しゅう【春愁】(シュンシウ)［名］春の季節にふとものうくなって気持ちがふさぐこと。また、その物悲しい思い。

しゅん-じゅう【春秋】(シュンジウ)［名］❶春と秋。❷年月。歳月。また、一年間。‖「幾―を経る」❸年齢。よわい。‖「―高し（＝高齢である）」

⦿**春秋に富(と)む** 年が若く、将来が長い。‖「―若者」

しゅんじゅう-の-ひっぽう【春秋の筆法】(シュンジウノヒッパフ)［連語］❶経書『春秋』の表現法のように、批判の態度が公正できびしいこと。❷間接的な関係にある原因と結果とを直接的に結びつけて批判する手法。

しゅん-じゅん【▼逡巡】［名・自サ変］決心がつかなくてぐずぐずとためらうこと。しりごみすること。

じゅん-じゅん【▼諄▼諄】［形動タル］よくわかるように丁寧にくり返して言い聞かせるさま。‖「―と諭(さと)す」

じゅんじゅん-に【順順に】［副］順序を追って次々に。‖「―スピーチをする」

じゅん-じょ【順序】［名］❶一定の規則に従って並んだ配列。‖「―よく並ぶ」❷物事を行う手順。

しゅん-しょう【春宵】(シュンセウ)［名］春の夜。春のよい。

⦿**春宵一刻(いっこく)直(あたい)千金(せんきん)** 春の夜は趣が深く、そのひとときは千金の価値があるということ。

しゅん-しょう【▼峻▼峭】(シュンセウ)［形動］❶山などが高くけわしいさま。‖「―な山嶺(さんれい)」❷きびしいさま。また、すぐれてけだかいさま。‖「禅の機鋒は―なもので〈漱石〉」

じゅん-しょう【准将】(ジュンシャウ)［名］米国などで、軍人の階級の一つ。大佐の上位。少将の下位。代将。

じゅん-じょう【殉情】(ジュンジャウ)［名］感情のおもむくままにまかせること。‖「―的行動」

じゅん-じょう【純情】(ジュンジャウ)［名・形動］よこしまな念のない純真な心。また、そのような心をもっていること。‖「―な少女」「―可憐(かれん)」派生-さ

しゅん-しょく【春色】［名］❶春の景色。春景。また、春らしい感じ。❷なまめかしい様子。

じゅん-しょく【殉職】［名・自サ変］職責を果たそうとして命を失うこと。‖「―した警官」

じゅん-しょく【純色】［名］まじりけのない色。一つの色相の中で最も彩度の高い、鮮やかな色。

じゅん-しょく【潤色】［名・他サ変］表面をつくろって飾ること。また、おもしろくするために事実を誇張すること。‖「報告書に―を加える」▽色彩をほどこして光沢をだす意から。

じゅんじょ-だ・てる【順序立てる】［他下一］整理して一定の順序にする。筋道を立てる。‖「―・てて話す」文じゅんじょだ・つ

じゅん・じる【殉じる】［自上一］⬇殉ずる

じゅん・じる【準じる】［自上一］⬇準ずる

じゅん-しん【純真】［名・形動］邪念がなくて心が清らかなこと。‖「―な気持ちを傷つける」派生-さ

じゅん-すい【純水】［名］純度のきわめて高い水。濾過(ろか)・蒸留・イオン交換などによって得られる。

じゅん-すい【純粋】［名・形動］❶ほかのものがまじっていないこと。‖「―な水」「―培養」❷気持ちに私欲や打算のないこと。‖「心の―な人」派生-さ

じゅん・ずる【殉ずる】［自サ変］❶主君のあとを追って自殺する。殉死する。‖「横死した王に―」❷価値あると思うことのために自分の命を投げ出す。‖「大義[愛]に―」❸義理を立ててある人の行動に従う。‖「上司に―・じて辞表を出す」文じゅん・ず 異形 殉じる

じゅん・ずる【準ずる】［自サ変］❶あるものを基準として、それにならう。ある規定や取り決めに基づく。‖「情報公開条例に―・じて新制度をつくる」❷〈数量を表す語などに付いて〉それに応じた扱いをする。‖「仕事量に―・じて手当を出す」「待遇は年齢に―」❸あるものと同等に扱う。‖「高校もしくはこれに―学校」「国賓に―待遇を受ける」文じゅん・ず 異形 準じる

しゅん‐せい【▼竣成】［名・自サ変］大規模な建造物などができあがること。竣工。

じゅん‐せい【純正】［名・形動］❶純粋で正しいこと。まじりけがなくて、本物であること。「―なオリーブ油」「―品」❷応用面や実利面は考えずに、もっぱら理論を重視すること。「―化学」

じゅん‐せい【準星】［名］クエーサー。

しゅん‐せつ【春雪】［名］春に降る雪。春の雪。

しゅん‐せつ【春節】［名］中国などで、旧暦の正月。一年で最も大切な祝日。

しゅん‐せつ【▼浚▼渫】［名・他サ変］河川・港湾などの水底をさらって土砂を取り除くこと。「―船」

じゅん‐せつ【順接】［名・自サ変］二つの文または句が接続するとき、前の文や句が提示した条件があとの文や句の順当な原因・理由になっていること。また、その表現形式。「できるだけのことはした。だから悔いはない」「道路が凍結したので通行止めになった」などの類。「だから」「それで」「したがって」「ので」などの接続詞・接続助詞を用いる。⬍逆接

じゅん‐ぜん【純然】［形動タリ］❶まじりけのないさま。純粋。「―たる秋田犬」❷まさしくそれに違いないさま。「―たる私法上の行為」

しゅん‐そう【春草】ウサウ［名］春にはえる草。春の草。はるくさ。

じゅん‐ぞう【純増】［名］純粋に増加した分。増加した数量から減少した分量を差し引いたもの。⬍純減

しゅん‐そく【▼駿足・俊足】［名］❶【駿】馬の足が速いこと。また、その馬。駿馬(しゅんめ)。❷【俊・駿】足の速いこと。また、その人。⬍鈍足

じゅん‐そく【準則】［名］規則に従うこと。また、従うべき規則。

じゅん‐たく【潤沢】［名・形動］❶ものが豊富にあること。「―な資金」❷うるおいがあること。つやがあること。また、うるおい。つや。「―な黒髪」派生‐さ

しゅん‐だん【春暖】［名］春のあたたかさ。「―の候」⬍秋冷 ▽手紙の挨拶などで使う。

じゅん‐ち【▼馴致】［名・他サ変］なれさせること。また、なれさせて次第にある状態に近づけること。「この窮乏［悲しみ］を―してこれからも生きていく」「千年万年の間に―された習慣［を脱することができない］」〈漱石〉

じゅん‐ちょう【順調】ウテ［形動］物事がとどこおりなく進行するさま。「手術の経過は―だ」「作業が―に進む」派生‐さ

じゅん‐て【順手】［名］平行棒・鉄棒などで、手の甲を手前にして棒を握る握り方。⬍逆手(ぎゃくて・さかて)

しゅん‐でい【春泥】［名］春先の雪解け・霜解けなどによってできるぬかるみ。

しゅん‐と［副］元気をなくしたさま。しょげて黙り込むさま。「しかられて―なる」

じゅん‐ど【純度】［名］品質の純粋さの度合い。「―の高い金」

しゅん‐とう【春闘】［名］労働組合が賃上げ要求を中心として毎年春に行う全国的な共同闘争。▽「春季闘争」の略。

しゅん‐どう【▼蠢動】［名・自サ変］❶虫などがうごめくこと。また、物がむくむくと動くこと。❷取るに足りない者が陰で騒ぎ動くこと。「不満分子が―する」

じゅん‐とう【順当】ウタ［形動］順序や道理にかなっていて、そうなるのが当然であること。「―に勝ち進む」派生‐さ

じゅん‐なん【殉難】［名・自サ変］国家・社会・宗教などの危機を救うために一身を犠牲にすること。「―者」

じゅん‐に【順に】［副］順番に。「先頭の人から―腰掛ける」

じゅん‐のう【順応】ウオ［名・自サ変］環境・境遇・刺激などの変化に従って性質や行動が変わり、それに適応するようになること。「北国の生活［体制］に―する」「―性」▽「じゅんおう」の連声(れんじょう)。

しゅん‐ば【▼駿馬】［名］⬇しゅんめ

じゅん‐ぱく【純白】［名・形動］❶まじりけのない白色。また、まっ白であること。「―のウエディングドレス」❷けがれがなく清らかなこと。「―な心」

しゅんぱつ‐りょく【瞬発力】［名］瞬間的に出る強いばねの力。

じゅん‐ばり【順張り】［名］取引で、相場が上がっているときに買い、下がっているときに売る手法。⬍逆張り

じゅん‐ばん【順番】［名］順序に従ってかわるがわる行うこと。また、その順序。「―に呼ばれる」「―待ち」

じゅん‐び【準備】［名・他サ変］あることを行うために、必要なものをととのえ、備えておくこと。「開店の―をする」「―万端整える」「―運動」

じゅん‐ぴつ【潤筆】［名］書画をかくこと。「―料」▽筆をぬらす意から。

しゅん‐びん【俊敏】［名・形動］頭の働きが鋭く、行動がすばやいこと。「―な動きを見せる」派生‐さ

しゅん‐ぷう【春風】［名］春の風。はるかぜ。

じゅん‐ぷう【順風】［名］船の進む方向に吹く風。追い風。「―に帆を上げる（＝物事が万事好都合に進むことのたとえ）」⬍逆風

しゅんぷう‐たいとう【春風▼駘▼蕩】タイタウ［形動タリ］❶春の風がのどかに吹くさま。❷性格や態度がのんびりして、余裕のあるさま。「―たる面持ち」

じゅんぷう‐びぞく【▼醇風美俗】［名］人情のあつい、好ましい風俗・習慣。

じゅんぷう‐まんぱん【順風満帆】［形動］❶帆に追い風をいっぱいに受けて船が快調に進むこと。❷物事がきわめて順調に運ぶこと。「人生は―に見えた」◈注意「満帆」を「まんぽ」と読むのは誤り。

しゅん‐ぶん【春分】［名］二十四節気の一つ。三月二一日ごろ。春の彼岸の中日にあたる。この日、太陽は真東から出て真西に沈み、昼夜の長さがほぼ等しくなる。

じゅん‐ぶん【純分】［名］金貨・銀貨や地金の中に含まれている純金・純銀の分量。

じゅん‐ぶんがく【純文学】［名］大衆文学・通俗文学に対し、純粋な芸術性を目的として創作される文芸作品。

しゅんぶん‐の‐ひ【春分の日】［名］国民の祝日の一つで、春分にあたる三月二〇日または二一日。自然をたたえ、生物をいつくしむ日。

しゅん‐べつ【▼峻別】［名・他サ変］きびしく区別すること。また、その区別。「公私の―を心がける」

じゅん‐ぽう【旬報】［名］一〇日ごとに出す報告・報告書。また、一〇日ごとに発行する刊行物。

じゅん‐ぽう【順法・遵法】フハ［名］法律や規則を守り、それに従うこと。「―精神」「―闘争（＝法規を厳重

に守ることによって業務を合法的に停滞させる争議行為)」 書き方 「遵法」は古い書き方。

じゅん-ぽう【遵奉】[名・他サ変] 法律・命令・教えなどに従い、それを固く守ること。≡「戒律を—する」

じゅん-ぼく【純朴】[名・形動] いつわりや飾りけがなくて素朴なこと。≡「—な人柄」 書き方 「▼醇朴」「▼淳朴」とも。 派生 -さ

しゅん-ぽん【春本】[名] 情交のさまをひたすら扇情的に描写した本。猥本。

じゅんまい-しゅ【純米酒】[名] 清酒のうち、米と米麹と水だけで醸造したもの。

しゅん-みん【春眠】[名] 春の夜のねむり。

◉**春眠暁を覚えず** 春の夜は寝心地がよいので明け方になってもなかなか目がさめない。▽孟浩然の詩「春暁」から。

しゅん-め【▼駿▽馬】[名] 足の速い、すぐれた馬。しゅんば。

じゅん-めん【純綿】[名] 化学繊維などのまじっていない綿糸。また、それで織った織物。

じゅん-もう【純毛】[名] 綿・化学繊維などのまじっていない毛糸。また、それで織った織物。

しゅん-や【春夜】[名] 春の夜。春宵。

じゅん-ゆう【巡遊】[名・自サ変] 方々を旅行して回ること。≡「ヨーロッパを—する」「—記」

じゅん-ゆうしょう【準優勝】[名] 競技・競争などで、優勝に次いで第二位になること。

じゅん-よ【旬余】[名] 一〇日あまり。

しゅん-よう【春陽】[名] 春の陽光。春の日ざし。また、春の陽気。≡「—の候」

じゅん-よう【準用】[名・他サ変] ある事項に関する規定を、(必要な修正を加えて)それに準じる他の事項に適用すること。≡「本規定は前項に—する」

じゅんよう-かん【巡洋艦】[名] 戦艦・航空母艦に次ぐ攻防力をもつ中型軍艦。戦艦より高速で、駆逐艦より航続力がある。クルーザー。

じゅん-ら【巡▼邏】[名・自サ変] 警戒のために見回って歩くこと。パトロール。また、その人。

しゅん-らい【春雷】[名] 春に鳴るかみなり。

しゅん-らん【春▼蘭】[名] 春、花茎の先に淡黄緑色の花を一個つけるラン科の常緑多年草。山野に自生し、観賞用に栽培もされる。

じゅん-らん【巡覧】[名・他サ変] 方々を見て回ること。≡「名所を—する」

じゅん-り【純利】[名] 総収益から種々の経費を差し引いた純粋の利益。純益。

じゅん-り【純理】[名] 純粋な理論・学理。

じゅん-りょう【純良】[名・形動] まじりけがなくて品質がよいこと。≡「—なバター」

じゅん-りょう【純量】[名] 正味の重量。

じゅん-りょう【▼淳良】[名・形動] かざりけがなくて善良なこと。≡「—な気風の土地柄」 派生 -さ

じゅん-りょう【順良】[名・形動] 性質がおとなしくて善良なこと。≡「—な人柄」 派生 -さ

しゅん-れい【▼峻▼嶺】[名] けわしくて高い峰。

じゅん-れい【巡礼(順礼)】[名・自サ変] 宗教上の目的から神社仏閣・聖地霊場を参詣して回ること。また、その人。≡「聖地を—する」「—者」

じゅん-れき【巡歴】[名・自サ変] 各地をめぐり歩くこと。≡「欧州—の旅」

しゅん-れつ【▼峻烈】[名・形動] きわめて厳しく激しいこと。≡「—な言を吐く」 派生 -さ

じゅん-れつ【順列】[名] ❶順序。序列。❷数学で、相異なる *n* 個のものの中から *r* 個をとり出し、順序を決めて配列する並べ方。その並べ方の総数を記号 $_nP_r$ で表す。≡「—組み合わせ」

じゅん-ろ【順路】[名] 順序よく進むために定めた道筋。道順。

しょ【書】 ㊀[名] ❶書かれた文字。≡「空海の—」「楷—・篆—」 ❷文字の書き方。≡「—を習う」 ❸書いてまとめたもの。本。書物。≡「—を読む」「—店・—名」「蔵—・洋—」 ❹手紙。≡「—を送る」 ㊁(造) ❶かく。また、書き記したもの。≡「清—・代—」「契約—・請求—・報告—」 ➡証㊁②　❷五経の一つである『書経』。

しょ【暑】[名] ❶あつさ。≡「—を避ける」「残—・猛—」 ❷あつい季節。また、夏の土用の一八日間。≡「小—・大—」 旧暑

しょ【署】 ㊀[名]「警察署」「消防署」「税務署」などの略。特に、警察署。≡「—に連行する」「—員・—長」 ㊁(造) ❶職務などを割り当てる。配置する。≡「部—」 ❷かきつける。≡「—名」「親—・連—」 旧署

しょ【緒】[名] 物事のはじめ。いとぐち。≡「—に就く」「—言・—戦」「端—・由—」 ➡ちょ(緒) 旧緒

しょ【処】(造) ❶場所。ところ。≡「各—・随—・要—」 ❷ある場所に身をおく。≡「—世」 ❸世間に出ないで家にいる。≡「—士・—女」 ❹しかるべく取りさばく。≡「—置・—分・—理」「善—・対—」 旧處

しょ【初】(造) ❶物事のおこり。はじめ。≡「—期・—心」「最—・当—」 ❷はじめて。一回目。≡「—婚・—診・—犯」

しょ【所】(造) ❶何かがあるところ。何かが行われるところ。地点。≡「—在」「急—・近—・住—・難—」 ❷特定の業務を行うための施設。≡「—員・—長」「刑務—・研究—・保健—」 ❸動作・作用を表す語に付いて、…するところ、…するもの、の意を表す。≡「—轄・—感・—属・—定」 ❹受身を表す。≡「—載・—与」

しょ【庶】(造) ❶いろいろの。もろもろの。≡「—事・—務」 ❷多くの人。もろびと。≡「—民」 ❸正妻でない女性が生んだ子。≡「—子」 ❹こいねがう。≡「—幾」

しょ【諸】(造) 多くの。もろもろの。≡「—説・—島・—問題・—先輩」 旧諸

じょ【序】[名] ❶物事の並び方。順番。また、順番をつけること。≡「長幼の—」「—列」「順—」 ❷書物のはしがき。前書き。また、物事のはじめ。いとぐち。≡「師に—を乞う」「—曲・—説・—盤」「自—」 ❸序詞。❹歌舞伎や人形浄瑠璃で、各作品・各段の最初の場。また、その日最初に上演される狂言。❺雅楽・能楽などで、曲の最初の部分。≡「—、破、急」

じょ【女】(造) ❶おんな。また、むすめ。≡「—王・—優・—児」「官—・男—・長—・美—・魔—」 ❷女性の名や号に添える語。≡「千代—」

じょ【如】(造) ❶状態を表す語に添えて語調を整える語。≡「欠—・突—」 ❷ごとし。…のようだ。≡「—上」

じょ【助】(造) たすける。たすけ。≡「—演・—言・—走・—詞・—教」「救—・補—」

じょ【叙】(造) ❶順序だててのべる。≡「—事・—述」「列—」 ❷位をつける。官位をさずける。≡「—勲・—任」 旧敍

じょ【徐】(造) ゆっくりしている。おもむろ。≡「—行」「緩

ー」

じょ【除】（造）❶とりのぞく。≡「ー去・ー雪・ー名」「解ー・駆ー・削ー・免ー」❷古いものをのぞいて新しいものを迎える。≡「ー夜」❸わり算。≡「ー数・ー法」

じょ【自余・▼爾余】［名］それ以外。そのほか。

しょ‐あく【諸悪】［名］さまざまな悪。多くの悪事や悪行。≡「ーの根源」

しょ‐あん【初案】［名］最初の案。≡「ーを修正する」

しょ‐い【所為】［名］❶しわざ。行い。❷そうなった原因。せい。ゆえ。

じょ‐い【女医】［名］女性の医師。

じょ‐い【叙位】［名］位階を授けること。≡「ー叙勲」

しょい‐こ【▽背▽負い子】［名］荷物をくくりつけて背負うための道具。長方形の木の枠に横木を渡し、肩にかけるひもをつけたもの。

しょい‐こ・む【▽背▽負い込む】［他五］❶しっかりと自分の背中にせおう。≡「大きな荷物をー」❷やっかいなことなどをしかたなく引き受ける。≡「兄の負債［難題］をー」◈「せおいこむ」の転。

しょい‐なげ【▽背▽負い投げ】［名］⬇せおいなげ

しょ‐いん【所員】［名］事務所・研究所など、「所」と名のつく機関に勤務している人。

しょ‐いん【書院】［名］❶和風の書斎。▼もとは禅宗寺院の僧侶の私室、室町時代以降は公家・武家屋敷の居間兼書斎。❷書院造りの座敷。❸出版社・書店などの名の下につける語。

しょ‐いん【署員】［名］税務署・警察署など、「署」と名のつく役所に勤務している人。

じょ‐いん【女陰】［名］女性の陰部。女性の性器。

しょいん‐づくり【書院造り】［名］桃山時代に完成した武家住宅の様式。主となる座敷は上段の間とし、床の間・違い棚・付け書院・帳台構えなどを備える。▼現代の和風住宅はこの様式を源流とする。

ジョイント [joint]［名］❶鉄骨・パイプなどの接合部分。継ぎ目。❷［自他サ変］連結すること。連携・合同すること。≡「パーツをーする」「ーコンサート（＝複数の演奏家やグループが一緒になって開くコンサート）」

ジョイント‐ベンチャー [joint venture]［名］大規模な事業や工事を、複数の企業が共同で請け負うこと。また、そのための一時的な組織。共同企業体。JV。

しょう【小】㊀［名］❶小さいこと。小さいもの。≡「大はーを兼ねる」≡「ー児・ー刀」「最ー」❷「小の月」の略。◈⬍大 ㊁（造）❶少ない。わずか。≡「ー康・ー量」「ー休止・ー冊子」❷つまらない。とるに足りない。≡「ー人・ー説」❸自分や自分に関することを謙遜していう語。≡「ー社・ー生」❹「小学校」の略。≡「市立第二ー」

しょう【升】㊀［名］尺貫法で、容積を表す単位。一升は一〇合で、約一・八リットル。≡「一ー瓶」㊁（造）のぼる。≡「ー堂」

しょう【生】㊀［名］うまれること。生きていること。命。≡「ーある者は必ず死す」≡「ー涯・ー類・ー滅」「ー老病死」㊁（造）❶植物の芽が出る。≡「実ー・半夏ー」❷熟していない。なま。≡「ー薬」

しょう【抄】㊀［名］❶抜き書きすること。また、そのもの。≡「平家物語ー・詩ー」❷注釈をすること。また、注釈書。≡「湖月ー・和名ー」㊁（造）❶すくいとる。かすめとる。≡「ー奪・ー略」❷紙をすく。≡「ー造」

しょう【性】［名］❶生まれつきの性質。気質。≡「この仕事はーに合わない」「凝りー・苦労ー・心配ー」「ー悪」❷物の性質。≡「ーが抜ける」「魔ー」❸根性。

しょう【省】㊀［名］❶政府の中央行政機関の一つ。法務省・厚生労働省・環境省など。長は大臣。❷律令官制の太政官に属した八つの官庁。中務・式部・民部・治部・兵部・刑部・大蔵・宮内の八省が設置された。❸中国の行政区画の一つ。≡「山東ー」㊁（造）はぶく。節約する。≡「ーエネルギー」「冠ー」

さまざまな「省」

外務省・環境省・経済産業省・厚生労働省・国土交通省・財務省・総務省・農林水産省・防衛省・法務省・文部科学省

しょう【将】［名］❶軍隊を統率する長。≡「敗軍のー兵を語らず」「ー校」「敵ー・名ー」❷軍隊などで、「佐」の上の階級。≡「大ー・少ー・陸ー」旧將

◉**将を射んと欲すれば先ず馬を射よ** 大きな目標を達成するためには、対象に直接当たるより、その周辺の問題から片づけていく方がよい。

しょう【称】㊀［名］呼び名。≡「イナダはブリの若魚のー」㊁（造）❶となえる。名づける。≡「ー号」「敬ー・通ー」❷ほめたたえる。≡「ー賛・ー揚」❸重さをはかる。また、つりあう。≡「ー量」「相ー・対ー」旧稱

しょう【商】㊀［名］ある数や式を他の数や式で割って得た値。⬍積 ㊁（造）❶あきない。あきんど。≡「ー談・ー店・ー品」「雑貨ー・貿易ー」❷相談する。はかる。≡「ー議」「協ー」

しょう【章】㊀［名］❶詩文・楽曲などの大きくわけた区分。大段落。≡「ー節」「序ー」❷資格・身分などを表すしるし。≡「国会議員のー」「勲ー・喪ー・紋ー・腕ー」㊁（造）ひとまとまりの文。≡「憲ー・断ー」

しょう【▼笙】［名］雅楽に用いる管楽器で、長短一七本の竹管を環状に立てて並べたもの。吹いたり吸ったりして鳴らす。笙の笛。▼奈良時代に唐から伝来した。

しょう【証】㊀［名］証拠。あかし。≡「後日のーとする」㊁（造）❶事実を明らかにする。あかす。≡「ー言・ー人」「検ー・考ー・物ー」❷あかしとなる文書。≡「学生ー・保険ー・免許ー」✓注意「〇〇証」「〇〇書」は、両方の言い方をするものもあるが、証明する文書の意で「〇〇書」とするのは誤り。「書」は、単に書き記したものの意。≡「〇領収書／領収証（前者が一般的）」「〇預かり証／預かり書（前者が一般的）」「×免許書・保険書」旧證

しょう【▼鉦】［名］まるくて平たい金属製の打楽器。かね。≡「ー鼓」

しょう【▼頌】［名］ほめたたえる言葉・詩文。≡「ー歌・ー春」「賀ー」「バッハー」

しょう【衝】㊀［名］重要な所。また、重要な任務。≡「水陸交通のー」「編輯のーにあたる」㊁（造）つく。つきあたる。≡「ー撃・ー動・ー突」「折ー」

しょう【賞】［名］すぐれた功績や優秀な成績をあげた者に与えるほうび。また、そのしるしの金品。≡「ーを授ける」「ノーベルー」「ー状」「懸ー・受ー」

しょう【▼妾】㊀［代］〔古風〕（一人称）女性が自分を謙遜して指し示す語。㊁［名］めかけ。側室。≡「ーを置く」「愛ー・妻ー」

しょ・う【▽背▽負う】㊀［他五］❶背中にのせ

る。せおう。‖「荷物を—」「かごを—って歩く」❷やっかいなことなどを引き受ける。しょいこむ。‖「重責[リスク]を—」「友人の借金まで—わされる」㊁[自五]〈「しょって(い)る」の形で〉⬇しょってる◈「せおう」の転。

◉しょって立つ 組織・団体の責任を引き受け、その中心になって活動する。双肩を担う。‖「会社を—」

しょう【少】(造)❶数・量がすくない。すこし。‖「—額・—食」「希—・僅—・些—・多—」❷年齢がすくない。年が若い。‖「—女・—年」「幼—」❸同じ官職で、大・中よりも下位のもの。‖「—尉・—将・—納言」

しょう【召】(造)目上の者が目下の者を呼び寄せる。めす。‖「—喚・—集・—致」「徴—」

しょう【正】(造)❶ただしい。間違いがない。‖「—気・—直・—真・—銘」「実—」❷ちょうど。まさに。‖「—午・—面・—六時」❸最上位の。本来の。‖「—客・—本」❹年の始め。‖「—月」「賀—」

しょう【匠】(造)❶すぐれた技能をもった人。職人。たくみ。‖「鵜—・鷹—・刀—」❷学問・芸術にすぐれた人。‖「画—・巨—・師—・宗—」❸くふうする。考案する。‖「意—」

しょう【床】(造)❶ねどこ。寝台。‖「起—・病—」❷腰かけ。‖「—几」❸花や苗を育てる所。苗どこ。‖「温—」❹物を支える部分。底部。土台。‖「花—・河—」

しょう【肖】(造)にる。にせる。‖「—像」「不—」

しょう【尚】(造)❶たっとぶ。とうとぶ。‖「—古・—武」❷たかい。‖「高—」❸このみ。‖「好—」❹なお。まだ。‖「—早」

しょう【招】(造)よびよせる。まねく。まねき。‖「—待・—致・—聘・—来」

しょう【承】(造)❶うける。うけつぐ。‖「継—・口—・伝—」❷相手の意をうける。うけたまわる。‖「—諾・—知」「了—」❸承句。‖「起—転結」

しょう【昇】(造)上にあがる。のぼる。‖「—給・—進」

しょう【▼昌】(造)❶さかえる。さかん。‖「繁—・隆—」❷うつくしい。‖「—言」

しょう【松】(造)マツ。‖「—籟・—露」「白砂青—」

しょう【沼】(造)ぬま。‖「—沢」「湖—・池—」

しょう【昭】(造)❶かがやいてあかるい。あきらかにする。あきらか。‖「—示・—然」❷世の中がよく治まる。‖「—和」

しょう【相】(造)君主をたすけて政治を行う(人)。大臣。‖「—国」「宰—・首—・外—・法—」

しょう【▽荘】(造)貴族・社寺の私有地。荘園。‖「—官」旧莊

しょう【▼哨】(造)見張りをする。見張り。‖「—兵」「歩—」

しょう【宵】(造)よいのうち。また、よる。‖「秋—・春—」

しょう【消】(造)❶きえてなくなる。けす。おとろえる。‖「—灯・—毒・—滅・—耗」「解—・抹—」❷ついやす。‖「—費」❸ひかえめにする。‖「—極」❹しのぐ。‖「—夏・—暑」◈①④は「銷」に通じる。

しょう【症】(造)病気の徴候・性質・状態。‖「—状」「軽—・炎—・狭心—・後遺—」

しょう【祥】(造)❶めでたいこと。さいわい。‖「嘉—・吉—」❷めでたいことの先ぶれ。きざし。‖「瑞—」❸忌み明けの祭り。‖「—月」旧祥

しょう【笑】(造)❶わらう。ほほえむ。また、おもしろい。おかしい。‖「—劇・—止」「苦—・失—・嘲—・冷—」❷相手の受け入れを望むときに謙遜の意を表す語。‖「—納・—覧」

しょう【唱】(造)❶先に立って言う。となえる。‖「—名・—和」「暗—・提—・復—」❷うたう。うた。‖「—歌」「合—・独—」

しょう【▼捷】(造)❶はやい。すみやか。すばやい。‖「—速」「敏—」❷戦いに勝つ。‖「—報」

しょう【渉】(造)❶水のある所を歩いてわたる。‖「徒—・渡—」❷あちこち歩きまわる。‖「—猟」❸かかわる。関係する。‖「—外」「干—・交—」旧涉

しょう【紹】(造)❶間をとりもつ。引き合わせる。‖「—介」❷受けつぐ。‖「—述」「継—」

しょう【訟】(造)うったえる。うったえ。‖「訴—」「争—」

しょう【勝】(造)❶相手を負かす。かつ。かち。‖「—因・—敗・—負」「快—・辛—」❷すぐれている。まさっている。‖「健—・殊—」❸すぐれた景色。‖「景—・名—」

しょう【掌】(造)❶てのひら。たなごころ。‖「—握・—中」「合—」❷職務として扱う。つかさどる。‖「—典」「車—」

しょう【晶】(造)❶澄んで明るく輝く。‖「——」❷原子が規則正しく配列している固体。‖「結—・水—」

しょう【焼】(造)やく。やける。‖「—却・—香・—失」「延—・燃—」旧燒

しょう【焦】(造)❶こげる。こがす。‖「—土・—眉」❷あせる。いらだつ。‖「—心・—燥」❸やつれる。‖「—悴」

しょう【硝】(造)❶火薬・ガラス・肥料などの原料になる無色の結晶体。‖「—酸・—石」❷火薬。‖「—煙」

しょう【粧】(造)よそおう。‖「化—・美—」

しょう【詔】(造)天子の命令。みことのり。‖「—書・—勅」

しょう【象】(造)❶目に見えるかたち。すがた。‖「印—・現—・事—・抽—」❷かたどる。‖「—形・—徴」

しょう【傷】(造)❶きず。けが。‖「—痍・—病」「擦過—」❷きずつく。きずつける。そこなう。‖「—害」「死—」❸心をいためる。悲しむ。‖「哀—・感—」

しょう【奨】(造)すすめはげます。ほめる。‖「—学・—励」「推—・報—」旧獎

しょう【照】(造)❶てる。てらす。‖「—射・—明」「反—」❷ひかり。かがやき。‖「残—・日—・晩—」❸てらしあわせる。見くらべる。‖「—会・—合・—準」「参—・対—」❹写真。‖「—影」

しょう【詳】(造)つまびらかにする。つまびらか。くわしい。‖「—細・—述・—説」「不—・未—」

しょう【彰】(造)あきらかにする。あきらか。‖「—顕」「表—」

しょう【▼誦】(造)❶声を出してよむ。となえる。‖「愛—・口—」❷書いたものを見ないでいう。そらんずる。‖「—詠」「暗—」

しょう【障】(造)❶さしつかえる。さしさわる。じゃま。‖「—害」「故—・支—・万—」❷へだてる。へだてさえぎるもの。‖「—子・—壁」❸防ぐ。‖「保—」

しょう【憧】(造)あこがれる。‖「—憬」

しょう【償】(造)つぐなう。つぐない。‖「—還・—却」「代—・賠—・弁—・補—」

しょう【礁】(造)水面に見えかくれする岩。‖「暗—・環—・座—・珊瑚—」

しょう【鐘】(造) ❶かね。つりがね。‖「—鼓・—楼」「警—・半—・晩—」❷時刻。また、時計。‖「一点—」

し-よう【仕様】ウヤ[名] ❶物事のやり方・方法。‖「表現の—もない」⬇しようがない ❷製品や仕事の内容や扱い方。‖「特別—の車」「—書(よ)き」

し-よう【子葉】フエ[名] 種子が発芽するとき最初に出る葉。ふつう単子葉植物では一枚、双子葉植物では二枚ある。

し-よう【止揚】ウヤ[名・他サ変] ⬇アウフヘーベン

し-よう【史要】ウエ[名] 歴史の要点。また、それを書き記したもの。

し-よう【私用】[名] ❶自分個人の用事。私事。❷[他サ変] 公の物を自分個人のために使うこと。‖「公用車を—する」◈⬍公用

し-よう【使用】[名・他サ変] 物や人を使うこと。用いること。‖「日本語[電話]を—する」「—者」

し-よう【枝葉】フエ[名] ❶樹木の枝と葉。❷物事の本質から外れた、あまり重要でない部分。‖「—末節」

し-よう【試用】[名・他サ変] ためしに使ってみること。‖「—期間(=採用しようとする社員を本採用の前に試験的に働かせてみる期間)」

し-よう【飼養】ウヤ[名・他サ変] 動物に飼料を与えて養い育てること。

じょう【上】ウジャ [一][名] ❶程度がまさっていること。よいこと。‖「成績は—の中だ」「—質・—機嫌・—天気」❷順序が最初・前であること。‖「—の巻」「—旬」⬍下
[二](造) ❶位置がうえにある。うえのほう。‖「—空・—半身」「海—・路—」❷地位・年齢などがうえである。‖「—司」❸…に関して。…の点で。‖「書類—の扱い」「立場—・計算—・歴史—」❹あげる。あがる。のぼる。のせる。‖「—京・—陸」「参—・北—」❺たてまつる。申し上げる。‖「—告・—申」「献—」❻漢字の四声の一つ。

じょう【丈】ウヂャ [一][名] ❶尺貫法で、長さを表す単位。一丈は一〇尺で、約三・〇三メートル。❷長さ。たけ。‖「—の短い反物」[二][接尾] 歌舞伎役者の芸名に添えて敬意を表す語。‖「中村歌右衛門—」[三](造) しっかりしている。強い。‖「頑—・気—」

じょう【▼丞】[一][名] 律令制で、四等官の第三位。[二](造) たすける。たすける人。‖「—相(じょうしょう)」

じょう【条】ウデ [一][名] ❶箇条。‖「第五—」❷…のこと。…の件。‖「お申し出の—、しかと承知致しました」❸…によって。…なので。‖「お会いしたく候—、ご一報いただきたく候」▽多く候文で使う。❹⬇言い条
[二](造) ❶木の細いえだ。こえだ。‖「柳—」❷すじ。すじ状のもの。‖「—痕(じょうこん)」「鉄—」❸物事のすじみち。‖「—理」❹市街のみちすじ。‖「—坊」「三—」❺箇条書きにした文。‖「—件・—約」「信—」❻細長いものを数える語。‖「矢一—」旧條

じょう【▼帖】フデ [一][名] 折り本。また、帳面。冊子。
[二](造) ❶折り本・屏風(びょうぶ)・袈裟(けさ)・盾(たて)などを数える語。❷紙・海苔(のり)などをひとまとめにして数える語。▽半紙は二〇枚、海苔は一〇枚を一帖とする。❸幕一張りを一単位として数える語。‖「天幕四—」❹⬇畳(じょう)

じょう【▽尉】[名] ❶能楽で、男性の老人。翁(おきな)。また、その能面。❷炭火の白い灰。▽老人の白髪になぞらえていう。❸律令制で、四等官の第三位。

じょう【情】ウジャ [一][名] ❶物事に感じておこる心の動き。‖「思慕の—」「—操・—熱」「私—」❷相手を思いやる心。まごころ。‖「厚—・薄—」❸特定の人を愛する気持ち。‖「—を通じる」「—事」「慕—・欲—」❹おもむき。味わい。‖「—がある町並み」「—緒」「詩—・旅—」
[二](造) ありのままの姿。様子。‖「—景・—況・—報」「事—・実—」

◉**情が移る** だんだん好きになってはなれがたくなる。

◉**情に絆(ほだ)される** つい同情してしまう。

◉**情に脆(もろ)い** 同情しやすい。人情に動かされやすい。

◉**情を交(か)わす** 肉体関係をもつ。

◉**情を通じる** ❶ひそかに肉体関係をもつ。私通する。❷敵に内情を漏らす。◈「情を通ずる」とも。

じょう【▼掾】[名] ❶律令制で、国司の第三位。❷江戸時代以降、浄瑠璃(じょうるり)の太夫に与えられた称号。大掾・掾・少掾の三階級がある。

じょう【嬢】ウヂャ [一][名] むすめ。少女。‖「—ちゃん、いらっしゃい」「令—」▽普通「お—さま/さん/ちゃん」の形で使う。[二][接尾] ❶未婚の女性の氏名に付けて、敬意を表す。‖「青木—・花子—」❷その職についている(若い)女性であることを表す。‖「受付—」旧孃

じょう【錠】ウヂャ [一][名] 他人にあけられないように、戸・扉・ふたなどに取り付ける金属製の器具。‖「—を掛ける」「施—・手—」[二](造) 粒状・円盤状などに固めた薬。‖「—剤」「食後三—服用」

じょう【状】ウジャ [一][接尾] ある性質・形であるさま。‖「液—・粒—・放射—」[二](造) ❶ありさま。様子。‖「—況・—態」「形—・現—・病—」❷手紙。文書。‖「賞—・免—・礼—・紹介—・年賀—・果たし—」旧狀

じょう【冗】(造) ❶むだ。よけいな。不要な。‖「—舌・—談」❷むだが多くてまとまりがない。くだくだしい。‖「—長」

じょう【定】ウヂャ (造) ❶さだめる。さだまる。‖「—規・—石」「勘—」❷さだめて。かならず。‖「必—」「会者—離」❸仏教で、心を一つの対象に集中させて動揺を静め、安定させること。‖「禅—・入—」

じょう【乗】(造) ❶乗り物にのる。‖「—客・—車・—船」「騎—・試—・搭—」❷乗り物。‖「下—(げじょう)」❸よい機会としてつけこむ。‖「便—」❹かけ算をする。かけ算。‖「—法」「三—・相—」❺仏の教え。‖「小—・大—」▽衆生(しゅじょう)を彼岸に運ぶ乗り物にたとえる。旧乘

じょう【城】ウジャ (造) ❶敵を防ぐための建造物。しろ。とりで。‖「—主」「牙—(がじょう)・古—」❷城壁をめぐらせた都市。‖「—市」❸「山城(やましろ)」の略。‖「—州」

じょう【浄】ウジャ (造) けがれがない。きよらか。きよめる。‖「—化・—財」「自—・洗—・不—」旧淨

じょう【剰】(造) 多すぎる。あまる。‖「過—・余—」旧剩

じょう【常】ウジャ (造) ❶いつまでも変わらない。つね。つねに。‖「—設・—備・—緑」「恒—・無—」❷ふつうの。なみの。‖「—識・—套(じょうとう)」「異—・尋—」❸変わることのない道徳。‖「五—・綱—」❹「常陸(ひたち)」の略。‖「—州」

じょう【場】ウヂャ (造) ❶あることが行われるところ。ば。‖「—外・—内」「会—・劇—」❷スポーツなどの競技を行う施設。‖「競技—・スケート—」

じょう【畳】フデ (造) ❶かさなる。かさねる。たたむ。‖「—句・—語」❷たたみを数える語。‖「六—一間」書き方「▼帖」とも。旧疊

じょう【蒸】(造) ❶気体になって立ちのぼる。‖「—気・—発・—留」❷むす。むらす。‖「燻—(くんじょう)」❸もろもろ。多い。‖「—民」

じょう【縄】（造）❶ひも。なわ。‖「―文」「自―自縛」❷木材に直線を引くために使う、墨のついたひも。すみなわ。‖「―尺・―墨」❸規準。法則。‖「準―」旧繩

じょう【壌】（ジャウ）（造）❶よく肥えた土。‖「土―」❷国土。大地。‖「天―」旧壤

じょう【▼擾】（ゼウ）（造）いりみだれる。みだす。‖「―乱」「騒―」

じょう【譲】（ジャウ）（造）❶へりくだる。‖「謙―」❷人に与える。ゆずる。‖「―位・―渡・―歩」「委―・分―」旧讓

じょう【醸】（ヂャウ）（造）❶発酵させて酒などをつくる。かもす。‖「―成・―造」「吟―」❷酒。‖「佳―」旧釀

じ-よう【滋養】（ヤウ）［名］体の栄養になること。また、そのもの。‖「―分に富む食品」「―強壮の薬」

じょう-あい【情愛】（ジャウ）［名］思いやりのある深い愛情。‖「―にあふれた手紙」▽親しい関係にある人に向けられる気持ちをいう。

じょう-あい【情合い】（ジャウアヒ）［名］たがいに通い合う思いやりの気持ち。

しょう-あく【掌握】（シャウ）［名・他サ変］物事を自分の意のままに動かせるようにすること。‖「実権を―する」

しょう-い【小異】（セウ）［名］少しの違い。‖「大同―」

◉**小異を捨てて大同**（だいどう）**に就**（つ）**く** 意見に小さな違いはあっても大勢の支持する意見に従う。

しょう-い【少尉】（セウヰ）［名］軍隊の階級の一つ。尉官の最下位。中尉の下、准尉（兵曹長）の上にあたる。

しょう-い【傷▼痍】（シャウ）［名］きず。いたで。‖「―軍人（＝戦闘や公務によって負傷した軍人）」▽「痍」もきずの意。

じょう-い【上衣】（ジャウ）［名］上半身に着る衣服。うわぎ。

じょう-い【上位】（ジャウヰ）［名］他よりも高い位置・順位・地位。⇔下位

じょう-い【上意】（ジャウ）［名］❶上に立つ者の考えや命令。⇔下意 ❷江戸時代、将軍の考えや命令。

じょう-い【情意】（ジャウ）［名］感情と意志。心中の思い。

じょう-い【▼攘▼夷】（ジャウ）［名］外国人を追い払って国内に入れないこと。特に、江戸時代末期の外国人排斥運動をいう。‖「尊王―」▽「攘」はしりぞける意、「夷」は外国人を卑しんでいう語。 攘

じょう-い【譲位】（ジャウヰ）［名・自サ変］君主がその位をゆずること。

じょうい-かたつ【上意下達】（ジャウイ）［名］上位の者の考えや命令を、下位の者に伝えること。⇔下意上達

じょう-いき【浄域】（ジャウヰキ）［名］❶神聖な場所。特に、神社・寺院の境内。❷極楽浄土。浄土。

しょうい-だん【焼▼夷弾】（セウイ）［名］火炎や高熱によって建造物などを焼き払うのに用いる砲弾・爆弾。ナパーム弾・テルミット焼夷弾など。

しょう-いん【小引】（セウ）［名］短い序文。小序。

しょう-いん【承引】［名・他サ変］承知して引き受けること。

しょう-いん【勝因】［名］勝利を得た原因。⇔敗因

しょう-いん【証印】［名・自サ変］ある事柄を証明するために印を押すこと。また、その印。‖「検査合格―」

じょう-いん【上院】（ジャウヰン）［名］二院制の議院で、下院に対するもう一方の議院。日本では参議院がこれに当たる。⇔下院

じょう-いん【冗員】（ヰン）［名］むだな人員。‖「―を整理する」 使い方 「冗員」と「剰員」は元来別語であるが、意味が近いことから、区別せずに使うこともある。

じょう-いん【乗員】（ヰン）［名］列車・船舶・航空機などに乗って任務についている人。乗務員。乗組員。

じょう-いん【剰員】（ヰン）［名］あまっている人員。余剰人員。‖「―を外交に回す」 使い方 ➡冗員（じょういん）

じょう-いん【畳韻】（デフヰン）［名］同じ韻をもつ漢字を二字重ねること。また、その熟語。穏健・窈窕（ようちょう）・慇懃（いんぎん）などの類。

しょう-う【小雨】（セウ）［名］少しだけ降る雨。こさめ。⇔大雨（たいう）

しょう-う【少雨】（セウ）［名］雨量が少ないこと。⇔多雨

じょう-うち【常打ち】（ジャウ）［名・他サ変］決まった演劇・芸能などをいつも一定の場所で上演すること。また、その場所。

しょう-うちゅう【小宇宙】（セウウチウ）［名］❶古代ギリシアの医学で、人間。宇宙の一部でありながら、宇宙と同様の全体像を備えたものとみなしていう。ミクロコスモス。⇔大宇宙 ❷渦巻き・棒渦巻き・楕円（だえん）などの形で宇宙間に点在する星雲。島宇宙。銀河。

しょう-うん【商運】（シャウ）［名］商売が繁盛するかどうかの運。

しょう-うん【勝運】［名］勝負に勝つ運。勝ち運。

じょう-え【浄▽衣】（ジャウ）［名］神事・祭祀（さいし）・法会などに着用する白い衣服。じょうい。▽清浄な衣服の意。

しょう-えい【照影】（セウ）［名］肖像画。また、肖像写真。

じょう-えい【上映】（ジャウ）［名・他サ変］映画をスクリーンに映して観客に見せること。‖「近日―」

しょう-えき【▼漿液】（シャウ）［名］粘り気のない透明な分泌液。唾液（だえき）・胃液などの消化液、漿膜からの分泌液など。⇔粘液

じょう-えつ【上越】（ジャウヱツ）［名］上野（こうずけ）国と越後（えちご）国。現在の群馬・新潟県地方。

しょう-エネ【省エネ】（シャウ）［名］「省エネルギー」の略。

しょう-エネルギー【省エネルギー】（シャウ）［名］資源エネルギーの節約・効率利用を図ること。省エネ。

しょう-えん【小宴】（セウ）［名］小人数で開く宴会。‖「―を張る」▽自分が開く宴会をいう丁重語としても使う。

しょう-えん【招宴】（セウ）［名・他サ変］宴会に人を招くこと。また、その宴会。

しょう-えん【▼荘園・▼庄園】（シャウヱン）［名］奈良時代末から室町時代にかけて貴族や寺社が諸国に私有した土地。荘。そうえん。

しょう-えん【消炎】（セウ）［名］患部の炎症を消し去ること。‖「―剤」

しょう-えん【硝煙】（セウ）［名］銃砲などの発射や火薬の爆発によって生じる煙。‖「―反応」

じょう-えん【上演】（ジャウ）［名・他サ変］観客に見せるために舞台で演劇などを演じること。また、そのもの。‖「『ハムレット』を―する」「新作ミュージカルの―を楽しむ」 使い方 「上演」は主に演劇についていい、「公演」は演劇・演芸・舞踊・音楽などに広くいう。

じょう-えん【情縁】（ジャウ）［名］恋情によって結ばれる男女の縁。‖「姑（しばら）く友の言に従いて、この―を断たんと約しき〈鷗外・舞姫〉」

しょう-おう【照応】（セウ）［名・自サ変］物事や文章など

で、二つのものが互いに関連し、対応していること。‖「首尾が―する」

しょう-おく【小屋】 セウヲク [名] 小さな家。みすぼらしい家。こや。▽自分の家をいう丁重語としても使う。

しょう-おん【消音】 セウ― [名・自他サ変] 爆音・雑音などを小さくすること。音が外に聞こえないようにすること。‖「―装置」

じょう-おん【常温】 ジャウヲン [名] ❶常に一定した温度。恒温(こうおん)。❷加熱や冷却をしない自然のままの温度。‖「―で保存する」

しょう-か【上下】 シャウ― [名] ❶上と下。じょうげ。❷かみとしも。統治者と人民。‖「―心を一(いつ)にする」◈「しょうか」は漢音、「じょうげ」は呉音。

しょう-か【小過】 セウクワ [名] わずかなあやまち。⬍大過

しょう-か【昇華】 ―クワ [名] ❶[自サ変] 固体が液体になることなく直接気体になること。また、気体になってのち再び固体になること。▽ドライアイス・樟脳(しょうのう)などにみられる。❷[自サ変] 精神分析で、充足されない性的エネルギーが社会的価値の高い芸術活動や宗教活動に置換されること。❸[自他サ変] 物事がより高尚な状態に高められること。また、高めること。‖「庶民の生活感情を美的に―した絵画」

しょう-か【消化】 セウクワ [名・他サ変] ❶食べた物を体内で化学的に分解し、吸収しやすい状態にすること。‖「―器官」❷取り入れた知識などをよく理解して、自分のものにすること。‖「理論をよく―しないままに振り回す」❸残りが出ないように処理すること。

しょう-か【消火】 セウクワ [名・自他サ変] 火や火事を消すこと。‖「―器・―活動」

しょう-か【消夏・▼銷夏】 セウ― [名] 夏の暑さをしのぐこと。‖「―法」 書き方 もと、もっぱら「銷夏」と書いた。

しょう-か【商科】 シャウクワ [名] 商業に関する学科。また、大学商学部の通称。‖「―大学」

しょう-か【商家】 シャウ― [名] 商売を営んでいる家。商人の家。

しょう-か【唱歌】 シャウ― [名] ❶[自サ変] 歌を歌うこと。また、その歌。❷旧制の学校で、音楽教育の教科名。また、その教材として作られた歌曲。‖「文部省―」

しょう-か【▼娼家】 シャウ― [名] 娼婦(しょうふ)を置いて客と遊ばせる店。遊女屋。

しょう-か【▼頌歌】 [名] 神の栄光、仏の功徳、人の功績などをほめたたえる歌。

しょう-が【小我】 セウ― [名] ❶仏教で、煩悩にとらわれた凡夫の我。❷哲学で、宇宙の唯一絶対的な我に対し、差別界の人間がもつ小さな自我。◈⬍大我

しょう-が【生▼薑・生▼姜】 シャウ― [名] 辛みと香気のある地下茎を食用・香辛料にする、ショウガ科の多年草。漢方では生姜(しょうきょう)といい、健胃・鎮咳(ちんがい)薬にする。ハジカミ。 薑

じょう-か【城下】 ジャウ― [名] ❶城壁の下。城のまわり。‖「―の盟(ちかい)(＝敵に城の下まで攻め込まれて結ぶ、屈辱的な降服の約束)」❷城下町。

じょう-か【浄化】 ジャウクワ [名・他サ変] ❶汚れを取り除き、きれいにすること。‖「空気を―する」「水が―される」 使い方 「〜が浄化する」ではなく、「〜が浄化される」が標準的。❷不正や害悪を取り除き、正しい状態にすること。‖「政界の―を図る」❸カタルシス。

じょう-か【浄火】 ジャウクワ [名] けがれのない神聖な火。

しょう-かい【▼哨戒】 セウ― [名・他サ変] 敵の襲撃を警戒して見張ること。‖「―艇(てい)」

しょう-かい【商会】 シャウクワイ [名] 商業を目的とする会社。‖「スミス―」▽多く会社・商店の名につけて使う。

しょう-かい【紹介】 セウ― [名・他サ変] ❶知らない人どうしを間に立って引き合わせること。‖「自己―」❷知られていない事柄・内容などを広く知らせること。‖「日本の伝統文化を海外に―する」

しょう-かい【照会】 セウクワイ [名・他サ変] 問い合わせて確認すること。‖「採用条件を人事課に―する」「―状」

しょう-かい【詳解】 シャウ― [名・他サ変] くわしく解釈し、説明すること。また、その解釈・説明。⬍略解

しょう-がい【生害】 シャウ― [名] 自殺すること。自害。

しょう-がい【生涯】 シャウ― [名] ❶この世に生きている間。一生の間。終生。‖「幸福な―を送る」「―教育」▽副詞的にも使う。❷一生のうち、あることにかかわった特定の期間。‖「役者としての―はまだ終わっていない」

しょう-がい【渉外】 セフグワイ [名] 外部と連絡・交渉すること。‖「―係」

しょう-がい【傷害】 シャウ― [名・他サ変] 人にけがをさせること。また、けがをすること。‖「―事件」

しょう-がい【障害・障▼碍・障▼礙】 シャウ― [名] ❶[他サ変] さまたげになること。また、さまたげとなるもの。‖「歴史解釈が―となって話が進展しない」「前途をさえぎる―を取り除く」「電波―」❷心身の機能が十分に働かないこと。‖「―を負う」「脳に―が残る」「胃腸―」❸馬術競技・競馬で、走路に種々の障害物を設けて行う競走。▽「障害物競走」の略。❹⬇障害物競走① ◈ 書き方 「碍」「礙」ともに「そこなう」意。明治期から「障害」と書くことが多かったが、今は「障碍」とも書かれる。

じょう-かい【上階】 ジャウ― [名] ❶建物の、ある階より上のほうの階。❷上の位階。

じょう-かい【常会】 ジャウクワイ [名] ❶定期的に開かれる会合。❷毎年一回、定期的に召集される国会。通常国会。

じょう-がい【場外】 ヂャウグワイ [名] ある限られた場所のそと。‖「―馬券売り場」⬍場内

しょうがい-がくしゅう【生涯学習】 シャウガイガクシフ [名] すべての人が、それぞれに適した方法によって、生涯にわたる主体的な学習を続けていくこと。⬇生涯教育

しょうがい-きょういく【生涯教育】 シャウガイケウイク [名] 人が生涯にわたって行う主体的な学習(生涯学習)の機会を保障すべきだとする考え方。また、その理念に基づいて行われる成人教育。

しょうがい-しゃ【障害者・障▼碍者】 シャウガイ― [名] 心身の機能に障害がある人。

しょうかい-じょう【紹介状】 セウカイジャウ [名] 先方にある人を紹介するための書状。‖「―を書いてもらう」

しょうがい-スポーツ【生涯スポーツ】 シャウガイ― [名] 年齢に関係なく、すべての人が健康づくりやレクリエーションとして楽しむことのできるスポーツ。

しょうかい-は【小会派】 セウクワイ― [名] 議会などで、小人数の党派。

しょうがいぶつ-きょうそう【障害物競走】 シャウガイブツキャウソウ [名] ❶陸上競技で、三〇〇〇メートル(メートル)の走路に二八個の障害物と七個の水濠(すいごう)を置いて行う競走。障害競走。❷運動会などで、走路に網・跳び箱などの障害物を置いて行う競走。

しょうがい-ほけん【傷害保険】 シャウガイ― [名] 被保険

者が事故などによって身体に傷害を負った場合、一定額の保険金または医療費を給付する保険。

しょうか‐かん【消化管】〔名〕食べ物を消化し、栄養を吸収する一条の管。哺乳類では、口・咽頭・食道・胃・小腸・大腸・肛門に分けられる。

しょうか‐き【消化器】〔名〕体内に摂取した食物の消化・吸収を行う器官の総称。高等動物では、口腔・食道・胃・小腸・大腸・肝臓・膵臓など。消化器官。

しょうか‐き【消火器】〔名〕初期の火災を消すのに用いる小型で持ち運びのできる器具。金属製の円筒に詰めた消火用薬剤を噴出させる仕組みのものが多い。

しよう‐がき【仕様書き】〔名〕⬇仕様書

しょう‐かく【昇格】〔名・自サ変〕格式・階級・地位などが上がること。「山田コーチが監督に━する」⇔降格 使い方「山田コーチを監督に昇格する」のような他動詞用法もあるが、「昇格させる」の形が標準的。

しょう‐がく【小学】〔名〕❶「小学校」の略。「━一年生」❷昔、中国で児童を教育した学校。❸漢字の形・音・意味について研究する学問。文字学。

しょう‐がく【小額】〔名〕単位の小さい金額。「━紙幣」⇔高額

しょう‐がく【少額】〔名〕少ない金額。「━の寄付金」⇔多額

しょう‐がく【正覚】〔名〕仏教で、一切の真理を体得した完全な悟り。▽「無上等正覚」の略。

しょう‐がく【商学】〔名〕商業に関する学問。商業学。「━部」

しょう‐がく【奨学】〔名〕学問や学術研究を奨励すること。「━制度・━資金」

じょう‐かく【城郭(城▼廓)】〔名〕❶城とくるわ。城とその周囲のかこい。❷城。

じょう‐かく【城閣】〔名〕城の物見。また、城の建物。城楼。

しょうがく‐きん【奨学金】〔名〕❶すぐれた学術研究を援助するために研究者に与えられる奨励金。❷奨学制度に基づいて学生・生徒に貸与または給付される学資金。

しょうがく‐せい【小学生】〔名〕小学校に在学している児童。小学校の生徒。

しょうか‐じあい【消化試合】〔名〕リーグ制のプロスポーツで、優勝や順位が決まった後に、決められた日程を消化するために行う試合。

しょうか‐せん【消化腺】〔名〕消化液を分泌する腺。唾液腺・胃腺・腸腺・肝臓・膵臓など。

しょうか‐せん【消火栓】〔名〕消火用に設置された水道の給水栓。

じょうか‐そう【浄化槽】〔名〕下水浄化設備の一つ。屎尿や雑排水を生物処理・殺菌などによって浄化する装置。

しょう‐がつ【正月】〔名〕❶一年の最初の月。一月。睦月。❷新年を迎え、祝いをするめでたい期間。特に松の内の七日間。「寝━」❸楽しく喜ばしいこと。「目の━」

しょう‐がっこう【小学校】〔名〕満六歳からの児童に普通教育の基礎的な部分を施す学校。学校教育法に基づき、九年間の義務教育のうちのはじめの六年間を受け持つ。

しょうかどう‐べんとう【松花堂弁当】〔名〕中を十字形に仕切って、料理の味が他に移らないよう盛りつけた弁当。▽江戸時代初期の書画家・松花堂昭乗が考案した器に由来するという。

しょうが‐な・い【(しょうが無い)】〔連語〕「しようがない」のくだけた言い方。

品格 致し方ない「失敗は━」 仕方がない「用事があるなら━」 詮方ない「詮方なく店をたたむ」 やむを得ない「中止も━」 余儀ない「━事情」 由ない「由なく従う」 よんどころない「━事情で欠席する」

しようが‐な・い【(仕様が無い)】〔連語〕❶するすべがない。することができない。「何とも返事の━」❷〈「より」「ほか(に)」「しか」などを受けて〉それ以外に取るべき方法がない。詮方ない。「このまま待つしか━」❸必然的に受け入れざるを得ない状況であるさま。やむを得ない。致し方ない。「ここまで似ていては盗作と言われても━」「多少の遅れは━だろう」❹対応のしようがないほどひどいさま。救いようがない。しようのない。「遅刻ばかりでまったく━やつだ」❺〈「ても[でも]しょうがない」「たって[だって]しょうがない」などの形で〉…しても手遅れだ、無意味だ、実効がないなどの意を表す。「迷っていても━、決めてしまおう」❻〈「…て[で]しょうがない」の形で〉…て仕方(が)ない。…てならない。…てたまらない。「うれしくて━」「気になって━」「不安で[暇で暇で]━」
◈②〜⑥は「しょうがない」とも。意味用法は「仕方(が)ない」とほぼ同じだが、①の「返事のしようがない」の用法は「仕方(が)ない」には見られない。使い方 丁寧形は「しようがありません」。⬇「ない」のコラム(一二〇四ページ)

しょうか‐ふりょう【消化不良】〔名〕消化機能が低下して食べた物が十分に消化されないこと。使い方 知識などが十分に理解できなくて身につかないことのたとえにもいう。「多すぎる情報に━を起こす」

じょうか‐まち【城下町】〔名〕領主の城を中心に発達した市街。

しょうが‐やき【生▼姜焼き】〔名〕肉をショウガの汁を加えたたれにつけ、フライパンで焼いた料理。

しょう‐かん【小官】 ━〔名〕地位の低い官吏。⇔大官 ━〔代〕〔一人称〕官吏が自分を指し示す丁重語。

しょう‐かん【小寒】〔名〕二十四節気の一つ。太陽暦では一月六日ごろ。このころから寒さが厳しくなる。寒の入り。

しょう‐かん【小閑・少閑】〔名〕わずかなひま。寸暇。「━を得る」

しょう‐かん【召喚】〔名・他サ変〕官庁が人を呼び出すこと。特に、裁判所が被告人・証人などに対し一定の日時に指定した場所へ出頭するように命じること。「鑑定人として━される」

しょう‐かん【召還】〔名・他サ変〕呼び戻すこと。特に、国が派遣した外交使節・外交官などを呼び戻すこと。「大使を本国に━する」

しょう‐かん【将官】〔名〕軍人の階級で、大将・中将・少将の総称。▽自衛隊では、将・将補の総称。

しょう‐かん【商館】〔名〕商業を営む建物。特に、外国商人が設けた営業所。「長崎のオランダ━」

しょう‐かん【傷寒】〔名〕漢方で、急性の熱病。腸チフスの類。

しょう‐かん【償還】〔名・他サ変〕返却すること。特に、債務を弁済すること。「社債を━する」

しょう‐がん【賞玩・賞▼翫】［名・他サ変］❶そのものの美しさやよさを味わい楽しむこと。〓「赤絵の皿を―する」❷食べ物の味わいを楽しむこと。賞味。

じょう‐かん【上官】［名］その人からみて上級の官職。また、その官職の人。

じょう‐かん【乗艦】［名・自サ変］軍艦に乗り込むこと。また、乗り込んでいる軍艦。

じょう‐かん【情感】［名］物事に感じてわき起こる心の動き。また、喜・怒・哀・楽の情。感情。〓「―をこめて歌う」

しょう‐き【小器】［名］❶小さいうつわ。❷度量が狭いこと。また、小人物。◈⇔大器

しょう‐き【正気】［名］確かな意識。正常な精神状態。〓「―を失う」⇔狂気

しょう‐き【将器】［名］大将となるのにふさわしい器量。また、それを備えた人。

しょう‐き【笑気】［名］一酸化二窒素（亜酸化窒素）のこと。硝酸アンモニウムの熱分解で生じる無色の気体で、吸引式の麻酔剤に用いる。▽吸うと顔の筋肉が痙攣して笑っているように見えることから。

しょう‐き【商機】［名］❶商取引上のよい機会。❷商売上の機密。

しょう‐き【勝機】［名］勝利を得る機会。勝つチャンス。〓「―を得る」

しょう‐き【詳記】［名・他サ変］くわしく書き記すこと。また、その記録。

しょう‐き【▼瘴気】［名］熱病を引き起こすという山川の毒気。

しょう‐き【▼鍾▼馗】［名］中国で、疫病神を追い払い、魔をのぞくという神。巨眼をむいた顔に濃いひげをはやし、黒い衣冠をつけ、右手に剣を抜き持つ姿にかたどれる。日本ではその像をのぼりに描き、また五月人形に作って端午の節句に飾る。

しょう‐ぎ【床▼几・床机】［名］脚を打ち違いに組んだ、折り畳み式の腰掛け。昔、陣中・狩り場などで用いた。

しょう‐ぎ【省議】［名］内閣の各省で開かれる会議。また、その決議。〓「―で決する」

しょう‐ぎ【将棋】［名］相対した二人が縦横各九列の盤上に王将・金将など八種二〇枚の駒を並べ、交互に一手ずつ動かして相手方の王将を詰めるゲーム。〓「―を指す」書き方 古くは「象棋」とも。

しょう‐ぎ【商議】［名・他サ変］会議を開いて相談すること。協議。評議。〓「―員」▽「商」は、意見をはかる意。

しょう‐ぎ【▼娼▼妓】［名］遊女。特に、特定の地域内で公認されていた娼婦。公娼。

しょう‐ぎ【勝義】［名］仏教で、存在の本質である絶対普遍の真理。真如。

じょう‐き【上気】［名・自サ変］頭部に血が上ってぼうっとすること。のぼせて顔がほてること。〓「―した顔」

じょう‐き【上記】［名］ある記事の上方または前に記してあること。また、その文句。〓「―の通り定める」⇔下記

じょう‐き【条規】［名］おきて。定め。特に、法令の規定。

じょう‐き【乗機】［名］その人が乗っている飛行機。

じょう‐き【浄机・浄▼几】［名］ちりや汚れのない清らかな机。〓「明窓―」

じょう‐き【常軌】［名］通常のやり方。常道。

◉常軌を逸っする　常識はずれの言動をとる。

じょう‐き【蒸気（蒸汽）】［名］❶液体の蒸発または固体の昇華によって発生する気体。〓「―機関」❷水蒸気。❸蒸気機関を動力とする船。気船。

じょう‐ぎ【定規（定木）】［名］❶直線・曲線・角度などを書くとき、また物を裁断するときにあてがう用具。三角定規・雲形定規・T字定規などがある。❷物事を判断するときの基準。手本。模範。〓「杓子―」

じょう‐ぎ【情義】［名］人情と義理。〓「―を欠く」

じょう‐ぎ【情▼誼（情宜）】［名］人とつきあう上での人情や情愛。〓「―にあつい」書き方 意味の近い「情義」を代用表記とすることもある。

じょう‐きげん【上機嫌】［名・形動］きわめて機嫌がよいこと。〓「―の父」「―な声」⇔不機嫌

しょうぎ‐だおし【将棋倒し】［名］びっしりと立ち並んだ人や物が次々に折り重なって倒れること。また、一端のくずれが全体にまで及ぶこと。▽一定の間隔を置いて立て並べた将棋の駒の一端を倒すと順々に倒れていくことから。

しょう‐きち【小吉】［名］お神籤・占いなどで、運勢・縁起がややよいこと。

しょう‐きぼ【小規模】［名・形動］物事の構造・構成・仕組みなどが小さいこと。〓「―の農業を営む」「―な地滑りが起こる」「―なスーパーマーケット」

しょう‐きゃく【正客】［名］❶何人かの客の中で最も上に位する客。主賓。❷茶会での最上位の客。

しょう‐きゃく【消却（▼銷却）】［名・他サ変］❶消してなくすこと。消去。❷使ってなくすこと。消費。❸借金などを返済すること。

しょう‐きゃく【焼却】［名・他サ変］焼き捨てること。〓「書類を―する」「ごみ―場」

しょう‐きゃく【償却】［名］❶［他サ変］負債をすべて返却すること。❷「減価償却」の略。〓「―資産」

じょう‐きゃく【上客】［名］❶上座に据えるべき主だった客。❷商店などで、大切な客。上得意。

じょう‐きゃく【乗客】［名］乗り物に乗る客。また、乗っている客。じょうかく。

じょう‐きゃく【常客】［名］いつも来るなじみの客。常連。

しょう‐きゅう【昇級】［名・自サ変］等級が上がること。〓「三級から二級に―する」「―試験」

しょう‐きゅう【昇給】［名・自サ変］給料が上がること。〓「毎年四月に―する」⇔降給

じょう‐きゅう【上級】［名］等級・学級・段階などが高いこと。〓「―生・―職・―官庁」⇔下級

しょう‐きゅうし【小休止】［名・自サ変］少し休むこと。ひと休み。小憩。

しょう‐きょ【消去】［名・他サ変］消してなくすこと。〓「メールを―する」「データが―された」

しょう‐きょう【商況】［名］商取引の状況。商売の景気。

しょう‐ぎょう【商業】［名］生産した品物や仕入れた品物を売って利益をえる事業。第三次産業に属する。〓「―都市」

じょう‐きょう【上京】［名・自サ変］地方から都へ行くこと。特に、東京へ行くこと。

じょう‐きょう【状況・情況】［名］さまざまに

変化する物事の、そのときどきの様子。シチュエーション。「我々を取り巻く―が変化する」「開票―」 書き方「情況」は、「情勢・内情・実情・敵情」などにおける「情」（＝心理的状況を含んだ、本当の姿）の意味合いをこめて、軍隊関係で好まれた。

じょうきょう-しょうこ【状況証拠】［名］証言や文書、物件などによらず、犯罪事実を間接的に推測させるだけの証拠。間接証拠。

しょうぎょう-デザイン【商業デザイン】［名］商品の宣伝や販売促進を目的とする、ポスター・パッケージなどのデザイン。コマーシャルデザイン。

しょう-きょく【小曲】［名］短い楽曲。⇔大曲

しょう-きょく【消極】［名・形動］自分から進んで物事に取り組もうとしないこと。「―策」⇔積極

しょうきょく-てき【消極的】［形動］自分から進んで物事に取り組もうとしないさま。ひかえめなさま。「―な態度」⇔積極的

しょうきょ-ほう【消去法】［名］❶複数の未知数を含む連立方程式で、未知数を順次減らしていき、最後に一つだけ未知数が残った方程式から値を求める方法。❷複数の選択肢の中から不適当なものを除外していき、最後に残ったものを正しいとする推理法。

しょう-きん【正金】［名］❶正貨としての金貨・銀貨。▽補助貨幣である紙幣に対していう。❷現金。「―即時払い」

しょう-きん【賞金】［名］賞として与える金銭。また、くじなどに当たった人に与える金銭。「優勝―」

しょう-きん【償金】［名］相手に与えた損害などをつぐなうために支払う金銭。賠償金。

じょう-きん【常勤】［名・自サ変］毎日一定の時間勤務すること。「―の職員」⇔非常勤

しょうきん-るい【渉▼禽類】［名］浅い水中を歩いて水生動植物を餌とする鳥の総称。一般にくちばし・首・脚が長い。ツル・コウノトリ・シギ・サギなど。渉禽。

しょう-く【承句】［名］漢詩で、絶句の第二句。起句の意をうけて、詩情を展開する句。➡起承転結

しょう-く【章句】［名］文章の章と句。また、文章の中の語句。

じょう-く【冗句】［名］❶不必要な文句。むだな句。❷おどけた文句。▽「ジョーク（joke）」にかけていう語。

じょう-くう【上空】［名］空の上の方。また、ある地点の上方の空。

しょうくう-とう【照空灯】［名］夜間、上空を飛ぶ敵機を探し出すための投光器。

しょう-ぐん【将軍】［名］❶一軍を統率し指揮する大将。❷将官、特に大将の敬称。❸「征夷大将軍」の略。

しょう-げ【障▼礙（障▼碍）】［名］事を行うときのさまたげとなるもの。特に、仏道のさまたげとなるもの。さわり。障害。

じょう-げ【上下】［名］❶位置の高い方と低い方。高い所と低い所。うえとした。「船体が―に揺れる」「腕を―に動かす」❷身分・階級などの高いものと低いもの。「―の別なく扱う」❸衣服で、上着とズボンで一組みになっているもの。「背広の―」❹本などで、二巻に分かれて一組みになっているもの。「―二巻の長編小説」❺［自他サ変］上がったり下がったりすること。また、上げたり下げたりすること。上がり下がり。「エレベーターが―する」「相場が激しく―する」「懐中電灯を―して合図する」❻［自サ変］河川・道路などをのぼったりくだったりすること。往来すること。のぼりくだり。「―線」

しょう-けい【小径（小▼逕）】［名］細い道。こみち。

しょう-けい【小計】［名・他サ変］全体の中の一部分を合計すること。また、その合計。⇔総計

しょう-けい【小景】［名］印象に残っている、ちょっとした風景や光景。また、それを描いた絵画や文章。

しょう-けい【小憩（少憩）】［名・自サ変］小休止。

しょう-けい【承継】［名・他サ変］前の代のものを受け継ぐこと。継承。「権利を―する」

しょう-けい【▼捷径】［名］❶近道。早道。▽「捷」はすみやかの意。❷てっとり早い方法。早道。

しょう-けい【勝景】［名］すばらしい景色。景勝。絶景。

しょう-けい【象形】［名］❶物の形をまねて図形をつくること。❷漢字の六書の一つ。物の形をまねて字形とする方法。また、その漢字。「日」「山」の類。

しょう-けい【憧憬】［名・自他サ変］あこがれること。また、あこがれ。「王朝文化に／を―する」「才気煥発の才媛に―を抱く」▽「どうけい」は慣用読み。

じょう-けい【上掲】［名・他サ変］上にかかげること。また、前に述べること。前掲。

じょう-けい【情景（状景）】［名］人の心にある感情を起こさせる風景や場面。「悲惨な―」

じょう-けい【場景】［名］その場のありさま。「被災地の―を放映する」

しょうけい-もじ【象形文字】［名］表意文字の一つ。物の形を点や線でかたどって作られた文字。古代エジプトのヒエログリフや、漢字の「日」「山」の類。

じょうげ-かんけい【上下関係】［名］身分・階級などの、上位者と下位者の関係。

しょう-げき【笑劇】［名］観客を笑わせることを主目的とした大衆的な喜劇。ファルス。

しょう-げき【衝撃】［名］❶物体に急激に大きな力が加えられること。また、その力。「爆風の―で家が倒れる」❷思いがけない出来事などによって心が激しく揺さぶり動かされること。また、その心の動揺。ショック。「社会に―を与えた事件」

しょうげき-は【衝撃波】［名］空気中を音速以上の速さで伝わる急激な圧力変化の波。爆発によって生じる圧縮波や超音速で飛ぶ航空機から生じる弾頭波など。

しょう-けつ【▼猖▼獗】［名・自サ変］悪い物事がはびこって猛威をふるうこと。「疫病が―する」

じょう-けつ【浄血】［名］病毒などに冒されていない、きれいな血液。また、血をきれいにすること。「―作用」

じょうげ-どう【上下動】［名］地震などで、上下に揺れる振動。垂直方向の振動。⇔水平動

しょう-けん【小見】［名］視野の狭い意見や見解。また、自分の意見や見解をいう丁重語。

しょう-けん【正絹】［名］絹だけからなる糸。また、その織物。本絹。純絹。

しょう-けん【商圏】［名］ある商店・商店街など商業施設が商取引を行う地域の範囲。

しょう-けん【商権】［名］商業上の権利。

しょう-けん【証券】［名］財産法上の権利・義務について記載した文書。有価証券（株券や債券）と証拠証

券(借用証や預金証書)とがある。〓「—会社」

しょう-げん【証言】[名・他サ変] ある事柄を証明するために体験した事実を話すこと。特に、証人として体験した事実および、それによって推測した事項を供述すること。また、そのことば。〓「金銭の授受があったと—した」「目撃者の—を得る」

じょう-けん【条件】デウ [名] ❶ある事態や行為が成り立つ前提として必要とされる事柄。〓「—に合う」「必要—」❷賛否や諾否を決定する際に設けられる制約。

じょう-げん【上弦】ジャウ [名] 新月から満月になる途中、半円状に右半分が輝いて見える月。陰暦七、八日ごろの月。⇕下弦 ▽月を弦を張った弓に見立てたとき、月の入りに弦が上を向くことから。

じょう-げん【上限】ジャウ [名] ❶上の方の限界。〓「残業手当に—を設ける」❷時代の、古い方の限界。〓「中古文学の—を平安遷都とする」◈⇕下限

じょうけん-つき【条件付き】デウケン [名] ある事柄に一定の条件がついていること。〓「—で許可する」

じょうけん-づけ【条件付け】デウケン [名] 特定の条件反射または条件反応を起こすように人や動物を訓練すること。コンディショニング。

じょうけん-はんしゃ【条件反射】デウケン [名] 学習・経験によって後天的につくられた反射。ある反射を起こす刺激と、それとは無関係な第二の刺激を同時に反復して与えると、やがては第二の刺激だけでも同様の反射が起こる現象。犬にベルの音と同時に餌を与えることをくり返すと、ベルの音を聞いただけでも唾液が流れるようになるなど。▽旧ソ連のパブロフが発見した。

しょう-こ【尚古】シャウ [名] 古い時代を理想と考え、昔の文物・制度などを尊ぶこと。〓「—的な文人」

しょう-こ【称呼】[名] ❶呼び名。呼称。❷[他サ変] 名前を呼ぶこと。

しょう-こ【商▼賈】シャウ [名] 商人。あきんど。▽「商」は行商、「賈」は店を構えて広く商売をする意。

しょう-こ【証拠】[名] ある事実・真実を明らかにするための根拠となるもの。証左。あかし。〓「—を見せる」「論より—」

しょう-こ【▼鉦鼓】シャウ [名] ❶雅楽に使う打楽器の一つ。皿形をした青銅または黄銅製のかねで、釣り枠につるして二本の桴で打ち鳴らす。❷仏具の一つ。勤行のときなどに打ち鳴らす円形青銅製のたたきがね。

しょう-ご【正午】シャウ [名] 太陽が子午線を通過する時刻。昼の十二時。午後零時。⇕正子 ▽午の刻の中央の意。

じょう-こ【上古】ジャウ [名] ❶大昔。上代。❷日本史の時代区分の一つ。中古・近古に対し、文献を有する最も古い時代。ふつう大化の改新ごろまでをいう。

じょう-ご【上戸】ジャウ [名] ❶酒が好きな人。また、酒が好きでたくさん飲める人。⇕下戸 ▽家族数が多く、婚礼に用いる酒の瓶数の多い家の意からという。❷〈他の語に付いて〉酒に酔ったときに出る癖をいう語。〓「笑い—・泣き—・おこり—」

じょう-ご【冗語(剰語)】[名] むだなことば。よけいなことば。

じょう-ご【畳語】デフ [名] 複合語の一つ。同じ単語または語根を重ねて一語としたもの。「人々」「山々」「すみずみ」「泣く泣く」「知らず知らず」の類。

じょう-ご【〈漏斗〉】ジャウ [名] 口の狭い容器に液体をそそぎ入れるときに使う用具。逆円錐状の器の下部を細い筒形にして穴をあけたもの。ろうと。▽酒をよく吸い込むことから「上戸」の転という。

しょう-こう【小考】セウカウ [名] ❶[自サ変] 少し考えること。また、その考え。❷自分の考えをいう丁重語。

しょう-こう【小康】セウカウ [名] ❶不穏な事態がしばらくの間おさまっていること。❷悪かった病状が治まって、一時期安定した状態になること。〓「—を得る」「—状態が続く」

しょう-こう【小稿】セウカウ [名] 自分の書いた原稿をいう丁重語。

しょう-こう【昇▼汞】[名] 塩化第二水銀。白色透明の結晶で、たんぱく質を変性させる作用がある。猛毒。

しょう-こう【昇降】カウ [名・自サ変] のぼることとおりること。のぼりおりすること。あがりおり。〓「—口」

しょう-こう【将校】シャウカウ [名] 軍隊で、少尉以上の軍人。士官。

しょう-こう【消光】セウクワウ [名・自サ変] 月日を送ること。暮らすこと。〓「無事—致しおり候」▽多く自分のことについて手紙文で使う。

しょう-こう【消耗】セウカウ [名・自他サ変] ⬇しょうもう

しょう-こう【症候】シャウコウ [名] 病気にかかったとき心身に現れる異常なしるし。症状。

しょう-こう【商工】シャウ [名] 商業と工業。また、商人と職人。〓「—組合」

しょう-こう【商港】シャウカウ [名] 商船が出入りし、貿易などの商取引が盛んな港。

しょう-こう【焼香】セウカウ [名・自サ変] 香をたくこと。特に、仏前や霊前で香をたいて拝むこと。

しょう-ごう【称号】ガウ [名] 呼び名。特に、身分・資格などを表す呼び名。〓「弥陀[医学博士]の—」

しょう-ごう【商号】シャウガウ [名] 商人が商業上自己を表示するために用いる固有の名称。

しょう-ごう【照合】セウガフ [名・他サ変] 照らし合わせて確かめること。〓「原稿と校正刷りを—する」

じょう-こう【上皇】ジャウクワウ [名] 天皇が位を譲ったあとに受ける称号。太上天皇。

じょう-こう【条項】デウカウ [名] 箇条書きにした一つ一つの項目。箇条。

じょう-こう【乗降】カウ [名・自サ変] 乗り物にのることとおりること。のりおりすること。〓「—口」

じょう-こう【情交】ジャウカウ [名] ❶親密な交際。❷性的な交わり。

しょうこう-い【商行為】シャウカウヰ [名] 営利を目的として行われる行為。▽商法では、絶対的商行為・営業的商行為・付属的商行為に分けられる。

しょうこう-かい【商工会】シャウコウクワイ [名] 地域の商工業の発展を図るための、一定区域の商工業者の組織。

しょうこう-かいぎしょ【商工会議所】シャウコウクワイギショ [名] 商工業の改善・発展を目的として、一定地区内の商工業者によって組織される非営利法人。

しょうこう-き【昇降機】ショウカウ [名] ⬇エレベーター

しょうこう-ぐち【昇降口】ショウカウ [名] ❶のぼりおりするための出入り口。〓「エレベーターの—」❷校舎などの出入り口で、下履きと上履きを履き替えるところ。

しょうこう-ぐん【症候群】シャウコウ [名] 複数の症候が現れるがその原因が不明であるとき、または単一でないときに病名に準じて用いられる語。シンドローム。〓「後天性免疫不全—(=エイズ)」「燃えつき—」

しょうこう-しゅ【紹興酒】[名] 蒸したもち米と小麦麹を原料とする中国の代表的な醸造酒。アルコール分一四〜二〇パーセント。浙江省紹興が主産地。長期間熟成したものを陳年紹興酒または老酒という。シャオシンチュー。

しょうこう-ねつ【▼猩紅熱】[名] 溶血性連鎖球菌の感染によって多く小児がかかる感染症。高熱を発し、全身に赤い発疹が現れる。

しょう-こく【小国】[名] 領土の狭い国。また、経済力・武力などに乏しく、勢力の弱い国。⇕大国

しょう-こく【生国】[名] 生まれた国。また、生まれた土地。しょうごく。

しょう-こく【▼峭刻】[形動タリ] きびしくて残忍なさま。≡「その容貌も一となり〈中島敦・山月記〉」

じょう-こく【上告】[名・自サ変] 上訴の一つ。控訴審の判決に不服があるとき、更に上級の裁判所に対して再度の審査を求めること。また、その申し立て。≡「最高裁判所に一する」「一審」▼憲法違反など、一定の上告理由がある場合にのみ認められる。

じょう-こく【上刻】[名] 昔、一刻(二時間)を上中下に等分した、その最初の時刻。⇕中刻・下刻

しょう-こくみん【少国民】[名] 次の時代を担う年少の国民。少年少女。▼第二次大戦中に使われた語。

しょうこ-しらべ【証拠調べ】[名] 裁判所が証人の尋問や証拠物の検査など証拠の吟味を行い、事実認定についての心証を形成すること。

しょうこ-だ・てる【証拠立てる】[他下一] 証拠を示す。≡「一・てて無実を主張する」文しょうこだ・つ

しょうこと-なしに【(しょうこと無しに)】[副] ほかになすべきてだてがなく。仕方なく。やむをえず。▼「せむこと」から「せうこと」に転じた。

しょうこ-のうりょく【証拠能力】[名] 訴訟手続きで、証拠として公判廷で用いることのできる資格。

しょう-こり【性懲り】[名] 心の底から懲りること。≡「一もなくギャンブルに手を出す」

しょう-こん【性根】[名] 一つのことを最後までなし遂げようとする気力。根気。≡「一が尽きる」

しょう-こん【招魂】[名] 死者の霊魂をこの世に招いて祭ること。≡「一祭」

しょう-こん【商魂】[名] 商売を繁盛させて利益を上げようとする気構え。≡「一たくましい業者」

しょう-こん【傷痕】[名] きずのあと。きずあと。

しょう-ごん【▽荘厳】[名・他サ変] 天蓋・幢幡・瓔珞などで、仏像や仏堂をおごそかに飾りつけること。また、その飾り。そうごん。

じょう-こん【上根】[名] 仏道を修行する資質・能力がすぐれていること。また、その人。⇕下根

しょう-さ【小差(少差)】[名] わずかの差。すこしの違い。僅少差。⇕大差

しょう-さ【少佐】[名] 軍隊の階級の一つ。佐官の最下位。中佐の下、大尉の上にあたる。▼自衛隊では三佐。

しょう-さ【証左】[名] ある事実を明らかにするよりどころとなるもの。証拠。▼「左」も証拠の意。

じょう-ざ【正座】[名] 正客がすわる座。正面の席。

じょう-ざ【上座】[名] 上位の座席。かみざ。⇕下座

しょう-さい【小才】[名] 少しばかりの才能。

しょう-さい【商才】[名] 商売をする上での才能。≡「一にたける」

しょう-さい【詳細】[名・形動] 細かい点まで詳しいこと。≡「一な報告を受ける」

しょう-ざい【商材】[名] 商品のこと。販売する側からいう語。≡「季節[低価格]一」

じょう-さい【城塞(城▼砦)】[名] 城ととりで。また、城やとりで。

じょう-ざい【浄財】[名] 寺社や慈善・社会事業に寄付する金銭。利得を考えないで寄付する金銭。▼けがれのないものとしていう語。

じょう-ざい【浄罪】[名] 罪をはらい清めること。

じょう-ざい【常在】[名・自サ変] つねにそこにいること。いつもそこに存在すること。≡「一菌」

じょう-ざい【錠剤】[名] 飲みやすくするために、一定の形に圧縮した固形の薬剤。タブレット。

じょう-さく【上作】[名] ❶出来がすぐれていること。また、よくできた作品。⇕下作 ❷農作物がよくできること。豊作。

じょう-さく【上策】[名] 最もよい策略。すぐれた手段・方法。⇕下策

じょう-さし【状差し】[名] 柱や壁などにかけて郵便物などの書状を差し入れておくもの。

しょう-さつ【小冊】[名] 小型で薄い本。小冊子。⇕大冊

しょう-さつ【笑殺】[名] ❶[自他サ変] 大いに笑うこと。また、大いに笑わせること。❷[他サ変] あざ笑って相手にしないこと。一笑に付すこと。≡「忠告を一する」

しょう-さっし【小冊子】[名] 小型でページ数の少ない本。パンフレットの類。小冊。

じょう-さま【上様】[名] 領収書などで、相手の名前の代わりに書く語。うえさま。

しょう-さん【消散】[名・自他サ変] 消えてなくなること。また、散らしてなくすこと。≡「霧[不安]が一する」

しょう-さん【勝算】[名] 勝てる見込み。勝ち目。≡「一のある試合」

しょう-さん【硝酸】[名] アンモニアの酸化によって生じる無色で刺激臭のある液体。湿度の高い空気中では発煙する。酸化作用が強く、多くの金属を溶かす。肥料・爆薬・硝酸塩などの製造原料に使用。

しょう-さん【賞賛・称賛】[名・他サ変] ほめたたえること。≡「処女作が一を浴びる」[書き方]もと多く「賞▼讃」「称▼讃」と書いたが、今は「賛」を使う。

じょう-さん【蒸散】[名・自サ変] 植物体内の水分が体表から水蒸気として放出されること。また、その現象。多くは葉の気孔によって行われる。

じょう-ざん【乗算】[名] 掛け算。乗法。じょうさん。⇕除算

しょうさん-えん【硝酸塩】[名] 金属またはその酸化物・炭酸塩などを硝酸に溶かして得る化合物の総称。水に溶けやすい。

しょうさん-カリウム【硝酸カリウム】[名] 天然には硝石として産出する無色の結晶。水に溶けやすい。火薬・花火・ガラスなどの原料にする。

しょうさん-ぎん【硝酸銀】[名] 銀を硝酸に溶かして得る、無色透明の板状結晶。水に溶けやすい。

写真感光剤・銀めっき・分析試薬・医薬などに用いる。

しょう‐し【小子】 セウ 一［名］❶子供。小児。❷師が門人を呼ぶ語。二［代］〔一人称〕自分を指し示す丁重語。小生。

しょう‐し【小史】 セウ［名］❶簡略な歴史。簡潔にまとめた歴史書。❷作家などが筆名・雅号の下に添えて用いる語。≡「鏡花―」

しょう‐し【小▼祠】 セウ［名］小さなほこら。

しょう‐し【小誌】 セウ［名］❶小さな雑誌。小型の雑誌。❷自分たちの発行している雑誌をいう丁重語。

しょう‐し【抄紙】 セウ［名］紙をすくこと。紙すき。

しょう‐し【尚歯】 シャウ［名］高齢者を敬うこと。敬老。≡「―会」▼「尚」はとうとぶ、「歯」は年齢の意。

しょう‐し【将士】 シャウ［名］将軍・将校と兵士。将卒。

しょう‐し【笑止】 セウ［名・形動］おかしいこと。ばかばかしいこと。≡「―なことだ」「―千万せんばん（＝非常にこっけいなさま）」▼「勝事しょうじ（＝人の目を引く出来事）」の転じた語といい、「笑止」は当て字か。

しょう‐し【焼死】 セウ［名・自サ変］焼け死ぬこと。≡「火災で三人が―した」「―者・―体」

しょう‐し【証紙】［名］代金・手数料の支払いや品質・数量などを証明するために書類や商品に張りつける紙。

しょう‐し【賞詞】 シャウ［名］賞讃のことば。賞辞。

しょう‐じ【小事】 セウ［名］ささいな事柄。さして重要でない事柄。≡「大事の前の―」⇔大事

しょう‐じ【少時】 セウ［名］❶幼少のころ。子供のころ。幼時。≡「―より画才を顕す」❷しばらくの間。暫時ざんじ。≡「―手を休める」◈副詞的にも使う。

しょう‐じ【正時】 シャウ［名］一時零分零秒のように、分・秒の端数のつかない時刻。≡「―に時報を発する」

しょう‐じ【生死】 シャウ［名］❶生きることと死ぬこと。生と死。せいし。❷仏教で、衆生しゅじょうが生まれては死に、死んでは生まれることをくり返すこと。≡「―輪廻りんね」◈「しょうし」ともいう。

しょう‐じ【商事】 シャウ［名］❶商業・商売に関する事柄。また、商法が適用される事柄。≡「―契約」❷「商事会社」の略。

しょう‐じ【障子】 シャウ［名］部屋の内外を仕切る建具。枠の縦横に桟さんを渡し、白い和紙などを張ったもの。明かり障子。▼もとは衝立ついたて障子・襖ふすま障子・明かり障子など、室内の仕切りに用いる建具の総称。

しょう‐じ【賞辞】 シャウ［名］賞賛のことば。賞詞。

じょう‐し【上▼巳】 ジャウ［名］五節句の一つ。陰暦三月の最初の巳みの日。のちに三月三日の桃の節句。女子の祝いの日としてひな祭りを行う。じょうみ。

じょう‐し【上司】 ジャウ［名］❶その人より役職が上の人。上役うわやく。❷その官庁より上級の官庁。

じょう‐し【上使】 ジャウ［名］江戸幕府から諸大名などに派遣された使者。

じょう‐し【上肢】 ジャウ［名］人間の手や腕。また、動物の前脚。⇔下肢

じょう‐し【上▼梓】 ジャウ［名・他サ変］書籍を出版すること。≡「評論集を―する」▼文字などを版木に刻む意から。昔、版木に梓あずさの木を用いた。

じょう‐し【城▼址（城▼趾）】 ジャウ［名］昔、城のあったところ。しろあと。城跡。≡「―公園」

じょう‐し【情死】 ジャウ［名・自サ変］愛し合っている者どうしが一緒に自殺すること。心中。

じょう‐じ【常時】 ジャウ［名］ふつうの時。平生へいぜい。ふだん。いつも。≡「―活動している火山」▼多く副詞的に使う。

じょう‐じ【情事】 ジャウ［名］夫婦ではない者たちの情愛に関する事柄。いろごと。≡「―にふける」▼世間をはばかる関係についていう。

じょう‐じ【畳字】 デフ［名］踊り字。

しょうじ‐い・れる【招じ入れる・▽請じ入れる】 セウ・シャウ［他下一］客などを案内して家の中や室内に入れる。招き入れる。≡「来客を座敷に―」文 しゃうじい・る

しょうし‐か【少子化】 セウシクワ［名］子供の出生率・出生数が減少すること。

しょうじ‐がいしゃ【商事会社】 シャウジグワイシャ［名］商行為を目的に設立された会社。▼漁業・農業など商行為以外の営利行為を目的とする「民事会社」と区別していったものだが、会社法により現在はこれらの区別はない。

しょう‐じき【正直】 シャウヂキ 一［名・形動］うそやいつわりのないこと。素直で正しいこと。≡「―に白状する」「―な人」「三度目の―」派生 ‐さ 二［副］本当のところ。≡「彼が結婚するとは―びっくりしたよ」

じょう‐しき【常識】 ジャウ［名］一般の社会人として、だれもが共通してもっている知識や分別。≡「―人」

品格 心得「新入生の―」通念「社会―」分別ふんべつ「―をわきまえる」良識「―に訴える」◉「常識」に、高い知性や健全な判断力が加わったものが「良識」。

じょうしき‐まく【定式幕】 ヂャウシキ［名］歌舞伎舞台で用いる正式の引き幕。左から黒・柿・萌葱もえぎの三色の縦縞模様がある。狂言幕。

しょうじき‐もの【正直者】 シャウヂキ［名］正直な人。

じょうし‐ぐん【▽娘子軍】 ヂャウシ［名］❶女性だけで組織した軍隊。▼中国唐の平陽公主の率いた女性だけの軍隊の名から。❷〔俗〕女性の集団。◈「ろうしぐん」は慣用読み。

しょう‐しつ【消失】 セウ［名・自サ変］消えてなくなること。消え失せること。≡「権利が―する（＝効力を失う）」

しょう‐しつ【焼失】 セウ［名・自他サ変］焼けてなくなること。また、焼いて失うこと。

じょう‐しつ【上質】 ジャウ［名・形動］品質が上等であること。≡「―の毛織物」「―な酒」

じょう‐じつ【情実】 ジャウ［名］❶個人的な利害・感情などが入り込んで公平な判断・処置ができにくい事情や関係。≡「―を排する」❷いつわりのない気持ち。まごころ。

しょう‐しみん【小市民】 セウ［名］資本家と労働者の中間に位置する人。中産階級。プチブル。≡「―的生活」

しょう‐しゃ【小社】 セウ［名］❶小さな神社。❷小さな会社。❸自分の会社をいう丁重語。弊社。

しょう‐しゃ【商社】 シャウ［名］商業を営む会社。特に、貿易業務を中心に営む会社。≡「総合―（＝多様な商品を取り扱い、国の内外に広い取引市場を持つ大規模な商社）」

しょう‐しゃ【勝者】［名］戦い・試合・競争などに勝った人。勝利者。⇔敗者

しょう‐しゃ【照射】 セウ［名・自他サ変］❶光が照ること。また、光を照らしつけること。≡「―灯」❷光線・放射線などを当てること。≡「X線―」

しょうーしゃ【▼瀟▼洒】 セウ [形動] すっきりと洗練されているさま。あか抜けして、しゃれているさま。‖「―な別荘」

瀟洒

しょうーじゃ【精舎】 シャウ [名] 僧が仏道を修行する所。寺院。‖「祇園(ぎおん)―」

じょうーしゃ【乗車】 [名] ❶ [自サ変] 電車・自動車などに乗ること。‖「新幹線に―する」「―口」⇕下車・降車 ❷ある人が乗る車。‖「―の手配をする」

じょうーしゃ【浄写】 ジャウ [名・他サ変] 下書きなどをきれいに書き写すこと。浄書。清書。

じょうーしゃ【盛者】 ジャウ [名] 勢いの盛んな人。権勢の強い人。しょうじゃ。しょうしゃ。

しょうーしゃく【焼▼灼】 セウ [名・他サ変] 電気・薬品などで患部の病組織を焼き取ること。また、その治療法。

しょうーしゃく【照尺】 セウ [名] 銃身の尾筒上に取り付けた照準装置。表尺板・遊標・照門からなり、銃口の照星と合わせて目標を定める。

じょうしゃーけん【乗車券】 [名] 鉄道・バスなどの交通機関を利用するための切符。普通乗車券・回数乗車券・定期乗車券など。乗車切符。

じょうしゃーひっすい【盛者必衰】 ジャウ [名] 無常のこの世では、栄えている人も必ず衰えるということ。

しょうじゃーひつめつ【生者必滅】 シャウ [名] 無常の世では、生あるものは必ず死ぬということ。‖「―、会者定離(えしゃじょうり)」

じょうーしゅ【城主】 ジャウ [名] ❶一城のあるじ。城将。❷江戸時代、大名の格式の一つ。国持ち・准国持ち以外で居城を持っていた大名。

じょうーしゅ【情趣】 ジャウ [名] しみじみとした感動を呼び起こすおもむき。‖「―に富んだ庭園」

じょうーじゅ【成就】 ジャウ [名・自他サ変] 願いなどが思いどおりにかなうこと。また、物事を思いどおりになしとげること。‖「願い[恋]が―する」「事業を―する」「大願―」

じょうーじゅ【譲受】 ジャウ [名・他サ変] 譲り受けること。‖「店の営業権を―する」

しょうーしゅう【召集】 セウシフ [名・他サ変] ❶上位の者が下位の人々を呼び集めること。▽強制的・高圧的な感じを伴うので現在では多く「招集」を使う。❷国会議員に対して、一定の期日に各議院に集まるように命じること。天皇の国事行為として内閣の助言と承認のもとで行われる。❸戦時・事変などに際し、軍隊に編入するために在郷軍人や国民兵を召し集めること。‖「―令状」

しょうーしゅう【招集】 セウシフ [名・他サ変] 人々を招き集めること。会や催しなどに必要な構成員に集合を求めること。‖「委員会を―する」「会員に―をかける」

しょうーしゅう【消臭】 セウシウ [名] 不快なにおいを消すこと。‖「―剤」

しょうーじゅう【小銃】 セウ [名] 携帯用の銃。ピストルよりも銃身の長いものをいう。ライフル銃・カービン銃・自動小銃など。

じょうーしゅう【常習】 ジャウシフ [名・他サ変] 好ましくないことをくり返し行うこと。また、くせになっている悪い行い。‖「麻薬の―者」

じょうーじゅう【常住】 ジャウヂュウ 一 [名・自サ変] ❶仏教で、生滅変化することなく、未来永劫に存在すること。‖「―不滅」⇕無常 ❷一定の場所にいつも住んでいること。二 [副] いつも。つねづね。‖「―考えていること」

じょうじゅうーざが【常住▼坐▼臥】 ジャウヂュウ [名] すわっているときも寝ているときも、いつも。日常。平生(へいぜい)。▽「常住」と「行住坐臥」の混用からできた語。

じょうしゅうーはん【常習犯】 ジャウシフ [名] ❶同種の犯罪を反復して犯すこと。また、その人。❷好ましくない行為を繰り返す人のたとえにも使う。‖「遅刻の―」

しょうーしゅつ【抄出】 セウ [名・他サ変] 必要な箇所を抜き出して書くこと。また、その抜き書き。

しょうーじゅつ【詳述】 シャウ [名・他サ変] くわしく述べること。⇕略述

じょうーじゅつ【上述】 ジャウ [名・他サ変] それより上または前に述べたこと。また、そのもの。前述。

じょうーしゅび【上首尾】 ジャウ [名・形動] 物事が思いどおりにうまく運ぶこと。‖「万事―だ」⇕不首尾

しょうーしゅん【▼頌春】 [名] 新春をたたえること。賀春。▽年賀状などで挨拶(あいさつ)に使う語。

しょうーじゅん【昇順】 [名] 小さい数から大きい数へと順に並べられていること。また、その順序。⇕降順

しょうーじゅん【照準】 セウ [名] 射撃で、弾丸が目標に命中するようにねらいを定めること。また、一般にねらいを定めること。‖「標的に―を定める」「ワールドカップ[県大会]に―を合わせる」 注意 「照準を合わせる」を、「照準を当てる」「標準を合わせる」というのは誤り。

じょうーじゅん【上旬】 ジャウ [名] 一か月のうちの一日から一〇日までの一〇日間。初旬。⇕中旬・下旬

しょうーしょ【小暑】 セウ [名] 二十四節気の一つ。夏至(げし)の後一五日目で、太陽暦では七月七日ごろ。このころから暑気が強くなる。

しょうーしょ【消暑(▼銷暑)】 セウ [名] 夏の暑さをしのぐこと。消夏。

しょうーしょ【証書】 [名] ある事実を証明するための文書。‖「卒業―」

しょうーしょ【詔書】 セウ [名] 天皇が国事行為に伴って発する公文書。日本国憲法下では議会の召集、衆議院の解散、総選挙施行の公示などの際に発せられる。

しようーしょ【仕様書】 シヤウ [名] ❶やり方の順序を記した文書。しようがき。❷建築・機械などで、注文品の内容や図を記した文書。しようがき。

しょうーじょ【少女】 セウヂョ [名] 年少の女子。⇕少年 ▽ふつう七、八歳から一五、六歳くらいまでの女子をいう。

しょうーじょ【昇叙(▼陞叙)】 [名・自他サ変] 現在より上級の官位を授けること。また、授けられること。

じょうーしょ【上書】 ジャウ [名・自サ変] 意見を記した書状を君主・上官・官庁などに差し出すこと。また、その書状。

じょうーしょ【浄書】 ジャウ [名・他サ変] 下書きなどをきれいに書き直すこと。また、そのもの。清書。浄写。

じょうーしょ【情緒】 ジャウ [名] ⬇じょうちょ

じょうーじょ【乗除】 ヂョ [名・他サ変] 掛け算とわり算。乗法と除法。‖「加減―」

しょうーしょう【少少】 セウセウ [名・副] 数量・程度がわずかなこと。少し(ばかり)。ちょっと。‖「昨日より―(＝いささか)寒い」「もう―お詰め願います」「―の変動では驚かない」「塩[砂糖]―」 使い方 「ちょっと/少し/しばらく/少々お待ちください」では、「少々」、次いで「しばらく」が丁重。「ちょっと」はややぞんざいな感じ。

しょうーしょう【少将】 セウシャウ [名] ❶軍隊の階級の一つ。将官の最下位。中将の下、大佐の上にあたる。▽自衛隊では将補。❷律令制で、左右近衛府(このえふ)の次官(すけ)。中将の次位。すないすけ。

蕭

しょう-しょう【▼蕭▼蕭】セウセウ［形動タルト］❶もの寂しいさま。「―たる晩秋の夜」❷雨や風の音がもの寂しいさま。

しょう-じょう【小乗】セウ［名］仏教の二大流派の一つ。釈迦(しゃか)以来の伝統を重視し、自己の悟りを第一とする出家者中心の教え。インド・タイ・ミャンマー・スリランカなどの仏教がこの系統に属する。小乗仏教。⇔大乗 ▼紀元前後、菩薩(ぼさつ)の道を説く革新派が自らを「大乗」と称し、旧派を少数の人しか乗せられない小さな乗り物にたとえた。現在では「上座(じょうざ)仏教」と呼ぶ。

しょう-じょう【症状】シャウジャウ［名］病気やけがの状態。病気やけがによって起こる心身の異状。病状。「自覚―・禁断―」

しょう-じょう【清浄】シャウジャウ［名・形動］❶清らかでけがれのないこと。せいじょう。「―潔白」❷仏教で、煩悩(ぼんのう)・私欲・悪行などがなく、心身が清らかなこと。「六根(ろっこん)―」

しょう-じょう【掌上】シャウジャウ［名］手のひらの上。手の上。「―に運(めぐ)らす(=手のひらの上で意のままに操る)」

しょう-じょう【▼猩▼猩】シャウジャウ［名］❶オランウータン。❷中国で、猿に似た想像上の動物。顔と足は人に似るが赤い体毛は長く、人語を解して酒を好むという。❸酒を好み、大量に飲む人。大酒飲み。

しょう-じょう【賞状】シャウジャウ［名］品行・学業・業績の優秀な人、また功労のあった人などに対し、それをほめたたえることばを記して与える書状。

しょう-じょう【▼蕭条】セウデウ［形動タルト］ひっそりとしてもの寂しいさま。「満目―たる晩冬の浜辺」

じょう-しょう【上声】ジャウシャウ［名］漢字の四声の一つ。しり上がりに高く発音するもの。じょうせい。

じょう-しょう【上昇】ジャウ［名・自サ変］位置や程度が高い方へ向かっていくこと。高くあがること。「飛行機が―する」「―気流」「―志向」⇔下降・低下

じょう-しょう【城将】ジャウシャウ［名］城を守る大将。

じょう-しょう【常勝】ジャウ［名・自サ変］戦えばいつも勝つこと。「―軍」

じょう-じょう【上上】ジャウジャウ［名・形動］この上なくよいこと。上乗。「まずは―の出来だ」

じょう-じょう【上乗】ジャウ［名・形動］この上なくすぐれていること。上上。▼もと仏語で、最もすぐれた教え(=大乗)の意。

じょう-じょう【上場】ジャウヂャウ［名・他サ変］❶株式・公社債・商品などを証券取引所または商品取引所の取引物件として登録すること。「一部―」「―銘柄」❷演劇などを上演すること。

じょう-じょう【条条】デウデウ［名］一つ一つの箇条。

じょう-じょう【情状】ジャウジャウ［名］❶実際の事情。実情。❷刑事訴追や刑の量定にあたって考慮されるべき事情。犯行の動機や目的、犯人の性格・年齢・境遇など。

じょう-じょう【▼嫋▼嫋】デウデウ［形動タルト］❶風がそよそよと吹くさま。「微風―と花を揺する」❷長くしなやかなさま。また、なよなよとしたさま。❸音声が細く長くとぎれずに響くさま。

じょうじょう-きち【上上吉】ジャウジャウ［名］この上なく縁起のよいこと。▼歌舞伎役者の位付けから出た語。

じょうしょう-しこう【上昇志向】ジャウショウシカウ［名］より高い地位や階層にのぼることを目指そうとする考え方。「―が強い」

じょうじょう-しゃくりょう【情状酌量】ジャウジャウシャクリャウ［名・自他サ変］刑事裁判で、裁判官が犯罪者の同情すべき情状をくみ取って刑罰を軽減すること。

しょうじょう-ひ【▼猩▼猩▼緋】シャウジャウ［名］やや黒みがかった鮮やかな深紅色。また、その色に染めた舶来の毛織物。

しょう-しょく【小職】セウ 一［名］地位の低い官職。二［代］(一人称)官職にある人が自分を謙遜(けんそん)していう語。▼民間にも転用して使う。

しょう-しょく【少食・小食】セウ［名・形動］食べる食事の量が少ないこと。「―な人」書き方 対句的表現では「多食⇔少食」「大食(たいしょく)⇔小食」の対となる。

じょう-しょく【常食】ジャウ［名・他サ変］日常の食事としていつも食べていること。また、その食べ物。

しょう・じる【生じる】シャウ［自他上一］❶カビ・コケや虫などが発生する。「パンにカビが―」「ため池にボウフラが―」使い方 自動詞用法「パンにカビが―」の～ニ(=発生源)が、他動詞用法「パンがカビを―」の～ガ(=主語)になる。❷ある現象が発生する。また、化学変化である物質が発生する。「壁に亀裂(きれつ)が―」「包丁にさびが―」「摩擦によって熱が―」❸体にあるものができる。「腹部に湿疹(しっしん)が／を―」「木々の枝々に新芽が―」❹新しく物事が発生する。また、新しく物事を発生させる。「世代間に格差が／を―」「無から有を／が―」「生活にゆとりが／を―」「心に疑惑が／を―」異形 生ずる

しょう・じる【招じる・▽請じる】セウ・シャウ［他上一］招く。招待する。また、招いて中へ入れる。「客を応接間へ―」異形 招ずる・請ずる

じょう・じる【乗じる】一［自上一］ある状況をうまく利用して事を行う。つけこむ。つけいる。「機に―」「隙に―・じて敵を攻める」二［他上一］掛け算をする。掛ける。「五に三を―」⇔除する 異形 乗ずる

しょう-しん【小心】セウ［名・形動］気が小さくて臆病なこと。「実に―な人」「―者(もの)」「―翼翼(=気が小さくていつもびくびく恐れているさま)」

しょう-しん【小身】セウ［名］身分の低いこと。禄高の少ないこと。また、その人。⇔大身(たいしん)

しょう-しん【正真】シャウ［名］偽りのないこと。本物であること。「―正銘」

しょう-しん【昇進(▼陞進)】［名・自サ変］地位・官位などが上がること。「部長に―する」

しょう-しん【焦心】セウ［名・自サ変］はやる思いに心をいらだたせること。また、その気持ち。

しょう-しん【焼身】セウ［名］自分のからだを火で焼くこと。「―自殺」

しょう-しん【傷心】シャウ［名・自サ変］心にいたでを受けてひどく悲しむこと。また、悲しみに傷ついた心。「彼はひどく―している」「―の日々を送る」

しょう-じん【小人】セウ［名］❶子供。❷からだがきわめて小さい人。小人物。こびと。「―国」❸度量の狭い人。人徳のない人。小人物。◇①③⇔大人(たいじん)

◉**小人閑居(かんきょ)して不善(ふぜん)をなす** 小人物は暇ができると、とかく悪事に走りやすい。▼『大学』に基づく。

しょう-じん【消尽】セウ［名・他サ変］使い果たすこと。

しょう-じん【焼尽】セウ［名・自他サ変］すっかり焼けてしまうこと。また、焼きつくすこと。

しょう-じん【精進】シャウ［名・自サ変］▼六波羅蜜(ろくはらみつ)の第四。❶雑念を去って一心に仏道を修行すること。

❷仏事・神事のために、一定期間、心身を清め行いを慎むこと。❸肉食を断って菜食をすること。❹一つのことに心を打ち込んで励むこと。〓「家業に—する」

じょう-しん【上申】ジャウ［名・他サ変］上司・上部機関などに意見や事情を申し述べること。〓「—書」

じょう-しん【上伸】ジャウ［名・自サ変］相場が上がっていくこと。〓「ユーロ相場が—する」

じょう-じん【常人】ジャウ［名］普通の人。ごく一般の人。じょうにん。〓「—には理解しがたい行動」

じょう-じん【情人】ジャウ［名］親密な関係にある愛人。じょうにん。

しょうじん-あげ【精進揚げ】シャウジン［名］野菜類に衣をつけて揚げたもの。野菜の天ぷら。

しょうじん-おち【精進落ち】シャウジン［名］精進潔斎の期間を終え、普段の生活に戻ること。肉食を含む食事ができるようになること。精進落とし。精進明け。

しょうじん-けっさい【精進潔斎】シャウジン［名・自サ変］肉食を断ち、心身を清めて行いを慎むこと。

しょうしん-しょうめい【正真正銘】シャウシンシャウメイ［名］うそ偽りのないこと。本物であること。〓「—のダイヤモンド」▽「正真」を強めた言い方。

しょう-じんぶつ【小人物】セウ［名］度量が狭く、人徳に欠ける人。小人。⇔大人物

しょうじん-りょうり【精進料理】シャウジンレウリ［名］肉類・魚介類は用いず、穀物・野菜・豆腐など植物性の材料だけで作る料理。

しょう・す【称す】［他五］⬇称する

じょう-ず【《上手》】ジャウ［名・形動］❶ある物事をする手際がよいこと。物事をする技術がすぐれていること。また、その人。〓「絵の—な人」「時間を—に使う」⇔下手 使い方 物事をした結果のできばえが巧みである意にもいう。〓「—な字」❷ことば巧みに世辞を言うこと。また、その世辞。〓「（お）—を言う」

⦿**上手の手から水が漏(も)れる** どんな名人上手といわれる人でも失敗することはあるというたとえ。

じょう-ず【上図】ジャウヅ［名］上の図。上にかかげてある図。⇔下図

しょう-すい【小水】セウ［名］小便。尿。〓「お—を取る」

しょう-すい【将帥】シャウ［名］軍隊を率いて指揮する将軍。

しょう-すい【▼憔▼悴】セウ［名・自サ変］心痛・疲労・病気などのために、やつれ衰えること。〓「—しきった顔」

しょう-ずい【祥▼瑞】シャウ［名］めでたいことが起こるきざし。縁起のよい前兆。吉兆。

じょう-すい【上水】ジャウ［名］❶飲用として溝・管などを通して供給されるきれいな水。⇔下水 ❷上水道。〓「神田—」

じょう-すい【浄水】ジャウ［名］❶けがれのない水。清浄な水。❷［自他サ変］濾過(ろか)・消毒などによって、水を清浄にすること。また、その水。〓「—場・—池」

じょうすい-どう【上水道】ジャウスイダウ［名］飲用にする水を導いて供給するための水路・施設。⇔下水道

しょう-すう【小数】セウ［名］❶小さい数。❷絶対値が一より小さい数。小数点を用いて十進法で表される実数。

しょう-すう【少数】セウ［名］数が少ないこと。〓「—の例外がある」「—意見」「—精鋭」⇔多数

じょう-すう【乗数】［名］掛け算で、掛けるほうの数。$a \times b$ の b。

じょう-すう【常数】ジャウ［名］⬇定数(ていすう)②

しょうすう-てん【小数点】セウスウ［名］小数を表すとき、整数部分と小数部分との間につける点。〓「—以下を切り捨てる」

しょうすう-みんぞく【少数民族】セウスウ［名］複数の民族集団によって構成される国において、相対的に人口が少なく、支配的な多数派民族とは言語・文化などを異にする民族。

しょう・する【抄する（▼鈔する）】セウ［他サ変］抜き書きする。また、抜き書きして編集する。抄録する。〓「そのくだりをここに—」文せう・す

しょう・する【称する】［他サ変］❶その名を付けたりそのことばで規定したりしていう。〓「以下、原告を甲、被告を乙と—」❷意見や考えとしていう。特に、口実としていう。偽っていう。〓「老人はこれを王若水の画(か)いた葵だと—・している〈漱石〉」「社会勉強だと—・して遊び回っている」❸ほめたたえる。称揚する。賞する。〓「その徳を—」文しょう・す 異形 称す

しょう・する【消する・▼銷する】セウ❶［自他サ変］消える。また、消す。なくす。〓「雪が—」「罪障を—」❷［他サ変］時を過ごす。〓「いたずらに日を—」文せう・す

しょう・する【証する】［他サ変］証拠立てて事実であることを示す。証明する。保証する。文しょう・す

しょう・する【▼頌する】［他サ変］人の功績や徳を文章などに表現してほめたたえる。〓「我が心の中には姫が徳を—念満ちたり〈鷗外〉」文しょう・す

しょう・する【▼誦する】［他サ変］詩文・経文などをそらんじ、声を出して読む。唱える。誦(じゅ)ずる。〓「李白の詩を—」文しょう・す

しょう・する【賞する】シャウ［他サ変］❶ほめたたえる。〓「成績優秀につき、これを—」❷美しいものや趣の深いものを愛(め)で、楽しむ。観賞する。〓「中秋の名月を—」文しゃう・す

しょう・ずる【生ずる】シャウ［自他サ変］⬇生じる 文しゃう・ず

しょう・ずる【招ずる・▽請ずる】セウ・シャウ［他サ変］⬇しょう（招・請）じる 文せう・ず

じょう・ずる【乗ずる】［自他サ変］⬇乗じる 文じよう・ず

しょう-せい【小成】セウ［名］少しばかりの成功。〓「—に安んずる」

しょう-せい【招請】セウ［名・他サ変］頼んで来てもらうこと。招き迎えること。しょうじょう。〓「講師を—する」

しょう-せい【将星】シャウ［名］❶古代中国で、大将になぞらえた星。❷将軍。大将。〓「—隕(お)つ（＝将軍が陣中で死ぬ。転じて、英雄・偉人が死ぬ）」

しょう-せい【勝勢】［名］勝ちそうな形勢。また、勝った勢い。

しょう-せい【笑声】セウ［名］笑い声。〓「—が起こる」

しょう-せい【焼成】セウ［名・他サ変］原料を高温加熱して性質を変化させること。特に窯業で、品物を焼いて石質にしたり色を生じさせたりすること。

しょう-せい【照星】セウ［名］小銃などの銃口の近くに取りつけてある三角形の小さな突起。手前の照門からこれを見てねらいを定める。

しょう-せい【鐘声】［名］鳴り響くかねの音。

しょう-せい【小生】セウ［代］（一人称）自分を指し示す丁重語。║「─も元気です」▽手紙文などで、同等以下の相手に対して使う。

じょう-せい【上世】ジャウ［名］大昔。上代。上古。

じょう-せい【上製】ジャウ［名］仕上がりが上等であること。また、上等につくったもの。⇔並製

じょう-せい【情勢（状勢）】ジャウ［名］変化・進展していく物事のその時々のようす。そのなりゆき。║「国際─」

じょう-せい【醸成】ヂャウ［名・他サ変］❶原料を発酵・熟成させて酒・味噌・醤油などをつくること。醸造。❷ある雰囲気や状況を徐々につくりだすこと。║「和やかな空気が─される」

しょう-せき【硝石】セウ［名］硝酸カリウムの通称。║「チリ─」▽天然に産出する鉱物として見たときにいう。

しょう-せき【証跡】［名］後々の証拠として残る痕跡。

じょう-せき【上席】ジャウ［名］❶上位の席。上座。かみざ。❷階級・席次などが上であること。║「─の検事」

じょう-せき【定石】ヂャウ［名］❶囲碁で、ある局面において最善の型とされる決まった打ち方。❷物事を処理する上で、一般に最善とされる方法や手順。║「─を踏んだ経営方針」

じょう-せき【定席】ヂャウ［名］❶ある人がいつも座る席。決まった座席。❷いつも上演している寄席。常設の寄席。

じょう-せき【定跡】ヂャウ［名］将棋で、ある局面において最善の型とされる決まった指し方。

じょう-せき【城跡・城▼蹟】ジャウ［名］しろあと。城址。

しょう-せつ【小雪】セウ［名］二十四節気の一つ。陰暦十月の中旬で、太陽暦では十一月二十二日ごろにあたる。

しょう-せつ【小節】セウ［名］❶詩文で、節をさらに分けた小さな区切り。❷楽譜で、縦線と縦線とで仕切られた一区切り。║「八─」❸わずかばかりの節操。取るに足らない義理立て。║「─にこだわる」

しょう-せつ【小説】セウ［名］筋の展開や登場人物の心理・考えなどをとおして社会や人間の姿などを表現した散文体の文学。近代文学の一形式。║「短編─」

しょう-せつ【消雪】セウ［名・自サ変］人工的に雪をとかすこと。║「─装置」

しょう-せつ【章節】シャウ［名］長い文章などの区切りで、章や節。

しょう-せつ【詳説】シャウ［名・他サ変］くわしく説明すること。また、その説明。細説。⇔略説

じょう-せつ【常設】ジャウ［名・他サ変］施設や機関などをいつも設けておくこと。║「─委員会」「─展（＝美術館や博物館での収蔵品の展示）」

じょう-ぜつ【▼饒舌】ゼウ［名・形動］口数の多いこと。よくしゃべること。おしゃべり。多弁。║「いつになく─な姉」派生─さ ⇔寡黙 書き方 新聞などでは「冗舌」で代用する。 饒

しょう-せっかい【消石灰】セウセキクワイ［名］水酸化カルシウムの通称。生石灰に水を作用させると得られる白色の粉末で、さらし粉の原料やモルタル・漆喰などに用いる。

しょう-せっこう【焼石▼膏】セウセキカウ［名］石膏を加熱して得る白色の粉末。白墨や彫塑の材料、また建築・歯科材料などに用いる。やきせっこう。

しょう-せん【省線】シャウ［名］もと鉄道省（現在の国土交通省）が管理していた鉄道の路線。║「─電車」

しょう-せん【商船】シャウ［名］営利を目的として旅客・貨物を輸送する船舶。

しょう-せん【商戦】シャウ［名］商売上の競争。商売合戦。║「歳末─たけなわ」

しょう-ぜん【小善】セウ［名］小さな善行。

しょう-ぜん【承前】［名］前の文章を受けつぐこと。続き物の文章の初めなどに記す語。

しょう-ぜん【▼悚然・▼竦然】［形動タリ］恐れてびくびくするさま。こわがるさま。║「─として立ちすくむ」

しょう-ぜん【▼悄然】セウ［形動タリ］うちしおれて元気のないさま。║「─とうなだれる」

しょう-ぜん【▼蕭然】セウ［形動タリ］ひっそりとしてもの寂しいさま。║「─たる枯れ野」

じょう-せん【乗船】［名・自サ変］❶船に乗ること。║「フェリーに─する」「─者名簿」⇔下船 書き方「上船」とも。❷ある人が乗る船。

しょう-せんきょく【小選挙区】セウ［名］議員の定数を一名とする選挙区。イギリス・アメリカなどで採用されている。▽多量の死票を生み、多数党に有利になるとされる。⬇大選挙区・中選挙区

しょうせんきょくひれいだいひょう-へいりつせい【小選挙区比例代表並立制】セウセンキョクヒレイダイヘウ［名］小選挙区制と比例代表制を組み合わせて行う選挙制度。有権者は一人二票をもち、小選挙区では候補者に、比例代表区では政党に投票する。

しょう-そ【勝訴】［名・自サ変］訴訟に勝つこと。║「原告が─する」⇔敗訴

じょう-そ【上訴】ジャウ［名・自サ変］❶上の者に訴えること。❷未確定の裁判について、その判決または決定に対する不服を上級の裁判所に申し立て、再審理を求めること。また、その手続き。║「最高裁判所に─する」▽控訴・上告・抗告の三種がある。

しょう-そう【少壮】セウサウ［名・形動］年が若くて意気盛んなこと。║「─気鋭の学者」

しょう-そう【尚早】シャウサウ［名］時期が早すぎること。まだその時期ではないこと。║「公表するには時期─だ」

注意「尚」「早」が転倒した「早尚」は誤り。「早々」と混同するのも誤り（×時期早々）。また俗に「時機尚早」とも書くが、「時期尚早」が一般的。

しょう-そう【焦燥（焦▼躁）】セウサウ［名・自サ変］いらだち、あせること。║「─を感じる」「─感にかられる」

しょう-ぞう【肖像】セウザウ［名］ある人の顔や姿を絵・写真・彫刻などに写した像。║「─画」

じょう-そう【上奏】ジャウ［名・他サ変］天皇に意見や事情を申し上げること。║「─文」

じょう-そう【上層】ジャウ［名］❶幾重にも層をなしてできているものの上の方の部分。║「地殻の─」❷社会・組織などの上の方の階層。║「会社の─部」◈⇔下層

じょう-そう【情操】ジャウサウ［名］知的作用や社会的価値を伴う、高次の複雑な感情。║「─教育（＝豊かな情操を育成するための教育）」

じょう-ぞう【醸造】ヂャウザウ［名・他サ変］原料を発酵・熟成させて酒・味噌・醤油などをつくること。醸成。║「ビール［ワイン］を─する」「─酒」

しょうぞう-けん【肖像権】セウザウ［名］自分の肖像

を無断で描写・撮影されたり使用されたりすることを拒否する権利。

しょう-そく【消息】[名] ❶人や物事のその時その時のようす。事情。動静。≡「ー通」 ❷状況を知らせる手紙や連絡。便り。音信。≡「偵察機がーを絶つ」

しょう-ぞく【装束】[名] 衣服を身にまとうこと。また、その衣服。≡「旅のー」「死にー」▽古くは衣冠・束帯・直衣など、儀式に用いる礼服をいった。

じょう-ぞく【上▼蔟】[名・自他サ変] まゆを作らせるために、成熟したかいこを蔟(＝わらなどで作った床)に移し入れること。

しょうそく-すじ【消息筋】[名] ある方面の事柄・事情などに詳しい人や機関。▽ふつうマスコミ関係で、その人の名前や機関を明らかにできない場合に使う。

しょうそく-つう【消息通】[名] ある方面の事情・事柄などに精通していること。また、その人。

しょう-そつ【将卒】[名] 将校と兵卒。将兵。

しょう-そん【焼損】[名・自他サ変] 焼けて壊れること。焼き壊すこと。≡「壁画が／をーした」

しょう-たい【小隊】[名] 軍隊編成上の一単位。数個の分隊からなり、三または四小隊で中隊を編成する。≡「一個ー」

しょう-たい【正体】[名] ❶そのものの本当の姿。≡「ーを見破る」 ❷はっきりとした意識。正気。≡「ーを失う」

しょう-たい【招待】[名・他サ変] 人を客として招くこと。≡「夕食にーする」「ー状」

しょう-だい【昭代】[名] おだやかに治まっている世。太平の世。

じょう-たい【上体】[名] からだの腰から上の部分。上半身。

じょう-たい【上▼腿】[名] 足のひざから上の部分。大腿。⇕下腿

じょう-たい【状態(情態)】[名] ある時点における人や物事のありさま。≡「健康[経営・保存]ーがよい」 書き方 「情態」は「情態副詞」「情態修飾成分」などと文法で慣用的に使う。

じょう-たい【常体】[名] 文末に「である」「だ」を用いる口語の文体。である体。⇕敬体

じょう-たい【常態】[名] 平常の状態。いつものありさま。

じょう-だい【上代】[名] ❶大昔。上古。上世。❷日本史・日本文学史で、時代区分の一つ。主として奈良時代にあたる。≡「ー文学」

じょう-だい【城代】[名] ❶城主に代わって城を守り、政務を行う役(を務める人)。❷江戸幕府の職名。幕府の命により城主を置かない大坂城・駿府城などを守った重職。多く譜代大名が当てられた。❸江戸時代、藩主が江戸参勤の間、城を守り政務をつかさどった家老。▽「城代家老」の略。

しょうたい-じょう【招待状】[名] 客として招く旨を記した書状。≡「披露宴のー」

しょう-たく【小宅】[名] 小さな家。また、自分の家を謙遜していう語。拙宅。

しょう-たく【▼妾宅】[名] めかけを住まわせている家。

しょう-たく【沼沢】[名] ぬまとさわ。≡「ー地」

しょう-だく【承諾】[名・他サ変] 相手の依頼・要求などを了解して、受け入れること。≡「海外勤務[文書の転載]をーする」「ーを得る」「事後ー」

じょう-たつ【上達】[名] ❶[自サ変] 技芸・学術などが進んで、うまくなること。≡「韓国語のーが早い」 ❷[自他サ変] 下の者の意見などを上位の者に伝えること。また、伝わること。≡「下意ー」⇕下達

じょう-だま【上玉】[名] ❶上等の宝石。また、上等の品物。❷美人。▽花柳界の隠語から。

しょう-たん【小胆】[名・形動] 度量が狭いこと。また、気が小さくて臆病なこと。≡「ーな人物」⇕大胆

しょう-だん【昇段】[名・自サ変] 剣道・柔道・囲碁・将棋などで、段位が上がること。

しょう-だん【商談】[名] 商売についての話し合い。商取引の相談。≡「ーがまとまる」

じょう-たん【上端】[名] 上の方のはし。⇕下端

じょう-だん【上段】[名] ❶上の方の段。≡「棚のー」 ❷かみざ。上席。❸書院造りで、床を一段高くしてある座敷。上段の間。❹剣道・槍術などで、刀剣や槍を頭上に振りかざして構えること。また、その型。≡「大ーに構える」◈①④⇕中段・下段

じょう-だん【冗談】[名] ❶人を笑わせようとして、ふざけて言うことば。≡「ーを飛ばす」 ❷ふざけてすること。≡「ーでしたこと」◈ 書き方 もと「▽笑談」とも。

⦿**冗談じゃない** 冗談でもそんなことを言っては困る。とんでもない話だ。

じょう-だん【常談】[名] ふつうの談話。ありきたりの話。

しょう-ち【承知】[名・他サ変] ❶相手の依頼・希望・命令などを聞き入れること。≡「こんな条件ではーしないだろう」「ご依頼の件しかとーいたしました」 ❷くわしい内容や事情をよくわかっていること。存知。≡「詳細はーしない」「その件は百もーだ(＝すべて分かっている)」「無理をーでお願いする」 ❸〈「承知しない」の形で〉許さない。勘弁しない。≡「今度約束を破ったらーしないぞ」

しょう-ち【招致】[名・他サ変] 招いて来てもらうこと。≡「冬季オリンピックをーする」「参考人ー」

じょう-ち【上知・上▼智】[名] 知恵がすぐれていること。また、その人。⇕下愚

じょう-ち【常置】[名・他サ変] 機関や物をいつでも利用できるように設けておくこと。≡「相談室をーする」

じょう-ち【情致】[名] おもむき。情趣。

じょう-ち【情痴】[名] 理性を失うほど愛欲に迷うこと。痴情。

しょうちく-ばい【松竹梅】[名] 松と竹と梅。▽三つとも冬の寒さに耐えることから「歳寒の三友」と呼ばれ、古来めでたいものとされる。

じょう-ちゃく【蒸着】[名・他サ変] 真空中で金属や化合物を加熱・蒸発させ、その蒸気を他の物質の表面に薄膜状に付着させること。真空蒸着。

しょう-ちゅう【掌中】[名] ❶てのひらの中。❷自分のものとして思うままにできる範囲内。≡「全権をーに収める」

⦿**掌中の珠** 大切なものや最愛の子のたとえ。

しょう-ちゅう【焼酎】[名] 蒸留酒の一つ。酒粕・味醂粕などを蒸留したもの(粕取り焼酎)と、米・麦・芋類・糖蜜などを発酵させたもろみを蒸留したもの(もろみ取り焼酎)とがある。アルコール分は二〇〜四五パーセント。

じょう-ちゅう【条虫・▼絛虫】［名］扁形動物門ジョウチュウ綱の寄生虫の総称。体は扁平なひも状。無鉤条虫・有鉤条虫などが人間に寄生する。サナダムシ。書き方「条虫」は代用表記。

じょう-ちゅう【常駐】［名・自サ変］いつもそこに駐在・駐屯していること。〓「警備員が―するビル」「北京―の特派員」「―部隊」

しょう-ちょ【小著】［名］❶小さな著作。ページ数の少ない著作物。⇕大著 ❷自分の著作をいう丁重語。拙著。

じょう-ちょ【情緒】［名］❶ある物事にふれたときに起こるしみじみとした感情。また、その感情を誘い起こす独特の雰囲気。〓「―豊かな城下町」「江戸―」❷喜怒哀楽を生む心の動き。情動。〓「―不安定」◈「じょうしょ」の慣用読みが定着したもの。

しょう-ちょう【小腸】［名］胃と大腸の間にある細長い消化管。十二指腸・空腸・回腸からなる。食物の消化と栄養素の吸収を行う。

しょう-ちょう【省庁】［名］「省」と名のつく役所と「庁」と名のつく役所の総称。〓「各―に通達する」

しょう-ちょう【消長】［名・自サ変］勢いが衰えることと盛んになること。〓「国力が―する」

しょう-ちょう【象徴】［名・他サ変］形のない抽象的な思想・観念などを、具体的な事物や形象に託して表現すること。また、その表現に用いるもの。シンボル。〓「鳩は平和の―だ」「時代を―する事件」

じょう-ちょう【上長】［名］年齢・地位などが上であること。また、その人。長上。

じょう-ちょう【冗長】［名・形動］文章・話などが、長たらしくてむだが多いこと。〓「話が―に流れる」

じょう-ちょう【情調】［名］❶ある物事からかもし出される独特のおもむき。〓「江戸―」❷物事にふれて呼び起こされるさまざまな感情。

しょうちょう-し【象徴詩】［名］直接には表現しがたい内面的世界を、感覚と知性を媒介にした音楽的・暗示的な手法で表現する詩。一九世紀末にフランスに起こった象徴派の詩。ボードレール・マラルメ・ランボー・ベルレーヌなどによって代表される。

しょうちょう-しゅぎ【象徴主義】［名］主観を重視し、自己の内面的世界を音声・形象などによって象徴的に表現しようとする芸術思潮。一九世紀末、客観主義への反動としてフランスに起こった象徴派の詩に始まる。サンボリスム。シンボリズム。

しょうちょう-てき【象徴的】［形動］ある具体的な事柄が抽象的な思想・概念などを端的に表しているさま。〓「―な出来事」

しょう-ちょく【詔勅】［名］天皇の意思を表示する公文書。詔書・勅書・勅語の三形式がある。みことのり。

しょう-ちん【消沈（▼銷沈）】［名・自サ変］消えてなくなること。また、気力などが衰えること。〓「意気―」書き方もと、もっぱら「銷沈」と書いた。

しょう-つき【祥月】［名］一周忌以後にめぐってくる、故人の死去した月と同じ月。

しょうつき-めいにち【祥月命日】［名］一周忌以後にめぐってくる、故人の死去した月日と同じ月日。忌辰。

じょうっ-ぱり【情っ張り】［名・形動］強情を張ること。また、その人。ごうじょっぱり。▽「じょうはり（情張り）」の転。

しょう-てい【小弟（少弟）】㊀［名］年少の弟。また、自分の弟をいう丁重語。㊁［代］〔一人称〕目上の相手に対して、男性が自分を指し示す丁重語。▽手紙文などで使う。書き方もっぱら「小弟」と書く。

じょう-てい【上程】［名・他サ変］議案などを会議にかけること。〓「緊急―」

しょう-てき【小敵】［名］❶少数の敵。小人数の敵。書き方「少敵」とも。❷弱い敵。◈⇕大敵

じょう-でき【上出来】［名・形動］できぐあいがよいこと。また、物事の結果がよいこと。〓「今年の米は―だ」「―の芸当だ」

じょうて-もの【上手物】［名］精緻に作られた高価な工芸品。⇕下手物

しょう-てん【小店】［名］❶規模の小さい店。こみせ。❷自分の店をいう丁重語。

しょう-てん【小▼篆】［名］漢字の書体の一つ。大篆を簡略・整頓して筆写しやすくしたもの。碑文・印鑑などに用いる。

しょう-てん【昇天】［名・自サ変］❶天高くのぼること。〓「旭日―の勢い」❷キリスト教で、復活したキリストが四〇日目に天に帰ったこと。〓「―日・―祭」❸キリスト教で、信者が死んで魂が天にのぼること。死ぬこと。▽広く一般の人の死にも使う。

しょう-てん【商店】［名］商品を売る店。

しょう-てん【焦点】［名］❶レンズや球面鏡で、光軸に平行な入射光線が反射あるいは屈折によって集まる一点。❷人々の注意や関心が集まるところ。また、物事のもっとも重要なところ。〓「話の―を絞る」「物価問題が選挙の―となる」❸数学で、楕円・双曲線・放物線の形を決める基本となる点。

しょう-てん【衝天】［名］勢いが盛んなこと。〓「意気―」▽天をつく意から。

しょう-でん【小伝】［名］簡単な伝記。略伝。〓「ナポレオン―」

しょう-でん【昇殿】［名・自サ変］❶許可を受けて神社の拝殿にのぼること。❷平安時代、五位以上の人また六位以上の蔵人が清涼殿の殿上の間にのぼることを許されたこと。

しょう-でん【詳伝】［名］くわしく書き記された伝記。⇕略伝

じょう-てん【上天】［名］❶天。天上。そら。⇕下土 ❷天上にあって万物を支配する神。天帝。上帝。❸［自サ変］キリスト教で、死んだ人の魂が天にのぼること。死ぬこと。昇天。

じょう-でん【上田】［名］地味がよく肥えて収穫の多い田。⇕下田

しょうてん-がい【商店街】［名］商店が建ち並んでいる一画や通り。

じょう-てんき【上天気】［名］よく晴れた天気。よい天気。

しょうてん-きょり【焦点距離】［名］レンズまたは球面鏡の中心から焦点までの距離。

しょう-てんち【小天地】［名］❶小さく限られた世界。▽広大な宇宙に対して狭小な人間界をいう。❷狭く限られてはいるが、一つのまとまりをもっている社会。〓「企業という―に安住するサラリーマン」

しょう-ど【焦土】［名］焼けて黒くなった土。また、

家屋・草木などが焼けて跡形もなくなった土地。≡「空襲でーと化した市街地」

しょうーど【照度】[名] 光に照らされた面の明るさの度合い。単位面積が単位時間に受ける光の量で表す。単位はルクス。

じょうーと【譲渡】[名・他サ変] 権利・財産などを他人にゆずりわたすこと。≡「土地をーする」

じょうーど【浄土】[名] 仏・菩薩の住む清浄な世界。特に、阿弥陀仏の住む極楽浄土。西方浄土。⇔穢土

じょうーど【壌土】[名] 粘土と砂を適度に含む黒い土。水分・養分の吸収や通気性にすぐれ、耕作に最も適する。

しょうーとう【小刀】[名] 小さな刀。特に、脇差。⇔大刀

しょうーとう【小党】[名] 党員の少ない政党・党派。勢力の弱い政党・党派。≡「ー分立」

しょうーとう【消灯】[名・自サ変] あかりを消すこと。≡「病室は十時にーする」「ー時間」⇔点灯

しょうーどう【唱道】[名・他サ変] ある思想や主張を人に先立ってとなえること。≡「復古主義をーする」

しょうーどう【唱導】[名・他サ変] ❶ある思想や主張をとなえて人をみちびくこと。❷仏の道を説いて人を仏道にみちびくこと。≡「ー師」

しょうーどう【商道】[名] 商人が守るべき道。商業上の道徳。

しょうーどう【衝動】[名] 抑制の利かない欲求によって理性を失い、発作的・本能的に行動しようとする心の動き。≡「叫びたいーを抑える」

じょうーとう【上棟】[名] 棟上げ。≡「ー式」

じょうーとう【上等】[名] ❶等級が上であること。また、その等級。❷[形動] 品質や状態がすぐれていること。≡「ーの／なコート」「佳作に入ればーだ」◈⇔下等

じょうーとう【常▼套】[名] 古くから変わりなく、ありふれていること。また、決まりきったやり方。≡「ー手段」

じょうーどう【成道】[名・自サ変] 菩薩が悟りを開いて仏になること。特に、釈迦が悟りを開いて仏になること。成仏得道。≡「ー会」

じょうーどう【常道】[名] ❶普遍不易の道。常に人が守り行うべき道徳。❷一般原則にかなった方法。ふつうのやり方。≡「憲政のー」

じょうーどう【情動】[名] 怒り・恐怖・喜び・悲しみなどの感情のうち、一時的に激しくわき起こるもの。情緒。

しょうどうーがい【衝動買い】[名・他サ変] 欲しいと思ったものを考えもなしに買ってしまうこと。

じょうとうーく【常▼套句】[名] 同じような場面で決まっていう文句。決まり文句。

しょうーどうぶつ【小動物】[名] 手のひらにのる程度の小さい動物。

じょうとうーへい【上等兵】[名] 旧陸軍の兵の階級の一つ。兵長の下、一等兵の上。▼旧海軍では上等水兵。

しょうーとく【生得】[名] ある性質などを生まれつきもっていること。生まれつき。せいとく。≡「ーのお人好し」▼副詞的にも使う。

しょうーとく【▼頌徳】[名] 徳をほめたたえること。≡「ー碑」

しょうーどく【消毒】[名・他サ変] 感染を予防するため、薬品・高熱・紫外線などによって病原菌を殺すこと。≡「傷口をーする」「ー薬」

じょうーとくい【上得意】[名] いつも多くの品または高価な品を買ってくれる大事な客。上客。

じょうーとくい【常得意】[名] いつもその店を利用してくれる大事な客。

じょうどーしゅう【浄土宗】[名] 平安末期、法然が創始した浄土教の一派。阿弥陀仏の本願を信じ、念仏を唱えて極楽浄土に往生することを宗旨とする。▼総本山は京都の知恩院。

じょうどーしんしゅう【浄土真宗】[名] 鎌倉初期、法然の弟子である親鸞が創始した浄土宗の一派。阿弥陀仏の他力本願を信じることによって成仏することを宗旨とする。真宗。▼本願寺派・大谷派・高田派・仏光寺派など一〇派に分かれる。

しょうーとつ【衝突】[名・自サ変] ❶物と物とがぶつかること。突き当たること。≡「正面ー」❷意見・立場・利害などが対立し、ぶつかること。≡「武力ー」

しょうーとりひき【商取引】[名] 商業上の売買の行為。

じょうーない【城内】[名] 城の内部。城中。また、城壁で囲まれた区域の中。

じょうーない【場内】[名] ある限られた場所の中。会場の内部。≡「ー放送〔アナウンス〕」⇔場外

じょうーなま【上生】[名] 和菓子で、上等な生菓子。▼「上生菓子」の略。

しょうーなん【小難】[名] ちょっとした災難。⇔大難

しょうーに【小児】[名] 子供。幼児。▼「小児喘息」「小児科」など、医学関係で使われることが多い。

しょうにーか【小児科】[名] 子供の内科的な病気を専門に扱う医学の一分野。

しょうーにく【正肉】[名] 皮や骨、余分な脂肪などを取り除いた肉。特に、鶏肉についていう。

しょうにーびょう【小児病】[名] 子供に特有な病気。ジフテリア・はしか・百日咳など。▼考え方が幼稚で、極端に走りやすい性向のたとえにもいう。≡「左翼ー」

しょうにーまひ【小児麻▼痺】[名] 子供に多く起こる麻痺性疾患の通称。ウイルスの飛沫感染による急性灰白髄炎（ポリオ）と、胎生期・出産時の脳疾患によるとされる脳性小児麻痺とがある。

しょうにゅうーせき【▼鍾乳石】[名] 鍾乳洞の天井から垂れ下がった、つらら状の石灰質沈殿物。石灰岩の割れ目にしみ込んだ地下水や雨水が炭酸カルシウムを溶かして流れ、したたり落ちて沈殿・成長したもの。

しょうにゅうーどう【▼鍾乳洞】[名] 岩の割れ目などから流れ込んだ地下水や雨水が石灰台地を溶解浸食してできた洞窟。天井からは鍾乳石が垂れ下がり、下には石筍が立ち並ぶ。

しょうーにん【上人】[名] ❶すぐれた知徳をそなえている高僧。また、高僧の敬称。❷浄土宗・日蓮宗・時宗で、長となる僧侶の敬称。

しょうーにん【小人】[名] 子供。特に、入場料・運賃などを示すときに、小学生以下の子供。⇔大人・中人

しょうーにん【承認】[名・他サ変] ❶ある事柄が正当または事実であると認めること。≡「契約書の内容をー

する」❷よしと認めて許すこと。特に、よしとしてその有効性を認めること。☰「海外出張について会社の―を得る」❸国家・政府などについて、国際法上の地位を認めること。☰「独立国として―する」

しょう-にん【昇任(▼陞任)】[名・自サ変]現職より上級の役職・官職に任命されること。☰「局長に―する」⇔降任

しょう-にん【商人】[名]商業を営む人。あきんど。

しょう-にん【証人】[名]❶ある事実を証明する人。☰「生き―」❷ある人の身元・人柄などを保証する人。保証人。❸裁判所などの機関から過去に経験した事実について供述を求められた第三者。

しょう-にん【▽聖人】[名]❶仏教で、広大な智慧と慈悲心をそなえ、悟りの道へと進む人。❷高僧の敬称。上人。

しよう-にん【使用人】[名]人に雇われて働く人。

じょう-にん【常任】[名・自サ変]いつもその任務に就いていること。☰「―の委員」「―指揮者」

しょうにん-かんもん【証人喚問】[名・他サ変]衆議院あるいは参議院が、国政にかかわる事件などに関係のある証人の出頭を求め、証言を得るために問いただすこと。議院証言法に基づく喚問で、虚偽の答弁をした証人は偽証罪に問われる。

しょう-にんずう【少人数】[名]少ない人数。小人数。☰「―のグループ」⇔多人数

しょう-ね【性根】[名]その人の考え方や言動のもととなる心の持ち方。根性。☰「―をすえてかかる」「―が腐っている」「―(＝心根)の優しい人」

しょう-ねつ【焦熱】[名]❶こげつくように熱いこと。また、その熱さ。☰「―の砂漠」❷八大地獄の第六。殺生・妄語(うそをつくこと)などを犯した者が落ち、焼いた鉄棒や猛火で苦しめられるという。▼「焦熱地獄」の略。

じょう-ねつ【情熱】[名]激しく燃え上がる感情。熱情。☰「作曲に―を燃やす」「―家」

しょう-ねん【少年】[名]❶年少の子供。▼少年法では二〇歳未満の、児童福祉法では小学校就学から満一八歳までの男女をさす。❷年少の男子。☰「―マンガ」⇔少女▼ふつう七、八歳から一五、六歳くらいまでをいう。

しょう-ねん【正念】[名]仏教で、常に仏の教えを心にとどめ、真理の道を求め続けること。また、一心に念仏すること。

しょう-ねん【生年】[名]生まれてから経てきた年月。年齢。とし。

じょう-ねん【情念】[名]心に深くまつわり、理性では払いきれない想念。悲喜・愛憎・欲望などの激しい感情。☰「―がわく」

しょうねん-いん【少年院】[名]家庭裁判所から保護処分として送られてきた少年を収容し、矯正教育を授ける国立の施設。法務大臣の管理下に置かれる。

しょうねん-かんべつしょ【少年鑑別所】[名]家庭裁判所から観察・保護措置として送られてきた少年を収容する国立の施設。医学・心理学などの専門的知識によって少年の資質の鑑別を行う。

しょうねん-ば【正念場】[名]❶歌舞伎・人形浄瑠璃などで、主人公がその役柄の真髄を見せる最も重要な場面。性根場。❷その人の真価を発揮すべき最も重要なところ。物事の成否にかかわる大事な場面。☰「一世一代の―を迎える」

しょうねん-ほう【少年法】[名]非行のある少年の保護処分や刑事事件を起こした少年に対する特別措置、ならびに少年の福祉を害する成人に対する刑事手続きなどを定めた法律。

しょう-のう【小脳】[名]脳髄の一部分。大脳と延髄の中間にあって、主に身体各部にわたる筋運動の調整と平衡をつかさどる。⬇脳(図)

しょう-のう【小農】[名]わずかな田畑を所有し、家族の労働力だけで営む小規模の農業。また、その農民。⇔大農

しょう-のう【笑納】[名・他サ変]贈り物をするとき、つまらない物ですが笑って納めてくださいという気持ちを込めて用いる語。☰「ご趣味には合わないかも知れませんが、どうぞご―ください」

しょう-のう【▼樟脳】[名]クスノキの木片を水蒸気蒸留して得る無色半透明の結晶。特有の芳香を持ち、昇華しやすい。セルロイド・無煙火薬などの製造原料とするほか、防虫剤・防臭剤・医薬品などに用いる。

じょう-のう【上納】[名・他サ変]朝廷・幕府・政府などに物や金を納めること。☰「―金」

しょう-の-つき【小の月】[名]一か月の日数が三〇日以下の月。二月・四月・六月・九月・十一月。▼陰暦では二九日以下の月をいう。

しょう-は【小破】[名・自他サ変]少し破損すること。また、少し損傷を与えること。⇔大破

しょう-は【▼翔破】[名・自サ変]鳥・航空機などが、目的地までの長い距離を飛びきること。

じょう-ば【乗馬】[名]❶[自サ変]馬に乗ること。☰「―クラブ」❷乗るための馬。また、乗っている馬。☰「愛用の―」

しょう-はい【勝敗】[名]勝つことと負けること。勝ち負け。☰「―を争う」

しょう-はい【賞杯(賞▼盃)】[名]賞として与える金属製のカップ。多くは底の深いさかずき形で、両側に取っ手がある。

しょう-はい【賞▼牌】[名]賞として与える記章。メダル。

しょう-ばい【商売】[名]❶[自サ変]利益を得るために品物を売り買いすること。あきない。☰「―繁盛」❷仕事。職業。☰「人を笑わせる―」

しょうばい-がたき【商売敵】[名]商売の上での競争相手。

しょうばい-がら【商売柄】[名]❶商売・職業の種類・種別。❷その商売や職業によって養われた特性。☰「―魚には詳しい」▼多く副詞的に使う。

しょうばい-ぎ【商売気】[名]何事であっても商売に結びつけてもうけようとする気質や態度。しょうばいっけ。☰「―のない人」

しょうばい-にん【商売人】[名]❶商売を職業にしている人。商人。また、商売の上手な人。❷その道の専門家。くろうと。❸芸者など、水商売の女性。くろうと。

しょう-はく【松▼柏】[名]❶マツとコノテガシワの類。また、常緑樹。ときわ木。▼「柏」はコノテガシワ・ヒノキ・サワラなど、常緑樹の総称。❷①が四季に葉の緑を保つことから、操を守って変わらないことのたとえ。☰

「―の操」

じょう-はく【上白】[名] ❶上等の白砂糖。▼「上白糖」の略。❷上等の白米。

じょう-はく【上▼膊】[名] 腕のひじから上の部分。上腕。二の腕。≡「―骨」⇕下膊

じょう-ばこ【状箱】[名] ❶手紙や書類を入れておく箱。文箱。❷昔、書状を入れて使いの者に持たせた箱。文箱。

しょう-ばつ【賞罰】[名] 功績のあった者をほめることと罪を犯した者を罰すること。また、ほめられたことと罰せられたこと。賞と罰。

じょう-はつ【蒸発】[名・自サ変] ❶液体がその表面から気化すること。また、その現象。❷いつの間にかその場から姿を消すこと。また、家出などをして行方不明になること。≡「夫が―して三年が経つ」

しょう-ばん【相伴】[名・自サ変] ❶正客の相手をして、一緒にもてなしを受けること。また、その人。❷他人のおかげで恩恵を受けること。≡「贈答品のお―にあずかる」❸他の人につきあって一緒に行動すること。

じょう-ばん【上番】[名・自サ変] 軍隊で、見張り・当直などの当番勤務につくこと。⇕下番

じょう-ばん【常▼磐】[名] 常陸国と磐城国。現在の茨城・宮城・福島県地方。

じょう-はんしん【上半身】[名] からだの上半分。腰から上の部分。かみはんしん。⇕下半身

しょう-ひ【消費】[名・他サ変] ❶金・物・時間・エネルギーなどを、使ってなくすこと。≡「電力[労力]を―する」❷経済で、人が欲望を充足させるために財貨・サービスなどを使うこと。≡「個人―」◈⇕生産

しょう-び【焦眉】[名] 危険が身に迫っていること。また、事態がきわめて切迫していること。

しょう-び【賞美・称美】[名・他サ変] ほめたたえること。また、それをほめながら味わい楽しむこと。

しょう-び【▼薔▼薇】[名] ばら。いばら。そうび。

薔薇

じょう-ひ【上皮】[名] 動植物の体表面や動物の器官内表面をおおっている細胞層。≡「―組織」

じょう-ひ【冗費】[名] むだな費用。むだづかい。

じょう-び【常備】[名・他サ変] すぐに使えるように、常にそなえておくこと。≡「非常食を―する」「―薬」

しょうひ-きげん【消費期限】[名] 生鮮食品や加工食品について、定められた方法で保存した場合に品質の安全性を保証する期限。JAS法・食品衛生法によって表示が義務づけられている。▼日持ちがおおむね五日以内の、いたみやすい食品に表示する。➡賞味期限

しょうひ-ざい【消費財】[名] 個人の欲望を満たすために消費される財貨やサービス。⇕生産財・資本財 ▼食料・燃料などの非耐久消費財と住宅・自動車などの耐久消費財とがある。

じょうび-さい【常備菜】[名] 日持ちがし、まとめて作り置きできるおかず。煮物・煮豆・佃煮など。

しょうひ-しゃ【消費者】[名] 物資を購入して消費する人。⇕生産者

しょうひ-しゃかい【消費社会】[名] 産業化が進み、生理的欲求だけでなく、文化的・社会的な欲求を満たすために物やサービスを大量に消費する社会。

しょうひしゃ-きんゆう【消費者金融】[名] 銀行などの金融機関や貸金業者が消費者個人に耐久消費財などの購入資金を貸し付けること。広義には割賦販売・クレジットカードなども含まれる。消費者ローン。

しょうひ-ぜい【消費税】[名] ❶特定の物品・サービスの消費に課せられる租税。消費者が直接納める直接消費税(住民税・特別地方消費税・自動車税など)と、生産・流通の各段階で課税し、それを消費者に転嫁させようとする間接消費税(酒税・タバコ税・物品税など)とがある。個別消費税。❷原則としてすべての物品・サービスについて、製造から小売りまでの各段階で課税される国税。一般消費税。

じょう-びたき【▽尉▼鶲】[名] 冬鳥として秋に渡来するヒタキ科の小鳥。雄は顔と背が黒く、腹が赤褐色。翼に白斑があるので紋付き鳥ともいう。繁殖地はアジア北東部。

しょう-ひつ【省筆】[名・自サ変] ❶文章を書くとき、文中の語句を省略すること。また、細かいことにはふれずに書くこと。省文。せいひつ。❷漢字の点画を省略して書くこと。せいひつ。

しょうび-の-きゅう【焦眉の急】[名] 差し迫った危険。また、急を要する事態。

しょう-ひょう【商標】[名] 事業者が自己の製品や商品であることを表すために、その製品や商品につけて使用する文字・図形・記号などの標識。トレードマーク。≡「―登録」

しょう-ひょう【証票】[名] あることを証明するための札や伝票。

しょう-ひょう【証▼憑】[名] 事実を証明する根拠となるもの。証拠。≡「―書類」

しょう-びょう【傷病】[名] けがと病気。≡「―兵」

じょう-ひょう【上表】[名・他サ変] 君主に意見書などを差し出すこと。また、その文書。≡「―文」

しょう-ひん【小品】[名] ❶絵画・彫刻・音楽などで、小規模の作品。❷身辺の出来事や折々の感想をスケッチ風にまとめた短い散文。▼「小品文」の略。

しょう-ひん【商品】[名] 売買の目的でつくられた品物。≡「金融―」

しょう-ひん【賞品】[名] 賞として与える品物。

じょう-ひん【上品】[形動] 気品のあるさま。洗練されているさま。≡「―な物腰[味]」⇕下品 派生 -さ

しょうひん-けん【商品券】[名] 商店・百貨店などが券面に記載した額と同額までの商品と引き換えることを約束して発行する無記名有価証券。商品切手。

しょう-ふ【正▼麩】[名] 小麦粉で麩を作るときに残ったでんぷん。煮て糊にする。

しょう-ふ【▼娼婦】[名] 売春を業とする女性。売春婦。

しょう-ぶ【尚武】[名] 武道・武勇を尊ぶこと。≡「―の気風」

しょう-ぶ【▼菖▼蒲】[名] ❶湿地に群生するサトイモ科の常緑多年草。葉は細長く、芳香がある。初夏、花茎の中ほどに淡黄色の小花が密生した穂をつける。▼邪気を払うとして、端午の節句に葉を軒に挿し、また風呂に入れる風習がある。❷アヤメ科のハナショウブの通称。

しょう-ぶ【勝負】[名] ❶勝ち負け。≡「―がつく」❷[自サ変] 勝ち負けを争うこと。たたかい。対戦。≡「一

対一で—する」

じょうーふ【丈夫】ヂヤウ〔名〕立派な男性。すぐれた男子。〓「偉—」

じょうーふ【上布】ジヤウ〔名〕平織りの高級な麻織物。夏の衣服に用いる。薩摩上布・越後上布など。

じょうーふ【情夫】ジヤウ〔名〕夫以外の愛人。また、内縁関係にある男性。

じょうーふ【情婦】ジヤウ〔名〕妻以外の愛人。また、内縁関係にある女性。

じょうーぶ【上部】ジヤウ〔名〕上の部分。上の方。〓「壁の—に亀裂が走る」「—組織」⇔下部

じょうーぶ【丈夫】ヂヤウ〔形動〕❶体が健康で、病気にかかりにくいさま。達者なさま。〓「子供が—に育つ」❷しっかりしていて、壊れにくいさま。〓「—な柱」派生—さ

しょうーふう【正風】シヤウ〔名〕❶「正風体」の略。❷蕉風。

しょうーふう【松風】〔名〕松に吹く風。松籟。まつかぜ。

しょうーふう【▼蕉風】セウ〔名〕松尾芭蕉とその門流の俳風。幽玄・閑寂の境地を求め、寂び・撓り・細み・軽みを重んじた。正風。

しょうふうーてい【正風体】シヤウフウ〔名〕❶歌学で、伝統的な作風による正しい歌体。正風。❷近世の俳諧で、正統の流れを汲む俳風。正風。▽芭蕉の一門が自派の俳風(=蕉風)を称した語。◈「しょうふうたい」とも。

しょうーふく【▼妾腹】セフ〔名〕めかけの腹から生まれたこと。また、その子。めかけばら。

しょうーふく【承服(承伏)】〔名・他サ変〕承知して従うこと。納得して従うこと。〓「—しかねる条件」

しょうーふく【招福】セウ〔名〕福を招くこと。

じょうーふく【浄福】ジヤウ〔名〕清らかな幸福。特に、仏教を信じることによって得られる幸福。

じょうーぶくろ【状袋】ジヤウ〔名〕〔古風〕封筒。

じょうぶーこうぞう【上部構造】ジヤウ コウザウ〔名〕史的唯物論で、生産関係の総体の上に築かれた政治・法律・学問・宗教・道徳・芸術などの意識形態(イデオロギー)と、それに照応する諸制度。⇔下部構造

しょうぶーごと【勝負事】〔名〕勝ち負けを争う行為やわざ。特に、賭博。ばくち。〓「—を好む」

しょうぶーし【勝負師】〔名〕❶ばくち打ち。博徒。❷専門の棋士。❸運を天に任せて、大胆に事を行う人。

しょうーふだ【正札】シヤウ〔名〕掛け値なしの値段を書いて商品に付ける札。また、その値段。〓「—で買う」

しょうふだーつき【正札付き】シヤウフダ〔名〕❶正札が付いていること。また、その商品。❷そういうものとして世間で定評があること。また、その物や人。▽現在では、多く悪い意味で使う。

じょうーぶつ【成仏】ジヤウ〔名・自サ変〕❶煩悩を捨てて無上の悟りを開くこと。仏となること。❷死者が迷うことなく浄土に生まれること。また、一般に死ぬこと。〓「安らかに—してください」

しょうぶーづよ・い【勝負強い】〔形〕勝負を決める重要な場面で、強い力を発揮するさま。〓「—チーム」

しょうぶーふく【勝負服】〔名〕❶競馬・競輪で、選手がレース時に着用する上着。❷〔新〕ここぞというときに着る、とっておきの衣服。〓「—を着てデートに出掛ける」

しょうーぶん【小文】セウ〔名〕❶短い文章。ちょっとした文。❷自分の文章をいう丁重語。

しょうーぶん【性分】シヤウ〔名〕生まれつきの性質。たち。〓「頼まれるといやとは言えない—だ」

じょうーぶん【上聞】ジヤウ〔名〕臣下の意見・願いなどが天皇や君主の耳に入ること。

じょうーぶん【条文】デウ〔名〕法律・条約などの、箇条書きにした文。

しょうーへい【招▼聘】セウ〔名・他サ変〕礼を尽くして人を招くこと。〓「講師として大学に—する」

しょうーへい【▼哨兵】セウ〔名〕見張りの兵。歩哨兵。

しょうーへい【将兵】シヤウ〔名〕将校と兵士。将士。

しょうーへい【傷兵】シヤウ〔名〕戦闘で負傷した兵士。負傷兵。

じょうーへい【城兵】ジヤウ〔名〕城を守る兵。

しょうへいーが【障▼屏画】シヤウヘイグワ〔名〕天井・ふすま・障子・杉戸などを含めた室内壁面に描く絵(障壁画)と、屏風絵・衝立絵との総称。

しょうーへき【障壁】シヤウ〔名〕❶仕切りの壁。仕切り。囲い。❷妨げとなるもの。〓「関税—」

しょうーへき【▼牆壁】シヤウ〔名〕垣根と壁。

じょうーへき【城壁】ジヤウ〔名〕城の周囲にめぐらした壁や石垣。

しょうへきーが【障壁画】シヤウヘキグワ〔名〕ふすま・障子・杉戸・天井など、室内の壁面に描かれた絵の総称。▽広義には障屏画と同義に使う。

しょうーへん【小片】セウ〔名〕小さなかけら。小さな切れはし。

しょうーへん【小変】セウ〔名〕❶〔自サ変〕わずかに変化すること。また、わずかな変化。〓「病状が—する」❷ちょっとした事件。小さな事変。

しょうーへん【小編(小▼篇)】セウ〔名〕短い文芸作品。短編。

しょうーへん【掌編(掌▼篇)】シヤウ〔名〕ごく短い文芸作品。▽短編よりさらに短いものを言う。

しょうーべん【小便】セウ〔名・自サ変〕❶尿。また、尿を排出すること。小水。おしっこ。しょんべん。〓「—臭い(=未熟で子供っぽい)」「寝—」⇔大便 ❷〔俗〕いったん約束した売買を一方が勝手に取りやめてしまうこと。

しょうーぼ【召募】セウ〔名・他サ変〕呼び集めること。募集。〓「生徒[有為の人材]を—する」

じょうーほ【譲歩】ジヤウ〔名・自他サ変〕自分の主張をひっこめて相手の主張を受け入れること。〓「互いに—して合意に至る」「—を迫る」▽道をゆずる意から。

しょうーほう【商法】シヤウハフ〔名〕❶商売のやり方。〓「悪徳—」❷企業およびその活動について規定する法。また、それらを成文化した法典。商法典。

しょうーほう【唱法】シヤウハフ〔名〕歌の歌い方。歌唱法。

しょうーほう【勝報(▼捷報)】ショウ・セフ〔名〕勝利の知らせ。⇔敗報

しょうーほう【詳報】シヤウ〔名・他サ変〕くわしく知らせること。また、その知らせ。〓「—を待つ」

しょうーぼう【正法】シヤウボフ〔名〕❶仏教で、正しい教え。仏法。❷仏教で、三時の一つ。釈迦滅後五百年または千年の間で、仏の教えが正しく保たれていたとされる時期。⬇像法・末法

しょうーぼう【消防】セウバウ〔名〕火事を消し、延焼を防ぎ、また火災の発生を防ぐこと。〓「—署・—自動車」

しょうーぼう【焼亡】セウバウ〔名・自サ変〕火災で焼けてな

くなること。焼失。しょうもう。

じょう-ほう【上方】［名］上の方。⇕下方

じょう-ほう【定法】［名］公に決められた規則。また、いつもの決まったやり方。

じょう-ほう【乗法】［名］掛け算。乗算。⇕除法

じょう-ほう【情報】［名］❶ある事柄の内容や事件などについての知らせ。≡「ーが入る」❷文字・記号・音声など、種々の媒体によって伝達され、受け手の判断・行動などのよりどころとなる知識や資料。インフォメーション。

じょうほうか-しゃかい【情報化社会】［名］情報に物やエネルギーと同等以上の価値が置かれ、情報の生産・収集・伝達・処理を中心に社会・経済が発展していく社会。情報社会。

じょうほう-ぎじゅつ【情報技術】［名］コンピューターやインターネットを使って情報処理を効率的に進める技術。IT。

じょうほう-げん【情報源】［名］情報の出所。情報を提供する人や機関、または情報の入手経路。ニュースソース。

じょうほう-こうかい【情報公開】［名］行政機関がもつ情報を国民の求めに応じて自由に公開すること。また、その制度。▼一般に、組織や個人がもつ情報を（自主的に）公開する意にもいう。

しょうぼう-し【消防士】［名］消防署に属し、消防の任に当たる公務員で、最下位の階級。また、その階級にある人。

じょうほう-しゅうせい【上方修正】［名・他サ変］業績・利益などの数値を当初の予測や計画より高く設定し直すこと。⇕下方修正

しょうぼう-しょ【消防署】［名］市町村および特別区に置かれる消防機関。火災予防・消火活動・救急活動などを担当する。

じょうほう-しょり【情報処理】［名］収集した情報から目的に応じた情報を導き出すこと。特に、コンピューターを使って情報に整理・分類・選択・演算などの処理を施し、情報を利用しやすい形に加工すること。

しょうぼう-ちょう【消防庁】［名］❶総務省の外局の一つ。火災の予防・消火・災害時の救助活動などの消防行政に関する企画・立案、消防技術の研究、自治体の消防活動の指導などを主な業務とする。❷「東京消防庁」の略。都内二三区の消防署を統括する消防機関。

しょう-ほん【正本】［名］❶原本。▼写本・副本に対していう。❷歌舞伎の脚本。役者のせりふ・動作から衣装・大道具・小道具・音楽までを細かく書いたもの。台帳。❸浄瑠璃の詞章に節付けを記した版本。❹詞章・節付けなどが太夫使用の原本とまったく同じである浄瑠璃本。

しょう-ほん【抄本】［名］❶原本から必要な部分を抜き書きにした本。≡「源氏物語のー」書き方「▼鈔本」とも。❷原本となる書類から一部を抜き書きにした文書。戸籍抄本・登記簿抄本など。⬇謄本

しょう-ほん【証本】［名］根拠となる確かな本。証拠となる書物。

じょう-ぼん【上▽品】［名］仏教で、極楽往生をする人を能力・性質などから九段階に分けた九品の上位三段階。上品上生・上品中生・上品下生の三つを総称していう。

しょう-ま【消磨】［名・自他サ変］すり減らすこと。また、すれてなくなること。

じょう-まい【上米】［名］上等の米。

じょう-まえ【錠前】［名］戸や扉などに取り付け、鍵を用いなければ開かないようにする金具。錠。

しよう-まっせつ【枝葉末節】［名］本質から外れたあまり重要でない部分。≡「ーにこだわる」

しょう-まん【小満】［名］二十四節気の一つ。立夏後の一五日目で、太陽暦では五月二一日ごろにあたる。▼草木が茂ってあたりに満ち始める意。

じょう-まん【冗漫】［名・形動］表現や構成にむだが多く、だらだらとしてしまりがないこと。≡「ーな文章」派生ーさ

しょう-み【正味】［名］❶余分なものを取り除いた中身そのもの。❷風袋を除いた、中身だけの目方。≡「ー三〇〇グラム」❸実質的な数量。≡「ー七時間働いた」❹掛け値のない値段。また、仕入れ値段。▼「正味値段」の略。

しょう-み【笑味】［名・他サ変］食べ物などを贈るとき、つまらないものですが笑って味わってくださいという気持ちを込めていう語。≡「御ー下さい」

しょう-み【賞味】［名・他サ変］飲食物をおいしく味わうこと。≡「肉［上等の酒］をーする」

じょう-み【上▼巳】［名］⬇じょうし（上巳）

じょう-み【情味】［名］❶しみじみとした情感のあるおもむき。心に訴えるような味わい。❷人の気持ちを思いやる人間らしいあたたかみ。人情味。≡「ーのある判決」

しょうみ-きげん【賞味期限】［名］生鮮食品や加工食品について、定められた方法で保存した場合に味と品質を維持できることを保証する期限。JAS法・食品衛生法によって表示が義務づけられている。⬇消費期限

しょう-みつ【詳密】［名・形動］細かいところまでくわしいこと。≡「ーな事業計画書」派生ーさ

じょう-みゃく【静脈】［名］末梢の毛細血管網から心臓にもどる血液を運ぶ血管。≡「ー注射」⇕動脈

じょうみゃく-にんしょう【静脈認証】［名］手のひらや指の静脈の形状によって、本人を識別する生体認証。

じょうみゃく-りゅう【静脈▼瘤】［名］静脈の一部が異常に拡張し、ふくれあがったもの。≡「下肢ー」

しょう-みょう【小名】［名］❶平安末期以降、名田（＝領地）を所有していた豪族のうち、所領の少ない者。❷江戸時代、大名のうち、領地・石高の少ない者。

しょう-みょう【声明】［名］仏教の儀式・法会で、僧が経文を朗唱する声楽。梵唄。

しょう-みょう【称名（唱名）】［名・自サ変］仏・菩薩の名号をとなえること。「南無阿弥陀仏」「南無観世音菩薩」などととなえること。

じょう-みょう【定命】［名］仏教で、前世からの因縁によって定められている寿命。

じょう-みょう【常命】［名］仏教で、人間に定められているふつうの寿命。

じょう-みん【常民】［名］❶一般の人々。庶民。❷民俗学で、直接生産に携わり、民間伝承を担っている

普通の人々。▼民俗学者柳田国男が英語のfolk、ドイツ語のVolkにあたる語として用いた。

しょう-む【商務】［名］商業上の用務。‖「—官」

じょう-む【乗務】［名・自サ変］交通機関に乗って、運転その他の業務を行うこと。‖「—員」

じょう-む【常務】［名］❶日常の業務。❷株式会社の取締役のうち、社長や専務取締役を補佐し、日常の経営業務を執行する役職（を務める人）。▼「常務取締役」の略。

しょう-め【正目】［名］容器などの重量を除いた中身だけの目方。正味。‖「—四〇〇グラム」

しょう-めい【証明】［名・他サ変］ある事柄・判断・学説などが正しいこと、事実であることを、証拠を挙げて明らかにすること。‖「本人であることを—する書類」

しょう-めい【照明】［名・他サ変］❶光で照らして辺りを明るくすること。また、その光。‖「—器具」「間接—」❷舞台や撮影の効果を高めるために人工的な光を当てること。また、その光。

しょう-めつ【生滅】［名・自サ変］生じることと滅びること。生まれることと死ぬこと。‖「—流転」

しょう-めつ【消滅】［名・自他サ変］消えてなくなること。それまで存在していたものがなくなること。また、消してなくすこと。‖「埋立によって干潟が—する」「権利が—する」「敵を—させる」使い方「〜を消滅する／消滅させる」では、後者が一般的。⬇品詞解説（一八六六ページ）

しょう-めん【正面】［名］❶建造物などの表側。‖「—玄関」❷まっすぐ前に向かうこと。また、その方向。‖「車の—に山が見える」「—衝突」❸まともに相手にすること。‖「—から要求をぶつける」

しょうめん-きって【正面切って】［連語］改まった態度をとって、はっきりと。遠慮しないで、直接に。‖「—非難する」

しょう-もう【消耗】［名・自他サ変］❶エネルギーなどが使ってなくなること。また、使ってなくすこと。‖「燃料を—する」❷体力などが使ってなくなること。また、使ってなくすこと。‖「神経を—する仕事」使い方自分のことについては、「スタミナを消耗した／消耗させた」のいずれも使うが、前者が一般的。相手に対しては、「相手のスタミナを消耗させた」を使う。⬇品詞解説（一八六六ページ）◈「しょうこう（消耗）」の慣用読みが定着したもの。

しょうもう-ひん【消耗品】［名］使うにつれて減っていくもの。紙・鉛筆・石鹸・石油などの類。

じょう-もく【条目】［名］箇条書きにした法令・規則など。また、その一つ一つの項目。

しょうも-な・い【（しょうも無い）】［連語］手の施しようがない。救いようがない。また、取るに足りない。くだらない。しょうがない。▼おもに関西で言う。

じょう-もの【上物】［名］上等の品物。‖「この鯛は—だ」

しょう-もん【小問】［名］試験問題などで、大きな設問の中の小さな設問。⇔大問

しょう-もん【声聞】［名］釈迦の説法する声を直接聞いて悟る弟子。釈迦の入滅後は、釈迦の教説を奉じ、四諦の理（＝苦・集・滅・道）を悟って阿羅漢となることをめざした修行者。▼大乗仏教の立場からは、自己の悟りだけを求める小乗の徒として批判された。

しょう-もん【掌紋】［名］手のひら全体に刻まれている線状の文様。指紋同様に万人不同で、生涯変わらない。

しょう-もん【証文】［名］ある事実を証明する文書。特に、債権を証明する文書。‖「—の出し遅れ」

しょう-もん【▼蕉門】［名］江戸時代の俳人、松尾芭蕉の門流。また、その門人。‖「—の十哲」

じょう-もん【定紋】［名］それぞれの家で定まっている紋所。家紋。

じょう-もん【城門】［名］城郭の門。城の出入り口。

じょう-もん【縄文】［名］土器の表面に縄などを押しつけて施した文様。

じょうもん-じだい【縄文時代】［名］縄文土器が製作・使用された時代。約一万二〇〇〇年前に始まり、紀元前五、四世紀に弥生時代と交代した。草創・早・前・中・後・晩の六期に分けられる。

じょうもん-どき【縄文土器】［名］縄文時代に製作・使用された土器。表面に縄文のあるものが多いことからの命名。輪状の粘土帯を積み上げる輪積み法や細長い粘土を巻き上げる巻き上げ法によって成形され、五、六〇〇度の低温で焼成されている。時期・地域によって型式は異なる。縄文式土器。

しょう-や【▼庄屋】［名］江戸時代、郡代・代官の命を受け、村政を担当した村の長。▼主に関西で言った。⬇名主

しょう-やく【生薬】［名］動植物・鉱物などをそのまま、あるいは簡単に加工して医薬品または医薬品の原料とするもの。きぐすり。

しょう-やく【抄訳】［名・他サ変］原文の一部を抜き出して翻訳すること。また、その訳文。‖「ギリシア神話」「源氏物語」の—」⇔完訳・全訳

しょう-やく【硝薬】［名］火薬。

じょう-やく【条約】［名］国際上の権利・義務に関し、国家間または国家と国際機関間で結ばれる文書による合意。また、その文書。‖「通商［講和］—」▼広義には協約・協定・宣言・取り決め・覚書・議定書なども含む。

じょう-やど【上宿】［名］上等の宿屋。

じょう-やど【定宿・常宿】［名］いつも決まって泊まる宿屋。

じょう-やとい【常雇い】［名］長期にわたって人を雇っておくこと。また、その雇われる人。常傭。▼臨時雇い・季節雇いなどに対していう。

じょうや-とう【常夜灯】［名］一晩じゅうつけておく灯火。

じょうや-なべ【常夜鍋】［名］豚肉・ほうれん草などを出し汁でさっと煮て、ぽん酢じょうゆなどで食べる鍋料理。▼毎晩食べても飽きないとしていう。

しょう-ゆ【▼醤油】［名］小麦と大豆を原料とする麹に塩水を加え、発酵・熟成させて作ったもろみからしぼりとった液体調味料。濃い口醤油・薄口醤油・たまり醤油などがある。むらさき。したじ。書き方(1)「醤」は、「醬」の簡易慣用字体。(2)民間表記で俗に「正油」とも。

醬

しょう-よ【賞与】［名］❶官庁や会社で、夏期・年末などに給与以外に支給する金銭。ボーナス。❷特別の功労に対して、ほうびとして金品を与えること。また、その金品。‖「—金」

じょう-よ【丈余】［名］一丈（＝約三メートル）を超えていること。一丈あまり。

じょう‐よ【剰余】［名］❶あまり。残り。余剰。≡「予算の―金」❷割り算で、割り切れずに残った数。あまり。

じょう‐よ【譲与】ジャウ［名・他サ変］物品・権利などを無償でゆずり与えること。≡「地方―税」

しょう‐よう【小用】セウ［名］❶ちょっとした用事。こよう。❷小便をしに行くことを遠回しにいう語。こよう。

しょう‐よう【商用】シャウ［名］❶商売上の用事。❷商売上に用いること。≡「―文」

しょう‐よう【▼逍▼遥】セウエウ［名・自サ変］気の向くままにあちこちをぶらぶら歩くこと。そぞろ歩き。散歩。≡「早朝の湖畔を―する」

しょう‐よう【称揚・賞揚】シャウヤウ［名・他サ変］ほめあげること。ほめそやすこと。称賛。≡「その功績を―する」

しょう‐よう【▼慫▼慂】［名・他サ変］そうするように誘い勧めること。≡「―されて演説する」

しょう‐よう【従容】［形動タルト］ゆったりと落ち着いているさま。≡「―たる態度で応対する」

じょう‐よう【乗用】［名・他サ変］人が乗るために使うこと。≡「―車」

じょう‐よう【常用】ジャウ［名・他サ変］❶ふだん使っていること。❷続けていつも使うこと。≡「睡眠薬を―する」

じょう‐よう【常▼傭】ジャウ［名・他サ変］長期にわたり人を雇うこと。また、その雇われた人。常雇い。

じょうよう‐かんじ【常用漢字】ジャウ［名］一般の社会生活での漢字使用の目安として「常用漢字表」に掲げられた、二一三六字の漢字。▼一九八一(昭和五六)年、当用漢字に代わるものとして「常用漢字表」が内閣告示され、二〇一〇(平成二二)年に改定された。

じょうよう‐しゃ【乗用車】［名］人が乗るために使う車。トラック・バスなどに対していう。

しょうよう‐じゅりん【照葉樹林】セウエフ［名］シイ・クスノキ・ツバキなどの常緑広葉樹を主とする樹林。東南アジアの亜熱帯から温帯にかけて広く分布する。深緑色の葉が革質で光沢に富むことからいう。▼

じょうよ‐かち【剰余価値】［名］賃金労働者がその労働力の価値(賃金)を超えて生産する価値。これが資本家の利潤・利子・地代などの源泉となり、資本主義生産の決定的動機となる。▼マルクス経済学の基本概念の一つ。

しょう‐よく【小欲・少欲】セウ［名・形動］欲が少ないこと。わずかな欲。寡欲。使い方 対句的表現では、「多欲たよく⇔少欲」「大欲たいよく⇔小欲」となる。

じょう‐よく【情欲(情▼慾)】ジャウ［名］性的な欲望。色情。色欲。

しょう‐らい【招来】セウ［名・他サ変］❶招いて来てもらうこと。≡「タイから技術者を―する」❷ある状態や結果を招くこと。将来。≡「不注意が事故を―する」

しょう‐らい【松▼籟】［名］❶松の梢こずえに吹く風。また、その音。松韻。松濤しょうとう。❷茶の湯で、茶釜ちゃがまの湯が煮えたぎる音。

しょう‐らい【将来】シャウ［名］❶これからやってくる時。これから先。未来。≡「―の展望」「―歌手になりたい」▼副詞的にも使う。❷［他サ変］外国などから持ってくること。また、ある結果をもたらすこと。≡「中国から―した文物」

しょう‐らい【▽請来】シャウ［名・他サ変］仏像・経典などをゆずり受けて、外国から持ってくること。

じょう‐らい【上来】ジャウ［名］以上にあげたこと。今まで述べたこと。≡「―記したことをまとめる」

しょうらい‐せい【将来性】シャウライ［名］将来に可能性・発展性が期待できるという見込み。≡「―のある企業」

じょう‐らく【上▼洛】ジャウ［名・自サ変］地方から京都へ行くこと。▼中国の都、洛陽らくようにのぼる意から。

しょう‐らん【笑覧】セウ［名・他サ変］自分のものを人に見てもらうとき、つまらないものですが笑って見てくださいという気持ちを込めていう語。≡「お暇な折にでも御―ください」

しょう‐らん【照覧】セウ［名・他サ変］神仏がはっきりと見ること。≡「この惨劇を神もとくと―あれ」

じょう‐らん【上覧】ジャウ［名・他サ変］天皇や貴人がご覧になること。≡「―試合」「―相撲」

じょう‐らん【▼擾乱】ゼウ［名・自他サ変］入り乱れて騒ぐこと。また、秩序を乱し、騒がすこと。騒乱。≡「相次ぐデモで国内が―する」

しょう‐り【小吏】セウ［名］地位の低い役人。小役人。

しょう‐り【小利】セウ［名］わずかな利益。⇔大利・巨利

しょう‐り【勝利】［名・自サ変］戦いや試合などに勝つこと。≡「―を収める」⇔敗北 書き方「▼捷利」とも。

しょう‐り【掌理】シャウ［名・他サ変］ある職務を担当して処理すること。≡「事務を―する」

じょう‐り【条理】デウ［名］物事の筋道。道理。≡「―に反したやり方」

じょう‐り【情理】ジャウ［名］人情と道理。≡「―を尽くす(=相手の気持ちをくみ取り、かつ筋道を立てる)」

じょう‐り【場裏(場▼裡)】ヂャウ［名］その場所の内。また、ある物事が行われている範囲内。≡「国際―」

じょう‐りく【上陸】ジャウ［名・自サ変］❶船や海から陸に上がること。≡「種子島［横浜］に―する」❷海上を進んできた台風が陸地をおそうこと。

しょう‐りつ【勝率】［名］試合などに勝った割合。

しょう‐りつ【▼聳立】［名・自サ変］ひときわ高くそびえ立つこと。≡「―する峻嶺しゅんれい」

しょう‐りゃく【省略】シャウ［名・他サ変］簡単にするために、物事の一部分をはぶくこと。≡「以下―」

しょう‐りゃく【商略】シャウ［名］商売上の策略。売り買いの駆け引き。

じょう‐りゅう【上流】ジャウリウ［名］❶川の流れの水源に近い方。川上かわかみ。みなかみ。❷上の階級。社会的地位・経済力・教養などの高い階層。≡「―社会」◈⇔下流

じょう‐りゅう【蒸留(蒸▼溜)】リウ［名・他サ変］液体を加熱して気化させ、その気体を冷却して液化すること。液体の精製や液体中の成分の分離などに用いる。≡「海水を―する」書き方「蒸留」は代用表記。

じょうりゅう‐しゅ【蒸留酒】ジョウリウ［名］醸造酒・醸造粕かすなどをさらに蒸留して造ったアルコール度の高い酒。ウイスキー・ブランデー・ジン・焼酎しょうちゅうなど。

じょうりゅう‐すい【蒸留水】ジョウリウ［名］ふつうの水を蒸留して溶解物を取り去った水。化学実験・薬剤の調合などに用いる。

しょう‐りょ【焦慮】セウ［名・自サ変］あせっていらだつこと。また、その気持ち。≡「―に駆られる」

しょう‐りょう【小量】セウリヤウ［名］❶わずかな分量。少量。❷度量が小さいこと。心がせまいこと。狭量。◈

⇔大量

しょうーりょう【少量】セウリヤウ［名］少しの分量。小量。⇔多量

しょうーりょう【▼秤量】ヤウリヤウ［名・他サ変］⇒ひょうりょう(秤量)

しょうーりょう【渉猟】セフレフ［名・他サ変］❶あちこちを歩き回って、さがし求めること。≡「深山を━する」❷たくさんの書物や文書を読みあさること。≡「内外の文献を━して論文をまとめる」

しょうりょう【精霊】シャウリヤウ［名］死者の霊魂。みたま。

しょうりょうーえ【精霊会】シャウリヤウヱ［名］盂蘭盆(うらぼん)。

しょうりょうーだな【精霊棚】シャウリヤウ［名］盂蘭盆(うらぼん)に、祖先の精霊を迎えるために備える棚。祖先の位牌を安置し、季節の野菜や果物を供える。

しょうりょうーながし【精霊流し】シャウリヤウ［名］盂蘭盆(うらぼん)の終わりの精霊送りの日に、わら・木などで作った小舟(=精霊舟)に供物を乗せて川や海に流す行事。▽灯籠(とうろう)を流す地方もある。

しょうりょうーばった【精霊〈飛▼蝗〉】シャウリヤウ［名］草原にすむバッタ科の昆虫。体は細長く、とがった頭が前上方に突き出す。飛ぶときにキチキチと音を立てる。きちきちばった。コメツキバッタ。

しょうーりょく【省力】シャウ［名・他サ変］機械化・自動化・共同化などによって作業の手間や労働力をはぶくこと。≡「━化を図る」「━機械」

じょうーりょく【常緑】ジャウ［名］草木の葉が一年中枯れることなく緑色をしていること。≡「━の松」

じょうりょくーじゅ【常緑樹】ジャウリヨク［名］四季にわたって緑色を帯びた葉をつけている樹木。カシ・シイ・ツバキなどの常緑広葉樹とマツ・スギ・モミなどの常緑針葉樹がある。常磐木(ときわぎ)。⇔落葉樹

しょうーるい【生類】シャウ［名］生き物。動物。≡「━憐みの令」

じょうーるい【城塁】ジャウ［名］しろ。とりで。

じょうーるり【浄瑠璃】ジャウ［名］三味線を伴奏楽器とする音曲語り物の総称。清元・常磐津(ときわず)・新内節・河東(かとう)節・義太夫節など。特に、義太夫節が大成してからは、義太夫節の通称。

しょうーれい【省令】シャウ［名］各省の大臣がその主管する行政事務について発する命令。執行命令と委任命令とがある。

しょうーれい【症例】シャウ［名］病気や傷の症状の例。

しょうーれい【奨励】シャウ［名・他サ変］ある事柄をよいこととして強く人にすすめること。≡「学問を━する」「━金(=特定の事業などを保護・奨励するために国や団体が交付する金銭)」

しょうーれい【▼瘴▼癘】シャウ［名］特殊な気候や風土によって起こる伝染性の熱病。マラリアなど。

じょうーれい【条令】デウ［名］箇条書きにされた法令。

じょうーれい【条例】デウ［名］地方公共団体がその議会の議決に基づいて制定する法。地方条例。

じょうーれん【常連】ジャウ［名］❶いつも一緒に行動する仲間。❷その興行場・飲食店などに、いつも来る客。◈書き方「定連」とも。

しょうーろ【松露】［名］❶四、五月ごろ、海浜の松林の砂中に生えるショウロ科のキノコ。形は球状または塊状。地中では白色だが掘り出すと赤紫色に変色する。未熟で内部の白いものは食用。❷松の葉に置く露。

じょうろ【如雨露】［名］草花・植木などに水をやるのに使う園芸用具。円筒形の容器に付けた長い注ぎ口の先に多数の小孔をあけたもの。じょろ。▽ポルトガル語の「ジャルロ(jorro)=水差し」からか。

しょうーろう【鐘楼】［名］寺院の境内で、梵鐘(ぼんしょう)をつるしてある堂。かねつき堂。しゅろう。

じょうーろう【上▼﨟】ジャウラフ［名］❶年功を積んだ高僧。▽「﨟」は僧侶の修行した年数を数える語。❷地位・身分の高い人。❸身分の高い女官・侍女。▽「上﨟女房」の略。◈①②⇔下﨟

しょうろうーびょうし【生老病死】シャウラウビヤウシ［名］仏教で、人間が免れることのできない四つの苦しみ。生まれること、年をとること、病気をすること、死ぬこと。四苦。

しょうーろく【抄録】セウ［名・他サ変］原文から必要な部分や要点を抜き書きすること。また、その抜き書き。≡「論文を━する」

しょうーろく【詳録】シャウ［名・他サ変］くわしく記録すること。また、その記録。≡「調査結果を━する」

じょうーろく【丈六】ヂヤウ［名］❶一丈六尺(=約四・八メートル)の仏像。丈六像。▽座像の場合は半分の八尺のものをいう。❷〔俗〕あぐら。▽丈六の仏像の多くが結跏趺坐(けっかふざ)の姿をした座像であることから。

しょうーろん【小論】セウ［名］❶小規模の論文・論説。❷自分の論文・論説をいう丁重語。

しょうーろん【詳論】シャウ［名・他サ変］くわしく論じること。また、くわしい論説・論文。

しょうろんーぶん【小論文】セウ［名］小規模の論文や課題作文。≡「大学入試の━対策」

しょうーわ【小話】セウ［名］断片的な内容の話。また、興味あるちょっとした話。

しょうわ【昭和】セウワ［名］昭和天皇の在位の年号。一九二六年十二月二十五日から一九八九年一月七日まで。

しょうーわ【笑話】セウ［名］こっけいな内容の話。笑い話。≡「━集」

しょうーわ【唱和】シャウ［名・他サ変］❶一人がまずあることばを唱え、続いて他の大勢が一斉に同じことばを唱えること。≡「万歳を━する」❷一方が作った詩歌に応じて、他方が詩歌を作ること。詩歌を贈答すること。

じょうーわ【情話】ジャウ［名］❶人情のこもった話。❷男女の情愛を描いた物語。≡「悲恋━」

しょうーわくせい【小惑星】セウ［名］主として火星と木星の軌道の間にあって、太陽のまわりを公転している多数の小天体。小遊星。

しょうわーのーひ【昭和の日】セウワ［名］国民の祝日の一つ。四月二九日。激動の日々を経て、復興を遂げた昭和の時代を顧み、国の将来に思いをいたす日。昭和天皇の誕生日に当たる。▽もと、「みどりの日」であったのを平成一九(二〇〇七)年より変更。

しょうーわる【性悪】シャウ［名・形動］性質や根性が悪いこと。また、そのような人。派生-げ/-さ

じょうーわん【上腕】ジャウ［名］上膊(じょうはく)。二の腕。

しょーえい【書影】［名］書物の外観をそのまま写したもの。≡「━を見て購入を決める」

しょーえん【初演】［名・他サ変］演劇・音楽などで、ある作品をはじめて上演・演奏すること。

じょーえん【助演】［名・自他サ変］映画・演劇などで、主役を助ける脇役として出演すること。また、その人。

ショー【show】[名] ❶視覚的要素に重点を置いた興行。特に、音楽・舞踊などを中心に構成した舞台芸能。‖「チャリティー—・トーク—・レイト—」❷商品・作品などの展示会。‖「ファッション—・モーター—」

じょおう【女王】(ヂヨワウ) [名] ❶女性の王。また、王の后(きさき)。▼その領域での花形・第一人者の意でも使う。‖「銀盤の—」❷皇室で、三世以下の嫡男(ちゃくなん)系嫡出の女子。◈「じょうおう」は誤り。

ショーウインドー【show window】[名] 商品を陳列してある窓。飾り窓。ショーウィンドー。

ジョーカー【joker】[名] トランプで、道化師などの絵が描いてある番外の札。最高の切り札や代札などとして使う。ばば。

ジョーク【joke】[名] 冗談。しゃれ。‖「—をとばす」書き方「冗句」とも当てる。

ショーケース【showcase】[名] 商品を並べておく棚。陳列棚。陳列ケース。

ジョーゼット【georgette】[名] 強いよりをかけた糸で織った、縮みのある薄手の布。クレープの一種で、夏の婦人服などに用いる。▼もと、フランスの婦人服商ジョーゼット夫人の名にちなむ商品名。

ショーツ【shorts】[名] ❶ひざ上までの短いズボン。半ズボン。❷女性用の短い下ばき。パンティー。

ショート【short】[名] ❶長さ・距離・時間・期間などが短いこと。‖「—ストーリー」⇕ロング ▼多く他の語と複合して使う。❷[自サ変] 電位差のある電気回路の二点が小さい抵抗でつながること。多量の電流が流れて機器を破損することがある。短絡。‖「回路が—する」▼「ショートサーキット(short circuit)」の略。❸野球で、二塁と三塁の間を守る内野手。遊撃手。▼「ショートストップ(shortstop)」の略。

ショートカット【shortcut】[名] ❶[自サ変] 近道をすること。また、近道。❷短く切った髪形。▼英語では short hair という。❸コンピューターで、複数の手順が必要な操作をキー入力でのキーの組み合わせやアイコンなどによって簡略化すること。

ショートケーキ【shortcake】[名] スポンジケーキの台に生クリームや果物をあしらった洋菓子。‖「イチゴの—」

ショートショート【short-short】[名] 気のきいた落ちをつけたごく短い小説。

ショートステイ【short-stay】[名] ❶在宅介護を受けている高齢者や障害者を福祉施設などが短期間預かって介護すること。また、そのサービス。❷短期間の滞在。

ショートトラック [名] スケート競技の一つ。四～六人の選手が一周一一一・一二メートルのトラックを数周回り、その順位を競う。ショートトラックレース。▼short track speed skating から。

ショートニング【shortening】[名] 精製した植物油を主原料にした半固形の油脂。製菓・製パンなどに用いる。

ショートパスタ【short pasta】[名] 短いパスタ。マカロニ・ペンネ・ファルファッレなど。

ショートパンツ【short pants】[名] 丈の短いズボン。半ズボン。短パン。

ショートプログラム【short program】[名] フィギュアスケートの競技種目の一つ。ジャンプ・スピン・ステップなど七種の技を組み合わせ、音楽に合わせて二分四〇秒前後で滑走する。SP。

ショートホール【short hole】[名] ゴルフで、基準打数(パー)が三のホール。

ショービジネス【show business】[名] 舞台・芸能など娯楽的な興行に関わる仕事。ショービズ。

ショーマン【showman】[名] 芸人。興行師。‖「—シップ(=観客を喜ばせようとする芸人の心意気)」

ショール【shawl】[名] 女性用の肩掛け。防寒用・装飾用にする。

ショールーム【showroom】[名] 商品の展示室。

ショーロンポー【小籠包 中国】[名] 中国料理の点心で、ひき肉の具とスープを、薄くのばした小麦粉の皮で包み、蒸籠(せいろう)で蒸したもの。

しょか【初夏】[名] ❶夏のはじめ。はつなつ。❷陰暦四月の別称。

しょか【書架】[名] 本を並べておく棚。本棚。

しょか【書家】[名] 書道の専門家。書道家。

しょか【諸家】[名] ❶多くの家。多くの家門。しょけ。❷多くの人々。特に、それぞれが専門家・権威者として一派を立てている多くの人々。

しょが【書画】(グワ) [名] 書と絵画。

じょか【序歌】[名] ❶序詞を用いた和歌。❷序文の代わりとする和歌。

ジョガー【jogger】[名] ジョギングをする人。

しょかい【初会】(クワイ) [名] ❶初めて会うこと。初対面。❷初めて開く会合。❸遊女が初めてその客の相手をすること。また、その客。

しょかい【初回】(クワイ) [名] 最初の回。第一回。

しょかい【所懐】(クワイ) [名] 心に思っていること。思うところ。所感。

じょがい【除外】(ヂヨグワイ) [名・他サ変] ある範囲・既定の中に入れないこと。区別して取りのけること。‖「小学生は調査対象から—する」「発走—」

しょがく【初学】[名] 学問などを初めて学ぶこと。学び始めたばかりであること。また、その人。‖「—者」

じょがくせい【女学生】(ヂヨ) [名] ❶女子の生徒。❷旧制の高等女学校の生徒。

しょかつ【所轄】[名・他サ変] 官庁などが統轄・管理すること。また、その範囲。‖「—の警察署」

じょがっこう【女学校】(ヂヨガクカウ) [名] ❶女子だけを教育の対象とする学校。❷旧制の高等女学校。

しょかん【初刊】[名] 最初の刊行。また、その刊行物。‖「—本」

しょかん【所感】[名] 折にふれて心に感じたこと。感想。‖「—を述べる」「年頭—」

しょかん【所管】(クワン) [名・他サ変] 官庁などが責任・権限をもって管理すること。また、その範囲。

しょかん【書簡(書翰)】[名] 手紙。書状。

しょがん【所願】(グワン) [名] 願っている事柄。特に、神仏への願い。

じょかん【女官】(ヂヨクワン) [名] 宮中に仕える女性。にょかん。にょうかん。

しょき【初期】[名] 物事のはじめの時期。はじまって間もないころ。‖「—の作品」「昭和の—に流行した歌」⇕末期

しょき【所期】[名・他サ変] 期待すること。そうしようと心に決めていること。また、期待している事柄。しょ

ご。≡「—の目的を達する」

しょ-き【書記】[名] ❶文字や文章を書き記すこと。≡「—能力」❷議事の記録や文書の作成などをする役(を務める人)。

しょ-き【暑気】[名] 夏の暑さ。≡「—払い」⬍寒気

しょき-あたり【暑気▽中たり】[名] 夏の暑さのために体をこわすこと。暑さまけ。

しょき-か【初期化】[名・他サ変] ❶コンピューターで、各種の設定を初期状態に戻すこと。❷コンピューターで、ハードディスクなどの記憶媒体を使用可能な初期状態にすること。フォーマット。

しょき-きょく【書記局】[名] 政党・労働組合などで、執行委員会に所属して一般の事務を取り扱う機関。

しょ-きゅう【初級】[名] 学問や技芸で、初歩の等級。また、職級などで、最も低い等級。≡「—講座」

しょ-きゅう【初球】[名] 野球で、投手がその打者に対して投げる最初のボール。第一球。また、登板した投手が最初に投げるボール。≡「—を打たれる」

じょ-きゅう【女給】[名] 明治時代から昭和初期にかけて、カフェーやバーで客の接待をした女性。現在のホステスにあたる。

じょ-きょ【除去】[名・他サ変] じゃまなものを取りのぞくこと。≡「溶液中の不純物を—する」▽建築物など大きなものに対しては多く「撤去(てっきょ)」を使う。

しょ-ぎょう【所業・所行】[名] 行い。しわざ。≡「ふらちな—に及ぶ」▽多く好ましくないことにいう。

しょ-ぎょう【諸行】[名] 仏教で、因縁によって生じた、この世の一切の事物・現象。宇宙間に存在するすべてのもの。

じょ-きょう【助教】[名] 大学などで、教授・准教授に次ぐ地位にある教員。研究に従事するとともに学生の指導にも携わる。▽平成一九(二〇〇七)年の学校教育法の改正によって新設。⬇助手

じょ-きょうじゅ【助教授】[名] 大学・高等専門学校などの教員のうち、教授の下、専任講師の上に位置した職階。⬇准教授

しょぎょう-むじょう【諸行無常】[名] 仏教の根本思想の一つ。この世に存在する一切のものは常に変転して生滅し、永久不変なものは全くないということ。✓注意「諸行無情」「諸業無常」は誤り。

じょ-きょく【序曲】[名] ❶歌劇・オラトリオなどが始まる前に管弦楽だけで演奏される音楽。導入の役割を果たす。オーバチュア。≡「『魔笛』—」❷音楽会のはじめに演奏するために作られた一楽章形式の管弦楽曲。演奏会序曲。❸物事・事件などの発端を示す事柄。≡「悲恋の—となった舞踏会」

じょきょ-しょく【除去食】[名] 食物アレルギーをもつ人のために、アレルゲンとなる食品を取り除いた食事。≡「—療法」

じょ-きん【除菌】[名・他サ変] 細菌を取り除くこと。≡「トイレを—する」「胃中のピロリ菌を—する」

ジョギング [jogging] [名・自サ変] 健康維持・増進などのために、ゆっくりと走ること。

しょく【食】㊀[名] ❶食べること。また、食べ物。食事。≡「—が細い」「—費・—欲」「菜—・立—・朝—・和—・流動—」「三—昼寝付き」❷ある天体が他の天体にさえぎられて見えなくなる現象。日食・月食など。≡「皆既—・金環—」書き方「▼蝕」の代用字。㊁(造) ❶養う。≡「—客」❷虫が食うように欠ける。≡「侵—・腐—」書き方「▼蝕」の代用字。

しょく【▼燭】[名] ❶あかり。ともしび。≡「—をとる」「—台」「華—・紙—(しそく)」❷光度を表す単位。一燭は約一・〇〇六七カンデラ。≡「十—」

しょく【職】[名] ❶職業。仕事。≡「—を失う」「—種」「就—・内—・事務—」❷担当する役目。職務。≡「その—にある者の責任を問う」「—権・—制」「汚—・公—」❸技術。≡「手に—をつける」

しょ-く【初句】[名] 和歌・俳句などの最初の句。≡「—切れ」

しょく【色】(造) ❶いろ。色彩。≡「二—のボールペン」「褐—・原—・染—」❷外に現れた様子。ありさま。≡「古—・敗—・国際—・地方—」❸顔つき。表情。また、美しい顔や姿。≡「喜—・容—」「才—兼備」❹性的な欲望。≡「好—・酒—・女—」

しょく【拭】(造) ふいて汚れをとる。ぬぐう。≡「—浄」「払—」

しょく【植】(造) ❶草木などをうえる。≡「—樹・—毛」「移—」❷草木。≡「—物」❸活字を組む。≡「誤—・写—」❹人を移住させる。≡「入—」「—民」

しょく【殖】(造) ❶ふえる。ふやす。≡「—財」「生—・繁—・養—」❷ふやして蓄えたもの。≡「学—」❸人を移住させる。≡「—民地」

しょく【触】(造) 物にさわる。また、物にふれて感じる。≡「—角・—覚・—診」「感—・接—」「一—即発」旧觸

しょく【飾】(造) ❶かざる。かざり。≡「修—・装—・服—・扮—(ふんしょく)」❷髪かざり。髪。≡「落—」

しょく【嘱】(造) 頼みゆだねる。≡「—託」「委—」旧囑

しょく【織】(造) 布をおる。≡「—女」「紡—」

し-よく【私欲(私▼慾)】[名] 自分だけ利益をはかろうとする欲望。≡「—に走る」「私利—」

じょく【辱】(造) ❶はずかしめる。また、はずかしめ。はじ。≡「汚—・屈—・雪—・恥—・侮—・陵—」❷かたじけなくする。≡「—知・—友」

しょく-あたり【食▽中たり】[名] 食べ物による中毒。食中毒。

しょく-あん【職安】[名] 「職業安定所」の略。

しょく-い【職位】[名] ❶官職と官位。❷職務上の地位。

しょく-いき【職域】[名] 職業・職務の領域。また、職業・職務上の持ち場。

しょく-いく【食育】[名] 食品についての知識、食材の選択、食べ方、調理法、味覚形成など、心身の健康の基本となる食生活に関する教育を総合的に行うこと。

しょく-いん【職印】[名] 公務上または職務上使用する印。職名を表す印。

しょく-いん【職員】[名] 官公庁・団体・学校などで職務についている人。≡「—室」「事務—」▽多く公務についている人をいう。

しょくいん-ろく【職員録】[名] 職員の氏名・職名・住所などを記載した文書。

しょ-ぐう【処遇】[名・他サ変] ある人に対し、ふさわしい地位・職務などの扱いをすること。また、その扱い。≡「管理職として—する」「最高の—を受ける」

しょく-えん【食塩】[名] 精製した食用の塩。純粋の塩化ナトリウムに近いもの。≡「—水」

しょく-おや【職親】[名] ❶家族のない年少者などが就職する際、親代わりの保証人になって世話をする

人。❷知的障害者などの親代わりになって生活指導や職業指導をする人。

しょく-がい【食害(▼蝕害)】［名・他サ変］昆虫・鳥獣などが植物や農作物を食い荒らして害を与えること。また、その害。書き方「食害」は代用表記。

しょく-がん【食玩】ガン［名］菓子などにおまけとして付けられる玩具。▼「食品玩具」の略。

しょく-ぎょう【職業】ゲフ［名］生計を立てるために従事する仕事。職。「—に就く」

しょくぎょう-あんていじょ【職業安定所】ショクゲフ［名］職業安定法に基づき、職業紹介・職業指導・雇用保険などの事務を行う国の行政機関。厚生労働大臣が管轄する。職安。▼「公共職業安定所」の略。一九九〇年から「ハローワーク」の愛称で呼ばれる。

しょくぎょう-いしき【職業意識】ショクゲフ［名］自分がその職業・職務についていることの自覚。また、その職業・職務についている人がもつ特有の感覚や考え方。

しょくぎょう-びょう【職業病】ショクゲフビャウ［名］その職業に特有の労働条件・環境などが原因で起こる疾病。炭鉱でのじん肺、印刷所のオペレーターの腱鞘(けんしょう)炎など。

しょく-け【食気】［名］食欲。くいけ。

しょく-げん【食言】［名・自サ変］前に言ったことと違うことを言うこと。また、言ったことを実行しないこと。「—行為」▼前に言ったことばを食べてしまう意。

しょく-ご【食後】［名］食事を済ませたあと。「—の休憩時間」⇔食前

しょく-さい【植栽】［名・他サ変］ある目的のために草木を植えること。また、その草木。「ユスラウメを庭木として—する」

しょく-ざい【食材】［名］料理の材料。「旬の—を使った料理」

しょく-ざい【▼贖罪】［名・自サ変］❶金品を出して刑罰をまぬがれること。贖刑(しょっけい)。❷犠牲や代償をささげることによって罪過をつぐなうこと。❸キリスト教で、神の子キリストが人類の罪をつぐなうために十字架の上で死んだこと。その死が神と人との和解を果たしたとする。あがない。

贖

しょく-さん【殖産】［名］❶産業を盛んにすること。「—興業」❷財産をふやすこと。

しょく-し【食思】［名］食欲。食気。

しょく-し【食指】［名］人さし指。

◉**食指が動・く** 物を食べたくなる。転じて、ある物事をしてみようという気になる。「彼の提案に—」✔注意「食指をそそる」「食指を伸ばす」は誤り。

しょく-じ【食事】［名］❶［自サ変］生命を維持するために毎日何度か食物を食べること。また、その食べ物。「黙り込んだまま—する」「—を取る」❷食べ物。特に、病気の治療に役立てるものとしての食べ物。「—療法」書き方②は「食餌」とも。

しょく-じ【植字】［名・自サ変］活版印刷で、原稿の指定どおりに活字を拾い並べて組み版を作ること。ちょくじ。「—工」

しょく-しつ【職質】［名］「職務質問」の略。

しょく-しゅ【触手】［名］無脊椎(むせきつい)動物の体の前端や口の周辺にある糸状またはひも状の突起。先端に多くの感覚細胞が分布し、触覚や捕食の働きをする。

◉**触手を伸(の)ば・す** 欲しいものを得ようとして相手に近づく。「海外市場に—」

しょく-しゅ【職種】［名］職業・職務の種類。

しょく-じゅ【植樹】［名・自他サ変］樹木を植えること。「桜を—する」「—祭」

しょく-じょ【織女】ヂョ［名］❶機(はた)を織る女性。はたおりめ。❷琴座のアルファ星ベガ。七月七日の夜、天の川に隔てられた牽牛(けんぎゅう)星と会うという伝説がある。たなばたつめ。織り姫星。▼「織女星」の略。

しょく-しょう【食傷】シャウ［名・自サ変］❶食中毒を起こすこと。食あたり。❷食べ飽きること。❸何度も同じような物事に接して、いやになること。「その手の話には—している」

しょく-しょう【職掌】シャウ［名］担当している職務。

しょく-しん【触診】［名・他サ変］医師が手や指で患者の体にさわって診断すること。また、その診断法。「腹部を—する」

しょく-じん【食人】［名］呪術的信仰または宗教的儀礼から人肉を食うこと。人肉嗜食(ししょく)。カニバリズム。

しょく-じん【食甚(▼蝕甚)】［名］日食または月食で、太陽または月が最も大きく欠けた状態。書き方「食甚」は代用表記。常用漢字表に「甚」がなかった時代は、「食尽」で代用した。

しょく-ず【食酢】［名］食用の酢。しょくす。

しょく・する【食する】［他サ変］食べる。食う。「好んで肉を—」文しょく・す

しょく・する【嘱する(▽属する)】［他サ変］頼む。ゆだねる。また、望みをたくす。「後事(こうじ)を—」「将来を—」文しょく・す

じょく-せ【▽濁世】ヂョク［名］仏教で、にごりけがれた世の中。末世としての人の世。五濁悪世(ごじょくあくせ)。だくせ。

しょく-せい【食性】［名］摂取する食べ物の種類や捕食方法からみた動物の習性。草食性・肉食性・雑食性・腐食性などに分けられる。▼食べ物の種類の範囲によって広食性・狭食性・単食性・多食性などに分けることもある。

しょく-せい【植生】［名］ある場所に生育している植物の集団。植物群落。「—図(＝植生の分布を地図上に示したもの)」

しょく-せい【職制】［名］❶職場の管理組織・命令系統や職員の身分などに関する制度。❷会社や工場で、係長・課長以上の管理職(を務める人)。役付き。

しょく-せいかつ【食生活】クワツ［名］生活のうちで、食べる方面に関すること。「—を改める」

しょく-せき【職責】［名］職務上の責任。「—を果たす」

しょく-ぜん【食前】［名］食事をする前。「—酒」⇔食後

しょく-ぜん【食膳】［名］食事のときに、食器や食べ物を載せる膳。また、膳に載せて出す食べ物。膳部。「—に供する(＝料理として出す)」

しょくせん-き【食洗機】［名］自動的に食器を洗う機械。▼「食器洗い機」の略。

じょく-そう【▼褥▼瘡(▼蓐▼瘡)】サウ［名］とこずれ。

褥瘡

しょく-だい【▼燭台】［名］蠟燭(ろうそく)を立てて火をともす台。蠟燭立て。

しょく-たく【食卓】［名］食事をするときに用いる台。飯台。ちゃぶ台。テーブル。「—を囲む」

しょく-たく【嘱託(▽属託)】［名・他サ変］❶ある仕事を頼みまかせること。「社史の編纂

囑

をーする」❷正式の社員・職員に任命しないで、ある業務・事務にたずさわることを依頼すること。また、その身分(の人)。〓「ー社員」

しょーくち【初口】[名] 物事のはじめ。はじまり。糸口。

しょーくち【諸口】[名] ❶いろいろな項目・口座。❷簿記の仕訳で、借方または貸方の勘定科目が二つ以上にわたっていること。

じょくーち【辱知】[名] その人と知り合いであることを謙遜していう語。〓「ーの間柄」▽知をかたじけなくする意。

しょくちゅうーしょくぶつ【食虫植物】[名] 昆虫などの小動物を捕らえ、消化吸収して養分の一部とする植物。モウセンゴケ・ムジナモ・ムシトリスミレ・ウツボカズラなど。食肉植物。

しょくーちゅうどく【食中毒】[名] 有毒物質を含む飲食物を摂取したために起こる中毒。サルモネラ菌などの細菌によるもの、ノロウイルスなどのウイルスによるもの、フグ・毒キノコなどの自然毒によるもの、青酸などの化学物質によるものがある。食あたり。食品中毒。

しょくーちょう【職長】[名] 工場などで、職場の長。職工長。

しょくーつう【食通】[名] 食べ物の味や知識によく通じていること。また、その人。グルメ。

しょくーど【▼埴土】[名] 粘土分を五〇パーセント以上含んでいる土。粘着力が強く、排水性・通気性に劣るので耕作には適さない。

しょくーどう【食堂】[名] ❶食事をするための部屋。❷種々の飲食物を出して営業する店。〓「社員ー」

しょくーどう【食道】[名] 消化管のうち、咽頭から胃にいたる部分。蠕動運動によって食物を胃に送り込む。〓「ー癌」

しょくーどうらく【食道楽】[名] ⇩食い道楽

しょくーにく【食肉】[名] ❶動物の肉を食うこと。肉食。〓「ー類」❷人間が食用にする肉。食用肉。▽ふつう魚肉は含まない。

しょくーにん【職人】[名] 熟練した技術によって物を作ることを職業とする人。大工・左官・表具師・庭師など。

しょくにんーかたぎ【職人〈気質〉】[名] 職人一般に見られる特有の気質。自分の腕に自信をもち、頑固だが納得できるまで入念な仕事をする実直な性質をいう。

しょくーのう【職能】[名] ❶職務を果たす能力。〓「ー給(=従業員の職務遂行能力に応じて決められる給与体系)」❷職業。また、それぞれの職業に固有の機能。❸あるものに固有の働き。〓「議会における下院のー」

しょくーば【職場】[名] 会社・工場などに勤めている人が作業や職務を行う場所。勤務するところ。〓「ーの仲間」▽個人として仕事をする場所は「仕事場」という。

しょくーばい【触媒】[名] それ自身は化学変化を起こさないが、他の物質の化学反応を促進または抑制する物質。水素と酸素を反応させて水を生じさせる白金黒など。〓「ー作用」

しょくーはつ【触発】[名] ❶[自サ変] 物にふれて爆発・発動すること。〓「ー信管」❷[他サ変] 何らかの刺激を与えて、ある意欲・衝動・行動などを誘い起こすこと。〓「一編の小説にーされて作家を志す」

しょくーパン【食パン】[名] 箱形に焼いたパン。〓「ー一斤」

しょくーひ【食費】[名] 食事のために必要な費用。

しょくーひ【植皮】[名・自他サ変] 外傷・やけどなどで欠損した部分に、他の部分の健康な皮膚を移植すること。〓「ー手術」

しょくーひん【食品】[名] 人が日常食用にする飲食物の総称。食料品。〓「生鮮[冷凍・インスタント]ー」

しょくひんーせいぶんひょう【食品成分表】[名] 各種の食品について標準的な栄養成分組成などを示した表。文部科学省が作成する「日本食品標準成分表」が基準とされる。

しょくひんーてんかぶつ【食品添加物】[名] 食品の加工や保存などの目的で添加・混合される化学物質。食品衛生法によって規格や使用基準が定められている。

しょくひんーロス【食品ロス】[名] 食べられる状態であるにもかかわらず廃棄される食品。製造過程で発生する規格外品、期限切れ、食べ残しなどによるもの。フードロス。

しょくーぶつ【植物】[名] 動物界・植物界・微生物界に大別したとき、植物界に属する生物。一般に移動力はなく、葉緑素などによって光合成を行う。種子植物・シダ植物・コケ植物・藻類などに分類される。

しょくぶつーえん【植物園】[名] 植物の研究や知識の普及のために多種の植物を集めて栽培し、展示する施設。

しょくぶつーしつ【植物質】[名] ❶植物体を構成している物質。〓「ー肥料」❷野菜・穀物など、植物性の食物。

しょくぶつーじょうたい【植物状態】[名] 脳損傷によって大脳機能が失われ、治療にもかかわらず、自力での運動・食事・排泄や意思の疎通などができない状態が三か月以上続くこと。遷延性意識障害。

しょくぶつーせい【植物性】[名] ❶植物に特有の性質であること。❷植物から得られるものであること。〓「ー染料・ー蛋白質」

しょくぶつーにんげん【植物人間】[名] 植物状態にある人。▽現在は、人間を植物にたとえる差別的な言い方として使用を避ける傾向にある。

しょくぶつーホルモン【植物ホルモン】[名] 植物の体内で合成され、発芽・生長・開花などの生理機能を調節する有機化合物。オーキシン・エチレンなど。

しょくぶつーゆ【植物油】[名] 植物の種子・果実などからとった油。ゴマ油・菜種油・大豆油・椿油・オリーブオイルなど。

しょくーぶん【食分(▼蝕分)】[名] 日食または月食のとき、太陽または月が欠けた割合。書き方「食分」は代用表記。

しょくーぶん【職分】[名] 職務として当然しなくてはならないこと。職務上の本分。〓「ーを果たす」

しょくーべに【食紅】[名] 食品に赤い色をつけるために使う色素。食用紅。

しょくーほう【触法】[名] 法律にふれること。〓「ー少年(=一四歳未満で刑事法令にふれる行為をした少年)」

しょくーぼう【嘱望(▽属望・▼矚望)】[名・他サ変] 人の将来に望みをかけること。〓「前途[将来]をーされた青年」

しょく-み【食味】［名］食べ物の味。また、食べたときの味わい。

しょく-みん【植民（殖民）】［名・自サ変］本国以外の土地に移住・定着して、開拓活動や経済活動を行うこと。また、その移住民。〓「北端の地に―する」

しょくみん-ち【植民地（殖民地）】［名］❶ある国からの移住者によって開発・形成された地域。❷ある国の経済的・軍事的侵略によって支配され、政治的・経済的に従属させられた地域。〓「―主義」

しょく-む【職務】［名］その人が受け持っている仕事・任務。〓「―給（＝職務の種類・内容に応じ、その職務ごとに賃金率を決める給与体系）」

しょくむ-しつもん【職務質問】［名］警察官が街頭で挙動不審者などを呼び止めて行う職務上の質問。▽もと「不審尋問」といった。

しょく-めい【職名】［名］職務・職業の名称。

しょく-もう【植毛】［名・自他サ変］毛を植えつけること。〓「―術」

しょく-もく【嘱目（▽属目・▼矚目）】［名・自他サ変］❶関心や期待をもって見守ること。注目すること。❷目にふれること。〓「旅先で―した風景」「―吟」

しょく-もたれ【食▼靠れ】［名・自サ変］食べた物がよく消化しないで胃の中にとどまっていること。また、そのような感じ。食滞（しょくたい）。

しょく-もつ【食物】［名］食べ物。〓「栄養のある―」▽飲み物を含めていうこともある。

しょくもつ-せんい【食物繊維】（ーセンヰ）［名］食物中の成分のうち、人の消化酵素では消化できない物質の総称。セルロース・ヘミセルロース・リグニン・ペクチンなど。整腸作用や動脈硬化の予防などに効果があるとされる。

しょくもつ-れんさ【食物連鎖】［名］自然界の生物が、食うものと食われるものとの関係で鎖（くさり）のようにつながっていること。

しょく-やすみ【食休み】［名・自サ変］食後に休息をとること。また、その休息。

しょく-よう【食用】［名］食べ物として用いること。また、そのもの。〓「―油・―菊」

しょくよう-がえる【食用▼蛙】（ーガヘル）［名］ウシガエルの通称。

しょく-よく【食欲（食▼慾）】［名］食べ物を食べたいという欲望。食い気。〓「―をそそるにおい」

しょく-りょう【食料】（ーレウ）［名］食べ物。〓「―を買い込む」「―品」 使い方 「食糧」が主に主食となる米・麦などをさすのに対して、「食料」は主食以外を含めた食べ物全体をさすことが多い。

しょく-りょう【食糧】（ーリヤウ）［名］（主食となる）食べ物。〓「戦後の―難」

しょくりょう-ひん【食料品】（ショクレウー）［名］食べ物にする品物。特に、主食以外の魚肉類・野菜・果物など。

しょく-りん【植林】［名・自他サ変］山野に苗木を植えること。苗木を植えて山林に育てること。

しょく-れき【職歴】［名］職業についての経歴。

しょく-ろく【食▼禄】［名］武士が幕府・藩などから得た給与。扶持（ふち）。俸禄。

しょ-くん【諸君】［名］多くの人々をさす語。主に男性が同等かそれ以下の相手に対し、軽い敬意または親愛の念をこめて使う。みなさん。きみたち。〓「―の健闘を祈る」▽代名詞的にも使う。

じょ-くん【叙勲】［名・他サ変］勲等を授け、勲章を与えること。 使い方 勲等を受ける人（叙勲される人）は、一般に「受勲者」「受章者」といい、「叙勲者」というのはまれ。「叙勲受章者」という言い方もある。

しょ-け【所化】［名］修行中の僧。▽仏・菩薩（ぼさつ）に教化される意。

しょ-けい【処刑】［名・他サ変］刑罰を加えること。特に、死刑を執行すること。〓「反逆者を―する」

しょ-けい【初経】［名］初潮。

しょ-けい【書契】［名］❶文字。❷文字を書き記したもの。契約書・記録・帳簿など。

しょ-けい【書▼痙】［名］文字を書くことを仕事とする人に多い職業神経症。手に痙攣（けいれん）・麻痺（まひ）・疼痛（とうつう）などが起こり、書字が困難になる。

しょ-けい【諸兄】［名］多くの男性をさす語。同輩あるいは近しい先輩に対し、親しみや敬愛の気持ちをこめて使う。みなさん。〓「―諸姉に告ぐ」▽「諸君」より改まった言い方。代名詞的にも使う。

じょ-けい【女系】（ヂョー）［名］女性から女性へと相続が続く家系。また、母方の血筋。⇔男系

じょ-けい【叙景】［名］目に映った景色を詩文に書き表すこと。〓「―文」

しょげ-かえ・る【▼悄気返る】（ーカヘル）［自五］すっかりしょげてしまう。しょげこむ。〓「失敗して―」 名 **しょげ返り**

しょ-けつ【処決】［名・他サ変］きっぱりと処置をすること。きまりをつけること。

しょ-げつ【初月】［名］❶一月。正月。〓「―無料」❷第一回目の月。❸陰暦で、その月に初めて出る月。新月。みかづき。

じょ-けつ【女傑】（ヂョー）［名］大胆で度量が広く、すぐれた知恵と行動力をもった女性。女性の傑物。

しょ・げる【▼悄気る】［自下一］失望や失敗で落胆し、それまでの元気を失う。〓「しかられたぐらいでそんなに―な」 書き方 「悄気」は当て字。普通「しょげる」と書く。

しょ-けん【初見】［名］❶初めて見ること。また、初めて会うこと。初対面。❷その楽譜を初めて見て、ただちに演奏または歌唱すること。〓「―で歌う」

しょ-けん【所見】［名］❶見たところ。見た結果。〓「医師の―」❷ある事柄についての意見や考え。〓「委員会の―」

しょ-けん【書見】［名・自サ変］書物を読むこと。読書。〓「自室で―する」「―台」

しょ-けん【諸賢】［名］❶多くの賢人。❷敬意を込めて多くの人々をいう語。みなさま。〓「読者―に訴える」▽代名詞的にも使う。

しょ-げん【緒言】［名］書物などの前書き。はしがき。序文。序言。▽「ちょげん」は慣用読み。

じょ-けん【女権】（ヂョー）［名］女性の権利。特に、社会的・政治的・法律的な権利をいう。

じょ-げん【助言】［名・自他サ変］わきから役に立つようなことばを添えて助けること。また、そのことば。じょごん。〓「生徒に―する」「先輩に―を求める」

じょ-げん【序言】［名］序として述べることば。前書き。はしがき。序文。

しょ-こ【書庫】［名］書物を収めておく部屋や建物。

しょ-こう【初更】（ーカウ）［名］昔、一夜を五等分した五更の第一。いまの午後七時ごろから九時ごろまで。戌（いぬ）の

刻。一更。甲夜(こうや)。➡五更

しょ-こう【初校】ウ―カ〔名〕最初の校正。また、その校正刷り。

しょ-こう【初稿】ウ―カ〔名〕最初の原稿。まだ手を加えていない原稿。

しょ-こう【諸公】〔名〕❶政治に携わる、身分の高い人々。‖「大臣―」❷多くの人々を敬意を込めていう語。みなさん。▽代名詞的にも使う。

しょ-こう【諸侯】〔名〕君主に許されて一定の土地・人民を支配をした人。特に、江戸時代の諸大名。

しょ-こう【▼曙光】クワウ〔名〕夜明けにさす太陽の光。▽前途に現れてきた明るいきざしのたとえにもいう。‖「平和の―が見え始めた」

じょ-こう【女工】ヂョ―〔名〕工場で働く女性の労働者。女子工員。⬌男工▽明治時代から第二次大戦中まで使われた語。

じょ-こう【徐行】―カウ〔名・自サ変〕鉄道車両・自動車などが、速度を落としてゆっくりと進むこと。‖「―運転」

じょ-ごう【除号】ヂョガウ〔名〕割り算を表す記号。「÷」の記号。

じょこう-えき【除光液】ヂョクワウ―〔名〕マニキュアやペディキュアを取り除くための溶剤。除去液。エナメルリムーバー。

しょ-こく【諸国】〔名〕多くの国々。さまざまな国々。‖「近隣―」

じょ-ことば【序詞】〔名〕➡じょし(序詞)①

ショコラ【chocolatフランス】〔名〕チョコレート。

ショコラティエ【chocolatierフランス】〔名〕チョコレート職人。また、チョコレートの専門店。

しょ-こん【初婚】〔名〕初めての結婚。⬌再婚

しょ-さ【所作】〔名〕❶身のこなし。しぐさ。動作。❷芝居・踊りなどで、一定の形式にのっとった演技。❸「所作事」の略。

しょ-さい【所載】〔名〕新聞・雑誌などに掲載されていること。

しょ-さい【書斎】〔名〕個人の家で、読書・執筆などをする部屋。書室。

しょ-ざい【所在】〔名〕物事が存在している場所。また、いまその人がいる場所。ありか。‖「責任の―を明らかにする」「兄の―がわからない」「県庁―地」

じょ-さい【如才】〔名〕〈多く打ち消しの語を伴って〉物事をぞんざいにすること。手抜かりがあること。粗略。▽眼前に神がいるかのごとく手落ちなく祭る意の「如在」から。

じょ-さい【助祭】〔名〕カトリック教で、司祭の次の位。

しょざい-な・い【所在ない(所在無い)】〔形〕何もすることがなくて退屈であるさま。手持ちぶさただ。‖「―・さそうに庭を眺める」派生-げ/-さ

じょさい-な・い【如才ない(如才無い)】〔形〕気がきいていて抜かりがないさま。また、愛想がよくて人をそらさないさま。‖「―受け答えをする」使い方「如才は/が/のない」など助詞の挿入も可能。丁寧形は「如才がありません」が標準的。➡「ない」のコラム(一二〇三ジ)
派生-げ/-さ

しょさ-ごと【所作事】〔名〕歌舞伎で、長唄を伴奏にした舞踊または舞踊劇。所作。振り事。

しょ-さつ【書冊】〔名〕書物。本。

しょ-さつ【書札】〔名〕手紙。書状。

しょ-さん【初産】〔名〕初めての出産。ういざん。しょざん。▽特に医学でいう。

しょ-さん【所産】〔名〕あることの成果として生みだされたもの。作りだされたもの。‖「多年の努力の―」

じょ-さん【助産】〔名〕出産の手助けをし、妊産婦・新生児の世話をすること。

じょ-さん【除算】ヂョ―〔名〕割り算。除法。じょざん。⬌乗算

じょさん-し【助産師】〔名〕厚生労働大臣の免許を受けて、助産を職業とする人。▽平成一四(二〇〇二)年三月、法律で、助産婦は「助産師」となった。

じょさん-ぷ【助産婦】〔名〕助産師の旧称。また、通称。▽古くは「産婆(さんば)」と言った。

しょ-し【処士】〔名〕官に仕えないで民間にいる人。▽臣として扱わない意。

しょ-し【初志】〔名〕初めに思い立ったこころざし。最初からの志望。‖「―貫徹」

しょ-し【所思】〔名〕心の中で考えている事柄。思うところ。所懐。

しょ-し【書▼肆】〔名〕書物の出版または販売をする店。書店。本屋。

しょ-し【書誌】〔名〕❶書物。書籍。❷ある人物・題目などに関する文献目録。

しょ-し【庶子】〔名〕正妻でない女性から生まれた子。特に旧民法で、法律上の婚姻関係にない男女の間に生まれ、父によって認知された子。⬌嫡子(ちゃくし)▽現行民法では、父の認知を受けていない子も含めて「嫡出でない子」という。

しょ-し【諸子】〔名〕❶多くの人々を敬意または親愛の念を込めていう語。主に男性が同等かそれ以下の相手に対して使う。諸君。▽代名詞的にも使う。❷「諸子百家」の略。

しょ-し【諸氏】〔名〕多くの人々を敬意を込めていう語。‖「先輩―に申し上げます」▽「諸君」より改まった言い方。代名詞的にも使う。

しょ-し【諸姉】〔名〕多くの女性を敬意を込めていう語。みなさん。‖「―のご協力に感謝いたします」▽代名詞的にも使う。

しょ-じ【所持】チ〔名・他サ変〕身につけて持っていること。携え持つこと。‖「―金・―品」

しょ-じ【書字】〔名〕文字を書くこと。また、書いてある文字。

しょ-じ【諸事(庶事)】〔名〕いろいろなこと。多くの事柄。

じょ-し【女子】ヂョ―〔名〕❶女の子。女児。❷女性。女。‖「―会・―学生」◈⬌男子

じょ-し【女史】ヂョ―〔名〕社会的に活躍する女性。また、そうした女性の名前に添える敬称。▽代名詞的にも使う。

じょ-し【助詞】〔名〕品詞の一つ。付属語のうち活用しないもの。常に自立語または自立語を含む連語に付属し、その語句と他の語句との関係を示したり、陳述に一定の意味を添えたりする。「この団体は国から補助金をもらっている」の「は」「から」「を」「て」など。格助詞・副助詞・接続助詞・終助詞・係助詞・間投助詞などに分類される。▽助動詞・活用語尾・接尾語などとともに、古くから「てにをは」と呼ばれた。

じょ-し【序詞】〔名〕❶和歌・擬古文などで、ある語

句を引き出すために前に置く修辞的なことば。「あしひきの山鳥の尾のしだり尾のながながし夜をひとりかもねむ〈柿本人麻呂・拾遺集〉」の「あしひきの…しだり尾の」の三句など。じょことば。▼枕詞(まくらことば)は一句(五音)を基準とするが、序詞には音数の制限がない。❷序のことば。前書き。序文。

じょ-し【序詩】［名］物語などの序として添えられた詩。

じょ-じ【女児】（ヂョ）［名］おんなのこ。女子。⇔男児

じょ-じ【助字】［名］漢文で、他の語に付いて、その語を助けてさまざまな働きをする文字。「焉」「於」「被」「而」の類。助辞。▼実字・虚字・助字の三分類と、実字・助字(虚字)の二分類がある。

じょ-じ【助辞】［名］❶助詞。また、助詞・助動詞の総称。❷助字。

じょ-じ【序次】［名］物事の順序。

じょ-じ【叙事】［名］事実や出来事をありのままに述べ記すこと。「―文」

しょし-がく【書誌学】［名］書籍を研究対象とする学問。図書の成立・発展・印刷・製本・材質・体裁などの研究、図書分類・文献考証・異本関係の研究など、その領域はきわめて広い。

しょ-しき【書式】［名］証書・願書・届け書など、公式文書についての定まった書き方。

しょ-しき【諸式・諸色】［名］❶いろいろな品物。❷いろいろな品物の値段。物価。

じょじ-し【叙事詩】［名］神話・伝説・歴史的事件・英雄の事跡などを述べ語る長大な韻文。古代インドの『ラーマーヤナ』、古代ギリシアの『イリアス』など。エピック。

しょ-じじょう【諸事情】（ジジヤウ）［名］さまざまな事情。「―により開催を見送る」使い方 具体的な事情を示さずにいうときにも使う。

じょし-だい【女子大】（ヂョシ）［名］「女子大学」の略。

じょし-だいがく【女子大学】（ヂョシ）［名］女性を対象として教育を行う大学。女子大。

じょしだい-せい【女子大生】（ヂョシダイ）［名］❶女子大学の学生。❷女性の大学生。

じょ-しつ【除湿】（ヂョ）［名・自サ変］空気中の湿気を取り除くこと。「室内を―する」「―器」

しょし-ひゃっか【諸子百家】（ヒャククヮ）［名］中国の春秋時代末期から戦国時代にかけて現れた諸学者およびその学派の総称。儒家・道家・墨家・法家・名家・兵家・陰陽家・縦横家など。

しょ-しゃ【書写】［名］❶［他サ変］書き写すこと。❷小中学校の国語科の一分野。毛筆・硬筆を用いて文字の正しい書き方を学習する。

じょ-しゃく【叙爵】［名］爵位を授けられること。

しょ-しゅ【諸種】［名］いろいろの種類。種々。

じょ-しゅ【助手】［名］❶仕事の手助けをする人。アシスタント。❷大学で、教授・准教授・助教などの仕事を助ける職(を務める人)。▼学校教育法の改正により、従来の助手のうち、研究・教育を主な職務とするものを新たに「助教」とした。

しょ-しゅう【初秋】（シウ）［名］❶秋の初め。はつあき。❷陰暦七月の別称。孟秋(もうしう)。

しょ-しゅう【所収】（シウ）［名］著述したものが雑誌・書籍・全集などにおさめられていること。

じょ-しゅう【女囚】（ヂョシウ）［名］女性の囚人。⇔男囚

じょしゅ-せき【助手席】［名］自動車などで、運転者が座る席の隣の席。

しょ-しゅつ【初出】［名・自サ変］初めて出ること。最初に現れること。「―の漢字にルビをふる」

しょ-しゅつ【所出】［名］❶人の生まれた所。生まれ。❷物事が出た所。でどころ。

しょ-しゅつ【庶出】［名］本妻以外の女性から生まれたこと。妾腹の生まれ。⇔嫡出(ちゃくしゅつ)

じょ-じゅつ【叙述】［名・他サ変］ある物事について順を追って(書き)述べること。また、その(書き)述べたもの。「歴史を―する」「―を試みる」

しょ-しゅん【初春】［名］❶春の初め。はつはる。❷陰暦一月の別称。孟春(もうしゅん)。

しょ-じゅん【初旬】［名］月の初めの一〇日間。上旬。

しょ-しょ【処暑】［名］二十四節気の一つ。立秋と白露の中間で、太陽暦の八月二十三日ごろ。▼暑さがおさまる時期の意。

しょ-しょ【所所(処処)】［名］ところどころ。あちこち。「―方方(ほうぼう)」

しょ-しょ【諸所(諸処)】［名］さまざまな場所。あちらこちら。「国道の―に検問所を置く」

しょ-じょ【処女】（ヂョ）［名］❶性交の経験のない女性。きむすめ。バージン。⇔童貞▼「家に処(お)る女」の意から。❷初めての経験である意を表す。「―作・―航海」❸人がまだだれも足を踏み入れていない意を表す。「―地・―雪・―峰」◈②③は他の語と複合して使う。

しょ-しょう【書証】［名］裁判で、文書に記載されている内容を証拠資料とすること。⬇人証(じんしょう)・物証

しょ-じょう【書状】（ジヤウ）［名］手紙。書簡。

じょ-しょう【女将】（ヂョシヤウ）［名］料亭・旅館・待合などの女主人。おかみ。

じょ-しょう【序章】（シヤウ）［名］小説・論文などの序論として書かれた章。初めの章。⇔終章

じょ-しょう【叙唱】（シヤウ）［名］レチタティーボ。⇔詠唱

じょ-じょう【如上】（ジヤウ）［名］前に述べたところ。上述。

じょ-じょう【叙情・▼抒情】（ジヤウ）［名］自分の感情を述べ表すこと。書き方「叙情」は同音の類義語で代用したもの。

じょじょう-し【叙情詩・▼抒情詩】（ジヤウ）［名］作者の感情や感動を主観的・情緒的に述べ表した詩。

じょ-じょうふ【女丈夫】（ヂョヂヤウフ）［名］気性が強く、しっかりした女性。

じょ-しょく【女色】（ヂョ）［名］❶女性の容姿。また、女性の性的な魅力。❷女性との情事。

じょじょ-に【徐徐に】［副］ゆっくりと進行するさま。少しずつ変化するさま。だんだん。「―目的地に近づく」「―視界が開(ひら)ける」

しょ-しん【初心】［名］❶何かしようと最初に思いたったときの、ひたむきな気持ち。初志。「―に返る」❷［形動］学問・技芸などを、習い始めたばかりであること。初学。❸［形動］世なれていないこと。「―者(もの)(＝うぶな人)」

◉**初心忘るべからず** 物事を始めたころの謙虚で真剣な気持ちを忘れてはならないということ。▼世阿弥(ぜあみ)の『花鏡(かきょう)』にあることば。

しょ-しん【初診】［名］最初の診察。「―の患者」

しょ-しん【初審】[名] 裁判で、第一回の審判。一審。

しょ-しん【所信】[名] 自分でそうと信じている事柄。信じるところ。「―表明演説」

しょ-しん【書信】[名] 書面による音信。手紙。たより。

じょ-しん【女神】[名] 女性の神。めがみ。

しょしん-しゃ【初心者】[名] 習い始めたばかりでまだ未熟な人。「―に野球を教える」「―向けの講座」

じょ-すう【除数】[名] 割り算で、割る方の数。a÷bのb。

じょ-すうし【助数詞】[名] 数を表す語の下に付いて、数える対象となる物の性質・形状などを示す造語成分。分類詞。分類辞。「三台」「四本」「五個」の「台」「本」「個」など。

じょ-すうし【序数詞】[名] 物事の順序を表す数詞。「一番」「二度目」「第三」など。⇔基数詞

しょ・する【処する】一[自サ変] ある状況に身を置く。また、その状況に応じた態度・行動をとる。対処する。「難局に―して苦悩する」「世に―道を心得る」「冷静沈着に事を―」二[他サ変] ❶取りさばく。処置する。❷刑罰を与える。処刑する。「凶悪犯を厳罰に―」❸〈「身を処する」の形で〉状況に応じた態度・行動をとる。「政治家としていかに身を―べきか」文しょ・す

しょ・する【書する】[他サ変] 文字や文章を書く。「短冊に即吟の句を―」文しょ・す

しょ・する【署する】[他サ変] 自分の氏名を書く。署名する。「条約に首相の名を―」文しょ・す

じょ・する【序する】[他サ変] 序文やはしがきを書く。文じょ・す

じょ・する【叙する】[他サ変] ❶爵位・勲等・官位などを授ける。「元大臣を旭日大綬章に―」使い方 古くは、〈勲等を授けられる〉意の、自動詞用法もあった。「[湛慶法師は]即ち五品に―して公に仕まつる〈今昔物語集〉」❷文章や詩歌に述べ表す。「久闊を―」文じょ・す

じょ・する【▼恕する】[他サ変] 思いやりの心をもってゆるす。「心情を思いやって―」文じょ・す

じょ・する【除する】[他サ変] ❶取りのぞく。排除する。「障害を―」❷割り算をする。割る。「一二を三で―」⇔乗じる 文じょ・す

しょ-せい【処世】[名] 社会の中で人々と交わりながら生活していくこと。「―訓(=生きていく上で役に立つ教え)」

しょ-せい【初生】[名] 初めて生まれること。また、生まれて間がないこと。「―児(=新生児)」

しょ-せい【所生】[名] ❶生みの親。父母。❷生みだしたもの。つくりだしたもの。「作家―の言葉」

しょ-せい【書生】[名] ❶学問を修めるために勉強している人。学生。▽明治・大正期に使われた語。❷他家に寄食して、家事を手伝いながら勉強する人。

しょ-せい【書聖】[名] きわめてすぐれた書家。東晋の王羲之など。

しょ-せい【諸政(庶政)】[名] 各方面の政治。政治の全般。

じょ-せい【女声】[名] 声楽で、女性の受け持つ声部。ソプラノ、メゾソプラノ、アルトなど。⇔男声

じょ-せい【女性】[名] おんな。「―の看護師」「―社員」⇔男性 使い方 多く成人した女子に言い、「女」よりも上品で穏やかな語感を伴う。

じょ-せい【女婿】[名] 娘の夫。娘むこ。

じょ-せい【助成】[名・他サ変] 研究・事業などが成就するように経済的な援助を行うこと。「医療費を―する」「県の―金を受ける」

じょ-せい【助勢】[名・自他サ変] 力を添えて助けること。また、その人。加勢。「弱い方に―する」

しょせい-じゅつ【処世術】[名] 世渡りの方法。

じょせい-てき【女性的】[形動] いかにも女性らしいさま。また、女性を思わせるさま。⇔男性的

しょ-せき【書跡(書▼蹟)】[名] 書いた文字のあと。文字の書きぶり。筆跡。

しょ-せき【書籍】[名] 書物。本。図書。

じょ-せき【除籍】[名・他サ変] 戸籍・学籍・名簿などからその人の名前を除くこと。「―処分」

しょ-せつ【所説】[名] 自分の説として主張している事柄。説くところ。「先人の―に従う」

しょ-せつ【諸説】[名] いろいろな説や意見。また、いろいろなうわさ。「―が入り乱れる」「―紛々」

じょ-せつ【序説】[名] 本論を導くために、その前に置く論説。序論。「―で大綱を述べる」▽概論の意で書名の一部にも使う。「哲学―」

じょ-せつ【叙説】[名・他サ変] 順序立てて自分の考えを述べること。「認知工学について詳細に―する」

じょ-せつ【除雪】[名・自他サ変] 降り積もった雪を取りのぞくこと。「―車」

しょ-せん【緒戦(初戦)】[名] ❶戦争が始まったばかりの段階での戦い。また、試合・競技などが始まったばかりの段階。❷試合・勝負などの第一回戦。書き方 ②は多く「初戦」と書く。

しょ-せん【所詮】[副] 望ましくはないが、結論として最後にはそこに行きつくさま。結局は。つまるところは。どのようにしても。「―横綱には勝てないだろう」▽詮ずる所の意。

じょ-せん【除染】[名・他サ変] 衣服・機器・施設・地域などが放射性物質や有害化学物質によって汚染されたとき、その汚染を取り除いたり減らしたりすること。

しょ-そう【諸相】[名] さまざまな姿。いろいろな様子。「人生の―を描く」

しょ-ぞう【所蔵】[名・他サ変] 自分の所有物としてしまっておくこと。また、そのもの。

じょ-そう【女装】[名・自サ変] 男性が女性の装いをすること。また、その装い。⇔男装

じょ-そう【助走】[名・自サ変] 陸上・体操競技や飛び込みで、勢いをつけるために踏み切りの位置まで走ること。「―して跳躍する」

じょ-そう【助奏】[名・自サ変] 独奏・独唱の効果を高めるため、伴奏に添えて別の独奏楽器で装飾的な旋律を演奏すること。また、その演奏。オブリガート。

じょ-そう【序奏】[名] 楽曲の始まりに主要部分への導入として演奏される部分。導入部。イントロダクション。

じょ-そう【除草】[名・自他サ変] 雑草を取りのぞくこと。草取り。「―剤」

じょ-そう【除霜】[名・自他サ変] ❶霜害を防ぐために農作物などに覆いをかけること。❷電気冷蔵庫の霜を取ること。また、その装置。

しょ-そく【初速】[名] ある物体が運動を起こしたと

きの、最初の速度。初速度。

しょ-ぞく【所属】[名・自サ変] 人や事物がある団体・組織などの一員・一部として加わっていること。‖「革新政党に—する議員」

しょ-ぞん【所存】[名] 心に思っていること。心中の考え。‖「今後も努力していく—です」使い方 多く「所存です[であります・でございます]」の形で、改まった場面で用いる。「〜する考え[つもり]です」の意。

じょそん-だんぴ【女尊男卑】[名] 女性を男性よりも尊いとすること。⇔男尊女卑

しょ-たい【所帯】[名] ❶一家を構えて独立した生計を営むこと。また、その生活や暮らし向き。▼身に帯びているものの意から。❷同じ住居や生計のもとで生活する人たちの集合体。‖「—主(=世帯主)」「大—」▼「世帯」ともいうが、日常用語としては「所帯」、戸籍・統計・法律など公的な用語としては「世帯」と使い分けることが多い。書き方「ᵛ世帯」とも書くが今は「所帯」が一般的。「世帯」は「せたい」と読むときに使う。

◉**所帯を持・つ** 独立して一家を構える。また、結婚して家庭をもつ。

しょ-たい【書体】[名] ❶ある特徴・傾向を備えた字形の様式。漢字の楷書・行書・草書・篆書・隷書、活字の明朝・清朝・宋朝、欧文活字のローマン・イタリック・ゴシックなど。❷個人の書風。文字の書きぶり。

しょ-だい【初代】[名] ある系統の最初の代。また、その人。‖「—名人[大統領]」

じょ-たい【除隊】[名・自サ変] 現役兵が兵役を解除されること。‖「—して本国に戻る」⇔入隊

しょたい-じ・みる【所帯じみる(所帯染みる)】[自上一] ものの考え方や態度に所帯をもった苦労がしみついて、はつらつとした感じがなくなる。‖「—みたことを言う」

しょ-たいめん【初対面】[名] いままで会ったことのない人と、初めて顔を合わせること。最初の対面。

しょたい-もち【所帯持ち】[名] ❶一家を構えて独立した生計を営む人。▼既婚者の意でも使う。❷家計のやりくり。

しょた-コン[名][俗] 幼い少年を愛すること。▼「正太郎コンプレックス」の略。「正太郎」は横山光輝の漫画の主人公の名。書き方 多く「ショタコン」と書く。

しょ-だち【初《太刀》】[名] 太刀で最初に切りつけるひと振り。

しょ-だな【書棚】[名] 本を載せて並べておく棚。本棚。数「一架…」と数える。

しょ-だん【処断】[名・他サ変] とりさばいて決断を下すこと。きっぱりと処置を決めること。処決裁断。‖「厳正な—を求める」

しょ-だん【初段】[名] 囲碁・将棋・珠算・柔道・剣道などで、最初に与えられる段位。

じょ-たん【助炭】[名] 炉や火鉢をおおって火持ちをよくする道具。箱形の木の枠に和紙を張ったもの。▼茶道などで使う。

しょ-ち【処置】[名・他サ変] その場の状況に応じた判断を下して、物事の始末をつけること。特に、傷や病気の手当てをすること。‖「けが人の—をする」「適切な—を施す」「延命のための—」「応急—」

しょ-ちゅう【書中】[名] 手紙・文書などの文中。また、手紙。‖「—をもってお詫び申し上げます」

しょ-ちゅう【暑中】[名] 夏の暑い間。特に、夏の土用の一八日間。七月二〇日ごろから八月七日ごろまで。‖「—お見舞い申し上げます」

じょ-ちゅう【女中】[名] ❶一般家庭に雇われて、家事やその手助けなどをする女性。▼現在では「家政婦」「お手伝いさん」などという。❷旅館・料理屋などに雇われて、客への給仕や下働きなどをする女性。▼現在では「接客係」などという。

じょ-ちゅう【除虫】[名・自他サ変] 害虫を駆除すること。駆虫。

じょちゅう-ぎく【除虫菊】[名] 薬用として栽培するキク科の多年草。初夏、白い頭状花をつける。殺虫成分のピレトリンを含む花は蚊取り線香や殺虫剤の原料。ノミトリギク。シロバナムショケギク。

しょちゅう-みまい【暑中見舞い】[名] 暑中に手紙を出して相手の安否を尋ねること。また、その手紙。暑中伺い。

しょ-ちょう【初潮】[名] 初めての月経。初経。

しょ-ちょう【所長】[名] 営業所・出張所・研究所など、所と名のつく施設の長。

しょ-ちょう【署長】[名] 警察署・消防署・税務署など、署と名のつく役所の長。

じょ-ちょう【助長】[名・他サ変] ❶力を添えて成長・発展を助けること。‖「中耕を施して作物の発育を—する」❷その物事が、結果として、ある傾向をさらに著しくしてしまうこと。‖「赤字公債の発行がインフレを—する」▼多く好ましくないことにいう。

しょっ-かい【職階】[名] 役所・会社などで、職務の内容や責任の軽重などによって定められた階級。職務上の階級。‖「—給」

しょっ-かく【食客】[名] ❶客の待遇で抱えておく人。しょっきゃく。❷他人の家に寄食している人。居候。しょっきゃく。

しょっ-かく【触角】[名] 昆虫類・甲殻類など、節足動物の頭部にある感覚器官。一対または二対あり、触覚・嗅覚などをつかさどる。

しょっ-かく【触覚】[名] 物にふれたときに生じる皮膚の感覚。‖「—器官」

しょっ-かん【食間】[名] 食事と食事との間。‖「—に服用する薬」

しょっ-かん【食感】[名] 舌触りや歯ごたえなど、食べ物を口に入れたときの感じ。‖「こりこりした—」

しょっ-かん【触感】[名] 物にさわったときに手や肌で受ける感じ。手ざわり。肌ざわり。感触。‖「ざらざらした—」

しょっ-き【食器】[名] 食事に用いる容器・器具。茶碗・皿・はし・フォークなど。‖「—棚」

しょっ-き【織機】[名] 布を織る機械。はたおり機。はた。

ジョッキ[名] ビールなどを飲むときに使う、取っ手のついた大型の容器。▼jug(=水差し)から。

ジョッキー[jockey][名] 競馬の騎手。

しょっ-きり【初っ切り】[名] 花相撲・興行相撲などの余興として行うこっけいな相撲。▼もと、興行相撲の最初に行われる三番勝負。

ショッキング[shocking][形動] ❶心に強い衝撃を与えるさま。どきっとさせるさま。衝撃的。‖「—な事件」❷色が鮮やかなさま。強烈なさま。‖「—ピンク」

ショック【shock】[名] ❶物理的な衝撃。❷[形動]精神的な動揺。衝撃。また、衝撃的。‖「ーを受ける」「ーな出来事」❸末梢の血液循環不全によって、急激な血圧低下や諸臓器の機能低下をきたす状態。‖「ー死」

ショック-りょうほう【ショック療法】[名] ❶薬物や電気などで強いショックを与える、精神疾患の治療法。衝撃療法。ショックセラピー。❷比喩的に、思い切った処置を講じること。荒療治。

しょっ-けん【食券】[名] 食堂などで、飲食物と引き換える券。

しょっ-けん【職権】[名] 公の機関や公務員が、その職務を果たすためにもっている権限。職務上の権限。

しょっけん-らんよう【職権濫用】[名] 公務員が法令の規定を越えて、その職権を行使すること。‖「ー罪」書き方「職権乱用」とも。

しょっ-こう【▼燭光】[名] ❶ともしびの光。❷➡燭②

しょっ-こう【職工】[名] [古風] 工場で労働する人。工員。

しょっ-ちゅう [副] いつも。始終。‖「ー会社を休む」

しょっ-つる【▽塩▽汁】[名] 秋田地方特産の魚醤油。ハタハタ・イワシなどを塩漬けにして長期間貯蔵し、そこから自然にしみ出してきた汁をこしたもの。

しょって-た・つ【▽背▽負って立つ】[連語] ➡しょう(子見出し)

しょっ-・てる【▽背▽負ってる】[自下一] 自分で自分のことを買いかぶっている。思い上がっている。うぬぼれている。しょっている。‖「自分で天才だなんて、ずいぶんーよ」

ショット【shot】[名] ❶射撃。❷テニス・ゴルフなどで、ボールを打つこと。また、打ったボール。打球。‖「ナイスー」❸映画などで、切れ目なく撮影された一続きの映像。また、写真などの一画像。‖「ロングー・ベストー・スクリーンー」❹強い酒の、一口分の量。‖「ーで飲む(=小さなグラスに入れた生の強い酒を一息に飲む)」

ショットガン【shotgun】[名] 散弾を発射する銃。鳥・小動物の狩猟、クレー射撃などに用いる。散弾銃。

ショット-グラス【shot glass】[名] ウイスキーなどをストレートで飲むための小型のグラス。

しょっぱ・い【▽塩っぱい】[形] ❶塩分が強いと感じる。塩からい。‖「ー味噌汁」❷しみったれている。けちだ。‖「ーことを言うな」❸困惑・不快感などで顔をしかめるさま。‖「ー顔をする」派生ーさ

しょっ-ぱな【初っ▽端】[名] 物事のいちばんはじめ。最初。

しょっぴ・く [他五] ❶無理やりに引っぱって連れていく。また、連れてくる。❷容疑者などを捕らえて警察へ連行する。◈「しょびく」の転。

ショッピング【shopping】[名・自サ変] 買い物をすること。

ショッピング-カート【shopping cart】[名] ❶スーパーマーケットなどで使う買い物用の手押し車。ショッピングカー。❷オンラインショッピングで、購入する商品やその個数、価格などを一覧できる機能。

ショッピング-センター【shopping center】[名] 多数の小売店を集めた区域や建物。SC。

ショッピング-モール【shopping mall】[名] ❶遊歩道のある商店街。モール。❷多種多様の小売店を計画的に集めた商店街。ショッピングセンター。

ショップ【shop】[名] 商店。小売店。‖「ペット[フラワー]ー」▼多く他の語と複合して使う。

しょ-て【初手】[名] 物事のしはじめ。てはじめ。最初。▼もと、囲碁・将棋で最初に打つ手。

しょ-てい【所定】[名] 前もって決められていること。‖「ーの手続きをとる」

じょ-てい【女帝】[名] 女性の天皇・皇帝。にょてい。

しょ-てん【書店】[名] 書物を売る店。また、書物を出版する店。本屋。書肆。

しょ-でん【初伝】[名] 学問・芸道などで、師匠が弟子に伝授する免許の最初の段階のもの。初手許し。⇔中伝・奥伝

しょ-でん【所伝】[名] 古くから文書や口頭によって伝えられてきたこと。また、物が代々伝えられてきたこと。‖「当家ーの宝鏡」

しょ-とう【初冬】[名] ❶冬のはじめ。はつふゆ。⇔晩冬 ❷陰暦十月の別称。孟冬。

しょ-とう【初等】[名] 学問・教育などで、最初の等級。いちばん初めの段階。‖「ー科・ー数学」

しょ-とう【初頭】[名] ある期間や年代の初めのころ。‖「二〇世紀のー」

しょ-とう【▼蔗糖】[名] サトウキビからとる砂糖。また、サトウキビ・サトウダイコンなどから採取される糖。ぶどう糖(グルコース)と果糖(フルクトース)が結合した二糖類。サッカロース。スクロース。▼「しゃとう」の慣用読み。

しょ-とう【諸島】[名] 一定の区域内に散在するいくつかの島々。‖「奄美ー」

しょ-どう【初動】[名] 最初の行動。‖「ー捜査」

しょ-どう【所動】[名] 他から働きかけられること。受動。⇔能動

しょ-どう【書道】[名] 毛筆を使って文字を書く芸道。また、毛筆による書の美を表す芸術。

しょ-どう【諸道】[名] ❶いろいろの芸道。❷いろいろのこと。諸事。万事。

しょとう-きょういく【初等教育】[名] 児童に社会生活に必要な基本的知識・技能を教える普通教育。小学校の教育。初等普通教育。

じょ-どうし【助動詞】[名] 品詞の一つ。付属語のうち活用のあるもの。用言や体言、そして他の助動詞に付いて意味を加え、叙述の働きを与える。その表す意味によって、使役・受け身・自発・可能・尊敬・打ち消し・過去・完了・推量・意志・希望・伝聞などに分類される。

しょ-とく【所得】[名] ❶個人・法人が一定期間に勤労・事業・資産などによって得た収入から、それを得るのに必要とした経費を差し引いた残りの純収入。❷自分のものとなった金銭。収入。

しょとく-ぜい【所得税】[名] 個人の一年間の所得に対して課せられる国税。

しょ-なのか【初七日】[名] ある人の死んだ日から数えて七日目に当たる日。また、その日に行う法事。しょしちにち。しょなぬか。

じょ-なん【女難】[名] 男性が女性関係によって身に受ける災難。‖「ーの相」

じょ-にだん【序二段】[名] 大相撲の番付で、最下

位の序の口より一段上の地位。

しょ-にち【初日】［名］何日間か続く興行・催し物などの最初の日。

◉**初日が出る** 相撲で、その場所で負け続けていた力士が初めて勝つ。

しょ-にん【初任】［名］初めて官職に任じられること。‖「—研修」

じょ-にん【叙任】［名・他サ変］位を授けて、その官職に任命すること。

しょにん-きゅう【初任給】ーキフ［名］初めて職についたときに支給される給料。

しょ-ねつ【暑熱】［名］夏の暑さ。炎熱。炎暑。

しょ-ねん【初年】［名］❶ある物事を始めた最初の年。第一年。❷ある期間の初めのころ。‖「明治—に発行された新聞」

じょ-の-くち【序の口】［名］❶物事が始まったばかりのところ。‖「こんな寒さはまだ—だ」❷大相撲の番付で、最も下に記される地位。序二段の下。

しょ-は【諸派】［名］いろいろな党派。特に、大きな党派に対して党員の少ない党派の総称。‖「—の議員」

しょ-ば【所場】［名］［俗］場所。特に、露天商などが店を張る場所。‖「—代」▽「場所」を逆さ読みにした隠語から。

じょ-は-きゅう【序破急】ーキフ［名］❶雅楽・舞楽で、楽曲を構成する三区分。最初の「序」はゆるやかで無拍子、中間の「破」はゆるやかな拍子、最後の「急」は速い拍子。❷能・浄瑠璃などで、脚本を構成する三区分。「序」は導入部、「破」は展開部、「急」は結末部。❸物事の、初めと中と終わり。

しょ-はつ【初発】［名］❶［自サ変］初めて起こること。‖「—症状」❷始発。

しょ-ばつ【処罰】［名・他サ変］罰を与えること。‖「違反者を—する」「—を受ける」

しょ-はん【初犯】［名］初めて罪を犯すこと。また、初めて犯した罪。⬇再犯・累犯

しょ-はん【初版】［名］書物の最初の版。また、その書物。第一版。⬇再版・重版

しょ-はん【諸般】［名］さまざまな事柄。いろいろなこと。‖「—の事情により開催を見合わせる」

じょ-ばん【序盤】［名］❶囲碁・将棋で、対局が始まったばかりの布石・駒組みなどの段階。❷物事の始まったばかりの段階。‖「選挙戦の—」◈⇔中盤・終盤

しょ-ひ【諸費】［名］さまざまな経費。諸経費。

しょ-び・く［他五］力ずくで引っぱる。しょっぴく。‖「腕をつかんで—」▽「そびく（＝引っぱる。また、引き寄せる）」の転か。

しょ-ひょう【書評】ーヒャウ［名］新刊書などの内容を紹介・批評すること。また、その文章。

じょ-びらき【序開き】［名］物事のはじめ。発端。

しょ-ふう【書風】［名］毛筆で書かれた文字の書きぶり。

しょ-ふく【書幅】［名］文字の書いてある掛け軸。書軸。▽画幅に対していう。

じょ-ふく【除服】ヂョ［名・自サ変］喪の期間が終わって喪服を脱ぐこと。また、喪が明けること。忌み明け。じょぶく。

しょ-ぶん【処分】［名・他サ変］❶不要なものを捨てたり売ったりして始末すること。‖「古い本を—する」「廃棄—」❷規則・規約などに反した者に罰を加えること。‖「懲戒—」

じょ-ぶん【序文】［名］書物・論文などで、本文の前に著述の趣旨などを記した文章。はしがき。序。⇔跋文

ショベル【shovel】［名］⬇シャベル

ショベル-カー【和製shovel＋car】［名］前方に動力シャベルを備えた土木作業用の車両。

しょ-ほ【初歩】［名］学問・技芸などで、習いはじめの段階・程度。‖「囲碁の—を教える」

しょぼ・い［形］［俗］さえない。ぱっとしない。また、安っぽい。‖「—料理だな」「—景品」 書き方「ショボい」とも。

しょ-ほう【処方】ーハウ［名・他サ変］医師が患者の病状に応じて薬の調合法・使用法を指示すること。また、その方法。‖「鎮痛剤を—する」

しょ-ほう【書法】ーハフ［名］❶文字の書き方。特に、毛筆による文字の書き方。筆法。❷文章の書き方。

しょ-ほう【諸方】ーハウ［名］いろいろな方面。あちこち。

しょ-ぼう【書房】ーバウ［名］❶書斎。❷書店。本屋。▽多く接尾語的に使って書店や出版社の名称とする。

じょ-ほう【叙法】ーハフ［名］言い表し方。文章表現の方法。

じょ-ほう【除法】ヂョハフ［名］割り算。⇔乗法

しょほう-せん【処方箋】ショハウ［名］患者に投与する薬について医師が薬剤師に渡す指示書。

しょぼ-く・れる［自下一］［俗］生気をなくして、みすぼらしいようすになる。みじめなようすになる。しょぼたれる。

しょぼ-しょぼ［副(と)］❶小雨がぐずぐずと降り続くさま。‖「雨が—(と)降る」❷目がはっきり開かなくて、弱々しくまばたきするさま。‖「寝不足で目が—する」❸生気がなくて、弱々しいさま。‖「背を丸めて—(と)帰る」

しょぼ-た・れる［自下一］❶びしょびしょにぬれる。しょぼぬれる。❷［俗］生気をなくして、みすぼらしいようすになる。しょぼくれる。❸［俗］服装などが、みすぼらしく見える。‖「よれよれの—れた背広」

しょぼ-つ・く［自五］❶雨がしょぼしょぼと降る。‖「朝からうっとうしい雨が—」❷目がはっきりと開かなくて、弱々しくまばたきをする。‖「寝不足で目を—かせる」

じょ-ぼん【序品】［名］❶経典の前書きの部分。❷法華経二十八品の中の第一品。◈「じょほん」とも。

しょぼん-と［副］気力をなくして、弱々しく寂しそうに見えるさま。‖「しかられて—する」

じょ-まく【序幕】［名］❶演劇などの最初の幕。❷物事のはじまりの部分。‖「—から大荒れの国会」◈⇔終幕

じょ-まく【除幕】ヂョ［名・自サ変］銅像・記念碑などが完成したとき、かぶせてある幕をはずして公開すること。‖「—式」

じょ-みゃく【徐脈】［名］一分間の脈拍数が六〇以下に減少した状態。

しょ-みん【庶民】［名］権力者や資産家などでない、世間一般の人々。一般大衆。

しょみん-てき【庶民的】［形動］高級ぶったところがなく、庶民の生活に合っているさま。また、言動・態度などが親しみやすく、いかにも庶民らしいさま。‖「—な店」

しょ-む【処務】［名］事務を処理すること。また、処理すべき事務。‖「—規程」

しょ-む【庶務】［名］特定の名目をつけられない、種々雑多な事務。‖「―課」

しょ-めい【書名】［名］本の題名。‖「―目録［索引］」

しょ-めい【署名】［名・自サ変］文書などに自分の氏名を書き記すこと。‖「契約書に―する」「―捺印(なついん)」▽法令では「記名」が印刷や代筆でもよいのに対して、「署名」は直筆であることが必要とされる。また、「電子署名及び認証業務に関する法律」により、暗号技術を使った電子署名の法的証拠能力が認められている。

じょ-めい【助命】［名］殺されるべき人の命を助けること。‖「―嘆願書」

じょ-めい【除名】ヂョー［名・他サ変］名簿からその名前をのぞくこと。特に、団体などで、その構成員としての資格を奪うこと。‖「会員を―する」「―処分」

しょ-めん【書面】［名］❶文書・手紙などに書かれていること。文面。❷手紙。文書。‖「―で知らせる」

しょ-もう【所望】ーマウ［名・他サ変］あるものが欲しいと望むこと。また、あることをして欲しいと望み願うこと。‖「茶を一杯―する」「御―の品」

じょ-もう【除毛】ヂョー［名・自他サ変］むだな毛を取り除くこと。脱毛。‖「カミソリで―する」「―剤」

しょ-もく【書目】［名］❶書物の題名。書名。❷書物の目録。図書目録。

しょ-もつ【書物】［名］本。書籍。‖「―を読む」

しょ-や【初夜】［名］❶結婚した夫婦が初めて寝床をともにする夜。新婚初夜。❷六時の一つ。戌(いぬ)の刻。現在の午後八時ごろ。また、その時刻に行う勤行(ごんぎょう)。そや。

じょ-や【除夜】ヂョー［名］おおみそかの夜。除夕(じょせき)。

じょ-やく【助役】［名］❶市町村・特別区などで、長を補佐し、その職務を代理する職。▽二〇〇七年に廃止。❷鉄道で、駅長を補佐し、その職務を代理する役（を務める人）。

じょや-の-かね【除夜の鐘】ヂョヤー［名］煩悩を取り除く意味を込めて、大みそかの夜半に寺々で一〇八回にわたってつく鐘。また、その音。

しょ-ゆう【所有】ーイウ［名・他サ変］自分のものとして持つこと。また、そのもの。‖「山林を―する」「―者」

じょ-ゆう【女優】ヂョイウ［名］女性の俳優。⇔男優

しょゆう-けん【所有権】ショイウー［名］特定の物を全面的に支配し、自由に使用・収益・処分できる権利。

しょ-よ【所与】［名］❶与えられていること。また、そのもの。特に、問題解決などの前提として与えられているもの。‖「―の条件」❷哲学で、思考の働きに先だつ前提として意識に与えられているもの。

しょ-よう【所用】［名］❶用件。用事。‖「―のため欠席する」❷必要とすること。入用。‖「―の品」

しょ-よう【所要】ーエウ［名］ある物事をするために、それを必要とすること。また、必要とするもの。‖「―時間」

しょ-り【処理】［名・他サ変］物事（特に、問題のある物事）をとりさばいて、きちんと始末をつけること。‖「てきぱきと事務を―する」「パソコンで情報を―する」「難題［廃棄物］を―する」「防水―を施す」

じょり-じょり［副ト］髪の毛・ひげなどをそる音を表す語。

じょ-りゅう【女流】ヂョリウ［名］女性。‖「―文学」「―作家［棋士］」▽多く芸術・技術の分野や職を表す語につけていう。

しょ-りょう【所領】ーリャウ［名］領有している土地。領地。

じょ-りょく【助力】［名・自サ変］他人の仕事・活動などに力を貸すこと。手助け。‖「―を惜しまない」

しょ-りん【書林】［名］書店。本屋。書房。▽書物の多くある所の意。多く接尾語的に店の名称に用いる。

しょ-るい【書類】［名］事務上の文書・書き付け。必要な事項を書き記したり印刷したりしたもの。

しょるい-そうけん【書類送検】［名・他サ変］被疑者の身柄を勾留(こうりゅう)することなく、事件に関する取り調べ調書などを警察から検察庁に送付すること。

ショルダー［shoulder］［名］❶肩。また、洋服の肩の部分。‖「―パッド」❷肩に掛ける小型のかばん。▽「ショルダーバッグ」の略。

じょ-れい【除霊】ヂョー［名・自他サ変］取り憑(つ)いた霊を加持祈禱(かじきとう)などによって除くこと。

じょ-れつ【序列】［名］一定の基準に従って上位から下位に並べた順序。‖「年功―」

じょ-れん【▼鋤▼簾】［名］土砂・小石・ごみなどをかき集める道具。長い柄の先に竹の箕(み)や鉄の櫛(くし)をつけたもの。

簾

しょ-ろう【初老】ーラウ［名］中年期を過ぎて、高齢期にさしかかる年ごろ。▽もと四〇歳をいった。現在では六〇歳前後と意識される。

しょ-ろう【所労】ーラウ［名］つかれ。疲労。また、病気。

じょ-ろう【女郎】ヂョラウ［名］昔、遊郭にいて遊客に身を売った女性。あそびめ。遊女。じょろ。▽「じょうろう（上臈）」の転という。

じょろう-ぐも【女郎〈▼蜘▼蛛〉】ヂョラウー［名］樹間などに複雑な三重網を張るコガネグモ科のクモ。雄の体色は地味な黄褐色だが、雌の腹部には黄色と青黒色の縞(しま)がある。

しょ-ろん【所論】［名］論じる事柄。主張する意見。

じょ-ろん【序論】［名］論文などで、本論への導入部として最初に述べる概括的な論説。緒論(しょろん)。

しょわ・せる【▽背▽負わせる】ショハセル［他下一］❶背中に乗せてやる。せおわせる。‖「荷物を―」❷やっかいなことを引き受けさせる。‖「責任を―」［異形］しょわす

ジョン-ブル［John Bull］［名］典型的な英国人。▽英国の作家アーバスノットの風刺小説『ジョンブル物語』（一七一二年刊）に由来する語。

しょん-べん【▽小便】［名・自サ変］「しょうべん」のくずれた言い方。

しょんぼり［副ト］元気をなくして、さびしそうなさま。力なくしおれているさま。‖「小言をいわれて―（と）帰る」

品格 意気消沈(いきしょうちん)「―するばかり」 悄然(しょうぜん)「―とうなだれる」 ぼつねんと「―たたずむ」

しら【白】 ━［名］知らないこと。 ━（造）❶白色。‖「―髪(しらが)・―壁・―雪」❷色・味などをつけてない。生地のままである。‖「―木・―焼き」［書き方］仮名書きが多い。

◉**しらを切・る** 知っているのに知らないふりをする。しらばくれる。

しら-あえ【白▽和え】ーアヘ［名］豆腐・白ごまなどをすりまぜて調味し、ゆでた野菜やこんにゃくをあえた料理。

じ-らい【地雷】ヂー［名］❶地中に埋設し、その上を人や戦車が通ると爆発する仕掛けの兵器。地雷火。❷〔新〕うっかり触れると人を怒らせる事柄。‖「彼の―を踏む」

じ-らい【▼爾来】［副］それ以来。それ以後。‖「―訪れる人もない」

しら-いと【白糸】［名］染色していない生地のままの

糸。白い糸。▼白くて細い糸状のもののたとえにもいう。≡「滝の—」

しら-うお【白魚】ヲウ [名] 日本各地の内海・汽水湖(きすいこ)に分布するサケ目シラウオ科の魚。無色半透明だが、火を通すと白色になる。食用。シロウオとは別種。▼白く細い指のたとえにもいう。≡「—のような指」

しら-うめ【白梅】[名] 白色の花をつける梅。また、梅の白い花。はくばい。

しら-が【《白髪》】[名] 白くなった毛髪。はくはつ。≡「—頭」

しら-かし【白▼樫】[名] 山地に自生するブナ科の常緑高木。春に黄褐色の花穂をつけ、秋にどんぐりを結ぶ。堅くて白い材は器具用。防風用に人家の周囲にも植える。▼樹皮が黒いことから「くろかし」ともいう。

しらが-ぞめ【《白髪》染め】[名] 白髪を黒く染めること。また、その薬剤。

しらが-ねぎ【《白髪》▼葱】[名] 長葱(ながねぎ)の白い部分を繊維にそって細長く切ったもの。

しら-かば【白▼樺】[名] 本州中部以北の山地・高原に自生するカバノキ科の落葉高木。樹皮は白色で、横にはげやすい。材は器具、樹皮は細工物などに用いる。シラカンバ。

しらかば-は【白▼樺派】[名] 日本近代文学の一派。明治四三(一九一〇)年創刊の雑誌「白樺」によって活躍した文学者・美術家の人々をいう。自然主義に対抗して人道主義・理想主義を唱え、大正文壇の中心的存在となった。武者小路実篤(むしゃのこうじさねあつ)・志賀直哉(しがなおや)・有島武郎(ありしまたけお)・里見弴(さとみとん)らを代表とする。

しら-かゆ【白▼粥】[名] 白米だけで炊いたかゆ。しらがゆ。

しらかわ-よふね【白河夜船・白川夜船】シラカハ [名] ぐっすり寝込んでいて何も気づかないこと。しらかわよぶね。語源 京都を見物してきたと偽った人が白河(地名)のことを聞かれて川の名と思い、夜中に船で通ったから何も知らないと答えたという話から。

しら-き【白木】[名] 削っただけで何も塗ってない木材。≡「—の柱」⇩黒木

しら-く【刺絡・刺▼胳】[名・他サ変] 漢方で、皮下の静脈を針などで刺して悪い血を流し出すこと。また、その療法。

しら-くも【白雲】[名] 白い雲。しろくも。はくうん。

しら・ける【白ける】[自下一] ❶色があせて白っぽくなる。≡「壁紙が—」❷盛り上がっていた場がきまずくなる。興がさめる。≡「座が—」❸興味・関心を失った状態になる。≡「選挙にも—けた態度をとる」文 しら・く 名 白け

しら・げる【▽精げる】[他下一] ❶玄米をついて白米にする。精米する。❷細工物などを磨いて仕上げをする。文 しら・ぐ 名 しらげ

しら-こ【白子】[名] ❶雄の魚の腹にある乳白色の精巣。タラ・フグなどのものは食用として珍重する。❷⇩アルビノ

しら-さぎ【白▼鷺】[名] 羽の色が白いサギの総称。ダイサギ・チュウサギ・コサギ・アマサギなど。

しら-さや【白▼鞘】[名] 白木で作った刀剣の鞘。しらざや。

しら-さ・れる【知らされる】[連語] 知るようにさせられる。≡「我々は何も—れていない」「思い—」▼「知る」の使役+受身形。

しら-し・める【知らしめる】[連語] 知るようにさせる。≡「世界にその名を—」注意 過去形は「知らしめた」。これを「知らしめした」とするのは誤り(治めるの尊敬語「知らしめす」の過去形で、別の語)。

しら-しら【白白】[副] 夜が明けて次第に空が明るくなっていくさま。しらじら。≡「夜が—と明ける」

しら-じら【白白】[副] ❶⇩しらしら ❷いかにも白く見えるさま。≡「夜目にも梅の花が—とみえる」❸本心でないことが見えすいているさま。≡「—(と)うそをつく」

しらじら-し・い【白白しい】[形] ❶本心でないこと、うそであることが見えすいているさま。そらぞらしい。≡「—世辞をいう」❷興ざめなさま。≡「—空気が流れる」❸知っているのに知らないふりをするさま。しらばくれている。そらぞらしい。≡「挨拶(あいさつ)をしても—態度をとる」派生 -さ

しら-す【白子】[名] ❶カタクチイワシ・マイワシ・イカナゴなどの稚魚。体は無色半透明だが、ゆでると白くなる。食用。❷春に群れをなして川をのぼるウナギの稚魚。捕らえて養殖する。しらすうなぎ。

しら-す【白州(白▼洲)】[名] ❶白い砂からなる州。❷玄関先や庭先などで、白い砂を敷きつめた所。❸能舞台と観客席との間の、玉砂利を敷きつめた所。❹江戸時代の奉行所で、訴訟を審理し、被疑者を取り調べた所。また、奉行所。法廷。おしらす。▼白い砂が敷かれていたことから。

しら・す【知らす】[他五]⇩知らせる

しら-ず【知らず】[連語]〈「…は知らず」の形で〉…は問題にしないでおく、…は別として、などの意を表す。≡「平生のお糸さんは—、この瞬間のお糸さんはお糸さん以上である〈二葉亭〉」

じら・す【▽焦らす】[他五] 相手が望むことをなかなかしないで、いらだたせる。じれさせる。≡「—・してなかなか教えない」名 じらし

しらず-しらず【知らず知らず(知らず▽識らず)】[副] 無意識のうちに。≡「—涙が出てくる」

しらす-ぼし【白子干し】[名] カタクチイワシなどの稚魚を塩ゆでにして干した食品。

しらせ【知らせ】[名] ❶知らせること。また、その内容。≡「よい—が届く」❷何かが起こりそうな感じ。きざし。前兆。≡「虫の—」◈書き方「▽報せ」とも。

しら・せる【知らせる】[他下一] ❶新しい情報を言語などの手段を用いて相手に伝える。≡「合格したことを電話で—」「都合のよい日を—・せて下さい」「虫が—のか胸騒ぎがする」使い方〈物〉を主語にしてもいう。時報や鐘の音などがある情報(特に、時刻)を伝える意。告げる。≡「ラジオの時報が正午を—」「発車を—ベルが鳴る」❷身にしみて分からせる。思い知らせる。≡「愛と誠の力を、いまこそ—・せてやるがよい〈太宰治〉」◈書き方「▽報せる」とも。文 しら・す 名 知らせ 異形 知らす

品格 告知「余命を—する」周知「—徹底」通告「警察に—する」通達「—を送る」通知「—が届く」通牒(つうちょう)「最後—」告げる「解雇を—」触れる「触れて回る」報ずる「事件を—」

しら-たき【白滝】[名] ❶白い布を垂らしたように流れ落ちる滝。❷細長く作ったこんにゃく。▼「糸こんにゃく」と区別することもあるが、今は一般に同じものとされる。書き方 ②はかな書きが多い。

しら-たま【白玉】[名] ❶白色の玉。特に、真珠。❷白玉粉を水でこね、小さく丸めてゆでた団子。種々の菓子にするほか、酢の物や汁の実などにも用いる。❸白い花が咲く椿(つばき)。たまつばき。▼「白玉椿」の略。

しらたま-こ【白玉粉】[名] もち米の粉を水でさらし、精製・乾燥させたもの。和菓子の原料や練り物などに用いる。▼寒中の水にさらして作ったものは寒晒(かんざら)し粉という。

しら-ちゃ【白茶】[名] 白っぽい茶色。ごく薄い茶色。

しらちゃ・ける【白茶ける】[自下一] 色があせて白っぽくなる。しらっちゃける。「着古して—・けた背広」

しら-つち【白土】[名] ❶白い色をした土。はくど。❷陶磁器の原料にする白い粘土。陶土。❸しっくい。

しら-つゆ【白露】[名] 白く光って見える露。

しら-とり【白鳥】[名] 羽毛の白い鳥。特に、ハクチョウ。

しら-なみ【白波(白▽浪)】[名] ❶泡だって白く見える波。また、白くくだけた波。❷盗賊。どろぼう。「—五人男」▼『後漢書』にある「白波賊(はくはぞく)」にちなむ語。

しら-に【白煮】[名] 色の白い食材を塩・砂糖・みりんなどで白く煮上げること。また、その煮たもの。

しらぬ-い【〈不知〉火】[名] 夏の夜、九州の八代海(やつしろかい)や有明海の沖合に明滅して見える無数の火影。また、それが見える現象。▼水面と大気との間の温度差によって遠方の漁火(いさりび)が無数の光像をつくる異常屈折現象とされる。

しらぬい-がた【〈不知〉火型】[名] 横綱の土俵入りの型の一つ。四股(しこ)のあとのせり上がりで、両腕を左右に大きく広げるのが特徴。八代横綱不知火諾右衛門(しらぬいだくえもん)と一一代横綱不知火光右衛門(しらぬいこうえもん)が創案した型という。⬇雲竜型

しらぬ-かお【知らぬ顔】[名] 知っていながら知らない振りをすること。知らん顔。「—の半兵衛(はんべえ)(=知らぬ振りをしてとりあわないことを人名めかしていう語)」

しら-は【白刃】[名] 鞘(さや)から抜いた刀剣の刃。抜き身。はくじん。

しら-は【白羽】[名] 白い矢ばね。ふつう鷹(たか)の白い羽毛を用いる。

◉**白羽の矢が立・つ** ❶多くの人の中から犠牲者として選び出される。❷多くの中から特に選び出される。「主役として彼に—・った」◈選ぶ側からは「白羽の矢を立てる」という。注意「白羽の矢が当たる」「白羽の矢を当てる」は誤り。

しら-はえ【白〈南風〉】[名] 梅雨明けのころに吹く南風。しろはえ。

しらば・くれる [自下一] 知っていながら、知らないふりをする。しらばっくれる。「—・れても証拠がある」

品格 嘯(うそぶ)く「約束などしていないと—」しらを切る「まだ—つもりなのか」とぼける「問い詰められても—ばかりだ」

シラバス [syllabus] [名] 一学年や一学期中の授業・講義内容の細目。また、それを記したもの。

しら-はた【白旗】[名] ❶白色の旗。戦いで、戦意のないことを表すのに使う。しろはた。「—をあげる(=降服する)」❷平家の赤旗に対して、源氏の旗。しろはた。

しら-はり【白張り】[名] 紋や文字がなく、白い紙を張っただけであること。「—の傘」「—提灯(ちょうちん)」

しら-びょうし【白拍子】[名] ❶雅楽などで、伴奏を入れず、笏拍子(しゃくびょうし)だけで歌うもの。❷平安時代末期から鎌倉時代にかけて流行した歌舞。また、それを演じる遊女。▼男装した遊女が今様(いまよう)などを歌いながら舞った。

しら-ふ【〈素面〉・〈白面〉】[名] 酒を飲んでいない平常の状態。

ジラフ [giraffe] [名] 哺乳(ほにゅう)類のキリン。

シラブル [syllable] [名] 音節。

しらべ【調べ】[名] ❶調べること。調査。尋問。「下—」❷音律。また、旋律。メロディー。「妙なる—」

しら・べる【調べる】[他下一] ❶分からないことや不確かなことをはっきりさせるために、いろいろの方法で物事に当たる。特に、不都合や不正やごまかしなどがないかを現物に当たって確かめる。「事故の原因を—」「電話帳で電話番号を—」「洞窟(どうくつ)を—」「帳簿を—」「参考人として—」書き分け 検査・点検の意では、「乗車券[所持品]を検べる」などと「▽検べる」も好まれるが、今は【調】が一般的。❷〔古風〕音楽を演奏する。弾く。奏でる。「琴を—」❸〔古風〕邦楽で、楽器の音律を合わせ整える。文しら・ぶ 名調べ

しら-ほ【白帆】[名] 船に張った白い帆。

しらみ【▼虱】[名] シラミ目に属する昆虫の総称。体長は一〜四ミリメートル。平たい長楕円(だえん)形で、羽はない。哺乳(ほにゅう)動物に寄生し、体表から吸血する。書き方「▼蝨」とも。

しらみ-つぶし【▼虱潰し】[名] (たくさんのシラミを一匹一匹つぶしていくように)物事を片端からすべてにわたって処理していくこと。「一つ一つ—に調べる」

しら・む【白む】[自五] ❶白っぽくなる。特に、夜が明けかけて、ほのかに明るくなる。「夜が—・んでくる」❷興がさめる。しらける。「座が—」

しら-やき【白焼き】[名] 魚肉などを調味料をつけずに直火(じかび)で焼くこと。また、そのように焼いたもの。素焼(すやき)。「鰻(うなぎ)の—」

しら-ゆき【白雪】[名] まっ白な雪。はくせつ。

し-らん【紫▼蘭】[名] 初夏、花茎の先に紅紫色の花をつける、ラン科の多年草。山地に自生し、観賞用に栽培もされる。朱蘭。

しらん-かお【知らん顔】[名] ⬇知らぬ顔

しらん-ぷり【知らんぷり(知らん振り)】[名・自サ変] 知っていながら知らないふりをすること。知らんふり。「—して通り過ぎる」▼「しらぬふり」の転。

しり【尻(▼臀)】[名] ❶動物の胴体の後部で、腰の下の部分。肛門のあたりの肉の盛り上がっているところ。臀部(でんぶ)。けつ。「頭隠して—隠さず」❷物事の一番後。あと。「行列の—につく」⬍先(さき) 書き方「▽後」とも。❸丸みを帯びた容器などの底の部分。「バケツの—」

◉**尻が暖(あたた)ま・る** 同じ所に長くとどまる。「—暇(いとま)もない(=席の暖まる暇もない)」

◉**尻が重・い** なかなか行動を起こそうとしない。

◉**尻が軽・い** ❶軽率に行動をしがちだ。❷(女性が)浮気っぽい。

◉**尻が長・い** 他人の家で話し込んだりしだすと、いつまでも帰ろうとしない。

◉**尻が割・れる** 隠していた悪事が分かってしまう。

◉**尻に敷(し)・く** 妻が夫を軽んじて、言いなりに従わせる。「亭主を—」「女房の—・かれる」注意「尻に引く」「尻に引かれる」は誤り。

◉**尻に火が付・く** さし迫った事態になってあわてる。

⊙**尻を据える** 何かを落ち着いて行うために、その場所にとどまる。

⊙**尻を叩く** 無理にでも行うようにしむける。叱咤激励する。

⊙**尻を拭う** 他人の失敗の後始末をする。

⊙**尻を捲る** 居直って反抗的な態度をとる。

⊙**尻を持ち込む** 後始末をつけるよう関係者に迫る。

しーり【私利】［名］自分のためだけの利益。‖「ー私欲」⇕公利

じーり【事理】［名］❶物事の筋道。道理。‖「ー明白」❷仏教で、個々の現象（＝事）とその本体である絶対の真理（＝理）。

しりーあい【知り合い】ヒァ［名］互いに相手を知っていること。また、その相手。‖「古くからのー」

しりーあ・う【知り合う】ファ［自他五］互いに相手のことを知（って、親しくつき合うようにな）る。互いに面識をもつようになる。‖「彼とはー・ってまだ日が浅い」名知り合い

しりーあがり【尻上がり】［名］❶うしろの方があがっていること。❷物事の状態があとになるほどよくなること。‖「ーに調子が出る」❸語句末や句末の音調が高くなること。❹鉄棒などで、両足をそろえて上にあげ、腕の力と反動を利用して体をしりの方から引き上げること。また、その技。さかあがり。◈①〜③⇕しりさがり

シリアス［serious］［形動］❶重大なさま。深刻なさま。‖「ーな問題」❷まじめなさま。真剣なさま。また、本格的なさま。‖「ーに考える」「ーな小説」

シリアル［cereal］［名］穀類を加工して、そのまま、または簡単な調理で食べられるようにした食品。オートミール・コーンフレークスなど。セリアル。

シリアルーナンバー［serial number］［名］❶通し番号。連続番号。❷コンピューターで、個々のソフトウエアなどに付けられている固有の番号。プロダクトキー。CDキー。◈「シリアル番号」とも。

シリーズ［series］［名］❶スポーツで、特別の組み合わせで一定期間連続して行われる試合。‖「日本ー」❷作品や商品で、一貫したテーマや一定の形式による続きもの。‖「海外ドラマの人気ー」

シリウス［Siriusラテン**］**［名］大犬座のアルファ星。恒星のうちで最も明るい。天狼星。▼古代エジプトではナイル川の氾濫を予告する星とされた。

しりーうま【尻馬】［名］人が乗っている馬のしり。また、前を行く馬のしり。

⊙**尻馬に乗る** 考えもなく他人の言動に同調し、軽はずみな行動をする。‖「人のにー・って騒ぐ」

しりーえ【▽後▽方・▽後え】ヘ［名］〔古風〕後ろのほう。▼「後(しり)の方(へ)」の意。

シリカ［silica］［名］二酸化珪素。珪素の酸化物。

しりーがい【▼鞦】［名］馬の尾の下に回して鞍にかける紐。⇓おもがい

しりーかくし【尻隠し】［名］❶自分の悪事・失敗などをかくすこと。❷〔古風〕ズボンのしりの部分にあるポケット。

シリカーゲル［silica gel］［名］珪酸を部分脱水してゲル化した無色または白色の固体。乾燥剤・脱水剤などに用いる。

しりーがる【尻軽】［名・形動］❶動作が活発で、物事をおっくうがらずにすること。また、そのような人。⇕尻重❷落ち着きがなく、言動が軽々しいこと。また、そのような人。❸（女性が）浮気っぽいこと。派生ーさ

じーりき【地力】チ［名］その人に本来備わっている力・能力。実力。

じーりき【自力】［名］❶自分ひとりの力。自分自身の働き。独力。じりょく。‖「ーで脱出する」「ー更生」❷仏教で、自分だけの力で修行し、悟りを開こうとすること。◈⇕他力

しりーきれ【尻切れ】［名］❶後ろの方が切れていること。中途で切れて最後まで続かないこと。‖「話がーになる」❷かかとの部分がない草履。尻切れ草履。

しりきれーとんぼ【尻切れ〈▼蜻▼蛉〉】［名］物事が中途で切れて、最後まで続かないこと。‖「話はーのままだ」

しりーげ【尻毛】［名］しりに生えている毛。‖「ーを抜く（＝人の油断につけ込んで、不意に事をしでかして驚かす）」

シリコーン［silicone］［名］珪素と酸素との分子鎖を骨格とし、珪素原子にアルキル基などが結合した構造をもつ有機珪素化合物の重合体。耐熱性・耐薬品性・電気絶縁性にすぐれる。‖「ーゴム」注意「シリコン（silicon）」は別語で、珪素の意。

しりこーだま【尻子玉】［名］肛門のそばにあると想像された玉。▼古来、河童にそれを抜かれると水死するとされてきた。

しりーごみ【尻込み（▽後込み）】［名・自サ変］❶おじけて後ろへ引き下がること。あとじさり。❷不安になって、あることをするのをためらうこと。‖「敵の勢いにーする」

シリコン［silicon］［名］珪素。

しりーさがり【尻下がり】［名］❶うしろの方が下がっていること。❷物事の状態があとになるほど悪くなること。‖「景気がーになる」❸語句末や句末の音調が低くなること。◈⇕尻上がり

しりーしよく【私利私欲】［名］欲にかられて自分だけの利益をはかろうとする気持ち。‖「ーに走る」

じりーじり［副］❶少しずつだがゆっくりと確実に進行（退行）するさま。‖「ーと首位に迫る」「株価がーと値を下げる」❷思うままにならず、次第に心がいらだってくるさま。‖「到着が遅くてーする」❸太陽が強烈に照りつけるさま。また、物が焼けるさま。‖「ーと肌を焦がすような暑さ」❹ベルなどが続いて鳴る音を表す語。‖「目覚まし時計がー（と）鳴る」

しりーすぼみ【尻▼窄み】［名・形動］❶口の方が広く、底の方が細く小さくなっていること。❷はじめは強かった勢いが、あとになるにつれて急速に衰えてくること。‖「景気がーになる」◈「しりすぼまり」とも。

しりぞ・く【退く】［自五］❶後方へ下がる。‖「敵の攻撃に遭ってじりじりとー」⇕進む❷身分の高い人のところから帰る。引き下がる。退出する。また、その場所から離れる。‖「御前をー」「別室にー・いて待つ」❸勝ち抜き戦で、戦いに敗れて引き下がる。敗退する。リタイアする。‖「初戦でー」❹官職などを辞める。身を引く。引退する。‖「第一線を／からー」「定年で職をー」❺〈「退いて…」の形で〉対象から距離をおいて。‖「一歩ー・いて考える」

しりぞ・ける【退ける（▽斥ける・▽却ける）】［他下一］❶その場から離れさせる。引き下がらせる。‖「周りの者をー・けて密談を凝らす」❷向かってくるもの

を負かしたり追い返したりする。‖「ノックアウトで挑戦者を—」❸要求や訴えなどを受け入れないで拒む。はねつける。‖「市民の要求を—」「弁護側の主張を—・けて実刑を言い渡す」❹職や地位を辞めさせる。‖「社長を—・けてトップの座に就く」◈書き分け【斥】はおしのける意で「要求〔忠告〕を斥ける」「ライバルを斥ける」などと、【却】は差し出されたものを押し戻す意で「要求を却ける」などと書くが、今は一般に【退】を使う。文しりぞ・く

じり‐だか【じり高】〔名〕株式などの相場が少しずつ高くなっていくこと。⬍じり安

し‐りつ【市立】〔名〕市が設立し、管理・運営すること。また、その施設。‖「—中学校・—病院」▽「私立」と区別して「いちりつ」ともいう。

し‐りつ【私立】〔名〕個人や法人が設立し、管理・運営していること。また、その施設。‖「—大学」▽「市立」と区別して「わたくしりつ」ともいう。

じ‐りつ【▼而立】〔名〕三十歳のこと。▽『論語・為政』の「三十而立(=三十にして立つ)」から。

じ‐りつ【自立】〔名・自サ変〕他からの支配や援助を受けず、自分の力だけで物事を行うこと。ひとりだち。‖「親もとを離れて—する」

じ‐りつ【自律】〔名・自サ変〕他からの支配や制約を排し、自分の立てた規律に従って自らを規制しながら行動すること。‖「学問の—性」⬍他律

じ‐りつ【侍立】〔名・自サ変〕貴人につき従って立つこと。

しり‐つき【尻つき(尻付き)】〔名〕しりの形。しりの格好。

じりつ‐ご【自立語】〔名〕国文法で、単語の二大別の一つ。それ自身である概念を表し、単独でも文節を構成することのできる語。名詞・代名詞・動詞・形容詞・形容動詞・副詞・連体詞・接続詞・感動詞の類。⬍付属語

じりつ‐しんけい【自律神経】〔名〕意志とは無関係に、内臓・血管・分泌腺などを自動的に調節する神経系。交感神経と副交感神経とからなる。

じりつしんけい‐しっちょうしょう【自律神経失調症】〔名〕自律神経の調節異常によって生じると考えられる症候群。頭痛・肩こり・めまい・動悸・下痢・便秘など。

しり‐とり【尻取り】〔名〕ことば遊びの一つ。前の人の言った語の最後の一音を取って、次の人がそれを語頭に置いた別の語を言う形で、次々に物の名などを並べていくもの。例えば「たか・からす・すずめ・めじろ…」などと続ける。

しり‐ぬ・く【知り抜く】〔他五〕ある事柄について何から何まで詳しく知っている。知りつくす。‖「出版界の事情なら—・いている」

しり‐ぬぐい【尻拭い】〔名〕他人の失敗・不始末などのあとしまつをすること。‖「前任者の—をする」▽用便後にしりをふく意から。

しり‐ぬけ【尻抜け】〔名〕❶見聞きしたことをすぐに忘れること。また、その人。❷仕事などを途中でやめてしまい、まとまりをつけないこと。また、その人。❸手ぬかりがあること。‖「—の規約」

しり‐びと【知り人】〔名〕〔古風〕知り合い。知人。

じり‐ひん【じり貧】〔名〕❶じりじりと貧乏になっていくこと。また、じりじりと悪い状況に落ちていくこと。❷⬇じり安

しり‐め【尻目(▽後目)】〔名〕❶顔を前に向けたまま、目だけを動かして後ろの方を見ること。また、その目つき。❷〈「…を尻目に」の形で〉…を問題にしない、意に介さないという意を表す。‖「報道陣を—にさっさと車に乗る」

◉**尻目に懸ける**　軽視する。また、無視する。

しり‐めつれつ【支離滅裂】〔名・形動〕ばらばらでまとまりがないこと。筋道も何もなく、むちゃくちゃなこと。‖「—な話」「—の状態」派生—さ

しり‐もち【尻餅】〔名〕後ろにころんでしりを地面に打ちつけること。‖「—をつく」

じり‐やす【じり安】〔名〕株式などの相場がじりじりと下がっていくこと。じり貧。⬍じり高

し‐りゅう【支流】〔名〕❶本流に流れ込む川。また、本流から分かれて流れる川。⬍本流・主流 ❷大本から分かれ出た系統。分派。❸本家から分かれた家系。分家。

じ‐りゅう【時流】〔名〕その時代の風潮や傾向。‖「—に乗る」

し‐りょ【思慮】〔名・他サ変〕深く考えをめぐらすこと。また、その考え。おもんぱかり。‖「—が浅い」「—が足りない」「—分別」

し‐りょう【史料】〔名〕文献・遺物・口頭伝承など、歴史を研究するための材料。

し‐りょう【死霊】〔名〕死者の魂。また、死者の怨霊。しれい。⬍生き霊

し‐りょう【思量・思料】〔名・他サ変〕あれこれと思いをめぐらすこと。思いはかること。‖「事の是非を—する」

し‐りょう【試料】〔名〕検査・分析・試験などの対象として使う材料。サンプル。

し‐りょう【資料】〔名〕研究・調査などの基礎となる材料。データ。

し‐りょう【飼料】〔名〕家畜に与えるえさ。

じ‐りょう【寺領】〔名〕寺院の領地。

し‐りょく【死力】〔名〕死んでもよいという覚悟で出す、ありったけの力。必死の力。‖「—を尽くす」

し‐りょく【視力】〔名〕物体の位置・形状などを見分ける目の能力。‖「—検査」

し‐りょく【資力】〔名〕必要な資本を出すことのできる能力。財力。

じ‐りょく【磁力】〔名〕磁石の磁極間に働く力。異極間では互いに引き合い、同極間では退け合う。磁気力。

し‐りん【四隣】〔名〕❶となり近所。四辺。❷四方の隣国。

じ‐りん【辞林】〔名〕ことばを集めて、その意味・用法などを記した書物。辞書。辞典。

シリング〔名〕❶［Schilling ドイツ］もと、オーストリアの通貨の単位。一シリングは一〇〇グロッシェン。▽二〇〇二年よりユーロに移行。❷［shilling］もと、イギリスの通貨の単位。一シリングは一二ペンスで、ポンドの二〇分の一。一九七一年、十進法に移行して廃止。

シリンダー［cylinder］〔名〕❶円筒。また、円筒状のもの。‖「—錠(=鍵を差し込む部分が円筒状である錠)」❷内燃機関・蒸気機関などの主要部分となる中空・円筒状の容器。その内部でピストンが往復運動を行う。

しる【汁】〔名〕❶物の中にふくまれている液体。また、その物からしみ出たり、搾り取ったりした液体。‖「リンゴの—」❷すまし汁・みそ汁などの、吸い物。

さまざまな「汁」

青汁・集め汁・粗汁・芋汁・潮汁・打ち込み汁・沖魚汁・御事汁・掻き立て汁・粕汁・空汁・雪花菜汁・観世汁・鯨汁・巻繊汁・呉汁・薩摩汁・三平汁・蜆汁・須弥山汁・澄まし汁・豆打汁・出し汁・狸汁・団子汁・付け汁・鉄砲汁・研ぎ汁・泥鰌汁・薯蕷汁・豚汁・納豆汁・煮汁・糠味噌汁・根深汁・濃餅汁・博打汁・冷や汁・吹き寄せ汁・河豚汁・味噌汁・糞汁・闇汁・茹で汁・若竹汁

し・る【知る(▽識る)】〔他五〕❶物事を知覚したり認識したりする。‖「―・らないうちにこんな時間になっている」「不穏な動きで身の危険を―」❷体験を通して物事を感じとる。実感する。また、実地に物事を体験する。‖「世の中の苦労を肌で―」「疲れを―・らない人だ」「作業の辛さは身をもって―・っている」❸物事について、情報を得たり知識を持ったりする。‖「彼女が合格したって―・ってる?」「事情を―・らずに失礼しました」「オペラのことはほとんど―・らない」❹物事の神髄・本質やその対処法などを十分に理解している。～が分かっている。‖「彼は自由の味を―・っている」「遠慮というものを―・らない」「衣食足りて礼節を―」❺つきあいや面識がある。‖「山田君ならよく―・っている」「パーティーは―・らない顔ばかりで退屈した」❻〈「…ところを知らない」などの形で〉そういう事態が際限なく続く意を表す。‖「株価の下落はとどまるところを―・らない」「敵の攻撃は已むことを―・らない」❼〈多く、下に否定の表現を伴って〉かかわりあって責任をもつ。関知する。‖「どうなっても―・らないからな」◈「領る(=領有・占有する)」の転。書き分け【識】は他と区別して見分ける意。「顔を識っている程度だ」「知らず識らずのうちに」などと使うが、今は【知】が一般的。

◉**知らぬが仏** 知れば腹も立ち悩んだりもするが、知らないと仏のように心を動かされないでいられるということ。当人だけが知らないで澄ましているさまをあざけったり、事情を知らないのをいいことに責任逃れをする意に使ったりする。

◉**知る人ぞ知る** 広く知られてはいないが、一部の人にはその存在がよく知られている。‖「―中華料理店」

シルエット[silhouetteフランス]〔名〕❶輪郭の中を黒く塗りつぶした画像。影絵。▼影絵のように浮かび上がった実景にもいう。❷影。影法師。‖「カーテンに―が映る」❸輪郭。特に、洋服を着たときの体の輪郭。

シルキー[silky]〔形動〕絹のようなさま。すべすべして光沢のあるさま。‖「―な肌ざわり」

シルク[silk]〔名〕絹。絹糸。また、絹織物。

シルクスクリーン[silkscreen]〔名〕孔版印刷の一つ。枠に張った絹・ナイロンなどを版材とし、細かい網目を通して被印刷物にインクを定着させる方法。プラスチック・ガラス・金属などにも印刷できる。シルクスクリーン印刷。

シルク-ハット[silk hat]〔名〕男性の礼装用帽子。山の高い円筒形で、周囲にややそり上がった縁がつく。黒の絹張りが正式。

シルク-ロード[Silk Road]〔名〕中央アジアを横断する古代の東西交易路。中国を起点として中央アジアのオアシス都市国家群を通り、パミール高原を経て西アジアから地中海沿岸に至る。絹の道。▼中国特産の絹がこのルートによって運ばれたことから、一九世紀末、ドイツの地理学者リヒトフォーフェンが命名。

しる-け【汁気】〔名〕物に含まれる水分。‖「―の多い果物」

しる-けんり【知る権利】〔名〕国民が政治や行政についての公的な情報を知ることのできる権利。公権力に対する情報開示請求権など。

しる-こ【汁粉】〔名〕水で溶いた小豆あんに砂糖を加えて煮立て、餅や白玉を入れた食べ物。

ジルコニア[zirconia]〔名〕酸化ジルコニウムの通称。融点が二七〇〇度と高く、腐食に強い。耐熱性セラミックスの材料とするほか、装飾品にも利用する。

ジルコニウム[zirconium]〔名〕銀白色の金属元素。耐食性にすぐれるので、その合金を原子炉用材・医療機器の耐食材などに用いる。元素記号Zr

ジルコン[zircon]〔名〕正方長柱形の結晶として産出する鉱物。ジルコニウムの珪酸化合物で、色は無色・黄色・黄褐色・黄緑色・赤褐色など。透明で美しいものは宝石にする。

しるし【印(▽標・▽証し・▽徴・▽首・〈首級〉)】〔名〕❶他と区別したり、他に合図したりするための記号や図形。目じるし。‖「目録に―を付ける」「赤は止まれの―」❷ある事実の証拠となるもの。あかし。‖「愛の―に指輪を贈る」「免許皆伝の―」❸ある概念の象徴となるもの。‖「鳩は平和の―」❹何事かの起こる兆候・前兆。‖「火山噴火の―がある」❺感謝などの微意を表すもの。‖「ほんの―ばかりの品」❻(討ち取った証拠としての)敵の大将などの首。‖「―を挙げる」書き分け【印】は①をはじめ広く使う。【標】は高く掲げたしるしの意で主に①、【証】は②⑤、【徴】は③④、【首】【首級】は⑥に使うが、いずれも【印】またはかな書きにすることも多い。なお「証し」は「あかし」とも読むので注意。

しるし-ばんてん【印半▼纏(印半天)】〔名〕襟や背中に屋号・家紋などを染め抜いた半纏。商家の使用人や職人が着用した。

しる・す【▽印す(▽標す)】〔他五〕記号の類をしるしとしてつける。特に、証拠となるような目印を残す。‖「樹木に符号を―・して通過の証しとする」「月世界に第一歩を―」「歴史に偉大な足跡を―」▼「記す」と同語源。

しる・す【記す(▽誌す・▽識す)】〔他五〕❶ノートなどにある事柄を書きつける。書き記す。記す。‖「申込書に住所氏名を―」❷書物などが事柄を記録としてとどめる。‖「歴史書の―ところによると…」❸記憶にとどめる。印象づける。‖「この感動を心に―・して永遠の思い出とする」◈書き分け【誌】【識】は書き記す意で、「記」に同じ。美的表記として「著者誌〔識〕す」などの文脈で好まれる。可能記せる
可能 しるせる 名 しるし

ジルバ〔名〕テンポの速い社交ダンスの一つ。向かい合った男女がスイングジャズに合わせて自由な動作で踊る。▼jitterbugから。

シルバー[silver]〔名〕❶銀。また、銀製品。❷銀色。‖「―グレー(=銀灰色)」❸高齢者。高齢者のための。‖「―産業・―人材センター」▼多く、他の語と複合して使う。

シルバー-シート[和製silver+seat]〔名〕高齢者や体の不自由な人のための優先座席。

しる-べ【▽標・▽導】〔名〕導くもの。手引きをするも

の。‖「道ー」

しる-べ【知る辺】[名]〔古風〕知り合いの人。知人。

しる-もの【汁物】[名]汁を主にした料理。すまし汁・味噌(みそ)汁など。つゆもの。

しる-わん【汁▼椀】[名]汁物を盛る椀。

ジレ[gilet(フランス)][名]チョッキ。ベスト。ジレー。▼古くは刺繍を施した装飾的な胴着で、女性が上着の下に着用した。

し-れい【司令】[名・他サ変]軍隊・艦隊などを指揮・統率すること。また、その人。‖「ー官」

し-れい【指令】[名・他サ変]上位の人・団体・機関などが、下に指示・命令すること。また、その指示・命令。‖「ーを発する[出す]」「ーが下る[飛ぶ]」

じ-れい【事例】[名]個々の具体的な実例。‖「ーに照らして考える」「ー研究(=ケーススタディ)」

じ-れい【辞令】[名]❶人と応対するときのことば遣い。‖「外交ー」❷官職・役職などの任免時に、その旨を記して本人に渡す文書。‖「ーが出る」「ーをもらう」

しれい-とう【司令塔】[名]❶軍艦などで、艦長や司令官が指揮をとるための塔。❷中心になって指示をする部門や人。‖「事業のー」❸サッカーなどで、チームの中心になって試合の流れをつくる選手。

し-れつ【歯列】[名]歯並び。‖「ー矯正」

し-れつ【▼熾烈】[名・形動]勢いが盛んで激しいこと。‖「ーな闘争を繰り広げる」▼「熾」は火勢が激しい意。✓注意「しきれつ」は誤読。派生-さ

じれった・い【▽焦れったい】[形]物事が思うようにならなくて、もどかしい気持ちだ。はがゆい。‖「司会者がもたもたしてー」派生-げ/-さ/-がる

ジレッタント[dilettante][名]⬇ディレッタント

しれっ-と[副]何事もなかったように平然としているさま。‖「不始末をしでかしながらーしている」

しれ-もの【▽痴れ者】[名]〔古風〕愚か者。ばかもの。

し・れる【知れる】[自下一]「知る」の自動詞形。❶容易に知ることができる。自然に察しられる。‖「行方がー・れない」「気心がー・れた人だから安心だ」「あんなことを言うなんて、気がー・れない」❷〈「知れた…」「知れて…」の形で〉分かり切っていて言うに及ばない。特に、たいしたことではないと分かっている。‖「金がないのは先からー・れている」「絵がうまいといっても、たかがー・れている」❸他の人に知られる。‖「会社にー・れたら困るんだ」「当地は言わずとー・れた観光の名所だ」「名のー・れた店」❹〈「どんなに…か知れない」などの形で〉判断がつかないほど、…する程度が甚だしい意を表す。どんなに…か分からない。‖「どんなに心配したかー・れないよ」「どれほど苦労したかー・れない」⬇かもしれない 文し・る

じ・れる【▽焦れる(▼懊れる)】[自下一]物事が思うように進まず、いらいらする。いらだつ。‖「長時間待たされてー」

し-れん【試練(試錬・試▼煉)】[名]心の強さや実力の程度が厳しくためされるような苦しみ。あることを成し遂げる過程や人生のある局面で遭遇する苦難。‖「ーを乗り越える」「今はーの時だ」

ジレンマ[dilemma][名]❶相反する二つの事柄の板ばさみになって進退きわまること。‖「ーに陥る」❷論理学で、三段論法の一つ。二つの仮言命題からなる大前提と、選言命題からなる小前提から結論を引き出すもの。「テントにとどまれば餓死し、テントの外に出れば凍死する」「テントにとどまるかテントの外に出るかの道しかない」「故に、いずれにしても死ぬしかない」の類。両刀論法。◈「ディレンマ」とも。

しろ【代】[名]❶ある物の代わりとするもの。代用。‖「借金のー」「御霊(みたま)ー」❷代金。代価。‖「飲みー」「身のー金」❸材料となるもの。‖「壁ー」❹あることをするために必要な部分。‖「糊(のり)ー」「縫いー」❺田。田地。‖「ーかき」「苗(なわ)ー」

しろ【白】[名]❶雪・綿・塩などのような色。▼物理学的には、すべての可視光線を一様に反射することによって目に感じられる色。❷白い碁石(ごいし)。⬍黒 ❸「白ワイン」の略。⬍赤 ❹何も書き入れてないこと。‖「答案をーのまま出す」❺罪を犯していないと認められること。無罪。⬍黒

「白」のイメージと表現

①清浄・純潔である。(塩で清める・白い歯・白装束・白無垢(むく)・純白のドレス・白い包帯・白衣)
②雪・霜・氷の象徴。また、白髪の象徴。(空から白いものが降ってくる・頭髪が霜を置いたように白い・白い大陸・頭に白いものが交じる)
③透き通るような美しさ。(雪のように白い肌・抜ける[透き通る]ように白い肌)
④空白。何もないこと。(白紙の答案・白票を投じる・頭の中が真っ白になる)
⑤[赤と対比させて]そのもう一方。(赤勝て白勝て・源氏の白旗・紅白戦・紅白まんじゅう)
⑥[黒と対比させて]正しいこと。また、勝利。(白黒をはっきりさせる・黒を白と言いくるめる・容疑者は白だ・黒白(こくびゃく)をつける・白星を挙げる)
⑦降伏や戦意のなさを表示。(白旗を掲げる)
⑧[目に関して]冷ややか・冷淡。(白い目で見る・白目をむく・白眼視(はくがんし))
⑨[青色と重ねて]血の気がない。(青白い顔・顔が蒼白になる)
*一般に、光や熱をよく反射することから、涼しげな夏の衣服の色とする(白いブラウス・白い帽子)。陰陽五行説では、西に配し秋の色とする(白房・白秋)。

しろ【城】[名]昔、敵の来襲を防ぐために堀をつくり石垣をめぐらすなどして築いた堅固な建物。‖「ーを築く」使い方 比喩的に、他人の侵入を許さない自分だけの世界の意にも使われる。‖「自分のーにとじこもる」

しろ-あと【城跡(城▼址)】[名]昔、城のあった所。

しろ-あり【白▼蟻】[名]シロアリ目に属する昆虫の総称。社会生活を営むが、アリとは別種。木材・建築物・地中に巣をつくり、家屋や立ち木に大きな害をもたらす。ヤマトシロアリ・オオシロアリなど。

しろ-あん【白▼餡】[名]白インゲン・白ササゲなどで作る白いあん。

しろ・い【白い】[形]白の色をしている。また、白みがかっている。‖「ー雪[車]」「ー歯[霧]」派生-さ/-み

◉**白い歯を見せない** 気難しく、にこりともしない。

◉**白い目で見る** 冷ややかな目つきで見る。白眼視(はくがんし)する。

しろい-もの【白い物】[連語]❶雪。❷しらが。‖「髪にーがまじる」❸おしろい。

し-ろう【▼屍▼蠟】[名]蠟状に変化した死体。長時間水中または湿地中にあった死体の脂肪が分解して脂肪酸となり、カルシウムやマグネシウムと結合して蠟状になったもの。

じ-ろう【耳漏】[名]外耳炎・中耳炎などによって耳から膿などの分泌物が流れ出す症状。耳垂れ。

じ-ろう【▼痔▼瘻】[名]肛門の周囲にあいた管状の穴から膿が出る痔疾。穴痔。

しろ-うお【▽素魚】[名]本州・九州の沿岸に分布するハゼ科の海水魚。体は半透明の淡黄色。春、満潮時に川をのぼって産卵する。食用。シラウオとは別種。イサザ。

しろ-うと【《素人》】[名]❶その事に経験が浅く、未熟な人。また、その事を職業・専門にしていない人。「音楽についてはまったくの—だ」❷水商売を職業にしている人に対して、一般の人。▼芸者・ホステスなどを「玄人」と呼ぶのに対して言う。◈⬍玄人

しろうと-ばなれ【《素人》離れ】[名・自サ変]素人でありながら専門家のようにすぐれていること。素人らしくないこと。「—した腕前」

しろうと-め【《素人》目】[名]専門家でない人が見たときの評価。門外漢の見解。「—にも不出来だとわかる」

しろ-うま【白馬】[名]❶毛色の白い馬。はくば。❷〔俗〕濁り酒。どぶろく。

しろ-うり【白▼瓜】[名]野菜として栽培するウリ科のつる性一年草。食用にする果実は淡緑色の長楕円形。奈良漬けなどの漬物にする。アオウリ。アサウリ。ツケウリ。

しろ-おび【白帯】[名]柔道・空手・合気道などで、まだ段位をもたない人が用いる白い帯。また、その人。

しろ-かき【代▼搔き】[名]田植え前に田に水を入れ、土を細かく砕いてかきならすこと。

しろ-がすり【白▼絣・白〈飛白〉】[名]白地に黒・紺・茶などでかすり模様を表した織物。

しろ-がね【▽銀(白▽銀)】[名]❶銀。しろかね。▼「白金」の意。❷銀色。しろがねいろ。

しろ-く【四緑】[名]陰陽道で、九星の一つ。五行では木星にあたる。方位では東南。⬇九星

しろくじ-ちゅう【四六時中】[名・副]二四時間中。一日中。いつも。「—文句を言う」▼昔の時刻による「二六時中」が本来だが、それを「四六二四」の算式から今の二四時制に直した言い方。

しろく-ばん【四六判】[名]❶洋紙の原紙規格寸法の一つ。七八八ミリメートル×一〇九一ミリメートル。❷旧規格で、書籍の寸法の一つ。①の原紙を三二裁して仕上げた大きさで、縦一八八ミリメートル×横一二七ミリメートル。現規格のB六判よりやや大きい。▼四寸二分×六寸二分の大きさであることから。

しろ-くま【白熊】[名]北極圏に分布するクマ科の哺乳類。鼻先と爪以外は白色だが、成長すると黄色みを帯びる。泳ぎがうまく、魚や海獣を捕食する。ホッキョクグマ。

しろ-くろ【白黒】[名]❶白と黒。❷写真・映画などで、画面が黒と白で表されているもの。モノクローム。「—映画」❸物事の是非。善悪。正と邪。無罪と有罪。「—をつける」❹⬇目を白黒させる

しろ-こ【白子】[名]⬇アルビノ

しろ-ざけ【白酒】[名]蒸したもち米に米麴・味醂・焼酎などを加えてつくる、白くて甘い酒。多くひな祭りに用いる。

しろ-ざとう【白砂糖】[名]精製した白色の砂糖。

しろ-じ【白地】[名]布などの地の色が白いこと。

しろ-した【白下】[名]黄褐色をした半流動状の砂糖。▼白砂糖に精製する下地の意。

しろ-しょうぞく【白装束】[名]上下ともに白い衣服。また、白ずくめの服装。▼多く神事や凶事に用いる。

しろ-じろ【白白】[副]いかにも白いさま。「—とした雪景色」

じろ-じろ[副]無遠慮に繰り返し見るさま。「—(と)人の顔を見る」

しろ-ずみ【白炭】[名]❶表面に白い灰がついた良質の炭。カシ・ナラ・クリなどの原材を高温で焼いたあと、土・灰などの消し粉をかけて製する。かたずみ。しらずみ。❷茶の湯で用いる枝炭。石灰・胡粉などで白く化粧を施したもの。

しろ-たえ【白▼栲・白▽妙】[名]❶カジノキ・コウゾなどの皮の繊維で織った白い布。しらたえ。❷白い色。白色。しらたえ。

しろ-タク【白タク】[名]白ナンバーの自家用車を使って、無許可でタクシー営業をすること。また、その車。

シロップ[siroopオランダ][名]砂糖・水あめなどを煮溶かして作る濃厚な糖液。また、それに果物の香りのする香料などを加えたもの。「ガム—」

しろっ-ぽ・い【白っぽい】[形]❶白みを帯びているさま。「—夏服」❷〔俗〕いかにも素人らしい。素人臭い。素人っぽい。派生—さ

しろ-つめくさ【白詰草】[名]クローバー。

しろながす-くじら【白長須鯨】[名]世界の海洋を回遊するナガスクジラ科のヒゲクジラ。現存動物中最大で、全長三〇メートルに達する。乱獲によって生息数が減少し、国際捕鯨条約によって保護される。

しろ-なまず【白▼癜】[名]色素細胞の障害によって皮膚に境界のはっきりした白斑ができる病気。尋常性白斑。しらはだ。しらはたけ。

しろ-ナンバー【白ナンバー】[名]自家用車。非営業車。▼ナンバープレートが白地であることから。

しろ-ぬき【白抜き】[名]印刷や染色で、図柄や文字などの部分を白地のままで残すこと。

しろ-ねぎ【白▼葱】[名]軟化部が白くて長いネギ。軟白葱。根深葱。

しろ-ねずみ【白▼鼠】[名]❶ドブネズミの白変種。ラット。実験動物として重要。❷主人に忠実に仕え、その家に繁栄をもたらす番頭や雇い人。⬍黒鼠

しろ-バイ【白バイ】[名]交通取り締まりの警察官が使用する白塗りのオートバイ。

しろ-はた【白旗】[名]「しらはた(白旗)」に同じ。

しろ-ば・む【白ばむ】[自五]白みを帯びる。

しろ-ぼし【白星】[名]❶中を塗りつぶしていない星形または丸形のしるし。「☆」「○」など。❷相撲の星取り表で、勝ちを表す丸形のしるし(○)。転じて、試合などに勝つこと。「—をあげる(=勝つ)」▼広く成功・手柄の意でも使う。◈⬍黒星

シロホン[Xylophonドイツ][名]木琴。シロフォン。

しろ-み【白身】[名]❶卵の黄身をつつむ透明な部

分。加熱すると白くなる。卵白。⬍黄身 ❷肉、特に魚肉の白い部分。また、タイ・ヒラメ・スズキなど、肉の白い魚。⬍赤身 ❸材木で、木質の白い部分。白太(しらた)。

しろ‐みず【白水】ミヅ [名] 米のとぎ汁。

しろ‐みそ【白味▼噌】[名] 米麹(こめこうじ)を多く使って作る、甘口の白っぽい味噌。西京(さいきょう)味噌・府中味噌など。

しろ‐みつ【白蜜】[名] ❶白砂糖を煮溶かして濃縮したもの。⬍黒蜜 ❷(糖蜜に対して)蜂蜜(はちみつ)。

しろ‐むく【白無▼垢】[名] ❶上着から下着まで白一色の服装。また、表裏とも白一色で仕立てた衣服。≡「一の花嫁衣装」❷絹物などで、まだ染めてない白い反物。

しろ‐め【白目(白▽眼)】[名] ❶眼球の白い部分。⬍黒目 ❷①の多い目つき。悪意のこもった冷たい目つきなどにいう。白い目。

しろ‐め【白目(白▼鑞)】[名] 錫(すず)四、鉛一の割合の合金。錫細工の接着や銅容器のさび止めに用いる。しろみ。しろなまり。▼はんだよりも錫の割合が多い。

しろ‐もの【代物】[名] 評価の対象として見たときの物や人。≡「千円にしてはまあまあの一だ」▼価値を認めるときにも使うが、あなどり・揶揄(やゆ)・皮肉などの気持ちを込めて使うことが多い。もと、商品の意。

しろもの‐かでん【白物家電】[名] 炊飯器・洗濯機・冷蔵庫・電子レンジなどの家電製品。▼普及し始めたころは外装の白い商品が多かったことから。

じろり‐と [副] 目玉を動かして鋭い目つきで見るさま。≡「一にらみつける」

しろ‐ワイン【白ワイン】[名] 透明に近い淡黄色の葡萄酒(ぶどうしゅ)。主に淡色種のブドウの実から皮や種を取り除き、果汁だけを発酵させて作る。白葡萄酒。

し‐ろん【史論】[名] 歴史に関する評論・論説。

し‐ろん【至論】[名] 誰もが納得するような、至極もっともな意見。道理にかなった、すばらしい論。

し‐ろん【私論】[名] 個人的な意見・見解。自分だけの考え。

し‐ろん【試論】[名] ❶試みに述べた評論・論説。❷小論文。小評論。≡「時間と空間に関する一」▼「エッセー」の訳語の一つ。

し‐ろん【詩論】[名] 詩に関する評論。また、詩の本質・形式などに関する理論。

じ‐ろん【持論】ヂ [名] かねてから主張している自分の説・意見。持説。≡「一を披露する」「年来の一を曲げる」「…というのが私[彼]の一だ」書き方「自論」は自分の意見、の意(「持論」の誤記から生まれたものであろう)。右の例などは普通「持論」と書く。

じ‐ろん【時論】[名] ❶時事に関する議論。❷当時の社会一般に広まっている見解。その時代の世論。

しわ【▼皺(▼皴)】[名] 皮膚や布・紙などの表面がたるんだりちぢんだりしてできた細い筋目。≡「顔に一ができる[寄る]」「服が一になる」

皺

し‐わ【史話】[名] 歴史上の出来事を素材にした物語。

し‐わ【詩話】[名] 詩歌や詩人に関する逸話・評論。また、それを集めた書物。

しわ・い【▼吝い(▼嗇い)】[形]〘古風〙金銭などを惜しんで出さないさま。けちだ。しみったれだ。≡「一やつだ」派生 ‐さ

しわ‐が・れる【▼嗄れる】シハ [自下一] 声がかすれる。声がうるおいをなくして、がさがさした感じになる。≡「一れた声で話す」文 しはが・る 名 しわがれ

しわ‐くちゃ【▼皺くちゃ】[名・形動] ひどくしわが寄っていること。しわだらけ。≡「一のワイシャツ」

し‐わけ【仕訳】[名・他サ変] 簿記上の取引を貸方と借方に区別し、それぞれに適当する勘定科目を決めてふるい分けること。≡「一帳」

し‐わけ【仕分け】[名・他サ変] 品物などを種類別・用途別に分けること。書き方 公用文では「仕分」。

し‐わ・ける【仕分ける】[他下一] 品物などを種類別や用途別に応じて分ける。≡「荷物を一」文 しわ・く

し‐わざ【仕業】[名] したこと。行為。所業。≡「ひどい一だ」▼多く、よくないふるまいにいう。

じわ‐じわ [副‐] ❶物事がゆっくりと確実に進んでいくさま。≡「不況の波が一と押し寄せる」❷液体がゆっくりと少しずつしみ込むさま。また、にじみ出るさま。≡「乾いた土が一と水を吸い込む」

しわす【《師走》】シハス [名] 陰暦十二月の別称。極月(ごくげつ)。臘月(ろうげつ)。▼太陽暦の十二月にもいう。

じわっ‐と [副]「じわりと」に同じ。

しわ‐のばし【▼皺伸ばし】[名] ❶しわを伸ばすこと。❷気晴らし。特に、老人の気晴らし。

しわ‐ばら【▼皺腹】[名] 老人の、しわの寄った腹。≡「一かき切ってわびる」▼老人が自分の腹をいう。

しわ‐ぶき【▼咳】シハ [名] せき。せきばらい。

しわ・む【▼皺む】[自五] しわが寄る。≡「布地が一」

しわ‐よせ【▼皺寄せ】[名・他サ変] あることの結果生じた矛盾や不利な条件を未解決のまま他に押しつけること。また、その矛盾や不利な条件。≡「不況の一を受けて倒産する」「無理な計画の一が社員に及ぶ」

じ‐わり【地割り】ヂ [名・他サ変] 地面の区画を決めて割り振ること。また、土地の割り振り。

じわり‐と [副] 物事がゆっくりと確実に進んでいくさま。じんわり。じわっと。≡「薬が一効いてきた」

しわ・る【▼撓る】[自五] 弾力のあるものに力が加わって、しなやかに曲がる。しなう。たわむ。≡「枝が一」

じ‐われ【地割れ】ヂ [名・自サ変] 地震・日照りなどで、地面に割れ目ができること。また、その割れ目。

しん【心】[一] [名] ❶こころ。精神。≡「一の強い人」「一が疲れる(=神経を使って疲れる)」「一身・一理」「決一・良一」❷物事の根本の部分。中心。≡「頭の一が痛む」書き方「芯」とも。[二](造) 心臓。≡「一音・一不全」

しん【臣】[名] 君主に仕える人。≡「不忠の一」「一下」「家一・重一・忠一」

しん【芯】[名] ❶ランプ・ろうそく・石油ストーブなどの火をつける部分。とうしん。❷物の中心にあるかたい部分。≡「りんご[鉛筆]の一」◈書き方「心」とも。❸物の中心部分。≡「体の一まで冷える」

◉芯を食・う ❶野球・ゴルフなどで、バットやクラブの芯でボールの中心をうまくとらえて打つ。≡「バットが一」❷核心を突く。また、狙い通りになる。≡「一った質問」

しん【信】[一] [名] ❶正しいと思って疑わないこと。信用すること。≡「一を置く」「一任・一念」「確一・自一」❷正しいと思って帰依すること。≡「一を起こす」「一者・一心」「俗一」[二](造) ❶うそ偽りがない。まこと。≡「一義・一実」「背一」❷遠くまで届く合図。たより。手紙。≡「一号」「通一・発一」❸「信濃(しなの)」の略。≡「一越・一州」

しん【神】[一] [名] 人知でははかり知れない不思議な力。また、才能・技などが非常にすぐれていること。≡「技、

—に入る」「—聖・—童」㊁(造)❶かみ。≡「—官・—社・—仏・—話」「水—・天—・七福—」❷心。霊妙な心の働き。≡「—経・—髄」「失—・精—」❸「神戸」の略。≡「—名・—阪—」旧神

しん【真】㊀[名]❶うそ・いつわりがなく、正しいこと。真実。本当。≡「—の友情」「—価」「写—」⇔偽 ❷漢字の点画を崩さずに書く書体。楷書。≡「—、行、草」❸論理学で、ある命題が真理であること。⇔偽 ㊁(造)自然のまま。また、まじりけがない。≡「純—」「—性」旧眞

◉**真に迫・る** 演技や文章などの表現が本物と同じように見える。迫真的である。≡「—演技」

しん【寝】㊀[名]寝ること。また、寝床。≡「—に就く」「—具・—室」㊁(造)奥座敷。≡「—殿」旧寢

しん【新】㊀[名]❶新しいこと(もの)。≡「—入り」「—刊・—鮮・—構想・—登場」「最—」⇔旧・古 ❷新しくその職に就いたこと。また、今回の選挙で新しく当選したこと。≡「佐藤—頭取の挨拶がある」「山田三郎、当選、○○党—」❸「新暦」の略。≡「—の正月」⇔旧 ㊁(造)あらたにする。あらためる。≡「一—・更—・刷—」

しん【申】(造)❶もうす。述べる。≡「—告・—請」「答—」❷十二支の第九。さる。≡「庚—・壬—」

しん【伸】(造)❶長くのびる。のばす。≡「—縮・—展」「屈—」❷のべる。申す。≡「追—」

しん【身】(造)❶からだ。み。≡「—長」「心—・全—」❷その人個人。おのれ。≡「—上・—辺」「一—・立—」❸物のなかみ。≡「銃—・刀—」

しん【辛】(造)❶味がからい。≡「香—料」❷つらい。苦しい。≡「—酸・—抱・—辣」❸かろうじて。やっと。≡「—勝」❹十干の第八。かのと。≡「—亥」

しん【▼辰】(造)❶十二支の第五。たつ。≡「戊—」❷日。日がら。とき。≡「佳—・嘉—」❸日・月・星の総称。≡「—宿」「三—・北—」

しん【侵】(造)人の領分に入り込む。おかす。≡「—害・—攻・—食・—略」「不可—」

しん【津】(造)❶体内から出る液体。≡「—液」❷わきでる。あふれる。≡「興味——」

しん【唇】(造)くちびる。≡「—音」「口—・紅—」 書き方「唇」「▼脣」は本来別字。⬇くちびる

しん【娠】(造)はらむ。みごもる。≡「妊—」

しん【▼宸】(造)❶天子の住まい。≡「紫—殿」❷天子に関する物事に添える語。≡「—翰・—筆」

しん【振】(造)❶ゆれ動く。ゆり動かす。ふる。≡「—動・—幅」「共—・三—」❷ふるいたたせる。≡「—興」「不—」

しん【浸】(造)❶水がしみ込む。水につける。≡「—食」❷水がしみ込むように次第に広がる。≡「—透」

しん【▼疹】(造)皮膚にできる吹き出物。≡「湿—・風—・蕁麻—」

しん【針】(造)❶ぬいばり。また、治療に使うはり。≡「運—」「—小棒大」❷計器などの目盛りや方向を指し示すはり。また、めざす目的や方向。≡「—路」「検—・指—・秒—・方—」❸はりのように先のとがったもの。≡「—葉樹」「避雷—」

しん【深】(造)❶水がふかい。また、ふかさ。≡「—淵・—海」❷奥ふかい。程度がふかい。≡「—意・—刻」❸色が濃い。≡「—紅・—緑」❹夜がふける。≡「—更・—夜」

しん【紳】(造)地位・教養の高い人。≡「—士」「貴—」▽原義は、高官が礼装に用いた幅の広い帯。

しん【進】(造)❶前へ出る。すすむ。≡「—行・—入・—路」「直—・突—」❷高い等級・段階にすすむ。向上する。≡「—化・—学・—歩」「躍—・昇—」❸物事をおしすすめる。≡「推—・促—」❹さしだす。さしあげる。≡「—呈・—物」❺申し上げる。言上する。≡「—講」「注—」

しん【森】(造)❶樹木が生い茂った所。また、樹木が生い茂っているさま。≡「—林・—羅万象」❷静かで、おごそかなさま。≡「—閑・—厳」

しん【診】(造)みる。病状を調べる。≡「—察・—断・—療」「検—・誤—・受—」

しん【慎】(造)過ちのないように気を配る。つつしむ。つつしみ。≡「—重」「謹—」旧愼

しん【▼賑】(造)❶にぎわう。にぎやか。≡「殷—」❷ほどこし与える。ほどこして、にぎわす。≡「—救・—給」

しん【審】(造)❶つまびらかにする。正しいかどうかを調べて明らかにする。≡「—議・—査・—判」❷裁判で、「審理」の略。≡「一—・結—・再—・陪—」❸「審判員」の略。≡「球—・主—」

しん【震】(造)❶小刻みにゆれ動く。ふるえる。ふるわす。≡「—動」❷大地がゆれ動く現象。地震。≡「—度」「耐—・余—」❸ふるえ、おののく。≡「—撼」❹激しい。≡「—怒」

しん【薪】(造)たきぎ。まき。≡「—水」「臥—嘗胆」

しん【親】(造)❶おや。≡「—権」「両—」❷身内。親族。≡「—戚・—類」「近—・肉—」❸したしい。したしむ。≡「—切・—善・—睦・—友」「懇—」❹自分で直接に。みずから。≡「—書・—任」

じん【仁】[名]❶他を思いやり、いつくしむ心。特に、儒教で、他を思いやる心をもとにして自己を完成させる最高の徳。≡「巧言令色鮮し—」「—愛・—義」❷ひと。≡「若いに似合わず礼儀をわきまえた御—だ」「朴念—」❸果実の核。さね。にん。

じん【陣】ヂン ㊀[名]❶戦闘の構え。また、軍勢が結集している所。≡「—を張る」「背水の—」「—営・—頭」「円—・本—」❷いくさ。戦い。≡「大坂夏の—」「初—・出—」㊁(造)❶ある共通の行動をするために集まった人々。≡「第一—が出発する」「執筆—・取材—」❷ひとしきりの。にわかの。≡「—痛」「一—の風」

じん【人】(造)ひと。人間。≡「—口・—権」「友—・美—」「日本—・社会—・芸能—」

じん【刃】(造)❶はもの。やいば。刀。≡「凶—・白—」❷刀で切る。切り殺す。≡「自—」

じん【▼壬】(造)十干の第九。みずのえ。≡「—申」

じん【尽】(造)❶すべてなくなる。つきる。すべて出しつくす。≡「—力」「蕩—」「無—蔵」❷ことごとく。すべて。≡「一網打—」❸みそか。月末。≡「—日」旧盡

じん【迅】(造)❶速度がはやい。≡「—速」❷はげしい。≡「疾風—雷」「獅子奮—」

じん【甚】(造)はなはだしい。≡「—大」「激—・幸—」

じん【神】(造)❶かみ。≡「—祇・—器・—社」「荒—・祭—・風—・明—・雷—・竜—」❷不思議な力。≡「—通力」

じん【尋】(造)❶普通。なみ。≡「—常」❷おとずれる。≡「—訪」❸聞きただす。≡「—問」「審—」

じん【腎】(造)腎臓。≡「—盂・—炎」「副—」

じん【▼塵】ヂン(造)❶ごみ。ほこり。ちり。≡「—埃・—芥」「灰—・粉—・微—」❷わずらわしい俗事。俗世間。≡「—界」

ジン[gin][名]トウモロコシ・大麦・ライ麦などの穀類

を発酵させ、ネズ(＝ヒノキ科の常緑樹)の実で香りをつけた蒸留酒。無色透明で、アルコール分は四〇パーセント以上と強い。

しん-あい【親愛】［名・形動］その人に親しみと愛情をもっていること。〓「―なる友よ」「―の情を抱く」

じん-あい【仁愛】［名］人を思いやり、いつくしむこと。〓「―の心」

じん-あい【▼塵▼埃】［名］❶ちりとほこり。❷けがれて、わずらわしい俗事。俗世間的なもの。〓「俗界の―を逃れる」

しん-あん【新案】［名］新しい考案。〓「―特許」

しん-い【神威】［名］神の威力・威光。

しん-い【神意】［名］神の意志。神の心。神慮。

しん-い【真意】［名］真の気持ち。本心。また、物事の真の意味。〓「―をはかりかねる」

しん-い【深意】［名］内に秘められた深い意味。

しん-い【▼瞋▼恚】［名］仏教で、十悪の一つ。自分の心に反するものを怒りうらむこと。また、一般に、怒りうらむこと。いきどおること。しんに。〓「―のほむらを燃やす」

じん-い【人為】［名］人間の力で行うこと。人間のしわざ。〓「―的に作り出された品種」「―災害」

しん-いき【神域】［名］神社の境内。また、神が宿るとされる神聖な領域。

しん-いき【震域】［名］地震の時に一定の震度を感じる地域。

しん-いり【新入り】［名］ある集団などに仲間として新しく入ること。また、その人。

しん-いん【心因】［名］心理的・精神的な原因。〓「―性の疾患」

しん-いん【神韻】［名］芸術作品などで、人のわざとは思えない、きわめてすぐれた趣。〓「―縹渺たる(＝たとえようもなく趣が深い)五言絶句」

しん-いん【真因】［名］本当の原因。

じん-いん【人員】［名］団体・組織体などを構成する人の数。また、構成する人。〓「警備の―を増やす」「―整理(＝企業などが経費削減のために人員を減らすこと)」

しん-いんしょうしゅぎ【新印象主義】［名］一八八〇年代のフランスに興った絵画運動。印象派の色彩理論を科学的に発展させ、点描法による鮮明な色彩効果と明確なフォルムの把握を追求した。スーラ・シニャックなどに代表される。点描主義。▼néo-impressionnismeの訳語。

じん-う【腎▼盂】［名］腎臓の一部。腎臓から排泄される尿を集めて尿道へ送る袋状の部分。〓「―炎」

しん-うち【真打ち】［名］寄席で、最後の演目を勤める最も格の高い芸人。また、落語家・講談師などの最高の資格。⇩前座・二つ目 書き方「心打ち」とも。

しん-うん【進運】［名］進歩・発展していく傾向。向上する機運。

しん-えい【新鋭】［名］新しくて、盛んな勢いとすぐれた力をそなえていること。また、そのような人やもの。新進気鋭。〓「画壇の―」⇔古豪

しん-えい【親衛】［名］国王・国家元首などの身辺にいて護衛すること。また、その人。〓「―隊」

じん-えい【人影】［名］人のかげ。人の姿。ひとかげ。

じん-えい【陣営】［名］❶戦場で、軍勢が結集している本拠地。陣所。陣屋。❷共通の目的をもって結束し、一つの勢力をなしている人々の集団。〓「役員を更迭して―を立て直す」

しん-えつ【信越】［名］信濃と越後の両国。ほぼ現在の長野・新潟両県にあたる。〓「―本線」

しん-えつ【親閲】［名・他サ変］国王・国家元首などが自ら検閲あるいは閲兵をすること。

しん-えん【心猿】［名］人の欲情や欲望が盛んで抑えがたいことを、猿がわめき騒ぐさまにたとえていう語。〓「意馬―」

しん-えん【神▼苑】［名］神社の境内。また、境内にある庭園。

しん-えん【深▼淵】［名］深いふち。〓「―に臨むが如し(＝きわめて危険な立場にあることのたとえ)」▼奥深いこと、底知れないことのたとえにもいう。〓「悲しみの―に沈む」

しん-えん【深遠】［名・形動］容易には理解が及ばないほど、内容・意味などが奥深いこと。また、その奥深いところ。深奥。〓「―な真理を悟る」派生 -さ

じん-えん【人煙】［名］人家から立ちのぼるかまどの煙。また、人家。〓「―稀なる(＝人里離れた)山中」

じん-えん【腎炎】［名］腎臓の炎症性疾患。むくみ・たんぱく尿・血尿などの症状が現れる。

しん-おう【心奥】［名］心の奥底。〓「―に秘めた思い」

しん-おう【深奥】［名・形動］非常に奥が深いこと。また、奥深いところ。奥底。〓「芸の―を究める」「心理の―を描いた小説」

しん-おう【震央】［名］地震の震源の真上に当たる地表点。

じん-おく【人屋】［名］人の住む家屋。人家。

しん-おん【心音】［名］心臓が収縮・拡張するとき生じる音。

しん-おん【唇音】［名］音声学で、唇を調音器官とする音。両唇で出す両唇音([p、b、m、w])や上歯と下唇とで出す歯唇音([f、v])などがある。

しん-か【心火】［名］激しい怒り・憎悪・嫉妬などの感情。燃え立つ火にたとえた語。〓「―を燃やす」

しん-か【臣下】［名］君主に仕える人。家来。臣。

しん-か【神火】［名］❶神域などでたく、清浄な火。❷人知を超えた不思議な火。また、落雷・噴火など、自然現象によって生じる火。⇩御神火

しん-か【真価】［名］物や人のもつ本当の価値や能力。〓「教育者としての―が問われる」「―を発揮する」

しん-か【深化】［名・自サ変］物事の程度が深まること。〓「紛争が―する」「相互理解を―させる」

しん-か【進化】［名・自サ変］❶生物の形態・機能などが長い年月の間に次第に変化し、より複雑・多様な種へと分岐していくこと。〓「―論」❷物事が段階を追って、よりすぐれたものや複雑なものへと変化していくこと。〓「日々―する情報社会」◈⇔退化

じん-か【人家】［名］人の住む家屋。人屋。〓「―が立ち並ぶ」

シンカー［sinker］［名］野球で、投手の投げる変化球の一つ。打者の手元で沈むように落ちるボール。

シンガー［singer］［名］歌手。〓「ジャズ―」

シンガー-ソングライター［singer-songwriter］［名］ポピュラー音楽で、自分で作詞・作曲して歌う人。

シン-ガード［shin guard］［名］サッカー・ラグビ

—などの選手がつける防護用の脛当て。

しん-かい【深海】［名］深い海。‖「—魚」⇔浅海 ▽海洋動物学で、水深二〇〇メートルより深い所をいう。

しん-がい【心外】［名］思いもよらないこと、また、予期に反することが起こって、裏切られたような気持ちになること。‖「非難されるとは—だ」

しん-がい【侵害】［名・他サ変］他人や他国の権利・領域などをおかして損害を与えること。‖「プライバシーを—する」

しん-がい【震▼駭】［名・自サ変］恐れ驚いて、ふるえあがること。‖「世界を—させたテロ事件」

じん-かい【人海】［名］非常に人の多いことを海にたとえていう語。

じん-かい【人界】［名］人間の住んでいる世界。人間界。

じん-かい【▼塵▼芥】［名］ちりとあくた。ごみ。‖「—焼却場」

じん-かい【▼塵界】［名］けがれた世の中。俗世間。‖「—を逃れる」

じん-がい【人外】［名］❶人間の住む俗世間のそと。また、出家の境地。‖「—境」❷人の道にはずれていること。また、その人。にんがい。

じん-がい【▼塵外】［名］俗世間のわずらわしさから離れた所。塵界のそと。‖「超然として—に遊ぶ」

じんかい-せんじゅつ【人海戦術】［名］❶損害をおそれず、多数の兵士をくり出して数の力で敵を打ち負かそうとする戦術。❷機械などを使わずに、多人数を動員して物事に対処するやり方。‖「二千人のスタッフによる—で開催にこぎつける」

しんかい-ち【新開地】［名］❶新しく開墾した土地。❷新しく開けて市街となった所。

しん-がお【新顔】［名］ある集団に新しく仲間入りした人。新入り。新人。ニューフェース。⇔古顔

しん-かく【神格】［名］神としての資格。また、神の格式。‖「—化（＝人や物を神として扱うこと）」

しん-がく【心学】［名］❶儒教のうち、心の修養を重視する学問。▽中国宋の陸九淵や明の王陽明が唱えた。❷江戸時代、儒教・仏教・神道の三教を融合し、平易な道話によって道徳の実践を説いた教育思想。石田梅岩を祖とする。石門心学。

しん-がく【神学】［名］特定の宗教、特にキリスト教を信仰する立場から、その教理や実践を研究する学問。聖書神学・歴史神学・組織神学・実践神学などの部門がある。

しん-がく【進学】［名・自サ変］上級の学校に進むこと。‖「大学に—する」

じん-かく【人格】［名］❶独立した個人としての人間性。人の性格・品格。‖「—を磨く」「—が疑われるような行為」❷法律上の行為が帰属する主体。❸心理学で、個人が自身を他者と区別する精神的働きや行動傾向の特性。パーソナリティー。

じんかく-か【人格化】［名・他サ変］人間でない事物を仮に人格をもつ人間とみなすこと。

しんがく-こう【進学校】［名］上級学校への進学指導に重点を置いている学校。しんがっこう。

じんかく-しゃ【人格者】［名］すぐれた人格をもっている人。

じん-がさ【陣▼笠】［名］❶昔、足軽・雑兵などが戦場で兜の代わりにかぶったかさ。薄い鉄やなめし革でつくり、表には漆を塗った。❷「陣笠連」の略。

じんがさ-れん【陣▼笠連】［名］❶陣笠をかぶった足軽・雑兵の仲間。陣笠。❷政党などで、役についていない一般の議員。陣笠議員。陣笠。

しん-がた【新型（新形）】［名］従来のものとは違う、新しく考案された型・形式。⇔旧型

しん-かなづかい【新《仮名》遣い】［名］現代仮名遣い。⇔旧仮名遣い

しん-かぶ【新株】［名］株式会社が増資や合併に際して新たに発行する株式。‖「—引受権（＝新株発行の際、優先的に新株の引受ができる権利）」⇔旧株

しん-から【心から】［副］こころから。こころの底から。心底。‖「—うれしく思う」

しん-がら【新柄】［名］今までにない新しい柄。

しん-がり【▽殿】［名］❶退却する軍隊の最後尾にあって、敵の追撃に備えること。また、その部隊。あとぞなえ。❷隊列・序列・順番などの最後。最後尾。最下位。◈「しりがり（後駆）」の転。

しんか-ろん【進化論】［名］生物は造物主によって創造されたものではなく、単純微小な原始生命から現在の形態へと進化してきたという説。ダーウィンの説が知られる。

しん-かん【心肝】［名］こころ。こころの底。‖「—を寒からしめる事件」▽心臓と肝臓の意から。

しん-かん【信管】［名］弾丸・爆弾などを炸裂させるための起爆装置。

しん-かん【神官】［名］神社で、神を祭り神事にたずさわる人。神主。神職。

しん-かん【▼宸▼翰】［名］天皇が自ら書いた文書。宸筆。

しん-かん【新刊】［名］書物を新しく刊行すること。また、その書物。‖「—書」

しん-かん【新患】［名］その病院に新しく診療を受けにきた患者。

しん-かん【新歓】［名］新人・新入生を歓迎すること。‖「—コンパ」

しん-かん【新館】［名］もとからある建物とは別に、新しく建てた建物。⇔旧館

しん-かん【震▼撼】［名・自サ変］ふるえ動くこと。また、人をふるえあがらせること。‖「突然の侵攻に世界が—した」「世間を—させた事件」注意「と」を入れた「震撼とする」「震撼とさせた」などは誤り。

しん-かん【森閑・深閑】［形動タリ］物音一つせず、ひっそりと静まりかえっているさま。‖「—とした街」

しん-がん【心眼】［名］物事の本質を見抜く心の働き。心の目。しんげん。‖「—を開いて見る」

しん-がん【心願】［名］神仏に心の中で願を立てること。また、心からの願い。‖「永年の—がかなう」

しん-がん【真▼贋】［名］本物とにせ物。また、本物かにせ物かということ。‖「—を見分ける」

じん-かん【人間】［名］人の住む世界。世間。

◉**人間到る処青山あり** 世の中には、どこで死んでも骨を埋める所はあるのだから、故郷を出て大いに活躍すべきだ。▽幕末の僧、釈月性の詩から。「人間」は人の意にとって「にんげん」とも読む。

しんかんかく-は【新感覚派】［名］大正末期から昭和初期、雑誌「文芸時代」によって活躍した新進作家の一派。感覚を基調とした現実の把握と技巧的な文体

による表現改革を試みた。代表作家は横光利一・片岡鉄平・川端康成・中河与一など。

しん-かんせん【新幹線】［名］主要都市を結ぶJRの高速幹線鉄道。東海道新幹線・東北新幹線など。

しん-き【心気】［名］気持ち。心持ち。気分。≡「―爽快」

しん-き【心▼悸】［名］心臓の鼓動。動悸。

しん-き【心機】［名］心の働き。心の動き。

しん-き【辛気】［名・形動］気が重いこと。くさくさすること。また、はっきりしなくてじれったいこと。≡「―な人」派生-さ

しん-き【神気】［名］❶神々しいような、すぐれた趣。霊気。≡「―が漂う」❷精神力。気力。

しん-き【新奇】［名・形動］目新しくて珍しいこと。≡「―な趣向」

しん-き【新規】［名］❶［形動］今までとは違って、まったく新しいこと。≡「―申し込み」「―採用」❷新しい客。▼多く「ご―様」などの形で、飲食店などで使う。

しん-き【新▼禧】［名］新年のよろこび。≡「恭賀―」▼年賀状などで使う。

しん-ぎ【心木】［名］車輪などの中心にあって回転の軸になる棒。心棒。

しん-ぎ【心技】［名］精神面と技術面。心のあり方と技能との両面。≡「―一体」

しん-ぎ【信義】［名］まごころをもって約束を守り、人としての義務を忠実に果たすこと。≡「―に厚い」

しん-ぎ【神技】［名］人間わざとは思えないような、きわめてすぐれたわざ。超人的な技術。かみわざ。

しん-ぎ【真偽】［名］まことといつわり。本当かうそか。≡「うわさの―を確かめる」

しん-ぎ【真義】［名］本当の意義。根本の意義。

しん-ぎ【▽清規】［名］禅宗で、修行僧の日常生活について定めた規則。≡「百丈［永平］―」

しん-ぎ【審議】［名・他サ変］提出された案などを詳しく調べ、その可否を決めるために討議すること。≡「法案を―する」「―会」

じん-き【人気】［名］その地方一帯の人々がもつ気風。気質。にんき。≡「―の荒い土地柄」

じん-ぎ【仁義】［名］❶儒教で、根本理念とされる仁と義。いつくしみの心と人として踏み行うべき正義。❷人として守るべき道徳。また、社会生活を送る上で欠かせない礼儀上のつとめ。義理。≡「―を欠く」❸博徒・香具師などの社会に特有の道徳。また、その仲間の間で行われる初対面の挨拶。≡「―を切る」▼一説に「辞儀」の転という。

じん-ぎ【神▼祇】［名］天の神と地の神。天神地祇。また、天地の神々。

じん-ぎ【神器】［名］神から授けられた宝器。特に、三種の神器。▼古くは「しんぎ」「しんき」とも。

しんき-いってん【心機一転】［名・自サ変］あることを契機にして気持ちがすっかり変わること。≡「―して勉強に励む」✓注意「心気一転」と書くのは誤り。

しんぎ-かい【審議会】［名］国の行政機関が国家行政組織法に基づいて設置する合議制の諮問機関。政策立案や運営方法に専門知識を導入し、民意を反映させることを目的とする。情報通信審議会・文化審議会など。▼地方公共団体にも置かれることがある。

しんき-くさ・い【辛気臭い】［形］思うようにならなくて、じれったい。また、気がめいって、どうにもやりきれない。≡「―話」派生-げ／-さ／-がる

しんき-こうしん【心▼悸▼亢進】［名］心臓の鼓動が平常より強く激しくなること。

しん-きじく【新機軸】［名］今までにない新しい工夫や方法。

ジンギスカン-なべ【ジンギスカン鍋】［名］羊肉の薄切りと野菜を、兜をふせたような形をした鉄製の鍋や鉄板で焼きながら食べる料理。ジンギスカン料理。書き方「▽成▽吉▽思汗鍋」とも当てる。

しんき-まきなおし【新規▼蒔き直し】［名］はじめに戻って、もう一度新しくやり直すこと。✓注意「新規まき返し」は誤り。

しん-きゅう【進級】［名・自サ変］上の学年・等級に進むこと。≡「五年生に―する」「―祝い」

しん-きゅう【新旧】［名］❶新しいことと古いこと。また、新しいものと古いもの。≡「―交替」❷新暦と旧暦。≡「―の正月」

しん-きゅう【▼鍼▼灸（針▼灸）】［名］はりと、きゅう。漢方で、はりを打ったり、きゅうを据えたりする治療法。≡「―術・―院」

鍼

シンギュラリティー【singularity】［名］人工知能が人類の知能を超える転換期。技術的特異点。

しん-きょ【新居】［名］新たに建築した住まい。また、新たに移転した住まい。⇔旧居

しん-きょう【心境】［名］心の状態。気持ち。≡「現在の―を語る」

しん-きょう【信教】［名］宗教を信じること。

しん-きょう【神橋】［名］神社の境内や神殿に架けわたしてある橋。

しん-きょう【神鏡】［名］❶神社などで、神霊として祭る鏡。また、ご神体の前に掛けておく鏡。❷三種の神器の一つである、八咫の鏡。

しん-きょう【進境】［名］進歩して到達した境地。上達の度合い。≡「―著しいものがある」

しん-きょう【新教】［名］プロテスタント。⇔旧教

しんきょう-しょうせつ【心境小説】［名］私小説で、身辺の出来事を描きながら、それを観照する作者の心境を静かな筆致で表現しようとするもの。志賀直哉の『城の崎にて』など。

しん-ぎょう-そう【真行草】［名］❶漢字書体の、真書（楷書）・行書・草書の総称。❷絵画・生け花・俳諧・庭園などの表現形式。「真」は正格（基本形）、「草」はそれをくずした優雅な形、「行」はその中間をいう。

しん-きょうち【新境地】［名］新しい領域。≡「―を開く」

しん-きょく【新曲】［名］新しく作った歌曲・楽曲。

しんき-ろう【▼蜃気楼】［名］下層大気の著しい温度差によって空気の密度に差が生じることから起こる光の異常屈折現象の一つ。海上などで水平線の向こうの景色が浮き上がって見えたりする。海市。▼蜃（＝大はまぐり）が気を吐いて描いた楼閣の意。

しん-きん【心筋】［名］心臓の壁を構成している筋肉。横紋をもつが、不随意筋。

しん-きん【信金】［名］「信用金庫」の略。

しん-きん【▼宸襟】［名］天子の心。おおみこころ。

しん-きん【真菌】［名］菌類のうち、細菌・変形菌を除いたものの総称。カビ・酵母・キノコなどが含まれる。

真菌類。≡「—症（＝真菌の感染によって引き起こされる病気）」

しん-きん【親近】［名］❶［自サ変］親しみの気持ちをもって近づくこと。❷ごく近い関係にあること。身内。身寄り。≡「—者」❸そば近くに仕える臣下。側近。

しん-ぎん【▼呻吟】［名・自サ変］苦しんで、うめくこと。≡「病床に—する」▽詩歌・文章の作成に苦しむことにもいう。≡「句作に—する」

しんきん-かん【親近感】［名］身近で、親しみやすい感じ。≡「—を抱く」✓注意「身近感」は誤り。

しんきん-こうそく【心筋梗塞】カウ［名］心臓の冠状動脈に血栓などが生じ、閉塞や血流障害によって心筋が壊死する疾患。胸痛・呼吸困難・不整脈・ショック状態などが起こる。

しん-く【辛苦】［名・自サ変］つらいことにあって苦しむこと。また、その苦しみ。≡「—をなめる」「艱難—」

しん-く【真紅・深紅】［名］濃い紅色。まっか。

シンク【sink】［名］台所・調理場の流しの部分。

しん-ぐ【寝具】［名］寝るときに使う用具。布団・まくら・寝巻きなど。夜具。≡「—店」

じん-く【甚句】［名］民謡の一つ。多く七・七・七・五の四句形式をとるが、旋律は地方によって異なる。越後甚句・米山甚句・博多甚句・相撲甚句などが有名。

しん-く-い【身口意】［名］仏教で、動作を行う身と、言語を発する口と、精神作用を行う心。人間の行為のすべてをいう語。

しん-くう【真空】［名］❶空気・ガスなどの物質が一切存在しない状態。また、その空間。≡「—計・—パック」❷他からの作用や影響がまったく及ばない状態。≡「—地帯」❸仏教で、一切の現象は我や実体をもたない全くの空であるということ。

しん-ぐう【新宮】［名］本宮から神霊を分けて祭った神社。今宮。若宮。⇔本宮

じん-ぐう【神宮】［名］❶神を祭った宮殿。❷格式の高い神社の称号。また、その称号をもった神社。熱田神宮・明治神宮・平安神宮など。❸伊勢神宮のこと。

しんくう-かん【真空管】クワン［名］ガラス管などの中に数個の電極を封入し、内部を真空に近くした電子管。検波・整流・増幅・発振などに用いる。

ジンクス【jinx】［名］勝負事の世界などで、その事柄と因縁があると信じられている事柄。また、よい・悪いの縁起をかつぐ対象となる物事。≡「—を破る」▽原義では縁起の悪いものだけにいう。

シンク-タンク【think tank】［名］さまざまな分野の専門家を集めて現状分析・未来予測・技術開発などを行い、企業・政府機関などに必要な知識や情報を提供する組織。頭脳集団。

シングル【single】［名］❶独身であること。また、独身者。≡「—ライフ」❷ゴルフで、ハンディが一桁であること。❸ウイスキーなどの量の単位。約三〇ミリリットル。❹「シングルベッド」の略。❺ホテルなどで、シングルベッドを一つ備えている客室。❻スーツ・コートなどの、片前のもの。❼ワイシャツの袖やズボンの裾の、折り返しのないもの。❽⇒シングルス ❾「シングル盤」の略。◈一つ・一個・一人・一人用などの意。③⑥⑦⇔ダブル

シングルス【singles】［名］テニス・卓球・バドミントンなどで、一人対一人で行う試合。単試合。シングル。⇔ダブルス

シングル-はば【シングル幅】［名］二八インチ（＝約七一センチメートル）幅の洋服地。⇔ダブル幅

シングル-ばん【シングル盤】［名］❶ある単独の楽曲を主としたCD。❷表裏に各一曲だけ録音されている、一分間四五回転のレコード。

シングル-ヒット【和製single＋hit】［名］野球で、打者が一塁を得ることのできた安打。単打。短打。

シングル-ファーザー【single father】［名］未婚・非婚の父親。また、離婚や妻の死などのために子供を一人で育てている父親。⇔シングルマザー▽略して「シンパパ」とも。

シングル-ベッド【single bed】［名］一人用のベッド。

シングル-マザー【single mother】［名］未婚・非婚の母親。また、離婚や夫の死などのために子供を一人で育てている母親。⇔シングルファーザー▽略して「シンママ」とも。

シンクロナイズ【synchronize】［名・自他サ変］❶映画・テレビなどで、別々に収録した画面と音声が一致すること。また、一致させること。❷写真撮影で、シャッターの作動とフラッシュやストロボの発光する時間が一致すること。◈同時性を持つ意。略して「シンクロ」とも。❸⇒同期③

シンクロナイズド-スイミング【synchronized swimming】［名］⇒アーティスティックスイミング

しん-くん【神君】［名］❶偉大な功績のあった君主の敬称。❷徳川家康の死後の敬称。≡「東照—」

しん-ぐん【進軍】［名・自サ変］軍隊が前進すること。≡「国境近くまで—する」「—ラッパ」

じん-くん【人君】［名］君主。きみ。

じん-くん【仁君】［名］仁徳を備えた、慈悲深い君主。

しん-けい【神経】［名］❶体の各部位の機能を統率し、刺激を伝達したり、受けた刺激を中枢に伝達したりする糸状の器官。❷外界の物事に反応する心の働き。また、過敏に働く感覚の作用。≡「—が鋭い」

じん-けい【仁恵】［名］下の立場の人に思いやりの心をもってかける恵み。いつくしみ。情け。

じん-けい【陣形】ヂン［名］戦闘の隊形。また、陣地の形。陣立て。▽碁・将棋の構えにもいう。

じん-けい【仁兄】［代］（二人称）対等の相手の男性を高めて指し示す語。貴兄。▽手紙文などで使う。

しんけい-しつ【神経質】［名・形動］気にしなくてもよいような些細な点まで気に病むこと。また、そのような性質。≡「—な人」

しんけい-しょう【神経症】シャウ［名］心理的な原因によって起こる心身の機能障害。ノイローゼ。

しんけい-すいじゃく【神経衰弱】［名］❶心身の過労などにより、刺激に対して過敏になっている状態。不眠・頭痛・めまい・疲労感・脱力感・焦燥感などの自覚症状を伴う。❷トランプゲームの一つ。カードをふせて並べ、二枚めくって同じ数のカードを当てると自分のものにし、その獲得数を競う。

しんけい-せん【神経戦】［名］不安感・厭戦感などをあおる宣伝・謀略をめぐらし、敵の神経を疲れさせることで戦意を喪失させる戦法。また、その戦法による戦い。

しんけい-つう【神経痛】［名］特定の神経の経路に沿って起こる発作性の痛み。座骨神経痛・肋間神経痛

痛・三叉(さん)神経痛など。

しんけいーないか【神経内科】(ナイクヮ)［名］脳や脊髄(せきずい)、筋肉など、神経系に起こる病気を内科的に扱う医学の一分野。

しんーげき【進撃】［名・自サ変］軍を進めて敵を攻撃すること。敵を攻撃しながら前進すること。

しんーげき【新劇】［名］明治末期にヨーロッパ近代劇の影響を受けて生まれた、リアリズムを主体とする演劇。歌舞伎などの伝統演劇を旧劇とし、それに対していう。

しんーけつ【心血】［名］精神と肉体のすべて。

◉**心血を注(そそ)・ぐ** 全力を尽くして事を行う。「新薬の開発に―」 注意「心血を傾ける」は、「心魂(しんこん)［精魂］を傾ける」などと混同した誤り。

しんーけつ【審決】［名・他サ変］❶審査して決定すること。❷公正取引委員会や特許庁が準司法的な審判手続きを経て公権的判断を行うこと。

しんーげつ【新月】［名］❶陰暦で、月の第一日。朔(さく)。▽太陽と月の黄道が等しくなり、月全体が太陽光線を背後から受けるので月は見えなくなる。❷陰暦で、月の初めに見える細い月。特に、陰暦八月三日の月。❸東の空に輝き出たばかりの月。

じんーけつ【人傑】［名］才知・実行力にすぐれた人物。人中の傑物。

しんーけん【神剣】［名］❶神から授かった剣。また、神に供える剣。❷三種の神器の一つである天叢雲剣(あめのむらくものつるぎ)。草薙剣(くさなぎのつるぎ)。

しんーけん【神権】［名］❶神の権威。❷神から授けられた神聖な権力。「―政治」▽近世初期のヨーロッパで君主の統治権を基礎づけた観念。

しんーけん【真剣】■［名］竹刀・木刀などに対して、本物の刀剣。■［形動］一所懸命に物事をするさま。本気なさま。「―な態度」「―に取り組む」派生 ―さ／―み

しんーけん【親権】［名］父母が未成年の子に対して持つ権利・義務。監護教育権・居所指定権・懲戒権・職業許可権など。「―者」

しんーげん【進言】［名・他サ変］目上の人に意見を申し述べること。「社長に改革案を―する」

しんーげん【▼箴言】［名］教訓・いましめとなる短いことば。格言。「―集」

しんーげん【震源】［名］❶地震のとき、地中で最初にそのエネルギーを発生した場所。「―地」❷ある事件・騒動などが起こったおおもと。「噂(うわさ)の―はどこだ」

しんーげん【森厳】［形動］おごそかで、いかめしいさま。「―な神域」派生 ―さ

じんーけん【人絹】［名］天然の絹糸に似せてつくった化学繊維。レーヨン。また、それで織った織物。⇔本絹 ▽「人造絹糸」の略。

じんーけん【人権】［名］人間が生来持っている生命・自由・平等などに関する権利。基本的人権。「―擁護」

しんーけんざい【新建材】［名］従来使われなかった素材や新しい製法によって作られた建築材料。プリント合板・石膏(せっこう)ボード・ビニールタイル・軽量鉄骨など。

じんけんーじゅうりん【人権▼蹂▼躙】(ジウリン)［名］人権を不法に踏みにじること。特に公権力を持つ者が憲法の保障する基本的人権を侵すこと。人権侵害。

しんけんーしょうぶ【真剣勝負】［名］❶本物の刀剣を使って勝負すること。❷本気になって勝ち負けを争うこと。また、本気になって事に当たること。

じんけんーひ【人件費】［名］諸経費のうち、人の労働に対して支払われる経費。給料・手当・旅費など。

しんげんーぶくろ【信玄袋】［名］底に厚紙を敷いた、布製の大形の手提げ袋。口をひもで締める。明治中期以降から流行し、女性の外出や旅行に用いられた。合切袋(がっさいぶくろ)。

しんーけんぽう【新憲法】(―ケンパフ)［名］旧憲法（大日本帝国憲法）に対し、現行の日本国憲法の通称。

しんーこ【真個】［名・形動］まことであること。真実。

しんーこ【新古】［名］新しいことと古いこと。また、新しいものと古いもの。新旧。

しんーこ【▼糝粉】［名］❶精白したうるち米を乾燥させて粉にひいたもの。菓子の材料などに使う。上質のものが上糝粉。❷①を水でこね、蒸してついた餅(もち)。▽「しんこ餅」の略。◈書き方 俗に「新粉」とも。

しんーご【新語】［名］新しくつくられた、または新しく使われるようになったことば。新造語。

じんーご【人後】［名］他人のあと。他人の下位。

◉**人後に落ちない** 他人にひけをとらない。

じんーご【人語】［名］❶人間のことば。「―を解する犬」❷人の話し声。「―が絶える」

しんーこう【信仰】(―カウ)［名・他サ変］❶神や仏を信じ敬い、その教えに従おうとすること。「キリスト教を―する」「―（心）がゆらぐ」「山岳―」❷特定の対象を絶対的なものとして信じこむこと。「ブランド―・科学―」

しんーこう【侵攻】［名・自他サ変］他国や他の領土に攻め込むこと。

しんーこう【侵▼寇】［名・自他サ変］他国や他の領土に侵入して害を加えること。

しんーこう【振興】［名・自他サ変］学術・産業などが盛んになること。また、学術・産業などを盛んにすること。「国語教育を―する」「貿易の―を図る」

しんーこう【深交】(―カウ)［名］互いに心を許し合った深い交わり。

しんーこう【深更】(―カウ)［名］夜ふけ。深夜。「会議が―に及ぶ」

しんーこう【深厚】［名・形動］❶意味や内容が奥深いこと。❷心情が深くてあついこと。「―の謝意を表する」

しんーこう【深耕】(―カウ)［名・他サ変］土を深く耕すこと。

しんーこう【進行】(―カウ)［名］❶［自サ変］目的地に向かって前進すること。「電車が―する」❷［自サ変］物事の状態・程度がはなはだしくなること。「白内障が―する」❸［自他サ変］物事がはかどること。また、はかどらせること。「手際よく議事を―する」「会議を―させる」

しんーこう【進攻】［名・自サ変］軍を進めて敵を攻めること。「隣国に―する」

しんーこう【進航】(―カウ)［名・自サ変］船舶が進んでいくこと。

しんーこう【進講】(―カウ)［名・他サ変］天皇・皇族などの前で学問の講義をすること。

しんーこう【新香】(―カウ)［名］浅漬けの香の物。また、一般に、漬物。こうこう。しんこ。おしんこ。

しんーこう【新興】［名］既成のものに対して、新しいものが勢いを得ておこること。「―勢力［都市］」

しんーこう【親交】(―カウ)［名］親しくつきあうこと。親密な交際。「彼とは―がある」「―を深める」

しんーごう【信号】(―ガウ)［名］❶離れた相手に意思を通じさせるための光・音・記号などを用いた合図。「モール

スー」❷道路や鉄道などで、進行可・停止・注意の区別を示し、交通の規制をする標識。シグナル。‖「青ー」

しん-ごう【神号】ガウ［名］神の称号。皇大神(こうたいじん)・大御神(おおみかみ)・大明神など。

じん-こう【人口】［名］❶（国・県・町など）ある地域に住んでいる人の数。‖「ー密度」❷人の口。うわさ。

◉**人口に膾炙(かいしゃ)する** 世間の人々の話題・評判となって、広く知れ渡る。▽「膾」はなます、「炙」はあぶり肉。ともに誰の口にも美味と感じられ、もてはやされることから。

注意「人口」を「人工」と書くのは誤り。

じん-こう【人工】［名］人間がつくりだすこと。また、自然のものに人間の手が加えられること。‖「ーの花［甘み］」⇔天然・自然

じん-こう【▽沈香】ヂンカウ［名］❶アジアの熱帯地方に分布するジンチョウゲ科の常緑高木。花は白く、香りが高い。堅い材を高級調度品などに用いる。❷①の樹脂からとった香料。黒色の優良品を「伽羅(きゃら)」と呼ぶ。沈水香。

◉**沈香も焚(た)かず屁(へ)もひらず** 特によいところもなければ悪いところもなく、ただ平々凡々であることのたとえ。

じんこう-えいせい【人工衛星】ヱイセイ［名］ロケットによって打ち上げられ、地球・月などの惑星の周りを公転する人工物体。科学観測・気象観測・通信中継などに利用される。▽最初のものは一九五七年にソ連が打ち上げたスプートニク一号。

じんこう-えいよう【人工栄養】ヱイヤウ［名］❶母乳ではなく、牛乳・粉乳などを与えて乳児を育てること。また、その栄養分。❷病人などが食事をとれないとき、注射・点滴・浣腸(かんちょう)などによって栄養を補給すること。また、その栄養分。

しんこう-けい【進行形】シンカウ［名］❶英文法で、動作・状態が継続中であることを示す動詞の形態。be動詞のあとに現在分詞（動詞原形＋ing）を置いた形で構成する。プログレッシブ。❷ある事態が目下進行中であること。‖「二人の恋愛はまだーだ」

じんこう-こきゅう【人工呼吸】キフ［名］仮死状態や呼吸困難に陥った人の蘇生(そせい)や治療のために、人為的に空気を肺内に送り込むこと。口・鼻から直接空気を吹き込む方法、両手で胸部の圧迫を繰り返す方法、人工呼吸器を使う方法などがある。

じんこう-しば【人工芝】［名］芝生に似せて作った合成繊維製の敷物。野球場・テニスコートなどで用いられる。

しんこう-しゅうきょう【新興宗教】シュウケウ［名］⬇新宗教

じんこう-じゅせい【人工受精】［名］母体外で人工的に受精を行うこと。特に、母体外に取り出したヒトの卵子を試験管内で受精させ、受精卵を子宮に着床させること。体外受精。

じんこう-じゅせい【人工授精】［名］医学で、妊娠を実現させるために人為的に精子を子宮内に入れること。

じんこう-せいめい【人工生命】［名］現実の生物に見られる生命現象をコンピューター上にシステムとして実現させたもの。生命の本質を究明するための研究手段となる。AL（artificial life）。

じんこう-ちのう【人工知能】［名］学習・記憶・推理・判断など、人間のもつ知的機能を代行するコンピューターシステム。AI（artificial intelligence）。

じんこう-てき【人工的】［形動］人の手が加わっているさま。自然のままではないさま。‖「ーに雨を降らせる」「ーな明るさ」

じんこう-とうせき【人工透析】［名］腎不全・尿毒症などで腎臓の機能が低下したとき、人工腎臓で血液中の尿素成分などを除去すること。また、その治療法。

しん-こきゅう【深呼吸】キフ［名・自サ変］ゆっくりと大きく息を吸い、ゆっくりと息を吐きだすこと。また、その呼吸法。‖「ーして気持ちを静める」

しん-こく【申告】［名・他サ変］申し出ること。特に、国民が法令の規定により、官公庁に一定の事実を申し出ること。‖「所得をーする」「ー漏れ」「確定ー」

しん-こく【神国】［名］神が開き、神が守護する国。神州。▽第二次大戦終了まで日本が自国の尊称として使った。

しん-こく【新穀】［名］その年にとれた穀物。特に、新米。

しん-こく【親告】［名・他サ変］❶本人が自分自身で告げること。❷被害者自身が告訴すること。

しん-こく【深刻】［形動］❶事態が非常に切迫して、容易ならないさま。‖「ーな事態におちいる」❷容易ならない事態に心がとらわれているさま。‖「ーな顔」派生-さ

しんこく-ざい【親告罪】［名］検察官が起訴するときに被害者または法律の定める者の告訴・告発・請求を必要とする犯罪。強姦(ごうかん)罪・名誉毀損(きそん)罪など。

じん-こつ【人骨】［名］人間のほね。

じんこっ-き【人国記】ジンコク［名］❶日本各地の地理・風俗・人情などを国別に記した書物。❷地方別・都道府県別にその地方出身の著名人を評論した記事または書物。◈「じんこくき」とも。

しん-こっちょう【真骨頂】コッチャウ［名］その人や物が本来もっている姿。真価。真面目(しんめんもく)。

しん-こてんしゅぎ【新古典主義】［名］❶一九世紀末から二〇世紀初頭にかけて、ドイツを中心に興った文芸思潮。自然主義やロマン主義に反対し、古典への復帰を提唱した。❷第一次大戦後、後期ロマン主義への反動として古典派音楽の伝統を再現しようとした音楽の一傾向。❸「古典主義」に同じ。

シンコペーション【syncopation】［名］音楽で、強拍と弱拍の位置を本来の場所からずらし、リズムの規則的な流れに変化を与えること。また、その技法。切分法。切音法。

しん-こん【心魂（神魂）】［名］こころ。たましい。全神経。‖「創作にーを傾ける」

しん-こん【身魂】［名］からだと心。全身全霊。‖「ーをなげうって尽くす」

しん-こん【新婚】［名］結婚したばかりであること。‖「ーさん」「ー旅行」

しん-ごん【真言】［名］❶密教で、仏・菩薩(ぼさつ)などの真実のことば。また、仏・菩薩などの教えを秘めているとする呪文的なことば。❷「真言宗」の略。

しんごん-しゅう【真言宗】［名］日本仏教の宗派の一つ。大日如来を本尊とし、陀羅尼(だらに)（＝梵文(ぼんぶん)の呪文）の加持力によって即身成仏(そくしんじょうぶつ)させることを宗旨とする。▽九世紀の初め、入唐して密教を学んだ空海が帰国後に開いた。

しん-さ【診査】［名］医師が体を診察して健康状態や

病気の有無などを検査すること。‖「健康ー」

しん-さ【審査】[名・他サ変] ある判断に向けて、一定の人や機関が何らかの基準をもって物事を詳しく調べ、その優劣・等級・適否などを決めること。‖「応募作品をーする」「安全[書類]ー」「ー員」

しん-さい【神祭】[名] 神道の法式によって行う祭事。

しん-さい【震災】[名] ❶地震による災害。❷東日本大震災（平成二三年）や、阪神・淡路大震災（平成七年）、関東大震災（大正一二年）のこと。

しん-さい【親祭】[名・自サ変] 天皇が自ら神を祭ること。また、その祭事。

しん-さい【親裁】[名・他サ変] 天皇・国王などが自ら裁決をくだすこと。

しん-ざい【心材】[名] 年月を経た樹木の中心に近い材。色は赤黒く、辺材に比べて堅い。赤身(あかみ)。

しん-ざい【浸剤】[名] 細かく切ったり砕いたりした生薬(しょうやく)に熱湯を注ぎ、成分をしみ出させて服用する薬剤。ふりだし。

じん-さい【人災】[名] 人間の不注意や怠慢が原因になって引き起こされる災害。⇔天災 ▽天災に対する造語。十分な対策を講じておけば防げたと思われる災害などに使う。

じん-ざい【人材】[名] 才能があって、役に立つ人。有能な人物。人才。‖「ー不足」

じんざいはけん-ぎょう【人材派遣業】(ーゲフ)[名] 自己の雇用している労働者を他企業の要請に応じて派遣し、就労させる業種。労働者派遣法の規定を受ける。

しん-さく【振作】[名・他サ変] 刺激を与えて、物事を盛んにすること。また、盛んになること。

しん-さく【真作】[名] 間違いなくその人が作った作品。偽作・贋作(がんさく)に対していう。‖「古美術のー」

しん-さく【新作】[名・他サ変] 新しく作品などを作ること。また、その作品。‖「ー狂言」⇔旧作

しん-さつ【診察】[名・他サ変] 医者が患者の体を実際に調べ、病状や病気の原因などを判断すること。‖「医師が患者をーする」「ー室」

しん-さつ【新札】[名] ❶新たに発行された紙幣。❷まだ折り目・汚れなどのつかない、真新しい紙幣。新券。

しん-さん【心算】[名] 心中の計画。心づもり。胸算用(むなざんよう)。

しん-さん【辛酸】[名] つらく苦しいこと。さまざまな苦労。辛苦。

◉**辛酸を嘗(な)める** つらい目にあう。

しん-さん【神算】[名] 人知では及ばないほど巧みなはかりごと。‖「ー鬼謀(きぼう)(=神業のように優れた計略)」

しん-ざん【深山】[名] 奥深い山。深山(みやま)。‖「ー幽谷(ゆうこく)」

しん-ざん【新参】[名] ❶新たに召しかかえられること。また、その人。‖「ー者(もの)」❷仲間に加わってからまだ日が浅いこと。また、その人。新入り。‖「ーの劇団員」◈⇔古参

しん-し【伸子(▼籡)】[名] 両端に針がついた竹製の細い串(くし)。洗い張りや染色のとき、布幅の両端にかけ渡して布を張り伸ばす。‖「ー張り」

しん-し【振子】[名] ふりこ。

しん-し【真摯】[名・形動] まじめでひたむきなこと。‖「ーな態度で接する」派生 -さ

しん-し【紳士】[名] ❶上流社会の男性。また、教養が高く、上品で礼儀正しい男性。ジェントルマン。⇔淑女 ❷成人の男性。‖「ー用品」

しん-し【進士】[名] ❶昔の中国で、科挙(=官吏登用試験)の科目の一つ。のち、その合格者の称号。❷日本の律令制で、式部省が行う官吏登用試験に合格した人。文章生(もんじょうしょう)。◈「しんじ」ともいう。

しん-し【親子】[名] 親と子。おやこ。

しん-じ【心耳】[名] ❶心の耳。心で聞き取ること。‖「心眼ー」❷心房の前面にみられる耳殻状の部分。また、心房。

しん-じ【心事】[名] 心の中で思っている事柄。心中のおもわく。

しん-じ【臣事】[名・自サ変] 臣下として仕えること。

しん-じ【芯地(心地)】(ーヂ)[名] 帯や洋服の襟などのしんにする布地。織り目の粗い厚手のものを使う。

しん-じ【信士】[名] ❶仏教に帰依し、在家のまま受戒した男性。優婆塞(うばそく)。❷男性の戒名の下に添える語。◈⇔信女(しんにょ)

しん-じ【神事】[名] 神を祭る儀式。まつり。‖「ーを執り行う」

しん-じ【神璽】[名] ❶天皇の印。御璽(ぎょじ)。❷三種の神器の一つである、八尺瓊勾玉(やさかにのまがたま)。❸三種の神器の総称。

しん-じ【新字】[名] ❶新しく作られた文字。特に、当用(常用)漢字の新字体。‖「ー新かなで書く」⇔旧字 ❷教科書などで、初出の文字。

じん-し【人士】[名] 地位や教養の高い人。

じん-じ【人事】[名] ❶人間社会の出来事。‖「ーに煩わされる」▽自然の事柄に対していう。❷人間の力でできる事柄。❸会社・組織などで、成員個人の地位・職務・能力・進退などに関する事柄。‖「ー異動」

◉**人事を尽くして天命(てんめい)を待つ** 人としてできる限りのことをして結果は天の意思に任せるということ。

じん-じ【仁慈】[名] いつくしみの心が深いこと。また、いつくしみ。慈悲。

しんじ-いけ【心字池】[名] 日本庭園で、草書体の「心」の字にかたどって造られた池。▽京都の西芳寺や桂離宮のものが名高い。

じんじ-いん【人事院】(ーヰン)[名] 国家公務員の人事管理を取り扱う内閣直轄の行政機関。中立・公正で効率的な人事行政を目的とし、勤務条件の制定、給与に関する勧告、任免・試験などの事務全般を取り扱う。

しん-しき【神式】[名] 神道のしきたりによって行う儀式(の方法)。

しん-しき【新式】[名・形動] 型・方法・様式などが新しいこと。‖「ーの治療法」⇔旧式

しんし-きょうてい【紳士協定】(ーケフテイ)[名] 正式な手続きは踏まないが、互いに相手を信頼して結ぶ取り決め。紳士協約。

シンジケート[syndicate][名] ❶企業の独占形態の一つ。市場の独占をねらう同種産業の企業が生産割当や共同購入・販売を行うために設けた共同の組織。また、その中央機関。❷公社債などを引き受けるために金融機関が結成する証券引受団体。❸大規模な犯罪組織。‖「麻薬ー」

しんじ-たい【新字体】[名] 昭和二四(一九四九)年に告示された当用漢字字体表で、それ以前に正しいとされ

ていた漢字の字体に代えて、新たに採用された字体。「廣」を「広」、「藝」を「芸」、「辨・瓣・辯」を「弁」とするなど。新字。

しん-しつ【心室】［名］心臓の下半部にあり、上半部の心房から送られてきた血液を動脈に送り出す所。

しん-しつ【寝室】［名］寝るときに使う部屋。ねま。

しん-じつ【信実】［名・形動］まじめで偽りのないこと。また、そのような誠実な心。「―な人柄」

しん-じつ【真実】㊀［名］❶表現されたものの内容にうそ偽りがないこと。また、本当のこと。「うわさはどこまで―なのだろうか」「―の告白」⇔虚偽 ❷偽りのないものと認識された事柄。特に、物事の奥深くにひそむ本質的な事柄。「―を隠蔽する」「隠された―を突き止める」❸［形動］気持ちが真剣で心に偽りがないこと。真直。真摯。「自分の信念に―に生きる」❹ことばの表す真正な意味においてそうであること。本当。まこと。「彼こそ―の求道者だ」❺仏教で、絶対の真理。真如。㊁［副］ほんとうに。心から。「―落胆した」「こんな生活は―いやになった」使い方「事実」は「事実、その日は晴天だった」のように、客観的に見て本当であるさまを表すが、「真実」は話者の主観的な心情を表す。

しん-じつ【親▼昵】［名・自サ変］したしみ、むつまじくすること。昵懇。「―の間柄」

じん-じつ【人日】［名］五節句の一つ。陰暦正月七日。この日、七種粥を食べる風習がある。ななくさ。

じん-じつ【尽日】［名］❶［副］一日じゅう。朝から晩まで。終日。「―雨に降りこめられる」❷月または年の末日。みそか。おおみそか。「三月―」「明治三〇年―」

じんじ-ふせい【人事不省】［名］意識不明になること。昏睡状態に陥ること。「―に陥る」

しん-しゃ【深謝】［名・自他サ変］❶心から感謝すること。「ご厚情に/を―いたします」❷心からわびること。「ご無礼の段、―いたします」

しん-しゃ【新車】［名］真新しい車。また、新型の車。

しん-しゃ【親▼炙】［名・自サ変］親しく接して、その感化を受けること。しんせき。

しん-じゃ【信者】［名］その宗教を信仰する人。また、その宗教団体の成員になっている人。信徒。▼俗に、ある人物や主義などの信奉者の意でも使う。

じん-しゃ【仁者】［名］儒教で説く、仁の徳を備えている人。仁人。「―に敵なし（＝仁者は広く人を愛するから敵対する者がいない）」▼単に、情け深い人の意でも使う。

じん-じゃ【神社】［名］神道で神々をまつり礼拝するところ。やしろ。数「一社…」と数える。

ジンジャー［ginger］［名］❶夏から秋にかけて白や黄色の花をつけるショウガ科の多年草。観賞用に栽培する。花縮砂。❷香辛料の一つ。干したショウガ。また、その粉末。

ジンジャー-エール［ginger ale］［名］ショウガの風味をつけた炭酸入りの清涼飲料水。アルコール分は含まない。

しん-しゃく【▼斟酌】［名・他サ変］❶相手の事情・心情などをくみとること。また、それによって手加減すること。「未成年であることを―する」「―を加える」❷条件などを考え合わせて取捨選択すること。「消費者の意向を―して製品を改善する」❸言動などを控えめにすること。遠慮。「忠告するのに―などいらない」

じん-しゃく【人爵】［名］人から与えられる爵位。人が定めた栄誉。⇔天爵

しん-しゅ【進取】［名］慣習などにとらわれず、進んで新しいことに取り組もうとすること。「―の気性に富んだ青年」⇔退嬰

しん-しゅ【新酒】［名］その年の新米で醸造して春に出荷する清酒。「―の聞き酒をする」⇔古酒

しん-しゅ【新種】［名］❶新しく発見された生物の種。また、改良などによって新しく作出された品種。「―のウイルス」「―のピーマン」❷これまでに類のない新しいもの。「―の商売」

しん-じゅ【神授】［名］神から授かること。「王権―説」

しん-じゅ【真珠】［名］アコヤガイ・シロチョウガイなどの殻の中にできる銀白色の玉。古来、宝石として珍重されてきた。天然真珠と養殖真珠がある。パール。▼六月の誕生石。

しん-じゅ【親授】［名・他サ変］天皇などが自ら授けること。「―式」

じん-しゅ【人種】［名］❶皮膚の色、骨格、髪の毛など、形質的な特徴によって分類した人類の種別。▼その概念は、時代、社会によって異なっており、今日では、科学的に厳密な定義はできるものではないとされる。❷［俗］生活習慣・気質などによって分けた人の種別。

しん-しゅう【侵襲】［名・他サ変］❶侵入して襲撃すること。「敵の―を防ぐ」❷病気やけが、または医療処置などによって生体を傷つけること。また、その刺激。「皮膚を―する」「―の少ない手術」

しん-しゅう【神州】［名］❶神国。▼昔、日本や中国が自国の尊称として使った。❷神仙の住む所。

しん-しゅう【真宗】［名］➡浄土真宗

しん-しゅう【深秋】［名］秋の深まったころ。

しん-しゅう【新秋】［名］❶秋の初め。初秋。❷陰暦七月の別称。

しん-じゅう【心中】［名・自サ変］❶相愛の者どうしが合意の上で一緒に自殺すること。情死。❷複数の者が一緒に自殺すること。▼合意なしに相手を道連れにして死ぬ場合にもいう。❸ある物事と運命をともにすること。「監督と―する覚悟だ」◈書き方 現代仮名遣いでは「しんぢゅう」も許容。

しん-じゅう【臣従】［名・自サ変］臣下として主君に従うこと。また、その人。

しん-しゅうきょう【新宗教】［名］既成宗教に対して、新しく興った宗教。特に、幕末から明治維新以降に発生した宗教。神道系と仏教系の二大系統に分けられるが、近年、キリスト教系も多い。新興宗教。

しんじゅう-きょう【神獣鏡】［名］背面に神仙と霊獣の像を組み合わせた文様をもつ銅鏡。中国では後漢から六朝時代にかけて盛行し、日本でも古墳から出土する。縁の形から三角縁と平縁とに大別する。

しんじゅ-がい【真珠貝】［名］アコヤガイの通称。▼真珠養殖の母貝に用いることからいう。

しん-しゅく【伸縮】［名・自他サ変］伸びたり縮んだりすること。また、伸ばしたり縮めたりすること。「―性に富む素材」「生地が―する」

しん-しゅつ【侵出】［名・自サ変］他国や他の勢力範囲内に侵入していくこと。「隣国に―する」

しん-しゅつ【浸出】［名・自他サ変］固体を液体にひたしたとき、その成分が液中に溶け出ること。また、その

成分を溶け出させること。

しんしゅつ【進出】[名・自サ変] ❶新しい分野に進み出て活動の領域を広げること。〓「企業の海外—」❷スポーツで、次段階の試合への出場権を得ること。〓「決勝戦に—する」

しんしゅつ【新出】[名・自サ変] 初めて出てくること。〓「—単語」

しんしゅつ【▼滲出】[名・自サ変] 液体などがにじみ出ること。特に、炎症などによって、液体成分が血管外ににじみ出ること。〓「—性中耳炎」書き方 類義の「浸出」で代用することもある。

しんじゅつ【▼鍼術・針術】[名] 漢方で、金属製の細い針をつぼに刺して病気を治療する方法。はり。書き方「針術」は代用表記。

じんじゅつ【仁術】[名] ❶人に仁徳をほどこす方法。❷医術。▼病人を治療して仁徳をほどこすことから。

しんしゅつ-きぼつ【神出鬼没】[名] 鬼神のように自由自在に出没し、その所在が容易にわからないこと。

しんしゅん【新春】[名] 新年。初春。〓「—を迎える」

しんじゅん【浸潤】[名・自サ変] ❶液体がしみ込んでぬれること。❷思想などが人々の間にしみ込んで広がっていくこと。〓「ファシズムが国民に—する」❸結核菌・がん細胞などが他の組織に侵入して広がっていくこと。

しんしょ【心緒】[名] 思い。思いの一端。また、心の働き。〓「—を述べる」▼「しんちょ」は慣用読み。

しんしょ【信書】[名] 個人間の手紙。書簡。

しんしょ【新書】[名] ❶新しく著した書物。また、新しく刊行した書物。❷新書判（B6判よりもやや小さく、文庫本より縦が長い判型）などによる軽装廉価の叢書。

しんしょ【親書】[名] 天皇・元首などの署名のある手紙。

しんしょ【親署】[名・自サ変] 天皇など身分の高い人が自ら署名すること。また、その署名。

しんじょ【神助】[名] 神の助け。〓「天佑—」

しんじょ【寝所】[名] 寝るための部屋。寝室。

しんじょ【▼糝▼薯】[名] 魚などのすり身に、すりおろした山の芋や卵白を加え、塩・味醂などで調味して蒸した食品。吸い物の実などにする。

じんじょ【仁▼恕】[名] 思いやりがあって情け深いこと。▼「恕」は思いやる意。

しんしょう【心証】[名] ❶ある人の言動から受ける印象。〓「—を害する」❷訴訟事件の審理で、認定する事実に対する裁判官の内心的判断。

しんしょう【心象】[名] 記憶・感覚などに基づいて心の中に描き出される姿や像。心像。イメージ。〓「—風景」

しんしょう【身上】[名] 財産。身代。また、生活をするための経済状態。〓「—持ち（＝資産家）」

しんしょう【辛勝】[名・自サ変] かろうじて勝つこと。〓「—して決勝へ進む」

しんしょう【真症】[名] 検査の結果、確かにそれと断定された病気。

しんじょう【心情】[名] 心の中で感じていること。心中の思い。〓「遺族の—を察する」

しんじょう【身上】[名] ❶一身に関すること。身の上。〓「—書」❷本来のねうち。とりえ。〓「誠実さが彼の—だ」

しんじょう【信条】[名] ❶正しいと信じ、堅く守っている事柄。❷信仰の箇条。

しんじょう【真情】[名] ❶いつわりのない気持ち。真心。〓「—を吐露する」❷真実の情況。実情。

しんじょう【進上】[名・他サ変] 人に物をさしあげること。進呈。〓「お祝いの品を—する」

じんしょう【人証】[名] 裁判で、証人・鑑定人・当事者本人の供述内容を証拠とすること。また、その供述内容。人的証拠。⬇書証・物証

じんしょう【腎症】[名] 腎機能が低下する腎臓の病気。▼糖尿病で血糖値が高い状態が続いたため腎臓の毛細血管に障害が起きて発生する腎症は、糖尿病性腎症。

じんじょう【尋常】[名・形動] ❶特に変わった点はなく、普通であること。あたりまえ。〓「この騒ぎは—ではない」❷態度などがいさぎよいこと。素直であること。〓「いざ—に勝負しろ」❸見苦しくないこと。目立たないが、どこか品のよいこと。〓「—な顔だち」

じんじょう-いちよう【尋常一様】[名・形動] 普通と変わるところがないこと。並みひととおり。〓「—の勉強では合格はおぼつかない」

しんしょう-しゃ【身障者】[名]「身体障害者」の略。

じんじょう-しょうがっこう【尋常小学校】[名] 旧制の小学校で、満六歳以上の児童に初等普通教育を行った義務教育の学校。一八八六（明治一九）年、小学校令によって設置された。修業年限は初め四年、一九〇七（明治四〇）年からは六年。

しんしょう-ひつばつ【信賞必罰】[名] 功績のあった者には必ず賞を与え、罪を犯した者は必ず罰すること。賞罰を厳正に行うこと。

しんしょう-ぼうだい【針小棒大】[名・形動] ちょっとしたことを大げさに言い立てること。▼針ほどの小さなことを棒のように大きく言う意から。

しんしょく【侵食（侵▼蝕）】[名・他サ変] ❶しだいに他の領域をおかし、そこなうこと。〓「領土を—する」❷流水・雨水・海水・氷河・風などが陸地や岩石を少しずつ削り取っていくこと。また、その作用。〓「—台地・—作用」◈書き方 現在、②は学術的な文書を中心に多く「侵食」を用いるが、一般には「浸食」とも。なお、「侵食」は「侵蝕」の代用表記。

しんしょく【神色】[名] 精神と顔色。また、心理状態を表すものとしての顔色。〓「—自若（＝重大事に出あっても顔色を変えることなく落ち着いているさま）」

しんしょく【神職】[名] 神社で、神を祭り神事にたずさわる人。神官。神主。

しんしょく【浸食（浸▼蝕）】[名・他サ変] 水などがしみ込んで物をそこなうこと。⬇侵食② ◈書き方「浸食」は「浸蝕」の代用表記。

しんしょく【寝食】[名] 寝ることと食べること。〓「—を共にした仲間」「—を忘れて制作に励む」

しんしょく【新色】[名] ❶新しい色合い。また、新しい傾向。❷草木などのみずみずしい色。

しん・じる【信じる】[他上一] ❶少しの疑いも持たずにそのことが本当であると思う。〓「神は存在すると—」「従来の学説を—・じて疑わない」❷自分の考えや判断

が確実であると思う。確信する。〓「僕は彼がきっと来ると固くー・じている」「彼女の成功をー」❸相手のことばや人柄に偽りがないものと思う。信用する。信頼する。〓「私をー・じてついてきなさい」「もう誰もー・じられない」❹信仰する。信心する。〜に帰依（えい）する。〓「仏教を篤（あつ）くー」◈①②⇕疑う 異形 信ずる

品格 信仰「ーが厚い」信心「ーが起こる」信任「ー投票」信用「信用しがたい」真（ま）に受ける「冗談をー」◉「信仰」「信心」は宗教的なものを信じること。「信認」は信用して認める、「信任」は信用して任せる意。

しんしーろく【紳士録】［名］社会的地位のある人々の氏名・住所・職業・略歴などを記した名簿。

しんーしん【心身（身心）】［名］心とからだ。精神と肉体。〓「ーともに疲れる」

しんーしん【心神】［名］こころ。精神。〓「ー喪失」

しんーしん【▼搢紳・▼縉紳】［名］官位が高く、身分のある人。▽笏（しゃく）を紳（おおおび）に搢（はさ）む人の意。

しんーしん【新進】［名］新しくその分野に現れて活躍していること。〓「ー作家」

しんーしん【津津】［形動タルト］わき出てきて尽きないさま。〓「興味ー」

しんーしん【深深】［形動タルト］❶ひっそりと静まり返っているさま。〓「夜がーと更ける」❷きびしい寒さなどが身にしみとおるさま。〓「ーと冷え込む」

しんーしん【森森】［形動タルト］樹木がうっそうと茂っているさま。また、樹木が高くそびえているさま。〓「ーたる杉木立」

しんーしん【▼駸▼駸】［形動タルト］時間や物事が速く進むさま。〓「ーたる文明の進歩」▽馬が速く走る意から。

しんーじん【信心】［名・他サ変］神仏を信仰して祈ること。また、神仏を信じる心。信仰心。〓「いわしの頭もーから」

しんーじん【神人】［名］❶神と人。❷神のように気高い人。❸道教で、神通力を得た人。また、仙人。神仙。❹神に仕える人。神職。じんにん。じにん。❺キリスト教で、イエス＝キリスト。

しんーじん【真人】［名］❶仏教で、真理を悟った人。仏や羅漢（らかん）をいう。❷道教で、奥義を悟り、道の極致に達した人。至人。

しんーじん【深甚】［名・形動］気持ちなどが、非常に深いこと。〓「ーなる謝意を表する」「ーの敬意を捧げる」

しんーじん【新人】［名］❶新しく仲間に加わった人。また、ある分野に新しく登場した人。〓「ー歌手」「ー戦」❷化石現生人類（クロマニヨン人など）および現在の人類の総称。新人類。ホモサピエンス。

じんーしん【人心】［名］人の心。また、世の人々の気持ちや考え。〓「ーを一新する」

じんーしん【人臣】［名］天子・主君に仕える身分の人。臣下。〓「位（くらい）ーを極める（＝臣下として最高の地位につく）」

じんーしん【人身】［名］❶人間のからだ。身体。〓❷個人の身分や身の上。

しんしんーきえい【新進気鋭】［名］その分野に新しく進出したばかりで、勢いが盛んなこと。また、その人。〓「ーの作家」

じんしんーこうげき【人身攻撃】［名］個人の私生活や一身上の事情を取り上げて、その人を非難すること。

しんしんーこうじゃく【心神耗弱】［名］精神機能の低下により、是非善悪をわきまえることがきわめて困難な状態。心神喪失より軽いものをいう。▽刑法上は刑が減軽される。

じんしんーじこ【人身事故】［名］人の死傷をともなう事故。特に、交通事故でいう。

しんしんーしょう【心身症】［名］身体的疾患に精神的・心理的要因が深くかかわっている病気。ある種の胃潰瘍（かいよう）・高血圧・狭心症・過敏性腸症候群など。

しんしんーそうしつ【心神喪失】［名］精神機能の障害により、是非善悪の判断がまったくできない状態。▽刑法上はその行為を罰しない。注意「心身喪失」は誤り。

しんしんーにげんろん【心身二元論】［名］人間存在について、精神と身体を区別し、精神を重視する考え方。

じんしんーばいばい【人身売買】［名］人格を無視して、人間を商品同様に売り買いすること。

じんじんーばしょり［名］着物の後ろのすそをつまみ上げて帯の結び目の下にはさみ込むこと。▽「じじいばしょり（爺端折り）」の転という。

しんじんーぶか・い【信心深い】［形］信仰心があついさま。〓「ー人」派生 ーさ

しんーしんりしゅぎ【新心理主義】［名］フロイトの精神分析やベルクソンの哲学を応用して人間の深層心理を描き、人間存在の実体を探ろうとする二〇世紀初頭の文芸思潮。「意識の流れ」や「内的独白」の手法を特色とする。ジョイス・ウルフ・プルーストらがその代表。▽日本では昭和初期に伊藤整が提唱。

しんーすい【心酔】［名・自サ変］ある物事に心を奪われて夢中になること。また、ある人に感服して心から尊敬すること。〓「ジャズにーする」

しんーすい【浸水】［名・自サ変］物が水にひたること。水びたしになること。また、大量の水が入りこむこと。〓「洪水で一帯がーする」「床上ー」

しんーすい【深▼邃】［名・形動］❶山・谷などが奥深いこと。〓「ーなる山峡」❷学問・思想などが奥深いこと。

邃

しんーすい【進水】［名・自サ変］新しく建造した船舶が造船台からおろされて水上に浮かぶこと。〓「ー式」

しんーすい【薪水】［名］❶たきぎと水。❷たきぎを拾い、水を汲（く）むこと。煮炊きをすること。〓「ーの労をとる（＝炊事などの労働をすること。転じて、人に仕えて骨身を惜しまず働くこと）」

しんーすい【親水】［名］❶水と親しむこと。〓「ー公園」❷水に溶けたりなじんだりしやすいこと。〓「ー性軟膏（なんこう）」

しんーずい【真髄・神髄】［名］物事の本質。その道の奥義。〓「芸道のーに迫る」▽精神と骨髄の意から。

じんーすい【尽▼瘁】［名・自サ変］労苦をいとわず、疲れ果てるまで全力を尽くすこと。〓「国の経営［良書の出版］にーする」▽「瘁」は病み疲れる意。

じんずうーりき【神通力】［名］じんつうりき。書き方 現代仮名遣いでは「じんづうりき」も許容。

じんーすけ【甚助】［名］［古風］女性が好きで、嫉妬（しっと）深い性質。また、そのような男性。〓「ーを起こす（＝やきもちをやく）」▽多淫の意の「腎張り」を人名化した語。

しん・ずる【信ずる】［他サ変］⇩信じる〓「おのれのーところに従う」文 しん・ず

しん・ずる【進ずる】［動サ変］［古風］㊀［他］人に物を差し上げる。進上する。「酒を一献(いっこん)—」㊁［補動］〈「て[で]進ずる」の形で〉…してあげる。…してさしあげる。「手相を見て—」「読んで—ぜよう」 文 しん・ず 異形 進ぜる

しん-せい【心性】［名］心の特質。精神的傾向。

しん-せい【申請】［名・他サ変］国・公共団体などの機関に、許可・認可などを願い出ること。「ビザを—する」

しん-せい【神性】［名］神の性格。神としての性格。

しん-せい【神聖】［名・形動］尊くておかしがたいこと。清らかでけがれがないこと。「—な場所」派生 -さ

しん-せい【真正】［名・形動］まちがいなく本物であること。「—の/な人類愛」

しん-せい【真性】［名］❶似た症状を示す病気に対し、まちがいなくその病気であること。「—コレラ」⇔仮性 ❷生まれながらの性質。天性。

しん-せい【新生】［名・自サ変］❶新しく生まれ出ること。「—チーム」❷生まれ変わった気持ちで新しい生活を始めること。▼多く信仰によって気持ちが一新した状態をいう。

しん-せい【新制】［名］新しい制度や体制。特に、昭和二二年に施行された学校教育法に基づく、第二次世界大戦後の学校制度。「—中学」⇔旧制

しん-せい【新政】［名］機構・政令などを改めた新しい政治体制。また、新体制に基づく政治。「明治の—」

しん-せい【新星】［名］❶新しく発見された星。❷急に光度を増して明るくなった恒星。星が新しく生まれたように見える。▼恒星全体の大爆発によるものを超新星といい、恒星の最後の姿と考えられている。❸芸能界・スポーツ界などで、急に現れて人気を集める新人。新しいスター。

しん-せい【親政】［名］君主が自ら政治を行うこと。また、その政治。

じん-せい【人世】［名］人の住む世。世の中。「—をはかなむ」「—を活写する好短編」

じん-せい【人生】［名］❶人間がこの世に生きていくこと。人間としての生活。「豊富な—経験」❷人間がこの世で生きている期間。一生。「八〇年の—」

◉人生意気(いき)に感ず 人間は利害や打算で動くのではなく、相手の心意気に感じて行動するものだ。「—、功名(こうみょう)誰かまた論ぜん」▼唐の魏徴(ぎちょう)の詩から。

じん-せい【人性】［名］人間が生来もっている性質。人間としての性格。人間性。

じん-せい【仁政】［名］人民をいつくしむ、情け深い政治。「—をほどこす」

じんせい-かん【人生観】ワン ク［名］人生の意義・目的・価値や生き方についての考え方。

しんせい-じ【新生児】［名］生後四週間ぐらいまでの、まだ母体外生活に十分適応しきれない嬰児(えいじ)。

しんせい-しゅ【新清酒】［名］アルコールにぶどう糖・こはく酸・乳酸などを加え、清酒に似た風味をもたせた酒。合成酒。

しんせい-だい【新生代】［名］地質時代の区分のうち、最も新しい時代。約六五〇〇万年前から現在まで。哺乳(ほにゅう)類や被子植物が著しく発達し、末期には人類が現れた。

しんせい-めん【新生面】［名］新しい分野・方向。「童話の—を開く」「風景版画に—を開く」

しん-せかい【新世界】［名］❶南北アメリカ・オーストラリアなど、一五世紀末以後にヨーロッパ人によって新しく発見された大陸。新大陸。⇔旧世界 ❷新しい生活や活動の場所。新天地。

しん-せき【臣籍】［名］旧憲法下で、皇族以外の、臣民としての身分。「—降下」

しん-せき【真跡・真蹟】［名］まちがいなくその人が書いたと認められる筆跡。真筆。

しん-せき【親戚】［名］血縁関係や婚姻関係によってつながっている人々。親類。

じん-せき【人跡】［名］人の足跡。人の通った跡。「—まれな山の中」

じんせき-みとう【人跡未踏・人跡未到】-ミタフ・-ミタウ［名］まだだれも足を踏み入れた跡がないこと。前人未踏。「—の地」

シンセサイザー［synthesizer］［名］電子発振器で発生させた音をさまざまな音色に合成する装置。一九六〇年代半ば、鍵盤(けんばん)の操作によって演奏する楽器としてアメリカで開発された。シンセ。

しん-せつ【真説】［名］❶真実の説。正しい学説。❷仏教で、真実の教え。

しん-せつ【深雪】［名］深く積もった雪。みゆき。

しん-せつ【新設】［名・他サ変］組織・機関などを新しく設けること。また、設備・施設などを新しくつくること。「—校」

しん-せつ【新雪】［名］新しく降り積もった雪。

しん-せつ【新説】［名］❶新しい学説や意見。⇔旧説 ❷初めて聞く話。

しん-せつ【親切】［名・形動］相手のことを思いやって、やさしく接すること。また、配慮が行き届いていること。「—な応対」「—に案内をする」書き方 もと、「深切」とも。派生 -さ

しんせっき-じだい【新石器時代】シンセ キキー［名］旧石器時代・中石器時代に続く、石器時代の最後の時期。磨製石器・土器を用い、牧畜・農耕を始めるようになった時代。

しん・ぜる【進ぜる】［他下一］［古風］進ずる。

しん-せん【神仙】［名］人間の世界から抜け出て、不老長生の世界に住む人。仙人。「—譚(たん)」

しん-せん【神饌】［名］神前に供える飲食物。供物。

しん-せん【深浅】［名］❶深いことと浅いこと。深さ。❷色の濃いことと薄いこと。濃淡。

しん-せん【新選・新撰】［名・他サ変］新たによりすぐって編纂(へんさん)すること。▼多く書名に使う。書き分け「新選」は「新撰」の新しい書き方。「新選数学問題集」「新選/新撰 美術大系」「新撰万葉集」「新撰朗詠集」などと使う。

しん-せん【新鮮】［名・形動］❶魚・肉・野菜などが、新しくていきいきとしていること。「—なレタス」❷よごれがなく、澄んでいること。「山の—な空気」❸物事に従来のものとは異なる新しさが感じられること。「—な気持ちで事に当たる」派生 -さ/-み

しん-ぜん【神前】［名］神の前。「—結婚」

しん-ぜん【浸染】［名・他サ変］染料の溶液に織り糸・織物などをひたして染めること。また、その染色法。しんせん。

しん-ぜん【親善】［名］互いに知り合って、親しくつ

きあうこと。≡「両国の—を深める」「—試合」

じん-せん【人選】［名・自他サ変］多くの中から適任者を選ぶこと。≡「—を誤る」

じん-ぜん【▼荏▼苒】［形動タルト］何もしないまま月日が過ぎていくさま。また、物事がのびのびになるさま。≡「—として今日に至る」▼副詞的にも使う。

じんぜん-しき【人前式】［名］新郎新婦が列席者の前で結婚の誓いを述べる結婚式。神前式・キリスト教式などに対していう。

しんぜん-び【真善美】［名］認識上の真と、倫理上の善と、審美上の美。▼人間の理想とされる三つの価値概念をいう。

しん-そ【神祖】［名］❶偉大な功績をあげた祖先の敬称。❷天照大神の敬称。❸徳川家康の敬称。神君。

しん-そ【親疎】［名］親しいことと疎遠なこと。また、親しい人と親しくない人。≡「—を問わず招待する」

しん-そう【神葬】［名］神道の様式によって行われる葬儀。神式葬。神葬祭。

しん-そう【真相】［名］ある物事の本当のすがた。特に、ある事件などの本当の内容や事情。≡「事件の—を究明する」

しん-そう【深窓】［名］家の中の奥深い所。≡「—の令嬢」▼世俗から隔離された上流階級の環境をいう。

しん-そう【深層】［名］深い層。物事の奥深く隠された部分。≡「—心理学（＝無意識の世界を研究する心理学）」⇔表層

しん-そう【寝装】［名］寝るときに使うもの。布団・まくら・寝巻きなど。寝具。寝装具。≡「—店」

しん-そう【新装】［名・他サ変］設備や飾りつけを新しくすること。また、そのよそおい。≡「—開店」

しん-ぞう【心像】［名］過去の記憶や経験に基づいて、現実の刺激なしに心の中に再生される感覚的な像。表像。心象。イメージ。

しん-ぞう【心臓】［名］❶静脈から戻ってくる血液を動脈に送り出し、全身に循環させる働きをする器官。人間では胸腔内のやや左側にある。≡「—移植」❷物事や組織などの中心部。≡「都市の—部」❸ずうずうしいこと。あつかましいこと。≡「あいつはかなりの—だ」▼「心臓が強い」から。

◉心臓が強・い 恥ずかしがったり弱気になったりしない。ずうずうしい。あつかましい。≡「彼は—から、何を言われても平気だ」

◉心臓に毛が生えている 恥知らずで、ずうずうしい。きわめてあつかましい。≡「あいつは—から、平気で借金を踏み倒す」

しん-ぞう【新造】［名］❶［他サ変］新しくつくること。また、そのもの。≡「—船」❷［古風］若い人妻を呼ぶ語。また、一般に、他人の妻の敬称。しんぞ。≡「ご—さん」▼明治・大正期まで武家・上中層町人などの妻の敬称として使った。

じん-ぞう【人造】［名］天然のものに似せて人工的につくること。また、そのもの。≡「—湖・—繊維」

じん-ぞう【腎臓】［名］脊椎動物の泌尿器系臓器。体内の不要物質を尿として排泄し、体液の調節をつかさどる。人間では脊柱の両側に一対ある。

しんそう-すい【深層水】［名］海面から二〇〇メートルより深い海に分布する、無機塩類を豊富に含んだ清浄な水。

しん-そく【神速】［名・形動］人間わざとは思えないほど速いこと。

しん-ぞく【親族】［名］同一の血縁関係・婚姻関係にある人々。親類縁者。親戚。≡「—会議」▼民法では、六親等内の血族、配偶者、三親等内の姻族をいう。

じん-そく【迅速】［名・形動］きわめて速いこと。非常にすばやいこと。≡「—に行動する」派生-さ

しんそくぶつ-しゅぎ【新即物主義】［名］一九二〇年代後半のドイツに興った芸術運動。主観的・幻想的な表現主義への反動として、客観的・合理的・即物的な立場から現実をとらえようとした。画家のディックス・グロッス、作家のケストナー・レマルクらに代表される。新現実主義。新客観主義。ノイエザッハリヒカイト。

しん-そこ【心底（真底）】［名・副］心の底（から）。≡「—ほれる」「—うれしい」

しん-そつ【真率】［名・形動］飾りけがなくて、まじめなこと。≡「—な人柄」

しん-そつ【新卒】［名］その年に学校を卒業すること。あるいは卒業したこと。また、その人。

じんた［名］映画館・サーカスなどの客寄せや宣伝に使われる小人数の吹奏楽隊。また、そこで演奏される音楽。書き方 多く「ジンタ」と書く。

しん-たい【身体】［名］人間のからだ。≡「—検査」

しん-たい【神体】［名］神の霊が宿るものとして神社などに祭る神聖な物体。鏡・剣・玉・像など。みたましろ。≡「御—」数「一柱…」「一体…」「一座…」と数える。

しん-たい【進退】［名］❶［自サ変］進むことと退くこと。動くこと。≡「—きわまる」❷［自サ変］行動すること。立ち居振る舞い。≡「挙措—」❸職をやめるか続けるかという身の処置。去就。≡「—伺い」

しん-たい【新体】［名］新しい体裁。新形式。

しん-だい【身代】［名］個人または一家がもつすべての財産。身上。≡「—を築く」

しん-だい【寝台】［名］寝るときに使用する台。ねだい。ベッド。≡「—車（＝寝台を設置した夜行用の鉄道車両。また、病人用に寝台を設置した自動車）」

じん-たい【人体】［名］人間のからだ。≡「喫煙が—に及ぼす影響」

じん-たい【▼靱帯】［名］脊椎動物の骨と骨の間にある繊維状の結合組織。関節を保護し、その運動を制御する。

じん-だい【人台】［名］衣服のデザイン・仮縫い・陳列などに用いる人体の胴の模型。ボディ。

じん-だい【神代】［名］神話の時代。日本では、神武天皇即位以前の、神々がこの世を支配していたという時代。≡「—神楽」

じん-だい【甚大】［形動］物事の程度がきわめて大きいさま。≡「—な損害を受ける」▼ふつう好ましくないことに使う。派生-さ

しんたい-うかがい【進退伺い】［名］職務上の過失があったとき、その責任を取って辞職すべきかどうか上司の処置をあおぐこと。また、そのために差し出す文書。書き方 文書の場合は、「進退伺」のように送りがなを付けない。

しんだい-かぎり【身代限り】［名］江戸時代、債務者が借金の返済ができなくなったとき、役所がすべての財産を没収して債務の返済にあてさせたこと。

しんたい-げんご【身体言語】［名］話し手が音声によらず、顔の表情、身振り、手まねなどによって相手に意思を伝えること。また、その方法。ボディーランゲージ。サインランゲージ。

しんたい-けんさ【身体検査】［名］❶体の発育状態や病気の有無を調べること。体格検査。❷服装や所持品などを調べること。‖「税関で—を受ける」❸刑事訴訟の手続きで、人の身体について行う検証。❹〔俗〕人を登用・採用する際に、交友関係や素行などを調べること。身辺調査。

じん-だいこ【陣太鼓】［名］昔、陣中で軍勢の進退の合図に打ち鳴らした太鼓。

しんたい-し【新体詩】［名］明治初期、西洋の詩の影響を受けて作られた新しい形式の詩。多くは七五調の文語定型詩。▼明治一五(一八八二)年、外山正一らの『新体詩抄』に始まる。

しんたいしょうがい-しゃ【身体障害者・身体障▼碍者】［名］視覚障害・聴覚障害・肢体不自由など、身体上の障害がある人。身障者。

じんだい-すぎ【神代杉】［名］水中や土中に埋もれて長い年月を経過した杉材。暗灰色または淡黒色となり、木目が美しい。工芸品・天井材などに使う。

しん-たいそう【新体操】［名］手具を用い、音楽伴奏に合わせて演技をする体操競技。手具はボール・ロープ・リボン・輪・棍棒の五種。

しんたい-はっぷ【身体髪膚】［名］からだ全体。‖「—、これを父母に受く、あえて毀傷せざるは孝の始めなり〈孝経〉」▼肉体と髪と皮膚の意から。

じんだい-めいし【人代名詞】［名］人称代名詞。

じんだい-もじ【神代文字】［名］日本で漢字渡来以前に使用されていたとする文字。日文・天名地鎮など。古来、神道家や国学者によってその存在が主張されてきたが、後世の偽作とされる。

しん-たいりく【新大陸】［名］一五世紀以後、ヨーロッパ人によって新しく発見された大陸。特に、南北アメリカ大陸・オーストラリア大陸をいう。⇔旧大陸

しんたい-ろん【身体論】［名］精神と身体の相互関係に着目し、身体性を重視する考え方。

しん-たく【信託】［名・他サ変］❶信用して任せること。‖「—統治」❷一定の目的に従って他人に財産権などを移し、その者に財産の管理・処分を任せること。‖「—会社」「投資—」

しん-たく【神託】［名］神のお告げ。託宣。

しん-たく【新宅】［名］❶新しく建てた家。新居。⇔旧宅 ❷本家から分かれて独立した家。分家。

しんたく-ぎんこう【信託銀行】［名］普通銀行のうち、貸付信託・金銭信託などの信託業務を主な業務とするもの。

しんたく-とうち【信託統治】［名］国際連合の信託を受けた国が一定の非自治地域に対して行う統治。国連の信託統治理事会がその監督にあたる。

しん-たつ【申達】［名・他サ変］上級官庁から下級官庁へ文書で命令を伝えること。

しん-たつ【進達】［名・他サ変］下級官庁が上級官庁へ上申書などを取り次ぐこと。‖「—書」

シンタックス【syntax】［名］言語学で、語を組み合わせて文を作る規則の総体(統辞法・統語法)。また、それを研究する文法論の一部門(統辞論・統語論・構文論)。シンタクス。

じん-だて【陣立て】［名］戦闘に際しての、軍勢の配置や編成。▼難局などに対処する備えの意でも使う。‖「新内閣の—をする」

しん-たん【心胆】［名］こころ。きもったま。‖「—を寒からしめる(=心から恐れおののかせる)」

しん-たん【震旦】［名］古代中国の称。しんだん。

しん-たん【薪炭】［名］たきぎと、すみ。また、燃料一般。‖「—商」

しん-だん【診断】［名・他サ変］❶医師が患者を診察して病状などを判断すること。‖「糖尿病と—される」「健康—」❷状態などを分析して、欠陥の有無や適正などを判断すること。‖「経営—」

しん-ち【新地】［名］❶新しく居住地として開けた土地。新開地。❷遊里。‖「—通い」▼多く新開地に設けられたことから。❸新しく得た領地。

じん-ち【人知・人▼智】［名］人間の知恵。‖「—の限りを尽くす」

じん-ち【陣地】［名］戦闘に備えて軍勢を配置してある場所。

しん-ちく【新築】［名・他サ変］新しく建物を建てること。また、その建物。‖「店舗を—する」「—祝い」

じん-ちく【人畜】［名］人間と家畜。

じんちく-むがい【人畜無害】［名］❶人間にも動物にも害を与えないこと。‖「—の除草剤」❷可もなく不可もなく、他に何の影響も与えないこと。‖「—の機構改革」▼皮肉を込めて使う。

しん-ちゃ【新茶】［名］その年の春に新芽をつんで初めて作った緑茶。はしり茶。

しん-ちゃく【新着】［名・自サ変］品物などが新たに到着すること。また、届いたばかりのもの。‖「—の洋書」

しん-ちゅう【心中】［名］心の中。心のうち。胸中。‖「—に期するものがある」「—察するに余りある」

しん-ちゅう【真▼鍮】［名］銅と亜鉛との合金。展性・延性に富み、さびにくい。日用品・機械部品・工芸品などに広く用いられる。黄銅。

しん-ちゅう【進駐】［名・自サ変］軍隊が他国の領土内に入り、しばらくそこにとどまること。‖「—軍」

じん-ちゅう【尽忠】［名・自サ変］忠義を尽くすこと。‖「—報国」

じん-ちゅう【陣中】［名］陣地の中。また、戦場。

じんちゅう-みまい【陣中見舞い】［名］❶戦場で戦っている将兵を訪ね、その苦労をねぎらうこと。また、そのときに贈る金品。❷忙しい状況にある人を見舞い、励ますこと。また、その時の贈り物。

しん-ちょ【心緒】［名］⬇しんしょ(心緒) ▼「しんしょ」の慣用読み。

しん-ちょう【伸長(伸▼暢)】［名・自他サ変］伸びること。また、伸ばすこと。‖「学力が—する」書き方「伸長」は代用表記。

しん-ちょう【伸張】［名・自他サ変］伸びて広がること。また、伸ばして広げること。‖「勢力が—する」「銅の—率」書き方 類義の「伸長」で代用することもある。

しん-ちょう【身長】［名］背の高さ。背丈。

しん-ちょう【深長】［名・形動］意味などが深くて、含みがあること。‖「意味—な言葉」

しん-ちょう【慎重】［名・形動］物事を行うにあたって軽はずみなところがないこと。注意深いこと。‖「—な態度」「—に事を運ぶ」「—を期して(=より注意して)金庫

に保管する」 使い方 「離党には慎重を期されたい」などの言い方で、相手の行動を牽制し、抑制を促す意に使うこともある(遠回しにいう言い方)。⇔軽率 派生 -さ

しん-ちょう【新調】 [名] ❶[他サ変]衣服などを新しく作ること。‖「背広を―する」 ❷音楽の、新しい調子。また、新しい調子の音楽。

じんちょう-げ【▽沈丁▽花】 [名] 早春、芳香を放つ白色または紅紫色の花を多数つける、ジンチョウゲ科の常緑低木。庭木として植える。中国原産。 書き方 現代仮名遣いでは、「ぢんちょうげ」とはしない。 語源 花の香りが沈香と丁字を兼ねるということから。

しん-ちょく【進捗】 [名・自サ変] 物事が進み、はかどること。‖「仕事が―する」「―状況」

しん-ちん【深沈】 [形動タリ] ❶落ち着いているさま。‖「―たる態度」 ❷夜が静かに更けていくさま。‖「―と更けゆく秋の夜」

しんちん-たいしゃ【新陳代謝】 [名・自サ変] ❶生物が生命維持のために必要な物質を体内に取り入れ、不要になった物質を体外に排出すること。また、その作用。物質交代。物質代謝。 ❷新しいものが古いものと入れ替わっていくこと。‖「社内の―を図る」

しん-つう【心痛】 [名・自サ変] ひどく心配すること。‖「―が絶えない」

じん-つう【陣痛】 [名] 分娩時に子宮の収縮によって周期的・波状的に起こる腹部の痛み。

じんつう-りき【神通力】 [名] 何事でもなし得る霊妙不可思議な力。超人的な力。じんずうりき。 書き方 ⇩じんずうりき(神通力)

しん-づけ【新漬け】 [名] 新しく漬けた漬物。漬けてからまだあまり日のたっていない漬物。⇔古漬け

しん-てい【心底】 [名] 心の底。本心。しんそこ。

しん-てい【進呈】 [名・他サ変] 人に物を差し上げること。進上。‖「自著を―する」「粗品―」

しん-てい【新帝】 [名] 新しく位についた天子。

じん-てい【人定】 [名] ❶人が定めること。‖「―法」 ❷本人であるかどうかを確認すること。‖「―質問」

しん-ていし【心停止】 [名] 心臓が停止し、血液が体内を循環しない状態。

ジンテーゼ【Synthese ドイ】 [名] 弁証法で、相反する概念(テーゼとアンチテーゼ)をより高次の概念に統合すること。総合。

しん-てき【心的】 [形動] 心に関するさま。‖「―な要因」「―外傷(=心理的に大きなショックを与え、いつまでもその影響を残すような個人的な体験)」

じん-てき【人的】 [形動] 人に関するさま。‖「―資源(=労働力を物的資源と同等にみなしていう語)」

しんてきがいしょうごストレス-しょうがい【心的外傷後ストレス障害】 [名] ⇩ピーティーエスディー(PTSD)

しん-でし【新弟子】 [名] 新しい弟子。特に大相撲で、日本相撲協会の検査に合格して部屋に入門する新人。

シンデレラ【Cinderella】 [名] ヨーロッパの昔話に出てくる少女の名。継母と義姉妹にいじめられていたが、ガラスの靴が縁となって王子と幸せな結婚をする。グリムやペローの童話が有名。▼「灰かぶり」の意。 使い方 思いがけない幸運を得た女性のたとえにもいう。男性は「シンデレラボーイ」という。‖「芸能界の―」

しん-てん【伸展】 [名・自他サ変] 伸び広がること。また、伸ばし広げること。‖「貿易の―をはかる」

しん-てん【神典】 [名] ❶神の事跡を記した書物。 ❷神代のことを記した書物。神道の聖典。『古事記』『日本書紀』など。

しん-てん【進展】 [名・自サ変] 物事が進行して新しい局面が現れること。また、物事が進歩・発展すること。‖「捜査が―する」

しん-てん【新店】 [名] 新しく開業した店。しんみせ。

しん-てん【親展】 [名] 名宛人自身が開封して読んでほしい意で、封書の宛名のわきに記す語。親披。直披

しん-でん【神田】 [名] その収穫を祭事・造営などの経費にあてるために神社が所有する田。

しん-でん【神殿】 [名] 神を祭る殿堂。また、神社の本殿。

しん-でん【寝殿】 [名] ❶天皇が日常の居所とした宮殿。南殿。 ❷寝殿造りの正殿。中央南向きに建てられ、主人の居間・客間とされた。

しん-でん【新田】 [名] 新しく開墾した田地。‖「―開発」⇔本田 ▼特に、墾田に対して江戸時代のものをいう。

しん-でん【親電】 [名] 国家元首や天皇が自らの名で発信する電報。

しんでん-ず【心電図】 [名] 心臓の収縮に伴って生じる微弱な活動電流を増幅して記録した図。心臓病の診断に用いる。

しん-てんち【新天地】 [名] 新たに生活や活動を始める場所。新世界。‖「―を求めて旅立つ」

しんでん-づくり【寝殿造り】 [名] 平安時代に成立した貴族の住宅様式。南面する寝殿を中心として東・西・北に対屋を置き、それぞれを渡殿で結ぶ。また、東西の両対屋からは南に中門廊をのばし、その先端には池に面した釣殿を設けた。屋根は檜皮葺きの入母屋造り。室内は板敷きで、ほとんど間仕切りがない。

しんてん-どうち【震天動地】 [名] 勢いや音響がきわめて激しいこと。また、異変・大事件などが起こって世間の人々を驚かすこと。驚天動地。‖「―の出来事」 ▼天をふるわせ地を動かす意から。

しん-と【信徒】 [名] その宗教を信じている人。信者。

しん-と【新都】 [名] 新しく定められた首都。新京。⇔旧都

しん-と【新渡】 [名] 新しく外国から渡来したこと。また、そのもの。しんど。⇔古渡り

しん-と [副] ひっそりと静まり返っているさま。‖「場内が水を打ったように―なる」

しん-ど【心土】 [名] 表土の下層にあって、耕したときすき返されない部分の土。⇔作土

しん-ど【深度】 [名] 深さの程度・度合い。

しん-ど【進度】 [名] 物事の進みぐあい。進行の程度。

しん-ど【震度】 [名] ある場所での地震動の強さの程度。気象庁の震度階級では、各地の計測震度計の観測によって、震度0〜4、5弱、5強、6弱、6強、7の一〇階級に分ける。▼地震の規模を表すマグニチュードとは異なる。

じん-と [副] ❶涙があふれそうになるほど感動するさま。‖「胸に―くる言葉」 ❷手足などの感覚がなくなるような冷たさや痛みを感じるさま。‖「足が―しびれた」

しんど・い [形] 疲れて苦しい気持ちである。つらい。骨

が折れる。⦀「この仕事は一」▽主に関西でいう。「しんろう(辛労)」が変化した「しんどう」がさらに変化した「しんど」の形容詞化か。派生 -げ／-さ／-がる

しん-とう【心頭】[名]こころ。心中。念頭。⦀「怒り一に発する」▽心のある辺り、の意。

◉心頭を滅却すれば火もまた涼し 無念無想の境地に至れば火さえも涼しく感じられるという意から、いかなる苦痛も心の持ち方次第で苦痛とは感じなくなるということ。▽織田信長が甲斐の恵林寺を焼き討ちにした際、住僧の快川禅師が火中に端座して唱えたことばだという。

しん-とう【神灯】[名]神前にそなえる灯火。みあかし。

しん-とう【神道】タウ[名]日本固有の民族的信仰として伝承されてきた多神教の宗教。自然崇拝と人格神を祭る祖先崇拝が儀式化し、仏教・儒教・道教などの影響を受けながら次第に理論化されたもの。かんながらの道。

しん-とう【浸透(▼滲透)】[名・自サ変]❶液体などがしみとおること。⦀「雨水の一を防ぐ」❷思想・風潮などが人々の間に広く行きわたること。⦀「合理主義が国民生活に一する」❸半透膜を隔てて濃い液と薄い液があるとき、同じ濃さになろうとして、薄い液の溶媒(水など)が膜を通過して濃い液の側に移動する現象。⦀「一圧」◈書き方「浸透」は代用表記。

しん-とう【新刀】タウ[名]新しく作られた刀剣。特に、慶長年間(一五九六〜一六一五)以降に作られた刀剣。⇕古刀

しん-とう【親等】[名]親族関係の遠近を表す単位。親子は一親等、祖父母・兄弟・孫は二親等、おじ・おばは三親等となる。

しん-どう【神童】[名]なみはずれた才知をもつ子供。非凡な子供。

しん-どう【振動】[名・自サ変]❶揺れ動くこと。ふれ動くこと。⦀「車体が左右に激しく一する」「エンジンの一が激しい」❷物体の位置や電流の方向・強さなどの物理量が一定の値を中心に周期的に変化すること。また、その現象。⦀「振り子の一」

しん-どう【新道】タウ[名]新しく切り開いた道。⇕旧道

しん-どう【震動】[名・自サ変]ふるえ動くこと。大きくてどっしりしたものが揺れ動くこと。⦀「大地が一する」

じん-とう【人頭】[名]❶人の頭。❷あたまかず。人数。

じん-とう【陣頭】ヂン[名]戦う部隊の先頭。軍陣の最先端。⦀「一指揮」▽仕事や活動の場の第一線の意でも使う。

じん-どう【人道】ダウ[名]❶人として守り行うべき道。⦀「一に反する行為」❷市街道路などで、人が歩く道として車道と区別された部分。⇕車道

しんとう-あつ【浸透圧】[名]半透膜で隔てた溶媒と溶液で、溶媒の一部がその膜を透過して溶液側に移るとき、両者の間に生じる圧力差。

じんどう-しゅぎ【人道主義】ジンダウ[名]人間性を尊重し、人類愛の立場から人類全体の幸福をはかろうとする主義。⇩ヒューマニズム

じんとう-ぜい【人頭税】[名]担税能力にかかわりなく、国民一人一人に対して一律に同額を課する租税。

じんどう-てき【人道的】ジンダウ[形動]人として守り行うべき道にかなうさま。⦀「一な見地」「非一な行為」

しん-とく【神徳】[名]神のすぐれた力。神の威徳。

しん-どく【真読】[名・他サ変]経文の全文を省略しないで読み通すこと。

じん-とく【人徳】[名]その人に備わっている徳。⦀「一のある人」

じん-とく【仁徳】[名]思いやりの心をもって人を愛する徳。仁愛の徳。

じん-とり【陣取り】ヂン[名]子供の遊びの一つ。二組に分かれて互いに相手の陣地を奪い合う。じんどり。⦀「一合戦」

じん-ど・る【陣取る】ヂン[自五]❶ある場所に陣地を構える。⦀「丘の上に一」❷ある場所を占める。⦀「会場の最前列に一」

シンドローム [syndrome][名]症候群。

シンナー [thinner][名]塗料を薄めて粘度を下げるために使う揮発性の溶剤。トルエン・酢酸エチルなどの混合物で、蒸気を吸入すると幻覚を生じる。

しん-ない【新内】[名]江戸浄瑠璃の一つ。鶴賀若狭掾が創始し、孫弟子の二代鶴賀新内の曲節で人気を得た。心中物が多く、艶麗にして哀調を帯びた曲調が特徴。⦀「一流し」▽「新内節」の略。

しんなり[副]しなやかなさま。やわらかいさま。⦀「ゆでて一とさせた小松菜」

しん-に【真に】[副]本当に。まことに。⦀「一高潔な人」

しん-にち【親日】[名]外国人が日本に好意をもち、親しくすること。⦀「一家・一派」⇕反日

しん-にゅう【▼之▼繞】[名]漢字の部首の一つ。「辺」「迎」「送」などの「辶」。しんにょう。⦀「一を掛ける(=程度をさらにはなはだしくする)」

しん-にゅう【侵入】ニフ[名・自サ変]他の領分に不法に入り込むこと。⦀「敵の一を防ぐ」「家宅一罪」

しん-にゅう【浸入】ニフ[名・自サ変]水などが入り込むこと。⦀「船底から海水が一する」

しん-にゅう【進入】ニフ[名・自サ変]人や乗り物がその場所に向かって進み入ること。⦀「車両一禁止」

しん-にゅう【新入】ニフ[名]新しく組織や仲間に加わること。また、その人。しんいり。⦀「一生・一社員」

しん-にょ【信女】[名]❶仏教に帰依し、在家のまま受戒した女性。優婆夷。❷女性の戒名の下に添える語。◈⇕信士

しん-にょ【神女】[名]女神。天女。

しん-にょ【真如】[名]仏教で、宇宙万物のあるがままの姿。存在の究極的な姿である絶対不変の真理。法性。実相。⦀「一の月(=真如が煩悩の悩みを破ることを月が闇夜を照らすのにたとえた語)」

しん-にん【信任】[名・他サ変]その人を信用して物事を任せること。⦀「内閣を一する」「不一案」

しん-にん【信認】[名・他サ変]信用して認めること。信じて疑わないこと。⦀「学界の権威の評価を一する」

しん-にん【新任】[名]新しくある地位や職務に任命されること。また、その人。⦀「一の教師」⇕旧任

しん-にん【親任】[名・他サ変]旧憲法下で、天皇が自ら官を任命すること。⦀「一官」

しんにん-じょう【信任状】ジヤウ[名]特定の人を外交使節として正式に任命した旨を記した公文書。派遣国の元首または外務大臣が接受国の元首または外務省に宛てて発する。

しんにん‐とうひょう【信任投票】ートウヘウ［名］❶議会が政府を信任するか否かを決する投票。衆議院で内閣の不信任が決まると、衆議院の解散または内閣の総辞職となる。❷一般に、選出された代表や役員の信任・不信任を問う投票。

しんねこ［名］〔古風〕男女が差し向かいで仲むつまじく語り合うこと。〓「ーをきめこむ」

しんねり‐むっつり［副¨］〔俗〕性質が陰気で、心に思っていることをはっきりと言わないさま。

しん‐ねん【信念】［名］正しいと信じ、堅固に守る自分の考え。自信の念。〓「ーを貫く」「ーの人」

しん‐ねん【新年】［名］新しい年。新春。〓「ーおめでとう」

しん‐のう【心▼囊】ーナウ［名］心臓全体を包んでいる膜。心膜。

しん‐のう【親王】ーワウ［名］現行の皇室典範で、嫡出の皇子および嫡男系嫡出の男子の皇孫。⇔内親王▼旧皇室典範では、皇子から皇玄孫までの男子。

じん‐のう【人皇】ーワウ［名］神武天皇以後の歴代の天皇。にんのう。じんこう。▼神代の神々に対していう。

しん‐の‐ぞう【心の臓】ーザウ［名］心臓のこと。

しん‐ば【新馬】［名］競馬で、公認レースに初めて出走する馬。

しん‐ぱ【新派】［名］❶新しい流儀・流派。⇔旧派 ❷明治中期の壮士芝居に始まり、大衆的な現代風俗劇として発達した演劇。歌舞伎と新劇との中間に位置する。▼「新派劇」の略。明治期のジャーナリズムが歌舞伎を「旧派」、新しい演劇を「新派」と呼んだことから。

シンパ［名］共鳴者。支持者。特に、左翼運動などに直接参加はしないが、背後で心情的・物質的に援助をする人。▼「シンパサイザー（sympathizer）」の略。

じん‐ば【人馬】［名］人と馬。〓「ー一体となって走る」

しん‐ぱい【心肺】［名］心臓と肺。しんはい。

しん‐ぱい【心配】［名・他サ変］❶［形動］現在の状態、これから先のことなどが気がかりで、心を悩ませること。〓「親にーをかける（＝親の心を煩わせる）」「僕のことならーはいらない」「津波のーはない（＝恐れはない）」「この有り様では将来がーだ（＝思いやられる）」「ー性（しょう）の人」「ーの種」派生‐げ ❷〔古風〕心にかけて世話をすること。配慮。〓「就職のーをしてもらう」◈「心配（こころくばり）」を音読してできた語。

しん‐ぱい【親拝】［名・自サ変］天皇が自ら参拝すること。

しんぱい‐ていし【心肺停止】［名］心臓の血液拍出機能と呼吸が停止した状態。心肺機能停止。

じん‐ばおり【陣羽織】ヂンー［名］武士が陣中で鎧（よろい）・具足の上に着用した袖なしの羽織。具足羽織。

しん‐ぱく【心拍（心▼搏）】［名］心臓の搏動（はくどう）。〓「ー数」書き方「心拍」は代用表記。

シンパシー［sympathy］［名］同情。また、共感。共鳴。

しん‐ばつ【神罰】［名］神が下す罰。〓「ーが下る」

しん‐ぱつ【進発】［名・自サ変］軍隊が戦場に向けて出発すること。

しんばり‐ぼう【心張り棒】［名］引き戸などがあかないように、その内側に斜めに渡しておくつっかい棒。

シンバル［cymbals］［名］打楽器の一つ。一対の皿形の金属盤を両手で打ち合わせて演奏する。▼軽音楽ではスティックでたたく奏法が一般的。

しん‐ぱん【侵犯】［名・他サ変］他国の領土・権利などをおかすこと。〓「領空をーする」

しん‐ぱん【信販】［名］「信用販売」の略。

しん‐ぱん【新版】［名］❶新しく出版すること。また、その書物。新刊。❷前に出版した書物の体裁・内容などを改めて出版すること。また、その書物。⇔旧版

しん‐ぱん【審判】［名・他サ変］❶事件を審理して、その正否を判断・裁決をすること。〓「ーを下す」「海難ー」❷競技などで、技の優劣、反則の有無、勝敗などを判定すること。また、その役（を務める人）。〓「ー員」❸キリスト教で、神がこの世を裁くこと。〓「最後のー」◈「しんばん」ともいう。

しん‐ぱん【親藩】［名］江戸時代、徳川家の直系と分家が治めていた諸藩。尾張・紀伊・水戸の御三家など。

しん‐び【審美】［名］自然や造形の美を識別すること。〓「ー学（＝美学の旧称）」「ー眼」

しん‐ぴ【神秘】［名］人間の知恵でははかり知れない、不思議なこと。〓「生命のーを探る」

しん‐ぴ【真皮】［名］脊椎（せきつい）動物の表皮の下にある繊維性の結合組織層。毛細血管・神経・汗腺（かんせん）などを含む。

しん‐ぴ【真否】［名］まことと、うそ。真実かそうでないかということ。

じん‐ぴ【▼靱皮】［名］植物の外皮の内側にある柔らかな内皮。繊維として利用される。甘皮（あまかわ）。

シンビジウム［Cymbidium ラテ］［名］ラン科シンビジウム属の多年草の総称。日本にもシュンラン・カンランなどが自生するが、ふつう熱帯産の洋ランや、その園芸品種をさす。

しんぴ‐しゅぎ【神秘主義】［名］内面的な直観によって超自然的な存在（神）をとらえ、自己との融合を体験しようとする哲学・宗教上の立場。ミスティシズム。

しん‐ぴつ【真筆】［名］その人が本当に書いた筆跡。真跡。⇔偽筆

しん‐ぴつ【▼宸筆】［名］天皇の直筆（じきひつ）。

しん‐ぴつ【親筆】［名］その人が自身で書いた筆跡。▼ふつう身分・地位の高い人の筆跡をいう。

しん‐ぴょう【信▼憑】［名］信じて、それをよりどころとすること。〓「ー性に欠ける情報」

しん‐ぴん【神品】［名］人間が作ったとは思えないような、すぐれた芸術作品。また、その気高い品位。

しん‐ぴん【新品】［名］新しい品物・製品。〓「ーのバッグ」

じん‐ぴん【人品】［名］その人にそなわっている品位。また、その人の風采（ふうさい）・態度・身なりなどから感じられる品位。〓「ーのよい老人」

しん‐ぶ【深部】［名］深い部分。奥深い所。〓「地下ーのマグマ」

しん‐ぷ【神父】［名］ローマカトリック教会で、司祭の敬称。ファーザー。

しん‐ぷ【神符】［名］神社で出す守り札。お札。護符。

しん‐ぷ【新婦】［名］結婚したばかりの女性。花嫁。⇔新郎▼結婚式・披露宴などでいう。

しん‐ぷ【新譜】［名］新しい曲譜。また、そのレコード・CDなど。

しん‐ぷ【親父】［名］父親。〓「御ー様によろしく」⇔親母（ぼ）▼古くは「しんぶ」とも。

しん‐ぷう【新風】［名］今までにない斬新なやり方や

考え方。さわやかさを感じさせる新しい傾向。‖「文壇に—を吹き込む」

シンフォニー【symphony】[名] 交響曲。

しん-ぷく【心服】[名・自サ変] 心から尊敬して従うこと。‖「師匠に—する」▼古くは「しんぶく」とも。

しん-ぷく【心腹】[名] ❶胸と腹。‖「—の病(やまい)」❷心の中。胸中。‖「—に落つ(=合点がいく)」❸心から頼りとすること。また、その人。‖「—の友」

しん-ぷく【信服】[名・自サ変] 信頼して従うこと。▼古くは「しんぶく」とも。

しん-ぷく【振幅】[名] 物体が振動しているとき、振動の中心から極点までの距離。振動の幅の半分。ふりば。ふれはば。

しん-ぷく【震幅】[名] 地震計に記録される、地震の波のはば。

しん-ふぜん【心不全】[名] 心臓の機能が低下し、全身に必要な量の血液を送り出せなくなる状態。

じん-ふぜん【腎不全】[名] 腎臓の生理機能が低下した状態。急性と慢性とに大別され、急性の場合は乏尿・無尿などの症状が現れる。

しん-ぶつ【神仏】[名] ❶神と仏。❷神道と仏教。‖「—習合」「—混淆(こんこう)(=日本固有の神の信仰と仏教信仰とを融合するために唱えられた教説)」

じん-ぶつ【人物】[名] ❶(描写・言及などの対象としての)人間。人。‖「歴史上の—」「登場—」「—画」❷人柄。ひととなり。‖「—は保証できる」❸才能・人格などのすぐれた人。‖「大した—だ」

シンプル【simple】[形動] 単純・素朴なさま。また、飾りけがなくて質素なさま。‖「—なデザイン」派生—さ

しん-ぶん【新聞】[名] その時々のニュース・話題・解説などを伝える定期刊行物。日刊のものが多い。通常折り畳み式で、製本をせずに発行される。‖「—社」

じん-ぶん【人文】[名] ❶人類の築いた文化・文明。▼古風な言い方で「人文(じんもん)」とも。❷「人文科学」の略。

じん-ぷん【人▼糞】[名] 人間の大便。

じんぶん-かがく【人文科学】(クヮ)[名] ❶広く人類の文化に関する学問。政治学・経済学・法律学・社会学・歴史学・哲学・文学・言語学など。❷①のうち、哲学・文学・言語学・歴史学など。文化科学。⬇自然科学・社会科学

じんぶん-しゅぎ【人文主義】[名] 中世カトリック教会の権威・重圧から人間を解放し、ギリシア・ローマの古典研究によって人間性の尊厳を再興しようとした精神運動。また、その立場。ルネサンス初期のイタリアに興り、ヨーロッパ全域に波及した。人本主義。ヒューマニズム。ユマニスム。

しんぶん-じれい【新聞辞令】[名] 高級公務員・企業幹部などの任免を、新聞が予測で報じること。

しんぶん-すう【真分数】[名] 分子が分母より小さい分数。⇕仮分数

しんぶん-だね【新聞種】[名] 新聞記事、特に三面記事の材料になるような事柄。

しん-ぺい【新兵】[名] 新しく兵士になった者。入隊したばかりの兵士。⇕古兵

じん-べい【甚平】[名] 男性用の夏の室内着。筒袖で身たけはひざぐらいと短く、両前を打ち合わせてひもで結ぶ。甚兵衛(じんべえ)。じんべ。

しん-ぺん【身辺】[名] 身のまわり。身近なあたり。‖「—が騒がしい」「—雑記」

しん-ぺん【神変】[名] 人知でははかり知れない不可思議な変異。▼古くは「じんぺん」とも。

しん-ぺん【新編】[名] 新しく編集・編成すること。また、そのもの。

しんぺん-せいり【身辺整理】[名] 身の回りを片づけること。特に、懸案事項や負債などを処理するなど、後で煩わしい問題が起こらないようにすること。

しん-ぽ【進歩】[名・自サ変] 物事が望ましい方向へ進んでいくこと。‖「科学の—はめざましい」⇕退歩

しん-ぼう【心房】(バウ)[名] 心臓の上半部にあって、血液を下半部の心室に送り込む所。

しん-ぼう【心棒】[名] ❶車輪・こまなどの中心にあって、回転の軸となる棒。心木(しんぎ)。❷集団やその活動の中心になって全体を支えるもの。

しん-ぼう【辛抱】(バウ)[名・自他サ変] つらいことや苦しいことをこらえること。我慢。‖「僕はずっと—してきた」「ひもじさを—する」「もう少しの—だ」▼「我慢」よりやや古風な言い方。書き方「辛棒」とも当てる。

しん-ぼう【信望】(バウ)[名] 信用と人望。‖「—を得る」

しん-ぼう【神謀】[名] 人の知恵とは思えないほど、すぐれたはかりごと。

しん-ぼう【深謀】[名] 深く考えをめぐらせて立てたはかりごと。

しん-ぽう【信奉】[名・他サ変] ある宗教・思想・教えなどを最上のものと信じて従うこと。

しん-ぽう【神宝】[名] 神聖な宝物。また、神社に奉納されている宝物。▼古くは「じんぽう」とも。

しん-ぽう【新法】(ハフ)[名] ❶新しく制定された法令。❷新しい方法。◈⇕旧法

じん-ぼう【人望】(バウ)[名] その人に寄せられる尊敬・信頼・期待などの心情。‖「—を集める」

しんぼう-えんりょ【深謀遠慮】(ヱンリョ)[名] はるか先のことまで考えて立てた計略。深慮遠謀。

しんぼう-づよ・い【辛抱強い】(シンバウ)[形] よく辛抱するさま。我慢強い。‖「—・くチャンスを待つ」派生—さ

しん-ぼく【神木】[名] 神社の境内にあって、その神社とゆかりの深い樹木。▼しめ縄を張ったり柵(さく)をめぐらしたりして祭られることが多い。

しん-ぼく【親睦】[名・自サ変] 親しみ合うこと。仲よくすること。‖「—を図る」「—会」

シンポジウム【symposium】[名] 特定のテーマに関して複数の講演者が意見を述べ、それに基づく質疑応答や討論を参会者とともに行う形式の公開討論会。シンポ。

しんぽ-しゅぎ【進歩主義】[名] 社会の矛盾を漸進的に変革していこうとする思想的立場。⇕保守主義▼急進主義より穏健な立場をいう。

しん-ぼち【新▽発▽意】[名] 発心(ほっしん)して新しく僧になったばかりの人。しぼち。しんぼっち。

じん-ぼつ【陣没(陣▼歿)】(ヂン)[名・自サ変] 戦場で死ぬこと。戦没。

しんぽ-てき【進歩的】[形動] 進歩しているさま。特に、新しい思想や考え方によって国家・社会などの矛盾を積極的に解決していこうとするさま。‖「—な学者」⇕保守的

しん-ぼとけ【新仏】[名] ❶仏教で、死んで葬られたばかりの人。❷仏教で、死んでから初めての盆に迎えられる死者の霊。あらぼとけ。にいぼとけ。

シンボリズム [symbolism]【名】象徴主義。

シンボリック [symbolic]【形動】象徴的であるさま。║「―なデザイン」

シンボル [symbol]【名】❶象徴。表象。║「ハトは平和の―」❷記号。符号。

シンボル-マーク【和製 symbol＋mark】【名】ある行事・運動・団体などを象徴する図案。

しん-ぽん【新本】【名】❶発売後、まだ人手に触れていない新しい本。⇕古本 ❷新しく出版された本。新刊書。

じんぽん-しゅぎ【人本主義】【名】⇒人文(じんぶん)主義

じん-ま【▼蕁麻】【名】イラクサ。

しん-まい【新米】【名】❶その年にとれた、新しい米。⇕古米 ❷仕事・芸事などを始めたばかりで、まだその事に慣れていないこと。また、その人。║「―記者」▽「しんまえ(新前)」の転。

じんま-しん【▼蕁麻▼疹】【名】急に皮膚がかゆくなって、局限性にやや扁平(へんぺい)に隆起する赤い発疹(ほっしん)を一過性に生じる病気。化学薬品、食品、温熱・寒冷などの物理的刺激によるものなど。 蕁

しん-み【新味】【名】これまでにない新しい味わいや趣。あたらしみ。║「―に乏しい企画」

しん-み【親身】【名】❶ごく近い血縁。身内。近親。❷【形動】肉親であるかのように、こまやかな心遣いをすること。║「―になって介護をする」派生-さ

しん-みち【新道(新▽路)】【名】❶新しく切り開いた道。しんどう。❷町家の間の通りと通りとをつなぐ細い道。小路(こうじ)。▽東京方言。

しん-みつ【親密】【名・形動】親しい関係、深い関係にあること。║「―な仲」⇕疎遠(そえん) 派生-さ

じん-みゃく【人脈】【名】ある分野で、同じ系統・系列に属する人々のつながり。▽「山脈・鉱脈」になぞらえた語。

しん-みょう【神妙】(ーメウ)【名・形動】❶人知では考えられない不思議なこと。また、その現象。║「―不可思議な力」❷けなげで感心なこと。殊勝。║「―な心がけ」❸すなおで、おとなしいこと。║「―にかしこまる」派生-さ／-がる

しんみり【副】ト❶心静かに落ち着いているさま。║「―(と)語り明かす」❷心が沈んでもの悲しいさま。しめっぽい気分になるさま。║「故人をしのんで―(と)する」

しん-みん【臣民】【名】君主国の人民。特に、明治憲法下で、天皇および皇族以外の国民。

じん-みん【人民】【名】国家・社会を構成している人々。特に、支配者に対して被支配者である人々。║「―裁判(＝法律によらず、結束した人民の名において行う裁判)」「―解放軍」

じんみん-せんせん【人民戦線】【名】ファシズムに反対する政党・団体などの広範な統一戦線。

しん-め【神▽馬】【名】神社に奉納された馬。じんめ。

しん-め【新芽】【名】新しく出てきた芽。若芽。║「バラが―を吹く」

しん-めい【身命】【名】身体と生命。特に、いのち。しんみょう。

◉**身命を賭(と)する** 命を投げだして努力する。║「―・して社の再建に尽くす」

しん-めい【神明】【名】神。║「天地―に誓う」

じん-めい【人名】【名】人の名前。║「―辞典」

じん-めい【人命】【名】人の命。║「―救助」

じんめいよう-かんじ【人名用漢字】【名】常用漢字のほかに戸籍上の人名に用いることのできる漢字。法律で規定される。⇒一八六八ページ「人名用漢字一覧」

シンメトリー [symmetry]【名・形動】左右対称であること。相称。║「―な図形」

じん-めん【人面】【名】人間の顔。また、人間の顔に似ているもの。にんめん。║「―魚」

じんめん-じゅうしん【人面獣心】(ージウシン)【名】人間らしい心をもたない、冷酷非情な人。恩義や人情を知らない人。にんめんじゅうしん。▽顔は人間だが心は獣に等しい意から。

しん-めんもく【真面目】【名】人や物事のありのままの姿。また、そのもの本来の価値。真価。しんめんぼく。

じん-もう【人毛】【名】人間の髪の毛。

しん-モス【新モス】【名】モスリンに似せて織った平織りの綿布。和服の裏地や肌着に用いる。▽「新モスリン」の略。

しん-もつ【進物】【名】人に進上する品物。おつかいもの。║「御―用品」▽慶事・中元・歳暮など、社交上の慣例として贈る品にいう。

しん-もん【審問】【名・他サ変】❶事情などをくわしく尋ねること。❷裁判所が、口頭弁論の形式によらないで、当事者・利害関係者などの個々に口頭または書面で陳述を求めること。

じん-もん【人文】【名】⇒じんぶん①

じん-もん【尋問(▼訊問)】【名・他サ変】問いただすこと。特に、裁判官や警察官が取り調べるために質問を発すること。║「証人を―する」書き方「尋問」は、同音類義語による代用表記。

しん-や【深夜】【名】真夜中。よふけ。深更。║「―放送・―営業」

しん-や【新家】【名】❶新築の家。❷本家から分かれて独立した家。分家。

じん-や【陣屋】(ーヂン)【名】❶軍勢が宿泊する所。軍隊の陣営。陣所。❷江戸時代、城をもたない小大名などの館(やかた)。また、郡代・代官などの役宅。

しん-やく【新約】【名】❶新しく結んだ約束・契約。❷「新約聖書」の略。◈⇕旧約

しん-やく【新訳】【名・他サ変】新しく翻訳すること。また、その書物。⇕旧訳

しん-やく【新薬】【名】新しく製造・発売された薬。

しんやく-せいしょ【新約聖書】【名】キリスト教の聖典の一つ。イエス＝キリストの生涯とその復活を記した福音書、弟子たちの伝道を記録した使徒行伝、パウロの書簡、黙示録など二七巻からなる。▽モーセを仲介とした神と民との契約である「旧約」に対し、キリストを仲介とした神と民との新しい契約の意。⇒旧約聖書

しん-ゆう【心友】(ーイウ)【名】心から信じ合っている、同心の友。

しん-ゆう【深憂】(ーイウ)【名】深いうれい。非常な心配。

しん-ゆう【親友】(ーイウ)【名】きわめて親しい友。║「無二の―」

しん-よ【神▼輿】【名】神霊を乗せて運ぶこし。みこし。じんよ。

しん-よう【信用】【名】❶【他サ変】言動を確かなものと信じて受け入れること。║「彼の言葉を―する」❷【他サ変】それまでの言動や業績から、信頼できるものと

認めること。また、そのような評価。≒「―を失う」❸当事者間の信認に基づき、現在の給付に対する反対給付を一定期間後に行う取引。信用取引。

じん-よう【陣容】ヂン [名] ❶軍隊を配置した形。陣立て。陣構え。❷団体・組織などを構成する人員配置のありさま。また、その顔ぶれ。≒「―を一新する」

しんよう-がし【信用貸し】[名] 貸し手が借り手を信用して、担保や保証なしに金品を貸すこと。

しんよう-きんこ【信用金庫】[名] 中小商工業者を対象とする協同組織の金融機関。一定地区内に居所・事業所をもつ者、またはその地区内で勤労に従事する者が会員となって出資する。

しんよう-くみあい【信用組合】クミアヒ [名] 中小企業協同組合の一つ。組合員である中小企業者や労働者のために預金受け入れ、資金の貸し付け、手形割引などを行う。▼「信用協同組合」の略。

しんよう-じゅ【針葉樹】シンエフ [名] 針状の葉をつける樹木の総称。マツ・スギ・ヒノキ・モミ・イチイなど。⬍広葉樹

しんよう-じょう【信用状】ジャウ [名] 銀行が取引先の依頼に応じて、その信用を第三者に保証するために発行する証書。一般には、輸入業者のためにその信用を保証する商業信用状をいう。LC。

しんよう-じょうほう【信用情報】ジャウホウ [名] 融資・割賦(かっぷ)販売などの取引を利用する顧客や債務者の、支払い・返済能力に関する情報。

しんよう-スコア【信用スコア】[名] 決済履歴・支払い能力などの情報を分析して、個人の経済的・社会的な信用度を数値化したもの。

しんよう-とりひき【信用取引】[名] 顧客が証券会社に委託保証金を預けて行う株式取引。マージン取引。

しんよう-はんばい【信用販売】[名] 代金後払いで商品を引き渡す販売方法。掛け売り・月賦など。信販。クレジット。

しん-らい【信頼】[名・他サ変] 信じて頼りにすること。信用して任せること。また、その気持ち。≒「部下を―する」「―を裏切る」

しん-らい【新来】[名] 新しく来ること。また、その人やもの。≒「―の客」

じん-らい【迅雷】[名] 激しい雷鳴。急に鳴り出す雷。≒「疾風―の勢い」

しん-らつ【辛辣】[名・形動] きわめて手きびしいこと。≒「―な批評を浴びせる」▼味がひりひりと辛い意から。派生 -さ

しんら-ばんしょう【森羅万象】バンシャウ [名] 宇宙間に存在するすべてのもの。▼「森羅」は無数に並び連なる意、「万象」はさまざまな形の意。

しん-り【心理】[名] 心の働き。意識のありさま。≒「相手の―を読む」「―状態」

しん-り【心裏(心▼裡)】[名] 心のうち。心の中。心中。

しん-り【真理】[名] ❶確実な根拠に基づいて、普遍的に正しいと認められる事柄。また、一般に、否定のしようもなく正しいと認められる事柄。▼まことの道理の意。❷論理学で、命題の内容が現実に照らしてそのとおりに成立していること。真。▼truthの訳語。

しん-り【審理】[名・他サ変] 事実や事のすじみちを調べて明らかにすること。特に、裁判所が判決の基礎となる事実関係・法律関係などを取り調べて明らかにすること。また、その取り調べ。

しんり-がく【心理学】[名] 人間や動物の意識と行動を研究する学問。サイコロジー。

じん-りき【人力】[名] ❶人間の力。じんりょく。❷「人力車」の略。

じんりき-しゃ【人力車】[名] 人を乗せ、人の力で引いて走る二輪車。力車。人力(じんりき)。▼日本で考案されたもので、明治・大正時代に盛んに用いられた。

しんり-しょうせつ【心理小説】セウセツ [名] 事件や行動よりも作中人物の心の動きに焦点をあて、その観察と分析に主眼を置いて展開する小説。

しんり-てき【心理的】[形動] 心の働きにかかわるさま。≒「―な圧迫を感じる」「―効果をねらう」

しん-りゃく【侵略(侵▼掠)】[名・自他サ変] ある国が武力を行使して他国の主権を侵すこと。他国に攻め入って土地や財物を奪うこと。≒「―者・―戦争」

しん-りょ【神慮】[名] ❶神の心。❷天子の心。

しん-りょ【深慮】[名] 深く考えをめぐらすこと。また、深い考え。≒「―遠謀(=深謀遠慮)」⬍浅慮

しん-りょう【診療】レウ [名・他サ変] 診察して治療すること。≒「休日も―する医院」「―所」⬇病院

しん-りょう【新涼】リャウ [名] 初秋のころの涼しさ。≒「―の候」▼多く手紙文で使う。

しんりょう-ないか【心療内科】シンレウナイクワ [名] 内科的疾病を伴う神経症や心身症を診療対象とする医学の一分野。

しん-りょく【心力】[名] 心の働き。精神力。

しん-りょく【神力】[名] 神の威力。また、霊妙不可思議な力。しんりき。

しん-りょく【深緑】[名] 茂った草木などの、濃い緑色。ふかみどり。

しん-りょく【新緑】[名] 初夏のころの若葉の緑。≒「―の季節」

じん-りょく【人力】[名] 人間の力。じんりき。

じん-りょく【尽力】[名・自サ変] 力をつくすこと。≒「被災地の復興に―する」✓注意「尽力を尽くす」は重言。「力を尽くす」「尽力する」が適切。

しん-りん【森林】[名] 広範囲にわたって樹木が生い茂っている所。大きな森。

しん-りん【親臨】[名・自サ変] 天皇・皇族などが自らその場に出席すること。

じん-りん【人倫】[名] ❶ひと。人間。❷人として守り行うべき道徳。人道。≒「―にもとる行為」

しんりん-よく【森林浴】[名] やすらぎを得るため森林の中に入ってすがすがしい空気にひたること。

しん-るい【進塁】[名・自サ変] 野球で、塁にいる走者が次の塁に進むこと。≒「二塁に―する」

しん-るい【親類】[名] ❶親戚(しんせき)。❷よく似たもの。同類のもの。≒「カレイとヒラメは―だ」

じん-るい【人類】[名] (他の動物と区別される存在としての)人間。≒「―愛」

しん-れい【心霊】[名] 肉体を離れても存在するとされる霊魂。≒「―現象(=現代科学では説明できない超自然的な精神現象)」

しん-れい【神霊】[名] 神。神のみたま。また、霊妙な神の徳。

しん-れい【振鈴】[名] 合図などのために鈴を振って

鳴らすこと。特に、密教の修法で、諸尊を招くために鈴を振り鳴らすこと。また、その鈴(の音)。

しん-れい【浸礼】[名] キリスト教の洗礼の一つ。全身を水にひたして罪を清める儀式。バプテスマ。

しん-れき【新暦】[名] 太陽暦の通称。▽太陰太陽暦(旧暦)の明治五(一八七二)年十二月三日をもって、新暦の明治六年一月一日とした。

しん-ろ【針路】[名] ❶船舶・航空機などの進むべき航路。また、その方向。‖「北北西に—をとる」▽羅針盤の針が示す方向の意から。❷人・組織などがめざす方向。‖「党の—を模索する」使い方「進路」②よりも目標をさらにしぼり込む意でいう。

しん-ろ【進路】[名] ❶これから進んでいく道。‖「敵の—を阻む」「台風の—」⇕退路 ❷人が将来進むべき方向。‖「—指導(学生・生徒の卒業後の進路に関する指導)」使い方⬇針路②

しん-ろう【心労】ーラウ[名・自サ変] あれこれと心配して悩むこと。また、それによる精神的な疲労。‖「—のあまり床にふす」「—が絶えない」

しん-ろう【辛労】ーラウ[名・自サ変] つらい苦労をすること。大変な骨折り。‖「—辛苦」

しん-ろう【新郎】ーラウ[名] 結婚したばかりの男性。花婿。⇕新婦▽結婚式・披露宴などでいう。

じん-ろう【▼塵労】ヂンラウ[名] ❶俗世間でのわずらわしい苦労。❷仏教で、煩悩。

じん-ろく【甚六】[名] お人好しのおろかもの。特に、のんびりと育てられたお人好しの長男をからかいの気持ちを込めていう語。‖「総領の—」

しん-わ【神話】[名] ❶天地の創造、人類の誕生、文化の起源、自然・社会現象などを部族・民族などの神々や英雄にかこつけて説く伝承的な説話。‖「ギリシア—」「—学」❷根拠もなく絶対的なものだと信じ込まれ、多くの人々の考え方や行動を拘束してきた事柄。‖「地価は破綻しないという—」

しん-わ【親和】[名・自サ変] ❶互いに親しみ、仲よくすること。❷異種の物質がよく化合すること。

しんわ-りょく【親和力】[名] ❶化学反応の際に、各原子間に働いて化合を起こさせる力。化学親和力。❷人と人とが引きつけ合う力。‖「母と子の—」

す

す【州(▼洲)】[名] 川・湖・海などの比較的浅い場所で、土砂が堆積して水面上に現れている所。‖「中—・砂—・三角—」

す【素】㊀[名] 他のものが付け加わらなくて、そのものだけであること。‖「—の顔」「—手・—うどん」㊁[接頭] ❶〈名詞に付いて〉平凡な、みすぼらしい、などの意を表す。‖「—浪人」❷〈形容詞などに付いて〉普通の程度を越えている意を表す。‖「—早い」「—ばしこい」

す【巣(▼栖)】[名] ❶鳥・虫・魚などが住みつき、卵を生んで育てる所。‖「つばめの—」❷人間が住む所。‖「愛の—」❸悪い仲間が寄り集まる所。‖「悪の—」

す【酢(▼醋)】[名] すっぱい味のする液体の調味料。

す【▼簀】[名] 割り竹・葦などを並べて糸で粗く編んだもの。‖「—巻き」

す【▼鬆】[名] ❶大根・ごぼうなどの芯にできるすき間。❷煮すぎた豆腐などにできる多数の細かい穴。❸鋳物の内部にできた空洞。

す[助動 下二型](せ-せ-す-する-すれ-せよ)〔古風〕助動詞「せる」の古い形。四段・ラ変・ナ変動詞の未然形に付き、それ以外の動詞には「さす」が付く。サ変動詞「す」は全体で「さす」となる。⬇せる・させる

す【子】(造) 物の名に添える語。‖「椅—・金—・扇—」

す【須】(造) 用いる。必要とする。‖「必—」

ず【図】ヅ[名] ❶物の形・ありさまを描いたもの。また、物事の関係を点や線で表したもの。‖「—案・—式・—面」「系—・構—・地—」「天気—」❷絵画。絵。また、ようす。‖「帰雁の—」「こんな姿は見られた—ではない」❸考えたとおり。‖「計画が—に当たる」「—星」旧圖

◉**図に乗・る** 思いどおりになると思ってつけあがる。

ず【頭】ヅ[名] あたま。‖「—痛・—蓋骨」

◉**頭が高・い** 頭の下げ方が足りない。相手を見下げる態度で横柄である。

ず[助動 特活型](ざら-ず・ざり-ず-ぬ・ざる-ね・ざれ-ざれ)〔古風〕**打ち消し**を表す。…ない。…ぬ。‖「好機逸すべから—」「**絶えざる不安**」「**知られざる傑作**」▽連体形「ぬ」が終止形として使われるようになったのが、口語助動詞「ぬ」。使い方 活用語の未然形に付く。

ず「打ち消しの助動詞「ぬ」の連用形」❶打ち消しの意を伴って、文を中止したり、副詞的修飾をしたりする。…ないで。‖「連絡が取れ—、心配した」「何も言わ—、動きもしない」❷打ち消した状態であるものやさまなどを表す。‖「開か—の間」「わから—屋」「行方知れ—」◈文語助動詞「ず」の連用形が口語に残存したもの。⬇ぬ

す-あえ【酢▽和え】ーアヘ[名] 野菜・魚介などを酢であえること。また、あえたもの。酢の物。

す-あげ【素揚げ】[名] 材料に粉も衣もつけないで油で揚げること。また、そのもの。‖「ギンナンの—」

す-あし【素足】[名] ❶履物をはいていない足。裸足。❷足袋・靴下などをはいていない足。

す-あな【巣穴】[名] 動物が巣にしている穴。

す-あま【素甘】[名] 上糝粉で作った甘い餅をすだれで巻き、棒状にのばして筋目をつけた和菓子。紅白に染め分けて祝事にも使う。▽古くは州浜形に作って「すはま」と呼んだが、のちに「すあま」に転じた。

ず-あん【図案】ヅ[名] 美術工芸品・工作物などを製作するために、その形状・色彩・模様などの組み合わせを図に表したもの。また、一般に、装飾的な模様や柄。

すい【粋】㊀[名] すぐれていること。また、そのもの。‖「科学技術の—を尽くす」㊁[形動] 世情や人情に通じていて、ものわかりがよいさま。特に、遊里の事情などに通じていて、言動があかぬけているさま。いき。‖「—人」「無—」㊂(造) まじりけがない。質がよく、すぐれている。‖「生—・純—」旧粹

◉**粋が身を食・う** 粋人としてもてはやされる人はつい遊里や遊芸などに深入りして、いつの間にか身を滅ぼすことになる。

す・い【酸い】[形] 酸味がある。すっぱい。

◉**酸いも甘いも嚙み分・ける** 人生経験を積み、人情や世情に通じている。注意「酸いも辛いも嚙み分ける」は誤り。

すい【水】(造) ❶みず。‖「—圧・—泳・—害・—道」「断—・貯—」「飲料—・蒸留—」❷川・湖・海などの、水のあるところ。‖「—郷・—辺」「治—」❸水溶液。また、液体

状のもの。‖「―銀」「香―・化粧―・炭酸―」❹「水曜(日)」の略。❺「水素」の略。‖「―爆」❻五行の一つ。

すい【吹】(造)息をふく。管楽器をふき鳴らす。‖「―奏」「鼓―」

すい【垂】(造)❶たれる。たれさがる。‖「―涎(すいぜん)・―直」「懸―」❷上位の者が下位の者に示す。‖「―訓・―範」❸なんなんとする。今にも…しそうだ。‖「―死」

すい【炊】(造)煮たきをする。‖「―事・―飯」「自―」

すい【帥】(造)軍を率いて指揮をする。また、その大将。‖「元―・総―」

すい【衰】(造)おとろえる。‖「―弱・―退」「老―」

すい【▼悴】(造)おとろえる。やつれる。‖「憔―(しょうすい)」

すい【推】(造)❶おす。前へおしだす。‖「―移・―敲(すいこう)・―進」❷おしはかる。‖「―測・―理・―論」「邪―・類―」❸人にすすめる。‖「―挙・―奨・―薦」「―挽(すいばん)」

すい【酔】(造)❶酒によう。‖「―眼・―態」「宿―・泥―」❷意識をなくす。‖「麻―」❸心を奪われる。‖「心―・陶―」旧醉

すい【遂】(造)物事をやりとげる。‖「―行」「完―」

すい【睡】(造)ねむる。‖「―魔・―蓮(すいれん)」「午―・昏―(こんすい)」

すい【▼翠】(造)❶カワセミの雌。‖「翡―(ひすい)」▽雄は「翡(ひ)」。❷みどり。青緑色。‖「―玉・―苔(すいたい)」

すい【穂】(造)穀物の茎の先の、花・実をつけたもの。ほ。また、その形をしたもの。‖「―状」「出―」旧穗

すい【▼錐】(造)❶きり。‖「―刀」「立―・方―」❷底が平面で、先がとがった形の立体。‖「円―・三角―」

すい【▼錘】(造)❶おもり。‖「鉛―」❷紡績機械で、糸を巻き取りながらよりをかけて糸を紡ぐ道具。つむ。‖「紡―」

ずい【髄】 髄 ■一[名]❶動物の骨の中心にある脂肪状の造血組織。また、動物の中枢神経組織。‖「骨の―まで染み通る寒さ」「脊―(せきずい)・脳―」❷植物の茎の中心部の柔らかい組織。また、茎の中心にある細い穴。‖「葦(よし)の―から天井のぞく」■二(造)物事の中心。最も重要な部分。奥義。‖「真―」旧髓

ずい【随】(造)❶したがう。ついていく。‖「―行」「追―」❷なりゆきに任せる。‖「―時・―想・―筆」旧隨

ずい【▼瑞】(造)❶めでたいしるし。‖「―雲・―祥・―兆」❷「瑞西(スイス)」「瑞典(スウェーデン)」の略。‖「日―友好」

すい-あ・げる【吸い上げる】(スヒ)[他下一]❶気体・液体などを、吸引力によって上の方へあげる。‖「ポンプで井戸水を―」❷他人の利益などを取り上げて自分のものにする。搾取する。‖「子会社の利潤を―」❸一般の人々の意見や要望を取り上げる。‖「市民の声を―」文すひあ・ぐ 名吸い上げ

すい-あつ【水圧】[名]水が他の物体や水自体に及ぼす圧力。▽静止している水面下では深さに比例して大きくなり水深一〇㍍ごとに約一気圧増加する。

すい-い【水位】(ヰ)[名]河川・湖沼・海などの、一定の基準から測った水面の高さ。‖「ダムの―が上がる」

すい-い【推移】[名・自サ変]❶時が経過すること。‖「月日が―する」❷時が経過するに従って、物事の状態が移り変わっていくこと。‖「事件の―を見守る」

ずい-い【随意】[名・形動]束縛・制限などがなく、思いのままであること。‖「―に選択する」

すい-いき【水域】(ヰキ)[名]水面上の一定の区域。‖「漁業―」

ずいい-きん【随意筋】[名]意志によって動かすことのできる筋肉。骨格筋・肛門(こうもん)括約筋など。⇔不随意筋

ずいい-けいやく【随意契約】[名]入札などの方法によらないで、適当と思われる相手方と契約を結ぶこと。随契。⇔競争契約

ずい-いち【随一】[名]多くのものの中で最もすぐれていること。同類中の第一位。‖「当代―の刀匠」

スイーツ[sweets][名]甘いもの。甘いデザート。

スイート[suite][名]❶ホテルで、居間と寝室が一続きになっている部屋。‖「―ルーム」❷音楽で、組曲。

スイート[sweet][形動]❶味が甘いさま。‖「―ワイン」❷甘美で快いさま。‖「―ホーム(=新婚夫婦などの、楽しい家庭)」◈「スウィート」とも。

スイート-ピー[sweet pea][名]初夏、白・淡紅・淡紫などの蝶形花を開くマメ科のつる性一年草。地中海沿岸原産。園芸品種が多い。麝香(じゃこう)えんどう。麝香連理草(じゃこうれんりそう)。

スイート-ポテト[sweet potato][名]❶サツマイモ。❷蒸して裏ごししたサツマイモに砂糖・卵黄・バターなどを加えて練り、サツマイモの形に整えて焼いた洋菓子。

スイーパー[sweeper][名]サッカーで、バックスとゴールキーパーの間に位置し、自由に動いて守備を強化する選手。リベロ。▽掃除人の意。

スイープ[sweep][名]プロスポーツで、同一カードの連戦を全て勝つこと。▽一掃するの意。

ずい-いん【随員】(ヰン)[名]つき従って行く人。特に、元首・大臣・政府高官などの外国訪問につき従い、その仕事を助ける人。

すい-うん【水運】[名]水路による交通または運送。

すい-うん【衰運】[名]次第に衰えていく運命。⇔盛運

ずい-うん【▼瑞雲】[名]めでたいことの兆しとして現れる雲。祥雲。‖「五彩―」

すい-えい【水泳】[名・自サ変]人がスポーツや娯楽として水の中を泳ぐこと。およぎ。みずおよぎ。‖「プールで―(を)する」「―大会」「寒中―」

すい-えき【▼膵液】[名]膵臓(すいぞう)でつくられ、十二指腸に分泌される消化液。

すい-えん【水煙】[名]❶細かく飛び散る水が煙のようにみえるもの。みずけむり。❷仏塔の九輪の上部にある火炎をかたどった装飾。▽「火」と称するを忌み、また、火を調伏する意から「水煙」と名づけたという。

すい-えん【垂▼涎】[名・自サ変]⬇すいぜん▽「すいぜん」の慣用読み。

すい-えん【炊煙(炊▼烟)】[名]炊事の煙。

すい-えん【▼膵炎】[名]膵臓の炎症。急性と慢性とがある。膵臓炎。

すい-おん【水温】(ヲン)[名]水の温度。‖「―計」

すい-か【水火】(クヮ)[名]❶水と火。また、洪水と火災。‖「―の責め」❷水におぼれ、火に焼かれるような苦しみ。❸きわめて仲の悪いこと。氷炭。‖「―の仲」

すい-か【水禍】(クヮ)[名]水による災難。洪水による災害や溺死など。水難。

すい-か【▽西▼瓜(水▼瓜)】(クヮ)[名]畑で栽培されるウリ科のつる性一年草。また、その果実。夏、淡黄色の雄花と雌花をつけ、球状の大きな果実を結ぶ。赤や淡黄色の果肉は甘くて水分に富む。品種が多い。

すい-か【垂下】［名・自他サ変］たれさがること。また、たらすこと。

すい-か【▽誰何】［名・他サ変］声をかけて名を問いただすこと。〓「門前で—される」

すい-がい【水害】［名］洪水・浸水・高潮などによって受ける被害。

すい-かずら【〈忍冬〉】［名］初夏、葉のわきに甘い香りのする白い花を二個ずつつける、スイカズラ科のつる性常緑木本。漢方では乾燥した葉を利尿・解熱剤などに用いる。ニンドウ。

すい-がら【吸い殻】［名］巻きタバコを吸ったあとの燃えさし。〓「—入れ」

すい-かん【水干】［名］狩衣の一種。胸や袖の縫い目に菊綴じという飾りをつけ、裾を袴の中に入れて着る。平安時代には庶民の服装だったが、のちに公家の私服や元服前の少年の晴れ着に用いられ、鎌倉時代以降は武士の正装となった。▽糊を使わないで水張りにして干した布の意。

すい-かん【吹管】［名］化学・鉱物学で使う黄銅製の実験器具。細い穴のついた一端（先口）を炎の中に入れ、吹き口から空気を吹き込んで金属の分析を行う。

すい-かん【酔漢】［名］酒に酔った男性。よっぱらい。

すい-がん【酔眼】［名］酒によって焦点の定まらない目つき。〓「—朦朧」

すい-がん【酔顔】［名］酒に酔った顔つき。

ずい-かん【随感】［名］折にふれて感じること。〓「—録」

すい-き【水気】［名］❶みずけ。しめりけ。❷水蒸気。❸むくみ。水腫。

ずいき【〈芋茎〉・〈芋苗〉】［名］サトイモの葉柄。皮をはいであくを抜き、和え物・酢の物・煮物などにする。▽干しずいきは「いもがら」という。

ずい-き【随喜】［名・自サ変］❶仏教で、他人の善行を見て歓喜の心を生じること。❷心からありがたく思い、大いに喜ぶこと。〓「—の涙を流す」

ずい-き【▼瑞気】［名］めでたい兆し。また、めでたい雰囲気。

すい-きゃく【酔客】［名］酒に酔った人。よっぱらい。すいかく。

すい-きゅう【水球】［名］七名ずつの二チームに分かれ、プール内で泳ぎながらボールを相手側のゴールに投げ入れて得点を競う球技。ウォーターポロ。

すい-ぎゅう【水牛】［名］熱帯・亜熱帯地方で耕作・運搬用の家畜として飼われるウシ科の哺乳類。大形の角は三日月状。水辺にすみ、水浴・泥浴を好む。

すい-きょ【推挙】［名・他サ変］ある人を特定の職業・役職・地位などにふさわしいとして推薦すること。〓「横綱に—される」 書き方 古くは「吹挙」とも。

すい-ぎょ【水魚】［名］水と魚。

◉**水魚の交わり**　水と魚が切り離せないように、きわめて親密な交友のたとえ。〓「—を結ぶ」

すい-きょう【水郷】［名］水辺にある村や町。また、川・湖などの景色が美しい村や町。すいごう。

すい-きょう【酔狂（粋狂）】［名・形動］好んで風変わりな行動をとること。物好きなこと。〓「—にもほどがある」▽もとは酒によって常軌を逸する意。 書き方 「酔興」とも。 派生 —さ／—がる

すい-ぎょく【▼翠玉】［名］エメラルド。

すい-きん【水▼禽】［名］水上や水辺で生活する鳥の総称。普通ガン・カモ類をさす。みずとり。〓「—類」

すい-ぎん【水銀】［名］亜鉛族元素の一つ。常温で液状をなす唯一の金属。辰砂を焼いて製する。色は銀白色で重い。多くの金属とアマルガムを作る。用途は広く、温度計・気圧計・水銀灯・理化学実験などに使用。みずがね。元素記号Hg

すいぎん-とう【水銀灯】［名］水銀蒸気中のアーク放電による発光を利用した放電灯。

すい-くち【吸い口】［名］❶口で吸って使う器具の、口にくわえる部分。〓「キセルの—」❷紙巻きタバコの、口にくわえるために厚紙を巻いた部分。❸香気を添えるために吸い物などに浮かべるつま。木の芽、ユズの皮など。香頭。

すい-くん【垂訓】［名］教えを示すこと。また、その教え。〓「山上の—」

すい-ぐん【水軍】［名］❶水上で戦う軍隊。海軍。❷中世、北九州・瀬戸内海・熊野灘などの海上一帯に勢力をもっていた豪族。九鬼水軍・村上水軍など。▽時に海賊行為を働いたので、海賊衆とも呼ばれた。

すい-けい【水系】［名］その川の流れの系統。本流と支流、およびそれにつながる湖沼のすべてを含めていう。〓「利根川—」

すい-けい【推計】［名・他サ変］推定して計算すること。〓「五年後の普及率を—する」「—学（＝確率論を基礎にし、母集団から任意に選びとった標本によって母集団の状態を推測する統計理論）」

ずい-けい【随契】［名］「随意契約」の略。

すい-けん【水圏】［名］地球の表面で、水によって占められている部分。▽大部分は海洋で、地表面積の約七〇パーセントを占める。

すい-げん【水源】［名］❶河川や地下水などの水が流れ出るみなもと。〓「—地」❷用水を供給するみなもと。水資源。

すい-こう【水耕】［名］土壌を使わず、必要な養分を溶かした水溶液で植物を栽培すること。水栽培。水耕法。

すい-こう【推考】［名・他サ変］推測して考えること。〓「今後の動向を—する」「原因について—する」

すい-こう【推▼敲】［名・他サ変］詩文の字句を何度もねりなおすこと。〓「—を重ねる」「—を加える」 語源 中唐の詩人、賈島が「僧は推す月下の門」の「推す」を「敲く」にしようかと思い迷ったとき、韓愈の助言を得て「敲」に決めたという故事に基づく。

すい-こう【遂行】［名・他サ変］物事を最後までやりとおすこと。〓「職務を—する」 注意 「ついこう」は誤り。

すい-ごう【水郷】［名］➡すいきょう（水郷）

ずい-こう【随行】［名・自サ変］地位の高い人につき従って行くこと。また、その人。〓「—員」

ずい-こう【▼瑞光】［名］めでたいきざしとされる光。吉兆の光。

すい-こ・む【吸い込む】［他五］❶気体・液体などを、吸って中に入れる。〓「新鮮な空気を胸いっぱいに—」「タオルが水を—」❷人や物を中に引き入れる。〓「通勤客がターミナル駅に—・まれていく」 名 **吸い込み**

すい-こん【水根】［名］水中植物が水中に出す根。

すい-さい【水彩】［名］水で溶いた絵の具で彩色すること。また、その絵。水絵。水彩画。➡油彩

すい-さつ【推察】［名・他サ変］他人の心中や事情を推量して思いやること。≡「遺族の心中を—する」

すい-さん【水産】［名］海・川・湖などの水中でとれること。また、そのとれたもの。≡「—資源」⇕陸産

すい-さん【炊▼爨】［名・自サ変］飯を炊くこと。炊飯。≡「飯盒—」▽「爨」は、かしぐ意。 爨

すい-さん【推参】［名］❶［自サ変］自分の方から押しかけて行くこと。また、「訪問すること」の意の謙譲語。❷［形動］さしでがましいこと。無礼なこと。≡「—者」

すい-さん【推算】［名・他サ変］推定によって計算すること。推計。≡「売上高を—する」

すい-ざん【衰残】［名］おとろえて弱りきっていること。

すいさんか-ぶつ【水酸化物】［名］金属と水酸基の結合した化合物の総称。水酸化ナトリウム・水酸化カルシウム・水酸化アルミニウムなど。

すいさん-ぎょう【水産業】［名］水産物の漁獲・採取・養殖・加工・販売などを行う職業・事業。

すいさん-ちょう【水産庁】［名］農林水産省の外局の一つ。水産資源の保護・開発、漁業調整、水産物の生産・流通・消費など、水産業に関する事務を行う。

すいさん-ぶつ【水産物】［名］海・川・湖沼などで産する魚介・海藻類などの総称。また、その加工品。

すい-し【水死】［名・自サ変］水におぼれて死ぬこと。溺死。≡「波にさらわれて—する」

すい-し【出師】［名］軍隊をくり出すこと。出兵。▽「師」は軍隊の意。

すい-じ【炊事】［名・自サ変］食べ物を煮たきすること。調理して食事を作ること。≡「—場」

ずい-じ【随時】［副］❶適当な時に行うさま。その時々。≡「—アルバイトを募集する」❷日時に制限を設けないさま。必要な時にはいつでも。≡「—利用できる式場」

すい-しつ【水質】［名］純度・成分などからみた流水や地下水の品質。≡「—汚濁［検査］」

ずい-しつ【髄質】［名］大脳・小脳・腎臓・副腎などの内層をなす部分。⇕皮質

すい-しゃ【水車】［名］❶流水や落水の力を利用して羽根車を回転させ、水のエネルギーを機械エネルギーに変える動力装置。❷灌漑などのため水路に設置し、人が足で踏んで田畑に水を送り込む装置。

すい-じゃく【垂▼迹】［名］仏・菩薩が衆生を救うために、仮の姿となってこの世に現れること。特に、日本在来の神の姿となって現れること。≡「本地—」

すい-じゃく【衰弱】［名・自サ変］おとろえて弱くなること。≡「長患いで—する」▽多く身体の機能についていう。

すい-しゅ【水腫】［名］体の組織のすき間や体腔内にリンパ液・漿液などが大量にたまった状態。⬇浮腫

ずい-じゅう【随従】［名・自サ変］❶身分の高い人につき従うこと。また、その人。❷人に言われるまま、その意見に従うこと。≡「世間に—する」

すい-じゅん【水準】［名］物事の価値・程度・機能などを定めるときの標準となる程度。レベル。≡「—を上回る技能」「生活—」

すいじゅん-き【水準器】［名］面の水平を調べ、定める器具。水平器。

すい-しょ【水書】［名・自他サ変］泳ぎながら扇・板などに文字や絵を書くこと。≡「—の術」

ずい-しょ【随所（随処）】［名］いたるところ。あちこち。≡「誤植が—に見られる」

すい-しょう【水晶】［名］六角柱状をした石英の結晶。純粋なものは無色透明だが、不純物を含むと紫・黒・黄色などを呈する。光学機材・印材・装飾品などに用いる。水玉。 書き方「水精」とも。

すい-しょう【推奨】［名・他サ変］人・事物などのすぐれていることをあげて、それを人にすすめること。≡「御—を賜る」「—銘柄」▽「奨」はすすめる意。

すい-しょう【推賞・推称】［名・他サ変］人・事物などのすぐれていることを認めて、それをほめること。≡「—に値する力作」▽「賞」はほめる意。

すい-じょう【水上】［名］❶水の上。水面。≡「—交通」⇕陸上 ❷水のほとり。水辺。≡「—公園」

ずい-しょう【▼瑞祥（▼瑞象）】［名］めでたいことが起こるきざし。吉兆。祥瑞。

すい-じょうき【水蒸気】［名］水が蒸発して無色透明の気体となったもの。蒸気。▽一般に、水蒸気が空気中で凝結して細かい水滴になったものもいう。⬇湯気

すいじょう-きょうぎ【水上競技】［名］競泳・飛び込み・水球・アーティスティックスイミングなどの総称。水泳競技。

すいじょう-スキー【水上スキー】［名］スキー状の板をはき、ロープでつないだモーターボートに引かせて水上を滑走するスポーツ。ウォータースキー。

すいしょう-たい【水晶体】［名］眼球の前面にある凸レンズ状の透明体。角膜とともに光線を屈折させ、網膜上に像を結ばせる。

すい-しょく【水色】［名］❶海や湖沼の水の色。みずいろ。❷水辺の景色。≡「山容—」

すい-しょく【水食（水▼蝕）】［名・他サ変］雨水・流水・波などが地表面をけずって浸食・破壊すること。≡「—作用」 書き方「水食」は代用表記。

すい-しょく【▼翠色】［名］みどりいろ。

すい-しん【水深】［名］水面から水中の目的物までの距離。また、水面から水底までの距離。≡「—を測る」

すい-しん【推進】［名・他サ変］❶物を前に進ませること。≡「スクリューで船を—する」「—力」❷事業や運動が目標を達成できるようにおし進めること。≡「緑化運動［規制緩和］を—する」

すい-じん【水神】［名］水をつかさどる神。水の神。水伯。▽水難・火災から守る神、飲み水や田の水を支配する神など、さまざまな神が信仰される。

すい-じん【粋人】［名］❶豊かな趣味をもち、風雅・風流を好む人。風流人。❷遊里や花柳界の事情によく通じた人。粋者。❸世情・人情の表裏に通じた、物わかりのよい人。

ずい-じん【随身】［名］❶上皇・摂政・関白などの身辺を警護する役人。❷［自サ変］供として目上の人につき従っていくこと。また、その人。≡「帝に—する」◈「ずいしん」ともいう。

すいしん-き【推進器】［名］原動機によって回転し、船舶や航空機を推進させる装置。スクリューやプロペラなど。

すい-すい［副ト］❶軽やかに、すばやく動くさま。≡「トンボが—（と）飛ぶ」❷物事がとどこおりなく進むさま。≡「どんな難問も—（と）解く」

すい‐せい【水生・水▼棲】[名] ❶【生】植物が水中に生えること。‖「—植物」❷【生・棲】動物が水中に生息すること。‖「—動物」書き方「水生」は代用表記。

すい‐せい【水声】[名] 水の流れる音。水音。

すい‐せい【水性】[名] ❶水の性質。水質。❷水に溶けやすい性質をもっていること。水溶性。‖「—ペイント」⇕油性

すい‐せい【水星】[名] 太陽系の中で、太陽に最も近い惑星。公転周期は約八八日。日没直後と日の出直前の時間だけ見ることができる。マーキュリー。

すい‐せい【水勢】[名] 水が流れる勢い。また、水が噴き出す勢い。

すい‐せい【衰勢】[名] おとろえていく勢い。勢いがおとろえた状態。‖「家運が—に向かう」

すい‐せい【▼彗星】[名] 太陽系に属する小天体。多く楕円軌道を描いて運行し、太陽に近づくと明るく輝くガス雲の尾を発生する。昔はその出現を凶兆として恐れた。ほうき星。コメット。使い方 無名だった人が急に注目され始めることのたとえにもいう。‖「—の如(ごと)く現れた大型新人」

すいせい‐がん【水成岩】[名] 岩石の破片や生物の遺骸(いがい)が水中に堆積してできた岩石。堆積岩の大部分を占める。

すいせい‐むし【酔生夢死】[名] 有意義なことは何もしないで、ぼんやりと一生を終えること。▼酒に酔い、夢を見ているように一生を終える意から。

すい‐せん【水仙】[名] 早春、花茎の先端に白や黄色の六弁花を横向きにつける、ユリ科スイセン属の多年草の総称。ラッパズイセン・キズイセンなど。

すい‐せん【水洗】[名・他サ変] 水で洗うこと。また、水で洗い流すこと。‖「—トイレ」

すい‐せん【水栓】[名] 水道の水を出したり止めたりするための栓と弁。

すい‐せん【垂線】[名] 一つの直線または平面と直角に交わる直線。垂直線。

すい‐せん【推薦】[名・他サ変] ある人や物を適当だとして、他人にすすめること。‖「A候補を—する」「—図書」書き分け「推選」は、推挙して選び出す意の別語。「先発隊に推選される」などと使う。

薦

すい‐ぜん【垂▼涎】[名・自サ変] ある物を非常に欲しがること。‖「コレクターの—の的(まと)」▼よだれを垂らす意から。慣用読みから「すいえん」とも。

すい‐そ【水素】[名] 非金属元素の一つ。無色・無味・無臭で、物質中で最も軽い。燃えやすく、酸素と化合すると水になる。元素記号H

すい‐そう【水草】ウ｜サ [名] 淡水中や水辺に生えている草。みずくさ。

すい‐そう【水葬】ウ｜サ [名・他サ変] 遺体を水中に投じて葬ること。水葬礼。‖「インド洋で—された」

すい‐そう【水槽】ウ｜サ [名] ❶水をたくわえておく大きな容器。‖「防火用—」❷魚などを飼うための、水を入れる容器。

すい‐そう【吹奏】[名・他サ変] 管楽器を吹き鳴らすこと。‖「行進曲を—する」「—楽」

すい‐ぞう【▼膵臓】ウ｜ザ [名] 胃の背部にある舌状の消化腺。膵液やインスリンなどのホルモンを分泌する。

ずい‐そう【随想】ウ｜サ [名] 折にふれて心に浮かぶ思い。また、それを書きとめた文章。‖「—録」

ずい‐そう【▼瑞相】ウ｜サ [名] ❶めでたいことの起こるしるし。吉兆。瑞験。❷福々しく、めでたい人相。

すいそう‐がく【吹奏楽】[名] 木管楽器・金管楽器を主体とし、打楽器を加えて合奏される音楽。

すい‐そく【推測】[名・他サ変] 得られた情報・知識に基づき、物事の性質・状態・なりゆきなどをおしはかること。また、そのようにして得たもの。‖「事故の原因を—する」「大体の年齢を—する」「—の域を出ない」

すいぞく‐かん【水族館】ワ｜ク [名] さまざまな水生動物を収集・飼育し、その生態を研究するとともに、広く一般の人々に展示する施設。

すいそ‐ばくだん【水素爆弾】[名] 水素の同位体の核融合反応によって生じるエネルギーを利用した爆弾。原子爆弾を起爆剤にする。水爆。

すい‐たい【衰退(衰▼頽)】[名・自サ変] 勢いや活力がおとろえて弱ること。‖「第一次産業が—する」書き方「衰退」「衰頽」は本来別語だが、意味が近いため、今は「衰退」で代用する。

すい‐たい【推戴】[名・他サ変] おしいただくこと。特に、ある人を団体の長としてあがめ迎えること。

すい‐たい【酔態】[名] ひどく酒に酔った姿。

すい‐たい【▼翠▼黛】[名] ❶緑色を帯びたまゆずみ。❷山などが緑色にかすんで見えること。また、その山。

すい‐たく【水沢】[名] 水のある沢。水がたまり、水草が生えている低湿地。‖「—植物」

すい‐だ・す【吸い出す】スヒ [他五] ❶中に入っているものを吸って外に出す。‖「ハブの毒液を—」❷吸いはじめる。‖「赤ん坊が乳を—」名 **吸い出し**

すい‐だん【推断】[名・他サ変] ある手がかりからおしはかって判断すること。また、推測して断定すること。‖「その話を彼は断るだろうと—した」

すい‐ち【推知】[名・他サ変] ある手がかりからおしはかって知ること。推察して知ること。

すい‐ちゅう【水中】[名] 水のなか。‖「—カメラ」「—花(か)(=水に入れると開いて草花の形になる造花)」

すいちゅうよく‐せん【水中翼船】[名] 船体の下部に翼を取りつけた船。航走中、翼の揚力によって船体を浮上させ、高速で水面上を滑走できる。

ずい‐ちょう【▼瑞兆】ウ｜テ [名] めでたいことの起こるきざし。吉兆。瑞祥(ずいしょう)。‖「—が現れる」

すい‐ちょく【垂直】[名・形動] ❶水平線・地平面に対して直角の方向にあること。❷数学で、直線や平面が互いに直角に交わること。‖「—線」⇕水平

すい‐つ・く【吸い付く】スヒ [自五] 吸って、また、吸うようにしてぴったりくっつく。‖「釘(くぎ)が磁石に—」

スイッチ【switch】[名] ❶電気回路の開閉や切り替えを行う装置。開閉器。‖「—を入れる」「—オフ」❷鉄道の転轍(てんてつ)器。ポイント。❸[他サ変] 他の方向・位置・方法などに切り替えること。‖「販売路線を国内から海外に—する」

スイッチバック【switchback】[名・自サ変] 急勾配(こうばい)を緩和するために設けた折り返し式の鉄道線路。また、列車が前進と後退を繰り返しながら、ジグザグ形にその線路を上り下りすること。

スイッチ‐ヒッター【switch-hitter】[名] 野球で、右打席でも左打席でも同じように打てる打者。

すいっちょ [名] ウマオイのこと。キリギリス科の昆虫で、本州以南に分布する。成虫は夏から秋にかけてみられる。▼鳴き声から。

スイッチング【switching】［名］切り替えること。乗り換えること。〓「モニター映像の―」

すい-てい【水底】［名］海・河川・湖沼などの底。みずそこ。みなそこ。

すい-てい【推定】［名・他サ変］❶周囲の状況や情報に基づいて、おしはかって決めること。推測決定すること。また、そのようにして得たもの。〓「出火の原因を―する」「死亡―時刻」❷法律で、明瞭でない法律関係または事実関係について、否定する反証が成り立つまで、それを正当なものとして扱うこと。〓「―無罪」

すい-てき【水滴】［名］❶水のしずく。〓「窓ガラスに―がつく」❷硯(すずり)に差す水を入れておく容器。水注(すいちゅう)。水差し。

すい-でん【水田】［名］水を引き入れて稲などを栽培する耕地。みずた。たんぼ。〓「―地帯」⇔陸田

ずい-と［副］勢いよく、また遠慮なく一気に動作を起こすさま。〓「―座敷に上がり込む」

すい-とう【水痘】［名］ウイルスの感染によって起こる急性の感染症。主に小児がかかる。高熱が出て、全身に大小の水疱(すいほう)ができる。水ぼうそう。

すい-とう【水筒】［名］飲料水などを入れて持ち歩くための容器。

すい-とう【水稲】［名］水田で栽培するいね。⇔陸稲

すい-とう【出納】［名・他サ変］金銭や物品を出し入れすること。また、支出と収入。〓「―簿・―係」

すい-どう【水道】［名］❶貯水池から導管を引き、飲料水や工業用水を供給する施設。上水道。〓「―料金」❷海で、両側が陸地にはさまれて狭くなっているところ。海峡。〓「豊後(ぶんご)―」

すい-どう【▼隧道】［名］トンネル。ずいどう。

すいとり-がみ【吸い取り紙】［名］インクで書いたあとの紙面に押しあて、余分なインクを吸い取らせる紙。すいとりし。

すい-と・る【吸い取る】［他五］❶吸い込んで取る。また、吸い込ませて取る。〓「スポイト［掃除機・脱脂綿］でインク［ほこり・血］を―」❷他人の得た利益・金銭などを取り上げる。〓「稼ぎを―・られる」

すい-とん【水団】［名］水でこねた小麦粉をちぎって丸め、野菜などを入れた汁で煮た食べ物。▽戦中戦後の食糧難の時代には主食の代用とされた。

すい-なん【水難】［名］水によって起こる災難。洪水・高潮・難船・溺死(できし)など。水禍(すいか)。〓「―の相」

すい-にん【推認】［名・他サ変］ある事柄を根拠にして推測・認定すること。〓「失踪者の生存を―する」

すい-のう【水▼嚢】［名］❶底に目の細かい網を張ったふるい。洗った食品の水を切ったり、だしをこしたりするのに使う。みずぶるい。みずこし。❷ズック製の携帯用バケツ。

すい-のみ【吸い飲み（吸い▼呑み）】［名］細長い吸い口をつけた、きゅうす形の容器。病人などが寝たままで水や薬を飲むのに使う。

すい-ば【酸葉・〈酸模〉】［名］初夏、淡緑色や緑紫色の小花を多数つけるタデ科の多年草。全体に赤みを帯び、茎や葉には酸味がある。スカンポ。スシ。

すい-ばく【水爆】［名］「水素爆弾」の略。

すい-はん【垂範】［名・自サ変］模範を示すこと。自ら手本になること。〓「率先―する」

すい-はん【炊飯】［名］飯をたくこと。

すい-ばん【水盤】［名］底が広くて浅い陶磁製・金属製などの容器。生け花・盆栽・盆景などに用いる。

すい-ばん【推▼輓・推▼挽】［名・他サ変］人をある地位や役職にふさわしいとして推挙すること。〓「山田氏の―で大学に職を得た」▽「推」は後ろから車を押す意、「輓」「挽」は前から車を引く意。

ずい-はん【随伴】［名］❶［自他サ変］供としてついていくこと。また、供として連れていくこと。❷［自サ変］ある事にともなって、他の事が起こること。〓「事業拡張に―する諸問題」◈「ずいばん」ともいう。

すいはん-き【炊飯器】［名］電気・ガスなどを熱源にして飯を炊く器具。〓「電気―」

すい-ひ【水肥】［名］液状の肥料。液肥。みずごえ。

すい-び【衰微】［名・自サ変］おとろえて弱くなること。〓「沿岸漁業が―する」

ずい-ひつ【随筆】［名］自分の見聞・体験・感想などを、思うままに自由な形式で書き綴った文章。随想。エッセー。〓「―集」

すい-ふ【水夫】［名］船乗り。船員。特に、雑役に従事する船員。

すい-ふく【推服】［名・自サ変］ある人を尊敬して心から従うこと。心服。

すい-ぶん【水分】［名］ある物の中に含まれている水や液体。また、その量。みずけ。〓「―を補給する」

ずい-ぶん【随分】■一［副］程度がはなはだしいさま。非常に。だいぶ。かなり。〓「今日は―(と)寒い」「体調が―よくなった」▽多く、案外である、思った以上だ、の意をこめて使う。■二［形動］❶並でないさま。いちじるしいさま。〓「寄付金が―な額になった」❷その人の言動が非難に値するさま。ひどいさま。〓「―な仕打ちだ」

すい-へい【水平】［名・形動］❶静かな水面のように平らなこと。また、上がり下がりのないこと。〓「物価が―を保つ」❷地球の重力の方向に対して直角をなすこと。また、その方向。〓「―線」⇔垂直・鉛直

すい-へい【水兵】［名］海軍の兵士。〓「―服・―帽」

すいへい-しこう【水平思考】［名］ある問題の解決に際して、既成の枠組みにとらわれることなく、さまざまな角度から自由に思考をめぐらすこと。⇔垂直思考 ▽一九六七年ごろ、英国の心理学者デボノが提唱した。

すいへい-せん【水平線】［名］❶海面と空とが接して見える平らな線。❷地球の重力の方向と直角に交わる線。

すいへい-どう【水平動】［名］地震などで、水平方向に起こる振動。⇔上下動

すい-へん【水辺】［名］川・池・湖などのほとり。水際。みずべ。

すい-ほ【酔歩】［名・自サ変］酒に酔って、よろめきながら歩くこと。また、その足取り。〓「―蹣跚(まんさん)」

すい-ほう【水泡】［名］水のあわ。みなわ。▽水のあわが消えやすいことから、はかないことのたとえにいう。

◉**水泡に帰(き)・する** 努力のかいもなくむだに終わる。〓「長年の努力が―」

すい-ほう【水▼疱】［名］表皮の下などにできる、漿液(しょうえき)を含んだ発疹(ほっしん)。みずぶくれ。

すい-ぼう【水防】［名］水害を警戒し、その被害を防御すること。〓「―団・―訓練」

すい-ぼう【衰亡】［名・自サ変］勢力がおとろえて、ほろびること。〓「国家が―する」

すいぼく-が【水墨画】グヮ［名］墨のみで、その特性を利用して描く絵。中国の唐代中期に起こり、日本には鎌倉時代に伝来。禅宗文化の興隆とともに盛行した。墨絵(すみえ)。

すい-ぼつ【水没】［名・自サ変］地上にあった樹木・建造物などが、水中に沈んで見えなくなってしまうこと。‖「洪水で村ごと―した」

すい-ま【水魔】［名］水害をもたらす水の力を魔力にたとえていう語。

すい-ま【睡魔】［名］激しいねむけを魔物のしわざにたとえていう語。‖「会議中、―に襲われる」

スイマー［swimmer］［名］泳ぐ人。泳者。

ずいまく-えん【髄膜炎】［名］脳と脊髄(せきずい)を包む髄膜に炎症を起こす病気。病原体は、化膿(かのう)菌・結核菌・髄膜炎菌・ウイルスなど。脳膜炎。脳脊髄膜炎。

すい-ませ-ん［連語］「すみません」のくだけた言い方。

すい-みつ【水密】［名］機械・装置などで、水をまったく通さず、高い水圧にも耐えられる状態になっていること。また、その構造。‖「―扉(ひ)」

すい-みつ【水蜜】［名］モモの品種の一つ。果実は大きく、水分と甘みに富む。明治期に中国から輸入され、多くの改良種を生んだ。▽「水蜜桃(すいみつとう)」の略。

すい-みゃく【水脈】［名］❶地層の中を地下水が流れる道筋。❷海や河川で、船が航行する道筋。ふなじ。みお。

すい-みん【睡眠】［名］ねむること。ねむり。‖「―不足」「―時間」▽活動を休止していることのたとえにもいう。‖「あの団体は―状態だ」

スイミング［swimming］［名］水泳。泳ぐこと。‖「―スクール」「アーティスティック―」

すいみん-こうざ【睡眠口座】［名］長期間にわたって預け入れや払い戻しがないままの預貯金口座。休眠口座。

すいみん-ふさい【睡眠負債】［名］毎日のわずかな睡眠不足が借金のように蓄積した状態。▽自覚がないまま睡眠不足の状態となり、病気の危険性などが高まると言われる。

すい-めい【水明】［名］川や湖の水が澄みわたって美しいこと。澄んだ水が日月の光に照らされて美しく輝くこと。‖「山紫―の地」

すい-めい【吹鳴】［名・他サ変］吹き鳴らすこと。

すい-めつ【衰滅】［名・自サ変］おとろえて、ほろびること。衰亡。‖「幕府に―の兆しが見える」

すい-めん【水面】［名］水の表面。‖「―に浮かぶ」

すいめん-か【水面下】［名］❶水の中。水中。‖「―に沈む」❷表面には現れないところ。隠れたところ。‖「―の交渉」「―の対立が激化する」

すい-もの【吸い物】スヒ［名］日本料理の汁物の一つ。調味しただし汁に魚介・野菜などの具を加え、椀(わん)に盛ったもの。多く、すまし汁をいう。

すい-もん【水門】［名］貯水池・水路・運河などに設け、開閉によって水量・水位などを調節する構造物。

すい-やく【水薬】［名］液状の飲みぐすり。みずぐすり。

すい-よ【酔余】［名］酒に酔ったあと。酒に酔ったあげく。‖「―の一興」▽副詞的にも使う。

すい-よう【水溶】［名］水にとけること。また、水にとけていること。‖「―性の塗料」

すい-よう【水曜】エウ［名］(日曜から数えて)週の第四日。火曜日の次の日。水曜日。

すいよう-えき【水溶液】［名］ある物質を水にとかした液体。‖「食塩の―」

すいよう-び【水曜日】スイエウ［名］⬇水曜

すい-よく【水浴】［名・自サ変］水をあびること。みずあび。‖「川で―(を)する」⬇温浴

すい-よ・せる【吸い寄せる】スヒ［他下一］❶吸ってそばへ引き寄せる。また、吸うようにして近くに寄せる。‖「磁石が砂鉄を―」「排水口にゴミが―・せられる」❷注目・関心などを引きつける。‖「画面に視線が―・せられる」文すひよ・す

すい-らい【水雷】［名］水中で爆発させて敵の艦船を破壊する兵器。魚形水雷(魚雷)と機械水雷(機雷)とがある。‖「―艇」

すい-らん【▼翠▼巒】［名］みどり一色の連山。青々とした峰。

すい-り【水利】［名］❶船による交通・運送などの便。‖「―のよい土地」❷水を飲用・消火・灌漑(かんがい)・発電・水道などに利用すること。‖「―権(=河川の水を灌漑・発電・水道などの目的のために継続的に使用する権利)」

すい-り【推理】［名・他サ変］❶既知の事実や経験に基づいて考えをめぐらし、まだ知られていない事柄をおしはかること。また、そのようにして得たもの。‖「事件の真相を―する」「君の―を聞かせてくれ」❷論理学で、いくつかの前提から結論を導き出すこと。前提が一つのときは直接推理、二つ以上のときは間接推理という。

すい-りく【水陸】［名］水と陸。水上と陸上。また、水路と陸路。‖「―両用車」

すいり-しょうせつ【推理小説】―セウ―［名］多く犯罪を題材とし、論理的な推理によって犯人や事件の真相を解明していく過程に興味の主眼を置いた小説。ミステリー。▽古くは探偵小説と呼ばれた。

すい-りゅう【水流】―リウ［名］川などの、水の流れ。‖「―が急な川」

すい-りょう【水量】―リャウ［名］水の分量。みずかさ。‖「川の―が増す」

すい-りょう【推量】―リャウ［名・他サ変］❶物事の事情・状態・程度や他人の心情などをおしはかること。また、そのようにして得たもの。‖「相手の胸中を―する」「―でものを言う」❷文法で、想像した事柄や不確かな判断などをいう言い方。口語では述語に助動詞「(よ)う」「らしい」や連語「だろう」などを、文語では助動詞「む」「むず」「まし」「けむ」「らむ」「らし」「めり」などを付けて表す。また、「きっと」「おそらく」などの副詞によっても表される。

すい-りょく【水力】［名］水の力。水の勢い。特に、流水や落水によって生じるエネルギー。‖「―発電」

すい-りょく【推力】［名］物体をおしすすめる力。ジェットエンジンが燃焼ガスを噴出したとき、その反動で機体を前におしだす力など。推進力。

すい-れい【水冷】［名］過熱を防ぐために、機械・設備などを水で冷やすこと。‖「―式エンジン」⬍空冷

すい-れん【水練】［名］水泳の練習。‖「―学校」

すい-れん【睡▼蓮】［名］夏、長い花柄の先に白・黄・桃色などの花をつけるスイレン科スイレン属の多年生水草の総称。池・沼などに生え、基部に切れ込みのある円形の葉を水面に浮かべる。観賞用に栽培され、品種が多い。語源 朝、花を開き、夕方、眠るように閉じることから。

すい-ろ【水路】［名］❶用水を流すためのみち。送水

路。〓「農業用―」❷海・川・運河などの、船が通るみち。航路。▽副詞的に使って、「船に乗って」の意を表す。〓「東京から―小笠原に向かう」❸競泳用プールのコース。〓「短―・長―」

すい-ろん【推論】[名・他サ変] ある事実をもとに、未知の事柄をおしはかって論じること。また、推理・推察によって結論を導くこと。〓「調査結果から景気の動向を―する」

スイング[swing][名] ❶[他サ変] 野球・ゴルフ・テニスで、バットやクラブ・ラケットを振ること。〓「フル―」❷[他サ変] ボクシングで、腕を大きく振って、横なぐりに相手を打つこと。また、その打撃。❸[自サ変] 一九三〇年代に流行した、ジャズの演奏スタイル。四ビートの躍動的なリズムが特徴。また、そのリズムに乗ること。◈「スウィング」とも。

スイング-アウト[swing out][名] 野球で、空振りの三振。

すう【数】 ■一[名] ❶かず。数量や数値。〓「一定の―に達する」「回―・語―・点―」❷数学で、有理数・無理数・複素数などの総称。〓「関―・偶―・小―」■二(造) ❶二、三から五、六ほどのかずを表す。〓「―日・―万人・十―か所」❷かぞえる。〓「計―・算―」❸巡り合わせ。〓「―奇」❹はかりごと。〓「権謀術―」旧數

す・う【吸う】[他五] ❶口または鼻から気体を体内に取り入れる。〓「新鮮な空気を胸一杯に―」「毒ガス[息・タバコ]を―」⇔吐く ❷(口をすぼめるようにして)吸気とともに液体を口の中に取り入れる。〓「味噌汁を―」「蚊が人体から血を―」❸あるもの(特に、体の一部)を口に含んで、口の中に引き入れるようにする。〓「赤ちゃんがちゅうちゅう指を―っている」❹機械がごみやほこりなどを空気と一緒に取り込む。吸い込む。吸い入れる。〓「掃除機がごみを―」❺吸水性のあるものが、みずからの中に水や湿気を取り入れる。吸い込む。また、植物がある作用によって水分や養分を取り入れる。〓「大地[下着]が水[汗]を―」「植物は根から水分を―って大きくなる」❻磁石が鉄などを引き寄せる。吸い寄せる。吸い付ける。〓「磁石が鉄を―」可能 吸える

すう【枢】(造) かなめ。物事の中心。〓「―軸」「中―」旧樞

すう【崇】(造) ❶けだかい。〓「―高」❷たっとぶ。あがめる。〓「―拝」「尊―」

すう-がく【数学】[名] ❶数・量・空間などの性質や関係について研究する学問。代数学・幾何学・解析学・微分学・積分学などの総称。❷①を教える、学校の教科名。数学科。〓「―の教師」▽初歩の数学を教える小学校の教科は「算数」。

すう-き【枢機】[名] ❶物事の最も大切なところ。枢要。❷国家の中心となる重要な政務。

すう-き【数奇】[名・形動] 運命のめぐりあわせが悪いこと。また、運命がはげしく変化すること。さっき。〓「―な運命」▽「数」は運命、「奇」は不運の意。

すうき-けい【枢機▼卿】[名] ローマカトリック教会で、教皇の最高顧問として教会行政にたずさわる高位聖職者。全世界の司教の中から選出され、教皇選挙権をもつ。すうききょう。カーディナル。

すう-けい【崇敬】[名・他サ変] あがめうやまうこと。〓「詩仙李白を―する」

すう-こう【崇高】[名・形動] (畏敬の念を起こさせるほど)けだかくて、とうといこと。〓「―な精神」「―の念を抱く」派生 -さ

崇

すう-こう【▼趨向】[名] 物事がある方向に進んでいくこと。また、その方向。なりゆき。〓「時局の―に従う」

すう-し【数詞】[名] 体言の一つ。数によって数量や順序を表す語。一・十・一人・二つ・三個・四枚・五番・第六など。▽ふつう名詞の一種とされるが、「本を三冊読んだ」のように副詞的に使われることもある。

すう-じ【数字】[名] 数を表すのに使う文字。〓「―に強い(=計算の得意な)人」▽1・2・3…などのアラビア数字、一・二・三…などの漢数字のほか、Ⅰ・Ⅱ・Ⅲ…のようなローマ数字が使われる。

すう-じ【数次】[名] 回数を二、三回あるいは五、六回重ねること。数回。数度。〓「交渉が―に及ぶ」

すう-しき【数式】[名] 数・量などを表す数字や文字を計算記号で結びつけたもの。式。〓「―を解く」

すう-じく【枢軸】[名] ❶活動の中心となる重要な部分。枢要。〓「―都市」▽開き戸のくるると、車の心棒の意から。❷第二次大戦前から戦中にかけて、アメリカ・イギリス・フランスなどの連合国に対立し、日本・ドイツ・イタリアの三国とその同盟国相互間に結ばれた友好・協同の関係。〓「―国」

すう-すう[副]ト ❶寝息などの音を表す語。〓「―(と)寝息を立てる」❷風がすき間などを吹きぬけるさま。また、うすら寒く感じられるさま。〓「壊れた窓から風が―(と)はいってくる」「足下が―する」

ずうずうし・い【▽図▽図しい】[形] 人に対する遠慮や慎みがなく、自分中心に行動するさま。あつかましい。〓「金を送れとは―息子だ」「―・く行列に割り込む」使い方 ⬇ずぶとい 派生 -げ/-さ

品格 厚かましい「―お願いで恐縮です」厚顔「―にもほどがある」鉄面皮「大した―だ」

ずうずう-べん【ずうずう弁】[名] 東北地方の人などに特有の鼻音の強い話し方。また、そのことば。東北弁。▽「じ」が「ず」、「じゅ」が「ずう」と聞こえることから。

すう-せい【▼趨勢】[名] 物事がある方向へ進んでいこうとする勢い。なりゆき。趨向。〓「時代の―に従う」

すう-た【数多】[名] 数が多いこと。多数。あまた。

すう-たい【素謡】[名] 囃子や舞を伴わないで、謡曲だけをうたうこと。

ずう-たい【▽図体】[名] からだ。からだつき。なり。〓「―に似合わず小さな声をだす」▽多く、からだが大きいことを、ややさげすんでいう。

すう-だん【数段】[名] ❶二、三段から五、六段。〓「階段を―上る」❷〈副詞的に〉程度に少なからぬ差があること。数等。〓「これのほうが―よい」

すう-ち【数値】[名] ❶計算や測定をして得た数。〓「血圧の―が高い」❷数式の中の文字にあてはまる具体的な数。

スーツ[suit][名] 共布で仕立てた上下そろいの洋服。背広上下、上着とスカートのひとそろいなど。

スーツケース[suitcase][名] 着替えの衣服などを入れる旅行かばん。

すうっ-と[副] ⬇すっと

すう-てき【数的】[形動] 数量や数値に関係しているさま。〓「―には少ない」「―な比較」

す-うどん【素▼饂▼飩】[名] つゆをかけただけで、具のないうどん。かけうどん。▽主に関西でいう。

スーパー【super】一［接頭］とびぬけている、特にすぐれている、超、の意を表す語。「―カー・―スター・―ショット・―ヘビー級」二［名］❶「スーパーマーケット」の略。❷「スーパーインポーズ」の略。「字幕―」

スーパー-インポーズ【superimpose】［名］映画・テレビで、翻訳して画面の端に焼き付けた会話・ナレーションなどの文字。字幕。

スーパー-スプレッダー【super spreader】［名］感染症で、通常より多くの人への二次感染を起こす感染者。

スーパー-バイザー【supervisor】［名］管理者。監督者。指導者。SV。▼多く、役職名などで使う。

スーパー-フード【superfood】［名］必須栄養素や健康によいとされる栄養分を多く含む食品。

スーパー-マーケット【supermarket】［名］セルフサービス方式で、食料品を中心に衣料品・日用品などを大量に廉価販売する大規模小売店。

すう-はい【崇拝】［名・他サ変］尊いものとして、心からうやまうこと。「国民の英雄として―される」

スープ【soup】［名］西洋料理で、肉・魚介・野菜などからとった煮だし汁（スープストック）をもとにして作られる汁物。▼フランス語のポタージュはスープの意だが、一般に澄んだものをコンソメ、不透明でとろみのあるものをポタージュとして区別する。

◉**スープの冷めない距離**　家と家とが非常に近いことのたとえ。「長男夫婦は―に住んでいる」

スープ-カレー【和製 soup＋curry】［名］肉・野菜などをスパイスとともに煮込み、とろみをつけずに仕上げるスープ状のカレー。

スーベニア【souvenir】［名］思い出の品。記念品。また、土産物（みやげもの）。スーブニール。「―ショップ」

ズーム【zoom】［名］❶被写体に焦点を合わせたまま倍率を連続的に変化させることのできる組み合わせレンズ。▼「ズームレンズ（zoom lens）」の略。❷①を使って被写体の像を拡大したり縮小したりすること。

ズーム-アウト【zoom out】［名］映画・テレビなどで、ズームレンズを使い、被写体から次第に離れながら撮影すること。⇔ズームイン

ズーム-アップ【zoom up】［名］映画・テレビなどで、ズームレンズを使い被写体に近寄りながら大写しにして撮影すること。

ズーム-イン【zoom in】［名］映画・テレビなどで、ズームレンズを使い、次第に被写体に近寄りながら大写しにしていくこと。⇔ズームアウト

すう-めい【数名】［名］二、三から五、六人ほどの人数。数人。使い方 ➡若干名

すう-よう【枢要】［名・形動］物事の中心となる大切な所。また、最も大切であるさま。「―な政務につく」

すう-り【数理】［名］❶数学の理論。「―に明るい」❷計算など、数的な方面。「―的に処理する」

すう-りょう【数量】［名］数と量。また、数で表した量。分量。「原材料の―を見積もる」「在庫品の―が不足する」「蒸し暑さを―的に表した指数」

すう-れつ【数列】［名］❶数の列。等差数列。等比数列など。❷いくつかの列。二、三あるいは五、六ぐらいの列。「―に並ぶ」

すえ【末】（スヱ）［名］❶続いているものの先の方。「賀茂川の―は最後は淀川となって大阪湾に注ぐ」⇔本（もと）❷これから先。将来。「―が楽しみだ」「―恐ろしい」❸ある期間の終わり。特に、世の終わり。末世（まっせ）。「先月［五〇代］の―」「かくも人心が荒廃するとは世も―だ」❹子の中で一番年下。また、その子。「―の娘」「―っ子」❺ささいでつまらないこと。「そんなことは―の―の問題だ」❻子孫。末裔（まつえい）。後裔（こうえい）。「源氏の―」❼〈「…の末」「…した末」の形で〉成り行きの終極として、ある物事が起こった後で。…の揚げ句。…のはて。「大恋愛の―に結婚した」

ず-え【図会】（ヅヱ）［名］ある種の図や絵を集めたもの。「江戸名所―」「和漢三才―」

ず-え【図絵】（ヅヱ）［名］図画。絵。

スエード【フランス suède】［名］子牛・子ヤギなどの裏皮をけばだたせ、柔らかくビロード状に仕上げたなめし革。靴・手袋・ジャンパーなどに用いる。

すえ-おき【据え置き】（スヱ）［名］❶すえつけておくこと。❷そのままの状態にしておくこと。「定価を―にする」❸預貯金・債券などの払い戻しや償還を一定期間しないでおくこと。書き方 公用文では「据置き」。

すえ-お・く【据え置く】（スヱ）［他五］❶ある場所を定めて置いておく。❷手を加えないで、そのままの状態にしておく。「運賃を―」「金利が―・かれる」❸一定期間、預貯金・債券などを払い戻しや償還をしないでおく。「満期の定期預金を―」名 据え置き

すえ-おそろし・い【末恐ろしい】（スヱ）［形］（子供が）成長した後が思いやられるほど、際立っているさま。「悪知恵ばかり働く―子供」「小学生であの腕前とは―」使い方 悪い意味（＝行く末が案じられる）、よい意味（＝末頼もしい）の両面で使われる。派生 -さ

すえ-き【須恵器（▽陶器）】（スヱ）［名］古墳時代中期から平安時代にかけて造られた灰黒色の土器。轆轤（ろくろ）によって成形し、穴窯（あながま）を用いて一二〇〇度前後の高温で焼成した。祝部（いわいべ）土器。

すえ-ずえ【末末】（スヱズヱ）［名］❶行く末。将来。のちのち。「―のことを考える」▼副詞的にも使う。❷子孫。後裔（こうえい）。❸身分の低い人々。しもじも。

すえ-ぜん【据え膳】（スヱ）［名］❶すぐ食べられるように食膳を整えて人の前に出すこと。また、その膳。「上げ膳―」❷女性からしかけてきた情事。「―を食う」

すえ-たのもし・い【末頼もしい】（スヱ）［形］（若者・子供が）行く末に大きな期待がもてるさま。十分に将来性があるさま。「―青年」派生 -さ

すえ-つ・ける【据え付ける】（スヱ）［他下一］ある場所に物を置いて動かないように固定する。「マンションに警報装置を―」文 すゑつ・く 名 据え付け

すえっ-こ【末っ子】（スヱ）［名］兄弟姉妹のうち、いちばんあとに生まれた子。末子（ばっし・まっし）。

スエット【sweat】［名］❶汗。❷吸湿性と保温性にすぐれた厚手の綿布。また、その布で作ったシャツやズボン。「―スーツ」◈「スウェット」とも。

すえ-なが・く【末長く・末永く】（スヱ）［副］これから先も長く。いつまでもずっと。「―お幸せに」書き分け「末長く／末永く契る」では、前者は客観的に時間が長い意に、後者は永久・永遠の意に、それぞれ重点がある。

すえ-ひろ【末広】（スヱ）［名］❶末の方へいくに従って広がっていくこと。❷物事が次第に栄えていくこと。「ご両家の―を祈る」❸扇・中啓（ちゅうけい）の美称。▼開くと末の方が広がることから、めでたいとして祝い事の席などで使う語。◈「末広がり」ともいう。

すえ-ひろがり【末広がり】（スヱ）［名］➡末広

す・える【▼饐える】〔自下一〕飲食物が腐ってすっぱくなる。‖「ー・えたようなにおい」文す・ゆ

す・える【据える】〔他下一〕❶場所を設けて、その場に動かないように物を置く。また、建造物などを作り設ける。設置する。据え付ける。‖「本部に大型コンピューターをー」「客の前に膳をー」「カメラ〔番所〕をー」❷位置を決めてある場所に座らせる。また、ある地位や任務に就かせる。‖「主客を上座にー」「田中氏を交渉役にー」❸しっかりとそこに落ち着ける。‖「その場に腰〔尻〕をー・えて動こうとしない」「腹をー・えて（＝覚悟を決めて）かかる」「腹にー・えかねる（＝我慢ならない）ものがある」❹灸をする。‖「背中に灸をー」❺〔古風〕はんこを押す。押印する。‖「証文に印をー」◈中世以後はヤ行にも活用した。文す・う

す-おう【素▼襖・素▼袍】〔名〕直垂の一つ。布地は麻を用い、胸ひも・菊綴じには革を使う。ふつう同地同色の袴を併用する。室町時代は下級武士などの平服で、江戸時代には武士の礼服。

襖

す-おう【▼蘇▽芳・▼蘇方・▼蘇▼枋】〔名〕❶枝に鋭いとげのあるマメ科の落葉低木。春、葉のわきに黄色の五弁花をつける。心材から赤色染料をとる。❷染め色の名。①の心材からとった染料で染めた黒みを帯びた紅色。

ず-おも【頭重】〔名〕❶頭が重苦しく感じられること。ずじゅう。❷尊大にして容易には人に頭を下げないこと。❸相場が上がりそうでなかなか上がらない状態。

すか〔名〕〔俗〕❶物事が期待どおりにならないこと。‖「ーを食う」❷くじなどの、はずれ。‖「ーを引く」◈「すかたん」の略とも、「透かす」「賺す」の「すか」からともいう。

ず-が【図画】〔名〕❶図と絵。また、絵。❷旧制小学校の教科の一つ。絵をかくことの学習。現在の図画工作・美術の一部にあたる。

スカート〔skirt〕〔名〕❶円筒型で腰から下をおおう女性用の衣服。‖「ロングー・タイトー」❷車両などの前部下部に取り付ける金属板などのおおい。

スカーフ〔scarf〕〔名〕装飾や防寒のために頭をおおったり首に巻いたりする薄い布。

スカーレット〔scarlet〕〔名〕緋色。深紅色。

スカイ〔sky〕〔名〕空。天。天空。‖「ーラウンジ」

ず-かい【図解】〔名・他サ変〕図を用いて説明すること。また、その書物。‖「ー百科事典」

ずがい-こつ【頭蓋骨】〔名〕➡とうがいこつ

スカイダイビング〔skydiving〕〔名〕飛行機から飛び降りて一定時間空中遊泳したのち、パラシュートを開いて目標地点に着地するスポーツ。

スカイライン〔skyline〕〔名〕❶山・高層建築物などが空を背景にして描く輪郭線。❷山岳地帯に設けられた観光用の自動車専用道路。❸地平線。

スカウト〔scout〕〔名・他サ変〕スポーツ・芸能界や企業などで、有望な新人や優秀な人材を発掘して自分の側に引き入れること。また、その役目の人。

す-がお【素顔】〔名〕❶化粧をしない、地のままの顔。❷虚飾のない、ありのままの姿。‖「スターのーを密着取材する」

すかさ-ず【透かさず】〔副〕間をおかないで行動を起こすさま。時機を外さず。すぐさま。‖「ー問い返す」

すかし【透かし】〔名〕❶すき間をつくること。また、そのすき間の部分。‖「欄間のー」❷紙を明かりに透かすと見える文字や模様。

すかし-ぼり【透かし彫り】〔名〕彫刻で、木・金属・石などの板を表から裏まで彫りぬいて模様を表す技法。また、その彫ったもの。

すか・す〔自五〕気取る。すます。

すか・す【▼賺す】〔他五〕❶言いくるめてだます。❷機嫌をとる。なだめる。‖「なだめー」

すか・す【▽空かす】〔他五〕〈「腹をすかす」などの形で〉空腹になる。‖「赤ちゃんがおなかをー・して泣いている」▼「透かす」と同語源。異形 空かせる

すか・す【透かす】一〔他五〕❶物と物の間にすき間を作る。‖「目をー・して竹を編む」❷こんでいるものを間引いてまばらにする。特に、枝を刈り込む。‖「枝をー・した梧桐の頂辺〈漱石〉」❸光を透過させて中が見えるようにする。‖「太陽に木の葉をー・して葉脈を見る」❹透かし模様や透かし彫りを作りつける。‖「菊の模様をー・したお札」❺音のしない屁をする。‖「誰かこっそりー・したな」❻意気込んでくる相手に肩すかしを食わせる。‖「出端をー・されてつんのめる」◈書き方⑤⑥は一般にかな書き。

二〔自五〕❶〈「…を透かして」の形で〉物のすきまや透けたもの、薄い膜状のものなどを通して。…を透過して。‖「木々をー・して陽光が注ぐ」❷〈「…を透かして見る」の形で〉暗がりの中で、見えにくいものを目をこらして見る。‖「闇をー・して見る」◈二の～ヲは〈通過点〉を表す。可能 透かせる 名 透かし

すか-すか〔形動〕すきまが多いさま。

ずか-ずか〔副〕無遠慮に荒々しく進み出るさま。‖「ー（と）部屋に入ってくる」

すがすが-し・い【▽清▽清しい】〔形〕すっきりしていて人を心地よくさせるさま。さわやかだ。爽快だ。‖「ー高原の朝」「ー気分」派生 -げ／-さ

すがた【姿】〔名〕❶人の体の全体的な格好。また、人の身なり・風采。‖「あでやかなー」「後ろー」❷形あるものとしてとらえた人の存在。‖「ーをくらます」❸物の全体的な形。‖「ーのよい松の木」❹外に現れた物事のありさま。様相。‖「ありのままのーを伝える」

すがた-かたち【姿形】〔名〕身なりと顔だち。みめかたち。容姿。

すがた-に【姿煮】〔名〕魚・海老などをもとの姿をくずさないように煮ること。また、その料理。

すがた-み【姿見】〔名〕全身が映るように作った大型の鏡。

すがた-やき【姿焼き】〔名〕魚をもとの姿をくずさないように焼くこと。また、その料理。

すか-たん〔名〕〔俗〕❶当てがはずれること。‖「ーをくわされる」❷見当違いなことをした人をののしっていう語。まぬけ。すこたん。‖「このーめ」

スカッシュ〔squash〕〔名〕❶果汁に砂糖を加え、ソーダ水で割った飲み物。‖「レモンー」❷四方を壁で囲まれたコートで、ラケットを持った競技者が壁面を利用してボールを打ち合う室内競技。相手の打球は床に二度バウンドする前に打ち返さなくてはならない。

すかっ-と〔副〕❶あざやかに物が切れるさま。‖「ーした切れ味」❷すっきりとして快いさま。胸のすくように気分がよいさま。‖「ー晴れた青空」「垢抜けてーした服装」

スカトロ〔名〕糞尿や排泄にまつわる話。糞尿譚。また、それを好んで話題にする趣味・傾向。▼「スカトロジー（scatology）」の略。

すが-め【▼眇】［名］❶斜視。また、横目。❷片方の目が不自由であること。

すが・める【▼眇める】［他下一］片方の目を細める。片方の目を細くして物を見る。文すがむ

すがら［接尾］［古風］〈名詞に付いて〉❶始めから終わりまで。…の間ずっとなどの意を表す。「夜も—」❷何かをする途中で。…のついでになどの意を表す。「道—話を聞く」❸それだけで、ほかにはなにもない意を表す。そのまま。「身—」

ず-がら【図柄】ヅ［名］図案の柄。模様。「派手な—の訪問着」「帯地の—を考える」

スカラシップ【scholarship】［名］奨学金。また、奨学金を受給する資格。スカラーシップ。

スカラップ【scallop】［名］❶ほたて貝。また、その貝殻。スカロップ。❷ほたて貝の貝殻、またはそれに似た皿に入れて焼いたグラタン。スカロップ。❸洋裁で、連続した波形の縁飾り。襟・袖口・裾などに施す。

すがり-つ・く【▼縋り付く】［自五］❶頼りになるものとして、しっかりとつかまる。「泣いて母親に—」❷ひたすら頼りにする。「一縷の望みに—」

すが・る【▼縋る】［自五］❶頼りになるものにつかまる。「手すりに—って階段を上る」❷頼みとする。頼る。「人の情けに—」可能すがれる

スカルプ【scalp】［名］頭の地肌。頭皮。「—ケア」

すが・れる【▽末枯れる】［自下一］❶草木などが、盛りを過ぎて枯れはじめる。「庭先の菊が—」❷人が盛りを過ぎておとろえる。「すっかり—れてきた老父の姿」文すがる

ず-かん【図鑑】ヅ［名］図・写真などを中心にして事物を系統的に解説した書物。「動物—」

スカンク【skunk】［名］南北アメリカに分布するスカンク科の哺乳類の総称。代表的なシマスカンクは黒い背中に二本の白い筋がある。敵に襲われると肛門腺から強烈な悪臭をもつ液を射出する。

ずかん-そくねつ【頭寒足熱】ヅカン［名］頭を冷やし、足を温めること。安眠が得られ、健康によいとされる。

す-かんぴん【素寒貧】［名・形動］貧しくて何も持っていないこと。まったく金がないこと。また、その人。すっかんぴん。

すかん-ぽ【〈酸模〉】［名］スイバの別称。

すき【▼犂】［名］牛馬に引かせて土を掘り起こす農具。からすき。

すき【隙（透き）】［名］❶物と物との間のわずかにあいている部分。すきま。❷時間のわずかな切れ目。「仕事の—に昼食をとる」❸つけこむべき状態。気のゆるみ。「油断も—もない」

すき【▼鋤】［名］手と足の力で土を掘り起こす農具。櫂状の柄の先に刃のある金具をつけたもの。数「一丁（挺）…」と数える。

すき【《数寄》・《数奇》】［名］風流・風雅を好むこと。特に、茶の湯・生け花・和歌などに心を寄せること。▼「好き」と同語源。書き方「数寄」「数奇」はあて字。

◉**数寄を凝ら・す**　建物・道具などにいろいろと風流な工夫をほどこす。

すき【好き】㊀［形動］❶物事や人が気に入って心が強く引かれる思いだ。「彼は酒が—だ」「次第に彼（のこと）が—になってきた」⇔嫌い ❷物好きなさま。また、見さかいなく好んだり偏って愛したりするさま。「今夜もオペラだって？—だねえ」❸好色なさま。「社長は—だからなあ」❹特別の制限や抑制を受けないさま。気随気まま。自由。勝手。「あなたの—（なよう）にしてください」「—なだけ持ってけ」◈使い方 ⑴「～ハ～ガ好きだ」が一般的だが、「その作家もまた私を好きなのだ〈太宰治〉」のように、～ガを～ヲに代えていうことも多い。「嫌い」の場合も同様。「あなただって僕を嫌いではないでしょう〈円地文子〉」⑵形容詞のように使うのは誤り。「×好きかった・好きくない」⑶②③は多くマイナスに評価していう。㊁（造）〈連濁して「ずき」の形で〉❶特にそれを好む人・性向。「酒—・議論—・派手—」❷それに好まれるような様子であること。「人—のする性格」

◉**好きこそ物の上手なれ**　何事によらず好きなものにはおのずと熱が入るから、それだけ上達が早いということ。

すぎ【杉（▼椙）】［名］山地に自生し、また重要な林木として植林されるスギ科の常緑高木。幹は直立し、高さ五〇メートル以上になる。枝に密生する葉は針状。材は建材・器具材・土木材・船舶材など用途が広い。

すぎ【過ぎ】（造）❶〈時刻・年齢などを表す語に付いて〉その時刻や年齢を既にすぎている意を表す。「九時—に出かける」「五〇—の紳士」❷〈動詞の連用形に付いて〉その程度が度を超している意の名詞を作る。「飲み—・太り—・働き—・喜び—」⇨過ぎる㊁

スキー【ski】［名］❶雪上を滑って進むために両足につける、二本の細長い板状の用具。❷①をつけて雪上を滑ること。また、そのスポーツ。

スキー-じょう【スキー場】ヂャウ［名］高低起伏のあるスキーの練習場。多くはリフト・宿泊所などの設備を備えてある。ゲレンデ。

スキーマ【schema】［名］❶データベースの構造。データの種類や大きさ、設計など。❷心理学で、外界を認知したり外界に働きかけたりするときの土台となる知識の枠組み。

スキーム【scheme】［名］計画。企画。また、その構成。

スキーヤー【skier】［名］スキーをする人。

すき-おこ・す【▼鋤き起こす】［他五］鋤・鍬などで、田畑の土を掘り起こす。「荒れた畑を—」

すぎ-おり【杉折り】リヲ［名］杉材の薄い板（へぎ板）で作った平たい折り箱。料理や菓子を入れる。

すき-かえし【▼漉き返し】ヘシ［名］一度使った紙を漉きなおして再生すること。また、その紙。動すきかえ・す（他五）

すき-かえ・す【▼鋤き返す】ヘス［他五］鋤・鍬などで、田畑の土を掘り返す。「田を—」

すき-かって【好き勝手】［名・形動］自分の思うままにふるまうこと。勝手気まま。「—なことを言う」

すき-きらい【好き嫌い】ラヒ［名］好きであることと、嫌いであること。また、えりごのみ。「食べ物の—が激しい」

すき-ぐし【▼梳き▼櫛】［名］髪をすいて汚れを取るときに使う、歯の目の細かいくし。

すき-げ【▼梳き毛】［名］結髪の形を整えるために毛髪の中に入れる毛の束。また、梳き櫛にはさんで髪をすくのに用いる毛の束。赤熊や人造毛を使う。

すぎ-ごけ【杉▼苔・杉▼蘚】［名］湿地に群生するスギゴケ科の蘚類。茎と葉の区別が見られ、葉は針状。雌雄異株で、茎の先端に胞子嚢をつける。

すき-ごころ【好き心】［名］❶好色な心。❷物好

きな心。好奇心。❸風流を好む心。書き方「《数寄》心」「《数奇》心」とも。

すき-この・む【好き好む】［他五］〈多く「好き好んで」の形で〉特に好んで（わざわざ）。みずから進んで。‖「何も―んで退職したわけではない」

すぎ-さ・る【過ぎ去る】［自五］❶その場を通り過ぎて離れる。‖「台風が―」❷月日が経って過去のこととなる。‖「―った昔」

すき-しゃ【《数寄》者・《数奇》者】［名］茶道をたしなむ人。茶人。

すき-ずき【好き好き】［名］人によって好みが違うこと。‖「どれを選ぶかは―だ」「蓼食う虫も―」

ずき-ずき［副］体の一部が脈を打つように続けて痛むさま。ずきんずきん。‖「虫歯が―（と）痛む」「頭が―する」

スキット［skit］［名］寸劇。特に、語学教育などで会話の実例として用いられる寸劇。

スキッパー［skipper］［名］小型船の船長。艇長。

すきっ-ぱら【▽空きっ腹】［名］「すき腹」を強めていう語。

スキップ［skip］［名・自サ変］❶片足ずつ交互に軽く跳びながら進むこと。❷［他サ変］途中を飛ばして先に進むこと。‖「入力画面を―する」

すぎ-ど【杉戸】［名］杉の一枚板を張って作った戸。書院造りの広縁などに用い、多く花鳥画が描かれた。

すき-とお・る【透き通る（透き▽徹る）】ホトル［自五］❶物を通して、その物の中や向こう側が見える。‖「―ったガラス」「―ような白い肌」❷声や音が澄んでいてよく通る。‖「―った明るい声」

すぎ-な【杉菜】［名］野原・土手などに自生するトクサ科の多年生シダ植物。地下の長い地下茎から、早春、ツクシと呼ばれる胞子茎を出し、のち緑色の栄養茎をのばす。

すき-なべ【▼鋤鍋】［名］すき焼き用の鉄なべ。また、すき焼き。

スキニー［skinny］［名］体にぴったり張りつくようなデザインの衣服。また、そのファッション。‖「―デニム」▼「やせた」「骨と皮ばかりの」などの意から。

すき-はら【▽空き腹】［名］腹がすいていること。また、その腹。空腹。すきっぱら。‖「―を抱える」

すき-ほうだい【好き放題】ハウダイ［名・形動］自分の好きなようにふるまうこと。‖「―なことをする」

すき-ま【隙間（透き間）】［名］❶二つの物の間にあいている狭い空間。あき。すき。‖「戸の―からのぞく」❷あいている短い時間。すき。‖「仕事の―をみて休む」❸わずかな気のゆるみ。すき。油断。また、わずかに満ち足りない心の状態。‖「心の―につけ込まれる」「心の―を埋めてくれる人」

すきま-かぜ【隙間風】［名］戸・障子・壁などのすき間から吹き込む風。▼親密だった二人の間にへだたりができることのたとえとしても使う。‖「夫婦の間に―が吹く」

すきま-なく【隙間無く】［副］物事がわずかの間隔もなくつまっているさま。‖「―箱に菓子を詰める」

スキミング［skimming］［名］❶ざっと読むこと。ざっと調べること。❷他人の磁気データを読み取り、クレジットカードなどを偽造すること。また、その犯罪。

スキム-ミルク［skim milk］［名］脱脂乳。脱脂粉乳。

すき-もの【好き者】［名］❶好色な人。色好み。❷物好きな人。

すき-や【《数寄屋》・《数奇屋》】［名］庭園の中に建てた別棟の茶室。一棟に茶席・勝手・水屋などを備えたもの。また、茶室。

すき-やき【▼鋤焼き】［名］牛肉にネギ・豆腐・しらたきなどを添え、醤油・砂糖・味醂などで味つけしながら煮焼きする鍋料理。関東では牛鍋とも呼ばれた。▼鋤の金属部分で肉を焼いたことからとも、肉をすき身にして焼いたことからともいう。

すきや-づくり【《数寄屋》造り】［名］茶室風の建築様式。装飾を省いた簡素な造りを特徴とする。桂離宮・曼殊院・三渓園臨春閣などに見られる。

スキャット［scat］［名］歌詞の代わりに意味のない音を連ねてメロディーを歌うこと。また、その歌。▼多く、ジャズなどで即興的に歌われる。

スキャナー［scanner］［名］絵・写真・文書などを画像データにするための装置。イメージスキャナー。

スキャン［scan］［名・他サ変］❶スキャナーなどで絵・写真・文書などを画像データとして読み取ること。❷詳しく調べること。細かく探査すること。

スキャンダラス［scandalous］［形動］スキャンダルに結びつくさま。恥ずべきさま。醜聞的。‖「―な行為」

スキャンダル［scandal］［名］名誉を汚すような不祥事。また、醜聞。

スキューバ［scuba］［名］潜水用の水中呼吸器。高圧空気を詰めたボンベを背負い、圧力自動調整弁付きの送気管からマウスピースを通じて呼吸するもの。‖「―ダイビング」▼「アクアラング」はこれの商標名。

すぎ-ゆ・く【過ぎ行く】［自五］❶ある場所を通り過ぎてゆく。‖「足早に往来を―人々」❷時がたってゆく。‖「月日が―」

ず-きょう【▼誦経】キャウ［名・自他サ変］➡じゅきょう（誦経）▼「ず」は「じゅ」の直音表記。

スキル［skill］［名］手腕。技量。また、訓練などで身につけた特殊な技能。‖「仕事の―」

す・ぎる【過ぎる】［動上一］■［自］❶ある場所を通り越す。通り過ぎる。通過する。‖「信号を―と右手に駐車場がある」「パレードが目の前を―・ぎてゆく」▼自ら移動する物を「ガ」、通過する場所を「ヲ」で示す。❷ある時間・期日が経過する。特に、基準とする時間・期日から、ある時間・期日が経過する。‖「まもなく前半の四五分が―ところだ」「事件から一週間が―・ぎた」使い方「事件から一週間が過ぎた」は、「一週間」という時間そのものが動いたとみなす表現。「事件から一週間を過ぎた頃…」は、事物が「一週間」という時間の中を動いたとみなす表現。③の場合も同じ。❸ある時期が終わりになる。‖「桜も盛りが／を―・ぎたようだ」「彼岸を／が―と暑さも和らぐ」使い方➡②❹事態の推移の中で一定の数量を超える。‖「二〇歳を―ともう一人前だ」「マラソンは三五キロを―付近からが勝負だ」❺普通の程度を越える。‖「いたずらが―」「なれなれしさも度が―と問題だ」使い方マイナスに評価していう。❻〈「…に過ぎた」の形で〉…にはもったいないほど優れている。‖「私には―・ぎた妻［夫］だ」「受賞は身に―・ぎた栄誉と思っております」❼〈「…に過ぎない」の形で〉程度が低い意を表す。…以上のものではない。ただ…であるだけだ。‖「彼の主張は単なる思いつきに—ぎない」

二〈動詞の連用形、形容詞・形容動詞の語幹などに付いて複合語を作る〉物事がある程度をこえる。度をこえる。‖「働き—・喜び—・みじか—・多—・静か—・危険—」「自信がなさ—」「あまりにも情けなさ—」「ぎごちな(さ)—」「人の意見を聴かな—」 使い方 (1)「…ない」に続くときは、語によって「なさすぎる」「なすぎる」の形になる。「情けない→情けなさすぎる」「つまらない→つまらなすぎる」➡「ない」のコラム(二〇四ページ) (2)マイナスに評価していうのが一般的だが、近年、プラスの評価や驚き・感嘆などの表現としても使われる。‖「男前すぎて惚れる」 文 す・ぐ

⊙**過ぎたるは及(およ)ばざるが如(ごと)し** やりすぎることはやり足りないと同様によくない。ほどほどが肝心だ。過ぎたるは猶(なお)及ばざるがごとし。▽『論語』から。

スキル-アップ【和製skill＋up】[名・自他サ変] 技能を向上させること。また、能力を高めること。

スキレット [skillet] [名] 鋳鉄製のフライパン。

スキン [skin] [名] ❶皮膚。肌。❷皮。皮革。‖「バックスキン」❸コンドーム。

ず-きん【頭巾】ヅ [名] 頭や顔をおおう布製のかぶりもの。‖「防災[大黒]—」

スキン-ケア [skin care] [名] 肌の手入れ。また、肌の手入れをするための化粧品。

スキン-シップ【和製skin＋ship】[名] 肌と肌の触れ合いによる愛情の交流。‖「親と子の—」

スキン-ダイビング [skin diving] [名] 水中眼鏡(めがね)・足ひれ・シュノーケルなど、簡単な装備をつけて水中を遊泳するスポーツ。

スキンヘッド [skinhead] [名] 頭髪を剃(そ)り落として丸坊主にした頭。また、その頭の人。

す・く【▽空く】[自五] ❶空間を満たしていた人や物がへって、すき間ができる。‖「日曜日の早朝は道が—・いている」「映画館はがらがらに—・いていた」⬍込む ❷〈「腹がすく」などの形で〉空腹になる。腹をすかす。‖「腹[おなか・小腹(こばら)]が—・いた」❸➡胸が空(す)く ❹〈「手がすく」の形で〉するべき仕事がなくなる。暇ができる。手が空(あ)く。‖「手が—・いたら手伝うよ」◈「透く」と同語源。 読み分け ➡あく(空く)

す・く【透く】[自五] ❶透ける。‖「海の底が—・いて見える」❷すき間ができる。‖「合わせ目が—・いている」◈ 書き方 ②は「▽隙く」とも書くが、今は「透く」でまかなう。 名 **透き**

す・く【好く】[他五] 人や物事に心が強く引かれる。好きだと思う。気に入る。‖「彼は誰からも—・かれている」「—・いた同士で結婚する」⬍嫌う 使い方 (1)受身形や否定的な文脈のほか、古風な表現や慣用的な言い回しで使うことが多い。(2)「好かん」は西日本方言的な言い方。‖「ぐずぐずするやつは好かん」 名 **好き**

す・く【▽剝く】[他五] 薄く削りとる。そぐ。‖「鱈(たら)の肉を—」 可能 **すける**

す・く【▼梳く】[他五] 櫛(くし)などで髪の毛をとかす。くしけずる。‖「髪を—」 可能 **すける**

す・く【▼漉く・▽抄く】[他五] どろどろに溶かした原料を簀(す)の上に薄く敷きのばして紙や海苔(のり)を作る。‖「紙を—」 可能 **すける**

す・く【▼鋤く】[他五] 鋤(すき)・鍬(くわ)などで、田畑の土を掘り起こす。たがやす。‖「田を—」 可能 **すける** 名 **すき**(漉・抄)

すぐ【▽直ぐ】 一 [副二] ❶時間の隔たりがないさま。時間を置かず。ただちに。‖「呼ばれたら—行く」「効き目が—(＝即(そく))現れる」 使い方 時間がかからないことから、容易に・簡単に、の意を含む。‖「このガイドを見れば—わかる」「何でも—にあきらめるな」❷距離の隔たりがないさま。‖「—そこで事故があった」 二 [形動] 人の性質などが素直であるさま。‖「—な心の人」

品格 間髪(かんはつ)を入れず「—答えを返す」 言下(げんか)「—に断られる」 即座「—に機転を利かせる」 即刻「—退去を命じる」 直(ただ)ちに「—行動に移す」 時を移さず「—実行する」

ずく ヅク [接尾]〈名詞・形容詞語幹・形容動詞語幹に付いて〉❶それだけにまかせて事を運ぶ意、また、それだけを頼りにして強引に事を運ぶ意を表す。‖「腕[力]—で連れてくる」「権柄(けんぺい)—」❷ただそれだけの目的で物事をする意を表す。‖「欲得—でつきあう」「算盤(そろばん)—」❸それをした上で事を運ぶ意を表す。‖「相談—で決める」「納得—」◈ 書き方 「▽尽く」とも書くが、かな書きが一般的。現代仮名遣いでは「づく」も許容。 注意 「ずくめ」と混同して使うのは誤り。‖「×計算ずくめ」

すくい【救い】スクヒ [名] ❶すくうこと。助けること。‖「—を求める」❷人の気持ちに安堵感や安心感を与え、ほっとさせるもの。‖「死者が出なかったことがせめてもの—だ」

すくい-あ・げる【▼掬い上げる】スクヒ [他下一] すくって上の方へあげる。‖「網で魚を—」▼比喩的に、表面化されていない事柄を取り上げる意でも使う。‖「住民の声を—・げて県政に生かす」 文 **すくひあ・ぐ**

すくい-がた・い【救い難い】スクヒ [形] ❶助けることができない。どうすることもできない。度し難い。‖「—悪人」❷全く良いところがない。‖「—駄作」

スクイズ [squeeze] [名] 野球で、打者がバントによって三塁走者を本塁に生還させること。また、その戦法。スクイズプレー。

すくい-なげ【▼掬い投げ】スクヒ [名] 相撲のきまり手の一つ。まわしを取らずに相手のわきに腕を差し入れ、体をすくい上げるようにして投げ倒す技。

すくい-ぬし【救い主】スクヒ [名] ❶救ってくれた人。❷救世主。特にキリスト教で、イエス＝キリスト。メシア。

す-く・う【巣くう】クフ [自五] ❶鳥などが巣を作ってすむ。‖「樹上にカラスが—」❷好ましくない人々が集まって根城にする。‖「暴力団の—盛り場」❸病気が体内に宿る。また、よくない考えが心中に宿る。‖「病魔の—・った体」「怨念(おんねん)が胸に—」

すく・う【▼掬う(▽抄う)】スクフ [他五] ❶液状や粉状のものを手のひらやさじなどで、軽くかすめるようにして上に取り出す。また、液体の表面や中にあるものを下から受けるようにして取り出す。‖「川の水を—・って飲む」「さじで砂糖を—」「ざるでドジョウを—」❷下から上にすばやく持ち上げる。また、持ち上げるようにして横にはらう。‖「足[小股(こまた)]を—」◈「救う」と同語源。 可能 **すくえる** 名 **掬い**

すく・う【救う】スクフ [他五] ❶危機的状況にあるものを危難から逃れられるようにする。救済する。助ける。‖「二人の男が村を危機から—・った」「おぼれかかった子供を—」❷宗教の力などによって、罪を犯した人を正しく導いたり迷える人の迷いや悩みを取り除いたりする。救済する。‖「魂が—・われる」「ここで死んだのでは—・われない」❸物事が好ましくない事態に落ちるのを食い止め

る。‖「脇役陣の充実で作品が一・われた」◈書き方 済世・済民を踏まえて「世［衆生］を済う」など「▽済う」とも書くが、一般には「救う」。可能 救える 名 救い

スクーター【scooter】［名］腰かけた姿勢で乗る、車輪の小さい自動二輪車。

スクーナー【schooner】［名］二本以上のマストに縦帆を装備した帆船。

スクープ【scoop】［名・他サ変］新聞・雑誌などで、他の報道機関を出し抜いて重大ニュースをつかみ、報道すること。また、その記事。特種（とくだね）。

スクーリング【schooling】［名］通信教育で、一定期間教室などに通って受ける面接授業。

スクール【school】［名］学校。‖「一カラー（＝その学校を象徴する色や、学校の特色）」「一メート（＝学友）」

スクールゾーン【和製 school＋zone】［名］園児や児童の通園・通学路として指定され、登下校時に車両の交通が規制される区域。

スクエア【square】［名］❶四角形。正方形。❷市街地の四角い広場。❸［形動］融通のきかないさま。堅物。‖「柔軟性のない一な人」

スクエアダンス【square dance】［名］二人ずつ四組の男女が向かい合い、方形をつくって踊るフォークダンス。▽もとはアメリカの郷土舞踊。

すぐき【酸茎】［名］スグキナ（カブの一種）の葉と根を塩漬けにし、室（むろ）の中で乳酸発酵させた漬物。京都の名産。

すぐさま【▽直ぐ様】［副］時間を置かないさま。ただちに。即刻。‖「一出発する」

スクショ［名］「スクリーンショット」の略。

すくすく［副］子供が順調に元気よく成長するさま。また、樹木などが勢いよく伸びるさま。‖「一（と）育つ」

すくせ【▽宿世】［名］❶前世。過去の世。❷前世からの因縁。また、この世での運命。◈「すく」は「しゅく」の直音表記。

すくない【少ない】［形］❶ものの数や量が小さい。少しだ。わずかだ。‖「この学校のバレー部は三年生より二年生（の数）が一」「この川は水量が一」「外国に行った回数は一」「予算を一・く見積もる」❷全体に占める割合や度合いが小さい。‖「水分が一」「賛成よりは反対が一」❸頻度（ひんど）や確率などが小さい。まれだ。‖「この地方は冬に霜が降りることは一」「成功する可能性は一（＝小さい・低い）」❹年が下である。年少だ。‖「年は五つも一が親友だ」◈⇕多い 書き方「▼尠ない」「▽寡ない」とも。使い方 後に「そうだ」「すぎる」が続くときは、「少なそうだ」「少なすぎる」が標準的。「少なさそうだ」「少なさすぎる」は誤り。派生 -げ／-さ

「少ない」を表す表現

雀（すずめ）の涙［蚊の涙／蚊の眼（まなこ）／蚤（のみ）の小便］ほどもない・毛［毛の先・爪（つめ）の垢（あか）・爪の先・兎（う）の毛で突いた］ほどもない・針の目［針の先］ほどもない・露［塵（ちり）］ほどもない・数えるほどもない・九牛の一毛にすぎない

＊「〜ほどもない」は、「〜ほどしかない」の形に言い換えることができる。

すくなからず【少なからず】［副］数量が少しどころではなく多いさま。また、程度がはなはだしいさま。かなり。‖「けが人が一出た」「一驚かされた」

すくなくとも【少なくとも】［副］❶少なく見積もっても。最小限でも。少なくも。‖「経費は一百万円かかる」❷ほかのことはさておき、せめて。‖「一これだけは実行してほしい」◈使い方 副詞の「少なくとも」の意で「少なくても」というのは新しい使い方。‖「△少なくても／〇少なくとも五人は必要だ（副詞の例）」「予算は〇少なくても／〇少なくとも、精一杯やろう（副詞でない例）」

すくなくない【少なくない】［連語］「少ない」の打ち消し形。掛け値なしに「多い」とは言えないが、それ相応に多い。あまり多くないわけではない。結構多い。結構ある。‖「最近は不燃物の違法な廃棄が一」「生存する可能性は決して一」「今では名刺を自作する人も一」使い方「は」でとりたてると、多いの意が強まる。‖「反対する人は決して少なくはない（＝多い）」

すくなめ【少なめ（少な目）】［名・形動］数量がふつうよりやや少ないこと。‖「一に見積もる」⇕多め 注意 俗に「少ないめ」とも言うが、避けたい。

すくむ【▼竦む】［自五］❶恐怖や緊張のあまり、体がこわばって動かなくなる。‖「恐ろしくて足が一」❷体を縮めて小さくなる。‖「恥ずかしくて身が一」名 すくみ

ずくめ［接尾］〈名詞などに付いて〉全体がそればかりであることを表す。‖「黒一の服装」「いいこと一の年」「結構一な話」▽もとの用字は「〜▽尽くめ」。書き方 現代仮名遣いでは「〜づくめ」も許容。

すくめる【▼竦める】［他下一］体の一部をちぢめる。また、体をちぢめて小さくさせる。‖「首を一」「身を一めて隠れる」文 すく・む

すくよか【▽健よか】［形動］すくすくと丈夫に育つさま。また、健康で達者であるさま。すこやか。‖「一に育つ」「一に暮らす」派生 -さ

スクラッチ【scratch】［名］❶つめなどでひっかくこと。‖「一カード（＝表面を硬貨などでけずるとくじの当たりなどがわかるカード）」❷ゴルフやボウリングで、ハンディキャップをつけないでプレーすること。‖「一プレーヤー」❸音楽で、レコード盤をこすったり、逆方向に回転させたりしてノイズを出す演奏法。❹傷。特に、フィルムなどに付いたすり傷。

スクラップ【scrap】［名］❶［他サ変］新聞・雑誌などから必要な記事を切り抜くこと。また、その切り抜き。‖「一ブック」❷金属の切りくず。くず鉄。また、金属製品の廃品。‖「廃車を一にする」

スクラップアンドビルド【scrap and build】［名］非能率的な組織・設備を廃止し、効率的なものに変えること。また、組織・設備の新設に際し、同等の組織・設備の廃止を前提として肥大化を防ぐこと。

スクラブ【scrub】［名］種子・樹脂などの細かな粒の入った洗顔剤。毛穴の汚れや古くなった角質層を除く効果がある。▽こすって取る意。

スクラム【scrum】［名］❶ラグビーで、両チームの選手が向かい合って肩を組み、間に投げ入れられたボールを自チームの方へ蹴り出すために押し合うこと。❷団結するために、大勢の人々が肩や腕を組んで列をつくること。‖「デモ隊が一を組む」▽団結するたとえにも使う。‖「住民と行政が一を組んで環境問題に取り組む」

スクランブル【scramble】［名］❶敵機や国籍不明機の侵入に際し、迎撃戦闘機が最短時間で出動すること。緊急発進。❷アメリカンフットボールで、クオーターバックがパスができないと判断したとき、自らボールを持って走ること。❸すべての車両を一時停車させ、歩

行者がどの方向へも自由に横断できるようにした交差点。▽「スクランブル交差点」の略。❹「スクランブルエッグ」の略。

スクランブル-エッグ【scrambled eggs】［名］溶き卵に牛乳などを加え、たっぷりのバターを溶かしたフライパンで半熟にいり上げた料理。スクランブル。

すぐり【〈酸塊〉】［名］❶本州中部地方の山地に自生するユキノシタ科の落葉低木。初夏、白い花を開き、楕円形の実を結ぶ。赤褐色に熟す実は生食のほか、ジャムやゼリーにする。❷グーズベリーの別称。

スクリーニング【screening】［名］❶ふるい分け。選別。❷多くの物質の中から特定の活性をもつものを選別すること。❸集団の中からある病気の発症者や発症が予測される人を選別すること。

スクリーン【screen】［名］❶ついたて。間仕切り。❷映画の映写幕。銀幕。‖「ワイドー」❸映画。また、映画界。‖「ーの花形」❹印刷の製版で、原画や写真原稿の濃淡を網点の大小に変えるために使う、網目状に細線を引いたガラス板またはフィルム。

スクリーン-キャプチャー【screen capture】［名］⬇スクリーンショット

スクリーンショット【screenshot】［名］コンピューター・スマートフォンなどの画面を静止画像として保存すること。また、そのようにして保存した画像。スクリーンキャプチャー。画面キャプチャー。

スクリーン-セーバー【screen saver】［名］コンピューターで、同一画面が一定時間表示されると自動的に動画などを表示するソフトウエア。▽本来はディスプレーの劣化を防ぐためのもの。

スクリプター【scripter】［名］映画の撮影で、進行状況や各場面の内容を詳細に記録していく係。

スクリプト【script】［名］❶映画・放送などの台本。‖「ーライター」❷スクリプターが映画撮影時に記録したデータ。❸手書き文字に似せて作った欧文活字の書体。❹コンピューターに対する一連の処理手順などを、より簡易な言語（スクリプト言語）で記述したもの。

スクリュー【screw】［名］❶船舶のプロペラ型推進器。❷ねじ。ねじくぎ。‖「ードライバー」

すぐ・る【▽選る】［他五］多くの中から選びとる。えりぬく。‖「精鋭をーったチーム」

すぐれ-て【優れて（▽勝れて）】［副］特に。とりわけ。‖「ー外交的な問題」書き方かな書きも多い。

すぐれ-もの【優れ物（▽勝れ物）】［名］多くの中で特に性能などがすぐれている物。‖「調理も保温もできるー」書き方「スグレモノ」と書くことも多い。

すぐ・れる【優れる（▽勝れる）】［自下一］❶能力・価値などが他よりまさる。‖「彼女は歌唱力［語学］がーれている」使い方「優れる」は文章語的な言い方で、言い切りでは今は「優れている」が一般的。❷〈打ち消しを伴って〉健康や天候が思わしくない意を表す。‖「健康［顔色・気分］がーれない」文すぐ・る

スクロール【scroll】［名・他サ変］コンピューターで、必要な情報部分を表示させるためにディスプレーの画面を上下左右に移動させること。

スクワット【squat】［名］❶上半身を伸ばした状態で行うひざの屈伸運動。❷パワーリフティングの種目の一つ。バーベルを両肩にかついで立ち、しゃがんでから再び立ち上がるもの。

すけ【助】㊀［名］❶助けること。手伝うこと。また、その人。‖「ーに行く」❷芝居・寄席(よせ)などで、応援出演または代演をすること。また、その人。❸若い女性、また、情婦をいう隠語。▽おなご（＝女性）の意の隠語「なごすけ」の略。㊁［接尾］〈名詞などに付けて〉❶その人の特徴などをとらえて人名のようにいう語。‖「飲みー・ねぼー」▽軽蔑の意を含むこともある。❷受け答えなどのことばを擬人化していう語。‖「合点承知のー」

すげ【▽菅】［名］カサスゲ・アゼスゲ・カンスゲなど、カヤツリグサ科スゲ属の多年草の総称。葉は線形で、茎は三角柱状。葉を刈って、笠・蓑(みの)・縄などを作る。

ず-けい【図形】(ヅ)［名］❶物の形を図にかいたもの。❷図式・グラフなどの総称。❸数学で、点・線・面などが集まって一定の形をなすもの。平面図形と空間図形（立体図形）とに分けられる。

スケーター【skater】［名］スケートをする人。

スケーティング【skating】［名］❶スケートをすること。❷スキーで、スケートのように両足を交互に前に出して滑走すること。また、その滑走法。平地での走行やスタートのときに用いる。

スケート【skate】［名］❶氷上を滑走するのに用いる、底に金属製のブレード（板）を取りつけた靴。また、それをはいて行うスポーツ。❷ローラースケート。

スケートボード【skateboard】［名］長さ八〇センチメートルほどの厚板の底に四個の車輪をつけたもの。また、それに乗って滑走するスポーツ。サーフローラー。スケボー。

スケートリンク［名］スケートをするための場所。スケート場。▽skating rink から。

スケープゴート【scapegoat】［名］他人の罪を負わされて身代わりになる人。▽原義は、古代ユダヤで年に一度の贖罪(しょくざい)日に人々の罪を負って荒野に放たれたヤギ。

スケーラビリティ【scalability】［名］コンピューターシステムで、データなどの規模の拡大に対応できること。拡張性のあること。

スケール【scale】［名］❶物差しなど、長さや角度をはかる器具。また、その目盛り。❷地図などの縮尺。❸物事の規模。‖「ーの大きな催し物」❹人物の度量。‖「ーの大きい人」❺秤(はかり)。

すげ-か・える【▽挿げ替える】(ヘル)［他下一］❶新しいものをすげて、つけかえる。‖「げたの鼻緒をー」❷ある人をその役職からはずして別の人をつける。‖「役員の首をー」文すげか・ふ 名すげ替え

すげ-がさ【▽菅▽笠】［名］スゲの葉で編んだかぶりがさ。すがさ。

すけ-こまし［名］女性をたらし込んで、もてあそぶこと。また、その人。

スケジュール【schedule】［名］予定。日程。また、予定表。日程表。‖「ーを立てる」

すけ-すけ［形動］布地が薄いので肌などが透けて見えるさま。‖「ーのブラウス」

ずけ-ずけ(ヅケヅケ)［副ㇳ］遠慮なくはっきりとものを言うさま。‖「言いにくいこともー（と）言う」

すけそう-だら【助▽惣▽鱈】［名］⬇すけとうだら

すけ-だち【助《太刀》】［名・自サ変］❶果たし合いや敵討ちの加勢をすること。また、その人。❷加勢や助力をすること。また、その人。

スケッチ【sketch】［名・他サ変］❶眼前の風景・事物などを大まかな絵にすること。また、その絵。写生。素

描。╱「町並みを━する」「━ブック」❷その場の情景・印象などを短い文章にまとめること。また、その作品。小品文。スケッチ文。❸描写的な小曲。

すけっ‐と【助っ▽人】〔名〕加勢する人。手助けをする人。

すけとう‐だら【▽介党▼鱈】〔名〕日本海・北太平洋に分布するタラ科の海水魚。マダラに似るが下あごが上あごより長く、細長い。食用。多くすり身にして練り製品の材料にする。塩漬けにした卵巣は、たらこ。メンタイ。スケソウダラ。

すげ‐な・い【(素気無い)】〔形〕冷淡で、相手に対する思いやりがないさま。愛想がない。そっけない。╱「━返事」「━・く断る」派生 ‐さ

すけ‐ばん【助番】〔名〕不良少女グループのリーダー。女番長。▽「すけ」は女性の意の隠語。

すけ‐べ〔名・形動〕好色なこと。また、好色な人。すけべい。すけべえ。▽「す（好）き」の変化した「すけ」を擬人化した「すけべい（助平）」から。派生 ‐さ

すけべ‐こんじょう【すけべ根性】〔名〕❶好色な欲気。❷いろいろなことに手を出したがる欲張った気持ち。╱「━を出す」

す・ける【透ける】〔自下一〕❶ものを通して、中や向こう側が見える。透き通る。╱「肌が━・けて見える」❷見えにくかったものが、透明感をもってくっきりと見えてくる。╱「観点を変えると、内部の事情が━・けて見えてくる」◈①②とも、「━・けて見える」の形が多い。文 す・く

す・ける【▽助ける】〔他下一〕手伝う。たすける。╱「仕事を━・けてもらう」文 す・く

す・げる【▽挿げる・▼箝げる】〔他下一〕❶糸・ひもなどを穴に通して結ぶ。╱「下駄の鼻緒を━」❷さし込む。はめ込む。╱「人形の首を━」文 す・ぐ

スケルツォ[scherzoイタ]〔名〕調子が速く、軽快な三拍子の楽曲。主に、交響曲・ソナタ・弦楽四重奏曲などに用いられる。諧謔曲。▽もとは戯れの意。

スケルトン[skeleton]〔名〕❶船・建造物などの骨組み。躯体。❷外観が透明・半透明で、内部の構造が見えるもの。╱「━時計・━カラー」❸小型のそりにうつぶせに乗り氷のコースを滑り降りる競技。❹ガスストーブなどの燃焼板。◈骸骨の意。

スコア[score]〔名〕❶競技の得点。また、得点記録。❷合奏曲・合唱曲などの総譜。

スコア‐ブック[scorebook]〔名〕競技の得点や試合経過などを記録するノート。

スコア‐ボード[scoreboard]〔名〕競技の得点や選手名などを表示する掲示板。スコアボールド。

スコアラー[scorer]〔名〕スポーツで、試合経過や得点を記録する人。記録員。

スコアリング‐システム[scoring system]〔名〕❶採点方式。❷顧客の信用度を点数化し、与信の可否等を判断する方法。

スコアリング‐ポジション[scoring position]〔名〕野球で、一本の安打が出れば走者がホームインできる塁。二塁または三塁。得点圏。

すご・い【▽凄い】〔形〕❶物事の程度が甚だしく尋常でないさま。ものすごい。╱「今日は人出が━」「━拍手がわき起こる」「━・く大きな家」使い方 話し言葉では、「すごい」を「すごく」と同じように連用修飾に使うことが多いが、本来は誤り。╱「━悔しい」「お母さん、━怒ってたよ」❷感嘆に値するほどすばらしい。╱「優勝とは、それは━な」❸身震いするほど、恐ろしいさま。すさまじい。╱「━剣幕で怒鳴る」「猛獣の━声」◈本来は③の意。のち②、①と用法を広げた。使い方 程度の高さについては、プラスにもマイナスにも評価する。「すごい暮らしぶり」は、極端に富裕の意にも貧窮の意にも使うなど。派生 ‐さ／‐み

品格 いたく「━感じ入った」至って「━元気です」著しく「人口が━低下している」極めて「付加価値が━高い商品」凄まじい「━土けむりが上がる」大変「━お世話になりました」甚だ「━困難だ」非常に「━助かりました」一方ならず「━入れ込んでいる」誠に「━遺憾です」

ず‐こう【図工】〔名〕小学校の教科の一つ。絵画や工作の表現・鑑賞活動を行う。図画工作。

すご‐うで【▽凄腕】〔名・形動〕普通の人にはできないような、並外れた技量をもっていること。また、その人。╱「━の部長」

スコート[skirt]〔名〕女性がテニスなどで着用するショートスカート。

スコール[squall]〔名〕❶突然に吹き始め、数分間続いてやむ強い風。降雨や雷を伴うこともある。❷熱帯地方特有の激しいにわか雨。

スコーン[scone]〔名〕小麦粉にバター・牛乳などを加えて焼いた小型の丸いパンケーキ。ジャム・クリームなどを付けて食べる。

すこし【少し】〔副〕数量が少ないさま。また、程度がわずかであるさま。ちょっと。╱「酒を━飲む」「頭が━痛い」「もう━の辛抱だ」「彼は━前に帰った」書き方 もと、「▼些し」とも。⇩少々[使い方]

品格 幾分「兄の方が━身長が高い」些か「━不本意である」一毫「━の隙もない」一抹「━の不安」一縷「━の望み」一掬「━の涙」一片「━の悔いもない」希少「━価値」極小「━化」僅少「在庫━」心持ち「━早めに出発してください」些細「━な違い」些少「━ですがお納めください」若干「値段が━高い」寸毫「━も変わらない」寸分「━の狂いもない」露「━ほども疑わぬ」微塵「━も感じさせない」やや「━異なる考え」わずか「━に成長している」◉「一抹」は不安や寂しさに、「一縷」は希望や望みなど前向きなものに使う。

すこし・く【少しく】〔副〕わずかに。ちょっと。少し。╱「━思うところを述べる」

すこし‐も【少しも】〔副〕〈下に打ち消しを伴って〉全面的な否定を表す。いささかも。全く。ちっとも。毫も。╱「━待ってくれない」「━きれいにならない」

すご・す【過ごす】〔動五〕㊀〔他〕❶時間の中に身をおいて生活する。一定の時を送る。╱「幼年期を外国で━・した」「休日は家族と一緒に━」「郷里で余生を━」❷ある限度をこえて物事をする。特に、酒を飲み過ぎる。また、酒を飲む意にも使う。╱「親切も度を━とよくないね」「つい酒を━・してしまう」「『じゃ今夜が御別れだから、少し御━・し（＝お飲み）なさい』と母が勧めた〈漱石〉」「寝━」❸〔古風〕暮らしが成り立つように養ってゆく。╱「親を━ほどの芸も無くて、生意気な事ばかり言って…〈紅葉〉」㊁〈動詞の連用形に付いて複合動詞を作る〉手出しせずにそのままにしておく。╱「やり━・見━・聞き━」◈「すぐす」の転。可能 過ごせる

すご‐すご〔副〕気落ちして、元気なくその場を立ち去

るさま。‖「ー(と)引き下がる」

スコッチ [Scotch]〔名〕❶スコットランド産のウイスキー。▽「スコッチウイスキー」の略。❷⇩ツイード ▽「スコッチツイード」の略。

スコップ [schop オランダ]〔名〕小型のシャベル。また、シャベル。

すこぶる【▼頗る】〔副〕程度がはなはだしいさま。非常に。たいへん。‖「ー元気です」「成績がー悪い」

［ことば探究］「すこぶる」の使い方

▼「量的に少ない」ことの程度を表す場合には使いにくい。
「△登場人物がすこぶる少ない」「△このチームは士気がすこぶる低い」
▼自分の感情・感覚・態度にも使いにくい。
「△すこぶるうれしい」「△すこぶる感謝しています」
▼「すこぶる詳しい」のように形容詞を修飾できるが、その形容詞がさらに動詞に続いた「すこぶる詳しく書き込む」などは使いにくい。

すこぶる-つき【▼頗る付き】〔名〕「すこぶる」という語が付くほど、程度が甚だしいこと。‖「ーの珍品」

すご-み【▽凄み】〔名〕ぞっとするほどの恐ろしさ。不気味な感じ。‖「ーを利かせる(=おどすような態度でせまる)」

すご-む【▽凄む】〔自五〕相手をおどすような態度をとる。‖「金を出せとー」可能 すごめる

す-ごも・る【巣籠もる】〔自五〕鳥などが巣に入ったままでいる。‖「雌鶏が卵を抱いてー」名 巣ごもり

すこ-やか【健やか】〔形動〕体が丈夫であるさま。心身が健全であるさま。‖「ーに育つ」派生 -さ

すご-ろく【▽双六】〔名〕多くの区画を作って絵をかいた紙面を盤とし、数人が順にさいころを振って出た目の数だけ「ふりだし」から駒を進め、早く「あがり」に行き着いた者を勝ちとする遊び。絵双六。

スコンク [skunk]〔名〕競技などで、一点もとれずに負けること。ゼロ敗。零敗。

すさ【▼莇・▽寸▼莎】〔名〕ひび割れなどを防ぐために壁土に混ぜ込む藁(わら)・麻・紙などの細片。かべすさ。つた。

すさび【▽遊び】〔名〕心のおもむくままにすること。慰みごと。‖「筆のー」「老いのー」

すさ・ぶ【▽荒ぶ】〔自五〕⇩すさむ

すさまじ・い【▽凄まじい】〔形〕恐ろしいと感じるほど、程度が著しいさま。すごい。‖「ー形相」派生 -さ

すさ・む【▽荒む】〔自五〕❶気持ちや行動にゆとりをなくし、とげとげしくなる。荒れてうるおいがなくなる。‖「心がー」「ーんだ生活」❷技芸などが荒れて雑になる。‖「芸がー」❸雨・風などの勢いが激しくなる。‖「寒風がー」▽多く動詞の連用形に付けて使う。‖「風が吹きー」◈「すさぶ」の転。

すさ・る【▽退る】〔自五〕後ろへ下がる。しりぞく。‖「追い詰められてじりじりとー」

ず-さん【▼杜▼撰】〔名〕❶著作物などの典拠が確かでないこと。いい加減に書かれていて、誤りが多いこと。‖「ーな論文」語源「杜」は中国宋の詩人杜默(ともく)のこと、「撰」は著作する意。杜默の詩が多く律に合わなかったという故事に基づく。❷物事のやり方がぞんざいで、手抜きが多いこと。‖「ーな工事」◈「ずざん」ともいう。

すし【▼鮨・▼鮓・▽寿司】〔名〕❶塩をした魚介類を飯とともに漬け込み、自然発酵させた食品。なれずし。❷酢で調味した飯に魚介・卵焼き・海苔(のり)などの具をあしらった料理。握りずし・散らしずし・巻きずしなど。◈形容詞「酸(す)し」から。「寿司」は縁起のよい字を当てたもの。

さまざまな「鮨」

鮎(あゆ)鮨・飯(いい)鮨・一夜鮨・稲荷(いなり)鮨・卯(う)の花鮨・江戸前鮨・大阪鮨・押し鮨・五目鮨・酒鮨・笹巻き鮨・鯖(さば)鮨・信太(しのだ)鮨・姿鮨・雀(すずめ)鮨・茶巾(ちゃきん)鮨・散らし鮨・熟(な)れ鮨・握り鮨・箱鮨・散(ばら)鮨・鮒(ふな)鮨・棒鮨・巻き鮨・蒸し鮨

すじ【筋】〔名〕❶細長く連なっているもの。また、細長く付けられたもの。線。‖「ー目」「一ーの髪の毛」「槍(やり)一ー」書き方「▽条」とも。❷筋肉。また、繊維状の組織。‖「ーが多くて硬い肉」「足のーを痛める」❸植物の繊維。❹血管。‖「ーが浮いて見える腕」❺物事の論理的な流れ。道理。‖「ーの通った話」❻小説・演劇などの、話の展開。あらすじ。‖「ー書き」❼血統。血筋。❽素質。‖「ーがいいから、上達が早そうだ」❾道や川に沿ったところ。‖「道ー・街道ー」▽多く他の語と複合して使う。❿そのことに関係する方面。‖「そのーのお達しにより禁止」「消息ー」▽対象をはっきり示さないで、遠回しにいう語。

ず-し【図示】〔名・他サ変〕図にかいて示すこと。

ず-し【▼厨子】〔名〕❶仏像・舎利・経典などを安置する箱形の仏具。多く正面に両開きの扉をつける。❷両開きの扉をつけた置き戸棚。内部に棚を設け、文具・書物などを入れる。厨子棚。数「一基(いっき)…」と数える。

すじ-あい【筋合い】〔名〕確かな理由や根拠。また、確かな根拠のある関係。‖「とやかく言われるーはない」

すじ-かい【筋交い・筋▽違い】〔名〕❶斜めに交差していること。また、位置関係が斜めになっていること。すじちがい。はすかい。‖「ーにしばる」「ーの家」❷建造物を補強するために、柱と柱との間に斜めに取りつける材。

すじ-がき【筋書き】〔名〕❶小説・映画・演劇などの内容のあらまし。また、それを書いたもの。あらすじ。❷仕組んでおいた計画。もくろみ。‖「ーどおり事が運ぶ」◈書き方 公用文では「筋書」。

すじ-がね【筋金】〔名〕物を強固にするために取りつける金属製の線や棒。

すじがね-いり【筋金入り】〔名〕筋金が入っていること。転じて、身体や思想などが鍛えられていて強固なこと。‖「ーの革命家」

ず-しき【図式】〔名〕❶物事の関係を示すために描いた図。❷概念の関係を示すための図や符号。❸地図を作製するための約束。記号の意味づけや地形表現の方法など。

すじ-ぐも【筋雲】〔名〕巻雲(けんうん)の通称。

すじ-こ【筋子】〔名〕サケやマスの卵を卵巣膜に包まれた状態のまま塩漬けにした食品。すずこ。▽卵粒を分離したものはイクラという。

すじ-だて【筋立て】〔名〕話などの筋の組み立て方。話などの骨組み。

すじ-ちがい【筋違い】〔名〕❶斜めに交差して

いること。また、位置関係が斜めになっていること。すじかい。はすかい。❷無理な動きなどをして筋肉を痛めること。すじちがえ。❸［形動］道理にはずれていること。〓「—な要求をする」❹［形動］見当違い。おかど違い。〓「こちらに苦情を持ち込むのは—だ」

すし-づめ【▼鮨詰め】［名］すしを折り箱に詰めるように、多くの人や物がすき間なくいっぱいに入っていること。〓「—の通勤電車」

ず-して［連語］［古風］…(し)ないで。…(で)なくて。〓「戦わ—勝つ」「期せ—(＝予期しないで)一致した」▼打ち消しの助動詞「ず」の連用形＋接続助詞「して」。

すじ-ば・る【筋張る】［自五］❶体の筋が表面に浮き出る。〓「—った手」❷話の内容や態度が堅苦しくなる。かどばる。〓「話が—って一向に面白くない」

すじ-ぼね【筋骨】［名］❶筋肉と骨格。また、体格。きんこつ。❷軟骨。

すじ-みち【筋道】［名］❶物事の道理。また、論理。すじ。〓「—を立てて話す」❷物事を行うときの順序。手順。〓「—を踏んで事を進める」

すじ-むかい【筋向かい】［名］道路などを挟んで、斜めに向かい合っていること。すじむこう。

すじ-め【筋目】［名］❶物を折ったときなどにできる、はっきりとした線。❷家代々の血筋。血統。❸物事の道理。また、論理。すじみち。

ず-じゅう【頭重】［名］⇒ずおも①〓「—感」

す-じょう【素性(素姓)】［名］❶家柄や血筋。また、生まれ育った境遇や経歴。〓「氏—」❷伝来の由緒。由来。〓「—のはっきりした茶碗」◈書き方 本来は「▽種姓」だという。

ず-じょう【頭上】［名］頭の上。頭の上の方。〓「—注意」

ずしり［副］⇒ずっしり

すす【▼煤】［名］❶煙の中に含まれている黒い炭素の粉。❷煙とほこりが混じり合って天井や梁にこびりついたもの。〓「—を払う」

すず【鈴】［名］下部に細長い穴をあけた中空の球に小さな玉を入れ、振り動かして音を立てるもの。金属・陶器などで作る。〓「—をころがすような声(＝美しい声)」

すず【▼錫】［名］金属元素の一つ。単体は光沢のある銀白色で、延性・展性に富む。青銅・はんだなどの合金材料や、めっきに用いる。主要な鉱石はすず石。元素記号Sn

ず-ず【▽数▽珠】［名］⇒じゅず

すずかけ-の-き【鈴懸けの木】［名］多く街路樹として植えるスズカケノキ科の落葉高木。葉は切れ込みがあって大きい。秋、丸い実が枝から鈴をかけたように垂れさがる。スズカケ。プラタナス。

すず-かぜ【涼風】［名］涼しい風。特に、夏の終わりを告げるように吹く涼しい風。りょうふう。〓「—が立つ」

すすき【▽薄・▼芒】［名］山野に群生するイネ科の多年草。秋、花茎の先に尾花と呼ばれる大きな花穂をつける。秋の七草の一つ。

すすぎ【▽濯ぎ】［名］❶水で洗ってきれいにすること。❷足を洗うこと。また、そのための水や湯。

すずき【▼鱸】［名］全長一㍍にも及ぶスズキ科の海水魚。背部は灰青色で、腹部は銀白色。食用。▼成長につれてセイゴ・フッコ・スズキなどと呼び名が変わる出世魚。

鱸

すす・ぐ【▽濯ぐ・▼漱ぐ・▽雪ぐ】［他五］❶【濯】水で汚れを洗い落とす。そそぐ。〓「よく—いでから干す」❷【漱】水などで口を洗い清める。うがいをする。〓「流水で口を—」❸【雪】身に受けた屈辱を除きさる。そそぐ。〓「仇を討って恥を—」可能 すすげる 名 すすぎ

すす・ける【▼煤ける】［自下一］❶すすがついて黒く汚れる。〓「鍋が—」❷古くなってうす汚れた色になる。〓「障子が—」文 すす・く

すずこん-しき【▼錫婚式】［名］結婚一〇周年を祝う式。

すずし【〈生絹〉】［名］精練してない生糸で織った軽くて薄い布。

すずし・い【涼しい】［形］❶気温や体全体で間接的に感じる温度が、適度に低く、心地よい。〓「木陰を通る風は—」❷すっきりしていてさわやかなさま。〓「目もとの—青年」派生 -げ／-さ／-がる

◉**涼しい顔をする** 自分にも関係があるのに、一向に気遣う風もなく、他人事のように平気な顔をしている。

すず-しろ【▽清白・〈▼蘿▼蔔〉】［名］ダイコンの古称。春の七草の一つとしていう。

すす-たけ【▼煤竹】［名］❶すすけて赤黒くなった竹。❷すす払いに用いる、先端に枝葉を残した竹。

すすど・い［形］［古風］動きや反応が非常に速いさま。また、抜け目がないさま。すばしこい。機敏だ。〓「—く立ち回る」

すず-な【▼菘】［名］カブの別称。春の七草の一つ。

すず-なり【鈴▽生り】［名］❶神楽鈴が小さな鈴をたくさんつけているように、たくさんの果実などが一か所に群がってぶらさがっていること。〓「—の柿」❷多くの人が一か所に群がっていること。〓「アルプスタンドに—になった観客」

すす-はき【▼煤掃き】［名］すす払い。

すす-はらい【▼煤払い】［名］家の中のすすやほこりを払ってきれいにすること。特に、年末、正月の準備として大掃除をすること。すすはき。▼昔は十二月十三日に行うのが恒例だった。

すす・む【進む】［自五］❶前方に向かって移動する。前進する。〓「一歩前へ—」「船が波をけたてて—」
❷上の段階・地位に移行する。上がる。〓「高校から大学へ—」「将棋の道に—」「準決勝に—」
❸物事が(滞りなく順調に)進行する。はかどる。〓「仕事[工事・手続き・話・勉強・筆]が予定通りに—」
❹物事の状態・程度がはなはだしくなる。進行する。〓「過疎化[相互理解]が—」「病状が—」
❺(他に先んじて)物事が好ましい方向に動く。発展する。進歩する。〓「文明が—」「公害対策が他県より一歩—んでいる」「考え方が—んでいる」
❻物事に対して積極的になる。盛んになる。旺盛になる。〓「食[酒・ご飯]が—」「気が—・まない」
❼時計の針が正しい時刻より先のほうを指すようになる。〓「この時計は五分—んでいる」
❽〈「進んで」の形で〉みずから積極的に物事を行う。〓「—んで事に当たる」
◈①⇔退く ⑤⑦⇔遅れる 可能 進める
品格 進捗「—状況」 進展「研究が—する」 流れに棹さす「—発言」 軌道に乗る「—計画」

すず・む【涼む】［自五］涼しい風にあたるなどして、暑さをしのぐ。〓「夜風に—」可能 涼める 名 涼み

すず-むし【鈴虫】［名］❶本州以南の草むらにすむスズムシ科の昆虫。体は扁平で、細長い触角をもつ。雄

は前ばねを立ててリーンリーンと鳴く。❷〔古風〕マツムシ。

すすめ【勧め・薦め（▽奨め）】〔名〕勧誘・推薦・奨励などをすること。‖「倹約の勧め」「医者の勧めで転地療養する」「お薦めの名盤」書き分け 勧誘・奨励の意で【勧】、推薦の意で【薦】を使う。⬇勧める・薦める

すずめ【▼雀】〔名〕❶日本全土の人家付近でごく普通に見られるスズメ目ハタオリドリ科の小鳥。頭は茶色、背面は褐色で、ほおとのどに黒い点がある。春夏は害虫を捕食するが、稲などの農作物に害を与えることもある。「チュンチュン」とよくさえずる。❷おしゃべりな人。また、ある世界の事情に詳しい人。‖「楽屋━」

◉**雀の涙** ほんのわずかであることのたとえ。‖「━ほどのボーナス」

◉**雀百まで踊り忘れず** 雀は死ぬまで飛びはねる癖が抜けないように、幼いときに身につけた習慣はいくつになっても改まらないということ。

すずめ-いろ【▼雀色】〔名〕雀の羽のような茶褐色。▼夕暮れ時の空のたとえにもいう。‖「━時（＝たそがれどき）」

すずめ-ずし【▼雀▼鮨・▼雀▽寿司】〔名〕背開きにした小鯛を酢でしめ、中に酢飯を詰めた押しずし。大阪・和歌山の名物。▼古くは江鮒（ボラの幼魚）の腹中に飯を詰めて発酵させたなれずし。その形が雀のようにふくらんでいたことからいう。

すずめ-ばち【▼雀蜂・〈▼胡蜂〉】〔名〕❶土中や樹木の空洞に大きな巣を作るスズメバチ科の昆虫。日本最大のハチで、働きバチの体長は約三センチ。腹部に毒針をもち、時に人畜を攻撃する。オオスズメバチ。▼クマンバチともいうがクマバチとは別種。❷クロスズメバチ・キイロスズメバチなど、スズメバチ科の一群の昆虫の称。

すずめ-やき【▼雀焼き】〔名〕フナの付け焼き。背開きにしたフナに竹串を打ち、醤油・みりんなどで作ったたれをつけて焼いたもの。▼形がふくらすずめに似ていたことからいう。

すす・める【進める】㊀〔他下一〕❶前方へ向かって移動させる。前進させる。‖「舟［兵・将棋の駒］を━」❷〈目的語に身体部分などをとって〉体を動かして前方へ進む。‖「目的地に向かって歩を━」「膝を━・めて耳打ちする」❸上の段階・地位に移行させる。上げる。‖「娘を大学に━」「地位を右大臣にまで━」❹物事を進行させる。特に、より高い段階へと推し進める。推進する。‖「着々と準備を━」「議事［交渉・合理化・経済改革］を━」❺時計の針が正しい時刻より先のほうを指すようにする。‖「時計を五分━・めておく」⬌遅らす・遅らせる ◈「勧める」「薦める」と同語源。文すす・む
㊁〔自下一〕「進む」の可能形。進むことができる。‖「先へは一歩も━・めない」

すす・める【勧める】〔他下一〕❶あることをするように相手に働きかける。誘いかける。勧誘する。‖「読書［休養・入会・出席・辞任］を━」❷相手に供して、相手が飲食または使用するように促す。‖「お茶［座布団］を━」❸ほめたり助け励ましたりして、そのことを実行するように働きかける。奨励する。‖「貯蓄［太陽光発電］を━」◈書き分け（1）【勧】はそうするように働きかける意で使う。【薦】は（ある具体的な人や物を）適切なものとして人に推薦する意で使う。⬇薦める（2）❸は「▽奨める」も好まれるが、今は【勧】が多い。文すす・む 名勧め

品格 勧告「辞職を━する」 勧奨「━退職」 慫慂「社長就任の━を受ける」

すす・める【▽奨める】〔他下一〕❶奨励する。‖「息子に貯蓄を━」❷推奨する。‖「名医が━健康法」◈書き分け ⬇勧める・薦める 文すす・む 名すすめ

すす・める【薦める】〔他下一〕美点を述べて採用するように説きつける。推薦する。推奨する。‖「海外旅行ならインドがいいと熱心に━」「次の会長に私は佐藤氏を━」「皆さんに本書を━・めたい」書き分け（1）⬇勧める（2）「▽奨める」も好まれるが、今は【薦】が多い。⬇奨める ②文すす・む 名薦め

すず-やか【涼やか】〔形動〕すっきりしていてさわやかなさま。‖「笑顔が━な少年」派生-さ

すず-らん【鈴▼蘭】〔名〕初夏、葉よりも短い花茎の先に白い釣り鐘形の小花を総状につけるユリ科の多年草。北海道や本州の高原に自生する。キミカゲソウ。▼観賞用の栽培種は花が大形のドイツスズランが多い。

すずり【▼硯】〔名〕墨を水ですりおろすために使う道具。石で作られることが多いが、瓦製・陶磁製もある。数「一面…」と数える。

すすり-あ・げる【▼啜り上げる】㊀〔他下一〕息を強く吸って鼻水を鼻の中に吸い入れる。‖「子供がはなを━」㊁〔自下一〕鼻水をすすって泣く。しゃくりあげる。‖「隣室から━声が聞こえてくる」文すすりあ・ぐ

すすり-な・く【▼啜り泣く】〔自五〕声をおさえて、息を小刻みに鼻から吸い込むようにして泣く。しゃくりあげて泣く。‖「物陰で━」名啜り泣き

すす・る【▼啜る】〔他五〕❶めん類・かゆ・茶などを、音を立てて吸い込むように口に入れる。‖「うどんを━」❷垂れてくる鼻水を息とともに吸い込む。‖「はなを━」可能すすれる 名すすり

ず-せつ【図説】ヅ〔名・他サ変〕図や写真を掲げて説明すること。また、説明したもの。‖「━日本文化史」

裾

すそ【裾】〔名〕❶衣服の下の縁。また、その部分。‖「ズボンの━」❷物の下の方。下端。‖「カーテンの━」❸頭髪の襟首に近い部分。❹山・丘などのふもと。‖「岩手山の━」⬇ふもと［ことば比べ］

すそ-あげ【裾上げ】〔名〕ズボンなどの裾をまつって丈を短くすること。

ず-ぞう【図像】ヅウ〔名〕❶白描で仏の像や曼陀羅などの図様を描いたもの。また、広く仏像・仏画。❷「イコン」に同じ。

すそ-ご【裾濃】〔名〕同系の色で、上方を淡く、下方を次第に濃くしていく染め方。また、そのように染めた物。‖「紫━」

すそ-さばき【裾▼捌き】〔名〕和服を着て動くときにすそが乱れないようにするさばき方。

すそ-の【裾野】〔名〕山のふもとがゆるやかに傾斜して広がる野原。‖「富士の━」

すそ-まわし【裾回し（裾▼廻し）】ハシ〔名〕着物のすその裏。また、その部分につける布。八掛。すそ裏。⬇着物（図）

すそ-もよう【裾模様】ヤウ〔名〕着物のすそにつけた模様。また、その模様をつけた着物。女性の礼装に用いる。⬌総模様

すそ-よけ【裾▽除け】〔名〕⬇蹴出し

ずだ【頭▼陀】ダヅ〔名〕❶仏教で、衣食住に関する欲望を払いのける修行。また、その修行のための行脚。❷「頭陀袋」の略。

スター【star】［名］❶星。また、星の形をしたもの。星印。❷人気のある俳優・歌手・スポーツ選手など。花形。

スターター【starter】［名］❶競技などで、スタートの合図をする人。❷自動車などのエンジンを始動させる装置。起動装置。❸先発選手。❹入門者。初心者。‖「―キット」❺食事の最初に出る料理。

スターダム【stardom】［名］人気スターとしての地位。花形の座。‖「―にのし上がる」

スターティングメンバー【和製starting＋member】［名］野球などのチームスポーツで、試合開始のときの選手の顔ぶれ。先発選手。スタメン。

スタート【START】［名］アメリカとロシア間の戦略兵器削減条約。▼Strategic Arms Reduction Treaty の頭文字から。

スタート【start】［名・自サ変］❶出発すること。また、出発点。‖「―を切る」❷新しく始まること。‖「新生活が―する」

スタートダッシュ【和製start＋dash】［名］❶競走などで、スタート直後の全力疾走。❷物事の開始とともに全力を出して突進すること。‖「新政権の―」

スタートライン［名］❶競走などで、走者の出発点を示すために引いた線。❷物事の出発点。‖「第二の人生の―に立つ」◈starting line から。

スタイ［名］乳幼児用のよだれかけ。▼語源未詳。

ずだい【図題】ーツ［名］作図の題。作図題。また、絵画の題。

スタイリスト【stylist】［名］❶身なり・服装によく気を配る人。おしゃれ。▼日本独特の用法。❷文章・文体に凝る人。美文家。❸俳優やモデルの髪型・衣装・アクセサリーなどを指導・演出する職業の人。

スタイリッシュ【stylish】［形動］流行に合っているさま。センスがよいさま。‖「―な着こなし」

スタイリング【styling】［名］型。様式。また、ある型や様式に整えること。‖「髪の毛の―」

スタイル【style】［名］❶人の姿。格好。体つき。‖「―のいい人」❷服装や髪などの型。‖「ヘアー―」❸ある物事を特徴づける一定の型。様式。特に、芸術やスポーツなどの一定の型。‖「ライフ―・フリー―」

スタイルブック【stylebook】［名］服飾のデザインを図や写真で示した本。ファッションブック。

スタウト【stout】［名］アイルランドを主産地とする黒ビール。アルコール度が高く、苦みもやや強い。

すだ・く【▽集く】［自五］虫などがたくさん集まって鳴く。‖「草むらに―虫の声」▼もと、群がり集まる意。

スタグフレーション【stagflation】［名］景気が停滞する中で物価上昇が続く状態。▼stagnation（停滞）＋inflation の合成語。

すだこ【酢▼蛸】［名］ゆでたタコの肉を薄く切って三杯酢などをかけた酢の物。また、ゆでたタコを酢に漬けた食品。

すたこら［副］急ぎ足で歩くさま。特に、あわててその場から立ち去るさま。‖「―さっさと逃げ帰った」

スタジアム【stadium】［名］観客席のある大規模な競技場。野球場・陸上競技場・サッカー場など。

スタジオ【studio】［名］❶写真・映画などの撮影所。また、テレビなどの放送室や、音楽の録音室。‖「―撮影・―録音」❷ダンス・演劇などの練習場。❸芸術家などの仕事場。工房。アトリエ。

すたすた［副］急ぎ足でさっさと歩くさま。‖「―と歩く」

ずたずた ツタ・ヅタ［副］細かく切れ切れになるさま。ずだずだ。‖「紙を―に破る」「失恋して心が―だ」

すだち【酢▼橘】［名］ユズの近縁種。ユズに似るが果実は小さく、扁球形。強い酸味と特有の香りをもつ果汁を日本料理の香味料とする。徳島県の特産。

すだち【巣立ち】［名］❶鳥のひなが成長して巣から飛び去ること。巣離れ。❷子が成長して親もとを離れること。また、学校を卒業して実社会へ出ていくこと。

すだ・つ【巣立つ】［自五］❶鳥が巣立ちをする。❷成人した子が親もとを離れて独立する。また、学校を卒業して実社会へ出る。‖「学窓を―」名 **巣立ち**

スタッカート【staccatoイタ】［名］音楽で、音と音との間を区切って歯切れよく演奏すること。また、その符号。スタカート。⬍レガート ▼音符に「・」をつけて示す。

スタッドレスタイヤ【studless tire】［名］鋲（びょう）を使わない、雪道や凍結路の滑り止め用のタイヤ。特殊ゴムを使い、突出部に細かい切り込みがある。

スタッフ【staff】［名］❶ある仕事で、それぞれの部門の担当者全員。また、その陣容。‖「編集―」❷映画・演劇などで、出演者以外の制作関係者。❸企業組織で、直接製作・販売を行う部門に対し、その企画・調査・助言・補佐などを行う部門。⬍ライン

すだて【▼簀立て】［名］内湾の浅い海中に竹の簀を立てめぐらし、満潮時にその中に入った魚を干潮時に捕らえる漁法。また、その仕掛け。

スタティック【static】［形動］動きがないさま。静的。⬍ダイナミック

ずだぶくろ【頭▼陀袋】ーヅタ［名］❶修行の旅に出る僧が、僧具・経巻・食器などを入れて首にかける袋。頭陀。❷だぶだぶした布製の大きな袋。雑多な品物を入れて運ぶのに使う。ずたぶくろ。

ずたぼろ［形動］〔俗〕ぼろぼろにいたんでいるさま。また、ひどく疲れているさま。▼ずたずたでぼろぼろの意。

スタミナ【stamina】［名］体力。精力。また、持久力。‖「―をつける」「―料理（＝精がつく料理）」

スタメン［名］「スターティングメンバー」の略。

すた・る【廃る】［自五］❶すたれる。‖「あっという間に流行が―・ってしまった」⬍はやる ❷そこなわれる。立ちゆかなくなる。‖「ここで退いては男［女］が―」◈ 書き方「▽頽る」とも。名 **廃り**「はやり―」

すだれ【▼簾】［名］❶細く割った竹や葦（あし）を糸で編み連ねたもの。つり下げて日よけ・目かくしなどにする。❷蒸籠（せいろう）の底に敷く簀（す）。また、のり巻きなどを巻くときに使う簀。〔簾〕

すた・れる【廃れる】［自下一］盛んだったものが衰えたり勢いをなくしたりする。‖「流行［町］が―」⬍はやる 書き方「▽頽れる」とも。使い方「すたる」ともいうが、今は「すたれる」が一般的。文 **すた・る**

スタンガン【stun gun】［名］瞬間的な高電圧で相手にショックを与える護身用の電流銃。

スタンザ【stanza】［名］詩の節・連。韻律をもったひとまとまりで、ふつう四〜八行からなる。

スタンス【stance】［名］❶野球・ゴルフなどで、ボールを打つ際の両足の位置や開き具合。‖「オープン―」❷物事に対する思想的・心情的な立場。また、態度。姿勢。‖「議員としての―を問う」

スタンダード【standard】〔名・形動〕標準的であること。また、標準。基準。≡「―ナンバー(＝時代・流行を超えて演奏され、歌われてきた軽音楽の名曲)」

スタンディング【standing】〔名〕立っていること。≡「―デスク」

スタンディング-オベーション【standing ovation】〔名〕劇場・競技場などで、観客が一斉に立ち上がって拍手喝采すること。

スタンディング-スタート【standing start】〔名〕❶陸上競技で、立った姿勢から走り出すスタート法。主に中・長距離走で行われる。❷自動車レースで、各車が停止した状態から発走するスタート法。

スタンド【stand】〔名〕❶競技場・野球場などの周囲に設けられた階段式の観覧席。❷物を立てておく台。また、物をのせる台。≡「ブック―・エッグ―」❸駅・街路などに設けられた屋台式の売店。❹カウンターで飲食させる簡易飲食店。❺机の上などに置いて使う、台につけた電灯。▼「電気スタンド」の略。❻「ガソリンスタンド」の略。

スタンド-アローン【stand alone】〔名〕パソコンなどをコンピューターネットワークに接続しないで単独のまま使うこと。

スタンド-イン【stand-in】〔名〕映画・テレビで、俳優の代役を務める人。吹き替え。替え玉。

スタンド-カラー〔名〕折り返しのない襟。立ち襟。スタンディングカラー。▼stand-up collarから。

スタンド-プレー〔名〕❶観衆の喝采を浴びようとして行う派手なプレー。❷人目を引こうとして意識的に行う目立った行為。◈grandstand playから。

スタント-マン【stunt man】〔名〕映画・テレビなどで、俳優に代わって危険な離れ業を専門に演じる人。

スタンバイ【standby】〔名・自サ変〕❶放送で、いつでも本番に入れる態勢をとること。また、その準備完了を示す合図。❷いつでも行動に移せる態勢で待機すること。また、その状態。❸航海・航空で、いつでも出航・出発できる態勢で待機すること。

スタンバ・る〔自五〕〔俗〕準備をととのえて待機する。≡「役者はすでに―っている」「出動に備えて―」▼「スタンバイ」を動詞化した語。

スタンプ【stamp】〔名〕❶印章。特に、観光地などで記念に押すゴム印。≡「記念―」❷郵便物などに押す消印。

スタンプ-ラリー【和製stamp＋rally】〔名〕あらかじめ決められた経路を回って各所に置いてあるスタンプを集めるゲーム。

スチーマー【steamer】〔名〕❶蒸気を出して衣服のしわをとる電気器具。❷蒸気を利用する美顔器。❸食品を蒸すための用具。蒸し器。

スチーム【steam】〔名〕❶蒸気。≡「―アイロン・―エンジン」❷蒸気を利用した暖房装置。≡「―を通す」

スチール【steal】〔名・自サ変〕野球で、盗塁すること。≡「―を決める」「ダブル―・ホーム―」

スチール【steel】〔名〕鋼鉄。はがね。≡「―の机」

スチール【still】〔名〕❶宣伝用に、映画の一場面を撮った写真。スチール写真。スチル。❷静止画像。≡「―カメラ(＝映画・ビデオ用のカメラに対し、一枚ずつシャッターを押して撮影するカメラ)」

スチュワーデス【stewardess】〔名〕女性の客室乗務員の旧称。▼男性は「スチュワード」といった。

スチレン【styrene】〔名〕芳香性のある無色の引火性液体。工業的にはエチルベンゼンの脱水素反応によって作られる。スチレン樹脂・合成ゴムなどの原料。スチロール。

スチロール【Styrolドイ】〔名〕➡スチレン

すっ【素っ】〔接頭〕〈名詞・動詞・形容動詞に付いて〉その意味や程度を強調する語。≡「―裸」「―とぼける」「―頓狂」

ずつ〔副助〕〈数量や程度を表す語に付いて〉同じ量の物事をいくつか、または何回かに割り当てる意を表す。≡「各自一つずつ取って下さい」「朝夕に二錠ずつ飲む」「費用は半分ずつ出し合おう」「少しずつ覚えよう」書き方「▽宛」とも。現代仮名遣いでは「づつ」も許容。

ずつう【頭痛】〔名〕❶頭が痛むこと。頭の痛み。とうつう。❷心配。苦労。≡「―の種が尽きない」

スツール【stool】〔名〕背もたれのない一人用の腰掛け。

すっからかん〔名・形動〕中身がすっかりなくなること。からっぽで何一つ残っていないこと。

すっかり〔副〕❶残すところなく、ある状態になってしまうさま。余すところなく。完全に。≡「街並みが―変わってしまった」「―約束を忘れていた」「病気は―治った」「ケイリンはもう―国際語だ」❷〈「すっかりだ」「すっかりになる」などの形で〉全部なくなる。皆になる。≡「それ(＝葡萄糖の注射液)が―になった十何日目かに〈井伏鱒二〉」

ずつき【頭突き】〔名〕相撲・喧嘩などで、頭を低くさげて突っ込み、相手の胸などに頭からぶつかること。≡「―を食らわせる」

ズッキーニ【zucchiniイタ】〔名〕西洋カボチャの一種。果実の形はキュウリに似て、果皮は濃緑色か黄色。花付きの未熟果や若い果実を煮込み料理、炒め物、揚げ物などに用いる。北米南部の原産。

すっきり〔副ト〕❶わだかまりなどがなくて、気持ちがよいさま。≡「顔を洗って頭[気分]が―する」❷よけいなものがなくて、はっきりとしているさま。≡「―(と)した文章」❸身なりなどが、あかぬけしているさま。洗練されているさま。≡「和服を―(と)着こなす」

ズック【doekオラ】〔名〕❶太い麻糸・木綿糸を平織りにした厚地の布。丈夫なので、帆布・テント・かばん・靴などに用いる。❷①で作ったゴム底の運動靴。ズック靴。

すっくと〔副〕勢いよく立ち上がるさま。また、しっかりと、まっすぐに立っているさま。すくと。≡「―立ち上がる」

ずっこ・ける〔自下一〕〔俗〕❶ずり落ちる。≡「眼鏡が―」❷まとはずれなことをする。≡「―けたことを言って笑われる」❸はぐらかされて拍子抜けする。≡「かつがれたと知って―」

ずっしり〔副ト〕きわめて重く感じられるさま。また、いかにも重そうにたくさんあるさま。ずしり。≡「忠告が胸に―とこたえた」「金銀が―(と)詰まった箱」

すったもんだ【擦った▼揉んだ】〔名・自サ変〕意見がまとまらなくてもめること。ごたつくこと。≡「―のあげく喧嘩別れになる」「和解までさんざん―した」

すってん-ころり〔副ト〕勢いよくころぶさま。すってんころりん。≡「―と尻もちをつく」

すってんてん〔形動〕〔俗〕持っていた金や物がすっかりなくなるさま。≡「賭博に手を出して―になる」

すっ-と【副】❶まっすぐに伸びているさま。‖「ー伸びた足」❷素早く動作を行うさま。また、物事が滞りなく進むさま。‖「ー姿を消す」「試験にー合格する」❸気持ちがさっぱりするさま。さわやかになるさま。‖「大声を出したら胸がーした」◈「すうっと」とも。

ずっ-と【副】❶比べてみて、その差が大きいさま。はるかに。‖「飛行機で行くほうがー早い」「夏よりも冬がー好きだ」❷時間または空間の隔たりが大きいさま。‖「ー前に会ったことのある人」❸ある動作や状態が長く続くさま。‖「昨日はー本を読んでいた」❹ためらわずに進むさま。‖「奥へーお通り下さい」

すっ-とば・す【すっ飛ばす(素っ飛ばす)】【他五】❶勢いよく飛ばす。車などを勢いよく走らせる。‖「バイクをー・してやって来る」❷途中を抜かす。‖「予定の演目をー」

品格 間断なく「ー目を光らす」 始終「ー出かけている」 終始「弁明にーする」 絶えず「ー変動する」 不断「ーに検討していく」 連綿「ーと続く」 ◉「始終」はその回数の多さ、「終始」はそれが連続していることに注目した言い方。

すっ-と・ぶ【すっ飛ぶ(素っ飛ぶ)】【自五】❶勢いよく飛ぶ。‖「衝突してバイクがー」❷飛ぶような勢いでまっすぐ行く。‖「ー・んで家に帰る」

すっ-とぼ・ける【すっ▾惚ける(素っ▾惚ける)】【自下一】知っていながら、平然と知らないふりをする。しらばっくれる。‖「最後までー」

すっ-とんきょう【素っ頓狂】【形動】突然、ひどく調子外れの言動をするさま。‖「急にーな声をあげる」

すっぱ・い【酸っぱい】【形】❶口に唾がたまるような酸味があるさま。酸い。‖「ーぶどう」❷⇒口を酸っぱくする 派生 -さ/-み/-がる

すっ-ぱだか【素っ裸】【名】❶衣服を何一つ身につけていないこと。まるはだか。まっぱだか。❷財産などをすべてなくして身一つになること。‖「ー(＝裸一貫)で出直す」

すっぱ-ぬ・く【すっぱ抜く(素っ破抜く)】【他五】人の秘密などを不意にあばいて明るみに出す。‖「密約がー・かれる」名 **すっぱ抜き**

すっぱり【副ト】❶一気に断ち切るさま。すぱっと。‖「青竹をー(と)割る」❷思い切りがよいさま。すぱっと。‖「ー(と)あきらめる」

すっ-ぴん【素っぴん】【名】〔俗〕化粧をしていないこと。また、その顔。‖「ーで出社する勇気はないよね」

すっ-ぽか・す【他五】するべきことをしないで、ほうっておく。‖「約束をー」可能 **すっぽかせる** 名 **すっぽかし**

すっぽ-ぬ・ける【すっぽ抜ける】【自下一】❶はまっていた物などが、急にすっぽりと抜ける。‖「靴がー」❷野球などで、手もとがくるって、投球が思わぬコースにそれる。‖「カーブがー」名 **すっぽ抜け**

すっぽり【副ト】❶全体を包み隠すようにおおうさま。‖「ふとんを頭からー(と)かぶる」❷物がうまくはまりこむさま。また、はまっていたものがたやすく抜けてしまうさま。‖「壁際にー(と)納まるサイドボード」

すっぽん【▾鼈】【名】❶沼や河川にすむスッポン科のカメ。灰褐色の甲はほぼ円形でやわらかい。あごの力が強く、かみつくと離さないといわれる。食用として養殖もされる。カワガメ。ドロガメ。❷歌舞伎の舞台で、花道の七三に設けた切り穴。役者を花道にせり上げたり、せり下げたりするのに用いる。

鼈

すっ-ぽんぽん【名・形動】身に何もまとっていないこと。‖「ーの丸裸」

す-で【素手】【名】❶手に何も持っていないこと。また、手に何もつけていないこと。‖「ーで立ち向かう」「熱いからーでは持てない」❷所持品・土産物などが何もないこと。‖「ーでは訪問しにくい家」

ステアリング【steering】【名】❶自動車のハンドル。▽「ステアリングホイール(steering wheel)」の略。❷自動車の方向変換装置。‖「パワーー」▽「ステアリングシステム(steering system)」の略。

スティグマ【stigma】【名】個人の不名誉や恥辱となるもの。▽罪人・奴隷などに押された焼き印の意から。

すて-いし【捨て石】【名】❶日本庭園で、趣を添えるために所々に置かれている石。景石。❷堤防・橋脚などの工事で、基礎を作り、また水勢を弱めるために水底に投げ入れる石。❸囲碁で、より以上の地をとるために、わざと相手に取らせる石。❹将来、役に立つことを見越して、その場では無用とも思える物事を行うこと。また、その行為やその行為をする人。‖「革命のーとなる」

スティック【stick】【名】❶棒。棒状のもの。‖「リップー」❷ホッケーなどで、球を打つための棒。打球棒。❸打楽器を叩く棒。

すて-いん【捨て印】【名】証書などで、字句の訂正や加除に備えて、あらかじめ欄外に押しておく印。

すて-うり【捨て売り】【名・他サ変】損を覚悟で、捨てるような安値で売ること。投げ売り。

ステーキ【steak】【名】厚く切った獣肉や魚肉を鉄板などで焼いた料理。特に、ビーフステーキ。‖「ーハウス」

ステークス【stakes】【名】競馬で、馬主が支払った特別の出馬登録料を付加賞金として馬主に配分するレース。特別賞金レース。

ステークホルダー【stakeholder】【名】企業・学校・行政・NPOなどに利害関係をもつ人。社員・株主・取引先・顧客・地域住民など。

ステージ【stage】【名】❶舞台。また、そこで行われる演奏やショー。‖「ーに立つ」「熱狂的なー」❷段階。過程。‖「ライフー」

ステーショナリー【stationery】【名】文房具。

ステーション【station】【名】❶鉄道の駅。‖「ービル」❷ある業務や作業を集中的に行う所。‖「サービスー・宇宙ー」❸放送局。‖「キーー」

ステータス【status】【名】社会的地位。身分。‖「ーシンボル(＝その人の社会的地位を象徴するもの)」

ステートメント【statement】【名】声明。声明書。

ステープラー【stapler】【名】⇒ホチキス

ステープル-ファイバー【staple fiber】【名】紡績用に短く切断した化学繊維。特にビスコースレーヨンの短繊維をいう。スフ。

すて-お・く【捨て置く】【他五】そのままほうっておく。放置しておく。‖「提言をー」

すて-がな【捨て《仮名》】【名】❶漢文を訓読みするとき、読み方を誤らないように漢字の右下に小さく添える仮名。「一人ﾘ」の「ﾘ」の類。❷促音・拗音などを表すための小さな仮名文字。「っ」「ゃ」「ゅ」「ょ」「ぃ」などの類。❸送り仮名。

すて-がね【捨て金】【名】使っても役に立っていない金。むだに費やす金。むだ金。死に金。

すてき【素敵（素的・素適）】［形動］心が引きつけられ、すばらしいと感じられるさま。非常に魅力があるさま。〓「―なデザイン」「―に面白いドラマ」▽「すばらしい」の「す」に接尾語「てき」のついた語という。

すてご【捨て子（▽棄▽児）】［名］親が自分の赤ん坊や幼児をこっそり置き去りにすること。また、置き去りにされた子。

すてさる【捨て去る】［他五］思い切りよく捨てて、かえりみない。〓「未練を―」

すてぜりふ【捨て〈台詞〉】［名］❶歌舞伎などで、役者がその場の雰囲気に合わせて即興的に言う短いせりふ。❷立ち去るときに相手の返事を求めないで言い捨てる、怒り・脅し・侮蔑（ぶべつ）などの意をこめたことば。捨てことば。〓「―を吐く」

ステッカー［sticker］［名］宣伝・目印などに使う、裏に糊のついた張り札。

ステッキ［stick］［名］杖（つえ）。

ステッチ［stitch］［名］❶裁縫・刺繍（ししゅう）などの針目・刺し目。また、縫い方・刺し方などの技法。〓「クロス―」❷飾りミシン。〓「―をかける」

ステップ［step］［名］❶［自サ変］歩調。足どり。特に、ダンスをするときの足の運び。〓「軽やかに―を踏む」❷列車・電車・バスなどの、昇降口の踏み段。❸目標に近づくための段階。〓「事業拡大へ―を踏み出す」❹三段跳びで、ホップに続く二番目の跳躍。❺登山で、氷壁などを登降する際に、ピッケルなどで刻む足場。

ステップ［steppe］［名］❶ウクライナからカザフスタンにかけての黒色土地帯に広がる大草原。❷内陸部の半乾燥気候下に発達する草原地帯。北米のプレーリー、南米のパンパ、アフリカの砂漠に続く草原など。

ステップアップ［step-up］［名・自サ変］上達すること。進歩すること。〓「初級から中級に―する」

ステディー［steady］［名・形動］❶安定していること。着実なこと。〓「―なゴルフ」❷一人の決まった恋人とだけ交際すること。また、その相手。

すててこ［名］男性用の下着で、ひざの下まであるゆったりとしたズボン下。▽明治、三遊亭円遊がじんじん端折（ばしょ）りに半股引の姿で踊った「すててこ踊り」の流行から。

すてどころ【捨て所（捨て▽処）】［名］捨てるのにちょうどよい場所や時期。

すでに【既に（▼已に）】［副］❶ある事柄が過去に終わっているさま。以前に。もう。〓「―一行は出発した」❷その時には早くもそうなっているさま。もう。〓「―手遅れだ」❸まぎれもないさま。〓「その証言からも―彼の潔白は明らかである」

すでにして【既にして】［接］そうこうしている間に。そのうちに。〓「―勝敗は決した」

すてね【捨て値】［名］採算を度外視してつける安い価格。捨て売りの値段。

すてばち【捨て鉢】［名・形動］自信や希望をなくし、やけになること。やけくそ。自暴自棄。〓「―になる」

ステビア［Stevia ラテ］［名］❶キク科の多年草。パラグアイ原産。先のとがった楕円（だえん）形の葉は甘味成分を含み、甘味料の原料にする。アマハステビア。❷①からとった甘味料。砂糖の二〇〇〜三〇〇倍の甘さがある。

ステマ［名］「ステルスマーケティング」の略。

すてみ【捨て身】［名］命を捨てるほどの心構えで事にあたること。〓「―の覚悟」

すてみわざ【捨て身技】［名］柔道などで、自分の体を自ら倒しながらかける技の総称。

すてる【捨てる（▽棄てる）】［動下一］㊀［他］❶いらないものとして手元から離す。ほうる。〓「ごみ箱にごみを―」「武器を―・てて投降する」❷それまでの関係を断ち切って構わないでおく。見限ってかかわらない。見捨てる。〓「恋人を―・てて出奔する」「家業［世］を―」❸関係がないものとしてほうっておく。〓「―・てはおけない事態」❹いらない、見込みがない、そぐわないなどとして、物事を見限る。放棄する。投げ捨てる。〓「権利［迷い・試合］を―」❺みずからを犠牲にする。投げ出す。〓「祖国のために命を―」❻乗り物を降りてあとはかまわないでおく。〓「タクシーを―・ててバスに乗り換える」

㊁〈動詞の連用形に付いて複合動詞を作る〉〜してしまってあとを顧みない。〓「使い―」「言い―・吐き―」

㊂［補動］〈動詞連用形＋「て」に付いて〉〜したままにしておく。また、〜して始末をつける。処置する。〓「攻め来る敵を斬（き）って―」「反対派は容赦なく切って―」

◈㊀①⑥⇔拾う　書き分け【棄】を使うと【捨】よりやや意味が強まる。「命［自由］を棄てる／捨てる」　文す・つ

◉**捨てたものではない**　役に立たないとして捨てるのはまだ早い。〓「彼（の提案）もまんざら―」

◉**捨てる神（かみ）あれば拾（ひろ）う神あり**　一方で見捨てられても、他方で救いの手が差しのべられることがあるということ。

ステルス［stealth］［名］検知・探知されにくいものにすること。〓「―機」▽内密の意。

ステルスマーケティング［stealth marketing］［名］広告であることを前面に出さない宣伝行為。記事や発言の中にまぎれ込ませる宣伝などをいう。ステマ。

ステレオ［stereo］［名］❶立体感・臨場感を得るために、二個以上のマイクロフォンで音声を録音し、それを複数のアンプ・スピーカーを用いて再生する方式。また、そのための装置。〓「―放送」⇔モノラル ❷立体。立体的。〓「―カメラ」

ステレオタイプ［stereotype］［名］❶印刷で、鉛版。ステロ版。❷［形動］考え方や表現が型にはまっていて新鮮味がないこと。紋切り型。〓「―な見解」◈「ステロタイプ」とも。

ステロイド［steroid］［名］❶ステロイド核をもつ有機化合物の総称。動植物体に広く分布し、特殊な生理作用や薬物作用をもつ。❷「ステロイド剤」の略。強い抗炎作用や免疫抑制作用があり、アレルギー疾患・膠原病（こうげんびょう）などに用いられる。

ステンカラー【和製 soutien フランス＋collar】［名］後ろの部分をやや高くし、前の部分を首に沿って折り返した洋服の襟。折り立て襟。

ステンシル［stencil］［名］文字や絵の部分を切り抜いた型紙を紙や布の上に置き、刷毛（はけ）で絵の具を塗って刷り出す技法。また、その型紙。合羽版（かっぱばん）。

ステンドグラス［stained glass］［名］種々の色ガラスを切って組み合わせ、さまざまな模様・画像などを表したガラス板。ゴシック様式の教会堂装飾に用いられて発達した。

ステンレス［stainless］［名］クロム・ニッケルなどの金属を添加して耐食性を高めた鋼。不銹（ふしゅう）鋼。ステンレス鋼。▽さびない、の意。

スト［名］「ストライキ」の略。〓「―を打つ」

ずと［連語］…ないでも。〓「言わ―知れたことだ」「文句

を言わー話を聞け」▼打ち消しの助動詞「ず」＋接続助詞「と」。

ストア［store］［名］店。商店。≡「ドラッグー」

ストイック［stoic］［形動］禁欲的・克己的なさま。≡「ーな生活を送る」▼ストア学派の信奉者の意から。

ストーカー［stalker］［名］ある相手に対して一方的な恋愛感情や関心を抱き、相手を執拗につけ回して迷惑や被害を与える人。▼原義は、こっそり追跡する人。

す-どおし【素通し】［名］❶さえぎる物がなく、前方がずっと見通せること。❷ガラスが透き通っていること。❸眼鏡に度がないこと。また、その眼鏡。

ストーブ［stove］［名］薪・石油・石炭・ガス・電熱などを利用する室内用暖房器具。≡「電気ー」

ストーブ-リーグ［stove league］［名］プロスポーツで、シーズンオフに行われる選手の契約更改・移籍などの話題。▼もとプロ野球で言ったが、ほかのスポーツにも広がった。野球のシーズンオフである冬に、ファンがストーブを囲んでうわさ話をする意から。

ストーム［storm］［名］❶嵐。暴風雨。≡「メイー」❷学生寮で、夜、学生が集団でばか騒ぎをすること。▼多く旧制高校の学生が行ったものをいう。

す-どおり【素通り】［名・自サ変］❶立ち寄らないで、そのまま通り過ぎること。❷その事柄にふれないですますこと。≡「ーできない問題」

ストーリー［story］［名］❶物語。≡「ラブー」❷小説・映画・演劇などの筋。筋書き。

ストーリー-テラー［storyteller］［名］❶筋の運びの面白さで読者を引きつける小説家。❷小説・演劇などで、筋や場面の説明をする人。語り手。

ストール［stole］［名］細長い肩掛け。

ストーン-サークル［stone circle］［名］柱状または板状の自然石を環状に配置した巨石記念物。祭祀遺跡または墓地と推定される。世界各地に分布する。環状列石。

ストッキング［stocking］［名］長い靴下。特に、女性用の薄くて長い靴下。

ストック［Stock ドイツ］［名］スキーで用いる杖。

ストック［stock］［名］❶商品の在庫。在庫品。❷蓄えた物。≡「食糧の在庫。［他サ変］物を蓄えておくこと。また、蓄えた物。≡「食糧をーする」❸肉・骨などの煮出し汁。スープやソースの材料にする。スープストック。❹ある時点に存在する財貨全体の量。⬇フロー②❺アラセイトウ。

ストック-オプション［stock option］［名］自社株購入権。企業の役員や従業員が事前に決められた譲渡価格で自社株を購入できる権利。

ストッパー［stopper］［名］❶機械などの停止装置。安全装置。❷野球で、相手の攻撃を食い止めるための救援投手。❸サッカーで、ディフェンダーのうち、ゴール正面を守って相手のセンターフォワードをマークする役の選手。

ストップ［stop］［名］❶［自他サ変］止まること。また、止めること。≡「架線事故で電車がーする」❷「とまれ」の合図・信号。停止信号。⬍ゴー

ストップウォッチ［stopwatch］［名］運動競技・学術研究などで、時間を秒以下の単位まで精確に計るための小型時計。任意に計時を始めたり止めたりすることができる。ストップウオッチ。

ストップ-だか【ストップ高】［名］取引市場で、相場変動による混乱を防ぐために設けた騰落値幅の限度まで暴騰すること。⬍ストップ安

ストップ-やす【ストップ安】［名］取引市場で、相場変動による混乱を防ぐために設けた騰落値幅の限度まで暴落すること。⬍ストップ高

す-どまり【素泊まり】［名］旅館などで、食事を付けないでただ寝るだけの宿泊。

ず-とも［連語］〔古風〕…なくても。≡「神ならー分かる」▼打ち消しの助動詞「ず」＋接続助詞「とも」。

スト-やぶり【スト破り】［名］ストライキの際、組合の統制を破って就業を続けること。特に、使用者側がストライキに対抗して外部から人を雇い入れて就業させること。また、その労働者。スキャップ。

ストライカー［striker］［名］サッカーで、シュート力があって高得点をあげる選手。ゴールゲッター。

ストライキ［strike］［名］❶労働者が労働条件改善などの要求を貫徹するために、一定期間団結して就業を停止すること。また、その争議行為。同盟罷業。スト。≡「ーを打つ」❷学生・生徒が要求を通すために、団結して授業や試験を受けないこと。同盟休校。

ストライク［strike］［名］❶野球で、打者に対する投手の投球がストライクゾーンを通過したもの。⬍ボール▼空振り・2ストライクまでのファウルボール・ファウルチップなどもストライクの判定に数える。❷ボウリングで、第一投ですべてのピンを倒すこと。

ストライク-ゾーン［strike zone］［名］❶野球で、ストライクと判定される範囲。打者が自然な姿勢で構えたとき、高さを膝頭から腋の下まで、横幅をホームベースの両端とする空間をいう。❷〔俗〕好みの範囲。≡「彼は女性のーが広い」

ストライド［stride］［名］歩幅。また、歩幅が大きいこと。

ストライプ［stripe］［名］縞。縞模様。≡「ーのシャツ」

ストラック-アウト［struck out］［名］三振。

ストラップ［strap］［名］❶洋服・下着などの肩つりひも。❷カメラ・バッグ・携帯電話などのつりひも。

ストラテジー［strategy］［名］戦略。戦術。

ず-どり【図取り】［名・他サ変］物の形を図に写し取ること。また、その図。≡「家のーをする」

ストリーキング［streaking］［名］全裸で公共の場を走り回ること。

ストリート［street］［名］街路。通り。≡「ーダンス」「ーチルドレン（＝住む家がなく、路上で物売りや物乞いをして生活する子供たち）」

ストリート-ミュージシャン［street musician］［名］路上で演奏活動をする音楽家。

ストリーミング［streaming］［名］インターネットで、映像や音声などを視聴するとき、データを受信しながら同時に再生を行うこと。また、その技術。

ストリキニーネ［strychnine オランダ］［名］マチン（フジウツギ科の植物）の種子などに含まれるアルカロイドの一種。無味無臭の結晶で、強い苦みがある。猛毒だが、少量を神経刺激剤に用いる。ストリキニン。

ストリッパー［stripper］［名］ストリップショーの踊り子。

ストリップ［strip］［名］❶着物を脱いで裸になる

こと。❷踊り子が音楽に合わせて踊りながら衣装を一枚ずつ脱いでいく扇情的なショー。▽「ストリップショー(stripshow)」の略。

ストリングス[strings]〔名〕❶弦楽器。また、その弦。❷弦楽器を主体とした演奏。また、その奏者。

ストレージ[storage]〔名〕コンピューターの記憶装置。▽保管、貯蔵の意から。

ストレート[straight]㊀〔形動〕❶まっすぐなさま。一直線なさま。〓「―ヘア」❷率直であるさま。単刀直入なさま。〓「―に物を言う」㊁〔名〕❶野球で、直球。❷ボクシングで、腕をまっすぐ突き出して相手を打つこと。また、その打撃法。❸同じような物事や状態が連続すること。続けざま。〓「―負け」❹試験などに一度で合格すること。〓「―で志望大学に入る」❺生(き)のままであること。混ぜものをしないこと。〓「ウイスキーを―で飲む」

ストレート-ネック[和製 straight＋neck]〔名〕本来はゆるやかに湾曲している頸椎(けいつい)が、まっすぐに近い状態になること。パソコンやスマートフォンを長時間操作するなど不自然な姿勢をとり続けることで起こり、肩こり・頭痛などの原因となる。

ストレス[stress]〔名〕❶物理的、精神的な刺激(ストレッサー)によって引き起こされる生体機能のひずみ。また、それに対する生体の防衛反応。▽一般には、ストレッサーとなる精神的・肉体的な負担をいう。〓「―がたまる」❷語学で、発音を強めるアクセント。語勢。強勢。〓「―がかかる」⇔ピッチ

ストレス-チェック[stress check]〔名〕労働者の心理的負担の程度を把握するための検査。▽労働安全衛生法により、常時雇用する労働者が五〇人以上の事業所では年一回の実施が義務づけられている。

ストレッチ[stretch]〔名〕❶競技場・競馬場などの直線コース。〓「ホーム―」❷伸縮性のある布地。〓「―ジーンズ」❸筋肉や腱(けん)・靱帯(じんたい)を伸ばし柔軟性を高める体操。ストレッチング。ストレッチ体操。

ストレッチャー[stretcher]〔名〕患者を寝かせたまま運ぶ車輪付きのベッド。担送車。

ストレプトマイシン[streptomycin]〔名〕土中の放線菌から得られる抗生物質。細菌性疾患、特に結核症に対して有効だが、難聴などの副作用がある。ストマイ。

ストロー[straw]〔名〕❶麦わら。〓「―ハット」❷液体を飲むために用いる、麦わらやプラスチックで作った細い管。

ストローク[stroke]〔名〕❶水泳で、腕で水をかくこと。また、そのひとかき。❷ボートで、オールで水をかくこと。また、そのひとかき。❸テニスで、ボールを打つこと。❹ゴルフで、ボールを打つこと。また、打数。〓「ワン―の差で敗れる」❺⬇行程③

ストロフルス[strophulus ラテ]〔名〕乳幼児に特有の皮膚病の一つ。四肢に紅斑(こうはん)や水疱(すいほう)が生じ、かゆみが激しい。虫さされによるアレルギーとされる。

ストロベリー[strawberry]〔名〕いちご。オランダいちご。〓「―ジャム」

ストロボ[strobo]〔名〕写真撮影用の閃光(せんこう)発生装置。キセノンガスを封入した放電管に高圧電流を通じ、瞬間的に強い光を発生させるもの。くり返し使用できる。▽もと商標名。

ストロンチウム[strontium]〔名〕アルカリ土類金属元素の一つ。銀白色のやわらかい固体金属で、水と反応して水素を発生する。元素記号Sr▽人工放射性同位体であるストロンチウム九〇は核分裂によって生じ、動物の骨に沈着して造血機能をおかす。

すな【砂】〔名〕岩石が風化してできた細かい粒。すなご。いさご。

◉**砂を噛(か)むよう**　(砂をかんでも味がないように)無味乾燥でつまらないさま。〓「―なあじけなさ」✓注意「砂を噛んだよう」は誤り。

すな-あらし【砂嵐】〔名〕砂漠などで起こる、砂を含んで激しく吹く強風。砂暴風。

スナイパー[sniper]〔名〕狙撃者。狙撃兵。

す-なお【素直】ホナ〔形動〕❶性格や態度にひねくれたところがなく、人の言動などを逆らわないで受け入れるさま。〓「明るく―な少年」「―に非を認める」❷くせがなくて、のびのびとしているさま。また、形などがまっすぐであるさま。〓「―な字を書く」「―な髪の毛」派生-さ

すな-かぶり【砂▽被り】〔名〕相撲で、土俵のすぐ下の見物席。

すな-ぎも【砂肝】〔名〕⬇砂嚢(さのう)②

すな-けむり【砂煙】〔名〕砂が空中に舞い上がり、煙のように見えるもの。砂塵(さじん)。〓「―をあげて疾走する」

すな-ご【砂子】〔名〕❶〔古風〕すな。まさご。❷金銀の箔(はく)を細かくしたもの。蒔絵(まきえ)・襖紙(ふすまがみ)・色紙・短冊などに散らして貼(は)り付け、装飾にする。

すな-じ【砂地】チ〔名〕砂ばかりの土地。また、砂の多い土地。すなち。

スナック[snack]〔名〕❶軽い食事。軽食。❷手軽に食べられる袋菓子。ポップコーン・ポテトチップスなど。▽「スナック菓子」の略。❸手軽に食事のできるスタンド形式の飲食店。また、軽い食事もとれるバー。▽「スナックバー(snack bar)」の略。

スナッチ[snatch]〔名〕重量挙げの競技種目の一つ。かがんだ姿勢からバーベルを両手で上から握り、一気に頭上まで差し上げ、両腕・両足を伸ばして静止するもの。

スナップ[snap]〔名〕❶衣服の合わせ目などをとめる、凸形・凹形で一組になった小さな留め金具。ホック。❷人物などの瞬間的な動作をすばやく写真に撮ること。また、その写真。スナップ写真。▽「スナップショット(snapshot)」の略。❸野球・ゴルフなどで、投球・打球の際に手首の力を用いること。〓「―をきかせる」

すな-どけい【砂《時計》】〔名〕時計の一種。中央の細くくびれたガラス容器に一定量の砂をいれ、くびれを通って下に落ちる砂の量で時間を測る。砂漏(さろう)。

すな-ど・る【▽漁る】〔他四〕〔古風〕魚や貝をとる。漁をする。名すなどり

すな-ば【砂場】〔名〕❶公園・校庭などの一部を区切って砂を入れ、子供が遊べるようにした場所。❷砂地。砂原。また、砂の採取場。

すな-はま【砂浜】〔名〕砂地の浜辺。

すな-はら【砂原】〔名〕砂ばかりの原。広い砂地。

すな-ぶくろ【砂袋】〔名〕❶砂を入れた袋。砂嚢(さのう)。❷⬇砂嚢(さのう)②

すな-ぶろ【砂風呂】〔名〕温泉熱などで熱せられた砂に体を埋めて温まる設備。また、その浴法。砂湯。▽指宿(いぶすき)温泉(鹿児島県)のものが有名。

すな-ぼこり【砂▼埃】〔名〕細かい砂が舞い上がっ

て、ほこりのように見えるもの。‖「―をあげる」

すな‐やま【砂山】［名］砂が堆積して小高くなった所。砂丘。

すなわち【▽即ち・▽則ち・▼乃ち】スナハチ［接］❶前に述べたことを、別のことばで言いなおす意を表す。言い換えれば。つまり。‖「父の兄、―伯父」「アメリカの議会は二院、―上院と下院から成る」❷前に述べたことと、次に述べることが同一の内容であることを表す。とりもなおさず。まさしく。‖「食うことは、―生きることだ」❸〈「…ば即ち」の形で〉前に述べたことを条件として、以下のことが当然として成り立つことを表す。そのときは。そうすれば。‖「戦えば―勝つ」❹そして。そこで。‖「花を見て―詩を吟ず」◈書き分け (1)【即】は広く使い、現在もっとも一般的な表記。【則】は主に③で使うが、「即」と同じように広く使うこともある。【乃】は主に④や③で使うが、今はあまり用いられない。(2)「▽便ち」と書くこともあるが、今はまれ。

ず‐に［連語］〈動詞の未然形を受けて〉❶打ち消しの意を伴って、文を中止したり、連用修飾したりする。…ないで。…ず。‖「返事もせ―出ていった」「お構いもせ―、失礼しました」❷〈「いる」「おく」「済む」などの動きの完了や処置を表す表現を伴って〉上の動詞が表す内容を打ち消した状態を維持する意を表す。‖「一年も働か―いる」「あえて言わ―おこう」「恥をかか―すんだ」❸〈二重否定や反語の形で〉事態がどうしても生じる意を表す。‖「泣か―はいられない」「心配せ―はいられない」「人々を感動させ―はおかない」「怒られ―はすまないだろう」◈打ち消しの助動詞「ぬ」の連用形「ず」＋格助詞「に」。使い方 (1)⬇ないで (2)③の「…ずにはいられない」「…ずにはすまない」などは自発的、「…ずにはおかない」「…ずにはすまない」などは他動的な事柄の生起を表す。

スニーカー［sneakers］［名］ゴム底のスポーツシューズ。多くは布製の編み上げ式だが、さまざまな種類がある。

ず‐に‐は‐い‐られ‐な‐い［連語］ある感情や動作をおさえようとしてもおさえられない。⬇ずに③

ず‐ぬ・ける【図抜ける・頭抜ける】［自下一］標準をはるかに越えている。特にきわだっている。ずばぬける。‖「成績が―・けている」

すね【▼脛・▼臑】［名］足の、膝からくるぶしまでの部分。はぎ。‖「親の―を囓る(＝経済的負担を親に頼る)」

◉**脛に傷を持つ** やましい過去や隠している悪事がある。脛に傷持つ。

すね‐あて【▼脛当て・▼臑当て】［名］すねをおおって足を保護するためにつける用具。

スネークウッド［snakewood］［名］南アメリカ原産のクワ科の高木。材質は堅く、蛇を思わせるような斑紋がある。ステッキ材として珍重される。

すね‐かじり【▼脛▼齧り・▼臑▼齧り】［名］親などから学費や生活費をもらって暮らしていること。また、その人。‖「―の身」

すね‐もの【▼拗ね者】［名］すぐにすねた態度をとる人。ひねくれていて、素直に人と交わろうとしない人。

す・ねる【▼拗ねる】［自下一］不平・不満を率直に表さないで、ぐずぐずと反抗的な態度をとる。ひねくれたように我を張る。‖「子供が―・ねて泣き出す」文す・ぬ

ず‐のう【図▼嚢】ヅナウ［名］地図などを入れて腰に下げる小型の革かばん。

ず‐のう【頭脳】ヅナウ［名］❶脳。脳髄。❷あたまの働き。知能。知力。‖「―明晰」❸すぐれた知能をもつ人。‖「―集団」❹団体・組織などの中心になって活躍する人。首脳。‖「会社の―」

スノー［snow］［名］雪。‖「パウダー―」

スノー‐タイヤ［snow tire］［名］雪道用に滑りにくくしたタイヤ。

スノー‐ダンプ［和製snow＋dump］［名］持ち手の付いた大きなシャベル状の除雪用具。大量の雪を乗せて、そりのように押して運ぶことができる。

スノー‐ボード［snowboard］［名］幅の広い一枚の板に両足を固定して乗り、ストックを使わないで雪の斜面を滑り降りて、その速さやジャンプ、ターンの技を競う競技。また、そのための板。

スノー‐モービル［snowmobile］［名］前輪がスキー、後輪がキャタピラになっているオートバイ型の雪上車。

す‐の‐こ【▼簀の子】［名］❶細い竹や葦を横に並べて編んだもの。❷細長い板をすき間をあけて並べ、角材に打ちつけた台。水はけをよくするために、台所の流しや風呂の洗い場に敷いて用いる。❸すき間をあけて並べた竹や板を打ちつけた縁。▼「すのこ縁」の略。

簀

スノッブ［snob］［名］浅薄な学問や知識を鼻にかけ、教養人を気どる人。また、地位や財産を崇拝し、上品ぶって紳士を気どる人。俗物。

スノビズム［snobbism］［名］教養人・紳士を気どる俗物的態度。俗物根性。

す‐の‐もの【酢の物】［名］魚介・野菜・海藻などを合わせ酢で調味した料理。

スパ［spa］［名］温泉。鉱泉。また、それを利用した保養施設。

ず‐ば［連語］〔古風〕❶打ち消しの仮定条件を表す。もし…ないならば。‖「降伏せ―、命はない」「雉も鳴か―撃たれまい」▼強調して「ずんば」とも。❷〈多く「…ずばなるまい」の形で〉当然のこととして…ないわけにはいかない。‖「行か―なるまい」◈打ち消しの助動詞「ず」の連用形に係助詞「は」が付いた「ずは」の転じたもの。

スパーク［spark］［名・自サ変］放電などによって火花がとぶこと。また、その火花。‖「電線が―する」

スパークリング‐ワイン［sparkling wine］［名］液中に炭酸ガスを含むワイン。発泡性ワイン。⬇シャンパン

スパート［spurt］［名・自サ変］競走・競泳などで、ある地点から全速力を出すこと。‖「ゴール前で―(を)する」「ラスト―をかける」

スパーリング［sparring］［名］ボクシングで、ヘッドガード(ヘッドギア＝頭部を保護する防具)と重いグローブをつけて行う実戦形式の練習。

スパイ［spy］［名・他サ変］相手方・敵方の機密情報をひそかに探り出すこと。また、それをする人。間諜。密偵。‖「敵国の―をする」「産業―」

スパイウエア［spyware］［名］コンピューターの利用者が気づかないうちにインストールされ、利用者の情報を外部に送信するソフトウエア。

スパイク［spike］［名］❶滑り止めのため、競技用の靴の底に打ち付ける釘などの金具。❷靴底に①を取りつけた競技用の靴。▼「スパイクシューズ(spike shoes)」の略。❸［他サ変］バレーボールで、ネットぎわ

に打ち上げたボールを、ジャンプして相手側コートに強く打ち込むこと。❹[他サ変] 野球などの競技中、①で相手の選手を傷つけること。

スパイシー[spicy][形動] 香辛料がきいているさま。ぴりっとするさま。‖「―なスープ」

スパイス[spice][名] 香辛料。香味料。

スパイラル[spiral][名] ❶螺旋。螺旋形。❷フィギュアスケートで、片足を後方に上げ、螺旋を描くように滑る滑走法。❸原価・賃金・価格などの連鎖的変動。

スパゲッティ[spaghettiイタリア][名] イタリアのパスタの一つ。小麦粉で作る細長い麺。また、それを使った料理。スパゲティ。

す-ばこ【巣箱】[名] ❶野鳥が巣を営むように樹木などに取りつける箱。❷養蜂で、蜜蜂の巣を収めるための箱。

す-ばしっこ・い[形] ❶動作や行動がすばやい。敏捷だ。‖「身のこなしが―」❷反応がはやくて、抜け目がない。‖「―・く立ち回る」◈「すばしこい」とも。「す」は強意の接頭語。派生 ―さ

す-ばす【酢▼蓮】[名] 薄切りにした蓮根をさっと湯がき、甘酢に漬けたもの。酢蓮根。

すぱ-すぱ[副ト] ❶たばこをたて続けに吸うさま。‖「葉巻を―(と)吸う」❷切れ味よく、刃物でたて続けに切るさま。‖「大根を―(と)切る」❸物事を思い切りよくどんどん行うさま。‖「懸案事項を―(と)片づける」

ずば-ずば[副ト] 遠慮なくたて続けに言うさま。容赦なくはっきりと言うさま。‖「思ったことを―(と)言う」

す-はだ【素肌(素▽膚)】[名] 何も衣服をつけていない肌。また、何も化粧をしていない肌。

スパッツ[spats][名] ❶靴の上にかぶせて足首の上までを覆うカバー。防寒・防雪用。また、乗馬用。❷伸縮性のある素材で作られた、くるぶしまでの長さのタイツ。

すぱっ-と[副] 「すっぱり」に同じ。

ずばっ-と[副] ❶刃物で勢いよく切るさま。また、矢や槍などが深く突き刺さるさま。‖「鯉の頭を―切り落とす」「矢が―胸に刺さる」❷ためらわずに的確に物事を行うさま。‖「―本質をつく」

スパナ[spanner][名] ボルト・ナットの締め付け、取り外しに用いる工具。片口スパナ・両口スパナ・モンキースパナ(自在スパナ)などがある。

す-ばなし【素話】[名] ❶酒食・茶菓などを出さず、話だけをすること。❷鳴り物の入らない落語。書き方「素▼噺」とも。

す-ばなれ【巣離れ】[名・自サ変] ひな鳥が成長して巣から飛び立つこと。巣立つこと。

ずば-ぬ・ける【ずば抜ける】[自下一] 標準をはるかに超えている。なみはずれて、すぐれている。ずぬける。‖「―・けた記憶力の持ち主」

品格 屈指「県内―の強豪校」 傑出「傑出した業績」 秀逸「―な作品」 出色「―の出来」 卓越「卓越した技量」 卓絶「古今東西に卓絶した政治家」 卓抜「―なアイデア」 凌駕「想像をはるかに―する」

す-はま【州浜・▼洲浜】[名] ❶州が海中に突き出て、入り組んだ曲線を描いている浜。❷①をかたどった、曲線の輪郭に出入りのある文様。三つ輪形。▽「州浜形」の略。❸州浜形にかたどった脚付きの台。祝儀用の飾り物を載せるのに用いる。▽「州浜台」の略。❹⬇素甘

スパム[spam][名] 宣伝・勧誘などのために、不特定多数に向けて一方的に送付される電子メール。迷惑メール。スパムメール。

す-ばや・い【素早い】[形] 動作や頭の回転が非常にはやいさま。敏捷だ。‖「―・く着替える」書き方 まれに「素速い」とも。派生 ―さ

す-ばらし・い【素晴らしい】[形] ❶感銘を受けるほど、すぐれているさま。見事だ。立派だ。素敵だ。理想的だ。‖「脇役の演技が―」「―眺め[設備]」❷〈「すばらしく」の形で〉驚くほど、程度がはなはだしいさま。‖「―・く面白いドラマ」◈書き方 かな書きも多い。派生 ―さ

ずばり[副ト] ❶刃物で勢いよく断ち切るさま。‖「鯉の頭を―(と)切り落とす」❷物事の核心や急所を正確につくさま。‖「予想が―(と)的中する」

すばる【▼昴】[名] 牡牛座にあるプレアデス星団。二十八宿の一つ。冬の宵に肉眼では六個見える。六連星。▽集まって一つになる意の「統ばる」から。

スパルタ-きょういく【スパルタ教育】[名] 古代ギリシアのスパルタで兵士養成のために幼少から施した、きびしい鍛練を主とする教育。また一般に、そのように厳格な教育法。スパルタ式教育。

スパン[span][名] ❶時間的な間隔。期間。‖「ライフ―(=寿命)」❷梁・橋梁・アーチなどの、支柱間の距離。梁間。径間。支間。わたり。❸飛行機の、主翼の端から端までの長さ。翼幅。❹ボウリングで、親指を入れる穴から中指・薬指を入れる穴までの間隔。

ず-はん【図版】ヅ[名] 印刷して書籍・雑誌などに載せられた図や写真。

スパンコール[名] 光線を受けるときらきら輝く金属・プラスチック製などの小片。ドレスなどに縫いつけて装飾とする。スパングル。▽spangle から。

スピーカー[speaker][名] ❶ラジオ・テレビ・オーディオ装置などで、電気信号を音声に変える装置。❷拡声器。▽「ラウドスピーカー(loudspeaker)」の略。❸講演者。発言者。話し手。❹うわさ話などをあちこちに広める人。

スピーチ[speech][名] 談話。演説。特に、会合・パーティーなどに集まった人の前でする短い話。

スピーディー[speedy][形動] 動きが素早いさま。物事が手早く能率的に行われるさま。‖「―な動作」

スピード[speed][名] ❶速さ。速度。‖「―を上げる」❷速度が速いこと。‖「―ボール・―解決」

スピード-アップ[speed-up][名・自他サ変] 速度を増すこと。また、能率を上げること。‖「バスが―する」「事務処理を―する」⬆スピードダウン

スピード-スケート[名] スケートで定められた距離を滑走し、その速さを競う競技。▽speed skating から。

スピード-ダウン[和製speed+down][名・自他サ変] 速度を落とすこと。また、能率が下がること。‖「カーブで―する」「集中力が落ちて作業が―する」⬆スピードアップ▽英語では slow down という。

す-びき【巣引き】[名・自サ変] 飼い鳥が巣箱の中に巣をつくり、ひなを育てること。

す-びつ【▽炭▼櫃】[名] いろり。また、一説に、大型の角火鉢。

スピッツ【Spitz ドイ】[名] 犬の品種の一つ。北方系の犬種を日本で改良し、小形化した愛玩(あいがん)犬。体高三〇〜四〇センチメートル。口先と耳の先端はとがり、毛は白くて長い。日本スピッツ。

ず-ひょう【図表】ヅヘウ [名] ❶図と表。❷数量の関係や法則を直線・曲線・図形などによって表したもの。グラフ。

スピリチュアル【spiritual】■一[名] アメリカの民衆の中から生まれた宗教的な歌。ホワイトスピリチュアル(白人霊歌)・ブラックスピリチュアル(黒人霊歌)など。■二[形動] 精神や霊に関するさま。精神的な。霊的な。「―な世界」

スピリット【spirit】[名] ❶精神。魂。「フロンティア―」❷アルコール度の強い蒸留酒。ジン・ラム・ウォツカ・ブランデーなど。スピリッツ。

スピルリナ【spirulina ラテ】[名] 熱帯地方の塩湖などに自生する藍藻(らんそう)類。たんぱく質の含有量が多く、栄養補助食品として利用される。

スピロヘータ【Spirochaeta ラテ】[名] ❶スピロヘータ目の細菌の総称。螺旋(らせん)状で、活発な回転運動を行う。❷梅毒トレポネーマ(旧称スピロヘータパリダ)の通称。

スピン【spin】[名] ❶テニス・卓球・ゴルフなどで、ボールを回転させること。「―をかける」❷フィギュアスケートで、氷上の一点に片足立ちして体を回転させること。❸[自サ変] 自動車の後輪が空転して車体が横すべりすること。❹飛行機のきりもみ降下。

スピン-オフ【spin-off】[名] ❶企業内の一部門を分離独立させて別会社をつくること。スピンアウト。❷映画やテレビ番組などで、人気作品の脇役などを主人公にすえて別の作品を作ること。また、その作品。「―作品」❸予期せぬ副産物や波及効果。「軍事技術の民間への―」

スピンドル【spindle】[名] ❶機械類の主軸。回転軸。❷紡績機械で、糸を巻き取るボビンにはめる短い軸。錘(つむ)。

スフ [名]「ステープルファイバー」の略。

ず-ふ【図譜】ヅ [名] 図や写真を集めて分類し、説明をほどこした本。「鳥類―」

スフィンクス【Sphinx】[名] ❶ギリシア神話で、翼をもち、上半身は女性、下半身はライオンの姿をした怪物。通行人に謎をかけ、解けないものを殺したという。❷古代エジプトやアッシリアで、神殿・王宮・墳墓などの守護神として作られた巨大な石像。顔は人間で、体はライオンの姿をとる。

スプール【spool】[名] 糸や薄い膜状のものを巻き取るもの。糸巻きなど。

スプーン【spoon】[名] ❶さじ。「ティー―」❷ゴルフクラブのうち、ウッドの三番。

ずぶ-ずぶ ■一[副(と)] ❶水や泥などに沈むさま。「底なし沼に―と沈んでいく」❷とがったものをやわらかいものに深く突き入れるさま。「太い錐(きり)を―と刺す」■二[形動] ❶多量の水を吸い込んでいるさま。「夕立に降られて―にぬれる」❷深入りするさま。「―の関係」

す-ぶた【酢豚】[名] 中国料理の一つ。下味をつけて揚げた角切りの豚肉と、いためたネギ・タケノコなどを合わせ、甘酢あんをからませたもの。

ず-ぶと・い【図太い】ヅ [形] 人の言うことや人目を気にせず平気でいられるさま。のぶとい。「―神経の持ち主」[使い方]「ずうずうしい」が能動的な行動についていうことが多いのに対し、「ずぶとい」は他者への反応という受動的な性質としていうことが多い。[派生]―さ

ずぶ-ぬれ【ずぶ▼濡れ】[名] 衣服を通して体まですっかりぬれること。びしょぬれ。ぐしょぬれ。

ずぶ-の [連体] まったくの。「―素人」

スフマート【sfumato イタ】[名] 絵画で、輪郭を明から暗へ徐々にぼかして描く技法。▼レオナルド=ダ=ビンチの創始と伝えられる。

スプラウト【sprout】[名] 新芽。特に、食用とする植物の新芽。芽キャベツ・モヤシなど。

スプラッター-ムービー【splatter movie】[名] 血が飛び散る残酷なシーンを多用する恐怖映画。

す-ぶり【素振り】[名] 練習のために、木刀・バット・ラケットなどを空(くう)で振ること。

スプリット-タイム【split time】[名] マラソンなどの長距離競走で、スタート地点からある地点までの所要時間。スプリット。「一〇キロ地点の―」

スプリング【spring】[名] ❶春。「―セール」▼多く他の語と複合して使う。❷春・秋に着る薄地のコート。▼「スプリングコート(spring coat)」の略。❸ばね。「―のきいたベッド」

スプリングボード【springboard】[名] ❶跳馬・跳び箱などの体操競技に使う踏み切り板。❷水泳の飛び込み競技に使う飛び板。❸発展や飛躍のための契機。

スプリンクラー【sprinkler】[名] ❶芝生・田畑などに設置する、灌水(かんすい)のための散水装置。❷火災時の熱で栓が開き、水を自動的に噴出する消火装置。建物の天井などに取りつける。

スプリンター【sprinter】[名] 陸上競技・スピードスケートなどの短距離走者。また、競泳の短距離泳者。▼競馬では、多く一六〇〇メートル未満を得意とする競走馬をいう。

スプリント【sprint】[名] ❶陸上競技・水泳競技・スピードスケートなどで、短距離レース。また、短距離を全力を出して力走あるいは力泳すること。❷自転車競技で、二人の選手がトラックを二周または三周して着順を競う競技種目。

スフレ【soufflé フラ】[名] 卵白などを泡立てて焼き、ふんわりと仕上げた菓子や料理。チーズスフレなど。

スプレー【spray】[名・自他サ変] 液体に圧力をかけ、霧状に噴出させて吹きつけること。また、その装置。噴霧器(ふんむき)。霧吹き。「窓に―する」「ヘア―」

スプレッド【spread】[名] ❶広がること。また、広げること。「ベッド―」❷パンやクラッカーに塗るペースト状の食品。「サンドイッチ―」❸差額。金利差。また、利鞘(りざや)。「―取引」

すべ【▽術】[名] 手段。方法。てだて。「なす―がない」

スペア【spare】[名] ❶予備。予備の品。スペヤ。「―タイヤ」❷ボウリングで、第一投で倒せなかったピンを第二投で全部倒すこと。

スペアリブ【spareribs】[名] 豚の骨付き肋肉(あばらにく)。煮込み・ロースト・バーベキューなどにする。

スペース【space】[名] ❶あいている場所。空間。「机を置く―がない」❷新聞・雑誌などの紙面。❸活字組み版で、字間や語間をあけるための込め物。❹文字と文字との間の空白。❺宇宙。宇宙空間。「―オペラ(=

宇宙を舞台にしたSF小説や映画」

スペース-シャトル【space shuttle】[名] アメリカ航空宇宙局（NASA）が開発した反復使用型の有人宇宙船。人や貨物を乗せて地球と宇宙間を往復飛行する。

スペード【spade】[名] トランプで、剣を図案化した黒い♠の模様。また、その模様のついた札。

すべから-く【▽須く】[副][古風] 当然なすべきこととして。ぜひとも。‖「学生は—勉学に励むべきだ」▼漢文訓読から。多く下に「べし」や「べきだ」を伴う。✔注意「落ち武者たちはすべからく討ち死にした」など、「すべて」の意に解するのは誤り。

スペキュレーション【speculation】[名] ❶投機。おもわく。❷トランプで、スペードのエース。

スペクタクル【spectacle】[名] ❶壮大な光景。壮観。❷映画・演劇で、大がかりな装置を使った迫力のある見せ場。また、そうした見せ場のある作品。‖「—映画」

スペクトル【spectre フランス】[名] ❶光をプリズムなどの分光器で分解したときにできる色の帯。波長の順に並ぶ。❷複雑な組成をもつものを単純な成分に分解し、質量や強度の順に規則的に配列したもの。‖「質量—」

ずべ-こう【ずべ公】[名][俗] 不良少女。ずべ。▼「ずべ」は「スベタ（花札のかす札）」からとも、だらしがない意の「ずべら」からともいう。

スペシャリスト【specialist】[名] 特殊技能・技術をもっている人。ある特定分野の専門家。‖「山登りの—」

スペシャリテ【spécialité フランス】[名] レストランの看板料理。シェフの得意料理。

スペシャル【special】[形動] 特別なさま。‖「—番組」「—ランチ」

すべ-すべ[副ト] 物の表面がすべるように、なめらかなさま。手ざわりがなめらかなさま。‖「—(と)した肌」

スペック【spec】[名] 仕様。また、仕様書。▼specification の略。

すべっ-こ・い【滑っこい】[形] なめらかで、すべすべしている。‖「—石」派生—さ

すべ-て【全て（▽凡て・▽総て）】❶[名] ある物事の全部。全体。いっさい。‖「出席者の—が反対する」「見るもの—が珍しい」❷[副] ことごとく。残らず。全部。‖「事件は—解決した」

すべり【滑り（▼辷り）】[名] すべること。また、そのぐあい。

すべり-お・ちる【滑り落ちる】[自上一] ❶高所から滑って下へ落ちる。‖「崖(がけ)から—」❷高い地位を失う。‖「トップの座から—」文すべりお・つ

すべり-こみ【滑り込み】[名] ❶野球で、走者が塁に滑り込むこと。スライディング。‖「—セーフ」❷定められた時刻になんとか間に合うこと。‖「—で卒論を提出する」

すべり-こ・む【滑り込む】[自五] ❶滑って中に入る。また、滑るようになめらかに入る。‖「布団に—」「電車がホームに—」❷野球で、走者が滑って塁に入る。‖「本塁に—」❸時間ぎりぎりに到着する。定刻にやっと間に合う。‖「開会の寸前に—」名滑り込み

すべり-だい【滑り台】[名] 子供の遊具の一つ。傾斜させた台を滑り降りて遊ぶ設備。

すべり-だし【滑り出し】[名] ❶滑り始めること。滑り始め。❷物事の最初。出だし。‖「順調な—」

すべり-だ・す【滑り出す】[自五] ❶滑り始める。また、滑るようになめらかに動き始める。‖「スケートが氷上を—」❷物事が進み始める。‖「新事業が順調に—」名滑り出し

すべり-どめ【滑り止め】[名] ❶滑るのを防ぐためのもの。❷入学試験で、志望校に落ちた場合のことを考え、別の学校の試験を受けておくこと。また、その学校。

スペリング【spelling】[名] アルファベットで語を表記するときの文字の並べ方。欧米語のつづり。スペル。

すべ・る【滑る（▼辷る）】[自五] ❶物の表面をなめらかに動く。‖「スキーヤーがゲレンデを—」「園児が滑り台を—り降りる」使い方「スキー[スケート]を—」のように、同族目的語をとって他動詞としても使う。「氷上を—」などの〜ヲは〈移動の場所〉を表すことから自動詞とする。❷踏みつけた足が支点を失って、よろけたり倒れたりする。‖「バナナの皮で—って転ぶ」「雪道で車が—」（≒スリップする）❸つかもうとする手[物]が、ひっかかりを失って物[手]をすりぬける。‖「汗で手が—ってうまくつかめない」「手元が—ってコップを割る」❹表面がなめらかで滑りやすい。‖「床がつるつると—って危険だ」❺うっかりと余計なことを言ったり書いたりする。‖「口[筆]を—らせる」❻[他五] 試験に失敗する。不合格になる。落ちる。‖「第一志望の大学に/を—って気落ちしている」❼受けを狙って失敗する。‖「ギャグが—」◈「辷」は国字。可能滑れる 名滑り

す・べる【統べる（▽総べる）】[他下一] 全体を一つにまとめて支配する。治める。‖「国を—」文す・ぶ

スペル【spell】[名] スペリング。‖「—が違う」

スポイト【spuit オランダ】[名] ガラス管の一端にゴム袋をつけた器具。インク・薬液などを吸い上げて他のものに移し入れるときに使う。

スポイル【spoil】[名・他サ変] 損なうこと。だめにすること。特に、甘やかすなどして人をだめにすること。‖「社会に—される」「親の愛が時に子を—する」

スポーク【spoke】[名] 車軸とリム（外周の枠）を放射状につないで車輪を支える細い鉄棒。輻(や)。

スポークスマン【spokesman】[名] 政府・政党などの意見や見解の公表を担当する人。広報官。また、代弁者。

スポーツ【sports】[名] 運動競技。‖「—選手」

スポーツ-ちょう【スポーツ庁】(チョウ)[名] 文部科学省の外局の一つ。スポーツに関する施策の推進を総合的に担うことを主な業務とする。

スポーツ-ドリンク【sports drink】[名] 運動時などに水分やミネラル分を効率よく補給できるように、浸透圧を体液に近づけて調整した清涼飲料。

スポーツ-の-ひ【スポーツの日】[名] 国民の祝日の一つ。十月の第二月曜日。スポーツに親しみ、健康な心身をつちかうことを目的とする。▼令和二（二〇二〇）年、「体育の日」から名称が改められた。⬇体育の日

スポーツマン【sportsman】[名] スポーツの選手。運動選手。また、好んでよくスポーツをする人。

スポーツマンシップ【sportsmanship】[名] スポーツ選手が正々堂々と勝負を競う精神や態度。

スポーティー【sporty】[形動] 軽快で、活動しやすいさま。‖「—な服装」

スポーこん【スポ根】［名］ひたすらスポーツに打ち込み、努力すること。▽「スポーツ」と「根性」の合成語。

すーぼし【素干し】［名］魚介・海藻などを、日光や日にあてないで干すこと。かげぼし。

ずーぼし【図星】ｽﾞｯ［名］❶的の中心の黒点。❷目当ての所。急所。

◉**図星を指さ・れる**　思わくなどをぴたりと言い当てられる。〓「ー・れて言いよどむ」

すぽっーと［副］❶はまっている栓などを一気に引き抜くさま。また、その音を表す語。〓「ーワインのコルクを抜く」❷完全にはまり込むさま。〓「ー箱に収まる」

スポット［spot］［名］❶地点。場所。〓「観光ー・パワーー」❷点。斑点。また、汚れ。しみ。❸ビリヤードで、目印の黒点がついている白球。また、球を置く目印として台上につけられた黒点。❹空港で、航空機に乗客が乗降したり、貨物を積み下ろししたりする場所。駐機場。❺テレビなどで、番組と番組の間に放送する短いニュースやコマーシャル。スポットニュース。スポット広告。❻「スポットライト」の略。

スポットーライト［spotlight］［名］❶劇場などで、舞台の一点だけを特に明るく照らし出す照明。また、その照明装置。スポット。❷注視。注目。スポット。〓「財界の黒幕にーを当てる」

すぼま・る【▼窄まる】［自五］縮んで小さくなる。また、先の方が細くなる。すぼむ。つぼまる。〓「傷口がー」

すぼ・む【▼窄む】［自五］❶縮んで小さくなる。しぼむ。〓「風船がー」❷先の方が細くなる。すぼまる。〓「口のーんだ壺(つぼ)」❸勢いがおとろえる。〓「応援の声がーんでくる」名**すぼみ**

すぼ・める【▼窄める】［他下一］小さく縮める。つぼめる。〓「落胆して肩をー」文**すぼ・む**

ずぼら［名・形動］行動や態度にしまりがなく、だらしがないこと。無責任で、いい加減なこと。また、そのような人。〓「ーな性格」派生**ーさ**

ズボン［名］洋服で、下半身に付ける、股のところで二つに分かれているもの。〓「ーをはく」「半ー」▽jupon(ﾌﾗﾝｽ)からという。

スポンサー［sponsor］［名］❶資金を出してくれる人。出資者。❷民間放送で、番組の広告主。

スポンジ［sponge］［名］❶海綿をさらして繊維状の骨格だけにしたもの。多孔性で、吸水性に富むので、洗浄用具・化粧用具などに使う。❷①を模してゴム・合成樹脂などで作った製品。クッション・洗浄用具・化粧用具などに使う。

スポンジーケーキ［sponge cake］［名］小麦粉・卵・砂糖を主材料にして、ふんわりとスポンジ状に焼き上げた洋菓子。ショートケーキなどの台に用いる。

スポンジーボール［和製 sponge＋ball］［名］スポーツやマジックで用いられるスポンジ製のボール。

スマート［smart］［形動］❶体つきや物の姿がほっそりと美しいさま。〓「ーな体つき」❷洗練されているさま。〓「ーな身のこなし」❸高性能・先端的であるさま。〓「ー家電」派生**ーさ**

スマートーカード［smart card］［名］➡ICカード

スマートーカジュアル［smart casual］［名］パーティーなどの服装規定で、正装ではないが、きちんとした服装。

スマートフォン［smartphone］［名］音声通話機能のほかに、ネットワーク機能・予定管理など、パソコンやPDAと同等の機能を備えた携帯電話。スマホ。

すまい【住まい】ｽﾏﾋ［名］❶住むこと。また、暮らし。〓「一人ー(ずまい)」「侘(わ)びー(ずまい)」▽多く他の語と複合して使う。❷住む家。また、住んでいる家や所。〓「快適なー」「ーづくり」書き方②は「〈住居〉」とも当てる。

スマイル［smile］［名］ほほえみ。微笑。

すま・う【住まう(▼棲まう)】ｽﾏﾌ［自五］そこにずっと住みつく。住みつづける。住む。〓「引退して山間の陋屋(ろうおく)にー」▽「住む」の未然形＋継続の助動詞「ふ」から。可能**住まえる** 名**住まい**

すーまき【▼簀巻き】［名］❶簀で物を巻き込むこと。また、そのもの。❷江戸時代の私刑の一つ。体を簀で巻いて水中に投げ込んだもの。すのこまき。

すまし【澄まし(▽清まし)】［名］❶気どって体裁をつくること。また、その人。〓「ー屋」▽多く「おー」の形で使う。❷「澄まし汁」の略。書き方「〈清汁〉」と当てる。❸酒席で、杯をすすぐための水。また、それを入れておく器。

すましーじる【澄まし汁(▽清まし汁)】［名］出し汁に醤油(しょうゆ)・塩などで味をつけた透明な吸い物。すまし。おすまし。

すま・す【済ます】［動五］■一［他］❶決まりがつく形で物事を終える。きちんと終える。すませる。〓「仕事をー・してから出かけよう」「一周忌［支払い］をー」❷〈多く「…で済ます」の形で〉物事をその程度の簡便軽微な事柄で収める。すませる。〓「連絡は電話でー・そう」「冗談でー・される問題ではない」「穏便にー」■二〈動詞の連用形に付いて複合動詞を作る〉すっかり…する。うまく…しおおせる。〓「支配人になりー」「しー」◈「澄ます」と同語源。書き方かな書きも多い。

すま・す【澄ます(▽清ます)】［動五］■一［他］❶水などを濁りのない透き通った状態にする。澄ませる。〓「不純物を沈殿させて水をー」⇕濁す❷心配や邪念を去って、心を落ち着ける。〓「座禅を組んで心をー」❸聴覚や視覚などの感覚を集中させる。〓「耳をー・して虫の声を聴く」「目をー・して見る」■二［自］❶平然たる態度をとる。平気な顔をする。取り澄ます。〓「ー・した顔をして通り過ぎる」❷気どってまじめそうな顔をする。取り澄ます。〓「ー・した顔で来賓席に座っている」■三〈動詞の連用形に付いて複合動詞を作る〉❶心を集中させて物事を行う。〓「聞きー・見ー・狙(ねら)いー」❷すっかり…する。〓「刀を研(と)ぎー」「悟りー」名**澄まし**

すま・せる【済ませる】［他下一］➡済ます■一〓「勉強をー・せてから遊ぶ」文**すま・す**

スマッシュ［smash］［名・自サ変］テニス・卓球などで、ボールを上から強くたたきつけるようにして相手のコートに打ち込むこと。

すまーな・い【(済まない)】［連語］相手に謝罪・恐縮などの気持ちを表す。ごめん(なさい)。申し訳ない。すまぬ。すまん。〓「いろいろ迷惑をかけてー」「ーが、手伝ってくれ」「そんな**すまなそうな**顔はしないでくれ」▽動詞「済む」の未然形＋打ち消しの助動詞「ない」。このままでは済まない(＝決着しない)の意からいう。使い方同輩や目下の相手に対して使う。丁寧形は「すみません」。

スマホ［名］➡スマートフォン

すみ【炭】［名］❶木材を蒸し焼きにして作った黒い燃

料。木炭。≡「ーをおこす」❷木などが燃えたあとに残る黒いもの。

すみ【隅(▽角)】[名] かどの内側の部分。また、中央からはずれたところ。≡「部屋のー」「四ー(よすみ)」

◉**隅に置けない** 思いのほか才能・力量・知識などがあって軽視できない。

すみ【墨】[名] ❶良質のすすに膠(にかわ)や香料を加えて固めた製品。また、それを硯(すずり)ですって作る黒い液。書や東洋画をかくのに用いる。≡「ーをする」数「一丁(挺)(いっちょう)…」と数える。❷イカやタコが出す黒い液体。❸鍋(なべ)や釜(かま)にこびりついたすす。

すみ【済み】[名] 物事が終わったこと。済んでいること。完了。≡「代金はー」「注文ー(ずみ)」

す-み【酸み(酸味)】[名] すっぱい味。すっぱみ。さんみ。≡「ーの強いミカン」▼「味」は当て字。

すみ-いろ【墨色】[名] 墨のように黒い色。また、墨で書かれた文字や絵の、墨の色合い。ぼくしょく。

すみ-え【墨絵】(エ)[名] 墨の濃淡だけで描いた絵。水墨画。

すみ-か【住み▽処・▼栖・住み家】[名] 住む所。また、住んでいる所。すまい。≡「終(つい)のー」▼「か」は場所の意で、「家」は当て字。

すみ-か・える【住み替える】(ヘル)[他下一] ❶住む家をかえる。≡「郊外の一戸建てにー」❷奉公人・芸者などが主家をかえる。文**すみか・ふ** 名**住み替え**

すみ-がき【墨書き・墨描き】[名・他サ変] ❶墨でかくこと。また、墨でかいたもの。❷日本画で、下絵として墨で輪郭をかくこと。また、その下絵。

すみ-がま【炭窯(炭▼竈)】[名] 木炭を作るかまど。炭焼きがま。

すみ-き・る【澄みきる(澄み切る)】[自五] わずかな濁りもなく澄む。≡「ー・った秋空」「ー・った心境」

すみ-こみ【住み込み】[名] 使用人・弟子などが主人の家に寝泊まりすること。また、その人。≡「ーで働く」⇔通い 動**すみこ・む**(自五)

すみ-ずみ【隅隅】[名] すべての隅。また、あらゆる方面。≡「部屋のーまでさがす」「ーに配慮のゆきとどいたもてなし」

す-みそ【酢味▼噌】[名] 味噌に砂糖を入れてすり、酢を加えてすりのばしたもの。和(あ)え物などに使う。

すみ-ぞめ【墨染め】[名] ❶黒または灰色に染めた色。❷黒または灰色に染めた僧衣。また、喪服。▼「墨染め衣」の略。

すみ-つき【墨付き】[名] ❶筆跡の墨の色。また、墨で書いた筆跡。❷⇒御墨(おすみ)付き

すみ-つぎ【墨継ぎ】[名] ❶筆に含ませた墨が乏しくなったとき、さらに書き続けるために墨を含ませること。❷短くなった墨をするとき、手を汚さないように墨を挟む用具。竹などで作る。墨挟み。墨柄(すみづか)。

すみ-つ・く【住み着く】[自五] 住まいをそこと定めて落ち着く。≡「この町にー・いて十年になる」

すみっ-こ【隅っこ】[名] 「すみ」のくだけた言い方。

スミッシング[smishing][名] 携帯電話・スマートフォンなどのSMS(ショートメッセージサービス)を用いたフィッシング詐欺。▼SMSとフィッシング(phishing)からの造語。

すみ-つぼ【炭▼壺】[名] 炭火などを入れ、ふたで密閉して火を消すためのつぼ。火消しつぼ。

すみ-つぼ【墨▼壺】[名] ❶墨汁を入れるつぼ。墨入れ。❷大工・石工などが直線を引くときに使う道具。糸巻き車に巻いた墨糸を、墨汁を含ませた綿の中を通して引き出し、材の上に張り渡してから指ではじいて線をつける。

すみ-てまえ【炭手前】(マエ)[名] 茶の湯で、炉(ろ)または風炉(ふろ)に炭をつぐときの作法。

すみ-とり【炭取り】[名] 炭俵から小出しにした炭を入れておくための容器。木や竹で作る。炭かご。炭入れ。書き方「炭▽斗」とも。

すみ-ながし【墨流し】[名] 墨汁や顔料を水面にたらして模様をつくり、それを紙や布に写しとって染める技法。また、その製品。▼「墨流し染め」の略。

すみ-な・れる【住み慣れる(住み▼馴れる)】[自下一] 長く住んで、その土地や家になれる。≡「ー・れた家を後にする」文**すみな・る**

すみ-にく・い【住み▽難い】[形] ❶住むのに適していない。≡「ー家」❷暮らしていくのがわずらわしい。≡「ー土地柄」派生**-げ/-さ/-がる**

すみ-び【炭火】[名] 木炭でおこした火。≡「ーをおこす」

すみ-ぶくろ【墨袋】[名] イカの内臓で、墨の入っているもの。

すみ-ません【(済みません)】[連語] 「すまない」の丁寧語。謝罪・恐縮などの気持ちを表す。ごめんなさい。申し訳ありません。≡「お待たせしてどうもー」「ー、お願いがあるのですが」「先日は本当にーでした」

使い方 (1)感謝のことばに転用することがある。⇒ありがとう (2)人にものを頼むときの軽いあいさつの語としても使う。≡「すみません、それとってください」(3)くだけた言い方や方言形で「すいません」「すんません」「すんまへん」、改まった言い方で「相すみません」、古風な言い方で「済まなんだ」「済まぬことを致しました」などともいう。

すみ-やか【速やか】[形動] 時間をかけずにすぐ行うさま。動作がすばやいさま。≡「ーな対策を望む」派生**-さ**

すみ-やき【炭焼き】[名] ❶木材を蒸し焼きにして木炭を作ること。また、それを仕事にする人。≡「ー小屋」❷炭火で焼くこと。また、その料理。≡「ーのステーキ」

すみ-よ・い【住み良い・住み▽好い】[形] ❶住むのに適しているさま。≡「ー家」❷暮らしていくのがたやすいさま。≡「ー世の中」派生**-さ**

すみれ【▼菫】[名] ❶春、葉間から細長い花柄(かへい)を出し、濃紫色の花を横向きにつけるスミレ科の多年草。日当たりのよい山野に自生する。❷アカネスミレ・キスミレ・ツボスミレなど、スミレ科スミレ属の植物の総称。

菫

すみ-わけ【▼棲み分け】[名] 似たような生活様式をもつ二種以上の生物群が、同じ地域に分布することを避け、互いに生活空間や生活時間を分けあった状態で共存すること。また、その現象。動**すみわ・ける**(他下一)

すみ-わた・る【澄み渡る】[自五] 空や水、心などがわずかな曇り・濁りもなく一面に澄む。≡「秋空が青くー」「心がー」

す・む【住む(▼棲む)】[自五] ❶居を構えてそこで生活する。すまう。≡「北国[アパート]にー・んでいる」「森には妖精(ようせい)がー」「この家には悪魔[鬼]がー」❷ある特有の世界(特に、観念の世界)に身を置いて生きる。≡「彼は我々とは違う世界にー・んでいる」「妄想の世界にー」❸動物が巣を構えてそこをすみかとする。また、植物がそ

こに根を張って生活する意にも使う。生息する。‖「アフリカに—象」「森にはフクロウが—」「砂漠に—動植物」◈ 書き分け (1)①②は【住】を使う。③は【棲】を使うが、かな書きも多く、「▼栖む」とも。(2)【棲】は、③のほかに、想像上の動物の場合(鬼【河童】が棲む)、人を含んでいう場合(地球に棲む生き物)、ひっそりと暮らす・ひそむ意(山里に隠れ棲む・心に棲む悪と戦う)で使ったりするが、一般に【住】でまかなう。 可能 住める

◉**住めば都**(みやこ) どんな辺鄙(へんぴ)な所でも、慣れてしまえば住みよい土地だと思うようになるということ。

す・む【済む】[自五] ❶物事が、決まりがつく形で終わる。きちんと終わる。‖「試験が—んだら遊びに行こう」「結婚式は滞りなく—んだ」「予防注射はもう—んだかい？」❷〈多く「…で済む」の形で〉物事がその程度の簡便軽微な事柄で収まる。‖「かすり傷だけで—んでよかった」「出向かなくとも電話で—話だ」「手術しないで—みそうだ」「お金で—問題ではない」❸⬇気が済む ◈「澄む」と同語源。 書き方 かな書きも多い。 名 **済み**

す・む【澄む(▽清む)】[自五] ❶濁りがなく、透き通る。‖「水が—んでいる」「青く—んだ空」「—んだ目でみつめる」❷曇りがなく、くっきりとよく見える。さえる。‖「月が皓々(こうこう)と—み渡る」❸雑音がまじらず、音がさえてよく響く。‖「よく—んだ声」❹心配や邪念がなく、心が晴れやかになる。‖「鏡のような—んだ心」❺発音が清音である。◈①③⑤⬍濁る 書き分け 【清】は「清んで読む」などと使うが、一般には【澄】でまかなう。

スムージー【smoothie】[名] 凍らせた果物・野菜と牛乳・ヨーグルトなどをミキサーにかけてつくる飲み物。

スムーズ【smooth】[形動] 物事が支障なくすらすらと進むさま。円滑にはかどるさま。スムース。‖「交渉は—に進んだ」

す-めし【酢飯】[名] 酢を加えて調味した飯。鮨飯(すしめし)。

スメ-ハラ[名] 過度の体臭や香水など、臭いによって他人に不快感を与えること。▼「スメルハラスメント(和製smell＋harassment)」の略。

す-めん【素面】[名] ❶剣道で、面をつけていないこと。❷酒によっていない顔。また、酒に酔っていないこと。しらふ。

ず-めん【図面】ヅ[名] 土木・建築・機械などの構造や設計を詳細に示した図。設計図。‖「—を引く」

すもう【《相撲》(〈角力〉)】スマフ[名] ❶土俵上で素手の二人が組み合い、相手を土俵内で倒す、または土俵外に出すことによって勝負を決める競技。日本の国技とされる。‖「—にならない(＝力量の差が大きすぎて勝負にならない)」❷「相撲取り」の略。

◉**相撲に勝って勝負**(しょうぶ)**に負・ける** ❶相撲の取り口では相手を圧倒していながら結果としては負けになる。❷よい経過をたどりながら結果的に失敗する。

すもう-とり【《相撲》取り】スマフ[名] 相撲を取ることを職業にする人。力士。

スモーカー【smoker】[名] 喫煙者。愛煙家。‖「ヘビー—」「チェーン—」

スモーキー【smoky】[形動] ❶煙っているさま。くすぶっているさま。また、焦げたような風味のするさま。‖「—な香り」❷くすんださま。‖「—なカラーリング」

スモーキング【smoking】[名] たばこを吸うこと。喫煙。‖「ノー—」

スモーク【smoke】[名] ❶煙。❷舞台・映画などで、ドライアイスなどを使って発生させる煙。❸[他サ変] 煙でいぶすこと。燻製にすること。‖「—チーズ」

す-もぐり【素潜り】[名] 潜水器具などを使わないで水中に潜ること。‖「—でアワビをとる」

スモック【smock】[名] ❶服が汚れないように着る、ゆったりとした上っ張り。画家の仕事着や子供の遊び着などにする。❷布にひだを寄せ、そのひだ山を刺繍(ししゅう)糸で美しくかがる手芸。スモック刺繍。スモッキング。

スモッグ【smog】[名] 石炭・石油の大量消費によって生じる高濃度の煙霧。また、空気中の汚染物質が高濃度になった状態。公害の一つ。‖「光化学—」▼smoke＋fog(霧)の合成語。

す-もも【▼李】[名] 果樹として植えられるバラ科の落葉高木。また、その果実。春、葉よりも先に白い五弁花を開き、夏、黄色または赤紫色の果実をつける。甘酸っぱい果実は生食のほか、ジャム・果実酒などにする。中国原産。栽培品種が多い。プラム。

スモン-びょう【スモン病】ビャウ[名] 腹痛・下痢に続き、下半身のしびれや麻痺(まひ)、視力障害などが起こる難病。整腸剤のキノホルムが原因とされる。亜急性脊髄(せきずい)視神経障害。スモン。

す-やき【素焼き】[名] ❶陶磁器を本焼きする前に、釉(うわぐすり)をかけずに低温で焼くこと。また、そのもの。‖「—の壺(つぼ)」❷白焼き。‖「—のアナゴ」

すや-すや[副と] 気持ちよさそうに静かに眠っているさま。また、その寝息の音を表す語。‖「—(と)眠る」

す-よみ【素読み】[名・他サ変] ❶文章の意味は考えずに、文字だけを音読すること。素読(そどく)。‖「論語を—する」❷原稿と照合しないで、校正刷りだけを読んで校正すること。‖「初校ゲラを—する」

すら[副助] 極端な事柄を提示して、他のものはまして、と事柄の甚だしいさまを暗示する。…さえ。‖「自分の名前すら忘れた」「ペンを持つことすらできない」「敵意をすら感じる」「子供ですら知っている」「見ようとすらしない」

ずらヅラ[名]〔俗〕鬘(かつら)。特に、薄毛を隠すためにつけるかつら。‖「—をつける」「あの頭は—っぽい」▼「かつら」の転。 書き方 多く「ズラ」「ヅラ」と片仮名で書く。

スラー【slur】[名] 楽譜で、二つ以上の音符の上または下につけられた弧線。この間の音を切らずになめらかに演奏することを示す。

スライサー【slicer】[名] 食材を薄く切る器具。

スライス【slice】[名] ❶[他サ変] 薄く切ること。また、薄く切ったもの。‖「—したハム」❷[自サ変] ゴルフで、打ったボールが途中から打者の利き腕の側に曲がって飛ぶこと。‖「打球が—する」⬍フック ❸[他サ変] テニス・卓球で、球を切るように打って、打球に逆回転を与えること。また、その打ち方。

スライダー【slider】[名] 野球で、投手の投げる変化球の一つ。打者の近くで、投手の利き腕の反対側に滑るように水平に曲がるボール。

スライディング【sliding】[名] 滑ること。特に野球で、滑り込み。‖「ヘッド—」

スライド【slide】[名] ❶[自他サ変] 滑ること。滑らせること。❷[自他サ変] ある数量に応じて他の数量が増減すること。また、増減させること。‖「年金を物価に—させる」❸ポジフィルムを拡大して映し出す機器。また、そのポジフィルム。❹顕微鏡で、検鏡用試料をのせるガラス板。▼「スライドガラス(slide glass)」の略。❺コンピューターで、画像を連続して表示すること。ま

た、その画像。

スライド-せい【スライド制】［名］賃金や年金を、消費者物価指数などの変動に応じて自動的に調整する方式。スライディングシステム。

ずらか・る［自五］〔俗〕逃げ出す。姿をくらます。≡「見つからないうちにー・ろう」▽もと盗人などの隠語。

ずら・す［他五］❶物をすべらせるようにして、少し位置をかえる。≡「机を少し後ろへー」「帽子をよこちょにー」❷標準的な位置から少しはずれた所で物事を処理する。≡「標的を／から少しー・して撃つ」「本論から話をー」❸日時・日程が重ならないように、他に動かす。≡「予定を一週間後へー」「タイミングをー」 可能 **ずらせる**

すら-すら［副ト］物事がとどこおりなく進行するさま。≡「英語をー（と）読む」

ずら-ずら［副ト］同種のものがとぎれずに並んだり続いたりするさま。≡「店の前に客がー（と）並ぶ」

スラッガー［slugger］［名］野球で、強打者。

スラックス［slacks］［名］ズボン。特に、替えズボン。

スラッシュ［slash］［名］❶文・語の切れ目や「または」の意を示すために入れる「／」などの斜線。❷衣服に入れた切れ込み。

スラップスティック［slapstick］［名］どたばた喜劇。≡「ーコメディー」▽道化芝居用の、相手をぴしゃりとたたく棒の意。

スラブ［Slav］［名］ヨーロッパの東部から中部にかけて居住する、インド-ヨーロッパ語族スラブ語派に属する民族の総称。東スラブ（ロシア人・ウクライナ人など）・西スラブ（ポーランド人・チェコ人・スロバキア人など）・南スラブ（ブルガリア人・セルビア人・クロアチア人など）に大別される。

スラム［slum］［名］都市で、貧しい人々が集まって住んでいる区域。貧民街。

ずらり［副ト］同種のものがたくさん並んでいるさま。≡「著名人がーと並ぶ」

すらり-と［副］❶物事が順調に進むさま。≡「難題がー解決する」❷一連の動作が滞りなく、なめらかに行われるさま。≡「ー言葉が出た」❸人の体などが、ほっそりと形よく伸びているさま。≡「ー伸びた足」◈「すらっと」とも。

スラローム［slalom］［名］スキーなどの回転競技。➡回転②

スラング［slang］［名］ある特定の社会集団の中で用いられる俗語。

スランプ［slump］［名］❶心身の調子が一時的にふるわなくなる状態。また、仕事の能率や成績が落ちてふるわなくなる状態。≡「ーに陥る」❷相場の急落。不況。

すり【刷り】［名］印刷すること。印刷したもの。また、その出来ぐあい。≡「ーが美しい」

すり【〈▼掏▼摸〉】［名］ひそかに他人にすり寄って、その人が身につけている金品を巧みに抜き取ること。また、その盗人。巾着（きんちゃく）切り。 書き方 盗人の意では「〈▼掏児〉」とも。≡「掏児をつかまえる」

ずり［名］❶鉱山で、鉱石・石炭などとともに掘り出された価値のない石。❷➡砂嚢（さのう）②

ずり-あが・る【ずり上がる】［自五］少しずつずれて上がる。≡「帯がー」

すり-あし【▼摺り足】［名］足の裏で地面・畳などをするようにして静かに歩くこと。また、その歩き方。

すり-あわ・せる【▼摺り合わせる】（ーアハセル）［他下一］いくつかの案や意見などを突き合わせて調整する。≡「両者の見解をー必要がある」 名 **すり合わせ**

スリー［three］［名］数の三。三つ。≡「ーピース（＝三つぞろいの服）」

スリー-クオーター［three-quarter］［名］❶野球で、上手投げと下手投げの中間の投法。斜め上方から投げおろすもの。▽「スリークオータースロー（three-quarter throw）」の略。❷ラグビーで、スタンドオフの後方に位置する四人の選手。左右をウイング、中の二人をセンターという。▽「スリークオーターバックス（three-quarter backs）」の略。

スリー-サイズ［和製three＋size］［名］女性のバスト・ウエスト・ヒップのサイズ。

スリー-ディー【3D】［名］三次元。立体的空間。三次（さんじ）ディー。≡「ー映画（＝立体映画）」▽three-dimensionalから。

スリー-ディー-プリンター【3Dプリンター】［名］樹脂などを使い、設計データから立体的なものを造形する装置。三次元プリンター。

スリー-バント［和製three＋bunt］［名］野球で、打者がツーストライクのあとに行うバント。

スリー-ピー-エル【3PL】［名］物流業者が荷主に対して合理的な物流システムを提案し、一括して運営・管理すること。また、それを行う業者。▽third party logisticsから。

スリーピング-バッグ［sleeping bag］［名］寝袋。シュラフザック。

スリーブ［sleeve］［名］洋服の袖。≡「ノーー」

スリープ［sleep］［名］❶眠ること。睡眠。❷電子機器で、消費電力を抑えるため、機能を一時的に停止すること。また、その状態。≡「パソコンのーモード」

すり-うす【▽磨り臼・▼磑】［名］籾（もみ）をすって殻を取り除くためのうす。二個の円筒形のうすを重ね、上のうすを回転させて穀物をする。製粉にも使う。唐臼（とうす）。ひきうす。

すり-え【▼擂り餌】（ーヱ）［名］川魚・ぬか・青菜などをすりつぶし、少量の水で練った小鳥のえさ。

ずり-お・ちる【ずり落ちる】［自上一］ずれて落ちる。また、ずれて下がる。≡「椅子からー」「ズボン［帯］がー」 文 **ずりお・つ**

すり-か・える【▼掏り替える】（ーカヘル）［他下一］人に気づかれないようにそっと別のものと取り替える。≡「論点をー」「宝石を模造品とー」 文 **すりか・ふ** 名 **掏り替え**

すり-ガラス【▽磨りガラス】［名］表面を研磨剤ですって不透明にしたガラス。曇りガラス。つや消しガラス。 書き方 「▽磨り〈硝子〉」とも。

すり-きず【擦り傷】［名］❶物にこすれてできた皮膚の傷。すりむいた傷。擦過傷（さっかしょう）。❷こすれて物の表面についた傷。

すり-きり【擦り切り・▼摺り切り】［名］粉や粒状のものを量るとき、盛り上がった部分を取り去って容器の縁と同じ高さにならすこと。また、その状態。≡「スプーンー一杯の砂糖」

すり-き・る【▽摩り切る・▼摺り切る】［他五］❶こすって切る。≡「やすりで鎖をー」❷財産・金銭などを使い果たす。無一文になる。≡「身代（しんだい）をー」

すり-き・れる【擦り切れる】（▽摩り切れ

る・▼摺り切れる)】[自下一] 物と物とが何度もこすれ合って切れる。||「ズボンのすそが—」文すりき・る

すり-こ-ぎ【▼擂り粉木(▼摺り子木)】[名] すり鉢に入れたものをすりつぶすのに使う、先の丸い棒。れんぎ。すりぎ。あたりぎ。▼サンショウの木が良材とされる。

◉**擂(す)り粉木(こぎ)で腹を切る** 不可能なことのたとえ。連木(れんぎ)で腹を切る。杓子(しゃくし)で腹を切る。

すり-こみ【刷り込み】[名] 生まれたばかりの鳥類や哺乳(ほにゅう)類にみられる一種の学習。その時期に目の前を動いた物体を親として覚え込み、一生それに追従する現象をいう。刻印づけ。インプリンティング。

すり-こ・む【擦り込む】[他五] ❶こすって中にしみ込ませる。||「傷口に軟膏(なんこう)を—」書き方「▽摩り込む」とも。❷すり砕いてまぜ入れる。||「味噌に木の芽を—」書き方「▼擂り込む」とも。

スリット[slit][名] ❶上衣やスカートの裾などに入れる切れ込み。❷光線の通る幅を制限するための細いすき間。細隙(さいげき)。

スリッパ[slippers][名] 足の先を滑り込ませて履く、室内用の上履き。

スリップ[slip][名] ❶[自サ変] 滑ること。特に、自動車・自転車などのタイヤが路面で滑ること。||「雪道で—する」「—事故」❷肩ひもでつって、胸からひざの上までをおおう女性用の下着。絹・ナイロンなど、すべりのよい素材で作られる。

すり-つぶ・す【▼擂り潰す・▽摩り潰す】[他五] ❶【擂】すって細かく砕く。また、すって原形をなくす。||「豆を—」❷【摩】財産を使い果たす。||「身上(しんしょう)を—」

スリッポン[slip-on][名] ひもや留め具のない、足を滑り込ませて履くタイプの靴。スリップオン。

すり-ぬ・ける【擦り抜ける・▼摺り抜ける】[自下一] ❶人ごみや狭い所を他の人や物にふれそうになりながら通り抜ける。||「雑踏を—」❷うまくつくろって窮地をのがれる。||「口裏を合わせて追及を—」

すり-ばち【▼擂り鉢・▼摺り鉢】[名] すりこぎで食品をすりつぶすのに用いる鉢。漏斗(ろうと)状に上が開いた陶器で、内側に縦の刻み目がある。当たり鉢。

すり-ひざ【擦り膝(▽磨り膝)】[名] 膝頭(ひざがしら)を畳などにすりつけて進むこと。膝行(しっこう)。

すり-へら・す【▽摩り減らす・▽磨り減らす】[他五] ❶他の物にこすりつけて減らす。何度もこすってだんだん小さくする。||「歩き回って下駄を—」❷激しく使って機能を弱らせる。||「神経を—」

すり-み【▼擂り身】[名] 魚肉をすり鉢などですりおろしたもの。かまぼこ・ちくわ・つみれなどにする。

スリム[slim][形動] ❶ほっそりしているさま。細い。||「—な体型」❷組織などにむだがないさま。派生-さ

すり-む・く【擦り▽剝く】[他五] 物にすり当てて皮膚をむく。||「転んでひざを—」名擦りむき

すり-もの【刷り物(▼摺り物)】[名] 版木を用いてすったもの。また、一般に、印刷したもの。印刷物。||「報告を—にして配る」

ず-りょう【▽受領】[名] 平安中期以降、実際に任国で政務を執った国司の長官。じゅりょう。ずろう。▼前任の国司から事務を引き継ぎ、官物を受け取る人の意。

すり-よ・る【擦り寄る】[自五] ❶体がふれるほど近くに寄る。にじり寄る。||「犬が尾を振って—」❷ひざをすって近寄る。||「そっと—って耳打ちする」

スリラー[thriller][名] 小説・映画・演劇などで、読者や観客にぞっとするようなスリルを味わわせることをねらった作品。||「—物」

スリリング[thrilling][形動] スリルを感じさせるさま。はらはらさせるさま。||「—なシーン」

スリル[thrill][名] 恐怖・不安・興奮などによってもたらされる、ぞくぞく、はらはらするような緊張感。||「—満点の渓流下り」

スリング[sling][名] ❶つり包帯。三角巾。❷赤ん坊を抱くための専用の帯。肩から斜めにかけて赤ん坊を包み、支えるもの。

す・る【刷る(▼摺る)】[他五] ❶版木などに墨や絵の具をつけて紙などに当て、こするようにして写し取って、その物を作る。||「版画を—」「芋版で年賀状を—」❷印刷して、その物を作る。||「輪転機で新聞を—」◈「擦る」と同語源。書き方「摺る」とも書くが、今は「刷」でまかなう。可能刷れる 名刷り

す・る【▼剃る】[他五] 剃(そ)る。||「髭(ひげ)を—」▼東日本でいう。「(財産を)摩る」に通じることから、忌んで「当たる」とも。

す・る【▼掏る】[他五] 人が身につけている金品を気づかれないように盗み取る。||「懐から財布を—」可能すれる 名すり(掏摸)

す・る【擦る・▽摩る・▽磨る・▼摺る・▼擂る】[他五] ❶【擦】ある物に他の物を強くふれあわせて動かす。こすりつける。||「マッチを—」❷【摺】手などを前後にこすり合わせる。||「蠅(はえ)が手を—足を—」❸【磨・摩】ある物の表面に他の物を押しつけて繰り返し動かす。また、そのようにしてある物を作る。||「硯(すずり)で墨を—」「玉を—」「やすりで—って仕上げる」❹【擂】すり鉢・石うすなどに入れ、強く押しつけて細かく砕く。||「すり鉢でゴマを—」「石うすで小麦を細かく—・りつぶす」「上役にゴマを—(=おもねりへつらう)」❺【摩】賭(か)け事などで不本意に金を使ってしまう。||「競馬で全財産を—」◈書き分け ③は、みがく意で【磨】、こする意で【摩】を使うが、「墨をする」は【磨】が好まれる。ただ一般には、かな書きも多い(①～⑤とも)。可能擦れる

する【▽為る】[動サ変](命令形は「しろ」「せよ」)

■一[自] ❶ある現象が起こる。||「稲光[雨漏り]が—」「むんむんと人いきれが—」❷音・味・香りや体の異常などが感じられる。||「背後で物音が—」「レモンのような味が—」「頭痛[息切れ]が—」❸心にある気持ちや感じなどをもつ。そのような心持ちが起こる。||「寂しい思いが—」「気後れ[胸騒ぎ]が—」使い方「気後れする」など、「が」を言わない形でもいう。❹〈状態性名詞とともに用いて〉そういう性状・性質をもっている。||「体力的には見劣りが—」「世間擦れのした考え方」使い方「見劣りする」など、「が」「の」を言わない形でもいう。❺その値段である。||「この時計は十万円もした」「いくらもしない(=安い)」❻時が経過する。たつ。||「五分もすれば着くでしょう」「しばらくしてから行く」❼〈情態副詞やトタル型形容動詞とともに用いて〉そういう様態的性質をもった現象・感覚が現れる。また、そういう様態的性質をもっている。||「注射器が腕にちくりとした」「体格はがっしりとしている」「杳(よう)として行方が知れない」使い方「がっしりしている」など、「と」を言わない形

でもいう。
❽そのような行動や態度をとる。‖「静かにしろ」「人に優しく―」「こうすればいいでしょう」▼様態を表す形容詞・形容動詞の連用形、「こう」「そう」など、副詞句に直接付く。
❾〈「…とする」の形で〉仮定の内容を受けて、ひとまずそう考えておく。…と仮定する。‖「かりに宝くじに当たったとしてみよう」
❿〈「…とする」の形で〉意見や判断を受けて、そういう考えがあることを示す。…と見なす。‖「即座に協力すべきだと―意見が多数を占める」「気象庁では津波の心配はないとしています」▼報道などで多用される言い方。使い方 その見解や判断に自分は関与しないことを表し、「とりあえずの判断である」というニュアンスや、責任を回避している印象も与える。自分の意見や判断を示す場合は、「…と考える[見なす・判断する・主張する]」など主体的な表現を使う。
二［他］❶自分の意志である動作・行為を行う。‖「勉強[早起き・連絡・協力・話・けんか・結婚]を―」使い方「する」の尊敬語には「なさる」、謙譲語には「仕る（つかまつる）」、丁重語には「致す」などがある。
❷無意識のうちに（好ましくない）動作・行為を行う。‖「失敗[ミス・勘違い・損]を―」
❸体にある現象が生じる。病気などが生じる。‖「呼吸[咳（せき）・病気]を―」使い方 ①～③には、「勉強する」「呼吸する」など、「を」を入れない言い方をするものも多い。
❹ある役割を務める。‖「教師をしている」「司会を―」
❺ある物を身につける。‖「右手に包帯を―」「ネクタイ[眼鏡]を―」「首輪をした犬」
❻〈多く「…をして」「…をした」の形で〉そのような性質・形状・状態である。‖「彼は長い髪[仏頂面（ぶっちょうづら）]をしている」「複雑な構造[形]をした機械」
❼〈「AをBにする」などの形で〉あるものを別のものや別の状態に変える。‖「鉄鉱石を鋼（はがね）に―」「部屋をきれいに―」「身を粉（こ）にして働く」
❽〈多く「AをBにする」の形で〉人をある職業や地位につける。‖「子供を医者に―」「腹心の部下を重役に―」
❾〈多く「AをBにする」の形で〉あるものをある用にあてる。特に、他の代用として役立てる。‖「土地を担保に―」「かき集めた一億円を身代金と―」
❿〈「AをBに／とする」の形で〉あるものをそのような価値や資格をもったものとして扱う。‖「写真を趣味に／と―」「先輩を目標に／と―」「遠足を楽しみに―」「よくも人をばかにしたな」
⓫〈「AをBと／にする」の形で〉判断・選択してそれと決める。‖「試合は中止と／に―」「贈り物は花束に―」
⓬〈「…とされる」の形で〉➡される三
三［補動］❶〈動詞連用形に助詞「は」「も」「や」「さえ」「こそ」などを添えた形に付いて〉その動詞の（否定の）意味をとりたてたり強めたりする。‖「英語が話せは―がうまくはない」「読みもしないで批評はするな」「心配こそすれ忘れたことなど一度もない」
❷〈「たりする」「などする」の形で〉他に同類があることを暗示しながら、動作・状態を例示するのをまとめあげる。‖「泣いたり笑ったりして暮らす」「すねたり（など）して悪い子ね」
❸〈「～方（かた）をする」の形で〉その方法・しかたで物事を行う。また、迷惑や被害がそうしたしかたで起こる。‖「高圧的な口の利き方を―」「むごい殺され方をしたもんだ」
❹〈「お[ご]…する」の形で、間に動詞連用形やサ変動詞語幹が入って〉謙譲 Aに…する、A（の事物）を…するという動作について、Aを高める。‖「明日先生にお会いします」「山田さんをご案内―」「御社のますますのご発展をお祈りします」「またのご来店をお待ちしております」「こちらからご連絡しましょうか」➡お（御）②・ご（御）②▼「お[ご]…される」は「される」を参照。使い方 より敬意の度合いの高い言い方に「お[ご]…申し上げる」がある。
注意 ⑴謙譲表現は自分側の動作について言うものなので、尊敬表現として他人の動作について使うのは誤り。‖「×先生が君にお会いしたいそうだ（〇お会いになりたいそうだ）」「×ご利用するサービス」「×明日までに弊社にご連絡してください（〇ご連絡ください）」⑵近年、「（私は）会社をお休みします」など、動作の及ぶ人物のない、美化語的な用法も見られるが、本来は誤り。
◈以下のような形でも使う（それぞれの項目を参照）。➡…うとする（助動詞「う」⑥）…まいとする（助動詞「まい」③）…ようにする（助動詞「ようだ」⑦）・ことにする・とすると・とすれば・としたら・として・としても・としたことが・にしろ・にせよ・にして・にしては・にしても・にしたって・をして
四〈名詞、動詞・形容詞の連用形、副詞などに付いてサ変複合動詞を作る〉それぞれの語幹に動作・状態などの意を添える。‖「愛―・涙―・キック―・取引―・びっくり―・ひんやり―」使い方「信ずる」「感ずる」「応ずる」「重んずる」など、語幹が漢字一字からなるものには「～ずる」となるものも多い。これらは近年「信じる」「感じる」「応じる」「重んじる」のように上一段化して使うことが多い。また、「愛する」「訳する」「略する」などは、他に「愛す」「訳す」「略す」があり、これらは口語では五段化する。文 す

品格 いたす「そういたします」 営（いとな）む「不動産業を―」 行う「改革を―」 なす「―べきことを―」

◉**すまじきものは宮仕（みやづか）え** 人に仕えたり役所や会社に勤めたりすることは気苦労が絶えないから、できるだけしないほうがいいということ。
◉**することなすこと** することのすべて。なにもかも。やることなすこと。‖「―失敗ばかり」

ずる【▼狡】［名］ずるいこと。また、その人。‖「―休み」

ず・る 一［自五］❶少しずつすべって移動する。すべり動く。‖「ズボンが―・ってくる」❷ひざや尻を地につけたまま進む。‖「ひざで―・ってくる」二［他五］ひきずる。‖「着物の裾を―」

ずる・い【▼狡い】［形］人をだましたり、不正な方法を用いたりなどして、自分だけが得をしようとするさま。狡（こす）い。‖「人を出し抜くなんて―よ」派生 -さ

スルー［through］［名］❶テニスで、ボールがネットの網の目を通り抜けて相手のコートに入ること。❷［他サ変］サッカーなどで、パスを受けずに別の味方選手に通すこと。‖「シュートと見せかけて―する」❸［自サ変］〔新〕聞き流すこと。やり過ごすこと。無視。‖「適当にうなずいて―する」

ずる-がしこ・い【▼狡賢い】［形］自分だけが得をしようと巧みに悪知恵を働かせるさま。悪賢い。‖「―奴（やつ）」「―・く立ち回る」

ずる・ける［自下一］〔俗〕❶怠けてするべきことをしない。さぼる。‖「学校を―」❷ゆるんでずるずるとずり落ちる。‖「頭から鉢巻きが―」

するーする【副ト】なめらかに滑るように動くさま。また、物事が滞りなく順調に進むさま。〽「猿がー(と)木に登る」「話がーとまとまる」

ずるーずる【副ト】❶物を引きずるさま。〽「帯をー(と)引きずる」❷持ちこたえられなくなって、少しずつ下がっていくさま。〽「ー(と)後退して土俵を割る」❸汁などを音を立てて吸い込むさま。また、その音を表す語。〽「うどんをー(と)すする」❹けじめやきまりをつけないで、そのままの状態が続くさま。また、物事にはまりこむさま。〽「返事をー(と)引き延ばす」「悪の道にー(と)はまり込む」

スルタン【sultān アラビア】【名】イスラム教国の君主の称号。特に、旧トルコ帝国の皇帝。サルタン。

ズルチン【Dulzin ドイツ】【名】人工甘味料の一つ。肝臓障害を引き起こすなどの理由で現在は使用禁止。

するーと【接】❶そうすると。〽「ふたを開けた。ー何かが飛び出した」❷それでは。それなら。〽「『私は外出していました』『ー家にはだれもいなかったわけですね』」

するど・い【鋭い】【形】❶先がとがっていてよく刺さるさま。また、研ぎすまされていてよく切れるさま。〽「ライオンのー牙」「ーく研いだ刃先」❷感覚や頭の働きがすぐれているさま。鋭敏だ。〽「勘がー」「ーく反応する」❸動き・勢い・刺激などが強くきびしいさま。〽「目つきのー刑事」「ー口調で言う」「ー痛み」◈①②⬍鈍い 派生 ーさ

するめ【▼鯣】【名】❶イカの胴を切り開き、内臓を取り除いて干した食品。▼「するめ」の「する」を忌んで「あたりめ」ともいう。❷日本各地の沿海に分布するアカイカ科のイカ。食用。▼「するめいか」の略。

するりーと【副】動きがなめらかで、滑るようであるさま。〽「ー刀を抜く」「ー身をかわす」

ずれ【名】❶位置・時間などが基準から少しはずれていること。〽「時間のーを調整する」「印刷のーが甚だしい」❷考え方や感じ方に少し隔たりがあること。食い違い。〽「意見のーを調整する」

すれーあ・う【擦れ合う】フーァ【自五】物と物とが触れ合う。互いにすれる。〽「肩と肩とがー」

スレート【slate】【名】❶粘板岩の薄板。屋根葺(ふ)きの材料などにする。天然スレート。❷①に模して、石綿をセメントで固めた薄板。屋根・天井・内装・外装などに用いる。石綿スレート。

ずれーこ・む【ずれ込む】【自五】予定などが延びて、あとの時期に入りこむ。〽「竣工(しゅんこう)が来月までー」

すれーすれ【名・形動】❶もう少しで触れ合うほど近づいていること。〽「海面ーにカモメが飛ぶ」❷もう少しでその限界を越えそうなこと。〽「発車時間ーに到着する」「違反ーの運転」

すれーちがい【擦れ違い】ガーヒ【名】擦れ違うこと。〽「ーに呼び止める」「親子のー」「ーに終始した討論」

すれーちが・う【擦れ違う】ガーフ【自五】❶互いに触れ合うほど近くを通り過ぎて、それぞれ反対の方向へ行く。行き違う。〽「列車と列車がー」「廊下で先生とー」❷時間や位置がずれて会えるはずが会えないでしまう。擦れ違いになる。〽「彼とはーってばかりでなかなか会えない」❸議論などで、論点がかみ合わなくなる。〽「話がーって争点がぼやける」名 擦れ違い

すれっ-からし【擦れっ枯らし】【名】世間ずれして悪賢くなること。また、その人。すれからし。

スレッド【thread】【名】❶オペレーティングシステムが一つのプロセスを複数に分割して処理するときの、最小の処理単位。❷インターネットの掲示板やメーリングリストなどで、一つのテーマに関連した一連の記事。また、それをまとめて表示したもの。スレ。

す・れる【擦れる】■【自下一】❶物と物とが触れ合って動く。こすれる。〽「帯がー」❷物と物とが強く(何度も)触れ合って、痛んだり減ったりする。こすれる。〽「足が靴でー」❸世間なれして、人柄が悪賢くなる。世間ずれする。〽「長年の都会暮らしでーれてしまう」◈ 書き方 「▽摩れる」「▽磨れる」とも。③は専ら「擦れる」と書く。文 す・る ■【自他下一】「擦る」の可能形。することができる。書き分け ⬇擦る

ず・れる【自下一】❶(物が動いて)本来的な位置から少しはずれる。〽「断層によって岩盤がー」「眼鏡(めがね)がーれている」❷物事が平均的・標準的な事柄からはずれる。また、物事と物事の間に食い違いができる。〽「回答が質問の趣旨からーれている」「歌が演奏とーれている」❸基準とする時間や角度・方角からはずれる。また、時間帯などが互いにかみ合わない。〽「三〇分ずつ放送時間がー」「タイミングがー」「時間帯がーので会えない」文 ず・る 名 ずれ

スレンダー【slender】【形動】ほっそりしたさま。すらりとしたさま。〽「ーな体型」

ずーろう【▼杜漏】ーッ【名・形動】粗雑で、手ぬかりが多いこと。杜撰脱漏(ずさんだつろう)。〽「ーな計画」

すーろうにん【素浪人】ニーラウ【名】失職して仕える主人のない武士を卑しめていう語。紛れもない浪人。無一物の浪人。

スロー【slow】【形動】速度がおそいさま。ゆっくりしているさま。〽「ーな曲」「動きがーだ」

スローーイン【throw-in】【名】サッカー・バスケットボール・ハンドボールなどで、ボールがサイドライン(タッチライン)の外へ出た場合、そのボールを出た地点からコート内に投げ入れること。▼最後にボールに触れた選手の相手側が行う。

スローーイング【throwing】【名】スポーツで、ボールを投げること。また、ボールの投げ方。

スローーガン【slogan】【名】広く一般に浸透させるために、運動の趣旨や団体の主義・主張などを簡潔に言い表した語句。標語。〽「ーを掲げる」

ズロース【drawers】【名】女性用のゆったりした下ばき。ショーツよりも股下が長い。

スローースターター【slow starter】【名】出足の遅い人。調子が出るまでに時間のかかる人。

スロープ【slope】【名】斜面。傾斜地。また、坂。

スローーフード【slow food】【名】食生活を見直し、地域の伝統的な食べ物・食文化などを守りながら、良質の食事をゆったりと楽しもうという運動。また、そのような食事。▼イタリアで、ファーストフード(fast food)に対してつくられた語。

スローーモー【形動】動作や反応がのろいさま。〽「対応がーで困る」▼「スローモーション」の略。

スローーモーション【slow motion】【名】❶映画で、高速度で撮影したフィルムを通常の速さで映写し、被写体の動きを実際よりもゆっくりと見せるもの。テレビでは、普通に録画したビデオテープを低速度再生することによって同様の効果を得る。❷のろい動作や反応。

スロー‐ライフ【和製slow＋life】[名] 自分のペースに合わせて、ゆったりと毎日の生活や人生を送ろうとするライフスタイル。

ず‐ろく【図録】ヅ [名] 図や写真を主体とした記録や書物。

スロット【slot】[名] ❶工作物などの溝穴。❷公衆電話・自動販売機などの、硬貨を投入する口。❸コンピューターで、拡張ボードなどを差し込む溝穴。

スロット‐マシン【slot machine】[名] コインを入れてレバーを引くと表示窓の図柄が回転し、それが止まったときの図柄の組み合わせによってコインが出てくる仕組みの自動賭博（とばく）機。

スロットル【throttle】[名] 管路の断面積を変化させ、そこを通る流体の量を調節する弁。内燃機関の気化器などに用いる。絞り弁。スロットルバルブ。

すわ ハス [感] 突然の出来事に驚いて発する語。さあ。あっ。〓「—、一大事」

ずわい‐がに【ずわい▼蟹】[名] 寒流域の海底に分布するクモガニ科のカニ。甲は丸みを帯びた三角形で、表面にこぶ状の突起がある。雄は歩脚を広げると一メートルにも達するが、セイコガニ・コウバクガニなどと呼ばれる雌は小さい。日本海側の重要な水産物の一つ。マツバガニ。エチゼンガニ。

スワッピング【swapping】[名] 二組の夫婦またはカップルが、一時的にセックスの相手を交換すること。夫婦交換。スワップ。

スワップ‐とりひき【スワップ取引】[名] 外国為替取引で、直物（じきもの）為替の売買とともに、これに対する先物為替の売買を同時に同額で行うこと。スワップ。チエンジオーバー。

すわり【座り(▼坐り)】[名] ❶すわること。〓「—心地が悪い」▼多く他の語と複合して使う。❷ある物を据えたときの落ち着きぐあい。安定。〓「この花瓶は—が悪い」 書き方 ②は「据わり」とも。

すわり‐こ・む【座り込む(▼坐り込む)】[自五] ❶どっかりと腰をすえて座る。〓「玄関先に—」❷その場に座ったまま動かない。〓「面会を求めて—」 名 座り込み

すわり‐だこ【座り〈▼胼▼胝〉】[名] いつも正座しているために、足の甲やくるぶしにできるたこ。

すわ・る【座る(▼坐る)】[自五] ❶ひざを折り曲げて床や椅子（いす）に腰をおろす。また、そのような姿勢をして席につく。座す。〓「椅子に—」「机に—・って(＝向かって)手紙を書く」「上座に—」❷ある重要な地位に就く。〓「政権の座に—」「カムバックして四番に—」▼他動詞表現では「据える」となる。〓「幹事長を総裁の後釜に据える」◈「据わる」と同語源。 書き方 すわる意では本来は「坐」。「座」はすわる場所の意だが、今はこれを使う。もと「据わる」とも書いたが、今は書かない。 可能 座れる 名 座り

すわ・る【据わる】[自五] ❶物が位置を占めて、しっかりと安定する。〓「赤ん坊の首が—」❷どっしりと落ち着いて、ものに動じなくなる。〓「度胸[腹]が—」「腰が—・っていないからふらつくのだ」❸一つの所にとどまって、動かなくなる。〓「酔って目が—」 名 据わり

スワン【swan】[名] 白鳥。

すん【寸】■一 [名] ❶尺貫法で、長さを表す単位。一寸は一尺の一〇分の一で、約三・〇三センチメートル。❷長さ。〓「—が詰まる(＝丈が短い)」「原—・採—」■二 (造) ごく短い。ごくわずか。〓「—暇・—劇・—志・—前・—評」

すん【▼駿】(造)「駿河（するが）」の略。〓「—州・—府」

すん‐いん【寸陰】[名] わずかの時間。

すん‐か【寸暇】[名] わずかのひま。〓「—を惜しんで働く」 使い方 近年「寸暇を惜しまず働く」という言い方もされるが、「寸暇を惜しんで…」が標準的。

すん‐かん【寸感】[名] ちょっとした感想。〓「読書—」「歳末—」▼多く自分の感想を謙遜（けんそん）していう。

ずんぐり [副上] 背が低くて太っているさま。太くて短いさま。〓「—むっくり(＝「ずんぐり」を強めていう語)」

すん‐げき【寸隙】[名] ❶わずかのひま。寸暇。❷わずかのすきま。〓「—を縫って歩く」

すん‐げき【寸劇】[名] ごく短い演劇。

すん‐げん【寸言】[名] 短いことば。短いが意味の深いことば。

すん‐ごう【寸▼毫】ガウ [名] きわめてわずかなこと。〓「—も疑わない」▼「毫」は細い毛の意。

すん‐こく【寸刻】[名] わずかの時間。寸時。〓「—を争う事態」

すん‐し【寸志】[名] ❶わずかな志。少しの気持ち。❷心ばかりの贈り物。ささやかな謝礼。▼自分の贈り物をいう丁重語。多く謝礼や贈り物のし紙の上に書く。 注意 もらう側がいうのは不適切。〓「〔歓迎会の幹事が〕部長から×寸志／○お心遣い[御厚志]を賜りました」

すん‐じ【寸時】[名] わずかな時間。寸刻。

すん‐しゃく【寸尺】[名] 寸法。長さ。また、わずかな長さ。〓「—を競う」

すん‐しゃく【寸借】[名・他サ変] ちょっと借りること。また、わずかな金を借りること。〓「—詐欺（さぎ）(＝すぐに返すと言って金品を借り、そのままだまし取ること)」

すん‐しょ【寸書】[名] 短い手紙。また、自分の手紙をいう丁重語。寸簡。寸楮（すんちょ）。

すん‐ずん【寸寸】[形動] 物を細かく切るさま。ずたずた。〓「手紙を—に切り裂く」

ずん‐ずん [副上] ❶人が勢いよく進んでいくさま。〓「脇目もふらずに—(と)歩く」❷物事がとどこおりなく速やかに進むさま。〓「仕事が—(と)はかどる」

すん‐ぜん【寸前】[名] ❶ある物のほんのわずか手前。直前。〓「ゴール—で追い抜く」❷ある事の起こるほんの少し前。〓「爆発—に脱出する」

すんぜん‐しゃくま【寸善尺魔】[名] 世の中には、よいことは少なくて悪いことばかり多いということ。また、よいことがあっても、悪いことに邪魔されやすいということ。▼一寸の善と一尺の魔の意。

ずんだ [名] 茹（ゆ）でた枝豆をすりつぶしたもの。和（あ）え衣（ごろも）などにする。東北地方の郷土料理。〓「—餅（もち）」「—和（あ）え」

すん‐たらず【寸足らず】[名・形動] ❶少し寸法が足らないこと。普通のものより寸法が短いこと。〓「—の着物」❷普通の人より背丈が低いこと。❸普通より程度や内容が少し劣ること。〓「—の説明」

すん‐だん【寸断】[名・他サ変] 長く続いているものを細かく切ること。ずたずたに切ること。〓「洪水で道路が—される」 注意 一か所を切る意で使うのは誤り。〓「×土砂崩れで村道の入り口が寸断された」

すん‐ちょ【寸▼楮】[名] 短い手紙。また、自分の手紙をいう丁重語。寸書。寸簡。▼「楮」は和紙の原料であるコウゾ。転じて、紙の意。

すん‐づまり【寸詰まり】[名・形動] 普通のものより長さが短いこと。幅に比べて丈が足りないこと。

すん-てつ【寸鉄】［名］小さな刃物。‖「身に━も帯びない（＝何も武器を持たない）」

◉寸鉄人ひとを殺ころす ごく短いことばで人の急所を突くたとえ。寸鉄人を刺す。‖「━ような名言」

すんで-に［副］もう少しのところで。あやうく。‖「━事故に遭うところだった」▽「すでに（既に）」の転。

すんで-の-こと［副］⬇すんでのところ

すんで-の-ところ［副］もう少しのところで。‖「━（で）命拾いをした」

ずん-ど【寸土】［名］わずかばかりの土地。寸地。

ずん-どう【▽寸胴】［名］❶［形動］上から下まで同じように太いこと。特に、ウエストのくびれがなく、腹から腰にかけて同じように太いこと。‖「━な体型」❷筒形で、頭部を真横に切った形の茶入れや花器。ずんぎり。ずんどぎり。

すん-どめ【寸止め】［名］空手で、突き・蹴りなどを相手の体に当たる寸前で止めること。

すん-なり［副ト］❶ほっそりとして、しなやかなさま。‖「━（と）した手足」❷抵抗なく、順調に事が運ぶさま。‖「委員長は━（と）決まった」

ずん-ば［連語］〔古風〕「ずば」を強めた言い方。‖「虎穴こけつに入らず━虎子を得ず」▽漢文訓読から。「ずには」の転。

すん-びょう【寸秒】スンベウ［名］ごくわずかな時間。寸刻。

すん-びょう【寸描】スンベウ［名］きわめて簡潔な描写。スケッチ。‖「人物━」

すん-ぴょう【寸評】スンピヤウ［名］ごく短い批評。短評。

すん-ぶん【寸分】［名］ごくわずかの分量や程度。ほんのわずか。‖「━たがわず仕上げる」▽多く下に打ち消しの語を伴って副詞的に使う。

ずん-べら-ぼう［名・形動］〔俗〕❶行動や態度にしまりがなくて、だらしがないこと。また、そのような人。ずべらぼう。❷凹凸がなく、のっぺりしていること。また、そのようなもの。のっぺらぼう。

すん-ぽう【寸法】スンパフ［名］❶（基準となる）長短の度合い。物の長さ。‖「箱の━をはかる」❷段取り。手順。もくろみ。‖「適当にお茶を濁そうという━だな」

すん-わ【寸話】［名］短い話。ちょっとした話。

せ

せ【▽夫・▽兄・▽背】［名］〔古風〕❶女性が男性を親しんでいう語。主として夫・恋人をさす。⬍妹いも ❷女性が兄または弟をいう語。

せ【背】［名］❶動物の胸・腹の反対側で、中央に背骨が通っている面。せなか。❷物の後ろ側。背面。背後。‖「椅子の━」❸身長。せたけ。せい。‖「━の高い人」❹山の尾根。馬の背。‖「山の━」▽山並みを①に見立てていう。

◉背に腹はらは替かえられ-ぬ さし迫った大事のためには、他を犠牲にすることもやむを得ない。

◉背を向・ける 相手にしない。また、そむく。‖「世間に━・けて生きる」

せ【▽畝】［名］尺貫法で、土地の面積を表す単位。一畝は一反たんの一〇分の一で、約九九平方メートル。

せ【瀬】［名］❶川の流れが浅く、歩いて渡れる所。浅瀬。⬍淵ふち ❷川の流れの速い所。早瀬。‖「━を下る」❸置かれている立場。‖「立つ━がない」❹機会。時機。‖「逢う━を楽しむ」旧瀬

せ【世】（造）❶よのなか。社会。‖「━界・━間・━相・━論」「俗━」❷仏教で、生まれる前・現在・死後、それぞれの生涯。‖「現━・前━・来━」❸親が子に引き継ぐまでの期間。人の一代。‖「━襲・━代」

せ【施】（造）ほどこす。恵みを与える。‖「━主」「布━」

ぜ【是】 ■［名］道理にかなっていること。正しいこと。‖「━が非でも（＝善悪にかかわらず、なにがなんでも）」「━非」■（造）❶正しくする。正しいとする。‖「━正・━認」❷正しいとした方針。‖「国━」

ぜ［終助］ぞんざいに注意を促したり念を押したりする意を表す。‖「しっかりやろうぜ」「おい、雪だぜ」「そりゃないぜ」▽終助詞「ぞ」＋終助詞「え」の「ぞえ」の転。男性が親しい相手に対して使うことが多い。使い方 (1)活用語の終止形に付く。(2)丁寧語に付いた「ですぜ」「ますぜ」は、古風な下町風の言い方で、下卑た感じを与えることもある。‖「檀那だんな、マッチは此処にありますぜ〈芥川〉」

せい【背】［名］身長。背たけ。‖「━くらべ」▽「せ（背）」の変化といわれる。

せ-い【▽所為】ヰ［名］〈連体修飾語を受けて〉それがある結果の原因・理由となっている意を表す。‖「失敗を人の━にする」「酒が入っている━か声が大きい」「服が真っ白な／の━もあって汚れが目立つ」▽「所為しょい」または「所為そい」の転という。書き方 一般に「せい」とかなで書く。「せえ」は誤り。使い方 (1)よくない結果にいうことが多いが、よい結果にもいう。‖「苦労したせいか心遣いがこまやかだ」(2)感謝の気持ちがこもる文脈で使うのは誤り。‖「×あなたのせいで助かった（〇あなたのおかげで助かった）」

せい【正】 ■［名］❶正しいこと。‖「━よく邪を制す」「━義・━当・━道」「公━・不━」❷主となるもの。正式なもの。‖「━副二通の契約書」「━字・━装・━統・━門」⬍副 ❸ある数が0より大きいこと。プラス。⬍負 ❹イオン・電極などの電荷がプラスであること。陽。⬍負 ■（造）❶ちょうど。まさしく。‖「━反対」❷同じ位階のうちの上位。‖「検事━・警視━」

せい【生】 ■［名］❶いのち。生命。‖「この世に━を受ける」「人━・余━」❷生きること。‖「━に執着する」「━存・━物」「寄━・共━」⬍死 ❸暮らし。生活。‖「━を営む」「━計」■（造）❶生まれる。生む。‖「━産・━誕」❷物事が起こる。現れる。‖「━成」「発━」❸植物がはえる。‖「群━・野━」❹生き生きとしている。新鮮な。‖「━気・━彩」❺なま。熟していない。‖「━食・━硬」❻学問・勉強をしている人。‖「━徒」「学━・優等━」❼男性が自分を謙遜けんそんしていう語。‖「愚━・小━」

せい【制】 ■［名］きまり。制度。‖「━を定める」「法━・旧━・共和━」■（造）❶おさえる。おさえつける。また、思うままに操る。支配する。‖「━裁・━止」「規━・強━」❷つくる。‖「編━」❸天子の命令。‖「応━」

せい【姓】 ■［名］名字。氏うじ。‖「旧━・同━」■（造）同一の祖先から出た血族。‖「異━・四━」

せい【性】 ■［名］❶生まれつきの性質。天性。たち。‖「━すこぶる聡明」「━格・━質・━癖」「習━・天━」❷男女・雌雄の区別。‖「女━・男━」❸生殖を営むために生ずる本能の働き。セックス。‖「━に目覚める」「━行動」❹ドイツ語・フランス語などで、名詞・代名詞・形容

詞・冠詞などの語形変化によって表される男性・女性・中性などの区別。ジェンダー。㊁［接尾］〈名詞の下に付いて〉その性質をもっている意、また、そのような状態・傾向にある意を表す。‖「油—・酸—・アルカリ—・植物—」「安全—・危険—・可能—・独創—・芸術—」

せい【勢】 ㊀［名］❶いきおい。‖「—が衰える」「—力」「権—・攻—・優—」❷人数。また、兵力。‖「敵の—を上回る」「軍—・多—・無—」㊁（造）❶なりゆき。ようす。‖「運—・形—・姿—・情—」❷睾丸。‖「去—」❸「伊勢」の略。‖「—州」「紀—線」

せい【精】 ㊀［名］❶活力のもとになるもの。心身の力。また、元気に励むこと。‖「—も根も尽き果てる」「—が出る」「—彩・—力」❷細かく詳しいこと。‖「—を極める」「—緻・—密」❸人間以外のものに潜むとされる、たましい。‖「森の—」「妖—」㊁（造）❶穀物をついて白くする。しらげる。‖「—米」❷汚れや不純物を取り去り良質なものにする。また、よりすぐったもの。‖「—鋭・—肉・—錬」❸こころ。たましい。‖「—神」❹生殖のもとになるもの。精液。‖「射—・受—」

せい【聖】 ㊀［形動ナリ］清らかで尊いさま。また、厳かでおかしがたいさま。‖「—なる川」「—域・—火」「神—」㊁（造）❶知徳がきわめてすぐれていること。また、その人。ひじり。‖「—者」「四—」❷学問・技芸の分野で、最もすぐれた人。‖「楽—・棋—」❸キリスト教で、清らかで尊いこと。‖「—歌・—書」❹キリスト教で、聖者の名に冠する語。サンタ。セント。‖「—パウロ」❺天子。また、天子に関する物事に添える語。‖「—上・—代」

せい【井】（造）❶いど。い。‖「—蛙・—泉」❷人家の集まっている所。まち。‖「市—」❸いげたの形。いげたのようにきちんと区切られたさま。‖「—然・—田法」

せい【世】（造）❶よのなか。社会。‖「辞—・処—・絶—・乱—」❷親が子に引き継ぐまでの期間。人の一代。‖「終—」「万—一系・隔—遺伝」❸時代。歴史上の時代区分。‖「—紀」「近—・中—」

せい【成】（造）❶できあがる。ある状態になる。また、つくりあげる。‖「—果・—功」「完—・結—」❷一人前にそだつ。また、そだてる。‖「—人・—虫」「育—・養—」

せい【西】（造）❶にし。‖「—域・—部」「南—・北—」❷「西洋」の略。ヨーロッパ。‖「—暦」「泰—」❸「西班牙」の略。‖「日—・米—戦争」

せい【声】（造）❶人間・動物のこえ。また、こえに出す。ことばにする。‖「—援・—楽・—優・—量」「歓—・奇—・罵—」❷物の発する音や響き。‖「銃—」❸うわさ。評判。‖「名—」❹音楽の響き。音階。ふし。‖「和—」❺漢字の音。‖「形—・四—」旧聲

せい【征】（造）❶旅に行く。‖「—衣」❷遠方まで戦いに行く。また、敵を打ち倒す。‖「—伐・—服」「遠—」

せい【斉】（造）そろう。そろえる。ととのえる。‖「—唱・—民」「一—」▽人名で「斉藤」「斎藤」など両様あるが、これらは別字。⬇斎 旧齊

せい【青】（造）❶あお。あおい。‖「—磁・—松・—銅」❷年が若い。‖「—春・—年」❸紙のない時代に文字を記した青竹の札。‖「—史」

せい【政】（造）❶国家・人民を治める。まつりごと。‖「—治・—党・—府」「行—・参—・内—」❷物事を治める。取り仕切る。‖「家—・財—」

せい【星】（造）❶天体。ほし。‖「—雲・—座」「衛—・彗—」「北極—・南十字—」❷重要な人物。‖「巨—」

せい【牲】（造）いけにえ。‖「犠—」

せい【省】（造）❶かえりみる。ふりかえってよく考える。‖「内—・反—」❷安否を尋ねる。‖「帰—」❸はぶく。‖「—文」

せい【凄】（造）❶すさまじい。ぞっとするほど、すごい。‖「—惨・—絶」❷もの寂しい。肌寒い。‖「—然」

せい【逝】（造）去る。ゆく。人が死ぬ。‖「—去」「急—・夭—」

せい【清】（造）❶けがれがない。きよく正しい。‖「—潔・—純・—楚・—貧・—廉潔白」❷すむ。すみきっている。‖「—水・—泉・—流」❸すがすがしい。涼しい。‖「—風・—冷」❹きよめる。‖「—掃」「粛—」

せい【盛】（造）勢いがある。栄えている。さかん。‖「—夏・—況・—衰・—大」「旺—・全—・隆—」

せい【婿】（造）むこ。‖「女—・令—」

せい【晴】（造）青空が出る。はれ。‖「—天・—朗」「快—」「—耕雨読」

せい【▼棲】（造）人が暮らす。動物がすむ。また、そのすまい。巣。‖「—息」「隠—・群—・水—・同—」

せい【誠】（造）いつわりのないこと。まこと。まごころ。‖「—意・—実」「至—・忠—」

せい【製】（造）物をこしらえる。つくる。‖「—菓・—作」「既—・燻—」［使い方］場所や材質などを表す語に付いて、その場所・材質でつくられたものである意を表す。‖「スイス—の時計」「自家—のケーキ」「スチール—の机」

せい【誓】（造）固く約束する。ちかう。ちかい。‖「—願・—詞・—約」「宣—」

せい【静】（造）じっとしていて動かない。しずかに落ち着いている。‖「—粛・—聴」「閑—・平—・冷—」旧靜

せい【請】（造）こう。ねがう。たのむ。‖「—願・—求」「申—・要—」

せい【整】（造）きちんとそろえる。ととのえる。‖「—形・—備・—理・—列」「修—・調—」

せい【醒】（造）酔いや眠りからさめる。‖「覚—・警—」

ぜい【税】［名］国費・公費をまかなうために、国・地方公共団体が一定の法律手続きによって国民・住民・消費者などから徴収する金銭。‖「—関・—率」「課—・減—」

ぜい【▼贅】 ㊀［名］贅沢。おごり。‖「—を凝らす」㊁（造）よけいなもの。不必要なもの。‖「—言・—肉」

贅

せい‐あ【井▼蛙】［名］井戸の中のかえる。見識の狭いこと、また、その人のたとえ。‖「—の見」

せい‐あい【性愛】［名］肉体的な愛欲。性的な愛情。

せい‐あく‐せつ【性悪説】［名］人の本性は悪であり、善の行為は欲望を抑える努力と修養によってのみ生じるとする説。礼によって欲望を整え、社会的秩序を維持しなくてはならないとする。⬍性善説 ▽孟子の性善説に対して、荀子が唱えた。

せい‐あつ【制圧】［名・他サ変］力によって相手をおさえつけること。‖「暴動を—する」

せい‐あつ【征圧】［名・他サ変］征服して押さえ込むこと。‖「蛮族［癌］を—する」

せい‐あん【成案】［名］できあがった考えや文案。⬍草案・試案

せい‐い【勢威】［名］権勢と威力。強い勢力。

せい‐い【誠意】［名］ごまかしのない、まじめな心。私欲を離れた正直な気持ち。真心。‖「—を尽くす」

せい‐いき【西域】［名］中国人が中国の西方地域を呼んだ語。さいいき。▽広義には中央アジア・西アジア

全域を、狭義には漢代に西域三六国と総称されたオアシス諸国家が分立したタリム盆地をさす。

せい-いき【声域】ヰキ［名］その人が出すことのできる、声の高低の範囲。▼女声はソプラノ・メゾソプラノ・アルトに、男声はテノール・バリトン・バスに分けられる。

せい-いき【聖域】ヰキ［名］❶宗教上、神聖でおかしてはならないとされる区域。❷ふれてはならないとされる事柄や領域。「学問に―はない」

せい-いく【生育】［名・自他サ変］植物が育つこと。また、育てること。生長発育。「稲が―する」「トマトの苗を―する／させる」「―に適した環境」書き分け 主に植物に使うが、動物と植物を同時に問題にする場合は「成育」「生育」の両方が使われる（動植物の 成育／生育 を見守る）。新聞は、動植物は「生育」に統一。

せい-いく【成育（生育）】［名・自サ変］育って大きくなること。成長すること。「稚魚が―する」「子供の―環境を考える」▼多く動物・人間に関して使う。⬇生育

せい-い-たいしょうぐん【征▼夷大将軍】ヰタイシヤウグン［名］❶奈良・平安時代、蝦夷（えみし）鎮撫（ちんぶ）のために派遣された遠征軍の指揮官。征夷将軍。❷鎌倉時代以降、幕府の長の職名。将軍。

せい-いつ【斉一】［名・形動］一様にそろっていること。ひとしいこと。

せい-いっぱい【精一杯】［名］力のかぎりを出すこと。できるだけ。できるかぎり。「―のもてなしをする」「―努力する」▼副詞的にも使う。

せい-いん【正員】ヰン［名］ある団体・組織で、正式な資格をもつ構成員。⬍客員

せい-いん【成因】［名］物事ができあがる原因。

せい-いん【成員】ヰン［名］団体・組織などを構成している人員。メンバー。「社会の―」

せい-う【晴雨】［名］晴れと雨。「―兼用のコート」

セイウチ【sivuch ロシア】［名］北極海に分布するセイウチ科の海獣。ひれ状の四肢と二本の長大な牙（きば）をもち、体長四メートルにも達する。書き方「〈海馬〉」「〈海象〉」とも当てる。

せい-うん【青雲】［名］❶青みをおびた雲。また、よく晴れた高い空。晴天の空。❷地位や学徳が高いこと。

せい-うん【星雲】［名］淡く輝く雲のように広がって見える天体。ガス状物質からなる銀河系内星雲と無数の恒星やガス状物質からなる銀河系外星雲とに大別されていたが、現在では前者を星雲、後者を銀河と呼ぶ。

せい-うん【盛運】［名］栄えていく運命。⬍衰運

せいうん-の-こころざし【青雲の志】［名］立身出世して高い地位につこうとする志。

せい-えい【清栄】［名］清らかに栄えること。手紙文で、相手の健康と繁栄を祝う挨拶（あいさつ）のことば。「貴家ますます御―のこととお慶び申し上げます」

せい-えい【精鋭】［名］❶［形動］勢いが強く、するどい力をもっていること。「―な／の 軍勢」❷えり抜きのすぐれた人や兵士。「少数―主義」

せい-えき【精液】［名］雄性生殖器でつくられる、多数の精子を含んだ分泌液。精水。ザーメン。

せい-えん【声援】ヱン［名・他サ変］声をかけて応援すること。「一位を走る選手を―する」

せい-えん【盛宴】［名］盛大な宴会。

せい-えん【製塩】［名・自サ変］海水・岩塩などから食塩をつくること。「―業」

せい-えん【凄艶】［形動］ぞっとするほどあでやかなさま。なまめかしく美しいさま。「―な役者［顔だち］」

せい-おう【西欧】［名］❶西洋。ヨーロッパ。欧州。❷ヨーロッパの西部。イギリス・フランス・ドイツ・オランダなどの諸国をいう。西ヨーロッパ。⬍東欧

せい-おん【声音】［名］こえ。音声。

せい-おん【清音】［名］❶澄んだ音色。❷日本語で、仮名で書き表すとき、濁点や半濁点をつけずに表す音節。五十音図のガ・ザ・ダ・バ（パ）行に対するカ・サ・タ・ハ行の音節。広くは、対応する濁音節を持たないナ・マ・ヤ・ワ行の音節も含む。⬍濁音・半濁音

せい-おん【聖恩】［名］天子のめぐみ。皇恩。

せい-おん【静音】［名］音が静かなこと。「―PC」

せい-おん【静穏】ヲン［名・形動］しずかでおだやかなこと。「―な日々を送る」派生 -さ

せい-か【正価】［名］掛け値のない値段。

せい-か【正貨】クワ［名］額面と同じ値打ちをもった貨幣。金本位国における金貨、銀本位国における銀貨など。本位貨幣。

せい-か【正課】クワ［名］学校などで、時間割に組まれた正規の授業課目。

せい-か【生花】クワ［名］❶江戸中期に成立したいけばなの様式。天地人を象徴する三本の役枝（やくえだ）で基本形を構成する。読み分け 池坊（いけのぼう）では「しょうか」という。❷自然のままの生きた花。⬍造花

せい-か【生家】［名］その人の生まれた家。また、実家。さと。

せい-か【成果】クワ［名］あることをなし遂げて得たよい結果。「―が上がる」「研究の―」

せい-か【声価】［名］人や物事に対する世の中の評判。名声。

せい-か【青果】クワ［名］野菜と果物。青果物（ぶつ）。「―商」

せい-か【盛夏】［名］夏のさかり。夏の最も暑い時期。真夏。

せい-か【聖火】クワ［名］❶神に供える神聖な火。❷近代オリンピックで、ギリシアのオリンピアで採火して開催国へ運び、競技開催中聖火台で燃やし続ける火。オリンピック聖火。「―リレー」

せい-か【聖歌】［名］神をたたえる歌。特にカトリック教などで、典礼に用いる歌。「グレゴリオ―」「―隊」▼「賛美歌」は主にプロテスタントの用語。

せい-か【精華】クワ［名］そのものの真価をなす、最もすぐれたところ。真髄。「五言絶句の―を集める」

せい-か【製菓】クワ［名］菓子を作ること。「―工場」

せい-か【製靴】クワ［名］靴を作ること。「―業」

せい-が【清雅】［名・形動］清くみやびやかなこと。清楚で品のよいこと。「―な画風」

せい-かい【正解】［名］❶［他サ変］正しく解答すること。正しく解釈すること。また、その解答や解釈。「全問―する」❷結果としてよかったと思えること。「予約しておいたのは―だった」

せい-かい【政界】［名］政治家と政治に関係する人々の社会。政治の世界。

せい-かい【盛会】クワイ［名］会合などが盛大であること。また、盛大でにぎやかな会合。

せい-かい【精解】［名・他サ変］詳しく解釈すること。また、その解釈。詳解。「法華経を―する」⬍略解▼書名にも使う。「徒然草―」

せいかい-けん【制海権】［名］海軍力などにより一定範囲の海域を支配する権利。海上権。⬇制空権

せい-かがく【生化学】［名］生物体の構成物質や生命現象を化学的な方法によって研究する学問分野。生物化学。

せい-かがく【性科学】［名］人間の性を生理学と心理学の両面から体系的に研究する学問。セクソロジー。

せい-かく【正格】［名］❶規則にあてはまっていること。また、正しい規則。❷「正格活用」の略。◈⬍変格

せい-かく【正確】［名・形動］正しく確かなこと。「―を期す」「時間に―な人」書き方⬇精確 派生-さ

せい-かく【性格】［名］❶感情・意志・行動などに表れるその人に固有の傾向。先天的な気質に後天的な生活環境などが加わって形成される。❷その物事に備わっている固有の傾向・性質。「儀礼的な―の行事」

せい-かく【精確】［名・形動］精密で確かなこと。「―な時刻」「―に計算する」書き方 新聞では「精確」「正確」を区別しないで、統一的に「正確」と書く。派生-さ

せい-かく【製革】［名］生皮を加工して、なめし革をつくること。「―業」

せい-がく【声楽】［名］人間の声によって表現する音楽。⬍器楽

せい-がく【聖楽】［名］キリスト教の宗教音楽。

せいかく-かつよう【正格活用】［名］日本語の動詞の活用で、語形変化が規則的に活用するもの。口語では五段・上一段・下一段活用、文語では四段・上一段・上二段・下一段・下二段活用。⬍変格活用

せいかく-はいゆう【性格俳優】［名］劇中人物の性格を巧みに演じることのできる俳優。また、独特の個性を特徴とする俳優。

せい-かげき【正歌劇】［名］一八世紀のイタリアで栄えた叙情的・悲劇的なオペラ。題材を神話や英雄伝説に求め、アリアとレチタティーボを中心に劇を展開する。オペラセリア。

せい-かぞく【聖家族】［名］キリスト教で、幼児イエスと母マリアおよび父ヨセフの三人からなる家族。神聖家族。▼地上における三位一体を象徴し、多くの絵画や彫刻の題材とされた。

せい-かつ【生活】［名・自サ変］❶生きていて活動すること。「昆虫の―」❷人が社会の中で暮らしていくこと。また、その生計のあり方。「外国で―する」「―が苦しい」「社会―」

せいかつ-か【生活科】［名］小学校一・二学年の教科の一つ。具体的な活動・体験を通して身近な社会や自然とのかかわりに関心をもち、生活に必要な技能・習慣を身につけるための学科。従来の理科と社会科を統合したもの。▼一九九二(平成四)年から本格実施。

せいかつ-きゅう【生活給】［名］労働者とその扶養家族の最低生活を保障するという基準で支払われる給与。年齢・家族構成などを考慮して算定される。

せいかつ-きょうどうくみあい【生活協同組合】［名］消費者が共済事業を行い、生活に必要な物資やサービスを廉価に調達する目的などをもって組織する協同組合。地域による組合と職域による組合とがある。生協。コープ。▼「消費生活協同組合」の略。

せいかっ-こう【背格好(背▼恰好)】［名］背の高さや体つき。せかっこう。

せいかつ-しゅう【生活臭】［名］❶いかにも生活をしているという感じ。「―の感じられる部屋」❷人が生活する中で生じるにおい。タバコ・トイレ・生ごみなどの臭気。

せいかつしゅうかん-びょう【生活習慣病】［名］食習慣・運動習慣・喫煙・飲酒などの生活習慣が、その発症・進行に深くかかわる病気。高血圧症・脳卒中・がん・心臓病・糖尿病など。▼従来、成人病と呼ばれていたものがほぼこれにあたる。

せいかつ-ねんれい【生活年齢】［名］生まれた日を起点として数える暦の上の年齢。満年齢と数え年がある。暦年齢。

せいかつ-はいすい【生活排水】［名］炊事・洗濯・入浴などの家庭生活によって生じ、公共用水域・下水道などに排出される水。

せいかつ-はんのう【生活反応】［名］法医学で、生きているときにだけ起こる身体の反応。死体の損傷が生存中のものかどうかを判定する手がかりとする。

せいかつ-ほご【生活保護】［名］国が生活に困窮する国民に対し、最低限度の生活を保障し、その自立を助ける制度。

せい-かん【生還】［名・自サ変］❶危険な状況の中から、生きて戻ってくること。❷野球で、走者が本塁にかえって得点すること。ホームイン。

せい-かん【制汗】［名］発汗を抑えること。「―帯」

せい-かん【性感】［名］性的な快感。

せい-かん【清閑】［名・形動］俗事にわずらわされることなく、ものしずかなこと。また、その心境。「ひとり―を楽しむ」▼手紙文で、閑暇(＝ひま)をいう尊敬語としても使う。「日々御―のことと拝察申し上げ候」

せい-かん【盛観】［名］盛大で立派なみもの。すばらしいながめ。

せい-かん【精▼悍】［名・形動］態度・顔つきなどが勇ましく、鋭い気迫にあふれていること。「―な面構え」派生-さ

せい-かん【静閑】［名・形動］ひっそりとしてもの静かなこと。閑静。

せい-かん【静観】［名・他サ変］しずかに観察すること。また、手を出さないで、じっと見守ること。「事態を―する」

せい-がん【正眼・青眼】［名］剣の構え方の一つ。剣の切っ先を相手の目に向けて中段に構えるもの。中段の構え。

せい-がん【西岸】［名］西側の岸。⬍東岸

せい-がん【晴眼】［名］正常に機能して、物を見ることのできる目。また、その人。晴眼者。

せい-がん【誓願】［名］❶［他サ変］神や仏に誓いを立てて、事の成就を祈願すること。また、その願い。❷仏や菩薩が衆生の救済を願って立てた誓い。四弘誓願・薬師の十二願、阿弥陀の四十八願、釈迦の五百大願など。

せい-がん【請願】［名・他サ変］❶自分の希望がかなうように願い出ること。❷国民が国または地方公共団体に対して文書で希望を申し出ること。「―書」▼日本国憲法で、基本的人権の一つ(請願権)として認められている。

ぜい-かん【税関】［名］港・空港・国境などに設置され、輸出入貨物の取り締まり、関税の賦課・徴収などの事務を扱う財務省の地方支分部局。

せい-かんせんしょう【性感染症】[名] 性行為によって感染する病気。従来の性病(淋病・梅毒など)のほか、性器クラミジア感染症・性器ヘルペス・エイズなど。性行為感染症。

せい-き【世紀】[名] ❶キリスト生誕の年から一〇〇年を単位として区切る年代の数え方。二一世紀は二〇〇一年から二一〇〇年までの一〇〇年間。❷ある物事が盛んに行われる、ひとまとまりの時代。「情報科学の―」❸〈「世紀の」の形で〉一〇〇年に一度しか起こらないほどまれである意を表す。「―の偉業[大発見]」

せい-き【正規】[名・形動] 正式に決められていること。また、その規定。「―の手続きを踏む」「―採用」

せい-き【生気】[名] いきいきとした気力。活力。また、気力や活力にあふれた感じ。「―がよみがえる」「―に満ちた彫刻」

せい-き【生起】[名・自サ変] ある物事が現れ起こること。「奇怪な現象が―する」

せい-き【西紀】[名] 西洋の紀元。西暦。

せい-き【性器】[名] 生殖器。特に、人の生殖器(の、体外に現れている陰茎・陰嚢・陰唇など)。

せい-き【盛期】[名] 盛んな時期。「イカ漁の―」

せい-き【精気】[名] ❶万物を生成する根源の気。❷生命活動の根源となる力。精力。

せい-き【精機】[名] 高度な精密さを必要とする機械。▼「精密機械」の略。

せい-ぎ【正義】[名] ❶道理・道徳にかなっていて正しいこと。正しい道義。❷正しい意味。正しい解釈。「四書―」▼多く経書の注釈書の名として用いられた。

せい-ぎ【盛儀】[名] 盛大な儀式。

せいぎ-かん【正義感】[名] 不正を憎み、正義を重んじる気持ち。

せいき-まつ【世紀末】[名] ❶世紀の末。特にヨーロッパで、懐疑的・退廃的・厭世的な風潮が社会を支配した一九世紀の末期。「―文学」❷ある社会で、爛熟期を過ぎて退廃的な風潮が現れる時期。

せいきまつ-てき【世紀末的】[形動] 退廃的なさま。「社会が―な状況を呈する」

せい-きゃく【政客】[名] 政治に携わる人。政治家。せいかく。

せい-きゅう【制球】[名] 野球で、投手がねらったとおりのコースにボールを投げる技術。コントロール。「―力」

せい-きゅう【性急】[名・形動] あわただしく先を急ぐこと。気が短くて、せっかちなこと。「―に事を運ぶ」「―な結論」派生 -さ

せい-きゅう【請求】[名・他サ変] (当然の権利として)相手に一定の行為を要求すること。特に、金銭・物品などの払い渡しを求めること。「―権」

せいきゅう-しょ【請求書】[名] 代金の支払いなどを請求するために出す文書。「売掛金の―」

せい-きょ【逝去】[名・自サ変] 死去を遠回しに言う語。なくなること。「御―を悼む」▼多く悔やみの挨拶や弔電の中で使う。

せい-きょ【盛挙】[名] 大きな計画。また、盛大な事業。

せい-ぎょ【生魚】[名] ❶生きている魚。活魚。❷新鮮な魚。なまの魚。「―販売業」

せい-ぎょ【成魚】[名] 成長した魚。⇔稚魚・幼魚

せい-ぎょ【制御(制▼禦・制▼馭)】[名・他サ変] ❶相手をおさえつけて自分の思うままに動かすこと。支配すること。「欲望を―しきれない」❷機械などが目的にそって動くように操作・調節すること。「自動―装置」◈「制馭」は本来馬を操る意。

せい-きょう【正教】[名] 正しい教え。正道の教え。⇔邪教

せい-きょう【生協】[名] 「生活協同組合」の略。

せい-きょう【政教】[名] 政治と宗教。祭政。「―分離」

せい-きょう【清興】[名] 風雅な遊び。上品な楽しみ。▼遊び・楽しみをいう尊敬語としても使う。「―を妨げ、申し訳ありません」

せい-きょう【盛況】[名] 人が多く集まって、活気にあふれている状態。にぎやかで盛大なようす。「コンサートは大―だった」

せい-きょう【聖教】[名] ❶聖人の教え。特に、孔子の教え。儒教。❷神聖な教え。特に、キリスト教。

せい-きょう【精強】[名・形動] すぐれて強いこと。また、その人や兵など。「―な軍勢」

せい-ぎょう【正業】[名] まともな職業。かたぎの仕事。「―につく」

せい-ぎょう【生業】[名] 暮らしを立てるための職業。なりわい。

せい-ぎょう【成業】[名・自サ変] 学業・事業などを成し遂げること。「―して帰国する」

せい-ぎょう【盛業】[名] 事業・家業などが盛んであること。また、盛大な事業・家業。「御―のことと存じます」

せいきょう-いく【性教育】[名] 性に関する科学的知識と性道徳を身につけさせるための教育。

せいきょう-と【清教徒】[名] 一六世紀後半、イギリス国教会の宗教改革をさらに徹底させようとしたプロテスタントの一派。キリストの教えの遵守と清純な生活を理想とした。ピューリタン。

せい-きょく【政局】[名] 政治の動向。政界の情勢。政情。

せい-きん【精勤】[名・自サ変] 仕事や学業に精を出して励むこと。また、休まずに出勤・出席すること。

ぜい-きん【税金】[名] 国または地方自治体に租税として納付する金銭。「―を納める」

せい-く【成句】[名] ❶昔から広く世間の人に知られ、しばしば引用される詩文の句やことわざ。故事成句。成語。「門前市を成す」「呉越同舟」「親の心子知らず」の類。❷習慣的に二つ以上の語が結合した形で使われ、全体である特定の意味を表す言い回し。「顔がきく」「手が早い」「腰が低い」の類。慣用句。

せいくう-けん【制空権】[名] 空軍力などによって一定範囲の空域を支配する権利。⇩制海権

せい-くらべ【背比べ】[名・自サ変] 背の高さを比べること。丈比べ。「友達と―(を)する」

せい-けい【生計】[名] 生活をしていくための経済的な手段。活計。「一家の―を立てる」

せい-けい【成形】[名・他サ変] 形をつくること。また、ある形にすること。形成。「陶土を―する」「プラスチックの―に用いる型」

せい-けい【成型】[名・他サ変] 素材を型にはめて一定の形状に加工すること。「―加工」「圧縮―」

せい-けい【西経】[名] イギリスのグリニッジ天文台

跡を通る子午線を零度とし、そこから西へ一八〇度までの経線。⇕東経

せい-けい【政経】［名］政治と経済。‖「—学部」

せい-けい【整形】［名・他サ変］形を整えること。特に、手術などによって身体部分の形を整えること。‖「美容—」

せいけい-げか【整形外科】［名］骨格・関節・筋肉・神経など、各運動器官の形態異常を矯正し、その機能障害の予防と治療を行う医学の一分野。▽「形成外科」とは別の分野。

せい-けつ【清潔】［名・形動］❶汚れがないこと。きれいで、衛生的であること。‖「—な衣服」「—感」❷不正なところがなく、清らかであること。‖「—な交際」◈⇕不潔 派生 -さ

せい-けん【政見】［名］政治を行う上での意見・見解。

せい-けん【成犬】［名］十分に成長した犬。生殖が可能な犬。‖「コリーの—」

せい-けん【生検】［名］生体の細胞や組織を切り取って検査し、病気の診断を行うこと。バイオプシー。

せい-けん【政権】［名］国の統治機関を動かして実際に政治を行う権力。‖「—を握る」「連立—」

せい-けん【聖賢】［名］❶聖人と賢人。知徳のすぐれた人。❷清酒と濁酒。▽清酒を聖人、濁酒を賢人というところから。

せい-げん【正弦】［名］⇩サイン（sine）

せい-げん【西▼諺】［名］西洋のことわざ。

せい-げん【制限】［名・他サ変］許される範囲・限界を定めること。また、その範囲・限界。‖「入場者を—する」「年齢—」「—速度五〇キロ」

ぜい-げん【税源】［名］租税を徴収するもとになる個人および法人の収入や財産。

ぜい-げん【▼贅言】［名・自他サ変］よけいなことば。また、それを言うこと。贅語。‖「—を弄する」

せいげん-こういのうりょくしゃ【制限行為能力者】［名］民法で、単独の法律行為に一定の制限を設けられた人。未成年者・被後見人・被保佐人・被補助人をいう。

せいけん-ほうそう【政見放送】［名］公職選挙法に基づき、衆参両院議員・都道府県知事選挙の立候補者がその政見を発表するラジオ・テレビ放送。

せいご【▼鮬】［名］スズキの幼魚。東京付近では全長二五センチメートルほどの一年魚をいう。

せい-ご【正誤】［名］❶正しいことと誤っていること。‖「—表（＝印刷物の誤りとその訂正を示した一覧表）」❷誤りを正すこと。訂正。

せい-ご【生後】［名］生まれてから以後。‖「—三か月の乳児」

せい-ご【成語】［名］❶昔から広く世間の人に知られ、しばしば引用される詩文の句やことわざ。成句。‖「故事—」❷熟語。

せい-こう【正▼鵠】［名］⇩せいこく▽「せいこく」の慣用読み。

せい-こう【生硬】［名・形動］未熟でかたい感じがすること。‖「—な文章［態度］」派生 -さ

せい-こう【成功】［名・自サ変］❶計画どおりに目的を達成すること。‖「人工衛星の打ち上げに—する」⇕失敗 ❷高い地位や相当の財産を得て、社会的に認められること。‖「—者」

せい-こう【性交】［名・自サ変］性的に交わること。肉体の交わり。交接。交合。セックス。

せい-こう【性向】［名］人の性質の傾向。気だて。

せい-こう【性行】［名］人の性質と行い。‖「—不良」

せい-こう【政綱】［名］政府・政党が公表する政策の基本方針。

せい-こう【盛行】［名・自サ変］盛んに行われること。‖「室町時代に—をみた芸能」

せい-こう【精工】［名］きめ細かくて巧みであること。また、そのような細工。

せい-こう【精巧】［名・形動］細工・仕組みなどがこまかく、よくできていること。‖「—な機械」派生 -さ

せい-こう【精鋼】［名］精錬した鋼鉄。

せい-こう【製鋼】［名・自他サ変］鋼鉄をつくること。‖「—炉・—工場」

せい-ごう【正号】［名］数が正であることを示す記号。「＋」の符号。プラス。⇕負号

せい-ごう【整合】［名・自サ変］ずれや矛盾がなく、ぴったりと合っていること。‖「論理が—する」「—性に欠ける論文」

せい-こうい【性行為】［名］性欲を満たすための行為。特に、性交。‖「—感染症」

せいこう-うどく【晴耕雨読】［名・自サ変］晴れた日には畑を耕し、雨の日には読書を楽しむこと。悠々自適の生活をいう。‖「—の日々」

せいこう-とうてい【西高東低】［名］日本列島の西に高気圧が、東に低気圧があること。日本付近の典型的な冬の気圧配置。日本海側は雪、太平洋側は乾燥した晴天となる。西高東低型。⇕東高西低

せいこう-ほう【正攻法】［名］奇計・謀略などを用いないで正々堂々と攻める方法。

せいこう-ほうしゅう【成功報酬】［名］依頼の目的が達成されたときに支払われる報酬。

せい-こく【正▼鵠】［名］物事の急所。要点。せいこう。▽弓の的の中心にある黒点の意から。

◉**正鵠を・得る** 物事の核心をつく。‖「正鵠を得た指摘」使い方「正鵠を射る」とも。また、急所・要点を外す意では「正鵠を失する」という。‖「その批評は正鵠を射ている」「正鵠を失した発言」注意「正鵠を突く」「正鵠をうがつ」は誤り。

せい-こつ【整骨】［名］骨折・脱臼などを治すこと。ほねつぎ。接骨。‖「—院」

ぜい-こみ【税込み】［名］所得金額や支払金額に差し引かれる税金額が含まれていること。⇕税抜き

せい-こん【成婚】［名］結婚が成立すること。‖「御—の儀」

せい-こん【精根】［名］物事を成し遂げようとする精力と根気。体力と気力。‖「—を使い果たす」

◉**精根尽っ・きる** 物事を成し遂げようとする体力も精神力もなくなる。心身ともにくたくたになる。精根尽き果てる。‖「—・きて倒れる」注意「せいこん」を「精魂」と書くのは誤り。

せい-こん【精魂】［名］たましい。精神。‖「—込めて造った酒」

せい-ごん【誓言】［名・自サ変］ことばに出して誓うこと。また、そのことば。せいげん。

せい-さ【性差】［名］男女の性別による違い。

せい‐さ【精査】［名・他サ変］くわしく調べること。

せい‐ざ【正座(正▼坐)】［名・自サ変］足をくずさずに、姿勢を正してすわること。ふつう、脚を折ってひざをそろえ、尻をかかとにすえた姿勢をいう。端座。||「きちんと―して話を聞く」 書き方 本来は「正坐」。

せい‐ざ【星座】［名］天空上の恒星を見かけ上の位置によって結びつけ、人物・動物・器物などに見立てて命名したもの。▼オリオン座・大熊座など、現在八八星座が認められている。

せい‐ざ【静座(静▼坐)】［名・自サ変］心を落ち着けて静かにすわること。||「―法」 書き方 本来は「静坐」。

せい‐さい【正妻】［名］法律上の手続きをとって正式に結婚した妻。本妻。⇔内妻

せい‐さい【制裁】［名・他サ変］法律・道徳・習慣や仲間との取り決めなど、集団の規範にそむいた者をこらしめること。また、その罰。||「違反者に―を加える」

せい‐さい【精彩・生彩】［名］❶【精】輝く光。また、美しいいろどり。❷【精・生】力がこもって、いきいきとしていること。活気にあふれていること。||「―を欠く」「―を放つ(＝きわだってすぐれて見える)」

せい‐さい【精細】［名・形動］細かなところまでくわしいこと。||「―に描写する」「―な記述」 派生 ‐さ

せい‐ざい【製材】［名・自他サ変］原木を角材・割材・板材などに加工すること。||「―業・―所」

せい‐ざい【製剤】［名・自他サ変］調合して薬剤を製造すること。また、その製品。||「血液―」

せい‐さく【制作】［名・他サ変］❶芸術作品などを作ること。||「絵画を―する」「卒業―」❷➡製作②

せい‐さく【政策】［名］政治上の方針とそれを実行するための手段。

せい‐さく【製作】［名・他サ変］❶機械や道具を使って物品を作ること。作製。||「家具を―する」❷映画・演劇・放送番組などを作ること。プロデュース。 書き方 「制作」とも。

せい‐さつ【制札】［名］禁令・布告などを書いて路傍や寺社内に立てておく札。禁札。▼平安時代から使われたが、戦国～江戸時代に最も多く用いられた。

せい‐さつ【省察】［名・他サ変］自身をかえりみて、その善悪・是非などを考えること。||「自己―」

せい‐さつ【精察】［名・他サ変］注意して、くわしく観察すること。||「敵の動きを―する」

せいさつ‐よだつ【生殺与奪】［名］生かすことも殺すことも、与えることも奪うことも、すべて自分の思いのままであること。||「―の権を握る」

せい‐さん【正▼餐】［名］正式の献立による食事。ディナー。

せい‐さん【生産】［名・他サ変］人間が自然物に手を加えるなどして生活に必要な物を作り出すこと。||「野菜を―する」「―者」⇔消費

せい‐さん【成算】［名］ある物事を成し遂げることができるという見込み。成功の当て。||「―のない事業」

せい‐さん【青酸】［名］シアン化水素の水溶液。揮発性の強い無色・微酸性の液体で、猛毒。シアン化水素酸。

せい‐さん【凄惨】［名・形動］目をそむけたくなるほど、むごたらしいこと。||「―な光景」 派生 ‐さ

せい‐さん【清算】［名・他サ変］❶今までの債権・債務を計算して、きまりをつけること。||「借金を―する」❷法人が解散するとき、後始末のために財産を整理すること。||「―会社」❸これまで関係していた事柄にきまりをつけること。||「過去を―して出直す」

せい‐さん【聖▼餐】［名］キリスト教で、ぶどう酒とパンをキリストの血と肉にたとえて会衆(かいしゅう)に分け与える儀式。聖餐式。▼キリストがはりつけにされる前夜の最後の晩餐(ばんさん)に由来する。 餐

せい‐さん【精算】［名・他サ変］金額などをこまかく計算してきまりをつけること。特に、料金などをこまかく計算しなおして、その過不足を正すこと。||「出張費［電車賃］を―する」⇔概算

せい‐ざん【青山】［名］❶樹木が青々と生い茂っている山。||「―白雲」❷骨を埋める地。墳墓の地。||「人間(じんかん)到(いた)る所―あり」▼蘇軾(そしょく)の詩の一節「青山骨を埋むべし」より。

せいさん‐カリ【青酸カリ】［名］シアン化カリウムの通称。水酸化カリウムとシアン化水素の反応によって得られる猛毒の結晶物。

せいさん‐ざい【生産財】［名］生産の過程で使用される財。原材料・機械・設備など。⇔消費財

せいさん‐せい【生産性】［名］生産のために投入される生産要素(労働力・原材料・設備など)が生産物の産出に貢献する程度。生産量を生産要素の投入量で割った比率で表す。||「―を高める」

せいさん‐だか【生産高】［名］生産した物の数量。また、その金額。生産額。||「小麦の―」

せいさん‐てき【生産的】［形動］❶直接、生産に関係のあるさま。❷新しく役立つものを生み出すさま。建設的。||「―な意見」「非―」

せいさん‐りょく【生産力】［名］物質的な財貨を作り出す力。

せい‐し【世子(世嗣)】［名］天子・諸侯・大名などのあとつぎ。よつぎ。

せい‐し【正史】［名］国家などが国の事業として編集した正式の歴史書。⇔外史・野史(やし)・稗史(はいし)

せい‐し【正使】［名］使者の中の中心となる人。⇔副使

せい‐し【正視】［名・他サ変］まともに正面から見ること。直視。||「―に堪えない惨状」

せい‐し【生死】［名］生きることと死ぬこと。また、生きているか死んでいるかということ。生き死に。しょうじ。||「―を共にする」「―不明」

せい‐し【制止】［名・他サ変］他人の言動などを抑えとどめること。||「発言を―する」

せい‐し【姓氏】［名］姓(かばね)と氏(うじ)。また、名字(みょうじ)。

せい‐し【青史】［名］歴史。歴史書。記録。▼紙のない時代、青竹の札に文字を書いたことから。

せい‐し【聖旨】［名］天子の考え。また、天子の命令。

せい‐し【精子】［名］雄性の生殖細胞。卵(らん)と結合して個体を発生させる。精虫。⇔卵子

せい‐し【製糸】［名］糸をつくること。特に、繭(まゆ)をつむいで生糸をつくること。||「―業・―工場」

せい‐し【製紙】［名］パルプから紙を製造すること。||「―会社」

せい‐し【誓紙】［名］誓いのことばを記した紙。起請文(きしょうもん)。

せい‐し【誓詞】［名］誓いのことば。誓言。

せい‐し【静止】［名・自サ変］動きが止まること。特に物理学で、物体がその位置を変えないこと。||「転がって

きたボールが—する」「—画像」⇔運動

せい-し【静思】[名・自他サ変] 心静かに思いをめぐらすこと。‖「一人—する」「—黙考」

せい-じ【正字】[名] ❶正しく書かれた文字。▽誤字・当て字に対していう。❷略字・俗字に対して、昔から正統と認められてきた漢字。また、常用漢字などの新字体に対し、そのもととなった漢字。

せい-じ【青磁】[名] 焼成すると釉(うわぐすり)に含まれた微量の鉄分が還元されて淡い青緑色・黄緑色・黄褐色などを呈する磁器。中国で発達し、朝鮮・日本などに伝わった。
書き方「青▼瓷」とも。

せい-じ【政事】[名] 政治に関する事柄。まつりごと。

せい-じ【政治】[名] 主権者が司法・行政・立法の各機関を通じて国を治め、運営すること。‖「—倫理」▽「地方政治」のように、地方行政についても使う。

せい-じ【盛事】[名] 盛大な事業。立派な事柄。

せい-じ【盛時】[名] ❶年が若くて元気なとき。❷物事が栄えて勢いが盛んな時期。

せいじ-か【政治家】[名] ❶政治に携わる人。多く議会の議員を指していう。❷政治的な手腕があって、根回しや駆け引きの上手な人。また、策略をめぐらす人。

せいじ-がく【政治学】[名] 政治に関する学問。▽古代ギリシアに始まり、一六世紀、マキャベリらによって近代政治学が形成された。

せい-しき【正式】[名・形動] ❶決められたとおりの正しい方式にのっとっていること。公式。‖「当局によって—に認可される」「—の/な会員(=正会員)」❷簡略化されていない本来の形式であること。本式。‖「—の/な名称で呼ぶ」「—の/なフランス料理」⇔略式

せい-しき【制式】[名] 定められた様式。きまり。‖「軍事教練の—」

せい-しき【清▽拭】[名・他サ変] 入浴できない病人などの体をふいてきれいにすること。

せいじ-けっしゃ【政治結社】[名] 政治権力の獲得・拡大など、政治上の目的のために結成された団体。政党もその一つ。

せい-しつ【正室】[名] 身分の高い人の正妻。本妻。⇔側室

せい-しつ【性質】[名] ❶そのものがもともと持っている特徴。‖「燃えにくい—の繊維」❷その人に生来備わっている固有の気質。たち。‖「気ぜわしい—の人」▽動物についてもいう。‖「羊はおだやかな—だ」

せい-じつ【聖日】[名] キリスト教で、日曜日。主日(しゅじつ)。

せい-じつ【誠実】[名・形動] 真心がこもっていて、うそ・偽りがないこと。‖「—な人柄」派生—さ

せいじ-てき【政治的】[形動] ❶政治に関するさま。‖「極めて—な問題」❷理論の上だけでなく、実情に即して物事を処理するさま。‖「—解決を図る」❸策をめぐらし、巧みに駆け引きをするさま。‖「—に立ち回る」

せいし-ぼさつ【勢至▼菩▼薩】[名] 阿弥陀(あみだ)三尊の一つで、阿弥陀仏の右の脇侍。知恵の力で衆生を三悪道から救うという。冠に宝瓶(ほうびょう)をのせた姿で表される。大勢至菩薩。勢至。

せい-しゃ【生者】[名] 生きている者。せいじゃ。しょうじゃ。⇔死者

せい-じゃ【正邪】[名] 正しいことと不正なこと。善と悪。‖「—をわきまえる」「—曲直」

せい-じゃ【聖者】[名] ❶⇒聖人① ❷偉大な信仰者。特にキリスト教で、殉教者や偉大な信仰者。

せいしゃ-いん【正社員】[名] 雇用者のうち、雇用期間の取り決めがなく正規に雇用された者。契約社員、派遣社員、出向社員、パートタイム労働者などに対していう。正規社員。

せい-じゃく【静寂】[名・形動] 静まりかえっていること。ひっそりとしてもの寂しいこと。‖「—に包まれた境内」「—の風景」「—な空間」派生—さ

ぜい-じゃく【▼脆弱】[名・形動] もろくて弱いこと。‖「基盤が—な国家」派生—さ

ぜいじゃく-せい【▼脆弱性】[名] ❶もろくて弱いこと。傷つけられやすいこと。❷コンピューターなどの情報システムで、不正使用・攻撃などに悪用される可能性のある欠陥や仕様上の問題点。

せい-しゅ【清酒】[名] 米・米麴(こうじ)・酒酵母などを発酵させたもろみを濾過(ろか)して製する澄んだ酒。日本酒。⇔濁酒

せい-じゅう【西▼戎】[名] 古代中国人がトルコ族・チベット族など西方に住む異民族を卑しんで呼んだ語。西夷(せいい)。⇒東夷(とうい)・南蛮・北狄(ほくてき)

ぜい-しゅう【税収】[名] 徴税によって得る国や地方公共団体の収入。

せい-しゅく【星宿】[名] 昔、中国で定めた星座。黄道にそって二十八宿に分けた。星の宿り。

せい-しゅく【静粛】[名・形動] 静かに慎んでいること。ひっそりと静まりかえっていること。‖「—に願います」

せい-じゅく【成熟】[名・自サ変] ❶穀物・果実などが十分に熟すこと。❷人の心や体が十分に成長すること。また、上達すること。‖「心身ともに—した成人」「演技が—する」❸情勢が発達すること。また、ちょうどよい時期になること。‖「—した社会」

せい-しゅつ【正出】[名] 法的に正式な夫婦の間に生まれること。嫡出(ちゃくしゅつ)。

せい-しゅん【青春】[名] 人生の春にたとえられる若い時代。青年期。‖「—時代」▽古代中国の五行説で青は春の色であることから。

せい-じゅん【正▼閏】[名] ❶平年と閏年(うるうどし)。❷正統なものと正統でないもの。‖「南北朝—論」

せい-じゅん【清純】[名・形動] 清らかで世のけがれにそまっていないこと。清楚で純真なこと。‖「—な娘［学生］」「—派の歌手」派生—さ

せい-しょ【清書】[名・他サ変] 下書きしたものをきれいに書き直すこと。浄書。‖「原稿を—する」

せい-しょ【盛暑】[名] 夏の暑い盛り。盛夏。‖「—の候」

せい-しょ【聖書】[名] キリスト教の聖典。旧約聖書と新約聖書。バイブル。

せい-しょ【誓書】[名] 誓いのことばを記した文書。誓紙。

せい-じょ【聖女】[名] けがれを知らない神聖な女性。特に、宗教的な事柄に身をささげた女性。

せい-じょ【整除】[名・他サ変] ある整数を他の整数で割ったとき、その商が整数となって割り切れること。

せい-しょう【斉唱】[名・他サ変] ❶大勢が声をそろえて一斉にとなえること。‖「万歳—」❷二人以上が同一の旋律を同時に歌うこと。‖「国歌—」

せい-しょう【政商】[名] 政府や政治家と結びついて特別の利権を得ている商人。

せい-しょう【清祥】シヤウ［名］手紙文で、相手が健康で幸せに暮らしていることを祝うあいさつのことば。「貴下ますます御━の段、大慶に存じます」

せい-しょう【清勝】［名］手紙文で、相手が健康に暮らしていることをよろこぶ意で使うあいさつの語。「御━の段、大慶に存じます」

せい-じょう【正常】ジヤウ［名・形動］特に変わったところがなく、普通の状態であること。「脈拍は━だ」「エンジンが━に作動する」「━化」⇔異常 派生-さ

せい-じょう【性状】ジヤウ［名］❶物の性質と状態。❷人の性質と行状。「はなはだ粗野な━」

せい-じょう【性情】ジヤウ［名］❶性質と心情。こころ。❷生まれつきの性質。気だて。「穏和な━の人」

せい-じょう【政情】ジヤウ［名］政界の状況。政治のなりゆき。「━不安」

せい-じょう【清浄】ジヤウ［名・形動］清らかでけがれのないこと。しょうじょう。「早朝の━な空気を吸う」「━野菜(=下肥(しもごえ)を使わず、化学肥料によって栽培した野菜)」派生-さ

せい-じょう【聖上】ジヤウ［名］天皇の敬称。

せいじょう-き【星条旗】セイデウ-［名］アメリカ合衆国の国旗。長方形に独立当時の一三州を表す赤白一三本の横線を配し、左上の青地の中に現在の州の数(五〇)を表す白星を描いたもの。

せい-しょうねん【青少年】セウネン［名］青年と少年。一二歳から二五歳くらいまでの若い男女をいう。

せい-しょく【生色】［名］いきいきとした顔色。また、元気そうなようす。「━を失う」

せい-しょく【生食】［名・他サ変］なまのまま食べること。なましょく。「魚介を━する」

せい-しょく【生殖】［名・自サ変］生物の個体が種の保存のために自己と同じ種類の新しい個体をつくりだすこと。無性生殖と有性生殖とがある。「━器(=生物が有性生殖をするための器官の総称)」

せい-しょく【声色】［名］❶物をいうときの声と顔色。❷ようす。態度。「━を改める」❸音曲と女色。

せい-しょく【聖職】［名］神聖な職業・職務。特にキリスト教で、司祭・牧師・宣教師などの職。「━者」

せいしょ-ほう【正書法】―ハフ［名］ある言語で、正しいと認められている語の表記法。また、その体系。正字法。

せい-しん【生新】［名・形動］新しくいきいきとしていること。「発想が━だ」「━な文学の登場」派生-さ

せい-しん【成心】［名］❶ある立場や考えにとらわれた見方。先入観。「━を去る」❷何かたくらみのある心。したごころ。「陰険な━をもつ」

せい-しん【星▼辰】［名］ほし。星座。

せい-しん【清新】［名・形動］新しくてさわやかなこと。「画壇に━の気を吹き込む」派生-さ

せい-しん【誠心】［名］偽りのない心。まごころ。

せい-しん【精神】［名］❶思考や感情の働きをつかさどる心。「健全なる━」❷物事を成し遂げようとする気力。「不撓(ふとう)不屈の━」❸物事を支える根本となるもの。理念。「民主主義の━」

せい-じん【成人】［名・自サ変］成年に達すること。一人前のおとなになること。また、その人。「━式・━映画」▼少年法では、満二〇歳以上の者。

せい-じん【聖人】［名］❶知徳にすぐれ、理想的な人物として崇拝される人。特に儒教で、尭(ぎょう)・舜(しゅん)・禹(う)・孔子など。聖者。❷カトリック教会で、殉教や徳行によって列聖された人に与えられる称号。聖徒。❸清酒。▼濁酒を賢人にたとえるのに対していう。

せいしん-えいせい【精神衛生】―ヱイセイ［名］精神障害の予防や治療をすすめ、心の健康を維持・促進することを目的とする学問分野。また、その実践活動。メンタルヘルス。▼一般に心の健康の意でも使う。「くよくよ考えるのは━上よくない」

せいしん-かがく【精神科学】―クワガク［名］心理学・倫理学・言語学・法学・経済学・歴史学・社会学など、人間の精神活動が生み出した文化現象をあつかう人文社会科学の総称。▼Geisteswissenschaften(ドイ)の訳語。一九世紀末以降は、「文化科学」と呼称される。

せいしん-かんてい【精神鑑定】［名］裁判所の依託を受けた精神科医が被告人の精神状態を診断し、責任能力の有無などを鑑定すること。

せいしん-しゅぎ【精神主義】［名］物質よりも精神の働きを重要視する立場。また、精神力によって物質的な諸事象を支配できるとする立場。

せいしん-しょうがい【精神障害】―シヤウガイ［名］精神の機能が正常に働かない状態。▼主として統合失調症などを指して使う場合、また、知的障害、依存症などを含めて広く使う場合とがある。

せいしん-せいい【誠心誠意】［名］真心をもって行動すること。「━精進いたします」▼副詞的に使う。

せいしん-てき【精神的】［形動］精神に関するさま。また、精神に関することを重視するさま。「━な苦痛を味わう」⇔肉体的・物質的

せいしん-ねんれい【精神年齢】［名］❶知能検査によって測定した知能の発達程度を年齢で表したもの。知能年齢。❷実際の年齢とは別に、ものの考え方や行動などから見た年齢の程度。「━が若い」

せいじん-の-ひ【成人の日】［名］国民の祝日の一つ。一月の第二月曜日。成人になった人を励まし、祝福する日。▼もと、一月一五日。

せいしん-はくじゃく【精神薄弱】［名］知的障害の旧称。

せいしん-びょう【精神病】―ビヤウ［名］精神の機能が正常ではない病状の総称。

せいじん-びょう【成人病】―ビヤウ［名］高血圧・心臓病・癌(がん)など、四〇歳以上の中年期から老年期に多くみられる病気。▼長年にわたる生活習慣が発病をうながすことから、現在は「生活習慣病」の語を使う。

せいしん-ぶんせき【精神分析】［名］夢・空想・対話・自由連想などを分析し、人間の深層心理や無意識に関連した現象を解釈しようとする方法。また、その理論。▼フロイトの創始による。

せいしん-ぶんれつ-びょう【精神分裂病】―ビヤウ［名］⇒統合失調症

せいしん-りょく【精神力】［名］ある物事を行おうとする精神の力。気力。「━を鍛える」

せい・す【制す】［他五］⇒制する

せい-ず【星図】―ヅ［名］天球上の恒星・星団・星雲などの位置や明るさを示した平面図。恒星図。

せい-ず【製図】―ヅ［名・他サ変］機械・建築物などを設計するために、その形状・構造などを書き表した図面を作成すること。また、その図面。「━板(ばん)」

せい-すい【清水】［名］清らかに澄んだ水。しみず。「

「—に魚棲まず(=水清ければ魚棲まず)」⇕濁水

せい-すい【盛衰】〔名〕盛んになることと衰えること。‖「栄枯—」▽古くは「じょうすい」とも。

せい-すい【精粋】〔名〕不純なものを除いた最もよいところ。選び抜かれたもの。‖「伝統美術の—を展示する」

せい-すい【静水】〔名〕静止して動かない水。‖「—圧」⇕流水

せい-ずい【精髄】〔名〕物事の本質となる最も重要な部分。物事の最もすぐれたところ。‖「仏教の—を学ぶ」

髄

せい-すう【正数】〔名〕零より大きい数。正の数。⇕負数

せい-すう【整数】〔名〕一、二、三のような自然数とそれに対応する負数、および零の総称。

せい・する【制する】〔他サ変〕❶相手をおさえとめて、自分の意に従わせる。自分の支配下に置く。‖「機先を—」「先んずれば人を—」❷気持ちなどを押しとどめる。‖「はやる心を—」❸規則などを定める。制定する。‖「律令を—」文せい・す 異形 制す

せい・する【征する】〔他サ変〕従わない者を平らげようとして攻め討つ。征伐する。‖「敵を—」文せい・す

せい・する【製する】〔他サ変〕物をつくる。製造する。‖「鉱物から—顔料」文せい・す

せい-せい【生成】〔名・自他サ変〕物が生じること。また、生じさせること。物をつくり出すこと。‖「ぶどう糖を—する酵素」「宇宙の—」

せい-せい【精製】〔名・他サ変〕❶念を入れて、ていねいにつくること。‖「—品」⇕粗製 ❷粗製品から不純物などを除いて、いっそう良質のものにすること。‖「石油を—する」

せい-せい【▽済▽済】〔形動タト〕人物などが多くて盛んなさま。また、威儀がととのってりっぱなさま。‖「—たる名士」「多士—」▽「さいさい」は慣用読み。

せい-せい【(清清)】〔副ト〕さっぱりして気持ちのよいさま。‖「—とした美しさ」

せい-ぜい【(精精)】〔副〕❶力の及ぶかぎり努力するさま。できるだけ。精いっぱい。‖「—勉強しなさい」❷できるだけ多く見積もっても。最大限。たかだか。‖「原価は—千円ぐらいだろう」

ぜい-せい【税制】〔名〕税に関する制度。‖「—改革」

ぜい-せい【税政】〔名〕税務に関する行政。

ぜい-ぜい〔副ト〕息づかいが激しいさま。また、そのときの苦しげな呼吸の音を表す語。ぜえぜえ。‖「のどが—する」「喘息の発作で—あえぐ」

せいせい-する【(清清する)】〔連語〕さっぱりと気持ちがよくなる。また、わだかまりがなくなって、気持ちが晴れる。‖「訴訟が片づいて—した」

せいせい-どうどう【正正堂堂】〔形動タト〕❶態度や手段が正しく、りっぱなさま。‖「—と勝負する」❷軍隊などの陣容が整い、勢いが盛んなさま。

せいせい-るてん【生生流転】〔名・自サ変〕万物が生まれ変わり死に変わり、絶えず変化していくこと。しょうじょうるてん。

せい-せき【成績】〔名〕仕事・事業・学業などを行った結果。できばえ。‖「営業—」「—表」

せい-せき【聖跡・聖▼蹟】〔名〕❶聖人の遺跡。また、神聖な遺跡。❷天皇に関係のある遺跡。天皇行幸の地や帝都の旧跡など。

せい-ぜつ【凄絶】〔名・形動〕たとえようもないほど、すさまじいこと。‖「—な戦い」派生 -さ

せい-せっかい【生石灰】〔名〕酸化カルシウムの通称。石灰岩を焼いてつくる白色のかたまりで、水を注ぐと高熱を発して水酸化カルシウム(消石灰)になる。水をよく吸収するので脱水剤・乾燥剤に用いるほか、モルタル・漆喰などの原料にする。

せい-せん【生鮮】〔名・形動〕肉・魚・野菜などの食品が、新しくていきいきしていること。‖「—食料品」

せい-せん【征戦】〔名・自サ変〕戦争に行くこと。敵地におもむいて戦うこと。

せい-せん【聖戦】〔名〕❶神聖な目的のために戦う戦争。また、正義のための戦争。❷イスラム共同体の拡大または防衛のための戦い。ジハード。

せい-せん【精選】〔名・他サ変〕多くの中から特によいものをえらび出すこと。‖「材料を—する」

せい-ぜん【生前】〔名〕その人がまだ生きていたとき。死ぬ前。存命中。‖「山田氏が—(に)愛用していた茶碗」「—、先生には大変お世話になりました」✓注意「生前中」は標準的な言い方ではない。‖「×生前中のご厚誼に深く御礼申し上げます(○生前のご厚誼)」

せい-ぜん【西漸】〔名・自サ変〕文明・勢力などが、次第に西の方へ移っていくこと。

せい-ぜん【整然】〔形動タト〕きちんと整っているさま。秩序正しいさま。‖「—と並ぶ」「理路—と話す」

せいぜん-せつ【性善説】〔名〕人の本性は善であり、悪の行為はそれが私欲によっておおわれることから生じるとする説。孟子が唱えた。⇕性悪説

せい-そ【清▼楚】〔名・形動〕飾り気がなく、すっきりとして清らかなこと。‖「—な装い[花]」派生 -さ

せい-そ【精粗】〔名〕細かいことと、あらいこと。詳しいことと、大まかなこと。

せい-そう【正装】〔名・自サ変〕儀式などで着る正式の服装。また、それを着ること。⇕略装

せい-そう【成層】〔名〕次第に積み重なって層をなすこと。‖「—圏」「—火山(=火口から噴出した溶岩や砕屑物が堆積してできた円錐形の火山)」

せい-そう【政争】〔名〕政治上の主義・主張をめぐる争い。また、政権の奪い合い。‖「条約改正が—の具となる」

せい-そう【星霜】〔名〕年月。歳月。‖「幾—を経る」▽星は一年で天を一周し、霜は毎年降ることから。

せい-そう【凄▼愴・▼悽▼愴】〔名・形動〕悲しくいたましいこと。‖「—な被爆地の情景」

せい-そう【清掃】〔名・他サ変〕きれいに掃除すること。‖「町内を—する」「—車」

せい-そう【清爽】〔名・形動〕さわやかで、すがすがしいこと。‖「—の気がみなぎる」

せい-そう【盛装】〔名・自サ変〕はなやかに着飾ること。また、その装い。‖「—した娘たち」

せい-そう【精巣】〔名〕動物の雄の生殖腺。精子をつくり、雄性ホルモンを分泌する器官で、哺乳類では睾丸ともいう。

せい-ぞう【聖像】〔名〕❶聖人の肖像。特に、孔子の肖像。❷キリストや聖母マリアなど、聖書の人物の肖像。聖画像。

せい-ぞう【製造】〔名・他サ変〕原料を加工して製品をつくること。‖「家具[パン]を—する」

せいそう-けん【成層圏】〔名〕対流圏と中間圏の

間にある空気の層。地表からほぼ一〇〜五〇㌔㍍の領域。圏内にオゾン層を含む。

せいぞうぶつ-せきにん【製造物責任】セイザウブツー [名] 製造物の欠陥によって消費者の生命・身体・財産に損害が生じた場合、その製造者などに賠償責任を負わせること。PL(product liability)。▼平成六(一九九四)年、被害者保護のために「製造物責任法」が制定された。

せい-そく【正則】[名] ❶正しい規則・法規。❷規則にかなっていること。正規。⬍変則

せい-そく【生息】[名・自サ変] 生物(特に人)が命を保って生活すること。「大都会の片隅に―する」

せい-そく【生息(▼棲息)】[名・自サ変] 動物がある環境の中で生きること。「キタキツネの―地」 書き方 もと「棲息」と書いたが、今は類義の「生息」で代用する。

せい-ぞろい【勢▼揃い】ゾロヒ [名・自サ変] 多くの人々が一か所に集まること。勢揃え。「人気の役者が―する」▼もと、軍勢がそろうこと。 使い方 人以外の物にも転用する。「各地の特産品が―した」

せい-ぞん【生存】[名・自サ変] 生きてこの世にいること。また、生きながらえること。「―者」「―権(=国民が人間らしい生活を営むための諸条件を国家に要求する権利)」「さまざまな生物が―する地域」

せいぞん-きょうそう【生存競争】―キャウサウ [名] ❶生物が限られた自然環境の中で生存し、子孫を残すために、同種または異種の個体間で競争すること。▼ダーウィンの進化論の中心的な概念。❷人間社会で、生活や地位を存続させるための競争。「―の激しい業界」

せい-たい【正対】[名・自サ変] 真正面から向かい合うこと。「対象に―する」

せい-たい【生体】[名] 生きているもの。また、生きているからだ。「―反応」

せい-たい【生態】[名] ❶生物が自然環境の中で生活しているありさま。「ゴリラの―」「―学(=生物と生活環境との関係を研究する生物学の一分野)」❷社会生活をしている人間の、ありのままの姿。「昨今の若者の―」

せい-たい【成体】[名] 成熟して生殖能力をもつようになった生物体。

せい-たい【声帯】[名] のどの中央部にある左右一対の発声器官。弾力のある筋性のひだで、呼気によって振動させることで音声を発する。

せい-たい【青▼黛】[名] ❶青いまゆずみ。❷まゆずみのような紺青色。

せい-たい【政体】[名] ❶国家の政治形態。君主制・貴族制・共和制・民主制など。❷統治権が行使される方法によって区別される国家の政治形態。立憲政体と専制政体がある。

せい-たい【聖体】[名] ❶天子のからだ。玉体。❷イエス=キリストのからだ。また、聖別されてキリストの体となったパン。

せい-たい【静態】[名] 静止している状態。また、動いているものが一時静止したと想定したときの状態。「―統計」⬍動態

せい-たい【整体】[名] 指圧やマッサージによって脊椎(せきつい)などのゆがみを矯正し、身体各部の均斉をとることから機能回復・健康増進などをはかること。「―術」

せい-たい【▼臍帯】[名] 胎児と胎盤とをつなぐひも状の器官。へそのお。さいたい。 臍

せい-だい【盛大】[名・形動] ❶勢いがさかんなこと。「―な拍手が起こる」❷集会・儀式・事業などが大規模に行われること。「―に式典を執り行う」 派生 -さ

せい-だい【正大】[形動] 言行などが正しくて堂々としているさま。「公明―に行動する」 派生 -さ

せいたい-いしょく【生体移植】[名] 生体から臓器などを摘出し、それを必要とする患者に移植すること。部位によって生体肝移植(肝臓)・生体腎(じん)移植(腎臓)などという。

せいたい-けい【生態系】[名] ある地域に生きているすべての生物群集とそれを取り巻く環境とを一体とみなしたまとまり。エコシステム。

せいたい-にんしょう【生体認証】[名] 指紋・声紋・虹彩(こうさい)などの肉体的特徴を読み取り、本人を識別するシステム。バイオメトリクス。

せいたい-もしゃ【声帯模写】[名] 有名人・芸能人などの声や動物の鳴き声をまねる芸。声色(こわいろ)。▼喜劇俳優古川緑波(ろっぱ)の造語。

せいたか-あわだちそう【背高泡立草】―アワダチサウ [名] 土手・空き地などに群生するキク科の多年草。秋、茎頂に黄色い小花を円錐(えんすい)状につける。

せい-たく【請託】[名・他サ変] 内々に特別の配慮を頼むこと。特に、公務員に対して一定の職務行為をするように頼むこと。

せい-だく【清濁】[名] ❶澄んでいることと濁っていること。❷善と悪。賢人と愚人。❸清音と濁音。

◉**清濁併(あわ)せ呑(の)・む** 度量が大きく、善も悪も区別なく受け入れる。

ぜい-たく【▼贅沢】[名・形動] ❶必要な程度をこえて金銭や物を費やすこと。分をこえたおごりであること。「―に暮らす」❷ふさわしい程度をこえて求めること。「―を言えばきりがない」「―な悩み」 贅

品格 奢侈(しゃし)「―に溺(おぼ)れる」 贅(ぜい)を尽くす「贅を尽くした芸術作品」 ラグジュアリー「―な空間」

せい-だ・す【精出す】[自五] 一所懸命に励む。精を出す。「仕事に―」

せい-たけ【背丈】[名] 身長。せたけ。

せい-たん【生誕】[名・自サ変] 人が生まれること。誕生。「―百年祭」▼ふつう偉人などについて使う。

せい-たん【西端】[名] 西のはし。「島の―」

せい-たん【製炭】[名] 木炭をつくること。「―業」

せい-だん【政談】[名] ❶政治・政局に関する談話や議論。❷政治や裁判を題材にした講談。「大岡―」

せい-だん【星団】[名] 密集した恒星の集団。

せい-だん【清談】[名] 世俗を離れた高尚な話。学問や芸術に関する話など。

せいたん-きょく【聖▼譚曲】[名] オラトリオ。

せいたん-さい【聖誕祭】[名] クリスマス。

せい-ち【生地】[名] その人が生まれた土地。出生地。

せい-ち【聖地】[名] ❶宗教上、特に神聖視されている土地。キリスト教のエルサレム、イスラム教のメッカ、仏教のブッダガヤなど。❷ある物事にゆかりがあり、うやまいや憧れの対象となる場所。「人気アニメの―」

せい-ち【精緻】[名・形動] 非常に細かなところまで注意が行き届いていること。きわめて綿密なこと。精密。「―な彩色の絵」 派生 -さ 緻

せい-ち【整地】[名・自他サ変] 建築・耕作などに適するように土地をならすこと。

ぜい-ちく【▼筮竹】[名] 易の占いに使う細い竹の棒。ふつう五〇本を一組みとする。

せい-ちゃ【製茶】〔名〕摘んだ茶の葉を加工して飲用の茶をつくること。‖「―業」

せい-ちゅう【正中】〔名〕❶物を二等分した真ん中。‖「―線」❷考え方にかたよりのないこと。中正であること。❸天体が天の子午線を通過し、ある地点の真南または真北に来ること。

せい-ちゅう【成虫】〔名〕昆虫・クモ類などの成熟した個体。脱皮・変態を終えて生殖が可能になったものをいう。⇔幼虫

せい-ちゅう【▼掣▽肘】〔名・他サ変〕そばから干渉して自由な行動を妨げること。‖「行動に―を加える」▼肘を掣く意から。

せい-ちゅう【精虫】〔名〕精子。

せい-ちょう【正調】〔名〕正しい調子。特に、日本民謡などで、伝統的に正統であるとされる歌い方。

せい-ちょう【生長】〔名・自サ変〕植物が伸び育つこと。‖「苗木が―する」書き分け 動物と植物をともに問題にする場合は、より一般的な「成長」を使う。

せい-ちょう【成長】〔名・自サ変〕❶人間や動物が育って一人前になること。‖「子どもの―記録」「あそこで我慢できるとは、君も―したね」❷物事が発展し、より高い段階に進むこと。‖「―株」「経済―」

せい-ちょう【成鳥】〔名〕成熟して生殖が営めるようになった鳥。

せい-ちょう【声調】〔名〕❶声の調子。❷詩歌の調子。

せい-ちょう【性徴】〔名〕男女・雌雄の判別の基準となる形態上の特徴。▼生殖腺とそれに付随する器官にみられるものを第一次性徴、個体の成熟に伴って現れるものを第二次性徴という。

せい-ちょう【政庁】〔名〕政務を取り扱う官庁。

せい-ちょう【清澄】〔名・形動〕清らかに澄みきっていること。‖「高原の―な空気」派生 -さ

せい-ちょう【清聴】〔名・他サ変〕人が自分の話などを聞いてくれることを、その人を高めていう語。‖「御―ありがとうございました」

せい-ちょう【静聴】〔名・他サ変〕人の話や講演などを静かに聞くこと。‖「御―願います」

せい-ちょう【整腸】〔名〕腸の機能を整えること。‖「―剤」

せい-ちょう【整調】〔名〕❶〔他サ変〕調子を整えること。❷ボートで、舵手（コックス）と向かい合って座り、漕手全員の調子を合わせる役の人。ストローク。

せいちょう-かぶ【成長株】〔名〕❶将来、大きな発展が期待される企業の株式。❷将来、有望な人材。‖「―の新人」

せい-つう【精通】〔名・自サ変〕ある物事についてくわしく知っていること。‖「オペラに―している人」

せい-てい【制定】〔名・他サ変〕法律・規則などを定めること。‖「憲法を―する」「―法（＝一定の手続きのもとで立法機関によって定められた法）」

せい-てき【政敵】〔名〕政治上対立し、争っている相手。

せい-てき【清適】〔名〕心身がすがすがしく、安らかなこと。‖「貴下ますます御―の段、大慶に存じ上げます」▼多く手紙文などで相手の健康や無事を祝って使う。

せい-てき【性的】〔形動〕性に関するさま。また、性欲に関するさま。‖「―暴力」「―嫌がらせ（＝セクシュアルハラスメント）」

せい-てき【静的】〔形動〕動きが止まっているさま。動きがなく静かなさま。‖「秩序のある―な画風」⇔動的

せいてき-しょうすうしゃ【性的少数者】〔名〕同性愛者、両性愛者、トランスジェンダー、性的指向や性自認が決まっていないクエスチョニングの人たちなど。性的マイノリティー。➡エルジービーティー

せい-てつ【聖哲】〔名〕知徳がすぐれ、物事の道理によく通じている人。また、聖人と哲人。

せい-てつ【製鉄】〔名・自サ変〕鉄鉱石を製錬して銑鉄をつくること。‖「―所」

せい-てん【青天】〔名〕晴れ渡った青空。蒼天。

◉**青天の霹靂** 突然起こる事変や大事件。▼青く晴れわたった空に突然雷が鳴り響くことから。注意「せいてん」を「晴天」と書くのは誤り。

せい-てん【盛典】〔名〕盛大な儀式。盛儀。‖「国王即位の御―」

せい-てん【晴天】〔名〕晴れた空。また、よい天気。‖「―に恵まれる」➡雨天・曇天

せい-てん【聖典】〔名〕その宗教の教義・戒律などを記した書。仏教の経典、キリスト教の聖書、イスラム教のコーランなど。

せい-でん【正殿】〔名〕❶神社の本殿。❷宮殿の中心となる建物。表御殿。

せい-てんかん【性転換】〔名・自サ変〕❶雌雄の決定していた個体が、生物学的に反対の性の機能をもつようになること。❷手術などによって、人が体を生物学的な性とは反対の性の体に近いものに変えること。

せい-でんき【静電気】〔名〕物体にとどまったままほとんど動かない電気。摩擦電気など。

せいてん-はくじつ【青天白日】〔名〕❶よく晴れた天気。❷心に後ろ暗いところがないこと。‖「―の心境」❸無罪が明らかになること。‖「―の身となる」◈注意「青天」を「晴天」と書くのは誤り。

せい-と【生徒】〔名〕学校・塾などで教えを受ける人。特に、中学校・中等教育学校・高等学校で教育を受ける人。▼小学校の「児童」、大学の「学生」に対していう。

せい-と【征途】〔名〕旅の道。特に、戦争や試合などに向かう道。

せい-と【聖徒】〔名〕❶キリスト教徒。❷➡聖人②

せい-ど【西土】〔名〕日本からみて西方の国。中国・インド・西洋など。

せい-ど【制度】〔名〕国・社会・団体などを秩序にしたがって運営・維持していくためのきまり。‖「選挙―・入試―・家族―」

せい-ど【精度】〔名〕精密さの度合い。また、仕上がりなどの正確さの度合い。‖「―の高い仕事」

せい-とう【正当】〔名・形動〕法規・道理などにかなっていて、正しいこと。‖「―な／の理由」「―に評価する」

せい-とう【正答】〔名〕正しく答えること。また、正しい答え。‖「―率」⇔誤答

せい-とう【正統】〔名・形動〕❶正しい系統であること。また、正しい血筋。‖「源氏の―」「―の／な継承者」❷創始者の学説・思想などを忠実に受け継いでいること。‖「―派」❸その時代やその社会で最も標準的とされる思想や立場。◈②③⇔異端

せい-とう【征討】〔名・他サ変〕反逆する者や服従しない者を攻めうつこと。征伐。‖「―軍」

せい-とう【政党】［名］政治上の主義・主張を同じくする者が政権の獲得をめざし、その政治理念や政策を実現するために結成する団体。☰「—政治（＝複数の政党が議会の場で相互に作用しながら展開する政治）」

せい-とう【精到】［名・形動］細かいところまでよく行き届いていること。☰「—な研究」

せい-とう【精糖】［名］不純物の多い粗糖を精製すること。また、精製してできた上質の砂糖。⇕粗糖

せい-とう【製糖】［名］サトウキビ・サトウダイコンなどから砂糖をつくること。☰「—工場」

せい-どう【正道】［名］人としての正しい道。道理にかなった正しい生き方。☰「—を歩む」⇕邪道

せい-どう【生動】［名・自サ変］いきいきとして、いまにも動きだしそうに見えること。☰「—感のある彫像」「筆彩—」▼書・絵画などにいう。

せい-どう【制動】［名・他サ変］運動しているものを停止させること。また、運動しているものの速度を減少させること。ブレーキをかけること。☰「—機」

せい-どう【青銅】［名］銅と錫の合金。また一般に、銅合金。加工が容易で、耐食性にすぐれる。唐金。ブロンズ。☰「—器」

せい-どう【政道】［名］政治のあり方。国の治め方。

せい-どう【聖堂】［名］❶孔子を祭った堂。聖廟。☰「湯島—」❷キリスト教の教会堂。⬇大聖堂

せい-どう【精銅】［名］粗銅を精錬すること。また、精錬した銅。☰「—所」▼純度九九・九パーセント以上のものをいう。

せいどういつせい-しょうがい【性同一性障害】［名］生物学的な性別と、自分の意識する性別が一致しない状態。性別違和。性別不合。GID（gender identity disorder の略）。▼二〇〇四年七月から、法律上の性別変更が可能となった。

せいとう-か【正当化】［名・他サ変］理屈をつけて正当であるようにみせること。☰「侵略を—する」

せいどうき-じだい【青銅器時代】［名］考古学上の時代区分の一つ。石器時代と鉄器時代の中間で、青銅器を多く使用した時代。▼西アジアでは前三〇〇〇年ごろのメソポタミアに始まり、中国では前一〇〇〇年頃の殷・周時代がこれにあたる。

せいとう-こうふきん【政党交付金】［名］政党助成法に基づいて政党に支給される金。

せいとう-ぼうえい【正当防衛】［名］急迫不正の侵害に対し、自己または他人の権利を防衛するためにやむを得ずなした加害行為。刑法上は処罰されず、民法上も損害賠償責任を負わない。

せい-とく【生得】［名］ある性質などを生まれつきもっていること。生まれつき。しょうとく。☰「—のお人好し」▼副詞的にも使う。

せい-とく【聖徳】［名］天子の徳。

せい-どく【精読】［名・他サ変］内容をよく考えながら、細かいところまでていねいに読むこと。熟読。

せい-とん【整頓】［名・自他サ変］乱れたものを片づけて、ととのった状態にすること。また、片づいて、ととのった状態になること。☰「持ち物を—する」「整理—」

せい-なん【西南】［名］西と南との中間の方角。南西。にしみなみ。⇕東北

せい-にく【生肉】［名］食用にする生の肉。新鮮な肉。

せい-にく【精肉】［名］骨・筋などを取り除いた、上等の食用肉。☰「—店」

贅

ぜい-にく【▼贅肉】［名］体に必要以上についてしまった肉や脂肪。

せい-にゅう【生乳】［名］搾ったままで殺菌などの処理をしていない牛乳。

ぜい-ぬき【税抜き】［名］所得金額や支払金額から税金額が差し引かれていること。☰「—価格」⇕税込み

せい-ねん【生年】［名］❶生まれた年。⇕没年 ❷生まれてから経過した年数。しょうねん。☰「—一八歳」

せい-ねん【成年】［名］心身が十分に発達し、一人前の能力をもつ大人として認められる年齢。日本の民法では二〇歳。令和四(二〇二二)年四月からは一八歳。

せい-ねん【青年】［名］二〇代を中心とする若い人。青年期の若者。☰「—団」「勤労—」▼特に男性に限っていう場合もある。

せい-ねん【盛年】［名］若い盛りの元気あふれる年ごろ。

せいねん-がっぴ【生年月日】［名］生まれた年と月と日。

せいねんこうけん-せいど【成年後見制度】［名］精神上の障害（認知症・知的障害・精神障害等）によって判断能力が不十分な人の財産管理や身上監護を支援する制度。裁判所が判断能力の程度によって後見・保佐・補助のいずれかに認定する「法定後見」と、あらかじめ本人が後見人を定める「任意後見」がある。▼平成一一年の民法改正により、従来の禁治産・準禁治産制度に代わって設けられた。

せい-のう【性能】［名］機械・道具などの、仕事をする上での能力。☰「—のよいエンジン」

覇

せい-は【制覇】［名・他サ変］❶競争者を抑えつけて権力や主導権を握ること。❷試合などで優勝すること。☰「ワールドカップ［全国］を—する」

せい-は【政派】［名］政党内の派閥やグループ。

せい-はい【成敗】［名］成功と失敗。☰「—は時の運」

せい-ばい【成敗】［名・他サ変］処罰すること。こらしめること。☰「盗賊を—する」「喧嘩両—」▼昔は、特に斬罪に処することをいった。

せい-はく【清白】［名・形動］汚れがなく、きよらかなこと。

せい-はく【精白】［名・他サ変］米・麦などの穀物をついて外皮をとり、白くすること。☰「—米」

せい-ばく【精麦】［名・自サ変］麦をついて表皮をとり、白くすること。また、その麦。

せい-はつ【整髪】［名・自他サ変］髪の形を整えること。調髪。理髪。☰「—料」

せい-ばつ【征伐】［名・他サ変］反逆者や悪者を攻め討つこと。征討。☰「朝敵を—する」

せい-はん【正犯】［名］刑法上、犯罪行為を自ら実行する者。☰「単独—」▼他人の犯罪に加担する「共犯」に対していう。

せい-はん【製版】［名・自他サ変］印刷をするための版面をつくること。また、その版面。整版。☰「写真—」

せいはん-ごう【正反合】［名］ヘーゲルの弁証法における論理展開の三段階。ある一つの判断（定立）と、それと矛盾するもう一つの判断（反定立）が、より高い判断（総合）に統合される過程をいう。

せい-はんたい【正反対】［名・形動］まったく反対であること。☰「—の意見が出る」「—の二人」

せい-ひ【正否】[名] 正しいことと正しくないこと。正か不正かということ。‖「事の—を判断する」

せい-ひ【成否】[名] 成功するかしないかということ。‖「集中力が—のかぎを握る」

せい-び【精微】[名・形動] 細かいところまでくわしいこと。‖「—な絵図面」

せい-び【整備】[名・他サ変] すぐ役立つように準備を整えること。すぐ使えるような状態に整えておくこと。‖「飛行機[法規]を—する」「—工場」

ぜい-びき【税引き】[名] 所得金額や支払金額から税金額を差し引くこと。また、税を差し引いた金額。

せい-ひつ【静▼謐】[名・形動] 静かで落ち着いていること。また、世の中がおだやかに治まること。‖「境内に—な空気がただよう」派生 -さ

謐

せい-ひょう【青票】[名] 国会の投票で、反対の意思を示すときに使う青色の札。あおひょう。⇔白票

せい-ひょう【製氷】[名・自サ変] 人工的に氷を作ること。‖「—皿・—機」

せい-びょう【性病】[名] 性行為によって感染する病気。淋病・梅毒など。花柳病。⬇性感染症

せい-びょう【聖▼廟】[名] ❶孔子を祭った廟。聖堂。❷菅原道真を祭った廟。特に、京都の北野天満宮。

せい-ひれい【正比例】[名・自サ変] 二つの量が互いに関連し、常に一定の比を保ちながら増減すること。また、その二つの量の関係。⇔反比例

せい-ひん【清貧】[名] 私利を求めず、行いが正しいために、その生活が貧しいこと。

せい-ひん【製品】[名] 商品として製造された品物。‖「新—・電気—」

せい-ふ【政府】[名] 国の統治機関。日本では、内閣とその下にある行政機関の総体をいう。

せい-ぶ【西部】[名] ❶ある地域の中の、西の部分。⇔東部 ❷アメリカ合衆国の西の地方。

せい-ぶ【声部】[名] 合唱・合奏で、それぞれの声や楽器が受け持つ音域の各部分。ソプラノ・アルト・テノール・バスなど。パート。

せい-ふう【清風】[名] さわやかな風。‖「—朗月」▽汚濁・沈滞した社会を一新し、人の気持ちをすがすがしくさせるものの意でも使う。

せいふかいはつえんじょ【政府開発援助】[名] 先進国の政府機関から発展途上国や国際機関に対して行われる経済援助。ODA。

せい-ふく【制服】[名] その集団・団体などに所属する人が着ることを定められている衣服。ユニフォーム。⇔私服

せい-ふく【征服】[名・他サ変] ❶武力などによって一方的に支配下におくこと。‖「他国[自然]を—する」「—者」❷困難に打ち勝って目的を達すること。‖「山を—する(=登頂する)」

せい-ふく【清福】[名] ❶けがれのない、精神的な幸福。❷手紙文などで、相手の幸福を祝っていう語。‖「御—をお祈り申し上げます」

せい-ふく【整復】[名・他サ変] 骨折・脱臼などの生じた箇所を、もとの正常な状態になおすこと。‖「肩を—する」「—師」

せいぶ-げき【西部劇】[名] 米国の西部開拓時代の出来事や事件を題材にした映画。ウエスタン。

せい-ぶつ【生物】[名] 動物・植物など、生命をもち、成長・繁殖するもの。いきもの。‖「—学・—界」

せい-ぶつ【静物】[名] 静止して動かないもの。特に絵画の題材で、草花・果物・器物など、静止して動かないもの。‖「—画」

せいぶつ-たようせい【生物多様性】[名] 生物が分化して多様な様相を示していること。

せい-ふん【製粉】[名・自他サ変] 穀物をひいて粉を作ること。特に、小麦粉を作ること。‖「—工場」

せい-ぶん【正文】[名] ❶説明文・注釈文などに対して、文書の本文。❷条約などが数か国語で作成されるとき、条文解釈の基準となる言語で書かれた文。

せい-ぶん【成分】[名] ❶化合物・合成物などを構成している一つ一つの分子や物質。‖「食品—表」❷文法で、一つの文を構成している一つ一つの要素。主語・述語・修飾語などの総称。

せい-ぶん【成文】[名] 文章として書き表すこと。また、その文章。‖「規則を—化する」「—憲法」

せいぶん-ほう【成文法】[名] 立法機関によって制定され、文章に書き表された法。制定法。成文律。⇔不文法

せい-へい【精兵】[名] えりぬきの強い兵士。せいびょう。

せい-へき【性癖】[名] 人の性質にみられるかたより。性質上のくせ。

せい-べつ【生別】[名・自サ変] 生きながら別れ別れになること。生き別れ。‖「母と—する」⇔死別

せい-べつ【性別】[名] 男性と女性、また、雄と雌の区別。

せい-へん【正編(正▼篇)】[名] 書籍などの主要部分として編集されたもの。また、続編に対して、最初に編まれた書籍など。本編。

せい-へん【政変】[名] 急激に起こる政権の変動。クーデターによる政権の交替や内閣の更迭など。

せい-ぼ【生母】[名] 生みのはは。実母。

せい-ぼ【歳暮】[名] ❶年の暮れ。年末。さいぼ。❷年末に、その年世話になった人などに贈り物をすること。また、その贈り物。▽多く「お—」の形で使う。

せい-ぼ【聖母】[名] ❶聖人の母。❷キリスト教で、イエス=キリストの母マリア。‖「—像」

せい-ほう【西方】[名] 西の方角。さいほう。⇔東方

せい-ほう【製法】[名] 物の作り方。製造の方法。

せい-ぼう【声望】[名] 名声と人望。世間での人気やよい評判。‖「—が高い」

せい-ぼう【制帽】[名] その集団・団体などに所属する人がかぶることを定められている帽子。

ぜい-ほう【税法】[名] 租税の適用に関する法規の総称。租税法。

せいほう-けい【正方形】[名] 四辺の長さが等しく、内角がすべて直角である四角形。正四角形。

せい-ほく【西北】[名] 西と北との中間の方角。にしきた。北西。⇔東南

せい-ぼく【清▼穆】[名] ❶清らかで、なごやかなこと。‖「—の世」❷手紙文で、相手の無事・健康を祝っていう語。‖「御—の段、大慶に存じます」

せい-ぼつ【生没・生▼歿】[名] 生まれることと死ぬこと。また、生年と没年。‖「—不明」

せい-ほん【正本】[名] ❶謄本の一つ。権限のある

者が原本に基づいて作成した文書で、原本と同等の効力を有するもの。判決正本など。❷転写または複写されたものの原本。

せい-ほん【製本】［名・他サ変］印刷物や原稿を綴(と)じて表紙をつけ、一冊の書物に仕上げること。

せい-まい【精米】［名・自他サ変］玄米をついて外皮をとり、白い米にすること。また、その米。〓「―機」

せい-みつ【精密】［名・形動］❶細部まで巧妙に作られていること。〓「―な機械」❷細部にまで注意が行きとどいていること。〓「―な測定」派生 -さ

せい-みょう【精妙】ミョウ［名・形動］細かいところまで巧みにできていること。〓「―なからくり人形」派生 -さ

せい-む【政務】［名］政治上の事務。行政事務。

ぜい-む【税務】［名］租税に関する行政事務。

せいむ-かん【政務官】クヮン［名］大臣を助け、特定の政策及び企画に参画し、政務を処理する特別職の国家公務員。大臣政務官。

ぜいむ-しょ【税務署】［名］内国税の賦課・徴収を業務とする国税局の地方出先機関。▼国税局は国税庁の地方支分部局。

せい-めい【生命】［名］❶生物が生物として活動する根源の力。いのち。〓「―を維持する」▼無生物に生き生きとした存在感を与えるものの意でも使う。〓「一塊の土に―を吹き込んだ青磁の傑作」❷物事が存在し、その働きを維持するための根源。〓「信用は商店の―だ」「政治―を断たれる」

せい-めい【声名】［名］よい評判。名声。〓「―が上がる」

せい-めい【声明】［名・自他サ変］ある事柄についての意見・見解などを広く世間に対して発表すること。また、その意見・見解など。〓「―書」

せい-めい【姓名】［名］名字(みょうじ)と名前。氏名。

せい-めい【清明】［名］❶［形動］清らかで明るいこと。〓「―の気がみなぎる」❷二十四節気の一つ。太陽暦の四月五日ごろ。▼天地に清く明るい空気が満ちる時期の意。

せい-めい【盛名】［名］きわだった名声。〓「―を馳(は)せる」

せいめい-せん【生命線】［名］❶生きるためや存立するために、どうしても守らなくてはならない限界の線。❷手相で、寿命の長短に関係があるとされる手のひらの筋。

せいめい-はんだん【姓名判断】［名］姓名の字の画数や音などによって運勢を占うこと。

せいめい-ほけん【生命保険】［名］死亡または定められた年齢に達したとき、被保険者の払った掛け金に応じて一定金額を支払うことを約束する保険。生保。

せいめい-りょく【生命力】［名］生命を維持する力。生きようとする力。〓「―の強い植物」

せいめい-りんり【生命倫理】［名］人の出生と死に関わる倫理。人工授精・妊娠中絶・臓器移植・脳死・安楽死などの諸問題を扱う応用倫理学の一分野。バイオエシックス。

せい-めん【生面】［名］❶新しい方面。新生面。〓「―を開く」❷初めて会うこと。初対面。

せい-めん【製麺】［名・自他サ変］麺を製造すること。

せい-もく【井目】［名］囲碁で、碁盤の目の上に記された九つの黒点。また、九点に黒石を置いて対戦すること。書き方「聖目」「星目」とも。

せい-もん【正門】［名］建造物の正面にある門。表門。

せい-もん【声門】［名］左右の声帯の間にあるすきま。発声時には緊張して狭くなる。

せい-もん【声紋】［名］音声を周波数分析した結果を縞(しま)模様の図に表したもの。指紋同様に個人を識別できるので犯罪捜査などに利用される。

せい-もん【誓文】［名］誓いのことばを記した文書。起請文(きしょうもん)。誓詞。〓「―を交わす」

せい-や【征野】［名］戦場。戦野。

せい-や【星夜】［名］星が明るく輝いている夜。星月夜。

せい-や【清夜】［名］よく晴れてさわやかな夜。

せい-や【晴夜】［名］よく晴れた夜。

せい-や【聖夜】［名］❶キリスト生誕(＝クリスマス)の夜。❷クリスマスの前夜。クリスマスイブ。

せい-やく【成約】［名・自サ変］契約が成り立つこと。また、その契約。〓「一件五万円で―する」

せい-やく【制約】［名・他サ変］条件や枠などをもうけて、活動の自由を制限すること。また、その条件や枠。〓「時間に―される」

せい-やく【製薬】［名］医薬品を製造すること。〓「―会社」

せい-やく【誓約】［名・他サ変］誓いを立てて約束すること。また、その約束。〓「―書」

せい-ゆ【声喩】［名］⇒オノマトペ

せい-ゆ【精油】［名］植物からとって精製した、芳香のある揮発性の油。丁字油・薄荷(はっか)油・樟脳(しょうのう)油など。芳香油。

せい-ゆ【製油】［名・自他サ変］❶動植物から油をとること。❷原油を加工・精製してガソリン・灯油などの石油製品を製造すること。

せい-ゆう【西遊】イウ［名・自サ変］西の方、特に西洋へ旅をすること。さいゆう。

せい-ゆう【声優】イウ［名］ラジオドラマや映画・テレビの吹き替えなど、声だけで出演する俳優。

せい-ゆう【清遊】イウ［名・自サ変］❶世俗を離れて風雅な遊びをすること。また、その遊び。❷遊びや旅行をいう尊敬語。〓「この度は軽井沢に御―の由…」▼手紙文などで使う。

せい-よ【声誉】［名］よい評判。名声。

せい-よう【西洋】ヤウ［名］日本・中国などからヨーロッパやアメリカをさしていう語。欧米。〓「―文明・―料理」⇔東洋

せい-よう【静養】ヤウ［名・自サ変］病気や疲労の回復を図るために、心身を静かに休ませること。

せい-よう【整容】［名・自サ変］姿を整えること。また、姿勢を正すこと。〓「―法」

せい-よく【制欲(制▼慾)】［名・自サ変］欲情・欲望を抑えること。〓「―剤」

せい-よく【性欲(性▼慾)】［名］性交渉への欲望。肉欲。

せい-らい【生来】［名］❶生まれついての性質や能力。生まれつき。しょうらい。〓「―のあわて者」「―器用な人」書き方「性来」とも。❷生まれてから今まで。生まれてこのかた。しょうらい。〓「―金の苦労を知らない人」◈副詞的にも使う。

せい-らん【青▽嵐】［名］❶青葉のころの、青々とし

た山の空気。❷青葉のころに吹き渡るやや強い風。あおあらし。

せい-らん【清覧】［名］「見ること」の意の尊敬語。高覧。▽手紙文などで使う。

せい-らん【晴▽嵐】［名］❶晴天の日に山にかかるかすみ。「粟津の—」❷晴天の日に吹き渡る強い山風。

せい-り【生理】［名］❶生きて活動する生物体に生じる諸現象や、生命を維持するための諸機能。また、その原理。「—作用」❷月経。メンス。

せい-り【整理】［名・他サ変］❶乱れた状態のものをきちんと整えること。「交通—」「—整頓(せいとん)」❷不要なもの、むだなものを処分すること。「古い書類を—する」

ぜい-り【税吏】［名］租税に関する事務を扱う役人。税務官吏。

せいり-がく【生理学】［名］生物体の機能や生命現象を物理的・化学的に研究する学問。フィジオロジー。

ぜいり-し【税理士】［名］税理士法に基づき、各種税金の申告・申請、税務書類の作成、税務相談などを行うことを職業とする人。資格を必要とする。

せい-りつ【成立】［名・自サ変］物事が成り立つこと。取り決めなどがまとまること。「予算が—する」

ぜい-りつ【税率】［名］課税対象に対する税額の割合。課税率。

せいり-てき【生理的】［形動］❶身体の組織や機能にかかわるさま。「—反応」❷理屈ではなく、感覚的・本能的であるさま。「—な嫌悪感」

せい-りゃく【政略】［名］政治上の策略・駆け引き。また、ある目的を達成するための策略・駆け引き。

せい-りゅう【清流】(ーリウ)［名］清らかな水の流れ。また、水の清らかな川。⇔濁流

せい-りゅう【整流】(ーリウ)［名］電気の交流を直流に変えること。「—器」

せい-りょう【声量】(ーリヤウ)［名］声の大きさや強さの度合い。「—のある歌手」

せい-りょう【清涼】(ーリヤウ)［名・形動］涼しくてさわやかなこと。「—な山の空気」「—の秋気」

せい-りょう【精良】(ーリヤウ)［名・形動］品質などがすぐれていること。「—な製品」

せいりょう-いんりょうすい【清涼飲料水】(セイリヤウインレウスイ)［名］炭酸などを含み、さわやかさを感じさせる飲み物。ソーダ水・ラムネ・サイダー・コーラなど。▽食品衛生法では、乳酸菌飲料や乳製品を除くアルコール分一％(パーセント)未満の飲料をいう。

せいりょう-ざい【清涼剤】(ーリヤウ)［名］❶口中や気分をさわやかにさせる薬。❷人の気持ちをさわやかにさせるような物事や出来事。「一服の—となる話」

せい-りょく【勢力】［名］❶他を抑えて従わせる勢いと力。「—を伸ばす」❷活用できる人員。「現有—」

せい-りょく【精力】［名］心身を活動させる力。物事を成し遂げていく活力。「事業に—を注ぐ」「—的に働く」▽性的な能力の意でも使う。

せい-るい【声涙】［名］声と涙。「—倶(とも)に下(くだ)る（＝感情が激して涙を流しながら語る）」

せい-れい【政令】［名］内閣が制定する命令。憲法および法律の規定を実施するために制定される執行命令と、法律の委任に基づいて制定される委任命令とがある。

せい-れい【聖霊】［名］キリスト教で、父なる神、子なるキリストとともに三位(さんみ)一体を成す第三の位格。洗礼を受けた信者に宿って神の啓示を与え、その精神活動を聖化するとされる。

せい-れい【精励】［名・自サ変］精を出して努め励むこと。「職務に—する」「—恪勤(かっきん)」

せい-れい【精霊】［名］❶あらゆる生物・無生物に宿り、自由に遊離することができるとされる霊的存在。❷死者のたましい。霊魂。

せいれい-していとし【政令指定都市】［名］⬇指定都市

せい-れき【西暦】［名］キリストが誕生した年を紀元元年とする年代の数え方。「—二〇〇〇年」▽実際の生年は前四年〜七年とされる。

せい-れつ【清▼冽】［名・形動］水などが清らかで冷たいこと。「—な谷川の流れ」

せい-れつ【整列】［名］❶［自サ変］きちんと列を整えて並ぶこと。「子供たちが—する」❷［自他サ変］コンピューターで、ソートすること。

せい-れつ【凄烈】［形動］すさまじく激しいさま。「—な戦い」

せい-れん【清廉】［名・形動］心が清らかで私欲がないこと。「—の士」「—な人柄」「—潔白」派生-さ

せい-れん【精練】［名・他サ変］❶訓練して、鍛えあげること。精錬。「—されたチーム」❷動植物の繊維から脂肪などの混じり物を除去すること。

せい-れん【精錬】［名・他サ変］❶粗金属を精製して純度の高い金属をつくること。「粗鋼を—する」▽一般には、意味の広い「製錬」でまかなうこともできる。❷⬇精練①

せい-れん【製錬】［名・他サ変］鉱石から金属を取り出し、精製して地金を得ること。「鉱石を—する」「—所」▽金属抽出から地金精製までの全工程をいう。

せい-ろ【生路】［名］❶生きていくための道。生活の道。人生の道。「平穏な—を歩む」❷逃げ道。活路。

せい-ろ【▽蒸▽籠】［名］❶鍋や釜の上にのせ、底から蒸気を通して食品を蒸す容器。方形または円形の木枠の底に簀(す)を張ったもの。❷①に似せて作った、そばなどを盛る容器。また、それに盛ったそば。◈「せいろう」とも。

せい-ろう【青楼】［名］遊郭。遊女屋。妓楼(ぎろう)。

せい-ろう【▽蒸▽籠】［名］⬇せいろ(蒸籠)

せい-ろう【晴朗】(ーラウ)［形動］空がよく晴れてうららかなさま。「天気—」

せい-ろく【西麓】［名］山の西側のふもと。

ぜい-ろく【▼贅六】［名］江戸っ子が抜け目のない上方の人をあざけって呼んだ語。ぜえろく。▽「才六(さいろく)」の転。

せい-ろん【正論】［名］道理にかなった正しい意見や議論。

せい-ろん【政論】［名］その時の政治に関する議論。

ゼウス【Zeus】［名］ギリシア神話の最高神。天界を支配し、人間社会の法と秩序を守る。ローマ神話のユピテル（ジュピター）にあたる。

セージ【sage】［名］夏、青紫色の唇形(しんけい)花をつけるシソ科の多年草。全草に芳香がある。香辛料・薬用・観賞用として栽培する。ヤクヨウサルビア。

セーター【sweater】［名］毛糸などで編んだ上着。▽カーディガンと区別し、普通、頭からかぶるプルオーバーをさす。

セーフ【safe】［名］❶野球で、走者または打者が塁

を得ること。イン。❷テニス・卓球などで、ボールが規定線内に入ること。イン。❸うまくいくこと。間に合うこと。＝「締め切り時間にぎりぎりーだった」◈⇕アウト

セーブ【save】［名・他サ変］❶過剰にならないように抑制すること。節約すること。＝「力をーする」❷プロ野球で、救援投手が自チームのリードを守って勝利に導くこと。また、その救援投手（勝利投手にはなれない）に与えられる記録。❸コンピューターで、データなどを保存すること。

セーフガード【safeguard】［名］輸入量の急増によって国内産業に被害が生じた場合に発動される、輸入抑制のための緊急処置。緊急輸入制限措置。

セーフティー【safety】［名］安全。安全性。＝「ーゾーン」▽多く他の語と複合して使う。

セーフティー-ネット【safety net】［名］❶安全網。転落防止網。❷一部の破綻などが社会全体に及ぶのを防ぐための措置や制度。年金・雇用保険・医療保険・介護保険などの社会保障制度、金融機関に対する中央銀行の保護機構などをいう。

セーフティー-バント【和製safety＋bunt】［名］野球で、一塁でセーフになることを目的に行うバント。

セーラー【sailor】［名］❶船乗り。船員。また、水兵。❷「セーラー服」の略。

セーラー-ふく【セーラー服】［名］水兵の着る制服。また、それをまねた子供服や女子生徒用の制服。水兵服。

セーリング【sailing】［名］❶帆走。また、帆走法。❷航海。また、航海術。

セール【sale】［名］販売。売り出し。特に、特売。＝「バーゲンー」

セールス【sales】［名］❶販売。特に、外交販売。＝「ートーク」「ープロモーション（＝販売促進）」❷外交販売員。▽「セールスマン」「セールスウーマン」「セールスパーソン」などの略。

セールス-ポイント【和製sales＋point】［名］販売上、客に対して強調できる商品の特長や利点。▽人物など商品以外の長所にも使う。

セールスマン【salesman】［名］販売員。特に、外交販売員。セールス。＝「保険のー」▽最近は多く「セールスパーソン」という。また、女性の場合は「セールスウーマン」とも。

せおい-なげ【背負い投げ】［名］柔道の投げ技の一つ。相手の体を引きつけて背中に乗せ、肩越しに投げ落とす技。しょいなげ。＝「ーを食う（＝信じていた人に最後になって裏切られる）」

せ-お・う【背負う】［他五］❶物を背中にのせても つ。しょう。＝「背中に赤ん坊［リュック］をー」「十字架をー」❷負担になることを引き受ける。＝「責任［借金］をー」❸（修辞的な言い方で）ある物が背後になるようなところに位置する。背にする。＝「背後に雑木林をー・いながら、…〈堀辰雄〉」 可能 **背負える**

せ-おと【瀬音】［名］浅瀬を流れる水の音。

せ-およぎ【背泳ぎ】［名］⬇はいえい

セオリー【theory】［名］理論。学説。

せ-かい【世界】［名］❶地球上のすべての地域・国。＝「ーの平和」「ー記録」❷自分の見聞・認識の及ぶ生活の場。世間。世の中。＝「君のーは狭すぎる」❸ある特定の領域。＝「芸のーは厳しい」❹同類のものの集まり。また、その社会。＝「昆虫［学者］のー」❺仏教で、須弥山を中心とする一定の空間領域。この領域を単位として三千大千世界が形成される。▽「世」は過去・現在・未来の三世、「界」は四方上下の領域の意。

せかい-いさん【世界遺産】［名］世界遺産保護条約に基づいて登録された文化遺産・自然遺産。審査は世界遺産委員会が行う。

せかい-いち【世界一】［名］世界のなかで一番であること。

せかい-かん【世界観】［名］❶世界とそこに生きる人間の本質・意義・価値などについての全体的な考え方。より包括的にとらえた人生観。＝「善悪二元論［宿命論］的ー」▽Weltanschauungの訳語。❷〔新〕その人や作品が表現する新しい独自の主張・着想・雰囲気など。コンセプト。＝「原作漫画のーを再現した実写映画」

せかい-ぎんこう【世界銀行】［名］加盟国の復興と開発のための長期貸付を目的として設立された国際金融機関。現在では発展途上国に対する融資を主要業務とする。世銀。

せかい-てき【世界的】［形動］❶規模が世界全体にわたるさま。＝「ーな金融不況」❷力量が世界全体に通用するほど優れているさま。＝「ーなソプラノ歌手」

せかいぼうえき-きかん【世界貿易機関】［名］一九九五年一月、ガット（関税と貿易に関する一般協定）を発展解消して設立された国際機関。多角的自由貿易の推進と国際紛争処理を目的とする。WTO。

せかいほけん-きかん【世界保健機関】［名］保健衛生問題の国際協力を目的とする国際連合の専門機関。保健事業の指導・調整、衛生条約の提案、情報・援助の交換などを主な仕事とする。WHO。

せかい-れんぽう【世界連邦】［名］世界の諸国家を一つの政府のもとに統合し、民族間の対立や国家間の紛争を回避しようとする理想国家。世界国家。

せ-がき【施餓鬼】［名］仏教で、餓鬼道に落ちて飢餓に苦しむ亡者のために行う供養。施餓鬼会。▽盂蘭盆会とともに行われることが多い。

せか・す【▽急かす】［他五］早くするように促す。いそがせる。＝「仕事をー」 異形 **せかせる**

せか-せか［副ト］あわただしくて落ち着かないさま。＝「ー（と）動き回る」

せ-かっこう【背格好（背▼恰好）】［名］⬇せいかっこう

せが・む［他五］しつこく頼む。ねだる。＝「小遣いをー」

せがれ【▼倅・▼伜（▼悴）】［名］❶自分の息子を謙遜していう語。＝「ーをよろしく頼みます」❷他人の息子や少年をくだけて、また乱暴にいう語。＝「小ー」◈

書き方「伜」は「倅」の俗字。「悴」は俗用。

せ-がわ【背革】［名］洋装本の背に張るなめし革。また、その革を使って装丁した本。

セカンド【second】［名］❶第二のもの。二番目。＝「ーバッグ」❷野球で、二塁。また、二塁手。❸自動車の変速ギアの第二速。セカンドギア。❹⬇セコンド

セカンド-オピニオン【second opinion】［名］第二の意見。特に、主治医の診察や治療法について、患者やその家族が別の医師に尋ねる第二の意見。

セカンド-ハウス【和製second＋house】［名］

別荘。別宅。

セカンド-ライフ【和製second＋life】[名] 第二の人生。定年後などの新しい生活。

セカンド-ラン【second run】[名] 映画で、封切り館に次いで二番館で上映すること。二番館興行。セコンドラン。

せき【▼咳】[名] のどや気管の粘膜が刺激されたとき、反射的に起こる強い呼気運動。また、その音。しわぶき。‖「―が出る」

せき【▼堰】[名] 取水や水量調節のために川の途中や池・湖の流出口などに設けて流れをせき止める構造物。

◉**堰を切・る** おさえられていたものが、どっとあふれ出る。‖「涙[言葉・喜び]が―ったようにあふれ出す」

せき【関】[名] ❶関所。❷物事をさえぎり止めるもの。

せき【席】■一[名] ❶座る場所。座るように決められた場所。‖「―に着く」「見物―」❷会・催しなどが行われる場、場所。‖「宴会[公開]の―」「酒―」■二(造) 寄席(よせ)。‖「昼―」◈草などで編んだ敷物の意から。

◉**席の暖まる暇**(いとま)**が無・い** 忙しくてゆっくり座ってもいられない。席の暖まる暇もない。

◉**席を立・つ** 自分の席を離れる。離席する。‖「憤然として―」

◉**席を外・す** 一時、その場を離れる。中座する。‖「遠慮して―」

せき【積】■一[名] 二つ以上の数や式を掛け合わせて得た数値。⇔商 ■二(造) ❶つみ重ねる。つみ重なる。‖「―雲・―雪・―年」「鬱(うっ)―・堆(たい)―・蓄―・累―」❷物の大きさ。広さ。かさ。‖「体―・面―・容―」

せき【籍】■一[名] ❶戸籍。‖「―を入れる」「本―」❷学校・団体などの一員として正式に登録されていること。‖「大学に―を置く」「鬼―・除―」✓注意「籍を置く(=一員として所属する)」を、「席を置く」と書くのは誤り。■二(造) 書物。文書。‖「漢―・典―」

せき【夕】(造) ゆうがた。ひぐれ。‖「―日・―陽」

せき【斥】(造) ❶しりぞける。‖「排―」❷うかがう。‖「―候(せっこう)」

せき【石】(造) ❶いし。‖「―器・―像」「化―・岩―・原―・採―」❷無価値なもの。‖「木―・玉―混淆」❸腕時計などの軸受けに使う宝石を数える語。‖「三〇―の時計」❹ラジオなどに使うトランジスター・ダイオードなどを数える語。❺「石見(いわみ)」の略。‖「―州」

せき【赤】(造) ❶あか。あかい。‖「―飯・―面」「―血球」❷まこと。まごころ。‖「―心・―誠」❸はだか。むきだし。‖「―貧・―裸々」❹共産主義。‖「―化・―軍」

せき【昔】(造) むかし。‖「―日」「往―」

せき【析】(造) わける。解きほぐす。‖「透―・分―」

せき【脊】(造) せなか。せぼね。‖「―髄・―椎(せきつい)」

せき【隻】(造) ❶対になっているものの片方。‖「―眼・―腕」❷ただ一つ。ほんのわずか。‖「―句」❸対になっているものの片方を数える語。‖「屏風(びょうぶ)一―」❹船を数える語。‖「貨物船二―」

せき【惜】(造) 残念がる。失いたくないと思う。おしむ。‖「―敗・―別」「哀―・愛―」

せき【戚】(造) ❶身内。親類。‖「姻―・縁―・外―」❷うれえる。悲しむ。‖「休―」

せき【責】(造) ❶とがめる。‖「自―・叱―(しっせき)」❷なすべき仕事。義務。‖「―任・―務」「引―・重―」

せき【跡】(造) ❶人・物などが通ったあと。‖「航―・足―・追―」❷筆のあと。書きぶり。‖「手―・墨―」❸物事が行われたあと。あとかた。‖「遺―・形―・痕―(こんせき)・史―」❹後世に伝える名や伝統。‖「名―(みょうせき)・門―(もんぜき)」◈「迹」「蹟」に通じる。

せき【績】(造) ❶繊維をより合わせて糸をつくる。つむぐ。‖「紡―」❷積み重ねた仕事。なしとげた結果。‖「業―・実―・成―」

せき-あく【積悪】[名] 悪事を積み重ねること。また、積もり重なった悪事。‖「―の家には必ず余殃(よおう)あり(=悪事を積み重ねた家には、その報いとして必ず子孫にまで災いが及ぶということ)」⇔積善

せき-いり【席入り】[名・自サ変] 茶会のとき、客が茶室に入ること。また、そのときの作法。座入り。

せき-いん【石印】[名] 石の印材に彫った印。

せき-うん【積雲】[名] 底はほぼ水平で、上面がドーム状に隆起した厚い雲。よく晴れた日中に垂直方向へ発達する。綿雲(わたぐも)。

せき-えい【石英】[名] 二酸化珪素(けいそ)からなる鉱物。ガラス光沢のある六角柱状または錐(すい)状の結晶で、無色あるいは白色。透明な単結晶を水晶と呼ぶ。装飾品・窯業原料などに用いる。

せき-えい【隻影】[名] わずか一つの影。片影。

せき-えん【積怨(ヱン)】[名] 積もり重なったうらみ。

せき-か【石化(クワ)】[名・自サ変] 地中に埋蔵された生物の遺骸の有機物が、浸透してきた炭酸カルシウムや珪酸(けいさん)などと置換され化石になること。せっか。

せきがい-せん【赤外線(セキグワイ)】[名] 光のスペクトルの赤色部の外側に現れる目に見えない電磁波。波長は可視光線よりも長い。熱作用が大きく、透過力も強いので、暖房・医療・赤外線写真などに利用される。‖「―写真」

せき-がき【席書き】[名] 集会などの席上で即席に書画をかくこと。また、その書画。

せき-がく【▼碩学】[名] 学識が広く、深いこと。また、その人。▽「碩」は大きい意。

せきが-はら【関ケ原】[名] 勝敗がこれで決まるという戦い。勝敗・運命などの分かれ目。‖「今度の試合が―だ」語源 慶長五(一六〇〇)年、岐阜県の南西端にある関ヶ原で、徳川方と豊臣方の間で天下分け目の合戦が行われたことから。

せき-がん【隻眼】[名] ❶一つの目。片目。⇔双眼 ❷優れた見識。また、独自の見識。‖「一―を有する」

せき-ぐん【赤軍】[名] 旧ソ連邦の正規軍の通称。正式には労農赤軍という。▽一九一八年に赤衛軍を再編成して組織され、四六年、ソビエト軍と改称された。

せき-ご【隻語】[名] わずかなことば。ごく短いことば。‖「片言―」

せき-こ・む【▼咳き込む】[自五] 続けて激しくせきをする。せき入る。‖「煙にむせて―」

せき-こ・む【▽急き込む】[自五] 気がせいていらだつ。ひどく急ぐ。‖「―んで話す」

せき-さい【積載】[名・他サ変] 車・船などに荷物を積むこと。‖「車に鉄材を―する」「―量」

せき-ざい【石材】[名] 土木・建築・墓碑・彫刻などに使用する石。

せき-さく【脊索】[名] 個体発生途中の脊椎(せきつい)動物や原索動物の背部にできる支持器官。ナメクジウオやヤツメウナギでは終生見られるが、魚類以上の脊椎動物では成長するにつれて退化する。‖「―動物」

せき‐さん【積算】［名・他サ変］❶数を次々に加えて計算すること。また、その合計した数値。累計。「一日の降水量を―する」❷費用を見積もって計算すること。また、その計算した額。見積もり。

せき‐し【赤子】［名］❶生まれたばかりの子。あかご。❷人民。国民。▽天子を親にたとえ、その子の意からいう。

せき‐じ【席次】［名］❶会合などで、座席に並ぶ順序。席順。❷成績・地位などの順位。「―が上がる」

せき‐しつ【石室】［名］❶石を積んで造った室。また、岩をうがって造った室。いしむろ。❷古墳の内部の、石を積んで造った墓室。竪穴(たてあな)式と横穴式とがある。

せき‐じつ【昔日】［名］過去の日々。むかし。往日。「―の面影を残す街並み」

せき‐しゅ【赤手】［名］手に何も持たないこと。空手(からて)。素手(すで)。「―空拳(くうけん)」

せき‐しゅ【隻手】［名］片方の手。片手。⇔双手

せき‐じゅうじ【赤十字】(―ジフ)［名］❶戦時に敵味方の区別なく傷病者を救護する目的で設立された国際組織。現在では災害救護・病院経営・衛生思想の普及などの事業も行う。赤十字社。▽スイス人アンリ＝デュナンの提唱によって一八六四年に創設された。❷赤十字の組織の記章。白地に赤い十字を描いたもの。

せき‐しゅつ【析出】［名・自他サ変］液体から固体が分離して出てくること。また、化合物を分析してある物質を取り出すこと。「溶液から結晶が―する」

せき‐しゅん【惜春】［名］過ぎ去る春を惜しむこと。また、過ぎ行く青春を惜しむこと。「―の情」

せき‐じゅん【石▼筍】［名］鍾乳洞(しょうにゅうどう)内の床にできるたけのこ状の岩石。天井から落ちる水滴中の炭酸カルシウムが沈殿して固まったもの。

せき‐じゅん【席順】［名］座席に並ぶ順序。席次。

せき‐しょ【関所】［名］昔、通行人や荷物を取り調べるために国境や交通の要所に設けた施設。古代・中世には政治的・軍事的な目的で、中世には交通税を徴収する目的で設置された。関。「―破り」▽通り抜けるのが難しい場所のたとえとしても使う。

せき‐じょう【席上】(―ジャウ)［名］会合・会議などの場。

せき‐しょく【赤色】［名］❶赤い色。赤。❷共産主義。「―革命」▽団結のあかしとして赤旗を用いることから。他の語と複合して使う。

せき‐しん【赤心】［名］うそ偽りのない心。まごころ。

せきしん‐てっちょう【石心鉄腸】(―テッチャウ)［名］石や鉄のように堅くて変わらない心。鉄心石腸。

せき‐ずい【脊髄】［名］脊柱管内を通って延髄に続き、脳と共に中枢神経系を構成するひも状の器官。知覚・運動の刺激伝達を行い、反射機能をつかさどる。⬇脳(図)

せき‐せい【赤誠】［名］偽りのない誠の心。まごころ。

せきせい‐いんこ【背黄青▼鸚▼哥】［名］オーストラリア原産の小形のインコ。スズメほどの大きさで、尾が長い。野生種は緑色だが、改良され多くの品種がある。

せき‐せつ【積雪】［名・自サ変］雪が降り積もること。また、降り積もった雪。「―二〇センチ」

せき‐ぜん【積善】［名］善行を積み重ねること。また、その積み重ねた善行。「―の家には必ず余慶(よけい)あり（＝善行を積み重ねた家には、必ず子孫にまで幸福が及ぶということ）」⇔積悪

せき‐ぜん【寂然】［形動タリ］ひっそりとしてものさびしいさま。じゃくねん。「―たる山中の古刹」

せき‐そう【積層】［名］層を積み重ねること。「―材」「―乾電池」

せき‐ぞう【石造】(―ザウ)［名］石で建築物や彫像をつくること。また、そのつくったもの。いしづくり。「―家屋」

せき‐ぞう【石像】(―ザウ)［名］石を刻んでつくった像。

せき‐ぞく【石▼鏃】［名］矢じりとして使われた小形の石器。日本では縄文・弥生時代に見られる。石材は黒曜石・サヌカイト・粘板岩など。

せき‐だい【席代】［名］席料。

せき‐だい【席題】［名］歌会・句会などで、その席上で出される題。即題。⇔兼題

せき‐た・てる【▽急き立てる】［他下一］物事を早くするように強く促す。急がせる。せく。「借金の返済を―」「妹を―・てて二階へ追いやる」文せきた・つ

せき‐たん【石炭】［名］黒色または褐色の固形の燃料。古代の植物が地中にうずもれ、地熱や圧力のために分解・炭化してできたもの。

せきたん‐ガス【石炭ガス】［名］石炭を高温乾留して得る燃料ガス。水素・メタンと若干の一酸化炭素を主成分とする。

せきたん‐さん【石炭酸】［名］コールタールの分留によって得られる無色または白色の結晶。特有の臭気がある。防腐剤・消毒殺菌剤にするほか、染料・合成樹脂などの原料として重要。フェノール。

せき‐ちく【石竹】［名］初夏、紅色・白色などの五弁花を開くナデシコ科の多年草。園芸品種が多い。中国原産。瞿麦(くばく)。カラナデシコ。

せき‐ちゅう【石柱】［名］❶石でできている柱。❷鍾乳洞(しょうにゅうどう)で、鍾乳石と石筍(せきじゅん)とがつながってできた石灰の柱。石灰石柱。

せき‐ちゅう【脊柱】［名］脊椎(せきつい)動物の体の中軸となる骨格。上下に連なった脊椎からなり、前端は頭骨に続く。背骨。

せき‐ちん【赤沈】［名］「赤血球沈降速度」の略。

せき‐つい【脊椎】［名］脊柱を構成する骨。脊椎骨。椎骨。

せきつい‐どうぶつ【脊椎動物】［名］体の中軸に骨質の脊椎をもつ動物の一門。魚類・両生類・爬虫(はちゅう)類・鳥類・哺乳(ほにゅう)類などに分けられる。

せき‐てい【石庭】［名］岩石・砂などを主体に構成した庭園。いしにわ。

せき‐てい【席亭】［名］寄席(よせ)。また、寄席の経営者。

せき‐とう【石塔】(―タフ)［名］❶石で造った塔。特に、石造りの仏塔。❷石造りの墓標。墓石。

せき‐どう【赤道】(―ダウ)［名］❶地球の中心を通り、北極と南極とを結ぶ線に直角な平面（赤道面）が地球の表面と交わる線。緯度を測る基準線となる。「―祭(さい)（＝船舶が赤道を通過するときに行う祭り）」❷赤道面と天球が交わってつくる大円。天球を二等分する。天の赤道。

せき‐とく【尺▼牘】［名］手紙。書簡。しゃくどく。▽「牘」は文字を記す方形の木札。

牘

せき‐として【寂として】［連語］ひっそりとして静かなさま。「―声なし」▽副詞的に使う。

せき‐と・める【▽塞き止める・▽堰き止める】［他下一］さえぎって止める。防ぎ止める。「川［インフルエンザの流行］を―」文せきと・む

せき‐とり【関取】［名］大相撲で、十両以上の力士。

▽もと、大関のこと。

せき-にん【責任】［名］❶まかされていて、しなければならない任務。‖「—を果たす」「—ある立場」❷ある行為の結果として負わなくてはならない責めや償い。‖「不祥事の—をとって辞職する」「—転嫁(=負うべき責任を別の人に押しつけること)」▽法律では、法に基づく不利益や制裁を負わされることをいう。‖「刑事—」

せきにん-かん【責任感】［名］責任を重んじ、それを果たそうとする気持ち。‖「—が強い」

せきにん-しゃ【責任者】［名］ある事柄について責任を負う立場の人。

せきにん-のうりょく【責任能力】［名］民法上、自分の行為の責任を理解することのできる能力。また、刑法上、刑事責任を負担することのできる能力。

せき-ねつ【赤熱】［名・自他サ変］真っ赤になるまで熱せられる(または、熱する)こと。しゃくねつ。

せき-ねん【積年】［名］積もり積もった年月。長い年月。多年。‖「—の恨みを晴らす」

せき-の-やま【関の山】［名］それ以上はできないという限界。精いっぱい。‖「予選に勝ち残るのが—だ」

せき-はい【惜敗】［名・自サ変］おしいところで負けること。‖「決勝まで行って—した」

せき-ばく【寂▼寞】［形動タリ］静かでひっそりとしているさま。ものさびしい。じゃくまく。‖「—とした山里の夜」

せき-ばらい【▼咳払い】ばらひ［名・自サ変］人の注意を引くために、わざとせきをすること。

せき-はん【赤飯】［名］もち米に小豆をまぜて蒸しためし。祝い事に用いる。おこわ。

せき-ばん【石版】［名］平版印刷の一つ。研磨した石版石の表面に脂肪質の画材で文字や絵をかいて製版し、水と油の反発性を応用して印刷するもの。せきはん。‖「—印刷」▽現在は多く金属板を使う。

せき-ばん【石盤・石板】［名］❶粘板岩などの薄い板に木の枠をつけたもの。石筆で文字や絵をかく。▽子供の学用品として用いられた。❷⇒スレート①

せきばん-が【石版画】グワ［名］石版(や金属板)で刷った版画。リトグラフ。せきはんが。

せき-ひ【石碑】［名］❶後世に伝えるために、業績や事跡を記念する文を刻みつけて建てた石。いしぶみ。❷墓石。石塔。

せき-ひつ【石筆】［名］❶黒色または赤色の粘土を乾かして固め、筆の形に作ったもの。書画をかくのに使う。❷蠟石(ろうせき)をけずって筆の形に作ったもの。石板に文字や絵をかくのに使う。

せき-ひん【赤貧】［名］きわめて貧しいこと。▽「赤」は何もない意。

◉**赤貧洗うが如し** 非常に貧しくて、洗い流したように何もないさま。

せき-ふ【石▼斧】［名］斧(おの)の形をした石器。工作具または農耕具として使われた。日本では縄文・弥生(やよい)時代に見られる。

せき-ぶつ【石仏】［名］石でつくった仏像。また、磨崖仏(まがいぶつ)など、岩に彫りつけた仏像。いしぼとけ。

せき-ぶん【積分】［名・他サ変］与えられた関数について、微分して得られるもとの関数(原始関数)。また、それを求めること。

せき-へい【積弊】［名］長い間に積もり重なった弊害。

せき-べつ【惜別】［名］別れを惜しむこと。‖「—の情に堪えない」

せき-ぼく【石墨】［名］純粋な炭素からなる黒い鉱物。金属光沢があり、やわらかい。減摩剤・鉛筆の芯(しん)などに使うほか、電極・るつぼ・原子炉の中性子減速材などに用いられる。黒鉛(こくえん)。グラファイト。

せき-まつ【席末】［名］席順の末。末席。

せき-む【責務】［名］責任と義務。責任として果たさなくてはならない務め。‖「—を全うする」

せき-めん【赤面】［名・自サ変］恥じて顔を赤くすること。また、恥じること。恥。‖「—の至り」

せき-もり【関守】［名］［古風］関所を守る役人。

せき-ゆ【石油】［名］地中から産出する液体の燃料。各種炭化水素の混合物を主成分とし、独特の臭気を持つ。天然のままの原油を蒸留・精製してガソリン・灯油・重油・軽油などを得る。化学製品の原料としても重要。▽「石油ストーブ」など、日常生活で用いる場合は灯油をさすことが多い。

セキュリティー［security］［名］安全。また、保安。防犯。‖「—システム」「—ポリス(=SP)」

セキュリティー-コード［security code］［名］クレジットカードなどの不正使用を防ぐための本人確認番号。スキミング等による偽造カードの取引を防止するもの。

セキュリティー-システム［security system］［名］防犯・防災のために設ける各種の感知・通報システム。

セキュリティー-チェック［security check］［名］保安や防犯を目的として行われる点検・検査。空港などでの所持品・身体検査、施設に入る際の本人確認、パソコンのウイルスチェックなど。

セキュリティー-ホール［security hole］［名］コンピューターやネットワークの、安全上の欠陥。

せき-よう【夕陽】ヤウ［名］❶夕日。入り日。❷夕方。夕暮れ。‖「すでに—に及ぶ」

せ-ぎょう【施行】ギヤウ［名・他サ変］仏教で、布施の行。功徳を積むために、僧や貧しい人に物を施し与えること。

せき-らら【赤裸裸】［名・形動］❶体に何もつけていないこと。丸裸。❷包み隠しがないこと。むきだし。‖「—な告白」「人間の姿を—に描く」

せきらん-うん【積乱雲】［名］垂直方向に大きな塔または山のように発達した雲。夏に多くみられ、しばしば雷雨をもたらす。入道雲。

せき-り【赤痢】［名］赤痢菌の経口感染による感染症。発熱・腹痛、血液の混じった激しい下痢などの症状を伴う。細菌性赤痢。

せき-りょう【席料】レウ［名］❶部屋・会場などを借りる料金。席代。❷寄席の入場料。

せき-りょう【脊▼梁】リャウ［名］背骨。脊柱。また、背筋。‖「—山脈(=主要な分水嶺となる山脈)」

せき-りょう【寂▼寥】レウ［名・形動タリ］ひっそりとしてものさびしいこと。また、心が満たされず、わびしいこと。‖「—たる冬景色」「—感」 寥

せき-りょう【責了】レウ［名］残された赤字の訂正を印刷所の責任に任せ、すべての校正を終了すること。▽「責任校了」の略。

せき-りょく【斥力】［名］二つの物体が互いにしりぞけ合う力。同種の電気や磁気を帯びた物体の間などに働く。反発力。⇔引力

せき-りん【赤▼燐】［名］燐の同素体の一つ。赤褐色・無臭の粉末。黄燐を密閉容器中で長時間加熱すると得られる。マッチ・花火などの原料にする。

せき-るい【石塁】［名］石を積み上げて築いた城塁。石のとりで。

せき-れい【▼鶺▼鴒】［名］ハクセキレイ・セグロセキレイ・キセキレイなど、スズメ目セキレイ科の小鳥の総称。多く水辺にすみ、長い尾を上下に振る。イシタタキ。イモセドリ。 鶺鴒

せき-ろう【石▼蠟】ラフ［名］パラフィン。

せき-わけ【関▽脇】［名］相撲で、大関の下、小結の上の位。三役の一つ。▼「せきわき」の転。大関の脇の意。

せき-わん【隻腕】［名］一方の腕。片腕。隻手。

せ・く【▼咳く】［自五］せきをする。「風邪を引いてしきりにー」名 咳

せ・く【▽急く】 一［自五］❶早くしようとあせる。「気がー」❷呼吸が激しくなる。「息がー」二［他五］急がせる。せきたてる。「借金の返済をー」

◉**急いては事を仕損じる** 物事はあせると、かえって失敗しやすいということ。

せ・く【▽塞く・▼堰く】［他五］流れなどをさえぎってとめる。せきとめる。「石を積んで小川をー」名 せき

セクシー【sexy】［形動］性的魅力のあるさま。「ーなモデル」派生 ーさ

セクシュアリティー【sexuality】［名］性に関すること。性的指向・性自認・性表現など。セクシャリティー。

セクシュアル【sexual】［形動］性・性欲に関するさま。また、性的な刺激を感じさせるさま。セクシャル。「ーな問題」

セクシュアル-ハラスメント【sexual harassment】［名］性的な嫌がらせ。相手の意に反した性的な言動。▼略して「セクハラ」とも。

セクショナリズム【sectionalism】［名］一つの組織内で自分の属する党派や部署に固執し、他を退けようとする傾向。縄張り意識。セクト主義。

セクション【section】［名］❶区切られた部分。区画。「ーペーパー(=方眼紙)」❷主題などによって分けた部門。❸会社・団体などの部課。

セクター【sector】［名］❶部門。部署。活動分野。「第三ー」❷コンピューターで、ディスク状の記憶装置での最小の記録単位。

セクト【sect】［名］一つの組織内にできる、主義・主張を同じくする者の分派。宗派。党派。学派。「ノンー」

セク-ハラ［名］「セクシュアルハラスメント」の略。

セグメント【segment】［名］❶部分。切片。分節。区分。❷企業の会計情報などで、事業部門別・地域別などの区分。❸マーケティングなどで、顧客の年齢・性別・所得などによる区分。❹コンピューターで、長いプログラムを短い単位に分割したもの。

セクレタリー【secretary】［名］秘書。書記官。

せぐろ-いわし【背黒▼鰯】［名］カタクチイワシ。

せ-けん【世間】［名］❶世の中。また、世の中の人々。「ーを知る」「ーにもてはやされる」❷交際・活動する範囲。「ーを広げる」

品格 巷間(こうかん)「ーに流布(るふ)する通説」江湖(こうこ)「ーの評判」市井(しせい)「ーの人々」世上(せじょう)「ーの評価がよい」

ぜ-げん【▽女▼衒】［名］女性を遊女屋などに売ることを業とした人。▼「衒」は売る意。

せけん-しらず【世間知らず】［名・形動］経験が浅く、世の中の事情やしきたりなどに暗いこと。また、その人。「ーな/の人」「ーにもほどがある」

せけん-ずれ【世間擦れ】［名・自サ変］実社会でもまれ、ずるがしこさを身につけていること。「まだーしていない青年」「ーした男」注意 世間からずれていることの意で使うのは誤り。

せけん-てい【世間体】［名］世間に対する体面や体裁。「ーをとりつくろう」

せけん-なみ【世間並み】［名・形動］世間一般と同じ程度であること。「ーの暮らし」

せけん-ばなし【世間話】［名］世の中のことなどについての気楽な話。雑談。

せけん-ばなれ【世間離れ】［名・自サ変］考え方や行動が世間の一般常識からかけ離れていること。また、俗事にかかわらないで超然としていること。浮き世離れ。「ーした生活」

せ-こ【▽勢子】［名］狩猟の場で、鳥獣を駆り立て、また逃げるのを防ぐ役目の人。

せ-こ【世故】［名］世の中の事情や習慣。世間の俗事。「ーに長(た)ける(=世情によく通じ、世渡りがうまい)」

せこ・い［形］［俗］❶料簡が狭い。ずるい。けちくさい。「やり方がー」❷芸などが、まずい。悪い。▼明治期の役者・芸人の間で使われた語。派生 ーさ

セコイア【sequoia】［名］高さ一〇〇メートル以上に達するスギ科の大高木。セコイアメスギ(レッドウッド)とセコイアオスギが北米西海岸地方の山地に自生する。

せ-こう【施工】［名・自他サ変］工事を行うこと。しこう。「新素材でーする」「公共工事をーする」

せ-こう【施行】ウカ［名・他サ変］➡しこう(施行)

せこ-せこ［副ト］ささいなことをひたすら繰り返すさま。「少額投資でー(と)稼ぐ」「毎日ー働く」

セコ-ハン［名］中古。中古品。「ーの車」▼「セコンドハンド(secondhand)」の略。

セコンド【second】［名］❶時間の秒。また、時計の秒針。❷ボクシングなどの試合で、選手の介添えや作戦指示に当たる人。セカンド。

せ-さい【世才】［名］世情に通じ、巧みに世渡りをする才能。世故の才。俗才。

せ-さく【施策】［名］➡しさく(施策)

せ-し【セ氏】［名］温度の目盛りの一つ。一気圧のもとでの水の氷点を零度、沸点を一〇〇度とし、その間を一〇〇等分したもの。記号℃ ➡華氏 ▼「セ氏温度」の略。考案者セルシウスの中国語表記「摂爾修」から「摂氏」と書き、「せっし」とも。

せ-じ【世事】［名］世間の事柄。俗事。「ーにうとい」

せ-じ【世辞】［名］相手に気に入られようとしていう、心にもないことば。▼多く「おー」の形で使う。➡お世辞

セシウム【cesium】［名］アルカリ金属元素の一つ。単体は銀白色の軟らかい金属。空気中ではただちに酸化・燃焼し、水と反応して水素を発生する。元素記号Cs ▼放射性同位体であるセシウム一三七はガンマ線源として工業・医療に利用する。

せ-し・める［他下一］うまく立ち回って自分のものとする。「小遣いをー」文 せし・む

せ-しゅ【施主】［名］❶寺や僧侶に金品をほどこす人。❷葬式・法事などを営む当主。❸建築・設計など

を注文する人。建築主。施行主。

せ-しゅう【世襲】シ-フ〔名・他サ変〕その家の財産・地位・職業などを子孫が代々受け継いでいくこと。‖「子供に財産を—させる」「—制度」

せ-じゅつ【施術】〔名・自サ変〕❶医者が医術を施すこと。特に、手術を行うこと。❷美容・マッサージなどを行うこと。◈「しじゅつ」とも。

せ-じょう【世上】ジ-ヤウ〔名〕世の中。世間。‖「—の風説」

せ-じょう【世情】ジ-ヤウ〔名〕世の中のありさまや事情。また、世間一般の人情。‖「—に明るい」「—に通じた人」

せ-じょう【施錠】ヂ-ヤウ〔名・自他サ変〕錠に鍵をかけること。‖「玄関に/を—する」⇕解錠

せ-じん【世人】〔名〕世の中の人。

せ-すじ【背筋】ス-ヂ〔名〕❶背中の中心線。背骨にそって縦にくぼんだ部分。‖「—を伸ばす」❷裁縫で、衣服の背中の中心にあたる部分の縫い目。

◉背筋が寒くな・る 恐ろしさにぞっとする。✓注意「背中が寒くなる」は誤り。

ゼスチャー [gesture]〔名〕⇒ジェスチャー

ぜ-せい【是正】〔名・他サ変〕悪い点などをなおして正しくすること。‖「貿易不均衡の—」

せせ-く・る〔他五〕⇒せせる

せせ-こまし・い〔形〕❶せまくて窮屈な感じがするさま。せまくるしい。‖「—町」❷小さなことにこだわって、気持ちにゆとりがないさま。‖「—考え」派生-さ

セセッション [secession]〔名〕⇒ゼツェッション

ぜぜ-ひひ【是是非非】〔名〕よいことはよい、悪いことは悪いとして公平な判断を下すこと。▽『荀子(じゅんし)』修身の「是を是とし非を非とする、之を智といい、是を非とし非を是とする、之を愚という」から。

せせらぎ〔名〕浅瀬などを流れる水の音。また、小さな流れ。動せせら・ぐ(自五)

せせら-わら・う【せせら笑う】ラ-フ〔他五〕ばかにして笑う。あざけり笑う。‖「人のミスを—」名**せせら笑い**

せせり-ばし【▼挵り箸】〔名〕はしで料理をあちこちとつつきまわすこと。

せせ・る【▼挵る】〔他五〕細いものでつついて掘る。ほじくる。せせくる。‖「爪楊枝(つまようじ)で歯を—」

せ-そう【世相】サ-ウ〔名〕世の中のありさま。社会の風潮。世態。‖「現代の—を風刺する」

せ-ぞく【世俗】〔名〕❶世の中の風俗・習慣。❷世の中。俗世間。また、俗世間の人々。

せぞく-てき【世俗的】〔形動〕世間一般に行われているさま。また、俗っぽいさま。‖「—な風習」「—な名誉を求める」

せ-そん【世尊】〔名〕仏・釈迦(しゃか)のこと。▽世の中で最も尊い人の意。

せ-たい【世帯】〔名〕同じ住居や生計のもとで生活する人たちの集合体。‖「一—当たりの平均所得」使い方「所帯」ともいうが、日常用語としては「所帯」、戸籍・統計・法律など公的な用語としては「世帯」と使い分けることが多い。

せ-たい【世態】〔名〕世の中のありさま。世間の状態。世相。‖「—風俗」

せ-だい【世代】〔名〕❶親・子・孫と続いていく、それぞれの代。‖「三—がそろう」❷同時代に生まれた、ある年齢層の人々。ジェネレーション。‖「若い—」「—交代」

せたい-ぬし【世帯主】〔名〕世帯の長。所帯主(しょたいぬし)。

せ-たけ【背丈】〔名〕❶背の高さ。身長。せいたけ。❷和裁で、着物の身頃(みごろ)の仕上がり寸法。❸洋裁で、後ろ首の付け根からウエストラインまでの長さ。

セダン [sedan]〔名〕箱形乗用車の型式で、前後二列の座席を備え、間に仕切りのないもの。定員は四～六人。サルーン。

せ-ち【世知(世▼智)】〔名〕世渡りの知恵。

せち-がら・い【世知辛い】〔形〕❶世渡りが難しいさま。暮らしにくい。‖「—世の中」❷打算的でゆとりがないさま。計算高くて抜け目がない。‖「昨今は人の心も—くなった」派生-さ

せつ【拙】㊀〔名・形動〕つたないこと。へた。‖「—なる山水画」「—攻・—策・—速」「古—・稚—」㊁〔代〕〔一人称〕自分を謙遜(けんそん)して指し示す語。▽多く男性が遊里などで使った。㊂(造)自分や自分に関する事物に冠して謙遜の意を表す。‖「—者・—僧・—宅・—著」

せつ【節】㊀〔名〕❶ある事が行われるとき。ころ。おり。‖「その—は失礼しました」「時—・当—・晩—」❷自分が正しいと思うことを守り通すこと。みさお。‖「—を曲げる」「—操」「忠—」❸詩歌・文章・楽曲などの一くぎり。‖「第一章第二—」❹スポーツなどで、試合期間の一くぎり。‖「第三—の試合」❺文法で、文を構成する部分で、主語と述語を具えているもの。‖「従(属)—」「主—」㊁(造)❶木・竹などのくびれた部分。物のつなぎめ。ふし。‖「関—・末—」❷季節の変わり目。また、その祝日。‖「—句・二十四—気」❸音楽の調子。ふし。‖「音—・曲—」❹ひかえめにする。ほどよくする。‖「—水・—約」「調—」旧節

せつ【説】㊀〔名〕論理的にねられた意見。主張。‖「新しい—を立てる」「学—・社—・定—・天動—」㊁(造)❶道理を立てて述べる。‖「—得・—明」「解—・力—」❷はなし。ものがたり。‖「—話」「伝—」

せつ【切】㊀〔形動〕それを思うことがひたすらであるさま。⇒切なる・切に ㊁(造)❶きる。‖「—断・—腹」❷さしせまる。‖「—迫」

せつ【折】(造)❶おる。おり曲げる。おれる。‖「骨—・左—」❷分ける。分けて選ぶ。‖「—衷・—半」❸くじく。くじける。‖「挫—(ざせつ)」❹責める。‖「面—」❺死ぬ。‖「夭—(ようせつ)」

せつ【刹】(造)梵語の音訳語。‖「—那(せつな)」「羅—(らせつ)」

せつ【窃】(造)ぬすむ。そっとぬすむ。‖「—盗」「剽—(ひょうせつ)」旧竊

せつ【接】(造)❶つなぐ。つながる。‖「—骨・—続」「逆—・溶—」❷近づく。‖「直—・密—」❸人と会う。‖「—客・—待」「応—・面—」

せつ【設】(造)そなえつける。もうける。‖「—計・—置・—定・—立」「仮—・施—・併—」

せつ【雪】(造)❶ゆき。ゆきがふる。‖「—原・—上」「豪—・新—・積—・風—」❷すすぐ。ぬぐう。‖「—辱」

せつ【摂】(造)❶とる。とりいれる。‖「—取」「包—」❷かわってとり行う。‖「—政」❸大切にやしなう。‖「—生」❹「摂津(せっつ)」の略。‖「—州」旧攝

せつ【▼截】(造)きる。たちきる。‖「直—・半—」

ぜつ【舌】(造)❶した。‖「—音・—癌(ぜつがん)」❷しゃべること。ことば。‖「—禍・—戦・—鋒(ぜっぽう)」「饒—(じょうぜつ)・毒—・弁—」❸したの形をしたもの。‖「湿—」

ぜつ【絶】(造) ❶たちきる。やめる。また、たえる。なくなる。〓「—交・—望・—滅」「気—・断—」 ❷こばむ。〓「拒—・謝—」 ❸遠くへだてる。〓「—海」「隔—」 ❹他よりかけはなれてすぐれている。すばらしい。〓「—景・—対・—品」「卓—・超—」 ❺この上なく。非常に。〓「—叫・—好・—賛・—大」「壮—」 ❻五言または七言からなる漢詩の一体。〓「五言—句・七言—句」

せつ-あく【拙悪】[名・形動] 拙劣で粗悪なこと。下手にして、できの悪いこと。〓「—な文章」

せつ-えい【設営】[名・他サ変] ある事をするための施設・建物・会場などを前もって準備すること。〓「観測基地を—する」「—隊」

ゼツェッション[Sezession ドィ][名] 一九世紀末、ドイツ・オーストリアに興った絵画・建築・工芸上の革新運動。過去の芸術様式から分離し、機能性・合理性を重視する造形芸術の創造をめざした。分離派。ゼツエシオン。セセッション。

せつ-えん【節煙】[名・自他サ変] タバコをすう量を減らすこと。

ぜつ-えん【絶縁】[名] ❶[自サ変] 縁を断ち切ること。〓「息子[世間]と—する」「—状」 ❷[自他サ変] 導体の間に不導体を入れて、電気や熱の伝導を断ち切ること。

ぜつえん-たい【絶縁体】[名] 電気や熱を通さない物質。エボナイト・ガラス・ゴム、雲母など。不導体。

ぜつ-おん【舌音】[名] 舌先を歯または歯ぐきにつけて発音する音。タ行・ナ行・ラ行などの音。

せっ-か【赤化】[名・自他サ変] 共産主義化すること。せきか。〓「学生が—する」「—思想」▼団結のあかしとして赤旗を用いることから。

ぜっ-か【舌禍】[名] ❶自分の発言がもとになって受けるわざわい。〓「—事件」 ❷他人から言われた悪口・中傷などがもとになって受けるわざわい。

ぜっ-か【絶佳】[名・形動] 風景などが、すぐれて美しいこと。〓「風光—の地」

せっ-かい【切開】[名・他サ変] 切り開くこと。特に治療などの目的で体の一部を切り開くこと。〓「帝王—」

せっ-かい【石灰】[名] 生石灰(酸化カルシウム)と消石灰(水酸化カルシウム)の総称。いしばい。

せつ-がい【殺害】[名・他サ変] ⬇さつがい(殺害)

せつ-がい【雪害】[名] 降雪・雪崩などによってこうむる災害。

ぜっ-かい【絶海】[名] 陸地から遠く離れた海。〓「—の孤島」

せっかい-がん【石灰岩】[名] 炭酸カルシウムを主成分とする堆積岩。生物の遺骸が水底に堆積して生じた生物岩と、海水中の石灰分が沈殿して生じた化学岩とがある。建築材や石灰・セメントなどの原料として広く利用される。

せっかい-ちっそ【石灰窒素】[名] 炭化カルシウム(カーバイト)と窒素を化合させてつくる窒素肥料。純品は白色の水溶性化合物だが、肥料用は炭素を含むので黒灰色を呈する。

せっ-かく【石槨】[名] 古墳内で、棺を納める石造の室。

せっ-かく【(折角・切角)】 ㊀[名・副] ある物事や行為が、大きな価値をもっているという話し手の気持ちを、その価値が有効に生かされたかどうかの観点からいう語。〓「a—の御厚意ですからお受けしましょう/b これでは—の景観が台無しだ」「c—帰郷したのだから、しばらく滞在なさい/d—おいで頂いたのに何のもてなしもできません」「e—ですから、頂戴致します/f—だが先約がある」 使い方 (1)「せっかくの…」の形で価値の内容を体言で示す場合(ab)、「せっかく…のだから」「せっかく…のに」などの形で価値の内容を用言で示す場合(cd)、「せっかくだから」「せっかくだが」などの形で価値の内容を文脈で示す場合(ef)がある。(2)その価値が有効に生かされる場合は、原因・理由を説明する順接表現となり(ace)、生かされなかった場合は、多く無念や遺憾などの気持ちを暗示する逆接表現となる(bdf)。 ㊁[副] [古風] 努力して事にあたるさま。〓「—御静養なさるが可いでしょう〈藤村〉」◈ 語源 朱雲が五鹿に住む充宗を論争で破ったことを「鹿の角を折る」と評したという中国の故事に基づく(「折角」が本来的表記で、「切角」は当て字)。古くは、骨を折る(=苦労する)意で使った。

せっ-かく【▽刺客】[名] ⬇しかく(刺客)

せっ-かち[名・形動] 先へ先へと急いで、落ち着かないこと。また、そうした性質の人。性急。〓「—な人」

せっ-かっしょく【赤褐色】[名] 赤みがかった褐色。代赭色。

せっ-かん【石棺】[名] 石造りのひつぎ。石材を組み合わせたものと、石材をくり抜いたものとがある。日本で主に古墳時代に用いられた。

せっ-かん【折▼檻】[名・他サ変] 厳しくしかること。特に、体罰を加えてこらしめること。

せっ-かん【摂関】[名] 摂政と関白。〓「—政治(=平安中期、主に藤原氏が摂政・関白として実権をとった政治)」

せつ-がん【切願】[名・他サ変] 熱心に願うこと。また、心からの願い。〓「留学を—する」

せつ-がん【接岸】[名・自サ変] 船舶が岸壁または陸地に横付けになること。〓「船が桟橋に—する」

ぜつ-がん【舌▼癌】[名] 舌に発生する癌腫。

せつがん-レンズ【接眼レンズ】[名] 望遠鏡・顕微鏡などで、目に接する側に装置されるレンズ。対物レンズで生じた像を拡大し、収差を少なくする。接眼鏡。⬍対物レンズ

せっ-き【石器】[名] 石製の器具。特に、石鏃・石斧・石包丁・石皿など、石器時代の遺物をいう。打製石器と磨製石器とに分けられる。

せっ-き【節気】[名] 二十四節気。

せっ-き【節季】[名] ❶年の暮れ。年末。歳末。 ❷掛け売りの決算期。ふつう、盆と年末の二回。〓「—払い」▼季節の終わりの意から。

せつ-ぎ【節義】[名] 節操を守り、人としての正しい道を踏み行うこと。〓「—を重んじる」

ぜつ-ぎ【絶技】[名] きわめてすぐれた技芸や技術。

せっき-じだい【石器時代】[名] 考古学上の時代区分の一つ。金属器の使用を知らず、石器を主要な道具として使用していた時代。一般に、旧石器時代・中石器時代、新石器時代の三期に分ける。

せっ-きゃく【接客】[名・自サ変] 客をもてなすこと。〓「心のこもった—をする」「—に当たる」「—業」

せっ-きょう【説教】[名・自他サ変] ❶宗教の教えをわかりやすく説き聞かせること。また、その話。〓「不心得を—する」「—師」 ❷教訓を垂れて教えさとすこと。

堅苦しく小言を言うこと。また、その教訓や堅苦しい小言。〓「娘に/を―する」「先生に―される」

せっ‐きょう【説経】［名・自他サ変］❶僧侶が経文の意味を説き聞かせること。また、その話。❷「説経節」の略。

ぜっ‐きょう【絶叫】［名・自サ変］出せる限りの声を出して叫ぶこと。また、その叫び。

せっきょう‐ぶし【説経節】［名］説経が平俗化・歌謡化して、語り物となったもの。門付け芸・大道芸を原形とする。江戸初期には操り人形芝居と組んで興行もされたが、義太夫節の流行によって衰退した。説経浄瑠璃。

ぜっきょう‐マシン【絶叫マシン】［名］遊園地などの遊具で、急激な加速や回転、降下によって思わず絶叫してしまうようなスリルのある乗り物。ジェットコースター・フリーフォールなど。

せっ‐きょく【積極】［名・形動］自分から進んで物事に働きかけること。〓「―性・―策」⇔消極 派生 ‐さ

せっきょく‐てき【積極的】［形動］自分から進んで物事に働きかけるさま。〓「―にボランティア活動をする」⇔消極的

せっ‐きん【接近】［名・自サ変］❶近づくこと。〈交際や交渉をもとめて〉近くに寄ること。〓「台風［二人の仲］が―する」❷両者の程度や内容の差が縮まること。〓「実力が―する」

せっ‐く【節句（節供）】［名］季節の変わり目に行う伝統的な年中行事。また、その日。特に、三月三日の桃の節句と五月五日の端午の節句をいう。⇩五節句▽節日に食べ物を供する意で、もと「節供」と書いた。

せつ・く【▽責付く】［他五］しきりに催促する。せきたてる。せっつく。〓「早くするように―」可能 せつける

ぜっ‐く【絶句】［名］❶漢詩の形式の一つ。起・承・転・結の四句からなる定型詩。五言絶句と七言絶句とがある。▽唐代の初めに韻律を整えた近体詩として成立した。❷［自サ変］話の途中でことばに詰まり、あとが続かなくなること。〓「思わず―した」

せつ‐ぐう【接遇】［名・他サ変］もてなすこと。

セックス［sex］［名］❶生物学上の男女・雌雄の別。⇩ジェンダー ❷［自サ変］性交すること。また、性行為。

セックスレス［sexless］［名］性的関係がないこと。特に、病気などの事情がないのに、夫婦の間で性交などの関係がほとんどない状態をいう。

せっ‐くつ【石窟】［名］岩にあいたほらあな。また、岩をくり抜いて造ったほらあな。いわや。いわあな。〓「―寺院」 窟

せっく‐ばたらき【節句働き】［名］ふだんは怠けている者が、人の休んでいる節句の日にことさら忙しそうに働くこと。〓「怠け者の―」

せっ‐け【摂家】［名］摂政・関白に任命される家柄。摂関家。⇩五摂家

ぜっ‐け【絶家】［名・自サ変］相続人がなく、家系が絶えること。また、その家系。ぜっか。

せっ‐けい【設計】［名・他サ変］❶機械類の製作や建造物の工事などに際し、完成したときの形や構造を図面などによって具体的に示すこと。〓「―図」❷人生や生活の計画を立てること。〓「人生―」

せっ‐けい【雪渓】［名］高山で、夏になっても雪や氷が残っている渓谷。

せっ‐けい【雪景】［名］雪の降り積もった景色。雪景色。

ぜっ‐けい【絶景】［名］きわめてすばらしい景色。絶勝。

せっけい‐もじ【▼楔形文字】［名］古代オリエントで広く用いられた文字。粘土板にアシの茎などで刻まれたので楔に似た形をとる。くさびがたもじ。▽前四〇〇〇年～三〇〇〇年、シュメール人によって発明された。

せつ‐げっ‐か【雪月花】［名］雪と月と花。日本の四季を代表する美しい風物。つきゆきはな。せつげつか。

せっ‐けっきゅう【赤血球】［名］血液の有形成分の一つ。体内の各組織に酸素を運び、炭酸ガスと交換する働きをする。ヘモグロビンを含有するので赤い。

せっけっきゅう‐ちんこうそくど【赤血球沈降速度】［名］凝固防止剤を加えた血液を垂直に立てた試験管に入れ、赤血球が沈降する速度をはかる病患検査法。疾患があるときは沈降速度が速い。血沈。赤沈。

せっ‐けん【石▼鹸】［名］あかやよごれを落とすために使う水溶性の洗剤。ふつう油脂に苛性ソーダなどを加えて作る。シャボン。〓「薬用―」書き方「鹸」は、「鹼」の簡易慣用字体。 鹼

せっ‐けん【席▽巻（席▼捲）】［名・他サ変］むしろを巻くように、片端から領土を攻め取ること。また、激しい勢いで自分の勢力範囲に収めること。〓「新製品で市場を―する」

せっ‐けん【接見】［名・自サ変］❶身分の高い人が公的に人と会うこと。〓「―の儀」❷弁護士などが身体を拘束されている被疑者・被告人と面会すること。

せっ‐けん【節倹】［名・自他サ変］むだを省いて質素にすること。節約。

せつ‐げん【雪原】［名］❶一面に雪が降り積もった原野。❷高山や極地帯で、一年中雪におおわれている地域。雪田。

せつ‐げん【節減】［名・他サ変］きりつめて金銭や物の使用量を減らすこと。節約。〓「経費―」

ゼッケン［名］スポーツ選手や競走馬が胸や背などにつける番号を書いた布。また、その番号。▽ドイツ語のDecke（馬の鞍下に敷く毛布）からとも言われる。

ぜつ‐ご【絶後】［名］❶それ以後二度と同じことは起こらないということ。〓「空前―の大事件」❷息が絶えたあと。

せっ‐こう【斥候】［名］敵軍の動静や地形をひそかに探ること。また、そのために派遣する兵士。

せっ‐こう【石工】［名］石材の細工・加工を職業とする人。いしく。

せっ‐こう【石▼膏】［名］硫酸カルシウムからなる鉱物。無色透明あるいは白色の結晶で、水成岩中などに厚い層をなして産する。セメントの混材・建築材・彫刻材料・顔料などに用いる。 膏

せっ‐こう【拙稿】［名］自分の原稿をいう丁重語。▽つたない原稿の意。

せっ‐こう【拙攻】［名］スポーツ競技などで、まずい攻め方。

せつ‐ごう【接合】［名］❶［他サ変］つなぎ合わせること。〓「―部・―剤」❷［自サ変］繊毛虫類・藻類・細菌類などで、二個体が接着または融合して核の一部を交換すること。また、その生殖様式。

ぜっこう【絶交】[名・自サ変] 交際を絶つこと。〓「級友と―する」「お前なんかとは―だ」

ぜっこう【絶好】[名] 物事をするのに、この上なくよいこと。〓「―のチャンス」「―の行楽日和だ」

ぜっこうちょう【絶好調】[名・形動] 調子がきわめてよいこと。〓「今場所の大関は―だ」

せっこつ【接骨】[名・自サ変] 折れた骨やくじいた骨をもとのように治すこと。整骨。ほねつぎ。〓「―医」

ぜっこん【舌根】[名] ❶舌の付け根。❷仏教で、六根の一つ。味覚をつかさどる器官としての舌。

せっさ【切▼磋(切▼瑳)】[名・自サ変] 学問・技芸などに励むこと。また、それによって人格を高めること。⬇切磋琢磨

せっさく【切削】[名・他サ変] 金属などを切りけずること。〓「―加工」

せっさく【拙作】[名] ❶出来の悪い作品。❷自分の作品をいう丁重語。

せっさく【拙策】[名] ❶へたな策略・計画。❷自分の考えた策略・計画をいう丁重語。

せっさ-たくま【切▼磋▼琢磨】[名・自サ変] 学問・技芸などに励み、人格を高めること。また、志を同じくする仲間と励まし合って学徳を高めること。〓「互いに―する」▼「切磋」は骨や角を切って磨く意、「琢磨」は玉や石を打って磨く意。

せつざん【雪山】[名] 雪の積もった山。また、四季を通じて雪の消えない山。ゆきやま。

ぜっさん【絶賛(絶▼讃)】[名・他サ変] この上なくほめること。また、この上ない称賛。〓「批評家に―される」

せっし【摂氏】[名] ⬇セ氏

せつじ【接辞】[名] 語構成要素の一つ。単独では用いられず、常に他の語について、それにある意味を付加する働きをもつもの。接頭語と接尾語に分けられる。

せつじ【説示】[名・他サ変] よくわかるように説き示すこと。〓「概略を―する」

せつじつ【切実】[形動] ❶身にしみて強く感じるさま。また、身近に深くかかわっていて重大であるさま。〓「福祉政策の充実を―に願う」「日常生活にかかわる―な問題」❷きわめて適切なさま。派生 -さ

せっしゃ【接写】[名・他サ変] 被写体にレンズを近づけて撮影すること。〓「草花を―する」「―レンズ」

せっしゃ【摂社】[名] 神社の格式の一つ。本社に付属し、本社の祭神と縁の深い神を祭った神社。本社と末社との間に位する。

せっしゃ【拙者】[代]〔古風〕〔一人称〕自分を指し示す丁重語。わたくし。それがし。▼武士や上級の町人が使った。

せっし-やくわん【切歯▼扼腕】[名・自サ変] 怒りや悔しさのために、歯を食いしばり腕を強く握りしめること。〓「裏切りと知って―する」▼『史記』から。

せっしゅ【拙守】[名] スポーツで、まずい守備。⬍好守

せっしゅ【窃取】[名・他サ変] 他人の財物をひそかに盗み取ること。〓「宝石を―する」

せっしゅ【接種】[名・他サ変] ウイルス・ワクチン・細菌などを生物体や培地に移し植えること。〓「インフルエンザワクチンを―する」「予防―」

せっしゅ【摂取】[名・他サ変] ❶取り入れて自分のものにすること。〓「栄養物を―する」❷仏教で、阿弥陀仏が慈悲の力で衆生を受け入れて救うこと。〓「―不捨」

せっしゅ【節酒】[名・自他サ変] 飲む酒の量を減らすこと。〓「―節煙」

せつじゅ【接受】[名・他サ変] 受け取ること。また、受け入れること。〓「大統領の親書を―する」「―国(＝外交使節などを受け入れる側の国)」

せっしゅう【接収】[名・他サ変] 公権力が個人の所有物を強制的に取り上げること。

せつじょ【切除】[名・他サ変] 人体の病巣などを切って取り除くこと。〓「ポリープを―する」「肺―」

せっしょう【折衝】[名・他サ変] 利害の一致しない相手とかけひきをして問題の解決をはかること。また、そのかけひき。〓「財務省と予算問題を―する」「外交―」▼敵の衝いてくる矛先を折る意から。

せっしょう【殺生】[名] ❶[自サ変] 生き物を殺すこと。▼仏教では十悪の一つ。❷[形動] むごいこと。思いやりがないこと。〓「すぐ立ち退けとはあまりにも―だ」「そんな―な」

せっしょう【摂政】[名] ❶君主に代わって政治を執り行うこと。また、その人。❷昔の日本で、天皇に代わって政治を行うこと。また、その職。▼平安時代中期から、天皇が幼少のときは摂政、成人後は関白を置くのが例となった。❸天皇が未成年（満一八歳未満）のとき、または病気・事故などによって国事行為を行えないとき、天皇の名で国事行為を行う人。皇室典範に定められた順位により、成年の皇族が任じられる。

せつじょう【雪上】[名] 雪の上。〓「―車(＝雪や氷の上を進めるようにキャタピラを装備した車)」

ぜっしょう【絶唱】[名] ❶きわめてすぐれた詩歌。〓「古今の―」❷[他サ変] 感情を込めて声を限りに歌うこと。また、その歌。〓「演歌を―する」

せっしょく【接触】[名・自サ変] ❶近づいて触れること。触れ合うこと。〓「―事故」❷他の人や他の領域と触れる機会をもつこと。交渉をもつこと。〓「有力者と―する」

せっしょく【摂食】[名] 食物をとること。

せっしょく【節食】[名・自他サ変] 食事の量を減らすこと。

せつじょく【雪辱】[名・自サ変] 恥を消し去り、名誉を回復すること。特に競技などで、以前負けた相手に勝って名誉を回復すること。〓「―を期する」▼「雪」はそそぐ意。注意「屈辱」と混同するのは誤り。〓「×雪辱的な敗北を喫する」

◉雪辱を果たす　(負けた相手に勝って)恥を消し去る。注意「雪辱を晴らす」は誤り。

ぜっしょく【絶食】[名・自サ変] 食べ物をまったくとらないこと。〓「三日間―する」「―療法」

せっしょく-しょうがい【摂食障害】[名] 拒食症や過食症など、心理的な原因で生じる、食欲や食行動の障害。

セッション【session】[名] ❶議会などの会期。❷「ジャムセッション」の略。

ぜつじん【舌人】[名] 通訳をする人。通弁。通事。〓「わが―たる任務は〈鷗外・舞姫〉」

せっすい【節水】[名・自サ変] 使用する水の量を節約すること。〓「水不足のため―する」

せっ・する【接する】一[自サ変] ❶領土や土地などが、間を置かずに隣り合う。また、続きつながる。〓「○

○通りに━して商店が連なる」「住宅地は奥深い森に━している」❷数学で、ある曲線・直線または曲面・平面が、他の曲線・曲面と交差することなしに一点だけを共有する。‖「線分ABに━曲線」❸対面して来客などの相手をする。応接する。応対する。‖「来客に━」❹親しく顔を合わせて交際する。‖「彼女とはこれまで親しく━機会がなかった」❺ものごとに出会ったり触れたりして、それとかかわりあいをもつ。親しく触れる。‖「思春期に絵画に━して多大の影響を受ける」「訃報(ふほう)に━」「師の謦咳(けいがい)に━」㊁[他サ変]❶他のものに触れるようにする。また、そのようにして両者につながりをもたせる。‖「舌端を硬口蓋(こうこうがい)に━して発音する」❷互いに他にくっつきつながるようにする。‖「商店が軒を━している」❸領土や土地がある物を境として隣り合う。隣接する。‖「中国とロシアは国境を━している」文せっ・す

せっ・する【摂する】[他サ変]❶職務などを代わって行う。代行する。また、兼務する。‖「国事行為を━」❷取り入れる。摂取する。‖「滋養を━」文せっ・す

せっ・する【節する】[他サ変]❶度を越さないようにする。節制する。‖「飲酒を━」❷むだを省いて減らす。節約する。‖「経費を━」文せっ・す

ぜっ・する【絶する】[自他サ変]❶〈「…を絶する」「…に絶する」の形で〉…をはるかに超える。…にまったくない。‖「想像を━寒さ」「言語に━(=ことばでは言い表せない)苦労を重ねる」❷断ち切る。また、絶える。つきる。‖「音信が━」文ぜっ・す

せっ-せい【摂生】[名・自サ変]体に悪いことをつつしみ、健康に注意すること。養生。‖「主治医の注意を守って━する」

せっ-せい【節制】[名・他サ変]欲望を抑えて、度を越さないようにつつしむこと。‖「飲酒を━する」

せつ-ぜい【節税】[名・自他サ変]非課税制度や所得控除を活用して適法に税負担を軽減すること。

ぜっ-せい【絶世】[名]世の中に並ぶものがないほどすぐれていること。‖「━の美貌」

せつ-せつ【切切】[形動タリ]思いなどが心に強く迫るさま。また、人の気持ちを動かすほど心がこもっているさま。‖「━たる恋慕の情」「━と窮状を訴える」

せっせ-と[副]たゆまず熱心に物事をするさま。‖「━働く」

せっ-せん【拙戦】[名]まずい戦い。また、つまらない試合。

せっ-せん【接戦】[名]❶[自サ変]敵と味方が近寄って戦うこと。また、その戦い。❷なかなか勝敗の決まらない激しい戦い。‖「━の末に勝つ」

せっ-せん【接線(切線)】[名]曲線上または曲面上の一点で、その曲線または曲面に接する直線。

せっ-せん【雪線】[名]高山などで、年間を通じて積雪のある所と、そうでない所との境界線。

せつ-ぜん【▼截然】[形動タリ]物事の区別がはっきりとしているさま。‖「公私を━と分ける」▽「さいぜん」は誤読による慣用読み。

ぜっ-せん【舌戦】[名]ことばで争うこと。口論。論戦。‖「━を交える」

せっ-そう【節奏】[名]音楽の、ふし。また、リズム。

せっ-そう【節操】ーサウ[名]自分の信念・主義・主張をかたく守って変えないこと。みさお。‖「━のない人」

せっ-そう【拙僧】[代]〔一人称〕僧が自分を指し示す丁重語。愚僧。

せつ-ぞう【雪像】ーザウ[名]雪を固めてつくった像。

せっ-そく【拙速】[名]仕上がりはまずいが、仕事がはやいこと。‖「━に事を運ぶ」⇔巧遅

せつ-ぞく【接続】[名・自他サ変]二つ以上のものがつながること。また、つなげること。‖「パソコンをインターネットに━する」「バスと電車の━が悪い」使い方「〜を接続する/接続させる」では、前者が一般的。➡品詞解説(一八六六ページ)

ぜっ-そく【絶息】[名・自サ変]息が絶えること。死ぬこと。絶命。‖「男はすでに━していた」

せつぞく-ご【接続語】[名]文の成分の一つ。語と語、句と句、文と文を結びつけ、後に述べた事柄が前に述べた事柄とどのような関係にあるかを示す語または文節。

せつぞく-し【接続詞】[名]品詞の一つ。自立語で活用がなく、前の語句や文を受けて後の語句や文に続ける働きをもつ語。「山また山を越えていく」の「また」、「安くて、しかもうまい店」の「しかも」、「電車またはバスを利用する」の「または」、「この車は値段が高い。しかし性能はいい」の「しかし」など。➡接続詞のまとめ(一八〇三ページ)

せつぞく-じょし【接続助詞】[名]助詞の一つ。用言・助動詞に付いて前の語句と後の語句を接続し、前後の語句の意味上の関係を示す助詞。「訪ねていったが会えなかった」の「が」、「食事をしながら新聞を読む」の「ながら」など。

せっそく-どうぶつ【節足動物】[名]無脊椎(せきつい)動物の一門。体は体節からなって左右対称、原則として節のある脚をもち、外皮は硬い。昆虫・クモ類・甲殻(こうかく)類・多足類など。

せっ-そん【折損】[名・自サ変]折れて壊れること。‖「車軸が━する」

せっ-た【雪▼駄(雪▼踏)】[名]竹皮でつくった草履の裏に革を張った履物。ふつう、かかとの部分に尻鉄を打つ。せつだ。書き方「席(むしろ)」の「駄(履物)」の意の「席駄(せきだ)」の変化した語。「雪駄」は「せった」というようになってからの当て字。

セッター[setter][名]❶犬の品種の一つ。イギリス原産の中形犬。毛が長く、耳は垂れている。鳥猟に用いられる。▽獲物を見つけると伏せ(セット)の姿勢をとることから。❷バレーボールで、スパイクのためのトスをあげ攻撃の基点の役目を担う選手。

せっ-たい【接待】[名・他サ変]客をもてなすこと。もてなし。また、そのもてなしとして飲食物などを振る舞うこと。‖「顧客を━する」「━費」

せつ-だい【設題】[名・自他サ変]前もって問題や題目を用意しておくこと。また、その問題や題目。設問。

ぜっ-たい【舌▼苔】[名]舌の表面に生じる灰白色または褐色などの付着物。胃腸疾患や熱性疾患の際に多くみられる。

ぜっ-たい【絶対】㊀[名]❶他に比較・対立するものがないこと。唯一無二。‖「━の真理」「━の存在」❷他の何ものにも関与・制限されないこと。‖「王の命令は━だ」「彼に━の信頼を置く」「━服従」◈⇔相対
㊁[副]その物事がどのような条件下でも必ず成立するという、話し手の強い気持ちを表す。どんなことがあろうとも。何がなんでも。‖「━(=是が非でも)成功させたい」「━(=断じて)君は間違っている」「お見合いなんて━いや!」「━に(=全く)ありえない」「━に(=決して・断じ

て)眠ってはならぬ」「この計画は―(=間違いなく)うまくゆく」「―反対」◈書き方 もと、「絶待」とも。✓注意「絶体」と書くのは誤り。

ぜつ-だい【舌代】[名]「申し上げます」の意で、飲食店などが客への挨拶状や値段表の初めに書く語。口上書き。しただい。▽口で言うべきところを文字で記したの意。

ぜつ-だい【絶大】[名・形動] この上なく大きいこと。「―の信用を得る」「―な人気を誇る」「―なるご支援をお願いいたします」

ぜったい-あんせい【絶対安静】[名] 症状の重い病人やけが人を寝たままの状態に保ち、決して動かさないで療養に専念させること。

ぜったい-おんかん【絶対音感】[名] ある楽音の高さを他の音と比較しないで識別できる能力。

ぜったい-し【絶対視】[名・他サ変] 絶対的なものとみなすこと。「法律を―する」

ぜったい-しゅぎ【絶対主義】[名] ❶哲学で、絶対的な真理の可能性、あるいは絶対的な価値基準を認める立場。⬍相対主義 ❷君主が無制限の権力を握って支配する専制的な政治形態。

ぜったい-すう【絶対数】[名] 全体との比率ではなく、純粋にそのものの数。「医師の―が不足する」

ぜったい-ぜつめい【絶体絶命】[名] 追いつめられて、どうにも逃れようのない状態や立場にあること。「―のピンチに立たされる」▽「絶体」「絶命」ともに九星術の凶星の名。✓注意「絶対絶命」は誤り。

ぜったい-たすう【絶対多数】[名] 議決などで、圧倒的な多数を占めること。過半数を超えること。

ぜったい-ち【絶対値】[名] ある数を、その正負の性質に関係なく考えたときの値。実数 a が正数または0のときは a 自身、負数のときは負号を取り去ったもの。$|a|$で表す。

ぜったい-てき【絶対的】[形動] 他に比較するものがなく、それ自体で何ものにも制約されない価値をもっているさま。「―な権力を握る」⬍相対的

ぜったい-ひょうか【絶対評価】[名] 設定された教育目標について、個人がどれだけ達成したかをはかる評価方法。到達度評価。⬍相対評価

ぜったい-りょう【絶対量】[名] ❶最初からある、そのもの自体の量。❷どうしても必要とする量。「食糧の―が不足する」

せっ-たく【拙宅】[名] 自分の家をいう丁重語。

せつ-だん【切断(▼截断)】[名・他サ変] 物をたち切ること。切り離すこと。「電線を―する」「―面」

ぜっ-たん【舌端】[名] ❶舌の先。❷口先のことば。話しぶり。弁舌。「―火を吐く(=激しい勢いで論じたてるさま)」

せっ-ち【接地】[名] ❶[自サ変] 飛行機などが着陸する。❷[自他サ変] ⬇アース

せっ-ち【設置】[名・他サ変] ❶機械・設備などを備えつけること。「消火器を―する」❷ある目的のために機関や組織を設けること。「対策本部を―する」

せっ-ちゃく【接着】[名・自他サ変] 物と物とが離れないようにくっつくこと。また、くっつけること。「タイルが壁に完全に―している」「本体と部品を―する」「―剤」
使い方「~を接着する/接着させる」では、前者が一般的。⬇品詞解説(八六ページ)

せっちゃく-ざい【接着剤】[名] 物と物を貼り合わせるのに用いる物質。糊・膠・合成樹脂など。

せっ-ちゅう【折衷(折中)】[名・他サ変] 二つ以上の物事の中から、それぞれのよいところをとって一つにまとめること。「和洋―の住宅」「―案」

せっ-ちゅう【雪中】[名] 雪の降る中。また、積もった雪の中。

せっ-ちょ【拙著】[名] 自分の著作をいう丁重語。▽つたない著作の意。

ぜっ-ちょう【絶頂】[名] ❶山の最も高い所。頂上。いただき。❷物事の程度のきわまったところ。最高の状態。「幸福の―にある」「人気―の歌手」

せっ-ちん【雪隠】[名] 便所。かわや。▽もと禅宗の語で、「せついん」の転。また、「西浄」の転とも。

せっ-つ・く【▽責っ付く】[他五]「せつく」の転。「早くしろと―」可能 せっつける

せっ-てい【設定】[名・他サ変] ❶ある目的のために、新たに物事をもうけ定めること。「目標[首脳会談]を―する」❷法律上、新たに権利を生じさせること。「抵当権を―する」

セッティング【setting】[名] ❶[他サ変] 物を配置すること。また、物を据え付けること。「テーブル―」❷[他サ変] 会議・会談などを設定すること。❸映画・演劇・テレビなどで、舞台装置を作ること。

せっ-てん【接点】[名] ❶曲線または曲面と、その接線または接平面が共有する点。書き方 もと、「切点」とも。❷異なる物事がふれあうところ。また、一致するところ。「議論の―を求める」❸二つの回路間で、接触させて電流を流す部分。

せつ-でん【節電】[名・自他サ変] 使用する電気の量を節約すること。「―に努める」

セット【set】[名] ❶組み合わせて一組みにしたもの。「食器を―で買う」「ギフト―」❷テニス・卓球・バレーボールなどで、一試合を構成する勝負の一区切り。「ファイナル―」「三―」❸映画・テレビ・演劇などで、演技するための舞台装置。❹ラジオ・テレビの受信機。❺[他サ変] 配置すること。また、設定すること。「テーブルを―する」❻[他サ変] 道具・機械などの設置や調整を行って使えるようにすること。「タイマーを六時に―する」❼[他サ変] 髪形を整えること。

せつ-ど【節度】[名] ゆきすぎのない、ちょうどよい程度。「―を守る」

セット-アップ【set up】[名・他サ変] ❶据えつけること。組み立てること。❷コンピューターで、ハードウエアやソフトウエアを利用できるように整えること。

せつ-どう【雪洞】[名] 登山で、露営などのために雪を掘ってつくる縦穴または横穴。

せっ-とう【窃盗】[名・他サ変] すきをねらって他人の財物を盗みとること。また、その盗人。「―を働いてつかまる」「―犯」

ぜっ-とう【舌頭】[名] ❶舌の先。舌端。❷口先。弁舌。

ぜっ-とう【絶倒】[名・自サ変] 笑いころげること。「人々を―させる話芸」「抱腹―」

せっとう-ご【接頭語】[名] 接辞の一つ。単独では用いられず、常に他の語の上に付いて意味を添え、また調子を整える。「お茶」の「お」、「かぼそい」の「か」、「ぶちまける」の「ぶち」など。接頭辞。⬍接尾語

セット-オール【和製 set＋all】[名] テニス・卓球な

どで、双方の取ったセット数が同じであること。多く次のセットで勝敗が決まるときにいう。

ゼット-き【Z旗】［名］万国船舶信号旗のZに相当する旗。▼日露戦争の日本海海戦時、「皇国の興廃この一戦にあり、各員一層奮励努力せよ」の意の信号旗として用いられた。

せっ-とく【説得】［名・他サ変］よく話して納得させること。「反対派を―する」「―力に欠ける」

セット-プレー［set play］［名］サッカーやラグビーで、反則などによって中断した試合を再開するときの所定のプレー。サッカーのフリーキック・コーナーキック、ラグビーのラインアウト・スクラムなど。

セット-ポイント［set point］［名］テニス・卓球・バレーボールなどで、各セットの勝敗を決める最後の一点。

セット-ポジション［set position］［名］野球で、投手の投球直前の姿勢。投手板に軸足をつけ、他の足は前方に置き、両手でボールを胸の前に保持して静止しなければならない。

セット-リスト［set list］［名］コンサートなどで、演奏する曲の順序を記した一覧表。また、その曲目や曲順。セトリ。

せつ-な【刹那】［名］きわめて短い時間。瞬間。「―的な快楽」▼もと仏教語で、時間の最小単位。

［ことば探究］「刹那」の使い方

▼「瞬間」とほぼ同じ意味だが、「瞬間」の方が一般的な語である。「刹那」は「神秘的」「古めかしい」「仏教的・思想的な」ニュアンスなどのイメージを意図して使うことが多い。

▼「その刹那」は「その瞬間」と（イメージ上の色合いを除いて）ほぼ同じ意味をあらわす。また、「刹那」だけでも副詞のように使う。

「魔王が大剣を振りかざした。刹那、雷鳴がとどろいた」

せつ-な・い【切ない】［形］悲しみや孤独に胸を締めつけられるような気持ちである。「人との別れが―」
派生 -げ／-さ／-がる

せつな-しゅぎ【刹那主義】［名］過去や将来を考えず、ただ現在の瞬間を充実させて生きようとする考え方。また、現在の瞬間的な美や快楽を追求して生きようとする考え方。

せつ-なる【切なる】［連体］心からの。ひたすらの。「―願い」

せつ-に【切に】［副］強く思うさま。心から。ひたすら。「―成功を祈る」

せっ-ぱ【切羽】［名］刀の鍔(つば)が柄(つか)に接する部分と鞘(さや)に接する部分とに添える薄い金具。

せっ-ぱく【切迫】［名・自サ変］❶ある時刻・期限などがさし迫ること。「返済期日が―する」❷緊張した状態になること。追い詰められ、逃げ場のない状態になること。「事態が―する」

せっ-ぱく【雪白】［名・形動］❶雪のように白いこと。純白。「―の衣」❷行いなどが潔白であること。

せっぱく-りゅうざん【切迫流産】(リウ ザン)［名］流産しかかっている状態。出血や下腹痛などの症状がみられる。

せっぱ-つま・る【切羽詰まる】［自五］物事がさしせまって、どうにもならなくなる。追い詰められて身動きがとれなくなる。「―・って高利の金を借りる」

せっ-ぱん【折半】［名・他サ変］金銭などを半分ずつ分け合うこと。「費用を―する」

ぜっ-ぱん【絶版】［名］一度発行した書籍の版を廃棄し、以後の印刷・販売をやめること。また、その本。

せつ-び【設備】［名・他サ変］必要な建物・装置・機器などを備えつけること。また、備えつけたもの。「生産―」

せっ-ぴ【雪▼庇】［名］山稜(さんりょう)や尾根筋の風下側に大きな庇(ひさし)のように張り出した積雪。

せつび-ご【接尾語】［名］接辞の一つ。単独では用いられず、常に他の語の下に付く。また、その語の所属する品詞を変えることもある。「君たち」の「たち」、「大きさ」の「さ」、「春めく」の「めく」など。⇔接頭語

せっ-ぴつ【拙筆】［名］❶下手な筆跡。❷自分の筆跡をいう丁重語。

ぜっ-ぴつ【絶筆】［名］❶その人が生前、最後に書いた文章・文字・絵画など。❷以後、原稿などを書くことをやめること。筆を断つこと。

せつび-とうし【設備投資】［名］生産活動を行うための、建物や機械などの固定資本設備への投資。

せっ-ぴょう【雪氷】［名］❶雪と氷。氷雪。❷雪から生じた氷。氷河の氷など。

ぜっ-ぴん【絶品】［名］並ぶもののないほどすぐれた品物や作品。

せっ-ぷく【切腹】［名・自サ変］自分で腹を切って死ぬこと。腹切り。割腹。「―を命じられる」▼江戸時代には武士に科した死罪の一つ。腹を切って、背後から介錯人(かいしゃくにん)が首を斬り落とした。

せっ-ぷく【説伏・説服】［名・他サ変］説き伏せること。説得。「反対派を―する」

ぜっ-ぷちょう【絶不調】(テウ)［名・形動］きわめて調子が悪いこと。「開幕からエースが―だ」▼「絶好調」をもじった造語。

せつ-ぶん【拙文】［名］❶まずい文章。❷自分の書いた文章をいう丁重語。

せつ-ぶん【節分】［名］立春の前日。二月三日ごろ。この夜、鰯(いわし)の頭を柊(ひいらぎ)の小枝に刺したものを戸口にはさみ、炒り豆をまいて悪鬼を払う習慣がある。▼本来、季節の分かれる日の意で、立春・立夏・立秋・立冬の前日をいう。

せっ-ぷん【接▼吻】［名・自サ変］愛情や尊敬の気持ちなどを表すために、相手の唇・頬(ほお)・手などに自分の唇をつけること。口づけ。キス。

ぜっ-ぺき【絶壁】［名］切り立ったがけ。「断崖(だんがい)―」

せっ-ぺん【切片】［名］❶切れはし。❷顕微鏡検査などのために、生体の組織の一部をごく薄く切ったもの。

せっ-ぺん【雪片】［名］降る雪のひとひら。

せつ-ぼう【切望】(バウ)［名・他サ変］ひたすら望むこと。熱望。「早期解決を―する」

せっ-ぽう【説法】(ボフ)［名・自他サ変］❶仏の教えを説き聞かせること。「華厳経を―する」「釈迦(しゃか)に―」❷物事の道理などを教えさとすこと。説教。

ぜつ-ぼう【絶望】(バウ)［名・自サ変］望みや期待がまったく絶たれること。「自分の才能に―する」「―視される遭難者」「優勝は―的だ」「―感」

ぜっ-ぽう【舌▼鋒】［名］弁舌などの鋭いことを鋒先

ほこさきにたとえていう語。〓「ー鋭く追及する」

せつ-まい【節米】[名・自サ変] 米の消費を節約すること。

ぜつ-みょう【絶妙】ウメ [名・形動] この上なく巧みであること。〓「ーな演技」「ーのタイミング」[派生] -さ

ぜつ-む【絶無】[名] 全くないこと。皆無。〓「助かった例はーに等しい」

せつ-めい【説明】[名・他サ変] ある事柄の内容や意味を、相手によくわかるように述べること。〓「事情をーする」

ぜつ-めい【絶命】[名・自サ変] 命が絶えること。死ぬこと。〓「刺されてーした」「すでにーしていた」

せつめい-せきにん【説明責任】[名] 組織が社会一般に対し、その事業内容や収支についての情報公開をする責任。アカウンタビリティー。

ぜつ-めつ【絶滅】[名] ❶[自サ変] 生物の種などが滅びて絶えること。〓「ー種」❷[他サ変] 滅ぼし絶やすこと。すっかりなくすこと。〓「悪習をーする」

せつ-もう【雪盲】ウマ [名] 積雪の反射光線、特に強い紫外線によって起こる目の炎症。雪目(ゆきめ)。

せつ-もん【設問】[名・自サ変] 問題を作って出すこと。また、その問題。〓「ーに答える」

せつ-やく【節約】[名・他サ変] むだを省き、出費や使用量を切りつめること。倹約。〓「経費[時間]をーする」

せつ-ゆ【説諭】[名・他サ変] 悪い行いを改めるように教えさとすこと。〓「懇々とーする」「ーを受ける」

せつ-よう【切要】エウ [名・形動] きわめて重要であること。肝要。

せつ-よう【節用】[名・自サ変] 費用を節約すること。

せつ-り【摂理】[名] ❶万物を治め支配している法則。〓「自然のーに従う」❷キリスト教で、この世のすべてを導き治める、神の永遠にわたる予見と配慮。

せつ-り【節理】[名] ❶物事の道理。すじみち。❷岩石、特に火成岩にみられる比較的規則正しい割れ目。

せつ-りつ【設立】[名・他サ変] 組織・機関・制度などを新しくつくること。〓「会社[学校・財団]をーする」

ぜつ-りん【絶倫】[名・形動] 人より飛び抜けてすぐれていること。〓「精力ー」▽「倫」は仲間の意。

セツルメント[settlement][名] 貧しい人々の住む地域に宿泊所・託児所・診療所などの施設を設け、住民と生活を共にしながら地域福祉の向上をはかる社会事業。また、その施設。隣保事業。

せつ-れつ【拙劣】[名・形動] 下手で劣っていること。〓「ーな文章」[派生] -さ

せつ-ろく【節録】[名・他サ変] 適当に取捨選択して記録すること。また、その記録。抄録。

せつ-ろん【拙論】[名] ❶筋の通らないまずい議論・論理。❷自分の議論・論理をいう丁重語。

せつ-わ【説話】[名] ❶口伝えや書き物で伝えられてきた、昔話・世間話・伝説・神話などの総称。〓「仏教ー」❷[他サ変] 説明口調で話をすること。また、その話。

せて-いただ・く【せて頂く】[連語] ➡させていただく

せ-と【瀬戸】[名] ❶相対する陸地にはさまれて、海が狭くなっているところ。幅の狭い海峡。❷「瀬戸際(せとぎわ)」の略。❸「瀬戸物」「瀬戸焼」の略。

せ-ど【背戸】[名] ❶家の裏口。また、裏門。背戸口(せどぐち)。❷家の裏手。

せ-どう【世道】ウタ [名] 世の中で人が守らなくてはならない道徳。せいどう。〓「ー人心が退廃する」

せどう-か【旋頭歌】[名] 和歌の歌体の一つ。五・七・七・五・七・七の六句からなる歌。記紀・万葉集などにみられる。

せと-ぎわ【瀬戸際】ハキ [名] 勝敗・成否・安危などの分かれ目。〓「生死のーに立たされる」▽瀬戸と外海との境の意から。

せと-びき【瀬戸引き】[名] 鉄製の容器の表面を琺瑯(ほうろう)質でおおうこと。また、その容器。琺瑯引き。▽外見が瀬戸物に似ることから。

せと-もの【瀬戸物】[名] ❶愛知県瀬戸市とその周辺から産する陶磁器。瀬戸焼。❷陶磁器。▽主に畿内以東の通称で、中国・四国・九州では「唐津物」という。

せと-やき【瀬戸焼】[名] ➡瀬戸物①

セトリ[名]「セットリスト」の略。

せ-なか【背中】[名] ❶背の中央。背骨とその両側のあたり。また、背。❷うしろ側。背後。

せなか-あわせ【背中合わせ】ハセ [名] ❶互いに背中を合わせるように、反対を向いていること。〓「ーに建つ家」❷互いに仲が悪いこと。❸物事が互いに裏表の関係にあること。〓「死とーの曲芸飛行」

ぜに【銭】[名] ❶金属でつくられた貨幣。❷江戸時代、銅・鉄でつくられた貨幣。▽金・銀製の貨幣に対していう。❸貨幣。金銭。かね。〓「ーもうけ」

ぜに-がた【銭形】[名] ❶銭のかたち。❷銭のかたちに切り抜いて神前に供える紙。かみぜに。

ぜに-かね【銭金】[名] 金銭。おかね。また、金銭上の損得。〓「人の命はーに代えられぬ」「ー尽(ず)く」

ぜに-がめ【銭亀】[名] 孵化(ふか)して間のない、イシガメやクサガメの子。▽形が銭に似ていることから。

ぜに-ごけ【銭▼苔】[名] 湿地に群生するゼニゴケ科のコケ植物。平たい葉状体の表面に、六角形の区画を持つ。雌雄異株。

ぜに-さし【銭差し(銭▼緡)】[名] 銭の穴に通して束ねるのに用いた麻やわらのひも。さし。

セニョール[señor スペイン][名] 紳士。殿方。だんな。▽男性に呼びかけるときに使う。また、姓に冠して敬称としても使う。

セニョリータ[señorita スペイン][名] お嬢さん。▽未婚の女性に呼びかけるときに使う。また、姓に冠して敬称としても使う。

ぜ-にん【是認】[名・他サ変] よいと認めること。また、事実として認めること。〓「ーしがたい政策」⬍否認

せ-ぬい【背縫い】ヒヌ [名] 衣服の背筋の所を縫い合わせること。また、その縫い目。

せ-ぬき【背抜き】[名] 洋服の上着で、背の部分に裏地をつけないで仕立てること。また、その上着。

ゼネ-コン[名] 土木・建築工事を一括して請け負う大手の総合建設業者。▽general contractor から。

ゼネ-スト[名] 全国あるいは一産業の全労働者、また一地域の各産業の労働者が、統一要求を掲げて一斉に行う大規模なストライキ。総罷業。総同盟罷業。▽「ゼネラルストライキ」の略。

ゼネラリスト[generalist][名] 多方面にわたる知識・技術などを持つ人。

ゼネラル[general] ━[名] 将軍。総督。━(造) 一般の。全般の。全体的な。◈「ジェネラル」とも。

ゼネラル-マネージャー[general manager】［名］❶総支配人。事業の総括管理者。❷プロスポーツで、チームの編成・運営などの総括管理者。◈略して「GM」とも。

ゼネレーション【generation】［名］⬇ジェネレーション

せ-のび【背伸び】［名・自サ変］❶つま先立ちになって背を伸ばし、できるだけ体を高くすること。❷自分の実力以上のことをしようとすること。〓「―をして大人のまねをする」

セパード【shepherd】［名］⬇シェパード

セパタクロー［名］一チーム三人がネットを挟んで対陣し、籠状(かごじょう)のボールを蹴って相手のコートに入れ合う球技。籐球(とうきゅう)。▼マレー語の sepak（＝蹴る）とタイ語の takraw（＝ボール）から。

せば・まる【狭まる】［自五］空間・間隔・範囲などがせまくなる。〓「道幅［視野］が―」⬆広がる・広まる

せば・める【狭める】［他下一］空間・間隔・範囲などをせまくする。〓「道路［選択の余地］を―」⬆広げる 文せばむ

セパレーツ【separates】［名］❶上下に分かれ、それぞれが他の服とも組み合わせて着られる婦人服。❷上下に分かれている女性用の水着。

セパレート-コース【separate course】［名］短距離競走・ハードル競走・スピードスケート競技などで、走者ごとに区切られた走路。⬆オープンコース▼スケートではダブルトラックともいう。

せ-ばんごう【背番号】(ーバンガウ)［名］スポーツ選手がユニホームの背中につける番号。

せ-ひ【施肥】［名・自他サ変］農作物などに肥料を与えること。〓「堆肥や骨粉は冬季に―するとよい」

ぜ-ひ【是非】■一［名］❶正しいことと、正しくないこと。よしあし。〓「―を問う」❷［他サ変］物事のよしあしを論じること。〓「制度を―する」■二［副］あることの実行・実現を強く望む気持ちを表す。どうしても。是が非でも。ぜひとも。〓「―お出かけください」「―見てみたい」使い方 要望や意志などを表す文末表現と呼応する。「ぜひ、…てはいかがでしょうか」などは、誤り。◈書き方 二はかな書きも多い。「是否」と書くのは誤り。

セピア【sepia】［名］❶イカの墨を原料にして作る暗褐色の絵の具。水彩画・ペン画・素描などに用いる。❷暗褐色。〓「―色の写真」

ぜひ-とも【是非とも】［副］どうあっても。なんとしても。〓「―ご出席ください」▼「ぜひ」を強めていう語。

せ-ひょう【世評】(ーヒャウ)［名］世間一般の評判。〓「―が高い」

せ-びらき【背開き】［名］魚を背筋にそって切り、腹の皮をつけたまま両側に開くこと。背割り。〓「アジの―」

せび・る［他五］金品をもらおうとして、しつこく頼む。無理にねだる。〓「親に小遣いを―」

せ-びれ【背▼鰭】［名］魚類などの背の中央にあるひれ。

せびろ【背広】［名］男性の平常服。本来は共布で作った上着・チョッキ・ズボンの三つ揃いからなるが、チョッキは省かれることが多い。前ボタンが一列のシングルと、二列になったダブルとがある。スーツ。▼語源については、背幅が広いことから、英語の civil clothes（＝市民服）または Savile Row（＝ロンドンの洋服屋街）からともいわれるが未詳。

せ-ぶし【背節】［名］三枚におろした鰹(かつお)の背側の肉で作った鰹節。雄節(おぶし)。▼片身を一本の鰹節にしたものは「亀節(かめぶし)」という。

せ-ぶみ【瀬踏み】［名・他サ変］物事を行う前にちょっと試してみること。〓「示談に応じるかどうか(を)―する」▼川を渡る前に、足を踏み入れるなどして深さを測る意から。

ゼブラ【zebra】［名］しまうま。

せ-ぼね【背骨】［名］脊柱(せきちゅう)。

せ-まい【施米】［名・自サ変］貧しい人や托鉢(たくはつ)僧に米をほどこし与えること。また、その米。

せま・い【狭い】［形］❶面積が小さい。特に、活用できる面積が小さい。〓「この球場は―ので本塁打が出やすい」「部屋が―・くて勝手が悪い」❷仕切られた両端の幅が小さい。〓「入り口は―が、内部は広い」「道幅［肩幅］が―」使い方「細い／狭い道」は、小さい意で共通するが、前者はとぎれそうで頼りない意を、後者は通り抜けるのが難儀である意を含む。❸活動範囲などの広がりの程度が小さい。〓「世間は―」「―業界だ、すぐにまた会える」❹物事が小さい範囲にしか行き渡らないさま。〓「今度の試験は出題範囲が―」「視野［用途］が―」❺〈多く「狭く深く」の形で〉知識などが広範囲に及ぶことを求めず、ひたすら深みに達することを求めるさま。〓「―・く深く（⬆広く浅く）知識を吸収する」❻人を受け入れる気持ちに乏しいさま。偏狭だ。狭量だ。〓「度量［心］が―」◈⬆広い 派生-さ

せまき-もん【狭き門】［連語］❶キリスト教で、天国に至ることの困難をいう。▼『新約聖書』マタイ伝の山上の垂訓に基づく。❷希望者が多く、そこへの入学や就職が困難なことをいう。〓「―を突破する」▼①がジードの同名小説を介して一般化した。

せま-くるし・い【狭苦しい】［形］空間が狭くて窮屈な感じがするさま。〓「―部屋」派生-げ／-さ

せま・る【迫る（▼逼る）】■一［自五］❶〈他を圧するように〉すぐ近くまで押し寄せる。近づく。（意図的な行為にも非意図的な作用にもいう）〓「敵が目前に―」「宵闇(よいやみ)が―」「危険が身に―」「鬼気―光景」使い方「船が岸壁に―」のように動く主体を主語にしていう場合と、「岸壁が目前に―」「行く手に樹海が―」のように不動の対象を主語にしていう場合とがある。❷切り立った崖(がけ)などが狭い間隔を保って、他を圧するように存在する。〓「渓谷の両岸には崖が―・っている」❸時間的な隔たりが小さくなる。刻限が近づく。〓「期日［死期］が間近に―」❹基準とする状態（特に、物事の本質）に近づく。肉迫する。〓「世界記録に―好タイム」「事件の核心に―」「真に―・った演技」❺〈「胸［心］に迫る」の形で〉感動で胸が締めつけられたようになる。〓「迫真の演技が胸に―」❻〔古風〕動悸(どうき)や息遣いが激しくな(って苦しくな)る。切迫する。〓「息が―」❼行き詰まる。せっぱつまる。〓「悠揚(ゆうよう)―・らぬ態度」■二［他五］強い態度で要求する。強要する。〓「首相に退陣を―」「必要に―・られる」

せみ【▼蟬】［名］❶カメムシ目セミ科の昆虫の総称。はねは膜質で、透明なものが多い。雄は腹部の発音器を使って高い声で鳴き、鳴き声は種類によって多様。幼虫は地中の木の根から汁を吸って過ごし、数年から十数年後に成虫になる。成虫の寿命は平均一〇日ぐらいと短い。日本にはアブラゼミ・ニイニイゼミ・クマゼミ・ミンミンゼミ・ヒグラシ・ツクツクボウシなど約三〇種が分布する。❷帆柱などの上端につけて綱をかけ、物を引き上げるの

に用いる小形の滑車。

セミ【semi】[接頭] なかば、準、などの意を表す。‖「―クラシック・―プロ」

ゼミ [名]「ゼミナール」の略。

せみ-くじら【背▽美鯨】[名] 北太平洋・北大西洋に分布するセミクジラ科のヒゲクジラ。体色は黒く、頭部にボンネットと呼ばれるこぶ状の隆起がある。乱獲によって生息数が減少し、国際捕鯨条約によって保護されている。

セミコロン【semicolon】[名] 欧文の句読点の一つ。コロンより軽い区切りを表す。記号「;」

せみ-しぐれ【▼蟬《時雨》】[名] たくさんのセミが一斉に鳴き立てる声を時雨の降る音にたとえた語。

セミ-ダブル【和製semi+double】[名] ダブルベッドよりもやや狭い二人用の寝台。

セミナー【seminar】[名] ゼミナール。

ゼミナール【Seminarドイ】[名] ❶大学で、少人数の学生が教師の指導のもとで特定のテーマを研究し、それについての発表・討論を行う形式の授業。演習。ゼミ。セミナー。❷少人数を対象にし、討論などを交えながら行われる講習会。セミナー。

セミヌード【seminude】[名] 一部を着衣で覆った裸体。半裸体。また、その絵や写真。

セミファイナル【semifinal】[名] ❶スポーツで、準決勝戦。❷ボクシング・プロレスなどで、メーンイベントの前の試合。

セミプロ【semipro】[名] ❶アマチュアでありながら、本職に近い技量などをもっていること。また、その人。❷職業選手ではないが、それに準じた待遇などを受けているスポーツ選手。◈「セミプロフェッショナル(semiprofessional)」の略。

セミ-ロング【和製semi+long】[名] 髪形で、ロングよりやや短めの長さ。肩にかかるぐらいの長さをいう。

せ-むし【〈▼傴▼僂〉】[名] 骨の発育障害で、背骨が曲がって前かがみの体形になる病気。また、その人をいう差別的な語。▼昔、背中に虫がいると誤信したことからという。

せめ【攻め】[名] 相手を負かそうとして攻撃すること。また、その仕方。‖「守りから―に転じる」「―がまずい」

せめ【責め】[名] ❶こらしめなどのために精神的・肉体的な苦痛を加えること。‖「逆さ吊りの―にあう」❷他から負わされた責任。責務。‖「―を負う(=責任を負う。責任をとる)」注意「攻めを負う」は誤り。

せめ-あぐ・む【攻め▼倦む】[自他五] いくら攻めても効果がなく、攻めるのをもてあます。‖「鉄壁の守備に―」

せめ-おと・す【攻め落とす】[他五] 攻撃して敵の城などを奪い取る。‖「敵陣を―」

せめ-おと・す【責め落とす】[他五] ❶しつこく言って承知させる。□説き落とす。‖「伯父を―・して資金を出させる」❷きびしく責めて白状させる。‖「容疑者を―」

せめ-く【責め苦】[名] 責めさいなまれる苦しみ。

せめ・ぐ【▼鬩ぐ】[自五] 互いに争い合う。憎しみ合って争う。‖「兄弟牆に―(=内輪もめをする)」「善と悪とが―・ぎ合う」

せめ-さいな・む【責め▽苛む】[他五] ひどく責める。いじめ苦しめる。‖「罪人を―」

セメスター【semester】[名] 一学年が二学期であること。また、その学期。‖「―制」「―留学」

せめ-た・てる【攻め立てる】[他下一] 続けざまに激しく攻撃する。‖「からめ手から―」文せめた・つ 名攻め立て

せめ-た・てる【責め立てる】[他下一] ❶しきりに責める。激しく非難する。‖「相手の落ち度を―」❷しきりに催促する。せきたてる。‖「早く立ち退けと―・てられる」文せめた・つ 名責め立て

せめ-て [副] 満足ではないが、最低限それだけは実現させたい、そうあってほしいという気持ちを表す。不満足ながら、少なくとも。‖「―一目だけでも会いたい」「―その半分でも資金があったなら…」

せめて-も [副]「せめて」を強めた言い方。‖「全員無事だったことが―の救いだ」▼多く、「せめてもの」の形で用いる。

せめ-よ・せる【攻め寄せる】[自下一] 攻めて相手の近くまで迫る。‖「敵勢が城に―」文せめよ・す

せ・める【攻める】[他下一] ❶戦争・試合などで、相手を負かそうとして積極的に戦いをしかける。攻撃する。‖「敵を[illegible]ルで―」「敵陣[弱点]を―」❷〔新〕失敗を恐れず[illegible]行う。‖「―・めてるデザイン」◈「責める」と同語源。攻撃の意で[illegible] 書き分け【攻】は武力・腕力による[illegible]う。「羽交い締[illegible]は非難・拷問・折檻の意で使[illegible]る・逆さづりに[illegible]

せ・める【責め[る]】[illegible] ❶罪・過失・違約などを取り上げて非難する。‖「無能者呼ばわりして責め[illegible]―」「相棒[自分]を―」[illegible] せ・む 名攻め [illegible]促する。‖「借金取[illegible]痛めつける。‖「火で―」[illegible]る。‖「怠慢などを激しく[illegible]攻める 文せ・む 名責[め]

セメン [名] ❶「セメン[illegible]求する。[illegible]痛を与える。激しく催

セメン-シナ【seme[illegible]】[illegible] 多年草。つぼみを乾燥させ[illegible]駆虫薬にする。シナヨモギ。

セメント【cement】[名] [illegible]いて粉末にしたもの。モルタル[illegible]る。水で練って放置すると凝固[illegible]の総称。

せ-もたれ【背▼凭れ】[名] [illegible]もたせかける部分。

せ-やく【施薬】[名・自他サ変] [illegible]と。また、その薬。

せ-よ【施与】[名・他サ変] ❶金品をほどこし[illegible]と。また、その金品。❷植物の生長のために肥料などを与えること。‖「土壌に窒素肥料を―する」

ゼラチン【gelatin】[名] たんぱく質の一つ。動物の皮・骨などを長時間煮沸して得た抽出液を濃縮・乾燥したもの。温水に溶け、冷えると透明なゼリー状になる。食品材料・薬用カプセル・止血剤・培養基・写真乳剤などに用いる。

ゼラニウム【geranium】[名] 夏、長い花茎の先に白・淡紅・深紅色などの花をつけるフウロソウ科テンジクアオイ属の多年草の総称。観賞用に栽培され、多くの園芸品種がある。

セラピー【therapy】[名] 治療。治療法。

セラピスト【therapist】[名] 社会復帰のための治療を行う人。療法士。治療士。

セラミックス［ceramics］［名］陶磁器・ガラス・セメントなどの総称。窯業製品。

セラミド［ceramide］［名］表皮の角質層に存在する細胞間脂質の主成分。スフィンゴシンと脂肪酸がアミド結合したもので、乾燥やほこりなどから皮膚を守る。

せ-ら・れる［連語］［古風］される。「曽祖父は藩医として誰からも尊敬ー・れた」▽サ変動詞の未然形「～せ」＋助動詞「られる」。使い方「税金が課せられる」「皆に愛せられる」はそれぞれサ変動詞「課する」「愛する」を使った言い方。「税金が課される」「皆に愛される」など、五段動詞「課す」「愛す」を使った言い方もあり、今はこれが一般的。⬇れる

せり【▽芹】［名］水辺や湿地に自生するセリ科の多年草。特有の香気をもつ若い葉と茎を食用にする。春の七草の一つ。

せり【▽迫り】［名］歌舞伎などの劇場で、舞台の床の一部を切り抜き、そこに役者や大道具をのせて上下させるようにした装置。

せり【競り】［名］❶せること。きそうこと。❷競売。せりうり。「ーにかける」書き方「▼糶り」とも。

せり-あ・う【競り合う】ｱﾌ［自他五］❶互いに競争する。きそいあう。「首位をめざしてー」❷競売で争う。「ー・って落札する」名競り合い

せり-あ・げる【▽迫り上げる】［他下一］❶下から次第に押し上げる。特に劇場で、役者などを奈落から押し上げる。迫り出す。「花道に役者をー」❷だんだんと大きくする。「声をー」文せりあ・ぐ 名迫り上げ

せり-あ・げる【競り上げる】［他下一］競売で、入手しようとして、買い手が値段をだんだん高くする。「相場の倍までー」文せりあ・ぐ 名競り上げ

ゼリー［jelly］［名］❶ゼラチン・寒天などを煮溶かし、果汁・砂糖・香料などを加えて冷やし固めた菓子。❷果汁に砂糖を加えて煮詰めて、ペクチンを固まらせた菓子。❸煮こごり。❹コロイド溶液が固まり①のような状態になったもの。◈「ジェリー」とも。

セ-リーグ［名］日本のプロ野球二リーグのうちの一つ。現在、六球団が加盟する。▽「セントラルリーグ（Central League）」の略。⬇パリーグ

せり-いち【競り市】［名］競り売りをする市。

セリウム［cerium］［名］希土類元素の一つ。単体は鉄状の固体金属。発火合金材料などとして用途が広い。元素記号Ce

せり-うり【競り売り】［名］❶売り主が複数の買い手に買値の競争をさせ、最も高い値をつけた人に売ること。また、その売買方法。競売。▽売り手が高い値をつけ、買い手が出るまで値を下げていく方法もある。❷品物を持ち歩いて売ること。また、その人。行商。

せり-おと・す【競り落とす】［他五］競り売りで、最高の値をつけて品物を手に入れる。「李朝の壺を三〇〇万円でー」名競り落とし

せり-か・つ【競り勝つ】［自五］相手と競り合って勝つ。⬌競り負ける

せり-だし【▽迫り出し】［名］歌舞伎などの劇場で、役者や大道具を奈落から舞台または花道へ押し上げること。また、その装置。迫り。迫り上げ。

せり-だ・す【▽迫り出す】［一］［自五］前の方に突き出る。「腹がー」［二］［他五］❶前方や上方に押し出す。「肘をー・して人ごみをかき分ける」❷劇場で、迫りを使って役者や大道具を奈落から舞台へ押し上げる。迫り上げる。名迫り出し

せりふ【〈台詞〉・〈科白〉】［名］❶舞台で、俳優が劇中の人物として言うことば。❷人に対する言い分。言いぐさ。「小生意気なーを吐く」❸決まり文句。「彼のお得意のー」

せりふ-まわし【〈台詞〉回し】ﾏﾜｼ［名］せりふの言い方。せりふの言い回し。

せり-ま・ける【競り負ける】［自下一］相手と競り合って負ける。⬌競り勝つ 文せりま・く

せり-もち【▽迫り持ち】［名］石材・煉瓦などを弧状に積み重ね、その弧にそって伝わる圧縮力によって荷重を支える構造。橋桁や門などにみられる。アーチ。

せ-りょう【施療】ﾘｮｳ［名・自サ変］治療をすること。特に、貧しい病人などに無料で治療をほどこすこと。

せ・る【競る】［他五］❶互いに負けまいとして争う。きそう。「ゴール近くで激しくー」「最後までー・った戦い」❷競り売りで、手に入れようとする買い手が争って高い値をつける。また、売り手が値を下げていく。「オークションで名画をー」書き方「▼糶る」とも。名競り

せる［助動　下一型］（せ-せ-せる-せる-せれ-せよ・せろ）❶**使役**を表す。「息子に荷物を運ばー」「生徒に運動場を一周さー」「いやがる二人をむりやり会わー」「代理として娘に／を行かー」「子供を使いに行かー」使い方 実際の動作主には「に」または「を」を使う。❷**放任・許容**を表す。「言いたいやつには言わせておけ」「希望者には好きなだけ持って行かせよう」「私にも少し休ませてくれ」使い方 実際の動作主には「に」を使う。「一週間ほど彼を休ませよう」の場合は、①の意。❸〈「てもらう」「ていただく」とともに使って〉自分の行為が他人の許容の内にあるという、配慮の気持ちを表す。「内緒で手紙を読ませてもらった」「しばらく休ませていただきます」⬇させていただく ❹物を放置して、不本意な状態にする意を表す。「部屋を遊ばせていてはもったいない」「野菜を腐らせてしまう」使い方 実際にその作用が生じる物には「に」は使わずに「を」を使う。❺取り返しのつかない事態を引き起こす意を表す。「子供を死なせてしまう」「息子に事故を起こさせた責任を[illegible]る」使い方 実際の動作主には、自動詞のときは「を[illegible]動詞のときは「に」を使う。❻〈「…に言わせると」などの形で〉⬇言わせる[illegible] ❼引き起こす意の他動的な表現を作る。「[illegible]を悲しむ→）母の死が彼を悲しまー」「驚か[illegible]「（車が走る→）車を走らー」「目を輝か[illegible]雨を降らー」❽［古風］〈「せられる」「あらせられ[illegible]〉最高位の敬意を表す。「読者諸[illegible]「勉強[illegible]…」「お健やかにあらせられる」「[illegible]」◈文語形は「す」。使い方 (1)[illegible]形「～さ」に「せ[illegible]然形に付く。上一段・下一[illegible]く場合は、「愛させ[illegible]せる」が付く。⬇さ入れ[illegible]もの、「熱しさ[illegible] (2)［二］字漢語や和語の[illegible]の形をとるも[illegible]さ＋せる」「やりとり[illegible]（し）＋させる」の形をとるも[illegible]る」が付くのが一般[illegible]ように「～せ（ぜ）＋させる」「屈させる」な[illegible]させる」のように[illegible]「屈させる」「屈しさせる」「達しせる」「信じさ[illegible]の、「達せさ[illegible]ものがあり、[illegible]る」の形を[illegible]

させる／達せさせる」「感じさせる／感ぜさせる」など、両形の見られるものも少なくない。「愛させる」「屈させる」など、サ行五段動詞「愛す」「屈す」が想定できるものは、五段の未然形「～さ」に「せる」が付いたものとも解釈できる。また、「信じさせる」「感じさせる」など、ザ行上一段動詞「信じる」「感じる」が想定できるものも、上一段の未然形「～じ」に「させる」が付いたものとも解釈できる。同じ「～し＋させる」でも、「熱しさせる」「屈しさせる」「脱しさせる」など、「熱しる」「屈しる」「脱しる」といった上一段動詞が想定できないものは、サ変動詞「熱する」「屈する」「脱する」の未然形「～し」に「させる」が付いたものと解釈する。文語では、「愛せさせ給う」のように「さす（口語の『させる』に相当）」が「せ」に付く。「達せさせる」や「感ぜさせる」など、「～せ(ぜ)＋させる」の形のものは、この文語の形が残存したもの。

(3)①～⑦は、話し言葉では、「せる」ではなく五段活用の他動詞「～す」を使うことがある。「通わす」「休ます」など。

セル［名］梳毛(そもう)糸を平織りや綾織りにした薄手の毛織物。合着用の和服地にする。▼オランダ語の「セルジ(serge)」を「セル地」と解して「地」を略した語。

セル［cell］［名］❶細胞。❷表計算ソフトウエアで、縦横の罫線(けいせん)で区切られたます目。❸電池。〓「ソーラー―」❹自動車などのエンジンを始動させるための電池式電動機。セルモーター。

セルフ［self］［接頭］自分自身で、自動の、などの意を表す。

セルフィー［selfie］［名］➡自撮り

セルフ-ケア［self-care］［名］自分で自身の健康などを管理すること。

セルフ-コントロール［self-control］［名］❶自分の行動や感情を自分で制御すること。自制。❷自動制御装置。

セルフ-サービス［self-service］［名］食堂・スーパーマーケットなどで、客が選んだ品を自分で運ぶなどして店員の業務の一部を負担する販売方式。

セルフ-スタンド［和製self＋stand］［名］客がみずから給油する方式のガソリンスタンド。セルフ式ガソリンスタンド。

セルフ-タイマー［self-timer］［名］カメラで、一定時間後に自動的にシャッターを切る装置。自動シャッター。

セルフ-メディケーション［self-medication］［名］自分自身で健康を管理し、軽い病気やけがは自分で治療を行うこと。

セルフ-レジ［名］客が自ら操作して支払いをするレジ。また、その方式。▼和製self＋register から。

セルライト［cellulite］［名］皮下の脂肪細胞に老廃物がたまって塊になったもの。女性の腹部・臀部(でんぶ)・大腿(だいたい)部などの皮下に生じやすい。

セルロイド［celluloid］［名］ニトロセルロースに樟脳(しょうのう)を加えて圧延した一種のプラスチック。成型性にすぐれ、玩具・文房具・日用品などに広く利用されたが、引火しやすいので現在は使われない。

セルロース［cellulose］［名］植物の細胞膜や繊維の主要な成分をなす多糖類。レーヨン・セロハン・火薬などの原料にする。繊維素。

セレクション［selection］［名］選ぶこと。選択。選抜。

セレクト［select］［名・他サ変］選択すること。よりぬくこと。〓「一級品を―する」

セレクト-ショップ［和製select＋shop］［名］独自の視点で商品を選び、個性的な品揃えをした店。

セレナーデ［Serenadeドイツ］［名］❶夜、恋人の家の窓の下などで男性が歌い奏でる歌曲。❷一八世紀に発達した娯楽的な器楽合奏曲。ふつう五～六楽章からなる。夜曲。小夜曲。◈「セレナード」「セレナータ」とも。

セレブ［celeb］［名］名士。著名人。▼「セレブリティー(celebrity)」の略。

セレモニー［ceremony］［名］式典。儀式。〓「創立五〇周年の―」

セロ［cello］［名］チェロ。

ゼロ［zero］［名］❶正数と負数の境になる数。零(れい)。〓「差し引きは―」▼数学的には数の一つであり、偶数。❷何もないこと。〓「指導能力は―だ」「―からの出発」◈ 書き分け ①は、算用数字を使って「0」と、漢数字を使って「〇」と書く。前者は主に横書きで(0対0で引き分ける)、後者は縦書きで使う(〇対〇の均衡が破れる)。「―金利政策」「―メートル地帯」など、熟語化したものは「ゼロ」と[illegible]ることとも[illegible]。②はふつう「ゼロ」と書くが、「零」を当て[illegible]

ゼロ-エミ[illegible]【zero emission】［名］ある産業の廃[illegible]産業の原料として利用するなど、徹底したリ[illegible]最終的に廃棄物をゼロにしようとする構[illegible]

ゼロきんり[illegible]【ゼロ金利政策】［名］中央銀行が金[illegible]って、金利が〇%[illegible]提唱。[illegible]

ゼロさい-じ[illegible]児。零(れい)歳児。

ゼロ-サム［zero[illegible]総計するとゼロにな[illegible]金融政策。[illegible]必ず損失を出すとい[illegible]

ゼロサム-ゲーム[illegible]ーム理論で、一方が得点[illegible]員の得失点の総計を常[illegible]

ゼロ-せん【ゼロ戦】[illegible]上戦闘機」の通称。太平[illegible]の戦闘機。零戦(れいせん)。書き分け[illegible]

セロハン［cellopha[illegible]生セルロース。ビスコースを[illegible]中に押し出して作る。透明[illegible]装紙などに用いられる。セロ[illegible]

セロハン-テープ［cellopha[illegible]ロハンで作った粘着テープ。

ゼロ-ベース［zero-base］［名］物事をゼロ[illegible]態に戻してからやり直すこと。白紙の状態から検討し直すこと。

セロリ［celery］［名］野菜として栽培するセリ科の一年草または越年草。全体に特有の芳香がある。肉厚の葉柄(ようへい)を生食するほか、スープの具などに使う。オランダミツバ。

せ-ろん【世論】［名］ある問題に対する世間一般の意見。せいろん。〓「―の動向を調査する」▼「輿論(よろん)」の言い換え語として用いられたことから、「よろん」とも読まれる。➡よろん

せ-わ【世話】［名］❶［他サ変］気を配って、面倒をみること。〓「病人［植木］の―をする」❷［他サ変］仲介を

すること。取り持つこと。〓「就職を─する」❸手数がかかること。やっかいであること。〓「─の焼ける子だ」「すっかりお─になりました」❹世間の人たちがする話。うわさや評判。〓「下─」❺「世話物」の略。〓「─狂言」

✦品格✦ 斡旋「仕事を─する」肝煎り「新聞社の─で始まったイベント」口添え「誤解が解けるよう口添えしてもらう」仲介「─業者」仲立ち「両国の対話を─する」

◉**世話がな・い** あきれてどうしようもない。〓「人に笑われても意に介さないのだから─」

◉**世話に砕ける** 態度・ことばつきがいかめしさをなくし、うちとけて日常的・庶民的になる。

せわし・い【▽忙しい】[形] ❶用事が多くて休む暇がないさま。いそがしい。〓「─毎日を送る」「一日中─・く働く」❷あわただしくて落ち着きがないさま。せかせかしている。〓「歳末の街は─」「─・く席を立つ」❸しきりに行われて絶え間がないさま。はげしい。〓「─・く扇子を使う」◈「せわしない」とも。派生 -げ／-さ／-がる

せわし-な・い【▽忙しない】[形] せわしい。▼「ない」は意味を強める接尾語。➡「ない」のコラム(一二〇三ページ) 派生 -げ／-さ

せわ-ずき【世話好き】[名・形動] 好んで人の面倒をみること。また、そのような人。〓「─な人」

せ-わた【背▽腸】[名] ❶エビの背にある黒い筋のような腸。❷サケの背骨の下にある黒っぽい腎臓。また、それで作った塩辛。めふん。

せわ-にょうぼう【世話女房】[名] 家事の切り回しがうまく、夫のめんどうをよくみる妻。

せわ-にん【世話人】[名] ❶商取引・縁談などの仲介をする人。❷団体・会合などの中心になって、その運営や事務処理にたずさわる人。世話役。

せわ-もの【世話物】[名] 歌舞伎・浄瑠璃で、江戸時代の町人社会に取材し、市井の事件や義理・人情の葛藤などを描いた作品。⬍時代物

せわ-やき【世話焼き】[名] ❶好んで人の面倒をみること。また、その人。❷世話人。

せわ-やく【世話役】[名]「世話人」②に同じ。

せ-わり【背割り】[名] ❶魚の背を切り開くこと。❷男物の羽織で、背縫いの裾の方を縫い合わせないでおくこと。また、その仕立て方。❸柱に乾燥に伴う割れ目が生じないように、裏になる面にあらかじめ割れ目を入れておくこと。

せん【千】[名] 数の名で、百の一〇倍。▼数の多い意も表す。〓「─に一つの誤りもない」「─客万来・─変万化」「一騎当─」「海─山─」書き方 証書などで金額を記す場合は、間違いを防ぐために「▼阡」「▼仟」とも。

せん【先】㊀[名] ❶これからさき。将来。〓「─を越す(=相手より先に物事を行う)」❷ある基準より以前。特に、現在からあまり遠くない過去。前。〓「そんなことは─から承知だ」「─日・─例」㊁(造) ❶進んでいく方。前方。〓「─行・─頭・─導」❷さきだつ。〓「─輩・─発」⬍後 ❸現在のものの一つ前。〓「─代・─帝」

せん【栓】[名] ❶びんやたるなどの容器の口に差し込んだり取り付けたりして、その口を密封するもの。〓「ビールの─を抜く」「耳に─をする(=人の話を聞かないようにする)」❷ガスや水道などの管の開閉装置。コック。〓「消火─」

せん【腺】[名] 動物の体内にあって特定の物質を生成・分泌する器官。〓「汗─・乳─・涙─・甲状─」

せん【詮】㊀[名] ❶方法。すべ。〓「あきらめるほかに─がない」❷効果。かい。〓「悔やんでも─のないことだ」㊁(造) 道理をつきつめる。調べてあきらかにする。〓「─索」「所─」

せん【銭】㊀[名] ❶通貨の単位。円の一〇〇分の一。❷昔の貨幣の単位。貫の一〇〇〇分の一。文。㊁(造) ぜに。かね。貨幣。〓「─湯」「古─・賽─」旧錢

せん【▼撰】㊀[名] 詩文をよりすぐって書物にまとめること。〓「藤原定家の─」「─者・─集」「私─・勅─」㊁(造) 詩文を作る。〓「─述・─文」

せん【線】[名] ❶糸のように細長く続くすじ。また、その形をしたもの。〓「─を引く」「白─・電─」❷ものの輪郭。〓「肩から腰にかけての─」❸数学で、点が動いた跡にできる、位置と長さはあるが幅や厚みのないもの。直線と曲線がある。❹物事を行う上での(漠然とした)方針や道筋。〓「その─で考えてみよう」❺限度となる境界。〓「これが妥協できるぎりぎりの─だ」❻一定の水準。〓「まだ合格の─には達していない」❼その人の外見や言動からうかがえる印象。〓「─の細い(=弱々しい、また、繊細な印象の)人」❽バス・鉄道・航路・航空路など、交通機関の経路。路線。〓「幹─・山手─・国際─」

せん【選】㊀[名] えらぶこと。〓「─に漏れる」「─考・─手」「厳─・当─・予─」㊁(造) ❶「選集」の略。〓「傑作─・名作─」❷「選挙」の略。〓「市議─・衆院─」

せん【川】(造) かわ。〓「河─・山─」

せん【仙】(造) ❶不老不死の術を修めた人。〓「─界・─境・─術」「神─」❷世俗を超越した人。非凡な才をもつ人。〓「歌─・詩─」

せん【占】(造) ❶うらない。うらなう。〓「─術・─星」「卜─」❷しめる。自分のものにする。〓「─拠・─領」「寡─・独─」

せん【▼尖】(造) 鋭くとがる。また、とがった先端。〓「─塔」「舌─・肺─」

せん【宣】(造) ❶広く知らせる。〓「─教・─伝」❷はっきりと告げる。〓「─言・─誓」❸神や天子が意思を[illegible]べる。みことのり。〓「─下・─旨」「院─」

せん【専】(造) ❶一つのことに集中する。〓「─業・─属・─念・─門」❷自分の思う[illegible]り占めにする。〓「─横・─用」❸「専[illegible]」の略。〓「[illegible]─高─」旧專

せん【泉】(造) ❶わき出る[illegible]いずみ。〓「源[illegible]」❷あの世。〓「黄─」❸「[illegible]泉」の略。〓「[illegible]」❹「和泉」の略。〓「─州」

せん【洗】(造) [illegible]う。あらい清める。〓「[illegible]─濯・─礼・─練」「水─」

せん【浅】(造) ❶水かさが少ない。[illegible]─」❷色がうすい。〓「─紅・─緑」[illegible]あさはか。〓「─学・─才・─薄」

せん【染】(造) ❶色をつけ[illegible]❷影響をうける。そまる。うつる。[illegible]

せん【扇】(造) ❶おう[illegible]─」❷おうぎで風を[illegible]そそのかす。あおる。〓「[illegible]」

せん【▼閃】(造) [illegible]

せん【旋】(造) [illegible]まわる。めぐる。〓「─回・─風・─律」「螺─」[illegible]もどる。〓「凱─」[illegible]仲をとりもつ。〓「斡─・周─」

せん【船】[illegible]ふね。大型のふね。〓「─長・─頭・─舶」

セラミックス【ceramics】[名] 陶磁器・ガラス・セメントなどの総称。窯業製品。

セラミド【ceramide】[名] 表皮の角質層に存在する細胞間脂質の主成分。スフィンゴシンと脂肪酸がアミド結合したもので、乾燥やほこりなどから皮膚(ひふ)を守る。

せ-ら・れる [連語] [古風] される。「曽祖父は藩医として誰からも尊敬—・れた」▼サ変動詞の未然形「〜せ」+助動詞「られる」。[使い方]「税金が課せられる」「皆に愛せられる」はそれぞれサ変動詞「課する」「愛する」を使った言い方。「税金が課される」「皆に愛される」など、五段動詞「課す」「愛す」を使った言い方もあり、今はこれが一般的。⇨れる

せり【▽芹】[名] 水辺や湿地に自生するセリ科の多年草。特有の香気をもつ若い葉と茎を食用にする。春の七草の一つ。

せり【▽迫り】[名] 歌舞伎などの劇場で、舞台の床の一部を切り抜き、そこに役者や大道具をのせて上下させるようにした装置。

せり【競り】[名] ❶せること。きそうこと。❷競売。せりうり。「—にかける」[書き方]「▼糶り」とも。

せり-あ・う【競り合う】[自他五] ❶互いに競争する。きそいあう。「首位をめざして—」❷競売で争う。「—・って落札する」[名]**競り合い**

せり-あ・げる【▽迫り上げる】[他下一] ❶下から次第に押し上げる。せり上げる。特に劇場で、役者などを奈落から押し上げる。迫り出す。「花道に役者を—」❷だんだんと大きくする。「声を—」[文]**せりあ・ぐ** [名]**迫り上げ**

せり-あ・げる【競り上げる】[他下一] 競売で、入手しようとして、買い手が値段をだんだん高くする。「相場の倍まで—」[文]**せりあ・ぐ** [名]**競り上げ**

ゼリー【jelly】[名] ❶ゼラチン・寒天などを煮溶かし、果汁・砂糖・香料などを加えて冷やし固めた菓子。❷果汁に砂糖を加えて煮詰めて、ペクチンを固まらせた菓子。❸煮こごり。❹コロイド溶液が固まり①のような状態になったもの。◈「ジェリー」とも。

セ-リーグ [名] 日本のプロ野球二リーグのうちの一つ。現在、六球団が加盟する。▼「セントラルリーグ(Central League)」の略。⇨パリーグ

せり-いち【競り市】[名] 競り売りをする市。

セリウム【cerium】[名] 希土類元素の一つ。単体は鉄状の固体金属。発火合金材料などとして用途が広い。元素記号Ce

せり-うり【競り売り】[名] ❶売り主が複数の買い手に買値の競争をさせ、最も高い値をつけた人に売ること。また、その売買方法。競売。▼売り手が高い値をつけ、買い手が出るまで値を下げていく方法もある。❷品物を持ち歩いて売ること。また、その人。行商。

せり-おと・す【競り落とす】[他五] 競り売りで、最高の値をつけて品物を手に入れる。「李朝の壺を三〇〇万円で—」[名]**競り落とし**

せり-か・つ【競り勝つ】[自五] 相手と競り合って勝つ。⇔競り負ける

せり-だし【▽迫り出し】[名] 歌舞伎などの劇場で、役者や大道具を奈落から舞台または花道へ押し上げること。また、その装置。迫り。迫り上げ。

せり-だ・す【▽迫り出す】━[自五] 前の方に突き出る。「腹が—」━[他五] ❶前方や上方に押し出す。「肘(ひじ)を—・して人ごみをかき分ける」❷劇場で、迫りを使って役者や大道具を奈落から舞台へ押し上げる。迫り上げる。[名]**迫り出し**

せりふ【〈台詞〉・〈科白〉】[名] ❶舞台で、俳優が劇中の人物として言うことば。❷人に対する言い分。言いぐさ。「小生意気な—を吐く」❸決まり文句。「彼のお得意の—」

せりふ-まわし【〈台詞〉回し】マワシ [名] せりふの言い方。せりふの言い回し。

せり-ま・ける【競り負ける】[自下一] 相手と競り合って負ける。⇔競り勝つ [文]**せりま・く**

せり-もち【▽迫り持ち】[名] 石材・煉瓦(れんが)などを弧状に積み重ね、その弧にそって伝わる圧縮力によって荷重を支える構造。橋桁(はしげた)や門などにみられる。アーチ。

せ-りょう【施療】ウレウ [名・自サ変] 治療をすること。特に、貧しい病人などに無料で治療をほどこすこと。

せ・る【競る】[他五] ❶互いに負けまいとして争う。きそう。「ゴール近くで激しく—」「最後まで—・った戦い」❷競り売りで、手に入れようとする買い手が争って高い値をつける。また、売り手が値を下げていく。「オークションで名画を—」[書き方]「▼糶る」とも。[名]**競り**

せる [助動 下一型] (せ-せ-せる-せる-せれ-せよ・せろ)
❶**使役**を表す。「息子に荷物を運ば—」「生徒に運動場を一周さ—」「いやがる二人をむりやり会わ—」「代理として娘に/を行か—」「子供を使いに行か—」[使い方]実際の動作主には「に」または「を」を使う。
❷**放任・許容**を表す。「言いたいやつには言わせておけ」「希望者には好きなだけ持って行かせよう」「私にも少し休ませてくれ」[使い方]実際の動作主には「に」を使う。「一週間ほど彼を休ませよう」の場合は、①の意。
❸〈「てもらう」「ていただく」とともに使って〉自分の行為が他人の許容の内にあるという、配慮の気持ちを表す。「内緒で手紙を読ませてもらった」「しばらく休ませていただきます」⇨させていただく
❹物を放置して、不本意な状態にする意を表す。「部屋を遊ばせていてはもったいない」「野菜を腐らせてしまう」[使い方]実際にその作用が生じる物には「に」は使わずに「を」を使う。
❺取り返しのつかない事態を引き起こす意を表す。「子供を死なせてしまう」「息子に事故を起こさせた責任をとる」[使い方]実際の動作主には、自動詞のときは「を」、他動詞のときは「に」を使う。
❻〈「…に言わせると」などの形で〉⇨言わせる④
❼引き起こす意の他動的な表現を作る。「(彼が母の死を悲しむ→)母の死が彼を悲しま—」「驚かせてごめんね」「(車が走る→)車を走ら—」「目を輝か—」「停滞前線が雨を降ら—」
❽[古風]〈「せられる」「あらせられる」「せ給う」の形で〉最高位の敬意を表す。「読者諸賢におかせられては、…」「お健やかにあらせられる」「大叔父にあたらせ給う」
◈文語形は「す」。[使い方](1)五段動詞とサ変動詞の未然形に付く。上一段・下一段・カ変動詞の未然形には「させる」が付く。⇨さ入れ言葉
(2)二字漢語や和語のサ変複合動詞に付く場合、「勉強さ+せる」「やりとりさ+せる」など、未然形「〜さ」に「せる」が付くのが一般的。一字漢語に付く場合は、「愛させる」「屈させる」など「〜さ+せる」の形をとるもの、「熱しさせる」「信じさせる」など「〜し(じ)+させる」の形をとるもの、「達せさせる」「感ぜさせる」のように「〜せ(ぜ)+させる」の形をとるものがあり、「屈させる/屈しさせる」「達し

に用いる小形の滑車。

セミ[semi]〔接頭〕なかば、準、などの意を表す。‖「―クラシック・―プロ」

ゼミ〔名〕「ゼミナール」の略。

せみ-くじら【背▽美鯨】〔名〕北太平洋・北大西洋に分布するセミクジラ科のヒゲクジラ。体色は黒く、頭部にボンネットと呼ばれるこぶ状の隆起がある。乱獲によって生息数が減少し、国際捕鯨条約によって保護されている。

セミコロン[semicolon]〔名〕欧文の句読点の一つ。コロンより軽い区切りを表す。記号「;」

せみ-しぐれ【▼蟬《時雨》】〔名〕たくさんのセミが一斉に鳴き立てる声を時雨の降る音にたとえた語。

セミ-ダブル【和製semi+double】〔名〕ダブルベッドよりもやや狭い二人用の寝台。

セミナー[seminar]〔名〕ゼミナール。

ゼミナール[ドイ Seminar]〔名〕❶大学で、少人数の学生が教師の指導のもとで特定のテーマを研究し、それについての発表・討論を行う形式の授業。演習。ゼミ。セミナー。❷少人数を対象にし、討論などを交えながら行われる講習会。セミナー。

セミヌード[seminude]〔名〕一部を着衣で覆った裸体。半裸体。また、その絵や写真。

セミファイナル[semifinal]〔名〕❶スポーツで、準決勝戦。❷ボクシング・プロレスなどで、メーンイベントの前の試合。

セミプロ[semipro]〔名〕❶アマチュアでありながら、本職に近い技量などをもっていること。また、その人。❷職業選手ではないが、それに準じた待遇などを受けているスポーツ選手。◈「セミプロフェッショナル(semi-professional)」の略。

セミ-ロング【和製semi+long】〔名〕髪形で、ロングよりやや短めの長さ。肩にかかるぐらいの長さをいう。

せ-むし【〈▼傴▼僂〉】〔名〕骨の発育障害で、背骨が曲がって前かがみの体形になる病気。また、その人をいう差別的な語。▽昔、背中に虫がいると誤信したことからという。

せめ【攻め】〔名〕相手を負かそうとして攻撃すること。また、その仕方。‖「守りから―に転じる」「―がまずい」

せめ【責め】〔名〕❶こらしめなどのために精神的・肉体的な苦痛を加えること。‖「逆さ吊りの―にあう」❷他から負わされた責任。責務。‖「―を負う(=責任を負う。責任をとる)」注意「攻めを負う」は誤り。

せめ-あぐ・む【攻め▼倦む】〔自他五〕いくら攻めても効果がなく、攻めるのをもてあます。‖「鉄壁の守備に／を―」

せめ-おと・す【攻め落とす】〔他五〕攻撃して敵の城などを奪い取る。‖「敵陣を―」

せめ-おと・す【責め落とす】〔他五〕❶しつこく言って承知させる。口説き落とす。‖「伯父を―・して資金を出させる」❷きびしく責めて白状させる。‖「容疑者を―」

せめ-く【責め苦】〔名〕責めさいなまれる苦しみ。

せめ・ぐ【▼鬩ぐ】〔自五〕互いに争い合う。憎しみ合って争う。‖「兄弟(けいてい)牆(かき)に―(=内輪もめをする)」「善と悪とが―・ぎ合う」 鬩

せめ-さいな・む【責め▽苛む】〔他五〕ひどく責める。いじめ苦しめる。‖「罪人を―」

セメスター[semester]〔名〕一学年が二学期であること。また、その学期。‖「―制」「―留学」

せめ-た・てる【攻め立てる】〔他下一〕続けざまに激しく攻撃する。‖「からめ手から―」文せめた・つ 名攻め立て

せめ-た・てる【責め立てる】〔他下一〕❶しきりに責める。激しく非難する。‖「相手の落ち度を―」❷しきりに催促する。せきたてる。‖「早く立ち退けと―・てられる」文せめた・つ 名責め立て

せめ-て〔副〕満足ではないが、最低限それだけは実現させたい、そうあってほしいという気持ちを表す。不満足ながら、少なくとも。‖「―一目だけでも会いたい」「―その半分でも資金があったなら…」

せめて-も〔副〕「せめて」を強めた言い方。‖「全員無事だったことが―の救いだ」▽多く、「せめてもの」の形で用いる。

せめ-よ・せる【攻め寄せる】〔自下一〕攻めて相手の近くまで迫る。‖「敵勢が城に―」文せめよ・す

せ・める【攻める】〔他下一〕❶戦争・試合などで、相手を負かそうとして積極的に戦いをしかける。攻撃する。‖「敵をミサイルで―」「敵陣［弱点］を―」❷〔新〕失敗を恐れず大胆に行う。‖「―・めてるデザイン」◈「責める」と同語源。⬍守る 書き分け【責】は非難・拷問(ごうもん)・折檻(せっかん)の意で使う。「羽交い締めにして責める」「無能者呼ばわりして責める・逆さづりにして責める」【攻】は武力・腕力による攻撃の意で使う。文せ・む 名攻め

せ・める【責める】〔他下一〕❶罪・過失・違約などを取り上げて非難する。とがめる。なじる。‖「怠慢を激しく―」「相棒［自分］を―」❷しきりに要求する。激しく催促する。‖「借金取りに―・められる」❸苦痛を与える。痛めつける。‖「火で―・めて白状させる」◈書き分け⬇攻める 文せ・む 名責め

セメン〔名〕❶「セメンシナ」の略。❷「セメント」の略。

セメン-シナ[semen cinae ラテ]〔名〕キク科の多年草。つぼみを乾燥させたものをシナ花(か)といい、回虫駆虫薬にする。シナヨモギ。

セメント[cement]〔名〕❶石灰石・粘土などを焼いて粉末にしたもの。モルタルやコンクリートの材料にする。水で練って放置すると凝固する。❷無機質接着剤の総称。

せ-もたれ【背▼凭れ】〔名〕椅子(いす)の後ろの、背中をもたせかける部分。

せ-やく【施薬】〔名・自他サ変〕薬をほどこし与えること。また、その薬。

せ-よ【施与】〔名・他サ変〕❶金品をほどこし与えること。また、その金品。❷植物の生長のために肥料などを与えること。‖「土壌に窒素肥料を―する」

ゼラチン[gelatin]〔名〕たんぱく質の一つ。動物の皮・骨などを長時間煮沸して得た抽出液を濃縮・乾燥したもの。温水に溶け、冷えると透明なゼリー状になる。食品材料・薬用カプセル・止血剤・培養基・写真乳剤などに用いる。

ゼラニウム[geranium]〔名〕夏、長い花茎の先に白・淡紅・深紅色などの花をつけるフウロソウ科テンジクアオイ属の多年草の総称。観賞用に栽培され、多くの園芸品種がある。

セラピー[therapy]〔名〕治療。治療法。

セラピスト[therapist]〔名〕社会復帰のための治療を行う人。療法士。治療士。

することを取り持つこと。≡「就職を—する」❸手数がかかること。やっかいであること。≡「—の焼ける子だ」「すっかりお—になりました」❹世間の人たちがする話。うわさや評判。≡「下—(げせわ)」❺「世話物」の略。≡「—狂言」

◆品格◆ 斡旋(あっせん)「仕事を—する」 肝煎(きもい)り「新聞社の—で始まったイベント」 口添え「誤解が解けるよう口添えしてもらう」 仲介「—業者」 仲立ち「両国の対話を—する」

◉**世話がな・い** あきれてどうしようもない。≡「人に笑われても意に介さないのだから—」

◉**世話に砕(くだ)・ける** 態度・ことばつきがいかめしさをなくし、うちとけて日常的・庶民的になる。

せわし・い【▽忙しい】シク[形] ❶用事が多くて休む暇がないさま。いそがしい。≡「—毎日を送る」「一日中—・く働く」❷あわただしくて落ち着きがないさま。せかせかしている。≡「歳末の街は—」「—・く席を立つ」❸しきりに行われて絶え間がないさま。はげしい。≡「—・く扇子を使う」◈「せわしない」とも。派生 -げ/-さ/-がる

せわしな・い【▽忙しない】シク[形] せわしい。▽「ない」は意味を強める接尾語。⬇「ない」のコラム(二二〇ジペー) 派生 -げ/-さ

せわ-ずき【世話好き】[名・形動] 好んで人の面倒をみること。また、そのような人。≡「—な人」

せ-わた【背▽腸】[名] ❶エビの背にある黒い筋のような腸。❷サケの背骨の下にある黒っぽい腎臓(じんぞう)。また、それで作った塩辛。めふん。

せわ-にょうぼう【世話女房】(ニョウボウ) [名] 家事の切り回しがうまく、夫のめんどうをよくみる妻。

せわ-にん【世話人】[名] ❶商取引・縁談などの仲介をする人。❷団体・会合などの中心になって、その運営や事務処理にたずさわる人。世話役。

せわ-もの【世話物】[名] 歌舞伎・浄瑠璃で、江戸時代の町人社会に取材し、市井の事件や義理・人情の葛藤などを描いた作品。⬌時代物

せわ-やき【世話焼き】[名] ❶好んで人の面倒をみること。また、その人。❷世話人。

せわ-やく【世話役】[名]「世話人」②に同じ。

せ-わり【背割り】[名] ❶魚の背を切り開くこと。❷男物の羽織で、背縫いの裾(すそ)の方を縫い合わせないでおくこと。また、その仕立て方。❸柱に乾燥に伴う割れ目が生じないように、裏になる面にあらかじめ割れ目を入れておくこと。

せん【千】[名] 数の名で、百の一〇倍。▽数の多い意も表す。≡「—に一つの誤りもない」「—客万来・—変万化」「一騎当—」「海—山—」 書き方 証書などで金額を記す場合は、間違いを防ぐために「▼阡」「▼仟」とも。

せん【先】㊀[名] ❶これからさき。将来。≡「—を越す(=相手より先に物事を行う)」❷ある基準より以前。特に、現在からあまり遠くない過去。前。≡「そんなことは—から承知だ」「—日・—例」㊁(造) ❶進んでいく方。前方。≡「—行・—頭・—導」❷さきだつ。≡「—輩・—発」⬌後(ご) ❸現在のものの一つ前。≡「—代・—帝」

せん【栓】[名] ❶びんやたるなどの容器の口に差し込んだり取り付けたりして、その口を密封するもの。≡「ビールの—を抜く」「耳に—をする(=人の話を聞かないようにする)」❷ガスや水道などの管の開閉装置。コック。≡「消火—」

せん【腺】[名] 動物の体内にあって特定の物質を生成・分泌する器官。≡「汗—・乳—・涙—・甲状—」

せん【詮】㊀[名] ❶方法。すべ。≡「あきらめるほかに—がない」❷効果。かい。≡「悔やんでも—のないことだ」㊁(造) 道理をつきつめる。調べてあきらかにする。≡「—索」「所—」

せん【銭】㊀[名] ❶通貨の単位。円の一〇〇分の一。❷昔の貨幣の単位。貫の一〇〇〇分の一。文(もん)。㊁(造) ぜに。かね。貨幣。≡「—湯」「古—・賽—(さいせん)」 旧錢

せん【▼撰】㊀[名] 詩文をよりすぐって書物にまとめること。≡「藤原定家の—」「—者・—集」「私—・勅—」㊁(造) 詩文を作る。≡「—述・—文」

せん【線】[名] ❶糸のように細長く続くすじ。また、その形をしたもの。≡「—を引く」「白—・電—」❷ものの輪郭。≡「肩から腰にかけての—」❸数学で、点が動いた跡にできる、位置と長さはあるが幅や厚みのないもの。直線と曲線がある。❹物事を行う上での(漠然とした)方針や道筋。≡「その—で考えてみよう」❺限度となる境界。≡「これが妥協できるぎりぎりの—だ」❻一定の水準。≡「まだ合格の—には達していない」❼その人の外見や言動からうかがえる印象。≡「—の細い(=弱々しい、また、繊細な印象の)人」❽バス・鉄道・航路・航空路など、交通機関の経路。路線。≡「幹—・山手—・国際—」

せん【選】㊀[名] えらぶこと。≡「—に漏(も)れる」「—考・—手」「厳—・当—・予—」㊁(造) ❶「選集」の略。≡「傑作—・名作—」❷「選挙」の略。≡「市議—・衆院—」

せん【川】(造) かわ。≡「河—・山—」

せん【仙】(造) ❶不老不死の術を修めた人。≡「—界・—境・—術」「神—」❷世俗を超越した人。非凡な才をもつ人。≡「歌—・詩—」

せん【占】(造) ❶うらない。うらなう。≡「—術・—星」「卜—(ぼくせん)」❷しめる。自分のものにする。≡「—拠・—領」「寡—・独—」

せん【▼尖】(造) 鋭くとがる。また、とがった先端。≡「—塔」「舌—・肺—」

せん【宣】(造) ❶広く知らせる。≡「—教・—伝」❷はっきりと告げる。≡「—言・—誓」❸神や天子が意思を述べる。みことのり。≡「—下(せんげ)・—旨(せんじ)」「院—(いんぜん)」

せん【専】(造) ❶一つのことに集中する。もっぱら。≡「—業・—属・—念・—門」❷自分の思うままにする。ひとり占めにする。≡「—横・—用」❸「専門学校」の略。≡「医—・高—」 旧專

せん【泉】(造) ❶わき出る水。いずみ。≡「源—・鉱—」❷あの世。≡「黄—(こうせん)」❸「温泉」の略。≡「間欠—・硫黄—」❹「和泉(いずみ)」の略。≡「—州」

せん【洗】(造) あらう。あらい清める。≡「—顔・—剤・—濯・—礼・—練」「水—」

せん【浅】(造) ❶水かさが少ない。あさい。≡「—水」「深—」❷色がうすい。≡「—紅・—緑」❸知識がとぼしい。あさはか。≡「—学・—才・—薄」 旧淺

せん【染】(造) ❶色をつける。そめる。≡「—織・—料」❷影響をうける。そまる。うつる。≡「感—・伝—」

せん【扇】(造) ❶おうぎ。うちわ。≡「鉄—・白—・換気—」❷おうぎで風を送る。あおぐ。≡「—風機」❸人をそそのかす。あおる。≡「—動・—情」 書き方「▼煽」の代用字。

せん【▼閃】(造) ぴかりと光る。ひらめく。≡「—光」

せん【旋】(造) ❶ぐるぐるまわる。めぐる。≡「—回・—風・—律」「螺—(らせん)」❷間に立ってまわる。仲をとりもつ。≡「斡—(あっせん)・周—」❸もとにもどる。≡「凱—」

せん【船】(造) ふね。大型のふね。≡「—長・—頭・—舶」

させる/達せさせる」「感じさせる/感ぜさせる」など、両形の見られるものも少なくない。「愛させる」「屈させる」など、サ行五段動詞「愛す」「屈す」が想定できるものは、五段の未然形「〜さ」に「せる」が付いたものとも解釈できる。また、「信じさせる」「感じさせる」など、ザ行上一段動詞「信じる」「感じる」が想定できるものも、上一段の未然形「〜じ」に「させる」が付いたものとも解釈できる。同じ「〜し＋させる」でも、「熱しさせる」「屈しさせる」「脱しさせる」など、「熱しる」「屈しる」「脱しる」といった上一段動詞が想定できないものは、サ変動詞「熱する」「屈する」「脱する」の未然形「〜し」に「させる」が付いたものと解釈する。文語では、「愛せさせ給う」のように「さす（口語の『させる』に相当）」が「せ」に付く。「達せさせる」や「感ぜさせる」など、「〜せ（ぜ）＋させる」の形のものは、この文語の形が残存したもの。

⑶①〜⑦は、話し言葉では、「せる」ではなく五段活用の他動詞「〜す」を使うことがある。「通わす」「休ます」など。

セル［名］梳毛糸を平織りや綾織りにした薄手の毛織物。合着用の和服地にする。▼オランダ語の「セルジ（serge）」を「セル地」と解して「地」を略した語。

セル［cell］［名］❶細胞。❷表計算ソフトウエアで、縦横の罫線で区切られたます目。❸電池。〓「ソーラー―」❹自動車などのエンジンを始動させるための電池式電動機。セルモーター。

セルフ［self］［接頭］自分自身で、自動の、などの意を表す。

セルフィー［selfie］［名］⬇自撮り

セルフ-ケア［self-care］［名］自分で自身の健康などを管理すること。

セルフ-コントロール［self-control］［名］❶自分の行動や感情を自分で制御すること。自制。❷自動制御装置。

セルフ-サービス［self-service］［名］食堂・スーパーマーケットなどで、客が選んだ品を自分で運ぶなどして店員の業務の一部を負担する販売方式。

セルフ-スタンド［和製self＋stand］［名］客がみずから給油する方式のガソリンスタンド。セルフ式ガソリンスタンド。

セルフ-タイマー［self-timer］［名］カメラで、一定時間後に自動的にシャッターを切る装置。自動シャッター。

セルフ-メディケーション［self-medication］［名］自分自身で健康を管理し、軽い病気やけがは自分で治療を行うこと。

セルフ-レジ［名］客が自ら操作して支払いをするレジ。また、その方式。▼和製self＋register から。

セルライト［cellulite］［名］皮下の脂肪細胞に老廃物がたまって塊になったもの。女性の腹部・臀部・大腿部などの皮下に生じやすい。

セルロイド［celluloid］［名］ニトロセルロースに樟脳を加えて圧延した一種のプラスチック。成型性にすぐれ、玩具・文房具・日用品などに広く利用されたが、引火しやすいので現在は使われない。

セルロース［cellulose］［名］植物の細胞膜や繊維の主要な成分をなす多糖類。レーヨン・セロハン・火薬などの原料にする。繊維素。

セレクション［selection］［名］選ぶこと。選択。選抜。

セレクト［select］［名・他サ変］選択すること。よりぬくこと。〓「一級品を―する」

セレクト-ショップ［和製select＋shop］［名］独自の視点で商品を選び、個性的な品揃えをした店。

セレナーデ［Serenadeドイツ］［名］❶夜、恋人の家の窓の下などで男性が歌い奏でる歌曲。❷一八世紀に発達した娯楽的な器楽合奏曲。ふつう五〜六楽章からなる。夜曲。小夜曲。◈「セレナード」「セレナータ」とも。

セレブ［celeb］［名］名士。著名人。▼「セレブリティー（celebrity）」の略。

セレモニー［ceremony］［名］式典。儀式。〓「創立五〇周年の―」

セロ［cello］［名］チェロ。

ゼロ［zero］［名］❶正数と負数の境になる数。零。〓「差し引きは―」▼数学的には数の一つであり、偶数。❷何もないこと。〓「指導能力は―だ」「―からの出発」◈書き分け ①は、算用数字を使って「0」と、漢数字を使って「〇」と書く。前者は主に横書きで（0対0で引き分ける）、後者は縦書きで使う（〇対〇の均衡が破れる）。「―金利政策」「―メートル地帯」など、熟語化したものは「ゼロ」と書く。②はふつう「ゼロ」と書くが、「▽零」を当てることも。⬇零

ゼロ-エミッション［zero emission］［名］ある産業の廃棄物を別の産業の原料として利用するなど、徹底したリサイクルによって最終的に廃棄物をゼロにしようとする構想。▼国連大学が提唱。

ゼロきんり-せいさく【ゼロ金利政策】［名］中央銀行が金融市場に資金を潤沢に供給することによって、金利が〇パーセントに近づくように誘導する金融政策。

ゼロさい-じ【ゼロ歳児】［名］生後一歳未満の乳児。零歳児。

ゼロ-サム［zero-sum］［名］全体の利益と損失を総計するとゼロになること。一方が利益を得れば一方は必ず損失を出すということ。

ゼロサム-ゲーム［zero-sum game］［名］ゲーム理論で、一方が得点すると他方が失点し、参加者全員の得失点の総計を常にゼロとする方式のゲーム。

ゼロ-せん【ゼロ戦】［名］旧日本海軍の「零式艦上戦闘機」の通称。太平洋戦争直前に完成した高性能の戦闘機。零戦。書き方「▽零戦」とも。⬇零戦

セロハン［cellophaneフランス］［名］フィルム状の再生セルロース。ビスコースを細長いすき間から酸性溶液中に押し出して作る。透明性に優れ、着色も容易で、包装紙などに用いられる。セロファン。▼もと商標名。

セロハン-テープ［cellophane tape］［名］セロハンで作った粘着テープ。

ゼロ-ベース［zero-base］［名］物事をゼロの状態に戻してからやり直すこと。白紙の状態から検討し直すこと。

セロリ［celery］［名］野菜として栽培するセリ科の一年草または越年草。全体に特有の芳香がある。肉厚の葉柄を生食するほか、スープの具などに使う。オランダミツバ。

せ-ろん【世論】［名］ある問題に対する世間一般の意見。せいろん。〓「―の動向を調査する」▼「輿論」の言い換え語として用いられたことから、「よろん」とも読まれる。⬇よろん

せ-わ【世話】［名］❶［他サ変］気を配って、面倒をみること。〓「病人［植木］の―をする」❷［他サ変］仲介を

「乗―・造―・汽―・漁―・客―・貨物―」

せん【戦】(造) ❶武器をもって敵とたたかう。いくさ。‖「―艦・―後」「激―・終―」 ❷勝敗をきそう。試合。競争。‖「観―・熱―」「延長―・決勝―・新人―」 ❸おそれおののく。‖「―慄（せんりつ）」「――兢兢（せんせんきょうきょう）」 旧戰

せん【煎】(造) ❶あぶる。いる。‖「―餅（せんべい）」「焙―」 ❷せんじる。‖「―茶」

せん【羨】(造) うらやむ。‖「―望」

せん【践】(造) ❶ふむ。‖「実―」 ❷位につく。‖「―祚（せんそ）」 旧踐

せん【箋】(造) 文字を書くための紙。紙片。‖「便―・付―・処方―」

せん【▼銑】(造) 鉄鉱石を溶かして取り出したてつ。ずく。‖「―鉄」「溶―」

せん【潜】(造) ❶水中にもぐる。‖「―航・―水」 ❷身をかくす。ひそむ。‖「―在・―入・―伏」 ❸心を落ち着ける。心を集中させる。‖「―心」 ❹「潜水艦」の略。‖「原子力―」 旧潛

せん【▼賤】(造) ❶身分が低い。‖「貴―」 ❷さげすむ。いやしむ。‖「―称」

せん【遷】(造) ❶場所・地位などが変わる。うつる。うつす。‖「―都」「左―・孟母三―」 ❷時間とともに移り変わる。‖「変―」

せん【薦】(造) 人を選んで用いるようにすすめる。‖「自―・推―・他―」

せん【繊】(造) ❶ほそい。こまかい。‖「―細・―毛」 ❷かよわい。‖「―弱」 ❸「繊維」の略。‖「化―」 旧纖

せん【鮮】(造) ❶あたらしい。生きがいい。‖「―魚・―度」「生―」 ❷あざやか。‖「―明・―烈」

ぜん【前】 ■一[名] ❶ある基準より早い時。(時間的に)まえ。‖「―に聞いたこと」「―半・―夜」「食―・直―・使用―」▽名詞の用法はやや古くて硬い言い方。 ❷一代前にその職にあったこと。‖「斎藤―社長」「山田次郎、当選、民主―」「〇〇太郎―首相」 ■二(造) ❶正面の方向・場所。‖「―進・―面」「眼―・神―・墓―」 ❷(位置的に)ある基準よりまえ。‖「―部・―列」 ❸現在より一つまえ。‖「―局長・―世紀」 ❹「紀元前」の略。‖「―三世紀」◈■一・■二② ⇕後（ご・こう）

ぜん【善】 ■一[名] よいこと。道義にかなっていること。‖「一日一―」「―意・―行・―良」「偽―・最―」⇕悪 ■二(造) ❶うまく対処する。たくみな。‖「―処・―戦・―後策」 ❷仲良くする。‖「親―」

◉**善は急げ** よいと思ったことはためらわずに実行せよ。

ぜん【禅】 ■一[名] ❶雑念を捨てて精神を集中させ、無我の境地に入って真理を悟ること。‖「座―・参―」▽「禅那（ぜんな）」の略。 ❷禅宗。‖「―僧・―問答」 ❸「座禅」の略。 ■二(造) 天子が位を譲る。また、その儀式。‖「―譲」「封―」 旧禪

ぜん【漸】 ■一[名] 物事が少しずつ進むこと。‖「―を追って進歩する」「東―・西―」 ■二(造) しだいに。ようやく。‖「―次・―進」

ぜん【膳】 ■一[名] 料理をのせる台。また、その上にのせられた料理。‖「―に上（のぼ）る」「食―・配―」 ■二(造) 茶碗（ちゃわん）に盛った飯や一対の箸（はし）を数える語。‖「三―の御飯」「二―の取り箸」

ぜん【全】(造) ❶すべて。‖「―力・―焼・―責任・―工程」 ❷ある範囲のすべてにわたって。‖「―国・―長・―訳」 ❸欠けたところがない。‖「―快」「十―・保―」

ぜん【然】(造) ❶肯定・是認を表す。そのとおり。‖「偶―・当―・必―・未―」 ❷その状態である意を表す。‖「学生―としている」「愕―（がくぜん）・毅―（きぜん）・漠―」

ぜん【繕】(造) つくろう。‖「営―・修―」

ぜん-あく【善悪】[名] 善と悪。よいことと悪いこと。また、善人と悪人。ぜんなく。‖「―をわきまえる」

せん-い【船医】[名] 航海中の船舶に乗り組んで船員・乗客などの健康管理や診療に当たる医師。

せん-い【戦意】[名] 戦おうとする意志。闘志。‖「―喪失」

せん-い【遷移】[名・自サ変] ❶移り変わること。また、移り変わり。推移。 ❷ある地域の植物群落が、みずからの作り出す環境の変化に伴い、より適合した別の群落に変わっていくこと。◈ウェブサイトのページの移動の意で使うこともある。‖「ページ―」

せん-い【繊維】[名] ❶動物の毛や植物などから得る細い糸状の物質。化学的にも合成され、紙・織物などの原料となる。‖「化学―」「ガラス―（＝グラスファイバー）」 ❷生物体を構成する細い糸状のもの。動物体の筋繊維・神経繊維、植物体の靱皮（じんぴ）繊維・木部繊維など。 書き方 医学では「線維」とも。

ぜん-い【善意】[名] ❶善良な心。他人のためを思う心。好意。‖「―からした行為」 ❷ある事柄についての、よい方の意味。よい見方。‖「―に解釈する」 ❸法律上の効果を生じさせる一定の事情を知らないこと。▽私法上、原則として善意の行為は保護され、責任は軽減される。◈⇕悪意

せん-いき【戦域】[名] 戦闘の行われている区域。

ぜん-いき【全域】[名] ある地域・区域の全体。また、ある分野・領域の全体。‖「九州―に暴風警報が出る」

せん-いつ【専一】[名] ある一つのことだけに心を注ぐこと。せんいち。‖「御自愛―の程お祈り申し上げます」

せん-いん【船員】[名] 船舶の乗組員。船乗り。

ぜん-いん【全員】[名] ある集団に所属しているすべての人。総員。‖「―が賛成する」「―集合」▽「ぜいいん」は誤り。

ぜんいん-ぜんか【善因善果】[名] よい行いには必ずよい果報が伴うということ。⇕悪因悪果

せん-うん【戦雲】[名] 戦争の始まりそうな緊張した気配。また、戦争。‖「―急を告げる（＝今にも戦いが始まろうとする）」

せん-えい【先鋭（▼尖鋭）】[名・形動] ❶先がするどくとがっていること。 ❷思想・行動などが急進的なこと。‖「―な革命論」「運動が―化する」「―分子」◈ 書き方 「先鋭」は代用表記。

せん-えい【船影】[名] 船の姿。ふなかげ。

ぜん-えい【前衛】[名] ❶戦闘の最前線で警戒・守備・攻撃にあたる部隊。 ❷テニス・バレーボールなどで、自陣の前方で攻撃・守備にあたる選手。 ❸階級闘争で、労働者の先頭に立って指導的な役割を果たす集団。 ❹芸術活動で、既成の観念や形式をこわし、先進的・実験的な創作を試みること。また、その集団。‖「―芸術」◈①②⇕後衛

せん-えき【戦役】[名] 戦争。

せん-えつ【▼僭越】[名・形動] 自分の地位・立場などを越えて、出過ぎたことをすること。‖「―なふるまいをする」「―ながら申し上げます」 派生 -さ

僭

せん‐えん【遷延】［名・自他サ変］物事が長引くこと。のびのびになること。また、のびのびにすること。〓「―策」

せん‐おう【先王】［名］❶先代の王。❷昔の徳の高い王。◈連声で「せんのう」とも。

せん‐おう【専横】［名・形動］わがままで横暴なこと。好き勝手に振る舞うこと。〓「―を極める」派生‐さ

ぜん‐おん【全音】［名］半音二つからなる音程。長二度。⬍半音

ぜん‐おんかい【全音階】［名］一オクターブが五つの全音と二つの半音からなる七音の音階。半音の位置によって長音階と短音階に分かれる。⬍半音階

ぜん‐おんぷ【全音符】［名］記譜法で、音の長さを表す基本単位となる音符。二分音符の二倍、四分音符の四倍の長さ。

せん‐か【専科】［名］ある分野だけを専門に学ぶ課程。

せん‐か【泉下】［名］人が死後に行くという所。あの世。〓「―の客となる」▽黄泉(こうせん)のほとりの意。

せん‐か【船架】［名］修理する小型船をのせて陸上に引き上げる装置。軌道の上に台車をつけたもの。

せん‐か【戦火】［名］戦争によって生じる火災。また、(火器を使用する)戦争。〓「―を逃れる」

せん‐か【戦果】［名］戦いによって得た成果。

せん‐か【戦渦】［名］戦争によって引き起こされる混乱。〓「―に巻き込まれる」

せん‐か【戦禍】［名］戦争による被害。〓「―を被る」

せん‐か【選果】［名・自他サ変］果実をその大小や品質などによってえり分けること。〓「―して出荷する」

せん‐か【選科】［名］規定の学科の中から一部だけを選んで学ぶ課程。本科に準ずる課程。〓「―生」

せん‐か【選歌(▼撰歌)】［名・自他サ変］多くの歌の中から、すぐれた歌を選び出すこと。また、その選ばれた歌。〓「投稿歌の―に当たる」

せん‐が【線画】［名］線だけで描いた絵。線描画。

ぜん‐か【前科】［名］法律による刑罰を受けた経歴があること。また、その刑。〓「―三犯」▽からかい・自嘲(じちょう)などの気持ちをこめて、過去のよくない行為のたとえにもいう。〓「浮気の―がある」

せん‐かい【仙界】［名］仙人が住むという所。俗界を離れた清浄な地。仙郷。

せん‐かい【先回】［名］一つ前の回。前回。

せん‐かい【浅海】［名］❶浅い海。❷海岸から大陸棚の外縁までの海。水深約二〇〇メートルまでの海域。◈⬍深海

せん‐かい【旋回】［名・自サ変］❶円を描くように回ること。〓「―飛行」❷航空機が曲線を描いて進路を変えること。〓「急―」

せん‐がい【選外】［名］選にもれること。入選しないこと。〓「―佳作」

ぜん‐かい【全会】［名］その会に出席している全員。〓「―一致で可決する」

ぜん‐かい【全快】［名・自サ変］病気や傷がすっかり治ること。〓「―の由、何よりです」「―祝い」

ぜん‐かい【全開】［名・他サ変］❶全部開くこと。〓「窓を―する」❷全部の力を出すこと。〓「エンジンを―にする」

ぜん‐かい【全壊・全潰】［名・自サ変］建物などが、すっかりこわれてしまうこと。〓「―家屋」⬍半壊 書き方 今は「全壊」が定着。

ぜん‐かい【前回】［名］何回か行われるもののこの前の回。

せん‐がき【線描き】［名・自他サ変］物の形を線だけで描き表すこと。線描(せんびょう)。

せん‐かく【先覚】［名］❶人より先に物事の道理を見抜くこと。また、その人。〓「―者」❷学問・見識のすぐれている先輩。先学。〓「―に学ぶ」

せん‐がく【先学】［名］学問上の先輩。先覚。⬍後学

せん‐がく【浅学】［名］学問や知識がまだよく身についていないこと。また、その人。▽多く自分の学識を謙遜(けんそん)していう。⬇浅学非才

ぜん‐かく【全角】［名］正方形の和文活字一字分の大きさ。〓「―文字」▽コンピューターでは、日本語入力の状態で入力したアルファベット・数字などの一字分の大きさをいう。

ぜん‐がく【全学】［名］その大学全体。学内全部。〓「―集会」

ぜん‐がく【全額】［名］全部の金額。総額。〓「預金の―を払い戻す」

ぜん‐がく【前額】［名］ひたい。おでこ。

ぜん‐がく【禅学】［名］禅宗の教学。禅によって真理を悟る学問。

せんがく‐ひさい【浅学非才(浅学▼菲才)】［名］学問・知識が身についておらず、才能もないこと。また、自分の学識・才能を謙遜(けんそん)していう語。〓「―の身」書き方「非才」は代用表記。

せんか‐し【仙花紙・泉貨紙】［名］❶【泉貨・仙花】楮(こうぞ)の皮を原料にしてすいた厚手の和紙。丈夫なので、帳簿・紙袋・合羽(かっぱ)などに用いた。❷【仙花】くず紙をすき返して作った粗悪な洋紙。▽第二次大戦後の物資不足の時代に使われた。

せんかた‐な・い【詮方無い】［形］方法がないさま。しかたがない。どうしようもない。詮ない。〓「今さら悔やんだところで―」▽「為(せ)ん方無い」の意。派生‐さ

せん‐かん【専管】［名・他サ変］一手に管轄すること。〓「―水域(＝沿岸国が漁業や鉱物資源の発掘などについて排他的権利を主張している水域)」

せん‐かん【戦艦】［名］大口径砲と多数の副砲を備え、厚い装甲を施した大型の軍艦。▽第二次大戦までは艦隊の主力であった。

せん‐かん【潜▼函】［名］土木・建築の基礎工事で、作業室として地下に設ける鉄筋コンクリート製の箱。圧搾空気を送り、地下水の流入を防ぎながら掘削などの作業をする。ケーソン。

せん‐かん【潜艦】［名］「潜水艦」の略。

せん‐かん【▼潺▼湲】［形動タリ］さらさらと水が流れるさま。〓「―たる渓流の響き」

せん‐がん【専願】［名］その学校に合格すれば必ず入学するという意思を明確にして願書を提出すること。また、その制度。

せん‐がん【洗眼】［名・自サ変］目を洗うこと。

せん‐がん【洗顔】［名・自サ変］顔を洗うこと。〓「冷水で―する」「―クリーム」

ぜん‐かん【全巻】［名］❶何巻かでひとまとまりになっている書物・映画などのすべて。〓「―一挙上映」❷ある巻の全体。

ぜん-かん【全館】ワン［名］❶すべての館。❷その館の全体。「―冷房」
ぜん-がん【前▼癌】［名］癌ではないが、癌に移行する確率が高いこと。また、その病変。「―症状」
せん-き【▼疝気】［名］漢方で、下腹部が痛む病気。「―筋」
せん-き【戦記】［名］戦争・戦闘に関する記録。軍記。「―文学」
せん-き【戦機】［名］❶戦うのに適した時機。❷戦争に関する機密。軍機。
せん-ぎ【先議】［名・他サ変］❶他の議案より先に審議すること。❷二院制議会で、一方の議院が他方の議院より先に審議すること。
せん-ぎ【詮議】［名・他サ変］❶評議して物事を明らかにすること。また、その評議。「事の是非を―する」「―立て（＝ことさら詮議すること）」❷罪人を取り調べること。また、罪人の行方を探索すること。◈「詮」は明らかにする意。
ぜん-き【前記】［名・他サ変］その文章より前の部分に書き記すこと。また、その書き記したもの。上記。⇔後記
ぜん-き【前期】［名］❶ある期間を二つまたは三つに分けたときの、初めの期間。「―の試験」「平安朝の―」⇔後期 ❷当期の一つ前の期間。「―繰越金」
ぜん-ぎ【前戯】［名］性交に先立って行う、互いの興奮を高めるための行為。
せん-きゃく【先客】［名］先に来ている客。
せん-きゃく【船客】［名］客船の乗客。「―名簿」
せんきゃく-ばんらい【千客万来】［名］大勢の客が入れ替わり立ち替わり来ること。
せん-きゅう【船級】キフ［名］船級協会が一定の基準に基づいて認定する船舶の等級。売買・保険などの国際基準となる。
せん-きゅう【選球】キウ［名・自サ変］野球で、打者が投球のボールかストライクかを見分けて打つ球を選ぶこと。「―眼」
せん-きょ【占拠】［名・他サ変］ある場所を自分のものとして他人の出入りを許さないこと。「不法―」
せん-きょ【船▼渠】［名］船舶の建造・修理などのために構築された設備。ドック。
せん-きょ【選挙】［名・他サ変］組織や集団の中で、ある任にあたる人を投票などによって選び出すこと。「委員を―する」「―で理事を選ぶ」「―運動」
せん-ぎょ【鮮魚】［名］食用にする新鮮な魚。
せん-きょう【仙境（仙郷）】キャウ［名］仙人が住むという所。また、俗界を離れた清浄な地。仙界。
せん-きょう【宣教】ケウ［名・自サ変］宗教の教えを説き広めること。特に、キリスト教を伝道すること。
せん-きょう【船橋】ケウ［名］船舶の上甲板の高所にあって、船長が航海の指揮をとる場所。ブリッジ。
せん-きょう【戦況】キャウ［名］戦争・戦闘の状況。
せん-ぎょう【専業】ゲフ［名］ある一つの職業・事業を専門にすること。また、専門とする職業・事業。「―農家」「―主婦」
せんきょう-し【宣教師】センケウー［名］キリスト教を広めるために、教会から異教国へ派遣される伝道者。ミッショナリー。
せん-きょく【戦局】［名］戦争また試合・勝負事などの形勢。
せん-きょく【選曲】［名・自他サ変］多くの楽曲の中から曲目を選び出すこと。
せん-きょく【選局】［名・自他サ変］受信機を調節して視聴したい放送局を選ぶこと。チューニング。
せんきょ-く【選挙区】［名］❶議員選出の単位として分けられた区域。小選挙区と大選挙区に大別される。❷参議院選挙で、都道府県を一単位とする区画。もと地方区と称した。
ぜん-きょく【全曲】［名］❶すべての曲。❷ある曲のすべて。
ぜん-きょく【全局】［名］❶ある局の全体。また、すべての局。❷全体の局面。「―を見渡す」❸囲碁・将棋などで、対局のすべて。
せんきょ-けん【選挙権】［名］議員その他一定の公職に就く者を選挙する権利。日本国憲法は公務員の選挙について成年者による普通選挙を保障する。
せん-ぎり【千切り（繊切り）】［名］大根・人参などを細長く刻むこと。また、刻んだもの。
せん-きん【千金】［名］千両の金。きわめて多額の金。また、きわめて価値の高いこと。「一攫―」「春宵一刻直―」
せん-きん【千▼鈞】［名］目方が極めて重いこと。また、極めて価値が高いこと。「―の重みをもつ言葉」▼「鈞」は重さの単位。一鈞は三〇斤（＝約一八キログラム）。
ぜん-きん【前金】［名］⬇まえきん
ぜん-きんだい【前近代】［名］近代以前。封建時代。「―史」▼古めかしくて現代的でない意にも使う。「―的なやり方」
せん-く【先駆】［名・自サ変］❶他に先立って物事をすること。また、その人。さきがけ。「―者」❷前駆。
せん-く【選句】［名・自他サ変］多くの俳句や川柳の中から優れた句を選ぶこと。また、その選ばれた句。
ぜん-く【前駆】［名・自サ変］馬などに乗って行列を先導すること。また、その人。さきのり。さきがけ。先駆。
せん-ぐう【遷宮】［名・自サ変］神殿を造営・改修するとき、神体を移すこと。本殿から権殿に移す仮遷宮と、権殿から本殿に移す正遷宮がある。宮移し。「―祭」▼特に伊勢神宮についていい、一般の神社では遷座という。
ぜんく-しょうじょう【前駆症状】シャウジャウ［名］ある病気や発作の前兆として現れる症状。
せん-くち【先口】［名］順番が先であること。また、先に行われた申し込みや約束。「―の約束がある」⇔後口
ぜん-くつ【前屈】［名・自他サ変］体が前に曲がっていること。また、前に曲げること。「―姿勢」⇔後屈
せん-くん【先君】［名］❶先代の主君。❷死去した父親。先考。❸祖先。
せん-ぐん【千軍】［名］多くの兵士。
せんぐん-ばんば【千軍万馬】［名］❶多くの兵馬。大軍。❷何度も戦場に出て戦闘の経験が豊富であること。▼社会経験が豊かであることのたとえにもいう。「―のセールスマン」
せん-げ【宣下】［名・他サ変］天皇が命令をくだすこと。
せん-げ【遷化】［名・自サ変］高僧が死ぬこと。▼この世での教化を終え、他の世に教化を遷す意から。
ぜん-け【禅家】［名］禅宗。禅宗の寺院。また、禅宗の僧侶。ぜんか。

せん-けい【扇形】［名］❶扇を開いたような形。おうぎがた。❷数学で、一つの円弧と、その両端を通る二つの半径とで囲まれた図形。おうぎがた。‖「―グラフ」

せん-けい【船型】［名］船の形。また、船の外形を表す型。

ぜん-けい【全形】［名］❶全体の形。❷完全な形。

ぜん-けい【全景】［名］視界に入る景色の全体。

ぜん-けい【前掲】［名・他サ変］文章などで、それより前の箇所に記述してあること。また、その記述。前出。‖「―書」

ぜん-けい【前景】［名］❶手前に見える景色。❷絵画・写真などで、中心になる題材の前面に配置する景色。また、舞台の後景・背景に対し、観客に近い方に置く舞台装置。⇕後景

ぜん-けい【前傾】［名・自サ変］体が前に傾くこと。‖「上体が―する」「―姿勢」

せん-けつ【先決】［名・他サ変］先に決めること。また、先に解決しなくてはならないこと。‖「―問題」

せん-けつ【専決】［名・他サ変］その人一人だけの考えで決めること。‖「局長の―事項」

せん-けつ【潜血】［名］肉眼では見分けられないが、生化学的な検査によって糞便(ふんべん)中に認められる微量の出血。多くは消化管からの出血。潜出血。‖「―反応」

せん-けつ【鮮血】［名］体から流れ出たばかりの生々しい血。

せん-げつ【先月】［名］今月のひとつ前の月。去月。‖「―孫が生まれた」⇕来月▼副詞的にも使う。

ぜん-げつ【前月】［名］❶ある月を基準として、その前の月。‖「大震災の―に神戸を訪れた」❷今月のすぐ前の月。先月。

せん-けん【先見】［名］これから先のことを見通すこと。‖「―の明(めい)(=物事が起こる前にそれを見抜く見識)がある」☑注意「先見の目」は誤り。

せん-けん【先遣】［名・他サ変］先に派遣すること。また、その派遣された人。‖「―隊」

せん-けん【先賢】［名］昔の賢人。前賢。

せん-けん【専権】［名］❶自分の思いどおりに権力をふるうこと。また、その権力。擅権(せんけん)。❷ある物事を思いどおりにできる権利。‖「首相の―事項」

せん-けん【浅見】［名］浅はかな考えや意見。▼自分の考えや意見を謙遜(けんそん)してもいう。

せん-けん【▼嬋▼娟】［形動タリ］容姿があでやかで美しいさま。‖「―たる舞姫」

せん-げん【千言】［名］きわめて多くのことば。‖「―万句(ばんく)」

せん-げん【宣言】［名・他サ変］個人・団体などが意見・意思・方針などを外部に表明すること。また、そのことば。‖「議長が開会を―する」「人権[安全]―」

ぜん-けん【全県】［名］❶すべての県。❷その県の全体。

ぜん-けん【全権】［名］❶委任された事柄を処理する一切の権限。‖「委員長に―をゆだねる」❷すべての権力。‖「―を握る」

ぜん-けん【前件】［名］❶前に記した箇条。前述した事項。❷「もしAならばBである」という論理学の仮言的判断で、その判断の条件を示すAに当たる部分。◈⇕後件

ぜん-げん【前言】［名］❶前に述べたことば。‖「―を翻(ひるがえ)す」❷昔の人が残したことば。‖「―往行(=昔の人が言ったことばと行い)」

ぜん-げん【漸減】［名・自他サ変］次第に減っていくこと。また、減らすこと。⇕漸増

ぜんけん-いいん【全権委員】(ヰン)［名］外交交渉、特に条約締結に関する全権をゆだねられて派遣される使節。全権代表。

ぜんけん-たいし【全権大使】［名］最上級の外交使節。大使館の長として外国に駐在し、駐在国との外交交渉および在住自国民の保護・監督に当たる。大使。▼「特命全権大使」の略。

せんけん-てき【先験的】［形動］カント哲学で、認識が経験に先立つさま。対象を認識することができるのは、経験以前に先天的な認識の可能性があるからだとする立場をいう。超越論的。

せんげん-ばんご【千言万語】［名］きわめて多くのことば。千言万句(ばんく)。‖「―を費やす」

せん-こ【千古】［名］❶大昔。太古。また、太古から現在に至るまでの間。❷永遠。永久。‖「―不易」

せん-ご【先後】［名］❶時間・順序などの、さきとあと。また、ものごとの順序。前後。‖「―を乱す」❷［自サ変］順序にほとんど差がないこと。また、順序が逆になること。前後。

せん-ご【戦後】［名］戦争(特に、第二次世界大戦)が終わったのち。‖「―生まれ」⇕戦前・戦中

ぜん-こ【全戸】［名］ある地域の全部の家。‖「町の―が停電する」

ぜん-ご【前後】［名］❶まえとうしろ。‖「―左右を確かめる」❷時間的に、まえとあと。‖「使用の―に消毒する」❸物事の順序やすじみち。‖「―の見境もなく飛び出す」❹［自サ変］順序にほとんど差がないこと。また、順序が逆になること。先後。‖「二人が―してやって来る」「説明が―する」❺〈数量・時間・年齢などを表す語に付いて〉それにごく近い数値である意を表す。…ほど。…ぐらい。‖「八時間―眠る」「五〇人―が出席する」

せん-こう【先考】(カウ)［名］死去した父親。亡父。⇕先妣(せんぴ)

せん-こう【先行】(カウ)［名・自サ変］❶他より先に行くこと。‖「―車」「―部隊」❷他の事柄より先に進むこと。‖「実力より人気が―する」❸他より先だって行われること。‖「―投資」❹スポーツの試合などで、他より先に点をあげてリードすること。

せん-こう【先攻】［名・自サ変］野球など攻撃と防御を交互に行うスポーツ競技で、先に攻撃すること。また、そのチーム。さきぜめ。⇕後攻

せん-こう【専行】(カウ)［名・他サ変］他の指図を受けず、自分だけの判断で行うこと。‖「独断―」

せん-こう【専攻】［名・他サ変］ある学科・学問を専門に研究すること。‖「言語学を―する」

せん-こう【▼穿孔】［名］❶［自サ変］穴をあけること。穴があくこと。また、そのあいた穴。‖「―機」❷潰瘍(かいよう)などによって胃や腸に穴があくこと。‖「胃―」

せん-こう【▼閃光】(クワウ)［名］瞬間的に強くひらめく光。

せん-こう【戦功】［名］戦争であげた功績。軍功。

せん-こう【潜行】(カウ)［名・自サ変］❶水中をもぐって進むこと。❷人に気づかれないようにひそかに行くこと。‖「スパイが敵国に―する」❸官憲などの目をのがれて、ひそかに活動すること。‖「秘密組織が地下に―する」

せん-こう【潜航】 ｳｶ［名・自サ変］❶潜水艦などが水中をもぐって航行すること。〓「特殊―艇」❷ひそかに航行すること。〓「敵の領海を―する」

せん-こう【線香】 ｳｶ［名］香料の粉末を線状に練り固めたもの。火をつけて仏前などに供える。〓「―をあげる」

せん-こう【選考（▼銓衡）】 ｳｶ［名・他サ変］多くのものの中から当否・適不適などを検討して選び出すこと。〓「代表選手を―する」「書類―」▼「銓」は分銅、「衡」ははかりざおの意。書き方「選考」は、全体の意味をくんで作った代用表記。

せん-こう【遷幸】 ｳｶ［名・自サ変］❶天皇が都を他の地に移すこと。遷都。❷天皇・上皇が御所から他の場所へ行くこと。遷御。

せん-こう【選鉱】 ｸﾜｳ［名・自他サ変］採掘した鉱石を有用鉱物と不用鉱物とにより分けること。

せん-こう【繊巧】 ｳｶ［名・形動］技術が細やかで巧みなこと。

せん-こう【鮮紅】 ｳｶ［名］あざやかな紅色。〓「―色」

ぜん-こう【全校】 ｳｶ［名］❶すべての学校。❷一つの学校の全体。〓「―生徒」

ぜん-こう【全高】 ｳｶ［名］地上から、そのものの最も高い所までの高さ。

ぜん-こう【前項】 ｳｶ［名］❶前に掲げた箇条。前の項目。❷数学で、二つ以上の項のうち、前の方の項。◈⇕後項

ぜん-こう【善行】 ｳｶ［名］道徳にかなった、よい行い。〓「―を積む」⇕悪行

ぜん-ごう【前号】 ｳｶ［名］雑誌などの定期刊行物で、前の号。先号。⇕次号

せんこう-はなび【線香花火】 ｾﾝｶｳｸﾜ［名］こよりに火薬をひねり込んだ花火。火玉からいっとき続けざまに細い線状の閃光を発するが、すぐに燃え尽きる。手花火。花火線香。▼最初は華々しいが、すぐに衰えてしまうもののたとえにもいう。

せん-こく【先刻】 ㊀［名］時間的に少し前。さっき。さきほど。〓「―の話」⇕後刻▼副詞的にも使う。㊁［副］すでに。とうの前から。〓「そんなことは―承知だ」

せん-こく【宣告】［名・他サ変］❶公式に告げ知らせること。〓「医師に病名を―される」❷刑事事件の公判廷で、裁判官が判決を言い渡すこと。

せん-ごく【戦国】［名］戦争で乱れた世の中。群雄が割拠し、武力で勢力を争っている世。また、その争っている国々。〓「―時代」

ぜん-こく【全国】［名］国全体。国中。〓「―大会」「日本―」

ぜんこく-く【全国区】［名］❶全国を一つの区とする選挙区。▼昭和五八(一九八三)年に比例代表制が導入されるまで、参議院議員選挙で行われた。❷全国に知られること。〓「一躍―になった女優」

せんごく-ぶね【千石船】［名］米千石を積載できる大型の和船。千石積み。▼江戸時代には積石数と関係なしに、弁財船(べざいせん)（＝海運用の大型和船）を指した。

ぜんご-さく【善後策】［名］うまく後始末をするための方策。〓「―を講じる」注意「前後策」は誤り。

せんこ-ふえき【千古不易】［名・形動］永遠に変わらないこと。万代不変。千古不変。〓「―の真理」

ぜんご-ふかく【前後不覚】［名］あとさきの区別もつかないほど正体を失うこと。

ぜん-こん【善根】［名］仏教で、よい報いを受けるもとになるよい行い。また、さまざまな善を生みだすもとになるもの。

せん-ざ【遷座】［名・自他サ変］神仏の座または天皇の座所をよそへ移すこと。また、移ること。

ぜん-ざ【前座】［名］❶寄席などの興行で、正式の番組の前に演じること。また、その人。〓「―を務める」❷落語家の格付けで、最下位の者。⬇二つ目②・真打ち

センサー【sensor】［名］音・光・温度・湿度・圧力・流量などの物理量を検知・検出して信号を発する装置。感知装置。感応信号装置。

せん-さい【先妻】［名］以前にその人の妻であった女性。もとの妻。前妻。⇕後妻(ごさい)

せん-さい【浅才】［名］あさはかな才知。浅知恵。〓「浅学―の身」▼多く自分の才知を謙遜(けんそん)していう。

せん-さい【戦災】［名］戦争によって受けた災害。〓「―を免れる」

せん-さい【繊細】［名・形動］❶物の形がほそくて小さいこと。ほっそりとして優美なこと。〓「―な指」❷感情・感覚などがこまやかなこと。鋭敏で感じやすいこと。デリケート。〓「―な心」「―優美な句風」派生―さ

せん-ざい【千載】［名］千年。また、長い年月。書き方「千歳」とも。

せん-ざい【▽前栽】［名］草木を植えた前庭。また、その草木。

せん-ざい【宣材】［名］宣伝に使うための材料。

せん-ざい【洗剤】［名］衣類・野菜・食器などの汚れを洗い落とすために用いる薬剤。石鹼(せっけん)・合成洗剤など。洗浄剤。

せん-ざい【潜在】［名・自サ変］表面には表れないが、内にひそんで存在すること。〓「―している意識〔危険〕」「―能力」「―的」⇕顕在

ぜん-さい【前妻】［名］前の妻。先妻。

ぜん-さい【前菜】［名］正式の料理コースの前に出される、食欲を促すための軽い料理。オードブル。

ぜん-ざい【善▼哉】 ㊀［名］❶関西で、つぶし餡(あん)でつくった汁粉。❷関東で、餅(もち)にどろりとした餡をかけたもの。◈「善哉餅」の略。㊁［感］実によいの意で相手の言動をほめたたえる語。よきかな。

せんざい-いしき【潜在意識】［名］自覚されないが、その人の行動や思考を支配する心奥の意識。

せんざい-いちぐう【千載一遇】［名］千年に一度しかめぐりあえないほどまれなこと。〓「―のチャンス」注意「いちぐう」を「一隅」「一偶」と書くのは誤り。

せん-さく【▼穿▼鑿】［名・他サ変］細かいところまでさぐり知ろうとすること。また、細かいところまで憶測してとやかく言いたてること。〓「余計な―はするな」▼穴をあける意から。書き方「詮索」と書くことも多い。新聞は「穿鑿」と「詮索」を区別せず「詮索」に統一。

鑿

せん-さく【詮索】［名・他サ変］細かいところまで調べ求めること。〓「証拠の有無を―する」書き方⬇穿鑿(せんさく)

センサス【census】［名］❶人口調査。国勢調査。❷国勢の種々の側面について行う全数調査。〓「工業―」

ぜん-さつ【禅刹】［名］禅宗の寺院。禅寺。

せんさ-ばんべつ【千差万別】［名・形動］いろいろな種類があって、その違いもさまざまであること。せんさまんべつ。〓「―の／な意見」

ぜん-ざん【全山】［名］❶その地域のすべての山。❷その山の全体。❸その寺の全体。

ぜん-し【先史】［名］文献記録が存在する以前であること。史前。有史以前。

ぜん-し【先師】［名］❶亡くなった師匠・先生。❷昔の賢人。先賢。先哲。◈古くは「せんじ」とも。

せん-し【▼穿刺】［名・自他サ変］体液・組織などを採取するために、体の一部に中空の針を刺し入れること。

せん-し【戦士】［名］戦場で戦う兵士。▽競争の激しい第一線で活躍する人のたとえにもいう。≡「企業ー」

せん-し【戦史】［名］戦争の歴史。戦争の記録。

せん-し【戦死】［名・自サ変］戦闘によって死ぬこと。≡「ーした兵士［学友］を悼む」「ー者」

せん-じ【宣旨】［名］天皇の命令を下に伝えること。また、その内容や公文書。詔勅(しょうちょく)より略式のもの。

せん-じ【戦時】［名］戦争をしているとき。≡「ー体制」⇕平時

ぜん-し【全姿】［名］全体の姿。全容。

ぜん-し【全紙】［名］❶枚葉(まいよう)印刷用紙で、A判・B判などの原紙標準寸法に合わせて裁断された紙。全判。❷新聞などの紙面全体。❸すべての新聞。≡「ーが一斉に報じる」

ぜん-し【前史】［名］❶当面の対象となっている歴史に深くかかわる、それ以前の歴史。❷ある時代の前半の歴史。❸先史。

ぜん-し【前肢】［名］❶四本の足をもつ動物の前足。❷昆虫の前胸部にある一対の付属肢。◈⇕後肢

ぜん-じ【全治】(ヂ)［名・自サ変］⬇ぜんち

ぜん-じ【禅師】［名］❶禅によって真理を悟った高僧。❷高徳の禅僧に朝廷から与えられた称号。

ぜん-じ【漸次】［副］しだいに。だんだん。≡「景気がー上昇する」

せんし-がく【先史学】［名］先史時代のことを研究する学問。先史考古学。史前学。

せんし-じだい【先史時代】［名］文献資料が存在する以前の時代。日本ではふつう旧石器時代から縄文時代までをさす。▽弥生時代を含める説もある。

ぜん-じだい【前時代】［名］一つ前の時代。≡「ー的な考え方」

せん-しつ【船室】［名］船内の部屋。特に、乗客用の部屋。キャビン。≡「一等ー」

せん-じつ【先日】［名］あまり遠くない過去のある日。このあいだ。≡「ーはお世話になりました」

ぜん-しつ【禅室】［名］❶座禅をするための部屋。❷禅僧の居室。❸禅宗で、住持。

ぜん-じつ【全日】［名］❶すべての日。毎日。❷一日中。まる一日。終日。≡「ーストライキ」

ぜん-じつ【前日】［名］その日の前の日。

せんじ-つ・める【煎じ詰める】［他下一］❶薬草などを、その成分がすっかり出るまで煮つめる。❷行き着く所まで考えをおし進める。とことんまで論じきわめる。≡「ー・めればこの計画自体に無理があるということになる」文せんじつ・む

センシティブ［sensitive］［形動］❶感じやすいさま。敏感なさま。≡「ーな性質」❷微妙なさま。慎重を要するさま。≡「ーな問題」

せんし-ばんこう【千思万考】(バンカウ)［名・自サ変］あれこれと考えをめぐらすこと。また、その考え。千思万慮。

せんし-ばんこう【千紫万紅】［名］さまざまな花の色。また、咲いている花が色とりどりであること。千紅万紫。≡「ーの春景」

センシブル［sensible］［形動］❶感受性が強いさま。感覚が鋭いさま。❷思慮・分別のあるさま。

せんじ-もん【千字文】［名］二五〇句一〇〇〇字の異なる漢字からなる四言古詩。中国六朝時代に梁(りょう)の周興嗣(しゅうこうし)が武帝の命によって編み、習字の手本として広く用いられた。

せん-しゃ【洗車】［名・自サ変］自動車や鉄道車両の車体に水をかけて洗うこと。≡「庭でーする」

せん-しゃ【戦車】［名］装甲した車体に火砲を搭載し、キャタピラによって走行させる戦闘用の車両。タンク。

せん-じゃ【▼撰者】［名］❶すぐれた作品を選び集めて歌集・文集などを編集する人。≡「古今和歌集のー」❷詩歌・文章などを著した人。撰人。▽古代の文献についていう。

せん-じゃ【選者】［名］多くの作品の中から優れたものを選び出す役目の人。≡「俳句投稿欄のー」「ー評」

ぜん-しゃ【前車】［名］前を行く車。また、前にそこを通った車。≡「ーの覆(くつがえ)るは後車(こうしゃ)の戒め(=前人の失敗は後人の教訓になるということ)」⇕後車

◉**前車の轍(てつ)を踏・む** 前人と同じ失敗を繰り返す。

✓注意「前車」を「前者」と書くのは誤り。

ぜん-しゃ【前者】［名］二つ挙げたもののうち、前のもの。⇕後者

せん-じゃく【繊弱】［名・形動］かぼそくて弱々しいこと。

ぜん-しゃく【前借】［名・他サ変］賃金などを受け取るべき期日より前に借りること。まえがり。

せんじゃ-ふだ【千社札】［名］千社参りをする人が寺社に納める札。長方形の小札に氏名・屋号・住所などを刷ったもので、寺社の柱・天井などに貼りつける。

せんじゃ-まいり【千社参り】(マヰリ)［名］多くの寺社に巡拝して祈願すること。千社詣(もう)で。▽江戸時代に流行した。

せん-しゅ【先取】［名・他サ変］相手より先に取ること。≡「三点をーした」「ー点」

せん-しゅ【船主】［名］船の持ち主。ふなぬし。

せん-しゅ【船首】［名］船体の前の部分。船の先端部。へさき。みよし。⇕船尾

せん-しゅ【腺腫】［名］腺上皮細胞が増殖して生じる良性腫瘍(しゅよう)。甲状腺・乳腺・卵巣・胃腸などに多い。アデノーマ。

せん-しゅ【▼僭主】［名］❶身分を越えて勝手に君主の称号をとなえる者。▽多く武力で帝位を奪った者をいう。❷古代ギリシアの都市国家で、非合法手段によって政権を獲得した独裁者。タイラント。≡「ー政治」

せん-しゅ【選手】［名］選ばれてスポーツなどの競技に出場する人。≡「サッカーー」

せん-しゅ【繊手】［名］細くしなやかな手。

センシュアル［sensual］［形動］肉感的であるさま。官能的。≡「ーな肢体」

せん-しゅう【千秋】(シウ)［名］千年。千歳。きわめて長い年月。≡「一日(いちじつ)ーの思い」「ー万歳(ばんぜい)(=千年万年の意で、長寿を祝う語)」

せん-しゅう【先週】(シウ)［名］今週のひとつ前の週。≡「ーの土曜日」⇕来週▽副詞的にも使う。

せん-しゅう【専修】［名・他サ変］ある一つのことだけを専門に習い修めること。専攻。

せん-しゅう【▼撰修】［名・他サ変］書物を著すこと。また、編集すること。「歌書を―する」

せん-しゅう【▼撰集】［名］多くの人の詩歌・文章などからすぐれた作品を選び集めて書物にすること。また、その書物。せんじゅう。

せん-しゅう【選集】［名］一人または複数の著作者による作品の中から代表的なものを選んで編集した書物。

せん-じゅう【先住】［名］❶いま住んでいる人よりも前に、そこに住んでいたこと。「―者・―民族」❷先代の住職。⇔後住

せん-じゅう【専従】［名・自サ変］もっぱらその仕事だけに従事すること。また、その人。「組合―者」

ぜん-しゅう【全集】［名］❶ある個人の著作をすべて集めた書物。「ゲーテ―」❷同種類・同時代などの作品を多く集めた書物。「世界文学―」

ぜん-しゅう【禅宗】［名］座禅によって仏道の悟りを得ようとする大乗仏教の宗派。日本には臨済宗・曹洞宗・黄檗宗の三派がある。

せんしゅう-がっこう【専修学校】［名］職業または実生活に必要な能力の育成と教養の向上を図るための教育施設。修業年限は一年以上。中学卒業者を対象とする高等専修学校と高校卒業者を対象とする専門学校とがある。

せんじゅう-みん【先住民】［名］移住してきた種族・民族がその土地を占拠・支配する以前にそこに住んでいた種族・民族。先住民族。⬇原住民

せんしゅう-らく【千秋楽】［名］芝居・相撲などの興行の、最後の日。らく。▼法会などの最後に演奏された雅楽の曲名からという。

せんじゅ-かんのん【千手観音】［名］六観音の一つ。広大無辺の慈悲を表す菩薩で、千の目と千本の手で衆生を救うという。千手千眼観世音。▼ふつう二十七面、四十二臂の像につくる。

せんしゅ-けん【選手権】［名］最高位者を決める試合・大会で優勝した選手または団体に与えられる資格。また、その試合や大会。「―をとる」「世界―」

せん-しゅつ【選出】［名・他サ変］選び出すこと。「委員を―する」

せん-じゅつ【仙術】［名］仙人が行う不老不死・羽化登仙などの術。また、仙人になるために行う術。

せん-じゅつ【先述】［名・他サ変］前述。

せん-じゅつ【戦術】［名］❶戦闘や試合に勝つための方法・手段。「人海―」▼大局的・長期的な「戦略」に対して、具体的・短期的なものをいう。❷ある目的を達成するための具体的な方法・手段。「法廷［牛歩］―」

せん-じゅつ【▼撰述】［名・他サ変］書物を著すこと。著述。述作。「史書を―する」

ぜん-しゅつ【前出】［名］文章などで、それより前に示してあること。また、そのもの。前掲。⇔後出

ぜん-じゅつ【前述】［名・他サ変］文章で、それより前に述べてあること。先述。「―したとおり」⇔後述

せんしゅ-むら【選手村】［名］オリンピックなどで、出場する選手などのために設けられた宿泊施設。

せん-しょ【選書（▼撰書）】［名］多くの著作物の中からある目的にかなったものを選んで発行する書物。「中国古典―」▼多く、シリーズ名として使う。

せん-じょ【仙女】［名］⬇せんにょ（仙女）

ぜん-しょ【全書】［名］ある事柄に関する著述・文献などをことごとく集めて編集した書物。「六法―」

ぜん-しょ【前書】［名］❶以前に書いた文章。また、以前に著した書物。❷以前に出した手紙。

ぜん-しょ【善処】［名・他サ変］適切に処置すること。「例の件は私めが―致します」「―されたし」

せん-しょう【先勝】［名］❶［自サ変］数回にわたる試合で、まず最初に勝つこと。❷六曜の一つ。急用・訴訟などによく、午前は吉、午後は凶とされる日。先勝日。せんかち。さきがち。

せん-しょう【先▼蹤】［名］先人の事跡。先例。▼「蹤」は跡の意。

せん-しょう【戦勝（戦▼捷）】［名・自サ変］戦争に勝つこと。かちいくさ。「―国」⇔戦敗

せん-しょう【戦傷】［名］戦闘で負傷すること。また、その傷。「―病者」

せん-しょう【▼僭称】［名・他サ変］勝手に自分の身分を越えた称号を名乗ること。また、その称号。僭号。

せん-しょう【選奨】［名・他サ変］すぐれたものを選んで人にすすめること。「良書を―する」

せん-じょう【洗浄】［名・他サ変］洗い清めること。特に、心身を洗い清めること。▼「浄」は清める意。

せん-じょう【洗浄（洗▼滌）】［名・他サ変］水や薬品で洗いすすぐこと。洗ってきれいにすること。「胃を―する」▼「洗滌」は「せんでき」の慣用読み。「滌」はすすぐ意。書き方「洗浄」は代用表記。

せん-じょう【扇情（▼煽情）】［名・自サ変］欲望、特に性的な欲望をあおり立てること。「―的な姿態」書き方「扇情」は代用表記。

せん-じょう【船上】［名］船の上。

せん-じょう【戦場】［名］戦闘の行われる場所。戦地。

せん-じょう【線上】［名］❶線の上。❷ちょうど分かれ目の状態。きわどいところ。境界線上。「当落―の候補者」

せん-じょう【線条】［名］細長い糸状のもの。線。すじ。「鋼鉄の―」

ぜん-しょう【全勝】［名・自サ変］すべての試合・勝負に勝つこと。「リーグ戦で―する」⇔全敗

ぜん-しょう【全焼】［名・自サ変］火事で、建物などがすべて焼けてしまうこと。まるやけ。

ぜん-しょう【前生】［名］仏教で、この世に生まれてくる前の世。前世。⇔後生・今生

ぜん-しょう【前▼哨】［名］前線で、警戒・偵察のために本隊の前方に配置する小部隊。また、その勤務。

ぜん-じょう【禅定】［名］❶仏教で、精神を一点に集中させ、雑念を退けて忘我の境地に入ること。また、その精神状態。「―に入る」❷修験道で、行者が霊山に登って修行すること。また、その修行。

ぜん-じょう【禅譲】［名・他サ変］❶古代中国で、天子がその位を世襲しないで有徳者に譲ること。▼易姓革命の思想に基づく。❷天子または支配者がその位を後継者に譲ること。

せんじょう-こうすいたい【線状降水帯】［名］線状に延びる降水域。積乱雲が次々に発生して連なり、強い雨をもたらす。

ぜんしょう-せん【前▼哨戦】［名］❶前哨の

間で行われる小規模の戦闘。❷本格的な活動の前に行われる、手始めの活動。〓「総選挙の―」

せんじょう-ち【扇状地】センジヤウ―［名］河川が山地から低地へ流れ出る所にできる扇形の堆積(たいせき)地。

ぜんしょう-とう【前照灯】ゼンセウ―［名］自動車・電車などの前端に取りつけ、前方を照らし出す明かり。ヘッドライト。⇕尾灯

せん-しょく【染色】［名・自他サ変］布や糸に染料をしみ込ませて着色すること。また、その染め出した色。染め色。

せん-しょく【染織】［名］布を染めることと織ること。染め物と織物。〓「―家」

ぜん-しょく【前職】［名］❶その人が以前に従事していた職業・職務。❷以前にその職にあった人。前任者。

せんしょく-たい【染色体】［名］細胞分裂の際に現れ、塩基性色素で濃く染まる棒状の小体。その数や形は生物の種類によって一定し、遺伝情報の担体で性の決定などにも重要な働きをする。

せん・じる【煎じる】［他上一］茶・薬草などを煮つめて成分を取り出す。〓「ドクダミを―」異形 **煎ずる**

せん-しん【先進】［名］❶政治・経済・文化などが他より進歩・発達していること。〓「―の技術を取り入れる」「―国」❷年齢・能力・地位などが上であること。また、その人。先輩。◈⇕後進

せん-しん【専心】［名・自サ変］心を一つのことにだけ集中させて行うこと。〓「研究に―する」「一意―」▽副詞的にも使う。

せん-しん【線審】［名］サッカー・テニス・バレーボールなどで、ボールが規定の線を越えたかどうかを判定する審判員。ラインズマン。

せん-じん【千尋(千▼仞)】［名］山などが非常に高いこと。また、谷・海などが非常に深いこと。〓「万丈(ばんじょう)の山、―の谷」▽「尋」「仞」は長さの単位。

せん-じん【先人】［名］❶昔の人。特に、昔の賢人。先賢。〓「―に学ぶ」⇕後人(こうじん) ❷亡くなった父母。❸祖先。

せん-じん【先陣】―ヂン［名］❶陣立てで、本陣の前方に配置された陣。さきぞなえ。⇕後陣(ごじん・こうじん) ❷敵陣へ最初に攻め込むこと。また、物事を最初に行うこと。一番乗り。さきがけ。〓「―を切る」

せん-じん【戦陣】―ヂン［名］❶戦闘のための陣営。また、戦場。❷戦闘の陣立て。戦法。

せん-じん【戦▼塵】―ヂン［名］❶戦場に立つ砂ぼこりやちり。❷戦争の騒ぎ。戦乱。

ぜん-しん【全身】［名］からだ全体。からだ中。〓「―が痛む」

ぜん-しん【前身】［名］❶その人の以前の身分・職業。前歴。❷その団体・組織などが現在の形になる前の形。〓「旧制高校を―とする大学」❸仏教で、この世に生まれ出る前の姿。◈⇕後身

ぜん-しん【前進】［名・自サ変］❶前へ進むこと。〓「―して捕球する」⇕後進・後退 ❷物事が望ましい方向へ進むこと。〓「和平交渉が―する」⇕後退

ぜん-しん【前震】［名］大きな地震の前に、その震源付近で起こる小さな地震。予震。

ぜん-しん【善心】［名］❶善良な心。❷仏教で、仏道を求める心。また、慈悲の心。

ぜん-しん【漸進】［名・自サ変］順を追って少しずつ進むこと。〓「技術が―する」「―的に改革する」⇕急進

ぜん-じん【全人】［名］知識・感情・意志の調和がとれた人。完全な人格をそなえた人。〓「―教育」

ぜん-じん【前人】［名］今より以前の人。過去の人。⇕後人

ぜんしん-ぜんれい【全身全霊】［名］からだと心の全体。心身のすべて。〓「研究に―をささげる」

せんしん-ばんく【千辛万苦】［名・自サ変］さまざまな難儀や苦しみを経験すること。また、その辛苦。〓「―を重ねる」

ぜんじん-みとう【前人未到・前人未踏】―ミタウ・―ミタフ［名］今までだれも到達していないこと。また、今までだれも足を踏み入れたことがないこと。〓「―の記録［業績］」「―の秘境(＝人跡(じんせき)未踏)」書き分け【未到】と【未踏】はどちらも使うが、「前人未到の記録」など、到達する意味のときは【未到】。新聞は【前人未到】に統一。

せん-す【扇子】［名］おうぎ。〓「―であおぐ」

センス【sense】［名］❶物事の微妙な味わいを感じとる心の働き。また、それを具体的に表現する能力。〓「―のいい服」「音楽的―に恵まれた人」❷判断力。分別。

せん-すい【泉水】［名］❶庭園につくった池。❷わき水。いずみ。

せん-すい【潜水】［名・自サ変］水中にもぐること。〓「―して湖底を探る」「―服」

せんすい-かん【潜水艦】［名］水中を航行することのできる艦艇。魚雷・ミサイルなどを装備し、偵察や対艦・対地攻撃にあたる。

ぜん-すう【全数】［名］すべての数。全体の数量。〓「―調査(＝統計調査で、対象となる集団のすべてを調査すること)」

せん-すじ【千筋】―スヂ［名］細い縦じまの模様。また、その織物。

せん-すべ【▽為ん▽術】［名］なすべき方法。なすすべ。〓「―もない」▽「せん」はサ変動詞「す」の未然形に推量の助動詞「む」の連体形がついたもの。

せん・する【宣する】［他サ変］広く告げ知らせる。宣言する。〓「開会を―」文 **せん・す**

せん・する【▼撰する】［他サ変］❶文章を作る。書物を著す。〓「墓碑銘を―」❷詩歌や文章を選んで書物を編集する。〓「歌集を―」文 **せん・す**

せん・ずる【煎ずる】［他サ変］⇩煎じる 文 **せん・ず**

せんずる-ところ【詮ずる所】［連語］あれこれ考えた結果として。つまるところ。要するに。結局。〓「―、責任は自分にある」▽「所詮(しょせん)」を訓読した語。

ぜん-せ【前世】［名］仏教で、この世に生まれてくる以前の世。過去世。ぜんせい。ぜんぜ。〓「―の因縁」⇕現世(げんせ)・来世(らいせ)

せん-せい【先生】［名］❶師として学問・技術・技芸などを教える人。特に、学校の教師。〓「英語［お茶・大学］の―」「将来は―になりたい」▽園児・児童・生徒に対しては自称としても使う。〓「―の言うことが分かりましたか」❷教師・師匠・医師・弁護士・代議士など、学識のある人や指導的立場にある人を高めていう語。〓「―方の意見を聞く」「―、お元気ですか」「夏目―」▽代名詞的にも、また、人名のあとに付けて敬称としても使う。②の意で手紙の宛名に添える場合は「様」より敬意が高い。❸他人を親しんで、また、からかっていう語。〓「今度とい

う今度は━も懲りただろう」◈自分より先に生まれた人の意から。

せん-せい【先制】［名・他サ変］先手をとること。機先を制すること。「二点を━する」「━攻撃」

せん-せい【宣誓】［名・他サ変］❶多くの人の前で誓いのことばを述べること。また、そのことば。「選手━」❷裁判で、証人などが供述の前に真実を述べることを誓うこと。また、そのことば。▼宣誓をして虚偽の陳述をすると偽証罪などに問われる。

せん-せい【専制】［名］為政者などが独断で思うままに事を行うこと。「━政治［君主］」

せん-せい【潜性】［名］両親のもつ対立形質のうち、雑種第一代では発現しないほうの形質。潜在して子孫に現れる。劣性。⇕顕性

せん-ぜい【占▼筮】［名・他サ変］筮竹（ぜいちく）を使って吉凶を占うこと。また、その占い。

ぜん-せい【全盛】［名］人気・名声・勢力などが、この上なく盛んな状態にあること。「━期」

ぜん-せい【前世】［名］⬇ぜんせ

ぜん-せい【善政】［名］人民のためになる、よい政治。⇕悪政

せんせい-じゅつ【占星術】［名］天体の位置や運行によって人の運勢や社会の動向を占う術。星占い。

せんせい-りょく【潜勢力】［名］内部にひそんでいて表面に現れない勢力。

センセーショナル［sensational］［形動］人々の注目を集め、世間を騒がせるさま。「━な作品」

センセーション［sensation］［名］世間の耳目を集め、興奮させること。大騒ぎ。大評判。「一大━を巻き起こす」

せん-せき【泉石】［名］庭園の池と庭石。

せん-せき【船籍】［名］船舶原簿に登録されている、その船の所属地を示す籍。

せん-せき【戦跡】［名］戦いの行われたあと。

せん-せき【戦績】［名］戦争・試合などの成績。

せん-せん【先占】［名・他サ変］❶他人より先に占有すること。❷民法上、所有者のない動産（野生の鳥獣・魚類など）を自分のものにする意思をもって人より先に占有すること。先占取得。無主物先占。

せん-せん【宣戦】［名・自サ変］相手国に対して戦争を開始する意思を表明すること。「━布告」

せん-せん【戦線】［名］❶戦闘が行われている区域。交戦区域。「西部━」❷政治運動や社会運動で、闘争の行われる場。また、その闘争の形態。「共同━を張る」「人民━」

せん-せん【▼潺▼潺】［形動タルト］浅い川などがさらさらと流れるさま。また、その音の形容。「━として流れる谷川」

せん-せん【先先】（造）前の前の。「━週・━代」

せん-ぜん【戦前】［名］❶戦争（特に第二次世界大戦）が始まる前。「━派」⇕戦後・戦中 ❷試合が始まる前。「━の予想が外れる」

ぜん-せん【全線】［名］❶鉄道・バスなどの、その路線のすべて。全路線。❷戦線のすべて。全戦線。

ぜん-せん【前線】［名］❶戦場で、敵と直接交戦する最前列の地域。戦闘の第一線。「━基地」❷気象で、暖気団と寒気団が接触するとき、その境界面が地表面と交わる線。寒冷前線・温暖前線・停滞前線など。

ぜん-せん【善戦】［名・自サ変］全力を尽くしてよく戦うこと。「強豪を相手に━する」「━空しく敗れる」▼多く弱者・敗者の戦いぶりをいう。

ぜん-ぜん【前前】━［名］以前。かつて。「━からその話は聞いていた」━（造）前の前の。「━日（じつ）・━回」

ぜん-ぜん【全然】［副］❶〈下に否定的な表現を伴って〉全面的な否定を表す。ちっとも。まるで。まったく。「意味が━分からない」「━いいところがない」「そんな心配は━不要だ」▼もと肯定表現で、まったく、まるっきりの意でも使った。「三人が━翻訳権を与次郎に委任する事にした〈漱石〉」❷〔新〕程度の差が明らかであるさま。断然。「こっちの方が━大きい」「私よりも━若く見える」❸〔新〕（否定的な状況や懸念をくつがえす気持ちで）まったく問題なく。「━平気だよ」

品格　一向（いっこう）「待遇は━に改善されない」　皆目（かいもく）「━見当がつかない」　絶えて「近頃、彼の姿を━見ない」　全く「━意味がない」

せんせん-きょうきょう【戦戦恐恐（戦戦▼兢▼兢）】［形動タルト］おそれてびくびくするさま。おそれつつしむさま。「発覚を恐れて━とする」「━として待つ」

書き方　もと多く「戦戦兢兢」と書いた。使い方「と」を間に入れない「戦戦恐恐する」は近年の用法。

せん-そ【践▼祚】［名・自サ変］皇嗣（こうし）が皇位を継承すること。

せん-ぞ【先祖】［名］ある家系の初代。また、初代以降、その家系に属した過去の人々。「━代々の言い伝え」▼⬇祖先

せん-そう【船倉（船▼艙）】サウ［名］船舶で、貨物を積み入れておく区画。一般に上甲板の下、中央機関室の前後に設ける。ふなぐら。

せん-そう【船窓】サウ［名］船の舷側（げんそく）についている窓。

せん-そう【戦争】サウ［名・自サ変］❶軍隊と軍隊が武力を行使して争うこと。特に、国家間の全面的な争い。「隣国と━する」「太平洋━」❷苛酷な競争や激しい混乱。「受験［交通］━」

ぜん-そう【前奏】［名］楽曲の初めに置かれ、主要部への導入として演奏される部分。独奏曲・独唱曲では、冒頭の伴奏楽器だけで奏される部分。▼何かが起こる前ぶれのたとえにもいう。「破局の━」

ぜん-そう【禅僧】［名］禅宗の僧。

ぜん-ぞう【漸増】［名・自他サ変］次第に増えること。また、増やすこと。「売上高が━する」「生産量を━する」「失業率は━の傾向にある」⇕漸減

ぜんそう-きょく【前奏曲】［名］❶フーガ・組曲などの冒頭に置かれる導入的な器楽曲。また、一九世紀以降、導入的性格から離れて独立した自由な形式の器楽曲。プレリュード。❷オペラで、各幕が開く前に演奏され、劇への導入的役割を果たす音楽。▼ある事柄の前ぶれのたとえにもいう。「風花は冬の訪れの━」

ぜんそう-ほう【漸層法】ハフ［名］修辞法の一つ。詩文で、語句を次々に重ねることによって意味を強めていき、結末で最高潮に達するように導く表現法。「光る、輝く、輝きわたる」などと展開する類。

せんぞ-がえり【先祖返り】ヘリ［名］先祖にはあったが現在では現れない形質が、突然その子孫の個体に出現すること。帰先遺伝。

せん-そく【栓塞】［名］⬇塞栓（そくせん）

せん-そく【船側】［名］船の左右の側面。ふなべり。

せん-ぞく【専属】［名・自サ変］ある一つの会社・団体などに所属すること。〓「―契約」

ぜん-そく【▼喘息】［名］発作性の呼吸困難を起こす病気。気管支喘息・心臓性喘息など。

ぜん-そくりょく【全速力】［名］出すことのできる最大の速力。フルスピード。〓「―で走る」

ぜん-そん【全損】［名］❶全面的な損失となること。まるぞん。❷海上保険の目的物である、船体あるいは積み荷が全部失われること。また、まったく役に立たない状態になること。▼保険金の全額が支払われる。

センター［center］［名］❶中心。中央。❷ある分野・部門の中心的機能を果たす機関・施設・場所。〓「サービス―・ショッピング―」❸野球で、外野の中央部。また、そこを守る中堅手。❹サッカーなどの球技で、中央の攻撃や守備位置。また、そこを占める選手。

センター-ポール［center pole］［名］❶競技場のバックスタンドや広場の中央に立てた、旗を掲げるための柱。❷線路と線路の間に立てた、送電線を支持するための柱。

センター-ライン［center line］［名］❶サッカー・ラグビーなどの競技場を中央で二分するために引かれた線。❷道路を中央で上り線と下り線に分けるために引かれた線。

せん-たい【船体】［名］❶船そのものの形・姿。船舶の全体。〓「―が傾く」❷積載物・付属品などを除いた船舶の本体。

せん-たい【船隊】［名］二隻以上の船で構成される一隊。船団。

せん-たい【戦隊】［名］軍隊の戦術単位。陸軍では航空機による戦闘部隊、海軍では軍艦二隻以上または航空機二隊以上で編成される部隊をいう。

せん-たい【▼蘚▼苔】［名］こけ。〓「―類・―植物」

せん-だい【先代】［名］❶当主の前の代。また、その主人。前代。❷芸名などを代々受け継いでいる場合、現在その芸名をもつ人の前の代。〓「―の芸を継ぐ」❸現在より前の時代。前代。

せん-だい【船台】［名］造船所で、船を建造・修理するときに船体をのせる台。造船台。

ぜん-たい【全体】㊀［名］ある事物のすべてを一つのまとまりとして考えたもの。あるまとまりをもった全範囲。ある領域すべて。〓「―の半数が参加する」「新事業計画の―を見直す」「県―に被害が及ぶ」「この魚は体―が青みを帯びている」⇕部分 使い方「全部」に比べて、ひとまとめにする気持ちとともに、範囲や領域など〈場所的な性質〉に注目する気持ちが強い。㊁［副］［古風］❶もともと。もとより。〓「―君が悪いのだ」❷〈疑問の表現を伴って〉いったい。いったいぜんたい。〓「―何があったというのだ」

ぜん-だい【前代】［名］❶現在より前の時代。先代。❷当主の前の代。先代。〓「―の遺物」

ぜんたい-しゅぎ【全体主義】［名］個人は国家・社会・民族などを構成する部分であるとし、個人の自由や権利より国家全体の利益が優先するとする思想。また、その体制。▼第二次大戦中のナチズム・ファシズムなどに代表される。⬇個人主義

ぜんたい-てき【全体的】［形動］物事が全体にかかわるさま。〓「―に完成度が高い」「―に(=全面的に)再検討が必要だ」⇕部分的

ぜんたい-に【全体に】［副］一般的にならして。総じて。一体に。〓「―会の活動は不活発だ」

ぜんだい-みもん【前代未聞】［名］これまで一度も聞いたことがないこと。〓「―の大事件」▼きわめて珍しいこと、はなはだ驚くべきことなどにいう。

せん-たく【洗濯】［名・他サ変］よごれた衣類などを洗ってすすぎ、きれいにすること。〓「―物」「命の―」

せん-たく【選択】［名・他サ変］二つ以上のものの中から、基準や好みに合ったものを選び取ること。〓「職業を―する」▼古くは「せんだく」とも。

ぜん-だく【然諾】［名・他サ変］引き受けること。承諾。〓「―を重んじる(=いったん引き受けたことは必ず実行する)」

せんたく-き【洗濯機】［名］洗濯をするときに用いる機械。ふつう電気洗濯機をいう。▼慣用で「せんたっき」とも。

せんたく-し【選択肢】［名］一つの質問に対し、そこから選択して答えるように用意されている複数の回答。〓「ほかに―はない」 注意「選択枝」は誤り。

せん-だつ【先達】［名］❶先にその分野で業績をあげ、後に続く者を導く人。先輩。先学。❷修験道で、山に入る修行者の指導に当たる人。また、一般に諸山の参詣者を案内する人。◈「せんだち」とも。

せん-だつ【▼蟬脱】［名・自サ変］世俗から超然と抜け出ること。また、古い因襲や束縛から抜け出ること。▼正しくは「蟬蛻」。もと、せみのぬけがらの意。

せん-だって【先だって(先達て)】［名］さきごろ。この間。先日。〓「―の晩、知らせが届いた」▼副詞的にも使う。

ぜん-だて【膳立て】［名・自サ変］⬇お膳立て

ぜん-だま【善玉】［名］善人。また、芝居・映画などで、善人の役。⇕悪玉▼江戸時代、草双紙などの挿絵で、丸く描いた顔の輪郭の中に「善」と記すことで善人を表したことから。

ぜんだま-きん【善玉菌】［名］人間の腸内の細菌のうち、人体に有益に働くもの。消化・吸収を促進するビフィズス菌などの乳酸菌類などをいう。⬇悪玉菌

センタリング［centering］［名］❶サッカー・ホッケーなどで、シュートをさせるために、サイドからゴールにいる味方選手にボールをパスすること。クロス。❷ワープロソフトなどで、データをある領域の中央に位置させること。

せん-たん【先端】［名］❶長いものの先の部分。〓「槍の―」「棒［防波堤］の―」「岬の―」❷とがったものの先の部分。❸時代・流行などの先頭。〓「時代の―を行く」「―技術」◈書き方②③は「▼尖端」の代用表記。

せん-たん【戦端】［名］戦いのいとぐち。戦いの始まり。〓「―を開く」

せん-たん【選炭】［名・自他サ変］採掘した石炭から不純物を取り除き、大きさや品質をそろえてえり分けること。また、その作業。〓「―場」

せん-だん【専断(▼擅断)】［名・形動・他サ変］自分一人だけの考えで勝手に物事を処理すること。

せんだん【▼栴▼檀】［名］❶暖地に自生するセンダン科の落葉高木。初夏、薄紫色の小花を円錐状につけ、秋に黄色い楕円形の実を結ぶ。材は建築・器具用材。オウチ。❷ビャクダンの別称。

◉**栴檀は双葉より芳し**　白檀は双葉のころから芳香を放つ意から、大成する人物は子供のときから人並みはず

れてすぐれたところがあるというたとえ。

せん-だん【▼剪断】［名・他サ変］❶断ち切ること。‖「ロープを—する」❷物体内部のある面に沿って面の両側に互いに逆方向の力が働き、物体内部でずれを生じさせること。また、その作用。

せん-だん【船団】［名］ある目的のもとに編成された船の集団。‖「—を組む」「輸送—」

ぜん-だん【前段】［名］文章などの、前の段落。⇕後段

せん-ち【戦地】［名］戦争の行われている土地。また、戦争のために軍隊がとどまっている土地。戦場。‖「—に赴く」

センチ［centi フランス］■［名］「センチメートル」の略。■（造）単位の上に付いて、その一〇〇分の一の意を表す。記号c ‖「—グラム」「—リットル」

ぜん-ち【全治】［名・自サ変］病気やけががすっかり治ること。‖「—には一年を要する」「—三か月の重傷」

ぜんち-し【前置詞】［名］ヨーロッパ諸語の品詞の一つ。名詞・代名詞などの前に置き、その語の他の語に対する関係を示す語。英語の at, in, on, for の類。

ぜん-ちしき【善知識（善▼智識）】［名］法を説いて人々を仏道へ導く人。

ぜんち-ぜんのう【全知全能】［名］すべてを知り尽くし、どんなことでも行うことのできる能力。‖「—の神」

センチメートル［centimètre フランス］［名］メートル法で、長さを表す単位。メートルの一〇〇分の一。センチ。記号cm 書き方「▼糎」と当てる。

センチメンタリスト［sentimentalist］［名］感傷的な人。涙もろい人。感傷家。

センチメンタリズム［sentimentalism］［名］❶感傷にふけりやすい心理的傾向や態度。❷一八世紀後半のヨーロッパに現れたロマン主義の一傾向。理性・意志よりも情感を重んじ、詠嘆・悲嘆などの感情を強調して表現したもの。感傷主義。

センチメンタル［sentimental］［形動］ちょっとしたことにも感じやすく、涙もろいさま。感傷的。‖「風に舞う落ち葉を見て—になる」

せん-ちゃ【煎茶】［名］❶緑茶の一つ。茶の新芽を摘んで製した葉茶に湯を注いで煎じ出した飲み物。また、その葉茶。❷玉露・番茶に対し、中級の茶。

せん-ちゃく【先着】［名・自サ変］先に到着すること。‖「—順に受け付ける」「—五〇名様に粗品進呈」

せん-ちゅう【戦中】［名］戦争の行われている間。戦時中。‖「—派（＝第二次大戦の間に青春時代を過ごした世代）」⇕戦前・戦後

せん-ちょう【船長】［名］❶船舶の乗組員の長。船舶の航行を指揮し、船員を監督する。キャプテン。❷船首から船尾までの長さ。

ぜん-ちょう【全長】［名］その物の全体の長さ。

ぜん-ちょう【前兆】［名］何かが起ころうとするきざし。前ぶれ。予兆。‖「不吉な—」

せん-つう【▼疝痛】［名］発作的・間欠的に起こる激しい腹痛。

ぜん-つう【全通】［名・自サ変］鉄道・バス・道路などの路線の全部が開通すること。全線開通。

せん-て【先手】［名］❶囲碁・将棋で、先に着手すること。また、その人。先番。❷人に先んじて事を行うこと。‖「—を取る（＝機先を制して優位に立つ）」「—を打つ（＝機先を制する。また、起こりそうな事態に備えて対策を講じておく）」◈⇕後手（ごて）

せん-てい【先帝】［名］先代の天子。先皇（せんこう）。

せん-てい【▼剪定】［名・他サ変］果樹・庭木などの枝の一部を切り取ること。生育・結実を調整するためや樹形を整えるために行う。‖「—ばさみ」

せん-てい【選定】［名・他サ変］多くのものの中から選んで決めること。‖「候補者を—する」「—図書」

ぜん-てい【前庭】［名］❶家の前にある庭。まえにわ。⇕後庭（こうてい）❷内耳の一部で、蝸牛殻（かぎゅうかく）と半規管との間にある小室。

ぜん-てい【前提】［名］❶ある物事が成り立つためのもととなる条件。‖「結婚を—に交際する」❷論理学で、推論によって結論を導き出す根拠となる命題。

せん-でき【洗▼滌】［名・他サ変］⬇洗浄（せんじょう）

せん-てき【全摘】［名・他サ変］組織または器官の全体を摘出すること。また、その手術。全摘出。‖「—手術」「胃を—する」

ぜん-てき【全的】［形動］全部がそうであるさま。全体に及ぶさま。‖「—な信頼を寄せる」

せん-てつ【先哲】［名］昔のすぐれた思想家。昔の哲人。前哲。

せん-てつ【▼銑鉄】［名］鉄鉱石を溶鉱炉で溶かしてつくった鉄。炭素などの不純物を多く含む。ずく。ずく鉄。▼用途に応じて製鋼用銑と鋳物用銑に分けられる。

ぜん-てつ【前▼轍】［名］前を行く車のわだち。前車の轍。‖「—を踏む」

ぜん-でら【禅寺】［名］禅宗の寺院。禅院。禅林。

せん-てん【先天】［名］生まれつき身にそなわっていること。‖「—性（＝生まれつきそなわっている性質）」⇕後天

せん-てん【旋転】［名・自他サ変］くるくる回ること。また、回すこと。‖「車輪が—する」

せん-でん【宣伝】［名・他サ変］❶商品の特質・効能や主義・主張の内容などについて、広く理解がゆきわたるように伝え知らせること。‖「商品［店］の—をする」「—効果・—文句」❷あることを大げさに言いふらすこと。‖「子供の大学合格を—してまわる」

ぜん-てん【前転】［名］体操で、体を前の方に回転させること。⇕後転

ぜん-てんこう【全天候】［名］どのような天候にも対応できること。オールウエザー。‖「—トラック（＝どのような天候でも同一条件で競技ができる、陸上競技の走路）」

センテンス［sentence］［名］文。文章。

せんてん-てき【先天的】［形動］❶生まれつき身にそなわっているさま。生得的。‖「—な体質」❷⬇アプリオリ ◈⇕後天的

せん-と【遷都】［名・自サ変］都を他の地に移すこと。‖「平安—」

セント［cent］［名］アメリカ合衆国や欧州連合などの通貨の単位。ドルやユーロなどの一〇〇分の一。書き方「▽仙」と当てる。

セント［Saint］［名］キリスト教で、聖人。聖者。セイント。略号St., S. ‖「—ニコラス」▼その名に冠して使う。

せん-ど【先度】［名］さきごろ。せんだって。‖「—はすっかりお世話になりました」▼副詞的にも使う。

せん-ど【先途】［名］❶行き着く先。なりゆき。❷勝敗・運命などを決する大事な場面。せとぎわ。‖「ここを―と戦う」

せん-ど【鮮度】［名］魚介・肉・野菜などの新鮮さの度合い。‖「―が落ちる」

ぜん-と【前途】［名］❶目的地までの道のり。ゆくさき。‖「―遼遠」「―無効（＝途中下車した駅から先の切符が無効になること）」❷将来。さきゆき。‖「新会社の―を祝す」「―洋々」「―多難」

ぜん-ど【全土】［名］国土全体。また、その地域全体。‖「ルネサンスがヨーロッパ―に広まる」「台風が九州―を襲う」

せん-とう【仙▽洞】［名］上皇の御所。また、上皇。▼仙人の住む所の意から。

せん-とう【先登】［名・自サ変］まっ先に行うこと。また、まっ先に到着すること。▼もと、まっ先に敵の城に攻めのぼる意。

せん-とう【先頭】［名］列・集団などの、いちばん先。いちばん前。‖「―を走るランナー」「自治体の―を切って新制度を導入する」

せん-とう【▼尖塔】［名］頂部がとがった形をした塔。

せん-とう【戦闘】［名・自サ変］たたかうこと。特に、兵力を用いて敵とたたかうこと。‖「―機」

せん-とう【銭湯】［名］料金をとって一般の人を入浴させる浴場。湯屋。ふろ屋。公衆浴場。書き方「洗湯」とも。

せん-どう【先導】［名・他サ変］先に立って導くこと。‖「ガイドが見学者を―する」「―車」

せん-どう【扇動（▼煽動）】［名・他サ変］人をあおり立てて、ある行動を起こすように仕向けること。そそのかすこと。アジテーション。‖「住民を―して暴動を起こす」書き方「扇動」は代用表記。

せん-どう【船頭】［名］❶和船の船長。ふなおさ。❷櫓をこぐなどして、小舟を操ることを職業とする人。

◉**船頭多くして船山に上る**　指図する人が多くて方針の統一がとれず、物事が目的をはずれた方向に進んでしまうことのたとえ。

ぜん-とう【全島】［名］❶その島の全体。❷いくつかある島のすべて。

ぜん-とう【前頭】［名］頭の前部。ひたい。‖「―部」

ぜん-とう【漸騰】［名・自サ変］相場・物価などが徐々に高くなること。⇔漸落

ぜん-どう【善導】［名・他サ変］よい方へ教え導くこと。‖「非行少年を―する」

ぜん-どう【禅堂】［名］座禅修行をするための堂。

ぜん-どう【▼蠕動】［名］❶［自サ変］ミミズなどの虫が身をくねらせながらうごめき進むこと。また、一般にうごめくこと。❷筋肉の収縮によって生じたくびれが一方向に波及していく形の運動。消化管が内容物を徐々に下方に送る運動など。蠕動運動。

せんとう-き【▼尖頭器】［名］一端または両端がとがった石器・骨角器。ポイント。

ぜんとう-よう【前頭葉】［名］大脳半球の中心溝よりも前の領域。新皮質の一部で、思考・判断などの精神作用や随意運動をつかさどる。

ぜん-とっかえ【全取っ替え・全取っ換え】［名・他サ変］［俗］全部をとりかえること。総とっかえ。‖「部品を―する」▼「とっかえ」は「とりかえ」の転。

セントポーリア［Saintpaulia ラテ］［名］紫・濃紫・白・桃色などのスミレに似た花をつけるイワタバコ科の多年草。丸みを帯びた葉は互生し、全体に白い毛が密生する。観賞用に屋内で栽培され、園芸品種が多い。アフリカスミレ。

セントラル［central］（造）中心の。中央の。‖「―ヒーティング（＝集中暖房装置）」

せん-な・い【詮ない（詮無い）】［形］しかたない。どうしようもない。詮方ない。‖「何を言っても―ことだ」派生―さ

せん-なり【千成り（千▽生り）】［名］数多くむらがって実がなること。‖「―瓢簞」

ぜんなん-ぜんにょ【善男善女】［名］仏教に帰依した在俗の男女。善男子と善女人。

ぜん-に【禅尼】［名］在家のまま仏門に入って剃髪した女性。禅定尼。⇔禅門

せん-にく【鮮肉】［名］食用にする新鮮な生肉。

ぜんにち-せい【全日制】［名］平日の昼間に授業を行う教育課程。高等学校の通常の課程。ぜんじつせい。‖「―高校」⇔定時制

せんにち-て【千日手】［名］将棋で、対局中に同一の局面が四回現れると無勝負として指し直しになること。

せん-にゅう【潜入】［名・自サ変］ひそかに入り込むこと。忍び込むこと。‖「敵国にスパイを―させる」

せんにゅう-かん【先入観】［名］最初に知ったことによってつくられる固定観念。先入見。先入主。▼多く、自由な思考の妨げとなるものとしていう。

せん-にょ【仙女】［名］女性の仙人。せんじょ。

せん-にん【仙人】［名］俗界を離れて山中に住み、不老不死の術を修めて変幻自在の神通力を操るという人。道教で理想とされた人間。神仙。仙客。▼無欲で世間離れした人のたとえにもいう。

せん-にん【先任】［名］先にその任務・地位に就いていること。また、その人。‖「―者」⇔後任

せん-にん【専任】［名］もっぱらその任務だけを担当すること。また、その人。‖「―講師」⇔兼任

せん-にん【選任】［名・他サ変］適した人材を選んでその任務に就かせること。‖「評議員を―する」

ぜん-にん【前任】［名］前にその任務・地位に就いていたこと。また、その人。‖「―者」「―地」⇔後任

ぜん-にん【善人】［名］善良な人。正直で、行いの正しい人。⇔悪人▼からかい気味に、人にだまされやすいお人好しの意でも使う。

せんにん-ばり【千人針】［名］一枚の布に千人の女性が赤糸を使って一針ずつ縫い、千個の縫い玉を作ったもの。武運長久を祈って出征兵士に贈った。▼日清・日露戦争のころに始まったという。

せんにん-りき【千人力】［名］千人分に相当するほど強い力。また、千人の助けを得たほど心強いこと。‖「君さえいれば―だ」

せん-ぬき【栓抜き】［名］瓶などの王冠やコルク栓を抜き取るための道具。書き方公用文では「栓抜」。

せん-ねつ【潜熱】［名］❶内部にひそんでいて外に現れない熱。❷物質の状態変化のためだけに費やされ、物質の温度変化としては現れない熱。融解熱・気化熱など。

せん-ねん【先年】［名］何年か前の年。過ぎ去ったあ

る年。‖「―の震災で倒壊したビル」

せん‐ねん【専念】［名・自サ変］一つのことだけに心を集中すること。そのことに没頭すること。専心。‖「研究［療養］に―する」

ぜん‐ねん【前年】［名］その年の前の年。‖「売上高の対―比」

せん‐のう【先王】（ワウ）［名］⇩せんおう(先王)

せん‐のう【洗脳】（ナウ）［名・他サ変］❶資本主義的思想をもつ者に教育を施し、共産主義的な思想に改造すること。▼第二次大戦後の一時期、中華人民共和国が国民党政府の治下にあった人民に対して行った思想改造を揶揄(やゆ)的に評した brainwashing の訳語から。❷その人の思想・主義などを全面的に改めさせること。

ぜん‐のう【全納】（ナフ）［名・他サ変］納めるべき金品を全部納めること。‖「授業料を―する」

ぜん‐のう【全能】［名］どんなことでもなし得る能力。完全無欠な能力。‖「全知―の神」

ぜん‐のう【全農】［名］昭和四七(一九七二)年、全国購買農業協同組合連合会(全購連)と全国販売農業協同組合連合会(全販連)が合併して設立した農業協同組合の全国組織。▼「全国農業協同組合連合会」の略。

ぜん‐のう【前納】（ナフ）［名・他サ変］代金・費用などを前もって納めること。期限前に納めること。

ぜん‐ば【前場】［名］取引所で、午前中に開かれる立ち会い。⇕後場(ごば)

せん‐ばい【専売】［名・他サ変］❶特定の者がある物品を独占的に販売すること。一手販売。‖「新聞の―店」❷国家が財政上などの目的で特定の物品の販売を独占すること。

せん‐ぱい【先輩】［名］年齢・経験・地位・学問・技芸などが自分より上の人。また、同じ学校や職場に自分より先に入った人。また、その互いの関係をいう。‖「その道の―」「大学［総務部］の三年―」「―後輩の間柄」⇕後輩・同輩

せん‐ぱい【戦敗】［名］戦争・試合などに負けること。‖「―国」⇕戦勝

ぜん‐ぱい【全敗】［名・自サ変］試合・勝負などのすべてに負けること。‖「一五戦―」⇕全勝

ぜん‐ぱい【全廃】［名・他サ変］全面的に廃止すること。すべてやめること。‖「政治献金を―する」

せんばい‐とっきょ【専売特許】（トッキョ）［名］❶特許の旧称。❷［俗］その人だけの特技。おはこ。

せん‐ぱく【浅薄】［名・形動］思慮や知識が浅くてうわついていること。あさはか。‖「―な知識を振り回す」 派生 ―さ

せん‐ぱく【船舶】［名］大型のふね。▼商法上では、商行為を目的として水上を航行する船で、櫓櫂(ろかい)船以外のもの。

ぜん‐ぱく【前泊】［名・自サ変］用のある日の前の晩に目的地で宿泊すること。⇕後泊(こうはく)

せん‐ばつ【選抜】［名・他サ変］多くの中からある基準に従って選び抜くこと。‖「代表を―する」「―試験」

せん‐ぱつ【先発】［名・自サ変］❶先に出発すること。‖「―隊」⇕後発 ❷野球などで、試合の最初から出場すること。また、その選手。‖「―メンバー」

せん‐ぱつ【洗髪】［名・自サ変］髪を洗うこと。‖「―剤」

せん‐ぱつ【染髪】［名・自サ変］髪の毛を染めること。‖「―剤」

せんば‐づる【千羽鶴】［名］❶数多くの折り鶴を糸に通して連ねたもの。病気回復や成就の祈願に作る。❷多数の鶴の形を描いた模様。

せん‐ばん【千万】㊀［名］数量が多いこと。いろいろ。さまざま。はなはだ。‖「―心を砕く」▼多く副詞的に使う。㊁［形動］その程度がはなはだしいさま。‖「迷惑―な話」「ふとどき［失礼・笑止］―」

せん‐ばん【先番】［名］❶順番が先であること。先にする順番。❷囲碁・将棋などで、先手。

せん‐ばん【旋盤】［名］工作機械の一つ。工作物を主軸に取りつけて回転させ、往復台上にある刃物(バイト)を当てて切削などの加工をする。‖「―工」

せん‐ぱん【先般】［名］さきごろ。この間。過日。‖「―の会議の議事録」▼副詞的にも使う。

せん‐ぱん【戦犯】［名］戦争犯罪を犯した人。‖「A級―」▼「戦争犯罪人」の略。

ぜん‐はん【前半】［名］前後二つに分けたうちの、前の半分。ぜんぱん。‖「試合の―を有利に進める」「三〇代［一九世紀］―」「―戦」⇕後半

ぜん‐ぱん【全般】［名］ある事柄のすべて。総体。‖「古代史―を学ぶ」

ぜん‐はんせい【前半生】［名］人生の前の半分。一生涯の前半。⇕後半生

せん‐び【船尾】［名］船体の後ろの部分。船の後端部。とも。‖「―灯」⇕船首

せん‐び【戦備】［名］戦争の準備。

せん‐ぴ【戦費】［名］戦争に必要な費用。

ぜん‐び【善美】［名］❶善と美。よいことと美しいこと。❷［形動］美しくてりっぱなこと。‖「―を尽くした建物」

ぜん‐ぴ【前非】［名］過去に犯した過ち。先非。‖「―を悔いる」

せん‐びき【線引き】［名・自他サ変］❶線を引くこと。‖「―小切手」❷都市計画法などで、図面上に線を引いてある地区・区域を定めること。❸ある基準で区切ること。‖「合格者を―する」

ぜん‐びけ【前引け】［名］取引所で、午前中の取引(＝前場(ぜんば))が終わること。また、その時の相場。⇩大引(おおび)け

せん‐ぴつ【染筆】［名・自サ変］筆に墨汁などを含ませて書画をかくこと。揮毫(きごう)。‖「―料」

ぜん‐ひてい【全否定】［名］完全な否定。すべてを否定すること。

せん‐びょう【線描】（ベウ）［名］物の形を線だけでかくこと。せんがき。‖「―画」

せん‐ぴょう【戦評】（ビャウ）［名］試合や勝負についての批評。

せん‐ぴょう【選評】（ビャウ）［名・他サ変］多くの中からよい作品を選んで批評すること。また、その批評。

ぜん‐ぴょう【全▼豹】（ペウ）［名］物事の全体。全体のありさま。‖「一斑(いっぱん)を見て―をトす(ぼくす)」▼豹(ひょう)の皮の全体の意。

ぜん‐ぴょう【前表】（ペウ）［名］❶前に掲げた表。❷前ぶれ。前兆。先表(せんぴょう)。

せん‐びょうし【戦病死】（ビャウシ）［名・自サ変］軍人・軍属が従軍中に病死すること。

せんびょう‐しつ【腺病質】（ビャウ）［名］神経質で、病気にかかりやすい虚弱な体質。▼かつて体格が虚弱で、病

貧血ぎみの子供に頸部リンパ節結核が多くみられたことから使われた語。

せん-びん【先便】〔名〕先に出した便り。前便。

せん-びん【船便】〔名〕⇩ふなびん

ぜん-びん【前便】〔名〕前回の便り。先便。⇕後便

ぜん-ぴん【全品】〔名〕すべての品物や商品。〓「―三割引き」

せん-ぶ【先負】〔名〕六曜の一つ。急用・公事・争い事には悪く、午前は凶、午後は吉とされる日。先負日。せんまけ。さきまけ。せんぷ。

せん-ぶ【宣▼撫】〔名・他サ変〕占領地区で、占領軍の方針・政策などを知らせて人心を安定させること。〓「―工作」

せん-ぷ【先夫】〔名〕以前にその人の夫であった男性。もとの夫。前夫。

せん-ぷ【宣布】〔名・他サ変〕❶政府などが公式に広く一般に知らせること。❷広く一般に行きわたらせること。

ぜん-ぶ【全部】〔名〕❶個々の事物にわたって、そのすべて。またまれに、ある事物について、そのすべての領域。〓「委員の―が賛成というわけではない」「飛行機は―の便が欠航だ」「上から下まで―を赤く塗る」⇕一部▼副詞的にも使う。〓「出された料理は―食べる」 使い方 ⇩全体㊀ ❷すべての部。〓「―二十巻（＝全二十巻）」「―（＝全部署・全部門）総出で対応する」

品格 あらゆる「―ことに興味がある」委細「―承知しました」一切「彼に―を任せる」ことごとく「作戦は―失敗した」全て「―を理解する」万事「―につけて用心深い」

ぜん-ぶ【前部】〔名〕前の部分。〓「機体の―」⇕後部

ぜん-ぶ【膳部】〔名〕膳にのせて出す料理。食膳。

ぜん-ぷ【前夫】〔名〕前の夫。先夫。

せん-ぷう【旋風】〔名〕❶渦巻き状に吹く激しい風。つむじかぜ。つじかぜ。▼竜巻よりも規模の小さいものをいう。❷突発的に生じて社会に大きな反響を呼ぶような出来事。また、それによる反響。〓「一大―を巻き起こす」

せんぷう-き【扇風機】〔名〕小型のモーターで数枚の羽根を回転させて風を起こす電気器具。

せん-ぷく【船幅】〔名〕船体のはば。▼最も広い部分で測る。

せん-ぷく【船腹】〔名〕❶船の胴の部分。❷船の貨物を積み込む部分。また、その積載量。〓「―五〇〇〇トン」❸輸送機関としての船舶。〓「―数」▼多くその隻数を問題にするときに使う。

せん-ぷく【潜伏】〔名・自サ変〕❶見つからないように隠れひそむこと。〓「犯人は都内に―している」❷病気に感染しているが、まだ症状が現れていないこと。〓「―期」

ぜん-ぷく【全幅】〔名〕❶紙・布などの、はばいっぱい。❷あるだけ全部。あらん限り。〓「―の信頼を寄せる」

せん-ぶり【千振】〔名〕山野に自生するリンドウ科の越年草。秋、紫色の線条のある白い花を開く。全体に苦みが強く、乾燥したものを煎じて胃腸薬にする。語源 煎じて千回振り出してもまだ苦い意という。

せん-ぶん【▼撰文】〔名・自サ変〕碑文などの文章をつくること。また、その文章。

せん-ぶん【線分】〔名〕直線上の二点間の限られた部分。有限直線。

ぜん-ぶん【全文】〔名〕ある文章の全体。

ぜん-ぶん【前文】〔名〕❶前の方に書いた文。❷手紙文で、最初に書く時候の挨拶などの文。〓「―御免ください」❸法令・規約などで、条項の前に置かれる文章。制定の趣旨や原則を述べる。

せんぶん-ひ【千分比】〔名〕全体を一〇〇〇としたとき、そのうちのいくらにあたるかという割合。千分率。単位はパーミル（記号‰）。

せん-べい【煎餅】〔名〕❶小麦粉に水・砂糖・卵などを加えて薄くのばし、鉄板などに流して焼いた干菓子。瓦煎餅など。❷米の粉を蒸して薄くのばし、型で抜いて乾燥したものに醤油などを塗って焼いた干菓子。塩煎餅など。

せん-ぺい【先兵（▼尖兵）】〔名〕軍隊が移動する際に本隊の前方を進み、警戒・索敵などの任に当たる小部隊。また、その兵士。▼他に先がけて新しい分野などに進出する人のたとえにもいう。書き方「先兵」は代用表記。

せんべい-ぶとん【煎餅布団】〔名〕薄くて堅い、粗末な布団。

せん-べつ【選別】〔名・他サ変〕ある基準によって、より分けること。〓「果実を大きさで―する」

せん-べつ【▼餞別】〔名〕遠くに旅立つ人や転居・転勤する人などに別れのしるしとして金品を贈ること。また、その贈り物。はなむけ。 餞

せん-べん【先▼鞭】〔名〕〈「先鞭を付ける」の形で〉人より先に着手すること。〓「リサイクル事業に―を付けた企業」「A社に―を付けられる」▼人より先に馬に鞭打ち、さきがけの功名をする意から。注意「先頭を切る」「口火を切る」などと混同した「先鞭を切る」は誤り。「先鞭を打つ」も誤り。

ぜん-ぺん【全編（全▼篇）】〔名〕詩文・書物・映画などで、一つの作品の全体。〓「―を通読する」

ぜん-ぺん【前編（前▼篇）】〔名〕書物・映画などで、二編または三編に分かれている作品の、最初の編。⇩中編・後編

せんぺん-いちりつ【千▼篇一律（千編一律）】〔名・形動〕多くのものがみな同じような傾向で、変化や面白みに欠けること。〓「―のテレビドラマ」▼千篇の詩がみな同じ調子で作られている意から。

せんぺん-ばんか【千変万化】〔名・自サ変〕物事がさまざまに変化すること。〓「―する世界」

せん-ぼう【羨望】〔名・他サ変〕うらやましく思うこと。〓「―の的」 羨

せん-ぼう【先方】〔名〕❶さきの方。向こう。❷相手の人。相手方。〓「―の意向を聞く」⇕当方

せん-ぽう【先▼鋒】〔名〕❶戦闘のとき、軍隊の先頭に立って進むもの。さきて。❷主張・行動などの先頭に立つもの。〓「革新運動の―」「急―」❸剣道・柔道などの団体戦で、最初に戦う人。

せん-ぽう【旋法】〔名〕音楽で、一定の様式に基づく旋律を構成している諸音を分類し、音階の形に整理したもの。

せん-ぽう【戦法】〔名〕戦闘・競技・試合などの戦い方。

ぜん-ぼう【全貌】〔名〕全体の姿。また、物事の全体のありさま。〓「キリマンジャロが―を現 貌

す」「事件の—が明らかになる」

ぜん-ぽう【前方】 [名] 前の方向。前面。「—不注意」⇔後方

ぜん-ほうい【全方位】 [名] すべての方位。あらゆる方向。「—カメラ」

せんぼう-きょう【潜望鏡】 [名] 潜航中の潜水艦から海面上に出して外部の状況を見るための反射式望遠鏡。ペリスコープ。

ぜんぽうこうえん-ふん【前方後円墳】 [名] 前方を方形に、後方を円形に築造した古墳の一形式。

せん-ぼつ【戦没(戦▼歿)】 [名・自サ変] 戦場で死ぬこと。「—者」▼「戦死」より改まった言い方。

ぜん-ぽん【善本】 [名] ❶内容のすぐれた本。特に書誌学で、保存状態がよく、本文の系統が原本に近い古本。❷仏教で、よい果報を受けるもととなる善根・功徳。

せん-まい【洗米】 [名] ❶水で洗った米。あらいよね。❷神仏に供えるために洗った米。饌米。

せん-まい【▼饌米】 [名] 神に供える洗米。供米。

ぜん-まい【▼薇・〈紫▼萁〉】 [名] 山野に自生するゼンマイ科のシダ植物。若葉は綿毛でおおわれ、葉柄とともに渦巻き状に巻く。若葉を乾燥し、あくを抜いて食用にする。 薇

ぜん-まい【〈発条〉・〈▼撥条〉】 [名] 弾力性に富む帯状または線状の鋼を渦巻き状に巻いたもの。巻き締めて、もとに戻ろうとする力を時計・玩具などの動力として利用する。渦巻きばね。「—仕掛け・—秤」

せんまい-づけ【千枚漬け】 [名] 薄切りにした聖護院かぶらを塩漬けにし、さらに麹・味醂・昆布・唐辛子などを加えて漬けた漬物。京都の名産。

せんまい-どおし【千枚通し】 [名] 錐の一つ。重ねた紙などに刺し通して穴をあけるのに用いる。

せんまい-ばり【千枚張り】 [名] 紙などを何枚も張り合わせて厚くすること。また、そのもの。

せん-まん【千万】 [名] 一万の千倍。また、きわめて数の多いこと。「—言を費やす」

せんまん-むりょう【千万無量】 [名・形動] はかり知れないほど数が多いこと。「—の思い」

ぜん-み【禅味】 [名] 禅的な趣。俗気を離れた枯淡な味わい。

せん-みつ【千三つ】 [名] ❶うそつき。ほら吹き。▼本当のことは千のうち三つしか言わない意。❷土地の売買や貸し金などの仲介を業とする人。千三つ屋。▼千のうち三つくらいしか話がまとまらない意。

せん-みょう【宣命】 [名] 天皇の命令を伝える文書の一形式。宣命書きと呼ばれる和文体で書かれたもの。▼漢文体で書かれたものは詔勅という。

せんみょう-たい【宣命体】 [名] 宣命書きの文体。漢字の音訓を借りて国語を表記した上代文の一体で、宣命・祝詞などに用いられた。

せん-みん【▼賤民】 [名] 制度上、社会の最下層に置かれて差別された人々。

せん-みん【選民】 [名] 他民族を神に導くように、神によって選ばれた民族。「—思想」▼旧約聖書に基づき、イスラエルの民が自らをさしていう語。

せん-む【専務】 [名] ❶もっぱらある任務を行うこと。また、その任務。「—車掌」❷株式会社の取締役の一つ。社長を補佐し、会社の全般的な管理業務に当たる。▼「専務取締役」の略。

せん-めい【鮮明】 [名・形動] ❶色・形などがあざやかなこと。「—な画像」❷はっきりしていて、他とまぎれないこと。「—な記憶」「立場を—にする」「旗幟—」 派生 —さ

せん-めい【▼闡明】 [名・他サ変] それまで不明瞭だった道理や意義をはっきりさせること。

ぜん-めい【▼喘鳴】 [名] 異物や気道収縮などによって気道がせばめられ、呼吸をする時に生じるぜいぜい・ひゅうひゅうという音。

せん-めつ【▼殲滅】 [名・他サ変] 残らずほろぼすこと。皆殺しにすること。「—作戦」 殲

ぜん-めつ【全滅】 [名・自サ変] 全部ほろびること。「守備隊が—する」「冷害で農作物が—する」 使い方 「敵軍を—する」のような他動詞用法もまれに用いられるが、「全滅させる」の形が標準的。⬇品詞解説(一八六ページ)

せん-めん【洗面】 [名・自サ変] 顔を洗うこと。洗顔。

せん-めん【扇面】 [名] 扇の表面。扇の地紙。また、扇形をした料紙。「—屏風[写経]」

ぜん-めん【全面】 [名] ❶一つの面の全体。「—広告(＝新聞の一ページ全体を使った広告)」❷すべての面。あらゆる方面・部門。全体。「紛争の—解決をはかる」「—禁止」「—戦争(＝全世界的な規模で行われる戦争)」「—講和(＝同盟関係にある諸国が共同して敵側と講和条約を結ぶこと)」

ぜん-めん【前面】 [名] 前の方。表の方。「人垣の—に押し出される」「薬価問題を—に押し出す」

せんめん-き【洗面器】 [名] 顔を洗うための湯や水を入れる器。

せんめん-じょ【洗面所】 [名] ❶洗面などの設備をほどこした場所。❷便所。手洗い。

ぜんめん-だか【全面高】 [名] 取引市場で、ほとんどの株式が値上がりしている状態。⇔全面安

ぜんめん-てき【全面的】 [形動] すべての方面・部門にわたるさま。「—に改正する」⇔部分的

ぜんめん-やす【全面安】 [名] 取引市場で、ほとんどの株式が値下がりしている状態。⇔全面高

せん-もう【染毛】 [名・他サ変] 髪の毛を染めること。染髪。「白髪を—する」

せん-もう【旋毛】 [名] 渦巻き状に生えている毛。つむじ。つむじげ。

せん-もう【繊毛】 [名] ❶ごく細い毛。❷原生動物の繊毛虫類の体表と後生動物の繊毛上皮細胞にみられる微小な糸状の突起。一本一本が振り子状に運動する。

せん-もう【▼譫妄】 [名] 意識障害で、意識が混濁して錯覚・妄想などを起こす状態。

せん-もん【専門】 [名] ❶もっぱら特定の分野の学問や仕事を研究・担当すること。また、その学問や仕事。「統計学を—とする学者」「—課程[用語]」❷一つのことだけに関心を向けること。「食い気—の人」

せん-もん【泉門】 [名] ⬇ひよめき

ぜん-もん【前門】 [名] 前の門。表門。

◉**前門の虎後門の狼** 一つの災いを逃れても、またもう一つの災いが襲ってくることのたとえ。

ぜん-もん【禅門】 [名] ❶禅宗の宗門。禅宗。❷在家のまま仏門に入って剃髪した男性。禅定門。⇔禅尼

せんもん-か【専門家】 [名] 特定の分野を専門に研究・担当し、それに精通している人。エキスパート。

せんもん-がっこう【専門学校】[名] ❶専修学校のうち、高等学校卒業者を対象に専門教育を施す学校。❷旧制の専門学校令に基づき、中等学校卒業者に専門的な学術・技芸を教育した学校。学制改革により、多くは新制大学に再編成された。

ぜん-もんどう【禅問答】[名] 禅宗の僧が悟りを開くために行う問答。修行者が仏法を問い、師がそれに答えるもの。▽何を言っているのか訳の分からない問答、話のかみ合わない問答のたとえにもいう。

せん-や【先夜】[名] 先日の夜。いく日か前の夜。‖「―の風で庭木が倒された」▽副詞的にも使う。

せん-や【戦野】[名] 戦場となった野原。戦場。

ぜん-や【前夜】[名] ❶前日の晩。昨夜。‖「―から降り続く雪」❷ある特定の日の前の夜。‖「革命―」

せん-やく【仙薬】[名] ❶飲めば不老不死の仙人になれるという薬。❷非常によく効く薬。霊薬。

せん-やく【先約】[名] ❶以前からの約束。前約。‖「―を果たす」❷その申し出の以前にかわしてあった、別の人との約束。‖「その日は―がある」

せん-やく【煎薬】[名] 煎じて飲む薬。せんじぐすり。

ぜん-やく【全訳】[名・他サ変] 原文を省略しないですべて訳すこと。また、その訳。⇔抄訳

ぜん-やく【前約】[名] 以前からの約束。先約。

ぜんや-さい【前夜祭】[名] 記念日・祝典などの前の晩に、その行事を祝って行われる催し。⇔後夜祭

ぜん-ゆ【全癒】[名・自サ変] 病気やけがすっかり治ること。全快。

せん-ゆう【仙遊】[名] 俗世間から離れて悠々と遊ぶこと。

せん-ゆう【占有】[名・他サ変] ❶自分の所有とすること。‖「市場―率」❷民法上、自分のものにする意思をもって物を所持すること。‖「―権(=占有という事実によって生じる物権)」

せん-ゆう【専有】[名・他サ変] ある特定の人の所有とすること。ひとりじめにすること。‖「部屋を―する」「―面積」⇔共有

せん-ゆう【戦友】[名] 部隊を同じくし、戦地でともに戦った仲間。

せんゆう-こうらく【先憂後楽】[名] 人の上に立つ者は、世の人よりも先に天下国家のことを心配し、世の人が安楽になってから楽しむべきだということ。▽范仲淹『岳陽楼記』の「天下の憂えに先んじて憂え、天下の楽しみに後れて楽しむ」から。

せん-よう【占用】[名・他サ変] 独占して使用すること。特に道路・河川工事などの際に、一定の地域・水域を占拠して使用すること。‖「道路―権」

せん-よう【宣揚】[名・他サ変] 広く天下に示し、それを盛んにすること。‖「国威を―する」

せん-よう【専用】[名・他サ変] ❶ある特定の人だけが使用すること。‖「自分―の電話」「社長―の車」❷ある特定の目的・対象だけに使用すること。‖「夜間―の電話」❸もっぱらその品物だけを使うこと。‖「ドイツ製のレンズを―する」

ぜん-よう【全容】[名] 全体の姿。また、内容のすべて。全貌。‖「事件の―を明らかにする」

ぜん-よう【善用】[名・他サ変] よい目的に使うこと。また、じょうずに使うこと。‖「遊閑地の―をはかる」⇔悪用

ぜん-ら【全裸】[名] 身に何もまとっていないこと。まるはだか。すっぱだか。

ぜん-らく【漸落】[名・自サ変] 相場・物価などが徐々に安くなること。⇔漸騰

せん-らん【戦乱】[名] 戦争が起こり世の中が乱れること。また、戦争。‖「―の世」「―に明け暮れた時代」

ぜん-らん【全卵】[名] 卵黄と卵白の全部。

せん-り【千里】[名] 一里の千倍。また、きわめて遠い道のり。‖「―の道も一歩より始まる」「惚れて通えば―も一里」「―の馬(=一日に千里を走るという馬。転じて、すぐれた才能をもつ人)」

せんり-がん【千里眼】[名] 遠隔地の出来事や将来の事柄、隠された物事などを見通すことのできる能力。また、その能力をもつ人。

せん-りつ【旋律】[名] 音楽の基本要素の一つ。楽音の高低・長短がリズムを伴って展開する連続的なながれ。メロディー。節。

せん-りつ【戦慄】[名・自サ変] 恐ろしさのために体がふるえること。‖「―を覚える」「―が走る」

ぜんりつ-せん【前立腺】[名] 男性生殖器の付属腺の一つ。膀胱の下にあって後部尿道を輪状に取り巻く腺。前立腺液を分泌して精子の運動を活発にする。摂護腺。

せんり-ひん【戦利品】[名] 戦争中、敵国から奪い取った物品。▽比喩的に、他の人と争うようにして手に入れた物品の意でも使う。‖「バーゲンの―」

せん-りゃく【戦略】[名] ❶戦争・闘争などに勝つための大局的・長期的な計略。‖「―家」⇒戦術① ❷政治・社会運動・企業競争などを行う上での総合的・長期的な計画。‖「販売[経営]―」

ぜん-りゃく【前略】[名] ❶手紙文で、儀礼的な時候の挨拶などを省略する意で冒頭に書き記す語。冠省。▽「草々」「不一」「不尽」などの語で結ぶ。❷[自他サ変] 文章を引用するとき、その前の部分を省略すること。⇔中略・後略

せん-りゅう【川柳】[名] 前句付けの対句が独立した十七字の短詩。季語・切れ字などの制約のない口語詩として江戸中期頃から流行した。人情・世相・風俗などを風刺し、軽みをもって滑稽に描くことを特色とする。▽前句付けの点者、柄井川柳の名から。数「一句…」と数える。

ぜんりゅう-ふん【全粒粉】[名] 小麦などを表皮や胚芽ごとひいて粉にしたもの。

せん-りょ【千慮】[名] あれこれと深く考えをめぐらすこと。

◉**千慮の一失** どんなに賢い人でも、多くの考えの中には一つくらい間違いがあるということ。▽『史記』から。

◉**千慮の一得** どんなに愚かな人でも、多くの考えの中には一つくらいよい考えがあるということ。▽『史記』から。

せん-りょ【浅慮】[名] 思慮の浅いこと。浅はかな考え。⇔深慮

せん-りょう【千両】[名] ❶一両の千倍。‖「―箱」❷非常に金額の多いこと。また、非常に価値の高いこと。‖「一声―」❸冬、茎の先に球状の赤い実を穂状につけるセンリョウ科の常緑小低木。観賞用の鉢植えにするほか、名がめでたいことから正月の生け花にする。

せん-りょう【占領】[名・他サ変] ❶一定の場所を独り占めにすること。‖「一人で家を―する」❷他国の領土を軍事力で自国の支配下におくこと。‖「―軍」

せん-りょう【染料】［名］繊維などを染める色素となる物質。≡「天然―」

せん-りょう【線量】［名］放射線の総量。照射された放射線の量を表す照射線量、吸収された放射線の量を表す吸収線量など。

せん-りょう【選良】［名］選び出されたすぐれた人。エリート。特に、選挙によって選び出されることから、代議士。

ぜん-りょう【全量】［名］全体の数量。また、全体の重量・容量。

ぜん-りょう【善良】［名・形動］人の性質がおだやかですなおなこと。≡「―な市民」派生―さ

ぜんりょう-せい【全寮制】［名］学生・生徒などの全員が寮に入る制度。≡「―の高校」

せんりょう-やくしゃ【千両役者】［名］格式が高く、技芸にすぐれた人気役者。▼一年に千両の給金を取る役者の意。力量にすぐれ、はなばなしい活躍をする人物のたとえにもいう。

せん-りょく【戦力】［名］❶国が戦争を遂行するための総合的な能力。兵力・軍需品生産力・輸送力などを含めていう。❷スポーツ競技・企業戦略・労働運動などで、戦うための力。また、そのための人員。≡「即チームの―となる選手」「販売部の―を増強する」

ぜん-りょく【全力】［名］出せる限りの力。ありったけの力。≡「―を尽くす」「―をあげて取り組む」

ぜんりょく-とうきゅう【全力投球】［名・自サ変］❶野球で、投手が全力を出して投球すること。≡「―して完封する」❷全力を尽くして物事に取り組むこと。≡「事業の発展に―する」

ぜん-りん【前輪】［名］自動車・自転車などの、前の車輪。≡「―駆動」⇔後輪

ぜん-りん【善隣】［名］隣国または隣家と仲良くすること。また、その仲良くしている隣国や隣家。≡「―外交」

ぜん-りん【禅林】［名］禅宗の寺院。禅寺。

せん-るい【▼蘚類】［名］コケ植物のうち、茎・葉の分化がみられるもの。ミズゴケ・スギゴケ・クロゴケ・ヒカリゴケなど。

せん-れい【先例】［名］❶以前にあった同じような例。また、以前からのしきたり。前例。≡「―にならう」❷これからの基準となるような例。前例。≡「よい―をつくる」

せん-れい【洗礼】［名］❶キリスト教で、信者になるための儀式。全身を水にひたす浸礼、頭部に水を注ぐ灌水、頭部に水滴をつける滴礼などがある。バプテスマ。❷避けて通れない試練。また、その後の人生を左右するような特異な体験。≡「新入部員が一〇〇〇本ノックの―を受ける」「ダダイスムの―を受けた詩人」

せん-れい【船齢】［名］その船が進水してから経過した年数。

せん-れい【鮮麗】［名・形動］あざやかで美しいこと。≡「―な色模様」派生―さ

ぜん-れい【全霊】［名］たましいのすべて。精神力のすべて。≡「研究に―を傾ける」「全身―」

ぜん-れい【前例】［名］❶前に掲げた例。❷先例。≡「―のない事件」

せん-れき【戦歴】［名］参加した戦争についての経歴。また、試合など、勝敗についての経歴。

ぜん-れき【前歴】［名］現在までの経歴。

せん-れつ【戦列】［名］❶戦闘を行う部隊の列。≡「―を離れる」❷闘争のための組織。≡「反戦運動の―に加わる」

せん-れつ【鮮烈】［名・形動］あざやかではっきりしていること。≡「―な印象を受ける」派生―さ

ぜん-れつ【前列】［名］前の列。⇔後列

せん-れん【洗練（洗▼煉）】［名・他サ変］ねりきたえて風格・品格を高めること。みがきをかけて優雅・高尚なものにすること。≡「デザインを―する」「―されたファッション」▼物を洗ったり練ったりして仕上げる意から。

せん-ろ【線路】［名］電車・列車などが通る軌道。レール。≡「―を敷設する」

せん-ろっぽん【千六本（繊六本）】［名］大根などを細長く刻むこと。また、刻んだもの。千切り。▼「繊蘿蔔（＝細長く切った大根）」の唐音「せんろうぽ」の転。

ぜん-わ【禅話】［名］禅の修行・教義などに関する話。禅学の講和。

ぜん-わん【前腕】［名］腕の、ひじから手首までの部分。前膊。≡「―骨」

そ

そ【祖】㊀［名］❶家系・王朝などの初代。≡「源氏の―」「―国・―先」「太―」❷ある物事のもとを開いた人。≡「社会学の―」「教―」㊁（造）❶父母の親。≡「―父・―母」❷ならう。≡「―述」旧祖

そ【租】㊀［名］律令制の税の一つで、口分田・位田などの収穫の一部を納めさせたもの。年貢。また、一般に税金。≡「―、庸、調」「地―・田―」㊁（造）土地・家などを料金を払って借りる。≡「―界・―借」

そ【素】㊀［名］数学で、ある数・式がそれ以上分解できないこと。また、二つの数・式で、互いに一方が他方を整除できない関係にあること。≡「―数・―因数」㊁（造）❶染めてない白絹。また、白い。≡「―衣・―雪」❷手を加えてない。飾り気がない。≡「―材・―朴」「簡―・質―」❸簡単な。≡「―描・―本」❹物事のもとになるもの。根本になるもの。≡「―因」「色―・要―・栄養―」❺つねづねの。ふだんの。≡「―行」「平―」❻元素の名につける語。≡「酸―・水―・窒―」

そ【▼其・▽夫】［代］〔古風〕それ。

そ［終助］〔古風〕〈副詞「な」と呼応して〉禁止の意を表す。≡「春の鳥な鳴きそ鳴きそ〈北原白秋〉」

そ【狙】（造）❶猿。≡「―公」❷ねらう。≡「―撃」

そ【阻】（造）❶地形がけわしい。≡「険―」▼「岨」に通じる。❷じゃまをする。さえぎる。≡「―害・―止」▼「沮」に通じる。

そ【措】（造）❶おく。すえる。≡「―辞・―置」❷ふるまい。≡「挙―」

そ【▼疏】（造）❶とおす。とおる。≡「―水・―通」▼「疎」に通じる。❷うとくなる。≡「―遠」❸粗末な。≡「―食」

そ【粗】（造）❶あらい。おおまか。≡「―忽・―暴・―野」「精―」❷品質がよくない。粗末。≡「―衣―食」❸相手に差し出す物を謙遜していうときに添える語。≡「―餐・―品・―酒・―茶」

そ【組】（造）❶くみ合わせる。くみ立てる。≡「―閣・―織」「改―」❷糸をより合わせてくむ。くみひも。≡「―綬

」❸「組合」の略。‖「教━・労━」

そ【疎】(造)❶間がすいている。まばら。‖「━開」「過━・空━」❷親しくない。うとい。うとむ。‖「━遠・━外」❸おろそか。おおまか。‖「━略・━漏」❹とおる。とおす。‖「━水」▽「疏」に通じる。

そ【訴】(造)❶うったえる。申し立てる。うったえ。‖「━訟・━状」「起━・控━・告━・直━(じきそ)・愁━」❷告げ口をする。そしる。‖「讒━(ざんそ)」

そ【塑】(造)粘土をこねて物の形を作る。また、その物。‖「━像」「彫━」

そ【▼鼠】(造)❶ねずみ。‖「窮━」❷こそこそと悪事を働く者。‖「━盗」

そ【遡】(造)さかのぼる。‖「━及・━求・━源・━行・━江・━航」書き方「遡」は許容字体。

そ【礎】(造)柱をのせる土台石。物事の根本。いしずえ。‖「━材」「基━・定━」

そ【▼蘇】(造)❶よみがえる。‖「━生」❷薬味・薬用などにする植物。‖「紫━」「━鉄」

ソ【sol イタ】[名]❶西洋音楽で、長音階の第五音の階名。また、短音階の第七音の階名。❷日本音名ト音のイタリア音名。

ぞ 一 [終助]❶〈活用語の終止形に付いて〉相手に対して、自分の判断や決意を強く言い示す意を表す。‖「さあ、行くぞ」「遅いぞ、早くしろ」使い方 親しい相手に対して使う。丁寧語に付いた「ですぞ」「ますぞ」は、古風な言い方。‖「頼みましたぞ」❷〈活用語の終止形に付いて〉自己確認する意を表す。‖「おや、何か変だぞ」「彼にはどこかで会ったことがあるぞ」❸〔古風〕〈疑問を表す語とともに使って〉疑問や反語の意を強める。‖「誰がそんなことを信じようぞ」
二 [副助]❶〈体言や副詞に付いて〉その語を強く指示する。‖「よくぞ来てくれた」「ついぞ聞いたことがない」「これぞまさしく本物だ」「知る人ぞ知る」使い方 文語では他の助詞にも付く。係助詞とし、文中に「ぞ」がある場合、文末は連体形で結ぶ(係り結び)。❷〔古風〕〈疑問を表す語に付いて〉不定の意を表す。‖「何ぞおもしろいことはないか」「先生はどこぞ出なすったか〈漱石〉」

そ-あく【粗悪】[名・形動]粗末で質が悪いこと。‖「━な紙」「━品」派生 さ

そ-あん【素案】[名]おおもとになる案・考え。

そ-い【粗衣】[名]粗末な衣服。‖「━粗食」

ぞい【沿い】(造)〈名詞に付いて〉それに沿っている意を表す。‖「川━・線路━」

そ-いつ【▼其▽奴】[代]❶〔三人称〕相手の近くにいる人や話題になっている人を乱暴に、また親しみを込めて指し示す語。‖「━は誰だ」「━に聞いてくれ」❷相手の近くにあるもの、また話題になっているものを乱暴にいう語。それ。‖「━を取ってくれ」「━は困った」

そい-と・げる【添い遂げる】[自下一]❶困難を乗り越えて望みどおり夫婦になる。‖「周囲の反対を押し切って━」❷一生夫婦として暮らす。‖「仲むつまじく━」文 そひと・ぐ

そい-ね【添い寝】[名・自サ変]寝ている人のそばに寄り添って寝ること。添い臥(ぶ)し。

そ-いん【素因】[名]❶おおもとの要因・原因。❷その病気にかかりやすい素質。‖「糖尿病の━」

そ-いん【訴因】[名]刑事裁判で、起訴の原因となる事由。検察官が起訴状に記載する具体的な犯罪事実の表示。

そう【双】[名]二つで一組みとなるものの両方。また、二つ。ペア。‖「━の肩」「━手・━方・━眼鏡」「屏風(びょうぶ)一━」旧 雙

そう【壮】[名・形動タル]❶意気・血気が盛んで勇ましいこと。また、大きくて立派なこと。‖「その志を━とする(=堂々として立派だと認める)」「━観・━健・━麗」「豪━・雄━」❷元気さかんな年頃。‖「━にして一家をなす」「━年」▽三〇歳前後をいう。旧 壯

そう【相】一[名]❶外面に現れた姿。顔つきや様子。‖「衰退の━が見える」「━貌(そうぼう)」「血━・真━」❷吉凶のしるし。人相・手相・家相など。‖「水難の━」 二(造)❶たがいに。‖「━関・━互・━思・━愛」❷受け継ぐ。‖「━続・━伝」

そう【草】一[名]❶詩文の下書き。‖「━を起こす」「━案・━稿」❷草書。‖「真行━」 二(造)❶くさ。‖「━原・━食・━木」「海━・香━・雑━・牧━・薬━」「福寿━・月見━」❷粗末な。ぞんざいな。‖「━庵・━堂」❸はじまり。また、開けていないころ。‖「━創・━昧(そうまい)」

そう【装】一[名]❶衣類などを着けてよそおうこと。‖「━を凝らす」「軽━・盛━・武━」❷本・巻物などの体裁。‖「表━・和━本」 二(造)外見をととのえる。かざる。‖「━置・━着・━備」「改━・塗━・包━」旧 裝

そう【僧】[名]出家して仏門に入った人。僧侶。‖「禅宗の━」「━形・━正(そうじょう)・━坊」「高━・老━」旧 僧

そう【想】[名]考えること。考え。思い。‖「作品の━を練る」「━像・━定」「感━・幻━・発━・予━」

そう【層】[名]❶幾重にも重なったもの。‖「厚い雲が━をなす」「━状」「高━」❷年齢や地位、また、能力などの観点でとらえた集団。‖「選手の━が厚い」「階━・年齢━」❸地層。‖「断━」旧 層

そう【▼箏】[名]細長い桐(きり)の胴に一三本の弦を張った弦楽器。柱(じ)で音階を調節し、右手の指にはめた爪(つめ)で演奏する。▽奈良時代に中国から伝来した当初は柱をもたない「琴(きん)」と区別して「箏(そう)の琴(こと)」と呼ばれたが、後に単に「こと」と呼ばれるようになった。

そう【▼躁】一[名]気分や意欲が高揚すること。⇔鬱(うつ) 二(造)さわぐ。さわがしい。‖「軽━・焦━」

そ・う【沿う】[自五]❶長く続いているものに、そのそばを離れないように付き従う。‖「川[岸]に━って進む」「列島に━って黒潮が流れる」❷物事のすじみちや決まりなどに付き従う。即する。則する。のっとる。‖「時代の流れに━改革」「方針[ガイドライン・計画・教科書]に━って進める」「希望に━」書き分け ②は「添う」とも書く。⬇添う◈「添う」と同語源。可能 沿える

そ・う【添う(▽副う)】[自五]❶そばから離れずにいる。ぴったりつく。‖「鮎太は眩(まぶ)しい気持ちで信子の右側に━った〈井上靖〉」「付き━・寄り━」❷親しく交際する。‖「人には━てみよ、馬には乗ってみよ」❸夫婦になる。‖「愛し合う二人なら━・わせてやりたい」「━・い遂げる」❹期待や目的に当てはまる。かなう。合う。適合する。‖「ご希望[ご期待]に━ように頑張ります」「提案[趣旨]に━」◈書き分け (1)④は「沿う」とも書く。付き従う意に重点を置いて【沿】、ぴったり合う・適合する意で【添】を使うとも思われるが、必ずしもはっきりしない。(2)【副】は①④に使うが、まれ。可能 添える

そう【▽然う】一[副]❶そのように。‖「私も━思います」「では、━しましょう」❷〈打ち消しを伴って〉それほど。そんなに。‖「この問題は━は難しくない」

［二］［感］❶相手のことばに対して同意・肯定の気持ちや軽い感動の気持ちを表すときに発する語。‖「ー、そのとおり」「ー、それはよかった」❷相手のことばに対して半信半疑の気持ちや軽い驚きの気持ちを表すときに発する語。‖「あら、ー、ほんとうかしら」❸あることを思い出したときなどに発する語。‖「ー、あれは去年の春のことだった」◈書き方 ⑴かな書きが一般的。⑵［一］を「そお」と書くのは誤り（×そおしましょう）。［二］も「そう」が標準だが、感動詞のため発音に添って「そお」と書かれることもある。

そう【争】サウ（造）あらそう。あらそい。‖「ー議・ー奪・ー点・ー乱」「競ー・抗ー・闘ー・論ー」旧爭

そう【早】サウ（造）❶時刻・時期・時節などが、はやい。‖「ー晩・ー天・ー計・ー産・ー熟・ー退」「尚ー」❷時間をおかないさま。‖「ー急」

そう【走】（造）❶はしる。‖「ー行・ー者・ー破」「完ー・疾ー・独ー・暴ー」❷にげる。‖「脱ー・遁ー・敗ー」

そう【宗】（造）❶一族の中心となる家。本家。また、祖先。‖「ー家・ー族」「皇ー・祖ー」❷中心としてたっとぶ。また、たっとばれる人。‖「ー主・ー匠」「詩ー」

そう【奏】（造）❶君主に申し上げる。意見を差し出す。‖「ー請・ー覧」「上ー・伝ー」❷音楽をかなでる。‖「演ー・伴ー」「二重ー」❸なしとげる。‖「ー功・ー効」

そう【荘】サウ（造）❶おごそか。‖「ー厳・ー重」❷店。‖「茶ー・旅ー」❸仮のすまい。別宅。‖「山ー・別ー」❹旅館・アパートなどの名に添える語。‖「常磐ー」❺荘子。‖「老ー」旧莊

そう【送】（造）❶見おくる。おくり出す。‖「ー迎・ー辞・ー別」「葬ー・歓ー」❷人・物などを運ぶ。おくり届ける。‖「ー金・ー電・ー付」「配ー・郵ー・輸ー」

そう【倉】サウ（造）❶穀物などをしまう建物。くら。‖「ー庫」「船ー」❷あわてるさま。‖「ー皇・ー卒」

そう【捜】サウ（造）さがす。さがし求める。‖「ー査・ー索」旧搜

そう【挿】サフ（造）さす。さしこむ。‖「ー画・ー入」旧插

そう【桑】サウ（造）樹木の、くわ。‖「ー園・ー田」「扶ー」

そう【巣】サウ（造）❶鳥のす。‖「帰ー」❷すみか。かくれが。‖「ー窟」❸ある物が集まっている所。‖「病ー・卵ー」旧巢

そう【掃】サウ（造）❶ほうきでごみを除く。はく。‖「ー除」「清ー」❷すっかり除く。はらう。‖「ー海」「一ー」

そう【曹】サウ（造）❶役所。役所の部局。‖「法ー」❷なかま。‖「吾ー」❸軍隊で、下士官の階級。‖「ー長」「軍ー」❹「曹達（ソーダ）」の略。‖「重ー」

そう【爽】サウ（造）さわやか。‖「ー快」「颯ー」

そう【窓】サウ（造）❶まど。‖「車ー・明ー浄机」❷まどのある部屋。‖「学ー・深ー・同ー」

そう【創】サウ（造）❶きず。きずつける。‖「ー痍」「銃ー・刀ー」「絆ー膏」❷はじめる。はじめてつくる。‖「ー刊・ー造・ー立」「草ー・独ー」

そう【喪】サウ（造）❶死者を弔う儀礼。‖「ー礼」「社ー・大ー」❷うしなう。なくす。‖「ー失・ー神」「阻ー」

そう【曽】（造）❶直系の三親等を表す語。‖「ー祖父・ー祖母」❷これまでに。かつて。‖「未ー有」旧曾

そう【葬】サウ（造）死者をほうむる。また、その儀式。‖「ー祭・ー式・ー列」「火ー・埋ー・密ー」

そう【▼蒼】サウ（造）❶あおい。あおざめて生気がない。また、古びている。‖「ー海・ー穹・ー天・ー白」❷草木が茂るさま。‖「鬱ー」❸ひとびと。たみ。‖「ー生・ー氓」❹あわてるさま。‖「ー惶」

そう【▼漕】サウ（造）❶船をこぐ。‖「ー手・ー艇」「競ー」❷船で物を運ぶ。‖「運ー」

そう【▼綜】（造）❶一つにまとめる。‖「ー括・ー合・ー覧」❷入りまじる。‖「錯ー」

そう【総】（造）❶あわせる。一つにまとめる。‖「ー括・ー計」❷全体をまとめて治める。すべる。‖「ー裁・ー統」❸すべての。全体の。‖「ー額・ー称・ー辞職・ー選挙」❹ふさ。‖「ー角」❺「上総」「下総」の略。‖「ー州・ー武」「房ー」◈①②は「綜」に通じる。旧總

そう【▼聡】（造）さとい。かしこい。‖「ー敏・ー明」

そう【遭】サウ（造）たまたまあう。でくわす。‖「ー難・ー遇」

そう【槽】サウ（造）❶家畜の飼料を入れるおけ。かいばおけ。‖「馬ー」❷水などの液体を入れる容器。ふね。おけ。‖「水ー・油ー・浴ー」❸中央部がくぼんでいるもの。‖「歯ー」

そう【痩】（造）やせる。やせほそる。‖「ー軀」「ー身」旧瘦

そう【踪】（造）あと。ゆくえ。‖「ー跡」「失ー」

そう【操】サウ（造）❶心身をかたく守る。みさお。‖「ー行」「節ー・貞ー」❷うまく扱う。あやつる。‖「ー業・ー作・ー縦」「情ー・体ー」

そう【▼艘】サウ（造）小さい船を数える語。‖「三ーの屋形船」

そう【燥】サウ（造）かわく。かわかす。‖「乾ー」

そう【霜】サウ（造）❶しも。‖「秋ー・氷ー」❷しものように白い状態のもの。‖「ー髪」

そう【▼叢】（造）❶草が群がり生える。くさむら。‖「ー生・ー林」❷群がり集まる。また、多くの物の集まり。‖「ー雲・ー書」「論ー」

そう【騒】サウ（造）さわぐ。さわがしい。‖「ー音・ー動・ー乱」「喧ー・物ー」旧騷

そう【藻】サウ（造）❶みずくさ。も。‖「ー類」「海ー」❷詩文のあや。‖「詞ー・文ー」

ぞう【象】ザウ［名］現存の陸上動物のうちで最も大きいゾウ科の哺乳類。体全体が灰色で、自由に動く長い鼻と大きな耳、牙を持つ。インドから東南アジアに分布するアジアゾウと、サハラ以南のアフリカに分布するアフリカゾウとに大別される。草食性。

ぞう【像】ザウ［名］❶物の形。人の姿。また、思い描く形・姿。‖「瞼に浮かぶー」「映ー・群ー」「人物ー・未来ー・理想ー」❷神仏・人間・事物などに似せてつくったもの。‖「キリストのー」「胸ー・肖ー・銅ー・仏ー」❸物体から出た光線がレンズなどを通ったのちに屈折または反射して生じる、その物体の形。‖「ーを結ぶ」「実ー」

ぞう【増】［一］［名］ふえること。ふやすこと。‖「前年比一〇パーセントのー」「ー加・ー強・ー税」「急ー・激ー・倍ー」⇔減 ［二］（造）ますます。‖「ー長」旧增

ぞう【蔵】ザウ［一］［名］所有していること。また、その物。‖「某氏のー」「ボストン美術館ー」［二］（造）❶物をしまっておく建物。くら。‖「土ー・宝ー」❷おさめる。また、しまい隠して表に出さない。‖「ー書」「愛ー・貯ー・秘ー・埋ー」❸仏教・道教の経典の集成。‖「経ー・三ー」旧藏

ぞう【造】ザウ（造）❶こしらえる。つくる。‖「ー園・ー花・ー語」「偽ー・建ー」❷なす。行う。‖「ー反」❸いたる。ゆきつく。‖「ー詣」❹あわただしい。‖「ー次」

ぞう【雑】ザフ（造）❶入りまじる。‖「ー炊・ー煮」❷とるに足りない。重要でない。‖「ー巾・ー兵」❸あらい。‖「ー言」❹分類しにくい。‖「ー歌」旧雜

ぞう【憎】(造) にくむ。嫌う。≡「―悪(お)」「愛―」旧憎

ぞう【贈】(造) ❶金品をおくり与える。≡「―呈・―答・―与・―賄」「寄―」❷死後に官位・称号を与える。≡「―位」「追―」旧贈

ぞう【臓】ザウ(造) はらわた。≡「―器・―物」「肝―・心―・腎―(じんぞう)・膵―(すいぞう)」旧臟

そう-あい【相愛】サウ-[名・自サ変] 互いに愛し合うこと。≡「相思―の仲」

ぞう-あく【増悪】[名・自サ変] 病状が悪化すること。≡「症状が―する」

そう-あたり【総当たり】[名] ❶試合・競技に参加したチームや個人が参加するすべての相手と対戦すること。≡「―戦」❷くじ引きで、空くじがないこと。

そう-あん【草案】サウ-[名] 文章の下書き。文案。≡「報告書の―を作る」⬍成案

そう-あん【草▼庵】サウ-[名] ❶わら・カヤなどで屋根をふいた粗末な家。草のいおり。≡「山中に―を結ぶ」❷茶室。

そう-あん【創案】サウ-[名・他サ変] それまでになかったものを最初に考え出すこと。また、その考えや工夫。≡「当社の―した新方式の掃除機」

そう-あん【僧▼庵】[名] 僧の住むいおり。

そう-い【相違】サウヰ[名・自サ変] 二つの物・事柄の間にちがいがあること。≡「両者には意見の―がある」「案に―して会議は紛糾した」書き方「相違」とは類義の「相異」がのち混同され、「相異」とも書かれた。現在は専ら「相違」と書くことから「相異」を誤りとする向きもある。

そう-い【創▼痍】サウ-[名] 刃物などで体に受けた傷。創傷。≡「満身―」▽精神的な痛手のたとえにもいう。

そう-い【創意】サウ-[名] これまでにない新しい思いつき。独創的な考え。≡「演出に―を凝らす」「―工夫」

そう-い【僧衣】[名] 僧の衣服。法衣。そうえ。

そう-い【総意】[名] 全員の一致した意見・考え。≡「会員の―を汲む」

そう-いうサフイフ[連体] そのような。そんな。≡「―話は聞いたことがない」

そう-いっそう【層一層】[副ト] 以前にまして。ますます。≡「状況は―厳しくなる」▽「一層」を強めていう語。

そうい-な・い【相違ない(相違無い)】サウヰ[形] ➡違いない①②

そう-いん【僧院】-ヰン[名] ❶寺で、僧が住んでいる建物。また、寺院。❷修道院。

そう-いん【総員】-ヰン[名] ある集団に属するすべての人員。全員。

ぞう-いん【増員】-ヰン[名・自他サ変] 人員・定員をふやすこと。また、ふえること。⬍減員

そううつ-びょう【▼躁鬱病】サウウツビヤウ[名] 精神疾患の一つ。気分が高揚して行動が活発になる躁状態と気分が憂鬱に沈み込む鬱状態が交互に現れる。双極性障害。➡躁病・鬱病

そう-うん【層雲】[名] 層をなす雲。特に、地上六〇〇メートル前後の低い所に霧のように広がる層状の雲。しばしば霧雨を降らせる。霧雲(きりぐも)。

ぞう-えい【造営】ザウ-[名・他サ変] 神社・寺院・宮殿などを建てること。≡「拝殿を―する」

ぞう-えい【造影】ザウ-[名] X線の透視や撮影で、臓器などの像を明確にすること。≡「―剤」

ぞう-えき【増益】[名・自サ変] 利益がふえること。≡「今期は―が見込まれる」「増収―」⬍減益

そう-えん【▼蒼鉛】サウ-[名] 金属元素の一つ。単体は赤みを帯びた銀白色で、もろい。融点が低いので、易融合金の材料にする。ビスマス。元素記号Bi

ぞう-えん【造園】ザウヱン[名・自サ変] 庭園・公園などをつくること。≡「―業」

ぞう-えん【増援】-ヱン[名・他サ変] 援助の人員をふやすこと。人員をふやして援助すること。

ぞう-お【憎悪】-ヲ[名・他サ変] 激しくにくみ嫌うこと。また、その気持ち。≡「暴力を―する」

そう-おう【相応】サウ-[名・形動・自サ変] つり合いがとれていること。ふさわしいこと。≡「能力に―した仕事」「それ―の礼をする」「年―の分別がある」

そう-おく【草屋】サウヲク[名] ❶わら・かやなどで屋根をふいた家。草ぶきの家。❷自分の家をいう丁重語。▽草ぶきの粗末な家の意から。

そう-おん【▼宋音】[名] 日本の漢字音の一つ。従来、唐音とされていた音の一部で、宋時代以後の中国語の発音を禅僧などが伝えたもの。禅宗関係の語に多い。「行脚(あんぎゃ)」「払子(ほっす)」「塔頭(たっちゅう)」「鈴(りん)」などの類。▽唐音と宋音を総称して唐宋音という。

そう-おん【騒音】サウ-[名] 騒がしく、不快に感じる音。

そう-か【挿花】サフクワ[名] 花器に花を生けること。生け花。

そう-か【喪家】サウ-[名] 喪中の家。葬式のある家。

◉喪家の狗(いぬ) 喪中の家で、悲しむ家人が餌(えさ)をやるのを忘れ、元気をなくしてしまった犬。一説に、宿なしになった犬ともいう。やつれて元気のない人のたとえにも使う。▽『史記・孔子世家』から。

そう-か【僧家】[名] 僧の住む家。寺院。また、僧侶。そうけ。

そう-が【▽爪牙】サウ-[名] ❶つめときば。≡「―にかかる(＝犠牲となる)」▽人を傷つけ、害するもののたとえにいう。❷主君のつめとなり、きばとなって助け守る家臣。≡「―の士」

そう-が【挿画】サフグワ[名] 書籍・雑誌などの挿絵。

そう-が【装画】サウグワ[名] 書物の装丁に用いる絵。

ぞう-か【造化】ザウクワ[名] ❶天地万物をつくり出し、育てること。また、それを行う神。造物主。≡「―の神」❷造物主によってつくり出された天地万物。自然。≡「―の妙」

ぞう-か【造花】ザウクワ[名] 紙・布・プラスチックなどの材料で本物に模して作った花。⬍生花

ぞう-か【増加】[名・自他サ変] 数・量がふえること。また、ふやすこと。≡「人口[体重]が―する」「白血球を―させる薬」⬍減少 使い方「〜を増加する／増加させる」では、後者が一般的。➡品詞解説(一八六六ページ) ✓注意「増化」と書くのは誤り。

ぞう-か【増価】[名・自サ変] 時価の騰貴に伴って固定資産の評価額が上がること。

ぞう-か【雑歌】ザフ-[名] 歌集の部立ての一つ。万葉集では相聞(そうもん)・挽歌(ばんか)に属さない歌。古今集以後では、四季・恋・賀・羇旅(きりょ)・離別・哀傷などに属さない歌。ぞうのうた。ぞう。

そう-かい【壮快】サウクワイ[名・形動] 元気にあふれていて気持ちがよいこと。≡「―なマーチ」「―な気分」派生 -さ

そう-かい【掃海】サウ-[名・自サ変] 海中を捜索して機

雷などの危険物を取り除くこと。‖「—艇」

そう-かい【爽快】［名・形動］さわやかで気持ちがよいこと。‖「—な目覚め」「気分—」派生 -さ

そう-かい【▼滄海・▼蒼海】［名］あおい海。

◉滄海変じて桑田となる 世の中の変化が激しいたとえ。注意「変じて」を「転じて」とするのは誤り。

そう-かい【総会】［名］団体の構成員全員が集まって開く会議。その団体の意思を決定する最高議決機関となる。‖「株主［生徒］—」

そう-がい【窓外】［名］まどのそと。

そう-がい【霜害】［名］霜によって農作物・果樹などが受ける害。春季の晩霜害と秋季の初霜害とがある。

そうかい-や【総会屋】［名］少数の株を所有して株主総会に出席し、金品をせびりとる目的で総会の議事を誘導し、または妨害する悪質な株主。

そう-がかり【総がかり（総掛かり）】［名］❶全員が力を合わせて一つの事に当たること。❷［古風］ある事に掛かった費用の合計。

そう-かく【総画】［名］一つの漢字を構成する字画の総数。総画数。‖「—索引」

そう-がく【奏楽】［名］❶［自他サ変］音楽を演奏すること。また、演奏されている音楽。❷歌舞伎下座音楽の一つ。雅楽を模したもので、御殿や寺社の場面で用いる。

そう-がく【総額】［名］すべてを合計した金額。全額。‖「—三千万円」「時価—・被害—」

ぞう-がく【増額】［名・他サ変］金額をふやすこと。⇔減額

そう-かつ【総括】［名・他サ変］❶個々のものをまとめて一つにすること。全体をまとめて、しめくくること。‖「各省の予算を—する」「—質問」❷組合運動・政治運動などで、それまで行ってきた活動の内容や成果をまとめて評価・反省すること。‖「春闘を—する」

そう-かつ【総轄】［名・他サ変］全体をまとめて取り締まること。‖「事務を—する」「—責任者」

そう-がな【草《仮名》】［名］草書体の万葉仮名。これをさらに書きくずしたものが平仮名となる。

そうか-へいきん【相加平均】［名］n個の数の総和をnで割って得た平均値。算術平均。⇔相乗平均

そう-がら【総柄】［名］布地などの全体に模様がつけられていること。‖「—のアロハシャツ」

そう-かん【壮観】［名・形動］規模が大きくてすばらしいこと。また、その眺め。‖「山頂からの眺めは—だ」「—な景色」派生 -さ

そう-かん【相▼姦】［名・自サ変］社会通念上、肉体関係をもつことを禁じられている者が通じ合うこと。‖「近親—」

そう-かん【相関】［名・自サ変］二つの物事が一方が変われば他方も変わるというように深くかかわり合っていること。‖「—する心理と生理」「—図」

そう-かん【送還】［名・他サ変］もとのところへ送り返すこと。‖「強制—」

そう-かん【挿管】［名］管を挿入すること。

そう-かん【創刊】［名・他サ変］定期刊行物を新たに発行すること。‖「女性誌を—する」「—号」

そう-かん【総監】［名］全体の事務および人員を監督・統率すること。また、その官職（を務める人）。‖「警視—」

そう-がん【双眼】［名］両方の目。両眼。⇔隻眼

ぞう-かん【増刊】［名・他サ変］定期刊行物の別冊を定期のほかに特別に刊行すること。また、その刊行物。‖「—号」

ぞう-がん【象眼（象▼嵌）】［名・他サ変］❶工芸品の装飾技法の一つ。金属・陶磁・木材などの表面に模様を刻み、その部分に金・銀・貝殻などの他の材料をはめ込むこと。また、そのもの。❷印刷で、鉛版などの修正箇所を切り抜き、そこに別の活字などをはめ込むこと。‖「—訂正」◈書き方「象眼」「象嵌」は本来別語だが、混同されて同じ意に使われた。今は「象眼」を使う。

そうかん-かんけい【相関関係】［名］❶一方が変化すればそれにつれて他方も変化するというように、二つの物事が深くかかわり合う関係。❷数学で、一方が増加するにつれて他方が増加または減少するという二つの変量の関係。

そうがん-きょう【双眼鏡】［名］二つの望遠鏡の光軸を平行に並べ、両眼で同時に見られるようにした光学機器。

そう-き【早期】［名］早い時期。‖「癌の—発見」

そう-き【想起】［名・他サ変］過去の体験や出来事を思い起こすこと。‖「少年時代を—する」

そう-き【総記】［名］❶全体についての記述。❷十進分類法による図書分類の一つ。百科事典・新聞・雑誌など、特定の分野に属さない部門。記号0で表す。

そう-ぎ【争議】［名］❶立場を異にする二者が互いに自分の意見を主張して争うこと。‖「家庭—」❷「労働争議」の略。‖「—権（＝労働者が団結してストライキなどの争議行為を行う権利）」

そう-ぎ【葬儀】［名］死者をほうむる儀式。葬式。とむらい。

ぞう-き【造機】［名］機械・機関などを製造すること。‖「—工学」

ぞう-き【雑木】［名］種々雑多な木。また、材木としては使えない木。ざつぼく。ぞうぼく。‖「—林」

ぞう-き【臓器】［名］内臓の器官。肺・胃・腸・肝臓・腎臓など。‖「—提供」

臓

ぞうき-いしょく【臓器移植】［名］機能が損なわれた臓器に代わって、他の個体などから正常な臓器を移植すること。

ぞうき-ばやし【雑木林】［名］いろいろな木が入り混じって生えている林。ざつぼくりん。

そう-きゅう【早急】［名・形動］⇩さっきゅう

そう-きゅう【送球】［名・自他サ変］球技で、ボールを他の選手に投げ送ること。また、そのボール。

そう-きゅう【▼蒼▼穹】［名］あおぞら。蒼天。蒼空。▼「穹」は弓なりに見える空の意。

そうきゅう-きん【双球菌】［名］二つの球菌が対になってつながっている細菌。淋菌・肺炎双球菌など。

そう-きょ【壮挙】［名］規模が大きくて勇ましい行い。また、その計画。

そう-ぎょ【草魚】［名］全長一メートル以上に成長するコイ科の淡水魚。コイに似るが口ひげはない。中国から移殖され、利根川水系で繁殖。食用。

そう-ぎょう【早暁】［名］夜が明けるころ。明け方。払暁。

そう-ぎょう【創業】［名・自他サ変］事業を興すこ

と。新しく会社や店を興して営業を始めること。‖「昭和初期に製薬会社を—する」「—二〇周年記念」

そう-ぎょう【僧形】 [名] 僧の姿。髪を剃り、袈裟・衣をまとった姿。僧体。⇔俗形

そう-ぎょう【操業】 [名・自サ変] 作業をすること。特に、機械などを動かして作業をすること。

ぞう-きょう【増強】 [名・他サ変] 人員・設備などをふやして機能を強めること。‖「兵力を—する」

そうき-きょういく【早期教育】 [名] 一定の計画に基づいて学齢期以前の幼児に行う教育。特に、ある才能を開発するために子供の幼児期からほどこす教育。

そう-きょく【▼箏曲】 [名] 琴を主奏楽器とする音楽。

そうきょくせい-しょうがい【双極性障害】 [名] ⬇躁鬱病

そうきょく-せん【双曲線】 [名] 平面上で、二つの定点(焦点)からの距離の差が常に一定である点の軌跡として表される曲線。

そう-ぎり【総▼桐】 [名] 家具などの全体が桐材で作られていること。また、そのもの。▼三方桐・前桐に対していう。

そう-きん【送金】 [名・自他サ変] 金銭を送ること。また、その金銭。‖「会費を—する」「海外—」

ぞう-きん【雑巾】 [名] 汚れなどをふき取るのに用いる布。‖「—掛け」注意「雑布」と書くのは誤り。

そう-く【走▼狗】 [名] ❶狩猟で、鳥や獣を追い立てるのに使われる犬。‖「狡兎死して—烹らる」❷権力者などの手先となって使われる者をさげすんでいう語。

そう-く【痩▼軀】 [名] やせたからだ。痩身。

そう-ぐ【葬具】 [名] 葬式に使う道具。

そう-ぐ【装具】 [名] ❶身につける道具や器具。‖「登山用の—」「義肢—」❷機械・器具などに取りつける道具。‖「刀剣—」

そう-ぐう【遭遇】 [名・自サ変] 思いがけなく出あうこと。不意に出くわすこと。‖「山中で熊と—する」「危険に—する」使い方 多く好ましくない出あいに使う。

そう-くずれ【総崩れ】 [名] 戦闘などで、隊形や陣形が乱れてばらばらになること。また、試合・競技などで、チームの全員が敗れること。

そう-くつ【巣窟】 [名] 盗賊・悪党などがかくれ住んでいる場所。また、悪事のおもととなるところ。‖「悪[犯罪]の—」

そう-け【宗家】 [名] 一門・一族の中心になる家。特に、学問・芸道などの正統を伝えてきた家。家元。そうか。

そう-け【僧家】 [名] ⬇そうか(僧家)

ぞう-げ【象牙】 [名] 象の上顎にある、きばのように伸びた二本の門歯。きめが細かくて美しいので細工物の材料として珍重された。アイボリー。‖「—色(=淡い黄白色)」「—の塔(=芸術を至上のものとして俗世間から逃れる孤高の境地。また、現実から逃れた学究生活や研究室などの閉鎖的な世界)」

そう-けい【早計】 [名・形動] よく考えないで軽率に判断を下すこと。また、はやまった考えや判断。‖「—に結論を出そうとするな」

そう-けい【総計】 [名・他サ変] 全体の数をまとめて計算すること。また、その合計。⇔小計

そう-げい【送迎】 [名・他サ変] 人を送ることと迎えること。送り迎え。‖「—バス」「歓—会」

ぞう-けい【造形・造型】 [名・自他サ変] ある観念に基づいて形あるものとして作りだすこと。‖「彫刻の美[英雄的人物像]を—する」「—表現」

ぞう-けい【造詣】 [名] 学問・芸術・技術などのある分野について広い知識と深い理解をもっていること。‖「民族音楽に—の深い人」

そう-げいこ【総稽古】 [名] 演劇・音楽・舞踊などで、公演直前に出演者が集まって本番どおりの稽古をすること。また、その稽古。総浚い。

ぞうけい-びじゅつ【造形美術】 [名] 人間の視覚に訴えることをねらいとし、さまざまな物質を材料にして空間に形あるものをつくりだす芸術。絵画・彫刻・建築・工芸などの類。空間芸術。視覚芸術。造形芸術。

そうけ-だ・つ【総毛立つ】 [自五] 恐ろしくて全身の毛が逆立つほどぞっとする。身の毛がよだつ。‖「蛇を見て—」▼一説に「寒気だつ」の転とも。

ぞう-けつ【造血】 [名・自サ変] 体内で血液をつくりだすこと。‖「—機能」

ぞう-けつ【増血】 [名・自他サ変] 体内の血液が増えること。また、増やすこと。‖「—剤」

ぞう-けつ【増結】 [名・他サ変] 列車に車両を連結して編成をふやすこと。‖「—車」

そう-けっさん【総決算】 [名・他サ変] ❶一定期間の収入・支出をすべて計算すること。❷物事をしめくくり、結末をつけること。‖「ここ一〇年の研究を—する」

そう-けん【双肩】 [名] 左右両方の肩。両肩。‖「国民の期待を—に担う」▼責任・義務などを負うもののたとえにつかう。

そう-けん【壮健】 [名・形動] 体がじょうぶで元気なこと。‖「母上は御—ですか」派生 -さ

そう-けん【送検】 [名・他サ変] 犯罪容疑者や捜査書類・証拠物件などを警察から検察庁に送ること。‖「容疑者を—する」「書類—」

そう-けん【創見】 [名] これまでにない新しい考え。独創的な見解。‖「—に富んだ意見書」

そう-けん【創建】 [名・他サ変] 建物・機関などを初めてつくること。‖「奈良時代の—になる寺」

そう-けん【総見】 [名・他サ変] 芝居・相撲などを後援団体や関係者がうちそろって見ること。総見物。

そう-げん【草原】 [名] 草が一面に生えている野原。くさはら。‖「大—」

ぞう-げん【増減】 [名・自他サ変] ふえることと、へること。また、ふやすことと、減らすこと。‖「体重が—する」「ダムの水量を—する」「人口の—を調べる」

そう-こ【倉庫】 [名] 物品を貯蔵・保管しておくための建造物。くら。

そう-こ【操▼觚】 [名] 詩文を作ること。また、文筆に従事すること。‖「—者・—界」▼「觚」は昔、中国で文字を記すのに使った方形の木札。

そう-ご【相互】 [名] 両方が互いに働きかけること。両方が同じことをし合うこと。また、その両方の側。‖「—の理解を深める」「—作用」

ぞう-ご【造語】 [名・自他サ変] 既存の語やその構成要素を用いて語を新しくつくりだすこと。また、その語。‖「『微苦笑』は久米正雄による—だ」

そう-こう【壮行】 [名] 遠くへ旅立つ人の前途を祝し、励ますこと。‖「—会」

そう-こう【走行】 [名・自サ変] 自動車などが走ること。‖「時速八〇キロで—する」「—距離」

そう‐こう【奏功】［名・自サ変］目的どおりに物事を成し遂げて成果を得ること。功を奏すること。‖「奇襲作戦が━する」書き方 ⬇奏効

そう‐こう【奏効】［名・自サ変］効き目が現れること。効果が上がること。‖「新薬が━する」書き方 効果に視点を置いて「奏功」が「奏効」と書かれるようになった語。新聞では「奏功」を使う。

そう‐こう【草稿】［名］文章の下書き。原稿の下書き。

そう‐こう【装甲】［名・他サ変］❶よろい・かぶとを身につけて武装すること。❷敵弾を防ぐために車体・船体などに鋼鉄板を張ること。‖「━車」

そう‐こう【操行】［名］道徳的にみた常日ごろの行い。素行。品行。

そう‐こう【▼糟▼糠】［名］酒かすと米ぬか。▽粗末な食べ物のたとえにいう。

そう‐こう【霜降】［名］二十四節気の一つ。太陽暦の十月二十三日ごろ。このころから霜が降り始めるという。

そう‐こう【倉皇・▼蒼▼惶】［形動タリ］あわただしくて落ち着かないさま。あわてふためくさま。‖「━として立ち去る」

そう‐こう【▽然う▼斯う】［副］これと決まったことではなく、あれこれと。何やかやと。‖「━するうちに当日になった」

そう‐ごう【相好】［名］顔つき。表情。

◉**相好を崩・す**　にこやかな表情になる。

そう‐ごう【総合(▼綜合)】［名・他サ変］❶個々別々のものを一つにまとめあげること。‖「各委員の意見を━する」「━芸術」▽「総合雑誌」「総合商社」「総合大学」などでは、それが特定の専門分野に限られていないことをいう。❷哲学で、いくつかの要素を結び合わせて、一つの全体に統一すること。また、その結果。⬍分析 ❸ジンテーゼ。

そうごう‐がくしゅう【総合学習】［名］学校教育で、教科の枠を越えて総合的に進める学習。

そうごう‐がっか【総合学科】［名］高等学校で、普通科・専門科と並んで設置されている単位制の学科。生徒は用意された多様な修得内容から目的に合ったものを自由に選択することができる。

そう‐こうげき【総攻撃】［名・他サ変］全軍がいっせいに敵を攻撃すること。また、大勢がいっせいに相手を攻め立てること。‖「敵に━をかける」

そうごう‐しょく【総合職】［名］企業のコース別人事制度で、総合的な判断を必要とする基幹業務を行う職。管理職につながるコースと位置づけられる。⬇一般職

そうごう‐だいがく【総合大学】［名］複数の学部からなる大学。ユニバーシティー。⬍単科大学

そうこう‐の‐つま【▼糟▼糠の妻】［名］貧しいときから苦労をともにしてきた妻。

そうご‐がいしゃ【相互会社】［名］社員の相互保険を目的とする社団法人。相互保険会社。

そう‐こく【相克・相▼剋】［名］❶［自サ変］対立・矛盾する二つのものが互いに相手に勝とうとして争うこと。‖「理論と現実が━する」「霊肉の━に悩む」❷五行説で、木は土に、土は水に、水は火に、火は金に、金は木に剋つとすること。五行相克。⬍相生 書き方 もと専ら「相剋」と書いた。

ぞうご‐せいぶん【造語成分】［名］単語を構成する要素で、意味をもった最小の単位。「観梅」の「観」と「梅」、「春めく」の「春」と「めく」の類。造語要素。

そう‐こん【▽爪痕】［名］❶つめでかいた傷あと。つめあと。❷災害などが残した被害のあと。つめあと。

そう‐こん【早婚】［名］ごく若い年齢で結婚すること。⬍晩婚

そう‐こん【草根】［名］草の根。‖「━木皮」

そう‐こん【創痕】［名］切り傷のあと。きずあと。

そう‐ごん【荘厳】［名・形動］重々しくておごそかなこと。威厳に満ちていてりっぱなこと。‖「━な寺院」「━ミサ(＝ミサソレムニス)」派生 ‐さ

ぞう‐ごん【雑言】［名・自サ変］あれこれと乱暴に悪口をいうこと。また、その悪口。‖「罵詈━を浴びせる」

そうこん‐もくひ【草根木皮】［名］草の根と木の皮。特に漢方で薬剤に用いるもの。また、漢方薬。そうこんぼくひ。

そう‐さ【走査】［名・他サ変］テレビジョンやファクシミリで、送ろうとする画像を分解した絵素を一定の順序で電気信号に変換すること。また、その電気信号を絵素に変換して画像を再生すること。‖「━線」

そう‐さ【捜査】［名・他サ変］さがし調べること。特に、警察や検察などの機関が犯人および犯罪の証拠などを発見・収集するためにさがし調べること。‖「誘拐事件を━する」「強制━」「━員」

そう‐さ【操作】［名・他サ変］❶有効な機能を引き出すために、機械類を操り動かすこと。‖「レバーを━してクレーンを動かす」「遠隔━」❷人の意識などを思うとおりに操り動かすこと。‖「大衆━」❸自分に都合のよいように手を加えること。‖「帳簿を━して脱税を図る」「株価━」❹新しい機能を引き出すために、遺伝子や細胞などに手を加えること。オペレート。‖「遺伝子━」

ぞう‐さ【造作(雑作)】［名］❶手間や費用がかかること。めんどう。‖「何の━もない仕事」❷〔古風〕もてなし。ごちそう。‖「御━にあずかる」

そう‐さい【相殺】［名・他サ変］❶貸し借り・損得などを互いに差し引きして帳消しにすること。❷長所・利点などが互いに影響し合って効果を失うこと。‖「二大歌手の魅力を━させる企画」❸二人が互いに同種の債権を負っている場合、一方の意思表示によって双方の債権を対当額だけ消滅させること。◈「殺」はそぐ、へらす意。「そうさつ」は慣用読み。

そう‐さい【葬祭】［名］葬式と先祖の祭り。

そう‐さい【総裁】［名］政党・公社などの長として全体を取りまとめる職。また、その人。‖「━選挙」

そう‐ざい【▼惣菜・総菜】［名］日常の食事のおかず。副食物。‖「お━」▽京都では「御番菜」という。

そう‐さく【捜索】［名・他サ変］❶行方のわからない人や物を組織的にさがし求めること。‖「墜落機を━する」「━願い」「━隊」❷裁判所・検察・警察などの機関が犯人や証拠物件を発見するために身体・物件・住居などを強制的に調べること。‖「家宅━」

そう‐さく【創作】［名・他サ変］❶新しいもの（特に、芸術作品）を初めて作り出すこと。また、その作品。‖「物語を━する」「━活動」「━ダンス〔落語・料理〕」❷あたかも真実のように、偽って言うこと。また、そのことば。‖「やつのアリバイは━だ」

ぞう‐さく【造作】［名］❶［他サ変］家を建てるこ

と。❷家の内部の仕上げ。また、仕上げとして取りつける天井・床・鴨居(かもい)・長押(なげし)・敷居・建具などの総称。〓「家の―が悪い」❸顔のつくり。目鼻だち。

そうさく-はんが【創作版画】(サウサクハングワ) [名] 画家が版下を描き、自ら彫りも刷りも行う芸術性の高い版画。近代版画。

ぞう-さつ【増刷】 [名・他サ変] 一定の部数を印刷したあと、さらに追加して印刷すること。また、その印刷物。ましずり。

ぞうさ-な・い【造作ない(造作無い)】(ザウサ) [形] 手間がかからないさま。簡単だ。たやすい。〓「こんな仕事は―」

そう-ざらい【総▼浚い】(―ザラヒ) [名・他サ変] ❶すべてさらうこと。〓「人気を―する」❷それまでに学んだことや学習したことをまとめて復習すること。❸総稽古(そうげいこ)。

そう-ざん【早産】(サウ―) [名・自他サ変] 予定日より早く出産すること。▽医学的には妊娠二二週から三七週未満の分娩(ぶんべん)をいう。

ぞう-さん【増産】 [名・他サ変] 生産量をふやすこと。〓「自動車の部品を―する」⇔減産

そうざん-じ【早産児】(サウザン―) [名] 早産で産まれる子。早生児。

そう-し【壮士】(サウ―) [名] ❶壮年の男子。血気盛んな男性。❷明治中期、自由民権思想の普及のために活動した闘士。〓「―芝居」▽壮士を装い談判に押しかけ、強要や脅迫を行った無頼漢についてもいった。

そう-し【相思】(サウ―) [名] 互いに慕い合うこと。〓「―相愛」

そう-し【草紙・草子・▽冊子・双紙】(サウ―) [名] ❶紙を綴(と)じ合わせた本。とじほん。❷仮名で書いた書物の総称。物語・日記・歌書など。❸絵入りの通俗的な読み物の総称。絵草紙・草双紙など。

そう-し【創始】(サウ―) [名・他サ変] 新しく物事をはじめること。また、物事のはじめ。〓「漆絵の技法を―する」

そう-じ【相似】(サウ―) [名] ❶[自サ変] 形・性質などが互いによく似ていること。〓「―した造りの家」❷二つの図形が、一つの図形を拡大または縮小すると一方の図形に完全に重ね合わせることができる関係にあること。〓「―形」❸異種の生物の器官で、発生起源は異なるが同じ機能をもつためにその形態が似ていること。鳥のつばさと昆虫のはねなど。〓「―器官」

そう-じ【送辞】 [名] 送別のことば。特に卒業式で、在校生が卒業生に贈る別れのことば。⇔答辞

そう-じ【掃除】(サウヂ) [名・他サ変] ごみやよごれを取り除いてきれいにすること。〓「庭を―する」

ぞう-し【増資】 [名・自他サ変] 企業が資本金をふやすこと。〓「一兆円を―する」「―株」⇔減資

ぞう-じ【造次】(ザウ―) [名] 短い時間。わずかなひま。〓「―顛沛(てんぱい)(=とっさの場合や、つまずき倒れる場合。転じて、ごくわずかな時間)」

そう-しき【葬式】(サウ―) [名] 死者をほうむるための儀式。葬儀。とむらい。〓「―に出る[参列する]」 葬

そう-じしょく【総辞職】 [名・自サ変] ある役職についている者がそろって辞職すること。特に、内閣総理大臣とすべての国務大臣がそろって辞職すること。

そう-した【▽然うした】(サウ―) [連体] そのような。そういう。〓「―事実はない」

そう-しつ【喪失】(サウ―) [名・他サ変] 失うこと。〓「自信[戦意]を―する」「記憶[心神]―」▽多く抽象的事柄についていう。

そう-して【▽然うして】(サウ―) 一 [副] そのように。そうやって。〓「この魚は―食べるとうまいのか」 二 [接] ⇒そして

そうじ-て【総じて】 [副] 全般的な傾向として。一般に。概して。〓「今年は―米の作柄がよい」

そう-しゃ【壮者】(サウ―) [名] 壮年の人。働き盛りの人。

そう-しゃ【走者】 [名] ❶陸上競技で、走る人。ランナー。〓「第一―」❷野球で、塁に出ている攻撃側の選手。ランナー。

そう-しゃ【奏者】 [名] ❶楽器を演奏する人。演奏者。❷天皇・上皇に奏上する人。また、奏上の取り次ぎをする人。

そう-しゃ【相者】(サウ―) [名] 人相を見る人。そうじゃ。

そう-しゃ【掃射】(サウ―) [名・他サ変] 機関銃などで、左右になぎ払うように連続して射撃すること。〓「機銃―」

そう-しゃ【操車】(サウ―) [名・自サ変] 鉄道で、車両の編成・配置・入れ替えなどの作業を行うこと。〓「―係」

ぞう-しゃ【増車】 [名・自他サ変] 運行する車両の台数や運転本数をふやすこと。⇔減車

そう-しゅ【双手】(サウ―) [名] 両手。もろて。⇔隻手(せきしゅ)

そう-しゅ【宗主】 [名] 本家・本流の長。また、中心として仰ぎ尊ばれる人。

そう-しゅ【▼漕手】(サウ―) [名] 舟をこぐ人。特にボートレースで、舵手(だしゅ)(コックス)に対してオールでボートをこぐ人。

ぞう-しゅ【造酒】(ザウ―) [名・自サ変] 酒を醸造すること。酒造。〓「―業」

そう-しゅう【早秋】(サウシウ) [名] 秋の初め。初秋。〓「―のさわやかな風」

そう-しゅう【爽秋】(サウシウ) [名] さわやかな秋。〓「―の候となりました」

そう-じゅう【操縦】(サウ―) [名・他サ変] ❶航空機・大型機械などを自分の思うままに動かすこと。〓「航空機[クレーン]を―する」「無線で模型飛行機を―する」「―桿(かん)」「―士」❷人を自分の思うままにあやつり動かすこと。〓「部下を巧みに―する」

ぞう-しゅう【増収】(―シウ) [名・自サ変] 収入・収穫がふえること。〓「―を図る」「―を達成する」⇔減収

ぞう-しゅうわい【贈収賄】(―シウワイ) [名] 賄賂(わいろ)を贈ることと受け取ること。贈賄と収賄。〓「―事件」

そう-じゅく【早熟】(サウ―) [名・形動] ❶果実などが普通より早く熟すこと。〓「―の品種」⇔晩熟 ❷心身の発達が普通より早いこと。ませていること。〓「―な子」「―の天才」 派生 ―さ

そうしゅ-けん【宗主権】 [名] ある国が従属国の内政や外交を支配・管理する権能。本国がその植民地に対してもつ権能など。

そうしゅ-こく【宗主国】 [名] 従属国に対して宗主権をもつ国家。

そう-じゅしん【送受信】 [名・他サ変] 送信と受信。

そう-しゅつ【創出】(サウ―) [名・他サ変] 新しくつくり出すこと。〓「独自の作風を―する」

そう-しゅつ【▼簇出】 [名・自サ変] 群がり出ること。

そう-じゅつ【▼槍術】(サウ―) [名] 槍(やり)を武器として用いる武術。

そう-しゅん【早春】(サウ―) [名] 春の初め。初春。

そう-しょ【草書】(サウ―) [名] 漢字の書体の一つ。行書を

さらにくずしたもの。点画は略され、曲線に富む。そう。そうがき。⬇楷書・行書

そう-しょ【▼叢書】［名］❶ある分野の書物を集めて一大部冊としたもの。『群書類従』『故実叢書』『四庫全書』の類。❷同じ形式・体裁で編集され、逐次刊行される一連の書物。シリーズ。‖「中国古典―」 書き方 新聞などでは「双書」で代用する。

ぞう-しょ【蔵書】［名］書物を所蔵すること。また、その書物。蔵本。‖「―家」

そう-しょう【争訟】［名］訴訟を起こして争うこと。また、その事件。‖「行政―」

そう-しょう【宗匠】［名］文芸・技芸などにすぐれ、人に教える立場にある人。特に、和歌・連歌・俳諧・茶道・華道などの師匠。

そう-しょう【相承】［名・他サ変］学問・技芸などを次々に受け継いでいくこと。‖「師資―」

そう-しょう【相称】［名］一つの線または面を境に左右・上下が等しく分けられ、互いに対応していること。シンメトリー。対称。‖「左右―」

そう-しょう【創傷】［名］刃物などによって体に受けたきず。‖「―治癒」

そう-しょう【総称】［名・他サ変］ある共通した性質・傾向などをもつ個々の物をひとまとめにして呼ぶこと。また、その呼び名。

そう-じょう【奏上】［名・他サ変］天子・国王などに申し上げること。上奏。

そう-じょう【相乗】［名］❶二つ以上の数を掛け合わせること。また、その積。‖「―平均」❷二つ以上の要素が働き合って相互に効果を高めること。‖「―作用（＝複数のものが重なり合って、それぞれの働きを合わせた以上の効果をもたらすこと）」「―効果」

そう-じょう【僧正】［名］僧官の最上位。初めは一人だったが、のちに大僧正・正僧正・権僧正の三階級に分けられた。▼現在では各宗派の僧階の一つ。

そう-じょう【層状】［名］重なって層をなしている状態。‖「―の雲」

そう-じょう【騒▼擾】［名・自サ変］集団で騒ぎを引き起こし、社会の秩序を乱すこと。騒乱。

ぞう-しょう【増床】［名・自他サ変］❶病院などのベッド数を増やすこと。‖「四〇床に―する」❷デパートなどの売り場の床面積を広げること。

ぞう-しょう【贈賞】［名］賞を贈ること。‖「―式」

そうじょう-へいきん【相乗平均】［名］*n* 個の正数があるとき、それを全部掛け合わせた積の *n* 乗根。幾何平均。⬍相加平均

ぞうじょう-まん【増上慢】［名・形動］❶仏教で、まだ悟っていないのに、悟りを得たと思っておごり高ぶること。❷実力もないのに自分の力を過信して思い上がること。‖「―な態度」

そう-しょく【草食】［名・自サ変］草などの植物質を食物とすること。‖「―動物」⬍肉食

そう-しょく【装飾】［名・他サ変］美しく飾ること。また、その飾り。‖「―品」「室内―」

ぞう-しょく【僧職】［名］僧としての職務。また、僧という職業。

ぞう-しょく【増殖】［名・自他サ変］❶ふえること。また、ふやすこと。‖「価値［憎しみ］が―する」「資本を―する」「憎しみを―させる」❷生物の細胞・組織や個体の数がふえること。また、ふやすこと。‖「細胞を―させる物質」◈使い方「～を増殖する／増殖させる」では、①ではともに用いられるが、②では後者が一般的。⬇品詞解説（八二六ページ）

そうしょく-びじゅつ【装飾美術】［名］器具・建造物などの装飾を目的とする美術。鋳金・象眼・蒔絵・染織など。

ぞうしょく-ろ【増殖炉】［名］運転に必要な核燃料物質の消費量を上回る核燃料物質を生産するように設計された原子炉。

そう-しん【送信】［名・他サ変］電信・電話・放送などを送ること。‖「メールの―」「―機」⬍受信

そう-しん【喪心（喪神）】［名・自サ変］❶気力を失ってぼんやりすること。放心。❷意識を失うこと。気絶。失神。

そう-しん【総身】［名］からだ全体。全身。そうみ。

そう-しん【痩身】［名］やせたからだ。痩軀。

ぞう-しん【増進】［名・自他サ変］体力・能力・活力などが高まること。また、高めること。‖「食前酒が食欲を―させる」⬍減退

そうしん-ぐ【装身具】［名］装飾として身につけるもの。指輪・ブローチ・イヤリング・ネックレスなど。アクセサリー。

そう・す【奏す】［他五］⬇奏する‖「功を―・さない」

そうず【添▽水】［名］⬇鹿威し

そうず【挿図】［名］文中にさし入れる図。さしえ。

そうず【僧都】［名］僧官の一つ。僧正に次ぐ地位で、はじめは大僧都・少僧都の各一名だったが、のちに大僧都・権大僧都・少僧都・権少僧都の四階級に分けられた。▼現在では各宗派の僧階の一つ。

そう-すい【送水】［名・自他サ変］水道・水路・ポンプなどで水を送ること。‖「―管」

そう-すい【総帥】［名］全軍を率いて指揮をとる人。総大将。最高指揮官。▼企業グループなどを率いる長の意でも使う。‖「財閥の―」

ぞう-すい【増水】［名・自サ変］川・湖などの水かさが増すこと。‖「大雨でダムが―する」⬍減水

ぞう-すい【雑炊】［名］飯に野菜や魚介を刻みこみ、醤油・味噌などで味付けした汁をたっぷり加えてかゆ状に煮たもの。おじや。

そう-すう【総数】［名］すべてを合計した数。全体の数。‖「人口―」

そう-すかん【総すかん】［名］すべての人から嫌われること。‖「仲間から―を食う」▼「すかん」は「好かん」の意。

そう・する【奏する】［他サ変］❶「言う」の謙譲語。天皇・上皇などに申し上げる。奏上する。‖「政務を―」▼皇后や皇太子には「啓する」を使う。❷楽器をかなでる。音楽を演奏する。‖「琴を―」❸〈「功を奏する」などの形で〉うまく成し遂げる。‖「作戦が功を―」 文 **そう・す** 異形 **奏す**

そう・する【草する】［他サ変］下書きをつくる。草稿を書く。‖「案文を―」 文 **さう・す**

ぞう・する【蔵する】［他サ変］❶所有してしまっておく。所蔵する。‖「国宝級の美術品を―」❷中に含みもつ。‖「数多の問題を―」 文 **ざう・す**

そう-せい【早世】［名・自サ変］若くして世を去ること。若死に。早死に。‖「―した天才画家」

そう-せい【創世】［名］世界を初めてつくること。

また、世界のはじめ。

そう‐せい【創生】サウ［名・他サ変］新たにつくり出すこと。「新種を―する」

そう‐せい【創成】サウ［名・自他サ変］はじめてでき上がること。また、はじめてつくること。「一大事業を―する」「―期」

そう‐せい【創製】サウ［名・他サ変］商品などを初めてつくり出すこと。「当店の初代が―した干菓子」

そう‐せい【▼蒼生】サウ［名］多くの人々。人民。あおひとぐさ。▼人民を青々と生い茂る草にたとえた語。

そう‐せい【▼叢生（▼簇生）】［名・自サ変］❶草木などが群がって生えること。❷茎・花茎・葉などが近接して多数生じること。束生（そくせい）。❸歯の一部が重なり合って凸凹に生えている状態。乱杭歯（らんぐいば）や八重歯。

そう‐ぜい【総勢】［名］その集団に属する全員。また、その数。「―三〇人の調査団」

ぞう‐せい【造成】ザウ［名・他サ変］土地などに手を加えて利用できるようにつくりあげること。「宅地―」

ぞう‐ぜい【増税】［名・自他サ変］税率を上げるなどして税額をふやすこと。⬍減税

そうせい‐き【創世記】サウセイ［名］神による天地創造からヨセフの死に至るまでを記した旧約聖書の第一書。

そうせい‐じ【双生児】サウセイ［名］同じ母体から一回の分娩（ぶんべん）で生まれた二人の子。一卵性双生児と二卵性双生児とがある。ふたご。

そう‐せき【僧籍】［名］僧侶として所属する宗派の僧籍簿に登録された籍。僧侶として認められた身分。「―に入る（＝出家する）」

そう‐せき【踪跡】［名］❶事が行われたあと。蹤跡（しょうせき）。❷ゆくえ。蹤跡。

そうせき‐うん【層積雲】［名］灰色または白みがかった雲塊が層状をなして集まった雲。地表付近から二〇〇〇㍍の高さに見られる。冬季に多い。

そう‐せつ【創設】サウ［名・他サ変］施設・機関などを新たに設立すること。「研究所を―する」

そう‐せつ【総説】［名・他サ変］全体の要旨をまとめて論じること。また、その文章。総論。

そう‐せつ【霜雪】サウ［名］霜（しも）と雪（ゆき）。▼白くなった髪やひげのたとえにいう。「頭（かしら）に―を置く」

そう‐ぜつ【壮絶】サウ［名・形動］きわめて勇ましいこと。「―な戦いを繰り広げる」✔注意 すさまじい、悲惨の意で使うのは誤り。「×事故現場の壮絶な光景」派生―さ

ぞう‐せつ【増設】［名・他サ変］施設・設備などを、すでに設けられているものに加えて設置すること。

そう‐ぜん【▼蒼然】サウ［形動タルト］❶色のあおいさま。また、あおざめているさま。「―たる月光」「顔色―」❷夕暮れの薄暗いさま。「暮色―」❸古びて色あせたさま。「古色―」

そう‐ぜん【騒然】サウ［形動タルト］がやがやとさわがしいさま。また、さわがしくて不穏なさま。「議場が―となる」

ぞう‐せん【造船】ザウ［名・自サ変］船を建造すること。「―の町」「―所」

そうせん‐きょ【総選挙】［名］衆議院議員の任期満了または衆議院の解散により、その議員の定数全員について行われる選挙。

そう‐そう【早早】サウサウ ━［名・副］その状態になってまだ間がないこと。…してすぐ。…になってすぐ。「来月―（に）竣工する」「顔を合わせる―嫌みを言われた」▼多く他の語の下に付けて使う。━［副］急いで物事をするさま。さっさと。はやばや。「―に立ち去る」
◈読み分け「早々と」は「はやばや」と読む。「新年早々・着任早々」など名詞に付く場合や「早々の」「早々に」「早々から」などは「そうそう」と読む。

そう‐そう【草創】サウサウ［名］❶新しく物事を始めること。新たに事業を興すこと。また、その始まり。「蘭学の―期」❷神社・寺院を初めて建てること。創建。「聖徳太子―と伝えられる寺」

そう‐そう【葬送（送葬）】サウ・ソウ［名・自サ変］死者をほうむるために墓所まで送ること。のべおくり。「死者を鳥辺野（とりべの）に―する」「―曲」

そう‐そう【草草（▼匆▼匆）】サウサウ・ソウソウ［形動］❶簡略なさま。手短なさま。❷急なために応対やもてなしが不十分であるさま。粗末なさま。「お―さまでした」▼多く謙遜（けんそん）して使う。❸あわただしいさま。「―に日を過ごす」❹急いで書き記したことをわびる意で手紙文の末尾に添える挨拶（あいさつ）の語。「右、ご報告まで。―」「―不一」▼「前略」「冠省」などに照応して使う。

そう‐そう【▼蒼▼蒼】サウサウ［形動タルト］❶あおあおとしているさま。「―たる天空」❷草木があおあおと生い茂っているさま。「―たる樹海」

そう‐そう【層層】［形動タルト］いくえにも重なっているさま。「―たる連山」

そう‐そう【▼錚▼錚】サウサウ［形動タルト］❶金属や玉がふれ合って鳴り響くさま。また、楽器の音がさえて鳴り響くさま。❷多くのものの中で特にすぐれているさま。「―たる顔ぶれ」

そう‐そう【▽然う▽然う】サウサウ ━［副］〈打ち消しや反語の表現を伴って〉そんなに。それほどいつまでも。そんなにたびたび。「―休んでもいられない」「―無理は言えない」「―うまくいくものか」━［感］❶不意に何かを思い出したときに発する語。「―、君に伝言があった」❷相手の言動に同意する気持ちを表す語。「―、それでいいのだ」

そう‐ぞう【送像】ウサ［名・自他サ変］テレビの映像を電波によって受信機に送ること。また、その像。⬍受像

そう‐ぞう【創造】サウザウ［名・他サ変］❶新しいものを初めてつくり出すこと。「独自の画風を―する」「―力」❷神が宇宙・万物をつくること。「―主」「天地―」

そう‐ぞう【想像】サウザウ［名・他サ変］実際に見たり経験したりしていない事柄を頭の中に思い浮かべること。「―を絶する悲惨さ」「―上の動物」

そうぞう‐し・い【騒騒しい】サウザウ［形］❶人声や物音が大きくてやかましいさま。さわがしい。「場内が―」❷いろいろな事件が起こるなどして落ち着かないさま。不穏である。「政変以来、世間が―」派生―げ／―さ

そう‐そく【相即】サウ［名・自サ変］❶仏教で、万物が一つにとけ合って存在していること。❷二つのものが融合し、密接にかかわりあっていること。「―不離」

そう‐そく【総則】［名］全体を通じて適用されるきまり。基本となる規則。「民法―」

そう‐ぞく【宗族】［名］共通の先祖をもつ一族。本家と分家との全体。▼中国では父系の親族集団をいう。

そう‐ぞく【相続】サウ［名・他サ変］❶跡目などを受け継ぐこと。❷法律で、死亡した人がもっていた財産上の権利・義務を包括的に受け継ぐこと。

そう‐ぞく【僧俗】［名］僧侶と俗人。

そうぞく‐ぜい【相続税】サウゾク［名］相続・遺贈など

によって取得した財産に課せられる国税。

そう‐そつ【倉卒(草卒・▼怱卒・▼匆卒)】サウ・サウ・ソウ・ソウ［名・形動］あわただしいこと。あわてて事を行うこと。〓「—の間かんに書き記す」

そう‐そふ【曽祖父】［名］祖父母の父。ひいじじ。ひいおじいさん。曽祖。⇕曽祖母

そう‐そぼ【曽祖母】［名］祖父母の母。ひいばば。ひいおばあさん。⇕曽祖父

そう‐そん【曽孫】［名］孫の子。ひまご。ひいまご。ひこ。

そう‐だ【操▼舵】サウ［名・自サ変］船を進めるためにかじを操作すること。〓「—手・—室」

そう‐だ サウ ㊀［助動 形動型］（そうだろ‐そうだっ・そうで・そうに‐そうだ‐そうな‐そうなら）
❶**様態** 外見からそのような性質や状態であると認められる意を表す。〓「元気—ね」「不満がありそうな様子だ」「まだ使え—」「難しそうな本だ」使い方 打ち消しは「…そうで(は)ない」「…そうじゃない」となる。〓「彼は楽しそうで(は)なかった」「何だかずいぶん立派そうじゃないか」
❷その場の状況や経験をもとにした推測や判断を表す。〓「この分だと明日は雨になり—」「今ならまだ間に合い—」「早く帰ったほうがよさ—」使い方 打ち消しは「そうにない」「そうもない」となる。〓「五分では行けそうにない」
❸起こる直前のように見える意を表す。〓「今にも雨が降りそうな天気だ」「泣きそうな顔をしている」「あわや転びそうになった」▽打ち消しの形はない。
◈使い方 (1)動詞・助動詞「(ら)れる」「(さ)せる」の連用形、形容詞・形容動詞の語幹、助動詞「たい」「ない」の活用しない部分に付く。形容詞「ない」「よい」の場合は「異論はなさそうだ」「気分はよさそうだ」のように語幹と「そうだ」の間に「さ」が入る。助動詞「たい」「ない」の場合は、「た」「な」に付いて「何か言いたそうだ」「何も知らなそうだ」のようになる。「言いたさそうだ」「知らなさそうだ」などは標準的でない。⬇「ない」のコラム(一二〇四ページ) (2)丁寧語は「そうです」、改まった書き言葉では「そうである」。疑問の「か」を付ける場合は「そうか」。注意 (1)名詞に付けて使うのは標準的でない。〓「×彼はいい人そうだ」「×静かでいい所そうだね」 (2)㊀㊁とも「そおだ」と書くのは誤り。〓「×泣きそおだ」
㊁［助動 特活型］（○‐そうで‐そうだ‐○‐○‐○）**伝聞** 他から伝え聞いた内容であることを表す。…とのことだ。…ということだ。…と聞く。〓「トルコで地震があった—」「医者になりたい—」「今年は豊作だ—」使い方 (1)活用語の終止形に付く。㊀と違い、「そうでない」「そうだった」など、打ち消しや過去の形は用いられない。(2)丁寧語は「そうです」、改まった書き言葉では「そうである」。古風な言い方に「そうな」がある。〓「残っているのはこの楠くすのき一本だけだそうな〈幸田文〉」(3)「だ」や「です」を省略した形は標準的でない。〓「×今年は豊作だそう」

そう‐たい【早退】サウ［名・自サ変］学校・勤務先などを定刻より早く退出すること。はやびけ。

そう‐たい【相対】サウ［名・自サ変］❶向き合っていること。また、対立していること。〓「難問に—する」❷そのものが他との関係の上で初めて存在あるいは成立すること。⇕絶対 書き方 ②は、もと「相待」とも。

そう‐たい【草体】サウ［名］草書の書体。草書体。

そう‐たい【僧体】［名］僧の姿。僧形そうぎょう。法体ほったい。⇕俗体

そう‐たい【総体】㊀［名］❶ある物事の全体。すべて。❷全国高等学校総合体育大会。高校総体。▽「総合体育大会」の略。㊁［副］❶だいたいにおいて。全般に。総じて。〓「今年は—(に)作柄が悪い」❷もともと。どだい。〓「—子供には無理な仕事だ」

そう‐だい【壮大】サウ［名・形動］大きくてりっぱなこと。〓「—な眺め［構想］」「気宇—」派生 ‐さ

そう‐だい【総代】［名］その関係者全員を代表する人。〓「卒業生—」

ぞう‐だい【増大】［名・自他サ変］数量・程度がふえて大きくなること。また、ふやして大きくすること。〓「不安が—する」「短期間で利益を—させる」「生産力の—を図る」使い方「～を増大する／増大させる」では、後者が一般的。⬇品詞解説(一八一六ページ)

そうたいせい‐りろん【相対性理論】サウタイセイ［名］アインシュタインによって確立された物理学の理論体系。基本的な物理法則はどの観測者(座標系)からみても同じ形で表されるとする相対性原理と、光速度はすべての観測者からみて同じであるとする光速度不変の原理とに基づく。▽特殊相対性理論と一般相対性理論とに大別される。

そうたい‐てき【相対的】サウタイ［形動］物事が他との関係や比較の上に成り立つさま。〓「—な見方［価値］」⇕絶対的

そうたい‐ひょうか【相対評価】サウタイヒャウカ［名］一定の集団内の相対的位置によって、個人の学力を評価する方法。⇕絶対評価

そう‐だか【総高】［名］すべてを合計した数量。総計。

そうだ‐がつお【宗太▼鰹・▼惣太▼鰹】ガツヲ［名］スズキ目サバ科のマルソウダ・ヒラソウダの総称。カツオに似るがやや小さく、背部に虎斑とらふの模様がある。血合いが多いので、多くは削り節の原料。

そう‐だち【総立ち】［名］その場にいる全員がいっせいに立ち上がること。〓「興奮した観客が—になる」

そう‐たつ【送達】［名・他サ変］送り届けること。特に、裁判所が当事者や訴訟関係者に訴訟上の書類を送り届けること。〓「書類を—する」

そう‐だつ【争奪】サウ［名・他サ変］争って奪い合うこと。〓「政権［タイトル］を—する」「賜杯—戦」

そう‐たん【操短】サウ［名・自サ変］過剰生産対策として、工場が機械の操業時間を短縮するなどして生産量を減らすこと。▽「操業短縮」の略。

そう‐だん【相談】サウ［名・他サ変］適切な結論を出すために、他人と話し合ったり他人の意見を聞いたりすること。また、その話し合い。〓「相続の手続きを弁護士に—する」「友人の—に乗る」「懐ふところと—して（=自分の経済状態を考慮して）買うのはやめた」

そう‐だん【装弾】サウ［名・自サ変］銃砲に弾丸を込めること。〓「ライフルに—する」

ぞう‐たん【増反】［名・自他サ変］田畑の作付面積をふやすこと。⇕減反

ぞう‐たん【増炭】［名・自他サ変］石炭の産出量をふやすこと。

そうだん‐やく【相談役】サウダン［名］❶相談相手になる人。〓「若い人の—」❷会社などで、運営にかかわる重要な問題について助言や調停を行う役職。また、その役職の人。

そう‐ち【送致】［名・他サ変］送り届けること。特に、

捜査機関が被疑者または関係書類を他の官署へ送り届けること。「検察庁に身柄を―する」

そう-ち【装置】サウ［名・他サ変］ある目的のために機械・器具などを備えつけること。また、その設備。「安全―」「舞台―」

ぞう-ち【増置】［名・他サ変］さらにふやして設置すること。「支局を―する」

ぞう-ちく【増築】［名・他サ変］すでにある建物に付け加えて建てること。建て増し。「―工事」

そう-ちゃく【早着】サウ［名・自サ変］列車・航空機などが、定刻より早く到着すること。⇔延着

そう-ちゃく【装着】サウ［名・他サ変］身につけること。また、器具などを取りつけること。「救命胴衣を―する」「タイヤにチェーンを―する」

そう-ちゅう【▼叢中】［名］くさむらのなか。

そう-ちょう【早朝】サウテウ［名］朝の早いうち。朝早く。「―マラソン」

そう-ちょう【▼宋朝】―テウ［名］❶中国の宋の王朝。また、その時代。❷活字の書体の一つ。縦長の楷書体で、肉が細い。名刺・年賀状などに用いる。▼「宋朝体」の略。

そう-ちょう【荘重】サウ［名・形動］おごそかで重々しいこと。「―な雅楽の調べ」派生―さ

そう-ちょう【曹長】サウチヤウ［名］旧日本陸軍の階級の一つで、下士官の最上級。軍曹の上、准尉の下。▼自衛隊では准尉の下、一曹の上。

そう-ちょう【総長】―チヤウ［名］❶官庁・機関などで、全体を統率・管理する職（を務める人）。「検事―」❷一部の総合大学で、学長の通称。▼現行制度では学長が正式名称。

ぞう-ちょう【増長】―チヤウ［名・自サ変］❶次第にはなはだしくなること。だんだんひどくなること。「怠惰(たいだ)を―させる」▼多くよくないことについていう。❷次第に高慢になること。つけあがること。「ほめられて―する」

そう-で【総出】［名］全員がそろって出ること。「一家―で迎える」

そう-てい【壮丁】サウ［名］❶成年に達した一人前の男子。❷明治憲法下で、徴兵検査を受ける適齢者。満二〇歳の男子。

そう-てい【送呈】［名・他サ変］人に物を送って差し上げること。「先輩に地酒を―する」

そう-てい【装丁（装▼釘・装▼幀）】サウ［名・他サ変］断裁して綴じた印刷物に表紙・カバー・扉・外箱などをつけ、本としての体裁を飾り整えること。また、そのデザイン。装本。書き方「装丁」は、「装釘」「装幀」の代用表記。

そう-てい【想定】サウ［名・他サ変］ある状況・条件などを仮に考えてみること。「大地震発生を―して避難訓練を行う」

そう-てい【▼漕艇】サウ［名］ボートをこぐこと。特に、競技用のボートをこぐこと。「―場」

ぞう-てい【増訂】［名・他サ変］書物の内容を増やし、誤りを正すこと。「国語辞典を―する」「―版」

ぞう-てい【贈呈】［名・他サ変］人に物を贈ること。贈り物を差し上げること。進呈。「花束を―する」「記念品の―式」

そうてい-がい【想定外】サウテイグワイ［名・形動］事前に予想した範囲に収まらないこと。「―の事態」⇔想定内

そうてい-ない【想定内】サウテイ―［名］事前に予想した範囲内であること。「―の下落幅」⇔想定外

そう-てん【争点】サウ［名］訴訟・論争などで、争いの的になっている重要な点。「政治倫理問題が国会の―となる」

そう-てん【装塡】サウ［名・他サ変］中に詰めて備えつけること。「ライフルに弾丸を―する」

そう-てん【▼蒼天】サウ［名］❶青空。大空。❷春の空。

そう-てん【総点】［名］得点の総計。総得点。

そう-でん【相伝】サウ［名・他サ変］代々受け継いで伝えること。「一子―の秘法」

そう-でん【送電】［名・自他サ変］電力を発電所から需要地近くの変電所まで送ること。「―線」⇔受電

そう-でん【桑田】サウ［名］くわばたけ。「―変じて滄海(そうかい)となる（＝滄海変じて桑田となる）」

そう-と【壮図】サウ［名］壮大な計画。規模の大きなくわだて。

そう-と【壮途】サウ［名］希望・期待に満ちた勇ましい門出。「―に就く」

そう-と【僧徒】［名］僧の仲間。僧たち。

そう-とう【双頭】サウ［名］❶一つの体に頭が二つ並んでついていること。両頭。「―の鷲(わし)」❷支配者が二人いること。「―政治」

そう-とう【争闘】サウ［名・自サ変］あらそいたたかうこと。闘争。「激しい―が続く」

そう-とう【相当】サウタウ 一［名・自サ変］それとほぼ等しいこと。また、それにふさわしいこと。「ここ二か月の仕事量は通常の三か月分に―する」「それ―の理由がある」「三万円―の品」二［副・形動］物事の程度がふつうをこえているさま。「開始までまだ―時間がある」「台風で―な被害が出る」

そう-とう【掃討（掃▼蕩・掃▼盪）】サウタウ［名・他サ変］敵などを残らず撃ち払うこと。すっかり払い除くこと。「敵［悪弊］を―する」「―作戦」書き方「掃討」は「掃蕩」「掃盪」の代用表記として考案されたもの。

そう-とう【想到】サウタウ［名・自サ変］あれこれ考えた結果、考えがそこへ行きつくこと。

そう-とう【総統】［名］❶国家・政党などをまとめて統治すること。また、その人。❷中華民国国民政府の元首。▼初代には蒋介石が就任した。❸ナチスドイツの最高指導者。▼大統領・首相・党首の全権を握ったヒトラーが用いた称号。

そう-どう【草堂】サウダウ［名］草ぶきの家。わらや。草庵(そうあん)。▼自分の家をいう丁重語としても使う。

そう-どう【僧堂】―ダウ［名］禅宗寺院で、僧が座禅修行をする根本道場。禅堂。雲堂。▼もとは修行僧の生活の場でもあった。

そう-どう【騒動】サウ［名・自サ変］❶大勢の人々が騒ぎたてて秩序が乱れること。また、そのような事件や事変。「米―」❷もめごと。争い。「お家―」

ぞう-とう【贈答】―タフ［名・他サ変］品物・詩歌などを贈ることと、その返礼をすること。「―品・―歌」

そうどう-いん【総動員】―ドウヰン［名・他サ変］ある目的のためにすべての人員をかり出すこと。「社員を―して警備に当たらせる」

そうとう-しゅう【曹▽洞宗】サウトウ―［名］禅宗の一派。鎌倉時代に道元が中国の宋(そう)から日本へ伝え、臨済宗と並ぶ禅宗の二大宗派となった。▼福井県の永平寺

と神奈川県の総持寺を大本山とする。

そう-とく【総督】[名] 植民地などの政務、軍務を統轄すること。また、その長官。||「—府」

ぞう-とく【蔵匿】ザウ [名・他サ変] ❶人に見つからないようにかくすこと。||「盗品を—する」❷罰金以上の刑に当たる罪を犯した人や拘禁中に逃亡した人をかくまうこと。||「犯人—罪」

そう-トンすう【総トン数】[名] 船舶の総容積をトン単位で表したもの。一トンは一〇〇立方フィート。グロストン。総トン。

そう-な サウ [助動]〔古風〕⇩そうだ(二)

そう-なめ【総▼嘗め】[名] ❶災害などの勢いが全体をおおうこと。❷すべてを打ち負かすこと。また、賞やタイトルなどの(ほとんど)すべてを獲得すること。||「四大関を—にする」「数々の新人賞を—にする」

嘗

そう-なん【遭難】サウ [名・自サ変] 災難にあうこと。特に、登山・航海などで、生死にかかわるような危険にあうこと。||「雪山で—する」「—事故」

そう-に【僧尼】[名] 僧と尼(あま)。

ぞう-に【雑煮】ザフ [名] 餅をさまざまな具とともに汁で煮た椀盛(わんもり)。あしらう具・餅の形・調理法などは地方によって異なる。多く正月の祝い膳に用いる。

そう-にゅう【挿入】サフ [名・他サ変] 間にさし入れること。中にはさみこむこと。||「磁気カードを端末機に—する」「—曲・—文」

そう-ねん【壮年】サウ [名] 働き盛りの年ごろ。また、その年ごろの人。||「—期」▽一般に三〇代後半から五〇代を指す。

そう-ねん【想念】サウ [名] 心の中に浮かぶ考え。心にかかる思い。

そう-は【争覇】サウ [名・自サ変] ❶覇権を争うこと。支配者の地位を争うこと。❷優勝を争うこと。||「—戦」

そう-は【走破】[名・自サ変] 予定された距離を走りとおすこと。||「東京・箱根間を—する」

そう-は【▼掻▼爬】サウ [名・他サ変] ❶体内の病的組織をかき取ること。❷人工妊娠中絶のために子宮内容を除去すること。

そう-ば【相場】サウ [名] ❶一般市場で取り引きされる商品・株式などの値段。時価。市価。||「金の—が上がる」❷現物取引ではなく、市場価格の変動によって生じる差額で利益を得ようとする投機的な取引。❸世間一般で妥当とされている評価。||「宮仕えは辛いものと—が決まってる」

そう-ばい【層倍】(造)〈数を表す漢語などに付いて〉その倍数だけあることを表す語。||「薬(くすり)九(く)—(そうばい)」

ぞう-はい【増配】[名・他サ変] 株式の配当や物品の配給量を増やすこと。⇔減配

そう-はく【▼蒼白】サウ [名・形動] あおじろいこと。血の気がなく、あおざめていること。||「顔面—になる」

そう-はく【▼糟▼粕】サウ [名] 酒のかす。▽よいところを取り去った残りのたとえにいう。||「古人の—を嘗(な)める」

そう-はつ【双発】サウ [名] 飛行機で、発動機が二つついていること。||「—機」⇔単発

そう-はつ【早発】サウ [名・自サ変] ❶列車などが定刻より早く出発すること。❷早い時期に発生すること。||「—月経」◈⇔遅発

そう-はつ【創発】サウ [名] システムを形成している個々の要素には備わっていなかった性質が、システム全体として機能することによって発現すること。

そう-はつ【総髪(▼惣髪)】[名] 男性の髪形の一つ。髪を全体に伸ばして頭頂で束ねたもの。また、束ねずに後ろへなでつけて垂らしたもの。そうがみ。▽江戸時代、医者・儒者・山伏などが多く結った。

ぞう-はつ【増発】[名・他サ変] ❶列車・バス・航空機などの運行回数をふやすこと。||「臨時便を—する」❷紙幣の発行量をふやすこと。

そう-ばな【総花】[名] ❶料亭などで客がその店の全員に与える祝儀。❷関係者のすべてにまんべんなく利益や恩恵を与えること。▽「—式」「—的」の形で、悪平等・不徹底・焦点の欠如などを非難して使う。||「—式に予算を配分する」「—的な講評」

そう-はん【相反】サウ [名] 互いに反対であること。

そう-ばん【早晩】サウ [副] 遅かれ早かれ。いずれ。||「—真相が明らかになるだろう」

ぞう-はん【造反】ザウ [名・自サ変] 体制や組織の内部からそのあり方を批判し、反抗すること。||「—有理(=反逆にも道理があるということ)」▽文化大革命(一九六六年)当時の中国で多用され、日本にも輸入された語。

そう-び【壮美】サウ [名] ❶[形動] 壮大で美しいこと。||「—な宮殿」❷美学で、畏敬の念を起こさせるような壮麗な美しさ。

そう-び【装備】サウ [名・他サ変] ある特定の目的に応じた武器・機器・用具などを取り付けたり身に着けたりすること。また、その武器・機器など。||「ミサイルを—した戦艦」「冬山登山用の—」「重—」

そう-び【▼薔▼薇】サウ [名] バラ。しょうび。

薔薇

ぞう-ひびょう【象皮病】ザウヒビヤウ [名] 皮膚および皮下組織が象の皮のように肥厚・変形する慢性の病気。多くは糸状虫などのフィラリアがリンパ管内に寄生するために起こる。

そう-ひょう【総評】ヒヤウ [名・他サ変] 全体にわたって批評すること。また、その内容。

そう-びょう【宗▼廟】ベウ [名] ❶祖先の霊をまつってある所。祖先のみたまや。伊勢神宮など。❷皇室の祖先をまつったみたまや。

そう-びょう【▼躁病】サウビヤウ [名] 精神疾患の一つ。気分の高揚、行動の活発化、脱線行為などが見られる。周期的な躁状態が単独に現れることはまれで、多くは鬱(うつ)状態と交代に現れる。⇩鬱病(うつびょう)・躁鬱病

ぞう-ひょう【雑兵】ザフヒヤウ [名] ❶身分の低い兵士。ざっぴょう。❷地位などが低く、取るに足りない者。下っ端。

そう-ひん【送品】[名・自他サ変] 品物・商品を送ること。||「注文の品を—する」

ぞう-ひん【▼贓品】ザウ [名] 贓物(ぞうぶつ)。||「—故買」

ぞう-びん【増便】[名・自他サ変] 航空機・船・バスなどの、定期便の回数をふやすこと。

そう-ふ【送付(送附)】[名・他サ変] 品物や書類を送り届けること。||「請求書を—する」「—先」

そう-ふ【総譜】[名] 合奏曲・合唱曲などの、すべての声部をまとめて記した楽譜。スコア。

そう-ぶ【創部】サウ [名・自他サ変] 部を創設すること。||「—して五年目の野球部」

そう-ぶ【総武】[名] 上総(かずさ)国・下総(しもうさ)国と武蔵(むさし)国。現在の千葉・茨城・東京・埼玉・神奈川地方。

ぞう-ふ【臓▼腑】［名］五臓と六腑。内臓。はらわた。「―をえぐられるような苦しみ」

そう-ふう【送風】［名・自サ変］風や空気を吹き送ること。「室内[坑内]に―する」「―機」

そう-ふく【双幅】［名］二つで一対になっている掛け軸。対幅。

そう-ふく【僧服】［名］僧尼の着る衣服。僧衣。

ぞう-ふく【増幅】［名・自他サ変］❶光・音響・電気信号などの入力エネルギーを、特性をそのままに大きなエネルギーに変えて出力すること。また、大きなエネルギーになって出ること。「音が/を―する」「―器（＝アンプ）」❷物事の程度が拡大されること。「不安を―する/させる」「話が―されて伝わる」

ぞう-ぶつ【▼贓物】［名］窃盗・詐欺などの犯罪行為によって不法に手に入れた品物。贓品。　贓

ぞうぶつ-しゅ【造物主】［名］万物を創造し、支配する神。造化の神。天帝。

そう-へい【僧兵】［名］寺院の私兵として武装した僧侶の集団。平安末期には強大な勢力となり、仏法保護の名目で強訴・政争に参加した。東大寺・興福寺・延暦寺・園城寺などのものが知られる。

ぞう-へい【造兵】［名］兵器を製造すること。「―廠」

ぞう-へい【造幣】［名］貨幣を製造すること。「―局（＝貨幣の鋳造、勲章・記章の製造などを行う機関。二〇〇三年四月から独立行政法人）」

ぞう-へい【増兵】［名・自他サ変］兵士の数をふやすこと。また、兵力を増強すること。

そう-へき【双璧】［名］ともにすぐれていて優劣をつけられない二つのもの。「俳壇の―」「プラトンはアリストテレスとともにギリシア哲学の―をなす」▼一対の宝玉の意から。✓注意「双壁」は誤り。

そう-べつ【送別】［名・他サ変］別れていく人を送ること。「―の辞」「―会」

そう-べつ【総別】［副］総じて。概して。大体。

そう-ほ【相補】［名・自他サ変］不足を補い合うこと。「増殖を―する物資」「―関係」

ぞう-ほ【増補】［名・他サ変］既に出版した書物に新しい内容を加えて不足を補うこと。「改訂―版」

そう-ほう【双方】［名］関係しているものの両方。あちらとこちら。「―の言い分を聞く」

そう-ほう【走法】［名］陸上競技などで、走り方。「ピッチ―」

そう-ほう【奏法】［名］楽器を演奏する技法。

そう-ぼう【双▼眸】［名］両方のひとみ。両眼。「―を輝かす」

そう-ぼう【相貌】［名］❶顔かたち。顔つき。容貌。❷物事のようす。様相。「陰惨な―を呈する獄舎」

そう-ぼう【僧坊・僧房】［名］寺院で、僧の住む建物。坊。

そう-ぼう【想望】［名・他サ変］心に思い、慕うこと。また、心に思い描いて待ち望むこと。「新時代の到来を―する」

そう-ぼう【▼蒼▼氓】［名］人民。民。蒼生。▼「氓」は民の意。民を青々と生い茂る草にたとえた語。

そう-ぼう【▼蒼▼茫】［形動タリ］見渡すかぎり青々と広がっているさま。「―たる大海原」

ぞう-ほう【蔵▼鋒】［名］毛筆の筆使いで、起筆に筆の穂先が筆画の外にあらわれないように書くこと。⇔露鋒

ぞう-ほう【像法】［名］仏教で、三時の一つ。正法のあと五百年または千年の間で、教法と修行は行われるが、信仰が形式化して悟りが得られなくなるという時期。像法時。➡正法②・末法

そうほう-こう【双方向】［名］通信や放送などで、情報の伝達が一方向でなく、受信側からも発信できること。また、その方式。「―通信」「―テレビ」

そう-ほん【草本】［名］❶木部があまり発達せず、地上茎が開化・結実のあとに枯れる植物。俗に草と呼ばれるもの。「一年性―」▼植物学上の厳密な定義はない。⇔木本 ❷文章の下書き。草稿。

そう-ほん【送本】［名・自他サ変］書籍を発送すること。「御注文の品、昨日―しました」

ぞう-ほん【造本】［名・自サ変］印刷・製本・装丁などをして本に仕立てること。また、それにかかわる企画・設計・技術と一連の作業。本づくり。

そう-ほんけ【総本家】［名］大もとの本家。そこから多くの分家が分かれ出た、もとの家。

そう-ほんざん【総本山】［名］一宗派の各本山を統括する寺院。大本山。▼ある分野・組織などを統括する中心のたとえにもいう。「社会主義国家の―」

そう-まい【草昧】［名］世の中が未開で、人知も文化もまだ十分に発達していないこと。「―の世」

そう-まくり【総▼捲り】［名］ある分野の裏話や秘密を片端から暴くこと。また、ある分野の物事を残らず取り上げて論評すること。

そうま-とう【走馬灯】［名］ろうそくの火をともすといろいろな形を切り抜いた内側の円筒が回転し、外枠に張った薄紙や布にその影絵が映る仕掛けの灯籠。回り灯籠。▼「―のように」「―のごとく」の形で、次々と過去のことを思い起こすようすのたとえにもいう。「思い出が―のように浮かぶ」

そう-み【総身】［名］体全体。全身。そうしん。

そう-む【双務】［名］契約した当事者の双方が互いに義務を負うこと。「―協定」「―貿易」⇔片務

そう-む【総務】［名］組織全体に関する事務を処理すること。また、その職や部署。「―課」

そうむ-しょう【総務省】［名］国の行政機関の一つ。各行政機関の総合的な管理・調整、地方自治に関する行政事務、情報通信に関する事務などを担当する。長は総務大臣。▼総務庁・自治省・郵政省を統合して二〇〇一年一月に発足。

そう-めい【▼滄▼溟】［名］青々とした広い海。あおうなばら。滄海。

そう-めい【▼聡明】［名・形動］理解力・判断力にすぐれ、かしこいこと。「―な人」▼「聡」は耳がよく聞こえる意、「明」は目がよく見える意。派生―さ

そう-めつ【掃滅（▼剿滅）】［名・他サ変］すっかり滅ぼしてしまうこと。「敵を―する」書き方「掃滅」は代用表記。

そう-めん【素麺（▽索麺）】［名］塩水でこねた小麦粉に植物油をぬり、線状に引き伸ばして乾燥させためん。ゆでて冷水にさらし、つけ汁で食べる。▼煮込んだものを「煮麺」という。　麺

そう-もう【草▼莽】［名］民間。在野。そうぼう。「―の臣」▼「莽」は草むらの意。

ぞう‐もう【増毛】［名］髪の毛を増やすこと。人工毛髪などを使って薄くなった自毛を補うこと。
そう‐もく【草木】［名］草と木。また、植物。くさき。そうぼく。「山川―」
ぞう‐もつ【臓物】［名］内臓。特に、牛・豚・鳥・魚などのはらわた。もつ。「―料理」
そう‐もよう【総模様】［名］女性の和服で、全体に模様があること。また、その着物。⇔裾模様
そう‐もん【奏聞】［名・他サ変］天皇に申し上げること。奏上。
そう‐もん【僧門】［名］僧の社会。仏門。「―に入る」
そう‐もん【相聞】［名］『万葉集』で、雑歌・挽歌と並ぶ三大部立ての一つ。恋愛の歌が多いが、親子・兄弟・友人間の愛情をうたった歌も含む。「―歌」
そう‐もん【総門・▼惣門】［名］❶屋敷の外囲いにある大きな正門。❷禅宗寺院の表門。
そう‐ゆう【曽遊】［名］以前に訪れたことがあること。「―の地」
ぞう‐よ【贈与】［名・他サ変］❶金品を人に贈り与えること。❷自分の財産を無償で相手に与える意思を表し、相手が受諾することによって成立する契約。「株式を―する」「―税」
そう‐よう【装用】［名・他サ変］道具などを装着して使うこと。「補聴器を―する」
そう‐よう【▼掻▼痒】［名］かゆいところをかくこと。⬇隔靴掻痒
そう‐らん【争乱】［名］争いが起こって世の中の秩序が乱れること。また、その争い。「―の世」
そう‐らん【奏覧】［名・他サ変］天子にお見せすること。
そう‐らん【総覧（▼綜覧）】［名］❶［他サ変］ひととおり全体を見ること。❷関係事項をひとまとめにして編集した本。「美術史―」
そう‐らん【総▼攬】［名・他サ変］権力などを統合して掌握すること。「国政を―する」
攬
そう‐らん【騒乱】［名］暴動などが起こって世の中の治安が乱れること。また、その暴動など。「―罪」
そう‐り【総理】［名］❶［他サ変］全体を統合して管理すること。また、その役を務める人。❷「内閣総理大臣」の略。
ぞう‐り【《草履》】［名］鼻緒のついた底の平らな履物。藁・藺・竹皮などを編んだものや、革・ビニール・ゴムなどで作ったものがある。「藁―・ゴム―」
そうり‐だいじん【総理大臣】［名］⬇内閣総理大臣
そう‐りつ【創立】［名・他サ変］会社・学校などを初めてつくること。「―者」「―一〇周年記念」
ぞうり‐とり【《草履》取り】［名］武家などに仕え、主人の履物を持って供をした下僕。草履持ち。
そうり‐ふ【総理府】［名］各省の事務の総合調整などを担当した国の行政機関。▼二〇〇一年、経済企画庁・沖縄開発庁を統合して内閣府となる。⬇内閣府
ぞうり‐むし【《草履》虫】［名］池沼にすむ繊毛虫類ゾウリムシ科の原生動物。体は細長い草履形で、体長約〇・二ミリメートル。体表に密生した繊毛を動かして移動する。
そう‐りょ【僧侶】［名］僧。出家。
そう‐りょう【送料】［名］品物を送るのに必要な料金。送り賃。「―無料」
そう‐りょう【爽涼】［名・形動］外気がさわやかで涼しいこと。「―の秋」派生‐さ
そう‐りょう【総量】［名］全体の重量・分量。
そう‐りょう【総領・▼惣領】［名］❶家名を受け継ぐ子。跡取り。❷いちばん最初に生まれた子。長男または長女。「―息子」
ぞう‐りょう【増量】［名・自他サ変］分量をふやすこと。また、ふえること。「薬を―する」「―材」⇔減量
そう‐りょうじ【総領事】［名］領事のうち、最上級のもの。領事以下を監督する。「―館」⬇領事
そう‐りょく【総力】［名］持っているすべての力。また、集団・国家などの全体の力。「―をあげて取り組む」「―戦」
そう‐りん【相輪】［名］仏塔の最上部におく金属製の装飾。露盤・伏鉢・請花・九輪・水煙・竜舎・宝珠の七つからなる。▼相輪全体を九輪ともいう。
そう‐りん【▼叢林】［名］❶樹木の群生している林。❷大きな寺院。特に、禅寺。禅林。
ぞう‐りん【造林】［名・自サ変］樹木を植え育てて森林をつくること。「―事業」
ソウル［soul］［名］❶魂。霊魂。❷「ソウルミュージック」の略。
そう‐るい【走塁】［名・自サ変］野球で、走者が塁から次の塁へ走ること。ベースランニング。「好―」
そう‐るい【藻類】［名］水中や湿地に生育する下等隠花植物のうち、葉緑素をもって自家栄養を営むものの総称。緑藻・褐藻・紅藻・藍藻・珪藻など。▼狭義では緑藻・褐藻・紅藻類の総称。
ソウル‐フード［soul food］［名］❶アメリカ南部の伝統的な料理。フライドチキン・ナマズのフライ・コーンブレッドなど。❷ある地域特有の料理。ある地域の人々に親しまれる料理。「日本の―」
ソウルフル［soulful］［形動］魂がこもっているさま。感情がこもっているさま。情熱的。感動的。
ソウル‐ミュージック［soul music］［名］リズム‐アンド‐ブルースとゴスペルソングが融合して発展したアメリカの黒人音楽。
そう‐れい【壮齢】［名］働き盛りの年ごろ。壮年。
そう‐れい【壮麗】［名・形動］規模が大きく、美しいこと。「―な宮殿」派生‐さ
麗
そう‐れい【葬礼】［名］死者をほうむる儀式。葬式。葬儀。
そう‐れつ【壮烈】［名・形動］激しく勇ましいこと。「―をきわめた戦い」「―な死を遂げる」派生‐さ
そう‐れつ【葬列】［名］葬送の行列。
そう‐ろ【走路】［名］❶競走で、走者が走るための道。コース。❷逃げ道。「―を断たれる」
そう‐ろう【早老】［名］年齢より早く老いること。また、年齢のわりにふけていること。
そう‐ろう【早漏】［名］性交時に射精が異常に早く起こること。
そうろ・う【候う】（古風）㊀［自四］「ある」の意の丁重語。あります。また、「おる」「いる」の意の丁重語。おります。「それがしはこちらに―」㊁［補動四］〈「にて」「で」や形容詞（型活用語の）連用形を受けて〉「ある」の意の丁寧語。…ございます。…あります。…です。「御帰国された次第に―」「御相談申し上げたく―」㊂

〔助動　四型〕〈動詞の連用形に付いて〉丁寧の意を表す。…ます。「大慶に存じー」◈「候ぞろ」とも。書き方 終止・連体形では慣用的に「候」のように、送りがなをつけないことも多い。

そうろう【▼蹌▼踉】 サウラウ〔形動タリ〕足どりがしっかりしていないさま。足もとがよろめくさま。

そうろう-ぶん【候文】 サフラフ〔名〕文語体の文章の一つ。文末に丁寧語の「候」を使うもので、書簡・公用文に用いられた。

そう-ろん【争論】 サウ〔名・自サ変〕❶言い争うこと。口論。「一の種」❷議論をたたかわすこと。

そう-ろん【総論】〔名〕全体を総括して大要を述べた論。また、それを記した文章。「一賛成、各論反対」⇕各論

そう-わ【送話】〔名・自他サ変〕電話などで、音声による話を相手に送ること。「一器」

そう-わ【挿話】 サフ〔名〕❶文章や談話の途中にさしはさむ、本筋には直接関係のない短い話。エピソード。❷ある人物や物事に関する短いが興味ある話。逸話。エピソード。

そう-わ【総和】〔名〕全部を合わせた数。総計。

ぞう-わい【贈賄】〔名〕賄賂わいろをおくること。「一罪」⇕収賄

そえ【添え（▽副え）】 ソヘ〔名〕❶主となる物にそえること。また、そのもの。❷付き従うこと。補佐すること。また、補佐する人。❸生け花で、中心になる枝にそえて、それを引き立たせる枝。

そえ-がき【添え書き】 ソヘ〔名・自他サ変〕❶書画・器物などにその由来などを書き添えること。また、その文書。添え筆。❷手紙などの終わりに付け加えて書くこと。また、その文章。追って書き。

そえ-ぎ【添え木（▽副え木）】 ソヘ〔名〕❶草木などが倒れないように支えの木を添えること。❷骨折した部分などを固定するために当てる板。副木ふくぼく。

そえ-じょう【添え状】 ソヘジャウ〔名〕人を遣わすとき、また物を送るとき、その旨などを記して添える手紙。添え書き。添え文ぶみ。

そえ-ぢ【添え乳】 ソヘ〔名・自サ変〕赤ん坊に添い寝して乳を飲ませること。

そえ-もの【添え物】 ソヘ〔名〕❶主となるものに付け加えたもの。▼とるに足りない存在の意でも使う。「彼はーに過ぎない」❷商品などに付けるおまけ。景品。

そ・える【添える（▽副える）】 ソヘル ━〔他下一〕❶あるものを（補助的に）付け加える。「花束にメッセージをー」「湯豆腐に薬味をー」「遠慮がちにことばをー」「書きー・申しー」❷手などを差し出して重ね合わせるようにする。特に、手助けするために手を差し出す。「かばうように右手に左手をー」「援助の手をー」❸あるものの存在が、あるものになお一層の美点を付け加える。「華やいだ顔ぶれが祝賀会に趣をー」「色彩をー」「錦上きんじよう花をー」❹付き添わせる。「監視役をー・えて出立させる」文そ・ふ 名添え ━〔自下一〕「添う」の可能形。添うことができる。「ご意向にー・えなくて残念です」

そ-えん【疎遠】 ソヱン〔名・形動〕交際・音信などが絶えて親しみが薄れること。「平素のーをわびる」「ーな間柄」⇕親密 派生 -さ

ソーイング [sewing]〔名〕裁縫。縫い物。

ソーサー [saucer]〔名〕コーヒーカップなどの受け皿。

ソーシャル [social]（造）社会の。社会的。社交的。ソシアル。「ーワーク（＝社会福祉事業）」

ソーシャル-ダンス [social dance]〔名〕社交ダンス。ソシアルダンス。▼social dancing から。

ソーシャル-ネットワーキング-サービス [social networking service]〔名〕➡エスエヌエス

ソーシャル-メディア [social media]〔名〕インターネット上で情報をやりとりするためのメディア。

ソーシャル-ワーカー [social worker]〔名〕社会福祉事業に従事する専門家の総称。

ソース [sauce]〔名〕料理の味を調えたり、料理にかけたりする液状の調味料。ドミグラスソース・ベシャメルソース（ホワイトソース）・トマトソース・チリソースなど。また、その中で、特にウスターソースのこと。

ソース [source]〔名〕出どころ。源みなもと。「ニュースー」

ソース-パン [saucepan]〔名〕長い柄のついた深鍋。煮物やシチューを作るのに用いる。

ソーセージ [sausage]〔名〕子牛・豚・羊などの腸膜にすりつぶして調味した獣肉を詰め、湯煮・乾燥・燻煙などの加工をほどこした食品。腸詰め。

ソーダ [soda オランダ]〔名〕❶炭酸ナトリウムの通称。▼広義には水酸化ナトリウム・炭酸水素ナトリウムなどを含む。❷「ソーダ水」の略。「クリームー」◈書き方「曹▽達」と当てる。

ソーダ-すい【ソーダ水】〔名〕炭酸ガスを含む発泡性の清涼飲料水。香料・シロップなどを加えたものもある。炭酸水。

ソート [sort]〔名・他サ変〕❶分類すること。❷コンピューターで、データをアルファベット順・五十音順などの基準によって並べかえること。

ゾーニング [zoning]〔名〕❶区分すること。❷都市計画等の土地利用計画において、各地域を用途別に区画すること。

ソーホー【SOHO】〔名〕パソコンやインターネットを活用する小規模のオフィス。また、自宅をオフィスにする在宅勤務者。▼small office home office の略。

ソーラー [solar]〔名〕太陽の光や熱を利用していること。「ーカー」「ーパネル」「ーシステム（＝太陽の光や熱を利用して給湯・発電などを行う装置）」▼多く他の語と複合して使う。

ソール [sole]〔名〕❶足裏。また、靴底。❷ゴルフクラブの底面。

ソールド-アウト [sold-out]〔名〕売り切れ。

ゾーン [zone]〔名〕区域。地帯。範囲。「スクールー・グレーー・ストライクー」

そ-か【粗菓】 ソクワ〔名〕粗末な菓子。▼人に菓子をすすめるときなどに謙遜けんそんしていう語。

そ-かい【租界】〔名〕第二次世界大戦終了までの中国で、開港都市に設けられていた外国人居留地。主権は中国にあったが、外国人がその地区の行政権・警察権を掌握した。

そ-かい【素懐】 ソクワイ〔名〕かねてからの願い。

そ-かい【疎開】〔名・自サ変〕空襲・火災などによる被害を少なくするため、都会に集中している住民・物資・工場などを地方に分散すること。「学童ー」

そ-がい【阻害（阻▼碍）】〔名・他サ変〕じゃまするこ

と。妨げること。‖「企業結合が公正な競争を―する」

そ-がい【疎外】 [名] ❶[他サ変] よそよそしくして近づけないこと。‖「―感」❷哲学で、イデー(理念)が自己の本質を否定することによって、それが自己と対立・離反する他者的な存在となること。

そ-かく【阻隔】 [名・自他サ変] うとくなってへだたりができること。また、じゃまをして間をへだてること。‖「両国間に―が生じる」

そ-かく【組閣】 [名・自他サ変] 内閣を組織すること。

そ-がん【訴願】 [名・他サ変] 訴え出て願うこと。特に、違法・不当な行政処分の取り消しや変更を特定の行政官庁に請求すること。▼昭和三七(一九六二)年に制定された行政不服審査法施行以降は「不服申し立て」という。

そぎ-おと・す【▽削ぎ落とす】 [他五] けずって取り去る。けずり落とす。‖「脂身を―」

そぎ-ぎり【▽削ぎ切り】 [名] 料理で、材料に包丁を斜めに当て、そぐように薄く切ること。

そ-きゅう【訴求】 [名・自他サ変] 広告・宣伝などで、買ってもらえるように消費者に働きかけること。また、買ってもらえるように特性などを訴えること。‖「女性に―するコピーを考える」「おいしさ[高級感]を―する広告」「―効果」

そ-きゅう【遡及(▼溯及)】 [名・自サ変] 過去にさかのぼって影響や効力を及ぼすこと。‖「当規定は本年四月に―して適用される」▼「さっきゅう」は慣用読み。

そ-ぎょう【祖業】 [名] 祖先が始めた事業。祖先から代々受け継がれてきた事業。

そく【即】 ㊀[接] 前に挙げることと後に挙げることが同じである意を表す。すなわち。とりもなおさず。‖「高齢者―弱者とはならない」「生―死」「色―是空」㊁[副] 時をおかないで。ただちに。‖「思い立ったら―実行する」㊂(造) ❶つく。接する。‖「―物的」❷すぐに。‖「―刻・―死・―席・―答」「一触―発」旧卽

そく【束】 (造) ❶たばねる。たばねたもの。‖「―帯・―髪」「維管―」「結―・収―」❷しばる。自由をうばう。‖「―縛」「拘―・約―」❸たばねたものを数える語。‖「薪三―」▼稲一〇把・和紙一〇帖・矢五〇本・絹布一〇反などが一束。❹矢の長さを測る単位。一束は親指を除いた指四本の幅。

そく【足】 (造) ❶股から下、またはくるぶしから下の部分。あし。‖「―下」「蛇―・土―」「一挙手一投―」❷あるく。はしる。あゆみ。‖「遠―・快―・駿―」❸十分にある。たりる。また、たす。みたす。‖「自―・充―・不―・補―」❹靴・靴下など足に履く一対のものを数える語。‖「靴四―」❺弟子。人材。‖「高―」

そく【促】 (造) ❶うながす。せきたてる。‖「―進・―成」「催―」❷間がつまる。縮む。‖「―音」

そく【則】 (造) ❶きまり。手本。‖「規―・原―・罰―・反―・法―」❷手本とする。のっとる。‖「―天去私」

そく【息】 (造) ❶いき。呼吸。‖「喘―・嘆―・窒―」❷生きる。生活する。‖「消―・棲―」❸やすむ。いこう。‖「安―」❹やむ。やめる。‖「―災」「終―」❺ふえたもの。‖「利―」❻むすこ。こども。‖「愚―・令―」

そく【捉】 (造) とらえる。つかむ。‖「把―・捕―」

そく【速】 (造) ❶はやい。すみやか。‖「―攻・―達・―報」「高―・迅―」❷はやさ。‖「―度」「光―・失―・風―」

そく【側】 (造) ❶かたわら。そば。‖「―近・―室」❷一方のがわ。横の面。‖「―壁・―面」「舷―」❸そばめる。そばだてる。‖「―目」❹ほのかに。‖「―聞」

そく【測】 (造) ❶物の長さ・深さなどをはかる。‖「―定」「観―」❷予想する。おしはかる。‖「憶―・推―」

そく【塞】 (造) ふさぐ。ふさがる。‖「栓―・逼―・閉―」

そ・ぐ【▽削ぐ・▽殺ぐ】 [他五] ❶薄くけずりとる。また、えぐるようにけずりとる。‖「敵兵の耳を―」「身を―・がれるような思い」❷先端をけずってとがらせる。‖「竹を―」❸弱くする。なくなるようにする。‖「興を―」「気勢を―・がれる」

ぞく【俗】 ㊀[名] ❶世間一般。‖「―に言うことば」❷出家していないこと(人)。‖「―の生活」「在―・僧―」㊁[形動] ごくありふれているさま。通俗的でつまらないさま。‖「―な(=俗っぽい)考え」「―語・―物」「低―」㊂(造) 習わし。習慣。‖「風―・民―」

ぞく【属】 ㊀[名] 生物分類学上の区分で、「科」の下、「種」の上。‖「バラ科ナナカマド―」㊁(造) ❶付き従う。仲間に入る。‖「―国・―性」「帰―・所―・直―」❷仲間。同類。‖「金―・眷―」旧屬

ぞく【▼粟】 ㊀[名] 官吏に与えられる扶持。‖「―を食む」㊁(造) あわ。また、穀物。‖「―粒」

ぞく【続】 ㊀[名] つづき。続編。‖「正―二巻からなる本」▼作品名などにも使う。‖「―文章読本」㊁(造) つづく。つづける。‖「―出・―発」「持―・接―」旧續

ぞく【賊】 ㊀[名] ❶他人の財物を奪う者。‖「―が忍び込む」「海―・山―・盗―」❷反逆して国家・社会の秩序を乱す者。‖「―を討つ」「―軍」「逆―・国―」㊁(造) そこなう。傷つける。‖「―心」

ぞく【族】 (造) ❶祖先を同じくする者の集団。一門。‖「血―・親―・民―」❷血統上の身分。‖「王―・貴―・士―」❸同じ種類の仲間。‖「魚―・語―」使い方 環境・行動などを同じくする仲間に付けられる名称にも使う。‖「暴走―・斜陽―」

ぞく-あく【俗悪】 [名・形動] 程度が低くて下品なこと。‖「―な趣味」派生 -さ

そく-あつ【側圧】 [名] 物の側面に加わる圧力。また、流体が物体や容器の側面に及ぼす圧力。

そく-い【即位】 [名・自サ変] 君主・天皇が、その位につくこと。‖「天皇が―する」「―式」

そく-い【▽続▽飯】 [名] 飯粒を練って作ったのり。▼「そくいい」の転。

そく-いん【▼惻隠】 [名] かわいそうに思って同情すること。あわれむこと。‖「―の情」

ぞく-うけ【俗受け】 [名・自サ変] 世間一般の人々の気に入ること。‖「―をねらった小説」

ぞく-えい【続映】 [名・他サ変] ❶予定の期間を延長して映画を上映すること。❷引き続き別の映画を上映すること。‖「後編を―する」

そく-えん【測鉛】 [名] 水中に投げ入れて水深をはかる器具。綱の先に鉛のおもりをつけたもの。

ぞく-えん【俗縁】 [名] 世俗での縁故。特に、僧尼が出家する以前の親類・縁者。‖「―を絶つ」

ぞく-えん【続演】 [名・他サ変] ❶芝居などを予定の興行期間を延長して上演すること。❷引き続き別の出し物を上演すること。

そく-おう【即応】 [名・自サ変] 状況・情勢にぴったりあてはまること。‖「あらゆる事態に―できる態勢」

そく-おん【促音】 [名] 日本語の音節の一つ。語中にあって一拍分だけ息を止めたように聞こえる音。「がっき(楽器)」「歌った」「ピッチ」などのように「っ」「ッ」を小さく

書いて表す部分の音。つまる音。つめる音。

そく‐おんびん【促音便】［名］音便の一つ。主に動詞の連用形語尾の「ち」「ひ」「り」が促音に変わるもの。「立ちて」が「立って」、「歌ひて」が「歌って」、「散りて」が「散って」となるなどの類。▼広義には「真白(ましろ)」→「まっしろ」、「やはり」→「やっぱり」のように名詞などの語中にみられるものもいう。

そく‐が【側▼臥】(グワ)［名・自サ変］❶横向きになって寝ること。「―位(い)」❷人の傍らに寝ること。

ぞく‐が【俗画】(グワ)［名］卑俗な絵。通俗画。

ぞく‐がく【俗学】［名］論理的な裏づけのない通俗な学問。浅薄で、程度の低い学問。「―の徒」

ぞく‐がく【俗楽】［名］❶雅楽・能楽などに対し、民間の間に普及している世俗音楽。近世、箏曲(そうきょく)・三味線音楽・民謡などの類をいう。❷低俗な音楽。

ぞく‐がら【続柄】［名］⬇つづきがら

ぞく‐がん【俗眼】［名］世間一般の人々が見る目。ふつうの人の見方。

ぞく‐ぎいん【族議員】(ーギヰン)［名］特定の業界や団体の利益のために、関係省庁に強い影響力を行使する国会議員。▼分野ごとに建設族・農林族などと呼ばれることから。

そく‐ぎん【即吟】［名・他サ変］その場ですぐ詩歌をつくること。また、その詩歌。即詠(そくえい)。

ぞく‐ぐん【賊軍】［名］支配者、特に朝廷に敵対する軍勢。反逆者の軍勢。「勝てば官軍、負ければ―」⬍官軍

ぞく‐け【俗気】［名］世間的な名声や金銭に引かれる俗っぽい気持ち。ぞっけ。ぞっき。「―が出る」

そく‐げん【塞源】［名・自サ変］悪などの生じるみなもとをふさぐこと。「抜本(ばっぽん)―」

ぞく‐げん【俗言】［名］❶世間で日常的に使うくだけたことば。俗語。⬍雅言 ❷世間のうわさ。

ぞく‐げん【俗▼諺】［名］世間一般に使われていることわざ。俚諺(りげん)。

ぞく‐ご【俗語】［名］❶世間で日常的に使われる話しことば。俗言。▼文章語や雅語に対していう。❷改まった場では使いにくい卑俗なことば。「やばい」「とんずら」などの類。スラング。

そく‐ざ【即座】［名］〈多く「即座に」の形で〉その場ですぐ。「―に言い返す」

そく‐さい【息災】［名］❶仏の力で災害・病気などを防ぎ止めること。「―延命」「―日(にち)(＝万事に吉という日)」❷［形動］達者で無事なこと。健康で元気なこと。「―に過ごす」「無病―」

ぞく‐さい【俗才】［名］俗事をうまく処理する能力。世渡りの才。世才(せさい)。

そく‐さん【速算】［名・他サ変］すばやく計算すること。「―表」

そく‐し【即死】［名・自サ変］その場ですぐ死ぬこと。「交通事故で―する」

そく‐じ【即時】［副］すぐその時。すぐさま。即刻。「願いが―に成就した」

ぞく‐し【賊子】［名］❶親を害するような不孝な子。❷主君などに反逆する者。謀反(むほん)人。「乱臣―」

ぞく‐じ【俗字】［名］正字ではないが世間一般に通用している漢字。「耻(恥)」「卆(卒)」「舘(館)」の類。

ぞく‐じ【俗耳】［名］世間一般の人々の耳。「―に入り易い(＝普通の人々にわかりやすい)」

ぞく‐じ【俗事】［名］日常生活でのわずらわしい用事。日常の雑事。また、世俗的な事柄。「―を避ける」「―にうとい人」

そく‐しつ【側室】［名］身分の高い人のめかけ。そばめ。⬍正室

そく‐じつ【即日】［副］何かの事のあったその日。「―開票」

そく‐しゃ【速写】［名・他サ変］写真などをすばやく写すこと。また、すばやく写生すること。

そく‐しゃ【速射】［名・他サ変］銃などをすばやく続けて発射すること。「ライフルを―する」「―砲」

ぞく‐じゅ【俗儒】［名］見識のない、つまらない学者。

そく‐しゅう【束▼脩】(シウ)［名］入門するとき師に贈る謝礼の金品。▼束ねた干し肉の意。古く中国では弟子入りのときこれを持参した。

ぞく‐しゅう【俗臭】(シウ)［名］世俗的で気品のない感じ。世間的な金や名誉にこだわる卑しい気風。俗気。「―芬々(ふんぷん)」

ぞく‐しゅう【俗習】(シフ)［名］世間一般のならわし。世俗の習慣。

ぞく‐しゅつ【続出】［名・自サ変］同じような事柄が次々と続いて出てくること。また、次々と続いて起こること。「質問[不祥事]が―する」

そく‐じょ【息女】(ヂョ)［名］❶むすめ。特に、身分のある人のむすめ。❷他人のむすめの敬称。「御―はお元気ですか」

ぞく‐しょ【俗書】［名］❶低俗な書物。くだらない本。❷気品のない書風。俗筆。

ぞく‐しょう【俗称】［名］❶世間で言いならわされている正式でない呼び名。通り名。通称。❷僧の出家する以前の名。俗名(ぞくみょう)。

そく‐しん【促進】［名・他サ変］物事がはやく進むように働きかけること。「開発を―する」「販売―」

そく‐しん【測深】［名・自他サ変］水面から水底までの深さをはかること。「―器」

ぞく‐しん【俗信】［名］呪術・禁忌・ことわざ・憑(つ)き物・妖怪など、広く民間で信じられ、日常生活になじんできた言い伝えや慣行。▼多くは自然現象の観察や体験から蓄積された知識に基づく。

ぞく‐しん【続伸】［名・自サ変］取引市場で、相場が引き続いて上がること。続騰。⬍続落

ぞく‐しん【賊臣】［名］謀反(むほん)を起こした家臣。不忠の臣。逆臣。「―を誅(ちゅう)する」

ぞく‐じん【俗人】［名］❶世俗の名利にばかりとらわれて精神活動に関心の薄い人。また、実利にばかり心を奪われて学問や芸術に関心の低い人。［使い方］⬇俗物(ぞくぶつ) ❷僧に対して世間一般の人。

ぞく‐じん【俗▼塵】(ーヂン)［名］俗世間のわずらわしい事柄。「―を避ける」▼浮き世のちりの意から。

ぞく‐じん【属人】［名］法律で、人を基本として考えること。⬍属地

ぞくじん‐しゅぎ【属人主義】［名］人がどこの場所にいても、その人の属する国の法律を適用しようとする主義。⬍属地主義

そくしん‐じょうぶつ【即身成仏】(ジャウ)［名］人間が現世の肉体のまま仏になること。即身菩提(ぼだい)。▼真言密教の根本教義とされる。

そく‐す【即す】［自五］⬇即する

ぞく・す【属す】〔自五〕⬇属する≡「いかなる派閥にもーさない」

そく・する【即する】〔自サ変〕ぴたりとつく。ぴたりとあてはまる。≡「現実にーして行動する」「政策が実情にーしていない」文そく・す 異形 即す

そく・する【則する】〔自サ変〕ある事を基準として、それに従う。のっとる。≡「前例にーして処理する」文そく・す

ぞく・する【属する】〔自サ変〕❶一員として団体・組織などに入る。所属する。また、部下として付き従う。≡「企画課にーして開発の仕事に当たる」「テニス部[反対派]にー」❷ある種類や範囲の中に含まれる。入(い)る。≡「イルカは哺乳類にー」「国会の解散は首相の権限にー」文ぞく・す 異形 属す

ぞく-せ【俗世】〔名〕世の中。俗世間。ぞくせい。

そく-せい【▼仄声】〔名〕漢字の四声のうち、上声(じょうしょう)・去声(きょしょう)・入声(にっしょう)の総称。▽何らかの変化のある声調で、変化のない「平声(ひょうしょう)」に対する。

そく-せい【即製】〔名・他サ変〕その場ですぐ作ること。≡「ーの料理[寝床]」「ー販売」

そく-せい【促成】〔名・他サ変〕農作物などを人工的に早く生長させること。≡「ー栽培」

そく-せい【速成】〔名・他サ変〕物事を早く成し遂げること。短期間に仕上げること。≡「英会話ー講座」

ぞく-せい【俗姓】〔名〕僧が出家する前の姓。ぞくしょう。

ぞく-せい【族生・▼簇生】〔名・自サ変〕⬇そうせい(叢生)▽「簇生(そうせい)」の慣用読み。

ぞく-せい【族制】〔名〕家族・親族・氏族などのように、血縁関係によって集団が形成されている制度。

ぞく-せい【属性】〔名〕❶ある事物に備わる固有の性質。≡「銅のー」❷哲学で、実体のもつ本質的な性質。それなしにはその実体が考えられない性質。

そく-せき【即席】〔名〕❶準備をしないで、その場ですぐにすること。≡「ーのスピーチ」❷手間をかけなくてもすぐできあがること。インスタント。≡「ー麺(めん)」

そく-せき【足跡】〔名〕❶歩いたあとの足形。あしあと。≡「前人未到の地にーを印(しる)す」❷人が通っていった道筋。経路。≡「逃亡者のーを追う」❸これまで何かを行ってきた経過。≡「一〇年間のーを振り返る」❹その人が成し遂げた業績。≡「医学の発展に輝かしいーを残す」

ぞく-せけん【俗世間】〔名〕一般の人々が住むこの世界。現世。俗世。

ぞく-せつ【俗説】〔名〕確かな根拠もなく世間一般に言い伝えられている説。

そく-せん【即戦】〔名〕特に訓練を受けなくてもすぐに戦えること。

そく-せん【側線】〔名〕❶鉄道線路のうち、列車の運行に常用する本線以外の線。入れ換え線・操車線・折り返し線・安全側線など。❷魚類などの体側に線状に並ぶ感覚器官。水圧・水流・振動・温度刺激などを感じとる。

そく-せん【塞栓】〔名〕血栓・脂肪・腫瘍(しゅよう)・空気などが血管やリンパ管につまってふさがること。また、そのつまったもの。栓塞。

そくせん-そっけつ【速戦即決】(ーソクケツ)〔名〕戦いを長びかさないで短時日のうちに勝負を決めること。▽短時間で物事の決着をつける意でも使う。≡「ーの新製品販売合戦」

そくせん-りょく【即戦力】〔名〕特に訓練などをしなくても、すぐに重要な働きをする力。また、その力を持つ人。≡「ーとなる人材」「ーを求める企業」

そく-そく【▼惻▼惻】〔形動タリ〕身にしみて悲しみを感じるさま。≡「ーとして身に迫る哀情」

ぞく-ぞく〔副(と)〕❶寒けがするさま。≡「背中がー(と)する」❷期待・喜び・恐怖などがもたらす緊張や興奮のために体がふるえそうになるさま。気持ちが高ぶるさま。≡「決勝を前にしてーする」◈「ぞくっと」とも。

ぞく-ぞく【続続】〔副(と)〕絶え間なく続くさま。≡「観客がー(と)詰めかける」「注文がー(と)来る」

そく-たい【束帯】〔名〕平安時代以降、天皇以下の文武官が朝廷の儀式や公事(くじ)に着用した正式の礼服。≡「衣冠ー」

そく-だい【即題】〔名〕❶その場で題を出し、すぐに詩歌や文章を作らせること。また、その題。❷その場で出し、すぐに答えさせる問題。

ぞく-たい【俗体】〔名〕❶僧ではない一般の人の姿。⬍僧体・法体(ほったい)❷詩歌・文章などの通俗的な様式。

そく-だく【即諾】〔名・他サ変〕その場ですぐ承諾すること。≡「海外勤務をーする」

そく-たつ【速達】〔名〕特別料金を取って特定の郵便物を普通郵便物よりも早く配達する制度。また、その郵便物。≡「ー料金」▽「速達郵便」の略。

そく-だん【即断】〔名・他サ変〕その場ですぐ判断して決めること。ただちに結論を出すこと。≡「役員会で中止をーした」「ーせず家族に相談する」「ー即決」使い方 時間をおかずに判断する点では「速断」と似るが、「即断」は即座に結論を下す意が強い。

そく-だん【速断】〔名・他サ変〕すばやく判断して決めること。また、早まった判断をすること。≡「彼の腕はたいしたことないとーする」「ーは禁物だ」

ぞく-だん【俗談】〔名〕俗事に関する話。世間話。

そく-ち【測地】〔名・自他サ変〕土地を測量すること。

ぞくち-しゅぎ【属地主義】〔名〕行為者の国籍がどこであっても、その領土内で行われた行為にはすべてその国の法を適用しようとする立場。

ぞく-ちょう【族長】(ーチヤウ)〔名〕一族の長。

ぞくっ-と〔副〕⬇ぞくぞく

ぞくっ-ぽ・い【俗っぽい】〔形〕❶ありふれていて程度が低いさま。通俗的で、品位に欠ける。≡「ー歌」❷俗気があるさま。≡「ー僧侶」派生 -さ

そく-てい【足底】〔名〕足の裏。≡「ー紋」

そく-てい【測定】〔名・他サ変〕計器や装置を使って長さ・重さ・速さなどの量をはかること。≡「降雨量をーする」「体力ー」

そく-てん【側転】〔名・自サ変〕体操で、開脚姿勢から斜め上方に伸ばした両手を側方につき、倒立しながら転回すること。▽「側方転回」の略。

ぞく-でん【俗伝】〔名〕世間一般に言い伝えられていること。また、俗間の言い伝え。

そく-ど【速度】〔名〕❶物事の進むはやさの度合い。スピード。≡「制限ー」❷物理学で、運動する物体の位置が時間とともに変化する度合い。

そく-ど【測度】〔名〕❶度数などをはかること。また、それによって得た数値。❷数学で、長さ・面積・体積の概念を拡張し、一般の集合に対して定義された量。

ぞく-と【賊徒】〔名〕❶盗賊の仲間。❷反逆者の仲

問。

そく-とう【即答】［名・自サ変］質問されて、その場ですぐ答えること。‖「―を避ける」

そく-とう【速答】［名・自サ変］さっさと答えること。‖「よく考えずに―する」

ぞく-どう【側道】［名］本道のわきを通る間道。

ぞく-とう【属島】［名］❶その国に所属する島。❷大きな島または本島に所属する島。

ぞく-とう【続投】［名・自サ変］野球で、投手が交代しないでそのまま投げ続けること。‖「エースが―する」▽交代しないで役職などを続けることのたとえにもいう。‖「現会長がそのまま―する」

そく-どく【速読】［名・他サ変］本などを普通より速く読むこと。‖「新聞を―する」「―術」

そくど-ひょうご【速度標語】［名］楽曲の演奏速度を指示する標語。アレグロ・レントなど。

ぞく-に【俗に】［副］世間一般に。世間で、ふつうに。‖「―お多福風邪と呼ばれる疾病」

ぞく-ねん【俗念】［名］世俗的な欲望にとらわれる心。世俗の名利や快楽を得ようとする気持ち。

そく-のう【即納】［名・他サ変］商品などをその場ですぐ納めること。‖「注文の品を―する」「―品」

そく-ばい【即売】［名・他サ変］展示会などで、展示品をその場で売ること。‖「古書―会」

そく-ばく【束縛】［名・他サ変］制限を加えて思想・行動などの自由を奪うこと。‖「自由を―する」「時間に―される」

そく-ばく【〈若干〉】［副］⇩そこばく

そく-はつ【束髪】［名］女性の髪形の一つ。頭の上や首の後ろで髪を束ねて結うもの。揚げ巻・ひさし髪・耳隠しなどさまざまな形が考案された。‖「―に結う」▽明治時代に洋髪の影響を受けて生まれた。

ぞく-はつ【続発】［名・自サ変］事件・事故などが続けて次々に起こること。‖「凶悪事件が―する」

そく-ひつ【速筆】［名］ものを書くのが速いこと。⇕遅筆

ぞく-ぶつ【俗物】［名］世間的な名誉や利益にばかりこだわるつまらない人物。‖「―根性」使い方「俗人」より軽蔑の意が強い。

ぞくぶつ-てき【即物的】［形動］❶主観を交えないで、実際の事物に即して考えるさま。‖「―な描写」❷物質的なものを重視し、現実の利害を中心に考えるさま。‖「―な人」

そく-ぶん【▼仄聞（側聞）】［名・他サ変］人づてやうわさなどでちょっと耳に入ること。‖「―するところによると…」書き方「側聞」は代用表記。

そく-へき【側壁】［名］側面のかべ。側面の仕切り。

ぞく-へん【続編（続▼篇）】［名］論文・小説・映画などで、前の編に続く編。⇕正編

そく-ほ【速歩】［名］ふつうより速く歩くこと。はやあし。

そく-ほう【速報】［名・他サ変］情報をすばやく知らせること。また、その知らせ。‖「地震を―する」「選挙―」

ぞく-ほう【続報】［名・他サ変］前の報告・報道に続けて知らせること。また、その知らせ。

そく-みょう【即妙】［名・形動］その場の状況に応じて、すばやく機転をきかすこと。気がきいていること。‖「―の受け答え」「当意―」

ぞく-みょう【俗名】［名］❶僧が出家する以前の名。⇕法名 ❷僧から贈られる戒名に対し、死者の生前の名。⇕戒名

ぞく-む【俗務】［名］生活の上で必要な日常のわずらわしい仕事。俗事。

そく-めん【側面】［名］❶物の左右の面。物の上下・前後の面以外の面。‖「箱の―」❷数学で、角錐・角柱・円錐・円柱の底面以外の面。❸いろいろの性質・特質などがあるうちの一つ。‖「経済的な―も考慮する」「―的な見方」❹中心・正面からはずれたわきの方面。わきの立場。‖「―から支援する」

そく-や【即夜】［副］何かがあったその夜。当夜。

ぞく-よう【俗用】［名］❶生活の上で必要な日常のわずらわしい用事。俗事。❷［他サ変］正式ではないが、世間一般で用いること。‖「―されている言葉」

ぞく-よう【俗謡】［名］広く民間でうたわれる歌。小唄・端唄・民謡・流行歌など。

ぞく-らく【続落】［名・自サ変］取引市場で、相場が引き続いて下がること。ぞくおち。⇕続伸

ぞく-り【俗吏】［名］❶つまらない雑務に従事する役人。❷凡俗な役人。無能な役人。▽役人をあざけっていう語。

ぞく-り【属吏】［名］配下の役人。また、地位の低い役人。

ぞく-りゅう【俗流】［名］俗人の仲間。俗物連中。

ぞく-りゅう【▼粟粒】［名］あわの実のつぶ。あわつぶ。▽ごく小さいもののたとえにいう。‖「―大」

そく-りょう【速了】［名・自サ変］早合点すること。‖「彼等は―にも、余を以って色を舞姫の群に漁するものとしたり〈鷗外・舞姫〉」

そく-りょう【測量】［名・他サ変］機器を使って地表上の各点相互の距離・角度・高低差などを測定し、その形状・面積などを求めること。また、これを数値や地図に表す理論や技術。‖「―士」「―船」

ぞく-りょう【属僚】［名］地位の低い役人。

ぞく-りょう【属領】［名］ある国に付属している領土。本国の支配下にある領土。属領地。

そく-りょく【速力】［名］移動する物体の速さ。特に、乗り物の進む速さ。スピード。‖「―を出す」▽単位時間あたりの移動距離で表す。

ぞく-ろん【俗論】［名］世間一般のありふれた意見。程度の低い議論。

そぐわ-な・い［連語］似つかわしくない。ふさわしくない。そぐわぬ。‖「ドレスに―帽子」「現状に―規則」▽動詞「そぐう」＋打ち消しの助動詞「ない」。使い方 丁寧形は「そぐいません」。⇩「ない」のコラム（一二〇四ページ）

注意「そぐう」は釣り合う、似合うの意だが、ふつう打ち消しを伴って使う。「テーマにそぐう発言」など打ち消しを伴わない言い方は一般的でない。

そ-けい【素▼馨】［名］夏、白い小花をつけるモクセイ科の常緑低木。ジャスミンの一種で、芳香を放つ花を香油の原料にする。

馨

そ-けい【粗景】［名］粗末な景品。‖「―進呈」▽商店などが客に贈る品を謙遜していう語。

そけい-ぶ【▼鼠▼蹊部・▼鼠径部】［名］下腹部と接する下肢の内側の部分。ももの付け根。鼠蹊。

鼠蹊

そ-げき【狙撃】［名・他サ変］銃でねらい撃ちにするこ

と。≡「大統領が━される」「━手」

ソケット【socket】[名] 電球・真空管・蛍光灯などを差し込む受け口の器具。

そ・げる【▽削げる・▽殺げる】[自下一] 刃物などでけずりとられたようになる。≡「長患いでほおの肉がげっそり━」文そ・ぐ

そ-けん【素絹】[名] 精練していない生糸で織った、織り模様のない絹布。≡「━の衣(ころも)」(＝素絹で作った白い僧衣)

そ-けん【訴権】[名] 主として民事訴訟で、訴訟を起こして裁判所の審判を求めることのできる権利。判決請求権。

そ-げん【遡源(▼溯源)】[名・自サ変] おおもとにさかのぼること。また、根本を究めること。▼慣用読みで「さくげん」とも。

そこ【底】[名] ❶容器など、くぼみのあるものの一番下の部分。≡「なべの━」「船の━に水がたまる」 ❷重ねられたものの一番下。≡「積み荷の━」 ❸水面や地面から深くさがった極限のところ。≡「海の━にもぐる」 ❹奥深いところ。また、物事の極まるところ。≡「心の━まで見透かされる」「腹の━から笑う」

◉**底が浅・い** 内容に深みがない。また、器量・力量がそれほどではない。≡「━知識」

◉**底を打・つ** ➡底を突く②≡「景気[株価]が━・った」

◉**底を突・く** ❶蓄えてあったものがほとんどなくなる。≡「食糧が━」 ❷相場や景気がこれ以上悪くなりようがない状態にまで下がる。底を打つ。≡「相場が━」◈注意「つく」を「尽く」と書くのは誤り。

◉**底を割・る** ❶本心を打ち明ける。≡「━・って話す」 ❷相場が最低値と思われた値よりさらに下がる。

そ-こ【▼其▽処・▼其▽所】[代] ❶相手に近い、または相手側に属する場所を指し示す語。そのところ。その場所。≡「━にある本をとってください」「━から富士山が見えますか」 ❷話し手が相手と共通で話題にしている場所・場面や事柄を指し示す語。≡「もう少し行くといい店がありますから、━で食事をしましょう」「出かけようとしたら、━に来客がありまして」 ❸相手が示した事態を指し示す語。≡「ご事情はわかりますが、━を何とかお願いします」「━まで言うのなら、信用しよう」

そ-ご【祖語】[名] 同系統に属する諸言語の源となる言語。ロマンス諸語に対するラテン語の類。

そ-ご【▼齟▼齬】[名・自サ変] 物事がうまくかみあわないこと。食い違ってうまく進まないこと。ゆきちがい。≡「感情に━をきたす」「━が生じる」▼上下の歯が合わない意から。

齟齬

そこ-あげ【底上げ】[名・他サ変] 全体の水準を高めるために、最低の数値を引き上げること。≡「賃金を━する」

そこ-い【底▽方】ヒ[名] きわめて深い底。≡「君を思う心の深さ━をば今ぞ知りぬる〈鷗外・舞姫〉」

そこ-い【底意】[名] 心の奥にある考え。したごころ。≡「━ありげな言い方」

そこ-いじ【底意地】チ[名] 心の奥底に隠しもっている気性。≡「━が悪い」

そこ-いら【▼其▽処いら】■一[代] そのあたり。そこら。≡「━にあるだろう」■二[名]〈多く「数量を表す語＋か[や]」に付いて〉そのくらい。そこら。≡「一時間か━で戻ってくる」

そこ-いれ【底入れ】[名・自サ変] 取引で、相場がそれより下がる見込みのないところまで下がりきること。相場が底値になること。底を打つこと。

そ-こう【素行】ウカ[名] 平素の品行。日常の生活態度。≡「━が悪い」

そ-こう【粗▼肴】ウカ[名] 粗末な酒のさかな。≡「粗酒━」▼人にすすめる料理を謙遜(けんそん)していう語。

そ-こう【粗鋼】ウカ[名] 圧延・鍛造などの加工をしていない、製鋼炉から得られたままの鋼。

そ-こう【遡行(▼溯行)】ウカ[名・自サ変] 川の流れを上流へさかのぼっていくこと。≡「利根川を━する」

そこ-うお【底魚】ヲウ[名] 海底または海底近くにすむ魚。カレイ・ヒラメ・アンコウ・タラなど。⇕浮き魚

そこ-かしこ【▼其▽処▽彼▽処】[代] あちこち。あちらこちら。ほうぼう。≡「━に空き缶が捨てられている」

そこ-がた・い【底堅い】[形] 取引で、下がってきた相場が更に下がりそうで下がらないさま。≡「━動き」

そ-こく【祖国】[名] ❶先祖代々住み続け、自分もそこで生まれた国。❷ある民族が分かれ出た、もとの国。

そこ-ここ【▼其▽処▼此▽処】[代] そちらこちら。そっちこっち。至るところ。≡「村の━で田植えが始まる」

そこ-しれな・い【底知れない】[連語] 際限がわからない。そこしれぬ。≡「━実力の持ち主」

そこ-そこ[副] ❶[ト] あることを十分に終えないうちに急いで次のことをするさま。≡「挨拶(あいさつ)も━に退出する」 ❷十分ではないが一応満足できる程度であるさま。≡「出演依頼も━来るようになった」「━見られる出来映え」 ❸〈数量を表す語に付いて〉…くらい。≡「千円━の品」「十年━の歴史しかない」

そこ-ぢから【底力】[名] ふだんは表にあらわれないが、いざというときに出てくる強い力。≡「━を発揮する」

そ-こつ【粗▼忽】[名] ❶[形動] 軽はずみなこと。そそっかしいこと。≡「━者(もの)」派生-さ ❷不注意で起こしたあやまち。そそう。≡「━をわびる」

そこ-づみ【底積み】[名] ❶荷物を何段にも積むとき、一番下に積むこと。また、その荷物。❷船を安定させるために船底に積む重量物。底荷。バラスト。

そこ-で[接] ❶前の話をひとまずおいて、新たに話を展開する語。≡「仕事も軌道に乗った。━ひとつ相談に乗ってもらいたい」 ❷そういうわけで。そのために。≡「疲れがたまってきた。━少し休むことにした」

そこ-な【▼其▽処な】[連体]〔古風〕そこにいる。そこにある。≡「━ふたり」▼「そこなる」の転。

そこな・う【損なう】ウフ[動五] ■一[他] ❶〔古風〕物などに損傷を与える。≡「過って器物を━」 ❷健康や気分を悪くする。害する。損ねる。≡「過労で健康を━」「不用意な発言で感情を━」 ❸価値や機能を傷つける。だめにする。損ねる。≡「ビルが街の美観を━」「度重なる失政で首相の威厳が著しく━・われる」◈書き方「健康[気分]を━」など、「害する」で置き換えられる場合は「▽害なう」とも。■二〈動詞の連用形に付いて複合動詞を作る〉 ❶…することに失敗する。また、間違えて…する。…損ねる。≡「ボールを取り━」「字を書き━」「人を見━」 ❷…する機会をのがす。…損ねる。≡「食べ━」「お礼を言い━」 ❸…するはずのところをしないでしまう。また、危うく…しそうになる。…損ねる。≡「死に━」「おぼれ━・ったときの恐ろしさといったらなかった」

そこ-なし【底無し】[名] ❶底がないこと。また、どこまで行っても底に届かないほど深いこと。≡「━の沼」

❷きりがないこと。程度がはかりしれないこと。‖「ーの大酒飲み」

そこ-ぬけ【底抜け】［名］❶入れ物などの底がとれて、ないこと。また、そのもの。❷［形動］程度がはなはだしいこと。並外れていること。‖「ーのお人好し」「ーに明るい性格」❸際限のない大酒飲み。▼「底抜け上戸」の略。

そこ-ね【底値】［名］一定期間中の取引で、相場がいちばん低いときの値段。⇕天井値

そこ・ねる【損ねる】［他下一］「損なう」㊀②③・㊁の、くだけた言い方。‖「気分［美観］をー」「つかみー・食べー」 文そこ・ぬ

そこ-のけ【▼其▽処▽退け】［接尾］〈名詞に付いて〉それをしのぐほどすぐれている意を表す。はだし。‖「プローの腕前」

そこはかと-な・い［形］どこがどうというのでなく、全体的にそう感じられるさま。‖「ー・く漂う梅の香り」

そこ-ばく【〈若干〉】［副］いくらか。いくつか。そくばく。‖「ーの寄付をする」

そこ-ひ【底▼翳・〈内障〉・〈内障眼〉】［名］眼球内の疾病の総称。黒そこひ(黒内障)・白そこひ(白内障)・青そこひ(緑内障)など。

そこ-びえ【底冷え】［名・自サ変］体のしんにしみとおるほどひどく冷え込むこと。また、そのようなきびしい寒さ。‖「昨夜はひどくーした」

そこ-びかり【底光り】［名・自サ変］うわべからではなく、その奥底から光が出ているように見えること。また、深みのある光。▼深い所からにじみ出てくるような人柄・技芸・才能などについてもいう。‖「ーのする枯れた芸」

そこ-びきあみ【底引き網・底▼曳き網】［名］引き網の一つ。引き網で海底を引き回して底魚などをとる袋状の網。‖「ー漁業」▼トロール網はその一つ。

そこ-まめ【底豆】［名］足の裏にできるまめ。

そこ-もと【▼其▽処▽許】［代］〔古風〕❶そこ。そこら辺り。❷〔二人称〕同等以下の人を指し示す語。そなた。おまえ。

そこ-ら【▼其▽処ら】㊀［代］❶相手に近い場所や、話題にしている場所の近くを漠然と指し示す語。そのあたり。そのへん。‖「辞書ならーにあるだろう」「ちょっとーを歩いてくる」❷相手と共通に話題にしている事柄を漠然と指し示す語。‖「ーが順当だろう」㊁［名］〈多く「数量を表す語＋か［や］」に付いて〉その数量や程度に近いことを漠然と指していう語。その程度。そのくらい。‖「たかだか千円かーの品」「もう五分かー待ってくれ」「十やーの子には分かるまい」

そこら-へん【▼其▽処ら辺】［名］そのあたり。そこらあたり。そこいらあたり。そこいらへん。‖「鉛筆ならーにあったはずだ」

そこ-われ【底割れ】［名・自サ変］低迷の続く景気が、一段落したと見られた後でさらに悪化すること。

そ-さい【▼蔬菜】［名］副食物として栽培する野菜。あおもの。‖「ー類」

そ-ざい【素材】［名］❶もとになる材料。‖「羊毛をーにした織物」❷芸術作品の題材となるもの。‖「神話にーを求めたオペラ」

そ-ざい【礎材】［名］土台にする材料。基礎材料。

ソサエティー［society］［名］❶社会。社交界。‖「ハイー」❷会。協会。◈「ソサイエティー」とも。

そ-ざつ【粗雑】［名・形動］あらっぽくていいかげんなこと。‖「ーな計画」「茶道具をーに扱う」 派生 -さ

そ-さん【粗▼餐】［名］粗末な食事。‖「ーを差し上げたく…」▼人にすすめる食事を謙遜していう語。

そ-し【阻止(▼沮止)】［名・他サ変］行為などを妨げて、やめさせること。物事の進行をはばむこと。‖「侵入［インフレの進展］をーする」

そ-し【祖師】［名］仏教で、一宗一派を開いた僧。禅宗の達磨、浄土真宗の親鸞、日蓮宗の日蓮など。開祖。

そ-し【素子】［名］電気回路・機械回路などで、重要な構成要素として独立した働きをする単位部品。トランジスター・真空管・コンデンサー・ICなど。

そ-し【素志】［名］平素からの志。かねてから抱いている望み。

そ-じ【素地】［名］何かをするときのもとになるもの。基礎。土台。‖「ーがあるので上達も早い」

そ-じ【措辞】［名］詩歌・文章などで、ことばの使い方や句の配置の仕方。‖「ーを練る」

そ-じ【粗辞】［名］粗末なことば。‖「誠にーではありますがお礼の挨拶と致します」▼式典などで自分の挨拶を謙遜していう語。

ソシアル-ダンス［social dance］［名］⇩ソーシャルダンス

そ-しき【組織】［名］❶［他サ変］いくつかの部分を関連づけて、一つのまとまった仕組みを作ること。また、そのもの。❷［他サ変］特定の役割・機能をもつ人々が集まって、一つの秩序ある集団を構成すること。また、その集団。‖「組合［救援隊］をーする」「会社ー」❸生物体を構成する一単位で、同じ形態・機能をもつ細胞の集まり。動物の上皮組織・筋肉組織・神経組織、植物の分裂組織・永久組織など。

そしき-てき【組織的】［形動］ある目的のために全体が一定の秩序によって有機的に組み立てられているさま。‖「ーな活動［犯行］」

そしき-ろうどうしゃ【組織労働者】［名］労働組合に加入している労働者。

そ-しつ【素質】［名］生まれつき備わっている性質。特に、将来の発達が期待される性質・能力。‖「芸術家のーがある」

そし-て［接］❶前に述べた事柄に引き続いて次に述べる事柄が起こる意を表す。そうして。それから。‖「車はスピードを緩めた。ー停車した」「旅に出る。ー人に会う」❷前に述べた事柄に付け加えて述べる意を表す。そうして。それから。‖「この小説は、深い感動と、ー勇気を与えてくれる」「兄はアメリカへ、ー弟は中国へと旅立った」

そ-しな【粗品】［名］粗末な品物。そひん。‖「ーですがお受け取りください」「ー進呈」▼人に贈る品物などを謙遜していう語。

そ-しゃく【▼咀▼嚼】［名・他サ変］❶食べ物をよくかみくだくこと。‖「ー筋」❷文章やことばの意味をよく考えて理解すること。‖「原文をーする」 嚼

そ-しゃく【租借】［名・他サ変］条約によってある国が他国の領土をある期間借り受けること。‖「ー地」

そ-しゅ【粗酒】［名］粗末な酒。‖「ー粗肴」▼人にすすめる酒を謙遜していう語。

そ-しゅう【▼楚囚】［名］とらわれて他国にある囚人。とりこ。 語源 春秋時代、晋にとらわれていた楚の鍾儀が楚の冠をかぶって故国を忘れなかったという『左

伝』の故事に基づく。

そ-じゅつ【祖述】〔名・他サ変〕先人の説を受け継ぎ、それを発展させて述べること。||「孔子の思想を—する」

そ-しょう【訴訟】〔名・自サ変〕紛争・利害の衝突を法律的に解決するために、利害関係者が裁判所に訴えて裁判を請求すること。また、その手続き。民事訴訟・刑事訴訟などがある。||「—を起こす」

そ-じょう【▼俎上】〔名〕まないたの上。

◉**俎上に載・せる** ⇩俎板に載せる

◉**俎上の魚** ⇩俎板の鯉

そ-じょう【訴状】〔名〕民事訴訟で、訴えの内容を記載して第一審の裁判所に提出する書面。

そ-じょう【遡上(▼溯上)】〔名・自サ変〕川の流れを上流へさかのぼっていくこと。遡行。

そしょう-だいりにん【訴訟代理人】〔名〕当事者に代わって訴訟行為をなす権限をもつ者。▽民事訴訟法上は、弁護士のほか支配人や船長などをいい、刑事訴訟法上は、意思能力のない被告の法定代理人などをいう。

そ-しょく【粗食】〔名・自サ変〕粗末な食事。質素な食事。また、それを食べること。||「—に甘んじる」「健康を気遣って—を心がける」「粗衣—」

そ-しらぬ【素知らぬ】〔連体〕知っているのに知らないふりをするさま。||「—ふりをよそおう」

そしり【▼謗り・▼譏り・▼誹り】〔名〕人のことを悪くいうこと。非難すること。また、そのことば。||「軽率の—は免れない」

そし・る【▼謗る・▼譏る・▼誹る】〔他五〕他人について悪く言う。非難する。けなす。||「陰に回って—」⇔褒める 可能 そしれる 名 そしり

【ことば探究】「そしる」の使い方

▼「〜をそしる」という場合、「〜を」には、非難の対象となる人や悪いこととして非難する行為が入る。

「犯人/脱法行為をそしる」

▼「なじる」に似ているが、「なじる」は直接対面して非難することを言うのに対して、「そしる」は非難の対象と対面していなくても使える。

「陰で○そしる/×なじる」

▼「そしる」は「けなす」に比べ、道義上の批判を含むことが多い。能力や成果・美観などが劣る、単に優れていないという意味では「そしる」は使いにくい。

「美術館の外観を ×そしる/○けなす」

そ-すい【疎水(▼疏水)】〔名〕灌漑・給水・水運・発電などのために土地を人工的に切り開いて設けた水路。||「—運河」書き方 もと、多く「疏水」と書いた。

そ-すう【素数】〔名〕正の整数で、1とその数自身以外に約数をもたない数。2・3・5・7・11…など無限にある。▽1は素数の中に含まれない。

そ-せい【粗製】〔名〕作り方が粗雑なこと。||「—品・—濫造」⇔精製

そ-せい【組成】〔名・他サ変〕いくつかの要素・成分から一つのものを組み立てること。また、その各要素・成分。||「—式(=物質を構成する原子の種類と各原子数の最も簡単な整数比を示す式)」「化学—」

そ-せい【塑性】〔名〕⇩可塑性①

そ-せい【▼蘇生(▼甦生)】〔名・自サ変〕❶生き返ること。よみがえること。||「—術」❷活気を失っていたものが元気をとりもどすこと。||「倒産寸前の会社を—させる」

そ-ぜい【租税】〔名〕国費・公費をまかなうために、国・地方公共団体が一定の法律手続きによって国民・住民・消費者などから徴収する金銭。国税と地方税とがある。税。税金。

そせい-らんぞう【粗製濫造・粗製乱造】〔名〕粗雑な品を数ばかり多くつくること。

そ-せき【礎石】〔名〕❶土台として建造物の下に置く石。いしずえ。❷物事の基礎。また、それをつくる人。||「民俗学の—を築く」

そ-せん【祖先】〔名〕その一族・一家の第一代にあたる人。また、第一代から先代までの人々。||「—崇拝」▽「先祖」より古い系統を指していうことが多い。

そ-そ【▼楚▼楚】〔形動ㇳ〕清らかで美しいさま。||「—とした風情」「花」▽多く若い女性についていう。

そ-そう【阻喪(▼沮喪)】〔名・自サ変〕気力がくじけて勢いがなくなること。||「士気が—する」書き方「阻喪」は代用表記。「沮止→阻止」に準じたもの。

そ-そう【祖宗】〔名〕君主の始祖と中興の祖。また、初代から先代までの君主。

そ-そう【粗相】〔名・自サ変〕❶不注意やそそっかしさからちょっとした失敗をすること。また、その失敗。||「くれぐれも—のないように」❷大小便をもらすこと。||「子供が—する」

そ-ぞう【塑像】〔名〕粘土でつくった像。また、ブロンズ像などの原型として石膏でつくった像。

そそ・ぐ【注ぐ】■〔自五〕❶水が流れとなって海などに入り込む。流れ込む。||「利根川は太平洋に—」❷細かい粒状のものなどがとぎれなく降りかかる。降り注ぐ。||「陽光が燦々と—」「弾丸[非難の声]が雨あられと—」■〔他五〕❶水などを流し込む。また、降りかける。||「茶碗に湯を—」「反対しようものなら火に油を—ことになる」❷とぎれなく浴びせかける。||「春の太陽が柔らかい日差しを野山に—」❸〈「涙を注ぐ」の形で〉涙を流す。涙を落とす。||「心友の死に涙を—」❹〈「目を注ぐ」などの形で〉その方に目を向けてじっと見る。また、そのような見方で注視する。注目する。||「新聞の写真に目を—」「不審のまなざしを—」「新進作家に温かい視線を—」❺一つの物事に精力や愛情などを傾ける。傾注する。||「新製品の開発に心血[全力]を—」「子供たちに愛情を—」◈古くは「そそく」。書き方「▼灌ぐ」「▼漑ぐ」「▼濺ぐ」とも。「仏像に甘茶を灌ぐ・田に水を漑ぐ・花に涙を濺ぐ」などとも書くが、今は一般に「注」を使う。読み分け ⇩つぐ(注ぐ) 可能 注げる

そそ・ぐ【▽濯ぐ・▽雪ぐ】〔他五〕❶【濯】水などで汚れを洗い落とす。すすぐ。||「水で口を—」❷【雪】身に受けた恥辱・汚名などを消し去り、名誉を回復する。すすぐ。||「恥[汚名]を—」可能 そそげる

そ-ぞく【▼鼠賊】〔名〕小さな盗みをする泥棒。こそどろ。鼠盗。

そそ-くさ〔副ㇳ〕態度や動作が落ち着かないさま。せわしないさま。||「—(と)出かける」

そそけ-だ・つ【そそけ立つ】〔自五〕❶髪などがほつれて乱れる。また、布・紙などがけばだつ。||「鬢が—」「—った布地」❷恐ろしさにふるえあがる。身の毛がよ

だつ。‖「不気味な声を聞いて—」

そそ・ける〔自下一〕❶髪などがほつれて乱れる。‖「鬢(びん)が—」❷布・紙などがけばだつ。‖「—・けた畳」文そそ・く 名そそけ

そそっかし・い〔形〕考えや行動に落ち着きがなく、早合点や失敗が多いさま。そこつだ。そそかしい。‖「—・くて忘れ物ばかりする」派生—さ

そそのか・す【唆す(▼嗾す)】〔他五〕おだてたりすかしたりして、人をある行動に誘い込む。特に、悪事に誘い込む。‖「AがBに殺人を—」「子供を—・して放火をさせる」「仲間に—・されて盗みを働く」書き方「唆す」と送るのが本則だが、慣用的に「唆かす」と送ることも多い。可能 唆せる 名 唆し

そそり-た・つ【そそり立つ】〔自五〕高くそびえ立つ。‖「岩山が—」

そそ・る〔他五〕ある感情や欲望を起こさせる。あおる。‖「食欲を—におい」「涙を—話」

そぞろ【▽漫ろ】 一〔形動〕そわそわして気持ちが落ち着かないさま。‖「夏休みが近づき気も—な毎日だ」二〔副〕これといった理由もなくある感情がわき起こるさま。知らず知らずのうちにそうなるさま。‖「—に故郷を思い出す」

そぞろ-あるき【▽漫ろ歩き】〔名・自サ変〕気の向くままにのんびり歩き回ること。すずろ歩き。

そ-だ【粗▼朶】〔名〕切り取った木の枝。薪などに使う。

そ-だい【粗大】〔名・形動〕あらくて大まかなこと。また、あらくて大きいこと。‖「扱いが—だ」派生—さ

そだい-ごみ【粗大▼塵】〔名〕家庭からごみとして捨てられる大きな不用品。大型電気製品や家具など、一般のごみとは別扱いに収集されるものをいう。▼定年退職後などに自宅で所在なく過ごす夫をからかっていう語としても使う。

そだち【育ち】〔名〕❶そだつこと。成長。また、成長のぐあい。‖「稲の—がよい」使い方 他の語と複合して、その環境で育つこと、そのような者として育つこと、などの意を表す。‖「都会—・温室—」❷環境・教育などからみた、その人の育てられ方。‖「氏(うじ)より—」

そだち-ざかり【育ち盛り】〔名〕子供の体が盛んに成長する時期。伸び盛り。‖「—の中学生」

そだ・つ【育つ】〔自五〕❶生物がある環境のもとで、成熟へ向かって少しずつ大きくなる。また、すっかり大きくなって成熟の段階に達する。成長する。生長する。‖「赤ちゃん[苗]が—」「すくすくと—」「犬は四か月で成犬(せいけん)に—」❷人が、教え導かれ、みずから学んで精神的・技術的に成長する。‖「新監督の指導のもとに若手が—」「新人が一流記者に—」❸成長した結果、そのような人として出現する。‖「後継者[偉大な芸術家]が—」▼「お湯がわく」などと同じく、〜ガに〈結果〉をとる。❹規模が大きくなったり質が高まったりする。成長する。‖「個人企業が大企業に—」「質の高い推理小説が—・ってきた」❺ある気持ちや考え方が確固たるものになってくる。‖「二人の間に愛情が—」「構い過ぎると子供の独立心が—・たない」名 育ち

そだて-あ・げる【育て上げる】〔他下一〕育てて一人前にする。‖「三人の子を—」「一流の陶工に—」文そだてあ・ぐ

そだて-の-おや【育ての親】〔名〕❶実の親に代わって実際に育ててくれた親。養父母。養い親。❷ある物事の育成に尽くした人。‖「プロ野球の—」

そだ・てる【育てる】〔他下一〕❶手間をかけて、生物の成長を導き助ける。また、成長させて成熟の段階にまで至らせる。‖「赤ちゃん[ひな・朝顔]を—」「立派に—」❷教え導いて成長させる。‖「若手を一人前に—」「弟子を—」❸教え導いて、そのような人を作り出す。育て上げる。‖「技術者[ゴルファー]を—」▼〜ヲに〈結果〉をとる。「お湯をわかす」の類。❹ある事柄が成長するのを保護し促進させる。守り育てる。‖「地場(じば)産業を—」「民主主義の芽を—(=はぐくむ)」文そだ・つ 名 育て

そ-ち【措置】〔名・他サ変〕ある事態の始末をつけるために必要な手続きをとること。また、その手続き。‖「万全の—をとる」「—を講じる」「応急—・優遇—」

そ-ち【▼其▽方】〔代〕〔古風〕❶そこ。そちら。‖「御膳を—へこしらえよ〈幸田露伴〉」❷〔二人称〕目下の相手を指し示す語。そなた。おまえ。‖「—の名は何という」

そち-こち【▼其▽方▼此▽方】〔代〕あちらこちら。ほうぼう。

そ-ちゃ【粗茶】〔名〕粗末な茶。‖「—ですが、どうぞ」▼人に茶をすすめるときに謙遜(けんそん)していう語。

そち-ら【▼其▽方】〔代〕❶相手のいる方向・場所や、相手の領域に属する方向・場所を指し示す語。その方向。その場所。‖「入り口は—です」「今から—へ行きます」「—はお天気はいかがですか」▼「そこ」より丁寧な言い方。❷相手の領域に属する場所にある物を指し示す語。その物。それ。‖「こちらより—のほうがおいしそうだ」❸〔二人称〕相手に近い位置の人を指し示す語。その方。‖「—は、どなた?」使い方「その人」より丁寧な言い方。さらに敬意を高める場合は、「様」などを付ける。❹〔二人称〕話し手が対している相手や相手側の人を指し示す語。‖「条件は—(様)におまかせします」「これは—の責任でしょう」◈くだけた言い方では「そっち」となる。

そつ〔名〕不注意な点。てぬかり。また、不十分な点。むだ。‖「—のない受け答え」「仕事を—なくこなす」▼多く下に打ち消しの語を伴う。

そつ【卒】 一〔名〕❶「卒業」の略。‖「平成一〇年度の—です」「ブラウン大学—・高—」❷下級の兵士。‖「軍—・従—」二(造)❶にわかに。急に。‖「—中・—倒」❷終わる。終える。‖「—業」❸亡くなる。‖「—去」

そつ【率】(造)❶ひきいる。したがえる。‖「—先」「引—・統—」❷あるがまま。‖「—直」❸急に。にわかに。‖「—爾(じ)」「軽—」

そ-つい【訴追】〔名・他サ変〕❶検察官が刑事事件について公訴を提起し、これを維持すること。▼公訴を提起することを「起訴」という。❷弾劾(だんがい)の申し立てをして裁判官・人事官の罷免を求めること。

そ-つう【疎通(▼疏通)】〔名・自サ変〕意見・考えなどが支障なく相手に通じること。‖「意思の—をはかる」書き方 もと、多く「疏通」と書いた。

そつ-えん【卒園】〔名・自サ変〕幼稚園・保育園を卒業すること。‖「娘が—する」「—式」⇕入園

そつ-えん【卒煙】〔名・自サ変〕たばこを吸う習慣をやめること。特に、一時的な禁煙ではなく、完全に喫煙習慣を断つこと。

そっ-か【足下】一〔名〕❶足の下。足もと。❷手紙の脇付の一つ。あなたの足もとへの意で、相手への敬意を表す。二〔代〕〔二人称〕同等以下の相手を高めて、または改まって指し示す語。‖「—の御協力を仰ぎたく…」▼手紙文などで使う。

ぞっ‐か【俗化】［名・自サ変］世俗の風潮に感化されて、ありふれたつまらないものになること。俗っぽくなること。ぞくか。

ぞっ‐かい【俗界】［名］天上界・仙界などに対して、俗人の住んでいる世の中。俗世間。

ぞっ‐かい【俗解】［名・他サ変］学問的な裏づけもなく、通俗的に解釈すること。また、その内容。

ぞっ‐かん【俗間】［名］一般の人々の住む世の中。世俗の間。民間。

ぞっ‐かん【属官】［名］❶下級の官吏。属吏。❷旧制度で、各省に置かれた判任官の文官。

ぞっ‐かん【続刊】［名・他サ変］書物などをすでに発行されたものに引き続いて刊行すること。また、その刊行物。

ぞっ‐かん【続巻】［名］既刊の書物の続きとして発行される書物。〓「―近日出来(しゅったい)」

そっ‐き【速記】［名・他サ変］❶すばやく書き記すこと。❷特殊な記号を使って談話などを話すとおりに書き取ること。また、その記録。

ぞっ‐き【俗気】［名］⬇ぞくけ

ぞっき‐ぼん【ぞっき本】［名］見切り品として安値で投げ売りされる本や雑誌。書き方「ゾッキ本」とも。

そっ‐きゅう【速球】［名］野球で、速度のきわめて速い投球。スピードボール。

そっ‐きょ【卒去】［名・自サ変］身分のある人が死ぬこと。▼「しゅっきょ」の慣用読み。

そっ‐きょう【即興】［名］❶その場でわき起こる感興。❷わき起こった感興をもとに、その場で即座に創作すること。〓「―で和歌をよむ」「―劇」

そつ‐ぎょう【卒業】［名・自サ変］❶定められた課程を学び終え、その学校を去ること。〓「―式」⬍入学 ❷ある段階を体験して通りすぎること。〓「もうテレビゲームは―した」

そっきょう‐しじん【即興詩人】［名］❶その場その時の感興を思うままにうたう詩人。❷昔、王侯の宴席などで即座に詩を作り、歌った詩人。

そつぎょう‐せいさく【卒業制作】［名］卒業に際して、学生が絵画・彫刻などの作品を作ること。また、その作品。▼美術系大学では一般大学の卒業論文に相当する。

そつぎょう‐ろんぶん【卒業論文】［名］大学を卒業しようとする学生が研究成果をまとめて提出し、審査を受ける論文。

ぞっ‐きょく【俗曲】［名］三味線の伴奏で酒宴の席などで歌われる通俗的な歌曲。都々逸(どどいつ)・二上がり新内・大津絵節・さのさ・かっぽれなど。

そっ‐きん【即金】［名］買った品物の代金を、その場ですぐ現金で支払うこと。また、その現金。〓「―で買う」

そっ‐きん【側近】［名］権力者や身分の高い人のそばに仕えること。また、その人。〓「大統領の―」

ソックス【socks】［名］長さがくるぶしより少し上くらいまでの短い靴下。はき口にゴム糸を織り込んだものが多い。▼ひざ下までの長さのものは「ハイソックス」と呼ぶ。

そっくり 一［副］残すところがないさま。全部。〓「権利を―譲り渡す」「他人の作品を―そのまままねる」 二［形動］きわめてよく似ているさま。〓「父親に―な娘」「宝石―の輝き」

そっくり‐かえ・る【反っくり返る】［自五］❶後ろの方や反対側に反って曲がる。〓「板が乾燥して―」❷腹をつき出して体を後ろの方に反らせる。〓「社長の椅子に―」▼いばって偉そうな態度をとることにいう。◈「反りくり返る」の転。

ぞっ‐け【俗気】［名］⬇ぞくけ

そっ‐けつ【即決】［名・他サ変］その場ですぐ決定すること。〓「採否を―する」「―を仰ぐ」「即断―」

そっ‐けつ【速決】［名・他サ変］時間をおかずにすばやく決めること。〓「―を戒める」

そっけ‐な・い【素っ気ない(素っ気無い)】［形］冷淡で、相手に対する思いやりがないさま。愛想がない。すげない。〓「―態度」「―・く答える」▼強調して「味も素っ気もない」とも。派生 ‐さ

そっ‐こう【即行】［名・他サ変］その場ですぐに行うこと。〓「地震対策を―する」

そっ‐こう【即効】［名］ききめがすぐに現れること。〓「―薬」

そっ‐こう【速攻】［名］❶［他サ変］すばやく攻めること。〓「―で活路を開く」「―で家に帰る」❷〔俗〕すぐに行うこと。

そっ‐こう【速効】［名］ききめがはやく現れること。〓「―性肥料」⬍遅効

そっ‐こう【側溝】［名］排水のために道路や鉄道線路にそって設けるみぞ。

ぞっ‐こう【続行】［名・他サ変］途中でやめずに続けて行うこと。〓「雨にもかかわらず試合を―する」

ぞっ‐こう【続稿】［名］すでに書いたものに続く原稿。続きの原稿。

そっこう‐じょ【測候所】［名］気象庁に所属する地方機関。▼現在は多くが特別地域気象観測所に移行。

そっ‐こく【即刻】［副］時間をおかないさま。すぐさま。即時。〓「―帰国する」

ぞっ‐こく【属国】［名］他の国に支配されている国。従属国。

ぞっ‐こん［副］心底からほれているさま。〓「―ほれる」

そつ‐じ【卒▼爾(率▼爾)】［名・形動］突然なこと。〓「―ながら(=突然で失礼だが)おたずねいたします」

そつ‐じゅ【卒寿(▼卆寿)】［名］数え年九〇歳。また、その祝い。▼卒の俗字「卆」が九十と読めることから。

そっ‐せん【率先】［名・自サ変］人の先に立って物事を行うこと。〓「―して実行する」「―垂範(すいはん)」書き方「卒先」とも書いた。

そつ‐ぜん【卒然(率然)】［形動トタル］事が急に起こるさま。だしぬけなさま。〓「―と逝(ゆ)く」

そっ‐ち【▼其▽方】［代］「そちら」のくだけた言い方。

そっち‐のけ【▼其▽方▽退け】［名］❶かまわずほうっておくこと。相手にしないこと。〓「勉強―で遊び回る」❷優れていること。そこのけ。〓「プロ―の腕前」

そっ‐ちゅう【卒中】［名］脳血管の障害によって突然意識を失って倒れ、手足の麻痺(まひ)、言語障害などをきたす病気。脳卒中。

そっ‐ちょく【率直】［名・形動］飾ったり隠したりするところがなく、ありのままであること。〓「―に意見を述べる」「―な感想」書き方「卒」「率」は字形が似るために、混同されて「卒直」とも書かれる。派生 ‐さ

そっ‐と［副］❶音を立てないように物事をするさま。ま

た、他人に気づかれないように静かに物事をするさま。‖「—歩く」「—涙をぬぐう」❷対象を壊したりしないように、力や勢いをこめずに物事をするさま。やさしく。‖「壺を—持つ」「—頭をなでる」❸〈「そっとしておく」などの形で〉干渉せずにそのままにしておく。‖「眠っているから—しておこう」「どうぞ—しておいてください」

ぞっ-と［副］寒さや恐ろしさ、また強い感動などによって体がふるえ上がるようなさま。‖「もし救助が遅れていたらと思うと—する」

◉**ぞっとしない** あまり感心しない。おもしろくない。‖「—作品だ」

そっ-とう【卒倒】〔タウ〕［名・自サ変］突然意識を失って倒れること。‖「暑さ［怒り］のあまり—した」

そっ-にゅう【卒乳】［名・自サ変］乳児が乳離れして、母乳やミルクを飲まなくなること。離乳。

そっ-ぱ【反っ歯】［名］出っ歯。▽「反り歯」の転。

ソップ【sop オランダ】［名］スープ。

ソップ-がた【ソップ型】［名］相撲で、やせた体型。また、その力士。⇔あんこ型 ▽スープに使う鳥がらを思わせることから。

そっ-ぽ【▽外▽方】［名］よその方向。わきの方。▽「そっぽう」の転。

◉**外方を向く** よその方を見る。転じて、協調しない態度をとる。

そつ-ろん【卒論】［名］「卒業論文」の略。

そで【袖】［名］❶衣服の、左右の腕を覆う部分。‖「新しいセーターに—を通す」▽和服では、たもとを含めていう。❷建物・門・垣根などの両わきの部分。❸机の両側(片側)の引き出しなどのある部分。‖「両—の机」❹舞台の左右両端。

◉**袖に縋る** (袖にすがりついて)助けを求める。頼る。‖「—・って援助を求める」

◉**袖にする** 親しくしていた人を冷淡にあしらう。‖「恋人を—」✓注意「袖にふる(振る)」は誤り。

◉**袖振り合うも多生の縁** 袖が触れ合うようなちょっとしたことも、前世からの深い因縁によって起こるものだ。袖摺り合うも多生の縁。書き方「多生」は「他生」とも書く。「多少」と書くのは誤り。

◉**袖を絞る** 涙でぬれた袖を絞るほど、ひどく悲しんで泣く。

◉**袖を連ねる** 大勢の人がいっしょに行く。また、行動を共にする。‖「—・ねて花見に出かける」

◉**袖を通す** 衣服を着る。特に、新しい衣服を初めて着る。‖「真新しい制服に—」

◉**袖を引く** ❶人を誘う。❷そっと注意する。

そ-てい【措定】［名・他サ変］❶哲学で、ある事物の存在を肯定し、その内容を明白にして示すこと。❷哲学で、ある命題を自明なもの、あるいは任意の仮定として、推理によらずに肯定して主張すること。

ソテー【sauté フランス】［名・他サ変］西洋料理で、肉・魚・野菜などをバターや油でいため焼きにすること。また、その料理。‖「鮭を—する」「ポーク—」

そで-がき【袖垣】［名］門などにそでのように添えて設ける幅の狭いかきね。‖「玄関の横に—を作る」

そで-ぐち【袖口】［名］そでの先端の手が出る部分。

そで-ぐり【袖▼刳り】［名］洋服の身ごろで、そでをつけるためにくり取った部分。アームホール。

そで-たけ【袖丈】［名］❶和服で、そで山からたもとの下端までの長さ。⇩着物(図) ❷洋服で、肩先からそで口までの長さ。

そで-だたみ【袖畳み】［名］和服の略式の畳み方。背が内になるようにして両そでを合わせ、そで付けの辺りで折り返して畳む。

そ-てつ【▼蘇鉄】［名］暖地に自生し、また観賞用に栽培されるソテツ科の常緑低木。黒褐色の幹は太い円柱形で、表面に葉の落ちた跡がうろこ状に残る。葉は大きな羽状複葉で堅い。球形の種子は熟すと朱色になる。雌雄異株。

そで-つけ【袖付け】［名］衣服の身頃にそでを縫いつけること。また、身頃とそでを縫い合わせた部分。

そで-なし【袖無し】［名］❶そでの付いていない衣服。ノースリーブ。❷そでなしの羽織。ちゃんちゃんこ。▽「袖無し羽織」の略。

そで-の-した【袖の下】［名］わいろ。‖「—を使う」▽袖の下に隠してそっと渡すことから。

そで-やま【袖山】［名］❶和服で、そでの上端の折り目になる部分。⇩着物(図) ❷洋服の型紙で、袖幅となる基礎線から上の山形になった部分。また、その頂点。

そと【外】［名］❶一定の区切られた範囲からはずれた部分。特に、建物の外部。おもて。屋外。‖「ライン［土俵］の—」「子供は—で遊びなさい」「鬼は—、福は内」⇔中・うち ❷物の外側に当たる部分。‖「コップの—に水滴が生じる」⇔うち ❸中心から遠い所や方向。外側。‖「地球の軌道の—を火星が回っている」「—へ—へとパスを送る」「足のつま先を—に向ける」⇔うち ❹表に出ている部分。外面。‖「感情を—に表す」「—から見た印象がいい」⇔うち ❺自分の家や家庭でないところ。‖「—で食事をすませる」「家では威張っているが—ではおとなしい」⇔うち ❻自分が所属する組織や集団の外部。組織外。所属外。‖「この仕事は—に発注しよう」「情報を—にもらす」⇔うち ❼抽象的に設けられた、ある範囲からはずれた部分。…外。‖「この問題は我々の関心の—にある」「規則の—」⇔うち

そ-とう【粗糖】〔タウ〕［名］精製していない砂糖。⇔精糖

そと-うみ【外海】［名］陸地に囲まれていない広い海。また、陸地から遠く離れた海。外洋。がいかい。⇔内海

そと-がけ【外掛け】［名］相撲のきまり手の一つ。四つに組んで相手を引き寄せ、自分の片足を相手の片足の外側に掛けて倒す技。⇔内掛け

そと-がこい【外囲い】〔カヒ〕［名］建物・庭・敷地などの外側の囲い。塀・垣・柵など。

そと-がま【外釜・外▼罐】［名］火をたくかまが浴室の外に取り付けてあるもの。⇔内がま

そと-がまえ【外構え】〔マヘ〕［名］門・塀・垣など、外側から見た家屋敷の造り。また、その門・塀・垣など。

そと-がわ【外側】〔カハ〕［名］❶ある物の外に面している側。また、仕切りの外の部分。‖「塀の—を白く塗る」❷ある範囲の中で、中心から離れた方。‖「この線の—へ出ると危険だ」「—のコースを走る」❸その事柄とはかかわりのない側。外部。‖「派閥の—にいる議員」◈⇔内側

そ-どく【素読】［名・他サ変］文章の意味は考えないで、声を出して文字だけを読むこと。すよみ。‖「論語を—する」▽漢文を学ぶ初歩とされた。

そと-ぜい【外税】［名］表示価格に消費税が含まれていないこと。外税方式。⇔内税

そと-づけ【外付け】[名] パソコンなどで、機能を拡張するため、本体の外側に別の機器を接続すること。‖「ーハードディスク」

そと-づら【外面】[名] ❶物の外側の面。うわべ。がいめん。❷他人と接するときに見せる態度や顔つき。‖「ーのいい人」⇔内面(うちづら)

そと-のり【外▽法】[名] 構造物・容器・管などで、その厚みを加えて測った、外側までの差し渡し寸法。⇔内法(うちのり)

そとば【▽卒▽塔婆・▽卒都婆】[名] ❶仏舎利・経典などを安置する建造物。塔。塔婆。そとうば。❷死者の供養や追善のために墓などに立てる細長い板。塔の形を表す刻みを入れ、梵字・経文・戒名などを記す。板塔婆。そとうば。◈梵語の音写。

そと-ばこ【外箱】[名] 重ねられている箱で、外側にくる箱。また、中身を包装するための箱。‖「ーが汚損する」「本のー」

そと-ぶろ【外風呂】[名] ❶屋外に設けた風呂。❷自宅でわかす風呂に対して、もらい湯や銭湯。◈⇔内風呂

そと-べり【外減り(外▽耗り)】[名] 穀物をうすでついたとき、減った量の残高に対する割合。⇔内減り

そと-ぼり【外堀(外▼濠)】[名] 城の外を囲んでいる堀。堀が二重にめぐらされているときは、外側の堀。⇔内堀

◉**外堀を埋(う)める** ある目的を達成するために、まず周辺の障害から取り除いていく。▼城を攻略するには、まず外側の堀を埋めるの意。

そと-まご【外孫】[名] 祖父母からみて、嫁に行った娘や養子に行った息子にできた子。がいそん。⇔内孫(うちまご)

そと-また【外股】[名] 足の先を外側に向けて歩く歩き方。そとわ。⇔内股

そと-まわり【外回り】[名] ❶家・屋敷などの周囲。❷会社などで、外出して取引先などを回って歩くこと。また、その仕事。外勤。❸環状の路線のうち、外側を回る路線。‖「山手線のー」⇔内回り

そと-み【外見】[名] 外側から見えるようす。外観。がいけん。‖「ーを気にする」

そと-むき【外向き】[名] ❶外側に向いていること。‖「両脚がーに曲がる」❷外部に関係すること。公的なこと。‖「ーの顔」❸海外や自分の属する社会の外に目を向けること。‖「ー志向」◈⇔内向き

そと-ゆ【外湯】[名] 温泉場の旅館などで、その建物の外部に設けられた浴場。⇔内湯

そと-わく【外枠】[名] ❶外側の枠。‖「車輪のー」❷競馬の枠順で、コースの外側の枠。◈⇔内枠

そなえ【供え】[名] 供えること。また、供えたもの。⇩御供え

そなえ【備え】[名] ❶ふだんからの準備・用意。また、非常事態に対する設備。‖「万全のーで冬山に挑む」「ー有れば憂いなし」❷守り。防備。また、防備の態勢。

そなえ-つ・ける【備え付ける】[他下一] 必要な物をいつでも使えるように一定の場所に設置しておく。‖「コピー機をー」文そなへつ・く 名備え付け

そなえ-もの【供え物】[名] 神仏に供えるもの。供物(くもつ)。お供え。

そな・える【供える】[他下一] 神仏・貴人などの前に物をささげる。‖「仏壇に花をー」「お月様に団子をー」▼「備える」と同語源。文そな・ふ 名供え

そな・える【備える(▽具える)】[他下一] ❶これから起こる(かもしれない)ことに対して、あらかじめ準備や心構えをしておく。‖「試験にー・えて勉強する」「将来[災害・万一の場合]にー」❷設備や装置などを必要なときにすぐに使えるように前もって用意しておく。備え付ける。‖「事務所に消火器をー」「待合室に碁盤をー」❸本来的なもの、身に付いたものとして能力・人徳などを持っている。また、それを特徴づけるものとしてある性質を持っている。具有する。‖「鋭い嗅覚をー・えている」「人徳[風格]をー・えている」「高速走行性能をー・えた乗用車」❹必要な条件などを不足なくきちんと持っている。具備する。‖「彼は社長候補としてあらゆる条件をー・えている」「走攻守の三拍子をー名選手」◈③④は、言い切りでは「ー・えている」となることが多い。書き分け ③④は【具】も好まれるが、今は一般に【備】。文そな・ふ 名備え

そ-なた【▼其▽方】[代]〔古風〕❶前に述べられた場所・方向や、相手に近い場所を指し示す語。あなた。❷〔二人称〕同等以下の相手を指し示す語。あなた。おまえ。‖「ーの考えを聞かせてくれ」

ソナタ【sonataイタリア】[名] 三楽章または四楽章からなる独奏・重奏のための器楽曲で、主楽章がソナタ形式(=主題の提示部・展開部・再現部からなる楽曲形式)で書かれたもの。▼一七世紀後半に室内ソナタと教会ソナタが生まれ(バロックソナタ)、古典派ソナタへと発展した。

ソナチネ【sonatineイタリア】[名] 内容的にも形式的にも小規模なソナタ。多くは二または三楽章からなる。小奏鳴曲。

そなれ-まつ【▼磯▼馴れ松】[名] 強い潮風のために幹や枝が傾いて生えている松。

そなわ・る【備わる(▽具わる)】[自五] ❶必要な設備や装置が不足なく用意されている。‖「客間[この会社]には応接セット[福利厚生施設]がー・っている」❷本来的なもの、身に付いたものとして能力・人徳などがある。また、それを特徴づけるものとしてある性質がある。‖「名実ともに第一人者の実力がー・っている」「四輪駆動装置がー・った乗用車」❸必要な条件などが不足なくきちんとある。‖「彼には薬剤師としての資格がー・っている」❹〔古風〕〈「…に備わる」の形で〉その地位につく。…に列する。‖「二一六にて后妃の位にー・り〈平家〉」◈①②③は、言い切りでは「ー・っている」となることが多い。書き分け ②③は【具】も好まれるが、今は一般に【備】。

そ-にん【訴人】[名] 訴え出た人。告訴人。

ソネット【sonnet】[名] 一四行からなるヨーロッパの定型叙情詩。また、その詩形。四・四・三・三、または四・四・四・二の行に分け、脚韻を踏む。一四行詩。

そね・む【▽嫉む・▽妬む】[他五] 他人の幸運や長所をうらやみ、にくむ。ねたむ。‖「友人の出世をー」使い方 ⇩ねたむ 名そねみ

その【園(▼苑)】[名] ❶花・野菜・果樹などを栽培する一区画の土地。また、広い庭。庭園。‖「桜のー」❷何かが行われる場所。ある特定の場所。‖「学びのー」

そ-の【▼其の】■[連体] ❶相手に近い、または相手側に属するものを指す語。‖「ー本を見せてください」「ー方法でやってみます」❷話し手が相手と共通で話題にしている事柄などを指す語。‖「ーときの心境はいかがで

したか」 ■二 [感] ことばがすらすらと続かないときに、つなぎに使う語。‖「ええと、ー、実は…」▼口頭では「ソノー」と長音化することが多い。◈書き方 □二はかな書き。□一も現在は、普通かな書き。

その-うえ【▼其の上】ヘウ [接] それに加えて。さらに。‖「風が強い。ー雨が降りだした」

その-うち【▼其の内】[副] あまり時間がたたないうちに。近いうち。‖「ー(に)戻ってくるだろう」

その-かみ【▼其の上】[名] 過ぎ去ったその時。その昔。当時。‖「ー入貢の高麗船が遠くから渡ってくるときには〈漱石〉」▼副詞的にも使う。

品格 追って「ー連絡する」 早晩「ー解決するとみられる」 程なく「ー到着する」

その-かわり【▼其の代わり】カハリ [接] 前に述べたことが次に述べることによって得失の釣り合いがとれる意を表す。それと引き換えに。‖「これを私にくれ。ー私の宝をやろう」

その-き【その気】[名] 対象に興味を抱き、意欲的になる気持ち。やる気。‖「おだてられてーになる」

その-ぎ【▼其の儀】[名] その事柄。そのような事情。‖「ーばかりは御容赦ください」

その-くせ【▼其の癖】[接] 先に述べた事柄をうけて、それとは相反する関係である意を表す。それなのに。それでいながら。‖「威勢はいい、ー気が弱い」

その-くらい【▼其の位】ラヰ [名] その程度。‖「ーが適当だ」

その-ご【▼其の後】[名] あることがあったのち。そののち。‖「ーの消息は不明だ」▼副詞的にも使う。

その-じつ【▼其の実】[副] 実際のところ。本当のところ。‖「威張ったことを言うが、ー臆病で…」

その-すじ【▼其の筋】チス [名] ❶その分野。その道。‖「ーの専門家」❷その方面を管轄する官庁。特に、警察。‖「ーに訴える」

その-せつ【▼其の節】[名] 話し手にかかわることが過去に行われた、あの時。また、話し手にかかわることが未来に行われる、その時。‖「ーはお世話になりました」「来月うかがいますので、ーはよろしく」

その-た【▼其の他】[名] 前に述べたもの以外のもの。そのほか。‖「ー大勢」

その-ため【▼其の▽為】[接]〈前の文を受けて〉それを目的・理由として。それゆえに。だから。‖「ー、法律の改正が叫ばれている」

その-て【▼其の手】[名] ❶そのやり方。その計略。❷そのような種類。‖「ーの食べ物は苦手だ」

◉**その手は食わない** そんな計略にはだまされない。

◉**その手は桑名の焼き蛤** 「食わない」と地名の「桑名」を掛け、さらに桑名の名物である焼き蛤を続けて「そんな計略にはだまされない」の意を表す地口。

その-でん【▼其の伝】[名] そのやり方。そのような考え方。‖「またーでいこう」

その-ば【▼其の場】[名] ❶ある物事が行われた場所。また、ある物事が行われる場所。‖「たまたまーに居合わせた」「ーをとりつくろう」❷〈「その場で」の形で〉その場所ですぐ。その席上で。即座に。‖「ーで採用を決める」

その-ばかぎり【▼其の場限り】[名] その場、その時だけのことで、あとには関係しないこと。‖「ーの話」

その-ばしのぎ【▼其の場▼凌ぎ】[名] その場逃れ。‖「ーの苦しい答弁」

その-はず【▼其の▽筈】[名] そうであるのが当然なこと。もっともなこと。‖「それもー」

その-ばのがれ【▼其の場逃れ】[名] あとのことは考えないで、その場だけをごまかして切り抜けようとすること。その場しのぎ。‖「ーの言い訳をする」

その-ひ【▼其の日】[名] ❶ある事が行われた日。また、ある事が行われる日。その当日。‖「ーはひどく暑かった」❷さしあたっての今日。今日現在。‖「ーの暮らしにも事欠く」

そのひ-ぐらし【▼其の日暮らし】[名] ❶その日に稼いだ収入で、やっとその日を送ること。また、そのような貧しい暮らし。❷将来への計画も理想もなく、ただ何となく毎日を過ごすこと。また、そのような生き方。

その-ぶん【▼其の分】[名] ❶それに応じた程度。それだけ。‖「質はいいが、ー値段が高くなる」❷そのままの状態。その様子。‖「ーなら大丈夫」

その-へん【▼其の辺】[名] ❶そのあたり。‖「ちょっとーを散歩してこよう」❷その程度。それくらい。‖「ーで手を打とう」❸前の話題を受けて、その方面に関すること。‖「ーの事情はよくわからない」

その-ほう【▼其の方】ハウ [代]〔古風〕〔二人称〕同等以下の相手を指し示す語。おまえ。そち。▼多く武士・僧侶が使った。

その-まま【▼其の▼儘】[副] ❶[名] 前の状態のとおりで変化のないさま。‖「ーの姿勢で動かない」❷前の動作に続いて、次の動作に移るさま。‖「風呂からあがってー布団に入る」❸〈他の語を受けて〉それと変わらないさま。‖「本物ーに作られた模型」「そっくりー」

その-みち【▼其の道】[名] その分野。その筋。‖「ーの権威」

その-もの【▼其の物】[名] ❶問題にしている当のもの。‖「ーずばり」❷〈名詞や形容動詞語幹に付いて〉その意味を強める語。まさにそれ自身。まさしくそれ自体。‖「問題ーを理解していない」「無邪気ー」

そば【▼岨】[名] 山のけわしく切り立った斜面。けわしいがけ。絶壁。▼古くは「そわ」。

そば【▽側・▽傍】[名] ❶横の場所。かたわら。また、すぐ近く。付近。‖「ーにすわる」「駅のーにある店」❷〈動詞の連体形を受け、「…そばから」の形で〉…するとすぐに。‖「習うーから忘れる始末」

蕎

そば【〈▼蕎麦〉】[名] ❶種子をとるために栽培するタデ科の一年草。茎は赤みをおび、初秋に白い小花を総状につける。三角卵形の種子をひいてそば粉を作る。❷そば粉を水でこねて薄くのばし、細く切った食品。そば切り。卵・ヤマノイモ・小麦粉などをつなぎに加えることもある。ゆでてつけ汁につけたり、汁をかけたりして食べる。もりそば・かけそば・天ぷらそばなど、さまざまな料理がある。▼「おそばに参りました」の意をかけて引っ越し先の近所に配ったり(=引っ越しそば)、「細く長く」の縁起から大晦日に食べたりする(=年越しそば)風習がある。❸中国風のめん。‖「中華ー・焼きー」

そば-がき【〈▼蕎麦〉▼掻き】[名] そば粉を熱湯で練ったもの。そばつゆ・醤油などをつけて食べる。

そば-かす【〈▼雀斑〉】[名] 多く顔面の皮膚に現れる褐色の小さな斑点。語源 色と形が「蕎麦滓(=そばがら)」に似ていることから。

そば-がら【〈▼蕎麦〉殻】[名] そばの実をひいて粉をとったあとの殻。そばかす。

そば-だ・つ【▼峙つ・▼聳つ】[自五] けわしい山な

どが、ひときわ高くそびえ立つ。‖「少し行くと左手に鐘塔が—〈漱石〉」▽「稜(そば)立つ」の意。

そば-だ・てる【▼欹てる】〔他下一〕❶一方の端を高くする。斜めに立てる。‖「枕を—(=枕を斜めに立て、頭をもちあげて聞き耳を立てる)」❷目や耳の感覚をある一方へ集中させる。‖「耳を—」文そばだ・つ

そば-づえ【▽側▼杖・▽傍▼杖】〔名〕自分とは関係ないことに巻き込まれて災難を受けること。とばっちり。‖「—を食う」▽けんかのそばにいて打ち合うつえで打たれることの意から。

そば-づかえ【▽側仕え】〔名〕主君や身分の高い人のそば近くに仕えること。また、その人。そばづとめ。

そば-め【▽側目】〔名〕わきの方から見ること。また、第三者として見ること。はため。

そば-め【▽側▽妻・▼妾】〔名〕本妻以外の妻。めかけ。側室。

そば-めし【〈▼蕎麦〉飯】〔名〕へらで刻んだやきそばとご飯を一緒に炒(いた)め、ソースで調味したもの。発祥地は神戸。書き方 普通かな書き。

そば・める【▽側める】〔他下一〕❶横に向ける。そむける。‖「目を—・めたくなるような醜態」❷わきへ寄せる。‖「身を—」文そば・む

そば-ゆ【〈▼蕎麦〉湯】〔名〕❶そばをゆでたあとの湯。そばつゆに加えて飲む。❷そば粉を熱湯でといた飲み物。

そば-ようにん【▽側用人】〔名〕江戸幕府の職名。将軍の側近としてその命令を老中に伝え、また老中の上申などを将軍に取り次ぐ要職。格式は老中に準ずるが、職務上の権力は老中をしのいだ。

そ-はん【粗飯】〔名〕粗末な食事。粗餐(そさん)。▽人にすすめる食事を謙遜(けんそん)していう語。

ソビエト【Sovyetロシア】〔名〕❶旧ソビエト連邦で政治単位ごとに設けられた権力機関。連邦最高会議から村単位のソビエトまでがあり、いずれも選挙された人民の代表によって構成された。▽会議・評議会の意。❷「ソビエト社会主義共和国連邦」の略。

そび・える【▼聳える】〔自下一〕山や建造物が高く立っている。そそりたつ。‖「目の前に霊峰富士が—・えている」「村の入り口には鉄塔が—・えている」「映画史に屹然(きつぜん)と—巨匠」「—・え立つ」文そび・ゆ

聳

そびやか・す【▼聳やかす】〔他五〕高くなるようにする。‖「肩を—(=威張って肩を高くあげる)」

そ-びょう【素描】〔名・他サ変〕❶鉛筆・木炭・コンテなどを使い、単色の線で物の形象や陰影を描き表すこと。また、その絵。デッサン。▽習作や下絵として描かれることが多い。❷物事の全容をつかむために要点を簡単にまとめて書くこと。また、その文章。‖「修行僧の生活を—する」「文壇—」

そ-びら【▽背】〔名〕〔古風〕せ。せなか。

そび・れる〔動下一〕〈動詞の連用形に付いて複合動詞を作る〉…する機会をのがす。…しそこなう。‖「帰り—・言い—」「返事を出し—」文そび・る

そ-ひん【粗品】〔名〕➡そしな

そ-ふ【祖父】〔名〕父または母の父親。⇔祖母

ソファー【sofa】〔名〕背もたれとひじかけのある、ゆったりとした長椅子。‖「—ベッド(=背もたれを倒すとベッドになるソファー)」

ソフィスティケート【sophisticate】〔名・他サ変〕都会的に洗練すること。‖「—された趣味」

ソフィスト【sophist】〔名〕詭弁を使う人。詭弁家。▽もと、古代ギリシアで弁論術などを教えた職業的教師の意。

そ-ふく【粗服】〔名〕粗末な衣服。粗衣。

ソフト【soft】㊀〔形動〕感触などがやわらかいさま。また、印象などがおだやかなさま。‖「—な肌触り」「人あたりが—な人」派生 —さ ㊁〔名〕❶フェルトなどのやわらかな生地で作った中折れ帽子。▽「ソフト帽」の略。❷「ソフトクリーム」の略。❸「ソフトボール」の略。❹「ソフトウエア」の略。◈㊀㊁④⇔ハード

ソフトウエア【software】〔名〕コンピューターによって情報処理を行う上で必要なプログラムやデータ。ソフト。⇔ハードウエア

ソフトカバー【softcover】〔名〕表紙に軟らかい紙を使った本。⇔ハードカバー

ソフト-クリーム【和製soft+cream】〔名〕やわらかいクリーム状のアイスクリーム。

ソフト-タッチ【和製soft+touch】〔名〕❶感触が柔らかいこと。❷言葉遣いや物腰がおだやかなこと。

ソフト-テニス【soft tennis】〔名〕ゴム製の軟球を用いるテニス。軟式テニス。

ソフト-ドリンク【soft drink】〔名〕アルコール分を含まない飲み物。清涼飲料水の類。

ソフト-フォーカス【soft focus】〔名〕写真で、軟焦点レンズなどを使って被写体を軽くぼかし、画像を柔らかな感じに仕上げること。また、その写真。

ソフトボール【softball】〔名〕野球のボールよりやや大きくてやわらかいボール。また、それを使ってする野球に似た球技。

ソフト-ランディング【soft landing】〔名〕軟着陸(なんちゃくりく)。⇔ハードランディング

そ-ふぼ【祖父母】〔名〕祖父と祖母。

ソフホーズ【sovkhozロシア】〔名〕旧ソ連邦の大規模な国営農場。機械化された生産手段と生産物はすべて国有で、労働者は国から賃金の支払いを受けた。ソホーズ。▽ソ連邦解体後は一部を除き農業協同組合や株式会社に改組された。➡コルホーズ

ソプラノ【sopranoイタリア】〔名〕❶女声の最高音域。また、その声域の歌手。❷同一属楽器の中で最も音域の高いもの。‖「—サックス」

そ-ぶり【素振り】〔名〕動作・態度や表情にあらわれたようす。‖「いやな—も見せない」

そ-ぼ【祖母】〔名〕父または母の母親。⇔祖父

そ-ほう【粗放】〔名・形動〕おおざっぱで、しまりがないこと。綿密でないこと。‖「—な性質」派生 —さ

そ-ぼう【粗暴】〔名・形動〕あらあらしくて乱暴なこと。‖「—な人[性格]」派生 —さ

そほう-か【素封家】〔名〕領地は持たないが商業による蓄財などをもとに財を築いた人。財産家。大金持ち。

そ-ぼく【素朴(素▼樸)】〔名・形動〕❶人の性質や言動に飾り気がなく、ありのままであること。‖「—な人柄」❷仕組みや技術が単純で、あまり手が加えられていないこと。‖「昔ながらの—な漁法」❸考え方などが単純で、綿密な検討や考察が加えられていないこと。‖「—な疑問に答える」派生 —さ

そぼ-ぬ・れる【そぼ▼濡れる】〔自下一〕びっしょりぬれる。ぬれそぼつ。‖「雨に—」文そぼぬ・る

そぼ-ふ・る【そぼ降る】〔自五〕雨がしとしとと降

る。‖「小雨の—日」

そぼろ［名］❶ゆでてほぐした魚肉や鳥獣のひき肉などを調味していりつけた食品。❷［形動］乱れてからまるさま。‖「—髪」

そ-ほん【粗▼笨】［名・形動］おおまかでぞんざいなこと。粗雑。‖「—な理論」

そま【▼杣】［名］❶杣山。❷杣木。❸杣人。

そま-ぎ【▼杣木】［名］杣山に生えている木。また、そま山から切り出した木。そま。

そ-まつ【粗末】［名・形動］❶作り方が雑なこと。品質が劣ること。‖「—な着物」⇩お粗末 ❷大切に扱わないこと。ないがしろにすること。‖「金を—にする」

そま-びと【▼杣人】［名］杣山から木を切り出す人。きこり。そま。

そま-やま【▼杣山】［名］植林した山。また、木材を切り出す山。そま。

そま・る【染まる】［自五］❶色がしみこんだり付着したりして、物がその色になる。‖「布地が藍色に—」「流血で顔が赤く—」❷染料と布が互いによくなじんで、染色を可能にする性質を持っている。‖「この染料は絹にはよく—が、羊毛には—・らない」❸光・自然の作用などで色が変化する。変わる。‖「西の空があかね色に—」「イチョウの葉が黄金色に—」「野山が新緑に—」❹思想・様式・行動などが、ある影響（特に、悪い影響）を受ける。感化される。‖「土地の風習に—」「権威主義［悪］に—」

そ-みつ【粗密・疎密】［名］あらいことと細かいこと。粗雑なことと精密なこと。

そ・む【染む】［自五］❶色がついて、物がその色になる。そまる。‖「布が赤く—」❷影響・感化を受ける。そまる。‖「悪に—」❸心が引きつけられる。気に入る。‖「意に—・まない仕事」▽現代語では多く打ち消しの語を伴った形で使う。

そ-む・く【背く（▼叛く）】［自五］❶規則・約束・教えなどに反する行動をとる。‖「法律［約束・命令］に—」「自分の心に—」⇔従う ❷国家や主君に異を唱えて敵に回る。叛逆する。〜を裏切る。‖「国家［会長］に—」書き分け【叛】も好まれるが、今は【背】が一般的。❸背を向けてその人のもとを去る。‖「恋人に—・かれる」❹期待される予想とは異なった行動をとる。また、そういう結果になる。〜を裏切る。‖「恩義に—ようで誠に申し訳ない」「国民の信頼に—結果を招く」「横綱の名に—・かない（＝横綱という名に反しない）活躍」❺［古風］その方向に背を向ける。‖「清子は欄干を脊にして日に—・いて坐っていた〈漱石〉」◈「背向く」の意。可能 背ける

そ-む・ける【背ける】■［他下一］顔や目を対象からそらして、よそに向ける。‖「ぷいと顔を—」「惨状に目を—」▽「背向ける」の意。文 そむ・く ■［自下一］「背く」の可能形。背くことができる。

ソムリエ［sommelier フランス］［名］レストランで、ワインの注文を受ける専門職。ワインの味・種類・産地・年代などに精通し、客の相談にのってワインを選ぶ手助けをする。女性はソムリエールとも。

そめ【染め】［名］❶染めること。また、染めたもの。❷染めた色。また、その色のぐあい。‖「—のいい絹地」

ぞめ【初め】（造）〈動詞の連用形に付いて〉その動作をはじめてする意を表す。‖「書き—・食い—・渡り—」

そめ-あがり【染め上がり】［名］染め物が仕上がること。また、その出来栄え。動 **そめあが・る**（自五）

そめい-よしの【染井▽吉野】［名］サクラの一品種。エドヒガンとオオシマザクラとの雑種。四月ごろ、葉の出る前に淡紅色の花を開く。生長が早く、日本各地で広く植栽される。▽幕末のころ、江戸染井（現在の豊島区巣鴨）の植木屋が広めた吉野桜に由来するという。

そめ-いろ【染め色】［名］染料で染め出した色。また、その色合い。

そめ-かえ・す【染め返す】［他五］色があせたものを改めて同じ色に染める。また、別の色に染め直す。‖「古い着物を解いて—」名 **染め返し**

ぞめ・く【▽騒く】［自五］［古風］浮かれさわぐ。また、ひやかして歩く。‖「花見客が—」名 **ぞめき**

そめ-こ【染め粉】［名］粉末になっている染料。

そめ-だ・す【染め出す】［他五］染めて色や模様を表しだす。‖「紺色を—」名 **染め出し**

そめ-つけ【染め付け】［名］❶布などに色や模様を染めること。また、その色や模様。❷藍色の模様を染めだした布。❸陶磁器の素地に呉須で模様を描き、その上から透明な釉をかけて焼成する技法。青色または青紫色に発色する。また、その技法で焼いた陶磁器。動 **そめつ・ける**（他下一）

そめ-ぬき【染め抜き】［名］模様を地色のまま残して、あとの部分を染めること。また、そのもの。‖「—紋」動 **そめぬ・く**（他五）「家紋を—」

そめ-もの【染め物】［名］布などを染めること。また、染めた布。書き方 公用文では「染物」。

そめ-もよう【染め模様】［名］染料で染めだした模様。

そ・める【初める】［動下一］〈動詞の連用形に付いて複合動詞を作る〉…しはじめる。初めて…する。‖「夜が明け—」「花が咲き—」▽「染める」と同語源。文 **そ・む**

そ・める【染める】［他下一］❶色をしみこませたり付着させたりして、物をその色にする。また、その模様にする。‖「染料で繊維を黄色に—」「髪を黒く—」「浴衣地を市松模様に—」使い方「被害者は胸部を血で—・めて倒れていた」など、非意図的な行為にもいう。❷①のようにして、布に模様を作り出す。‖「白地に青い千鳥の模様を—」▽〜ヲに〈結果〉をとる。❸光・自然の作用などによって色を変える。‖「夕日が大地をあかね色に—」「春の息吹が野山を新緑に—」「恥ずかしさに頬を赤く—」❹〈「…に心［身］を染める」などの形で〉ある物事への関心や関わりを深める。‖「東洋の美術に心を—」「悪事に身を—」❺⇩手を染める 文 **そ・む** 名 **染め**

そめ-わけ【染め分け】［名］いくつかの色に分けて染めること。‖「—紙」動 **そめわ・ける**（他下一）

そ-も【▽抑】［接］［古風］前に述べた事を受けて、あるいは改めて、次の事を説き起こすときに用いる語。いったいぜんたい。そもそも。‖「—、われの始めて君をみまつりしは、其の年の秋〈永井荷風〉」▽代名詞「そ」＋助詞「も」から。

そ-もう【▼梳毛】［名］羊毛などの繊維をすいて短繊維や不純物を取り除き、長い繊維だけを平行に引きそろえること。また、その長い繊維。‖「—機」

そも-さん【▼什▼麼▽生（▽作▼麼▽生）】［副］禅問答で、相手に問いかけて答えを促すときに使う語。さあどうだ。いかに。▽中国宋代の口語から。

そ-もじ【▼其文字】［代］［古風］〈二人称〉主に女性が同等以下の相手を指し示す語。そなた。あなた。▽「そなた」の「そ」に「もじ」を添えた女房詞。

そも‐そも【▽抑】㊀[名]ことの初め。第一。‖「―のきっかけは犬を飼い始めたことだ」㊁[接]ある事柄を説き起こすときに使う語。元来。‖「―問題がどこにあるかを述べますと、…」㊂[副]一体。もともと。‖「君は―何が言いたいんだ」

そもそも‐ろん【▽抑論】[名]物事の始まりや起きた原因に立ち返って論じること。またそのような論議。

そ‐や【▽征矢(▽征▼箭)】[名]戦場で用いる矢。雁股(かりまた)・鏑矢(かぶらや)などに対し、鋭いやじりをつけたもの。

そ‐や【粗野】[名・形動]言動などが洗練されていなくて荒々しいこと。‖「―な振る舞いをする」

ぞ‐や[副助]〈疑問を表す語に付いて〉不確か(=不定)の意を表す。‖「いつぞやはお世話になりました」▼副助詞「ぞ」に終助詞「や」が付いて一語化したもの。現代語では「いつぞや」「どこぞや」などに残る。

そや・す[他五][古風]おだてる。また、おだててそのかす。‖「そうなれば来年から横町も表も残らずお前の手下だよと―に〈一葉〉」▼今は多く「ほめそやす」の形で使う。

そ‐やつ【▼其▽奴】[代][古風][三人称]相手の近くにいる人、また話題になっている人を、軽んじて乱暴に、またはののしって指し示す語。そいつ。

そよ[副と]風がかすかに吹くさま。また、物がかすかに音を立ててふれあうさま。‖「風は―とも吹かない」

そ‐よう【素養】ヨウ[名]平素の学習や練習によって身につけた教養や技能。たしなみ。‖「彼にはフランス語の―がある」

そよ‐かぜ【▽微風】[名]そよそよと静かに吹く風。びふう。

そよ・ぐ【▽戦ぐ】[自五]❶風に吹かれて草木などがかすかに音を立てながらゆれ動く。‖「風に―葦(あし)」❷風がそよそよと吹く。‖「生温かい夜風が―〈徳富蘆花〉」名 そよぎ

そよ‐そよ[副と]風が静かに吹くさま。また、風に吹かれた草木などがかすかに音を立ててゆれ動くさま。‖「春風が―(と)吹く」「梢(こずえ)が―(と)揺れる」

そよ‐ふ・く【そよ吹く】[自五]風がそよそよと吹く。‖「春風―空を見れば夕月かかりてにおい淡し〈朧月夜〉」

そら【空】㊀[名]❶地上のはるか上方に広がる空間の全体。天。天空。‖「―高く鳥が舞う」❷天空のようす。天候。空模様。‖「秋の―は変わりやすい」「―が怪しくなる(=天気が崩れそうになる)」❸その人の故郷・根拠地などから遠く離れた場所。‖「異国[旅]の―」❹心の状態。気持ち。‖「生きた―もない」❺〈「空で」の形で〉暗記していて、書いたものを見ないですむこと。‖「歴代の元号を―で言う」❻うそ。いつわり。‖「―を言う」㊁[接頭]❶〈形容詞に付いて〉なんとなく、の意を表す。‖「―恐ろしい・―恥ずかしい」❷〈名詞・動詞に付いて〉それらしく見えるが、実際はそうでない意を表す。‖「―とぼける」「―泣き・―寝」❸〈名詞に付いて〉実体がない、頼りにならない、の意を表す。‖「―耳・―音(ね)・―頼み・―夢」

そら[感]相手に注意を促すときなどに発する語。‖「―、行くぞ」「―、見えてきた」「―、ごらん」

そら‐あい【空合い】ヒア[名]❶空のようす。空模様。❷事の成り行き。‖「一波瀾(はらん)ありそうな―だ」

そら‐いろ【空色】[名]❶晴れた空のような色。薄い青色。❷空のようす。空模様。‖「―が怪しい」

そら‐うそぶ・く【空▼嘯く】[自五]❶知らないふりをしてとぼける。そらとぼける。‖「見たこともないと―」❷相手をこばかにしたような態度をとる。‖「―・きて貫一は笑えり〈紅葉〉」

そら‐おそろし・い【空恐ろしい】[形]心の中で思いめぐらすだけで恐ろしいと思えるほど程度がはなはだしいさま。‖「将来の人口増加を計算すると―」「―ほどの情念」派生 ‐げ/‐さ

そら‐ごと【空言】[名]根拠のない話。うそ。虚言。

そら・す【反らす】[他五]❶まっすぐな物、平らな物が弓なりに曲がるようにする。(意図的な行為にもそうでない行為にもいう)‖「机の脚を外側に―・してデザイン上の特徴を出す」「日なたに放置してベニヤ板を―・してしまう」❷体(の部分)を後ろの方に弓なりに曲げる。‖「得意そうに胸を―」「背を―・して伸びをする」「指を―」◈「逸らす」と同語源。異形 反らせる

そら・す【▽逸らす】[他五]❶向かうべき方向からわきにそれるようにする。‖「宗頼はひとり馬をあらぬ方に―・して、…岩山のふもとに駆けつけた〈石川淳〉」❷とらえることに失敗する。また、弾丸などを目標物に当てることに失敗する。‖「後方に球を―」「矢を標的から―・した」❸故意に目標物からねらいを外して撃ったり投げたりする。わざと外す。‖「標的から狙いを―・して弾丸を発射する」❹目をわきの方に向ける。‖「目を―」❺関心や注意が本来とは異なる方に向かうようにもってゆく。‖「巧みな操作で国民の関心を現実から―」「気を―ようなことを言う」❻自分に都合の悪い話を本来とは異なる方向にもってゆく。また、そのような質問や攻撃を直接的にこうむらないようにする。‖「話をわきに―」「質問の矛先を―・して回答する」❼〈多く打ち消しの形で〉相手の気持ちをうまくつかんで、気まずい思いをさせない。‖「人を―・さない巧みな接客術」異形 そらせる

そら・せる【反らせる】[他下一]➡反らす 文 そら・す

そら・せる【▽逸らせる】[他下一]➡逸らす‖「目を―」文 そら・す

そらぞらし・い【空空しい】[形]❶知っているのに知らないふりをするさま。‖「―態度をとる」❷本心でないこと、うそであることが見えすいているさま。‖「―お世辞を言う」派生 ‐げ/‐さ

そら‐だのみ【空頼み】[名・他サ変]当てにならないことをたのみにすること。また、当てにならないたのみ。からだのみ。‖「帰ってくるだろうと―をする」

そら‐とぼ・ける【空▼惚ける】[自下一]知っているのに知らないふりをする。そらっとぼける。‖「何を聞かれても―」

そら‐なみだ【空涙】[名]悲しいふりをして流す涙。いつわりの涙。

そら‐に【空似】[名]血のつながりがないのに顔かたちなどがよく似ていること。‖「他人の―」

そら‐ね【空音】[名]❶実際には鳴っていないのに耳に聞こえたような気がする音。❷いつわりのことば。うそ。そらごと。

そら‐ね【空寝】[名]寝たふりをすること。たぬき寝入り。

そら‐ねんぶつ【空念仏】[名]信仰心もないのに口先だけで唱える念仏。空念誦(そらねんじゅ)。からねんぶつ。

そら‐べん【空弁】[名]空港内で販売する弁当。▼「駅弁」にならっていう。

そら-まめ【空豆・〈蚕豆〉】［名］畑作物として栽培するマメ科の一年草または越年草。また、その種子。春、葉の付け根に淡紫色の蝶形花をつける。厚い莢（さや）に包まれた種子は塩ゆでや煮豆にするほか、甘納豆・味噌（みそ）などの材料に使う。書き方 俗に「▽天豆」とも当てる。語源 さやが空を向いてつくことからという。

そら-みみ【空耳】［名］❶実際には声や物音がしないのに耳に聞こえたように思うこと。❷聞こえても聞こえないふりをすること。〓「―を使う」

そら-め【空目】［名］❶実際には何もないのに見えたように思うこと。❷［自サ変］ひとみを上に向けること。うわめ。〓「―遣い」❸［自サ変］見ていながら見ないふりをすること。

そら-もよう【空模様】（ヤウ）［名］❶空のようす。天候のようす。〓「―が怪しい」▼多くよくない天気具合にいう。❷事の成り行き。雲行き。〓「険悪な―になる」▼多くよくない成り行きにいう。

そら-ゆめ【空夢】［名］❶見もしないのに見たように作り上げた夢。❷正夢に対して、現実には夢の通りにはならなかった夢。〓「―に終わる」

そらん・じる【▼諳んじる】［他上一］⬇そらんずる

そらん・ずる【▼諳んずる】［他サ変］そらで覚える。書いたものを見ないですむようにすっかり覚える。〓「漢詩を―」文 そらん・ず 異形 そらんじる

そり【▼橇】［名］雪や氷の上を滑らせて人や荷物を運ぶ乗り物または運搬具。馬・犬・トナカイなどに引かせる。

橇

そり【反り】［名］❶反っていること。弓なりになっていること。また、その程度。〓「板の―がひどい」❷刀身の湾曲。また、その反り具合。❸弦（つる）を張らない弓の湾曲。また、その度合い。

◉反りが合わない 互いの気持ちが合わない。〓「彼とは―」▼刀身と鞘（さや）の反り具合が合わない意から。

そり-かえ・る【反り返る】（カヘル）［自五］❶反って後ろの方へ曲がる。また、ひどく反る。〓「板が―」❷胸を張って体を後ろの方へ反らす。ふんぞり返る。〓「偉そうに椅子に―」▼威張った態度などにいう。名 反り返り

そり-こみ【▼剃り込み】［名］生え際などを深くそること。また、そのようにそった生え際。〓「―を入れた髪形」

ソリスト【soliste フランス】［名］❶独奏者。独唱者。❷バレエで、単独で踊る踊り手。第一舞踏者。

ソリッド【solid】［名・形動］❶かたいこと。堅固なこと。また、硬質なこと。〓「―なロックサウンド」❷固体。また、固体状であること。

そり-はし【反り橋】［名］中央が高く、弓なりに反った形をした橋。太鼓橋。

そり-み【反り身】［名］体を後ろの方へ反らせること。また、その姿勢。

そ-りゃく【粗略・疎略】［名・形動］物事の扱い方などがいい加減なこと。ぞんざい。〓「客を―に扱う」派生 -さ

そ-りゅうし【素粒子】（リフシ）［名］物質や場を構成する基本的な粒子。光子・電子・クォークなど。また、現在では内部構造を持つことがわかっている陽子・中性子・中間子なども、歴史的な経緯から素粒子と呼ばれることがある。

ソリューション【solution】［名］❶解明。解決。❷溶液。溶剤。❸業務上の諸問題を解決する方法。

そ-りん【疎林】［名］樹木がまばらに生えている林。⬍密林

そ・る【反る】［自五］❶まっすぐな物、平らな物が弓なりに曲がる。〓「のりが乾いて本の表紙が―」❷体（の部分）が後ろの方に弓なりに曲がる。〓「筋肉が柔らかいので体がよく―」可能 反れる 名 反り

そ・る【▼剃る】［他五］かみそりなどで、不要なひげや髪の毛を根元から切り取る。〓「ひげ［髪・眉毛（まゆげ）］を―」「頭を―・ってわびる」▼なまって「する」とも。それを忌んで「当たる」ともいう。可能 それる 名 剃り

ゾル【Sol ドイツ】［名］コロイド粒子が液体中に分散し、流動性をもった状態。牛乳・卵白など。コロイド溶液。⬇ゲル

ソルフェージュ【solfège フランス】［名］音楽で、読譜・聴音などの能力やリズム感・表現力を養う基礎教育。▼楽譜をドレミファなどの音名を用いて歌う声楽訓練の意から。

ゾルレン【Sollen ドイツ】［名］哲学で、あるべきこと。また、なすべきこと。当為。ゾレン。⬍ザイン

それ【▼其れ】［代］❶話し手が自分より相手の領域に近いと意識している物を指し示す語。その物。〓「ちょっと、―取ってくれ」「あなたが持っている―はなあに？」「これよりは―のほうが形が整っている」❷直前の相手の発言や行動に表される事柄を指し示す語。〓「―どういう意味？」「君、―はあんまりだ」❸聞き手と共通の話題として取り上げている、または取り上げようとしている事柄を指し示す語。〓「彼には―以来会っていない」「―はある寒い日のことでした」❹直前に述べた事柄を指し示す語。〓「棚の上に本があるから、―を持ってきてくれ」「東京都の人口密度と北海道の―とを比較する」「―はさておき…」◈書き方 かな書きが一般的。

それ【▽夫れ】［接］［古風］そもそも。いったい。〓「―、三界はただ心一つなり〈方丈記〉」▼漢文訓読から。

それ［感］注意を促したり、気合いを入れたりするときなどに発する語。そら。〓「―行け」▼代名詞「それ」の転。

◉それ見たことか 自分の忠告を無視して失敗した相手などに対して言う言葉。それ見ろ。それ見たか。〓「注意しろと言ったのに、―」

そ-れい【祖霊】［名］先祖の霊。〓「―を祭る」

それ-が［接］❶それなのに。それにもかかわらず。〓「絶対やると神に誓った。―たったの三日で挫折した」❷〈相手の発言を受けて〉相手の期待に添えず、言いよどむのに使う語。〓「『荷物は届いたか』『―、まだなんです』」「『今晩いかがですか』『―、今日はちょっと』」

それ-がし【▽某】［代］［古風］❶だれそれ。なにがし。❷［一人称］わたくし。〓「―にお任せを」▼江戸時代に武士などが使った。

それ-から［接］❶前の事柄に続いて後の事柄が起こる意を表す。そして。その後。〓「戸締まりをし、―家を出た」❷ある物事に他の物事を付け加える意を表す。それに加えて。そして。さらに。〓「菓子と、―花を贈ろう」

それから-して［連語］他のことにもまして、まずは肝心のそれが問題である意を表す。そのこと自体。〓「どうしてこんなものをくれるのであろう。第一、―不思議でならない〈藤村〉」

それから-それと［連語］物事が次々と起こるさま。それからそれへと。〓「―話が進んだ」

それ-きり【▼其れきり（▼其れ切り）】［副］それが最後となって。それを限りに。それっきり。〓「―戻って

こない」

それ-こそ【▼其れこそ】㊀［連語］「それ」を強調する。〓「―が本学の理念だ」㊁［副］〈多く条件句を受けて〉次に述べる事柄を強調する。〓「そんなところへ行ったら、―生きて帰れない」

それ-しき【▼其れしき】［名］たかがそれくらい。その程度。〓「なんの―」 書き方 かな書きが一般的。まれに「それ式」とも。

それ-じたい【▼其れ自体】［名］問題になっているまさにそのもの。それ自身。〓「操作は間違っていないが、機械―に問題がある」

それ-しゃ【▼其れ者】［名］❶その道に通じている人。くろうと。❷芸者。遊女。

それ-じゃ［接］「それでは」のくだけた言い方。それじゃあ。〓「―、またね」

それ-ぞれ【▼其れ▼其れ・▽夫れ▽夫れ】［名］複数の人の、ひとりひとり。複数の物の、一つ一つ。おのおの。めいめい。〓「―が意見を述べる」「どの作品にも―特長がある」▼副詞的にも使う。

品格 各（おのおの）「―の責任で行う」 己がじし「―学びを終え、―世に出る」 各員「―奮励努力せよ」 各自「―で判断する」 各人「―に合わせたプログラム」 個々人「―の人権を尊重」 銘々「―で取り分ける」

それ-だから［接］そうであるから。だから。〓「―困るんだ」

それ-だけ【▼其れだけ】［副］その程度に応じて。〓「練習すれば、―上達が早い」 書き方 「其れ丈」とも当てる。

それだけ-に【▼其れだけに】［接］その理由があるだけに、なおさら。〓「今年は好調だ。―ファンの期待も大きい」

それっ-きり【▼其れっきり（▼其れっ切り）】［副］「それきり」を強めた言い方。

それっ-ぽっち［名］〔俗〕量などの少ないこと。また、物事の程度が小さいこと。たったそれだけ。〓「―の金では頭金にもならない」

それ-で［接］❶前に述べたことを受けて、それを理由とする帰結を述べるときに使う。そのために。それだから。〓「体をこわして、―試合に出られなかったんだ」❷相手に話を促したり話をさらに続けたりするときに使う。そして。それから。で。〓「『僕、会社を辞めたんです』『―?』『―新しい仕事を始めるんです』」

それで-いて［接］前に述べたことと対立することを述べるときにいう語。それなのに。にもかかわらず。一方で。〓「人には厳しい。―自分には甘い」

それ-では［接］❶前に述べた事柄を根拠として、後の事柄を続ける。そういうことでは。そういうことなら。〓「『昭和三〇年生まれです』『―私よりふたつ上です』」「皆が賛成したのか。―仕方ない」❷話題を切り替える語。〓「―五〇ページを開いてください」「―さようなら」◈くだけた言い方で「それじゃ（あ）」とも。

それ-でも［接］そうであっても。それにもかかわらず。〓「みんなに反対された。―私はやる」

それ-どころ【▼其れ▽処】［連語］〈下に打ち消しの語を伴って〉前に述べられたことよりも重大だという意を強める。〓「『お父さん心配していたかい』『―の騒ぎじゃない。警察にまで電話して大騒ぎでしたよ』」「『お茶でも飲もうか』『―じゃないですよ。今日中にこの仕事を片づけなくちゃならないんですから』」

それ-どころか【▼其れ▽処か】［接］前に述べたことよりもはるかに程度がはなはだしいことをいう語。〓「努力しても成績が上がらない。―どんどん下がってしまう」

それと-なく【▼其れとなく（▼其れと無く）】［副］それとはっきり示さずに。遠まわしに。〓「―注意する」

それ-とも［接］物事を並べ上げて、どれかを選ぶ意を表す。あるいは。もしくは。〓「強行するか。―断念するか」「来週にしましょうか。―再来週の方がいいですか」

それな-のに【▼其れなのに】［接］そうであるのに。それにもかかわらず。〓「力の限り頑張った。―報われない」「君は約束した。―、どうして来ないんだ」▼やや古い俗語的言い方で「それだのに」、くだけた言い方で「なのに」とも。 使い方 客観的な「それにもかかわらず」に比べると、主観性が強い。

それ-なら［接］相手の発言など、前提となる事柄を受けて、そう言うのなら、そうであるならば、の意を表す。〓「『やりたくない』『―やらなくてよい』」「疲れているのか。―休みなさい」

それ-なり【▼其れなり】［副］❶それが最後で、以後変化がないさま。そのまま。それきり。〓「何かを言いかけて、―黙り込んでしまった」❷そのものにふさわしい程度。〓「―に努力はしている」「―の効果は期待できる」▼限界はあるがそれ相応に評価ができる、という含みをもつ。

それ-に［接］そのうえ。さらに。〓「食欲がない。―頭痛もする」 使い方 相手や自分を納得させるために、前の事柄を補強する気持ちでいう場合も多い。〓「もう遅いし、―天気も悪いからやめようよ」「―この機会を逃したらいつ会えるかわからないし…」

それにして-は［接］前に述べた事柄と見合っていない事柄である意を表す。その割には。〓「練習ができなかったが、―よい出来だ」「もう練習が終わったのか。―早すぎるようだが」

それにして-も［接］❶前に述べた事柄を一応は認めつつ、それに反論する意を表す。それはそうとしても。〓「確かに今日は祭日だが、―人が多すぎやしないか」「―、どうしてあんなことをしたのだろう」❷それまでの話題をおいて、感慨などを述べるときに使う。それはそうと。〓「―暑いなあ」

それに-つけても［接］前に述べた事柄に関連して。そのことを原因として。〓「―、あの日のことが思い出される」

それにも-かかわらず【それにも▽拘わらず】［接］前の事柄がある事態に相応した理由としてありながら、それとは相容れない事態が成立する意を表す。〓「海は荒れていた。―船出した」「待遇は劣悪だった。―みな一言も不平を言わない」 使い方 ⬇それなのに

それ-は【▼其れは】［副］❶程度がはなはだしいさま。すごく。非常に。〓「―見事なできばえだった」❷〈感動詞的に〉意外なことに驚いたり感動したりしたときに発する語。〓「『試験に受かりました』『―、おめでとうございます』」

そればかり-か［接］それだけでなく、さらに加えて。〓「戦争で家を失った。―子ども達も殺された」

それは-さておき［接］話題を〈多く本題に〉転じるときに使う語。ところで。閑話休題。〓「―、今日伺った用件は、…」

それは-そうと［接］前の話を打ち切り、別の話題に

移るときに使う語。‖「—、例の件ですが…」

それは-それとして [接] 前の話題を打ち切りつつ、別の話題に移るときに使う語。それはそうと。‖「君の主張は分かる。まあ—、僕の立場も考えてくれ」

それは-それは【▼其れは▼其れは】㊀[副]「それは」を強めていう語。‖「—ひどい状況だった」㊁[感] 意外なことに驚いたり感動したりしたときに発する語。‖「『切符を買うのに二時間も並びました』『—、大変でしたね』」

それ-ほど【▼其れほど(▼其れ程)】[副] ❶そこで示されているくらい程度が甚だしいさま。そんなに。‖「—やりたいならやりなさい」❷〈下に打ち消しを伴って〉思っていたほどの程度ではない意を表す。‖「—痛くない」「難しいと思っていたが、—でもなかった」

それ-まで【▼其れまで】[連語] ❶その時点や状況に至るまで。‖「—彼のことは全然知らなかった」❷事態が限界に達することを表す。それが最後で、その先がないさま。それで終わり。‖「失敗したら—だ」❸そんなにまで。それほどまで。‖「—考えたのなら、やってみなさい」

それ-も [接] 前に述べた事柄に関する条件を〈強調して〉付け加える語。‖「金を貸せって、—三〇〇万も貸せって言うんですよ」

それ-ゆえ【▼其れ故】ヱユ [接] 前に述べた事柄を理由として次の事柄を導く語。そのようなわけで。ゆえに。‖「盗難が多い。—注意されたい」

そ・れる【▽逸れる】[自下一] ❶予定・予想していた進路や本来的な道筋からずれる。また、目標とした所とは異なった所に行く。‖「飛行機が予定の針路を/から—れて航行している」「台風の進路が大きく東北東に—」「送球が少し横に—」❷本筋・本流からはずれて、他の〈好ましくない〉道へ進む。‖「悪い仲間を得て非行の道へと—れていく」❸話が本筋とは異なる方向に進む。話が脱線する。‖「話がわき道に—」[文] そ・る

それ-を [接] それなのに。それにもかかわらず。‖「君はいらないと言った。—今頃返せだなんて」▼多くとがめる気持ちを表す。

そろ【▽候】[助動 四型]〈そろは—そろ—そろ—そろ—そろ—そろへ—そろへ〉〈古風〉…でございます。‖「景一も病死いたし—。享年八十四歳に—〈鷗外〉」▼「そうろう」の転。

ソロ[solo イタリア][名] ❶歌唱・演奏などを一人で行うこと。独唱。独奏。‖「—で歌う」「ピアノ—」❷単独。‖「—ホーマー」

ゾロアスター-きょう【ゾロアスター教】ケウ [名] 紀元前六世紀ごろ、ペルシアの予言者ゾロアスター〈Zoroaster〉が興した宗教。この世は善神アフラ＝マズダーと悪神アーリマン〈アンラ＝マンユ〉の闘争の場であるが、究極には善神が勝利すると説く。拝火教。祆教(けんきょう)。

そろい【▼揃い】ヒソロ [名] ❶そろっていること。また、そのもの。‖「お—で出かける」「全巻—の百科事典」「料理道具[文学全集・花嫁衣装]一—」❷衣服などの型・色・柄などが同じであること。‖「—の浴衣」❸〈連濁して「ぞろい」の形で〉同類のものがそろっていること。‖「強者(つわもの)—・ベテラン—・力作—」

そろい-ぶみ【▼揃い踏み】ヒソロ [名] ❶大相撲で、幕内の全力士が土俵に並び、しこを踏むこと。▼特別の場合に行われる。❷大相撲の千秋楽で、大関・関脇・小結にあたる力士が土俵に並び、しこを踏むこと。三役そろい踏み。

そ-ろう【疎漏・粗漏】[名・形動] 大ざっぱで手ぬかりがあること。‖「報告書に—がある」[派生] -さ

そろ・う【▼揃う】フソロ [自五] ❶二つ以上の物事の状態や程度が同じになる。‖「卵の大きさ[編み目の形]がきれいに—っている」「今年の新入社員は粒が—っている〈＝そろって優秀だ〉」❷二つ以上の動作や状態がぴたりと一致する。合う。‖「全員の足並みが—」「太鼓と笛の音が—っていない」❸〈一対の物が〉乱れなくきちんと並び整っている。‖「箸(はし)が—っていない」「靴が—っている」⇔乱れる ❹一定の基準に合わせて並び整えてある。そろえられて整然と並ぶ。‖「テーブルが横一列にきちんと—っている」「眉毛(まゆげ)の線に—ように前髪を切る」❺同類のものがそろえ整えられて一か所に並び集まる。‖「この美術館には相当数の近代絵画が—っている」❻同類の人が一か所に並び集まる。特に、集まるべき人が全員並び集まる。‖「園遊会には各界の名士が—った」「あと二人でスタッフ全員が—」「出席者の数が—」❼必要なものが欠けることなくそなわる。きちんと整う。‖「この事件には確たる証拠が—っている」「機材[条件]が—」「走攻守の三拍子が—った名選手」[名] そろい

◉**揃いも揃って** 同類のものがよくもそろったものだと詠嘆と強めの気持ちをこめていう語。‖「お前ら—ごますりばかりだ」「あのうちは—変わり者だ」「—美しい姉妹」

そろ・える【▼揃える】ヘソロ [他下一] ❶二つ以上の物事の状態や程度を同じにする。‖「ひもの長さを—・えて切る」❷二つ以上の動作や状態をぴたりと一致させる。‖「全員が足並みを—」「口[声]を—・えて反対する」❸〈一対の物を〉乱れなくきちんと並べ整える。‖「履物[カードの隅]を—」「足を—・えて着地する」「借金は期限までに耳を—・えて〈＝全額まとめて〉返す」⇔乱す・崩す ❹一定の基準に合わせて並べ整える。‖「肩の線で—・えて髪を切る」❺同類のものや人を一か所に並べ集める。‖「この店はブランド品を—・えている」「推薦人に有名スターをずらりと—」❻〈「顔[首]をそろえる」などの形で〉集まるべき人が全員並び集まる。‖「主要メンバーがナポリに顔を—」「一同が首[雁首(がんくび)]を—・えておわびに上がる」❼必要なものを欠けることなく備える。きちんと用意する。‖「最高のスタッフ[物的証拠・登山道具一式]を—」「数を—」[文] そろ・ふ

そろ-そろ [副] ❶[と] 動作をゆっくり行うさま。‖「—(と)歩く」❷物事を行ったりある状態になったりする時間が徐々に迫るさま。ぼちぼち。ぼつぼつ。‖「—出かけるか」「もう—独り立ちしてもいい頃だ」

ぞろ-ぞろ [副(と)] ❶多くのものが一続きになって進むさま。‖「子供が—(と)ついてくる」❷多くの物事が次から次へと現れるさま。‖「悪事が—と出てくる」❸長いものを引きずるさま。‖「裾を—(と)引きずって歩く」

そろっ-て【▼揃って】[連語] 全員が動作や状態を同じくするさま。全員がすべて。‖「家族で—出かける」「全員—写真に収まる」

そろ-ばん【▽算盤(▽十露盤)】[名] ❶日本や中国で用いる計算器具。上下二段に分けた長方形の枠の中にいくつかの珠(たま)を貫いた軸を並べたもの。▼現在ではふつう上段に一個、下段に四個の珠をつけたものが使われる。[数]「一丁(挺)(いっちょう)…」「一面(いちめん)…」と数える。❷計算。特に、損得の計算。‖「—が合う〈＝計算が合う。転じて、採算がとれる〉」

◉**算盤を弾(はじ)く** 損得を考える。

そろばん-ずく【▽算盤ずく】クヅ [名] 何をするにも

損得を計算して、損にならないように行動すること。‖「―では出来ない仕事」書き方「▽算盤▽尽く」とも。現代仮名遣いでは「算盤づく」も許容。

そろばん-だか・い【▽算盤高い】[形] 利害損得の計算に細かいさま。勘定高い。

ぞろ-め【ぞろ目】[名] ❶二つのさいころを振ったとき、同じ目が出ること。❷競馬・競輪などの連勝式投票法で、同じ枠の馬や選手が一・二着になること。

ぞろり-と[副] ❶多くのものが一続きにつらなっているさま。‖「財界のお歴々が―居並ぶ」❷着物を長めにだらしなく着ているさま。また、くろうと風にくずれた感じに着ているさま。‖「荒い縞の着物を―着流して〈漱石〉」

そわ【▼岨】ソハ[名] ➡そば(岨)

そわ・せる【添わせる】ソハセル[他下一] ❶添うようにさせる。❷結婚させる。夫婦にする。‖「幼なじみの二人を―」文そは・す

そわ-そわソハソハ[副ト] 気になることがあって、落ち着かないさま。‖「―しながら出番を待つ」

そわ・る【添わる】ソハル[自五] 加わる。ふえる。‖「貫禄が身に―」

ソワレ[soirée フランス][名] ❶夜会。❷女性用の夜会服。❸芝居などの夜の部。夜間興行。➡マチネー

そん【村】■一[名] むら。地方公共団体の一つ。‖「―営・―長・―道・―民」■二(造) 集落。むらざと。‖「―落」「山―・農―」

そん【損】■一[名] 利益を失うこと。また、失ったもの。‖「投機で―をする」「この情報は知っていて―はない」「大―(おおぞん)」⬄得・益 ■二[形動] 苦労をしてもそれにみあった利益や効果がないさま。割にあわないさま。‖「―な役回り〔性格〕」⬄得 ■三(造) そこなう。こわす。こわれる。‖「―害」「破―」

そん【存】(造) ❶現にある。生きている。‖「―在・―続・―亡」「既―・共―・残―」❷保ち持つ。‖「恵―」❸見舞う。‖「―問」

そん【孫】(造) ❶子の子。まご。‖「外―・曽―(そう)・嫡―」❷同じ血筋を引く者。‖「子―・天―」

そん【尊】(造) ❶身分・地位などが高い。‖「―厳・―大」「至―・独―」❷とうとぶ。うやまう。‖「―敬・―称・―重」「自―」❸他人に関する事柄に付けて敬意を表す。‖「―影・―顔・―父」❹神仏をうやまっていう語。‖「釈―・本―(ほん)」「不動―」

そん【遜】(造) ❶へりくだる。‖「謙―・不―」❷ゆずる。‖「―位」❸ひけを取る。‖「―色」◈書き方「遜」は許容字体。

ぞん【存】(造) ❶現にある。生きている。‖「―知・―命」「実―・生―」❷保ち持つ。‖「温―・保―」❸思う。心得ている。‖「―外・―分」「異―・一―・所―」

ぞん-い【存意】[名] 考えていること。思うところ。存念。‖「―を書き記す」

そん-えい【尊影】[名] 写真・肖像などをいう尊敬語。

そん-えき【損益】[名] 損失と利益。また、費用と収益。‖「―分岐点(=売上高が総費用と等しくなる点)」

そん-か【尊家】[名] 家・家族をいう尊敬語。尊宅。‖「御―の御発展をお祈り申し上げます」▼多く手紙文などで使う。

そん-かい【村会】クワイ[名] 地方公共団体である村の議決機関。村民の選出した村議会議員によって構成される。▼「村議会」の略。

そん-かい【損壊】クワイ[名・自他サ変] こわれること。また、こわすこと。‖「地震で―した道路」「器物―罪」

そん-がい【損害】[名] 事故・災害などによって金銭・物質上の利益を失うこと。また、失われた利益。‖「―賠償・―保険」「精神的―を受ける」

ぞん-がい【存外】グワイ[形動] 物事の程度や様子が予想と異なること。思いのほか。案外。‖「―の成果をあげる」▼副詞的にも使う。

そん-かん【尊▼翰(尊簡)】[名] 手紙をいう尊敬語。尊書。‖「―拝受いたしました」

そん-がん【尊顔】[名]「顔」の尊敬語。‖「(御)―を拝する」

そん-き【損気】[名] 損をする気性。‖「短気は―」▼「短気」と語呂を合わせて「損」に「気」を添えた語。

そん-ぎかい【村議会】ソンギクワイ[名] 地方公共団体である村の意思を決定する議決機関。村民から公選された村議会議員によって構成される。

そん-きょ【▼蹲▼踞】[名] ❶[自サ変] うずくまること。しゃがむこと。❷相撲や剣道で、つま先立ちで腰を深くおろし、ひざを十分に開いて上体をまっすぐに伸ばした姿勢。◈書き方「▼蹲居」とも。

そん-ぎり【損切り】[名・自サ変] 取引で、値下がりした株式や外貨を売って、損失を確定すること。ロスカット。ストップロス。‖「相場を見切って―する」

そん-きん【損金】[名] 損をして失った金。⬄益金

ソング[song][名] 歌。歌謡。‖「―ライター」「フォーク・―」▼多く他の語と複合して使う。

そん-けい【尊兄】■一[名] 他人の兄の敬称。■二[代]〔二人称〕対等の相手の男性を高めて指し示す語。貴兄。大兄。‖「―の御活躍を祈ります」▼多く手紙文で使う。

そん-けい【尊敬】[名・他サ変] ❶その人の人格・識見・業績・行為などを優れたものとして尊び敬うこと。‖「私は親を心から―しています」「博士の業績を―する」「―の念を抱く」使い方「尊敬」は多く人間とその行為に限られるが、「敬う」は、尊い存在として敬意を払うべき高位のものに及ぶ(恩師〔祖先・神仏〕を敬う)。「崇(あが)める」は、敬うべき絶対的な存在に向けられることが多い(釈尊〔神仏・太陽〕を崇める)。❷文法で、話し手(書き手)が聞き手(読み手)や話題の主、また、その動作・状態やその所有物などを敬い高めていう言い方。

そんけい-ご【尊敬語】[名] 敬語の一つ。相手(=聞き手や読み手)や相手側の人物、または話題の中の人物の動作・状態・ものごとについて、その人物を高めていう語。特定の語を用いるもの(「いらっしゃる」「おっしゃる」)、接辞をつけるもの(「お食事」「御意見」「徳川殿」)、助動詞をつけて用いるもの(「読まれる」)、「お〜になる」という形式を用いるもの(「お書きになる」)などがある。➡敬語解説(一七八六ページ)

そん-げん【尊厳】[名・形動] とうとくおごそかなこと。威厳があって冒しがたいこと。‖「法の―を傷つける」派生―さ

そんげん-し【尊厳死】[名] 無制限な生命維持装置の使用など人為的な延命を拒否し、人間としての尊厳を保って命をまっとうすること。

そん-こう【損耗】カウ[名・自他サ変] ➡そんもう(損耗)

そん-こう【尊公】[代]〔古風〕〔二人称〕対等の相

手の男性を高めて指し示す語。貴公。

そん-ごう【尊号】ガウ［名］尊敬して呼ぶ称号。特に、天皇・上皇・皇后・皇太后などに捧げられる称号。

そん-ざい【存在】［名・自サ変］人間・動物や事物が現にそこにあること。また、そこにあるもの。「神の―を信じる」「―を目で確認する」「―理由」

ぞん-ざい［形動］❶物事のやり方がていねいでないさま。あらっぽくて、いいかげんなさま。「道具を―に扱う」❷言動が乱暴で、礼儀にかなっていないさま。「―な口をきく」派生-さ

そんざい-かん【存在感】［名］❶その人がそこにいることが際立って重みのあるように思われる感じ。「―のある名脇役」❷そこに紛れもなく存在しているという実感。「―の薄い人」

ぞん-じ【存じ】［名］知っていること。承知していること。「よくご―ですね」▼多く「ご存じ」の形で使う。➡ご存じ 書き方「存知」とも当てるが、「存ずる」の連用形からで、「存じ」が本来のもの。

ぞんじ-あ・げる【存じ上げる】［他下一］❶「知る」の謙譲語。Aのことを知っているということについて、Aを高める。「お名前はよく―・げております」使い方ふつう、「存じ上げている」「います・おります」のように「〜ている」の形で使うことが多い。ただし打ち消しの場合は、「〜ている」を付けない「存じ上げない・存じ上げません」の形でいう。❷〔古風〕「思う」の謙譲語。「みなみなお気の毒に―・げ候〈芥川〉」使い方「ご清栄の段、大慶に存じ上げます」など、挨拶文で使うこともあるが、②の意は現在では「存ずる」を使う。「×ご迷惑とは存じ上げますが→○ご迷惑とは存じますが」注意 ➡存ずる◈ ➡敬語解説(一七八六ページ) 文ぞんじあ・ぐ

そん-しつ【損失】［名］そこない失うこと。特に、利益・財産などを失うこと。また、失ったもの。「莫大な―をこうむる」「―補塡」

そん-じゃ【尊者】［名］❶目上の人。また、身分の高い人。❷知徳の備わった尊敬すべき人。また、仏弟子や高僧。

そん-しょ【尊書】［名］手紙をいう尊敬語。尊翰。

そん-しょう【尊称】［名］尊敬の気持ちを表すために使う呼称。⇔卑称

そん-しょう【損傷】シャウ［名・自他サ変］そこなわれ傷つくこと。また、そこない傷つけること。「頸部が/を―する」「機体を―させる」

そん-じょう【尊▼攘】ジャウ［名］「尊皇攘夷」の略。

ぞん-じょう【存生】ジャウ［名・自サ変］この世に生きていること。「師の―中」

そん-しょく【遜色】［名］他に比べて劣っていること。見劣り。「プロの歌手と比べても―(の)ない歌唱力」▼多く「―ない」「―が［の］ない」の形で使う。

そんじょ-そこら【そんじょ▼其▽処ら】ソンヂョ［代］「そこら」を強めていう語。そのへん。そこいら。「―で手に入る材料じゃない」

そん・じる【損じる】［自他上一］➡損ずる「書き―」

ぞん・じる【存じる】［他上一］➡存ずる

そん-すう【尊崇】［名・他サ変］とうといものとしてあがめること。そんそう。「神仏を―する」

そん・する【存する】■［自サ変］存在する。存続する。ある。「事実は事実として厳としてここに―」■［他サ変］保ちとどめる。「この苔むした寺は昔の形をそのままに―・している」文そん・す

そん・する【損する】■［他サ変］❶商売などで、利益を失う。損をする。欠損する。「株で大金を―・した」⇔得する ❷そこなう。損ずる。「下手なものを遣れば智識の威厳を―訳になるばかりだ〈漱石〉」■［自サ変］精神的に不利益をこうむる。「しかられた分だけ―・したなあ」文そん・す

◉**損して得取れ** 一時は損をしても、あとでそれをもとにしてそれ以上の利益を得るようにせよ。

そん・ずる【損ずる】［動サ変］■［自他］❶ものが傷つき壊れる。また、ものを傷つけ壊す。そこなう。「湿気のために器物が―」「転倒して衣服を―」❷物事の状態などが悪くなる。また、物事の状態などを悪くする。そこなう。「相手の気が―・ぜぬよう心せよ」「先方の機嫌を―」■〈動詞の連用形に付いて複合動詞を作る〉…しそこなう。「言い―・打ち―」「急いては事をし―」文そん・ず

そん・ず 異形 損じる

ぞん・ずる【存ずる】［他サ変］❶「知る」の丁重語。相手（＝聞き手・読み手）に対する改まった気持ちを表す。「田中先生とは―・じませんで失礼いたしました」「知らぬ―・ぜぬの一点張りでらちが明かない」❷「思う」の丁重語。相手（＝聞き手・読み手）に対する改まった気持ちを表す。「皆様お元気の由、何よりに―・じます」「この度のこと、誠に遺憾に―次第です」「ご迷惑とは―・じますが、宜しくお願い申し上げます」「御厚情、ありがたく―・じます」

◈使い方 言い切りの形は「ます」を伴って丁寧の意を添えることが多い。①は、「存じています」「おります」のように「〜ている」の形で使い、「存じます」という言い方はしない。ただし打ち消しの場合は、「存じません」ともいう。②は、「存じます」の形で使うことが多いが、「存じています［おります］」のように「〜ている」の形でもいう。

注意 未然・連用形「存じ」を「存知」と書くのは誤り。名詞化した「存じ」は「(御)存知」とも当てるが、これも「存じ」が本来の表記。「×存知ます・存知上げます」

文ぞん・ず 名存じ 異形存じる ➡敬語解説(一七八六ページ)

そん-ぞく【存続】［名・自他サ変］引き続いて存在すること。また、引き続き残しておくこと。「企業が―する」「制度を―させる」「赤字路線の―が危ぶまれる」使い方「〜を存続する／存続させる」では、後者が一般的。➡品詞解説(一八六六ページ)

そん-ぞく【尊属】［名］親等の上で、父母または父母と同列以上にある血族。父母・祖父母などの直系尊属とおじ・おばなどの傍系尊属とに分けられる。⇔卑属

そん-だい【尊大】［名・形動］いばって偉そうな態度をとること。「―に構える」「―な態度」派生-さ

そん-だい【尊台】［代］(二人称)目上の相手を敬って指し示す語。あなたさま。貴台。▼手紙文などで使う。

そん-たく【▼忖度】［名・他サ変］他人の気持ちをおしはかること。「会長の意向を―する」注意「すんど」「ふど」「ふたく」などと読むのは誤り。

そん-たく【尊宅】［名］家をいう尊敬語。尊家。尊堂。「明日御―に伺います」

そん-ち【存置】［名・他サ変］現在ある制度・機関・施設などを、そのまま残しておくこと。

ぞん-ち【存知】［名・他サ変］よく知っていること。承知。ぞんじ。

そん-ちょう【村長】チャウ［名］地方公共団体である村

の長。村民の公選によって選出される。任期は四年。

そん-ちょう【尊重】[名・他サ変] 価値あるものとして大切に扱うこと。重んじる。たっとぶ。とうとぶ。║「個性[プライバシー・相手の立場・故人の遺志]を―する」

ゾンデ[Sonde ドイツ][名] ❶体腔(たいくう)・臓器などの中に挿入して診断や治療に使う細い管状の器具。消息子(しょうそくし)。❷「ラジオゾンデ」の略。

そん-どう【尊堂】 ㊀[名] 家をいう尊敬語。尊宅。㊁[代]〔二人称〕対等または目上の相手を高めて指し示す語。あなたさま。▼手紙文などで使う。

そん-とく【損得】[名] 損失と利益。損益。║「―抜きでつきあう」「―勘定」

そんな[形動] 状態や程度がそのようであるさま。そのよう(な)。║「―やり方ではだめだ」「―ことは聞いていない」 使い方 (1) 一般に語幹が連体形の働きをして体言に直接つくが、接続助詞「ので」「のに」や終助詞「の」に続くときは「―な」の形をとる。║「家の外が―なので、ほとんど眠れない」 (2)「―に(=それほどまでに)心配なら、皆で見てこよう」「新作なのに―に(=全くと言っていいほど)売れていないの?」「―に(=それほど。たいして)おもしろくなかった」など、程度のはなはだしさ(の否定)を強調する言い方も多い。

そんな-こんな[連語] そんなことやこんなこと。それやこれや。║「―で旅行には行けなかった」

そんなに[形容動詞「そんな」の連用形]➡そんな

そん-なら[接]「それなら」のくだけた言い方。

ぞん-ねん【存念】[名] たえず心に思っていること。いつも頭から離れない考え。

そん-のう【尊皇・尊王】[名] 天皇・皇室をとうとぶこと。勤王。▼「そんおう」の連声(れんじょう)。

そんのう-じょうい【尊皇▼攘▼夷】[名] 幕末の、天皇の権威を絶対的なものとし、開国を迫る外国人を排斥する考え方。勤皇攘夷。尊攘。

そん-ぱい【存廃】[名] 現行の制度・機関・施設などを残しておくか、やめるかということ。存続と廃止。

そん-ぴ【存否】[名] 存在しているか、存在していないかということ。あるかないかということ。║「犯罪事実の―が争点となる」

そん-ぴ【尊卑】[名] 身分などのとうといことと、いやしいこと。また、身分の高い人と低い人。

ゾンビ[zombie][名] 呪術(じゅじゅつ)などの超自然的な力で生き返った死体。

そん-ぷ【尊父】[名] 他人の父の敬称。║「御―によろしくお伝えください」

そん-ぷうし【村夫子】[名] 村の物知り。地方の学者。また、見識の狭い学者をあざけっていう語。そんふうし。▼自分を指し示す丁重語としても使う。

ぞん-ぶん【存分】[形動・副] 物事を満足がゆくまですること。思いどおりにすること。║「酒を―に飲む」「思う―遊び歩く」

そん-ぼ【尊母】[名] 他人の母の敬称。║「御―に何とぞよろしく」

そん-ぽ【損保】[名] 偶発的な事故による損害を補うための保険。火災保険・海上保険・自動車保険など。▼「損害保険」の略。

そん-ぼう【存亡】[名] 存在と滅亡。存続するか、ほろびるかということ。║「危急―の秋(とき)」

そん-みん【村民】[名] 村に住んでいる人々。むらびと。

そん-めい【尊名】[名] 姓名をいう尊敬語。芳名。

そん-めい【尊命】[名] 命令をいう尊敬語。║「―を拝する」

ぞん-めい【存命】[名・自サ変] この世に生きていること。║「父の―中はお世話になりました」

そん-もう【損亡】[名・他サ変] 損害をこうむること。利益を失うこと。そんぼう。

そん-もう【損耗】[名・自他サ変] 使って減ること。また、使って減らすこと。║「タイヤが―する」「体力を―する」「機械の―をきたす」▼「そんこう」の慣用読み。

そん-よう【尊容】[名] 仏像または貴人のとうとい顔や姿。また、他人を高め、その顔や姿をいう語。

そん-らく【村落】[名] 漁村・農村・山村などの集落。村里。

そん-りつ【存立】[名・自サ変] 存在して成り立つこと。║「国家[企業]が―する」「自国の―を守る」

そん-りょう【損料】[名] 衣類・器物など、損耗する物を借りたときに支払う料金。借り賃。使用料。║「―貸し」

た

た【田】[名] 稲を栽培する耕作地。たんぼ。║「―を耕す」▼ふつうは水を引いて水稲栽培する水田をいう。

た【他】[名] ❶別のこと。ほかのこと。║「一つのことに集中し、―を顧みない」「その―」「―意・―国」「排―」❷ほかの人。他人。║「―の意見を聞く」「―殺」「自―」

た【多】[名] 数・量がたくさんあること。║「―とする(=高く評価する)」「―額・―感」「過―・最―」「―事・―端」

た[助動 特活型](たろ-○-た-た-(たら)-○)
❶**完了** 動作や作用が仕上がり、確定的な状況に至ったことを表す。║「ずいぶん立派になっ―ね」「もう終わっ―よ」
❷**過去** 出来事が生じたり状態が存在したのが現時点より前であることを表す。║「昨年アメリカに旅行しまし―」 使い方 ②の「過去の状態」は、「かつてはこの国は貧しかった(今はそうではない)」のように、変化が生じる前の状態を、変化後の現状と対比して表すのに用いることが多い。また、「この国はずっと貧しかった(現在も最貧国の一つである)」のように、状態変化を前提にしない、過去の持続した状態を表す表現もある。
❸〈形容詞や形容動詞に付いて〉**過去** 以前に感じた感情や感覚を表す。║「アラスカは寒かっ―なあ」「昨日の舞台は見事だっ―」 使い方 ③は過去にそういう感覚を体験したことを表し、現状には関わらない。
❹待っていたことが実現しつつあることを表す。║「あ、バスが来(き)―」「よし、これで勝っ―」
❺探していたものの発見を表す。║「あっ、あっ―」
❻知っていることの確認・想起を表す。║「出発は明日でし―ね」「確か今日は会議があっ―な」
❼〈評価を表す語に付いて〉過去の出来事に対する評価や感想を表す。║「合格できてよかっ―ね」「悪かっ―。許してくれ」「あそこで引いたのがまずかっ―ね」 使い方 (1) 過去に下した評価ではなく、過去を振り返って下した、現時点での評価を表す。また、「長らくのご乗車、お疲れさまでした」のように、完了する出来事に対する評価を表

すこともある。⑵「昨日は来てくれてありがとうございます／ありがとうございました」は、ともに、過去の出来事に対する現時点の評価（謝意）を表す。「ありがとうございます」は、その場で下された評価である意が強い。これに対し「ありがとうございました」は、「た」によってその評価の対象が過去の出来事であることを表し、これを通じて、謝意がその場で生じたものではなく、以前から抱いているものであることを表す。⑶「おめでとうございます」に「た」を付けると、めでたい状態が既に終わったとも受け取られ、祝いの言葉としては違和感を与える。〓「×ご両家の皆様、本日はおめでとうございました」

❽〈終止形で〉差し迫った要求・命令を表す。〓「さあ、帰っ—、帰っ—」「おっと待っ—」

❾〈主に連体形で〉後句の出来事より以前に起こる意を表す。〓「今度会っ—ときに話そう」「出かけ—後に電話があった」「聞かれ—としても言わないでね」

❿〈連体修飾語や接続語などの中で〉**状態の存続** 動作・作用によって生じた状態や性質の存続を表す。…ている。…てある。〓「荷台に大きな荷物を載せ—トラック」「書類の入っ—かばん」「雪の積もっ—通り」 使い方 「ばかげた話だ」「庭に面した部屋」など、動きと関わらない性質や状態を表すものもある。

⓫事実とはちがうことを想定する意を表す。〓「タクシーに乗ってい—なら、今ごろは着いてい—よ」「こんなはずではなかっ—」「台風さえ来なければ豊作だっ—」

◈完了の助動詞「たり」の連体形「たる」から。仮定形「たら」は、助詞とする。⬇たら㊂（接助） 使い方 動詞および「（よ）う」「まい」「そうだ（伝聞）」を除く助動詞の連用形に付く。ア行・カ行・タ行・ラ行の五段動詞の場合は、「言った・勝った」のように音便形に付く。ガ行・ナ行・バ行・マ行の五段動詞に付くときは、「飛んだ・読んだ」のように濁音化する。

た【太】（造）ふとい。ふといもの。〓「根—・丸—」

た【汰】（造）良いものと悪いものを選び分ける。〓「沙—・淘—」

だ【駄】㊀［名］馬一頭に積める荷物の規定重量を一駄として、荷物の重さを表す単位。一駄は三六貫で、約一三五キログラム。㊁（造）❶馬に荷を積む。また、その荷物。〓「—賃・—馬」❷値打ちがない。つまらない。〓「—句・—作・—文・—洒落」❸はきもの。〓「足—・下—」

だ［助動 形動型］（だろ-だっ・で-だ-（な）-なら-○）

❶〈「AはBだ」「AがBだ」の形で〉**断定** AがBという性質を持つ、Aの示すものとBの示すものとが一致する、また、AがBに属するという断定的な判断を表す。〓「私は学生—」「あの人が田中さん—」「お前が犯人—」「明日は休み—」「トラはネコ科の動物—」 使い方 多くの場合、BはAの種別に相当するもの（Aが人ならば、Bは人にふさわしい性質や種別）になるが、「僕は紅茶だ」のように、ある範囲の中で最も関わりの強いものを指定して、その意味的な関係は文脈にゆだねる（「紅茶が飲みたい」「紅茶を持ってきた」「紅茶の研究をしている」など）ことがある。

❷〈終止形で〉ある事柄を提示して、行動を促す。〓「さあ、仕事—」「飯—、飯—」

❸〈「お（ご）」＋動詞連用形に付いて〉軽い尊敬を表す。〓「今朝はずいぶん早くにお出まし—ね」「彼女にひどくご執着—こと」「鶴の間のお客さん、お帰り—よ」▼「お…になる（なった、なっている）」の意。⬇お（御）①・ご（御）①

❹〈「…だと」「…だって」「…だなんて」の形で〉不適切と思われる相手の言葉を直接引用して示す。多く、非難・意外などの気持ちがこもる。〓「なに、行きたくない—と」「参加しない—なんて言わないで…」

❺相手への訴えかけを強める。〓「そこで—、きみは—ね、あす出発してくれ」▼⑤⑥は終助詞的な用法。

❻相手を軽くばかにした気持ちを表す。直前の音を長く延ばすことが多い。〓「知らないよォー」「あっかんベェー」

◈未然形「だろ」は、「だろう」を「だ」＋「う」（推量の助動詞）と解釈した場合に立てられる。「だろう」は「だ」と異なり動詞の終止形に直接接続するので、別語とされることが多い。〓「来る○だろう／×だ」⬇だろう 使い方 書き言葉では中立の文体だが、話し言葉では親しい間柄やくだけた場合に使われる。丁寧に言うときは「です」を使う。

だ【打】（造）❶たたく。うつ。〓「—撃・—倒・—撲」「殴—・乱—」❷ボールを打つ。〓「—順・—点」「安—・強—」❸動詞に添えて語調を整える。〓「—開・—算」

だ【妥】（造）おだやか。また、座に落ち着く。〓「—協・—結・—当」

だ【唾】（造）❶つば。〓「—液」「咳—」❷つばを吐くように嫌う。〓「—棄」

だ【堕】（造）おちる。おとす。〓「—胎・—落」 旧墮

だ【惰】（造）なまける。だらける。〓「—気・—弱・—眠」「勤—・怠—・遊—・懶—」

たあ［連語］…は。…とは。〓「そんなこ—知らないよ」▼「こと」や格助詞「と」に副助詞「は」が続いて音が融合したもの。べらんめえ口調の会話で使う。

た-あい【他愛】［名］自分のことよりもまず他人の利益や幸福を考えること。愛他。利他。〓「—主義」

たあい-な・い【他愛ない】［形］⬇たわいない 書き方 「他愛」は当て字。

ダーク［dark］［名・形動］暗いこと。黒ずんでいること。〓「—なイメージ」「—ブルー」⬍ライト

ダーク-ホース［dark horse］［名］❶競馬で、実力はわからないが予想外の活躍をして勝ち馬になるかも知れない馬。穴馬。❷実力はわからないが有力とみなされている競争相手。

ターゲット［target］［名］❶標的。まと。❷商品などを売り込む対象。〓「三〇代の女性に—を絞る」❸フェンシングで、得点となる有効命中面。

ターゲティング［targeting］［名］購買層を決めること。また、分析に基づき顧客の興味や嗜好に合わせた広告を配信すること。▼目標を設定する意。

ターコイズ［turquoise］［名］❶トルコ石。❷（トルコ石のような）緑がかった明るい青色。▼「ターコイズブルー」の略。

ダージリン［Darjeeling］［名］インドの北東部のダージリンで産する紅茶の銘柄。ダージリンティー。

ダース［名］品物一二個を一組とする数量の単位。〓「鉛筆三—」▼dozenから。 書き方 「▽打」と当てる。

タータン-チェック［和製 tartan＋check］［名］赤・緑・黄・黒などの色を使った格子柄の毛織物。また、その格子柄。タータン。

ダーツ［darts］［名］❶洋裁で、布を体に合わせて立体化するために必要な部分を錐形に縫いつまむこと。つまみ縫い。また、その部分。❷円形の標的に羽のついた短い矢（ダート）を投げ当てて得点を競う室内遊戯。

ダーティー［dirty］［形動］❶汚い。よごれている。❷道徳的に、けがれている。卑劣だ。〓「—なイメージ」

ダート［dirt］［名］競馬で、土と砂を固めてつくった水

はけのよい走路。▽「ダートコース(dirt course)」の略。

タートルネック【turtleneck】[名] セーターなどで、首にそって筒状に伸びている襟(えり)。とっくり襟。▽「タートル」は海亀(うみがめ)の意。

ターニング-ポイント【turning point】[名] 変わり目。転換点。分岐点。‖「人生の―」

ターバン【turban】[名] ❶インド人やイスラム教徒の男性が頭に巻くスカーフ状の長い布。❷①を巻いた形の婦人帽。

ダービー【Derby】[名] ❶毎年六月上旬、ロンドン郊外のエプソムで行われる、サラブレッド三歳馬による競馬。▽創設者ダービー卿の名に由来する。❷日本で、①にならって毎年五月の終わりまたは六月の初めに行われる東京優駿(ゆうしゅん)競走の通称。日本ダービー。❸首位争い。‖「ハーラー―」▽多く他の語と複合して使う。

タービン【turbine】[名] 流体のもつエネルギーを動力に変換する原動機。流体を羽根車に受け、その力で軸を回転させる。水力タービン・蒸気タービンなど。

ターフ【turf】[名] ❶芝。芝生。❷競馬場で、芝を敷いた走路。芝コース。▽「ターフコース(turf course)」の略。

ターボ【turbo】[名] 内燃機関で、排気ガスを利用してタービンを回転させ、圧縮した空気や混合気をシリンダー内に送り込んで圧力を高める装置。▽「ターボチャージャー(turbocharger)」の略。

ターボジェット【turbojet】[名] ❶航空機用ジェットエンジンの一つ。前方から取り入れて圧縮した空気に燃料を噴射して燃焼させ、そのガスでタービンを回転させながら排気を後方に噴出して推力を得る。❷①を使用した航空機。

ターミナル【terminal】[名] ❶鉄道・バスなどの起点・終点。また、鉄道・バスなどの路線が集中し、発着する所。‖「バス―」❷空港で、管制塔・通信・税関・サービス部門など種々の施設を備えている建物。▽「ターミナルビル」の略。❸電池・電気器具などの端子。❹コンピューターで、端末。

ターミナル-ケア【terminal care】[名] 末期癌(がん)などで、終末期患者の苦痛を精神的・肉体的に軽減し、安らかな死を迎えられるように行う医療・介護。医療スタッフだけでなく、家族・カウンセラー・ケースワーカー・宗教家などの協力を必要とする。終末医療。

ターム【term】[名] ❶専門用語。学術用語。術語。‖「テクニカル―」❷期間。期限。

ターメリック【turmeric】[名] ウコンの根茎を乾燥した黄色の香辛料。カレー粉・たくあん漬などの着色料として用いるほか、染料にもする。

ダーリン【darling】[名] 最愛の人。いとしい人。▽恋人・夫婦間で、相手に呼びかけるときなどに使う。

タール【tar】[名] 木材・石炭などを乾留したときに得られる、黒色または黒褐色のねばねばした油状液体。コールタール・木タール・石油タールなど。

ターン【turn】[名・自サ変] ❶回転すること。また、向きを変えること。‖「U―」❷水泳で、折り返すこと。

ターンアラウンド【turnaround】[名] 経営危機に陥った企業を再生させること。事業再生。▽原義は、方向転換。

ターンオーバー【turnover】[名] ❶アメリカンフットボールなどで、ボールを相手に奪われて攻守が入れ替わること。❷皮膚(ひふ)の表皮組織が入れ替わること。❸両面を焼いた目玉焼き。⇔サニーサイドアップ

ターンテーブル【turntable】[名] ❶レコードプレーヤーの、レコードをのせる回転盤。❷機関車や自動車などを乗せて向きを変える回転装置。転車台。

たい【▼鯛】ヒタ[名] 体は平たい楕円(だえん)形で、多くは淡紅色のタイ科の海水魚の総称。マダイ・キダイ(レンコダイ)・チダイ・クロダイなどがあるが、特にマダイをさす。姿が美しく美味であることから魚類の王とされ、またその名が「めでたい」に通じることから、尾頭つきで祝い膳に用いられる。不飽和脂肪酸が少ないので、多少古くなっても味が落ちにくい。‖「腐っても―」「海老(えび)で―を釣る」

たい【体】㊀[名] ❶身体。からだ。‖「―をかわす」「―育・―重」「人―」❷すがた。ありさま。てい。‖「論文の―をなしていない」「固―・書―・立―」❸本体。実体。‖「名は―を表す」㊁(造) 神体・仏像・遺体などを数える語。‖「三―の仏像」旧 體(「体」「體」は本来別字。「体」は粗末、「體」はからだ。「躰」は「體」の俗字)

たい【対】㊀[名] ❶向かい合うこと。‖「―で話をする」「―岸・―座・―面」❷対等であること。‖「―で勝負をする」❸ことばが対語(ついご)・反対語の関係にあること。㊁(造) ❶相手に向かう。また、敵として相手に向かう。‖「―日(=日本に対する)政策」「―自然の戦い」「―抗・―立」「反―」 使い方 「A対B」の形で、対立や対戦の組み合わせを表す。‖「現職―新人の争い」❷比較のために向かい合う。‖「―照・―比」 使い方 二つの数の間にはさんで、比率や得点を比べる意を表す。‖「六―四の割合」「三―二で紅組の勝ち」旧 對

たい【隊】[名] ❶ある目的のために組織された人の集団。また、その集団の並び方。‖「―を組む」「―員・―列」「楽―・探検―・登山―」❷兵士で組織された集団。‖「艦―・部―・連―」

た-い【他意】[名] ほかの考え。心中に隠された別の意図。‖「それきりの話で―はない」

たい [助動 形型](たかろ-たかっ・たく-たい-たい-たけれ-○)〈動詞および助動詞「(さ)せる」、助動詞「(ら)れる」の連用形に付いて〉**希望**を表す。

❶そうすること、そうあることを希望する意を表す。‖「早く帰り―」「行き―人は手を挙げて下さい」「何とか母校に優勝させ―」「粗餐(そさん)を差し上げたく御案内申し上げます」「みんなに好かれる人であり―」

使い方 (1)～ヲをとる動詞に「たい」が付く場合、～ガとなることも多い。‖「水が(=を)飲み―」「詳しい事情が(=を)知り―」

(2)主語には、(1)で示した場合を除いて、〈意図を持つもの〉をとる。意図的に行う行為や状態維持に限られる。主語が無生物の「家[試験]がある」は「…たい」を付けられないが、主語の意図による状態維持の場合は、「(私は)健康でありたい」のように「…たい」が付けられる。

(3)可能を表す動詞に直接「たい」は付かない。「なる」や「いる」を介して続ける。‖「×(私は英語が)出来たい→○出来るようになりたい」「×(私はあなたといつまでも)会えたい→○会える状態でいたい」⬇出来る[注意](1)

(4)感情や思いを表す名詞を修飾する場合は、「という」や「との」を付けるほうが自然(「見たいという気持ちになった」)。報道などで見られる「政府は…を進めたい考えだ」も、「進めたいという[との]考え」のほうが自然な言い方。

❷〈「てもらいたい」「(て)いただきたい」「願いたい」「(ら)れたい」「下されたい」などの形で〉自分以外の人がそうす

るように希望する意を表す。…して欲しい。‖「この本を読んでもらい—」「ご了承願い—」「次ページを参照され—」「ご容赦下されたくお願い申し上げます」▽「てもらいたい」以外は、敬意を示すべき相手への希望。また、「(ら)れたい」や「下されたい」は、やや古風な言い方。◈文語形は「たし」。書き方「▽度い」とも当てた。

使い方 (1)「早く帰りたい。」のような「たい」で言い切る形では、話し手の希望を表す。「行きたい人」のような連体修飾、「君も行きたいか?」のような疑問、「彼も行きたいらしい/行きたいそうだ(× 彼も行きたい)」のように「らしい」「ようだ」「そうだ」などが付いた表現では、自分以外の希望を表す。「のだ」を付けた場合には人称の制限はなくなる。‖「私/彼は行きたいのだ」
(2)「〜を祈りたい」「〜を期待したい」など、事柄の成就を願う動詞に付く場合は、そのような精神作用を行うことではなく、事柄が成就することへの希望を表す。
(3)②の用法以外にも、自分と相手の共同で成立する事柄に「たい」を付けて自分の希望を示すことで、相手への依頼を間接的に表すことがある。‖「この件について相談したい」「月曜日にお目にかかりたい」
(4)「て欲しい」も自分の希望を表すが、「たい」①が自らの行動や状態への希望を表すのに対し、「て欲しい」は他にあつらえ願うことを表す。「私は彼に謝って欲しい」は「彼が私(や他人)に謝ること」を希望することを表す。「たい」②は敬意の面を除けば「て欲しい」と同じ意を表す。

注意 敬意表現や依頼表現を省略して、連用形「…たく。」で止める形は、要求を一方的に伝え、お願いの気持ちを示さない失礼な表現だと受け取られることもある。‖「二時から打ち合わせをしたく(どうか時間の都合をつけてください)。」

⊙**たいと思・う** 希望を持つことを客観的な事柄として表す。‖「みんなから好かれる人でありー」「明日にはお返事しーいます」使い方 (1)「…たい」を直接過去の形にした「何とか母校を優勝させたかった」には、過去にそういう気持ちがあったという事柄自体を表すほかに、今でも残念に思うことを表す主観的な気持ちもこめられるが、「何とか母校を優勝させたいと思った」にはその気持ちはこめられない。(2)自分の方針や行動を表明する際に、主観性を弱めるのに用いる。‖「今後も続けていきたいと思う」(3)「…たい」を丁寧に言う場合、「…たいです」がやや不適切であるため、「…たいと思います」を使うこともある。‖「これから現場に向かいたいと思います」➡思う⑤ (4)更に丁重な言い方に「…たいと存じます」がある。

たい【大】(造) ❶おおきい。すぐれた。‖「ー家・ー会・ー国・ー作・ー樹・ー成」❷数や量が多い。‖「ー金・ー差・ー衆・ー量」❸最高位である。‖「ー使・ー将・ー老」❹重要である。‖「ー切・ー任」❺相手への敬意を表す。‖「ー兄」❻おおよそ。‖「ー意・ー概・ー抵」

たい【太】(造) ❶きわめて大きい。‖「ー鼓・ー洋・ー陽」❷はなはだしい。‖「ー古・ー平」❸おおもと。第一番の。‖「ー初・ー祖」❹最も尊い。最も上位の。‖「ー公・ー守」

たい【待】(造) ❶まつ。まちうける。‖「ー機・ー避・ー望」「期ー」❷もてなす。‖「ー遇」「招ー・接ー・優ー」

たい【怠】(造) なまける。‖「ー惰・ー納・ー慢」「倦(けん)ー」

たい【耐】(造) たえる。もちこたえる。‖「ー寒」「忍ー」

たい【胎】(造) ❶母の体内に子がやどること。また、その子。‖「ー教・ー児」「受ー・堕ー」❷母体の、子をやどす所。‖「ー内・ー盤」❸物事の起こるもと。‖「禍ー」

たい【退】(造) ❶あとへさがる。しりぞく。去る。‖「ー院・ー化・ー散」「辞ー・早ー・撤ー」❷しりぞける。‖「ー治」「撃ー」❸身を引く。やめる。‖「ー位・ー会・ー学・ー職」「引ー・脱ー」❹おとろえる。‖「ー屈」「衰ー」

たい【帯】(造) ❶おび。また、おび状のもの。‖「眼ー・靱(じん)ー」❷身につける。おびる。‖「ー電・ー刀」「携ー」❸そばに伴う。行動をともにする。‖「世ー・連ー」❹ある範囲の地域。‖「一ー・亜熱ー・針葉樹林ー」旧帶

たい【泰】(造) ❶ゆったりしている。やすらか。‖「ー然・ー平」「安ー」❷はなはだしい。‖「ー西」❸「泰国(=タイ王国)」の略。‖「日ー」

たい【堆】(造) 高く積み上げる。‖「ー積・ー肥」

たい【袋】(造) ふくろ。‖「郵ー」「有ー類」

たい【逮】(造) ❶及ぶ。とどく。‖「ー夜」❷追ってとらえる。‖「ー捕」

たい【替】(造) 入れかわる。とりかえる。‖「交ー・代ー」

たい【貸】(造) かす。‖「ー借・ー与」「賃ー」

たい【滞】(造) ❶一か所にとどまる。‖「ー空・ー在」❷一か所にとどまって進まない。とどこおる。‖「ー積・ー納」「延ー・渋ー・停ー」旧滯

たい【態】(造) かたち。すがた。また、ようす。ありさま。‖「ー勢・ー度」「悪ー・事ー・状ー・生ー」

たい【▼頽】(造) くずれる。おとろえる。‖「ー廃」「衰ー」

たい【戴】(造) ❶頭の上にのせる。‖「ー冠」「不倶ー天(ふぐたいてん)」❷ありがたくもらう。おしいただく。‖「頂ー(ちょうだい)」

タイ [tie] [名] ❶「ネクタイ」の略。‖「アスコットー」❷競技・試合などで、得点や記録が相手チームまたは他の競技者と等しいこと。❸楽譜で、同じ高さの二音符を結ぶ弧線。両音符を一音として続けて演奏する。

だい【大】 一[名] ❶大きいこと。大きいもの。‖「声をーにする」「ー問題・ーピンチ」❷「大の月」の略。◈⇔小 二(造) ❶すぐれている。また、位が高い。‖「ー僧正・ー選手」「偉ー」❷〈名詞に付いて〉ほぼそれくらいの大きさである。‖「実物ーの見本」「葉書ーの紙」❸「大学」の略。‖「短ー・国立ー」◈ 読み分け ➡おお(大)

⊙**大なり小なり** 大きいか小さいかはともかく。多かれ少なかれ。程度の差はあれ。‖「皆ー関心がある」

だい【代】 一[名] ❶家長・主人などがその地位にある期間。世代。‖「ーが代わる」「初ー・先ー・歴ー」「三ー将軍家光」❷物品や手間などの対価として払う金銭。代金。‖「おーはあとで結構」「花ー・修理ー・ガソリンー」❸歴史学や地質学で、一定の期間。年代。‖「古ー・古生ー・新生ー」 二[接尾] 時代や年齢の範囲を表す。‖「昭和五〇年ー」「三〇ーの男性」書き方「台」とも。 三(造) 代わる。代わって行う。‖「ー作・ー書・ー表」「総ー」

だい【台】 一[名] 物をのせたり人がのったりする平たいもの。‖「踏みー」「ー座」「縁ー・鏡ー」 二[接尾] 数量のおおよその範囲を表す。‖「三千円ー」▽「代」に通じる。 三(造) ❶見晴らしのきくところ。高い建物。‖「ー地」「高ー・灯ー・天文ー」❷基礎・もとになるもの。‖「ー紙・ー帳」❸車・機械などを数える語。‖「三ーの車」「印刷機二ー」❹(手紙などで)相手に対する敬意を表す。‖「貴ー・尊ー」◈ 書き方「臺」の新字体として「台」が使われるが、もともと別字。「臺」は、壇・高殿の意で、「灯台」「番台」などは本来「臺」。「台」は本来喜ぶ意。「天台宗」などの旧字体表記に「臺」は使わない。旧臺

だい【題】 一[名] ❶作品のテーマや思想を〈短い〉ことばで表すもの。表題。題名。タイトル。‖「ーを付ける」「ー字」「副ー」❷短歌・俳句などで、それをよみこむよう

に決められたことば。‖「新春句会の—は『雪』だ」「お—を頂く」「—詠」 二（造）❶解決すべき問題。‖「課—・宿—・例—」❷書き付ける。‖「—画・—壁」

だい【第】 一［接頭］〈数を表す語の上に付いて〉その順番・順位であることを表す。‖「—一回」「—二位」「—三の問題点」▼「第一日目」「第二回目」など「第…目」は重言でやや冗長だが、慣用で広く使う。 二（造）❶物事の順序。‖「式次—」❷試験。‖「及—・落—」▼中国の官吏登用試験の意から。

だ-い［連語］❶〈疑問を表す語とともに使って〉質問に親しみの気持ちを添える。‖「あの人は誰—？」「何をしてるん—？」❷断定の語気を強める。‖「そんなのうそ—」▼多く子供が使う。◈断定の助動詞「だ」＋終助詞「い」。

たい-あたり【体当たり】［名・自サ変］❶自分の体を相手にぶつけること。‖「敵に—する」「—を食う」❷捨て身になって物事をすること。‖「—の演技」

たい-あつ【体圧】［名］横になったときに体にかかる圧力。‖「—分散マット」

たい-あつ【耐圧】［名］圧力にたえること。‖「—力」

タイ-アップ［tie-up］［名・自サ変］協力・提携して物事を行うこと。‖「経験豊富な企業と—する」

ダイアリー［diary］［名］日記。日誌。日記帳。

ダイアル［dial］［名］⇒ダイヤル

ダイアローグ［dialogue］［名］対話。問答。特に、演劇・小説などの対話の部分。⇔モノローグ

たい-あん【大安】［名］六曜の一つ。万事によいとされる日。大安日。だいあん。‖「—吉日」

たい-あん【対案】［名］ある提案に対して示す別の案。

だい-あん【代案】［名］ある案に代わって出す案。

たい-い【大尉】［名］軍隊の階級の一つ。尉官の最上位。少佐の下、中尉の上にあたる。▼旧日本海軍では「だいい」といった。自衛隊では一尉。

たい-い【大意】［名］おおよその意味。大体の趣旨。

たい-い【体位】［名］❶体格・健康状態・運動能力などから総合的にとらえた、身体の発育・発達の程度。❷物事をするときの体の位置や姿勢。

たい-い【退位】［名・自サ変］帝王・皇帝などがその位をしりぞくこと。‖「国王が—する」

だい-い【題意】［名］❶詩歌などの題の意味するところ。❷出題のねらい。

たい-いく【体育】［名］❶知育・徳育に対し、スポーツ・体操などの運動を通して身体の健全な発達を促し、運動能力や健康な生活を営む能力を養うことを目的とする教育。❷①を行う、学校の教科名。◈「たいく」は誤り。

たいいく-かい【体育会】［名］大学で、運動部が組織する会。▼運動部に属する学生の気質や雰囲気などを「体育会系」という。‖「—系の男性」

たいいく-かん【体育館】［名］屋内で運動競技を行うための建物。屋内運動場。

たいいく-の-ひ【体育の日】［名］国民の祝日「スポーツの日」の旧称。▼一九六四年のオリンピック東京大会の開会日を記念して六六年に制定。当初は十月十日、二〇〇〇年から十月の第二月曜日に変更された。

だい-いち【第一】 一［名］❶いちばん初め。‖「—の問題」❷もっとも大切なこと。‖「健康が—だ」 二［副］まず。何よりも。‖「—君には関係ない」

だいいち-いんしょう【第一印象】［名］人や物事に接したとき最初に受ける印象。

だいいち-ぎ【第一義】［名］最も重要な根本的な意義。また、最も価値のある大切なこと。

だいいちじ-さんぎょう【第一次産業】［名］イギリスの経済学者コーリン＝クラークによる産業分類の一つ。原材料・食糧などの生産にかかわる産業。農業・林業・水産業・牧畜業など。一次産業。

だいいちにん-しゃ【第一人者】［名］ある社会や分野で最もすぐれている人。‖「各界の—が顔をそろえる」

だいいっ-せい【第一声】［名］ある活動を始めるにあたって、公の場で最初に発することば。‖「立候補者が—をあげる」

だいいっ-せん【第一線】［名］❶戦場で、最も敵に近い戦線。最前線。❷その分野で、最も活発に事が行われる重要な位置。‖「営業の—を退く」

だいいっ-ぽ【第一歩】［名］❶最初の一歩。‖「新大陸に—を印す」❷物事の最初の段階。第一段階。‖「会社再建の—となる事業」

たいい-ほう【対位法】［名］音楽で、二つ以上の独立した旋律を同時に組み合わせて楽曲を構成する作曲技法。コントラプンクト。

たい-いん【太陰】［名］月。▼「太陽」に対していう。

たい-いん【退院】［名・自サ変］❶病院で療養していた患者が、病状が回復して病院から出ること。‖「傷が完治して—する」⇔入院 ❷議員が衆議院・参議院から退出すること。⇔登院

たい-いん【隊員】［名］ある隊に所属している人。隊の構成員。

だい-いん【代印】［名］本人の印の代わりに、代理人が自分の印をおすこと。また、その印。代理の印。

たいいんたいよう-れき【太陰太陽暦】［名］月の満ち欠けを基本にして、太陽の運行を考えて修正を加え、季節とのずれを少なくした暦。一九年に七回の閏月を設けて一三か月の一年をつくる。陰暦。旧暦。▼一般に「太陰暦」「陰暦」「旧暦」といわれるものはほとんど「太陰太陽暦」のこと。日本では一八七二（明治五）年まで用いられた。

たいいん-れき【太陰暦】［名］❶月の満ち欠けを基準にして作った暦。二九日の小の月と三〇日の大の月を交互において一年一二か月を三五四日とし、三〇年に一一回の割合で大の月を一度続ける。イスラム暦など。陰暦。⇔太陽暦 ❷太陰太陽暦のこと。

だい-うちゅう【大宇宙】［名］人間を小規模な宇宙（小宇宙）とみなすのに対し、本来の宇宙そのもの。マクロコスモス。⇔小宇宙

たい-えい【退▼嬰】［名］積極的に新しい物事を取り入れようとする意欲に欠けること。‖「—的」⇔進取▼しりごみする意。

だい-えい【題詠】［名］あらかじめ決められた題に即して詩歌や俳句を作ること。また、その作品。

たい-えき【体液】［名］動物の体内で、細胞外にあって流動する液体の総称。脊椎動物では、血液・リンパ液・組織液など。

たい-えき【退役】［名・自サ変］軍人が兵役を退くこと。特に、将校・准士官が軍籍を離れること。‖「—軍人」

ダイエット［diet］［名・自サ変］病気治療や健康増進・美容のために、食事の量や種類を制限すること。

だい-えん【大円】［名］❶大きな円。❷球をその

中心を通る平面で切ったとき、切り口に現れる円。

たい-おう【対応】[名・自サ変] ❶互いに対になって向かい合っていること。❷二つの物事が互いに一定の関係をもって相対すること。〓「人気に—する実力のない歌手」❸相手や周囲の状況に応じて物事を行うこと。〓「相手の出方を見ながら—する」「—策」使い方「対応」は状況に応じた物事の対策に、「対処」は事態に応じた物事の処理に重点を置いていう。〓「緊急事態に対処する」

だい-おう【大王】[名] 王の敬称。

だい-おうじょう【大往生】[名・自サ変] 少しの苦しみもなく安らかに死ぬこと。〓「—を遂げる」

ダイオード【diode】[名] 二つの端子をもつ電子素子。整流・検波などの働きをする。▼一般には二端子半導体素子(半導体ダイオード)を指す。

ダイオキシン【dioxin】[名] ポリ塩化ジベンゾダイオキシンの通称。さまざまな異性体があるが、特に四塩化ジベンゾダイオキシンはきわめて毒性が強く、発癌(がん)性・催奇形性をもち、環境ホルモン(内分泌攪乱(かくらん)化学物質)ももつ。ごみ焼却などの際に少量生じる。ジオキシン。

たい-おん【体温】[名] 動物体の温度。〓「—計」「基礎—」▼人間ではセ氏三六〜三七度が普通。

だい-おん【大恩】[名] 大きな恩。厚恩。

だい-おんじょう【大音声】[名] 大きな声。おおごえ。

たい-か【大火】[名] 大きな火災。大火事。

たい-か【大家】[名] ❶ある分野で、特にすぐれた学識や技術をもっている人。〓「画壇の—」❷金持ちの家。また、家柄のりっぱな家。たいけ。

たい-か【大過】[名] 大きなあやまち。大変な過失。〓「—なく過ごす」⇔小過

たい-か【対価】[名] 労力・財物などを人に提供した報酬として受け取る財産上の利益。

たい-か【耐火】[名] 高温の火熱に耐えること。燃えにくいこと。〓「—煉瓦(れんが)」「—建築」

たい-か【退化】[名・自サ変] ❶進歩がとまって、元の状態に戻ること。また、勢いがとまって衰えていくこと。〓「文明が—する」❷系統発生あるいは個体発生の過程で、生物体の器官や組織が次第に縮小・衰退、あるいは消失すること。〓「—器官」◈⇔進化

たい-か【滞貨】[名・自サ変] ❶商品が売れなくてたまっていること。また、その商品。ストック。❷貨物などが輸送しきれないでたまっていること。また、その貨物。〓「輸入貨物が—する」

たい-が【大我】[名] ❶仏教で、個人的な狭い自我を捨て、一切の煩悩から離れた自由自在の境地。❷インド哲学で、宇宙の本体として想定される唯一絶対の精神。だいが。◈⇔小我

たい-が【大河】[名] ❶大きな川。❷文芸などの作品で、長編であること、壮大であることをいう。〓「—小説」

だい-か【代価】[名] ❶商品の値段。代金。❷あることを実現するために生じた損害や犠牲。〓「尊い人命を—とした革命」

だい-か【台下】[名] ❶高い建物の下。楼下。❷手紙の脇付(わきづけ)の一つ。相手に対する敬意を表す。貴下。

だい-が【題画】[名] 詩や詞書(ことばがき)を書き添えた絵。

たい-かい【大会】[名] ❶多くの人が集まって催される盛大な会。〓「マラソン—」❷組織や団体が催す全体的な会合。〓「党—」

たい-かい【大海】[名] 大きな海。おおうなばら。〓「井の中の蛙(かわず)—を知らず」「—の一滴(=広大な所にきわめて小さなものがあることのたとえ)」

たい-かい【退会】[名・自サ変] 会からしりぞき、会員でなくなること。〓「クラブを—する」⇔入会

たい-がい【大概】■一[名] ❶物事のおおよその内容。大略。概略。〓「計画の—を説明する」❷程度などがふつうであること。ほどほどであること。〓「ふざけるのも—にしろ」■二[副] ❶[名] ある物事の大部分。ほとんど。だいたい。〓「シェークスピアの作品は—読んだ」「—の人は知っている」❷たいていの場合がそうであるさま。ほとんど。〓「ふだんは—家にいる」❸多分。おそらく。〓「今度は—大丈夫だろう」

品格　押しなべて「売り上げは—悪い」　概して「今期の成績は—よかった」　全般「暮らし—に広がる不安」　総じて「経済は—堅調に推移」◉「概して」は「ほとんどの場合」、「総じて」は「全体的に見ると」。

たい-がい【体外】[名] 体の外部。〓「—循環」⇔体内

たい-がい【対外】[名] 外部または外国に対すること。〓「—試合」「—政策」⇔対内

たいがい-じゅせい【体外受精】[名] 母体外で受精が行われること。自然界では魚類などの水生動物に多い。また特に、母体外に取り出したヒトの卵子を試験管内で受精させ、受精卵を子宮に着床させること。書き方「体外授精」は誤り。

だい-かいてん【大回転】[名] スキー・アルペン競技の種目の一つ。滑降と回転の要素を組み合わせた競技で、回転競技よりも旗門間の距離を長くとったコースを滑降して所要時間を競う。ジャイアントスラローム。▼「大回転競技」の略。大回転の滑降の要素を強化した種目が、スーパー大回転。

だい-がえ【代替え】[名]「代替(だいたい)」の重箱読み。

たい-かく【体格】[名] 肉づき・骨格などからみた、身体のかっこう。からだつき。〓「—がいい」

たい-がく【退学】[名・自サ変] 学生・生徒が学業の途中で学校をやめること。また、やめさせられること。〓「病気のために—する」「—処分」

だい-かく【台閣】[名] ❶高層の建物。楼閣。❷国の政治を行う官庁。また、政府。内閣。▼「たいかく」とも。

だい-がく【大学】[名] ❶学校教育法に基づいて設置され、学術研究・教育の最高機関として専門的な高等教育を行う学校。高等学校もしくは中等教育学校卒業者、通常の課程による一二年の学校教育を修了した人、またこれと同等以上の学力がある人を対象とする。修業年限は四年を原則とするが、二年または三年の短期大学もある。大学は学部のほかに、大学院・研究所・付属病院などを設置することができる。▼卒業すると学士の学位を得る。❷律令制で、式部省に属して中央官吏(かんり)養成のための教育を行った機関。▼「大学寮」の略。

だいがく-いん【大学院】[名] 大学の課程の上に設置される機関。学術・文化の発展に寄与することを目的とし、学術の理論および応用を教授・研究し、修士課程・博士課程・専門職学位課程がある。

たいかく-せん【対角線】[名] 多角形で、同じ辺上にない二つの頂点を結ぶ線分。また、多面体で、同じ平面上にない二つの頂点を結ぶ線分。

だいがくにゅうがく-きょうつうテスト【大学入学共通テスト】[名] 全国で一斉に行

う、大学入学者選抜のための共通テスト。▽センター試験に代わるものとして令和三(二〇二一)年から開始。

だいがく-ノート【大学ノート】[名] 大判の筆記帳。▽大学生用に作られたことから。

だい-かぐら【▽太《神楽》】[名] ❶伊勢神宮へ奉納する神楽。太太(だいだい)神楽。❷獅子舞を中心に、品玉(しなだま)・曲鞠(きょくまり)・皿回しなどの曲芸を演じる江戸時代の大道芸。

ダイカスト[名] 精密な金型に溶かした金属を高圧で注入する鋳造法。精度の高い製品を大量に生産することができる。ダイキャスト。▽die casting から。

たい-かつ【大喝】[名・自サ変] 大きな声でしかりつけること。また、その声。だいかつ。〓「―一声」

だい-がっこう【大学校】(ガクカウ)[名] 国の行政機関の付属機関として設置された学校。学校教育法に定められる大学には含まれない。気象大学校・警察大学校・自治大学校・税務大学校・防衛大学校など。

だい-がわり【代替わり】(ガハリ)[名・自サ変] 君主・戸主・経営者などが次の代に替わること。

たい-かん【大官】(クワン)[名] 位の高い官職。また、その地位にある官吏。高官。⇔小官

たい-かん【大患】(クワン)[名] ❶重い病気。大病。〓「―をわずらう」❷大きな心配事。〓「国家の―」

たい-かん【大観】(クワン)[名] ❶[他サ変] 広く全体を見渡すこと。〓「国際情勢を―する」❷広大な眺め。雄大な景色。❸大鑑。

たい-かん【大鑑】[名] ある分野のことがすべてわかるようにまとめた本。大観。〓「仏教美術―」

たい-かん【体幹】[名] 人の胴体。〓「―を鍛える」

たい-かん【体感】[名] ❶[他サ変] 体で感じること。また、その感じ。〓「速さを―する」「―温度」❷内臓の諸器官に刺激が加わることによって起こる飢え・渇き・吐き気・悪寒・性欲などの感覚。有機感覚。

たい-かん【耐寒】[名] 寒さに耐えること。〓「―訓練」

たい-かん【退官】(クワン)[名・自サ変] 官職をやめること。〓「定年で―する」

たい-がん【大願】(グワン)[名] ❶大きな祈願。〓「―成就」❷仏教で、仏が衆生(しゅじょう)を救うために立てる誓願。◈「だいがん」ともいう。

たい-がん【対岸】[名] 向こう側の岸。向こう岸。

◉対岸の火事 他人にとっては重大なことでも、自分には関係ないので何の痛痒(つうよう)も感じないこと。

だい-かん【大寒】[名] 二十四節気の一つ。太陽暦の一月二〇日頃。▽一年中で最も寒い頃とされる。

だい-かん【代官】(クワン)[名] 江戸時代、幕府の直轄地を支配し、年貢の徴収などを行った役人。また、各藩で土地を管理し、農政にあたった役人。〓「―所」

だい-がん【代願】(グワン)[名・自サ変] 本人に代わって神仏に祈願すること。また、その人。

たいかん-しき【戴冠式】(タイクワン)[名] 新国王が王冠を頭にいただき、即位を広く内外に知らせる儀式。

たい-き【大気】[名] ❶地球をとりまいている気体の層。窒素・酸素を主成分とし、少量の二酸化炭素・水素・アルゴン・オゾンなどを含む。〓「―汚染」❷[形動] 度量が大きく、細かいことにこだわらないこと。〓「―な人」

たい-き【大器】[名] ❶大きな入れ物。❷なみはずれてすぐれた才能。また、それをもっている人。〓「未完の―」◈⇔小器

たい-き【待機】[名・自サ変] 準備をととのえて機会・時期が来るのを待つこと。〓「出動に備えて―する」「軍隊[タクシー]を―させる」「自宅―」

たい-ぎ【大義】[名] ❶人として踏み行うべき大切な道。特に、国家・君主に対して臣民がとるべき道。❷重要な意義。

たい-ぎ【大儀】一[名] 朝廷で行われる重要な儀式。大典。二[名・形動] ❶手間がかかって面倒なこと。やっかいなこと。〓「―な仕事」❷疲れなどのために何をするのもおっくうなこと。〓「横になるのも―そうだ」❸[古風] 目下の相手の労をねぎらっていう語。御苦労。〓「皆の者、―じゃ」派生 -がる

たい-ぎ【体技】[名] 一対一で組み合い、または打ち合って勝負を決する競技の総称。相撲・柔道・レスリング・ボクシングなど。格技。

だい-ぎ【代議】[名・他サ変] 他人に代わって論議すること。特に、公選された議員が国民に代わって政治を論議すること。〓「―制度」

だい-ぎ【台木】[名] ❶接ぎ木の台にする樹木。接ぎ台。❷物の台にする木材。

たいき-けん【大気圏】[名] 地球をとりまく大気が存在している範囲。対流圏・成層圏・中間圏・熱圏に分けられる。気圏。

たいぎ-ご【対義語】[名] 同一言語の中で、その意味が対応の関係や正反対の関係にある語。「右⇔左」「出席⇔欠席」「明るい⇔暗い」「売る⇔買う」の類。アントニム。反意語。反義語。反対語。対語。⇔同義語

だいぎ-し【代議士】[名] 公選され、国民の代表として国政に参加する人。特に、衆議院議員の通称。

だい-きち【大吉】[名] ❶運勢が非常によいこと。⇔大凶 ❷極めて縁起のよい日。▽「大吉日(だいきちにち)」の略。

たいき-ばんせい【大器晩成】[名] 大きな器(うつわ)がそう簡単には完成しないように、すぐれた才能のある人は、たとえ若いころには目立たなくても、年を取ってから大成するということ。▽『老子』から。

だい-きぼ【大規模】[名・形動] 規模が大きいこと。〓「―な福祉施設を造る」注意「おおきぼ」は誤り。

たいぎ-めいぶん【大義名分】[名] ❶人として、また臣民として守らなくてはならない本来の道義。❷行動の基準となる道理。また、何か事を起こすときの根拠。〓「―が立つ」

たい-きゃく【退却】[名・自サ変] 戦いに敗れて退くこと。また、形勢が不利になって引きさがること。

たい-ぎゃく【大逆】[名] 主君や親を殺すなど、人としての道にそむく最悪の行為。〓「―事件」

たい-きゅう【耐久】(キウ)[名] 長い間もちこたえること。〓「―レース」

だい-きゅう【大弓】[名] 半弓・楊弓(ようきゅう)などに対して、長さ七尺五寸(約二・二五メートル)の普通の弓。

だい-きゅう【代休】(キウ)[名] 休日に出勤した代わりにとる休暇。

たいきゅう-しょうひざい【耐久消費財】(タイキウセウヒザイ)[名] 長期にわたって使うことのできる消費財。家具・テレビ・自動車など。耐久財。

たい-きょ【大挙】[名] ❶壮大な計画。❷[自サ変] 大勢のものが一団となって事にあたること。〓「―して抗議に押しかける」▽副詞的にも使う。

たい-きょ【太虚】[名] ❶大空。虚空(こくう)。❷古代中

国の思想で、宇宙生成の根源。

たい-きょ【退去】［名・自サ変］ある場所から立ちのくこと。≡「アパートを/から―する」「―命令」

たい-きょ【退居】［名・自サ変］俗世間から離れて静かに暮らすこと。隠居。

たい-ぎょ【大魚】［名］大きな魚。≡「―を逸(いっ)する(=大きな手柄を立て損なう。また、大きな利益をのがす)」

たい-きょう【胎教】［名］妊婦が精神的安定と修養に努め、胎児によい影響を与えようとすること。▽胎児教育の意。

たい-ぎょう【大業】［名］偉大な事業。また、帝王が行うべき重要な事業。≡「経国の―」

たい-ぎょう【怠業】［名・自サ変］➡サボタージュ

だい-きょう【大凶】［名］❶運勢が非常に悪いこと。⇔大吉 ❷大きな罪悪。大悪人。書き方「大▼兇」とも。

たい-きょく【大曲】［名］大規模な楽曲。⇔小曲

たい-きょく【大局】［名］❶囲碁で、盤面を全体からみたときの情勢。❷物事の全体をみたときの成り行き。全体の状況。

たい-きょく【太極】［名］中国古代の思想で、宇宙を構成する根本の気。ここから陰陽の気が生じるとする。

たい-きょく【対局】［名・自サ変］碁または将棋で、盤に向かい合って対戦すること。

たい-きょく【対極】［名］対立する極。反対側の極。≡「―的立場」

たいきょく-けん【太極拳】［名］中国の拳法の一つ。気を重視し、深い呼吸に合わせながら、四肢でゆるやかに弧を描く動作を特徴とする。現代では武術としてよりも健康法として盛行。

だい-きらい【大嫌い】［形動］非常に強く嫌うさま。≡「息子は虫が―だ」⇔大好き

タイ-きろく【タイ記録】［名］スポーツ競技などで、これまでに出ている最高記録と同一の記録。

たい-きん【大金】［名］多額の金銭。≡「―をつかむ」

たい-きん【退勤】［名・自サ変］勤務を終えて職場を出ること。≡「定時に―する」「―時間」⇔出勤

だい-きん【代金】［名］物品やサービスなどの対価として払う金銭。代価。≡「車［増築工事］の―を払う」

使い方 ⑴名詞に付くときは、「ガス代」「電話代」「飛行機代」など、「〜代」となることが多い。⑵主に設定する立場から公共的なものにいう「料金」に対して、「代金」は払う立場から個々のものについていう傾向が強い。

たい-く【体▼軀】［名］からだ。からだつき。体格。

たい-ぐ【大愚】［名］非常におろかなこと。また、その人。⇔大賢 ▽自分のことをいう丁重語としても使う。

だい-く【大工】［名］木造家屋などの建築や修理を職業とする人。また、その仕事。≡「船(ふな)―・宮(みや)―」

たい-くう【対空】［名］空からの攻撃に対抗すること。≡「―砲火［ミサイル］」▽ふつう他の語につけて使う。

たい-くう【滞空】［名］航空機などが空中を飛び続けること。また、空中にとどまること。≡「―時間」

たい-ぐう【対偶】［名］❶対(つい)になっているもの。❷対句。❸二つの条件 p q を用いて「p ならば q」と表せる命題に対して、その結論 q を否定したものを仮定とし、仮定 p を否定したものを結論とした命題「q でないならば p でない」という形の命題をいう。▽ある命題が真ならば、その対偶も真となる。

たい-ぐう【待遇】［名］❶［他サ変］客などをもてなすこと。≡「―の悪い店」❷［他サ変］雇用者が雇っている者に対し、ある給与・地位・労働条件などを与えて取り扱うこと。また、その取り扱いの方法。≡「―の改善を要求する」使い方「待遇」は給与などに関する扱いを、「処遇」は地位・職務などにかかわる扱いをいう。≡「前会長を顧問として処遇する」❸〈地位を表す語に付いて〉それに準じた扱いを受ける地位であることを表す。≡「役員―で天下る」

たいぐう-ひょうげん【待遇表現】［名］文法で、聞き手や話題の人物に対して、話し手(書き手)の敬意やさげすみなどの気持ちを表す言い方。

たい-くつ【退屈】［名・自サ変・形動］❶当面することがなく、時間をもてあますこと。≡「話し相手がいなくて―する」❷あきて、いやになること。単調で、興味がもてないこと。≡「―な話」派生 -さ/-が・る

品格 所在(しょざい)ない「―日々を送る」手持ち無沙汰(ぶさた)「客が来なくて―だ」無聊(ぶりょう)「―を慰める」

たい-ぐん【大軍】［名］大勢の兵士からなる軍隊。多くの軍勢。

たい-ぐん【大群】［名］たくさんの動物などが集まってつくる大きな群れ。≡「イナゴの―」

たい-け【大家】［名］金持ちの家。また、家柄のりっぱな家。たいか。

たい-けい【大兄】一［名］兄の敬称。二［代］〔二人称〕対等または少し目上の男性を高めて指し示す語。▽手紙文などで使う。

たい-けい【大系】［名］ある分野の著作・文献などを集めて体系的にまとめたもの。≡「国史―」

たい-けい【大計】［名］遠大な計画。≡「国家百年の―を立てる」

たい-けい【大慶】［名］この上なくめでたいこと。大きな喜び。≡「御入学の由、―に存じます」「―至極」

たい-けい【体刑】［名］❶肉体に直接損傷を加える刑罰。笞(ち)打ちや入れ墨の刑など。身体刑。❷自由刑。

たい-けい【体形】［名］体のかたち。からだつき。≡「贅肉がついて―がくずれる」

たい-けい【体系】［名］個々のものを筋道を立てて秩序づけた組織の全体。また、個々の認識を一定の原理に基づいて論理的に統一した知識の全体。≡「理論［賃金］―」

たい-けい【体型】［名］体格の型(かた)。やせ型・肥満型・筋骨型など。

たい-けい【隊形】［名］配列された隊の形。横隊・縦隊など。

だい-けい【台形】［名］一組の対辺が平行な四辺形。▽もと「梯形(ていけい)」といった。

だい-けいこ【代稽古】［名］師範や師匠に代わって弟子などに稽古をつけること。

たいけい-てき【体系的】［形動］体系が整い、統一がとれているさま。組織的。統一的。システマチック。≡「―な研究」

たい-けつ【対決】［名・自サ変］❶両者が相対して事の決着をつけること。≡「宿敵と―する」❷困難などに正面から立ち向かうこと。≡「悪と―する」

たい-けん【大圏】［名］地球の大円。地球の中心を通る平面が地表面と交わってできる円。≡「―航路」

たい-けん【大権】［名］明治憲法下で、国土・人民を統治する権限(=統治権)。狭義には、帝国議会の参与

を経ないで天皇が行使する権限。

たい-けん【大賢】［名］非常にかしこいこと。また、その人。「━は愚なるが如し（=非常にかしこい人は知識をひけらかしたりしないので、一見愚人のように見える）」⇔大愚

たい-けん【体験】［名・他サ変］実際に身をもってなまなましい経験をすること。また、その経験。「戦争を━する」「昨夜恐ろしい━をした」「━談」 使い方 ➡経験

たい-けん【帯剣】［名・自サ変］剣を腰にさげること。また、その剣。

たい-げん【大言】［名・自サ変］威張って大きなことを言うこと。大げさにいうこと。また、そのことば。

たい-げん【体言】［名］単語の分類の一つ。自立語で活用がなく、主語となることができるもの。一般に名詞と代名詞に分けられる。⇔用言 ▽数詞を含める説、形容動詞の語幹を含める説もある。

たい-げん【体現】［名・他サ変］抽象的なものを具体的な形としてあらわすこと。「理想の━者」

だい-けん【大検】［名］高等学校の単位を履修しないで大学を受験する者に対し、高等学校卒業者と同等の学力があるかどうかを認定するために行う国の検定試験。▽「大学入学資格検定」の略。

だい-げん【代言】［名］❶［他サ変］本人の代理として弁論すること。❷弁護士の旧称。➡三百代言 ▽「代言人」の略。

だい-げん【題言】［名］➡題辞

たいげん-そうご【大言壮語】［名・自サ変］実力もないのに大きなことを言うこと。また、そのことば。

たいげん-どめ【体言止め】［名］和歌・俳諧・文などの最後を体言で終わらせること。

たい-こ【太古】［名］大昔。有史以前。

たい-こ【太鼓】［名］❶打楽器の一つ。木製・金属製などの胴の両面または片面に革を張ったもの。ばちや手で打ち鳴らす。「━を叩く」 数「一掛…」「一張…」「一柄…」と数える。❷「太鼓持ち」の略。❸「太鼓結び」の略。➡お太鼓

たい-ご【大悟】［名・自サ変］迷妄を去って、完全な悟りを開くこと。だいご。「━徹底」

たい-ご【対語】［名］❶［自サ変］向かい合って話をすること。対談。❷対義語。❸相対する概念の語からなる漢語の熟語。「夫婦」「春秋」「昇降」「干満」など。

たい-ご【隊▼伍】［名］隊をなしてきちんと並んだ列。隊列。▽「隊」は二人以上の、「伍」は五人以上の兵士によって組織された組の意。

だい-ご【▼醍▼醐】［名］仏教で、五味の一つ。牛や羊の乳を精製した甘くて濃厚な液体。最高の味のものとされる。▽仏の悟りや最上の教えのたとえにもいう。

たい-こう【大公】［名］❶ヨーロッパで、公国・大公国の君主の称号。❷ヨーロッパで、君主の一族の男子。

たい-こう【大功】［名］大きな功績。際だった手柄。

たい-こう【大行】［名］壮大な事業。

◉**大行は細謹を顧みず** 大事業を成し遂げようとする者は細かい事柄にこだわったりはしない。

たい-こう【大綱】［名］❶ある事柄の根本となるもの。おおもと。❷おおよその内容。大要。「都市政策の━を示す」

たい-こう【太▼閤】［名］❶摂政または太政大臣の敬称。❷関白を辞任した後、引き続き内覧の宣旨を受けた人。また、関白の位をその子に譲った人。❸豊臣秀吉のこと。

たい-こう【体▼腔】［名］動物の体壁と内臓との間に生じるすきま。 読み分け 医学では「たいくう」。

たい-こう【対向】［名・自サ変］互いに向き合うこと。「━ページに広告を入れる」「━車・━車線」

たい-こう【対抗】［名・自サ変］❶互いに勝ちを争って競うこと。張り合うこと。「大手スーパーに━して安売りをする」「━意識」❷競馬・競輪などで、本命に次ぐ実力があると予想される馬や選手。○印で表す。

たい-こう【対校】［名］❶学校と学校とが競い合って一つの事をすること。「━試合」❷［他サ変］二種以上の写本を比較して字句の異同を調べること。

たい-こう【退行】［名・自サ変］❶うしろにさがること。後退。❷生物の発達や進化が、ある段階ですでに経過した段階に戻るような変化をみせること。退化。❸心理学で、人の精神状態が発達上の初期の段階に戻ること。❹惑星が天球上を西に向かって進むこと。逆行。❺銀行員が仕事を終えて職場を出ること。また、銀行員が退職すること。

たい-こう【退校】［名・自サ変］❶学生・生徒が学業の途中で学校をやめること。また、やめさせられること。退学。❷学校を出て家に帰ること。下校。

だい-こう【代行】［名・他サ変］職務などを、本人に代わって行うこと。また、その人。「管理業務を━する」「学長の━をする」「運転━」

だい-こう【代講】［名・自他サ変］本人に代わって講義・講演をすること。また、その人。

だい-こう【▼乃公】［代］〔一人称〕自分のことを尊大にいう語。我が輩。おれさま。▽主に男性が使う。

だい-ごう【題号】［名］書物などの題名。表題。

たいこう-しょく【退紅色・▼褪紅色】［名］薄い紅色。淡紅色。

たいこう-たいごう【太皇太后】［名］先々代の天皇の皇后。

たいこう-てんのう【大行天皇】［名］天皇の崩御後、まだ諡を贈られていない間の称号。さきのすめらみこと。▽先の天皇の意でも使う。

たいこう-ば【対抗馬】［名］❶競馬で、本命馬と優勝を争うと予想される馬。❷実力の匹敵する競争相手。「大統領選の━」

たいこう-ぼう【太公望】［名］つりをする人。つりの好きな人。 語源 後に太公望と呼ばれた呂尚が、渭水でつりをしていたとき周の文王に見いだされたという故事から。

たい-こく【大国】［名］国土の広い国。また、国力の盛んな国。「経済━」⇔小国

たい-ごく【大獄】［名］重大な犯罪事件が起こり、多くの者が捕らえられ投獄されること。「安政の━」

だい-こく【大黒】［名］❶「大黒天」の略。❷僧侶の妻の通称。梵妻。

だいこく-てん【大黒天】［名］❶密教で、仏・法・僧の三宝を守り、戦闘をつかさどる神。後に飲食をつかさどる神として寺院の厨房に祭られた。ふつう忿怒の相につくる。❷七福神の一つ。頭巾をかぶって大袋を背負い、右手に打ち出の小槌を持って米俵の上に座る像につくる。大国主命と同一視され、福徳の神として信仰を集めた。

だいこく-ばしら【大黒柱】［名］❶民家の土間と

床上部との境の中央に立てる特に太い柱。家格の象徴とされる。❷ある集団の中心になって、それを支える人。

たいこ-ばし【太鼓橋】[名] 太鼓の胴のように中央部が半円形に反った橋。

たいこ-ばら【太鼓腹】[名] 太鼓の胴のように丸くふくらんだ腹。

たいこ-ばん【太鼓判】[名] 大きな判。

◉**太鼓判を押・す** 絶対に確実であると保証する。「彼の人柄については誰もがー」 注意 よくないことにいうのは誤り。「×不良品のー・される」

だいご-み【▼醍▼醐味】[名] ❶醍醐の味。美味の最高のもの。❷仏の最上の教え。❸物事の本当のおもしろさ。最高の味わい。「渓流釣りのーを味わう」

たいこ-もち【太鼓持ち】[名] 宴席にはべって客の機嫌をとり、芸などを見せて座を盛り上げることを職業にする男性。幇間(ほうかん)。▼人にこびへつらってひたすら気に入られようとする人のたとえにもいう。

だい-こん【大根】[名] ❶古くから野菜として栽培されるアブラナ科の一年草または越年草。まっすぐに伸びる根は太くて白い。葉は羽状に裂ける。根・葉ともに食用。栽培品種が多い。春の七草の一つ。だいこ。▼古名は「おおね」「すずしろ」。❷演技の下手な役者をあざけっていう語。へぼ役者。▼「大根役者」の略。

だいこん-おろし【大根下ろし・大根卸し】[名] ❶大根をおろし金ですりおろした食べ物。❷大根をすりおろす道具。おろし金。

たい-さ【大佐】[名] 軍隊の階級の一つ。佐官の最上位。少将の下、中佐の上にあたる。▼旧日本海軍では「だいさ」といった。自衛隊では一佐。

たい-さ【大差】[名] 大きく開いた差。大きな違い。「どれを選んでもーはない」⇔小差

たい-ざ【対座(対▼坐)】[名・自サ変] 向かい合ってすわること。「客とーする」 書き方 本来は「対坐」。

たい-ざ【退座】[名・自サ変] ❶席を立ってその場を去ること。退席。「式の途中でーする」❷役者などがその所属している一座をやめること。退団。

だい-ざ【台座】[名] ❶物を載せておく台。❷仏像を安置する台。須弥(しゅみ)座・蓮華(れんげ)座などの様式がある。

たい-さい【大祭】[名] ❶規模の大きい祭り。❷皇室で、天皇が自らとりおこなう祭り。

たい-ざい【大罪】[名] 大きな罪。だいざい。

たい-ざい【滞在】[名・自サ変] よその土地に行って、そこにある期間とどまること。「ー期間」

だい-ざい【題材】[名] 創作・研究などの主題を展開するための材料。「卒論のーを選ぶ」

たい-さく【大作】[名] 規模の大きい作品。また、すぐれた作品。「SF映画のー」

たい-さく【対策】[名] 相手の出方や事件の成り行きに対応してとる方法・手段。「ーを立てる」「ーを講じる」「災害ー」

だい-さく【代作】[名・他サ変] ある人に代わって作品をつくること。また、その作品。「ー者」

たい-さつ【大冊】[名] ページ数が多くて厚い書物。また、形の大きい書物。⇔小冊

たい-さん【耐酸】[名] 酸におかされにくいこと。

たい-さん【退散】[名・自サ変] ❶ちりぢりに逃げ去ること。❷その場から引き揚げること。立ち去ること。

たい-ざん【大山】[名] 大きくて高い山。

◉**大山鳴動(めいどう)して鼠(ねずみ)一匹** 大騒ぎしたわりには結果が小さいこと。▼西洋のことわざから。

だい-さん【代参】[名・自サ変] 本人に代わって寺社に参拝すること。また、その人。

だい-さん【第三】[名] ❶順序・序列などの三番目。三回目。❷相対する関係にある二者以外のもの。「ーの立場」❸連歌・連句で、発句(ほっく)・脇句に続く三番目の句。脇句から場面を大きく展開させる句。

だいさん-かいきゅう【第三階級】(キフ)[名] フランスの封建社会で、第一階級(聖職者)、第二階級(貴族)に対する非特権階級。フランス革命前夜には平民全体を指していった。第三身分。

だいさん-き【第三紀】[名] 地質時代の区分の一つ。新生代を二分したときの前半。約六五〇〇万年前から約一七〇万年前までの時代で、哺乳(ほにゅう)類や被子植物が栄え、アルプス・ヒマラヤなどの山脈がほぼ形成された。

だいさん-ごく【第三国】[名] 当事国以外の国。当面する問題などに直接関係をもたない国。

だいさんじ-さんぎょう【第三次産業】(ゲフ)[名] イギリスの経済学者コーリン=クラークによる産業分類の一つ。商業・運輸通信業・金融業・公務・サービス業などをいう。三次産業。▼日本の統計ではガス電気事業・水道業を含める。

だいさん-しゃ【第三者】[名] 当事者以外の人。当面する事柄などに直接関係をもたない人。

だいさん-セクター【第三セクター】[名] 地域開発などのために、国や地方公共団体(第一セクター)と民間企業(第二セクター)との共同出資によって設立される事業体。

たいさん-ぼく【泰山木(大山木)】[名] 初夏、枝先に大形の白色花をつけるモクレン科の常緑高木。楕円(だえん)形の葉は革質で、裏に褐色の毛が密生する。北アメリカ原産。多く庭木にする。

たいざん-ほくと【泰山北斗】[名] その道の大家として仰ぎ尊ばれる人。▼「泰山」は中国山東省の名山。

たい-し【大志】[名] 遠大な志望。「少年よーを抱け」

たい-し【大使】[名] 国家を代表して外国へ派遣される最上位の外交使節。臨時の特派大使と常駐の特命全権大使とがあるが、ふつう後者をさす。

たい-し【太子】[名] ❶将来、皇位を継ぐ皇子。皇太子。❷聖徳太子のこと。「ー堂」

たい-じ【対▼峙】(ヂ)[名・自サ変] ❶山などが向かい合ってそびえ立つこと。❷対立する二者がにらみ合ったまま動かないでいること。「川を挟んで両軍がーする」

たい-じ【胎児】[名] 母親の胎内で成育中の子。

たい-じ【退治】(ヂ)[名・他サ変] 害を及ぼすものをうち滅ぼすこと。「害虫をーする」「鬼ー」

だい-し【大姉】[名] ❶仏教で、女性の戒名の下に添える称号。⇔居士(こじ) ❷女性の出家者(比丘尼(びくに))または在俗の女性仏教徒の敬称。

だい-し【大師】[名] ❶仏・菩薩(ぼさつ)の敬称。❷高徳の僧の敬称。❸朝廷が高僧に与える称号。多くは諡(おくりな)として贈られる。❹弘法大師(空海)のこと。

だい-し【台紙】[名] 物を貼りつけて台にする紙。

だい-し【台詞】[名] せりふ。

だい-し【題詞】[名] ⇒題辞

だい-し【題詩】[名] ❶ある決められた題に即して詩を作ること。また、その詩。❷題目・表題として書物の巻

現れた症状を軽減する療法。▽病気の原因に対して行う「根本療法」「原因療法」などに対していう。

たい-しょく【大食】［名・自サ変］普通の人よりたくさん食べること。おおぐい。‖「—漢」⇔小食

たい-しょく【体色】［名］動物の体表面の色。‖「—変化（＝保護色など、動物の体色が変化する現象）」

たい-しょく【耐食（耐▼蝕）】［名］金属などが腐食しにくいこと。‖「—性」〔書き方〕「耐食」は代用表記。

たい-しょく【退色・▼褪色】［名・自サ変］日に当たるなどして、色があせること。‖「表紙が—する」〔書き方〕もと、専ら「褪色」と書いた。

たい-しょく【退職】［名・自サ変］勤めている会社などをやめること。‖「定年—」「—金」

たいしょ-こうしょ【大所高所】（ショ／カウショ）［名］小さなことにとらわれない広い視野。‖「—に立って論議する」

だい-しらず【題知らず】［名］和歌の題名や、それが詠まれた事情が不明なこと。また、その和歌。▽詞書（ことばがき）に用いられた。

だい-じり【台尻】［名］小銃の銃床で、下端の肩にあてる部分。

たい・じる【退治る】（ヂル）［他上一］退治する。‖「三十分許（ばか）りでバッタは—・じた〈漱石〉」▽「退治」を動詞化した語。

たい-しん【大身】［名］身分の高い人。また、位が高く、家禄（かろく）の多いこと。また、その人。⇔小身

たい-しん【対審】［名］公開の法廷で当事者を対立関与させて行う訴訟の審理。民事訴訟では口頭弁論、刑事訴訟では公判期日の手続きをいう。

たい-しん【耐震】［名］建築物などが地震に対して強いこと。‖「—構造［建築］」

たい-じん【大人】［名］❶きわめてからだの大きい人。巨人。‖「—国」❷一人前のおとな。だいにん。❸徳の高い人格者。度量の大きい人物。❹師匠・学者・父などの敬称。うし。◈❶〜❸⇔小人（しょうじん）

たい-じん【対人】［名］他人に対すること。‖「—関係」「—恐怖症（＝人に会うことがこわいという強迫観念のある神経症）」

たい-じん【対陣】（ヂン）［名・自サ変］敵と向かい合って陣を張ること。‖「戦場で敵と—する」

たい-じん【退陣】（ヂン）［名・自サ変］❶陣地から軍隊を後方にしりぞかせること。❷責任のある地位から身を引くこと。‖「首脳部の—を迫る」

だい-しん【代診】［名・他サ変］担当の医師に代わって患者を診察すること。また、その人。

だい-じん【大尽】［名］❶大金持ち。富豪。❷遊里などで大金を使って遊ぶ客。

だい-じん【大臣】［名］国務大臣。‖「厚生労働—」

だい-じんぐう【大神宮（▽太神宮）】［名］伊勢神宮のこと。神宮。

だい-しんさい【大震災】［名］❶大きな地震による大規模な災害。❷「東日本大震災」「阪神・淡路大震災」「関東大震災」などの略。

だい-じんぶつ【大人物】［名］度量の広い、偉大な人物。⇔小人物 〔注意〕「おおじんぶつ」は誤り。

だい-す【台子】［名］茶の湯で、風炉（ふろ）・茶碗・茶入れ・水指（みずさし）などの道具一式をのせておく棚物（たなもの）。

ダイス【dice】［名］さいころ。また、さいころを使ってする遊び。

だい-ず【大豆】（ヅ）［名］畑作物として栽培するマメ科の一年草。また、その種子。夏、淡紫色の花を開き、二、三個の種子を含む莢（さや）を結ぶ。若い種子は枝豆としてゆでて食べ、熟した種子は大豆油を絞るほか豆腐・味噌（みそ）・醤油（しょうゆ）などの原料にする。中国原産。

たい-すい【大酔】［名・自サ変］酒にひどく酔うこと。

たい-すい【耐水】［名］水を通さないこと。また、水によって変質しないこと。‖「—性」

たい-すう【大数】［名］❶値の大きい数。また、数がきわめて多いこと。❷おおよその数。概数。

たい-すう【対数】［名］二つの数 x と y との間に $x=a^y$（a は1以外の正数）の関係があるとき、a の指数 y を a を底にする x の対数といい、$y=\log_a x$ で表す。▽10を底とする対数を常用対数という。

だい-すう【代数】［名］❶数字の代わりに文字を用い、数の性質や関係、数の計算法則などを研究する数学の一分野。初等代数。❷代数系を抽象的に研究する数学の一分野。抽象代数。◈「代数学」の略。

だい-すき【大好き】［形動］非常に好きであるさま。‖「—な食べ物」「釣りが—だ」⇔大嫌い

タイ-スコア【和製tie＋score】［名］競技で、得点が同じであること。同点。タイ。▽英語では tie という。

たい・する【対する】［自サ変］❶二つのものが向かい合う。向き合う。向かう。対峙（たいじ）する。また、あるものがあるものの方を向く。‖「道を挟んで二軒の映画館が—・している」「好きな絵に—・して一日を過ごす」❷（ある姿勢をもって）敵として相手に対応する。‖「捨て身の作戦で優勝候補に—」❸（ある態度をもって）相手に対応する。‖「上司に—態度が不遜（ふそん）だ」❹（ある態度や手段をもって）物事に対応する。対処する。‖「誠意を尽くしてクレームに—」「地震に—備えが不十分だ」❺ことばが対語（ついご）・反対語の関係にある。対立する。‖「『悪』は『善』に—」❻〈「…に対して」の形で〉物事を比較対照する意を表す。…に比べて。…に比して。‖「この品は値段に—・して品質が悪い」「ぐうたらなAに—・して、Bは勤勉だ」❼〈「…に対して」の形で〉作用の向けられる相手をそれと示して、「…に」の意味を明確化する。‖「質問に—・して答える」「職員一人に—・して百万円の経費がかかる」〔使い方〕❼は、「…に対して」の「対して」を取り去っても意味は変わらない。〔文〕たい・す

たい・する【体する】［他サ変］人の教えや意向を心にとどめ、それを守るようにする。‖「亡父の教えを—」〔文〕たい・す

たい・する【帯する】［他サ変］身につける。特に、武器などを腰につける。‖「大刀を—」〔文〕たい・す

だい・する【題する】［他サ変］❶題をつける。‖「裸婦像を『裸のマハ』と—」「『海の幸』と—絵」❷題字・題辞などを書く。〔文〕だい・す

たい-せい【大成】［名］❶［他サ変］物事を完全に成し遂げること。❷［自サ変］ある分野で大きな成功を収めること。ある分野の成功者となること。‖「作曲家として—する」❸関連する資料・著述などを集め、秩序だった一つのものにまとめ上げること。また、そのもの。集大成。

たい-せい【大政】［名］天下の政治。‖「—奉還（＝一八六七［慶応三］年、徳川一五代将軍慶喜（よしのぶ）が政権を朝廷に返上したこと）」

たい-せい【大勢】［名］おおよその形勢。特に、世の中の形勢。世のなりゆき。‖「反対意見が—を占める」「—に

影響なし」✓注意「大勢(おおぜい)」と読むと意味が異なる。

たい-せい【体制】[名] ❶一定の基本原理や方針によって組織されている集団・社会・国家などの様式。‖「企業の経営━」「資本主義━・戦時━」 使い方 「百人体制／百人態勢を維持する」では、前者は組織の永続的なシステムに、後者は臨時的な対応の態度に注目している。❷特定の政治権力によって支配されている社会の様式。‖「反━」❸諸器官の分化や配置の状態からとらえた生物体の基本的な構造。

たい-せい【体勢】[名] 体全体の構え。姿勢。‖「着地の━に入る」「━を立て直す」「━が崩れる」⇩態勢

たい-せい【対生】[名・自サ変] 葉が一つの節に一対ずつ生じること。対生葉序。⇩互生・輪生

たい-せい【耐性】[名] ❶生物が環境条件の変化などに適応していく性質。耐熱性・耐寒性など。❷細菌などの病原体が抗生物質などの薬物に対して得た抵抗力。

たい-せい【胎生】[名] 子が母親の胎内である程度成育してから生まれること。⇩卵生・卵胎生

たい-せい【退勢(▼頽勢)】[名] 衰えていく形勢。 書き方 「退勢」は同音類義語による代用表記。

たい-せい【泰西】[名] 西洋。また、西洋諸国。‖「━名画」⬍泰東 ▽西の果ての意。

たい-せい【態勢】[名] ある事態や状況に対処するための構え。‖「万全の━をとる」「受け入れ━が整う」「出動━」 使い方 (1)「態勢／体勢を立て直して反撃に転じる」では、前者は不利な状況など抽象的な物事に、後者は身体の具体的姿勢に注目していう。(2)⇩体制

だい-せいどう【大聖堂】(ダイセイダウ) [名] カトリック教会の司教区で、司教の座席が設けてある中心的な教会。カテドラル。

たいせい-よう【大西洋】(ヤウ) [名] 東はヨーロッパ大陸・アフリカ大陸、西は南北アメリカ大陸、南は南極大陸に囲まれた世界第二の大洋。地球表面積の六分の一を占める。アトランティック(オーシャン)。

たい-せき【体積】[名] 立体が空間の中で占める大きさ。

たい-せき【退席】[名・自サ変] 席を立って、その場から去ること。‖「会合の途中で━する」

たい-せき【堆積】[名] ❶[自他サ変] 物がいくえにも積み重なること。積み重ねること。また、そのもの。❷[自サ変] 風・川・氷河などによって運ばれてきた岩石の破片や生物の遺骸が、長い時間をかけて水底や地表に集積していくこと。また、その現象。‖「━岩・━平野」

たい-せき【滞積】[名・自サ変] ❶輸送がとどこおって、貨物などが一か所にたまること。❷処理しなくてはならない問題が片づかないままたまること。

たい-せつ【大雪】[名] ❶激しく降る雪。また、多く積もった雪。おおゆき。❷二十四節気の一つ。太陽暦の十二月七日ごろ。

たい-せつ【大切】[形動] ❶きわめて重要なさま。‖「━な資源」❷大事にして、丁寧に扱うさま。‖「美術品を━に扱う」「お体を━になさって下さい」 派生 -さ／-がる

たい-せん【大戦】[名] 世界的な規模で戦われる戦争。‖「第二次━」▽「世界大戦」の略。

たい-せん【対戦】[名・自サ変] 試合・競技などで、相手となって戦うこと。‖「横綱同士の━」「━成績」

たい-ぜん【大全】[名] ある分野に関する事柄をもれなく記した本。だいぜん。‖「家庭医学━」

たい-ぜん【泰然】[形動タルト] ゆったりと落ち着いていて動揺しないさま。‖「━と構える」

だい-せん【題▼簽】[名] 書名を記して和漢書の表紙に貼る短冊形の紙片または布片。外題紙(げだいがみ)。

だい-せんきょく【大選挙区】[名] 一選挙区から二名以上の議員を選出する選挙区。⇩小選挙区・中選挙区

たいぜん-じじゃく【泰然自若】[形動タルト] ゆったりと落ち着いて物事に動じないさま。

だい-ぜんてい【大前提】[名] ❶三段論法で、二つの前提のうち結論の述語となる概念(大概念)を含む方の前提。⇩三段論法 ❷ある物事が成り立つ根本となる条件。

たい-そう【大宗】[名] ❶物事のおおもと。根本。❷権威ある大家。❸[新] 大部分。‖「━を占める」

たい-そう【大喪】(サウ) [名] 天皇・太皇太后・皇太后・皇后の喪に服すること。‖「━の礼(=皇室典範に定める、天皇の葬儀)」

たい-そう【大葬】(サウ) [名] 天皇・太皇太后・皇太后・皇后の葬儀。

たい-そう【体操】(サウ) [名] ❶[自サ変] 健康・体力の維持や増進を目的とし、身体各部を規則正しく動かす運動。‖「毎朝━する」「器械[ラジオ]━」❷「体操競技」の略。❸学校教科の体育の旧称。

たい-そう【大層】[形動] ❶[副] 程度がはなはだしいさま。‖「朝から━な人出だ」「今朝は━寒い」❷規模が大きいさま。りっぱなさま。‖「━な祝賀会を開く」❸おおげさなさま。‖「━なことを言う」⇩御大層

たい-ぞう【退蔵】(ザウ) [名・他サ変] 物品などを使用しないでしまいこんでおくこと。‖「━物資」

だい-そう【代走】[名・自サ変] 野球で、塁に出た走者の代わりに走ること。また、その人。ピンチランナー。

だい-そう【代送】[名・他サ変] 本人に代わって送ること。‖「業者に━を依頼する」「カードを━する」

だいぞう-きょう【大蔵経】(ダイザウキヤウ) [名] 経・律・論の三蔵に、それぞれの注釈書を加えた仏教聖典の叢書(そうしょ)。一切経。蔵経。

たいそう-きょうぎ【体操競技】(タイサウキヤウギ) [名] 徒手または用具を使って回転・支持・跳躍などの技術を競う競技。男子はゆか・あん馬(ば)・つり輪・跳馬・平行棒・鉄棒の六種目、女子はゆか・跳馬・段違い平行棒・平均台の四種目。それぞれ自由演技を実施し、団体総合・個人総合・種目別で争われる。

だい-そうじょう【大僧正】(ジヤウ) [名] 僧官の最高位。僧正の中の最上位。

たいそう-らし・い【大層らしい】[形] 物事を実際よりも程度の大きいことのように思わせるさま。大げさだ。大層だ。‖「━・く吹聴する」

たい-そく【体側】[名] からだの側面。

だい-そつ【大卒】[名] 大学を卒業していること。また、その人。

だい-それた【大それた】[連体] 常識・道理などから大きくはずれているさま。とんでもない。度外れの。‖「━まねをする」✓注意「おおそれた」は誤り。

たい-だ【怠惰】[名・形動] なまけていてだらしがないこと。‖「━な生活」

だい-だ【代打】[名] 野球で、その打順の選手に代わって控えの選手が打者になること。また、その選手。ピン

チヒッター。▽「ーに立つ」「ーに送る」

だい-たい【大隊】［名］軍隊の編制単位の一つ。連隊の下の部隊で、二〜四個中隊で編制される。

だい-たい【大▼腿】［名］脚の付け根から膝（ひざ）までの部分。もも。太もも。大腿部。▽「ー骨」　腿

だい-たい【代替】［名・他サ変］本来のものをそれに見合ったほかのものに代えること。▽「ー案・ー手段」▽「だいたい」が本来だが、「だいがえ」ともいう。

だい-たい【大体】［副］❶［名］全部ではないが、大部分。おおよそ。たいてい。あらまし。▽「ーの出席者が賛成する」「説明はーわかった」❷ほぼその数量であるさま。おおよそ。▽「通勤にはー一時間かかる」❸もとはと言えば。そもそも。▽「ーお前が悪いんだ」

品格　大方「ーは支持している」 概（おおむ）ね「ー十歳未満の子供」 おおよそ「ー分かった」 およそ「ー三分」 ほぼ「意見はー一致している」 約「長さはー二（メートル）だ」

だい-だい【▼橙】［名］❶暖地で栽培されるミカン科の常緑小高木。また、その果実。初夏、香りの高い白色花をつけ、秋に球形の果実を結ぶ。果実は木についたまま年を越すことから「代代」に通じさせ、めでたいものとして正月の飾りに用いるほか、果汁を料理に、果皮を健胃薬に使う。❷「橙色」の略。

だい-だい【代代】［名］何代も続いていること。▽「ーの造り酒屋」「先祖ーの墓」▽副詞的にも使う。

だいたい-いりょう【代替医療】（ーレウ）［名］西洋医学の代わりに用いられる医療。鍼灸（しんきゅう）・カイロプラクティック・マッサージなどの類。補完医療。

だいだい-いろ【▼橙色】［名］赤みがかった黄色。オレンジ色。

だいたい-エネルギー【代替エネルギー】［名］化石燃料の代わりとなるエネルギー資源。水力・風力・地熱・太陽熱など。

だいだい-てき【大大的】［形動］大がかりに物事を行うこと。▽「ーに報道する」

だいだい-ひょう【大代表】（ーヘウ）［名］一回線以上の電話があるとき、一本の回線が全部を代表すること。また、その電話。

だい-だいり【大内裏】［名］皇居および諸官庁が置かれている区域。ふつう平城京・平安京についていう。

だい-たすう【大多数】［名］全体のうちの大部分の数量。圧倒的な多数。▽「出席者のーが賛成する」

たい-だん【対談】［名・自他サ変］相対して話し合うこと。また、特定の問題について二人が話し合うこと。

たい-だん【退団】［名・自サ変］所属している団体から抜けること。▽「チームをーする」⇔入団

だい-たん【大胆】［名・形動］度胸があって、恐れを知らないこと。また、思い切りよく行うこと。▽「ーにも一人で敵地に乗り込む」「ーな筆致で描く」⇔小胆　派生ーさ

だい-だんえん【大団円】（ーヱン）［名］小説・演劇などの最後の場面。多く、すべてがめでたく解決する結末についていう。▽「ーを迎える」▽「団円」は完結の意。注意「団円」が転倒した「大円団」は誤り。

だいたん-ふてき【大胆不敵】［名・形動］度胸があって敵を敵とも思わないこと。なにものをも恐れないこと。▽「ーな面魂（つらだましい）」「ーのやり口」

たい-ち【対地】［名］空中から地上に対すること。▽「ー攻撃」▽ふつう他の語につけて使う。

たい-ち【対置】［名・他サ変］二つの物や事柄を対照的な位置に置くこと。相対して据えること。▽「両者をーして考える」

だい-ち【大地】［名］天に対して、地上。また、広大な土地。▽「緑のー」

だい-ち【大知・大▼智】［名］きわめてすぐれた知恵。また、それを備えた人。たいち。

だい-ち【代地】［名］代わりの土地。代替地（だいたいち）。

だい-ち【代置】［名・他サ変］あるものの代わりに別にものを置くこと。

だい-ち【台地】［名］比較的平坦な表面が周囲より一段と高くなって広がる地形。▽「洪積［コロラド］ー」

たい-ちょ【大著】［名］❶ページ数や冊数の多い著作。⇔小著 ❷分量が多く、内容もすぐれた著作。❸著作の尊敬語。

たい-ちょう【体長】（ーチャウ）［名］動物のからだの長さ。

たい-ちょう【体調】（ーテウ）［名］からだの調子。からだの状態。▽「ーが悪い」

たい-ちょう【退庁】（ーチャウ）［名・自サ変］公務員が勤務を終えて庁舎から退出すること。⇔登庁

たい-ちょう【退潮】（ーテウ）［名］❶潮（しお）がひくこと。ひきしお。❷勢いがおとろえること。退勢。

たい-ちょう【隊長】（ーチャウ）［名］❶軍隊で、一隊の指揮をとる人。❷ある目的で集まった一隊・一団を統率する人。▽「登山隊のー」

だい-ちょう【大腸】（ーチャウ）［名］消化器官の一つ。小腸に続き肛門にいたる腸管で、水分を吸収し、糞を形成する。盲腸・結腸・直腸に分けられる。

だい-ちょう【台帳】（ーチャウ）［名］❶商店で、売買の金額を記す帳簿。大福帳。❷事務的事項を記すおおもとの帳簿。原簿。▽「土地ー」❸歌舞伎の脚本。台本。大帳。

だいちょう-きん【大腸菌】（ダイチャウー）［名］人間をはじめ哺乳（ほにゅう）動物の腸管内に多数存在する桿菌（かんきん）。消化を助ける機能があるが病原になることもある。

タイツ【tights】［名］伸縮性のある布地を用いて、腰から足先までをぴたりと包むように作られた衣服。防寒用のほか、体操競技やバレエの衣装などにも用いる。

たい-てい【大帝】［名］偉大な帝王。また、帝王・皇帝の敬称。

たい-てい【退廷】［名・自サ変］❶法廷から退出すること。⇔入廷 ❷朝廷から退出すること。退朝。

たい-てい【(大抵)】［副］❶［名］物事のほぼすべて。大部分。たいがい。▽「漱石の作品ならー読んだ」「ーの人が反対している」❷ほとんどの場合がそうであるさま。たいがい。▽「ー六時には起きる」❸ほぼ間違いないだろうと推測するさま。多分。▽「そこまで準備すればーうまくいくだろう」❹［形動］〈下に打ち消しを伴って〉程度などがふつうであるさま。一通り。▽「並ーのことではない」❺ほどよい程度であるさま。ほどほど。▽「悪ふざけもーにしなさい」

たい-てき【大敵】［名］大勢の敵。また、手ごわい敵。強敵。▽「油断ー」⇔小敵

たい-てん【大典】［名］❶重大な儀式。大礼。▽「即位のー」❷重要な法典。大法。▽「不磨のー」

たい-てん【退転】［名・自サ変］❶仏教で、修行によって得た境地を失って転落すること。❷落ちぶれてその地から立ち退くこと。

たい-でん【帯電】［名・自サ変］物体が電気を帯びること。▽「衣類がーする」

たい-と【泰斗】［名］その道の大家として仰ぎ尊ばれる人。▽「泰山北斗(たいざんほくと)」の略。

タイト【tight】［名］❶［形動］きつくしまっていること。また、ぎっしり詰まっていること。‖「―なスーツ」「―なスケジュール」❷体に密着するように仕立てたスカート。▽「タイトスカート」の略。

たい-ど【態度】［名］ある物事に対したときの心の動きが、表情・身ぶり・ことばなどに現れでたもの。また、ある物事に即応した心身の構え。‖「―が大きい（＝横柄(おうへい)だ）」「まじめな―で質問する」「生活―」

だい-と【大都】［名］大きな都市。大都会。

たい-とう【台頭(▼擡頭)】［名・自サ変］頭をもたげること。あるものが勢いを増してくること。‖「―する新興勢力」書き方「台頭」は代用表記。

たい-とう【対当】［名・自サ変］❶向かい合うこと。❷価値がつりあうこと。‖「―額」

たい-とう【対等】［名・形動］二つの物事の間に上下・優劣などの差がないこと。‖「―の立場で話し合う」

たい-とう【帯刀】［名・自サ変］刀を腰にさすこと。また、腰にさした刀。‖「名字―」

たい-とう【泰東】［名］東洋。また、東洋諸国。⇔泰西 ▽東の果ての意。

たい-とう【▼頽唐】［名］道徳的な気風などが衰えて不健全な傾向になること。退廃。‖「―期」

たい-とう【▼駘▼蕩】［形動タリ］広くのびのびとしているさま。また、平穏でのどかなさま。‖「春風―」

たい-どう【胎動】［名・自サ変］❶母胎内で胎児が動くこと。また、その動き。❷内部で新しい物事が動きだすこと。また、表面化しようとする内面の動き。‖「革新の気運が―する」

たい-どう【帯同】［名・他サ変］一緒に連れていくこと。‖「秘書を―して渡米する」

だい-とう【大刀】［名］❶大きな刀。太刀(たち)。❷大小二本の刀のうち、大きいほうの刀。⇔小刀

だい-どう【大同】［名］❶だいたい同じであること。‖「小異を捨てて―につく」❷［自サ変］多くの人が一つの目的のためにまとまること。‖「―団結」

だい-どう【大道】［名］❶幅の広い道。大通り。また、その道ばた。‖「天下の―を行く」「―商人」❷人として守るべき正しい道。‖「―廃(すた)れて仁義あり」

だいどう-げい【大道芸】［名］大道で演じる、曲芸や手品などの演芸。

だいどう-しょうい【大同小異】［名・形動］細部の違いはあるが全体的にはほぼ同じであること。‖「どの意見も―だ」

だいどう-だんけつ【大同団結】［名・自サ変］複数の党派や団体が、ある目的のために主義・主張などの違いを超えて一つにまとまること。

だい-どうみゃく【大動脈】［名］心臓の左心室から血液を全身に送り込む動脈の本幹。⇔大静脈 ▽重要な交通路のたとえにもいう。

だいとう-りょう【大統領】［名］❶共和制国家の元首。直接選挙または間接選挙で選出される。❷［俗］芝居などで、役者をほめ親しんで呼びかける語。‖「よう、―」

たい-とく【体得】［名・他サ変］体験を通して会得すること。十分に理解して自分のものにすること。‖「演技のこつを―する」

たい-どく【胎毒】［名］乳児の顔や頭にできる皮膚病の通称。▽母胎内で受けた毒を原因とする俗説から出た、古い言い方。

だい-どく【代読】［名・他サ変］本人に代わって読み上げること。‖「知事の祝辞を―する」

だい-どころ【台所】［名］❶おもに家庭で、食べ物を調理したり食事の後片づけをしたりする部屋。炊事場。キッチン。だいどこ。❷家計。また、そのやりくり。‖「―が苦しい」

だい-とし【大都市】［名］人口が多く、経済・政治・文化などの中心となる都市。

タイト-フィット［名］衣服が体にぴったりと合っていること。また、そのような衣服。タイトフィッティング。‖「―シャツ」▽tight-fitting から。

タイトル【title】［名］❶書物・映画などの表題。また、記事の見出し。❷映画やテレビで、題名や配役を記した字幕。‖「―バック」❸肩書き。称号。❹選手権。また、その保持者としての資格。‖「―を奪う」

タイトル-ホルダー【titleholder】［名］選手権保持者。タイトル保持者。

タイトル-マッチ【title match】［名］ボクシング・レスリングなどで、選手権をかけた試合。選手権試合。

タイトル-ロール【title role】［名］映画・演劇で、主人公の名が題名になっている作品の主役。「ハムレット」のハムレット役など。

ダイナー【diner】［名］❶食堂車。ダイニングカー。❷簡易食堂。小食堂。

たい-ない【体内】［名］体の内部。‖「―環境」⇔体外

たい-ない【対内】［名］内部または国内に対すること。‖「―政策」⇔対外

たい-ない【胎内】［名］母体の子宮の中。胎中。

たいない-どけい【体内《時計》】［名］生物の体内に本来備わっていると考えられる時間測定の仕組み。生物時計。

だい-なごん【大納言】［名］❶律令制で、太政官の次官。左右大臣に次ぐ地位で、天皇への奏上や宣旨(せんじ)の伝達などをつかさどった。❷あずきの一品種。暗褐色で、粒が大きい。大納言あずき。尾張あずき。▽尾張の原産であることから尾張大納言にかけていったもの。

だい-なし【台無し】［名］物事がすっかりそこなわれて役に立たなくなること。‖「計画が―になる」

ダイナマイト【dynamite】［名］ニトログリセリンを基材とする爆薬。▽スウェーデンのノーベルが発明。

ダイナミズム【dynamism】［名］❶内に秘めたエネルギー。力強さ。活力。❷それぞれの力が作用し合って、ものごとが変化していく仕組み。

ダイナミック【dynamic】［形動］力強く、活力にあふれているさま。迫力があるさま。躍動的。力動的。‖「―な走法」⇔スタティック 派生-さ

ダイナミックス【dynamics】［名］力学。動力学。ダイナミクス。

ダイナモ【dynamo】［名］発電機。

だい-なん【大難】［名］大きな災難。また、大変な困難。たいなん。⇔小難

だい-に【第二】［名］第一の次。二番目。二度目。‖「―の人生」

だいに-ぎ【第二義】［名］第一義に対して、根本的

な問題ではないこと。さほど重要でないこと。

だいにじ-さんぎょう【第二次産業】ゲフ [名] イギリスの経済学者コーリン=クラークによる産業分類の一つ。製造業・鉱業・建設業・ガス電気事業・水道業などをいう。二次産業。▼日本の統計ではガス電気事業・水道業は第三次産業に分類する。

だいに-しんそつ【第二新卒】[名] 新卒で就職したが、短期間で退職して再び就職活動をする人。一般に大学卒業後三年以内の人をいう。

たい-にち【対日】[名] 日本に対すること。〓「—感情・—政策」▼ふつう他の語につけて使う。

たい-にち【滞日】[名・自サ変] 日本に滞在すること。

だいにち-にょらい【大日如来】[名] 真言密教の本尊。宇宙の実相を体現した根本仏。遍照如来(へんじょうにょらい)。

だい-にゅう【代入】ニフ [名・他サ変] 代数式の中の文字に、特定の数・文字・式などをあてはめること。

たい-にん【大任】[名] 重大な任務。大役。

たい-にん【体認】[名・他サ変] 体験して十分に会得すること。〓「芸の奥義を—する」

たい-にん【退任】[名・自サ変] 今までついていた任務をやめること。〓「局長が任期半ばで—する」

たい-にん【耐忍】[名・他サ変] たえしのぶこと。

だい-にん【大人】[名] おとな。たいじん。▼入場料などの料金区分に使う語。⇩中人(ちゅうにん)・小人(しょうにん)

だい-にん【代人】[名] 本人に代わってある事をする人。代理人。名代(みょうだい)。

だい-にん【代任】[名・他サ変] 本人に代わってその任務を行うこと。また、その人。〓「委員長を—する」

ダイニング[dining][名] ❶食事。また、食事をすること。〓「—キッチン(=食堂兼用の台所)」❷食事をする部屋。食堂。▼「ダイニングルーム」の略。

たい-ねつ【耐熱】[名] 高熱に耐えること。高熱によって変質しないこと。〓「—ガラス・—合金」

だい-の【大の】[連体] ❶大きな。一人前の。〓「—おとなが悲鳴を上げる」❷非常な。大変な。〓「—仲良し」

たい-のう【滞納】ナフ [名・他サ変] 納めなくてはならない金銭・物品などを期日までに納めないこと。

だい-のう【大脳】ナウ [名] 脳の主要部分で、神経系全体をつかさどる中枢器官。左右の半球とそれを結ぶ脳梁(のうりょう)からなる。高等動物ほどよく発達し、人間では思考・意志などの精神作用を営む。⇩脳(図)

だい-のう【大農】[名] ❶資本を投下し、機械を使って行う大規模な農業。❷広い耕地を所有する農家。豪農。⇕小農

だい-のう【代納】ナフ [名・他サ変] ❶本人に代わって金品を納めること。❷金銭の代わりにそれに相当する物を納めること。

だい-のうかい【大納会】ナフクワイ [名] 取引所で、年末最後の立ち会い。通常十二月三十日。⇕大発会

だいのう-ひしつ【大脳皮質】ナウ [名] 大脳半球の表面を占める灰白質の層。数層の神経細胞からなり、感覚・精神活動などの中枢にあたる。

だい-の-じ【大の字】[名] 「大」の字の形。特に、人間が両手両足を広げた姿をいう。〓「—になって寝る」

だい-の-つき【大の月】[名] 一か月の日数が三一日ある月。一月・三月・五月・七月・八月・十月・十二月。▼陰暦では三〇日の日数がある月。

たい-は【大破】[名] ❶[自他サ変] 原形をとどめないほどひどくこわれること。また、ひどくこわすこと。〓「追突して車体が—する」「マシンを—させる」⇕小破 ❷[他サ変] 相手をさんざんに打ち負かすこと。

だい-ば【台場】[名] 江戸末期、海防の目的で要害の地に築いた砲台。特に、江戸湾(東京湾)の品川沖に築いた砲台。品川台場。お台場。▼「砲台場」の略。

ダイバー[diver][名] ❶潜水夫。また、レジャーとして潜水する人。❷水泳で、飛び込み種目の選手。❸スカイダイビングをする人。スカイダイバー。

ダイバーシティ[diversity][名] 性別・国籍などを問わずに、多様な人材を積極的に活用しようという考え方。ダイバーシティー。▼「多様性」の意から。

たい-はい【大杯(大▼盃)】[名] 大きなさかずき。大白(たいはく)。

たい-はい【大敗】[名・自サ変] 大差で負けること。〓「九対〇で—する」「—を喫する」⇕大勝

たい-はい【退廃(▼頽廃)】[名・自サ変] ❶衰えてすたれること。〓「古都が—する」❷道徳的な気風などがすたれて不健全になること。頽唐(たいとう)。〓「風紀が—する」◈

書き方 「退廃」は、同音類義語による代用表記。

だい-ばかり【台▼秤】[名] はかりの一つ。物を台上に載せ、その重さと分銅とを釣り合わせて重量をはかる。かんかんばかり。▼重い物をはかるのに使う。

たい-はく【大白】[名] ⇩大杯(たいはい)

たい-はく【太白】[名] ❶金星。▼「太白星」の略。❷精製した純白の砂糖。太白砂糖。

だいはち-ぐるま【大八車(代八車)】[名] 荷物運搬用の二輪車。二、三人で引く大型の車。大八。▼八人の代わりをする車の意という。

たい-ばつ【体罰】[名] 体に苦痛を与える罰。▼日本では学校教育法によって禁じられている。

だい-はっかい【大発会】ハツクワイ [名] 取引所で、新年最初の立ち会い。通常一月四日。初立ち会い。⇕大納会

たい-はん【大半】[名] 全体の半分よりもはるかに多い数量。大部分。〓「反対意見が—を占める」

たい-ばん【胎盤】[名] 胎児を臍帯(さいたい)(=へそのお)によって子宮内につないでおく盤状の器官。臍帯を介して母体との物質交換を行う。

だい-ばんじゃく【大盤石・大▼磐石】[名] ❶大きな岩。❷基礎がしっかりしていて、ちょっとのことでは揺るがないこと。〓「—の構え」

たい-ひ【対比】[名] ❶[他サ変] 二つのものを引き比べて、その相違や特性をはっきりさせること。〓「目標値と実績値を—する」❷相違する二つのものが並ぶこと。対照。〓「鮮やかな色の—」

たい-ひ【待避】[名・自サ変] ❶一時的に他の場所に危険が過ぎ去るのを待って移ること。〓「空襲に備えて児童を—させる」「—壕(ごう)」❷鉄道で、列車が他の列車の通過を待つために別の線路に入ること。〓「—所・—線」

使い方 「普通列車が特急を待避する」は、本線から退いて特急の通過を避けて待つ意。

たい-ひ【退避】[名・自サ変] 危険を避けるために、その場所からしりぞくこと。〓「危険区域から[を]—する」

たい-ひ【堆肥】[名] わら・落ち葉・草・塵芥(じんかい)などを積み重ね、腐らせて作った肥料。つみごえ。

たい-ひ【貸費】[名・自サ変] 学費などの費用を貸しつけること。〓「無利子で—する」「—奨学生」

たい-び【大尾】[名] 物事のおわり。結末。終局。

だい-ひ【大悲】［名］仏教で、仏・菩薩(ぼさつ)が衆生の苦しみを救おうとする広大な慈悲心。☰「大慈ー」

だい-びき【代引き】［名］代金と引き換えに品物を渡すこと。だいひき。▽「代金引き換え」の略。

タイピスト［typist］［名］タイプライターを打って文書を作成することを職業にする人。

だい-ひつ【代筆】［名・他サ変］本人に代わって手紙・文書などを書くこと。また、その書かれたもの。代書。☰「礼状をーする」⇕自筆・直筆(じきひつ)

たい-ひょう【体表】［名］からだの表面。

たい-びょう【大病】［名］重い病気。大患。☰「ーをわずらう」

だい-ひょう【大兵】［名］体の大きいこと。また、その人。⇕小兵

だい-ひょう【代表】［名・他サ変］❶多数の人や団体などに代わって、その意思・意向を他に表示すること。また、その人。☰「親戚をーして挨拶(あいさつ)する」❷その一つが全体の特徴・性質などをよく表していること。また、そのもの。☰「後期印象派をーする作品」❸技能や能力がすぐれているものとして、ある集団の中から特に選ばれること。また、その人。☰「ー選手」

だいひょう-そしょう【代表訴訟】［名］会社が取締役などの責任を追及する訴えを起こさないとき、株主や社員が自ら原告となって提起する訴訟。

だいひょう-てき【代表的】［形動］一つで全体の性質・特徴・内容などを表すさま。☰「ーな意見」

だいひょう-とりしまりやく【代表取締役】［名］取締役のうち、業務執行を指揮し、会社を代表する権限をもつ人。株式会社では取締役会または株主総会の決議によって選任される。

タイピン［tiepin］［名］ネクタイピン。

だい-ひん【代品】［名］代わりの品物。代物(だいぶつ)。

タイピング［typing］［名］パソコン・タイプライターなどのキーボードを打つこと。

ダイビング［diving］［名・自サ変］❶頭から水に飛び込むこと。また、水泳の飛び込み競技。❷飛び込むように体を宙に躍らせること。☰「ーキャッチ」❸水中にもぐること。潜水。❹「スカイダイビング」の略。

たい-ぶ【大部】［名］❶［形動］書物などの冊数・巻数・ページ数が多いこと。☰「ーの／な著作」❷大部分。

たい-ぶ【退部】［名・自サ変］部と名のつく団体をやめること。☰「水泳部をーする」⇕入部

タイプ［type］［名］❶型。型式。☰「古いーの洗濯機」❷人をある共通する特性によって分けたときの典型。類型。☰「好きなー」「芸術家ーの人」❸［他サ変］「タイプライター」の略。また、タイプライターで印字すること。☰「英文ー」

だい-ぶ【大分】［副］❶数量が相当多いさま。☰「土産(みやげ)物をー買った」❷程度が相当進んでいるさま。☰「病状はー重い」◈「だいぶん」とも。

ダイブ［dive］［名・自サ変］❶水中に飛び込むこと。また、水中にもぐること。☰「川にーする」❷飛行機が急降下すること。❸空中に身を躍らせること。

たい-ふう【台風(▼颱風)】［名］北太平洋の南西部に発生し、暴風雨となって日本や中国大陸沿岸などを襲う熱帯性低気圧の一種。夏から秋にかけて発生する。のわき。颶風(ぐふう)。書き方「台風」は代用表記。

たいふう-いっか【台風一過】［名］台風が通り過ぎて風雨がおさまること。☰「ーの青空」

だい-ふく【大福】［名］❶大きな福運。また、富裕で運がよいこと。☰「ー長者」❷薄くのばした餅の皮で餡(あん)を包み込んだ和菓子。▽「大福餅」の略。

だいふく-ちょう【大福帳】［名］商店で、毎日の売買高を書き入れる元帳。▽福運の到来を願って「大帳」に「福」を加えたもの。

だい-ぶたい【大舞台】［名］⬇おおぶたい

たい-ぶつ【対物】［名］物または物件に対すること。☰「ー保険」▽ふつう他の語につけて使う。

だい-ぶつ【大仏】［名］巨大な仏像。ふつう高さが一丈六尺(約四・八メートル)以上のものをいう。座像が多い。☰「奈良のー」「ー開眼(かいげん)」

だい-ぶつ【代物】［名］代わりの物。代品。

たいぶつ-レンズ【対物レンズ】［名］望遠鏡・顕微鏡などで、対象物に近い側のレンズ。対物鏡。⇕接眼レンズ

だい-ぶぶん【大部分】［名］全体のほとんどの部分。大半。おおかた。☰「住民のーが賛成する」⇕一部分▽副詞的にも使う。

タイプライター［typewriter］［名］指先で鍵盤(けんばん)をたたいて文字を紙面に印字する機械。印字機。タイプ。

タイブレーク［tiebreak］［名］テニス・バレーボール・野球などで、勝負が決まらず試合が長引くのを防ぐために行う、勝敗の決定方法。

だい-ぶん【大分】［副］⬇だいぶ

たい-ぶんすう【帯分数】［名］整数と真分数との和からなる数。$2\frac{2}{9}$、$1\frac{4}{7}$など。

たい-へい【太平・泰平】［名・形動］世の中が平和に治まっていること。☰「ーの世」「天下ー」

たいへい-よう【太平洋】［名］アジア大陸・オーストラリア大陸・南北アメリカ大陸・南極大陸の間に広がる世界最大の海洋。地球表面積の三分の一を占める。パシフィック(オーシャン)。

たいへい-らく【太平楽】［名・形動］のんきに構えて、好き勝手に振る舞うこと。また、その言動。☰「ーを言う」▽太平を祝う雅楽の曲名から。

たい-べつ【大別】［名・他サ変］大まかに分けること。また、大きな区分。☰「二つの部門にーする」

たい-へん【大変】■［名］大きな変事。一大事。☰「国家のー」■［形動］❶事が重大であること。ゆゆしい事態であること。☰「ーな事件が起こる」「遅れたらーだ」❷苦労などがはなはだしいこと。☰「準備がーだ」❸［副］程度のはなはだしいさま。☰「ー残念だ」「ーお世話になりました」派生ーさ

たい-べん【胎便】［名］新生児が生後初めて排泄(はいせつ)する青黒い大便。かにばば。かにくそ。

だい-へん【代返】［名・自サ変］学校などで出欠をとるとき、欠席者に代わって返事をすること。

だい-べん【大便】［名］栄養分と水分を腸内で吸収された食べ物が、かすとなって肛門(こうもん)から排泄(はいせつ)されたもの。くそ。便。⇕小便

だい-べん【代弁(代▼辨)】［名・他サ変］❶本人に代わって弁償すること。❷事務などを代行すること。

だい-べん【代弁(代▼辯)】［名・他サ変］本人に代わって意見などを述べること。☰「市民の要求をーする」

たい-ほ【退歩】［名・自サ変］後戻りすること。物事の程度・状態が以前より悪くなること。⇕進歩

たい-ほ【逮捕】〔名・他サ変〕刑事事件で、主に捜査機関が被疑者の身体の自由を拘束し、一定期間抑留すること。現行犯以外は裁判官の発する令状（＝逮捕状）を必要とする。≡「被疑者［容疑者］を一する」

たい-ほう【大法】〔名〕重要な法規。

たい-ほう【大砲】〔名〕大型の弾丸を発射する火器。数「一門…」と数える。

たい-ぼう【大望】〔名〕⬇たいもう（大望）

たい-ぼう【待望】〔名・他サ変〕あることの実現や出現を待ち望むこと。≡「一の大型新人」

たい-ぼう【耐乏】〔名・自サ変〕物資のとぼしい状態にたえること。≡「一生活を送る」

たい-ぼく【大木】〔名〕大きな立ち木。大樹。≡「独活の一」

タイポロジー【typology】〔名〕個々の事象から類似点を抽出し、その類型を得ることによって事象の本質を考察しようとする学問の方法。類型学。類型論。

たい-ほん【大本】〔名〕物事の基礎となるもの。おおもと。

だい-ほん【台本】〔名〕映画・演劇・放送などで、演出の基本となるせりふ・ト書きなどを書き記した本。脚本。

だい-ほんえい【大本営】〔名〕戦時に設けられた、天皇直属の最高統帥機関。≡「一発表」

だい-ほんざん【大本山】〔名〕総本山に次ぐ寺格で、一宗一派の末寺を統轄する寺。

たい-ま【大麻】〔名〕❶植物のアサの別称。❷インド大麻の葉や花穂を乾燥させたもの。また、その樹脂。喫煙すると鎮静・幻覚・知覚麻痺などの精神作用を生じる。マリファナ。ハッシシ。ハシッシュ。▽日本では大麻取締法によって売買・所持・使用が規制されている。❸伊勢神宮が毎年年末に授ける神札。

タイマー【timer】〔名〕❶競技などの計時員。時間記録係。❷タイムスイッチ。≡「一を六時にセットする」❸ストップウォッチ。❹「セルフタイマー」の略。

たい-まい【大枚】〔名〕多額の金。≡「一をはたく」▽多く大金であることを強調して使う。

たい-まい【▼玳▼瑁・▼瑇▼瑁】〔名〕熱帯・亜熱帯に分布するウミガメ科のカメ。黄色と黒のまだらがある背甲は鼈甲細工の材料とされた。▽個体数が激減し、ワシントン条約で商取引が禁止されている。

たい-まつ【〈松明〉】〔名〕松・竹などの割り木や葦などを束ね、火をつけて照明具とするもの。▽「たきまつ（焚松）」の転。

たい-まん【怠慢】〔名・形動〕なまけて当然なすべきことをしないこと。≡「対策を講じなかったのは行政の一だ」「一な学生」「職務一」派生 -さ

だい-みょう【大名】〔名〕❶平安末期から鎌倉時代にかけて、多くの名田を所有していた者。❷鎌倉・室町時代、大きな領地をもち、多くの家の子・郎党を従えていた武士・豪族。❸江戸時代、将軍に直属した禄高一万石以上の武家。≡「一行列」

だいみょう-りょこう【大名旅行】〔名〕多額の費用をかけて行うぜいたくな旅行。

タイミング【timing】〔名〕ある物事をするのにちょうどよい時機・瞬間。≡「一をはかる」「一が悪い」

タイム【thyme】〔名〕シソ科イブキジャコウソウ属のうち、ハーブとして栽培される小低木の総称。乾燥した葉や若芽を各種料理の香辛料や鎮咳剤に用いる。地中海沿岸原産。

タイム【time】〔名〕❶時。時間。時刻。≡「ランチー！フルー」❷所要時間。≡「〔競走で〕一を競う」「コースー」❸試合などを一時中断すること。また、その中断時間。

タイム-アウト【time-out】〔名〕スポーツで、選手交代・作戦会議・反則処理などのためにとる競技休止時間。試合時間には算入しない。

タイム-アップ【和製time＋up】〔名〕時間切れになること。▽英語ではtime's upという。

タイム-カード【time card】〔名〕タイムレコーダーに挿入して出勤・退勤の時刻を記録するカード。

タイム-カプセル【time capsule】〔名〕その時代の文化や生活様式を後世に伝えるために記録や品物を納めて地中に埋めておく容器。

タイム-キーパー【timekeeper】〔名〕スポーツ競技・放送番組などで、時間を計測し、記録する人。計時員。計時係。

タイム-スイッチ【time switch】〔名〕あらかじめ設定した時刻になると電源を開閉するスイッチが自動的に作動する装置。タイマー。

タイム-スケジュール【time schedule】〔名〕日程。時間割。

タイム-スタンプ【time stamp】〔名〕ファイルなどの電子データで、その作成や更新が行われた日時を示す記録。

タイム-スリップ【和製time＋slip】〔名・自サ変〕SF小説などで、現実の時間・空間を超えて過去や未来の世界に移動すること。≡「戦国時代へ一する」

タイム-セール【和製time＋sale】〔名〕小売店などで、時間を区切って行う特売。タイムサービス。

タイムテーブル【timetable】〔名〕❶列車・航空機などの時刻表。❷予定表。

タイム-トライアル【time trial】〔名〕❶各自が個別にスタートし、ゴールするまでにかかった時間で順位を決めるレース。❷自転車競技で、各選手が一定距離を一人ずつ走り、かかった時間によって順位を決める競技種目。

タイム-トラベル【time travel】〔名〕SF小説などで、タイムマシンによって過去や未来を自由に旅すること。タイムトリップ。時間旅行。

タイム-マシン【time machine】〔名〕人を乗せて過去や未来の世界へ自由に旅行できるという空想上の機械。▽英国の作家ウェルズの小説『The Time Machine (1895)』から。

タイムラグ【timelag】〔名〕ある事柄に関連する反応が遅れて起こる際の、時間のずれ。時間差。

タイムリー【timely】〔形動〕時機にかなうさま。タイミングがよいさま。≡「一な企画［話題］」「一ヒット」

タイム-リミット【time limit】〔名〕あることをするのに許された時間の限度。制限時間。

タイム-レコーダー【time recorder】〔名〕会社などで、従業員の出勤・退勤の時刻をカードに記録する器械。

たい-めい【大命】〔名〕❶君主の命令。❷旧憲法下で、天皇の命令。勅命。

たい-めい【待命】〔名・自サ変〕❶命令が下るのを待つこと。❷公務員などが次の任務や任地が決まるまで、その身分・地位を保ちながら待機していること。

だい-めい【題名】〔名〕書物・作品などの題。

だい-めいし【代名詞】［名］❶品詞の一つ。特定または一般の名称の代わりに人・事物・方向・位置などを直接指し示すのに用いる語。「私・あなた・彼」などの人代名詞と「これ・それ・そこ」などの指示代名詞とに分けられる。❷あるものの性質・状態などを代表的に言い表す語。‖「働き蜂はサラリーマンの━だ」

だい-めいわく【大迷惑】［名・形動］➡おおめいわく

たい-めん【体面】［名］世間に対する体裁。面目。‖「━を保つ」

たい-めん【対面】［名・自サ変］❶顔を合わせること。面会すること。‖「五年ぶりに父と━する」「初━」「━販売」❷互いに向き合うこと。‖「━交通（＝歩道・車道の区別のない道路で、人は右、車は左というように、人と車が向かい合って通行すること）」

たい-もう【大望】［名］大きな望み。たいぼう。

たい-もう【体毛】［名］体に生えている、髪の毛以外の毛。

だい-もく【題目】［名］❶書籍・文章などの表題。❷研究・討議・施策などの主題。また、問題として取り上げる項目。❸日蓮宗で唱える「南無妙法蓮華経」の七字。❹➡御題目②

だい-もん【大門】［名］寺院などで、外構えの大きな門。正門。

だい-もん【大問】［名］試験問題などで、大きくまとめられた問題。⇔小問

だい-もんじ【大文字】［名］❶大きな文字。❷八月一六日の夜、京都市左京区の如意ヶ岳の山腹に「大」の字の形に薪を並べて焚く送り火。大文字送り火。大文字の火。

たい-や【逮夜】［名］仏教で、火葬の前夜。また、命日・忌日の前夜。▼「逮」は及ぶの意で、翌日の火葬に及ぶ夜の意。

タイヤ【tire】［名］自動車・自転車などの車輪の外側にはめるゴム製の輪。タイア。▼ふつう内側のチューブも含めていう。

ダイヤ［名］❶「ダイヤモンド」の略。‖「━の指輪」❷トランプの札で、ダイヤモンドを図案化した赤い◆の模様。また、その模様のついた札。❸「ダイヤグラム」の略。‖「臨時━」「━が乱れる」

たい-やき【▼鯛焼き】［名］鯛の形の鉄型に溶いた小麦粉を流し込み、餡などを入れて焼いた菓子。

たい-やく【大厄】［名］❶大きな災難。❷陰陽道で、最も気をつけなくてはならない厄年。数え年で、男性は四二歳、女性は三三歳とされる。

たい-やく【大役】［名］❶重大な任務。大任。‖「━をおおせつかる」❷映画・演劇などで、重要な役。

たい-やく【大約】［名］おおよそ。あらまし。大略。

たい-やく【対訳】［名］対照できるように原文と訳文を並べて示すこと。また、その書。‖「和英━」

だい-やく【代役】［名］映画・演劇などで、ある役を演じる予定だった人に代わってその役を演じること。また、その人。

ダイヤグラム【diagram】［名］列車などの運行予定を一枚の図に示した表。また、その運行予定。ダイヤ。

ダイヤモンド【diamond】［名］❶炭素の同素体の一つ。純粋なものは無色透明の結晶で、天然の鉱物中最も硬い。屈折率が大きく、美しい光沢をもつので最高の宝石として珍重される。研磨材・切削工具など、工業用としても利用される。金剛石。ダイヤ。▼四月の誕生石。❷野球場の内野のこと。◈「ダイアモンド」とも。

ダイヤル【dial】［名］❶ラジオの周波数を合わせるための回転式のつまみ。また、その目盛り盤。❷旧式の電話機の数字盤。また、それを回して電話をかけること。◈「ダイアル」とも。

ダイヤル-イン【和製dial＋in】［名］多数の電話をもつ会社などで、交換台を通さないで直接内線電話を呼び出す方式。

たい-ゆう【大勇】［名］本当の勇気。また、まことの勇者。だいゆう。‖「━は怯なるが如し（＝真の勇者はむやみに人と争うことをしないので一見臆病者のように見える）」⇔小勇

たい-よ【貸与】［名・他サ変］貸し与えること。‖「制服を━する」「奨学金の━を受ける」

たい-よう【大洋】［名］大きな海。大海。おおうみ。‖「━航路」▼太平洋・インド洋・大西洋・北氷洋・南氷洋を五大洋という。

たい-よう【大要】［名］大体の要点。あらまし。概要。‖「政策の━を発表する」

たい-よう【太陽】［名］太陽系の中心に位置し、地球に最も近い恒星。地球に熱と光を与え、万物を育てる。朝、東から昇り、夕方西に沈むものとしてとらえられる。親しんで「お日様」、崇拝する気持ちで「お天道様」とも呼ばれる。‖「━光線」使い方 希望・明るさ・偉大さなどの比喩にもよく使われる。‖「心に━を持て」

たい-よう【態様（体様）】［名］物事のありさま。状態。

だい-よう【代用】［名・他サ変］あるものの代わりに別のものを（間に合わせに）使うこと。‖「座布団を枕に━する」「━食（＝主食、特に米飯の代わりに食べるもの）」

たいよう-けい【太陽系】［名］太陽とその引力の影響を受けて運行している天体の集団。水星・金星・地球などの惑星とその衛星や、小惑星・彗星などが含まれる。

たいよう-でんち【太陽電池】［名］光電効果を応用して太陽光などの光のエネルギーを直接電気エネルギーに変える装置。電卓・腕時計・無人灯台・宇宙ロケット・人工衛星などの電源に利用する。シリコン光電池。

たいよう-ねんすう【耐用年数】［名］企業のもつ建物・機械設備などの固定資産が使用に耐える期間。法令で定められ、減価償却費算定の基準となる。

たいよう-れき【太陽暦】［名］地球が太陽のまわりを一周する時間を一年と定めた暦。一年を三六五日とし、四年目ごとに閏年を置いて三六六日とする。陽暦。⇔太陰暦

たい-よく【大欲（大▼慾）】［名］❶強い欲望。大きな望み。❷非常に欲の深いこと。また、その人。⇔小欲 ◈「だいよく」とも。

⦿**大欲は無欲に似たり** ❶大望を抱く人は小さな利益などには目もくれないから、かえって無欲に見えるということ。❷欲の深い人は欲に惑わされて損を招くので、結局は無欲と同じ結果になるということ。

たいら【平ら】■［形動］❶高低・起伏・凹凸のないさま。‖「━な道［発音］」❷おだやかなさま。平穏なさま。‖「気持ちを━にする」❸〈多く「(お)平らに」の形で〉正座をしないで、楽な姿勢ですわるさま。‖「どうぞお━

に」二［名］〈地名の下に付いて、多く「だいら」の形で〉山間に広がる平地。‖「日本―・松本―」

たいら-か【平らか】タヒラー［形動］❶高低や起伏がないさま。平ら。‖「―な道」❷平穏であるさま。おだやかに落ち着いているさま。‖「世が―に治まる」「―な内海」

たいら・ぐ【平らぐ】タヒラー［自五］おだやかになる。静まる。‖「戦乱が―」

たいら・げる【平らげる】タヒラゲル［他下一］❶敵や反抗する者を討って、乱れた世を平定する。❷すっかり食べてしまう。‖「三人前の鮨を―」文 たひら・ぐ

たい-らん【大乱】［名］戦乱・内乱などによって世の中が大きく乱れること。おおきな内乱。

タイラント［tyrant］［名］❶古代ギリシアの独裁者。❷暴君。圧制者。

たい-り【大利】［名］大きな利益。巨利。⇔小利

だい-り【内裏】［名］❶天皇の住む御殿。皇居。❷天皇・皇后をかたどった一対の雛人形。▼「内裏雛」の略。

だい-り【代理】［名・他サ変］本人に代わって物事を処理すること。また、その人。‖「折衝に―を立てる」

だい-リーグ【大リーグ】［名］アメリカのプロ野球の最上位のリーグ。アメリカンリーグとナショナルリーグ各一五チームで構成される。メジャーリーグ。MLB。

だい-りき【大力】［名］非常に強い力。また、その持ち主。‖「―無双」

たい-りく【大陸】［名］❶地球上の大きな陸地。ユーラシア・アフリカ・南アメリカ・北アメリカ・オーストラリア・南極の六大陸がある。❷日本から見て、アジア大陸。特に、中国をさす。

たいりくせい-きこう【大陸性気候】［名］海洋から遠い大陸内部に特有の気候。気温の日変化や年変化が大きく、降水量は少ない。

たいりく-だな【大陸棚】［名］大陸の周辺部にゆるやかな傾斜で広がる水深二〇〇メートルまでの海底。好漁場となる。陸棚。

たいりく-てき【大陸的】［形動］❶大陸に特有なさま。‖「―な気候」❷おおらかで、細事にこだわらないさま。気が大きく、のんびりしているさま。‖「―な性格」

だいり-しゅっさん【代理出産】［名］不妊や疾患などの事情をもつ夫婦の依頼を受けて、第三者の女性が出産すること。代理母出産。▼夫婦の受精卵を用いたり、代理母の卵子を用いて人工授精したりする方法がある。

だいり-せき【大理石】［名］石灰岩が変成作用を受けてできた結晶質の岩石。方解石を主成分とし、多くは白地に美麗な斑紋をあらわす。建築材・彫刻材などに用いる。マーブル。▼中国雲南省大理に産するものが有名であったことから。

たい-りつ【対立】［名・自サ変］二つのものが反対の立場をとること。また、反対の立場で互いに譲らないこと。‖「意見が―する」「―候補」

だいり-てん【代理店】［名］特定の会社の委託を受けて、その業務や取引を代行する店や会社。‖「広告―」

だいり-にん【代理人】［名］❶他人の代理をする人。❷代理権を持ち、本人に代わって意思表示をしたり、意思表示を受けたりする権限のある人。

たい-りゃく【大略】［名］事のあらまし。おおよそ。大体。‖「事業計画の―を話す」▼副詞的にも使う。

たい-りゅう【対流】ーリウ［名］流体の中で起こる相対する流れの循環。また、その循環に伴う熱の伝達。流体の一部の温度が上がると、その部分の流体が上昇し、そこへ低温度の流体が流れ込む現象がくり返されて起こる。

たい-りゅう【滞留】ーリウ［名・自サ変］❶物事がとどこおって動かないこと。停滞。‖「貨物が―する」❷旅先にしばらくとどまること。滞在。逗留。

たいりゅう-けん【対流圏】タイリウー［名］大気圏の最下層。極地方では高度約八キロメートル、赤道地方では約一八キロメートルまでの大気の層で、その上は成層圏になる。日射による対流が起こり、雲の発生や降雨などの気象現象が見られる。

たい-りょう【大猟】ーレフ［名］狩猟で、獲物がたくさんとれること。⇔不猟

たい-りょう【大量】ーリヤウ［名］❶数量が多いこと。‖「―生産」❷心が広いこと。度量が大きいこと。‖「―の人物」◈⇔小量

たい-りょう【大漁】ーレフ［名］漁猟で、獲物がたくさんとれること。豊漁。‖「―旗」⇔不漁▼「大猟」にならって作った語。

たい-りょく【体力】［名］❶作業・運動などに耐える肉体の能力。また、病気などに対する抵抗力。‖「若いから―がある」❷体の運動機能。‖「―測定」

たい-りん【大輪】［名］花の大きさが普通よりも大きいこと。また、その花。だいりん。‖「―のダリア」

タイル［tile］［名］壁・床などに張りつける陶磁製の薄板。装飾をかねた仕上げ材にする。

たい-れい【大礼】［名］朝廷の重大な儀式。特に、即位の儀式。大典。‖「御―」

ダイレクト［direct］［形動］途中に介するものがなく直接であるさま。‖「情報を―にキャッチする」

ダイレクト-メール［direct mail］［名］個人あてに直接郵送する広告。あて名広告。DM。

たい-れつ【隊列】［名］一つの隊をなしている列。‖「―を組む」

たい-ろ【退路】［名］退却する道。逃げ道。‖「―を断たれる」⇔進路

たい-ろう【大老】ーラウ［名］江戸幕府の職名。老中の上に置かれ、将軍を補佐した最高位の職。非常置の職で、定員は一名。

だいろっ-かん【第六感】ダイロクー［名］理屈を抜きにして物事の本質を直観的にとらえる心の働き。勘。インスピレーションの類。シックスセンス。▼五感のほかにあって五感を超える感覚の意。

たい-ろん【対論】［名・自他サ変］両者が向かい合って、または対抗して議論すること。また、その議論。

たい-わ【対話】［名・自他サ変］❶向かい合って対等の立場で話をすること。また、その話。‖「住民が行政側と―する」「―劇」❷物事と向き合って精神的な交感を図ること。‖「自然［歴史］との―」

ダイン［dyne］［名］力の大きさを表す単位。一ダインは一〇万分の一ニュートン。記号dyn

た-う【多雨】［名］雨が多く降ること。また、雨量が多いこと。‖「高温―」⇔少雨

た-うえ【田植え】ーウヱ［名］苗代で育てた稲の苗を水田に植えかえること。書き方 公用文では「田植」。

た-うち【田打ち】［名］春、田植えに備えて田の土を打ち返すこと。

ダウナー［downer］［名・形動］〔俗〕気をめいらせ

るような物事。また、暗く沈んだ気持ち。‖「ーな感じの音楽」▼鎮静剤の意から。

ダウ-へいきん【ダウ平均】[名]権利落ちなどによる株価変動がなかったように修正して算出した平均株価。▼「ダウ式平均株価」の略。米国のダウ=ジョーンズが創案したもの。

タウン【town】[名]町。市街。‖「ベッドー」▼多く他の語と複合して使う。

ダウン【down】[名]❶[自他サ変]下がること。また、下げること。‖「イメージー」「スピードー」❷[自他サ変]ボクシングで、倒すこと。また、倒れること。‖「ノックー」❸[自サ変]疲労・病気などで、物事を続けられなくなること。‖「風邪でーする」❹[自サ変]故障や事故で機械などが動かなくなること。‖「コンピューターがーする」❺ゴルフのマッチプレーなどで、リードされていること。❻野球で、一イニング中のアウトの数。ダン。‖「ツーー」❼羽毛。保温性に富み、布団や防寒衣料に用いられる。‖「ージャケット」◈①⑤⬍アップ

ダウンサイジング【downsizing】[名]❶機器などを小型化すること。❷企業などが規模を縮小すること。人員やコストを削減すること。

タウン-し【タウン誌】[名]都市の一定地域の催し物や生活情報を掲載する雑誌。

ダウン-しょう【ダウン症】〔シヤウ〕[名]染色体の異常によって精神発達や発育に障害が起こる疾患。ダウン症候群。▼「ダウン」はイギリスの医師の名から。

ダウンタウン【downtown】[名](都市の)商業地区。繁華街。

タウン-ミーティング【town meeting】[名]政治家・行政官などが国民と政策についての意見を交換する対話集会。

ダウンロード【download】[名・他サ変]通信回線を使って別の場所にあるコンピューターからパソコンなどにデータを転送すること。⬍アップロード

たえ【▽妙】〔タヘ〕[形動ナリ](古風)何ともいえないほどすばらしいさま。霊妙なさま。‖「ーなる楽の音」

たえ-い・る【絶え入る】[自五]息が絶える。死ぬ。‖「ーような声」

たえ-がた・い【耐え難い・堪え難い】〔タヘ〕[形]がまんできない。こらえきれない。‖「ー屈辱を受ける」派生-さ

だ-えき【唾液】[名]唾液腺から分泌される液体。消化を助けるほか、口中をうるおし、食べ物をのみ下しやすくする。つば。

たえ-しの・ぶ【耐え忍ぶ・堪え忍ぶ】〔タヘ〕[自他五]つらさや苦しさをじっと我慢する。‖「悲しみに/をー」

たえ-ず【絶えず】[副]動作などが途切れることなく続いているさま。間断なく。いつも。‖「ー湯が湧き出る」

たえ-だえ【絶え絶え】[形動]❶今にも絶えそうなさま。‖「息もーに話す」❷とぎれとぎれに続いているさま。‖「ーに聞こえてくる虫の音」

たえ-て【絶えて】[副]❶ある時点から、ずっと。‖「卒業後ー音沙汰がない」❷〈打ち消しを伴って〉少しも。まったく。全然。‖「こんな凶悪な事件はーなかった」

たえ-ぬ・く【耐え抜く・堪え抜く】〔タヘ〕[自五]最後までがまんする。こらえとおす。‖「厳しい練習にー」

たえ-は・てる【絶え果てる】[自下一]❶すっかり絶えてしまう。全くなくなる。‖「一縷の望みもー」❷息が絶えてしまう。死ぬ。‖「異境の町でー」文たえは・つ

たえ-ま【絶え間】[名]❶続いてきた動作や状態がとぎれている間。あいま。‖「ーなく作業を続ける」❷物がとぎれてあいている部分。切れ間。‖「雲のー」

た・える【耐える・堪える】〔タヘル〕[自下一]❶[耐・堪]苦痛や困難に屈せずじっと我慢する。辛抱する。こらえる。‖「悲しみ[痛み・孤独]に耐える」「こんな生活には耐えられない」使い方「耐え難きを耐える」のように、他動詞としても使う。読み分け「痛みに堪える」など「〈名詞〉に堪える」は「たえる」と読み、「痛みを堪える」など「〈名詞〉を堪える」は「こらえる」と読むが、「堪え難きを堪える」「厳しい冬を堪える」「憂鬱な時間を堪える」などは「たえる」と読む。ただし、いずれの場合も①の「たえる」は「耐える」と書くのが一般的。
❷[耐・堪]外部からの力に屈せず持ちこたえる。‖「激務にー」「会長の重責にー」「地震にー構造」使い方「高熱をー」のように、他動詞としても使う。
❸[堪]それだけの力があって十分に満足させることができる。また、そうするだけの価値がある。‖「手荒な使用にー商品」「そんな話は聞くにーえない」
❹[堪]〈「…に堪えない」の形で〉その気持ちをおさえることができない。‖「喜びにーえない」「感にーえない(＝感極まった)声を発する」
◈書き分け「重責[任]に堪える」など①②は[堪]も好まれるが、今は一般に[耐]を使う。使い方「感に堪える/堪えない」は、否定の有無にかかわりなくほぼ同義となる。前者は③の、後者は④の意。文た・ふ

た・える【絶える】[自下一]続いていたものが切れて続かなくなる。‖「連絡がふっつりとー」「笑い声がーえない家庭」「一族がー」「息がー(＝死ぬ)」文た・ゆ

だ-えん【▼楕円】〔ヱン〕[名]平面上の二つの定点からの距離の和が一定である点の軌跡。二定点を楕円の焦点という。長円。‖「ー形」

タオ【道中国】[名]老荘思想(タオイズム)で、道。それによって万物が生起し、また存在・変化する宇宙の根本原理をいう。

たお・す【倒す(▼斃す・▼仆す)】〔タフス〕[他五]❶支えを失わせるような力を加えて、立っているものを横にする。(意志的な行為にもそうでないものにもいう)‖「一投目ですべてのピンをー」「殴りつけて相手をー」「レバーを手前にー」「過ってコップをー・した」使い方〈物〉を主語にしてもいう。‖「台風が塀をー・した」❷敵対する勢力を破って、存続できなくする。打倒する。‖「幕府をー」❸勝負で相手を打ち負かす。‖「横綱が大関をー」❹生命を奪う。殺す。‖「一撃の下に敵将をー」書き分け「一撃の下に斃[仆]す」なども書くが、今は[倒]が一般的。❺借りた金を返さないで、相手に損害を与える。踏み倒す。‖「借金をー」可能倒せる

たお-やか〔タヲ〕[形動]しなやかでやさしいさま。また、しとやかで優美なさま。‖「ーに舞う」派生-さ

たおや-め【手▽弱女】〔タヲヤ〕[名]たおやかな女性。やさしく、しとやかな女性。たわやめ。⬍益荒男

た-お・る【手折る】〔ヲル〕[他五](古風)花や枝を手で折りとる。‖「一枝の梅をー」

タオル【towel】[名]布面に輪奈を織り出した厚手の綿織物。タオル地。また、それで作った手ぬぐい。‖「バスー」「ーを投げる(＝ボクシングで、その選手のセコンドがリング内にタオルを投げ入れ、負けを認めて試合を放

棄すること。転じて、戦意を喪失してあきらめること」

タオル-ケット [名] 厚手のタオル地で作った上掛け用の寝具。▽和製towel＋blanketから。

たお・れる【倒れる(▼斃れる・▼仆れる)】 タフレル [自下一] ❶立っているものが自分の力で支えきれなくなって、横になる。‖「台風で木が―」「―・れた人を助け起こす」❷ある勢力が敵対者の力に負けて存続できなくなる。くつがえる。‖「内閣が―」❸勝負で相手に打ち負かされる。‖「三振に―」❹企業が事業を続けられなくなる。倒産する。‖「不景気で企業が―」❺病気になって、床につく。特に、病気になったり人の手にかかったりして命を失う。死ぬ。‖「脳溢血で―」「テロリストの凶弾に―」「―・れて後已む（＝死ぬまで努力し続ける）」書き分け「凶弾に斃[仆]れる」などとも書くが、今は【倒】が一般的。文 たふ・る

たか【高】 ■一[名] ❶数量・金額などを合計したもの。‖「売上の―」「石―・残―・生産―」❷物事の程度。値打ち。■二(造)ある時期より値段が上がること。‖「百円―」「円―ドル安」⇕安

◉**高が知・れる** どの程度かだいたいわかる。たいしたことはない。‖「わが家の貯金など―・れている」

◉**高を括・る** 低く評価して、大したことはないと見くびる。‖「簡単に済むだろうと―・っていた」

たか【▼鷹】 [名] タカ科の鳥のうち中・小形のものの総称。くちばしは鋭く曲がり、脚には鉤爪をもつ。ノスリ・クマタカ・オオタカなど。▽オオタカ・クマタカなどは古く鷹狩りに用いられた。 鷹

た-か【多寡】 タクワ [名] 多いか少ないか。多少。‖「金額の―は問わない」

たが【▼箍】 [名] 桶・樽などの外側にはめて締める輪。竹・金属などでつくる。

◉**箍が緩・む** 緊張がゆるんだり年老いたりして、気力や行動がだらしなくなる。また、組織などの規律がゆるんで、しっかりしたところがなくなる。

◉**箍を外・す** 規律などから抜け出して奔放に振る舞う。

だ-が [接] 前に述べたことと対立する事柄を述べる意を表す。そうではあるが。しかし。‖「今日は失敗した。―明日はきっとうまくいくだろう」

たか-あがり【高上がり】 [名] ❶高い所にのぼること。‖「雲雀の―」❷費用が高くつくこと。⇕安上がり ❸上座にすわること。

ダ-カーポ【da capoイタリア】 [名] 楽譜で、曲の初めに戻って繰り返し演奏することを指示する語。略号D.C.

た-かい【他界】 [名・自サ変] 死後の世界。また、その世界へ行くこと。‖「兄は昨年―した」▽死ぬことを遠回しにいう語。

たか・い【高い】 [形] ❶基準点から上方に存在する物までの距離が大きい。また、ある物が基準点より上方に位置している。‖「ボールを―・く放り投げる」「手を―・く上げる」「太陽が―・く昇る」「サドルの位置が少し―」❷物の下端から上端までの距離が大きい。‖「彼は背丈が―」「昨日より波が三メートルも―」「枕を―・くして眠る」❸鼻・筋肉・乳房などの盛り上がり方が大きい。‖「鼻が―」「―・く盛り上がった筋肉」❹価値・効果や評価・格付けなどが上である。‖「利用価値[経済効果・評判]が―」「―ランクを与える」❺社会的な立場や職階が上である。‖「―地位にのぼる」❻能力などが水準よりすぐれている。‖「教養が―」「人を見る目が―」「芸術への関心が―」「―技術を誇る」❼品位・品格がすぐれている。‖「気品が―」「格調の―作品」「格式が―ホテル」❽自分の品格をたのみ、それを保持しようとする意識が強い。‖「プライド[気位]が―」「誇り高き騎士」❾志や目標がより上にある。‖「志[理想]が―」❿音や声の音程が上である。‖「ソプラノの―声」⓫音量が大きい。‖「声が―。静かにしろ」⓬香りが強い。‖「香りの―花」⓭数量化したものの程度が大きい。‖「温度[血圧・緯度・栄養価・正解率]が―」⓮金銭的に額が大きい。‖「ブランド品は値段が―」⓯⇩お目が高い ⇩鼻が高い
◇①～⑬⇕低い ⑭⇕安い 派生 -さ

たがい【互い】 タガヒ [名] かかわりあう双方のそれぞれ。‖「―の利益をはかる」⇩互いに・お互いさま

だ-かい【打開】 [名・他サ変] 行き詰まった状態を切り開いて解決に導くこと。‖「難局を―する」「―策」

たがい-ちがい【互い違い】 タガヒチガヒ [名] 異なる二つのものが順番に入れかわること。異なる二つのものが一つおきに入りまじること。交互。‖「大皿と小皿を―に並べる」「白糸と赤糸を―に編む」

たがい-に【互いに】 タガヒニ [副] 双方が同じように相手に働きかけるさま。また、双方が同じような状態にあるさま。‖「―助け合う」「―不利になる」

たか-いびき【高▼鼾】 [名] 大きな音のいびき。また、ぐっすり寝入ること。‖「―をかく（＝大きないびきを立てる。また、ぐっすり寝入る）」

たが・う【▽違う】 タガフ [自五] ❶一致しない。くいちがう。ちがう。‖「事と志と―」「案に―・わず見事な出来だ」「本物と寸分―・わぬ複製品」❷違反する。そむく。‖「法に―」使い方 打ち消しの「ず」「ぬ」を伴うことが多い。読み分け ⇩ちがう 名 たがい

たが・える【▽違える】 タガヘル [他下一] ❶一致しないようにする。ちがわせる。‖「方法を―」❷決まったことに従わないようにする。そむく。‖「約束を―」文 たが・ふ 名 たがえ

たか-が【(高が)】 [副] 数量・程度などが取るに足りない、問題にするほどのことはないという気持ちを表す。‖「―一度の失敗でくよくよするな」

たか-がり【▼鷹狩り】 [名] 飼いならした鷹を山野に放って鳥やウサギを捕らえさせる狩猟。鷹野。

た-かく【多角】 [名] ❶角の多いこと。❷いろいろな方面にわたること。

た-がく【多額】 [名・形動] 金額が多いこと。‖「―の借金を負う」「―な経費」⇕少額

たかく-けい【多角形】 [名] 三つ以上の線分で囲まれた平面図形。線分の数によって三角形・四角形などという。多辺形。たかっけい。

たかく-けいえい【多角経営】 [名] 一つの企業が異なる種類の事業を同時に経営すること。

たか-ぐもり【高曇り】 [名] 空の高いところに雲がかかって全体に曇っていること。‖「―の天気」

たか-げた【高下▽駄】 [名] 歯の高い下駄。足駄。高足駄。

たか-さ【高さ】 [名] ❶上方に存在するものまでの距離。また、その度合い。‖「飛行機の―（＝高度）」「天井の―」❷下端から上端、または底面から突端までの距離。また、その度合い。‖「ビル[背]の―」「鼻の―」❸図形で、底辺や底面に対する垂直方向の最も高い点までの距

離。❹天体が地平線からどれだけ上に見えるかを表す角度。高度。‖「太陽の―」❺上方への距離が相当に高いこと。‖「あまりの波の―に泳ぐのを断念した」❻高い・低いを尺度としてとらえた、物事の度合い。‖「温度の―を一定に保つ」❼物事の度合いが相当に高いこと。‖「格式の―を誇るホテル」◈⑤⑦ ⬍低さ

だーがし【駄菓子】グヮシ [名] 安価な材料で作った庶民的な菓子。‖「―屋」

たかーしお【高潮】シホ [名] 海水の水位が異常に高くなる現象。低気圧によって吸い上げられた海水が台風などの強い風によって海岸に吹き寄せられるために起こる。暴風津波。風津波。

たかーしまだ【高島田】 [名] 女性の日本髪の結い方の一つ。島田髷(まげ)の根を高く結い上げたもの。‖「文金―」▼江戸時代は御殿女中などが、明治以降は未婚の女性が結った。現在では和装の花嫁の正装として残る。

たかーじょう【▼鷹匠】ジャウ [名] 鷹狩りの鷹を飼育し、訓練する人。特に、江戸時代、幕府や各藩に仕え、鷹を飼いならして鷹狩りに従事した職(を務めた人)。鷹師。

たかせーぶね【高瀬舟】 [名] 底が平たく喫水の浅い和船。河川で貨客の輸送に用いた。▼古代から中世にかけては小型だったが、江戸時代には大型化した。

たかーだい【高台】 [名] 周囲の土地よりも高く隆起し、一帯が平らになっている所。

たかーだか【高高】 [副] ❶ひときわ高いさま。‖「―と大会旗を掲げる」「鼻―」❷音声が大きく響きわたるさま。‖「声―と読み上げる」❸どう高く見積もっても大したことではないという気持ちを表す。せいぜい。‖「出席者は―三〇人くらいだろう」

たかたかーゆび【高高指】 [名] 中指。▼「たけたかゆび(丈高指)」の転。

だーかつ【蛇▼蝎・蛇▼蠍】 [名] ヘビとサソリ。▼人がひどく忌み嫌うもののたとえにいう。‖「―のごとく嫌う」

たかーつき【高▼坏】 [名] 円形や方形の盆に一本の高い足を付けた器。食べ物を盛るのに用いる。

だーがっき【打楽器】ガク [名] 手やばちで打って、あるいは振り鳴らして音を出す楽器の総称。一定の音律をもつもの(木琴・チェレスタ・ティンパニーなど)ともたないもの(カスタネット・シンバル・トライアングルなど)とがある。

たかーどの【高殿】 [名] 高く造った建物。高楼。

たかーとび【高飛び】 [名] ❶高く飛び上がること。❷[自サ変] 犯罪者などが遠い土地に逃げ去ること。

たかーとび【高跳び】 [名] 陸上競技で、走り高跳び・棒高跳び。

たかーとびこみ【高飛び込み】 [名] 水泳の飛び込み競技の一つ。高さ五メートル、七・五メートル、一〇メートルにある台から飛び込み、フォームの美しさや正確さを競う。

たかーどまり【高止まり】 [名] 物価・金利などが高値の状態でとどまっていること。高値安定。

たかーな【高菜】 [名] カラシナの栽培品種。関西から九州地方に多く栽培される。辛味のある葉・茎を漬物にする。オオガラシ。

たかーなみ【高波】 [名] 高く立つ波。大波。

たかーなり【高鳴り】 [名] 高鳴ること。また、その音。‖「胸の―」

たかーな・る【高鳴る】 [自五] ❶大きく鳴り響く。‖「太鼓が―」❷動悸が激しくなる。胸がどきどきする。‖「期待に胸が―」名 **高鳴り**

たかーね【高値】 [名] ❶値段が高いこと。高い値段。‖❷取引市場で、その株のその日のうちで最も高い値段。‖「―引け」◈⬍安値

たかーね【高▼嶺(高根)】 [名] 高い山。高い峰(みね)。‖「富士の―」書き方「高根」は新聞で使う代用表記。「嶺(ね)」は「みね(御根)」の意で、「根(ね)」と本来同語源とされるところから「高根」とする。

◉**高嶺の花** 遠くからただ眺めるばかりで、自分のものにはできないもののたとえ。‖「所詮(しょせん)彼女は―だ」書き方「高値の花」ともじって、俗に高価すぎて手に入らない物の意でも使うが、成句としては「たかね」を「高値」と書くのは誤り。

たがね【▼鏨・▼鑽】 [名] 金属の切断・切削などに使う鋼鉄製ののみ。

たが・ねる【▼綰ねる】 [他下一] 集めて一つにまとめる。束にまとめる。つかねる。‖「わらを―」文 **たが・ぬ**

たかーのぞみ【高望み】 [名・自サ変] 自分の身分や能力を越えた高い望みをもつこと。また、その望み。

たかーのーつめ【▼鷹の爪】 [名] ❶トウガラシの一品種。果実は先のとがった円筒形で、赤く熟す。辛みが強い。❷初夏、枝先に黄緑色の小花をつけるウコギ科の落葉小高木。白く軟らかい材から箸(はし)・下駄(げた)・経木などを作る。

たかーは【▼鷹派】 [名] 力によって物事を解決しようとする強硬派。また、その立場に立つ人。⬍鳩派(はとは) 書き方 多く「タカ派」と書く。

たかはりーぢょうちん【高張り▽提▽灯】チャウチン [名] 長い竿(さお)の先につけ高く掲げるように作ったちょうちん。

たかーひく【高低】 [名] 高いことと低いこと。また、高い所と低い所。‖「背の―を比べる」

たかーびしゃ【高飛車】 [名・形動] 相手を威圧するような態度をとること。‖「―なものの言い方をする」▼将棋で、飛車を定位置から二間上に進めて高圧的に攻める戦法から。

たかーぶ・る【高ぶる】 [自五] ❶興奮した状態になる。‖「神経が―」書き方「▼昂ぶる」とも。❷偉そうな態度をとる。‖「おごり―」名 **高ぶり**

たかまーがーはら【高▽天原】 [名] 日本神話で、天照大神(あまてらすおおみかみ)が支配し、八百万(やおよろず)の神々が住んでいたとされる天上の世界。たかまのはら。

たかーまきえ【高▼蒔絵】マキヱ [名] 漆絵の一つ。模様の部分を、砥(と)の粉などをまぜた生漆(きうるし)を盛り上げ、その上に蒔絵を施すもの。

たかーまくら【高枕】 [名] ❶高く作ったまくら。▼日本髪の髪形を崩さないためなどに使う。❷寝るときに枕を高くすること。安心してぐっすり眠ること。

たかーまり【高まり】 [名] 高まること。‖「水位[関心]の―」書き方 高揚することの意では「▼昂まり」とも。

たかーま・る【高まる】 [自五] 物事の程度や水準が高くなる。‖「世論[需要・人気]が―」「感情が―」書き方 気分が高揚する意では「▼昂まる」とも。名 **高まり**

たかーみ【高み】 [名] 高い所。高い場所。

◉**高みの見物**(けんぶつ) 第三者の立場から物事の成り行きを傍観すること。‖「―をきめこむ」注意「高み」を「高見」と書くのは誤り。

たかーめ【高め(高目)】 [名・形動] ❶位置がやや高いこと。また、その位置。‖「帯を―に結ぶ」❷評価や状態などがやや高いこと。‖「―の生活水準」「―の温度」

❸値段がやや高いこと。〓「今年は灯油が―だ」◈①② ⬍低め ③⬍安め

たか・める【高める】［他下一］物事の程度や水準を高くする。アップする。あげる。〓「声を―めて反論する」「イメージ［士気・教養］を―」⬍低める 文 たか・む

た‐がや・す【耕す】［他五］農作物を作るために田畑を掘り返す。打ち返す。〓「鍬で田畑を―」「荒れ地を―」「心を―（＝自己を開発する）」▼「田返す」の転。可能 耕せる 名 耕し

たか‐ゆか【高床】［名］柱を立て、その上に高く張った床。また、その建物。

たか‐ようじ【高▼楊枝】［名］食後、ゆっくりとつまようじを使うこと。〓「武士は食わねど―」▼満腹したさまにいう。

たから【宝】［名］❶金・銀・宝石など、希少で、価値の高いもの。宝物。〓「―探し」❷かけがえのない、大切な人や物。〓「真の友人は何にもかえがたい―だ」「子―」❸➡御宝③

◉宝の持ち腐れ 役に立つ物や才能を持ちながら、利用しないでしまっておいたり発揮しないでいたりすること。

だ‐から［接］❶前に述べたことを理由として、その帰結を導く語。そういうわけで。それゆえ。〓「台風が近づいている。―波が荒いんだ」❷相手の発言に対して反抗的な気持ちを示す語。〓「『早くしなさい』『―やりたくないんだってば』」❸〈「だからといって」の形で〉そういうわけであったとしても。〓「彼とは連絡を取っていません。―といって仲が悪いわけではないのです」

品格 したがって「誤りがあった。―、修正した」そのため「昨日は雨だった。―、中止になった」それゆえ「産業化が一気に進んだ。―、環境問題も生じた」よって「反対意見は出なかった。―、法案は認められた」

たか‐らか【高らか】［形動］声・音などが高く心地よく響くさま。〓「声―に歌う」

たから‐くじ【宝▼籤】［名］公共事業資金を得る目的で地方公共団体が売り出す賞金付きのくじ。当籤金付証票。書き方 多く「宝くじ」と書く。 籤

たから‐ぶね【宝船】［名］縁起物の一つ。種々の宝物と七福神を乗せた帆掛け船。また、それを描いた絵。▼正月二日の夜、宝船の絵を枕の下に敷いて寝るとよい初夢を見るという。

たから‐もの【宝物】［名］宝として大切にする物品。ほうもつ。

たかり【▽集り】［名］人をおどして金品をまきあげること。また、それをする者。〓「ゆすり―」

たか・る【▽集る】［自五］❶一か所に集まる。群がる。〓「事故現場に野次馬が―」「ハエの―・った魚」❷脅して金品を取り上げる。〓「ちんぴらに―・られる」❸ねだって食事などをおごらせる。〓「後輩に―・られる」可能 たかれる 名 たかり

たがる［助動 五型］（たがら・たがろ‐たがり・たがっ‐たがる‐たがる‐たがれ‐○）そうしたい気持ちが言動に表れている意を表す。〓「うちの子は漫画ばかりを読み―」「彼は私に会いたがらない」▼希望の助動詞「たい」の語幹＋接尾語「がる」。使い方 ⑴動詞と一部の助動詞の連用形に付く。⑵「あの人は流行を追いたがる」「すぐ君は知りたがるね」のように「たがる」で言い切る場合は、話し手以外の状態を表す。「私が行きたがれば、子供も行きたがるでしょう」など、文中では、話し手の状態も表せる。

たか‐わらい【高笑い】［名・自サ変］大きな声で笑うこと。また、その笑い声。〓「からからと―をする」

注意 動詞「高笑う」は使いにくい。

た‐かん【多感】［名・形動］ちょっとしたことにも感情を動かされやすいこと。感受性が強いこと。〓「―な青春時代を送る」

だ‐かん【▼兌換】［名・他サ変］紙幣を正貨と引き換えること。〓「紙幣を金に／と―する」

だかん‐しへい【▼兌換紙幣】［名］発券銀行がいつでも額面金額に相当する正貨と引き換えることを約束した紙幣。兌換銀行券。

たかん‐しょう【多汗症】［名］異常に多く汗をかく症状。全身的なものと局所的なものがある。

たき【滝】［名］高いところから勢いよく流れ落ちている水流。また、その場所。〓「―に打たれる」旧 瀧

た‐き【多岐】［名］物事が多方面にかかわりをもつこと。〓「―にわたる研究課題」▼道が幾筋にも分かれている意から。

た‐ぎ【多義】［名］一つの語や文章が多くの意味をもつこと。〓「―語」

だ‐き【唾棄】［名・他サ変］ひどく軽蔑して嫌うこと。〓「―すべき行為」▼つばを吐きすてる意。

だ‐き【▼舵機】［名］船のかじを動かす機械。操舵機。

だ‐き【惰気】［名］だらけた気分。なまけ心。

だき‐あ・う【抱き合う】［自他五］互いに相手を抱く。〓「―・って無事を喜ぶ」「肩を―」

たき‐あわせ【炊き合わせ】［名］魚介・鶏肉・野菜などを材料別に煮て一つの器に盛り合わせたもの。

だき‐あわせ【抱き合わせ】［名］❶二つのものを組み合わせること。❷販売するときに、売れ行きのよい品と売れ行きの悪い品とを組み合わせること。抱き合わせ販売。動 だきあわ・せる（他下一）

だき‐かか・える【抱き抱える】［他下一］腕をまわして、かかえるように支えもつ。〓「病人を―・えて診察室へ運ぶ」文 だきかか・ふ

だき‐かご【抱き籠】［名］夏の夜、風通しがよくなるように抱いて寝る円筒状の竹かご。竹夫人。

たき‐ぎ【薪】［名］燃料にする細い枝や割り木。まき。▼焚き木の意。読み分け ➡まき（薪）

たきぎ‐のう【薪能】［名］❶奈良興福寺の修二会の際に薪をたいて演じる神事能。▼幕末に廃れたが近年復興され、毎年五月一一・一二日に行われる。❷社寺などで、夜間に薪をたいて行う野外能。

だき‐ぐせ【抱き癖】［名］赤ん坊の、抱かれないと泣いたりむずかったりするくせ。〓「―がつく」

たき‐ぐち【滝口】［名］❶滝の流れ落ちる所。❷清涼殿をめぐる御溝水が流れ落ちる所。❸②に詰めて宮中の警護に当たった武士。滝口の武士。

たき‐ぐち【▼焚き口】［名］火をたきつける口。

たきこみ‐ごはん【炊き込み御飯】［名］魚介・肉・野菜などの具を入れ、味をつけて炊いた御飯。

だき‐こ・む【抱き込む】［他五］❶腕の中にかかえ入れる。かかえこむ。〓「赤ん坊を両腕で―」❷自分の仲間にうまく誘い入れる。〓「ガードマンを―」▼多く悪い企てに引き入れることにいう。名 抱き込み

タキシード［tuxedo］［名］男性の夜会用略式礼服。燕尾服の代わりに用いる。上着は背広型だが襟を拝絹でおおい、必ず黒の蝶ネクタイをつける。▼ニューヨーク州のタキシードパークにあるカントリークラブ員が

制服として着用したことに由来。英国ではディナージャケットと呼ぶ。

たき-し・める【▼焚き▽染める（▽薫き▽染める）】［他下一］香をたいて、その香りを衣服などにしみ込ませる。‖「香を衣にー」文 **たきし・む**

だき-し・める【抱き締める】［他下一］締めつけるように力を入れて抱く。‖「わが子をー」文 **だきし・む**

だき-すく・める【抱き▼竦める】［他下一］しっかりと抱いて身動きができないようにする。‖「後ろからー」文 **だきすく・む**

たき-だし【炊き出し】［名］災害時などに、飯を炊いて被災者や現場で働く人々に配ること。

だき-つ・く【抱きつく（抱き付く・抱き着く）】［自五］両腕を相手の体に回すようにして取りつく。‖「子供が母親にー」名 **抱きつき**

たき-つけ【▼焚き付け】［名］薪(まき)・石炭などを燃やすとき、火付きをよくするために使う燃えやすい材料。

たき-つ・ける【▼焚き付ける】［他下一］❶燃やすために火を付ける。着火する。‖「かまどに火をー」❷おだてたり興奮させたりして、あることをするように仕向ける。そそのかす。‖「仲間にーけられて万引きをする」文 **たきつ・く** 名 **たき付け**

［ことば探究］「たきつける」の使い方

▼「たきつける」②は、「そそのかす」と意味が似るが、「火を付ける」からの比喩的用法であるため、「興奮・高揚させてその行為をするように仕向ける」というニュアンスがある。
「×自白をたきつける」

たき-つぼ【滝▼壺】［名］滝の水が落ち込んで深い淵(ふち)となった所。

だき-と・める【抱き留める（抱き止める）】［他下一］両腕で抱くようにして受けとめる。また、抱くようにして抑えとどめる。‖「倒れかかった人をー」文 **だきと・む**

たき-び【▼焚き火】［名］庭などで、落ち葉や木片を集めて燃やすこと。また、その火。

たき-ぼうよう【多岐亡羊】(タキバウヤウ)［名］➡亡羊の嘆(たん)

だき-まくら【抱き枕】［名］抱きつくようにして使う大型の枕。

たき-もの【▼焚き物】［名］燃料としてたくもの。

たき-もの【▽薫き物】［名］種々の香木や香料を粉末にして練り固めた香。練り香。

だ-きゅう【打球】(ダキウ)［名］野球などで、打った球。

た-きょう【他郷】(タキャウ)［名］故郷・故国から離れた土地。異郷。他国。‖「ーに遊ぶ」

だ-きょう【妥協】(ダケフ)［名・自サ変］利害や意見が対立しているとき、互いにゆずりあっておだやかに決着をつけること。‖「ーの産物」「ー案」使い方 不本意ながら筋を曲げるという含みがある。

た-きょく【多極】［名］❶政治・経済・軍事などの中心的勢力が分散し、数多くの勢力となって互いに張り合っている状態。‖「ー化時代」❷電極が多いこと。

たきょく-こうぞう【多極構造】(ーコウザウ)［名］いくつかの国が力を持ち、それぞれが対立する構造。

たぎ・る【▼滾る】［自五］❶水がわき上がる。わき立って激しい勢いで流れる。‖「谷川がー」❷水が沸騰してわき返る。煮え立つ。‖「鉄瓶の湯がー」❸感情が激しくわき上がる。‖「血がー」名 **たぎり**

たく【宅】［名］❶家。住居。すまい。‖「先生のおー」「友人ー」「ー地・ー配」「帰ー・在ー」❷自分の家。また、妻が他人に対して自分の夫をいう語。

たく【卓】㊀［名］物を置く台。机。テーブル。‖「ーを囲む」㊁（造）ぬきんでる。すぐれている。‖「ー越・ー見・ー識・ー抜」

た・く【炊く】［他五］❶米・麦などの穀類に火を通して食べられるようにする。また、そのようにして米飯など主食となるものを作る。‖「かまどで米をー」「ご飯をー」❷西日本の方言で、煮る。‖「豆をー」◈「焚く」と同語源。書き方 もと「▼焚く」「▽煮く」とも。可能 **炊ける**

た・く【▼焚く】［他五］❶燃料などに火をつけて燃やす。また、そのようにして燃焼現象を作り出す。‖「落ち葉［松明(たいまつ)］をー」「火をー」❷火をつけてストーブなどの器具が働くように操作する。‖「ストーブ［罐(かま)・風呂(ふろ)］をー」❸火をつけて香などをくゆらす。また、火をつけて香りや煙などの出る状況を作り出す。‖「線香をー」「護摩(ごま)をー」書き方「▼炷く」「▽薫く」とも。❹昔の写真撮影で、火をつけて発光剤を燃やす。また、そのようにして発光状態を作り出す。‖「マグネシウムをー」「フラッシュをー」◈
使い方 ①③④の用例における「落ち葉［線香・マグネシウム］をー」の類は〜ヲに〈対象〉を、「火［護摩・フラッシュ］をー」の類は〜ヲに〈結果〉をとる言い方。②は〜ヲに〈道具〉をとる言い方。「鉄砲を撃つ」の類。可能 **たける**

たく【▼托】（造）❶物をのせる。また、物をのせる台。‖「ー鉢(はつ)」「茶ー」❷たのむ。まかせる。‖「一蓮ー生」

たく【択】（造）よしあしを見て選び出す。‖「ー抜」「採ー・選ー」「二者ー一」旧 擇

たく【沢】（造）❶さわ。湿地。‖「沼ー」❷物が豊かにあること。うるおっていること。‖「ー山」「贅(ぜい)ー」❸恵み。恵みを与える。‖「恩ー」❹つや。‖「光ー」旧 澤

たく【拓】（造）❶土地などをきりひらく。‖「ー殖」「開ー・干ー」❷石碑の文字などを紙に刷りとる。‖「ー本」

たく【託】（造）❶ゆだねる。あずける。‖「ー児」「委ー・嘱ー・信ー」❷かこつける。ことよせる。‖「屈ー・神ー」

たく【▼啄】（造）くちばしでつつく。‖「ー木」

たく【濯】（造）水ですすぎ洗う。‖「洗ー」

たく【▼鐸】（造）銅・青銅製の大きな鈴。‖「銅ー・木ー(ぼく)」▼昔、中国で政令を発するときなどに鳴らした。

タク［名］「タクシー」の略。‖「白ー」

タグ［tag］［名］❶商品の種類・値段・製造会社などを記した下げ札。❷コンピューターで、データなどの一部に付ける目印。

だ-く【駄句】［名］つまらない俳句。▼自分の句を謙遜(けんそん)していうときにも使う。

だ・く【抱く】［他五］❶腕を回して、しっかりと胸に押し当てるようにして持つ。‖「両手に赤子をー」「胸に遺影をー」「ひざをーいて座る」❷ひなをかえすために、親鳥が卵の上におおいかぶさるようにする。抱卵する。‖「親鳥が卵をー」❸肉体関係をもつことを遠回しにいう語。◈「抱(いだ)く」の「い」が落ちた形。可能 **抱ける**

だく【諾】（造）承知する。うべなう。‖「ー否」「快ー」

だく【濁】（造）❶水などがにごる。‖「ー流」「混ー・白ー」❷けがれている。‖「ー世(だくせ・じょくせ)」❸音がにごる。濁音。‖「ー点」「半ー音」

だく-あし【▼跑足】［名］馬術で、馬が前脚を高く上げてやや足早に歩くこと。また、その足なみ。だく。

たく-あん【沢▼庵】［名］生干しの大根を塩と糠(ぬか)で漬け込んだ漬物。たくわん。▼「沢庵漬け」の略。沢庵和尚が考案したとも、「貯え漬け」の転ともいう。

たぐい【類い(▽比い)】(タグヒ)［名］❶同じ種類のもの。同類。類(るい)。「占いの—は気にしない」❷同じ程度のもの。同等のもの。「—まれな才能」読み分け ⬇類(るい)

だく-い【諾意】［名］承諾する意思・意向。

たく-いつ【択一】［名］二つ以上のものの中から一つを選ぶこと。「二者—」

たく-いつ【卓逸】［名・形動］抜きん出てすぐれていること。卓越。「格調高雅、意趣—〈中島敦・山月記〉」

たぐ・う【▽類う・▽比う】(タグフ)［自五］同程度のものとして並ぶ。匹敵する。「イリアスにも—べき一大叙事詩」名 たぐい

たく-えつ【卓越】(ツエ)［名・自サ変］他をはるかに越えて、すぐれていること。「—した技量の持ち主」

だく-おん【濁音】［名］ガ・ザ・ダ・バの各行の音節。カ・サ・タ・ハ行の仮名に濁点「゛」をつけて書き表す。⬍清音・半濁音

だくおん-ぷ【濁音符】［名］濁点。

たく-さん【▽沢山】［形動・副］❶数量・回数が多いさま。「本を—買い込む」「あの店には—行った」「子—(だくさん)」「盛り—(だくさん)」❷数量などが十分であるさま。それ以上は不要なさま。「酒はもう—です」

品格　数多(あまた)「—の人々」大幅「平均を—に下回る」大量「—の廃棄物」多数「男性が—を占める」豊富「ビタミンを—に含む食品」

たく-じ【託児】［名］乳幼児を預けて世話を頼むこと。「—室・—施設」

たくし-あ・げる【たくし上げる】［他下一］手でくり寄せて引き上げる。まくりあげる。「ズボンの裾(すそ)を—」文 たくしあ・ぐ

タクシー【taxi】［名］乗り場や路上で客を乗せて運ぶ営業用の自動車。距離や待ち時間に応じて料金を取る。「—を拾う」

たく-しき【卓識】［名］すぐれた見識。卓見。

たくし-こ・む【たくし込む】［他五］❶たぐって手元に入れる。「網を—」❷着物の裾(すそ)などをからげて帯の下にはさみこむ。また、シャツなどの裾をズボンやスカートの中へ押し込むようにして入れる。「浴衣(ゆかた)の裾を—」「ワイシャツをズボンに—」

たくじ-しょ【託児所】［名］保護者が働いている間など、その乳幼児を預かって保育する施設。▼児童福祉法に基づく「保育所」だけでは対応できない、さまざまな要望に応えるものがある。

だく-しゅ【濁酒】［名］にごりざけ。⬍清酒

たく-しゅつ【卓出】［名・自サ変］ぬきんでてすぐれていること。「—した技術」

たく-しょ【▼謫所】［名］流刑(るけい)によって送られた場所。配所。

たく-じょう【卓上】(ヤウジ)［名］机やテーブルの上。「—ライター」

たく-しょく【拓殖(拓植)】［名・自サ変］未開の地を切り開き、そこに住みつくこと。「—事業」

たく-しん【宅診】［名・自他サ変］開業医が自分の医院で患者を診察すること。⬍往診

たく・す【託す(▼托す)】［他五］⬇託する　可能 託せる

だく-すい【濁水】［名］にごった水。⬍清水

たく・する【託する(▼托する)】［他サ変］❶それを頼りにして命などを頼み任せる。ゆだねる。「一本の綱に命を—」❷自分の力ではできないことを他に頼み任せる。ゆだねる。「老父のことを妻に—・して逝く」❸取り計らいを頼んで、伝言や届け物を預ける。ことづける。ゆだねる。「未来[夢]を子供に—」「伝言を—」❹気持ちなどを他のものにこと寄せて表す。仮託する。「花に—・して気持ちを伝える」文 たく・す

だく・する【諾する】［他サ変］承諾する。引き受ける。「快く寄付を—」文 だく・す　異形 諾す

だく-せ【濁世】［名］⬇じょくせ

だく-せい【濁声】［名］にごった声。だみ声。

たく-せつ【卓説】［名］すぐれた説。「—を承る」

たく-ぜつ【卓絶】［名・自サ変］この上なくすぐれていること。「古今に—した名品」

たく-せん【託宣】［名］神が人にのりうつるなどしてその意思を告げること。また、そのお告げ。神託。「御—が下る」「—を述べる」

たく-ぜん【卓然】［形動タルト］きわだってすぐれているさま。「—たる詩才をあらわす」

たく-そう【託送】［名・他サ変］運送業者などに頼んで物を送ること。「荷物を—する」

だく-だく【諾諾】［形動タルト］人のことばに逆らわずに従うさま。「唯唯(いい)—と付き従う」

たく-ち【宅地】［名］家屋の敷地。また、家屋を建てるための土地。

だく-てん【濁点】［名］清音の仮名の右肩に打って、それが濁音であることを示す符号。「が」「ぎ」などの「゛」。濁り点。濁音符。

タクト［名］指揮棒。▼ドイツ語の Taktstock の略。

ダクト【duct】［名］冷暖房・換気装置などで、空気の通路となる管。送風管・換気管など。

たく-はい【宅配】［名・他サ変］新聞・商品・荷物などを個々の家に配達すること。「—サービス・—ピザ」

たくはい-びん【宅配便】［名］小口の荷物を各戸に配送するトラック輸送便。

たくはい-ボックス【宅配ボックス】［名］不在時に宅配便の荷物を受け取るための箱。集合住宅用のロッカー状のものや戸建て用の小型のものなどがある。

たく-はつ【▼托鉢】［名・自サ変］修行僧が経文を唱えながら家々の前に立ち、鉄鉢(てっぱつ)に米や金銭の施しを受けること。「市中を—して回る」

たく-ばつ【卓抜】［名・形動・自サ変］他にぬきんでてすぐれていること。「—なアイデアを生みだす」「—した技術」派生 —さ

だく-ひ【諾否】［名］承知と不承知。承諾するかしないかということ。

タグボート【tugboat】［名］港湾内などで大型船を曳航(えいこう)する小型の船舶。引き船。

たく-ぼく【▼啄木】［名］キツツキの別称。

啄

たく-ほん【拓本】［名］石碑や器物に刻まれた文字や文様を紙に写しとったもの。湿した紙を張った上から墨汁を含ませたたんぽでたたく湿拓と、置いた紙の上から釣り鐘墨などで摺(す)る乾拓とがある。石摺り。搨本(とうほん)。

たく-ま【▼琢磨】［名・他サ変］修行に励んで学問・技芸・道徳などを向上させること。⬇切磋琢磨(せっさたくま)。▼「琢磨」は玉や石を打って磨く意。

琢

たくまし・い【▼逞しい】［形］❶体格ががっしりしていて、いかにも強そうなさま。‖「—腕」❷勢いが盛んであるさま。活力にみちあふれている。‖「商魂—売り込み合戦」❸⇓たくましゅうする 派生—さ

たくましゅう・する【▼逞しゅうする】タクマシウ［連語］思う存分にする。ほしいままにする。‖「想像を—」◈「たくましくする」のウ音便。

たくみ【▽匠・▽工】［名］手先や道具を使って工作物や建造物を作る職人。大工・細工師など。工匠。

たくみ【巧み】㊀［形動］手際よく、じょうずに物事をしとげるさま。巧妙。‖「—な演技」「言葉—にまるめこむ」㊁［名］❶工作物・建造物などに施す工夫や技巧。意匠。‖「—を凝らす」❷はかりごと。くわだて。

たく・む【▽巧む・▽工む】［他五］❶技巧や趣向をこらす。‖「—・まざる美しさ」❷たくらむ。‖「陰謀を—」名巧み

たくらみ【▽企み】［名］たくらむこと。また、たくらんだこと。くわだて。‖「暗殺の—を見抜く」

たくら・む【▽企む】［他五］よくないことを計画する。くわだてる。たくむ。‖「謀反（むほん）を—」可能たくらめる 名たくらみ

たく-らん【▼托卵】［名］ホトトギス・カッコウなどの鳥が、他の鳥の巣に卵を産み、孵化（ふか）やひなの世話をさせる習性。

たく-りつ【卓立】［名・自サ変］❶きわだってすぐれていること。‖「—した人物」❷プロミネンス。

だく-りゅう【濁流】ウリ［名］にごった川の激しい流れ。⇔清流

たぐり-よ・せる【手繰り寄せる】［他下一］たぐって手もとへ引き寄せる。‖「網を—」文たぐりよ・す

たく・る［動五］㊀［他］引き寄せるようにしてまくる。たくしあげる。‖「着物の裾（すそ）を—」㊁〈動詞の連用形に付いて複合動詞を作る〉盛んに何かをする、荒々しく事を行うなどの意を表す。‖「塗り—」「ひっ—」

たぐ・る【手繰る】［他五］❶両手で交互に引いて手もとへ引き寄せる。‖「ロープを—」❷記憶などを順を追ってたどる。一連の話などを順々に引き出す。‖「思い出を—」名手繰り

たく-ろう【宅浪】ウラ［名］〔俗〕入学試験に落ちた人が予備校などに通わないで自宅で受験勉強をすること。▼自宅で浪人する意。

だく-ろう【濁浪】ウラ［名］にごっている波。

たくろう-しょ【宅老所】タクラウ［名］介護を必要とする高齢者にデイサービスや短期宿泊サービスなどを提供する小規模施設。書き方「託老所」とも。

たく-ろん【卓論】［名］すぐれた議論や論説。卓説。

たく-わ【卓話】［名］テーブルを囲んで話し合うこと。

たくわえ【蓄え（▽貯え）】タクハヘ［名］たくわえること。また、たくわえたもの。特に、貯金・預金。‖「多少の—はある」

たくわ・える【蓄える（▽貯える）】タクハヘル［他下一］❶将来に備えて金銭や物品をためておく。‖「小金（こがね）を—」「食糧を—」「ミツバチが巣に蜜（みつ）を—」「肝臓は栄養の貯蔵庫としてグリコーゲンを—」「植物が根に養分を—」▼貯蔵庫を持つ臓器や植物についてもいう。❷知識や力などをいつでも発揮できるようにためておく。また、考えなどを（いつでも取り出せるような状態で）心に隠し持つ。‖「知識を—」「訓練を積んで力を—」「私は腹の底に依然として険しい感情を—・えながら、…冷酷な眼で眺めていた〈芥川〉」❸ひげや髪を手入れして伸ばしておく。‖「美髯（びぜん）を—」❹手下などを手元においてやしなう。‖「食客を—」◈書き分け【貯】は【金〔食糧〕を貯える】などと使うが、今は【蓄】が一般的。文たくは・ふ 名蓄え

たく-わん【沢▼庵】［名］⇓たくあん

たけ【丈】［名］❶人や物の高さ。‖「—をはかる」「身の—」❷物の長さ。‖「スカートの—を詰める」❸あるだけ全部。ある限り。‖「思いの—を述べる」

たけ【竹】［名］❶イネ科タケ亜科の多年生植物の総称。茎は横にはう地下茎の節または先端からまっすぐに伸びる。円筒形の茎にも節があり、節と節の間は中空。地下茎から生じる若芽は筍（たけのこ）といい、食用。楽器・工芸品・建築などの材とするほか、観賞用にも植栽。松・梅とともに厳寒の三友と呼ばれ、慶事に用いる。マダケ・ハチク・モウソウチクなど種類が多い。一般に小形のものは笹（ささ）と呼ぶ。‖「—に雀（すずめ）〔虎（とら）〕」（＝取り合わせのよいもののたとえ）❷竹を材料とした管楽器。笛・尺八・笙（しょう）など。

◉**竹を割ったよう** 竹がまっすぐに割れることから、気性がさっぱりしているさま。‖「—な好漢〔女性〕」

たけ【岳（▼嶽）】［名］高くて大きな山。また、その山頂。だけ。

た-け【他家】［名］よその家。よその家筋。

だけ［副助］❶範囲をそれと限定する。‖「あなただけが頼りだ」「残りは一つだけだ」「盗みだけはするな」「あの人にだけは会いたくない」❷〈「…だけ（のこと）だ」などの形で出来事や状態を受けて〉それ以上のことではない意を表す。‖「ちょっと風邪を引いただけだ」「いやになったらやめるだけのことだ」❸〈「これ」「それ」「あれ」「どれ」に付いて〉程度を強調する。こんなに。あれほど。‖「これだけ小さくなると使いにくい」「あれだけ言ったのに事故を起こした」❹それ以上は及ばないという意を込めて、程度を表す。‖「ほしいだけ持って行きなさい」「できるだけ早く帰る」「やるだけはやってみる」「泣くだけ泣いたら落ち着いた」❺〈「…すれば…しただけ」などの形で〉その程度に応じて他の事柄も進む意を表す。‖「手をかければかけただけよくなる」「昇進すればそれだけ気苦労も増える」❻〈「…だけのことはある」などの形で〉それにふさわしい内実がある意を表す。‖「高い金を払うだけのことはある」「この音を聞き分けるとは、さすが音楽家だけのことはある」「政治家だけのことはあって口がうまい」❼⇓だけに ◈名詞「たけ（丈）」の転。

た-げい【多芸】［名・形動］多くの技芸を身につけていること。‖「—な／の人」「—多才」

品格 のみ「許可を得た者—が閲覧できる」ばかり「今回—はそうもいかない」

◉**多芸は無芸（むげい）** 多芸な人はかえって傑出した芸が身につかないので、結局は無芸にも等しいということ。

たけ-うま【竹馬】［名］子供の遊具で、二本の竹竿（たけざお）につけた足がかりに足をのせ、竿の上部をにぎって歩くもの。▼昔は、竹の根もとの方にひもを通して手綱とし、またがって遊ぶものを指した。

たけ-がき【竹垣】［名］竹で作った垣根。

たけ-がり【▼茸狩り】［名］山や林で食用のきのこを探してとること。きのこ取り。きのこ狩り。

だ-げき【打撃】［名］❶強く打ちたたくこと。❷身に受ける精神的な痛手や物質的な損害。‖「冷害が農家に大—を与えた」❸野球・クリケットで、打者が投手の投

げた球を打つこと。バッティング。

たけ-ぐし【竹串】 [名] 竹で作った串。

たけ-くらべ【丈比べ】 [名] せいくらべ。

たけ-ざいく【竹細工】 [名] 竹を材料にして道具・器物などを作ること。また、その道具・器物。

たけ-ざお【竹▼竿】 ヲ-サ [名] 竹の幹で作ったさお。旗ざお・釣りざお・物干しざおなどにする。

たけだけ-し・い【▽猛▽猛しい】 [形] ❶勇ましくて強そうなさま。荒々しくてすごみがあるさま。❷ずうずうしい。ずぶとい。「盗人ぬすっと—」 派生 -げ／-さ

た-けつ【多血】 [名・形動] ❶体内に血液が多いこと。❷血の気が多く、感情が激しやすいこと。「—質」

だ-けつ【妥結】 [名・自サ変] 利害の対立する二者が、合意に達して約束を結ぶに至ること。「交渉が—する」

たけ-づつ【竹筒】 [名] 竹を横に切って作ったつつ。

だ-けど ■[接] 前と対立する事柄を述べるのに使う。でも。だが。しかし。だけれど。「熱意は買う。—、実力はイマイチだ」■[接助] 前と対立する事柄を述べるのに使う。次に述べる事柄の前置きとしても使う。だが。だけれど(も)。「お金はあるん—、時間がない」「お祭りのよう—、行ってみる?」 使い方 言いさして、控えめの反論や要求や提示などの気持ちを添える。「そりゃそう—、…」「これが欲しいん—、…」◈「だけれども」の転。「だけれども」に比べて口頭語的。

品格 しかし「人がいる。—、暗くて誰なのかわからない」 だが「努力した。—、失敗してしまった」

たけ-とんぼ【竹〈▼蜻▼蛉〉】 [名] 薄くプロペラ状にけずった竹の中心に軸をさし込んだ玩具がんぐ。両手で軸を回転させて飛ばす。

たけなわ【▼酣・▼闌】 タケナハ [名・形動] ❶物事の勢いが最も盛んであること。また、その盛りの時。「春—の野に遊ぶ」「宴—のときに…」❷少し盛りを過ぎて衰えに向かうこと。また、その時。「齢よわいすでに—」

だけ-に [連語] ❶前に示したことから当然予想される内実を導く。…にふさわしく。…だけあって。「北国育ち—寒さに強い」「服装が立派な—見栄えがする」「若い—体力がある」「あきらめていた—合格はうれしい」 使い方 名詞には、直接付ける用法のほか、「…なだけに」「…であるだけに」の形でもいう。「まだ子供だけに／子供なだけに／子供であるだけに」❷〈「…が…だけに」の形で、同じ名詞をくり返して〉その性質から考えて、後ろで述べることに十分の理由がある意を表す。「年が年—無理がきかない」「事が事—放ってはおけない」

たけ-の-こ【▼筍・竹の子】 [名] ❶タケ類の地下茎から生え出る若芽。モウソウチク・ハチク・マダケ・ネマガリダケなどのものは食用とする。「雨後うごの—」❷「たけのこ医者」の略。

たけのこ-いしゃ【▼筍医者】 [名] 技術の未熟な若い医者。▽まだやぶ医者にも至らない医者の意。

たけ-べら【竹▼箆】 [名] 竹を削って作ったへら。

たけ-みつ【竹光】 [名] ❶削った竹に柄つかをつけ、刀身に見せかけたもの。❷切れない刀をあざけっていう語。◈国光くにみつ・兼光かねみつなど、刀匠の名めかして造られた語。

たけ-やぶ【竹▼藪】 [名] 竹がたくさん生えている所。たかやぶ。

藪

たけ-やらい【竹矢来】 [名] 交差させた竹をあらく組んで作った囲い。

たけ-やり【竹▼槍】 [名] 竹の先端を鋭く斜めに切り、やりのようにして使う武器。

たけり-た・つ【▼哮り立つ】 [自五] けものなどが荒々しくほえたてる。盛んにほえる。「虎とらが—」

たけり-た・つ【▽猛り立つ】 [自五] ひどく興奮する。興奮して勇みたつ。「—心を抑える」

たけ・る【▼哮る】 [自五] 荒々しくほえる。また、大声で叫ぶ。「虎とらが—」 名 哮り

たけ・る【▽猛る】 [自五] ❶ひどくあばれる。激しく荒れる。「—馬を押さえる」❷感情が高ぶる。興奮してあせる。「—心を抑える」 名 猛り

た・ける【炊ける】 ■[自下一] 米などに火が通る。また、火が通ってご飯などができあがる。「ご飯の—いいにおいがする」■[自他下一]「炊く」の可能形。炊くことができる。「弱火にするとおいしく—」

た・ける【▽長ける・▼闌ける】 [自下一] ❶【長】ある方面の資質・才能などを十分にそなえている。ある方面にすぐれている。長じる。「事務能力に—けている」「世故に—けた人物」「﨟ろう—」❷【闌】季節が深まる。「春が—」❸【長】盛りを過ぎる。高齢になる。「年が—」 文 た・く

ことば探究 「長ける」の使い方

▼「長ける」①は言い切りの場合は主に「長けている」の形で使う。名詞を修飾する場合は「長けた」の形もよく使われる。
「交渉に長けている」「語学に長けている／長けた人」

▼優れていることがら・内容は「駆け引きに長ける」のように、ほとんどの場合「〜に」で示すが、まれに「企画能力が長ける」のように「〜が」の形になることもある。「〜に」も「〜が」もない、「才長けた(＝才能が優れた)人」などは古い言い方。

▼特定の範囲や領域の行為・ことがらにおいて優れているというニュアンスがある。
「×彼は野球に長けている」
「○彼は変化球を打つことに長けている」

だ-けれど [接] ➡だけれども

だ-けれども ■[接] 前と対立する事柄を述べるのに使う。でも。だが。だけど。だけれど。「歌は下手だ。—歌うのは好きだ」■[接助] 前と対立する事柄を述べるのに使う。次に述べる事柄の前置きとしても使う。だが。だけど。「行きたいのはやまやま—、持ち合わせがない」「多すぎると思うの—、これでいいか」 使い方 言いさして、控えめの反論や要求や提示などの気持ちを添える。「母はそう言うの—、…」➡だけど

た-けん【他見】 [名] 他人が見ること。また、他人に見せること。「—無用」

た-げん【多元】 [名] ❶ある物事を成り立たせる要素がいくつもあること。根源がいくつもあること。「—放送」「—的」⬍一元 ❷数学で、元(＝方程式の未知数の数)が二つ以上あること。「—方程式」

た-げん【多言】 [名・自サ変] 口数の多いこと。多くしゃべること。たごん。「—を弄ろうする」

だ-けん【駄犬】 [名] 雑種の犬。雑犬。

たげん-ろん【多元論】 [名] 哲学で、相互に独立した複数の根本原理を踏まえて世界の諸現象を説明しようとする立場。⬍一元論

たこ【▼凧・〈紙▼鳶〉】 [名] 竹などで作った骨組みに

紙を張って糸をつけ、風を利用して空高くあげるもの。いかのぼり。

たこ【▼蛸（〈章魚〉・▼鮹）】[名]イカ綱タコ目の軟体動物の総称。頭部のように見える丸い胴から吸盤のある八本の足がのび、その付け根に実際の頭と口がある。敵に襲われると墨を吐きだして逃げる。すべて海産で、マダコ・ミズダコ・テナガダコ・イイダコなどは食用。数「一杯…」「一匹…」と数える。

たこ【〈▼胼▼胝〉・▼胝】[名]常に圧迫を受ける皮膚の一部が角質化し、厚く固くなったもの。胼 「ペンー」「耳にーができる」

た-ご【〈担▼桶〉】[名]水や下肥を入れて天秤棒でになうおけ。にないおけ。たごおけ。「肥ー」

たこ-あし【▼蛸足】[名]❶器物などの足で、たこの足に似た形に作ったもの。❷一か所からいくつにも分かれ出ていること。「ー配線」

た-こう【多幸】ｶｳ[名・形動]非常にしあわせなこと。「御ーを祈る」

だ-こう【蛇行】ｶｳ[名・自サ変]道・川・進み方などが、蛇がはうように曲がりくねっていること。「ー運転」

た-こく【他国】[名]❶よその国。外国。⇔自国 ❷故郷・故国から離れた土地。他郷。

だ-こく【打刻】[名・他サ変]❶金属などに数字や文字を打ち記すこと。❷タイムレコーダーなどで時刻を打ち記すこと。「退社時刻をーする」

た-こくせき【多国籍】[名]多くの国に籍をもつこと。また、多くの国籍の人やものが集まって成り立っていること。「ー軍」「ー料理」

たこくせき-きぎょう【多国籍企業】ｹﾞﾌ[名]複数の国に、その国の国籍をもつ現地法人を所有し、世界的規模で生産・販売活動を行う大規模な企業。

たご-さく【田▼吾作】[名]農民や農山村地帯の人をさげすんで呼んだ語。

タコス【tacosｽﾍﾟｲﾝ】[名]メキシコ料理の一つ。トウモロコシ粉を薄く焼いたトルティーヤに炒めたひき肉、生野菜、チーズなどをはさみ、香辛料のきいたトマトソースをつけて食べるもの。

たこ-つぼ【▼蛸▼壺】[名]タコを捕らえるための素焼きのつぼ。縄をつけて海底に沈め、タコが入るのを待って引き上げる。「ーにとじこもる」使い方 狭い学問の世界のたとえにいう。

たこ-にゅうどう【▼蛸入道】ﾀﾞﾌ[名]❶タコのこと。▽タコの外見が坊主頭の僧に似ていることから。❷坊主頭の人をからかっていう語。

たこ-はいとう【▼蛸配当】ﾀｳ[名]配当するだけの利益を上げてない会社が決算時の帳簿操作で架空の利益を計上し、株主に配当を行うこと。たこ配。▽タコは空腹時に自分の足を食うという俗説から。

たこ-べや【▼蛸《部屋》】[名]かつての炭鉱・工事現場などで、苛酷な条件下で重労働を強いるために労働者を監禁同様に収容した宿舎。▽たこつぼの中のタコのように抜け出ることができないことから。

タコメーター【tachometer】[名]エンジンなどの毎秒または毎分の回転数を測定して表示する計器。回転速度計。

たこ-やき【▼蛸焼き】[名]水に溶いた小麦粉に、刻んだタコの小片や干しエビ・紅しょうがなどを入れ、半球形の型で焼いたもの。ソース・青のりなどをかけて食べる。大阪が本場。

た-こん【多恨】[名・形動]うらみに思うことや悔やまれることが多いこと。また、なごりを惜しむ気持ちがつきないこと。「多情ー」

た-ごん【他言】[名・他サ変]秘密などを他人に話すこと。たげん。「決してーしてはならない話」「ー無用」

た-さい【多才】[名・形動]さまざまな才能をもっていること。「ーな人」「多芸ー」

た-さい【多彩】[名・形動]❶色彩が多くて美しいこと。「ーな花模様」❷種類が多くてはなやかなこと。変化に富むこと。「ーな顔ぶれがそろう」派生 -さ

た-ざい【多罪】[名]❶罪の多いこと。❷手紙文などで無礼や過失をわびるのに使う語。多謝。「妄言ー」

ださ・い[形][俗]あかぬけしない。野暮ったい。「ー服」派生 -さ

だざい-ふ【▽大宰府】[名]律令制で、筑前国（現在の福岡県）に置かれた役所。壱岐・対馬を含む九州地方の行政を担当した。▽太宰府市にその遺跡が残る。現在の地名には「太宰府」と「太」の字を使う。

た-さく【多作】[名・他サ変]作家・芸術家が作品を多く作ること。「ーの作家」⇔寡作

だ-さく【駄作】[名]出来の悪い作品。⇔秀作

た-さつ【他殺】[名]他人に殺されること。「ー死体」⇔自殺

た-さん【多産】[名]❶子や卵を多くうむこと。「ー種のニワトリ」❷[他サ変]多く産出すること。「野菜をーする農村地域」

だ-さん【打算】[名・他サ変]利害・損得を勘定すること。「ーが働く」「ーで彼に近づく」

ださん-てき【打算的】[形動]何をするにもまず自分の損得を考えるさま。計算高い。「ーに行動する」

たざん-の-いし【他山の石】[名]他のいかなるつまらない物事でも、自分の反省・修養の役に立つということ。「彼の失敗をーとする」▽『詩経』の「他山の石以て玉を攻むべし」より。注意 模範にする意で使うのは誤り。

たし【足し】[名]不足分を補うもの。補いとして役立つもの。「バイトをして学費のーにする」

た-し【他紙】[名]ほかの新聞。他社の新聞。

た-し【他誌】[名]ほかの雑誌。他社の雑誌。

た-し【多士】[名]多くのすぐれた人材。

たし[助動 形型]（たから-たく・たかり-たし-たき・たかる-たけれ-○）〔古風〕助動詞「たい」の古い形。「飯は食いー、金はなし」「至急連絡されー」使い方 動詞と一部の助動詞の連用形に付く。⬇たい

た-じ【他事】[名]相手には関係のないこと。よそごと。「ーながら（＝あなたには関係ないことですがの意から、手紙で自分のことを述べるときに使う語）」

た-じ【多事】[名]❶[形動]仕事・用事などが多いこと。忙しいこと。「身辺ー」「ー多端」❷事件などが多く世の中が穏やかでないこと。「内外ー」「ー多難」

だし【《山車》】[名]祭礼のときに人形や花などを飾りつけるなどして引き歩く屋台。やま。だんじり。

だし【出し・〈出汁〉】[名]❶「出し汁」の略。「昆布でーをとる」❷自分の都合や利益のために利用するもの。方便にするもの。「子供をーにして金を借りる」

だし-いれ【出し入れ】[名・他サ変]出すことと入れること。出したり入れたりすること。「金銭[車]のー」

だしおし・む【出し惜しむ】ｼﾑ[他五]金品など

を出すことを惜しむ。出ししぶる。‖「わずかの寄付も―」名出し惜しみ

たしか【確か（▽慥か）】一［形動］❶明白で、間違いのないさま。確実であるさま。‖「―に叫び声を聞いた」「―な数字は不明だ」❷しっかりしていて、信用・信頼がおけるさま。‖「腕は―だ」二［副］断言はできないが、たぶんそうだろうという気持ちを表す。‖「―日曜も営業しているはずだ」「あれは―去年の二月だった」

たしか・める【確かめる】［他下一］自分で調べたり人に聞いたりして、あいまいな物事をはっきりさせる。確認する。‖「相手の住所を―」「真偽を―」「自分の可能性を―」「火の元を―」文たしか・む

だし‐がら【出し殻】［名］❶出し汁などを煮出したあとのかす。❷茶を入れたあとの茶葉。茶殻。

たし‐ざん【足し算】［名］二つ以上の数を加えて、その和を求める計算。加え算。寄せ算。加法。加算。⇕引き算

だし‐じる【出し汁】［名］鰹節（かつおぶし）・昆布・煮干しなどを煮出した汁。汁物・煮物などのうま味をますために使う。煮出し汁。だし。

たし‐せいせい【多士済済】［名］すぐれた人材が多くいるさま。たしさいさい。▽『詩経』に基づく。

たじ‐たじ［タヂタヂ］［副］相手に圧倒されて少しずつあとずさりするさま。ひるんでしりごみするさま。‖「敵の攻勢に―になる」

た‐しつ【多湿】［名・形動］湿気が多いこと。湿度が高いこと。‖「高温―の/な国」

た‐じつ【他日】［名］いつか別の日。後日。‖「―を期す」▽副詞的にも使う。

だし‐なげ【出し投げ】［名］相撲のきまり手の一つ。寄ろうとする相手のまわしを取って片足を大きく後ろに引き、体を半身に開きながら引きずるように投げる技。上手出し投げと下手出し投げがある。

たしなみ【▼嗜み】［名］❶好み。また、趣味。‖「風雅な―」❷芸事・武芸などの心得。素養。‖「和歌の―がある」❸つつしみ。節度。

たしな・む【▼嗜む】［他五］❶芸事などの心得がある。‖「お茶［謡（うたい）］を―」❷好んで、ほどよく親しむ。‖「酒は―程度」❸言動をつつしむ。‖「わが身を―」名たしなみ

嗜

たしな・める【▼窘める】［他下一］不適切な言動に対して、おだやかに注意を与える。軽くしかる。‖「乱暴な口を利いて―・められる」文たしな・む

ことば探究「たしなめる」の使い方

▼「〜をたしなめる」という場合、「〜を」には、不適切なことをした人や不適切な行動が入る。
「子供たちをたしなめる」「乱暴な言葉遣いをたしなめた」

▼「注意する」と異なり、事前の問題点の指摘などには使われない。
「ハチに刺されないように×たしなめた/○注意した」

▼口調や表情など、身体的なニュアンスをともなうので、文書での注意などでは用いられにくい。
「薬剤の使用を慎重に行うよう、文書で×たしなめた/○注意した」

だし‐ぬ・く【出し抜く】［他五］すきに乗じたり、だましたりして、相手より先に事を行う。‖「他局を―・いて報道特集を組む」

だし‐ぬけ【出し抜け】［形動］突然、意外なことが起こること。急に。突然に。‖「―になぐりかかる」

ことば探究「だしぬけ」の使い方

▼「突然」「急（に）」などと意味が近いが、「だしぬけ」は「（その場の）目の前のできごと」を表すことが多く、抽象的な表現にはなじみにくい。
「×連盟からだしぬけに離脱した」

▼一瞬で目に見えることについて言い、観察に少し時間のかかることがらには使いにくい。
「×おしゃべりだった母親が、だしぬけに無口になった」

だしまき‐たまご【出し巻き卵】［名］溶き卵にだし汁を加えて巻き込みながら仕上げた卵焼き。

だし‐もの【出し物（▽演し物）】［名］芝居・演芸などで、上演する題目。演目。

た‐しゃ【他社】［名］ほかの会社。よその会社。‖「同業―」⇕自社

た‐しゃ【他者】［名］自分以外の者。ほかの人。

た‐しゃ【多謝】［名］❶［自他サ変］深く感謝すること。‖「御厚情に/を―申し上げます」❷深くわびること。‖「乱筆―」▽「多罪」の誤用から。

だ‐しゃ【打者】［名］野球・クリケットで、投球を打つ人。バッター。

だ‐じゃく【惰弱（▼懦弱）】［名・形動］❶なまけていて、だらしがないこと。また、積極的に物事をしようとする気力に欠けること。‖「―な若者」❷体力・勢力などが弱いこと。‖「―な肉体」派生さ

だ‐じゃれ【駄〈▼洒落〉】［名］つまらないしゃれ。くだらないしゃれ。‖「―を飛ばす」

た‐しゅ【多種】［名］種類の多いこと。‖「―多様」

だ‐しゅ【▼舵手】［名］船のかじをとる人。かじとり。操舵手。

た‐じゅう【多重】［ヂュウ］［名］多く重なり合っていること。また、多く重ねること。‖「―債務」「―放送」

たじゅう‐じんかく【多重人格】［タヂュウ］［名］一人の人間が互いに独立した複数の人格傾向をもっていること。▽主人格は他の人格の記憶を持たないことが多い。「多重人格障害」の診断名は、現在「解離性（かいり）同一性障害」とされる。

た‐しゅつ【他出】［名・自サ変］よそへ出かけること。外出。‖「父は所用で―している」

た‐しゅつ【多出】［名・自サ変］多く出ること。出る回数が多いこと。‖「欠席者［用例］が―する」

た‐しゅみ【多趣味】［名・形動］趣味が多いこと。‖「―な人」

だ‐じゅん【打順】［名］野球などで、打者の順番。バッティングオーダー。

た‐しょ【他所（他処）】［名］ほかの場所。よその土地。‖「居（きょ）を―に移す」

た‐しょ【他書】［名］他の本。ほかの本。

た‐しょう【他生】［ヤウ］［名］仏教で、今生（こんじょう）に対して前世（ぜんせ）と来世（らいせ）。‖「―の縁（＝多生の縁）」

た‐しょう【他称】［名］⇩三人称

た‐しょう【多少】［ーセウ］一［名］多いことと少ないこと。

多いか少ないか。‖「―にかかわらず配達します」㊁［副］いくらか。すこし。‖「―ドイツ語が話せる」「コンピューター のことは―は知っている」

たーしょう【多生】［名］❶仏教で、六道を輪廻して何度も生まれ変わること。‖「―の縁（＝前世で結ばれた縁）」❷多くのものを生かすこと。‖「一殺―」

たーしょう【多祥】［名］幸せの多いこと。‖「御―を祈ります」▽多く手紙文で使う。

たーじょう【多情】［名・形動］❶情愛が深くて、物事に感じやすいこと。‖「―多感」❷愛情が移りやすいこと。浮気なこと。‖「―な／の人」

たじょうーたこん【多情多恨】［名・形動］感じやすいだけに恨みに思うことや悔やまれることが多いこと。

たじょうーぶっしん【多情仏心】［名］感じやすく移り気だが、無慈悲なことのできない心。また、そのような性質。

たーしょく【多色】［名］多くの色。さまざまな色。‖「―刷り」

たじろ・ぐ［自五］相手の勢いなどに圧倒されてひるむ。しりごみする。‖「一喝されて―」注意「たじろむ」「たじろんだ」は誤り。‖「×彼は少したじろんだ→○たじろいだ」名 **たじろぎ**

だーしん【打診】［名・他サ変］❶指先などで患者の体を叩き、その音や振動によって診察すること。❷相手側の気持ちや考えを知るために、それとなく働きかけて反応をうかがうこと。‖「先方の意向を―する」

たしんーきょう【多神教】［名］多数の神々を同時に崇拝する宗教。古代ギリシアの宗教、神道、ヒンズー教など。⇔一神教

た・す【足す】［他五］❶足し算をして合計を求める。‖「一に二を―」「長男は父親と母親を―・して二で割ったような顔だ」⇔引く ❷不足しているものにあるもの（特に、同類のもの）を補い加える。追加する。付け加える。‖「隠し味に砂糖を少量―」「風呂に水を―」「継ぎ―・書き―」❸⇒用を足す 可能 **足せる** 名 **足し**

たず【▽鶴・田▽鶴】［名］〔古風〕ツル。

だ・す【出す】［動五］

A 人やものを内から外に移す

㊀［他］❶一定の範囲内から外に移動させる。特に、相手の領域内に移す。‖「子供たちを家の外に―・して遊ばせる」「財布からお金を―」「『はいどうぞ』とスリッパを―」
❷体の一部分が一定の方向へ突き出るようにする。‖「窓から首を―」「手を―・して握手を求める」

B 人やものをもとの場所から離れさせる

❸乗り物を発進させる。‖「車［船・ヘリコプター］を―」
❹学校に行く者を世話して卒業させる。‖「高校までは―・してやる」▽「まで―」の形が多い。

C ある目的のために特定のところに行かせる

❺ある目的のために特定のところに行かせる。向かわせる。出向かせる。‖「救助のために捜索隊を―」
❻緊急事態に対して、軍隊や警察隊を出動させる。‖「討伐隊［機動隊］を―」

D 人の目にふれる場所に現れるようにする

❼人目にふれるところに人が現れるようにする。‖「新人を舞台［試合］に―」
❽ある分野に乗り出す。特に、選挙に立候補する。‖「若者を育てて社会に―」「秘書を選挙に―」
❾店などを作って営業する。‖「駅前に三号店を―」
❿〈「葬式［葬儀］を出す」の形で〉死者をあの世へ送るための儀式を執り行う。‖「仏式で葬式を―」▽棺を送り出すことによって儀式を成立させる意でいう。

E 特定の人や公の場に提供する

⓫書類や物品を特定のところに提出したり送り届けたりする。‖「レポートは期日までに―こと」「手紙を―」
⓬飲食物を人前に供する。‖「客にお茶［食事］を―」
⓭資金を提供する。また、報酬や手当などを支払う。支給する。‖「伯父が学資を―・してくれた」「ボーナスを―」
⓮製品を市場に送る。特に、書籍・CDなどを発行する。‖「A社が新製品を―・した」「有志で雑誌を―」
⓯売り物として広く公開する。‖「マンションを売り［競売・賃貸］に―」
⓰情報をマスコミなどに発表する。掲示する。‖「掲示板に秋祭りの案内を―」「新聞に広告を―」
⓱問題・解答・意見・結論などを外に表し示す。提示する。‖「問題［宿題・答え・結論］を―」「声明［要求・指示・予報・対応策］を―」
⓲信号の類を発したり相手に送り届けたりする。送る。‖「強力な電波を―」「監督が打者にサインを―」

F もともとは見えないものを見えるようにする

⓳身体の部分が衣服などにおおわれずに、表に現れるようにする。露出させる。のぞかせる。‖「肩を―・したドレス」
⓴内にある能力・特質・気力などを外に現し示す。‖「実力［元気・スピード］を―」「欲を―」
㉑感情や気持ちを表情や態度に表す。また、ことばに表す。‖「喜びを顔［面］に―」「口に―・して言うのが大事だ」

G 物事を発生させる

㉒ある新しい現象を作って出現させる。物事を発生させる。‖「隣家が台所から火を―・した」「植物が芽を―」「裏声を―・して歌う」使い方「大きな声を―」は〜ヲに〈結果〉を、「禁句を声に―」は〜ニに〈変化の結果もたらされた物〉をとる言い方。「仏像を彫る」に対する「木材を仏像に彫る」の関係と同趣。
㉓ある好ましい結果を出現させる。そういう結果を作り出す。生み出す。〈意志的な行為にもそうでない行為にもいう〉‖「ワックスでクラブにつやを―」「百メートル競走で新記録を―」使い方「スパイスが独特の風味を―」→「シェフがスパイスで独特の風味を―」のように、〜ガ（＝主格）を〜デ（＝手段格）で言い換えられるものもある。引き出す、引き起こすの意。
㉔ある好ましくない結果を生じさせる。そういう結果を作り出してしまう。〈非意志的な行為にいう〉‖「登山隊が滑落事故で死者を―・した」「赤字を―」
㉕地域や集団がある人材を輩出する。‖「本県は首相を三人も―・している」
㉖博打やくじ引きで、当たりの目を作ったり特定の札を引き当て（て役を作っ）たりする。‖「ぞろ目を―」「くじ引きで特賞を―」

H 「〜だす」の形で使う

㊁〈動詞の連用形に付いて複合動詞を作る〉❶そうすることによって外や表面に現れるようにする。‖「逃げ―・飛び―・はみ―・担ぎ―」
❷その動作を始める、その作用が始まる。…始める。‖「歩き―・泣き―」「雨が降り―」
◈「いだす（出す）」の「い」が落ちた形。一定の範囲内にあるものに力を加えて、それが外から見えるようにする意。
可能 **出せる** 名 **出し**

たーすう【多数】［名］数が多いこと。▤「ーの賛成者」⬍少数

だーすう【打数】［名］野球で、打者が打席に入って打撃を完了した回数から、四死球・犠打・打撃妨害の回数を引いたもの。打撃数。アットバット。

たすうーけつ【多数決】［名］会議などで、賛成者の多い方の意見によって物事を決めること。

たすか・る【助かる】［自五］❶危機的な状況をまぬがれる。特に、命を落とさずにすむ。▤「全力で逃げて命だけはー・った」「奇跡的にー」❷災難・被害をまぬがれる。難が及ばなくてすむ。▤「形見の指輪だけはー・った」❸費用や労力が少なくて楽だ。▤「先方持ちなら費用が浮いて（私は）ー」「当地は通勤が楽でー・ります」

たすき【▼襷】［名］❶立ち働くときなどに、和服の袖やたもとをたくし上げておくために用いるひも。肩からわきの下に通し、背中で交差するようにして結ぶ。❷輪状にして一方の肩から他方のわきの下に掛ける細長い布。▤「白いーを掛けた候補者」

襷

たーずき【〈方便〉・〈活計〉】キッ［名］生活の手段。生計。たつき。書き方 現代仮名遣いでは「たづき」も許容。

たすきーがけ【▼襷掛け】［名］❶たすきを掛けること。また、その姿。❷ひもや縄を斜め十文字に交差させてかけること。

タスク［task］［名］❶割り当てられた仕事。任務。❷コンピューターで、処理される仕事の単位。

タスクーフォース［task force］［名］❶機動部隊。❷特別な任務のために編成されたチーム。プロジェクトチーム。

たすけ【助け】［名］助けること。また、助けてくれる人。▤「ーを求める」

たすけーあ・う【助け合う】ーアフ［自五］互いに助ける。互いに力を出し合う。▤「兄弟がー」名 **助け合い**

たすけーぶね【助け船・助け舟】［名］❶水上での遭難者や遭難船を救助するために出す船。救助船。❷人が困っているときに力を貸すこと。また、助けとなるもの。▤「ーを出す」

たす・ける【助ける】［他下一］❶力を貸して危機的な状況（特に、生命の危機）からのがれさせる。救助する。▤「行き倒れの人をー」「命だけはおー・け下さい」❷力を貸して補い、事がうまく運ぶように手助けする。▤「友人の事業をー」「悪事をー」「お年寄りがバスに乗るのをー」「幼君をー」❸ある作用が物事をより好ましい状態になるようにする。促進する。促す。▤「技術革新が産業の発展をー」「日光と水分が苗の生長をー」◈「手（た）」＋「助（す）く」から。書き分け 救援・援助などをふまえて「▽援ける」、扶助・扶養などをふまえて「▽扶ける」とも書くが、今は一般に【助】を使う。文 たす・く 名 **助け**

たずさ・える【携える】タヅサヘル［他下一］❶移動や外出に際して、あるものを手に持ったり身につけたりする。▤「手土産（てみやげ）をー・えて訪問する」❷手を取るようにして連れてゆく。引き連れる。伴う。▤「部下をー・えて海外を視察する」文 たづさ・ふ

たずさわ・る【携わる】タヅサハル［自五］ある物事に（特に仕事として）関係する。かかわる。従事する。▤「仕事にー」「趣味として陶芸にー」可能 **携われる**

ダスター［duster］［名］❶ちりやほこりを払う道具。はたき・ぞうきんなど。❷ほこりよけに着る薄地のコート。▼「ダスターコート（duster coat）」の略。

ダストーシュート［dust chute］［名］中高層建築に取りつけられた、ごみを捨てるための縦穴型装置。各階に投入口を設け、下の廃棄所に落とす。

ダストーボックス【和製dust＋box】［名］ごみ箱。

たずねーびと【尋ね人】タヅネ［名］消息がわからなくてさがされている人。

たず・ねる【訪ねる】タヅネル［他下一］会うためにその人のいる所へ行く。また、ある目的のためにその場所へ行く。訪問する。訪れる。訪（と）う。▤「京都に山本氏をー」「先生の家［母校］をー」「名所旧跡をー・ね歩く」◈「尋ねる」と同語源。文 たづ・ぬ

たず・ねる【尋ねる（▼訊ねる）】タヅネル［他下一］❶所在の分からないものをさがし求める。▤「家出した子供をー・ねて日本国中を回る」「町から町へとー・ね歩く」❷物事の根源や道理などを探り求める。探求する。追求する。▤「日本語の起源［人生の意味］をー」「故（ふる）きを温（たず）ね新しきを知る〈論語〉」❸返事を求めて分からない事柄を人に聞く。質問する。▤「何かご用ですかとー」「駅へ行く道をー」「安否をー」「つかぬ事をおー・ねしますが、…」◈ 書き方「訊」は、（強い調子で）聞きただす意で「被告に訊ねる」「警察に訊ねられる」などとも。文 たづ・ぬ

品格 伺（うかが）う「有識者の知見をー」質（ただ）す「真意をー」諮（はか）る「審議会にー」

だ・する【堕する】［自サ変］物事がよくない傾向・状態に陥る。▤「怠惰な生活にー」文 だ・す

たーぜい【多勢】［名］人数の多いこと。▤「ーの敵」▼「おおぜい（大勢）」は別語。ただし、以前は「おおぜい」を「多勢」と書くこともあった。

◉**多勢に無勢（ぶぜい）**　多人数に対する少人数ではとても勝ち目がないこと。▤「ーで、あの大軍にはかなわない」

だーせい【惰性】［名］❶これまで続いてきた習慣や勢い。▤「ーで煙草（たばこ）に手を出す」❷慣性。

だーせき【打席】［名］バッターボックス。また、打者としてバッターボックスに立つこと。▤「ーに入る」

たーせん【他薦】［名・他サ変］他人が推薦すること。▤「自薦ーを問わない」⬍自薦

薦

たーせん【多選】［名］選挙で、同じ人が何度も選出されること。▤「ー禁止」

だーせん【打線】［名］野球で、打者の顔ぶれ。また、その力量。

だーせん【唾腺】［名］口腔（こうこう）の粘膜にあって、唾液（だえき）を分泌する腺。唾液腺。

たーそう【多層】［名］多くの層になって重なること。▤「ー構造」「ー的なネットワーク」

たそーがれ【〈黄▼昏〉】［名］夕方の薄暗いころ。夕暮れ。たそがれどき。▼人の見分けがつきにくく、「誰（た）そ彼（かれ）は」と問うことから。⬇かわたれ 使い方 人生の終わりに近づこうとする年代のたとえにもいう。▤「人生のー」

たそが・れる【〈黄▼昏〉れる】［自下一］❶日が暮れてあたりが薄暗くなる。夕方になる。▤「空がー・れてくる」❷盛りを過ぎて衰える。生気がなくなる。❸物思いに沈む。▤「昼間からベランダでー」◈名詞「たそがれ」の動詞化。

だーそく【蛇足】［名］よけいなもの。なくてもよいもの。▤「その一言はーだ」「ーを加える」使い方「蛇足ですが…」などの形で、自分の説明やあいさつに話を付け加える際に使うことも多い。語源 蛇の絵を早く描く競争で、最初に描き上げた者がつい足を描き添えたために失敗したという『戦国策』の故事に基づく。

たーそん【他損】[名] 他人の責任で自分が損害をこうむったり怪我(けが)をしたりすること。「ー事故」⇔自損

たーた【多多】[副] 数がきわめて多いさま。たくさん。「反省すべき点はーある」

◉**多多益益(ますます)弁(べん)ず** ❶仕事が多ければ多いほど巧みに処理する。❷多ければ多いほどよい。

ただ【▽徒・▽唯・▼只・▽但】 一[名] ❶〈「ただの…」の形で〉取り立てて言うほどの価値や意味がない意。普通の。「ーのかすり傷」「ーの新人ではない」❷〈多く「ただでは」の形で〉そのまま何事もない意。多く下に打ち消しの語を伴って、重大な事態の発生をほのめかす。「見つかったらーでは済まない」「転んでもーでは起きない」❸代金のいらないこと。また、報酬のないこと。「入場料はーだ」「ーで働く」 二[副] ❶そのことだけをするさま。もっぱら。ひたすら。「ー無事を祈る」❷取り立ててほかに何もないさま。「ー広いだけの庭」❸数量・程度などがきわめて少ないさま。たった。わずかに。「ー一人だけ生き残る」 三[接] 前述の事柄について留保・条件・注釈などを付け加える語。ただし。「品はいい。ー値段が高い」
◈書き分け 一と二②③は【只】、二①は【唯】(いたずらにの意では【徒】)、三は【但】を使う。

◉**只(ただ)より高いものはない** ただで物をもらうと、お礼に金がかかったり頼みを聞かなくてはならなかったりで、結局は高いものにつくということ。

だだ【駄駄】[名] 子供などが甘えてわがままを通そうとすること。「ーを捏(こ)ねる」

ダダ【Dada フランス】[名] ❶第一次大戦中から戦後にかけて欧米に興った芸術運動。既成のあらゆる価値体系を否定し、一切の束縛から脱した自由自在な発想と表現をめざした。反理性・反道徳・反合理主義の姿勢を特色とする。▼「ダダイスム」の略。❷ダダイスムを信奉する人。▼「ダダイスト」の略。

たーだい【多大】[名・形動] 数量や程度がきわめて大きいこと。「ーの成果をあげる」「ーな/の影響を受ける」

だーたい【堕胎】[名・自サ変] 自然の分娩(ぶんべん)期以前に胎児を人為的に母胎外に出すこと。

ただーいま【▼只今(▽唯今)】 一[副] ❶[名] まさに今。今現在。「ー準備中」❷[名] つい今しがた。「ーお帰りになりました」❸すぐに。もうすぐ。「はい。ー参ります」◈「今」よりも改まった言い方。 二[感] 外出から帰ったときのあいさつのことば。▼「ただいま帰りました」の意。

たた・える【▽称える・▼讃える】タタヘル [他下一] ほめる。ほめそやす。称賛する。「健闘をー」文たた・ふ

たた・える【▼湛える】タタヘル [他下一] ❶器いっぱいに液体を入れて、あふれんばかりにする。「杯に酒をなみなみとー」「プールに水をー」使い方 器を主語にしてもいう。あふれんばかりの状態で、器がたっぷりと液体を含みもつ意。「二つの岬に抱かれた湾が、静かな水をーえていた〈大岡昇平〉」❷〈多く「目に涙をたたえる」の形で〉涙ぐんで、目から涙があふれんばかりにする。「両の目に涙をーえて訴える」❸表情などに内面を表す情感や情趣があふれんばかりに感じられることにいう。「満面に笑みをーえて迎える」「目もとに気品をーえている」文たた・ふ

たたかい【戦い・闘い】タタカヒ [名] ❶【戦】たたかうこと。戦争。戦闘。「源平のー」❷【戦・闘】競争。競技。試合。❸【闘】抗争。闘争。「貧苦とのー」「労使のー」

たたか・う【戦う・闘う】タタカフ [自五] ❶【戦】武力を用いて争う。戦争する。交戦する。「A国とB国がー」❷【戦・闘】競技・選挙などで、優劣を競う。勝負を争う。競争する。「古豪と新鋭が優勝をかけてー」「新人が現職と互角にー」❸【闘】自分の利益や権利などを守ったり獲得したりするために争う。闘争する。「賃上げをめぐって労使双方がー」「世の中の偏見とー」「裁判でー」❹【闘】身に降りかかる困難や誘惑などを乗り越えようとする。闘争する。「苦難[病気・誘惑]とー」
◈「叩(たた)き合う」の意からという。使い方「選挙戦を戦う」「安保闘争を闘う」など同族目的語をとって他動詞としても使う。書き分け【戦】は戦争・試合・選挙戦など具体的な争いに、【闘】は比較的小さな戦いに使うほか、言論による争いや目に見えない相手との争いなど抽象的なものに使う。後者は「闘争する」とほぼ同義。なお、「闘」を「斗」と書くのは俗用。可能 たたかえる 名 たたかい

たたき【▼叩き(▼敲き)】[名] ❶たたくこと。また、その人。「太鼓ー」❷コンクリートで固めた土間。古くは叩き土に石灰・水などを加えて練ったものを塗り、たたき固めて仕上げた土間。書き方「三和土」とも。❸魚肉・鳥獣肉などを包丁でたたくこと。また、その料理。❹新鮮なアジ・イワシなどの身を包丁でたたきつぶし、味噌(みそ)や酢味噌で和(あ)えた料理。薬味としてアオジソやサンショウを添える。沖なます。たたきなます。❺三枚におろしたカツオの表面をさっと火であぶってから刺身にし、ニンニク・ショウガなどの薬味と二杯酢をふりかけて、味がなじむように手や包丁の腹で軽くたたいたもの。高知県の郷土料理。土佐作り。

たたきーあげ【▼叩き上げ】[名] たたき上げること。また、その人。「ーの宮大工」

たたきーあ・げる【▼叩き上げる】[自下一] 苦労を重ねて技量を磨き、自らを一人前の人物に仕上げる。「見習い社員からーげて運送会社の社長となる」文たたきあ・ぐ 名 叩き上げ

たたきーうり【▼叩き売り】[名] ❶大道商人が威勢よく売り台をたたきながら口上を述べ、少しずつ値を下げて売りさばくこと。「バナナのー」❷大安売り。投げ売り。「在庫一掃のー」動 たたきう・る(他五)

たたきーおこ・す【▼叩き起こす】[他五] ❶戸などをたたいて眠っている家人の目を覚まさせる。「隣人をーして火事を知らせる」❷眠っている人をむりに起こす。「子供をーして学校に行かせる」

たたきーこ・む【▼叩き込む】[他五] ❶強くたたいて打ち込む。「くさびをー」「レフトに本塁打をー」❷力ずくで中に入れる。ぶちこむ。「下手人(げしゅにん)を牢(ろう)にー」❸厳しく教え込む。しっかり覚えるようにする。「茶道のいろはをー」「重要な英単語を頭にー」

たたきーだい【▼叩き台】[名] ❶物をたたくのに使う台。たたき売りや鍛鉄のための台など。❷よりよい成案を作るための原案。素案。「本案をーにして議論する」

たたきーだいく【▼叩き大工】[名] へたな大工。また、もっぱら技量を必要としない仕事をする大工。

たたきーだ・す【▼叩き出す】[他五] ❶たたき始める。うちだす。「ドラムをー」❷たたいて追い出す。また、乱暴に追い出す。「泥酔して店からーされる」❸金属板を裏からたたいて模様などを浮き出させる。うちだす。「花模様をー」❹スポーツで、得点や新記録などを作り

出す。∥「決勝点を—」「最高記録を—」❺高額の利益を作り出す。はじき出す。∥「年商一兆円を—」

たたき-つ・ける【▼叩きつける（▼叩き付ける）】〔他下一〕❶強く投げつける。激しくぶつける。∥「一本背負いでマットに—」「グローブを地面に—」「風まじりの雨が—ように降る」❷激しい勢いで差し出す。∥「辞表を—」[文]たたきつ・く

たたき-なお・す【▼叩き直す】〔他五〕❶曲がったものをたたいて、まっすぐにする。❷ねじけた性行などを鍛え直して正しくする。∥「くさった根性を—」

たたき-のめ・す【▼叩きのめす】〔他五〕❶激しくなぐって起きあがれないようにする。∥「侵入者を—」❷心身に激しい打撃を与える。∥「舌鋒鋭く論敵を—」

たた・く【▼叩く（▼敲く）】〔他五〕❶手や道具を使って、（連続して）打つ。特に、被害などを与えることを目的として、強い力で打つ。∥「布団を—・いてほこりを払う」「太鼓[肩]を—」「懲らしめのために尻(しり)を—」❷手などで自分の体の一部を打つ。∥「手を—・いて喜ぶ」「胸を—・いて自信のほどを見せる」❸雨や風が強く打ち付ける。∥「雨が激しく窓を—」❹ゴルフで、球を打つのに失敗して不本意な結果を出す。∥「痛恨のダブルボギーを—」▼～ヲに〈結果〉をとる。❺魚肉などを包丁で打つようにして細かく切ったり柔らかくしたりする。∥「アジを包丁の刃で—」❻攻撃を加えて相手をやっつける。また、相手の主張などを激しく非難攻撃する。∥「空中から敵の要塞(ようさい)を—」「敵の出端(では)を—」「マスコミが政府を—」❼それとなく相手の考えを聞いたり探ったりする。打診する。∥「念のため専門家の意見も—・いてみよう」❽値段を負けさせる。値切る。∥「千円の品を半額に—・いて買う」❾〈「…口をたたく」の形で〉そのような口をきいたり口のきき方をしたりする。∥「大きな口[減らず口・憎まれ口・無駄口]を—」▼～ヲに〈結果〉をとる。❿[古風]クイナが鳴く。▼泣き声が戸をたたく音に似ていることから。◈[書き方]「敲」は「戸[門]を敲く」などと好まれる。[可能]たたける [名]叩き

◉**叩けば埃(ほこり)が出る**　どんなものでも細かく調べれば欠点や欠陥が出てくるものだ。

ただ-ごと【▼只事・▽唯事・▽徒事】〔名〕普通のこと。ありふれたこと。∥「あの様子は—ではない」▼多く下に打ち消しを伴う。

ただ-し【但し】〔接〕前に述べたことに条件や例外を付け加えるときに使う。∥「明朝九時集合。—雨の場合は中止」[書き方]かな書きも多い。

ただし・い【正しい】〔形〕❶形や向きがきちんと整っているさま。∥「姿勢を—・くする」❷道徳・法律・儀礼などにかなっているさま。規範や規準からはずれていない。∥「礼儀—人」「法律的には—商行為」❸真理・事実・実情などに合致しているさま。真である。∥「この解答は—」「状況を—・く把握する」❹血筋などがはっきりたどれるさま。正統である。∥「—王位継承者」❺〈「正しくは」の形で〉正式な名称や真説を示す。正確に言えば。∥「馬券、—・くは勝馬投票券」[派生]-さ

ただし-がき【但し書き】〔名〕「但し」という語を書き出しに使い、その前文についての条件・例外・解説などを書き添えた文。

ただ・す【正す】〔他五〕❶誤りや不適切なところをなおす。正しくする。∥「誤りを—」[書き方]文字・文章の誤りを訂正する意では「▽訂す」とも。❷ゆがみや乱れなどをきちんとなおす。特に、改まった真剣な顔つきになる。∥「姿勢[襟(えり)]を—」「色を—・して（＝改まった顔つきになって）詰め寄る」◈「質す」「糺す」と同語源。[可能]正せる

ただ・す【▼糺す・▽糾す】〔他五〕厳しく取り調べて物事の理非を明らかにする。また、本源までさかのぼって罪過や過誤を追及する。∥「事の理非[不正]を—」「もとを—・せば政治が悪い」[可能]ただせる

ただ・す【▽質す】〔他五〕質問して確かめる。∥「方針を—」[可能]ただせる

たたずまい【▼佇まい】タタズマヒ〔名〕そこにあるものの様子。また、そのものがかもし出す雰囲気。∥「閑静な—の家」

たたず・む【▼佇む】〔自五〕❶ある場所にしばらく立ち止まる。∥「その横に、大学の制服を着た青年が人待ち顔に—・んでいる〈北杜夫〉」❷ある場所に建物・彫像・樹木などが（ぽつんと）立って存在する。∥「森の中にひっそりと—人家」◈[書き方]「▼イむ」とも。

ただち-に【直ちに】〔副〕❶時間を置かないで物事を行うさま。すぐに。即座に。∥「—集合せよ」❷間に他のものを置かないで接しているさま。じかに。直接。∥「庭先は—海岸に面している」❸他の解釈をはさまずその事柄に結びつくさま。即(そく)。∥「水不足が—凶作を意味するわけではない」

だだっ-こ【駄駄っ子】〔名〕だだをこねる子供。ききわけのない、わがままな子供。

だだっ-ぴろ・い【だだっ広い】〔形〕必要以上に広いさま。ただやたらに広い。だだびろい。∥「—部屋」[派生]-さ

ただ-なか【▽直中・▼只中】〔名〕❶まんなか。∥「湖の—に浮かぶ小島」❷最中。盛り。∥「嵐の—に船を出す」◈より強調して「まっただ中」ともいう。

ただ-ならぬ〔連語〕❶普通ではない。ただごとではない。∥「—気配」❷〈「…もただならぬ」の形で〉…以上に。その程度がはなはだしい。…どころではない。∥「犬猿(けんえん)も—仲」

ただ-に【▽唯に・▼只に・▼啻に】〔副〕単に。ただ。∥「麻薬は—健康を損なうのみならず人格の崩壊をももたらす」▼ふつう下に「のみならず」「ばかりでなく」などの句を伴う。

ただ-のり【▼只乗り】〔名・自サ変〕料金を支払わずに乗り物などに乗ること。無賃乗車。⬇薩摩守(さつまのかみ)

ただ-ばたらき【▼只働き】〔名・自サ変〕❶報酬をもらわずに働くこと。∥「一週間—する」❷働いてもそれだけの効果がないこと。∥「連日連夜の努力が—になる」

たたみ【畳】〔名〕和室の床(ゆか)に敷きつめる厚い敷物。わらを糸で刺しかためた床と、その上にいぐさで編んだ畳表(たたみおもて)を付けたもの。▼古くはむしろ・こもなど、敷物の総称。

◉**畳(たたみ)の上の水練**　⬇畳水練(たたみすいれん)

たたみ-いわし【畳▼鰯】〔名〕カタクチイワシの稚魚を簀(す)の子の上に並べ、天日で薄い板状に干し上げた食品。軽くあぶって食べる。

たたみ-おもて【畳表】〔名〕畳の表に取りつける、藺草(いぐさ)の茎を麻糸で織ったござ。

たたみ-がえ【畳替え】ガヘ〔名・自サ変〕畳表を新しいものに替えること。また、畳をすっかり新しいものに替え

ること。〓「客間の—をする」

たたみ-か・ける【畳みかける（畳み掛ける）】［他下一］相手に余裕を与えないように、立て続けに働きかける。〓「—けて質問する」文たたみか・く 名畳みかけ

たたみ-こ・む【畳み込む】［他五］❶折りたたんで中へ入れる。〓「新聞にちらしを—」❷心の奥にしっかりと入れておく。しっかり記憶する。〓「忠言を胸に—」❸畳みかける。〓「—んで質問する」名畳み込み

たたみ-すいれん【畳水練】［名］理論や方法は知っていても、実地の訓練をしてないために実際の役に立たないこと。畳の上の水練。畑水練。▼畳の上で水泳の練習をする意から。

たた・む【畳む】［他五］❶折り重ねて小さくまとめる。折り畳む。〓「布団［着物］を—」❷使用するために展開された物をもとの形に閉じる。分解して片づける。〓「傘を—」「組み立て式の椅子(いす)を—」❸伸ばし広げていた体の部分を折り重ねる。〓「鳥が羽を—」❹今までそこで続けてきた商売や生活をすっかりやめて（、よそへ移）る。〓「店［屋敷］を—」❺〈「胸に畳む」などの形で〉心に秘める。秘して語らない。〓「その思いを我が胸一つに—んで置こうと決心した〈鷗外〉」❻構築するために物を積み上げたり敷き詰めたりする。〓「門は石を—んだ三つのアーチからでき上っている…〈漱石〉」❼みずからを折り重ねるようにして、連なったり重なったりする。〓「北側は翠(みどり)りを—春の峯(みね)で〈漱石〉」❽暴力で痛めつける。〓「ひと思いに—んじまえ」可能畳める 名畳

ただ-もの【▼只者・▽徒者】［名］普通の人。平凡な人。〓「あの鋭い眼光は—ではない」▼多く下に打ち消しの語を伴い、特異な者、すぐれた者の意で使う。

だだ-もれ【だだ漏れ】［名］ひどく漏れること。〓「個人情報が—になる」▼「だだ」は接頭語。書き方「ダダ漏れ」とも。

ただよ・う【漂う】タダヨフ［自五］❶水面や空中に浮かんでゆれ動く。〓「クラゲが波間に—」「空に白雲が—」❷香りが風に運ばれたりして辺りに満ちる。たちこめる。〓「辺りに芳香が—」❸ある雰囲気や気分がその辺りに満ちる。〓「街に活気が—」「重苦しい雰囲気が—」「口もとに微笑が—」❹あてもなくあちこちを歩き回る。さまよう。〓「二つの影が紅灯の巷に—」

たたら【〈踏▼鞴〉・〈▼蹈▼鞴〉】［名］足で踏んで風を送る大型のふいご。鋳物師などが使う。 鞴

◉**踏鞴を踏・む** ❶ふいごを踏んで空気を送る。❷勢い余って空足(からあし)を踏む。

たたり【▼祟り】［名］❶神仏や怨霊がその意に背く人間にもたらす災厄。〓「触らぬ神に—なし」❷ある行為の報いとしてこうむる災難。 祟

たたり-め【▼祟り目】［名］たたりに遭うとき。災難に遭うとき。〓「弱り目に—」

たた・る【▼祟る】［自五］❶神仏・怨霊などが災厄をもたらす。〓「物の怪に—られる」❷ある行為が原因になって悪い結果が生じる。〓「無理が—って体をこわす」名たたり

ただ・れる【▼爛れる】［自下一］❶炎症などのために皮膚や皮下組織などが破れてくずれる。〓「火傷で皮膚が—」❷心身がすさむほど物事におぼれ込む。〓「酒に—れた生活」文ただ・る 名ただれ

た-たん【多端】［名・形動］事が多岐にわたること。また、仕事が多いこと。忙しいこと。〓「多事—」

たち【▽質】［名］❶生まれつきの性質や体質。〓「あきっぽい—」❷その物事の性質。〓「—の悪いいたずら」

たち【▽館】［名］［古風］❶貴人や役人が宿泊・居住する官舎。❷小規模の城。たて。

たち【《太刀》〈大刀〉】［名］❶長大な刀剣の総称。❷刃を下に向けて腰につり下げる長い刀剣。▼刃を上に向けて腰帯にさす「かたな」に対していう。◈「断ち」の意。書き分け 時代の古い直刀(ちょくとう)を【大刀】、平安時代以降の反り刀を【太刀】と書き分けることがある。

たち【立ち】［接頭］〈動詞に付いて〉語勢を強め、またやや改まった感じを表す。〓「—かえる・—まさる・—まじる・—向かう」

たち【▽達】［接尾］人・動物の複数を表す。また、〜を代表とする一団の意を表す。〓「ぼく—・きみ—・若者—・小鳥—」書き方⬇友達［書き方］使い方「公達(きんだち)」に見るように、古くは尊敬の意をこめて使ったもので、「ら」「ども」より丁寧。〓「突然扉を開いて現われた貨車たちは、…〈石原慎太郎〉」など、人・動物以外に使うこともある。

たち-あい【立ち会い】アヒ［名］❶証人・参考人などとして、その場に同席すること。また、その人。❷取引所で、取引員が集まって売買の取引をすること。書き方 公用文では「立会い」。

たち-あい【立ち合い】アヒ［名］❶双方が向かい合って勝負を争うこと。❷相撲で、土俵上の力士が仕切りから立ち上がること。また、その瞬間。

たちあい-えんぜつ【立ち会い演説】タチアヒ［名］異なる意見を持つ人々が公開の場で交互に意見を述べ合うこと。また、その演説。書き方 公用文では「立会演説」。

たち-あ・う【立ち会う】アフ［自五］証人・参考人などとして、その場に臨む。〓「検査に—」名立ち会い

たち-あが・る【立ち上がる（▽起ち上がる）】［自五］❶座ったり横になったりしている姿勢から体を起こして立つ。起立する。〓「ソファから—」「馬が後脚で—」❷相撲で、仕切りを終えた力士が体を起こして勝負を始める。立つ。〓「制限時間前に—」❸苦しい状態に陥った者が勢いを取り戻して活動を始める。〓「震災の痛手から—」❹ある目的のために新たに行動を起こす。〓「救援活動に—」❺横になった物が縦方向に起き上がる。〓「氏子たちの力で御柱(おんばしら)が—」❻煙や炎などが上の方へ上がる現象が現れ出る。立ち現れる。〓「湯気［土煙］が—」▼やや俗な用法。一般には「立ち上(のぼ)る」を使う。❼家屋や壁・塀などが上方に伸びた状態で作り出される。〓「土台の上に壁が—」書き方 多く「建ち上がる」と書く。❽イメージや感覚などが現れ出る。〓「緻密(ちみつ)な描写から主人公の姿が生き生きと—」❾機械（特に、コンピューター）に電源が入れられ、システムが稼動する状態が作られる。起動する。〓「パソコン［ソフト］が—」❿組織や企画などが新たに作られる。創設される。新設される。〓「国家戦略室［新企画］が—」◈使い方 意志的な動作を表す①〜④の他動詞形は「立ち上がらせる」。無意志的な作用を表す⑥〜⑩の他動詞形は「立ち上げる」。名立ち上がり〓「—に失敗する」

たち-あ・げる【立ち上げる（▽起ち上げる）】［他下一］❶持ち上げたり支えたりして立った状態にする。〓「作業員が総掛かりで倒れた塀を—」「育毛剤で頭髪を根元から—」❷あることが要因となって、炎や煙が上方に立ち上るような現象を作り出す。上げる。〓「土煙

をーげてトラックが走る」❸上方に伸びた状態で、建造物を作り出す。〓「外壁をー」書き方多く「建ち上げる」と書く。❹ある物事が、心の中にイメージや感覚などを作り出す。生み出す。〓「巧みな戦術が豊かな企業イメージをー」❺機械（特に、コンピューター）に電源を入れて、システムが稼働できる状態を作り出す。起動させる。〓「機械［ワープロソフト］をー」❻組織や企画などを新たに作り出す。創設する。新設する。〓「特別捜査本部［新雑誌の企画］をー」❼自らを持ち上げて立ち上がるようにする。〓「悲しみの底から己をー」「アカンサスがまっすぐに花茎をー」◈「立ち上がる」⑥～⑩の他動詞形。近年使われるようになった語。

たち-あらわ・れる【立ち現れる】〔自下一〕目の前に現れる。姿を見せる。文**たちあらは・る**

たち-いた【裁ち板】〔名〕布・紙などを裁つときに台として用いる板。裁ち物板。

たち-いた・る【立ち至る】〔自五〕物事がそのような状態になる。〓「交渉決裂という事態にー」

たち-いち【立ち位置】〔名〕❶立つ位置。〓「役者のー」❷ある状況の中で、その人が占める位置。立場。〓「チームにおけるー」

たちい-ふるまい【立ち居振る舞い】〔名〕立ったり座ったりする身のこなし。日常の起居動作。立ち振る舞い。書き方許容形「立居振舞」も多い。

たち-い・る【立ち入る】〔自五〕❶ある場所の中へ入る。〓「無断で構内にー」❷さらに深い部分に入り込む。〓「ーって言うならば…」❸本来自分とは関係ない事柄にかかわる。干渉する。〓「部外者がー問題ではない」名**立ち入り**「ー禁止」

たち-うお【《太刀》魚】〔名〕銀白色の太刀状をしたスズキ目タチウオ科の海水魚。海中では体を垂直にして立ち泳ぎをする。暖海に分布。食用のほか、体表面をおおうグアニン箔を模造真珠の塗料に利用する。タチノウオ。

たち-うち【《太刀》打ち】〔名・自サ変〕❶太刀で打ち合って戦うこと。❷まともに張り合って勝負すること。〓「技術ではとてもーできない」▼多く下に打ち消しや否定的な語を伴う。

たち-うり【立ち売り】〔名・他サ変〕店を構えず、道端や駅の構内で立って物を売ること。また、その人。

たち-おうじょう【立ち往生】〔名・自サ変〕❶立ったまま死ぬこと。立ち死に。〓「弁慶のー」❷途中で止まったまま動きがとれなくなること。〓「大雪で新幹線がーする」❸途中で行き詰まって処置のしようがなくなること。〓「野次を浴びて壇上でーする」

たち-おく・れる【立ち遅れる・立ち後れる】〔自下一〕❶立ち上がるのがおくれる。❷着手・進歩・発展などが他よりおくれる。また、おくれたために劣った状態になる。〓「大会の準備がー」「技術面でーれている企業」文**たちおく・る** 名**立ち後（遅）れ**

たち-およぎ【立ち泳ぎ】〔名・自サ変〕頭を水面上に出し、体を立てた姿勢で泳ぐこと。また、その泳法。

たち-かえ・る【立ち返る（立ち帰る）】〔自五〕もとの位置にかえる。もとの状態に戻る。〓「原点にーって考える」

たち-かぜ【《太刀》風】〔名〕太刀をふるったときに起こる風。激しくふりおろす太刀の勢い。

たち-かた【立方】〔名〕歌舞伎・日本舞踊で、立って舞い踊る人。▼伴奏者（地方）に対していう。

たち-がれ【立ち枯れ】〔名・自サ変〕草や木が立ったまま枯れること。動**たちが・れる**（自下一）

たち-き【立ち木】〔名〕地面に生えている樹木。

たち-ぎえ【立ち消え】〔名〕❶火が十分に燃えないまま途中で消えてしまうこと。❷計画などがいつの間にかとりやめになること。〓「建設の計画がーになる」

たち-ぎき【立ち聞き】〔名・他サ変〕立ち止まって、また物陰に立って他人の会話をこっそり聞くこと。

たち-き・る【断ち切る】〔他五〕❶刃物などで切り離す。〓「ロープをー」❷つながりを断ってかかわりをなくす。〓「師弟の関係をー」「未練をー」❸さえぎり止める。〓「退路をー」

たち-ぐい【立ち食い】〔名・他サ変〕立ったまま食べること。また、立ったまま客に食べさせる方式。〓「ーそば」

たち-ぐされ【立ち腐れ】〔名〕❶草木などが立ったまま腐ること。❷建物が荒れて朽ち果てること。

たち-くらみ【立ち▼眩み・立ち暗み】〔名・自サ変〕立ち上がるときや立っているときに急に起こるめまい。〓「風呂場でーがする」

たち-げいこ【立ち稽古】〔名〕演劇で、脚本の読み合わせを終えたあと、立って動作や表情をつけながら稽古すること。また、その稽古。

たち-こ・める【立ち込める（立ち▽籠める・立ち▼罩める）】〔自下一〕煙・霧・霞などが辺り一面をおおう。また、匂いが辺りに満ちる。〓「夜霧［芳香］がー」文**たちこ・む**

たち-さき【《太刀》先】〔名〕❶太刀の刃先。切っ先。❷太刀で斬りかかる勢い。▼弁舌などで相手を攻撃する勢いのたとえにもいう。〓「ー鋭く追及する」

たち-さばき【《太刀》▼捌き】〔名〕太刀の使いぶり。

たち-さ・る【立ち去る】〔自五〕立ってその場から去る。たちのく。〓「悄然としてー」

たち-さわ・ぐ【立ち騒ぐ】〔自五〕❶風や波が立って騒がしい音を立てる。❷ひどく騒ぐ。〓「群衆がー」

たち-しょうべん【立ち小便】〔名・自サ変〕道端などで、立って小便をすること。たちしょんべん。

たち-すがた【立ち姿】〔名〕❶立っている姿。❷舞をする姿。舞い姿。

たち-すく・む【立ち▼竦む】〔自五〕驚きや恐怖のために、立ったまま動けなくなる。〓「蛇を見てー」

たち-すじ【《太刀》筋】〔名〕太刀の使い方。また、太刀を使う素質。

たち-つく・す【立ち尽くす】〔自五〕いつまでもじっと立ったままでいる。〓「呆然とー」

たち-づめ【立ちづめ（立ち詰め）】〔名〕長時間立ったままでいること。立ち通し。〓「一日中ーで働く」

たち-どおし【立ち通し】〔名〕長時間立ち続けていること。立ちづめ。

たちどころ-に【（立ち所に）】〔副〕その場ですぐ結果があらわれるさま。たちまち。即刻。〓「この薬を飲めばー痛みが消える」

たち-どま・る【立ち止まる】〔自五〕歩くのをやめてその場に立つ。〓「声を掛けられてー」

たち-なお・る【立ち直る】〔自五〕❶倒れかかったものが、もとの状態に戻る。❷悪い状態からもとのよい状態に戻る。〓「倒産のショックからー」名**立ち直り**

たち-なら・ぶ【立ち並ぶ】［自五］❶並んで立つ。¶「商家の―町」 書き方 建造物については「建ち並ぶ」とも。❷同じ程度の才能・力量をもっている。肩を並べる。¶「刀剣の鑑定で彼に―者はいない」

たち-の・く【《立ち退く》】［自五］❶その場所を離れて、よそへ移る。¶「野次馬を―・かせる」❷住んでいる家などを明け渡して、よそへ移る。¶「マンションを／から―・き田舎に移る」名 **立ち退き**

たち-のぼ・る【立ち上る】［自五］煙などが高く上へあがる。¶「火口から噴煙が―」

たち-のみ【立ち飲み】［名・他サ変］立ったまま飲むこと。また、立ったまま客に飲ませる方式。

たち-ば【立場】［名］❶その人の置かれている地位や状況。¶「苦しい―に追い込まれる」「―がない」▼人が立つ場所の意から。❷物の見方や考え方。観点。¶「終始、反対の―をとる」

たち-はだか・る【立ちはだかる】［自五］❶両足を踏み広げ、行く手をさえぎるように立つ。¶「駆け出す馬の前に―」❷障害になるものが行く手に立ちふさがる。¶「新内閣の前途に難問が―」

たち-はたら・く【立ち働く】［自五］体をこまめに動かしてよく働く。¶「朝からかいがいしく―」

たちばな【▼橘】［名］❶古来、食用とされてきた柑橘(かんきつ)類の総称。❷九州・四国などに自生するミカン科の常緑小高木。初夏、芳香のある白い五弁花をつける。小さい果実は黄熟しても酸味が強い。ヤマトタチバナ。❸カラタチバナの別称。 橘

たち-ばなし【立ち話】［名・自サ変］立ったままで人と話をすること。また、その軽い内容の話。

たち-はばとび【立ち幅跳び】［名］幅跳びの一つ。踏み切り板の上に両足をそろえて立ち、助走をせずに前方へ跳ぶもの。▼かつては陸上競技種目の一つだったが、現在ではスポーツテストなどで行われる。

たち-ばん【立ち番】［名］立って見張りをすること。また、その人。

たち-ふさが・る【立ち塞がる】［自五］前に立って行く手をさえぎる。¶「両手を広げて―」

たち-ふるまい【立ち振る舞い】フルマヒ［名］➡立ち居(い)振る舞い

たち-まさ・る【立ち勝る】［自五］すぐれている。まさる。¶「実力ではA校が―」

たち-まち【▼忽ち】［副］❶物事がきわめて短い時間のうちになされるさま。瞬く間に。すぐに。¶「商品は―売り切れた」「問題は―のうちに解決した」❷物事が急に起こるさま。にわかに。¶「一天にわかにかき曇るや、―雨が降り出した」◈「立ち待ち」の意から。

たちまち-づき【立ち待ち月】［名］陰暦一七日の夜の月。立ち待ちの月。▼立って待っているうちに出てくる月の意。➡居待ち月・寝待ち月

たち-まわり【立ち回り】ハリマ［名］❶芝居・映画などで、斬り合いや殴り合いの場面。殺陣(たて)。❷殴り合いのけんか。乱闘。

たち-まわ・る【立ち回る】ハルマ［自五］❶あちこち歩き回る。¶「金策に―」❷人々と上手に付き合いながら、自分が有利になるように振る舞う。¶「二派の間でうまく―」❸立ち寄る。特に、逃走中の犯罪者などがある場所に立ち寄る。¶「犯人が友人宅に―」

たち-み【立ち見】［名］❶立ったまま見ること。❷芝居で、一幕ごとの料金を払って立ったまま観劇すること。また、その場所。幕見。¶「―席」

たち-むか・う【立ち向かう】カム［自五］❶正面から向かっていく。対抗する。¶「素手で強敵に―」❷困難な物事に正面から取り組んで解決しようとする。¶「難局に―」

たち-もち【《太刀》持ち】［名］❶武家で、主君の太刀を持ってそばに仕える小姓。❷相撲で、横綱の土俵入りのとき、太刀を持ってうしろに従う力士。

たち-もど・る【立ち戻る】［自五］元の場所にかえる。また、もとの状態に戻る。立ち返る。¶「本論に―」

たち-もの【断ち物】［名］神仏に願をかけ、その願が成就するまで特定の飲食物をとらないこと。また、その飲食物。茶断ち・塩断ちなど。

たち-やく【立ち役】［名］歌舞伎で、男役の総称。特に、老役(ふけやく)・敵役(かたきやく)を除いた、善人の男役。

たち-ゆ・く【立ち行く】［自五］❶時が過ぎていく。¶「月日が―」❷生活や商売が成り立っていく。¶「収入が少なくて暮らしが―・かない」

だ-ちょう【▼駝鳥】ウテ［名］アフリカの草原に生息するダチョウ目ダチョウ科の鳥。現生の鳥類では最も大きく、頭高二・五㍍にもなる。強大な足で速く走るが、翼が退化して飛べない。

たち-よみ【立ち読み】［名・他サ変］本屋の店頭で、本を買わずに立ったまま読むこと。¶「雑誌を―する」

たち-よ・る【立ち寄る】［自五］❶近くに寄る。近寄る。❷目的地に行く途中で、ついでに訪れる。¶「帰りがけに友人の家に―」

たち-わざ【立ち技】［名］柔道やレスリングで、立ったままの姿勢で相手に仕掛ける技。⬍寝技

だ-ちん【駄賃】［名］使い走りなど、簡単な仕事に対して与える金品。特に、子供がお使いなどをしたときに与える金品。▼原義は駄馬による運送賃。

たちん-ぼう【立ちん坊】ウバ［名］❶長時間立ち続けていること。❷明治・大正のころ、坂の下などに立って待ち、通りがかった荷車の後押しをして駄賃をもらった人。たちんぼ。

たつ【▼辰】［名］十二支の第五。▼動物では竜に当てる。時刻では午前八時、または午前七時から九時の間。方角では東南東。

たつ【竜】［名］➡りゅう(竜)①

た・つ【立つ(▽起つ・▽発つ)】［動五］

A 直立した状態になる

一［自］❶まっすぐ縦になった状態になる。¶「手で振った将棋の駒が―」「茶柱が―」「とげが―」❷ものが①の状態で設置される。また、設置されたものが①の状態である場所に位置する。¶「屋上にアンテナが―」「隣との境に塀が―・っている」 書き分け ➡建つ ❸足を伸ばして体を縦に支える。¶「ひと月もすれば―・って歩けるでしょう」「苦しくて―・っていられない」❹③の姿勢を保ってある場所に位置する。また、その姿勢を保ってある物事をする。¶「がけっぷちに―」「教壇に―・って英語を教える」「舞台［打席・証言台］に―」

B 身体を起こす

❺低い姿勢から身を起こす。立ち上がる。また、あることをするために身を起こしてその場を離れる。¶「憤然として席を―」「お手洗いに―」❻伏せていた身体の部分などが起きる。¶「静電気で髪の毛が―」「陰茎が―」 書き方「起」とも。

C ある状況に身を置く

❼ある状況下や立場に身を置く。‖「優位[苦境・非難の矢面]に—」「相手の立場に—って考える」

❽ある役割をもった者として身を起こす。また、身を起こして役割や使命を遂行する。‖「友人の保証人に—」「お主の挑戦、受けて—ぞ」 書き方 勢いよく立ち上がる、決起する意では「起」も好まれるが、一般には「立」。

❾選挙に立候補する。出馬する。‖「総裁選に—」

D もとの場所を離れる

❿目的(の場所)に向かってある場所を離れる。出発する。出立(しゅったつ)する。‖「早朝に宿を—」 書き方 一般に「発」が好まれるが、「立」を使うことも多い。

E ある現象が発生する

⓫(下から上に向かう動きを伴った)ある現象が発生する。生じる。‖「ほこり[煙・波]が—」「鳥肌が—」「ごみ箱から悪臭が—」

⓬〈「風呂(ふろ)が立つ」の形で〉ふろが沸く。‖「隔日に据え風呂が—〈鷗外〉」

⓭市などが開設されて売買が行われる。‖「朝市が—」

F 公の場に目立って現れる

⓮うわさなどが目立って現れる。また、目立って現れて世に広まる。‖「世間に評判[悪評]が—」「浮き名が—」

⓯物事が目立って(または、他にまさって)認められる。‖「昼日中では人目に—」「無念の思いが先に—」

G 物事が(よい状態で)成立する・維持される

⓰物事が成立する。また、成立して維持される。成り立つ。‖「予定[目算・めど・理屈]が—」「定収入だけでは暮らしが—たない」「このままでは面目が—たない」

⓱物事が都合よく維持される。用に耐え立派な働きをなす。‖「何の用にも—たない」「役に—」

⓲技能が一段とすぐれる。‖「弁が—」「腕の—弁護士」

H その他

⓳感情が激したり気持ちがいらだったりする。‖「思い出すたびに腹が—」「試合を控えて気が—っている」

⓴割り算で商として成り立つ。‖「四を二で割れば二が—」

I 〈「〜たつ」の形で使う〉

二〈動詞の連用形に付いて複合動詞を作る〉❶動きが上方に向かう。‖「そそり—・切り—・燃え—・煮え—」

❷心が浮き浮きとしたり勢いづいたりする。‖「浮き—・色めき—・勇み—・震い—・気負い—」

❸気持ちが起こる。‖「思い—」

◈「建つ」「経つ」と同語源。 可能 **立てる** 名 **立ち**

◉**立っている者は親でも使え** 急ぐ用事のあるときは、誰でもよいからそばに立っている者を使えということ。

◉**立つ鳥跡(あと)を濁(にご)さず** 立ち去る者はその後始末をきちんとしておかなくてはならないということ。また、引きぎわは潔くしなければならないということ。 書き方 「立つ」は「▽発つ」とも。

た・つ【建つ】〔自五〕建造物がつくられる。‖「駅前にビルが—った」「私の家は高台に—っている」「銅像が—」 書き分け 「ビルが立っている／建っている」では、前者はビルがすっくと立っていることに、後者は建設中であることや建築の結果そこに存在していることに注目していう。「板塀が立つ／建つ」では、前者は倒れた塀が再び直立する意、後者は作りつけられる意をもつ。

た・つ【▽経つ】〔自五〕時が経過する。‖「時間が—てば何もかも忘れる」「それから一年(が)—った」「いつまで—っても完成しない」 書き方 「しばらく立つと、先生も部屋へ帰って来た〈漱石〉」など、もと「立つ」も多用されたが、今は「経つ」が一般的。かな書きも多い。

た・つ【断つ・絶つ】〔他五〕❶【断】つながっている物を切り離す。断ちきる。切断する。‖「一刀のもとに縄を—」「頼みの綱が—たれる」 書き分け 【断】が一般的だが、「韋編(いへん)三度絶つ」「琴の緒を絶つ」などの慣用もある。

❷【断】つながりや連絡のあるものをさえぎって通わなくする。断ちきる。‖「電線を切断して電源を—」「退路[通信網]を—」「ふたをして臭(にお)いを—」

❸【断・絶】これまで続いてきた物事を終わらせる。断ちきる。‖「敵の攻撃[悪循環・未練]を断つ」「酒を断つ」「国交[食事]を—」「命を絶つ」「悪の根を絶つ」「望みが絶たれる」「交通事故が後を絶たない」 書き分け 「交際[筆]を断つ／絶つ」は、一時的か永続的かで「思うところがあって一時交際[筆]を断つ」「生涯を通じて交際[筆]を絶つ」などと使い分ける。「食事を断つ／絶つ」は、「断食(だんじき)」「絶食(ぜっしょく)」を踏まえて「食事を断って修行に励む」「療養のために食事を絶つ」などと使い分けることもある。

❹【絶】つながっていた連絡が途中でとだえる。‖「セスナ機が銚子沖で消息を—」「SOSの発信を最後に連絡を—」◈「裁つ」と同語源。 可能 **たてる**

た・つ【裁つ】〔他五〕布・紙などを型・寸法に合わせて切る。また、合わせ切ってその形の物を作る。‖「型紙に沿って服地を—」「着物を—」 書き方 「▼截つ」とも。 可能 **裁てる**

たつ【達】(造)❶道が通じる。‖「四通八—」❷目的・目標とする所へ行きつく。‖「—成・到—」❸品物などを届ける。‖「速—・配—」❹意向・命令などを伝える。‖「通—・伝—」❺物事によく通じる。すぐれている。‖「—観・—人」「上—・先—(せんだつ)」

だ・つ【立つ】〔接尾〕〈名詞に付いて五段活用の動詞を作る〉…のような状態になる、…らしいようすを帯びる、の意を表す。‖「殺気—・鳥肌—」

だつ【脱】(造)❶身につけているものを取り去る。ぬぐ。‖「—皮・—帽」「着—」❷取り除く。取れてなくなる。‖「—色・—水・—毛」「虚—・剝—(はくだつ)」❸抜け出す。のがれる。自由になる。‖「—獄・—税・—退」「解—(げだつ)・離—」❹はずれる。‖「—臼(だっきゅう)・—線」「逸—」❺あるべきものが抜け落ちる。‖「—字・—落」

だつ【奪】(造)他人のものを取り上げる。うばう。‖「—回・—取」「強—・略—」

たつ-い【達意】〔名〕自分の考えが他の人によく通じること。また、よく通じるように表現すること。‖「—の文章」

だつ-い【脱衣】〔名・自サ変〕衣服をぬぐこと。‖「—場」⬍着衣

だっ-かい【脱会】クヮイ〔名・自サ変〕属している会から抜けること。退会。‖「同好会を／から—する」

だっ-かい【奪回】クヮイ〔名・他サ変〕奪われていたものを取り返すこと。奪還。‖「陣地を—する」

タッ-カルビ【dak galbi 朝鮮】〔名〕朝鮮料理で、鶏肉をキャベツ・タマネギなどの具材と一緒にいため、コチュジャンなどで甘辛く味付けしたもの。‖「チーズ—」

たっ-かん【達観】クヮン〔名・他サ変〕❶広い視野をもって全体を見通すこと。‖「国の将来を—する」❷喜怒哀楽を超越し、何事にも動じない境地に至ること。‖「人生を—する」

だっ-かん【奪還】クヮン〔名・他サ変〕奪われていたものを

取り戻すこと。奪回。‖「選手権を―する」

た‐つき【〈方便〉・〈生計〉】[名] ⇩たずき‖「―に苦しみて、きょうの日の食なかりし折〈鷗外・舞姫〉」

だっ‐きゃく【脱却】[名・自他サ変] よくないものを捨て去ること。また、よくない状態から抜け出ること。‖「旧弊を―する」「危機から―する」

たっ‐きゅう【卓球】(キウ) [名] 中央にネットを張った長方形の台をはさみ、相対した競技者がラケットでセルロイド製のボールを打ち合って得点を競う球技。ピンポン。テーブルテニス。

だっ‐きゅう【脱臼】(ーキウ) [名・自他サ変] 骨の関節がはずれること。‖「肩のつけねが/を―する」

たっ‐きょ【▼謫居】(タク) [名・自サ変] 罰せられて遠方に流されること。また、その住まい。

ダッキング [ducking] [名・自サ変] ボクシングで、頭をすばやく下げて相手のパンチを避けること。

タック [tuck] [名] 洋裁で、布をつまんで縫った小さいひだ。

タッグ [tag] [名] 「タッグマッチ」の略。また、それに参加するチーム。

◉**タッグを組・む** 協力してものごとに取り組む。

ダッグアウト [dugout] [名] 野球場で、グラウンドより一段低くつくられた選手の控え室。ベンチ。

タックス‐フリー [tax-free] [名] 免税。非課税。

ダックスフント [Dachshund(ドイ)] [名] 主に愛玩用に飼育される、犬の一品種。体高二五センチ前後。胴が長く、四肢が極端に短い。もとはアナグマ猟の猟犬。

タックス‐ヘイブン [tax haven] [名] 外国企業に対する税率がゼロもしくは著しく低い国または地域。租税回避地。租税避難地。タックスヘブン。

タッグ‐マッチ [tag match] [名] プロレスで、二人または三人以上が一組になって行う試合。一人がリング内で戦い、タッチ(=タッグ)によって交代を繰り返す。

た‐づくり【田作り】[名] ごまめの別称。▽昔、田の肥料に用いたことからの名といい、めでたいものとして正月の祝い肴にする。

タックル [tackle] [名・自サ変] ❶ラグビーなどで、ボールを持って走っている相手チームの選手に組み付いて前進をはばむこと。❷レスリングで、相手の足もとに飛び込み倒すこと。❸走っている者に飛びかかって組み付くこと。

たっ‐けい【▼磔刑】(タク) [名] はりつけの刑。はりつけ。たくけい。‖「―になる」

たっ‐けん【卓見】(タク) [名] すぐれた考えや意見。立派な見識。卓識。‖「―に満ちた論文」

たっ‐けん【達見】[名] 物事の道理をよく見通すこと。また、広い見通しをもった意見や見識。

だっ‐こ【抱っこ】[名・他サ変] 幼児語で、だくこと。また、だかれること。‖「ママ、―して」「おんぶに―」

だっ‐こう【脱▼肛】(ーカウ) [名・自他サ変] 肛門部や直腸の粘膜が肛門外に抜け出ること。また、その病気。

だっ‐こう【脱稿】(ーカウ) [名・他サ変] 原稿を書き終えること。‖「昨夜、長編小説を―した」⇔起稿

だつ‐こうちく【脱構築】[名] フランスの哲学者デリダの用語。形而上学を支配している二項対立的な発想を解体し、その仕組みの再構築を試みることによって新しい可能性を見出そうとする思考の方法。デコンストラクション。解体構築。

だっ‐こく【脱穀】[名・自他サ変] 米・麦などの穀粒を穂から取り離すこと。‖「―機」

だつ‐ごく【脱獄】[名・自サ変] 囚人が牢獄から抜け出して逃げること。脱牢。‖「―囚」

だつ‐サラ【脱サラ】[名] サラリーマンを辞めて自営業を始めること。

たっ‐し【達し】[名] 官公庁や上司などからの通知・命令。‖「お―」 書き方 「達示」とも当てる。

だっ‐し【脱脂】[名・自他サ変] その物に含まれている脂肪分を抜き去ること。‖「―力」「―加工大豆」

だつ‐じ【脱字】[名] 文章で書き落とした文字。また、印刷物で組み落とした文字。⇔衍字

たっ‐しき【達識】[名] 広く物事を見通す見識。達見。

だっし‐にゅう【脱脂乳】[名] 牛乳から乳脂肪分を分離したもの。脱脂粉乳・アイスクリーム・ヨーグルトなどの原料にする。スキムミルク。

だっし‐ふんにゅう【脱脂粉乳】[名] 脱脂乳を濃縮・乾燥して粉末状にしたもの。各種乳製品や菓子類の原料にする。スキムミルク。

だっし‐めん【脱脂綿】[名] 原綿から不純物や脂肪分を取り除いて消毒したわた。吸水性がよく、医療に使用する。

たっ‐しゃ【達者】[形動] ❶ある物事に熟達していて、巧みなさま。‖「―な芸」「口が―な人」❷体が丈夫で健康なさま。また、体の一部の働きがすぐれているさま。‖「―に暮らす」「耳は遠いが目は―だ」

だっ‐しゅ【奪取】[名・他サ変] うばいとること。‖「政権を―する」

ダッシュ [dash] [名] ❶[自サ変] 突進すること。特にスポーツで、短距離を全速力で走ったり泳いだりすること。‖「スタート―」❷語句と語句の間に入れて接続を示す「―」の記号。ダーシ。❸ローマ字などの右肩につける「′」の記号。

だっ‐しゅう【脱臭】(ーシウ) [名・自他サ変] 臭気を取り除くこと。‖「―剤」

だっ‐しゅつ【脱出】[名・自サ変] 危険な場所などから抜け出すこと。‖「パラシュートで機外に―する」

ダッシュボード [dashboard] [名] 自動車の運転席とエンジン室の間に置く仕切り板。速度計などの計器やスイッチ類を取り付ける部分。

だっ‐しょく【脱色】[名・自他サ変] その物に含まれている色素や染め色を抜きとること。‖「衣類が―する」「毛髪を―する」「―剤」

たつ‐じん【達人】[名] ❶見識が高く、物事の道理によく通じた人。達士。❷学問・技芸など、その道にひいでた人。‖「剣の―」

だっ‐すい【脱水】[名] ❶[自他サ変] その物に含まれている水分を抜き去ること。‖「―機」❷結晶した物質から結晶水を取り除くこと。また、化合物中の水素と酸素を取り除くこと。❸体内の水分が欠乏すること。

だっすい‐しょうじょう【脱水症状】(ーシャウジャウ) [名] 体内の水分や電解質が極度に欠乏した状態。下痢・多汗・多尿などによって起こる。脱水症。

たっ・する【達する】■[自サ変] ❶ある場所に行き着く。到達する。至る。及ぶ。届く。‖「目的地[山頂・ゴール]に―」「弾の落下点はわずかに病院の小屋に―・しなかった〈大岡昇平〉」❷情報・うわさなどが届く。到達す

る。‖「うわさが本人の耳に━」❸ある程度・数量にまでなる。また、物事がある領域にまで及ぶ。‖「学力が水準に━」「長さは一メートルに━」「興奮が極点に━」❹技能や境地が相当の水準にまでなる。到達する。至る。‖「悟りの境地に━」❺(めぐりめぐって)特定の了解点や結論に至る。到達する。‖「両者が合意に━」「撤退はしないという結論に━」㊁[他サ変]❶物事をなしとげる。達成する。はたす。‖「所期の目的を━」「宿願を━」❷(古風)命令・通知などを広く知らせる。行き渡らせる。周知(徹底)させる。‖「趣旨を━」❸(古風)用をすませる。特に、大小便をする。足す。文たっ・す 名達し

だっ・する【脱する】㊀[自サ変]❶危険な場所などからのがれでる。また、ある状態・境遇などからぬけでる。‖「敵地から━」「危機を━」❷ぬけ落ちる。‖「機体から尾翼が━」❸所属している団体・組織などからぬける。‖「党から━」❹ある程度・範囲などを超える。‖「中学生の域を━」㊁[他サ変]❶取り除く。ぬぐ。‖「部屋の臭気を━」❷身につけていたものをとる。ぬぐ。‖「靴を━」❸原稿などを書き上げる。‖「稿を━」文だっ・す

たつ-せ【立つ瀬】[名]自分の立場。面目。‖「何とか妥協してもらわないと私の━がない」▼多く「━がない」の形で使う。

たっ-せい【達成】[名・他サ変]目的を成し遂げること。また、大きな物事を成し遂げること。‖「目標を━する」「前人未到の偉業を━する」

だつ-ぜい【脱税】[名・自他サ変]納税義務者が不正な手段によって税金の一部または全額の納付をのがれること。‖「五億円を━する」

だっ-せん【脱線】[名・自サ変]❶列車・電車などの車輪がレールから外れること。‖「━事故」❷話が本筋から横道にそれること。また、行動が常軌を逸すること。‖「講義が━する」

だっ-そ【脱▼疽】[名]⬇壊疽(えそ)

だっ-そう【脱走】[名・自サ変]束縛されている場所からぬけ出して逃げること。‖「━兵」

だつ-ぞく【脱俗】[名・自サ変]名利にとらわれるような世俗の気風からぬけ出ること。俗気から離れること。‖「━した人」「━の境地」

たった[副]数量の少ないさまを強調する語。わずか。ほんの。‖「━五人しか参加しない」「増加率は━の三パーセントだ」「その━一言が皆をなごませた」▼「ただ」の促音化。

たつた-あげ【竜田揚げ】[名]醬油(しょうゆ)・味醂(みりん)で下味をつけた鶏肉・魚肉などに片栗粉をまぶして油で揚げたもの。▼揚げ色が紅色をしていることから紅葉の名所の竜田川にちなんでいう。

だっ-たい【脱退】[名・自サ変]所属している団体・組織などから抜け出ること。‖「組合を━する」

たった-いま【たった今】[副]ほんの少し前。いましがた。‖「━到着したばかりだ」▼「ただいま」の転。

たつた-ひめ【竜田姫・立田姫】[名]秋をつかさどる女神。奈良の都の西方にある竜田山を神格化したもの。▼五行説で、西の方角は秋に当たることから。

だっ-たら[接]そうであるのなら。それなら。それでは。‖「『傘がない』『━お貸ししましょうか』」

たっち【立っち】[名・自サ変]幼児語で、立つこと。

タッチ[touch][名]❶[自サ変]さわること。ふれること。‖「━の差(=わずかの差)」❷[自サ変]野球で、アウトにするため走者の体にボールをふれさせること。❸[自サ変]かかわりをもつこと。関与。‖「ノー━」❹手でふれた感じ。感触。❺鍵盤楽器・パソコンなどで、キーボードのキーを押すこと。また、その押し方やその時の感触。❻絵画・文章などの筆づかい。筆致。‖「力強い━の絵」

タッチ-タイピング[touch-typing][名]「ブラインドタッチ」に同じ。

タッチダウン[touchdown][名・自サ変]❶ラグビーで、攻撃側が蹴りこんだボールを防御側の選手が押さえ、味方のインゴールで地面につけること。❷アメリカンフットボールで、確保したボールを相手のエンドゾーンへ持ち込むこと。得点は六点となる。

タッチ-ネット【和製touch+net】[名]テニス・卓球・バレーボールで、競技中に体の一部やラケットがネットに触れること。失点となる。ネットタッチ。

タッチ-パネル[touch panel][名]画面に指やペンで触れて操作する、コンピューターの入力装置。

タッチ-フットボール[touch football][名]アメリカンフットボールを簡易化した球技。危険度を減らすためにタックルを廃し、両手でボールを持ったプレーヤーにタッチする。防具は使用しない。

だっ-ちゃく【脱着】[名]❶[他サ変]取りつけたり取りはずしたりすること。‖「チェーンを━する」❷[自サ変]固体表面に吸着していた分子が、加熱・減圧などによって離れていくこと。また、その現象。

たっ-ちゅう【▽塔▽頭】[名]❶禅宗で、師僧の死後、その徳を慕って塔婆(とうば)のそばに結んだ庵(いおり)。❷大寺院の山内にある小寺院。脇寺(わきでら)。▼「たっちゅう」は唐音。

だっ-ちょう【脱腸】(ーチャウ)[名]腸などの内臓の一部が腹膜に包まれたまま腹壁の裂け目から外へ飛び出した状態。また、その病気。▼ふつう鼠蹊(そけい)部(足の付け根)から腸がはみ出す鼠蹊ヘルニアをさす。

タッチライン[touchline][名]サッカー・ラグビーなどの競技場で、両ゴールラインを直角に結ぶ左右の境界線。

ダッチ-ロール[Dutch roll][名]安定性を失った航空機が横揺れと横滑りをくり返しながら、8の字を描くように蛇行すること。

たっ-つけ【裁っ着け】[名]膝から下を脚絆(きゃはん)のように細く仕立てた袴(はかま)。江戸中期から武士が旅行着などに用い、のち行商人・奉公人などが仕事着とした。現在では大相撲の呼び出しが用いる。たっつけばかま。

たって[副]強く希望・要求するさま。どうあっても。是非とも。‖「━お望みならお譲りしましょう」「━の希望」
書き方 もと、「達て」とも当てた。

た-って[連語]❶完了の助動詞「た」+接続助詞「て」の転。⬇って㊃①②‖「いかにわめい━、もう無駄だ」「どう思われ━いい」❷完了の助動詞「た」+引用の格助詞・終助詞「って」。⬇って㊀㊂‖「会社を辞め━、本当か」「彼ったら、もういやになっちゃっ━」❸〈多く「…ったって」の形で〉…といっても。‖「社長っ━、雇われだからね」「行きたいっ━、先立つものがないとね」▼「言ったとて→と言ったって」からの転。◈使い方(1)①②は、ガ・ナ・バ・マ行の五段動詞に付くときは「だって」となる。‖「①何度読んだって分からない」「②パリで死んだって、本当か」(2)①〜③ともに、俗語的な言い方。

だって[接]❶反論の意を表す。そんなこと言っても。‖「『なぜやらない』『━、やりたくないんだもん』」「『何を怒ってるんだ』『━約束を破ったじゃないか』」使い方 反論の

理由を述べて自分の正当性を主張するのに使うことが多い。❷先に述べたことに対して、理由や状況を説明する。なぜかというと。‖「大学はあきらめる。―そんなお金ないもの」「心配ないよ。―みんながついてるじゃないか」◈助詞「だって」㊀①の転。①②とも、俗語的な言い方。

品格 …と言うのは「私は何も言わなかった。―、詮索(せんさく)されたくなかったからだ」なぜなら「彼女を責めるわけにはいかない。―、私にも非があるからだ」

だって ㊀[副助] ❶前提に対して反論を加える気持ちで、物事を**提示**する。…もまた。‖「いや、私**だって**つらいのだ」「ほとけの田中君**だって**怒ることはある」「食事ならここで**だって**できる」「私に**だって**言い分はある」❷〈「AだってBだって」の形で〉同類のものを並べ上げ(て他にも同類のものがあることを暗示す)る。…も…も。‖「宝石**だって**着物**だって**買ってやろう」「歩いて**だって**這(は)って**だって**逆立ちして**だって**行ってやる」❸〈高い価値を表す語に付いて〉反論の気持ちを伴って、文意を強める。…(さえ)も。‖「クラスには将棋の天才**だって**いるよ」「うそだ、決定的な証拠**だって**あるぞ」❹〈最小を表す語に付いて、下に打ち消しの語を伴って〉全面的否定を表す。…も。‖「こんな会社は一日**だって**我慢できない」「わずか**だって**ミスは許されない」❺〈疑問の意を表す語に付いて〉すべて例外なくの意を表す。…でも。‖「いつ**だって**怒ってばかりではないか」「努力すれば、何**だって**できないことはない」
㊁[終助] ❶不適切と思われる相手の言葉を直接**引用**して示す。…だと。‖「知らなかった**だって**? ばかを言うな」「なんと、早く帰れ**だって**さ」「せいぜい頑張れよ**だって**」 使い方 多く、非難・意外などの気持ちがこもる。❷〈「ん[の]だって」の形で〉他人の話を**引用**紹介する。…だそうだ。‖「伯父は昼過ぎに来るん**だって**」❸〈疑問の意を表す語に付いて〉伝聞の内容を尋ねる。‖「何**だって**?」「会費はいくら**だって**?」
◈㊀は助詞「だ」+副助詞「とて」の転。㊁は助動詞「だ」+終助詞「って」。使い方 ㊀㊁とも、俗語的な言い方。㊁の丁寧な言い方は「…ですって」。

だっ-と【脱▼兎】[名] 逃げていくうさぎ。‖「―の如く走り去る」▼非常に速いことのたとえにいう。

たっと・い【尊い・貴い】[形]〔古風〕とうとい。▼「たふとし」の転。派生 -さ

だっ-とう【脱党】(ウタ)[名・自サ変] 党員が所属している党からぬけること。‖「選挙の直前に―する」

たっと・ぶ【尊ぶ・貴ぶ】[他五]〔古風〕とうとぶ。▼「たふとぶ」の転。

た-づな【手綱】[名] ❶馬具の一つ。轡(くつわ)の左右に結びつけ、乗り手が手に握って馬をあやつる綱。❷他人を制御・統御すること。‖「―捌(さば)き」

◉**手綱を締・める** 勝手な行動をしたり気を緩めたりしないように他人を抑制する。手綱をしぼる。

たつ-の-おとしご【竜の落とし子】[名] 体を垂直に立てて遊泳するヨウジウオ科の海水魚。体は骨質板に覆われ、頭部は馬に似る。雄は育児嚢(いくじのう)をもち、中に産みつけられた卵を孵化(ふか)まで保護する。海馬(かいば)。ウミウマ。▼古くから安産のお守りとされた。

たっ-ぱ【立っ端・建っ端】[名] 建築で、高さのこと。▼俗に、背の高さの意でも使う。‖「―のある役者」

だっ-ぱん【脱藩】[名・自サ変] 江戸時代、武士が藩籍を捨てて浪人となること。‖「―した志士たち」

だっ-ぴ【脱皮】[名・自サ変] ❶節足動物や爬虫(はちゅう)類が、成長につれて古い外皮をぬぎすてること。また、その現象。‖「ヘビが―する」❷進歩・発展のために古い考え方や習慣を捨てること。‖「因習からの―をはかる」

たっ-ぴつ【達筆】[名・形動] 文字や文章を上手に書くこと。また、その書いたもの。‖「―をふるう」「―な手紙」⇔悪筆 注意「達筆な文字[字]」は重言。

タップ【tap】[名] 雌ねじを切る工具。雌ねじ切り。

タップ【tap】[名] 底に鋲(びょう)を打ち付けた靴をはき、つま先とかかとで床を踏み鳴らしながら踊るダンス。▼「タップダンス(tap dance)」の略。

たっぷり [副ト] ❶[形動] 満ちあふれるほど十分なさま。たくさん。‖「パンにジャムを―(と)塗る」「休日は―眠る」「自信―に話す」❷ゆとりのあるさま。‖「―(と)したシャツ」❸少なく見積もっても、それだけの数量はあるさま。‖「空港まで―一時間かかる」

ダッフル-コート【duffel coat】[名] 丈の短い、フード付きのコート。打ち合わせはダブルで、前を紡錘形の木製ボタン(=トグル)と飾り紐で留める。

たつ-ぶん【達文】[名] 表現の上手な文章。意味のよく通る、すぐれた文章。

だつ-ぶん【脱文】[名] ぬけ落ちた文句・文章。

だっ-ぷん【脱▼糞】[名・自サ変] 大便をすること。

たつ-べん【達弁(達▼辯)】[名・形動] よどみなく巧みに話すこと。達者な弁舌。能弁。

だつ-ぼう【脱帽】[名・自サ変] ❶帽子をぬぐこと。❷敬意を表すこと。また、とてもかなわないと降参すること。‖「地道な努力に―する」

だっ-ぽう【脱法】(ハフ)[名・自他サ変] 法律の不備な点をついて悪事を働くこと。法の裏をかくこと。‖「―行為」

だっ-ぽく【脱北】[名] 朝鮮民主主義人民共和国(北朝鮮)から脱出すること。だつほく。‖「―者」

たつ-まき【竜巻】[名] 積乱雲の雲底から地表に垂れ下がるように起こる激しい風の渦巻き。中心付近の風速は毎秒一〇〇㍍にも達し、地上に大きな被害をもたらす。▼竜が昇天する姿に似ることから。

たつ-み【▼辰▼巳・▼巽】[名] ❶辰と巳との間の方角。南東。❷江戸の深川にあった遊里。辰巳の里。‖「―芸者」▼江戸の市街の東南にあったことから。

だつ-もう【脱毛】[名] ❶[自サ変] 毛がぬけ落ちること。‖「―症」❷[他サ変] 美容のために不要な部分の毛をとりのぞくこと。除毛。‖「―剤」

だつ-らく【脱落】[名・自サ変] ❶必要なものが抜け落ちること。‖「ページの―がある古書」❷仲間・集団などについていけなくなること。‖「生存競争から―する」

だつ-りゃく【奪略(奪▼掠)】[名・他サ変] 力ずくで奪い取ること。略奪。

だつ-りょく【脱力】[名] 体の力がぬけること。

だつ-りん【脱輪】[名・自サ変] ❶走行中の自動車・飛行機などの車輪が外れること。❷走行中の自動車などが道路のそとに車輪を踏み外すこと。‖「―事故」

だつ-ろう【脱漏】[名・自サ変] あるべきものが抜け落ちること。‖「一部に―のある写本」

たて【盾(▼楯)】[名] ❶敵の矢・銃弾・刀槍などから身を守るための板状の武具。❷自分の立場などを守る手段とするもの。‖「―を突く(=盾突く)」

◉**盾に取・る** ❶その物を防御物とする。‖「立木を―」❷ある物事を口実や言いがかりの手だてとする。‖「証文を―って立ち退きを迫る」

たて【縦】[名] ❶垂直・上下の方向。‖「大地が―に揺れる」「刀を―に振り下ろす」「首を―に振る(=了承・肯定する)」 ❷前後の方向。特に、前に進む方向。また、南北の方向。‖「駐車場をまっすぐ―に突っ切る」「―にパスを送る」「ナイル川がアフリカ大陸を―に貫く」 ❸その人の視線が上下に動く方向。‖「線を―に引く」 ❹物の形で、最も長いほうに沿った場合の、その方向。‖「キュウリを―に切る」 ❺物の置かれた形が、人が立ったときのように上下に長く伸びていること。‖「尺八は―に構えて吹く」 ❻列で、前と後ろが連なる形になっていること。‖「活字を―に組む」「窓口に―一列に並ぶ」 ❼階級・役職・年齢などで、上下の関係。‖「この会社は―の人間関係が緊密だ」 ❽縦糸。◈「立て」と同語源。⇔横(よこ) 書き方「▼竪」は、「竪琴」「竪穴」などの熟語で使う。また、❽は「▽経」と書いたが、今は「縦」が一般的。

◉**縦から見ても横から見ても** どこから見ても。横から見ても縦から見ても。

◉**縦の物を横にもしない** 面倒くさがって何もしようとしない。横の物を縦にもしない。

たて【▽館】[名] 小規模の城。とりで。たち。

たて【建て】[名] 信用取引・先物取引などで、売買の契約をしたこと。‖「売り―」「―玉(ぎょく)」

たて【〈殺陣〉】[名] 映画・演劇の立ち回りの場面で、乱闘・捕り物・斬り合いなどの演技。また、その演技を振り付けること。

たて【立て】 一[接頭]〈役目・職などを表す語に付いて〉その役目・職などの中心であること、また第一位であることを表す。‖「―役者・―行司」 二[接尾]〈動詞の連用形に付いて〉その動作が終わってまだ間がないことを表す。‖「炊き―の御飯」「でき―のほやほや」「結婚し―の二人」 書き方 かな書きが多い。 三(造) 同じ相手に連続して負けた回数を数える語。‖「三―を食う」 書き方「タテ」と書くことも多い。

たで【▼蓼】[名] ❶イヌタデ・ヤナギタデ・サクラタデ・オオケタデなど、タデ科タデ属の植物の総称。 ❷ヤナギタデ。また、その変種。辛みのある葉や茎を刺身のつまや蓼酢(たです)に用いる。 蓼

◉**蓼食(く)う虫も好(す)き好(ず)き** 辛くて苦いタデを好んで食う虫もあるように、人の好みはさまざまだということ。

だて【〈▼伊達〉】[名・形動] ❶ことさら侠気(きょうき)を示そうとすること。‖「男(おとこ)―」 ❷ことさら人目を引くような派手な振る舞いをすること。また、見栄を張って服装などの外見を飾ること。 ❸好みなどが粋(いき)であること。

◉**伊達の薄着(うすぎ)** 厚着は格好が悪いからと、寒さを我慢して薄着をすること。‖「―で粋(いき)がる」

たて-あな【縦穴】[名] 地面に垂直に掘った穴。⇔横穴 書き方 考古学では「▼竪穴」と書く。「竪穴住居(=地面を数十センチメートル掘り下げて床とし、上に草ぶきなどの屋根をかけた古代人の住居)」

たて-あみ【建て網・立て網】[名] 定置網の一つ。岸から沖に向けて垣網を張り、魚群を袋網に誘導して捕らえるもの。

たて-いた【立て板】[名] 立てかけてある板。

◉**立て板に水** よどみなくすらすらと話すことのたとえ。

たて-いと【縦糸(▽経糸・▽経)】[名] 織物で、たての方向に通っている糸。⇔横糸

たて-うり【建て売り】[名] まず家を建て、それを販売すること。また、その家。 書き方「建売住宅・建売業者」など慣用の固定したものは送りがなをつけない。

たて-か・える【立て替える】(ヘル)[他下一] 他人に代わって一時代金などを払っておく。‖「会費を―」 文 たてか・ふ 名 立て替え

たて-がき【縦書き】[名] 文字を上から下へ縦に並べて書くこと。⇔横書き

たて-か・ける【立て掛ける(立て懸ける)】[他下一] 他の物によせかけて立てる。‖「電柱に看板を―」「壁にほうきを―」 文 たてか・く

たて-がみ【▼鬣】[名] 馬や雄のライオンの首筋に生えている長い毛。たちがみ。 鬣

たて-かん【立て看】[名] 電柱・塀などに立てかけておく看板。特に学生語で、主張を大書して校舎の内外に立てかける大きな看板。▼「立て看板」の略。

たて-ぎょうじ【立て行司】(ギャウジ)[名] 大相撲で、最高位の行司。腰に短刀を帯びて土俵に上がり、結びの一番の審判をする。▼代々、木村庄之助(しょうのすけ)と式守伊之助(いのすけ)を名乗る。

たて-き・る【立て切る】[他五] ❶間に物を立ててへだてる。仕切りをする。‖「大部屋を衝立(ついたて)で―」 ❷戸・障子などをすっかりしめてしまう。閉め切る。‖「雨戸を―・った家」 書き方「▽閉て切る」とも。 ❸一つの考えや態度を最後まで押し通す。立て通す。‖「義理を―」

たて-く【立て句(▼竪句)】[名] 俳諧(はいかい)で、連句の第一句。単独の発句(=俳句)と区別していう。

たて-ぐ【建具】[名] 戸・障子・襖(ふすま)など、開閉して部屋の仕切りに用いるもの。‖「―店」

たて-ぐみ【縦組み】[名] 印刷などで、各行の文字を上から下へ縦に並べる組み方。⇔横組み

たて-こう【立て坑・縦坑(▼竪坑)】(カウ)[名] 地表から垂直に掘り下げた坑道。通路や通風に使う。

たて-ごと【▼竪琴】[名] ハープ・リラなど、たてに張った弦を指でかき鳴らす楽器。特に、ハープ。

たて-こ・む【立て込む】[自五] ❶多くの人が一か所に集まって混雑する。‖「店内が―」 ❷多くの用事が一時に重なる。‖「仕事が―・んで休む暇もない」 ❸建物がすきまなく並ぶ。 書き方「建て込む」とも。

たて-こも・る【立て籠もる】[自五] ❶戸などを閉め切って室内や屋内にこもる。‖「書斎に―」 ❷城内や陣内にこもって敵に対する。籠城(ろうじょう)する。‖「要塞に―」 名 立てこもり

たて-し【〈殺陣〉師】[名] 映画・演劇で、殺陣を考案し、立ち回りの型を役者に指導する人。

たて-じ【縦地】(ヂ)[名] 織物で、縦糸の通った方向。また、その方向に裁断した布。

たて-じく【縦軸】(ヂク)[名] 数学で、直交座標の縦の軸。y軸。⇔横軸

たて-じま【縦縞・▼竪▼縞】[名] 縦の方向に走ったしま模様。⇔横じま

たて-しゃかい【縦社会】(シャクヮイ)[名] 役職や階級などの上下関係を重視する社会。⇔横社会

たて-つ・く【盾突く・▼楯突く】[自五] 目上の者などに反抗する。たてをつく。‖「主人に―」

たて-つけ【立て付け・建て付け】[名] 戸・障子などの開閉のぐあい。‖「―の悪いドア」 動 たてつ・ける(他下一)

たて-つづけ【立て続け】[名] 同じことや似たようなことが続けて行われること。‖「―に客が来る」

たて-つぼ【立坪】[名] 尺貫法で、土・砂利などの容

積を表す単位。一立坪は六尺立方で、約六立方メートル。りゅうつぼ。

たて-つぼ【建坪】［名］❶建築物が占めている土地の坪数。⬇地坪 ❷建築物の延べ面積を坪数で表したもの。延べ坪。

たて-とお・す【立て通す】［他五］一つの考えや態度を変えずに最後まで押し通す。立て切る。‖「意地［操(みさお)］を—」

たて-なお・す【立て直す】［他五］❶倒れたものや傾いたものを、もう一度もとどおりに立てる。‖「体勢を—」❷それまでの計画・方針などをやめ、もう一度はじめから立てる。‖「工事計画を—」❸悪い状態になったものを、もとのよい状態に直す。‖「赤字経営を—」書き方 ③は「建て直す」とも。名 立て直し

たて-なお・す【建て直す】［他五］❶既にある建造物を壊したり撤去したりして、再度建てる。‖「老朽化した家を—」❷⬇立て直す③ 名 建て直し

たて-なが【縦長】［名・形動］横より縦のほうが長いこと。‖「—の紙」⬍横長

たて-なみ【縦波】［名］媒質の揺れる方向が、波の進行方向と同じである波。⬍横波

だて-に【〈▼伊達〉に】［副］外見を飾って。見栄や外聞だけ。‖「—英会話を学んだわけじゃない」「—年をとってはいない」▼多く打ち消しを伴っていう。

たて-ぬき【▽経▽緯】［名］織物の縦糸と横糸。また、縦と横。

たて-ば【立て場(建て場)】［名］❶江戸時代、街道で人足などが駕籠(かご)や馬を止めて休息した所。▼明治以降は、人力車などの発着所をいった。❷廃品回収業者がその日に集めた廃品を買い取る問屋。

たて-ひき【立て引き(▽達引き)】［名・自サ変］〔古風〕意地を張り通すこと。また、意地を張り合うために起こる争い。動 たてひ・く(自五)

たて-ひざ【立て膝】［名］片方のひざを立てて座ること。また、その姿勢。

たて-ぶえ【縦笛(▼竪笛)】［名］管を縦に構えて吹く笛。尺八・クラリネット・リコーダーなど。⬍横笛

たて-ふだ【立て札】［名］人々に知らせることを書いて所定の場所に立てる木の札。書き方 公用文では「立札」。

たて-まえ【▽点前】［名］茶道で、抹茶をたてる作法。てまえ。

たて-まえ【建前】［名］家屋の建築で、主な骨組みを組み立てること。また、そのあとの祝い。棟上げ。上棟式(じょうとうしき)。

たて-まえ【建て前(立て前)】［名］表向きそのようになっている方針。原則。⬍本音(ほんね)

だて-まき【〈▼伊達〉巻き】［名］❶和装の女性が帯を締める下ごしらえとして帯の下に巻く細帯。伊達締め。❷魚肉のすり身に卵黄をまぜて焼き、すだれで渦巻き状に巻いた食品。正月や祝い事に用いる。

たて-まし【建て増し】［名・他サ変］現在ある建物に新しい部分をつけ足して建てること。増築。

たて-まつ・る【奉る】［動五］一［他］❶「与える」「贈る」の謙譲語。Aにものを与える、贈るという動作について、Aを高める。差し上げる。献上する。‖「神前に供物を—」「閣下に当地の名品を—」❷うわべだけ敬意を示して、高い地位に就かせる。祭り上げる。‖「とりあえず会長として—・っておこう」二［補動］〈動詞の連用形に付いて〉謙譲 動作の及ぶ人物を高める。…申し上げる。‖「よろしく願い—・ります」◈「立て(=はっきりと)」+「奉(まつ)る(=差し上げる)」意。⬇敬語解説(一七九八ページ)

たて-むすび【縦結び】［名］結んだひもの両端が結び目の上下にくるように結ぶこと。また、その結び方。▼下手な結び方とされる。

だて-めがね【〈▼伊達〉《眼鏡》】［名］おしゃれのためにかける度のない眼鏡。

たて-もの【建物】［名］人が住んだり、仕事をしたり、物をしまったりするために造ったもの。建築物。建造物。

たて-や【建屋】［名］機器や設備を格納した建物。‖「原子炉—」

たて-や【建家】［名］建ててある家。建物。

たて-やく【立て役】［名］立て役者。

たて-やくしゃ【立て役者】［名］芝居で、一座の中心となる役者。立て役。使い方 物事の中心になって活躍する人のたとえにもいう。‖「和平交渉の—」

たて-ゆれ【縦揺れ】［名・自サ変］❶船や航空機が上下に揺れること。ピッチング。❷地震で、垂直に揺れること。◈⬍横揺れ

だてら［接尾］〈身分などを表す名詞に付いて〉…にふさわしくない、…に似合わない、などの意を表す。‖「女—」「親—にいらぬお世話を焼いて〈伊藤左千夫〉」

た・てる【立てる(▽閉てる・▽起てる・▽点てる)】

A 直立した状態にする

［動下一］一［他］❶まっすぐ起き立った状態にする。また、そのような状態にして置く。‖「卓の上に卵を—」「傘立てに傘を—」❷長いものなどを①の状態で設置する。作りつける。‖「屋上にアンテナを—」「入り口に看板を—」「河原にテントを—」書き分け ⬇建てる ❸横になっているものを起こす。‖「片ひざを—・てて座る」「コートの襟を—」書き方「起てる」とも。❹とがったものをまっすぐに突き刺す。‖「芋に箸(はし)を—」「猫が獲物につめを—」「歯を—・ててかむ」❺伏せていた身体の部分などを起こす。‖「ドライヤーを使って前髪を—」「犬が耳をぴんと—」

B ある位置や役割につかせる

❻ある立場や役割につかせる。‖「見張りを—」「隣国に使者［使い］を—」❼役割を担った者として、その人を前面に押し出す。押し立てる。‖「弁護士を—・てて争う」「A氏を候補に—」

C 現象を発生させる

❽(下から上に向かう動きを伴った)ある現象を発生させる。‖「煙突が煙を—」「足音［笑い声］を—」❾〈「風呂(ふろ)を立てる」などの形で〉ふろを沸かす。❿市などを開設して売買を行う。‖「日曜に市を—」⓫抹茶(まっちゃ)に湯を注いでかきまぜ、抹茶の飲料を作る。点じる。‖「お茶［お薄］を—」書き方「点てる」が好まれる。

D 公の場に広める・設ける

⓬うわさなどが人に知られるようにする。世に広める。流す。‖「うわさ［徒名(あだな)］を—」「評判［風評］を—」⓭はっきりと目立つ形で、あるものを作り設ける。‖「項目を—」「品詞の一つとして形容動詞を—」⓮家や流派を新しく興す。‖「一家［流派］を—」⓯地位・ポストを作り設ける。‖「勅命により皇太子を—」

E 物事を成立させる・維持させる

⓰物事を成立させる。作り出す。特に、物事を維持させ

る。‖「仮説[計画・対策・予算・見通し・誓い・手柄]を—」「アルバイトで暮らしを—」⑰役に立つようにする。また、役に立つことができる。‖「お役に—・てれば幸いです」⑱体面を汚さないようにする。面目を保つようにする。‖「先方の顔を—」「面子(メンツ)を—」「年長者を—」⑲〈「身を立てる」「名を立てる」の形で〉世に認められた存在になる。立身出世する。‖「作曲で身を—」「その作品で名を—・てた」

F その他

⑳怒りなどを起こし高める。‖「腹[むかっ腹]を—」

㉑戸・障子などをとざす。‖「昼日中から雨戸を—」

㉒〈「(聞き)耳を立てる」の形で〉注意して聞く。耳をそばだてる。‖「背後で聞き耳を—」書き方「閉てる」も好まれる。

㉓筮竹(ぜいちく)・算木などで占いをする。‖「占いを—」

G 「〜たてる」の形で使う

二〈動詞の連用形に付いて複合動詞を作る〉動作をきわだたせる意を表す。盛んに…する。‖「はやし—・あおり—・書き—・攻め—・責め—・騒ぎ—」文たつ

H 「立つ」の可能形

三[自] 立つことができる。‖「腰が抜けて—・てない」「先行すれば優位に—」◈「建てる」と同語源。

た・てる【建てる】[他下一] ❶建造物をつくる。‖「郊外に家を—・てた」「ビル[病院・記念碑]を—」使い方 主語にはふつう施主がくるが、工事に注目していう時は工事者がくる。‖「この家はA工務店[大工さん]が—・てた」❷新しく国家や都市をつくる。樹立する。‖「統一王朝を—」「長安に都を—」◈書き分け (1)①は「立てる」[一]②と紛れやすいが、取り付けたり組み立てて作ったりするものは【立】を使うのが一般的。(2)②は「立てる」とも書く。樹立する意で、まれに「▽樹てる」とも。文たつ

たて-わき【〈帯刀〉】(キハ)[名] 太刀を帯びること。また、その人。たちはき。

たて-わり【縦割り】[名] ❶たてに割ること。❷組織が上下関係を中心に編成されること。‖「—行政」

だ-てん【打点】[名] ❶野球で、打者が安打・犠打・四死球などによって味方にもたらした得点。‖「勝利—」❷打球技で、ボールを打つ位置。

だ-でん【打電】[名・自他サ変] 電報・電信を打つこと。‖「会社名で—する」「記事を—する」⇔受電

だ-てんし【堕天使】[名] キリスト教で、悪魔。神に反逆して天上から追放された天使。特に、その首領であるルシフェル。

たとい【〈仮令〉・〈縦令〉】(ヒタト)[副]〔古風〕たとえ。

た-どう【多動】[名] 注意の持続ができなくなり、衝動的に目まぐるしく動き回ること。児童が落ち着いて席に着いていられない、などの状態をいう。⇩ADHD

だ-とう【打倒】(ウタ)[名・他サ変] 相手をうち倒すこと。うち負かすこと。‖「宿敵を—する」

だ-とう【妥当】(ウタ)[名・自サ変・形動] 判断・処置などが道理にかなっていること。適切に当てはまっていること。‖「—な意見」「普遍—性」使い方「休職処分が妥当／穏当(おんとう)な線だ」では、「妥当」は判断の客観性を、「穏当」は判断の穏便さを重視していう。

タトゥー[tattoo][名] 入れ墨。文身。

たとう-がみ【▽畳紙】(ウタ)[名] ❶折り畳んで懐に入れておく紙。鼻紙・詩歌の詠草などに用いる。懐紙(かいし)。ふところがみ。❷厚い和紙に渋・漆などを塗って折り目をつけたもの。結髪の道具や衣類を包むのに用いる。◈「たたみがみ」の転。

たどう-し【他動詞】[名] 動詞の中で、その表す動作・作用が直接他に及ぶ意味をもつもの。動作・作用が及ぶ対象は格助詞「を」のついた目的語として表される。「小説を書く」「コーヒーを飲む」「ビルを建てる」の「書く」「飲む」「建てる」の類。⇔自動詞

たとえ【▼譬え・▽喩え・例え】(ヘタト)[名] ❶【譬・喩・例】たとえられた語句や事柄。たとえ話。‖「技倆(ぎりょう)はあっても宝の持ち腐れの—の通り〈幸田露伴〉」「故事を—に引いて説明する」❷【例】同じような例。‖「世の—に漏れない」◈書き方 ①は本来は「譬え」「喩え」と書くが、今は常用漢字表にもある「例え」が標準的になりつつある。

たとえ【〈仮令〉・〈縦令〉】(ヘタト)[副]〈下に「ても」「とも」「せよ」などを伴って〉ある譲歩的条件を仮定し、その条件のもとでも帰結する事柄は変わらないことを表す。立場を譲ってその条件を認めたとしても。かりに。よしんば。たとい。‖「—殺されても信念は曲げられない」「—冗談にせよ、傷つけるようなことは言うべきでない」「—火の中水の中」▽「たとい」の転。現在は「たとえ」が一般的。注意「例え」と書くのは誤り。

たとえ-ば【例えば】(ヘタト)[副] ❶前に述べた事柄について具体的な例を示す語。例をあげていえば。‖「ロマン派の作曲家、—シューベルト・ショパン」❷ある事柄を他の事柄にたとえるのに言う語。たとえていえば。たとえれば。‖「彼等の顔には、—鉄格子の影がさしたような陰鬱(いんうつ)な精悍(せいかん)さと近寄り難さとがあり〈安岡章太郎〉」書き方「▼譬えば」「▽喩えば」とも。❸ある場合を仮定するのに言う語。もしも。仮に。‖「—旅行をするにしても、…」「—私がこのまま帰ったら、皆はどう思うだろう」「—の(=仮定の)話としてお聞きください」◈「譬える」の文語形「譬ふ」の未然形「たとへ」＋接続助詞「ば」から。

たと・える【例える・▼譬える・▽喩える】(ヘルト)[他下一] ある事物を効果的に説明するために、類似した事物を引き合いに出して言う。‖「恋人を花に—」「人生はしばしば航海に—・えられる」「—・えようもなく美しい」書き方 本来は「譬える」「喩える」と書く。常用漢字表にもある「例える」は、新聞などで使われ、標準的になりつつある。文たと・ふ 名たとえ(譬・喩・例)

譬

た-どく【多読】[名・他サ変] 本をたくさん読むこと。‖「小説[英文]を—する」

たどたど-し・い[形] 動作・話し方などがなめらかでないさま。また、まだ未熟で頼りないさま。危なっかしい。‖「足どりが—」「—英語で話す」派生-げ／-さ

たどり-つ・く【▼辿り着く】[自五] 苦労してやっと目的地に行き着く。‖「ようやく頂上に—」

たど・る【▼辿る】[自五] ❶道に沿って目指す方向に進む。‖「家路を—」「同じ経路を—・って目的地に達する」❷知らない道や歩きにくい道などを苦労して進む。‖「夜道を—」❸あるものを手がかりにして次から次へと進む。‖「警察犬が臭(にお)いを—・って逃亡犯に迫る」「作者の足跡を—」「ぼんやりした記憶を—」❹ある過程を進む。‖「一家が没落の一途を—」「売上高が下降線を—」◈〜ヲが〈移動の場所〉を表すことから自動詞とする。可能たどれる

た-どん【▽炭団】[名] ❶木炭や石炭の粉末にふのりを加えて練り、丸く固めて乾燥した燃料。❷〔俗〕相撲

の星取表で、黒星。

たな【▽店(棚)】[名] ❶商家。▼多く「お—」の形で、奉公人や出入りの職人がその商家をさしていう。❷貸家。また、借家。||「—子」

たな【棚】[名] ❶板を水平に渡して、物をのせるようにしたもの。||「—をつる」「食器—(だな)」❷陸地からゆるやかな傾斜で続いている海底部分。||「大陸—(だな)」❸植物の蔓(つる)をはわせるために、支柱を立てて高く張り渡したもの。

◉**棚から牡丹餅(ぼたもち)** 思いがけない幸運が舞い込むことのたとえ。

◉**棚に上・げる** 問題にせずに放っておく。||「彼は自分のことを—・げて人の批判ばかりしている」✔注意「棚に載せる」「棚に置く」は誤り。

たな-あげ【棚上げ】[名・他サ変] ❶需給関係を調節するため、商品を一時たくわえて市場に出さないこと。❷ある問題の解決や処理を一時保留しておくこと。||「決議案を—する」

たな-おろし【棚卸し(▽店卸し)】[名・自他サ変] ❶決算や整理のため、商品・製品・原材料などの在庫を調査し、種類・数量・価格などを評価すること。❷人の欠点を一つ一つ数え上げて批判すること。

たな-こ【▽店子】[名] 家を借りている人。借家人。⇔大家

たなご【▼鱮】[名] ❶関東・東北地方の小川や池沼にすむコイ科タナゴ亜科の淡水魚。形はフナに似るが小さく、一対のひげがある。食用。ニガブナ。❷ヤリタナゴ・ゼニタナゴ・バラタナゴ・ミヤコタナゴなど、コイ科タナゴ亜科の淡水魚の総称。❸ウミタナゴ。

た-な-ごころ【▽掌】[名] てのひら。||「—を返す(=物事がたやすくできることのたとえ。また、急に考え方や態度が変わることのたとえ)」「—を指す(=きわめて明白であることのたとえ)」▼「た」は手、「な」は「の」の意の上代の格助詞。「手の心」の意。

たな-ざらえ【棚▼浚え】ーサラヘ [名・自他サ変] 整理のため、在庫品をそっくり取り出して安く売り出すこと。たなざらい。

たな-ざらし【棚▼晒し(▽店▼晒し)】[名] ❶商品が売れないで、長い間店頭に置かれたままになっていること。また、その商品。❷未解決・未処理の問題が、いつまでも放置されていること。||「—になっている法案」

たな-だ【棚田】[名] 傾斜地を耕して階段状に作った狭い田。

たな-ちん【▽店賃】[名] 家の借り賃。家賃。

タナトス[Thanatos(ギリシア)][名] ❶ギリシア神話で、死を擬人化した神。❷フロイトの用語で、人間が無機物に帰ろうとする、死の本能。

たな-ばた【《七夕》(棚機)】[名] ❶五節句の一つ。七月七日に行う星祭りの行事。この夜、牽牛(けんぎゅう)星と織女(しょくじょ)星が年に一度だけ天の川を渡って会うという中国の伝説にちなむ。七夕祭り。❷織女星。▼「棚機つ女(め)」の略。もと、はたを織る女性の意。

たな-び・く【棚引く】[自五] 薄く層をなした雲・霞(かすみ)などが横に長くただよう。||「煙が—」✔注意 風の勢いに押され揺れ動く意で使うのは誤り。「なびく」「はためく」との混同。||「×優勝旗が風にたなびく」

たな-ぼた【棚ぼた】[名] 思いがけない幸運にあうこと。||「—の優勝」▼「棚から牡丹餅(ぼたもち)」の略。

た-なん【多難】[名・形動] 困難や災難の多いこと。||「—な生活」「前途多事—」

たに【谷(▽渓・▼谿)】[名] ❶山と山の間にはさまれた、細長くくぼんでいる所。❷低く落ちこんでいる所。また、盛んな活動にはさまれて取り残された部分のたとえにもいう。||「景気の—」「気圧の—」

だに【《壁蝨》・▼蜱・▼蟎】[名] ダニ目の節足動物の総称。体は頭・胸・腹部の区別がない楕円(だえん)形で、体長一ミリメートル以下のものがふつう。人畜に寄生して血を吸うマダニ・イエダニ・ヒゼンダニ・ツツガムシ、食品につくコナダニ・サトウダニ、農作物に寄生するハダニなどが知られるが、種類はきわめて多い。▼他人につきまとい、ゆすり・たかりを働いて暮らす嫌われ者のたとえにもいう。

だに[副助] ❶〈下に打ち消しや好ましくない事柄を表す語を伴って〉最もありそうな例を挙げてそれを打ち消し、他のものはまして、という含みを表す。…さえ。…すら。||「夢にだに思ったことはない」「一顧[ゆるぎ]だにしない」「考えるだに身震いがする」❷最も軽い例を挙げて、他のものはまして、という含みを表す。…するだけで。||「考えるだにおそろしい」❸〈願望・仮定・命令などの句で使って〉せめて…だけでも。||「この盾だにあらばとウィリアムは盾の懸かれる壁を仰ぐ〈漱石〉」

たに-あい【谷▽間】ーアヒ [名] 谷の底のほうの狭い土地。谷の中。たにま。||「—の村」

たに-おり【谷折り】ーヲリ [名] 折り目が内側になるように折ること。||「紙を—にする」⇔山折り

たに-がわ【谷川】ーカハ [名] 谷間を流れる川。渓流。

た-にく【多肉】[名] 植物で、茎・葉・果肉などが多量の水分を含んで厚くなっていること。||「—植物」

た-にし【田▼螺】[名] オオタニシ・マルタニシ・ヒメタニシなど、タニシ科の巻き貝の総称。淡水産で、卵胎生。夏に幼貝を産み、冬は泥中で越冬する。食用。

たに-そこ【谷底】[名] 谷の最も深くなっている所。谷の底。たにぞこ。

たに-ま【谷間】[名] ❶谷の底のほうの狭い土地。谷の中。たにあい。❷高いものにはさまれた狭い所。また、特定の活動などにはさまれて取り残された部分。||「ビルの—」「景気・連休の—」

たに-まち【谷町】[名] 大相撲界で、力士のひいき筋・後援者のこと。▼明治末年、大阪谷町筋に力士の世話をした相撲好きの医者がいたことからという。

た-にん【他人】[名] ❶自分以外の人。ほかの人。❷血縁関係のない人。||「遠くの親類より近くの—」「—のそら似」「赤の—」❸その当事者でない人。かかわりのない人。第三者。||「—が口出しできることではない」

たにん-ぎょうぎ【他人行儀】ーギャウ [名・形動] 親しい間柄なのに、他人に対するようによそよそしく振る舞うこと。||「—な挨拶(あいさつ)をする」

たにん-ごと【他人事】[名] ⇒ひとごと

た-にんず【多人数】[名] 人数が多いこと。また、大勢の人。たにんずう。||「—で押しかける」⇔少人数

たぬき【▼狸】[名] ❶尾が太く、丸くて小さい耳をしたイヌ科の哺乳(ほにゅう)類。長毛が密生し、脚は短くて体はずんぐりとして見える。夜行性・雑食性。キツネとともに人を化かす動物として民話にも多く登場し、月夜には腹鼓を打つとされるが、キツネよりもどこか間の抜けたイメージがある。驚くと仮死状態になることから「たぬき寝入り」の語が生まれたという。毛は毛筆に用いる。||「狐(きつね)と—の化かし合い」「捕らぬ—の皮算用」❷とぼけたふりをして、実際にはわるがしこい人。||「—親父(おやじ)」❸「たぬきう

どん」「たぬきそば」など、揚げ玉や油揚げをのせた料理。

たぬき-ねいり【▼狸寝入り】[名・自サ変] 眠っているふりをすること。空寝(そらね)。

たね【種】[名] ❶植物の発芽するもとになるもの。種子。‖「―を蒔(ま)く」❷人または動物の生殖のもとになるもの。精子。‖「―牛」❸血筋。血統。また、その血を受けた子。‖「貴人の―」「一粒―」書き方「▼胤」とも。❹話・記事などの題材。‖「話の―」❺料理の材料。‖「新鮮な―を揃えた寿司屋」❻手品・奇術などの仕掛け。‖「―も仕掛けもない」❼ある物事の原因となるもの。‖「悩みの―」❽よりどころとなるもの。‖「飯の―」

だ-ね[連語] 相手を引き込むような気持ちで注意を引きつける。‖「それは―、説明したじゃないか」「きれいな夕日―」▼助動詞「だ」+終助詞「ね」。丁寧語は「ですね」。

たね-あかし【種明かし】[名] 手品などの仕掛けを教えること。また、隠された仕組みなどを説明すること。

たね-いも【種芋】[名] 苗をとるための芋。また、発芽させて繁殖させるための芋。

たね-うし【種牛】[名] 種付け用に飼う雄の牛。

たね-うま【種馬】[名] 種付け用に飼う雄の馬。

たね-おろし【種下ろし】[名] 種まき。

たねがしま【〈種子〉島】[名] 火縄銃のこと。語源 一五四三(天文一二)年、鹿児島県の種子島に漂着したポルトガル人によって伝えられたことから。

たね-がみ【種紙】[名] ❶蚕卵紙(さんらんし)。❷写真の印画紙。

たね-ぎれ【種切れ】[名・自サ変] 品物・材料などがすっかりなくなること。‖「話題が―になる」

たね-ちがい【種違い】(ガヒ) [名] 兄弟姉妹で、母親が同じで父親が異なること。種変わり。⬍腹違い

たね-つけ【種付け】[名] 家畜の品種改良や繁殖の目的で、雌に優良種の雄を交配させること。

たね-び【種火】[名] いつでも火がおこせるように用意しておく少しの火。また、ガス器具などで、いつでも点火できるようにつけておく小さな火。

たね-ほん【種本】[名] 著作・講義などのよりどころとする本。

たね-まき【種▼蒔き】[名] 田畑や苗床に種をまくこと。播種(はしゅ)。種下ろし。

たね-もの【種物】[名] ❶植物のたね。❷天ぷら・卵・かまぼこなどの具を入れた、かけそば・かけうどん。❸シロップ・ゆで小豆などを入れた氷水。

たね-もみ【種▼籾】[名] 種として苗代にまくために選んだもみ。

た-ねん【他年】[名] 将来の、ある年。後年。‖「成就を―に期(き)す」

た-ねん【他念】[名] ほかのことを考える気持ち。余念。‖「―なく働く」

た-ねん【多年】[名] 多くの年月。長年(ながねん)。‖「―にわたる努力のたまもの」

たねんせい-しょくぶつ【多年生植物】[名] 二年以上にわたって生育する植物の総称。

たねん-そう【多年草】(―サウ) [名] 草本植物で、冬期に地上部の全部または一部は枯れるが、地下部は越冬して毎年春に芽を出すもの。キク・オオバコ・ススキ・ユリなどの類。宿根草。多年生草本。▽シュンラン・オモト・ユキノシタなどの常緑多年草は、地上の葉も枯れないで越冬する。

だの[接助]〈多く「…だの…だの」の形で、体言や発話内容を受けて〉同類の物事からいくつかを代表として列挙する。とか。‖「書類だの本だのが散乱している」「つらいだの面白くないだの、文句ばかり言う」「やれだのやめろだの、方針が一貫しない」▽助動詞「だ」+格助詞「の」。

た-のう【多能】[名・形動] ❶多方面にわたる才能を身につけていること。‖「―な人」「多芸―」❷多くの機能を備えていること。‖「―工作機械」

たのし・い【楽しい】[形] ❶そのものの持つよさを味わい、明るく満ち足りた気持ちである。‖「仕事は―かい?」「友達と遊んで―・かった」❷明るく満ち足りた気持ちを抱かせるさま。‖「おしゃべりは―」「―人物」◈書き方「▽愉しい」「▽娯しい」とも。⬇楽しむ[書き分け] 使い方 持続的な感情を表す「楽しい」には、事柄の恒常的な性質を述べる用法(②)があるが、一時的な感情を表す「嬉(うれ)しい」にはそれがない。‖「×おしゃべりは嬉しい」「×嬉しい人物」派生 -げ/-さ/-が・る

たのしま・せる【楽しませる】[他下一] 楽しむようにする。‖「目も耳も舌も―・せてくれた晩餐(ばんさん)会だった」文 **たのしま・す**

たのしみ【楽しみ】[名・形動] ❶楽しいと感じること。また、楽しいと感じるものごと。‖「釣りの―」❷先のことに期待をかけて心待ちにすること。‖「修学旅行を―にする」「今後が―なチーム」◈書き方「▽愉しみ」「▽娯しみ」とも。⬇楽しむ[書き分け]

たのし・む【楽しむ】[他五] ❶そのものの持つよさを味わって、明るく満ち足りた気持ちになる。‖「読書[窓外の景色]を―」「歌って―」❷満ち足りた気持ちになって、その感覚を味わう。‖「スリルとサスペンス[解放感]を―・んだ」❸その時期の生活がもたらす楽しみをよく味わって、浮き浮きとした愉快な気持ちになる。エンジョイする。‖「気ままな暮らしで老年を―・もう」「夏休みを―」❹[古風] 先のことに期待をかけて、心待ちにする。楽しみにする。‖「それ等の咲き揃うのを―のは私一人だけであろう〈堀辰雄〉」◈書き分け 愉悦・愉快などを踏まえて「▽愉しむ」、娯楽などを踏まえて「▽娯しむ」とも書き、それぞれ「酒[空想・旅行]を愉しむ」「寄席演芸を娯しむ」などと書くが、一般には【楽】を使う。「たのしみ」「たのしい」も同様。可能 **楽しめる** 名 **楽しみ**

「楽しむ」を修飾する表現

[十分に/存分に/思う存分/大いに/たっぷりと/目一杯] **楽しむ**
心行くまで[心から/心の底から] **楽しむ**
夢中になって[わき目もふらずに/我を忘れて/時のたつのも忘れて/何もかも忘れて] **楽しむ**
リラックスして[日常から解放されて/仕事を離れて/童心に返って/仲間とともに] **楽しむ**

だ-のに[接] 上の文を受けて、その意と相反する内容を導く。それなのに。にもかかわらず。‖「何度も警告した。―聞き入れようとしなかった」

たのみ【頼み】[名] ❶たのむこと。依頼すること。また、その内容。‖「君に―がある」❷あてにすること。頼りにすること。‖「姉[彼の言葉]を―にする」

◉**頼みの綱(つな)** 頼りにしてすがるもの。‖「君だけが―だ」

たのみ-こ・む【頼み込む】[他五] 強く頼む。熱心に頼む。‖「―・んで金を借りる」名 **頼み込み**

たの・む【頼む】[他五] ❶あることをしてほしいと相

手に願う。お願いする。依頼する。‖「兄に援助を―」「子供に用事を―」「〔喫茶店で〕僕はコーヒーを―・んだ」「―から黙っていてくれ」❷相手を全面的に信頼して、意のままに任せる。‖「この子のことは万事よろしく―・みます」「お先に失礼しますので、後を―・みます」▽❷が本義で、これから①③へと転じた。❸頼りになるものとしてあてにする。頼りにする。‖「数を―・んで攻める」「もはや神仏を―しか道はない」「自らを―」書き方「▽恃む」とも。❹その仕事をしてもらうために呼ぶ。‖「すぐにでも医者を―・んだほうがいい」「電話で車を―」❺〔古風〕〈「頼もう」「頼みます」「頼みましょう」などの形で〉訪問したときに案内を乞うてかけることば。ごめんください。▽もとは武家ことば。可能 頼める 名 頼み

た-のも【田の▽面】〔名〕〔古風〕田の表面。

たのもし・い【頼もしい】〔形〕頼りになりそうなさま。心強さを与えるさま。‖「―若者」書き方「頼▽母しい」とも当てる。派生 -げ／-さ／-がる

たのもし-こう【頼▽母子講】〔名〕無尽講(むじんこう)。

たば【束】〔名〕ひとまとめに、くくったもの。‖「花―」「まき一(ひと)―」「菊の花二―」

◉**束になって掛か・る** 大勢が一緒になって一人を攻める。‖「反対派が―・ってもかなわない」

だ-は【打破】〔名・他サ変〕❶打ち破ること。攻めて負かすこと。❷妨げとなるものを取り除くこと。‖「因習を―する」

だ-ば【駄馬】〔名〕❶荷物を運ぶ馬。荷馬。❷下等な馬。だうま。

た-ばい【多売】〔名・他サ変〕品物を大量に売りさばくこと。‖「薄利―」

た-ばか・る【▽謀る】〔他五〕謀略をめぐらしてだます。‖「敵を―」▽「た」は接頭語。名 たばかり

たばこ【〈煙草〉(▼莨)】〔名〕❶ニコチンを含む葉を喫煙用に加工するナス科の多年草。温帯では一年草。互生する葉は大きな楕円(だえん)形で、先がとがる。南アメリカ原産。❷①の葉を乾燥・発酵させて作った嗜好品。火をつけてその煙を吸う。巻きたばこ・刻みたばこ・葉巻などがある。◈tabacoポルトガルから。書き方「タバコ」とも。

たばこ-せん【〈煙草〉銭】〔名〕たばこを買う金。また、たばこを一箱買うくらいのわずかな金。

た-ばさ・む【手挟む】〔他五〕❶手・指にはさんで持つ。また、脇にかかえて持つ。‖「書類を―」❷腰に帯びる。‖「両刀を―」

タバスコ[Tabasco]〔名〕熟した赤唐辛子に酢・塩などを加えて作る、辛みの強いソース。ピザ・スパゲッティなどに用いる。タバスコソース。▽商標名。

た-はた【田畑(田▼畠)】〔名〕田と畑。でんぱた。

た-はつ【多発】〔名・自サ変〕❶多く発生すること。‖「追突事故が―する」「犯罪―地帯」❷二つ以上の発動機を備えていること。‖「―機」

たばね【束ね】〔名〕❶たばねること。また、たばねたもの。‖「一(ひと)―の薪」❷〔古風〕中心になって全体をとりまとめること。また、その人。‖「村の―」

たば・ねる【束ねる】〔他下一〕❶細長いものなどを一つにまとめてくくる。束にする。‖「髪[▽藁(わら)]を―」❷組織などの中心になって全体をとりまとめる。‖「一座を―」文 たば・ぬ 名 束ね

たび【度】〔名〕❶ごく近い過去、またはごく近い未来に何かが行われる場合の、そのとき(の状況や事態)をいう。‖「この―の選挙ではお世話になりました」⬇この度 ❷〈「度(ごと)に」の形で〉そのときはいつも。そのときは必ず。‖「読む―に感動を新たにする」「幼なじみには帰郷の―ごとに会っている」❸〈「度を重ねる」の形で〉同じ物事を何度も繰り返す。‖「何事も―を重ねれば必ず上達する」❹度数・回数。‖「三(み)―挑戦する」「四(よ)―来日する」「いく―か失敗をくり返す」▽もっぱら和語に付く。

たび【旅】〔名〕住んでいるところを離れて、一時的に他の土地に行くこと。旅行。‖「―に出る」

◉**旅の恥(はじ)は掻(か)き捨て** 旅先では知人もいないし、長くそこにとどまることもないので、ふだんなら恥ずかしくてできないような行いも平気でするものだ。

◉**旅は道連(みちづ)れ世(よ)は情(なさ)け** 旅では連れがあるほうが心強いように、世の中を渡っていくには互いに支え合う人情が大切だ。

たび【《足袋》】〔名〕和装のときに足にはく布製のはきもの。袋状で、つま先が二つに分かれている。かかとの上をこはぜで留めてはく。‖「―をはく」

だび【▼茶▼毘(▼茶▼毗)】〔名〕火葬。‖「―に付す」

茶

タピオカ[tapioca]〔名〕キャッサバの塊根からとったでんぷん。食用。

たび-かさな・る【度重なる】〔自五〕同じようなことが何回も続けて起こる。‖「不祥事が―」

たび-がらす【旅▼烏・旅▼鴉】〔名〕定住せず、旅をしながら暮らしている人。▽ねぐらのないカラスの意。

たび-げいにん【旅芸人】〔名〕地方を回って芸を見せながら稼ぐ芸人。

たび-ごころ【旅心】〔名〕❶旅をしているときに感じるしみじみとした思い。旅情。❷旅に出たいと思う心。‖「―がわく」

たび-さき【旅先】〔名〕旅をしている土地。旅行先。

たび-じ【旅路】(チ)〔名〕旅をする道筋。旅の途中。また、旅。‖「―につく」「―の果て」

たび-じたく【旅支度・旅仕度】〔名〕❶〔自サ変〕旅に出るしたくをすること。旅行の準備。❷旅をするときの服装。旅装束。‖「―の娘」

たび-しょ【旅所】〔名〕⬇御旅所(おたびしょ)

たび-そう【旅僧】〔名〕旅をしながら修行する僧。行脚僧。

たび-だち【旅立ち】〔名・自サ変〕旅立つこと。

たび-だ・つ【旅立つ】〔自五〕❶旅行に出発する。‖「フランスに―」❷門出をする。‖「第二の人生に―」❸あの世に行く。死ぬ。‖「薬石効なく今朝方―・った」「天国へ―」名 旅立ち

たび-たび【度度】〔副〕同じことが何回も起こるさま。何度も。しばしば。‖「彼は―ここにやって来る」

たび-どり【旅鳥】〔名〕春と秋、渡りの途中で姿を見せるが、その地では繁殖も越冬もしない鳥。日本では、シギ・チドリ類など。

たび-にっき【旅日記】〔名〕旅行中につける日記。

たび-にん【旅人】〔名〕博徒・香具師(やし)など、各地を渡り歩いて暮らす人。

たび-ね【旅寝】〔名〕旅先で寝ること。また、旅先での宿り。旅枕(たびまくら)。‖「―の枕」

たび-はだし【《足袋》▼跣】〔名〕下駄・草履などをはかない、足袋をつけただけの足。また、その足で地面を歩くこと。

たび-びと【旅人】〔名〕旅をしている人。旅行者。

たび‐まわり【旅回り】［名］芸人・商人などが、その仕事のために各地を回り歩くこと。「―の一座」

た‐びょう【多病】［名・形動］よく病気をすること。「―な／の人」「才子―」

たびらこ【田平子】［名］早春、花茎の先に黄色い頭花をつける、キク科の二年草。田の畦（あぜ）などに自生する。若い葉は食用。春の七草の一つ。ホトケノザ。コオニタビラコ。

ダビング【dubbing】［名・他サ変］❶映画・放送などで、別々に録音された台詞（せりふ）・音楽・効果音などを合成して一本のサウンドに編集すること。❷すでに録音・録画されているものを、別のテープなどに再録音・再録画すること。

タフ【tough】［形動］肉体・精神が強くてたくましいさま。「―な人」派生―さ

タブ【tab】［名］❶ワープロやタイプライターで、あらかじめ設定した位置までカーソルを移動する機能。また、そのためのキー。▽tabulator から。❷コンピューターのソフトウエアで、複数の画面を一つのウインドー内で切り替えて使用する方式。❸衣服の肩や袖口（そでぐち）に付ける布飾り。

だ‐ふ【▼懦夫】［名］臆病で、意気地のない男性。

タブー【taboo】［名］❶それを見ること、あるいは触れることを禁じられ、それを犯すと必ず災厄にみまわれるとされるもの。また、災厄を招くとされる特定の行為を禁止する慣習。禁忌。▽もとはポリネシア語。❷一般にふれてはならないとされている事柄。禁句。「ここでその話をするのは―だ」

た‐ぶさ【▼髻】［名］髪の毛を頭上に集めて束ねた所。もとどり。

タフタ【taffetas フランス】［名］細い横畝（よこうね）のある薄手の絹織物。強い張りと光沢に富み、高級婦人服・リボンなどに用いられる。

たぷ‐たぷ［副ト・形動］太って肉にしまりがないさま。「―したお腹」

だぶ‐だぶ［副ト］❶衣服などが大きすぎて体に合わないさま。「―のズボン」❷太って肉がたるんでいるさま。「―にふくらんだ腹」❸容器などにたっぷり入った液体がゆれ動くさま。「桶の水が―（と）ゆれる」

だぶ‐つ・く［自五］❶容器などにたっぷり入った液体がゆれ動く。「桶の水が―」❷衣類などが大きすぎてたるむ。「ズボンが―・いてずり落ちる」❸太りすぎて肉がたるむ。「腹の肉が―」❹金銭・品物などがあり余る。「資金が―」名 だぶつき

だふ‐や【だふ屋】［名］需要の多い入場券や乗車券を買い込んでおいて、券の買えなかった客に高く売りつける者。▽「だふ」は「ふだ（札）」を逆にした隠語。

たぶらか・す【▼誑かす】［他五］うまいことを言って人をだます。人をまどわして、あざむく。「言葉巧みに客を―」名 たぶらかし

ダブリュー【W】［名］❶世界を表す記号。「―杯」▽world の略。❷女性を表す記号。▽woman の頭文字から。⇔M ❸〔俗〕インターネット上で、笑うことを表す記号。▽warai の頭文字からという。

ダブリュー‐エッチ‐オー【WHO】［名］世界保健機関。▽World Health Organization の略。

ダブリュー‐シー【WC】［名］便所。▽water closet の略。

ダブリュー‐ダブリュー‐ダブリュー【WWW】［名］⇒ウェブ▽World Wide Web の略。

ダブリュー‐ティー‐オー【WTO】［名］世界貿易機関。▽World Trade Organization の略。

ダブ・る［自五］❶二重になる。二つ重なる。「文字が―・って見える」❷野球で、ダブルプレーをする。❸テニスなどで、サーブを二回連続して失敗する。❹落第する。留年する。「単位を落として一年―」▽「ダブル（double）」を動詞化した語。

ダブル【double】［名］❶二倍。二重。❷ウイスキーなどの量の単位。約六〇ミリリットル。「―で飲む」❸洋服の上着やコートで、前の重なりが深く、ボタンが二列になっているもの。「―のスーツ」▽「ダブルブレスト（double-breasted）」の略。❹ワイシャツの袖やズボンの裾が折り返されて二重になっているもの。❺「ダブルベッド」の略。❻ホテルなどで、ダブルベッドを入れた客室。❼「ダブル幅」の略。◈⇔シングル

ダブル‐インカム【double income】［名］一世帯に二つの収入源があること。特に、共働きによって夫婦それぞれに収入があること。

ダブル‐キャスト［名］一つの役に二人の俳優を当て、上演回ごとに交替で出演させること。▽double casting から。

ダブル‐クリック【double-click】［名・他サ変］コンピューターで、マウスのボタンを続けて二回押すこと。また、その動作。

ダブルス【doubles】［名］テニス・卓球・バドミントンなどで、二人一組になって対戦する試合。複試合。⇔シングルス

ダブル‐スクール【和製 double＋school】［名］大学・短大に籍を置きながら、資格修得などを目指して専門学校に通うこと。

ダブル‐スコア【double score】［名］スポーツの試合などで、一方の得点が他方の二倍であること。また、その得点。「―で勝つ」

ダブル‐スタンダード【double standard】［名］対象によって異なる二つの規準を適用すること。二重規準。

ダブル‐スチール【double steal】［名］野球で、二人の走者が同時に盗塁すること。重盗。

ダブル‐バインド【double bind】［名］相矛盾する二つのメッセージを同時に繰り返して与えられた者が、そのいずれも信じることができないまま精神的外傷をこうむる状態。▽一九五六年にアメリカの人類学者G＝ベイトソンが提唱。二重拘束の意。

ダブル‐はば【ダブル幅】［名］洋服地で、シングル幅の二倍のもの。約一四二センチメートル。毛織物に多い。⇔シングル幅

ダブル‐パンチ【double punch】［名］ボクシングで、同じ手で連続して二か所を打つこと。▽一度に二つの打撃や痛手を受けることのたとえにもいう。「失業と病気の―を食らう」

ダブル‐フォルト【double fault】［名］テニス・九人制バレーボールなどで、サーブを二回続けて失敗すること。サーバーの失点となる。

ダブル‐ブッキング【double-booking】［名］❶ホテルの部屋や座席指定などで、二重に予約を受け付けてしまうこと。二重予約。❷先約があるのに、それと日時が重なる別の約束をしてしまうこと。

ダブル-プレー【double play】［名］野球で、連続したプレーによって二人の走者を同時にアウトにすること。併殺。重殺。ゲッツー。

ダブルヘッダー【doubleheader】［名］野球で、同じチームどうしが同じ日に同一球場で二試合を行うこと。

ダブル-ベッド【double bed】［名］二人用の幅の広いベッド。

ダブル-ミーニング【double meaning】［名］二重の意味。一つの語句に二つの意味があること。

タブレット【tablet】［名］❶錠剤。❷鉄道の単線で、一区間一列車の通過だけを認めるために駅長が列車の運転乗務員に交付する証票。通票。❸コンピューターで、平面板にペン型の器具で入力する装置。❹薄い板状でタッチパネル式の、多機能情報端末。

タブロイド【tabloid】［名］新聞・雑誌などで、普通の新聞一ページの半分の大きさの型。タブロイド判。

タブロー【tableau フランス】［名］❶完全に仕上げられた絵画作品。▽エスキス(下絵)、エチュード(習作)、デッサン(素描)などに対していう。❷カンバスや板に描かれた絵画作品。▽壁画などに対していう。

た-ぶん【他聞】［名］他人に聞かれること。「―をはばかる話」

た-ぶん【多分】一［名・形動］数量・金額などが多いこと。また、割合・程度が高いこと。「―の／な寄付を受ける」「―に危険性を伴う」二［副］〈多く下に推量を表す語を伴って〉断定はできないが、そうである可能性が高いという話し手の気持ちを表す。おそらく。おおかた。たいてい。「―合格するだろう」「―仕事はあと一時間で終わる」書き方 かな書きも多い。

だ-ぶん【駄文】［名］つまらない文章。へたな文。▽自分の文章を謙遜していう語としても使う。

たべ-あるき【食べ歩き】［名］土地の食べ物や名物料理を食べてまわること。動 たべある・く(他五)

たべ-あわせ【食べ合わせ】［名］⇩食い合わせ①

たべ-かす【食べ▼滓】［名］❶食べ残した食物。また、食べたあとに残るかす。「ランチの―」「トウモロコシの―」❷食べたあと、口中に残るかす。「歯に挟まった―」❸食べるときにこぼしたかす。食べこぼし。

たべ-ごろ【食べ頃】［名］食べるのにちょうどよいころあいや時節。「今が―の柿」

たべ-ざかり【食べ盛り】［名］成長期にあって、最も盛んに食べるころ。また、その年ごろの子供。「―の中学生」

たべ-すぎ【食べ過ぎ】［名］度を越して食べること。食い過ぎ。動 たべす・ぎる(他上一)

たべず-ぎらい【食べず嫌い】［名］⇩食わず嫌い

タペストリー【tapestry】［名］多彩な糸を用いて風景・人物像・模様などを織り出したつづれ織り。また、その壁掛け。タピストリー。タピスリー。

たべ-ほうだい【食べ放題】［名］好みの物を好きなだけ食べること。また、飲食店などで一定の料金で好きなだけ食べる仕組みのもの。食い放題。

たべ-もの【食べ物】［名］食用にするものの総称。くいもの。しょくもつ。「―が豊富な時代」「―屋」

た・べる【食べる】［他下一］❶固形の食物をかんで飲み込む。「毎朝七時に朝ごはんを―」「彼は肉は―が魚は―・べない」「何か腹の足しになるものを―・べたい」使い方 (1)「食う」を丁寧にいう語として使われてきたが、「食う」が粗野な感じを伴うようになり、「食べる」が一般的な言い方になっている。(2)尊敬語には「召し上がる」「お召し上がりになる」「お食べになる」のほか、「上がる」「お上がりになる」がある。「食べられる」は尊敬よりは可能の意で使うことが多い。謙譲語には「頂く」がある。また、乱暴な言い方に「食らう」が、文章語的な言い方に「食する」がある。(3)可能形は、「食べられる」。「食べれる」は、ら抜き言葉。語源 与える・くれる意の古語「賜ぶ」(四段)から「食ぶ」(下二)→「食べる」と転じたもの。❷生活する。食う。「月給だけでは―・べていけない」文 た・ぶ

品格 味わう「手料理をじっくりと―」舌鼓を打つ「山海の珍味に―」食する「―に堪えない味」

だべ・る【駄▽弁る】［自五］くだらないおしゃべりをする。▽「駄弁」を動詞化した語。名 だべり

た-べん【多弁(多▼辯)】［名・形動］口数の多いこと。おしゃべり。饒舌。「―の人」

だ-べん【駄弁(駄▼辯)】［名］くだらないおしゃべり。「―を弄する」

たぼ【▼髱】［名］❶日本髪で、後方へ張り出した部分。たぼがみ。たぶ。❷若い女性。

だ-ほ【▼拿捕】［名・他サ変］とらえること。特に軍艦などが外国の船舶をとらえて支配下におくこと。

た-ほう【他方】一［名］ほかの方面・方向。また、二つのうちの、もう一方。「一方を青く、―を赤く塗る」二［副］別の面から見ると。(もう)一方では。「頑固だが、―涙もろいところもある」

た-ぼう【多忙】［名・形動］非常にいそがしいこと。「―の身」「―な毎日を送る」派生 ―さ／―がる

た-ぼう【多望】［名・形動］将来に多くの望みがもてること。将来性があること。「前途―の若者」

だ-ぼう【打棒】［名］野球の打撃。「―が振るう」

たほう-とう【多宝塔】［名］下層を方形、上層を円形に造り、方形の屋根をかけた二層の塔。本来は釈迦と多宝如来を安置する塔をいった。

た-ほうめん【多方面】［名・形動］多くの方面。いろいろな分野。「―で活躍する才人」

だ-ぼく【打撲】［名・他サ変］体を物に打ちつけること。たたくこと。「胸部を強く―する」「全身―」

だぼ-はぜ【だぼ▼鯊】［名］食用にならない小形のハゼ類のこと。▽関東ではチチブ・ヨシノボリなどをさすことが多い。

だ-ぼら【駄▽法▼螺】［名］大げさなうそ。でたらめで、くだらない話。「―を吹く」

だ-ほん【駄本】［名］読む価値のない本。くだらない本。

たま【玉・弾・球・▽珠】一［名］❶【玉】球形をしたもの。「―の汗を流す」「火の―」「目(パチンコ)の―」書き方「目(パチンコ)の―」は、「球」とも。❷【球】球技などに使うボール。また、その投球・打球。「速い―を投げる」❸【弾・玉】鉄砲の弾丸。「銃に―を込める」書き方〈弾丸〉とも。❹【玉】丸くまとめられたもの。「毛糸[うどん]の―」❺【球】電球。「―が切れる」❻【玉】レンズ。❼【玉・珠】そろばんで、指で弾く丸い粒。そろばんだま。❽【玉】睾丸。▽「金玉」の略。

❾【玉・珠】丸い形をした美しい宝石。また、宝石のように貴重なもの。║「掌中の―」 書き方 「▽璧」とも。

❿【玉】〔俗〕芸者・遊女など、客商売の女性。║「上―」

⓫【玉】人をあざけっていう語。║「あいつは心から謝るような―じゃない」

□二【接頭】〈名詞に付いて〉美しいものとして褒めたたえる意を表す。║「―垣(がき)・―襷(だすき)」

◉玉に瑕(きず) それさえなければ完全なのに、わずかながら欠点があること。║「いい人なのだが、調子に乗りすぎるのが―だ」 注意 「瑕」は宝玉についたきずの意。常用漢字ではないため「傷」でまかなうことが多いが、この成句を「玉に傷」と書くのは避けたい。

◉玉磨(みが)かざれば光(ひかり)なし どんなにすぐれた才能があっても、学問・修養を積まなければ立派な人物になれないということ。

◉玉を転(ころ)がす 高くて美しい声の形容。║「―ような声」

たま【霊・▽魂】[名] たましい。霊魂。║「御(み)―」

だま [名] 小麦粉などを水で溶いたとき、完全に溶けないためにできる小さなかたまり。║「―になる」

たま-あし【球足】[名] 野球・ゴルフなどで、打球の飛ぶ速さや距離。║「―が速い」「―が伸びる」

たま-いし【玉石】[名] 川などにある丸い石。直径一五～三〇センチメートルのものを石垣・庭石などに使う。丸石。

たま-いれ【玉入れ】[名] 紅白に分かれて竿の先につけた籠(かご)の中にそれぞれの玉を投げ入れ、一定時間内に入った数で勝敗を決める競技。運動会などで行われる。

たま・う【▽賜う・▽給う】(タマフ) [動五] (古風) □一 [他] 「与える」「くれる」の尊敬語。お与えになる。くださる。║「殿がおほめのお言葉を―」 □二 [補動] 〈動詞連用形に付いて〉 ❶目上の人の動作に対する敬意を表す。お…になる。…なさる。║「神の与えたもうた試練」「そんなことを言い―な」 ❷〈命令形を使って〉男性が同輩以下の人に対して、親しみのこもった調子で軽く命令する意を表す。║「やめ―・え」「さあ入り―・え」◈終止形・連体形、ならびに連用形は、「たもう」ということも多い。その場合、現代かなづかいは「たもう」とするのが一般的。

たま-おくり【霊送り・▽魂送り】[名] 盂蘭盆(うらぼん)の終わる日の晩に、送り火を焚(た)いて祖先の霊を送り返すこと。また、その儀式。精霊(しょうりょう)送り。

たま-がき【玉垣】[名] 神社などの周囲にめぐらした垣。瑞垣(みずがき)。

だま-か・す【▼騙かす】[他五] だます。だまくらかす。

たま-かずら【玉▼鬘】(ツラカ) [名] 古代の装身具の一つ。多くの宝玉を糸に通して頭にかける。▽かもじ・かつらや、仏具の華鬘(けまん)をいう美称としても使う。

たま-ぐし【玉串】[名] ❶木綿(ゆう)または紙の幣(ぬさ)をつけて神前に供えるサカキの小枝。║「―奉奠(ほうてん)」 ❷サカキの美称。

たま-くら【手枕】[名] ⬇てまくら

だまくら-か・す【▼騙くらかす】[他五] 「だます」を強めた言い方。

たま・げる【▽魂▽消る】[自下一] 非常に驚く。びっくりする。║「話を聞いて―・げた」▽「たまぎえる」の転。

たま-ご【卵】[名] ❶鳥・虫・魚などの雌が産み、発育すると殻・膜を破って孵化(ふか)するもの。球形または楕円形で、中に栄養分をたくわえている。║「―がかえる」 ❷鶏(にわとり)の卵。鶏卵(けいらん)。║「―料理」「生―」 書き方 料理では、「玉子」と書くことも多い。❸その道で、まだ修業中の人。║「俳優の―」

たまご-いろ【卵色】[名] ❶鶏卵の黄身の色。淡黄色。❷鶏卵の殻の色。白茶色。

たまご-がた【卵形】[名] 鶏卵に似た楕円(だえん)形。らんけい。║「―の顔」

たまご-ざけ【卵酒・玉子酒】[名] 日本酒を煮立ててアルコール分を飛ばし、卵黄と砂糖を加えてかきまぜた飲み物。風邪に効くとされる。

たまご-どうふ【卵豆腐・玉子豆腐】[名] 溶き卵にだし汁を加えて調味し、蒸し固めたもの。

たまご-とじ【卵▼綴じ・玉子▼綴じ】(ートヂ) [名] ❶汁の多い煮物に溶き卵を流し、半熟状態の卵が具をふっくらと包み込むように仕上げた料理。❷そば・うどんの種物の一つ。かけそば・かけうどんの上に溶き卵を流し込んで半熟状態にしたもの。

たまご-やき【卵焼き・玉子焼き】[名] 溶き卵に調味料を加え、焼いた料理。また、それを作るための、底を浅く平らにした四角い鍋。

たま-さか【▽偶さか】[副] ❶思いがけないさま。たまたま。偶然。❷機会がまれであるさま。║「―(に)帰国することもある」

たま-ざん【▽珠算(玉算)】[名] ⬇しゅざん

たましい【魂】(タマシヒ) [名] ❶人のからだに宿り、精神活動をつかさどると考えられているもの。不滅のものと信じられ、死後は肉体を離れて神霊になるとされる。║「―が抜けたようになる(=気力がなくなる)」 ❷自然界の万物に宿り、霊的な働きをすると考えられているもの。❸精神。心。║「―のこもった作品」▽③は「～魂(だましい)」の形も多い。║「大和―(やまとだましい)・ゲルマン―(だましい)」

だまし-うち【▼騙し討ち】[名] 相手が油断するような計略を用いて不意に討ち取ること。また、人をだましてひどい仕打ちをすること。

だまし-え【▼騙し絵】(ーヱ) [名] 目の錯覚を利用し、見方によりさまざまな絵柄に見えるように描いた絵。

だまし-だまし【▼騙し▼騙し】[副] なだめすかしながら。また、その場を何とかしのぎながら。║「いやがるニンジンを―食べさせる」「古いパソコンを―使う」

たま-じゃり【玉《砂利》】[名] 粒のそろった大きめの砂利。

だま・す【▼騙す・▽欺す・▼瞞す】[他五] 騙 ❶うそを言って、本当でないことを本当だと思わせる。║「手練手管(てれんてくだ)で人を―」「詐欺師(さぎし)にまんまと―・される」 ❷他のことに気分を紛らせておとなしくさせる。なだめすかす。║「―・したりすかしたりして連れ出す」 ❸様子を見ながら何とか乗り切る。║「薬で―・しながら仕事を続ける」⬇だましだまし 可能 だませる

品格 欺(あざむ)く「国民の目を―改竄(かいざん)」 偽(いつわ)る「外国産を国産だと―」 騙(かた)る「将軍の名を―」

たまずさ【玉▼梓・玉▽章】(タマヅサ) [名] 手紙・便りの美称。▽「たまあずさ」の転。古く、使者が手紙を梓(あずさ)の木に結びつけて届けたことから。

たま-たま【▽偶・▽偶▽偶】[副] ❶時おり。時たま。まれに。║「―街で見かける人」 ❷偶然に。思いがけなく。║「―現場に居合わせる」

たま-つき【玉突き】[名] ❶長方形の台上に的とする玉を並べ、棒(キュー)で突いた玉を的玉に当てて得点を競うゲーム。撞球(どうきゅう)。ビリヤード。❷追突されて押し出された車両が次々に前の車に衝突すること。║「―事故」▽①の球が次々に他の球に当たっていくことから。

たまった‐ものではな・い【▽堪ったものではない】[連語]「たまらない」①を強めていう語。‖「この上疑いまでかけられては―」

たま‐てばこ【玉手箱】[名] 美しい手箱。特に、浦島太郎が竜宮の乙姫(おとひめ)から贈られたという手箱。▽秘密にして容易には人に見せないもののたとえにもいう。

たま‐どめ【玉止め・玉留め】[名] 裁縫で、縫い終わりに糸が布から抜けないように結び玉を作ってとめること。

たま‐な【玉菜（球菜）】[名] キャベツ。

たま‐に【▽偶に】[副] めったにないさま。まれに。‖「―映画を見る」「―は手紙を下さい」

品格 折々「―彼を思い出す」時折「―見せる笑顔」時に「―厳しい先生」稀に「―起こる事象」

たま‐ねぎ【玉▼葱】[名] 肥厚(ひこう)した鱗茎(りんけい)を食用にするユリ科の多年生作物。世界各地に栽培される野菜で、日本には明治初年に渡来。オニオン。 葱

たま‐の【▽偶の】[連体] まれである。めったにない。‖「―休み」「―機会」⬇たまに

たま‐の‐あせ【玉の汗】[名] 玉のように吹き出した大粒の汗。‖「―を滴らせる」

たま‐の‐お【玉の緒】ヲ[名]〔古風〕❶玉を通す細ひも。また、細ひもに玉を通した首飾り。❷いのち。▽「玉」に「魂(たま)」をかけた「魂の緒」の意から。

たま‐の‐こし【玉の▼輿】[名] ❶身分の高い人の乗る、立派な輿。❷「玉の輿に乗る」の略。 輿

◉**玉の輿に乗る** 女性が婚姻などによって富貴の身分になること。

たま‐のり【玉乗り（球乗り）】[名] 大きな玉に乗り、その玉を足で転がしながら演じる曲芸。また、それをする人。

たま‐ははき【玉▼箒】[名] ❶玉を飾りつけたほうき。昔、正月の初子(はつね)の日に蚕室を掃くのに用いた。❷酒。▽現世の憂いを払いのけることから。◈「たまばはき」ともいう。

たま‐ひろい【球拾い】ヒロヒ[名] 野球・テニスなどで、練習のときに転がり散らばった球を拾い集めること。また、その役にあたる人。

たま‐ぶち【玉縁】[名] ❶美しい縁。また、美しく縁どりしたもの。❷服飾で、布の裁ち目やボタン穴などを別布でくるんで細く縁どること。また、その縁どったもの。飾りとしても用いる。

たま‐まつり【霊祭り・▽魂祭り】[名] 祖先の霊を家に迎えて祭る行事。特に、盂蘭盆(うらぼん)の仏事。精霊(しょうりょう)祭り。

たま‐むかえ【霊迎え・▽魂迎え】カヘ[名] 盂蘭盆(うらぼん)の初日の晩に、迎え火を焚(た)いて祖先の霊を迎えること。また、その儀式。精霊(しょうりょう)迎え。

たま‐むし【玉虫】[名] 本州以南に分布するタマムシ科の甲虫(こうちゅう)。金緑色の翅(はね)には赤紫色の縦線が走り、金属光沢を放つ。玉虫厨子(たまむしのずし)で知られるように、翅は古くから各種の装飾に用いられた。

たまむし‐いろ【玉虫色】[名] 光線の具合によって緑色や紫色に変わって見える染め色・織り色。▽どうにでも解釈できる曖昧(あいまい)な表現などのたとえにもいう。‖「―の答申」

たま‐むすび【玉結び】[名] 裁縫で、縫い始めに糸が布から抜けないように結び玉を作っておくこと。

たま‐も【玉藻】[名] 藻の美称。

たま‐もく【玉目】[名] 小さな渦巻きを連ねたような美しい木目。ケヤキ・クスノキなどの材に見られる。

たま‐もの【▽賜物】[名] ❶恵みとして与えられたもの。‖「この豊漁は海からの―だ」❷あることの結果として得られたよい事柄。‖「成功は努力の―」◈書き方「▽賜」とも。

たま‐や【霊屋】[名] ❶霊魂を祭ってある建物。霊廟(れいびょう)。❷昔、葬送の前にしばらく遺骸を安置しておいた所。▽現在では墓の上に据える屋形のものをさす。

たま‐ゆら【玉▽響】[名]〔古風〕ほんのしばらくの間。わずかの間。▽副詞的にも使う。

たまら‐な・い【▽堪らない】[連語] ❶このままでは耐えられない意で、その状況に強い不満を表す。たまらぬ。〈文脈に応じて、がまんできない、かなわない、許しがたい、やりきれない、迷惑だ、処置なしだなどの意が出る〉‖「このまま朽ち果てるのは私には―」「こんなに暑くては―」「水洗いしたのでは服が―」▽強調した言い方に「たまったものではない」がある。❷この上なくよい。堪(こた)えられない。‖「大吟醸にからすみときては―」「この緊張感が―」❸〈「たまらなく」の形で〉程度が甚だしいさま。この上なく。とても。‖「今夜の彼女は―く美しい」「こんな自堕落な生活が―くいやだ」❹〈「て[で]たまらない」の形で〉感情や感覚が頂点まで達して、自分の力では抑えることができない意を表す。がまんできないほど…だ。…てならない。…てしようがない。…て仕方ない。‖「腹が立って―」「心が痛んで―」「不思議で―」◈①②④の丁寧形は「たまりません」。⬇「ない」のコラム(一二〇四ペ)

たまり【▼溜まり】[名] ❶人がたむろしているところ。たまり場。❷相撲の土俵下で、審判・行司・力士などが控えている所。土俵だまり。❸味噌(みそ)を作るときに出てくる液汁。❹「たまり醬油(じょうゆ)」の略。

たまり‐か・ねる【▽堪り兼ねる】[自下一] がまんしきれなくなる。‖「―・ねたように質問する」

だまり‐こく・る【黙りこくる】[自五] いつまでも黙ったままの状態でいる。‖「不機嫌になって―」

だまり‐こ・む【黙り込む】[自五] 黙ったままの状態になる。‖「しかられて急に―」

たまり‐じょうゆ【▼溜まり▼醬油】ジャウユ[名] 大豆麹(こうじ)を原料にしたもろみの中に漉(こ)しかごを入れ、中にたまった液汁を熟成させたもの。普通の醬油よりやや濃厚で、特有の香りがある。たまり。

たまり‐ば【▼溜まり場】[名] 仲間がいつも寄り集まる場所や店。‖「学生たちの―になっている店」

たま・る【▽堪る】[動五] 一[自] ❶〈下に打ち消しを伴って〉この状態に耐えることができない。また、その状況に強い不満の意を表すのに使う。‖「彼は―・らずその場を去った」「あの査定では彼も―・まい」「矢も楯(たて)も―・らず駆けつけた」❷⬇たまらない 二[補動]〈「…て[で]たまるか」などの形で〉このままの状態にはしておかないぞという強い決意を表す。断じて…など(し)ない。…などを許してなる(もの)か。‖「負けて―か」「死んで―か」「落第などして―ものか」◈「溜まる」と同語源。

たま・る【▼溜まる】[自五] ❶ものが一か所に少しずつ集まって多くなる。‖「部屋のすみにほこりが―」「口に唾(つば)が―」「全身に疲労が―」❷蓄えられたり集められたりして少しずつ多くなる。‖「金[切手]が―」「用水池には

水がたっぷりーっている」書き方 金銭の場合は「▽貯まる」とも。❸〈放置したりしたために〉処分・処理すべきものが少しずつ多くなる。‖「空き瓶[未読メール・支払い・宿題・有給休暇]がーー」❹たむろする。‖「校門前にーーらないで早く帰りなさい」名 たまり

だま・る【黙る】[自五] ❶物をいうのをやめる。泣くのをやめる。また、口をつぐんで物を言わない。沈黙する。‖「怒られてーー」「わけを聞いた以上はーーって(=口出しせずに)はおられない」「泣く子もーー(=それほどに恐ろしい)鬼軍曹」使い方「話さない」の意で、他動詞的にも使う。‖「例の件はーーっていてくれ」❷〈「黙って」の形で〉沈黙したままで。特に、相手の話に介入・言い訳・反論・連絡などをしないで。‖「ーーって引き下がる」「ーーって付いて来ればいいのだ」「ーーって(=無断で)休む」「ーーって見逃す」❸〈「黙っていても」の形で〉積極的な対応をしなくとも。‖「ーーっていても当選する」

品格 箝口「ーー令を敷く」口をつぐむ「報復を恐れてーー」沈黙「ーーを強いられる」黙する「ーーに忍びない」黙す「ーーべきにあらず」

たまわり-もの【賜り物】[名] 賜った品物。頂戴物。頂き物。

たまわ・る【賜る(▽給わる)】[他五] ❶「もらう」の謙譲語。Aからもらうという動作について、Aを高める。いただく。頂戴する。‖「金一封[御尽力]をーー」「結構なお品をーーり、ありがとうございます」❷「与える」の尊敬語。くださる。‖「陛下がおことばをーー」◈⬇敬語解説(一七九八ジペ) 書き方 送りがなは「賜わる」も許容。

たみ【民】[名] ❶国家・社会を構成する人々。人民。国民。‖「ーーの声を反映させた政治」❷君主・帝王に支配されている人々。臣民。

ダミー【dummy】[名] ❶型見本。また、模造品。❷映画のトリック撮影や工学実験などに使う人体模型。また、洋服店で衣装を着せる人台(ボディー)・マネキン人形。❸身代わり。替え玉。❹同一企業であるのに便宜上別会社に見せかけて設立する会社。替え玉会社。▽「ダミー会社」の略。

たみ-ぐさ【民草】[名] 人民の増えるようすを草にたとえた語。あおひとぐさ。たみくさ。

だみ-ごえ【▽濁声】[名] にごった感じの耳ざわりな声。また、なまりの強い声。

だ-みん【惰眠】[名] なまけて眠ること。また、何もしないでのらくらと日を送ること。‖「ーーを貪る」

ダム【dam】[名] 発電・灌漑・治水などを目的に、河川の水をせき止めて貯水するための構造物。堰堤。

た-むけ【手向け】[名] ❶神仏や死者の霊に物を供えること。また、その物。‖「ーーの花」❷別れてゆく人に贈るしるし。はなむけ。餞別。

たむけ-ぐさ【手向け草】[名] 神仏や死者の霊に供える品。布・紙・麻など。

た-む・ける【手向ける】[他下一] ❶神仏や死者の霊に物を供える。‖「霊前に香華をーー」❷別れてゆく人や旅立つ人にはなむけをする。‖「卒業生に送辞をーー」文 たむ・く 名 手向け

ダムサイト【damsite】[名] ダムの建設用地。

た-むし【田虫】[名] 白癬の一種。股間や臀部に輪状の丘疹や小水疱ができる皮膚病。強いかゆみがある。股間にできるものは「いんきんたむし」という。頑癬。

たむろ・する【▽屯する】[自サ変] 人が一か所に群れ集まる。‖「若者がーー広場」文 たむろ・す

ため[名] [俗] 対等、同等であること。

ため【▽為】[名] ❶その人、そのものの役に立つこと。利益(になること)。‖「耳に痛いがーーになる話だ」「家族のーーを思って我慢する」❷〈「…のために」の形で〉…に役立つように。…の利益になるように。‖「チームのーーに頑張る」「後々のーーに言っておくが、…」❸〈「…のための」の形で〉…に役立つ。…を利する。…用の。‖「新聞小説のーーの挿絵」「死者のーーのミサ曲」❹〈「AのためのA」の形で〉Aだけを目的とする意。‖「芸術のーーの芸術」「反対のーーの反対」❺〈「…ため(に)」の形で動詞や助動詞の連体形を、「…のため(に)」の形で体言を受けて〉次に述べることの目的を表す。‖「生きるーーに働く」「事件を忘れないーーにも記録をとる」「目標達成のーー努力する」使い方 ⑴形容詞・形容動詞の場合は、「…あるため」の形にしたり、名詞に変えて「ため」を続けたりする。‖「美しくあるーーに努力する」「健康のーーに山登りをする」⑵古風な言い方に、動詞未然形を受ける「…んがために」がある。‖「子の命を救わんがーーに危険を冒す」❻〈「…ため(に)」の形で活用語の連体形を、「…のため(に)」の形で体言を受けて〉次に述べることの原因・理由を表す。…によって。…のせいで。…のゆえをもって。‖「無理をしたーーに病気になった」「道が狭いーーに車が入れない」「家が手狭なーー、改築する」「交通至便のーーに地価も高い」使い方 古風な言い方に、体言や動詞連体形を受ける「…がために」がある。‖「これがーーに苦労した」「不祥事を起こしたがーーに失脚した」

◉**為に・する** ある目的に役立てようとする下心をもって事を行う。‖「ーー中傷」

ため【▽溜め】[名] ためておくところ。特に、肥料にする糞尿をためておくところ。こえだめ。

だ-め【駄目】一[名] ❶囲碁で、最終的にどちらの地にも属さない目。❷演劇などで、監督・演出家などが台本や演技者に与える注意・注文。二[形動] ❶しても効果がないさま。むだ。‖「いくら頼んでもーーだった」❷役に立たないさま。悪い状態にあるさま。‖「台風で稲がーーになる」「ーーな親だと反省する」❸してはいけないさま。‖「ここで酒を飲んではーーだ」▼相手に禁止を言い渡す語としても使う。❹できないこと。不可能なこと。‖「私はスポーツはーーです」派生 ーさ

◉**駄目で元元** 試みて仮に効果がなかったとしても、試みない場合より状況が悪くなったり何かを失ったりすることはない、という気持ちを表すことば。‖「ーー、やるだけやってみよう」▼略して「だめもと」とも。

◉**駄目を押・す** 「駄目押し」をすること。⬇だめおし‖「あとでとやかく言うなとーー」「満塁打でーー」

ため-いき【▽溜め息】[名] 心配・失望・感心などをしたとき、また緊張がとけたときなどに思わず吐く長い息。‖「ーーをつく」

ため-いけ【▽溜め池】[名] 灌漑や消火に用いる水をためておく人工の池。用水池。

ダメージ【damage】[名] 損害。痛手。‖「ーーを受ける」

ため-おけ【▽溜め▽桶】[名] ❶肥料にする糞尿をためておく桶。また、その糞尿を入れて運ぶ桶。❷防火用に雨水をためておく桶。天水桶。

だめ-おし【駄目押し】［名・自サ変］❶確実とわかっていても、念を入れてもう一度確かめること。❷スポーツの試合で、勝利が確実になったあとでさらに得点を加え、勝利を決定的にすること。‖「—の満塁ホームラン」◈囲碁で駄目を詰めて確かめることから。

ため-ぐち【ため口】［名］［俗］相手と対等な口をきくこと。‖「—をきく」書き方「タメ口」とも。

ため-こ・む【▼溜め込む】［他五］熱心にたくわえる。ためてしまいこむ。‖「小金を—」

ためし【▽例し】［名］それより以前にあった事柄。先例。前例。‖「ギャンブルで儲かった—がない」

ためし【試し（▽験し）】［名］ためすこと。こころみ。‖「ものは—だ」

ためし-ぎり【試し切り・試し斬り】［名］刀剣の切れ味をためすために人や物を斬（き）ってみること。

ためし-に【試しに】［副］試すために。こころみに。‖「—着てみよう」

ため・す【試す】［他五］ある手段を用いて実際はどうであるかを調べる。‖「試験をして実力を—」「真価［可能性・新車の乗り心地］を—」使い方「試す」は何らかの手段によって対象を調べてみる意であるが、「試みる」は動作の遂行そのものによって結果のなりゆきを確かめてみる意。‖「検定試験で能力を試す／脱走を試みる」可能 試せる 名 試し

だめ-だし【駄目出し】［名］❶演劇などで、監督・演出家などが台本や演技の悪い点を指摘して改めさせること。❷他人の行為や仕事などの悪い点を直接批判すること。‖「企画書に—をする」

ためつ-すがめつ【矯めつ▼眇めつ】［連語］いろいろな方面からよく見るさま。‖「骨董（こっとう）を—眺める」

ため-どし【ため年】［名］［俗］同い年。書き方「タメ年」とも。

ため-に【▽為に】［接］先に述べた事柄が原因・理由であることを表す。それゆえに。‖「警報の発令が遅れ、—被害が大きくなった」

だめ-もと【駄目元】［名］「駄目で元元（もともと）」の略。‖「—で、もう一度頼んでみよう」

ためら・う【〈▼躊▼躇〉う】（タメラフ）［他五］あれこれ迷ってぐずぐずする。躊躇（ちゅうちょ）する。‖「即答を—」「声をかけるのも—・われて、そのまま通り過ぎた」「—・わずにまっすぐ進む」使い方 自動詞としても使う。‖「返事に—・っている私を見た時〈漱石・こころ〉」名 ためらい

品格　逡巡（しゅんじゅん）「申請するか否か—する」　躊躇（ちゅうちょ）「—なく計画を実行する」

た・める【▼溜める】［他下一］❶ある物を一か所に少しずつ集めて量を多くする。‖「貯水池に雨水を—」「クーポン券を—」「貯金箱にお年玉を—」書き方 金銭の場合は「▽貯める」とも。使い方「住宅資金［防火用水］を—」など、〈結果〉を～ヲにとる言い方もある。そのようなものとして集めふやす意。❷あとで役立てるために、使わないでとっておく。蓄える。‖「後半に備えてスタミナを—・めておく」「災害に備えて数か月分の食糧を—・めておく」「腰を—・めて（＝腰にぎりぎりまで力を蓄えておいて）打つ」❸身体に集まりたまったものをそのままの状態にしておく。‖「目に涙を—・めて訴える」「ストレスは—・めないようにしたい」❹するべきことを怠って、処分・処理すべきものを少しずつ増やす。‖「借金を—・めて動きがとれなくなる」「支払い［仕事］を—」◈使い方 ③④は、ふつう、ためる行為が非意図的で、ためない行為が意図的となる。多くはマイナスに評価していう。文 たむ 名 溜め

た・める【矯める】［他下一］❶形を整えるために、まっすぐなものを曲げたり曲がっているものを伸ばしたりする。‖「松の枝を—」「角を—・めて牛を殺す」❷悪い性質や癖などを直す。矯正する。‖「悪弊を—」❸［古風］片目を閉じて狙いをつける。また、目をすえてじっと見る。‖「（主税（ちから）ハ）古帽子の庇（ひさし）から透かして、—・めつ〈鏡花〉」「—・めつ眇（すが）めつ見る」◈書き方「▼揉める」「▼撓める」とも。文 たむ

た-めん【他面】［名］物事のある方面以外の面。別の側面。一方。‖「—から考察すれば…」

た-めん【多面】［名］❶多くの平面。❷多くの方面や分野。‖「—的に考察を加える」「—性」

ためん-たい【多面体】［名］四つ以上の平面多角形で囲まれている立体。四面体・五面体など。

だも［副助］［古風］さえも。‖「この上に金時計をとは、小さき胸の小夜子が夢にだも知る筈がない〈漱石〉」▼副助詞「だに」＋副助詞「も」の「だにも」の転。

たも-あみ【▼攩網】［名］魚をすくうのに使う小形の網。木・竹・針金などの枠に袋状の網を張り、長い柄をつけたもの。たも。　攩

た-もう【多毛】［名］毛深いこと。‖「—症」

たもう-さく【多毛作】［名］同じ田畑で年に三回以上作物を育て、収穫すること。⇩一毛作・二毛作・三毛作

た-もくてき【多目的】［名・形動］同時に多くの目的をもっていること。一つの物を種々の目的に使えること。‖「—ホール」

たも・つ【保つ】［他五］ある（良好な）状態をそのまま続ける。維持する。‖「原形［健康・体面・平静・秩序］を—」「A社との協力関係を—」「室内はセ氏一八度に—・たれている」可能 保てる

た-もと【▼袂】［名］❶和服の袖付けから下の、袋状になった部分。⇩着物（図）❷そば。かたわら。‖「橋の—にたたずむ」❸ふもと。すそ。‖「山の—にある村」⇩ふもと［ことば比べ］

◉**袂を絞（しぼ）る**　濡れた袂を絞るほど涙を流す。

◉**袂を分（わ）かつ**　仲間と関係を絶つ。‖「盟友と—」

だ-もの【駄物】［名］価値のない、つまらない物。

たもれ【▽給れ・▽賜れ】［文語の動詞「たもる」の命令形］［古風］〈「…てたもれ」の形で〉…てください。‖「教えて—」

た-や・す【絶やす】［他五］続いていたものをとぎれさせる。（意図的な行為にも非意図的な行為にもいう）‖「子孫を—」「害虫［汚職の根］を—」「火種を—・してしまった」「笑顔を—・さず応対する」可能 絶やせる

た-やす・い【〈容易〉い】［形］手間もなく楽に行えるさま。容易だ。簡単だ。易（やさ）しい。‖「批判は—が、実行は難しい」「—・くやってのける」⇔難しい ▼接頭語「た」＋形容詞「易い」。派生 -げ／-さ

た-ゆう【大夫・太夫】（タイフ）［名］❶神主。特に、伊勢神宮の御師（おし）。❷能楽・歌舞伎などで、一座の中のすぐれた演技者。また、一座の統率者。❸浄瑠璃の語り手。❹歌舞伎で、主役の女形（おやま）。❺最上位の遊女。

たゆう-もと【太夫元】（タイフ）［名］演芸・演劇などの興

行責任者。▽江戸では座元が兼ねた。

たゆた・う タユタ〔自五〕❶ゆらゆらと揺れ動く。漂う。‖「小舟が波間に—」❷心が揺れ動く。また、ためらう。‖「返事に—」◈終止形・連体形では「タユトー」とも発音し、「たゆとう」とも書く。名**たゆたい**

たゆみ-な・い【▼弛みない(▼弛み無い)】〔形〕気持ちのゆるむことがない。‖「—努力を続ける」

たゆ・む【▼弛む】〔自五〕気持ちがゆるむ。だらける。‖「—・まぬ努力〔練習〕の成果」▽多く打ち消しを伴って使う。書き方「倦まず撓(たゆ)まず」は慣用で「▼撓む」を使う。

⬇うまずたゆまず 名**たゆみ**

だ-よ〔連語〕確認するような気持ちで相手の注意を引きつける。‖「仮に—、そんなことがあったとしても—、絶対安全なんだ」「ほら、ここ—」▽助動詞「だ」+終助詞「よ」。使い方丁寧語は「ですよ」。

た-よう【他用】〔名〕❶ほかの用事。❷ほかの目的で使うこと。ほかの使い道。‖「施設の—を禁ずる」

た-よう【多用】〔名〕❶用事が多いこと。‖「御—中申し訳ございませんが」❷〔他サ変〕多く使用すること。‖「カタカナ語を—する」

た-よう【多様】ターヤウ〔名・形動〕さまざまな種類があること。変化に富んでいること。‖「—な商品を扱う」「市民の反応は—だ」「多種—」「—化」⬍一様 派生**-さ**

た-よく【多欲(多▼慾)】〔名・形動〕欲望が多いこと。欲が深いこと。‖「—の人」

た-より【便り】〔名〕消息などを知らせてくるもの。音信。手紙や電子メール。‖「風の—(=風聞)に聞く」「—のないのは良い—」「市議会—(だより)」▽「頼り」と同語源。

た-より【頼り】〔名〕❶自分を支え助けてくれるものと信頼して、あてにするもの。‖「地図を—に山道を歩く」

❷てづる。つて。縁故。‖「兄を—に上京する」

たより-な・い【頼りない(頼り無い)】〔形〕❶安心できない気持ちだ。心もとない。不安だ。‖「一人で行くのは—」❷人に十分な安心感を与えないさま。頼りにならない。‖「—藪(やぶ)医者」「我が国の政治家は—」❸頼るところがないさま。‖「—身の上」❹感覚や認識がはっきりしないさま。‖「記憶が—」「—味」◈✓注意丁寧形「頼りありません」は標準的でない。⬇「ない」のコラム(三四ジペー) 派生**-げ**「—に見つめる」/**-さ**/**-が・る**

たよ・る【頼る】〔他五〕❶自分を支え助けてくれるものと信頼して、それをあてにする。頼りにする。‖「姉を—・って上京する」「地図を—・って山道を行く」❷自分を支え助けてくれるものと信頼して、事の成就(じょうじゅ)をそれにゆだねる。頼りにしてそれにすがる。‖「住宅資金を親(の財力)に—」使い方「腕力に頼って解決する」「山勘(やまかん)に頼って捜査する」のように、自動詞的にも使う。これを他動詞で表現すると、それぞれ「解決を腕力に頼る」「捜査を山勘に頼る」となる。◈「手寄(たよ)る」の意。可能**頼れる** 名**頼り**

たら【▼楤】〔名〕「たらのき」の略。

たら【▼鱈】〔名〕❶マダラ・スケトウダラ・コマイなど、タラ科の海水魚の総称。❷北洋に分布するタラ科の海水魚。腹部の肥大した体は後部に向かって細い。食用。マダラ。ホンダラ。

たら 一〔副助〕❶軽い非難の気持ちをこめて、話題として取り上げる。‖「お姉ちゃん**たら**まだ起きないよ」「あの人っ**たら**おしゃべりなんだから」❷〈下に打ち消しの語を伴って〉程度が極めて高い意を表す。‖「痛いっ**たら**ない」「彼の慌てぶりっ**たら**なかったよ」❸〈「AたらA」の形で、言い切りの形を受けて〉それ以外にはないことを強調して言う。…てば。‖「行かないっ**たら**行かないんだ」「いやだっ**たら**いやよ!」❹不確かな気持ちを表す。…とかいう。‖「大方、そのカシイ**たら**いう男が、かどわかしおったんやろ〈村山知義〉」◈①〜③は「といったら」の転。④は「とやら」の転。

二〔終助〕親しさの中に驚き・非難・じれったさなどの気持ちをこめて、強く訴えかける。…てば。‖「お父さん**たら**、早く来てよ」「すぐ行くっ**たら**」「うるさいっ**たら**」「やめてっ**たら**」▽「たら」一①の転。使い方呼びかけの語や活用語の終止形・命令形などに付く。

◈一二とも俗語的な言い方。使い方一①〜③、二は、ふつう「ったら」の形で使うが、「ん」に続くときは「たら」とも。

三〔接助〕❶未実現の事柄を仮定して、条件として示す。もし〔仮に〕…ならば。‖「困ったことがあっ**たら**相談してくれ」「雨だっ**たら**中止にしよう」「失敗し**たら**嫌だなあ」❷偶然起こる事柄のきっかけを表す。…したところ。‖「休んだ**ら**元気になった」「やってみ**たら**簡単だった」❸すでに実現していることを前提として示す。‖「そんなに食べ**たら**太りますよ」「ここまで来**たら**勝ったも同然」❹〈「…だったら」「…の(ん)だったら」などの形で〉相手の発言や状況から話題を取り立てる意を表す。…なら。‖「『母さんは?』『母さんだっ**たら**部屋にいるよ』」「行きたくないんだっ**たら**やめなさい」❺〈「…ときたら」の形で〉ややあきれながら、話題として取り立てる意を表す。…なんて。‖「うちの子とき**たら**ちっとも勉強しないの」❻〈「…たらどうか」「…たらいい」などの形で〉親しい相手に対する忠告や軽い命令、放任などを表す。‖「医者に診てもらっ**たら**どうですか」「先生に相談し**たら**いいよ」❼〈「…たらいい」「…たらいいのに」などの形で〉実現を望んだり、実現しなかったことを悔やんだりする気持ちを表す。…ばいい(のに)。…といい(のに)。‖「うまく行っ**たら**いいね」「相談してくれ**たら**よかったのに」

◈三は完了の助動詞「た」の仮定形「たら(ば)」から。使い方(1)活用語の連用形に付く。(2)ア・カ・タ・ラ行の五段動詞の場合は音便形に付く(言ったら・書いたら・知ったら)。ガ・ナ・バ・マ行の五段動詞の場合は濁音化する(泳いだら・遊んだら・飲んだら)。

だら〔接助〕⬇たら(接助)

たらい【▼盥】タラヒ〔名〕湯や水を入れて物を洗うのに使う平たい容器。洗面器より大型のものをいう。▽「手洗(てあら)い」の転。

盥

たらい-まわし【▼盥回し】タラヒマハシ〔名〕❶足でたらいを回す曲芸。❷ある一つの物事を次から次に送りまわすこと。‖「病院が急患を—にする」

だ-らく【堕落】〔名・自サ変〕❶仏教で、道心を失って俗悪な心をもつこと。身をもちくずすこと。❷品行が悪くなり、生活が乱れること。‖「—僧」「—した生活」❸物事が健全な状態からはずれて劣悪になること。‖「政治の—」

だらけ〔接尾〕〈名詞に付いて〉…にまみれている、…がたくさんある、などの意を表す。‖「血—になって倒れる」「どろ—の服」「間違い—の答案」

だら・ける〔自下一〕❶緊張感が失われて、動作や雰囲気にしまりがなくなる。だれる。‖「夏休みになって生活が―」❷形がくずれて、だらしなくなる。‖「服装が―」❸なまける。

たら-こ【▼鱈子】〔名〕タラの卵巣。特に、スケトウダラの卵巣を塩漬けにした食品。〔数〕「一腹(ひとはら)…」と数える。

たらし・い〔接尾〕〈名詞、形容詞・形容動詞の語幹に付いて形容詞を作る〉…の印象が強くて不快な感じを与えるさま。‖「未練―ことをいう」「憎―子供」「むご―事件」「いやみっ―手紙をよこす」▼「ったらしい」とも。

たらし-こ・む【▼誑し込む】〔他五〕甘言や色仕掛けでうまくだます。

だらし-な・い〔形〕❶生活態度や物事のけじめがしっかりしていないさま。意地がない。‖「シャツを―・く着る」❷強い気持ちがないさま。意地がない。‖「こんな負け方をするとは―」◈「だらし」は「しだら」が転倒したもの。〔派生〕-さ

たら・す【▼誑す】〔他五〕❶甘言や色仕掛けでだます。たぶらかす。❷すかしなだめる。〔名〕たらし

たら・す【垂らす】〔他五〕❶下の方へだらりとたれるようにする。特に、体の部分をたれた状態にする。たれる。‖「屋上からロープを―」「渓流に釣り糸を―」「だらりと手を―」〔使い方〕多く、他動詞「垂れる」と言い換えが可能(やや古風な表現になる)。‖「ロープ[釣り糸]を垂れる」❷液体を下に落とす。したたらせる。特に、体から血・涙・鼻水などを出す。‖「目薬を―」「額から血を―」「汗水―・して働く」「洟を―」〔書き方〕したたらせる意で「▽滴らす」、排泄物の場合は「▽放らす」とも。

たら-ず【足らず】〔接尾〕❶〈数詞に付いて〉その数値に満たない意を表す。‖「三坪―の庭」「五分―の番組」▼多く数の少ないことを強調する気持ちを込めて使う。❷〈名詞に付いて〉十分な量・程度に達していない意を表す。‖「月―で生まれた子」「舌―」

たら-たら〔副[と]〕❶液体が少しずつ続けてしたたり落ちるさま。‖「汗が―(と)流れる」❷好ましくないことをくどくどと並べたてて言うさま。‖「いつまでも―(と)文句を言う」❸動作などがのんびりしているさま。とろとろ。‖「―歩く」

だら-だら〔副[と]〕❶比較的粘り気のある液体が続けて流れ落ちるさま。‖「血が―(と)流れる」❷ゆるやかな傾斜が長々と続くさま。‖「―(と)した坂道」❸物事が長々としまりなく続くさま。‖「工事が―(と)のびる」❹動作・態度などにしまりがないさま。‖「―(と)した生活」

たらちね【垂乳根】〔名〕〔古風〕❶母。母親。❷親。両親。❸父。父親。▼母の意で「垂乳女(たらちめ)」も使われるようになったことから。◈「母」「親」にかかる枕詞「たらちねの」から転用された語。

タラップ[trapオランダ]〔名〕船や飛行機の乗り降りに使うはしご段。

だらに【▼陀羅尼】〔名〕真言密教で、一字一句に無限の功徳を含み、神秘的な力をもつと信じられている比較的長文の呪文。梵文を翻訳しないでそのまま唱える。▼梵語の音写。

たら-の-き【▼楤の木】〔名〕枝や葉に鋭いとげのあるウコギ科の落葉低木。夏、枝先に白色の小花を多数つける。「たらのめ」と呼ばれる若芽は食用。たら。

たらば-がに【▼鱈場▼蟹】〔名〕北洋に分布するタラバガニ科の甲殻類。カニの名がつくがヤドカリの仲間。歩脚を広げると一メートル以上に達する。食用。〔語源〕タラの漁場で多くとれたことから。

たら-ふく〔副〕じゅうぶん飲み食いするさま。腹いっぱい。‖「―食う」〔書き方〕「▼鱈腹」とも当てる。

だらり〔名〕両端がしまりなくたれ下がるように結ぶ、女帯の結び方。だらりの帯。だらり結び。▼江戸時代に流行。現在は、京都の舞妓の衣装にみられる。

だらり-と〔副〕❶物が力なく、また、だらしなく垂れ下がっているさま。‖「腕を―下げる」❷しまりのないさま。‖「―した生活」

たら-れば〔名〕〔俗〕事実と異なることについて、「もし…していたら」「もし…していれば」と仮定して話すことをいう語。‖「―の話をしても何にもならない」

タランテラ[tarantellaイタリア]〔名〕八分の六または八分の三拍子の急テンポな舞踏曲。また、その舞踏。▼イタリア南部の町、タラントに起こったという。

たり〔助動 形動型〕(たら-たり・と-たり-たる-たれ-たれ)〔古風〕❶一致していること、資格があることなどの意を表す。…だ。…である。‖「凡そ小説と実録とは、…すこしも相違のなき物―〈坪内逍遥〉」❷〈「…たる者」の形で〉かりにも…のような(すぐれた)資質を持つ者の意を表す。‖「教師たる者がわいろを要求するとは!」❸〈「…たると…たるとを問わず」の形で〉どちらであっても関係なく。‖「公人たると私人たるとを問わず遵守すべきだ」❹〈「…たるや」の形で〉物事を強く取り立てて示す。‖「その姿たるや、実に悲惨なものだった」❺➡何たる ◈格助詞「と」+「あり」の転。体言に付く。

たり〔助動 ラ変型〕(たら-たり-たり-たる-たれ-たれ)〔古風〕❶**存続** 状態の存続や動作の進行を表す。…ている。…てある。‖「貧にやつれたれば七つも年の多く見えて〈一葉〉」❷**完了**を表す。…た。‖「風邪心地ようやくすぐれたれば、明日あたりは野外写生せんとて画板など繕う〈花袋〉」❸差し迫った要求・命令を表す。…た。‖「さあ、どいたり、どいたり」◈接続助詞「て」+「あり」の転。

たり〔接助〕❶〈多く「…たり…たりする」の形で、対比的な語を使って〉同類の動作・状態が繰り返し起こる意を表す。‖「行ったり来たりしている」「泣いたり笑ったりする」「高かったり安かったりで安定しない」❷〈多く「(…たり)…たりする」の形で〉動作・状態を例として挙げる。‖「休日は読書をしたり散歩をしたりして過ごします」「にやにや笑ったりして気持ちが悪い」「たまにはしかったりすることもある」〔使い方〕(1)他にも同類があるという含みで使う。(2)「たり」「だり」を繰り返す形が本来の言い方。‖「×騒いだり器物を破損した人は罰せられます」→「○騒いだり器物を破損したりした人は罰せられます」(3)「いま、ヒマだったりします?」など、遠回しにした表現は新しい使い方。「ヒマですか?」としたい。❸〈「…だったりする」などの形で〉ある物事を予想外の一例として提示するのに使う。‖「意外に病気だったりすることもある」「実は有名な画家だったりして…」◈完了の文語助動詞「たり」の終止形から。〔使い方〕(1)活用語の連用形に付く。(2)ア行・カ行・タ行・ラ行の五段動詞の場合は音便形に付く(言ったり・書いたり・知ったり)。ガ行・ナ行・バ行・マ行の五段動詞に付くときは濁音化する(泳いだり・遊んだり・飲んだり)。

たり【▽人】(造)〈二(ふ)・三(み)・四(よ)など、数を表す和語に付いて〉人を数える語。‖「ふ―・み―・よっ―」

だり〔接助〕➡たり(接助)

ダリア[dahlia]〔名〕夏から秋にかけ、紅・白・黄・紫などの大形の花を開くキク科の多年草。メキシコ原産。園芸品種が多い。天竺牡丹(てんじくぼたん)。ダリヤ。

た-りき【他力】[名] ❶他人の助力。❷仏・菩薩の加護。特に浄土真宗で、衆生を極楽浄土に導く阿弥陀仏の力。◈⇕自力

たりき-ほんがん【他力本願】[名] ❶衆生を救おうとする阿弥陀仏の本願にすがって極楽往生すること。❷もっぱら他人の力にすがって事をなそうとすること。

た-りつ【他律】[名] 自分の意志からでなく、他からの命令や支配によって行動すること。≡「—的な生活」⇕自律

だ-りつ【打率】[名] 野球で、打数に対する安打数の比率。打撃率。バッティングアベレージ。

たり-とも[接助] …といえども。…ではあっても。≡「一瞬たりともおろそかにはできぬ」「間違いは一字たりとも許さない」▼指定の文語助動詞「たり」＋接続助詞「とも」から。

た-りゅう【他流】[名] ほかの流儀・流派。

たりゅう-じあい【他流試合】[名] 武術などで、他の流派の人を相手にして行う試合。

た-りょう【多量】[名] 分量が多いこと。大量。≡「出血—」⇕少量

だ-りょく【打力】[名] 野球などで、打撃の力。また、チームの攻撃力。

だ-りょく【惰力】[名] ❶惰性の力。❷習慣の力。

た・りる【足りる】[自上一] ❶数量・程度などが必要なだけ十分にある。十分である。≡「人手なら十分に—・りている」「経験［注意・体重］が—・りない」「遊び［言い］—・りない」❷何かをするのにそれだけで十分である。用が済む。間に合う。≡「上野までなら千円で—」「例の件なら電話で用が—」❸〈動詞連体形＋「に足りる」の形で〉…するだけの価値がある。…に値する。≡「怪しむに—だけの確かな理由がある」「彼の新作は論ずるに—・りない」「取るに—・りない（＝つまらない）意見だ」❹〈「足りない」の形で〉頭の働きが劣る。▼脳が足りないの意で、さげすんでいう。◈四段動詞「足る」の転。

たる【▼樽】[名] 酒・醤油・漬物などを入れる木製、円筒形の容器。≡「酒—・ビヤ—」

た・る【足る】[自五]〔古風〕足りる。≡「努力が—・らぬ」「寝—・らない」

樽

たる・い[形]「かったるい」のくだけた言い方。

だる・い【▽怠い・▼懈い】[形] 病気や疲れなどで体が重苦しく、動くのがつらいと感じる。≡「微熱があって全身が—」派生 -げ／-さ

たる-がき【▼樽柿】[名] 渋柿を空いた酒樽に詰め、樽に残ったアルコール分を利用して渋をぬいたもの。

タルカム【talcum】[名] 滑石。タルカン。

タルカム-パウダー【talcum powder】[名] 滑石の粉に硼酸・香料などを加えた粉末。汗をおさえる効果がある。タルク。▼ベビーパウダーもこの一種。

たる-き【垂木（▼棰）】[名] 屋根板を支えるために棟から軒にかけ渡す長い木材。

たる-ざけ【▼樽酒】[名] 樽に詰めた酒。そんしゅ。

タルタル-ソース【tartar sauce】[名] 細かく刻んだゆで卵・ピクルス・タマネギ・パセリなどをマヨネーズと混ぜ合わせたソース。魚介のフライやサラダに用いる。

タルト【tarte フランス】[名] ❶皿状にかたどって焼いたパイに果物やクリームをのせた洋菓子。タート。▼果物やクリームをのせてから焼いたものもある。❷柚餡をカステラで巻いた菓子。愛媛県松山の名産。

だるま【▽達磨】[名] ❶中国禅宗の始祖、達磨大師の座禅姿をまねて作った張り子の玩具。ふつう丸くかたどって赤く塗り、倒してもすぐに起きあがれるように底におもりを入れる。開運の縁起物とされる。▼最初に片方の目だけを書き、願いがかなうともう一方の目を書き込む風習がある。❷①に似た丸い形のもの。また、丸くて赤いもの。≡「—船・—ストーブ」「雪—・火—」

たるみ【▼弛み】[名] たるむこと。また、その度合い。ゆるみ。≡「靴下の—を直す」「心の—が事故を招く」

たる・む【▼弛む】[自五] ❶ぴんと張っていたものが張りをなくす。≡「ひも［ネット・頬の肉］が—・んでいる」❷心が緊張を欠いてだらしなくなる。だれる。≡「連休明けで気が—・んでいる」名 たるみ

たれ【垂れ】[名] ❶たれること。また、たれているもの。≡「洟—」❷垂れ籠の左右につける藺むしろ。❸剣道の防具で、胴の下につけて腰部を保護するもの。❹焼き物・煮物などに用いる濃い味の調味汁。醤油・砂糖・味醂・酒を合わせて煮つめたものなど。≡「—をつけて食べる」書き方 多く「たれ」「タレ」と書く。❺漢字の構成部位の一つ。上部から左下に垂れている部分。「厂（がんだれ）」「广（まだれ）」「疒（やまいだれ）」など。

だれ【誰】[代] 名前を知らない人、その人とはっきり分からない人を指し示す語。≡「—がこんないたずらをしたのだ」「そこには—もいなかった」▼古くは「たれ」。

だれ-か【誰か】[代] その人とはっきり分からない人や任意の人を指し示す語。≡「—来たみたい」「—手伝ってくれ」

だれ-かれ【誰彼】[代] 不特定の複数の人を指し示す語。あの人、この人。≡「—の区別なく面倒をみる」

だれ-ぎみ【だれ気味】[名・形動] ❶緊張を欠いていること。だらけはじめていること。≡「会議が—になる」❷取引で、相場が下落する傾向にあること。

たれ-こ・む【垂れ込む】[他五] 密告する。≡「警察に麻薬取引の情報を—」名 垂れ込み

たれ-こ・める【垂れ込める（垂れ▽籠める）】[自下一] ❶雲などが低くさがって、あたり一面をおおう。≡「暗雲が—」❷〔古風〕帳・簾などをおろして中に引きこもる。文 たれこ・む

たれ-さが・る【垂れ下がる】[自五] だらりと下の方へさがる。≡「枝が—」

だれ-それ【誰▽某】[代] 具体的な名をあげないで、その人を指し示す語。また、名のわからないときに、その人を指し示す語。≡「—から聞いた話」「何の—と名のる」

だれ-だれ【誰誰】[代] ❶漠然と複数の人を指し示す語。だれとだれ。≡「欠席者は—ですか」❷具体的な名前をあげないで、その人を指し示す語。だれそれ。≡「—の言によれば」

たれ-ながし【垂れ流し】[名] ❶大小便を無意識のうちにもらすこと。❷工場排水・汚水などを必要な処理をしないまま川や海に流すこと。≡「—公害」

たれ-なが・す【垂れ流す】[他五] ❶大小便を無意識のうちにもらしてしまう。❷必要な処理や対応をせず、そのまま流す。≡「廃液を川に—」「不確かな情報を—」「赤字を—」名 垂れ流し

たれ-まく【垂れ幕】[名] 垂れ下げた幕。また、標語などを書いて垂れ下げる細長い布。

たれ-め【垂れ目】[名] 目じりが下がっていること。また、その目。下がり目。

だれも-かれも【誰も彼も】［名］あの人もこの人も。みんながみんな。すべての人が。だれもかも。

た・れる【垂れる】 一［自下一］❶みずからの重みで、また張りを失って、だらりと下がる。また、一部分が下がった状態で位置する。‖「この犬は耳が—・れている」「雪の重みで枝先が—」「暗雲が低く—」「目じり［お尻(しり)］が—・れている」❷液体がものを伝って流れ落ちる。また、しずくとなってしたたり落ちる。‖「頬(ほお)を伝って汗が—」「よだれが—」「洗濯物からしずくが—」 書き方「▽滴れる」とも。 二［他下一］❶下の方へだらりと下げる。特に、体の部分を下がった状態にする。たらす。‖「釣り糸を—」「頭を—」 使い方 ⬇垂らす① ❷体から分泌物を出したり排泄(はいせつ)したりする。たらす。‖「鼻水［小便］を—」 書き方 大小便・屁の場合は「▽放れる」とも。❸上の者が下の者に示したり与えたりする。‖「範［教訓］を—」❹後世に残す。‖「名を竹帛(ちくはく)に—」❺「言う」を卑しめていう語。‖「くだくだ文句を—」 文 **た・る** 名 **垂れ**

だ・れる ［自下一］❶緊張を欠いて、しまりがなくなる。だらける。‖「試合が—」❷あきて、興味が薄らぐ。‖「観客が—」❸相場に活気がなくなり、下がりぎみになる。⬍締まる 名 **だれ**

タレント【talent】［名］❶テレビやラジオ番組に出演する芸能人・知名人。‖「テレビ—」❷才能。技量。

タロ-いも【タロ芋】［名］熱帯地方で栽培されるサトイモ科の多年草。インド原産。塊茎(かいけい)や葉は食用。

た-ろう【太郎】（ーラウ）［名］❶長男。また、長男に多く付けられる名。‖「一姫二—」❷物事の初め。‖「—月(=一月(きづき))」❸最大のもの。また、最高のもの。‖「板東—(=利根川)」◈②③は他の語と複合して使う。

たろ-う（ータラ）［連語］❶過去の事柄や完了した事柄についての推量を表す。〜ただろう。‖「寒かっ—ね」「知っていれば来なかっ—」❷〈多く上昇調のイントネーションを伴って〉過去の事柄や完了した事柄について相手が同意することを期待しながら確認する意を表す。〜ただろう。‖「君に見せ—?」「おもしろかっ—?」「僕が入院したことがあっ—、高校生のころ」◈過去の助動詞「た」の未然形＋推量の助動詞「う」。 使い方 活用語の連用形に付く。ガ・ナ・バ・マ行の五段動詞に付くときは濁音化して「だろう」となる。‖「君はもうこの小説を読んだろう」

だろ-う（ダラ）［連語］❶推量を表す。‖「今ごろは紅葉がきれい—な」「もうすぐ来る—」「さぞ怖かった—」 使い方 婉曲(えんきょく)な断定の意にも使う。‖「これがいい—」「このように言える—」❷〈下に疑問の助詞「か」を付けて〉疑問・疑念など、案ずる気持ちを表す。‖「今何時—か」「信じてくれた—か」❸〈上昇調のイントネーションを伴って〉相手が同意することを期待しながら確認する意を表す。‖「これでいい—?」「君も来る—?」 使い方 話を進めるために必要な事柄を想起させるのにも使う。‖「僕は議長—? 欠席するわけにはいかないのさ」❹〈疑問や感動を表す語を伴って〉反語や感動を表す。‖「こんな機会はまたとある—か」「おお、何と美しいこと—」❺〈「…だろうが」「…だろうと」などの形で〉仮定を表す。仮に…でも。…だとしても。‖「子供—が容赦はしない」「雨天—と決行する」❻〈「…だろうに」の形で〉そう思われるのに。そのはずなのに。‖「苦しかった—に(=苦しかったろうに)よく頑張った」「あと五分あれば間に合った—」❼〈「…ではないだろうか」の形で〉①より確信の弱い推量を表す。‖「嘘をついているのではない—か」「彼が犯人なのではない—か」◈断定の助動詞「だ」の未然形＋推量の助動詞「う」。断定の「だ」とは意味も接続も異なり、一語化が進んでいる。独立した助動詞ともする。 使い方 体言・体言相当の語、形容動詞・形容動詞型活用の助動詞の語幹、その他活用語の終止形に付く。

だろ-う（ーダラ）［連語］連語「たろう」が、ガ・ナ・バ・マ行の五段動詞に付いて濁音化した形。⬇たろう

タロット【tarot】［名］占いに用いる一組み七八枚のカード。太陽・月・悪魔などを描いた二二枚の寓意(ぐうい)札と五六枚の数位札からなる。タロットカード。タロー。

タワー【tower】［名］塔。または、塔状の建造物。‖「東京—・コントロール—」

タワー-マンション【和製tower＋mansion】［名］超高層の集合住宅。一般に二〇階建て以上のものをいう。超高層マンション。タワマン。

たわい ［名］〈下に「ない」を伴って〉⬇たわいない‖「—のない話」

たわい-な・い ［形］❶言動や考えにしっかりしたところがないさま。‖「子供のように—ことを言う」❷取るに足りない。まとまりがない。‖「暇つぶしに—話をする」❸手ごたえがない。張り合いがない。‖「—・く言いくるめられる」❹酒に酔うなどして正体がない。‖「—・く酔いしれる」◈「たあいない」とも。 派生 **-さ**

たわけ【▽戯け】（タハケ）［名］❶ふざけること。❷おろかもの。ばかもの。たわけ者。‖「このーめ」

たわ・ける【▽戯ける】（タハケル）［自下一］ふざけたことをする。ばかげた言動をする。‖「—・けたことを言うな」 文 **たは・く** 名 **たわけ**

たわ-ごと【▽戯言】（ータハ）［名］ばかげたことば。ふざけた話。しれごと。

たわし【▽束子】（タハシ）［名］ワラ・シュロの毛などを手のひらほどの大きさに束ねた道具。器物の汚れをこすって落とすのに使う。▼金属製や合成樹脂製のものも多い。

たわ・む【▼撓む】［自五］力が加わって全体が弓なりに曲がる。しなう。‖「本の重みで棚が—」 名 **たわみ** **撓**

たわむれ【戯れ】（タハムレ）［名］❶遊び興じること。また、本気ではなく、遊び半分なこと。ふざけること。‖「—の恋」「—に歌を詠む」❷いちゃつくこと。

たわむ・れる【戯れる】（タハムレル）［自下一］❶楽しげにふざけあって遊ぶ。面白がって遊ぶ。遊び興じる。‖「子供たちが—・れている」「猫が毬(まり)と—」 使い方 修辞的な言い方で、ものとものがまとわりじゃれあうような動きの表現に好まれる。‖「蝶が花に—」「風と波が—」❷興に任せて面白半分に物事をする。遊び心で…する。‖「酔余の一興にと—・れて描いた絵にすぎません」❸ふざけあうようにして性愛を楽しむ。また、楽しげに(冗談半分に)色恋をしかける。 文 **たはむ・る** 名 **戯れ** **戯**

たわ・める【▼撓める】［他下一］力を加えて全体を弓なりに曲げる。しなわせる。‖「竹を—」 文 **たわ・む** 名 **たわみ**

たわ-やめ【手▽弱女】［名］⬇たおやめ

たわら【俵】（タハラ）［名］わら・かやなどを編んで作った袋。米・芋・炭などを入れる。

たわ-わ【▼撓わ】［形動］木の枝などがしなうさま。‖「枝も—に実る」

たん【反（▽段）】［名］❶尺貫法で、土地の面積を表す単位。一反は三〇〇坪で、約九九一・七平方メートル。❷反物の長さを表す単位。一反は鯨尺（くじらじゃく）で幅九寸（＝約三四センチメートル）、長さ二丈八尺（＝約一〇・六メートル）。▽ふつう一反で成人一人分の着物ができる。書き方「端」とも。

たん【単】㊀［名］❶テニス・卓球などで、シングルス。⇔複▽「単試合」の略。❷「単勝」「単勝式」の略。㊁（造）❶ただ一つ。≡「—身・—線」❷ひとつのまとまり。≡「—位・—価・—語」❸複雑でない。込み入っていない。≡「—純・—調」「簡—」旧單

たん【胆】［名］❶きも。≡「—石」「臥薪嘗胆（がしんしょうたん）」❷勇気や度胸の生じるところ。きもったま。≡「—が据（す）わる（＝大胆になる。きもがすわる）」旧膽（「胆」「膽」は本来別字。「胆」は、肌脱ぎになる意。）

たん【短】㊀［名］足りないこと。また、劣っていること。欠点。≡「—を舎（す）て長を取る」「—才・—慮」㊁（造）みじかい。≡「—針・—編・—気」「最—」◈⇔長

たん【嘆】㊀［名］なげくこと。ため息をつくこと。≡「慨世（がいせい）の—」「愁—・悲—」㊁（造）感じ入ってため息をもらす。また、ほめたたえる。≡「—美」「詠—・感—・驚—」◈「歎」に通じる。旧嘆

たん【▼痰】［名］気道の粘膜から分泌される粘液性の分泌物。≡「—がからむ」

たん【端】㊀［名］物事のはじまり。きっかけ。≡「—緒」「途—・発—」㊁（造）❶きちんと整っている。正しい。≡「—然・—麗」「異—」❷物のはし。≡「—末」「極—・先—・両—」❸事柄。≡「万—」

◉**端を発・する** それがきっかけになって物事が起こる。

たん【丹】（造）❶赤い色。朱色。また、朱色の顔料。≡「—砂（たんさ・たんしゃ）」❷丹砂を用いた不老不死の薬。また、一般に練り薬。≡「反魂（はんごん）—・万金—」❸まごころ。≡「—精・—念」❹「丹波（たんば）」「丹後（たんご）」の略。≡「—州」

たん【旦】（造）夜明け。朝。また、日（ひ）。≡「—夕」「元—」

たん【担】（造）❶になう。かつぐ。≡「—架」❷受け持つ。引き受ける。≡「—当・—任」「負—・分—」旧擔

たん【炭】（造）❶すみ。≡「木—・練—・活性—」❷石炭。≡「—坑・—鉱」「黒—・泥—」❸「炭素」の略。≡「—化」

たん【▼耽】（造）夢中になる。ふける。≡「—溺（たんでき）・—読」

たん【探】（造）さぐる。さがしもとめる。≡「—究・—険・—索・—訪」

たん【淡】（造）❶色や味がうすい。あわい。≡「—紅・—彩」「濃—」❷気持ちがあっさりしている。≡「—白」「枯—・恬—（てんたん）・冷—」❸塩分がない。≡「—水」❹「淡路（あわじ）」の略。≡「—州」

たん【綻】（造）ほころびる。やぶれる。≡「破—」

たん【誕】（造）❶うまれる。≡「—生」「降—」❷うそを言う。でたらめ。≡「妄—」

たん【鍛】（造）❶金属を打ちきたえる。≡「—工・—鉄」❷心身をきたえて強くする。≡「—錬」

たん【▼譚】（造）物語。≡「奇—」

タン【tongue】［名］牛・豚などの舌の肉。≡「—の塩焼き」「—シチュー」

だん【段】㊀［名］❶高さに違いのある平面のつながり。また、その一つ一つ。階。≡「急な—を上る」「はしご—」「—差」❷文章などの一つの区切り。≡「章—」❸武道・芸道・碁・将棋などでの技量を表す等級・位。≡「昇—・柔道初—」❹能・歌舞伎などの一区切り。❺ある事態・局面。≡「いざ決行という—になると反対が出る」❻次第。こと。≡「失礼の—どうかお許しください」▽手紙文などに使う。㊁（造）やりかた。手だて。≡「手—・算—」

だん【断】㊀［名］決定すること。≡「—を下す」「—言・—定」「診—・即—」㊁（造）❶たつ。たちきる。また、とぎれる。≡「—水・—念」「寸—・中—」❷思いきって。≡「—固・—然」❸前もって知らせる。≡「無—」旧斷

だん【暖】［名］あたためること。あたたかいこと。≡「—冬・—房・—炉」「温—・寒—」

◉**暖を取・る** 体をあたためる。≡「ストーブで—」

だん【談】［名］話。物語。≡「関係者の—」「—合・—笑」「怪—・雑—・冗—」

だん【壇】㊀［名］ほかより一段高くつくった場所。≡「—にのぼる」「—上」「教—・仏—」㊁（造）学芸などの専門家の社会。≡「歌—・画—・俳—・文—」 壇

だん【旦】（造）梵語（ぼんご）の音訳語。≡「—那」

だん【団】（造）❶同じ目的をもつ人の集まり。また、ひとまとまりになっている人や物。≡「—結・—体・—地」「劇—・財—・入—・応援—」❷まるい。また、まるくまとまる。≡「—子（だんご）・—欒（だんらん）」❸「団体」の略。≡「—交」旧團

だん【男】（造）❶おとこ。≡「—性・—優」❷爵位の一つ。五等爵（公・侯・伯・子・男）の第五位。男爵。

だん【弾】（造）❶弦をはじいて音を出す。ひく。≡「—奏」「連—」❷はねかえる。はじく。≡「—性・—力」❸罪をただす。責めたてる。≡「—圧・—劾」「糾—」❹鉄砲のたま。≡「—丸・—薬」「散—・実—・不発—」❺打ち出されたたまや、ものを数える語。≡「二—が船尾に命中した」「ベストセラーの第二—」旧彈

だん【▼檀】（造）❶ニシキギ科の落葉低木。まゆみ。≡「—紙」❷香木の類。≡「栴—（せんだん）・白—（びゃくだん）」❸梵語（ぼんご）の音訳語。ほどこし。布施。≡「—家」

だん-あつ【弾圧】［名・他サ変］支配階級が権力を行使して反対勢力をおさえつけること。≡「言論を—する」

だん-あん【断案】［名］❶最後に決定された案。最終的な判断。❷論理学で、前提から導いた結論。

たん-い【単位】［名］❶長さ・面積・質量・時間などをはかるときの基準として定められたもの。メートル・アール・グラム・秒など。❷ある組織などを構成する基本的なひとまとまり。≡「グループ—で発表する」❸高校・大学で、卒業・修了などの認定にあたって、学習量を計算するための基準となるもの。

だん-い【段位】［名］柔道・剣道・囲碁・将棋などで、その技量の程度を表す「段」の位。「級」の上に位置する。初段・二段・三段など。

だん-い【暖衣（▼煖衣）】［名］衣服を重ね着して体をあたたかくすること。また、あたたかい衣服。≡「—飽食」

たんい-けい【単位系】［名］少数の基本単位と、それから導かれた誘導単位の総称。国際単位系（SI）など。

たんいせい-こうこう【単位制高校】［名］学年制をとらず、在学三年以上で七四単位以上（二〇〇三年より実施）を取得すれば卒業できる高等学校。

たん-いつ【単一】［名・形動］❶ただ一つであること。単独。≡「—の／な存在」「—神」❷一つの種類だけでほかにまじりもののないこと。≡「—生産」

だん-いん【団員】［名］団と名のつく組織を構成している人。≡「サーカスの—」「消防—」

だん-う【弾雨】［名］雨のように激しく飛んでくる弾丸。

だん-うん【断雲】［名］きれぎれの雲。ちぎれぐも。

たん-おん【単音】［名］❶音声学で、連続する音声を個々に分解して得られる最小の単位。母音と子音に大別される。❷ハーモニカで、リードが一列だけ並んでいるもの。⇕複音

たん-おん【短音】［名］短く響く音。⇕長音

たん-おんかい【短音階】［名］西洋音楽の音階の一つ。第二音と第三音の間、第五音と第六音の間が半音で、他は全音である自然的短音階を基本とするが、実際の音楽では旋律的短音階と和声的短音階が用いられる。⇕長音階

たん-か【担架】［名］病人や負傷者を寝かせたままのせて運ぶ道具。二本の棒の間に厚い布を張ったもので、前後から二人が手でさげて運ぶ。

たん-か【単価】［名］商品などの一個、または一単位当たりの値段。

たん-か【炭化】［名・自サ変］❶有機物質が分解して炭素に富んだ物質になること。「木材が—する」❷他の物質が炭素と化合すること。「—物」

たん-か【▼啖▼呵】［名］❶喧嘩や口論の際に威勢よく言う、歯切れのよい言葉。❷香具師などが品物を売るときに使う口上。「—売り」

◉啖呵を切る　歯切れのよい言葉で威勢よくまくしたてる。

たん-か【短歌】［名］和歌の一体。五・七・五・七・七の五句、三十一音を基本とする。みじかうた。みそひともじ。▼長歌・旋頭歌などが衰退した平安時代以降、和歌といえば短歌をさすようになった。

たん-か【▼譚歌】［名］❶神話・伝説などを素朴なことばでうたった物語詩。バラード。❷物語詩的な内容をもつ歌曲や器楽曲。譚詩曲。バラード。

だん-か【▼檀家】［名］一定の寺に属して諸仏事を依頼し、布施などによってその寺を援助する家。また、その家の人。檀越。だんけ。　檀

タンカー［tanker］［名］液状貨物を船腹に備えたタンクに積載して輸送する船。一般には石油を運ぶオイルタンカーをさす。油送船。油槽船。

だん-かい【団塊】［名］かたまっているもの。かたまり。「—の世代（＝第二次大戦直後から数年間の第一次ベビーブーム時に生まれた世代）」

だん-かい【段階】［名］❶ある基準によって差をつけた、優劣・難易・高低などのくぎり。等級。「五—評価」❷物事が進行・変化していく過程でのひとくぎり。「今はまだ実態調査の—だ」

だん-がい【断崖】［名］けわしく切り立ったがけ。「—絶壁」

だん-がい【弾劾】［名・他サ変］❶犯罪や不正を明らかにして、責任を追及すること。❷義務違反や非行のあった裁判官もしくは人事官を国会の訴追によって罷免し、処罰すること。また、その手続き。

だんがい-さいばんしょ【弾劾裁判所】［名］裁判官訴追委員会によって罷免の訴追を受けた裁判官を裁判するために国会内に設けられた裁判所。

たんか-だいがく【単科大学】［名］一つの学部で構成される大学。工業大学・商科大学・医科大学など。カレッジ。⇕総合大学

ダンガリー［dungaree］［名］縦糸にさらし糸、横糸に濃紺などの染め糸を用いた粗製の綿布。作業服・遊び着などに用いる。

たん-かん【単館】［名］シネマコンプレックス（複合型映画館）に対して、単独で経営する映画館。

たん-がん【単眼】［名］昆虫類・クモ類・多足類などにみられる簡単な構造の目。レンズ状のキチン質とその下部の網膜とからなる。⇕複眼

たん-がん【嘆願（▼歎願）】［名・他サ変］事情を説明して熱心に願うこと。「減刑を—する」「—書」

だん-かん【断簡】［名］きれぎれになって残っている文書類。文書の断片。「—零墨」

だん-がん【弾丸】［名］鉄砲・大砲などにこめて発射するたま。銃弾・砲弾など。▼非常に速いもののたとえにもいう。「—列車」

たん-き【単記】［名・他サ変］投票などで、一枚の用紙に一つのこと、あるいは一名の名だけを記すこと。「—投票」⇕連記

たん-き【単騎】［名］ただ一人だけで馬に乗って行くこと。また、一人の騎士。一騎。

たん-き【短気】［名・形動］辛抱ができなくてすぐにいらだち、また怒りだすこと。気みじか。「—な人」

◉短気は損気　短気を起こすと結局は自分の損になるということ。「—、怒っちゃいけない」

たん-き【短期】［名］短い期間。「—決戦」⇕長期

だん-き【暖気】［名］❶あたたかい気候。また、あたたかさ。❷あたたかい空気。

だん-ぎ【談義（談議）】［名］❶［自サ変］仏教で、僧が教義などを説いて聞かせること。また、その話。❷堅苦しくて、つまらない話。「下手の長—」❸［自他サ変］話し合うこと。また、その話。「教育—」◈書き分け①は【談義】と書く。他も【談義】と書く慣用が強いが、新聞では③は【談議】と書く。

たんき-だいがく【短期大学】［名］修業年限が二年または三年の大学。▼卒業生には短期大学士の学位が与えられる。

たん-きゅう【探求】［名・他サ変］あるものを得るためにさがし求めること。「真実を—する」「幸福の—」 使い方 「人生の意義を探求［探究］する」など、「探究」とほぼ同義にも使われるが、「探求」には追求・探索の意味が、「探究」には研究・考究の意味が強い。

たん-きゅう【探究】［名・他サ変］物事の真の姿を明らかにし、見きわめようとすること。「真理を—する」「宗教の真髄を—する」 使い方 ⇩探求

だん-きゅう【段丘】［名］河岸・湖岸・海岸などに発達する階段状の地形。川や海の浸食作用によって作られる浸食段丘と、堆積物によって作られる堆積段丘とに分けられる。「河岸—」

たん-きょり【短距離】［名］❶短い距離。❷陸上競技の種目で、四〇〇メートル以下の距離で行う競走。▼「短距離競走」の略。◈⇕中距離・長距離

たん-く【短句】［名］❶字数の少ない句。❷連歌・連句で、五・七・五の長句に対して、七・七の句。下の句。◈⇕長句

たん-く【短▼軀】［名］背丈の低いこと。また、その体。⇕長軀

タンク［tank］［名］❶液体や気体を貯蔵する大型の容器。「石油—」❷戦車。

ダンク-シュート［和製 dunk＋shoot］［名］バスケットボールで、高く跳躍し、ボールをバスケットの真上からたたき込むようにシュートすること。また、そのプレー。ダンクショット。

タングステン【tungsten】[名] 金属元素の一つ。単体は光沢のある白色または灰色の固体で、きわめて硬い。融点は単体中最高のセ氏三三八七度。電球・真空管のフィラメントや電極、合金材料などに用いられる。ウォルフラム。元素記号W

たん-ぐつ【短靴】[名] 足首の下くらいまでの浅い靴。たんか。

タンク-トップ【tank top】[名] ランニングシャツに似た上着。▽もと、ワンピース形の水着(タンクスーツ)の上半部(トップ)の意。

だん-ぐみ【段組み】[名] 一ページをいくつかの列に分けて文字をレイアウトすること。

タンク-ローリー【和製tank+lorry】[名] 円筒状のタンクとポンプを備えた液体輸送用のトラック。タンク車。

ダンケ【danke ドイ】[感] ありがとう。

たん-けい【端渓】[名] 中国広東省肇慶市付近から産する良質のすずり石(端渓石)。また、それから作ったすずり。端渓硯。▽美しい斑紋があり、珍重される。

たん-げい【端▼倪】[名・他サ変] ❶物事の始めと終わり。事の始終。❷物事の成り行きを推しはかること。見通すこと。「━すべからざる(＝見通しの立たない)情勢」

だん-けい【男系】[名] 男性から男性へと相続が続く家系。また、父方の血筋。「━家族」「━親」⇔女系

だん-けつ【団結】[名・自サ変] 多くの人々が力を合わせて事にあたること。皆で一致協力すること。「━力」

だんけつ-けん【団結権】[名] 法律で、使用者側と対等の立場で交渉するために労働者が組合を結成する権利。労働基本権の一つ。

たん-けん【探検(探険)】[名・他サ変] 未知の地域に踏み入り、実地に調べること。「南極━隊」「━家」 書き分け【探険】には危険を冒す意が込められる。新聞では、統一的に【探検】を使う。

たん-けん【短見】[名] 浅薄な意見・考え。浅見。

たん-けん【短剣】[名] ❶短い剣。❷時計の短針。◈⇔長剣

たん-げん【単元】[名] 学習計画の中で主題ごとにまとめられた教材や学習活動の単位。教科指導の単位。

だん-げん【断言】[名・他サ変] きっぱりと言い切ること。「根も葉もない噂だと━する」

たん-ご【単語】[名] 言語音と意味と文法上の機能をもつ最小の言語単位。▽たとえば「雪が降る」という文は「雪」「が」「降る」の三つの単語からなる。

たん-ご【端午】[名] 五節句の一つ。五月五日の節句。菖蒲・蓬を軒に挿し、粽や柏餅を食べて邪気を払う。江戸時代には男児の節句として盛んになり、鯉のぼりを立てて甲冑・刀・武者人形などを飾るようになった。端午の節句。重五。端陽。

タンゴ【tango スペ】[名] 四分の二拍子、または八分の四拍子のダンス音楽。また、それに合わせて踊るダンス。▽一九世紀後半にアルゼンチンの首都ブエノスアイレスで起こり、二〇世紀初頭のヨーロッパに渡ってコンチネンタルタンゴとして発達した。

だん-こ【断固(断▼乎)】[副・形動トタル] 固い決意をもって物事を行うさま。「━として戦う」「━拒絶する」 書き方「断固」は、「確乎→確固」に準じた代用表記。新聞が考案して一般化した。

だん-ご【団子】[名] ❶米・麦・粟など穀物の粉をこねて丸め、ゆでたり蒸したりしたもの。餡・きなこなどをまぶして食べる。「花より━」❷丸めて固めたもの。また、丸く固まったもの。「ひき肉を━にする」❸ごちゃごちゃとひとかたまりになっているもの。「━になって走る」

たん-こう【単行】[名] 単独に行うこと。一回だけ独立して行うこと。「━運転・━法」

たん-こう【炭坑】[名] 石炭を採掘するために掘ったあな。

たん-こう【炭鉱(炭▼礦)】[名] 石炭を採掘する鉱山。書き方 慣用として「炭坑」と書くこともある。

たん-こう【探鉱】[名・自サ変] 鉱石・石炭・石油などの鉱床をさぐり、その位置・品質・埋蔵量などを調査すること。

だん-こう【団交】[名]「団体交渉」の略。

だん-こう【男工】[名] 男性の工員。⇔女工

だん-こう【断交】[名・自サ変] 交際を絶つこと。特に、国家間の外交関係を絶つこと。「経済━」

だん-こう【断行】[名・他サ変] 困難や反対を押し切り、思いきって実行すること。「行政改革を━する」

だん-こう【断郊】[名] 郊外や野原を横切ること。

だん-ごう【談合】[名・自サ変] ❶競売または入札の際、複数の競争者が前もって入札価格や落札者を協定しておくこと。「━した疑いがある」「官製━」❷話し合うこと。相談。▽古くは「だんこう」。

たんこう-しょく【淡紅色】[名] 薄い紅色。

たんこう-しょく【淡黄色】[名] 薄い黄色。

たんこう-ぼん【単行本】[名] 全集・叢書などに対して、単独に一冊として出版される本。

だん-ごく【暖国】[名] 気候のあたたかい国・地方。だんこく。

たん-こぶ【たん▼瘤】[名] こぶ。「目の上の━」

だんご-むし【団子虫】[名] ワラジムシ目のオカダンゴムシ科とハマダンゴムシ科の甲殻類。体長一センチメートル内外。灰褐色の体は楕円形で、背は丸みを帯びる。触れると体を団子状に丸める。

だん-こん【男根】[名] 陰茎。ペニス。

だん-こん【弾痕】[名] 弾丸の当たったあと。

たん-さ【探査】[名・他サ変] さぐり調べること。「海底資源を━する」「宇宙━機」

たん-ざ【端座(端▼坐)】[名・自サ変] 姿勢を正してすわること。正座。書き方 本来は「端坐」。

だん-さ【段差】[名] ❶囲碁・将棋・武道などで、段位の差。❷道路・地面などで、段状になった高低の差。

ダンサー【dancer】[名] ❶西洋舞踊の踊り手。舞踏家。❷ダンスホールなどで、客の相手になって踊ることを職業とする女性。

たん-さい【淡彩】[名] 薄く色をつけること。また、その彩色。「━画」⇔濃彩

たん-さい【短才】[名] 才能が乏しいこと。また、その人。「浅知━」▽多く自分の才能を謙遜していう。

だん-さい【断裁】[名・他サ変] 紙・布などを、たち切ること。断截。

だん-ざい【断罪】[名] ❶[自他サ変] 罪をさばくこと。罪をさばいて判決を下すこと。「悪行を━する」❷斬首の刑。打ち首。斬罪。

たんさい-ぼう【単細胞】[名] ❶一つの細胞から成り立っていること。「━生物」❷[俗] 考え方が単純で、一面的な見方しかできないこと。また、そのような

人。

たん-さく【単作】［名］一つの耕地で、一年に一種類の作物だけを栽培すること。‖「米の—地帯」

たん-さく【探索】［名・他サ変］さぐり求めること。さがして調べること。‖「敵情［海底］を—する」

たん-ざく【短冊（短▽尺）】［名］❶字を書いたり、しるしとして物に貼りつけたりする細長い紙。❷和歌・俳句などを書き記すための細長い厚紙。模様や淡彩をほどこしたものもある。▼ふつうの寸法は縦一尺二寸（約三六センチメートル）、横二寸（約六センチメートル）。❸①のような細長い形。‖「大根を—に切る」▼「短冊形」の略。◈「たんじゃく」ともいう。

たん-さん【単産】［名］同一の産業に従事する労働者によって組織される労働組合。日本ではふつう企業別組合の連合体をさす。▼「産業別単一労働組合」の略。

たん-さん【炭酸】［名］❶二酸化炭素が水にとけて生じるきわめて弱い酸。水溶液中にだけ存在する。❷「炭酸水」の略。

たん-ざん【炭山】［名］石炭を産出する山。

たんさん-ガス【炭酸ガス】［名］二酸化炭素の通称。

たんさん-カルシウム【炭酸カルシウム】［名］カルシウムの炭酸塩。天然には石灰石・大理石・方解石・貝殻などとして産する。水に溶けにくい。セメント・顔料・歯磨き粉などの原料として広く用いられる。

たんさん-し【炭酸紙】［名］カーボン紙。

たんさん-すい【炭酸水】［名］二酸化炭素（炭酸ガス）の水溶液。天然には炭酸泉として湧出する。清涼飲料などに用いる。ソーダ水。

たんさん-せん【炭酸泉】［名］二酸化炭素を多く含んでいる鉱泉・温泉。

たんさん-ソーダ【炭酸ソーダ】［名］炭酸ナトリウムの通称。

たんさん-ナトリウム【炭酸ナトリウム】［名］ナトリウムの炭酸塩。吸湿性のある白色の粉末で、ガラス・石鹸（せっけん）などの原料とするほか、製紙・染色・漂白などにも用いられる。炭酸ソーダ。ソーダ。

たん-し【短詩】［名］短い形式の詩。‖「—型（けい）文学（＝短歌・俳句の総称）」⇔長詩

たん-し【端子】［名］電気機器の回路を外部と接続するための金具。ターミナル。

たん-し【▼譚詩】［名］中世ヨーロッパで流行した、三詩節と一反歌からなる定型叙事詩。バラード。▼近代以降は伝説などに題材をとった物語詩をいう。

だん-し【男子】［名］❶男の子。男児。❷男性。男。‖「—学生［チーム］」◈⇔女子

だん-じ【男児】［名］❶男の子。男子。⇔女児 ❷成人の男性。男子。

タンジェント【tangent】［名］三角関数の一つ。直角三角形の一つの鋭角について、底辺と対辺の比。正接。記号tan ▼角Cが直角の三角形ABCにおいて辺BCと辺ACの比を角AのタンジェントといいtanAと書き表す。

たん-しき【単式】［名］❶単純な方式。また、単一の形式。❷他の勘定との関連なしに財産の増減だけを記入する簿記。家計簿・小遣い帳など。▼「単式簿記」の略。❸「単勝式」の略。⇔単勝◈⇔複式

だん-じき【断食】［名・自サ変］修行・祈願・抗議などの目的で、一定期間自発的に食を断つこと。

たんじ-じつ【短時日】［名］わずかな日数。短期間。

たん-しつ【炭質】［名］石炭や木炭の性質・品質。

たん-じつ【短日】［名］冬の日の短いこと。日暮れの早い冬の日。‖「—植物（＝日照時間が短くなると開花する植物）」

たんじつ-げつ【短日月】［名］わずかな月日。短い期間。

だんじ-て【断じて】［副］❶何が何でも。きっと。断固として。‖「—勝ってみせる」❷〈打ち消しを伴って〉何としても。決して。‖「—許せない」

◉**断じて行（おこ）なえば鬼神（きしん）も之（これ）を避（さ）く** 決意を固くして断行すれば、何者もこれを妨げることはできない。▼「鬼神」は「きじん」とも。

たん-しゃ【単車】［名］エンジンのついた二輪車。オートバイ・スクーターなど。

だん-しゃく【男爵】［名］❶もと五等爵の第五位。子爵の下。❷ジャガイモの栽培品種の一つ。早生で、収量が多い。だんしゃくいも。▼明治四〇（一九〇七）年ごろ函館の川田竜吉男爵がアメリカから導入したことから。

だん-しゅ【断酒】［名・自サ変］酒をやめて飲まないこと。禁酒。‖「今日から—する」

だん-しゅ【断種】［名・他サ変］精管または卵管の手術などによって生殖能力を失わせること。

たん-しゅう【反収（▽段収）】シウ［名］一反（約一〇アール）当たりの農作物の収穫量。

たん-じゅう【胆汁】ジフ［名］肝臓でつくられ、いったん胆嚢（たんのう）に蓄えられてから十二指腸に分泌される消化液。脂肪の消化・吸収を助ける。‖「—質（＝気質の四類型の一つ。情動反応が激しく、短気で怒りっぽい気質）」

たん-じゅう【短銃】［名］ピストル。拳銃。

だん-しゅう【男囚】シウ［名］男性の囚人。⇔女囚

たん-しゅく【短縮】［名・他サ変］時間・距離などを短く縮めること。また、規模などを縮小すること。‖「労働時間［マラソンコース］を—する」「操業—」⇔延長

たん-じゅん【単純】［名・形動］❶そのものだけで、他の要素がまじっていないこと。‖「—な色彩［音色］」❷物事が簡単でこみいっていないこと。‖「—な作業」「—な構造の機械」「—に考えてもわかることだ」「—明快な論理」⇔複雑 ❸物の考え方やとらえ方が一面的で浅いこと。‖「物の見方が—だ」派生 -さ

たんじゅん-けいさん【単純計算】［名］いろいろな条件を考えに入れず、ごく単純な式を解く計算。

たんじゅん-せん【単純泉】［名］鉱物や炭酸ガスの含有量がきわめて少ない温泉。単純温泉。

たん-しょ【短所】［名］他と比べて劣っているところ。好ましくないところ。⇔長所

たん-しょ【端緒】［名］物事のはじまり。いとぐち。手がかり。‖「宇宙探査の—につく」▼慣用読みで「たんちょ」とも。

だん-じょ【男女】ヂョ［名］おとことおんな。なんにょ。

たん-しょう【単勝】［名］競馬・競輪などのかけかたで、一着だけを当てる方式。▼「単勝式」の略。

たん-しょう【探勝】［名・自サ変］景勝の地を訪ね歩き、その景色を楽しむこと。‖「紅葉の渓谷を—する」

たん-しょう【短小】セウ［名・形動］長さが短くて、全体に小さいこと。‖「—な体軀」⇔長大

たん-しょう【短章】シャウ［名］短い詩歌。また、短い文章。

たん-しょう【嘆賞(▼歎賞)】[名・他サ変] 感心してほめたたえること。書き方「嘆称」「▼歎称」とも。

たん-じょう【誕生】[名] ❶[自サ変] 人などが生まれること。出生。〓「孫の—を祝う」❷生後一回目の誕生日。〓「—前に歩き始める」❸[自サ変] 物事が新しく作り出されること。新たに成立すること。〓「新政権が—する」「スターの—」

だん-しょう【男▼妾】[名] 情事の相手として女性に養われている男。おとこめかけ。

だん-しょう【男▼娼】[名] (男性に)売春を行う男性。かげま。

だん-しょう【断章】[名] 詩や文章の一部分。

だん-しょう【談笑】[名・自サ変] ときには笑いながら打ちとけて語り合うこと。〓「酒を片手に—する」

だん-じょう【壇上】[名] 演壇・教壇などの上。〓「—に立つ」

たんじょう-せき【誕生石】[名] 一年十二か月のそれぞれにあてて定めた宝石。その生まれ月の人が身につけると幸せを招くとされる。▽現在の誕生石は一九一二年に米国の宝石組合が定めたもの。

たんしょう-とう【探照灯】[名] サーチライト。

たんじょう-び【誕生日】[名] その人の生まれた当日。また、生まれた日と同じ月日で、誕生を記念する日。バースデー。

たんじょうび-せき【誕生日席】[名] [新] 長方形のテーブルを複数人で囲むとき、短辺に配置される一人分の席。お誕生日席。〓「—に座る」▽誕生日会の主役が座るような席の意。

たん-しょく【単色】[名] ❶他の色がまじっていない単一の色。ただ一種類の色。❷太陽光線をプリズムで分光したときの一つ一つの色。光の七原色の一つ一つ。

たん-しょく【淡色】[名] あわい色。薄い色。

だん-しょく【男色】[名] 男性の同性愛。衆道。なんしょく。

だん-しょく【暖色】[名] あたたかい感じを与える色。黄・だいだい・赤系統の色。温色。⇔寒色・冷色

だんじょこようきかいきんとう-ほう【男女雇用機会均等法】[名] 雇用の分野で、男女の均等な機会および待遇の確保を目的とする法律。事業主に、募集・採用・配置・昇進や定年・退職・解雇等で女性を差別する取り扱いを禁止する。一九八六(昭和六一)年施行、九九(平成一一)年改正施行。

ダンジョン【dungeon】[名] ❶地下牢。❷ロールプレーイングゲームなどに登場する、迷路のような空間。

だん-じり【▼檀尻・〈地車〉・〈楽車〉】[名] 祭礼のときに鉦・太鼓などを奏しながら引く屋台。山車。▽主に関西でいう。

だん・じる【断じる】[他上一] ⇒断ずる

たん-しん【丹心】[名] まごころ。赤心。

たん-しん【単身】[名] ただ一人だけであること。単独。〓「—でアメリカに渡る」

たん-しん【短信】[名] ❶短い手紙。❷新聞・雑誌などの短いニュース。〓「財界—」

たん-しん【短針】[名] 時計の短いほうの針。時針。短剣。⇔長針

たん-しん【誕▼辰】[名] 誕生日。誕日。

たん-じん【炭▼塵】[名] 炭坑内の空気中に浮遊する、きわめて細かい石炭の粉。引火して爆発が起こるもととなる。

たんしん-ふにん【単身赴任】[名・自サ変] 遠方への転勤者などが、家族を残して一人で任地へ赴くこと。〓「福岡に—する」

たん-す【▼簞▼笥】[名] 衣類・小道具などを収納しておくための家具。箱形で、大小の引き出しや開き戸がある。〓「和—」数「一棹…」と数える。 簞

ダンス【dance】[名] 踊り。舞踊。〓「—パーティー」「フォーク—」▽特に社交ダンスをさすこともある。

たん-すい【炭水】[名] ❶石炭と水。⇒炭水車 ❷炭素と水素。⇒炭水化物

たん-すい【淡水】[名] 塩分をほとんど含まない水。まみず。〓「—湖・—魚」⇔鹹水

だん-すい【断水】[名・自他サ変] 水道の送水が止まること。また、水道の送水を止めること。

たんすい-かぶつ【炭水化物】[名] 炭素・水素・酸素からなる有機化合物。おもに植物の体内でつくられ、糖類・でんぷん・セルロース・グリコーゲンなどとして存在する。重要な栄養素の一つ。糖質。

たんすい-しゃ【炭水車】[名] 蒸気機関車の後尾に連結する、石炭と水を積んだ付属車両。

たん-すう【単数】[名] ❶物の数が一つであること。❷英語・フランス語・ドイツ語などで、人や事物の数が一つであることを表す語形。名詞・代名詞、またそれを受けて変化する動詞・形容詞・冠詞などにみられる。単数形。〓「一人称—」◈⇔複数

ダンス-ホール【dance hall】[名] 舞踏場。特に、社交ダンスを目的とする有料の舞踏場。

たんす-よきん【▼簞▼笥預金】[名] 金融機関を利用しないで、たんすの底などにしまってある現金。

たん・ずる【嘆ずる(▼歎ずる)】[他サ変] ❶なげく。また、なげき、いきどおる。〓「わが身の不運を—」❷感心する。また、感心してほめる。〓「名人の至芸を—」文たん・ず 異形 嘆じる

だん・ずる【談ずる】[他サ変] ❶話す。語る。〓「旧友と大いに悪童時代のことを—」❷話し合う。相談する。〓「関係者と善後策を—」❸かけあう。談判する。〓「損害を賠償するように—」文だん・ず 異形 談じる

だん・ずる【断ずる】[他サ変] ❶はっきりと判断をくだす。断定する。〓「贋作と—」❷さばきをくだす。裁断する。〓「罪を—」文だん・ず 異形 断じる

だん・ずる【弾ずる】[他サ変] 弦をかき鳴らす。弦楽器をかなでる。〓「琴を—」文だん・ず 異形 弾じる

たん-せい【丹青】[名] ❶赤い色と青い色。❷絵の具。また、絵の具を塗ること。彩色。❸絵を描くこと。また、絵画。たんぜい。

たん-せい【丹誠】[名] ❶うそいつわりのない心。まごころ。丹心。赤心。〓「—を込めて祈願する」❷[自サ変] 心をこめて物事をすること。〓「母の—に成る稽古着」「—して弟子を育てる」書き分け ⇒丹精

たん-せい【丹精】[名・自サ変] 心をこめて物事をすること。〓「—して苗を育てる」「—を凝らして織り上げた紬」「—に描かれた肖像画」書き分け 現在、「丹精」「丹誠」は同じように使われるが、もともと【丹誠】はまごころの意。誠実な心の意に重きを置く場合は【丹誠】、丹念な動作・状態に注目する場合は【丹精】と書き分けることもある。新聞は「丹精」「丹誠」を区別せず【丹精】と書く。

✓注意「端整」は別語。〓「×丹精な顔立ち」

たん-せい【嘆声（▼歎声）】［名］❶なげいて発する声。嘆息。❷感心して発する声。感嘆の声。

たん-せい【端整・端正】［名・形動］❶【端整】容姿が美しく整っていること。「—な顔だち」❷【端正】動作・姿勢などに乱れたところがなく、きちんとしていること。「—な着こなし［芸風］」派生 -さ

たん-ぜい【担税】［名］税金を負担すること。「—者・—力」

だん-せい【男声】［名］男性の声。特に声楽で、男性の受け持つ声部。「—コーラス」⇔女声

だん-せい【男性】［名］おとこ。「会社員の—」「—専用」⇔女性 使い方 多く成人した男子に言い、「男（おとこ）」よりも上品で穏やかな語感を伴う。

だん-せい【弾性】［名］外力を加えられて変形した物体が、外力を取り除くともとに戻ろうとする性質。「—エネルギー」

だんせい-てき【男性的】［形動］いかにも男性らしいさま。また、男性を思わせるさま。⇔女性的

たん-せき【旦夕】［名］❶朝と晩。朝夕。「—に迫る（＝今日の晩か明朝かというほど事態が切迫していること）」❷朝も晩も。つねづね。始終。「—怠らずに勉学に励む」▼副詞的にも使う。

たん-せき【胆石】［名］胆汁の成分が結晶または沈殿してできる結石。「—症」

たんせき-しょう【胆石症】ヤウ［名］胆嚢（たんのう）や胆管に結石ができる病気。

だん-ぜつ【断絶】［名］❶［自サ変］長く受け継がれてきた系譜などが絶えること。「王家が—する」❷［自他サ変］二つのものの結びつきや関係が切れること。また、関係などをたち切ること。「国交が／を—する」「世代間の—が見られる」

たん-せん【単線】［名］❶一本の線。❷一本の軌道を上りと下りの列車が共用する鉄道線路。▼「単線軌道」の略。◈⇔複線

たん-ぜん【丹前】［名］全体に綿を入れた広袖の着物。防寒用の部屋着に用いる。どてら。

たん-ぜん【端然】［形動タリ］姿勢などに乱れがなく、きちんと整っているさま。行儀作法の正しいさま。「—として座す」

だん-せん【断線】［名・自サ変］線が切れること。特に、電線・電話線などが切れて通じなくなること。

だん-ぜん【断然】［副］❶固く決意して物事を行うさま。また、きっぱりとした態度をとるさま。断固。「—こちらを選ぶ」「値上げには—反対する」❷程度が他とかけ離れているさま。「観客は—若者が多い」

たん-そ【炭素】［名］非金属元素の一つ。天然には三種の同素体（黒鉛・無定形炭素・ダイヤモンド）がある。炭酸塩や二酸化炭素として広く自然界に存在し、有機化合物として生物体の重要な構成成分となる。元素記号C

たん-そう【炭層】［名］地層中に存在する石炭の層。石炭層。

たん-ぞう【鍛造】ザウ［名・他サ変］金属素材などを熱し、ハンマーやプレスで打ちのばしながら目的の形状に加工すること。また、その加工法。「—機械」

だん-そう【男装】ザウ［名・自サ変］女性が男性の姿・形に身をよそおうこと。⇔女装

だん-そう【断層】［名］地殻変動によって一続きの岩石や地層が断ち切られ、その面に沿って両側にずれが生じる現象。また、その断ち切られた面。「—山地」▼意見・考え方などのずれのたとえにもいう。「世代間の—」

だん-そう【弾奏】［名・他サ変］弦楽器を演奏すること。

だん-そう【弾倉】ザウ［名］連発銃などで、補充用の弾丸をこめておく部分。

たん-そく【探測】［名・他サ変］探りはかること。特に、天体・気象などの現象を機器を使って観測すること。「—機・—気球」

たん-そく【短足】［名］足が短いこと。「胴長—」

たん-そく【嘆息（▼歎息）】［名・自サ変］なげいてため息をつくこと。また、そのため息。「悲報を聞いて—する」

だん-ぞく【断続】［名・自サ変］物事が時々とぎれながら続くこと。「痛みが—する」「雨が—的に降る」

たんそ-びょう【炭▼疽病】ビャウ［名］❶炭疽菌の感染によってウシ・ウマなどの草食獣に発生する感染症。菌は血管内で著しく増殖し、敗血症を引き起こす。ヒトにも感染し皮膚炭疽・腸炭疽・肺炭疽を起こすこともある。炭疽。炭疽熱。脾脱疽（ひだつそ）。❷不完全菌類・子嚢（しのう）菌類などによって起こる植物の病害。葉・茎・果実などに暗褐色の病斑（びょうはん）を生じ、ついには枯死する。炭疽。

だんそん-じょひ【男尊女卑】ヒ［名］男性を尊重し、女性を男性に従うものとして軽視すること。また、そのような考え方や風習。⇔女尊男卑

たん-だ【単打】［名］シングルヒット。

たん-だ【短打】［名］❶野球で、バットを短く持ち、小さく振って打つこと。❷単打。

たん-たい【単体】［名］ただ一種の元素からなる物質。水素・酸素・オゾン・黒鉛・金・銀・ダイヤモンドなど。

たん-だい【短大】［名］「短期大学」の略。

だん-たい【団体】［名］❶複数の人が同じ目的を達成するために組織した集団。「政治［宗教・市民］—」❷人の集まり。「小学生の—」「—割引」

だん-たい【暖帯】［名］温帯のうち、亜熱帯に近い地帯。暖温帯。「—林」

だんたい-こうしょう【団体交渉】セフ［名］労働組合などが使用者側と労働条件などをめぐって交渉すること。団交。

だん-だら【段だら】［名］いくつかの色の横じまが段になって表されていること。また、そのような模様。

たん-たん【▼坦▼坦】［形動タリ］❶土地・道路などが平らなさま。❷物事が大した変化もなく過ぎていくさま。「—とした試合展開」

たん-たん【▼眈▼眈】［形動タリ］鋭い目つきで獲物をねらうさま。また、野心をもってじっと機会をねらうさま。「虎視—とチャンスをうかがう」

たん-たん【淡淡】［形動タリ］❶色・味などがあっさりして、くどさを感じさせないさま。淡泊なさま。「—たる色調」❷人柄・態度などがさっぱりして、こだわりがないさま。「—と心境を語る」

だん-だん【段段】㊀［名］❶段がいくつかあるもの。また、階段。「—畑」「お重を—に重ねる」❷事柄の一つ一つ。条条。「失礼の—お許し下さい」㊁［副］状態が順を追って変わっていくさま。次第に。「九月に入って—涼しくなる」「文字が—右下がりになる」

品格 次第（しだい）に「知識が—増える」 徐々に「—回復する」 漸次（ぜんじ）「人口が—増加している」 漸（ぜん）を追っ

て「ー展開する」

だんだん-ばたけ【段段畑】[名] 山や丘の斜面に階段状につくられている畑。だんばた。だんばたけ。

タンタン-メン【担担麺〈中国〉】[名] 中国の四川料理の一つ。中華麺に醤油・芝麻醤(チーマージャン)・ラー油などで調味した辛いスープをかけ、ひき肉などをのせたもの。▼昔、天秤棒(てんびんぼう)で担いで売り歩いたことから。

たん-ち【探知】[名・他サ変] 隠されているものなどをさぐって様子を知ること。「電話を逆ーする」「魚群ー機」

だん-ち【団地】[名] 一団の住宅・工場などが計画的に建設されている地区。住宅団地・流通団地・工業団地など。また、その建物。

だん-ち【暖地】[名] 気候のあたたかい地方。⇔寒地

だん-ちがい【段違い】(ガヒ)[名] ❶[形動] 他と比べて程度に格段の差があること。「ーの実力」❷二つの物の高さに差があること。

だんちがい-へいこうぼう【段違い平行棒】(ダンチガヒヘイカウバウ)[名] 女子体操競技種目の一つ。高さの違う二本の平行棒を使ってさまざまな技を行う。また、その用具。

たん-ちゃ【▼磚茶】[名] 発酵茶または緑茶を板状に蒸し固めた茶。削ったものを煮出して飲む。だんちゃ。▼中国・モンゴル・チベット・ネパールなどで用いられる。

だん-ちゃく【弾着】[名] 発射した弾丸がある地点に到達すること。また、その到達地点。「ー点」

たん-ちょ【単著】[名] 一人だけで書いた著書や論文。共著に対していう。

たん-ちょ【端緒】[名] 「たんしょ(端緒)」の慣用読み。

たん-ちょう【丹頂】(チヤウ)[名] 北海道の釧路(くしろ)湿原などに周年生息するツル科の鳥。全長約一・四メートルで、国産鳥類中最も大きい。全体は白色で、首と風切り羽の部分が黒、頭頂が裸出して赤い。古来、長寿のめでたい鳥として親しまれてきた。特別天然記念物。丹頂鶴(づる)。

たん-ちょう【単調】(テウ)[名・形動] 同じような調子や状態が続いて変化に乏しいこと。「ーなリズム」「風景・生活」 派生 ーさ/ーがる

たん-ちょう【短調】(テウ)[名] 音楽で、短音階でつくられている楽曲の調子。マイナー。⇔長調

だん-ちょう【団長】(チヤウ)[名] 「団」と名のつく集団の長。

だん-ちょう【断腸】(チヤウ)[名] はらわたがちぎれること。また、はらわたがちぎれるほどの、はなはだしい悲しみや苦しみ。「ーの思いがする」「ーの極み」

だん-つう【段通・▼緞通】[名] 綿・麻・羊毛などを原料とし、色糸を使ってさまざまな模様を織り出した、敷物用の織物。中東を原産地とし、日本へは室町時代、中国経由で伝来した。▼中国語「毯子(タンツ)」から。

だん-つく【旦つく】[名]〔古風〕旦那(だんな)を軽んじていう語。

たん-つぼ【▼痰▼壺】[名] たんやつばを吐き入れるためのつぼ。

たん-てい【探偵】[名・他サ変] ひそかに他人の行動や内情をさぐること。ひそかに犯罪事実や犯人をさぐりあてること。また、それを職業とする人。「私立ー」「ー小説」▼犯罪捜査に活躍する探偵は多くフィクションの世界で使われる。

たん-てい【端艇(短艇)】[名] 小舟。ボート。

だん-てい【断定】[名・他サ変] はっきりと判断を下すこと。また、その判断。「第一発見者を犯人とーする」「ー的な言い方」

ダンディー【dandy】[名・形動] 男性の服装や態度がおしゃれで洗練されていること。また、そのような男性。

たん-てき【端的】[形動] はっきりしているさま。また、要点だけをはっきりと示すさま。「薬効がーに現れる」「荒廃した世相をーに物語る事件」

たん-でき【▼耽溺】[名・自サ変] あることにふけり、おぼれること。多く不健全な遊びに熱中することをいう。「酒色にーする」

たん-てつ【鍛鉄】[名] ❶鉄をきたえること。また、きたえた鉄。❷炭素含有量の低い軟鉄。錬鉄。

たん-でん【丹田】[名] 東洋医学で、下腹のへその下のあたり。精気が集まり、気力を充実させる所とされる。

たん-でん【炭田】[名] 石炭層が豊かに存在し、石炭の採掘が行われている地域。

たん-と[副] 数量の多いさま。たくさん。いっぱい。「食料ならまだーある」

だん-と【▼檀徒】[名] 檀家(だんか)の人々。「ー一同」

たん-とう【担当】(タウ)[名・他サ変] 仕事として受け持つこと。また、その人。「販売をーする」「ーの医師から説明を受ける」

たん-とう【短刀】(タウ)[名] 短い刀。長さ一尺(約三〇・三センチメートル)以下のものをいう。鍔(つば)のない合口拵(あいくちごしら)えが多い。▼俗に九寸五分(くすんごぶ)ともいう。

だん-とう【弾頭】[名] 砲弾・魚雷・ミサイルなどで、爆薬を詰めた先端の部分。「核ー」

だん-とう【暖冬】[名] 例年よりも暖かい冬。十二〜二月の平均気温が平年値を上回った冬。

だん-どう【弾道】(ダウ)[名] 発射された弾丸が着弾するまでに描く軌跡。「ーミサイル(=ロケットの推力で高い高度に上昇させた後、地球重力によって弾道を描きながら飛行させるミサイル)」

だんとう-だい【断頭台】[名] 罪人の首を切り落とすための台。ギロチン。「ーの露と消える」

たんとう-ちょくにゅう【単刀直入】(タンタウチヨクニフ)[名・形動] 前置きなしにすぐ本題にはいること。直接問題の核心をつくこと。「ーに伺いますが…」▼ひと振りの刀をもって一人で敵に切り込む意から。 注意 「短刀直入」と書くのは誤り。

たんとう-るい【単糖類】(タンタウ)[名] 通常の加水分解ではそれ以上簡単な糖に分解できない糖類。ぶどう糖・果糖など。

たん-どく【丹毒】[名] 皮膚(ひふ)の傷口などから連鎖球菌が侵入して起こる急性の炎症。皮膚に境界のはっきりした赤斑(せきはん)が生じ、高熱と患部の痛みを伴う。

たん-どく【単独】[名] ただ一人であること。また、ただ一つであること。「ー行動」「ー首位」「ー犯」

たん-どく【▼耽読】[名・他サ変] 夢中になって本を読むこと。読みふけること。「SF小説をーする」

だん-トツ【断トツ】[名]〔俗〕二位以下を大きく引き離してトップの座にあること。▼「断然トップ」の略。 書き方 「ダントツ」とも。

だん-どり【段取り】[名] 事がうまく運ぶように手はずをととのえること。また、その手順や準備。「仕事のーをつける」

タンドリー-チキン【tandoori chicken】

[名] インド料理の一つ。ヨーグルトと香辛料に漬け込んだ鶏肉をタンドールと呼ばれる壺状の窯(かま)で焼いたもの。

だんな【▼檀那・旦那】 [名] ❶寺や僧に金品を寄付する人。施主。檀家(だんか)。▽寺の側からいう語。❷商家の奉公人などがその主人を高めていう語。❸商人などが男性の客を呼ぶときに使う語。また、役者・芸人などが自分をひいきにしてくれる人を高めていう語。❹妻が他人に対して自分の夫をいう語。また、他人の夫をいう語。‖「うちの—(=亭主)は甲斐性(かいしょう)がなくて…」「お宅の—さんはお元気で何よりですね」▽「—様」の形で敬意を表す。◈書き方 ①は「檀那」、②〜④は「旦那」と書くことが多い。

檀

だんな-げい【旦那芸】 [名] 商家の主人などが慰みに習いおぼえた芸事。

だんな-でら【▼檀那寺・旦那寺】 [名] その家が檀家(だんか)となって属している寺。菩提寺(ぼだいじ)。

たん-なる【単なる】 [連体] ただそれだけの。ただの。‖「—友人にすぎない」使い方⇩単に

たん-に【単に】 [副] ❶〈多く、下に「だけ」「のみ」「ばかり」など限定の表現を伴って〉事柄の範囲をそのことだけに限る意を表す。ただ(に)。単純に。‖「—私見を述べただけだ」「原因は—不注意ばかりではない」使い方 (1)「単に(→単なる)金銭の問題ではない」のように、名詞を修飾する場合は、連体詞「単なる」で置き換えることができる。(2)下に実質的な肯定表現を伴うときは〈取りたてて言うほどではない〉の気持ちを、否定的表現を伴うときは〈簡単にそう言ってはすまされない〉の気持ちを添えることが多い。‖「—忘れたまでだ(=他意はない)」「—経済の問題だけではない(=他に大きな問題がある)」❷(注釈を施す気持ちで)その語句に、何らかの簡略化や単純化が行われていることをいう。‖「—『花』と言えば、桜のことをいった」

たん-にん【担任】 [名・他サ変] ❶責任をもってある任務を引き受けること。‖「庶務を—する」❷学校で、教師があるクラスや教科を受け持つこと。また、その教師。‖「—の先生」

タンニン [tannin] [名] フェノール性水酸基をもつ芳香族化合物の総称。植物の木部・樹皮・根・葉などに広く存在する。皮なめし剤などに利用されるほか、インク・染料などの原料にもなる。

だん-ねつ【断熱】 [名・自サ変] 熱が伝わるのをさえぎること。‖「—材・—効果」

たん-ねん【丹念】 [名・形動] 細かい点にまで注意を払うこと。心をこめていねいにすること。‖「—に仕上げられた製品」「—な調査」

だん-ねん【断念】 [名・他サ変] 自分の希望などをたちきること。きっぱりあきらめること。‖「画家への道を—する」

たん-のう【胆▼嚢】ナウ [名] 肝臓から分泌される胆汁を一時蓄えて濃縮する袋状の器官。濃縮された胆汁は胆管から十二指腸に排出される。

嚢

たん-のう【堪能】 ❶[名・自他サ変] 十分に満足すること。‖「本場の中華料理に/を—する」▽「足(た)んぬ」の転。書き方「堪能」は当て字。❷[形動] ある技芸・学問などに習熟していること。堪能(かんのう)。‖「ドイツ語に—な人」▽❷は「堪能(かんのう)」の慣用読みが一般化した語と言われる。

たん-ぱ【短波】 [名] 波長が一〇〜一〇〇メートル、周波数が三〜三〇メガヘルツの電波。電離層で反射するので、遠距離通信に利用される。‖「—放送」

たん-はい【炭肺】 [名] 炭坑などで吸い続けた炭塵(たんじん)が肺に付着して起こる慢性の呼吸器病。せき・呼吸困難などの症状があらわれる。

たん-ばい【探梅】 [名・自サ変] 早咲きの梅を求めて歩くこと。‖「—行」

たん-ぱく【淡泊(淡白)】 [名・形動] ❶味・色などが、あっさりしていること。‖「—な味を好む」⇔濃厚 ❷人の性質や態度がさっぱりしていること。欲や執着が強くないこと。‖「金銭に—な人」◈書き方「淡白」を誤りとすることもある。派生—さ

たん-ぱく【▼蛋白】 [名] ❶卵の白身。卵白。❷「蛋白質」の略。また、蛋白質からなるもの。

たんぱく-しつ【▼蛋白質】 [名] 生物体を構成する、窒素を含む有機化合物。アミノ酸・核酸・リン酸・糖・脂質などから成る。重要な栄養素の一つ。

だん-ばしご【段▼梯子】 [名] 踏み板と踏み板の間に垂直の板を取りつけてない階段。はしご状の階段。

だん-ばたけ【段畑】 [名] 段段畑。だんばた。

たん-ぱつ【単発】 [名] ❶飛行機で、発動機が一つだけついていること。‖「—機」⇔双発 ❷一発ずつ発射すること。‖「—銃」❸それ一度だけで、あとが続かないこと。‖「—のヒット」

たん-ぱつ【短髪】 [名] 短い髪。また、その髪形。⇔長髪

だん-ぱつ【断髪】 [名] ❶[自サ変] 髪を短く切ること。‖「—して決意を示す」「力士の—式」❷女性の髪形で、髪を首筋のあたりで切りそろえたもの。ボブスタイル。

タンバリン [tambourine] [名] 打楽器の一つ。円形の枠の片側に革を張り、枠の周囲に二枚合わせにした金属円盤を数個取りつけたもの。革を指先で打ったり、振って金属円盤を鳴らしたりする。タンブリン。

たん-パン【短パン】 [名] 運動用のショートパンツ。

だん-ぱん【談判】 [名・自他サ変] 物事の決着をつけるために相手方と論じ合うこと。かけあい。交渉。‖「認定書の件で親方に—した」「直(じか)—」

たん-び【▽度】 [名]「たび(度)」を強めていう語。

たん-び【▼耽美】 [名] 美を最高の価値あるものと考え、美の世界にひたり陶酔すること。‖「—派」

たん-び【嘆美(▼歎美)】 [名・他サ変] 感心してほめたたえること。嘆賞。

たんび-しゅぎ【▼耽美主義】 [名] 美を最高の理想とし、美の追求を至上の目的とする芸術および生活上の立場。一九世紀末、フランス・イギリスを中心にして勃興(ぼっこう)した文芸思潮で、ボードレール・ワイルドなどに代表される。唯美主義。

だん-ぴつ【断筆】 [名・自サ変] 文筆家が文章を書いて発表するのをやめること。筆を折ること。‖「連載の途中で—する」「大作を最後に—する」「—宣言」

たん-ぴょう【短評】ヤウ [名] 短い批評。寸評。

だん-びら【段平】 [名] 幅の広い刀。また、単に刀。だんぴら。段平物。

たん-ぴん【単品】 [名] ❶一個または一種類の品物・商品。‖「—生産」❷セットになっている品物のうちの一つ。‖「このティーカップは—では販売しません」

ダンピング [dumping] [名・他サ変] 採算を無視して商品を投げ売りすること。特に、外国市場で国内価格よりも価格を下げて商品を販売すること。不当廉売。

たん‐ぶ【反歩（▽段歩）】（造）反を単位として田畑の面積を数える語。「五―の畑」⇩反①

ダンプ【dump】［名］❶「ダンプカー」の略。❷［他サ変］コンピューターのファイルやメモリーの内容を、ディスプレー装置やプリンターに出力すること。

ダンプ‐カー【和製dump＋car】［名］荷台を機械力で傾斜させ、土砂などの積み荷を一度におろせるようにしたトラック。ダンプ。

タンブラー【tumbler】［名］筒形をした大形のコップ。

タンブリング【tumbling】［名］体操で、マットの上で連続的に行う跳躍・転回などの運動。前・後方宙返り、腕立て転回、側転など。

たん‐ぷく【単複】［名］❶単純と複雑。「―さまざまな事情」❷単数と複数。❸テニス・卓球などで、シングルスとダブルス。❹競馬・競輪などで、単勝と複勝。

たん‐ぶん【単文】［名］主語・述語の関係が一回だけで成り立っている文。「月が沈む」「風がさわやかに吹く」の類。⇩重文・複文

たん‐ぶん【短文】［名］短い文章。短い文。⇔長文

たんぺい‐きゅう【短兵急】［形動］だしぬけに行動をおこすさま。また、きわめて急なさま。「―に攻め立てる」「―に結論を出す」▽短兵（＝刀剣などの短い武器）をもって急に敵を攻める意から。

たん‐べつ【反別（▽段別）】［名］❶田畑を一反ごとに分けること。反当たり。❷町・反・畝・歩を単位として表した田畑の面積。

ダンベル【dumbbell】［名］⇩亜鈴

たん‐べん【単弁（単▼瓣）】［名］花弁がひとえであること。ひとえの花びら。「―花」⇔重弁

たん‐ぺん【短編（短▼篇）】［名］詩歌・小説・映画などで、比較的短い作品。「―集」

だん‐ぺん【断片】［名］きれぎれになった一片。また、あるまとまったものの一部分。「手紙の―が見つかる」「記憶の―をたどる」「―的な知識」

だん‐ぺん【断編（断▼篇）】［名］文章や文書の一部分。

たんぼ【田▼圃】［名］田になっている土地。田地。水田。「―道」書き方「田圃」は当て字。「田んぼ」と書くことが多い。

たん‐ぽ【担保】［名］❶債務者が債務を履行しない場合、その債務の弁済を確保する手段として債権者にあらかじめ提供しておくもの。「家を―に入れる」❷［他サ変］ある物事によって保証すること。「規則の公平性［教育の質］を―する」

たん‐ぼう【探訪】［名・他サ変］社会の実相や物事の実態などをその場に出向いていってさぐり歩くこと。「テーマパーク―記」

だん‐ぼう【暖房（▼煖房）】［名・他サ変］屋内・室内をあたためること。また、その装置。「居間を―する」「―器具」⇔冷房

だん‐ボール【段ボール】［名］❶波状のボール紙（中芯）の片面または両面に平らなボール紙（ライナー）を貼りつけた板紙。❷①で作った包装用の箱。▽「段ボール箱」の略。

たんぽぽ【〈▼蒲公英〉】［名］春、中空の花茎の先に黄色または白色の花をつけるキク科タンポポ属の多年草の総称。羽状に裂けた葉は根ぎわから群生。種子は白い冠毛をもち、風に乗って飛ぶ。カントウタンポポ・エゾタンポポ・セイヨウタンポポなど。

タンポン【Tampon ドイ】［名］消毒したガーゼや脱脂綿を棒状または球状に固めたもの。局所に詰めるなどして止血や分泌物の吸収に用いる。

たん‐ほんい【単本位】［名］金または銀のいずれか一方を本位貨幣とすること。「―制度」⇔複本位

たんま［名］子供の遊びなどで、一時中止を求めるときにいう語。タイム。「ちょっと―」

だん‐まく【弾幕】［名］大量の弾丸を一斉に発射し続けることを幕にたとえた語。「―を張る」「―射撃」

たん‐まつ【端末】［名］❶ものの、はし。すえ。「組織の―」❷コンピューターや通信などで、回線などを介して利用者が直接操作する機器。ネットワークに接続したコンピューターや携帯電話、銀行のATMなど。▽「端末機」「端末装置」の略。

だん‐まつま【断末魔（断末摩）】［名］死ぬ間際。臨終。また、そのときの苦しみ。「―の苦しみ」「―の叫び」▽「末魔」は梵語marmanの音写。それに触れると激痛を伴って死ぬとされる身体の一部分をいう。注意「断末間」と書くのは誤り。

たんまり［副］たくさんあるさま。どっさり。「―（と）もうける」

だんまり【▽黙り】［名］❶だまっていて、何も言わないこと。また、その人。「―をきめこむ」❷歌舞伎の演出の一つ。暗やみの中で登場人物が無言のまま探り合うさまを様式化したもの。また、その場面。暗闘。

たん‐み【淡味】［名］あっさりした味わい。うす味。「―を好む」

たん‐めい【短命】［名・形動］寿命が短いこと。若くして死ぬこと。「―な／の人」⇔長命▽組織などが長続きしないことのたとえにもいう。「―内閣」

タンメン【湯麺 中国】［名］いためた野菜や肉をのせ、塩味のスープをそそぎ入れた中華めん。

だん‐めん【断面】［名］❶物体を切断した切り口の面。❷物事をある視点から見たときにあらわれる様子や状態。「繊細な感覚で人生の―を描いた小説」

だんめん‐ず【断面図】［名］物体を垂直に切断したと仮定し、その面の構造を描いた図。「建物の―」

たん‐もう【短毛】［名］動物の短い毛。「―種」

たん‐もの【反物】［名］❶一反に仕上げてある和服用の織物。❷呉服。「―売り場」

だん‐やく【弾薬】［名］弾丸とそれを発射するための火薬。「―庫」

だん‐ゆう【男優】［名］男性の俳優。⇔女優

たん‐よう【単葉】［名］❶一枚だけの葉身からなる葉。ごく普通の葉の形。❷飛行機の主翼が一枚であること。「―機」◈⇔複葉

たん‐らく【短絡】［名・自他サ変］❶ショート。「回路が／を―する」❷論理の筋道をたどらずに、原因と結果、前提と結論などを性急に結びつけてしまうこと。「論理の―」「―的発想」使い方 形容動詞として使うのは標準的でない。「×短絡な考え方→○短絡的な［短絡した］考え方」

だん‐らく【段落】［名］❶長い文章を意味のまとまりなどによって分けた一区切り。また、形式的に文頭を一字下げて書きはじめる一区切り。段。パラグラフ。❷物事の区切り。「仕事に―をつける」

だん‐らん【団▼欒】［名・自サ変］親しい人たちが集ま

ってなごやかに時を過ごすこと。‖「一家ー」▼集まって車座にすわる意から。

欒

たん-り【単利】［名］元金だけにつける利息。前期間の利息を元金にくり入れないで計算する。⇕複利

だん-りゅう【暖流】(ウリ)［名］流域外の海水よりも水温の高い海流。熱帯・亜熱帯の海域から発し、温帯・寒帯に向かって流れる。高塩分のためにプランクトンは少ない。黒潮・メキシコ湾流など。⇕寒流

たん-りょ【短慮】［名・形動］❶思慮の浅いこと。また、浅はかな考え。❷気が短いこと。せっかち。‖「ーを起こす」

たん-りょく【胆力】［名］簡単には物事に動じない気力。また、物事を恐れない気力。度胸。‖「ーを練る」

だん-りょく【弾力】［名］外力が加わって変形した物体が、その外力に抗してもとの形に戻ろうとする力。はねかえす力。‖「ー性」▼状況に応じて自由に変化・適応する力のたとえとしても使う。‖「規則をー的に運用する」

麗

たん-れい【淡麗】［名・形動］清酒・ビールなどの味や口当たりがなめらかで、すっきりしていること。‖「ー辛口［甘口］」「ーな味わいの酒」

たん-れい【端麗】［名・形動］姿・形が整っていて美しいこと。‖「ーな顔立ち」「容姿ー」派生 -さ

だん-れつ【断裂】［名・自他サ変］つながっていたものが断ち裂かれること。‖「アキレス腱(けん)がーする」

たん-れん【鍛錬・鍛練】［名・他サ変］きびしい修行や練習を重ねて心身や技芸をきたえること。‖「精神をーする」「ーを積む」▼もと「鍛錬」は金属をねりきたえる意、「鍛練」は生糸をねりきたえる意。

だん-ろ【暖炉(▼煖炉)】［名］火を燃やして室内をあたためる炉。特に、壁の一部に造りつけたものをいう。

だん-ろん【談論】［名］談話と議論。また、意見を述べ合って論じること。

だんろん-ふうはつ【談論風発】［名・自サ変］話し合いや議論を活発に行うこと。‖「ーして夜に至る」

だん-わ【談話】［名］❶［自他サ変］人と話をすること。会話を交わすこと。‖「ー室」❷ある事柄について形式ばらずに述べる意見。非公式な意見。‖「首相のーをとる」❸ひとまとまりの言語表現。ディスコース。‖「ー分析」

ち

ち【千】［名］百の一〇倍。せん。また、他の語につけて数の多いことを表す。‖「ー歳(とせ)」「ー代」「ー万(よろず)」

ち【血】［名］❶血液。‖「ーが出る」❷血筋。血縁。血統。‖「ーが繋(つな)がる(＝血縁関係にある)」❸人情・活力などの源となるもの。‖「青春のーがたぎる」

◉**血が通(かよ)・う** 人間的な温かみがこもる。‖「ーった政治」

◉**血が騒(さわ)・ぐ** 気持ちが高ぶって、落ち着いていられなくなる。‖「冒険家のー」

◉**血が沸(わ)・く** 感情が高揚する。書き方「湧く」とも。

◉**血で血を洗・う** ❶殺傷に対して、殺傷で対応する。‖「ー抗争」❷肉親どうしが争う。

◉**血と汗(あせ)の結晶(けっしょう)** 大変な苦労をして、ようやく得ることのできた成果。‖「小さな発明だが私にとってはーだ」

注意「血と涙の結晶」は誤り。

◉**血の出るよう** 並大抵ではない努力をするたとえ。血の滲(にじ)むよう。‖「ーな苦労を重ねる」

◉**血は争えない** 親から受け継いだ性格・性質は何らかの形で子どもに現れるものだということ。

◉**血も涙(なみだ)も無・い** 人間らしい思いやりがまったくない。冷酷無比である。‖「ー仕打ち」

◉**血沸(わ)き肉躍(おど)・る** 興奮して、勇気がわいてくる。‖「ー冒険談」書き方「血湧き」とも。

◉**血を・見る** 争いによって死傷者が出る。

◉**血を分・ける** 血縁の関係にある。‖「ーけた兄弟」

ち【乳】［名］❶ちち。乳汁(にゅうじゅう)。‖「ー兄弟」「貰(もら)いー(ぢ)」▼多く他の語と複合して使う。❷乳房。乳首。❸旗・幕・羽織などの縁につけた、竿(さお)や紐(ひも)を通すための小さな輪。❹釣鐘(つりがね)の表面にある、いぼ状の突起。

ち【地】■［名］❶天におおわれた、広く続く土地。地上。地面。‖「ーの果て」「大ー・高ー・農ー」「ー下・ー質」❷特定の場所。‖「ーの利に恵まれる」「現ー・産ー・遊園ー」❸物の下の部分。■(造)身分。地位。また、境遇。‖「境ー・窮ー」◈■①③⇕天

◉**地に落・ちる** 盛んであった権威や評判などが衰える。まったく廃(すた)れる。‖「師の威信もーちたものだ」

ち【知】■［名］物事を見抜き、考える能力。‖「ーは力なり」「ー恵・ー性」「英ー・機ー・頓(とん)ー・理ー」▼「智」に通じる。■(造)❶心に感じとる。しる。‖「ー覚・ー識・ー命」「既ー・察ー・承ー」❷しらせる。‖「告ー・通ー」❸相手をよくしっている。しりあい。‖「ー人」「旧ー」❹取りしきる。おさめる。‖「ー事」

ち【治】■［名］❶世の中がおさまっていること。‖「ー安・ー世」❷政治。‖「延喜・天暦のー」■(造)❶管理する。‖「ー産・ー水」❷病気をなおす。‖「ー癒・ー療」「完ー・全ー・不ー」

ち【池】(造)いけ。また、いけのようなもの。‖「ー魚・ー亭」「電ー」

ち【値】(造)❶物のねうち。‖「価ー」❷数の大きさ。‖「極ー・近似ー・偏差ー」

ち【恥】(造)❶はじる。はじ。‖「ー辱」「羞(しゅう)ー」❷かくしどころ。陰部。‖「ー骨」

ち【致】(造)❶こさせる。まねきよせる。‖「招ー・誘ー・拉(ら)ー」❷ある状態にいたるようにする。いきつかせる。‖「ー死」「一ー・極ー」❸おもむき。‖「筆ー」

ち【▼智】(造)❶かしこい。‖「ー者」❷ちえ。‖「才ー」「英ー」◈「知」■に通じる。

ち【遅】(造)おくれる。おそい。‖「ー延・ー刻」旧遲

ち【痴】(造)❶知恵が足りない。おろか。‖「ー態・ー呆」「愚ー」❷物事に夢中になる。‖「書ー」❸色情に夢中になる。‖「ー漢・ー話」旧癡

ち【稚】(造)おさない。‖「ー魚・ー児(ご)・ー拙」

ち【置】(造)❶おく。すえる。‖「ー換」「設ー・配ー・放ー」❷きまりをつける。‖「処ー・措ー」

ち【緻】(造)きめがこまかい。‖「ー密」「精ー」

ち-あい【血合い】(ヒア)［名］マグロ・カツオなどの背肉と腹肉の境にある赤黒い部分。血を多く含む。

チア-ガール【和製 cheer＋girl】［名］女子の応援団員。ポンポンなどを手にして、動きの多い華やかな応援を繰り広げる。チアリーダー。

チア-シード【chia seed】［名］チアの種子。楕円(だえん)形の小さな粒で、栄養価が高く、食用。水につけると寒天様の粘液に包まれる。

チアノーゼ【Zyanoseドイ】［名］血液中の酸素の

減少によって皮膚や粘膜が青紫色を帯びて見える症状。心臓や呼吸器の障害によって起こる。青色症。

ちーあん【治安】[名] 国家・社会の秩序や安全が保たれていて平穏であること。‖「ーが乱れる」

ちーい【地衣】[名] 菌類と藻類が共生して一体化した植物群。地上・岩石上・樹上などに生育する。チズゴケ・サルオガセ・リトマスゴケ・ウメノキゴケなど。

ちーい【地位】ヰ[名] 社会やある組織の中で占めている立場。身分。‖「重役のーにある」

ちーい【地異】[名] 地震・津波・洪水・噴火など、地上に起こる異変。‖「天変ー」

ちーいき【地域】ヰキ[名] 区切られた範囲の土地。区画された土地の範囲。‖「雪の多いー」

ちいきーしゃかい【地域社会】チヰキシャクワイ[名] ある一定の社会的特徴をもつ地域に成立する生活共同体。コミュニティー。

ちーいく【知育】[名] 知識を習得し、知能を高めるための教育。⬇徳育・体育

チーク【cheek】[名] ❶ほお。❷ほお紅。

チーク【teak】[名] 熱帯アジアに分布するクマツヅラ科の落葉高木。暗褐色で堅い材は高級用材として船舶・建築・家具などに重用される。

チークーダンス【和製cheek＋dance】[名] 二人が互いにほおを寄せ合って踊るダンス。

ちいさ・い【小さい】チヒサイ[形] ❶（視覚的にとらえて）物体が空間を占める量が少なく、面積・体積・寸法などが小である。‖「新聞の字はー」「この服は僕にはー」「ー家に住む」「洗ったらシャツがー・くなった」❷音の量が少ない。‖「声がー・くて聞き取れない」「テレビの音をー・くする」❸年齢が下である。また、まだ成長しきっていないさま。‖「彼の方が二つー」「ー子供」❹（数量的にとらえて）物事の規模や程度が少ないさま。小である。‖「5よりー数」「金額［速度・重量］がー」「差がー」「ー地震」❺（数量を感覚的にとらえて）その程度・可能性・傾向などが取るに足りないさま。問題視するまでもないさま。‖「影響がー」「この薬は副作用をもたらす可能性がー」❻狭量で鷹揚なところがない。‖「人物［肝っ玉・気］がー」❼〈「小さくする」の形で〉より小さな額の紙幣や硬貨にする。‖「万札をー・くする」❽〈「小さくなる」の形で〉恐縮したり遠慮したりして、縮こまった姿勢になる。かしこまる。‖「親の前ではー・くなっている」◈①～⑥⬍大きい 使い方 幼児語的な俗語に「ちっちゃい」がある。類語「小さな」には連体用法しかない。「小さい／小さな」の用法の違いは、「大きい／大きな」にほぼ並行的である。⬇「大きい」の［使い方］とコラム 派生 -げ／-さ

ちいさーな【小さな】チヒサナ[連体]「小さい」に同じ。‖「ー目の老人」「まだー子供だ」「ー取引」⬍大きな ▼文語形容動詞「小さなり」の連体形「小さなる」の転。使い方 (1)「背［気］のー人」のような、形容動詞連体形の名残をとどめた述語用法もある。(2)⬇大きい

チーズ【cheese】[名] 牛乳などの乳を凝乳酵素（レンニン）や乳酸菌によって凝固・発酵させ、更に微生物を利用して熟成させた食品。そのままのナチュラルチーズと加工したプロセスチーズとに大別される。フロマージュ。乾酪。使い方 写真を撮る際の笑顔を作る合図として、感動詞的にも使う。‖「はい、ー！」

チーズーケーキ【cheesecake】[名] クリームチーズなどを主材料に用いたケーキ。オーブンで焼いたベークトチーズケーキと冷やし固めたレアチーズケーキがある。

チーズーフォンデュ【cheese fondue】[名] チーズを白ワインとともに煮溶かし、一口大のパンなどにからませて食べる、スイスの鍋料理。フォンデュ。

チーター【cheetah】[名] ヒョウに似るネコ科の哺乳類。黄褐色の体毛に多数の黒い小斑がある。走ると時速一〇〇キロメートル以上に達し、地上の動物で最速。インド・アフリカの草原などに生息。国際保護動物。チータ。

チート【cheat】[名] ごまかし。不正行為。特に、コンピューターゲームを有利に進めるために、プログラムを不正に改造すること。

チーパオ【中国旗袍】[名] ワンピース形式の女性用中国服。立て襟で打ち合わせは深く、裾にスリットが入る。

チーフ【chief】[名] 職場などで、集団の責任者。グループの長。‖「ーマネージャー」

チープ【cheap】[名・形動] 安いこと。安っぽいこと。

チーム【team】[名] ❶ある目的のために活動を同じくする人々の集まり。❷スポーツの競技で、勝敗を争うそれぞれの組。◈「ティーム」とも。

チームープレー【team play】[名] 団体競技や共同作業で、他の人と協力し、チーム全体の勝利や成功を優先して行動すること。また、その行動。⬍個人プレー

チームメート【teammate】[名] 同じチームの仲間。また、同じ仕事に従事する同僚。

チームワーク【teamwork】[名] チームの成員による統制のとれた団体行動。また、そのための協力態勢。

ちーいん【知音】[名] 心の底まで知り合った友。親友。語源 音楽の音色を聞き分ける意から。春秋時代、伯牙が巧みに琴をかなでると友人の鍾子期はその音楽の心を的確に聞き分けたという『列子』の故事に基づく。

ちーうみ【血▼膿】[名] 血の混じったうみ。

ちーえ【知恵（▼智▼慧・▼智恵）】ヱ[名] ❶物事を筋道立てて考える心の働き。物事の道理を正しく判断し、適切に処理する能力。‖「ーを働かせる」「ーを借りる」❷仏教で、煩悩を消滅させ、真理を悟る精神の働き。◈書き方 もと、多く「智慧」と書いた。

チェア【chair】[名] いす。特に、背もたれのある一人用のいす。‖「デッキー・アームー」

チェアーパーソン【chairperson】[名] 議長。司会者。▼性差別を避けるため、チェアマンに代わり用いられるようになった語。

チェアマン【chairman】[名] ❶⬇チェアパーソン ❷Jリーグを代表して業務を統括管理する責任者。

チェイサー【chaser】[名] ❶追っ手。追跡者。❷アルコール度の強い酒を飲むときに添える水や軽い飲み物。◈「チェーサー」「チェサー」とも。

チェーン【chain】[名] ❶くさり。‖「ドアー」❷積雪時、スリップを防ぐために自動車の車輪に装着するくさり。タイヤチェーン。❸自転車・オートバイなどで、動力を車輪に伝えるためのくさりの輪。❹同一資本による劇場・小売店・スーパーマーケット・ホテルなどの系列。

チェーンーストア【chain store】[名] 同一の資本のもとで経営・管理される多数の小売店。連鎖店。

チェーンーソー【chain saw】[名] 動力鋸の一つ。歯のついた環状のチェーンを小型エンジンで回転させて樹木などを切る工具。

チェーンーメール【chain mail】[名] 受け取った人が複数の人へ連鎖的に転送するよう求められる、い

たずらメール。

ちえ-しゃ【知恵者】チエ [名] 知恵のすぐれた人。

チェス [chess] [名] 六四区画に区切った盤上に並べた白・黒一六個ずつの駒(こま)(キング[王]・クイーン[女王]・ビショップ[僧正]・ナイト[騎士]・ルーク[城]・ポーン[歩兵])を交互に動かし、相手のキングを詰めるゲーム。将棋に似るが取った駒は使えない。西洋将棋。

チェスト [chest] [名] ❶胸。胸部。❷衣類や道具類などを入れる、ふた付きの箱。整理だんす。

チェスト-パス [chest pass] [名] バスケットボールで、ボールを胸の辺りから押し出すように送るパス。

ちぇっ [感] 残念がったり、不満を表したりするときに発する語。また、舌打ちをする音を表す語。ちえ。≡「ー、冷めちまってる」「ー、ふざけやがって」

チェッカー [checkers] [名] 市松模様の盤上に相対して並べた赤黒各一二枚の丸い駒(こま)を一つずつ斜め前に進め、進路の直前にある相手の駒を飛び越して取り合うゲーム。▽イギリスでは chequers とつづる。

チェッカー-フラッグ [名] 自動車レースで、スタートやゴールなどの合図として振る白と黒の市松模様の旗。チェッカー。▽checkered flag から。

チェック [check] [名] ❶小切手。≡「トラベラーズー」❷格子縞(こうしじま)。また、市松模様。チェッカー。≡「タータンー」❸[他サ変] 点検すること。照合すること。また、それが済んだことを示す印。❹[他サ変] 調べて不都合なものが侵入するのを阻止すること。≡「人の出入りをーする」❺[他サ変] 確認して心に留めること。≡「人気俳優の出るドラマをーする」❻[他サ変] 勘定。会計。

チェックアウト [checkout] [名・自サ変] ホテルなどで、料金を精算して部屋を引き払うこと。≡「一〇時までにーする」⇕チェックイン

チェックイン [checkin] [名・自サ変] ❶ホテルなどに到着して宿泊手続きをすること。≡「ホテルにーする」⇕チェックアウト ❷空港のカウンターなどで、乗客が搭乗手続きをすること。

チェックポイント [checkpoint] [名] ❶点検・調査などの際に、特に注意すべき点。要注意点。❷検問所。❸マラソン・自動車ラリーなどで、コースの途中に設ける点検・記録のための地点。

チェックメート [checkmate] [名] チェスで、王手詰め。また、その宣言。

ちえ-ねつ【知恵熱】チエ [名] 生後六、七か月を過ぎたころの乳児にみられる原因不明の発熱。[注意] 深く考えたり頭を使ったりした後の発熱の意で多用されるが、本来は誤り。≡「×難解な講義を聴いて知恵熱が出た」

ちえ-の-わ【知恵の輪】チエ [名] いろいろな形の金属の輪をつなぎあわせたり、はずしたりして遊ぶ玩具。

ちえ-ぶくろ【知恵袋】チエ [名] ❶もっている知恵のすべて。▽知恵のすべてが入っている袋の意から。❷仲間のうちでいちばん知恵のある人。

チェリー [cherry] [名] サクランボ。

チェリスト [cellist] [名] チェロを演奏する人。チェロ奏者。

チェレスタ [celesta イタリア] [名] 鍵盤(けんばん)付きの打楽器の一つ。鍵盤を押すとハンマーが共鳴箱の中に並べられた鋼鉄製の音板を打って音を出す。外形は小型のアップライトピアノに似る。

チェロ [cello] [名] バイオリン属の擦弦楽器。大型・低音の四弦楽器で、ビオラより一オクターブ低く調弦する。豊かな音量と極めて広い音域をもつ。セロ。

ち-えん【地縁】 [名] 同じ地域に住むことによって生じる社会的関係。≡「ー社会」

ち-えん【遅延】 [名・自サ変] 物事が予定の時刻・期日に遅れること。≡「列車が一時間ーする」「ー証明書」

チェンジ [change] [名・自他サ変] ❶変わること。変えること。≡「イメージー・モデルー」❷交換すること。交替すること。≡「席をーする」❸野球・アメリカンフットボールなどで、攻守が入れ替わること。また、テニス・バレーボールなどで、コートを交替すること。

チェンジ-アップ [change-up] [名] 野球で、投手が打者のタイミングをはずすために、速球と同じ投球フォームでゆるい変化球などを投げること。また、その投球。

チェンバロ [cembalo イタリア] [名] 鍵盤(けんばん)を備えた撥弦(はつげん)楽器。鍵を押すと連動する爪(プレクトラム)が弦をはじいて音を発する。ハープシコード。クラブサン。

ち-おん【地温】ジヲン [名] 地表または地中の温度。

ち-か【地下】 [名] ❶地面の下。≡「ーを走る電車」「ー資源」「ー一階」⇕地上 ❷死後の世界。泉下。≡「ーに眠る」❸表面に表れない所。特に、非合法に行われる政治運動・社会運動などの場をいう。≡「ー活動」

ち-か【地価】 [名] ❶土地を売買するときの価格。❷課税の基準となる土地の評価価格。固定資産課税台帳に登録されているものをいう。

ち-か【治下】 [名] ある国家や政権の支配下にあること。統治下。

ちかい【誓い】ヒチカ [名] あることの実行をかたく約束すること。また、そのことば。≡「神にーを立てる」

ち-かい【地階】 [名] 建物で、地盤面より下に造られた階。

ちか・い【近い】 [形] ❶距離の隔たりが小さいさま。≡「会社は駅にー」❷ある出来事が起きるまでの時間が短いさま。≡「ー将来会社を作ります」「大関昇進がー」「年のせいかトイレがー・くなった」❸血縁関係や人間関係が濃いさま。≡「ー親戚(しんせき)」❹性質・内容・状態などの差が小さいさま。似ている。≡「限りなく藍にー青」「その記録を破るのは不可能にー」❺(わずかに足りないが)ほぼその数量に等しいさま。≡「百キロにー体重」「一万人ー聴衆が集まる」◈①〜④⇕遠い [派生] -さ

ちがい【違い】ヒチガ [名] ❶比べる(二つの)ものの間に認められる差異。相違。隔たり。≡「両者の経験のーが結果に出た」❷基準とするものと異なること。同じでないこと。異なり。≡「一の位の数字のーで、一等当選をのがした」

ちがい-だな【違い棚】ヒチガ [名] 二枚の棚板を左右から上下二段が食い違うように取りつけた棚。ふつう床(とこ)の間の脇に設ける。⬇床の間(図)

ちがい-な・い【違いない(違い無い)】ヒチガ [形] ❶〈「…に違いない」の形で〉確実性の強い推量を表す。≡「選ばれるのは私にー」「明日は晴れるにー」❷〈多く「…には違いないが、…」の形で〉その主張の確実性が高いことをいったん認める意を表す。≡「馬鹿者にはーが、責任を取らざるを得ないだろう〈大仏次郎〉」❸〈感動詞的に〉相手のいうことを受けて肯定する語。本当だ。その通りだ。≡「ー、君のいう通りだ」◈[使い方] (1)①②は「相違ない」とも。丁寧形は「違いありません」「違いございません」。⬇「ない」のコラム(一二〇四ページ) (2)①は「…に決まって

いる」とほぼ同義だが、それよりも確信の度合いが低い。

ちがい-ほうけん【治外法権】チガイハウケン［名］外国元首・外交官・外交使節など、特定の外国人が滞在国の法律や裁判権の適用を免れる国際法上の特権。

ちか・う【誓う】チカフ［他五］ある事柄を実現させることを神仏や人に固く約束する。‖「神に偽りのないことを—」「正々堂々と戦うことを—」「将来を—・った（＝結婚を約束した）仲」 書き方 互いに約束を結ぶ意で「▽盟う」とも書くが（協力を盟う）、一般には「誓」でまかなう。 可能 誓える 名 誓い

ちが・う【違う】チガフ［動五］■一［自］❶二つのものの間に差異が認められる。同じではない。異なる。‖「兄は弟と性格が—」「年齢は二つほど—」❷上下、優劣などの点で大いに差異が認められる。‖「横綱と平幕では実力が—」「手作りだけあって一味—」「格が—」❸基準とするものと異なる。特に、正しいものと一致しない。‖「答えが—・っている」「この報道は事実と—・っている」 使い方 相手の意見などを強く否定するのにも使う。そうではないの意。‖「—、—、こうだよ」❹〈多く「…のと違うか」の形で〉自分の意見を（遠慮がちに）提示する。…ではないか。‖「ああいう訊き方はまずかったのと—・いますか？〈内田康夫〉」▼関西方言的な言い方。くだけた言い方では「…とちゃうか」となる。❺骨・筋肉・精神状態などが正常の状態からずれる。‖「足の関節が—・って痛い」「気が—」◈ 注意 「違く」の形で形容詞のように使うのは誤り。‖「×実力はそんなに違くない→○違わない」「×AとBは方針が違く、→○違っていて、」 読み分け 「予測／評判／噂／期待／案に違わず」「寸分違わぬ」「狙い違わず」は「たがわず」「たがわぬ」と読む。■二〈動詞の連用形に付いて複合動詞を作る〉交差する意を表す。‖「行き—・擦れ—・入れ—」 名 違い

品格 異なる「事実と—」 差異「—がみられる」 相違「案に—する」 違う「寸分違わぬ」

ちが・える【違える】チガヘル［動下一］■一［他］❶違ったようにする。同じにならないようにする。‖「これまでと方法を—」❷まちがえる。誤る。‖「時間を—・えて遅刻する」「軍配を差し—」「取り—・読み—」❸契約などをたがえる。〜にそむく。‖「約束を—」❹ねじるなどして、筋・筋肉などを痛める。‖「首の筋を—」「寝—」◈古風な文章では①③は「たがえる」とも。■二〈動詞の連用形に付いて複合動詞を作る〉双方から互いに…する意を表す。‖「刺し—・えて死ぬ」 文 ちがふ

ちか・く【近く】■一［名］❶近いところ。近所。近辺。‖「駅の—に住む」❷〈数を表す語に付いて〉（わずかに足りないが）ほぼその程度・分量である意を表す。‖「百キロメ—の行程」「八時—に伺います」「十年—音信がない」▼副詞的にも使う。■二［副］あまり遠くない将来に。近いうちに。近々。‖「—開店の予定です」

品格 近辺「一ドル一〇八円—で取引される」 近傍「護岸—に位置する」 付近「墜落機の尾翼—」 ◉「近辺」は時や度合いに、「近傍」は幾何学用語としても使う。

ち-かく【地核】［名］地球の中心部。約二九〇〇キロメートル以深の部分で、液状の外核と固体状の内核からなると考えられている。核。コア。

ち-かく【地殻】［名］地球の表層部。大陸地域では厚さ三〇〜四〇キロメートルの層で、上部は花崗岩質層、下部は玄武岩質層からなる。‖「—変動」

ち-かく【知覚】［名・他サ変］感覚器官の働きによって外界の事物・事象を認識すること。また、その視覚・聴覚・嗅覚・味覚・触覚などの働き。‖「—神経」

ち-がく【地学】［名］地球とその構成物質を研究する学問。地質学・地球化学・地球物理学・岩石学・鉱物学・海洋学・気象学などを含む。▼高等学校の教育課程では天文学・古生物学・自然地理の一部も含む。

ちかく-へんどう【地殻変動】［名］地球内部の力が加わることによって地殻に生じる変形・変位などの動き。隆起・沈降・造山運動・地塊運動など。

ち-かけい【地下茎】［名］地中にある植物の茎。その形態から根茎・球茎・塊茎・鱗茎などに分けられる。⇔地上茎

ちか-ごろ【近頃】■一［名］このごろ。最近。‖「—は物騒な事件が多い」■二［副］〔古風〕大変。非常に。‖「それは—迷惑な話だ」

品格 近時「—の時事問題」 近年「—の傾向」 近来「—まれな出来事」 最近「つい—の事」 昨今「秋の足音が聞こえる—」

ちか・し・い【近しい（▽親しい）】［形］❶心と心のへだたりが少ない。したしい。親密である。‖「—間柄」❷血筋が近い。近親の間柄だ。‖「—縁者」 派生 -げ／-さ

ちか-しげん【地下資源】［名］地下に埋蔵されている有用鉱物などの資源。

ちか-しつ【地下室】［名］建物で、地盤面より下に造られた部屋。地階の部屋。

ちか-すい【地下水】［名］地中の岩石の割れ目や地層中のすき間を満たしている水。飲用水・灌漑用水・工業用水などに利用される。

ち-がたな【血刀】［名］人などを切って血のついた刀。‖「右手に—、左手に手綱〈田原坂〉」

ちか-ちか［副ト］❶光が明滅するさま。‖「星が—（と）またたく」❷強い光などに断続的に刺激されて、目が痛むような感じがするさま。‖「まぶしくて目が—（と）する」

ちか-ぢか【近近】［副］❶ある事の起こるのが時間的に近いさま。近い将来。もうすぐ。きんきん。‖「—渡米する予定です」❷［ト］空間的に近いさま。すぐそばに。間近に。‖「—と目を寄せて見る」

ちか-づき【近づき（近付き）】［名］親しくなること。また、その間柄。‖「お—のしるしに一杯どうぞ」

ちか-づ・く【近づく（近付く）】［自五］❶あるものの近くに移動する。接近する。‖「子供がこちらに—・いてくる」「台風が本土に—」 使い方 「目的地が—につれて心が浮き立ってきた」のように、〈静止した物〉を主語にしていう言い方もある。❷ある期日・刻限が近くなる。間近に迫る。‖「試験［出発の日］が—・いてきた」「子供が学齢に—」「長老に死期が—」❸目標とするものに似てくる。また、目標とするものに近くなる。‖「売上高が目標額に—」「捜査が事件の核心に—」❹積極的に親しくなろうとする。交際を求める。近寄る。‖「立候補者が協力を求めて町の有力者に—」◈⇔遠ざかる・遠のく 注意 「ちかずく」は誤り。 可能 近づける 名 近づき

ちか-づ・ける【近づける（近付ける）】■一［他下一］❶近づくようにする。近くに寄せる。接近させる。‖「船を岸壁に—」「顔と顔とを—」❷目標となるものに近づくようにする。‖「現実を理想の社会に—」❸人を近寄らせる。寄せつける。また、人と人が親しくなるようにはからう。‖「部屋にこもりきりで人を—・けない」「二人を—ために同じ食卓に坐らせた…〈漱石〉」◈①③⇔

遠ざける　文ちかづ・く　二〔自下一〕「近づく」の可能形。近づくことができる。‖「怖くてそばには—けない」

ちかっ-て【誓って】〔副〕❶きっと。必ず。‖「—約束は守る」❷〈打ち消しを伴って〉決して。必ず。‖「—うそは言いません」◈神仏に誓いを立てて、の意から。

ちか-てつ【地下鉄】〔名〕地下に敷設された鉄道。メトロ。サブウエー。▽「地下鉄道」の略。

ちか-どう【地下道】ダウ〔名〕地下に設けられた道路。

ちか-ば【近場】〔名〕今いる所からあまり離れていない場所。近所。近間（ちかま）。‖「店は—で探そう」

ちか-び【近火】〔名〕❶火に近づけること。また、近くにある火。‖「—で手を焙（あぶ）る（＝目先の小利を求めることのたとえ）」⇔遠火 ❷近所の火事。きんか。

ちか-ま【近間】〔名〕近い所。近所。

ちか-まわり【近回り】マハリ〔名〕❶〔自サ変〕近道を通っていくこと。⇔遠回り ❷近い所。ちかま。

ちか-みち【近道】〔名〕❶〔自サ変〕他の道より距離が短く、目的地まで早く行ける道。また、その道を通っていくこと。❷てっとりばやく目的に達する方法。はやみち。‖「語学の上達に—はない」

ちか-め【近め（近目）】〔名・形動〕位置が標準よりやや近いこと。‖「カーブを—に投げる」⇔遠め

ちか-め【近目（近▽眼）】〔名〕近視。近視眼。きんがん。⇔遠目

ち-がや【▼茅・▼茅・▼萱】〔名〕原野に群生するイネ科の多年草。春、白い毛の密生した円筒状の花穂をつける。根茎は薬用。▽花穂は「つばな」「ちばな」といい、昔は火口（ほくち）に用いた。

ちか-よ・せる【近寄せる】〔他下一〕❶物を近くに寄せる。近づける。‖「新聞に目を—せて読む」❷人や動物を〈親しく〉近くに寄らせる。近寄らせる。近づける。‖「激しい気迫で敵を一歩も—せない」

ちか-よ・る【近寄る】〔自五〕❶近くに寄る。近づく。‖「窓に—って外の様子を見た」❷親しくなるようにする。かかわりをもつ。近づく。‖「—りがたい雰囲気」
可能 近寄れる

ちから【力】〔名〕❶人や動物の体内にあって、みずから活動したり他の物を動かしたりする作用のもとになるもの。筋肉などの働きによって現れる。‖「—が強い」「—持ち」❷人の内面に備わっていて、活動を支えるもの。気力・体力を総合していう。‖「生きる—がわく」「さぞお—を落とされたことでしょう」❸物事をするときのたすけとなるもの。‖「被災者の—になりたい」❹身につけた学問・技芸などの能力。‖「数学の—をつける」❺そのものから感じとられる勢い。迫力。‖「—のある字」❻他を支配する勢い。権力。‖「—の論理」「—関係」❼腕力。暴力。‖「—に訴える」❽作用。効力。‖「薬の—で治る」❾物理で、物体の位置や運動の状態を変化させる作用。

◉**力を落と・す**　落胆する。元気を失う。

ちから-あし【力足】〔名〕相撲で、四股（しこ）。

ちから-いっぱい【力一杯】〔副〕ありったけの力を出すさま。‖「—頑張る」

ちから-おとし【力落とし】〔名〕がっかりして気力を失うこと。‖「御子息を亡くされてさぞお—でございましょう」▽多く「お—」の形でくやみの言葉に使う。

ちから-がみ【力紙】〔名〕❶相撲で、土俵に上がる力士が体をふき清める紙。化粧紙。❷力が強くなるように祈って、口でかんでから仁王像に投げつける紙。❸とじ目・合わせ目などを補強するために貼る紙。

ちから-こぶ【力▼瘤】〔名〕力を入れて腕を曲げたとき、二の腕の内側にできる筋肉の盛り上がり。‖「—を入れる（＝力を入れて熱心に取り組む）」

ちから-しごと【力仕事】〔名〕特に強い力を必要とする仕事。肉体労働。

ちから-ずく【力ずく】ヅク〔名〕❶ありったけの力を出して事にあたること。❷暴力や権力を使って強引に事を運ぶこと。‖「—で金を奪い取る」◈書き方「力▽尽く」とも。現代仮名遣いでは「力づく」も許容。

ちから-ずもう【力《相撲》】ズマフ〔名〕技よりも力に頼ってとる相撲。また、組み合った両力士が力を出し合ってとる相撲。‖「—で寄り切る」

ちから-ぞえ【力添え】ゾヘ〔名・自サ変〕力を貸すこと。手助けすること。助力。援助。‖「お—を願います」

ちから-だのみ【力頼み】〔名〕力として頼りにすること。たのもしいよりどころとすること。

ちから-だめし【力試し】〔名〕体力や能力の程度がどれくらいのものかためすこと。‖「—に試験を受ける」

ちから-つ・きる【力尽きる】〔自上一〕もっている力をすべて使い果たす。それ以上の力が出せなくなる。‖「—きて倒れる」文ちからつ・く

ちから-づ・ける【力づける（力付ける）】〔他下一〕元気を出すように励ます。元気づける。‖「病床の友を—」文ちからづ・く

ちから-づよ・い【力強い】〔形〕❶力にあふれていてたのもしいさま。‖「—声で応援する」❷人に安心感を与えるさま。頼りになる。心強い。‖「一緒に行ってくれれば—」派生 -さ

ちから-ぬけ【力抜け】〔名・自サ変〕心の張りをなくすこと。がっかりして気力を失うこと。

ちから-まかせ【力任せ】〔名・形動〕力だけをたよりに物事を行うこと。あるかぎりの力を出して事をなすこと。‖「—にバットを振る」

ちから-まけ【力負け】〔名・自サ変〕❶実力に差があるために負けること。‖「チャンピオンに—する」❷力を入れすぎて、かえって負けること。

ちから-みず【力水】ミヅ〔名〕相撲で、取り組み前の力士が口に含んで力をつけるための水。桶（おけ）に入れて土俵下に置く。化粧水。

ちから-もち【力持ち】〔名〕力の強いこと。また、その人。

ちから-わざ【力業】〔名〕❶強い力をたよりにして行うわざ。‖「—でねじふせる」❷強い体力を必要とする仕事。力仕事。

ち-かん【▼弛緩】クワン〔名・自サ変〕「しかん（弛緩）」の慣用読み。

ち-かん【痴漢】〔名〕車内や夜道などで、相手の意に反して性的な行為をしかける人。また、その行為。

ち-かん【置換】クワン〔名・他サ変〕あるものを他のものに置き換えること。‖「情報を記号に—する」

ち-き【知己】〔名〕❶自分の心や真価をよく知ってくれている人。親友。❷知り合い。知人。‖「一〇年の—のごとく歓談する」

ち-き【稚気】〔名〕子供っぽいようす。子供のような気分。‖「—の抜けない人」

ち-ぎ【千木】〔名〕神社の本殿などで、屋根の棟の上に突き出して交差させた装飾材。氷木（ひぎ）。

ち-ぎ【地▼祇】〔名〕地の神。国土の神。くにつかみ。地

神。⇔天神（てんじん）

ち‐ぎ【遅疑】［名・自サ変］疑い迷って、ためらうこと。〓「少しも―せず答える」「―逡巡（しゅんじゅん）」

ち‐きゅう【地球】（‐キウ）［名］太陽系の第三惑星で、われわれ人類が住むほぼ球形の天体。一個の衛星（月）をもつ。水と空気に恵まれ、多くの生命体が存在する。

ちきゅう‐おんだんか【地球温暖化】（チキウヲンダンクワ）［名］大気中の二酸化炭素濃度の増加など、人為的な要因によって地球の平均気温が上昇すること。

ちきゅう‐ぎ【地球儀】（チキウ‐）［名］地球の模型。球面に経線・緯線・海陸の分布などを描き、地軸にあたる軸を中心に回転するようにしたもの。

ち‐ぎょ【稚魚】［名］卵からかえってまのない魚。⇔成魚

ち‐きょう【地峡】（‐ケフ）［名］二つの陸地を結ぶ幅の狭い陸地。スエズ地峡・パナマ地峡など。

ち‐ぎょう【知行】（‐ギヤウ）［名］江戸時代、幕府や大名が家臣に俸給として分け与えた土地。また、その代わりとして与えた扶持米（ふちまい）。俸禄（ほうろく）。

ち‐きょうだい【乳兄弟】（‐キヤウダイ）［名］血のつながりはないが、同じ女性の乳で育てられた人どうし。

ちぎり【契り】［名］❶固く約束すること。〓「一夜の―を結ぶ」❷肉体関係をもつこと。❸前世から定められている運命。宿縁。因縁。

◉**契りを交（か）わ・す**　互いに約束する。特に、夫婦になることを約束する。

ちぎ・る【契る】［他五］❶固く約束する。約す。誓う。❷夫婦の約束を結ぶ。〜の契りを結ぶ。〓「二世（にせ）を―」❸肉体の関係を結ぶ。契りを結ぶ。

ち‐ぎ・る【千切る】［動五］■［他］❶指先で細かくいくつかに切り離す。〓「色紙を―って貼る」「食い―」❷ねじるようにしてもぎとる。〓「枝から木の実を―」■《動詞の連用形に付いて複合動詞を作る》その動作・作用を強める。盛んに…する。〓「ほめ―」◈書き方■■とも、かな書きが多い。可能 ちぎれる

ちぎれ‐ぐも【千切れ雲】［名］千切れたように離れて浮かぶ雲。

ち‐ぎ・れる【千切れる】■［自下一］❶細かくいくつかに切れる。〓「軽い煙のような黒雲が、あわただしく―れては消えて行く〈武田泰淳〉」❷もぎとったようになって切れる。〓「袖（そで）が―」「腸（はらわた）が―（＝断腸の）思い」文 ちぎ・る ■［自他下一］「ちぎる」の可能形。ちぎることができる。◈書き方■■とも、かな書きが多い。

チキン［chicken］［名］❶ひな鶏の肉。また、鶏肉。〓「ロースト―」❷〔俗〕臆病（おくびょう）者。

ち‐ぎん【地銀】［名］「地方銀行」の略。

チキン‐ナゲット［chicken nugget］［名］骨を抜いた鶏肉を一口大に切って揚げた料理。

チキン‐ライス［和製chicken＋rice］［名］飯に鶏肉・みじん切りの玉ネギなどを入れていため、トマトソースなどで調味した料理。

ち‐く【地区】［名］一定の区域の土地。特に、特定の目的のために区切られた一定の地域。〓「文教―」

ち‐く【▼馳駆】［名・自サ変］❶馬に乗ってかけ回ること。❷走り回って力を尽くすこと。奔走すること。

ちく【竹】（造）❶植物のたけ。〓「―馬・―林」「筮―（ぜいちく）・爆―・孟宗（もうそう）―」❷たけで作ったふえ。〓「糸―」

ちく【畜】（造）有用な動物を飼う。また、人間に飼われる動物。〓「―産・―生（ちくしょう）」「家―・牧―」

ちく【逐】（造）❶追う。追い払う。〓「―電」「駆―」❷順に従う。〓「―一・―語訳」

ちく【蓄】（造）ためる。たくわえる。〓「―財・―積」「蘊―（うんちく）・貯―」

ちく【築】（造）きずく。〓「―城・―造」「建―・構―・新―」「―三年の住宅」

ち‐ぐ【痴愚】［名］おろかなこと。ばか。

ちく‐いち【逐一】［副］一つ一つ順を追ってするさま。また、くわしく細部までもらさずにするさま。〓「草案を―検討する」「交渉の経過を―報告する」

ち‐ぐう【知遇】［名・自サ変］人格・学識・才能などを認められて手厚くもてなされること。〓「―を得る」

ちくおん‐き【蓄音機（蓄音器）】［名］レコード盤に録音された音を再生する装置。▼一八七七年、アメリカのエジソンが発明した。

ちく‐ご【逐語】［名］翻訳・解釈などで、文の意義を一語一語忠実にたどること。〓「―訳」

ち‐ぐさ【千草】［名］〔古風〕❶いろいろな草。多くの草。ちくさ。❷やや緑色がかった薄い青色。もえぎいろ。▼「千草色」の略。

ちく‐ざい【蓄財】［名・自他サ変］財産をたくわえること。また、その財産。〓「―家」

ちく‐さつ【畜殺】［名・他サ変］食肉用などに家畜を殺すこと。

ちく‐さん【畜産】［名］家畜・家禽（かきん）を飼育して卵・乳・肉・皮革などの物資や役畜を生産する産業。畜産業。

ちく‐し【竹紙】［名］❶竹の繊維を原料とする紙。書画用として、主に中国で作られた。❷竹の幹の内側にある薄皮。

ちく‐じ【逐次】［副］物事が順を追って次々になされるさま。順次。〓「―刊行する」「状況を―報告する」✓注意「逐時」と書くのは誤り。

ちく‐じつ【逐日】［副］日を追って。日一日と。

ちく‐しゃ【畜舎】［名］家畜を飼うための建物。家畜小屋。

ちく‐しょう【畜生】（‐シヤウ）■［名］鳥・獣・虫・魚の総称。特に、けだもの。▼人に養われる生き物の意から。■［感］人を憎み、ののしっていう語。また、失敗などをくやしがっていう語。ちきしょう。〓「―、やりやがったな」「―、またはずれた」

ちく‐じょう【逐条】（‐デウ）［名］条文などを一つ一つ順を追って取りあげること。〓「―解釈」

ちく‐じょう【築城】（‐ジヤウ）［名・自他サ変］城をきずくこと。〓「信長が安土に（巨大な城を）―する」

ちくしょう‐どう【畜生道】（チクシヤウダウ）［名］❶仏教で、六道の一つ。悪業の報いとして死後に生まれ変わる畜生の世界。❷道徳上許されない、肉親間の性的関係。

ちく‐せき【蓄積】［名・自他サ変］たくわえて大きくすること。たまって大きくなること。また、そのもの。〓「資本を―する」「疲労が―する」

ちくぜん‐に【▼筑前煮】［名］筑前地方（福岡県）の郷土料理。ぶつ切りにした鶏肉とニンジン・レンコン・サトイモ・ゴボウ・こんにゃくなどを油で炒め、砂糖・醬油（しょうゆ）などで濃い味に煮たもの。がめ煮。

ちく‐ぞう【築造】（‐ザウ）［名・他サ変］築いてつくること。〓「ダム［石垣］を―する」

チクタク［ticktack］［副ト］時計が秒を刻むときの音を表す語。チックタック。〓「―と時を刻む」

ちく-たん【竹炭】［名］竹をかまで蒸し焼きにして作った多孔質のすみ。たけずみ。

ちく-ちく［副亠］❶先のとがったものを浅く繰り返して突き刺すさま。また、そのような痛みを感じるさま。「針でー（と）刺す」「良心がー（と）痛む」❷軽い皮肉などをしつこく繰り返していうさま。「ー（と）いやみを言う」

ちくっ-と［副］❶針などでちょっと刺すこと。ちくりと。「ハチがー刺す」❷少しばかり。ちょっと。「ー飲み過ぎた」◈「ちくと」とも。

ちく-てい【築庭】［名・自他サ変］庭園をつくること。

ちく-てい【築堤】［名・自他サ変］堤防を築くこと。また、その堤防。「ー工事」

ちく-でん【逐電】［名・自サ変］逃げ去って行方をくらますこと。「金を盗んでーする」▽稲妻を追うようにすばやく行動する意から。古くは「ちくてん」。

ちく-でん【蓄電】［名・自他サ変］電気をたくわえること。「ー技術・ー装置」

ちくでん-き【蓄電器】［名］⇩コンデンサー①

ちくでん-ち【蓄電池】［名］充電によって繰り返し使うことのできる電池。アルカリ蓄電池・鉛蓄電池・ニッケルカドミウム電池などがある。二次電池。バッテリー。充電池。

ちく-ねつ【蓄熱】［名］熱を蓄えておくこと。また、水を氷や温水にすることによって、余ったエネルギーを蓄えておくこと。「ー器」

ちく-ねん【逐年】［副］年を追って物事が進行・変化するさま。年とともに。年々。「ー老年人口が増加する」

ちくのう-しょう【蓄▼膿症】［名］化膿性炎症によって副鼻腔にうみがたまる病気。鼻汁の分泌、頭痛、嗅覚障害などを伴う。

ちく-ば【竹馬】［名］たけうま。

◉**竹馬の友**　幼友達。幼なじみ。▽竹馬に乗って一緒に遊んだ幼いころからの友の意。注意「たけうまの友」と読むのは誤り。

ちく-はく【竹▼帛】［名］書物。特に、歴史書。「名をーに垂れる（＝歴史に名を残す）」▽古代中国で、竹簡や帛に文字を記したことから。

ちぐ-はぐ［名・形動］対になるべきものがそろっていないこと。また、物事がくいちがって調和がとれていないこと。「上下ーな服装」「話がーになる」派生ーさ

ちく-ひ【▼筑肥】［名］筑前国と肥前国。現在の福岡・佐賀・長崎県地方。

ち-くび【乳首】［名］❶乳房の先の突き出した部分。乳頭。ちちくび。❷ゴムなどで①に似せてつくった器具。赤ん坊にしゃぶらせる。

ちく-ふじん【竹夫人】［名］夏の夜、寝るとき涼をとるために用いる竹製の細長いかご。抱いたり足をのせたりする。

ちく-ほう【▼筑豊】［名］筑前と豊前。現在の福岡・大分県地方。

ちくり-と［副］❶先のとがったもので刺すさま。また、そのような痛みを感じるさま。「ー胸が痛む」❷軽い皮肉などを言うさま。

ちく-りょく【畜力】［名］農耕・運送などに使う家畜の労働力。

ちく-りん【竹林】［名］竹やぶ。たけばやし。「ーの七賢（＝中国の晋の時代、老荘虚無の思想を尊び、竹林に世を避け清談にふけったという七人の賢者）」

ちく・る［自他五］〔俗〕告げ口する。「先生にー」

ちく-るい【畜類】［名］家畜。また、けだもの。

ちく-ろく【逐▽鹿】［名］帝位や政権を得ようとして争うこと。また、議員になるために選挙で争うこと。「ー戦」⇩中原に鹿を逐う

ちく-わ【竹輪】［名］すりつぶした魚肉にでんぷん・調味料などを加え、竹などの串に厚く塗りつけて焼いた食品。蒸しただけのものもある。▽切り口が竹の輪に似ていることから。

ちくわ-ぶ【竹輪▼麩】［名］小麦粉にグルテンを加えたものを竹輪の形にまとめて蒸した食品。おでんや煮物にする。

ち-けい【地形】［名］地表の高低・傾斜などの形態。「カルストー」

チケット［ticket］［名］切符。乗車券・乗船券・入場券・食券など。

チゲ-なべ【チゲ鍋】［名］朝鮮料理で、豆腐・魚介・肉・野菜などをスープで煮込んだ鍋物。チゲ。▽「チゲ」は朝鮮語で煮物の意。

ち-けむり【血煙】［名］人を切ったときなどに飛び散る血を煙にたとえた語。ちけぶり。

ち-けん【地検】［名］「地方検察庁」の略。

ち-けん【知見】［名］実際に見て知識を得ること。また、その知識。見識。「ーを広める」

ち-けん【治験】［名］薬の効きめや安全性を検査すること。臨床試験。「ー薬」

ちけん-しゃ【地権者】［名］土地の所有権または借地権をもつ人。

ち-ご【《稚児》】［名］❶寺社の祭礼・法会などで、美しく着飾って行列に加わる子供。❷〔古風〕乳飲み子。赤ん坊。また、幼児。❸〔古風〕公家・武家・神社などに召し使われた少年。▽男色の対象となることもあった。◈「乳子」の意。

ち-こう【地溝】［名］ほぼ平行に走る二つの断層にはさまれ、細長い溝状に落ち込んでいる土地。

ち-こう【治効】［名］治療のききめ。

ち-こう【遅効】［名］少し時間がたってから効きめが現れること。「ー性肥料」⇕速効

ちこう-ごういつ【知行合一】［名］中国、明の王陽明が唱えた説で、知と行は別のものではなく、真の認識は必ず実践を伴うものであるということ。

ち-こく【治国】［名］国を治めること。「ー平天下（＝一国をよく治め、天下を平和に保つこと）」

ち-こく【遅刻】［名・自サ変］人が約束の時刻よりも遅れて到着すること。「弟が会議にーした」「学校にーする」使い方〜ガには〈人〉が、〜ニには〈催し（の場所）〉がくる。「列車が遅刻する」「最終列車に遅刻する」は、それぞれ「遅延する」「（乗り）遅れる」が適当。

ち-こつ【恥骨】［名］骨盤を形成する骨の一つ。寛骨の前方下部、生殖器のすぐ上に位置する。⇩骨（図）

チコリ［chicory］［名］野菜として栽培するキク科の多年草。食用にするのは地中で軟白させた若い葉や芽で、独特のほろ苦さがある。キクニガナ。チコリー。▽フランス名を「アンディーブ（endive）」というので、しばしばエンダイブと混同される。

ち-さ【〈▼萵▼苣〉】［名］⇩ちしゃ（萵苣）

ち-さい【地裁】［名］「地方裁判所」の略。

ち-ざい【知財】［名］「知的財産」の略。

ち-さん【治山】［名］災害を防ぐために、植林・造林な

どをして山を整備すること。‖「━治水」

ち-さん【治産】［名］自分の財産を管理・処分すること。‖「禁━」

ち-さん【遅参】［名・自サ変］決められた時刻に遅れて来ること。遅刻。

ちさん-ちしょう【地産地消】セウ［名］地元で生産されたものを地元で消費すること。‖「地場産の野菜で作った━のメニュー」

ち-し【地誌】［名］ある地域の地理的特質を研究・記述する学問。また、それを記した書物。

ち-し【致仕】［名］❶［自サ変］官職を退くこと。❷七〇歳。▼昔、中国の官吏は七〇歳で退官を許されたことから。

ち-し【致死】［名］人を死なせてしまうこと。‖「過失━」

ち-じ【知事】［名］都道府県の行政を統轄・代表する長。県民の直接選挙で選ばれる。任期は四年。

ち-しお【血潮（血▼汐）】ホシ［名］❶潮のように流れ出る血。❷潮のように体内をめぐる血。激しい感情・情熱などのたとえとして使う。‖「━がたぎる」

ち-しき【知識】［名］❶ある物事について認識し、理解していること。また、その内容。‖「音楽についての━が豊かだ」❷高徳の僧。善知識。書き方「▼智識」とも。

ち-じき【地磁気】［名］地球がもっている磁石としての性質。また、それによって生じる磁場。▼地球は巨大な永久磁石のように南極付近にN極を、北極付近にS極をもつ。

ちしき-かいきゅう【知識階級】キフ［名］高等教育を受け、知的労働に従事する社会層。インテリゲンチャ。インテリ。

ちしき-じん【知識人】［名］知識・教養のある人。インテリ（ゲンチャ）。

ち-じく【地軸】ヂク［名］❶地球の南北両極を直線で結ぶ自転軸。公転面に対して約六六・五四度傾斜している。❷大地を支えていると考えられた軸。大地の中心。

ち-しつ【地質】［名］地殻を構成している岩石・地層などの種類や性質。また、その状態。‖「━調査」

ち-しつ【知▼悉】［名・他サ変］知り尽くすこと。詳しく知っていること。‖「内情を━している人」

ち-じつ【遅日】［名］春の日。▼日あしがのびて暮れるのが遅いことから。

ちしつ-じだい【地質時代】［名］地球に地殻ができてからのちの時代。地質学的方法で研究できる時代で、先カンブリア時代・古生代・中生代・新生代に大別される。

ちしゃ【〈▼萵▼苣〉】［名］葉を食用にするキク科の野菜。カキヂシャ・タマヂシャ（レタス）・タチヂシャ・サラダ菜などの種類がある。チサ。

ち-しゃ【知者・▼智者】［名］知恵のすぐれたひと。また、道理をわきまえた人。‖「━は惑わず」

ち-しゃ【治者】［名］国を治める人。統治者。

ち-しょう【地象】シャウ［名］地震・山くずれなど、大地に起こる現象。⇔天象

ち-しょう【知将・▼智将】シャウ［名］知恵にすぐれ、戦略や戦術に巧みな大将。

ち-しょう【致傷】シャウ［名］犯罪行為の結果として人にけがをさせること。‖「強盗━罪」

ち-じょう【地上】ヂャウ［名］❶地面の上。また、地面より上。‖「━に立つ」「━九階建て」⇔地下・天上 ❷この世。現世。‖「━の楽園」

ち-じょう【痴情】ジャウ［名］理性を失い、色情におぼれた心。

ちじょう-い【知情意】ジャウ［名］知性と感情と意志。人間のもつ三つの心的要素。

ちじょう-けん【地上権】ヂャウ［名］他人の土地に建物などの工作物や竹木を所有するために、その土地を使用する権利。

ちじょうデジタル-ほうそう【地上デジタル放送】チジャウデジタルハウソウ［名］地上アンテナからデジタル信号で送信するテレビ放送。地上波デジタル放送。地デジ。

ち-じょく【恥辱】［名］体面や名誉を汚すこと。はずかしめ。‖「━を受ける」

ちし-りつ【致死率】［名］ある病気の患者数に対する、その病気による死亡者数の割合。百分率または千分率で示す。致命率。

ちし-りょう【致死量】リヤウ［名］人や動物を死亡させるに足りる薬物の量。

ち-じん【地神】［名］地の神。国土の神。くにつかみ。地祇（ちぎ）。⇔天神（てんじん）

ち-じん【知人】［名］互いに知っている人。知り合い。‖「━を訪ねる」「空港で━に会う」

ち-じん【痴人】［名］おろかな人。

ち-ず【地図】ヅ［名］地球の表面の一部または全部を一定の割合で縮尺し、線・記号・文字などで平面上に表した図。‖「世界━」「━帳」▼道案内のために道路や目印の建物などを簡単に書き記した図についてもいう。‖「家がわかりにくいので━を書いておいた」

ち-すい【治水】［名］水害を防ぎ、水運・灌漑の便をよくするために、河川を整備し管理すること。‖「━事業」

ち-すじ【血筋】チスヂ［名］❶血液の循環する道筋。血管。❷先祖からの血のつながり。血統。また、血縁。‖「源氏の━を引く」「遠い━にあたる人」

ち・する【治する】■［自サ変］病気がなおる。じする。■［他サ変］❶病気をなおす。治療する。‖「胸の病を━」❷おさめる。‖「国を━」文ち・す

ち-せい【地勢】［名］高低・起伏の状態や、山・川・平野・海の配置などからみた、その土地全体のありさま。

ち-せい【知性】［名］感覚によって得られた物事を認識・判断し、思考によって新しい認識を生みだす精神の働き。知的能力。‖「━の豊かな人」

ち-せい【治世】［名］❶よく治まっている世の中。太平の世。‖「━の能臣」⇔乱世 ❷君主として国を治めること。また、その治めた期間。‖「ルイ一四世の━」

ちせい-がく【地政学】［名］国家の政治現象を、主として地理的条件から研究する学問。地政治学。

ち-せき【地積】［名］土地の面積。‖「━を測量する」

ち-せき【地籍】［名］土地の位置・形質および所有関係。‖「━調査」

ち-せき【治績】［名］国をよく治めたという実績。政治上の功績。‖「すぐれた━を残した君主」

ち-せつ【稚拙】［名・形動］未熟でつたないこと。へた。‖「━な字を書く」派生 -さ

ち-そ【地租】［名］土地に対して課せられる租税。▼国税の主要部分を占める租税だったが、第二次大戦後、府県税となり、一九五〇（昭和二五）年、固定資産税に組み入れられた。

ち-そう【地相】ウサ［名］❶土地のありさま。❷家な

どを建てる際に、その土地のありさまから吉凶を判断すること。また、その判断。||「—を占う」

ち-そう【地層】〔名〕層状になって広がる岩体。主として堆積(たいせき)岩からなり、化石を含むものもある。

ち-そう【▼馳走】〔名・他サ変〕食事などを出して相手をもてなすこと。また、そのための料理。||「酒を—する」▼その用意のために走り回る意から。ふつう「御(ご)馳走」の形で使う。➡御馳走

ち-そく【遅速】〔名〕遅いことと速いこと。遅いか速いか。

ち-ぞめ【血染め】〔名〕血で赤く染まること。||「—のシャツ」

チター【Zither ドイ】〔名〕南ドイツ・オーストリアに伝わる撥弦(はつげん)楽器。平たい箱形の共鳴胴に五本の旋律弦と三〇本以上の和声弦を張り、親指にはめた爪(つめ)と他の指とで演奏する。ツイター。

ち-たい【地帯】〔名〕ある特徴や目的によって区切られた一定範囲の地域。||「砂漠[工業・安全]—」

ち-たい【遅滞】〔名・自サ変〕❶物事の進行がとどこおって遅れること。||「業務が—する」❷法律で、債務者が履行期になっても債務を履行しないこと(履行遅滞)。また、債権者が弁済を受領しなければならないのに受領しないこと(受領遅滞)。

ち-たい【痴態】〔名〕ばかげた振る舞い。おろかな姿。

ち-だい【地代】〔名〕➡じだい(地代)

チタニウム【titanium】〔名〕チタン。

ち-だるま【血▽達磨】〔名〕全身に血を浴びて赤い達磨人形のようになること。また、そのもの。ちまみれ。

チタン【Titan ドイ】〔名〕チタン族元素の一つ。単体は銀白色の硬い金属。軽くて強度があり、耐食性・耐熱性にすぐれている。合金としてジェット機のエンジンや構造材料に利用するなど、重要な工業材料として用途が広い。チタニウム。元素記号Ti

ちち【父】〔名〕❶親のうちの男性のほう。父親。男親。⬍母▼実父のほか、義父・継父・養父にもいう。❷大きな業績を残した開拓者・創始者。||「近代科学の—」❸キリスト教で、神。天帝。▼三位一体の内、子キリストに対していう。

ちち【乳】〔名〕❶哺乳(ほにゅう)動物が、子を育てるために乳腺(にゅうせん)から分泌する白い液体。||「山羊の—」❷乳房(ちぶさ)。||「—が張る」◈「ち(乳)」を重ねた語。

ち-ち【遅遅】〔形動タル〕❶物事の進行がゆっくりとしてはかどらないさま。||「工事が—として進まない」❷日が長くてのどかであるさま。||「春日—たり」

ち-ぢ【千千】〔名・形動〕数がきわめて多いこと。また、種類・変化に富むこと。||「珠が—に砕ける」

ちち-うえ【父上】ヘウ〔名〕父の敬称。⬍母上

ちち-おや【父親】〔名〕父である親。男親。||「私は三歳の時に—(=父)をなくした」「太郎君の—は医者です」⬍母親

ちち-かた【父方】〔名〕父の血統に属していること。また、その親族。||「—のおば」⬍母方

ちぢか・む【縮かむ】〔自五〕寒さ・恐ろしさ・緊張などのために手足がちぢみ、動きがにぶくなる。

ちち-ぎみ【父君】〔名〕〔古風〕他人の父の敬称。⬍母君▼多く書簡などで使う。

ちち-くさ・い【乳臭い】〔形〕❶乳のにおいがするさま。||「—赤ん坊」❷考え方などが子供っぽいさま。幼稚だ。未熟だ。||「—若者」派生 -さ

ちち-くび【乳首】〔名〕➡ちくび①

ちちく・る【乳繰る】〔自五〕男女がひそかに会ってたわむれる。いちゃつく。ちちくりあう。

ちち-ご【父御】〔名〕他人の父の敬称。ててご。||「—さん」⬍母御

ちぢこま・る【縮こまる】〔自五〕寒さ・恐れ・緊張などのために、体や気持ちが小さくなる。||「怒られて—」

ちぢこ・める【縮こめる】〔他下一〕体を丸めて小さくする。縮こまらせる。||「身を—」

ちち-の-ひ【父の日】〔名〕父親に感謝をささげる日。六月の第三日曜日。

ちぢま・る【縮まる】〔自五〕縮んだ状態になる。||「距離が—」「恐怖で寿命が—(=縮む)」

品格 圧縮「人件費を—する」 萎縮(いしゅく)「表現の自由が—する」 凝縮「魅力が凝縮されている」 収縮「市場が—する」 収斂(しゅうれん)「血管の—が起こる」 縮小「規模を—する」 短縮「時間を—する」

ちぢみ【縮み】〔名〕❶縮むこと。❷表面に小さなしわを出す織り方。また、その織物。▼「縮み織り」の略。

チヂミ【chijimi 朝鮮】〔名〕朝鮮風のお好み焼き。小麦粉・米粉・卵などで作った生地に野菜や魚介類を加えて薄く焼いたもの。書き方「外来語の表記」(➡一八三二ページ)に従うと「チジミ」と書く。

ちぢみ-あが・る【縮み上がる】〔自五〕寒さ・驚き・恐ろしさなどのために、体がすっかり小さくなる。

ちぢ・む【縮む】〔自五〕❶物の長さや面積・体積などが短くなったり小さくなったりする。||「ゴム[ズボン・背丈]が—」❷時間や隔たりが小さくなる。||「トップとの差が五秒に—」「賃金の格差が—」❸恐怖や緊張のために、体や気持ちが小さくなる。萎縮(いしゅく)する。縮こまる。||「あまりの恐ろしさに身も心も—思いだった」名 **縮み**

ちぢ・める【縮める】〔他下一〕❶長さを短くしたり規模や広がりを小さくしたりする。||「袖丈(そでたけ)を—」「調査範囲を—」❷時間や隔たりを小さくする。||「トップとの差を八メートルに—」「酒で寿命を—」❸体を(丸めるようにして)小さくする。||「寒さに体を—」文 **ちぢ・む**

ち-ちゅう【地中】〔名〕土の中。地面の下。

ちぢら・せる【縮らせる】〔他下一〕縮れるようにする。||「波形に—」文 **ちぢら・す** 異形 **縮らす**

ちぢれ-げ【縮れ毛】〔名〕縮れている毛。ちぢれけ。ちぢれっけ。

ちぢ・れる【縮れる】〔自下一〕❶しわがよってちぢまる。||「紙が焼けて—」❷毛髪などが細かく波打ったり曲がったりした状態になる。||「髪の毛が—・れている」文 **ちぢ・る** 名 **縮れ**

ちつ【▼帙】〔名〕和本などの損傷を防ぐために包むおおい。厚紙に布などを張って作る。

ちつ【▼膣】〔名〕女性生殖器の一部。子宮から外陰部に通じる管状の器官。交接器や産道になる。

ちつ【秩】(造)順序が整っていること。||「—序・—然」

ちつ【窒】(造)❶ふさがる。つまる。||「—息」❷「窒素」の略。||「—化」

チッキ〔名〕鉄道・汽船などの交通機関で、旅客から預かって輸送する手荷物。託送手荷物。また、その預かり証。▼checkから。日本の鉄道では既に廃止。

ちっ-きょ【▼蟄居】〔名〕❶〔自サ変〕家の中に閉じこもって外出しないこと。▼虫などが地中にこもって冬眠する意から。❷江戸時代、武士や公卿(くぎょう)に科した刑

方公共団体間の財政不均衡を是正し、団体の財源を補うために、国から地方公共団体に対して交付される資金。所得税・法人税・酒税など、国税収入の一定割合があてられる。地方交付税交付金。

ちほう-こうむいん【地方公務員】[名] 地方公共団体の公務に従事する職員。一般職と特別職がある。⇔国家公務員

ちほう-さい【地方債】[名] 地方公共団体が債券の発行によって負う債務。また、その債券。

ちほう-さいばんしょ【地方裁判所】[名] 原則として第一審を担当する下級裁判所。各都府県に一か所、北海道に四か所設置されている。

ちほう-じちたい【地方自治体】[名] ⬇地方公共団体

ちほう-しょく【地方色】[名] その地方の自然・風俗・人情がかもし出す独特の味わい。ローカルカラー。〓「—豊かな行事」

ちほう-ぜい【地方税】[名] 地方税法に基づいて地方公共団体が賦課・徴収する租税の総称。道府県税(および都税)と市町村税(および特別区税)とがある。

ちほう-ぶんけん【地方分権】[名] 行政権を中央政府に集中させることなく、地方公共団体に広く分散させること。⇔中央集権 ▽日本国憲法は地方公共団体に自治権の分与を保障している。

チマ【chima 朝鮮】[名] 朝鮮の女性用民族衣装で、胸からくるぶしまでの長さの巻きスカート。上衣にチョゴリを合わせて着用する。

ちまう[助動 五型](ちまわ・ちまお-ちまい・ちまっ-ちまう-ちまう-ちまえ-ちまえ)「…てしまう」のくだけた言い方。その動作がすっかり完了する意。〓「早く行かないと遅れ—」「つい居眠りしちまった」「どこかへ行っちまえ」▽接続助詞「て」＋動詞「しまう」の「てしまう」の転。使い方 ガ・ナ・バ・マ行以外の五段動詞の連用形、動詞型活用の助動詞の連用形に付く。「忘れっ—」のように、動詞連用形に「っ」を添えた形に続くことも多い。

ち-まき【▼粽】[名] もち米・米粉・葛粉などを笹の葉や竹の皮でくるみ、藺草で巻き上げて蒸したもの。端午の節句に食べる習慣がある。▽もと茅の葉で巻いたことから。

ち-また【▼巷・▼衢・▽岐】[名] ❶物事の分かれ道。分かれ目。❷町の中の通り。また、町中。❸世の中。世間。〓「—のうわさになる」❹ある物事が行われている場所。〓「戦乱の—と化す」

ちま-ちま[副] 小さくまとまっているさま。また、狭くてゆとりがないさま。ちんまり。〓「—(と)した字を書く」「—(と)暮らす」

ち-まつり【血祭り】[名] 出陣のとき、味方の士気を奮い立たせるために敵方の者の首を切り落とすこと。〓「—に上げる(＝まず手始めとして威勢よく最初の相手を倒す)」▽昔中国で、出陣のとき、いけにえの血で軍神を祭ったことから。

ち-まなこ【血眼】[名] ❶興奮・熱中などのために、血走った目。❷ある目的のために他のことを忘れ、一つのことに熱中すること。〓「—になって捜す」

ち-まみれ【血▽塗れ】[名・形動] 一面に血がつくこと。血だらけ。血みどろ。〓「—の手」

ち-まめ【血豆】[名] 皮下出血などによって生じる赤黒い豆のような血腫。

ち-まよ・う【血迷う】[自五] 逆上して正しい判断ができなくなる。〓「何を—・ったかナイフを振り回す」

ち-み【地味】[名] 農産物の生産力からみた地質のよしあし。じみ。〓「—の肥えた耕地」

ち-み【▼魑魅】[名] 山林の精気から生じるという化け物。すだま。

魑魅

ち-みち【血道】[名] 血液の通る道。血管。血の道。
◉**血道を上げる** 色恋や道楽などに分別を失うほど熱中する。〓「若い女性[ギャンブル]に—」

ち-みつ【緻密】[名・形動] ❶きめがこまかいこと。また、細工がこまかいこと。❷細かくて詳しいこと。細かい所まで注意が行き届いていること。〓「—な計画」派生 -さ

ち-みどろ【血みどろ】[名・形動] 一面に血がついていること。血まみれ。血だらけ。▽せっぱつまった苦しい状態のたとえにもいう。〓「—の苦闘が続く」

ちみ-もうりょう【▼魑魅▼魍▼魎】[名] さまざまな妖怪変化。〓「—が跋扈する」

ち-みゃく【地脈】[名] ❶地層が連続している筋。❷地下水の通る道。

ち-みゃく【遅脈】[名] 次第にはやくなった後、徐々におそくなる脈拍。

チムニー【chimney】[名] ❶煙突。❷登山で、岩場に縦に走っている割れ目。その中に全身を入れて登れる程度のものをいう。シュミネー。

ち-めい【地名】[名] その土地の名前。

ち-めい【知名】[名・形動] 世間にその名がよく知られていること。〓「—の／な人」「—度」

ち-めい【知命】[名] ❶天命を知ること。❷五十歳のこと。▽『論語(為政)』の「五十にして天命を知る」から。

ち-めい【致命】[名] 生命にかかわること。命を失うこと。〓「—率(＝致死率)」

ちめい-しょう【致命傷】[名] 死亡の原因となる重い傷。命とりの傷。▽再起できないほどの大きな痛手のたとえとしても使う。〓「株の暴落が—となって倒産する」

ちめい-てき【致命的】[形動] ❶生命にかかわるさま。〓「—な重傷」❷取り返しがつかないほど重大であるさま。〓「—な損害を受ける」「—なミスを犯す」

ちめい-ど【知名度】[名] 世間にその名前が知られている度合い。〓「—が高い」

ち-もう【恥毛】[名] 恥部に生えている毛。陰毛。

ち-もく【地目】[名] 主たる用途によって区分した土地の名称。田・畑・宅地・池沼・山林・牧場・原野・墓地・公衆用道路・公園など二三種に区分される。

ち-もん【地文】[名] 大地の状態。平野・山地・河川・湖沼などのありさま。〓「—学」

ちゃ【茶】[名] ❶ツバキ科の常緑低木。長楕円形の葉は厚く、つやがある。暖地に自生し、また広く栽培もされる。チャノキ。❷①の若葉・若芽を摘んで、飲料用に加工したもの。また、その飲料。摘んだ葉を発酵・半発酵させるもの(紅茶・ウーロン茶の類)と発酵させないもの(緑茶の類)とに分けられるが、ふつう緑茶をさす。〓「—をいれる」❸抹茶。〓「—をたてる」❹茶道。茶の湯。〓「お—を習う」❺茶色。◈⬇お茶

ちゃ[連語]「ては」のくだけた言い方。〓「もう帰らなく—」▽「ちゃあ」とも。なお、「では」から転じたものは「じゃ(あ)」となる。〓「そんなに飲んじゃ体をこわす」

チャージ [charge] [名] ❶ [自サ変] サッカーで、ボールを持っている相手選手に故意に体をぶつけて妨害すること。また、ラグビーで相手がキックするボールを身を投げ出してはばむこと。❷ [自サ変] 蓄電池に充電すること。❸ [自他サ変] ＩＣチップを内蔵したカードなどに、入金して金銭が蓄えられること。また、蓄えること。‖「ポイントを―する」❹レストラン・ホテル・キャバレーなどの料金。‖「テーブル―」

チャージャー [charger] [名] 充電器。

チャーシュー【叉焼 中国】[名] 細いひもでしばった豚肉を調味液に浸し、味をしみ込ませて天火で焼いたもの。焼き豚。‖「―麺」▽香味料を加えた醤油で煮上げたものもいう。

チャーター [charter] [名・他サ変] 船・飛行機・バスなどを一定期間借り切ること。‖「―便」

チャーチ [church] [名] キリスト教の教会。教会堂。

チャート [chart] [名] ❶海図。また、航空用の地図。❷表。図表。グラフ。‖「ヒット―」

チャーハン【炒飯 中国】[名] 中国料理の一つ。米飯を焼き豚・エビ・シイタケ・ネギ・卵などの具とともにいため、醤油・塩などで味をつけたもの。焼き飯。

チャーミング [charming] [形動] 魅力のあるさま。魅力的。‖「―な笑顔」

チャーム [charm] [名・他サ変] ❶人の心を引きつけること。また、魅力。‖「―ポイント」❷鞄やアクセサリーなどに付ける小さな飾り。‖「―付きバッグ」

チャイ [chai ヒンディー] [名] インドなどで飲まれる紅茶。紅茶を牛乳で煮出し、スパイスと砂糖を加えたもの。▽茶の意。

チャイム [chime] [名] ❶教会堂で、数個の鐘を音階順に並べて旋律を奏でるようにしたもの。❷打楽器の一つ。金属円管を音階順に並べ、枠につるしたもの。木づちで打って演奏する。チューブベル。❸玄関などに取りつける呼び出し用のベルで、②に似た音を出すもの。

チャイルドシート [child seat] [名] 乗用車に取り付ける子供用の安全シート。六歳未満の幼児は着用が義務づけられている。

ちゃいろ【茶色】[名・形動] 黒味を帯びた赤黄色。

ちゃいろ・い【茶色い】[形] 茶色をしている。

ちゃう [助動 五型] (ちゃわ・ちゃお-ちゃい・ちゃっ-ちゃう-ちゃう-ちゃえ-ちゃえ) 「…ちまう」の、さらにくだけた、関東方言的な言い方。その動作がすっかり完了する意。‖「食べないと冷め―よ」「試験に落ちちゃった」「困っ―なあ」▽接続助詞「て」＋動詞「しまう」の「てしまう」の転。使い方 ガ・ナ・バ・マ行以外の五段動詞の連用形、動詞型活用の助動詞の連用形に付く。

ちゃうけ【茶請け】[名] 茶を飲むときに食べる菓子や漬物。茶の子。‖「お―」

ちゃうす【茶臼】[名] 葉茶をひいて抹茶にするための石うす。

チャウダー [chowder] [名] 魚介類と野菜を煮込んだ実だくさんのスープ。

ちゃえん【茶園】[名] 茶を栽培する畑。茶畑。

ちゃか [名] やくざなどの隠語で、拳銃。書き方 多く「チャカ」と書く。

ちゃか【茶菓】[名] ⇒さか(茶菓)

ちゃかい【茶会】[名] 客を招き、茶をたててもてなす会。茶の湯の会。さかい。

ちゃがけ【茶掛け】[名] 茶室の床に掛ける書画の掛け物。

ちゃがし【茶菓子】[名] 茶を飲むときに食べる菓子。茶うけの菓子。茶の子。

ちゃか・す【茶化す】[他五] 人の話をまじめに受けとらず、冗談のようにしてしまう。からかう。ひやかす。‖「横から話を―」

ちゃかちゃか [副] ❶落ち着きがなくて、騒々しいさま。‖「―(と)動き回る」❷小刻みに動く音を表す語。‖「かばんの中で筆箱が―(と)鳴っている」

ちゃかっしょく【茶褐色】[名] やや黒みがかった茶色。とび色。

ちゃがま【茶釜】[名] 茶の湯で、湯をわかすのに用いるかま。丸くて上部がすぼまり、口が小さい。

ちゃがゆ【茶▼粥】[名] 茶の煎じ汁を入れて煮たかゆ。

ちゃがら【茶殻】[名] 茶を煎じたあとの残りかす。ちゃかす。

ちゃき【茶器】[名] ❶茶の湯に使う道具類。茶道具。❷抹茶を入れておく容器。

ちゃきちゃき [名] ❶生まれが正統であること。生粋。‖「―の江戸っ子」▽「嫡嫡」の転か。❷仲間の中で特に有望視されていること。また、その人。

ちゃきん【茶巾】[名] ❶茶の湯で、茶碗をふく麻などの布。❷裏ごしした芋や百合根を布巾に包んでひねり、絞り目をつけた食べ物。▽「茶巾絞り」の略。❸「茶巾鮨」の略。

ちゃきんずし【茶巾▼鮨】[名] 五目鮨を薄焼き卵で包んだもの。茶巾。

ちゃく【着】(造) ❶衣服などを身につける。きる。‖「―衣・―用」❷衣服の数を数える語。‖「スーツ二―」❸くっつける。くっつく。‖「―眼・―色・―床」「執―・接―」❹ある場所にゆきつく。とどく。‖「―信・―席・―陸」「帰―・終―」「盛岡―十一時の新幹線」❺到着した順番を数える語。‖「マラソンで三―になる」❻きまりがつく。おちつく。‖「―実」「沈―」❼物事を始める。‖「―工」❽囲碁で、石を打つこと。‖「失―・敗―」

ちゃく【嫡】(造) 本妻。また、本妻の生んだ跡継ぎ。‖「―子・―男・―流」「廃―」

ちゃくい【着衣】[名・自サ変] 衣服を身につけること。また、着ている衣服。ちゃくえ。‖「―のまま川に飛びこむ」「―が乱れる」⇔脱衣

ちゃくい【着意】[名・自サ変] ❶気をつけること。注意すること。❷思いつくこと。着想。

ちゃくえき【着駅】[名] 鉄道で、列車が到着する駅。

ちゃくがん【着岸】[名・自サ変] 船などが岸や岸壁につくこと。‖「フェリーが―する」

ちゃくがん【着眼】[名・自サ変] 重要なこととしてある点に目をつけること。また、目のつけ方。着目。‖「省エネに―した新製品」「―点」

ちゃくざ【着座】[名・自サ変] 座席につくこと。

ちゃくし【嫡子】[名] ❶家督を継ぐ人。あとつぎ。❷正妻が生んだ子。嫡出子。⇔庶子

ちゃくしつ【嫡室】[名] 正式の妻。本妻。嫡妻。てきしつ。

ちゃくじつ【着実】[名・形動] あぶなげなく確実に

物事を行うこと。安定していて手堅いこと。〓「―に前進する」「―な仕事」派生―さ

ちゃく-しゅ【着手】〔名・自サ変〕ある仕事にとりかかること。〓「新事業に―する」

ちゃく-しゅつ【嫡出】〔名〕法律上の婚姻関係にある男女の間に生まれること。てきしゅつ。〓「―子」⇔庶出

ちゃく-じゅん【着順】〔名〕ゴールなどに到着した順序。到着順。

ちゃく-しょう【着床】―シヤウ〔名・自サ変〕哺乳類で、分割を終えて胚となった受精卵が子宮粘膜に定着し、子宮壁上皮との間に連絡を生じて胎盤を形成すること。

ちゃく-しょく【着色】〔名・自他サ変〕色をつけること。彩色。〓「箱を黄色に―する」「―剤」

ちゃくしょく-りょう【着色料】―レウ〔名〕食品などの色をととのえるのに用いる色素。ウコン・クチナシなどの天然色素と、タール系色素などの合成着色料がある。

ちゃく-しん【着信】〔名・自サ変〕通信が到着すること。また、その通信。〓「緊急ニュースが―する」⇔発信

ちゃく-すい【着水】〔名・自サ変〕空中から水面に降りること。〓「飛行艇が―する」⇔離水

ちゃく・する【着する】■〔自サ変〕❶つく。到着する。〓「目的地に―」❷付着する。■〔他サ変〕衣服などを身につける。〓「裃を―」文ちゃく・す

ちゃく-せい【着生】〔名・自サ変〕植物などが他のものに付着して生育すること。〓「―植物」▼「寄生」とは異なり、付着しているものからは養分を摂取しない。

ちゃく-せき【着席】〔名・自サ変〕席につくこと。椅子などにすわること。〓「―してください」「全員―」

ちゃく-せつ【着雪】〔名・自サ変〕雪が電線などにつくこと。〓「標識に―する」「―害」「―注意報」

ちゃく-せん【着船】〔名・自サ変〕船が港につくこと。また、その船。

ちゃく-そう【着装】―サウ〔名・他サ変〕❶衣服などを身につけること。〓「雨具[マスク]を―する」❷装備・部品などを取りつけること。装着。

ちゃく-そう【着想】―サウ〔名・自他サ変〕ある仕事や計画を行うための考えが浮かぶこと。また、その考え。アイデア。〓「素晴らしい―を得る」

ちゃく-そん【嫡孫】〔名〕嫡子から生まれた嫡子。てきそん。

ちゃく-たい【着帯】〔名・自サ変〕妊婦が妊娠五か月目の吉日に岩田帯をしめること。また、その儀式。

ちゃく-だつ【着脱】〔名・他サ変〕取り付けたり、はずしたりすること。また、衣服などを着たり脱いだりすること。〓「カバーを―する」「衣類の―を手伝う」

ちゃく-だん【着弾】〔名・自サ変〕発射された弾丸や爆弾がある地点に達すること。また、その弾丸や爆弾。

ちゃく-ち【着地】〔名・自サ変〕❶飛行物体が空中から地上に降りること。着陸。❷スキー競技・体操競技・跳躍競技などで、とんだあとで雪面・地面・床面に降り立つこと。

ちゃく-ちゃく【着着】〔副と〕物事が順を追って確実にはかどるさま。〓「工事が―と進む」

ちゃく-なん【嫡男】〔名〕嫡出の長男。嫡子。

ちゃく-に【着荷】〔名・自サ変〕⇒ちゃっか(着荷)

ちゃく-にん【着任】〔名・自サ変〕新しい任地につくこと。また、新しい任務につくこと。⇔離任

ちゃく-ばらい【着払い】―ばらひ〔名〕郵便物・配達物などの運賃や代金を、到着地で受取人が支払うこと。

ちゃく-ひょう【着氷】〔名・自サ変〕空気中の水蒸気や水滴がセ氏零度以下の物体にぶつかり、氷となって表面に付着すること。また、その氷。〓「翼に―する」

ちゃく-ふく【着服】〔名〕❶〔自他サ変〕衣服を着ること。また、その衣服。❷〔他サ変〕他人の金品をこっそり盗んで自分のものにすること。〓「売上金を―する」◈「ちゃくぶく」とも。

ちゃく-ぼう【着帽】〔名・自他サ変〕帽子をかぶること。

ちゃく-メロ【着メロ】〔名〕携帯電話の着信を知らせるメロディー。▼商標名。

ちゃく-もく【着目】〔名・自サ変〕重要なものとして目をつけること。特に注意して見ること。着眼。〓「児童の個性に―する」

ちゃく-よう【着用】〔名・他サ変〕衣服などを身につけること。〓「礼服―のこと」「ヘルメットを―する」

ちゃく-りく【着陸】〔名・自サ変〕飛行機などが空中から陸上に降りること。〓「月面―」「離―」⇔離陸

ちゃく-りゅう【嫡流】―リウ〔名〕嫡子から嫡子へ継がれてきた本家の血筋。正統の家系。〓「源氏の―」

チャコ〔名〕洋裁で、布地に裁断の目印をつけるためのチョーク。▼chalk から。

チャコール-グレー[charcoal gray]〔名〕黒に近い灰色。消し炭色。

ちゃ-こし【茶▼漉し】〔名〕茶をいれるときに茶がらをこす道具。円形の小さなわくに網を張ってこすもの。

ちゃ-さじ【茶▼匙】〔名〕❶紅茶・コーヒーなどを飲むときに使う小形のさじ。ティースプーン。❷茶杓。

ちゃ-じ【茶事】〔名〕❶茶の湯で、一定の作法によって客をもてなす茶会。茶懐石も含めていう。❷茶の湯に関する事柄。

ちゃ-しつ【茶室】〔名〕茶事・茶会を行うための部屋。四畳半を基本とする。数寄屋。囲い。

ちゃ-しぶ【茶渋】〔名〕茶を煎じた汁から出て急須や茶碗に付着する茶のあく。

ちゃ-しゃく【茶▼杓】〔名〕抹茶をすくう細長いさじ。多くは竹製だが、象牙・木地・塗り物・金属製などもある。茶さじ。さしゃく。

ちゃ-じん【茶人】〔名〕茶の湯を好む人。また、茶道に明るい人。

ちゃ-せき【茶席】〔名〕茶会を催す席。また、茶会。

ちゃ-せん【茶▼筅】〔名〕抹茶をたてるとき、茶をかき回して泡を立てる道具。竹筒の先を細く割り、先端を内側に曲げたもの。

ちゃ-そば【茶〈▼蕎麦〉】〔名〕そば粉に抹茶を混ぜて打ったそば。茶切り。

ちゃ-だい【茶代】〔名〕❶茶店などで支払う、飲んだ茶の代金。❷旅館や飲食店のサービスに対して与える心づけ。チップ。

ちゃ-たく【茶▼托】〔名〕湯飲み茶碗をのせる皿状の小さな台。

ちゃ-だな【茶棚】〔名〕茶道具などをのせておく棚。

ちゃ-だんす【茶▼簞▼笥】〔名〕茶道具・食器などを入れておく棚や引き出しのある家具。

ちゃち〔形動〕〔俗〕貧弱で安っぽいさま。いかにも粗末なさま。〓「―な造りの家」派生―さ

ちゃ-ちゃ【茶茶】〔名〕人の話の途中に割り込んで言

う、ひやかし。わきから言う冗談。⦀「ーを入れる」

ちゃっ-か【着火】［名・自他サ変］火がつくこと。また、火をつけること。⦀「ー点」

ちゃっ-か【着荷】［名・自サ変］荷物が到着すること。また、その荷物。ちゃくに。

ちゃっかり［副ト］自分の得になるように抜け目なく振る舞うさま。⦀「ー人の分までせしめる」

ちゃっ-きん【着金】［名・自サ変］送金が手もとに届くこと。⦀「明日には指定口座にーする」

チャック［名］ファスナーの商標名。▽「きんちゃく」をもじった造語という。

チャック【chuck】［名］❶ドリルで、刃を取り付ける部分。❷旋盤に工作物や工具を取り付ける装置。

ちゃ-づけ【茶漬け】［名］飯に熱い茶をかけること。また、その飯。お茶漬け。⦀「のりー」▽薄味のだし汁で食べることもある。

ちゃっ-けん【着剣】［名・自サ変］小銃の先に銃剣を取りつけること。

ちゃっ-こう【着工】［名・自サ変］工事に取りかかること。⦀「ー式」使い方「建設を着工する」など他動詞の用法も見られるが、「建設に着工する」が標準的。

ちゃ-づつ【茶筒】［名］茶の葉を入れておく円筒形の容器。

チャット【chat】［名］インターネットなどで、複数の人がリアルタイムにメッセージを交換すること。▽おしゃべりの意。

チャットボット【chatbot】［名］人工知能を活用し、自動的に会話やメッセージのやりとりを行うコンピュータープログラム。また、そのサービス。

ちゃ-つぼ【茶▼壺】［名］茶の葉をたくわえておく陶製のつぼ。

ちゃ-つみ【茶摘み】［名］茶に加工するために、茶の木の若芽や若葉を摘みとること。また、その人。⦀「ー歌」

ちゃ-てい【茶亭】［名］❶茶店。掛け茶屋。❷茶室。◈「さてい」ともいう。

ちゃ-てい【茶庭】［名］茶室の庭。中門・腰掛け・灯籠・飛び石・蹲踞などを配置し、植え込みを施す。露地。ちゃにわ。

ちゃ-どう【茶道】［名］茶の湯の道。心静かに茶をたてることによって精神を修養し、交際の礼法をきわめようとする道。さどう。▽村田珠光・武野紹鷗を経て千利休が大成した。現在は「さどう」が一般的。

ちゃ-どうぐ【茶道具】［名］茶の湯に用いる道具。点茶用具・装飾用具・懐石用具・水屋用具・待合用具の五つに大別される。茶器。

ちゃ-どころ【茶所】［名］良質の茶を多く生産する土地。

チャネル【channel】［名］❶コンピューターで、入出力の制御を行う装置。また、入出力の通路。❷商品などの流通経路。販売ルート。❸情報などの伝達経路。伝達手段。◈「チャンネル」とも。

ちゃ-の-こ【茶の子】［名］❶茶菓子。茶うけ。▽腹にたまらないことから、多く「おー」の形で物事の容易なことのたとえにもいう。⦀「おーさいさい」❷農家などで、朝食前に仕事をするときにとる軽い食べ物。

ちゃ-の-ま【茶の間】［名］❶住宅の中で、家族が集まって食事をし、くつろぐための部屋。❷茶室。

ちゃのみ-ともだち【茶飲み《友達》】［名］いつも茶飲み話を楽しむ、気のおけない友人。茶飲み仲間。▽年をとってから連れ添った相手の意でも使う。

ちゃのみ-ばなし【茶飲み話】［名］茶を飲みながらする気軽な話。茶話。茶話。

ちゃ-の-ゆ【茶の湯】［名］客を招き、茶をたててもてなすこと。茶会。また、その作法。➡茶道

ちゃ-ば【茶葉】［名］➡ちゃよう(茶葉)

ちゃ-ばおり【茶羽織】［名］女性用の丈の短い羽織。襠を入れず、共布のひもを付ける。▽もと茶人が用いたことから。

ちゃ-ばこ【茶箱】［名］茶の葉を運送・保存するための大形の木箱。防湿のため内側に錫箔などを張る。

ちゃ-ばしら【茶柱】［名］茶をいれたとき、茶碗の中に縦になって浮く茶の茎。吉兆とされる。⦀「ーが立つ」

ちゃ-ぱつ【茶髪】［名］ヘアカラーなどで茶色に染めた髪。⦀「ーの若者」

チャパティ【chapati】［名］インド北部・ネパールなどで主食とされる平焼きのパン。小麦粉に塩を加えて練り、発酵させないで鉄板で焼いたもの。

ちゃ-ばな【茶花】［名］茶席の床に生ける花。▽自然の姿をよしとして季節の花を投げ入れにする。

ちゃ-ばら【茶腹】［名］茶をたくさん飲んで満たした腹具合。

◉**茶腹も一時** 茶を飲んだだけでも、しばらくは空腹をしのぐことができるということ。わずかなものでも一時は間に合わせになるということ。

ちゃ-ばん【茶番】［名］❶その場にある物を用いて行う滑稽な即興寸劇。▽「茶番狂言」の略。❷底の見えすいた、ばかばかしい物事や振る舞い。茶番劇。⦀「とんだーだ」

ちゃ-びん【茶瓶】［名］❶茶を煎じるのに用いるやかんや土瓶。❷はげ頭。やかん頭。⦀「はげー」▽「茶瓶頭」の略。

チャプスイ【雑砕中国】［名］中国料理の一つ。細かく切った豚肉・鶏肉・魚介・野菜などを強火でいためてスープを加え、片栗粉でとろみをつけたもの。

チャプター【chapter】［名］❶書物・論文などの、章。❷DVD・ブルーレイディスクなどの映像で、場面の変わり目などに設けられた区切り。❸歴史・人生などのひと区切り。

ちゃぶ-だい【▽卓▼袱台】［名］折り畳み式の短い脚をつけた食卓。▽「ちゃぶ」は「卓袱」の中国音からという。

チャペル【chapel】［名］キリスト教の礼拝堂。▽ふつう学校・病院などに付設されたものをいう。

ちゃ-ほ【茶舗】［名］茶を販売する店。茶屋。

チャボ［名］愛玩用の小形のニワトリ。尾羽は直立し、脚が短い。天然記念物。▽インドシナ半島にあったチャンパ国から渡来したものを日本で改良したことからの呼称という。書き方「〈▼矮鶏〉」と当てる。

ちゃ-ぼうず【茶坊主】［名］❶室町・江戸時代、武家に仕えて茶事や来客の給仕をつかさどった職。また、その人。▽剃髪・法服姿であったことから坊主という。❷権力者にこびへつらう者をののしっていう語。▽①に権力者の威を借りる者が多かったことから。

ちや-ほや［副ト］おだてるなどして機嫌をとり、甘やかすさま。⦀「ーされてつけあがる」

ちゃ-ぼん【茶盆】［名］茶器などをのせる盆。

ちゃま［接尾］人を表す語に付いて、親しみを持った尊敬の意を表す。「おじい—・おばあ—」▽「さま」の転。

ちゃ-み【茶味】［名］❶茶の湯の味わい。❷風流な趣。「—のある庭」

ちゃ-みせ【茶店】［名］通行人に茶や菓子を売り、休息させる店。茶屋。

ちゃ-め【茶目】［名・形動］子供っぽい無邪気ないたずらをすること。また、そのような人。「お—な子供」

ちゃ-めし【茶飯】［名］❶茶の煎じ汁で炊いた塩味の飯。❷醤油・酒などで味をつけて炊いた飯。桜飯。

ちゃめっ-け【茶目っ気】［名］無邪気ないたずらをして人を面白がらせようとする気持ち。ちゃめけ。「—のある人」「—たっぷりにおどけてみせる」

ちゃ-や【茶屋】［名］❶茶を製造・販売する店。葉茶屋。❷茶店。「峠の—」❸客に料理を出し、遊興させる店。水茶屋。「—遊び」❹芝居小屋・相撲小屋に付属し、客を案内したり料理を出したりする店。芝居茶屋・相撲茶屋。

ちゃ-よう【茶葉】［名］飲用にする茶の葉。ちゃば。「高級—」▽「ちゃよう」「ちゃば」のどちらもいうが、本来は「ちゃよう」。

ちゃら-ちゃら［副］❶小さな金属片が互いに触れ合って発する音を表す語。「小銭を—させる」❷軽薄な振る舞いをするさま。「—していけ好かないやつ」❸服装が派手で安っぽいさま。「—したワンピース」

ちゃらん-ぽらん［名・形動］いいかげんで無責任なこと。「—な仕事ぶり」

ちゃり［名］［俗］自転車。ちゃりんこ。「原—」

ちゃり【茶利】［名］❶おどけたことば。また、こっけいな動作。❷人形浄瑠璃・歌舞伎で、こっけいな演技や演出。また、こっけいを主とする段や場面。茶利場。◈動詞「茶る」の連用形から。書き方「茶利」は当て字。

チャリティー［charity］［名］慈善。

チャリティー-ショー［charity show］［名］利益を社会福祉や慈善事業に寄付することを目的に催すショー。慈善興行。

ちゃりんこ［名］［俗］❶自転車。ちゃり。❷子供のすり。

チャルメラ［charamela ポルト］［名］木管楽器の一つ。表に七つ、裏に一つの指孔があり、先端はラッパ状に開く。歌舞伎の下座や屋台のラーメン屋に用いられる。唐人笛。

チャレンジ［challenge］［名・自サ変］❶いどむこと。挑戦。「富士登山に—する」「—精神」❷スポーツなどで、選手や監督が判定の確認を求めること。

チャレンジャー［challenger］［名］挑戦者。

ちゃ-わ【茶話】［名］⬇さわ（茶話）

ちゃ-わん【茶▼碗】［名］湯茶を飲むための、また、飯を盛るための陶磁製の器。▽もと、陶磁器製の器の総称。

ちゃわん-むし【茶▼碗蒸し】［名］調味した出し汁でのばした卵汁を鶏肉・かまぼこ・ミツバ・シイタケ・ギンナンなどを入れた茶碗に注ぎ、蒸しあげた日本料理。

ちゃん［名］［古風］江戸時代、庶民の子供が父親を呼んだ語。▽現代でも方言で使われる。

ちゃん［接尾］人名や人を表す語に付いて、親しみの気持ちを表す。「太郎—・和子—・おばあ—」▽「さん」の転。

チャン［名］瀝青。

チャンク［chunk］［名］❶食材のぶつ切りやかたまり。「チョコレートチャンククッキー」❷コンピューターで、データのひとまとまり。

ちゃんこ［名］相撲部屋独特の鍋料理。大量の魚介・肉・野菜を大鍋で煮ながら食べるもの。材料も味付けもさまざま。▽「ちゃんこ鍋」「ちゃんこ料理」の略。料理番を「ちゃん」と呼んだことからという。

チャンス［chance］［名］機会。特に、好機。「—をうかがう」「シャッター—」

チャンス-メーカー［和製chance＋maker］［名］スポーツで、得点をあげる機会をつくり出す人。

チャンス-ロス［和製chance＋loss］［名］商品の不足などにより、利益を得る機会を失うこと。機会損失。機会ロス。

ちゃんちゃら-おかし・い【ちゃんちゃら可笑しい】［形］まともにとりあえないほど滑稽であるさま。笑止千万だ。「あれで勝てるつもりとは—」

ちゃんちゃん-こ［名］袖なしの羽織。多くは綿入れ。

ちゃん-と［副］❶整っていて、適切であるさま。きちんと。「—した服装をする」❷確実であるさま。間違いのないさま。しっかりしているさま。「時間どおりに—やって来る」❸着実であるさま。「—した考え」

チャンネル［channel］［名］❶テレビ・ラジオの各放送局に割り当てられている周波数帯に付けられた番号。❷テレビ受像器で、放送を選択するためにリモコンなどに表示されている番号。また、その番号による放送。「—を一に変える」「八時から四—を見たい」❸昔のテレビ受像器で、放送を選択するためのつまみ。「—を回す」◈「チャネル」ともいうが、「チャンネル」が優勢。

ちゃん-ばら［名］映画・演劇などで、刀で斬り合うこと。また、それを見せ場にする映画・演劇など。剣劇。「—ごっこ」▽「ちゃんちゃんばらばら」の略。

チャンピオン［champion］［名］❶運動競技などの優勝者。選手権保持者。チャンプ。「—フラッグ」❷ある分野での第一人者。

チャンピオンシップ［championship］［名］選手権。覇権。また、それを得るための試合。

ちゃんぷるう［名］沖縄料理で、豆腐と野菜を炒めたもの。チャンプルー。「ごおや（＝ニガウリ）—」「まあみな（＝モヤシ）—」▽沖縄方言で混ぜ合わせるの意。

ちゃんぽん［名］❶［形動］別種のものをまぜこぜにすること。「日本酒とウイスキーを—に飲む」❷肉・魚介・野菜などを中華風の麺と一緒にスープで煮たもの。長崎の名物料理の一つ。

ち-ゆ【治癒】［名・自サ変］病気・けがなどが治ること。

ちゅう［名・自サ変］［俗］接吻。「ほっぺたに—する」書き方 多く「チュー」と書く。

ちゅう【中】■［名］大小・上下・左右などの、まんなかの位置。また、平均的なところ。「—の巻」「—くらいの成績」「—旬・—級・—流」■（造）❶まんなか。「—心・—央・—点・—日」❷態度などがかたよらないこと。「—正・—庸」❸ある範囲のうちであること。「車—・暑—・忙—・空気—」「不幸—の幸い」「四月—に返事をします」❹それが行われている時・状態であること。「会議—・準備—・仕事—」「お話し—（に）申し訳ございません」✓注意 (1)始まりと終わりの間を想定しにくいものには使えない。「× 結婚中・到着中・汚染中」(2)和語は

「話し中」「休み中」など限られたもの以外は、俗な言い方。∥「×考え中・迷い中・むかつき中」❺仲間うち。∥「家ー・社ー」❻あたる。あてる。∥「ー毒」「的ー・命ー」❼「中学校」の略。∥「第三ー」❽「中国」の略。∥「日ー」

ちゅう【宙】(チウ)[名]❶空。また、空間。∥「宇ー」❷そらで覚えていること。∥「ーで言う」

◉宙に浮・く ❶地面から離れて空中に浮かぶ。❷中途半端な状態で、決着がつかなくなる。∥「計画がー」

ちゅう【忠】[名]❶真心を込めて物事をすること。また、その真心。∥「ーを尽くして説得する」「ー実・ー誠」❷真心を尽くして君主や国家に仕えること。∥「ーならんと欲すれば孝ならず」「ー義・ー臣」「不ー」

ちゅう【注(▼註)】㊀[名]文章や語句の意味を補い、説明するために書き入れる文句。また、それを書き入れること。∥「ーを加える」「ー釈」「脚ー・校ー」㊁(造)❶液体を流し入れる。そそぐ。∥「ー射・ー入」❷一点に集中させる。∥「ー意・ー目」❸「注文」の略。∥「受ー・発ー」◈書き方 ㊀と㊁③は「註」とも。

ちゅう【▼誅】[名]罪を責めとがめること。罪人を殺すこと。∥「ーに伏する」「ー求」「天ー」

ちゅう【仲】(造)❶人と人の間に立つこと。なかだち。∥「ー介・ー裁」❷季節のまんなか。∥「ー秋」❸兄弟の二番目。∥「伯ー」

ちゅう【虫】(造)むし。∥「昆ー・防ー・幼ー・寄生ー」旧蟲(「虫」「蟲」は本来別字。「虫」はまむしの意。)

ちゅう【沖】(造)のぼる。高く上がる。∥「ー天」

ちゅう【抽】(チウ)(造)ぬく。ぬき出す。∥「ー象・ー籤(ちゅうせん)」

ちゅう【昼】(チウ)(造)❶ひる。∥「ー夜」「白ー」❷まひる。正午。∥「ー食」旧晝

ちゅう【柱】(造)はしら。また、はしらのようなもの。∥「円ー・電ー・氷ー・門ー」

ちゅう【衷】(造)❶心のなか。まごころ。∥「ー心」「苦ー」❷まんなか。かたよらないこと。∥「折ー」

ちゅう【酎】(チウ)(造)酒。蒸留酒。∥「焼ー」

ちゅう【▼厨】(チウ)(造)台所。炊事場。∥「ー房」

ちゅう【鋳】(チウ)(造)金属をとかして型に流し込む。いる。∥「ー造」「新ー」旧鑄

ちゅう【駐】(造)ある場所にとどまる。とどめる。∥「ー在・ー車・ー屯」「進ー」

ちゅう(チフ)[連語]「という」のくだけた言い方。っちゅう。∥「なんーこった」▼「つう」の形もある。

ち-ゆう【知友】(イウ)[名]互いによく理解し合っている友。気心の知れた友人。∥「年来のー」

ち-ゆう【知勇・▼智勇】[名]知恵と勇気。

ちゅう-い【中位】(ヰ)[名]上位・下位に対して、中ほどの地位・等級。まんなかの位置。

ちゅう-い【中尉】(ヰ)[名]軍隊の階級の一つ。尉官の第二位。大尉の下、少尉の上にあたる。▼自衛隊では二尉。

ちゅう-い【注意】[名]❶[自サ変]気持ちを集中させること。気を配ること。∥「車にーする」❷[自サ変]悪い事態にならないように用心すること。気を付けること。∥「風邪をひかないようにーする」❸[他サ変]言い聞かせること。忠告。∥「部下の失態をーする」「ーを受ける」

ちゅういけっかんたどうせい-しょうがい【注意欠陥多動性障害】(ーシャウガイ)[名]⬇エーディーエッチディー

ちゅうい-じんぶつ【注意人物】[名]注意を払うべき人物。特に、警察など治安当局が警戒し、注意している人物。▼最近は多く「要注意人物」という。

ちゅうい-ぶか・い【注意深い】[形]よく気を配るさま。∥「ーくあたりを見回す」派生ーげ/ーさ

ちゅうい-ほう【注意報】[名]強風・大雨・洪水・高潮などによる災害が発生するおそれのある場合、注意を促すために気象官署から発表される予報。警報より警戒度は低い。

ちゅうい-りょく【注意力】[名]ある一つのことに気持ちを集中させる能力。∥「ーが散漫だ」

ちゅう-いん【中陰】[名]仏教で、人が死んでから次の生を受けるまでの期間。日本ではふつう四九日間とする。中有(ちゅうう)。

チューイン-ガム【chewing gum】[名]口中でかんで味わう菓子。サポジラの樹脂チクルまたは酢酸ビニルなどの合成樹脂に砂糖・香料などを加えて固めたもの。ガム。

ちゅう-う【中有】[名]中陰(ちゅういん)。

ちゅう-えい【中衛】(ヱイ)[名]❶九人制バレーボールで、前衛と後衛の中間に位置する選手。❷サッカー・ラグビー・ホッケーなどで、フォワードとバックスの中間に位置する選手。ハーフバック。ハーフ。

ちゅう-おう【中央】(アウ)[名]❶ある広がりをもった空間のまんなか。∥「グランドのー」❷組織などを動かす中心となっている重要な役目・機構。∥「ー委員会」❸政府の置かれている土地。首都。⬌地方

ちゅう-おう【中欧】[名]中部ヨーロッパ。ドイツ・オーストリア・チェコ・スロバキア・ハンガリー・スイスなどを含む地域。

ちゅうおう-ぎんこう【中央銀行】(チュウアウギンカウ)[名]一国の金融機関の中核となる銀行。銀行券の発行、市中銀行への資金の供給、金融政策の調整などを主要業務とする。中銀。▼日本では日本銀行。

ちゅうおう-しゅうけん【中央集権】(チュウアウシフケン)[名]政治権力が中央政府に統一集中していること。⬌地方分権

ちゅうおう-ぶんりたい【中央分離帯】(チュウアウ)[名]高速道路などで、往路と復路の間に設ける帯状地帯。車道面より高くし、木などを植える。

ちゅう-おし【中押し】[名]囲碁で、勝負の途中で対局者の一方が負けを認め、最後まで打たずに投了すること。なかおし。∥「ー勝ち」

ちゅう-おん【中音】[名]❶中程度の強さ、または高さの音。❷音楽で、中程度の音域の音。女声のアルトに属する音。中高音。∥「ーで歌う」▼男声のテノールをいうこともある。◈⬇高音・低音

ちゅう-か【中華】(クヮ)[名]❶昔、中国人(漢民族)が世界の中心にあって最も文化の進んだ国として自国を呼んだ称。中夏。∥「ー思想」❷中国料理。∥「ーを食べたい」▼「中華料理」の略。

ちゅう-か【仲夏】[名]夏のなかば。また、陰暦五月の別称。▼夏の三か月のまんなかの意。

ちゅう-かい【仲介】[名・他サ変]当事者双方の中に立って間をとりもち、物事をまとめること。また、その役。なかだち。∥「不動産の売買をーする」「ー者」

ちゅう-かい【注解(▼註解)】[名・他サ変]注を加えて本文の意味を説き明かすこと。また、その説き明かしたもの。注釈。

ちゅう-かい【▼厨▼芥】[名]調理場や台所から出る

ごみ。野菜・魚介のくずや食べ物の残りなど。

ちゅう‐がい【中外】［名］うちとそと。内部と外部。また、国内と国外。

ちゅう‐がい【虫害】［名］樹木・農作物などが害虫によって受ける損害。

ちゅう‐がえり【宙返り】［名・自サ変］❶空中で体を回転させること。とんぼがえり。❷飛行機が垂直方向に輪を描いて飛ぶこと。「―飛行」

ちゅう‐かく【中核】［名］物事の核心となる重要な部分。「体制の―をなす機関」

ちゅう‐がく【中学】［名］「中学校」の略。

ちゅうがく‐せい【中学生】［名］中学校の生徒。

ちゅう‐がくねん【中学年】［名］小学校の三・四学年。⇕低学年・高学年

ちゅうか‐そば【中華〈▼蕎麦〉】［名］中国風のめん類。特に、ラーメン。

ちゅう‐がた【中形】［名］❶それ自体の形が中くらいであること。なりや形が大と小の中間であること。「―の花［鳥］」❷染め模様で、柄が大紋と小紋との中間の大きさのもの。また、その模様の浴衣地。

ちゅう‐がた【中型】［名］同類のものと比べて規模やスケールが大と小の中間であること。「―の台風［ロケット・コンピューター］」「―車」

ちゅう‐がっこう【中学校】［名］❶小学校の課程を終えた者に三年間の普通教育を施す義務教育の学校。中学。▽一九四七（昭和二二）年制定の学校教育法により発足。❷旧制で、男子に五年間の高等普通教育を施した学校。

ちゅう‐から【中辛】［名］食品の塩気・辛みが中くらいであること。「―のカレー［塩鮭］」

ちゅう‐かん【中間】［名］❶二つの物のほぼまんなかにある位置や空間。二つの物の間。「住宅地と工業団地の―を流れる川」「病院と特別養護老人ホームの―に位置する施設」❷物事の性質・程度などが両極端の間にあること。「両者の意見の―をとる」❸物事が進行している途中。「―発表」

ちゅう‐かん【昼間】［名］ひるま。日中。「―人口」⇕夜間

ちゅうかん‐かんりしょく【中間管理職】［名］管理職のうち、上位の管理職の下で部門を直接管理する責任者。一般に課長・係長クラスをいう。ミドルマネージメント。

ちゅうかん‐し【中間子】［名］強い相互作用をする粒子（ハドロン）のうち、陽子・中性子など以外の整数スピンをもつ素粒子の総称。メソン。▽湯川秀樹博士が予言したπ（パイ）中間子はその一例。質量が電子と陽子との中間の意。

ちゅうかん‐しょく【中間色】［名］❶純色に灰色を混ぜた柔らかい感じの色。濁色。❷主要な原色の間に位置する色相。赤と黄の中間にある橙など。❸三原色と黒色以外の色の総称。間色。

ちゅう‐き【中気】［名］脳卒中の通称。中風。

ちゅう‐き【中期】［名］❶ある期間を三つに分けたときの、中間の時期。「平安朝の―」❷長期・短期に対して、中程度の長さの期間。「―国債（＝償還期間が一年以上五年程度までの国債）」❸長期清算取引の一つ。受け渡し期日が売買契約月の翌月末日のもの。中限。

ちゅう‐き【注記（▼註記）】［名・他サ変］注を書きつけること。また、その注。「欄外に―する」

ちゅう‐ぎ【忠義】［名・形動］まごころを尽くして主君や国家に仕えること。「―を尽くす」「―な家来」

ちゅうぎ‐だて【忠義立て】［名・自サ変］忠義をつらぬくこと。また、忠義らしく振る舞うこと。

ちゅう‐きゅう【中級】［名］初級・上級に対して、中程度の等級。「―英語」

ちゅう‐きゅう【▼誅求】［名・他サ変］租税などを厳しく取り立てること。「苛斂―」

ちゅう‐きょう【中共】［名］「中国共産党」の略。

ちゅう‐きょう【中京】［名］名古屋市の通称。「―工業地帯」▽東京と京都の中間にあることから。

ちゅう‐きょり【中距離】［名］❶短距離・長距離に対して、中くらいの距離。「―ミサイル」❷陸上競技で、短距離競走と長距離競走との中間のもの。ふつう八〇〇㍍競走と一五〇〇㍍競走をいう。▽「中距離競走」の略。◈⇕短距離・長距離

ちゅう‐ぎり【中▽限】［名］⬇なかぎり

ちゅう‐きん【忠勤】［名］まごころを尽くして忠実につとめること。まじめにつとめること。

ちゅう‐きん【鋳金】［名］溶かした金属を鋳型に流し込み、成形して器物などをつくること。鋳造。

ちゅうきん‐とう【中近東】［名］⬇中東

ちゅう‐くう【中空】［名］❶空のなかほど。なかぞら。中天。❷内部がからであること。「―の柱」

ちゅう‐くらい【中くらい】［名・形動］程度が中間であること。ちゅうぐらい。「―の長さ」

ちゅう‐くん【忠君】［名］君主に忠義を尽くすこと。「―愛国」

ちゅう‐けい【中啓】［名］儀式のときに用いる扇。親骨の上端を外側に曲げ、閉じても上半分が半開になるように作られたもの。▽中は啓く意。

ちゅう‐けい【中継】［名・他サ変］❶中間で受け継ぐこと。なかつぎ。「送球［伝達］を―する」「駅伝の―点」「―プレー・―貿易」❷放送局が、他の場所からの実況や、他の局からの放送をなかつぎして放送すること。また、その放送。「生―」「劇場―」▽「中継放送」の略。

ちゅう‐けい【仲兄】［名］二番目の兄。次兄。

ちゅう‐けん【中堅】［名］❶全軍の中心に位置し、将軍が指揮をとる精鋭部隊。❷組織の中心になって活躍する人。また、地位・規模などはさして上ではないが、中核を支える存在として活躍する人や団体。「―の社員［会社］」❸野球で、外野の中央。また、そこを守る選手。センター。❹剣道・柔道などの団体戦で、先鋒と大将との間に位置する選手。

ちゅう‐けん【忠犬】［名］飼い主に忠実な犬。

ちゅう‐げん【中元】［名］❶陰暦七月一五日の称。▽もと道教の節日が日本では盂蘭盆会と混同され、半年の無事を祝うとともに死者の霊に物を供えて供養するようになった。❷七月の初めから一五日にかけて、世話になった人などに品物を贈ること。また、その品物。お中元。

ちゅう‐げん【中原】［名］❶広い野原の中央。❷中国で、黄河中流域の平原地帯。

◉中原に鹿を逐う　帝位を得ようとして争うこと。転じて、政権や地位を得るために争うこと。逐鹿。▽「鹿」は帝位のたとえ。魏徴の詩『述懐』による。

ちゅう‐げん【中間】［名］江戸時代、武家に仕えて

雑務に従った男性。中間男。

ちゅう-げん【忠言】[名] 真心をこめた、いさめのことば。「―耳に逆らう(＝忠告のことばはとかく気にさわり、なかなか素直には聞けないということ)」

ちゅう-こ【中古】[名] ❶一度使われて、やや古いこと。また、その品物。ちゅうぶる。セコハン。「―品・―車」❷日本史、特に文学史の歴史区分で、上古と近古との間の時代。平安時代。

ちゅう-こう【中耕】[名・他サ変] 農作物の成育中に、株間の表土を浅く耕すこと。通気性をよくして作物の発育を促すために行う。

ちゅう-こう【中高】[名] ❶中学校と高等学校。「―生」❷中程度と高程度。

ちゅう-こう【中興】[名・他サ変] 一度衰えたものを再び盛んにすること。

ちゅう-こう【忠孝】[名] 忠義と孝行。

ちゅう-こう【鋳鋼】[名] 鋳造に用いるために溶解した鋼。また、その鋳造品。鋼鋳物(はがねいもの)。

ちゅうこう-しょく【昼光色】[名] 太陽光線に似せた人工の光の色。蛍光灯の色など。

ちゅうこう-ねん【中高年】[名] 中年と高年。ふつう四〇歳代から六〇歳代までをいう。

ちゅうこう-の-そ【中興の祖】[名] 中興の業を成し遂げた祖先。中興開山。

ちゅう-こく【中刻】[名] 昔、一刻(約二時間)を上・中・下に三分した中間の時刻。⇔上刻・下刻

ちゅう-こく【忠告】[名・他サ変] 過ちや欠点を直すように真心をこめていさめること。また、そのことば。「「手を引くべきだ」と―する」「―に従う」✓注意 この意で「注告」と書くのは誤り(「注告」は書き記して知らせる意の別語)。

ちゅう-ごく【中国】[名] ❶「中国地方」の略。本州の西部、岡山・広島・山口・島根・鳥取の五県がある地方。❷「中華人民共和国」の略。アジア大陸の東部を占める国。

ちゅう-ごし【中腰】[名] 腰を半ばあげて立ちかかった姿勢。

ちゅう-さ【中佐】[名] 軍隊の階級の一つ。佐官の第二位。大佐の下、少佐の上にあたる。▼自衛隊では二佐。

ちゅう-ざ【中座】[名・自サ変] 途中で座を立つこと。

ちゅう-さい【仲裁】[名・他サ変] 争っている両者の間に入って、和解させること。「―に入る」

ちゅう-ざい【駐在】[名・自サ変] ❶派遣された任地にある期間いること。❷「駐在所」の略。

ちゅうざい-しょ【駐在所】[名] 巡査が常駐して受け持ち区域の警備や事務処理を行う所。駐在。

ちゅうさん-かいきゅう【中産階級】[名] 有産階級と無産階級の中間の階級。自営農民・中小商工業者・公務員など。

ちゅう-し【中止】[名・他サ変] 進行していた物事を途中でやめること。また、予定されていた催し物などをとりやめること。「実験を―する」「試合―」

ちゅう-し【注視】[名・他サ変] 注意してみること。

ちゅう-じ【中耳】[名] 耳の一部で、外耳と内耳の間のところ。「―炎」

ちゅう-じく【中軸】[名] ❶物の中央を貫く軸。❷中心となる事柄や人。

ちゅう-じつ【忠実】[形動] ❶与えられた仕事・立場を守り、真心をもってつとめるさま。「―な部下」❷省略や誤りがなく、そのままであるさま。「原文に―な翻訳」派生 ―さ

ちゅうし-ほう【中止法】[名] 述語である用言を連用形でいったん中止し、また次に続ける日本語の表現法。「雲が切れ、薄日がさす」「早く起き、早く寝る」の「切れ」「起き」の類。連用形中止法。▼詩歌などでは「蜻蛉は石の地蔵に髪を結ひ〈柳多留〉」の「結ひ」のようにこの形で完結させることもある。

ちゅう-しゃ【注射】[名・他サ変] 針のついた器具(注射器)で薬液を体内に注ぎこむこと。「―を打つ」

ちゅう-しゃ【駐車】[名・自サ変] 自動車などを止めておくこと。「家の前に―する」「―場・―違反」「路上―」▼道路交通法では車両等が継続的に停止することや、運転者が車両等を離れてすぐには運転できない状態にあることをいう。⇩停車②

ちゅうしゃ-かんしいん【駐車監視員】[名] 警察の委託を受けた民間法人に属し、違法駐車車両の確認を行う監視員。

ちゅう-しゃく【注釈(▼註釈)】[名・自他サ変] 本文中の語句に解説を付けること。また、その解説。「難解な語句に―する」「―を加える」

ちゅう-しゅう【中秋】[名] 陰暦八月一五日の別称。「―の名月」

ちゅう-しゅう【仲秋】[名] 秋のなかば。また、陰暦八月の別称。▼秋の三か月のまんなかの意。

ちゅう-しゅつ【抽出】[名・他サ変] 一部を抜き出すこと。「データを―する」「―方法」「無作為―」

ちゅう-しゅん【仲春】[名] 春のなかば。また、陰暦二月の別称。▼春の三か月のまんなかの意。

ちゅう-じゅん【中旬】[名] 一か月のうちの一一日から二〇日までの一〇日間。⇔上旬・下旬

ちゅう-じょ【忠▼恕】[名] 真心を尽くして他人を思いやること。

ちゅう-しょう【中小】[名] 中ぐらいのものと小さいもの。「―の河川」「私鉄―」

ちゅう-しょう【中称】[名] 代名詞・連体詞で、話し手(書き手)よりも相手に近い事物・場所・方向などを示すもの。「それ」「そこ」「そちら」「そいつ」「その」などの類。⇩近称・遠称・不定称

ちゅう-しょう【中傷】[名・他サ変] 根拠のない悪口を言いふらして他人の名誉を傷つけること。「他人[会社]を―する」「誹謗(ひぼう)―」

ちゅう-しょう【抽象】[名・他サ変] 事物や表象からある性質・要素・共通性をひき出して把握すること。また、把握して一般的な概念をつくること。「―化・―論」⇔具象・具体

ちゅう-じょう【中将】[名] 軍隊の階級の一つ。将官の第二位。大将の下、少将の上にあたる。▼自衛隊では将。幕僚長の下、将補の上。

ちゅう-じょう【衷情】[名] うそいつわりのない心。ほんとうの気持ち。

ちゅうしょう-きぎょう【中小企業】[名] 資本金・従業員数などが中規模または小規模の企業。▼中小企業法では、小売業では資本金五〇〇〇万円以下、従業員五〇人以下、サービス業では資本金五〇〇〇万円以下、従業員一〇〇人以下、卸売業では資本金一億円以下、従業員一〇〇人以下、鉱工業・運送業

などでは資本金三億円以下、従業員三〇〇人以下の企業をいう。

ちゅうしょうきぎょう-ちょう【中小企業庁】［名］経済産業省の外局の一つ。中小企業の振興対策、資金融資の斡旋、経営診断などを主な業務とする。

ちゅうしょう-げいじゅつ【抽象芸術】［名］対象となる事物を具体的に表現するのではなく、抽象化した線・面・形・色・量感などの造形的要素によって作品を構成する芸術。抽象美術。アブストラクトアート。

ちゅうしょう-てき【抽象的】［形動］❶いくつかの事物・表象から共通する性質をひき出し、それを一般化して思考するさま。❷頭の中だけで考え、具体性がないさま。「—な話」◈⇕具象的・具体的

ちゅう-しょく【昼食】［名］昼の食事。ひるめし。ちゅうじき。「—会」⇕朝食・夕食

ちゅう-しん【中心】［名］❶ある物・空間などのまんなか。「町の—にある広場」「—部」使い方 時間に転用する。「午後を—に雨になるでしょう」❷物事の集中する所。また、物事の核となる重要な人やもの。「政治・経済の—をなす都市」「田中を—にチームがまとまる」「—人物」❸数学で、円周または球面上のすべての点から等距離にある点。「円の—」

ちゅう-しん【忠心】［名］忠義を尽くす心。忠実な心。

ちゅう-しん【忠臣】［名］心から忠義を尽くす臣下。

ちゅう-しん【忠信】［名］誠実で、偽りのないこと。

ちゅう-しん【注進】［名・他サ変］事件の内容を書き記して上申すること。また、事件を急いで目上の者に報告すること。「御—に及ぶ」

ちゅう-しん【衷心】［名］心の奥底にある、ほんとうの気持ち。本心。「—よりお悔やみ申し上げます」

ちゅうしん-ち【中心地】［名］中心となる重要な場所。「商業の—」

ちゅうしん-てん【中心点】［名］❶図形や物体の中心に位置する点。❷物事の中心となるところ。

ちゅう-すい【虫垂】［名］盲腸の下部にある細長い突起物。虫様垂。虫様突起。

ちゅう-すい【注水】［名・自サ変］水をそそぎ入れること。また、水をそそぎかけること。

ちゅうすい-えん【虫垂炎】［名］虫垂の急性炎症。右下腹部の圧痛・発熱・嘔吐などの症状がみられる。俗に盲腸(炎)という。

ちゅう-すう【中枢】［名］物事の中心となる、最も重要なところ。中心部。「都市の—」「—機能」

ちゅうすう-しんけい【中枢神経】［名］中枢となる神経系。人間では脳と脊髄をいい、運動・感覚・自律機能などの中心として機能する。⬇末梢神経

ちゅう・する【沖する（▼冲する）】［自サ変］空高く上がる。「天に—火炎」文ちゅう・す

ちゅう・する【注する（▼註する）】［自他サ変］本文の文章や語句に注釈を加える。説明を書き記す。「古語『難解な語句』に/を—」文ちゅう・す

ちゅう・する【▼誅する】［他サ変］悪人や罪のある者を殺す。「逆臣を—」文ちゅう・す

ちゅう-せい【中世】［名］歴史の時代区分の一つ。古代と近世との間の時代で、封建制を基礎とする。▽日本史では鎌倉・室町時代、西洋史では西ローマ帝国の滅亡した五世紀からルネサンス・宗教革命の行われた一四〜一六世紀までの時代をさす。

ちゅう-せい【中正】［名・形動］特定の考えや立場に偏らず、公正であること。「—を欠く意見」

ちゅう-せい【中性】［名］❶対立する二つの性質のどちらにも属さない、中間的な性質。❷物質が酸性でもアルカリ性でもない中間的な性質を示すこと。「—土壌」「—洗剤」❸印欧語族などで、文法上の性の一つ。男性にも女性にも属さないもの。❹性的特徴が男性とも女性ともつかないこと。「—的」

ちゅう-せい【忠誠】［名］まごころ。また、心から忠義を尽くすこと。「—を誓う」「—心」

ちゅう-ぜい【中背】［名］身長が高くも低くもないこと。中程度の背丈。「中肉—」

ちゅうせい-し【中性子】［名］陽子とともに原子核を構成する素粒子。質量は陽子よりも〇・一パーセントほど大きい。電気的に中性。ニュートロン。

ちゅうせい-し【中性紙】［名］印刷インクのにじみを防ぐために炭酸カルシウムなどの中性の材料を用いた洋紙。劣化しにくいので長期の保存が可能。

ちゅうせい-しぼう【中性脂肪】［名］グリセリンと脂肪酸が結合した単純脂質。動物では脂肪組織として皮下や腹壁などに存在し、植物では種子に蓄えられる。中性脂質。

ちゅうせい-だい【中生代】［名］地質時代の区分の一つ。古生代と新生代との間の時代。約二億四五〇〇万年前から約六五〇〇万年前までの時代で、三畳紀・ジュラ紀・白亜紀に三分される。動物では恐竜やアンモナイト類、植物ではシダ類・ソテツ類などが栄えた。

ちゅう-せき【沖積】［名］流水によって運ばれてきた土砂などが堆積すること。「—平野」

ちゅう-せき【柱石】［名］❶柱と土台石。❷柱とも礎とも頼む重要な人。「国家の—となる」

ちゅうせき-せい【沖積世】［名］⬇完新世

ちゅう-せつ【忠節】［名］変わることなく忠義を守ろうとする心。「—を誓う」

ちゅう-ぜつ【中絶】［名・自他サ変］❶途中で絶えること。また、途中でやめること。❷胎児が母体外で成育できない時期に、人工的に胎児及びその付属物を母体外に排出すること。▽「人工妊娠中絶」の略。

ちゅう-せん【抽▼籤・抽選】［名・自サ変］くじびきで選ぶこと。「—に/で当たる」「—会」書き方「抽選」は、新聞が考案した代用表記。

籤

ちゅうせん-きょく【中選挙区】［名］都道府県を数区に分け、各区から三〜五名の議員を選出する選挙区。▽衆議院議員選挙は中選挙区制によっていたが、一九九四(平成六)年の公職選挙法改正で廃止され、小選挙区制が導入された。

ちゅう-そ【注▼疏（▼註▼疏）】［名］経書を解釈した注と、その注をさらに詳しく説明した疏。詳しい注解や注釈。

ちゅう-ぞう【鋳造】［名・他サ変］溶かした金属を鋳型に流し込み、成形して器物をつくること。「活字［貨幣・鐘］を—する」

ちゅう-そつ【中卒】［名］中学校を卒業していること。また、その人。▽「中学校卒業」の略。

チューター【tutor】［名］❶個人指導の教師。家庭教師。❷研修会・講習会などの講師。

ちゅう-たい【中退】［名・自サ変］修学年限の途中

で学校をやめること。▽「中途退学」の略。

ちゅう-たい【中隊】［名］軍隊の編成単位の一つ。大隊と小隊との中間の部隊で、ふつう三〜四小隊からなる。

ちゅう-たい【▼紐帯】［名］二つのものを結びつけるもの。特に、社会の構成員を結びつけているさまざまな条件。地縁・血縁・利害関係など。じゅうたい。▽ひもと、おびの意から。

ちゅう-だん【中段】［名］❶いくつかの段に分かれているものの、まんなかの段。また、階段・はしごなどのなかほどの段。❷剣道などで、上段・下段の構えに対し、切っ先をまっすぐ相手の目に向ける構え方。正眼。◈⇕上段・下段

ちゅう-だん【中断】［名・自他サ変］続いていた物事が途中でとぎれること。また、途中で打ち切ること。「雨のため試合が一する／一される」「審議を一する」使い方「〜が中断する／中断される」はともによく用いられる。「〜を中断する／中断させる」では前者が一般的。⬇品詞解説（一八一六ページ）

ちゅう-ちょ【▼躊▼躇】［名・自他サ変］あれこれと迷って決心がつかないこと。ためらうこと。「一なく拒絶する」「購入を一する」

躊躇

ちゅう-づり【宙▼吊り】［名］❶人や物が空中にぶらさがること。また、その状態。❷宙乗り。

ちゅう-てつ【鋳鉄】［名］鋳物用の銑鉄。一般に二・〇〜三・六パーセントの炭素と、若干の珪素・マンガンなどを含む。融解点が低く加工しやすいが、鋼よりもろい。

ちゅう-てん【中天】［名］天の中心。また、空のなかほど。なかぞら。中空。「一にかかる月」

ちゅう-てん【中点】［名］数学で、一つの線分または有限曲線を二等分する点。二等分点。

ちゅう-てん【沖天（▼冲天）】［名］天高くのぼること。▽人の威勢などが盛んなことのたとえにいう。「一の勢い」「意気一」

ちゅう-と【中途】［名］❶行く道のなかほど。途中。「一で引き返す」❷進行している物事のなかごろ。また、ある期間のなかごろ。「一で投げ出す」「一採用」

ちゅう-とう【中東】［名］ヨーロッパから見た東洋区分の地域概念で、西アジアとアフリカ北東部の総称。イラン・イラク・サウジアラビア・トルコ・イスラエル・エジプトなどを含む。中近東。⬇近東・極東▽Middle East の訳語。

ちゅう-とう【中等】［名］中くらいの等級。上等と下等、また高等と初等との中間。「一の品」

ちゅう-とう【仲冬】［名］冬のなかば。また、陰暦十一月の別称。▽冬の三か月のまんなかの意。

ちゅう-とう【柱頭】［名］❶柱の上端部。西洋古典建築では、さまざまな意匠の彫刻が施されている部分。キャピタル。❷雌しべの先端。粘液を分泌し、花粉をつける部分。

ちゅう-とう【▼偸盗】［名］人の物をぬすみとること。また、ぬすびと。▽「とうとう（偸盗）」の慣用読み。

ちゅう-どう【中道】［名］❶一方にかたよらない中正の道。中庸の道。▽極端な思想や実践を排した穏当な立場をいう。❷中途。途中。

ちゅうとうきょういく-がっこう【中等教育学校】［名］小学校の課程を終えた者に中等普通教育並びに高等普通教育および専門教育を一貫して施す学校。修業年限は六年。▽学校教育法の改正により一九九九年より設置。

ちゅう-どく【中毒】［名・自サ変］❶薬物・毒物・毒素などが生体内に入って機能障害を起こすこと。「一を起こす」「一死」「食一・アルコール一」❷それなしではいられなくなること。「活字一」

ちゅうと-はんぱ【中途半端】［名・形動］物事が完成しないままであること。また、態度などがどっちつかずで徹底しないこと。「工事が一に終わる」「一な答え方をする」派生 -さ

チュー-トリアル【tutorial】［名］コンピューターのハードウエアやソフトウエアの使い方を解説した指導書や補助教材。▽個別指導・個人教授の意から。

ちゅう-とろ【中とろ】［名］マグロの肉で、脂肪分のやや多いもの。腹節の中ほどから尾にかけての部分。書き方「中トロ」と書くことも多い。

ちゅう-とん【駐屯】［名・自サ変］軍隊がある土地にとどまっていること。「島に一する部隊」「一地」

チュー-ナー【tuner】［名］テレビ受像器・FM受信機などで、目的とする特定の周波数の電波に同調させるための装置。同調器。

ちゅう-にかい【中二階】［名］本来の二階よりも低い位置に造られた二階。

ちゅう-にく【中肉】［名］❶太ってもやせてもいないこと。肉づきがほどよいこと。「一中背」❷品質や価格が中程度の食肉。上肉と並肉との中間の肉。

ちゅう-にち【中日】［名］❶一定の期間のまんなかにあたる日。なかび。❷彼岸七日間のまんなかの日。春分・秋分の日。彼岸の中日。

ちゅう-にち【駐日】［名］派遣されて日本に駐在していること。「一イタリア大使」

ちゅう-にゅう【注入】［名・他サ変］❶そそぎ入れること。つぎこむこと。「機械にオイルを一する」❷知識などを詰め込むこと。「一教育」

ちゅう-にん【中人】［名］大人と小人との間の者。入場券などの料金区分で、小・中学生をさしていう。⇕大人・小人

ちゅう-にん【仲人】［名］❶争いなどの仲裁をする人。仲裁人。❷なこうど。媒酌人。

チュー-ニング【tuning】［名・他サ変］❶ラジオ・テレビ放送などで、周波数を同調させること。❷楽器の音程を合わせること。また、楽器の音合わせをすること。

ちゅう-ねん【中年】［名］青年と老年との間の年頃。普通四〇代から五〇代後半あたりまでをいう。壮年。

ちゅう-のう【中脳】［名］脊椎動物の脳の一部。間脳の後方、小脳および橋の上方に位置し、聴覚・視覚などに関係する。

ちゅう-のう【中濃】［名］濃度が中くらいであること。「一ソース」

ちゅう-のり【宙乗り】［名］歌舞伎の演出で、役者を綱・滑車などでつり上げ、舞台や観客席の上を移動させること。また、その装置。宙吊り。

ちゅう-は【中波】［名］波長一〇〇〜一〇〇〇メートル、周波数三〇〇〜三〇〇〇キロヘルツの電波。ラジオ放送・船舶局・海岸局などで用いられる。

チュー-バ【tuba】［名］金管楽器の一つ。管弦楽・吹奏楽の低音部を受け持つ大型のラッパ。テューバ。

ちゅう-ハイ【酎ハイ】［名］焼酎を炭酸水で割った飲み物。▽「焼酎ハイボール」の略。

ちゅうばい-か【虫媒花】 [名] 昆虫の媒介によって受粉する花。一般に美しい花弁をもち、花粉には粘性がある。サクラ・リンゴ・アブラナ・ユリなど。

ちゅう-はば【中幅】 [名] ❶中くらいの幅。≡「—の値動き」❷大幅と小幅の中間の幅の布地。幅約四五センチメートルのもの。❸中幅の布で仕立てた女性用の帯。▼「中幅帯」の略。

ちゅう-ばん【中盤】 [名] ❶囲碁・将棋で、序盤の布石や駒組みを終えて本格的な戦いに入った局面。❷勝負事などの、なかほどまで進んだ段階。≡「試合が—に入る」❸サッカーで、前衛(フォワード)と後衛(バックス)の中間の位置。また、その位置で攻守の中継的な役割をする選手。中衛。≡「—の選手」「ワントップにして—を厚くする」◈①②⇕序盤・終盤

ちゅう-び【中火】 [名] 強火と弱火との間の、中くらいの火力。

ちゅうひ-しゅ【中皮腫】 [名] 胸膜・腹膜などの表面をおおっている中皮に発生する腫瘍。▼悪性中皮腫の多くはアスベスト(石綿)の吸入が原因。

ちゅう-ぶ【中部】 [名] ❶中央に位置する部分。まんなかの部分。≡「埼玉県の—を流れる川」❷新潟・富山・石川・福井・静岡・愛知・山梨・長野・岐阜の九県からなる地方。中部日本。▼「中部地方」の略。

チューブ【tube】 [名] ❶管。くだ。❷薄い金属板やビニールでつくった円筒形の容器。絵の具・練り歯磨き・糊などを入れ、一端の口から絞り出して使う。❸タイヤの内側に入れて空気を詰めるゴム製の管。

ちゅう-ぶう【中風】 [名] 脳卒中の通称。また、その後遺症である半身不随、手足の麻痺などの症状。ちゅうぶ。ちゅうふう。中気。

ちゅう-ふく【中腹】 [名] 山頂とふもととの中間のあたり。山腹。≡「山の—にある休憩所」

チューブ-トップ【tube top】 [名] 体にぴったりした、筒状の上衣。袖も肩ひもも付けない。

ちゅう-ぶらりん【宙ぶらりん(中ぶらりん)】 [名・形動] ❶空中にぶらさがっていること。❷どっちつかずで中途半端なこと。≡「方針が決まらず—の状態だ」

ちゅう-ぶる【中古】 [名] すでに使用されて、やや古くなっていること。また、その品物。ちゅうこ。セコハン。≡「—品」

ちゅう-ぶん【中文】 [名] ❶中国語の文章。❷中国文学。また、中国文学科。

ちゅう-へん【中編(中▼篇)】 [名] ❶三編からなる書物・映画などで、中間の編。⬇前編・後編 ❷長編小説・短編小説に対して、中くらいの長さの小説。▼「中編小説」の略。

ちゅう-ぼう【▼厨房】 [名] 台所。調理場。くりや。

ちゅう-ぼく【忠僕】 [名] 忠実に主人に仕える召し使い。

ちゅう-ぼそ【中細】 [名] 中くらいの細さであること。また、そのもの。≡「—のサインペン」

ちゅう-みつ【▼稠密】 [名・形動・自サ変] 人や人家がある地域に多く集まっていること。≡「人口の—な都市」▼「しゅうみつ」と読むのは避けたい。派生 -さ

ちゅう-もく【注目】 [名・自他サ変] 注意して見ること。また、関心をもって見守ること。≡「黒板に—する」「審議会の動向を—する」「—を浴びる」「—が集まる」

ちゅう-もん【中門】 [名] ❶寝殿造りで、東西の対の屋から南にのびる長廊の中間に設けられた門。❷寺院建築で、南大門と本堂の間に設けられた門。❸茶室の内露地と外露地の間に設けられた門。

ちゅう-もん【注文(▼註文)】 [名・他サ変] ❶品質・数量・価格などを取り決めて、品物の製作や配達などを依頼すること。≡「本[コーヒー]を—する」「—を取る」❷相手に自分の希望や条件などを示すこと。また、その希望や条件。≡「無理な—を付ける」「—相撲(=立ち合いに変化するなどの策を用いて、自分の思いどおりに相撲を取ること)」

ちゅうもん-ながれ【注文流れ】 [名] 注文を受けて整えた品物が注文主に引き取られないままになること。また、その品物。

ちゅう-や【昼夜】 [名] 昼と夜。≡「—を問わず急患を受け付ける」▼副詞的にも使う。

ちゅうや-おび【昼夜帯】 [名] 表と裏を別の布地で仕立てた女帯。▼もと黒繻子に白の裏地をつけた帯を、白を昼に、黒を夜になぞらえて呼んだことから。

ちゅうや-けんこう【昼夜兼行】 [名] 昼も夜も休まずに仕事などを続けること。≡「—で復旧にあたる」

ちゅう-ゆ【注油】 [名・自サ変] 機械などに油をさすこと。≡「モーターに—する」

ちゅう-ゆう【忠勇】 [名] 忠義と勇気。また、忠実で勇気のあること。

ちゅう-よう【中庸】 [名・形動] 特定の考えや立場にかたよらず、中正であること。行き過ぎや不足がなく、常に調和がとれていること。≡「—を得た意見」

ちゅう-よう【中葉】 [名] ある時代のなかごろ。中期。≡「一七世紀—」

ちゅうりき-こ【中力粉】 [名] 強力粉と薄力粉の中間の性質をもつ小麦粉。中間質小麦から作られ、うどんなどに用いられる。

ちゅう-りく【▼誅▼戮】 [名・他サ変] 罪を犯した者を殺すこと。≡「逆臣を—する」「—を加える」

ちゅう-りつ【中立】 [名] ❶対立する二者のいずれにも味方しないこと。中正の立場をとること。≡「—の立場」❷国際法上、戦争に参加しない国家の交戦国に対する地位。原則として交戦国双方への公平と無援助が義務づけられる。局外中立。≡「永世—国」

チューリップ【tulip】 [名] 春、鱗茎(球根)からのびる花茎の先に大形の六弁花をつけるユリ科の多年草。小アジア原産。オランダなどで品種改良され、多くの園芸品種がある。鬱金香。

ちゅう-りゃく【中略】 [名・自他サ変] 引用文などで、中間の語句を省略すること。⇕上略・下略・前略・後略

ちゅう-りゅう【中流】 [名] ❶川の上流と下流との間の流れ。❷生活程度や社会的地位が中くらいであること。また、その階層。≡「—意識[家庭]」

ちゅう-りゅう【駐留】 [名・自サ変] 軍隊が一定期間、ある土地に滞在すること。≡「—軍」

ちゅう-りょく【注力】 [名・自サ変] 目標を達成するために力を注ぐこと。≡「新規事業に—する」

ちゅう-りん【駐輪】 [名・自サ変] 自転車をとめておくこと。≡「ビルの地下に—する」「—場」

チュール-レース【和製tulle フランス+lace】 [名] 六

角形の編み目に織ったレース。多く、刺繍模様を施す。

ちゅう-れい【忠霊】［名］国や君主に忠義を尽くして死んだ人の霊。忠魂。‖「—塔」

ちゅう-ろう【中老】［名］❶武家の重臣。江戸時代では、家老の次位にあたる職。❷武家の奥女中で、老女の次位にあたる職。❸四〇歳を初老というのに対して、五〇歳くらいの年ごろ。また、その人。

ちゅう-ろう【柱廊】［名］柱と屋根だけで、壁のない廊下。コロネード。

ちゅうろう-い【中労委】［名］厚生労働省の外局の一つ。使用者・労働者・公益を代表する各一五人の委員によって構成され、重要な労働事件などの斡旋・調停・仲裁などにあたる。▽「中央労働委員会」の略。

ちゅう-わ【中和】［名］❶かたよらないで、調和がとれていること。‖「—政策」❷［自サ変］酸とアルカリが等量ずつ反応して塩と水を生じ、中性になること。❸［自他サ変］性質の異なるものがまじり合い、それぞれのきわだった性質や特性が和らぐこと。また、和らげること。‖「音楽を流して殺気だった空気を—する」

チューン［tune］［名］❶楽曲。曲。曲調。‖「ポップ—」「キラー—」❷器械などの調子を整えること。整調。同調。◈多く他の外来語と複合して使う。

チューン-ナップ［tune-up］［名・他サ変］❶機械の性能が上がるように調整すること。❷自動車の性能を高めるためにエンジンなどを改造すること。チューニング。◈「チューンアップ」とも。

チュニック［tunic］［名］細身に仕立てた七分丈の女性用の上着。

ちゅら【▽美ら】（造）沖縄方言で、美しいこと。

ちょ【著】㊀［名］書物を書きあらわすこと。また、その書物。‖「有名作家の—」「—作・—者・—述」「共—・高—・自—」㊁（造）いちじるしい。明らかになる。目立つ。‖「—聞・—名」「顕—」旧著

ちょ【緒】［名］物事のはじめ。いとぐち。‖「—言」「情—」▽「緒」の慣用読み。旧緒

◉**緒に就・く** 物事が始まる。始める。‖「調査はまだ—いたばかりだ」

ちょ【▼猪】（造）いのしし。‖「—牙・—口・—突」

ちょ【貯】（造）たくわえる。‖「—金・—蓄・—水池」

ち-よ【千代】［名］千年。また、きわめて長い年月。ちとせ。‖「—に八千代に」

ちょい［副］［俗］ちょいと。ちょっと。‖「—後ろに下がってくれ」「もう—早く来てくれ」

チョイス［choice］［名・他サ変］選ぶこと。選択。‖「ベスト—」「フィルダーズ—」

ちょい-ちょい ㊀［副］❶同じことが間をおいてくり返されるさま。たびたび。しばしば。ちょくちょく。‖「友人が—訪ねてくる」❷物が間隔を置いて存在するさま。‖「満開の桜の中にも、葉桜が—見られる」㊁［感］民謡などの囃子詞。ちょいなちょいな。

ちょい-と ㊀［副］物事の程度や数量がわずかであるさま。少しばかり。ちょっと。‖「—寄ってみよう」㊁［感］人に呼びかけるときに使う語。‖「—、早く来てごらん」

ちょい-やく【ちょい役】［名］映画・演劇・テレビなどで、ちょっとだけ出演する役。端役。

ちょう【丁】㊀［名］ばくちなどで、さいころの目の偶数。‖「—か半か」⇔半 ㊁（造）❶書物の表裏二ページ。‖「落—」❷豆腐や料理を数える語。‖「カツ丼一—」❸銃・槍・鋏・包丁・墨・三味線・駕籠など、細長い物を数える語。▽「挺」に通じる。

ちょう【庁】［名］❶内閣府または各省の外局として設けられる国の行政機関。国税庁・文化庁・気象庁など。❷公の事務を取り扱う所。役所。‖「閻魔の—」「官公—」旧廳

> **さまざまな「庁」**
> 海上保安庁・観光庁・気象庁・金融庁・区検察庁・宮内庁・警察庁・警視庁・検察庁・原子力規制庁・公安調査庁・高等検察庁・国税庁・最高検察庁・資源エネルギー庁・出入国在留管理庁・消費者庁・消防庁・水産庁・スポーツ庁・地方検察庁・中小企業庁・特許庁・復興庁・文化庁・防衛装備庁・林野庁

ちょう【兆】［名］❶数の名。億の一万倍。‖「三—円」▽きわめて数の多い意も表す。❷前ぶれ。きざし。‖「衰退の—が見える」「吉—・瑞—」

ちょう【町】㊀［名］❶地方公共団体の一つ。市と村の中間に位置する。まち。‖「—会・—長」❷尺貫法で、距離を表す単位。一町は六〇間で、約一〇九メートル。書き方「丁」とも。❸尺貫法で、土地の面積を表す単位。一町は一〇反で、約九九一七平方メートル。㊁（造）市街地。まち。‖「—家・—人」

ちょう【▼疔】［名］汗腺や皮脂腺から細菌が侵入して生じる化膿性炎症。癤。▽顔面にできたものを「面疔」という。

ちょう【長】㊀［名］❶組織・集団の中で最上位の人。かしら。‖「—を決める」「駅—・市—」❷すぐれている点。‖「一日の—がある」「—所」「特—」㊁（造）❶距離や時間などが長い。‖「—身・—文」「最—」❷長さ。‖「身—・全—」❸大きくなる。長くなる。のびる。‖「延—・成—」❹年を取っている。年上だ。‖「—老」「年—」❺一番年上である。‖「—男・—女」◈㊀②・㊁①⇔短

ちょう【朝】㊀［名］❶天子が政治をとる所。天子が治める国。‖「—に仕える」「—貢・—廷」「異—・王—・本—」❷一人の君主あるいは同系統の君主が国を治めている期間。‖「推古の—」「清—・平安—・ビクトリア—」㊁（造）❶あさ。あした。‖「—刊・—食・—礼」「早—」「一—一夕」❷「朝鮮」の略。‖「日—」

ちょう【腸】［名］消化器官の一種で、胃から続き肛門に至る細長い環状の部分。大きく小腸と大腸とに分けられる。はらわた。

ちょう【徴】㊀［名］前ぶれ。きざし。また、しるし。‖「異変の—がみられる」「—候」「象—・瑞—・特—」㊁（造）金品などを取り立てる。人を召し出す。‖「—収・—兵」「追—」旧徵

ちょう【▼蝶】［名］二対の羽を持ち、昼間、花の蜜を吸いに飛び回る昆虫。チョウ目のうち蛾を除いたもの。種類が多い。色彩の美しいものが多く、羽を立てて止まる特徴がある。ちょうちょう。ちょうちょ。

◉**蝶よ花よ** 子供をこの上なく大切に育てるさま。‖「—と育てられる」

ちょう【調】㊀［名］❶律令制下の租税の一つで、絹・糸・布など、諸国の産物を納めさせたもの。‖「租、庸、—」❷絶対音高をもつ主音を中心に組み立てられている音の体系。長調と短調に大別され、それぞれの調は主音の位置によってハ長調・イ長調などと呼ばれる。㊁［接尾］そのようなおもむき・形式である意を表す。‖「七

五―・スイング―・ルノアール―・バロック―」 ⊟(造) ❶ととのえる。つりあいがとれる。‖「―律・―和」「協―」❷おもむき。‖「格―・論―」❸しらべる。‖「―査・―書」

ちょう【▼寵】[名] 特にかわいがること。また、かわいがられること。‖「藩主の―を得る」「―愛」「恩―」

ちょう【弔】(造) 死者をいたむ。とむらう。‖「―辞・―電・―問」「慶―」

ちょう【挑】(造) いどむ。しかける。‖「―戦・―発」

ちょう【重】(造) ❶おもい。‖「軽―・輜―」❷おもんじる。大切にする。‖「―宝」「貴―・尊―」❸おもおもしい。‖「慎―・鄭―」❹かさなる。‖「―畳・―複」

ちょう【▼挺】(造) 銃・鋏・墨・三味線・駕籠など、細長い物を数える語。▽「丁」に通じる。書き方「▼梃」とも書くが、当て字。

ちょう【帳】(造) ❶とばり。たれまく。‖「緞―」❷記入するために紙をとじたもの。‖「―簿」「手―」

ちょう【張】(造) ❶たるまないように、はる。ひろげる。‖「―力」「拡―・緊―」❷意見を展開する。‖「主―」❸琴・弓・鼓・幕・蚊帳などを数える語。

ちょう【彫】(造) 模様などをきざみつける。ほる。‖「―金・―刻・―像」

ちょう【眺】(造) 遠くを望み見る。ながめる。‖「―望」

ちょう【釣】(造) 魚をつる。‖「―果・―魚」

ちょう【頂】(造) ❶頭のてっぺん。‖「骨―」❷物のいちばん高い所。‖「―上・―点」「絶―」❸いただく。‖「―戴」

ちょう【鳥】(造) とり。‖「駝―・文―・野―」

ちょう【▼脹】(造) ふくれる。はれる。‖「膨―」

ちょう【貼】(造) はりつける。‖「―付・―用」

ちょう【超】(造) ❶ある限度・程度を超えている。‖「―過・―音波・―満員」▽「五〇人超」は、基準の数値を含まないでそれより上、すなわち、五一人以上の意。❷他とかけはなれている。また、とび抜けてすぐれている。‖「―人・―絶」❸〔俗〕〈形容詞・形容動詞に冠して〉その程度が甚だしいことを強調する。非常に。‖「―やばい・―きらい」

ちょう【▼牒】(造) 文書を書きつける札。また、書きつけ。公文書。‖「通―・符―」

ちょう【跳】(造) 地をけってとびあがる。はねる。‖「―馬・―躍」

ちょう【▼暢】(造) ❶のびる。‖「―茂」❷とおる。とどく。‖「流―」

ちょう【嘲】(造) あざける。ばかにする。‖「―笑」「自―」

ちょう【澄】(造) 濁りがない。すむ。すます。‖「清―」

ちょう【潮】(造) ❶海水の干満。また、海水の流れ。‖「―位」❷世の中の動き。傾向。‖「思―・風―」

ちょう【▼諜】(造) ひそかに敵情を探る。‖「―報」「間―」

ちょう【聴】(造) ❶きく。注意深くきく。‖「―取・―衆」「盗―・拝―・傍―」❷ききいれる。ゆるす。‖「―納」旧聽

ちょう【懲】(造) こらしめる。‖「―役・―戒」「勧善―悪」旧懲

ちょう‐あい【▼寵愛】[名・他サ変] 特に大切にしてかわいがること。‖「王の―を受ける」

ちょう‐あい【帳合い】[名] ❶現金・在庫商品などと帳簿を照合し、計算や記入の正誤を確かめること。❷帳簿に収支を記入して損益を計算すること。

ちょう‐い【弔意】[名] 人の死をいたみ悲しむ気持ち。哀悼の情。‖「―を表する」

ちょう‐い【弔慰】[名・他サ変] 死者をとむらい、遺族をなぐさめること。‖「―金」

ちょう‐い【潮位】[名] 一定の基準面から測った海面の高さ。潮の干満によって変化する。潮高。

ちょう‐いき【超域】[名] 既存の領域を超えること。特に、学問などで、定められた領域にこだわらないで、それをこえること。‖「―研究」

ちょう‐いん【調印】[名・自サ変] 条約・協定などの公文書に双方の代表者が署名・捺印すること。‖「講和条約[文書]に―する」「―式」使い方「条約を調印する」など他動詞の用法も見られる。

ちょう‐えき【懲役】[名] 自由刑の一つ。その刑に処せられた者を刑務所に拘置し、一定の労役に服させるもの。無期と有期とがある。‖「―七年の判決」

ちょう‐えつ【超越】[名・自サ変] ❶普通の程度をはるかにこえていること。とびぬけてすぐれていること。‖「他を―した才能」❷考え方や態度がある枠をこえて、別のより高い次元にあること。‖「時代を―した作品」

ちょう‐えん【長円】[名] 楕円。‖「―形」

ちょう‐えん【腸炎】[名] 細菌感染や暴飲暴食によって起こる腸粘膜の炎症。腹痛・下痢・嘔吐・発熱などの症状がみられる。腸カタル。

ちょう‐おん【長音】[名] 長く引きのばして発音する音。一音節の母音の部分を長くのばした発音。「おとうさん」の「とう」、「ビール」の「ビー」など。⇕短音

ちょう‐おん【調音】[名] ❶[自サ変] ある音声を発するために、声門から上の音声器官が必要な位置をとって閉鎖・摩擦・振動などの運動をすること。❷[他サ変] 調律。

ちょう‐おん【聴音】[名・自他サ変] 音を聞きとり、聞きわけること。‖「―機」

ちょう‐おんかい【長音階】[名] 全音階のうち、第三音と第四音の間、第七音と第八音の間が半音で、その他の各音の間は全音程をなす音階。階名でドを主音とし、ド・レ・ミ・ファ・ソ・ラ・シ・ドと並ぶ。⇕短音階

ちょう‐おんそく【超音速】[名] 音速(秒速約三四〇メートル)よりも速い速度。マッハ数で表す。スーパーソニック。‖「―旅客機」

ちょう‐おんぱ【超音波】[名] 人間の耳には音として感じられない周波数の音波(不可聴音波)。水深測定、魚群探知、金属内の探傷、医療診断、殺菌、宝石・ガラスの切断などに利用される。

ちょう‐か【弔花】[名] 葬儀などで、死者をとむらうために供える生花や花輪。

ちょう‐か【町家】[名] ❶町の中にある家。まちや。❷町人の家。特に、商売をしている家。商家。

ちょう‐か【長歌】[名] 和歌の歌体の一つ。五・七音の句を三回以上続け、最後を七音で結ぶ。反歌として短歌を添えることが多い。長歌。▽万葉集に多くみられるが平安時代以降は衰退した。

ちょう‐か【釣果】[名] 魚釣りの成果。釣れた獲物やその量。

ちょう‐か【超過】[名・自サ変] 数量・時間などが決められた限度を超えること。‖「―料金・―勤務」

ちょう‐が【朝賀】[名] 元日の朝、大臣以下諸臣が大極殿に集まって天皇に年賀のことばを述べる儀

式。朝拝。▽律令制下では重要な儀式だったが、平安中期以降は簡略化された。

ちょう‐かい【町会】[名] ❶町内に住む人々の自治組織。町内会。❷町議会の旧称。また、町議会の略。

ちょう‐かい【朝会】[名] 朝の集会。朝礼。

ちょう‐かい【懲戒】[名・他サ変] ❶こらしめ、いましめること。❷公職にある者の義務違反に対し、国または公共団体が制裁を科すこと。また、その制裁。▽一般職の国家・地方公務員には、免職・停職・減給・戒告の懲戒がある。

ちょう‐かく【弔客】[名] 死者をとむらうために来る客。弔問客。ちょうきゃく。

ちょう‐かく【頂角】[名] 三角形の底辺に対する角。「富士の—、広重の富士は八十五度、文晁の富士も八十四度くらい〈太宰治・富嶽百景〉」

ちょう‐かく【聴覚】[名] 音を感受する感覚。昆虫類と脊椎動物にのみみられる。「—器官」

ちょう‐カタル【腸カタル】[名] 腸炎。

ちょう‐かん【長官】[名] 中央官署の外局など、官庁を統率する最高の官職。「最高裁判所—」

ちょう‐かん【鳥▼瞰】[名・他サ変] 鳥が空から見おろすように、高い所から地上を見おろすこと。また、全体を広く見渡すこと。書き方 新聞はもと「鳥観」で代用した。 瞰

ちょう‐かん【朝刊】[名] 日刊新聞で、朝、発行される新聞。⇔夕刊

ちょう‐かん【腸管】[名] 消化管。

ちょう‐かん‐ず【鳥▼瞰図】[名] 空中から下界を見おろしたように描いた図。「市街の—」

ちょう‐き【弔旗】[名] 弔意を表すために掲げる旗。黒布をつけたり、半旗にしたりする。

ちょう‐き【長期】[名] 長い期間。長期間。「—に及ぶ滞在」「—戦・—予報」⇔短期

ちょう‐き【▼寵▽姫】[名] 君主の寵愛する侍女。愛妾。

ちょう‐ぎ【朝議】[名] 朝廷の会議。

ちょう‐ぎかい【町議会】[名] 地方公共団体である町の議決機関。町民から公選された町会議員によって構成される。

ちょう‐きゃく【弔客】[名] ➡ちょうかく(弔客)

ちょう‐きゅう【長久】[名] 長く続くこと。永久。

ちょう‐きゅう【徴求】[名・他サ変] 金融機関などが担保や保証人を要求すること。

ちょう‐きょ【聴許】[名・他サ変] 願いや訴えを聞き入れて許すこと。

ちょう‐ぎょ【釣魚】[名] 魚を釣ること。魚釣り。また、その対象となる魚。釣り魚。

ちょう‐きょう【調教】[名・他サ変] 馬・犬・猛獣などを目的に応じて訓練すること。「—師」

ちょう‐きょり【長距離】[名] ❶長い距離。「—輸送」❷陸上競技のトラックレースで、三〇〇〇メートル・五〇〇〇メートル・一万メートルの競走。▽「長距離競走」の略。◈⇔短距離・中距離

ちょう‐きん【彫金】[名・自サ変] たがねを使って金属に彫刻を施すこと。また、その技法。「—家」

ちょう‐きん【超勤】[名] 規定の勤務時間をこえて勤務すること。「—手当」▽「超過勤務」の略。

ちょう‐く【長句】[名] ❶普通より字数の多い句。特に漢詩で、五言の句に対して七言の句。❷連歌・連句で、短歌の上の句に相当する五・七・五の句。◈⇔短句

ちょう‐く【長駆】[名・自サ変] ❶遠い距離を馬で走ること。❷長い距離を一気に走ること。

ちょう‐く【長▼軀】[名] 背丈の高いこと。また、その体。⇔短軀

ちょう‐けい【長兄】[名] いちばん年上の兄。伯兄。

ちょう‐けし【帳消し】[名] ❶貸借などの金銭勘定が済んで、帳面の記載を消すこと。棒引き。「—にする」❷金銭などの貸借関係が消滅すること。「これで借りは—だ」❸差し引いて損得がなくなること。相殺されて以前の価値や意味が失われること。「ヒットを打ったからさっきのエラーは—だ」

ちょう‐けつ【長欠】[名・自サ変] 長い期間にわたって学校や勤務先を休むこと。「病気で—する」「—児童」▽「長期欠席」「長期欠勤」の略。

ちょう‐けん【長剣】[名] ❶長い剣。❷時計の長針。◈⇔短剣

ちょう‐けん【朝見】[名・自サ変] 臣下が参内して天子にお目にかかること。「—の儀」

ちょう‐げん【調弦】[名・自他サ変] 弦楽器の弦の音高をととのえること。

ちょう‐こう【兆候・徴候】[名] 物事が起こる前ぶれ。きざし。「腸チフスの—がある」

ちょう‐こう【長江】[名] ❶長大な川。❷揚子江。チャンチアン。

ちょう‐こう【長考】[名・自サ変] 長い時間をかけて考えること。「—にふける」

ちょう‐こう【長講】[名] 講演・講談などを、普通より長い時間行うこと。また、その話。「—一席」

ちょう‐こう【彫工】[名] 彫刻を職業とする人。彫刻師。彫り師。彫り物師。

ちょう‐こう【朝貢】[名・自サ変] 外国の使者がきて朝廷に貢ぎ物を差し出すこと。来貢。「—船」

ちょう‐こう【調光】[名・他サ変] 照明の明るさを連続的に強めたり弱めたりして調節すること。

ちょう‐こう【調香】[名・自他サ変] 香水などを作るために、何種類かの香料を調合すること。「—師(=香料を調合して特定の香りを作る専門家)」

ちょう‐こう【聴講】[名・自他サ変] 講義を聴くこと。「—生(=大学などで、正規の籍はないが特に講義を聴くことを許された者)」

ちょう‐ごう【調号】[名] その楽曲の調を示すために、譜表の音部記号のあとに記す嬰記号や変記号。調記号。

ちょう‐ごう【調合】[名・他サ変] 薬などを決められた分量どおりにまぜ合わせること。

ちょうこう‐ぜつ【長広舌】[名] 長々としゃべりたてること。「—をふるう」▽「広長舌」の転。

ちょう‐こく【彫刻】[名・自他サ変] 木・石・金属などに文字・模様・絵などを彫り刻むこと。また、木・石・金属などを彫り刻んで立体的な像をつくること。また、その作品。「—家」

ちょう‐こく【超克】[名・自サ変] 困難などを乗り越え、それにうちかつこと。「煩悩を—する」

ちょうこく-とう【彫刻刀】テウコクタウ ［名］彫刻用の小刀。種々の刃形のものがある。平刀・丸刀・三角刀など。

ちょう-さ【調査】テウ ［名・他サ変］ある事柄の実態や事実関係を明らかにするために調べること。また、その調べた内容。「古墳の発掘—」「市場—」

ちょう-ざ【長座(長▼坐)】チャウ ［名・自サ変］人を訪問して、長時間そこにいること。長居(ながい)。「思わぬ—を致し、失礼しました」書き方 本来は「長坐」。

ちょう-ざい【調剤】テウ ［名・自他サ変］薬剤を調合すること。

ちょう-ざめ【▼蝶▼鮫】テフ ［名］北半球に分布するチョウザメ科の硬骨魚の総称。体は円筒形で、菱形の硬鱗(こうりん)が縦に五列並ぶ。肉は食用、卵の塩漬けをキャビアと呼び珍重する。海産と淡水産とがある。▼軟骨魚のサメとは別種。

ちょうさん-ぼし【朝三暮四】テウサン ［名］目の前の違いに心を奪われて、結果が同じになることに気がつかないこと。また、ことば巧みに人をだますこと。語源 宋の狙公(そこう)が飼っていた猿に橡(とち)の実を与えるとき、朝に三つ、夕方に四つやろうと言うと怒ったので、それなら朝に四つ、夕方に三つやろうと言うと大喜びしたという、『列子』『荘子』にある寓話に基づく。

ちょう-し【弔詞】テウ ［名］弔辞。

ちょう-し【長子】チャウ ［名］最初に生まれた子。⇔末子(ばっし・まっし)

ちょう-し【長姉】チャウ ［名］一番上の姉。

ちょう-し【長詩】チャウ ［名］長編の詩。⇔短詩

ちょう-し【銚子】テウ ［名］❶酒を入れて燗(かん)をするための瓶状の容器。徳利。「お—をつける」❷酒を入れて杯につぐための、長い柄のついた金属製または木製の器。

ちょう-し【調子】テウ ［名］❶音楽で、音律の高低。❷表現するときの具合。からだの状態や感情などに左右される口調、音声の強弱、文章の勢いなど。「激しい—で話す」「軽い—のエッセイ」❸体・気分などの具合・状態。また、機械などが動く具合・状態。「胃の—がよくない」「エンジンの—が悪い」❹物事を行う勢い。はずみ。「だんだん—が出てくる」

◉**調子に乗・る** ❶仕事などが順調に進む。❷おだてられたりして、いい気になって物事を行う。

◉**調子を合わ・せる** ❶音の高低・強弱・速さなどを調節する。❷相手にさからわないで、話や態度を合わせる。

ちょう-し【聴視】チャウ ［名・他サ変］聞くことと見ること。聞いたり見たりすること。視聴。「—者」

ちょう-じ【丁子・丁字】チャウ ［名］❶東南アジアやアフリカで栽培されるフトモモ科の常緑高木。長楕円(だえん)形の葉には油点がある。淡紅色の筒状花は香りが高い。❷①のつぼみを乾燥させたもの。香料・香辛料にする。丁香(ちょうこう)。クローブ。❸①のつぼみ・葉などから得る油。香料・薬用にする。▼「丁子油」の略。

ちょう-じ【弔事】テウ ［名］死去・葬式などのくやみごと。⇔慶事

ちょう-じ【弔辞】テウ ［名］人の死をいたみ、死者をとむらうためのことばや文。弔詞。「—を読む」

ちょう-じ【▼寵児】 ［名］❶特別にかわいがられている子供。❷時流に乗って世間からもてはやされている人。「時代の—」

ちょう-しぜん【超自然】テウ ［名・形動］自然の法則を超えていて、理論では説明がつかないこと。「—現象」

ちょう-しつ【調湿】テウ ［名・自サ変］空気中の湿度を調節すること。「建材で—する」「—装置」

ちょうし-づ・く【調子づく(調子付く)】テウシ ［自五］❶勢いがつく。調子が出る。「—かせると手ごわいチーム」❷得意になってうわつく。調子に乗る。

ちょう-じめ【帳締め】チャウ ［名］帳簿に記入された収入や支出を決算すること。書き方「帳▼〆」とも書く。

ちょうし-もの【調子者】テウシ ［名］すぐ調子にのって軽はずみなことをする人。また、すぐに相手と調子を合わせていい加減なことをする人。お調子者。

ちょう-しゃ【庁舎】チャウ ［名］官公庁の建物。

ちょう-じゃ【長者】チャウ ［名］❶財力があって、地位や徳の高い年長者。❷大金持ち。富豪。「億万—」

ちょう-じゃく【長尺】チャウ ［名］普通より長いこと。また、そのもの。ちょうしゃく。「—物(もの)」「—フィルム」「—用紙」

ちょう-しゅ【聴取】チャウ ［名・他サ変］❶事情・情況などをききとること。「関係者の意見を—する」「事情—」❷ラジオなどをきくこと。「—者」「—率」

ちょう-じゅ【長寿】チャウ ［名］寿命が長いこと。長生きすること。長命。「—を保つ」「不老—」▼長く続くもののたとえとしても使う。「—番組」

ちょう-しゅう【徴収】ーシウ ［名・他サ変］法規や規約に基づいて金銭を取り立てること。「会費を—する」「源泉—」

ちょう-しゅう【徴集】ーシフ ［名・他サ変］国や公的機関が必要とする人や物を強制的に集めること。特に、兵役制度で、兵役義務のある成年男子を現役または補充兵として強制的に呼び集めること。

ちょう-しゅう【聴衆】チャウ ［名］講演・音楽などを聞きに集まった人々。

ちょう-じゅう【弔銃】テウ ［名］軍人などの葬儀で、弔意を表すために小銃を一斉に撃つこと。

ちょう-じゅう【鳥獣】テウジウ ［名］とりや、けもの。禽獣(きんじゅう)。「—保護区」

ちょう-しょ【長所】チャウ ［名］特にすぐれているところ。「—を生かす」「—を伸ばす」⇔短所

ちょう-しょ【調書】テウ ［名］❶ある事柄について調べた事実を記載した文書。調査書。❷訴訟法上、訴訟手続きの経過・内容を記載した公文書。裁判所・捜査機関などが作成する。

ちょう-じょ【長女】チャウヂョ ［名］きょうだいのうち、最初に生まれた女子。総領娘。

ちょう-しょう【弔鐘】テウ ［名］死者をとむらって打ち鳴らす鐘。

ちょう-しょう【長▼嘯】チャウセウ ［名・自他サ変］声を長くのばして詩歌を吟ずること。 嘯

ちょう-しょう【徴証】 ［名・他サ変］証拠となるもの。あかし。また、証拠をあげて明らかにすること。

ちょう-しょう【嘲笑】テウセウ ［名・他サ変］あざけり笑うこと。あざ笑い。「世間の—を買う」

ちょう-しょう【▼寵▼妾】ーセフ ［名］寵愛(ちょうあい)するめかけ。愛妾(あいしょう)。

ちょう-じょう【長上】チャウジャウ ［名］年上の人。また、目上の人。

ちょう-じょう【長城】チャウジャウ ［名］長々と築かれた城壁。特に、中国の万里の長城。

ちょう-じょう【重畳】ーテフ ［名］❶［自他サ変・形動］いくつも重なっていること。いくつも重ねること。「信号にノイズが—する」「画像を—する」「—たる山並み」❷

〔形動〕この上なく満足なこと。‖「無事で—だ」▽感動詞的にも使う。

ちょう‐じょう【頂上】チャウジャウ〔名〕❶山などのいただき。てっぺん。‖「岩木山の—に立つ」❷それより上のない状態に達していること。‖「この暑さも今が—だ」❸最高の地位。また、その地位の人。‖「—会談」

ちょうじょう‐げんしょう【超常現象】テウジャウゲンシャウ〔名〕心霊現象や奇跡など、現在の科学では合理的な説明ができないような現象。

ちょう‐しょく【朝食】テウ〔名〕朝の食事。あさめし。‖「七時に—をとる」⇔昼食・夕食

ちょう‐じり【帳尻】チャウ〔名〕❶帳簿の記載の最後の部分。また、収支決算の結果。‖「—が合わない」❷物事のつじつま。‖「何とか話の—を合わせた」

ちょう・じる【長じる】チャウ〔自上一〕⇒長ずる

ちょう‐しん【長身】チャウ〔名〕背が高いこと。長軀ちょうく。‖「—瘦軀そうく」⇔短身

ちょう‐しん【長針】チャウ〔名〕時計の長いほうの針。分針。長剣。⇔短針

ちょう‐しん【調進】テウ〔名・他サ変〕注文の品をととのえて納めること。調達。‖「引き出物の菓子を—する」

ちょう‐しん【聴診】チャウ〔名・他サ変〕医者が診断の手がかりとするために体内の心音・呼吸音などを聴きとること。

ちょう‐しん【▼寵臣】〔名〕主君から寵愛ちょうあいされている家臣。気に入りの家来。

ちょう‐じん【鳥人】テウ〔名〕すぐれた飛行士やスキーの跳躍選手などを鳥にたとえていう語。

ちょう‐じん【超人】テウ〔名〕並はずれてすぐれた能力をもっている人。スーパーマン。‖「—的な活躍」

ちょうしん‐き【聴診器】チャウシン〔名〕聴診に用いる器具。患者の体に集音部を当て、拾った音を分岐したゴム管で両耳に伝えるもの。

ちょう‐しんせい【超新星】テウ〔名〕恒星が急激に輝きを増したのち、ゆっくりと暗くなる現象。星が進化する最終段階で起こる大爆発によるものと考えられる。

ちょうしん‐るこつ【彫心▼鏤骨】テウシン〔名・自サ変〕非常に苦心して詩文を練りあげること。ちょうしんろうこつ。‖「—の作」▽心に彫り、骨に刻み込む意から。

鏤

ちょう‐ず【▽手▽水】テウヅ〔名〕❶手や顔を水で洗い清めること。また、その水。❷用便。また、便所。◈「てみず」の転。

ちょう‐すいろ【長水路】チャウ〔名〕競泳用プールで、コースの長さが五〇メートル以上のもの。⇔短水路

ちょう‐すう【丁数】チャウ〔名〕多く和装本で、書物の紙の枚数。▽一丁は表裏二ページをさす。

ちょうず‐ば【▽手▽水場】テウヅ〔名〕〔古風〕❶便所のそばにある、手を洗う所。❷便所。かわや。ちょうず。

ちょうず‐ばち【▽手▽水鉢】テウヅ〔名〕手を洗う水を入れておく鉢。

ちょう・する【弔する】テウ〔他サ変〕人の死をいたみ、悔やみをいう。とむらう。‖「友人の死を—」文てう・す

ちょう・する【徴する】〔他サ変〕❶呼び出す。召す。‖「兵を—」❷求める。‖「意見を—」❸取り立てる。‖「税を—」❹ある物事に証拠や根拠になるものを求める。‖「その現象を実例に—・して説明する」文ちょう・す

ちょう・ずる【長ずる】チャウ〔自サ変〕❶成長する。‖「—につれてますます父親に似てきた」❷優れる。秀でる。‖「彼は音楽に—・じている」❸年上である。‖「妹に—こと三歳」文ちゃう・ず 異形 **長じる**

ちょう‐せい【町制】チャウ〔名〕地方公共団体である町の構成・機関・権限などに関する制度。

ちょう‐せい【長生】チャウ〔名・自サ変〕長生きをすること。ながいき。‖「不老—の秘薬」

ちょう‐せい【長逝】チャウ〔名・自サ変〕死ぬこと。逝去。▽遠くに去って永久にかえらない意。

ちょう‐せい【調製】テウ〔名・他サ変〕注文に応じて作ること。‖「式服を—する」

ちょう‐せい【調整】テウ〔名・他サ変〕ある基準に合わせてちょうどよい状態にすること。過不足をなくしてつり合いのとれた状態にすること。また、折り合いをつけること。‖「機械[日程]を—する」「年末—」

ちょう‐ぜい【徴税】〔名・自他サ変〕税金を取り立てること。

ちょう‐せき【長石】チャウ〔名〕ナトリウム・カルシウム・カリウムなど、アルミノ珪酸塩けいさんえんからなる鉱物。白色で、ガラス光沢がある。造岩鉱物としてほとんどの岩石中に含まれる。

ちょう‐せき【朝夕】テウ〔名〕❶朝と夕方。あさゆう。❷朝から晩まで。いつも。‖「—努力を怠らない」▽副詞的に使う。

ちょう‐せき【潮▼汐】テウ〔名〕月および太陽の引力によって海水面が周期的に昇降する現象。ふつう満潮と干潮とが一日二回ずつ起こる。

ちょう‐せつ【調節】テウ〔名・他サ変〕ちょうどよい状態にととのえること。つり合いがとれるようにすること。‖「ラジオの音量を—する」「自動温度—装置」

ちょう‐ぜつ【超絶】テウ〔名・自サ変〕❶他と比較にならないほど、とびぬけてすぐれていること。‖「—した技巧」❷他とは無関係により高い次元にあること。超越。‖「世俗を—する」

ちょう‐せん【挑戦】テウ〔名・自サ変〕❶戦いや試合をしかけること。❷困難な物事や記録更新などに立ち向かうこと。‖「—状」「—的な態度」「限界に—する」

ちょうせん【朝鮮】テウセン〔名〕アジア大陸東部の朝鮮半島と、その周辺の島々からなる地域。北緯三八度線を境に、北部に朝鮮民主主義人民共和国、南部に大韓民国がある。

ちょう‐ぜん【超然】テウゼン〔形動タルト〕物事にこだわらないで、ゆうゆうとしているさま。また、世俗のことにとらわれないさま。‖「何を言われても—としている」

ちょうせん‐にんじん【朝鮮人▽参】テウセン〔名〕薬用に栽培されるウコギ科の多年草。朝鮮半島・中国原産。肉質の根を滋養薬・強壮薬として珍重する。御種おたね人参。高麗こうらい人参。

ちょう‐そ【彫塑】テウ〔名〕❶彫刻と塑像そぞう。また、その作品。❷塑像。また、塑像を作ること。

ちょう‐そう【鳥葬】テウサウ〔名〕肉食鳥に遺体を啄ついばませる葬法。チベットや西インドのゾロアスター教徒の間で行われる。

ちょう‐ぞう【彫像】テウザウ〔名〕彫刻して像を作ること。また、その像。

ちょう‐そく【長足】チャウ〔名〕進み方がはやいこと。‖「—の進歩を遂げる」▽長い足で速く歩く意から。

ちょう‐ぞく【超俗】テウ〔名〕俗界を超越すること。世俗にかかわらず超然としていること。‖「—の境地」

ちょう-そん【町村】チャウ [名] 町と村。特に、地方公共団体としての町と村。☰「―合併・―役場」

ちょう-だ【長打】チャウ [名・自サ変] 野球で、二塁打・三塁打・本塁打の総称。ロングヒット。

ちょう-だ【長蛇】チャウ [名] ❶長く大きなヘビ。❷列などが長く続いていること。☰「入場券売り場に―の列ができる」

◉長蛇を逸(いっ)する 惜しい獲物や好機を取りのがす。

ちょう-だい【長大】チャウ [名・形動] 長くて大きいこと。また、丈が高くて大きいこと。☰「―な叙事詩」「樹幹の―な針葉樹」⇔短小 派生 ―さ

戴

ちょう-だい【頂戴】チャウ [名] ❶ [他サ変] もらうことをいう謙譲語。Aからもらうことについて、Aを高める。いただく。☰「ありがたく―いたします」「先生からご意見を―する」❷ [他サ変] 飲食することをいう謙譲語。Aからもらって食べたり飲んだりすることについて、Aを高める。☰「もう十分―しました」❸〈文末で動詞の命令形のように使って〉相手に要求・依頼する意を、親しみの気持ちをこめていう語。ください。☰「おやつを―」「(買い物で)この大根―」❹〈「…て[で]ちょうだい」の形で、補助動詞の命令形のように使って〉相手に要望・懇願する意を、親しみの気持ちをこめていう語。…ください。☰「ちょっと待って―」「これ買って―」「無理をしないで―」◈ 書き方 ④は、かな書きが多い。「頂載」は誤り。

ちょう-たいそく【長大息】チャウ [名・自サ変] 長く大きなため息をつくこと。また、そのため息。長嘆息。

ちょうだい-もの【頂戴物】チャウダイ [名] 頂戴した品物。頂き物。

ちょう-たく【彫▼琢】テウ [名・他サ変] ❶宝石などを刻んで磨くこと。☰「美しく―された紅玉」❷詩文を練りあげること。☰「丹念に―された名文」

ちょう-たつ【▼暢達】チャウ [名・形動] のびのびしていること。☰「―な筆跡」

ちょう-たつ【調達】テウ [名・他サ変] 必要な金品などをとりそろえること。また、取りそろえて求める相手に届けること。ちょうだつ。☰「資金を―する」

ちょう-だつ【超脱】テウ [名・自サ変] ある枠からぬけでること。また、俗世間の物事から離れること。☰「俗事から―する」

ちょう-たん【長短】チャウ [名] ❶長いことと短いこと。また、長いものと短いもの。❷長いか短いか。長さ。☰「―を測る」❸長所と短所。また、余っている所と足りない所。☰「―併せ持つ」

ちょう-たんそく【長嘆息(長▼歎息)】チャウ [名・自サ変]「長大息」に同じ。

ちょう-たんぱ【超短波】テウ [名] 波長一～一〇メートル、周波数三〇～三〇〇メガヘルツの電波。FM放送などに使う。

ちょう-チフス【腸チフス】チャウ [名] 腸チフス菌の経口感染によって起こる感染症。高熱が持続し、腸出血・腸穿孔(ちょうせんこう)を起こすこともある。

擲

ちょう-ちゃく【▽打▼擲】チャウ [名・他サ変] 人をたたくこと。なぐること。

ちょう-ちょ【▼蝶】テフ [名]「ちょうちょう(蝶蝶)」の転。蝶(ちょう)。

ちょう-ちょう【町長】チャウチャウ [名] 地方公共団体である町の長。町を代表し、町政を統轄する執行機関の長。また、その人。町民の直接選挙で選ばれ、任期は四年。

ちょう-ちょう【長調】チャウテウ [名] 長音階に基づく楽曲の調。ハ長調・ト長調など。⇔短調

ちょう-ちょう【▼蝶▼蝶】テフテフ [名] 蝶(ちょう)。

ちょう-ちょう【丁丁(▽打▽打)】チャウチャウ [副ト] 物を続けて打つ音が高く響くさま。☰「鉈(なた)の音が―とする〈漱石〉」

ちょう-ちょう【▼喋▼喋】テフテフ [副ト] よくしゃべるさま。☰「人生について―と論じる」

ちょうちょう-なんなん【▼喋▼喋▼喃▼喃】テフテフ [形動タリ] うちとけて小声で語り合うさま。特に、男女が仲むつまじく語り合うさま。▼「喃喃」はささやくさま。

ちょうちょう-はっし【丁丁発止】チャウチャウ [副ト] ❶刀などで激しく打ち合う音を表す語。また、打ち合うさま。❷激しく議論をたたかわせるさま。☰「―と渡り合う」

ちょう-ちん【▽提▽灯】チャウ [名] 細い竹ひごを骨にして作った球形や円筒形の枠に紙などを貼り、折り畳み式にした照明具。中にろうそくをともす。☰「―行列」⬇行灯(あんどん)[ことば比べ] 数「一張(ひとはり)…」と数える。

◉提灯に釣り鐘(がね) 釣り合いがとれないことのたとえ。

ちょうちん-きじ【▽提▽灯記事】チャウチン [名] ある人や組織を宣伝するために、その長所や業績を誇張して書く記事。☰「政府の―を書く」▼「提灯持ちの記事」の意。

ちょうちん-もち【▽提▽灯持ち】チャウチン [名] ❶提灯を持って足もとを照らしながら先導する役。また、その人。❷ある人の手先になってその人をほめ、あるいは宣伝して回ること。また、そのような人をあざけっていう語。

ちょう-つがい【▼蝶▽番】テフツガヒ [名] ❶開き戸や開き蓋(ぶた)を支え、自由に開閉できるように取りつける金具。二枚の金属板と一本の回転軸を組み合わせたもの。ちょうばん。❷からだの関節。☰「腰の―が外れる」

ちょう-づけ【丁付け】チャウ [名] 書物に順を追って枚数やページ数をつけること。また、その数字。

ちょう-づけ【帳付け】チャウ [名] ❶帳面に書き付けること。また、その役の人。❷買った品物を帳面に付けさせておき、月末や節季に代金を支払うこと。つけ。◈「ちょうつけ」ともいう。

ちょう-づめ【腸詰め】チャウ [名] ソーセージ。

ちょう-づら【帳面】チャウ [名] 帳面づら。

ちょう-てい【長▼汀】チャウ [名] 長く続くなぎさ。

ちょう-てい【朝廷】テウ [名] 天子が政治を行う所。また、天子を中心にして政治を行う機関。☰「大和―」

ちょう-てい【調停】テウ [名・他サ変] ❶対立する両者の間に入り、争いをやめさせること。❷第三者が紛争当事者の間に入って双方の譲歩を引き出し、合意に基づく和解に導くこと。民事調停・家事調停など。❸労働争議が当事者間で解決できないとき、調停委員会が調停案を作成し、その受諾を勧告して解決に導くこと。

ちょうてい-きょくほ【長▼汀曲▼浦】チャウテイ [名] 長々と続く波打ち際と、曲がりくねった浦。

ちょう-てき【朝敵】テウ [名] 朝廷に反逆する敵。天子にそむく者。

ちょう-てん【頂点】チャウ [名] ❶最も高い所。いただき。てっぺん。☰「山の―に立つ」❷その世界で最高の地位。☰「政界の―に立つ」❸極限の状態。また、最高の状態。☰「不満が―に達する」「いまや人気の―にある歌手」❹数学で、二直線が交わって角をつくっている点。多角形の隣り合う二辺の交点や、多面体の三つ以上の面が交わる点など。

ちょう-でん【弔電】テウ [名] 弔意を述べる電報。悔

やみの電報。「―を打つ」

ちょうでんどう【超伝導・超電導】テウデンダウ［名］ある種の金属・合金などの温度を絶対零度近くまで下げていくと、ある温度（臨界温度）以下で電気抵抗がゼロになる現象。

ちょうと【長途】チャウ―［名］長いみちのり。長い旅路。

ちょうと【丁と】チャウ―［副］物と物とが激しくぶつかり合って音を発するさま。また、その音を表す語。はっしと。「刀を―小太刀（こだち）で受け止める」

ちょうど【調度】テウ―［名］日常、身のまわりに置いて使う道具類。また、小さな家具類。「―品」

ちょうど【丁度・▼恰度】チャウ―［副］❶数量・大きさ・時刻などが、基準に過不足なく一致するさま。きっかり。ぴったり。「ここに―一万円ある」「九時―に出発する」❷その時と、ある物事が行われている時とが重なるさま。「今―うわさをしていたところだ」❸それがそのままある物事にたとえられるさま。まるで。あたかも。「―宝石のように青い海」

ちょうとう【長刀】チャウタウ［名］長いかたな。大刀。

ちょうどうけん【聴導犬】チャウダウ―［名］音を知らせて聴覚に障害がある人を介助するように訓練された犬。

ちょうとうは【超党派】テウタウ―［名］複数の政党がそれぞれの政策・利害などを超えて協力し合うこと。

ちょうどきゅう【超▼弩級】テウドキフ［名］同類のものよりもとびぬけて規模が大きいこと。「―の台風」▽弩級艦を超える超大型の戦艦の意から。⬇弩級

ちょうとっきゅう【超特急】テウトクキフ［名］❶特別急行列車よりもさらに速い列車。❷物事をとりわけ速く処理すること。「内装を―で仕上げる」

ちょうな【▽手▼斧・▼釿】テウナ［名］大工道具の一つ。木製の柄（え）をつけた鍬形（くわがた）のおの。おのなどで割った木材を荒削りするのに使う。▽「ておの」の転。

ちょうない【町内】チャウ―［名］❶地方自治体としての町のなか。「―の福祉施設」❷市街地の小区画である町のなか。「―会」

ちょうないフローラ【腸内フローラ】チャウナイ―［名］腸内に常在する多種の細菌群。腸内細菌叢（さいきんそう）。

ちょうなん【長男】チャウ―［名］きょうだいのうち、最初に生まれた男子。長男坊。長子。総領（息子）。

ちょうにん【町人】チャウ―［名］江戸時代、都市に定住した商人・職人の階層に属する人。

ちょうネクタイ【▼蝶ネクタイ】テフ―［名］蝶の形に結んだネクタイ。多く礼装用。ボウタイ。

ちょうねんてん【腸捻転】チャウ―［名］腸の一部が腸間膜（ちょうかんまく）を軸としてねじれ、通過障害と血行障害を起こす病気。

ちょうのうりょく【超能力】テウ―［名］今日の科学では証明できない超自然的な能力。テレパシー・予知・透視・念力など。

ちょうは【長波】チャウ―［名］波長が一～一〇キロメートル、周波数が三〇～三〇〇キロヘルツの電波。航空通信などに利用される。

ちょうば【丁場（町場）】チャウ―［名］❶宿場と宿場との間の距離。また、ある区間の距離。❷土木・建築などの工事の区域や現場。

ちょうば【帳場】チャウ―［名］商店・旅館・料理屋などで、帳付けや勘定をする所。勘定場。

ちょうば【跳馬】テウ―［名］体操用具の一つ。長さ一・六メートルの馬体を模した台。また、それを用いて行う体操競技種目。飛び越しなどの技の優劣を競う。とびうま。

ちょうば【嘲罵】テウ―［名・他サ変］あざけりののしること。ばかにして口汚く悪口をいうこと。

ちょうはつ【長髪】チャウ―［名］長くのばした髪。また、髪を長くのばしていること。「―の若者」⬍短髪

ちょうはつ【挑発（挑▼撥）】テウ―［名・他サ変］相手を刺激して向こうから事件・紛争や欲情を起こすように仕向けること。「―に乗る」「―的な態度」

ちょうはつ【徴発】［名・他サ変］人、または人の所有する物を強制的に取り立てること。特に、軍が軍需物資などを民間から強制的に取り立てること。

ちょうはつ【調髪】テウ―［名・自サ変］髪の毛を刈るなどして形を整えること。理髪。整髪。

ちょうばつ【懲罰】［名・他サ変］いましめるために罰を与えること。また、その罰。「―委員会」

ちょうはん【丁半】チャウ―［名］二個のさいころを振って、出た目の合計が丁（偶数）か半（奇数）かによって勝負を決める賭博（とばく）。

ちょうび【▼掉尾】テウ―［名］物事の最後になって勢いがよくなること。また、物事の最後。「―の勇を奮う」「―を飾る」▽魚が尾をふる意から。慣用読みで「とうび」ともいう。注意「たくび」と読むのは誤り。

ちょうびけい【長尾鶏】チャウビ―［名］⬇おながどり

ちょうひょう【帳票】チャウヘウ［名］帳簿や伝票類。

ちょうひょう【徴表】―ヘウ［名］ある事物を特徴づけ、他の事物と区別する性質。メルクマール。

ちょうひょう【徴▼憑】［名］❶証拠となるもの。あかし。徴証。❷法律で、ある事実を証明する材料となる間接の事実。例えば犯行が不可能であることを間接的に証明するアリバイ（不在証明）など。

ちょうふ【貼付（貼附）】テフ―［名・他サ変］はりつけること。「証明書に写真を―する」▽慣用読みで「てんぷ」とも。

ちょうぶ【町歩】チャウ―（造）町（ちょう）を単位として田畑などの面積を数える語。「五―の田地」

ちょうふく【重複】［名・自サ変］同じ物事が重なること。じゅうふく。「話が一部―する」

ちょうぶく【調伏】テウ―［名・他サ変］❶仏教で、身を正し、精神を統一して悪行・悪心を制すること。❷密教で、祈祷（きとう）によって怨霊（おんりょう）や怨敵を下すこと。❸まじないなどによって人をのろい殺すこと。

ちょうぶつ【長物】チャウ―［名］❶長いもの。❷長すぎて役に立たないもの。また、むだなもの。「無用の―」

ちょうぶん【弔文】テウ―［名］人の死をいたみ、悲しむ気持ちを述べた文。弔辞。

ちょうぶん【長文】チャウ―［名］長い文。長い文章。「―の手紙を書く」⬍短文

ちょうへい【徴兵】［名・自他サ変］国家が法律に基づいて国民を徴集し、一定期間兵役につかせること。「―制」「―忌避」

ちょうへいそく【腸閉塞】チャウ―［名］小腸または大腸の閉塞、捻転（ねんてん）、腸管運動麻痺によって通過障害を起こす病気。イレウス。

ちょうへん【長編（長▼篇）】チャウ―［名］詩歌・小説・映画などの長い作品。「―映画」

ちょうべん【調弁（調▼辨）】テウ―［名・他サ変］軍隊で、食糧などを現地で調達すること。

ちょうぼ【帳簿】チャウ―［名］金銭や物品の出納など、事

務上の必要事項を記入するための帳面。‖「ーをつける」

ちょう-ぼ【徴募】［名・他サ変］広く呼びかけて参加者を集めること。つのり集めること。‖「兵をーする」

ちょう-ほう【弔砲】［名］軍隊で、弔意を表すために撃つ空砲。⇔祝砲

ちょう-ほう【重宝】［名］❶［形動］便利で、役に立つこと。調法。‖「ーな道具」派生 -さ／-がる ❷［他サ変］便利なものとしてよく使うこと。調法。‖「ふだんからーしている電子手帳」❸貴重な宝物。じゅうほう。

ちょう-ほう【▼諜報】［名］敵情をひそかに探って味方に知らせること。また、その知らせ。‖「ー員・ー活動」

ちょう-ぼう【眺望】［名・他サ変］広く遠くまで見渡すこと。また、その眺め。見晴らし。‖「眼下に湖をーする」「ーのきく高台」

ちょうほう-けい【長方形】［名］四つの内角がすべて直角である四辺形。矩形。▼数学では、正方形も含んでいう。

ちょう-ぼん【超凡】［名・形動］普通よりはるかにすぐれていること。非凡。‖「ーな才能」派生 -さ

ちょうほん-にん【張本人】［名］事件などを起こすもととなった人。悪事の首謀者。張本。

ちょう-み【調味】［名・自他サ変］飲食物に味をつけること。‖「ひき肉をーして煮る」

ちょうみ-りょう【調味料】［名］飲食物に味をつけるための材料。砂糖・塩・酢・醤油・味噌など。

ちょう-みん【町民】［名］町の住民。

ちょう-むすび【▼蝶結び】［名］ひもやリボンの結び方の一つ。羽を開いた蝶の形に結ぶもの。

ちょう-め【丁目】（造）町の中をさらに細かく分けた区域を表す語。番地より大きい。‖「一ー一番地」

ちょう-めい【長命】［名・形動］長生きであること。‖「ーを保つ」「ーな／の人」⇔短命

ちょう-めい【澄明】［名・形動］水・空気などが澄みきっていること。‖「ーな大気」派生 -さ

ちょう-めん【帳面】［名］❶物を書くために紙をとじ合わせて作った冊子。ノート。❷帳簿。

ちょうめん-づら【帳面面】［名］帳簿に記載されている事柄。また、表向きの計算や決算。ちょうづら。‖「ーを合わせる」

ちょう-もう【長毛】［名］毛が長いこと。‖「ー種の猫」

ちょう-もく【鳥目】［名］銭。金銭。▼昔の穴あき銭の形が鳥の目に似ていたことから。

ちょう-もん【弔問】［名・他サ変］遺族を訪問して悔やみを述べること。‖「通夜にーする」「ー客」

ちょう-もん【頂門】［名］頭の上。頭。

◉**頂門の一針** 急所を突いた痛切な戒め。

ちょう-もん【聴聞】［名・他サ変］❶説教・演説などを聞くこと。❷行政機関が行政処分や規則の制定・改正を行うとき、利害関係者・第三者などの意見を聞くこと。‖「ー会」

ちょう-や【長夜】［名］❶長い夜。特に、秋または冬の長い夜。ながよ。⇔短夜 ❷夜明けまでずっと続くこと。夜通し。‖「ーの宴」❸凡夫が煩悩に迷って悟りを開けないことを長い夜にたとえていう語。‖「無明ー」

ちょう-や【朝野】［名］朝廷と民間。政府と民間。また、一国全体。

ちょう-やく【跳躍】［名］❶［自サ変］とびはねること。とびあがること。ジャンプ。❷陸上競技で、走り幅跳び・三段跳び・走り高跳び・棒高跳びの総称。▼「跳躍競技」の略。

ちょう-やく【調薬】［名・自他サ変］薬を調合すること。調剤。

ちょう-よう【長幼】［名］年上の者と年下の者。また、大人と子供。‖「ーの序（＝年長者と年少者との間にある一定の秩序）」

ちょう-よう【重用】［名・他サ変］人を重要な地位に取り立てて用いること。じゅうよう。

ちょう-よう【重陽】［名］五節句の一つ。陰暦九月九日の節句。菊の節句。▼陽の数である九が重なることから。

ちょう-よう【徴用】［名・他サ変］国家が国民を強制的に動員して一定の業務（兵役を除く）に従事させること。また、物品などを強制的に取り立てて使用すること。▼日本では一九三八（昭和一三）年に国家総動員法が制定され、国民徴用令・船員徴用令などが発布された。一九四五年に廃止された。

ちょう-らい【朝来】［名］朝からずっと続いていること。‖「ーの雨」▼副詞的にも使う。

ちょう-らく【▼凋落】［名・自サ変］❶花や葉がしぼんで落ちること。‖「ーの秋」❷勢いがおとろえること。おちぶれること。‖「国運がーの一途をたどる」

ちょう-り【調理】［名・他サ変］食品を料理すること。‖「魚介をーする」「ー台・ー場・ー師」

ちょう-りつ【町立】［名］町が設立し、管理・運営すること。また、その施設。‖「ー中学校」

ちょう-りつ【調律】［名・他サ変］楽器の音を標準音に合わせて一定の音調に調整すること。調音。

ちょう-りゅう【潮流】［名］❶海水の流れ。特に、潮の干満によって生じる海水の流れ。❷時勢の動き。その時代の傾向。‖「時代のーに乗る」

ちょう-りょう【跳▼梁】［名・自サ変］❶はねまわること。❷好ましくないものがのさばりはびこること。‖「馬賊がーする」「ー跋扈」

ちょう-りょく【張力】［名］外側に張りのびる力。物体内の任意の断面に対して垂直に働き、その両側の部分を引き離すような方向に働く力。‖「界面ー」

ちょう-りょく【聴力】［名］聴覚器官が音の高低・強弱・音色などを感じとる能力。‖「ー検査」

ちょう-る【彫▼鏤】［名・他サ変］模様などを彫って飾ること。ちょうろう。

ちょう-るい【鳥類】［名］鳥の仲間。鳥綱に属する脊椎動物の一群で、卵生。体は羽毛で包まれ、角質のくちばしをもつ。前肢は翼となって、そのほとんどが空を飛ぶ。

ちょう-れい【朝礼】［名］学校・会社などで、朝、始業前に全員が集まって挨拶や連絡を行う行事。朝会。

ちょうれい-ぼかい【朝令暮改】［名・自サ変］法令や命令が次々に変わって定まらないこと。朝改暮変。▼朝出した命令を夕方には変更する意。

ちょう-ろう【長老】［名］❶年をとり、経験を積んだ人の敬称。特に、学徳にすぐれ、その社会の指導的な立場にある年長者をいう。‖「政界のー」❷学徳にすぐれた年長の僧。禅宗では、住職の僧。

ちょう-ろう【嘲弄】［名・他サ変］ばかにして、からかうこと。‖「人［法律］をーする」

ちょう-わ【調和】テウ［名・自サ変］二つ以上のものが、それぞればらばらになることなく、よくつりあいがとれていること。また、そのつりあい。「人物と背景がよく—した写真」「—のとれた配色」「音の—を保つ」

チョーカー［choker］［名］❶首にぴったりと合った短いネックレス。❷首にぴったりとつく立ち襟(えり)。◈息を止めるものの意。

チョーク［chalk］［名］白墨。

チョーク［choke］［名］自動車の気化器で、空気の吸入量を調節する弁。

ちよ-がみ【千代紙】［名］和紙にさまざまな模様を色刷りにしたもの。小箱の表張りや人形の着物などに用いる。「—細工」

ちょき［名］じゃんけんで、人さし指と中指を立て、他の指は握って出すこと。はさみ。「ぐう、—、ぱあ」

ちょき-ちょき［副］はさみで軽やかに物を切る音を表す語。「—と髪を刈る」

ちょ-きん【貯金】［名］❶［自他サ変］金銭をためること。また、その金銭。「—箱(ばこ)に百円玉を—する」❷［自他サ変］郵便局（ゆうちょ銀行）・農業協同組合などに金銭を預けること。また、その金銭。「—通帳」▽銀行などの金融機関に預ける場合は「預金(よきん)」だが、区別せず「貯金」ということもある。❸プロ野球などの公式戦で、勝った試合数が負けた試合数を越えること。また、勝ち越した試合数。⇔借金

ちょく【直】■一［名・形動］❶心や考えがまっすぐで正しいこと。素直なこと。「—を尊ぶ」「愚—・実—・率—」⇔曲 ❷間をおかないこと。他を介さないこと。じか。「—に交渉する」「—営・—接・—結」■二（造）❶まっすぐ。曲がっていない。「—線・—列・—球」「垂—」⇔曲 ❷ねうち。「安—」❸その番にあたる。「宿—・当—」

ちょく【勅】［名］天子のことばや命令。また、それを記した文書。みことのり。「—を奉ずる」「—使・—撰(ちょくせん)・—命」「詔—」旧敕

ちょく【▼猪口】［名］❶酒を注いで飲むのに使う陶磁製の小さな容器。小形のさかずき。ちょこ。❷①の形に似た、底の深い陶磁製の器。刺身や酢の物を盛るのに使う。ちょこ。

ちょく【捗】（造）はかどる。「進—」

ちょく-えい【直営】［名・他サ変］出資者が直接経営すること。「村が—するリゾートホテル」「—店」

ちょく-おう【直往】ワウ［名・自サ変］まっすぐに行くこと。わき目もふらずに進むこと。「—邁進(まいしん)」

ちょく-おん【直音】［名］国語の音節のうち、一音節が一母音または一子音と一母音からなるもの。拗音(ようおん)・促音・撥音(はつおん)を除き、仮名一字で表される。

ちょく-がく【勅額】［名］天皇自筆の額。また、勅賜の額。

ちょく-がん【勅願】グワン［名］勅命による祈願。天皇の祈願。「—寺」

ちょく-げき【直撃】［名・自他サ変］直接攻撃すること。じかに襲うこと。また、爆弾などが目標に直接当たること。「爆撃機が市街を—する」「台風が九州南部を—する」「シュートが左ポストに／を—する」

ちょく-げん【直言】［名・他サ変］思っていることを遠慮なくはっきり言うこと。「首相に政策の不備を—する」「—居士」

ちょく-ご【直後】［名］❶時間的に、ある事の起こったすぐあと。「ゴールした—に倒れる」「終戦—の出来事」❷空間的に、ある物のすぐうしろ。「—を走っていた車」◈⇔直前

ちょく-ご【勅語】［名］❶天皇のことば。みことのり。❷旧憲法下で、天皇が大権に基づいて直接国民に発した意思表示のことば。教育勅語など。

ちょく-さい【直裁】［名・他サ変］❶ただちに裁決すること。❷本人が自ら裁決すること。

ちょく-さい【直▼截】［名・形動］「ちょくせつ（直截）」の慣用読み。

ちょく-し【直視】［名・他サ変］❶目をそらさずに、じっと見ること。❷事実をありのままに見ること。「現実を—する」

ちょく-し【勅使】［名］天皇の意思を伝えるために派遣される使者。

ちょく-しゃ【直写】［名・他サ変］ありのままに写すこと。

ちょく-しゃ【直射】［名］❶［自他サ変］光線がまっすぐに照らすこと。光線がじかに当たること。❷［他サ変］低い位置で、直線に近い弾道をなすように弾丸を発射すること。「—砲」⇔曲射

ちょくしゃ-にっこう【直射日光】クヮウ［名］さえぎるものがなく、じかに照らす太陽光線。「—を避ける」

ちょく-しょ【勅書】［名］天皇の命令を記した公文書。

ちょく-じょ【直叙】［名・他サ変］虚構や感情をまじえずに、ありのままに述べること。

ちょく-じょう【直上】ジャウ［名］❶すぐ上。真上。❷［自サ変］まっすぐに上昇すること。「火炎が—する」◈⇔直下

ちょく-じょう【直情】ジャウ［名］偽りや虚飾のない、ありのままの感情。

ちょくじょう-けいこう【直情径行】チョクジャウケイカウ［名・形動］自分の感情をそのまま言動に表すこと。「—な／の性格」▽『礼記』から。

ちょく-しん【直進】［名・自サ変］まっすぐに進むこと。また、ためらわずに進むこと。「交差点を—する」

ちょく-せつ【直接】［名・副］物事と物事の間にへだてるものを置かずに接すること。他の物を仲立ちにしたり経由したりしないで行うこと。「—の動機」「—会場に行ってください」⇔間接

ちょく-せつ【直▼截】［名・形動］❶ためらわず、ただちに決裁すること。❷思っていることを、はっきり言うこと。まわりくどくないこと。「—な忠言」◈「ちょくさい」は慣用読み。書き方 慣用読み「ちょくさい」に引かれて、「直裁」と書くのは誤り。

ちょくせつ-ぜい【直接税】［名］納税義務者と税の負担者が同一人であると予定されている税。税の負担者から直接徴収される税。所得税・法人税・固定資産税・住民税など。直税。⇔間接税

ちょくせつ-せんきょ【直接選挙】［名］有権者が直接投票して首長・議員などを選出すること。また、その制度。⇔間接選挙 ▽日本の公職選挙法はすべてこの制度をとる。

ちょくせつ-てき【直接的】［形動］直接であるさま。間に他のものをはさまないさま。「—な効果」⇔間接的

ちょくせつ-わほう【直接話法】ハフ［名］文章中に他人の発言を引用するとき、引用符などを用いて、そ

のままの形で書き表す話法。⬍間接話法

ちょく-せん【直線】［名］❶まっすぐな線。║「―コース」⬍曲線 ❷数学で、二点間が最短距離となる線。

ちょく-せん【勅▼撰】［名・他サ変］天皇・上皇の命によって詩文を選び、書物を編集すること。また、その書物。⬍私撰

ちょく-ぜん【直前】［名］❶時間的に、ある事の起こるすぐまえ。║「出発する―になって旅行を取りやめる」❷空間的に、ある物のすぐまえ。║「トラックの―を横断する」◈⬍直後

ちょくせん-わかしゅう【勅▼撰和歌集】(―ワカシフ)［名］天皇または上皇の命によって編纂された和歌集。平安時代の『古今和歌集』に始まり、室町時代の『新続(しんしょく)古今和歌集』まで二一集がある。⬍私撰和歌集

ちょく-そう【直送】［名・他サ変］直接相手に送ること。║「農園から消費者に野菜を―する」「産地―」

ちょく-ぞく【直属】［名・自サ変］直接その下に属していること。║「内閣府に―する機関」「―の部下」

ちょく-だい【勅題】［名］❶天皇が出す詩歌の題。特に、新年に行われる歌御会始(うたごかいはじめ)の題。❷天皇親筆の題額。

ちょく-ちょう【直腸】(―チャウ)［名］大腸の最終部分。上端はS状結腸に続き、下端は肛門(こうもん)によって外部に開口する。

ちょく-ちょく［副］少しの間をおいて同じことがくり返されるさま。しばしば。ちょいちょい。ちょこちょこ。║「兄は―上京する」

ちょく-つう【直通】［名・自サ変］乗り換えや中継なしに、直接目的地や相手に通じること。║「地上に―する階段」「―の列車」「ダイヤル―」

ちょく-とう【直登】［名・自サ変］登山で、岩壁などの難所を迂回(うかい)しないで一直線に登ること。║「―ルート」

ちょく-とう【直答】(―タフ)［名・自他サ変］❶その場ですぐに答えること。即答。❷人を介さないで相手に直接答えること。じきとう。

ちょく-どく【直読】［名・他サ変］漢文を返り点などによって訓読せず、語句の順に音読すること。⬍顛読(てんどく)

ちょく-はい【直配】［名・他サ変］生産者が消費者に直接配達・配給すること。║「産地から米を―する」

ちょく-ばい【直売】［名・他サ変］生産者が問屋・小売店などを通さずに、直接消費者に商品を売ること。║「牧場が―する乳製品」「産地―」

ちょく-はん【直販】［名・他サ変］生産者が流通機構を通さないで製品を直接消費者に販売すること。║「健康食品を―するメーカー」「―店・―ルート」

ちょく-ひ【直披】［名］手紙の脇付(わきづけ)の一つ。名宛人が直接開封して下さいの意。親展。じきひ。

ちょく-ひつ【直筆】［名］❶［他サ変］事実を曲げずに、ありのままに書くこと。⬍曲筆 ❷書画で、筆をまっすぐに立てて書くこと。║「懸腕(けんわん)―」⬍側筆

ちょくほう-たい【直方体】(チョクハウ―)［名］六つの面がすべて長方形で、相対する面がすべて平行である六面体。直六面体。長方体。

ちょく-めい【勅命】［名］天皇の命令。勅諚(ちょくじょう)。みことのり。║「―が下る」

ちょく-めん【直面】［名・自サ変］物事に直接対すること。║「いまわが国が―している国際問題」

ちょく-もう【直毛】［名］癖のない、まっすぐな毛。

ちょく-やく【直訳】［名・他サ変］外国語の文章を、その語句・語法に従って忠実に翻訳すること。また、その訳したもの。逐語訳。║「―体」⬍意訳

ちょく-ゆ【直喩】［名］修辞法の一つ。「たとえば」「あたかも」「まるで」「ごとし」「ようだ」などの語を用いて、一つの事物を他の事物に直接たとえること。「白魚のような指」「動かざること山のごとし」などの類。明喩。⬍暗喩・隠喩

ちょく-ゆ【勅諭】［名］明治憲法下で、天皇が自ら下した告諭。勅語とは異なり、訓辞的な意味をもつ。║「軍人―」

ちょく-ゆしゅつ【直輸出】［名］国内で生産した物を商社などを通さないで直接輸出すること。

ちょく-りつ【直立】［名・自サ変］❶まっすぐに立つこと。║「―不動の姿勢」❷高くそびえること。║「眼前に―する奇岩」

ちょく-りゅう【直流】(―リウ)［名］❶［自サ変］まっすぐに流れること。また、その流れ。⬍曲流 ❷回路の中を常に一定方向へ流れる電流。直流電流。⬍交流 ❸ある系統を直接受け継いでいる流派。また、それに属する人。║「源氏の―」「宗家―」

ちょく-れい【勅令】［名］❶天子・国王の命令。❷明治憲法下で、帝国議会の協賛を経ず天皇の大権によって制定された命令。緊急勅令・貴族院令など。

ちょく-れつ【直列】［名］電気回路で、電池・蓄電池・抵抗器などを順次一列に接続すること。電池などでは、正極と負極とをつなぐこと。直列接続。シリーズ。⬍並列

ちょ-げん【緒言】［名］「しょげん(緒言)」の慣用読み。

ちょこ【▼猪▽口】［名］⬇ちょく(猪口)

ちょこ-ざい【▼猪▽口才】［名・形動］こざかしくて生意気なこと。また、その人。║「何とも―な」

ちょこ-ちょこ［副ト］❶小またで足早に歩いたり走ったりするさま。また、いつも動きまわっていて落ち着かないさま。║「子供が―(と)やってくる」「そう―しないで座っていなさい」❷物事を手早く簡単にするさま。║「残り物で―と弁当を作る」❸あまり間をおかずに同じことをくり返すさま。ちょくちょく。║「最近―(と)店を休む」❹(あまり間をおかずに)少しずつ行うさま。║「原稿に―と直しを入れる」

ちょこっ-と［副］少しだけ。ちょっと。║「―食べ残す」

ちょこなん-と［副］小さくかしこまっているさま。ちょこんと。║「子供が―座っている」

ちょこ-まか［副ト］落ち着かず、動き回るさま。║「小鳥が―(と)よく動く」

チョゴリ【jeogori 朝鮮】［名］朝鮮の民族服の上着。衿(えり)はたれ衿、袖は筒袖で、胸ひもを結んで着る。男女同形で、男性は脚部にパジというズボン式のものを、女性はチマというスカート風のものを着用する。

チョコレート【chocolate】［名］❶カカオの実を煎(い)ってすりつぶし、砂糖・カカオバター・ミルク・香料などを加えて練り固めた菓子。チョコ。❷ココア。

ちょこん-と［副］❶小さくかしこまっているさま。ちょこなんと。❷軽く小さな動作をするさま。

ちょ-さく【著作】［名・他サ変］書物などを書きあらわすこと。また、その書きあらわしたもの。著述。║「―に専念する」「―集」

ちょさく-けん【著作権】［名］著作者が自己の著

作物を独占的に支配し利益を受ける権利。著作物の複製・発刊・翻訳・興行・上映・放送などを含む。▽日本では原則として著作者の死後七〇年間存続する。

ちょさく-ぶつ【著作物】［名］著者によって作られたもの。著作権法上、文芸・学術・美術・音楽などの範囲に属するもので、著者がその思想または感情を独創的に表現したもの。

ちょ-しゃ【著者】［名］その書物を書きあらわした人。著作者。

ちょ-じゅつ【著述】［名・他サ変］書物などを書きあらわすこと。また、その書きあらわしたもの。著作。≡「史伝物を—する」「—業」

ちょ-しょ【著書】［名］その人が書きあらわした書物。著作。

ちょ-すい【貯水】［名・自他サ変］水をためておくこと。また、その水。≡「—量」

ちょすい-ち【貯水池】［名］上水道・発電・灌漑(かんがい)などに用いる水をためておく人工の池。

ちょ-ぞう【貯蔵】(—ザウ)［名・他サ変］物をたくわえておくこと。≡「—庫」「冷凍—」

ちょ-たん【貯炭】［名・自他サ変］石炭をたくわえておくこと。また、たくわえておいた石炭。≡「—場」

ちょ-ちく【貯蓄】［名・自他サ変］財貨をたくわえること。また、その財貨。≡「金を—する」「財形—」

ちょっ-か【直下】(チョク—)［名］❶すぐ下。真下。≡「赤道—の島」「—型地震」❷［自サ変］まっすぐにくだること。また、まっすぐに落ちること。≡「絶壁から—する滝」◈⬍直上

ちょっ-かい［名］❶猫が一方の前足で物をかきよせる動作をすること。❷脇(わき)から手出しや干渉をすること。また、たわむれに異性などに手を出すこと。≡「—を出す」

ちょっ-かく【直角】(チョク—)［名・形動］二つの直線が交わってできる角度が九〇度であること。≡「—に交わる」「—三角形」

ちょっ-かく【直覚】(チョク—)［名・他サ変］推理・思考などによらず、瞬間的にさとること。直観的にわかること。

ちょっ-かつ【直轄】(チョク—)［名・他サ変］直接に管理・支配すること。≡「国が—する事業」「幕府の—地」

ちょっ-かっこう【直滑降】(チョククヮッカウ)［名］スキーで斜面をまっすぐに滑り降りること。

ちょっ-かん【直感】(チョク—)［名・他サ変］推理や考察によらず、感覚によって物事の状況などを瞬時に感じ取ること。≡「危険を—する」

ちょっ-かん【直▼諫】(チョク—)［名・他サ変］相手の地位や権力をおそれず、その誤りを指摘していさめること。⬍諷諫(ふうかん)

ちょっ-かん【直観】(チョククヮン)［名・他サ変］推理などの論理的判断によらず、ただちに対象の本質を見抜くこと。≡「真理を—する」

ちょっ-かん【勅勘】(チョク—)［名］天皇から受けるとがめ。

ちょっ-き【直帰】(チョク—)［名・自サ変］出先から職場に戻らないで、そのまま帰宅すること。≡「直行—」「訪問先から—する」

チョッキ［名］袖なしの短い胴着。ベスト。▽英語の jacket からとも、ポルトガル語の jaque からともいう。

ちょっ-きゅう【直球】(チョクキウ)［名］野球で、打者に対する投手の投球のうち、変化しないまっすぐな球。ストレート。⬍変化球

ちょっ-きょ【勅許】(チョク—)［名］勅命による許可。天皇の許可。≡「—を仰ぐ」

ちょっ-きり［副］過不足のないさま。かっきり。きっかり。ちょうど。ぴったり。≡「—五千円の代金」

ちょっ-きん【直近】(チョク—)［名］最も近いこと。すぐそば。≡「—一週間の売上高」

ちょっ-くら［副］［俗］時間が短いさま。ちょっと。≡「—休んでいこう」

ちょっ-けい【直系】(チョク—)［名］❶血筋が親子関係によって、父祖から子孫へと直接つながっている系統。≡「—尊属[卑属]」❷子弟・団体などの関係で、直接に続いている系統。≡「小野派一刀流—の弟子」◈⬍傍系

ちょっ-けい【直径】(チョク—)［名］円または球の中心を通り、その両端が円周上または球面上にある線分。

ちょっ-けつ【直結】(チョク—)［名・自他サ変］二つの物事が直接に結びついていること。また、直接に結びつけること。≡「市民生活に—する問題」「産地—のマーケット」

ちょっ-こう【直交】(チョクカウ)［名・自サ変］直線と直線、平面と平面、直線と平面とが直角に交わること。

ちょっ-こう【直行】(チョクカウ)［名］❶［自サ変］途中でどこにも寄らず、直接目的地へ行くこと。≡「事故現場に—する」「—直帰」❷［自サ変］正しいと思ったことをはばからずに実行すること。≡「直言—」❸まがったところのない、正しい行い。≡「—の士」

ちょっ-こう【直航】(チョクカウ)［名・自サ変］船や航空機が途中でどこにも寄らず、直接目的地へ行くこと。≡「—便」

ちょっ-と ■一［副］❶数量や時間が少ないさま。また、程度がわずかなさま。少し。≡「この品は—高い」「五時—過ぎに地震があった」「この文章は—変だ」「もう—食べない？」▽「少し」よりくだけた言い方。❷あることを軽い気持ちで行うさま。≡「—読んでみよう」「—買い物[中国]に行って来る」❸〈逆説的に〉まあまあ。結構。≡「この靴—いいんじゃない？」❹〈否定的表現を伴って〉簡単には。容易には。≡「—引き受けかねる」「—考えられない事故」■二［感］軽く相手に呼びかける語。≡「—、君、待ってくれ」◈書き方「〈一寸〉」「〈鳥渡〉」とも。

品格 些(いささ)か「—戸惑う」 少々「事実とは—異なる」 多少「デザインが—違う」 少し「—考えてみます」 わずか「—だが変化があった」 ◉⬇「少し」の[品格]

ちょっと-した［連体］❶わずかの。少しの。≡「—着想を生かす」❷〈逆説的に〉かなりの。相当の。≡「—金をつかむ」「—ブームを呼ぶ」

ちょっと-み【ちょっと見】［名］ちらりと見ること。また、ちょっと見たときの感じ。≡「—は怖い人」

ちょっと-や-そっと［副］数量や程度がごく少ないさま。わずかばかり。ちっとやそっと。≡「—では動じない」▽多く下に打ち消しを伴う。

ちょっ-ぴり［副］分量や程度がわずかであるさま。少し。少しばかり。≡「—すっぱい」「—皮肉を言う」

チョップ［chop］［名］❶あばら骨のついた豚・羊などの肉を厚く切ったもの。また、それを焼いた料理。チャップ。≡「ポーク—」❷テニスなどで、バウンドした球の下部を鋭く切りつけるように打ち、逆回転を与えて返球する打ち方。❸プロレスで、手刀(てがたな)で切りつけるように相手を打つこと。≡「空手—」

ちょ-とつ【▼猪突】［名・自サ変］がむしゃらに突き進むこと。≡「—猛進(もうしん)」▽イノシシのようにまっすぐ突き進む意。

ちょびっ-と〔副〕分量や程度が少ないさま。ほんの少し。‖「—塩を入れる」

ちょび-ひげ【ちょび▼髭】〔名〕鼻の下にほんの少し生やしたひげ。

ちょぼ【▽点】〔名〕❶しるしに打つ点。‖「—を打つ」❷歌舞伎で、地の部分を義太夫節で語ること。また、それを語る大夫。▼床本(ゆかほん)の語る箇所に傍点を打ったことからという。［書き方］ふつう「チョボ」と書く。

ちょぼ-ちょぼ ㊀〔副ト〕物があちこちに少しずつ散らばっているさま。‖「ひげが—(と)生える」㊁〔形動〕前者とほぼ同じであるさま。両者とも同程度で、たいした差はないさま。‖「二人の成績は—だ」▼同じことを記す場合に略してちょぼ(=点)を打ったことから。

ちょ-めい【著名】〔名・形動〕世間によく名前が知られていること。‖「—な作曲家」「—人」

ちょ-めい【著明】〔名・形動〕きわめてあきらかであること。‖「—な生体反応を示す」

チョリソ〔chorizo スペイン〕〔名〕スペインの辛みのあるソーセージ。チョリソー。

ちょ-りつ【▼佇立】〔名・自サ変〕しばらくの間立ち止まること。たたずむこと。‖「岩頭に—する人影」

ちょ-りゅう【貯留・▼瀦▼溜】〔名・自他サ変〕水などがたまること。また、ためること。‖「ダムに水が/を—する」

ちょろ・い〔形〕〔俗〕❶きわめてたやすいさま。‖「車の修理なんて—もんだ」❷考え方ややり方が安易であるさま。見えすいていて、おろかしい。‖「そんな—手にのるものか」

ちょろぎ【〈草石蚕〉】〔名〕秋、淡紅紫色の花を穂状につけるシソ科の多年草。地下茎の先端につく白い巻き貝状の塊茎は食用。梅酢で赤く着色し、正月料理の黒豆にまぜる。

ち-よろず【千▽万】〔名〕〔古風〕数が限りなく多いこと。せんまん。‖「—の神」

ちょろ-ちょろ〔副ト〕❶水が少しずつ流れるさま。‖「岩間から—(と)わき出る清水」❷小さな炎を出して燃えるさま。‖「薪が—(と)燃える」❸小さなものがすばしこく動き回るさま。‖「壁穴からねずみが—(と)出てくる」

ちょろまか・す〔他五〕〔俗〕人の目をかすめて盗む。また、ごまかして不当な利益を得る。‖「店の売上を—」「税金を—」

ちょん〔名〕〔俗〕❶物事が終わること。おしまい。‖「犯人が自首して事件は—になった」▼芝居の幕切れに打つ拍子木の音から。❷解雇になること。くび。❸句読点・傍点など、しるしとしてつける点。

チョンガー〔chŏnggag 朝鮮〕〔名〕〔俗〕独身の男性。▼もと丁年(ていねん)前の男性の髪型を言い、転じて丁年を過ぎた未婚男性を言った。

ちょん-ぎ・る【ちょん切る】〔他五〕無造作に切り落とす。‖「枝を—」

ちょんぼ〔名・自サ変〕〔俗〕❶麻雀で、あがりの牌を間違えること。❷うっかりして間違えること。失敗。ミス。‖「仕事で—(を)する」

ちょん-まげ【▽丁▼髷】〔名〕江戸時代の男性の髪形の一つ。前額を広くそり上げ、後頭部に細くまげを結ったもの。もとは髪の少ない老人男性が結う髷の称、のち髷のある髪形の総称となった。

ちらか・す【散らかす】〔動五〕㊀〔他〕散らかるようにする。‖「荷物で部屋を—」㊁〈動詞の連用形に付いて複合動詞を作る〉無秩序に…する。荒々しく…する。やたらに…する。ちらす。‖「蹴(け)り—・書き—・食い—」◈［使い方］㊀㊁とも、マイナスに評価していう。

ちらか・る【散らかる】〔自五〕ものが乱雑に散り広がる。‖「机の上が雑誌類で—・っている」［使い方］マイナスに評価していう。⬇散らばる

ちらし【散らし】〔名〕❶広告・宣伝文を印刷した紙。多くは一枚刷りで、新聞に折り込んだり街頭で配ったりする。［書き方］「チラシ」も多い。❷「ちらしずし」の略。❸「散らし書き」の略。❹カルタで、ばらばらにまき散らしておいた取り札を取り合う遊び方。

ちらし-がき【散らし書き】〔名〕色紙・短冊などに文字を書くとき、行をそろえないで、とびとびに散らして書くこと。

ちらし-ずし【散らし▽寿司・散らし▼鮨】〔名〕すし飯の上に各種のすし種を彩りよく並べたもの。また、各種のすし種を細かく切ってすし飯にまぜたもの。ちらし。

ちら・す【散らす】〔動五〕㊀〔他〕❶くっついているものを切り離して下に落とす。‖「枝を揺すって木の葉を—」「無情の雨が桜花を—」❷〈「命を散らす」の形で〉命を落とす。‖「あたら花の命を—なかれ」▼修辞的な言い方。❸紙片などが舞い落ちるようにする。‖「当選者の頭上に紙吹雪を—」❹火の粉や水しぶきなどが四方に飛び散るようにする。飛ばす。‖「車が火花を—・して急停車する」❺あちこちに配して、ひとところに集まらないようにする。散らばるようにする。‖「スープにパセリを—」「屏風(びょうぶ)に金箔(きんぱく)を—」「内外角に球を—」❻ちりぢりにして消えてなくなるようにする。‖「強風が霧を—」❼気持ちをあちこちに移して集中力をなくす。‖「気を—な」❽手術などによらずに、はれや痛みなどを和らげたり取り除いたりする。‖「はれ[盲腸炎]を—」㊁〈動詞の連用形に付いて複合動詞を作る〉無秩序に…する。荒々しく…する。やたらに…する。ちらかす。‖「撒(ま)き—・踏み—・書き—・当たり—・威張り—」［可能］散らせる ［名］散らし

ちら-ちら〔副ト〕❶小さくて軽いものがひるがえりながら落ちるさま。‖「雪が—(と)舞う」❷小さな光がかすかに明滅するさま。また、小刻みにゆれ動くさま。‖「沖合の漁(いさ)り火が—する」❸物が見えたり隠れたりするさま。‖「人影が—する」❹断続的にすばやく視線を走らせるさま。‖「—(と)こちらの様子をうかがう」❺うわさなどが時々、また少しずつ聞こえてくるさま。‖「悪いうわさが—(と)耳に入る」

ちら-つ・く〔自五〕❶雪などがまばらに降る。ちらちら降る。‖「小雪が—」❷光が明滅する。ちらちら光る。‖「テレビの画面が—」❸見えたり消えたりする。ちらちら見える。‖「目の前に賜杯が—」［名］ちらつき

ちらっ-と〔副〕ちらりと。

ちらば・る【散らばる】〔自五〕❶ものが一か所にかたまらず、あちこちに散り広がる。散乱する。また、そのようにして存在する。散在する。‖「荷物が路上に—・った」「冷ややかな星の光が、点々と空に—・っていた〈芥川〉」［使い方］「散らばる/散らかる」では、後者がマイナス評価が顕著。❷一か所にまとまっていた人たちが、あちこちに散り広がる。散る。‖「解雇されたものたちは、それぞれの仕事を探して—・って行った〈小林多喜二〉」

ちら-ほら〔副ト〕あちこちにまばらにあるさま。また、たまにあるさま。ちらりほらり。‖「桜が—(と)咲き始める」「花

便りも—(と)聞こえてくる」

ちら-み【ちら見】[名・他サ変]〔新〕ちらっと見ること。||「隣席の人を—する」 書き方「チラ見」とも。

ちらり-ズム [名] 隠すべきところをちらりと見せること。また、見えること。

ちらり-と [副] ❶一瞬、わずかに見たり見えたりするさま。ちらっと。||「—手元に目を走らせる」「—本音がのぞく」❷わずかに聞こえるさま。ちらっと。||「—聞いたところによると…」

ちらり-ほらり [副ト] ❶ちらほら。||「梅の花が—(と)咲き始める」❷小さくて軽いものがひるがえりながら落ちてくるさま。||「花びらが—(と)降ってくる」

ち-らん【治乱】[名] 世の中が治まることと乱れること。||「—興亡」

ちり [名] 鍋料理の一つ。土鍋に白身魚・豆腐・野菜・出し昆布などを入れて水炊きにし、煮えたところをポン酢醤油でたべるもの。鯛ちり・鱈ちり・河豚ちりなど。ちり鍋。

ちり【▼塵】[名] ❶細かいごみ。また、ほこり。❷俗世間のわずらわしさ。俗界のよごれ。||「浮き世の—を払う」❸ほんのわずかなことのたとえ。ほんの少し。||「—ほども疑わない」▼多くあとに打ち消しの語を伴って使う。

塵

◉**塵も積もれば山となる** ごくわずかなものでも積もり積もれば大きなものになるということ。

ち-り【地理】[名] ❶地球上の山川・海陸・都市・人口・産業・交通などの状態。また、それに関する学問。地理学。❷土地の様子。||「この辺の—に明るい人」

ちり-あくた【▼塵▼芥】[名] ちりやごみ。ごみくず。じんかい。▼とるにたりないもの、値打ちのないもののたとえにもいう。

ちり-がみ【▼塵紙】[名] 鼻紙や落とし紙などに使う粗末な紙。楮の外皮のくずや故紙から作る。また、一般に鼻紙や落とし紙。ちりし。

ちり-し・く【散り敷く】[自五] 花・葉などが散って、あたり一面に敷きつめたようになる。||「前夜の雨に打たれた枯れ葉が一面に—・いている〈志賀直哉〉」

チリ-ソース [chili sauce] [名] 唐辛子その他の香辛料を加えて作る、辛みの強いトマトソース。

ちり-ちり [副ト] ❶[形動] 縮れているさま。また、焼けるなどして縮れるさま。||「—(と)ちぢれた毛糸」「—なパーマ」❷毛などの焼ける音を表す語。||「髪の毛が—と焼ける」❸熱さや冷たさが皮膚を刺激するさま。||「冷気が肌に—(と)しみる」❹恐れなどのために身がすくむさま。||「怒鳴りつけられて—する」

ちり-ぢり【散り散り】[形動] 一つにまとまっていたものが離れ離れになるさま。||「敵兵が—になって逃げる」

✓注意「ちりじり」と書くのは誤り。

ちり-とり【▼塵取り】[名] 掃き寄せたちりやごみをすくい取る道具。ごみ取り。

ちり-づか【▼塵塚】[名] ごみ捨て場。はきだめ。

ちり-なべ【ちり鍋】[名] ⬇ちり

ちり-のこ・る【散り残る】[自五] まだ散らないで残る。||「—・った桜花」名 **散り残り**

ちり-ば・める【▼鏤める】[他下一] ❶あちこちを彫って金銀や宝石を散らすようにはめ込む。||「宝石を—・めた王冠」❷美しいことばなどを所々にはめ込む。||「美辞麗句を—・めた擬古文」◈ 書き方「散りばめる」と書くのは標準的でない。文 **ちりば・む**

ちり-めん【▽縮▼緬】[名] 表面に細かいしぼを出した絹織物。縦糸に撚りのない生糸、横糸に撚りの強い生糸を用いて平織りにした布地を、ソーダを加えた石鹸液で煮沸して縮ませたもの。

ちりめん-じゃこ【▽縮▼緬〈雑魚〉】[名] カタクチイワシなどの稚魚を煮て干した食品。ちりめんざこ。

ちりめん-じわ【▽縮▼緬▼皺】[名] 縮緬のしぼのような細かいしわ。

ち-りゃく【知略(▼智略)】[名] 知恵を働かせたはかりごと。すぐれた計略。||「—にすぐれた武将」

ち-りょ【知慮(▼智慮)】[名] 知恵があって思慮深いこと。また、かしこい思慮。

ち-りょう【治療】[名・他サ変] 病気やけがをなおすこと。また、そのための医学的処置。||「外科—」

ち-りょく【地力】[名] その土地が作物を生育させる能力。土地の生産力。

ち-りょく【知力(▼智力)】[名] 知恵を働かす力。知的な能力。||「—を絞る」「—を尽くす」

ちり-れんげ【散り▼蓮華】[名] 柄の短い陶製のさじ。れんげ。▼散ったハスの花びらに似ることから。

ち・る【散る】[自五] ❶花や葉が枝や茎から離れて落ちる。舞い散る。||「花[木の葉]が—」使い方 死や消滅、敗北などの象徴とする。||「花の—がごとく、葉の落つるがごとく、…一人一人相ついで逝ってしまった〈永井荷風〉」❷雪や紙片などが木の葉のように舞い落ちる。また、光が小さな粒となって降り注ぐ。||「雪[紙吹雪]が—」「広い河の水の面には北支の初秋の陽が細かく—・り〈井上靖〉」❸ばらばらになって四方に飛ぶ。また、別れ別れになる。散じる。||「火花[しぶき]が—」「参会者が三々五々と—」❹墨やインクなどが周りにしみて広がる。にじむ。||「墨が—」❺広い範囲に伝わる。知れ渡る。||「うわさが—」❻気持ちがあちこちに移って落ち着かなくなる。注意が散漫になる。||「気が—」❼ちりぢりになって消えてなくなる。||「雲[霧]が—」❽はれや痛みなどが衰えてなくなる。||「痛み[鬱血]が—」

チルド [chilled] [名] セ氏零度前後の低温で保存されていること。||「—食品」

チルドレン [children] [名] ❶子供たち。❷〔新〕ある人物の影響を強く受けた人々。追従者。||「田中—」▼人名を冠して使う。

ち-れい【地霊】[名] 大地に宿るとされる精霊。

ち-れき【地歴】[名] ❶地理・世界史・日本史の三科目で構成される高等学校の教科。地歴科。地理歴史科。❷その土地の過去の利用状況。多く土壌汚染の有無などをいう。||「—調査」

ちろり【〈▼銚▼釐〉】[名] 酒を温めるのに使う、銅または真鍮製の容器。筒形で、つぎ口と取っ手を備える。

チロリアン-ハット [Tyrolean hat] [名] アルプスのチロル地方で用いるフェルト製の帽子。つばが狭く、その後ろが折れ上がった形で、太い飾りひもを巻きつける。登山帽として広く使用する。チロル帽。

ち-わ【痴話】[名] 愛し合う者どうしがたわむれてする話。むつごと。

ちわ-げんか【痴話▼喧▼嘩】[名] 痴話がもとで起こる、たわいないけんか。

ちん【▼狆】[名] 愛玩用のイヌの一品種。体高約二五センチメートル。顔は平たく、目が大きい。体毛は長く、白地に黒または茶のぶちがある。▽奈良時代に中国から輸入された原種を日本で飼育改良したもの。

ちん【▽亭】[名] 眺望や休息のために庭園内などに設けた小さな建物。あずまや。

ちん【珍】[名・形動] ❶めずらしいこと。めずらしくて貴重なこと。また、そのもの。≡「すこぶる—なもの」「—重・—品・—味」 ❷普通とは変わっていること。風変わりでおもしろいこと。≡「—な服装をして現れる」「—奇・—妙」

ちん【朕】[代]〔一人称〕天皇・帝王が自分を指し示す語。≡「—は国家なり」

ちん ㊀ [副] ❶金属製の物が軽く触れ合って発する音を表す語。≡「鉦を—と鳴らす」 ❷鼻をかむ音を表す語。㊁ [名・他サ変] 電子レンジで調理すること。≡「冷凍ピザを—して食べる」▽電子レンジが調理終了を知らせる合図の音から。書き方 多く「チン」と書く。

ちん【沈】(造) ❶しずむ。しずめる。≡「—下・—殿・—没」「撃—・浮—」 ❷気分がしずむ。落ち込む。≡「—鬱・—滞・—痛」「消—」 ❸物事に深入りする。≡「—潜・—溺」 ❹落ち着いている。物静か。≡「—静・—着・—黙・—勇」「深—」 ❺おちぶれる。≡「—淪」

ちん【▽枕】(造) まくら。≡「—頭」「陶—」

ちん【陳】(造) ❶ならべる。つらねる。≡「—列」 ❷ことばをならべる。申し述べる。≡「—謝・—述」 ❸古い。≡「—腐」「新—代謝」

ちん【賃】(造) 報酬や代償として支払う金銭。≡「借り—」「—金・—貸」「運—・家—」

ちん【鎮】(造) ❶おさえて落ち着かせる。しずめる。しずまる。≡「—圧・—火・—魂・—痛」 ❷おさえとなるもの。おもし。≡「重—・文—」旧鎭

ちん-あげ【賃上げ】[名・自サ変] 賃金の額を引き上げること。≡「—を要求する」⇔賃下げ

ちん-あつ【鎮圧】[名・他サ変] ❶反乱や暴動を武力を使ってしずめること。≡「内乱を—する」 ❷耕地を鋤き起こして土をならし、地面をおさえつけて平らにすること。

ちん-うつ【沈鬱】[名・形動] 気分が沈んで、ふさぎこんでいること。≡「—な表情」派生 —さ

ちん-か【沈下】[名・自サ変] 沈んで位置が下がること。≡「家屋が—する」「地盤—」

ちん-か【鎮火】[名・自他サ変] 火事が消えること。また、火事を消すこと。≡「火災が/を—する」

ちんがい-ざい【鎮▼咳剤】[名] 咳をしずめるための薬剤。咳止め。鎮咳薬。

ちん-がし【賃貸し】[名・他サ変] 料金を取って物を貸すこと。賃貸。⇔賃借り

ちん-がり【賃借り】[名・他サ変] 料金を払って物を借りること。賃借。⇔賃貸し

ちん-き【珍奇】[名・形動] 非常にめずらしくて変わっていること。また、そのようなもの。≡「前代未聞の—な事件」「—を好む」派生 —さ

チンキ [名] ❶生薬をエチルアルコールで浸出した液剤。チンキ剤。 ❷薬品をエチルアルコールに溶解して製した液体。ヨードチンキなど。◈tinctuur から。

ちん-きゃく【珍客】[名] めったに来ない、めずらしい客。ちんかく。

ちん-きん【沈金】[名] 蒔絵の技法の一つ。漆器に毛彫りで模様を彫り、そこに金箔や金粉を埋め込むもの。

ちん-ぎん【沈吟】[名] ❶[自サ変] 思いにふけること。じっと考え込むこと。 ❷[他サ変] 静かに口ずさむこと。≡「古詩を—する」

ちん-ぎん【賃金】[名] 労働の対価として労働者に支払われる金銭。≡「—を上げる」「—をカットする」「平均—」「—体系[格差]」書き方 古くは「賃銀」とも。もと「賃金」という語があり、それと区別してこう書いたもの。使い方「賃金/給料を払う」では、前者は金銭の全体的な平均や水準などに、後者は個々人の所得としての金銭に注目していう。

ちんけ [形動]〔俗〕ひどく劣っているさま。程度がごく低いさま。▽さいころ博打で一の目を「ちん」と呼ぶことから。

ちんけい-ざい【鎮▼痙剤】[名] 痙攣をしずめるための薬剤。鎮痙薬。

チンゲンサイ【青梗菜中国】[名] アブラナ科の中国野菜。杓子形の葉は緑色、肥厚して扁平な葉柄は淡緑色。

ちん-ご【鎮護】[名・他サ変] 災いや戦乱をしずめて国をまもること。≡「—国家」

ちん-こう【沈降】[名・自サ変] ❶地殻の一部が沈んで位置が下がること。沈下。≡「—海岸」⇔隆起 ❷沈んでよどむこと。≡「赤血球の—速度」

ちん-ころ【▼狆ころ】[名] ❶狆の愛称。 ❷子犬。また、小さな犬。

ちん-こん【鎮魂】[名・他サ変] ❶死者の霊魂をなぐさめ、しずめること。≡「戦死者を—する」 ❷肉体から霊魂が去ることを恐れ、遊離した、または遊離しようとする魂を呼び戻してしずめること。たましずめ。≡「—の祭り」

ちんこん-きょく【鎮魂曲】[名] カトリック教会で、死者の霊をなぐさめるために捧げるミサ曲。死者のためのミサ曲。鎮魂ミサ曲。レクイエム。

ちん-ざ【鎮座】[名・自サ変] ❶神霊が一定の場所にしずまり、とどまっていること。≡「この宮に—まします二柱の神」 ❷人や物がどっかりと場所を占めていること。≡「顔の真ん中に—した大きな鼻」▽多く揶揄の気持ちをこめて使う。

ちん-さげ【賃下げ】[名・自サ変] 賃金の額を引き下げること。≡「—を断行する」⇔賃上げ

ちん-し【沈思】[名・自他サ変] 深く考え込むこと。≡「しばし—する」「—にふける」「—黙考」

ちん-じ【珍事】[名] めったに起こらない、変わった出来事。めずらしい出来事。

ちん-じ【▼椿事】[名] 思いがけなく起こった重大な出来事。一大事。≡「政局を揺るがす—」

ちん-しごと【賃仕事】[名] 仕事量に応じた賃金をもらってする手内職。

ちん-しゃ【陳謝】[名・他サ変] 事情などを述べてあやまること。≡「暴言を—する」

チンジャオロース【青椒肉絲中国】[名] 牛肉や豚肉の細切りとピーマンなどの野菜を炒めて酒・醤油などで調味した中国料理。

ちん-しゃく【賃借】[名・他サ変] 賃料を支払って物を借りること。≡「—料」「—地」⇔賃貸

ちん-じゅ【鎮守】[名] ❶兵士を駐留させて、その地方をしずめ守ること。≡「—府」 ❷その土地を守る神。≡「—の森」

ちん-じゅう【珍獣】[名] 姿・生態などの珍しいけもの。奇獣。

ちん-じゅつ【陳述】［名・他サ変］❶口頭で意見や考えを述べること。また、その内容。❷訴訟の当事者または関係者が裁判所に対して事件に関する事実や法律上の主張を口頭または書面で述べること。❸国文法で、言語表現をまとめ、文としての統一を与える作用。例えば、「氷は冷たい」という文で、主位概念「氷」と賓位概念「冷たい」とを統合し、文として成り立たせる作用をいう。▼その定義には、いくつかの学説がある。

ちん-しょ【珍書】［名］めずらしい書物。珍本。珍籍。

ちん-じょう【陳情】ヂャウ［名・他サ変］目上の人に実情を述べること。特に、官公庁や政治家に事情を述べて善処を求めること。‖「—団・—書」

ちん・ずる【陳ずる】［他サ変］申し述べる。また、言い張る。文ちん・ず 異形 陳じる

ちん-せい【沈静】［名・形動・自サ変］落ち着いていて静かなこと。また、静かになること。‖「インフレが—する」

ちん-せい【鎮静】［名・自他サ変］騒ぎや高ぶった気持ちをしずめ、落ち着かせること。また、しずまり落ち着くこと。‖「暴動が／を—する」「—剤」

ちん-ぜい【鎮西】［名］［古風］九州。▼奈良時代中期の一時、太宰府を鎮西府と称したことから。

ちん-せき【沈積】［名・自サ変］水中にある物質が水底に沈んで積もること。堆積（たいせき）。‖「土砂が—する」「—岩（＝堆積岩）」

ちん-せつ【珍説】［名］❶めずらしい話。珍談。❷風変わりな意見。とっぴで、ばかばかしい意見。

ちん-せん【沈潜】［名・自サ変］❶水底に深く沈みかくれること。❷あることに深く打ち込むこと。‖「詩作に—する」

ちん-せん【賃銭】［名］仕事や労力の報酬として支払われる金銭。賃金。

ちん-ぞう【珍蔵】ザウ［名・他サ変］めずらしいものとして、大切にしまっておくこと。‖「古典籍を—する」

ちん-たい【沈滞】［名・自サ変］❶一つところにとどこおって動かないこと。❷活気がなく、進歩・発展する動きがみられないこと。意気の上がらない状態が続くこと。‖「経済が—する」「—ムードが漂う」

ちん-たい【賃貸】［名・他サ変］料金を取って物を貸すこと。賃貸し。‖「—住宅・—料」⇔賃借（ちんしゃく）

ちん-たいしゃく【賃貸借】［名］相手にある物の使用・収益をさせ、これに対して相手が賃料を支払うことを約束する契約。賃貸借契約。

ちんたら［副］［俗］まじめに取り組まないで、ぐずぐずしているさま。‖「—歩かないで、しっかり前を見なさい」

ちん-だん【珍談】［名］めずらしい話。また、こっけいな話。‖「—奇聞」

ちんちくりん［名・形動］［俗］❶背丈の低いこと。また、背の低い人をからかっていう語。❷背丈に比べ衣服が短すぎること。つんつるてん。‖「—のズボン」

ちん-ちゃく【沈着】［名］❶［形動］落ち着いていて物事に動じないこと。‖「冷静—」派生 -さ ❷［自サ変］底にたまって付着すること。‖「色素が—する」

ちん-ちょう【珍重】［名］❶［他サ変］めずらしいものとして大切にすること。‖「仙薬として—された野草」❷［自サ変］自分を大切にすること。‖「くれぐれも御—ください」▼多く手紙文で相手に自重・自愛をすすめるときに使う。❸［形動］めでたいこと。祝うべきこと。派生 -がる

ちんちょうげ【沈丁▽花】チンチヤウ［名］⇩じんちょうげ

ちん-ちん［名］❶［自サ変］犬が前足をそろえて上げ、後ろ足だけで立つこと。また、そのしぐさ。❷幼児語で、陰茎のこと。❸主に関東で、クロダイの幼魚の通称。

ちん-ちん【沈沈】［形動タリ］静まりかえっているさま。特に、夜がふけて辺りが静まっているさま。‖「夜が—とふけていく」

ちんちん-かもかも［名］［俗］男女の仲がきわめてむつまじいこと。いちゃいちゃしていること。

ちん-つう【沈痛】［名・形動］深い悲しみや心配事に胸を痛めてふさぎ込んでいること。‖「—な面持ち」

ちん-つう【鎮痛】［名・自他サ変］痛みをおさえ、しずめること。‖「—薬・—剤」

ちん-てい【鎮定】［名・自他サ変］力によって乱をしずめ、世を治めること。また、乱がしずまり、世が治まること。‖「騒乱が／を—する」

ちん-でん【沈殿（沈▼澱）】［名・自サ変］❶液体中の微小な固体が底に沈んでたまること。‖「へどろが地底に—する」「—物」❷化学で、溶液中の化学反応によって生じた生成物が溶液と分離して沈降すること。また、その現象。書き方「沈殿」は代用表記。

ちん-と［副］とりすまして、じっとしているさま。‖「—かしこまる」

ちん-とう【▽枕頭】［名］まくらもと。枕上（ちんじょう）。‖「—の書（＝愛読書）」

ちんどん-や【ちんどん屋】［名］商店などの宣伝・広告のために、派手な仮装をして、鉦（かね）・太鼓・三味線・クラリネットなどを鳴らしながら町中を練り歩く職業。また、その人。ひろめや。

ちん-にゅう【▼闖入】ニフ［名・自サ変］突然、断りもなく入り込むこと。‖「—者」

ちんば【▼跛】［名］足の具合が悪く歩行の釣り合いがとれないことをいう、差別的な語。また、足の不自由な人をいう、差別的な語。

闖

チンパンジー［chimpanzee］［名］熱帯アフリカの森林にすむショウジョウ科の類人猿。体長約一五〇センチメートル。尾はなく、全身が黒い毛に覆われる。知能が高い。クロショウジョウ。

ちんぴら［名］❶まだ子供なのに大人ぶったふるまいをする者、小者なのにえらそうな言動をする者をあざけっていう語。❷不良少年少女。また、下っ端のやくざ。

ちん-ぴん【珍品】［名］めずらしい品物。

ちん-ぶ【鎮▼撫】［名・他サ変］反乱・暴動などをしずめ、人心を安らかにすること。

ちん-ぷ【陳腐】［名・形動］古くさいこと。また、ありふれていて、つまらないこと。‖「—な表現」「発想が—だ」派生 -さ

ちん-ぶん【珍聞】［名］めったに聞けない、めずらしい話。変わった内容のうわさ話。‖「—奇聞」

ちんぷん-かんぷん［名・形動］人の話していることばや内容が、さっぱりわからないこと。話がまったく通じないこと。ちんぷんかん。‖「—な講義」書き方「珍紛漢紛」なども当てる。

ちん-べん【陳弁（陳▼辯）】［名・他サ変］事情や理由を述べて、弁解すること。申し開きをすること。

ちん-ぼつ【沈没】［名・自サ変］❶船などが水中に沈むこと。‖「漁船が—する」❷酔いつぶれて動けなくなること。

ちん-ぽん【珍本】［名］めずらしい本。珍書。珍籍。

ちんまり［副(と)］小さくまとまっているさま。‖「座敷の隅に—(と)座る」

ちん-み【珍味】［名］めったに味わえない、めずらしい味。めずらしくて、おいしい食べ物。‖「山海の—」「—佳肴」

ちん-みょう【珍妙】［名・形動］変わっていて、おかしいこと。‖「—な格好で現れる」派生—さ

ちん-むるい【珍無類】［名・形動］他に例のないほど、風変わりでおかしいこと。この上なく滑稽なこと。‖「—の隠し芸」

ちん-めん【沈▼湎】［名・自サ変］酒などにひたり、すさんだ生活をすること。‖「酒色に—する」

ちん-もく【沈黙】［名・自サ変］❶口をきかないこと。だまりこむこと。‖「一同はしばし—した」「—を守る」❷一切の活動をやめて静かにしていること。‖「長い—を破って長編小説を発表する」

◉**沈黙は金、雄弁は銀** 黙るべきときを知ることは、よどみなく話すことよりも大切だということ。▼「雄弁は銀、沈黙は金」とも。

ちん-もち【賃餅】［名］料金を取ってもちをつくこと。また、そのもち。

ちん-もん【珍問】［名］変わった質問。まとはずれの滑稽な質問。‖「—珍答」

ちん-ゆう【沈勇】［名・形動］落ち着いていて勇ましいこと。沈着で勇気があること。‖「—の士」

ちん-りょう【賃料】［名］賃貸借契約で、賃借人が支払う対価。家賃・地代・レンタル料など。

ちん-りん【沈▼淪】［名・自サ変］❶深く沈むこと。❷好ましくない状況に陥ること。特に、おちぶれること。零落。‖「貧苦の境界に—する」「不幸の淵に—する」「—流浪の身」◈「淪」も沈む意。

ちん-れつ【陳列】［名・他サ変］人々に見せるために物品を並べておくこと。‖「ショーウインドーに商品を—する」「—棚」

ちん-ろうどう【賃労働】［名］生産手段をもたない労働者が自己の労働力を一つの商品として資本家に売り、その対価として賃金を受け取る労働形態。賃金労働。

つ

つ【津】［名］船着き場。渡し場。港。

つ［助動 下二型］（て-て-つ-つる-つれ-てよ）〔古風〕❶完了を表す。…た。…てしまった。‖「石炭をば早や積み果て—〈鷗外・舞姫〉」❷確実に実現する意を表す。きっと…てしまう。必ず…してしまう。‖「これにて魯西亜より帰り来んまでの費えをば支え—べし〈鷗外・舞姫〉」◈使い方 用言と一部の助動詞の連用形に付く。

つ［接助］〔古風〕〈「…つ…つ」の形で〉二つの動作が繰り返し行われることを表す。‖「行きつ戻りつしながら待つ」▼完了の助動詞「つ」の終止形の用法から。

つ【▽箇・▽個】［接尾］〈一から九の数を表す和語に付いて〉個数や年齢を表す。‖「一—・二—・九—」

つ【都】(造) すべて。みな。ことごとく。‖「—合・—度」旧都

ツァー【czar】［名］帝政ロシア皇帝の称号。イワン四世が正式に使い始めた。ツァーリ。ツァール。

ツアー【tour】［名］❶観光旅行。特に、旅行会社などが企画する団体旅行。‖「海外—」❷小旅行。遠出。‖「サイクリング—」❸歌手・劇団などの巡業。

ツアー-ガイド【tour guide】［名］➡ツアーコンダクター

ツアー-コンダクター【tour conductor】［名］旅行会社の企画旅行に同行し、旅行が円滑に行われるように管理する人。添乗員。ツアーガイド。ツアコン。

つい【▽終(▼竟)】［名］物事のおわり。つまるところ。また、命のおわり。‖「—の住みか」「—の別れ」

つい【対】［名］❶二つそろって一組みになるもの。‖「—の茶碗」「一—」❷素材・色・形・図柄などを同じにしてそろえるもの。‖「—の着物」❸対句。旧對

つい［副］❶意図しないで、不本意ながらそうしてしまうさま。思わず。‖「甘い物を見ると—手が出る」「—言いそびれてしまう」使い方 (1)強めて「ついつい」とも。(2)➡うっかり ❷時間や距離の隔たりがわずかであるさま。ほんの。‖「—さっき帰った」「—目と鼻の先にある」

つい［接頭］〔古風〕〈動詞に付いて〉そのまま、ちょっと、ひょいと、などの意を表す。‖「—居る・—立つ」▼動詞「突く」の連用形「つき」のイ音便化。

つい【追】(造) ❶あとからせまる。おいかける。‖「—求・—跡・—突」「猛—」❷過去にさかのぼる。‖「—善・—悼」❸つけくわえる。‖「—記・—伸」

つい【椎】(造) せぼね。‖「—間板」「頸—・脊—」

つい【墜】(造) ❶地に落ちる。落とす。‖「—落」「撃—」❷なくす。すたれる。‖「失—」

ツイード【tweed】［名］太い羊毛で織られた、ざっくりとした感触の織物。スコッチ。‖「—の背広」

ついえ【費え】［名］〔古風〕❶費用。❷むだな出費。浪費。

つい・える【費える】［自下一］❶財産などがむだに使われ(て、なくな)る。費消される。‖「財産が—」❷時間がむだに使われる。費消される。‖「病を得て多年月がむなしく—・えた」◈「潰える」と同語源。文つひ・ゆ 名費え

つい・える【▽潰える】［自下一］❶崩れ壊れてだめになる。崩潰する。‖「砲撃で牙城が—」書き方 崩れ破れる意では「▽弊える」とも。❷戦いに敗れて総崩れになる。潰滅する。‖「敵軍は完全に—・えた」❸希望や計画ががたがたに崩れる。‖「夢が—」文つひ・ゆ

つい-おく【追憶】［名・他サ変］昔のことを思い出してしのぶこと。‖「過ぎ去った日々を—する」

つい-か【追加】［名・他サ変］既にあるものに、後から付け加えること。‖「料理を一人前—する」「—予算」

つい-かい【追懐】［名・他サ変］昔のことを思い出してなつかしむこと。‖「往時を—する」

つい-かん-ばん【椎間板】［名］脊椎の椎体と椎体とをつなぐ円板状の軟骨組織。‖「—ヘルニア(＝椎間板内部の髄核が外側に脱出を起こした状態)」

つい-き【追記】［名・他サ変］あとから書き加えること。また、その文章。‖「付帯条件を—する」

つい-きそ【追起訴】［名・他サ変］刑事事件が第一審に係属中、検察官がその事件との併合審理を求めて同一被告人の他の犯罪を起訴すること。

つい-きゅう【追及】［名・他サ変］悪事や責任を

探って、どこまでも追いつめること。〓「容疑者[責任・犯行の動機]を—する」書き分け ⬇追求

つい‐きゅう【追求】[名・他サ変] 目的のものを得ようとして、それをどこまでも追い求めること。〓「理想[利益]を—する」書き分け 一般に理想・利益などを追う意では【追求】、学問・真理などを追う意では【追究】、悪事・犯人などを追う意では【追及】と書き分ける。【追求】は最も意味が広く、「追究」「追及」の代わりに使われることもある。

つい‐きゅう【追究】[名・他サ変] 未知の物事をどこまでも探って明らかにしようとすること。〓「真理[学問・美の本質]を—する」書き方「追窮」とも。⬇追求

つい‐きゅう【追給】[名・他サ変] 給料の不足分や追加分をあとから支給すること。また、その給料。

つい‐く【対句】[名] 修辞法の一つ。語格・語形などが同一または類似した二句を並置し、対照や強調の効果を求める表現形式。また、その並置された句。詩歌・漢詩文・ことわざなどに多く用いられる。「万丈の山、千仞の谷」「朝に道を聞かば夕べに死すとも可なり」「金の切れ目が縁の切れ目」などの類。

つい‐げき【追撃】[名・他サ変] 逃げる敵を追いかけて攻撃すること。おいうち。〓「—戦」▼スポーツなどで、先行する相手を追い上げる意味に使う。

つい‐ご【対語】[名] ⬇対義語

つい‐こう【追行】[名・自サ変] 続いてあとから行くこと。また、あとからついて行くこと。〓「先達に—する」

つい‐ごう【追号】[名] 人の死後に生前の徳や功績をたたえて贈る称号。おくりな。

つい‐こつ【椎骨】[名] 脊椎動物の脊柱を構成する一つ一つの骨。椎体とその背部の椎弓からなり、椎間板によって結合される。

つい‐し【追試】[名] ❶[他サ変] ある人の実験によって導き出された結論を、同一の実験によって確かめること。❷「追試験」の略。

つい‐し【墜死】[名・自サ変] 高い所から落ちて死ぬこと。墜落死。〓「岩場から—する」

ついじ【▽築地】[名] 板を芯にして、両側を土で塗り固めた塀。ふつう一間ごとに木の柱を立て、瓦などで屋根を葺く。築地塀。▼「つきひじ(築泥)」の転。

つい‐しけん【追試験】[名] 定期試験を受けられなかった者や不合格者に対して、後で行う試験。追試。

つい‐しゅ【▽堆朱】[名] 彫漆の一つ。朱漆を何層にも厚く塗り重ね、そこに文様を彫ったもの。

つい‐じゅう【追従】[名・自サ変] 人のあとにつき従うこと。また、人の言動にそのまま従うこと。追随。〓「世論[上司]に—する」

つい‐しょう【追従】[名・自サ変] 人におもねるような言動をすること。こびへつらうこと。また、その言動。おべっか。〓「お—を言う」「—笑い」

つい‐しん【追伸(追申)】[名] 手紙で、本文を書き終えたあとでさらに書き加える文。また、その初めに記す語。追って書き。二伸。▼つけ加えて申す意。

つい‐ずい【追随】[名・自サ変] あとにつき従うこと。あとからついていくこと。また、まねをすること。〓「先人に—する」「—者」

ツイスト【twist】[名] ❶球技で、球に回転を与えること。また、その球。ひねり球。❷鉄棒・平行棒などで、体をひねって向きを変えること。❸ロックンロールなどのリズムに合わせ、腰や足をひねるようにして踊るダンス。▼一九六〇年ごろにアメリカで流行し、世界に広まった。

つい‐せき【追跡】[名・他サ変] ❶逃げる者のあとを追うこと。〓「パトカーに—される」❷物事の経過や筋道をたどって調べること。〓「—取材[調査]」

つい‐ぜん【追善】[名・他サ変] 死者の冥福を祈って法会などの善事を行うこと。追福。〓「—供養[興行]」

つい‐そ【追訴】[名・他サ変] 最初の訴えに、さらに別の事柄を追加して訴えること。また、その訴え。

つい‐ぞ【▽終ぞ】[副]〈打ち消しの語を伴って〉これまでに一度も。いまだかつて。〓「そんな話は—聞いたことがない」

つい‐そう【追走】[名・他サ変] 追いかけて走ること。〓「先頭のランナーを—する」

つい‐そう【追送】[名・他サ変] 追加して、すぐあとから送ること。〓「予備の部品を—する」

つい‐そう【追想】[名・他サ変] 昔のことを思い出してしのぶこと。〓「故人を—する」「—録」

つい‐ぞう【追贈】[名・他サ変] 死後に官位・勲章などを贈ること。

つい‐たいけん【追体験】[名・他サ変] 他人の体験を、作品などを通じてたどることによって、自分の体験のようにとらえること。〓「小説を読んで作者の青春時代を—する」

つい‐たち【《一日》(〈▼朔日〉・▼朔)】[名] 月の第一日。いちにち。いちじつ。いっぴ。〓「五月—」▼「つきたち(月立ち)」の音便。月が現れる意。

つい‐たて【▽衝立】[名] 部屋の中に立てて仕切りや目隠しにする家具。▼古くは「衝立障子」といった。

つい‐ちょう【追弔】[名・他サ変] 死者の生前をしのび、その霊をとむらうこと。〓「—会」

つい‐ちょう【追徴】[名・他サ変] あとから不足の金銭を取り立てること。〓「—金」

つい‐て【就いて】[連語] ⬇就く⑤⑥

ついで【▽序で】[名] あることを行うとき、それにかこつけて別のことも行えるようなよい機会。〓「—があったら渡してください」

つい‐で【次いで】[接] 引き続いて。その次に。〓「開会式が終わった。—競技に移る」

ついて‐い・く【付いて行く(▽附いて行く)】[自五] 先行者に離れないようにして付き従う。付いてゆく。〓「首位に並ぶようにして—」「信頼して監督に—」書き方 俗に「着いて行く」とも書くが、「付」が標準的。可能 付いていける「彼のやり方には付いていけない」

ついて‐く・る【付いて来る(▽附いて来る)】[自カ変] 先行者を追いかけるようにして付き従う。〓「おれに—・来い」「猫の子があとから—」書き方 俗に「着いて来る」とも書くが、「付」が標準的。

ついで‐に【▽序でに】[副] あることをする、その機会を利用して。その折に一緒に。〓「—言っておくと…」

ついて‐は【(就いては)】[接] 前に述べたことと密接に関係して、次に述べることが成り立つことをいう。そういうわけ(次第)だから。〓「審議会を開きます。—午後一時までに御参集ください」使い方 丁寧語化して「つきましては」とも。⬇「ます」のコラム(一五七ジペー)

ついて‐まわ・る【付いて回る】[自五] いつも離れずについてくる。〓「幸運[悪評]が—」

つい・てる[自下一] 幸運にめぐまれている。つきがある。〓「今日は—・てない」▼「ついている」の転。

る」

ついーと [副] 動作が突然に、また、すばやく行われるさま。〓「—席を立つ」

ついーとう【追討】 ータウ [名・他サ変] 敵を追いかけて討ちとること。追っ手をさし向けて討つこと。〓「賊軍を—する」

ついーとう【追悼】 ータウ [名・他サ変] 死者の生前をしのび、その死をいたみ悲しむこと。〓「—の辞」「—式・—文」

使い方 「〈人〉に追悼する」は標準的でない。〓「×犠牲者に追悼する→○犠牲者を追悼する」

ついーとつ【追突】 [名・自サ変] 乗り物などが後ろから突き当たること。〓「車に—される」「—事故」

ついーな【追▼儺】 [名] 大晦日(おおみそか)の夜、宮中で行われた悪鬼を追い払う儀式。平安時代には盛んに行われたが、江戸時代には廃(すた)れた。おにやらい。▽節分の豆まきは、この行事の変形したものという。

ついーに【▽遂に・▽終に・▼竟に】 ーツヒ [副] 長い時間やさまざまな経過を経て、ある結果に達するさま。とうとう。〓「子供の頃からの夢が—実現した」「あのチームには—一度も勝てなかった」

ついーにん【追認】 [名・他サ変] 過去にさかのぼって、その事実を認めること。〓「適格とみなして資格を—する」

ついーのう【追納】 ーナフ [名・他サ変] 不足分をあとから追加して納めること。〓「保険料を—する」

ついば・む【▼啄む】 [他五] 鳥がくちばしで物をつついて食う。〓「文鳥が餌(えさ)を—」▽「つきはむ」の転。可能 ついばめる

ついーひ【追肥】 [名] 作物の生育途中に与える肥料。追い肥(ごえ)。

ついーび【追尾】 [名・他サ変] あとをつけていくこと。追跡。〓「敵艦を—する」「—攻撃」

ついーふく【追福】 [名・他サ変] 死者の冥福を祈って法要を営むこと。追善。

ついふくーきょく【追復曲】 [名] ⇒カノン

ついーほ【追補】 [名・他サ変] 出版物などで、追加・訂正すべき事柄を後から補うこと。〓「年表を—する」

ついーぼ【追慕】 [名・他サ変] 死んだ人や遠く離れている人を恋しく思うこと。〓「—の念をつのらせる」

ついーほう【追放】 ーハウ [名・他サ変] ❶好ましくないものを追い払うこと。しめ出すこと。〓「暴力—」❷一定の理由をもって、不適当と認めた人をある職業・地位などから退けること。〓「公職—」

ついや・す【費やす】 ツヒ [他五] 何かを達成するために、金銭・時間・労力・ことばなどを使う。また、使ってなくす。投(とう)じる。〓「趣味に金と時間を—」「十分の紙幅を—・して語る余裕がない」可能 費やせる

［ことば探究］「費やす」の使い方

▼「〜を費やす」という場合、「〜を」には、金銭・時間・労力・ことばなど、目に見えないものが入る。

「多くの時間を費やして開墾する」

▼「費やしたもの」はなくなるという含みを持つ。よって、なくならない(消耗されない)ようなものには使いにくい。

「○坂の上まで、電力を費やして荷物を上げる」

「×坂の上まで、てこの原理を費やして荷物を上げる」

ついーらく【墜落】 [名・自サ変] 高い所から落ちること。〓「ジェット機が—する」「—死」

ついーろく【追録】 [名・他サ変] あとから書き加えること。また、書き加えたもの。

ツイン [twin] [名] ❶一対になっていること。また、そのもの。〓「—ビル」❷ホテルで、ツインベッド(＝シングルベッドを二台並べたもの)を置いた部屋。

ツインーテール [和製 twin＋tail] [名] 長い髪の毛を左右に分けてまとめ、垂らした髪形。

つう【通】 一 [名] ❶ある領域の事柄に精通していること。また、その人。〓「芝居に関してはひとかどの—だ」「食—・相撲—・消息—」❷人情の機微に通じていること。特に、男女間の機微に通じていて、深い思いやりがあること。〓「—をきかす」 二 (造) ❶とおる。とおりぬける。〓「—過・—行・—路」「開—・疎—」❷行き来する。かよう。〓「—学・—信」「交—」❸行き渡る。広く行われる。〓「—貨・—称」「共—・普—」❹知らせる。〓「—知・—報」❺全体に及ぶ。〓「—算・—読・—年」❻手紙・文書などを数える語。〓「正副二—の書類」「三—の手紙」

つう【痛】 (造) ❶体や心にいたみを感じる。いたむ。〓「—風・—恨」「苦—・激—・沈—・頭—・悲—」❷程度がはなはだしい。激しい。〓「—飲・—快・—烈」

つうーいん【通院】 ーヰン [名・自サ変] 治療を受けるために病院・医院などに通うこと。

つうーいん【痛飲】 [名・他サ変] 酒を大いに飲むこと。〓「夜遅くまで—した」

つうーうん【通運】 [名] 貨物を運搬・輸送すること。運送。〓「—事業」

つうーか【通貨】 ークワ [名] 一国内で流通手段・支払い手段としての機能を果たす貨幣。本位貨幣・補助貨幣・銀行券・政府貨幣のほか、預金貨幣も含まれる。

つうーか【通過】 ークワ [名・自サ変] ❶ある地点を通り過ぎること。〓「急行の—駅」「—点」❷物事が無事に通ること。〓「一次審査を—する」

つうかあ [名] 互いに気心が知れていて、ひとこと言っただけですぐその内容が通じてしまうこと。〓「—の仲」▽「つうと言えばかあと答える」から。

つうーかい【痛快】 ークワイ [名・形動] きわめて愉快なこと。胸がすっとするほど気持ちがよいこと。〓「—な出来事」派生 —さ／—がる

つうかーぎれい【通過儀礼】 ツウクワー [名] 人の一生で、ある段階から別の段階に移る際に執り行われる儀礼。誕生・成人・結婚・死などの際の儀礼をいう。

つうーかく【痛覚】 [名] 強い刺激を受けたとき、皮膚・粘膜・身体内部などに生じる痛みの感覚。

つうーがく【通学】 [名・自サ変] 児童・生徒・学生が学校に通うこと。〓「—路」「電車—」

つうーかん【通巻】 ークワン [名] 全集・叢書(そうしょ)・雑誌などで、第一巻から通して数えた巻数。〓「—一〇〇号」

つうーかん【通関】 ークワン [名・自サ変] 関税法に従って、貨物の輸出入の許可を得ること。また、その許可を得て関税を通過すること。

つうーかん【通観】 ークワン [名・他サ変] 全体にわたってざっと見渡すこと。〓「内外の情勢を—する」

つうーかん【痛感】 [名・他サ変] 心に強く感じること。身にしみて感じること。〓「力不足を—する」

つうーき【通気】 [名] 内部と外部の空気を互いに通わせること。通風。〓「—孔(こう)」

つうーき【通期】 [名] 一定の期間の全体。また、一年間。〓「—業績予想」

つうぎょう【通暁】［名］❶夜を通して朝に至ること。夜通し。❷［自サ変］ある事柄についてすみずみまで知っていること。‖「国際法に━する」

つうきん【通勤】［名・自サ変］勤め先に通うこと。‖「電車で━する」「━ラッシュ」

つうく【痛苦】［名］痛みと苦しみ。また、ひどい苦しみ。

つうけい【通計】［名・他サ変］通算。総計。

つうげき【痛撃】［名・他サ変］相手に手ひどい攻撃を加えること。また、その打撃。‖「━を受ける」

つうげん【痛言】［名・他サ変］耳が痛いほど手きびしくいうこと。また、そのことば。

つうこう【通交・通好】［名・自サ変］国と国とが親しく交際すること。‖「━条約」

つうこう【通行】［名・自サ変］❶人や車がある所を通って行くこと。‖「━人」❷世間に広く行われていること。‖「今日(こんにち)━している暦」

つうこう【通航】［名・自サ変］船舶が航路を通ること。‖「海峡を━する船」

つうこうどめ【通行止め】［名］人や車の通行ができなくなること。通行を禁止すること。

つうこく【通告】［名・他サ変］決定事項などを正式に告げ知らせること。‖「和解条件の受諾を━する」「解雇の━を受ける」「最後━」

つうこく【痛▼哭】［名・自サ変］声をあげて激しく泣くこと。ひどく嘆き悲しむこと。

つうこん【痛恨】［名・他サ変］ひどく残念に思うこと。非常にくやしがること。‖「━の極み」「━事(じ)」

つうさん【通算】［名・他サ変］全体を通して計算すること。また、その計算。通計。‖「━(して)八年の海外生活」「━成績」

つうさんしょう【通産省】［名］「通商産業省」の略。

つうし【通史】［名］一時代・一地域に限らず、全時代・全地域を総合的に叙述した歴史。‖「日本━」

つうじ【通じ】［名］❶ある所につながること。‖「━が早い」❷他人の考えや言うことの意味がわかること。❸大便を排泄(はいせつ)すること。便通。‖「お━」

つうじ【通事・通詞・通辞】［名］通訳。特に江戸時代、長崎で通訳や貿易事務に携わった幕府の役人。

つうじあう【通じ合う】［自他五］気持ちや考えが互いに伝わる。また、互いに伝える。‖「心が━」「相互に意思を━」

つうじて【通じて】［副］全体を通して。一体に。総じて。‖「━天候不順の一年だった」

つうじてき【通時的】［形動］言語学で、ある言語を時間的・歴史的に変化していく相に従って記述するさま。ディアクロニック。⬍共時的

つうしゃく【通釈】［名・他サ変］全体にわたって解釈すること。また、その解釈。通解。

つうしょ【通所】［名・自サ変］介護・療養・授産・更生などの施設に通うこと。‖「━介護(＝デイサービス)」

つうしょう【通称】［名・他サ変］正式ではないが、世間一般に通用している名称。また、世間一般で呼びならわすこと。通り名。

つうしょう【通商】［名・自サ変］外国と商取引をすること。交易。貿易。‖「━条約」

つうじょう【通常】［名］特別でなく、ごく一般的であること。普通。‖「━の取り引き」「店は━九時に開く」▼副詞的にも使う。

つうじょうこっかい【通常国会】［名］毎年一回、定期的に召集される国会。一月中の召集を常例とし、会期は一五〇日。常会。

つうしょうさんぎょうしょう【通商産業省】［名］経済産業省の旧称。

ツーショット【two-shot】［名］❶画面に二人の人を入れて写すこと。また、その写真。❷(男女が)二人だけでいる場面。

つう・じる【通じる】㊀［自上一］❶道、交通機関、電気・水道などがある所へつながる。また、つながって連絡がつく。‖「この道は頂上に━・じている」「鉄道が━」「停電で電話が━・じない」▼「通る」は経路に、「通じる」は到達点に注目していう。❷意志や考えが相手に伝わる。‖「日本語［冗談］が━」「気持ちが━」❸〈多く「通じている」の形で〉詳しく知っている。精通する。‖「事情［パソコン］に━・じている」❹敵対するものとひそかにつながりをもつ。内通する。‖「敵に／と━」❺ひそかに肉体関係を持つ。密通する。‖「人妻と━」❻認められて広く通用する。通る。‖「一〇秒を切れば世界に━」使い方「通じない」の形も多い。有効に働かず通用しない意。‖「そんなことでは国際社会には━・じない」❼物事が(奥深いところで関係をもって)他とつながる。通底する。‖「自然であることは幸せに━」「元禄期の作品でありながら表現がシュルレアリスムに━」❽同音異義語などが、混同されて互いに区別されなくなる。‖「『臆(おく)』は『憶』に━」❾便通がある。通じがある。‖「大便が滞って━・じない」❿〈「…を通じて」の形で〉物事が広い範囲に及ぶ意を表す。…にわたって。…を通して。‖「全体を━・じて好印象をもった」「生涯を━・じて何ら変わるところがない」⓫〈「…を通じて」の形で〉あるものを仲立ち・方法・手段とする意を表す。…を通して。…を経由して。‖「知人を━・じて市長に講演を頼んだ」「経験を━・じて学ぶ」◈～ヲは移動の時空間を表すので、⑩⑪を自動詞とする。㊁［他上一］❶道などがつながるようにする。‖「掘り進めて道を━」❷意志や気持ちが伝わるようにする。また、気心を通わせて親しく交わる。‖「ひそかに敵方と意を━」「気脈を━」❸〈「刺を通じる」などの形で〉面会を請うために名刺を差し出す。‖「刺を━・じて面会を求める」異形 通ずる

つうしん【通信】［名・自他サ変］❶郵便・電信・電話・インターネットなどを使って、情報を伝達すること。また、そのようにして伝達されたもの。‖「━衛星・━販売」「━カラオケ」❷自分の意思や様子を他人に知らせること。また、その知らされたもの。‖「学級━」

つうしん【痛心】［名・自サ変］心を痛めること。ひどく心配して、苦しむこと。心痛。

つうじん【通人】［名］❶ある事柄に精通している人。❷人情の機微に通じている人。特に、色恋の機微に通じている人。❸遊里の事情に通じていて、遊び上手な人。粋人(すいじん)。‖「━を気どる」

つうしんいん【通信員】［名］ある団体などから委嘱または派遣され、地域のニュースなどの情報をその団体に送る人。

つうしんえいせい【通信衛星】［名］地上局

の遠距離通信の中継局として働く人工衛星。ＣＳ。

つうしん-きょういく【通信教育】 [名] 通信手段を用いて行う教育。大学・高校通信教育と社会通信教育に大別される。

つうしん-しゃ【通信社】 [名] 国内外のニュースを取材し、それを新聞社・放送局などに提供する会社。

つうしん-はんばい【通信販売】 [名] 広告・ダイレクトメール・インターネットなどによって注文を取り、郵便や宅配便を用いて商品を発送する小売販売方式。通販。

つうしん-ぼ【通信簿】 [名] 児童・生徒各自の学業成績・身体状況・行動状況などを記入し、学校から家庭に通知するための書類。通知簿。通知表。

つうしん-もう【通信網】 [名] 新聞社・通信社・放送局などが、ニュースを収集するために各地に設けている通信組織。

つう-すい【通水】 [名・自サ変] 水路や管などに水を通すこと。‖「パイプに―する」

つう・ずる【通ずる】 [自他サ変] ⬇通じる 文 つう・ず 名 通じ

つう-せい【通性】 [名] 世間一般に認められる共通の性質。また、同種類のものにみられる共通の性質。

つう-せき【痛惜】 [名・他サ変] 心から残念に思うこと。‖「友の死を―する」

つう-せつ【通説】 [名] ❶世間一般に広く認められている説。❷全般にわたって解説すること。また、その解説。‖「近代文学―」

つう-せつ【痛切】 [名・形動] 身にしみて強く感じること。‖「資金不足を―に感じる」「―な願い」

つう-せん【通船】 [名・自サ変] 特定の航路を船が往来すること。また、その船。‖「―料」

つう-そく【通則】 [名] ❶世間一般に適用されるきまり。❷法令などで、全体に及ぶものとして個々の条文の前に掲げる規則。

つう-ぞく【通俗】 [名・形動] ❶一般大衆にわかりやすく親しみやすいこと。一般向きであること。‖「―的(=誰にでもわかりやすいさま。また、俗受けのするさま)」❷興味本位で、低俗なこと。‖「―に堕する」「―に流れる」

つうぞく-しょうせつ【通俗小説】 [名] 題材をその時代の風俗に求め、一般大衆を対象にして書かれた娯楽性の高い小説。

つう-だ【痛打】 [名・他サ変] ❶相手に強い打撃を与えること。また、その打撃。❷野球で、強烈な一打を放つこと。また、その打撃。

つう-たつ【通達】 [名] ❶[自サ変] ある物事に深く通じていること。‖「スペイン語に―する」❷[他サ変] 知らせること。特に、行政官庁がその所属機関や職員に文書をもって指示事項を知らせること。また、その文章。▽旧称は通牒。

つう-たん【痛嘆(痛▼歎)】 [名・他サ変] ひどくなげき悲しむこと。‖「愛児の死を―する」

つう-ち【通知】 [名・他サ変] 必要な事柄を関係者に知らせること。また、その知らせ。‖「採用[配達]―」

つうち-ひょう【通知表】 [名] 通信簿。

つう-ちょう【通帳】 [名] 預貯金・掛け売り・掛け買いなどの年月日・金額・数量などを記載しておく帳面。通い帳。‖「預金―」

つう-ちょう【通▼牒】 [名・他サ変] ❶書面で知らせること。また、その書面。❷「通達」②の旧称。❸国際法上、国家の一方的意思表示を文書をもって相手国に知らせること。また、その文書。‖「最後―」

つう-つう [名・形動] ❶気心などが互いによく通じ合っていること。つうかあ。‖「―の間柄」❷情報などが筒抜けであること。‖「企業秘密が他社に―になる」

つう-てい【通底】 [名・自サ変] 表面は異なって見える事柄や思想が、その根底では互いに通じ合っていること。‖「東南アジア諸国に―する文化」

つう-てん【痛点】 [名] 痛みを感じる感覚点。全身の皮膚面や粘膜上に分布する。

つう-でん【通電】 [名・自サ変] 電流を通すこと。

つう-どく【通読】 [名・他サ変] 初めから終わりまでざっと読み通すこと。全体に目を通すこと。

ツー-トップ【和製 two＋top】 [名] ❶サッカーで、最前線にフォワード二人を配置する陣形。❷組織などで、中心となる二人。‖「会社の―」

ツートン-カラー【two-tone color】 [名] 異系統の二色、または同系統の濃淡二色を組み合わせた配色。‖「―の車体」

つう-ねん【通年】 [名] 一年を通じてのこと。‖「新卒者の―採用」「―観測」

つう-ねん【通念】 [名] 一般に共通して認められる考え。‖「社会―に反する行為」

つう-ば【痛罵】 [名・他サ変] はげしくののしること。痛烈に非難すること。‖「―を浴びせる」

ツーバイ-フォー【two-by-four】 [名] 主として二×四インチ(約五センチメートル×約一〇センチメートル)の角材を使って枠組みとし、これに合板を張って床・壁・屋根などを作る木造家屋の建築工法。柱は使わずに、壁面全体で自重や外力を支える。枠組み壁工法。

つう-はん【通販】 [名]「通信販売」の略。

ツー-ピース【two-piece】 [名] 上着とスカートが分かれて一組みになっている婦人服。⬇ワンピース

つう-ふう【通風】 [名・自サ変] 風を通すこと。空気の流れの悪い所に新鮮な空気を通すこと。風通し。‖「―孔」「―機」

つう-ふう【痛風】 [名] 尿酸が血液中に増加し、結晶となって関節や腎臓に沈着する病気。進行すると激しい関節痛、尿路結石、腎障害などを引き起こす。

つう-ふん【痛憤】 [名・自他サ変] 大いにいきどおること。ひどく憤慨すること。‖「薄情な世相に/を―する」

つう-ぶん【通分】 [名・他サ変] 分母の異なる二つ以上の分数を、その値を変えないで分母の等しい分数に直すこと。

つう-へい【通弊】 [名] 一般に共通してみられる弊害。

つう-べん【通弁(通▼辯)】 [名・他サ変]〔古風〕通訳(すること)。

つう-ほう【通報】 [名・他サ変] 伝え知らせること。また、その知らせ。‖「逃走車のナンバーを警察に―する」

つう-ぼう【通謀】 [名・他サ変] 示し合わせて悪事などをたくらむこと。

つう-ぼう【痛棒】 [名] 座禅のとき、師が心の定まらない者を打ち懲らす棒。▽手きびしい叱責のたとえとして使う。‖「―を食らわす」

つう-やく【通訳】 [名・他サ変] 異なる言語を話す人の間に立って、話が通じるように双方のことばを翻訳し

て伝えること。また、その人。‖「英語を日本語に—する」「同時—」▽古くは「通弁」「通事」などといった。

つう-ゆう【通有】ツウイウ [名・形動] 同類のものが、それぞれ共通に備えていること。‖「—性」

つう-よう【通用】[名・自サ変] ❶有効なものとして使われること。‖「この国ではドルが—する」❷適切なものとして受け入れられること。‖「世界に—する技術」❸二つ以上のものに共通して使われること。‖「両者に—する規則」❹ふだん出入りすること。‖「—門」

つう-よう【痛▼痒】ツウヤウ [名] 痛みとかゆみ。また、心身の苦痛や物質的な損害。

◉**痛痒を感じ・ない** 何の利害も影響も感じないので、平気である。痛くもかゆくもない。

つう-らん【通覧】[名・他サ変] 全体にわたってざっと目を通すこと。‖「文献を—する」

つう-りき【通力】[名] 何事も思いのままにできる超人的な能力。神通力(じんつうりき)。

ツーリスト [tourist] [名] 旅行者。観光者。

ツーリズム [tourism] [名] ❶旅行。観光旅行。❷観光事業。

ツーリング [touring] [名] 自転車・オートバイなどに乗って遠出をすること。▽各地を周遊する意。

ツール [tool] [名] ❶道具。工具。‖「—ボックス」❷コンピューターで、特定の作業を効率的に処理するための、小さなプログラム。ツールソフトウエア。

ツール-バー [tool bar] [名] コンピューターで、頻繁に使うアイコンを帯状に並べたもの。ツールボックス。

つう-れい【通例】■[名] 世間一般のならわし。通常の例。‖「—の形式」■[副] 一般に。通常。‖「—月曜日に朝食会を開く」

つう-れつ【痛烈】[名・形動] 非常にはげしくせめたてること。手きびしいこと。‖「—な一撃を加える」「政策を—に批判する」派生 —さ

つう-ろ【通路】[名] 通行するためにあけてある場所。通り道。

つう-ろん【通論】[名] ❶世間一般に広く通じる意見。定論。❷ある事柄の全般にわたって論じた説。また、その書物。‖「心理学—」

つう-ろん【痛論】[名・他サ変] 手きびしく論じること。また、その議論。‖「政治の腐敗を—する」

つう-わ【通話】[名・自他サ変] 電話で話をすること。‖「友人と—する」「携帯電話で—する」「—料」

つえ【▼杖】ツヱ [名] 歩くときに手に持ち、地面について歩行の助けとする木や竹の棒。‖「—をつく」▽頼りにするもののたとえとしても使う。‖「—とも柱とも頼む父」

◉**杖を曳・く** 散歩する。

つか【▽束】[名] ❶梁(はり)と棟との間や床下に立てる短い柱。束柱(つかばしら)。❷表紙を除いた本の中身の厚さ。❸古代の長さの単位。一束は、手を握ったときの指四本分の幅。矢などの長さをはかる基準とした。‖「八—(やつか)の矢」「十—(とつか)の剣」

つか【▽柄】[名] ❶刀剣・弓などの、手で握る部分。❷筆の軸。

つか【塚】[名] ❶土が小高く盛り上がっている所。また、目印などにするため、土を小高く盛り上げた所。‖「貝—」「一里—」❷土を小高く盛って造った墓。また、一般に墓。‖「無縁—」旧 塚

つが【▼栂】[名] 山地に自生するマツ科の常緑高木。枝に密生する葉は短い針状。材は建築材・器具材・パルプなどに用い、樹皮からタンニンをとる。トガ。

つかい【使い・遣い】ツカヒ [名] ❶【使】人の用事を足すために外出すること。また、その人。‖「使いを頼まれる」❷【使】身分の高い人や神仏などの使者。❸【使・遣】つかうこと。つかい方。また、つかう人。‖「使い勝手」「筆遣い・仮名遣い・言葉遣い」「心遣い・気遣い・息遣い」「金遣い」「魔法使い・人形使い」▽多く他の語と複合して用い、しばしば「づかい」と濁る。書き分け ⬇つかう

つがい【▽番い】ツガヒ [名] ❶二つのものが組み合って一組みになったもの。特に、動物の雄と雌の一対。‖「—のおしどり」「一(ひと)—」❷関節。つがいめ。

つかい-がって【使い勝手】ツカヒ [名] 部屋・道具などを実際に使ったときのぐあい。‖「—のよい台所」

つかい-こな・す【使い▽熟す】ツカヒ [他五] そのものの性能・特長などを十分発揮させるようにうまく使う。また、自分の思うままに使う。‖「パソコン[三か国語]を—」

つかい-こみ【使い込み(遣い込み)】ツカヒ [名] 使い込むこと。‖「予算の—」「—の激しいギター」

つかい-こ・む【使い込む(遣い込む)】ツカヒ [他五] ❶預かった金銭などを私用に使う。‖「公金を—」❷予定した額以上に金を使う。‖「予算を—」❸道具などを具合がよくなるまで使いならす。‖「よく—・んだ包丁」名 使い込み

つかい-さき【使い先(遣い先)】ツカヒ [名] ❶使いとして行った先方の家や場所。❷金の使い道。使途。

つかい-すて【使い捨て】ツカヒ [名] 使い終えたら捨てること。また、使い終えたら捨てるように作られていること。また、そのもの。‖「—のライター」

つかい-だて【使い立て】ツカヒ [名・他サ変] 〈多く「お使い立て」の形で〉人に用事をさせること。‖「お—してすみません」

つかい-て【使い手・遣い手】ツカヒ [名] ❶【使】その物を使う人。❷【使・遣】剣・槍などを巧みに使う人。‖「小太刀の—」❸【使】金づかいのあらい人。

つかい-で【使いで(使い出)】ツカヒ [名] 使ったときに感じられる量の多さ。また、十分に使ったと感じられる量の多さ。‖「—のある絵の具」

つかい-な・れる【使い慣れる】ツカヒ [自下一] いつも使っていて、それに慣れる。使いつける。‖「—・れた万年筆」文 つかひな・る

つかい-ばしり【使い走り】ツカヒ [名・自サ変] 用事を頼まれてあちこちへ使いに行くこと。また、その人。つかいはしり。つかいっぱしり。

つかい-はた・す【使い果たす】ツカヒ [他五] すっかり使ってしまう。残らず使ってしまう。‖「財産を—」

つかい-まわし【使い回し】ツカヒマハシ [名] 一度使ったものを別の目的などで繰り返し使うこと。‖「—のきく道具」動 つかいまわ・す(他五)

つかい-みち【使い道(使い▽途)】ツカヒ [名] 使う方法。使用法。また、何に使うかという方面。用途。‖「金の—を知らない人だ」「—の多い道具」「—に困る品物」

つかい-もの【使い物】ツカヒ [名] ❶使って役に立つもの。‖「壊れて—にならないカメラ」❷他人に贈るもの。贈り物。進物(しんもつ)。‖「お—にする品」書き方 ②は「遣い物」とも。

つかい-わ・ける【使い分ける】ツカヒ [他下一] 目的・用途・場面などに応じて、適切なものを選んで使う。‖「応対のことば[さまざまな道具]を—」文 つかひわ・く

名 使い分け

つか・う【使う・遣う】(ツカフ)［他五］❶【使】雇ったり言いつけたり頼んだりして人に仕事をさせる。「事務所ではアルバイトを二人ー・っている」「試合でー・ってくれるよう監督に訴える」「あごでー」❷【使】ある目的のためにものを役立たせる。道具として有効に働かせる。使用する。「ほうきをー・って掃く」「会議には五階の応接室をー」「漢字をー」❸【使・遣】ある目的のために身体(部分)を有効に働かせる。また、心をあれこれ働かせる。「頭を使って考える」「色目を使う」「人間関係に神経をー」「気を遣う」❹【使】有効な方法・手段としてそれを用いる。また、巧みによそおって偽りの状況を作り出す。「賄賂(わいろ)［汚い手］をー」「権力をー・って嫌がらせをする」「居留守をー」❺【使】扱いの難しいものや訓練を要する術などを巧みにあやつる。特に、自在にことばをあやつる。「猛獣［剣・魔法］をー」「巧みにスワヒリ語をー」書き方「遣」も好まれたが、今は「使」が一般的。❻【使】何かの用に充ててその量をへらす。費やす。「多額の金をー」「時間を有効にー」「燃料［体力］をー」❼【使】(慣用句的に)それを用いて特定の行為をする。「産湯(うぶゆ)をー」「弁当をー(＝食べる)」◈本来は「仕える」の他動詞形。

遣

書き分け【使】は広く使う。【遣】は心をあれこれ働かせる意に使うほか、技や術を巧みに使う、工夫して使う意で好まれる。例えば「刀を使って切る/刀を遣って舞う」では、前者は刀の単なる使用に、後者は工夫された巧みな使用に重点がおかれる。「言葉を使う/遣う」では、「人は言葉を使う動物だ/巧みに言葉を遣って説得する」のように、単なる使用と、工夫された巧みな使用とで使い分けることが多かった。しかし、近年「気遣う」「気［心］を遣う」などを例外として、動詞にはほとんどの場合「使」を用い、「遣」は「〜遣い」の形で、「心遣い・息遣い・筆遣い・金遣い・上目遣い」など、特定の名詞にのみ使う傾向が強い。そのため、「心を使う/心遣い」「金を使う/金遣い」「人形を使う/人形遣い」「言葉を使う/言葉遣い」のように、動詞と名詞とで漢字が異なるものが多くなった。可能 使える 名 つかい

つが・う【▽番う】(ツガフ)［自五］❶二つのものが組み合う。対(つい)になる。❷鳥や獣が交尾する。つるむ。名 つがい

つかえ【▽支え・▼閊え・▼痞え】(ツカヘ)［名］病気・悩み・心配などのために、胸が詰まるように苦しいこと。「胸のーがおりる」

つか・える【▽支える・▼閊える・▼痞える】(ツカヘル)■一［自下一］❶突き当たったり詰まったりして先へ進まなくなる。「管に通した棒がー・えて途中で動かなくなる」「荷物が階段でー・えて動きがとれない」❷体の先端が天井などにぶつかって動きがとれない意で、それほどに天井が低かったり部屋が狭かったり背が高かったりすることをいう。「立って歩けば頭がー・えそうな低い天井…〈新田次郎〉」「藁葺(わらぶ)きのあばら家だから、中は鼻がー程狭い〈芥川〉」❸人・車・仕事などが立てこんで、順調な流れが妨げられる。「客がー・えてレジの前に列ができる」「仕事がー・えて身動きできない」❹他の人が使っているために使えない状態になる。ふさがる。「電話がー・えている」❺胸やのどがふさがったような感じになる。「餅(もち)がのどにー」「悲しみで胸がー」「心にー・えていたものが取れる」❻発話や朗読で、ことばにつまる。「挨拶(あいさつ)のことばがのどにー・えて出てこない」■二［他下一］〔古風〕〈「手をつかえる」の形で〉礼として両手を床につく。また、身を支えるために両手をつく。「両手をー・えてあいさつをする」「(玉枝ハ)ゆれる舟べりに両手をー・え、じっと腹痛にたえた〈水上勉〉」◈■一は強めて「つっかえる」とも。書き方「閊」は国字。「痞」は主に■一⑤で使う。文 つか・ふ 名 つかえ

つか・える【仕える(▽事える)】(ツカヘル)［自下一］❶目上の人のそばにいて、その人のために働く。「王にー」「社長のそばにー」❷役所などの公的機関に勤めて、その職に奉仕する。「国［豊臣家］にー」❸神仏などに奉仕する。また、至上のものとして従う。「神［仏］にー」「鬼道にー」◈本来は「使う」の自動詞形。文 つか・ふ

つか・える【使える・遣える】(ツカヘル)■一［自他下一］「使う」の可能形。使うことができる。「武蔵は二刀流がー」■二［自下一］(■一から)❶有能で役に立つ。「もっとー人がほしい」❷刀剣などの術にすぐれている。「お主、なかなかーな」

つが・える【▽番える】(ツガヘル)［他下一］射るために矢筈(やはず)を弓の弦にかける。「矢をー」文 つが・ふ

つか‐がしら【▽柄頭】［名］刀の柄の頭の部分。また、そこを覆う金具。縁頭(ふちがしら)。かしら。

つかさ【▽官・▽司】［名］〔古風〕❶官庁。役所。❷役人。官吏。「国のー」❸官職。

つかさ‐ど・る【▽司る・▽掌る】［他五］❶職務・任務としてそのことを行う。担当する。「公務［議事進行］をー」❷管理・監督する。支配する。「運命をー神」「呼吸をー器官」可能 つかさどれる

つか・す【尽かす】［他五］みんな出してしまう。出し尽くす。「愛想をー」▼普通「愛想をー」の形で使う。

つかず‐はなれず【付かず離れず(▽即かず離れず)】［連語］二つのものが近づきすぎもせず離れすぎもせずに、ほどよい距離を保っていること。不即不離。「ーの交友関係を保つ」

つか‐つか［副ト］ためらわないで進み出るさま。「ー(と)歩み寄る」

つかぬ‐こと【付かぬ事】［連語］それまでの話とはかかわりのないこと。だしぬけのこと。「ーを伺いますが」

つか・ねる【▽束ねる】［他下一］❶一つにまとめてくくる。たばねる。❷腕を組む。また、両手を合わせる。「手をー・ねて傍観する」文 つか・ぬ

つか‐の‐ま【▽束の間】［名］ごく短い時間。ちょっとの間。「ーの夢」

つかま・える【捕まえる・▼摑まえる・▽捉まえる】(ツカマヘル)［他下一］❶【捕】逃げようとするものをしっかりと取り押さえる。特に、スポーツで逃げ場のないところまで相手を追いつめる。とらえる。「警察が犯人をー」「猫がネズミをー」「ロープ際でー・えて総攻撃をかける」▼俗語的な強調語に「とっつかまえる・ひっつかまえる」がある。書き方 慣用で「摑」「捉」も使う。❷【捕・摑・捉】目的とする人や乗り物をとらえる。「タクシーをー・えて飛び乗る」❸【摑・捉・捕】逃がさないように手でしっかりと押さえ持つ。「相手の首根っこをー」「犯人のしっぽをー」❹【摑・捉・捕】離れやすいものやつかまりにくいものをしっかりと手中にして逃がさないようにする。つかむ。とらえる。「店員が客をー・えて離さない」「首相はしっかりと大衆の心をー・えている」「チャンスをー」

❺【捉・摑・捕】相手を引き留めたり呼び止めたりして、自分の領域に引き寄せる。≡「大臣を—えて質問する」「若者を—えては将棋を挑む」「社長を—えて無能呼ばわりする」▽「…を—えて」の形が多い。
◈書き方「捕まえる」は「捕まる」に合わせて例外的に活用語尾の一音節前から送るもの。ここでは「摑・捉」もそれにならったが、常用漢字表外字・表外音訓なので「摑える」「捉える」と送ることもできる。文つかま・ふ

つかま・す【▼摑ます】[他五]⬇つかませる

つかま・せる【▼摑ませる】[他下一]❶手で物をつかむようにさせる。≡「巧みに言い逃れてしっぽを—せない」❷賄賂などの金品をこっそりと受け取らせる。握らせる。≡「賄賂を—」❸だまして粗悪品などを買わせる。≡「贋物を—」文つかま・す 異形つかます

つかまつ・る【▽仕る】[古風]一[他五]❶「する」「行う」の謙譲語。動作の及ぶ人物を高める。≡「私が後見役を—りましょう」❷「する」「行う」の丁重語。相手に対する改まった気持ちを表す。いたす。二[補動五]〈動詞連用形やサ変動詞語幹に付いて〉謙譲 動作の及ぶ人物を高める。…申し上げる。…いたす。≡「拝見—」「承知—りました」

つかま・る【捕まる・▼摑まる・▽捉まる】[自五]❶【捕】取り押さえられて逃げられなくなる。特に、スポーツで逃げ場のないところまで相手に追いつめられる。とらえられる。つかまえられる。≡「現行犯で警察に—」「鬼ごっこで鬼に—」「最後は横綱に—って寄り切られた」▽俗語的な強調語に「とっつかまる・ひっつかまる」がある。書き方慣用で「摑」「捉」も使う。
❷【捕・摑・捉】目的とする人や乗り物をうまくとらえることができる。つかまえられる。≡「社内中捜しても—らない」「運よくタクシーが—った」
❸【捉・摑・捕】引き留められたり呼び止められたりして、相手の領域に引き入れられる。つかまえられる。≡「帰り際に部長に—」「記者団に—って質問攻めにあう」
❹【摑・捉】手でとりすがって体を支える。≡「鉄棒に—」
◈①〜③は他動詞「つかまえる」に対応する自動詞で、①③は受身、②は可能を表す。④は他動詞「摑む」に対応する自動詞。書き方「捕まる」は例外的に活用語尾の一音節前から送るもの。⬇捕まえる[書き方]

つかみ【▼摑み】[名]❶手でつかむこと。≡「ひと—」▽ふつう他の語と複合して使う。❷囲碁の互先のときに先手・後手を決める方法。一方が握った碁石の数を、他方が奇数か偶数か言いあてたら先手となり、違えたら後手となる。にぎり。❸破風の板の合う部分を補強するために取りつける木材。

つかみ-あい【▼摑み合い】ヒァ[名]つかみ合ってするけんか。取っ組み合いのけんか。

つかみ-あ・う【▼摑み合う】ファ[自五]互いに相手の体をつかんでけんかする。名つかみ合い

つかみ-かか・る【▼摑みかかる(▼摑み掛かる)】[自五]激しい勢いで組みついていく。≡「胸ぐらに—」

つかみ-どころ【▼摑み所】[名]❶つかむ部分。とらえどころ。つかまえどころ。❷ある物事や人を理解し、判断するための手がかり。≡「—がない話」「—のない人」

つかみ-どり【▼摑み取り】[名]❶無造作につかんで取ること。❷手で一度につかめるだけのものを取ること。≡「濡れ手で粟の—」

つか・む【▼摑む】[他五]❶手でしっかりととらえて握り持つ。≡「マイク[腕・髪]を—」「おぼれる者はわらをも—」「まるで雲を—ような話だ」▽俗語的な強調語に「ひっつかむ」がある。❷手に入れて自分のものとする。≡「大金[チャンス・証拠]を—」❸人の気持ちなどをしっかりと手中にして逃がさない。つかまえる。とらえる。≡「若者の心を—」❹物事の要点などをしっかりと心にとらえる。把握する。≡「こつ[本質]を—」
◈書き分け 手の中につかみとる意で「大金を攫む」、握って離さない意で「大金[秘密]を捉む」、つかみ握る意で「ハンドルを把む」など「▼攫む」「▽捉む」「▽把む」とも書くが、一般には【摑】を使う。可能つかめる 名つかみ

摑

つか・る【漬かる(▽浸かる)】[自五]❶液体の中に入る。ひたる。≡「肩まで湯に—」❷ある状態などに入りきる。≡「怠惰な生活に—」❸漬物が食べごろになる。≡「白菜がほどよく—」◈書き方①②は「浸」が好まれるが、かな書きも多い。③はもっぱら「漬」。

つかれ【疲れ】[名]疲れること。くたびれること。疲労。≡「—が出る」「—がたまる」「—がとれる」

つかれ-め【疲れ目】[名]目が疲れてかすんだり、痛くなったりする状態。また、そのような目。

つか・れる【疲れる】[自下一]❶体力や気力を消耗して元気を失う。ぐったりする。くたびれる。疲労する。≡「働き過ぎで—」「人生に—」「へとへとに—」「遊び—」❷長く使ったために質や機能がおとろえる。くたびれる。≡「この背広もだいぶん—れてきた」文つか・る 名疲れ

つか・れる【▼憑かれる】[自下一]霊魂などが乗り移って、それに支配された状態になる。とりつかれる。≡「悪霊に—」「何ものかに—れたように作曲する」▽「憑く」の受身形から。文つか・る

つかわしめ【使わしめ】ツカハシー[名]神仏の使いとされる動物。稲荷の狐、日吉の猿、八幡の鳩などの類。使い。神使。

つかわ・す【遣わす】ツカハス[動五]一[他]❶目上の人が目下の人に命じて行かせる。派遣する。≡「使者を—」❷目上の人が目下の人に物などを与える。≡「ほうびを—」二[補動]〈「…て[で]」の形で〉尊大な気持ちを込めて、「…してやる」の意を表す。…てとらせる。≡「聞いて[褒めて]—」

つき【月】[名]❶地球の唯一の衛星。太陽の光を受けて、夜輝いて見える。約二七・三日で地球を一周。太陽と地球に対する位置関係によって、目に映る形は新月・上弦・満月・下弦の満ち欠けをくり返す。▽古来、神話・伝説の素材とされ、詩歌では特に秋の題材として親しまれてきた。「中秋の名月」はその代表。❷月の光。月光。≡「—が差し込む」❸暦で、一年を一二に分けた一つ。一か月。≡「—に一度、会合を開く」▽小の月を三〇日、大の月を三一日とし、二月だけは二八日(閏年は二九日)とする。❹約一〇か月の妊娠期間。⬇図(次ページ)

◉**月と鼈** 二つのものの違いがはなはだしいことのたとえ。▽どちらも丸い形をしているが、その価値の差は比較にならないほど大きいことから。

◉**月に叢雲花に風** 好事にはとかく邪魔が入りやすく、よい状態は長続きしないことのたとえ。

つき【▼坏】[名]古代、飲食物を盛るのに用いた器。椀より浅く、皿より深いもの。

つき【▼槻】[名][古風]ケヤキ。

つき【付き(▽附き)】一[名]❶付くこと。付着すること。また、そのぐあい。❷火がつくこと。また、そのぐあい。≡「—の悪いライター」❸勝負事などで、好運。≡「—

が落ちる」❹つき従う人。つきそい。従者。‖「お—の人」
■二 (造)〈名詞に付いて〉❶その様子。‖「顔—・手—・体—」書き方 かな書きが多い。❷そのものが付属していること。‖「保証—」「バス、トイレ—」「骨—の肉」❸そのものに付き添ったり所属したりしていること。‖「社長—の秘書」「チーム—の医師」▼③は連濁により「づき」ともなる。送りがなも一般に「…付」のように「き」を送らない。

つき【尽き】〔名〕尽きること。おわり。‖「運の—」

つき【突き】〔名〕❶突くこと。❷剣道で、相手ののどのあたりを突く技。❸相撲で、相手の胸や肩を平手で突きたてる技。

つぎ【次】〔名〕❶時間的・空間的にすぐあとに続くこと。‖「—の日曜までに準備する」⬍前 ❷順序・地位がすぐそれに次ぐこと。すぐあと。‖「—の方どうぞ」「主将の—に実力があるのは彼だ」❸これから述べる事柄であること。‖「詳細は—のとおり」❹〔古風〕宿駅。宿場。‖「東海道五十三—」◈「継ぎ」と同語源。

つぎ【継ぎ】〔名〕❶衣服などの破れた所にほかの布を当ててつくろうこと。また、その布。‖「—だらけの着物」❷囲碁で、石の切れ目を補う手。

つき-あい【付き合い】ヒア〔名〕❶人と交わること。交際。‖「彼とは古い—だ」❷義理や社交上の必要から人と行動をともにすること。‖「あいつは—が悪い」

品格 交誼(こうぎ)「—を結ぶ」厚誼(こうぎ)「格別のご—」交際「—費」交友「—関係」交遊「—が広い」社交「—辞令」親交「—を深める」よしみ「—を通じる」

つき-あ・う【付き合う】フア〔自五〕❶互いに行き来して親しく交わる。特に、恋人として親しく交わる。交際する。‖「彼とは幼年時代から—・っている」「彼女には—・っている人がいる」❷〔他五〕義理や交際・社交上の必要などから人と行動をともにする。‖「上司のゴルフに—」「食事を—・ってくれないか」❸物や物事と親しくかかわりあう。‖「パソコンと—・って二〇年になる」◈書き方 かな書きも多い。名 付き合い

つき-あかり【月明かり】〔名〕月の光。また、月の光で明るいこと。‖「窓から—がさし込む」「—の夜道を歩く」

つき-あ・げる【突き上げる(▽衝き上げる)】■一〔他下一〕❶下から突いて上へ押しあげる。‖「棒で天井板を—」「握りこぶしを—」また、勢いよく上へあげる。❷組織の下位にある者が要求や意見を押し通そうとして上の者に圧力をかける。‖「組合の執行部を—」■二〔自下一〕感情がおさえきれずに激しくわいてくる。‖「悲しみが胸に—」文 つきあ・ぐ 名 突き上げ

つき-あたり【突き当たり】〔名〕通路の行きづまった所。‖「—を左折する」「廊下の—にトイレがある」

つき-あた・る【突き当たる】〔自五〕❶進んで行って物にぶつかる。衝突する。❷それ以上はまっすぐ進めない所に行きつく。‖「—・ったら右に曲がる」❸障害や困難に直面する。‖「交渉が壁に—」名 突き当たり

つき-あ・てる【突き当てる】〔他下一〕❶強い勢いでぶつける。❷目標とする場所をさがしあてる。つきとめる。‖「犯人の隠れ家を—」文 つきあ・つ

つき-あわ・せる【突き合わせる】セル〔他下一〕❶二つのものをくっつくくらいに近づけて向かい合わせる。‖「ひざを—・せて座る」❷異同などを調べるために二つのものを並べて比べる。対照する。‖「原稿と校正刷りを—」文 つきあは・す 名 突き合わせ

つぎ-あわ・せる【継ぎ合わせる】セル〔他下一〕❶別々のものをつないで一つにする。‖「土器の破片を—」❷離れているものを縫いつけて一つにする。‖「端切れを—」文 つぎあは・す 名 継ぎ合わせ

つき-おくれ【月遅れ(月後れ)】〔名〕❶旧暦のある月日に行っていた行事を、新暦のその日にではなく、一か月おくらせて行うこと。‖「—のお盆」❷月刊誌などで、発売中の号よりも前に発行されたもの。

つき-おと・す【突き落とす】〔他五〕❶突いて高い所から下に落とす。‖「崖から—」❷ひどく悪い状態におとしいれる。‖「絶望の淵(ふち)に—」❸相撲で、突き落としの手で相手を倒す。名 突き落とし

つき-かえ・す【突き返す】スカ〔他五〕❶相手が突いてきたのに対し、こちらからも突いて出る。突き戻す。‖「土俵のまん中へ—」❷差し出された物を受け取らないで、きっぱりとした態度で返す。つっかえす。‖「計画書を—・される」

つき-かげ【月影】〔名〕❶月の光。月光。‖「—さやかな夜」❷月の形。月の姿。また、月。‖「水面に映る—」

つき-がけ【月掛け】〔名〕毎月一定の金額を積み立てること。また、その掛け金。‖「—貯金」書き方 公用文では「月掛」。

つき-がわり【月代わり】ハリ〔名〕❶次の月になること。❷一か月ごとに交代すること。‖「—の出し物」

つぎ-き【接ぎ木】〔名・他サ変〕植物の芽や枝をとって同種または近縁の植物に接ぐこと。

つき-ぎめ【月決め・月▽極め】〔名〕一か月を単位として契約すること。‖「—料金」書き方 看板などでは「月極」。「月極駐車場」など。

つき-き・る【突き切る】■一〔他五〕刃物などで突いて切る。■二〔自五〕まっすぐに横切る。つっきる。

つき-くず・す【突き崩す】ツクス〔他五〕❶積み上げたものなどを突いて崩す。❷突入して相手の守りなどを

月の満ち欠けと呼び名

- 新月(しんげつ)・晦(つごもり)
- 二日月(ふつかづき)
- 三日月(みかづき)
- 七日月(なのかづき)
- 八日月(ようかづき)
- 九日月(ここのかづき)
- 十日余(とおかあま)りの月
- 十三夜月(じゅうさんやづき)・小望月(こもちづき)
- 望月(もちづき)・満月(まんげつ)・十五夜の月
- 十六夜(いざよい)の月
- 立(た)ち待(ま)ち月
- 居待(いま)ち月
- 臥(ふ)し待(ま)ちの月・寝待(ねま)ち月
- 更(ふ)け待(ま)ちの月
- 二十日余(はつかあま)りの月
- 二十三夜(にじゅうさんや)の月

上弦(じょうげん)の月(つき)
下弦(かげん)の月(つき)

打ち破る。≡「敵陣を背後から—」❸相手の弱点などを突いて整っていたものをこわす。≡「アリバイを—」

つき-げ【月毛(▼鴇毛)】[名] 馬の毛色で、やや赤みがかった白い色。また、その馬。

つぎ-こ・む【▽注ぎ込む】[他五] ❶液体を器の中にそそぎ入れる。≡「タンクに灯油を—」❷あることのために多くの費用や人材を投入する。また、精力などをかたむける。≡「新事業に全財産を—」「研究に全精力を—」

つき-ごろ【月頃】[名] この数か月間。数か月来。

つぎ-ざお【継ぎ▼竿】ザヲ [名] 数本の竿を継ぎ合わせ、それを一本の竿として使う釣り竿。⇔延べ竿

つき-さ・す【突き刺す】[他五] ❶先のとがったものを勢いよく刺す。突いて刺し通す。≡「ナイフで腹を—」❷痛みを感じさせるほど鋭く刺激する。≡「北風が肌を—」「—ような視線」

つき-じ【▽築地】ヂ [名] 海・沼などを埋め立ててつくった陸地。

つき-したが・う【付き従う(付き▽随う)】ガフ [自五] ❶人のあとについて行く。お供をする。≡「社長に—って渡米する」❷強力なものに服従して、その勢力下に入る。≡「大国に—」

つき-しろ【月白】[名] 月が出ようとするとき、空が白んで明るく見えること。

つき-ずえ【月末】ズヱ [名] 月の終わりごろ。げつまつ。

つき-すす・む【突き進む】[自五] 勢いよく進む。どんどん前進する。≡「目的に向かって—」

つき-せ-ぬ【尽きせぬ】[連体] いつまでも尽きることがない。≡「—思いを手紙につづる」

つき-そい【付き添い】ソヒ [名] 世話をするためにそばについていること。また、その人。≡「入院患者の—」
書き方 公用文では「付添い」。

つき-そ・う【付き添う】ソフ [自五] 世話などをするために人のそばについている。≡「病人[花嫁]に—」名 付き添い

つき-だし【突き出し】[名] ❶突き出ていること。また、そのもの。≡「—窓」❷料理屋などで、酒のさかなとして最初に出す軽い料理。お通し。❸相撲の決まり手の一つ。両方の手のひらで相手の胸部などを突いて土俵外へ出す技。

つき-だ・す【突き出す】■一[他五] ❶人を突いて外へ押し出す。≡「土俵の外へ—」❷すばやく前の方へ押し出す。乱暴に前に出す。≡「こぶしを—」❸悪事を働いた者を警察などに引き渡す。≡「こそ泥を捕らえて交番に—」■二[自五] その物の一部が外や前の方へ張り出す。突き出る。≡「庭に—・した窓」名 突き出し

つぎ-た・す【継ぎ足す】[他五] ❶それまであるものに、あとから増し加える。≡「話を—」❷つないで長くする。≡「竿(さお)を—」名 継ぎ足し

つき-た・てる【突き立てる】[他下一] ❶突き刺して立てる。≡「境界に杭(くい)を—」❷激しく何度も突く。突きまくる。≡「槍を—」文 つきた・つ

つき-たらず【月足らず】[名] 胎児が一〇か月に満たないで生まれること。

つき-づき【月月】[名] ひと月ごと。毎月。≡「—の家賃が滞る」▼副詞的にも使う。

つぎ-つぎ【次次】[副] 同種の事態があまり間をおかずに起こるさま。≡「スターが舞台に—(と)登場する」「—(と)新曲を発表する」

つきっ-きり【付きっきり(付きっ切り)】[名] 少しの間も離れないでそばに付き添っていること。≡「—で看病する」▼「付ききり」を強めた言い方。

つき-つ・ける【突きつける(突き付ける)】[他下一] ❶相手の体を突くようにして荒々しく差し出す。≡「拳銃を—」❷強い態度で相手に差し出す。≡「辞表を—」文 つきつ・く

つき-つ・める【突き詰める】[他下一] ❶究極のところまで行う。≡「物事を—・めて考える」❷一つのことだけを深く思い込む。思いつめる。≡「—・めた表情」文 つきつ・む

つぎ-て【継ぎ手】[名] ❶家督・家業などを相続する人。❷金属や木材などをつぎ合わせたところ。❸囲碁で、離れた石をつなぐために打つ手。◈書き方 ②③は「接ぎ手」とも。

つき-・でる【突き出る】[自下一] ❶突き破って出る。≡「釘(くぎ)が—」❷一部分が前方あるいは外側に向かって出る。出っぱる。突き出す。≡「—・でた腹」

つき-とお・す【▽吐き通す】トホス [他五] 最後まで言い張る。≡「うそを—」

つき-とお・す【突き通す】トホス [他五] 突いて裏まで通す。つらぬく。≡「畳に針を—」

つき-とお・る【突き通る】トホル [自五] 突き刺したものが反対側に抜ける。突き抜ける。≡「錐(きり)が—」

つき-とば・す【突き飛ばす】[他五] 激しく突いて、はねとばす。また、激しくぶつかって、はねとばす。≡「警官を—・して逃走する」

つき-と・める【突き止める】[他下一] 徹底的に調べて不明な点などを明らかにする。≡「事故の原因を—」文 つきと・む

つき-なみ【月並み・月▽次】[名] ❶毎月。定期的に行うこと。≡「—の歌会」❷[形動] きわめてありふれていること。新味がなくて、平凡なこと。≡「—な表現」◈書き方 ②は「月並み」と書く。

つぎ-に【次に】[接] 前に述べた事柄に後の事柄が続く意を表す。それに続いて。それから。≡「—この帳簿を調べてみよう」

つき-ぬ・ける【突き抜ける】[自下一] ❶突き破って裏まで抜ける。突き通る。≡「銃弾がドアを—」❷向こう側へ通り抜ける。≡「路地を—・けて大通りへ出る」文 つきぬ・く 名 突き抜け

つき-の・ける【突き▽除ける・突き▽退ける】[他下一] 突くようにして乱暴に脇へ押しのける。≡「群衆を—・けて前へ出る」文 つきの・く

つぎ-の-ま【次の間】[名] ❶主だった部屋に付属した部屋。控えの間。❷主君などの居室に隣接した部屋。家来などが控える部屋。

つき-の-わ【月の輪】[名] ❶月。特に、満月。月輪(げつりん)。❷満月にかたどった円形。❸袈裟の胸のあたりに飾りとして付ける輪。❹わらを束ねて作った円形の釜敷(かましき)。

つきのわ-ぐま【月の輪熊】[名] 東アジアに分布するネコ目クマ科の哺乳(ほにゅう)類。体毛は黒く、前胸に三日月形の白斑(はくはん)がある。本州・四国・九州の山地には亜種のニホンツキノワグマが生息する。

つぎ-はぎ【継ぎ▽接ぎ】[名] 継ぎ合わせることと、はぎ合わせること。特に、衣服につぎをあてること。また、その部分。▼他人の文章などを寄せ集めてつなぎ合わせることのたとえにもいう。≡「—だらけの論文」

つき-は・てる【尽き果てる】[自下一] すっかりな

くなる。‖「精も根も━」 文 つきはつ

つき-はな・す【突き放す】 [他五] ❶突いて離れさせる。強く押して向こうへやる。つっぱなす。❷ことさらに冷たく扱う。見放す。‖「頼ってきた後輩を━」 ❸感情を入れないで扱う。‖「━・した見方をする」

つき-ばらい【月払い】 ﾗﾋ [名] ❶月ごとにまとめて支払うこと。❷代金などを月割りにして支払うこと。月賦払い。 書き方 公用文では「月払」。

つき-ばん【月番】 [名] 一か月ごとに交代して、ある役を勤めること。また、その人。‖「今月の━」

つき-ひ【月日】 [名] ❶月と太陽。日月(じつげつ)。❷暦の上の、月と日。がっぴ。❸経過していく時間。時日。歳月。‖「━の経つのは早いものだ」

つき-びと【付き人】 [名] ある人に付き添って身のまわりの世話をする人。つけびと。

つき-べり【▼搗き減り】 [名・自サ変] 米などをついたために、その分量が減ること。

つぎ-ほ【接ぎ穂】 [名] ❶接ぎ木のとき、台木につぐ木の枝や芽。❷一度とぎれた話を続けていくためのきっかけ。‖「話の━を失う」 書き方 「継ぎ穂」とも。

つき-まいり【月参り】 ﾏｲﾘ [名・自サ変] 毎月一回、日を決めて寺社に参拝すること。月もうで。

つき-まと・う【付き▼纏う】 ﾄｳ [自五] ❶いつもわずらわしいほどそばについて離れないでいる。‖「変な人に━・われる」 ❷ある事柄・事情などが自分の身についてまわって離れないでいる。また、ある考え・感情などがいつも頭から離れないでいる。‖「危険の━職業」「失敗するのではないかという不安が━」 名 付きまとい

つき-み【月見】 [名] ❶月を眺めて楽しむこと。特に陰暦八月一五日の夜(＝十五夜)と九月一三日の夜(＝十三夜)の月を眺めて観賞すること。お月見。観月。❷かけそばやかけうどんに生卵を割り落として黄身を月に見立てたもの。▼「月見うどん」「月見そば」の略。

つきみ-そう【月見草】 ｿｳ [名] ❶夏の夕方に白色の四弁花を開くアカバナ科の越年草。花は翌朝しぼんで赤くなる。北アメリカ原産。江戸末期に渡来したが、現在ではほとんど見られない。つきみぐさ。❷マツヨイグサ、またはオオマツヨイグサの通称。

つぎ-め【継ぎ目】 [名] ❶物と物とをつなぎ合わせてある部分。つなぎめ。‖「ガス管の━」 書き方 「接ぎ目」とも。❷家督などを相続すること。また、その人。あとつぎ。

つき-もうで【月詣で】 ﾓｳﾃﾞ [名・自サ変] 月参り。

つき-もど・す【突き戻す】 [他五] ❶向かってきたものを突いてもとの方向へ戻す。つきかえす。‖「土俵のまん中へ━」 ❷差し出された物を受け取らないで、きっぱりとした態度で返す。‖「業者からの付け届けを━」

つき-もの【付き物】 [名] ❶ある物事に必ずついてまわるもの。また、ある物事と共にあるのが当然と考えられているもの。‖「格闘技にけがは━だ」「梅に鶯(うぐいす)は━」 ❷書籍や雑誌に綴じ込まれた、または、はさみ込まれた付属の印刷物。また、付録・カバー・帯紙など。

つき-もの【▼憑き物】 [名] 人にとりついて災いをなすとされる動物などの霊。もののけ。‖「━が落ちる」

っきゃ [副助] ⬇しか(副助)

つき-やく【月役】 [名] [古風] 月経。月のもの。

つき-やぶ・る【突き破る】 [他五] ❶強い力で突いて破る。‖「ふすまを━」 ❷激しく攻撃して敵の守りや囲みを破る。‖「敵の陣営を━」

つき-やま【《築山》】 [名] 日本庭園で、山をかたどって土砂や岩石を小高く盛り上げた所。

つき-ゆび【突き指】 [名・自サ変] 指先に強く物が当たるなどして、指の関節や腱(けん)を痛めること。

つき-よ【月夜】 [名] 月の照る夜。月光の明るい夜。

◉**月夜に釜(かま)を抜か・れる** 油断をして失敗することのたとえ。▼明るい月夜に釜を盗まれるの意。

◉**月夜に提灯(ちょうちん)** むだなこと、役に立たないことのたとえ。

つきよ-がらす【月夜▼烏】 [名] 月の明るい夜に浮かれて鳴くカラス。▼夜遊びに浮かれ出る人のたとえにもいう。

っきり [副助] 「きり」の口頭語的な言い方。‖「もうこれっきりだ」

つ・きる【尽きる】 [自上一] ❶消耗してすっかりなくなる。‖「糧食[スタミナ・万策]が━」「燃え━」 ❷続いていた物事がそこで終わりになる。‖「話[命・愛想]が━」「悩みが━・きない」 ❸〈「…に尽きる」の形で〉ただそれだけである。…に限る。‖「わが思いは感謝の一語に━」「役者冥利(みょうり)に━」 文 つ・く 名 尽き

つき-わり【月割り】 [名] ❶月の数に分割すること。また、月の数で割ること。月平均。‖「━計算」 ❷月賦(げっぷ)。

つ・く【付く(▽附く)】 [自五]

A 別のものに接して離れない状態になる

❶ぴたりとくっついて離れない状態になる。付着する。くっつく。‖「シャツに血が━」「髪にたばこの臭いが━」「こびり━・抱き━・噛(か)み━」 ⬇ [書き分け]

❷糊(のり)などが物と物とを接着させる能力をもっている。‖「この糊はよく━」「金属にも━接着剤」

❸折られたり押されたりしてしるしが生じる。しるされる。残る。‖「新札に折り目が━」「雪上に足跡が━」

❹植物が根を下ろす。根づく。‖「挿し木が━」

B 主となるものに添え加わる・新たに発生する

❺付着した状態で物が生じる。‖「窓ガラスに水滴が━」「贅肉(ぜいにく)が━」 ▼付着して生成する物を主語にしていう。

❻主となるものに添え加わる。特に、付加的に設置される。‖「キャラメルにはおまけが━」「資金援助に条件が━」「庭まで━・いた貸家」

❼(本体に付加する形で)ある状態や性質・能力が新たに生じる。また、増強された状態で生じる。‖「動きに勢いが━」「実力に差が━」「知恵[精]が━」「技術が身に━」

❽物事の順調な流れをさまたげるような反論や苦情が加えられる。‖「行司軍配に物言いが━」「計画にけちが━」

❾与えられて身に負う。課される。定められる。‖「芝居で主役級の役が━」「あだ名[高値]が━」

❿燃焼現象が起こる。また、灯火がともったり電源が入ったりした状態になる。‖「摩擦で火が━」「明かり[テレビ]が━」 書き方 灯火がともる意では「▽点く」とも。

C 主となるものに従う・付き添う

⓫そばを離れずに従い続く。付いてゆく。付き従う。‖「先頭にぴたりと━」「兄に━・いて上京する」

⓬一緒にいて護衛や監視にあたったり世話をしたりする。付き添う。‖「会長に護衛が━」

⓭部下として従う。従属する。‖「林部長に━・いて働く」

⓮よしとしてそのほうに与(くみ)する。味方する。‖「徳川方[体制側]に━」

⓯後ろ盾となってくれる人が出てくる。‖「彼には後援会が━・いている」

⓰(頼りになるものとして)それに沿い従う。よる。‖「土手

道に━いて川辺に降りる」「通説に━けば漢字の輸入は三世紀ごろである」

D 意識や知覚に強く作用する

⓱物事が視覚・聴覚・嗅覚に際だって強く感じられる。‖「汚れが目に━」「わざとらしさが鼻に━」

⓲〈「気が付く」の形で〉そのことに考えがおよぶ。そのことを認識する。‖「誤りに気が━」

E 最終的な状態に行き着く

⓳意志が固まる。‖「決心が━」

⓴ある状態に落ち着く。決着する。‖「勝負［一段落・話・けり］が━」「善悪の区別が━」

㉑関係づけられてつながりが生じる。‖「先方と連絡が━」「組織内の横のつながりが━」

㉒あいまいな事柄がそれと知られる。‖「見当［想像・見通し・見極め］が━」

㉓他と区別して評価がそれと定まる。‖「優劣［点］が━」

㉔ある物事が成立する。また、理屈による説明などが成立する。‖「都合が━けば出席する」「説明が━かない」

㉕ある価に定まる。‖「結局は高く━いた」

F その他

㉖偶然などが作用して事がうまく運ぶ。運が向く。‖「今日は━いている」

㉗〈「…とも…ともつかない」などの形で〉…にも…にも属さない。中間的であいまいである。‖「海の物とも山の物とも━かない代物だ」

㉘〈「…につき」の形で〉➡就く⑦

◈「就く」「着く」「憑く」と同語源。

書き分け (1)「付く・付ける」は、次のような場合は【着】も使うが、【付】が一般的。付着（服にペンキが付く・よく付く糊(のり)・知識を身に付ける）、着手（改革に手を付ける）、着色（絵の具で色を付ける）、装着（仮面を付ける）など。

(2)「汚れ［利息］が付く」など実質的意味を表すときは漢字を使うが、そうでない「勢い［気・燗(かん)］がつく」「目につく」「高くつく」「今日はついている」などではかな書きが一般的。「付ける」の場合も同様。「薬を付ける・ボタンを付ける」「勢いをつける・目をつける」

(3)【附】は「附き添う」「附き従う」など、くっつく意で使われたが、近年は一般に【付】を使う。

つ・く【▽即く】［自五］➡就く②‖「王位に━」 可能 **付ける** 名 **付き**

つ・く【▽点く】［自五］➡付く⑩‖「電灯が━」

つ・く【就く】［自五］❶ある位置に身を置く。ある場所に位置する。‖「座に━」「病を得て床(とこ)に━」「全員、配置に━け！」「話し合いの席に━」 書き方 「着く」とも。

❷ある地位や仕事などに身を置く。特に、即位する。‖「役職［任務・定職］に━」「営業の仕事に━」「王位に━」 書き方 即位する意では「▽即く」とも。

❸…しはじめる。‖「眠り［帰路］に━」「緒(しょ・ちょ)に━」

❹みずから選んでそれに付き従う。‖「師に━いて学ぶ」「易(やす)きに━」「小異を捨てて大同に━」

❺〈「…について」「…につき」の形で〉動作や思考などの対象を限定的に示す。…に関して。‖「自由と平等に━いて考察する」「事件の関与に━いて否認する」 使い方 「…につき」は改まった言い方。「…につきまして」は、「…について」の丁寧な言い方。‖「ご質問につきましてお答えします」➡「ます」のコラム（一五五七ページ）

❻〈「…につき」「…について」の形で、数詞に付いて〉割合を表す。…に応じて。…あたり。‖「お一人様に━き五百円申し受けます」

❼〈「…につき」の形で〉理由を表す。…のため。…により。‖「改装中に━き休業致します」

つ・く【着く】［自五］❶移動していって、ある所まで達する。到着する。‖「正午に新橋駅に━いた」「船が港に━」「手紙が━」 ❷体や物の部分がある所に届き触れる。届く。‖「手が天井に━」「プールの底に足が━」 書き分け 「付く」とも書くが、【着】は到達に、【付】は接触・付随に重点をおいて使う。「付き従う」「付いていく」など。

❸➡就く①‖「席［位置］に━」 可能 **着ける**

品格 至る「目的地に━道」 達する「深海に━」 辿(たど)り着く「苦難の果てにようやく━」 到達「津波が━する前に避難する」 到着「━順に手続きを行う」 到来「━の品」 届く「招待状が━」

つ・く【漬く（▽浸く）】［自五］［古風］水がいっぱいになる。また、（いっぱいになった）水にひたる。つかる。‖「床下まで水が━」

つ・く【▼憑く】［自五］霊魂などが乗り移って離れない。とりつく。‖「狐［物の怪(け)］が━」

つ・く【▽吐く】［他五］❶口から息をはきだす。‖「ため息を━」「ここらで一息━こう」 ❷好ましくないことばを口に出す。こく。‖「悪態［うそ］を━」 ◈「突く」「搗く」「築(つ)く」と同語源。 可能 **つける**

つ・く【突く（▽衝く・▼撞く）】［他五］❶棒状のものの先で手前から向こうに強い力を加える。‖「警棒で胸を━」「両手で━いて土俵の外に出す」「槍(やり)で腹を━」 使い方 意図的でない動作にも使う。‖「針で指先を━いた」

❷棒状の道具を「突く」①ことによって、道具として機能させる。‖「杖を━いて登る」「書類に判子(はんこ)を━」 ▼～ヲに〈道具〉をとる言い方。

❸強く打ち当てて前方へ押しやる。また、打ち当てて鳴らす。‖「羽子板で羽根を━」「キューで球を━」「鐘を━」

❹将棋で、盤上の歩(ふ)を前方に一つ進める。‖「歩を━」

❺支えるようにして、ひざや手を地面や床に押し当てる。‖「ひざを━いて謝る」「頰杖(ほおづえ)を━」 使い方 意図的でない動作にも使う。‖「はたかれて思わず両手を━」

❻（弱点を選んで）鋭く攻撃する。攻める。‖「右サイド［背後・痛いところ・矛盾］を━」「不意［意表・隙(すき)］を━かれる」 使い方 「質問が問題の核心を━」「打球が野手の正面を━」のように、〈物〉を主語にしてもいう。

❼障害となるものを物ともしないで進む。冒(おか)す。‖「吹雪［闇(やみ)］を━いて進む」

❽物事が嗅覚(きゅうかく)や心を強く刺激する。‖「異臭が鼻を━」「胸を━悲報」「聴衆の肺腑(はいふ)を━演奏」

❾激しい勢いで（突き破らんばかりにして）その方に向かう。‖「怒髪天を━」「雲を━高層ビル」「怒りのことばが口を━いて出る」

◈ 書き分け 【衝】は激しい勢いで相手に向かう意で⑥～⑨で、【撞】は棒で突く意で③の「鐘［球］を撞く」などで好まれるが、今は【突】が一般的。②⑤は、かな書きも多い。 可能 **突ける** 名 **突き**

つ・く【▼搗く】［他五］❶きねを使って穀物を精白したりつぶしたりする。‖「ひえを━」「もちを━」 ❷「つく」①ことによって、そのものを作り出す。 ◈ 書き方 臼(うす)で穀物をつく意で「▼舂く」とも書くが、多く「うすづく」と読むときに使う。 可能 **つける**

つ・く【▽築く】［他四］［古風］築(きず)く。▼土や石を積み上げて突き固める意。現代語には「築地」(=埋立地)」「築地(ついじ)(=土の塀)」などの形で残る。

つ・く【(付く)】[接尾]〈擬声語・擬態語に付いて五段活用の動詞を作る〉そのようなようすを示す状態である。‖「がた—・ぱら—・ちら—・むか—・まご—」

つ・ぐ【次ぐ】[自五] ❶すぐそのあとに続く。‖「徹夜に—徹夜で疲労困憊(こんぱい)している」❷すぐそのあとに位置する。‖「大臣に—重職」「ヘリウムは水素に—いで軽い」◈「継ぐ」「注ぐ」と同語源。書き方「▽亜ぐ」とも。

つ・ぐ【▽注ぐ】[他五] 容器に物を入れる。特に、容器に飲料をそそぎ入れる。‖「飯をお椀(わん)に—」「杯に酒を—」書き方「注」は液体専用で、「ご飯を—」など固体の場合は一般にかな書き。読み分け「茶碗にご飯を入れて出汁(だし)を注ぐ」「カップラーメンにお湯を注ぐ」など別のものが入った容器に液体を入れる場合は多く「そそぐ」と読む。空の容器の場合は、〈容器に入れる〉の意に重きをおいて「つぐ」、〈液体を流し入れる〉の意に重きをおいて「そそぐ」と読むことが多い。「つぐ」は特に酒の場合に多く、「お酒を注いで回る」「主人が手ずから酒を注いだ」「先輩にお注ぎしろ」などは「つぐ」と読む。可能 つげる

つ・ぐ【継ぐ・接ぐ(▽嗣ぐ)】[他五] ❶【継】続いてきたものを受けとめ、さらに続ける。受け継ぐ。‖「家業[王位]を—」「山田家の跡を—」「先代社長の後を—」❷【継】あとから付け加える。‖「火鉢に炭を—」「弓に矢を—」「息[ことば]を—」❸【継・接】衣類のほころびなどをつくろう。‖「ズボンの破れを—」「ほころびを—」❹【接・継】つなぎ合わせて一続きにする。接合する。継ぎ合わせる。‖「骨を接ぐ」「木に竹を接ぐような(=脈略のない)ことをする」「茶碗(ちゃわん)の破片を接着剤で—」◈書き分け【継】は広く使い、【接】は主に接合の意で使う。【嗣】は死んだ人の跡をつぐ意で「跡を嗣ぐ」などと使うが、【継】が一般的。また、「王位[名]を襲ぐ」「家業[ことば]を続ぐ」など「▽襲ぐ」「▽続ぐ」とも書くが、ともに【継】が一般的。可能 つげる 名 継ぎ

つ・ぐ【告ぐ】[他下二]〔古風〕告げる。名 告げ

づ・く【(付く)】[接尾]〈名詞に付いて五段活用の動詞を作る〉❶ぴったりとくっついて離れなくなる。‖「垢(あか)—・根—」❷熱中してその状態から離れられなくなる。‖「すっかり勉強—」「このところ読書—・いてる」❸その状態が強くなる。また、その状態が起こる。‖「色—・知恵—・調子—」「怖じ気—」

つくえ【机】[名] 字を書いたり読書したりするための台。‖「勉強—(づくえ)」数「一脚(いっきゃく)…」と数える。

つくし【〈土筆〉】[名] 早春にスギナの地下茎から出る胞子茎。筆のような形をし、節に袴(はかま)と呼ばれる葉をつける。食用にもする。

づくし【尽くし】(造)〈名詞に付いて〉同じ類のものをすべて並べ上げる意を表す。‖「花—・国—」✓注意「ずくし」と書くのは誤り。

つく・す【尽くす】[動五] ━[他] ❶ありったけのものを出し切ってしまう。‖「犯人逮捕に全力を—」「誠意[論議]を—」❷みずからをなげうってそのもののために精一杯の働きをする。尽力する。‖「社会の発展に—」▼「力[身]を尽くす」などにおける「力[身]を」などを省略して言う言い方。━〈動詞の連用形に付いて複合動詞を作る〉すっかり…する。‖「燃え—・焼き—・言い—」可能 尽くせる

つくだ-に【▼佃煮】[名] 小魚・貝・海藻などを醤油(しょうゆ)・砂糖・水あめなどで味濃く煮つめた食品。‖「ハゼの—」▼江戸時代に江戸佃島で作られたことから。

つく-づく【▽熟・▽熟▽熟】[副] ❶ある物事に感覚を集中させるさま。じっくり。念を入れて。‖「この国の将来を—(と)考えた」「子供の寝顔を—(と)眺める」❷身にしみて深く感じるさま。‖「人生ははかないと—思う」◈✓注意「つくずく」と書くのは誤り。

つくつく-ぼうし【つくつく法師】[名] セミの一種。体は暗黄褐色で、黒い斑紋がある。晩夏から秋にかけて多く現れ、雄はオーシーツクと鳴く。つくつくほうし。

つぐな・う【償う】[他五] ❶罪過・損失などに対して、それに相当するお返しで埋め合わせをする。罪滅ぼしをする。‖「罪過を服罪によって—」❷利益が損失を補って負債がなくなる。‖「大幅な売上増も損失を—に至らない」

つくね【▼捏ね】[名] ❶魚や鶏肉のすり身に卵などを加え、こねて丸めたもの。また、それを焼くなどした料理。❷「捏ね芋」の略。

つくね-いも【▼捏ね芋・〈仏掌▼薯〉】[名] ヤマノイモの一品種。とろろ汁・やまかけなどにする。

つく・ねる【▼捏ねる】[他下一] ❶手でこねて丸い形にする。‖「粘土を—」❷乱雑に積み重ねる。‖「脱いだ物を部屋の片隅に—」文 つく・ぬ 名 つくね

つくねん-と[副] することもなく一人でぼんやりしているさま。‖「座敷に—座っている」

つくばい【▼蹲(〈▼蹲▼踞〉)】[名] 茶室の庭先などに据える石の手水鉢(ちょうずばち)。▼低い位置に置き、つくばって使うことから。

つくば・う【▼蹲う】[自五] しゃがむ。うずくまる。‖「—って庭の草をとる」

つぐみ【▼鶫】[名] 冬鳥として秋に渡来するヒタキ科ツグミ亜科の鳥。背面は暗褐色、腹面は白地に黒斑が散在する。繁殖地はシベリアなど。 鶫

つぐ・む【▼噤む】[他五]〈「口をつぐむ」の形で〉口を閉ざして何も言わない。黙る。可能 つぐめる

つくも-がみ【〈九十九〉髪・〈江浦草〉髪】[名]〔古風〕年老いた女性の白髪。

つくり【▼旁】[名] 漢字の構成部位の名称。左右の組み合わせからなる漢字の右側に付くもの。「所」の「斤(おのづくり)」、「対」の「寸(すんづくり)」、「形」の「彡(さんづくり)」など。⇔偏

つくり【作り・造り・創り】[名] ❶つくること。また、つくられたものの様子。‖「粗末な—の家」「見事な—の刀剣」「野菜—(づく)・合掌—(づく)」❷よそおい。化粧。‖「お—・若—(づく)」❸からだつき。体格。‖「がっしりした—の若者」❹刺身。おつくり。‖「平目の—」「生け—(づく)」◈他の語のあとに付いて複合語を作る場合は多く「づくり」と濁る。書き分け ⬇つくる

つくり-あ・げる【作り上げる(造り上げる・創り上げる)】[他下一] ❶作り終える。完成させる。‖「見事な彫像を—」「一年がかりで—」❷ありもしないことを、実際にあることのように見せかける。でっちあげる。‖「マスコミが—・げた虚像」文 つくりあ・ぐ

つくり-おき【作り置き】[名] あらかじめ作っておくこと。‖「—の料理」「常備菜を—にしておく」

つくり-か・える【作り替える(造り替える)】[他下一] ❶以前のものにかえて、新しいものを作る。

〓「度が合わなくなった眼鏡を―」❷以前からあったものに手を加えて、別の趣向のものを作る。〓「和室を洋間に―」◈書き方 慣用で「作り変える」とも。文 つくりか・ふ 名 作り替え

つくり-ごえ【作り声】ゴヱ [名] 別の声によそおった、地声ではない声。また、他人に似せた声。

つくり-ごと【作り事】[名] 実際にはないことを、あることのようにこしらえた事柄。こしらえごと。

つくり-こ・む【作り込む】[他五] 細部まで精密に作る。〓「丁寧に―まれた作品」「企画を―」

つくり-ざかや【造り酒屋】[名] 酒を醸造して卸す店。酒の醸造元。▼小売りの酒屋に対していう。

つくり-だ・す【作り出す・造り出す・創り出す】[他五] ❶形のあるものにこしらえあげる。製造する。生産する。〓「冷凍食品を―工場」❷新しいものを生みだす。創造する。〓「画期的な新製品を―」❸作り始める。〓「年明けから―」◈書き分け ⬇つくる

つくり-た・てる【作り立てる】[他下一] 人目につくようによそおう。飾りたてる。〓「派手な衣装で―」文 つくりた・つ

つくり-つけ【作り付け・造り付け】[名] 家具などを部屋の壁面や床に固定して備えつけること。また、そのもの。〓「―の本棚」動 つくりつ・ける(他下一)

つくり-ばなし【作り話】[名] ありもしないことを、実際にあったことのようにこしらえた話。架空の話。

つくり-まなこ【作り眼】[名]〔古風〕❶わざと恐ろしい目つきをすること。❷色目を使うこと。

つくり-み【作り身】[名] ❶魚の切り身。❷刺身。つくり。書き方「造り身」とも。

つくり-もの【作り物】[名] ❶自然のものではなく、人が作ったもの。特に、ある物に似せて作ったもの。〓「―の花」❷虚構によって作りあげた物語。❸能・狂言などで、舞台に置く簡単な装置。ごく簡素に作られた山・立ち木・鳥居・舟・釣り鐘など。❹田畑で作るもの。農作物。

つくり-わらい【作り笑い】ワラヒ [名] おかしくもうれしくもないのに、無理をして笑うこと。また、その笑い。

つく・る【作る・造る・創る】[他五] ❶【作・造・創】原料・材料・素材などに手を加えたり部品を組み立てたりして、あるまとまったものを新たに生み出す。〓「棚[食事・曲]を作る」「米から酒を造る」「船[市庁舎]を造る」書き方「創」を使う場合もある。⬇[書き分け] 使い方 注文生産の場合は、作製者より注文主が主語に立つことが多い。〓「市が公会堂を―」

❷【作】組織・制度・仕組みなどを新しく生み出す。〓「国[内閣・会社・バンド・システム・法律]を―」

❸【作】(苦心や努力によって)ある環境や雰囲気などを生み出す。〓「住みよい町[働きやすい環境]を―」使い方「電飾が独特のムードを―」のように、〈物〉を主語にしてもいう。

❹【作】次世代の生命を新しく生み出す。〓「子供を―」

❺【作】(教育や訓練によって)好ましい人材や健全な精神・肉体を生み出す。〓「〇〇ジムが世界チャンピオンを―」「試合に備えて体を―」使い方「教育が人を―」のように〈物〉を主語にしてもいう。

❻【作】土を耕して作物を育てる環境を生み出す。また、それによって作物を生産する。〓「畑を―」「米を―」

❼【作】素材に手を加えて別のものに変える。〜にする。〓「鯛を刺身に―」「感動を歌に―」▼〜ヲに〈対象〉を、〜ニに〈結果〉をとって変化に注目していう言い方。その点で、〜ヲに〈結果〉をとる「刺身[仏像・小説・歌]を―」(①の意)などと区別される。

❽【作】あるところに新たに特徴的なあるものを生じさせる。(意図的な行為にもそうでない行為にもいう)〓「木片に刻み目を―」「壁とたんすの間にすき間を―」「眉間に傷を―」

❾【作】新たに財産を築いたり資金を調達したりする。〓「財産を―」「銀行から借りて運転資金を―」

❿【作】ある特徴的な事柄を新たに生み出す。〓「世界記録[前例]を―」「堂々たる実績を―」

⓫【作】物事の原因や基盤を新たに生み出す。〓「初代が発展の基礎を―」使い方〈物〉を主語にしてもいう。〓「二代目の放蕩が崩壊の原因を―」

⓬【作】そういう立場や対人関係にある人を新たに生み出す。〓「賛同者[友達]を―」「男[女]を―」使い方〈物〉を主語にしてもいう。〓「傲慢な態度が敵を―」

⓭【作】ことさらにそういう表情や態度をする。また、口実やうその話などをこしらえる。〓「笑顔[しな・声]を―」「若く―」「口実を―」

⓮【作】複数のものが寄り集まって、あるまとまった形のものを生じさせる。形成する。〓「円陣[行列]を―」「見物人が人垣を―」「家々が集まって集落を―」

⓯【作】人が体(の一部)を使って、文字や図形を生じさせる。〓「両手で大きく輪を―」

⓰【作】そういう時間や状況を生じさせる。〓「お会いする機会を―って下さい」使い方〈物〉を主語にしてもいう。〓「連続ヒットが絶好のチャンスを―」

⓱【作】人の行動や自然の作用がある現象・状態・物質などを生じさせる。〓「電流を流して磁場を―」「夕日が地面に長い影を―」「肝臓が胆汁を―」

⓲【作】文法で、ことばが結びついてより大きな単位体を生み出す。〓「文末に助詞を添えて疑問文を―」

⓳【作】文字をそのような形に設計する。〓「康熙体はシンニョウを二点に―」

⓴【作】ある行為によって貸し借りの関係を生じさせる。〓「相手に貸しを―」「彼には借りを―りたくない」

◈書き分け【作】は、小規模な物や抽象的なものをつくる意で広く使う。【造】は大規模な物や具象的な物を工業的につくる意で、「建造・造営・造成・造船・造園・造兵・造幣・造機・醸造」などを踏まえて使う。①の用例「造」で示したものや、「道路[宅地・庭・紙幣]を造る」など。また「刺身を造る」「お造り」でも好まれる。【創】は、「創造・創作・創出」などを踏まえて、独創性を強調するときに使う。「神が天地を創る」「詩を創る」「新しい文化[組織・制度]を創る」など。【創】は、一般には「作」(時に「造」)と書くことができる。可能 つくれる 名 つくり

つくろ・う【繕う】ツクロフ [他五] ❶衣服や物の破れたところや壊れたところを直す。修理する。補修する。〓「衣類のほころびを―」「垣根を―」❷乱れた身なりなどを整える。〓「身なりを―」「猿が毛を―」❸外観を整えて、体裁をよくする。〓「世間体を―」❹偽りを言ったり過失を隠したりして、その場をとりなす。〓「上司の手前を―」◈「作る」の未然形+反復継続の助動詞「ふ」から。手を加えて整える意。可能 繕える 名 繕い

繕

っけ [終助] ⬇け(終助)

つけ【付け】(▽附け) ■一[名] ❶請求書。勘定書き。❷その場で払うのではなく、店の帳簿につけておいて後

日まとめて支払うこと。‖「―で飲む」[二]〔接尾〕〈動詞の連用形に付いて〉いつも…している、…しなれている、などの意を表す。‖「行き―の店」「かかり―の医者」[三]〈造〉〈日にちを表す語に付いて、「づけ」の形で〉その日付の発行・発令などであること。‖「七日―の書簡」[書き方][三]は「～付」のように、「け」を送らないことが多い。‖「二日付の新聞」

つげ【告げ】〔名〕〈多く「お告げ」の形で〉託宣。⬇御告げ

つげ【〈黄▼楊〉・〈▼柘植〉】〔名〕春、淡黄色の小花を開くツゲ科の常緑低木。暖地の山地に自生し、庭木としても植える。緻密(ちみつ)で堅い材を、印材・櫛(くし)・版木・将棋の駒などにする。ホンツゲ。

づけ【漬け】[一]〔名〕マグロの赤身を種にしたにぎり鮨(ずし)。また、その赤身。▼保存のために醬油(しょうゆ)に漬けたことから。[二]〈造〉❶〈材料・調味料・方法・産地などを示す名詞の下に付けて〉その漬物の意を表す。‖「白菜―・わさび―・一夜―・奈良―」❷〈名詞に付いて〉それに毒されている意を表す。‖「薬―の医療」「野球―の毎日で勉強はほとんどしない」

つけ‐あい【付合(▽附合)】(ーヒア)〔名〕連歌・俳諧で、長句(五・七・五)と短句(七・七)とを付け合わせること。▼先に出された句を「前句(まえく)」、それに付ける句を「付句(つけく)」という。

つけ‐あが・る【付け上がる】〔自五〕相手が寛大なのをいいことに増長する。‖「下手に出れば―」

つけ‐あわせ【付け合わせ】(ーハセ)〔名〕主となる料理に添えて出すもの。[動]つけあわ・せる(他下一)

つけ‐い・る【付け入る】〔自五〕機会をうまくとらえて利用する。‖「人の弱みに―」「―すきを与えない」

つけ‐うま【付け馬】〔名〕遊興費・飲食費などの不足額を取り立てるために、客の家までついて行く人。つきうま。うま。

つけ‐おき【漬け置き】〔名〕洗い物などを水や洗剤水につけて、そのままにしておくこと。‖「―洗い」

つけ‐おち【付け落ち】〔名〕帳簿・書類などで、記載すべき事柄が書き落とされていること。記入漏れ。付け落とし。

つけ‐ぎ【付け木】〔名〕杉・松・檜(ひのき)などの薄い木片の端に硫黄を塗りつけたもの。マッチが普及する以前、火を他に移すのに用いた。

つけ‐く【付句】〔名〕連歌・俳諧の付合(つけあい)で、前句に付ける句。

つげ‐ぐち【告げ口】〔名・自他サ変〕人の秘密や過失をこっそり他人に告げ知らせること。‖「先生に―する」

品格 讒言(ざんげん)「―にあって失脚する」誣告(ぶこく)「同僚を―する」密告「―者」

つけ‐くわ・える【付け加える】(ークハヘル)〔他下一〕すでにあるものに、あとから別のものを添える。付加する。特に、付言する。‖「搭載機に新機能を―」「説明を一言―」[文]つけくは・ふ

つけ‐げ【付け毛】〔名〕「ヘアピース」に同じ。

つけ‐こ・む【付け込む】[一]〔自五〕機会をうまくとらえて利用する。つけいる。‖「人の弱みに―」[二]〔他五〕仕訳をしないで事項を次々と帳面に記入する。‖「帳簿に売上を―」

つけ‐こ・む【漬け込む】〔他五〕漬物にするために野菜などを漬ける。‖「白菜を桶(おけ)に―」

つけ‐だい【付け台】〔名〕すし屋で、握ったすしを置いて客に供する台。

つけ‐だし【付け出し】〔名〕❶売掛金の請求書。勘定書き。❷大相撲で、力量を認められた力士が、番付の順を追わないで最初から幕下最下位に位置づけられること。また、その力士。

つけ‐た・す【付け足す】〔他五〕すでにあるものに、さらにつけ加える。追加する。‖「料理を一品―」[名]付け足し

つけ‐たり【付けたり】〔名〕❶主なものにつけ加えられただけの、たいして重要ではないもの。副次的なもの。‖「巻末の推薦文は―にすぎない」❷名目として使うもの。口実。‖「視察は―で、実は議員の慰安旅行だ」◈「たり」は、完了形の助動詞「たり」から。

つけ‐つけ〔副〕強い口調で思ったことを無遠慮に言うさま。ずけずけ。‖「―(と)いやみを言う」

つけ‐づめ【付け爪】〔名〕化粧の一種として爪の上に付ける人工の爪。また、それを付けること。つけつめ。

つけ‐どころ【付け所】〔名〕〈「目の付け所」の形で〉注意を向けるべき点。ねらいどころ。‖「目の―がいい」

つけ‐とどけ【付け届け】〔名〕謝礼・依頼・義理などのために、他人に金品を贈ること。また、その金品。

つけ‐な【漬け菜】〔名〕❶漬物に適した菜。京菜(水菜)・広島菜・唐菜(とうな)・山東菜(さんとうさい)など。❷漬物にした菜。

つけ‐ね【付け値】〔名〕買い手が商品に付けた値段。⬌言い値

つけ‐ね【付け根】〔名〕物がくっついている、その根元の部分。‖「腕の―」

つけ‐ねら・う【付け狙う】(ーラフ)〔他五〕たえずあとをつけて、目的をとげる機会をうかがう。‖「刺客に―・われる」

つけ‐び【付け火】〔名〕〔古風〕放火。また、その火から起こった火事。

つけ‐ひげ【付け▼髭】〔名〕作りもののひげ。また、それをつけること。つくりひげ。

つけ‐びと【付け人】〔名〕❶ある人に付き添って身の回りの世話をする人。つきびと。❷大相撲で、関取に付き添って身の回りの世話をする下位の力士。

つけ‐ひも【付け▼紐】〔名〕子供の着物の胴に縫い付けてあるひも。

つけ‐ぶみ【付け文】〔名〕思う相手にこっそりと恋文を渡すこと。また、その恋文。

つけ‐まつげ【付け▼睫・付け▼睫毛】〔名〕目もとをひきたてるためにまつげに重ねてつける人工のまつげ。

つけ‐まわ・す【付け回す】(ーハス)〔他五〕どこまでもしつこくあとをつける。‖「容疑者を―」

つけ‐め【付け目】〔名〕❶つけこむべきところ。利用できる相手の弱点。❷めざすところ。めあて。

つけ‐めん【付け麺】〔名〕ゆでた中華麺をつけ汁につけて食べる料理。

つけ‐もの【漬物】〔名〕野菜などを塩・酢・味噌(みそ)・糠味噌(ぬかみそ)・醬油(しょうゆ)・麴(こうじ)・酒粕(さけかす)などに漬け込んだ貯蔵食品。香の物。[書き方]「漬け物」とも。

つけ‐やき【付け焼き】〔名〕醬油・味醂(みりん)などで調味したたれをつけて焼くこと。また、その焼いた料理。

つけやき‐ば【付け焼き刃】〔名〕一時の間に合わせに、にわか仕込みで知識や技術などを身につけること。また、その知識や技術。‖「―の勉強」▼もと、鈍刀に鋼

の焼き刃を付け足したもの。切れそうに見えるが、もろくて実戦の役には立たないことから。

つ・ける【付ける（▽附ける）】［動下一］

A 別のものに接して離れない状態にする

一［他］❶ぴたりとくっつけて離れない状態にする。付着させる。（意図的な行為にもそうでないものにもいう）‖「贈答品にのしを—」「仮面を—けて演じる」「薬を—」「香水を—」「シャツに口紅を—けてしまう」「改革に手を—」 書き分け ➡付く

❷折ったり押したり焼いたりしてしるしができるようにする。印す。（意図的な行為にもそうでないものにもいう）‖「便箋に折り目を—」「蛍光ペンでしるしを—」「家具に傷を—」「ノブに指紋を—」

❸植物が土に根を下ろす。‖「挿し木が根を—」

❹ノートなどに書き記す。また、そのようにして日記などの記録文書を作り出す。‖「会議の日時を手帳に—」「日記［帳簿］を—」

B 主となるものに添え加える・新たに発生させる

❺付着した状態であるものを生じさせる。‖「クリの木が実を—」「サツマイモは地下に多数の塊根を—」

❻主となるものに添え加える。付加的に設置する。‖「商品におまけを—」「全館に冷房設備を—」「巻末に索引を—」「据え—・飾り—」

❼（本体に付加する形で）そのものや状態・性質・能力などを新たに生じさせる。また、増強させた状態で生じさせる。‖「スカートにひだを—」「踊りに振りを—」「条件を—」「スタミナ［格好・勢い］を—」

❽反論や苦情を添え加えることによって、物事の順調な流れをさまたげるような状況を作り出す。‖「演技にけちを—」「いちゃもん［難癖］を—」「注文を—」

❾与えて身に負わせる。課する。それと定める。‖「孫に名前を—」「商品に値段を—」「プレミアムを—」

❿燃焼現象が起こるようにする。また、灯火をともしたり電源を入れたりする。‖「たばこに火を—」「電気［テレビ・ラジオ］を—」 書き方 灯火をともす意では「▽点ける」とも。

C 主となるものに従わせる・付き添わせる

⓫（自動詞のように使って）みずからをその位置に置いて従い続く。‖「好位置に—」

⓬そばにいさせて護衛や監視に当たらせたり世話をさせたりする。付き添わせる。‖「会長に護衛を—」

⓭行動を探ることを目的として、相手のあとを追う。尾行する。‖「容疑者を—」 書き方「▽追ける」「〈尾行〉る」「▽尾ける」などとも当てるが、かな書きが多い。

⓮ある立場に心を寄せさせて味方させる。与させる。‖「味方に—」

D 意識や知覚に強く作用する

⓯〈「気を付ける」の形で〉そのことに注意する。そのことを意識する。‖「足下に気を—けてください」

E 最終的な状態に行き着かせる

⓰意志を固める。‖「決心を—」

⓱ある状態に落ち着かせる。解決させる。決着させる。‖「決着［片・けじめ・けり］を—」「才能に見切りを—」

⓲関係づけてつながりを生じさせる。‖「決裂しないように事前に渡りを—けておく」「言いがかりを—」

⓳あいまいな事柄に推察を加えてそれと定める。‖「見当［当たり］を—」「犯人は彼だと目星を—」

⓴他と区別して評価をそれと定める。‖「優劣［点］を—」

㉑ある物事を成立させる。また、理屈による説明などを成立させる。‖「都合［折り合い・理屈］を—」

F その他

㉒〈「…につけ（て）」の形で〉…に関連して。…に伴って。…に応じて。‖「何かに—けて文句を言う」「それに—けても金のほしさよ」 書き方「就ける」とも書くが、かな書きが一般的。

G 「〜つける」の形で使う

二〈動詞の連用形に付いて複合動詞を作る〉❶それをすることが習慣になっている。いつも…する。…しなれる。‖「行き—けている店」

❷動作・作用が相手に確実に及ぶ意を表す。しっかりと…する。また、激しく及ぶ意を表す。強い勢いで…する。‖「お金を貸し—」「どなり—・にらみ—」「照り—太陽」

◆ 書き分け 二はかな書きが多い。一については「付く」を参照。 文つ・く 名付け

H 「付く」の可能形

三［自］付くことができる。‖「急進派には—けない」

◆「着ける」「就ける」と同語源。

つ・ける【▽点ける】［他下一］➡付ける一⑩‖「電灯を—」「ストーブに火を—」

つ・ける【就ける】一［他下一］❶ある場所に位置させる。‖「子供らを床に—」「屈強の若者を守りに—」 書き方「着ける」とも。❷ある地位や仕事などに据える。特に、即位させる。‖「部下を要職に—」「嫡男を皇位に即ける」 書き方 即位させる意では「▽即ける」とも。❸つき従って教えを受けるようにさせる。‖「有名コーチに—けて選手を鍛える」「娘を家庭教師に—けて勉強させる」❹〈「…につけ（て）」の形で〉➡付ける一㉒ 文つ・く

二［自下一］「就く」の可能形。就くことができる。‖「希望の職に—けない」

つ・ける【着ける】一［他下一］❶衣服などを着る。また、装身具などを身に帯びる。着用する。‖「衣服を身に—」「袴［首飾り］を—」❷乗り物をある場所に寄せて止める。‖「船を桟橋に—」 書き方「付ける」とも。❸➡就ける一①‖「席［持ち場］に—」 文つ・く 二［自下一］「着く」の可能形。到着することができる。

つ・ける【漬ける（▽浸ける）】［他下一］❶物を液体の中に入れる。ひたす。‖「洗濯物をぬるま湯に—」「大豆を一晩水に—けておく」❷野菜・魚・肉などの食材を熟成させるために、塩・酢・こうじ・醤油・みそ・ぬかみそなどの中に入れる。また、そのようにして漬物を作る。‖「キュウリをぬかみそに—」「たくあんを—」◆ 書き方 ①は「浸」が好まれるが、かな書きも多い。②はもっぱら「漬」。 文つ・く

つ・げる【告げる】［他下一］❶ことばなどを使って自分の考えなどを相手に知らせる。‖「監督が球審に選手の交代を—」「相手に名前を—」❷ある現象や事柄が物事の内面や兆候などを知らせる。伝える。‖「時報が正午を—」「国際情勢が風雲急を—」❸〈「終わりを告げる」の形で〉物事が終わりになる。‖「こうして一つの時代が終わりを—げた」▼「終わる」を荘重にいう言い方。◆「継ぐ」と同根。 文つ・ぐ

づ・ける【（付ける）】［接尾］〈名詞に付いて下一段動詞を作る〉そのような性質や状態を付与する意を表す。…が生じるようにする。‖「元気—・関係—・義務—・位置—」

っこ［接尾］❶〈動詞の連用形に付いて〉…すること、の意を表す。‖「かない—ない」「慣れ—になる」❷〈動詞の連用形に付いて〉互いに同じ動作をする、同じ動作を競

い合う」などの意を表す。〓「取り替え—・当て—・にらめ—」❸〈名詞に付いて〉話しことばや俗な言い方の語をつくる。また、親しみの気持ちを添える。〓「隅—・端—・根—」◈「いたずらっ子」「江戸っ子」などの「っこ」は「子(こ)」を参照。

つ-ごう【都合】ツガフ ㊀[名] ❶その折の状況や事情。〓「今日は—が悪い」「一身上の—により退職する」❷[他サ変] 金品・時間などを、なんとか整えること。やりくりすること。工面。〓「資金を—してほしい」㊁[副] 全部まとめて。合計して。〓「代金は—千円です」

つごもり【▼晦・〈▼晦日〉】[名]〔古風〕月の最後の日。みそか。▽「つきごも(月隠)り」の転。陰暦では月末に月が隠れることから。

つじ【▼辻】[名] ❶道路が十字に交差している所。十字路。四つ辻。❷多くの人が往来する道筋。街頭。

つじ-うら【▼辻▽占】[名] ❶偶然に出あった物事によって吉凶を判断すること。❷吉凶を占う材料となる短い文句を記した紙片。〓「—売り」◈昔、つげの櫛(くし)を持って辻に立ち、最初に通った人のことばによって吉凶を判断した。

つじ-ぎり【▼辻斬り】[名] 武士が刀の切れ味や自分の技量を試すために、夜間、道端に立って通行人を斬ったこと。また、その武士。

つじ-せっぽう【▼辻説法】—セッポフ [名] 通行の多い道端に立ち、往来する人々を相手に仏法を説くこと。また、その説法。

つじ-つま【▼辻▼褄】[名] 前後に矛盾のない物事の筋道。〓「—が合う」

つじ-どう【▼辻堂】—ダウ [名] 四つ辻や道端に建てられた小さな仏堂。

つじ-まち【▼辻待ち】[名] 人力車や馬車などが道ばたで客を待つこと。

っす [助動]「です」のくだけた言い方。〓「学生—」「いい天気だった—」「今朝は寒い—よ」

つた【▼蔦】[名] 先端に吸盤のある巻きひげで木や岩にからみつくブドウ科のつる性落葉低木。秋の紅葉が美しいので家屋の壁や石垣にはわせ、また盆栽にもする。ナツヅタ。

蔦

づたい【伝い】ヅタヒ (造)〈名詞に付いて〉それを伝わっていく意を表す。〓「川—・島—・線路—」

つたい-あるき【伝い歩き】ツタヒ— [名・自サ変] 壁・手すりなどに手をかけ、それを支えにして歩くこと。また、飛び飛びに置かれた敷石などを踏んで歩くこと。動 つたいある・く(自五)

つた・う【伝う】ツタフ [自五] ものに沿って行く。特に、何かを手がかりにして進む。〓「涙が頬(ほお)を—・って流れる」「手すりを—・って下りる」使い方「伝わる」とも言うが、「伝う」の方が伝統的かつ一般的。

つたえ【伝え】ツタヘ [名] ❶ことばで伝えること。また、その内容。伝言。❷言い伝え。伝説。

つたえ-き・く【伝え聞く】ツタヘ— [他五] 人づてに聞く。うわさに聞く。〓「—ところによると…」

つた・える【伝える】ツタヘル [他下一] ❶あるものが仲立ちとなって、電気・熱・音や情報などを他方に移す。〓「銅線が電気を—」「空気が音を—」「風が春の息吹を—」❷ことばなどである内容をもった事柄を知らせる。〓「記者が被害の状況を—」「伝言を—」「映像で—」「皆さんに宜(よろ)しくお—・え下さい」使い方「一本のフィルムが戦争の悲惨さを—」など、〈物〉を主語にしてもいう。注意「(お客様のお話は)課長にお伝えします」は、「私が課長に話を伝える」という動作の謙譲表現で、身内である「課長」を高めることになり、「お客様」への敬意を表す表現としては不適切。「お客様」に対する敬意を表すには、「(お客様のお話は)課長に申し伝えます」などが望ましい。⬇する㊂④ ❸(代々受け継いできて)後代・後世に残す。〓「弟子に秘伝を—」「伝統を未来に—」使い方「数編の叙情詩によって後代にその名を—」のように、意図的でないものにもいう。また、「静かな町並みが江戸の情緒を今に—」など、〈物〉を主語にしてもいう(やや修辞的)。❹〈「…と伝える」「…と伝えられる」の形で〉それが伝承や伝説に基づく情報であることを表す。〓「この曲はモーツァルト作曲と—・えられている」❺遠く離れたところから文物をもってくる。もたらす。〓「ザビエルは日本にキリスト教を—・えた」文 つた・ふ 名 伝え

品格 語り継(つ)ぐ「伝統を—」 言(こと)づて「—を頼まれる」 伝授「奥義(おうぎ)を—する」 伝達「情報—」 取り次ぐ「意向を—」 申し送る「懸案(けんあん)を—」

つた-かずら【▼蔦▽葛】—カヅラ [名] つる草の総称。

った-って [連語]「と言ったとて」が「と言ったって」を経て転じたもの。⬇たって③〓「寒い—それほどのことはない」

つたな・い【拙い】[形] ❶物事に巧みでないさま。まずい。〓「—字を書く」❷能力が劣っているさま。至らない。〓「—者ですがよろしく」❸運が悪い。〓「武運—・く戦場の露と消える」派生 -げ/-さ

つた-もみじ【▼蔦《紅葉》】—モミヂ [名] ❶紅葉したツタの葉。❷イタヤカエデの別称。

ったら [副助・終助] ⬇たら(助詞)

つたわ・る【伝わる】ツタハル [自五] ❶電気・熱・音や刺激・情報などがある道筋を通る。また、そのようにしてある所に達する。〓「階下の音が壁を—・って二階に届く」「電気が手に—・ってびりっとくる」「刺激が神経細胞を通って脳に—」❷印象・感動などが情報としてあるところに達する。〓「文面から決意のほどがひしひしと—・ってくる」❸話などが相手に通じてよく理解される。〓「話が先方に—」❹人などを仲立ちとして話が広まる。〓「よくないうわさが町中に—」❺(代々受け継がれてきて)後代・後世に残る。〓「わが家には先祖代々古伊万里(こいまり)の壺(つぼ)が—」❻遠く離れたところから文物が入ってくる。伝来する。〓「鉄砲はポルトガルから—・った」❼「伝う」のくだけた言い方。〓「賊が屋根を—・って逃げる」

つち【土】[名] ❶陸地の表面を形成している土砂・岩石などの総称。特に、風化作用などによって細かく砕けた岩石に有機物がまじったもの。土壌。〓「—を耕す」「異国の—となる(=外国で死ぬ)」❷地球の表面。地面。大地。〓「三〇年ぶりに日本の—を踏む」▽古くは天(あめ)に対して地上の意。書き方「▽地」とも。

◉**土一升(いっしょう)に金(かね)一升** 土地の値段が非常に高いこと。▽「金」は砂金の意。

◉**土が付・く** 相撲で、負ける。〓「横綱に—」

つち【▼槌・▼鎚】[名] 物を打ちたたく工具。柄(え)の先に円筒状の木をつけた木づち、円筒状の鉄をつけた金づちなどがある。

つち-いじり【土▽弄り】—イヂリ [名] ❶土をこね、物の形を作るなどして遊ぶこと。土遊び。❷趣味として園芸や畑作りをすること。

つち-いろ【土色】[名] 土の色。また、土気色(つちけいろ)。

つち-か・う【培う】〔他五〕❶〔古風〕根もとに土をかぶせて、草木を養い育てる。‖「苗木を—」使い方「土養(か)う(＝土をかぶせる)」の意で、本来は自動詞。❷体力や精神力など、その人の糧となるものを養い育てる。‖「体力を—」「歴史の中で—・われる伝統」使い方「恨みの深さが愛情を—・い〈石川達三〉」のように、〈物〉を主語にしてもいう。可能 培える

つち-かべ【土壁】〔名〕土を塗り固めて仕上げた壁。

つち-くさ・い【土臭い】〔形〕❶土のにおいがするさま。❷洗練されていない。やぼったい。どろくさい。‖「いかにも—服装」▼プラスに評価して、素朴な・野性的な、などの意を込めても使う。‖「—が温もりのある郷土玩具(がんぐ)」派生 —さ

つち-ぐも【土〈▼蜘▼蛛〉】〔名〕❶ジグモ。❷古代、大和朝廷に服従しなかった辺境の民をさげすんで呼んだ語。

つち-くれ【土▽塊】〔名〕土のかたまり。

つちけ-いろ【土気色】〔名〕土のように青みをおびた黒い色。土色。▼多く生気を失った顔色にいう。

つち-けむり【土煙】〔名〕土や砂が舞い上がって煙のように見えるもの。

つち-つかず【土付かず】〔名〕相撲で、その場所でまだ一度も負けていないこと。▼一般に、一連の勝負にまだ一度も負けていない意でも使う。

つち-の-え【▼戊】〔名〕十干(じっかん)の第五番目。ぼ。▼「土の兄(え)」の意。

つち-の-と【▽己】〔名〕十干(じっかん)の第六番目。き。▼「土の弟(と)」の意。

つち-ふまず【土踏まず】〔名〕足の裏のくぼんだところ。

つち-ぼこり【土▼埃】〔名〕風に吹かれて舞い上がる細かい土砂。すなぼこり。

つち-やき【土焼き】〔名〕素焼きの土器。どやき。

つち-ゅう〔連語〕➡ちゅう‖「それが世間—もんだ」

つち-よせ【土寄せ】〔名・自サ変〕畝間(うねま)の土を浅くすき返して生育中の農作物の根元に盛り上げること。倒伏防止・排水・土壌通気・除草などの目的で行う。

つち-ろう【土▼牢】〔名〕土を掘ってつくった牢。

つっ【突っ】〔接頭〕〈動詞に付いて〉その動作の勢いを強調する。‖「—掛かる・—走(ぱし)る・—ぱねる」▼動詞「突く」の連用形「つき」の促音化。

つつ【筒】〔名〕❶細長い棒状で断面が丸く、中が空になっているもの。‖「竹製の—」❷銃身。砲身。また、小銃や大砲。‖「—先」

つつ〔接助〕❶一つの動作と同時に他の動作を行う意を表す。‖「次の手段を考えつつ行動する」「痛む足をかばいつつ歩く」「惜しまれつつ世を去る」❷互いに両立しにくい二つの事態が同時に成り立つ意を表す。…ではあるが。…にもかかわらず。‖「うそと知りつつ受け入れた」「禁煙しようと思いつつ、なかなか踏み切れない」▼「つつも」となることも多い。❸〈「…つつある」の形で〉あることが実現しようとしている、あるいはある動作・作用が継続している意を表す。‖「問題は解明されつつある」「過疎化が進行しつつある」❹動作・作用が繰り返し行われる意を表す。‖「感謝しつつ日々を送る」「わが身を恥じつつ年を重ねる」◈①②④は「ながら」とほぼ同義。使い方 動詞や動詞型活用の助動詞の連用形に付く。

つつ-い【筒井】〔名〕筒状に丸く掘った井戸。

つつい-づつ【筒井筒】〔名〕❶筒井に取り付けた丸いわく。❷幼なじみ。‖「—の友」語源『伊勢物語』二三段の「つつゐつの井筒にかけしまろがたけ過ぎにけらしな妹見ざるまに」から。

つつ-うらうら【津津浦浦】〔名〕いたるところの港や海岸。また、全国いたるところ。国じゅう。つづうらうら。‖「—に知れわたる」

つつ-おと【筒音】〔名〕小銃や大砲をうつ音。

つっ-かい【突っ▽支い】〔名〕物に当てて倒れないように支えること。また、その支えるもの。つっかえ。

つっかい-ぼう【突っ▽支い棒】〔名〕戸が開いたり、物が倒れたりしないように支えるための棒。つっかえぼう。‖「塀に—を当てる」

つっ-かえ・す【突っ返す】〔他五〕「突き返す」の転。‖「企画書を—」

つっ-か・える〔自下一〕「つかえる」の転。‖「ことばが—」

つっ-かか・る【突っかかる(突っ掛かる)】〔自五〕❶相手をめがけて突いてゆく。❷言いがかりをつける。くってかかる。‖「言葉尻(じり)をとらえて—」❸歩いていて何かにぶつかる。また、足が何かにひっかかる。‖「切り株に—・ってよろめく」「石に—・って転ぶ」◈「つきかかる」の転。

つっ-かけ【突っかけ(突っ掛け)】〔名〕つま先にひっかけるようにして履く簡単な履物。サンダルの類。

つっ-か・ける【突っかける(突っ掛ける)】〔他下一〕❶履物をつま先にひっかけるようにして無造作にはく。‖「サンダルを—」❷強い勢いでぶつける。‖「切り株に足を—・けてよろめく」❸相撲で、仕切りの呼吸が合わないまま相手より先に突いて出る。◈「つきかける」の転。文 つっか・く 名 突っかけ

つつが-な・い【▼恙無い】〔形〕病気・災難などの異常がないさま。平穏無事だ。‖「—・く日々を暮らす」

つつが-むし【▼恙虫】〔名〕ダニ目ツツガムシ科のダニの総称。幼虫は野ネズミなどの体表に寄生し、時に人間を刺してつつがむし病を媒介する。

つづき【続き】〔名〕❶あるものに続くこと。また、あるものに続くもの。‖「小説の—を読む」「—の間(ま)」❷あるものに続いていくぐあい。続き方。‖「文章の—がよい」❸名詞のあとに付いて、それが続いている意、また、それとつながっている意を表す。‖「日照り—・好運—・地(じ)—」

つづき-がら【続き柄】〔名〕親族としての関係。▼俗に「ぞくがら(続柄)」とも。

つづき-もの【続き物】〔名〕小説・映画・ドラマなどで、一回だけでは終わらないで何回か回を重ねて完結するもの。

つつ-ぎり【筒切り】〔名〕円筒状のものを横に切ること。特に、円筒状の魚を骨ごとぶつ切りにすること。輪切り。

つっ-き・る【突っ切る】〔自五〕まっすぐ通り抜ける。また、勢いよく横切る。‖「農道を—・って国道に出る」「バイクが踏み切りを—・って行く」

つつ・く【▽突く】〔他五〕❶指先やくちばしなどで軽く何度も突く。‖「棒の先で草むらを—」「キツツキがくちばしで木の幹を—」「ひじで—・いて注意を促す」❷箸(はし)・くちばしなどで突くようにして食べ物を食べる。‖「すき焼きを—」❸ある事柄(特に、欠点や落ち度など)を取り上げて問題にする。‖「例の件は—・かないほうがいい」❹相手に何らかの刺激を与えて(特に、相手を非難して)、そ

の行動を促す。≡「親爺(おやじ)を—・いて資金をせしめる」 可能 つづける

つづ・く【続く】〔自五〕❶物事の状態や動作・作用がとぎれることなくつながる。時間的に継続する。≡「平和〔晴天〕が—」「江戸時代は三〇〇年弱—・いた」❷物と物とがとぎれることなくつながる。また、そのようにして連絡がつけられる。≡「見渡す限り草原が—」「行列が蜒々(えんえん)と—」「この道は都心部に—・いている」❸一連の物事(特に、類似の物事)が時間をおかずに起こる。≡「式典に—・いて祝宴がある」「悪いことは—ものだ」▼「—・いて」の形で、接続詞的にも使う。≡「それでは、—・いて校長訓辞に移ります」❹続き物の企画で、作品は離れた所に位置するが内容的には切れ目なくつながる意を表す。≡「次号に—」❺あとを追うようにして先行するものに従う。後続する。≡「先生の後ろに生徒が—」「喜びに—・いて悲しみが来る」❻すぐ次の順位(特に、第二位)を占める。次ぐ。≡「会長に—実力者」▼連体用法が多い。❼身の支えとなる資金や食糧が絶えることなく存在する。もつ。≡「資金が—・かない」 名 続き

つつ-ぐち【筒口】〔名〕⬇筒先

つづけ-ざま【続けざま(続け様)】〔名〕〈多く「続けざまに」の形で〉同じ物事が続けて起こるさま。≡「—に事故が起こる」

つづ・ける【続ける】〔動下一〕━〔他〕❶ある動作や状態を中断させることなく保つ。〈意図的なものにもそうでないものにもいう〉≡「説得〔研究・旅・快進撃〕を—」「仕事〔店〕を—」⬍やめる 使い方〈物〉を主語にしてもいう。≡「台風が北上を—」❷間をおかずに物事を繰り返し行う。また、そのたびごとに同じ物事を繰り返し行う。≡「博物館に三日—・けて行った」「長年にわたって寄付を—・けてきた」❸中断していた物事を再び始める。≡「暇をみつけては編み物を—」「午後もまた会議を—」❹物と物とが間隔をおかずにつながるようにする。≡「二間(ふたま)を—・けて会議室とする」「五・七・五の次に七・七と—」
二〈動詞の連用形に付いて複合動詞を作る〉とぎれずにずっと…する。≡「降り—・燃え—・歩き—・話し—・勝ち—・失敗し—」 文 つづ・く

つっ-けんどん【突っ▼慳貪】〔形動〕態度やことばづかいが冷淡でとげとげしいさま。≡「—に答える」

つっ-こみ【突っ込み】〔名〕❶突っ込むこと。❷物事を深くきわめること。深く追究すること。≡「この論文は—が足りない」❸漫才で、中心になって話を進める役。ぼけに対していう。

つっ-こ・む【突っ込む】━〔自五〕❶激しい勢いで中に入る。突入する。≡「敵陣目がけて—」「三塁走者が本塁に—」「暴走車が海に—」❷漫才で、話題を切り出し相手の反応を促して話を進める。つっこみを入れる。❸〈「突っ込んだ」「突っ込んで」の形で〉問題となる点に深く立ち入るさま。深く掘り下げるさま。≡「労使間で—・んだ話し合いが行われた」「深く—・んで考えてみる」
二〔他五〕❶あるところに(深く)入れる。≡「コンセントにプラグを—」❷無造作に入れる。≡「汚れ物はまとめて洗濯機に—」❸身体部分をどこかに入れる。≡「のどの奥に手を—・んで吐く」「棺おけに片足を—」❹〈「首〔頭〕を突っ込む」などの形で〉物事に興味をもって関係する。かかわりをもつ。≡「子供は大人の話に首を—ものではない」「もうけ話となるとすぐに頭を—」❺野球の打撃で、体がバランスを崩して前のめりになる。≡「体が前に—」❻〈「突っ込まれる」の形で〉負い目を鋭く追及される。激しくつつかれる。≡「論敵に矛盾点を—・まれる」
◈「つきこむ」の転。 可能 突っ込める 名 突っ込み

つつ-さき【筒先】〔名〕❶ホースなど、筒状のものの先端の部分。❷鉄砲・大砲の先端の部分。❸ホースの先の方を操作して消火にあたる消防士。◈「筒口」とも。

つつ-ざき【筒咲き】〔名〕花びらが筒形をして咲くこと。また、その花。ツツジ・アサガオなど。

つつじ【〈▼躑▼躅〉】〔名〕春から夏、先端が五裂した漏斗形の花をつけるツツジ科ツツジ属の植物の総称。常緑または落葉性の低木で、花の色は白・紅・紫など。山地に自生し、庭園や公園にも植えられる。園芸品種が多い。

躑躅

つつしみ【慎み】〔名〕慎むこと。度を越さないように控えめに振る舞うこと。≡「—のない人」

つつしみ-ぶか・い【慎み深い】〔形〕節度をわきまえていて控えめであるさま。≡「—態度」 派生 -げ/-さ

つつし・む【慎む・謹む】〔他五〕❶【慎】慎重に振る舞って、軽はずみなことをしない。自粛する。控える。≡「軽々しい行動を—」「身を—」「口を—」❷【慎】度を過ごさないように控えめにする。節制する。≡「酒を—」「暴飲暴食を—」❸【謹】〈「謹んで」の形で〉うやうやしくかしこまる意を表す。≡「—・んで新年の御祝辞を申し上げます」❹【慎】物忌みする。斎戒する。≡「汚れを避けて神事に—」
◈ 注意 送りがなは「慎しむ」「謹しむ」としない。 名 慎み

つつ-そで【筒袖】〔名〕和服で、袂(たもと)の部分がない筒形の袖。また、その袖の着物。つつっぽ。

つっ-た・つ【突っ立つ】〔自五〕❶まっすぐに立つ。≡「髪の毛が—」❷何もしないで立ったままでいる。≡「ぼんやり—・ってないで手を貸してくれ」◈「つきたつ」の転。

つっ-た・てる【突っ立てる】〔他下一〕❶勢いよく突き刺して立てる。≡「抜き身を畳に—」❷勢いよくまっすぐに立てる。≡「応援席に校旗を—」◈「つきたてる」の転。 文 つった・つ

つっ-つ・く【突っ突く】〔他五〕「つつく」の俗語。▼「突き突く」の転。 可能 つっつける

つつ-っぽ【筒っぽ】〔名〕筒そでの着物。つつっぽう。

つつ-どり【筒鳥】〔名〕初夏、日本各地の山林に渡来し、冬、南方に渡るカッコウ科の鳥。カッコウに似るがやや小さい。ポンポンドリ。 語源 筒を打つようにポンポンと鳴くことから。

つつ-に【筒煮】〔名〕魚を筒切りにして煮ること。また、その煮たもの。≡「鯉(こい)の—」

つつ-ぬけ【筒抜け】〔名〕❶話し声や秘密などがそのまま他に漏れ伝わること。≡「企業秘密が他社に—になる」❷人の話などが頭の中にとどまらないで聞き過ごされてしまうこと。≡「いくら注意しても右から左へ—だ」◈筒の底が抜けて、入れた物が素通りする意から。

つっ-ぱし・る【突っ走る】〔自五〕❶勢いよく走る。疾走する。≡「ゴールめざして—」❷ある目的に向かって、まっしぐらに突き進む。≡「全国制覇をめざして—」

つっ-ぱな・す【突っ放す】〔他五〕❶突いて離れさ

せる。〓「組みついてくる相手を―」❷ことさら冷たく扱う。見放す。〓「すねかじりを―」◈「つきはなす」の転。

つっ-ぱ・ねる【突っ▼撥ねる】〔他下一〕❶突き飛ばす。〓「相手を―」❷要求・依頼などをきびしく断る。きっぱりと拒絶する。はねつける。〓「要求を―」

つっ-ぱ・る【突っ張る】㊀〔自五〕❶強く張ってかたくなる。〓「筋肉が―」「欲の皮が―」❷自分の主張を押し通そうとして強く抵抗する。〓「自説にこだわって―」❸虚勢を張って、不良じみた態度をとる。〓「―・っている学生」▼「つきはる」の転。㊁〔他五〕❶棒などを押しあてて倒れないように支える。〓「棒で壊れかかった塀を―」❷突き出した腕や足に力を入れる。〓「両腕を―・って荷車を押す」❸相撲で、平手をのばして相手の胸を交互に突く。▼「つきはる」の転。名 **突っ張り**

つっ-ぷ・す【突っ伏す】〔自五〕急にうつぶせになる。〓「机に―・して泣きだす」

つつまし・い【▽慎ましい】〔形〕❶控えめで、物静かであるさま。遠慮深い。〓「末席に―・く控える」❷ぜいたくでないさま。質素だ。つましい。〓「―生活」派生 -げ／-さ

つつまし-やか【▽慎ましやか】〔形動〕いかにもつつましそうなさま。〓「―におじぎをする」派生 -さ

つづま-やか【▽約まやか】〔形動〕❶手短にまとめるさま。簡略なさま。〓「―な文章」❷質素なさま。つつましいさま。〓「―に暮らす」派生 -さ

つづま・る【▽約まる】〔自五〕短くなる。ちぢまる。〓「『丈が―』『あらいそ』が―・って『ありそ』になる」

つつみ【堤】〔名〕湖沼・池・川などの水があふれないように、その岸に沿って土や石を高く盛り上げたもの。土手。堤防。▼「包むもの」の意。

つつみ【包み】〔名〕紙・布などで包むこと。また、包んだもの。〓「贈り物の―を開く」「一(ひと)―の散薬」

つづみ【鼓】〔名〕日本の打楽器で、中央が細くくびれた木製の胴の両端に革を当て、ひも(=調べの緒(お))で締めつけたもの。▼狭義には小鼓をさす。数「一張(ひとは)り…」「一張(いっちょう)…」「一丁(いっちょう)…」と数える。

つつみ-かく・す【包み隠す】〔他五〕❶包んで外から見えないようにする。〓「袖で―」❷秘密にして人に知られないようにする。〓「―・さず話す」名 **包み隠し**

つつみ-がね【包み金】〔名〕祝儀や謝礼などのしるしとして、紙に包んで差し出す金。つつみきん。

つつ・む【包む】〔他五〕❶外にこぼれ出てこないように、物を布や紙でおおう。〓「風呂敷に手土産を―」「新聞紙で弁当箱を―」「黒装束に身を―」❷ある現象や感情などがそのものを取り巻くようにする。すっぽりとおおう。〓「あたりが深い霧に―・まれる」「事件はなぞに―・まれている」「家族の愛に―・まれてすくすくと育つ」▼受身が多い。❸心の中にしまいこんで外に出さない。隠す。秘める。〓「闘志を胸に―」「何事も―・まず話す」❹お祝いなどのため、お金を紙などにくるんで渡す。〓「祝儀を一万円―」可能 **包める** 名 **包み・堤**

つづ・める【▽約める】〔他下一〕❶短くする。ちぢめる。〓「着物の丈を―」❷内容を要約する。〓「―・めて言えば以下のとおり」❸縮小する。節約する。〓「世帯を―」文 **つづ・む**

つつ-もたせ【〈美人局〉】〔名〕男性が妻または情婦に他の男性を誘惑させ、その情事を種に相手の男性から金品をゆすりとること。▼もと博徒の語。「筒持たせ」からともいうが、語源不詳。「美人局」の表記は、中国の元代、娼妓をめかけに見せかけて年少者をだました犯罪を美人局と称したことに基づく。

つづら【▽葛】〔名〕山野に自生するつる性植物の総称。特に、ツヅラフジの別称。

つづら【〈葛籠〉】〔名〕ツヅラフジのつるを編んで作った、衣服などを入れる箱形のかご。のちには竹や檜(ひのき)の薄片で編み、紙を貼って柿渋や漆を塗ったものも作られるようになった。

つづら-おり【▽葛折り・〈九十九〉折り】リ ヲ〔名〕坂道や山道がいくえにも折れ曲がって続いていること。また、その坂道や山道。▼ツヅラフジのつるのように折れ曲がっている意。

つづら-ふじ【▽葛藤】ヂ フ〔名〕夏に淡緑色の小花をつけるツヅラフジ科の落葉性つる植物。互生する葉は広卵形で、柄が長い。つるはかごやつづらを編むのに用いる。オオツヅラフジ。

つづり【▼綴り】〔名〕❶つづること。また、つづったもの。とじたもの。〓「書類の―」❷アルファベットで単語を表記するときの文字の配列。スペリング。スペル。

つづり-あわ・せる【▼綴り合わせる】セル ハ〔他下一〕ばらばらのものをつづって一つにする。とじ合わせる。〓「書類を―」文 **つづりあは・す**

つづり-かた【▼綴り方】〔名〕❶アルファベットで単語を表記するときの文字の並べ方。❷旧制の小学校の教科の一つ。文章の作り方。現在の作文にあたる。

つづ・る【▼綴る】〔他五〕❶つなぎ合わせて一続きのものにする。〓「着物のほころびを―」❷ことばを並べてまとまりのある文章を作る。また、自分の気持ちや体験などを文章にする。書きつづる。〓「英語で文章を―」「感想をエッセーに―」❸アルファベットなどの文字を並べて、ことばを書き表す。表記する。〓「ローマ字で英語を―」可能 **つづれる** 名 **つづり**

つづれ【▼綴れ】〔名〕❶破れた所をつぎはぎした衣服。ぼろの衣服。❷古着を細く裂いたものを横糸にし、木綿または麻を縦糸にして織った厚地の織物。裂き織り。

つづれ-おり【▼綴れ織り】〔名〕つづれ錦(にしき)。また、それを模した織物。

つづれ-にしき【▼綴れ錦】〔名〕花鳥・人物などの模様を織り出した絹織物。帯地・袋物・袱紗(ふくさ)・壁掛けなどに用いる。京都西陣の特産。つづれ織り。

って ㊀〔格助〕❶**引用** 引用の格助詞「と」のくだけた言い方。〓「お母さんによろしく**って**お伝え下さい」「頼んだよ**って**言われてもねえ…」❷**同格**を表す。…という。〓「エゴン=シーレ**って**画家、知ってる?」「用**って**ほどのこともないんだが…」「気にしなくてもいい**って**ことよ」㊁〔副助〕❶軽い詠嘆をこめて、(引用する気持ちで)題目を取り上げる。…というのは。〓「別れるとき**って**いつもこうだ」「おれ**って**、何てばかなんだ」❷相手の言葉を繰り返し、それについて述べる意を表す。〓「誰が犯人か**って**、あいつに決まってるよ」「やりたくない**って**、どういう意味?」㊂〔終助〕❶他人の話を引用紹介する。…ということだ。〓「すぐ帰れ**って**さ」「彼女も見たい**って**」❷〈上昇のイントネーションを伴って〉他から聞いたことを相手に**確認**する意を表す。〓「結婚するんですって?」「病気だったんですってねえ」

❸〈下降のイントネーションを伴って〉主張を強く伝える意を表す。‖「気にするなって」「大丈夫だって、きっと合格するって」

㈣［接助］❶〈助動詞「た」に付いて〉**逆接の仮定条件**それと違う事態の成立を予想させながら下の句に続ける。…ても。…たとしても。‖「どう見えたって、会長は会長だ」「いかに叫んだって、聞こえない」❷〈助動詞「た」＋「っていい」などの形で〉許可・許容を表す。…て(も)いい。‖「もう許してやったっていいじゃないか」「何て言われたって構わない」▽「とて」の転。❸接続助詞「て」が形容詞や助動詞「ない」の連用形に付いたときの強調形。‖「悲しくって涙が出ちゃう」◈「ん」に続くときは、「て」とも(なんてったって田中君て立派ね)。長音化して「ってえ」とも(話ってえのは何だ?)。使い方 ㈠～㈣とも、くだけた言い方。

つて【▽伝・▽伝手】［名］❶自分の希望などを達するための手がかり。てづる。‖「ーを頼って就職する」❷人の話。人づて。

ってーな［連語］❶不確かな引用を示す。というような。‖「おれも行くーことを言ってた」❷状態を比喩的に示す。‖「もう限界ー感じだった」❸代表的な例を示す。‖「東京や大阪ー大都市には自然と人が集まる」◈格助詞「って」＋「ような」の略の「な」。俗語的な言い方。使い方「てな」の形で「てなこと(言っても)」「てな話(はいつでもある)」のように連体詞的にも使う。文頭に使うこともある。‖「てなこと言っても駄目なものは駄目だ」

ってーば［連語］⬇てば‖「早くしろー」

つと【▼苞・〈▼苞▼苴〉】［名］❶わらを束ね、中に食品などを包み込んだもの。わらづと。‖「納豆のー」❷みやげものにする、その土地の産物。また、みやげもの。‖「家ー(＝家の人へのみやげ)」

つーと［副］急に動作をするさま。また、動作がすばやいさま。さっと。つっと。‖「ー席を立つ」

つーど【都度】［名］〈上に連体修飾を伴って〉ある物事をする、そのたびごとに意を表す。‖「上京するー立ち寄る店」「そのー使用料を払う」使い方「その都度」に代えて、「条件が異なります。都度ご相談ください」などと言うのは、新しい使い方。

つどい【集い】［名］集まり。また、集まって行う催し物。‖「名曲鑑賞のー」

つど・う【集う】［自五］同じ目的をもってある所に集まる。‖「毎年正月には家族が祖父母の家にー」「菜の花にチョウが群れー」▽「集まる」に比べて文章語的。名 集い

つとーに【▼夙に】［副］❶ずっと前から。早くから。‖「その名はー知られている」❷幼時から。若いころから。‖「ー学問に志す」❸朝早く。早朝に。‖「ー起き出す」

つとま・る【務まる】［自五］決められた任務や役割をきちんと果たすことができる。‖「私に議長がーだろうか」▽「勤まる」と同語源。書き分け「勤まる」とも書いてきたが、近年「務」が一般的。⬇務める

つとま・る【勤まる】［自五］よく職責を果たして、会社や役所などにきちんと勤務することができる。‖「こんな立派な家に私のようなものがーでしょうか〈渡辺淳一〉」「あの事務所なら寝ていてもーよ」

つとめ【務め・勤め】［名］❶その人の役目として当然果たさなくてはならない事柄。任務。義務。‖「親としてのー」「納税は国民のーの一つ」❷会社・官公庁などに雇われて仕事をすること。また、その仕事。勤務。‖「ーに出る」❸仏道の修行。また、僧侶が毎日仏前で行う勤行。‖「朝夕のー」◈書き分け ふつう①は【務】、②③は【勤】を使う。

つとめーあ・げる【勤め上げる】［自他下一］職務などを果たして、一定の任期をまっとうする。‖「定年まで四〇年間を無事にーげた」

つとめーぐち【勤め口】［名］勤務して給料をもらう所。就職口。

つとめーさき【勤め先】［名］勤務する所。勤務先。

つとめーて【努めて(▽勉めて)】［副］できるだけ努力して。‖「ー冷静にふるまう」

つとめーにん【勤め人】［名］官公庁・会社などに勤めている人。サラリーマン。

つとめーむき【勤め向き】［名］勤務に関すること。勤務上のこと。また、勤め先。

つと・める【努める(▽勉める・▽力める)】［自下一］事をなしとげようとして力を尽くす。努力する。‖「問題の解決［勉学］にー」「ひたすら弁解にー」▽「勤める」「務める」と同語源。文 つと・む

つと・める【勤める】㈠［自下一］❶会社や役所などに雇われて、一定の仕事に従事する。勤務する。‖「会社にー」「教員として大学にー」❷仏に仕え仏道に励む。勤行する。‖「日夜念仏にー」❸一定の任期や刑期をまっとうする。勤め上げる。‖「四年の任期を大過なくー」㈡［他下一］法事の儀式を執り行う。‖「僧侶が法要をー」◈書き分け ⬇務める 文 つと・む 名 勤め

つと・める【務める】［他下一］役割や任務を引き受けて、その仕事をする。役割や任務に当たる。‖「受付［会長・主役］をー」書き分け【勤】とも書いてきたが、近年【務】に統一される傾向にある(特に、～ヲに〈役割〉をとるとき)。しかし「お座敷を勤める」「お笑いを一席勤める」「仏事を勤める」など、仕事に重点が移ると【勤】になりがちである。文 つと・む 名 務め

つな【綱】［名］❶植物の繊維・化学繊維・針金などを長くより合わせたもの。ロープ。‖「ーを引く」▽一般に「縄」よりも太いものをいう。❷それにすがって頼みとするもの。‖「頼みのー」「命のーが切れる」❸相撲で、横綱のこと。‖「ーを張る(＝力士が横綱になる)」「ー取り」

ツナ［tuna］［名］マグロ。マグロの肉。特に、マグロの肉をオイル漬けにした缶詰。‖「ーサンド」

つながり【▼繋がり】［名］❶かかわりがあること。関係。関連。‖「事件とのーを捜査する」❷結びつき。きずな。‖「心のーを求める」

品格 えにし「ーの糸」縁「ーあって再会する」関係「捜査ー者」関連「ー事項」絆「家族のー」相関「ーが強い」よしみ「昔のーで世話する」連関「相互にーする」連係「ープレー」連携「連携して取り組む」連鎖「株安のーが起きる」連帯「ー責任」◉「えにし」は男女間についていうことが多い。

つなが・る【▼繋がる】［自五］❶離れていたものが一続きにな(って連絡がつく状態にな)る。‖「二つの地点が地下道でーった」「本社と支社がテレビ電話でー」❷一続きになって、とぎれることなく連なり続く。‖「渋滞で車が一キロもーっている」「この通りは駅まで一本道でーっている」❸ものとものがあるかかわりをもって結びつく。特に、ある因果関係をもって結びつく。～の要因となる。‖「二人は信頼のきずなでーっていた」

「事件に—人物を捜す」「地道な練習が優勝に—」❹血筋が同じである。血縁関係がある。‖「彼は彼女と血が—っている」名つながり

つなぎ【▼繋ぎ】[名] ❶物と物とを結びつけること。また、結びつけるもの。‖「数珠—」❷次の物事が始まるまでの間をうめるために何かを行うこと。また、そのもの。‖「芝居の—に一曲歌う」❸料理で、粘りけのないものやくずれやすいものを固めるために混ぜ入れるもの。❹上着とズボンが一つにつながった作業服。また、その形をした一般用の衣服。

つなぎ-あわ・せる【▼繋ぎ合わせる】セル・アハ [他下一] 互いにつながりあうようにする。‖「熱で溶かして—」文つなぎあは・す

つなぎ-と・める【▼繋ぎ止める】[他下一] ❶束縛したり拘束したりして、離れないようにする。‖「綱で舟を—」❷興味・関心などが離れないようにする。‖「子供の関心を—」

つなぎ-め【▼繋ぎ目】[名] 物と物とをつなぎ合わせた部分。つぎめ。‖「パイプの—」

つな・ぐ【▼繋ぐ】[他五] ❶ひも状のもので結び止めて離れないようにする。‖「綱で馬を柵に—」
❷牢獄などに留めおいて逃げられないようにする。拘束したり拘禁したりする。‖「〇〇罪で牢獄に—・がれる」
使い方「犬を鎖で／に—」では、前者は①の意で、つなぎ止めるための手段に、後者は②の意で、その行為の成立する場としての鎖(その一方が固定されている)に注目していう。
❸気持ちや関心が離れないようにする。つなぎとめる。‖「巧まざるユーモアで座を—」
❹ものとものとを結びつけて一続きにする。特に、電気器機をコードで結んで一続きに(して電気が流れるように)する。接続する。つなげる。‖「二点間を点線で—」「プラス電極とマイナス電極を—」「テレビにDVDを—」
❺手と手や足と足を結び合わせて離れないようにする。つなぎあう。‖「二人が手を—」
❻心と心を結びつけて緊密な関係を作る。‖「二人は信頼のきずなで—・がれている」
❼離れている所を結びつけて一続きにする。連絡する。結ぶ。‖「橋で本土と島を—」「インターネットで世界を—」
使い方 ～デを～ガに替えていうこともできる。‖「鉄道で両地点を—」→「鉄道が両地点を—」
❽継続していたものがとぎれたりとだえたりしないようにする。続くようにする。保たせる。‖「ボールを—・いでトライに結びつける」「こまめに出席して顔を—」「決勝戦進出に一縷の望みを—」「食い—」
◈「綱」の動詞化。可能 繋げる 名 つなぎ

つな・げる【▼繋げる】一 [他下一] ❶結びつけて一続きにする。つなぐ。‖「ひもを—・げて長くする」「テレビにパソコンを—」注意 東日本に始まった比較的新しい言い方。標準的な言い方でないと感じる人も多く、また、表現によっては「つなぐ」でないと不適切な場合もある。‖「×恋人同士が手をつなげて歩く(〇手をつないで歩く)」❷つながるようにする。特に、ものとものがあるかかわりをもってつながるようにする。‖「最後のチャンスを大量得点に—・げよう」「与党の失政を今こそ解散総選挙に—・げたい」使い方 つながってほしいという願望が伴う表現。①と違い、②は「つなぐ」よりも「つなげる」のほうが一般的な言い方になってきている。文つな・ぐ
二 [自他下一]「繋ぐ」の可能形。つなぐことができる。‖「テレビの配線なら一人でも—」

つな-で【綱手】[名] 船を引くためにつなぐ綱。つなて。

つな-とり【綱取り】[名] 相撲で、大関が横綱昇進をねらうこと。また、横綱の地位を得ること。‖「—をかけた大一番」

つな-ひき【綱引き(綱▼曳き)】[名] 二組に分かれた双方が両側から一本の綱を引き合い、相手を引き寄せた方を勝ちとする競技。運動会などで行われる。▼二者が一つのものをとりあうことのたとえにもいう。‖「工場誘致の—」

つ-なみ【津波】[名] 地震や海底火山の噴火などによって生じる海水の波動。海岸に近づくにつれて波高を増し、時に大きな被害をもたらす。地震津波。書き方「津▽浪」「〈海▼嘯〉」とも。

つな-わたり【綱渡り】[名・自サ変] 軽業の一つ。空中に一本の綱を張り、その上を芸をしながら渡ること。また、その曲芸。▼危険を冒して物事をすることのたとえにもいう。‖「高利の金まで借りるという—の経営」

つね【常】[名] ❶いつもそうであること。ふだん。平素。‖「朝の散歩を—としている」❷いつも変わらないこと。永久に不変であること。‖「—なき世」❸ありふれていること。並。普通。‖「—の人には及ばぬ感覚」❹世の中の道理。ならい。ならわし。‖「有為転変は世の—」❺一般にみられる傾向。‖「親の—としてわが子に甘くなる」◈書き方「▽恒」とも。

つね-づね【常常】[名] いつも。ふだん。常日ごろ。‖「—感じていること」▼副詞的にも使う。

つね-に【常に】[副] いつも。たえず。‖「—笑顔を絶やさない人」

つね-ひごろ【常日頃】[名] いつも。ふだん。つねづね。日常。‖「—の努力が大切だ」▼副詞的にも使う。

つね・る【▼抓る】[他五] 指先で皮膚を少しつまみ上げてねじる。つめる。‖「ほっぺたを—・られる」

つの【角】[名] ❶動物の頭部に突き出ている硬い角質や骨質のもの。‖「牛の—」▼想像上の鬼や雷神などにもあるとされる。❷昆虫・蝸牛などの頭部にある触角などの突起物。‖「—を出す」❸物の上部や表面に突き出ているもの。‖「金平糖の—」「—樽」

◉**角を折・る** それまでの強情な態度を改めて、素直になる。我を折る。‖「説得されて—」

◉**角を矯めて牛を殺す** わずかな欠点を直そうとして、かえって全体をだめにしてしまうたとえ。

つの-がき【角書き】[名] 浄瑠璃の名題・歌舞伎の外題・書物の表題などの上に、その主題や内容を示す文句を二行または数行に割ってしるしたもの。「父は唐土母は日本国性爺合戦」の類。

つの-かくし【角隠し】[名] 婚礼の際、和装の花嫁が文金高島田の前髪から後ろにまわして巻く細長い布。表は白絹、裏は赤絹で、近世の揚げ帽子が変化したものという。

つの-ぐ・む【角ぐむ】[自五] アシ・ススキ・マコモなどの芽が、角のように出はじめる。‖「氷解け去り葦は—〈早春賦〉」

つの-だる【角▼樽】[名] 一対の柄が角のように突き出した酒だる。胴を朱または黒の漆で塗る。祝儀の進物として酒を贈るのに用いた。柄樽。

つの-ぶえ【角笛】[名] 動物の角で作った笛。

つの‐また【角▼叉】［名］沿岸の岩礁上に生育する紅藻綱スギノリ科の海藻。形は扁平な葉状で、先が叉状に分岐する。色は暗緑・淡紅・紫紅など。漆喰などの糊料に用いる。

つの・る【募る】［動五］■一［自］勢いなどがいっそう激しくなる。「風雨［思い］が━」■二［他］広く呼びかけて集める。募集する。「参加［有志］を━」■三〈動詞の連用形に付いて複合動詞を作る〉いっそう激しく…する。「吹き━・言い━」 募

つば【唾】［名］唾液。つばき。「━を吐く」

◉**唾を付・ける** 他人に取られないように前もって手を打っておく。「新製品の発売前に━・けておく」

つば【▼鍔・▼鐔】［名］❶刀剣の柄と刀身との間にはさみ、柄を握る手を保護する板状の金具。多くは鉄製。❷帽子のまわり、または前方に庇のように出ている部分。「━の広い帽子」❸かまどの縁にかかるように、釜の胴のまわりに庇のように張り出した部分。 鍔

つ‐ばき【唾】［名］つば。▼「つは（唾吐）く（＝つばを吐く）」の連用形から。古くは「つはき」といった。

つばき【▼椿】［名］早春、赤い五弁花をつけるツバキ科の常緑樹の総称。果実から椿油をとる。ヤブツバキとも呼ばれる原種は本州以南に自生。ワビスケ・ヒゴツバキ・オトメツバキなど多くの園芸品種がある。

つばき‐あぶら【▼椿油】［名］ツバキの種子から搾りとった不乾性油。伊豆諸島や九州南部が主産地で、食用油・髪油に用いる。

つば‐ぎわ【▼鍔際】［名］❶刀身と鍔の接している所。つばもと。❷勝敗・成否・生死などの分かれ目。せとぎわ。

つばくら【▼燕】［名］ツバメ。▼「つばくらめ」の略。

つばくら‐め【▼燕】［名］ツバメ。

つばくろ【▼燕】［名］ツバメ。▼「つばくら」の転。

つばさ【翼】［名］❶鳥類が空を飛ぶための器官。前肢が変形したもの。「━を広げる」❷飛行機の翼。また、飛行機。「━よ、あれがパリの灯だ」 翼

つば‐ぜりあい【▼鍔▽迫り合い】［名］❶打ち合わせた刀を互いの鍔もとで受け止めたまま押し合うこと。❷緊迫した状況で激しく勝負を争うこと。

つ‐ばな【▼茅花】［名］チガヤの花穂。

つばめ【▼燕】［名］夏鳥として渡来し、人家の軒下などに泥やわらで椀形の巣を作るスズメ目ツバメ科の鳥。背面は黒色、腹面は白色、額とのどが赤い。翼と尾は細長く、尾の先が二またに分かれる。つばくら。つばくろ。つばくらめ。 燕

つばめ‐の‐す【▼燕の巣】［名］アナツバメが海藻を唾液で固めて作る巣。中国料理の高級材料として珍重される。燕窩。燕巣。「━のスープ」

つばら【〈委曲〉・▽詳ら】［形動］［古風］くわしいさま。つまびらか。「余がかれに隠したる顛末を━に知りて〈鷗外・舞姫〉」

つぶ【粒】［名］丸くて小さめのもの。「雨の━」「米━・砂━」「━の錠剤」

◉**粒が揃・う** 集まった物や人が、品質や能力においてどれもすぐれている。「今年の新人は━・っている」

つぶ‐あん【粒▼餡】［名］柔らかく煮た小豆に砂糖を加え、粒を残したまま練ったあん。

つぶさ‐に【▽具に・▽備に・▼悉に】［副］細かいところまでくわしく。詳細に。また、すべてをもれなく。ことごとく。「━事情を聞く」「━報告する」

つぶし【潰し】［名］❶つぶすこと。また、つぶしたもの。「━餡」❷金属製品を溶かして地金にすること。また、そのもの。❸むだに費やすこと。「ひま━・時間━」▼多く他の語と複合して使う。

◉**つぶしが効・く** それまでの職業をやめて別の仕事をしても十分にやっていける能力がある。▼金属製品は溶かして別の製品につくりかえることができる意から。

つぶし‐あん【潰し▼餡】［名］柔らかく煮てつぶした小豆に砂糖を加え、そのままこさずに練ったあん。

つぶ・す【潰す】［他五］❶力を加えてもとの形をくずす。「足で踏みつけて空き缶を━」「にきびを━」 使い方 「山崩れが家を━・した」のように〈物〉を主語にしてもいう。❷身体の形をそこなう。また、その機能をそこなう。「事故で目を━・した」「歌いすぎて声を━」❸組織や計画などが立ちゆかなくなるようにする。だめにする。「会社［陰謀］を━」「身代を━」❹体面を傷つける。「顔を━」❺他のことに使うために、もとの形をくずす。「庭を━・して離れを造る」「鶏を━・して水炊きにする」❻〈「肝［胸］を潰す」の形で〉心の平静さを失う。「悲報に胸を━」❼（無益な）時間をすごす。「パチンコで時間を━」❽せっかくの好機を有効に生かさないでしまう。無駄にする。台なしにする。「拙攻でチャンスを━」❾取り除いたり消し去ったりして、その作用や効果を無効にする。「問題点を一つずつ━」「鉛筆で升目を━・して図柄を完成させる」 可能 つぶせる 名 つぶし

つぶ‐ぞろい【粒▼揃い】［名］❶粒の大きさや質がそろっていること。❷集まった人々がみなすぐれていて、見劣りするものがいないこと。「━の選手」

つぶ‐だ・つ【粒立つ】［自五］粒状になる。また、表面に粒状のものがたくさん現れる。「皮膚がかぶれて━」

つぶ‐つぶ【粒粒】［名］たくさんの粒状のもの。また、その一つ一つ。

つぶて【▼礫・〈飛▼礫〉】［名］投げつけるための小石。「梨の━」「紙━」 礫

つぶやき【▼呟き】［名］つぶやくこと。また、その言葉。「━をもらす」

つぶや・く【▼呟く】［他五］小声で独り言をいう。「ぽつりと━ように言う」「小声で━」 名 つぶやき

つぶ‐より【粒▽選り】［名］多くの中からすぐれたものを選び出すこと。また、選び出されたもの。えりぬき。つぶえり。「━の品をそろえる」

つぶ‐ら【▽円ら】［形動］まるくて、かわいらしいさま。「━な瞳」

っぷり【っ振り】［接尾］「ぶり」を強めた言い方。➡振り①

つぶ・る【▼瞑る】［他五］〈「目をつぶる」の形で〉❶まぶたを閉じる。目をつむる。「ストロボの光に思わず目を━」❷見て見ぬふりをする。「今回だけはお前の不祥事に目を━・ろう」❸死ぬ。瞑目する。「ありがとうと言い残して目を━」

つぶ・れる【潰れる】［自下一］❶力が加えられてもとの形がくずれる。「地震で家が━」「まめが━」❷身体の形がそこなわれる。また、その機能がそこなわれる。「殴られて鼻が━」「歌いすぎて声が━」❸組織や計画などが立ちゆかなくなる。だめになる。「不況で会社が━」「プレッシャーで━」❹体面が傷つく。「面目が━」❺〈心の平静さを失う。「惨劇に肝が━」❻（無益に）時間が費やされる。特に、他のことのために生かされないでしま

う。≡「宿題で日曜日が━」「引っ越しのために三日が━！れた」❼せっかくの好機が有効に生かされないでしまう。ついえる。≡「チャンスが━」❽酒に酔って動けなくなる。酔いつぶれる。≡「一升飲んでも━れない」文つぶ・る

つべ-こべ［副］あれこれとうるさく理屈・文句などをいうさま。≡「━言わずについてこい」

ツベルクリン【Tuberkulin ドイ】［名］結核菌の培養液から精製した注射液。結核感染の有無の検査に用いる。精製ツベルクリン。▽培養液を濾過・濃縮した旧ツベルクリンは現在では用いられない。

つぼ【坪】［名］（尺貫法で）❶土地・建物の面積を表す単位。一坪は六尺（＝一間）平方で、約三・三平方メートル。≡「五〇━の敷地」❷錦・金箔・印刷製版などの面積を表す単位。一坪は一寸平方で、約九・一八平方センチメートル。❸皮革・タイルなどの面積を表す単位。一坪は一尺平方で、約九一八平方センチメートル。❹立坪。

つぼ【▼壺】［名］❶口が狭く、胴の部分がふくらんだ形の容器。数「一壺…」「一口…」と数える。❷壺皿。❸深くくぼんでいる所。≡「滝━」❹鍼・灸・指圧などの治療で効果のある、人体の定まった部位。❺物事の大事な所。要点。急所。≡「話の━を押さえる」❻見込んだところ。≡「それなら、こちらの思う━だ」❼好みに合う点や面白いと思う点。≡「笑いの━にはまる」

◉**壺に嵌まる** ❶急所をつかむ。≡「━った批評」❷見込んだとおりになる。≡「企画が━」❸（新）笑いや好みが自分の好みに合う。≡「━って笑いが止まらない」

っぽ・い［接尾］❶〈名詞に付いて〉…そのものではないが、それに近い性質があるさま。≡「子供━ことをするな」「この酒は水━」「黒━シャツ」❷〈名詞に付いて〉…の印象が強く感じられるさま。≡「ほこり━部屋」「俗━趣味」「色━」「理屈━」❸〈動詞の連用形に付いて〉…する傾向があるさま。…しがちだ。≡「飽き━人」「惚れ━」「最近忘れ━くなった」❹〈形容詞・形容動詞の語幹に付いて〉…の性質がありありと感じられるさま。≡「荒━言動」「安━時計」「哀れ━声を出す」◈さまざまな語に付いて形容詞を作る。使い方「今っぽい服装」「普通っぽい人」「馬鹿っぽい話し方」など拡張して用いるのは新しい使い方。また、文に相当する表現の下に続ける用法にも拡張されている。どちらも俗な言い方。≡「これ間違ってるっぽいよ」「やめたほうがいいですよっぽいこと言われた」

つぼ-がり【坪刈り】［名］田地全体の収穫量を推定するために、一坪（約三・三平方メートル）だけ稲などを刈り取ること。

つぼ-ざら【▼壺皿】［名］❶本膳料理などで使う、小さくて深い、ふた付きの器。つぼ。❷博打で、賽を入れて伏せるのに使うつぼ形の用具。つぼ。

つぼ-にわ【坪庭・▼壺庭】［名］屋敷内の建物などに囲まれた小さな庭。

つぼね【▽局】［名］〔古風〕❶宮中などの殿舎で、そこに仕える女性の私室として仕切られた部屋。また、それを与えられていた女房や女官。❷将軍家などに仕え、高い地位にある女性の敬称。≡「春日━（＝三代将軍家光の乳母）」

つぼみ【▼蕾（▼莟）】［名］花がつぼんでいて、まだ開かないもの。≡「桜の━がふくらむ」▽（将来が期待されるが）まだ一人前にならない年ごろの人のたとえにもいう。

蕾

つぼ・む【▼窄む】［自五］❶（先が）狭く小さくなる。すぼむ。≡「口の━んだ壺」❷咲いている花が閉じる。しぼむ。≡「朝顔の花が━」◈「蕾む」と同語源。

つぼ・む【▼蕾む（▼莟む）】［自五］花がつぼみをつける。≡「庭にある芍薬も既に━み〈藤村〉」

つぼ・める【▼窄める】［他下一］（先を）狭く小さくする。すぼめる。≡「口を━」文つぼ・む

つぼ-やき【▼壺焼き】［名］❶サザエを殻のまま火にかけて焼き、醤油をたらして味を付けたもの。また、殻から出して細かく刻んだサザエの身をシイタケ・ミツバ・ギンナンなどとともに殻に戻し、割り醤油を注いで直火で焼いたもの。▽「さざえの壺焼き」の略。❷つぼ形の器に入れて蒸し焼きにすること。また、そうして焼いたもの。≡「サツマイモの━」

つま【妻】［名］❶結婚した男女のうち、女性のほう。⇕夫▽古くは「つま」に「夫」の字をあて、配偶者の男女どちらをもさした。❷刺身などのあしらいに添える野菜・海藻など。書き方ふつう仮名書き。❸主となるものに添えるもの。≡「話の━にされる」書き方ふつう仮名書き。

つま【▼褄】［名］❶着物のすその左右両端の部分。❷和服で、襟先から褄先までの間。竪褄。褄下。≡「━を取る（＝すその長い着物のつまを手で持ち上げる。また、芸者が左づまをとって歩くことから、芸者になる）」

褄

つま【▽端】［名］〔古風〕物のはしの部分。へり。

つま-おと【爪音】［名］❶琴爪で琴をかき鳴らす音。❷馬のひづめの音。

つま-がけ【爪掛け】［名］つま皮。

つま-かわ【爪皮・爪革】［名］雨や泥をよけるために、下駄などのつま先につけるおおい。つま掛け。

つま-ぐ・る【爪繰る】［他五］指先で操って動かす。≡「数珠を━」

つま-こ【妻子】［名］妻と子。さいし。

つま-ごい【妻恋・▽夫恋】［名］夫婦が互いに恋い慕うこと。

つま-さき【爪先】［名］足の指の先。足先。≡「━で立つ」

つまさき-あがり【爪先上がり】［名・形動］少しずつ登りになっていること。また、そのゆるい登り坂。≡「━の山道」

つまさき-だち【爪先立ち】［名・自サ変］つま先で立つこと。

つまさき-だ・つ【爪先立つ】［自五］かかとをあげて足の指先で立つ。つまだつ。≡「━って歩く」名つま先立ち

つまさ・れる［自下一］❶愛情・人情などにふれて心を動かされる。≡「人の情けに━」❷〈多く「身につまされる」の形で〉人の不幸や悲しみが人ごとでなく思われて、同情の念がわき起こる。≡「身に━話」文つまさ・る

つまし・い【▽倹しい】［形］暮らしぶりが質素であるさま。≡「━生活」派生-げ／-さ

つま-ず・く【▼躓く】［自五］❶歩行中に、誤って足先を物に当てて前のめりになる。けつまずく。≡「石に━いて転ぶ」❷物事の途中で、思わぬ障害に突き当たって行きづまる。しくじる。失敗する。≡「受験に━」「資金面で━」◈「爪突く」の意。書き方現代仮名遣いでは「つまづく」も許容。名つまずき

つま-づ・く【▼躓く】［自五］⬇つまずく

つま-ど【妻戸】［名］❶寝殿造りで、出入り口として

建物の四隅に設けた両開きの板戸。❷家の端に設けた両開きの戸。

つま-ど・る【▼褄取る】〔他五〕すそを引きずらないように、着物の褄を手でつまんで持ち上げる。褄をとる。

つま-はじき【爪▽弾き】〔名・他サ変〕❶不満・嫌悪・軽蔑・非難などの気持ちをあらわすしぐさとして、人さし指のつめの先を親指の腹に当て、その指を強くはじくこと。❷ある人を嫌ってのけものにすること。≡「世間から―(に)される」

つま-び・く【爪弾く】〔他五〕弦楽器を指先ではじいて鳴らす。≡「琴を―」名爪弾き

つまびら-か【▽詳らか・▽審らか】〔形動〕くわしいさま。細部まではっきりしているさま。≡「事の真相が―になる」

つまま・れる【▽摘まれる(▼抓まれる)】〔連語〕「つまむ」の受身形。⬇つまむ・狐につままれる

つまみ【▽摘まみ(▼抓み・▽撮み)】〔名〕❶つまむこと。また、つまんだ分量。≡「一―の塩」❷つまんで持つために器具・機械などに取りつけた部分。≡「やかんのふたの―」❸簡単な酒のさかな。つまみもの。おつまみ。

つまみ-あらい【▽摘まみ洗い】〔名・他サ変〕衣服などの汚れた部分だけをつまんで洗うこと。

つまみ-ぐい【▽摘まみ食い】〔名・他サ変〕❶指先でつまんで食べること。❷人に知られないようにこっそり食べること。盗み食い。≡「客に出す菓子を―する」❸公金などを少しずつ横領して使うこと。

つまみ-だ・す【▽摘まみ出す】〔他五〕❶指先などでつまんで外に出す。≡「箸で毛虫を―」❷人を力ずくで外に追い出す。≡「店から酔っぱらいを―」

つまみ-な【▽摘まみ菜】〔名〕間引きとった若い菜。また、幼苗のうちにつみとった菜。まびきな。

つま・む【▽摘まむ(▼抓む・▽撮む)】〔他五〕❶指先や箸の先などではさみもつ。≡「手で塩を―」「着物のすそを―んで持ち上げる」「あまりの悪臭に鼻を―」❷軽い食事を手や箸などでとって食べる。≡「すしを―」❸抜いて取り上げる。かいつまむ。≡「要点を―」❹⬇狐につままれる
◈「爪む」の意。書き分け【抓】は指先でつかむ意で「鼻を抓む」などと使い、【撮】は「摘」と同じような範囲で使うが、ともに【摘】が一般的。「狐につままれる」は例外的に【抓】が好まれる。可能つまめる 名つまみ

つま-ようじ【爪▼楊枝(妻▼楊枝)】〔名〕歯にはさまったものを除いたり、食べ物をつきさしたりする小さなようじ。こようじ。

つまら-な・い【詰まらない】〔連語〕❶心がときめくようなことがなくて、面白くない。また、興味が感じられない。≡「ひとりぼっちで―な」「―小説」「音楽は聴くだけでは―」❷〈多く連体形を使って〉意味や価値がない。また、無意味でばかばかしい。≡「―ことにこだわるな」「―勘ぐりはやめてください」使い方「つまらないものですが、…」の形で、贈り物などを差し出すときに謙遜の気持ちを添える挨拶語としても使う。≡「つまらないものですが、ご笑納ください」❸〈多く連体形を使って〉問題にするに足りない。取るに足りない。≡「―失敗が命取りになった」❹報われることがなく、かえって不利益である。≡「事故にあっても―からゆっくり行こうぜ」
◈「つまらぬ」「つまらん」とも。また、俗に「つまんない」とも。書き方かな書きも多い。使い方(1)「くだらない」に似るが、「くだらない」のほうが侮蔑の気持ちが強い。(2)丁寧形は「つまりません」。≡「一人ではつまりませんから…」(3)「…そうだ」「…すぎる」に続くときは「つまらなそうだ」「つまらなすぎる」となる(「つまらなさそうだ」「つまらなさすぎる」としない)。⬇「ない」のコラム(三四ページ)

つまり【詰まり】㊀〔名〕❶物が詰まること。≡「排水管の―」❷物事の行きつく最後のところ。果て。終わり。≡「とどの―」㊁〔副〕❶結局。要するに。≡「何故働かないって、そりゃ僕が悪いんじゃない。―世の中が悪いのだ〈漱石〉」❷言い換えれば。すなわち。≡「仏教の開祖、―釈迦」◈書き方㊁は普通かな書き。

品格 換言「ヒエラルキー、―すると階層的秩序」帰するところ「師弟関係とは、―は力関係だ」究竟「―それが真理だ」則ち「学ぶこと―生きること」詮ずる所「―、彼の本心はわからない」畢竟「―、金額の問題だ」要するに「訓練とは、―慣れることだ」

つま・る【詰まる】〔自五〕❶すき間なく物が入る。≡「本棚には本が―・っている」「このカニはみっちりと身が―・っている」「字がぎっしりと―・った本」❷あいた時間がないくらいに、するべきことがたくさんある。≡「今月は日程がびっしりと―・っている」❸管状の通路がふさがれた状態になる。通じなくなる。≡「生ごみで下水管が―」「風邪で鼻が―」「悲しみに胸が―」使い方「下水管にごみが―」「のどにもちが―」のように、通路への混入物を主語にしてもいう。物がつかえて流れをふさぐ意。❹追いつめられ(て対応のしかたに窮す)る。行き詰まる。≡「資金繰りに―」「返事[ことば]に―」❺長さや間隔が短くなる。≡「目の―・った生地」「先頭との差が―」❻音が変化して語形が短くなる。縮約される。ちぢまる。≡「『あらいそ』が―・って『ありそ』となる」❼促音で発音される。≡「―音」❽野球で、打者のねらった球が球威に押されて、バットの芯をはずれて手元に近い方に当たる。≡「速球に―・りながらもセンター前に運ぶ」名詰まり

つまる-ところ【詰まるところ(詰まる所)】〔副〕要するに。結局。≡「―実力がないということだ」

つみ【罪】㊀〔名〕❶法律を犯す行為。犯罪。≡「窃盗の―」❷道徳や宗教の教えにそむく行い。≡「―の意識に悩む」❸悪事・過ちなどを犯した責任。また、それに対して科される刑罰。≡「人に―を着せる」「―を償う」㊁〔形動〕無慈悲なさま。≡「出入り禁止とは―なことをするものだ」
◉**罪が無・い** 無邪気だ。けがれがない。≡「―寝顔」
◉**罪を憎んで人を憎まず** その人の犯した罪は憎むべきだが、その人自身まで憎んではいけない。

つみ【詰み】〔名〕将棋で、詰むこと。

つみ-あ・げる【積み上げる】〔他下一〕❶物の上にさらに物を積んで高くする。≡「石を―」❷物事を少しずつ成し遂げて高い水準に上げていく。≡「実績を―」文つみあ・ぐ

つみ-いれ【摘み入れ】〔名〕⬇つみれ

つみ-かさね【積み重ね】〔名〕積み重ねること。また、積み重ねたもの。≡「努力の―」「本の―が崩れる」

つみ-かさ・ねる【積み重ねる】〔他下一〕❶物を

上へ上へと積んで高くする。‖「ブロックを—」❷いくえにも重ねてふやしていく。また、水準を高めるために、何度もくり返して行う。‖「実績を—」「討議を—ねて結論を得る」文つみかさ・ぬ 名**積み重ね**

つみ-き【積み木】[名]❶材木を積み上げること。また、その材木。❷種々の形をした木片を積んでいろいろな物の形を作る遊び。また、それに使う木片の玩具。‖「—の家」

つみ-くさ【摘み草】[名]春の野で若菜や草花を摘むこと。

つみ-こ・む【積み込む】[他五]船や車両に荷物を積んで入れる。‖「トラックに建材を—」名**積み込み**

つみ・する【罪する】[他サ変]罪を責める。罪を責めて処罰する。‖「法をまげて—」文**つみ・す**

つみ-だ・す【積み出す】[他五]荷物を船や車両に積んで送り出す。出荷する。‖「貨車で早場米を—」名**積み出し**「新酒の—が終わる」

つみ-たて【積み立て】[名]❶ある目的のために金銭を積み立てること。❷「積立金」の略。◈書き方 公用文では「積立て」。慣用の固定した「積立金」などは、送りがなを付けない。

つみたて-きん【積立金】[名]❶積み立てた金銭。つみきん。❷企業が資本として留保しておく利益金の一部。準備金。

つみ-た・てる【積み立てる】[他下一]何回かに分けて預貯金をし、少しずつ金銭をたくわえる。‖「結婚資金を—」文**つみた・つ** 名**積み立て**

つみ-つくり【罪作り】[名・形動]❶人や生き物を殺生するなど、仏道にそむく無慈悲な行為をすること。また、その人。❷力の弱い人や純真な人をだますような、思いやりのない行為をすること。また、その人。‖「—なやつだ」▼意識する、しないにかかわらず、結果的に人を苦しめる行為をいう。

つみ-とが【罪▽科】[名]悪事と過失。罪過。

つみ-と・る【摘み取る】[他五]❶植物の芽・葉・実などを指先でつまんで取る。‖「茶の若葉を—」❷大きくならないうちに取り除く。‖「悪の芽を—」可能**摘み取れる**

つみ-に【積み荷】[名]船や車両に積んで運ぶ荷物。また、積み込まれた荷物。書き方 公用文では「積荷」。

つみ-のこし【積み残し】[名]積みきれないで一部を残すこと。処理しきれないで残すこと。また、その残ったもの。‖「荷物の—を新居に運ぶ」「—の案件」動**つみのこ・す**(他五)

つみ-びと【罪人】[名]罪を犯した人。罪人(ざいにん)。

つみ-ぶか・い【罪深い】[形]神仏の教えや道徳に反していて、罪が重いさま。‖「—身を恥じる」派生**-さ**

つみ-ほろぼし【罪滅ぼし】[名]善行を積んで過去に犯した罪をつぐなうこと。‖「—に毎朝境内を掃除する」

つみれ[名]魚のすり身に卵・小麦粉などのつなぎと調味料を入れてこね合わせ、少しずつ丸めて熱湯でゆでたもの。摘み入れ。‖「—汁」

つむ【▼錘・〈紡▼錘〉】[名]紡績機械の一部品で、糸によりをかけながら巻き取る働きをする鉄製の棒。ぼうすい。すい。

つ・む【詰む】[自五]❶布地などの目が密になる。詰まる。‖「目の—んだ布地」❷将棋で、王将の逃げ場がなくなる。❸〔新〕どうしようもなくなる。解決の見込みがなくなる。‖「人生—んだ」名**詰み**

つ・む【摘む】[他五]❶草木(の一部)を指先やつめ先ではさんでちぎりとる。つみとる。‖「花[イチゴ]を—」書き方「▼抓む」とも。❷伸びてくるものの先をはさみなどで切りそろえる。‖「街路樹の枝を—」「爪(つめ)を—」書き方「▼剪む」とも。❸〈「…の芽を摘む」「…を芽のうちに摘む」の形で〉それが大きくならないうちに取り除く。〈プラスにもマイナスにも評価していう〉‖「悪[才能]の芽を—」◈「爪(つめ)」を活用させた語。可能**摘める** 名**摘み**

つ・む【積む】一[他五]❶物の上に物を重ねて置く。積み上げる。‖「煉瓦(れんが)を—んで塀を造る」「机の上に書物が—んである」❷輸送するために乗り物に荷物を載せる。積載する。また、装備として備え付ける。搭載する。‖「車に荷物を—」「輸送船に大砲を—」❸謝礼や保証・補償などのために多額の金銭を差し出す。‖「何億という金を—まれてもウンとは言うまい」❹何度も重ねて物事を行う。また、そのようにして習熟の度合いを高める。つみかさねる。‖「善行[経験]を—」❺〔古風〕金品を集め増やして財産を築く。‖「貿易の利を—み巨富を得る」可能**積める** 二[自五]〔古風〕雪が降り積もる。降り積む。‖「おちこちの松に—雪は壮麗だった〈三島由紀夫〉」▼雪がみずからを積む意で、他動詞を自動詞化していう。「霜が置く」「波が寄せる」などと同趣。

つむぎ【▼紬】[名]つむぎ糸で織った絹織物。織り糸の節が野趣・雅趣に富んだ風合を生む。大島つむぎ・結城(ゆうき)つむぎ・米沢つむぎなど。つむぎ織り。

つむぎ-いと【▼紬糸】[名]屑繭(くずまゆ)または真綿からつむいだ太くて節のある絹糸。

つむ・ぐ【紡ぐ】[他五]❶糸にするために、綿や繭から繊維を引き出してよりをかける。また、そのようにして糸を作る。‖「綿花を—いで糸を作る」「糸を—」▼前者は〜ヲに〈対象〉を、後者は〈結果〉をとる言い方。❷いろいろの素材を組み合わせて、物語などの作品を作る。織りなす。‖「言葉を—いで詩を作る」「記憶をたぐって物語を—」◈「錘(つむ)」を動詞化した語。可能**紡げる**

つむじ【〈旋毛〉】[名]頭頂の、毛が渦巻き状に生えているところ。つじ。

◉**旋毛を曲・げる** 気分をそこねて、わざと逆らったり意地悪くふるまったりする。‖「すっかり—げてしまった」

つむじ-かぜ【〈旋風〉】[名]渦を巻いて吹き上がる強い風。辻風(つじかぜ)。せんぷう。

つむじ-まがり【〈旋毛〉曲がり】[名・形動]性質がねじけていて、素直でないこと。また、そのような人。

つむり【▽頭】[名]あたま。かしら。つぶり。

つむ・る【▼瞑る】[他五]つぶる。

つめ【爪】[名]❶人間や動物の手足の指の先に生える角質の硬い部分。‖「—が伸びる」❷琴を弾くとき、指先にはめる平爪状の道具。❸衣類・道具・機器などに付属している、物を引っかけたり、つり下げたりするもの。鉤(かぎ)・こはぜなどの類。

◉**爪に火を点(とも)・す** 極端に倹約すること。また、ひどくけちなことのたとえ。‖「—して蓄えた金」▼ろうそくの代わりに爪に火を点す意から。

◉**爪の垢(あか)ほど** ごくわずかなことのたとえ。ほんの少し。‖「だますつもりは—もなかった」

◉**爪の垢(あか)を煎(せん)じて飲・む** すぐれた人を模範とし、その人にあやかるようにする。‖「彼の—みたい」注意「爪の垢を飲む」「爪を煎じて飲む」は誤り。

つめ【詰め】■一［名］❶詰めること。また、詰めるもの。‖「箱─・瓶─」❷将棋で、勝負の決まる最後の局面。また、物事の決着がつく最終の段階。‖「─が甘い」「捜査が─の段階に入る」❸はし。きわ。特に、橋のたもと。■二（造）〈「づめ」の形で〉❶〈名詞に付いて〉そこを職場としていること。‖「本店─」❷もっぱらそれで押し通すこと。‖「理─・規則─」

づめ【（詰め）】［接尾］〈動詞の連用形に付いて〉その動作・状態が続いている意を表す。‖「歩き─・働き─」

つめ-あと【爪痕】［名］❶つめでかいた傷のあと。❷災害・戦争などが残した被害のあと。‖「台風の─」注意 存在感や好成績を残す意で使うのは、本来は誤り。‖「×爪痕を残せるよう頑張りたい」

つめ-あわせ【詰め合わせ】ハセ［名］一つの箱や籠(かご)に二種類以上の品物をとりあわせて詰めること。また、そのもの。‖「チョコレートの─」動 つめあわ・せる（他下一）

つめ-いん【爪印】［名］花押や印章の代わりに、指先に墨・印肉をつけて押すこと。また、その押した印。拇印(ぼいん)。爪判(つめはん)。

つめ-えり【詰め襟】［名］洋服の襟の立ててあるもの。また、その洋服。学生服・軍服などにみられる。立ち襟。

つめ-か・ける【詰めかける（詰め掛ける）】［自下一］大勢の人が一か所に押しかける。‖「新聞記者が会見室に─」文 つめか・く

つめ-きり【爪切り】［名］つめの先を切る道具。

つめ-き・る【詰めきる（詰め切る）】■一［自五］待機または出仕して、その場所にずっといつづける。‖「記者が警視庁に─」名 詰めきり ■二［他五］多くの物を残らず詰めてしまう。‖「荷物を貨車に─」

つめこみ-しゅぎ【詰め込み主義】［名］教育で、理解力・応用力よりも知識の注入や暗記を重視する立場。また、その教育方法。

つめ-こ・む【詰め込む】［他五］❶物を器などにできるだけ多く入れる。‖「スーツケースに衣類を─」❷限られた場所にできるだけ多くの人を入れる。‖「通勤電車に─・まれた乗客」❸食べられるだけ食べる。‖「ご馳走を腹いっぱい─」❹知識をむりに覚える。‖「英単語を頭に─」名 詰め込み

つめ-しょ【詰め所】［名］ある勤務に従事する人が集まって待機している所。‖「警備員の─」書き方 公用文では「詰所」。

つめ-しょうぎ【詰め将棋】ショウギ［名］与えられた譜面と駒(こま)を使い、王手の連続で王将を詰めること。また、その将棋。

つめた・い【冷たい】［形］❶物質の温度が自分の体温より著しく低いと感じる。‖「─・く冷えたジュース」❷体や体の一部が、普通より低い熱をもっていると感じる。‖「凍えて手が─」❸人情味にかけ、冷淡なさま。つれない。‖「彼の態度が急に─・くなった」「─仕打ち」◈①～③⇕あたたかい ①②⇕熱い 派生 -さ／-がる

◉冷たい戦争 実際の戦闘は伴わないが、互いに相手を敵と見なして、対立を続けている状態。冷戦。

つめ-ばら【詰め腹】［名］❶他から強制されて切腹すること。❷不本意ながら、むりやり責任をとらされること。強制的に辞任・辞職させられること。‖「部内の不祥事で─を切らされる」

つめ-みがき【爪磨き】［名］つめを磨くこと。また、つめをみがく道具。⇩マニキュア・ペディキュア

つめ-もの【詰め物】［名］❶荷造りをするとき、中の品物のずれや損傷を防ぐためにすき間に詰めるもの。パッキング。❷料理で、鳥・魚・野菜などの内部に別に調理した材料を詰め込むこと。また、その詰め込むもの。スタッフ。❸虫歯の穴をふさぐために詰めるもの。

つめ-よ・る【詰め寄る】［自五］相手のそば近くまで迫り寄る。また、激しい態度で相手に迫る。‖「敵陣に─」「喧嘩(けんか)腰で─」

つ・める【▼抓る】［他五］⇩つねる

つ・める【詰める】［動下一］■一［他］❶容器などに物をすきまなくいっぱいに入れる。‖「バッグに荷物を─」「鉄砲に弾丸を─」▽「弁当を─」は、～ヲに〈結果〉をとる言い方。ご飯などを詰めて弁当を作る意。❷穴などの空所に物をすきまなく入れる。また、そのようにして穴やすきまをふさぐ。‖「虫歯にセメントを─」「土砂で穴を─」❸長さや間隔などを短くする。‖「ズボンの丈を─」「字間を─・めて書く」「先頭との差を─」「製造日程を─」使い方「順に奥に─・めてください」のように、みずから（の体）を詰める意や、「三日にあげず─・めて通う」のように間隔を詰めて～する意で自動詞的にも使う。❹精神を集中させて、一つの物事を続けて行う。‖「そんなに─・めては体に毒だ」⇩根(こん)を詰める ❺〈「息を詰める」の形で〉呼吸を止める。‖「息を─・めて見守る」「息を─・めて物陰にひそむ」❻節約する。倹約する。つましくする。切り詰める。‖「生活費を─」「暮らしを─」❼十分に検討を加えて、結論が出せるところまで持ってゆく。煮つめる。‖「議論を─」「細部を─」❽相手を追いつめる。特に、将棋で王将の逃げ場がないようにする。‖「王手王手で王を─」❾空所に指などをあやまって差し込んで抜き差しならなくする。‖「ドアに指を─・めないように注意してください」▽主に関西でいう。■二［自］仕事をする場所に出向いて、そこで待機する。‖「署に─」▽みずからを詰める意から。■三〈動詞の連用形に付いて複合動詞を作る〉❶…して窮地に追い込む。‖「追い─・問い─」❷間をおかずに…する。…し続ける。‖「通い─・見─」❸極限まで…する。‖「思い─・煮─」「階段を上り─」❹すきまなく…する。‖「敷き─」「タイルを貼(は)り─」文 つ・む 名 詰め

つもり【（積もり）】［名］❶〈「つもりだ」の形で〉話し手の持続的な意志・意向などを表す。～（よ）うと思っている。‖「借りた金は耳をそろえて返す─だ」「成功させるためには経費は惜しまない─です」「自分では冷静な／の─だ」使い方 話し手以外の意志・意向についていうときは下に疑問や推量などを伴う。‖「結婚式には出る─かい？」「彼は是が非でも留学する─らしい」❷〈「つもりだった」の形で、多く下に逆接の語を伴って〉その意志があったにもかかわらず、思い通りに事が運ばなかったことを示唆する。‖「謝罪する─だったのに、怒らせてしまった」❸〈「…たつもりだ」「…のつもりだ」などの形で〉現実とは異なる仮定を表す。また、自分勝手な判断や思い込みを表す。‖「死んだ─で頑張る」「抜かりなくやった─だったが失敗した」「分かっている─だったのに…」❹〈「つもりがある」「つもりがない」の形で〉行為者の意

志・意向などの有無をいう。‖「もうお会いする—はありません」「容疑者は最初から殺害する—などなかったのだ」❺あらかじめ見はからって計算すること。見積もり。‖「—がはずれる」❻〈「おつもり」の形で〉酒宴で、その酌で終わりにすること。‖「これでお—にしよう」
◈書き方 ①〜④は「〈心算〉」とも当ててきたが、今はかな書きが一般的。

つも・る【積もる】 ㊀[自五] ❶粉状の物などが落ち重なって高くなる。降り積もる。‖「雪が五〇センチメートルも—った」「ほこりが—」❷同種の物事・事柄が集まりたまる。‖「日ごろの不平不満が—」「—話に花が咲く」▽「積もり(に)積もる」の形で強調する。‖「—り—った恨みが爆発する」「雪は—りに—って一メートル以上に達した」❸[古風]時や日が重なる。多くの時間が経過する。‖「春秋が—」㊁[他五][古風] ❶見積もる。‖「ざっと—っても一億円はする」❷あれこれ推し量る。忖度する。‖「悋気男と—らるるも口惜しく〈一葉〉」名 積もり

つや【艶】 [名] ❶なめらかな物の表面にあらわれる、しっとりとした光。光沢。‖「漆器を磨いて—を出す」❷若々しく、張りがあること。‖「声に—がある」❸面白み。味わい。‖「芸に—が出る」❹情事にかかわること。‖「—事」

つ-や【通夜】 [名] ❶死者を葬る前に親類・縁者が集まり、なきがらとともに一夜を過ごして冥福を祈ること。おつや。❷[自サ変][古風]神社・寺院にこもって終夜祈願をすること。

つや-けし【艶消し】 [名] ❶物の光沢を消し去ること。また、そのもの。‖「—の銀皿」❷表面に細かい凹凸をつけて不透明にしたガラス。曇りガラス。▽「艶消しガラス」の略。❸[形動]せっかくの面白みや色気を取り去ること。また、そのような言動。いろけし。‖「—な話」

つや-ごと【艶事】 [名] 情事に関する事柄。ぬれごと。

つや-っぽ・い【艶っぽい】 [形] なまめかしいさま。色っぽいさま。‖「—話」派生 -さ

つや-つや【艶艶】 [副ト] 光沢があって美しいさま。‖「—(と)した肌」

つや-ぶきん【艶布巾】 [名] 木製品や廊下などを拭いてつやを出すのに使う布。▽古くは水蠟蠟の液をしみ込ませた。

つや-め・く【艶めく】 [自五] ❶色つやが感じられる。‖「—木の葉」❷色っぽく見える。‖「—いた所作」

つや-やか【艶やか】 [形動] 光沢があって美しいさま。‖「—な髪」派生 -さ

つゆ【▽汁・▽液】 [名] ❶しる。液体。❷吸い物。すまし汁。‖「お—を吸う」▽関西では味噌汁も含めていう。❸だし汁に醤油・味醂などを加えて味をつけたもの。付け汁。‖「そばを—につけて食べる」「素麺の—」

つゆ【露】 ㊀[名] ❶晴れた日の夜間などに、空気中の水蒸気が冷たい物体の表面に凝結して生じる水滴。使い方「秋の野に置く露」など、露や霜が降りることを「置く」ともいう。❷わずかなこと。‖「だますつもりは—ほどもなかった」❸はかなく、消えやすいこと。‖「—の命」「戦場の—と消える(=はかなく命を落とす)」◈⬇霜[ことば比べ] ㊁[副]〈下に打ち消しを伴って〉少しも。まったく。‖「そんな経緯があるとは—知らずにいた」書き方 普通かな書き。

つゆ【《梅雨》】 [名] 六月から七月にかけて降り続く長雨。また、その頃の季節。五月雨。ばいう。‖「—が明ける」▽日本では北海道と小笠原諸島を除く地域にみられる。

つゆ-あけ【《梅雨》明け】 [名・自サ変] 梅雨が終わること。また、その日。⬍梅雨入り▽陰暦では夏至のあとの庚の日とされる。

つゆ-いり【《梅雨》入り】 [名] 梅雨が始まること。また、その日。入梅。ついり。⬍梅雨明け▽陰暦では芒種のあとの壬の日とされる。

つゆ-くさ【露草】 [名] 夏、二つ折れの苞に包まれた青紫色の花をつけるツユクサ科の一年草。道端などに自生する。アオバナ。アイバナ。ホタルグサ。

つゆ-ざむ【《梅雨》寒】 [名] 梅雨時にしばしば訪れる季節はずれの寒さ。つゆさむ。

つゆ-じも【露霜】 [名] 露と霜。また、凍ってなかば霜のようになった露。つゆしも。

つゆ-はらい【露払い】 [名] ❶貴人や行列などの先導をすること。また、その人。❷人に先立ってまず前段階の仕事をすること。また、その人。‖「新規事業の—を務める」❸遊芸などで、最初に演じること。また、その人。❹横綱の土俵入りで、先導を務める力士。

つゆ-ばれ【《梅雨》晴れ】 [名] ❶梅雨が明けて空が晴れること。❷梅雨の期間中、一時的に晴れること。また、その晴天。五月晴れ。

つゆ-びえ【《梅雨》冷え】 [名] 梅雨の季節に気温が急に下がること。

つよ・い【強い】 [形] ❶人などが、物を動かしたり押さえつけたりする力が大きい。‖「動作はのろいが、力は—」「押す力が—」「手を—く握る」「ひもを—く結ぶ」❷自然現象のもつエネルギーの作用が大きい。‖「今日の風は—」「水圧が—」「上下に—揺れを感じる」❸勝負などで、相手をしのぐ力を持っている。‖「兄は弟よりけんかが—」「〇〇高は野球が—」❹体(の一部)が丈夫で、機能的に優れている。‖「胃腸[足腰]が—」❺〈「…に強い」の形で〉外からの作用に対して、しっかりと耐える力がある。‖「この家は地震に—」「寒さに—体質」❻〈「…に強い」の形で〉その方面やそのような状況について、優れた力を持っている。‖「語学[機械・変化球]に—」❼相互の結びつきがしっかりしている。強固だ。‖「両国の結びつきは—」❽自己を制御する力や物事に耐える力が大きい。‖「意志が—」「穏やかだが、芯は—人だ」「我慢[粘り]—」❾精神のあり方にきわだった特徴がある。‖「責任感[関心]が—」「気が—」「—不満を抱く」❿物事の与える刺激や作用が大きい。‖「今日は日差しが—」「この薬品は毒性が—」「彼女は姉の影響が—」「万能の天才といった印象が—」⓫人が他に与える精神的な作用が大きい。‖「発言権が—」「反対勢力の抵抗が—」「—口調で謝罪を迫る」⓬(数量的な)度合いや対比の差が大きい。きつい。‖「傾斜の度合いが—」「度の—眼鏡」「(アルコール度の)—酒」「赤みがやや—」◈⬍弱い 派生 -さ/-み

つよ-が・る【強がる】 [自五] 強いようによそおう。‖「ばかにされまいとしてしきりに—」可能 強がれる 名 強がり ‖「—を言う」

つよ-き【強き】 [名] 強いこと。また、強いもの。‖「—をくじく」▽文語形容詞「強し」の準体用法。

つよ-き【強気】［名・形動］❶気性が強く、他に譲らないこと。‖「ーな性格」❷状況が自分の方に有利になると見込んで、大胆に積極的な態度に出ること。‖「ーな発言をくり返す」「ーの姿勢」❸取引で、相場が上がると予想すること。また、上がると予想して買い続けること。‖「市況がーに転じる」◈⬍弱気

つよ-ごし【強腰】［名・形動］態度が強硬で、相手に譲ろうとしないこと。⬍弱腰

つよ-さ【強さ】［名］❶物理的な力の大きさ。強度。‖「地震のーは震度で表す」❷強いか弱いかの度合い。‖「横綱のーは比類がない」❸相当に強いこと。‖「酒のーは父親譲りだ」❹強み。‖「彼のーは、バックに有力者がいることだ」◈❸❹⬍弱さ

つよ-び【強火】［名］火力の強い火。⬍弱火

つよ-ふくみ【強含み】［名］取引で、相場が上がりそうな気配を示していること。つよぶくみ。⬍弱含み

つよま・る【強まる】［自五］だんだん強くなる。高まる。‖「風雨［対立］がーる」⬍弱まる

つよ-み【強み】［名］他より強い側面。優位に立つ点。強さ。‖「結束が固いことがチームのーだ」⬍弱み

つよ・める【強める】［他下一］それまでよりも強くする。‖「炎が火勢をーめる」「確信［警戒］をーめる」⬍弱める 文つよ・む 名強め

つら【面】［名］❶顔。顔つき。‖「でかいーをするな」「泣きっー・ふくれっー」「馬ー・髭ー」▼「顔」よりも乱暴な言い方。❷物の表面。‖「上っー」

づら［名］➡ずら

つら-あて【面当て】［名］憎く思う人の面前で、嫌がらせに意地悪な言動をしてみせること。また、その言動。あてつけ。あてこすり。‖「ーに皮肉を言う」

つら・い【▽辛い】［形］❶精神的・肉体的に負担に思うさま。‖「彼に不合格の知らせを告げるのはーことだ」「残業続きで死ぬほどーい」❷故意に冷たく接するさま。‖「ー仕打ち」「子供にーくあたる」❸〈「づらい」の形で、動詞の連用形に付いて複合語を作る〉その動作をすることが困難である意を表す。…（し）にくい。‖「この筆は書きーい」「歩きー道」「字が小さくて読みー本」「食べーい」⬍やすい（易）使い方 自然現象を表す動詞や非意図的な動詞には付きにくい。‖「×雨が降りづらい」「×冷えづらい冷蔵庫」➡難にくい ✓注意「ずらい」と書くのは誤り。‖「×書きずらい」◈使い方➡苦しい 派生ーさ／ーが・る

づら・い［形］➡つらい❸

つら-がまえ【面構え】［名］顔つき。特に、強そうな、または悪そうな顔つきにいう。‖「大胆不敵なー」

つら-だましい【面魂】［名］強く激しい気性があらわれている顔つき。‖「不敵なー」

つら-つき【面つき（面付き）】［名］顔のようす。顔つき。‖「小憎らしいー」▼乱暴な言い方。

つら-つら【▽熟・▽熟▽熟】［副］つくづく。よくよく。‖「ー思うに…」

つらな・る【連なる（▽列なる）】［自五］❶列になって切れ目なく並ぶ。‖「車が列をなして何台もーる」「山並みが南北にーる」使い方 意図的な動作にもいう。‖「行列の末尾にーって順番を待つ」❷会などに出席する。列席する。‖「婚礼の席にーる」❸会などの一員として加わる。参加する。‖「役員の一人として経営陣にーる」❹関連づけられてつながる。‖「疑獄事件にーる」◈書き分け【列】は特に❷❸の意で使われるが、一般には【連】を使う。名連なり「山のー」

つら-にく・い【面憎い】［形］外見を見ているだけで憎らしく思うさま。小癪だ。‖「ーやつ」▼強調して「こづらにくい」とも。派生ーげ／ーさ

つらぬ・く【貫く】㊀［自五］❶鋭い物が端から端まで突き通る。貫通する。‖「槍がわき腹をーく」❷端から端まで突き抜けるようにして通る。‖「川が市街地をーいて流れる」「感動［激痛］が全身をーいた」❸その主義・主張で最後までやってゆく。‖「反骨精神で一生をーく」㊁［他五］❶鋭い物を端から端まで突き通す。‖「串で団子をーく」❷その主義や主張を変えることなく最後まで持ち続ける。貫徹する。通す。‖「信念［原則］をーく」可能 貫ける

つらね【連ね】［名］歌舞伎で、主として荒事の主役が縁語・掛け詞などを使って長々と述べるせりふ。物の趣意・由来・効能や自分の名乗りなどを朗々と述べるもので、「暫」「白波五人男」などにみられる。

つら・ねる【連ねる（▽列ねる）】［他下一］❶一列にずらりと並べる。‖「松明をーねて練り歩く」「店が軒をーねる」❷刺し通したり結び合わせたりしてつながるようにする。‖「宝玉をひもでーねて首飾りにする」❸一続きのものとして並べ立てる。特に、ことばを並べ立てる。‖「クリーンアップが長短打をーねる」「美辞麗句をーねる」❹一員として仲間に加わる。‖「賛同者名簿にその名をーねる」「末席に身をーねる」❺〈「袖［袂］を連ねる」の形で〉行動をともにする。‖「袖をーねて辞職する」◈書き分け【列】は特に❹の意で使われるが、一般には【連】を使う。文つら・ぬ

つら-の-かわ【面の皮】［名］顔の表皮。めんぴ。‖「いいーだ（＝不名誉な立場や役回りを皮肉に言う語）」

◉**面の皮が厚・い** ずうずうしい。厚かましい。面皮が厚い。

▼ふつう比喩的に使う。

◉**面の皮を剝・ぐ** 厚かましい人の正体をあばいて、面目を失わせる。‖「偽善者のーぐ」

つらま・える【▽捉まえる】［他下一］つかまえる。とらえる。‖「先生は急に私をーえて〈漱石・こころ〉」

つら-よごし【面汚し】［名］不面目なことをして、その人の属する社会や仲間の名誉や体面を傷つけること。

つらら【〈氷柱〉】［名］雨や雪のしずくが凍って軒先などから棒状に垂れ下がったもの。たるひ。

つら・れる【釣られる】［自下一］❶その気を起こすように誘われる。誘惑される。つり込まれる。‖「景品にーれて買ってしまう」「陽気にーれてみんなで繰り出す」❷相手の言動が引き金となって、つい相手と同じ言動をとってしまう。触発される。誘われる。‖「ーれてあくびをする」◈「釣る」の受身形から。

つり【▽吊り】［名］❶つるすこと。また、つりさげるのに用いるもの。‖「ズボンー」❷相撲で、相手のまわしをつかんでその体をつりあげること。また、その技。

つり【釣り】［名］❶魚を釣り針にひっかけて捕ること。うおつり。さかなつり。❷「釣り銭」の略。おつり。◈「吊り」と同語源。

つり-あい【釣り合い】［名］つりあうこと。均衡。平衡。書き方 公用文では「釣合い」。

つり-あ・う【釣り合う】［自五］並べ合わせた二つのものが安定した状態をたもつ。釣り合いがとれる。‖「実力に人気がーっていない」名釣り合い

つり-あ・げる【▽吊り上げる】［他下一］❶物を

つって上に持ちあげる。⦀「クレーンで船荷を—」❷引きつらせて上へあげる。⦀「目を—げて怒る」❸物の値段を人為的に高くする。⦀「地価を—」文つりあ・ぐ

つり-あ・げる【釣り上げる】〔他下一〕魚を釣って水中から引きあげる。⦀「鯛を—」文つりあ・ぐ

つり-いと【釣り糸】〔名〕魚を釣るのに用いる糸。

つり-がき【釣り書き】〔名〕❶縁談の際などに取り交わす身上書。つりしょ。❷系図。

つり-かご【釣り籠】〔名〕❶上からつるすように作ったかご。また、つるしてあるかご。書き方「▼吊り籠」とも。❷釣った魚を入れるかご。びく。

つり-がね【釣り鐘】〔名〕寺院の鐘楼などに釣ってある青銅製の大きな鐘。撞木でついて鳴らす。梵鐘。⦀「—堂」書き方公用文では「釣鐘」。

つり-かわ【▼吊り革・釣り革】〔名〕電車やバスで、立っている乗客が体を支えるためにつかまる輪状のもの。▼もと革製のひもでつり下げたことから。

つり-ぐ【釣り具】〔名〕魚釣りに用いる道具。釣り道具。

つり-こ・む【釣り込む】〔他五〕相手の気を引いて誘い入れる。興味を起こさせて引き入れる。⦀「思わず話に—・まれる」

つり-ざお【釣り▼竿】〔名〕魚釣りに用いるさお。

つり-しのぶ【釣り忍・▼吊り忍】〔名〕忍ぶ草の根茎を束ねて舟の形や井桁に作ったもの。夏、涼味を添えるために軒先につり下げる。のきしのぶ。

つり-せん【釣り銭】〔名〕代価以上の貨幣で支払われたとき、支払った人に戻す差額の金銭。つり。書き方公用文では「釣銭」。

つり-だい【釣り台・▼吊り台】〔名〕板を台にして人や物を運ぶ道具。両端を棒につるして二人でかつぐ。

つり-だ・す【▼吊り出す】〔他五〕相撲で、相手のからだをつり上げて土俵の外へ出す。名吊り出し

つり-だ・す【釣り出す】〔他五〕だまして誘い出す。おびきだす。⦀「甘言で—」名釣り出し

つり-だな【▼吊り棚・釣り棚】〔名〕❶天井などからつり下げた棚。❷ブドウなどの果樹栽培に用いる棚。❸床の間の袋戸棚の下に作り付けた棚。

つり-だま【釣り球】〔名〕野球で、打者の打ち気を誘うために投げる球。ストライクゾーンに近い高めのボールなど。

つり-て【釣り手】〔名〕❶魚釣りをする人。つりびと。❷蚊帳をつるときに用いるひもや金属の輪。書き方②は「▼吊り手」とも。

つり-てんじょう【▼吊り天井・釣り天井】〔名〕固定しないでつり下げておき、切り落とせば室内にいる者を圧殺できるように仕掛けた天井。

つり-どこ【▼吊り床・釣り床】〔名〕❶床板や床柱を用いない略式の床の間。上方は床の間の形に造るが、下部は座敷の畳がそのまま続いているもの。壁床。❷つり下げて使う寝床。ハンモック。

つり-ばし【▼吊り橋・釣り橋】〔名〕❶橋脚を使わず、両岸から張り渡したケーブルや綱で橋床をつり下げた橋。⦀「渓谷の—を渡る」❷昔、城の堀などに設けた、かけ外しのできる橋。不用のときはつり上げておく。

つり-ばり【釣り針(釣り▼鉤)】〔名〕魚釣りに使う先の曲がった針。書き方公用文では「釣針」。

つり-ぶね【釣り船・釣り舟】〔名〕❶魚釣りに用いる船。また、魚釣りをしている船。つりふね。❷生け花で、つるして使う船形の花器。多くは竹製。つりふね。書き方「▼吊り舟」とも。

つり-ぼり【釣り堀】〔名〕池などに魚を飼っておき、料金を取って釣らせる所。書き方公用文では「釣堀」。

つり-め【▼吊り目・▼吊り▽眼】〔名〕目じりのつり上がっている目。上がり目。

つり-わ【▼吊り輪・▼吊り▽環】〔名〕体操用具の一つ。上からつり下げた二本のロープの先に手で握るための輪をつけたもの。また、それを用いて懸垂・倒立などの演技を行う男子の体操競技。

つる【弦】〔名〕弓に張る糸。ゆみづる。

つる【▼鉉】〔名〕❶鍋・急須などに取り付けた弓形の取っ手。❷升の上面になめに張り渡した鉄線。はかるものを水平にならす際の標準とする。

つる【▼蔓】〔名〕❶植物の茎が長く伸びて、地面をはったり他の物に巻きついたりしているもの。蔓 ⦀「朝顔の—」❷眼鏡の、耳にかける部分。

つる【鶴】〔名〕ツル目ツル科の鳥の総称。大形の鳥で、くびと脚が長い。沼地や草地に群生し、小魚・昆虫・カエルなどを捕食するほか、穀類も食べる。長い気管に共鳴して、鳴き声が遠くまで響く。日本では北海道でタンチョウが繁殖するほか、鹿児島県・山口県などにマナヅル・ナベヅルが渡来。古来、亀とともに長寿の象徴として尊ばれ、民話・伝説などにも多く登場する。古くは歌語として「たず」が用いられた。⦀「掃き溜めに—」

◉**鶴の一声** 多くの人を否応なしに従わせるような、権威者・権力者の一言。

◉**鶴は千年亀は万年** 寿命が長く、めでたいことのたとえ。

つ・る【▼吊る】■〔自五〕引っ張られて上方に持ち上がったようになる。つり上がる。⦀「少し目が—・っている」■〔他五〕❶上部や両端をひもなどで固定して垂れ下げ、一定の高さに保つ。つりさげる。つるす。⦀「天上から棚を—」「蚊帳を—」「サスペンダーでズボンを—」「包帯で左手を—」❷〈「首を吊る」の形で〉首をくくる。縊死する。⦀「首を—・って死ぬ」▼首をひもで固定して垂れ下がることから。❸ひもなどで固定して上方に上げる。特に、相撲で相手のまわしに両手をかけて高く持ち上げる。つり上げる。⦀「貨物を起重機で—」「土俵中央で高々と—」◈「攣る」「釣る」と同語源。可能つれる

つ・る【▼攣る・▼痙る】〔自五〕❶【攣・痙】筋肉が急に収縮して痛くて動かせなくなる。痙攣する。ひきつる。つれる。⦀「足が—」❷【攣】一方へ引っ張られて寄りちぢむ。つれる。⦀「縫い目が—」◈書き方まれに「▼吊る」とも。攣

つ・る【釣る】〔他五〕❶水中の魚を針で引っかけて水面高く取り上げる。また、それに似た方法でトンボをとらえる。⦀「毛針でバスを—」「海老で鯛を—」「ハエをえさにトンボを—」❷気に入るようなことをちらつかせ、こちらの思わく通りに相手を動かす。巧みに誘う。⦀「甘言で相手を—」可能釣れる 名釣り

つる-おと【弦音】〔名〕矢を射たときに弓の弦が鳴る音。また、弦打ちしたときに弦が鳴る音。

つる-かめ【鶴亀】■〔名〕ツルとカメ。ともに長寿でめでたいものとされる。■〔感〕縁起直しに言う語。ふつう「つるかめ、つるかめ」と二度くり返す。

つるぎ【剣】〔名〕諸刃の刀。また、刀剣の総称。

つる-くさ【▼蔓草】〔名〕茎がつる状になって伸びる

草の総称。

つるし【▼吊し】［名］❶つるすこと。また、つるしたもの。❷既製服。また、古着。▽店頭につるして売ることから。

つるし‐あ・げる【▼吊し上げる】［他下一］❶縛って高い所へ引きあげる。‖「ロープで樹上に―」❷大勢で特定の人の非を厳しく責めたてる。‖「責任者を―」文 **つるしあ・ぐ** 名 **吊し上げ**

つるし‐がき【▼吊し柿】［名］皮をむいた渋がきをひもや縄につるし、天日で甘くなるまで干したもの。つりがき。

つる・す【▼吊す】［他五］上部をひもなどで固定して垂れ下がるようにする。つりさげる。ぶらさげる。つる。‖「軒先に風鈴を―」「首からカメラを―」「屋上から垂れ幕を―・して宣伝する」書き方 送りがなは、「吊る」にそろえて、「吊るす」とも。可能 **つるせる** 名 **吊し**

つる‐つる［副ト］❶［ト］物の表面がなめらかで、光沢のあるさま。‖「―(と)した肌」❷［ト］なめらかで、よくすべるさま。‖「凍って―(と)した道」「―の頭」❸音を立てて麺などをすするさま。また、その音を表す語。

つる‐はし【鶴▼嘴】［名］堅い土などを掘り起こすときに使う鉄製の土木用具。両端または一端を鶴のくちばしのようにとがらせた金具に、木製の柄をつけたもの。つるのはし。

つる‐ばみ【▼橡】［名］〔古風〕❶クヌギ。また、どんぐり。❷どんぐりのかさを煎じた汁で染めた濃いねずみ色。

つる‐べ【釣▽瓶】［名］水を汲むために、竿や縄の先につけて井戸の中におろす桶。つるべおけ。

つるべ‐うち【釣▽瓶打ち・▽連べ打ち】［名］うち手が立ち並んで銃を続けざまにうつこと。▽動詞「連る」の連用形から。野球で連続して安打を打つ意でも使う。‖「―にする」書き方「釣瓶打ち」は当て字。

つるべ‐おとし【釣▽瓶落とし】［名］つるべを井戸の中に落とすように、まっすぐに早く落ちること。▽多く、秋の日の暮れやすいことのたとえにいう。‖「秋の日は―」

つる・む［自五］雌と雄が交尾する。つるぶ。書き方「〈交尾〉む」「〈遊▼牝〉む」などと当てる。名 **つるみ**

つる・む【▽連む】［自五］連れ立つ。一緒に行動する。‖「仲間と―・んで飲みに行く」可能 **つるめる**

つる‐むらさき【▼蔓紫】［名］ツルムラサキ科のつる性一年草。卵形の葉は肉厚で、茎とともに紫色がかる。食用または観賞用。熱帯アジア原産。

つるり［副ト］❶表面がなめらかなさま。‖「―とした肌」「―とはげ上がった頭」❷よくすべるさま。‖「―とすべって尻もちをつく」❸なめらかで抵抗がないさま。‖「卵の殻が―とむける」「―とした喉ごし」

つる‐れいし【▼蔓▼茘枝】［名］夏から秋、葉の付け根に黄色い花をつけるウリ科のつる性一年草。果実は長楕円形で、全面にこぶ状の突起がある。若い果実は食用。果皮が苦くニガウリともいう。ごおや。

つるん‐と［副］なめらかなさま。また、よくすべるさま。

つれ【連れ】■［名］❶一緒に行くこと。また、その人。‖「―ができる」「お―さま」❷能で、シテまたはワキに連れ添い、その演技を助ける役柄。シテ方に従うシテツレとワキ方に従うワキツレとがある。書き方 ふつう「ツレ」と書く。■（造）〈人を表す名詞に付いて〉「づれ」の形で❶その人を連れている、また、それらの人々が連れ立っていることを表す。‖「子―」「親子[三人]―」❷その人を軽んじ、ののしる気持ちを表す。…ども。…風情。‖「足軽―が何を言うか」

つれ‐あい【連れ合い】〔ーアヒ〕［名］❶一緒に行動すること。また、その人。❷連れ添う相手。配偶者。また、夫婦の一方が第三者に対して夫または妻のことをいう語。‖「―を亡くす」動 **つれあ・う**(自五)

つれ‐こ【連れ子】［名］再婚するときに連れてきた、前の配偶者との間にできた子。つれっこ。つれご。

つれ‐こ・む【連れ込む】［他五］人を連れてある場所に入り込む。▽特に、情事の相手を連れてホテルなどに入り込む意でも使う。名 **連れ込み**

つれ‐しょうべん【連れ小便】〔ーセウベン〕［名］人につられて一緒に小便をすること。つれしょん。

つれ‐そ・う【連れ添う】〔ーソフ〕［自五］夫婦となる。夫婦として一緒に暮らす。連れ合う。‖「三〇年―・った夫婦」「長年―・った妻[夫]」

つれ‐だ・す【連れ出す】［他五］誘って外へ連れていく。誘い出す。‖「祖父を散歩に―」

つれ‐だ・つ【連れ立つ】［自五］一緒に行く。‖「夫婦―・って散歩する」

つれ‐づれ【〈徒然〉】［名・形動］何もすることがなくて、たいくつなこと。所在ないこと。‖「筆を執って病床の―を慰める」

つれ‐な・い［形］思いやりがないさま。薄情だ。冷淡だ。‖「―態度」派生 **‐げ／‐さ**

つれ‐びき【連れ弾き】［名］琴・三味線などを二人以上で一緒に弾くこと。連奏。

つ・れる【▼吊れる】［自下一］火傷などで皮膚がつっぱったようになる。ひきつる。つる。‖「火傷のあとが―」書き方 まれに「▼攣れる」とも。

つ・れる【釣れる】■［自下一］「釣る」の自動詞形。釣りで、魚が釣り針にかかってとれる。‖「まだ一匹も―・れない」文 **つ・る** ■［自他下一］「釣る」の可能形。釣ることができる。‖「えさがなくては魚は―・れない」

つ・れる【▼攣れる・▼痙れる】［自下一］⇩つる(攣・痙)‖「靴下の糸が―」書き方 まれに「▼吊れる」とも。文 **つ・る**

つ・れる【連れる】■［他下一］同行者として伴う。連れにする。‖「秘書を―・れて海外を視察する」「犬を―・れて散歩する」▽「―・れて＋(移動動詞)」の形が多い。‖「―・れて来る[行く・帰る・歩く・逃げる]」■［自下一］〈「…につれ(て)」の形で〉一方の変化に伴って他方も変化する意を表す。…に従って。…とともに。‖「年をとるに―・れ(て)体力が衰える」「手拍子に―・れて歌が飛び出す」「歌は世に―・れ(＝世の変化に応じて変わり)世は歌に―・れ」書き方 かな書きが多い。文 **つ・る** 名 **連れ**

つわ‐ぶき【〈▼橐▼吾〉・〈石▼蕗〉】〔ツハ〕［名］ 橐 晩秋から初冬、花茎の先に黄色い頭花をつけるキク科の常緑多年草。腎臓形の葉は厚くて光沢がある。長い葉柄は食用。ツワ。

つわ‐もの【▽兵・▽強者】〔ツハ〕［名］❶兵士。武士。また、勇ましい武人。❷勇気があって、非常に強い人。また、ある方面ですぐれた手腕を発揮する人。

つわり【〈悪阻〉】〔ツハリ〕［名］妊娠初期の女性にあらわれる食欲不振・吐き気・嘔吐・嗜好の変化などの症状。悪阻。

つん［接頭］〈動詞に付いて〉その動作の勢いを強調す

つ

つるし―つん

る。‖「ーのめる」▼「突く」の連用形「つき」の撥音化。

ツングース【Tungus】[名] シベリアのエニセイ川以東から中国東北部にかけて分布する、ツングース諸語を話す民族。

つんけん [副] 話し方や態度が無愛想で、とげとげしいさま。‖「ー(と)して感じの悪い店員」

つんざ・く【▼劈く】[他五] 激しく突き破る。強い力で引き裂く。‖「耳をー悲鳴」

つんつるてん [名・形動] ❶衣服の丈が短くて手足が必要以上に現れ出ていること。‖「ーの浴衣」❷頭がつるつるにはげていること。

つん-つん [副] ❶無愛想にとりすましているさま。‖「不機嫌そうにーする」❷においが強く鼻を刺激するさま。‖「アンモニア臭がーする」

つん-でれ [名]〔新〕普段はつんつんと取り澄ましているのに、何かのきっかけででれでれと親しげな態度をとること。また、そのような人。‖「ーキャラ」書き方 多く「ツンデレ」と書く。

つん-と [副] ❶無愛想にとりすましているさま。‖「ーすましている」❷においが強く鼻を刺激するさま。‖「わさびがー鼻にくる」❸鼻などが、とがって高いさま。

つん-どく【積ん読】[名] 買ってきた書物を積み重ねておくだけで、いっこうに読まないこと。▼「積んで置く」の転「積んどく」に「精読」「多読」などの「読」をかけたしゃれ。

ツンドラ【tundraロシ】[名] ユーラシア大陸・北アメリカの北極周辺に分布する、凍結した大平原。短い夏の間だけ表面がとけ、わずかにコケ類や地衣類が生育する。凍土帯。凍原。

つん-のめ・る [自五] 勢いよく前の方へ倒れかかる。‖「石につまずいてー」▼「のめる」を強めた語。

つんぼ【▼聾】[名] 聴力を失っていること、また、耳の不自由な人をいう差別的な語。聴覚障害(者)。聴力障害(者)。耳の不自由な人。

つんぼ-さじき【▼聾《桟敷》】[名] ❶江戸時代の劇場で、二階正面桟敷の最後部に設けられた席。▼舞台から遠く、台詞がよく聞こえないことから。❷関係者でありながら必要な事柄をよく知らされないでいる立場。◈聴覚障害を比喩として使った、差別的な語。

て

て【手】[一][名] ❶人の両肩から分かれ出ている部分。うで。‖「ーを挙げる」「袖にーを通す」▼動物の前肢をいうこともある。‖「ーの長い猿」❷手首から指先までの部分。特に、てのひら・指先などをさすこともある。‖「ーをにぎる」「ーでなでる[つまむ]」❸器具などで、①のように本体から分かれ出た部分。取っ手・握りなど。‖「鍋のー」❹植物の蔓をからませるために立てる棒。‖「竹で朝顔のーを作る」❺仕事や作業をするために使う手①②。‖「執筆のーを休める」❻舞や踊りの所作。手振り。‖「さすー引くー」❼労働力。人手。‖「ーが足りない」「猫のーも借りたい」❽手数。手間。‖「ーの込んだ作品」「この子は甘えん坊でーがかかる」❾物事を行うための手段。方法。‖「卑怯なーを使う」「そのーは食わない」❿勝負事で、攻めや守りの技。‖「堅いーで攻める」⓫囲碁・将棋などで、石を打ったり駒を指したりすること。また、その打ち方や指し方。‖「先ー・後ー」「五ー先を読む」⓬トランプ・将棋・麻雀などで、手中にある札・駒・牌など。‖「いいーがきた」⓭腕前。技量。‖「書道のーが上がる」⓮筆法。また、筆跡。‖「流麗なー」⓯支配下・監督下(にあるもの)。‖「家屋敷が債権者のーに渡る」「平家のーの者」⓰ある方面・方角。‖「山のー」「行くー」「右ーの建物」「二ーに分かれる」⓱ある特定の種類のもの。‖「そのーの話には気をつけろ」「新ー」「厚ー」
[二][接頭]〈形容詞・形容動詞などに付いて〉その意味を強める。‖「ー厚い・ーごわい・ーぬるい」
[三](造) ❶その人の手で作られた意を表す。‖「ーづくりのケーキ」「ー打ち蕎麦」「ー弁当」❷そのものが小型である意を表す。‖「ー帳・ー箱・ー文庫」❸その動作をする人の意を表す。‖「話しー・聞きー・送りー」

◉**手が上が・る** ❶芸事などが上達する。また、字が上手になる。❷飲む酒の量が多くなる。

◉**手が空・く** ひまができる。

◉**手が後ろに回・る** 悪いことをして捕らえられる。逮捕される。▼後ろ手に縛られる意から。

◉**手が切・れる** ❶関係がなくなる。縁が切れる。❷紙幣が真新しいさま。‖「ー・れそうな新札」

◉**手が込・む** 手間がかかっている。また、複雑である。‖「ー・んだ細工」「いたずらにしてはー・んでいる」注意「こむ」を「混む」と書くのは誤り。

◉**手が付けられな・い** とるべき方法がない。処置の施しようがない。

◉**手が届・く** ❶能力の及ぶ範囲内にある。‖「この値段ではとてもー・かない」❷もうすぐ、その年齢に達する。‖「六〇にー」

◉**手が入・る** ❶警察の捜査が及ぶ。❷製作過程で、他人が訂正したり補足したりする。

◉**手が離・れる** ❶仕事が一段落して、それとは関係がなくなる。❷子どもが成長して、あまり世話をしなくてもすむようになる。

◉**手が早・い** ❶物事をするのが早い。❷すぐに暴力をふるう。‖「口よりー」❸異性などとすぐに関係をもつ。‖「ー男」◈注意「はやい」を「速い」と書くのは誤り。

◉**手が回・る** ❶注意・配慮などが行き届く。‖「そこまではなかなかー・らない」❷警察の捜査や手配が行き届く。‖「官憲のー」

◉**手に汗を握・る** 物事を見聞しながら、その成り行きがどうなるかと緊張したり興奮したりする。

◉**手に余・る** 自分の能力の範囲を越えていて、処理しきれない。‖「この仕事は私のー」

◉**手に入・れる** 自分の所有にする。入手する。

◉**手に負えな・い** 自分の力では処理しきれない。手に余る。‖「ー子供」注意「手が負えない」は誤り。また、「負えない」を「終えない」と書くのは誤り。

◉**手に掛・ける** ❶自分で行う。手掛ける。❷〈「…の手に掛ける」の形で〉人に頼んで、処置などを任せる。‖「医者のー」❸自分の手で殺す。‖「家臣をー」

◉**手に職を持・つ** 仕事の技術を身に付ける。手に職をつける。

◉**手に付かな・い** 気持ちが他に奪われて、そのことに集中できない。

◉**手に手を取・る** 互いに手を取り合う。(手を取り合って)二人が行動をともにする。‖「ー・って逃げる」

◉**手に取るよう** (すぐ目の前にあるように)はっきりと聞

こえたり見えたり、また、わかったりするさま。‖「隣室の様子が—にわかる」

◉**手も足も出ない**　力が足りなくて、手段の施しようがない。手も足も出せない。‖「強すぎて—」

◉**手を上げる**　❶殴ろうとして、手を振り上げる。❷降参する。❸腕前や技量が上達する。

◉**手を合わせる**　❶手のひらを合わせて、神仏を拝む。合掌する。❷勝負をする。‖「名人と—」

◉**手を打つ**　❶手のひらを打ち合わせて音を立てる。❷交渉・取引などが妥結する。また、仲直りする。‖「先方の言い値で—」❸ある事態を予測して、必要な処置をとる。‖「新聞記事になる前に—」

◉**手を替え品を替え**　あれこれと手段・方法などを替えて。‖「—説得する」

◉**手を掛ける**　❶手間をかける。手を加える。‖「—・けて苗木を育てる」❷手出しをする。攻撃する。また、盗む。‖「よけいな—な」

◉**手を貸す**　助力する。手伝う。‖「悪事に—」

◉**手を切る**　縁を切る。関係を絶つ。

◉**手を下す**　直接自分で行う。

◉**手を組む**　仲間になる。協力関係を結ぶ。

◉**手を加える**　補ったり修正したりする。

◉**手を拱く**　❶腕組みをする。❷何もしないで見過ごす。傍観する。◈本来「こまぬく」だが、現在は「こまねく」が一般的。[注意]「手をまねく」は誤り。

◉**手を染める**　ある物事に取りかかる。特に、よくない物事に手を出す。‖「作曲に手を—」「悪事に手を—」▼「指を染める」とも。

◉**手を出す**　❶積極的にかかわりあう。また、ものごとをやってみる。‖「麻薬に—」❷暴力を振るう。‖「先に—・した方が悪い」❸盗む。奪う。‖「人のものに—」❹誘惑し、関係する。

◉**手を携える**　協力し合う。‖「—・えて解決に当たる」

◉**手を付ける**　❶仕事などを始める。着手する。‖「機構改革に—」❷一部を使い始める。また、使い込む。‖「公金に—」❸料理などを食べ始める。箸を付ける。❹女性などと関係をもつ。

◉**手を握る**　力を合わせて物事を行う。また、仲直りする。‖「労使が—」

◉**手を抜く**　しなくてはならないことを省く。仕事などをいい加減にする。‖「工事の—」

◉**手を離れる**　自分とは関係がなくなる。また、世話などが必要でなくなる。

◉**手を引く**　❶手を取って導く。‖「子供の—・いて横断歩道を渡る」❷関係などを絶って、退く。‖「プロジェクトチームから—」

◉**手を広げる**　仕事などの範囲を広げる。規模を大きくする。‖「—・げすぎて経営に失敗する」

◉**手を焼く**　処置や対策に困る。てこずる。

て　㊀[接助]　❶**並列**や**対比**関係を表す。‖「赤くて大きなリンゴ」「罪を憎んで、人を憎まず」

❷引き続いて他のことが起こる関係を示す。‖「朝起きて顔を洗う」「立ち寄って話をする」

❸**原因・理由**を表す。‖「雨降って地固まる」「風邪をこじらせて寝込む」

❹**方法・手段**を表す。‖「うちわを使って風を送る」「塩を加えて味をつける」「電車に乗って行く」

❺動作を行うときの**様態**を表す。‖「手をつないで歩く」「黙って付いて行く」「寝ないで待つ」

❻ある判断(特に謝罪や感謝など)の対象となる出来事を表す。‖「失敗して当然だ」「君がいてくれて助かった」「来てくれてありがとう」

❼逆接的関係を表す。‖「知っていて教えてくれない」

❽〈「…ている」「…ておく」「…てくれる」などの形で〉アスペクトや待遇関係などを表す。‖「笑っている」「やってみる」「教えてくれる」「助けて下さる」

㊁[終助]　❶親しい相手に対する**依頼**や**命令**を表す。‖「ちょっと待って」「これ見て」「近寄らないで」▼「…て下さい」「…てくれ」の下略から。

❷〈「…でして」「…まして」「…てしまって」の形で〉原因や理由、状況を示して釈明を表す。‖「お子様限定のサービスでして」「電車が遅れまして」「遅くなりまして」「つい忘れちゃって」

❸〔古風〕〈助動詞「だ」「じゃ」「ぬ」「まい」「だろう」などに付いて〉自分や相手に言い聞かせる気持ちを表す。‖「大変なことじゃて」「そんなことはあるまいて」

❹質問を表す。また、主張したり念を押したりする気持ちを表す。‖「お分かりになって?」「私は構わなくってよ」

▼④は主に女性が親しい相手に使う上品な言い方。

◈完了の文語助動詞「つ」の連用形の転という。

[使い方]㊀㊁とも、動詞・形容詞などの連用形に付く。ガ・ナ・バ・マ行五段動詞などに付くときは「で」となる。形容詞に付くときは「って」とも。助動詞「ない」は「なく(っ)て」のほか「ないで」も使う。

㊂[格助・副助・終助]「って」が「ん」で終わる語に続くときの形。⬇って‖「今何て言った?(格助)」「タッチダウンて何だ?(副助)」「おれは知らんて(終助)」

て【出】　㊀[名]　❶人や物が外へ出ること。また、その状態・程度。‖「水の—が悪い」❷太陽や月が昇ること。‖「日[月]の—」⬍入り　❸出勤すること。また、役者・芸人などが舞台に登場すること。‖「楽屋で—を待つ」「早—・遅—」❹物事をするときのはじめ。でだし。‖「三味線の—が一拍遅れる」❺人や物の出どころ。出身。出自。‖「秋田[旧家]の—」㊁(造)〈多く、動詞の連用形に付いて「ある」や「ない」を伴って〉物事をするのに十分な量。また、物事をなし終えるのに必要な時間や労力。‖「読み—のある本」「歩き—のある距離」「結果がそれでは苦労のし—がない」[書き方]普通かな書き。

で　[接]　❶前を受けて後ろに続ける語。それで。そこで。‖「皆はその案に賛成しなかった。—、一晩かけて代案を考えた」❷相手に話の続きを促す語。それで。‖「—、どうなった?」「—、続きは?」❸話題を切り替える語。‖「それはいい。—、容態は?」◈接続詞「そこで」「それで」などの「で」から。話し言葉で使う。

で　[断定の助動詞「だ」の連用形]⬇だ

で　㊀[格助]　❶動作・作用の行われる**場所**や**場面**を表す。において。‖「庭で遊ぶ」「会議で発言する」「肝心なところでミスを犯す」[使い方](1)「で」が動作の行われる場所を表すのに対し、「に」はものの位置づけられる場所を表す。‖「渋谷で時計を買った/田舎に土地を買った」「川原で/に石を投げる」(2)古風な言い回しでは「にて」を使う。

❷**手段・道具・材料**を表す。‖「車で行く」「投票で決める」「はさみで切る」「紙でできている」

❸**原因・根拠**を表す。‖「心臓発作で入院する」「不注意で事故を起こす」「雨で中止になる」

❹動作を行うときの**様態**を表す。‖「急ぎ足で歩く」「親子で出席する」「笑顔で答える」「土足で上がる」

❺範囲を限定する意を表す。基準となる範囲や期限・限度を示す。‖「歌では勝てないが将棋では勝てる」「私の実力では無理でしょう」「世界でいちばん高い山」「三日で仕上げる」 使い方 「当店は五時で／に閉める」では、前者は開店の期限を、後者は閉店の時点を表す。「九時に店を開ける」は、開店の時点を表すのにふつう用いるが、閉店している期限（何時まで店を閉じているか）はふつう問題にしないので、「九時で店を開ける」とは言わない。
❻〈「では」「でも」の形で〉場合や場面などを取り立てたり、累加したりする。⬇では・でも
❼動作や様態の主体を表す。‖「自分で考えろ」「この企画はこのチームで担当する」「全部で百円だ」
❽〈「…でいい」「…で構わない」「…で差し支えない」などの形で、次善や最低条件の意を表す体言を受けて〉許可・許容を表す。‖「金メダルでなくとも入賞でいい」「元気なら腕白で構わない」 使い方 「…でいい／でもいい」の差異については、「でも」㊁⑦を参照。
㊁［接助］❶〈「AすればAで」「Aなら(ば)Aで」などの形で〉事態の成立を相応に評価しながらも、次に予断を許さない事態が展開することを導く。‖「ほめないと機嫌が悪いが、ほめればほめたですぐにつけあがる」「一段落したらしたで、次の難問が待っている」
❷［古風］打ち消しながら下に続ける。…ずに。…ないで。‖「貫一は此の言も出さでその猪口を受けつ〈紅葉〉」▼この「で」は、「ならでは」の形に残っている。
❸〈活用語の終止形を受けて〉…ので。‖「三吉が来いと言ってくれるで、私も暫時彼の方へ行って厄介に成るわいな」〈藤村〉」▼方言的な言い方。◈「にて」の転。

で［接助・終助］助詞「て」が接続の関係で「で」になったもの。⬇て ‖「川を泳いで渡る」

て-あい【手合い】［名］❶同じたぐいの人々。連中。仲間。▼多少の軽蔑を込めて使う。❷種類。また、同じ種類の物。‖「同じ―の品」❸勝負をすること。特に、囲碁・将棋で、対局すること。手合わせ。

で-あい【出会い・出合い・出遭い】［名］❶【会・合・遭】であうこと。思いがけなくあうこと。めぐりあい。‖「偶然の―」 書き方 「出▼逢い」とも。❷【合】二つの川などが合流する所。‖「本流との―」❸【合】よく調和すること。‖「筍と木の芽は―のもの」

であい-がしら【出会い頭・出合い頭】［名］出あったとたん。出あい拍子。

であい-けい【出会い系】［名］見知らぬ異性などとの出会いを取り持つこと。‖「―サイト」

で-あ・う【出会う・出合う・出遭う】［自五］❶【会・合・遭】人・動物などにたまたま行きあう。‖「駅頭で旧友と―」「山道でクマに―」❷【会・合・遭】思いがけずある物事に行きあう。遭遇する。‖「登校の途中で事故に―」「思わぬ困難に―」「思春期に文学に／と―」「美しい風景に―」❸【合】川や道がある場所でいっしょになる。合わさる。合する。‖「幹線道路とバイパスが―」❹【合・会】［古風］出てきて相手になる。‖「くせ者じゃ、皆の者、―・え―・え!」◈ 書き方 ①②は「出▼逢う」とも。好ましくないものの場合には「遭」を使う。⬇会う 名 であい

て-あか【手▼垢】［名］手のあか。また、手が何度もさわったためについた汚れ。▼何度も使われて新鮮みを失った物事のたとえにもいう。‖「―のついた表現」

て-あし【手足】［名］手と足。しゅそく。‖「―を伸ばす（＝ゆっくり休む）」▼人の思い通りに働く人のたとえにもいう。‖「主人の―となって働く」

で-あし【出足】［名］❶人出や人の集まりの状態・程度。‖「雨で行楽客の―が鈍る」❷商品などを売り始めたときの状態。‖「新製品の―は好調だ」❸自動車の動き始めるときの速さ。‖「―の速い車」❹相撲で、相手を攻めて出るときの足の運び。‖「―鋭く寄り切る」

て-あそび【手遊び】［名］❶手に持って遊ぶこと。また、そのもの。おもちゃ。玩具。❷ばくち。

て-あたり【手当たり】［名］❶手にふれること。また、ふれたときの感じ。手ざわり。❷手ごたえ。手がかり。

てあたり-しだい【手当たり次第】［副］手にふれるもの、行き当たるものを区別しないで、何にでも行為を及ぼすさま。何でもかんでも。かたっぱしから。‖「―(に)読んでみる」

て-あつ・い【手厚い】［形］扱い方やもてなしがていねいで、心がこもっているさま。‖「―看護を受ける」「遺体を―・く葬る」 派生 -げ／-さ

て-あて【手当て】［名］❶［他サ変］あらかじめ準備しておくこと。‖「資材を―する」❷［他サ変］病気やけがの処置をすること。また、その処置。‖「応急―」❸仕事の報酬として支払われる金銭。また、基本給のほかに諸費用として支払われる金銭。‖「住宅―」 書き方 ③は、慣用の固定で「手当」と書く。

て-あぶり【手▼焙り】［名］手を暖めるのに使う小さな火鉢。

テアトル【théâtre フランス】［名］劇場。映画館。

て-あみ【手編み】［名］機械を使わずに、手で編むこと。また、手で編んだもの。‖「―のマフラー」

て-あら【手荒】［形動］扱い方や振る舞いが乱暴なさま。‖「商品を―に扱う」「―なまねはよせ」

て-あらい【手洗い】［名］❶手を洗うこと。また、それに用いる器。❷便所を遠回しに、また上品にいう語。お手洗い。❸［他サ変］洗濯機を使わずに、手で洗うこと。‖「セーターを―する」

て-あら・い【手荒い】［形］扱い方や振る舞いが乱暴で荒々しいさま。‖「―まねをする」 派生 -さ

で-あ・る［連語］断定の助動詞「だ」の改まった言い方。‖「吾輩は猫―〈漱石〉」 使い方 ⬇ある㊁④

で-ある・く【出歩く】［自五］家などにじっとしていないで、外出して歩きまわる。あちこちに出かける。‖「三日にあげず―」

て-あれ【手荒れ】［名］手の皮膚が荒れること。

で-あれ［連語］たとえ…であっても。‖「彼が誰―関係ない」

で-あろ・う［連語］「だろう」の改まった言い方。‖「後悔することになる―」「迷惑―となかろうと知ったことではない」

て-あわせ【手合わせ】［名・自サ変］相手となって勝負をすること。‖「将棋の―をする」「初―」

てい【丁】㊀［名］成績・等級などの第四位。‖「―種」▼昔、小学校などの成績表は「甲・乙・丙・丁」で示した。㊁（造）❶十干の第四。ひのと。❷使われて仕事をする人。‖「園―・馬―」❸ねんごろ。‖「―重・―寧」

てい【体（▽態）】［名］外から見た物事のありさま。ようす。‖「ほうほうの―で逃げ出す」「―のいい返事」「職人―の者」「風―」 旧 體

てい【艇】［名］小舟。はしけ。‖「―身」「競―」

てい【亭】㊀［接尾］文人・芸人などの号に使う語。‖

「二葉ー四迷」「古今ー志ん生」 ■二 (造) ❶庭園などに設けた休憩用の建物。あずまや。ちん。≡「池ー」 ❷宿駅・旅館・料理屋・茶屋など、客の集まる所。≡「料ー」 使い方 屋号にも使う。≡「末広ー・本牧ー」 ❸家のあるじ。亭主。

てい【低】(造) 位置・程度・価値などがひくい。≡「ー音・ー空・ー俗・ー迷」「最ー」

てい【呈】(造) ❶差し出す。≡「謹ー・進ー・贈ー」 ❷現す。現れる。≡「露ー」

てい【廷】(造) ❶政務をとる所。≡「宮ー・朝ー」 ❷裁判を行う所。≡「法ー」

てい【弟】(造) ❶おとうと。≡「ー妹」「子ー・従ー」⇕兄(けい) ❷師について学ぶ人。門人。≡「ー子(てい・で)」「高ー・師ー」 ❸自分を謙遜(けんそん)していう語。≡「小ー」

てい【定】(造) 物事を一つに決める。決めて動かない。また、きまり。さだめ。≡「ー義・ー住・ー例」「確ー・決ー」

てい【底】(造) ❶最も低い部分。そこ。≡「ー辺」「海ー・地ー」 ❷物事のもとになるもの。≡「ー本」「根ー」

てい【抵】(造) ❶さからう。≡「ー抗」 ❷ふれる。ぶつかる。≡「ー触」 ❸それに相当する。≡「ー当」

てい【邸】(造) 大きな家。やしき。≡「ー宅」「官ー・豪ー」「佐藤ー」

てい【貞】(造) 節操がかたいこと。みさおが正しい。≡「ー淑・ー節」「童ー」

てい【帝】(造) ❶天下を治める支配者。天子。みかど。≡「ー位・ー国」「皇ー・女ー」 ❷宇宙を支配する神。造物主。≡「天ー」 ❸「帝国主義」の略。≡「反ー」

てい【訂】(造) 文字や文章の誤りをただす。≡「ー正」「改ー」

てい【庭】(造) ❶にわ。広い空き地。≡「ー園・ー内」「校ー・石ー」 ❷家の中。≡「家ー」

てい【逓】(造) ❶次々に伝え送る。≡「ー信」「駅ー」 ❷次第に変化する。≡「ー減」 旧遞

てい【停】(造) ❶一か所にとまって進まない。≡「ー止・ー滞」 ❷物事を途中でやめる。やめさせる。≡「ー学・ー戦」 ❸「停留所」の略。≡「バスー」

てい【偵】(造) さぐる。うかがう。≡「ー察」「探ー」

てい【堤】(造) 土手。つつみ。≡「ー防」「防波ー」

てい【提】(造) ❶手に持つ。手にさげる。また、手をつなぐ。≡「ー琴・ー携」 ❷かかげる。差し出す。≡「ー案・ー起・ー供・ー言・ー示・ー出・ー唱」「前ー」 ❸すべておさめる。統治する。≡「ー督」

てい【程】(造) ❶物事を進める基準となるもの。決まり。度合い。≡「ー度」「規ー」「方ー式」 ❷一定の長さや分量で区切った範囲。≡「音ー・課ー・日ー」 ❸みちのり。≡「過ー・行ー」

てい【▼鼎】(造) ❶かなえ。≡「鐘ー」 ❷三者が向かい合う。≡「ー談・ー立」

てい【締】(造) 約束などを結ぶ。≡「ー結」

てい【諦】(造) ❶あきらめる。≡「ー念」 ❷真理。≡「妙ー・要ー・四ー」 ❸明らかにする。≡「ー視」

でい【泥】(造) ❶どろ。≡「ー水・ー土」 ❷どろ状のもの。≡「金ー」 ❸こだわる。なずむ。≡「拘ー」 ❹中国の伝説上の虫。水中では元気だが水がなくなると酔ってどろのかたまりのようになるという。≡「ー酔」

ティアード-スカート [tiered skirt] [名] ギャザーなどの飾りで段々に重ねたスカート。

てい-あつ【低圧】[名] ❶気体・液体などの圧力が低いこと。≡「ーのガス」 ❷低い電圧。◈⇕高圧

ティアラ [tiara] [名] ❶宝石をちりばめた女性用の冠形髪飾り。 ❷ローマ教皇の三重冠。

てい-あん【提案】[名・他サ変] ある考えや議案を提出すること。また、その考えや議案。≡「ー者」

ティー [tea] [名] お茶。特に、紅茶。≡「ータイム」

ティー [tee] [名] ❶ゴルフで、各ホールの第一打を打つときにボールをのせる小さな台座。 ❷「ティーグラウンド」の略。

てい-い【低位】[名] 低い位置。また、低い地位。≡「ー株(＝株価が低位の水準にある株)」

てい-い【定位】[名・自他サ変] ある事物の位置や姿勢を一定に定めること。また、その定められた位置や姿勢。

てい-い【帝位】[名] 帝王の位。≡「ーに就く」

ディー-アイ-ワイ【DIY】[名] 家具の製作、家の修理などをすべて自分の手ですること。日曜大工。▼do-it-yourself の略。

ディー-エイチ-エー【DHA】[名] ドコサヘキサエン酸。イワシ・サバ・マグロなどの青魚に多く含まれる不飽和脂肪酸。血中の中性脂肪を減らし、血栓を予防するなどの効果がある。▼docosahexaenoic acid の略。

ディー-エヌ-エー【DNA】[名] アデニン・グアニン・チミン・シトシンの四種の塩基と、糖(デオキシリボース)・リン酸からなる核酸。遺伝子の本体として細胞核中に存在する。デオキシリボ核酸。▼deoxyribonucleic acid の略。

ディー-エヌ-エー-かんてい【DNA鑑定】[名] 細胞内のDNAを構成する塩基の配列に個人差のあることを利用して個人の識別を行う鑑定方法。犯罪捜査・親子鑑定などに利用される。

ティー-エフ-ティー【TFT】[名] 薄膜トランジスタ。パソコンやテレビの液晶ディスプレーに利用され、薄型・軽量・高画質・低消費電力などの長所をもつ。▼thin film transistor の略。

ディー-エム【DM】[名] 「ダイレクトメール(direct mail)」の略。

ティー-オー-ビー【TOB】[名] 株式公開買い付け。会社の経営権を取得するために株式の価格・数量・期間などを公開し、証券市場を通さないで一般株主から株式を買い取ること。テンダーオファー。▼take-over bid の略。

てい-いき【低域】[名] 低い音域。⇕高域

ティー-グラウンド[名] ゴルフで、各ホールの第一打を打つ場所。▼teeing ground から。

ディー-ケー【DK】[名] 家の間取りで、ダイニングキッチンを表す記号。≡「三Lー」▼dining room と kitchen の頭文字から。

ティー-ケー-オー【TKO】[名] 「テクニカルノックアウト(technical knockout)」の略。

ディー-ジェー【DJ】[名] ❶「ディスクジョッキー(disk jockey)」の略。 ❷ディスコやクラブなどで音楽を選曲・調整する人。

ティー-シャツ [T-shirt] [名] 半袖の丸首シャツ。頭からかぶって着る。▼袖(そで)を広げるとT字形になることから。 書き方 「Tシャツ」とも。

ティー-ショット [tee shot] [名] ゴルフで、ティーグラウンド(各ホールの出発区域)からの第一打。

ティー-じ-ろ【T字路】［名］丁字路（ていじろ）。

ディーゼル［diesel］［名］❶シリンダー内の高圧・高温に圧縮された空気に重油または軽油を噴射して燃焼させ、そのエネルギーでピストンを動かす内燃機関。熱効率がよく、船舶・鉄道車両・自動車などに広く使用される。ドイツの技師、ディーゼルが発明。ディーゼル機関。▽「ディーゼルエンジン」の略。❷①を原動機とする鉄道車両。▽「ディーゼルカー」の略。

ティーチ-イン［teach-in］［名］教授・学生が集まって政治・社会問題を研究・討議する学内討論会。また、一般にテーマを決めて行う討論集会。

ティーチング-マシン［teaching machine］［名］プログラム化した教材に基づいて問題を提示し、学習者の解答に即応しながら自学自習できるように工夫された教育機器。

ティー-パーティー［tea party］［名］紅茶や菓子などを用意して催す気軽な集まり。茶話会。

ティー-バック【Tバック】［名］腰の後部がTの字のように見える露出度の高い下着や水着。

ティー-バッグ［tea bag］［名］紅茶・緑茶などの葉を一杯分ずつ薄い紙の袋に詰めたもの。そのまま熱湯に浸して用いる。

ティー-バッティング［tee batting］［名］野球で、棒の先端にのせたボールを打つこと。また、その打撃練習。▽「ティー」は球をのせる台の意。

ディー-ピー-アイ［dpi］［名］プリンターなどの出力解像度を表す単位。一インチの中に出力できるドット（点）の数。▽dot per inch の頭文字から。

ディー-ピー-イー【DPE】［名］写真の現像・焼き付け・引き伸ばし。それを扱う店の看板などに使う。▽development・printing・enlargement の頭文字から。

ティー-ピー-オー【TPO】［名］時と所と場合。また、その条件に応じた服装などの使い分け。▽time・place・occasion の頭文字から。

ティー-ピー-ピー【TPP】［名］環太平洋地域の国々における経済連携協定。環太平洋パートナーシップ協定。▽Trans-Pacific Partnership の略。

ディープ［deep］［形動］❶奥行きなどが深いさま。深遠である。❷色の濃いさま。‖「―なブルー」❸濃厚であるさま。また、マニアックであるさま。‖「台湾の―な情報」「―な話にはついていけない」

ティー-ブイ【TV】［名］テレビ。ティービー。▽television の略。

ディー-ブイ【DV】［名］「ドメスティックバイオレンス（domestic violence）」の略。

ディー-ブイ-ディー【DVD】［名］デジタル方式で高画質・高音質の映像・音声を記録再生する光ディスク。直径一二センチメートルの音楽CDやCD-ROMと同サイズだが、記録容量ははるかに大きい。▽digital versatile disc の略。

ディープ-キス［deep kiss］［名］濃厚なキス。フレンチキス。

ディーラー［dealer］［名］❶販売業者。特に、メーカーの特約販売店。❷委託売買ではなく自己の負担で有価証券を売買し、その差益を得ることを営業目的とする証券会社。❸トランプゲームの親。カードを配る人。

ディーリング［dealing］［名］金融機関が自己の勘定で有価証券や外国為替（かわせ）の取引を行うこと。

ティー-ルーム［tea room］［名］喫茶室。喫茶店。

ティーン［teen］［名］⬇ティーンエージャー

てい-いん【定員】（―ヰン）［名］規則で決められた組織・団体などの構成員の数。また、安全を考慮して決められた乗り物・施設などの収容人数。‖「―オーバー」

ティーンエージャー［teenager］［名］一〇代の少年少女。特に、一三歳から一九歳までの少年少女。▽英語で一三歳から一九歳までは語尾がteenで終わることから。

て-いうか【て言うか】（―イフカ）［連語］「と言うか」のくずれた言い方。▽「てゆうか」と書くのは誤り。⬇言う［書き方］

てい-えん【庭園】（―ヱン）［名］計画的に樹木・泉水・築山などを配した広いにわ。‖「日本［屋上］―」

てい-おう【帝王】（―ワウ）［名］君主国の元首。皇帝。‖「古代中国の―」▽ある分野・社会で絶対的な権力をもつ人のたとえにもいう。‖「暗黒街の―」

ていおう-がく【帝王学】（テイワウ―）［名］帝王にふさわしい見識や教養を身につけるための修養。

ていおう-せっかい【帝王切開】（テイワウ―）［名］産婦の腹壁・子宮壁を切り開いて胎児を取り出す手術。語源 ローマの帝王カエサル（シーザー）がこの方法で誕生したからとも、切開する意のラテン語 caesarea を誤ってカエサルと訳したことからとも言われる。

ディオニソス-てき【ディオニソス的】［形動］ニーチェが『悲劇の誕生』で説いた芸術創造の類型の一つ。陶酔的・創造的・激情的な特徴をもつさま。⬍アポロ的

てい-おん【低音】［名］❶低い音や声。❷音楽で、男声の最低音域。また、楽曲の最低音部。バス。ベース。◈⬇高音・中音

てい-おん【低温】（―ヲン）［名］低い温度。‖「―貯蔵」⬍高温

てい-おん【定温】（―ヲン）［名］一定の温度。‖「室内を―に保つ」

てい-か【低下】［名・自サ変］❶度合いが低くなること。下がること。‖「気温［死亡率］が―する」⬍上昇 ❷物事の程度や質が悪くなること。‖「学力［国際的地位］が―する」⬍向上

てい-か【低価】［名］安い値段。安価。廉価。

てい-か【定価】［名］商品の、前もって決められている売値。‖「―の二割引で売る」

てい-かい【低回・▼低▼徊】（―クワイ）［名・自サ変］もの思いにふけりながら行きつ戻りつすること。‖「―趣味（＝俗世間の雑事から逃れて、余裕のある態度で自然や人生を眺めようとする芸術的境地）」

ていかいはつ-こく【低開発国】［名］⬇発展途上国

てい-かく【定格】［名］❶定まっている格式。❷機器類の、指定された条件下での使用限度。条件は電圧・電流・出力・周波数などによって示される。

てい-がく【低額】［名］少ない金額。‖「―の融資」⬍高額

てい-がく【定額】［名］一定の金額。決まった金額。‖「―貯金」

てい-がく【停学】［名］学校が校則に違反した学生・生徒に対して一定期間登校を禁ずること。

ていーがくねん【低学年】［名］学校で、下の方の学年。小学校の一・二年をいう。⇕高学年・中学年

でいーかざん【泥火山】［名］地中からガスや水とともに噴出した泥土が堆積して生じた円錐形の小丘。油田地域・温泉地域に多くみられる。▼火山体に似ることからこの名がある。

ていーかん【定款】［名］社団法人（公益法人・会社・協同組合など）・財団法人の目的・組織・業務などを定めた根本規則。また、それを記載した書面。

ていーかん【諦観】［名・他サ変］❶物事の本質をはっきりと見きわめること。諦視。「時代の推移を━する」❷俗世の欲望を虚しいものと悟り、超然とした態度をとること。「━の境地」

でいーがん【泥岩】［名］堆積岩の一つ。泥が堆積し、固まってできた岩石。

ていーき【定期】［名］❶あることが行われる時期・期間・期限などがあらかじめ定まっていること。「━検診」❷「定期乗車券」の略。「━入れ」❸「定期預金」の略。

ていーき【提起】［名・他サ変］❶ある場に問題・話題などを持ち出すこと。「環境汚染問題を━する」❷訴訟を起こすこと。

ていーぎ【定義】［名・他サ変］ある概念の内容やある語の意味を、他と区別できるように明確に限定すること。また、その限定された内容や意味。

ていーぎ【提議】［名・他サ変］会議などに議案や意見を提出すること。また、その議案や意見。「改革案を━する」

ていーきあつ【低気圧】［名］大気中で、周囲より気圧の低い領域。北半球では反時計回り、南半球では時計回りに風が吹き込む。集まった空気が上昇気流となるこの圏内では雲が生じやすく、一般に天気が悪い。⇕高気圧▼人の機嫌が悪いことや形勢が不穏になることのたとえにもいう。「今日の社長は━だ」

ていきーけん【定期券】［名］「定期乗車券」の略。

ていきーじょうしゃけん【定期乗車券】［名］一定期間、一定区間に限って何度でも往復できる電車・バスなどの割引乗車券。定期券。定期。

ていきーせん【定期船】［名］一定の航路を定期的に運航する船。ライナー。

ていきーとりひき【定期取引】［名］決済期日をあらかじめ決めておく取引。この間の取引は、受け渡し期日に決済をしても、途中で反対売買による差金決済をしてもよい。現在では商品取引にのみ認められている。

ていきーびん【定期便】［名］一定の区間で定期的に行われる連絡や輸送。また、そのための交通機関。

ていーきゅう【低級】［名・形動］階級・等級などが低いこと。また、価値・品位などが劣っていること。「━な廉価品［話題］」⇕高級 派生 -さ

ていーきゅう【定休】［名］会社や商店で、日を決めて業務を休むこと。また、その休業の日。定休日。

ていーきゅう【庭球】［名］テニス。

ていーきゅう【▼涕泣】［名・自サ変］涙を流して泣くこと。「父の訃報に━する」

ていーきょう【提供】［名・他サ変］❶他人の役に立てるために、自分の持つ金品や技能などを与えたり使用させたりすること。「情報を━する」「自宅を会合の場として━する」「臓器［無償］━」❷企業などが制作費や広告費を払って、放送局が番組を公開できるようにすること。「○○社の━でお送りしました」❸テレビショッピングや通信販売で、売ることを遠回しにいう。「○○円でのご━です」

ていきーよきん【定期預金】［名］銀行などが一定の期間を決めてあずかり、支払期日が来るまでは原則として払い戻しをしない預金。定期。

ていーきん【庭▽訓】［名］親が家庭で子に授ける教訓。家庭教育。語源 孔子が庭を通り過ぎようとした長男の伯魚を呼び止めて詩や礼を学ぶようにさとしたという『論語』の故事に基づく。

ていーきん【提琴】［名］バイオリン。

ていーぎん【低吟】［名・他サ変］低く小さな声で詩歌を口ずさむこと。「古歌を━する」

テイク［take］［名］映画で、一カットの撮影。また、音楽で、一回分の録音。テーク。

テイクアウト［takeout］［名・他サ変］ファーストフードの店などから飲食物を持ち帰ること。また、その飲食物。テークアウト。「ドーナツを━する」

ていーくう【低空】［名］空中の低い所。地表面・水面に比較的近い空間。「━飛行」⇕高空

ディクテーション［dictation］［名］読み上げた外国語の文章などを書き取ること。また、その試験。

テイクーバック［take back］［名］ゴルフ・テニス・野球などで、クラブ・ラケット・バットなどを振るために腕を後ろに引くこと。また、その動作。テークバック。

てーいけ【手生け（手▽活け）】［名］自分の手で花をいけること。また、その花。「━の菊」

デイーケア［day care］［名］在宅の高齢者や障害者を昼間だけ福祉施設で預かり、リハビリテーションや日常生活の世話などを行うこと。

ていーけい【定形】［名］一定のかたち。決まったかたち。「━の封筒」

ていーけい【定型】［名］一定のかた。決まったかた。

ていーけい【▼梯形】［名］⇩台形

ていーけい【提携】［名・自他サ変］助け合いながら共同で物事を行うこと。タイアップ。「外国企業と━する」

ていけいーし【定型詩】［名］一定の形式・音数律などをそなえた伝統的な詩。漢詩の絶句・律詩、短歌・俳句、ソネットなど。⇕自由詩

ていーけつ【貞潔】［名・形動］貞操を固く守り、行いを清く正しくすること。「━を尽くす」派生 -さ

ていーけつ【締結】［名・他サ変］条約・協定などを結ぶこと。「講和条約を━する」

ていけつーあつ【低血圧】［名］血圧が持続的に標準値よりも低い状態。▼世界保健機関（WHO）の基準では、最高（収縮期）血圧が一〇〇ミリ水銀柱に、または最低（拡張期）が六〇ミリ水銀柱に達しない状態をいう。⇩高血圧

ていーけん【定見】［名］他人の意見などに左右されない、その人自身のしっかりした考え。一定の見識。

ていーげん【低減】［名・自他サ変］❶へること。また、へらすこと。「出生率が━する」「新工法で騒音を━する」使い方「〜を低減する／低減させる」は、ともによく用いられる。❷値段が安くなること。また、安くすること。「航空運賃を━する」

ていーげん【逓減】［名・自他サ変］次第に減ること。また、次第に減らすこと。「収穫が━する」⇕逓増

ていーげん【提言】［名・他サ変］自分の考えや意見を多くの人の前に出すこと。また、その考えや意見。「改革

案を—する」「福祉施策について—を行う」

てい-こ【艇庫】[名] ボートを入れておく倉庫。

てい-こう【抵抗】[名] ❶[自サ変] 外から加わる力に逆らってはねかえそうとすること。また、権力などに対してはむかうこと。「—しても無駄だ」❷そのまま素直には受け入れられない気持ち。「高圧的な態度に—を感じる」❸運動する物体に対し、その運動と反対の方向に作用する力。「空気の—」❹「電気抵抗」の略。

ていこう-き【抵抗器】[名] 電気回路に抵抗を与えて電流を制限するなどの働きをする部品・装置。

ていこう-りょく【抵抗力】[名] ❶外から加わる力に逆らってはねかえそうとする力。「独裁者への—を失う」❷病気などに耐えて健康を保とうとする力。「ウイルスへの—が弱い」

てい-こく【定刻】[名] 定められた時刻。定時。「—に発車する」

てい-こく【帝国】[名] ❶皇帝の統治する国家。「ローマ—」❷「大日本帝国」の略。明治憲法下での日本の国号。「—軍人」

ていこく-しゅぎ【帝国主義】[名] 一つの国家が軍事力で他の民族または国家を侵略・支配し、自国の領土・勢力の拡大をはかろうとする思想や政策。

でい-さ【泥砂】[名] 泥と砂。でいしゃ。

デイ-サービス【和製 day＋service】[名] 在宅介護を受ける高齢者や障害者が、送迎サービスを受けながらデイサービスセンターなどに通い、食事・入浴・訓練などを受ける福祉サービス。通所介護。

てい-さい【体裁】[名] ❶外から見た感じ。外見。「—のよい門構え」❷一定の形式。「論文としての—を整える」❸世間体。みえ。「—を気にする」❹人の気に入るような、うわべだけのことば。「お—を言う」

ていさい-ぶ・る【体裁ぶる（体裁振る）】[自五] 体裁よく見えるようにふるまう。みえを張る。また、もったいぶる。「—・った言い回し」

てい-さつ【偵察】[名・他サ変] 敵や相手の動静をこっそりさぐること。「敵情を—する」「—機」

てい-ざん【低山】[名] 低い山。

てい-し【底止】[名・自サ変] 行きつく所まで行って止まること。「—するところを知らぬインフレ」

てい-し【停止】[名・自他サ変] ❶動いているものが途中で止まること。また、止めること。「車［心臓］が—する」「車を—する／させる」❷していたことが止まること。また、していたことをやめたりやめさせたりすること。「停電で作業が—する」「送金［思考］を—する」◈使い方 (1) ①は「車［心臓］する」などとは言わないもの、②は「作業［送金］する」などと言うもの。(2) ①は、自ら運転するものの場合は「〜を停止する／停止させる」のどちらも使う。自分が運転しないものの場合は「電車を停止させる」のように「停止させる」を使う。②は「停止する」が一般的だが、他に働きかける場合は「政府はA社の営業を停止させた」のように「停止させる」を使う。

てい-じ【丁字】[名] ❶漢字の「丁」の字。❷漢字の「丁」のような形。▼「丁字形」の略。ローマ字の「T」との類似から「T字」とも。

てい-じ【低次】[名] ❶[形動] 程度・水準などが低いこと。低い次元。「—の問題」❷数学で、次数が低いこと。「—方程式」◈⇕高次

てい-じ【呈示】[名・他サ変] 証拠となるものなどを、差し出して見せること。「身分証明書を—する」書き方 法令・新聞などでは「呈示」「提示」を区別せず「提示」を使う。

てい-じ【定時】[名] ❶定められた時刻。一定の時刻。定刻。「—に出勤する」❷一定の時期。定期。「—総会」「—刊行物」

てい-じ【提示】[名・他サ変] 相手に差し出して見せること。また、考えなどを持ち出して相手に示すこと。「申請書類を—する」書き方 ⬇呈示

てい-じ【▼綴字】[名] 表音文字を組み合わせて言語の音韻を書き表すこと。また、その書き表した文字。つづり字。てつじ。「—法」

てい-しき【定式】[名] 一定の方式。じょうしき。

てい-じげん【低次元】[名・形動] 次元が低いこと。考え方や行動などの水準が低いこと。「—な話」

てい-しせい【低姿勢】[名・形動] 自分が相手より下の立場にあるとして、へりくだった態度をとること。また、その態度。「—になって謝罪する」⇕高姿勢

ていじ-せい【定時制】[名] 学校教育で、夜間などの特定の時間・時期に授業を行う課程。「—高校」⇕全日制

てい-しつ【低湿】[名・形動] 土地が低く、湿気の多いこと。「—な埋立地」⇕高燥

てい-しつ【帝室】[名] 天皇の一家・一族。皇室。

てい-しゃ【停車】[名・自サ変] ❶電車・バスなどがとまること。また、止めること。「急—」❷道路交通法で、車両が人の乗降、貨物の積み降ろしなどのために短時間停止すること。⬇駐車

ていしゃ-じょう【停車場】[名] 列車が発着し、旅客の乗降、貨物の積み降ろしなどをする所。駅。ていしゃば。

てい-しゅ【亭主】[名] ❶一家のあるじ。主人。また、宿屋・茶屋・揚屋などのあるじ。❷夫。❸茶の湯で、茶事を主催する人。主人。

てい-しゅう【定収】[名] 一定の収入。決まって得られる収入。「就職して—を得る」▼「定収入」の略。

てい-じゅう【定住】[名・自サ変] ある場所に住居を定めて生活すること。「—の地」

ていしゅう-は【低周波】[名] 周波数が比較的小さいこと。また、その振動や波動。⇕高周波

ていしゅ-かんぱく【亭主関白】[名] 夫が家庭内で支配権を握り、支配者のように威張ってふるまうこと。⇕嬶天下

てい-しゅく【貞淑】[名・形動] 女性が貞操を固く守り、しとやかなこと。「—な妻」派生 —さ

てい-しゅつ【提出】[名・他サ変] 書類・資料などを差し出すこと。「レポートを—する」「裁判所に証拠品を—する」

てい-じょ【貞女】[名] 貞操を固く守る女性。

てい-しょう【低床】[名] 床面が低い位置にあること。また、その床。「—バス」

てい-しょう【低唱】[名・他サ変] 低く小さな声で歌うこと。「浅酌—」⇕高唱

てい-しょう【提唱】[名・他サ変] ❶新しい考えなどを示して広く人々に呼びかけること。「—者」❷禅宗で、教義の要綱を示して広く人々に説法すること。

てい-しょう【定昇】[名] 制度として、毎年一定の時期に給料が上がること。▼「定期昇給」の略。

てい-じょう【呈上】[名・他サ変] 「贈ること」の謙

譲語。人に物を差し上げること。進呈。‖「粗品—」

ていじょう【定常】〔名・形動〕常に一定していること。‖「—波（＝一定の場所で振動するだけで空間的に移動しない波）」

ていしょく【定食】〔名〕食堂・料理店などで、あらかじめ料理の組み合わせが決まっている食事。

ていしょく【定植】〔名・他サ変〕苗を苗床から田畑に移して本式に植えること。⇔仮植

ていしょく【定職】〔名〕一定の収入が得られる、定まった職業。‖「—に就く」

ていしょく【抵触（▼牴触・▼觝触）】〔名・自サ変〕法律や規則に反すること。ふれること。‖「商法に—する行為」

ていしょく【停職】〔名・自サ変〕身分は保有させながら一定期間（一年以内）職務に従事させないこと。公務員の懲戒処分の一つ。この間は無給となる。

ていじろ【丁字路】〔名〕丁の字の形に交わっている道路。丁字街頭。▽「丁」が「T」に形・音ともに似ていることから、「T字路」とも。

ていしん【廷臣】〔名〕朝廷に仕える役人。

ていしん【▼挺身】〔名・自サ変〕人の先に立ち、身を投げ出して物事にあたること。‖「革命運動に—する」

ていしん【▼挺進】〔名・自サ変〕軍隊などで、大勢に先んじて進むこと。‖「敵陣に向かって—する」

ていしん【逓信】〔名〕電信・郵便などを順次取り次いで届けること。

ていしん【艇身】（造）ボートレースで、艇差を表す単位。‖「半—の差」

ていじん【▼梯陣】〔名〕艦隊の陣形の一つ。先頭艦の進路の左後方四五度の線上に他の艦が並んで進む陣形。

でいすい【泥水】〔名〕➡どろみず（泥水）①

でいすい【泥酔】〔名・自サ変〕正体を失うほど、ひどく酒に酔うこと。‖「—するまで飲む」➡泥④

ディスインフレーション【disinflation】〔名〕景気循環の過程で、インフレーションは脱したが、デフレーションにはなっていない状態。また、インフレーションを抑制しながら、デフレーションを引き起こさないように財政・金融を調節していく政策。

ていすう【定数】〔名〕❶あらかじめ決められた一定の数。‖「—を割る」❷数学で、変数の値の変化とは無関係に、常に一定の値を示す数字または文字。常数。⇔変数

ディスカウント【discount】〔名・他サ変〕値引きすること。割引。

ディスカウントショップ【discount shop】〔名〕大量に仕入れた商品を割引販売し、薄利多売をめざす小売店。ディスカウントストア。

ディスカッション【discussion】〔名・自他サ変〕特定の問題を何人かで話し合うこと。討議。討論。‖「税制について—する」「パネル—」

ディスク【disk】〔名〕❶円盤。円板。❷レコード。音盤。また、コンパクトディスク。❸コンピューターで、円盤状の記憶媒体。‖「フロッピー—・ハード—」◈イギリスではしばしばdiscとつづる。

ディスクール【discoursフランス】〔名〕言語による表現。言説。

ディスクジョッキー【disk jockey】〔名〕ラジオ放送などで、音楽を聞かせながら解説や軽い話題のおしゃべりをする人。また、ディスコ・クラブなどで音楽を選曲・再生する人。DJ。

ディスクドライブ【disk drive】〔名〕ハードディスク・CD・DVDなどの記憶媒体を作動させる装置。

ディスクロージャー【disclosure】〔名〕企業が投資者や取引先に対して経営成績・財政状態などの内容を公開すること。企業内容開示。

ディスコ【disco】〔名〕レコードやCDのロック音楽などに合わせてダンスを楽しむ店。

ディスコグラフィー【discography】〔名〕レコードを作曲家別・演奏家別・ジャンル別などに分類し、その録音年月日などのデータを記載した目録。

ディスコミュニケーション【和製dis＋communication】〔名〕コミュニケーションが絶たれること。意思疎通ができないこと。▽英語ではnon-communicationという。

テイスティング【tasting】〔名〕❶試飲。特にワインの利き酒をすること。❷試食。味見。◈「テースティング」とも。

テイスト【taste】〔名〕❶食べ物の味。風味。❷好み。趣味。‖「アジアン—」◈「テースト」とも。

ディスプレー【display】〔名〕❶〔他サ変〕展示すること。陳列すること。特に、商品などを人目を引くように工夫して陳列すること。❷コンピューターで、文字や図表を表示する装置。モニター。‖「液晶—」

ディスペンサー【dispenser】〔名〕❶シャンプーなどの液体や、紙コップなどを適量取り出せる容器や器具。❷自動販売機。❸➡キャッシュディスペンサー

てい・する【呈する】〔他サ変〕❶相手に差し出す。また、差し上げる。進呈する。‖「自著［苦言］を—」❷ある状態をあらわす。示す。‖「活況を—」文てい・す

てい・する【訂する】〔他サ変〕❶文字・文章などの誤りを直す。訂正する。訂す。‖「誤字を—」❷むすぶ。‖「交わりを—」文てい・す

てい・する【▼挺する】〔他サ変〕他より先に進み出る。また、自分から進んで差し出す。‖「身を—・して戦う」▽多く「身を—」の形で使う。文てい・す

ディス・る〔他五〕新 否定する。けなす。‖「好みに合わない作品を—」▽「ディスリスペクト（disrespect）」の「ディス」を動詞化した語。

ていせい【低声】〔名〕低い声。また、小さい声。

ていせい【定性】〔名〕物質の成分が何であるかを調べて定めること。

ていせい【帝政】〔名〕帝王が統治する政治。また、その政治形態。‖「—ロシア」

ていせい【訂正】〔名・他サ変〕ことばや文字・文章などの誤りを直すこと。‖「発言を—する」

ていせいいん【訂正印】〔名〕書類の訂正箇所に押す印。

ていせいぶんせき【定性分析】〔名〕試料物質がどのような成分からなっているかを知るために行う化学分析。⇔定量分析

ていせき【定積】〔名〕一定の面積。また、一定の体積。

ていせつ【定説】〔名〕一般に正しいと認められている説。

ていせつ【貞節】〔名・形動〕女性が固く貞操を守ること。‖「—な／の人」

てい-せん【▼汀線】[名] 海面・湖面と陸地とが接する線。なぎさの線。みぎわ線。

てい-せん【停船】[名・自サ変] 航行中の船がとまること。また、とめること。‖「濃霧のために―する」

てい-せん【停戦】[名・自他サ変] 戦争中、合意に基づき、一時的に地域を限って戦闘行為を停止すること。

てい-ぜん【庭前】[名] にわさき。‖「―の泉水」

てい-そ【定礎】[名・自サ変] 建築工事で、礎石を据えること。建築工事を開始すること。‖「―式」

てい-そ【提訴】[名・他サ変] 裁判所などに訴え出ること。訴訟を起こすこと。‖「A社を―する」

てい-そう【低層】[名] 建物の高さが低いこと。‖「―住宅(=一、二階建ての住宅)」「―マンション」

てい-そう【貞操】(―サウ)[名] ❶正しいみさお。❷夫婦や恋人同士が互いに性的な純潔を保つこと。

てい-そう【逓送】[名・他サ変] ❶人の手から手へ、また宿場から宿場へ順々に送りつぐこと。❷郵便で送ること。‖「為替(かわせ)を―する」

てい-ぞう【逓増】[名・自他サ変] 数量が少しずつ増えること。また、次第に増やすこと。‖「老年人口が―する」⇔逓減

てい-そく【低速】[名・形動] 速度の遅いこと。⇔高速

てい-そく【定則】[名] 定められている規則。定規。

てい-ぞく【低俗】[名・形動] 程度が低くて卑しいこと。俗っぽくて下品なこと。‖「―な趣味」⇔高尚 派生 ―さ

ていそく-すう【定足数】[名] 合議制の機関が議事を進め、議決をするのに必要な、最小限の出席員数。国会の各議院では全議員の三分の一以上、地方議会では半数以上など。‖「―に達する」

てい-たい【停滞】[名・自サ変] 物事の進行が滞って先へ進まないこと。‖「ストで貨物が―する」「景気の―が続く」

て-いた・い【手痛い】[形] 受けた損害や非難の程度がはなはだしいさま。てひどい。てきびしい。‖「株の暴落で―損失をこうむる」派生 ―さ

てい-だい【提題】[名] 論理学で、論証によってその真偽が確定されなくてはならない命題。論題。定立。テーゼ。

ていたい-ぜんせん【停滞前線】[名] 一か所に停滞して、ほとんど動きをみせない前線。梅雨前線や秋雨(あきさめ)前線など。

てい-たく【邸宅】[名] 広くてりっぱな家。屋敷。

てい-たらく【体たらく(〈為体〉)】[名] 人のありさま。ようす。ざま。‖「なんという―だ」▽「たらく」は断定の助動詞「たり」のク語法。使い方 現在では好ましくない状態についていう。

てい-だん【▼鼎談】[名・自サ変] 三人が向かい合って話をすること。また、その話。▽鼎(かなえ)は三本の脚をもつことから。 鼎

でい-たん【泥炭】[名] 枯死した水生植物や苔(こけ)類などが湿地や浅沼に堆積(たいせき)し、ある程度分解して炭化したもの。褐色で、多量の水分を含む。乾燥させて燃料とするが、燃焼のカロリーは低い。ピート。

てい-ち【低地】[名] 海抜の低い土地。また、周囲に比べて低くなっている土地。⇔高地

てい-ち【定置】[名・他サ変] 一定の場所に置くこと。

ていち-あみ【定置網】[名] 移動する魚群を誘い込んで捕獲するために、沿岸の一定海域に相当期間敷設しておく網。落とし網・台網・枡(ます)網など。

ていち-ぎょぎょう【定置漁業】(―ギョゲフ)[名] 定置網などの漁具を一定海域に敷設して行う漁業。

てい-ちゃく【定着】[名・自サ変] ❶その場所・位置・地位などに、しっかりととどまること。‖「従業員が―しない店」❷ある考え・制度・現象などが人々の間に浸透し、当たり前のものとして受け入れられるようになること。‖「週休二日制が―する」❸写真で、現像したフィルムや印画紙の未感光部分を薬品で処理し、画像を安定させること。‖「―液」

でい-ちゅう【泥中】[名] どろの中。‖「―の蓮(はちす)(=汚れた環境の中にあっても、悪に染まることなく清らかさを保つことのたとえ)」

てい-ちょう【丁重(▼鄭重)】[名・形動] ❶心がこもって応対が手厚いこと。懇(ねんご)ろ。‖「―に礼を述べる」「―な態度」❷注意深く大切に扱うこと。‖「国宝を―に扱う」◈書き方「丁重」は代用表記。

てい-ちょう【低調】(―テウ)[名・形動] ❶調子が出なくて、思うようにはかどらないこと。盛り上がりに欠けること。‖「客の出足は―だ」❷作品などの水準が低いこと。‖「―な応募作品」◈⇔高調 派生 ―さ

ていちょう-ご【丁重語】[名] 敬語の一つ。自分(=話し手や書き手)または自分側の人物の動作・ものごとなどを、相手(=聞き手や読み手)に対して改まった気持ちで言う語。「参る」「申す」「いたす」「愚息」など。⬇敬語解説(一七八八ページ)

ティッシュ-ペーパー【tissue paper】[名] 薄くて柔らかい上質のちり紙。ティッシュ。

て-いっぱい【手一杯】[名・形動] それ以上の余裕がないこと。能力のぎりぎりであること。‖「この仕事だけで―だ」

ディップ【dip】[名] ❶クラッカーや生野菜などに添えて食べるためのペースト状のソース。生クリームやクリームチーズに香味野菜・香辛料などを加えて調味したものなど。❷ゼリー状の整髪剤。

てい-てい【亭亭】[形動タル] 樹木などが高くそびえているさま。‖「―たる杉の古木」

ディテール【detail】[名] ❶全体の中の細部。細目。詳細。‖「―にこだわる」❷美術で、一つの作品の中の、ある部分。また、部分画。◈「デテール」とも。

てい-てつ【▼蹄鉄】[名] 馬のひづめの摩滅・損傷を防ぐために、その底に打ちつけるU字形の鉄具。

てい-てん【定点】[名] ❶数学で、定まった位置の点。与えられた点。❷気象・海洋観測の目的で、国際的に定められた洋上の地点。

てい-でん【停電】[名・自サ変] 送電が一時的に止まること。また、そのために電灯などが消えること。

ていてん-かんそく【定点観測】(―クヮンソク)[名] ❶ある決まった地点で、気象情報・交通量などを連続して観測すること。‖「―カメラ」❷ある決まった事柄について、一定期間観察・調査すること。‖「市場の―」

てい-と【帝都】[名] 皇居のある都。皇都。帝京。

てい-ど【程度】[名] ❶ある物事を他の物事と比べたときの、高低・強弱・大小・多少・優劣などの度合い。ほどあい。‖「生活の―が上がる」「この―の症状なら心配ない」❷ちょうど適当とみなされる度合い。ほどあい。‖「大きい方がいいといっても―がある」❸〈基準などを示す語

に付いて〉それにちょうど適した度合いである意を表す。およそそれくらい。‖「中学—の学力」「一時間—の遅れ」

でい-ど【泥土】［名］水を含んでどろどろになった土。どろ。どろつち。

てい-とう【低頭】［名・自サ変］頭を低くさげること。また、頭を低くさげて礼をすること。‖「平身—」

てい-とう【抵当】［名］金を借りるとき、自分の財産や権利を貸し手への保証に当てること。また、その保証に当てられたもの。かた。担保。‖「土地を—に入れる」

てい-とう-けん【抵当権】［名］債権者が担保となる物件の使用を債務者に任せておきながら、債務不履行の場合はその物件から優先的に弁済を受けることのできる権利。

てい-とう-ながれ【抵当流れ】［名］債務者が債務を履行しないために、抵当の目的物が債権者の所有になること。また、その物。

てい-とく【提督】［名］艦隊の司令官。また、海軍の将官。

てい-ど-もんだい【程度問題】［名］物事の本質に関係なく程度の大小が問題になること。‖「暇もいいが、それも—だね」▼物事にはおのずから適当な程度があるということ。

デイ-トレーダー［day trader］［名］デイトレードを行って利鞘を稼ぐ個人投資家。

デイ-トレード［day trade］［名］一日のうちに売買を終えて利益を得ようとする株式売買の方法。デイトレーディング。デイトレ。

てい-とん【停頓】［名・自サ変］物事が順調に進まないで行きづまること。‖「交渉が—する」

ディナー［dinner］［名］正式の食事。正餐。特に、晩餐。

ディナー-ショー［和製dinner＋show］［名］食事をとりながら楽しむショー。

てい-ねい【丁寧（▼叮▼嚀）】［名・形動］❶注意がすみずみまで行き届いていること。念入り。‖「皿を—に洗う」「壊れ物を—に扱う」「懇切—な指導」使い方「ご—に」の形で、あきれたことにここまでやるのかの意で、過度の行為を皮肉にいう。‖「ご—に、盗品を包む物まで盗みで間にあわせたらしく、唐草の風呂敷まで消えていた〈藤沢周平〉」❷注意が行き届いて、言動が礼儀にかなっていること。懇ろ。丁重。‖「—な言葉遣い」❸文法で、話し手（書き手）が聞き手（読み手）に対して直接敬意を表す言い方。

でい-ねい【泥▼濘】［名］どろでぬかっている所。ぬかるみ。

てい-ねい-ご【丁寧語】［名］敬語の一つ。相手（＝聞き手や読み手）に対して、丁寧にいう語。「です」「ます」など。➡敬語解説（一七九ページ）

てい-ねん【丁年】［名］一人前と認められる年齢。満二〇歳。また、一人前の男子。

てい-ねん【定年（停年）】［名］会社・官庁などで、従業員や職員が退職・退官するように定められている年齢。‖「—退職」

てい-ねん【諦念】［名］❶物事の本質を悟った心。‖「—に達する」❷あきらめの気持ち。

てい-のう【低能】［名・形動］知能の発達が普通より遅れていること。また、そのような人。派生-さ

てい-はく【停泊（▼碇泊）】［名・自サ変］船が碇をおろしてとまること。‖「港に—中の客船」

てい-はつ【▼剃髪】［名・自サ変］髪をそること。特に、仏門に入って髪をそり落とすこと。薙髪。

デイ-パック［day pack］［名］日帰りハイキングなどに用いる小型のリュックサック。

てい-ばん【定番】［名］流行にかかわりなく常に一定の売り上げが期待できる基本的な商品。定番商品。▼台帳の商品番号が固定していることから。

でい-ばん-がん【泥板岩】［名］➡頁岩

てい-はん-ぱつ【低反発】［名］力を加えると物の形どおりにゆっくり沈み、力を取り除くとゆっくり元の形に戻る性質。‖「—枕」

ティピカル［typical］［形動］典型的。代表的。

てい-ひょう【定評】［名］広く世間に認められ、しっかりと定まっている評判・評価。‖「使いやすさでは—のあるパソコン」

てい-ふ【貞婦】［名］貞操を固く守る女性。貞女。

ディフェンス［defense］［名］スポーツ競技などで、守備。防御。また、守備側の選手。⇔オフェンス

ディフェンダー［defender］［名］サッカーで、ゴールキーパーの前に位置し、主として守備にあたる選手。バックス。

ディフェンディング-チャンピオン［defending champion］［名］チャンピオンの座にあって、そのタイトルを防衛する立場にある選手。

ディベート［debate］［名］一つのテーマを定め、肯定・否定の二グループに分かれて行う討論。

ディベルティメント［divertimentoイタリア］［名］一八世紀後半にヨーロッパで流行した軽快な器楽合奏曲。一般に六、七楽章からなり、各楽章は比較的短い。嬉遊曲。

てい-へん【底辺】［名］❶三角形で、頂角に対する辺。また、台形で、平行な二辺（＝上底と下底）。❷社会・集団などの下層。‖「—に生きる人々」

てい-ぼう【堤防】［名］河川の氾濫や海水の侵入を防ぐために河岸・海岸などに沿って築く、土石・コンクリートなどの構築物。‖「—が決壊する」

てい-ぼく【低木】［名］丈の低い樹木。ふつう高さが人間の背丈より低い木本で、主幹と枝との区別がはっきりしないものをいう。ナンテン・ツツジ・アジサイなど。灌木。⇔高木

てい-ほん【定本】［名］❶多くの異本を比較・検討して誤りなどを正し、類書中の標準になるように本文を整えた本。‖「—平家物語」❷全集などの決定版。特に、著者が加筆・訂正した決定版。

てい-ほん【底本】［名］校訂したり翻訳したりするときに、よりどころとする本。▼「定本」と区別するために「そこほん」「そこぼん」ともいう。

てい-まい【弟妹】［名］弟と妹。⇔兄姉

ディミヌエンド［diminuendoイタリア］［名］音楽の強弱標語の一つ。次第に弱く、という意。dim.またはdimin.と略記する。デクレッシェンド。

てい-めい【低迷】［名・自サ変］❶雲などが低い所をただようこと。‖「暗雲が—する」❷好ましくない状態が続いていること。‖「景気が—する」

てい-めい【締盟】［名］同盟・条約などを結ぶこと。

てい-めん【底面】［名］❶底の面。❷角錐・円錐などで、頂点に対する面。角柱・円柱などで、平行する上下の二面。

ディメンション【dimension】［名］次元。

てい-もう【▼剃毛】［名・自サ変］体毛をそること。

てい-やく【定訳】［名］評価の定まっている翻訳。

てい-やく【締約】［名・自他サ変］条約・契約などを結ぶこと。「―国」

てい-ゆ【提喩】［名］比喩(ゆ)法の一つ。全体の名称を提示してその一部を表し、また、一つの名称を提示して全体を表すもの。「花」といって「桜」を表し、「めし」といって「食事」を表す類。

てい-よう【提要】(ウエ)［名］要点・要領を掲げて示すこと。また、そうした内容の書物。「言語学―」

てい-よく【体よく】［副］差し障りのないよう、うわべをうまく取り繕うさま。体裁よく。「―断られる」

てい-らく【低落】［名・自サ変］❶価格・相場などが下がること。⇔高騰 ❷評価・評判などが悪くなること。「人気が―する」

て-いらず【手入らず】［名］❶手間や手数がかからないこと。❷手入れをしていないこと。「荒れるにまかせた―の庭」❸まだ一度も使ってないこと。また、そのもの。「―の茶器」

ティラミス【tiramisu(イタリア)】［名］コーヒーやリキュールをしみ込ませたスポンジケーキなどとマスカルポーネチーズを加えたクリームを重ね、ココアをふりかけたイタリアの菓子。

てい-り【低利】［名］安い利息。⇔高利

てい-り【廷吏】［名］法廷で裁判官が命じる事務その他の雑務に従事する裁判所職員。▽古くは「廷丁」といった。

てい-り【定理】［名］定義・公理によって真であることが証明されている命題。「ピタゴラスの―」

で-いり【出入り】［名］❶［自サ変］出ることと入ること。「人の―がはげしい」「―禁止」❷［自サ変］仕事や商売の関係でその家や会社をよく訪れること。「―の業者」❸金銭の支出と収入。「何かと―の多い月」❹数量が多くなることと少なくなること。増減。「定数は五〇人だが多少の―はある」❺地形が突き出ていることと入り込んでいること。「―の多い海岸線」❻けんか。もめごと。「やくざの―」◈①③⑤は「ではいり」とも。

デイリー【daily】［名］毎日の。日刊。デーリー。「―ランキング」「―ニュースペーパー(＝日刊新聞)」

でいり-ぐち【出入り口】［名］人の出入りする所。書き方 公用文では「出入口」。

てい-りつ【低率】［名・形動］比率の低いこと。また、低い比率。「―の昇給」⇔高率

てい-りつ【定立】［名］テーゼ。

てい-りつ【定律】［名］❶定められている規則・法則。❷自然科学で、ある条件のもとでは必ずある現象が起こるという法則。「質量不変の―」

てい-りつ【定率】［名］比率が定まっていること。また、一定の割合。「―の税金」

てい-りつ【▼鼎立】［名・自サ変］三者が互いに対立していること。「三派が―する」▽鼎(かなえ)は三本の脚をもつことから。

てい-りゅう【底流】(ウリ)［名］❶川や海の底に近い方の流れ。❷［自サ変］表面には現れないが、ある思想・感情・勢力などが奥底で動いていること。また、その思想・感情・勢力などが動いている奥底のところ。「国民の―にある政治不信」

てい-りゅう【停留】(ウリ)［名・自他サ変］ある場所にとどまること。また、とどめること。

でい-りゅう【泥流】(ウリ)［名］火山の爆発や山崩れで斜面を下り落ちる、大量の火砕物や泥土の流れ。

ていりゅう-じょ【停留所】(テイリウ)［名］路面電車・バスなどが客を乗降させるためにとまる一定の場所。停留場。

ていりゅう-じょう【停留場】(テイリウチヤウ)［名］停留所。

てい-りょう【定量】(ヤウリ)［名］決められた分量。一定の分量。「―の食塩を加える」

ていりょう-ぶんせき【定量分析】(テイリヤウ)［名］試料を構成している成分物質の量を測定する化学分析。重量分析・容量分析・質量分析・比色分析などがある。⇔定性分析

ディル【dill】［名］ハーブとして栽培するセリ科の一年草。茎葉と種子をピクルス・魚料理などの香辛料にする。イノンド。

て-いれ【手入れ】［名・他サ変］❶よい状態を保つために補修・整備などの手を加えること。「庭木の―をする」❷犯罪捜査や犯人検挙のために警察官などが現場に踏み込むこと。「賭場(とば)に―する」

てい-れい【定例】［名］❶以前から決まっているやり方。ならわし。しきたり。じょうれい。❷決まった月日・日時に行われること。定期的に行われること。「―の会議」⇔臨時

ディレクション【direction】［名］❶方向。方角。❷指揮。指導。管理。また、監督。演出。「映像の―を担当する」

ディレクター【director】［名］❶映画監督。また、演劇やラジオ・テレビなどの演出家。❷楽団などの指揮者。

ディレクトリー【directory】［名］コンピュータで、階層構造でファイルを管理する方式での、それぞれの階層。マックOSやウィンドウズのフォルダーに相当する。

てい-れつ【低劣】［名・形動］程度が低くて価値がないこと。品位に欠けていてくだらないこと。「―な読み物」派生 ―さ

ディレッタンティズム【dilettantism】［名］学問・芸術などを専門家としてではなく、趣味として愛好すること。

ディレッタント【dilettante】［名］学問や芸術を趣味として愛好する人。好事家(こうずか)。ジレッタント。

てい-れん【低廉】［名・形動］金額が低いこと。値段が安いこと。「―な価格」

てい-ろん【定論】［名］多くの人に正しいと認められている論。定説。「学界の―」

ティンパニ【timpani(イタリア)】［名］打楽器の一つ。大きな鉢形の胴の上部に牛皮やプラスチックの膜を張った太鼓。周囲につけたねじ、または支柱のペダルで音の高さを調節し、ばちで打って演奏する。ティンパニー。チンパニー。

て-うえ【手植え】(ヱウ)［名］その人が自分自身の手で植えること。また、その植えられた樹木。「陛下お―の松」

て-うす【手薄】［名・形動］❶手元にある金銭や物品が少ないこと。「在庫が―になる」❷人手が少なくて行き届かないこと。「警備が―になる」派生 ―さ

デウス【Deus(ポルトガル)】［名］キリシタン用語で、神。天

帝。

て‐うち【手打ち】[名] ❶取引・契約・和解などの成立を祝って、関係者一同が手を打ち鳴らすこと。‖「―式」❷うどん・そばなどを、機械を使わずに手で打って作ること。‖「―そば」❸武士が落ち度のあった家臣や町人を自分の手で斬り殺すこと。‖「―にする」書き方「手討ち」とも。

て‐うり【手売り】[名・他サ変] 手渡しで販売すること。‖「演奏会のチケットを―する」

デー[day][名] ❶昼間。日中。‖「―ゲーム」❷ある特別の催しのある日。‖「特売―・バレンタイン―」◈書き方 一般に「デー」と書くが、「デイ」と書くものもある。「ディ」は誤り。‖「デイケア」「×バースディ」

デー‐ゲーム[day game][名] スポーツなどで、日中に行う試合。⇔ナイトゲーム・ナイター

デージー[daisy][名] ひなぎく。

テーゼ[Theseドイ][名] ❶ある論理を展開するうえで、ある事柄を肯定的に主張する命題を立てること。また、その命題。定立。❷政治運動の基本方針。綱領。

データ[data][名] ❶判断・推論の基礎となる客観的な事実。また、判断・推論の参考にする資料や情報。❷コンピューターが処理できるようにデジタル化した情報。‖「―処理」

データ‐バンク[data bank][名] 大量の情報をコンピューターなどで収集・整理・保管し、必要に応じて利用者に提供するシステム。また、それを扱う事業。

データ‐ベース[database][名] コンピューターで、すぐ利用できるようにデータをある決まった形で蓄積したもの。‖「―ソフト(=データベースの枠組みや検索システムを提供するソフト)」

データ‐マイニング[data mining][名] 大量に蓄積したデータを解析し、自社の経営やマーケティングに有効な法則や関連性を探り出す技術。▼情報発掘の意から。

デート[date][名] ❶[自サ変] 恋い慕う相手と日時や場所を決めて会うこと。❷日付。

テーピング[taping][名] 傷の予防・治療のために関節・筋肉・靱帯(じんたい)などにテープを巻くこと。

テープ[tape][名] ❶幅が狭く、細長い帯状になっているもの。‖「セロファン―」「〔陸上競技で〕―を切る(=ゴールインする)」❷磁気テープ。‖「ビデオ―」

テープ‐カット[和製tape+cut][名・自サ変] 開通式や開会式などで、張り渡したテープをはさみで切って祝いのしるしとすること。また、その儀式。

テープ‐デッキ[tape deck][名] 磁気テープの録音・再生装置。パワーアンプ(増幅器)とスピーカーを接続して使用するタイプのもの。

テーブル[table][名] ❶脚の長い洋風の机。また、椅子式の食卓。‖「―マナー」❷一覧表。‖「タイム―」

テーブル‐ウエア[tableware][名] 食卓で使う食器類。皿・カップ・ナイフ・スプーン・フォークなど。

テーブル‐クロス[tablecloth][名] テーブルに掛ける布類。テーブル掛け。テーブルクロース。

テーブル‐スピーチ[和製table+speech][名] 宴会やパーティーで、自分の席で行う短い話。

テーブル‐センター[和製table+center][名] テーブルなどの中央に装飾として敷く布類。

テーブル‐チャージ[和製table+charge][名] レストラン・ナイトクラブなどで、一つのテーブルごとに飲食代とは別に支払うサービス料。席料。テーブル料。カバーチャージ。

テープ‐レコーダー[tape recorder][名] 磁性体を塗ったテープを用い、音声を録音・再生する装置。

テーマ[Themaドイ][名] ❶主題。題目。また、中心課題。‖「家族を―にした小説」❷音楽の主旋律。主題。

テーマ‐パーク[theme park][名] 一つのテーマに基づいて構成・演出された大型のレジャー施設。

デーモン[demon][名] 悪魔。悪霊。鬼神。デモン。

テーラー[tailor][名] 男子服専門の仕立て業。

テーラード[tailored][名] 紳士服のように仕立てた女性用の上着。多く背広形の上着をいう。テーラードジャケット。

テール[tail][名] ❶動物の尾。しっぽ。❷スキー・サーフボードなどの後端。❸自動車や航空機の後尾。

テール‐エンド[tail end][名] 物の末尾。特に、運動競技などの最下位。

テール‐ライト[taillight][名] テールランプ。

テール‐ランプ[tail lamp][名] 自動車・電車などの後尾につける赤い灯火。尾灯。テールライト。

て‐おい【手負い】ヒオ[名] 攻撃を受けて傷を受けること。また、そのもの。‖「―の虎(とら)」

て‐おくれ【手遅れ(手後れ)】[名] 手当てや処置の時機をのがして、解決・回復の見込みがなくなること。‖「早く病院に運ばないと―になる」

デオキシリボ‐かくさん【デオキシリボ核酸】[名] ディーエヌエー(DNA)。

で‐おく・れる【出遅れる】[自下一] 出るのが遅れる。また、物事をし始めるのが遅れる。‖「スタートで―」「選挙戦に―」文でおく・る 名出遅れ

て‐おけ【手▼桶】ケヲ[名] 取っ手のついているおけ。

て‐おし【手押し】[名] 機械や牛馬の力を借りず、人の手で押して動かすこと。‖「―車」

て‐おち【手落ち】[名] 手続きや方法に欠点・欠陥があること。また、その欠点・欠陥。手ぬかり。‖「防疫態勢に―があった」

デオドラント[deodorant][名] 脱臭剤。防臭剤。特に、体臭などの悪臭を防ぐ化粧品。‖「―石鹸(せっけん)」

て‐おどり【手踊り】ドリヲ[名] ❶寄席の高座などで端唄(はうた)や俗曲につれておどる手軽な踊り。❷歌舞伎舞踊で、手に小道具など持たずにおどる踊り。❸盆踊りなど、大勢がそろって同じ手振りでおどる踊り。

て‐おの【手▼斧】ノヲ[名] ➡ちょうな

て‐おり【手織り】[名] 動力機械を使わず、手足で操作する簡単な機(はた)で織ること。手織り機(ばた)で織ること。また、その織物。

でか[名][俗] 刑事。▼昔の刑事は角袖(かくそで)を着ていたことから、「かくそで」を転倒して略した隠語という。

て‐がい【手飼い】ヒガ[名] 動物を自分の手で飼うこと。また、その動物。‖「―の虎(とら)(=飼い猫のこと)」

でか・い[形][俗] 非常に大きいさま。でっかい。‖「―家を建てる」「態度が―」派生‐さ

で‐がいちょう【出開帳】チヤウ[名・自サ変] 寺の本尊・秘仏などを寺院外の場所に運んで開帳すること。

て‐かがみ【手鏡】[名] 手に持って使う、柄(え)のついた鏡。

て‐かがみ【手▽鑑】[名] ❶代表的な古人の筆跡を

集めてとじた本。古筆の鑑定・鑑賞用に作られた。❷手本。模範。

て-がかり【手がかり(手掛かり・手懸かり)】[名] ❶よじ登るときなどに、手をかけて支える所。❷調査や捜査を進めるときの、きっかけとなるもの。いとぐち。||「—をつかむ」

て-かき【手書き】[名] 字を上手に書く人。能書家。

て-かぎ【手▼鉤】[名] 柄の先に鉄のかぎをつけた道具。荷物や魚などを引っかけて持ち上げるのに使う。

て-がき【手書き】[名] 印刷などでなく、人の手で字や絵を書くこと。また、書いたもの。||「—の年賀状」

て-かけ【手掛け・手懸け】[名]〔古風〕愛人。▽手にかけて愛する者の意。書き方「▼妾」「▼妾女」とも当てる。

で-がけ【出がけ(出掛け)】[名] ❶出かけようとするとき。出しな。||「—に電話が鳴る」❷出かけて間もないとき。||「—に書店に寄る」

て-が・ける【手がける(手掛ける・手懸ける)】[他下一] 自分で直接そのことを扱う。||「作詞のほか作曲も—」文てが・く

で-か・ける【出かける(出掛ける)】[自下一] ❶帰ることを前提として(ちょっとの間だけ)外出する。出向く。||「買い物に—」「所用で大阪へ—」「[あいさつで]『どちらへお—けになりますか』」❷出ていこうとする。出かかる。||「—けたところに客が来る」文でか・く

て-かげん【手加減】[名] ❶手にとった感じで物の重さ・分量・程度などをはかること。❷[自他サ変] 相手の程度や状況に応じて、扱い方を適当に調節すること。てごころ。||「採点に—を加える」「—しないで鍛える」

て-かず【手数】[名] ❶てすう。||「お—をかけて恐縮です」❷囲碁・将棋で、打つ手または指す手の数。❸ボクシングで、パンチを出す回数。||「—を出す」

でか・す【出▽来す】[他五] ❶出てこさせる。作り上げる。また、不本意な事態を招く。しでかす。||「とんでもないことを—・してくれた」❷見事にやり遂げる。うまくやる。||「—・したぞ」▽多く「でかした」の形で感動詞的に使う。◈本来は「できる」に対する他動詞。書き方①②とも、かな書きが一般的。

て-かせ【手▼枷・手▽械・▼梏】[名] 罪人などの手にはめて自由な動きを奪う刑具。てかし。▽自由な行動を束縛するもののたとえにもいう。

で-かせぎ【出稼ぎ】[名] 一定期間、家や故郷を離れ、よその土地や国へ行って働くこと。また、その人。||「—に行く」

て-がた【手形】[名] ❶手のひらに墨や朱を塗って紙・布などに押しつけた手の形。▽昔は文書などに押して後日のための証拠とした。❷一定の金額を一定の期日・場所で支払うことを約束した有価証券。||「—を落とす」➡為替(かわせ)手形・約束手形

で-かた【出方】[名] ❶ある物事に対処するときのやり方や態度。||「相手の—を見る」❷相撲茶屋などで客の案内や雑用をする男性。

て-がた・い【手堅い】[形] ❶やり方が確実で危なげがないさま。堅実だ。||「—商売」❷相場が安定していて下落する気配がないさま。||「—銘柄」派生 -さ

て-がたな【手刀】[名] 手の指をそろえてのばすこと。また、その手で刀を使うように打つこと。||「—を切る(=相撲で、勝ち力士が行司から懸賞金を受け取るときの作法として、手刀にした右手で左・右・中央の順に切る動作をする)」

てがた-わりびき【手形割引】[名] 銀行などが手形の支払期日前に、額面から期日までの利子や手数料を差し引いた額で手形を買い取ること。

デカダン [décadent フランス][名] ❶デカダンスの芸術家。❷[形動] 退廃的。また、退廃的な生き方をする人。

デカダンス [décadence フランス][名] ❶一九世紀末、フランスを中心とするヨーロッパに起こった文芸の一傾向。既成の価値や道徳を否定し、退廃的・虚無的・官能的な美を追求した。ボードレール・ベルレーヌ・ランボー・ワイルドらに代表される。退廃派。❷虚無的・退廃的な傾向。また、その生活態度。

てか-てか[副一] つやがあって光っているさま。||「ポマードを—(と)塗りたくる」

でか-でか[副一] きわめて大きくて、めだつさま。||「事件が新聞に—(と)載る」

デカフェ [decaf][名] コーヒーや茶などの飲料からカフェインを取り除いてあること。ディカフェ。

て-がみ【手紙】[名] 用件などを書いて人に送る文書。特に、はがきに対して封書の書簡。書状。||「—を出す」

品格 書簡「公開—」 書状「秀吉が家臣に宛てた—」 信書「首相の—を託される」 便(たよ)り「季節の—」

て-がら【手柄】[名] 人からほめられるような目覚ましい働き。功績。||「—を立てる」「御(お)—」「—顔(がお)」

て-がら【手▽絡】[名] 女性が日本髪を結ったとき、髷(まげ)の根元にかける装飾用の布。多くは絞り染めの縮緬(ちりめん)を使う。

で-がらし【出▼涸らし】[名] 茶などを何度も煎(せん)じたために、味や香りが薄くなっていること。また、そのもの。

てか・る[自五]〔俗〕てかてか光る。||「鼻の頭[スーツの肘(ひじ)]が—」書き方 多く「テカる」と書く。名 てかり

て-がる【手軽】[形動] 簡単で、手数がかからないさま。||「—に持ち運べる大きさ」「—な料理」派生 -さ

デカンタ [decanter][名] ワインなどを入れて卓上で用いる細首のガラス瓶。デキャンタ。

てき【敵】■一[名] ❶戦い争う相手。||「—と戦う」「強—・宿—」⇕味方 ❷害を与える存在。||「民衆の—」■二(造) 対等に立ち向かう。かなう。||「匹—」「好—手」

◉**敵は本能寺(ほんのうじ)にあり** 本当の目的は別のところにあるということ。語源 明智光秀(あけちみつひで)が西国に出陣すると見せかけて京都の本能寺にいる織田信長を攻めたという故事から。

てき【的】■一[接尾]〈多く抽象的な意味を表す漢語に付いて〉❶…に関する、…の傾向がある、…の状態の、などの意の形容動詞語幹を作る。||「科学—・機械—・劇—・人工—・比較—」使い方 (1)連体用法には、「具体的解決法」「具体的な解決法」の二種があるが、前者がやや文章語的。古くは「具体的の解決法」とも。(2)「〜の上では」「〜としては」などの意で、和語に付いて「気持ち的[仕事的・味(じあ)的]には」、また形容動詞語幹に付いて「マニアック的・有効的」などと使われるが、標準的でない。❷人を表す語に付いて、さげすみや親しみを表す。||「取—(とりてき)」「泥—(=泥棒)」■二(造) ❶目標。まと。||「射—・標—」❷まとを射る。あてる。あたる。||「—中・—確」

てき【笛】(造) ふえ。||「汽—・警—・霧—」

てき【摘】(造) ❶つむ。つまみ取る。〓「―出・―要」「指―」 ❷あばき出す。〓「―発」

てき【滴】(造) したたる。また、しずく。〓「雨―・硯―（けんてき）・点―」「一―も残さず飲み干す」

てき【適】(造) ❶ぴったりあてはまる。かなう。〓「―正・―切・―任」「快―・最―」 ❷ある所へ行く。頼って行く。〓「―帰・―従」

てき【▼擲】(造) なげつける。なげすてる。〓「投―」

でき【出来】[名] ❶ものができあがること。また、できあがったもの。〓「今―の茶碗」「南部―の鉄瓶」 ❷できあがったものの状態。でき具合。できばえ。〓「昔の細工物は―が違う」「上―」 ❸農作物のみのり。収穫。〓「今年は米の―がいい」 ❹よくできていること。〓「―不出来」 ❺取引所で売買が成立すること。〓「―高」

でき【溺】(造) ❶水におぼれる。〓「―死」 ❷物事におぼれる。〓「―愛」「耽―（たんでき）・惑―」

できあい【出来合い】[名] すでにできていること。また、そのもの。既製。〓「―の惣菜（そうざい）[スーツ]」⇔あつらえ 動 できあ・う(自五)

できあい【溺愛】[名・他サ変] むやみにかわいがること。〓「孫を―する」

できあがり【出来上がり】[名] ❶物が出来上がること。完成。〓「―を待つ」 ❷出来上がったぐあい。できばえ。〓「―は今ひとつだ」

できあが・る【出来上がる】[自五] ❶すっかりできる。〓「家が―」「頭の中でイメージが―」 ❷〈「できあがっている」「できあがった」の形で〉そのような性質・素質を生まれつき身につけている。〓「人間が素直に―・ったところが取りえだ」 ❸酒を飲んで、すっかり酔った状態になる。〓「ビール一本で―・ってしまった」◈書き方「できあがる」「でき上がる」も多い。名 出来上がり

できあき【出来秋】[名] 稲のみのる秋のころ。みのりの秋。

てきい【敵意】[名] 相手を敵として憎む気持ち。敵対して害を加えようとする心。〓「―を抱く」

テキーラ[tequilaスペ][名] リュウゼツランの茎から搾った汁を発酵させ、蒸留してつくった酒。メキシコ産。

てきえい【敵影】[名] 敵のすがた。

てきおう【適応】[名・自サ変] ❶周囲の状況・条件などによく合うこと。また、よく合うように行動や考え方を変えること。〓「新しい環境に―する」「―性に富む人」 ❷環境に応じて生物体の形態・機能・習性などが長い間に変化していくこと。また、その現象。

てきおん【適温】[名] ほどよい温度。

てきか【摘果】[名・自他サ変] 良質の果実を得るために、余分な果実を未熟なうちにつみ取ること。果実の間引き。てっか。

てきか【滴下】[名・自他サ変] 液体がしずくとなってしたたり落ちること。また、したたらせて落とすこと。てっか。〓「薬液が/を―する」

てきが【摘芽】[名・自他サ変] 果樹・花卉（かき）などの栽培で、むだな腋芽（えきが）をつみ取ること。果実や花の生育を調節するために行う。芽搔（めか）き。

てきがいしん【敵▼愾心】[名] 敵に対する怒りの気持ち。また、あくまでも敵を倒そうとする闘争心。〓「―をあおる」

てきかく【的確】[名・形動] 的（まと）をはずさないで、たしかであること。まちがいないこと。てっかく。〓「状況を―に判断する」「―な指示を与える」「―な評価」「―な表現」 使い方 ⬇適確 派生 ―さ

てきかく【適格】[名・形動] 必要な資格を備えていること。てっかく。〓「教育者として―だ」「―性が問われる」⇔欠格 派生 ―さ

てきかく【適確】[名・形動] 適正で確実なこと。てっかく。〓「業務を―に遂行する」「現実に―に対応する」 使い方 「適確/的確に評価する」では、前者は評価の適切公平さに、後者は正確さに注目していう。「適確/的確な表現」「適確/的確な指示」などでは、「的確」を使う。新聞は両者を区別せず「的確」に統一。 派生 ―さ

てきがた【敵方】[名] 敵になるほう。敵側。また、敵側の人々。〓「―に回る」

てききき【手利き】[名] 腕利き。〓「―の職人」

てきぎ【適宜】[副・形動] ❶その場の状況にちょうど適しているさま。〓「―な処置をとる」「―指示を与える」 ❷その場の状況に応じて各自がよいように行動するさま。〓「手の空いた者から―昼食をとる」

てきご【適語】[名] 適切な語。〓「括弧に―を入れよ」

てきごう【適合】[名・自サ変] 条件・状況などにぴたりと当てはまること。〓「要件に―する」

てきこく【敵国】[名] 敵対する国。戦争をしている相手の国。〓「―にスパイを送り込む」

できごころ【出来心】[名] 計画的でなく、その場でふと起こした悪い考え。〓「―で金をくすねる」▽悪事の言い訳にも使う。

できごと【出来事】[名] 社会や個人の身の回りに起こるさまざまな事柄。また、突然起こった事件や事故。〓「一日の―を日記に書く」「一瞬の―」 使い方 「事件」に比べると事の大小・善悪にかかわりなく使われ、用法も広い。

てきざい【適材】[名] ある仕事や職務に適した才能をもつ人。

てきざいてきしょ【適材適所】[名] その人の能力や適性を考慮して、その人にふさわしい地位や仕事につけること。

てきさく【適作】[名] その土地に適した農作物。〓「適地―」

てきし【摘示】[名・他サ変] あばいて示すこと。また、かいつまんで示すこと。〓「欠点の―」「事実を―する」

てきし【敵視】[名・他サ変] 相手を敵として見ること。敵とみなして憎むこと。〓「異教徒を―する」

てきじ【適時】[名] それをするのにちょうどよい時。〓「手続きを―に行う」「―打（＝タイムリーヒット）」

できし【溺死】[名・自サ変] 水におぼれて死ぬこと。おぼれ死に。水死。〓「川で―する」「―者」

てきしつ【敵失】[名] 野球で、相手側の失策。 使い方 野球以外にも転用する。〓「A党がB党の―によって支持率を上げる」

てきしゃせいぞん【適者生存】[名] 生存競争で、ある環境に最も適した生物だけが生き残って子孫を残すということ。▽survival of the fittest の訳語。

てきしゅ【敵手】[名] ❶敵の手。敵の勢力下。 ❷同等の実力をもった競争相手。〓「好―」

てきしゅう【敵襲】[名] 敵の襲撃。〓「―に備える」「―を受ける」

てきしゅつ【摘出(▼剔出)】[名・他サ変] ❶つまみ出すこと。 ❷全体の中からある部分を抜き出すこと。〓「要点を―する」 ❸悪事などをあばき出すこと。〓「不正

を―する」 書き方 「剔出」とも。❹手術で、体内の患部や異物をえぐり出すこと。 書き方 ④は、「剔出」の代用表記。

てき‐しょ【適所】 [名] その人にふさわしい地位・仕事。‖「適材―」

てき‐じょ【摘除】ヂョ [名・他サ変] 手術で患部の一部を取り除くこと。摘出。‖「病巣を―する」

てき‐じょう【敵情(敵状)】ヂャウ [名] 敵の状況。敵軍のようす。‖「―をさぐる」

てき‐しょく【適職】 [名] その人の能力や才能にふさわしい職業。‖「―を得る」

てき‐しん【摘心・摘芯】 [名・自サ変] 側枝を伸ばして花や実のつきをよくするために、果樹などの頂芽を摘みとること。▼一般に「心(しん)を止める」という。

てき‐じん【敵陣】ヂン [名] 敵の陣営。敵軍の陣地。

てき・す【適す】 [自五] ⬇適する‖「登山に―・さない靴」

て‐きず【手傷(手▼疵・手▽創)】 [名] 戦いによって受けた傷。

テキスタイル [textile] [名] 織物。布地。

テキスト [text] [名] ❶書物などの本文。また、原典。原本。‖「―クリティック(=古典の異本を比較研究して原典に近い本文を定めようとすること)」❷教材とする書物。教科書。テキストブック。❸言語記号によって構築された、特定のコミュニケーション機能をもつ構成体。❹コンピューターで、文字コードからなる文字列。テキストデータ。⬇テキストファイル ◈「テクスト」とも。

テキスト‐ファイル [text file] [名] コンピューターで、文字コードと基本的な制御コードからなるテキストデータのみを記録したファイル。

てき・する【適する】 [自サ変] ❶あるものが対象の目的・条件などによく合う性質を備えている。適合する。‖「このスポーツは高齢者に―・している」「山地に―・した作物」❷人がそれにふさわしい素質・能力・資格などを備えている。‖「彼女は教師に―・している」 文 てき・す 異形 適す

てき・する【敵する】 [自サ変] ❶敵として対抗する。敵対する。‖「衆寡(しゅうか)―・せず」❷互角に相手となることができる。匹敵する。‖「打力では彼に―選手はいない」 文 てき・す

てき‐せい【適正】 [名・形動] 適切で正しいこと。‖「―な評価を下す」「―価格」 派生 ‐さ

てき‐せい【適性】 [名] 素質・性格・能力などがその物事に適していること。また、その素質・性格・能力など。‖「パイロットとしての―を見る」

てき‐せい【敵性】 [名] 敵とみなされる性質。戦争法規の範囲内で、交戦国が相手国に対して攻撃・破壊などの加害行為を加えることが許容される性質。‖「―国家」「―語」

てき‐せい【敵勢】 [名] 敵の勢力。敵の軍勢。

てきせい‐けんさ【適性検査】 [名] 特定の活動に適した素質をどれだけ持っているかを測定する検査。職業適性検査、進学適性検査など。

てき‐せつ【適切】 [名・形動] ぴったりとあてはまること。ふさわしいこと。‖「―な指示をする」 派生 ‐さ

てき‐ぜん【敵前】 [名] 敵軍・敵陣の目の前。‖「―逃亡」

でき‐そこない【出来損ない】ソコナヒ [名] できあがりが完全でないこと。変なできであること。また、そのもの。‖「―の茶碗」▼能力が人より劣っている者をののしる語としても使う。 動 できそこな・う(自五)

てき‐たい【敵対】 [名・自サ変] 相手を敵とみなして立ち向かうこと。‖「隣国に―する」「―行為」

でき‐だか【出来高】 [名] ❶生産した総量。また、収穫した総量。‖「今年の米の―」❷取引所で、売買が成立した株式の数。

できだか‐ばらい【出来高払い】バラヒ [名] 働いた時間とは関係なく、できた仕事の量に応じて賃金を払うこと。また、その賃金。仕上高払い。仕事高払い。出来高給。‖「―の仕事」

でき‐たて【出来たて(出来立て)】 [名] いま出来上がったばかりであること。また、そのもの。‖「―のパン」「―のほやほや」

てきだん‐とう【▼擲弾筒】 [名] 手榴(しゅりゅう)弾・信号弾・照明弾などの発射に用いる小型の携帯用火器。

てき‐ち【適地】 [名] その用途に適した土地。また、その農作物に適した土地。‖「稲作の―」「―適作」

てき‐ち【敵地】 [名] 敵の領地。敵の支配下にある地域。‖「―に潜入する」

できちゃった‐けっこん【出来ちゃった結婚】 [名] 妊娠をきっかけにしてなされる結婚。できちゃった婚。▼略して「でき婚」とも。

てき‐ちゅう【的中】 [名・自サ変] ❶矢・弾丸などが的(まと)にあたること。命中。‖「―率」❷予言・予測などがあたること。‖「予想が―する」 書き方 ②は「適中」とも。

てき‐ちゅう【敵中】 [名] 敵の勢力範囲のなか。

てき‐てき【滴滴】 [形動タルト] しずくがしたたり落ちるさま。‖「岩間より―としたたる清水」

てき‐ど【適度】 [名・形動] 程度がちょうどよいこと。‖「―な睡眠をとる」「―の酒を―に楽しむ」⬆過度 派生 ‐さ

てき‐とう【適当】タウ [名・形動] ❶ある条件・目的・要求などにうまく当てはまること。‖「―な選択肢はどれか考える」❷分量・程度などがほどよいこと。‖「野菜を―な大きさに切る」「―なところで休憩する」❸まともに取り組まないで、いいかげんであること。‖「―に返事をしておく」 使い方 ①②と異なり、③はマイナスに評価していう。 派生 ‐さ

てき‐にん【適任】 [名・形動] その任務・仕事などに適していること。また、その人。‖「幹事に―な/の人」

てき‐はい【敵背】 [名] 敵の背後。‖「―に回る」

でき‐ばえ【出来栄え・出来映え】 [名] できあがりのようす。また、できあがりのよいこと。‖「見事な―だ」「予想外の―だ」

てき‐ぱき [副ト] 物事を手ぎわよく処理するさま。‖「仕事を―(と)片づける」

てき‐はつ【摘発】 [名・他サ変] 悪事や不正をあばいて公表すること。‖「脱税を―する」

てき‐ひ【適否】 [名] 適するか、適さないか。適不適。

て‐きびし・い【手厳しい】 [形] 状況や人の行動・言動がきわめてきびしいと感じられるさま。少しも容赦がないさま。‖「―指摘を受ける」 派生 ‐さ

てき‐ひょう【適評】ヒャウ [名] 適切な評価。

でき‐ぶつ【出来物】 [名] 人格・才能のすぐれた人物。‖「当節稀(まれ)に見る―」

てき‐ほう【適法】ハフ [名・形動] 法規・法律にかなっていること。法に反しないこと。‖「―性」⬆違法

てきほん-しゅぎ【敵本主義】[名]目的がほかにあるように見せかけて、途中から急に本来の目的をねらうやり方。語源 途中で「敵は本能寺にあり」といって織田信長を襲った明智光秀の故事から。

てき-めん【▼覿面】[名・形動]ある物事の結果・効果・報いなどが即座に現れること。「薬がーに効く」「効果ー」

覿

でき-もの【出来物】[名]ふきでもの。おでき。

てき-や【的屋】[名]香具師(やし)。

てき-やく【適役】[名]その役に適していること。また、その人にふさわしい役。はまり役。

てき-やく【適訳】[名]原文によくあてはまった訳。

てき-やく【適薬】[名]その病気によく効く薬。

てき-よう【摘要】[名・他サ変]重要な箇所を抜き出して記すこと。また、その記したもの。「論文から日本の事例をーする」「答申のーを読む」

てき-よう【適用】[名・他サ変]法律・規則・方法などを個々の事例に当てはめて用いること。「生活保護法をーする」

てき-らい【摘▼蕾】[名]より大きな果実や花などを得るために、余分のつぼみを摘(つ)み取ること。

てき-りょう【適量】[名]ちょうどよい分量。「柿(かき)のー」

で-きる【出来る】一[自上一]❶ものごとが自然に生じる。発生する。出現する。生まれる。「顔ににきびがー」「夫婦の間に子供がー」「用事[友達]がー」「生活にゆとりがー」使い方 持ち主に注目すると、自分のものになる(手に入る)意を表す。「受験資格[金・暇]がー」❷ものごとが意図的に作り出される。「駅前にマンションがー」「組合[原稿]がー」「食事がーきました」❸作物が(立派に)育つ。また、立派に育って収穫される。「今年は特別に甘みの強いナシがーきた」「この地方ではいい米がー」❹〈「できた…」「できている」の形で、上に材料・手段・機能・様態などを表す語句を伴って〉ものがそのような特徴をもって作られている、そのようなものから構成されている意を表す。「このパンはライ麦でーきている」「丈夫にーきた(=生まれついた)体」「砂岩でーきた砥石(といし)」❺〈「できた」の形で〉課された問題などがうまく達成された意を表す。「筆記試験はーきたんだが…」❻〈「できている」の形で〉二人がひそかに結ばれたり言い交わしたりして、特別の関係になっている意を表す。「あの二人はーきている」❼〈人為的な事柄の後に付いて〉そうすることが可能である意を表す。「いく通りにも解釈がー」「もう我慢がーきない」「今日はゆっくりとー」「夕方までに着くことがー(=着ける)」「彼を信じることがーきない(=信じられない)」使い方 ⑴「解釈[覚悟]をする」など事柄を表す名詞の場合は、「…ができる」の形になる。「時間を無駄にする」「これを基準とする」など、「~を…に[と]する」の形のものは、「時間を無駄にはできない」のように「~を」のままのこともある。⑵サ変の複合動詞の語幹に付いて、可能を表す複合動詞を作ることもある。「解釈ー」「ゆっくりー」⑶「…ことができる」に反語や否定の表現を添えると、極端なことでも行う可能性があることを表す。「よくもあんな厚かましいことがーものだ」❽そうする能力があることを表す。「彼女は英会話がー」「この犬は主人の介助がー」❾人柄・技能などがすぐれている。「苦労しただけに人間がーきている」「本当によくーきた人ですこと」

二[補動]〈「お[ご]…できる」の形で、間に動詞連用形や漢語サ変動詞語幹が入って〉謙譲 Aに…する、A(の事物)を…することが可能であるという動作について、Aを高める。「先生にお会いーきた」「お部屋をご用意ーきました」「それにはお答えーきない」▽謙譲の「お[ご]…する」に可能の意が加わったもの。注意 謙譲語は自分側の行為について言うものなので、他人の行為を述べる尊敬語として使うのは誤り。「お[ご]…になれる」「お[ご]…になることができる」などが適切。「×会員であればご利用できます→○ご利用になれます」「×(お客様は)ご乗車できません→○ご乗車になれません」⬇お・ご(御)

◈カ変動詞「でく(出来)」の連体形「でくる」の転。書き方 今はかな書きが多い。注意 ⑴「出来る」は意図的な行為を表さないので、希望の助動詞「たい」は付かない。「×友達が出来たい→○友達が出来てほしい/友達を作りたい」「×英語が出来たい→○出来るようになりたい」⑵可能動詞や可能の助動詞(れる・られる)に「…ことができる」は付かない。「×話せることができる→○話すことができる/話せる」名 出来

⊙出来ない相談 初めから成立する見込みのない事柄。

できる-かぎり【できる限り(出来る限り)】[副]できるだけ。「ー早く帰るようにしたい」

できる-だけ【(出来るだけ)】[副]可能な限り。できる限り。「ー早く返事を下さい」「援助についてはーのことをしたい」書き方「出来る丈」とも当てる。

て-ぎれ【手切れ】[名]❶それまで続いていた関係や交渉を絶つこと。特に、続いていた愛情関係を絶つこと。「ー話」❷愛情関係を絶つ代償として相手に支払う金。▽「手切れ金」の略。

てき-れい【適例】[名]ぴったりとあてはまる例。適切な例。

てき-れい【適齢】[名]ある規定や条件にあてはまる年齢。「ー期(=結婚するのにふさわしいとされる年ごろ)」▽第二次大戦終了までは、特に徴兵検査を受ける年齢をいった。

て-ぎれい【手奇麗・手▼綺麗】[形動]手仕事などが手ぎわよく、きれいに仕上がるさま。「料理をーに盛りつける」派生 -さ

でき-レース【出来レース】[名]前もって結果が決められている競争。「初めから代表が決まっているーの選挙」▽話し合いが出来ているレースの意。

できれ-ば【出来れば】[連語]可能ならば。出来るならば。「ー明日までに仕上げて欲しい」

てき-ろく【摘録】[名・他サ変]要点を抜き出して書くこと。また、その書いたもの。

て-ぎわ【手際】[名]物事を処理するやり方。また、物事を処理する手腕・技量。「難題をーよく片づける」「料理のーが悪い」

て-きん【手金】[名]手付金(てつけきん)。「ーを打つ」

て-く[連語]〈動詞の連用形に付いて〉「…ていく」のくだけた言い方。⬇行く[使い方]「今日は傘を持ってーといいよ」「ちょっと寄っーけよ」▽「ていく」の転。使い方 五段活用をする。「…でいく」から転じたものは「でく」となる。「喫茶店で休んでくかい?」

テク[名]「テクノロジー」の略。「財ー・ハイー」

でく【〈木偶〉】[名]❶木彫りの人形。また広く、人形。❷操り人形。「ーを操る」❸役に立たない人。ま

た、そのような人をののしっていう語。でくのぼう。

て-ぐし【手▽櫛】［名］手の指を櫛のように使うこと。‖「―で乱れた髪を整える」

てぐす【〈天蚕糸〉】［名］テグスサンの幼虫から取り出した絹糸腺を酢酸で処理して作る白色透明な糸。釣り糸などに用いる。てぐすいと。てんぐす。▽類似した合成繊維製のものもいう。

テクスチャー【texture】［名］❶織物の織り方。また、織り地。生地。❷岩石・木材・皮膚などの、きめ。手ざわり。❸美術で、質感。◈「テクスチュア」とも。

テクスト【text】［名］⇒テキスト

てぐすね-ひ・く【手▽薬▼煉引く】［自五］すっかり用意して待ち構える。準備を整えて機会を待つ。‖「―・いて待ち構える」▽「手に薬煉を引く」の意。「薬煉」は松脂と油を練りまぜたもので、弓弦などに塗って補強するのに用いる。

て-くせ【手癖】［名］手でうっかりしてしまう癖。特に、人の物をとる性癖。

◉手癖が悪・い 盗みをする癖がある。また、女癖が悪い。

で-ぐせ【出癖】［名］家にじっとしていないで、出歩きたがる性癖。‖「―がつく」

て-くだ【手管】［名］人をだまし、うまくあやつる手段。‖「手練―」

て-ぐち【手口】［名］❶犯罪などを実行するときの方法・手段。‖「巧妙な―で盗む」❷取引所で、売買した株の銘柄・数量などの情報。また、その売り手と買い手。

で-ぐち【出口】［名］中から外へ出るための口。‖「非常用の―」⇔入り口

でぐち-ちょうさ【出口調査】［名］選挙の結果を予測するため、報道機関が投票所の出口で投票を終えた人に投票行動をたずねる調査。

てくてく［副］（やや遠い距離を）同じ調子で歩くさま。‖「一本道を―(と)歩いていく」

テクニカル【technical】［形動］❶技術にかかわるさま。技術的。❷専門の分野にかかわるさま。専門的。

テクニカル-ターム【technical term】［名］専門用語。術語。

テクニカル-ノックアウト【technical knockout】［名］ボクシングなどで、選手の技量に大差があるとき、または一方が負傷して試合続行が不可能になったとき、レフリーが試合を中止して勝敗を決すること。TKO。

テクニシャン【technician】［名］技巧家。技巧派。

テクニック【technique】［名］技術。技巧。‖「高度の―を要する作業」

テクノ【techno】㊀［名］シンセサイザーなどの電子技術を用いたポピュラー音楽。▽「テクノポップ(techno-pop)」の略。㊁（造）技術の。科学技術の。‖「―ポリス」

テクノクラート【technocrat】［名］高度の科学技術や専門的知識をもって社会組織の管理・運営、政策決定などに携わる行政官・官僚。

でく-の-ぼう【〈木偶〉の坊】［名］❶人形。操り人形。でく。❷役に立たない人。気のきかない人。また、そのような人をののしっていう語。

テクノロジー【technology】［名］科学技術。また、科学技術を応用する体系。

て-くばり【手配り】［名］人を必要な部署に配置し、それぞれの分担を決めて準備すること。また、必要なものなどを用意して段取りをつけること。てはい。‖「警備の―をする」

て-くび【手首】［名］腕と手のひらとがつながる部分。うでくび。‖「―をつかむ」

て-ぐり【手繰り】［名］❶糸などを手で巻き取ること。また、手で引き寄せること。❷物を手から手に受け渡して運ぶこと。❸袋網とそれに連結した袖網からなる漁網。海底の魚類を巻き囲んで捕獲し、引き綱でたぐり寄せる。また、その漁法。▽「手繰り網」の略。

て-ぐるま【手車】［名］❶手で押して、または引いて動かす小形の車。特に、手押しの一輪車。猫車。❷向かい合った二人が腕を差し違いに組み、その上に別の一人を乗せて歩き回る子供の遊戯。

デクレッシェンド【decrescendo イタリア】［名］音楽の強弱標語の一つ。「次第に弱く」の意。decr. または decresc. と略す。ディミヌエンド。記号＞ ⇔クレッシェンド

で-くわ・す【出▽会す】［自五］たまたまであう。偶然に行きあう。でっくわす。‖「駅でばったりと旧友に―」書き方「出▽喰わす」「出▽交す」とも。

で-げいこ【出稽古】［名］❶芸事などで、師匠が弟子の家などに出向いて教えること。出教授。❷相撲で、よその部屋に出向いて稽古をつけてもらうこと。

てけてけ［副］❶エレキギターなどを小刻みに弾いて演奏する音を表す語。また、その奏法。‖「ギターを―かき鳴らす」❷小またで足早に歩くさま。‖「子供が―歩く」◈書き方 多く「テケテケ」と書く。

て-こ【▼梃・▼梃子】［名］❶棒の一点を支点とし、その支点を中心にして棒が自由に回転できるようにした仕組み。機械や工具などで、小さい力を大きな力に、また小さな動きを大きな動きに変えるために広く用いられる。槓杆。レバー。❷重い物の下にさし入れて、それを動かすために使う棒。

◉梃でも動か・ない ❶どんな手段を用いてもそこを動かない。❷どんなことがあっても主張や信念を変えない。‖「一度決めたら―」

デコ［名］「デコレーション」の略。‖「―トラ（＝装飾を施したトラック）」「―電（＝装飾を施した携帯電話）」▽多く他の語と複合して使う。動詞化して「デコる」とも。

デコイ【decoy】［名］❶狩猟で、おとりに使う実物大の模型の鳥。❷おとりとなる人や物。

てこ-いれ【▼梃入れ】［名・自サ変］❶相場の変動を人為的に操作すること。特に、下落をくい止めるために相場を買い支えること。❷順調に運ばない物事が活発になるように、外部から援助を与えること。‖「資金を投入して子会社の―をする」

デコーダー【decoder】［名］符号化されたデータを元の形式に戻す装置。復号器。解読器。

て-ごころ【手心】［名］相手の程度や状況を考えて、扱い方をほどよく加減すること。寛大に扱うこと。手加減。‖「採点に―を加える」

◉手心を加・える 手加減する。‖「検査に―」

てこ-ず・る【手子▼摺る・▼梃▼摺る】［自五］扱いに困る。もてあます。また、手間取る。‖「泣きわめく子に―」「和平交渉に―」書き方 かな書きが一般的。

て-ごたえ【手応え】［名］❶手がある動作をした

とき、その反応として手に伝わってくる感じ。‖「ずっしりとした—」❷働きかけに対する確かな（好ましい）反応。‖「—のある対戦相手」「仕事に—がない」

て‐ごと【手事】［名］地唄・箏曲などで、前唄と後唄の間に挿入される長い間奏の部分。

でこ‐ぴん［名］〔俗〕相手のおでこを指でぴんとはじくこと。書き方 多く「デコピン」と書く。

でこ‐ぼこ【《凸凹》】［名・形動・自サ変］❶物の表面に出っぱった所やへこんだ所があること。高低があって平らでないこと。‖「—な／の土地」❷ふぞろいで、つり合いがとれていないこと。‖「給与の—をならす」

て‐ごま【手駒】［名］将棋で、相手から取った駒。持ち駒。▼意のままに使える部下・手下のたとえにもいう。‖「—を一線に送り込む」

てこ‐まい【手古舞】［名］江戸の祭礼で、男装の芸妓などが鉄棒を引き、木遣りなどを歌いながら山車や神輿の前を練り歩いて舞った舞。また、その男装をした芸妓など。

て‐ごめ【手込め（手▽籠め）】［名］❶〔古風〕強姦。‖「—にする」❷腕力をふるって人に危害を加えること。

デコラティブ［decorative］［形動］飾りが多いさま。装飾的。‖「—なインテリア」

デコルテ［décolleté フラ］［名］❶胸元や背中が見えるように大きく刳った襟ぐり。ローブ・デコルテ。❷首から胸元にかけての部分。

デコレーション［decoration］［名］装飾。飾り。また、飾りつけ。‖「—ケーキ」

デコレーション‐ケーキ【和製 decoration＋cake】［名］スポンジケーキの台をクリーム・チョコレート・果物などで飾ったケーキ。◈英語ではfancy cakeという。

て‐ごろ【手頃】［形動］❶大きさ・重さなどが手で扱うのにちょうどよいさま。‖「—な厚さの板」❷自分が望む条件などにふさわしいさま。‖「—な価格のマンション」 派生 —さ

て‐ごわ・い【手▽強い】［形］容易には勝てないほど強いさま。実力があってあなどりがたい。‖「—対戦相手」 派生 —さ

デコンストラクション［deconstruction］［名］脱構築。

テコンドー［t'aekwondo 朝鮮］［名］朝鮮半島に伝わる伝統的な武術を総合した格技。攻撃は手足の突きや蹴りを中心とする。書き方 漢字は「▼跆▽拳道」。

デザート［dessert］［名］西洋料理で、フルコースの最後に出される食べ物。菓子・アイスクリーム・チーズ・コーヒーなど。▼単に食後の茶菓や果物の意でも使う。

て‐ざいく【手細工】［名］手先でする細工。また、その細工。

デザイナー［designer］［名］デザインを立案する職業。また、その職業の人。

デザイナーズ‐ブランド【和製 designer's＋brand】［名］有名デザイナーが自分の感性やデザインを前面に出し、商品の特長とするブランド。▼英語ではdesigner brandという。

デザイン［design］［名・他サ変］❶服飾・建築・工業製品・商業美術などの分野で、機能や美的効果を考慮して作品・製品などの形態を立案すること。意匠。‖「自分で—した服」「インテリア—」❷図案・模様などを考案すること。また、そのもの。

で‐さか・る【出盛る】［自五］❶人が盛んに出てくる。‖「夜桜を見に人が—」❷季節の農作物などが盛んに出回る。‖「市場にブドウが—」名 出盛り

て‐さき【手先】［名］❶手の先の部分。指先。‖「—が器用な人」❷手下となって人に使われる者。‖「盗賊の—になる」▼多くよくないことに使う。

で‐さき【出先】［名］❶出掛けていった先。出張した先。‖「—から連絡を入れる」❷「出先機関」の略。

でさき‐きかん【出先機関】［名］❶国が外国に設けている大使館・領事館などの政府機関。❷中央官庁・本社などが地方に設けている支社・出張所などの機関。

て‐さぐり【手探り】［名］❶見えない所を手先の感じでさぐること。‖「闇の中を—で進む」❷確かな見通しや方法がなく、模索しながら物事をすすめること。‖「新事業はまだ—の状態だ」

て‐さげ【手提げ】［名］手にさげて持つように作った袋・かご・かばんなどの類。‖「—かばん・—金庫」

て‐さばき【手▼捌き】［名］手で物を扱うときの、手の使い方や動かし方。‖「見事な—でカードを操る」

テザリング［tethering］［名］スマートフォンなどの通信機能を使って、パソコン・タブレットなどをインターネットに接続させる機能。

て‐ざわり【手触り】［名］手でさわったときの感じ。‖「—の柔らかい布」

で‐し【弟子】［名］特定の師匠について学問・技芸などの教えを受ける人。門人。門弟。‖「—をとる」⇔師匠

でし‐いり【弟子入り】［名・自サ変］弟子になること。‖「噺家に—する」

て‐しお【手塩】［名］❶昔、それぞれの食膳に添えた少量の塩。▼食膳の不浄を払うために小皿に盛ったという。❷香の物などを盛る、小さくて浅い皿。おてしょ。▼「手塩皿」の略。

◉手塩に掛・ける みずから世話をして大切に育てる。‖「—・けた娘」注意「手塩を掛ける」は誤り。

で‐しお【出潮】［名］月の出とともに満ちてくる潮。差し潮。⇔入り潮

デジ‐カメ［名］「デジタルカメラ」の略。▼商標名。

て‐しごと【手仕事】［名］手先を使ってする仕事。

デシジョン［decision］［名］決定。決着。判断。ディシジョン。‖「経営戦略の—」

て‐した【手下】［名］ある人の下にあって、命令・指図されるままに動く人。配下。てか。‖「—を従える」

デジタル［digital］［名］数量・データなどを数値で表現すること。数字表示。‖「—画像・—化」⇔アナログ

デジタル‐カメラ［digital camera］［名］被写体をCCDやCMOSなどの撮像素子によってデジタル信号に変換し、メモリーカードなどの記憶媒体に記録するカメラ。デジカメ。

デジタル‐きょうかしょ【デジタル教科書】［名］パソコンやタブレット端末などで学習できる、電子化された教科書。電子教科書。

デジタル‐デバイド［digital divide］［名］コンピューターやインターネットなどを使いこなせる人と使いこなせない人の間に生じる格差。デジタル格差。デジタルディバイド。

デジタル‐ほうそう【デジタル放送】［名］

音声・映像などをデジタル信号に変換して行う放送。多チャンネル化や高画質・高音質の放送などが可能となる。⬍アナログ放送

て-じな【手品】[名] 巧妙な手さばきや仕掛けを使って人の目をくらまし、数々の不思議なことをしてみせる芸。奇術。‖「―師」

デシベル [decibel] [名] 音の強さ・音圧レベル・騒音レベル・振動レベルなどを表す単位。記号dB ▼環境基準では物理的に測定した音の強さを周波数ごとに聴感補正した数値を用いる。

て-じまい【手仕舞い】[名] 信用取引や先物取引で、買い戻しや転売により取引関係を終えること。

て-じめ【手締め】[名] 物事の決着や成就を祝って、関係者が掛け声とともに手拍子を打つこと。

て-じゃく【手酌】[名] 自分で酒をついで飲むこと。

で-しゃば・る【出しゃばる】[自五] 関係のないことや求められていないことに、よけいな口出しや手出しをする。さしでる。‖「出来もしないことに―な」 可能 **出しゃばれる** 名 **出しゃばり**

デジャービュ [déjà-vu フランス] [名] まだ一度も経験したことがないのに、いつかどこかで経験したことがあるように感じること。既視感。

て-じゅん【手順】[名] 物事をするときの順序。段取り。‖「仕事の―を決める」「いつもの―を踏む」

て-じょう【手錠】[名] 手首にはめて錠をかけ、腕の自由を奪う金属製・革製の輪。‖「―をかける」

でしょ-う [連語] 「だろう」の丁寧語。❶推量を丁寧に表す。‖「今晩は雪―」「きっと帰って来る―」❷やわらかく丁寧に断定する意を表す。‖「これがいい―」❸〈「でしょうか」の形で〉疑問・疑念など案ずる気持ちを丁寧にやわらかく表す。‖「間に合う―か」「お元気でお過ごし―か」 使い方 断定的でなく、推量の言い方をしている分、「間に合いますか」「お過ごしですか」よりもやわらかな感じになる。❹〈「…たでしょうか」の形で〉不確かな記憶を頼りに事実関係を丁寧に伝える。‖「あれは七歳のころだった―か」 使い方 「昨日あなたは家にいらっしゃったでしょうか」のように、過去の事態を問い合わせるのに③の用法を用いる例が見られるが、違和感を持つ人もいる。また、「いらっしゃいましたでしょうか」のように、丁寧に言うために「…ましたでしょうか」を用いる例が見られるが、過剰だと感じる人もいる。どちらも「いらっしゃいましたか」で十分。❺〈「…ではないでしょうか」の形で〉①より確信の弱い推量を表す。‖「間に合わないのではない―か」❻〈上昇調のイントネーションを伴って〉相手が同意することを期待しながら丁寧に確認する意を表す。‖「そこは寒い―？」「お金がいるん―？」❼〈疑問や感動を表す語を伴って〉反語や感動を表す。‖「だれが信じてくれる―か」「何と魅惑的な人―」❽〈「…でしょうに」の形で〉相手の手間を思いやる気持ちを丁寧に表す。さぞ…と思いますが。‖「遠かった―に、歩いて来たんですか」

◈使い方 (1)体言・体言相当の語、形容動詞・形容動詞型活用の助動詞の語幹、その他の活用語の終止形に付く。一語化が進み、丁寧の意の断定を表す「です」とは意味も接続も異なることから、独立した助動詞とする意見もある。(2)⬇ます[使い方](2)

て-しょく【手▼燭】[名] 持ち歩きができるように柄をつけた燭台。

て-しょく【手職】[名] 手先の技術でする仕事。また、その技術。てじょく。

デシリットル [décilitre フランス] [名] メートル法で、容積を表す単位。リットルの一〇分の一。一デシリットルは一〇〇立方センチメートル。記号dl 書き方「▼竕」とも。

で-じろ【出城】[名] 本城のほかに、要害の地などに築いた城。⬍根城

デシン [名] 細かなしわのある薄手の絹布。中国の縮緬をまねてフランスで織り出したもの。ドレス・ブラウスなどに用いる。フランス縮緬。▼「クレープデシン(crêpe de Chine フランス)」の略。

です [助動 特活型]〈(でしょ)-でし-です-〇-〇-〇〉助動詞「だ」の丁寧語。⬇だ
❶〈「AはBです」「AがBです」の形で〉**断定**を丁寧に表す。‖「あの人が山田さん―」「菜の花は春の花―」
❷〈形容動詞の語幹に付いて〉丁寧な気持ちを添える。‖「青田をわたる風がさわやか―」「理由は明らか―」
❸〈終止形で〉ある事柄を提示して、丁寧に行動を促す。‖「さあ、出発―」「皆さん、食事の時間―よ」
❹〈「お[ご]」＋動詞連用形に付いて〉行為者に対する尊敬と、相手(＝聞き手・読み手)に対する丁寧の気持ちを添える。‖「もうお帰り―か」「先様はもうお待ち―よ」▼「…になります」「…になっています」などを簡略に表したもの。⬇お(御)
❺〈「ですね」の形で終助詞的に〉丁寧な調子で相手への訴えかけを強める。‖「あしたは―ね、ちょっと―ね、都合が悪くて―ね」
❻〈形容詞や形容詞型の助動詞の終止形、または形容詞連用形＋過去の助動詞「た」に付いて〉丁寧な気持ちを添える。‖「僕(は)とてもうれしい―」「この小説は面白くない―よ」「昨夜は暑かった―ね」

使い方 (1)「少し暑い**ですね**」のように「ね」「よ」「か」などの終助詞を伴う形は普通に使われるが、「ちょっと暑い**です**」のように「です」で言い切る形はぎこちなく感じられる。過去を表す場合は「昨日は暑い**でした**」ではなく、「昨日は暑かっ**たです**」の形になるが、やはり終助詞を伴わない形はぎこちなく感じられる。
(2)形容詞を丁寧に言うには、「楽しゅうございます」「待ち遠しゅうございます」など形容詞の連用形＋「ございます」の形もあるが、「おはようございます」「ありがとうございます」など決まった言い回し以外はあまり用いられなくなっている。「仕事は楽しいです→楽しく仕事をしています」「お会いするのが待ち遠しいです→待ち遠しく感じられます」「足下がおぼつかないです→おぼつかない状態です」のように、形容詞を述語にしない形に言い換えることができる。

❼〈「…ませんでした」の形で、動詞や動詞型活用の助動詞の連用形に付いて〉「…なかった」(打ち消し＋過去)に丁寧な気持ちを添える。‖「知りません**でした**」「塾に行かせません**でした**」▼「ます」と「です」の丁寧語が二つ使われているが、「ません」に「た」が直接付けられないので、「です」は敬体を崩さずにつなぐ働きをしている。⬇ます[使い方](2)・ません[使い方]・ない(助動)[使い方]
❽〈終助詞的に〉応答表現などで、軽い丁寧さを表す。‖「[相手に同意して]まったく―」「お先―」「今年もよろしく―」▼俗語的な用法。「全く同感です」「お先に失礼します」「よろしくお願いします」などを簡略にして、丁寧の気持ちを残したもの。

◈使い方 (1)体言、形容動詞の語幹に付くほか、形容詞

の終止形や一部の助動詞に付く。⑤⑧はいろいろな成分に付く。
⑵過去を表す場合、①②は「当時私は学生でした」「報酬はわずかでした」のように、過去の助動詞「た」の前に「です」を置く「…でした」の形が一般的。「…たです(＋終助詞)」の形を使うこともあるが、一般的でない。☰「△とても立派だったです→○立派でした[立派な…でした]」「△結果はどうだったですか?→○どうでしたか?」
⑶方言や古風な言い方では動詞(型の助動詞)の終止形にも付くことがあるが、現在の共通語では不適切。☰「披露のとき呼んで御馳走するです。シャンパンを飲ませるです〈漱石〉」「×たくさん食べるです→○食べます」
⑷未然形「でしょ」は、「でしょう」を「です」＋「う」(推量の助動詞)と解釈した場合に立てられる。「です」と「でしょう」は接続する語に違いがあるので、別語とされることが多い。⬇でしょう

で-ずいらず【出ず入らず】[名] 出入り・増減・損得・過不足などがないこと。ほどよいこと。☰「何事も—にする」

て-すう【手数】[名] ❶動作・作業などにかかる労力の度合い。☰「—のかかる仕事」「—料」❷〈「お手数をかける」「お手数です」などの形で〉相手に協力を依頼するときやそれに感謝するときに、ねぎらいの気持ちでいうことば。☰「どうも、お—をかけました」「お—ですが手伝ってください」「いや、とんだお—でした」◈「てかず」ともいう。

てすう-りょう【手数料】ウーレ [名] 手続き・仲介などをしてもらった代償として支払う金銭。

です-が [接]「だが」の丁寧な言い方。

て-ずから【手ずから】ーッ [副] 直接自分の手で。また、自分で。みずから。☰「知事が—賞状を授与する」

です-から [接]「だから」の丁寧な言い方。

て-すき【手隙(手透き・手▽空き)】[名・形動] 仕事が一段落して手があいていること。することがなくて暇なこと。☰「お—の折にはぜひおいでください」書き方「手すき」と書くことも多い。

て-すき【手▼漉き】[名] 機械を使わずに、手で紙をすくこと。また、その紙。☰「—の鳥の子紙」

で-す・ぎる【出過ぎる】[自上一] ❶ほどよい程度をこえて出る。また、決められた基準以上に出る。☰「前に—と危険だ」「—・ぎて渋いお茶」❷分をこえて、差し出がましい言動をする。☰「—・ぎたまねをするな」文 です・ぐ 名 出過ぎ

デスク【desk】[名] ❶机。事務机。☰「パソコン—」❷新聞社・雑誌社・放送局などで、情報の取材や編集を総括する役職(を務める人)。

デスクトップ【desktop】[名] ❶コンピューターを起動したときにあらわれる基本の操作画面。❷卓上型のパソコン。▼「デスクトップ型パソコン」の略。

デスク-ワーク【desk work】[名] 事務や執筆など、机に向かってする仕事。

です-けれど [接]「だけれど」の丁寧な言い方。▼ややくだけた言い方に「ですけど」がある。

て-すさび【手▽遊び】[名] 退屈をまぎらわすために手を使って何かをすること。手慰み。てすさみ。☰「老後の—に俳画を描く」

て-すじ【手筋】チース [名] ❶手のひらのすじ。❷手先を使ってする書画・芸事などの素質。☰「—がいい」❸囲碁・将棋で、ある局面での有効な手。☰「—を読む」

テスター【tester】[名] 電流・電圧・抵抗などを測定する小型の計器。回路計。

で-ずっぱり【出ずっぱり(出突っ張り)】パリッ [名] ❶演劇などで、一人の役者がすべての出し物や幕、あるいは一幕中にずっと出演すること。❷ある期間、ずっと出席または外出したままであること。☰「一日中会議に—だった」◈書き方 現代仮名遣いでは「でづっぱり」も許容。

テスト【test】[名・他サ変] 試験。検査。実験。☰「—を受ける」「数学の—をする」「期末—」「飛行—」

テスト-パターン【test pattern】[名] テレビの送像機・受像機で、画像の調整などに用いられる図形。

です-ので [接]「なので」の丁寧な言い方。☰「明日はいません。—、返事はあさってになります」使い方「病気ですので休みます」などと使う「です」＋接続助詞「ので」の接続詞化。新しい使い方で、書き言葉では用いられない。⬇なので

デスペレート【desperate】[形動] 絶望的。自暴自棄なさま。☰「—な気持ちになる」

デス-マスク【death mask】[名] 死者の顔から直接型をとって作った顔面の像。死面。

デス-マッチ【和製death＋match】[名] プロレスなどの格技で、どちらか一方が完全に倒れるまで戦う制限時間なしの試合。死闘。▼決着がつくまで競い合う激しい競争のたとえにもいう。

て-すり【手▼摺り】[名] 歩行を助けるなどのために、人がつかまるように取りつけた横木。

て-ずり【手刷り】[名] ❶木版を手で一枚ずつ刷ること。また、その刷ったもの。❷自動式でなく、手で操作する印刷機で一枚ずつ刷ること。また、その印刷物。

て-ずれ【手擦れ】[名] 何度も手がふれたために擦れて傷むこと。また、その部分。☰「表紙が—した本」

て-せい【手製】[名] 自分の手で作ること。また、その作ったもの。☰「—のバッグ」「お—のクッキー」

て-ぜい【手勢】[名] 直接率いている軍勢。手もとの兵卒。

て-ぜま【手狭】[名・形動] 家・部屋などの空間が快適に使用するには狭いこと。☰「三世代が暮らすには—な家」派生-さ

て-そう【手相】ウサ [名] その人の運勢を表すとされる、手のひらの筋や肉づきなどのようす。☰「—見」

で-ぞめ【出初め】[名] ❶初めて出ること。特に、新年に初めて出ること。❷新年に消防士や鳶の者が出そろって消防演習やはしご乗りを披露する行事。多くは一月六日に行う。▼「出初め式」の略。

で-そろ・う【出▼揃う】ロソ [自五] 出るはずの人や物がすっかり出る。☰「役者[旬の野菜]が—」

て-た [連語]「ていた」のくだけた言い方。☰「玄関が開い—よ」「昨日は何し—?」▼「てる」＋助動詞「た」。「てる」に接続助詞「たり」が続くときも「てたり」となる。☰「見てたり」⬇てる

て-だい【手代】[名] 昔、商家で番頭の下、丁稚の上に位置する使用人。

て-だし【手出し】[名・自サ変] ❶こづく・打つ・殴るなど、手を出して争いをしかけること。❷ある物事に自分から積極的にかかわること。☰「相場に—する」❸他人の問題に立ち入ること。☰「よけいな—はするな」

で-だし【出だし(出出し)】[名] 物事の始まり。すべり出し。また、始まりの部分。☰「—は好調だ」

て-だすけ【手助け】［名・他サ変］人の仕事などを手伝って助けること。また、手伝いとして役に立つこと。‖「子供でもいくらかは—になる」

て-だて【手立て】［名］ある物事を達成する方法・手段。対策。‖「救う—がない」✓注意「手立てを打つ」は誤り。「手を打つ」「手立てを講じる」が適当。

でたとこ-しょうぶ【出たとこ勝負】［名］何の準備もなく、その場のなりゆきにまかせて事を決すること。‖「—で交渉に臨む」▼さいころ賭博で、出た賽の目で勝負を決めることから。

て-だま【手玉】［名］曲芸に用いる玉。品玉。また、少女が遊戯に使う玉。お手玉。

◉**手玉に取・る** 人を思い通りに操る。‖「男を—悪女」✓注意「手玉にする」は誤り。

でたらめ［名・形動］言動がいいかげんなこと。‖「—を言う」「生活態度が—だ」「—な／の噂」書き方「出▼鱈目」と当てる。派生—さ

て-だれ【手▽足れ・手▽練れ】［名］技芸・武芸などにすぐれていること。また、その人。腕利き。▼「てだり」の転。

デタント［détente フランス］［名］国際間の対立や緊張の緩和。▼緩和の意。

て-ぢか【手近】［名・形動］❶手が届くほど近くにあること。‖「—の材料を用いる」❷ごく普通にあって、わかりやすいこと。ありふれていること。卑近。‖「—な例を引く」◈「てじか」と書くのは誤り。

て-ちがい【手違い】［名］物事の手順や手続きを間違えること。段取りを誤ること。‖「—で連絡が遅れる」

て-ちょう【手帳・手▼帖】［名］いつも携帯して、心覚えを記しておくための小形の帳面。‖「母子—・生徒—・警察—」

てつ【鉄】［名］❶金属元素の一つ。堅くて強い性質があり、建築・造船・機器・家庭用品などにきわめて広く利用される。くろがね。元素記号Fe ‖「—製・—鍋」「砂—」❷堅固で、容易にゆるがないことを表す。‖「—のカーテン」「—則・—壁」❸「鉄道」の略。‖「私—・地下—」❹〘新〙鉄道ファン。‖「乗り—・撮り—」▼単独で使うときのアクセントは、テツ。旧鐵

◉**鉄は熱いうちに打て** 人は柔軟性のある若いうちに鍛えなければならない。また、物事は時機を逸しないように行う必要がある。

てつ【▼轍】［名］車輪の跡。わだち。また、すじみち。

◉**轍を踏・む** 前人と同じ失敗をする。

てつ【迭】（造）他のものとかえる。‖「更—」

てつ【哲】（造）❶道理に明るい。さとい。‖「—学・—人」「英—」❷見識が高く、道理をわきまえた人。‖「十—・聖—」❸「哲学」の略。‖「印—・中—」

てつ【徹】（造）つらぬきとおす。最後までする。‖「—底・—夜」「貫—・透—・冷—」

てつ【撤】（造）取り除く。取り下げる。‖「—回・—去」

てつ-いろ【鉄色】［名］鉄のような色。緑色または赤みを帯びた黒色。‖「—の生地」

てっ-か【鉄火】 一［名］❶真っ赤に焼けている鉄。やきがね。❷刀剣と鉄砲。❸マグロを使った料理。‖「—丼・—巻き」❹博打うち。▼「鉄火打ち」の略。二［名・形動］気性がはげしくて、侠気があること。勇み肌であること。‖「—の姉御」

てっ-かい【撤回】［名・他サ変］一度提出・公表した事柄を、あとで取り下げること。‖「前言［質問・自説・計画］を—する」「処分の—を求める」

でっか・い［形］〔俗〕「でかい」を強めていう語。派生—さ

てっ-かく【的確】［名・形動］⬇てきかく（的確）

てっ-かく【適格】［名・形動］⬇てきかく（適格）

てつ-がく【哲学】［名］❶世界・人間・事物などの根本原理を思索によって探究する学問。形而上学（存在論）・論理学・倫理学・美学などの部門を含む。フィロソフィー。▼philosophia ギリシア（=智を愛する）の訳語。西周が賢哲を愛し希求する意で「希哲学」と訳し、のち「哲学」と改めた。❷自分自身の経験などによって得た人生観・世界観。また、全体をつらぬく理念。‖「人生—」

て-つかず【手付かず】［名・形動］まだ手をつけていないこと。まだ使わないで、そのまま残っていること。‖「—のままの宿題」「—の料理」

てつ-かぶと【鉄▼兜】［名］戦場などで頭部を保護するためにかぶる鋼鉄製の帽子。

て-づかみ【手▼掴み】［名］直接素手でつかむこと。

てっか-みそ【鉄火味▼噌】［名］なめ味噌の一つ。赤味噌に煎り大豆・刻み牛蒡・唐辛子などを混ぜ、ごま油でいためながら砂糖や味醂で調味したもの。

てっ-かん【鉄管】［名］鉄製の管。

てっ-き【鉄器】［名］鉄製の器具・道具。

てっ-き【鉄騎】［名］鉄の鎧・兜で身を固めた騎兵。また、勇猛な騎兵。

てっ-き【摘記】［名・他サ変］要点を抜き出して書くこと。また、その書いたもの。

てっ-き【適期】［名］あることをするのにふさわしい時期。適当な時期。

てっ-き【敵機】［名］敵の飛行機。てきき。

て-つき【手つき（手付き）】［名］物事を行うときの手の動かし方。手のかっこう。‖「危なっかしい—で包丁を使う」

デッキ［deck］［名］❶船の甲板。❷旅客列車の車両の外側にある出入り口の床。また、出入り口。❸磁気テープの録音・再生装置。アンプやスピーカーに接続して用いる。▼「テープデッキ」の略。

てっき-じだい【鉄器時代】［名］考古学上の時代区分の一つ。石器時代・青銅器時代に続く、鉄器が使われた時代。日本では弥生時代末期に始まる。

デッキ-シューズ［deck shoes］［名］滑り止めのゴム底をつけた靴。もとは船の甲板で履くように作られたもの。

デッキチェア［deckchair］［名］木や金属の枠にズックなどを張った、折り畳み式のひじ掛けいす。船の甲板や庭園で用いる。

てっ-きょ【撤去】［名・他サ変］建築物・施設などを取り去ること。取り払うこと。‖「工事現場から足場を—する」▼⬇除去 撤

てっ-きょう【鉄橋】［名］鉄鋼材でつくった橋。特に、鉄道用の橋。

てっきり［副］（実際はそうでないことを）間違いなくそうだと判断する意を表す。‖「私は—君がやってくれたんだと思っていた」「誰も来ないので—場所を間違えたかと思った」

てっ-きん【鉄琴】［名］打楽器の一つ。小形の金属片を音階順に並べ、二本のばちで打って演奏する。

てっ-きん【鉄筋】［名］❶コンクリートの張力を補

強するために、その中に埋め込む鋼材。❷「鉄筋コンクリート」の略。

てっきん-コンクリート【鉄筋コンクリート】[名] 鋼材を組み合わせ、周囲からコンクリートを流し込んで固めたもの。建造物の耐久性・耐火性・耐震性を高める。鉄筋。RC。

テックス[名] ❶パルプかす・木材くずなどを圧縮成形して作った軟質の板。吸音材・断熱材として建築物の内装に用いる。❷織物。布地。‖「耐水ー」▼多く商標名の一部に使われる。◈texture から。

で-つく・す【出尽くす】[自五] 出るべきものがすべて出てしまう。‖「意見がー」

て-づくり【手作り】[名] 機械を使わずに人の手で作ること。また、店から買わずに自分で作ること。また、そのもの。手製。‖「ーの靴」「ーのケーキ」

て-つけ【手付け】[名]「手付金」の略。

てつけ-きん【手付金】[名] 売買・賃貸・請負などの契約締結の際に、その実行の保証として当事者の一方から相手方に渡す金銭。手金(てきん)。手付け。

てっ-けつ【▼剔▼抉】[名・他サ変] ❶えぐり出すこと。❷不正・悪事・欠陥などをあばき出すこと。‖「収賄事件をーする」

てっ-けつ【鉄血】[名] 兵力。軍備。語源 プロイセンの首相ビスマルクが一八六二年の議会演説の中で、兵器を鉄に、兵士を血にたとえたことから。

てっ-けん【鉄拳】[名] 固く握りしめたこぶし。げんこつ。‖「ー制裁」

て-っこう【手甲】[名] 手の甲をおおい保護するもの。武装用のものは多く皮革で、労働用・旅行用のものは多く紺の木綿で作られた。てこう。

てっ-こう【鉄工】[名] ❶鉄材を用いて物をつくり出すこと。‖「ー所」❷鉄の製錬・鉄器の製造などに従事する工員。

てっ-こう【鉄鉱】[名] 鉄の原料となる鉱石。磁鉄鉱・赤鉄鉱・褐鉄鉱など。

てっ-こう【鉄鋼】[名] 純鉄・銑鉄・鋼鉄など、鉄を主成分とする鉄材。‖「ー業」

てっ-ごうし【鉄格子】[名] ❶鉄製の格子。‖「ーをはめた窓」❷刑務所のこと。‖「ーに入れられる」

てっ-こつ【鉄骨】[名] 建造物の骨組みに使う鉄材。‖「ー構造」

てっ-さ【鉄鎖】[名] 鉄のくさり。▼厳しい束縛のたとえにもいう。

てつ-ざい【鉄材】[名] 土木・建築・工作加工などに用いる鉄製の材料。

てつ-ざい【鉄剤】[名] 硫酸鉄・有機鉄などの鉄化合物を含む薬剤。貧血の治療などに用いる。

てっ-さく【鉄索】[名] 鉄製の針金をよりあわせて作った綱。鋼索。

てっ-さん【鉄傘】[名] 鉄骨で組み立てたドーム形の屋根。

てつ-ざん【鉄山】[名] 鉄鉱を採掘する鉱山。

デッサン【dessin フラ】[名・他サ変] 木炭・コンテ・鉛筆などで、描こうとする対象の形をおおまかに描写すること。また、その絵。下絵。素描(そびょう)。

てつ-じ【▼綴字】[名] ➡ていじ(綴字)

てっ-しゅう【撤収】[名] ❶[他サ変] 施設などを取り払うこと。‖「テントをーする」❷[自サ変] 軍隊が基地などから引きあげること。

てっ-しょう【徹宵】[名・自サ変] ある事をして夜どおし起きていること。一晩中。徹夜。‖「ー友と語る」「ーして警戒する」▼副詞的にも使う。

てつ-じょう【鉄条】[名] 鉄製の太い針金。鉄線。

てつじょう-もう【鉄条網】[名] 外敵などの侵入を防ぐために有刺鉄線を張りめぐらしたもの。

てっ-しん【鉄心】[名] ❶鉄のように堅固な精神。❷芯(しん)に鉄が入っていること。また、鉄の芯。❸コイルの中に入れて磁気回路にする鉄材。◈書き方 ②③は「鉄芯」とも。

てつ-じん【哲人】[名] ❶知識・学識が豊かで、道理に通じた人。哲士。❷すぐれた思想をもつ人。哲学者。‖「ーソクラテス」

てつ-じん【鉄人】[名] 鉄のように強い体をもった人。不死身の人。‖「ーレース(=トライアスロンのこと)」▼ある技芸に熟達した人のたとえにもいう。‖「料理のー」

てっしん-せきちょう【鉄心石腸】[名] 鉄や石のように堅くて変わらない心。石心鉄腸。

てっ-・する【徹する】[自サ変] ❶貫いて奥深くに達する。‖「恨み骨髄にー」「眼光紙背にー」❷一つの主張・態度・役割などをどこまでも貫き通す。徹底して…する。‖「信仰[裏方]にー」❸〈「…を徹して」の形で〉その時間のすべてを通して休みなく、の意を表す。…を通して。‖「夜をーして語り合う」文 てっ・す

てっ-せき【鉄石】[名] 鉄と石。▼多くきわめて固い意志のたとえにいう。‖「ー心腸(=鉄心石腸)」

てっ-せん【鉄扇】[名] 骨を鉄で作った扇。また、畳んだ扇の形を鉄で作ったもの。近世、武士が護身に用いた。

てっ-せん【鉄線】[名] ❶鉄製の針金。‖「有刺ー」❷初夏、白または紫色の大きな花を開くキンポウゲ科のつる性植物。針金状の堅い茎をもつ。中国原産。観賞用に栽培される。クレマチス。

てっ-そう【鉄窓】[名] 刑務所。牢獄(ろうごく)。▼鉄格子をはめた窓の意から。

てっ-そく【鉄則】[名] 変えることのできない厳しい規則・法則。‖「公正は議会政治のーだ」

てった[連語]「ていった」のくだけた言い方。‖「ゴミを持っー」▼「てく」+助動詞「た」。「てく」に接続助詞「たり」が続くときも「てったり」となる。‖「持ってったり」➡てく

てっ-たい【撤退】[名・自サ変] 陣地・根拠地などを取り払って退くこと。‖「前線[海外市場]からーする」

て-つだい【《手伝い》】[名] 手伝うこと。また、その人。‖「大掃除のーをする」「おーさん」

て-つだ・う【《手伝う》】 ■[他五] 他人の仕事を助けていっしょに働く。手助けをする。‖「隣家の引っ越し[家業]をー」■[自五]〈多く「…も手伝って」の形で〉さらに他の要因が加わって影響を与える意を表す。‖「折からの強風もーって火が燃え広がる」可能 **手伝える** 名 **手伝い**

でっ-ち【▽丁稚】[名] 職人・商人などの家に年季奉公をして雑役などに従事した少年。小僧。‖「ー奉公」

でっち-あ・げる【▼捏ち上げる】[他下一] ❶事実ではないことを、いかにも本当らしく作り上げる。捏造(ねつぞう)する。‖「証拠をー」❷間に合わせに、形だけ整えて作り上げる。‖「論文を一晩でー」名 **でっちあげ**

てっ-ちゃん【鉄ちゃん】[名]〔新〕鉄道ファン。▼女性の場合は「鉄子(てつこ)」とも。

てっ-ちり[名] フグのちり鍋。ふぐちり。▼「てっ」は「鉄

砲」の略で、フグのこと。

でっちり【出っ▽尻】[名]しりが突き出ていること。また、そのしりや、その人。▽「でじり」の転。

てっつい【鉄▼槌(鉄▼鎚)】[名]大形のかなづち。ハンマー。▽非常に厳しい制裁のたとえにもいう。

◉**鉄槌を下す** 厳しく処罰する。「汚職議員に—」

てつづき【手続き】[名]❶物事を行う順序や方法。「—上の問題」❷一定の順序や形式に従った処理。「入学の—をとる」書き方 公用文では「手続」。

でづっぱり【出突っ張り】[名]⬇でずっぱり

てって[連語]「ていって」のくだけた言い方。「ゴミを持っ—」▽「てく」+接続助詞「て」。⬇てく

てってい【徹底】[名・自他サ変]❶態度・行動が中途半端でなく、一つの考え方で貫かれていること。「—して意見を変えない」「—抗戦の構え」❷命令・方針などがすみずみまで行き渡ること。「命令が—している」「安全確認を—させる」

てっていてき【徹底的】[形動]中途はんぱでなく、どこまでもやりぬくさま。「—に調べ上げる」

てっとう【鉄▼桶】[名]鉄製のおけ。▽団結・防備などが非常に堅いたとえにいう。「—水を漏らさず」

てっとう【鉄塔】[名]鉄材を組み立てて作った塔。

てつどう【鉄道】[名]敷設したレールの上に車両を走らせ、人や貨物を運ぶ陸上交通機関。「私営—」

てっとうてつび【徹頭徹尾】[副]はじめから終わりまで同じ考えや方針をつらぬくさま。あくまでも。終始。「—反対する」

てつどうもう【鉄道網】[名]網の目のように多くの地点に通じている鉄道。

デッドエンド[dead-end][名]❶行き止まり。袋小路。❷物事の行き詰まった状態。

デッドストック[dead stock][名]不良在庫。売れ残り品。

デッドスペース[dead space][名]建物の中などで、有効に使われていない空間。「—の活用」

デッドヒート[dead heat][名]競走や競馬で、二者以上がほとんど同時にゴールにはいること。「—を演じる」▽一般に、激しい競り合いの意でも使う。

デッドボール[和製 dead+ball][名]❶野球で、投手の投げた球が直接打者の体に当たること。打者は一塁に進む権利を得る。死球。❷ドッジボール。

デッドライン[deadline][名]❶越えてはならない線。限界線。死線。❷新聞・雑誌などで、原稿の締め切り時間。

てっとりばやい【手っ取り早い】[形]❶方法として簡単であるさま。簡略だ。「直接言うのが—やり方だ」「こちらから出向いた方が—」❷てきぱきとして、素早い。「—く仕事を片づける」派生—さ

デッドロック[deadlock][名]交渉などの行き詰まり。「—を打開する」▽lock(錠前)をrock(暗礁)と混同して「会談が—に乗り上げる」などとも言う。

でっぱ【出っ歯】[名]上の前歯が普通より前の方へ突き出ていること。また、その歯。そっぱ。▽「でば」の転。

てっぱい【撤廃】[名・他サ変]それまで続いてきた制度・規則などをとりやめること。「輸入制限を—する」

てっぱつ【鉄鉢】[名]托鉢僧が米などを受けるときに用いる鉄製の鉢。応器。てつばち。

でっぱり【出っ張り】[名]出っ張ること。また、出っ張ったもの。「ほお骨の—」「窓の—」「岬の—」

でっぱる【出っ張る】[自五]外の方へ突き出る。「ひさしが—」▽「でばる」の転。名**出っ張り**

てっぱん【鉄板】[名]❶鉄製の板。❷〔新〕確かであること。間違いがないこと。「—ネタ」「—アイテム」

てっぱんやき【鉄板焼き】[名]肉や野菜などを熱した鉄板で焼いて食べる料理。「牛肉の—」

てっぴ【鉄扉】[名]鉄製のとびら。「—を閉ざす」

てっぴつ【鉄筆】[名]❶先端に針状の鉄をつけた筆記具。謄写版の原紙や複写紙に文字を刻むのに用いる。❷印刻に用いる小刀。また、印刻。「—家」

てつびん【鉄瓶】[名]湯をわかすのに用いる鋳鉄製の容器。持ち手のつると注ぎ口を備える。

てっぷ【▼轍▼鮒】[名]轍の水たまりにいる鮒。危急が迫っていることのたとえ。「—の急(=危機に瀕していることのたとえ)」▽『荘子』から。

でっぷり[副(と)]よく太ってどっしりとしているさま。「—(と)肥える」

てつぶん【鉄分】[名]物質に含まれる成分としての鉄。「—の多い食品」

てっぷん【鉄粉】[名]鉄の粉末。

てっぺい【撤兵】[名・自サ変]派遣してあった軍隊をその地から引き揚げること。⬍出兵

てっぺき【鉄壁】[名]鉄板を張った壁。▽きわめて堅固な城壁や守備のたとえにいう。「—の守り」

てっぺん【▽天辺】[名]物のいちばん高い所。いただき。頂上。「頭の—から足のつま先まで」「山の—」

てつぼう【鉄棒】[名]❶鉄製の棒。かなぼう。❷二本の柱の間に鉄の棒を水平に渡した器械体操用具。また、それを用いて行う男子の体操種目。

てっぽう【鉄砲(鉄▼炮)】[名]❶火薬の爆発力を利用して金属製の筒から弾丸を発射する武器。特に小銃を指す。「—を撃っ」数「一丁(挺)…」と数える。❷据え風呂の下部に取り付けて火をたくようにした円筒形のかま。鉄製または銅製。「—風呂」❸相撲で、両手で相手の体を強く突くこと。もろて突き。また相撲の稽古で、脇を固めて左右の手で交互に、あるいは両手で一挙に柱を突くこと。「—をかます」❹狐拳の手の一つ。こぶしを固めた左腕を前に突き出し、右腕のひじを張って鉄砲を撃つまねをするもの。猟師を表す。❺フグのこと。「—汁」▽当たれば死ぬということから。❻甘辛く煮た干瓢を芯にした細長いのり巻き。▽「鉄砲巻き」の略。

てっぽうだま【鉄砲玉】[名]❶鉄砲の弾丸。❷黒砂糖などで作る黒いあめ玉。❸使いなどに行ったまま戻らないこと。また、その人。「—の使い」

てっぽうみず【鉄砲水】[名]山崩れでせき止められた川の流れや豪雨による増水が堰を切ったように激しく流れ下るもの。

てっぽうゆり【鉄砲〈百合〉】[名]初夏、茎頂に白いラッパ状の花を横向きにつけるユリ科の多年草。花の筒部は長く、香りが高い。観賞用に栽培。

てづま【手妻】[名][古風]❶手先。また、手先の仕事。❷手品。奇術。「—遣い」

てづまり【手詰まり】[名]❶とるべき手段・方法が尽きて困ること。特に、金銭の工面がつかなくて困ること。「資金繰りが—になる」❷囲碁・将棋で、打つべき手が尽きて局面が不利になること。動**てづまる**(自五)

てつ-むじ【鉄無地】[名] 鉄色一色の織物。
てつ-めんぴ【鉄面皮】[名・形動] 恥知らずで、ずうずうしいこと。また、その人。▼鉄でできた面(つら)の皮の意。
てつ-や【徹夜】[名・自サ変] ある事をして夜どおし起きていること。徹宵(てっしょう)。≡「昨日は仕事で—した」「—で看病する」「—麻雀(マージャン)」
てつ-り【哲理】[名] 哲学上の学理。また、人生や世界の本質にかかわる奥深い道理。≡「仏教の—を窮める」
て-づり【手釣り】[名] 釣りざおを使わず、釣り糸をじかに手に持って魚を釣ること。また、その釣り。
て-づる【手▼蔓】[名] ❶物事を行うときに、頼ることのできる人やもの。縁故。つて。≡「就職のための—を求める」❷手がかり。糸口。
てつ-ろ【鉄炉】[名] 鉄製の焜炉(こんろ)。また、鉄製のストーブ。≡「小さ—の畔(ほとり)に椅子さし寄せて〈鷗外・舞姫〉」
てつ-ろ【鉄路】[名] 鉄道線路。また、鉄道。
てつ-わん【鉄腕】[名] 鉄のようにたくましい腕。また、きわめて強い腕力。≡「—投手」
てて【▽父】[名] [古風] ちち。≡「—御(ご)」
て-て [連語] 「ていて」のくだけた言い方。≡「そこで見—」▼「てる」+接続助詞「て」。➡てる
デテール [detail] [名] ➡ディテール
てて-おや【▽父親】[名] ちちおや。
てて-なし-ご【▽父無し子】[名] ❶父親がだれであるかわからない子。ちちなしご。❷父親と死別した子。ちちなしご。
で-どこ【出▽所・出▽処】[名] 出どころ。
で-どころ【出所・出▽処】[名] ❶物事が出てくるもとのところ。しゅっしょ。≡「うわさ[資金]の—」❷出るべき場所や時期。◈「でどこ」とも。
デトックス [detox] [名] 体内の有害物質を取り除くこと。解毒。▼detoxification の略。
テトラポッド [tetrapod] [名] 四脚のコンクリートブロック。海岸・河口などに積み上げて波の浸食を防ぐ。消波ブロック。▼商標名。 注意「テトラポット」は本来は誤り。
て-とり【手取り】[名] 人をだまして操るのがうまいこと。また、その人。てどり。
て-どり【手取り】[名] ❶収入から税金・社会保険料などを差し引いたあとの、実際に手に入る金額。実収入。≡「—三〇万円の給与」❷糸などを機械にかけないで、手で繰り取ること。手繰り。❸素手で捕らえること。 書き方「手捕り」とも。
て-とり-あし-とり【手取り足取り】[連語] 細かいことまで親切に教え導くこと。≡「—パソコンの操作を教える」
テトロドトキシン [tetrodotoxin] [名] フグ毒の主要な成分をなすアルカロイド。トラフグ・マフグの卵巣や肝臓に多く含まれ、呼吸筋や感覚の麻痺(まひ)を引き起こす。
テトロン [Tetoron] [名] ポリエステル系の合成繊維。衣類・釣り糸などに広く用いられる。▼商標名。
て-な [連語] ➡ってな
テナー [tenor] [名] ➡テノール≡「—サックス」
て-ないしょく【手内職】[名] 手先を使ってする内職。
て-なおし【手直し】[名・他サ変] ひととおりできあがったあとで、不完全な部分を直すこと。
で-なお・す【出直す】[自五] ❶いったん引き返して、改めて出かける。≡「留守なら明日また—・そう」❷最初からやり直す。≡「裸一貫から—」 名 **出直し**
で-なおり【出直り】[名] 取引で、下落した相場が回復して上昇に転じること。
て-なが【手長】[名] ❶手が長いこと。❷盗癖のあること。また、その人。
て-なぐさみ【手慰み】[名] ❶手先で物をもてあそぶこと。また、退屈をまぎらわすために手を使って何かをすること。てすさび。≡「—に切り絵を習う」❷博打(ばくち)。
て-なず・ける【手▽懐ける】[他下一] ❶うまく扱って、自分になつくようにする。≡「猛獣を—」❷うまく扱って、味方に引き入れる。慕わせて自分の手下にする。≡「部下を—」 文 **てなづ・く**
品格 懐柔(かいじゅう)「反対派の—を図る」 御(ぎょ)する「官僚を巧みに—」 籠絡(ろうらく)「甘言を用いて—する」
て-なべ【手鍋】[名] つるの付いた鍋。
て-なみ【手並み】[名] 腕前。技量。≡「お—拝見」
て-ならい【手習い】[名] ❶文字の読み書きを習うこと。習字。≡「—机」「六〇の—」❷勉強。学問。
て-ならし【手慣らし(手▼馴らし)】[名] 何度か使って手になじませること。また、何度か練習をして手をならすこと。≡「—に一曲弾いてみる」
て-な・れる【手慣れる(手▼馴れる)】[自下一] ❶使いなれて、手になじんでいる。≡「—・れた道具を使う」❷慣れてじょうずになる。熟練する。≡「—・れた仕事」 文 **てな・る** 名 **手慣れ**
テナント [tenant] [名] 貸しビル・雑居ビルなどの借り主。
デニール [denier フランス] [名] 絹・ナイロンなどの糸の太さを表す単位。一デニールは長さが四五〇メートルで重さが〇・〇五グラムのときの糸の太さ。記号D
テニス [tennis] [名] 中央にネットを張ったコートの両側に競技者が相対し、ラケットでボールを打ち合って得点を競う球技。ボールによって硬式と軟式に分かれ、試合はシングルス・ダブルス・混合ダブルスがある。庭球。
デニッシュ [Danish] [名] デンマーク風の菓子パン。パイ状の生地に干しぶどうや刻んだ果物を詰めて焼いたもの。
デニム [denim] [名] ❶縦糸に色糸、横糸に白糸を用いた綾織りの綿布。耐久性があり作業服・ズボン・子供服などに使われる。色は青色が代表的。❷①で作ったラフな感じのズボン。ジーパン。ジーンズ。
て-にもつ【手荷物】[名] 手回りの荷物。特に、旅客が手で持ち運ぶ荷物。≡「—一時預かり所」
て-にゅうりょく【手入力】[名・他サ変] コンピューターで、キーボードをたたいて文字を入力すること。機械などで行う自動入力に対していう。
て-に-を-は【▼弖▼爾▼乎波・手▼爾▽遠波】[名] ❶漢文を訓読するときに補読しなくてはならない、助詞・助動詞・活用語尾・接尾語などの総称。特に、助詞・助動詞。てには。❷ことばの用法。特に、助詞の用法。≡「—がおかしい」◈博士家(はかせけ)の平古止点(をことてん)では漢字の四隅につけた点を左下から右回りに続けて読むと「てにをは」となることから。
て-ぬい【手縫い】[名] ミシンなどを使わずに手で縫うこと。また、縫ったもの。≡「—のブラウス」
テヌート [tenuto イタリア] [名] 音楽で、演奏記号の一つ。音符の表す長さを十分に保って演奏すること。音符

の上にバーを付して示す。

てーぬかり【手抜かり】［名］注意が行き届かなかったための欠陥。‖「万事ーなく準備する」

品格 遺漏いろう「ーのないよう手配する」迂闊うかつ「ーにも忘れてきた」そつ「何事にもーがない」疎漏そろう「ーな計画［議論］」◉「そつ」は「～がない」の形で使う。

てーぬき【手抜き】［名・自他サ変］しなくてはならない手続きや手数を故意に省くこと。‖「ー工事」

てーぬぐい【手拭い】［名］手・顔・体などをふくための長方形の布。日本てぬぐい。▼ふつう薄地の木綿製のものを言い、厚地の「タオル」と区別する。

てーぬる・い【手▽緩い】［形］処置がいい加減で、厳しさに欠けるさま。生ぬるい。‖「ー対策では解決しない」派生 ーさ

てーのーうち【手の内】［名］❶てのひら。また、握った手の中。❷権力・勢力の及ぶ範囲。‖「天下をーに収める」❸腕前。手並み。❹心中の考えや計画。‖「相手のーを読む」

てーのーうら【手の裏】［名］手のひら。たなごころ。‖「ーを返す（＝ことば・態度などをがらりと変える）」

テノール［Tenorドイツ］［名］❶男声の最高音域。また、その音域の歌手。❷四声部の楽曲で、下から二番目の声部。バスの上の声部。❸同族楽器の中で、声楽のテノールに対応する音域をもつもの。‖「ートロンボーン」◈「テナー」とも。

デノテーション［denotation］［名］❶語の文字どおりの意味。❷論理学で、外延。言語の、一般的で顕在的な意味。◈⬍コノテーション

てーのーひら【手のひら・▽掌】［名］手首から先の、物を握ったときに内側になる部分。たなごころ。▼「手の平」の意。

◉手のひらを返・す ことば・態度などをがらりと変える。手の裏を返す。

てーのべ【手延べ】［名］機械や道具を使わないで、手で引き延ばすこと。‖「ーそうめん」

デノミネーション［denomination］［名］貨幣の呼称単位を切り下げること。インフレによって表示金額が大きくなりすぎた場合などに行う。例えば現在の一〇〇円を新一円と呼ぶなどの類。デノミ。▼日本独自の用法で、原義は「貨幣の呼称」の意。

てーのーもの【手の者】［名］自分の配下の者。部下。手下。‖「ーを差し向ける」「敵のーに襲われる」

てーは［連語］〈ガ・ナ・バ・マ行五段動詞に付くときは「では」となる〉❶否定的な事柄が成立する条件を示す。‖「一人で行っー危険だ」「そんなに心配しー体に悪い」「せいー事をし損じる」「無駄遣いをしーいけない」❷提案を表す。‖「これにしーどう？」❸〈「…てはみる」「…ている」の形で、動詞連用形を受けて〉うまくいかないことを含みながら一応はという気持ちを表す。‖「とりあえずやっーみます」「努力しーいるがうまくいかない」❹同じ動作や作用が繰り返し起こる意を表す。‖「食っー寝、食っー寝している」「寄せー返す波の音」「不始末をしでかしー泣きついてくる」「金を稼いでは使い果たす」◈使い方 くだけた言い方では「ちゃ（あ）」となる。「では」から転じたものは「じゃ（あ）」となる。

てーば【手羽】［名］鶏肉で、羽の付け根の部分の肉。手羽肉。

てーば［連語］❶すでに出てきた語句を取り上げるなどして主題として示す。‖「そうそう、直木賞っー、受賞作読んだかい？」❷親しみや非難の気持ちを込めて主題として示す。…たら。‖「お兄ちゃんっー冗談ばかり言うんだよ」「この子っーまたこんなところで寝てしまって」❸強く訴える気持ちを表す。…たら。‖「待てっー、待てよ」「分かったよ、もう大丈夫だっー」「嫌だっー」◈「と言えば」の転。俗語的な言い方。使い方 ふつう「ってば」の形で使うが、「ん」に続くときは「てば」とも。

でーは【出端】［名］❶出かけようとするとたん。出しな。出ばな。❷出るきっかけ。‖「ーを失う」❸能楽や歌舞伎で、役者が登場するときの囃子はやしや音楽。⬇入端いりは

では［接］❶前の事柄を根拠として、後の事柄を続ける語。‖「ー、賛成してくれるんですね」❷話題を切り替える語。‖「ー、次の問題に移ります」「ー、またね」◈くだけた言い方で「じゃ（あ）」とも。

でーは［連語］㊀これと指定する意を表す「～で」の部分をとりたてる。‖「彼は犯人ーない」「お金に困っているわけーない」▼指定の助動詞「だ」の連用形「で」＋副助詞「は」。㊁場所や手段など、「～で」で表す部分をとりたてる。‖「ここー話せない」「ナイフー切れない」▼格助詞「で」＋副助詞「は」。⬇で（格助）㊂連語「ては」に同じ。‖「酒はいっさい飲んーいけない」「頼んーみるが…」▼接続助詞「て」の音便形「で」＋副助詞「は」。◈使い方 ㊀㊁㊂とも、くだけた言い方では「じゃ（あ）」となる。

でーば【出場】［名］⬇出場所

でーば【出歯】［名］⬇でっぱ

デパート［名］部門に分けた広い売り場で、多種類の商品を陳列・販売する大規模の小売店。百貨店。▼department store から。

てーはい【手配】［名・他サ変］❶事を行うために段取りをして準備すること。‖「会場をーする」❷容疑者の逮捕のために、必要な人や物を用意すること。指令を発して人員配置などの措置をすること。‖「指名ー」

デバイス［device］［名］❶コンピューターに接続する周辺機器。CPU・メモリー・プリンター・マウスなど。❷電子回路を構成するトランジスター・IC・LSIなどの素子。

デバイス-ドライバー［device driver］［名］コンピューターに接続する周辺機器を利用できるように制御するソフトウエア。ドライバー。

でーはいり【出入り（出▼這入り）】［名］❶［自サ変］出ることと入ること。‖「人のーがはげしい」❷金銭の支出と収入。‖「何かとーの多い月」❸数量が多くなることと少なくなること。増減。‖「参加者には五、六名のーがあるだろう」◈「でいり」とも。

てーばかり【手▼秤】［名］❶貴金属などの重量を量る小形のはかり。❷手にのせるなどして大体の重さをはかること。

てーばこ【手箱】［名］身のまわりの小物を入れておく箱。

てばーさき【手羽先】［名］鶏肉で、手羽の先の方の部分。

てーはじめ【手始め】［名］物事を始める最初の段階。物事のしはじめ。‖「ーに練習曲を弾いてみる」

でーはじめ【出始め（出初め）】［名］出回りだして間がないこと。‖「ーの松茸まつたけ」

でーばしょ【出場所】［名］❶出るべき場所や場面。出場でば。‖「舞台でーを間違える」❷出てくる所。出どこ

ろ。また、産地。出場。〓「うわさの―をさぐる」

てーはず【手▼筈】［名］物事を行う際にあらかじめ決めておく手順。前もってしておかなくてはならない準備。〓「留学の―を整える」

てーばた【手旗】［名］❶手に持つ小さな旗。〓「歓迎の―を振る」❷手旗信号に用いる赤白一組みの小旗。

てばたーしんごう【手旗信号】［名］右手に赤、左手に白の小旗を持って振り動かし、特定の形象を描きながら遠方の相手に通信する信号。

デパーちか【デパ地下】［名］〔俗〕デパートの地下食品売り場。書き方「デパチカ」とも。

デバッグ［debug］［名・他サ変］コンピューターで、プログラムの中の誤り（バグ）を発見して訂正すること。

てーばな【手鼻】［名］指先で鼻の片方をふさぎ、鼻息で鼻汁を吹き出すこと。〓「―をかむ」

でーはな【出▽端・出鼻】［名］❶出ようとしたとき。また、出たとたん。でぎわ。〓「―に不意の客が来る」❷物事を始めてすぐ。また、物事を始めたばかりで勢いの盛んな時期。〓「―を叩く」◈「でばな」ともいう。

◉**出端を挫く** 意気込んで始めたところを妨げる。出端を折る。

でーばな【出花】［名］煎茶・番茶に湯を注いだばかりの香りのよいもの。

でーばな【出鼻】［名］❶山の端や岬の突き出た所。❷⇒ではな（出端・出鼻）

でーはーないーか［連語］⇒「か」の文型表現②㋑・③㋕

てーばなし【手放し】［名］❶手をはなすこと。❷批判・制限などを加えないこと。無条件。また、感情などを抑制しないで露骨に表すこと。〓「―で喜ぶ［ほめる］」

てーばな・す【手放す】［他五］❶手に持っていたものをはなす。〓「手綱を―」❷自分の所有物を売るなどして人手に渡す。〓「家屋敷を―」❸手もとにいた者を保護・監督の及ばない所にやる。〓「子飼いの部下を―」❹やりかけた仕事などを一時中止する。〓「―ことのできない用事」名**手放し**

てーばなれ【手離れ】［名・自サ変］❶幼児が成長して親の手がかからなくなること。〓「―が早い子」❷物事が完成して手を加える必要がなくなること。

でばーぼうちょう【出刃包丁（出刃▼庖丁）】［名］刃のみねが厚く、先のとがった包丁。魚をおろしたり、骨をたたき切ったりするのに使う。出刃。

てばーもと【手羽元】［名］鶏肉で、手羽の根元の部分。

てーばや・い【手早い】［形］一つの動作を終えるまでの時間が短いさま。物事の処理が早い。手際がよい。〓「―・く食膳をととのえる」派生―さ

でーばやし【出▼囃子】［名］❶歌舞伎・舞踊などで、伴奏の囃子方が舞台上の雛段に居並んで演奏する囃子。❷寄席で、芸人が高座に上がるときに演奏する囃子。

でーはら・う【出払う】［自五］人や物がすっかり出てしまう。〓「係の者が―」

でーば・る【出張る】［自五］❶外に突き出る。でっぱる。〓「頬骨が―」❷仕事などをするために出かけて行く。出張する。〓「大阪まで―」

でーばん【出番】［名］❶勤め・舞台などに出る番。〓「―が近づく」❷その人が出て活躍すべき場面。〓「こうなれば君の―だ」

てーびか・える【手控える】［他下一］❶書きとめておく。〓「住所を―」❷予備として手もとに残しておく。〓「三セットだけ―・えておく」❸控えめにする。〓「雇用を―」文てびかふ 名**手控え**

てーびき【手引き】［名・他サ変］❶人の手を引いて導くこと。人を案内すること。また、その人。❷情報を教えるなどして手助けすること。〓「社内に―した者がいる」❸初心者のために手ほどきをすること。また、そのための書物。〓「海外旅行の―」書き方③は、公用文では「手引」。

デビットーカード［debit card］［名］小売店での買い物に利用できるキャッシュカード。買い物時に利用者の預金口座から代金を引き落とし、店舗の指定する口座に入金するもの。▽即時決済カードの意。

てーひど・い【手▽酷い】［形］情け容赦もなく、厳しいさま。また、きわめてはげしいさま。〓「―仕打ちを受ける」「―・く殴打される」派生―さ

デビュー［début フランス］［名・自サ変］新人が公の場に初めて登場すること。初舞台。初登場。〓「社交界に―する」「―作」注意「初デビュー」は重言。

てーびょうし【手拍子】［名］手をたたいて拍子をとること。また、その拍子。⇔足拍子

デビル［devil］［名］悪魔。悪霊。

てーびろ・い【手広い】［形］❶場所・規模などが広く大きいさま。〓「―住まい」❷仕事・交際などで、関係する範囲が広いさま。〓「―・く事業を営む」派生―さ

でぶ［名・形動］〔俗〕しまりなく太っていること。また、その人。▽ののしったり、からかったりしていう語。

デファクトースタンダード［de facto standard］［名］公的に承認された標準ではなく、市場で多くの人が使うことによって標準として通用するようになった規格。事実上の標準。業界標準。

てーふうきん【手風琴】［名］アコーディオン。

デフォ［名］「デフォルト」の略。

デフォルト［default］［名］❶債務不履行。特に、発展途上国が対外債務を返済できなくなること。〓「借金がかさんで―に陥る」❷コンピューターで、あらかじめ標準として設定されている動作条件。〓「―設定（＝初期設定）」❸〔新〕もともとそうなっていること。標準。既定。〓「製品の色は黒が―だ」「定食のご飯は―で大盛りだ」

デフォルメ［déformer フランス］［名・他サ変］絵画・彫刻などで、対象を意識的に変形して表現すること。デフォルマシオン。〓「顔を―して描く」

てーふき【手拭き】［名］手などをふく布または紙。

てーぶくろ【手袋】［名］防寒・保護・装飾などのために手にはめる袋状のもの。毛糸・革・布・ゴムなどで作る。

でーぶしょう【出不精・出無精】［名・形動］外出をおっくうがること。また、その人。〓「―な／の人」書き方「出不精」の表記が優勢になってきている。

てーぶそく【手不足】［名・形動］人手が足りないこと。人手不足。

てーふだ【手札】［名］❶トランプ・花札などで、各自が手もとに持っている札。❷名札。名刺。❸写真の印画紙の大きさの一つ。縦一〇五ミリメートル、横八二・五ミリメートルのもの。▽「手札判」「手札型」の略。

でーふね【出船】［名］船が港を出ること。また、その船。⇔入り船

てーぶら【手ぶら】［名］手に何も持たないこと。特に、土産などを持参しないこと。＝「ーで訪問する」

てーぶり【手振り】［名］手を動かすこと。また、その手つき。＝「身振りーで説明する」

てーぶれ【手ぶれ】［名］写真などを撮るとき、カメラを持つ手が動くこと。また、そのために画像がぼけること。

デフレ［名］「デフレーション」の略。⇔インフレ

デフレーション［deflation］［名］通貨の量が商品の取引量に比べて減少し、物価水準が継続的に下落する現象。貨幣価値が騰貴し、生産量の低下、企業の倒産、失業者の増大などを引き起こす。デフレ。⇔インフレーション

デフレースパイラル［名］デフレによる物価下落と景気後退がくり返される経済状況。物価が下落しても消費や投資が回復しないで、企業売上高や企業利潤の減少、生産活動の制限、国内需要の悪化などの不況に陥る過程をいう。▼「デフレーションスパイラル（deflation spiral）」の略。

テフロン［Teflon］［名］フッ素樹脂の一つであるポリ四フッ化エチレンの商標名。耐熱性・対薬品性にすぐれ、絶縁材・コーティング材などに広く用いられる。＝「ー加工」

てーぶんこ【手文庫】［名］文具・書類などを入れて手もとに置いておく小箱。

でーべそ【出▼臍】［名］突き出ているへそ。

デベロッパー［developer］［名］❶大規模な宅地開発業者。都市開発業者。❷現像液。◈「ディベロッパー」とも。

てーべんとう【手弁当】［名］❶自前で弁当を持っていくこと。また、その弁当。注意 手作りした弁当の意で使うのは誤り。＝「×妻の手弁当を持って仕事に行く」❷あることのために費用などを自分で負担して働くこと。＝「ーで寄付集めに奔走する」

デポ［dépôtフラ］［名］❶荷物を一時的に保管する場所。倉庫。❷デパートなどが商品を配送する際の拠点とする場所。❸登山・スキーなどで、荷物の一部を行程の途中に置いておくこと。また、その場所。＝「スキーー」❹作用を長時間持続させるために、成分が徐々に放出されるように作られた注射剤。デポ剤。◈「デポー」とも。

てーぼうき【手▼箒】［名］片手で使う柄の短いほうき。

デポジット［deposit］［名］預かり金。預かり保証金。＝「ー制度（＝資源回収・公害防止のために、預かり金を上乗せした額で製品を販売し、製品や容器を回収するときに預かり金を返却する制度）」

てーほどき【手▽解き】［名・他サ変］初心者に学問や技芸の初歩を教えること。＝「合気道のーを受ける」

てーほん【手本】［名］❶文字や絵を習うとき、模範とするもの。また、その本。❷見習うべき人や物事。模範。＝「先人の行いをーとする」

品格 亀鑑「武士のー」 規範「社会ーの遵守」 範「自らーを垂れる」 範例「よくーを示す」 模範「後輩のーとなる」

てーま【手間】［名］❶あることをするのに費やす時間や労力。＝「ーがかかる」「料理を作るーを省いて出前にする」「おーはとらせません」❷「手間賃」の略。❸「手間仕事」の略。

デマ［名］❶政治的な効果をねらって意図的に流す虚偽の情報。民衆を扇動するための悪宣伝。❷根拠のないうわさ話。流言飛語。＝「ーを飛ばす」◈「デマゴギー（Demagogieドイ）」の略。

てーまえ【手前】 一［名］❶自分のすぐ前。目の前。❷基準とした物より自分に近い方。＝「終点の二つーで降りる」❸他人に対する自分の立場。体裁。面目。＝「やると言ったー、後には引き下がれない」❹茶の湯の作法。また、茶の湯を立てる手並み。書き方 多く「▽点前」と書く。❺腕前。技量。手並み。◈④⑤は「お」を付けて使うことも多い。⬇お手前
二［代］❶〔一人称〕ややへりくだって、自分を指し示す語。わたくし。＝「ーどもの店」❷〔二人称〕ややさげすんで、同等以下の相手を指し示す語。てめえ。

でーまえ【出前】［名・他サ変］飲食店が注文した客の家に料理などを届けること。また、その料理。

てまえーがって【手前勝手】［名・形動］他人のことは考えず、自分の都合だけを考えて振る舞うこと。身勝手。自分勝手。＝「ーなことを言う」

てまえーみそ【手前味▼噌】［名］自分のことをほめること。自慢。＝「ーを並べる」▼自家製の味噌の味を自慢する意から。

でーまかせ【出任せ】［名・形動］口から出るにまかせて、いい加減なことをいうこと。また、そのことば。出放題。＝「口からーを言う」

てーまき【手巻き】［名］自分の手で巻くこと。自分の手で巻いて作ること。また、そのもの。＝「ー鮨」

てーまくら【手枕】［名］ひじを曲げた腕を枕の代わりにすること。たまくら。ひじまくら。

デマゴーグ［Demagogeドイ］［名］デマを用いて大衆を扇動する政治家。扇動政治家。民衆扇動家。

てまーしごと【手間仕事】［名］❶手間のかかる、やっかいな仕事。❷手間賃を取ってする仕事。

てまーだい【手間代】［名］手間賃。

でーまち【出待ち】［名］スターや選手が劇場・放送局・競技場などから出てくるのを待つこと。＝「ファンがサッカー選手のーをする」

てまーちん【手間賃】［名］仕事に費やされる時間や出来高に応じて支払われる賃金。手間代。

でーまど【出窓】［名］外壁面より外側に張り出している窓。張り出し窓。

てまーど・る【手間取る】［自五］思ったよりも時間や手数がかかる。＝「支度にー」

品格 停滞「意図して仕事を停滞させる」 滞る「ローンの返済がー」 難航「審議が難航して結論が出ない」 難渋「捜査がーを極める」

てーまね【手〈真似〉】［名］手を動かして物事のようすなどを表すこと。＝「ーで知らせる」

てーまねき【手招き】［名・他サ変］こちらに来るようにと、手先を上下に動かして合図すること。

てまーひま【手間暇（手間▽隙）】［名］労力と時間。＝「ーをかけて造った茶室」

てーまめ【手〈忠実〉】［名・形動］❶めんどうがらずによく働くこと。＝「ーに料理を作る」❷手先が器用なこと。＝「ーな人」派生 ーさ

てーまり【手▼毬・手▼鞠】［名］手でついて遊ぶためのまり。

てーまわし【手回し】［名］❶器具・機械などを手で回すこと。また、そのもの。❷前もって細かいところまで手配りしておくこと。＝「送迎車まで用意してあるとは

—のいいことだ」

て-まわり【手回り】[名] 身のまわり。また、身のまわりに置いて使うもの。☰「—品」

で-まわ・る【出回る】[自五] その商品が市場に行き渡る。あちこちでその物を見かけるようになる。☰「春野菜が—」

デミグラス-ソース【和製 demi-glace フランス ＋ sauce】[名] ブラウンソースにだし汁を加えて煮つめ、マデラ酒などで調味した褐色のソース。シチューなどに用いる。ドミグラスソース。

て-みじか【手短】[形動] 話などが簡単・簡略であるさま。てっとりばやいさま。☰「用件を—に話す」 書き方 慣用で「手短か」とも。 派生 -さ

て-みず【手水】[名] ❶手を洗う水。手洗い水。ちょうず。❷餅(もち)をつくとき、手につけた水で臼(うす)の中の餅をしめらすこと。また、その水。

で-みず【出水】[名] 大雨などで河川や湖沼の水量がいちじるしく増えること。また、その水があふれ出すこと。洪水。しゅっすい。

で-みせ【出店】[名] ❶商店などで、本店から離れた別の場所に出した店。支店。❷街頭などに臨時に設けた店。露店。

デミタス【demi-tasse フランス】[名] 小形のコーヒーカップ。また、それに注いだコーヒー。ふつう食後に飲む。▼半分のカップの意。

て-みやげ【手《土産》】[名] 人を訪問する際に持っていく、ちょっとしたみやげ。

て-むか・う【手向かう】[自五] 腕力や武力を用いて反抗する。力で立ち向かう。☰「親に—とは何事だ」 名 手向かい

で-むかえ【出迎え】[名] 出ていって迎えること。また、その人。☰「—を受ける」 動 **でむか・える**（他下一）

で-む・く【出向く】[自五] 自分の方からある場所に出かけていく。☰「得意先に—」

で-め【出目】[名] ❶眼球が突き出ていること。また、そのような目の人。⇔奥目 ❷さいころを振って出た目。

でめ-きん【出目金】[名] 金魚の一品種。両眼が大きく突き出ているもの。

デメリット【demerit】[名] 欠点。短所。また、不利な点。不利益。⇔メリット

て-も 〈活用語の連用形に付き、ガ・ナ・バ・マ行の五段動詞に付くときは、「でも」となる。形容詞に付くときは「っても」とも〉

■一［連語］❶上の動詞に累加や強調などの意を添えて、下の（補助的な）用言に続ける。☰「気づい—いない」「そんなこと、思っ—みなかった」

❷〈「…てもいい」「…ても構わない」などの形で〉許可・許容を表す。…ともよい。…て[で]いい。☰「何を聞い—構わないか」「勝負はついたと見—いい」「心配しなく—結構です」 使い方 「…ても[でも]いい／…て[で]いい」は、意味が近いが、前者のほうが譲歩する気持ちが強い。

◈㊀は、接続助詞「て」＋副助詞「も」。

■二［接助］❶**逆接の仮定条件** 仮定の事柄を条件として示し、後に述べる事柄がそれに拘束されないことを表す。かりに…したとしても。それでも。☰「雨が降っ**ても**決行する」「たとえ帝王であっ**ても**許される行為ではない」「鳥だとし**ても**飛べない」

❷**逆接の確定条件** すでに起こった事柄を条件として示し、後に述べる事柄がそれに拘束されないことを表す。☰「知ってい**ても**知らぬ顔をする」「いくら頼ん**でも**聞いてくれない」「いかに強調し**ても**しすぎることはない」

❸〈「…ても…ない」の形で、同じまたは類似した意味の動詞を並べて〉事の成立を強く否定する。いかに努めても…できない。全く…ない。☰「二人の関係は切っ**ても**切れない」「死ん**でも**死にきれない」

◈㊁は、「ても」㊀の転。①②③とも、一歩引き下がる気持ちで仮定を展開することから、〈譲歩〉とも。

で-も［接］前に述べた事柄と相反する事柄を述べる語。とはいうものの。そうであっても。それでも。☰「—、ご迷惑でしょう？」「—、やっぱり変だ」▼副助詞「でも」の転。

品格 しかし「辛かった。—やめなかったよ」 だが「違憲判決が出た。—、選挙自体は有効とされた」 ところが「朝は晴れていた。—昼から雨が降り出した」

でも［接頭］〈職業などを表す語に付いて〉❶名ばかりで内容がそれに伴わない意を表す。☰「—医者・—紳士」▼「あれでも医者か」などの「でも」から。❷ほかになるものがないので、やむをえずその職に就いている意を表す。☰「—しか先生」▼「…にでもなるか」の「でも」から。

で-も ■一［連語］❶場所・時・手段などに累加の意を添える。☰「東京だけでなく大阪—開催する」「右—左—打てる」▼格助詞「で」＋副助詞「も」。

❷一致認定に累加の意を添える。☰「彼女は友人だがライバル—ある」▼指定の助動詞「で」＋副助詞「も」。

■二［副助］❶極端な例を挙げて、他はましてと同類の事柄を類推させる。…でさえ。…だって。☰「山頂は夏**でも**寒い」「これしきは子供に**でも**できる」

❷特殊・例外と見まごう例を挙げて、それもまた例外ではない意を表す（逆接の仮定条件）。たとえ…であっても。…といえども。☰「雨天**でも**決行する」「子供**でも**容赦はしない」「こう**でも**しなければ納まるまい」

❸一例を挙げて、ほかの同類のものであっても構わない意を表す。☰「お茶**でも**いかが」「暇なときに**でも**お読み下さい」▼若者ことばの「…とか」は、ほぼこれに当たる。

❹〈不定を表す語に付いて〉全面的な肯定を表す。☰「何**でも**できる」「誰**でも**知っている」「会えるならいつ**でも**よい」「お金のことなどもうどう**でも**いい」 使い方 許容を表す表現で下に否定の意を伴うときは、全面的否定の意となる。☰「親が決めなくてはどんな人**でも**駄目なの」

❺〈少量を表す語に付いて〉肯定表現で、せめてそのくらいの意を表す。☰「少し**でも**分けてやりたい」 使い方 下に打ち消しの語を伴うときは、全面的否定の意となる。☰「たとえ一円**でも**出しはしまい」

❻〈「Aは…でも、Bは…」の形で、対句表現に使って〉一歩引く気持ちで対比の妙を予感させながら、下の句に続ける（逆接の確定条件）。…であっても。…だが。☰「表面は穏やか**でも**、内心は分からない」「昔は貧乏**でも**、今は裕福だ」

❼〈「…でもいい」「…でも構わない」などの形で、次善や最低条件の意を表す体言を受けて〉許可・許容を表す。…だっていい。…ていい。☰「すしがだめならウナギ**でも**いい」「条件次第では未経験者**でも**構わない」 使い方 (1)「参加してもいい」「死んでもいい」など、用言を受ける場合の「…ても[でも]いい」に相当する。⇩ても㊀② (2)「…でもいい／…でいい」は意味が近いが、前者のほうが譲歩する気持ちが強い。

❽〈「…てでも」の形で、下に意図性を表す動詞を伴って〉手段を選ばずに物事を行う意を表す。どんなことをして

も。何がなんでも。必ず。▽「何としてでも成功させるぞ」「引きずってでも連れて来い」❾〈「だけでも」の形で、下に希望表現を伴って〉それだけはかなえたい意を表す。▽「話だけでも聞いてほしい」❿〈「…でもしたら」「…でもしようものなら」の形で〉重大な結果が生じることをほのめかす。▽「遅れでもしたら大変だ」「浮気でもしようものならどうなることか」⓫〈「…でもない」の形で〉…であることは否定するが、その結果生じる肯定的な意味も積極的には主張できない意を表す。▽「彼の話はうそでもない」「まんざら悪い気がしないでもない」⓬〈「…でもなく」の形で〉そうするだろうと予測されることをしないで。▽「何をするでもなく、ぼんやりしていた」

◈㊁の「で」は、格助詞「で」とも、断定の助動詞「だ」の連用形ともする。「も」は副助詞。

㊂［接助］❶接続助詞「ても」が音便で「でも」となったもの。⬇ても㊁ ▽「どんなに騒いでも聞こえない」❷〈「…ないでも」「…ぬ(ん)でも」の形で〉…なくても。…ずとも。▽「その先は詳しく言わないでも了解(わか)りましょう〈国木田独歩〉」▼やや古い言い方。

デモ［名］「デモンストレーション」の略。▽「―隊」

デモーニッシュ［dämonisch ドイ］［形動］鬼神・悪魔などにとりつかれたようなさま。悪魔的。超自然的。▽「―な作風」

デモクラシー［democracy］［名］民主主義。また、民主政体。

て-もち【手持ち】［名］いま手もとに持っていること。現に所有していること。また、そのもの。▽「あいにく―は二千円しかない」「―品(ひん)」

てもち-ぶさた【手持ち無沙汰】［名・形動］何もすることがなくて暇をもてあますこと。所在ないこと。▽「仕事がなくて―だ」「―な様子」

デモ-テープ［demo tape］［名］新人音楽家・新人歌手などの売り込み用や、本格的な制作前の音見本用としてつくられる録音テープ。

て-もと【手元(手▽許)】［名］❶手の下。また、手の届くあたり。身辺。▽「―が暗い」「いま―に資料がない」❷道具などの手で握る部分。▽「スコップの―」❸何かをするために動かしている手。また、手の動き。手の動かし方。▽「―が狂う(ふるえる)」❹いつも手近に置いておく金。手元金。また、生計を立てるための金。▽「―不如意(ふにょい)」❺箸(はし)。おてもと。

で-もどり【出戻り】［名］❶嫁いでいた女性が離婚して実家へ戻ること。また、その女性。▼女性は結婚してその家にいるものだという観念を前提とした、差別的な語。❷一度辞めた職場などに戻ること。

て-もなく【手もなく(手も無く)】［副］手数もかからずに。簡単に。たやすく。▽「―言いくるめられる」

で-もの【出物】［名］❶不動産・古物などで、売りに出されているもの。特に、安く売りに出されているもの。❷吹き出物。腫(は)れ物。おでき。❸屁(へ)。おなら。▽「―腫れ物所嫌わず」

て-もり【手盛り】［名］❶自分の食べ物を自分で器に盛ること。❷⬇お手盛り

デモンストレーション［demonstration］［名］❶一般大衆が政治・社会・経済的な要求や抗議を掲げて行う示威運動。特に、その主張を広く宣伝しながら団結の威力を示すための集会や街頭行進。デモ。❷商品の宣伝や研究成果の公開のために、実演をして見せること。❸スポーツ大会で、正式の競技種目以外に行われる競技や演技。公開演技(競技)。

デュープ［dupe］［名・他サ変］撮影した写真原板・写真フィルム・録画ビデオテープなどを複製すること。また、その複製物。▼duplicate の略。

デュエット［duetto イタリア］［名］❶二重唱。二重奏。デュオ。❷二人が一組みになって踊る舞踊。

デュオ［duo］［名］❶二重唱。二重奏。また、その歌手・奏者。デュエット。❷芸人などの二人組。

で-よう【出よう(出様)】(ヤウ)［名］ある事柄に対処する態度。出方。

てら【寺】［名］仏像・位牌(いはい)などを安置し、僧や尼が住んで仏事や仏道修行を行うところ。▽「―を建立する」「―の住職」［数］「一寺(いちじ)…」「一宇(いちう)…」と数える。

テラ［tera］(造)単位の上に付いて、その一兆倍の意を表す。記号T ▽「―バイト」

てらい【▼衒い】(テラヒ)［名］てらうこと。ひけらかすこと。▽「受賞についても―もなく(＝ひけらかさず。得意がらず)語る」［注意］「てらいもない」を「恥じらいもない」の意で使うのは誤り。▽「×何のてらいもなく金銭を要求する」

てら・う【▼衒う】(テラフ)［他五］自分の学識や才能を誇って、ことさらにひけらかす。また、いかにも学識や才能があるかのように見せかける。▽「才を―」「奇を―」［名］てらい

てら-おとこ【寺男】(ヲトコ)［名］寺で雑役に従事する男性。

てら-こ【寺子】［名］寺子屋に通って学ぶ子供。

テラコッタ［terracotta イタリア］［名］❶良質の粘土を素焼きにして作った器物や塑像。❷建築装飾の材料として用いる素焼きの陶器。

てらこ-や【寺子屋】［名］江戸時代、庶民の子供に読み・書き・そろばんなどを教えた初等教育施設。［書き方］「寺小屋」とも書くが、一般的ではない。

てらし-あわ・せる【照らし合わせる】(ハセル)［他下一］異同などを確かめるために比べ合わせる。照合する。▽「在庫品と台帳を―」［文］てらしあは・す［名］照らし合わせ

てら・す【照らす】［他五］❶光をあてて明るくする。▽「スポットライトで舞台を―」［使い方］発光体を、主語(〜ガ)や対象(〜ヲ)にしていう言い方もある。▽「月が夜道を―」「懐中電灯を―・して落とし物を捜す」❷［古風］鏡に映す。▽「口の中を鏡に―・して見たら〈漱石〉」❸〈「…に照らして」の形で〉基準になるものと比べ合わせて、ある事柄を調べる。▽「法に―・して処分する」「原典に―・して訂正する」［可能］照らせる

テラス［terrasse フランス］［名］❶洋風建築で、家屋から床と同じ高さで庭などに張り出した台状の部分。露台。❷登山で、岩壁などの途中にある棚状の部分。

てら-せん【寺銭】［名］博打(ばくち)で、胴元または博徒が賭場(とば)の借り賃として貸し元または席主に支払う金。てら。てらぜに。

デラックス［deluxe］［形動］高級なさま。豪華で、ぜいたくなさま。▽「―なホテル」［派生］-さ

てら-てら［副(ト)］つやがあって光っているさま。▽「―(と)光る顔」

てら-まいり【寺参り】(マヰリ)［名］寺に行って参拝・墓参などをすること。寺もうで。

テラリウム［terrarium］［名］❶陸生の小動物をガラスなどの容器に入れて飼育すること。また、その容

器。❷園芸で、小形の植物をガラスの器や瓶などに入れて栽培すること。また、その容器。

てり【照り】［名］❶日が照ること。❷晴天。晴れ。❸つや。光沢。また、料理に光沢をつけるために使う、酒・味醂・醤油などを混ぜ合わせて煮つめたたれ。

デリ［deli］［名］「デリカテッセン」の略。

テリア［terrier］［名］イヌの品種の一群。イギリス原産の小形・中形犬で、すばしこい。本来は穴居のアナグマなどを捕らえるのに用いた猟犬だが、現在は多く愛玩用。フォックステリア・スコッチテリア・エアデールテリアなど種類が多い。テリヤ。

テリーヌ［terrine フランス］［名］魚・肉・野菜などをすりつぶして陶製の器に入れ、オーブンで蒸し焼きにした料理。薄切りにして冷製の前菜にする。▼調理に用いる蓋付きの容器の名から。

てり-かえし【照り返し】［名］照り返すこと。また、その熱や光。≡「西日の━が強い」

てり-かえ・す【照り返す】［自他五］光や熱が反射する。また、光や熱を反射する。≡「西日が━」「雪面が日差しを━」

てり-かがや・く【照り輝く】［自五］明るく光り輝く。美しく輝く。≡「あかあかと━太陽」

デリカシー［delicacy］［名］感受性の細やかさ。繊細さ。微妙さ。≡「━に欠ける言動」

デリカテッセン［Delikatessen ドイツ］［名］調理済みの西洋風惣菜。また、それを売る店。デリカ。デリ。

デリケート［delicate］［形動］❶感受性が強く、繊細なさま。≡「━な神経」❷細かい点にまで意味があって、おろそかにできないさま。微妙だ。≡「━な問題」❸精巧で、壊れやすいさま。≡「━な構造の計器」派生 -さ

デリケートゾーン［和製 delicate＋zone］［名］陰部。

てり-つ・ける【照りつける（照り付ける）】［自下一］太陽が強く照る。≡「真夏の太陽がじりじりと━」文 てりつ・く

テリトリー［territory］［名］❶領土。領地。❷受け持ちの区域。専門の領域。❸動物のなわばり。

てり-は・える【照り映える】［自下一］光を受けて美しく輝く。≡「夕日に━紅葉」文 てりは・ゆ

デリバティブ［derivative］［名］株式・債券・外国為替などの本来の金融商品から派生した金融取引。先物取引・オプション取引・スワップ取引など。金融派生商品。

デリバリー［delivery］［名］❶配達。配送。❷出前。≡「ピザの━」

てり-やき【照り焼き】［名］魚や肉を一度素焼きにしたあと、醤油・酒・味醂などを合わせたたれをつけながらあぶり焼きにすること。また、その焼いたもの。

て-りゅうだん【手▼榴弾】［名］⇩しゅりゅうだん

て-りょうり【手料理】［名］自分で、または自分の家で作った料理。

デリンジャー-げんしょう【デリンジャー現象】［名］昼間、数分から数十分にわたって短波通信が妨げられる現象。太陽面の爆発によって多量に放射されたX線や紫外線が大気上層の電離層を乱すためと考えられる。▼一九三五年、アメリカの物理学者デリンジャー（Dellinger）が確認した。

て・る【照る】［自五］❶太陽・月が光を放って輝く。また、その光や熱が地上に注ぐ。≡「月が皓々と━」「日が━っているうちに洗濯物を干そう」❷晴れる。晴天になる。≡「━っても降っても野良に出る」❸光を受けて美しく輝く。映える。≡「秋の夕日に━山紅葉〈紅葉〉」名 照り

てる［連語］〈動詞の連用形に付いて〉「…ている」のくだけた言い方。⇩居る㊁［使い方］≡「こんな所で何し━の」「もっと寝てればいいのに」▼「ている」の転。使い方 下一段で活用する。「…でる」から転じたものは「でる」となる（「何を読んでるの？」）。さらにくだけて「てん」「でん」となるものもある。≡「何してるの？→何してんの？」「何を読んでんの？」

でる【出る】［自下一］

A 人やものが内から外に移る

❶一定の範囲内から外に移る。≡「部屋から━」「改札口を出て商店街に向かう」「裏口から通りに━」⇔入る

❷一定の範囲を超える。≡「足が土俵の外に━」「腹が出てきた」「忘年会は予算を出ない範囲で上げよう」

B 人やものがもとの場所から離れる

❸乗り物が発進する。≡「連絡船は八時に港を━」

❹生活の基盤としてきた所を離れる。≡「一八歳のときに郷里を出た」「大学を━」「刑務所を━」

C ある目的のために特定のところに出て行く

❺ある目的のために特定のところに行く。…しに行く。向かう。≡「勤め［パート］に━」「旅に━」

❻緊急事態に対して、軍隊や警察隊が出動する。≡「捜索隊が出て救助に当たる」「救急車が━」

D ある場所に行き着く

❼〈「…に〔へ〕出る」の形で〉ある場所に行く。移動する。≡「縁側に出て夕涼みを楽しむ」「勉学のために都会に━」

E 人の目に触れる場所に行く、現れる

❽前に進んで、自らを他と区別される位置におく。進み出る。≡「異議ある者は前に出よ」「先頭に━」

❾特定の場に臨む。特に、人目の立つ所に現れる。≡「会議［結婚式・試合］に━」「映画に━」「人前に━」

❿ある分野に乗り出す。特に、選挙に立候補する。≡「社会［政界］に━」「市長選に━」

⓫（ある態度で）応対・応答する。≡「電話に━」「ずいぶん大きく出たものだ」「下手に━」

⓬〈「葬式が出る」の形で〉死者をあの世へ送るための儀式が執り行われる。≡「近所で葬式が━た」

F ものが特定の人や公の場に提供される

⓭特定の場所に掲げられたり並べられたりする。掲出されたり陳列されたりする。≡「入り口に看板が出ている」「この商品はよく出ている（＝売れている）」「屋台が━」

⓮飲食物などが人前に置かれる。供される。≡「昼食にそばが━」「全員に食事が━」「おしぼりが━」

⓯資金などが提供される。また、報酬や手当が支払われる。≡「受賞者には賞金が━」「給料［ボーナス］が━」

⓰製品が市場に送り出される。≡「A社から新製品［文学全集］が━」

⓱売り物として広く公開される。≡「名品が売り［オークション］に━」

⓲情報がマスコミなどに掲示される。通知される。≡「新聞に名前が━」「掲示板に夏祭りの案内が━」

⓳問題・解答・意見・結論などが提示される。≡「記述式の問題が━」「住民から苦情が━」「最高裁の判決が━」

⓴信号の類が発信されたり相手に送り届けられたりす

る。‖「監督から打者にサインがー」

G もともとは見えないものが現れる

㉑内にあったものや隠れていたものが外に現れる。姿を現す。‖「山の端に月が出た」「蛇口からは温水がー」「隠してもぼろがー」

㉒内にある能力・特質・気力などが外に現れる。‖「実力[元気・スピード]がー」「ご精が出ますね(=励んでいる人にかける挨拶の言葉)」

㉓気持ち・考え・特徴などが表面に表れる。‖「喜びが顔にー」「彼は歌に表現力が出てきた」

㉔普段はひそんでいる(好ましくない)ものが人前に現れる。‖「お化けがー」「台所にゴキブリがー」

㉕隠れていたものやなくしたものが発見される。‖「床下から小判が出た」「こんなところから指輪が出てきた」

H 物事が発生する

㉖ある新しい現象が出現する。生じる。‖「顔ににきびがー」「芽[虹]がー」「涙[あくび・声・熱・疲れ]がー」

㉗その状態や性質が新たに生じる。(好ましいものにもそうでないものにもいう)‖「仕事に意欲がー」「元気[つや]がー」「貫禄[人気・記録]がー」「悪い癖がー」

㉘ある好ましくない結果が生じる。‖「多数のけが人が出た」「損失がー」

㉙天然資源が産出する。また、作物が生産出荷される。‖「この山からは金がー」「ここからは良質の木材がー」

㉚地域や集団から人材が輩出する。また、組織などを抜ける者が現れる。‖「一〇年に一人ーか出ないかという逸材」「組織から裏切り者がー」

㉛物事がそれを起点として成立する。〜に由来する。〜を出自とする。‖「生活の知恵から出たことわざ」

㉜博打やくじ引きで、当たりの目ができたり特定の札で役ができたりする。‖「おみくじは吉と出た」

◈文語下二段動詞「出づ」の連体形「いづる」が、「づる」に転じて下一段化したもの。使い方 可能形は「出られる」。「出れる」「出れない」はら抜き言葉。⬇ら抜き言葉

文 づ

◉**出る杭は打たれる** 頭角をあらわす者はとかく人から憎まれる。また、差し出がましいことをすれば制裁を受ける。▼「出る釘は打たれる」は避けたい。

◉**出る所へ出る** 決着をつけるために、法廷・警察署など公の場に出る。

◉**出ると負け** 試合に出ると必ず負けること。

◉**出る幕ではない** しゃしゃり出たり口出しをしたりする場合ではない。‖「第三者のー」▼演劇で、出番ではない意から。✓注意「出る筋ではない」は誤り。

デルタ[delta][名]三角州。‖「ー地帯」「メコンー」▼ギリシア語アルファベット第四字の大文字Δと形状が似ていることから。

てるてる-ぼうず【照る照る坊主】[名]晴れることを祈って軒下などにつるす紙製または布製の人形。てりてりぼうず。てるぼうず。

てれ【照れ】[名]照れること。‖「多少のーがある」

てれ-かくし【照れ隠し】[名]人前で失敗したときなど、わざと人の気をそらすしぐさをして恥ずかしさや気まずさをとりつくろうこと。また、そのしぐさ。‖「ーに笑う」

てれ-くさ・い【照れくさい(照れ臭い)】[形]何となく恥ずかしい。きまりがわるい。‖「人前でほめられるとー」派生 -げ/-さ/-がる

でれ-すけ【でれ助】[名][俗]好色で、だらしのない男。でれでれして、しまりのない男性。

でれっ-と[副]でれでれしているさま。‖「ーした顔」

でれ-でれ[副]態度や動作にしまりがないさま。特に、男性が女性に対してだらしなくこびるさま。‖「彼女にーする」

テレパシー[telepathy][名]視覚・聴覚などの感覚的手段によることなく、ある人の感情や思考内容が直接他の人に伝達されること。また、その能力。精神感応。遠隔精神反応。

テレビ[名]放送局が動く映像と音声を電波で送信し、視聴者がそれを受信機で受けて視聴する方式。また、その放送内容や受信装置。TV。‖「ーを見る」「ー局」「ワイドー」▼「テレビジョン」の略。

テレビ-ゲーム【和製 テレビ+game】[名]小型コンピューターの応用によって考え出されたゲーム装置。特に、家庭のテレビ画面などにゲームを映し出して遊ぶ装置。また、そのゲーム。ビデオゲーム。

テレビジョン[television][名]⬇テレビ

テレビン-ゆ【テレビン油】[名]松脂を水蒸気蒸留して得る揮発性の精油。無色あるいは淡黄色の粘性液で、独特の芳香がある。塗料の溶剤、合成樟脳の原料などに利用。テレピン油。▼「テレビン」はterebinthina(ポルトガル)から。

テレポート[teleport][名]❶衛星通信施設などを中心に開発された国際的な情報基地。また、それらを有する都市。❷念力によって自分自身や物を移動させること。テレポーテーション。

テレホン[telephone][名]電話。また、電話機。

テレホン-カード[telephone card][名]公衆電話をかけるときに使う磁気カード。テレカ。

テレマーク[Telemark][名]❶スキーで、両スキーを前後にずらし、ひざを深く曲げて滑降・回転する技術。❷踵をスキーに固定しないスキースタイルで、①の姿勢による回転を特徴とするもの。▼「テレマークスキー」の略。◈ノルウェーの地名から。

てれ-や【照れ屋】[名]すぐに照れる人。照れ性の人。はにかみや。

て・れる【照れる】[自下一]自分に気恥ずかしさを感じる。また、そのような態度や表情をする。‖「ほめられてー」文 て・る 名 照れ

テレワーク[telework][名]情報通信技術を利用して事業所などから離れた場所で仕事をすること。また、その勤務形態。テレワーキング。リモートワーク。

て-れん【手練】[名]人をだまして操る手段。また、その技巧。‖「ー手管の限りを尽くす」

テロ[名]「テロリズム」「テロル」の略。‖「ーが起きる」「爆弾ー・自爆ー・同時多発ー」

テロップ[telop][名]テレビ放送で、テレビカメラを通さずに画面に直接字幕・図形・写真などを写し出すための送信装置。また、その字幕・図形・写真など。▼television opaque projectorから。

てろ-てろ[名・形動][俗]❶生地などがこすれて光るさま。‖「ーのズボン」❷なめらかで、つるつるしたさま。‖「ーな舌触りのムース」

テロリスト[terrorist][名]テロリズムを信奉する人。また、それを実践する人。

テロリズム[terrorism][名]政治的目的を実現するために暗殺・暴力・破壊活動などの恐怖手段や、その

脅威に訴えることを是とする主義。また、それに基づく暴力行為。テロ。

テロル【Terror ドィ】[名] 暴力を手段にして敵対者を威嚇(いかく)すること。テロ。

て-わけ【手分け】[名] 一つの仕事を何人かが分けて受け持つこと。‖「一をして探す」

て-わざ【手技】[名] 柔道で、主に腕を使って相手を投げ倒す技。

て-わざ【手業】[名] 手でする仕事。手仕事。

て-わたし【手渡し】[名・他サ変] 手渡すこと。‖「書類を一で配布する」「辞令を一する」

て-わた・す【手渡す】[他五] ❶手から手へと渡す。‖「バトンを一」❷他人を通さないでじかに相手に渡す。‖「校長が生徒に卒業証書を一」名 手渡し

てん【天】■一 [名] ❶地上をおおい、高く遠く広がっている空間。大空。‖「一高く舞い上がる」「一空」「満一」❷天地万物を支配する存在。‖「運を一にまかせる」「一罰・一命」❸仏教で、六道のうち、人間界よりも上に位する世界。また、そこにいる仏神。‖「帝釈(たいしゃく)一」❹キリスト教で、神の住む世界。‖「一にまします父」「一使」「昇一」❺物の上の部分。‖「一辺(てんぺん)」◈一①⑤⇔地 ■二(造) ❶天気。‖「雨一・晴一」「一候」❷自然。‖「一災・一然」❸自然に備わった運命。生まれつき。‖「一職・一賦(てんぷ)」「先一的」❹天子・天皇。‖「一覧」❺「天ぷら」の略。‖「一かす」「えび一」

◉**天高く馬(うま)肥(こ)ゆる秋(あき)** 空が高く感じられるほどに澄みわたり、馬も肥えるような収穫の秋。秋の季節のすばらしさを言う。

◉**天に唾(つば)する** 人に害を与えようとして、かえって自分が被害を受ける。天に向かって唾を吐く。

◉**天にも昇(のぼ)る** この上なく嬉しくてうきうきする。‖「一心地」

◉**天は二物(にぶつ)を与(あた)えず** 天は人にいくつもの長所を与えてはくれないということ。

てん【典】■一 [名] 儀式。‖「華燭(かしょく)の一」「一礼」「祭一・式一」■二(造) ❶書物。‖「一籍」「教一・古一・法一」❷規範。規定。手本。‖「一型」「儀一」❸特別のはからい。‖「栄一・特一」❹規則に合っていて正しい。‖「一雅」❺職務をつかさどる。‖「一侍」

てん【点】■一 [名] ❶きわめて小さいしるし。‖「遠ざかる船が一になり、やがて消えた」「一在・一描」「黒一・斑一(はんてん)」❷幾何学で、位置のみを示し、大きさのないもの。‖「交一・接一・定一」「一線」❸文章に使う補助的な記号。読点、傍点、返り点・ヲコト点など。‖「一を打つ」「訓一」❹文字の構成要素となるしるし。線よりも短いもの。❺特定の位置・場所。注目すべき箇所。ところ。‖「証言に曖昧(あいまい)な一が多い」「視一・焦一・地一」「出発一・問題一」❻評価を表す数値・判定。‖「一の辛い先生」「百一をとる」「採一・満一」「平均一」❼和歌・俳句などの評価を示す記号。‖「一を加える」「一者」「合一(がってん)」❽試合などの得点。‖「ようやく一がはいる」「三一差で勝つ」「失一」■二(造) ❶ちょっとつける。たらす。そそぐ。‖「一眼・一滴・一茶」❷火や明かりをつける。ともす。‖「一火・一灯・一滅」❸しらべる。‖「一検・一呼」❹品物を数える語。‖「三一のお買い上げ」旧點

てん【転】■一 [名] 語形・音韻などが変わること。また、その変化したもの。‖『狩人(かりゅうど)』は『かりびと』の一」■二(造) ❶くるくるまわる。ころがる。‖「空一・自一・反一」❷ころぶ。ひっくりかえる。‖「一倒・一落」「横一」▽「顚」に通じる。❸方向・場所などを変える。物事が移り変わる。変化する。‖「一換・一校・一身」「暗一・好一・流一(るてん)」❹転句。旧轉

てん【▼貂】[名] 本州・四国・九州に分布するイタチ科の哺乳(ほにゅう)類。夜行性で、小鳥・小動物などを捕食。

てん【▼篆】[名] 篆書。

てん【店】(造) みせ。‖「一員・一頭」「書一」「代理一」

てん【展】(造) ❶のびる。広がる。広げる。ひらく。‖「一開・一示・一性」「伸一・進一・発一・親一」❷見る。ながめる。‖「一望」❸お参りする。‖「一墓」❹ころがる。‖「一転」❺「展覧会」の略。‖「個一・陶芸一」

てん【添】(造) そえる。そう。‖「一加・一付」

てん【塡】(造) うめる。つめる。‖「一塞(てんそく)・一補(ほてん)」「充一・装一・補一」

てん【殿】(造) 大きくて立派な建物。‖「一上」「御一」

でん【伝】■一 [名] ❶古くから言いつたえられていること。また、その記録。言いつたえ。‖「一王羲之(おうぎし)筆」「一説」❷個人の生涯を記したもの。一代記。‖「リンカーン一」「列一」❸経書・古典などの注釈。‖「古事記一」❹やり方。方法。‖「いつもの一でやろう」■二(造) 人から人へつたわる。つたえる。また、つたえ広める。‖「一言・一来」「遺一・宣一・秘一」旧傳

でん【田】(造) ❶た。たんぼ。‖「一園・一野」「墾一・水一」❷特定の物を産出する所。‖「炭一・票一・油一」

でん【殿】(造) ❶大きくて立派な建物。‖「一堂」「宮一・神一」❷相手に対する敬意を表す。‖「貴一」

でん【電】(造) ❶いなずま。また、いなずまのようにすばやい。‖「一撃・一光」「逐一」❷電気。‖「一源・一線・一池・一波」「感一・充一・停一」❸「電信」「電報」の略。‖「一文」「祝一」❹「電車」の略。‖「終一・都一」

でん-あつ【電圧】[名] 二点間の電位の差。単位はボルト。電位差。記号V ‖「一計」

てん-い【天意】[名] ❶天の意志。造物主の意志。また、自然の摂理。❷天子の意志。

てん-い【転位】[名・自他サ変] 位置が変わること。また、位置を変えること。

てん-い【転移】[名] ❶[自他サ変] 場所が他に移ること。また、場所を移すこと。移転。❷[自サ変] 腫瘍(しゅよう)細胞や病原菌が組織のある場所から他の場所に移り、そこで同様の変化を起こすこと。‖「癌(がん)が肝臓に一する」

でん-い【電位】[名] 一定の電気量を電場内のある一点に運ぶのに必要なエネルギー量。▽二点間に電位の差があるとき、電流は電位の高い方から低い方へ流れる。

でんい-さ【電位差】[名] 電圧。

てんいち-じん【天一神】[名] 陰陽道(おんようどう)で、東・西・南・北・北東・南東・南西・北西の八方をめぐり、吉凶禍福をつかさどるとされる神。この神のいる方向を塞(ふさ)がりといって忌み、その方角に向かうときはいったん別の方角の家に泊まって方違(かたたが)えをした。なかがみ。

てんい-むほう【天衣無縫】[名・形動] ❶詩文にわざとらしい技巧の跡がなく、自然のままに美しく完成していること。‖「一の名文」❷人柄が無邪気で、何の飾りもないこと。天真爛漫(てんしんらんまん)なこと。‖「一な性格」◈天人の衣には縫い目がないということから。

てん-いん【店員】[名] 商店に勤めている人。‖「デパートの一」

てん-いん【転院】[名・自サ変] 現在入院している

病院から別の病院へ移ること。

てん-うん【天運】[名]❶天によって定められている運命。天命。❷天体の運行。

てん-えん【展延】[名・自他サ変]薄く広げ延ばすこと。また、広がり延びること。「—性」

でん-えん【田園】[名]❶田と畑。❷田畑の多い地方。田畑・野原・林などの緑に恵まれた郊外。「—生活[詩人]」

でんえん-とし【田園都市】[名]都市生活の利便と田園の情趣とを調和させ、都市郊外に計画的に建設された都市。

てん-おん【天恩】[名]❶天の恵み。自然の恩恵。❷天子の恩。皇恩。朝恩。

てん-か【天下】[名]❶天の下に広がるすべての空間。全世界。また、世の中。世間。「—無双」「金は—のまわりもの」❷一国の全体。また、一国の政治や権力。「—を取る」「三日—」❸実権を握って、思うままに振る舞うこと。また、そのような状態。「現代は若者の—だ」「かかあ—」❹〈「天下の」の形で〉他に並ぶもののないこと。比類ないこと。「—の横綱[大泥棒]」◈「てんが」とも。

てん-か【点火】[名・自他サ変]火をつけること。「導火線に—する」「ライターを—する」

てん-か【添加】[名・他サ変]ある物に別の物をつけ加えること。「酸化防止剤を—する」「食品—物」

てん-か【転化】[名・自サ変]❶ある状態が別の状態に移り変わること。「戦況が大きく—する」❷ある物質が別の物質に変わること。特に、蔗糖が加水分解されて果糖とぶどう糖になること。また、その現象。

てん-か【転科】[名・自サ変]途中で、所属する学科や医学分野を変えること。「法科[皮膚科]に—する」

てん-か【転▼訛】[名・自サ変]語の本来の音がなまって変化すること。また、その語や音。

てん-か【転嫁】[名・他サ変]自分の過ちや責任を他人になすりつけること。人のせいにすること。「卑怯にも責任を—する」

てん-が【典雅】[形動]きちんと整っていて上品なさま。「—な儀式」派生—さ

でん-か【伝家】[名]先祖から代々その家に伝わること。

◉伝家の宝刀 ❶その家に代々伝えられてきた名刀。❷いざというときにだけ使う、とっておきの手段。◈注意「天下の宝刀」「殿下の宝刀」は誤り。

でん-か【殿下】[名]天皇・三后以外の皇族の敬称。「皇太子—」

でん-か【電化】[名・自他サ変]熱源・光源・動力源に電力を用いるようにすること。「—製品」

でん-か【電荷】[名]物質の帯びている電気および電気の量。すべての電気現象の根源となる。荷電。

てん-かい【天界】[名]天上の世界。⇔地界

てん-かい【展開】[名・自他サ変]❶大きく広がること。また、大きく広げること。「眼下に—する景観」❷物事を繰り広げること。また、繰り広げられること。「激しい論争を—する」「会長の命を受けて、海外で事業を—させる」❸新しい方向に進展すること。また、進展させること。「事件が意外な方向に—する」❹密集した隊形が散開すること。また、散開させること。❺数学で、多項式の積の形の式を、単項式の和の形に改めること。例えば$(a+b)^2=a^2+2ab+b^2$の類。❻数学で、立体を切り開いて平面図形にすること。「—図」◈使い方「〜を展開する／展開させる」では、前者が一般的。⬇品詞解説(一八一六ページ)

てん-かい【転回】[名・自他サ変]❶ぐるりとまわること。また、ぐるりとまわすこと。回転。❷ぐるりとまわって向きが変わること。また、向きを変えること。「針路を西へ—する」「方針が一八〇度—する」

てん-がい【天外】[名]❶天のはるかかなた。❷きわめて遠い所。また、思いがけない所。「奇想—」

てん-がい【天涯】[名]❶空の果て。また、きわめて遠い所。❷故郷を遠く離れた土地。

てん-がい【天蓋】[名]❶仏像の上などにかざす笠状の覆い。❷玉座・貴人の寝台などの上に設ける装飾用の覆い。❸虚無僧がかぶる深編み笠。❹僧家の隠語で、蛸。▽形が①に似ていることから。

でん-かい【電界】[名]電荷の作用が及ぶ空間。電場。

でん-かい【電解】[名・他サ変]「電気分解」の略。

てんがい-こどく【天涯孤独】[名]この世に一人の身寄りもないこと。「両親を亡くし—の身となる」

でんかい-しつ【電解質】[名]水などに溶かしたときに陽イオンと陰イオンに分かれ、よく電流を通すようになる物質。酸・塩基・イオン性塩類など。

てんか-いっぴん【天下一品】[名]この世の中で他に比べるものがないほどすぐれていること。また、そのもの。「—の腕前」

てん-かく【点画】[名]漢字を構成する点と線。

てん-がく【転学】[名・自サ変]学生・生徒が他の学校・学部に移ること。「市内の中学校に—する」

でん-がく【田楽】[名]❶農耕行事とともに行われた歌舞から起こり、平安中期から鎌倉・室町時代にかけて流行した芸能。田楽法師が笛・鼓・ささらなどを奏しながら舞い踊り、また高足に乗って軽業などを演じた。❷長方形に切った豆腐を串にさし、練り味噌を塗って焼いた料理。田楽豆腐。「木の芽—」❸豆腐・ナス・里芋・魚などを串にさし、練り味噌を塗って焼いた料理。田楽焼き。

でんがく-ざし【田楽刺し】[名]田楽豆腐のように、先のとがったものでまん中を刺しつらぬくこと。いもざし。

てんか-ごめん【天下御免】[名]だれにもはばかることなく、公然とできること。公認されていること。「—の商売」

てんか-す【天▼滓】[名]「揚げ玉」に同じ。

てんか-ふん【天花粉(天▼瓜粉)】[名]キカラスウリの根からとったでんぷんを精製した白色の粉。あせも・ただれの予防などに用いる。

てん-から[副]あたまから。はじめから。てんで。「—相手にしない」

てんか-わけめ【天下分け目】[名]天下を取るか取られるかの重大な分かれめ。勝敗の決まる重大な時期や場面。「—の戦い」「—の天王山」

てん-かん【展観】[名・他サ変]広げて見せること。また、並べ広げて多くの人に見せること。展覧。「美術館が印象派の作品を—する」

てん-かん【転換】[名・自他サ変]物事をそれまでとは別のものに変えること。また、別の方向に変わること。「方向が／を—する」「発想を—する」「—期」「—性」「—配置」

ー・気分ー」使い方「〜を転換する／転換させる」では、前者が一般的。⬇品詞解説（一八二六ページ）

てんかん【▼癲▼癇】［名］痙攣（けいれん）・意識障害などの発作を繰り返す脳疾患。原因不明の特発性と外傷・腫瘍（しゅよう）などの損傷によって起こる症候性とがある。

癲癇

てんがん【天眼】［名］あらゆる物事を見通すことのできる目。てんげん。

てんがん【天顔】［名］天子の顔。竜顔。

てんがん【点眼】［名・自他サ変］目に目薬をたらすこと。「目薬を━する」「━液」

てんがんきょう【天眼鏡】（ーキャウ）［名］手相・人相などを見るときに使う大形の拡大鏡。▼運命などを見通す意から。

てんがんつう【天眼通】［名］すべての物事を自在に見通すことのできる神通力。てんげんつう。

てんき【天気】［名］❶（晴れ・曇り・雨・雪などの）空のようす。空もよう。「━がいい［崩れる］」「━予報」▼気象学では、ある場所、ある時刻の気圧・気温・湿度・風向・風力・雲量・降水量などを総合した大気の状態をいう。❷晴れていること。晴天。「（お）━が続く」❸人の機嫌。「お━屋」

てんき【天機】［名］❶天地自然の秘密。造化の神秘。「━を洩（も）らす（＝重大な秘密をもらす）」❷天から与えられた心・素質・能力。❸天子のきげん。

てんき【転帰】［名］落ち着く所。行きつく先。「病が死の━をとる」

てんき【転記】［名・他サ変］記載された事柄を他の帳簿などに書き写すこと。「伝票から台帳に━する」

てんき【転機】［名］ある状態から他の状態に転じるきっかけ。「人生の━を迎える」

てんぎ【転義】［名・自サ変］語の本来の意味が他の意味に転じること。また、転じて生じた意味。⬍本義・原義

でんき【伝奇】［名］怪奇で幻想的な物語。「━小説」

でんき【伝記】［名］ある個人の生涯にわたる事跡を叙述した記録。また、その書物。

でんき【電気】［名］❶摩擦による物体の吸引、電荷間に働く力、電流間の作用、伝導など、さまざまな電気現象のもととなるもの。❷電灯。また、電力。「━をつける」「━代」

でんき【電器】［名］電気を熱源・光源・動力源とする器具。テレビ・洗濯機など。「━店」▼「電気器具」の略。

でんき【電機】［名］電力を使って動かす機械。電気機械。「━メーカー」

てんきあめ【天気雨】［名］日が照っているのに小雨がぱらつくこと。また、その雨。日照り雨。狐（きつね）の嫁入り。

テンキー【和製ten＋key】［名］コンピューターのキーボードで、数字キーと演算キーを一か所にまとめた部分。また、その中のそれぞれのキー。

でんきかいろ【電気回路】（ークヮイロ）［名］電流が流れてひと巡りする通路。電子回路。回路。

でんききかんしゃ【電気機関車】（ーキクヮンシャ）［名］電気を動力源として走行する機関車。直流電気機関車・交流電気機関車・交直両用機関車などがある。

でんきじどうしゃ【電気自動車】［名］蓄電池を電源とし、直流電動機を原動機とする自動車。振動・騒音が少なく、排気ガスを出さないなどの長所がある。EV（electric vehicle の略）。

でんきていこう【電気抵抗】（ーテイカウ）［名］電流の流れにくさを表す量。電位差（V）を電流（I）で割ったもの。単位はオーム（記号Ω）。抵抗。

でんきぶんかい【電気分解】［名・他サ変］電解質溶液に二個の電極を入れて電流を通し、電極面に化学変化を起こさせて物質を分解すること。電気めっき・電気化学分析などに広く利用される。電解。

てんきぼ【点鬼簿】［名］死者の姓名・死亡年月日などを記した帳簿。過去帳。▼「鬼」は死者の意。

でんきメス【電気メス】［名］高周波電流を利用して組織を切開する手術器械。一般のメスで切るよりも出血が少なく、切開部分の凝固・止血も同時に行うことができる。

でんきめっき【電気〈▼鍍金〉】［名］電気分解を応用しためっきの方法。被めっき金属を陰極、めっき金属を陽極につないでから、めっき金属のイオンを含む電解溶液中に浸して電気分解を行い、被めっき金属の表面にめっき金属を還元・付着させるもの。書き方「鍍金」は「メッキ」「めっき」と書くことが多い。

てんきゅう【天球】（ーキウ）［名］地球上の観測者を中心にして仮想された半径無限大の球面。すべての天体がこの球面上に投影されるとみなされる。「━儀」

でんきゅう【電球】（ーキウ）［名］不活性ガスを封入したガラス球の中に、電流を通すと発光するフィラメントを入れた照明器具。白熱電球。電気の球（たま）。「裸━」

てんきょ【典拠】［名］文献などにみえる、確かなよりどころ。「━を示す」

てんきょ【転居】［名・自サ変］住居を別に移すこと。引っ越し。転宅。「隣町に━する」「━先不明」

てんぎょう【転業】（ーゲフ）［名・自サ変］職業・商売を変えること。「店を畳み、アパート経営に━する」

でんきようせつ【電気溶接】［名］電気抵抗による発熱やアーク熱を利用して金属を溶接すること。また、その方法。

でんきょく【電極】［名］電流を流すとき、または電場を創るときに設ける一対の導体。電流の流れ出る側を陽極、流れ込む側を陰極という。

でんきろ【電気炉】［名］熱源に電気エネルギーを使って金属の溶解などを行う炉。抵抗炉・アーク炉・誘導炉の三種がある。電炉。

てんきん【天金】［名］洋とじの書物で、上方の小口（こぐち）（＝天）だけに金箔をつけたもの。また、その製本方式。

てんきん【転勤】［名・自サ変］同じ官公庁・企業などの中で、勤務地が変わること。「海外に━する」

てんきんぞく【転勤族】［名］転勤の多い人やその家族。

てんく【転句】［名］漢詩で、絶句の第三句。起句・承句の詩趣を一転させる句。転。⬇起承転結

てんぐ【天▼狗】［名］❶深山に住むという想像上の妖怪。赤ら顔で鼻が異様に高く、山伏の姿をして金剛杖（づえ）・太刀・羽団扇（うちわ）をもつ。背の翼で、自在に飛行するとされる。❷自慢すること。うぬぼれること。また、その人。「ちょっと成績がよかっただけで━になるな」▼①が鼻が高いことから。

てんくう【天空】［名］そら。広々とした空。大空。

てんくう‐かいかつ【天空海▾闊】〔名・形動〕❶大空と海が広々としていること。❷気性がさっぱりしていて、何のわだかまりもないこと。

てん‐ぐさ【天草】〔名〕ところてん・寒天の原料にする紅藻綱テングサ科の海藻。日本各地の沿岸に分布し、干潮線以下の岩礁に着生。色は暗紅色で、羽状に細かく分枝する。トコロテングサ。

てんぐ‐じょう【典具▾帖・天具▾帖】〔名〕楮(こうぞ)の良質な繊維で漉(す)いた薄い和紙。貴金属・宝石などの包装紙、美術書の隔紙(へだてがみ)・木版の版下などに用いられる。主産地は高知県。

デング‐ねつ【デング熱】〔名〕蚊によって媒介されるデングウイルスに感染して起こる感染症。高熱・関節痛・筋肉痛などの症状を示す。

でんぐり‐がえし【でんぐり返し】〔名〕でんぐり返ること。でんぐり返り。動 でんぐりがえ・す(他五)

でんぐり‐がえ・る【でんぐり返る】〔自五〕❶地面に手をついて体をまるめ、前方または後方へ一回転して起きる。❷さかさまになる。ひっくりかえる。「心臓が―ような驚き」名 でんぐり返り

てん‐けい【天恵】〔名〕天の恵み。天恩。「―に浴する」

てん‐けい【天啓】〔名〕天の啓示。天の教え・導き。

てん‐けい【典型】〔名〕同類・同種のものの中で、その特性を最もよく表しているもの。「縄文土器の―」

てん‐けい【点景・添景】〔名〕風景画や風景写真で、画面全体を引き締めるために添えられた人や物など。

てんけい‐てき【典型的】〔形動〕その類の特徴・性格などをよく表しているさま。「肺炎の―な症状」

でん‐げき【電撃】〔名〕❶強い電流が体に流れたときに感じる衝撃。❷稲妻(いなずま)のようにすばやく敵を攻撃すること。また、その攻撃。「―作戦」❸稲妻のように突然に衝撃を与えること。「―的な婚約発表」

てん‐けん【天険(天▾嶮)】〔名〕地形のけわしい所。自然の要害。「―の地」

てん‐けん【天▾譴】〔名〕天のとがめ。天罰。

てん‐けん【点検】〔名・他サ変〕不都合な箇所や異常がないかどうか、一つ一つ調べること。「書類[車両]を―する」

てん‐げん【天元】〔名〕❶万物の成育する根源である天の元気。❷碁盤の中央にある黒い星。

でん‐げん【電源】〔名〕❶電力を供給するみなもと。「―地帯」❷電流をとり入れるみなもと。コンセントなど。

てん‐こ【典故】〔名〕確かなよりどころとなる故事。典例故実。

てん‐こ【点呼】〔名・他サ変〕一人一人の名を呼んで、全員がそろっているかどうかを確かめること。「人員を―する」「―をとる」「―を受ける」

てん‐こう【天候】〔名〕(比較的短い期間の)総合的な大気の状態。天気のぐあい。「―に恵まれる」「悪―」▽➡気候

てん‐こう【転向】〔名・自サ変〕❶方向・方針などを変えること。「歌手から俳優に―する」❷思想的立場を変えること。特に、共産主義者・社会主義者が官憲の弾圧によってその思想を捨てること。「―文学」

てん‐こう【転校】〔名・自サ変〕児童・生徒が、通学していた学校から別の学校に移ること。「―生」

でん‐こう【電工】〔名〕❶電気工事に従事する作業員。電気工。❷「電気工業」の略。企業名などに使う。

でん‐こう【電光】〔名〕❶いなずま。いなびかり。「―が走る」❷電灯の光。

でんこう‐けいじばん【電光掲示板】〔名〕面状に配列した多数の電球や発光ダイオードを点滅させて文字や図を表示する装置。

でんこう‐せっか【電光石火】〔名〕時間がきわめて短いこと。また、動作などがきわめてすばやいこと。「―の早業」▽いなずまと火打ち石の火花の意から。

てん‐こく【▾篆刻】〔名・他サ変〕石・木などの印材に文字を彫りつけること。印刻。▽多く篆書体を用いることから。 篆

てん‐ごく【天国】〔名〕❶神や天使が住むという天上の理想世界。キリスト教・イスラム教では、信者の死後の霊が神から永遠の祝福を受けて迎えられるところ。神の国。「―に召される」⬌地獄 ❷悩みや苦労がなく、快適に過ごせる環境。楽園。「前の職場にくらべると、ここは―だ」「歩行者―」

てんこ‐もり【てんこ盛り(天こ盛り)】〔名〕食べ物を食器にうずたかく盛ること。山盛り。

でん‐ごん【伝言】〔名・他サ変〕人を介して先方に用件を伝えること。また、そのことば。ことづけ。ことづて。「同僚に―を頼む」「―板」

てん‐さ【点差】〔名〕得点の差。「―が開く」

てん‐さい【天才】〔名〕生まれつき備わっている、きわめてすぐれた才能。また、その才能の持ち主。「語学の―」「―児」

てん‐さい【天災】〔名〕風水害・地震・落雷など、自然現象によって引き起こされる災害。「―は忘れたころにやって来る」「―地変」⬌人災

てん‐さい【▾甜菜】〔名〕➡砂糖大根

てん‐さい【転載】〔名・他サ変〕既にある出版物などの記事や写真を、そのまま他の出版物などに載せること。「記事を雑誌[ブログ]に―する」「禁無断―」

てん‐ざい【点在】〔名・自サ変〕あちこちに点々と散らばって存在すること。「湖畔に別荘が―する」

てん‐さく【添削】〔名・他サ変〕他人の詩文・答案などを、語句を書き添えたり削ったりして直すこと。「生徒の作文を―する」「通信―」

てん‐さく【転作】〔名・自サ変〕その田畑で、それまでの作物とは別種の作物を作ること。

てん‐さん【天産】〔名〕天然に産出すること。また、そのもの。「―物」

でん‐さん【電算】〔名〕「電子計算機」の略。コンピューター。「―機」「―写植」

てん‐し【天子】〔名〕天命を受けて国を治める者。帝王。天皇。▽天帝の子の意。

てん‐し【天使】〔名〕ユダヤ教・キリスト教・イスラム教などで、神の使者として人間界につかわされ、神と人との仲介をつとめるもの。エンジェル。使い方 やさしく人の心をなぐさめる人のたとえにもいう。「白衣の―」

てん‐し【天資】〔名〕生まれつきそなわっている資質。天性。「―英邁(えいまい)」

てん‐し【展▾翅】〔名・他サ変〕標本にするため、昆虫のはねを広げて固定すること。「―板」

てん‐じ【典侍】〔名〕明治以後、宮中の女官の最高位。▽現在は廃止され、女官長が最高位。

てん‐じ【点字】〔名〕視覚に障害のある人が指先の触

覚によって読解する記号文字。紙面に突出した点を一定の方式によって組み合わせたもの。

てん-じ【展示】[名・他サ変] 物品、特に作品や研究資料などを並べて多くの人が見られるようにすること。‖「陶磁器を━する」「━販売」

てん-じ【▼篆字】[名] 篆書体の文字。篆文。

でん-し【電子】[名] ❶素粒子の一つで負の電気量の最小単位を持つもの。エレクトロン。陰電子。⇔陽電子 ❷電気回路やコンピューターで働く仕組みになっていること。エレクトロニック。‖「━機器・━書籍・━署名・━データ・━版」▼electronic の訳語から。

でん-じ【田地】[名] 田となっている土地。でんち。

でん-じ【電磁】[名] 電気と磁気。また、その相互作用。

でんし-オルガン【電子オルガン】[名] 電子回路による発振音を音源とする鍵盤(けんばん)楽器。ハモンドオルガン(商標名)・エレクトーン(商標名)など。

でんし-おんがく【電子音楽】[名] シンセサイザーなどの電子音響装置を使って作曲・演奏される音楽。狭義には、第二次大戦後、ドイツのシュトックハウゼンなどによって創始された音楽をいう。

でんし-か【電子化】[名・他サ変] 情報をデジタルデータに変えること。また、コンピューターを使って物事を行うようにすること。

でんし-カルテ【電子カルテ】[名] 電子化されたカルテ。医師が診断した患者の病状、処置、経過などを電子的に記録・管理するシステム。

でんじ-き【電磁気】[名] ❶電気と磁気。また、その相互作用。❷電流によって生じる磁気。

てん-じく【天▼竺】[名] ❶インドの旧称。‖「唐(から)━」❷やや太番手の糸で平織りにした白生地の綿織物。足袋(たび)・芯地(しんじ)・シーツなどに用いる。▼「天竺木綿」の略。初めインドから輸入したことから。❸舶来のものであること。外国産。‖「━芋」「━鼠(ねずみ)」「━牡丹(ぼたん)」▼他の語と複合して使う。

てんじく-あおい【天▼竺▼葵】[名] ゼラニウムの別称。

てんじく-ねずみ【天▼竺▼鼠】[名] 実験動物・愛玩(あいがん)用に飼育されるテンジクネズミ科の哺乳(ほにゅう)類。体色は白・黒・赤褐色などで、尾はない。南米に分布。モルモット。

てんじく-ろうにん【天▼竺浪人】[名] 住所不定の流浪人。浮浪人。▼一説に「てんじく」は「逐電(ちくでん)」の倒語という。

でんし-けいさんき【電子計算機】[名] コンピューター。

でんし-けいじばん【電子掲示板】[名] インターネットなどのネットワークやパソコン通信などで、不特定多数の人々と文字や記号によるコミュニケーションを行う機能。構成が掲示板に似ていることからいう。BBS。

でんし-けんびきょう【電子顕微鏡】[名] 光線の代わりに電子線、光学レンズの代わりに電子レンズを用いた顕微鏡。倍率は数十万倍にも達する。

でんし-こうがく【電子工学】[名] 真空内・固体内における電子の流れや電磁現象、およびその現象の応用を研究する学問。エレクトロニクス。

でんし-じしょ【電子辞書】[名] 内蔵のソフトウエアによって辞書の機能をもつポケットサイズのコンピューター。

でんじ-しゃく【電磁石】[名] 軟鉄を芯(しん)にしてコイルを巻きつけたもの。電流を通すと磁化し、電流を切ると磁気が消える。発電機・電動機などに利用される。電気磁石。

でんし-しょうとりひき【電子商取引】[名] インターネットを介して行う商取引。▼エレクトロニックコマース(electronic commerce)の訳語。

でんし-しょせき【電子書籍】[名] 電子機器で読む、電子化された書籍。電子ブック。▼「電子ブック」は商標名。

てん-じつ【天日】[名] 太陽。日輪。‖「━塩(えん)(=海水の水分を太陽熱で蒸発させて作った塩)」

でんし-てがた【電子手形】[名] 電子記録により債権情報を管理し、電子決済ができる債権取引。

でんじてき-きろく【電磁的記録】[名] 法律で、CD-ROMやハードディスクなど、人の知覚では認識できない方式で作られた記録。

でんし-てちょう【電子手帳】[名] 手帳大の小型の情報機器。メモ・スケジュール管理・住所録などの機能がある。

でんじ-は【電磁波】[名] 電磁場の振動が波動として真空または物質中を伝わっていくもの。電波・赤外線・紫外線・X線・γ線など。

てんじ-ブロック【点字ブロック】[名] 介護者なしで歩く視覚障害者の安全を図るために、歩道や駅のプラットホームなどに敷設される誘導用の突起をつけたブロック。

でんし-マネー【電子マネー】[名] 現金の代わりに、電子データで行う決済。ICカード・スマートフォンを利用するものや、インターネット上で利用するものなどがある。

でんし-メール【電子メール】[名] コンピューターネットワークを通じてやりとりする電子的な手紙。特に、インターネットを介してするものにいう。Eメール。メール。▼electronic mail の訳語。

てん-しゃ【転写】[名・他サ変] ❶文章・絵などをそのまま写し取ること。また、書き写すこと。❷遺伝情報が伝えられる過程で、DNAの塩基配列を鋳型としてRNAを合成すること。

てん-じゃ【点者】[名] 和歌・俳句・川柳などで、評点をつけて作品の優劣を判定する人。判者。

でん-しゃ【伝写】[名・他サ変] 書物などを次々に写し取って後世に伝えること。

でん-しゃ【電車】[名] 電気を動力源として軌道上を走る鉄道車両。‖「特急━」「━通学」

てん-しゃく【天爵】[名] 生まれつき備わっている立派な徳。天賦の徳性。⇔人爵

てん-しゃく【転借】[名・他サ変] 人が借りているものをさらに借りること。またがり。⇔転貸

てん-しゅ【天主】[名] ❶キリスト教で、神。▼幕末以降広く使われたが、現在は使われない。「デウス」の漢訳という。❷仏教で、諸天をつかさどる王。特に帝釈(たいしゃく)天・毘沙門(びしゃもん)天。

てん-しゅ【天守】[名] 城の中心部に設けられた最も高い物見やぐら。天守閣。

てん-しゅ【店主】[名] 店の主人。商店のあるじ。

てん-じゅ【天寿】[名] 天から授かった寿命。‖「━を全(まっと)うする」

てん-じゅ【天授】［名］天から授かること。また、生まれつき備わっているもの。天性。「—の才」

でん-じゅ【伝授】［名・他サ変］伝え授けること。特に、学問・技芸などの秘伝・秘法を師から弟子に伝え授けること。「作陶の秘訣を—する」

てん-じゅう【転住】［名・自サ変］住まいを変えること。転居。「郊外に—する」

でん-しゅう【伝習】［名・他サ変］学問・技術などの教えを受けて学ぶこと。「—所」

てんしゅ-きょう【天主教】［名］ローマカトリック教のこと。▽明治・大正期まで使われた語。

てん-しゅく【転宿】［名・自サ変］宿所を変えること。「賄い付きの下宿に—する」

てん-しゅつ【点出】［名・他サ変］目立つように描き出すこと。はっきりと提示すること。

てん-しゅつ【転出】［名・自サ変］❶他の土地に住むため、それまでの居住地を去ること。「—届」⇔転入 ❷他の職場に移ること。「名古屋支社に—する」

てん-しょ【添書】［名］❶使者に持たせる手紙。また、贈り物などに添える手紙。添え状。❷紹介状。❸［自他サ変］書類などに気づいたことを書き添えること。また、書き添えたもの。添え書き。「企画書に—する」「名刺に連絡先を—する」

てん-しょ【▼篆書】［名］漢字の書体の一つ。中国の秦またはそれ以前に作られたもので、隷書・楷書のもとになった。現在では印章などに用いられる。篆。

てん-じょ【天助】［名］天の助け。天佑。

でん-しょ【伝書】［名］❶代々伝わってきた書物。また、秘伝・奥義などを記した文書・書物。❷書状などを届けること。

てん-しょう【天象】［名］❶天体の現象。日・月・星などの現象。⇔地象 ❷空のようす。空模様。

てん-じょう【天上】［名］❶空。空の上。天。⇔地上 ❷仏教で、人間界の上にあって、最上の果報を受けた者が住むという世界。天界。天上界。❸［自サ変］霊魂などが天に昇ること。また、死ぬこと。昇天。

てん-じょう【天井】［名］❶部屋の上部を限る仕切り。屋根裏や上階の床下を隠すためや、保温・防音・ちりよけなどのために板などを張る。❷物の内部のいちばん高い所。❸物価・相場などの最高値。

てん-じょう【天壌】［名］天と地。あめつち。「—無窮（＝天地とともに永遠に続くこと）」

てん-じょう【添乗】［名・自サ変］旅行社の係員などが、世話などをするために他の人に付き添って乗り物に乗ること。「—員」

てん-じょう【転乗】［名・自サ変］他の乗り物に乗りかえること。

てん-じょう【殿上】［名］❶宮殿の内部。❷清涼殿で、参内した殿上人が控える所。▽「殿上の間」の略。❸②に昇ることを許されること。昇殿。また、その人。殿上人。

てん-じょう【▼纏▼繞】［名・自サ変］まといつくこと。からまりつくこと。「—茎」

でん-しょう【伝承】［名・他サ変］古くからの行事・風習・言い伝えなどを受け継いで、次代に伝えていくこと。また、その事柄。「芸能を—する」「民間—」

でん-しょう【伝▼誦】［名・他サ変］物語・叙事詩などを語り伝えること。「民話を—する」

てんじょう-がわ【天井川】［名］河床がまわりの平野面よりも高くなった河川。大量の土砂が河床に堆積することによって生じる。

てんじょう-さじき【天井《桟敷》】［名］劇場で、後方最上階に設けた低料金の席。

てんじょう-しらず【天井知らず】［名・形動］物価・相場などが高騰して、どこまで上がるかわからないこと。「—の地価」

てんじょう-てんげ【天上天下】［名］天上の世界と地上の世界。天地の間。全世界。てんじょうてんが。「—唯我独尊（＝釈迦が誕生のときに唱えたという言葉。宇宙間に我より尊い存在はないということ）」

てんじょう-ね【天井値】［名］一定期間の取引で、相場がいちばん高いときの値段。⇔底値

てん-しょく【天職】［名］天から授かった職業。また、その人の才能・性格にふさわしい職業。「教師を—と考える」

てん-しょく【転職】［名・自サ変］別の職業に変わること。転業。「サラリーマンから自営業に—する」

でん-しょく【電飾】［名］色とりどりの電灯をともして飾ること。イルミネーション。

でんしょ-ばと【伝書▼鳩】［名］帰巣本能を利用して、遠隔地から通信文を運ぶように訓練されたハト。

テンション【tension】［名］❶物事に対する緊張感。❷高揚した気分や意気込み。「—が高い」

てん・じる【転じる】［自他上一］方向・状態などが変わる。また、方向・状態などを変える。「賛成から反対に態度が—」「話題を—」 異形 転ずる

てん・じる【点じる】［他上一］❶火をつける。明かりをともす。「蠟燭に火を—」❷茶をたてる。「薄茶を一服—」❸しずくをたらす。「目薬を—」❹漢文に訓点を付ける。 異形 点ずる

でんし-レンジ【電子レンジ】［名］マイクロ波を食品に当てて加熱する調理器。マイクロ波を受けた分子が激しく振動して発熱する現象を利用し、食品を短時間に加熱・調理するもの。

てん-しん【天心】［名］空のまんなか。中天。

てん-しん【点心】［名］❶禅家で、昼食前にとる少量の食事。また、昼食。❷茶会などの茶請け。茶菓子。❸中国料理で、食事代わりにとる軽い食べ物や食後の菓子など。

てん-しん【転身】［名・自サ変］❶体の向きを変えること。❷身分・職業また生活方針・主義などを変えること。「銀行員から歌手に—する」

てん-しん【転進】［名・自サ変］❶進む方向を変えること。「南のルートに—する」❷形勢の不利になった軍隊がその拠点を捨てて他に移ること。▽第二次大戦中、旧日本陸軍が「退却」の代わりに使った語。

てん-じん【天人】［名］天と人。また、天意と人事。

てん-じん【天神】［名］❶天の神。あまつかみ。てんしん。⇔地祇・地神 ❷菅原道真の神霊。▽学問の神として信仰される。❸［俗］梅干しの核。

でん-しん【田紳】［名］紳士を気どっているが、やぼでどろくさい男性。田舎紳士。

でん-しん【電信】［名］文字・図・写真などの情報を電気信号に変えて伝送する通信。モールス電信・印刷電信・ファクシミリ・テレックスなど。

てんしん-らんまん【天真▼爛漫】［名・形動］言

動に飾ったところや気どったところがなく、ありのままであること。純真で、無邪気なこと。「―に振る舞う」「―な／の笑顔」派生―さ

爛

テンス【tense】［名］時制。

てん‐すい【天水】［名］❶空と水。❷空から降った水。雨水。❸防火用に雨水をためておく桶。▼「天水桶」の略。

てん‐すう【点数】［名］❶評価を表す数値。また、評点・得点の数。「数学の―が悪い」❷品物の数。しなかず。「出品―が多い」

◉**点数を稼・ぐ**　よい心証を得るなどして、自分に対する評価を上げる。

でんすけ【伝助】［名］❶街頭で行う賭博の一つ。円盤上に水平に取りつけた棒をまわし、棒の止まる所を予想して賭けさせるもの。ほとんどがイカサマであったという。▼この街頭賭博を検挙した刑事の名からという。❷放送取材に用いた携帯用テープレコーダーの俗称。

てん・ずる【転ずる】［自他サ変］⇩転じる　文てん・ず

てん・ずる【点ずる】［他サ変］⇩点じる　文てん・ず

てん‐せい【天成】［名］❶自然の力でできていること。「―の要害」❷生まれつきそのようにできていること。「―の美声」

てん‐せい【天性】［名］天から与えられた性質。生まれつきの性質。「―の楽天家」「―そそっかしい人」▼副詞的にも使う。

てん‐せい【展性】［名］金属が圧力や打撃によって薄い板や箔に広げられる性質。

てん‐せい【転生】［名・自サ変］次の世で別の形に生まれ変わること。てんしょう。「輪廻―」

てん‐せい【転成】［名・自サ変］❶あるものが性質の異なる他のものに変わること。❷ある語が本来の文法的性質を失って他の品詞の語になること。「―語」

でん‐せい【電請】［名］外交官・使節などが本国政府に電報で訓令を要請すること。

でんせい‐かん【伝声管】ワク［名］管の一方の端に口を当てて話した声を他方の端に耳を当てて聞き取るようにした装置。船舶・航空機・工場などで用いられた。

てん‐せき【典籍】［名］書物。書籍。「和漢の―」

てん‐せき【転籍】［名・自サ変］本籍・学籍などを他に移すこと。「現住所に―する」「―届・―地」

でん‐せつ【伝説】［名］ある時代、特定の場所、人物などと結びつき、かつては人々から事実として信じられて語り継がれてきた話。言い伝え。「羽衣―」「―上の人物」

てん‐せん【点線】［名］多くの点を連ねてつくった線。⇔実線

てん‐せん【転戦】［名・自サ変］戦争・試合などで、あちこちと場所を変えて戦うこと。「敵を追って―する」

てん‐ぜん【▼恬然】［形動タリ］何事も気にかけることなく平然としているさま。「―として恥じる風もない」

でん‐せん【伝染】［名・自サ変］❶病原体がある生物体から他の生物体に侵入し、増殖して病気を引き起こすこと。❷ある状態や傾向が別の人に移ること。「あくびが―する」

でん‐せん【伝線】［名・自サ変］ストッキングなどのほつれが縦方向の線となって伝わること。

でん‐せん【電▼閃】［名］いなずまがひらめくこと。また、いなずま。いなびかり。

でん‐せん【電線】［名］電流を通じるための金属線。

でんせん‐びょう【伝染病】ビヤウ［名］細菌・ウイルス・リケッチアなどの微生物の感染によって起こり、直接・間接に人から人へと移って流行する病気の総称。コレラ・赤痢・腸チフス・インフルエンザなど。▼感染症法の制定により、伝染性・非伝染性に関わらず「感染症」という呼称に統一された。

てん‐ぞ【典▽座】［名］禅寺で、修行僧のための食事などをつかさどる役僧。▼「ぞ（座）」は唐音。

でん‐そ【田租】［名］律令制で、田地の面積に応じて課せられた租税。

てん‐そう【▽伝奏】［名・他サ変］臣下のことばを取り次いで天皇・上皇に申し上げること。でんそう。

てん‐そう【転送】［名・他サ変］送られてきたものをさらに他の場所に送ること。「郵便物を転居先に―する」「データを―する」

でん‐そう【伝送】［名・他サ変］❶次々に送り伝えること。「―管」❷電気信号を伝えること。「データを―する」

でん‐そう【電送】［名・他サ変］電流・電波などを利用して原稿・写真などの映像を遠隔地に送ること。

でん‐そう【電装】ウサ［名］電気関係の装置を備え付けること。「―品（＝自動車に備える電気関係の部品の総称）」

てん‐そく【天測】［名・他サ変］緯度・経度を知るために六分儀などを使って天体の方向や高度を測定すること。「―器械」

てん‐そく【▼纏足】［名］昔、中国の風習で、美人の条件とされていた小さな足にするために、幼女の頃から親指以外の足指を内側に曲げて布で緊縛し、その発育を妨げたこと。また、その足。

纏

てん‐ぞく【転属】［名・自他サ変］所属が変わること。また、所属を変えること。「広告部から販売部へ―になる」

てん‐そん【天孫】［名］天つ神の子孫。特に、天照大神の孫、瓊瓊杵尊。「―降臨（＝日本神話で、瓊瓊杵尊が天照大神の命を受けて葦原中国を統治するために、高天原から日向国の高千穂に天降ったこと）」

テンダーロイン【tenderloin】［名］牛の腰肉の中央部にあるやわらかい肉。脂肪におおわれているが、中は赤身。内ロース。「―ステーキ」

てん‐たい【天体】［名］宇宙に存在する物体の総称。恒星・惑星・星雲・星団・太陽・月など。「―望遠鏡」

てん‐たい【転貸】［名・他サ変］人から借りているものを、さらに別の人に貸すこと。またがし。⇔転借

てん‐だい【▼椽大】［名］垂木ほどの大きさ。「―の筆（＝立派な文章）」

てんたい‐しゃく【転貸借】［名・他サ変］賃借人が賃借物をさらに第三者（転借人）に貸すこと。▼賃貸人の承諾を必要とする。

てん‐たく【転宅】［名・自サ変］住まいを他に移すこと。ひっこし。「隣町に―する」

でん‐たく【電卓】［名］電子回路を使った小型の計算機。▼「電子式卓上計算機」の略。

でん‐たつ【伝達】［名・他サ変］命令・意思・連絡事項などを相手に伝えること。「注意事項を文書で―する」

デンタル【dental】[名] 歯の。歯科の。‖「―ケア・―クリニック」▽多く他の語と複合して使う。

デンタル-フロス【dental floss】[名] 歯間の汚れや歯垢(しこう)を取り除くのに使う加工糸。フロス。

てん-たん【▼恬淡(▼恬▼澹)】[名・形動・形動タルト] 欲がなく、物事に執着しないこと。‖「利欲に―な人」

でん-たん【伝単】[名] 宣伝用のビラ。▽第二次大戦中に使われた語。中国語から。

てん-ち【天地】[名] ❶天と地。‖「―創造」❷自分が生活し、活動する世界。世の中。‖「新―への旅立ち」❸紙・書物・荷物などの、上と下。

てん-ち【転地】[名・自サ変] 療養などのために、他の土地に移り住むこと。‖「島に―する」「―療法」

でん-ち【田地】[名] ➡でんじ(田地)

でん-ち【電池】[名] 物質の化学反応または物理反応によって電流を発生させる装置。乾電池・蓄電池・太陽電池など。

てんち-かいびゃく【天地開▼闢】[名] 天と地が分かれてこの世界ができたこと。世界の始まり。‖「―以来の大椿事(ちんじ)」 闢

でん-ちく【電蓄】[名] モーターによって回転するレコード盤の溝から受けた針の振動を電気振動に変え、増幅して音響を再生する装置。▽「電気蓄音機」の略。

てんち-しんめい【天地神明】[名] 天地の神々。天神地祇(ぎ)。‖「―に誓って偽りはない」

てんち-むよう【天地無用】[名] 上下を逆にしてはならないの意で、運送する荷物などの外側に表示する語。注意「逆さまにしては用をなさない」の意。「上下の区別は無用」と解するのは誤り。

てん-ちゃ【点茶】[名] 抹茶をたてること。

でん-ちゃく【電着】[名] 電気分解によって電解液中に析出したイオンが電極の表面に付着すること。電気めっきに応用する金属電着など。

てん-ちゅう【天▼誅】[名] ❶天が下す罰。天罰。❷天に代わって罰すること。‖「―を下す」

てん-ちゅう【転注】[名] 漢字の六書の一つ。ある漢字の本来の意味を他の似通った意味に転用すること。「楽(がく)(=音楽)」を「楽(らく)(=たのしむ)」に、「悪(あく)(=わるい)」を「悪(お)(=にくむ)」に転用するなどの類。

でん-ちゅう【殿中】[名] ❶御殿の中。❷江戸時代、将軍の居所。▽古くは「てんちゅう」とも。

でん-ちゅう【電柱】[名] 空中にかけわたす電線を支える柱。電信柱。

てん-ちょう【天頂】(チャウ) [名] ❶天。空。また、頂上。❷任意の観測地点を貫く鉛直線が上方で天球と交わる点。天頂点。

てん-ちょう【天朝】(テウ) [名] 朝廷を高めていう語。また、天子の敬称。

てん-ちょう【店長】(チャウ) [名] その店の責任者。‖「ハンバーガーショップの―」

てん-ちょう【転調】(テウ) [名・自他サ変] 楽曲の途中で、ある調から別の調に変わること。また、変えること。‖「曲が/をハ長調からホ短調に―する」

てんちょう-せつ【天長節】(テンチャウ) [名] 天皇誕生日の旧称。一九四八(昭和二三)年、改称された。▽『老子』の「天長地久」という語から。

てん-つゆ【天▽汁】[名] てんぷらを食べるときのつけ汁。だし汁に醤油・みりんなどを合わせ、煮立てて作る。

てん-で [副] 〈下に否定的表現を伴って〉全面的な否定を表す。まるっきり。まるで。‖「―話にならない」「―だめだ」

てん-てい【天帝】[名] ❶天を支配する神。造化の神。上帝。❷キリスト教で、神。❸仏教で、帝釈天(たいしゃくてん)。

てん-てい【点▼綴】[名・自他サ変] 点を打ったように散らばっていること。また、ほどよく散らばるようにして配置すること。‖「山麓(さんろく)に農家が―する」▽慣用読みで「てんてつ」とも。

てん-てき【天敵】[名] 自然界で、ある生物の捕食者・寄生者となってその繁殖をはばむ他の生物。アリマキに対するテントウムシ、ハブに対するマングースなどの類。

てん-てき【点滴】[名] ❶[他サ変] 薬液・血液などを注射針から少しずつ静脈内に注入すること。また、その方法。▽「点滴注射」の略。❷しずく。また、雨だれ。

◉**点滴石を穿(うが)つ** ➡雨垂(あまだ)れ石を穿つ

てんてこ-まい【てんてこ舞い】(天手古舞い) [名] 休む間もなく、忙しく立ち働くこと。‖「祝賀会の準備で―だ」▽「てんてこ」は里神楽(さとかぐら)などの太鼓の音。それに合わせて舞う意から。

てん-てつ【点▼綴】[名・自他サ変] 「てんてい(点綴)」の慣用読み。➡てんてい

でん-てつ【電鉄】[名] 電気を動力にした列車を走らせる鉄道。多く私営鉄道の名称として使う。▽「電気鉄道」の略。

てんてつ-き【転▼轍機】[名] 鉄道線路の分岐点で、レールの接点を切り換えて車両を別の線路に移すための装置。転路機。ポイント。

てんで-に [副] それぞれが思い思いに。めいめいに。‖「―歩き出す」▽「てんでんに」の転。

てん-てん【点点】■[名] 複数の点。また、点線。‖「―で囲む」▽くだけた言い方。■[副] ❶点を打ったように、あちこちに散らばっているさま。‖「足跡が―と続く」❷しずくがしたたり落ちるさま。‖「血が―としたたる」

てん-てん【▼輾転(展転)】[名・自サ変] ❶ころがること。回転すること。❷寝返りをうつこと。

てん-てん【転転】[副] ❶転がっていくさま。‖「ボールが―と転がる」❷次々に移っていくさま。‖「職場を―とする」

でんでん-だいこ【でんでん太鼓】[名] 柄(え)のついた小さな太鼓の左右に糸で結んだ鈴や玉を垂らした玩具(がんぐ)。柄を持って振ると鈴などが鼓面に当たって鳴る。

てんでん-ばらばら [形動] めいめいが思い思いに行動するさま。まとまりがないさま。てんでばらばら。‖「―なことを言う」

てんてん-はんそく【▼輾転反側】[名・自サ変] 思い悩んで眠れずに、何度も寝返りを打つこと。‖「―して朝を迎える」

でんでん-むし【でんでん虫】[名] カタツムリのこと。▽「でむし」の転。

てん-と【▼奠都】[名・自サ変] ある地に都を定めること。‖「平安―」

テント【tent】[名] 支柱と布製の幕を組み立ててつくる仮設の小屋。登山やキャンプに用いる小型のもの、サーカスや芝居の小屋掛けに用いる大型のものなど種々ある。天幕。‖「―を張る」「―生活」

でん-と [副] 物や人が(存在感を持って)しっかりと場

所を占めるさま。‖「部屋のまんなかに机が—置かれている」「—座って動かない」

てん‐とう【天道】ウタ［名］❶天の神。てんどう。❷太陽。‖「お—さま」

てん‐とう【店頭】［名］店の前。店先。‖「商品を—に並べる」

てん‐とう【点灯】［名・自他サ変］明かりをともすこと。‖「ライトが／を—する」「照明を—させる」⇔消灯

てん‐とう【転倒（▼顛倒）】ウタ［名］❶［自他サ変］逆さまになること。また、逆さまにすること。‖「主客が／を—した話」「本末—」❷［自サ変］ひっくり返ること。‖「足をすくわれて—する」「弟を—させる」❸［自サ変］うろたえること。動転。‖「気が—する」

てん‐どう【天堂】ウタ［名］❶天上にあって神仏が住むという殿堂。天宮(てんぐう)。❷仏教で、天上界。また、極楽浄土。‖「—地獄」

てん‐どう【天道】ウタ［名］❶宇宙の道理。天が万物を化育する自然の法則。‖「—にそむく」❷天の神。天地の万物を支配する神。てんとう。❸天体の運行する道。❹仏教で、六道・十界の一つ。天人の住む世界。天趣。天界。

でん‐とう【伝統】［名］ある集団・社会・民族の中で有形・無形の遺産として受け継がれてきた思想・技術・風習・しきたりなどの事柄。また、それらを受け継ぐこと。‖「—を守る」「—工芸」

でん‐とう【電灯】［名］電気を利用した灯火。また、その装置。‖「懐中—」

でん‐どう【伝動】［名・他サ変］動力を同じ機械の他の部分や他の機械に伝えること。‖「—軸」

でん‐どう【伝道】ウタ［名・自他サ変］宗教、特にキリスト教で、その教義を伝え広めて信仰を促すこと。‖「日本各地にキリスト教を—する」「—師」

でん‐どう【伝導】ウタ［名・自他サ変］熱または電気が物体の中を移動すること。また、その現象。‖「雷が—する」「熱を—する」「熱—」「—体」

でん‐どう【殿堂】ウタ［名］❶広壮な建物。‖「白堊(はくあ)の—」❷ある分野の中心となる建物・施設・場所。‖「学問の—」❸神仏を祭ってある建物。

でん‐どう【電動】［名］電気を動力源とすること。‖「—自転車」

でんどう‐いり【殿堂入り】デンダウ［名・自サ変］ある分野で大きな業績のあった人々を集めて顕彰する機関によって、顕彰されること。‖「—した名選手」

でんどう‐き【電動機】［名］電気エネルギーを回転運動などの機械エネルギーに変える装置。モーター。

てんどう‐せつ【天動説】［名］地球は宇宙の中心に静止し、すべての天体は地球のまわりを回転しているとする説。地球中心説。⇔地動説

てんとう‐むし【天道虫（〈▼瓢虫〉）】テンタウ［名］テントウムシ科の昆虫の総称。体は半球形で、背に赤や黒の斑紋(はんもん)をもつものが多い。多くはカイガラムシ・アブラムシなどを食う益虫だが、農作物を食害するものもある。

てん‐どく【転読】［名・他サ変］仏教で、経典の題名と初・中・終の数行だけを読誦(どくじゅ)して全体を読むに代えること。また、その読み方。転経。

てん‐として【▼恬として】［副］少しも気にかけずに、平然としているさま。‖「—恥じない」

てん‐とり【点取り】［名］点を取ること。得点の数を争うこと。

てんとり‐むし【点取り虫】［名］試験で高い点数を取ることだけを考えている人をひやかしていう語。

てん‐どん【天丼】［名］どんぶりに盛った飯の上に天ぷらをのせ、濃いつゆ（＝天つゆ）をかけ回したもの。▽「天ぷら丼(どんぶり)」の略。

てんなん‐しょう【天南星】ヤシヤウ［名］ウラシマソウ・マムシグサ・ムサシアブミ・ミミガタテンナンショウなど、サトイモ科テンナンショウ属の多年草の総称。初夏、淡緑色・淡紫色などの仏炎苞(ぶつえんほう)に包まれた肉穂花序をつける。塊茎は有毒だが、漢方で薬材とする。

てん‐にゅう【転入】ニフ［名・自サ変］❶他の土地からその土地に移り住むこと。‖「—届」⇔転出 ❷他の学校からその学校へ移ってくること。‖「—生」

てん‐にょ【天女】［名］天上界に住むという女性。女性の天人。‖「—の舞」▽美しくてやさしい女性のたとえにもいう。

てん‐にん【天人】［名］天上界に住む者。人間よりすぐれているが、老・死苦はまぬかれないとされる。‖「—五衰」▽多く羽衣(はごろも)を着て虚空を飛ぶ女性の姿で表される。

てん‐にん【転任】［名・自サ変］他の任務、または他の任地に変わること。‖「技術職［仙台支社］に—する」

でん‐ねつ【伝熱】［名］熱が伝わること。

でん‐ねつ【電熱】［名］電流が抵抗体を流れるときに発生する熱。抵抗発熱。ジュール熱。

でんねつ‐き【電熱器】［名］電気抵抗の大きいニクロム線などの発熱を利用した加熱器。

てん‐ねん【天然】［名・形動］❶人の手が加わっていないこと。自然のままであること。‖「—の要害」「—真珠［ウラン］」⇔人工 ❷生まれつき。天性。❸天然ぼけ。

てんねん‐ガス【天然ガス】［名］地中から産出する可燃性の気体。成分はメタン・エタンなど。都市ガス・工場燃料・化学工業原料などに利用される。

てんねん‐きねんぶつ【天然記念物】［名］学術上価値の高い動植物・地質・鉱物、およびそれらの存在する地域のうち、文化財保護法などによってその保護・保存が指定されているもの。

てんねん‐しょく【天然色】［名］物が自然に備えている色。‖「—映画（＝自然の色に近い色彩を画面に現した映画）」

てんねん‐とう【天然痘】［名］痘瘡(とうそう)ウイルスの感染によって起こる感染症。高熱とともに全身に発疹(はっしん)が生じ、やがて化膿(かのう)する。死亡率は高く、治っても瘢痕(はんこん)（あばた）が残るが、種痘によって予防できる。痘瘡。疱瘡(ほうそう)。▽一九八〇年、WHOによって絶滅宣言が出された。

てんねん‐パーマ【天然パーマ】［名］パーマをかけなくても、生まれつき頭髪が縮れていること。また、その頭髪。天パー。

てんねん‐ぼけ【天然▼惚け・天然▼呆け】［名］本人は無自覚だが、言動が一般の観点からずれ、とぼけていること。また、そのような人。天然。

てん‐のう【天王】ワウ［名］❶仏教で、欲界六天の最下天を統率する諸神。四天王など。❷「牛頭(ごず)天王」の略。京都八坂神社の祭神。

てん‐のう【天皇】ワウ［名］日本国憲法で、日本国および日本国民統合の象徴として規定されている地位。また、その地位にある人。ほぼ七世紀ごろからの、日本の君

主の称号で、その権限は時代によって変遷するが、明治憲法下では、神聖不可侵な統治権をもつ国家元首とされた。▼その世界・分野で絶対的な権限をもつ人のたとえにもいう。〓「財界の―」

でんのう【電脳】ナウ [名] コンピューターのこと。▼中国語から。

てんのうざん【天王山】テンワウ [名] 勝敗・運命を決する重大な時や場面。▼京都府南部にある山の名から。豊臣秀吉が明智光秀を破ったとき、この山の占有が勝敗を決したと伝えられる。

てんのうせい【天王星】テンワウ [名] 太陽から七番目の軌道を回る惑星。▼現在、二七個の衛星が確認されている。

てんのうせい【天皇制】テンワウ [名] 天皇を君主とする政治体制。特に、大日本帝国憲法で、神聖不可侵の天皇が最高権力者として国家を統治する政治体制。

てんのうたんじょうび【天皇誕生日】テンワウタンジャウビ [名] 国民の祝日の一つ。天皇の誕生日を祝う日。現在は、二月二十三日。▼もと、「天長節（てんちょうせつ）」といった。

てんのうへいか【天皇陛下】テンワウ [名] 天皇の敬称。

てんば【天馬】[名] ❶天上界にすみ、天帝を乗せて天空を駆けるという馬。〓「―空（くう）を行く（＝自由奔放に勢いよく進むことのたとえ）」❷非常にすぐれた馬。駿馬（しゅんめ）。❸ペガサス。

でんば【電場】[名] ➡電界

でんぱ【伝▼播】[名・自サ変] ❶伝わって広まっていくこと。〓「稲作［ことば］が―する」❷波動が広がっていくこと。◈「でんぱん」は慣用読み。

でんぱ【電波】[名] 主として無線通信に使われる電磁波。電波法では周波数三〇〇〇ギガヘルツ以下、波長〇・一ミリメートル以上のものをいう。〓「―妨害」

てんばい【転売】[名・他サ変] 買った物を、そのまま他に売り渡すこと。またうり。〓「土地を―する」

でんぱた【田畑】[名] 田と畑。でんばた。

てんばつ【天罰】[名] 天の下す罰。悪事の報いとして自ずから受ける罰。〓「―が下る」「―覿面（てきめん）」

でんぱどけい【電波《時計》】[名] 国の標準時刻を示す電波を受信して、自動的に時刻を修正する時計。

でんぱぼうえんきょう【電波望遠鏡】デンパバウヱンキャウ [名] 天体からの電波を受信して観測する装置。大形アンテナと、微弱な電波を増幅する受信機とからなる。

テンパ・る [自五] ❶麻雀で、聴牌（テンパイ）の状態になる。転じて、用意が整って、いつでも対応できる状態になる。〓「二巡目で―」❷〔俗〕追いつめられてあせる。せっぱつまってとまどう。〓「わからないことばかり聞かれて、―っちゃったよ」◈名詞「聴牌」の動詞化。

品格　困惑「突然質問されて―する」当惑「予期せぬ訪問に―する」戸惑（とまど）う「指名されて―」

てんぱん【典範】[名] 規範となる正しい事柄。また、それを定めた法律。〓「皇室―」

てんパン【天パン】[名] 天火で調理するときに使う四角い鉄板。▼「パン（pan）」は平鍋（なべ）。

でんぱん【伝搬】[名・自サ変]（電波などが）伝わること。

てんぴ【天日】[名] 太陽の光。また、太陽の熱。

てんぴ【天火】[名] 中に入れた食品を周囲から熱して蒸し焼きにする箱形の調理器具。オーブン。

てんびき【天引き】[名・他サ変] 人に渡す金額の中から前もって一定額を差し引くこと。〓「―貯金」

てんびょう【点描】ベウ [名・他サ変] ❶絵画で、点または点に近い短線を連ねて事物を描くこと。また、その画法。点描法。❷人物や事物の特徴をとらえてごく簡潔に書き表すこと。〓「人物―」

でんぴょう【伝票】ベウ [名] 銀行・会社・商店などで、金銭の出納や取り引きの要件などを記載する紙片。出金伝票・売上伝票など。〓「―を切る」

てんびょうしゅぎ【点描主義】テンベウ [名] 絵の具を点またはごく短いタッチでカンバスに置き、視覚による混合をねらう技法を駆使した新印象主義のこと。▼pointillisme（フランス）の訳語。➡新印象主義

てんぴょうぶんか【天平文化】テンピャウブンクヮ [名] 奈良時代、聖武天皇の天平年間（七二九〜四九）を中心に栄えた文化。唐や西域の文化が導入され、すぐれた仏教美術が生まれた。

てんびん【天▼秤】[名] ❶中央を支点とする梃子（てこ）を利用したはかり。支点から等距離にある二つの皿の一方にはかる物を、他方に分銅をのせ、両者をつり合わせて重さをはかる。てんびんばかり。❷釣りで、道糸と鉤素（はりす）をつないで糸のもつれを防ぐ金具。片天秤と両天秤がある。❸「天秤棒」の略。

◉**天秤に掛・ける** ❶二つのものの軽重・優劣・損得などを比べてみる。〓「進学と就職を―」❷どちらを選んでも損がないように、双方に関係をつけておく。両天秤に掛ける。◈注意「天秤棒に掛ける」は誤り。

てんぴん【天▼稟】[名] 生まれつき備わっている才能。てんりん。〓「―の商才」▼天から稟（う）けたものの意。

稟

てんびんぼう【天▼秤棒】[名] 両端に荷を掛け、中央に肩を当てて担（にな）うための棒。

てんぶ【転部】[名・自サ変] 他の学部やサークルなどに移ること。〓「法学部［美術部］に―する」

てんぷ【天賦】[名] 天から賦与されたもの。生まれつき備わっている資質。〓「―の画才をもつ」

てんぷ【添付】[名・他サ変] 書類などに、その補足となるものを付け加えること。〓「確定申告書［電子メール］に領収書［写真］を―する」「パソコンの―品」

てんぷ【貼付】[名・他サ変]「ちょうふ（貼付）」の慣用読み。

でんぶ【田▼麩】[名] ゆでた魚肉の身を細かくほぐし、砂糖・味醂（みりん）・醤油（しょうゆ）などを加えて水分のなくなるまでいりつけた食品。

でんぶ【▼臀部】[名] しりの部分。しり。〓「転んで―を打つ」

臀

でんぶ【田夫】[名] ❶農夫。❷洗練されていないこと。やぼなこと。また、その人。〓「―野人」

てんぷく【転覆（▼顛覆）】[名・自他サ変] ❶車両・船舶などが、ひっくり返ること。また、ひっくり返すこと。〓「ボートが―する」「脱線―」❷政府などの組織体が倒れ滅びること。また、倒し滅ぼす。〓「独裁政権の―をはかる」

てんぶくろ【天袋】[名] 床脇（とこわき）の違い棚の上部に設ける袋戸棚。また、押し入れの上部に設ける袋戸棚。⇔地袋（じぶくろ）➡床の間（とこのま）（図）

てんぷら【天▼麩羅】[名] ❶魚介・野菜などに小麦粉を水で溶いた衣をつけ、植物油で揚げた料理。野菜類を揚げたものは「精進揚げ」と呼んで区別す

麩

ることがある。[語源]ポルトガル語のtemperoから、スペイン語のtemploからなどの諸説がある。❷西日本で、薩摩揚(さつまあげ)のこと。❸[俗]金・銀などでめっきしたもの。また、うわべだけ本物に見せかけたもの。「—の金時計」「—学生」[書き方]多く「天ぷら」と書く。また、「天婦羅」とも当てる。

テンプレート【template】[名] ❶プラスチック板に図形や文字などをくり抜いた製図用具。❷コンピューターのキーボードの上に置いて使う、各キーの機能を表示した板。❸コンピューターで、文書などのひな形データ。

てん-ぶん【天分】[名] 生まれつき備わっている性質・才能。「—を発揮する」

でん-ぶん【伝聞】[名・他サ変] ❶人を介して伝え聞くこと。また、その内容。❷文法で、人から伝え聞いたこととして述べる言い方。口語では動詞に助動詞「そうだ」などを付けて言い表す。

でん-ぶん【電文】[名] 電報の文章。

でん-ぷん【▼澱粉】[名] 植物の葉緑体の中で光合成によって作られ、根・茎・種子などに蓄えられる多糖類。精製したものは無味無臭の白色粉末で、水を加えて熱すると半透明の糊(のり)状になる。高等動物の重要な栄養素の一つ。 澱

テンペラ【tempera イタリア】[名] 顔料を卵・蜂蜜(はちみつ)・カゼインなどで練った不透明な絵の具。また、それで描いた絵。▼油絵の具が発明される一五世紀まで盛んに用いられた。

てん-ぺん【天変】[名] 天空に起こる異常な現象。日食・月食・雷・暴風など。

てん-ぺん【転変】[名・自サ変] 事物が移り変わること。次々と変化すること。「有為(うい)—」

てんぺん-ちい【天変地異】[名] 天変と地異。自然界に起こる異常な現象。台風・洪水・地震など。

てん-ぼ【展墓】[名・自サ変] 墓参りをすること。墓参。

てん-ぽ【店舗】[名] 商品を陳列して販売する建物。みせ。「—を広げる」「貸—」

てん-ぽ【転補】[名・自サ変] 他の官職に任命すること。転任させること。

てん-ぽ【塡補】[名・他サ変] 不足・欠損を補うこと。埋め合わせ。補塡(ほてん)。

テンポ【tempo イタリア】[名] ❶音楽で、楽曲を演奏する速度。❷物事を進める速さ。進みぐあい。「会話の—が遅い」

てん-ぼう【展望】(ウバ) [名・他サ変] ❶遠くまで広く見渡すこと。また、その眺め。「—台」❷社会の動向や将来を広く見渡すこと。また、その見通し。「政局を—する」「将来への—が開ける」

でん-ぽう【伝法】(ブボ) [名] ❶[自サ変] 師僧が弟子に仏法を授け伝えること。また、その人。❷[形動] 悪ずれして乱暴なふるまいをすること。また、その人。[語源]江戸時代、浅草伝法院の寺男が寺の威光をかさにきて無法を働いたことから。❸[形動] 勇み肌であること。また、その人。▼多く、女性についていう。

でん-ぽう【電報】[名] 電信によって文字や符号を送受する通信。また、その電信文。「—を打つ」

てんぼう-しゃ【展望車】(テンバウー) [名] 列車で、沿線の風景を見渡せるように車窓を広くとるなどの工夫をこらした車両。

でんぽう-はだ【伝法肌】(デンボフー) [名] 威勢のよさを好む気性。勇み肌。▼特に、女性にいう。

てん-ぽん【点本】[名] 訓点を施した漢籍・仏典などの本。

てん-ま【天魔】[名] 仏教で、欲界の第六天にあって仏法を害し、人が善事を行うのを妨げる悪魔。

てん-ま【《伝馬》】[名] ❶昔、主要な宿駅において公用などにあてた馬。❷本船と岸との間を行き来して荷の積み降ろしなどをする、木造の小型和船。▼「伝馬船(せん)」の略。

てん-まく【天幕】[名] ❶天井に張り渡して飾りにする幕。❷テント。

てん-まつ【▼顛末】[名] 物事の初めから終わりまでの事情。事のいきさつ。「事件の—を語る」

てんまつ-しょ【▼顛末書】[名] 事件・事故の経緯を記した文書。

てん-まど【天窓】[名] 採光・換気などのために屋根に設けた窓。

てんまん-ぐう【天満宮】[名] 菅原道真(すがわらのみちざね)をまつる神社。全国各地にあるが、大阪北区の天満宮、京都の北野天満宮、福岡の太宰府(だざいふ)天満宮などが有名。てんまぐう。

てん-めい【天命】[名] ❶天の命令。天から与えられた使命。また、天から受けた運命。「人事を尽くして—を待つ」❷天から授けられた寿命。天寿。

でん-めい【電命】[名] 電報による命令。

てん-めつ【点滅】[名・自他サ変] 明かりがついたり消えたりすること。また、つけたり消したりすること。「信号が—する」「暗闇でライトを—させる」[使い方]「〜を点滅する/点滅させる」では後者が一般的。➡品詞解説(一八一六ページ)

てん-めん【▼纏綿】■[名・自サ変] ❶からみつくこと。❷複雑に入り組んでいること。「胸中に—する不安」「—する事情」■[形動タルト] 心にまつわりついて離れないさま。「情緒—」 纏

てん-もう【天網】(ウマ) [名] 天が張りめぐらす網。▼天道の厳正であることを網にたとえた語。

◉**天網恢恢(かいかい)疎(そ)にして漏(も)らさず** 天が悪人を捕らえるために張りめぐらした網は広大で、その目もあらいが、決して悪人を取り逃がすことはない。悪事には必ず天罰が下るということ。▼『老子』から。

てん-もく【天目】[名] ❶茶の湯で使う、浅いすりばち形をした茶碗(ちゃわん)。▼「天目茶碗」の略。中国浙江(せっこう)省天目山の禅寺から伝わる。❷茶碗の総称。

てんもく-ざん【天目山】[名] 勝敗の分かれ目。物事が決まる最後の所。[語源]一五八二(天正一〇)年、織田軍に攻められた武田勝頼が一族とともに山梨県の天目山で自刃したことから。

てん-もん【天文】[名] 天体とその周辺に起こる諸現象。

てんもん-がく【天文学】[名] 宇宙と天体について研究する学問。実地天文学・位置天文学・天体力学・天体物理学・電波天文学などに分けられる。

てんもんがく-てき【天文学的】[形動] 天文学で扱うように、数字の桁(けた)数がきわめて多いさま。「—数字」

てんもん-だい【天文台】[名] 天体望遠鏡などの観測器械を備えた、天体の観測・研究をする施設。

でん-や【田野】［名］田畑と野原。

てん-やく【典薬】［名］昔、朝廷や幕府で医療・医薬のことを取り扱った職（を務めた人）。

てん-やく【点訳】［名・他サ変］晴眼者の使う文字を点字に直すこと。点字訳。「新聞を―する」

てん-やく【点薬】［名・自サ変］目に薬をさすこと。点眼。また、その薬。

てんや-もの【店屋物】［名］飲食店から取り寄せる食べ物。「―ですます」

てんや-わんや［名・形動］思いがけない出来事などのために、大勢の人が秩序なく動き回って混乱すること。「―の大騒ぎ」

てん-ゆう【天▼祐・天▼佑】ウイ［名］天のたすけ。天助。「―神助」

てん-よ【天与】［名］天の与えたもの。天賦。「―の才」

てん-よう【転用】［名・他サ変］本来の目的とは異なる別の用途にあてること。「農地を宅地に―する」

てん-らい【天来】［名］天から来ること。天から得たかのようにすばらしいこと。「―の福音」

てん-らい【天▼籟】［名］❶自然の音。吹く風が立てる音など。❷詩文などが円熟して絶妙なこと。「―の詩歌」

でん-らい【伝来】［名・自サ変］❶代々受け継いでくること。「先祖―の銘刀」❷外国から伝わってくること。渡来。「仏教の―」

てん-らく【転落（▼顚落）】［名・自サ変］❶ころがり落ちること。「―死」❷急に悪い状態になること。急激に落ちぶれること。「首位から―する」

てん-らん【天覧】［名］天皇が観覧すること。叡覧（えいらん）。「―試合」

てん-らん【展覧】［名・他サ変］作品などを広げ並べて多くの人に見せること。「書画を―する」

でん-らん【電▼纜】［名］ケーブル。

てんらん-かい【展覧会】クワイ［名］芸術作品などを陳列して多くの人に見せる会。

てん-り【天理】［名］万物を支配する自然の道理。

でん-り【電離】［名・自サ変］❶気体の原子または分子が紫外線・放射線などを受けてイオン化すること。「分子が―する」❷電解質が溶液中で陰イオンおよび陽イオンに解離すること。◈「電気解離」の略。

でんり-そう【電離層】［名］大気圏の上層部にあって、電子密度が大きく、電波をよく反射する領域。

てん-りゅう【転流】―リウ［名］植物体で、吸収された栄養分や合成された物質が篩管（しかん）を通して他の器官へ送られること。

でん-りゅう【電流】―リウ［名］導体を伝わる電気の流れ。電位の高い方から低い方へ流れ、その大きさは単位時間当たりに単位断面を通過する電気量で表す。単位はアンペア。記号A

てん-りょう【天領】―リヤウ［名］❶天皇・朝廷の直轄地。❷江戸幕府の直轄地。全国に分布し、重要地には郡代・代官などを配置した。

でん-りょく【電力】［名］電流が単位時間当たりにする仕事量。その値は電圧と電流の積で表す。単位はワット。記号W

てん-れい【典礼】［名］定められた儀式。一定の儀礼。「即位の―」

てん-れい【典例】［名］よりどころとなる先例。典故。

てん-れい【典麗】［名・形動］きちんと整っていて美しいこと。「―な文章」

でん-れい【伝令】［名］軍隊などで、命令を伝達すること。また、その役をする人。「―が入る」

でん-れい【電鈴】［名］電磁石を応用してベルを鳴らす装置。

てん-ろ【転炉】［名］鉄や銅を精錬するための炉。樽（たる）形または洋ナシ形で、回転・転倒が可能。

でん-ろ【電炉】［名］「電気炉」の略。

でん-ろ【電路】［名］電流が伝わる道。電気回路。

でん-わ【電話】［名］❶［自他サ変］電話機を使って通話をすること。また、その通話。「会社［親・一一〇番］に―する」「―をかける」「留守に―があった」「―番号」❷「電話機」の略。「携帯―」

でんわ-き【電話機】［名］音声を電気信号に変えて遠隔地に送り、受けた電気信号を再び音声に戻すことで即座に通話できる装置。

でんわ-ぐち【電話口】［名］電話機の送話・受話をする所。また、通話中の電話機。「―に呼び出す」

と

と【十】［名］数の、とお。じゅう。▼多く名詞の上に付けて使う。「―月（とつき）十日（とおか）」「十人（じゅうにん）―色（といろ）」

と【戸】［名］建物の出入り口や窓・戸棚などに取り付けて内部と外部を仕切り、開閉できるようにした建具。「―を開ける」

と【▽門】［名］［古風］潮の流れが出入りする所。海峡。瀬戸。

と【▼砥】［名］砥石（といし）。

と【斗】㊀［名］尺貫法で、容積を表す単位。一斗は一〇升（しょう）で、約一八リットル。㊁（造）❶ます。特に、一斗をはかるます。❷柄のついたひしゃく。「漏―（ろうと）」❸ひしゃくの形に並んだ星座。「泰―」「北―七星」

と【徒】㊀［名］❶門人。弟子。「先師の―」「―弟」「信―・生―」❷同類の人たち。なかま。「学問の―」「無頼（ぶらい）の―」「暴―」㊁（造）❶乗り物に乗らないで歩く。「―歩」❷手に何も持たない。「―手」❸何の役にも立たない。むだに。いたずらに。「―労」

と【途】［名］みち。みちすじ。「帰宅の―に就く」「―中・―方」「前―・用―」

と【都】㊀［名］道府県と並ぶ地方公共団体。東京都。「―の施設」「―営・―庁・―内・―立」㊁（造）みやこ。大きなまち。「―会・―心」「古―・首―・遷―」旧都

と［接］（そう）すると。そのとき。「独り語のように呟（つぶや）いた。―、辰子は静かに眼を俊助の顔へ移して〈芥川〉」▼接続助詞「と」から。

と㊀［格助］❶〈「AとB…」の形で〉二つ以上の物事を並べ上げて一団とする。「兄と弟が宿命の対決をした」「紅茶とケーキを注文する」「見ると聞くでは大違い」「映画と音楽とカメラが趣味だ」▼「〈AとB〉が…」のような構造をもち、「AがBと…」のような構造をもつ②③とは区別される。使い方「診察券と保険証とを必ずご用意ください」など、「AとBと…」はやや古い言い方。「琵琶（びわ）・尺八と管弦楽のための音楽」など、最後だけを「と」で結ぶのは翻訳調の言い方。

❷動作をともに行う相手を表す。…といっしょに。≡「友達と旅行する」「子供と散歩に出かける」▼相手なしでも成立する動作にいう点で③と区別される。
❸相手を必要とする動作における、その相手を表す。対等の立場に立つものとして扱う。≡「妹とけんかする」「車とぶつかった」「仲間と落ち合う」使い方「a 弟と/に相談する」「b 彼女と/にキスをする」「c 喫茶店で先生と/に会う」のように「に」で言い換えると、対等の立場の相手から動作の向かう相手の意となり、〈a 弟の方が立場が上〉〈b 合意に基づかない一方的な動作〉〈c 礼にかなった穏当な言い方〉となる点などに意味の違いが現れる。
❹比較・類別の際に照合される相手や状況を表す。≡「あなたと同じ考えだ」「以前とは条件が異なる」「彼女とは従姉妹(いとこ)同士だ」使い方「と」は相互関係にある一方を表すので、「父[子]は子[父]と似ている」という言い方が可能だが、「に」は比較の基準を表すので、「(顔立ちが)子は父に似ている」とは言えても「父は子に似ている」とは言い難い。
❺動作・作用の結果をそれと示す。≡「明日を決戦の日と決める」「一丸となって戦う」「子供を太郎と名づける」「大会もいよいよ最終日となった」使い方「に」は結果(終着点)に、「と」は結果(内容)をそれと示すことに注目していう。≡「名前を○○党に/と改めた」
❻〈発話・思考を表す動詞とともに使って〉発話・思考の内容を示す。≡「嫌だと言う」「危ないと感じる」「やめようと思った」⬇って(格助)① 使い方「痛いと顔をしかめる」「これが最後と別れを惜しむ」など、「言って」「思って」などが省略されることも多い。思考を表す動詞の場合は、「うれしく[嫌に]思う」のように形容(動)詞の連用形でも言うことができる。
❼動作や状態の様子を表す。≡「ボソボソと話す」「一人二人と立ち去った」「きっぱりと別れる」「空がからりと晴れ上がる」「蝶(ちょう)よ花よといつくしむ」
❽〈少数量を表す語+「と」の形で、下に打ち消しを伴って〉事が成立しないことや持続しないことを強調していう。わずか…それだけなのに…ない。≡「何をやっても三日と続かない」「こんな所は五分と我慢できない」
❾〈二つの意を表す語+「と」の形で、下に打ち消しを伴って〉一つの意を強調していう。一つ[一度・一人…]だけだ。≡「命は二つとない」「こんな失敗は二度としない」「こんな機会はまたとない」
❿〈「…とする」「…とした」などの形で〉もののありさま・様子を表す。≡「連休はのんびりとしたいものだ」「さっぱりとした顔で現れる」
◈使い方 ①〜⑤は体言(に準ずる語)に付く。⑥は活用語のさまざまな形に付く。発話を表す動詞を伴う場合は、相手の発話を直接に引用することもある。≡「体に気を付けてねと言った」

二[接助] ❶あることが前提条件となって必ず次のことが起こるという関係を表す。≡「春になると花が咲く」「夏休みになると海に行ったものだ」「5を7倍すると35になる」「まっすぐ行くと郵便局がある」
❷ある事態の生起を心配・懸念し、その条件を仮定して表す。≡「あわてると失敗するぞ」「早くしないと遅れるよ」
❸あることが起こるのと前後して次のことが起こるという関係を表す。≡「部屋に入るとカーテンを開けた」「町を歩いていると呼び止められた」
❹ある事柄の生起や認識のきっかけを表す。≡「トンネルを抜けると海だ」「家に帰ると食事の支度ができていた」「そんなことを言われると照れるな」
❺前置きとして次に続く発言に対する立場・視点を述べる。≡「はっきり言うとやりたくない」「以前から見るとすごい進歩だ」
❻〈「…といい」などの形で〉適当の意を表す。≡「先生に相談するといい」「早く治るといいね」
❼〈「…(よ)うと(…まいと)」の形で〉⬇う(助動詞)⑦・まい(助動詞)⑥
❽〈「…ずと」の形で〉⬇ずと
◈二の①〜⑦は活用語の終止形に付く。

三[終助] ❶(上昇調のイントネーションで)詰問(きつもん)調の問いかけを表す。≡「何だと」「なに、会社を辞めたいだと」
❷〈「…っと」の形で〉軽く言い放つのに使う。≡「もう帰ろうっと」「そんなこと知らないっと」
❸〈「…とさ」の形で、昔話などで〉伝聞の意を表す。≡「幸せに暮らしましたとさ」

と【吐】(造) 口からはき出す。≡「—血・—露」「嘔—(おうと)」

と【図】(造) ❶本。書物。≡「—書」❷絵。≡「版—」❸はかる。はかりごと。≡「意—」旧圖

と【妬】(造) やきもちをやく。ねたむ。≡「—心」「嫉—(しっと)」

と【屠】(造) ❶きる。さく。≡「—腹」❷家畜を殺す。≡「—殺」

と【渡】(造) ❶川・海などをわたる。≡「—航・—来」❷世をわたる。くらす。≡「—世」❸通り過ぎる。≡「過—期」❹人手にわたす。≡「譲—」

と【塗】(造) ❶ぬる。≡「—装・—料」「糊—(こと)」❷どろ。どろにまみれる。≡「—炭」❸みち。≡「道聴—説」

と【賭】(造) かける。また、かけ。ばくち。≡「—場・—博(とばく)」

ど【度】[名] ❶物事の程度。度合い。ほどあい。≡「酒量が—を過ごす」「緊張—を増す」「過—・限—・程—」❷測定する目盛り。また、その単位。≡「尺—」「—量衡」「温—・角—・強—・速—」❸ある物事が繰り返して行われるときの、ひと区切り。たび。≡「—を重ねる」「一—や二—の失敗ではこりない」「三—目の挑戦」❹眼鏡のレンズの強さ。≡「—の強い眼鏡」❺温度・湿度・方角・経緯度・アルコールの含有量などの単位を表す。≡「零下一〇—」「北緯二〇—」

◉**度を失・う** 落ち着きを失う。あわてて取り乱す。

ど[接助]〔古風〕**逆接の確定条件** …けれども。…のに。≡「エリスは床に臥(ふ)すほどにはあらねど、小さき鉄炉のほとりに椅子さし寄せて言葉少なし〈鷗外・舞姫〉」使い方 活用語の已然形に付く。

ど[接頭]〔俗〕〈名詞・形容詞に付いて〉その語を強調し、まさにその通りである意を表す。≡「—真ん中・—けち」「—派手な服」「—えらいことをしでかす」▼もと関西方言。

ど【土】(造) ❶つち。地面。≡「—葬・—足・—俵」「粘—」❷人の住みつく所。国。土地。また、地方。≡「—着」「浄—・風—・領—」❸「土曜(日)」の略。❹五行の一つ。

ど【奴】(造) ❶召し使い。しもべ。≡「—隷」❷いやしめて人をいう語。≡「守銭—・売国—」

ど【努】(造) 力を尽くす。つとめる。≡「—力」

ど【怒】(造) ❶いきどおる。いかる。≡「—号・—髪」「激—」「喜—哀楽」❷勢いが激しい。≡「—濤(どとう)」

ド[do イタリア][名] ❶西洋音楽で、長音階の第一音の階名。また、短音階の第三音の階名。❷日本音名八音のイタリア音名。

ドア[door][名] 戸。扉。≡「車の—を開ける」

どーあい【度合い】[名] 物事の程度。ほどあい。‖「緊張の―が高まる」「混迷の―を深める」

ドアーチェーン [door chain] [名] ドアの内側に取り付け、ドアが一定以上開かないようにする防犯用のチェーン。

ドアーツーードア [door-to-door] [名] ❶戸別訪問すること。‖「―の販売員」❷依頼者の戸口で受け取った荷物を送り先の戸口まで直接届けること。‖「―の宅配便」❸自宅の戸口を出てから目的地の戸口に到着するまでの時間や距離。‖「―で一時間の通勤時間」

とーあって [連語] …という状況なので。‖「三連休―すごい人出だ」「あなたの頼み―は断れない」

ドアマン [doorman] [名] ホテルなどで、入り口に立ってドアの開閉や客の送迎をする人。

とーあみ【《投網》】[名] 円錐(えんすい)状の網のすそにおもりをつけ、上部に長い手綱をつけた被(かぶ)せ網。水面に投げ広げて、比較的浅い所にいる魚を捕らえる。‖「―を打つ」

ドアーミラー [door mirror] [名] 自動車の前席ドアの外部に取り付けられた後方確認用のミラー。

とーある [連体] たまたま行き合わせた場所・日時・催し・人物などを固有名や日付などをはっきりそれと示さないでいう語。ある。さる。‖「―秋の夕べ、―宝飾店に入った」「―雑誌にあった、―評論家の話」

とーあれーば [連語] 後ろの事柄が成立する条件を表す。…なら。‖「必要―すぐに伺います」 使い方 「とあらば」(文語動詞「あり」の未然形＋「ば」)の形も広く使う。‖「お望みとあらば、今すぐ」

とい【▼樋】[名] ❶屋根の雨水を集めて地上に流すための溝形または筒状の装置。とよ。ひ。❷湯や水を離れた所に送るためにかけ渡した溝または筒。ひ。

とい【問い】[名] ❶問うこと。質問。‖「―を発する」❷問題。設問。‖「次の―に答えよ」

といーあわ・せる【問い合わせる】[他下一] 不明の点などを聞いて詳細を確かめる。照会する。‖「電話で事務局に会議の日程を―」 文 **とひあは・す** 名 **問い合わせ**

とーいい【(と言い)】[連語] 〈「AといいBといい」の形で〉AもBも。AだってBだって。‖「味―盛りつけ―申し分ない」➡「いう」の文型表現㋓

とーいう【(と言う)】[連語] ➡「いう」の文型表現 ☑注意 「とゆう」と書くのは誤り。➡言(い)う[書き方]

とーいうーか【(と言うか)】[連語] 〈文頭に使って〉前の言葉を修正するのに用いる。‖「天気が悪かった。―土砂降りの雨だった」▼「っていうか」「っちゅうか」「てか」「つうか」はくだけた言い方。 使い方 (1)若者ことばでは相手の言うことを受けて話題をずらすのに用いられることがある。‖「『授業どうだった?』『―そろそろ食事行かない?』」(2)「寛大というか人がいいというか」などの用法は、「いう」の文型表現㋔を参照。☑注意 ➡という

とーいうーこと・だ【(と言うことだ)】[連語] 伝聞の意を表す。…とのことだ。…だそうだ。‖「少し遅れる―」☑注意 ➡という

とーいうーと【(と言うと)】[連語] ❶〈相手の発言を受けて、接続詞的に〉次を促したり、そこから推測できる内容を述べたりする意を表す。‖「『次のチャンスがあるよ』『―落第したってことですか』」❷〈ある話題を受けて〉それに関することや、それに伴って生じる事柄を述べる意を表す。‖「新潟―、米がおいしいでしょう」「線香花火―、子供のころを思い出す」➡「いう」の文型表現㋛ ◈☑注意 ➡という

とーいうーのーは【(と言うのは)】[連語] 理由を説明する意を表す。そのわけは。なぜならば。‖「今日は外出できないんです。―母の具合が悪くなりまして」▼「ユートピア―理想郷の意だ」などの用法は、「いう」の文型表現㋚を参照。☑注意 ➡という

とーいうーのーも【(と言うのも)】[連語] 一歩引く気持ちで、理由を説明する意を表す。そのわけは。というのは。‖「彼は退学したよ。―やりたいことが見つかったからだ」☑注意 ➡という

とーいえーど [連語] …といえども。‖「応々―たたくや雪の門〈去来〉」 書き方 かな書きが標準的。「と言えど」は正式でない。

とーいえーども【(と▼雖も)】[連語] …であっても。…と言っても。‖「国王―法は犯せない」▼格助詞「と」＋動詞「言う」の已然形＋接続助詞「ども」。漢文の「雖」の訓読から。かたい文章語に使う。 書き方 「と言えども」と書くのは正式でない。

とーいえーば【(と言えば)】[連語] 〈前の話題を受けて〉❶それまでと別の内容に話題を変えるときに使う。…というと。‖「そうそう、田中さん―どうしていますか」❷それに関することや、それに伴って生じる事柄を述べる意を表す。…というと。…といったら。‖「取り柄―、そろばんができることくらいだ」◈ 書き方 かな書きも多い。

といーかえ・す【問い返す】[他五] ❶一度たずねたことをさらにたずねる。聞き返す。‖「確認のために―」❷相手の質問には答えないで、逆にこちらから問う。聞き返す。‖「あなたならどうすると―」

といーか・ける【問い掛ける】[他下一] ❶返答を求めて相手に質問を投げかける。特に、確かな答えを求めて問題点を差し出す。問題提起をする。‖「パネリストに疑問点を―」「社会に地球温暖化問題を―」❷質問をし始める。‖「―・けて急に口ごもる」◈ 書き方 「問いかける」も多い。 文 **とひか・く** 名 **問い掛け**

とーいき【吐息】[名] がっかりしたとき、ほっとしたときなどに吐きだす息。ため息。‖「ほっと―をつく」「青息―」

とーいし【▼砥石】[名] 刃物などをとぐための石。荒砥(あらと)・中砥(なかと)・仕上げ砥などがある。 数 「一枚(いちまい)…」「一丁(挺)(いっちょう)…」と数える。

とーいた【戸板】[名] 雨戸の板。特に、人や物をのせて運ぶためにはずした雨戸。

といーただ・す【問い▽質す・問い▼糺す・問い▽糾す】[他五] 厳しく問い責めて、不明・不審の点などを明らかにする。糾明する。‖「当事者に真相を―」「容疑者を―」

とーいち【十一】[名] ❶一〇日で一割という高い利息。‖「―金融」❷花札で、一〇点札一枚のほかはかす札ばかりの手役。

どーいつ【▽何▽奴】[代] ❶「だれ」の乱暴な言い方。‖「ガラスを割ったのはどこの―だ」❷「どれ」の乱暴な言い方。‖「―を買おうか」

とーいっーた【(と言った)】[連語] …という。‖「田中―よくある名前」「親を刺殺する―悲惨な事件が起こった」 使い方 「…という」よりも、例示・列挙する気持ちがより強く添えられる。

とーいっーたら【(と言ったら)】[連語] ❶それに関することや、それに伴って生じる事柄を述べる意を表す。…というと。…といえば。‖「監督―、黒澤だね」❷

〈「といったらない」の形で〉これ以上に…なことはない。このうえもなく…だ。〓「親の死に遭ったときの悲しみ―なかった」

と-いっ-て【(と言って)】[連語]前の事柄を認めたうえで、それに反する事柄が成り立つ意を表す。…だけれども、しかし。…だとしても。〓「気持ちはわかる。―認めるわけにはいかない」⬇「いう」の文型表現㋗㋘㋢

と-いつ・める【問い詰める】トヒ[他下一]納得できる答えが得られるまで厳しく尋ねる。詰問する。〓「欠勤の理由を―」文とひつ・む

どいつ-も-こいつ-も【▽何▽奴も▼此▽奴も】[連語]「だれもかれも」の乱暴な言い方。〓「―たるんでいる」

と-いや【問屋】トヒ[名]⬇とんや

トイレ[名]➊便所。手洗い。➋洗面所。化粧室。◈「トイレット」の略。

品格 お手洗い「―をお借りします」化粧室「女性用―」ご不浄「―を拝借」洗面所「右に―があります」◉「ご不浄」は古風な表現。「お手洗い」は「手洗い」を丁寧に言う語。「洗面所」は「トイレと洗面所」のように、洗面設備専用の場所を指す場合も多い。

トイレタリー[toiletry][名]化粧品や化粧用具。

トイレット[toilet][名]⬇トイレ

トイレットペーパー[toilet paper][名]トイレで用いるちり紙。特に、巻いて円筒形にした紙。落とし紙。

と-いわ-ず【(と言わず)】トイハ[連語]〈「Aといわず Bといわず…」の形で〉AもBも。Aだって Bだって。〓「顔―手―虫に刺された」▽「AといいBといい」を強めた言い方。⬇「いう」の文型表現㋓

とう【当】タウ[一][名]➊道理にかなっていること。そうあるべきこと。〓「―を失する」「―然」「正―・妥―」➋いま話題にしている物事。〓「―の本人は何も知らない」「―商店連合」「―家・―地」[二](造)➊あたる。あてる。〓「―番・―否」「該―・担―」➋いまの。現在の。〓「―主・―世」➌「当選」の略。〓「―確・―落」旧當

◉**当を得る** 理にかなっていて適切である。また、時機を得て好都合である。〓「当を得た処置」✔注意「的(まと)を射る」と混同して「当を射る」とするのは誤り。

とう【党】タウ[名]➊複数の人が共通の目的などによって結びついた集団。仲間。〓「―を組む」「悪―・徒―」➋政治上の主張を同じくする人々の集団。〓「―の方針を示す」「―員・―首」「野―・与―・離―」旧黨（「党」「黨」は本来別字。「党」はタングート族の意）

とう【唐】タウ[一][名]中国の国名。隋(ずい)のあと、李淵(りえん)（高祖）が建国した王朝（六一八～九〇七）。〓「―詩」「盛―」「遣―使」[二](造)➊中国。また、外国。〓「―土」➋大言。ほら。〓「荒―無稽(こうとうむけい)」

とう【塔】タフ[名]➊仏骨を安置するために築く高い層状の建造物。また、死者の供養や報恩のために築く建造物。〓「五重の―」「宝―」▽「卒塔婆(そとば)」の略。➋細く高くそびえる建造物。〓「教会の―」「管制[給水]―」

とう【糖】タウ[一][名]水に溶けやすく、甘みのある炭水化物。糖類。〓「尿に―が出る」[二](造)砂糖などの甘味料。〓「―衣・―蜜」「花林―・金平―」

とう【▼薹】タウ[名]アブラナやフキなどの花茎(かけい)。

◉**薹が立・つ** ➊野菜などの花茎が伸びて固くなり、食用に適さなくなる。➋人の盛りが過ぎる。

薹

とう【▼籐】[名]中国南部・東南アジア・台湾などに分布する、ヤシ科のつる性植物の総称。乾燥した茎は軽くて弾力に富むので、椅子・かご・ステッキなどを作るのに利用される。タイワントウ・ロタントウなど。

籐

と・う【問う】トフ[他五]➊知りたいことを相手に聞く。また、質問して相手の考えなどを聞き出す。尋ねる。〓「安否を―」「選挙によって民意を―」使い方「質問する」より文章語的な言い方。「た」「て」が後に続くときは「問った」「問って」のように促音化せず、「問うた」「問うて」のようにウ音便化する。「理由を問うたが返事がない」など。同語源の「訪う」も同様。➋問題として取り上げて厳しく追及する。特に、刑罰などに照らして厳しく追及処断する。〓「部長が担当者に失敗の責任を―」「殺人罪に―・われる」➌それだけの能力や価値があるかどうかを問題とする。〓「指導者の真価が―・われる」▽受身の形で使うことが多い。➍〈下に打ち消しを伴って〉ある資格・条件などを問題とする。考慮に入れる。〓「学歴は一切―・わない」「理由のいかんを―・わず…」可能問える 名問い

◉**問うに落ちず語るに落ちる** 問われたときは用心して本心を漏らすことはないが、かえって何気なく話しているときに、うっかり漏らしてしまうものだ。語るに落ちる。

と・う【▽訪う】トフ[他五]〔古風〕目的をもって、ある人や場所をたずねる。〓「恩師を―」使い方⬇問う①

とう【等】[一][接尾]同種のものを並べあげて、そのほかにもまだあることを表す。など。〓「松、杉、椎(しい)―の常緑樹」[二](造)➊くらい。階級。順序。〓「―級」「上―・初―・親―・劣―」「一―賞」➋差がない。ひとしい。〓「―式・―分」「均―・対―・平―(びょうどう)・―間隔」➌なかま。〓「―類」

とう【刀】タウ(造)かたな。刃物。〓「―剣・―工」「執―・木―」

とう【冬】(造)ふゆ。〓「―至・―眠」「越―・初―・暖―・立―」

とう【灯】(造)➊あかり。ともしび。〓「―台・―油・―籠(とうろう)」「街―・消―・点―」➋仏の教え。〓「伝―・法―」旧燈（「灯」「燈」は本来別字。「灯(テイ・チョウ)」は、激しい火の意。）

とう【投】(造)➊物をなげる。ほうりこむ。〓「―函(とうかん)・―獄・―手・―票」➋おくる。よせる。〓「―資・―書・―与」➌あきらめてなげだす。〓「―降・―了」➍ぴったり合う。〓「―合」➎身をよせる。とどまる。〓「―宿」➏「投球」の略。〓「好―・暴―」

とう【豆】(造)まめ。〓「―乳・―腐」「納―」

とう【到】タウ(造)➊目的の場所に着く。いたる。〓「―達・―来」「殺―・前人未―」➋行き届く。〓「―底」「周―」

とう【東】(造)➊ひがし。〓「―海・―西・―洋」「関―・極―」➋「東京」の略。〓「―名高速」

とう【逃】タウ(造)にげる。のがれる。〓「―走・―亡」

とう【倒】タウ(造)➊たおれる。たおす。〓「―壊・―産・―幕(とうばく)」「卒―・打―」➋さかさまになる。さかさまにする。〓「―立」「―転」➌程度・状態などがはなはだしい。〓「圧―・罵―(ばとう)」

とう【凍】(造)こおる。こごえる。〓「―結・―土・―死・―傷」「解―・冷―」

とう【島】タウ(造)しま。〓「―民」「諸―・半―」「無人―」

とう【▼桐】(造)キリ。〓「―油」「梧―(ごとう)」

とう【桃】タウ(造)もも。〓「―花」「桜―・白―」

とう【討】タウ(造)➊せめる。うつ。〓「―幕・―伐」「追―」

❷問いただす。くわしく調べる。≡「—論」「検—」

とう【透】(造)とおる。とおりぬける。すきとおる。≡「—視・—明」「浸—」

とう【悼】(造)死を悲しむ。いたむ。≡「哀—・追—」

とう【盗】(造)❶ぬすむ。また、ぬすびと。≡「—作・—賊・—難」「怪—・強—・窃—」❷「盗塁」の略。≡「二—」旧盜

とう【陶】(造)❶やきものを作る。やきもの。≡「—器・—芸」「彩—」❷教え導く。≡「薫—」❸楽しむ。うっとりする。≡「—酔」❹気持ちがふさぐ。≡「鬱—」

とう【棟】(造)❶屋根のむね。また、棟木。≡「—梁」「上—式」❷むねの長い建物。≡「病—・研究—」

とう【湯】(造)❶水をわかしたもの。ゆ。≡「熱—・薬—」❷温泉。ふろ。≡「—治」「銭—」❸せんじぐすり。≡「葛根—」

とう【痘】(造)皮膚に発疹のできる伝染病。ほうそう。≡「種—・天然—」

とう【登】(造)❶高い所・物の上にあがる。≡「—場・—頂・—板」❷公の場所に行く。≡「—校・—庁」❸高い地位につく。≡「—用・—竜門」❹帳簿などに記載する。≡「—記・—録」

とう【答】(造)問いなどにこたえる。お返しをする。また、こたえ。≡「—案・—辞・—申」「解—・贈—・即—」

とう【筒】(造)❶つつ。≡「水—・発煙—」❷つつ状のもの。≡「封—」

とう【統】(造)❶すじ。ひとつづきのもの。≡「系—・血—・正—・伝—」❷ひとすじにまとめる。すべる。≡「—計・—合・—治」「総—」

とう【搭】(造)乗り物にのる。のせる。≡「—載・—乗」

とう【稲】(造)いね。≡「水—・晩—」旧稻

とう【▼蕩】(造)❶ゆれうごく。≡「漂—」❷酒色におぼれる。しまりがない。≡「淫—・放—」❸ゆるやかに広がる。のびやか。≡「春風駘—」❹すっかりなくす。≡「—尽」

とう【踏】(造)ふむ。足ぶみする。≡「—歌・—破」「舞—・前人未—」▽「蹈」に通じる。

とう【頭】(造)❶あたま。かしら。≡「—角・—部」「禿—・没—・竜—蛇尾」❷物の先端。物の上端。はし。≡「—注」「巻—・陣—・念—」❸物事のはじめ。≡「初—・年—・冒—」❹上に立つ人。かしら。≡「—領」「教—・船—・番—」❺ほとり。あたり。≡「街—・店—」❻動物を数える語。≡「牛一—・馬二—」

とう【謄】(造)書き写す。≡「—本」

とう【藤】(造)❶マメ科のつる性落葉低木。ふじ。≡「—花」❷つる性植物の総称。≡「葛—」❸藤原氏。≡「—家」

とう【闘】(造)あらそう。たたかう。≡「—牛・—魂・—病」「格—・決—・乱—」▼「闘」と「斗」は別字。「斗争」「斗魂」など、「闘」の代わりに「斗」を使うのは誤り。旧鬪

とう【騰】(造)高くなる。はね上がる。≡「—貴」「急—・暴—」

どう【胴】[名]❶身体のうち、頭や手足を除いた中間の部分。中に内臓などがある、体の中心部。胴体。≡「—が長い」❷(中空になった)中央の部分。≡「船[三味線]の—」❸昔の鎧や剣道の防具で、胸や腰をおおう部分。❹剣道の技で、③に打ち込むこと。

どう【堂】一[名]❶神仏を祭る建物。≡「お—を建てる」「聖—・本—」❷多くの人が集まる建物。また、大きな建物。≡「議事—・公会—」二[接尾]屋号・雅号などに使う語。≡「大雅—・澄江—」三(造)❶部屋。住まい。家。≡「草—」❷他人の母への敬意を表す。≡「母—・北—」◈もと、土台の上に高く作った建物の意。

◉**堂に入・る** 学問・技芸が深奥を究めている。また、物事に習熟している。≡「—った演技」▼階段を上って堂(客間)に入り、さらに奥の部屋に至る意の「堂に升り室に入る」から。注意「堂にはいる」は誤り。

どう【▽筒】[名]❶双六・賭博などで、さいころを入れて振るつつ。また、それを振る役。❷賭博で、親になること。筒元。

どう【道】一[名]❶都府県と並ぶ地方公共団体。北海道。≡「—の自治」「—庁」❷昔の行政上の区画。畿内を中心に放射状に七つに分けたもの。東海道・山陽道・北陸道など。二(造)❶みち。≡「国—・鉄—」❷みちすじ。通り道。≡「食—・尿—」❸あるべき道。教え。≡「—徳」「人—」❹わざ。技芸。≡「—場」「柔—」❺言う。語る。≡「報—」❻仏教で、人が生まれ変わっていく世界。≡「餓鬼—」❼道教。≡「—家」 書き方「胴」とも。

どう【銅】[名]❶自然界から産出される金属元素の一つ。赤みがかった光沢を持ち、薄くのばすことができる。電気や熱をよく通す。あかがね。元素記号Cu ≡「—像・—山」❷銅メダル・銅賞など、競技などで第三位を表すもの。

どう[副]❶様子・方法などについて疑いを表す語。どのように。どんなふうに。≡「中は—なっていますか」「—すればいいのか」❷相手に勧める語。いかが。≡「—、一緒に行かないか」「もう一つ—ですか」❸〈「どう…ても[とも・たって]」の形で〉どうしても。どれほど。≡「—見積もっても採算が合わない」「—頑張ったって追いつかない」◈もとの用字は「如何」「▽何う」。注意「どお」と書くのは誤り。≡「×どおですか」

どう【同】(造)❶同じであること。≡「—年齢・—タイム」「一—・音—・時—・類—」「異—・混—」⇔異 ❷同じくする。一緒にする。≡「—席・—棲・—乗」「協—」❸前と同じ語句をくり返す代わりに言う語。≡「平成二年入学、—五年卒業」書き方「仝」とも。「堂々」「佐々木」などと使う「々」は、「仝」の記号化したもの。中国では使わない。❹前に述べた語句を受けて、この・その、の意を表す。≡「ハーバード大学は一六三六年に設立された。—大学では…」「—氏は…」▼連体詞的に使う。

どう【洞】(造)❶ほらあな。≡「—窟」「空—・鍾乳—」❷見ぬく。見とおす。≡「—察」

どう【動】(造)❶うごく。うごかす。≡「—員・—物・—脈」「運—・鼓—」❷心をうごかす。心に衝撃を受ける。≡「—転」「感—・衝—」❸身振り。ふるまい。≡「—作」「行—」❹世の中の秩序を乱す。≡「—乱」「騒—・暴—」

どう【童】(造)子供。わらべ。≡「—顔・—謡」「児—」

どう【働】(造)はたらく。≡「稼—・実—・労—」

どう【導】(造)❶みちびく。教える。≡「—入」「指—・先—・誘—」❷熱・電気などを伝える。≡「伝—・半—体」

どう【瞳】(造)ひとみ。≡「—孔・—子」

どう-あく【▼獰悪】[名・形動]性質・容貌などが憎らしげで、荒っぽいこと。凶悪なこと。≡「—な人」

どう-あげ【胴上げ】[名・他サ変]祝福や喜びの気持ちを表すために、大勢の人が一人の人の体を横にして何回も空中に投げ上げること。

とうあつ-せん【等圧線】[名]天気図上で、気圧の

等しい地点を結んだ線。

とう‐あん【▼偸安】[名] 先のことを考えずに、その時だけの安楽をむさぼること。「―の夢」

とう‐あん【答案】タフ[名] 試験などの問題を解いて書いた答え。また、その書かれた用紙。答案用紙。

とう‐い【当為】タウヰ[名] 哲学で、現にあること(=存在)に対して、そのようにあるべきこと。また、そうあらざるを得ないこと(=自然的必然)に対して、そのようにすべきこと。ゾレン。ゾルレン。▽Sollen(ドイツ)の訳語。

とう‐い【東▼夷】[名] ❶古代中国で、東方の異民族を卑しめて呼んだ語。⬇西戎(せいじゅう)・南蛮・北狄(ほくてき) ❷日本の東方に住んだことから、蝦夷(えぞ)のこと。

とう‐い【等位】ヰ[名] ❶くらい。等級。❷等しい位置。等しい等級。「―の接続詞」

とう‐い【糖衣】タウ[名] 薬剤を飲みやすくするために外側に施す、糖分を含んだ甘い皮膜。「―錠」

どう‐い【同位】ヰ[名] 同じ位(くらい)。同じ位置。

どう‐い【同意】[名] ❶[自サ変] 他人と同じ意見・考え。また、他人と同じ意見・考えであるという意思を表すこと。「―を求める」「調停案に―する」❷同じ意味。同義。

どう‐い【胴衣】[名] 胴着。「救命―」

どう‐い【胴囲】ヰ[名]「胴回り」に同じ。

どう‐い【動意】[名] 持ち合いを続けていた相場が少しずつ動き始めること。特に、少しずつ上がり始める状態をいう。「金融株に―が見られる」

どうい‐かく【同位角】ドウヰ[名] 一直線が二直線に交わってできる角のうち、一直線からみて同じ方位にある二つの角。

どうい‐ご【同意語】[名] 同義語。

とう‐いす【▼籐椅子】[名] 籐の茎や皮を編んで作った椅子。

籐

とうい‐そくみょう【当意即妙】タウイ ソクメウ[名・形動] その場に適応してすばやく機転をきかすこと。「―の受け答え」

どうい‐たい【同位体】ドウヰ[名] 原子番号が同じで、質量数が異なる原子。元素周期表上は同じ位置を占める。アイソトープ。同位元素。

どう‐いたしまして【どう致しまして】[連語] 相手の礼やわびのことばに対して、それを打ち消しながら返す挨拶(あいさつ)のことば。

とう‐いつ【統一】[名・他サ変] ❶ばらばらのものを一つにまとめること。ある全体を一定のものにまとめること。また、そのまとまり。「精神[通貨]を―する」「服装を上から下まで白で―する」「―見解」❷分かれているものを一つにまとめて支配すること。「天下―」

どう‐いつ【同一】[名・形動] ❶同じであること。「―の内容」「―な思想」「―人物」「―日(じつ・び)」❷差がないこと。等しいこと。「子供を大人と―に扱う」「各自の負担額を―にする」

どういつ‐し【同一視】[名・他サ変] 同じものとみなすこと。「欧州とアジアの事情を―する」「作者と主人公が―される」

とう‐いん【党員】タウヰン[名] ある政党に加入している人。

とう‐いん【登院】ヰン[名・自サ変]「院」と名のつく機関に所属する者が、そこへ行くこと。特に、国会議員が議院・議会に出席すること。⬍退院

とう‐いん【頭韻】ヰン[名] 押韻法の一つ。詩歌で、語頭・句頭などに同じ音をもった語をくり返し用いて音調を整えること。「―を踏む」⬍脚韻

どう‐いん【動因】[名] ある物事を引き起こす直接の原因。動機。

どう‐いん【動員】ヰン[名・他サ変] ❶ある目的のために人や物を組織的にかり集めること。「組合員を―して抗議集会を開く」❷軍隊を平時の編制から戦時編制に切り替えること。また、そのために兵士を召集すること。「軍需―」❸戦争遂行のために国内の資源・施設・人員などを国の管理下に置くこと。「国家総―」❹宣伝活動を行って、観客を興行物に導き入れること。「百万の観客を―したアニメ映画」「観客―率」

どう‐いん【導引】ダウ[名] ❶導くこと。案内すること。❷道家から出た養生法。大気を体内に引き入れる呼吸法と、筋肉・関節を動かす体操法とを併用したもの。❸もみ療治をすること。また、その人。

どう‐いん【導因】ダウ[名] ある事態を導き出した原因。「事件の―となった家庭環境」

どう‐う【堂宇】ダウ[名] 堂の建物。

どう‐うら【胴裏】[名] 袷(あわせ)・綿入れなどの裏布のうち、裾回(すそまわ)しを除いた部分。

とう‐えい【灯影】[名] 灯火の光。ほかげ。

とう‐えい【投映】[名・他サ変] スライドなどを画面に映し出すこと。投影。「―機」

とう‐えい【投影】[名] ❶[自他サ変] 物の影が平面上に映ること。また、平面上に映し出すこと。また、その影。❷[自他サ変] ある物事が他の物事に反映して現れ出ること。また、反映させて現すこと。「親のエゴイズムが子供の行動に―する」「自己を―した作品」❸[他サ変] 数学で、物体に平行光線を当てたと想定して、その影の図を平面上に描き出すこと。また、その影の図。

とう‐えい【倒影】タウ[名] 水面などに逆さに映った影。

とう‐おう【東欧】[名] ヨーロッパの東部。「―諸国」⬍西欧

とう‐おん【唐音】タウ[名] 日本の漢字音の一つ。平安中期から江戸時代までに日本に伝来した中国語の発音の総称。唐宋音。「行灯(あんどん)」「蒲団(ふとん)」「普請(ふしん)」などの類。▽狭義には、江戸時代に伝えられた、明から清代初期にかけての中国語の発音をいう。⬇宋音

とう‐おん【等温】ヲン[名] 温度が等しいこと。また、その温度。

どう‐おん【同音】[名] ❶同じ高さの音・音声。❷同じ発音。同じ字音。「―異義語」❸声をそろえて一斉に言うこと。「異口―」

とうおん‐せん【等温線】トウヲン[名] 天気図・気候図上で、気温の等しい地点を結んだ曲線。

とう‐か【灯火】クヮ[名] ともしび。あかり。

◉**灯火親しむべし** 涼風が立ち、夜も長くなる秋は、灯火のもとで読書をするのにふさわしいということ。▽唐の韓愈(かんゆ)の詩に基づく。

とう‐か【投下】[名・他サ変] ❶高所から物を落とすこと。投げ落とすこと。「爆弾を―する」❷資本などを投入すること。

とう‐か【透過】クヮ[名・自サ変] 光・放射能・液体などが物質の内部を通りぬけること。「―性」

とう‐か【等価】[名] 物の価値・価格が同じであること。同価。「―交換」

とう-か【糖化】〔名・自他サ変〕セルロース・でんぷんなどの多糖類が希酸や酵素の働きによって加水分解し、果糖・ブドウ糖などの糖類に変化すること。また、そのように変化させること。

とう-が【冬芽】〔名〕晩夏から秋にかけて生じ、越冬して春に生長する芽。ふゆめ。⇔夏芽

とう-が【唐画】〔名〕❶中国、唐代の絵画。❷中国人の描いた絵画。また、中国風の絵画。からえ。

とう-が【陶画】〔名〕陶器に描いた絵。

どう-か【同化】〔名〕❶〔自他サ変〕本来性質や考え方の異なるものが感化されて同じようになること。また、感化して同じようにさせること。〓「集落の風習に—する」「他民族を—する／させる」❷〔他サ変〕取り入れた知識などを理解して自分のものにすること。〓「西欧の思想を—する」❸〔他サ変〕生物が外界から取り入れた物質を化学変化させ、自分の体を構成する物質や、自分の体に必要な物質を作り出すこと。また、その作用。同化作用。◈①③⇔異化

どう-か【道家】〔名〕❶中国の諸子百家の一つ。老子・荘子の思想を信奉する学派。万物生成の原理である悠久無限の道を求め、無為自然を説く。❷道教を修めた人。道士。

どう-か【道歌】〔名〕仏教・心学などの教えをわかりやすく詠み込んだ和歌。

どう-か【銅貨】〔名〕銅を主な材料として鋳造した貨幣。〓「一〇円—」

どう-か ㊀〔副〕❶希望や依頼などが実現するよう強く願う気持ちを表す。〓「—宝くじが当たりますように」「—お貸しください」使い方⇒どうぞ ❷最低限のことでも実現できればという気持ちを表す。どうにか。なんとか。〓「せめて身の振り方だけでも—してやりたい」❸普通でないようすを表す。〓「あんなことをするなんて—しているんじゃないの」㊁〔連語〕〈「かどうか」の形で、疑問詞を伴わない形の疑問表現を名詞化して〉その情報が不確かであることをはっきりと示す。〓「彼女が来るか—は分からない」「メダルが取れるか—が問題だ」使い方(1)上に疑問詞を伴った言い方は誤り。〓「×メダルが何個取れるかどうか」「×どうしてあんなことをしたのかどうか」(2)「かどうか…」で、言いさす言い方もある。〓「はたして彼が彼女の従兄かどうか…」◉どうかと思・う 疑問に思う。また、感心しない。〓「あの言い方は—」

どう-が【動画】〔名〕❶アニメーション。❷動きのある画像。特に、デジタル映像で、静止画に対していう。

どう-が【童画】〔名〕❶子供のために描いた絵。❷子供の描いた絵。児童画。

とう-かい【東海】〔名〕❶東の方にある海。❷本州中央部のうち、太平洋側の地方。ふつう静岡・愛知・三重の三県と岐阜県の南部をいう。東海地方。❸「東海道」の略。

とう-かい【倒壊・倒潰】〔名・自サ変〕建物などが倒れてこわれること。〓「家屋が—する」書き方 今は「倒壊」が定着。

とう-かい【▼韜▼晦】〔名・他サ変〕自分の身分・本心・才能などを目立たないようにつつみかくすこと。人の目をくらますこと。〓「—趣味」▽「韜」はつつむ、「晦」はくらます意。

韜晦

とう-がい【当該】〔名〕それにあてはまること。それに関係があること。〓「—官庁からの通達」

とう-がい【凍害】〔名〕農作物が寒さのために凍結して枯死すること。また、その被害。

とう-がい【等外】〔名〕定められた等級・順位の中に入らないこと。〓「—品」

とうがい-こつ【頭蓋骨】〔名〕頭部を構成する骨の総称。頭骨。ずがいこつ。⇒脳(図)

とうかい-どう【東海道】〔名〕❶律令制下の七道の一つ。伊賀・伊勢・志摩・尾張・三河・遠江・駿河・伊豆・甲斐・相模・武蔵・安房・上総・下総・常陸の一五国。また、それらの国を結んだ街道。❷江戸時代の五街道の一つ。江戸から太平洋沿いに京都へ至る街道。五三の宿駅があった。

とうか-かんせい【灯火管制】〔名〕夜間、敵の空襲に備えて、消灯したり遮光したりすること。

とう-かく【当確】〔名〕選挙前または開票の途中で、当選が確実だと見込まれること。▽「当選確実」の略。

とう-かく【倒閣】〔名・自サ変〕内閣を倒すこと。〓「—運動」

とう-かく【統覚】〔名・他サ変〕哲学で、感覚的な所与を明白に意識し、それを自己の意識として自覚すること。また、自我が感覚的に多様なものを自己のうちで結合し、統一すること。

とう-かく【頭角】〔名〕頭の先。頭。◉頭角を現・す 学識・才能などが群を抜いて目だってくる。▽唐の韓愈の「柳子厚墓誌銘」から。注意「頭角を抜く［伸ばす・上げる］」は誤り。

どう-かく【同格】〔名〕❶資格・格式などが同じであること。〓「国賓と—に扱う」❷同じ文中に並べ置かれた二つ以上の語あるいは文節が文法上、同一の機能を果たす関係にあること。「バラの、赤いのを買う」の「バラの」と「赤いの」の関係など。

どう-がく【同学】〔名〕同じ分野の学問を学ぶこと。同じ学校で、または同じ先生について学ぶこと。また、その人々。〓「—の士」

どう-がく【道学】〔名〕❶道徳を説く学問。❷儒学。特に、宋代の朱子学。❸江戸時代の石門心学。❹道家の学問。道教。

どうか-して〔連語〕❶なんとかして。〓「—夢をかなえてやりたい」❷そのときのぐあいで。たまたま。〓「—暇ができると訪ねてくる」

どうか-すると〔連語〕場合によって。ややもすると。〓「—電車で行くほうが早いかもしれない」

どうか-せん【導火線】〔名〕雷管などに点火し、火薬を爆発させるために用いる線条。黒色火薬を紙・糸などで巻いてひも状にしたもの。▽事件を起こすきっかけになるもののたとえにもいう。〓「第一次大戦勃発の—となったサラエヴォ事件」

とう-かつ【統括】〔名・他サ変〕ばらばらのものを一つにまとめること。〓「各人の意見を—する」

とう-かつ【統轄】〔名・他サ変〕多くの人や機関を一つにまとめて治めること。〓「内閣は行政機関を—する」「—責任者」書き方 法令・新聞は「統括」「統轄」を区別せず「統括」を使う。

どう-かつ【▼恫喝】〔名・他サ変〕人をおどしておびえさせること。〓「—して金を巻き上げる」

どう-がね【胴金】〔名〕刀のつかや鞘、または槍の柄の千段巻きの部分にはめる金属の輪。合わせ目などが

割れるのを防ぐ。

とうから【▽疾うから】[副] はやくから。ずっと前から。とっくに。||「そんなことは—わかっていたはずだ」

とうがらし【唐辛子(唐▼芥子・〈▼蕃▼椒〉)】(タウ—) [名] 夏、楕円(だえん)形の葉の付け根に白い五弁花をつけるナス科の一年草。また、その果実。秋に紅熟する果実は辛味が強く、乾燥して香辛料・薬用にする。辛味種・甘味種など、変種が多い。南アメリカ原産。

とうかん【投▼函】[名・他サ変] 郵便物をポストに入れること。||「葉書を—する」

とうかん【盗汗】(タウ—) [名] 寝汗(ねあせ)。

とうかん【等閑】[名・他サ変] 物事を軽視し、いいかげんに扱うこと。なおざり。||「忠告を—に付す」「—視」

とうかん【統監】[名・他サ変] 政治・軍事などを統轄し、監督すること。また、その官職。

とうがん【冬▼瓜】[名] 野菜として栽培されるウリ科のつる性一年草。食用にする果実は大きな球形または長楕円(だえん)形。多く煮物やあんかけにする。トウガ。カモウリ。

とうがん【東岸】[名] 東側の岸。⇔西岸

どうかん【同感】[名・自サ変] 同じように感じること。同じような考え・意見であること。||「彼の意見に—する」「私も全く—だ」

どうかん【動感】[名] 動きのある感じ。いかにも動いているかのような感じ。||「—にあふれた描写」

どうかん【導管・道管】(ダウクワン) [名] ❶【導】液体・気体などを他の場所に導き送る管。❷【道・導】被子植物で、根から吸収した水分・養分を枝や葉に送る管。管状細胞の仕切りがとれて、縦に長く連なったもの。

どうがん【童顔】[名] ❶子供の顔。❷どこか子供っぽさのある顔つき。

とうき【冬季】[名] 冬の季節。||「—オリンピック」⇔夏季

とうき【冬期】[名] 冬の期間。||「—講習・—休業」⇔夏期

とうき【当季】(タウ—) [名] この季節。||「旬の食材をそろえた—の献立」「—の季語」

とうき【当期】(タウ—) [名] 当面しているこの期間。||「—の売上」

とうき【投棄】[名・他サ変] 投げ捨てること。||「廃棄物を海中に—する」「不法—」

とうき【投機】[名] ❶不確実だが、当たれば大きい利益をねらってする行為。||「—的な事業」❷市価の変動から生じる差益を得るために行う商品・有価証券などの売買取引。||「—市場」

とうき【党紀】(タウ—) [名] 党の風紀。党の規律。||「—を乱す」

とうき【党規】(タウ—) [名] 党の規則。党則。||「—にふれる」

とうき【陶器】(タウ—) [名] ❶多少の吸水性のある素地(きじ)に釉薬(うわぐすり)を施して焼いた器物。磁器に比べてやわらかく、透光性はほとんどない。❷陶磁器の総称。

とうき【登記】[名・他サ変] 私法上の権利に関する一定の事項を広く社会に公示するために登記所に備えてある帳簿(=登記簿)に記載すること。不動産登記・船舶登記・商業登記など。

とうき【騰貴】[名・自サ変] 物価や相場が上がること。||「地価が—する」

騰

とうぎ【党議】(タウ—) [名] 党内での討議。また、党の決議。||「—にかける」「—に従う」

とうぎ【討議】(タウ—) [名・他サ変] ある問題について互いに意見を述べ、論じ合うこと。ディスカッション。||「憲法問題を—する」「—を重ねる」

とうぎ【闘技】[名] ❶古代ギリシア・ローマなどで行われた格闘競技。||「—場」❷柔道・レスリングなどの格闘技。

どうき【同気】[名] 同じ気質。また、気の合った仲間。||「—相(あい)求める(=同じ気質の者どうしは互いに求め合って集まる)」

どうき【同期】[名] ❶同じ時期。||「昨年—を上回る売上」❷入学・卒業・入社などの年度が同じであること。また、その人。||「—の仲間」「—生」「—と酒を飲む」❸[自他サ変] シンクロナイズすること。特にコンピューターで、複数の信号や処理のタイミングが合ったり、異なる機器のデータが一致したりすること。また、そのようにさせること。||「—通信」「携帯電話とパソコンのデータを—させる」

どうき【動▼悸】[名] 心臓の鼓動が平常より激しいこと。また、その鼓動。

どうき【動機】[名] ❶人が意志を決定したり、行動を起こしたりするときの直接の要因。||「—が不純だ」「犯行の—」❷⇒モチーフ②

どうき【銅器】[名] 銅製または青銅製の器具。

どうぎ【同義】[名] 意味が同じであること。同意。⇔異義

どうぎ【胴着】[名] ❶和服で、防寒着として長着と襦袢(じゅばん)の間に着る丈の短い綿入れ。胴衣(どうい)。❷ある目的で人体の胴にまとうもの。胴衣。||「救命—」

どうぎ【動議】[名] 会議中にその構成員が予定外の議題を提出すること。また、その議題。||「緊急—」

どうぎ【道着】(ダウ—) [名] 柔道・合気道・剣道などで着用する衣服。

どうぎ【道義】(ダウ—) [名] 人としてふみ行うべき正しい道。||「—を重んじる」「—的責任を問う」

どうぎご【同義語】[名] 語形は異なるが中心的な意味が同じである語。「みち」と「道路」、「やまい」と「病気」の類。同意語。シノニム。⇔対義語

どうきづけ【動機付け】[名] 心理学で、人間や動物を外からの刺激である誘因によって行動に駆り立て、ある目標に向かわせる内的過程。モチベーション。

とうきび【唐▼黍】(タウ—) [名] ❶トウモロコシの別称。❷モロコシの別称。

とうきゅう【投球】(—キウ) [名・自サ変] 野球で、投手が打者に対してボールを投げること。また、そのボール。ピッチング。||「全力—」

とうきゅう【討究】(タウキウ) [名・他サ変] 検討を重ねるなどして、物事を深く研究すること。

とうきゅう【等級】(—キフ) [名] ❶上下・優劣などの順位を示す段階。||「出荷する野菜に—を付ける」❷天体を地上から見た光度を表す単位。数が小さいほど明るく、一等級上がるごとに約二・五一倍ずつ明るくなる。

とうぎゅう【闘牛】(—ギウ) [名] ❶牛と牛とをたたかわせる競技。また、その牛。牛合わせ。▼愛媛県宇和島などで行われる。❷闘牛士と牛がたたかう競技。||「—場」▼スペイン・ポルトガル・メキシコなどで行われる。

どうきゅう【同級】(—キフ) [名] ❶学級が同じであること。||「娘と—の女の子」❷階級・等級が同じであるこ

と。‖「—の品」

どう‐きゅう【▼撞球】［名］玉突き。ビリヤード。

どうきゅう‐せい【同級生】［名］同じ学級の生徒。クラスメート。‖「高校時代の—」使い方 同学年、同期生の意でいうのは、本来は誤り。‖「×学校は違うが同年生まれの—だ」

とう‐ぎょ【統御】［名・他サ変］全体をまとめて支配すること。‖「国[人々・自然]を—する」

とう‐ぎょ【闘魚】［名］キノボリウオ科の淡水魚の総称。一般に雄は闘争性が強く、タイ産のベタなどは一方の雄が死ぬまで戦う習性がある。観賞用にも飼育される。

どう‐きょ【同居】［名・自サ変］❶家族が一つの家に一緒に住むこと。‖「三世代—」⇔別居 ❷ある家族の家にその家族以外の人が一緒に住むこと。‖「—人」

どう‐きょう【同郷】［名］郷里が同じであること。‖「—の友人」

どう‐きょう【道教】［名］中国の伝統的宗教。儒教・仏教と並ぶ三教の一つ。古代の民間宗教に神仙思想、老荘思想、仏教の教理などが混合して形成されたもので、現世利益と不老長生を主たる目的とする。

どう‐ぎょう【同行】［名］❶連れ立って社寺に参詣する人々。巡礼の道連れ。‖「—二人（＝西国巡礼者などがいつも弘法大師とともに巡礼しているという意で、笠に書きつける語）」❷信仰を同じくして、ともに仏道修行に励む人々。浄土真宗ではその信者をいう。

読み分け 禅宗では「どうあん」。

どう‐ぎょう【同業】［名］職業・業種が同じであること。また、その人。‖「—組合」「—者」

どう‐ぎょう【童形】［名］まだ結髪していない子供。また、その姿。稚児姿。

とうきょう‐しょうけんとりひきじょ【東京証券取引所】［名］東京に所在する、有価証券市場を開設・運営する株式会社。東証。▽もと会員組織の法人であったが、証券取引法の改正により平成一三年に組織変更した。日本橋兜町にあることから、「兜町」ともいう。

とう‐きょく【当局】［名］❶その事を処理する任務をもつ公の機関をさしていう語。特に、行政上の任務・権限をもつ関係官庁をさしていう語。‖「大学—の説明」「警察—のお達しにより…」❷郵便局など「局」と名のつく機関がそれ自身をさしていう語。この局。‖「—は平成二年の設立です」

とう‐きょく【登極】［名・自サ変］天皇が位につくこと。即位。

とう‐きょり【等距離】［名］距離や間隔が等しいこと。また、離れている程度が等しいこと。

とう‐ぎり【当▽限】［名］限月を立てて行う清算取引で、受け渡し期日が売買約定をした月の末日のもの。⬇中限・先限

どう‐きん【同▼衾】［名・自サ変］一つの夜具で一緒に寝ること。特に、一緒に寝て肉体関係をもつこと。ともね。‖「女[男]と—する」

とう‐く【投句】［名・自サ変］俳句を投稿すること。また、その句。‖「雑誌に—する」

どう‐ぐ【道具】［名］❶物を作ったり、何かを行ったりするときに用いる種々の器具。‖「釣りの—」「裁縫[大工]—」❷他の目的のために利用されるもの。手段。‖「出世の—にされる」❸顔や身体の部分として備わっているもの。‖「顔の—」

とう‐ぐう【東宮・▽春宮】［名］❶皇太子の住む御殿。❷皇太子。はるのみや。ひつぎのみや。◈皇居からみて御殿が五行説では春にあたる東方にあったことから。また、易で東方は長男を意味する震卦にあたることから。

どうぐ‐だて【道具立て】［名］❶必要とする道具をそろえておくこと。❷物事をするのに必要なあれこれの準備。‖「—が整う」

とう‐くつ【盗掘】［名・他サ変］鉱物・埋蔵物などを許可なく掘って盗みとること。

どう‐くつ【洞窟】［名］崖や岩石中に生じた奥行きの深い穴。ほら穴。洞穴。‖「—遺跡」

窟

どうぐ‐や【道具屋】［名］古道具を売買する店。また、その人。

どう‐くん【同訓】［名］異なる漢字が、同じ訓をもつこと。

どうくん‐いじ【同訓異字】［名］異なる漢字だが、意味が似ていて訓が同じであるもの。「油・脂」「歌・唄」「聞く・聴く」「固い・硬い・堅い」の類。異字同訓。

とう‐け【当家】［名］この家。この一族。‖「—の主」「御—」▽相手の家についていうときは、多く敬意を添えて「御—」の形で使う。

とうげ【峠】［名］❶山道の坂を上りつめて、そこから下りになるところ。‖「—の茶屋」❷物事の勢いの最も盛んな時期。‖「暑さは今が—だ」◈「峠」は国字。

⦿**峠を越・す** 絶頂期を過ぎる。また、危険な時期を過ぎる。‖「暑さもようやく—・した」

［ことば比べ］「峠」と「山」と「山場」

▼「峠」「山」「山場」は、物事の頂点をいう。

▼「峠」は多く、絶頂期や危険な時期など「越える」通過点を指す。

「病状の峠を越えた（＝危険な時期を過ぎた）」

▼「山」「山場」は最も重要な場面を「迎える」ときに用いることが多い。

「病状はここ二、三日が山／山場だ」「試合の山／山場を迎える」

どう‐け【道化】［名］人を笑わせる滑稽なしぐさやことば。また、それをする人。おどけ。‖「—師」

とう‐けい【刀▼圭】［名］❶薬を盛るさじ。❷医術。また、医者。‖「—家（＝医者）」

とう‐けい【東経】［名］イギリスのグリニッジ天文台跡を通る子午線を零度とし、そこから東へ一八〇度までの経度。⇕西経

とう‐けい【統計】［名・他サ変］ある集団の構成要素を個々に調査して得た数値を処理し、その集団の性質・傾向などを数量的に表すこと。また、その数量的に表されたもの。‖「—学」

とう‐けい【闘鶏】［名］二羽のニワトリをたたかわせて勝負を争う遊びや賭け事。とり合わせ。また、それに用いるニワトリ。▽多くシャモを使う。

とう‐げい【陶芸】［名］陶磁器を作る技芸・工芸。‖「—家」

どう‐けい【同形】［名］同じ形。‖「—の図形」

どう‐けい【同系】［名］系列・系統が同じであること。また、同じ系列・系統のもの。‖「—の色彩でまとめる」「—に属する企業」

どう‐けい【同型】［名］同じ型。「―のトラック」

どう‐けい【同慶】［名］相手と同じように自分にとっても喜ばしいこと。「御―の至りです」▽多く「御―」の形で、相手の慶事を祝っていう。

どう‐けい【憧憬】［名・自他サ変］「しょうけい（憧憬）」の慣用読み。⬇しょうけい

とう‐けつ【凍結】［名］❶［自サ変］こおりつくこと。「路面が―する」❷［他サ変］資金・資産などの使用や移動を一定期間禁ずること。「海外資産を―する」

とう‐げつ【当月】タウ［名］この月。今月。本月。また、あることがあった、その月。「―の売上高」

どう‐けつ【洞穴】［名］ほらあな。洞窟（どうくつ）。

どう・ける【道化る】ダウケル［自下一］滑稽（こっけい）なことをする。おどける。「―・けたしぐさで笑わせる」▽「道化（どうけ）」の動詞化。

とう‐けん【刀剣】タウ［名］刀・剣（つるぎ）などの総称。

とう‐けん【闘犬】［名］二頭の犬をたたかわせて勝負を争う競技。犬合わせ。また、それに用いる犬。土佐犬・秋田犬など。▽高知県で盛ん。

とう‐げん【凍原】［名］⬇ツンドラ

どう‐けん【同権】［名］同じ権利をもつこと。平等な権利。

どう‐けん【洞見】［名・他サ変］物事の先の先まで見通すこと。本質などを見抜くこと。洞察。

どう‐げん【同源（同原）】［名］起源が同じであること。「医食―」

とうげん‐きょう【桃源郷】タウゲンキャウ［名］世俗を離れた平和な世界。桃源。▽陶淵明（とうえんめい）の『桃花源記』に描かれている別天地から。

とう‐げんしつ【糖原質】タウ［名］⬇グリコーゲン

とう‐ご【倒語】タウ［名］音節や語構成要素の順序を逆にして作られた語。「これ」を「れこ」、「やど（宿）」を「どや」、「ばしょ（場所）」を「しょば」、「しろうと」を「とうしろ」などという類。隠語に多い。

とう‐ご【頭語】［名］手紙文の書き出しに用いる語。「前略」「拝啓」「謹啓」など。⬍結語

どう‐こ【銅▼壺】［名］銅・鋳鉄などで作った箱形の湯沸器。長火鉢の中に置き、そばの火気を利用して湯をわかす。

とう‐こう【刀工】タウ［名］刀剣を作る人。刀鍛冶（かたなかじ）。刀匠。

とう‐こう【投光】クヮウ［名・自サ変］光を当てること。レンズや反射鏡によって光を集め、ある部分を照らすこと。「―器」

とう‐こう【投降】カウ［名・自サ変］敵に降参すること。「兵士が次々に―してきた」「―兵」

とう‐こう【投稿】カウ［名・自他サ変］❶新聞・雑誌などに掲載してもらうことを願って原稿を送ること。また、その原稿。「雑誌に短歌を―する」「―欄」❷ウェブサイトやSNSに文章・画像・動画などを送信すること。また、その文章など。

とう‐こう【陶工】タウ［名］陶磁器を作ることを職業とする人。焼き物師。

とう‐こう【登校】カウ［名・自サ変］児童・生徒が授業を受けに学校へ行くこと。また、先生が勤務のために学校へ行くこと。「不―」⬍下校

とう‐ごう【投合】ガフ［名・自サ変］互いの気持ちなどが合致すること。「意気―して語り明かす」

とう‐ごう【等号】ガウ［名］数学で、二つの数や式が等しいことを表す記号。「＝」を用いる。イコール。イコール記号。

とう‐ごう【統合】ガフ［名・他サ変］二つ以上のものをまとめ合わせて一つにすること。「二つの学校を―する」

どう‐こう【同工】［名］作り方や手際が同じであること。

どう‐こう【同好】カウ［名］趣味・嗜好（しこう）が同じであること。「―の人々が集まる」「―会」

どう‐こう【同行】カウ［名・自サ変］一緒に連れ立っていくこと。また、その人。「海外遠征に―する」「署まで―願います」▽「同行（どうぎょう）」と読むと意味が異なる。

どう‐こう【動向】カウ［名］人や物事が動いていく方向。個人・集団・組織・社会などの現状と将来の傾向。なりゆき。「定年後の―を調査する」「景気の―を探る」

どう‐こう【銅鉱】クヮウ［名］銅を含む鉱石。黄銅鉱・輝銅鉱・赤銅鉱など。

どう‐こう【瞳孔】［名］眼球の中央にある、虹彩（こうさい）に囲まれた小孔。虹彩の働きによって大きさが変化し、目に入る光線の量を調節する。

どう‐こうカウ［副］あれこれ。なんのかんの。どうのこうの。「今さら―言っても仕方ない」▽何をしても、所詮（しょせん）無駄であるという気持ちを込める。

どう‐ごう【道号】ダウガウ［名］出家者が法名のほかにつける号。

どうこう‐いきょく【同工異曲】［名］❶手法は同じだが趣が違うこと。❷見かけは違っているようでも内容はほぼ同じであること。

とうごう‐いりょう【統合医療】トウガフイレウ［名］西洋医学の医療と代替医療を合わせた医療。⬇代替医療

とうごうがた‐リゾート【統合型リゾート】トウガフガター［名］⬇アイアール①

とうこう‐きょひ【登校拒否】トウカウ［名］⬇不登校

とうごう‐しっちょうしょう【統合失調症】トウガフシッテウシャウ［名］青年期に多く発病する精神疾患の一つ。自閉症状・感情鈍麻・意志の減退・幻覚・妄想などがあらわれる。▽以前は精神分裂病と称した。

とうこう‐せいてい【東高西低】トウカウ［名］日本付近の気圧配置で、日本列島の東に高気圧が、西に低気圧があること。夏に現れやすく、東日本は好天だが、西日本は雨がちになる。東高西低型。⬍西高東低

とうこう‐せん【等高線】トウカウ［名］地図上で、地形の起伏を表すために標高の等しい点を結んだ曲線。水平曲線。等高曲線。コンター。

とう‐ごく【投獄】［名・他サ変］牢獄（ろうごく）に入れること。

とう‐ごく【東国】［名］❶東方にある国。❷近畿地方から見て東方にある地方。古くは北陸を除いた近畿以東の諸国。平安時代以降は、箱根以東の諸国。関東。あずま。

どう‐こく【▼慟▼哭】［名・自サ変］ひどく悲しんで、激しく泣くこと。「訃報に接して―する」

とう‐こつ【頭骨】［名］頭蓋骨（とうがいこつ）。

どうご‐はんぷく【同語反復】［名］⬇トートロジー①

とうご‐ろん【統語論】［名］言語学で、文法論の一部門。語を配列して句・節・文を作る規則とその機能の解明を研究する学問。統辞論。構文論。シンタ（ッ）クス。

とう‐こん【刀痕】タウ［名］刀で切った傷のあと。

とう‐こん【当今】タウ［名］このごろ。いまどき。当節。

現今。‖「—の世相」

とう‐こん【闘魂】[名] 徹底的にたたかおうとする激しい意気込み。闘争精神。‖「不屈の—」

どう‐こん【同根】[名] 根・根源が同じであること。また、同じ根・根源から生じること。‖「この二つの社会現象は—だ」

どう‐こん【同▼梱】[名・他サ変] 一つの包みに別の物を一緒に梱包すること。‖「説明書を—する」

とう‐さ【等差】[名] ❶等級による違い。❷数学で、差が等しいこと。‖「—数列」

とう‐さ【踏査】タフ [名・他サ変] 現地に出かけていって調べること。‖「史跡を—する」「実地—」「—隊」

とう‐ざ【当座】タウ [名] ❶何かに直面した、すぐその時。即座。‖「—の知恵を働かす」 ❷さしあたっての、しばらくの間。当面。‖「—の小遣いには困らない」 ❸「当座預金」の略。

どう‐さ【〈▼礬水〉・▽陶砂】ダウ [名] 明礬を溶かした水に、にかわを混ぜたもの。紙・絹などに塗って墨や絵の具がにじむのを防ぐ。

どう‐さ【動作】[名] ❶何かをしようとして体を動かすこと。また、その動き。‖「—がすばやい」 ❷[自サ変] 機械やシステムなどが機能すること。動くこと。また、その動き。‖「機器[プログラム]が—する」「ソフトウエアの—環境」

品格　一挙一動「相手の—に注目する」 一挙手一投足「—を目に焼き付ける」 挙動「—不審」 所作「儀式での—」 素振り「気にする—も見せない」 振る舞い「勝手気ままな—」 ◉「挙動」は、その動作を疑わしいと見る場合に使うことが多い。

どう‐ざ【同座（同▼坐）】[名] ❶[自サ変] 同じ席・場所に居合わせること。同席。❷[自サ変] まきぞえをくうこと。連座。‖「汚職事件に—する」 ❸同じ劇場・劇団。また、その劇場・劇団。◈書き方 ①②は、本来は「同坐」。

とう‐さい【当歳】タウ [名] ❶その年に生まれたこと。数え年で一歳。‖「—児・—馬」 ❷ことし。本年。当年。‖「—とって五〇歳」

とう‐さい【登載】[名・他サ変] ❶新聞・雑誌などに記事として載せること。掲載。❷台帳・帳簿などに公式に記載すること。‖「選挙人名簿に—する」

とう‐さい【搭載】タフ [名・他サ変] ❶車両・艦船・航空機などに物資を積み込むこと。また、兵器などを積んで装備すること。‖「ミサイルを—した爆撃機」 ❷電子機器にある機能や情報を組み込むこと。‖「携帯電話に電子辞書を—する」

とう‐ざい【東西】[名] ❶東と西。また、その方向。‖「—に走る高速道路」「—を失う（＝途方に暮れる）」「—を弁ぜず（＝物事の道理が全くわからない）」 ❷東部と西部。また、東洋と西洋。東側諸国と西側諸国。‖「洋の—を問わず」「古今—」

どう‐ざい【同罪】[名] 同じ罪に相当すること。また、同じ責任を負うこと。

とう‐さく【倒錯】タウ [名・自サ変] 逆になること。さかさになること。特に、本能・感情などが正常とされる状態とは逆の形になって表れ、反社会的・反道徳的な行動を示すこと。‖「性的—」

とう‐さく【盗作】タウ [名・他サ変] 他人の作品の全部または一部をそのまま自分のものとして使うこと。また、その作品。剽窃。‖「歌詞が—される」

とうざ‐しのぎ【当座▼凌ぎ】タウザ [名] その場の間に合わせ。一時しのぎ。

とう‐さつ【盗撮】タウ [名・他サ変] 相手に気づかれないようこっそり撮影すること。盗み撮り。隠し撮り。

どう‐さつ【洞察】[名・他サ変] 物事をよく観察して、その本質を見抜くこと。物事の奥底まで見通すこと。‖「心理を鋭く—する」「—力」

とうざ‐よきん【当座預金】タウザ [名] 小切手と引き換えにいつでも引き出せる預金。無利息が原則。

とう‐さん【《父さん》】[名] 「お父さん」のくだけた言い方。⇕母さん ▼「ととさん」の転。

とう‐さん【倒産】タウ [名・自サ変] 経営が行きづまって企業がつぶれること。‖「会社が—する」

とう‐ざん【当山】タウ [名] ❶この山。❷この寺。当寺。

とう‐ざん【唐桟】タウ [名] 紺地に赤・浅葱などの細い縦じまを織り出した綿織物。江戸時代、通人が好んで羽織・着物などに用いた。唐桟留。桟留縞。

どう‐さん【動産】[名] 民法上、不動産以外のすべての物。現金・家財・商品・株・公社債など。⇕不動産

どう‐ざん【銅山】[名] 銅鉱を産出する山。また、銅鉱を掘り、精錬している所。

とうさん‐さい【唐三彩】タウ [名] 中国の唐代に作られた三彩陶器。白釉地に褐・緑釉で彩色したものと、これに藍釉を加えたものとがある。王侯貴族の副葬品として作られたもので、西安・洛陽付近から多く出土する。

とうさん‐どう【東山道】—ダウ [名] 昔の七道の一つ。近江・美濃・飛騨・信濃・上野・下野・陸奥・出羽の八国。また、それらを連ねる街道。

とう‐し【投資】[名・自他サ変] 利益を得る目的で資金を事業・証券などに投下すること。‖「設備—」▼その将来を見込んで人材などに金をつぎ込む意でも使う。‖「ピアニストにするために子供に—する」

とう‐し【凍死】[名・自サ変] こごえて死ぬこと。

とう‐し【唐紙】タウ [名] 中国で作られ、日本に輸入された書画用の紙。表面が粗く、質はもろいが墨の吸収がよい。▼江戸末期、これを模して和唐紙が作られた。

とう‐し【唐詩】タウ [名] ❶中国の、唐代の詩。❷漢詩。

とう‐し【透視】[名・他サ変] ❶すかして見ること。❷身体を通ったX線を蛍光板に受け、そこに投影される像によって体の内部を調べること。また、その方法。❸普通の感覚では見えないものを超能力によって感知すること。‖「—術」

とう‐し【盗視】タウ [名・他サ変] 人に気づかれないようにこっそり見ること。盗み見。‖「人の暗証番号を—する」 書き方「▼偸視」とも。

とう‐し【闘士】[名] ❶戦闘をする人。兵士。いくさびと。❷闘志に満ちた人。特に、主義や信念のために闘志を燃やして活動する人。‖「組合運動の—」

とう‐し【闘志】[名] たたかおうとする気力。闘争心。ファイト。‖「全国制覇に—を燃やす」「—満々」

とう‐じ【▼杜氏】[名] 酒を醸造する職人。特に、その長。さかとうじ。とじ。

とう‐じ【冬至】[名] 二十四節気の一つ。太陽暦の十二月二十二日ごろ。太陽が冬至点を通過するときで、北半球では夜が最も長く、昼が最も短くなる。‖「—点」▼この日、ゆず湯に入り、カボチャを食べる風習がある。

とう-じ【当事】ータウ〔名〕その事に直接関係すること。‖「ー者・ー国」▼ふつう単独では使わない。

とう-じ【当時】ータウ〔名〕過去のある時期。そのころ。‖「ーを懐かしむ」「ー住んでいた家」

とう-じ【悼辞】ータウ〔名〕人の死をいたみ、死者をとむらうためのことばや文。弔辞。

とう-じ【湯治】タウヂ〔名・自サ変〕温泉に入って病気やけがを治療すること。温泉場で療養すること。‖「ー客・ー場」

とう-じ【答辞】ータフ〔名〕式場で、式辞・祝辞・送辞などに対する答礼として述べることば。‖「卒業生を代表してーを読む」⇔送辞

とう-じ【▼蕩児】ータウ〔名〕酒色にふける怠け者。遊蕩児。蕩子。

どう-し【同士】〔名〕互いに同じ関係にある人。また、同じ種類に属す人。‖「好き合ったー」「隣ー・仲間ー・従兄弟ー」「ー討ち」 書き方 他の語に付くときはかな書きも好まれる。 語源 和語の「どち」が「どし」→「どうし」と変化したもの。

どう-し【同氏】〔名〕❶前に述べた、その人。❷同じ名字。同姓。

どう-し【同志】〔名〕主義・主張などを同じくする人。‖「ーを募る」「ー、諸君」「革命のー」

どう-し【同視】〔名・他サ変〕同じに見なすこと。‖「職員及びこれとーされる者」

どう-し【動詞】〔名〕品詞の一つ。動作・作用・状態・存在などを表す自立語で、活用がある。形容詞・形容動詞とともに用言に属する。「動く」「押す」「ふえる」「富む」「ある」などの類。口語では五段・上一段・下一段・カ行変格・サ行変格の五種の活用形式があり、終止形は一般にウ段の音で終わる。自動詞と他動詞に大別される。▼文語では、四段・上一段・上二段・下一段・下二段・カ行変格・サ行変格・ナ行変格・ラ行変格の九種の活用形式があり、このうちラ行変格活用の終止形は「あり」のようにイ段の音で終わる。

どう-し【道士】ーダウ〔名〕❶道義を身につけた人。君子。❷道教によって、長生不死の術などを身につけた人。方士。❸神仙の術を身につけた人。仙人。❹仏道を修行する僧。沙門。

どう-し【導師】ーダウ〔名〕❶人々を導いて正道に入らせる者。仏・菩薩。❷法要のとき、大勢の僧の中心となって儀式を執り行う僧。❸葬儀のとき、死者に引導を渡す僧。

どう-じ【同時】〔名〕❶時間的なずれがないこと。時を同じくすること。‖「日本と中国でーに発売される」「選手はゴールにたどり着くとーに倒れた」「ー多発・ー進行」❷前の事柄と後ろの事柄が両方とも成立することを表す。とともに。‖「それが利点である。とーに欠点でもある」

どう-じ【童子】〔名〕幼い子供。わらべ。

どうし-うち【同士討ち(同士打ち)】〔名〕味方同士の討ち合い。仲間同士の争い。

とうし-がほう【透視画法】ーハクヮフ〔名〕ある一点を視点とし、物体を目に映ると同様に遠くのものを小さく近くのものを大きく描く画法。透視図法。パースペクティブ。

とう-しき【等式】〔名〕二つの数または式を等号で結んだもの。方程式と恒等式がある。⇔不等式

とう-じき【陶磁器】ータウ〔名〕陶器と磁器。焼き物。

とうし-ぎんこう【投資銀行】ーギンカウ〔名〕証券引き受けや企業買収を主な業務とする金融機関。インベストメントバンク。

どうじく-ケーブル【同軸ケーブル】ドウヂクー〔名〕中心導体の回りを絶縁体でおおい、その外側を別の導体で同心状に包み込んだ高周波伝送用のケーブル。テレビやFM受信機のアンテナ線などに用いる。

とうじ-しゃ【当事者】タウジー〔名〕❶その事柄に直接関係している人。‖「ーから事情を聞く」「事件のー」❷特定の法律関係または事項について直接関与している人。売買契約における売り主・買い主など。◈ 注意 「当時者」と書くのは誤り。

とうし-しんたく【投資信託】〔名〕証券会社が一般投資家から集めた資金を信託銀行に信託し、各種の有価証券に投資させて得た利益を投資者に還元する制度。

とう-しつ【等質】〔名・形動〕❶二つ以上のものの質が同じであること。❷どの部分も性質・成分が同じであること。‖「ーの溶液」

とう-しつ【糖質】ータウ〔名〕糖を主成分とする物質。炭水化物。▼たんぱく質・脂質に対していう。

とう-じつ【当日】ータウ〔名〕その日。そのことがある(あった)日。‖「事故のーは朝から雨だった」「ー券」

どう-しつ【同室】〔名〕❶同じ部屋。‖「ーで待機する」❷〔自サ変〕同じ部屋に居住すること。また、同じ部屋に宿泊すること。‖「寮でーだった友人」

どう-しつ【同質】〔名・形動〕二つ以上のものの質が同じであること。‖「ーの材料を使う」⇔異質

どう-じつ【同日】〔名〕❶同じ日。‖「ー選挙」❷前に述べた、その日。‖「急報を受け、ー午後に帰郷した」

◉同日の論ではない 差が大きくて比較することができない。同日の談ではない。‖「師と弟子とではー」

どうじ-つうやく【同時通訳】〔名・他サ変〕話者が話すのと並行して、ほぼ同時に通訳すること。また、それを職業とする人。‖「大統領の演説をーする」

とうしつ-せいげん【糖質制限】タウシツー〔名〕糖質の摂取量を低くし、食後の血糖値の上昇を抑える食事療法。

どう-して〔副〕❶方法について疑いを表す語。どんな方法で。どうやって。‖「ー休暇を過ごそうか」❷理由・原因について疑いを表す語。どんな理由で。なぜ。‖「ー誰も来ないのだろう」❸前に述べたことや相手の述べたことを意外だという意を込めて否定する意を表す。‖「見かけは気弱そうだが、ーなかなか気が強い」 使い方 感動詞的にも使う。‖「ー、ー、私など足もとにも及びません」

どうして-も〔副〕❶どのようにしてみても。どんな方法をとっても。‖「ー名前が思い出せない」❷強く決意したり望んだりする気持ちを表す。なんとしても。ぜひとも。‖「ー見たい」

どうじ-に【同時に】〔連語〕⇩同時②

とうし-ファンド【投資ファンド】〔名〕金融機関・機関投資家など、複数の投資家から委託を受けてつくられた資金。また、それを運用する組織。

どう-じめ【胴締め】〔名〕❶レスリングなどで、両足で相手の胴を挟み、足の先を組んで締めつける技。▼柔道では禁止技。❷女性が和服を着るときに用いる腰ひも。

とう-しゃ【当社】ータウ〔名〕❶この会社。また、我が社。‖「ーの製品」❷この神社。

とう‐しゃ【投射】〔名・他サ変〕❶光線を投げかけること。❷物の影を平面上に映し出すこと。投影。

とう‐しゃ【透写】〔名・他サ変〕文字や絵の上に半透明の紙などを置き、上からなぞって写し取ること。トレース。≡「地図を―する」「―紙」

とう‐しゃ【謄写】〔名・他サ変〕❶書き写すこと。❷謄写版で印刷すること。

どう‐しゃ【同社】〔名〕❶同じ会社。また、前に述べた、その会社。❷同じ神社。また、前に述べた、その神社。

どう‐しゃ【同車】〔名・自サ変〕同じ車。また、同じ車に乗ること。同乗。

どう‐しゃ【堂舎】〔名〕建物。特に、社寺の建物。

どう‐じゃく【▼瞠若】〔名・自サ変・形動タルト〕驚いて目を見張ること。≡「世人を―せしめた椿事」

とうしゃ‐ばん【謄写版】〔名〕孔版印刷の一つ。ろうを引いた原紙に鉄筆で文字などを書いて細かい穴をあけ、そこからインクをにじみ出させて印刷する。また、その印刷機。がり版。

とう‐しゅ【当主】〔名〕その家の、現在の主人。

とう‐しゅ【投手】〔名〕野球やソフトボールで、打者に対してボールを投げる人。ピッチャー。

とう‐しゅ【党首】〔名〕政党など、党の最高責任者。≡「―会談」

どう‐しゅ【同種】〔名〕種類が同じであること。また、同じ種類のもの。≡「―の植物」⇔異種

とう‐しゅう【踏襲(▼蹈襲)】〔名・他サ変〕それまでのしきたりややり方を変えずに、そのまま受け継ぐこと。≡「現行方式を―する」

どう‐しゅう【同臭】〔名〕❶同じにおい。同じくさみ。❷趣味・傾向・程度などが同じであること。また、その仲間。同臭味。≡「―が集まる」

とう‐しゅく【投宿】〔名・自サ変〕宿屋などに泊まること。≡「ホテル［湖岸の宿］に―する」

どう‐しゅく【同宿】〔名・自サ変〕❶同じ宿屋に泊まり合わせること。また、その人。≡「―の客」❷下宿を同じにすること。また、その人。

どう‐しゅつ【導出】〔名・他サ変〕ある前提・理論などから論理的に結論を導き出すこと。

どう‐じゅつ【道術】〔名〕道教で、道士・方士の行う術。不老不死の術、羽化登仙の術など。仙術。方術。

とうしゅ‐とうろん【党首討論】〔名〕総理大臣と野党党首との公開討論。英国議会の口頭質問(クエスチョンタイム)の制度にならったもので、二〇〇〇年の通常国会から始められた。

とう‐しょ【当初】〔名〕そのことのはじめ。最初(の頃)。≡「―の計画を見直す」「―予定していた会場」▼副詞的にも使う。

とう‐しょ【投書】〔名・自他サ変〕自分の意見・希望・苦情などを書いて関係機関に送ること。また、その文書。≡「新聞に―する」「―欄」

とう‐しょ【島▼嶼】〔名〕島。大小の島島。≡「西太平洋の―群」▼「嶼」は小さい島の意。

嶼

とう‐しょ【頭書】〔名〕❶〔他サ変〕本文の上欄などに解説や注釈を書き入れること。また、その解説や注釈。❷書類などの最初に書かれた事柄。≡「―の件について回答を求める」

とう‐じょ【倒叙】〔名〕現在から過去へ、時間の流れをさかのぼって叙述すること。≡「―東洋史」

どう‐じょ【童女】〔名〕幼い女の子。幼女。どうによ。

とう‐しょう【刀匠】〔名〕刀剣を作る人。刀鍛冶。刀工。

とう‐しょう【東証】〔名〕「東京証券取引所」の略。

とう‐しょう【凍傷】〔名〕寒冷によって末梢血管などの組織が損なわれる傷害。

とう‐しょう【闘将】〔名〕❶闘志の盛んなスポーツ選手。❷政治運動などで、人々の先頭に立って精力的に活動する人。

とう‐じょう【東上】〔名・自サ変〕西の地方から東の都に行くこと。特に、東京に行くこと。⇔西下

とう‐じょう【凍上】〔名・自サ変〕厳しい寒さのために土壌中の水分が凍って膨張し、地表の一部がもち上げられること。また、その現象。

とう‐じょう【登場】〔名・自サ変〕❶舞台・演台などに現れ出ること。≡「ここで主役の―」⇔退場 ❷演劇・映画・小説・漫画などのストーリーに組み込まれて出ること。≡「―人物」❸新しく世の中やある分野に現れ出ること。≡「国内線に新型旅客機が―する」

とう‐じょう【搭乗】〔名・自サ変〕航空機・船舶などに乗り込むこと。≡「―券・―員」

どう‐しょう【道床】〔名〕鉄道線路で、枕木の下に敷きつめる砂利・砕石・コンクリートなどの層。

どう‐じょう【同上】〔名〕すぐ前に述べたことと同じであること。≡「―の理由により」▼横書きの文書・図表などでは記号的に使って「上記に同じ」の意を表す。

どう‐じょう【同乗】〔名・自サ変〕同じ乗り物に一緒に乗ること。≡「帰りは娘の車に―する」「―者」

どう‐じょう【同情】〔名・自サ変〕苦しんでいる人や悲しんでいる人に対して、その人の気持ちになって思いやること。≡「難民に―する」「―を寄せる」

どう‐じょう【堂上】〔名〕❶堂の上。❷清涼殿への昇殿を許された家柄。江戸時代には、一般に、公家。⇔地下 ◈古くは「とうしょう」「どうしょう」とも。

どう‐じょう【道場】〔名〕❶仏道を修行する場所。❷武術・技芸を教授・修行する場所。≡「空手―」❸心身の修養をする場所。≡「ヨーガ―」

どうしょう‐いむ【同床異夢】〔名〕表向きは同じ立場でありながら、考えや思惑が異なっていること。▼寝床は共にしても見る夢は別の意から。

とうじょう‐か【頭状花】〔名〕花軸の先に柄のない花が密生し、一つの花のように見えるもの。キク・アザミ・タンポポなどにみられる。頭花。頭状花序。

とうじょう‐じんぶつ【登場人物】〔名〕小説・漫画・映画などのストーリーに組み込まれている人物。

どうじょう‐やぶり【道場破り】〔名〕武者修行者が他流の道場に行って試合をし、相手方を打ち負かすこと。また、その人。

どう‐しょく【同色】〔名〕同じ色。同一の色彩。

どうしょく‐ぶつ【動植物】〔名〕動物と植物。

とう・じる【投じる】■〔他上一〕❶物を投げる。また、そのようにしてある状態を作り出す。≡「教育改革に一石を―」「新説を提起して学界に波紋を―」❷投げ込むようにして入れる。≡「〇〇候補に一票を―」❸〈「身［己・みずから］を投じる」などの形で〉自死するためにみずからを危険な場所に投げ入れる。身投げをする。また、

みずから進んである環境の中に入る。≡「谷底〔革命運動〕に身を―」❹光などを遠くまで届かせる。投げかける。≡「先行きに暗影を―」❺労力や資金などをつぎ込む。投入する。≡「私財を―・じて研究所を作る」❻薬を与える。投与する。≡「鎮痛剤を―」[二]［自上一］❶みずから進んである場所や環境の中に入る。≡「激流〔旅宿〕に―」❷みずからを時代の好みなどに適合させる。乗じる。つけいる。≡「機に―」❸互いに一致するようにする。投合する。≡「意気相（あい）投ずる」◈[二]①②は、[一]③の用法が自動詞化したもの。文 とう・ず 異形 投ずる

どう・じる【同じる】［自上一］同意する。賛成する。≡「和解勧告に―・じない」異形 **同ずる**

どう・じる【動じる】［自上一］心の平静を失う。動揺する。≡「ちょっとやそっとのことでは―・じない」異形 **動ずる**

とうしろう【藤四郎】（トウシラウ）［名］〔俗〕素人（しろうと）。とうしろ。▼「しろうと」を逆さにして人名めかした語。

とう‐しん【刀身】（タウ）［名］柄（つか）と鞘（さや）をはずした刀の本体。

とう‐しん【灯心（灯芯）】［名］行灯（あんどん）・ランプなどの心（しん）。灯油を吸い込ませて火をともす紐（ひも）状のもの。≡「―をかきたてる」

とう‐しん【投身】［名・自サ変］自殺するために高所から水中などに飛び込むこと。身投げ。≡「―自殺」

とう‐しん【投信】［名］「投資信託」の略。

とう‐しん【東進】［名・自サ変］東の方角へ進むこと。≡「低気圧〔軍隊〕が―する」

とう‐しん【盗心】（タウ）［名］盗賊のような心。他人の物をぬすもうとする気持ち。ぬすみごころ。

とう‐しん【答申】（タフ）［名・他サ変］上司の問いに対して意見を申し述べること。特に、行政官庁から諮問を受けた審議会などの機関が、その諮問について意見を具申すること。≡「税制改革の―案」

とう‐しん【等身】［名］高さが人の身長と同じくらいであること。≡「―像」

とう‐しん【等親】［名］家族の階級的序列を表す語。妻から見て夫は一等親、夫から見て妻は二等親となる。▼親族関係の遠近を表す「親等」とは異なるが、現在では混用される。

とう‐しん【頭身】（造）〈数を表す語に付いて〉頭部の長さと身長との割合を表す。≡「八―」

とう‐じん【党人】（タウ）［名］政党に属している人。特に、官僚出身の党員に対して、その党生え抜きの人。

とう‐じん【唐人】（タウ）［名］中国人。また、外国人。異人。▼主に江戸時代に使われた語。

とう‐じん【▼蕩尽】（タウ）［名・他サ変］財産などを使い果たすこと。

どう‐しん【同心】［名］❶［自サ変］心を同じくすること。協力すること。また、味方すること。≡「一味―」❷円などで、中心が同じであること。❸江戸幕府で、与力の下で庶務や警察の仕事に携わった下級役人。

どう‐しん【童心】［名］❶子供の心。❷子供のような純真な心。≡「―に返る」

どう‐しん【道心】（ダウ）［名］❶道徳心。良心。❷仏教を信じる心。仏道に帰依（きえ）する心。≡「俄（にわか）―」❸出家者。特に、一三歳または一五歳で仏門に入った人。

どう‐じん【同人】［名］❶同じ人。また、前に述べたその人。どうにん。❷目的や趣味を同じくする人。同好の士。どうにん。≡「短歌雑誌の―になる」

どう‐じん【道人】（ダウ）［名］❶道徳を修めた人。有道の人。❷仏門に入って得度した人。出家。❸道教を修めた人。道士。❹俗世間をのがれた人。世捨て人。

どうしん‐えん【同心円】（シンヱン）［名］中心を共有する二つ以上の円。

どうじん‐し【同人誌】［名］主義・目的などを同じくする人たちが作品の発表の場として編集・発行する雑誌。同人雑誌。どうにんざっし。

とうしん‐せん【等深線】［名］地図上で、水底の地形を表すために水深の等しい点を結んだ曲線。同深線。

とうしん‐だい【等身大】［名］❶人体と同じ大きさであること。≡「―の人形」❷虚飾・誇張などのない、ありのままの姿であること。≡「―の高校生を主人公にしたドラマ」

とうじん‐まげ【唐人▼髷】（タウジン）［名］江戸末期から明治にかけて一〇代の娘が結った日本髪の髪形。髷の部分を左右に分けて蝶形（ちょうがた）にし、元結の代わりに髪を襷（たすき）に結び留めたもの。

とう‐すい【透水】［名］水がしみとおること。≡「―性」

とう‐すい【陶酔】（タウ）［名・自サ変］❶気持ちよく酒に酔うこと。❷心を奪われてうっとりすること。≡「妙（たえ）なる楽の音（ね）に―する」

とう‐すい【統帥】［名・他サ変］軍隊を統率し、指揮すること。≡「陸海軍を―する」▼旧憲法で、統帥権は天皇の大権とされた。

どう‐すい【導水】（ダウ）［名・自サ変］水をみちびいて流すこと。≡「―管」

とう‐すう【頭数】［名］一頭・二頭…と数える、動物の数。

どう‐すう【同数】［名］数が同じであること。同一の数。≡「賛否―」

とう・ずる【投ずる】［自他サ変］⬇投じる 文 とう・ず

どう・ずる【同ずる】［自サ変］⬇同じる 文 どう・ず

どう・ずる【動ずる】［自サ変］⬇動じる 文 どう・ず

どう‐すん【同寸】［名］同じ寸法。同じ長さ。≡「縦横―」

とう‐ぜ【党是】（タウ）［名］その政党が決めた基本方針。

どう‐せ［副］❶ある事態を初めからそう決まったものと認める意を表す。いずれにしても。所詮（しょせん）。結局は。≡「―人間はいつか死ぬ」「―僕は意気地なしさ」使い方 あきらめ・自嘲（じちょう）・蔑視（べっし）などの気持ちがこもる。❷〈「どうせ…なら」「どうせ…だから」などの形で〉いずれを選んでも同じ結果になる意を表す。≡「―やるなら全力を尽くそう」「―辞めるのだから早いほうがいい」◈「どう」＋「する」の命令形「せよ」から。

とう‐せい【当世】（タウ）［名］今の世の中。現代。≡「―の若者」「―風（＝今の世の風俗・風習や考え方であること）」

とう‐せい【党勢】（タウ）［名］党派・政党の勢力。

とう‐せい【陶製】（タウ）［名］やきものを作ること。また、そのもの。

とう‐せい【統制】［名・他サ変］❶全体を一つにまとめておさめること。≡「よく―のとれたチーム」❷国家権力などが、一定の方針に従って全体を指導し、制限を加えること。≡「言論の―」「―経済」

とう‐せい【頭声】［名］主に頭部・鼻孔部に共鳴させて発する高声区の声。⬇胸声

とう-せい【▼濤声】［名］波の音。

とう-せい【騰勢】［名］物価・相場などが上がる傾向にあること。また、その勢い。⇕落勢

どう-せい【同姓】［名］姓が同じであること。同じ名字。‖「―同名」⇕異姓

どう-せい【同性】［名］男女・雌雄の性が同じであること。⇕異性

どう-せい【同▼棲】［名・自サ変］一つの家に一緒に住むこと。特に、正式の婚姻関係にない恋人同士が一緒に暮らすこと。‖「恋人と―する」「―生活」

どう-せい【動静】［名］人や物事の動き。行動のありさま。‖「敵軍の―を探る」

どう-ぜい【同勢】［名］連れ立って共に行動している人々。また、その人数。‖「―六人の旅」

どうせい-あい【同性愛】［名］同性の人を恋愛の対象とすること。

とう-せき【投石】［名・自サ変］石を投げつけること。また、その石。‖「車に―したかどでつかまる」

とう-せき【党籍】［名］党員として登録されている籍。

とう-せき【透析】［名・他サ変］半透膜を使ってコロイド溶液中の低分子物質を除去すること。また、その操作。人工腎臓による血液中の尿素成分の除去（人工透析）やコロイド溶液の精製などに用いられる。

どう-せき【同席】［名］❶［自サ変］同じ席に連なること。‖「財界のお歴々と―する」❷同じ席次。同じ地位。‖「―の役員」

とう-せつ【当節】［名］近ごろ。このごろ。‖「―はやりの服装」

とう-せん【当選】［名・自サ変］❶選挙で選び出されること。❷選考で選ばれること。‖「懸賞小説に―する」▼❷は「入選」が一般的。◈⇕落選

とう-せん【当▼籤（当選）】［名・自サ変］くじに当たること。‖「―番号」書き方「当選」は、新聞が考案した代用表記。

とう-せん【盗泉】［名］中国山東省泗水県の東北にあった泉の名。▼孔子が「盗」の名を嫌ってその水を飲まなかったという故事で知られる。➡渇しても盗泉の水を飲まず

とう-せん【登仙】［名・自サ変］❶天にのぼって仙人になること。‖「羽化―」❷貴人、特に天皇を高めて、その死をいう語。

とう-ぜん【東漸】［名・自サ変］文化や勢力が次第に東方に伝わり広まること。‖「仏教美術が―する」

とう-ぜん【当然】［形動・副］道理上、そうあるべきであるさま。当たり前。‖「勝って―の相手」「―辞職すべきだ」

とう-ぜん【陶然】［形動タル］❶気持ちよく酒に酔うさま。❷心を奪われてうっとりするさま。‖「―として名曲に耳を傾ける」

どう-せん【同船】［名］❶同じ船。また、前に述べた、その船。❷［自サ変］同じ船に乗り合わせること。‖「―の旅行者」

どう-せん【動線】［名］人や物が移動する方向・軌跡・頻度などを表示し、建築設計や都市計画などの指標とする線。‖「客の―に沿って棚を配置する」

どう-せん【銅線】［名］銅製の針金。

どう-せん【導線】［名］電流を通すための金属線。

どう-ぜん【同前】［名］前に記した事柄と同じであること。‖「以下―」

どう-ぜん【同然】［名・形動］ほぼ同じであること。ほとんど違いがないこと。‖「もう勝ったも―だ」「紙くず―の文書」「身内も―の人」

どう-ぞ［副］❶相手に強く依頼したり嘆願したりする気持ちを表す。何とぞ。どうか。‖「今後とも―よろしくお願いします」使い方「どうぞよろしく」「どうぞお大事に」の語順が標準的だが、俗に「よろしくどうぞ」「お大事にどうぞ」の語順でも使う。❷相手に勧める気持ちを表す。‖「―お召し上がり下さい」❸相手の希望を認める気持ちを表す。‖「『ここに座ってもいいですか』『―ご自由に』」◈使い方(1)「もうひとつ―」「三番の方、受付へ―」「遠慮なさらずに―、―」など、言いさした言い方もできる。(2)「どうぞ／どうか／何とぞよろしく」では、「どうぞ」は事態の実現を相手に任せる気持ちが強い。「どうか」は自分の願う気持ちが強く、ともすると相手に強要する含みが生じる。「何とぞ」は懇願の度合いがより強まる。

とう-そう【刀創】［名］刀で切った傷。刀傷。刃創。‖「―を負う」

とう-そう【逃走】［名・自サ変］にげること。にげ去ること。‖「容疑者が―する」「―中の犯人」

とう-そう【党争】［名］党派間のあらそい。

とう-そう【凍▼瘡】［名］霜焼け。

とう-そう【▼痘▼瘡】［名］天然痘。

とう-そう【闘争】［名・自サ変］❶相手に勝とうとしてたたかい争うこと。‖「武力―」❷社会運動・労働運動などで、権利を獲得するためや要求を通すために争うこと。‖「階級―」「賃上げ―」

どう-そう【同窓】［名］同じ学校で学んだこと。同じ先生のもとで学んだこと。また、その人。‖「―生」「―会」

どう-そう【動騒】［名］激しく動き、騒ぐこと。

どう-ぞう【銅像】［名］青銅で鋳造した像。

とう-ぞく【盗賊】［名］ぬすびと。どろぼう。特に、集団でぬすみを働く者。

どう-ぞく【同族】［名］同じ血筋・部族・系統に属していること。また、そのもの。‖「―結婚・―会社」

どう-ぞく【道俗】［名］仏道にある人と俗世間の人。僧侶と俗人。

どうそ-じん【道祖神】［名］悪霊や疫病の侵入を防ぐために峠・辻・村境などの道端にまつられる神。自然石・陰陽石・男女和合の石像などを神体とする。性の神・縁結びの神、旅行安全の神などともされる。障の神。手向けの神。道陸神。

どうそ-たい【同素体】［名］同じ元素からなるが、原子の配列や結合の仕方が違うために異なった性質を示す単体が二種以上あるとき、その単体をいう語。炭素からなるダイヤモンドと石墨、燐からなる黄燐と赤燐など。

とう-そつ【統率】［名・他サ変］一団の人をまとめてひきいること。‖「部下を―する」「―力」注意「統卒」と書くのは誤り。

とう-た【▼淘汰】［名・他サ変］❶不要なもの、不適なものをとり除くこと。‖「過剰な人員を―する」▼もと、水で洗ってより分ける意。❷環境や条件に適応した生物が子孫を残し、適応できない生物は滅びること。また、その現象。‖「自然―」

とう-だ【投打】［名］野球で、投げることと打つこと。投手力と打撃力。

とう-だい【当代】［名］❶今の時代。現代。当世。‖「ー切っての名工」❷前に述べた、その時代。その当時。❸代々同じ名を襲名する役者などの、今の代。❹今の主人。当主。❺現在の天皇。今上。

とう-だい【灯台】［名］❶岬・島・港口などに設置する塔状の航路標識。夜間には灯光を放って、その位置を明示する。‖「ー守」❷昔の室内照明器具。上に灯心を立てた油皿をのせて火をともす台。灯明台。

◉**灯台下暗し**　灯明台の真下が暗いように、身近な状況はかえって気づきにくいということ。

とう-だい【登第】［名・自サ変］試験に合格すること。及第。‖「曽て進士にーした頃〈中島敦・山月記〉」

どう-たい【同体】［名］❶同じ体。一つの体。また、一体となること。‖「一心ー」❷相撲で、両力士が同時に土俵上に倒れたり土俵外に出たりする状態。勝ち負けの判定ができず、取り直しになる。

どう-たい【胴体】［名］❶体の胴の部分。❷船舶・航空機などの主体の部分。‖「ー着陸」

どう-たい【動体】［名］❶動いているもの。‖「ー写真」❷気体と液体。流体。流動体。

どう-たい【動態】［名］物事が動いている状態。また、物事が動いて変化していくありさま。‖「人口ー調査」⇕静態

どう-たい【童体】［名］子供の姿。童形。

どう-たい【導体】［名］電気や熱をよく伝える物質。金属など。良導体。⇕不導体

どうたい-しりょく【動体視力】［名］動いている物体を見分けることができる能力。

どう-たく【銅▼鐸】［名］弥生時代に作られた釣鐘形の青銅器。表面に原始絵画や文様が施されている。▼楽器や祭器として用いられたとされる。

とう-たつ【到達】［名・自サ変］目標とする地点や状態に行き着くこと。‖「北極点［プロの域］にーする」

どうたら-こうたら［連語］どうだのこうだの。なんのかんの。

とう-たん【東端】［名］東のはし。東側のはずれ。

とう-だん【登壇】［名・自サ変］壇にあがること。特に、演説や講演のために演壇にあがること。⇕降壇

どう-だん【同断】［名・形動］前と同じであること。同然。‖「以下ー」

どうだん-つつじ【〈満天星〉・▽灯▽台〈▼躑▼躅〉】［名］春、新葉とともに白い壺形の花を下向きにつけるツツジ科の落葉低木。山地に自生し、観賞用にも植えられる。倒卵形の葉は秋に紅葉して美しい。

とう-ち【当地】［名］自分が現在いる、この土地。この地方。当所。‖「ーは温泉が豊富です」

とう-ち【倒置】［名・自他サ変］❶物をさかさまの位置におくこと。ひっくり返すこと。❷主語・述語・修飾語などの語順を普通と逆にすること。

とう-ち【統治】［名・他サ変］主権者がその国土・国民を支配し、おさめること。‖「一国をーする」

とう-ちさ【唐〈▼萵▼苣〉】［名］フダンソウ。

とうち-ほう【倒置法】［名］文などで、語順を普通と逆にして修辞上の効果を上げる表現法。

とう-ちゃく【到着】［名・自サ変］目的地に着くこと。また、物が届くこと。‖「駅にーする」「荷物がーする」

どう-ちゃく【同着】［名］決勝点・目的地などに同時に着くこと。

どう-ちゃく【▼撞着】［名・自サ変］つじつまが合わないこと。矛盾。‖「自家ー」▼つきあたる意から。

とう-ちゃん【《父ちゃん》】［名］❶幼児などが父親を呼ぶ語。▼「とうさん」よりくだけた言い方。❷仲間うちで、自分または他人の夫を呼ぶ語。‖「うちのー」

とう-ちゅう【頭注（頭▼註）】［名］書物などの本文の上方に書き記した注釈。⇕脚注

どう-ちゅう【道中】［名］旅の途中。また、旅。旅行。‖「ーの無事を祈る」「ー記（＝旅行中の日記）」「ー双六（＝東海道五十三次の絵を描いた回り双六）」

とうちゅう-かそう【冬虫夏草】［名］土中の昆虫やクモに子嚢菌などが寄生し、地上に子実体（キノコ）を作ったもの。漢方薬に用いる。▼冬は虫だが夏には草になると考えられたところから。

とう-ちょう【盗聴】［名・他サ変］他人の会話などをひそかに聞き取ること。ぬすみぎき。‖「電話をーする」「ー器」

とう-ちょう【登庁】［名・自サ変］公務員が官庁に出勤すること。‖「八時にーする」「初ー」⇕退庁

とう-ちょう【登頂】［名・自サ変］山の頂上にのぼること。とちょう。‖「富士山にーする」

とう-ちょう【頭頂】［名］頭のてっぺん。‖「ー骨」

どう-ちょう【同調】［名］❶同じ調子。❷［自サ変］他と調子を合わせること。他人の意見・態度などに合わせること。‖「世俗にーしない生き方」❸［自サ変］テレビ・ラジオなどの受信機で、共振回路を用いて入力信号の中から特定の周波数の信号だけを取り出すこと。

どうちょう-あつりょく【同調圧力】［名］集団において、少数意見を持つ人に対して、多数派の態度・行動に合わせるよう、暗黙のうちに強制すること。

どうちょう-とせつ【道聴塗説】［名］よい話を聞いても心にとどめて自分のものとせず、すぐに人に話すこと。人の言説をすぐ受け売りにすること。転じて、世間のいいかげんなうわさ話。▼道端で聞いたことをすぐ路上で話す意。『論語』から。

とう-ちょく【当直】［名・自サ変］日直や宿直の当番に当たること。また、その人。‖「ー医」

とう-ちん【陶▽枕】［名］陶磁器で作った中空のまくら。夏に用いる。

とう-つう【▼疼痛】［名］うずくような痛み。ずきずきする痛み。

どう-づき【胴突き】［名］❶土木・建築で、地盤を突き固め、また杭を打つこと。地固め。地形。❷①に用いる道具。心矢・真棒胴突き・蛸胴突きなどがある。

とう-てい【到底】［副］〈否定的表現を伴って〉どうしても。どうやったところで。‖「ー追い付けない」「ー無理ですね」

どう-てい【同定】［名・他サ変］❶同一のものであると認めること。❷生物の分類上の所属・種名などを決定すること。❸それに固有の性質を見きわめて、単離した物質が何であるかを決定すること。‖「融点によって物質をーする」

どう-てい【童貞】［名］男性がまだ女性との性的経験をもっていないこと。また、その男性。⇕処女

どう-てい【道程】［名］❶ある地に行き着くまでの距離。みちのり。行程。❷ある目的や状態に行き着くまでの過程。‖「事業達成までのーを振り返る」

とう-てき【投▼擲】［名・他サ変］❶投げること。❷

陸上競技で、砲丸投げ・円盤投げ・槍投げ・ハンマー投げの総称。▼「投擲競技」の略。

どう-てき【動的】［形動］動きのあるさま。生き生きとしているさま。‖「—な描写」⇔静的

とう-てつ【透徹】［名・自サ変］❶すきとおっていること。澄みきっていること。‖「—した大気」❷はっきりと筋がとおっていること。あいまいなところがないこと。‖「—した論理の展開」

どう-でも［副］❶とりたてて問題にしないさま。どうであっても。どのようにでも。‖「そんなことは—いい」「—勝手にしろ」❷どうしても。どうあっても。‖「今日のうちに—帰らなくてはならない」

とう-てん【東天】［名］東の空。特に、明け方の東の空。

とう-てん【読点】［名］意味の切れ目を示し、読みやすくするために文中に施す点。ふつう「、」を使う。⇒句点

とう-でん【盗電】［名・自サ変］正規の契約をせずに、ひそかに電気を使うこと。▼窃盗罪に問われる。

どう-てん【同点】［名］同じ得点数。同じ点数。

どう-てん【動転（動▼顚）】［名・自サ変］驚きあわてて平静を失うこと。びっくりしてうろたえること。‖「気が—する」

とうてん-こう【東天紅】［名］❶夜明けを告げるニワトリの鳴き声。❷ニワトリの一品種。長く続く鳴き声を賞玩する。高知県原産。天然記念物。

とう-と【東都】［名］東方のみやこ。京都に対して江戸または東京をいう。▼中国では西都（長安）に対して、洛陽をいう。

とう-ど【凍土】［名］凍った土。凍りついた大地。‖「—帯（＝ツンドラ）」

とう-ど【唐土】［名］昔、中国をさして呼んだ語。もろこし。

とう-ど【陶土】［名］陶磁器の原料になる粘土。特に、長石を含む岩石が風化してできた粘土。カオリン。

とう-ど【糖度】［名］食品などに含まれている糖分の割合を百分率で表したもの。‖「—の高い果物」

どう-と【道途・道塗】［名］みち。道路。

とうと・い【尊い・貴い】［形］❶【尊】あがめ敬うべきであるさま。‖「—神仏」「老師の—教え」❷【貴】きわめて価値が高いさま。きわめて高貴・貴重である。‖「—体験［資料］」◈書き分け【尊】は主観的な気持ちとして、【貴】は客観的な性質として言う傾向がある。尊厳な・冒しがたい意では「尊い命［犠牲・教え］」、貴重な意では「貴い命［犠牲・教え］」と書く。✓注意「とおとい」と書くのは誤り。派生-げ／-さ／-がる

とう-とう【▽洞▽洞】［形動タルト］ぽっかりと穴があいたようなさま。また、暗くて奥深いさま。‖「外には、ただ、黒洞々たる夜があるばかりである〈芥川・羅生門〉」

とう-とう【▼滔▼滔】［形動タルト］❶水が勢いよく、盛んに流れるさま。‖「—と流れる大河」❷弁舌さわやかに、よどみなく話すさま。‖「—と弁じたてる」

とう-とう【▼蕩▼蕩】［形動タルト］❶きわめて大きいさま。また、広々として遠いさま。‖「—たる地平の彼方」❷心がおだやかで、ゆったりしているさま。

とう-とう【（到頭）】［副］いろいろな過程を経て、ある結果に達するさま。ついに。結局。最終的に。‖「—夢が実現した」「—誰も来なかった」

とう-とう【等等】［接尾］並べあげたそれらの類がまだほかにもあること、また、それらを省略して例示する意を表す。‖「マグロ、カツオ、サンマ—の回遊魚」▼「等」を重ねて強めた語。

どう-とう【同等】［名・形動］等級・程度などが同じであること。‖「プロと—の実力をもつ選手」「全員を—に扱う」「—の立場で参加する」

どう-とう【堂塔】［名］仏堂と仏塔。

どう-どう【同道】［名・自他サ変］連れ立っていくこと。また、連れていくこと。同行。

どう-どう【堂堂】［形動タルト］❶規模が大きく、また力強くて、りっぱなさま。‖「—たる体」「—と行進する」❷臆したりこそこそしたりしないで、公然と行うさま。‖「列に—と割り込む」

どうどう-めぐり【堂堂巡り（堂堂▽回り）】［名・自サ変］❶祈願のために仏堂などの周りを何度も歩きまわること。❷同じことが何度もくり返され、少しも前に進まないこと。‖「議論が—する」❸国会などの議会の採決で、議員が列をなして演壇上の投票箱に順次投票すること。

どう-とく【道徳】［名］社会生活の秩序を成り立たせるために、個人が守るべき規範。‖「社会—・交通—」「—心」

とう-とつ【唐突】［名・形動］前ぶれもなく突然に物事を始めること。だしぬけであること。不意。‖「—な質問」「—に歌い出す」派生-さ

とうと・ぶ【尊ぶ・貴ぶ】［他五］❶【尊】大切にすべきものとして尊敬する。うやまいあがめる。たっとぶ。‖「神仏を—」「先輩を師と—」❷【貴】価値あるもの、有用なものとして大切にする。重んじる。重視する。たっとぶ。‖「人命［名誉］を—」書き方「礼節［武］を尚ぶ」など、大切さを知って実践に心がける意で「▽尚ぶ」とも書くが、今は「貴」が一般的。

とう-どり【頭取】［名］❶多くの人のかしらに立つ人。❷銀行で、取締役の代表者。❸劇場で、楽屋のいっさいを取り締まる人。

どう-とり【胴取り（▽筒取り）】［名］ばくちの席を貸して歩合を取ること。また、その人。胴親。胴元。

とう-な【唐菜】［名］アブラナ科の葉菜。白菜の一種とされるが結球しない。大きくて肉厚の葉を漬物などにする。唐人菜。長崎白菜。

どう-なか【胴中】［名］体の胴の中ほどの部分。また、物の胴のまんなかあたり。

どう-なが【胴長】［名］❶［形動］体の他の部分に比べて、胴の部分が長いこと。‖「—短足」❷胸当て・ズボン・靴が一続きになったゴム製の衣服。釣り人などが着用する。

とう-なす【唐〈▼茄子〉】［名］カボチャの別称。

とう-なん【東南】［名］東と南との中間の方角。南東。ひがしみなみ。巽。⇔西北

とう-なん【盗難】［名］金や品物をぬすまれること。また、その災難。‖「—に遭う」「—車・—届」

とうなん-アジア【東南アジア】［名］アジア南東部およびインドシナ半島・マレー諸島からなる地域の総称。

とう-に【▽疾うに】［副］ずっと以前に。とっくに。‖「桜は—散った」

どうに-か［副］❶何らかの手段を尽くして努力するさま。なんとか。‖「—会えないものか」❷かろうじて望みや条件などにかなうさま。何とか。まがりなりにも。‖「—作品の形にはなっている」

どうにか-して [連語] どのような手段によってでも。なんとかして。どうかして。‖「その本だけは―手に入れたい」

どう-に-でも [連語] どんなふうにも。いかようにも。‖「―好きなようにしてかまわない」

どうに-も [副] ❶〈否定的表現を伴って〉どのような手段をとっても。どのようにしても。‖「これ以上―なりません」 ❷困惑の意を表す。何とも。‖「―困った」

どうにも-こうにも [連語] 「どうにも」を強めた言い方。

とう-にゅう【投入】 [名・他サ変] ❶投げ入れること。また、単に物を〈注意深く〉入れること。‖「汽罐に石炭を―する」「券売機にコインを―する」 ❷資金・労力などをつぎ込むこと。‖「資本を―する」

とう-にゅう【豆乳】 [名] 水に漬けた大豆をすりつぶして水を加え、煮たててから布でこした乳状の液。豆腐・ゆばの原料とするほか、飲用にもする。

どう-にゅう【導入】 [名] ❶[他サ変] 外部からみちびき入れること。また、選んでとり入れること。‖「外資を―する」「新しい理論を―する」 ❷本論・本題にみちびくために、関心・興味をよびおこして方向づけをする段階。

どうにゅう-ぶ【導入部】 [名] ❶本題に導くための部分。❷序奏。

どう-にょう【導尿】 [名] 尿道口から膀胱にカテーテルを挿入して人工的に排尿させること。

とうにょう-びょう【糖尿病】 [名] インスリンの不足によって血糖値が異常に高くなり、尿中に糖が排出される慢性の病気。網膜症・腎症・神経症などの合併症を引き起こしやすい。

とう-にん【当人】 [名] そのことに直接かかわっている人。本人。‖「―の意向を尊重する」

どう-にん【同人】 [名] ➡どうじん(同人)

どう-ぬき【胴抜き】 [名] 和服の下着で、胴の部分を裾・袖・襟などとは別の布地で仕立てること。また、その下着。

とう-ねん【当年】 [名] ❶この年。今年。本年。‖「―とって四〇歳」 ❷その年。そのころ。

どう-ねん【同年】 [名] ❶同じ年。‖「この二人は―の生まれだ」 ❷前に述べた、その年。‖「―三月卒業」

どう-ねん【道念】 [名] ❶道徳を守る心。道徳心。❷道を求める心。求道心。❸僧侶の妻。梵妻。

とう-の【当の】 [連体] まさにその。いま話題になっている。‖「―本人に聞いてみよう」

どうの-こうの [連語] あれやこれや。なんのかんの。‖「君に―言われたくない」

とうの-むかし【▽疾うの昔】 [連語] ずっと以前。とっくの昔。‖「あの土地は―に売ってしまった」 書き方 多く「とうの昔」と書く。「とおの昔」「当の昔」「遠の昔」と書くのは誤り。

とう-は【党派】 [名] ❶主義・思想などを同じくする人々の集まり。党。‖「超―」 ❷党の中の分派。

とう-は【踏破】 [名・自サ変] 困難な道や長い行程を歩き通すこと。‖「南米の密林を―する」

とう-ば【塔婆】 [名] ➡卒塔婆

どう-は【道破】 [名・他サ変] はっきりと言いきること。‖「古人の―した真理」▽「道」は言う意。

とう-はい【▼榻背】 [名] 椅子の背もたれ。‖「椎にて打たるる如く響く頭を―に持たせ〈鷗外・舞姫〉」▽「榻」は、ながいすの意。

とう-ばい【等倍】 [名] もとの大きさと等しいこと。‖「画像を―で見る」

どう-はい【同輩】 [名] 年齢・経験・地位・学問・技芸などが同じくらいの人。また、同じ学校や職場に同じ時期に入った人。また、その互いの関係をいう。等輩。‖「大学では―だが、職場では先輩だ」⬍先輩・後輩

どう-はい【銅▼牌】 [名] 銅製の賞牌。銅メダル。

とう-はいごう【統廃合】 [名・他サ変] 統合と廃止によって一つにまとめること。‖「官公庁の―を進める」「小学校を―する」

とう-ばく【倒幕】 [名・自サ変] 幕府を倒すこと。‖「―運動」

とう-ばく【討幕】 [名・自サ変] 幕府を攻め討つこと。‖「尊王―」

どう-ばち【銅鉢】 [名] 仏家で用いる鉢形をした銅製の打楽器。勤行のときなどに桴で打ち鳴らす。

どう-ばち【銅▼鈸】 [名] 東洋の打楽器の一つ。中央部が椀状に盛り上がった銅製の円盤。外側の中央にひもを通し、左右の手で二枚を打ち合わせて鳴らす。法会などで用いる。書き方「銅鉢」とも。

とうはち-けん【藤八拳】 [名] 狐拳。

とう-はつ【頭髪】 [名] 頭の毛。髪の毛。

とう-ばつ【党閥】 [名] 同じ党派の者が自己の利益を図るために団結した排他的な勢力。

とう-ばつ【討伐】 [名・他サ変] 軍勢を送って反逆者などを攻め討つこと。‖「朝敵を―する」

とう-ばつ【盗伐】 [名・他サ変] 他人や国・地方公共団体が所有する山林から竹木を伐採して盗むこと。

とう-はん【盗犯】 [名] 窃盗・強盗などの犯罪。

とう-はん【登坂】 [名・自サ変] 車両が坂道を登ること。とはん。‖「―車線」

とう-はん【登▼攀】 [名・自サ変] 高い山や険しい岩壁をよじ登ること。とはん。‖「アイガー北壁の―に成功する」「東側の尾根を―する」 攀

とう-ばん【当番】 [名] 順に受け持つ仕事の番に当たること。また、その人。‖「給食―」「―医」

とう-ばん【登板】 [名・自サ変] 野球で、投手がマウンドに立つこと。投手として出場すること。⬍降板

どう-はん【同伴】 [名・自他サ変] 連れ立っていくこと。また、連れていくこと。‖「―者」「保護者―」

どう-ばん【銅板】 [名] 銅を圧延して板状にしたもの。どうはん。

どう-ばん【銅版】 [名] 銅板の表面に絵画・文字などを彫刻して、または酸で腐蝕させて作る印刷原版。どうはん。‖「―画」

トウバンジャン【豆板醬中国】 [名] 中国料理の調味料の一つ。ソラマメにトウガラシ・塩を加えて発酵させた辛い味噌。

とう-ひ【当否】 [名] 正当か不当か。また、適切か不適切か。よしあし。‖「事の―を問う」

とう-ひ【逃避】 [名・自サ変] 対処しなくてはならない困難などからのがれようとして、にげ隠れること。‖「現実から―する」

とう-ひ【等比】 [名] 二つの比が等しいこと。

とう-ひ【頭皮】 [名] 頭の皮膚。‖「―のマッサージ」

とう-び【▼掉尾】 [名] 「ちょうび(掉尾)」の慣用読み。

とうひ-こう【逃避行】 [名] 世間をのがれあちこ

ち移り歩いたり隠れ住んだりすること。‖「恋の—」

どう-ひつ【同筆】[名] 同じ人の筆跡。

とう-ひょう【灯標】[名] 頂部に点灯装置をもつ航路標識。暗礁・浅瀬などに設けられる。

とう-ひょう【投票】[名・自サ変] 選挙・採決などのとき、決められた用紙に候補者の氏名や賛否を記し、所定の箱などに入れること。‖「—率」▽近年、電子機器や電話・インターネットなどの通信手段を利用した投票システムも進められている。

とう-びょう【投▼錨】[名・自サ変] 船がいかりをおろすこと。船が碇泊すること。⇕抜錨

とう-びょう【闘病】[名・自サ変] 病気を治そうとして、くじけることなく療養につとめること。‖「三年の—を経て復学する」「—記・—生活」

どう-ひょう【道標】[名] 道案内のために、方向・距離などを記して路傍に立てる標識。道しるべ。

どう-びょう【同病】[名] 同じ病気。

◉**同病相憐れむ** 同じ病気や同じ悩み・苦しみをもつ人は互いに深く同情し合う。同類相憐れむ。

とう-ひん【盗品】[名] ぬすんだ品物。

とう-ふ【豆腐】[名] 水に浸した大豆をすりつぶして煮た汁を布でこして豆乳を作り、にがりなどを加えて凝固させた食品。たんぱく質に富み、消化がよい。木綿豆腐・絹ごし豆腐などがある。書き方 飲食店などでは、美的な表記として「豆富」とも当てる。数「一丁…」と数える。

◉**豆腐に鎹** 一向に手ごたえも効き目もないことのたとえ。糠に釘。暖簾に腕押し。

とう-ぶ【東部】[名] ある地域の中で、東方の部分。⇕西部

とう-ぶ【頭部】[名] 頭の部分。‖「—損傷」

とう-ふう【東風】[名] 東から吹く風。ひがしかぜ。こち。▽五行説で東は春にあたることから、多く春風をいう。

とう-ふう【唐風】[名] 中国の、特に唐の風俗や制度に似ていること。からふう。からよう。‖「—建築」

どう-ふう【同封】[名・他サ変] 封筒の中に手紙と一緒に他の物を入れること。‖「写真を—する」

とうふ-がら【豆腐殻】[名] おから。うのはな。

とう-ふく【当腹】[名] 現在の妻から生まれたこと。また、その子。とうぶく。

どう-ふく【同腹】[名] ❶同じ母親から生まれたこと。また、その人。‖「—の姉妹」⇕異腹 ❷志を同じくすること。また、その人。

どう-ふく【道服】[名] ❶道士の着る服。❷昔、公卿・大納言以上の人が普段着として着物の上に羽織った上衣。袖が広く、腰から下にひだがある。▽のち庶民の道中着としても用いられ、現在の羽織のもととなった。❸袈裟の通称。◈「どうぶく」とも。

とう-ぶつ【唐物】[名] 中国やその他の外国から輸入した品物。からもの。‖「—屋」

どう-ぶつ【動物】[名] ❶生物を動物界・植物界・微生物界に大別したとき、動物界に属する生物。多くは自由に動くことができ、植物や他の動物を食べて栄養を摂取する。細胞壁・葉緑素をもたない。▽単細胞の原生動物から人間まで、さまざまな種が存在する。❷人間を除いた①。特に、獣類。‖「—をかわいがる」

どうぶつ-えん【動物園】[名] 世界各地の動物を収集・飼育して広く一般に公開する施設。

どうぶつ-しつ【動物質】[名] 動物体を組成している物質。たんぱく質・脂肪など。

どうぶつ-せい【動物性】[名] ❶動物体に特有の性質や機能。‖「—器官」❷動物体から得られるものであること。‖「—脂肪・—たんぱく質」

どうぶつ-てき【動物的】[形動] その人の性質・行動などが動物としての本能に基づいているさま。また、言動がけもののように粗暴なさま。‖「—な欲望」「—な勘が働く」

どう-ぶるい【胴震い】[名・自サ変] 寒さ・恐怖・興奮などのために全身がふるえること。

とう-ぶん【等分】[名・他サ変] 等しい分量に分けること。また、等しい分量。等しい程度。‖「カステラを—に分ける」「三—」

とう-ぶん【糖分】[名] ❶ある物質に含まれている糖類の成分。❷甘み。‖「この菓子は—が足りない」

とう-ぶん【当分】[副] これからしばらくの間。‖「—静養しなさい」「—の間休みます」

どう-ぶん【同文】[名] ❶文章が同じであること。‖「以下—」❷使用する文字が同じであること。‖「—同種（=使用する文字も人種も同じであること）」

とう-へい【陶▽瓶】[名] 徳利形の陶製の壺。

とう-へき【盗癖】[名] 物を盗みとる性癖。ぬすみぐせ。

とう-べん【答弁（答▼辯）】[名・自サ変] 質問に答えて弁明すること。また、その弁明。‖「国会で首相が—する」

とうへん-ぼく【唐変木】[名] 気のきかない人や偏屈な人をののしっていう語。‖「この—め」

どう-ぼ【同母】[名] 同じ母親から生まれたこと。

とう-ほう【当方】[名] 自分の方。こちら。‖「—は三人で参ります」⇕先方

とう-ほう【東方】[名] 東の方角。‖「—諸国」⇕西方

とう-ぼう【逃亡】[名・自サ変] 逃げ出すこと。逃げて身を隠すこと。‖「国外に/へ—する」「敵前—」

どう-ほう【同胞】[名] ❶母を同じくする兄弟姉妹。はらから。‖「四海—」❷祖国を同じくする人々。‖「海外の—を支援する」◈「どうぼう」とも。

どう-ぼう【同房】[名・自サ変] ❶同じ部屋。また、部屋を同じくすること。❷同じ監房。また、監房を同じくすること。

とう-ほく【東北】[名] ❶東と北との中間の方角。北東。ひがしきた。艮。⇕西南 ❷本州の東北部を占める地方。青森・秋田・岩手・宮城・山形・福島の六県がある。奥羽地方。▽「東北地方」の略。

とう-ぼく【倒木】[名] 倒れた木。倒れている木。

とう-ほん【謄本】[名] ❶原本の内容をすべて写しとった文書。戸籍謄本・登記簿謄本・公正証書謄本など。⬇抄本② ❷「戸籍謄本」の略。

謄

とうほん-せいそう【東奔西走】[名・自サ変] ある仕事・目的のために、あちこち忙しく走り回ること。‖「資金調達に—する」

どう-まき【胴巻き】[名] 金銭や貴重品を入れて腹に巻きつける帯状の袋。

どうま-ごえ【胴間声】[名] 調子はずれの、太くて濁った声。

どう-まわり【胴回り】[名] 胴のまわり。また、そ

の長さ。ウエスト。胴囲。〓「ーを測る」

とう-みつ【糖蜜】 ［名］❶砂糖製造の過程で、糖液から砂糖の結晶を分離させたときに残る黒褐色の液。アルコールの原料などにする。❷砂糖を溶かした液。シロップ。

どう-みゃく【動脈】 ［名］心臓から体の各部に血液を運ぶ血管。〓「ー血」⇕静脈

どうみゃく-こうか【動脈硬化】 ［名］動脈壁の弾力が失われ、動脈が硬くなること。また、その状態。脳梗塞や心筋梗塞の原因となる。動脈硬化症。

どうみゃく-りゅう【動脈▼瘤】 ［名］動脈の一部が異常に拡張し、ふくれあがったもの。多くは動脈硬化症や外傷などによって起こる。

とう-みょう【灯明】 ［名］神仏に供える灯火。みあかし。〓「神棚にーをあげる」

どうみょう-じ【道明寺】 ［名］❶もち米を蒸して天日に干したもの。昔、兵糧や携行食として重用された。現在では主に和菓子の材料にする。▼「道明寺糒」の略。大阪府藤井寺市にある道明寺の尼僧が考案したことから。❷①をひいて粉にしたもの。また、それを材料にして作った和菓子。▼「道明寺粉」の略。

とう-みん【冬眠】 ［名・自サ変］ある種の動物が摂食や運動をやめ、生活活動を中止した状態で冬を過ごすこと。また、その越冬状態。カエル・ヘビ・リス・コウモリ・クマなどに見られる。▼人や組織が一時期活動を休止することのたとえにもいう。

とう-みん【島民】 ［名］その島の住民。

どう-みん【道民】 ［名］北海道の住民。

とう-めい【透明】 ［名・形動］すきとおっていて、濁りのないこと。〓「ーなガラス」「無色ー」「半ーの袋」「ー人間・ー感」 派生 -さ

どう-めい【同名】 ［名］名が同じであること。同じ名。〓「ーの作品」「同姓ー」

どう-めい【同盟】 ［名・自サ変］個人・団体・国家などが共通の目的のために協力し、同じ行動をとるように約束すること。また、それによって生じた関係。〓「イギリスとーする」「隣国とーを結ぶ」

どうめい-ひぎょう【同盟罷業】 ［名］ストライキ。

とう-めん【当面】 ［名・自サ変］目の前に存在すること。現在、直面していること。〓「思わぬ難局にーする」 ［副］いまのところ。いましばらく。〓「ー人員は足りている」

どう-も ［副］❶はっきり断定できるわけではないが、なんとなくそのような状況だと感じられる気持ちを表す。なんとしても。どう考えても。なんだか。〓「ー疑わしい」「ー道に迷ったようだ」❷感謝したり謝ったりする気持ちを強めて表す。〓「ーありがとう」「ー失礼しました」❸軽い、また、やや曖昧な挨拶の言葉。〓「昨日はー」「やあ、ー、ー」▼②の結びの省略表現。

どう-もう【▼獰猛】 ［名・形動］性質が荒々しくて乱暴なこと。〓「ーな虎」 注意 「ねいもう」と読むのは誤り。 派生 -さ

とう-もく【頭目】 ［名］かしら。首領。〓「山賊のー」▼多くよくない集団の長についていう。

どう-もく【▼瞠目】 ［名・自サ変］驚いて、あるいは感心して、目を見はること。〓「世間をーさせた事件」「ーすべき成果」

どう-もと【胴元（▽筒元）】 ［名］❶賭博の親元。また、賭場を開帳して寺銭をとる者。胴親。❷物事をまとめて、しめくくる人。元締め。

とう-もろこし【〈玉▼蜀▼黍〉】 ［名］種子を食用・飼料にするイネ科の一年草。夏、茎の先に雄花の穂をつけ、葉のわきに雌花の穂をつける。扁平形の種子は二〇センチメートル内外の果穂の中軸に列をなしてつく。熱帯アメリカ原産。世界各地で栽培され、品種も多い。コーン。トウキビ。▼「唐もろこし」の意。南方から伝わったところから。

どう-もん【同門】 ［名］同じ師匠・先生について学ぶこと。同じ門下。また、その人。〓「ーの出」

どう-もん【洞門】 ［名］❶ほらあなの入り口。また、そこに設けた門。❷ほらあな。

とう-や【当夜】 ［名］❶あることのあった、その夜。❷今夜。

とう-や【陶冶】 ［名・他サ変］人の性質や才能をきたえて育て上げること。〓「人格をーする」▼陶器を作り、鋳物を作る意から。

とう-やく【投薬】 ［名・自他サ変］薬を調合して与えること。〓「副作用に注意してーする」

どう-やく【同役】 ［名］同じ役目。また、同じ役目の人。相役。

どう-やら ［副］❶不十分ながらも。なんとか。〓「ーこれで水漏れが止まりそうだ」❷大体そう判断できることを表す。おそらく。まあ。〓「ー彼が優勝しそうだ」

とう-ゆ【灯油】 ［名］❶灯火用のあぶら。菜種油など。ともしあぶら。❷原油を蒸留するとき、セ氏一六〇〜三〇〇度の間で得られるあぶら。暖房用燃料・発動機用燃料・溶剤などに用いる。

とう-ゆ【▼桐油】 ［名］❶アブラギリの種子からとった乾性油。防水塗料に用いる。きりあぶら。❷美濃紙に①を塗った紙。防水性に富み、カッパ・番傘・包装紙などに用いる。▼「桐油紙」の略。

どう-ゆう【同憂】 ［名］憂いをともにすること。同じように心配すること。

とう-ゆうし【投融資】 ［名］投資と融資。〓「財政ー」

とう-よ【投与】 ［名・他サ変］医師が患者に薬を与えること。投薬。〓「ビタミン剤をーする」

とう-よう【当用】 ［名］さしあたって用いること。また、当面の用事や必要。〓「ー日記」

とう-よう【東洋】 ［名］アジア諸国の総称。特に、日本・中国・タイ・インドネシア・インドなど、アジアの東部および南部の国々。〓「ー思想」⇕西洋

とう-よう【盗用】 ［名・他サ変］他人の所有するものを無断で使用すること。〓「デザインをーする」

とう-よう【登用（登庸）】 ［名・他サ変］人を以前より高い地位に引き上げて用いること。〓「人材をーする」

どう-よう【同様】 ［名・形動］同じであること。また、同じようであること。ほとんど同じ。〓「ーの方法で処理する」「弟は兄ーに酒好きだ」「新品ーのお下がり」「ーの／な傾向が見られる」

どう-よう【動揺】 ［名・自サ変］❶物体がゆれ動くこと。❷平静さを失うこと。社会などが乱れて不安な状態になること。〓「内心のーを隠す」

どう-よう【童謡】 ［名］❶子供のために作られた歌。❷わらべ歌。

とうよう-かんじ【当用漢字】 ［名］現代国語

を書き表すために日常使用する漢字の範囲として「当用漢字表」に掲げられた、一八五〇字の漢字。▽一九四六（昭和二一）年に告示され、八一年、常用漢字表の制定とともに廃止された。⇩常用漢字

どう-よく【胴欲（胴×慾）】［名・形動］欲が深く、薄情なこと。‖「―な人」▽「どんよく（貪欲）」の転。派生 ―さ

とう-らい【当来】［名］仏教で、来世。未来。▽「当に来るべき世」の意。

とう-らい【到来】［名・自サ変］❶時機・時節がやってくること。‖「春の―を待ちわびる」「いよいよチャンス―だ」「冬の時代が―する」「球春―」❷よそから贈り物が届くこと。‖「―の品をお裾分けする」

とうらい-もの【到来物】［名］よそからのもらい物。いただき物。頂戴物。

とう-らく【当落】［名］当選と落選。‖「―線上の候補者」

とう-らく【騰落】［名］騰貴と下落。物価・相場などの上がり下がり。‖「株価の―が激しい」

どう-らく【道楽】［名］❶趣味として楽しむこと。また、その楽しみ。‖「食い―・着―」❷酒色・ばくちなどの遊興にふけること。‖「―の限りを尽くす」

どう-らん【胴乱】［名］❶採集した植物を入れて持ち歩く円筒形または長方形の容器。❷印章・薬などを入れて腰に下げる方形の革袋。もと、鉄砲の弾丸や火薬を入れるのに用いた。

どう-らん【動乱】［名］世の中の秩序が乱れ、暴動・戦争などの騒ぎが起こること。また、その暴動・戦争など。

とうらん-けい【倒卵形】［名］卵を逆さにしたような形。先端の方が太く、元の方が細くなった楕円形。‖「―の果実」

とう-り【党利】［名］政党・党派のための利益。‖「―党略」

とう-り【桃▼李】［名］桃とスモモ。また、桃の花とスモモの花。

◉**桃李物言わざれども下自ずから蹊を成す** 桃やスモモは何も言わないが、その花を慕い、熟した実を求めて人々が集まるので、木の下には自然に道ができる。徳のある人のもとには、黙っていてもその徳を慕う人々が集まってくることのたとえ。▽『史記』から。

どう-り【道理】［名］❶そうあるべき物事の筋道。正しい論理。ことわり。‖「―にかなった説明」❷わけ。はず。‖「あいつが反省する―がない」

とう-りつ【倒立】［名・自サ変］手を地につけ、足を上にして立つこと。逆立ち。‖「平均台の上で―する」「―して歩く」「片手―」

どう-りつ【同率】［名］比率や割合が同じであること。‖「利益を―に分ける」

どうり-で【道理で】［副］原因や理由がわかって納得するさま。なるほど。‖「プロですか。―強いと思った」

✓注意 「どおりで」と書くのは誤り。‖「×どおりで安いはずだ（○どうりで）」⇩通り［注意］

とう-りゃく【党略】［名］政党・党派がその利益を図るために用いるはかりごと。‖「党利―」

とう-りゅう【▼逗留】［名・自サ変］旅先などに、しばらく宿泊してとどまること。滞在。‖「―客」

とうりゅう-もん【登竜門】［名］そこを通り抜ければ立身出世ができる関門。‖「文壇への―」語源 「竜門」は黄河の上流にある急流で、ここをさかのぼった魚は竜に化すという伝説に基づく。

とう-りょう【投了】［名・自サ変］囲碁・将棋で、一方が負けを認めて途中で勝負をやめること。

とう-りょう【棟▼梁】［名］❶大工の親方。❷国を支える重職にある人。❸一族・一門の中心となる人物。統率者。◈家を支える棟と梁の意から。

とう-りょう【等量】［名］等しい分量。同量。

とう-りょう【統領】［名・他サ変］人々をまとめおさめること。また、その役（の人）。

とう-りょう【頭領（統領）】［名］ある集団のかしら。首領。‖「野武士の―」

どう-りょう【同量】［名］同じ分量。等量。‖「醬油と―の酢を加える」

どう-りょう【同僚】［名］同じ職場で働いている人。特に、地位・役目などが同じ程度である人。‖「昔の―に会う」

どう-りょく【動力】［名］機械・装置などを動かすために直接利用できるエネルギー。電力・水力・風力・原子力など。原動力。‖「―計」

どうりょく-ろ【動力炉】［名］動力源として用いる原子炉。発電用原子炉・船舶推進用原子炉など。

どう-りん【動輪】［名］原動機の動力を直接受けて回転し、機関車などを走らせる車輪。

とう-るい【盗塁】［名・自サ変］野球で、塁上の走者が守備側のすきをついて次の塁に進むこと。スチール。‖「二塁に／へ―する」「―を決める」

とう-るい【糖類】［名］水に溶けやすく、甘みのある炭水化物の総称。糖。

どう-るい【同類】［名］❶同じ種類。同種。❷同じ仲間。‖「―が集まってよからぬ相談をする」

どうるい-こう【同類項】［名］❶代数式で、係数は異なるが文字因数が全く同じである二つ以上の項。❷同じたぐいのもの。仲間。

とう-れい【答礼】［名・自サ変］相手の礼に答えて礼を返すこと。また、その礼。

どう-れつ【同列】［名］❶列が同じであること。同じ列。❷地位・程度・待遇などが同じであること。‖「役員と―に扱う」「このケースは―に論じられない」

とう-ろ【当路】［名］重要な地位にあること。また、その人。‖「政界の―にある人物」

どう-ろ【道路】［名］人や車が通行するように整備された道。‖「高速―」「―標識」

とう-ろう【灯籠】［名］石・木・金属などの枠に紙や紗を張り、その中に灯明を入れてともす器具。もとは神前・仏前に灯明を献ずるために用いた。現在は多く装飾用。台灯籠と釣り灯籠がある。

とう-ろう【登楼】［名・自サ変］❶高い建物に登ること。❷遊郭にあがって遊ぶこと。

とう-ろう【▼蟷▼螂・▼螳▼螂】［名］カマキリ。

蟷螂

◉**蟷螂の斧** 力のない者が、力量も顧みず強敵に立ち向かうことのたとえ。▽カマキリが前足をあげて進んでくる車に立ち向かう意から。

とうろう-ながし【灯籠流し】［名］盂蘭盆の終わりの夜、霊送りのために火をともした灯籠を川や海に流す行事。流灯会。

とう-ろく【東麓】［名］山の東側のふもと。

とう-ろく【登録】［名・他サ変］帳簿に記載すること。

特に、一定の事項を公証するために、所定の機関に備えてある帳簿にその事項を記載すること。‖「会員としてーする」「住民ー」

とうろく-しょうひょう【登録商標】ーシャウヘウ［名］特許庁に登録された商標。▽その商標を独占的に使用できる排他的権利が認められる。

どうろこうつう-ほう【道路交通法】ダウロカウツウハフ［名］道路での危険を防止し、交通の安全と円滑を図ることを目的とする法律。車両・路面電車の交通方法、運転者の義務、道路の使用、運転免許、違反行為に対する罰則などについて規定する。昭和三五(一九六〇)年制定。道交法。

とう-ろん【討論】ータウ［名・他サ変］ある問題について意見を述べ合い、議論をすること。‖「ー会」

どう-ろん【導論】ーダウ［名］導入部分に当たる論説。序論。‖「言語学ー」

どう-わ【同和】［名］人々が和合すること。特に、政府・自治体による、被差別部落の解放と差別撤廃に関する諸活動についていう。▽大正・昭和前期の、被差別部落改善及びその社会との融和の実現を掲げた「融和運動」の中で用いられた「同情融和」「同胞一和」などに由来する語。第二次大戦前に、「融和」に替わって登場した。

どう-わ【童話】［名］子供のために作られた物語。‖「ー作家」

どう-わ【道話】ーダウ［名］人として踏み行うべき道を説いた話。特に、江戸時代、心学者によって行われた訓話。身近な例を挙げて倫理・道徳を説いたもの。

どうわ-きょういく【同和教育】ーイクケウ［名］被差別部落の解放を目的とする、学校教育・社会教育など、いっさいの教育活動。わが国の社会に残存する封建的な差別の撤廃と、不当な差別を許さない国民の育成をめざす。▽行政用語として昭和一六(一九四一)年から使われた。

とう-わく【当惑】ータウ［名・自サ変］どう対処したらよいかわからず、とまどい迷うこと。‖「突然の指名にーする」「ー顔」

どうわ-ちく【同和地区】［名］「被差別部落」の呼称。▽多く行政用語として使われる。

と-えい【都営】［名］東京都が経営・管理すること。‖「ーバス・ー住宅」

とえ-はたえ【《十重二十重》】タヘハタヘ［名］幾重にもかさなること。‖「野次馬がーに取り囲む」

ど-えら・い【ど偉い】［形］［俗］❶物事の規模・量などが、びっくりするほど大きいさま。とてつもない。‖「ーことをやらかす」❷非常に偉い。‖「ー人物」

とお【十】トヲ［名］❶一の一〇倍。九より一つ多い数。じゅう。❷一〇歳。◈仮名遣いは「とう」としない。

とお-あさ【遠浅】ートホ［名］海・湖などで、岸から遠く沖の方まで水が浅いこと。‖「ーの海」

とお・い【遠い】トホイ［形］❶距離の隔たりが大きいさま。‖「会社は駅からー」「ー星空」「ー国の出来事」❷時間の隔たりが大きいさま。‖「ー将来の夢」「ー昔の記憶」❸血縁関係や人間関係が薄いさま。‖「ー親戚しんせきに当たる人」❹性質・内容・状態などの差が大きい。似ても似つかない。‖「理想からー政治」「名人と言うにはー技量」「当たらずといえどもー・からず」❺〈「耳が遠い」「電話(の声)が遠い」などの形で〉よく聞こえないさま。‖「このごろ耳がー・くなった」❻⬇気が遠くなる◈①〜④⬍近い 派生 -さ

とお-えん【遠縁】ートホ［名］遠い血縁。血のつながりの遠い親戚しんせき。⬍近縁

とお-か【十日】ートヲ［名］❶一日の一〇倍の日数。一〇日間。❷月の一〇番めの日。‖「九月ー」「六日むいかの菖蒲あやめーの菊」

とおから-ず【遠からず】トホカラ［副］近いうちに。ほどなく。‖「この計画はー実現するだろう」

トーキー【talkie】［名］無声映画に対して、画面に応じた音声を伴う映画。発声映画。

とおく【遠く】トホク ■一［名］遠いところ。遠方。‖「ーを見る」「ーに引っ越す」■二［副］❶時間的・距離的に隔たりが大きいさま。はるかに。‖「ー海外からの便り」「ー未来へと続く道」❷程度の差が大きいさま。‖「世界記録にはー及ばない」

トーク【talk】［名］気楽に話すこと。おしゃべりをすること。談話。

トーク-ショー【talk show】［名］有名人を招き、気軽なおしゃべりやインタビューなどをする催しやテレビ番組。

とお-ざか・る【遠ざかる】トホー［自五］❶離れて遠くなる。遠のく。‖「船が岸からー」「足音がー」❷関係が薄くなる。疎遠になる。‖「学問［実務］からー」◈⬍近づく ✓注意「遠去かる」と書くのは誤り。「遠ざかる」の「さかる」は古語の「さかる(離る)」に由来。

とお-ざ・ける【遠ざける】トホー［他下一］❶遠くへ離れさせる。遠のける。‖「人をー・けて話す」❷関係をうとくする。親しまないようにする。疎遠にする。‖「悪友をー」◈⬍近づける 文とほざ・く

とおし【通し】トホシ ■一［名］❶初めから終わりまで続いていること。‖「宝くじをーで買う」「ー番号」❷⬇お通し ❸「通し狂言」の略。■二(造)〈動詞の連用形に付いて、「どおし」の形で〉その動作・状態がずっと続いている意を表す。‖「座りー・働きー・負けー」

とおし-きょうげん【通し狂言】トホシキャウゲン［名］歌舞伎などで、一つの狂言を最初(＝序)から最後(＝大切り)まで通して上演すること。また、その狂言。

トー-シューズ【toeshoes】［名］バレリーナ用の、かかとのない靴。つま先立ちがしやすいように、先端を固く、平らに作る。

とお・す【通す】(▽透す・▽徹す)トホス［動五］
■一［他］❶道を作ったり許可を与えたりして、人や物が通れるようにする。‖「道を開いて人馬をー」「検問所を開いて車をー」▽〜ヲ〈移動するもの〉をとる。通過させる意で、〜ヲに〈経過点〉をとるときは自動詞のように用いる。‖「ここをー・してくれ」
❷人を促して屋内や室内に導き入れる。‖「客を応接間にー」
❸一方から他方へ道筋(特に、交通機関)を設ける。‖「ドリルで壁に穴をー」「地下にトンネルをー」「空港まで高速道路をー」▽〜ヲに〈結果〉をとる。
❹ある物の中(特に、中空の部分)をくぐらせて他方へ抜けるようにする。‖「肉に串くしをー」「髪に櫛くしをー」「針に糸をー」「部屋に風をー」「袖そでに手をー」
❺食品を液体にくぐらせる。‖「青菜を湯にー」
❻ある物質が光や熱・液体・気体などを通過させる性質を持っている。‖「この紙は水をー・さない」「黒い服は熱をー・しやすい」
❼光や放射線が物体の中を通り抜けるようにする。透過させる。‖「X線をー・して患部を撮影する」

❽〈「火[熱]を通す」の形で〉食品に熱をゆきわたらせる。≡「肉の中まで火を—」❾意向が先方に伝わるようにする。特に、客の注文が帳場に伝わるようにする。≡「その話なら先方に—・してある」「ウエートレスを呼んで注文を—」❿物事の筋道が正しく整うようにする。≡「話の筋[理屈]を—」「義理[建前]を—」⓫自分の主義や主張をどこまでも貫く。≡「我が[無理]を—」「主義[自説]を—」⓬審査・審議などを行って法案や受験者を通過させる。≡「国会が法案を—」「面接で若干名を—」
二[自]❶光や液体がある物を境界として、そこを通過する。…を通って。≡「レインコートを—・して雨がしみてくる」❷不純物などを取り除くために、細かいすきまを通過させる。≡「フィルターを—・して不純物を除去する」❸ある物を隔てて見たり聞いたりする。また、器具を仲立ちとして見たり聞いたりする。≡「カーテンを—・して室内の人影が見える」「補聴器を—・して話を聴く」❹人を仲立ちとして〜する。…を介して。≡「仲人を—・して縁談をすすめる」「受付を—・して面会を求める」❺ある視点で物事を見る。≡「留学生の目を—・して日本を見る」「服装を—・して若者の風俗を考える」❻全体にわたって〜する。また、全時間にわたって〜する。≡「全幕を—・して見る」「昼夜を—・して工事を続ける」▼二①〜⑥は多く「…を通して」の形で使う。①〜⑤は〜ヲに〈経過点〉を、⑥は〜ヲに〈全体の空間や時間〉を表す語をとる。❼最後までその状態を続ける。≡「一年中和服で—」「一生独身を—つもりだ」
三〈動詞の連用形に付いて複合動詞を作る〉最後まで…し続ける。≡「読み—・やり—・押し—・走り—」
◈書き分け【透】は「水は光を透す」「ガラスを透して見る」などと、【徹】は「上着を徹して雨がしみる」「夜を徹して語る」「独身を徹す」「要求を貫き徹す」なども書くが、今はともに【通】を使う。✓注意「とうす」と書くのは誤り。可能 通せる 名 通し

トースター【toaster】[名] 食パンを焼いてトーストを作る電気器具。

トースト【toast】[名・他サ変] 食パンを切って軽くあぶること。また、そのパン。≡「軽く—したパン」

とおせん-ぼう【通せん坊】トホセンバウ [名・他サ変] ❶子供の遊びで、両手を広げて行く手をふさぎ、通ろうとする人を妨げること。また、その遊び。◈「通せんぼ」とも。❷通路をふさいで通行できなくすること。

トータル【total】一[名・他サ変] 合計すること。総計。≡「得点を—する」二[形動] 全体にかかわるさま。全体的。≡「国際情勢を—にとらえる」

トーチ【torch】[名] ❶たいまつ。特に、聖火リレーの走者が持つたいまつ。≡「—リレー」❷鉛管工事などで使う携帯用のバーナー。▼「トーチランプ（和製torch+lamp）」の略。

トーチカ【tochkaロシア】[名] 鉄筋コンクリートで築いた方形・円形・多角形などの堡塁。▼点の意。

とお-で【遠出】トホ [名・自サ変] 遠くへ出かけること。≡「休日に—する」

トーテム【totem】[名] ある血縁集団が自分たちと特別の関係を持つものとして崇拝する動植物または自然現象。▼ネイティブアメリカン・オジブワ族の語に由来。

トーテム-ポール【totem pole】[名] トーテムの図案を彫刻して家の前などに立てる柱。

トート-バッグ【tote bag】[名] 口の開いた大型の手提げバッグ。丈夫なキャンバスやナイロン地製で、日常に広く用いられる。▼toteは持ち運ぶ意。

トートロジー【tautology】[名] ❶同じ言葉の無意味な繰り返し。「私は私である」の類。同語反復。❷論理学で、要素となる部分命題の真偽にかかわらず、常に真であるような命題や論理式。恒真式。

ドーナツ【doughnut】[名] 小麦粉に牛乳・バター・卵・砂糖・ベーキングパウダーなどを入れてこね、リング状などにして油で揚げた洋菓子。ドーナッツ。

ドーナツ-げんしょう【ドーナツ現象】ーゲンシャウ [名] 地価の高騰、生活環境の悪化などのために、大都市の中心部の人口が減って、その周辺部の人口が増大する現象。ドーナツ化現象。▼人口分布がドーナツ状になることから。

ドーナツ-ばん【ドーナツ盤】[名] 一分間に四五回転する小形レコード盤。EP盤。▼中心孔が大きく（三八ミリメートル）、形がドーナツに似ることから。

トーナメント【tournament】[名] 一試合ごとに敗者が退いて勝者同士が戦い、最後まで勝ち残ったものを優勝とする試合方式。また、その試合。⬇リーグ戦

とお-なり【遠鳴り】トホ [名] 音が遠くから鳴り響いてくること。また、その音。

とお-ね【遠音】トホ [名] 遠くから聞こえてくる音。

とお-の・く【遠▽退く】トホ [自五] ❶ある場所から距離的に遠くに離れる。遠ざかる。≡「人影[話し声]が—」「台風が海上へ—」❷時間的に遠くに離れる。≡「日一日と夏が—」❸心理的に遠くに離れる。≡「学問への関心が—」「意識が—」❹関係が薄れ往来や訪問が間遠になる。≡「連絡が—」「不況のあおりで客足が—」◈①②⬍近づく

とお-の・ける【遠▽退ける】トホ [他下一] 遠のくようにする。遠ざける。≡「一同を—・けて密談に入る」文とほの・く

とお-のり【遠乗り】トホ [名・自サ変] 馬や車に乗って遠くへ出かけること。≡「—に出る」

ドーパミン【dopamine】[名] カテコールアミンの一つ。生体内で合成されるアドレナリン・ノルアドレナリンの前駆体で、神経伝達物質として働く。

とお-び【遠火】トホ [名] ❶遠方で燃えている火。❷料理などで、物を火からある程度離して加熱すること。◈⬍近火

ドーピング【doping】[名] スポーツ選手が運動能力を高めるために刺激剤・興奮剤・筋肉増強剤などの薬物を使用すること。不正行為として禁じられている。

とお-ぼえ【遠▼吠え】トホ [名・自サ変] 犬や狼が遠くに向かって、また遠くの方で長く尾を引くようにほえること。また、その声。▼勝ち目のない相手を陰でののしることのたとえにもいう。≡「負け犬の—」

とお-まき【遠巻き】トホ [名] 近寄らないで、離れたまま周りを取り囲むこと。≡「野次馬が事故現場を—にする」

とお-まわし【遠回し】トホマハシ [名・形動] あからさまにではなく、それとなくにおわせて言うこと。≡「—に注意する」「—な言い方をする」

とお-まわり【遠回り】［名・自サ変・形動］❶遠い方の道を通っていくこと。回り道。迂回。≡「—して家に帰る」⇕近回り ❷回り遠いこと。より手間がかかること。迂遠。≡「—な考え方」

とお-み【遠見】［名］❶遠くを見渡すこと。≡「—のきく場所」❷遠くから距離をおいて見ること。遠目。❸高い所から敵のようすなどを見ること。また、その人。

トーミョー［豆苗中国］［名］エンドウの若芽。中国料理の炒め物などに用いる。書き方「トウミョウ」とも。

ドーム［dome］［名］半球形に造られた屋根や天井。円屋根。円天井。円蓋。≡「—球場」

とお-め【遠目（遠▽眼）】［名］❶遠くまでよく見えること。また、そのような目。≡「—がきく」❷遠くから距離をおいて見ること。また、遠くから見たようす。遠見。≡「—にはどれも同じような住宅」「夜目—笠の内」「—にははっきり見えない」注意「遠目から見ると」というのは誤り。≡「×遠目から見ると、区別がつかない」❸遠視。⇕近目

とお-めがね【遠《眼鏡》】［名］〔古風〕望遠鏡。

とお-やま【遠山】［名］遠くに見える山。≡「—桜」

ドーラン［Dohranドイツ］［名］俳優が舞台や映画・テレビ撮影などの化粧に使う油性の練りおしろい。▼もとは創製した製造会社名。

とおり【通り】
一［名］❶人や車の通る所。道路。往来。≡「—に出て遊ぶ」「春日—」❷人や車が通ること。ゆきき。往来。≡「車の—が激しい」❸気体や液体が通り抜けること。また、そのぐあい。≡「風の—がいい部屋」❹声・音などが遠くまで伝わること。また、そのぐあい。≡「声の—がいい」❺世間に広く伝わること。評判。≡「—のいい名前」❻理解すること。わかり。≡「話の—が早い」❼それと同じ状態・方法であること。≡「プログラムの—に進行する」「言われた—にする」「この—広くない会場」「皆が言った—、試験は難しかった」「予想—・指示—・いつも—・望み—」書き方 かな書きも多い。
二（造）❶〈数量を表す語に付いて、「どおり」の形で〉ほぼその程度。≡「八分—出来上がる」❷〈数を表す語に付いて〉方法・種類を数える語。≡「やり方は二—ある」「四—」◈注意「とうり」「どうり」と書くのは誤り。≡「×いつもどうり・思いどうり（○いつもどおり・思いどおり）」⬇道理で［注意］

とおり-あめ【通り雨】［名］ひとしきり降って、すぐにやむ雨。驟雨。

とおり-いっぺん【通り一遍】［名・形動］❶通ったついでに立ち寄っただけで、なじみのないこと。≡「—の客」❷形式はととのっているが心がこもっていないこと。≡「—の挨拶」

とおり-がかり【通りがかり（通り掛かり）】［名］（たまたま）その場所を通ること。通りすがり。

とおり-かか・る【通りかかる（通り掛かる）】［自五］ちょうどその場所を通る。通りすがる。≡「—・った車に乗せてもらう」名 通りがかり

とおり-こ・す【通り越す】［自五］❶ある地点を過ぎて先へ進む。通り過ぎる。≡「目的地を—」❷ある程度や限度を越える。≡「悲しみを—・して涙も出ない」

とおり-ことば【通り言葉】［名］❶広く一般に通用する言葉。❷特定の集団の中でだけ通用する言葉。隠語。

とおり-すがり【通りすがり】［名］たまたまその場所を通ること。通りがかり。通りがけ。≡「—の人」「—に書店をのぞく」動 とおりすが・る（自五）

とおり-す・ぎる【通り過ぎる】［自上一］ある地点を過ぎて先へ進む。通り越す。≡「パレードが家の前を—」「台風が—」文 とほりす・ぐ

とおり-そうば【通り相場】［名］❶世間一般に通用する値段。通り値。❷世間一般に認められている評価。

とおり-な【通り名】［名］世間一般に通用している名。通称。

とおり-ぬ・ける【通り抜ける】［自下一］一方から入って、他方へ通って出る。≡「トンネルを—」名 通り抜け

とおり-ま【通り魔】［名］❶通りすがりの家や人に災害を与えて一瞬の間に通り過ぎるという魔物。❷通りすがりの人に理由もなく危害を加える者。

とおり-みち【通り道】［名］行き来のために通る道。また、通りすがりの道。≡「学校へ行く—」「台風の—」

とお・る【通る（▽透る・▽徹る）】［自五］❶ある経路に沿って（また、ある場所を経由して）先へ進む。≡「神輿が商店街を—・った」「税関を—・って入国する」❷促されて外から屋内や室内に入る。≡「案内されて客が座敷に—」「どうぞ奥へお—・りください」❸一方から他方へ道筋（特に、交通機関）ができる。≡「山頂まで登山電車が—・っている」「海岸に沿って旧道が—・っている」❹ある物が、物の中（特に、中空の部分）をくぐって他方へ抜ける。≡「針（の穴）に糸が—」「汚水は下水道を—・って排水される」「食べ物がのどを—・らない」❺光や放射線が物体の中を通り抜ける。透過する。≡「X線は人体を—・って乾板に達する」❻光・火・熱・液体・気体などが物の内部や裏側まで達する。≡「部屋の奥まで光が—ように設計する」「肉の芯まで火が—」「雨が上着を—・って下着に達する」❼声などが遠くまで伝わる。≡「朗々としてよく—声だ」❽物の筋が整っている。≡「鼻筋が—・っている」「柾目の—・った板」❾つまっていた物がとれて経路がつながる。≡「鼻が—」❿意向が先方に伝わる。特に、客の注文が帳場に伝わる。≡「相手に話が—・ってない」「ビールの追加は—・っていますか」⓫物事の筋道が正しく整っている。また、矛盾がなくてよく理解できる。≡「それじゃ理屈が—・らない」「この文章は意味が—・らない」⓬自分の主義や主張をどこまでも貫いて、受け入れられる。≡「原告の主張が—」「そんなわがままは—・らない」⓭審査・審議などで、選抜の過程を通過する。パスする。≡「予選を—」「法案が衆議院を—」「審査員の選考を—」▽〜ヲは〈通過点〉を表す。⓮検査・試験などで認められて合格する。受かる。パスする。≡「試験に—」「筆記試験には—・った」⓯世間に認められて通用する。≡「彼は名だたる頑固者で—・っている」「名の—・った店」
◈本来は、障害にもかかわらず突き抜ける意。書き分け【透】は「光線がガラスを透る」「雨滴が上着を透る」などと、【徹】は「冷気［教訓］が骨身に徹る」などとも書くが、今はともに【通】を使う。注意「とうる」と書くのは誤り。可能 通れる 名 通り

トーン【tone】〔名〕❶音色。音調。〓「柔らかな—の楽器」❷色調。〓「明るい—の絵」❸語気。語調。

トーン-ダウン【tone down】〔名・自他サ変〕今までの勢いや調子が弱まること。また、弱めること。〓「語調が—する」「主張を—する」「色を—させる」

と-か【都下】〔名〕東京都の管轄する地域。特に、二三区を除いた地域。

と-か【渡河】〔名・自サ変〕川を渡ること。

と-か ㊀〔連語〕不確かな伝聞や想像を表す。〓「吉岡—いう人が来た」「明日から出張だ—言っていた」「風邪を引いた—で休むそうだ」▼格助詞「と」＋副助詞「か」。㊁〔副助〕〈「AとかBとか(Nとか)」の形で、体言や活用語の言い切りの形を受けて〉❶同類の物事からいくつかを例として示す。〓「テニスとか野球とかゴルフとかの球技が好きだ」「行けとか行くなとか、いちいち命令する」使い方「…とか…とか」を基本とするが、「スミレとか水仙が咲き出した」「周到な用意とか、的確な判断などを必要とする」のように「…とか…」「…とか、…など」の形でも使う。また、「厳重に注意するとか、何らかの処分が必要だ」のように、一例だけを挙げる言い方や、「きれいだとか何(だ)とか、おだてあげる」のように、具体例は一つだけで、他をほのめかしたり、全体をぼかしたりする言い方もある。❷〔新〕断定の調子を避けてやわらげる。〓「まだ用意—できてない」「会社〔学校〕—行って」「いやだな—思わない？」▼伝統的な言い方では、ほぼ「など」「でも」に当たる。◈㊁は、㊀が助詞化したもの。

とが【▼咎・▽科】〔名〕❶人からとがめられるべき行為。あやまち。〓「この敗北は誰の—でもない」❷罰されるべき行為。つみ。〓「謀反の—で獄につながれる」

と-が【都雅】〔名・形動〕みやびやかなこと。上品で美しいこと。〓「—な舞い姿」▼「都」は美しくみやびやかなさまの意。

と-かい【都会】〔名〕❶人口が集中し、商工業や文化活動の中心となっている繁華な土地。〓「—の喧騒」❷「都議会」の略。〓「—議員」

と-かい【渡海】〔名・自サ変〕船で海を渡ること。渡航。

ど-かい【土塊】〔名〕土のかたまり。つちくれ。

どがい-し【度外視】〔名・他サ変〕関係のないものとして無視すること。問題にしないこと。〓「採算を—した事業」

とが-き【ト書き】〔名〕脚本で、せりふの間に俳優の出入り・しぐさ・舞台装置・効果音などの指定を書き入れた部分。▼歌舞伎の脚本で、「…ト見得を切り」などと書くことから。

と-かく〔副〕❶漠然とさまざまな物事を表す。あれやこれや。なにやかや。いろいろと。〓「—するうちに、その日になった」「人のことを—批判する前に、自分のことを考えなさい」❷そのようになりやすいさま。ともすると。ややもすると。なんだかんだで。〓「寒くなると—遅刻者が多くなる」❸いろいろな事情はさておき。ともかくも。いずれにしても。〓「—この世は住みにくい」◈書き方「▼兎角」「〈左右〉」とも当てる。使い方②③は、よいことにはあまり使われない。

とかげ【〈▼蜥▼蜴〉・〈石竜子〉】〔名〕❶トカゲ目トカゲ亜目の爬虫(はちゅう)類の総称。❷日本各地に分布する①の一種。体は細長い円筒形で、全長約二〇センチメートル。四肢は短いが、敏捷(びんしょう)に動く。体色は緑色を帯びた暗褐色。コバルト色をした長い尾は切れやすいが、すぐに再生する。にほんとかげ。

⊙**蜥蜴の尻尾切(しっぽき)り** トカゲが尾を切り捨てて逃げるように、上位の者が下位の者に事件などの責任を押しつけて追及を逃れること。

とか・す【溶かす(▽融かす)】〔他五〕❶固形状・粉末状の物を液体にまぜ入れて溶液にする。溶く。〓「砂糖を水に—」「粉ミルクを湯で—」使い方「溶く」と似るが、「溶く」は粉末をどろどろの液状にする意にも。〓「小麦粉を水で×溶かす／○溶く」❷熱や薬品で固形物を液状にする。〓「溶鉱炉で銅を—」書き方金属の場合は「▼鎔かす」「▼熔かす」、雪や氷の場合は「解かす」とも。◈「解かす」と同語源。可能 **溶かせる**

とか・す【解かす(▼梳かす)】〔他五〕❶乱れた髪の毛に櫛(くし)を入れてととのえる。とく。〓「髪〔頭〕を—」書き方「解」は本来は結髪をほどく意に使う。❷⬇溶かす②

どか・す【▽退かす】〔他五〕じゃまにならないように他の場所に移す。どける。〓「机を—・して掃除をする」可能 **どかせる**

ど-かた【土方】〔名〕土木工事に従事する労働者。作業員。

どかっ-と〔副〕❶重い物などが勢いよく落ちるさま。また、勢いよく落とすさま。〓「屋根の雪が—落ちる」❷重い物などがその場を占めていて動かないさま。〓「梅雨前線が—居座る」❸大量の物が一時期に集まるさま。〓「—金が入る」

どか-どか〔副ㇳ〕❶大勢の人が足音を立てて一時に入ってくるさま。〓「客が—(と)座敷に上がり込む」❷物事が一時に重なるさま。〓「注文が—(と)くる」

とが-にん【▼咎人・▽科人】〔名〕〔古風〕罪を犯した人。罪人。

どか-べん【どか弁】〔名〕特別に大きな弁当箱。また、それに詰めた弁当。▼「土方弁当」の略。

と-がま【▽利鎌】〔名〕鋭利な鎌。切れ味のよい鎌。とかま。〓「—のような月(＝三日月)」

とがめ-だて【▼咎め立て】〔名・他サ変〕ことさらに強くとがめること。〓「—するほどのことではない」

とが・める【▼咎める】 ㊀〔他下一〕❶過ちや罪などを取り立てて責める。非難する。〓「失敗を—」「聞き—」❷怪しいと思って問いただす。〓「警官が挙動不審の者を—」❸〔自下一〕傷・はれ物などを刺激して悪化させる。また、悪化する。〓「いじくって吹き出物を—」「傷口が—」㊁〔自下一〕悪いことをしたと思って心が痛む。〓「気〔良心〕が—」▼心がみずからを責める意から。文 **とが・む** 名 **とがめ**

どか-ゆき【どか雪】〔名〕短時間にたくさん降り積もる雪。

とがら・す【▼尖らす】〔他五〕⬇尖らせる

とがら・せる【▼尖らせる】〔他下一〕❶先端を細く鋭くする。〓「鉛筆を—」「口を—・せて(＝不平不満の表情で)文句をいう」❷〈「神経をとがらせる」の形で〉ことさらに神経を鋭敏にする。〓「喫煙問題に神経を—」❸怒りなどで声や表情をけわしくする。とげとげしくする。〓「声を—・せて非難する」「目を—・せて怒る」◈俗に「とがらかす」「とんがらかす」とも。文 **とがら・す** 異形 **とがらす**

とがり-ごえ【▼尖り声】〔名〕とげとげした、かん高い声。とんがり声。

とが・る【▼尖る】〔自五〕❶先端が細く鋭くなる。〓「この靴は先が━っている」❷〈「神経がとがる」の形で〉ことさらに神経が鋭敏になる。〓「皆の神経が━って来た」❸怒りなどのために声や表情がけわしくなる。とげとげしくなる。〓「━った声でしかりつける」◈俗に「とんがる」とも。

ど-かん【土管】〔名〕粘土を焼いて作った円管。排水管・煙突などに用いる。

どかん〔副㆖〕❶大きくて重い物が落ちたりぶつかったりするときに発する音を表す語。〓「車が━と衝突する」❷爆発するときなどの大きな音を表す語。〓「━と一発、ぶっ放す」❸大きなことをしてのけるさま。〓「━とやってやろう」❹物事が急激に変化するさま。〓「株価が━と上がる」

とき【時(▽刻・▽秋)】〔名〕❶過去から現在、未来へと切れ目なく連なり、一定の速さでとどまることなく流れ去り、「ところ」とともに物事が起こる場と考えられるもの。時間(=「時間」①と「時刻」の総称)。〓「あれから五年の━が経過した」「━とともに体力が衰える」「━の流れに身を任せる」❷何らかの時法によって示される、一昼夜のうちの一時点。刻(こく)。〓「━を同じくして二つの事件が起こった」「一番鶏(どり)が━を作る(=声高く鳴いて夜明けを知らせる)」▼「草木も眠る丑満時(うしみつどき)」「丑の時参り」などという場合の「時」で、今は時刻(また、時間)と言うことが多い。書き方「刻」とも。❸〔古風〕一昼夜を十二等分して得た、昔の時間の単位。刻(こく)。▼「今、何時(なんどき)だ?」「茶腹も一時(いっとき)」などという場合の「時」。「一時(いっとき)」は現在の二時間。書き方「刻」とも。❹〈連体修飾語を受けて〉そのように特徴づけられた時間。また、その時間的状況。〓「ついに出発の━が来た」「子供の━は病弱だった」「駅を出た━は晴れていた」「痛い━(=場合)は言ってください」「万一の━(=場合)のために備える」「食事━(どき)」書き方かな書きも多い。✓注意「…ときがある」を、「…ことがある」と混同して、経験の意で使うのは誤り。〓「×昔、その公園で遊んだときがある」⬇ことがある ❺〈「時の…」の形で〉「話題としている、その時代の」の意。その当時の。当代の。〓「━の政府と対決する」❻〈「時は…」の形で〉物語などで、関心をもたれている時代や時節を主題として示す。ころは。〓「━は元禄一五年」❼人がある状況に応ずる場合の、それぞれの状況をいう。個々の状況。〓「敬語は━に応じて使い分けるのがいい」「冗談も遠慮も━と場合によりけりだ」❽事に当たっての重要な時期。〓「今や危急存亡の━だ」書き方「秋」とも。❾よい機会。好機。〓「━を見計らい用件を切り出す」❿定められた期日。期限。〓「いついつまでと━を限って金を貸す」⓫時節。…に適した時期。〓「梅雨[花見]━(どき)」「今が買い━(どき)」

◉**時に遇(あ)う**　幸運に恵まれる。栄える。

◉**時に臨(のぞ)む**　ある(決定的な)事態や状況に直面する。事に臨む。〓「━み兵を挙げる」

◉**時は金(かね)なり**　時間は大変貴重なもので浪費できない。▼西洋のことわざTime is money.の訳。

◉**時を移さず**　すぐに。直ちに。〓「医者は━来た〈漱石〉」

◉**時を得(え)顔**　よい時運に恵まれ、いかにも得意そうなさま。

◉**時を選ばず**　どんな時でも。〓「死は━訪れる」

◉**時を得(え)る**　よい時運や機会に恵まれる。〓「時を得て画壇の寵児(ちょうじ)となる」✓注意「時を経(へ)る(=時が経過する)」の意で使うのは誤り。〓「×三年の時を得て再会した二人」

◉**時を追・う**　〈多く「時を追って」「時を追うごとに」の形で〉予定された時日が刻々と近づくさまをいう。〓「━ごとに関係者の表情が険しくなる」

◉**時を置・く**　物事と物事の間に一定の間隔をあける。また、間隔があく。〓「━かずに参加する」

◉**時を稼(かせ)・ぐ**　準備や用意がととのうまで、他のことで時間を長引かせる。時間を稼ぐ。

◉**時を構(かま)わず**　どんな時にでも。時を選ばず。〓「━押しかける」

◉**時を刻(きざ)・む**　刻々と時間が経過する。

◉**時を超(こ)えて**　時間がもたらす破壊や消滅などの作用を乗り越えて。〓「━語り継がれる名曲」

◉**時を分(わ)かたず**　時の区別がない意から、いつも。常に。〓「━研究に励む」

◉**時を忘れ・る**　時の経(た)つのを忘れる意で、夢中になって時間を過ごすことをいう。〓「歓談に━」

とき【▽斎】〔名〕❶仏家で、食事。❷法会の時などに寺で出す食事。❸精進料理。

とき【▼鴇・〈朱▼鷺〉・▼鴾】〔名〕コウノトリ目トキ科の鳥。全身は白く、風切羽の一部が淡紅色を帯びる。後頭部には冠羽があり、顔と脚は赤い。現在、中国陝西(せんせい)省に少数が繁殖する。日本では野生のトキは絶滅し、中国から贈られたトキによる繁殖が試みられている。特別天然記念物。国際保護鳥。

とき【▼鬨・〈鯨波〉】〔名〕鬨 ❶戦場で、士気を鼓舞し、敵に戦闘の開始を告げるために大勢の兵士が一斉に発する叫び声。戦勝の時にも発した。ときの声。〓「━をつくる」▼大将が「えいえい」と叫び、全軍が「おう」と応じることを三度くり返すのを通例とした。❷大勢の人が一斉にあげる声。ときの声。

とぎ【▼伽】〔名〕❶話し相手になるなどして退屈を慰めること。また、その人。❷寝所にはべって夜の相手をすること。また、その人。

ど-き【土器】〔名〕粘土を焼成して作った素焼きの容器。かわらけ。▼日本では縄文土器・弥生土器・土師器(はじき)などが出土し、考古学の重要な資料となる。

ど-き【怒気】〔名〕腹を立てている気持ち。怒っているようす。〓「━を含んだ声」

とき-あか・す【解き明かす】〔他五〕問題や不明な点を解いて、はっきりさせる。〓「事件のなぞを━」

とき-あか・す【説き明かす】〔他五〕説明して物事の意味・内容を明らかにする。〓「儒教の教えを━」

とき-いろ【▼鴇色】〔名〕トキの風切羽のような淡紅色。薄い桃色。

とき-おこ・す【説き起こす】〔他五〕順を追って説明を始める。〓「人口問題を基本概念から━」

とき-おり【時折】〔副〕ときどき。ときたま。〓「━雨がぱらつく」

と-ぎかい【都議会】〔名〕東京都の議決機関。東京都民から公選された都議会議員によって構成される。

とき-ぐし【解き▼櫛】〔名〕髪をとくのに使う歯の粗

いくし。

とぎ-し【研ぎ師】［名］刃物・鏡などを研ぐ職人。研ぎ物師。

とぎ-じる【研ぎ汁・▽磨ぎ汁】［名］米などをといだあとの白く濁った水。とぎみず。とぎしる。

とぎ-すま・す【研ぎ澄ます】［他五］❶刃物・鏡などをよくといで少しの曇りもないようにする。〓「ーされた銘刀」❷心の働きを鋭敏にする。〓「ーされた感覚」

とぎ-だし【研ぎ出し】［名］❶石などの表面を磨いて中の模様や光沢を出すこと。❷蒔絵(まきえ)の技法の一つ。絵漆で描いた文様の上に金銀粉などをまき、さらに透き漆または黒漆を塗って乾燥させたのち、木炭などを使って文様や金銀粉が浮き出るように磨きあげたもの。▼「研ぎ出し蒔絵」の略。

とき-たま【時▽偶】［副］たまに。時折。時々。

とき-たまご【溶き卵】［名］生卵を割って、白身と黄身をかきまぜたもの。〓「スープにーを流し入れる」

と-きたら［連語］⬇来る㊀⑯〓「訓練機の騒音ーすさまじいものだ」

どぎつ・い［形］人に不快感を与えるほど強烈であるさま。〓「表現がー」派生-さ

とき-つ・ける【説きつける（説き付ける）】［他下一］よく話し聞かせて自分の考えに従わせる。説きふせる。〓「村の人々をー」文ときつ・く

とき-どき【時時】㊀［名］その時その時。季節季節。〓「ーの話題」㊁［副］ある程度の時間をおいて物事が繰り返されるさま。ときおり。〓「ー海外へ出張する」「ー訪ねてくる人」「晴れー曇り」▼「たびたび」「しばしば」よりは頻度が低く、「たまに」よりは高い。

品格　折々(おりおり)「ーにご意見をお聞かせ下さい」　折節(おりふし)「ーにつけ手紙を送る」　時折「ー見せる優しさ」　時に「ー絵を描くこともある」　稀(まれ)に「ー副作用が出る」

どき-どき［副］激しい運動・恐怖・不安・興奮・期待などのために、心臓が激しく打つさま。〓「ーしながら出番を待つ」

とき-として【時として】［副］時には。まれには。〓「この地にもー雪の降ることがある」

とき-なし【時無し】［名］❶いつと決まった時がないこと。いつの季節・時節でもあること。❷「時無し大根」の略。

ときなし-だいこん【時無し大根】［名］大根の一品種。細長い根は三〇センチメートルほど。おろしや漬物に向く。▼一年中栽培できる大根の意。

とき-ならず【時ならず】［副］その時でないのに。思いがけなく。〓「ー台風に襲われる」

とき-ならぬ【時ならぬ】［連体］その時でない。思いがけない。〓「ー大雪に見舞われる」

とき-に【時に】㊀［副］❶いつもではないが、たまに。まれに。時々。〓「ー長旅に出ることがある」❷時あたかも。まさにその時。〓「ー元禄一五年」㊁［接］会話で、話題を変えるときに使う語。さて。ところで。〓「ーお仕事は順調ですか」

とき-には【時には】［連語］場合によっては。たまには。〓「ー徹夜をすることもある」

とき-の-うじがみ【時の氏神】(ウヂガミ)［名］ちょうどいいときに現れて仲裁をする人。

とき-の-きねんび【時の記念日】［名］六月一〇日。一九二〇年に、時間に対する意識を高めるために定められた。

とき-の-ひと【時の人】［名］世間で話題になっている人。〓「ーとして脚光を浴びている女優」

とき-はな・す【解き放す】［他五］❶つながったものを解いてばらばらにする。〓「からんだひもをー」❷束縛をといて自由にする。〓「人々を因習からー」

とき-ふ・せる【説き伏せる】［他下一］よく説明して自分の考えに従わせる。説きつける。説得する。〓「親をーせて留学する」文ときふ・す

とき-ほぐ・す【解きほぐす】［他五］❶もつれたものや、かたまったものを少しずつ解いてばらばらにする。〓「からんだ釣り糸をー」❷こりかたまったものや、こわばったものを徐々にやわらげる。〓「肩のこりをー」「緊張をー」

どぎ-まぎ［副］不意をつかれて平静さを失うさま。うろたえるさま。〓「突然指名されてーする」

とき-めき［名］胸がときめくこと。〓「ーを覚える」

とき-め・く［自五］喜びや期待がわきあがって胸がどきどきする。〓「恋の予感に胸がー」名ときめき

とき-め・く【時めく】［自五］よい時機にめぐりあって栄える。時流に乗ってもてはやされる。〓「今をープリマドンナ」

どぎも【度肝・度▽胆】［名］きもったま。▼「ど」は強めの接頭語。

◉**度肝を抜・く**　ひどくびっくりさせる。〓「派手な衣装にーかれる」

ど-きゅう【▽弩級】(ドキフ)［名］並外れて大きな等級。〓「ー艦」「超ー」▼「弩」は一九〇六年に建造されたイギリスの戦艦「ドレッドノート号」の頭文字に当てた漢字。当時としては並外れて巨大な戦艦だったことから。⬇超弩級

ドキュメンタリー【documentary】［名］虚構を加えないで、事実をありのままに記録・構成した作品。〓「ー番組」

ドキュメント【document】［名］❶文献。記録。❷コンピューターで、ワープロソフトなどで作った文書ファイル。また、ソフトウエアなどの仕様書。

とき-よ【時世】［名］時節。時代。また、その時代の風潮。時流。〓「ーを経る」「ーに従う」

と-ぎょ【渡御】［名・自サ変］❶天皇・三后などが出かけることを高めていう語。出御(しゅつぎょ)。❷祭礼のとき、神輿(みこし)が出発することを高めていう語。

と-ぎょ【▼蠹魚】［名］昆虫のシミ。

ど-きょう【度胸】［名］物事に動じない心。物事を恐れない精神力。〓「ーのある人」

ど-きょう【《読経》】(ドキヤウ)［名・自サ変］声を出して経文を読むこと。誦経(ずきょう)。どっきょう。

と-きょうそう【徒競走】(トキャウソウ)［名］一定の距離を走って、その速さをきそう競技。かけっこ。

どきり［副］驚きや恐れなどで、鼓動が一瞬強くなるさま。どきん。〓「その言葉にーとした」

とぎれ-とぎれ【途切れ途切れ（▽跡切れ▽跡切れ）】［名・形動］途中で何度も切れること。また、何度も切れながら続くこと。〓「涙声でーに話す」「ーの言葉」「山崩れで道がーになる」

と-ぎ・れる【途切れる（▽跡切れる）】［自下一］途中で切れる。また、途中で絶える。〓「会話がー」「客足がぱったりー」文とぎ・る　名途切れ

ときわ【▽常▼磐】(トキハ)［名］❶いつまでも変わらないこ

と。❷常緑樹の葉の色が一年じゅう変わらないこと。‖「—の松」◈「とこいわ」の転。

ときわ-ぎ【▽常▽磐木】 トキハ [名] 松・杉などのように、一年じゅう緑色の葉をつけている樹木。常緑樹。

ときわず【▽常▽磐津】 トキハヅ [名] 浄瑠璃じょうるりの流派の一つ。一七四七(延享四)年、常磐津文字太夫が江戸で創始し、歌舞伎舞踊の伴奏音楽として発展した。曲風は義太夫に近い。▽「常磐津節」の略。書き方 現代仮名遣いでは「ときわづ」も許容。

と-きん【と金】 [名] 将棋で、歩ふが成ったもの。金将と同じ働きをする。▽駒こまを裏返して「と」と書かれた面を出すことから。

と-きん【▽鍍金】 [名] ⬇めっき

と-ぎん【都銀】 [名]「都市銀行」の略。

とく【得】 ━ [名] ❶もうけ。利益。‖「千円—をする」「損して—取れ」「早起きは三文の—」「役—」❷[形動] 有利であること。‖「こちらを選んだほうが—だ」「—な性格」 ━ (造) ❶える。‖「—失・—点・—票」「獲—・所—」❷身に付く。また、よくわかる。‖「習—・納—」◈━①② ⬍損

とく【徳】 [名] ❶修養によって身につけた、すぐれた品性や人格。‖「—の高い人」「人—・道—・背—・美—」❷めぐみ。恩恵。‖「—を施す」「報—」❸もうけ。利益。▽「得」に通じる。旧德

と・く【溶く(▽融く)】 [他五] ❶固形状・粉末状の物に液体を加えてどろどろの液状にする。‖「小麦粉を水で—」書き方「解く」とも。❷分離している物をかきまぜて均一の液状にする。ときほぐす。‖「卵を—」❸固形状・粉末状の物を液体にまぜ入れて溶液にする。溶かす。‖「砂糖を水に—」

と・く【解く】 [他五] ❶結んである物やしばってある物をゆるめて分け離す。ほどく。‖「結び目[縄・荷]を—」❷縫い合わせてあった物の糸を抜き取って分け離す。また、編み物をほどく。‖「着物を—・いて洗い張りをする」❸もつれているものをもとに戻す。‖「からまった釣り糸を—」❹もつれた髪の毛に櫛くしを入れてととのえる。すく。とかす。書き方「▽梳く」とも。⬇解かす① ❺身につけていたものなどを取りはずして平常の服装にする。‖「武装を—」❻命令・束縛・制限・約束などを解除する。‖「禁止令を—」❼任務・職務をやめさせる。‖「事務局長の任を—」❽心の中にわだかまる不快な感情や疑いなどをほぐす。解きほぐす。‖「相手の警戒心を—」「誤解を—」❾疑問・問題などに対する答えを出す。‖「なぞを—」◈「溶く」「説く」と同語源。使い方 ⬇ほどく 可能 解ける

と・く【説く】 [他五] よく分かるように物事の道理などを言って聞かせる。説明する。‖「教えを—」「議員が状況を市民に—・いて回る」

とく【▽疾く】 [副] (古風) すみやかに。はやく。‖「—来たれ」▽文語形容詞「疾し」の連用形から。

とく【匿】 (造) かくす。かくれる。‖「—名」「隠—」

とく【特】 (造) ❶とりわけ。ぬきんでた。‖「—殊・—長・—別」❷「特別」の略。‖「—急・—注」

とく【督】 (造) ❶みはる。とりしまる。‖「監—・総—・提—」❷うながす。せきたてる。‖「—促」

とく【篤】 (造) ❶まじめで、ゆきとどく。てあつい。‖「—志・—実」❷病気が重い。‖「危—」

と・く [連語]《動詞の連用形に付いて》「…ておく」のくだけた言い方。⬇置く㊂ ‖「前日に会場を見—といい」「現金は金庫にしまっ—・け」「この辺でやめ—・こう」▽「ておく」の転。使い方 五段で活用する。「…でおく」から転じたものは「どく」となる。‖「犬は鎖でつないどけ」

と・ぐ【研ぐ(▽磨ぐ)】 [他五] ❶刃物などを砥石といしなどでこすってよく切れるようにする。‖「包丁を—」「爪つめを—・いで敵襲を待つ」❷(古風) 表面をみがいてつやを出す。みがく。‖「鏡を—」❸水の中に入れた米などをこするようにして洗う。‖「米を—」可能 研げる 名 研ぎ

どく【毒】 [名] ❶生命や健康に害のある物質。‖「—が回る」「—キノコ」「中—・猛—」❷害を与える物事。よくない影響がある物事。‖「飲みすぎは体に—だ」「目の—」❸人の心を傷つけるもの。‖「—を含んだことば」「—舌」

◉**毒にも薬くすりにもならない** 害にならないかわりに役にも立たない。

◉**毒を食くらわば皿さらまで** 悪事に手を出した以上、どこまでも続けていく。▽いったん毒入りの料理を食べたら、そこでやめてもそれを盛った皿までなめても同じこと、の意から。「食らわば」は、「食わば」ともいう。「食わらば」とするのは誤り。

◉**毒を吐はく** 毒舌をふるう。‖「かわいい顔で—」

◉**毒を以もって毒を制せいす** 悪を滅ぼすために別の悪を利用する。✓注意「もって」を「盛って」と書くのは誤り。

ど・く【▽退く】 [自五] 体を動かしてその場所をあける。‖「ちょっとそこを—・いてくれ」可能 どける

どく【独】 (造) ❶ただひとり。ただひとつ。‖「—演・—自」「孤—・単—」❷他をかえりみず、ひとりだけで。ひとりよがり。‖「—裁・—善・—断」❸「独逸ドイツ」の略。‖「—語・—文」旧獨

どく【読】 (造) 文章などをよむ。また、よんで内容を理解する。‖「—者・—破」「愛—・購—・朗—」旧讀

とく-い【特異】 [名・形動] ❶他と比べて特に異なっていること。‖「—な形状の巻き貝」「前例のない—なケース」「日本に—な現象」❷他と比べて特にすぐれていること。‖「—な才能をあらわす」派生 —さ

とく-い【得意】 [名] ❶[形動] 自分の望みどおりになって満足していること。‖「—の絶頂」⬍失意 ❷[形動] いかにも誇らしそうなこと。‖「試験に合格して—になる」❸[形動] 熟達していて、自信があること。‖「私はピアノが—だ」「—な料理を作る」❹よく品物を買ってくれる客。いつも商売上の取引をしている相手。顧客。‖「お—さん」派生 —げ

とくい-がお【得意顔】 ガホ [名] 望みどおりになって満足げな顔つき。誇らしげな顔つき。したり顔。自慢顔。‖「—で見せびらかす」

とく-いく【徳育】 [名] 道徳心を育て、人格・情操を高めるための教育。⬇知育・体育

とくい-げ【得意気】 [形動] いかにも自信を持っていて誇らしそうなさま。

とくい-さき【得意先】 [名] いつもよく品物を買ってくれる客。また、日常商売上の取引をしている相手。取引先。顧客。‖「—を回る」

とくい-たいしつ【特異体質】 [名] 普通の体質では反応しない薬品・食物などに対して異常な反応を示す体質。

とくい-び【特異日】 [名] 晴天・雨天など、ある天候が統計上高い確率で現れる日。十一月三日は晴れの特異日とされるなど。

とくい-まんめん【得意満面】 [名・形動] いかにも

誇らしげなようすが顔じゅうにあらわれていること。≡「—で賞牌(しょうはい)を見せて回る」「—の表情」

ど-ぐう【土偶】[名] ❶粘土をこねて作った人形。土人形。❷縄文時代の遺跡から出土する素焼きの土人形。女性像が多く、呪術的・宗教的意味をもつとされる。

どく-えい【独泳】[名・自サ変] ❶ひとりで泳ぐこと。❷競泳で、他を引き離して先頭を泳ぐこと。

どく-えい【読影】[名] X線・CT・MRIなどの画像から診療上の所見を得ること。

どく-えき【毒液】[名] 毒を含んだ液体。毒汁。

どく-えん【独演】[名・他サ変] 共演者や助演者なしに、講談・浪曲・落語などを一人で演じること。

どくえん-かい【独演会】(クヮイ) [名] ❶一人だけで演じる会。≡「名人の—」❷他の人に口をはさませないで、一人でしゃべり続けること。≡「ゲストの—に終わったシンポジウム」

どく-おう【独往】(ワウ) [名・自サ変] 他に頼らず、自分独自の道を一人で進むこと。≡「自主—」

とく-おち【特落ち】[名] 新聞・雑誌などで、他社がみな扱っている記事を載せそこなうこと。⬇特種(とくだね) 書き方 多く、「特オチ」と書く。

どく-おや【毒親】[名] [新] 子供に悪影響を与える親。虐待で子を傷つけたり、過干渉や抑圧、依存などの心理的負担で子の自立をさまたげたりする親をいう。

どく-が【毒牙】[名] 毒液を分泌するきば。▽悪辣(あくらつ)なたくらみ・手段などのたとえとしても使う。≡「殺人鬼の—にかかる」

どく-が【毒▼蛾】[名] ❶幼虫・成虫とも毒毛をもつドクガ科のガ。成虫は全身が濃黄色。触れると皮膚に激しいかゆみを伴う炎症を起こす。❷ドクガ・チャドクガ・マイマイガなど、ドクガ科のガの総称。

とく-がく【篤学】[名] 熱心に学問に努め励むこと。≡「—の士」

どく-がく【独学】[名・他サ変] 学校に通わないで、また先生にもつかないで、独力で勉強すること。≡「スペイン語を—する」「—で司法試験にパスする」

どく-ガス【毒ガス】[名] 人体または動植物体に対する毒性をもつ気体物質。特に化学兵器として使用されるものをいう。▽国際条約によって使用が禁止されている。

どく-がん【独眼】[名] 目がひとつだけであること。隻眼(せきがん)。

どくがん-りゅう【独眼竜】[名] ❶隻眼(せきがん)の英雄・豪傑。❷戦国時代の武将、伊達政宗(だてまさむね)の通称。

とく-ぎ【特技】[名] 特別に身につけている技能。≡「—を生かす」

とく-ぎ【徳義】[名] 人が道徳として守らなくてはならない義務。≡「—心」

どく-ぎょ【毒魚】[名] とげ・内臓などに毒をもつ魚。フグ・ゴンズイ・アカエイ・ミノカサゴなど。

どく-ぎん【独吟】[名・他サ変] ❶詩歌・歌謡などを一人で口ずさむこと。❷謡曲の一節を伴奏をつけないで一人でうたうこと。⬍連吟 ❸俳諧・連歌などの一巻を一人で作ること。また、その作品。片吟(かたぎん)。≡「—千句」

どく-け【毒気】[名] ❶毒となる成分。❷悪意に満ちた心。悪気。◈「どっけ」「どっき」とも。

◉毒気に当てられる 相手の常識をはずれた言動に圧倒されて呆然(ぼうぜん)とする。

◉毒気を抜か・れる 相手をやり込めようとした気勢をそがれて、おとなしくなる。

どく-けし【毒消し】[名] ❶毒の作用を消すこと。解毒(げどく)。❷食あたり・腹痛などに効くとされた薬。越後国で作られた毒消丸など。≡「—売り」

どく-ご【独語】[名] ❶[自サ変] ひとりごとを言うこと。また、ひとりごと。≡「『どうしたものか』と—した」「—癖」❷ドイツ語。≡「—文法」

どく-ご【読後】[名] 本などを読んだあと。≡「—感」

と-くさ【〈木賊〉・▼砥草】[名] 山間の湿地に自生するトクサ科の常緑性シダ植物。円柱状の茎は中空で堅く、表面に細かな突起がある。乾燥させた茎は細工物などを磨くのに使用。観賞用にも植えられる。

とく-ざい【▼贖罪】[名・自サ変] 「贖罪(しょくざい)」の誤読。⬇しょくざい

どく-さい【独裁】[名・自サ変] ❶自分一人だけの判断で物事を決めること。≡「社長を無視して、専務が—する」❷特定の個人または集団が絶対的な権力を握って全体を支配すること。≡「—者」「—政治」

とく-さく【得策】[名] 有利な方策。得になるやり方。

とく-さつ【特撮】[名] 「特殊撮影」の略。

どく-さつ【毒殺】[名・他サ変] 毒薬を使って殺すこと。≡「側近に—される」

とく-さん【特産】[名] その土地や地方で特に産出すること。また、その産物。≡「北海道の—品」

とく-し【特使】[名] 特別の任務を帯びた使者。特に元首などの代理として外国に遣わされる使者。

とく-し【篤志】[名] 困窮している人々に対する親切なこころざし。特に、社会事業や公共の福祉のために進んで協力しようとする心。≡「—家」

どく-し【毒死】[名・自サ変] 毒物によって死ぬこと。

どく-じ【独自】[名] ❶自分ひとりだけで行うこと。単独。≡「—に調査を続ける」❷[形動] 他とは異なって、そのものだけに特有であること。≡「作者が—の/な見解を示す」「太郎君—の思いやり」「—性」

とく-しつ【特質】[名] そのものだけが持っている特別な性質。特性。≡「プラチナ[ローマ美術]の—」

とく-しつ【得失】[名] 得ることと失うこと。利益と損失。≡「—相半ばする」

とく-じつ【篤実】[名・形動] 情があつく誠実なこと。≡「—な人柄」「温厚—な性格」派生 -さ

とく-しゃ【特写】[名・他サ変] 特別に写真を撮ること。≡「プロが—した写真」

とく-しゃ【特赦】[名・他サ変] 恩赦の一つ。有罪の判決を受けた特定の者に対し、その刑の執行を免除すること。▽中央更生保護審査会の申し立てがあった者に対して内閣が決定する。

どく-しゃ【読者】[名] 新聞・雑誌・書籍などを購入して読む人。≡「—層」

どく-じゃ【毒蛇】[名] 毒腺(どくせん)と毒牙(どくが)をもつヘビ。マムシ・ハブ・ガラガラヘビ・コブラなど。どくへび。

どく-しゃく【独酌】[名・自サ変] 相手なしに、一人で酒をついで飲むこと。

とく-しゅ【特殊】[名・形動] ❶性質・機能・用途・内容などが普通とは異なっていること。≡「両者の関係は極めて—だ」「—な製法」「—技術」⬍一般・普通 使い方「特殊」は異なるという事実を客観的なものとしていい、「特別」は物事を主観的にとらえて普通とは別扱いにし

ていう。「特殊／特別な服」では、前者は〈消防〔宇宙・防弾〕服〉などを、後者は個人的に〈大事な〔形見の・思い出の〕服〉などを指す。❷限られた範囲内のものだけにしかあてはまらないこと。〓「—な例〔ケース〕」⇔普遍

とく-しゅ【特種】〔名〕特別な種類。〓「—信号」

とく-じゅ【特需】〔名〕特別な方面の需要。特に、在日米軍の発注による軍事物資などの需要。〓「—景気」

どく-しゅ【毒手】〔名〕人を殺そうとする邪悪な行為。また、悪辣な手段。〓「政敵の—に陥る」

どく-しゅ【毒酒】〔名〕毒を入れた酒。

どく-じゅ【読▼誦】〔名・他サ変〕声をあげて経文を読むこと。読経。〓「お経を—する」

とく-しゅう【特集(特▼輯)】〔名〕新聞・雑誌・ラジオ・テレビなどで、ある特定の問題や事件を取りあげて編集したり放送したりすること。また、その記事・番組など。〓「—記事」書き方「特集」は代用表記。

どく-しゅう【独習】〔名・他サ変〕先生につかないで、自分一人で習うこと。〓「フルートを—する」

とくしゅ-こう【特殊鋼】〔名〕特殊な用途に向くように、炭素鋼にケイ素・マンガン・ニッケル・クロム・銅・モリブデン・コバルトなどの元素を加えて性質を改善した鋼。合金鋼。

とくしゅ-さつえい【特殊撮影】〔名〕映画・テレビなどで、特別の機器・装置や技法を使って撮影し、現実には起こり得ないことや特殊な効果を画面に表すこと。高速度撮影・微速度撮影・顕微鏡撮影・トリック撮影・スクリーンプロセスなど。特撮。

とく-しゅつ【特出】〔名・自サ変〕他と比べて特にすぐれていること。傑出。〓「—した語学力」

とくしゅ-ほうじん【特殊法人】〔名〕公共的・国家的事業を遂行するために特別法に基づいて設立された法人。日本中央競馬会(JRA)・日本放送協会(NHK)など。

どく-しょ【読書】〔名・自サ変〕書物を読むこと。〓「—家」「—三昧」▼古くは「とくしょ」とも。

◉**読書百遍義自ずから見る** 難解な書物でもくり返し読むうちに自然に意味が分かるようになる。読書百遍義自ずから通ず。▼『魏志』の注から。

とく-しょう【特賞】〔名〕特別の賞。また、一等の上に設けられる最高の賞。

とく-じょう【特上】〔名〕特に上等であること。また、その物。〓「—の鰻重」

どく-しょう【独唱】〔名・他サ変〕演奏会などで、一人で歌うこと。ソロ。〓「—曲」⇔合唱

とく-しょく【特色】〔名〕他とくらべて特に異なっている点。また、特にすぐれている点。〓「自由な校風が本学の—だ」

とく-しょく【▼瀆職】〔名・自サ変〕私利私欲のために職をけがすこと。特に、公務員が不正行為をして職責をけがすこと。▼現在は「汚職」という。

とく-しん【特進】〔名・自サ変〕特別の処置で昇進すること。〓「二階級—する」

とく-しん【得心】〔名・自サ変〕十分に承知すること。納得すること。〓「この本を読んで—した」「—が行く」「—尽く(=互いに承知の上ですること)」

とく-しん【篤信】〔名〕信仰心のあついこと。〓「—家」

とく-しん【▼瀆神】〔名〕神の神聖をけがすこと。〓「—行為」

どく-しん【独身】〔名〕配偶者がいないこと。ひとりもの。〓「—者」

どく-じん【毒刃】〔名〕殺人など、残忍な行いをする者が用いる刃物。凶刃。

どくしん-じゅつ【読心術】〔名〕顔の表情や筋肉の動きから直感的に相手の考えていることを読みとる技術。

どくしん-じゅつ【読唇術】〔名〕耳の不自由な人などが、相手の唇の動きや形を見て発せられたことばを読みとる技術。読唇法。

どく-ず【読図】〔名・自サ変〕地図や図面を見て、その内容を理解すること。〓「—力」

とく-する【得する】〔自サ変〕利益を得る。得をする。⇔損する 文とく・す

どく-する【毒する】〔他サ変〕悪い影響を与える。害する。〓「悪書が青少年を—」文どく・す 異形 毒す

とく-せい【特性】〔名〕そのものだけが備えている特別の性質。特質。〓「半導体の—を応用した機器」「地域の—を生かした村おこし」

とく-せい【特製】〔名・他サ変〕特別に手をかけてつくること。また、その品。特別製。〓「当店—のフルーツケーキ」⇔並製

とく-せい【徳性】〔名〕道義にかなった立派な品性。道徳心。〓「—を養う」

とく-せい【徳政】〔名〕❶民衆に恵みをほどこす政治。仁政。❷鎌倉・室町時代、幕府の財政を救うために、法令によって売買・貸借などの契約を破棄させたこと。また、その法令。徳政令。

どく-せい【毒性】〔名〕生体に有毒な作用を及ぼす性質。〓「—の強いキノコ」

とく-せつ【特設】〔名・他サ変〕特別に設けること。〓「初心者向けのコースを—する」「—リング」

どく-ぜつ【毒舌】〔名〕辛辣な皮肉や悪口をいうこと。また、その皮肉や悪口。〓「—をふるう」「—家」

とく-せん【特▼撰】〔名・他サ変〕優れた銘柄として特に念を入れてつくること。また、その物。〓「—の服地」

とく-せん【特選】〔名〕❶〔他サ変〕多くの中から特にすぐれたものとして選び出すこと。また、そのもの。〓「—の素材」「—品」書き方「特▼撰」とも。❷展覧会・コンクールなどで、審査の結果、特にすぐれていると認められたもの。

とく-せん【督戦】〔名・自サ変〕部下を監督・激励して戦わせること。また、後方にあって前線の軍を監督すること。〓「—隊」

どく-せん【毒腺】〔名〕毒液を分泌する腺。爬虫類・両生類・昆虫類・クモ類・サソリ類などに多くみられる。

どく-せん【独占】〔名・他サ変〕❶自分だけのものにすること。ひとりじめ。〓「よい席〔人気〕を—する」「日本チームが上位を—した」「—インタビュー」❷特定の企業が生産と市場を支配し、利潤をひとりじめにすること。また、その経済現象。〓「—企業〔契約〕」

どく-ぜん【独善】〔名〕自分だけが正しいと思い込むこと。ひとりよがり。〓「—に陥る」「—的」

どくせんきんし-ほう【独占禁止法】〔名〕公正かつ自由な競争を促進し、国民経済の健全な発達を図ることを目的とする法律。企業の私的独占、不当な取引制限、不公正な取引方法の禁止を規制の中心とする。

どくせん-じょう【独▼擅場】ーヂャウ [名] その人だけが思いのままにふるまうことのできる場所や場面。ひとり舞台。‖「浮世絵の話となると彼の一だ」▼「擅」は、ほしいままにする意。「擅」を「壇」と誤ったことから「独壇場（どくだんじょう）」の語が生じた。 擅

どく-そ【毒素】 [名] 生物体によってつくられる毒性の物質。フグ毒・サソリ毒・蛇毒・細菌毒など。

とく-そう【特捜】ーサウ [名] 特別の体制で行う捜査。‖「一部」「一隊」▼「特別捜査」の略。

とく-そう【特装】ーサウ [名] ❶特別の装丁。‖「一本」❷それぞれの用途に応じた特別の装備。‖「一車両」

とく-そう【得喪】ーサウ [名] 得ることと失うこと。得失。

とく-そう【徳操】ーサウ [名] 変わることのない、しっかりとした道徳心。‖「一堅固」

どく-そう【毒草】ーサウ [名] 有毒な成分を含む草。ドクゼリ・ドクウツギ・トリカブトなど。

どく-そう【独走】 [名・自サ変] ❶ひとりで走ること。❷競技・競走などで、他を引き離して先頭を走ること。また、他を引き離して首位にいること。‖「一態勢に入る」❸他をかえりみないで自分勝手な行動をすること。‖「一して組織の規律を乱す」

どく-そう【独奏】 [名・他サ変] 演奏会などで、一人で楽器を演奏すること。ソロ。⇔合奏

どく-そう【独創】ーサウ [名] 模倣ではなく、独自の考えで物事を生みだすこと。また、そのもの。‖「一性のある彫刻」

どくそう-てき【独創的】ドクサウー [形動] 独創されたものであるさま。独創する力があるさま。‖「一な作品」

とく-そく【督促】 [名・他サ変] 契約・債務などの履行や税の納付をうながすこと。‖「本の返却を一する」

ドクター [doctor] [名] ❶医師。ドクトル。❷博士。博士号。❸大学院の博士課程。ドクターコース。‖「一に進む」

ドクター-カー [和製doctor＋car] [名] 医師が同乗し、患者を治療しながら医療機関に運ぶ救急車。ドクターズカー。

ドクター-ストップ [和製doctor＋stop] [名] ❶ボクシングで、試合中に選手が負傷したとき、医師の勧告によってレフェリーが試合中止を宣言すること。❷病気などのため、医師によって日常生活にある制限が加えられること。‖「一がかかって禁酒している」

ドクター-ヘリ [名] 医師が同乗し、患者を治療しながら医療機関に運ぶヘリコプター。▼「ドクターヘリコプター（和製doctor＋helicopter）」の略。

とくたい-せい【特待生】 [名] 成績・品行ともに優秀で、授業料免除、奨学金支給などの特別の待遇を受けている学生。

とく-だい【特大】 [名・形動] 特別に大きいこと。‖「一のピザ」「一号」

とく-だね【特種】 [名] 新聞・雑誌の記事などで、その社だけが入手した特別の情報。スクープ。‖「一をつかむ」⬇特落ち 書き方 多く「特ダネ」と書く。

どく-だみ【毒だみ・〈▼蕺草〉】 [名] 日陰の湿地に自生するドクダミ科の多年草。暗緑色の葉は心臓形。全体に強い異臭がある。全草を整腸・利尿・解毒などの民間薬にする。ジュウヤク。

とく-だわら【徳俵】ーダハラ [名] 相撲で、土俵の東西南北の中央に俵の幅だけ外側にずらして置いた俵。

とく-だん【特段】 [名] 特別。格段。‖「一の配慮」▼副詞的にも使う。

どく-だん【独断】 [名・他サ変] 自分だけの考えで勝手に物事を決めること。また、その判断。特に、その客観性を欠いた判断。‖「間違いないと一する」「委員長が一で議案を修正する」「一と偏見」「一的」

どくだん-じょう【独壇場】ーヂャウ [名] 「独擅場（どくせんじょう）」の「擅」を「壇」と誤って生じた語。⬇どくせんじょう 注意「どくだんば」「どたんば」と読むのは誤り。また、「土壇場（どたんば）」は別語。 壇

どくだん-せんこう【独断専行】ーセンカウ [名・自サ変] 自分だけの考えで決めて、勝手に物事を推し進めること。‖「委員長の一で事が決まる」 注意「専行」を「先行」と書くのは誤り。

と-ぐち【戸口】 [名] 家の出入り口。

どく-ち【毒血】 [名] 病毒を含んだ血。悪血（おけつ）。

とく-ちゅう【特注】 [名・他サ変] 特別の指定や条件などを加えて注文すること。‖「靴を一する」「一品」▼「特別注文」「特別発注」の略。

とく-ちょう【特長】ーチャウ [名] 他と比べて特にすぐれている点。特別の長所。‖「新製品の一を列挙する」「このカメラの一はきわめて軽いことだ」「各人がその一を発揮する」 使い方 ⬇特徴

とく-ちょう【特徴】 [名] 他と比べて特に目立つ点。‖「リアス海岸の一を挙げよ」「一のある声」「性格的には怒りっぽいという一がある」 使い方「新製品の特長／特徴」では、前者は特にすぐれている点をいう。後者は他と区別するための目印となるような点をいい、事のよしあしにかかわらない。

どくづ・く【毒突く】 [自五] 面と向かって激しくののしる。ひどく悪口を言う。

とく-てい【特定】 [名] ❶特にそれと定まっていること。‖「一の条件」「一のガールフレンドはいない」❷[他サ変] 特にそれと指定すること。‖「死亡時刻を午前一時と一する」「感染源を一する」

とくてい-きのう-びょういん【特定機能病院】ービャウヰン [名] 厚生労働大臣の承認を得て、高度の医療提供や技術開発、研修などを行う医療機関。

とくてい-ほけんようしょくひん【特定保健用食品】 [名] その摂取によって特定の保健に役立つことが期待できる旨の表示を消費者庁が許可した食品。特保。▼医薬品ではないことから効能を表示することはできない。

とく-てん【特典】 [名] 特別の恩典。また、特別の待遇。‖「割引きの一付き」

とく-てん【得点】 [名・自サ変] 競技・試験などで、点数を得ること。また、その点数。‖「ヘディングで一する」「高一・大量一」「一差」⇔失点

とく-でん【特電】 [名] 海外の特派員や通信社から新聞社などに送ってくる特別のニュース。▼「特別電報」の略。

とくてん-けん【得点圏】 [名] 野球で、一本の安打が出れば、走者がホームインできる塁。二塁または三塁。スコアリングポジション。‖「一打率」

とく-と【〈篤と〉】 [副] 念を入れて物事を行うさま。じっくりと。‖「一ご覧ください」

とく-ど【得度】 [名・自サ変] ❶迷いの世界を解脱して悟りの境地に入ること。❷剃髪（ていはつ）して仏門に入ること。出家すること。‖「一式」

とく‐とう【▼禿頭】[名] はげあたま。‖「―病」

とく‐とう【特等】[名] 特別の等級。一等よりもさらに上位の等級。‖「―賞[席]」

とく‐とく【得得】[形動タリ] いかにも得意そうなさま。‖「手柄話を―と語る」

どく‐とく【独特(独得)】[名・形動] きわだった特徴をそのものだけがもっていること。‖「―の文体」「―の/な雰囲気」「パティシエ―(＝独自)の製法で作った菓子」「セロリ―(＝特有)の香り」「一種―の奏法」 書き方 「独得の技術」など、自分で会得した意では多く「独得」と書いたが、今では「独特」が一般的。

どく‐どく [副と] 液体が勢いよく流れ出るさま。‖「傷口から血が―(と)流れる」

どくどく‐し・い【毒毒しい】[形] ❶いかにも毒がありそうなさま。‖「―昆虫」 ❷色彩が不快になるほどけばけばしいさま。‖「―口紅」 ❸いかにも悪意のありそうなさま。‖「―捨てぜりふを吐く」 派生 ‐げ／‐さ

ドクトリン[doctrine][名] ❶宗教上の教義。❷政策上の基本原則。‖「モンロー―」

ドクトル[Doktorドイ][名] 医師。ドクター。

とく‐に【特に】[副] 他と区別して取り扱うさま。とりわけ。とりたてて。‖「―この点に注目してください」「私は音楽の中でも―ロックに興味を持っている」

品格 殊に「―美しい宝石」 優れて「―文学的な資質」 とりわけ「今年は台風が―多い」 就中なかんずく「労働問題、―雇用問題を取り上げる」 分けても「西洋絵画、―ルノアールが好きだ」

とく‐のう【篤農】[名] 熱心に農業に取り組み、その研究に励む人。篤農家。

とく‐は【特派】[名・他サ変] 記者や使節をある任務のために特別に派遣すること。‖「―員」

どく‐は【読破】[名・他サ変] 大部の書物や難解な書物を終わりまで読み通すこと。‖「全集を―する」

とく‐はい【特配】[名] ❶[他サ変] 特別に配給すること。‖「食糧を―する」 ❷企業の業績が伸びたときなどに、通常配当とは別に行う配当。▽「特別配当」の略。

とく‐ばい【特売】[名・他サ変] ❶特別に安い価格で商品を売ること。‖「正月用品を―する」「―日・―品」 ❷入札をしないで特定の人に売り渡すこと。

どく‐はい【毒杯】[名] 毒酒を入れた杯さかずき。‖「―を仰ぐ」

どく‐はく【独白】[名・自他サ変] ❶演劇で、相手なしに一人でせりふを言うこと。また、そのせりふ。モノローグ。‖「熱い思いを―する」「―劇」 ❷ひとりごとを言うこと。また、ひとりごと。

とく‐はつ【特発】[名] ❶[他サ変] 定期便のほかに特別に出すこと。❷[自サ変] 特別の原因もなく突然に発病すること。‖「―性疾患」

とく‐ばん【特番】[名] ラジオ・テレビなどの、特別番組。‖「新春―」

とく‐ひつ【▼禿筆】[名] 穂先のすりきれた筆。ちびた筆。▽自分の文章や文字を謙遜けんそんしていうときにも使う。‖「―を呵かす(＝ちびた筆に息を吹きかけて書く意から、下手な文章や文字を書く)」

とく‐ひつ【特筆】[名・他サ変] そのことについて特に書き記すこと。‖「―すべき事柄」「―に値する快挙」

どく‐ひつ【毒筆】[名] 人を傷つけるために悪意をもって書くこと。また、その文章。‖「―を振るう」

とくひつ‐たいしょ【特筆大書】[名・他サ変] 特に目だつように強調して書き記すこと。‖「―すべき事実」

とく‐ひょう【得票】ウヘ [名・自他サ変] 選挙で候補者が票を獲得すること。また、獲得した票。‖「―数」

どく‐ふ【毒婦】[名] 人を傷つけ害する、邪悪な女性。

どく‐ぶつ【毒物】[名] 毒性をもつ物質。▽狭義には毒物及び劇物取締法に規定されているもので、医薬品・医薬部外品以外のものをいう。

とく‐ぶん【得分】[名] ❶もうけ。利益。❷その人がもらう分。取り分。分けまえ。

どく‐ぶん【独文】[名] ❶ドイツ語の文章。‖「―和訳」 ❷ドイツ文学。また、ドイツ文学科。▽「独文学」「独文学科」の略。

とく‐べつ【特別】■[名・形動] 他とはっきり区別されること。特に、他とはっきり区別して扱うこと。‖「―な才能をもつ人」「―の御高配を賜る」「―に仕立てたスーツ」「―割引」 使い方 ⇩特殊 ■[副] ❶他とはっきり区別されるさま。とりわけ。特に。‖「今日は―寒い」「―大きいシャツ」 ❷〈下に打ち消しを伴って〉それほど。これといって。別に。‖「―変わったこともない」「廉価品といっても―安くはない」

とくべつ‐かいけい【特別会計】イクワイケイ [名] 国・地方公共団体で、一般会計とは別に設ける会計。国では、特定の事業を行う場合、特定の資金を保有してその運用を行う場合、特定の歳入をもって特定の歳出にあてる場合に限り、法律によって設置する。地方公共団体は、条例によって設置することができる。特会。⇔一般会計

とくべつ‐きょうしつ【特別教室】‐ケウシツ [名] 理科・図工・音楽・家庭科などの授業用に、特別の設備をもっている教室。

とくべつ‐く【特別区】[名] 東京都の二三区。原則として市に関する規定が適用される。

とくべつ‐けいほう【特別警報】[名] 数十年に一度の豪雨や暴風などが予想され、甚大な自然災害が起こるおそれがあるときに、気象庁が発表する警報。

とくべつしえん‐がっこう【特別支援学校】トクベツシエンガクカウ [名] 障害のある児童・生徒に、幼稚園・小学校・中学校・高等学校に準ずる教育とともに、障害に基づく困難を改善・克服するために必要な教育を行う学校。▽校名に盲学校・聾ろう学校・養護学校を用いる学校も、学校教育法では特別支援学校。

とくべつ‐しょく【特別職】[名] 内閣総理大臣・国務大臣・大使・裁判官・地方公共団体の長など、国家公務員法・地方公務員法の適用を受けない公職。⇩一般職

とくべつ‐はいにんざい【特別背任罪】[名] 会社役職員が、その任務に背いて会社に財産上の損害を加える罪。▽会社法の規定による背任罪で、刑法上の背任罪よりも刑が重い。

とくべつようご‐ろうじんホーム【特別養護老人ホーム】‐ヤウゴラウジン [名] 身体上または精神上の障害のために常時介護を必要とする高齢者が入所し、必要な介護や機能訓練などを受けるための施設。在宅介護が困難な場合に利用される。

どく‐へび【毒蛇】[名] ⇩どくじゃ

とく‐ほ【特保】[名] 「特定保健用食品」の略。

とく‐ほう【特報】[名・他サ変] 特別に報告・報道すること。また、その報告・報道。‖「選挙―」

とく‐ぼう【徳望】ウバ [名] 徳が高く、人望があること。

また、多くの人に慕われる人格。

どく-ぼう【独房】［名］受刑者を一人だけ拘禁する監房。独居房。▼「独居監房」の略。

とく-ほん【読本】［名］旧制小学校で、国語の教科書として使われた本。また、一般に教科書。現在では多く入門書・解説書の表題として用いられる。≡「文章［人生］―」▼今は「どくほん」と言うことが多い。

ドグマ［Dogma ドイツ］［名］❶宗教上の教義。教理。❷組織などによって公認された教条。また、独断的な説。≡「―に陥る」

どく-み【毒味・毒見】［名・自他サ変］❶飲食物を人に勧める前に、毒の有無を確かめるために飲食してみること。≡「―役」❷料理の味加減をみること。

とく-む【特務】［名］特別の任務。

とく-めい【匿名】［名］自分の姓名を隠して知らせないこと。また、本名を隠して別名を使うこと。≡「―の投書」

とく-めい【特命】［名］特別の命令・任命。≡「―が下る」

とくめい-ぜんけんたいし【特命全権大使】［名］外交使節の第一階級。駐在大使館の長として駐在国との外交交渉を行い、自国民の保護・監督に当たる。全権大使。大使。

とくめい-たんとう-だいじん【特命担当大臣】［名］内閣府に所属する複数の国務大臣。特定の行政の総合調整を任務とする。内閣府特命担当大臣。

とく-もく【徳目】［名］徳を分類した細目。儒教の仁・義・礼・智・信など。

どく-や【毒矢】［名］矢じりに毒を塗った矢。

とく-やく【特約】［名・他サ変］特別の条件・便宜・利益などを伴う契約。また、その契約を結ぶこと。≡「―店」「災害―付き生命保険」

どく-やく【毒薬】［名］微量で激しい作用を現し、生命の危険を招く医薬品。▼劇薬より作用が激しいもので、薬機法に基づき厚生労働大臣が指定する。

とく-ゆう【特有】［名・形動］他にはなく、そのものだけに特に備わっていること。独自。≡「バロック時代に―の器楽形式」「日本に―の／な問題」「―の臭気をもつ気体」「地中海沿岸―の気候」

とく-よう【徳用（得用）】［名・形動］値段の割に量などが多くて役に立つこと。≡「―の洗剤」「―品」

とく-り【徳利】［名］❶日本酒などを入れる、細長くて口のすぼまった容器。陶磁製が多いが、金属製・ガラス製のものもある。銚子。とっくり。❷ほとんど泳げない人。とっくり。▼水に入れるとしばらくは浮くが結局は沈んでしまうことから。◈書き方「徳利」は当て字。

どく-りつ【独立】［名・自サ変］❶他のものから離れて、はっきり別になっていること。≡「―した部屋」「―の存在」使い方 形容動詞としても使う。≡「―な体系」❷他から支配されたり束縛されたりせずに、自分の力で行動し、生活すること。≡「親元から―する」「自主―の精神」❸他からの干渉を受けることなく、単独にその権限を行使できること。≡「司法権の―」

どくりつ-きかん【独立機関】［名］❶憲法上、内閣に対して独立した地位にある機関。国会・裁判所および会計検査院。▼三権分立の理念に基づく。❷内閣の下にあって、職務行為の独立性が保障されている機関。人事院・行政委員会など。独立行政機関。

どくりつぎょうせい-ほうじん【独立行政法人】［名］中央省庁の現業部門、試験研究機関、国立の美術館・博物館などを独立させ、新たに法人格をもつ機関としたもの。

どくりつ-こく【独立国】［名］独立した主権をもち、国際法上の能力を完全に備えた国家。主権国。

どくりつさいさん-せい【独立採算制】［名］ひとつの企業内で各部門がそれぞれ独立した自己の収支で採算をとるように経営する方式。

どくりつ-じそん【独立自尊】［名］他に頼らず、何事も独力で行うことによって自分の尊厳を保つこと。≡「―の精神」

どくりつ-どっぽ【独立独歩】［名］他に頼らず、自分の信じるところを独自に行うこと。独立独行。

どく-りょう【読了】［名・他サ変］読み終えること。≡「『三四郎』を―した」「半年かけて―する」

どく-りょく【独力】［名］自分一人の力。自力。≡「―で財を築く」

トグル［toggle］［名］❶同じ操作によってオンとオフなど二つの状態が切り替わる機構。≡「―スイッチ」❷浮子（うき）の形をした棒状のボタン。ダッフルコートなどの留め具に用いる。トグル。

と-ぐるま【戸車】［名］引き戸の開閉を滑らかにするために、戸の下部や上部に取りつける小さな車。

とく-れい【特例】［名］特別に設けた例。≡「―は認めない」

とく-れい【督励】［名・他サ変］監督して励ますこと。≡「部下を―する」

とくれい-し【特例市】［名］政令による特例が定められている都市。人口二〇万以上の市から申し出があった場合に指定され、都道府県から都市計画・区画整理・騒音規制などに関する事務が委譲される。

とく-れん【得恋】［名・自サ変］恋がかなうこと。恋愛が成就すること。▼「失恋」に対して造られた語。

とぐろ【〈▼蜷局〉】［名］蛇が体を渦巻き状に巻いていること。また、その状態。

◉**蜷局を巻・く** ❶蛇が体を渦巻き状に巻く。❷何人かが何をするでもなく、ある場所に集まって動かずにいる。❸腰を落ち着けて動かなくなる。

どく-ろ【▼髑▼髏】［名］風雨にさらされて白骨となった頭蓋骨（とうがい）。されこうべ。しゃれこうべ。

髑髏

どく-わ【独話】［名・自サ変］❶ひとりごとを言うこと。また、ひとりごと。独語。❷大勢の前で一人が話すこと。≡「―独演」

とげ【▽刺・▼棘】［名］❶植物の茎・葉や動物の体表などにある先のとがった小さな突起。≡「バラ［ウニ］の―」❷皮膚にささった竹や木などの細くて小さな断片。使い方 人の心を突き刺すような悪意・皮肉などのたとえにもいう。≡「―のある言い方」

とけ-あ・う【溶け合う（▽融け合う）】［自五］二つ以上の物質がとけてまざり合う。≡「炭酸ガスが水と―」

とけ-あ・う【解け合う】［自五］❶互いに心の隔たりがなくなって仲良くなる。≡「一同の心が―」❷取引で、話し合いによって売買契約を解く。名 **解け合い**

と-けい【《時計》】［名］時刻を示し、また時間をはかるための器械。≡「腕―・目覚まし―」

とけいーまわり【《時計》回り】ハ｜リマ［名］時計の針と同じ方向に回ること。右回り。

とけーこ・む【溶け込む(▽融け込む)】［自五］❶ある物質が液体や気体とまじって見分けがつかなくなる。❷周辺のものと一体になって一つになる。‖「姿が闇の中に―」❸その場の雰囲気や新しい環境になじむ。‖「新しい職場に―」

どーげざ【土下座】［名・自サ変］謝罪の気持ちなどを表すために、地面や床の上にひざまずいて深く頭をさげること。‖「―してわびる」

とーけつ【吐血】［名・自他サ変］食道・胃・十二指腸などから出血した血液を吐くこと。⬇喀血(かっけつ)

とげっーぽう【吐月峰】［名］たばこ盆の灰吹き。▼静岡市駿河区丸子の吐月峰と称する山で産する竹から製したことから。

とげとげーし・い【▽刺▽刺しい】［形］❶態度や言葉づかいが荒くきつい感じを含むさま。‖「―口調で断る」❷とがっているさま。とがったものがちくちくと刺すようなさま。‖「枝の―木瓜(けぼ)の樹〈芥川〉」派生 ―さ

と・ける【溶ける(▽融ける)】［自下一］❶ある物質が液体とまじり合って均一の液体になる。溶液の状態になる。‖「洗剤が水に―」❷固形物が熱や薬品によって液状になる。‖「氷［鉄］が―」書き方 金属の場合は「▼鎔ける」「▼熔ける」、雪や氷の場合は「解ける」とも。◈「解ける」と同語源。文 と・く

と・ける【解ける】■一［自下一］「解く」の自発形。❶結ばれていた物やしばられていた物がゆるんで離れる。‖「帯が―」「結び目が―」「靴のひもが―」❷制限・禁止などの束縛が取り除かれて自由な状態になる。解除される。‖「禁足令が―」「謹慎［勘当(かんどう)］が―」❸心にわだかまる不快な感情や緊張が消えてなくなる。‖「緊張［誤解］が―」❹疑問・問題などに対する答えが出る。‖「なぞが―」❺⬇溶ける② 文 と・く
■二［自他下一］「解く」の可能形。疑問・問題などの答えを出すことができる。‖「名探偵といえどもこの事件は―・けない」

と・げる【遂げる】［他下一］❶しようと思っていたことを果たす。目的を達する。‖「目的［雪辱］を―」「やり―」❷意図しないである結果を得る。特に、尋常でない死に方をする。‖「急成長を―」「非業の死を―」文 と・ぐ

ど・ける【▽退ける】■一［他下一］場所をあけるために、そこにあった物を別の場所に移す。どかす。のける。‖「机上の書類をわきに―・けて仕事にかかる」文 ど・く
■二［自下一］「退(ど)く」の可能形。どくことができる。

どーけん【土建】［名］土木と建築。‖「―業」

とこ【床】［名］❶寝るために布団などの寝具をととのえたところ。また、その布団など。ねどこ。‖「―を取る」「―に就く」「病の―に臥(ふ)す」読み分け ⬇ゆか(床) ❷ゆか。‖「―を張る」❸苗を植えて育てるところ。苗床。❹畳の芯(しん)。❺川の底。川床。❻「床の間」の略。‖「―柱」⬇床の間(図)

◉**床を延(の)・べる** 布団などの寝具を広げてしく。ねどこをととのえる。

とこ【▽所】［名］「ところ」のくだけた言い方。‖「今帰った―だ」「早い―片づけよう」

とこ【常】(造)いつも。いつまでも。‖「―夏・―世」

どーこ【▽何▽処・▽何▽所】［代］はっきりわかっていない場所や不特定の場所をさす。どの場所。どのところ。‖「―で休もうか」「―が痛むのですか」「さがしても―にも見当たらない」

◉**どこ吹く風** 人の意見など全く気にかけない(ふりをする)さま。

とこーあげ【床上げ】［名・自サ変］長い病気や出産のあと、体力が回復して寝床を片づけること。また、その祝い。床払い。

とこーいり【床入り】［名・自サ変］寝床に入ること。特に、婚礼の夜、新夫婦がはじめて寝床をともにすること。お床入り。

とーこう【渡航】ウ｜カ［名・自サ変］船や航空機で海外へ行くこと。‖「ブラジルに―する」「―手続き」

とーこうウ｜カ［副］あれこれ。なにやかや。‖「―するうちに年が変わった」▼「とかく」の転。書き方「▼兎▽角」「〈左右〉」などと当てる。

どーこう【土工】［名］❶土木工事で、土を掘り起こし、盛り土や土砂の運搬などをする基礎的な作業。❷土木工事に従事する労働者。

どーごう【土豪】ウ｜ガ［名］その土地の豪族。

どーごう【怒号】ウ｜ガ［名・自サ変］激しく怒って大声でどなること。また、そのどなり声。‖「議場が野次と―につつまれる」

どこーか【▽何▽処か】［連語］❶特定できない場所を表す語。‖「―で見かけた人だが」「―いい会場はないか」❷どことなく。どこやら。‖「―寂しそうな人」

とこーかざり【床飾り】［名］掛け物・置物・生け花などで、床の間を飾ること。また、その掛け物などの飾り。

とこーさかずき【床杯】ーサカ/ツキ［名］婚礼の夜、新夫婦が寝所で杯を取り交わすこと。また、その儀式。

とこしーえ【常しえ・〈永久〉】ヘ｜エ［名・形動］いつまでもずっと続くこと。とこしなえ。‖「―の愛」「―の眠りにつく(＝死ぬ)」

とこーずれ【床擦れ】［名］長く病床にあるとき、体の床に当たる部分が血行障害を起こしてただれること。ひどくなると皮膚の潰瘍(かいよう)が深くなり、皮下脂肪や筋肉が壊死(えし)に陥る。褥瘡(じょくそう)。

どこーそこ【▽何▽処▼其▽処】［代］どこと限定しないで、ある場所を漠然と指し示す語。‖「湯治なら―の湯がよいと教えてくれる」

とこーだたみ【床畳】［名］床の間に敷く畳。

とこーつち【床土】［名］❶苗床用の土。❷床の間の壁などに使う土。

とこーとこ［副］小またで足早に歩くさま。

どことーなく【▽何▽処となく(▽何▽処と無く)】［副］どことはっきり示せないが。何となく。‖「あの二人は―似ているね」

とこーとわ【▽常〈永久〉】ハ｜ト［名・形動］永久に変わらないこと。‖「―の愛」

とこーとん［名・副］最後の最後。どこまでも。徹底的に。‖「―追及する」

とこーなつ【常夏】［名］一年じゅう夏のような気候であること。‖「―の国」

とこーのーま【床の間】［名］日本建築の座敷で、正面上座に床を一段高く設けた所。掛け軸・置物・生け花などを飾る。とこ。⬇図(次ページ)

とこーばしら【床柱】［名］床の間の脇(わき)に立てる装飾的な柱。多く銘木を用いる。⬇床の間(図)

とこーばなれ【床離れ】［名・自サ変］❶朝、寝床か

ら起き出ること。起床。❷病気が治って病床から離れること。

とこ-ばらい【床払い】〔ラヒ〕[名]床上げ。

とこ-はる【常春】[名]一年じゅう春のように温暖な気候であること。「—の地」

とこ-ぶし【常節】[名]浅海の岩礁に分布するミミガイ科の巻き貝。アワビに似るが小さい。食用。ナガレコ。

どこ-までも【▽何▽処までも】[連語]❶どの場所までも。「—ついて行きます」❷あくまでも。徹底的に。「—抗戦する」

どこ-も【▽何▽処も】[連語]どの場所も。「—悪いところはありません」「休日で—込んでいた」使い方 強めた言い方で「どこもかしこも」とも。

とこ-や【床屋】[名]理髪店。理容店。また、理髪師。

とこ-やま【床山】[名]力士のまげを結うことや、歌舞伎役者の使用するかつらを整えることを職業とする人。

とこ-よ【常世】[名]❶永久に変わらないこと。❷「常世の国」の略。

とこよ-の-くに【常世の国】[名]❶古代の人がはるか海の彼方にあると信じていた国。❷不老不死の仙郷。❸人の死後、その魂が行く国。よみのくに。黄泉。◈略して「常世」とも。

ところ【所(▽処)】

A 場所

一[名]❶物が置かれたり事が行われたりする、具体的な場所。「ピアノを置く—」「岩清水のわき出る—」「昔、合戦のあった—」「弾丸のあたった—」

❷〈基準となる人を受けて〉その人が住んだり所属したりしている場所。「伯父の—に下宿する」「君の—(=会社)は待遇がいいから…」

❸〈基準となる物を受けて〉その物のすぐ近く。…のそば。「電柱の—に犬がいる」「信号の—を右に曲がる」

❹物の部分を場所としていう。…の箇所。「庭のすみの—に小山がある」「肩のすぐ下の—が痛い」

❺〈古風〉〈「所の…」の形で、体言を修飾して〉その土地の。その地方の。「幅広き襟飾り斜に結びたるさま、誰が目にも、—の美術諸生と見ゆるなるべし〈鷗外〉」

❻〈多く、固定的な言い回しで〉ある場所。また、物語の

❖床の間と和風住宅の各部

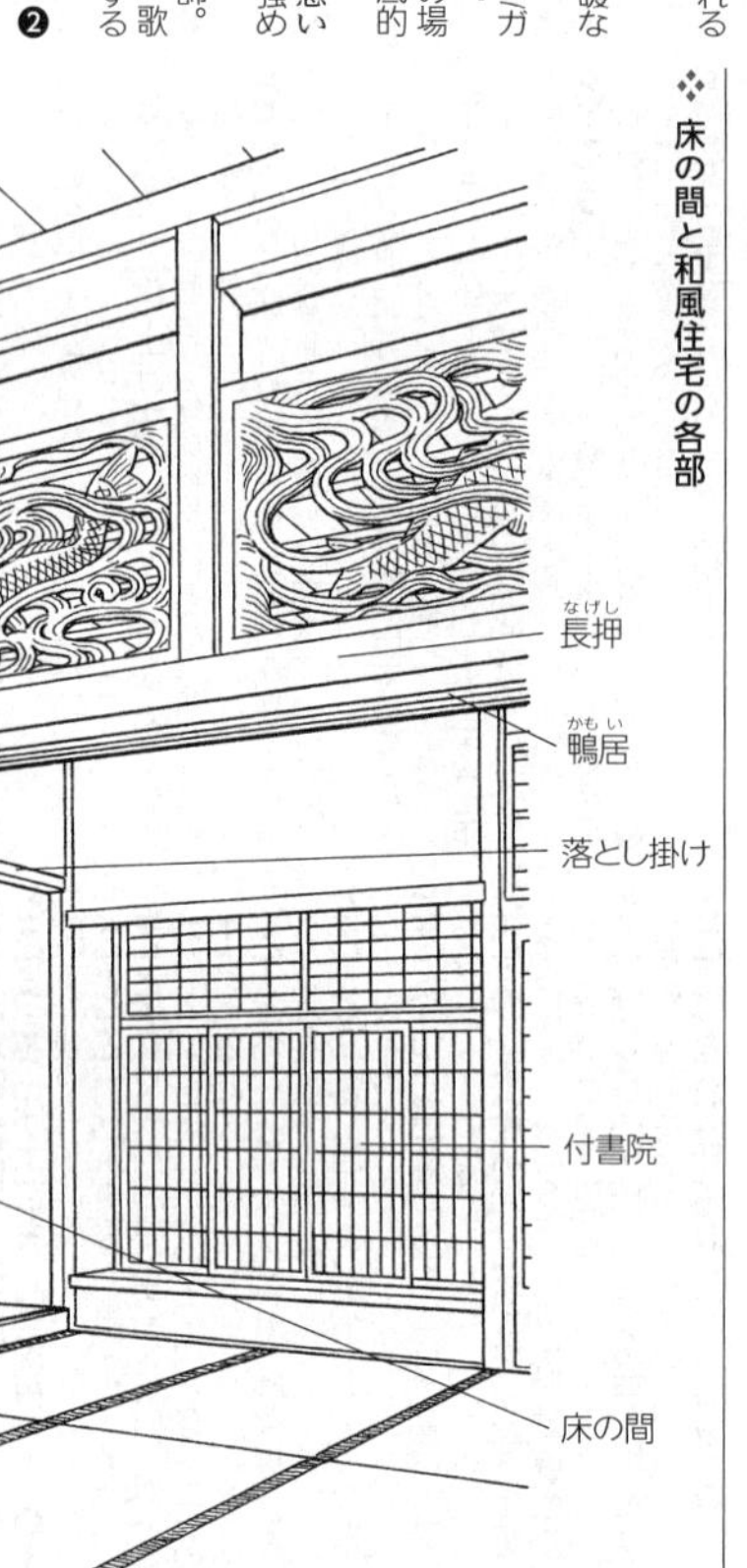

舞台となる場所。〓「天候は━によって異なる」「さて、━変わって、こちらは姫君…」

B 抽象的な側面・状況

❼問題となるその部分や側面。点。〓「見るべき━は多々ある」「そこが彼の偉い━だ」

❽そのような場面・状況・事態・場合などの意。〓「家を出る━を見た」「ちょうどいい━に来た」

❾〈数量・程度・範囲などを表す語句を受けて〉おおよその程度や漠然（ばくぜん）とした範囲などを表す。〓「大体の━は分かった」「三日が━（＝三日ほど）音さたがない」

C 時点・時間

❿〈「今［今日］のところ」などの形で〉今の時点を中心とした一定の時間。〓「今日の━はこれで終わりだ」「この━寒い日が続いている」

⓫〈「早いところ」の形で〉早いうちに。早いとこ。〓「用事は早い━済ましてしまおう」

⓬〈「…するところだ」「…ているところだ」「…たところだ」などの形で、現在または現在に近い過去を表す語を伴って〉動作が、直前・最中・直後にある意を表す。〓「今手紙を書いている━だ」「書き終わった━でベルが鳴った」

D その他

⓭前にくる語句の表す事柄の内容の意。〓「それこそ私の望む━だ」「聞く━によるとこうだ」「余す━なく打ち明ける」▽漢文で用言を体言化する助辞「所」を訓読したところから。

⓮〈「〇〇の…するところとなる」の形で〉〇〇に…される意（＝受身）を表す。〓「法の禁ずる━となる」▽漢文で受身の助辞「所」を訓読したところから。

⓯〈「…ところの」の形で、下の体言に続けて〉上の語句が連体修飾句であることを明示する。〓「彼らが信ずる━の神」「美しく輝く━の星々」▽欧米語の関係代名詞の直訳から出たもの。普通の言い方では使わない。

⓰〈「…ところから」の形で、活用語の連体形を受けて〉物事の原因や契機、出自や来歴などの事情を表す。…ことから。〓「病気がちな━から欠席が多い」「新薬は偶然に配合を誤った━から生まれた」

⓱〈「…たところ」の形で〉次に続く事柄のきっかけを表す。…ところが。〈順接にも逆接にも使う〉〓「お願いした━、すぐ引き受けてくれた」「お願いした━、断られた」

E 「〜どころ」「〜ところ」の形で使う

二（造）❶それにふさわしい場所やもの。〓「身の置き━もない」「見━がある」「役━・思案━・きれい━」

❷それを行う場所やもの。〓「打ち━が悪い」「とらえ━がない」

❸それがとれる場所。〓「米━・茶━」

❹それを供する場所。〓「お食事━・そば━」

❺場所を数える語。〓「ひと━」

❻［古風］貴人を数える語。方（かた）。〓「宮様お二（ふた）━」

◈二①〜④は「どころ」。書き方 一⑦以降は、かな書きが多い。二④は「処」が好まれる。

ところ【〈野老〉】［名］山野に自生するヤマノイモ科のつる性多年草。根茎から生じる多数のひげ根を老人のひげに見立てて野老（やろう）とも呼び、長寿を祝って正月の飾り物とする。オニドコロ。

どころ［副助］〈多く「…どころでは［じゃ］ない」「…どころの話［騒ぎ］ではない」の形で〉ある事柄を強く否定し（＝そんなことに心を向ける余裕がないことをいって）、さらに程度の高い他の事柄に注目させる。〓「受験を前にして花見どころではない」「大事故発生で休暇どころの話［気分］ではない」「電気が止まれば寒いどころの段ではないぞ」▽名詞「ところ（所）」から。

ところ-が［接］前の文から予測されるのと異なる事柄が続くことを述べる語。それなのに。しかるに。〓「早めに家を出た。━事故にあって遅れてしまった」

ところ-が［接助］〈過去の助動詞「た」の連体形に付いて〉❶予測と異なる事柄が続くという関係で二つの句をつなぐ語。…のに。〓「高価なものを贈ったところが、かえって嫌われてしまった」

❷次に続く事柄のきっかけを表す。…たら。…すると。〓「彼に頼んだところが、気持ちよく引き受けてくれた」

使い方 多く、予測しない展開になるという含みを持つ。

❸［古風］ところで。〓「仮りにそう決心したところが、実行のあてはなかった〈志賀直哉〉」

◈①②は、「が」を省略した形でも使う。

どころ-か［接助］前に述べたことを強く打ち消して、さらに程度の高いことを述べる語。決して…ではなくて、（驚くなかれ）逆に…だ。〓「昼寝どころか、夜寝る暇さえない」「知っているどころか、兄弟ですよ」「話をするどころか、会ってもくれなかった」▽名詞「ところ」＋終助詞「か」から。使い方 体言、用言の連体形、形容動詞の語幹などに付く。

ところ-がき【所書き】［名］紙などに住所を書き記すこと。また、その書いた住所。

ところ-かまわず【所構わず】［副］場所柄を考えないで。どこでも構わず。所嫌わず。〓「━大声で話す」

ところ-がら【所柄】［名］その場所の性質やようす。場所柄。〓「━をわきまえない言動」

ところ-せまし-と【所狭しと】［副］いかにも狭くて窮屈だといったようすをいう。〓「家々が━立ち並ぶ」

ところ-で［接］話題を変えるときに使う語。それはそうと。〓「━、仕事の方はどうですか」

ところ-で［接助］〈過去の助動詞「た」の連体形に付いて〉仮定の事柄を受けて、それが実現しても予測通りの結果にならないことを表す。たとえ…したとしても。〓「努力したところで報われない」「謝罪したところで罪が消えるわけではない」⬇ところが（接助）③

ところ-てん【〈心太〉】［名］海藻のテングサを煮て溶かし、型に流して冷やし固めた食品。「てん突き」と呼ばれる用具で麺（めん）状に突き出し、酢醤油（じょうゆ）・糖蜜などをかけて食べる。▽「こころふと」の転とされる。

ところてん-しき【〈心太〉式】［名］あとから押されて先に進むこと。また、そのような方式。〓「小学校から大学まで━に進学する」

ところ-どころ【所所】［名］あちこち。〓「━に印がついている」「━誤字がある」▽副詞的にも使う。

ところ-ばんち【所番地】［名］居住地・所在地の地名と番地。

ところ-を［接助］〈活用語の連体形を受けて〉後ろに述べることが、前に述べたことから予測される事態と違うことを表す。…のだが。…のに。〓「いつもなら電車に乗る━、その日は歩いた」

ど-こんじょう【ど根性】［名］したたかな根性。▽根性を強めていう語。

と-ざい【吐剤】［名］胃の中の物を吐きださせるための薬剤。催吐剤。

とさ-いぬ【土佐犬】［名］❶日本犬の一品種。四国原産の中形犬で、体格は頑丈。気性が激しく、古くは猪狩りに用いられた。天然記念物。四国犬。❷犬の一品種。①とマスチフ系の大形犬とを交配させて闘犬用に作り出されたもので、体高は六〇センチ内外、毛は短く、耳と尾はたれる。土佐闘犬。

どざえもん【土左▽衛門】［名］溺死体。水死体。▼江戸の力士成瀬川土左衛門の肥満体を、ふくれあがった水死体に見立てて言った語という。

と-さか【〈鶏冠〉】［名］ニワトリ・キジなどの頭部にある肉質冠状の突起物。雄によく発達する。肉冠。

どさ-くさ［名］急な出来事や用事で混雑している状態。取り込んでいる状態。‖「―に紛れて姿を消す」

と-ざ・す【閉ざす(▽鎖す)】［他五］❶(錠を下ろして)戸や門を閉める。‖「門を―」「国を―(=鎖国する)」❷目・口をとじたり耳をふさいだりして外界との交渉をもたないようにする。‖「固く口を―・して語らない」「心を―・して打ち解けない」❸進路をさえぎって先へ進めないようにする。ふさぐ。‖「渡航の道を―」「和平への道を―」❹閉じこめて出られないようにする。また、何かでおおって動きがとれないようにする。(受身で使うことが多い)‖「探検隊が氷に―・される」「心が悲しみに―・される」「辺りが暗やみに―・される」◈棒状の物を戸に差す意から。「閉じる」とは別語源。可能 **閉ざせる**

と-さつ【▼屠殺】［名・他サ変］肉・皮などをとるために家畜類を殺すこと。屠畜。畜殺。‖「豚を―する」

と-さつ【塗擦】［名・他サ変］薬などを塗りつけて、すりこむこと。

どさっ-と［副］❶重い物が落ちたり、重い物を投げ出したりするさま。また、その音を表す語。‖「屋根から―雪が落ちる」「荷物を―放り投げる」❷多量のものが一度に移動するさま。‖「書類を―渡す」「バーゲンで―買い込む」

と-ざま【▽外様】［名］❶鎌倉幕府以降の武家社会で、将軍と譜代の主従関係をもたない家臣。❷江戸時代、関ヶ原の役の後に徳川家に従った大名。親藩・譜代以外の大名。▼「外様大名」の略。❸組織などで、直系ではなく、傍系の立場にあること。また、その人。

どさ-まわり【どさ回り】［名］❶劇団・芸人などが地方を興行して回ること。また、もっぱら地方回りをしている劇団・芸人など。▼「どさ」は地方・田舎の意の隠語。❷盛り場などをうろつき回るならず者。地回り。

と-さ・れる［連語］➡される㊂‖「一般に成功は難しい―」

と-ざん【登山】［名・自サ変］山に登ること。山登り。‖「―道・―家」⇔下山

ど-さん【土産】［名］❶その土地の産物。‖「―品」❷みやげもの。みやげ。◈古くは「とさん」とも。

ど-さん【土▼讃】［名］土佐国から讃岐国。現在の高知・徳島・香川県地方。‖「―線」

どさん-こ【▽道産子】［名］❶北海道産の馬。❷北海道生まれの人。

とし【年(▽歳)】［名］❶時の単位の一つ。一月一日から十二月三十一日までの一年間。また、ある年次の一年間。‖「―を越す」「大学を卒業した―の出来事」❷年齢。よわい。‖「―が若い」「―をとる」❸相当の年齢に達していること。また、高齢。老齢。‖「もう―だ」

◉**年に似合わぬ** その年齢にはふさわしくない。‖「―しっかり者」使い方 多く、年齢相応の期待を超えているとして、プラスに評価していう。注意「年に合わぬ」は誤り。

◉**年には勝てない** 年をとると、気力はあっても、体力の衰えはどうしようもない。

◉**年に不足はな・い** ❶なにかをするのに十分な年齢に達している。❷十分に長生きをしたので、いつ死んでも不満はない。

◉**年を食・う** 年を取る。‖「彼は見かけよりも―・っている」▼思ったよりも年齢が高い場合に使うことが多い。

と-し【徒死】［名・自サ変］むだに死ぬこと。いぬじに。

と-し【都市】［名］人口が密集し、官公庁などが置かれて、その地方の政治・文化・経済の中心となっているまち。都会。‖「地方―」「―計画［ガス］」

と-じ【▽刀自】［名］❶一家の主婦。いえとじ。とうじ。❷年輩の女性。とうじ。▼名前の下に付けて敬称としても使う。◈「戸主」の意。

とじ【▼綴じ】［名］とじること。また、とじたもの。とじ方。‖「仮―・袋―」

と-じ【徒▼爾】［名・形動］無益であること。むだであること。‖「―に終わる」

と-じ【途次】［名］ある所へ向かう途中。道すがら。‖「帰郷の―京都に立ち寄る」

どじ［名・形動］間の抜けたしくじりをすること。また、そのような人。‖「―を踏む」「―な人」

とし-あけ【年明け】［名］古い年が終わって、新しい年になること。新年。‖「―早々に渡米する」

とじ-あわ・せる【▼綴じ合わせる】［他下一］紙などを重ねて一つにとじる。‖「書類を―」文 **とぢあは・す**

とし-うえ【年上】［名］年齢が上であること。また、その人。年長。年かさ。‖「三つ―のいとこ」⇔年下

とし-おとこ【年男】［名］❶その年の干支に当たる男性。節分に豆まきの役を務める。❷一家を代表して新年の諸儀式をとりしきる男性。正月の飾りつけをしたり、若水を汲んだりする。

とし-がい【年▽甲▼斐】［名］年齢にふさわしい思慮や分別。‖「―もなく浮かれさわぐ」

とし-かさ【年▼嵩】［名］❶年齢が他より多いこと。また、その人。年上。年長。‖「三つ―の友人」❷高齢。‖「―の人」

どし-がた・い【度し難い】［形］道理を言い聞かせてもわからせようがないさま。救いがたい。‖「わからず屋でどうにも―人」▼「済度し難い」の意。派生 ―さ

とし-かっこう【年格好(年▼恰好)】［名］外見から判断されるおおよその年齢。年のころ。‖「―は五〇前後のサラリーマン」

とじ-がね【▼綴じ金】［名］物をとじ合わせるのに使う金具。

とし-ぎんこう【都市銀行】［名］大都市に営業基盤を置き、全国に多数の支店網をもつ普通銀行。市中銀行。都銀。

とし-ご【年子】［名］同じ母親から生まれた一つ違いの子供。

とし-こうざん【都市鉱山】［名］使用済みの携帯電話や家電製品に含まれる希少金属などを再生可能な資源と見なし、都市の中の鉱山に見立てたもの。アーバンマイン。

とし-こし【年越し】［名・自サ変］❶旧年を送って新しい年を迎えること。また、大晦日の夜。‖「実家で―(を)する」❷節分の夜。

とし-こし-そば【年越し〈▼蕎麦〉】［名］細く長くとの縁起から、大晦日に食べるそば。

とじ-こ・む【▼綴じ込む】［他五］❶重ねて一つにとじる。とじ合わせる。❷とじたものの中に、後からとじ入れる。「雑誌にポスターを—」名**とじ込み**

とじ-こ・める【閉じ込める】［他下一］出入り口をしめて外へ出られないようにする。「鍵をかけて部屋に—」文**とぢこむ**

とじ-こも・る【閉じ籠もる】［自五］戸などを閉め切って家や部屋から外へ出ないようにする。また、外との関係を断ってある環境や状態に入り込む。「自分の殻に—」

とし-ごろ【年頃】［名］❶おおよその年齢。特に、結婚するのにふさわしい年齢。「—は四五、六の男性」「遊びたい—」「—の娘」❷ここ数年の間。年来。「—の心労から病の床につく」▼副詞的にも使う。

とし-した【年下】［名］年齢が下であること。また、その人。年少。「弟は五つ—だ」⇔年上

とじ-しろ【▼綴じ代】［名］とじるために少し空白にしておく、紙などの端の部分。

とした-ことが［連語］〈人を表す語を受けて〉…ともあろう者がの意で、通常はするはずのない過誤を犯したことを嘆いていう語。「私—、大変なことを言ってしまった」「名人—、何たる悪手!」

と-したら［接・連語］⇒とすると▼格助詞「と」+動詞「する」の連用形「し」+接続助詞「たら」。

ど-しつ【土質】［名］土壌の性質。「—の悪い畑」

とし-つき【年月】［名］❶年と月。歳月。ねんげつ。「—が経つ」❷長い歳月。年ごろ。年来。「—の願いがかなう」▼副詞的にも使う。

とじ-つ・ける【▼綴じ付ける】［他下一］とじて離れないようにする。「報告書に表紙を—」文**とぢつ・く**

とし-づよ【年強】［名・形動］❶数え年で年齢をいうとき、その年の前半の生まれであること。また、その人。⇔年弱❷年上であること。

と-して［連語］❶〈「AがBとして」「AをBとして」などの形で〉資格・立場・名目などを表す。「水泳部が県代表—出場した」「彼を客—もてなす」▼副詞的に使う「原則として」「結果として」などは、この用法から出たもの。❷〈多く「(Aは)Bとしては」の形で〉評価や位置づけに際して、対象の含まれる母集団を表す。…の中では。「この子は三歳児—は大きい方だ」「本誌は総合誌—は後発に属する」❸〈「…として(は)」の形で〉判断を下す主体を表す。「会社—(は)譲れないところだ」「私—は賛成しかねる」❹〈単数を表す語を受け、下に打ち消しの語を伴って〉全面的否定を表す。まったく…ない。「一つ—満足な作品はない」「一人—賛成しない」使い方「どれ[何]一つ—」「誰一人—」など、疑問詞を冠して意味を強める。❺〈活用語の終止形を受けて〉…と想定して。…と仮定して。「議員に選出された—、何から手を付けますか」「今後も起こりうる—対策を立てる」❻〈活用語の終止形を受けて〉…という理由で。…という名目で。「問題が多い—退けられる」

と-しても［連語］❶〈体言に付いて〉…の場合でも。…の立場でも。「私—返事のしようがない」❷〈活用語の終止形や過去の助動詞「た」の終止形に付いて〉仮に…であっても。「行ける—少し遅れる」「応募した—採用されないだろう」

とし-でんせつ【都市伝説】［名］現代の都市で生まれ、広く口承される根拠のない噂話。

とし-どし【年年】［名］年を追うごと。年ごと。ねんねん。「—にさびれてきた祭事」

どし-どし［副］❶物事が切れめなく続くさま。また、遠慮なく活発に行うさま。「仕事を—と片づける」「—質問してください」❷荒々しく床を踏み鳴らして歩く音を表す語。「廊下を—と歩く」

とし-とり【年取り】［名］❶年齢を加えること。加年。加齢。❷大晦日または節分の夜に一つ年を取ることを祝って行う行事。

とし-と・る【年取る】［自五］年齢を加える。また、老いる。年寄る。「—・った両親を呼び寄せる」名**年取り**

とし-なみ【年波】［名］年を取ること。「寄る—には勝てない」▼「年が寄る」を「波が寄る」にかけた語。

とし-の-いち【年の市・▽歳の市】［名］年の暮れに新年の飾り物や正月用品を売るために立つ市。

とし-の-くれ【年の暮れ】［名］年末。歳暮。年の瀬。

とし-の-こう【年の功】［名］年をとって経験を積んでいること。また、その経験の力。「亀の甲より—」

とし-の-ころ【年の頃】［名］おおよその年齢。「—三五、六の男性」

とし-の-せ【年の瀬】［名］年の暮れ。年末。歳末。「—も押し詰まる」

とし-は【年端】［名］年齢のほど。としのは。「—の行かぬ(=まだ幼い)子」▼「年歯」の訓読みから。

とじ-ばり【▼綴じ針】［名］布団や編み物をとじるのに使う太くて長い針。

とじ-ぶた【▼綴じ蓋】［名］壊れたのを修理したふた。「割れ鍋に—」

とじ-ほん【▼綴じ本】［名］糸などでとじて作った本。とじまき。冊子。

とし-ま【年▽増】［名］娘盛りを過ぎて少し年を取った女性。▼江戸時代は二〇歳前後の女性をいった。

と-じまり【戸締まり】［名］出入り口の戸や窓を閉め、鍵などをかけること。

とし-まわり【年回り】［名］❶その人の運勢に吉凶をもたらすとされる年齢。「今年は—が悪い」▼男性の四二歳、女性の三三歳は最も凶とされる。❷年のころ。年格好。年齢。「似たような—の二人」

とじ-め【▼綴じ目】［名］物をとじ合わせたところ。「本の—」

と-しゃ【吐▼瀉】［名・他サ変］嘔吐と下痢。はきくだし。「—物」

瀉

ど-しゃ【土砂】［名］土と砂。「—くずれ」

どしゃ-ぶり【土砂降り】［名］大粒の雨が激しく降ること。また、その雨。

と-しゅ【斗酒】［名］一斗の酒。また、多量の酒。「—なお辞せず(=大酒を飲むこと)」

と-しゅ【徒手】［名］❶手に何も持たないこと。素手。❷自分の力以外に頼るものがないこと。「—で事業を興す」

としゅ-くうけん【徒手空拳】［名］❶手に何一つ持たないこと。❷自分の力以外に全く頼るものがない

こと。◈「徒手」を強めていう語。

としゅ-たいそう【徒手体操】［名］器械や手具を使わないで行う自由な体操。⇔器械体操

と-しょ【図書】［名］書物。本。‖「参考ー」「ー整理」

と-しょ【▼屠所】［名］食用にする家畜を殺して処理するところ。屠場（とじょう）。

と-しょう【徒渉・渡渉】［名・自サ変］川などを歩いて渡ること。

と-じょう【途上】［名］❶目的に向かう途中。‖「出勤のーで事故に遭う」❷ある目的に向かって進行している途中。‖「建設のーにあるダム」

と-じょう【▼屠場】［名］屠所（としょ）。

と-じょう【登城】［名・自サ変］武士が城に参上すること。城に出仕すること。とうじょう。⇔下城

どじょう【〈泥▼鰌〉】［名］小川・池沼・水田などに分布するコイ目ドジョウ科の淡水魚。ぬるぬるした体は細長い円筒形で、口に五対のひげがある。柳川鍋（やながわなべ）・どじょう汁などにして食べる。オドリコ。‖「二匹目のーをねらう（＝一度成功した同じ方法で二度目の成功をねらう）」 鰌

ど-じょう【土壌】［名］土（つち）。特に、作物を育てる土。‖「肥えたー」「ー汚染」［使い方］物事を発生・発展させる基盤のたとえにもいう。‖「汚職を生むー」「すぐれた学生を育てるー」 壌

どじょう-いんげん【〈泥▼鰌〉隠元】［名］インゲンマメの一品種。肉厚の若いさやを食用とする。

どじょう-ひげ【〈泥▼鰌〉▼髭】［名］ドジョウのひげのように、まばらで薄い口ひげ。

ど-しょうぼね【土性骨】［名］［俗］性質・根性を強めていう語。ど根性。どしょっぽね。‖「ーの太いやつだ」

としょ-かん【図書館】［名］図書・記録その他の資料や情報を集めて整理・保管し、広く一般の利用に供するための施設。

と-しょく【徒食】［名・自サ変］働かないで遊んで暮らすこと。‖「無為ーの生活」

としょ-しつ【図書室】［名］多くの図書などを集めて保管し、利用者に閲覧させる部屋。

とし-より【年寄り】［名］❶年をとった人。老人。‖「おー」「ーじみた話はよそう」❷大相撲で、引退後年寄株を持ち、日本相撲協会の評議員として、その運営や力士の指導にあたるもの。［書き方］②は「年寄」と書く。

◉**年寄りの冷（ひ）や水** 老人が高齢にふさわしくない危ない行為や差し出がましい振る舞いをすることを、戒めたり冷やかしたりしていうことば。

とし-よわ【年弱】［名・形動］❶数え年で年齢をいうとき、その年の後半の生まれであること。また、その人。⇔年強（としつよ）❷年下であること。

と・じる【閉じる】［一］［自上一］❶開いていたものが合わさって行き来ができなくなる。‖「風でドアがー」「カーテン［貝のふた・まぶた］がー」⇔開（ひら）く・開（あ）く ❷続いていた組織や催しなどが終わりになる。‖「本日をもって〇〇商店がー」「昼前には会議もー」⇔開（ひら）く ❸〈多く「閉じた」の形で〉閉ざされた状態で他とのかかわりをもたない。‖「ーじた社会［体系］」［二］［他上一］❶開いていたものをくっつけ合わせ、空間を埋めふさいで行き来ができないようにする。‖「門［戸棚・本］をー」「段ボール箱のふたをー」⇔開（あ）ける ❷目・口などの身体部分で、開いたものの両端をくっつけ合わせる。‖「目をーじて音楽を聴く」「口をー」❸続いていた組織や催しなどを終わりにする。‖「本日でもって〇〇研究所をー」「大会が成功裏に幕をー」「〇〇協会が五〇年の歴史をーじた」「八〇年の生涯をー」❹コンピューターで、プログラムなどを終了する。‖「ファイルを保存してー」◈「綴じる」と同語源。［文］と・づ

と・じる【▼綴じる】［他上一］❶ばらばらになりそうな書類などを重ね合わせて一つにつづる。‖「ホチキスで書類をー」「請求書をファイルにー」❷布などを重ね合わせて動かないように縫いつける。‖「ほころびをー」「縫いー」❸溶いた卵などをかけて煮物をまとめる。‖「卵でー」［文］と・づ ［名］綴じ

とし-わか・い【年若い】［形］年齢が若い。‖「ー青年」

とし-わすれ【年忘れ】［名］年の暮れに、一年の苦労を忘れること。また、そのために催す宴会。忘年会。

と-しん【▼兎唇】［名］口唇裂（こうしんれつ）。

と-しん【妬心】［名］ねたむ気持ち。嫉妬（しっと）心。

と-しん【都心】［名］大都市の中心部。特に、東京都の中心部。‖「副ー」

と-じん【都▼塵】［名］都会のごみごみとしたさわがしさ。都会のわずらわしさ。

ど-じん【土人】［名］❶土着の人。❷未開の地で原始的な生活をしている先住民を軽侮していった語。

と-じんし【都人士】［名］都会に住む人。都会人。

どしん-と［副］「どすんと」に同じ。

トス【toss】［名・自他サ変］❶野球・バスケットボールなどで、下から軽くすくうようにしてボールを近くの味方選手に投げ渡すこと。❷バレーボールで、味方選手が攻撃しやすいボールを軽くネット際に打ち上げること。❸テニス・卓球などで、サーブを打つためにボールを空中に投げ上げること。❹コインを親指ではじき上げて、その出た面の表裏によって物事を決めること。

どす［名］（やくざなどが持つ）短刀。‖「ーで刺す」「ーの利いた声（＝すごみのある声）」

ど-すう【度数】［名］❶その物事が何度行われたかという数。回数。‖「五〇ーのテレホンカード」❷温度や角度などを示す数値。❸含まれているアルコールの度合いを表す数値。‖「ーの高い蒸留酒」

どす-ぐろ・い【どす黒い】［形］色が濁ったように黒ずんでいるさま。‖「ー血を吐く」［派生］-さ

どすこい［感］相撲甚句（じんく）のかけ声。▽「どっこい」が転じた語。

トス-バッティング【和製toss＋batting】［名］野球で、斜め前方から軽く球を投げさせ、それを軽く打ち返す打撃練習。

と・する【賭する】［他サ変］ある目的のために大切なものを失う覚悟でさし出す。‖「社運をーした大事業」［文］と・す

と-する［連語］❶⇩する［一］⑨⑩‖「当局では実行は難しいとーしている」❷〈「…（よ）うとする」の形で〉⇩う（助動）⑥‖「出かけようーと電話が鳴った」

ど・する【度する】［他サ変］❶仏が衆生（しゅじょう）を救い、悟りの境地に導く。済度（さいど）する。❷道理を言い聞かせて納得させる。⇩度し難い ［文］ど・す

と-する-と［一］［接］そうだとすれば。そうすると。とすれば。とすると。‖「この先で事故があったらしい」「ーだいぶ時間がかかるな」［二］［連語］〈活用語の終止形を受

けて〉❶…と仮定すると。…とすれば。…としたら。‖「今日送る—いつ着きますか」「雨だ—中止だろう」❷その状況から判断すると。…としたら。‖「この時間になっても帰らない—、今日は泊まりかも知れない」

と-すれ-ば［接・連語］⬇とすると・ば（接助）㊀⑫⑮

どすん-と［副］重いものが勢いよく落ちたり、激しい勢いでぶつかったりするさま。また、その音を表す語。どしんと。‖「屋根から—落ちる」

とせ【▽年・▽歳】（造）〈数を表す和語に付いて〉年数を数える語。‖「二—・三—・千—」

と-せい【渡世】［名］❶世の中で生活していくこと。世渡り。❷生活していくための仕事。なりわい。生業。稼業。

ど-せい【土星】［名］太陽から数えて六番目の軌道を回る惑星。惑星の中では木星についで大きい。赤道の周囲に無数の小天体からなる環があり、ほかに六〇個以上の衛星が確認されている。サターン。

ど-せい【土製】［名］土で作ること。また、土で作ったもの。‖「—の器物」

ど-せい【怒声】［名］怒ってどなる声。‖「—を浴びる」

とせい-にん【渡世人】［名］ばくち打ち。やくざ。

どせき-りゅう【土石流】［名］山の斜面などに堆積していた大量の土砂や石が長雨や豪雨の水を含んで一気に流れ下る現象。

と-ぜつ【途絶（▼杜絶）】［名・自他サ変］続いてきたものが途中で絶えること。また、途中で絶やすこと。‖「通信が—する」書き方「途絶」は代用表記。

と-せん【渡船】［名］わたしぶね。‖「—場」

と-ぜん【徒然】［名・形動］何もすることがなくて退屈なこと。つれづれ。‖「—を慰める」

とせん-きょう【渡線橋】［名］⬇跨線橋

と-そ【▼屠▼蘇】［名］❶漢方薬の一つ。山椒・白朮・桔梗・肉桂・防風などを調合したもの。屠蘇延命散。▼「屠蘇散」の略。❷①を袋に入れて酒または味醂に浸した薬酒。延命長寿を願って年頭に飲む。また、年頭に飲む祝いの酒。‖「お—気分（=正月の気分）が抜けない」

屠

と-そう【塗装】［名・他サ変］装飾や保護のために、物の表面に塗料を塗ること。また、塗料を吹きつけること。‖「壁を—する」「—業」

ど-そう【土葬】［名・他サ変］死体を土中に埋めて葬ること。また、その葬法。

ど-ぞう【土蔵】［名］四面の壁を土や漆喰で厚く塗り固めた倉庫。つちぐら。‖「—造り（=土蔵のように壁を土や漆喰で塗り固めた構造）」

ど-そく【土足】［名］❶泥で汚れたままの足。どろあし。❷履物をはいたままの足。‖「—厳禁」

ど-ぞく【土俗】［名］その土地の風俗。‖「—的な絵画」

ど-だい【土台】㊀［名］❶建築物の最下部にあって、全体を支えているもの。特に、木造建築で、骨組みの最下部にあって柱を支えている横木。❷物事の基礎。もとい。‖「計画の—が固まる」㊁［副］根本から。もともと。元来。‖「勉強しないで合格しようなんて—無理な話だ」

と-だ・える【途絶える（▽跡絶える）】［自下一］続いていたものが途中で絶える。とぎれる。途絶する。‖「人通り［通信］が—」文とだゆ

どた-キャン［名］直前になってから約束を取り消すこと。▼「土壇場のキャンセル」の略。

どた-ぐつ【どた靴】［名］歩くとどたどたと音がするような不恰好な靴。

どた-どた［副⁻］荒々しく歩いたり走ったりするさま。また、その音を表す語。‖「廊下を—（と）歩く」

と-だな【戸棚】［名］三方を板などで囲った中に物を載せる棚を設け、前面に戸を取りつけた家具。

どた-ばた㊀［副⁻］❶室内などで走りまわったり、あばれまわったりして騒ぐさま。‖「子供が—（と）駆けまわる」❷あわてさわぐさま。‖「急な引っ越しで—する」㊁［名］滑稽なせりふと大げさな演技で客を笑わせる喜劇。スラップスティック。▼「どたばた喜劇」の略。

と-たん【途端】［名］あることが行われたちょうどその時。（…と）同時（に）。‖「点火した—に爆発した」「顔を見た—、泣きだした」▼多く副詞的に使う。

と-たん【塗炭】［名］ひどい苦痛。また、きわめて苦しい境遇。‖「—の苦しみをなめる」▼泥にまみれ火に焼かれる意から。

トタン［名］薄い鋼板に亜鉛をめっきしたもの。屋根板などに用いる。トタン板。▼tutanaga ポルト（=亜鉛）から。

どたん-ば【土壇場】［名］決断を迫られる最後の場面。物事のせっぱつまった状態。‖「—にきて話がひっくり返る」▼もと、斬首の刑を行うために築いた土の壇の意。

壇

とち【▼栃・▼橡】［名］⬇とちのき（栃の木）

と-ち【土地】［名］❶陸地。大地。❷作物などが育つ土壌。‖「よく肥えた—」❸宅地・農地など、人が所有し、利用する地面。地所。❹その地方。‖「その—のことば」

どち［名］〔古風〕親しい仲間。同士。▼名詞の下につけて接尾語的にも使う。‖「男［女］—」

とち-がら【土地柄】［名］その土地に特有の風俗・習慣。また、そこの住民に特有の気風。‖「純朴な—」

とち-かん【土地勘・土地鑑】［名］その土地の地理・地形・事情などに通じていること。‖「—のある者の犯行」

とち-くる・う【とち狂う】［自五］❶ふざける。たわむれる。❷勘違いして判断を誤る。‖「—・って妙な服を買ってしまった」◈「とちぐるう」「どちぐるう」とも。

とちっ-こ【土地っ子】［名］その土地で生まれ、そこに住みついている人。

とち-の-き【栃の木・▼橡の木】［名］山地に自生するトチノキ科の落葉高木。初夏、若枝の先に白地に紅斑のある四弁花を円錐状につける。クリに似た褐色の種子はさらして食用、材は家具・器具などに用いる。トチ。▼マロニエは近縁種。

とちめん-ぼう【栃麺棒】［名］❶とちめん（=トチノキの実の粉を小麦粉などと混ぜて作るめん）を打ちのばすときに使う丸棒。❷あわてふためくこと。また、その人。‖「—を食う」▼「とちめく（=うろたえる）坊」の転とも、とちめんを打つときにめん棒をせわしなく扱うことからともいう。

ど-ちゃく【土着】［名・自サ変］❶先祖代々その土地に住んでいること。また、その土地に住みつくこと。‖「この地に—した一族」「—民」❷その土地に根づいていること。‖「—の文化」

と-ちゅう【▼杜仲】［名］中国南西部に自生するトチ

ユウ科の落葉高木。雌雄異株。葉は互生し、楕円(だえん)形。樹皮は乾燥させ強壮・鎮痛薬とする。また、葉を煎じて茶のように飲用する。

と-ちゅう【途中】［名］❶ある場所に着くまでの間。‖「買い物に行く—で財布を忘れたことに気づく」「—下車」❷物事が進行している間。まだ終わらないうち。‖「演奏を—でやめる」

ど-ちゅう【土中】［名］土の中。‖「—に埋める」

と-ちょう【徒長】(ヤウ)［名・自サ変］窒素肥料の過多や日照の不足によって、作物の茎や枝が不必要に伸びてしまうこと。‖「苗が—する」「—枝(し)」

と-ちょう【都庁】(ヤウ)［名］東京都の行政事務を扱う役所。▽「東京都庁」の略。

と-ちょう【登頂】(ヤウ)［名・自サ変］➡とうちょう(登頂)

ど-ちょう【怒張】(ヤウ)［名・自サ変］❶ふくれあがること。❷肩などをいからして張ること。

どち-ら［代］❶はっきりわかっていない、また、不特定の場所・方向を指し示す語。‖「—へお出かけですか」「—からいらっしゃいました」▽「どこ」より丁寧な言い方。❷二つまたはそれ以上のものの中から一つを選ぶとき、一方に限定しないでその一つを指し示す語。‖「肉と魚では—が好きですか」❸どなた。‖「—様でいらっしゃいますか」◈もとの用字は「▽何▽方」。①②は「どっち」より丁寧な言い方。

どちら-も［連語］二つのものが両方とも。双方。‖「肉と野菜、—好きです」

とち・る［自他五］❶俳優などが、せりふや演技をまちがえる。‖「せりふを—」❷物事をやりそこなう。しくじる。‖「口頭試問で—」名 とちり

とっ【取っ】［接頭］〈動詞に付いて〉語調を整え意味を強める。‖「—ぱずす」「—つかまえる」▽動詞「取る」の連用形「とり」の促音化。

とつ【▼咄】［感］〔古風〕❶舌打ちをして、しかりつけるときに発する語。❷驚き、あやしんで発する語。‖「—、これはしたり」

とつ【凸】(造)中央がつき出ている。‖「—起・—面鏡」「凹—」

とつ【突】(造)❶つき出る。つき出たもの。‖「—起・—出」「煙—」❷つく。つきあたる。‖「—撃・—入・—破」「激—・衝—・追—」❸だしぬけに。‖「—然・—風」「唐—」旧突

とつ-おいつ［副］〔古風〕あれこれと思い迷うさま。あれやこれやと。‖「—思案を巡らす」▽「取りつ置きつ」の転。

とっ-か【特化】(トククワ)［名・他サ変］特定の物事に重点を置くこと。特別に限定すること。‖「我が社は今後の事業を情報配信サービスに—する」「環境問題に—して議論を行う」

とっ-か【特価】(トク)［名］特別に安くつけた値段。‖「—品」

とっ-か【特科】(トククワ)［名］特殊の科目。特別な学科。‖「政治家になるべき—のあるべうもあらず〈鷗外・舞姫〉」

とっ-か【徳化】(トククワ)［名・他サ変］徳によって人々を感化すること。‖「民衆を—する」

どっ-か【読過】(ドククワ)［名・他サ変］❶終わりまで読み通すこと。読了。❷読み落とすこと。‖「肝心な箇所を—する」

どっか［連語］「どこか」の転。‖「—へ行きたい」

トッカータ［toccataイタリア］［名］鍵盤(けんばん)楽器のために書かれた即興的で自由な形式の楽曲。一七、八世紀のバロック時代に盛行した。

とっ-かい【特快】(トククワイ)［名］快速電車より停車駅を少なくして速く走らせる電車。▽「特別快速」の略。

どっ-かい【読解】(ドク)［名・他サ変］文章を読んで、その意味・内容を理解すること。‖「英文を—する」「—力をつける」

とっかえ-ひっかえ【取っ替え引っ替え・取っ換え引っ換え】(トッカヘヒッカヘ)［副］あれこれと次々にとりかえるさま。‖「衣装を—する」▽「とりかえひきかえ」の転。

とっ-かかり【取っかかり(取っ掛かり)】［名］物事を始めること。また、物事を始める手がかり。‖「仕事の—が遅い」「解決の—をつかむ」▽「取り掛かり」の転。

とっ-かく【突角】［名］つき出したかど。

どっか-と［副］❶重い物を置いたり、重々しく腰をおろしたりするさま。どっかり。‖「荷を—おろす」❷堂々と座っているさま。どっかり。‖「—あぐらをかく」

どっかり［副］❶➡どっかと ❷物事が急に変動するさま。どかっと。‖「目方が—(と)減る」❸大量の物が一時に集まるさま。どかっと。‖「雪が—(と)積もる」

とっ-かん【▼吶▼喊】［名・自サ変］❶ときの声をあげること。❷ときの声をあげて敵陣につき進むこと。突貫。

とっ-かん【突貫】(クワン)［名・自サ変］❶短期間に一気に事を進めること。‖「—工事」❷ときの声をあげて敵陣につき進むこと。吶喊(とっかん)。

とっ-き【突起】［名・自サ変］物の一部分がつき出ていること。また、その部分。‖「—物(ぶつ)」

とっ-き【特記】(トク)［名・他サ変］特別に書き記すこと。特筆。‖「注意事項を—する」「—事項」

どっ-き【毒気】(ドク)［名］➡どくけ

ど-つき【度付き】［名］眼鏡に視力調整用のレンズが付いていること。‖「—のサングラス」

とっ-きゅう【特急】(トクキフ)［名］❶特に急ぐこと。大急ぎ。‖「—で仕上げる」❷主要な駅だけに止まり、普通急行よりも早く目的地に到着するようにした電車や列車。‖「—券」「超—」▽「特別急行」の略。

とっ-きゅう【特級】(トクキフ)［名］特別の等級。一級より上の等級。‖「—品」

とっ-きょ【特許】(トク)［名］❶国が特定の人または法人に対して特定の能力・資格・権利などを与える法律行為。❷「特許権」の略。

どっ-きょ【独居】(ドク)［名・自サ変］一人だけで住んでいること。ひとり暮らし。‖「—老人」

とっきょ-けん【特許権】(トクキョ)［名］工業所有権の一つ。特許法により特許を得た新規の発明・考案を独占的・排他的に使用できる権利。パテント。特許。

とっきょ-ちょう【特許庁】(トクキョチャウ)［名］経済産業省の外局の一つ。発明・実用新案・意匠および商標に関する審査・審判・登録などの事務を扱う。

ドッキング［docking］［名・自サ変］❶人工衛星や宇宙船が宇宙空間の軌道で結合すること。❷離れていたものが結合して一つになること。‖「二つの団体を—させる」

どっきん-ほう【独禁法】(ドクキンハフ)［名］「独占禁止法」の略。

とっ-く【特区】(トク)［名］特定の分野や業種に対して特

別に法的規制などを緩和・撤廃し、また特定の優遇制度を適用する区域。▽「特別区域」の略。

とつ・ぐ【嫁ぐ】[自五] よめに行く。☰「次女が商家に―」「遠く九州に―・いだ姉」▽やや古い言い方。

ドック[dock][名] ❶船舶の建造・修理・検査などを行うために構築された施設。乾ドック・浮きドックなどがある。船渠(せんきょ)。❷「人間ドック」の略。

ど-つ・く【ど突く】[他五] こづく。なぐる。どづく。☰「いたずらがばれて―・かれる」「この野郎、―・いたろか」▽主に関西でいう。「ど」は接頭語。

ドッグ-イヤー[dog year][名] 犬の一年は人間の七、八年に相当することから、一年のうちに状況がすっかり変わってしまうこと。情報化社会の変化の速さをいう。

とっ-くに【▽疾っくに】[副] ずっと以前に。とうに。☰「演奏会は―始まっている」

と-つ-くに【▽外つ国】[名]〔古風〕❶畿内(きない)以外の国。❷外国。異国。◈「つ」は「の」の意の格助詞。

とっくの-むかし【▽疾っくの昔】[名] ずっと以前。☰「―に気づいていた」▽「とっく(に)」を強調した言い方。

とっくみ-あい【取っ組み合い】ヒア[名] 組みつき合って争うこと。つかみあい。☰「―のけんか」動 **とっくみあ・う**(自五)

ドッグ-ラン[dog run][名] 犬を引き綱から放して遊ばせる専用の運動場。ドッグパーク。

とっ-くり【▽徳利】[名] ❶⇒とくり ❷セーターなどで、首にそって筒状に伸びている襟(えり)。タートルネック。▽「とっくり襟」の略。形が①の首に似ていることから。

とっくり[副]ト 十分に念を入れて物事をするさま。とくと。☰「―(と)考えてみよう」

とっ-くん【特訓】トク[名・他サ変] 短期間に集中して特別の訓練を行うこと。また、その訓練。☰「ボレーの―」「―をする」▽「特別訓練」の略。

どっ-け【毒気】ドク[名] ⇒どくけ

とっ-けい【特恵】トク[名] 特別の恩恵。特別の待遇。☰「―関税」

とつ-げき【突撃】[名・自サ変] 敵陣に突進して攻撃すること。☰「夜間に―する」「―隊」

とっ-けん【特権】トク[名] 特定の身分・階級や資格のある人にだけ与えられる他に優越した権利。☰「―意識」

とっ-こ【▽独▼鈷】トク[名] ❶密教で用いる仏具の一つ。両端のとがった鉄製・銅製の短い棒で、中央に握りの部分がある。煩悩を打ち砕くとされる。独鈷杵(とっこしょ)。どくこ。とこ。❷①の形を連ねた模様を織り出した織物。また、その模様。

どっこい[感] ❶力を入れて何かをするときにかけ声として発する語。どっこいしょ。☰「うんとこ、―」❷相手のことばや行動をさえぎり、とめるときに発する語。☰「―、そうはさせないぞ」

どっこいしょ[感] ❶力を入れて何かをするときにかけ声として発する語。❷腰を上げるときや腰を下ろすときに発する語。

どっこい-どっこい[形動] 両者とも同じくらいで優劣がつけがたいさま。☰「二人の実力は―だ」

とっ-こう【特攻】トク[名] 特別に部隊を編成して攻撃すること。▽「特別攻撃」の略。

とっ-こう【特効】カウ[名] 特にすぐれた効能。☰「腹痛に―のある煎じ薬」

とっ-こう【特高】カウ[名] 政治・社会運動などを取り締まるために設置された警察組織。また、その警察官。▽「特別高等警察」の略。一九一一(明治四四)年に設置され、四五(昭和二〇)年に解体した。

とっ-こう【徳行】カウ[名] 道徳にかなった正しい行い。

とっ-こう【篤行】カウ[名] 誠実な行い。人情にあつい行い。☰「―の君子」

どっ-こう【独行】ドクカウ[名・自サ変] ❶ただ一人で行くこと。❷他に頼らずに自分の力だけで物事を行うこと。☰「独立―」

どっこう-せん【独航船】ドクカウ[名] 母船会社との契約によって母船とともに漁場に行き、そこで直接漁獲を行う小型の漁船。母船式サケ・マス漁業、工船式カニ漁業などにみられる。

とっこう-たい【特攻隊】トクコウ[名] 第二次大戦中、旧日本陸海軍が体当たり攻撃を行うために特別に編成した部隊。▽「特別攻撃隊」の略。

とっこう-やく【特効薬】トクカウ[名] ある病気や傷に対して特にききめのある薬。

とっ-こつ【突▼兀】[形動タリ] 高くつき出ているさま。高くそびえ立つさま。☰「―たる岩山」

とっ-さ【▼咄▼嗟】[名] きわめて短い時間。瞬時。☰「―の判断」「―に身をかわす」

とっ-さき【突先】[名] 突き出たものの先端。突端。☰「岬の―」

どっさり[副]ト ❶数量の多いさま。たくさん。☰「米なら―(と)ある」❷重い物が落ちる音を表す語。どさり。☰「積み荷が―(と)落ちる」

ドッジ-ボール[dodge ball][名] 球技の一つ。二組に分かれた競技者がコート内で大形のボールを投げ合い、より多く相手にぶつけたチームを勝ちとする。デッドボール。ドッチボール。

とっ-しゅつ【突出】[名・自サ変] ❶つき出ること。☰「ガス―事故」「地中海に―する半島」❷つき破って出ること。❸他とくらべて、きわだっていること。☰「老人医療費が―する」「―した業績をあげる」

とつ-じょ【突如】[副・形動タリ] 急に物事が起こるさま。不意に。突然。☰「―大地が揺れ動く」

どっしり[副]ト ❶重いさま。また、いかにも重い感じがするさま。ずっしり。☰「―(と)重い鞄(かばん)」❷落ち着きがあって重々しいさま。☰「―(と)した構えの家」

とっ-しん【突進】[名・自サ変] 目標に向かってまっしぐらにつき進むこと。☰「ゴール目がけて―する」

とつ-ぜん【突然】[副] 物事が不意に起こるさま。急に。にわかに。☰「子供が―飛び出す」「―の出来事」

とつぜん-し【突然死】[名] 健康に見える人が、何の前兆もなく急に死亡すること。

とつぜん-へんい【突然変異】[名・自サ変] 遺伝物質に生じる変化。また、それによって生じる表現型の変化。

とっ-たり[名] ❶歌舞伎で、捕り手の役。また、それに扮する役者。❷相撲のきまり手の一つ。差してくる相手の片腕を両手で抱え込み、体を開きながら、ひねり気味に引き落とす技。

とっ-たん【突端】[名] つき出た先端。☰「岬の―」

どっ-ち[代]「どちら」のくだけた言い方。

どっち-つかず【どっち付かず】[名・形動] 二つ

のうちのいずれとも定まらないこと。中途半端なこと。‖「—の態度をとる」

どっち‐みち【(どっち道)】〔副〕どのような経過をたどっても結果は同じであるさま。どちらにしても。いずれにしても。結局は。どのみち。‖「—始発には間に合わない」

とっち・める〔他下一〕きびしくしかりつける。また、やりこめる。やっつける。‖「今日こそ—めてやる」▽「取って締める」の転。

どっちも‐どっち〔連語〕どちらも同程度によくないという意を表す。‖「認識が甘いという点では—だ」

とっ‐つき【(取っ付き)】〔名〕❶物事のはじめ。取りかかり。初手。‖「何事も—が肝心だ」❷いちばん手前。‖「路地の—にある店」❸初めて会ったときの感じ。第一印象。‖「—の悪い人」▽「取り付き」の転。動 とっつ・く〔自五〕

とっ‐て【取っ手(▽把っ手)】〔名〕器具に付いている、手に持つための部分。‖「ドア[鍋]の—」

とっ‐て【取って】〔連語〕❶数え年で年齢をいうときに使う語。今年を数えに入れて。‖「当年—三〇歳」❷〈「…にとって」の形で〉➡取る㊁

とっ‐てい【突堤】〔名〕岸から海や川へ細長く突き出すように築いた堤防。桟橋・防波堤・防砂堤など。

とって‐おき【取って置き】〔名〕いざというときのために大切にとっておくこと。また、そのもの。とっとき。‖「—のワイン」

とって‐お・く【取っておく(取って置く)】〔他五〕❶いざというときのために残しておく。とっとく。‖「この金は生活費として—」「会議の記録は必ず—」❷前もって準備しておく。とっとく。‖「最前列に席を—」❸お金などを当座の便宜として収め入れる。‖「遠慮せずに—け」名 とっておき

とって‐かえ・す【取って返す】ヘス〔自五〕途中から急いでもとの場所に引き返す。‖「大急ぎで家に—」

とって‐かわ・る【取って代わる】ハル〔自五〕入れ代わってその位置を占める。…と交代する。‖「小売店がコンビニに—られる」

とって‐く・う【取って食う】フク〔他五〕つかまえて食い殺す。‖「何も—いはしないから、怖がるな」

とって‐つけた‐よう【取って付けた様】ウヤ〔連語〕言動などが不自然でわざとらしいさま。‖「—なお世辞を言う」

どっ‐と〔副〕❶大勢が一斉に声をあげるさま。‖「一同が—笑う」❷たくさんの人や物が一度に押し寄せるさま。‖「志願者が—押しかける」「涙が—あふれた」❸ある状態が急に激しくなるさま。‖「疲れが—出た」

ドット【dot】〔名〕❶点。ポイント。❷水玉模様。

とつ‐として【突として】〔副〕突然。だしぬけに。‖「—雷鳴が轟く」

とつ‐とつ【▼訥▼訥(▼吶▼吶)】〔形動タル〕口ごもりながら話すさま。‖「—と語る」

とっ‐と‐と〔副〕さっさと。急いで。早く。‖「—歩け」▽「とっと」は「疾く疾く」の転。使い方 多く命令表現とともに使う。

とつ‐にゅう【突入】ニフ〔名・自サ変〕❶激しい勢いで中に入ること。勢いよく突っ込むこと。‖「敵陣に—する」❷重大な事態に入ること。‖「戦争[選挙戦・スト]に—する」

とっ‐ぱ【突破】〔名・自サ変〕❶障害・困難などを突き破って通り抜けること。‖「警戒網を—する」「—口を開く」❷数量がある水準を超えること。‖「人口が二億人を—する」

トッパー【topper】〔名〕ゆったりと仕立てた女性用の半コート。トッパーコート。

とっぱ‐こう【突破口】〔名〕❶敵陣の一部を突き破って作った攻め口。❷障害や困難を乗り越えるための手がかり。‖「紛争解決の—となる会談」

とっ‐ぱつ【突発】〔名・自サ変〕突然に起こること。‖「事件が—する」「—事故」「—性難聴」

とっ‐ぱな【突▽端】〔名〕❶➡とったん ❷物事のはじめ。しょっぱな。‖「総会が—から荒れる」

とっ‐ぱら・う【取っ払う】ラフ〔他五〕「とりはらう」の転。‖「大きな壁を—」

とっ‐ぱん【凸版】〔名〕版面の突出した部分にインクをつけて印刷する印刷版。また、その印刷法。木版・活版・鉛版・網凸版など。

とっ‐ぴ【突飛】〔形動〕ふつうでは考えられないほど変わっているさま。きわめて風変わりなさま。‖「—な発想」派生 ‐さ

とっ‐ぴょうし【突拍子】ヒャウシ〔名〕〈「突拍子もない」の形で〉調子がはずれている。並はずれている。‖「—もないことを言い出す」

トッピング【topping】〔名〕料理・菓子などの上に各種の具や装飾用の材料をのせること。また、その具や材料。

トップ【top】〔名〕❶首位。一位。❷順序の第一番目。‖「演説会の—を切って演壇に立つ」❸最上部。‖「第一面の—を飾るニュース」❹組織などの最上層にある人。首脳。‖「財界の—」❺自動車などの変速機で、最高速度を出すときのギア。▽「トップギア(top gear)」の略。❻上半身につける衣服の総称。⬍ボトム

とっ‐ぷう【突風】〔名〕突然に吹きだして、短時間でおさまる強風。

トップ‐クラス【top-class】〔名〕最高級。最高位。‖「—の成績」「—のオペラ歌手」

トップ‐コート【topcoat】〔名〕❶春・秋に着る薄地のコート。スプリングコート。スプリング。❷塗装の表面を保護するためのコーティング剤。❸マニキュアの上に塗り、色やつやを長持ちさせるための化粧品。

トップ‐シークレット【top secret】〔名〕最高機密。極秘。

トップスピン【topspin】〔名〕テニス・卓球などで、ボールの上部を打って強い順回転をかけること。また、その打法。

トップ‐ダウン【top-down】〔名〕組織の上層部が意思決定をし、それを下部組織に伝達して実行させる管理方式。⬍ボトムアップ

トップ‐ニュース【top news】〔名〕新聞で、紙面の最上段に掲載する重要なニュース。また、放送で最初に報道する重要なニュース。

トップ‐バッター【top batter】〔名〕❶野球で、先頭打者。❷物事を最初に行う人。‖「代表質問の—」

トップ‐ページ【top page】〔名〕インターネットで、特定のウェブサイトを構成するページのうち、入り口に当たるページ。

トップ‐マネージメント【top management】〔名〕企業の最上層部。人事・経営方針などの

重要事項を決定し、企業活動の全体を総括する。トップマネジメント。

トップ-や【トップ屋】［名］週刊誌などの巻頭に取り上げられるような記事を書いて雑誌社に売り込むことを職業としている人。

ドップラー-こうか【ドップラー効果】［名］音波などの波源と観測者が相対的に運動しているとき、波動の振動数が静止している場合とは異なって観測される現象。救急車のサイレンが近づくと高く、遠ざかると低く聞こえる現象など。▼一八四二年、オーストリアの物理学者ドップラーが発見した。

とっぷり［副ト］❶日がすっかり暮れるさま。‖「ー(と)日が暮れる」❷湯などに十分つかるさま。どっぷり。‖「温泉にー(と)つかる」

どっぷり［副ト］❶液体を十分にふくませるさま。‖「筆にー(と)墨をつける」❷湯などに十分つかるさま。‖「温泉にー(と)つかる」❸ある環境にすっかりはまり込むさま。‖「悪の道にー(と)つかる」

トップレス［topless］［名］女性の水着・ドレスなどで、乳房の部分をあらわにしたもの。

トップ-レベル［top-level］［名］❶最高水準。‖「ーの技術」❷国・組織などの最高幹部。首脳部。‖「ーによる会談」

ドッペルゲンガー［Doppelgänger ドイツ］［名］自分自身を自分で見る幻覚。また、その分身。

とつ-べん【▼訥弁】［名・形動］時にはつかえ、時には口ごもるなど、話し方がなめらかでないこと。また、その話し方。‖「ーな人」⇔能弁

どっ-ぽ【独歩】［名・自サ変］❶一人だけで歩くこと。一人歩き。❷他の力を借りずに、独力で事を行うこと。‖「独立ー」❸他に比べるものがないほどすぐれていること。‖「古今ーの才」

とつめん-きょう【凸面鏡】［名］反射面が凸面になっている鏡。自動車のバックミラーなどに用いる。⇔凹面鏡

とつ-レンズ【凸レンズ】［名］縁(ふち)は薄く、中央部に向かって厚くなっていくレンズ。平行光線を一点に集める作用がある。虫めがね・老眼鏡などに用いる。⇔凹レンズ

とて〔古風〕■一［格助］❶〈文相当の句に付いて〉…と言って。…と思って。‖「先を急ぐとて旅立った」❷〈「…こととて」の形で〉それが原因・理由で。‖「慣れぬこととてご迷惑をおかけした」「子供のこととてお許し下さい」
■二［副助］〈体言に付いて〉…であっても。…の場合も。…だって。‖「彼らとてやりたくてやったわけではない」「この事件とても例外ではない」
■三［接助］❶〈活用語の終止形に付いて〉…であるとしても。…でも。‖「たとえ反対されたとてやり抜くぞ」
使い方「…たとて」「…だとて」は、話し言葉ではそれぞれ「たって」「だって」となる。‖「殴られたって平気だ」「私だってつらいのよ」
❷〈「…からとて」の形で〉それだけの理由で。…からといって。…としても。‖「事業に失敗したからとてすべてを失ったわけではない」
使い方 話し言葉では「からって」となる。‖「勝ったからって威張るな」◈格助詞「と」＋接続助詞「て」から。

ど-て【土手】［名］❶土を小高く積み上げて築いた長い堤。水・波・風などを防ぐものや、道路・軌道用のものなどがある。書き方「土▽堤」と当てる。❷マグロ・カジキなどの背の大きな切り身。❸歯の抜け落ちたあとの歯ぐき。

と-てい【徒弟】［名］❶門人。弟子。❷親方の家に住み込んで商工業の仕事を習い覚える少年。丁稚(でっち)。小僧。‖「ー制度」

と-てつ【途▼轍】［名］すじみち。道理。途方(とほう)。

◉**途轍もない** 並外れている。ずぬけている。

轍

どてっ-ぱら【土手っ腹】［名］腹。腹部。▼乱暴にののしっていう語。

どて-なべ【土手鍋】［名］なべの内側にぐるりと味噌をぬりつけ、砂糖・味醂(みりん)を加えただし汁の味を加減しながら牡蠣(かき)・ネギ・春菊・焼き豆腐などを煮るなべ料理。

とて-も［副］❶〈否定的表現を伴って〉どのようにしても不可能である意を表す。‖「ーまねのできない技」「明日までに仕上げるのはー無理だ」❷程度がはなはだしいさま。非常に。たいへん。‖「今日はー寒い」「ーすてきな作品だ」「ーよく効く薬だ」◈書き方「▼迚も」とも書くが、かな書きが普通。

品格 極めて「ー重要な問題だ」大変「ー感謝しております」甚(はなは)だ「ー心許ない」非常に「ー多い」

とても-とても［副］「とても」を強めていう語。‖「ー私の及ぶところじゃありません」

どてら【〈▼縕▼袍〉・〈▼褞▼袍〉】［名］綿を入れた広袖(ひろそで)の着物。ふつうの着物より長く大きめに仕立てる。防寒・寝具用。丹前(たんぜん)。

と-でん【都電】［名］東京都交通局が経営する路面電車。

とと［名］幼児語で、魚のこと。

とど［名］最も成長したボラ。⬇とどのつまり

とど【〈海馬〉・〈▼胡▼獱〉】［名］アシカ科の哺乳(ほにゅう)動物。体は黄褐色または暗褐色。アシカ類では最も大きく、雄は体長四㍍に達する。北太平洋で繁殖し、冬には北海道沿岸まで回遊する。

ど-ど【度度】［名］たびたび。しばしば。‖「ーに及ぶ催促」▼副詞的にも使う。

どどいつ【▽都▽都逸】［名］俗曲の一つ。歌詞は七・七・七・五の四句に男女の情愛を詠み込んだものが多く、三味線の伴奏でうたわれる。

と-とう【徒党】［名・自サ変］あるたくらみをもって集まること。また、その集まった仲間。‖「ーを組んで悪事を働く」

ど-とう【怒▼濤】［名］激しく荒れる大波。‖「疾風(しっぷう)ー」▼激しい勢いで押し寄せるさまのたとえにもいう。‖「ーのごとき進撃」

濤

と-どう-ふ-けん【都道府県】［名］都と道と府と県。市区町村を包括する広域の地方公共団体で、一都一道二府四三県がある。議決機関として議会、執行機関として知事を置く。

トトカルチョ［totocalcio イタリア］［名］プロサッカー試合の勝敗を予想して行う賭博(とばく)。サッカーくじ。

と-どく【▼蠹毒】［名・他サ変］❶虫が柱・衣類などを食って害を与えること。また、その害。❷物事をむしばみそこなうこと。◈「蠹」はシミやキクイムシの意。

蠹

とど・く【届く】［自五］❶物事があるところ(特に、一定の数値)にまで達する。‖「天井に手がー」「投げたロー

プが対岸に━」「うわさが本人の耳に━」「議席が過半数に━」❷送った物が目的地に達する。到着する。着く。〓「手紙［宅配便］が━」❸注意などがすみずみまでゆきわたる。行き届く。〓「親の目が━」「細部まで神経が━」「よく手入れの━・いた庭」❹気持ちが相手に通じる。また、願い事などがかなう。〓「先方に誠意が━」「神様に祈りが━」旧届

とどけ【届け】［名］❶先方に届けること。〓「━物」❷役所・会社・学校などに届け出ること。また、その書類。届け書。〓「婚姻━」書き方 公用文では、②の「欠席届」「婚姻届」の類は送りがなを付けない。

とどけ-さき【届け先】［名］品物などを届けて渡す相手。

とどけ-で【届け出】［名］届け出ること。とどけいで。〓「育児休暇の━をする」「━義務」

とどけ-でる【届け出る】［他下一］一身上の異変などについて、役所・会社・学校などに申し出る。〓「警察に被害を━」名 届け出

とど・ける【届ける】［他下一］❶物を持っていって、先方へ渡す。〓「お中元を━」❷一身上の異変などについて、役所・会社・学校などに申し出る。届けを出す。〓「役所に転居した旨(むね)を━」文 とど・く 名 届け

とどこお・る【滞る】(トドコホル)［自五］❶物事が順調に進まない。停滞する。〓「仕事［交通］が━」「審議は━ことなく運んだ」❷支払うべき金が未納のままたまる。〓「支払いが━」名 滞り

ととの・う【整う・調う】(トトノフ)［自五］❶【整】乱れのない、きちんとまとまった状態になる。〓「体制［態勢・隊列・服装・室内］が━」「━・った文章」
❷【整】〈多く「整って(いる)」「整った」の形で〉姿・形(特に、顔立ち)が美しくまとまっている。〓「彼は目鼻立ちが━・っている」「このリンゴは粒ぞろいで形も━・っている」
❸【整・調】調和のとれた望ましい状態になる。〓「体調が整う」「味が調う」
❹【整・調】必要なものがもれなくそろう。〓「材料［設備］が━」「準備［手はず］が━」
❺【整・調】話し合いがまとまる。〓「縁談［商談］が━」

ととの・える【整える・調える】(トトノヘル)［他下一］
❶【整】乱れのない、きちんとした状態にする。〓「体制［環境］を━」「櫛(くし)を入れて髪を━」「体裁を━」
❷【整・調】調和のとれた望ましい状態にする。調整する。〓「調子［呼吸］を整える」「味を調える」
❸【整・調】必要なものをもれなくそろえ(て催しなどに間に合うように準備す)る。〓「出発の用意［食事・家財道具一式］を━」
❹【整・調】話し合ってまとめる。〓「商談を━」
◈書き分け きちんとする・整理する意で【整】、必要なものを調達する意で【調】と使い分けることもあるが〔アイロンをかけて衣類を整える／出発までに衣類を調える〕、一般には【整】が広く使われる傾向がある。

とどの-つまり［副］結論として行き着くさま。詰まるところ。結局のところ。〓「せっかく回収した古新聞も━は捨ててしまうのだ」語源 ボラがオボコ・スバシリ・イナなど名称を変えて成長し、最後にはトドとなることからという。

とど-まつ【▼椴松】［名］北海道以北の山地に自生するマツ科の常緑高木。枝先に長楕円(ちょうだえん)形の松かさが直立してつく。材は建築・土木・パルプ用。

とどま・る【▽留まる・▽止まる】［自五］❶そのままの状態でそこにいる。(人の動作にも物の作用にもいう)〓「これ以上、ここに━わけにはいかない」「しばらく町に軍隊が━」「弾丸は腹部に━・ったままだ」❷現在の役目・等級のままいさせる。〓「あと一年は現職に━予定だ」❸その範囲・限度を越えないでいる。〓「入場者は五〇〇人に━・った」「日本の快進撃は━ところを知らない」「被害者は一人や二人に━・らない」「経済的要因に━・らず心理的要因も考慮したい」❹続いていたものがとまる。やむ。〓「━ことなく水は流れる」◈書き分け (1)多く①②は【留】、③④は【止】を使うが、かな書きも多い。(2)「停止する」の意で「▽停まる」、足をとめてその場にとどまるの意で「▽駐まる」とも書くが、【止】でまかなう。可能 とどまれる

とどめ【▽止め】［名］人などを殺すとき、最後にのどなどの急所を刺して息の根を止めること。〓「━の一撃」
⊙とどめを刺(さ)す ❶刃物でのどなどを刺して生き返らないようにする。❷二度と立ち上がれないように決定的な一撃を与える。〓「集中打を浴びせて━」❸あとで問題が生じないように物事の急所を押さえておく。〓「期限後は無効であることを伝えて━・しておく」❹〈「AはBにとどめを刺す」の形で〉Aに関してはBに限る。Bが最もすぐれている。〓「山は富士に━」

ど-どめ【土留め・土止め】［名］斜面の土砂などが崩れ落ちるのを防ぐために柵(さく)などの工作物を設けること。また、その工作物。つちどめ。

とど・める【▽留める・▽止める】［他下一］❶動こうとするものをそのままの状態でそこにいさせる。留め置く。〓「家族を郷里に━・めたまま上京する」❷現在の役目・等級のままいさせる。〓「原級に━」❸もとの形をあとに残す。〓「事件の一部始終を記録に━」「後世にその名を━」「破壊され原形を━・めない建物」❹その範囲・限度を越えないようにする。〓「損害を最小限に━」「公表は内々に━」「注意するに━」❺続いている物事を終わりにする。特に、乗り物や足をそこから先へ進ませないようにする。止める。〓「歩みを━・めてしばし辺りの景色を眺める」「門前に車を━」❻動こうとするものを制する。止める。〓「皆が━のもきかずに出ていった」
◈書き分け (1)多く①②は【留】、③〜⑥は【止】を使うが、かな書きも多い。(2)「▽停める」「▽駐める」とも書くが、【止】でまかなう。文 とど・む 名 とどめ

とどろ・く【▼轟く】［自五］❶大きな音が響きわたる。〓「雷鳴が━」「球場に━歓声」❷広く世間に知れわたる。〓「名声が天下に━」「悪名が━」❸胸の鼓動が激しくなる。〓「期待に胸が━」名 とどろき

［ことば探究］「とどろく」の使い方

▼「とどろく」①は、大きな音の中でも、低い音、迫力のある音についていうことが多い。ただし、「悲鳴がとどろく」「サイレンがとどろく」など、比較的高い音についていう例もある。
▼「とどろく」②には、壮大、威圧などの含意がある。「名前がとどろく」という使い方が多く、ものや事件については言わない。
「○ねずみ小僧の名が江戸中にとどろく」
「×彼の失態が社内にとどろく」

トナー【toner】［名］静電複写印刷で、像を紙に転

写するための粉末インク。着色したフェノール樹脂などの微粉に鉄粉をまぜたもの。

ドナー【donor】［名］臓器・骨髄移植で、臓器・骨髄などの提供者。⇕レシピエント▽寄贈者の意。

ドナー-カード【donor card】［名］死後の臓器提供に関して本人の意思を表示したカード。死亡後に臓器移植が可能かどうかを速やかに判断できるよう、本人が記入・携帯する。臓器提供意思表示カード。

と-ない【都内】［名］東京都のうち。特に、東京都の二三区のうち。

とな・える【▽称える】〈トナヘル〉［他下一］名づけて呼ぶ。称する。‖「出家して法然と—」▽「唱える」と同語源。文となふ

とな・える【唱える】〈トナヘル〉［他下一］❶決まった文句や経文などを声に出して言う。‖「呪文を—」書き方「▽称える」とも。❷短い言葉を大声で言う。叫ぶ。‖「万歳を—」❸人に先んじてある事柄を主張する。唱道する。首唱する。‖「新説［異議］を—」文となふ

トナカイ［名］雌雄とも分枝した大きな角をもつシカ科の哺乳類。北極地方のツンドラ地帯に分布。北欧では古くから家畜化され、そり引きや荷物運搬などに使われた。カリブー。じゅんろく。▽アイヌ語から。書き方「〈▼馴鹿〉」とも。

と-なく［連語］❶〈多く上に不定の意を表す語を伴って〉不確かではっきりと断定できない意を表す。‖「なんと—変だ」「どこ—似ている」「それ—注意する」❷〈不定の意を表す語に付いて〉不定だが相当の数量に上る意を表す。‖「先月までに何人—辞めた」「幾度—試みる」❸〈「…となく…となく」と累加的に繰り返す形で〉物事がそのすべてに及ぶ意を表す。‖「老人—若人—男—女—、あらゆる人が泣いた」

ど-なた［代］「だれ」の意の尊敬語。‖「ご一緒の方は—ですか」「この会には—でも参加できます」▽もとの用字は「▽何▽方」。

と-なっ-て-は［連語］そこに至った事態を題目として取り立てる。…となると。‖「それが紛失した—大問題で〈岡本綺堂〉」

ど-なべ【土鍋】［名］土を焼いて作ったなべ。

となり【隣】［名］❶並び続いているもののうち、最も近くに接していること。また、そのもの。‖「—の席に座る」「—の駅で降りる」「左—・両—」❷左右両側に接している家。また、その家の人。‖「お—さん」◈書き方「送り仮名の付け方」では、動詞の意識をとどめるか、とどめないかで「隣り／隣」を使い分ける（座席が隣り合わせになる／隣の町）が、後者の場合も、「隣り近所」「右隣り」のように「り」を送ることも多い。

となり-あ・う【隣り合う】〈—アフ〉［自五］互いに隣となる。‖「—って座る」

となり-あわせ【隣り合わせ】〈—アハセ〉［名］互いに隣になっていること。‖「—に座る」

となり-きんじょ【隣近所】［名］隣や近所。隣や近所の家。また、そこに住む人々。

となり-ぐみ【隣組】［名］一九四〇（昭和一五）年に国民統制のためにつくられた地域住民組織。町内会などの下に一〇戸内外で組織され、互助・自警・物資配給・勤労作業などに当たった。四七（昭和二二）年、廃止。

どなり-こ・む【怒鳴り込む】［自五］相手のいる場所に出向いて激しい口調で抗議する。‖「隣家に—」名怒鳴り込み

どなり-つ・ける【怒鳴りつける（怒鳴り付ける）】［他下一］大声をあげて激しくしかる。‖「騒ぐ子供らを—」文どなりつく

ど-な・る【怒鳴る（▼呶鳴る）】［自他五］❶大声を出して呼ぶ。さけぶ。‖「そんなに—らなくても聞こえるよ」❷怒って大声をあげる。また、大声を出してしかりつける。怒る。‖「『いつまで待たせるんだ』と—られる」「『ばかもん、出てけ』と顔を真っ赤にして—」

と-なる-と［連語］題目を取り立て、それと密接に関連した事態の展開をいう。…となれば。…になると。‖「引っ越し—何やかや準備がいる」「いざ—口も利けない」使い方(1)接続詞的にも使う。‖「有罪となった。—、控訴はしても、前途に楽観的な期待を抱くこともできない〈星新一〉」(2)「ともなると」の形もある。‖「休日ともなると大変な人出だ」

と-なれ-ば［連語］条件を絞り込む気持ちで題目を取り立てる。…となると。…ということならば。‖「いよいよ—、馳せ参じます」使い方接続詞的にも使う。‖「かなでは意味が紛れる。—、漢字のほうがいい」

とに-かく［副］❶あれこれ事情があるにしても、それにかかわらない意を表す。それはさておいて。何はともあれ。いずれにしても。とにもかくにも。ともかく。‖「—現場へ行ってみる」「ぐずぐず言わないで—勉強しろ」❷他の事柄をすべて無視して、それだけに話題を絞り込む意を表す。なんてったって。なにしろ。‖「—、今日は暑いなあ」「—、残業続きで疲れたよ」❸⇩ともかく②‖「夏は—、冬はかなり厳しい」◈「と」は「ああ（だ）」の、「かく」は「こう（だ）」の意を表す古語の指示副詞。「に」は助詞。書き方「▼兎に角」「〈左右〉」とも当てる。

ど-にち【土日】［名］土曜日と日曜日。‖「—の行楽地は混雑する」

トニック【tonic】［名］❶毛髪用の栄養剤。‖「ヘアー—」❷キナの樹皮などで香味をつけた無色の炭酸飲料。トニックウォーター。‖「ジン—」❸音楽で、主音。キーノート。トニカ。

とにも-かくにも［副］何はともあれ。いずれにしても。‖「—やっかいな問題は片づいた」▽「とにかく」を強めた言い方。書き方「▼兎にも角にも」と当てる。

と-にゅう【吐乳】［名・自他サ変］乳児が飲んだ乳をはき出すこと。

とねりこ【▼梣・〈▼秦皮〉】［名］春、枝の先に淡緑色の小花を円錐状につけるモクセイ科の落葉高木。山地に自生。稲架木として田のあぜに植える地方もある。弾力に富む材はバット・スキー・家具などに用いる。サトトネリコ。

との【殿】［名］❶貴人や主君の敬称。❷女性が男性に対していう敬称。◈高貴な人の住む大きな屋敷の意から。

と-の［連語］❶〈下に発言や思考を表す名詞を伴って〉発言や思考の内容を表す。…という。‖「欠席する—連絡があった」「帰国したい—要望を伝えた」使い方名詞によって、「…するとの予測［認識］」のように、内容の後に「との」や「という」「とする」を付けるのが一般的なものと、「…する見通し［方針・考え］」のように、内容に直接名詞を続ける形でも用いられるものとがある。報道などでは、「という」「との」「とする」が省略される傾向がある。❷〈「…とのこと（だ）」の形で〉伝聞の意を表す。…そうだ。‖「今年いっぱいで辞める—ことだ」◈活用語の終止形・

命令形などに付く。

どーの［連体］いくつかあるなかで、一つに限定できないものを指す語。「ー色が好きですか」▽もとの用字は「▽何の」。

◉**どの面(つら)下げて** よくも恥ずかしくなく。臆面(おくめん)もなく。どんなつもりで。「ー来やがった」

どの【殿】［接尾］〈相手の役職名・氏名などの後に付いて〉敬意を表す。使い方 もと「総務部長殿」「田中一郎殿」「内蔵助(くらのすけ)殿」「お通(つう)殿」など、事務的・公式的な宛名書きや格式ばった古風な呼びかけなどに使われた。現在では、敬意の度合いが下がり、役職名に直接つくことはまれ（△田中一郎人事部長殿）で、「○○商事総務部部長 鈴木花子様」「○○区区長 山田太郎様」のように、役職名と氏名を切り離し、氏名の直下に「様」を付ける傾向が強い。見下した感じを伴うので、「君」と同様、私信には避けたい（×木下三郎殿）。

どーのう【土▼嚢】〔ドナウ〕［名］袋に土を詰め込んだもの。堤防などを築くのに使う。「ーを積む」　嚢

とのーがた【殿方】［名］男性を丁寧にいう語。「ー用」

どのーくらい〔クラヰ〕［連語］程度がどれほどであるかを示す。どの程度。「あとーかかりますか」「ーの大きさかというと…」▽もとの用字は「▽何の位」。

とーのーこ【▼砥の粉】［名］砥石を切り出すときに生じる粉末。また、黄土を焼いて粉にしたもの。刀剣の研磨、木材の色づけ、漆器の漆下地などに用いる。

とのーご【殿御】［名］［古風］女性が男性に対していう敬称。

とのーさま【殿様】［名］❶貴人・主君などの敬称。❷江戸時代、大名・旗本の敬称。❸おうように育って世事にうとい人。裕福で、のんびりしている人。「ー暮らし」

とのさまーがえる【殿様▼蛙】〔ガヘル〕［名］低地の水辺にすむアカガエル科のカエル。黄褐色または緑色の背面には不規則な黒斑があり、中央を黄色い線が走る。金線蛙。

とのさまーげい【殿様芸】［名］金と暇のある人が慰みに習いおぼえた芸。だんな芸。

とのさまーしょうばい【殿様商売】〔シャウバイ〕［名］のんびりと構えて、利益を上げるための努力も工夫もしない商法を皮肉っていう語。

どのーみち［副］いずれにしても、結局は。どっちみち。「ー倒産は免れない」▽もとの用字は「▽何の道」。

どのーよう〔ヤウ〕［連語］どんなようす。どんなふう。「ーな具合ですか」「ーに仕立てましょうか」▽もとの用字は「▽何の様」。

とーは［連語］❶ことばを取り上げて、その意味や発言意図などを述べる。「プリムラーサクラソウのことだ」「親に口答えするー何事だ」❷〈下に驚きや感動などを表す表現を伴って〉それを誘発したものを取り上げて、それについて述べる。「ここで君に会うー思ってもみなかった」「石の上にも三年ーよく言ったものだ」「百万円もするー驚きだ」使い方 感情を表す表現を明示しないで終助詞的にも使う。「そんなに心配してくれていたー」❸〈下に疑問詞を伴って〉解答が得られそうにない事柄を話題にして、それに強い疑念の気持ちを表す。「生きるーどういうことなのだろう」「バブルーいったい何だったのか」❹〈「とは思う」などの形で、下に対比的表現を伴って〉思うことの内容を対比的にとりたてるのに使う。「優勝したいー思うが、恐らく無理だろう」「実行に移したいー思うが、別の意見もあろう」注意 下に対比的表現を伴わず、「優勝したいとは思います」のように言い切る言い方は誤り。「優勝したいと思います」が適切。
◈使い方 くだけた言い方では「たあ」となる。

とーば【賭場】［名］賭博をする所。賭博場。鉄火場。ばくちば。「ーを開く」

どーば【▼駑馬】［名］足ののろい馬。▽才能の劣る人のたとえにもいう。「騏驎(きりん)も老いてはーに劣る」「ーに鞭打つ」

◉**駑馬に鞭打(むちう)つ** 才能のない人に能力以上のことをさせる。▽多く自分が努力することを謙遜(けんそん)していう。

トパーズ［topaz］［名］透明または半透明の、澄んだ黄色をした宝石。黄玉(おうぎょく)。▽十一月の誕生石。

とーはい【徒輩】［名］仲間の者。ともがら。やから。

とはーいうーものの【とは言うものの】〔イフ〕［連語］前の事柄を認めたうえで、それに反する事柄が成り立つ意を表す。…だけれども。しかし。「ー自信がなかった」⬇「いう」の文型表現(テ)

とはーいえ【とは言え】〔イヘ〕［連語］とは言っても。とは言うものの。「しっかりしている。ーまだ子供だ」⬇「いう」の文型表現(テ)

とばーえ【▽鳥羽絵】〔ヱ〕［名］江戸時代、軽妙な筆致で庶民の生活を描いた戯画。現代の漫画にあたる。▽鳥獣戯画の作者とされる鳥羽僧正(とばそうじょう)の名から。

とーばく【賭博】［名］金品をかけて勝負をあらそう遊戯。かけごと。ばくち。「ー罪」

とばーくち【とば口】［名］❶入り口。戸口。❷物事のはじめ。

どーばし【土橋】［名］木で造り、表面を土でおおった橋。つちはし。

とばしーきじ【飛ばし記事】［名］事実であるかどうかを確認しないで書かれた記事。飛ばし。

とば・す【飛ばす】［動五］㊀［他］❶空中を飛ぶようにする。（意図的な動作にもそうでないものにもいう）「伝書バトをー」「手にしていた風船をーしてしまった」❷〈手もとから離して〉勢いよく空中を移動させる。「フェンス際まで打球をー」「指ではじいてごみをー」▽「本塁打をー」は、〜ヲに〈結果〉をとる言い方。❸風に乗って物が空中を飛ぶようにする。風が吹き飛ばす。「風で看板がーされる」❹乗り物を速く走らせる。また、速いスピードで進む。「時速一〇〇キロでバイクをー」「タクシーをーして駆けつける」「俊足をーして駆け抜ける」使い方「高速道路をー」のように、〜ヲに〈移動の空間〉をとって自動詞的にも使う。自分自身を速く走らせる意。❺勢いよく空中に飛び散らす。「車輪が泥水をー」「つばをー」❻大急ぎで派遣する。「米国に特使をー」❼遠隔地に追いやる。左遷する。「地方の営業所にーされる」❽ある技や動作をすばやくしかける。「内掛けをー」❾勢いよく（また、遠慮なく）言い放つ。「だじゃれ［檄(げき)・野次(やじ)］をー」❿情報がすみやかに（また、広く）伝わるようにする。「デマをー」「通信衛星から電波をー」

⓫蒸発するようにする。「熱してアルコール分を―」⓬順序よく並んだものの途中を抜かして先に移る。間を抜く。「番号を―・して読む」

二《動詞の連用形に付いて複合動詞を作る》その動作を勢いよく(また、乱暴に)する意を表す。「笑い―・しかり―・売り―・突き―・投げ―」

◈「跳ばす」と同語源。可能 とばせる

どーはずれ【度外れ】[名・形動]普通の程度をはるかに越えていること。「―な強さをみせる」

とば・せる【飛ばせる】 一[他下一]飛ぶようにさせる。「伝書バト[紙飛行機]を―」「敵国の偵察機は好きに―・せておくわけにはいかぬ」使い方「飛ばさせる」は「飛ばす」の使役形で、「運転手に高速を全速力で飛ばさせる」「野次なら好きなだけ飛ばさせておけ」などと使う。これらは「飛ばせる」では置き換えられない。文 とば・す

二[自他下一]「飛ばす」の可能形。飛ばすことができる。「風が強くて今日は飛行機を―・せない」

とば・せる【跳ばせる】[他下一]跳ぶようにさせる。

どーはつ【怒髪】[名]激しい怒りのために逆立った髪の毛。

◉**怒髪天を衝く** すさまじい怒りの形相になる。怒髪冠(かん)を衝く。▽「どはつ、てんをつく」と切る。

とーばっちり[名]❶飛び散った水。とばしり。❷そばにいたために受けなくてもよい災難を受けること。また、その災難。まきぞえ。「けんかの―を食う」◈「とばしり」の転。

どばっーと[副]大量のものが、勢いよくあふれ出たり、入ったりするさま。「血が―噴き出た」「ビールを―注ぐ」

どーばと【土▼鳩・▼鴿】[名]カワラバトを家禽(かきん)化した鳥。伝書バト・クジャクバトなどの改良種がある。イエバト。▽社寺・公園などのハトは土鳩が半野生化したもの。

とばり【▽帳・▼帷】[名]❶室内の仕切りや外部との隔てとして垂れ下げる布。たれぎぬ。❷物をおおいかくすもの。

とーはん【登▼攀】[名・自サ変]⬇とうはん(登攀)

とーばん【塗板】[名]白墨などで書くために黒や緑色に塗った板。黒板。

とーひ【徒費】[名・他サ変]むだに使うこと。また、その使ったもの。「金銭を―する」

とーひ【都▼鄙】[名]都会といなか。

とび【▼鳶】[名]❶日本各地の低山・海岸などに生息するタカ目タカ科の鳥。全身茶褐色で、黒褐色と白色の斑点がある。上昇気流に乗って空中を輪を描きながら飛び、ピーヒョロロと鳴く。トンビ。❷「鳶口(とびぐち)」の略。❸「鳶の者」の略。

鳶

◉**鳶が鷹(たか)を生・む** 平凡な親がすぐれた子を生むことのたとえ。

◉**鳶に油揚(あぶらあ)げをさらわ・れる** ⬇鳶(とんび)に油揚げをさらわれる

とびーあが・る【跳び上がる・飛び上がる】[自五]❶【跳・飛】はねて上に上がる。ジャンプして上に上がる。はね上がる。「岩の上に―」❷【跳・飛】喜びや驚きのために、思わずとびはねる。「―・って喜ぶ」❸【飛】飛んで空中高く上がる。舞い上がる。「飛行機[鳥]が―」❹【飛】順番を飛び越して上に進む。「二階級―」名 飛び上がり

とびーある・く【飛び歩く】[自五]忙しくあちこち歩きまわる。ほうぼうを動きまわる。「日本中を―・いて商売をする」

とびーいし【飛び石】[名]日本庭園などで、伝い歩くために少しずつ間を離して並べた平らな石。

とびーいた【飛び板】[名]水泳の飛び込み競技などに使う弾力性のある板。スプリングボード。

とびーいり【飛び入り】[名・自サ変]約束や予定なしにその場で急に参加すること。また、その人。「―で一曲歌う」「大会に―で参加する」「―歓迎」

とびーいろ【▼鳶色】[名]トビの羽のような色。茶褐色。

とびーうお【飛び魚】[名]❶翼状になった胸びれを広げて海面上を飛ぶトビウオ科の海水魚。体は円筒形で細長い。背は青黒色、腹部は銀白色。食用。ホントビ。アゴ。ツバメウオ。トビ。❷ハマトビウオ・ホソトビウオ・アカトビウオなど、トビウオ科の海水魚の総称。

とびーお・きる【飛び起きる】[自上一]勢いよく起きあがる。「驚いて―」文 とびお・く

とびーお・りる【飛び降りる(飛び下りる)】[自上一]❶高い所から身をおどらせておりる。「崖から―」❷走っている乗り物から飛んでおりる。「汽車のデッキから―」⬌飛び乗る 文 とびお・る 名 飛び降り

とびーか・う【飛び交う】[自五]多くのものが入り乱れて飛ぶ。とびちがう。「蝶(ちょう)[うわさ]が―」

とびーかか・る【飛びかかる・跳びかかる(飛び掛かる)】[自五]身をおどらせて相手にとびつく。おどりかかる。「虎が獲物に―」

とびーきゅう【飛び級】[名・自サ変]成績の特に優秀な者が例外的に一つ以上の学年・課程を飛び越して進級すること。

とびーきり【飛び切り】[名]❶高く飛び上がって切りつけること。❷[形動]程度が群を抜いていること。とびぬけて優れていること。「―の品」「―に安い服地」「―上等の肉」◈書き方 ②はかな書きが普通。

とびーぐち【▼鳶口】[名]棒の先端にトビのくちばしに似た鉄製の鉤(かぎ)をつけた道具。木材を引き寄せたり、火事場で家屋を壊したりするのに使う。とび。

とびーこ【飛子】[名]トビウオの卵。また、それを塩漬けにしたもの。

とびーこ・える【飛び越える】[自下一]❶物の上を飛んで越える。飛び越す。「ハードルを―」書き方「跳び越える」とも。❷順序をとばして先に進む。「一階級―・えて昇進する」

とびーこ・す【飛び越す】[自五]❶飛んで物の上をこえる。飛び越える。「柵(さく)を―」書き方「跳び越す」とも。❷順序をとばして上に進む。飛び越える。「課長を―・して部長に昇進する」

とびーこみ【飛び込み(跳び込み)】[名]❶物事が突然入ってくること。「―の仕事」❷突然訪問すること。「―の客」❸水泳競技の一つ。一定の高さの飛び込み台から水中に飛び込み、その動作の正確さと形の美しさを競うもの。ダイビング。▽「飛び込み競技」の略。❹「飛び込み自殺」の略。

とびこみーじさつ【飛び込み自殺】[名]進行中の電車などの前へ飛び込んで自殺すること。また、水中・火口などへ飛び込んで自殺すること。飛び込み。

とびこみーだい【飛び込み台】[名]水泳の飛び込み競技に使う高い台。飛び台。

とびーこ・む【飛び込む(跳び込む)】[自五]❶飛んできて中に入る。「小鳥が部屋に―」❷身をおどら

せて中に入る。勢いよく中に入り込む。‖「プールにー」❸進行中の乗り物の前に身を投げ出す。‖「電車にー」❹突然入り込む。駆け込む。‖「交番にーんで助けを求める」❺進んで事業・事件などにかかわりあう。‖「実社会にー」❻突然思いがけない物事が入ってくる。‖「仕事がー」❼〈「目に飛び込む」の形で〉突然目に映る。‖「一面の雪景色が目にー」名 飛び込み

とび-しょく【▼鳶職】〔名〕土木・建築工事で、足場の組み立てやくい打ちなどに従事する職人。江戸時代は町火消し人足を兼ねた。鳶の者。とび。

とび-だい【飛び台】〔名〕❶飛び込み台。❷相場で、大台(おおだい)▼一〇〇円を飛び台とすれば、一〇三円は「一〇〇とび三円」という。

とび-だ・す【飛び出す】〔自五〕❶勢いよく外へ出る。また、勢いよく走って前に出る。‖「子供が車道へー」「五人抜いて先頭にー」❷いきなりその場に現れ出る。‖「珍説がー」「緊張が解けて冗談もー」❸外側に突き出る。‖「板塀のくぎがー・している」❹〈「…を飛び出す」の形で〉それまでの関係を断って、ある所から出ていく。‖「親と衝突して家をー」名 飛び出し

とび-た・つ【飛び立つ】〔自五〕❶空中に飛び上がる。飛んでその場を去る。‖「ジェット機がー」❷喜びや期待で、じっとしていられない。心がそわそわする。‖「ー思いで故国の土を踏む」

とび-ち【飛び地】〔名〕ある行政区画の一部でありながら、主地域から離れて他の区域内にある土地。

とび-ちが・う【飛び違う】〔自五〕❶虫や鳥が入り乱れて飛ぶ。飛び交う。‖「蛍(ほたる)がー」❷著しく異なる。かけはなれる。‖「両者の意見がー・っている」

とび-ち・る【飛び散る】〔自五〕飛んで四方に散る。飛散する。‖「水しぶきがー」

とび-つ・く【飛びつく(飛び付く)】〔自五〕❶身をおどらせて、すがりつく。‖「子供が親にー」❷強く興味を引かれて、前後の考えもなく手を出す。‖「流行[もうけ話]にー」

トピック【topic】〔名〕話題。また、話題となる出来事。トピックス。‖「今週のー」

トピックス【TOPIX】〔名〕東京証券取引所株価指数。東証株価指数。▼Tokyo Stock Price Index の略。

とび-で・る【飛び出る】〔自下一〕飛び出す。‖「目の玉がーような値段」

とび-どうぐ【飛び道具】〔名〕❶遠くから飛ばして敵などを撃つ武器。弓矢・鉄砲など。❷〔新〕遠くから攻撃する物や手段。‖「〔ゲームで〕ーを使うキャラ」▼将棋では飛車・角・香車などをいう。❸〔新〕意表を突いたり奇抜であったりして、通常とは異なる物や手段。‖「売り上げ増を狙ったーを用意する」

とび-とび【飛び飛び】〔形動〕❶連続しないで間をぬかすさま。‖「本をーに読む」❷あちこちに散在しているさま。‖「民家がーにある」

とび-ぬ・ける【飛び抜ける】〔自下一〕他とかけはなれている。ずばぬける。‖「ー・けて優秀な成績」

とび-の・く【飛び▽退く】〔自五〕すばやく身をかわしてその場から離れる。すばやくよける。

とび-の-もの【▼鳶の者】〔名〕鳶職(とびしょく)。

とび-の・る【飛び乗る(跳び乗る)】〔自五〕❶勢いよく身をおどらせて、その上に乗る。‖「馬にー」❷急いで乗り物に乗る。‖「タクシーにー・って駆けつける」❸動いている乗り物や、出発寸前の乗り物に飛びつくようにして乗る。‖「終電車にー」⇔飛び降りる 名 飛び乗り

とび-ばこ【跳び箱・飛び箱】〔名〕体操用具の一つ。長方形の木枠を何段か重ね、その上部に布・革などでおおった台を置いたもの。助走して跳び越えたり、その上で回転したりする。

とび-はな・れる【飛び離れる】〔自下一〕❶急に身をおどらせてその場から離れる。‖「噴き出した炎からー」❷場所が遠く離れている。‖「本島からー・れた孤島」❸他と比べて大きなへだたりがある。‖「ー・れた実力の持ち主」文 とびはな・る

とび-は・ねる【飛び跳ねる・跳び跳ねる】〔自下一〕❶【飛】飛び上がるように激しく動き回る。‖「馬が暴れてー」❷【跳】ぴょんぴょんと跳び回る。‖「ウサギが野原をー」「合格の知らせにー・ねて喜ぶ」◈書き方 ①は「跳」を使うこともある。②は平易な表記として「飛」も多用される。なお「跳び跳ねる」と書くと字が重なるため、「跳びはねる」と書くことが多い。

とび-ひ【飛び火】〔名〕❶〔自サ変〕火事のときに火の粉が飛んで離れた所に燃えうつること。また、その火の粉。❷〔自サ変〕事件などの影響が直接関係のなさそうな方面にまで及ぶこと。‖「一業界の汚職事件が内閣にーする」❸夏に小児に多く起こる伝染性の皮膚病。頭・顔などに次々と水疱(すいほう)が生じ、のちにかさぶたになる。▼伝染性膿痂疹(のうかしん)の通称。

とび-まわ・る【飛び回る・跳び回る】〔自五〕❶【飛】空中をあちこち飛ぶ。‖「戦闘機[ハエ]がー」❷【跳】あちこちはねまわる。かけまわる。‖「バッタがぴょんぴょんとー」書き方「子供が廊下をー」「うれしくてー」などは平易な表記として「飛」も多い。❸【飛】ある目的のためにあちこち忙しく動きまわる。‖「取材でー」

ど-ひょう【土俵】〔名〕❶中に土をつめた俵(たわら)。❷相撲の競技場。つき固めた土の周囲を①で丸く囲んだもの。土俵場。▼議論・対決などが行われる場のたとえとしても使う。‖「労使交渉のーに上がる」

◉**土俵を割・る** ❶相撲で、土俵の外に足が出て負ける。❷相手に押し切られる。

どひょう-いり【土俵入り】〔名〕相撲で、化粧まわしをつけた力士が土俵に上がって行う儀式。▼幕内・十両の力士がそれぞれそろって行うものと、横綱が太刀持ち・露払いを従えて単独で行うもの(＝手数入(でずいり))とがある。

どひょう-ぎわ【土俵際】〔名〕❶相撲の「土俵」②で、内と外との境界として俵を連ねてある所。❷物事の決着がつく瀬戸際。どたんば。‖「ーに立たされる」

とびら【扉】〔名〕❶開き戸の戸。ドア。‖「ーを叩く」❷書物の見返しや口絵の次に置く、書名・著者名などを記したページ。

とびら-え【扉絵】〔名〕❶寺院などの扉や厨子(ずし)の扉に描かれた絵画。❷書物の扉に描かれた絵。

ど-びん【土瓶】〔名〕丸い胴の一方に注ぎ口をつけ、肩の両側につけた耳につるをかけた陶製の容器。茶を入れたり薬を煎(せん)じたりするのに用いる。

どびん-むし【土瓶蒸し】〔名〕松茸(まつたけ)を白身の魚や野菜などとともに土瓶に入れ、蒸し煮にした料理。

と-ふ【塗布】〔名・他サ変〕一面にぬりつけること。

と・ぶ【飛ぶ】〔自五〕❶自分の力で空中を移動する。‖

「渡り鳥が北へ北へと—んでゆく」「ハエが頭の上を—」「飛行機が上空を—」書き方 飛翔する意では「▼翔ぶ」とも。
❷人が飛行するものに乗って移動する。特に、そのようにして目的地に行く。「ヘリコプターで都内の上空を—」「成田からパリに—」
❸力（特に、風力）を加えられて空中を移動する。「ボールが—」「弾丸が—んでくる」「風で花粉が—」「突風にあおられて洗濯物が—」「新作小説が—ように売れる」
❹スキー競技で、規定のジャンプを行って空中を飛行する。「ノーマルヒルで九〇ﾒｰﾄﾙを—」使い方「ノーマルヒルを—」のように、〜ヲに同族目的語をとって他動詞としても使う。
❺はねて勢いよく空中に散る。「フライパンから油が—」「水たまりから泥が—」「電線から火花が—」「波が砕けてしぶきが—」「怒りの反論でつばが—」
❻つながっていたものが勢いよく離れる。「一刀両断、首が—」「過電流でヒューズが—」
❼（地面に足がつかないほど）大急ぎである場所に行く。速い速度で移動する。「記者が現場に—」「大慌てで—んでいく」
❽行方をくらまして遠くへ逃げる。高飛びする。「犯人は海外に—んだらしい」
❾思いが遠くまで至る。「心ははや故国へと—」
❿ある技や動作がすばやくしかけられる。「大技が—」「顔面にパンチが—」
⓫勢いよく（また、遠慮なく）言い放たれる。「選手に声援〔激励のことば〕が—」「野次が—」
⓬情報がすみやかに（また、広く）伝わる。「デマ〔うわさ〕が—」「次々に命令〔指令〕が—」
⓭あったものが消えてなくなる。「アルコール分が—」「ローンの返済でボーナスが—」
⓮順序よく並んだものの一部が抜ける。また、順序を無視して話題が移る。「本文が一六ﾍﾟｰｼﾞ—んでいる」「番号が—」「ＣＤの音が—」「話があちこちに—」
⓯〈多く「とんで（い）る」の形で〉飛躍している。「—んでる人はやることが違う」「ぶっ—んだストーリー」
書き方「▼翔ぶ」を使うが、かな書きも多い。可能 飛べる
◉**飛ぶ鳥を落とす勢い** 権力や威勢が非常に盛んなさま。
◉**飛んで火に入る夏の虫** 自分から進んで災禍に身を投じることのたとえ。▽夏の夜、灯火をめがけて飛んでくる羽虫がその火に焼かれて死ぬ意から。

と・ぶ【跳ぶ】〔自五〕足で床や地面をけって空中にはね上がる。また、はね上がって物の上を越える。「ウサギがぴょんと—」「跳び箱を—」「走り幅跳びで六ﾒｰﾄﾙを—」▽「飛ぶ」と同語源。書き方 平易な表記として「飛」を使うことも多い。使い方「走り幅跳び〔縄跳び〕を—」のように同族目的語をとって他動詞としても使う。可能 跳べる

どぶ【▽溝】〔名〕雨水や下水などを流すみぞ。「—をさらう」

どぶ-いた【▽溝板】〔名〕どぶを覆う板。

と-ふく【▼屠腹】〔名・自サ変〕切腹。割腹。

と-ぶくろ【戸袋】〔名〕雨戸を引き入れて収納するために縁側などの敷居の端に設けた囲い。

どぶ-ねずみ【▽溝▼鼠】〔名〕床下や下水溝にすむネズミ科の哺乳類。世界中に分布する家ネズミで、繁殖力が強い。しちろうねずみ。

とぶら・う【▽弔う】ﾗﾌ〔他五〕〔古風〕とむらう。

とぶら・う【▽訪う】ﾗﾌ〔他五〕〔古風〕❶訪問する。❷見舞う。安否を問う。名 とぶらい

どぶろく【〈濁酒〉・〈濁▼醪〉】〔名〕発酵させただけでもろみを漉し取らない、白く濁った酒。にごりざけ。もろみざけ。白馬。どぶ。

どぶん-と〔副〕重い物が水に落ちる音を表す語。どぼんと。「川に—飛び込む」

どべ〔名〕❶東北・北陸・中国・四国地方で、泥。❷中部地方などで、最下位。びり。

と-べい【渡米】〔名・自サ変〕アメリカへ行くこと。

ど-べい【土塀】〔名〕土を塗り固めて築いた塀。築地。

と-ほ【徒歩】〔名〕乗り物に乗らないで歩くこと。

と-ほう【途方】ﾄﾊｳ〔名〕❶手段。方法。てだて。❷道理。筋道。途轍。
◉**途方に暮れる** 手段や方策が尽きて、どうすればよいか分からなくなる。「突然職を失い—」「うちから助力は、全く無いということが明らかになって、私は、—れていたのである〈太宰治・富嶽百景〉」
◉**途方もない** 道理に合わない。また、並々でない。ずぬけている。「—要求」「—夢を抱く」

ど-ぼく【土木】〔名〕❶土と木。❷土石・木材・鉄材などを使って道路・鉄道・河川・堤防・橋梁・港湾などを建設する工事。土木工事。「—建築〔工学〕」

とぼ・ける【▼惚ける・▼恍ける】〔自下一〕❶知っていながら知らないふりをする。しらばくれる。❷どことなく滑稽な言動をする。間の抜けたしぐさをする。「—けた表情で笑わせる」文 とぼ・く

とぼし・い【乏しい】〔形〕❶不足している。十分でない。「資金〔古典の知識〕が—」「若くて経験に—」❷まずしい。貧乏である。「—生活」派生 -げ／-さ

とぼ・す【▽灯す・▽点す】〔他五〕あかりをつける。ともす。「ろうそくを—」名 とぼし

と-ぼそ【▽枢】〔名〕❶開き戸の梁と敷居とにあけた小さな穴。戸の上下の端にある突き出た部分（＝とまら）を差し入れて、開き戸を回転させる。❷〔古風〕とびら。戸。◈「戸臍」の意。

とぼ-とぼ〔副〕元気のない足どりで歩くさま。「一人—（と）帰途につく」

とほほ〔感〕ひどく困ったり、情けない気持ちになったりしたときに発する語。「—、失敗続きだよ」

トポロジー【topology】〔名〕数学で、位相。また、位相幾何学。位相数学。トポロギー。

とま【▼苫】〔名〕菅・茅などをこものように編んだもの。小屋・船などを覆って雨露を防ぐために用いる。

ど-ま【土間】〔名〕❶屋内で、床板を張らずに地面のまま、あるいは三和土にしてある所。❷昔の劇場で、舞台正面の一階の観客席。▽江戸初期までは地面に敷物を敷いて見物したことから。

と-まえ【戸前】ﾍﾏ 一〔名〕土蔵の入り口の戸のある所。また、その戸。二（造）土蔵を数える語。「三—の蔵」

と-まつ【塗抹】〔名・他サ変〕❶ぬりつけること。❷ぬりつぶすこと。ぬり消すこと。「文字を—する」

トマト【tomato】〔名〕野菜として栽培するナス科の一年草。また、その果実。夏、黄色い花を開き、赤または黄色の丸い実を結ぶ。多肉・多汁の果実は生食のほかジ

ユース・ピューレ・ケチャップなどに加工。南アメリカ原産。多くの品種がある。蕃茄(ばんか)。アカナス。

とーまどい【戸惑い（途惑い）】［名］とまどうこと。‖「スピーチを頼まれてーを覚える」「ーの表情」

とーまど・う【戸惑う（途惑う）】［自五］どう対処してよいかわからなくて迷う。まごつく。‖「慣れない仕事にー」 書き方 かな書きも多い。名 戸惑い

トマトーケチャップ［tomato ketchup］［名］トマトピューレに各種香辛料・食塩・砂糖・酢などを加えて作った調味料。ケチャップ。

とまーぶき【▼苫▼葺き】［名］とまで屋根をふくこと。また、その屋根。

とまーぶね【▼苫舟】［名］とまで屋根をおおった舟。

とまーや【▼苫屋】［名］とまで屋根をふいた粗末な家。‖「見わたせば花も紅葉もなかりけり浦のーのあきの夕暮れ〈藤原定家・新古今集〉」

とまり【止まり・留まり】一［名］［止・留］とまること。また、その所。‖「電車はここでーだ」
二（造）［止］〈「どまり」の形で〉❶〈場所・地名などを表す語に付いて〉そこまでしか行かない意を示す。‖「この電車は当駅ーです」❷〈地位・数量などを表す語に付いて〉それ以上にはならない意を示す。‖「せいぜい県代表ーだ」「一〇勝ーの結果」

とまり【泊まり】［名］❶宿泊すること。また、その場所。宿屋。‖「ーの客」「おーはどちらですか」❷宿直。◈「止まり」と同語源。

とまりーがけ【泊まりがけ（泊まり掛け）】［名］泊まる予定で出かけること。‖「ーの出張」

とまりーぎ【止まり木】［名］❶鳥がとまるように鳥かごや鳥小屋のなかに取りつけた横木。❷バーなどのカウンターの前に置く脚の長い腰掛け。

とまりーこ・む【泊まり込む】［自五］帰宅しないでそのまま他所に泊まる。‖「仕事で出張先にー」名 泊まり込み

とまりーばん【泊まり番】［名］宿直。また、その当番。

とま・る【止まる・留まる（▽停まる・▽駐まる）】［自五］❶［止］活動しているもの（特に、移動しているもの）の動きがやむ。‖「心臓［洗濯機］がー」「横綱の快進撃がー」「車が玄関先にー」「ストで電車がー」 書き方 乗り物の場合は「停」「駐」も使う。❷［止］作業や歩行を続ける手・足の動きがやむ。‖「ペンを走らせる手がー」「銅像の前で観光客の足がー」❸［止］起こっていた生理現象がやむ。‖「痛み［咳(せき)・息］がー」「おかしくて笑いがーらない」❹［止］規則的・連続的に流れ動いていたものの動きがやむ。‖「大地震で電気がー」「物流［円高の流れ］がー」 書き方 電気・水道・ガスなどの場合は「停」も使う。❺［止・留］飛んでいた鳥・虫が物につかまって静止した状態をとる。‖「梅にウグイスがー」「かくれんぼする者、この指ーれ」❻［留］動かないように固定される。また、固定することによって合わせ目がしっかりとふさがる。‖「この壁掛けは画鋲(がびょう)ではーらない」「太りすぎでボタンがーらない」❼［留］印象づけられて心に残る。‖「街頭演説が通行人の目にー」「心にー名演奏」「目にもーらぬ早業」◈「泊まる」と同語源。可能 とまれる 名 とまり（止・留）

とま・る【泊まる】［自五］❶自分の家以外の所で夜を明かす。宿る。宿泊する。‖「ホテル［友人宅］にー」❷船が停泊する。‖「船が浦賀にー」◈ 書き方 ②は「▽停まる」とも。可能 泊まれる 名 泊まり

品格 宿泊「ー施設」 旅寝(たびね)「ーの枕」 旅枕(たびまくら)「ーを重ねる」 投宿「ー者」 逗留(とうりゅう)「長(なが)ー」

とまれ［副］いずれにしても。とにかく。‖「ー連絡だけはしておこう」▼「ともあれ」の転。

とまれーかくまれ［副］どうであるにせよ。いずれにしても。▼「ともあれかくもあれ」の転。

どーまんじゅう【土▼饅▽頭】［名］土を饅頭のように丸く盛り上げて築いた墓。土墳(どふん)。塚。

どーまんなか【ど真ん中】［名］「まんなか」を強めていう語。ちょうどまんなか。まんまんなか。‖「大阪のー」▼もと関西方言。

とみ【富】［名］❶集められた財貨・財産。‖「巨万のーを築く」❷経済的に価値のある資源。‖「海底に眠るー」❸「富くじ」の略。

とみーくじ【富▼籤】［名］江戸時代に流行した一種の宝くじ。寺社などが興行主となって富札(とみふだ)を発行し、抽選した当たり番号に高額の賞金を出したもの。富。

とみーこうみ【と見こう見（〈左見右見〉）】［名・自サ変］あちらを見たりこちらを見たりすること。‖「ーしながら歩く」

とみーに【▽頓に】［副］急に。にわかに。‖「近ごろー体力が衰えてきた」

ドミノ［domino］［名］表面に黒点で数を記した二八枚の牌(はい)を使って遊ぶ西洋カルタの一種。同じ数の牌を並べ合わせ、早く牌を並べ終えたものを勝ちとする。

ドミノーだおし【ドミノ倒し】［名］並べたドミノの牌の端の一枚を倒すと、次々に倒れ続けていくもの。ドミノたおし。

とみーふだ【富札】［名］富くじで売り出す、番号を記した札。

とみもとーぶし【富本節】［名］浄瑠璃の流派の一つ。富本豊前掾(ぶぜんのじょう)が常磐津節(ときわずぶし)から分かれて創始。安永・天明（一七七二〜八九）のころに全盛を誇った。

とーみん【都民】［名］東京都の住民。

どーみん【土民】［名］その土地に住みついている民。土着の民。

と・む【富む】［自五］❶財産を多く持つ。金持ちである。‖「ー国」「ーみ栄える」❷〈「…に富む」の形で〉…が多くある。…が豊かである。‖「彼の話は示唆にー」「ゴムは弾力性にー」「変化にーんだ人生」名 富

とーむね【と胸】［名］「胸」を強めていう語。

◉**と胸を突か・れる** どきっとする。びっくりする。

トムーヤムークン［tom yam kungタイ］［名］タイ料理のスープで、レモングラス・唐辛子・コリアンダー・ナンプラーなどで味をつけ、エビ・袋茸(ふくろたけ)などの具を入れて煮たもの。辛くて酸味がある。

とむらい【弔い】［名］❶人の死を悲しみ、哀悼の意を表すこと。くやみ。❷死者の霊を慰める葬儀や供養。‖「おー」「三回忌のー」

とむらいーがっせん【弔い合戦】［名］かたきを討つなどして死者の霊を慰めるために、その敵と戦うこと。また、その戦い。

とむら・う【弔う】［他五］❶人の死を悲しんで遺族にくやみを述べる。弔問する。‖「遺族をー」❷死者の霊を慰めるために葬儀・供養などを営む。‖「死者［先祖の霊］をー」◈「とぶらう」の転。名 弔い

とめ【止め・留め】［名］❶とめること。〓「けんかに—が入る」「足—」「通行—」❷物事の終わり。しまい。〓「話を—にする」

ドメイン［domain］［名］❶領土。領域。❷コンピューターで、インターネットに登録されている企業・団体などに割り振られている文字列。ドメイン名。

とめ-おき【留め置き】［名］❶そのままの状態や場所にとどめておくこと。❷特殊取り扱い郵便の一つ。受信人が受け取りにくるまで、差出人が指定した郵便局に郵便物を保管しておくもの。▼「留置郵便」の略。書き方 慣用の固定した「留置郵便」「留置電報」は、送りがなを付けない。

とめ-お・く【留め置く】［他五］❶そのままの状態にとどめておく。また、やめたままの状態にしておく。〓「単位が足りなくて原級に—・かれる」「事故原因が解明されるまで工事を—」❷人を帰さないでその場に居残らせる。〓「泥酔して警察に—・かれる」❸ほかに移さないで、そのまま置いておく。そのまま保管しておく。〓「局長が一存で辞表を—」名 **留め置き**

とめ-がね【留め金】［名］物の継ぎ目や合わせ目が離れないようにとめておく金具。

とめ-ぐ【留め具】［名］物が離れたり動いたりしないように取りつける器具。〓「ネックレスの—」

ドメスティック-バイオレンス［domestic violence］［名］家庭内暴力。特に、夫や恋人など、親しい関係にある男性から女性が恒常的に受けるさまざまな暴力。DV（ディーブイ）。

とめ-そで【留め袖】［名］❶振りそでに対して、普通の丈（約五五センチ）に仕立てたそで。▼古くは女性が結婚後に振りそでのたもとを短く詰めて用いた。❷既婚女性が正装に用いる、五つ紋・江戸褄模様の着物。

とめ-だて【止め立て・留め立て】［名・他サ変］他人の行動をとめようとすること。制止。〓「いらぬ—はするな」

とめ-ど【止め▽処】［名］〈多く「止めど(も)なく」「止めどがない」の形で〉とどまるところ。とめるべきところ。際限。〓「—なくしゃべり続ける」「—もなく涙が流れる」

とめ-やく【留め役】［名］けんかや争いごとの仲裁をする役目。また、その役をつとめる人。

とめ-やま【留め山（止め山）】［名］江戸時代、領主が樹木の伐採や狩猟を禁じた山。立て山。

と・める【止める・留める（▽停める・▽駐める）】［他下一］❶【止】活動しているもの（特に、移動しているもの）の動きがやむようにする。〓「相手の勢いを—」「薬で病気の進行を—」「エンジンを—」「扇風機を—」「急ブレーキをかけて車を—」「手を挙げてタクシーを—」書き方 乗り物の場合は「停・駐」も使う。❷【止】作業や歩行を続ける手・足の動きがやむようにする。〓「仕事の手を—」「箸を—」「洋品店の前で足を—」❸【止】起こっていた生理現象がやむようにする。とだえさせる。〓「薬で下痢を—」「咳［しゃっくり］を—」「きつく縛って血を—」「息を—・めて見守る」❹【止】規則的・連続的に流れ動いていたものの動きがやむようにする。〓「今月から資金援助を—」「滞納を理由にガスを—・められる」書き方 電気・水道・ガスなどの場合は「停」も使う。❺【止・留】何かしようとするのをさせないようにする。制止する。〓「けんか［駆け落ち］を—」❻【留】離れないように固定する。また、固定することによって合わせ目が開かないようにする。〓「壁にポスターを画鋲で—」「髪を輪ゴムで—」「背広のボタンを—」❼【留】その点に関心を向ける。〓「小さな記事にふと目を—」❽【留】印象づけてあとに残す。〓「またとない話だと思って耳［心］に—・めておく」「いくら注意しても気にも—・めない」❾【留】その場にとどめおく。留め置く。〓「警察に—・められる」◈「泊める」と同語源。文 **と・む** 名 **とめ**（止・留）

と・める【泊める】［他下一］❶人に宿を貸す。宿泊させる。〓「友人を山荘に—」❷船を停泊させる。〓「船を港に—」◈書き方 ②は「▽停める」とも。文 **と・む**

とも【友（▼朋）】［名］❶親しく付き合っている相手。友人。ともだち。〓「竹馬の—」❷志などを同じくする人。〓「学問の—」❸〈多く「…を友とする」の形で〉平素から心を寄せ、親しんでいるもの。〓「書物を—とする生活」「俳句を心の—とする」◈「共」と同語源。

とも【共】■一［名］❶いっしょであること。〓「行動を—にする」「—働き」❷同じであること。また、同種であること。〓「スーツと—のベスト」■二［接尾］〈名詞に付いて〉❶それらがすべて同じ状態である意を表す。〓「夫婦—出席します」「三人—合格した」❷それが主となるものに含まれていることを表す。〓「付録—千円」「送料—二千円」

とも【供（▽伴）】［名］主人や目上の人がでかける際、つき従って行くこと。また、その人。〓「渡米する社長の（お）—をする」

とも【▼鞆】［名］弓を射るときに、左の手首に巻きつける丸い革製の道具。つるが手首を打つのを防ぐためのもの。

とも【▼艫】［名］船の後方の部分。船尾。⇕舳先・舳

艫

と-も■一［接助］❶たとえ…ても。〓「たとえ死すとも守り抜く」「何を言おうとも無駄だ」「親はなくとも子は育つ」❷〈「…なくともよい」「…なくとも構わない」などの形で〉しないことが許容される意を表す。〓「明日は来なくともよい」「理解されなくとも構わない」❸〈数量や程度について〉限度いっぱいの場合でも。〓「少なくとも五人は来る」「遅くとも六時には帰る」「多少とも同情できる」◈「ても」よりやや古風な言い方。使い方 動詞などでは、文語は終止形に、口語は未然形＋助動詞「(よ)う」に、形容詞では連用形に付く。■二［終助］もちろんそうだと、強く断定する気持ちを表す。〓「そう(だ)とも」「いいとも。僕がやろう」「『できますか？』『できますとも』」▼話し言葉で使う。使い方 活用語の終止形に付く。■三［連語］「〜と」で表される句に、副助詞「も」の意を添える。〓「こちらを見ようともしない」「あなたともあろう人が」

ど-も［接助］〔古風〕**逆接の確定条件** …けれども。〓「声はすれども姿は見えず」▼接続助詞「ど」＋副助詞「も」。使い方 活用語の已然形に付く。

ども【共】［接尾］❶〈人を表す名詞に付いて〉複数を表す。〓「野郎—・子分—」使い方 見下した気持ちを伴う。❷〈一人称の人代名詞などに付いて〉へりくだった気持ちを表す。〓「私—にお任せください」「手前—と致しましては…」

と-も-あれ［副］❶いずれにしても。とにかく。とまれ。〓

「ー電話だけはしておこう」❷〈「…はともあれ」の形で〉…はさておき。…はともかくとして。≡「出来映えはー、期日には間に合った」

とも-うら【共裏】［名］衣服を仕立てるとき、裏地に表と同じ布を使うこと。また、その布。

とも-え【▼巴】ヱ［名］❶わき出た水が渦を巻いてくるくるまわるような形。また、それを図案化した文様。もとは弓を射るときにつける鞆(とも)の形を描いたものという。❷ものが円形を描くようにしてまわるさま。≡「三者がーになって戦う」

ともえ-なげ【▼巴投げ】トモヘ［名］柔道の捨て身技の一つ。自分の体を後方へ倒しながら片足を相手の下腹に当て、巴の形に回転して自分の頭越しに投げ飛ばす技。

とも-えり【共襟・共▼衿】［名］和服で、その着物の表地と同じ布を襟の上にかけること。また、その襟。かけ襟。⬇着物(図)

とも-がき【友垣】［名］ともだち。友人。とも。▽交わりを結ぶことを垣を結ぶことにたとえた語。

とも-かく［副］❶⬇とにかく①≡「ー訪ねてみよう」❷〈「…はともかく」「…ならともかく」の形で〉…を軽く無視して、それと関連する他の事柄を話題として導き出す。それは別として。それはさておき。…は［なら］とにかく。≡「国語はー、英語はよくない」「勝敗はー、悔いのない試合をしたい」「明治ならー、今は令和の世だ」書き方 古い用字は「▼兎も角」。

ともかく-も［副］何はともあれ。≡「ー被害が軽くてよかった」

とも-かせぎ【共稼ぎ】［名］夫婦が二人とも働きに出て収入を得ること。共働き。

とも-がら【▽輩】［名］同類の人たち。仲間。

とも-ぎれ【共切れ(共▽布)】［名］仕立てた衣服と同じ布地。ともぬの。

とも-ぐい【共食い】ヒク［名・自サ変］❶同じ種類の動物が互いに食い合うこと。≡「カマキリがーする」❷同類の者が互いに利益を奪い合い、ともに損をすること。≡「保守派候補のーになる」

とも-し【▽灯】［名］ともしび。とぼし。≡「ー油」

とも-じ【共地】ヂ［名］仕立てた衣服と同じ布地。ともぎれ。ともぬの。

とも-しび【▽灯火・▽灯】［名］明かりにするために、ともした火。とうか。ともし。≡「風前のー」

とも-しらが【共《白髪》】［名］夫婦が長生きをして二人とも白髪になること。≡「ーまで添い遂げる」

とも・す【▽灯す・▽点す】［他五］灯火をつける。明かりをつける。とぼす。≡「ろうそくをー」可能 ともせる 名 ともし

ともする-と［副］場合によってはそうなりやすいさま。どうかすると。ともすれば。≡「ー怠け癖がでる」

ともすれ-ば［副］ともすると。

とも-ぞろえ【供▼揃え】ロヘ［名］大名行列などで、供の人々をそろえること。また、その人々。ともぞろい。

とも-だおれ【共倒れ】フレタ［名・自サ変］互いに激しく競い合った結果、また無理に助け合った結果、両者がともに成り立たなくなること。≡「スーパーが乱立してーになる」「銀行と融資先のー」

とも-だち【《友達》】［名］親しくつきあっている人。友人。友。≡「遊びー・飲みー」▽本来は複数だが、現在は単数にも使う。書き方「友達」は常用漢字表の「付表の語」で表内音訓の扱いがなされるため、ふつう漢字で書く。複数を表す「私たち(私▽達)」「兄たち(兄▽達)」などは表外音訓のため、一般にかな書きとなる。

品格 知己(ちき)「たくさんのーを持つ」友「よきーを得た」友人「親しいー」

とも-ちどり【友千鳥】［名］〔古風〕群れをなしている千鳥。むらちどり。

とも-づな【▼纜・▼艫綱】［名］船尾にあって、船を岸につなぎとめておく綱。もやい綱。纜

◉纜を解(と)・く 船出する。

とも-づり【友釣り】［名］アユの釣り方の一つ。おとりのアユに釣り糸をつけて泳がせ、そこを縄張りとするアユが攻撃をしかけてくるところを針にかけて捕らえる方法。

とも-ども【共共】［副］ご一緒に同じことをするさま。また、どちらも同じ状態であるさま。ともに。そろって。≡「親子ー出席する」「姉ー(=私と姉はともに)達者でおります」

とも-な・う【伴う】フナ ─［自五］❶ある物事に付随して別の物事が起こる。いっしょに起こる。≡「この仕事には危険がー」「心身の成長にー・って親離れが始まる」❷つりあいがとれる。≡「理論と実際とがー・わない」「収入にー・った生活」二［他五］❶いっしょに連れて行く。引き連れる。≡「視察に部下をー」「家族にー・われて病院に行く」▽「社長の出張に秘書がー」など、〈人〉がついて行く意(自動詞用法)は、やや古風な言い方。❷他の物事を引き連れるようにしてある物事が起こる。いっしょに起こる。≡「今年の風邪は激しい高熱をー」「不思議な感覚をー作品」

と-も-なく［連語］❶〈多く上に不定の意を表す語を伴って〉不確かではっきりと断定できない意を表す。≡「どこからー現れる」「いつ果てるー続く」「倒産のうわさが冗談ーささやかれる」❷〈動詞の連体形を受けて〉その動作・作用がとりたてていうほどではない意を表す。≡「代助は何をするーその間に曲(かが)んでいた〈漱石〉」使い方 人の動作の場合は、多く、特にそう意図したわけではなくの意を表す。❸〈不定の意を表す語に付いて〉不定だが相当の数量に上る意を表す。…となく。≡「幾度ー繰り返す」❹〈「…からともなく…からともなく」の形で〉…からも…からも。どこからも。≡「天からー地からー湧き起こる大叫喚〈有島武郎〉」

とも-に【共に(▼倶に)】［副］❶いっしょにあることを行うさま。また、いずれも同じ状態であるさま。≡「夫婦ー元気です」「友人とー旅行に行く」❷〈「…と共に」の形で〉…と同時に、の意を表す。≡「卒業するとー就職する」「雪解けとー川が増水する」

とも-ぬの【共布】［名］共切れ。

とも-ね【共寝】［名・自サ変］一緒に同じ寝床で寝ること。同衾(どうきん)。≡「夫［妻］とー(を)する」

とも-ばたらき【共働き】［名］生計を立てるために夫婦が二人とも働きに出ること。共稼ぎ。▽「共稼ぎ」の語感を嫌って使われるようになった語。

とも-びき【友引】［名］六曜の一つ。何をしても勝負がつかないとする日。友引日(ちに)。▽友を引くとして、この日に葬式を出すことを忌む俗信がある。

とも-まち【供待ち】［名］❶［自サ変］主人に従ってきた者が訪問先の門口で主人を待つこと。また、その人。❷門口などに設けた、来客の従者や運転手を待たせておく所。

とも-まわり【供回り】 [名] 供をする人々。従者たち。

ど-もり【土盛り】 [名・自サ変] 土を運んできて盛り上げること。||「ーした土地」

ど-もり【度盛り】 [名] 温度計・寒暖計などの、度数を示す目盛り。

とも・る【▽灯る・▽点る】 [自五] 明かりがつく。ともる。||「電灯がー」「ランプに火がー」

ども・る【▼吃る】 [自五] 話すときにことばがなめらかに出なかったり同じ音を何度もくり返したりする。名 どもり

と-や【▽鳥屋・▼塒】 [名] ❶鳥を飼っておく小屋。鳥小屋。❷タカの羽が夏の終わりごろから抜けかわり、冬にはえそろうこと。▽その間①にこもることから。

どや [名] [俗] 宿屋。特に、簡易旅館。||「ー街」「ー住まい」▽「やど(宿)」の倒語。

どや-がお【どや顔】 [名] [新] いかにも誇らしげな顔つき。したり顔。得意顔。||「成功にーをする」▽「どや」は「どうだ」の意の関西方言。

品格 したり顔「当選した、とーで話す」 時を得顔「昇進がかない、ーに振る舞う」

とや-かく [副] なんのかのと。あれこれ。||「ー言われる筋合いはない」書き方「▼兎や角」とも。

ど-やき【土焼き】 [名] 素焼き。つちやき。

どや・す [他五] ❶どなりつける。||「練習をサボって監督にー・される」❷なぐる。ぶつ。||「思い切り背中をー・される」

どや-どや [副ト] 大勢が騒がしく出入りするさま。||「観客がー(と)入ってくる」

と-やま【▽外山】 [名] [古風] 人里に近い山。山並みの端の山。▽奥山・深山に対していう。

と-ゆう【都▼邑】 [名] みやこ。都会。

とよ-あしはら【▽豊▼葦原】 [名] 日本国の美称。▽豊かに葦の生い茂っている原の意。

と-よう【渡洋】 [名・自サ変] 海を渡っていくこと。||「ー爆撃」

ど-よう【土用】 [名] 立春・立夏・立秋・立冬の前の各一八日間。特に、立秋の前の一八日間の称。夏の土用。一年中で最も暑い時季。||「ーの丑の日(=夏の土用の丑にあたる日。鰻を食べる風習がある)」

ど-よう【土曜】 [名] (日曜から数えて)週の第七日目。金曜の次の日。土曜日。

どよう-なみ【土用波】 [名] 夏の土用のころ、海岸に打ち寄せてくる大波。▽はるか沖合に発生した台風によるうねりが伝わってくるもの。

どよう-び【土曜日】 [名] ⬇土曜

どよう-ぼし【土用干し】 [名] 夏の土用のころに衣類・書籍などを陰干しして風を通し、かびや虫のつくのを防ぐこと。虫干し。夏干し。

どよ・む【▽響む】 [自五] 音が鳴りひびく。||「砲声がー」▽古くは「とよむ」。名 どよみ

どよ-め・く【▽響めく】 [自五] ❶音が鳴りひびく。どよむ。||「雷鳴がー」❷大勢の人が思わず上げる声で、辺りがざわめく。||「ファインプレーに観衆がー」名 どよめき

どよも・す【▽響もす】 [他五] 鳴りひびかせる。||「空をー祝砲」▽古くは「とよもす」。

とら【虎】 [名] ❶インド・東南アジア・シベリアなどの森林に分布するネコ科の猛獣。黄褐色の胴に黒い横じまがある。鋭い爪で、鳥獣を捕食する。❷酔っぱらい。泥酔者。||「ーになる」

◉**虎に翼** 勢力のある者にさらに勢力を加えることのたとえ。

◉**虎の威を借る狐** 権勢をもつ者の力に頼っていばる小人物のたとえ。

◉**虎の尾を踏む** きわめて危険なことをするたとえ。

◉**虎は死して皮を留め人は死して名を残す** 虎は死んだあともその皮が珍重され、偉業を成した人は死後もその名を語り継がれる。

とら【▼寅】 [名] 十二支の第三。||「ー年」▽動物では虎に当てる。時刻では午前四時、または午前三時から五時の間。方角では東北東。

どら [名] なまけて、ぶらぶらしていること。怠惰。放蕩。また、そのような人。||「ー息子」

どら【▽銅▼鑼】 [名] 打楽器の一つ。青銅製などの円盤をひもでつるし、ばちで打ち鳴らす。法会や歌舞伎の下座音楽、出帆の合図などに用いる。

と-らい【渡来】 [名・自サ変] 外国から渡ってくること。舶来。||「インドからーした織物」「南蛮ーの品」

トライ【try】 [名・自サ変] ❶こころみること。||「新しい方法にーする」❷ラグビーで、相手側のインゴールに手でボールをつけること。

ドライ【dry】 [形動] ❶乾いていて、水気がないさま。水分が少ないさま。||「ーな肌」「ーフルーツ」❷すべてを合理的に割り切って、感傷・人情などに動かされないさま。||「ーな性格」❸[名] 洋酒などが辛口であること。||「ーマティーニ」▽甘口は「スイート」という。◈①②⇕ウエット 派生 ーさ

ドライ-アイ【dry eye】 [名] 涙液が減少して眼球の表面が乾燥し、目の疲れ・痛み・かゆみ・充血などの障害が生じる症状。

ドライ-アイス【dry ice】 [名] 圧縮・液化した炭酸ガスを冷却して固体化したもの。液化しないで、空気中で昇華する。広く冷却剤に用いられる。

トライアウト【tryout】 [名] ❶スポーツ選手や俳優などを選考するための適性検査。❷試験興行。試演。

トライアスロン【triathlon】 [名] 一人の選手が水泳・自転車・マラソンの三種目を一日で行い、総計の時間を競う耐久レース。鉄人レース。

トライアル【trial】 [名] ❶試しにやってみること。試行。❷運動競技で、試技。また、予選試合。

トライアングル【triangle】 [名] 打楽器の一つ。鋼鉄の丸棒を正三角形に折り曲げたもの。糸でつるし、鋼鉄の棒で打って鳴らす。澄んだ高い音を出す。

ドライ-カレー【和製 dry + curry】 [名] ひき肉とみじん切りの野菜をいため、カレー粉を加えて調味したもの。飯にかけて食べる。また、カレー粉を加えて調味したいためご飯。

ドライ-クリーニング【dry cleaning】 [名] 直接水で洗うのではなく、蒸気や揮発性溶剤を用いて汚れを落とす洗濯。

ドライ-シャンプー【dry shampoo】 [名] 湯や水を使わないで行う洗髪。ヘアトニックやアルコールを髪にふりかけて汚れをふき取る方法などがある。

ドライ-スキン【dry skin】 [名] 皮膚脂肪の分泌や水分の保持量が少ないために乾燥している肌。乾燥肌。乾性肌。

ドライバー【driver】[名] ❶自動車を運転する人。運転者。運転手。〓「オーナー—」❷ねじ回し。❸ゴルフクラブで、ウッドの一番。最も飛距離が出る。❹デバイスドライバー。

ドライブ【drive】[名] ❶[他サ変] 自動車を運転すること。〓「マイカーを—する」❷[自サ変] 自動車で遠出をすること。〓「RV車で九十九里を—する」❸[自サ変] テニス・卓球などで、打った球が順回転すること。また、その打球。〓「—をかける」❹コンピューターで、磁気ディスク・CD-ROMなどの駆動装置。ディスクドライブ。

ドライブ-イン【drive-in】[名] ❶自動車に乗ったまま用が足せる映画館・売店・食堂・銀行などの施設。❷自動車旅行者を対象に広い駐車場を備えた、幹線道路沿いの軽食堂・売店・休憩所などの施設。

ドライブ-ウエー【driveway】[名] 自動車道路。特に、ドライブを楽しむのに適した観光道路。

ドライブ-スルー【drive through】[名] 車に乗ったまま買い物などができる方式。また、その店。

ドライ-フラワー【dried flower】[名] 装飾用・観賞用に、自然の草花を切り花にして乾燥させたもの。

ドライ-フルーツ [名] 乾燥させた果物。▼dried fruitから。

ドライブ-レコーダー【和製drive＋recorder】[名] 自動車の走行状態を記録する装置。事故発生時の映像・音声・位置情報などが自動的に記録保持される。

ドライ-ポイント【drypoint】[名] 銅版画の技法の一つ。腐食液を用いず、鋼鉄針などで銅板に直接彫り込む方法。

ドライ-ミルク【dry milk】[名] 粉ミルク。粉乳。

ドライヤー【dryer・drier】[名] 乾燥器。

トラウマ【trauma】[名] 心理的に大きな打撃を与え、その影響がいつまでも残るようなショックや体験。心的外傷。精神的外傷。

とらえ-どころ【捕らえ所・捉え所】トラヘー [名] ある物事や人を理解し、判断するための手がかり。つかみどころ。〓「—がない話」「—のない人」

とら・える【捕らえる・捉える】トラヘル [他下一] ❶【捕】動物を取り押さえる。つかまえる。捕獲する。〓「鳥を—」「獲物を—」❷【捕】逃げる人などを取り押さえる。〓「現行犯で犯人を—」「敵軍に—・えられる」「密漁船を—」❸【捕・捉】手でつかんで離さないようにする。つかむ。〓「逃げようとする者の腕を—」❹【捉】ねらいどおりにあてる。〓「鋭いパンチがあごを—」「バットがボールを真っ芯(しん)で—」❺【捉】めぐってきた好機などを自分のものにする。つかむ。〓「チャンスを—」❻【捉】物事の特徴・本質・内容などを把握する。〓「文意[論文の要点]を—」「特徴をうまく—・えた似顔絵」❼【捉】受信機などが映像・音などをはっきりと感じとる。〓「レーダーが機影を—」「受信機が電波を—」❽【捉】ある部分をとりたてて問題にする。〓「言葉じりを—」❾【捉】〈「…が心を捉える」「…が人を捉える」などの形で〉…が人に呪縛(じゅばく)的な影響を及ぼす。そこから逃れられないような思いを味わう。〓「強烈なリズムが若者の心を—」「絶望感が彼を—・えた」

◆書き分け 【捕】は逃げようとするものを取り押さえる意で、①〜③で使う。【捉】はしっかりとつかまえる意で、③〜⑨で使う。文とら・ふ

とら-がり【虎刈り】[名] 刈り方が下手で、頭髪が虎の毛の模様のようにまだらになっていること。

ドラキュラ【Dracula】[名] 吸血鬼。▼アイルランドの作家ストーカーの怪奇小説『吸血鬼ドラキュラ』の主人公の名から。

トラクター【tractor】[名] トレーラーや農業機械を牽引(けんいん)する作業用自動車。前面に各種アタッチメントをとりつけてブルドーザーとしても使う。キャタピラー式とタイヤ式とがある。

とら-げ【虎毛】[名] 虎の背の毛のように、黄褐色の地に黒い縞模様のある毛色。虎斑(とらふ)。〓「—の猫」

どら-ごえ【どら声】エコ [名] 太くて濁った声。

トラコーマ【trachoma】[名] クラミジアトラコマチスの感染によって起こる伝染性の結膜炎。まぶたの裏側に粟粒大の水疱(すいほう)が多発し、慢性期には角膜が混濁する。トラホーム。

ドラ-コン [名] ゴルフで、指定されたホールで第一打の飛距離を競うこと。▼「ドライビングコンテスト(driving contest)」から。

ドラゴン【dragon】[名] ヨーロッパの架空の怪獣。翼と爪をもつ巨大な爬虫(はちゅう)類で、口から火を吐くとされる。竜。飛竜。

ドラゴン-フルーツ【dragon fruit】[名] サボテン科サンカクサボテンの果実。果皮は赤や黄色で、突起がある。食用にする果肉は赤または白で、一面に黒く小さな種子がある。ピタヤ。

ドラジェ【dragée フラ】[名] アーモンドなどに糖衣をかけた西洋菓子。

ドラスティック【drastic】[形動] 手段などが思い切ったものであるさま。激烈なさま。過激なさま。〓「—な政策をとる」

トラスト【trust】[名] 企業の独占形態の一つ。同種の企業が資本的に結合して市場と利潤の独占を図るもの。カルテルよりも結合の度合いが強く、所属する企業の独立性はほとんど失われる。企業合同。⬇カルテル・コンツェルン

トラッキング【tracking】[名] ❶跡をたどること。追跡すること。❷インターネットで、ウェブサイトの訪問者の訪問履歴やサイト内での動向を追跡・分析すること。

トラック【track】[名] ❶陸上競技場などの競走路。〓「—を一周する」❷陸上競技のうち、競走路を使用する競技の総称。競走・ハードル競走・障害物競走・リレーなど。▼「トラック競技」の略。❸録音・録画テープなどで、情報を記録する線状の部分。

トラック【truck】[名] 貨物の運搬に用いる、大型の荷台を備えた自動車。

ドラッグ【drag】[名・他サ変] コンピューターの操作で、ボタンを押したままマウスを移動させること。〓「画像を—する」▼引きずる意。

ドラッグ【drug】[名] ❶薬。薬剤。❷麻薬。覚醒(かくせい)剤。

ドラッグストア【drugstore】[名] 薬の処方・販売をするほか、化粧品・タバコ・新聞・雑誌・軽飲食物など

も扱うアメリカ式の商店。

トラック‐バック【track back】［名］❶映画・テレビなどで、カメラを被写体から後退させながら撮影すること。❷インターネットのブログで、別のブログにリンクを張った際、リンク先の相手にそのことを通知する機能。▼略して「TB」「トラバ」とも。

とら‐つぐみ【虎▼鶫】［名］ツグミ科の鳥。全長約三〇センチメートル。背面は黄褐色、腹部は黄白色で、全体に黒斑がある。夜、ヒョー、ヒョーと寂しい声で鳴くので、昔は「ぬえ」と呼ばれて気味悪がられた。

トラッド【trad】［名・形動］伝統的であること。また、そのもの。特に、流行に左右されない伝統的なファッションをいう。「―なブレザー」「ブリティッシュ―」▼traditionalの略。

トラップ【trap】［名］❶鳥獣を捕らえるための用具。わな。❷排水管からの臭気を防ぐための装置。管の一部をS字・P字形などに曲げ、中にたまった水によって臭気の逆流を防ぐ。防臭弁。❸蒸気配管に設ける水抜き装置。❹クレー射撃で、標的の皿を発射する装置。❺サッカーで、パスされたボールをコントロールするために足もとに止める技。

トラディショナル【traditional】［形動］伝統があるさま。伝統的。「―なデザイン」

どら‐ねこ【どら猫】［名］うろつき歩いて盗み食いなどをする、ふてぶてしい猫。また、飼い主のない猫。

とら‐の‐お【虎の尾】［名］❶夏、茎頂に小さな白色の花を尾状につけるサクラソウ科の多年草。オカトラノオ。❷山野に自生するチャセンシダ科の常緑性シダ植物。葉は羽状に裂け、裏に線状の胞子嚢(ほうしのう)が群をつける。トラノオシダ。

とら‐の‐こ【虎の子】［名］大切にして手元から離さないもの。大事にしまってある金品。「―の百万円」▼虎はその子を非常にかわいがるということから。

とら‐の‐まき【虎の巻】［名］❶兵法の秘伝を記した書物。❷芸事などが上達する秘訣を記した書。❸講義などの種本。また、教科書の内容を解説し、問題の解答などを書き記した安直な参考書。あんちょこ。とらかん。

トラバース【traverse】［名・自サ変］登山・スキーで、山の斜面・岩壁・雪渓などを横切って進むこと。

トラバーユ【travail フランス】［名］❶仕事。職業。❷［自サ変］転職すること。「他社に―する」▼女性向け就職情報誌の名称から。

とら‐ひげ【虎▼髭】［名］虎のひげのように、こわばって突っ張った口ひげ。

トラピスト【Trappist】［名］キリスト教の修道会の一つ。また、その修道士。正称は、厳律シトー修道会。▼共同生活の中で沈黙・禁欲・祈禱(きとう)などの戒律を守り、酪農などの労働に従事する。

とら‐ふ【虎▽斑】［名］虎毛(とらげ)。

とら‐ふぐ【虎〈河豚〉】［名］北海道以南の沿岸に分布するフグ科の海水魚。背面は暗褐色、腹面は白色で、胸びれの後ろに大きな黒斑がある。食用だが卵巣や肝臓は猛毒。市場価値が高いので、養殖もされる。ホンフグ。マフグ。

ドラフト【draft】［名］❶プロ野球などで、新人選手の採用に際し、その交渉権を全球団で構成する選択会議で決める制度。▼「ドラフト制度」の略。❷下書き。草稿。

トラブ・る［自五］トラブルが起こる。もめる。ごたごたする。「得意先と―った」▼「トラブル」を動詞化した語。

トラブル【trouble】［名］❶もめごと。紛争。「取引先と―を起こす」「―メーカー(＝いざこざを起こす人)」❷故障。不調。「エンジン―」

トラブルシューティング【troubleshooting】［名］❶紛争を調停すること。トラブルを解決すること。❷機械の故障やコンピューター使用中に発生したトラブルを解決すること。

トラベラー【traveler】［名］旅行者。

トラベラーズ‐チェック【traveler's check】［名］海外旅行者が現地での費用調達に使う定額小切手。旅行小切手。TC。

トラベリング【traveling】［名］バスケットボールで、選手がボールを持ったまま三歩以上歩くこと。反則の一つ。

トラホーム【Trachom ドイツ】［名］トラコーマ。

ドラマ【drama】［名］❶劇。演劇。「テレビ―」❷戯曲。脚本。

ドラマー【drummer】［名］ドラムの奏者。

とらま・える【▽捕らまえる・▽捉まえる】［他下一］つかまえる。とらえる。▼「とらえる」と「つかまえる」が混交してできた語。「掏摸(すり)を―」文とらま・ふ

ドラマチック【dramatic】［形動］演劇に見るような感動や緊張を感じさせるさま。劇的。「―な出会い」

ドラマツルギー【Dramaturgie ドイツ】［名］❶戯曲の創作や構成についての方法論。作劇法。❷演劇一般に関する理論。演劇論。

ドラム【drum】［名］❶西洋音楽で使う太鼓類の総称。特に、ジャズ演奏などで使うドラムセット。❷円筒形をした機械部品。

ドラム‐かん【ドラム缶(ドラム▼罐)】［名］円筒形をした鋼鉄製の大きな缶。液体燃料などを入れる。

どら‐むすこ【どら《息子》】［名］怠け者で、品行の悪い息子。道楽息子。放蕩(ほうとう)息子。

どら‐やき【▽銅▼鑼焼き】［名］小麦粉・砂糖・卵などを原料にして焼いた銅鑼形の皮二枚の間に粒あんをはさんだ和菓子。

とらわ・れる【捕らわれる・▽囚われる】［自下一］❶【捕】［古風］「捕らえられる」のやや古い言い方。つかまえられる。「警察［敵］に―」❷【囚】囚人として獄につながれる。「獄舎に―」❸【囚】ある事柄に拘束されて心の自由を失う。「先入観に―」「形式に―・れて本質を忘れる」◈書き分け ②③は【捕】も使うが、【囚】が一般的(③はかな書きが一般的)。文とらは・る 名捕らわれ「―の身」

トランキライザー【tranquilizer】［名］神経の興奮や緊張をしずめる薬。精神安定剤。

トランク【trunk】［名］❶大型で長方形の旅行かばん。❷乗用車の荷物入れ。

トランクス【trunks】［名］❶男性用の短いパンツ。ボクシング・水泳などで用いる。❷①と同形の男性用下着。

トランク‐ルーム【和製 trunk＋room】［名］❶⬇トランク②❷さしあたって必要のない家財などを保管する倉庫。▼英語ではstorage roomという。

トランザクション【transaction】［名］❶業

務の処理。❷商取引。❸コンピューターで、既存のデータベースに更新分を加え、最新のデータベースに修正する処理。

トランシーバー【transceiver】［名］近距離での送信と受信を行う携帯用無線機。

トランジスター【transistor】［名］ゲルマニウム・シリコンなどの半導体を利用し、電気信号の増幅・変調などをおこなう素子。家電製品・コンピューターなどに広く利用される。トランジスタ。〓「―ラジオ」

トランジット【transit】［名］目的国へ行く途中、一時他国の空港に立ち寄ること。▼通過の意。

トランス［名］変圧器。▼transformer から。

トランス【trance】［名］催眠状態などの場合にみられる、通常とはまったく異なる意識の状態。

トランスジェンダー【transgender】［名］自分自身の性自認と身体的性が一致しない人。TG。

トランプ【trump】［名］室内遊戯に使うカード。クラブ・スペード・ダイヤ・ハートのカード一三枚ずつと一枚のジョーカーとからなる。また、それを使ってするゲーム。▼「切り札」の意。英語では card または playing card という。

トランペット【trumpet】［名］金管楽器の一つ。長円形に巻いた円筒管に音高を調節する三つのバルブをつけたもので、先端は朝顔形に開く。華麗で力強い音を特徴とする。

トランポリン【trampoline】［名］円形・方形などの枠にスプリングをつけた特殊マット(=ベッド)を張った跳躍運動用具。また、それを使って跳躍・空中回転・捻転などを行う体操種目。▼商標名。

とり【▽酉】［名］十二支の第十。〓「―年」▼動物では鶏に当てる。時刻では午後六時、または午後五時から七時の間。方角では西。

とり【鳥】［名］❶卵生・恒温の脊椎動物。体全体は羽毛でおおわれ、翼をもつ。鳥類。❷ニワトリ。また、その肉。かしわ。書き方「▽鶏」とも。

とり【取り】㊀［名］寄席で最後に出演する人。〓「―をとる」㊁［接頭］〈動詞に付いて〉語調を整え、また意味を強める。〓「―囲む・―乱す・―決める・―つくろう」

どり［名］鳥類の肺臓。〓「鳥は食っても―食うな」▼昔は毒があると思われていた。

ドリア【doria フラ】［名］バターライスやピラフの上にホワイトソースをかけ、オーブンで焼いた料理。

トリアージ【triage】［名］災害や事故による多くの負傷者を治療する際、限られた医療資源の中で最も有効な救命効果を求めるために、負傷の程度によって治療に優先順位を設けること。

とり-あ・う【取り合う】㊀［他五］❶互いに取ろうとして争う。奪い合う。〓「陣地を―」❷〈「手を取り合う」の形で〉互いに手と手をにぎる。〓「手を―・って喜ぶ」名取り合い ㊁［自五］相手にする。かかわりあう。〓「笑って―・わない」「まともに―・おうともしない」▼多くあとに打ち消しの語を伴う。

とりあえ-ず【取り▽敢えず】［副］❶本格的な対応はあとにして、(曲がりなりにも)今できる緊急事を最優先させるさま。ほかはさしおいて、まず第一に。なにはさておき。〓「まずは―親に連絡することだ」「―手付金を払っておく」「―御礼まで」❷将来のことは別にして、今のところ。さしあたって。〓「―必要な品はそろった」「―問題はないだろう」「―は一万円もあれば間に合う」◈「取るものも取り敢えず(=取るべきものも取らずに)」の意から。

品格 差し当たり「―できることからやる」差し詰め「―記録が残っている」ともあれ「―、私から自己紹介をしよう」まず「―考えてください」

とり-あ・げる【取り上げる・採り上げる】［他下一］❶【取】手に取って持ち上げる。〓「受話器を―」❷【取・採】意見や申し出を受け入れる。〓「市民の提案を議題に取り上げる」「部下の意見を採り上げる」

書き分け 聞き入れて採用する意では【採】を使う。「国会が取り上げた問題／国会が採り上げた意見」では、前者は議題として問題にする、後者は意見として採択する意。

❸【取】特に取り立てて問題にする。〓「欠陥商品を―・げて糾弾する」「弱点を―・げて非難する」❹【取】相手が持っているものをむりに奪う。〓「賊の凶器を―」「子どもからおもちゃを―」❺【取】財産・権利・地位などを奪い取る。没収する。〓「家屋敷［弁護士の資格］を―」❻【取】税金などを取り立てる。徴収する。〓「追徴金を―」❼【取】産婦を助けて子を生ませる。〓「助産師が―・げた赤ん坊」文とりあ・ぐ

とり-あつかい【取り扱い】［名］取り扱うこと。〓「―に注意」書き方 公用文では「取扱い」。慣用の固定した「取扱所・取扱高・取扱注意・取扱人・取扱品・取扱法」などは、送りがなを付けない。

とり-あつか・う【取り扱う】［他五］❶道具・機械や荷物などを使ったり動かしたりする。扱う。〓「荷物は丁寧に―・ってください」「自分の体は大切に―ことが肝心だ」❷ある一定のしかたで他の人(特に、下位の人)を遇する。待遇する。〓「子供たちを分け隔てなく―」❸あるものを(特に、業務や商品として)取り上げてそれを処理する。〓「振替は郵便局で―」「当店は洋書も―・っている」❹ある問題やテーマとして取り上げる。〓「美術史の中でマンガを―」「本件を刑事事件として―」◈使い方 ①②は、「慎重に［大切に・乱暴に・軽々しく］―」など、ふつう副詞句を伴う。③④には「郵便局で／が小包を―」「連載記事で／が教育問題を―」のように、～デ(=場所)を～ガ(=主格)にしてもいう。名取り扱い

とり-あわせ【▽鶏合わせ】［名］ニワトリを戦わせて勝負を争う遊び。▼昔、宮中行事として三月三日の節句に行われた。

とり-あわ・せる【取り合わせる】［他下一］❶ほどよく組み合わせて調和させる。〓「肉料理に温野菜を―」❷まとまったものにするために寄せ集める。〓「新人の作品を―・せた絵画展」文とりあは・す 名取り合わせ

ドリアン【durian】［名］マレー半島・マレー諸島原産のパンヤ科の常緑高木。また、その果実。長楕円形の果実は、緑褐色の外殻にとげ状の突起がある。濃厚な甘みをもつクリーム状の果肉には独特の臭気があるが、産地では「果物の王」として賞味される。

とり-い【鳥居】［名］神社の参道の入り口に神域を示す象徴として建てる門。二本の柱の上部に貫をさし通して固定し、その上に笠木を渡したもの。数「一基…」と数える。

とり-いそぎ【取り急ぎ】［副］とりあえず急いで、の意で多く手紙文に使う語。〓「―御報告致します」

トリートメント【treatment】［名］髪や肌の手入れ。〓「ヘアー―」

ドリーム【dream】［名］夢。空想。幻想。≡「アメリカン—」

ドリーム-チーム【dream team】［名］スポーツで、特に優秀な選手だけを選んで結成したチーム。▽スポーツ以外の分野で、優れた人材を選んだ集団についてもいう。≡「一流ミュージシャンが集結した—」

とり-い・る【取り入る】［自五］気に入ってもらおうとして目上の人などの機嫌をとる。≡「上司に—」

品格 阿諛〔あゆ〕「—追従〔ついしょう〕」「権力者に—する」 おもねる「大衆に—」 媚〔こ〕びへつらう「上司に—」 媚びる「—ようなまなざし」 媚びを売る「お世辞たらたらに—」 へつらう「相手に—」

とり-いれ【取り入れ】［名］❶取り入れること。取り込み。≡「洗濯物［自然光］の—」 書き方「採り入れ」とも。❷農作物を取り収めること。収穫。≡「稲の—が始まる」 書き方「▽穫り入れ」とも。

とり-い・れる【取り入れる】［他下一］❶外にあるものを取って中に入れる。取り込む。≡「洗濯物を—」「養分を体内に—」❷農作物を収穫する。とりいれをする。≡「稲［ブドウ］を—」 書き方「▽穫り入れる」とも。❸他のよい点を入れて自分のものとして役に立たせる。≡「異文化［新方式］を—」「部下の意見を—」 書き方「採り入れる」とも。名 取り入れ

とり-インフルエンザ【鳥インフルエンザ】［名］鶏〔にわとり〕などの鳥類が感染するインフルエンザ。▽人に感染する場合もある。

とりうち-ぼう【鳥打ち帽】［名］前びさしのある平たい帽子。ハンチング。鳥打ち帽子。▽狩猟に用いたことから。

トリウム【Thorium ドイ】［名］アクチニドに属する放射性元素の一つ。単体は銀白色のもろい金属。核燃料に利用される。元素記号Th

とり-え【取り柄(取り得)】［名］とりたててすぐれたところ。長所。≡「素直な点だけが—だ」

トリエンナーレ【triennale イタ】［名］三年に一度開かれる美術展覧会。ミラノで開催される国際美術展が有名。

トリオ【trio イタ】［名］❶三重奏。三重唱。❷スケルツォ・メヌエットなど、三部形式で書かれた楽曲の中間部。❸三人で一組になっていること。三人組。≡「—を組む」

とり-おい【鳥追い】ヒ|オ［名］❶田畑の害鳥を追い払う小正月の行事。子供たちが鳥追い歌をうたい、鳥追い棒を打ち鳴らしながら家々を回り歩く。❷江戸時代の門付けの一つ。編み笠〔がさ〕をかぶった女性芸能者が三味線を弾き、鳥追い歌などをうたいながら金品をもらい受けたもの。また、その人。

とり-おき【取り置き】［名・他サ変］取り置くこと。また、そのもの。≡「お—の品」

とり-お・く【取り置く】［他五］残しておく。取りのけておく。≡「商品を—」 名 取り置き

とり-おこな・う【執り行う(取り行う)】ナフ|オコ［他五］行事・式典などを改まって行う。挙行する。≡「慰霊祭［授賞式］を—」

とり-おさ・える【取り押さえる(取り抑える)】ヘル|オサ［他下一］❶押さえて動けないようにする。≡「暴れ馬を—」❷逃げようとするものをとらえる。≡「すりの現行犯を—」 文 とりおさ・ふ 名 取り押さえ

とり-おと・す【取り落とす】［他五］❶手に持っていた物を落とす。また、取り損なって落とす。≡「うっかり皿を—」「あせってバトンを—」❷失う。なくす。≡「一命を—」❸気づかずに抜かす。≡「出典の記載を—」

とり-おろし【撮り下ろし】［名］写真・ビデオ・映画などを新たに撮影すること。また、その作品。

トリガー【trigger】［名］❶銃の引き金。❷ある物事を引き起こすきっかけになるもの。≡「議論の—になる意見」

とり-がい【鳥貝】ヒ|カ［名］内湾の砂泥底にすむザルガイ科の二枚貝。放射状の条線をもつ殻の表側は黄白色、内側は淡い紫紅色。黒紫色の足を鮨種〔すしだね〕や酢の物などにする。

とり-かえし【取り返し】ヘシ|カ［名］取り返すこと。もとのよい状態に戻すこと。≡「—のつかないミスをする」

とり-かえ・す【取り返す】ヘス|カ［他五］❶人の手に渡っていたものを再び自分のものにする。とりもどす。≡「領地を—」❷再びもとのよい状態にする。もとへ戻す。とりもどす。≡「人気を—」 名 取り返し

とり-か・える【取り替える(取り換える)】ヘル|カ［他下一］❶今まで使っていたものを新しいものや別のものにかえる。交換する。≡「古い電池と新しい電池を—」「毎日ネクタイを—」「新しい畳に—」❷相手と別の物にかえる。互いにかえる。交換する。≡「妹とスカーフを—」「一万円札を千円札と／に—」 名 取り替え「—が利く」

とり-かか・る【取りかかる(取り掛かる)】［自五］しはじめる。着手する。≡「工事に—」 名 取りかかり

とり-かご【鳥籠】［名］小鳥を入れて飼うためのかご。

とり-かこ・む【取り囲む】［他五］まわりをぐるりと囲む。≡「警官が現場を—」 名 取り囲み

とり-かじ【取り▼舵】チ|カ［名］❶船首を左へ向けるときの、かじの取り方。≡「—いっぱい」❷左舷〔さげん〕。◈⇕面舵〔おもかじ〕

とり-かた【捕り方】［名］罪人を捕らえる役の人。とりて。

とり-かたづ・ける【取り片付ける】［他下一］きちんと整理する。すっかり片付ける。 文 とりかたづ・く 名 取り片付け

とり-かぶと【鳥▼兜】［名］❶舞楽の襲装束〔かさねしょうぞく〕に用いる鳳凰〔ほうおう〕の頭にかたどったかぶり物。❷秋、茎頂に青紫色の冠状の花をつけるキンポウゲ科の多年草。塊状の根は有毒。ヤマトリカブト。❸キンポウゲ科トリカブト属植物の総称。塊根は猛毒のアルカロイドを含むが、漢方では主根を烏頭〔うず〕、側根を附子〔ぶし〕と称し、神経痛・リウマチなどの薬にする。

とり-かわ・す【取り交わす】ハス|カ［他五］互いにやりとりする。交換する。≡「杯［契約書］を—」

とり-きめ【取り決め】［名］取り決めること。また、取り決めたこと。約束。契約。≡「町内会の—を守る」 書き方 公用文では「取決め」。

とり-き・める【取り決める】［他下一］話し合って、きちんと決める。また、きちんと約束する。契約する。≡「大会の日取りを—」「売買条件を—」 文 とりき・む 名 取り決め

とり-くず・す【取り崩す】ツス|ク［他五］❶くずして取り去る。とりこわす。≡「老朽家屋を—」❷まとまっているものから少しずつ取り去る。≡「貯金を—」

とり-くち【取り口】［名］相撲をとる時の手口。相

撲の取り方。‖「うまい―を見せる」

とり-くみ【取り組み】［名］❶問題などに取り組むこと。‖「勉強への―が真剣だ」❷相撲で、勝負の組み合わせ。また、一般に(試合の)組み合わせ。‖「好―」◈書き方 ②は、一般に「取組」と書く。公用文では①②とも「取組」。

とり-く・む【取り組む】［自五］❶互いに組みつく。組み合う。❷対戦して勝負を争う。特に、相撲で決められた相手と勝負をする。‖「横綱と―」❸問題や懸案を解決・処理するために熱心にとりかかる。とっくむ。‖「難問［公害対策］に―」名 **取り組み**

とり-けし【取り消し】［名］取り消すこと。‖「約束の―」書き方 公用文では「取消し」。

とり-け・す【取り消す】［他五］いったん決定したことや述べたことなどを、後でなかったことにする。うちけす。撤回する。‖「契約［発言］を―」名 **取り消し**

とり-こ【▽虜・▼擒】［名］❶戦争などで敵に捕らえられた人。捕虜。❷あることに熱中し、そこから心が離れなくなること。また、そのような人。‖「恋の―となる」

とり-こ【取り粉】［名］つきたての餅(もち)を扱いやすくするために表面にまぶす米の粉や片栗粉。

とりこし-ぐろう【取り越し苦労】ーグラウ［名・自サ変］どうなるかわからない先のことをいろいろ考えて、いらない心配をすること。杞憂(きゆう)。

トリコット［tricot］［名］トリコット編み機で編まれた生地。縦メリヤスの一種で、伸縮性に富み、ほつれにくい。服地から肌着・靴下まで広く利用される。

とり-こぼ・す【取り▽零す】［他五］❶当然勝てるはずの相手に負ける。‖「勝ち相撲を―」❷取りのがす。また、見落とす。‖「票を―して落選する」「重要な問題を―」名 **取りこぼし**

とり-こみ【取り込み】［名］❶取り込むこと。‖「洗濯物の―」「お―中すみません」❷「取り込み詐欺」の略。

とりこみ-さぎ【取り込み詐欺】［名］代金を支払う意思がないのに商品を取り寄せてだましとること。また、その商品を転売すること。取り込み。

とり-こ・む【取り込む】［一］［他五］❶外にあるものを取って中に入れる。取り入れる。‖「洗濯物を―」❷光線などをみちびき入れる。‖「天窓から光を―」書き方「採り込む」とも。❸受け入れて自分のものにする。取り入れる。‖「新しい手法を―」❹人をまるめ込んで自分の側に引き入れる。‖「役員を―んで経営に口を出す」可能 **取り込める**［二］［自五］不意の出来事などで、ごたごたする。‖「いま葬式で―んでいる」名 **取り込み**

とり-こ・める【取り▽籠める】［他下一］❶中におしこめる。とじこめる。‖「人質を地下室に―」❷とりかこむ。包囲する。‖「敵陣を―」文 **とりこ・む**

とり-ごや【鳥小屋】［名］にわとりなどの家禽(かきん)を飼っておくための小屋。

トリコロール［tricoloreフラ］［名］❶三色旗。特に、フランスの国旗。❷三色の組み合わせ。特に、青・白・赤の三色の組み合わせ。◈「三色の」の意から。

とり-ころ・す【取り殺す】［他五］死霊(しりょう)・生き霊(りょう)などが取りついて人を殺す。‖「怨霊(おんりょう)に―・される」

とり-こわ・す【取り壊す(取り▽毀す)】ーコハス［他五］建造物をばらばらにこわす。‖「老朽した家屋を―」名 **取り壊し**

とり-さ・げる【取り下げる】［他下一］いったん提出した書類などを取り戻す。また、いったん提起した訴えや申し立てを撤回する。‖「辞表を―」「訴訟を―」文 **とりさ・ぐ** 名 **取り下げ**

とり-ざた【取り沙汰】［名・他サ変］世間のうわさになること。また、そのうわさ。‖「離婚問題についてあれこれ―する」「合併話が―されている」

とり-さば・く【取り▼捌く】［他五］争い・もめごとなどを、うまく処理する。‖「訴訟を―」

とり-ざら【取り皿】［名］料理をめいめいに取り分けるための小皿。めいめい皿。

とり-さ・る【取り去る】［他五］取って除く。取り除く。‖「襖(ふすま)［不安］を―」

とり-しき・る【取り仕切る】［他五］責任をもっていっさいを処理する。‖「店［会の運営］を―」

とり-しまり【取り締まり】［名］❶取り締まること。‖「―を強化する」❷「取締役」の略。◈書き方 公用文では「取締り」。慣用の固定した「取締官・取締法・取締役」などは、送りがなを付けない。

とりしまり-やく【取締役】［名］株式会社で、取締役会の構成員として会社業務の意思決定に参加する役(の人)。会社役員。取締。

とり-しま・る【取り締まる】［他五］法律・規則などに反しないように管理・監督する。‖「交通違反を―」名 **取り締まり**

とり-しらべ【取り調べ】［名］取り調べること。特に、捜査官が犯罪の容疑について調べること。書き方 公用文では「取調べ」。慣用の固定した「取調室・取調官」などは、送りがなを付けない。

とり-しら・べる【取り調べる】［他下一］ある事柄についてくわしく調査する。特に、捜査官が犯罪の容疑について調べる。‖「容疑者を―」文 **とりしら・ぶ** 名 **取り調べ**

とり-すが・る【取り▼縋る】［自五］離れまいとして人の体などに強くつかまる。すがりつく。‖「泣いてたもとに―」

とり-す・てる【取り捨てる】［他下一］取って捨てる。取り去る。取り除く。‖「不用の品を―」文 **とりす・つ**

とり-すま・す【取り澄ます】［自五］気どって、まじめくさった態度をとる。かっこうをつけて、自分とは関係のないような顔をする。‖「―・した顔で現れる」

とり-せつ【取説】［名］電子製品などについている、使用のための説明書。▼「取り扱い説明書」の略。

とり-そろ・える【取り▼揃える】ーソロヘル［他下一］もれなく集めてそろえる。‖「さまざまなサイズの品を―」文 **とりそろ・ふ**

とり-だか【取り高】［名］❶収穫の量。とれだか。❷収入の額。俸給の額。❸分け前。‖「一人当たりの―が増える」

とり-だ・す【取り出す】［他五］❶中から取って外へ出す。‖「内ポケットから財布を―」❷多くのものの中から選び出す。‖「データファイルから必要な資料を―」◈書き方 ②は「採り出す」とも。名 **取り出し**

とり-たて【取り立て】［名］❶強く催促して取ること。‖「借金の―」書き方 公用文では「取立て」。❷特に目をかけて登用すること。‖「専務の―で部長に昇進する」❸取ったばかりであること。また、そのもの。とれたて。‖「朝市で―の野菜を買う」

とり-た・てる【取り立てる】［他下一］❶強く催促して取る。強制的に徴収する。‖「たまっていた家賃をー」❷多くのものの中から特に取り上げる。〓「ー・てて言うほどのことでもない」❸特に目をかけて抜擢(ばってき)する。特に選んで登用する。〓「支店長にー」文とりた・つ 名取り立て

とりーちが・える【取り違える】[他下一] ❶まちがえて別のものを取る。〓「靴をー・えて履く」❷まちがえて理解する。誤解する。〓「話の内容をー」文とりちが・ふ 名取り違え

とりーちらか・す【取り散らかす】[他五] あちこちに物を散らかす。乱雑にする。取り散らす。〓「ー・した部屋」

とーりつ【都立】[名] 東京都が設立し、管理・運営していること。また、その施設。〓「ー高校」

とりーつぎ【取り次ぎ】[名] ❶取り次ぐこと。また、その人。〓「ーに出る」❷客の注文を受けて商品・サービスの取り次ぎをする店。▼「取次店」の略。◈書き方 公用文では「取次ぎ」。慣用の固定した「取次店・取次所」「取次(=❷)に注文する」などは、送りがなを付けない。

トリッキー【tricky】[形動] ❶奇をてらったさま。奇抜なさま。〓「ーな仕掛け」❷油断ならないさま。ずるがしこいさま。〓「ーな手法」

トリック【trick】[名] ❶人の目をあざむくためのはかりごと。人をだます策略。〓「ーを見破る」❷映画・テレビなどで、現実にはありえないことを仕掛けや特殊撮影によって画面に現して見せる技術。▼「トリック撮影」の略。

とりーつ・く【取り付く】[自五] ❶離れないようにしっかりとつかまる。すがりつく。〓「命綱にー」❷しっかりと組みつく。〓「四、五人の敵がー」❸物事をし始める。とりかかる。〓「家の改築工事にー」❹魔物などが人にのり移る。つきものがつく。〓「狐がー」❺ある考えや感情が頭から離れなくなる。〓「強迫観念にー・かれる」◈書き方 ④⑤は「取り▼憑く」とも。名取り付き

◉**取り付く島もない** 頼りにする手がかりがなく、どうすることもできない。✓注意「取り付く暇(ひま)もない」は誤り。

とりーつ・ぐ【取り次ぐ】[他五] ❶両者の間に立って一方から他方へ用件・意向などを伝える。〓「受付が担当者に電話をー」「部下の言い分を社長にー」❷商品売買などの仲立ちをする。〓「書店に新刊書をー」名取り次ぎ

トリックスター【trickster】[名] 神話・民話などに登場する、いたずら者。秩序と混沌、文化と自然、善と悪など対立する二世界の間を行き来し、知恵と策略をもって新しい状況を生みだす媒介者。

トリック-プレー【trick play】[名] スポーツで、相手を惑わすようなプレー。野球の隠し球など。

とりーつくろ・う【取り繕う】[他五] ❶一時の間に合わせに修繕する。〓「破れたふすまをー」❷外見だけを飾って、よく見えるようにする。〓「体裁をー」❸不都合なことや過失を隠すためにうわべをよそおう。〓「冗談を言ってその場をー」名取り繕い

とりーつけ【取り付け】[名] ❶取り付けること。❷信用を失った銀行に預金者が押しかけ払い戻しを求めること。〓「ー騒ぎ」◈書き方 公用文では「取付け」。

とりーつ・ける【取り付ける】[他下一] ❶器械・器具などを一定の場所に設置する。〓「クーラーをー」❷自分の思うとおりに約束などを成立させる。獲得する。〓「大口の売買契約をー」「上司の了解をー」❸いつもその店から買う。買いつける。〓「日ごろー・けている酒屋」文とりつ・く 名取り付け

トリップ【trip】[名] ❶短期間の旅行。❷麻薬などによってもたらされる幻覚状態。

ドリップ【drip】[名] コーヒーの入れ方の一つ。コーヒー豆をひいてネルや濾紙(ろし)の上にのせ、熱湯を注いで漉(こ)し出すもの。▼滴下の意。

とりーつぶ・す【取り潰す】[他五] 建物や組織などを消滅させる。〓「城をー」「小藩をー」名取り潰し「主家がおーになる」

とりーて【捕り手】[名] 罪人を捕らえる役。また、その役の人。捕り方。

とりーで【▼砦・▼寨・▽塁】[名] ❶本城から離れた要所に築く小規模な城。❷外敵の攻撃を防ぐための建造物。要塞。

とりーてき【取的】[名] 最も地位の低い力士。ふんどしかつぎ。

とりーとめ【取り止め・取り留め】[名] きちんとしたまとまり。はっきりした目標。〓「ーのない話」

とりーと・める【取り止める・取り留める】[他下一] おさえとどめる。〓「一命をー」文とりと・む 名とりとめ

とりーどり【取り取り】[名・形動] いろいろな種類があって、それぞれが異なっていること。〓「各人がーの服装で現れる」「花が色ーに咲く」

とりーなお・す【取り直す・撮り直す】[他五] ❶【取】持ち方を変える。また、改めて手に取る。〓「斧(おの)をー・して薪を割る」❷【取】改めてもう一度とる。〓「データ[免許]をー」書き方 録音・録画は「▽録り直す」とも。❸【取】沈んだ気持ちなどをもとの状態に戻す。〓「気をー・して勉強に励む」❹【取】相撲で、勝負をやりなおす。〓「物言いがついてー」❺【撮】写真などの撮影をやりなおす。〓「見合い写真をー」名取(撮)り直し

とりーな・す【取り成す・執り成す】[他五] ❶対立するものの間に立って仲直りさせる。仲裁する。〓「二人の間をー」❷機嫌をそこねた相手をなだめる。また、その場の気まずい雰囲気をうまくとりつくろう。〓「取引先をー」「座をー」名取(執)り成し

とりーにが・す【取り逃がす】[他五] 捕らえかけたものに逃げられる。また、一度捕らえたものに逃げられる。〓「逮捕寸前の犯人をー」「チャンスをー」

とりーにく【鳥肉】[名] 食用にする鳥の肉。特に、鶏(にわとり)の肉。書き方 鶏の肉の場合は「▽鶏肉」とも。

とりーのーいち【▼酉の市】[名] 毎年十一月の酉の日に行われる鷲(おおとり)神社の祭礼に立つ市。最初の酉の日の市を一の酉、以下順に二の酉・三の酉と呼ぶ。縁起物の熊手を売る露店が立ち並ぶ。お酉さま。

とりーの・ける【取り▽除ける】[他下一] ❶そこから取ってなくす。〓「柵(さく)をー」❷そこから取って別にする。〓「売約済みの品をー・けておく」文とりの・く

とりーのーこ【鳥の子】[名] ❶鳥の卵。特に、ニワトリの卵。❷「鳥の子紙」の略。❸「鳥の子餅(もち)」の略。

とりのこーがみ【鳥の子紙】[名] 雁皮(がんぴ)を主な原料とした上質の和紙。▼鶏卵に似た淡黄色をしていることから。

とりーのこ・す【取り残す】[他五] ❶全部取らないで残しておく。また、取り忘れて残す。〓「まだ青いミカンをー」❷一部の者をあとに残す。おきざりにする。〓「仲間にー・される」「時代にー・される」▼多く受け身の

形で使う。名取り残し

とりのこ‐もち【鳥の子餅】[名] 平たい卵形をした紅白のもち。婚礼などの祝儀に使う。鶴の子餅。

とり‐のぞ・く【取り除く】[他五] 不要なものを取ってなくす。取り去る。||「濾過(ろか)して不純物を―」「心の不安を―」

とり‐はから・う【取り計らう】ーハカラフ [他五] 物事がうまく運ぶように考えて処置する。||「建築許可が下りるように―」「しかるべく―」名**取り計らい**

とり‐はこ・ぶ【取り運ぶ】[他五] 物事をうまく進行させる。||「式典を滞りなく―」

とり‐ばし【取り箸】[名] 盛り合わせた料理・菓子などを、めいめいの皿に取り分けるのに使うはし。

とり‐はず・す【取り外す】ーハヅス [他五] ❶取り付けてあったものを外す。||「ふすまを―」❷手に持っているものをうっかり落とす。また、つかみそこなう。||「刀を―」名**取り外し**

とり‐はだ【鳥肌(鳥▽膚)】[名] 寒さや恐怖などのために、皮膚に鳥の毛をむしったあとのようなぶつぶつが浮き出る現象。||「寒けがして―が立つ」「素晴らしい演技に―が立つ」使い方 感動したときなどにいい意味でいうのは、新しい使い方。

とり‐はら・う【取り払う】ーハラフ [他五] 不要なものなどを取ってなくしてしまう。残らず取り除く。とっぱらう。||「ふすまを―って広間にする」名**取り払い**

トリビア[trivia] [名] 些細(ささい)なこと。また、雑学的な知識。

トリビアル[trivial] [形動] 瑣末(さまつ)なさま。また、瑣末な事柄にこだわるさま。||「―な問題[批評]」

とり‐ひき【取り引き】[名・他サ変] ❶物品の売買を行うこと。また、営利を目的とする経済行為。||「大手企業と小麦を―する」❷互いが利益を得られるように交換条件をとりまとめること。||「与野党間で―が行われる」「裏―」◆書き方 慣用で「取引」のように送りがなを付けないことが多い。また、慣用の固定した「取引先・取引銀行」などは、送りがなを付けない。

とりひき‐じょ【取引所】[名] 一定の資格をもつ会員によって、有価証券や投機性のある商品の売買取引・先物取引が行われる市場。証券取引所と商品取引所とがある。

とり‐ひし・ぐ【取り▽拉ぐ】[他五] つかんで押しつぶす。ひしぐ。||「鬼をも―勢い」

トリビュート[tribute] [名] 感謝・賞賛・尊敬のしるしとして捧げるもの。賛辞。||「―アルバム(=尊敬する音楽家などを賞賛するために作られる楽曲集)」

とり‐ふだ【取り札】[名] 百人一首・いろはがるたなどで、並べておいて取る方の札。⇔読み札

ドリフト[drift] [名] ❶[自サ変] 漂流すること。❷[自サ変] レーシングカーなどで、後輪を横滑りさせてカーブを切ること。ドリフト走行。❸多くの粒子が外力に作用され、不規則な運動をしながら移動する現象。

トリプル[triple] [名] 三倍。三重。||「―パンチ」▼多く他の語と複合して使う。

ドリブル[dribble] [名・他サ変] ❶サッカー・ラグビーなどで、ボールを小さく蹴りながら前進すること。❷バスケットボールやホッケーなどで、ボールを手でつきながら前進したり、球をスティックであしらいながら前進したりすること。❸バレーボールで、一人の選手が連続して二度以上ボールに触れること。反則になる。

トリプルプレー[triple play] [名] 野球で、連続した守備動作で三人を次々にアウトにすること。三重殺(さんじゅうさつ)。

とり‐ぶん【取り分】[名] その人の取るべき分。分け前。取り前。||「人数が増えて―が少なくなる」

トリマー[trimmer] [名] 犬・猫などの毛を刈り込んで整えることを職業とする人。ペットの美容師。

とり‐まき【取り巻き】[名] 富や権力のある人につき従ってこびへつらうこと。また、その人。||「社長の―」

とり‐まぎ・れる【取り紛れる】[自下一] ❶まぎれて入りこむ。まぎれこむ。||「雑踏に―」❷目先のことに心を奪われて、他のことに注意が及ばなくなる。||「雑事に―れて約束を忘れる」文**とりまぎ・る**

とり‐ま・く【取り巻く】[他五] ❶複数の人・動物があるものの周りを囲む。取り囲む。||「報道陣がカメラを構えて大統領の周りを―」❷そばにつきまとって機嫌をとったりちやほやしたりする。また、好意をもってその周囲に集まる。取り囲む。||「ファン[イエスマン]に―かれる」▼受身の形が多い。❸あるものが包むようにしてその周囲に存在する。||「暗やみが我々を―」「地球を―環境は厳しい」名**取り巻き**

とり‐ま・ぜる【取り混ぜる】[他下一] いろいろなものを混ぜ合わせる。||「大小―」文**とりま・ず** 名**取り混ぜ**

とり‐まと・める【取り▼纏める】[他下一] ❶多くのものを整理して一つにする。||「荷物を―」「出席者の意見を―」❷物事を望ましい状態になるように処理して決まりをつける。||「紛争[商談]を―」文**とりまと・む** 名**取りまとめ**

とり‐みだ・す【取り乱す】[一][他五] だらしなく乱す。また、乱雑に散らかす。||「―した服装で人前に出る」[二][自五] 心の平静を失って見苦しいようすになる。||「急死の報に接して―」

トリミング[trimming] [名・他サ変] ❶写真などの不要な部分を取り除いて画面を整えること。❷帽子の縁や衣服の裾(すそ)・袖口(そでぐち)などをレースやリボンで飾ること。また、その縁飾りや縁どり。❸犬などの毛を刈って形を整えること。

トリム[trim] [名] ❶刈り整えること。刈り込み。❷浮かんでいる船の釣り合い。また、飛んでいる飛行機の均衡状態。❸日常生活の中に無理のない身体運動を取り入れて心身の健康を保つこと。

とり‐むす・ぶ【取り結ぶ】[他五] ❶約束・契約などを固く結ぶ。||「条約を―」❷双方の間に入って仲をとりもつ。仲立ちをする。||「若い二人を―」❸機嫌を損ねないようにうまく計らう。||「上役のご機嫌を―」

とり‐め【鳥目】[名] 夜盲症の通称。▼鳥は一般に夜目がきかないことから。

とり‐もち【鳥▼黐】[名] さおの先などに塗って小鳥や昆虫を捕らえるのに使う粘りけの強いもの。モチノキ・クロガネモチなどの樹皮からとる。もち。

とり‐も・つ【取り持つ】[他五] ❶両者の間に立って事がうまく運ぶように世話をする。仲立ちをする。||「二人の間を―」❷人の気をそらさないようにもてなす。||「うまく座を―」名**取り持ち**

とり‐もど・す【取り戻す】[他五] ❶いったん失ったものを再び自分のものにする。||「失地[顧客]を―」❷いったん損なった状態をもとにもどす。||「元気[意識・遅

れ」を─」

とりも-なおさず【取りも直さず】ーナホサズ［連語］同じ内容のことばにそっくり言いかえられるさま。それが直ちに。すなわち。‖「人口問題は─食糧問題である」

とり-もの【捕り物】［名］〔古風〕罪人を召し取ること。‖「─帳（＝江戸時代の犯罪捜査を主題にした推理小説）」

とり-や・める【取り▽止める】［他下一］予定していたことをやめる。中止する。‖「風雨が強いので出航を─」文**とりや・む** 名**取りやめ**

トリュフ［truffe フランス］［名］キノコの一種。直径三～一〇センチメートルの塊状で、土中に生育する。独特の香気が珍重され、キャビア・フォアグラとともにフランス料理の高級食材とされる。フランス松露。西洋松露。

と-りょう【塗料】ーレウ［名］物の表面に塗って着色や保護をするための流動状の物質。ペンキ・ワニス・エナメル・漆など。

ど-りょう【度量】ーリャウ［名］❶物差しと枡ます。また、長さと容積。❷人の言行を受け入れる寛大な心。‖「─の広い［大きい］人」

どりょう-こう【度量衡】ドリャウカウ［名］長さと容積と重さ。また、それをはかるための物差し・枡ます・秤はかり。度量衡器。

ど-りょく【努力】［名・自サ変］ある目的を達成するために、気を抜かず、力を尽くして励むこと。‖「環境対策に─する」「─が報われる」「─家・─賞」

どりょく-ぎむ【努力義務】［名］法制上、規定などで定められたことを遵守じゅんしゅするように努めなくてはならない義務。違反しても法的制裁を受けることはない。

とり-よせ【取り寄せ】［名］取り寄せること。‖「─の銘菓」「お─はファックスでご注文ください」

とり-よ・せる【取り寄せる】［他下一］❶手に取って引き寄せる。‖「小皿を手元に─」❷注文して持ってこさせる。注文して送らせる。‖「弁当を─」「メーカーからカタログを─」文**とりよ・す** 名**取り寄せ**

トリル［trill］［名］装飾音の一つ。ある音と、それより二度上または下の音を交互に速く反復させて奏するもの。顫音せんおん。記号tr

ドリル［drill］［名］❶らせん状の刃を回転させて穴をあける工具。❷基本的な知識や技術を習得するための反復練習。また、その指導法や教材。‖「英語の─」

とり-わけ【取り分け】■［副］特に。ことに。とりわけて。‖「─今日は暑い」「─目立つ存在」■［名］取り分けること。‖「─の料理」

とり-わ・ける【取り分ける】［他下一］❶食べ物などをめいめいに分けてとる。‖「前菜を小皿に─」❷区別して選びとる。‖「優良品を─」文**とりわ・く** 名**取り分け**

ドリンク［drink］［名］飲み物。飲料。‖「ソフト─」

ドリンク-ざい【ドリンク剤】［名］体力増強や肉体疲労時の栄養補給などをうたって売られる小瓶入りの清涼飲料または飲み薬。

と・る【取る・採る・捕る・執る・撮る】

A ものを手に持つ

■［他五］❶【取】離れているものを手でつかんで持つ。手にする。特に、手でつかんで自分の領域におさめる。‖「箸はしを手に─」「そこの新聞を─・ってくれ」「忘れ物を─・りに帰る」書き方もと「執る」とも。今は多く「取る」を使う。

❷【執・取】道具を手に持ち、それを使って作業をする。‖「武器を─・って戦う」「筆［鋤すき・手綱たづな・舵かじ］を─」

B 手に入れる

❸【取】権利・許可や資格などを手に入れる。特に、予約してその権利を確保する。‖「市民権［許可・運転免許・指定席］を─」「ホテルの予約を─」「花見の場所を─」

❹【取】与えられた権利を行使して、仕事を休んだり試合を中断したりする。‖「有給休暇［作戦タイム］を─」

❺【取】質物・人質を手元に確保する。‖「質を─・って金を貸す」「人質を─・って立てこもる」使い方〜ヲに〈結果〉をとる。「指輪［社長］を質［人質］に─」のように、〜ヲに〈対象〉をとる言い方もできる。

❻【取】証明書などを発行させて自分の手に収める。‖「市役所から住民票を─」「始末書を─・られる」

❼【取】証言・約言などを手に入れる。取り付ける。‖「目撃者から証言を─」「言質げんちを─」「確約を─」

❽【取】届けてもらう約束で買う。‖「昼食に出前を─」「毎朝牛乳を─・っている」「新聞を─」

❾【取】売買の約束などをしっかりと成立させる。取り結ぶ。‖「店員が注文を─・りに来る」「売買契約を─」

❿【取】〈「年を取る」の形で〉年齢を加える。また、高齢になる。‖「人は一年ごとに年を─」「年を─と視力が弱る」

⓫【取】遊女や芸者が客を迎えて相手をする。‖「客を─」

⓬【取】数えはかって数量を明らかにする。‖「寸法［統計・脈］を─」使い方〜ヲに〈結果〉をとる。「人口の推移を統計に─」のように、〜ヲに〈対象〉をとる言い方もできる。

⓭【取】照らし合わせて情報の確かさを確認する。‖「本人の確認［証言の裏］を─」「出席を─」

⓮【取・採】その役割を持った人を迎え入れる。‖「本家が婿むこ［養子］を─」使い方〜ヲに〈結果〉をとる。「師匠が太郎を弟子に─」のように、〜ヲに〈対象〉をとる言い方もできる。

⓯【採・取】室内に明かりを導き入れる。採光する。‖「窓から外光を─」

⓰【採】議案の賛否の数を調べて可否を決める。採決する。‖「決つけ［可否］を─」

⓱【捕・取】ある目的をもって動物などをつかまえる。追いかけてとらえる。捕獲する。‖「海に潜ってアワビを─」「猫がネズミを─」「外野フライを─」書き分け⑴【捕】は逃げるものを追いかけてつかまえる意。「魚を［取る／捕る］」では、前者は手に入れる、後者はつかまえる意に視点を置いていう。⑵「▽獲る」とも。貝類では「採」が多い。

⓲【採・取】昆虫や山菜・薬草・鉱物などを採取する。採集する。‖「チョウを─」「キノコを─・って暮らしを立てる」「川で砂金を─」

⓳【取】作物を収穫する。‖「トマトを─」書き方「▽穫る」とも。

C 外から取り入れる

⓴【取】必要と思われる時間や空間をしっかりと確保する。‖「十分に時間を─・って検討する」「適度の間合い［距離］を─」「新しい設計では居間を広く─・ってある」

㉑【取】食物や養分を体内に受け入れて自分のものにする。取り入れる。摂取する。‖「栄養［ビタミン］を─」「パンと牛乳で朝食を─」書き方「▽摂る」とも。

㉒【取】みずからに受け入れる行為としてそのことをす

る。≡「睡眠〔休養・休み〕を━」「暖を━(＝暖まる)」

㉓【取】録音する。また、録画する。≡「祭ばやしの音をテープに━」「BSから映画を━」 書き方 「▽録る」も多い。「取る」に代わって新しく生まれた表記。

D 取り立てる

㉔【取】受け納めて自分のものとする。≡「国民から税金を━」「会費〔拝観料〕を━」「高給を━」

㉕【取】権力で召し上げる。≡「わが子を兵隊に━・られる」▼受身で使うことが多い。

E 動きや状態を作り出す

㉖【取】音楽に合わせて規則的な動きを作り出す。≡「手で調子を━」「体を揺すってリズムを━」

㉗【取】ある一定の状態や姿勢・態度などを作り出す。≡「バランスを━」「警戒態勢を━」「あいまいな態度〔中立の立場〕を━」

㉘【取】そういう姿勢・構造・形式や制度などを有する。≡「この小説は複雑な構成を━」「会議は非公開の形を━」

㉙【取】こちらの情報が先方に伝わるようにする。連絡をつける。≡「電話で本部と連絡を━」

㉚【取】書き付けることによって、書類上の処理をする。≡「入会の手続きを━」

㉛【取】その遊びや動作・競技を成立させる。≡「カルタ〔相撲〕を━」▼手札や回しを取ることから。

F ものを作り出す

㉜【取】原形に従って同じ型や形状のものを作り出す。≡「石膏(せっこう)で型を━」「拓本〔コピー〕を━」 使い方 〜ヲに〈結果〉をとる。「書類をコピーに━」のように、〜ヲに〈対象〉をとる言い方もできる。

㉝【取】筆やペンを執ることによって、記録などを作り出す。≡「メモを━」「記録を━」 使い方 〜ヲに〈結果〉をとる。「子供の成長を記録に━」のように、〜ヲに〈対象〉をとる言い方もできる。

㉞【取】寝具を敷きのべて寝床を作る。≡「床(とこ)を━」▼敷くための場所として取る(＝確保する)ことから。

㉟【採・取】材料や原料から必要なものを取り出したり作り出したりする。≡「アコヤ貝から真珠を━」「菜種から油を━」

㊱【撮】カメラで被写体を写すことによって、写真作品を作り出す。撮影する。≡「野生動物の写真〔映画〕を━」「胸のレントゲンを━」 使い方 「〈被写体〉の写真を━」と「〈被写体〉を写真に━」の言い方がある。前者は〜ヲに〈結果〉を、後者は〈対象〉をとる言い方。

G 選びとる

㊲【取】その(方向への)進路を選ぶ。≡「海路を━」「飛行機が北西に針路を━」

㊳【取・採】いくつかの中から選択する。≡「進学を━か就職を━かで迷っている」「第二外国語に中国語を━」

㊴【取・採】手本やよりどころを求めて選び定める。≡「外国に範を━・って制度を改める」「民話から題材を━」

㊵【採・取】人材を採用する。≡「新卒を数名━」 使い方 「経験者/外交員を━」では、前者は〜ヲに〈資格者〉を、後者は〈役割者〉をとる例。

㊶【採・取】有効な手段や考え方として選び定める。採用する。≡「積極策〔適切な処置・内部犯行説〕を━」

㊷【採・取】必要なものを選んで手に入れる。採取する。また、採血する。≡「井戸水からサンプルを━」「犯行現場から指紋を━」「血を━・って検査する」

H 奪う

㊸【取】人のものを不当な手段で自分の所有物にする。奪う。盗む。≡「人の物を━」「財布を━」「強盗に金品を━・られる」 書き方 「▽盗る」「▽奪る」とも。

㊹【取】得点や評価などを勝ち得る。獲得する。また、地位や権力や領土などを手に入れる。獲得する。≡「先取点を━」「観客から笑いを━」「シェアの六割を━」「政権〔敵の陣地〕を━」 書き分け 獲得する意で「▽獲る」、奪い取る意で「▽盗る」「▽奪る」などと書いて、意味を強めることもできる。「天下を獲る」「国を盗る」「タイトルを奪る」

㊺【取】戦って相手の大切な物を奪う。≡「三振を━」「『技あり』で、一本━」「敵将の首を━」「敵(かたき)を━」

㊻【取】〈「気を取られる」などの形で〉他のことにかまけて本来の注意力を奪われる。≡「隣の人に気を━・られる」

㊼【取】〈「足〔ハンドル〕を取られる」の形で〉歩行やハンドルさばきの自由を奪われる。≡「ぬかるみに足を━・られる」「雪道にハンドルを━・られる」

㊽【取】時間や空間を普通より余分に必要とする。≡「下準備に時間を━・られる」「この冷蔵庫は場所を━」

I 取り除く

㊾【取】余分なものや不要なものを取り除く。≡「雑草〔野菜の灰汁(あく)〕を━」「胃のポリープを━」「鎮痛剤で痛みを━」

㊿【取】身につけた物を取りはずす。≡「帽子を━・って挨拶(あいさつ)する」「ネクタイ〔眼鏡〕を━」「おむつを━」

J その他

(51)【執・取】ことの事情をしっかりとつかんでその仕事をする。≡「事務〔指揮〕を━」「仲介の労を━」

(52)【取】よくない結果を招く。≡「経済面で後れを━」「語学では誰にもひけを━・らない」「不覚を━」

(53)【取】自分のこととして引き受ける。≡「辞職して責任を━」「家の跡を━」

(54)【取】文法で、文が構文上そういう性質をもった語句を要求する。…がくる。≡「主語に抽象名詞を━」

(55)【取】ある表現や現象を一定の意味に解釈する。≡「せっかくの好意を悪く━」「質問の内容を逆の意味に━」

(56)【取】スポーツで、審判がプレーの正否を判定する。また、反則や罰則を宣言する。≡「きわどい交錯プレーをアウトと━」「反則を━」「オフサイドを━・られる」

K 「〜にとって」の形で使う

二 〔自五〕〈「…にとって」の形で〉…(の身)として。…(の立場)から見て。≡「初心者に━・っては難しい」「世界の経済に━・って好ましくない事態だ」 書き方 一般にかな書き。 使い方 丁寧形は「とりまして」、「とっては」の口語体は「とっちゃ(あ)」となる。「とりまして」は、「ます」のコラム(⬇一五五七ページ)を参照。「彼らにとっちゃそのほうがいいんだ」 可能 取れる 名 取り

◉**捕らぬ狸(たぬき)の皮算用(かわざんよう)** まだ手に入るかどうか分からないものを当てにして、あれこれと計画を立てること。皮算用。

◉**取るに足(た)りな・い** 取り上げるほどの価値がない。≡「根も葉もないうわさなど━」▼「取るに足らない〔足らず・足らぬ〕」とも。「足りない/足らない」は、後者のほうが古い言い方。

品格 一介(いっかい)「━のサラリーマン」 区々(くく)「━たる問題」 些細(ささい)「━な違い」 瑣末(さまつ)「━な議論」 枝葉末節(しようまっせつ)「━にとらわれる」 眇(びょう)たる「━存在」 末梢(まっしょう)「━的な意見」 矮小(わいしょう)「責任を━化する」

◉**取る物も取り敢(あ)えず** 大急ぎで。大あわてで。≡「━駆けつける」 注意 「取る物も取らず」は不適切。

ドル〔名〕❶アメリカ・カナダ・オーストラリア・ニュージーランドなどの通貨の単位。ふつうアメリカドルをいう。一ドルは一〇〇セント。ダラー。記号$ 使い方「ドル」という単位で表される貨幣の意でもいう。「―が値上がりする」❷お金。金銭。「―箱」◈dollar から。書き方「▽弗」と当てる。

ど-るい【土塁】〔名〕土を盛り上げて築いたとりで。

トルコ-いし【トルコ石】〔名〕銅やアルミニウムなどを含む、青や青緑色の鉱物。美しいものは装飾品に加工する。一二月の誕生石。トルコ玉。ターコイズ。▼トルコを経てヨーロッパに入ったことから。

トルコ-ぼう【トルコ帽】〔名〕つばのない円筒状の帽子。平らな頂上の中央に房をつける。▼もとはトルコ人がかぶっていたことから。

トルコ-ライス〔和製Turcoポルトガル＋rice〕〔名〕ピラフ(ドライカレー)・スパゲッティ・豚カツ(チキンカツ)などを一皿に盛り合わせた洋風料理。▼長崎で始められたが、語源は不祥。

トルソー〔torsoイタリア〕〔名〕頭部や四肢のない胴体だけの彫像。トルソ。▼人体の軀幹(くかん)の意。

トルティーヤ〔tortillaスペイン〕〔名〕❶メキシコ料理で、トウモロコシの粉に水と塩を加えてこね、薄くのばして焼いたもの。好みの具をはさんで食べる。⇩タコス ❷じゃがいも・玉ねぎ・ベーコンなどの具を入れて平たい円形に焼いたスペイン風のオムレツ。スパニッシュオムレツ。トルティージャ。

ドル-ばこ【ドル箱】〔名〕❶金銭を入れる箱。金庫。❷主要な収入源となる人や商品。「―スター」

ドルフィン-キック〔dolphin kick〕〔名〕バタフライ泳法などで、両足をそろえて垂直下方にけり下ろし、足の甲で水を打つけり方。

トルマリン〔tourmaline〕〔名〕硼素(ほうそ)の珪酸(けいさん)塩からなる鉱物。色は黒・黄・緑・紫・紅など多様で、ガラス光沢がある。美しいものは宝石とする。結晶を熱すると電気を帯びることから、電気石ともいう。

ドルマン-スリーブ〔dolman sleeve〕〔名〕婦人服の袖(そで)型の一つ。袖ぐりを深く、ゆったりと作り、袖口にかけて細くすぼめるもの。▼トルコ人の着用したドルマン(外套)の袖に模したもの。

ドルメン〔dolmen〕〔名〕新石器時代から鉄器時代にかけて造られた巨石記念物の一つ。数個の自然石を並べ、その上に大きな自然石板をのせたもので、墳墓とみられる。特に西ヨーロッパに多い。

どれ ㊀〔代〕いくつかあるなかで、一つに限定できないものを指し示す語。「三つの案のうち―を選ぶか」「正解は―でしょう」㊁〔感〕ある行為にゆっくりととりかかろうとしたり、自分を参加させるように他人をうながすときに発する語。「―、出かけるとしよう」「―、おじさんに見せてごらん」◈もとの用字は「▽何れ」。

ど-れい【土鈴】〔名〕土を焼いて作った鈴。郷土玩具(がんぐ)に多くみられる。

ど-れい【奴隷】〔名〕人間としての権利・自由を認められず、他人の私有財産の一つとして扱われた人。労働を強制され、譲渡・売買の対象ともされた。「―制度」▼一つのことに心を奪われ、そのためにだけ行動する人のたとえとしても使う。「恋[金銭]の―となる」

トレイル-ラン〔名〕舗装路ではなく山野などを走る中長距離走。山岳レース。トレイルランニング。トレラン。

トレー〔tray〕〔名〕❶料理などをのせて運ぶ盆。❷書類・手紙などを入れる底の浅い整理箱。

トレーサビリティー〔traceability〕〔名〕食品の安全を確保するために、生産過程や流通経路などを明らかにすること。また、その仕組み。▼「追跡できること」の意から。

トレーシング-ペーパー〔tracing paper〕〔名〕原図の敷き写しや複写用の原紙に使う半透明の紙。透写紙。トレペ。

トレース〔trace〕〔名〕❶〔他サ変〕原図などを敷き写すこと。透写。「図面を―する」❷〔他サ変〕登山で、踏み跡。また、それをたどること。❸スケートで、滑った跡の線。

トレーダー〔trader〕〔名〕❶証券を売買する業者。❷貿易業者。

トレーディング-カード〔trading card〕〔名〕アニメのキャラクターやスポーツ選手の写真などを印刷した、収集や交換を目的とするカード。▼略して「トレカ」とも。

トレード〔trade〕〔名〕❶商業。取引。❷〔他サ変〕プロ野球やサッカーなどの球団やクラブどうしが話し合いによって選手を移籍・交換すること。

トレード-オフ〔trade-off〕〔名〕一方を求めると他方を失うような、両立し得ない関係。失業率を抑えようとすると物価が上昇する経済的関係など。

トレード-マーク〔trademark〕〔名〕❶登録商標。商標。❷その人を特徴づけるもの。

トレーナー〔trainer〕〔名〕❶運動選手の練習を指導し、健康管理を受け持つ人。❷厚手の木綿地で作った運動着。▼英語では sweat shirt という。

トレーニング〔training〕〔名・自サ変〕練習。訓練。特に、体力をつけるための基礎的な運動。

トレーニング-ウエア〔和製training＋wear〕〔名〕スポーツの練習時に着用する衣服。運動着。トレーニングウェア。

トレーニング-パンツ〔training pants〕〔名〕スポーツの練習時にはく長ズボン。トレパン。▼英語では、幼児がおしめをはずして用便のしつけをする時にはく小児用パンツの意。トレパンは sweat pants という。

ドレープ〔drape〕〔名〕❶掛け布。垂れ布。❷服飾で、ゆったりと流れるような不定形のたるみやひだ。

トレーラー〔trailer〕〔名〕牽引(けんいん)車に引かれて走る車。それ自体は動力装置をもたない。▼牽引車を含めてもいう。

ドレス〔dress〕〔名〕婦人服。特に、礼装用の婦人服。「ウエディング―・マタニティー―」

ドレス-アップ〔dress up〕〔名・自サ変〕着飾ること。また、正装すること。「―して出かける」

ドレス-コード〔dress code〕〔名〕ある場所・集会・集団などで求められる、その場にふさわしい服装の基準。

とれ-だか【取れ高】〔名〕農作物などの収穫量。収穫高。

どれ-だけ〔名・副〕❶数量・程度などについて疑いを表す語。どのくらい。どれほど。「―(の)資金が必要なのだろう」「果たしてそれに―の価値があるのか」❷数量・程度などが限りないほど大きいさま。どのくらい。どれほど。「―心配したかわからない」◈もとの用字は「▽何れ丈」。

とれ-たて【取れ立て】［名］➡取り立て③

トレッキング［trekking］［名］健康やレクリエーションの目的で、山地や山麓(さんろく)を歩いてまわること。特に、高い山の麓(ふもと)の山歩き。

ドレッサー［dresser］［名］❶服を着こなす人。‖「ベストー」❷化粧台。鏡台。また、鏡のついた化粧箪笥(だんす)。

ドレッシー［dressy］［形動］服装が優美で改まった感じがするさま。‖「ーなブラウス」

ドレッシング［dressing］［名］❶西洋料理で、特に生野菜などを和える調味酢。‖「フレンチー・和風ー」❷身支度すること。また、衣装。化粧。‖「ールーム」

ドレッド［名］長髪を縮らせ、何本もの細い縄状に編んだ髪形。ドレッドヘア。ドレッドロックス。▼dread-locksから。

トレッドミル［treadmill］［名］ベルトコンベヤーの上を走りながら心電図や血圧計によって運動時の人体への負荷を測定する装置。また、室内ランニング装置。

どれ-でも［連語］どれを選んでも。どれであっても。‖「A社の製品ならーよい」「ー一〇〇円」「私が見たのはこれらのーない」▼もとの用字は「▽何れでも」。

トレハロース［trehalose］［名］グルコース二分子が結合した非還元性の二糖類。天然甘味料として加工食品に、高い保水力を生かして化粧品などに用いられる。

トレーパン［名］「トレーニングパンツ」の略。

どれ-ほど［名・副］➡どれだけ‖「ーの被害か調査する」「ー能力があっても努力しなければ実らない」▼もとの用字は「▽何れ程」。

ド-レ-ミ-ファ［do re mi fa イタ］［名］七音階の初めの四音階。また、ドからシまでの七音からなる全音階。また、音譜。‖「ーも読めない」

どれ-も［連語］いくつかあるそのすべてが。‖「いろいろ試みたが、ーうまくいかなかった」▼もとの用字は「▽何れも」。

どれ-も-これ-も［連語］「どれも」を強めた語。‖「ー面白くなかった」▼もとの用字は「▽何れも▽此れも」。

トレモロ［tremolo イタ］［名］弦楽器などの奏法で、同音や異なった二音を小刻みに反復させること。また、その奏法。震音。▼震える意。

と・れる【取れる・採れる(撮れる)】 一［自下一］❶【取】ついていた物や身につけていた物が離れ落ちる。‖「胸のボタン[服の汚れ]がー」❷【取】それまであった形のうえの特徴がなくなる。‖「雨にぬれてズボンの折れ目がー」「角(かど)[ぎざぎざ・でっぱり]がー」❸【取】それまであった好ましくないものがなくなる。‖「腰の痛み[疲れ・臭み]がー」❹【取】必要に迫られて身につけていたものが取り外せる状態になる。‖「おむつ[包帯]がー」❺【取】調和した状態になる。‖「色の調和がーれている」「収支の釣り合いがー」❻【取】〈「…に手間が取れる」の形で〉あることをするために時間や労力がかかる。手間がかかる。‖「準備に手間がー」❼【取・採】(「取る」の可能形から)天然資源や収穫物・捕獲物が得られる。‖「山では鉄鉱石がー」「河口ではシジミがー」 書き方「▽獲れる」「▽穫れる」とも。文 と・る
二［自他下一］「取る」の可能形。とることができる。‖「金メダルが/を取れたら最高です」「このフィルムは露光不足でもきれいに撮れる」 書き方 ➡取る

トレンチ［trench］［名］❶塹壕(ざんごう)。❷考古学で、遺跡の試掘や発掘のために掘る帯状のみぞ。発掘溝。

トレンチ-コート［trench coat］［名］共布の肩当てと大きなポケットをつけたダブルのコート。ベルトを締めて着用する。▼第一次大戦で、英国兵が塹壕(ざんごう)(＝トレンチ)内で着たことから。

トレンディー［trendy］［形動］流行の先端をいくさま。‖「ーな店」「ードラマ」

トレンド［trend］［名］傾向。動向。特に、ファッションの流行や経済変動の動向についていう。

とろ［名］マグロなどの肉の脂肪の多い部分。‖「大(おお)ー」 書き方「トロ」と書くことも多い。

とろ【▼瀞】［名］河川の深い淵(ふち)で、流れがゆるやかな所。どろ。‖「ー八丁」 瀞

と-ろ【吐露】［名・他サ変］心の中で思っていることを隠さずに述べること。‖「真情をーする」

どろ【泥】［名］❶水分を含んでやわらかくなった土。泥土(でいど)。 使い方 きたないものの意で比喩的に使う。‖「顔にーを塗る」「ーを吐く」❷「泥棒」の略。‖「こそー」

◉**泥を塗(ぬ)・る** 面目をつぶす。恥をかかせる。‖「君は人の顔にーのか」

◉**泥を吐(は)く** 問い詰められて、隠していた罪を白状する。‖「厳しい取り調べにー」

どろ-あし【泥足】［名］泥のついた足。泥だらけの足。

とろ・い［形］❶火などの勢いが弱いさま。❷頭の働きがにぶい。動作がのろい。‖「ー奴だ」 派生 -さ

トロイカ［troika ロシ］［名］ロシアの三頭立て馬車。冬は車輪をはずして馬そりに仕立てる。

と-ろう【徒労】［名］苦労してしたことが報われないこと。むだな骨折り。‖「せっかくの努力がーに終わる」

どろ-うみ【泥海】［名］❶泥がまじって濁った海。❷一面のぬかるみ。‖「洪水でーと化した畑」

どろ-えのぐ【泥絵の具】［名］胡粉(ごふん)を混ぜた粉末状の絵の具。水でどろどろに溶いて使う。

ドロー［draw］［名］❶スポーツの試合で、引き分け。❷テニス・ゴルフなどで、試合の組み合わせを決めるための抽選。❸ゴルフで、まっすぐに飛んでいたボールが打者の利き腕の反対側に曲がりながら落下すること。▼「ドローボール(draw ball)」の略。

トローチ［troche］［名］口中でゆっくり溶かして口内の殺菌・消炎などに用いる錠剤。口中剤。

トローリング［trolling］［名］船を走らせながら後方に餌(えさ)またはルアーをつけた釣り糸を流してカジキ・マグロなど大型の魚をねらう釣り。引き釣り。

トロール［trawl］［名］遠洋漁業で用いる底引き網の一つ。左右に袖網(そであみ)をつけた三角形の袋網。機船で海中を引き回して魚をとる。トロール網。‖「ー漁業」

ドローン［drone］［名］無人飛行機。遠隔操作で動かすものやコンピューターで自動飛行するものなどがある。

とろか・す【▼蕩かす】［他五］❶固体状のものを熱して液状にする。また、熱してやわらかくする。‖「鉛をー」❷心をまどわす。うっとりさせる。‖「耳元でささやいて心をー」

どろ-くさ・い【泥臭い】［形］❶泥のにおいがする。‖「ー水」❷洗練されていない。やぼったい。‖「身なりがー」 派生 -さ

とろ・ける【▼蕩ける】［自下一］❶固体状のものが溶けて液状になる。また、溶けてやわらかくなる。‖「はん

だがー」「口の中でーチーズ」❷心がやわらいで、うっとりした気分になる。≡「甘い音楽に心がー」文とろ・く

どろ-じあい【泥仕合】(ヂアヒ)〔名〕互いに相手の弱点や秘密を言いたててみにくく争うこと。また、その争い。≡「ーを演じる」✔注意「泥試合」と書くのは避けたい。

トロツキスト【Trotskyist】〔名〕トロツキズムを信奉する人。

トロツキズム【Trotskyism】〔名〕ロシアの革命家トロツキーが唱えた革命理論の立場。スターリンらの一国社会主義に反対し、永久革命論に基づく世界革命を主張するもの。

トロッコ〔名〕軌道上を走らせて土砂などを運搬する手押し車。トロ。▼truck から。

トロット【trot】〔名〕馬術で、並足と駆け足との中間の歩調。速歩。

ドロップ【drop】〔名〕❶砂糖・水あめなどに果汁や香料を加えて作る小さな飴(あめ)。ドロップス。❷〔自サ変〕野球で、カーブの一種。投手の投球が打者の近くでたてに鋭く曲がり落ちること。また、その球。

ドロップアウト【dropout】〔名〕❶〔自サ変〕組織・社会などから、脱落すること。管理社会の枠からはみ出すこと。≡「社会からーする」「学校をーする」❷ラグビーで、防御側が自陣の二二(メートル)ラインの後方からドロップキックを行って競技を再開すること。

ドロップキック【dropkick】〔名〕サッカー・ラグビーなどで、ボールを地面に落として跳ね返った瞬間にけること。また、その技。

ドロップ-ショット【drop shot】〔名〕テニスで、ボールに逆回転をかけて相手側のコートのネット際に落とすこと。また、その打法。

とろ-とろ〔副(ト)〕❶〔三〕やや粘りけのある液体になるさま。≡「チョコレートがーに溶ける」❷火などの勢いが弱いさま。≡「土鍋でかゆをー(と)煮る」❸動作などがのんびりしているさま。たらたら。≡「ー(と)歩く」❹浅く眠るさま。≡「しばらくー(と)していたらしい」

どろ-どろ〔副(ト)〕❶〔三〕(固体状のものが溶けて)粘液状になっているさま。≡「溶岩がー(と)流れ出す」❷感情や欲望が粘りつくようにもつれ合って、すっきりしないさま。≡「ー(と)した人間関係」❸〔三〕泥や油などにまみれてひどく汚れているさま。≡「ーになって遊ぶ」❹雷や大砲が遠くで低く鳴り響く音を表す語。≡「ー(と)雷鳴が聞こえてくる」

どろ-なわ【泥縄】(ナハ)〔名〕事が起こってからあわてて対策を考えること。≡「ーの対応策」▼「泥棒を捕らえて縄をなう」の略。

どろ-ぬま【泥沼】〔名〕泥深い沼。▼いったん入り込むとなかなか抜けることのできない悪い状態のたとえにもいう。≡「派閥争いのーにはまりこむ」

とろ-び【とろ火】〔名〕勢いの弱い火。弱火。

トロピカル【tropical】■〔形動〕熱帯の。熱帯産の。熱帯的な。≡「ードリンク」■〔名〕さらりとした感触の平織り梳毛(そもう)織物。薄手だが、張りがあって通気性に富む。夏服用。

トロピカル-フルーツ【tropical fruit】〔名〕熱帯産の果物。マンゴー・パパイア・パイナップルなど。

トロフィー【trophy】〔名〕競技の優勝者・入賞者などに贈られるカップ・盾・像などの記念品。

どろ-ぶね【泥船・泥舟】〔名〕❶泥を積んで運ぶ船。❷泥で作った船。◈「土船」とも。

どろ-ぼう【泥棒(泥坊)】(ボウ・ハウ)〔名・他サ変〕他人の物をぬすむこと。また、その人。ぬすびと。ぬすっと。≡「ー(を)して捕まる」「ーに入る」「ー猫」

◉**泥棒を捕(と)らえて縄(なわ)を綯(な)う** 急場に臨んでからあわてて対策を立てることのたとえ。泥棒を見て縄を綯う。どろなわ。

どろ-まみれ【泥▽塗れ】〔名・形動〕泥だらけになること。≡「ーのシャツ」

とろみ〔名〕料理で、汁などがとろりとした状態。≡「かたくり粉を加えてーをつける」

どろ-みず【泥水】(ミヅ)〔名〕❶泥がまじって濁った水。❷芸妓・娼妓(しょうぎ)などの境遇。≡「ー稼業」

どろ-みち【泥道】〔名〕泥でぬかる道。どろんこの道。

どろ-よけ【泥▽除け】〔名〕自転車・自動車などで、車輪の外側に取り付けて飛び散る泥を防ぐためのおおい。フェンダー。

トロリー-バス【trolleybus】〔名〕架線から得た電力によってモーターを動かし、軌道のない路面を走るバス。

とろり-と〔副〕❶粘液状であるさま。≡「ーしたシロップ」❷浅く眠るさま。

とろろ【▼薯▼蕷】〔名〕❶とろろ芋をすりおろしたもの。❷とろろ芋をすりおろして、澄まし汁・味噌(みそ)汁などでのばしたもの。麦飯などにかけて食べる。▼「とろろ汁」の略。

とろろ-いも【▼薯▼蕷芋】〔名〕とろろにする芋。ヤマノイモ・ツクネイモ・ナガイモなど。

とろろ-こんぶ【とろろ昆布】〔名〕❶干したマコンブ・リシリコンブなどを酢につけ、やわらかくしてから薄くけずった食品。とろろこぶ。❷北海道釧路(くしろ)以北の寒流に分布する褐藻類コンブ科の海藻。淡褐色の帯状で、しわが多い。食用。

どろん〔名・自サ変〕〔俗〕急に姿を隠すこと。≡「公金を横領してーする」▼歌舞伎で、幽霊が消えるときに「どろんどろん」と大太鼓を連打することから。

ドローン-ゲーム【drawn game】〔名〕引き分け試合。ドローンゲーム。

どろんこ【泥んこ】〔名・形動〕どろ。また、泥だらけになること。≡「ー遊び」「ーになって遊ぶ」

とろん-と〔副〕ぼんやりした目つきであるさま。

トロンプ-ルイユ【tromp-l'œil(フランス)】〔名〕だまし絵。実物と錯覚するほど精密に描かれた絵画。また、その技法。

トロンボーン【trombone】〔名〕金管楽器の一つ。長いU字形の管を組み合わせ、その一部を伸縮させて音高を変える。音域は低く、音色は荘重。

とわ【〈永久〉・〈永遠〉】(トハ)〔名〕いつまでも変わらないこと。とこしえ。≡「ーの別れ」「ーに幸あれ」

トワイライト【twilight】〔名〕薄明かり。たそがれ。

とわず-がたり【問わず語り】(トハズ)〔名〕人から問われないのに自分から語り出すこと。≡「ーに身の上話をする」

ど-わすれ【ど忘れ(度忘れ)】〔名・自他サ変〕よく知っているはずのことを、ふと忘れて思い出せないこと。≡「恩師の名前をーする」

とん【屯】(造)多くの人が寄り集まる。たむろする。≡「駐ー」「ー田兵」

とん【豚】(造) ❶ぶた。〓「―舎」「養―」 ❷自分の子供を謙遜(けんそん)していう語。〓「―児」

とん【▼遁】(造)のがれる。にげる。〓「―走」「隠―」

とん【頓】(造) ❶額を地につけて礼をする。ぬかずく。〓「―首」 ❷その場にとどまる。とどこおる。〓「―挫(ざ)」 ❸おちつける。〓「整―」 ❹にわかに。とみに。〓「―死・―知・―服(ぷく)」

トン【ton】[名] ❶メートル法で、質量・重量を表す単位。一トンは一〇〇〇キログラム。仏トン。記号t ▼英トン(ロングトン)の一トンは二二四〇ポンドで、約一〇一六キログラム。米トン(ショートトン)の一トンは二〇〇〇ポンドで、約九〇七キログラム。❷船舶の重量や容積を表す単位。客船の総容積を表す場合の一トンは一〇〇立方フィートで、約九・三立方メートル。貨物の容積を表す場合の一トンは四〇立方フィートで、約三・七立方メートル。記号t ◈書き方「屯」「▼噸」「▼瓲」と当てる。

どん[名] 正午を知らせる号砲。また、その音。▼明治初期から昭和初期にかけて各地で行われ、東京では江戸城の旧本丸で空砲を鳴らした。

どん【鈍】■[名・形動] 感覚がにぶいこと。動作がのろいこと。〓「―な人」「―感・―重・―痛」 ■(造) ❶刃物などの切れ味がわるい。〓「―器」 ❷角度が直角より大きい。〓「―角」

どん[接尾]〈人名または人を表す名詞に付いて〉商家などで主人が使用人を呼ぶときや同輩同士が呼び合うときに使い、軽い敬意と親愛の気持ちを表す。〓「番頭―!」「およね―」▼「どの(殿)」の転。鹿児島県などでは一般の敬称としても使った。

どん【丼】(造)(料理名の一部に使って)どんぶりもの。⬇どんぶり② 〓「鰻(うな)―・カツ―・親子―」▼「どんぶり」の略。

どん【▼呑】(造)のむ。のみこむ。〓「―吐」「併―」

どん【貪】(造)むさぼる。よくばる。〓「―欲」「慳(けん)―」

どん【曇】(造)くもる。くもり。〓「―天」

ドン【Don(スペイン)】[名] ❶スペイン・イタリアなどで、男性の名前に冠する敬称。〓「―キホーテ・―ジョバンニ」 ❷首領。ボス。〓「マフィアの―」

どん-か【鈍化】(クワ)[名・自サ変] 勢いなどが鈍くなること。〓「消費の伸びが―する」

どん-かく【鈍角】[名] 直角より大きく、二直角より小さい角。〓「―三角形」⬍鋭角

とん-かち[名][俗] かなづち。▼叩くときの音から。

とん-カツ【豚カツ】[名] 豚肉の切り身に小麦粉・溶き卵・パン粉をつけて油で揚げた料理。ポークカツレツ。

とんがら-か・す【▼尖んがらかす】[他五][俗] とがらす。〓「口を―・かして文句を言う」▼「とがらかす」の転。

とんが・る【▼尖んがる】[自五][俗] とがる。▼「とがる」の転。

どん-かん【鈍感】[名・形動] 感覚がにぶいこと。物事を感じとる能力がにぶいこと。〓「味に―な人」「あの人は―だから皮肉が通じない」⬍敏感 派生 ―さ

どん-き【鈍器】[名] ❶よく切れない刃物。⬍利器 ❷凶器として使われた固くて重みのある道具類。かなづち・バール・こん棒など。

ドンキホーテ-がた【ドンキホーテ型】[名] ツルゲーネフが分類した人間の二つの型の一つ。理想を追って現実を無視し、情熱にかられて無分別な行動に走る性格の類型。⬍ハムレット型 ▼セルバンテスの小説の主人公の名から。

とん-きょう【頓狂】(キャウ)[名・形動] 突然、その場にそぐわない調子はずれの言動をすること。〓「―な声を出す」

トング【tongs】[名] 食品などを挟むV字型の道具。〓「アイス―(=氷をつかむ道具)」

どん-くさ・い【鈍臭い】[形] 間が抜けている。まだるっこい。〓「仕事がのろくて―」「―人」

どん-ぐり【▽団▼栗】[名] ブナ科のクヌギ・カシ・コナラ・カシワなどの果実の総称。楕円(だえん)形または卵円形の果皮は堅く、下部は殻斗(かくと)という帽子状の殻におおわれる。

◉**団栗の背比(くら)べ** どれもこれも似たり寄ったりで、特にすぐれたもののないことのたとえ。

どんぐり-まなこ【▽団▼栗眼】[名] どんぐりのように丸くてくりくりした目。

どん-こ【▽冬子・▽冬▼菇】[名] 冬季に育った肉厚のシイタケ。また、その乾物。シイタケの中の最高級品とされる。

どん-こう【鈍行】(カウ)[名] 各駅に停車する普通列車・普通電車のこと。⬍急行

とん-こつ【豚骨】[名] ❶豚の骨。中国料理などでスープをとる材料にする。〓「―ラーメン」 ❷鹿児島県の郷土料理。豚の骨付きばら肉を大根やこんにゃくとともに赤味噌(みそ)・黒砂糖・焼酎(しょうちゅう)で煮込んだもの。

どん-こん【鈍根】[名・形動] ❶才知がにぶいこと。また、そのような性質。〓「―な/の者」 ❷仏道修行をする素質・能力が劣っていること。また、その人。◈⬍利根

とん-ざ【頓挫】[名・自サ変] それまでの勢いが急に弱まること。また、それまで順調に進んでいた物事が急に行きづまること。〓「資金不足で事業が―する」

とん-さい【頓才】[名] その場に応じてすぐによく働く知恵。臨機応変の才。〓「頓知―」

どん-さい【鈍才】[名] 才知がにぶいこと。また、その人。⬍秀才

とん-し【頓死】[名・自サ変] 突然の発作などで急に死ぬこと。急死。〓「病で―する」

とん-じ【豚児】[名] ❶豚の子。 ❷自分の子供をいう丁重語。豚犬。▼愚かな子供の意。

とん-じ【▼遁辞】[名] 言い逃れのことば。逃げ口上。〓「―を弄(ろう)する」

とん-しゃ【豚舎】[名] 豚を飼育するための小屋。豚小屋。

とん-しゅ【頓首】[名] 手紙文の末尾に記して相手に敬意を示す語。〓「草々―」「―再拝」▼もと中国の礼式で、頭を地面にすりつけて拝礼すること。

どん-じゅう【鈍重】(ヂュウ)[名・形動] 反応や動作がにぶくてのろいこと。〓「牛のように―な歩み」派生 ―さ

とん-しょ【屯所】[名] ❶兵士などの詰め所。 ❷明治初期の警察署。

とんしょう-ぼだい【頓証▼菩▽提】[名] 仏教で、段階的な修行を経ずに、ただちに悟りの境地に達すること。▼追善回向の時などに死者の極楽往生を祈ることばとしても使う。

どん-じり【どん尻】[名] いちばん最後。どんじまい。〓「マラソンで―になる」

とん-じる【豚汁】[名] 豚肉のこま切れと野菜・豆腐などを入れた味噌仕立ての汁。ぶたじる。

どん-す【▼緞子】［名］絹の練り糸で織った紋織物。室町時代に中国から渡来したもので、地は厚く、光沢がある。帯地・羽織の裏地・袋物・布団地などに用いる。‖「金襴―」▼「どん」も「す」も唐音。

トン-すう【トン数】［名］重量・容積などをトンで表した数値。

とん-ずら［名・自サ変］〔俗〕逃げること。ずらかること。▼「とん」は遁、「ずら」はずらかるの略。

どん・する【鈍する】［自サ変］頭の働きがにぶくなる。‖「貧すれば―」文どん・す

とん-せい【▼遁世】［名・自サ変］❶俗世間の煩わしさから逃れて隠棲すること。❷俗世間を離れて仏門にはいること。‖「出家―」◈古くは「とんぜい」。

どん-ぜい【▼呑▼噬】［名・他サ変］他国を攻め滅ぼして領土を奪うこと。▼のむことと、かむことの意から。

とん-そう【▼遁走】［名・自サ変］逃げ走ること。逃げ出すこと。逃走。‖「敵が―する」

とんそう-きょく【▼遁走曲】［名］フーガ。

とん-そく【豚足】［名］食用にする豚の足先。‖「―の煮込み」

どん-そく【鈍足】［名］足が遅いこと。走るのが遅いこと。また、その人。⇔俊足

どん-ぞこ【どん底】［名］❶物のいちばん底。❷最悪・最低の状態。‖「貧困の―からはい上がる」「絶望の―に突き落とされる」

とん-だ［連体］思いのほかの。‖「―災難にあう」「―失礼を申し上げました」▼多く思わしくないときに使う。

ドンタク［名］❶日曜日。休日。❷港祭りを統合して毎年五月三、四日に行われる福岡市の祭礼。博多ドンタク。◈zondag（オランダ）（=日曜日）から。

とん-ち【頓知・頓▼智】［名］その時、その場に応じて即座に出る知恵。機知。‖「―を働かす」

とん-ちき［名］ぼやっとしていて、気のきかない人。とんま。まぬけ。▼人をののしっていう語。書き方「頓痴気」と当てる。

とん-ちゃく【頓着】［名・自サ変］物事を気にかけて、こだわること。とんじゃく。‖「人の思惑など一向に―しない人」

どんちゃん-さわぎ【どんちゃん騒ぎ】［名］酒を飲み、鳴り物入りでにぎやかに遊興すること。また、その騒ぎ。‖「飲めや歌えの―」▼「どんちゃん」は太鼓やかねの音。

どん-ちょう【▼緞帳】［名］❶劇場で、舞台と客席とを仕切る厚地の垂れ幕。刺繡などで絵や模様を施したもので、上下に開閉する。❷江戸時代、引き幕の使用を許されなかった芝居小屋で用いた粗末な垂れ幕。

どんちょう-しばい【▼緞帳芝居】［名］江戸時代、官許の大芝居以外の芝居小屋。また、そこで上演された芝居。小芝居。▼引き幕の使用を許されず、「緞帳」②を使ったことから。

とん-ちん-かん【頓珍漢】［名・形動］物事のつじつまが合わないこと。言動がまとはずれであること。また、そのような人。‖「―な受け答えをする」▼いつも交互に打たれる鍛冶屋の相槌の音は決してそろわないことから。

どん-つう【鈍痛】［名］激しくはないが重苦しく続く痛み。

どん-づまり【どん詰まり】［名］道が行き止まりになっている所。また、物事が行きついた最後の所。‖「路地の―の家」「和平会談が―になる」

とんでも［名］〔俗〕思いもかけない。もってのほかの。‖「―本」▼「とんでもない」の略。多く他の語と複合して使う。書き方「トンデモ」とも。

とんでも-な・い［形］❶程度や常識を越えているさま。思いもかけない。とほうもない。‖「―悪さをしでかす」「―値段をつける」「代表に選ばれるなんて―ことになった」使い方(1)連体用法が多い。(2)多く、マイナスに評価していう。連体詞「とんだ」に似るが、「このたびは、奥様がとんだことで…」を「とんでもない」とするのは避けたい（非難した言い方になる）。❷相手や他人の考えなどを強く否定していう語。全くそうではない。めっそうもない。‖「お礼だなんて、―ことです」「今さらいやだなんて―」「―、私などにはできません」使い方一語化した形容詞だが、丁寧形は「とんでもありません」「とんでもございません」「とんでもないことです」「とんでもないことでございます」などがある。⬇「ない」のコラム（二〇四ページ）◈「途でもない」が一語化したものという。派生-さ

どん-てん【曇天】［名］くもった空。くもりの天気。⬇雨天・晴天

どんでん-がえし【どんでん返し】［名］❶歌舞伎の、強盗返し。❷話・立場・情勢などが正反対に変わること。一気に逆転すること。‖「結末に―のあるドラマ」

とん-と［副］❶全く。すっかり。‖「―忘れていた」❷〈下に打ち消しを伴って〉一向に。少しも。‖「―消息を聞かない」

どん-と［副］❶大砲・花火・太鼓などが鳴る音を表す語。‖「祝砲が―鳴り響く」❷重い物が音を立てるほど強くぶつかるさま。また、音を立てるほど強く物を打つさま。‖「車が―ぶつかる」

どんど［名］小正月（一月一五日）に松飾り・注連縄などを集めて焼く行事。その火で焼いた餅を食べて無病息災を祈る。左義長。どんど焼き。

どん-とう【鈍刀】［名］切れ味の悪い刀。なまくら。

とん-とん 一［副］❶物を続けて軽くたたく音を表す語。‖「ドアを―（と）ノックする」❷物事が順調に運ぶさま。‖「工事が―（と）進む」二［名］二つのものがほぼ同じで差がないこと。‖「収支が―になる」

どん-どん［副］❶物を続けて強く打つ音を表す語。‖「ドアを―（と）たたく」❷大砲・花火・太鼓などが続けて鳴る音を表す語。‖「祝砲が―（と）鳴り響く」❸物事が次々と勢いよく進むさま。また、とどこおりなく次から次と続くさま。‖「作業が―（と）はかどる」「客が―（と）やってくる」

とんとん-びょうし【とんとん拍子】［名］物事が調子よくはかどること。‖「契約が―にまとまる」

どんな［形動］❶状態や状況が分からないさま。どのよう（な）。どういった。‖「―髪型になさいますか?」「雪国の生活は―だろう?」❷〈程度を強調して〉どれほど。いかに。いかなる。‖「私が―に怒っているか君は知るまい」「―難事件でも解決して見せよう」「―に頼んでもむだだ」◈使い方語幹が連体形の働きをして体言に直接つくが、終助詞「の」に続くときは「―な」の形をとる。‖「向こうの様子は―なの?」

トンネル【tunnel】［名］❶鉄道・道路・水路などを通すために、山腹や地下を掘り貫いた穴。隧道。❷［他サ変］野球で、野手がゴロの打球を取りそこない、ボ

ールをまたの間から後方へのがすこと。

トンネル-がいしゃ【トンネル会社】(ークワイシャ)［名］官庁の払い下げ品の転売や大企業の委託工事の周旋などによって中間利益を得るだけの名目上の会社。

どん-ぱち［名］〔俗〕戦争。抗争。‖「ーが始まる」▽銃などを撃ち合う音から。

とんび【▼鳶】［名］❶⬇とび① ❷男性が和服の上に着る防寒用の外套(がいとう)。二重回し。

鳶

◉**鳶に油揚(あぶらあ)げをさらわ・れる** 大事なものをいきなり横から奪われることのたとえ。とびに油揚げをさらわれる。

どん-びき【どん引き】［名・自サ変］❶映画・テレビなどで、カメラを出来るだけ後退させたりズームアウトさせたりして、撮影する範囲を広くすること。❷その場の雰囲気が著しくしらけること。ひどく冷めること。‖「親父ギャグの連発に、座がーになった」「派手なメイクにーする」 書き方 多く「ドン引き」と書く。

どん-ぴしゃり［名・形動］わずかの違いもなく的中すること。‖「ーの答え」

ドン-ファン【Don Juan(スペ)】［名］女たらし。好色漢。漁色家。▽無類の色事師として多くの文学作品に登場するスペインの伝説的人物の名から。英語・フランス語名ではドン＝ジュアン、イタリア語名ではドン＝ジョバンニ。

とん-ぷく【頓服】［名・他サ変］内服薬を症状が現れたときに一回だけ服用すること。また、その一回分単位で調合した薬剤。頓服薬。‖「ーを飲む」⬇頓用

どん-ぶつ【鈍物】［名］才知のにぶい人。愚鈍な人。

どんぶり【丼】［名］❶深くて厚みのある陶磁製の鉢。茶碗(ちゃわん)より大ぶりで、食物を盛るのに使う。‖「ー飯」▽「丼鉢」の略。❷①に盛った飯の上にいろいろな具をのせた一品料理。‖「親子ー・中華ー」▽「丼物」の略。 書き方 「丼」は「どん」「どんぶり」と読み、「〜丼(どん)」「〜丼(ぶり)」では読みが紛れやすい。「どんぶり」はかな書きも多い。❸職人などの腹掛けの前につけてある袋状の物入れ。◈ 注意 ①②は「丼ぶり」とも書かれるが、誤り。

どんぶり-かんじょう【丼勘定】(ーカンヂャウ)［名］細かい収支計算などをしないで、大まかに金の出し入れをすること。▽職人などが腹掛けのどんぶりに金を入れて無造作に使ったことから。

どんぶり-ばち【丼鉢】［名］⬇丼(どんぶり)①

どんぶり-めし【丼飯】［名］丼に盛った飯。

とんぼ【〈▼蜻▼蛉〉・〈▼蜻▼蜓〉】［名］❶トンボ目の昆虫の総称。体は細長く、胸部には半透明の薄い羽が二対ある。大きな目は複眼で、触角はきわめて短い。発達した口器で他の昆虫を捕食する。幼虫は水中にすみ、「やご」と呼ばれる。オニヤンマ・シオカラトンボ・アキアカネ・イトトンボなど。あきつ。かげろう。とんぼう。❷歌舞伎の立ち回りの場面などで、役者が床に手をつかないで宙返りすること。とんぼ返り。‖「ーを切る」 書き方 〈筋斗〉と当てる。❸多色印刷で、刷り位置を正確に合わせるために版面につける十字形のしるし。

とんぼ-がえり【〈▼蜻▼蛉〉返り】(ーガヘリ)［名・自サ変］❶空中で体を一回転させること。宙返り。❷目的地に行って、すぐ戻ってくること。‖「本社の会議に出席してーする」「ーの出張」❸⬇とんぼ②

とん-ま［名・形動］することや言うことに抜けたところがあること。また、そのような人。まぬけ。‖「ーな奴(やつ)」 書き方 「頓馬」と当てる。

どん-ま【鈍麻】［名・自サ変］感覚が鈍くなること。‖「感覚がーする」

ドン-マイ［感］スポーツなどで失敗した仲間などを励ます語。「気にするな」「心配するな」の意。▽don't mind から。

とんや【問屋】［名］生産者から商品を買い入れて小売業者に卸売(おろしう)りする商店。‖「呉服ー(どん)」▽「といや」の転。

とん-よう【頓用】［名・他サ変］外用薬を症状が出たときに一時的に用いること。⬇頓服

どん-よう【▼嫩葉】(ーエフ)［名］新芽の葉。わかば。▽「嫩」は若い意。

どん-よく【貪欲】［名・形動］極めて欲が深いこと。欲しがって飽くことを知らないこと。‖「ーに知識を吸収する」「ーな人」▽古くは「とんよく」。 派生 -さ

どんより［副(ト)］❶空が薄暗く曇っているさま。‖「ー(と)曇った空」❷濁っているさま。‖「ー(と)して生気のない目」

どん-らん【貪▼婪】［名・形動］ひどく欲が深いこと。‖「ーな金銭欲[好奇心]」▽古くは「とんらん」。 派生 -さ

な

な【名】［名］❶ある事物を他の事物と区別するための呼び方。名前。名称。‖「草木[劇団]のー」❷ある人を他の人と区別するための呼び方。姓名、姓、名、愛称など。名前。‖「ーを名乗れ」「七時に山田のーで予約しました」「息子のーは太郎です」❸名義。‖「姉のーで融資を受ける」❹世間に認められている評判。名声。また、うわさ。‖「代表選手のーに恥じない活躍」「功成りー遂(と)ぐ(＝立派な仕事をし、名声をあげる)」❺表向きの名目や体裁。‖「公園とはーばかりの空き地」

◉**名にし負(お)う** その名も有名な。その名にふさわしい。‖「ー強豪相手との戦い」▽「名に負う(＝その名として持っている)」を強めたもの。「し」は、文語の副助詞。 注意 「おう」を「追う」と書くのは誤り。

◉**名のある** 世間に広く知られている。有名な。‖「ー画家」

◉**名は体(たい)を表(あら)・す** 名前というものはその中身・実質をよく表すものだ。

◉**名も無・い** 有名でない。名前を知られていない。‖「ー花」

◉**名を上・げる** 名が上がるようにする。有名になるようにする。‖「新進作家としてー」

◉**名を捨てて実(じつ)を取・る** うわべや体裁でなく、実質としてよい方を選ぶ。

◉**名を成(な)・す** 業績を残し世間に広く知られる。有名になる。‖「小説家としてー」

◉**名を残(のこ)・す** 立派な活躍によって、のちのちまで名声が伝えられる。‖「虎(とら)は死して皮を残し、人は死してー」

な【菜】［名］❶葉・茎を食用とする野菜。なっぱ。❷油菜(あぶらな)。‖「ーの花」

な［感］親しみを込めて、相手の注意を引きつける。‖「ー、これでいいだろ？」「ー、許してくれよ」▽助詞「な」から。より意味を強めて「なあ」とも。 使い方 「花子、な、もう許してくれよ、な。」のように、文中や文末に現れることもあるが、前や後の部分とは切って発音される。「許してくれ

よな」のように前の部分と連続して発音される場合の「な」は、終助詞。

な［終助］❶念を押す気持ちで、相手の注意を引きつけたり、自分に言い聞かせたりする。‖「あのな、ここではな、タバコはいけないんだ」「おれな、今度な、見合いをするんだよ」▽多く男性が親しい間柄で使う。❷**詠嘆**を表す。‖「きれいだ**な**」「すごい**な**」「帰りたい**な**」❸自分に言い聞かせる気持ちで、**推量**・**自問**・**納得**などを表す。‖「今日は晴れる**な**」「だれか来た**な**」「やっぱり私には無理だったんだ**な**」❹断定・質問・依頼・勧誘などをやわらげる。‖「私は反対だ**な**」「もらっていいか**な**？」「頑張ろう**な**」「気をつけて**な**」「こちらにいらっしゃい**な**」「よく降ります**な**」❺相手の行為を**非難**したり**詰問**したりする意を表す。‖「よくもやった**な**」「おい、犯人はおまえだ**な**」❻強い**禁止**を表す。‖「走る**な**！」「子供には読ませる**な**」「ご同輩よ、心配し給う**な**」❼ぞんざいな調子の**命令**を表す。‖「ちょっと来**な**」「やってみ**な**」「やめ**な**」▽「なさい」の略。多く男性が親しい間柄で使う。

◈使い方 (1)①～⑤は文末に付く。⑥は動詞や動詞型活用助動詞の終止形、⑦は連用形に付く。(2)①～④はより意味を強めた言い方に「なあ」がある。また、⑥は親しみを込めた言い方に「…ない」がある。‖「もう泣くない」(3)⑥⑦の「な」は、さらに後ろに終助詞「よ」や「な」が付くことがある。‖「油断する**な**よ」「やめ**な**よ」(4)注文する時の「おれ、カツ丼**な**」は、名詞で言い切る「おれ、カツ丼」に終助詞「な」が付いたもので（④の用法）、助動詞「だ」の連体形ではない。

な（いろいろな「な」の用法）

A 文頭に使われるもの

❶注意を引きつける感動詞。⬇な（感動詞）‖「な、もう許してくれよ」

B 文と文の間で接続詞などの一部として使われるもの

❷接続詞「なので」の一部。⬇なので‖「昨日は休みです。なので、仕事の準備はしてません」▽近年の言い方。

❸「そんな」を略したもの。⬇そんな‖「なの、知るもんか」「なわけ、ないだろ」▽くだけた言い方。「(ん)なの」「(ん)なこと」「(ん)なわけ」などの形で使う。

❹「それなら(ば)」を略した「なら」の一部。⬇なら（接続詞）‖「なら、仕方ないか」

C 文末に使われるもの

❺詠嘆・自問・質問・詰問などを表す終助詞。⬇な（終助詞）②～⑤‖「きれいだな」「今日は晴れるな」「帰っていいかな」「よくもやったな」

❻禁止を表す終助詞。⬇な（終助詞）⑥‖「決して見るな」「絶対に油断するな」「情報に踊らされるな」

❼ぞんざいな命令を表す終助詞。「なさい」の略。⬇な（終助詞）⑦‖「ちょっと来な」「もうやめな」

❽形容動詞の活用語尾。連体形で文を終わらせ、感動を表す。‖「まあ、なんときれいな」「そんなご無体な」

D 文中の文節末に使われるもの

❾念押しの終助詞。⬇な（終助詞）①‖「おれはな、今度な、見合いをするんだよ」

E 体言の前に使われるもの

❿形容動詞や形容動詞型活用の助動詞の連体形の活用語尾。‖「きれいな花」「安易な方法」「彼も来るような話だったけど」

⓫形容動詞の語幹や連体詞の一部。‖「そんなこと」「大きな人」▽活用語尾とは見なされない。使い方 ⑩が「きれいだ」「安易だ」など、「な」を「だ」にして言い切りの形になるのに対し、⑪は「そんだ」「大きだ」のようには言えない。「そんな」「あんな」などは、「そんなだ」「そんなに」のように活用する形容動詞で、「同じだ」と同様に連体修飾には語幹をそのまま使う特殊な活用をする。

⓬名詞や副詞の後ろに使われるもの。「…の」や「…である」を用いるところを「…な」で言うもの。‖「△問題な日本語（○問題の／問題である日本語）」「△突然な訪問（○突然の訪問）」「拠出金が最大なことが判明した（最大であることが）」▽本来は使われなかったものが徐々に増えている。⬇コラム「変な『な』の付け方」（次ページ）

⓭連語「ってな」の一部。この「な」は「ような」の略。というような。⬇ってな‖「おれは知らんってな態度は許せない」

F 「の」の前に使われるもの

⓮形容動詞・形容動詞型活用の助動詞、助動詞「だ」の連体形。‖「健康なのは良いことだ」「涙が出てきそうなの」「それでも医者なのか」

G 接尾語「さ」や助動詞「そうだ」の前に使われるもの

⓯形容詞の語幹の一部、助動詞「ない」の語幹。⬇そうだ・無い（形容詞）・ない（助動詞）‖「少なそうだ」「重くなさそうだ」「分からなそうだ」

「な」「の」の基本的な違い

1〈状態・感情〉を表すものには「な」が付き、〈もの・こと〉を表すものには「の」が付く。

2「の」には、「である」の意味で、〈状態・感情〉を表すものに付く場合がある。（したがって、「正式な会員／正式の会員」など、両方の言い方が存在する。）

3「…な○○」「…の○○」の、「…」の部分を〈もの・こと〉と見るときは「…の」が使われる。「自然な変化」は変化が自然に行われる意を表すが、「自然の変化」はこの意味のほかに、自然自体が変化する意を表すこともある。

「な」「の」の使い分け

「な」「の」の使い分けには揺れがあるが、次のような使い分けが標準になる。

▼「優秀な人」のように、主に「な」が付く
明らか・曖昧・鋭敏・カラフル・奇麗・クール・軽快・こまやか・盛ん・斬新・静か・単純・派手・卑劣・ほがらか・まじめ・優秀・ロマンチック・～的（機械的）

▼「独身の人」のように、主に「の」が付く
厚手・永遠・覚悟・各種・金色・偶然・高齢・最高・初期・瞬間・常識・都会・デパート・独身・特定・日本・晴れ・普通・本心・緑・～性（植物性）・～制（旧制）

▼「正式の会員／正式な会員」のように、「の」「な」のどちらも付く
ありがち・安心・いろいろ・おざなり・格別・過度・肝心・黄色・共通・金ぴか・互角・小柄・最適・さまざま・自然・種々・上等・正式・底抜け・手近・得意・特別・ハイレベル・反対・ビジネスライク・非常識・非凡・不特定・マイペース・真っ白・ミクロ・優勢

＊「～的」には、古くは「の」が付いたが、現在では「な」の方が優勢。⬇的

＊「不～」「非～」など否定の派生語は、「合法／非合法」「健康／不健康」「適当／不適当」「完全／不完全」のように、元の語・派生語ともに「な」が付くものもある。しかし、「特定／不特定」「統一／不統一」「景気／不景気」「常識／非常識」など派生語の方にしか「な」が付かないものが多い。

＊「最～」は、「最大・最小・最速・最高・最重量・最大限・最新」など「の」が付くのが標準的。ただし、「最適」には「の」「な」のどちらも付く。

＊「高齢・年配・未成年」など年齢に関する語や、「早期・初期」「瞬間・長期間」など時間を表す語には、「の」が付くのが標準的。

＊色彩は、「～色（金色・桃色・朱色・ねずみ色）」「紫・緑・漆黒・紺碧・深紅」など、「の」が付くのが優勢。ただし、「純白」「真っ～（白・黒・赤・青）」「黄色」および俗語の「真っ黄色」などには「の」「な」のどちらも付く。

＊「いろいろ」「さまざま」「種々」には「な」「の」ともに付くが、「いろいろ」「さまざま」には「な」が付き、「種々」には「の」が付くことが多い。

＊擬態語は、状態を表すものなので、「な」「の」ともに付くことができる。ただし、古くは「の」が付くことが一般的で、「すべすべな肌」「ぱさぱさなリンゴ」など、「な」を付けるとやや俗な印象を与えるものも少なくない。

＊外来語は、原語が形容詞であるものには「な」が付くことが多い。日本語への入り方によっては「の」も付く。

変な「な」の付け方

▼〈もの・こと〉を表す語に「な」を付ける

［×］…科学なイベント・学生な考え・日本な人

▼〈もの・こと〉だけでなく〈状態・感情〉も表す語に「な」を付ける（「の」のほうが標準的）

［×または△］…異例な試み・いつも薄着な人・大人な女になりたい・顔見知りな社員・片思いな関係・酒好きで辛党な私・感激な旨さ・個別な判断・最高な瞬間・賛成な人・至福なひととき・重症な患者・旬な野菜・傷心な日々・絶対な自信・左右対称な図形・長身な人・直接な原因・低額な商品・部長と同格なポスト・ドキドキな毎日・日本式なやり方・悲運な死を遂げる・問題な日本語・洋風な建物

後ろに来る語と「な」「の」の関係

▼主に「な」を受けるもの

だけだ…「単に年が一つ下なだけだ」
だけに…「相手が子供なだけに対応が難しい」
ので…「まだ子供なので理解できない」
のに…「小学生なのによくやったなあ」
ものか（終助詞）…「彼が犯人なものか」
もので…「まだ学生なもので」

＊原因・理由を表す場合は、「…な」が使われやすい。名詞に付く「な」は助動詞「だ」の連体形。

▼主に「の」を受けるもの

至り…「若気の至りだ」「何とも迷惑の至りだ」
限り…「光栄の限りだ」▽「限り」が極限の意味でない場合は、「な」も受ける。⬇限り
極み…「贅沢の極みだ」

＊極限や傾向を表す場合は、「…の」が使われやすい。

▼意味や用法によって使いわけたり、「な」「の」の両方を受けたりするもの

あまり・上・くせに・せい・ため・つもり・はず・ようだ・わけ・わり…「至って健康なため薬とは縁がない／健康のために運動する」「不安なあまり／不安のあまり眠れない」⬇各項目を参照。

な【那】（造）なんぞ。どの。‖「―辺」▽梵語など、外国語の音写に使う。‖「刹―・檀―」

な【奈】（造）どうして。どの。‖「―辺」▽梵語など、外国語の音写に使う。‖「―落」

なあ［感］⬇な（感）

なあ［終助］⬇な（終助）①②‖「いいなあ」

ナース［nurse］［名］看護師。

ナース-コール［和製nurse＋call］［名］入院患者の手もとにある、看護師を呼ぶための装置。

ナース-ステーション［nurse station］［名］病院で、看護師の詰め所。

な-あて【名宛て】［名］郵便物・書類などを出すとき、その受取人の名前を指定すること。また、その名前。あて名。書き方「名宛」も好まれる。

なあ-なあ［名］いい加減なところで折り合いをつけること。なれあい。‖「―で話を決める」▽感動詞「なあ」を重ねたものから。

なあに 一［感］相手のことばを、それほどのことはないと軽く否定するときに発する語。‖「―、大したことはないよ」 二［代］尋ねるときの「なに」の、くだけた言い方。‖「あれ―」◈「なに」の転。

ナーバス［nervous］［形動］神経質なさま。神経過敏なさま。‖「入試が近づいて―になる」

な・い【無い（亡い）】

A 人やものが存在しない

一［形］❶（人・動物以外の）ものが存在しない。‖「この部屋にはテレビが―」「捜しても財布が―」使い方 人・動物の場合は「いる」の打ち消し形「いない」を使う。

❷（存在の有無を問題にして）特徴づけられた人・動物が存在しない。いない。‖「彼にかなう者は―」「賛同者は全く―・かった」▽「いない」よりも、やや文章語的。

❸人が死んでもうこの世にいない。生存していない。‖「彼死して既に―」書き方「亡い」と書く。

❹所有されたり含まれたりする状態で存在しない。持っていない。‖「私には兄弟［時間］が―」▽①や⑤でも、その持ち主や起こる場所に焦点が当たると、この用法になる。‖「この市は空港が―」

B 抽象的なものごとが存在しない

❺事柄や状態、関係などが存在しない。‖「芸術に理解が―」「痛み［記憶・落ち着き］が―」「この件とは関係が―」

❻行為や出来事、現象などが起こらない。‖「留守中に電話は―・かったか？」「一か月も雨が―」

❼方法や選択肢が存在しない。‖「手の施しようが―」

C 成句で使う

❽〈「…にない」の形で状況や場面を表す語を受けて〉特定の状態や段階に置かれていない。‖「人口は増加の傾向にはー」「忠告できる立場にー」
❾〈「…も[と]ない」の形で数値を表す語を受けて〉その数量に及ばない。…に達しない。‖「歩いて一〇分もー距離」「二つとー宝」
❿〈「…しかない」の形で数値を表す語を受けて〉数量がわずかにそれだけである。‖「締切まであと三日しかー」
⓫〈「…となく」の形で疑問詞を含む語などを受けて〉それと特定できないが。‖「誰とー・く話し出した」「何度とー・く繰り返される」
⓬〈「…ともなく」の形で文を受けて〉特にそうしようと意識せずに。‖「誰に聞かすとも一・くつぶやいている」
⓭〈「…なくはない」「…ないことはない」「…ないではない」などの形で〉二重否定を表す。‖「数学の勉強はつまらなくはー」「勧められたら読まないではー」⬇ないことはない
⓮⬇はずがない(はず⑤)・わけがない(わけ⑥)
⓯〈「なくして」の形で、名詞を受けて〉それを欠いた状態で。‖「彼(の協力)ー・くして計画の達成はあり得ない」⬇なしに①
⓰⬇ことがない・ことはない
◈ 使い方 ⑴名詞に付いて形容詞や副詞を作る。‖「頼りー・心ー・だらしー・しかたー・相違ー」「何[どこ・それ]とー・く」⑵「はてし」「詮(せん)」「たわい」「いとま」「跡形(あとかた)」「余念」「絶え間」「意気地」「すべ」などは、「…が[も]ない」「…が[も]ありません」の形で使うことが多く、「…がある」の形はあまり使われない。

D 「~ない」の形で使う

二 [補形] ❶〈主に形容(動)詞型の活用語の連用形に付いて〉打ち消しの意を表す。‖「評判ほどには面白くー」「ベテランらしくー失敗だ」「もう子供ではーのだから」
❷〔古風〕〈「…でない」の形で、動詞の連体形を受けて〉禁止を表す。‖「断じてくじけるでーぞ」
◈⬇「ない」のコラム(下段) 書き方 一はかな書きが多い。「亡」はもっぱら一③で使う。二はかな書きが一般的。 使い方 文語形「なし」を使うことも多い。‖「成算我に無し」「今は亡き師」「良くも無し、悪くも無し、まあ十人並というところでしょう〈岡本綺堂〉」 派生 -げ/-さ
◉**無い袖(そで)は振(ふ)れない** 実際に持っていなければ出したくとも出せない。‖「援助はしたいがー」「いくら催促されてもーよ」
◉**無くて七癖(ななくせ)** 人は誰でも多かれ少なかれ何らかの癖をもっているものだということ。「有って四十八癖(しじゅうはちくせ)」と続ける。‖「ーというが、自分の癖にはなかなか気づかないものだ」 注意 「七癖」を「しちくせ」と読むのは誤り。

ない [助動 形型] (なかろ-なく・なかっ-ない-ない-なけれ-〇)
❶**打ち消し**を表す。‖「なかなか来ーね」「誰もいーよ」「結婚するかしーか、それが問題だ」「彼が休むなんて考えられーことだ」⬇ぬ(助動 特活型)
❷〈「…なく(は)ない」「…ないことはない」「…ないではない」など、二重否定の形で〉肯定の意味をやわらげたり強めたりする。‖「彼女の気持ちは分からなくはない(=少しは分かる)」「練習は決してつまらなくない(=大いに面白い)」 使い方 「…なく(は)ない」などの、後ろのほうの「ない」は補助形容詞。
❸〈「ないの」「ないのか」の形で、疑問詞を伴った文に付いて、下降調のイントネーションと強い語勢を伴って〉詰問の意を表す。‖「どうして私の言うことが聞けーの」「これを見て何も思わーのか」
❹〈文末で単独で、あるいは「…ないの」の形で、下降調のイントネーションを伴って〉目下の相手に対する禁止を表す。‖「きょろきょろしー」「先生に口答えしーの」
❺〈下降調のイントネーションを伴い、「…ないか」の形で〉目下の相手に対する命令を表す。‖「早くしーか」「おとなしくしーか」
◈ 使い方 ⑴動詞、動詞型活用の助動詞の未然形に付く。サ変動詞は「し」に付いて「しない」となる。なお、「愛しない」は「愛する(サ変)」に、「愛さない」は「愛す(五段)」に付いたもの。

⑵助動詞「ぬ」と異なり、助動詞「ない」は動詞「ある」には付かない(「優しく〇あらねば/×あらなければ」「自分のために〇あらず/×あらない」)。「ある」の打ち消しには形容詞の「ない」を使う(「優しくなければ」「自分のためでない」)。

⑶接続助詞「て」に続く「なくて」は「ないで」と比べて用法が限られ、主として接続表現に使われる。⬇ないで[使い方]

⑷相手の意向や考えを尋ねる場合、「一緒に来るか/来ないか」「時間はありますか/ありませんか」のように、直接の疑問と打ち消しの疑問とができる。直接の疑問表現が話し手の意向を押しつけたり、聞き手に答えを強要するようなニュアンスを伴ったりするのに対して、打ち消しの疑問表現は、相手の意向を尊重するニュアンスが加わり、丁寧さが増す。同様に、⑤の「早くしないか」も、「早くしろ」と比べると一方的な命令というよりは、(脅したり諭したりはするものの)聞き手の意志でそうさせるというニュアンスを伴う。

⑸「背中が汚れているか/汚れていないか、見てくれない?」のように、「〜か(どうか)」を伴う表現も、同様の場面で両形が使われるが、直接の形は、ある程度確信を持って予測している場合に使われるのに対し、打ち消しの形の方は可能性が比較的低い、また、そうなっていてほしくないといった望ましくない場合に使われやすい。

⑹「とんでもないこと/とんだこと」「滅相(めっそう)もないこと/滅相なこと」など、直接の形と打ち消しの形が同じような意味で使われるものがある。若者のことばでは、本来打ち消しの形でないと意味をなさない「なにげなく」「さりげなく」などが「なにげに」「さりげに」の形で誤用されている。

⑺⬇「ない」のコラム

な・い [接尾]〈性質・状態などを表す語に付いて形容詞を作る〉程度のはなはだしい意を表す。‖「あどけー・しどけー・はしたー・えげつー・せわしー・切(せつ)ー」 使い方 ⬇「ない」のコラム

「…ない」の種類

1 **形容詞「ない」**
試合がない・金も時間もない・見たことはない・彼が来るはずがない

2 **補助形容詞「ない」**
悪くない・少なくない・静かではない・犯人は僕じゃない

3 **1・2の「ない」が付いた形容詞**
大人げない・差し支えない・仕方ない・如才ない・素っ気ない・頼りない・だらしない・違いない・とんでもない・情けない・みっともない・面目(めんぼく)ない・もったいない・申し訳ない・やるせない

4 接尾語「ない」が付いた形容詞
あどけない・えげつない・おぼつかない・かたじけない・ぎこちない・しどけない・切ない・せわしない・はしたない
5 助動詞「ない」が付いたもの
知らない・飽き足りない・書けない・構わない・くだらない・済まない・足りない・つまらない・ほかならない・やむを得ない・相談しない・誠意が感じられない

＊5の「ない」は、打ち消しの助動詞「ぬ」に置き換えられるが、1〜4は置き換えられない。「○知らぬ・くだらぬ・相談せぬ」「×おぼつかぬ・かたじけぬ」

＊1〜3の「ない」は漢字「無い」と書くこともできる。4と5は漢字では書かない。

＊形容詞・接尾語・助動詞の「ない」がどういう語に付くかという接続情報は、それぞれの「ない」項目を参照。

＊右のほか、「危ない・きたない・少ない」など、語源が不明な形容詞もある。⬇危ない・汚い・少ない

「…ない」の丁寧表現

▼「…ない」の終止形＋「です」
試合がないです・悪くないです・仕方ないです・かたじけないです・知らないです

＊1〜5に用いる。「か」「よ」「ね」などの終助詞を伴わずに「です」で言い切る形は、多少ぎこちない。そのため、「テレビがありません」「かたじけない次第です」「もったいないことです」などと、「ないです」の形を避けることも多い。⬇です⑥〔使い方〕(1)

▼「…ない」の連用形＋「ございます」
試合がのうございます・少なくのうございます・情けのうございます・かたじけのうございます

＊1〜4に用いる。ただし、5でも例外的に用いるものがある(「足りのうございます」など)。古風な言い方で、現在はあまり用いない。⬇です⑥〔使い方〕(2)

▼「ない」を「ありません」「ございません」に換える。
テレビがありません・悪くありません・金も時間もございません・少なくございません

＊1・2では換えることができるが、4・5ではできない(×かたじけありません・飽き足りございません)。

＊3は、定着しているもの(○申し訳ありません・申し訳ございません)から、定着していないもの(×みっともありません・みっともございません)までさまざま。「とんでもありません」「とんでもございません」は広く使われているが、不自然に感じる人もいる。

▼動詞連用形＋「ません」
構いません・済みません・つまりません・ほかなりません・相談しません・感じられません

＊5に用いる。1〜4には用いない(×おぼつきません)。ただし5でも、「くだりません」など、用いられないものもある。「頼りません」は、3の「頼りない」の丁寧形ではなく、5の「頼らない」の丁寧形である。

＊さらに「です」を付けた「…ませんです」は、言い切りの形では崩れた言い方となる。⬇ません〔使い方〕

＊右のほかにも、さまざまな丁寧表現を用いる。「悪くないと思います」「とんでもないことでございます」「みっともなく感じます」など。

「ない」と「そうだ」「すぎる」との接続

▼1〜3の、形容詞・補助形容詞「ない」と、形容詞「…ない」の場合は、「さ」を介して付く。
〔なさそうだ〕…試合はなさそうだ・悪くなさそうな味だ・頼りなさそうに見える
〔なさすぎる〕…お金がなさすぎる・彼の話は面白くなさすぎる・情けなさすぎて呆れる

▼4の接尾語「ない」が付いた形容詞の場合は、「な」に直接付くのが一般的だが、慣用で「さ」を介して使うものもある。
〔なさそうだ／なそうだ〕…ぎこちな(さ)そうだ・切な(さ)そうだ
〔なさすぎる／なすぎる〕…あどけな(さ)すぎる・はしたな(さ)すぎる

▼5の助動詞「ない」の場合は、「な」に直接付く。
〔なそうだ〕…彼は知らなそうだ・彼は飽き足りなそうだ・済まなそうに謝る・つまらなそうな様子だ
〔なすぎる〕…本を読まなすぎる・くだらなすぎる番組

＊5は、「さ」を介した形でも用いられるが、慣用になじまない。「△知らなさそうだ・読まなさすぎる」

＊「そうだ」と類義の接尾語「げ」を、5の助動詞「ない」に付ける人もいるが、標準的な言い方ではない。「×済まなげ・つまらなげ」⬇げ・なげ〔使い方〕

ない【内】(造) ❶ある範囲にはいるもの。うち。「―部・―出血」「室―・体―」「予算―・時間―」⬍外 ❷表向きでない。「―密・―祝言」

ない-あつ【内圧】〔名〕内部からの圧力。「ボイラーの―を下げる」「組織の―が高まる」「脳―」⬍外圧

ない-い【内意】〔名〕公にしていない心中の考え。内々の意向。「―を漏らす」

ナイーブ〔naive〕〔形動〕素朴で飾りけがないさま。また、純真で物事に感じやすいさま。「―な性格」派生―さ

ない-いん【内因】〔名〕そのもの自体に内在する原因。⬍外因

ない-えつ【内謁】〔名・自サ変〕非公式に身分の高い人に会うこと。内々の謁見。「大統領に―する」

ない-えん【内▼苑】ヱン〔名〕皇居・神社などの敷地内にある庭。⬍外苑

ない-えん【内縁】〔名〕事実上は婚姻関係にありながら婚姻の届出をしていないために法律上の夫婦とは認められない男女関係。

ない-おう【内応】〔名・自サ変〕内部の者がひそかに敵方と通じること。内通。「敵方に／と―する」

ない-おう【内奥】アウ〔名〕内部の奥深いところ。「心

の―を分析する」

ない-か【内科】[名] 主として内臓の病気を診断し、薬物療法などによって治療する医学の一分野。⇕外科

ない-かい【内海】[名] 陸地で囲まれ、海峡によって外洋とつながっている海域。地中海・瀬戸内海など。うちうみ。⇕外海

ない-かい【内界】[名] 人間の意識・感情などが存在する内面の世界。⇕外界

ない-がい【内外】[名] ❶ものの内部と外部。内側と外側。❷国内と国外。〓「―の情勢」❸くらい。前後。〓「一〇日―で完成する」

ない-かく【内角】[名] ❶多角形の隣り合った二辺がつくる角のうち、多角形の内部の角。❷野球で、本塁ベースの打者に近い側。インコーナー。近め。◈⇕外角

ない-かく【内閣】[名] 国の行政権を担当する最高の合議機関。首長である内閣総理大臣と、その他の国務大臣で組織される。

ないかくかんぼう-ちょうかん【内閣官房長官】[名] 国務大臣の一つ。閣議事項の整理や行政各部の総合調整などを行う内閣官房の長官として諸事務を統轄し、内閣総理大臣の政務を補佐する。

ないかく-そうりだいじん【内閣総理大臣】[名] 内閣の首長である国務大臣。国会議員の中から国会の議決によって指名され、天皇により任命される。内閣を組織して閣議を主宰するほか、内閣を代表して行政各部を指揮・監督し、内閣府の長として所管の事務を担当する。総理。総理大臣。首相。

ないかく-ふ【内閣府】[名] 内閣官房長官のもとで内閣の事務を助け、国の重要政策に関する基本的な方針の審議と発議などを行う国の行政機関。経済財政諮問会議・総合科学技術会議・中央防災会議・男女共同参画会議などが置かれる。また、沖縄及び北方対策担当、金融担当などの特命担当大臣が置かれる。▽総理府・経済企画庁・沖縄開発庁を統合して二〇〇一年一月に発足。

ない-がしろ【▽蔑ろ】[名・形動] あってもないもののようにあなどり軽んじること。〓「親を―にする」▽「無きが代(しろ)」の転。

ない-かん【内患】[名] 内部の心配事。特に、国家などの内部にある、争いなどのわざわい。内憂。〓「―外憂」⇕外患

ない-かん【内観】[名・他サ変] ❶仏教で、精神を統一して自分自身の心を観察すること。❷心理学で、自分自身の精神状態やその働きをみずから観察すること。自己観察。内省。

ない-き【内規】[名] ある組織・団体などの内部にだけ適用するきまり。

ない-ぎ【内儀】[名] 他人の妻の敬称。〓「お―」▽江戸時代、特に町家の主婦に対して使った。

ない-きょく【内局】[名] 中央官庁の内部に設置され、大臣・次官の監督を直接に受ける局。

ない-きん【内勤】[名・自サ変] 官庁・会社・銀行などで、勤務先の内部で仕事をすること。また、その人。⇕外勤

ない-くう【内▽宮】[名] 伊勢神宮の皇大神宮(こうたいじんぐう)。祭神は天照大神(あまてらすおおみかみ)。⇕外宮(げくう)

ない-けい【内径】[名] 円筒や球体の内側の直径。⇕外径

ない-けん【内見】[名・他サ変] 公開しないで内々に見ること。〓「賃貸物件を―する」

ない-げんかん【内玄関】[名] 家族などが日常出入りするために設けた玄関。うちげんかん。⇕表玄関

ない-こう【内向】[名・自サ変] 心理学で、心の働きがもっぱら自分の内面に向かうこと。〓「人とも接することなく、―していく」「―的な性格」⇕外向

ない-こう【内攻】[名・自サ変] ❶病気が症状として外に現れず、体の内部に広がって内臓器官をおかすこと。❷感情が外に現れず、内部に向かって鬱積(うっせき)すること。〓「怒り[不満]が―する」

ない-こう【内▼訌】[名] 組織などの内部に起こるもめごと。うちわもめ。

ない-こう【内▼腔】[名] 管状または袋状の構造で、内側の空洞の部分。〓「食道―」読み分け 医学では「ないくう」という。

ないごう-がいじゅう【内剛外柔】[名] ⬇外柔内剛

ない-こうしょう【内交渉】[名] 正式の交渉の前に行う、非公式の交渉。内々の交渉。

ない-こく【内国】[名] その国のうち。国内。〓「―航路」「―民待遇(=通商・入国・居住・営業などに関して、相手国の国民に自国民と同等の待遇を与えること)」

ない-ことは-な・い [連語] 二重否定の形で、肯定の意味をやわらげたり強めたりする。ないわけではない。なくはない。〓「自信なら―」「反対意見が―」「授業はつまら―」▽上の「ない」は形容詞の場合と助動詞の場合とがある。

ない-さい【内妻】[名] 内縁関係にある妻。⇕正妻・本妻

ない-さい【内済】[名・他サ変] 表ざたにしないで、内々で事を処理すること。

ない-さい【内債】[名] 政府・企業などが国内の市場で発行・募集する公債や社債。内国債。⇕外債

ない-ざい【内在】[名・自サ変] ある事物・性質などが、そのものの内部におのずから存在すること。〓「個人に―する可能性」⇕外在

ない-し【内資】[名] 国内の事業に投資される自国の資本。内国資本。▽「外資」に対していう。

ない-し【▼乃至】[接] ❶数量などの上限と下限を示し、その間のすべての数量の可能性を表す。…から…まで。〓「一週間―一〇日のうちに結論が出る」❷または。あるいは。〓「北―北東の風が吹く模様」「修士―はそれに準ずる能力の認められる者」

ない-じ【内示】[名・他サ変] 公式に知らせる前に、内々に通知すること。〓「―が出る」「―を受ける」

ない-じ【内耳】[名] 脊椎(せきつい)動物の耳の最深部。平衡感覚をつかさどる半規管・前庭(ぜんてい)と聴覚をつかさどる蝸牛(かぎゅう)とからなる。

ないし-きょう【内視鏡】[名] 体腔(たいこう)や内臓の内部を観察するための医療器具。

ない-しつ【内室】[名] 貴人の妻の敬称。また一般に、他人の妻の敬称。令室。〓「ご―」

ない-じつ【内実】[名] ❶内部の実情。❷本当のところ。実のところ。〓「―困っている」▽副詞的に使う。

ない-しゃく【内借】[名・他サ変] ❶内密に金銭を借りること。❷受け取るべき金の一部を前借りすること。うちがり。

ない-じゅ【内需】［名］国内の需要。「―拡大」⇔外需

ない-しゅう【内周】（ーシウ）［名］物のうちまわり。また、その長さ。⇔外周

ないじゅう-がいごう【内柔外剛】（ナイジウグワイガウ）［名］内心は柔弱だが、うわべは強そうに見えること。⇔外柔内剛

ない-しゅうげん【内祝言】（ーシウゲン）［名］内輪の者だけで行う婚礼。

ない-しゅっけつ【内出血】［名・自サ変］血液が血管から、組織の内部や体腔（たいこう）内に流出すること。

ない-しょ【内緒（内▽証・内所）】［名］❶表向きにしないで内々に隠しておくこと。内密。ないしょう。「その件は―にしておこう」「―話」❷⇒内証（ないしょう）②◈「内証」の転。

ない-じょ【内助】［名］表立たない、内部からの援助。特に、妻が家庭にあって夫の活躍を支えること。「―の功」

ない-しょう【内証】［名］❶仏教で、自分の心のうちで真理を悟ること。❷内輪の事情。特に、内々の財政状態。家計。❸⇒内緒（ないしょ）①

ない-じょう【内情】（ージャウ）［名］外に知られていない内部の事情。「会社の―を探る」

ない-しょく【内食】［名］家庭内で調理して食事をすること。また、その食事。うちしょく。▽外食・中食（なかしょく）に対していう。

ない-しょく【内職】［名・自サ変］❶本職のほかに収入を得るためにする仕事。副業。❷家計を助けるために自宅でする賃仕事。❸授業などの最中にこっそり別の勉強などをすること。

ない-しん【内心】［名］❶表面には出さない気持ち。心のうち。「―は穏やかでない」▽副詞的にも使う。❷三角形に内接する円の中心。三角形の各内角の二等分線の交点に一致する。⇔外心

ない-しん【内申】［名・他サ変］内々に申し伝えること。また、その文書。「書面で市長に―する」

ない-しん【内診】［名・他サ変］❶医師が自分の医院・診療所内で診察すること。宅診。❷直腸内や膣（ちつ）内を診察すること。「産婦人科で―を受ける」

ない-じん【内陣】（ーヂン）［名］神社の本殿や寺院の本堂の奥にあって、神体や本尊を安置してある所。⇔外陣（げじん）

ないしん-しょ【内申書】［名］入学者選抜の資料として、その生徒の学業成績・人物評価などを記し、在学校の校長から志望校の校長に送る書類。調査書。

ないしん-のう【内親王】（ーシンワウ）［名］❶皇室典範で、嫡出の皇女および嫡男系嫡出の皇孫である女子。⇔親王 ❷律令制で、天皇の姉妹および皇女。

ナイス【nice】【一】［感］感心してほめるときに発する語。「―、見事なプレーだ」【二】（造）うまい、すばらしい、かっこいい、などの意を表す。「―ショット」「―ガイ」

ない-せい【内政】［名］国内の政治。「―干渉」

ない-せい【内省】［名・他サ変］❶自分自身の言動や考えを深くかえりみること。「自己を深く―する」❷心理学で、自分自身の精神状態やその働きをみずから観察すること。自己観察。内観。

ない-せい【内製】［名・他サ変］自社の内部で製造すること。

ない-せつ【内接・内切】［名・自サ変］❶多角形の各頂点が同一円周上にあること。❷一つの円が同一多角形の各辺に接すること。❸一つの円が他の円の内側にあり、その円周上の一点で接すること。

ない-せん【内戦】［名］一国内に起こる戦争。⇔外戦

ない-せん【内線】［名］❶内側の線。❷屋内の電線。❸会社・官庁などで、内部間の連絡に使われる電話線。「―番号」◈⇔外線

ない-そう【内装】（ーサウ）［名］建物・乗り物などの内部の設備や装飾。また、その工事。⇔外装

ない-ぞう【内蔵】（ーザウ）［名・他サ変］その物の内部に持っていること。「DVDを―した装置」

ない-ぞう【内臓】（ーザウ）［名］動物の体内にある器官の総称。消化器・呼吸器・循環器・泌尿生殖器・内分泌器など。「―疾患」

ないぞう-しぼう【内臓脂肪】（ナイザウシバウ）［名］体脂肪のうち、内臓の周りにたまる脂肪。メタボリックシンドロームの主原因とされる。

ない-そん【内孫】［名］うちまご。⇔外孫（がいそん）

ナイター【和製night＋er】［名］❶ナイトゲーム。⇔デーゲーム ❷夜間。また、夜間営業。「―スキー」

ない-だい【内題】［名］書物の扉や本文の初めに記されている題名。⇔外題（げだい）

ない-だく【内諾】［名・他サ変］非公式に承諾すること。内々の承諾。「委員長就任を―する」

ない-たつ【内達】［名・他サ変］前もって非公式に通達すること。また、その通達。

ない-だん【内談】［名・他サ変］内々で話し合うこと。また、その相談。「人事の件を―する」

ない-ち【内地】［名］❶一国の領土の中。国内。「―留学」❷もと海外の植民地に対して、日本本国の領土。「―に引き揚げる」⇔外地 ❸北海道または沖縄で、本州。

ナイチンゲール【nightingale】［名］ヨーロッパに広く分布するヒタキ科の小鳥。背面は灰褐色、腹部は白い。夜間も高く美しい声で鳴く。サヨナキドリ。ヨナキウグイス。

ない-つう【内通】［名・自サ変］❶ひそかに敵側に通じること。内応。「敵に／と―する者がいる」❷ひそかに情を交わすこと。密通。私通。「女と―する」

ない-で［連語］❶打ち消しの意を伴って、文を中止したり、連用修飾したりする。～ず(に)。「食べ―、待っていた」❷〈「いる」「おく」「済む」などの動きの完了や処置を表す表現を伴って〉打ち消した状態を維持する意を表す。～ず(に)。「まだ寝―いる」「持っていか―済みそうだ」❸〈「…ないでいられない」「…ないで済ませない」「…ないでおくものか」などの二重否定や反語の形で〉事態がどうしても生じる意を表す。「飲ま―はいられない」「つかまえ―おくものか」❹〈文末で使って〉禁止を表す。「こっちに来―」

◈使い方 「ないで」「なくて」「ず(に)」のうち、「ないで」が最も使用範囲が広く、「なくて」が最も狭い。おおよそ、次のような使い分けがある。
(1)状態副詞的に動詞の意味を修飾する場合は、「ないで」「ず(に)」を使う。「慌てないで／慌てず行け」「休まないで／休まずに働く」
(2)「…てほしい」「…てくれ」などの補助用言に接続するときは「ないで」を使う。「来ないでほしい」「行かないでくれ」

(3)因果関係や並列関係を表す場合はいずれも使える。‖「君と会えないで/会えなくて/会えず残念だ」「私に似ないで/似なくて/似ず、夫に似ている」
(4)「…て(も)いい」の場合は「ないで」「なくて」を使う。‖「行かないでも/行かなくてもいい」
(5)文末で禁止を表す場合は、「ないで」しか使えない。‖「こっちに来ないで」
(6)打ち消し状態の維持を表すもののうち、「…済む」にはいずれも使えるが、「…いる」「…ある」「…おく」には、「ないで」「ず(に)」を使う。‖「行かないで/行かなくて/行かずに済みそうだ」「寝ないで/寝ずにいる」
(7)事態がどうしても生じることを表す「…(は)いられない」「…(は)おかない」「…(は)すまさない」などの二重否定や反語には、「ないで」「ず(に)」を使う。‖「泣かないでは/泣かずにはいられない」「懲らしめないで/懲らしめずにおくものか」

ない-てい【内定】[名・自他サ変] 正式の決定の前に内々に決まること。また、決めること。‖「就職が―する」

ない-てい【内偵】[名・他サ変] ひそかに相手の状況などを探ること。‖「敵情を―する」

ない-てき【内的】[形動] ❶物事の内部にかかわるさま。内面的。‖「―要因」❷精神にかかわるさま。‖「―経験」◈⇕外的

ない-てん【内典】[名] 仏教の経典。⇕外典(げてん) ▽仏教の立場からいう語。

ナイト[knight][名] ❶中世ヨーロッパの騎士。❷英国で、国家・国王に功労のあった者に与えられる一代限りの爵位。サー(Sir)の称号が許される。

ナイト[night][名] 夜。夜間。‖「―ウエア」「オール―」

ナイトウエア[nightwear][名] 寝巻き。

ナイトキャップ[nightcap][名] ❶寝るときに、髪の乱れを防ぐためにかぶる帽子。❷よく眠れるように寝る前に飲む酒。寝酒。

ナイトクラブ[night club][名] 夜間、酒・バンド演奏・ショー・ダンスなどを楽しむ社交場。

ナイトケア[night care][名] 在宅の高齢者や障害者を夜間だけ福祉施設で預かり、介護を行うこと。

ナイトゲーム[night game][名] スポーツなどで、夜間に行う試合。ナイター。⇕デーゲーム

ない-ない【内内】[副] ❶[名] 表立てないでひそかに事を行うこと。また、そのさま。うちわ。内密(に)。‖「―(に)捜査を進める」❷心の中でひそかに思うさま。内心では。‖「事故でもあったのかと―案じていた」

ないねん-きかん【内燃機関】(―キクワン)[名] 燃料の燃焼によって生じた熱エネルギーを機械的仕事に変えて動力を得る機関。ガソリン機関・ディーゼル機関・ジェット機関・ガスタービンなど。⇕外燃機関

ない-はつ【内発】[名・自サ変] 内部から自然に生じること。‖「―する活力」

ないはん-そく【内反足】[名] 足首の関節の異常などにより、足の裏が内側に向くように曲がった足。

ナイフ[knife][名] ❶西洋式の小刀。‖「登山―」❷食事用の小刀。‖「―とフォーク」

ない-ぶ【内部】[名] ❶物の内側の部分。‖「機械の―を調べる」❷ある組織・集団などに属すること。また、その人。‖「―の者の犯行」◈⇕外部

ない-ふく【内服】[名・他サ変] 薬を飲むこと。内用。‖「鎮痛剤を―する」「―薬」

ない-ふく【内福】[名・形動] 見かけはそれほどには見えないが、内実は裕福なこと。‖「―な家庭」

ないぶ-こくはつ【内部告発】[名] 組織内の人間が、その組織の悪事・不正などをあばいて外部に知らせること。

ないぶ-りゅうほ【内部留保】(―リウ―)[名] 企業の純利益のうち、税金・配当金など社外に流出する分を差し引いた残りの金額。社内留保。

ない-ふん【内紛】[名] 内部の争い。うちわもめ。内訌(ないこう)。

ない-ぶん【内分】[名] ❶表ざたにしないこと。内聞。❷[他サ変] ある線分上の任意の一点で、その線分を二つに分けること。⇕外分

ない-ぶん【内聞】[名] ❶[他サ変] 内々に聞くこと。内々に身分の高い人の耳に入ること。‖「―するところでは…」❷表ざたにしないこと。内分。‖「事件を―に済ます」

ない-ぶんぴつ【内分泌】[名] 内分泌腺(せん)がその分泌物(ホルモン)を直接血液中やリンパ液中に分泌すること。ないぶんぴ。⇕外分泌

ないぶんぴつかくらん-ぶっしつ【内分泌▼攪乱物質】[名] ➡環境ホルモン

ない-へき【内壁】[名] 内側の壁。また、壁の内側の面。⇕外壁

ない-ほう【内包】(―ハウ)[名] ❶[他サ変] 内部に含みもつこと。‖「社会が―する矛盾」❷論理学で、ある概念が適用されるすべての事物(外延)がもつ共通の属性。例えば「魚類」の内包は「水中に生息する」「えらで呼吸する」など。⇕外延

ない-ほう【内報】[名・他サ変] 非公式に知らせること。また、その知らせ。‖「受賞の―を受ける」

ない-まぜ【▼綯い交ぜ(▼綯い混ぜ)】(ナヒ―)[名] ❶種々の色糸を合わせて紐(ひも)などをなうこと。❷いろいろなものをまぜ合わせて一つにすること。‖「虚実を―にした話」動ないま・ぜる(他下一)

ない-みつ【内密】[名・形動] 表ざたにしないこと。内緒。‖「―に調査する」「この件は―に願います」

ない-む【内務】[名] ❶国内の政務。⇕外務 ❷軍隊で、兵営内の日常生活に関する職務。

ないむ-しょう【内務省】(―シヤウ)[名] 警察・土木・衛生・地方行政などの内務行政を統轄した中央官庁。一九四七(昭和二二)年に廃止。

ない-めい【内命】[名・他サ変] 内々に命令すること。また、その命令。‖「―を下す」「―を受ける」

ない-めん【内面】[名] ❶物の内側の面。‖「腹壁の―」❷精神や心理にかかわる面。心の中。‖「―の苦悩がうかがわれる」◈⇕外面

ないめん-てき【内面的】[形動] 精神や心理にかかわるさま。‖「成長に伴う―な変化」⇕外面的

ないもの-ねだり【無い物ねだり】[名] 無い物をむりにほしがること。できないことをむりに望むこと。

ない-や【内野】[名] ❶野球で、本塁・一塁・二塁・三塁を結ぶ直線で囲まれた正方形の区域。インフィールド。ダイヤモンド。❷「内野手」の略。◈⇕外野

ない-やく【内約】[名・他サ変] 内々に約束すること。また、その約束。‖「結婚の―がある」

ないや-しゅ【内野手】[名] 野球で、内野を守る選手。一塁手・二塁手・三塁手・遊撃手の総称。インフィー

ルダー。⇔外野手

ない-ゆう【内憂】[名] 内部の心配事。特に、国家などの内部にある心配事やもめごと。内患。「—外患こもごも至る」⇔外憂

ない-よう【内用】[名] ❶内々の用事。❷[他サ変] 薬を飲むこと。内服。「—薬」⇔外用

ない-よう【内容】[名] ❶容器などの中に含まれているもの。中身。「貨物の—を表示する」❷その物事を構成し、成り立たせている実質。特に、話・文章などで表現されている事柄。「—の乏しい講演」「手紙の—を公開する」

ないよう-しょうめい【内容証明】[名] 書留(簡易書留を除く)郵便物について、文書の内容を謄本で郵便局に提出し、その証明を受けるもの。

ないよう-ぶつ【内容物】[名] 中に入っているもの。「封筒の—」「胃の—」

ない-らん【内乱】[名] 国内の騒乱。特に、政府を倒そうとする反政府勢力と政府側との武力闘争。

ない-らん【内覧】[名・他サ変] 一般に公開する前に、一部の人が内々で見ること。

ない-りく【内陸】[名] 陸地のうち、海岸から遠く離れた地域。「北海道の—部」「—気候」

ないりん-ざん【内輪山】[名] 大きな火口やカルデラの内側に新たに生じた小火山体。中央火口丘。⇔外輪山

ナイロン[nylon][名] ポリアミド系合成繊維の総称。弾力性に富み、潤滑性・対薬品性・染色性などにすぐれる。衣料・漁網などに広く利用される。▼もと商品名。

ナイン[nine][名] ❶九。ここのつ。❷野球のチーム。また、そのメンバー。「ベスト—」▼一チームが九人で構成されることから。

な・う【▼綯う】[他五] 藁・糸・ひもなどを一本により合わせる。あざなう。よる。「縄を—」可能 **なえる**

ナウ・い[形][俗] いかにも現代的であるさま。「—ファッション」▼「ナウ(now)」を形容詞化した語。

な-うて【名うて】[名] ある方面で名高いこと。「—の刀匠」

なえ【苗】[名] 稲・野菜・草木などの、発芽して間がないもの。多く移植用のものをいう。「田に—を植える」

なえ-ぎ【苗木】[名] 樹木の苗。特に、移植するために育てた若木。「—市」

なえ-どこ【苗床】[名] 種をまいて作物の苗を育てる場所。▼稲の場合は「苗代」という。

な・える【萎える】[自下一] ❶体力や気力が衰えてぐったりする。「闘志が—」❷植物がしおれる。「草花が—」❸衣服などがくたくたになる。「着古して—・えた袴」文 **なゆ**

なお【▽猶・▽尚】 一 [副] ❶以前の状態が変わらずに続いているさま。相変わらず。まだ。やはり。「母は今も—健在だ」「老いても—壮んだ」❷以前よりも物事の程度が進むさま。さらに。いっそう。なおさら。「冷やして飲めば—うまい」「—いっそうの努力が望まれる」❸さらに付け加えるべきものがあるさま。「完成までは—数日かかる」❹〔古風〕〈「猶…のごとし」の形で〉あたかも…のようだ。「過ぎたるは—及ばざるがごとし」使い方 漢文訓読から。「猶」はあってもなくても意味は変わらない。
二 [接] ある事柄に他の事柄を付け加える語。「参加費は無料。—、昼食は持参のこと」

なお-かつ【▽尚且つ】[副] ❶その上さらに。「公平で、—人情味がある」❷それでもまだ。それでもなお。「失敗しても、—あきらめない」

なおき-しょう【直木賞】[名] 直木三十五の業績を記念し、一九三五(昭和一〇)年、菊池寛主宰の文藝春秋社が芥川賞とともに創設した文学賞。年二回、実績の著しい新進・中堅作家に贈られる。

なお-さら【▽尚更・▽猶更】[副] 物事の程度が以前または他の場合より進むさま。ますます。一段と。「だめと言われると—やりたくなる」「早起きはつらい。冬の朝は—だ」

なお-ざり【〈等閑〉】[名・形動] 物事を軽くみて、いい加減にしておくこと。おろそか。等閑。「家業を—にする(=軽視する)」「品質を—にして利益だけを追求する」注意「おざなり」は、形は似ているが、別語。その場かぎりの間に合わせであるの意。「自分の健康を○なおざりにする/×おざなりにする」「○おざなりな謝罪/×なおざりな謝罪」

なおし【直し】[名] ❶直すこと。修理。また、器物などの修繕を職業とする人。「錠前—」❷訂正。「—の多い原稿」❸腐敗しかけた酒や下等な酒を加工して、普通の酒のような香味をもたせたもの。▼「直し酒」の略。❹味醂に焼酎などを加えた甘みのある酒。本直し。柳蔭。▼「直し味醂」の略。

なお・す【直す・治す】[動五] 一 [他] ❶【直】壊れたものなどをもとのよい状態に戻す。修理する。修繕する。「壊れた洗濯機を—」❷【直】乱れたものなどをもとのよい状態に戻す。整え正す。「服装の乱れを—」❸【直】そこなわれた気持ちや表情などをもとの状態に戻す。「気分[機嫌]を—」❹【治・直】病気やけがを回復させる。治療する。「医者に胃潰瘍を—・してもらう」使い方「太郎は手術して胆石を—・した」のように、医者(動作主)だけでなく患者(被動作主)を主語にしてもいう。書き分け【治】が一般的だが、平易な表記として【直】とも。「なおる」の場合も同じ。また、まれに「▽癒す」とも。❺【直】よくないものを正しく改める。ただす。「欠点[偏食・誤字]を—」❻【直】別の形式などに置き換える。「日本文を英文に—」❼【直】〔古風〕より上の位置・地位などに移す。「下座から上座に—」❽【直】片づける。しまい込む。「おもちゃはきちんと箱に—・しんしゃい」▼主に西日本でいう。
二 〈動詞の連用形に付いて複合動詞を作る〉【直】さらによくなるように、改めてもう一度…する。「読み—・やり—・考え—・見—」可能 **なおせる**

なお-なお【▽猶▽猶・▽尚▽尚】[副] ❶ますます。いっそう。❷それでもやはり。まだまだ。「完成までは—時間を必要とする」❸さらにつけ加えて。「諸君には—言っておきたいことがある」◈「なお」を重ねて意味を強めた語。

なおなお-がき【▽尚▽尚書き】[名] 手紙で、本文のあとに書き添える文。追って書き。追伸。▼多く「尚々」と書き始めることから。

なお-の-こと【▽尚の事】[副] なおさら。よりいっそう。「ご賛同願えるなら、—うれしい」

なお-も【▽猶も・▽尚も】[副] その上まだ。それでもまだ。「風は—吹きつのる」

なおらい【直▽会】[名] 神事の後、供え物の神酒や神饌をおろして参加者一同が飲食する行事。

なお・る【直る・治る】(ナホル)〔自五〕❶【直】壊れた物などがもとのよい状態に戻る。||「壊れたテレビが━」❷【直】形の崩れたものなどがもとのよい状態に戻る。||「乱れた髪が━・らない」❸【直】そこなわれた気持ちや表情などがもとの状態に戻る。||「機嫌〔泣きべそ〕が━」❹【治・直】病気やけがが回復する。治癒する。||「傷口〔腹痛〕が━」書き方 まれに「▽癒る」とも。⬇直す「書き分け」❺【直】よくないものが改まって正しくなる。||「わがまま〔乱暴な言葉遣い〕が━」❻【直】〔古風〕より上の地位・位置などに移る。||「指定席に━」❼【直】その場所にきちんと座る。||「その場に━」❽【直】〈「直れ」の形で〉号令で、いったんとった姿勢をもとに戻せの意を表す。||「右へならえ。━・れ」

品格 改まる「悪癖が━」 癒える「病が━」 快癒「ご━をお祈りします」 治癒「傷の━効果」 復旧「道路の━」 平癒「━祈願の絵馬」

なー-おれ【名折れ】(レヲ)〔名〕名誉・名声がそこなわれること。||「一門の━になる」

なか【中】〔名〕❶空間的に仕切られたものの内側や内部。特に、その中心部。中央。||「建物の━に入る」「━までよく火を通す」「財布の━が空になる」⇔外 ❷表面から隠れた奥深いところ。また、心の深奥部。||「森の━で道に迷う」「腹の━を探る」❸空間的・時間的に、あるものの間。||「二人の━に立って話をまとめる」「━五日置いて登板する」❹きょうだいで、一番上でも一番下でもないもの。||「四人姉妹の内、━の二人は教師だ」❺中間的な値。平均値。||「測定値の━を取る」❻ある限られた範囲のうち。||「クラスの━から代表を選ぶ」❼ある物事が行われる場合の、その過程。||「厳しい訓練の━にこそ成長の喜びがある」❽一続きの内容をもった話や物語などを、あるまとまりをもった抽象的な場所とみなしていう。||「この作品の━には愛の不毛が描かれている」「夢の━に幼なじみが現れた」❾物事が起こっている、その状況下。||「雨の━を傘も持たずに飛び出す」「本日はお暑い━をご苦労様です」❿その性質とは対極的な、ある性質がある意を表す。||「素朴な━に深い味わいがある」「静かな━に激しい闘志を秘める」◈「仲」と同語源。

読み分け 「胸の中」「心の中」「硝子戸の中(夏目漱石の作品名)」「四つの中の三つ」など、昔の文章には「中」と書いて「うち」と読ませるものが少なくない。

なか【仲】〔名〕人と人との間柄。||「二人は━がいい」

なが-あみ【長編み】〔名〕鉤針編みの一つ。針に一度糸をかけてから前段の目を拾い、二目ずつ二度引き抜いて一目とするもの。

なが-あめ【長雨】〔名〕幾日も長く降り続く雨。霖雨。||「秋の━」

なか-い【仲居】(ヰ)〔名〕料亭などで客の接待をする女性。||「━頭」

なが-い【長居】(ヰ)〔名・自サ変〕訪問先などに長い時間とどまっていること。||「━は無用」

なが・い【長い(永い)】〔形〕❶両端間の距離が大きい。||「このシャツは袖が━」「━ロープ」「━・く伸ばした髪」使い方 建造物や背丈など、上下の幅で測るものは「高い／低い」を、縦横・前後左右などの幅で測るものは「長い／短い」を使う(百メートルを超える高い建物／この教会は横よりも縦が長い)。立った電柱は「高い」だが、横たえて計測する場合は「長い」である。❷〈「東西〔左右・前後・縦〕に長い」などの形で〉あるものがその方向に(より)大きな長さで広がり連なる意を表す。||「日本列島は南北に━」「この長方形は縦に━」❸連続した事柄に要する時間が大きい。||「当店は営業時間が━」「━・く家を空ける」「日が━・くなる」❹〈「長いこと」の形で、副詞的に〉連続した時間が長大に及ぶさま。長い間。||「姉とはもう━こと会っていない」❺極端な無為や多事多端などのために、一定の時間が異様に長大に感じられるさま。||「━一日がやっと終わった」❻時に限りをつけないさま。永久だ。永遠だ。||「━眠りに就く」「末━・く、幸あれと祈る」書き分け【永】を使うことが多い。❼情報量が多く、受容や鑑賞に時間がかかるさま。長大だ。||「━手紙を書く」「━小説」「話せば━・くなるが…」❽〈多く「細く長く」の形で〉⬇細い⑤ 派生 ━さ

◉**長い目で見る** すぐに結論を出そうとしないで、気長に将来を見守る。

◉**長い物には巻かれろ** 権力や勢力のある者には従った方が得策であるということ。

なが-いき【長生き】〔名・自サ変〕長く生きること。長寿。長命。||「養生して━(を)する」

なが-いす【長椅子】〔名〕数人が掛けられるように横に長く作った椅子。ソファーやベンチなど。

なが-いも【長芋(長▼薯)】〔名〕円筒形の根茎を食用にするヤマノイモ科のつる性多年草。根茎は水分が多く、粘りけが少ない。各地で栽培され、多くの品種がある。

なか-いり【中入り】〔名〕相撲・寄席・芝居などの興行で、途中でしばらく休憩すること。また、その時間。

なが-うた【長唄】〔名〕江戸で、歌舞伎の伴奏音楽として発達した三味線歌曲。歌詞は浄瑠璃・謡曲などからとったものが多い。享保(一七一六〜三六)ごろに確立した。舞踊を伴わない、演奏だけの曲もある。江戸長唄。

なが-うた【長歌】〔名〕❶地歌の一つ。短編歌曲を組み合わせた三味線組歌に対し、まとまった内容の長い歌詞をもつ新歌曲。元禄(一六八八〜一七〇四)ごろ、上方で生まれた。長歌物。上方長歌。❷⬇ちょうか(長歌)

なか-うり【中売り】〔名〕劇場などの興行場で、客席の間を回って飲食物を売り歩くこと。また、その人。

なが-え【長柄】〔名〕器物・武具などの柄が長いこと。また、柄の長い器具や武具。||「━の傘」

なが-おい【長追い】(ヒオ)〔名・他サ変〕逃げる相手を遠くまで追いかけること。深追い。

なか-おち【中落ち】〔名〕魚を三枚におろしたときの、中骨の部分。また、その部分についている肉。

なか-おもて【中表】〔名〕布・紙などを表が内側になるように畳むこと。また、表が内側になるように重ね合わせること。⇔外表

なか-おれ【中折れ】(レヲ)〔名〕山の中央部を前後にくぼませてかぶる、フェルト製のつばのある帽子。ソフト。▼「中折れ帽子」の略。

なか-おろし【仲卸】〔名〕卸売り市場で卸売り業者から生鮮食品などを仕入れ、市場内の店舗で一般の小売り業者や飲食店などに売る業者。▼「仲卸業者」の略。

なか-がい【仲買】(ヒカ)〔名〕売り手と買い手との間に立って、物品や権利の売買の仲介をして利益を得ること。また、それを業とする人。ブローカー。||「━人」

なが-がさ【長傘】〔名〕折り畳まずに使う、一般的な形状の傘。▼折り畳み傘に対していう。

なが-ぎ【長着】〔名〕身丈が裾まである和服。着物。

なか‐ぎり【中▽限】［名］限月(げんげつ)を立てて行う清算取引で、受け渡し期日が売買約定をした翌月末のもの。ちゅうぎり。⬇当限(とうぎり)・先限(さきぎり)

なが‐ぐつ【長靴】［名］ゴム製・革製の、ひざの下あたりまでをおおう長い靴。雨雪のときや水作業のときなどに使う。

なか‐ぐろ【中黒】［名］記号活字の「・」。縦書きの小数点、単語を並列するときの区切りなどに使う。中点(なかてん)。

なか‐ご【中子】［名］❶物の中央部。中心。❷入れ子づくりの容器で、中に納まる方の器。❸ウリ類の実の内部の、種を含んだ柔らかい部分。❹刀剣の、柄の内部に納まっている部分。書き方「▽茎」とも。

なか‐ごろ【中頃】［名］❶中ほどの時期。‖「去年の━」❷中ほどの所。また、物事の中間。‖「登山道の━にある休憩所」「番組の━に臨時ニュースが入る」

なが‐さ【長さ】［名］❶ものの両端間の距離。また、その度合い。‖「線分ABの━」❷時間の大きさ。‖「昼と夜の━」❸情報の分量。また、その度合い。‖「前置きの━を調節する」❹空間的・時間的に相当に長いこと。‖「話の━にうんざりする」「彼の気の━にはあきれるよ」▼④は、長いことを前提にして言う言い方で、「短さ」と対になる。

なか‐し【仲仕】［名］港湾などで、船の貨物のあげおろしをする作業員。‖「沖━」

ながし【流し】［名］❶流すこと。‖「灯籠(とうろう)━」❷台所・洗濯場などに設けた、物を洗ったり洗い水を流したりする設備。❸浴場で、体を洗う場所。流し場。❹銭湯で、客の背中などを洗うこと。また、それを職業にする人。❺客を求めてあちこち移動すること。また、その人。‖「━のタクシー」

ながし‐あみ【流し網】［名］魚群の通路に網を張り、水流にまかせて網を流しながら網目にかかった魚をとる漁法。また、その刺し網。▼サケ・マス漁などに用いられる。

ながし‐いた【流し板】［名］❶台所などの流しに張った板。❷浴場などの洗い場の床に張った板。

ながし‐うち【流し打ち】［名］野球で、右打者ならライト方向へ、左打者ならレフト方向へ、投手の投球にさからわずに打つこと。

なか‐しお【中潮】［名］大潮と小潮との間の潮。干満の差が中ぐらいの潮。

なが‐しお【長潮】［名］干満の差が小さい潮。小潮のころの潮。

なか‐じき【中敷き】［名］中に敷くこと。また、そのもの。‖「靴の━」

なか‐じきり【中仕切り】［名］❶部屋の中の仕切り。❷箱などの内部の仕切り。

ながし‐こ・む【流し込む】［他五］流して中へ入れる。注ぎ入れる。‖「溶けた銑鉄を鋳型に━」

ながし‐どり【流し撮り】［名・他サ変］写真で、動く被写体の進行方向にカメラを移動させながら撮影すること。また、その撮影法。

ながし‐ば【流し場】［名］❶浴場・浴室で、体を洗う場所。流し。❷台所で、食品・食器などを洗う所。流し。

なか‐じま【中島】［名］池・川・湖などの中にある島。特に、寝殿造りの庭園の池の中に設けた島。

なか‐じめ【中締め】［名］❶中ほどをくくって締めること。❷宴会などの半ばで一区切りをつけ、手締めなどをすること。

ながし‐め【流し目】［名］❶顔を向けないで、ひとみだけを動かして横を見ること。また、その目つき。横目。❷人の気を引こうとする、感情を込めた目つき。色目。秋波(しゅうは)。

なが‐じゅばん【長▼襦▼袢】［名］和服用の下着の一つ。長着と同じ丈の襦袢。長着の下に重ねて着る。長じばん。 襦

なか‐しょく【中食】［名］弁当類や調理済みの副食類を買ってきて、家庭で食べる食事。▼外食と内食(うちしょく)（＝家庭で調理する食事）の中間にあたる意。

なが‐じり【長尻】［名］人の家を訪問してなかなか帰らないこと。また、その人。ながっちり。‖「━の客」

なか‐す【中州（中▼洲）】［名］川の中の、土砂が堆積(たいせき)して平らな島のようになっている所。

なか・す【泣かす】［他五］⬇泣かせる

なが・す【流す】［動五］━［他］❶液体が低い方へ移動するようにする。‖「トイレの水を下水に━」❷自分の体内から汗・涙・血などをしたたらせる。‖「脂汗を━」「悔し涙を━」「傷口から鮮血を━」❸水や湯で付着した汚れを洗い落とす。洗い流す。‖「背中を━・してもらう」「一風呂(ぶろ)浴びて汗を━」❹水流によって物を移動させる。‖「川に灯籠(とうろう)を━」「過去のわだかまりは水に━（＝なかったことにする）」❺洪水が建造物などを流出させる。押し流す。‖「洪水で家が━・される」▼受身で使うことが多い。❻〈「情に流される」などの形で〉理性を失って感情の支配するがままになる。‖「情に━・されて結婚を承知する」「一時の感情に━・されて失態を演ずる」❼空中にただよわせる。‖「工場が異臭を━」「気球が風に━・される」❽電気や音声などが伝わるようにする。また、うわさや情報が広く伝わるようにする。‖「電流を━」「テレビがＣＭを━」「デマ［浮き名］を━」❾悪い影響をおよぼす。‖「青少年に害悪を━ビデオ」❿流罪(るざい)にする。配流(はいる)する。‖「罪人を離島に━」⓫ある物事を途中で成立しないようにする。とりやめにする。‖「総会を━」「開発計画を━」⓬流産させる。‖「おなかの子を━」⓭期日まで受け戻さないで質物の所有権を失う。‖「入質した時計を━」⓮品物をひそかに売る。‖「隠匿物資を闇(やみ)に━」二［自］❶芸人やタクシーが客を求めてあちこち移動する。‖「タクシーが大通りを━」❷ある動作を力まないで楽に行う。‖「前半を━・し後半を飛ばす」◈二は、みずからを流す意。三〈動詞の連用形に付いて複合動詞を作る〉ある動作を身を入れないで気楽に行う。また、相手の働きかけをまともに受けとめないでわきにそらす。‖「軽く書き━」「ざっと読み━」「聞き━」可能 流せる

ながす‐くじら【長須鯨】［名］世界中の海域に分布するナガスクジラ科のヒゲクジラ。体は紡錘形で、全長二〇㍍を超す。乱獲によって生息数が減少し、国際捕鯨条約によって保護される。

なかせ【泣かせ】［接尾］〈人を表す名詞に付いて〉その人をさんざん困らせること。‖「医者━」「親━」

なか・せる【泣かせる】［他下一］❶泣くようにさせる。‖「妹をいじめて━」❷ひどく困らせて嘆くようにさ

せる。〓「遊びほうけて親を―」❸涙が出るほどの感動を与える。〓「ちょっと―話」文なか・す 異形 泣かす

なが-そで【長袖】［名］❶長いそで。また、そで丈の長い衣服。〓「―のシャツ」❷昔、実行力の乏しい僧侶や公卿をあざけっていう語。▼常に①の着物を着ることから。

なか-ぞら【中空】［名］空の中ほど。中天。

なか-だか【中高】［名・形動］周囲が低くて中央が小高くなっていること。〓「―の指輪」

なか-たがい【仲▽違い】［名・自サ変］仲が悪くなること。〓「兄と―する」

なか-だち【仲立ち（▽媒）】［名・自サ変］二者の間に立って事をとりもつこと。また、その人。〓「企業と地域の―をする」「交渉の―を頼む」

なが-たーちょう【永田町】［名］（国会議事堂、衆参両院の議員会館・首相官邸などがあることから）政界や国会議員をいう語。〓「―の動き［論理］」▼東京都千代田区の町名から。

なが-たらし・い【長たらしい】［形］いやになるほど長いさま。〓「前置きが―」▼「ながったらしい」とも。派生 ―さ

なか-だるみ【中▼弛み】［名・自サ変］❶途中で一時、勢いや緊張がゆるむこと。中途でだれること。〓「―した試合」❷取引で、上昇気配の相場が一時とまって停滞すること。

なが-だんぎ【長談義】［名］長たらしい話。〓「下手の―」

なが-ちょうば【長丁場（長町場）】［名］❶長い道のり。❷仕事などが一段落するまで長い時間がかかること。〓「二年間の―を乗り切る」

なか-つぎ【中継ぎ（中次ぎ）】［名］❶［他サ変］途中で引き継ぐこと。〓「―の投手」❷［他サ変］二者の間に立って物事を取り次ぐこと。〓「―商」❸釣り竿・きせる・尺八・三味線の棹などで、中途でつなぎ合わせるように作ったもの。また、その継ぎ目の部分。❹抹茶の茶入れの一つ。ふたと身の高さが同じで、ちょうど中央に合わせ目がくるように作られたもの。

なが-つき【長月】［名］陰暦九月の別称。菊月。

なが-つづき【長続き】［名・自サ変］ある物事が途切れることなく長く続くこと。〓「何をさせても―しない性格」

なか-づり【中▼吊り】［名］電車・バスなどの車内に吊り下げる広告。▼「中づり広告」の略。

なか-て【中手】［名］❶稲の品種で、早稲と晩稲の中間期に実るもの。書き方「中▽稲」とも。❷はしりに次いで出回る野菜。

なが-て【長手】［名］❶長めなこと。また、長いほうのもの。〓「―の竿」❷［古風］長い道のり。

なか-でも【中でも】［副］多くのもののうち、特に。とりわけ。〓「―夕景が最も美しい」

なか-てん【中点】［名］➡なかぐろ（中黒）

なか-なおり【仲直り】［名・自サ変］仲たがいしていた者どうしがもとのよい状態に戻ること。

なか-なか【中中・仲仲・▽却▽却】［一］［副］❶［形動］物事の程度が通常や予想を上回っているという気持ちを表す。〓「この問題は―難しい」「―見事な腕前だ」❷〈「なかなかない」の形で〉容易にはみつからない［存在しない］だろうという気持ちを表す。〓「あんな親切な人は―いない」「一般の書店には―ない」❸〈「なかなか…ない」の形で〉容易には思うとおりにならないという気持ちを表す。〓「バスが―来ない」「長旅の疲れが―抜けない」❹［形動］見通しや成り行きが相当に困難であるという気持ちを表す。〓「頂上を極めるのは―だ」［二］［感］［古風］謡曲・狂言などで、相手のことばに同意するときに発する語。さよう。いかにも。そうです。

なが-なが【長長】［副］❶時間がきわめて長いさま。〓「―（と）おじゃましました」❷物が長くのびているさま。〓「―と寝そべる」

ながなが-し・い【長長しい】［形］うんざりするほど長いさま。きわめて長い。〓「―スピーチ」派生 ―げ／―さ

なか-にわ【中庭】［名］敷地の中の建物に取り囲まれている庭。

なか-ぬり【中塗り】［名・自サ変］壁・漆器などを塗るとき、下塗りの次、上塗りの前に塗ること。また、その作業。

なか-ね【中値】［名］取引で、高値と安値との中間の値段。また、売値と買値との中間の値段。

なが-ねぎ【長▼葱】［名］玉葱に対して、棒状に細長いねぎ。

なが-ねん【長年（永年）】［名］長い年月の間。多年。〓「―の努力が実を結ぶ」「―住みなれた家」▼副詞的にも使う。

なが-の【長の・永の】［連体］時間的・距離的に長い。また、永久の。〓「―道のり」「―別れ」「―いとまを告げる」書き分け 永久の意では「永の」と書く。

なか-ば【半ば】［一］［名］❶一定の時間・距離などのまん中のあたり。〓「三月の―」「三〇代―」❷全体を二つに分けた一方。半分。〓「参加者の―は常連だった」❸ある物事の途中。中途。〓「志―にして倒れる」［二］［副］半分ほどその状態であるさま。また、かなりの程度、その状態であるさま。〓「―本気でつかみかかる」「―あきらめている」◈書き方「中ば」と書くのは標準的でない。

なが-ばなし【長話】［名・自サ変］長時間にわたって話をすること。〓「友人と電話で―（を）する」

なか-び【中日】［名］一定の期間のまん中にあたる日。特に、演劇・相撲などの興行期間のまん中にあたる日。

なが-び・く【長引く】［自五］予定・予想以上に時間が長くかかる。〓「会議が―」

なが-びつ【長▼櫃】［名］衣服・調度などを入れる長方形のひつ。運ぶときは棒を通して二人でかつぐ。

なが-ひばち【長火鉢】［名］引き出し・猫板・銅壺などを備えている長方形の箱火鉢。

なか-ほど【中ほど（中程）】［名］❶ある期間・時間のまん中のあたり。なかごろ。なかば。〓「来月の―には完成します」❷ある場所のまん中のあたり。〓「公園の―に池がある」❸中くらいの程度。〓「―の品質」

なか-ま【仲間】［名］❶一緒に何かを行う間柄。また、その人々。〓「山登りの―に加わる」「―意識」「遊び―」❷同じ種類に分類されるもの。同類。〓「鯨は魚の―ではない」

なかま-いり【仲間入り】［名・自サ変］仲間に加わること。〓「企業人の―をする」「大人の社会に―する」

なかま-うち【仲間内】［名］仲間の人たちの間。〓「―だけで通じる言葉」

なか-まく【中幕】［名］歌舞伎で、一番目狂言と二番目狂言との間に挿入される一幕物の狂言。

なかま-はずれ【仲間外れ】[名] 仲間に入れないこと。また、仲間からのけ者にされること。

なかま-われ【仲間割れ】[名・自サ変] もめごとなどのために仲間どうしが分裂すること。

なか-み【中身(中味)】[名] ❶中に入っているもの。‖「包みの—を調べる」「—の詰まったカニ」 ❷物事の内容。実質。‖「まるで—のない話」◈「中味」は当て字。

なか-みせ【仲見世・仲店】[名] 社寺の境内や参道にある商店街。‖「浅草—」「—通り」

品格 コンテンツ「—を充実させる」 実質「—的な議論」 実体「—のない会社」 正味(しょうみ)「—価格」 内実「—は厳しい」 内容「仕事の—」

なが-むし【長虫】[名] ヘビのこと。

なが-め【長め(長目)】[名・形動] 普通よりやや長いこと。‖「スカートの丈を—にする」「—の髪」⇔短め

ながめ【眺め】[名] 見渡すこと。また、見渡して目に入る風景。眺望。‖「—のきく丘」「—のよい部屋」

ながめ-い・る【眺め入る】[自五] 熱心にながめる。じっと見る。‖「わが子の寝顔に—」

なが・める【眺める】[他下一] ❶遠くをのぞみ見る。また、視界に入るもの全体を見渡す。‖「窓から夜景を—」「ショーウインドーを—めながら歩く」 ❷その方に視線を移す。見やる。特に、そのようにしてじっと見る。‖「顔をしげしげと—」 ❸物事やその成り行きを見る。‖「しばらく状況を—めよう」 文なが・む

なが-もち【長持ち】[名] ❶[自サ変] 物が長くよい状態を保つこと。また、長く役に立つこと。‖「この電池は—する」「丈夫で—する品」 ❷衣類・調度などを入れる、長方形の大きな箱。多くは木製で、蓋(ふた)がある。 書き方「長持」と書く。 数「一棹(ひとさお)…」と数える。

なが-や【長屋】[名] 長い一棟の家を幾つかに区画し、その各区画を一世帯の家とする住宅。‖「棟割り—」

なか-やすみ【中休み】[名・自サ変] 仕事などの途中でひと休みすること。また、その休み。

なが-ゆ【長湯】[名・自サ変] 長い時間入浴すること。長ぶろ。‖「—してのぼせる」

なか-ゆび【中指】[名] 五本の指のうち、まん中の指。

なか-よく【仲良く(仲▽好く)】[副] 仲がよいさま。むつまじいさま。‖「—暮らす」

なか-よし【仲良し(仲▽好し)】[名] 親しいこと。仲のよいこと。また、その間柄の人。‖「大の—が転校する」 書き方「仲よし」と書くことも多い。

品格 気が置けない「—食事の席」 懇意(こんい)「—にしている家族」 親しい「—友人」 昵懇(じっこん)「—な間柄」 親密「—な交情」 近しい「—親族」 懇(ねんご)ろ「—な仲」 睦(むつ)まじい「仲—」 ◉「懇ろ」は、主に男女の仲、「睦まじい」は、主に家族、夫婦、恋人関係で使う。

なかよし-こよし【仲良しこよし(仲▽好し小▽好し)】[名]「仲よし」を調子よくいった語。

なか-ら【▽半ら】[名] ❶ほぼ半分。なかば。 ❷途中。なかほど。 ❸まん中のあたり。

ながら[接助] ❶その動作をするのと同時に他の動作を行う意を表す。…つつ。‖「飲みながら話そう」「爆音を響かせながら走り去る」 ❷両立しにくい二つの事態が同時に成り立つ意を表す。…しつつ、その一方で。…にもかかわらず。…ではあるが。‖「頂上を目前にしながら、やむなく引き返した」「妨害されながらも見事に成し遂げた」「貧しいながらも幸せに暮らす」「子供ながらによく辛抱した」「陰ながら協力したい」 使い方 (1)「ながらも」は、逆接の気持ちが明示化された分だけ、接続関係の隔たりが強まる。「ながらに」には古風な趣がある。(2)「僭越(せんえつ)ながら・はばかりながら・残念ながら・及ばずながら・おそまきながら・恥ずかしながら・しかしながら・…とは言いながら・…もさることながら」など、慣用的な言い回しも多い。多くは、断りや前置きとして使う。 ❸そのまま変化しない状態で続く意を表す。‖「昔ながらのたたずまい」「いつもながら感心する」「涙ながらに訴える」「居ながらにして楽しむ」 ❹全部、の意を表す。…とも(ども)。‖「親子ながら(に)けんかっ早い」「三度ながらしくじった」 ◈文語の連体助詞「な」+名詞「柄(から)」からという。③④は、副助詞とも接尾語ともする。 書き方 特に①②は、もと「▼乍ら」と書いた。 使い方 ①は継続動作を表す動詞や動詞型活用の助動詞の連用形などに付く。②は動詞や動詞型助動詞の連用形、形容詞の連体形、形容動詞の語幹、体言などに付く。③は体言、副詞、動詞の連用形などに付く。④は数量を表す語などに付く。

ながら・える【長らえる・永らえる(▽存える)】〔ナガラヘル〕[自下一] 長く生き続ける。生き延びる。‖「命を—」「生き—」 文ながら・ふ

ながら-く【長らく(永らく)】[副] 長い間。久しく。‖「—ごぶさたしました」

ながら-ぞく【ながら族】[名]〔俗〕音楽を聴きながら勉強や仕事をするなど、一つのことに集中しないで、同時に他のことをする習慣をもっている人。

なかれ【▼勿れ・▼莫れ】[文語形容詞「なし」の命令形]〔古風〕禁止の意を表す。…するな。…してはいけない。‖「嘆く—」「ゆめゆめ疑うこと—」

ながれ【流れ】[名] ❶流れること。流れる状態。また、そのもの。‖「川の—」「車の—が悪くなる」 ❷その時々の傾向。また、その時代の風潮。‖「試合の—が変わる」「時代の—に乗り遅れる」 ❸血統。また、系統・流派。‖「平家の—を汲む」 ❹散会後、人々が群がって移動していくこと。また、その人々。‖「忘年会の—」 ❺屋根の傾斜。‖「片—」 ❻⬇お流れ

◉**流れに棹(さお)さ・す** 流れのままに棹を操って船を進めるように、物事を流れに乗せて順調に進行させる。‖「時代の—して成長した企業」 注意 流れに逆らう意で使うのは誤り。‖「×話の流れに棹さすようで恐縮ですが」

ながれ-ある・く【流れ歩く】[自五] あちこちを渡り歩く。放浪する。‖「諸国を—」

ながれ-こ・む【流れ込む】[自五] 流れて中に入ってくる。‖「生活排水が湖に—」

ながれ-さぎょう【流れ作業】〔ーサゲフ〕[名] 同一規格の製品を大量に生産する場合、製造工程に従って機械と作業員を配置し、細分化した作業工程を連続的に行うことによって作業能率を上げる方式。コンベヤーシステムなど。

ながれ-だま【流れ弾】[名] 目標をそれて飛ぶ弾丸。それだま。流弾(りゅうだん)。‖「—に/が当たる」

ながれ-ぼし【流れ星】[名] ⬇流星(りゅうせい)‖「—に願いを掛ける」

ながれ-もの【流れ者】[名] 定住しないで土地から土地へと流れ歩く者。また、よその土地から流れ歩いてきた者。渡り者。

ながれ-や【流れ矢】[名] 目標をそれて飛ぶ矢。それ

や。‖「ーに当たる」

なが・れる【流れる】〔自下一〕❶液体が（低い方へ）自然に移動する。‖「家の近くを荒川がー・れている」「血管の中を温かい血がー」❷自分の体内から汗・涙・血などがしたたる。流れ落ちる。‖「汗が滝のようにー」「涙がとめどなくー」❸水流によって物が動かされる。また、流されて物が失われる。‖「急流に乗って枝がー」「豪雨で橋がー」❹空中を移動する。‖「大空を雲がー・れていく」「夜空に星がー」❺経路を伝わって継続的に移動する。‖「高速道路を車がー」「ベルトコンベアの上を部品がー」❻（一方の動きに応じて）眼前の光景や映像などが滞ることなく動き移る。‖「車窓の風景が後ろへ後ろへとー・れてゆく」「映像の背後にクレジットタイトルがー」❼〈「流れるような」の形で〉物の動きや物の描く輪郭線がなめらかである意を表す。‖「踊り手のーような手の動き」「車体はーような曲線を描いている」❽あてもなくある場所から他の場所へ移動する。さすらう。‖「土地から土地へー」❾人や物が本来の経路などから外れて他へ向かう。‖「矢がー」「客が大型店にー」❿電気や音声が伝わる。また、うわさや情報が伝わる。‖「電流がー」「ムード音楽がー・れているカフェ」「ホームページに最新情報がー」「怪文書がー」⓫時間が経過する。‖「時［月日・五年の歳月］がー」⓬物事が順調に進む。‖「作業がスムーズにー」⓭好ましくない傾向になる。‖「生活が奢侈（しゃし）にー」⓮予定されていた計画や行事などがとりやめになる。‖「会議［企画］がー」「雨で試合がー」⓯流産する。‖「おなかの子がー」⓰期日までに受け戻さないで、質物の所有権がなくなる。‖「入質したカメラがー」⓱押さえがきかないで動きだす。‖「筆がー」⓲画像が乱れる。‖「テレビの画面が上下にー」文なが・る

なが-わきざし【長脇差】〔名〕❶普通より長い脇差し。大脇差し。長どす。❷ばくち打ち。博徒（ばくと）。侠客（きょうかく）。▼江戸時代、①を差していたことから。

なが-わずらい【長患い】〔名・自サ変〕長い間病気をすること。また、その病気。長病み。

なか-わた【中綿】〔名〕着物・布団などの中に入れてある綿。

なかん-ずく【〈就中〉】〔副〕〔古風〕数ある物事の中でもとりわけ。特に。‖「シェークスピアの戯曲、ーその四大悲劇は…」▼漢文訓読から。「中（なか）に就（つ）く」の転。書き方 現代仮名遣いでは、「なかんづく」も許容。

なき【泣き】〔名〕泣くこと。また、泣くほどつらいこと。

◉**泣きの涙** 涙を流して泣くこと。悲しくてつらい思いをすること。‖「ーで愛車を手放す」

◉**泣きを入・れる** 泣いて頼む。‖「ー・れて締切を延ばしてもらう」

◉**泣きを・見る** 泣くほどつらい目にあう。‖「後でーのは自分だぞ」

なき【亡き】〔連体〕死んでしまってこの世にいない。亡くなった。‖「ー父の面影」「今はー人」▼文語形容詞「亡し」の連体形から。

なぎ【▼凪】〔名〕風がやんで波が穏やかになること。また、その状態。‖「朝ー・夕ー・べたー」⇔時化（しけ）

なぎ【▼梛・〈竹▼柏〉】〔名〕本州南部以南の山地に自生するマキ科の常緑高木。楕円（だえん）形の葉は革質で、先がとがる。熊野神社の神木。ナギノキ。チカラシバ。

なき-あか・す【泣き明かす】〔他五〕一晩中泣き続けて夜を明かす。‖「遺体の前で一夜をー」

なき-おとし【泣き落とし】〔名〕泣くなどして相手の同情を買い、頼みごとを承諾させること。‖「ー戦術」動なきおと・す（他五）

なき-がお【泣き顔】〔名〕泣いている顔。また、いまにも泣きだしそうな顔。泣きつら。

なき-がら【亡▽骸】〔名〕死んで魂の抜けてしまった体。死体。遺体。しかばね。

なき-くず・れる【泣き崩れる】〔自下一〕取り乱して激しく泣く。‖「遺体に取りすがってー」文なきくづ・る

なき-くら・す【泣き暮らす】〔自五〕一日中泣いて過ごす。また、毎日泣いてばかりいる。‖「愛児を亡くしてー」

なき-ごえ【泣き声】〔名〕❶泣いている声。‖「赤ん坊のー」❷泣きそうな声。涙ぐんだときの声。涙声。‖「ーで話す」

なき-ごえ【鳴き声】〔名〕虫・鳥・獣などの鳴く声。

なき-ごと【泣き言】〔名〕自分の嘆きをくどくどと訴えることば。‖「ーを並べる」

なき-こ・む【泣き込む】〔自五〕泣くようにして頼み込む。泣きつく。‖「銀行にー・んで融資を受ける」

なぎさ【▼渚・▼汀】〔名〕海・湖などの、波が打ち寄せる所。波打ちぎわ。みぎわ。

なき-さけ・ぶ【泣き叫ぶ】〔自五〕大声で泣く。泣きながら叫ぶ。

なき-しき・る【鳴き▽頻る】〔自五〕鳥・虫などが盛んに鳴く。‖「ー蟬（せみ）の声」

なき-しず・む【泣き沈む】〔自五〕泣いて悲しみにうち沈む。‖「親を亡くしてー」

なき-じゃく・る【泣き▼噦る】〔自五〕しゃくりあげて泣く。‖「ー・りながら謝る子」

なき-じょうご【泣き上戸】〔名〕酒に酔うと泣く癖のある人。また、その癖。

なき-すが・る【泣き▼縋る】〔自五〕泣きながらすがりつく。‖「親の胸にー」

なき-すな【鳴き砂】〔名〕踏み歩くと「キュッキュ」と独特の音がする砂浜。また、その浜の砂。▼石英などの細かい砂粒がこすれあって音を発する。

なぎ-たお・す【▼薙ぎ倒す】〔他五〕❶勢いよく横にはらって倒す。‖「台風でー・された稲」❷大勢の相手を勢いよく打ち負かす。‖「並みいる敵をー」

なき-だ・す【泣き出す】〔自五〕泣き始める。‖「感きわまってー」

なき-た・てる【鳴き立てる】〔自下一〕虫・鳥獣などが、声高にしきりに鳴く。‖「百舌（もず）が鋭くー」文なきた・つ

なき-つ・く【泣きつく（泣き付く）】〔自五〕❶泣いてすがりつく。‖「親のそでにー」❷泣くようにして頼み込む。‖「ー・かれて就職の世話をする」

なき-つら【泣き面】〔名〕泣いている顔。また、いまにも泣きだしそうな顔。泣き顔。なきっつら。

◉**泣き面に蜂（はち）** 不運・不幸が重なることのたとえ。

なき-どころ【泣き所】〔名〕❶打たれると泣くほど

痛く感じる所。〓「弁慶の—」❷人や物事の弱点。弱み。〓「機動力の弱いのが—だ」

なぎ-なた【〈長刀〉・▼薙▽刀】[名] 反り返った幅広の刀身に長い柄をつけた武器。人馬をなぎ倒すのに使った。

なぎなた-ほおずき【▼薙▽刀〈酸▼漿〉】ーホホヅキ [名] 海ほおずきの一つ。巻き貝の一種アカニシの卵嚢(らんのう)で、形はなぎなたの刃に似る。

なきにしも-あらず【無きにしも▽非ず】[連語] ないわけではない。少しはある。〓「望みは—だ」

なき-ぬ・れる【泣き▼濡れる】[自下一] 泣いた涙で頬などがぬれる。〓「—・れた顔」文 なきぬ・る

なき-ねいり【泣き寝入り】[名・自サ変] ❶泣いているうちに眠ってしまうこと。泣き寝。❷不本意ながら、どうにもできずにあきらめること。〓「金をせびられたまま—する」

なぎ-はら・う【▼薙ぎ払う】ーハラフ [他五] 勢いよく横に打ち払う。〓「槍(やり)を振るって敵を—」

なき-はら・す【泣き腫らす】[他五] 激しく泣いて目をはれさせる。〓「まぶたを赤く—」

なき-ふ・す【泣き伏す】[自五] 泣いてうつ伏せになる。〓「わっと畳に—」

なぎ-ふ・せる【▼薙ぎ伏せる】[他下一] 勢いよく横にはらって切り倒す。なぎ倒す。〓「群がる敵を—」文 なぎふ・す

なき-べそ【泣きべそ】[名] 今にも泣き出しそうに、ゆがめた顔つき。〓「—をかく」

なき-ぼくろ【泣き〈黒子〉】[名] 目尻(めじり)または目の下にあるほくろ。▼これのある人は涙もろいという。

なき-まね【泣き〈真似〉】[名] 泣くふりをすること。そらなき。

なき-むし【泣き虫】[名] ちょっとしたことにもすぐ泣くこと。また、そのような人や性質。泣きみそ。▼多く子供に対していう。

なき-もの【亡き者(無き者)】[名] 死んだ人。死者。

⦿**亡き者にする** 殺す。この世から消す。

なきゃ [連語]「なければ」のくだけた言い方。〓「才能が—無理だよ」「頑張ら—」▼形容詞「無い」または打ち消しの助動詞「ない」の仮定形+接続助詞「ば」の「なければ」の転。

なきり-ぼうちょう【菜切り包丁(菜切り▼庖丁)】ーバウチャウ [名] 刃が薄くて幅の広い、長方形の庖丁。多く野菜を刻むのに使う。菜刀(ながたな)。なっきりぼうちょう。

なき-わかれ【泣き別れ】[名・自サ変] 嘆き悲しみながら別れること。動 なきわか・れる(自下一)

なき-わめ・く【泣き▽喚く】[自五] わめきながら泣く。泣きさけぶ。

なき-わらい【泣き笑い】ーワラヒ [名・自サ変] ❶泣きながら笑うこと。〓「—の顔[表情]になる」❷泣くことと笑うこと。悲しいこととうれしいこと。〓「—の人生」

な・く【泣く】㊀[自五] ❶悲しみなどの感情の高まりや肉体的苦痛のために、声を上げたり涙を流したりする。〓「別れを惜しんで—」「顔で笑って心で—」❷あることが原因となって、泣くような辛い体験をする。〓「昨年は水不足に—・いた」「一円を笑う者は一円に—」❸涙を流し心を揺さぶられる感動を味わう。〓「映画のラストシーンに—・いた」❹無理を承知でやむなく引き受ける。泣く泣く承知する。〓「ここは一つお兄ちゃんに—・いてもらおう」❺名前と実際の隔たりが大きくて、その名で唱えるのがはばかられる。冒される。汚される。〓「このていらくでは日本一の名が—」「老舗(しにせ)の看板が—」使い方 対象をマイナスに評価していう。㊁[他五] 物事に感じ、(涙を流して)嘆き悲しむ。〓「命のはかなさを—」

◈「鳴く」と同語源。可能 泣ける 名 泣き

⦿**泣いた烏(からす)がもう笑・う** ➡今泣いた烏がもう笑う

⦿**泣いて馬謖(ばしょく)を斬(き)る** 規律を守るために、私情を離れ涙をのんで愛する者を処分する。涙を揮(ふる)いて馬謖を斬る。語源 三国時代、蜀(しょく)の諸葛孔明(しょかつこうめい)は、腹心の部下であった馬謖が命に背いて大敗を喫したことから、軍律違反のかどでやむなく斬罪に処した。『蜀志』などに見える故事。

⦿**泣いても笑っても** どのようにしてみても。〓「—今日でお別れだ」▼多く、物事が最後の段階に来ていることにいう。

⦿**泣く子と地頭(じとう)には勝てぬ** 道理の分からない子供や権力者とは争っても無駄であるということ。

⦿**泣く子も黙(だま)る** 泣いている子も泣きやむほど、怖い存在である。〓「—悪代官」

「泣く」を表す表現

涙を催す[覚える/見せる]・目をうるませる・目に涙を浮かべる[ためる/たたえる]・涙[うれし涙]を流す・涙をこぼす[落とす]・涙をそそぐ・涙を誘う・目が涙にぬれる[かすむ/曇る/うるむ/光る]・涙に沈む・涙に暮れる・涙にかきくれる・涙[感涙/暗涙/うれし涙]にむせぶ・悲しみの涙にひたる・涙ながらに[涙声で/涙交じりに]訴える・声涙ともに下る・涙[袖(そで)/紅涙]をしぼる・涙が出る[にじむ/浮かぶ/あふれる/こぼれる/流れる/こみ上げてくる]・涙が頬(ほお)を伝う・涙で頬[枕(まくら)]をぬらす・目頭が熱くなる・(泣き)べそをかく

「泣く」を修飾する表現

肩を震わせて[身もだえして/全身で/手放しで/腹の底から/正体もなく/ひそかに/人知れず/わなわなと/おろおろと]泣く

声を挙げて[立てて/出して/放って/忍んで]泣く・声に出して[すすり上げて/しゃくり上げて]泣く・火の付いたように[大声で/さめざめと/潸然(さんぜん)と/はらはらと/ほろほろと]泣く

わあわあ[わんわん/うぉんうぉん/おうおう/おいおい/ぎゃあぎゃあ/ぴーぴー/ひーひー/あーんあーん/えーんえーん/おぎゃあ]と泣く

しくしく[さめざめ/めそめそ/よよ]と泣く

な・く【鳴く(▼啼く)】[自五] 鳥・虫・獣が声を出したり音を立てたりする。〓「ホーホケキョとウグイスが—」「ワンワンと犬が—」可能 鳴ける

⦿**鳴かず飛ばず** 人目につくような活躍をしないでいること。〓「病を得て—の年月を送る」

⦿**鳴くまで待とう時鳥(ほととぎす)** 機が熟するまで辛抱強く待とうということ。▼「鳴かぬなら」の句に続けて、気の長い徳川家康が詠んだとされる句。短気で怒りっぽい織田信長は「殺してしまえ時鳥」、自信家の豊臣秀吉は「鳴かしてみせよう時鳥」と詠んだとされる。

な・ぐ【▽凪ぐ】〔自五〕風や波がおさまる。風がやんで海面が静かになる。「穏やかに━・いだ海」名なぎ

な・ぐ【▽薙ぐ】〔他五〕刃物などを横にはらって切り倒す。「鎌(かま)を振るって草を━」

なぐさみ【慰み】〔名〕❶心を楽しませること。また、そのためのもの。楽しみ。気晴らし。「━に花を生ける」❷もてあそぶこと。また、そのためのもの。「うまくいったらお━」

なぐさみ‐もの【慰み物】〔名〕慰みの種にするもの。

なぐさみ‐もの【慰み者】〔名〕一時の慰みにもてあそばれる人。

なぐさ・む【慰む】〔古風〕■一〔自五〕気持ちが晴れ晴れとする。心がなごむ。「心━話」■二〔他五〕貞操をもてあそぶ。慰み者にする。

なぐさめ【慰め】〔名〕慰めること。また、そのための手段となるもの。「━のことばもない」

なぐさめ‐がお【慰め顔】〔名〕慰めようとするような顔つき。

なぐさ・める【慰める】〔他下一〕❶寂しさ・悲しみ・苦しみなどを忘れさせ、相手の心がなごやかに静まるようにする。「失意の友を━」「皆の励ましに━・められた」❷あることをして心をなごませる。心を楽しませる。「散歩が私の無聊(ぶりょう)を━」「花を見て目を━」❸なだめ鎮める。「海の神を━」文なぐさ・む

慰

なく・す【亡くす】〔他五〕近親者に死なれて、それを失う。「幼時に母を━」◈「無くす」と同語源。異形亡くする

なく・す【無くす】〔他五〕❶今まで持っていたものや、それまであったものを失う。「どこかで財布を━・したらしい」「記憶〔自信〕を━」❷好ましくない事柄をない状態にする。「むだ〔いじめ・交通事故〕を━」◈書き方かな書きも多い。まれに「▽喪す」「▽失す」とも。可能無くせる 異形無くする

品格 遺失「━物」逸(いっ)する「大切な部分を━」失う「影響力を━」失する「礼を━」喪失(そうしつ)「記憶━」「━感」紛失(ふんしつ)「記録を━する」

なく‐ちゃ〔連語〕「なくては」のくだけた言い方。「おいしく━いやだ」「早く帰ら━」▽形容詞「無い」または打ち消しの助動詞「ない」の連用形＋接続助詞「て」＋副助詞「は」の「なくては」の転。

なく‐なく【泣く泣く】〔副〕泣きながら。また、泣きたいほどの気持ちで。泣き泣き。「━土地を手放す」

なく‐な・す【亡くなす】〔他五〕〔俗〕亡くす。

なく‐な・す【無くなす】〔他五〕〔俗〕無くす。

なく‐な・る【亡くなる】〔自五〕人が死ぬ意を、遠回しにいう語。「会長が━」「━・った祖母の形見」「事故で━・った方々の御遺族」使い方(1)死者に対するかしこまった気持ちから、相手に対して丁寧な気持ちを表すことになる。身内など、自分側の人の死についてもいう。(2)尊敬語は、「お亡くなりになる」「亡くなられる」。「大臣がお━・りになる」「老師が━・られた」✔注意「お亡くなりになられる」は二重敬語で、敬意過剰。

なく‐な・る【無くなる】〔自五〕❶それまであったものが存在しなくなる。「人気〔噴火の恐れ〕が━」「遅くなると電車が━」❷次第に消費されて存在しない状態になる。費消される。尽きる。「食糧〔時間〕が━」❸盗まれたり紛れたりして、それまで存在していた物が見当たらなくなる。消える。「車のキーが━」◈書き方かな書きも多い。

なく‐は‐な・い〔連語〕➡ないことはない「不安は━」

なく‐もがな【無くもがな】〔連語〕ないほうがよい。あらずもがな。「昨今は━のサービスが多い」「あんな助言は━だ」▽「もがな」は願望の意を表す終助詞。

なぐり‐がき【殴り書き】〔名〕急いで乱暴に書くこと。また、その書いたもの。

なぐり‐こみ【殴り込み】〔名〕❶恨みのある相手の所などに押しかけて乱暴を働くこと。❷商売上の勝負を挑むために競争相手の根拠地に進出すること。「欧州市場に━をかける」動なぐりこ・む(自五)

なぐり‐つ・ける【殴りつける(殴り付ける)】〔他下一〕強く殴る。「頭をぽかりと━」文なぐりつ・く

なぐり‐とば・す【殴り飛ばす】〔他五〕力まかせに強く殴る。はりとばす。

なぐ・る【殴る(▽撲る・▼擲る)】〔動五〕■一〔他〕相手に攻撃を加えるために、こぶしや棒で乱暴に打つ。「お兄ちゃんが私を━・った」「━蹴(け)るの暴行を受ける」■二〈動詞の連用形に付いて複合動詞を作る〉乱暴に行う意を表す。「書き━」可能殴れる

なげ【投げ】〔名〕❶投げること。「ナイフ━」「枕━」❷相撲・柔道などで、相手を投げ倒す技の総称。相撲では首投げ・上手投げなど。投げ技。❸囲碁・将棋で、対局の途中で勝算がないと判断した方が、負けを認めて勝負をやめること。投了。❹取引で、相場が買値よりも下がったとき、それ以上の損失を避けるために損を承知で売りにでること。

な‐げ【無げ】〔形動〕ないように見えるさま。「事も━にやってのける」「人も━な振る舞い」使い方(1)「自信なげ」「力なげ」のように接尾語的にも使う。「×自信なさげ・所在なさげ」「〜なさげ」は標準的でない。➡げ(2)打ち消しの助動詞「ない」を「なげ」とするのは標準的でない。「×落ち着かなげに→○落ち着かなそうに」「×済まなげに→○済まなそうに」

なげ‐いれ【投げ入れ】〔名〕生け花の技法の一つ。花の自然の姿を尊び、ただ花器に投げ入れたかのように生けること。投げ込み。

なげ‐い・れる【投げ入れる】〔他下一〕投げて中へ入れる。投げ込む。「網を水中に━」「手紙をポストに━」文なげい・る

なげ‐う・つ【▼擲つ・▼抛つ】〔他五〕惜しげもなく差し出す。また、かまわず捨てる。「社会事業のために全財産を━」「身命を━・って祖国に尽くす」✔注意「投げ打つ」と書くのは誤り。

擲

ことば探究「なげうつ」の使い方

▼多く、他のより価値の高いものごとのために、捨てがたいものを捨てるという文脈で使う。
「○被害者の救済のために財産をなげうつ」
「×自暴自棄になって財産をなげうつ」
▼捨てるべきでないものを捨ててしまう場合も使いにくい。その場合は「ほうりだす」「投げ捨てる」などという。
「×家族への責任をなげうって、仕事に専念した」

なげ‐うり【投げ売り】〔名・他サ変〕損を覚悟で安く売ること。捨て売り。書き方公用文では「投売り」。

なげ‐か・ける【投げかける(投げ掛ける)】

〔他下一〕❶投げるようにしてかける。‖「肩にジャケットを―」❷体を投げ出すようにして相手にもたれかかる。‖「親の胸に身を―」❸相手に届かせる。また、離れた所へ届かせる。‖「ことば〔視線〕を―」「街路樹が長い影を―」❹問題などを提起する。‖「疑問を―」文なげか・く

なげかわし・い【嘆かわしい】〔形〕あまりのひどさに、嘆かずにはいられないさま。‖「―事件が続発する」派生‐げ／‐さ

なげき【嘆き】〔名〕深く悲しむこと。また、悲しみ憤ること。‖「―に沈む」「重税にあえぐ領民の―」

なげき‐あか・す【嘆き明かす】〔他五〕一晩中嘆いて夜を明かす。また、嘆きながら月日を送る。‖「愛児の死を悼んで―」

なげき‐くら・す【嘆き暮らす】〔他五〕一日中嘆いて暮らす。また、嘆きながら月日を送る。‖「わが身の不運を―」

なげ‐キッス【投げキッス】〔名〕自分の手にキスをして、それを離れた所にいる相手に投げかける動作をすること。投げキス。

なげ・く【嘆く(▼歎く)】〔他五〕❶ひどく悲しんだり残念がったりする。嘆き悲しむ。‖「友の死を―」「こちらにはうまい魚がないと―」▼「長息(ながいき)」から転じた語で、本来は、ため息をつく意の自動詞。❷世の風潮などを憂い悲しむ。情けないと憤る。慨嘆する。憤慨する。‖「モラルの低下を―」

なげ‐くび【投げ首】〔名〕首を前に投げ出すようにうなだれること。思案に暮れるさま、落胆してしょんぼりするさまにいう。‖「思案―」

なげ‐こ・む【投げ込む】〔他五〕❶物の中に投げて入れる。また、無造作に投げ入れる。‖「玄関先に新聞を―」「暖炉に薪(まき)を―」❷野球で、投手が十分に投球練習をする。名投げ込み

なげし【▽長▽押】〔名〕日本建築で、柱と柱との間に水平に取り付ける装飾的な横木。⬇床(とこ)の間(図)

なげ‐す・てる【投げ捨てる(投げ▽棄てる)】〔他下一〕❶物を放って捨てる。‖「川にごみを―」❷やりかけた仕事などを途中で放り出す。‖「勉強を―・てて遊びほうける」文なげす・つ 名投げ捨て

なげ‐だ・す【投げ出す】〔他五〕❶投げて外へ出す。外にほうり出す。‖「衝突した車から―・される」❷投げるように無造作に置く。また、投げるようにしてつき出す。‖「足を―・して座る」❸大切なものを惜しげもなく差し出す。‖「新事業のために財産を―」❹途中であきらめてやめる。放棄する。‖「仕事を中途で―」

なげ‐つ・ける【投げつける(投げ付ける)】〔他下一〕❶物を目標に向けて投げる。‖「犬に石を―」「大関を土俵に―」❷相手に向かって強いことばを発する。‖「捨てぜりふを―」文なげつ・く

なげ‐づり【投げ釣り】〔名〕道糸を長くして、おもりをつけた仕掛けを遠くに投げ込む釣り方。普通スピニングリールを使う。

なげ‐とば・す【投げ飛ばす】〔他五〕勢いよく遠くへ投げる。手荒く放りだす。‖「土俵の下へ―」

なけ‐なし〔名〕ほんのわずかしかないこと。それしかないこと。‖「―の金をはたいて買う」

なげ‐なわ【投げ縄】〔名〕投げて動物を捕らえるのに使う、先端を輪の形に結んだ縄。

なげ‐ぶみ【投げ文】〔名〕他人の家などにそっと手紙を投げ込むこと。また、その手紙。

なげ‐やり【投げ▼槍】〔名〕敵に投げつけるために使う短い槍。

なげ‐やり【投げ▽遣り】〔名・形動〕物事を中途で投げすてておくこと。また、どうでもよいというような無責任な態度をとること。‖「―な仕事ぶり」

なけりゃ〔連語〕「なければ」のくだけた言い方。‖「一緒で―行かない」「遅刻し―いいのに」▼形容詞「無い」または打ち消しの助動詞「ない」の仮定形＋接続助詞「ば」の「なければ」の転。

な・ける【泣ける】〔自下一〕❶「泣く」の可能形。泣くことができる。‖「悲しくとも泣くに―・けない」❷感動のあまり涙が出てくる。また、泣きたくなるほど感動する。‖「ひとりでに―・けてくる」「―話じゃないか」

な・げる【投げる】〔他下一〕❶手に持っている物を空中にほうる。また、物を手にとって遠くへ飛ばす。‖「石を―」「ハトにえさを―」「船から岸壁にロープを―」「名医も匙(さじ)を―難病」❷投げることによって、ある状態を作り出す。‖「スライダー〔ストライク〕を―」▼〜ヲに〈結果〉をとる。❸相撲・柔道などで、投げ技をかけて相手の体をほうり出す。‖「襟首をつかんで相手を―」❹野球で、投手としてその試合を成立させるための一定量の仕事をする。‖「三試合を一人で―」❺自分の体をほうり出す。また、体をほうり出して自殺する。投じる。‖「椅子(いす)に身を―」「川に身を―」❻すべきことを途中で放棄する。投げ出す。また、していることを〈途中で〉やめる。‖「試合を―」「第三章まで書いて筆を―」❼〈「光を投げる」の形で〉発光体が周囲へ光を発する。‖「街灯が舗道に薄暗い光を―」❽視線やことばが離れた所にまで届くようにする。投げかける。投じる。‖「彼女の活躍に熱い視線を―」❾物事が他に作用を及ぼして、ある決定的な状態を作り出す。投げかける。‖「氏の発言が社会に大きな波紋を―」文な・ぐ 名投げ

なければ‐なら‐な・い〔連語〕そのようにあるべきである。そうする義務・必要がある。‖「寛大で―」「上司に報告し―」「絶対に勝た―」◆「なけれ」は形容詞または助動詞「ない」の仮定形。使い方 (1)「ならない」が省略されて「なければ」だけで使われることもある。(2)「なければ」の代わりに「なくては」、「ならない」の代わりに「いけない」なども使われる。‖「なくてはならない」「なければいけない」⬇ならない④・いけない⑤

なげ‐わざ【投げ技】〔名〕相撲・柔道・レスリングなどで、相手を投げ倒す技。

なこうど【《仲人》】〔名〕結婚の仲立ちをする人。媒酌人。‖「―を立てる」▼「なかびと」の転。

なこうど‐ぐち【《仲人》口】〔名〕仲人が縁談をまとめるために、双方に対して相手方のことをうまく取りつくろっていうことば。▼あてにならない話のたとえにもいう。

なご・む【和む】〔自五〕気持ちがおだやかになって落ち着く。なごやかになる。‖「音楽を聴くと心が―」可能和める 名和み

なごや‐おび【名古屋帯】〔名〕女帯の一つ。お太鼓に結ぶ部分を並幅にし、その他の部分を半幅に仕立てたもの。▼大正の中期に名古屋で考案されて広まったという。

なご‐やか【和やか】〔形動〕気分・雰囲気などが穏やかにやわらいでいるさま。‖「―な笑顔」「―に話し合う」

派生 -さ

なごり【《名残》】[名] ❶物事が過ぎ去ったあとになお、その影響やそれを思わせる気配が残っていること。また、その影響や気配。余韻・余情。「春の―」「熱戦の―さめやらぬ球場」「往時の―をとどめる宿場町」❷去るものや、別れていくものを思い切れない気持ちが残ること。また、その気持ち。「―を惜しむ」❸物事の終わり。最後。「―の夜」◈「なごり(余波)」と同語源。書き方 慣用的に「名残り」と送ることも多い。

なごり【《余波》】[名] ❶強風が静まったあとも、まだその影響が残っている波。❷潮が引いたあとの渚(なぎさ)に残っている海水や海藻など。◈「なみのこり(波残り)」の転という。

なごり-おし・い【《名残》惜しい】(-ヲシイ)[形] 離れるものに心が引かれて、別れるのがつらい気持ちである。また、過ぎ去るものが惜しくて、いつまでもとどめておきたい。「友との別れが―」「散りゆく桜が―」派生 -げ/-さ/-がる

なごり-きょうげん【《名残》狂言】(-キャウゲン)[名] 歌舞伎で、役者が引退するとき、またはその興行地を去るときに出す最後の狂言。御名残(おなごり)狂言。

なごり-の-つき【《名残》の月】[名] ❶陰暦九月十三日の夜の月。後(のち)の月。▼その年、最後の観月となることから。❷夜明けの空に残っている月。有明の月。残月。

なごり-の-ゆき【《名残》の雪】[名] ❶春が来ても消えないで残っている雪。❷春になってから降る雪。

な-さ【無さ】[名] ないこと。「表情から自信の―がうかがえる」▼「自信がなさそうだ」「実力がなさすぎる」などの「なさ」は、「ない」のコラム(一二〇四ページ)を参照。

なさい【▽為さい】[動詞「なさる」の命令形] 一[他]「しろ」「せよ」「なせ」の意のやわらかな言い方。しなさい。「よく考えて返事を―」「おしゃべりはいい加減に―」二[補動]〈「…なさい」「お[ご]…なさい」の形で〉自分と同等以下の人に対するやわらかな命令を表す。「落ち着き―」「お食べ―」「もう少し努力(し)―」「ご安心―」▼「…」には動詞連用形、漢語サ変動詞語幹などが入る。⬇お(御)①[使い方](2)◈連用形「なさり」の音便形「なさい」からとも、「なさいませ」の下略からともいう。書き方 かな書きが一般的。使い方 (1)「ちょっと来な」「安心しな」などの「な」はこれの略で、終助詞に転じたもの。乱暴な言い方で、ふつう目下の相手に使う。(2)「ごめんなさい」「お休み[お帰り]なさい」など、命令の意識が薄れて挨拶(あいさつ)のことばとなったものもある。

なさけ【情け】[名] ❶他人を思いやる心。「人の―が身にしみる」「―をかける」❷男女の情愛。恋心。

◉**情けは人の為(ため)ならず** 人に親切にしておけば、その相手のためになるばかりでなく、やがてはよい報いとなって自分にもどってくるということ。注意「人に親切にして甘やかすのは、その人のためにならない」の意で使うのは誤り。

なさけ-しらず【情け知らず】[名] 人を思いやる心がないこと。薄情なこと。また、そのような人。

なさけ-な・い【情けない(情け無い)】[形] ❶あまりのふがいなさにがっかりする気持ちである。嘆かわしい。「―結果に終わる」「連戦連敗とは我ながら―」❷みじめに感じさせるさま。みすぼらしい。みっともない。「泥まみれの―姿」「―声を出すな」❸思いやりがないさま。無情である。「―仕打ち」◈注意 丁寧形を「情けありません」とするのは標準的でない。⬇「ない」のコラム(一二〇四ページ)派生 -げ/-さ/-がる

なさけ-ぶか・い【情け深い】[形] 人を思いやる心が深いさま。慈悲深い。「―人」派生 -さ

なさけ-ようしゃ【情け容赦】[名] 情けをかけて許すこと。「弟子の稽古には―をしない」▼多く下に打ち消しの語を伴って使う。

な-ざし【名指し】[名・他サ変] 名を言って、それと指定すること。指名。「―で非難する」動 なざ・す(他五)

なさぬ-なか【▽生さぬ仲】[連語] 血のつながりのない親子の間柄。▼「なす」は生む意。

なさ・る【▽為さる】[動五] 一[他]「なす」「する」の尊敬語。「お嬢様はずいぶん苦労を―・いました」「変更は―・いませんね」「ご注文は何に―・いますか」「どうか気に―・らないで下さい」使い方 言い切りでは「なさいます」となることが多い。
二[補動]〈「…なさる」「お[ご]…なさる」の形で〉尊敬 Aが…するという動作について、Aを高める。「先生はそれをお断り―・いました」「一休み―・ってはどうですか?」▼「…」には動詞連用形、漢語サ変動詞語幹などが入る。⬇お(御)①・ご(御)① ◈使い方 (1)連用形には「なさり(ます)」「なさい(ます)」「なさっ(た)」がある。「なさります/なさいます」では、前者は古風な言い方。また、「なさった」は「なすった」とも。(2)命令形には「なされ」「なさい」があり、現在は普通「なさい」を使う。「なされ」は古風な言い方。「そう仰らないで、私に任せなされ〈藤村〉」⬇なさい

なし【梨】[名] 果樹として栽培されるバラ科の落葉高木。また、その果実。晩春、白色の五弁花を開き、八、九月ごろ多汁の果実を結ぶ。長十郎・幸水・新水・豊水など、品種が多い。有りの実。

◉**梨の礫(つぶて)** 便りを出したのに何の返事もないこと。▼「梨」に「無し」を掛けていう。

なし【無し】[名] ❶ないこと。「今日はその話は―にしよう」❷〈名詞に付いて複合語を作る〉…がないこと、…がない人の意を表す。「芸―・底―・意気地―」

な・し【無し】[形ク]〔古風〕ない。「学問に王道―」⇕有り

なじか-は [副]〔古風〕疑問の意を表す語。どうしてか。なぜか。「―知らねど心わびて〈ローレライ〉」▼「なにしかは」の転。

なし-くずし【▽済し崩し】(-クヅシ)[名] ❶借金を少しずつ返していくこと。❷物事を少しずつすませていくこと。「方針が―に変更される」

ナシ-ゴレン【nasi goreng マレー】[名] インドネシアやマレーシアの焼き飯。米飯をえび・鶏肉・野菜などの具とともにいため、ケチャップマニス(甘口醤油(じょうゆ))などで調味し、サンバル(辛い薬味)を添えたもの。▼「ナシ」はご飯、「ゴレン」は炒めるの意。

なし-じ【梨地・〈梨子〉地】(-ヂ)[名] 蒔絵(まきえ)の技法の一つ。漆を塗った上に金粉・銀粉(=梨地粉)を蒔き、乾燥後、透明な漆を塗って研ぎ出し、下の梨地粉が透けて見えるようにしたもの。▼梨の実の表皮に似ることから。

なし-と・げる【成し遂げる(▽為し遂げる)】[他下一] 物事をやりとげる。完成させる。「全国制覇の偉業を―」文 なしと・ぐ

なし-に [連語] ❶それがない状態で。…なく(して)。「連絡も―訪れた」「あなた―は生きられない」使い方「な

くして」には、「協力がなくしては」のように「が」が入ることもあるが、「なしに」には「仕方がなしに」「何がなしに」などを除いて「が」は入らない。❷〈「…となしに」「なしに」などの形で〉疑問詞を受けて〉それと特定できないが。「いつとは━消えた」「何と━そこで話していた」❸〈「…でなしに」などの形で〉その方法や状態ではなく。「絵の具で━墨で書いた」「冗談では━本当に虎がでたんだよ」❹〈「…でもなしに」「…ともなしに」の形で文を受けて〉特にそうしようと意識せずに。…ともなく。「何を求めるでも━歩き続けた」「聞くとも━聞いていた」

な-じみ【▼馴染み】〔名〕なれ親しんでよく知っていること。また、その人。「あの店とは━が深い」

なじ・む【▼馴染む】〔自五〕❶人になれて親しくなる。「誰にでもすぐ━人」❷物事や場所になれて違和感がなくなる。また、ひとつにとけ合う。調和する。「新しい土地に━」「足に━・んだ靴」可能 **なじめる** 名 **なじみ**

ナショナリスト【nationalist】〔名〕ナショナリズムを信奉する人。国家主義者。民族主義者。国粋主義者。

ナショナリズム【nationalism】〔名〕❶他国の圧力や干渉を排し、その国家・民族の統一・独立・発展をめざす思想または運動。民族主義。❷国家を至上の存在とみなし、個人を犠牲にしても国家の利益を尊重しようとする思想。国家主義。

ナショナル【national】(造)❶国民的。国家的。「━インタレスト(=国家全体の利益)」❷国立の。国有の。「━パーク」

なじ・る【▽詰る】〔他五〕相手の過失・欠点などを問いつめて責める。詰問する。「部下の怠惰を━」

なす【〈▼茄子〉・▼茄】〔名〕野菜として栽培するナス科の一年草。また、その果実。夏から秋にかけて淡紫色の花を開き、倒卵形・球形・長形などの実を結ぶ。果皮はふつう暗紫色で、光沢がある。インド原産。ナスビ。

な・す【▽生す】〔他五〕子を生む。「子まで━・した仲」「━・さぬ仲」

な・す【成す・▽為す】〔動五〕㊀〔他〕❶人がある動作や行動をする。また、物事がある作用をする。「私たちはいま何を━べきか」「事(政(まつり)ごと)・盗みを━」「やること━こと失敗続きだ」「これは何者の━・せる業か」❷ものや状態を作り出す。「一代にして財を━」「世人に害を━」「合戦で功を━」「恐れを━・して逃げる」❸ある特徴をもった形状や模様を作り出す。「左右対称を━」「この研究は論文の体を━・していない」「門前市(いち)を━」「秋の野山が綾(あや)を━」❹寄り集まって群れやグループを作る。「動物が群れを━・して移動する」❺物事の構成のしかたを示して認識の内容をいう。形成する。「魂の救済こそが宗教の本質を━」「貧困が本事件の背景を━」❻優れた功績によって不動の名声や地位を確立する。「彫刻家として名を━」「政界に重きを━」❼〈「…となす」の形で〉他のものに変える。化す。「悪人を教導して善人と━」「災いを転じて福と為す」❽〈「…となす」の形で〉そうであると認定する。認める。みなす。「何を以てか、リアルと━〈太宰治〉」「和を以て貴しと為す」㊁〈動詞の連用形に付いて複合動詞を作る〉意図して～する意を表す。ことさらに～する。「織り━・思い━・聞き━・看(み)━」◈「済(な)す」「生(な)す」と同語源。書き分け 全体にかな書きが一般的。漢字で書く場合は①②は【為】、③～⑧と㊁は【成】。ただし②は【成】も多い。⑦⑧は漢文(訓読体)では【為】が多い。⑧と㊁はまれに「▼做す」とも。使い方 名詞に付いて連体詞を作る。そのような形や色をした意を表す。「玉━露(つゆ)」「緑━大地」「黄金(こがね)━稲穂」

◉**為(な)せば成(な)る** できそうもないことでも、その気になってやり通せば必ず成就するということ。

な・す【▽済す】〔他五〕借金などを返済する。返す。「(兄ハ)元からある借金を━・して〈漱石〉」

なす-こん【〈▼茄子〉紺】〔名〕ナスの果皮のような赤紫がかった紺色。

ナスダック【NASDAQ】〔名〕全米証券業協会(NASD)が管理・運営する株式店頭市場。コンピューターネットワークを介して株式売買を行う。▼National Association of Securities Dealers Automated Quotationsの略。

なずな【▼薺】ナッ〔名〕道端などに自生するアブラナ科の越年草。春、茎頂に白い小花をつけ、のち三味線のばちに似た実を結ぶ。春の七草の一つ。三味線草。ペンペングサ。

薺

なすび【〈▼茄子〉・▼茄】〔名〕ナスの別称。「瓜(うり)の蔓(つる)に━は生らぬ」

なず・む【▽泥む・▽滞む】ムナッ〔動五〕㊀〔自〕〔古風〕❶そのことに心がとらわれる。こだわる。「旧習に━」❷なじむ。「都会の暮らしに━」㊁〈動詞の連用形に付いて複合動詞を作る〉はかばかしく進まない。とどこおる。「行き━・暮れ━」

なすり-あい【▽擦り合い】ヒア〔名〕罪・責任などを相手に押し付け合うこと。

なすり-つ・ける【▽擦り付ける】〔他下一〕❶こすってつける。「壁に泥を━」❷責任などを人に押しつける。「人に罪を━」文 **なすりつ・く**

なす・る【▽擦る】〔他五〕❶ある物をつけようとして物の表面をこする。❷責任などを人に負わせる。

なぜ【〈何故〉】〔副〕原因・理由について疑いを表す語。どうして。どういうわけで。なんで。なにゆえ。「━行かないの」「答えないのは━だ」

なぜ-か【〈何故〉か】〔副〕理由はわからないが。どういうわけか。「彼は━発言しなかった」

なぜ-でも【〈何故〉でも】〔連語〕いいわけを差し止める言葉。どんな理由があっても。なんと言おうと。「━いいから早くやりなさい」

なぜ-なら【〈何故〉なら】〔接〕その理由はといえば。なぜかというと。なぜならば。「親鳥は逃げなかった。━卵を抱いていたからだ」

な・ぜる【▼撫ぜる】〔他下一〕「なでる」の転。「背中を━」

な-ぞ【謎】〔名〕❶なぞなぞ。❷実体のつかめないもの。不思議な事柄。「宇宙の━を解く」「━に包まれた殺人事件」「━の怪人」❸それとなくさとらせるために遠回しにいうこと。また、そのことば。「それは辞任するようにという━だろう」◈「何(な)ぞ」の意から。書き方「謎」は許容字体。

謎

なぞ〔副助〕など。「おまえなぞに負けてたまるか」▼「なにぞ」「なんぞ」の転。

なぞ-とき【謎解き】〔名〕謎の意味を明らかにすること。

なぞ-なぞ【謎謎】［名］あることばの中に別の意味を隠して問いかけ、その意味を当てさせる遊び。なぞ。▼「何ぞ何ぞ」の意から。

なぞ-め・く【謎めく】［自五］謎のようにみえる。不可思議に思える。「―いた言葉［事件］」

なぞら・える【▽準える・▽擬える】［他下一］❶ある物事を他の物事と同類・同格のものとみなす。たとえる。なずらえる。「人生を旅に―」❷他の物に似せる。なずらえる。「コロセウムに―えた競技場」文なぞら・ふ

なぞ・る［他五］❶書かれている文字・絵・図形などの上に紙などをのせ、その通りに書き写す。「手本を―」❷ある事柄や詩文をそっくりまねる。「実際の事件を―っただけのドラマ」可能なぞれる

なた【▼鉈】［名］厚くて幅のある刃物に短い柄をつけたもの。薪割りや枝打ちに使う。

◉**鉈を振る・う** 思い切った整理をする。

なだ【▼灘】［名］❶波が荒くて、または潮流が速くて航海の困難な海域。「玄界―」❷神戸の灘地方に産する清酒。「―の生一本」▼「灘酒」の略。

灘

な-だい【名代】［名・形動］名が世間に知られていること。評判が高いこと。名高いこと。「―の銘酒」

な-だい【名題】［名］❶江戸で、歌舞伎狂言や浄瑠璃の題名。▼上方では、外題・芸題といった。❷歌舞伎劇場で、上演する狂言の名を記した表看板。▼「名題看板」の略。❸歌舞伎で、名題看板にのる資格をもつ幹部級の役者。▼「名題役者」の略。

な-だか・い【名高い】［形］広く世間に名が知れわたっているさま。「茶人として―人」「歴史に―古戦場」使い方 多くよい意味で名が知られているときに使う。派生―さ

な-だた・る【名だたる】［連体］名高い。有名な。「―景勝地」「世界に―名指揮者」▼文語動詞「なだたり」の連体形から。

ナタ-デ-ココ［nata de cocoスペイン］［名］ココナツの果汁を酵母菌で固めたフィリピン原産の食品。弾力のある食感が特徴で、シロップなどをかけて食べる。

な-たね【菜種】［名］❶アブラナの種子。❷アブラナの通称。「―のおひたし」▼セイヨウアブラナなどの近縁種も含めていう。

なたね-づゆ【菜種《梅雨》】［名］菜の花の咲く三月下旬から四月にかけて降り続く長雨。春霖。

なた-まめ【▼鉈豆・▽刀豆】［名］夏、淡紅紫色または白色の花をつけるマメ科のつる性一年草。弓形に湾曲した豆果は平たくて長い。若い莢を福神漬けなどにする。

なだめ-すか・す【▼宥め▼賺す】［他五］相手の心が和らぐようにあれこれと機嫌をとる。「いやがる子を―して連れて行く」

なだ・める【▼宥める】［他下一］❶怒り・不満などで興奮している人の気持ちを落ち着かせる。穏やかにする。やわらげる。「泣きわめく子［父の怒り］を―」使い方「特効薬が痛みを―」のように、〈物〉を主語にしてもいう。❷〔古風〕罪や罪人に対して寛大な処置をとる。「次いでフランス人が助命を申し出たので、死を―められた〈鷗外〉」文なだ・む

なだ-らか［形動］❶傾きがゆるやかなさま。「丘陵地帯が―に続く」❷物事がゆっくりと、滞ることなく進むさま。「―な口調で話す」「―に事が運ぶ」「物価が―な下降をたどる」❸穏やかで角立たないさま。「平和な長閑な様を歌うにはなだらかなる長き調を用うべく〈正岡子規〉」派生―さ

なだれ【《雪崩》】［名］山腹や傾斜地に積もった大量の雪が急激に崩れ落ちること。また、その雪。

◉**雪崩を打・つ** 雪崩のような勢いで人や物がどっと移動する。「―って敵陣に攻め込む」「外国製品が―って押し寄せる」

なだれ-こ・む【〈雪崩〉れ込む（▽傾れ込む）】［自五］雪崩のような勢いで多くの人や物が一度にどっと入り込む。「開場と同時に観客が―」

なだ・れる【〈雪崩〉れる（▽傾れる）】［自下一］❶斜面の雪や土砂が激しい勢いでくずれ落ちる。❷一度に勢いよく押し寄せる。文なだ・る 名なだれ

ナチス［Nazisドイツ］［名］国家社会主義ドイツ労働者党の通称。また、その党員。ナチ。▼一九三三年、ヒトラーを党首として政権を掌握。反民主主義・反共産主義・反ユダヤ主義のもと一党独裁政治を断行した。四五年、第二次大戦でのドイツ敗戦で壊滅。

ナチズム［Nazism］［名］ナチスの政治理念またはその支配体制。ゲルマン民族至上主義を唱え、過激な全体主義と偏狭な民族主義を特徴とする。

ナチュラリズム［naturalism］［名］自然主義。

ナチュラル［natural］［名］❶［形動］自然であること。天然であること。「―なメイク」「―チーズ」❷音楽で、変化記号を取り消してもとの音に戻すための「♮」の記号。本位記号。

ナチュラル-チーズ［natural cheese］［名］乳を乳酸菌や酵素で発酵させたまま、加熱処理をしていないチーズ。

なつ【夏】［名］四季の一つ。春と秋の間の季節で、陽暦では六月から八月まで、陰暦では四月から六月まで。一年中で最も暑く、日中が長い。暦の上では立夏から立秋の前日まで、天文学では夏至から立秋までをいう。

「夏」のイメージと表現

①最も高温多湿の季節。（むしむしした日が続きます・暑中お見舞い申し上げます・うだるような［じっとしていても汗がにじんでくる］暑さ・灼熱の太陽・真夏日・熱帯夜・熱中症・熱射病・夏ばて・夏枯れ）

②涼を求める季節。（ひたすらに緑陰［海山］が恋しくなるような暑さです・半ズボン・麦わら帽子・山登り・海水浴・プール・水遊び・かき氷・スイカ・ビール・水ようかん）

③秋の気配。（朝夕は凌ぎやすさを覚える季節になりました・残暑お見舞い申し上げます・暑さ寒さも彼岸まで・台風・土用波・虫の声）

＊陰陽五行説では、方角では「南」に、色では「赤」に見立てる。夏の風物詩として、夏祭り・盆踊り・山開き・川開き・海開き・浴衣・花火・金魚売り・風鈴・団扇・蚊取り線香・入道雲・夕立・朝顔・ひまわり・ほたる・せみ・うなぎ・高校野球などがある。

なつ-いん【▼捺印】［名・自サ変］印判を押すこと。また、その印影。押印。「書類に―する」「署名―」

✔注意「捺印を押す」は重言。「捺印」「押印・押捺(おうなつ)」する」「印鑑を押す」「捺(お)す」などが適切。

なつかし・い【懐かしい】［形］❶過去のことを思い出して、それに心が引かれる気持ちである。‖「私は子供の頃が―」「青春の日々を―・く思い出す」❷久しぶりに会ったり見たりしたものに対して、過去を思い出して、うれしく思うさま。‖「同窓会で―顔ぶれがそろう」派生 -げ／-さ／-み／-がる

なつかし・む【懐かしむ】［他五］過ぎ去った事柄を価値あるものとして心から慕う。なつかしく思う。‖「故郷［若かりしころ・亡き友］を―」

品格 懐旧(かいきゅう)「―の念が湧く」懐古(かいこ)「少年時代を―する」偲(しの)ぶ「故人を―」望郷(ぼうきょう)「―の念」

なつ-がれ【夏枯れ】［名・自サ変］夏、市場・商店・飲食店などの売り上げが落ちて一時不景気になること。‖「―で人気(ひとけ)のない観光地」⇔冬枯れ

なつ-ぎ【夏着】［名］夏に着る衣服。なつごろも。

なつ・く【懐く】［自五］❶子供が親近感を抱いて年長者に慣れ親しむ。なじむ。‖「園児は新しい先生にすぐ―・いた」❷動物が警戒心をもたないで人間につき従う。馴(な)れる。なじむ。‖「野生の動物は人に―・かない」

なつ-くさ【夏草】［名］夏に生い茂る草。‖「―や兵(つわもの)どもが夢の跡〈芭蕉〉」

ナックル-ボール [knuckle ball]［名］野球で、変化球の一つ。親指と小指の間にボールを挟んで中の三本の指を曲げ、その第一関節の外側をボールに押しつけたまま突き出すように投げるもの。ボールは回転しないでゆるく進み、打者の手前で不規則に落ちる。ナックル。

なづけ【名付け】［名］生まれた子に名前をつけること。‖「―祝い(=七夜の祝い)」

なづけ-おや【名付け親】［名］❶生まれた子に名をつける人。▽親以外にいう。❷ある物事に名前をつける人。‖「町の公園の―を募集する」

な-づ・ける【名付ける】［他下一］人・物などに名前をつける。命名する。称する。‖「長女を花子と―」文なづ・く

品格 冠(かん)する「王の名前を冠した町」称(しょう)する「棋聖と称される」銘打(めいう)つ「支援セールと銘打って割引する」命名「祖父の名にちなんで―する」

なつ-ご【夏▽蚕】［名］初夏に孵化(ふか)して飼育されるカイコ。短期間でさなぎになるため、まゆは小さい。かさん。⬇春蚕(はるご)・秋蚕(あきご)

なつ-こだち【夏木立】［名］夏の、生い茂った木立。

なつ-ごろも【夏衣】［名］夏に着る衣服。夏着。

なつ-さく【夏作】［名］夏の間に栽培し、秋または冬までに収穫する作物。稲・ナス・大豆・タバコ・トウモロコシなど。夏作物。⇔冬作

なつ-じかん【夏時間】［名］サマータイム。

なっ-しょ【納所】［名］❶禅寺で、金銭・米穀などの出納事務を執る所。また、その役の僧。❷寺院で雑務一般を扱う下級の僧侶。▽「納所坊主」の略。

ナッシング [nothing]［名］❶何もないこと。皆無。‖「オール、オア、―」❷野球の投球カウントで、ストライクまたはボールのいずれかが一つもないこと。‖「ワンボール―」

なっ-せん【▼捺染】［名・他サ変］染料を糊(のり)にまぜ、布に直接すり付けて染めること。特に型紙を用い模様を染め付けること。また、その染色法。プリント。おしぞめ。‖「布地を―する」「生地に文様を―する」

ナッツ [nuts]［名］クルミ・ペカン・アーモンド・カシューナッツなど、堅い殻に包まれた木の実の総称。

なつ-つばき【夏▼椿】［名］夏、ツバキに似た白い五弁花を開くツバキ科の落葉高木。山中に自生し、庭木としても植える。材は床柱などに利用。シャラノキ。

ナット [nut]［名］ビス・ボルトと組み合わせて物を締め付けるのに使う金具。多くは六角形で、中央の穴の内側に雌ねじが切ってある。

なっ-とう【納豆】［名］❶水に浸してからよく煮た大豆に納豆菌を加え、適温の中で発酵させた食品。粘質の糸を引くので糸引き納豆ともいう。❷蒸した大豆に麹(こうじ)を加えて発酵させ、香料を入れた塩汁に浸してから乾燥させた食品。浜納豆・大徳寺納豆など。

なっ-とく【納得】［名・他サ変］ある考えや行為などをもっともだとして認めること。‖「説明を聞いて―する」「―のいかない話」

品格 合点(がてん)「どうしても―がいかない」首肯(しゅこう)「その意見には首肯しかねる」得心(とくしん)「話を聞いてやっと―がいった」

なつ-どなり【夏隣】［名］晩春の、夏に近いころ。▽夏がそこまで来ているという感じを表す季語。季は晩春。

なつ-どり【夏鳥】［名］渡り鳥のうち、ある地方に春から夏にかけて渡来して繁殖し、秋に南方へ去るもの。日本ではツバメ・カッコウ・ホトトギス・サンコウチョウなど。

なつ-ば【夏場】［名］夏の時期。夏の頃。‖「―の商売」

なっ-ぱ【菜っ葉】［名］野菜の葉。また、葉を食用とする野菜。

なつ-ばしょ【夏場所】［名］毎年五月に行われる大相撲の本場所。五月場所。

なつ-ばて【夏ばて】［名・自サ変］夏の暑さのためにばててぐったりすること。夏負け。

なつ-び【夏日】［名］夏の暑い日。特に、一日の最高気温がセ氏二五度以上になる日。

ナップザック [Knappsack(ドイ)]［名］ハイキングなどに使う、簡単なつくりのリュックサック。ナップサック。

なつ-まけ【夏負け】［名・自サ変］夏の暑さのために体力が衰えること。‖「―しないよう鰻(うなぎ)を食べる」

なつ-まつり【夏祭り】［名］夏に行う祭り。

なつ-みかん【夏▽蜜▼柑】［名］果樹として栽培するミカン科の常緑小高木。また、その果実。初夏に白い花をつけ、秋、大形の果実を結ぶ。黄色い果皮は厚く、果肉は酸味が強い。夏ダイダイ。

なつ-むき【夏向き】［名］暑い夏の季節にふさわしいこと。

なつめ【▼棗】［名］❶庭木や果樹にするクロウメモドキ科の落葉小高木。初夏、淡黄色の小花を開き、秋、楕円(だえん)形の実を結ぶ。暗紅褐色に熟す実は食用にするほか、乾燥させて漢方薬に用いる。❷①の実の形をした抹茶用の茶入れ。

ナツメグ [nutmeg]［名］ニクズクの種子。また、それを乾燥した香辛料。主に肉料理に使用する。ナッツメッグ。ナツメッグ。

なつ-メロ【懐メロ】［名］ひところ流行し、その当時のことが懐かしく思い出されるような歌。▽「懐かしのメロディー」の略。

なつ-もの【夏物】［名］夏季に使う物。特に、夏に着

る衣服。

なつ-やさい【夏野菜】[名]夏に収穫される野菜。ナス・カボチャ・キュウリ・トマト・ピーマンなど。

なつ-やすみ【夏休み】[名]学校・会社などで、夏の暑い期間に設ける休暇。暑中休暇。夏期休暇。「―の宿題」

なつ-やせ【夏痩せ】[名・自サ変]夏の暑さのために食欲が衰えてやせること。

なつ-やま【夏山】[名]❶夏の、草木の生い茂った山。❷夏の登山の対象になる山。また、夏の登山。⬍冬山

なで-あ・げる【▼撫で上げる】[他下一]上の方へ向けてなでる。「髪を―」文なであ・ぐ

なで-おろ・す【▼撫で下ろす】[他五]下の方へ向けてなでる。「髪を―」「胸を―(=安心する)」

なで-がた【▼撫で肩】[名]なで下ろしたように、なだらかにさがっている肩。⬍怒り肩

なで-ぎり【▼撫で切り・▼撫で斬り】[名]❶刃物をなでるように動かして切ること。また、片端から切り倒すこと。❷大勢の相手を片端から打ち負かすこと。

なでしこ【▼撫子・〈▼瞿麦〉】[名]夏から秋、花弁の縁が細かく裂けた淡紅色の花を開くナデシコ科の多年草。秋の七草の一つ。カワラナデシコ。ヤマトナデシコ。

なで-つ・ける【▼撫でつける(▼撫で付ける)】[他下一]なでて押しつける。特に、乱れた髪の毛を手や櫛で押しつけるようにして整える。「髪を―」文なでつ・く

な・でる【▼撫でる】[他下一]❶手のひらなどで表面にふれて軽くこする。「赤ん坊の頬[犬の頭]を―」「あごを―・で考える」使い方「さする」に似るが、「なでる」は相手をいつくしんだり対象の触感を確かめたりするために、「さする」は体の痛みなどをいやすために行う傾向が強い。❷やわらかい物や風が軽くふれる。「春風[髪]が頬を―」❸髪を簡単にとかす。「髪を―」文な・づ

など[副助][古風]なりと。「なんなとお申し付け下さい」「どこへなと行け」▼副助詞「なりと」の転。

など[副][古風]どうして。なぜ。

など[副助]❶〈体言や活用語の終止形に付いて〉類似の物事の中から例として示す。「東京や大阪などの大都市」「野菜などが値上がりした」「休日は本を読むなどして過ごす」❷〈体言に付いて〉他にもあることを含みながら、特に一つを取り上げる。「これなどお買い得ですよ」「彼女など適任だね」❸〈否定的な表現を伴って〉取るに足りないものとして取り上げて否定の意を強める。「あなたなどには分からない」「表彰など受けたくもない」「あいつになど負けるものか」「泣いてなどいられない」❹〈活用語の言い切りの形に付いて、発言や思考の表現を伴って〉おおよその内容を反発の気持ちをこめて示す。「今さら行くなどと言ってももう遅い」「許してもらおうなどという甘い考えは捨てろ」◈不定の代名詞「なに」＋助詞「と」が、「なんど」→「など」と転じた。書き方もと「▽等」「▼抔」とも。使い方⑴やや俗な言い方に「なんぞ」が、古風で方言的な言い方に「なんど」がある。「あんたなんぞはひっこんでいろ」⑵❶❷❸のくだけた言い方に「なんか」がある。「これなんか、いいんじゃない?」

ナトー【NATO】[名]北大西洋条約機構。一九四九年、アメリカ・カナダ・西欧諸国が結成した安全保障同盟機構。冷戦終了後東欧諸国も加わり、現在の加盟国は三〇か国。本部はブリュッセル。▼North Atlantic Treaty Organizationの略。

な-どころ【名所】[名]❶器物などの各部分の名称。❷名高い所。めいしょ。「梅の―」

な-とり【名取り】[名]芸道で、技芸が上達して師匠や家元から芸名をもらい、弟子をとることが許されること。また、その人。

ナトリウム【Natrium ドイ】[名]アルカリ金属元素の一つ。単体は軟らかい銀白色の金属。水と激しく反応して水素を発生し、空気にふれると直ちに酸化して酸化ナトリウムとなる。化合物として地球上に広く多量に存在し、動物体の必須元素としても重要。ソジウム。元素記号Na

なな【七】[名]なな。しち。「―不思議」読み分け「七回忌・七転八倒・七変化・人の噂も七十五日」は「しち」と読み、「親の光は七光り・無くて七癖・七転び八起き・七不思議」は「なな」と読む。

なな-いろ【七色】[名]❶七種類の色。赤・橙・黄・緑・青・藍・菫の七つの色。「―の虹」❷七種類。また、多くの種類。「―の声」❸「七色唐辛子」の略。

なないろ-とうがらし【七色唐辛子】[名]⬇七味唐辛子

なな-え【七重】[名]七つ重ねること。また、いくえにも重ねること。「―の膝を八重に折る(=丁寧な上にも丁寧な態度で懇願または謝罪するさま)」

なな-かまど【七▼竈】[名]初夏、枝先に白色の小花が群がって咲くバラ科の落葉小高木。羽状複葉の葉は秋に紅葉し、小球形の実も赤く熟す。語源七度かまどに入れても燃え残ることからという。竈

なな-くさ【七草】[名]❶七つの種類。なないろ。また、いろいろ。書き方「七▽種」とも。❷⬇春の七草 ❸⬇秋の七草

ななくさ-がゆ【七草▼粥】[名]正月七日に春の七草を入れて炊いたかゆ。

なな-こ【▽魚子・▽斜子】[名]❶彫金技法の一つ。魚卵のような細かな粒を一面に突起させたもの。地文として用いられる。❷絹織物の一つ。織り目が魚卵のように粒だって見えるもの。羽織地・帯地などに用いられる。▼「ななこ織り」の略。

ななころび-やおき【七転び八起き】[名]七度転んで八度立ち上がる意から、多くの失敗にもめげず、そのたびに勇をふるって立ち上がること。七転八起。▼浮き沈みの多い人生のたとえとしても使う。「―の人生」

な-なし【名無し】[名]名前がついていないこと。また、そのもの。

ななし-の-ごんべえ【名無しの権▽兵▽衛】[名]名前のわからない人をさして、ふざけていう語。▼「ななしのごんべい」とも。

なな-そ-じ【七▽十路・七▽十】[名]しちじゅう。七〇歳。

なな-つ【七つ】[名]❶一の七倍の数。六の次の数。しち。なな。❷七個。❸七歳。❹昔の時刻の呼び名で、現在の午前および午後の四時ごろ。七つ時。

ななつ-どうぐ【七つ道具】[名]❶武士が戦場に臨むときに携えた七種の武具。一般に具足・刀・太刀・弓・矢・母衣・兜の七種。❷七種でひとそろいとする道具。また、七種に限らず、ある事をするのに必要なひとそろいの道具。「大工の―」

ななつ-の-うみ【七つの海】〔名〕南太平洋・北太平洋・南大西洋・北大西洋・南氷洋・北氷洋・インド洋の七洋。また、世界中のすべての海。

ななつ-や【七つ屋】〔名〕質屋のこと。▼「質(しち)」が「七(しち)」に通じることから。

なな-なのか【七七日】〔名〕人の死後四十九日目。四十九日(しじゅうくにち)。しちしちにち。なななぬか。

なな-ひかり【七光り】〔名〕親や主人の威光で、子や後継者が大きな恩恵を受けること。‖「親の—」

なな-ふしぎ【七不思議】〔名〕ある地域・事物・人物にかかわる七つの不思議な事柄。‖「世界の—」

なな-まがり【七曲がり】〔名〕道・坂などが幾重にも折れ曲がっていること。また、その所。

ななめ【斜め】〔名・形動〕❶垂直・水平の線・面などに対して、傾いていること。また、方向がずれていること。‖「日が—にさす」「—の線」「—向かいの家」使い方「斜めになっている」を「斜めっている」というのは新しい言い方。❷普通とは違っていること。‖「ご機嫌が—だ(=悪い)」

◉**斜めに見る** ❶横目で見る。‖「隣席の客を—」❷普通とは違った見方をする。また、偏見をもって見る。‖「世の中を—」

ななめ-なら・ず【斜めならず】〔連語〕〔古風〕ひととおりでない。はなはだしい。なのめならず。‖「御機嫌—」

ななめ-よみ【斜め読み】〔名・他サ変〕大筋をつかむために、全体をざっと読むこと。‖「記事を—する」

なに【何】 ■一〔代〕(付属語の「だ」「で」「なら」「なり」に続くときは「なん」となる。「と」「に」「か」は「なん」となることもある) ❶事物の名前・所属・内容などについて、疑いを表す語。‖「これはなんですか?」「ご用件はなんでしょう?」「—がほしい?」「—をしてるの?」❷相手がそれと分かる事物について、名前の代わりに使う語。例のもの。あれ。また、物事を直接的に指すのを避けて遠回しにいう語。‖「いつもの、—はあるかな」「うちの—がうるさくてね」「お言葉を返すようでなんですが…」「自分で言うのもなんですが…」❸〈「何を…か?」「何を…のだ!」など、疑問・反語・詰問などを表す自動詞文で〉不審の気持ちで、事態成立の基盤を問う。また、その不当性を非難する。どんな理由で。なぜに。なんで。‖「—を泣いているのか?」「—をためらうことがあろうか」「—をぐずぐずしてるんだ!」使い方 他動詞の場合は、〜ヲに対する普通の疑問を表す。‖「何を読んでるの?」❹〈「何を(つ)」の形で〉相手の言動を強くさえぎって非難する。‖「—を、こしゃくな!」▼「何を言う[する]んだ」などの下略から。■二〔副〕〈下に打ち消しを伴って〉少しも。どれをとっても。‖「—不自由なく暮らす」「—一つない」■三〔感〕❶予想外の出来事に驚く意を表す。なんだって。‖「—、雨が降ってきたって」❷相手の気遣いや予想を軽く打ち消す意を表す。いや。‖「—、大した傷ではありません」❸相手の言動をとがめて、反発する意を表す。なんだと。‖「—、やろうっていうのか」

◉**何するものぞ** みずからを鼓舞して、相手などが大したものではないことをいう。‖「古豪、—」▼何をすることができようか(いやできない)の意。

◉**何を措(お)いても** 何事にも優先させて。まず第一に。何はさておき。

◉**何をか言わんや** あきれて何も言えない。‖「あれで大統領とは、—だ」▼何を言おうか(言うことは何もない)の意。

なに-か【何▽彼】〔名〕種々雑多な事物・事態をまとめてさし示す語。あれやこれや。いろいろ。‖「—につけて文句を言う」

なに-か【何か】 ■一〔連語〕❶特定できない事物や出来事を表す語。‖「—食べたい」「—が足りない」❷〈「…か何か」の形で〉同類の他のものでもよい意を含みながら一つを示す語。…でも。…かなんか。‖「コーヒーか—お持ちしましょうか」❸〈「…や何か」の形で〉同類のものが他にあることを含みながら一つを示す語。…やなんか。‖「準備や—で大変だ」■二〔副〕漠然(ばくぜん)と感じられることを表す語。どことなく。どこか。なんか。‖「—おかしいぞ」「—いやな予感がする」■三〔感〕相手の言動を確認する気持ちを表す。何かい。‖「それなら—、もう辞めるっていうのか」

◉**何かと言うと** 何か事があるたびに同じ言動をするさま。何かにつけ。何かと言えば。‖「—、自慢話だ」

なに-が【何が】〔連語〕反語を表す。どうして…か、そんなことはない。‖「陰では泣く者もあるというのに—めでたいものか」

なに-がし【▽某・何▽某】 ■一〔名〕数量、特に金銭の額があまり多くないことを漠然と言い表す語。‖「—かの金を包む」■二〔代〕具体的な名をあげないで、その人を指し示す語。また、名のわからないときに、その人を指し示す語。‖「山田—という人」「何の—と名のる」

なにか-しら【何かしら】〔副〕❶特定できない物事を表す語。何かわからないが(あるもの)。‖「読めば—得るところがある」❷原因・理由がはっきりしないことを示す語。なぜということもなく。どうしたわけか。‖「—不安になる」

なにか-と【何▽彼と】〔副〕あれこれと。いろいろと。‖「今月は—忙しい」

なにが-なし【何がなし(何が無し)】〔副二〕なんということなく。なんとなく。‖「日が暮れると—(に)寂しくなる」

なにが-なんでも【何が何でも】〔連語〕❶どんなことがあっても。‖「—やり抜いてみせる」❷いくらなんでも。‖「—ひどい話だ」

なにから-なにまで【何から何まで】〔連語〕なにもかも。ことごとく。全部。‖「ジャズのことなら—知っている」

なに-くそ【何▼糞】〔感〕くじけまいとして気持ちを奮い立たせるときに発する語。‖「—、負けるものか」

なに-くれ【何くれ】〔副ト〕あれやこれやと。いろいろ。なんやかや。‖「—(と)気を使う」

なに-くわぬ-かお【何食わぬ顔】〔連語〕知っていながら何も知らないような顔つき。そしらぬ顔。

なにげ-な・い【何げない(何気無い)】〔形〕❶はっきりした考えや深い意図もなくふるまうさま。‖「—風を装う」「—一言が胸に突きささる」「—・く窓外に目をやる」注意「何げなく」「何げなしに」を「何げに」と言うのは誤り。⬇ない(助動詞)〔使い方〕(6) ❷〔俗〕〈連体形で〉なんら変わったところのない意を表す。取りたてるほどでもない。何ということもない。‖「—日常を描く」「—風景に安らぎを感じる」派生 -さ

なにげなし-に【何げなしに(何気無しに)】〔副〕何げなく。‖「—言ったことばが彼を傷つけた」注意⬇何げない

なに-ごと【何事】〔名〕❶どのような事柄。どんなこと。‖「—が起こったのだろう」「—かと思ったら、そんなこ

とか」❷あらゆること。何もかも。万事。≡「―も辛抱が肝心だ」「―によらず命に従う」❸相手をとがめるときに用いる語。どうしたこと。何ということ。≡「逃げ出すとは―か」

なに-さま【何様】 **一**〔名〕様を付けて呼ばれるような偉い人。≡「いったい―のつもりだ」▼多く皮肉の意を込めて使う。**二**〔副〕〔古風〕心の中でそれと納得するさま。なるほど。いかにも。≡「―そんなこともあるだろう」

なに-しろ【何しろ】〔副〕他の事情はどうであれ。なんにしても。ともかく。≡「―忙しくて食事をとる時間もない」

なに-せ【何せ】〔副〕なんにせよ。何しろ。なんせ。

なにとーぞ【何▽卒】〔副〕相手に強く懇願する気持ちを表す語。どうぞ。どうか。≡「―お許しください」「―よろしくお願いします」 使い方 ⬇どうぞ

なに-なに【何何】 **一**〔代〕不明・不確定な事物を並列して指し示す語。また、一つ一つの事物を具体的にいう必要のないときにそれらを指し示す語。≡「認可の申請には―が必要ですか」「一つ―、二つ―と列記する」 **二**〔感〕相手のことばなどを確認するとき、また相手のことばなどに反問するときに発する語。≡「―、もう一度言ってくれ」「―、金を貸してくれだって」

なににも-まし-て【何にもまして（何にも増して）】〔連語〕ほかの何ものよりも。いちばん。最も。≡「―健康が大切だ」

なには-さておき【何はさておき】〔連語〕ほかの事はひとまずさしおいても。まず第一に。≡「―資金が必要だ」

なには-ともあれ【何はともあれ】〔連語〕ほかの事はどうであろうとも。ともかく。≡「―連絡だけはしておこう」「―無事でよかった」

なには-なくとも【何は無くとも】〔連語〕格別のものはなくても。ほかのものはさしおいても。≡「―健康で暮らせれば結構だ」

なに-びと【何人】〔名〕どのような人。いかなる人。なんぴと。≡「―たりとも入山を許さず」

なに-ひとつ【何一つ】〔副〕〈下に打ち消しを伴って〉ひとつも。少しも。≡「―知らない」

なに-ぶん【何分】 **一**〔名〕はっきりしない内容を表す。また、はっきり決まっていない数量を表す。なんらか。いくらか。≡「当局から―の指示があるだろう」「―（か）の寄付をする」 **二**〔副〕❶相手の好意や適切な処置を願う気持ちを表す。なにとぞ。どうぞ。≡「―よろしくお願いします」❷なんといっても。なにしろ。≡「―まだ子供なので…」

なに-ぼう【何某】〔名〕名前を明らかにしないで一定の人をさす語。また、名前がわからない人をさす語。だれそれ。なにがし。

なに-ほど【何ほど（何程）】 **一**〔名〕❶特定できない数量を表す。どれほど。いかほど。どれくらい。≡「―の米を用意しておこうか」▼副詞的にも使う。❷〈反語の表現で〉大したことはない、の意を表す。≡「少しぐらい打たれたとて―のことがあろう」 **二**〔副〕どのように。どんなに。≡「―頼まれてもお請けできません」

なに-も【何も】〔連語〕❶〈「…も何も（すべて）」などの形で、下に欠如などの意を表す語を伴って〉同類のすべてに関心が及ぶ意を表す。どんなものも。なにもかも。≡「屋敷も―すべてが灰燼（かいじん）に帰した」「仕事も―忘れて休暇を楽しむ」❷〈下に打ち消しを伴って〉全面的な否定を表す。全く〔少しも〕…ない。≡「見るべきものは―ない」「―知らない」「―見てはいけない」❸〈下に「…ことはない（必要）」「…なくてもいい（許容）」などの表現を伴って〉特にとりたてて…する必要がない意を表す。≡「―そんなに怒ることはない」「―無理に出席しなくてもいいのよ」

なにも-かも【何も▽彼も】〔連語〕何事も。すべて。何もかにも。≡「もう―いやになった」

なに-もの【何物】〔名〕どのようなもの。いかなるもの。≡「健康は―にも代えがたい」「恥辱以外の―でもない」

なに-もの【何者】〔名〕❶名前・身分などのわからない人をさす語。どのような人。だれ。≡「―かが侵入したらしい」「―だ、名を名乗れ」❷あらゆる人。いかなる人。何人（なにびと）。≡「―も近寄ることができない」

なにや-かや【何や▽彼や】〔連語〕あれやこれや。いろいろ。≡「―で出費がかさむ」「―とやかましい」

なに-やつ【何▽奴】〔名〕どんなやつ。どいつ。何者。

なに-やら【何やら】〔副〕実体・理由などがはっきりしないさま。何かわからないが。どういうわけか。≡「―白い影が見える」「―嬉しくなってきた」

なに-ゆえ【何故】〔ユ〕〔副〕〔二〕どういうわけで。どうして。なぜ。≡「―（に）辞職したのか」

なに-より【何より】〔名・副〕他のどんな物事よりもよいこと。この上ないこと。≡「―のプレゼントをありがとう」「お変わりなくて―です」「無事に帰国できて―うれしい」

なにわ【▽難▽波・▽浪▽速・▽浪▽華・▽浪▽花】〔ハニ〕〔名〕大阪市の旧称。また、大阪の通称。

◉**難波の葦（あし）は伊勢（いせ）の浜荻（はまおぎ）** 物の呼び名や風俗・習慣は土地土地によって異なるものだということ。▼難波で「あし」と呼ぶ植物を伊勢では「はまおぎ」と呼ぶ意から。

なにわ-ぶし【▽浪▽花節（▽難▽波節）】〔ハニ〕〔名〕❶三味線を伴奏とする語り物。江戸末期、説経節や祭文の影響を受けて大坂で成立した。義理人情を主題とするものが多い。❷義理や人情を重んじ、古風で通俗的なこと。また、その人。≡「恩返しだなんて、君も―だな」

なぬ-か【七日】〔名〕⬇なのか

な-ぬし【名主】〔名〕江戸時代、郡代・代官の下で、村政を担当した村の長。▼主に関東で言った。関西では庄屋、東北・北陸などでは肝いりと言った。

な-の〔連語〕❶念を押す意、または断定する意を表す。≡「この部屋はとても静か―」「あの人の方が年上―」❷疑問の意を表す。≡「この地方は冬でも暖か―？」「イルカってクジラの仲間―？」◈形容動詞の連体形語尾「な」または助動詞「だ」の連体形「な」＋助詞「の」。

ナノ【nano】（造）単位の上に付いて、その一〇億分の一の意を表す。記号n ≡「―メートル」

なの-か【七日】〔名〕❶七つの日数。七日間。❷月の七番目の日。≡「七月―」「―正月（＝七草がゆを炊いて祝う一月七日のこと）」◈「なぬか」の転。

な-の-だ〔連語〕「のだ」が、体言、形容動詞・助動詞「ようだ」「そうだ」の語幹などを受けるときの形。≡「その態度が問題―」「君のことが好き―」「何か悩んでいるよう―」「失敗したのは計画が甘かったから―」▼形容動詞の連体形語尾「な」または助動詞「だ」の連体形「な」＋格助詞「の」＋断定の助動詞「だ」。使い方 (1)連用形「なので」は理由を表す接続助詞として使う。≡「遠方なのでなかなか会えない」(2)丁寧形は「なのです」。くだけた言い方は「なんだ」。

なーので【接】〔新〕前に述べたことを理由として、その帰結を導く意を表す。〓「明日から早朝練習だ。ー、早く寝た方がいいよ」使い方 (1)「早朝練習なので」を、「早朝練習だ。なので…」のように分けて、接続詞として使いはじめたもの。新しい使い方で、くずれた感じを伴う。(2)「だから」が理詰めで強い感じをもつのに対して、「なので」にはやわらかなニュアンスや、成り行き上、仕方なくというニュアンスがある。丁寧な言い方として「ですので」も使われるが、標準的でない。

品格 したがって「懸念が残る。ー、観察を続けよう」そのため「旅行をすることになった。ー、新しい鞄を買った」だから「締め切りが明日だ。ー、焦っている」ゆえに「彼は潔癖症だ。ー、苦労が多い」よって「右辺と左辺は等しい。ー、答えは…となる」

ナノテクノロジー［nanotechnology］【名】ナノメートル（一〇億分の一メートル）という超微細な単位を扱うことを目ざす技術。電子工学・機械工学・医学などの分野で応用される。ナノテク。

なーのーはな【菜の花】【名】アブラナの花。菜種の花。

なーのり【名乗り（名▽告り）】【名】❶自分の名前を告げること。特に、武士が戦場などで、自分の姓名・家系・身分などを大声で告げること。❷公家・武家の男子が元服の際に幼名や通称に代えてつける名。幼名「牛若丸」、通称「九郎」に対する「義経」の類。

◉**名乗りを上・げる** ❶武士が戦う前に自分の名前を敵に大声で告げる。また、一般に自分の名を告げて世間に広く知らせる。〓「新政党がー」❷競争に加わることを表明する。立候補する。〓「オリンピック開催地としてー」「助役が市長選にー」◈近年、一語化した「名乗り上げる」の形も見られるが、標準的でない。〓「×市長選に名乗り上げる」

なのり・でる【名乗り出る】【他下一】自分の姓名などを告げて出る。自分がその当人だと申し出る。〓「実の母だとー」「我こそはと思う者はーでよ」

なーの・る【名乗る（名▽告る）】【他五】❶自分の姓名・身分などを相手に告げ知らせる。〓「受付で名をー」「ーほどの者ではない」❷自分の名として用いる。称する。〓「改名して吉田と／をー」❸自分がその当人であると申し出る。名乗り出る。〓「自分が犯人だとー・って出る」◈書き方「名のる」も多い。名 名乗り

ナパームーだん【ナパーム弾】【名】ナフサ・パーム油などを主成分とする強力な油脂焼夷弾。爆発すると高温で燃焼し、広範囲を焼き尽くす。▽napalm bombの訳。

ナビ【名】❶「ナビゲーター」の略。❷「ナビゲーション」の略。❸「ナビゲート」の略。

なび・く【▼靡く】【自五】❶風や水の勢いに従って横に倒れるように揺れ動く。〓「煙［旗］が風にー」「長い髪を風にー・かせる」❷相手の意思や威力に引き寄せられて従う。〓「将軍の威光にー」❸異性などに言い寄られて受け入れる。〓「口説いたがー・かない」

ナビゲーション［navigation］【名】❶航海術。航空術。❷案内。〓「カーー」❸自動車ラリーなどで、助手が運転者に速度・走行位置・進路などを指示すること。

ナビゲーター［navigator］【名】❶操縦士。航海士。❷案内役。進行役。❸自動車ラリーなどで、運転者に速度・走行位置・進路などを指示する同乗者。

ナビゲート［navigate］【名・他サ変】進路を示すこと。案内すること。〓「目的地までの道順をーする」

なーびろめ【名広め・名披露目】【名】芸人が襲名したときや商店が開店したとき、その芸名や店名を世間に知らせ広めること。

ナプキン［napkin］【名】❶食事のとき衣服の汚れを防ぐために膝や胸にかける布や紙。ナフキン。❷生理用のパッド。

ナフサ［naphtha］【名】原油を分留して得られる低沸点の軽質油。精製してガソリンにするほか、石油化学製品の原料として重要。粗製ガソリン。ナフタ。

なーふだ【名札】【名】姓名を記した札。

ナフタレン［Naphthalene］【名】芳香族炭化水素の一つ。コールタールを精製して得る白色板状の結晶で、特有の臭気をもつ。防虫・防臭剤に用いるほか、合成化学工業の原料として重要。ナフタリン。

なぶりーごろし【▼嬲り殺し】【名】すぐには殺さないで、もてあそび苦しめながら殺すこと。

なぶりーもの【▼嬲り物・▼嬲り者】【名】もてあそばれ苦しめられるもの。なぐさみの対象とされるもの。

なぶ・る【▼嬲る】【他五】❶面白がっていじめ苦しめる。また、ばかにしてからかう。愚弄する。〓「猫がネズミをー」「古参兵が新兵をー」❷手でもてあそぶ。また、もてあそぶようにいじる。〓「所在なげに扇子をー」

なべ【鍋】【名】❶食物を煮炊きするために使う、金属製または陶器製の器。ふた・取っ手・つるなどが付き、釜よりも浅い。❷「鍋物」「鍋料理」の略。〓「今夜はーにしよう」「寄せー」

なべーかま【鍋釜】【名】鍋と釜。最低限の生活用具のたとえにも使う。〓「ーまで質に入れる」

なべーずみ【鍋墨】【名】鍋や釜の尻についたすす。

なべーぞこ【鍋底】【名】❶鍋の底。❷底をついた状態。最も低く落ち込んだ状態。〓「ー景気」

なべーづる【鍋▼鉉】【名】なべに取り付けたつる。

なべーづる【鍋鶴】【名】冬鳥として鹿児島県出水市と山口県周南市に渡来するツル科の鳥。体は暗灰色で、頭と首が白い。特別天然記念物。

なべーて【▽並べて】【副】おしなべて。一般に。総じて。〓「どの企業もー景気が悪い」

なべーはだ【鍋肌】【名】中華鍋などの内側の側面または全体のこと。〓「ーに油をなじませる」「醤油をーから回し入れる」

なべーぶぎょう【鍋奉行】【名】〔新〕鍋料理を食べるとき、食材を入れる順序や食べ頃などをあれこれと指図する人。

なべーもの【鍋物】【名】鍋で煮ながら食べる料理の総称。水炊き・寄せ鍋・ちり鍋・すき焼きなど。鍋料理。

なべやきーうどん【鍋焼き▼饂▼飩】【名】小さな土鍋で一人前ずつ煮込んだうどん。ネギ・鶏肉・かまぼこ・卵・てんぷらなどの具を入れ、鍋から直接食べる。

なべーりょうり【鍋料理】【名】➡鍋物

なーへん【那辺・奈辺】【代】どのあたり。どこ。〓「その真意はーにありや」

ナポリタン［napolitain フランス］【名】炒めたスパゲッティにトマトソースをからめ、パルメザンチーズをふりかけた料理。スパゲッティナポリタン。▽ナポリ風の意。

なま【生】■【名】❶【形動】野菜・魚・肉などの食べ物を煮たり焼いたりしていないこと。〓「野菜をーで食べる」「ーの肉」「ー卵」❷【形動】作為などがなく、ありの

ままであること。▷「市民の—の声を聞く」❸［形動］演技・演奏などをその場で見たり聞いたりすること。また、録音・録画などによらないで、直接放送すること。▷「—の演奏を聞く」「—放送」❹「生意気」の略。▷「—を言うんじゃない」❺「生ビール」の略。■［接頭］〈名詞・形容詞などに付いて〉❶それが自然のままの状態である意、新鮮な状態である意を表す。▷「—水・—爪(づめ)」「—傷・—首」❷まだ不十分である意、中途半端である意を表す。▷「—返事・—煮え・—乾き・—あくび・—兵法(びょうほう)」❸その程度が少しばかりである意、何となくそう感じられる意を表す。▷「—ぬるい・—暖かい・—白い・—やさしい」

なま-あくび【生〈欠伸〉】［名］十分に出ない、中途半端なあくび。

なま-あげ【生揚げ】［名］❶揚げ方が十分でないこと。また、そのもの。❷豆腐を厚く切って軽く揚げたもの。厚揚げ。

なま-あし【生足】［名］〔新〕ストッキングやタイツなどをはかない足。素足。

なま-あたたか・い【生暖かい】［形］なんとなく暖かいと感じる。▷「—風が吹く」派生 -さ

なま-いき【生意気】［名・形動］自分の能力や年齢をわきまえずに出すぎた言動をすること。▷「—な口をきく」派生 -さ

な-まえ【名前】ヘ|マ［名］❶ある事物を他の事物と区別するための呼び方。名称。名。▷「難しい—の病気」「この花の—は何ですか」「雑誌の—を変更する」❷ある人を他の人と区別するための呼び方。姓名、姓・名のどちらか、愛称など。▷「投票用紙に候補者の—を書く」「—を呼ばれたらお入りください」「ネットでは本名とは違う—(=ハンドルネーム)を使う」▽俗に、姓を「上の名前」、名前③を「下の名前」と言って区別することもある。✓注意「お名前をいただけますか[頂戴できますか]」「お名前お願いします」「お名前よろしいでしょうか」などの言い方は不適切。⬇いただける ❸姓に対する名。▷「子供の—を考える」「姓はわかるが、—がわからない」

なまえ-まけ【名前負け】ヘ|マ［名・自サ変］名前がりっぱすぎて実物が劣ってみえること。▷「子供に聖人の名を付けるなんて、—をするよ」✓注意 相手の評判・名声に臆(おく)する意で使うのは誤り。▷「×相手が優勝校ということで名前負けしてしまった」

なま-がし【生菓子】ワ|シク［名］❶主に餡(あん)を使って作る日持ちのしない和菓子。餅(もち)菓子・蒸し菓子・饅頭(まんじゅう)・練り切りなど。⇔干菓子 ❷生クリーム・果物などを使って作る日持ちのしない洋菓子。

なま-かじり【生▼齧り】［名］物事を中途半端に知っているだけで本質を理解していないこと。▷「—の知識」

なま-かべ【生壁】［名］❶塗ったばかりでまだ十分に乾いていない壁。❷藍(あい)がかったねずみ色。また、茶色がかったねずみ色。▽「生壁色」の略。

なま-かわ【生皮】ハカ［名］生のままの皮。生のままでまだ加工していない皮。▷「—をはぐ」

なま-がわき【生乾き】ハキ［名］まだ十分に乾いていないこと。

なま-き【生木】［名］❶地に根を張って生きている樹木。❷切ったばかりでまだ乾いていない木。

◉**生木を裂(さ)く** 相思相愛の二人をむりに別れさせる。

なま-きず【生傷】［名］新しい傷。受けたばかりの生々しい傷。▷「—が絶えない」

なま-ぐさ【生臭】［名］❶生臭いこと。また、そのもの。❷魚肉や獣肉。生臭物。❸「生臭坊主」の略。

なま-ぐさ・い【生臭い(▼腥い)】［形］❶生の魚や獣肉のにおいがするさま。また、生き血のにおいがするさま。▷「魚をつかんだ手が—」❷僧が戒律を守らずに堕落しているさま。▷「—坊主」❸物事に生々しい欲望や利害がからんでいるさま。▷「派閥をめぐる—話」派生 -さ

なまぐさ-ぼうず【生臭坊主】バウズ［名］戒律を守らずに堕落した僧。また、俗気の多い僧。▽生臭物を食べる坊主の意から。

なまぐさ-もの【生臭物】［名］魚肉・獣肉など、生臭い物。また、それを使った料理。⇔精進物(しょうじんもの)

なま-くび【生首】［名］切り落として間のない生々しい首。

なま-くら【▽鈍】［名・形動］❶刃物の切れ味が悪いこと。また、その刃物。▷「—な／の包丁」❷体力が弱いこと。▷「運動不足で体が—になる」❸怠けてばかりいて、だらしがないこと。また、そのような人。▷「—な人」派生 -さ

なま-クリーム【生クリーム】［名］牛乳から分離した脂肪分。洋菓子や料理の材料にする。▽乳酸発酵させたものはサワークリーム、砂糖・香料などを加えて泡立てたものはホイップクリームと呼ぶ。

なまけ-もの【〈樹▼懶〉】［名］中南米の森林にすむアリクイ目ナマケモノ科の哺乳(ほにゅう)類の総称。体形は猿に似るが、尾は短い。日中は爪をかけて木の枝にぶらさがり、ほとんど動かない。ミツユビナマケモノ・フタユビナマケモノなど。

なまけ-もの【怠け者】［名］怠ける人。怠けてばかりいる人。

◉**怠け者の節句働(せっくばたら)き** ふだん怠けている者に限って、世間の人が休む日になると働き出すものだ。

なま・ける【怠ける(▼懶ける)】［他下一］労力を惜しんですべきことをしないですます。ずるける。▷「レッスンを—」「ぐうたらぐうたら—けていないで少しは仕事をしなさい」文なま・く

なま-こ【〈海▼鼠〉】［名］❶海底にすむ、ナマコ綱に属する棘皮(きょくひ)動物の総称。体は円筒形で、背面には多くの突起がある。マナマコ・キンコなどは酢の物にして生食するほか、干して中華食材の海参(いりこ)に加工する。▽腸を塩辛にしたのが、海鼠腸(このわた)。❷製錬した鉄・銅・鉛などを型に流し込んで固めたもの。▽形が①に似ることから。

なまこ-いた【〈海▼鼠〉板】［名］断面が波形をしたトタン・スレート・プラスチックなどの板。屋根や壁に用いる。波板。

なま-ごみ【生▼塵・生▼芥】［名］魚・野菜などのくずや食べ残しなど、台所から出る水気を含んだごみ。

なま-ゴム【生ゴム】［名］ゴム植物の樹液(ラテックス)に酢酸を加えて凝固させたもの。ゴム製品の原料とする。

なま-ごめ【生米】［名］生の米。まだ調理していない米。

なまこ-もち【〈海▼鼠〉餅】［名］ナマコのような半円筒形に作った餅。小口切りにしてかき餅などにする。

なま-ごろし【生殺し】［名］❶痛めつけて死ぬばかりの状態にしておくこと。半殺し。▷「蛇を—にする」❷物事の決着をつけないで、相手が困るような中途半端な状態にしておくこと。▷「下請けの会社を—の目にあわせる」

なま-コン【生コン】[名] すぐ使えるように練ってあるコンクリート。ミキサー車で攪拌(かくはん)しながら工事現場に運ぶ。▼「生コンクリート」の略。

なま-ざかな【生魚】[名] 煮焼きしていない、生のままの魚。

なま-ざけ【生酒】[名] 醪(もろみ)からしぼっただけで、殺菌のための加熱処理をしていない酒。

なまじ [副] ❶あることをすると仮定して、無理にそうしない方がよいさま。…すればかえって。「—会ったら別れられなくなる」❷[形動] むしろそうでなかった方がよいくらい中途半端な状態であるさま。「—知ってる相手だから断りづらい」「—口出しはしないほうがいい」◈「なまじい」の転。「なまじっか」とも。もとの用字は、「▼憖」「▼憗」など。

なまじっか [副・形動]「なまじ」のくだけた言い方。▼もとの用字は、「▼憖っか」「▼憗っか」など。

なます【▼膾・▼鱠】[名] ❶生の魚介類を刻んで調味した酢にひたした料理。❷大根・にんじんなどの野菜を刻んで調味した酢であえた料理。

なまず【▼癜】[名] 癜風(でんぷう)菌によって皮膚に白または褐色の斑紋(はんもん)が生じる皮膚病。白なまず・黒なまずなど。

なまず【▼鯰】[名] 川・湖沼などの砂泥底にすむナマズ目ナマズ科の淡水魚。頭部は平らで大きく、四本のひげをもつ。体表はぬるぬるして、うろこはない。食用。▼大ナマズが地中であばれると地震が起こるという俗信がある。

なま-たまご【生卵・生玉子】[名] 焼いたりゆでたりしていない、生のままの卵。

なま-ちゅうけい【生中継】[名・他サ変] ラジオ・テレビなどで、録音や録画ではなく、現場から直接その状況を中継放送すること。実況中継。

なまっ-ちょろ・い [形]〔俗〕態度やり方が甘く、厳しさが足りないさま。甘っちょろい。

なまっ-ちろ・い【生っ▽白い】[形] 少し白い。何となく白い。また、いやに白い。「—肌」「病み上がりの—顔」▼「なまじろい」の転。

なま-つば【生唾】[名] さまざまな刺激によって、自然に口の中にわいてくるつば。なまつばき。

◉**生唾を飲み込・む** 目の前にあるものが欲しくてたまらなくなる。「豪華な料理を見て思わず—」

なま-づめ【生爪】[名] 指に生えているままのつめ。「—をはがす」

なま-テープ【生テープ】[名] 未使用の磁気テープ。

なま-なか【生中・生▽半】■[形動] 中途半端なさま。なまはんか。「—な板前よりも腕がいい」■[副] 中途半端で、むしろそれをしない方がよいさま。なまじっか。「—同情などしてもらいたくない」

なまなま-し・い【生生しい】[形] きわめて新しい感じがするさま。また、その場の情景を目の前に見るように現実的であるさま。「—事故現場」「被災者の—体験談」派生 -さ

なま-にえ【生煮え】[名・形動] ❶まだ十分に煮えていないこと。❷態度などがあいまいで、はっきりしないこと。「—の返事」

なま-にく【生肉】[名] 生の肉。火を通していない肉。

なま-ぬる・い【生▽温い】[形] ❶液体や気体の温度が気温や体温に近づいて、不快な暖かさである。「—風」「ビールが—くて飲めやしない」❷処置がいい加減で厳しさに欠けるさま。てぬるい。「—対策」派生 -さ

なま-ハム【生ハム】[名] 長期間塩漬けにして発酵させた骨付きの豚肉を低温で燻煙(くんえん)し、加熱殺菌しないで作るハム。

なま-はんか【生半可】[名・形動] 中途半端であること。不十分であること。「—の知識」「—な勉強では合格はおぼつかない」

なま-ビール【生ビール】[名] 醸造したままで、加熱殺菌していないビール。なま。ドラフトビール。

なま-びょうほう【生兵法】[名] ❶中途半端に兵法を心得ていること。未熟な兵法。❷中途半端にしか身についていない知識や技術。

◉**生兵法は大怪我(おおけが)のもと** 生かじりの知識や技術に頼ると、かえって大失敗をするということ。

なま-ふ【生▼麩】[名] グルテンを主材料として蒸してできる食品。蒸して吸い物や煮物の具にする。⬇焼き麩

なま-フィルム【生フィルム】[名] 未使用のフィルム。

なま-へんじ【生返事】[名・自サ変] 気ののらないときなどの、いい加減な受け答え。気のない返事。

なま-ほうそう【生放送】[名・他サ変] ラジオ・テレビなどで、録音・録画したものではなく、スタジオや現場から直接放送すること。また、その放送。

なま-ぼし【生干し(生▽乾し)】[名] 十分に干し上げないこと。また、そのもの。「—のサンマ」

なま-み【生身】[名] ❶現に生きているからだ。いきみ。「—の人間」❷生のままの魚肉。

なま-みず【生水】[名] 飲料にする水で、煮沸していないもの。

なま-めかし・い【▽艶めかしい】[形] 容姿やしぐさなどが色っぽいさま。また、情事にかかわるさま。艶(つや)っぽい。「—声」「—手紙」派生 -げ／-さ

なま-め・く【▽艶めく】[自五] 色っぽいようすになる。色気を感じさせる。「—・いた姿」

なま-めん【生麺】[名] 加熱・乾燥などの処理をしていない麺。

なま-もの【生物】[名] 加熱・乾燥・燻製・塩蔵などの加工をしていない食品。主に魚介類についていう。

なま-やけ【生焼け】[名] 魚・肉などが十分に焼けていないこと。また、そのもの。「—のステーキ」

なま-やさい【生野菜】[名] 生のまま食べる野菜。⇔温野菜

なま-やさし・い【生易しい】[形] 簡単にできるさま。たやすい。安易だ。「その資格を取るのは—ことではない」「すぐに終わるような—戦争ではない」▼下に打ち消しの語を伴って使う。派生 -さ

なま-ゆで【生▼茹で】[名] 十分にゆであがっていないこと。また、そのもの。「—の栗(くり)」

なま-よい【生酔い】[名] 少し酒に酔うこと。また、その人。

◉**生酔い本性(ほんしょう)違(たが)わず** 酒に酔っても本来その人がもっている性質は変わるものではないということ。

なまり【鉛】[名] 炭素族元素の一つ。単体は銀白色の軟らかい金属。重いが融点は低く、加工しやすいので用途は広い。耐食性にもすぐれる。元素記号Pb

なまり【▼訛り】[名] ある地方に特有の、標準語・共通語とは異なる発音。「東北[お国]—」

なまり-ぶし【なまり節】［名］鰹(かつお)の肉を蒸して一度だけ燻(いぶ)し乾燥させ、生干しにしたもの。煮付け・酢の物などにする。なまぶし。書き方「▽生り節」とも当てる。

なま・る【▼訛る】［自他五］ことばや発音がくずれる。また、ある地方に特有の、標準語・共通語とは異なる発音をする。〓「『あさひ』を『あさし』と―」名**訛り**

なま・る【▽鈍る】［自五］❶刃物の切れ味が悪くなる。にぶる。〓「刀が―」❷体力などが弱くなる。〓「運動不足で体が―」❸技量などが低下する。〓「腕が―」

なま-ワクチン【生ワクチン】［名］毒性の弱い生きたままの細菌やウイルスを含むワクチン。痘苗(とうびょう)・BCGなど。

なみ【並・並み】一［名］【並】❶特によくも悪くもないこと。ふつうの程度。〓「―の成績」「―の人間にはできない」❷商品などの等級が、中程度であること。〓「―の製品」「握りずしの―」「―肉」二（造）【並み】❶同じ種類のものが並んでいること。〓「山―・家―・町―」「足―・毛―」❷それぞれがみなそうであること。〓「軒―（に）断られた」❸同じ程度・部類であること。〓「昨年―の売り上げ」「人―の生活」「世間―」「真冬―の寒さ」

なみ【波】［名］❶風や振動によって水面に起こる上下運動。また、その運動をくり返している水面。波浪。〓「―の荒い海」「―が立つ」書き方「▽浪」「▼濤」とも。❷動きや形状が①のようにみえるもの。〓「人の―に押される」「稲穂が―を打つ」「甍(いらか)の―」❸起伏・高低などの変動がくり返されること。また、その変動が周辺に伝わっていくこと。〓「感情に―がある」「時代の―に翻弄される」「不況の―をかぶる」❹媒質の一点に生じた振動や変化が周囲に次々と伝わっていく現象。波動。〓「光の―」

◉**波に乗・る** ❶時代の風潮に適合する。時流に乗る。〓「国際化の―・って事業を起こす」❷調子が出る。調子に乗る。〓「あのチームは―と強い」

なみ-あし【並足】［名］❶速くも遅くもない、ふつうの歩調。❷馬術で、最もゆるやかな歩法。右前・左後ろ・左前・右後ろの順で四肢を一肢ずつ運ぶもの。ウォーク。常歩(じょうほ)。書き方「▽常足」とも。

なみ-いた【波板】［名］➡海鼠板(なまこいた)

なみ-い・る【並み居る】〔ナミヰル〕［自上一］その場にずらりと並んでいる。列座する。〓「―人々を驚かす」▼「並み」は、古語の動詞「並(な)む」の連用形。従って、一般に表内訓とされるが、正しくは表外訓である。文なみ・ゐる

なみうち-ぎわ【波打ち際】〔ハキ〕［名］海岸・湖岸の、そこまで波が打ち寄せる所。なみぎわ。なぎさ。

なみ-う・つ【波打つ】［自五］❶波がうねる。波が立って寄せてくる。〓「―岸辺」❷波のように高く低くうねる。波のように上下して揺れ動く。〓「太鼓腹が―」「風に吹かれて稲穂が―」

なみ-がしら【波頭】［名］高く盛り上がった波のいただき。波頭(はとう)。

なみ-かぜ【波風】［名］❶波と風。また、強い風に吹かれて波が立つこと。❷争いごと。もめごと。〓「社内に―が立つ」❸つらい事柄。〓「浮き世の―にもまれる」

なみ-き【並木】［名］街路・参道などに沿って一列に並べて植えた樹木。街路樹。〓「桜―」「―道」

なみ-じ【波路】〔ヂ〕［名］船の通う波の上を道に見立てた語。航路。

なみ・する【▽蔑する・▽無みする】［他サ変］ないものと考えて無視する。ないがしろにする。〓「老父を―なかれ」文なみ・す

なみ-せい【並製】［名］上製・特製などに対して、普通に作ること。また、その製品。〓「―のスーツケース」⇔上製・特製

なみ-せん【波線】［名］➡はせん（波線）

なみだ【涙（▼泪・▼涕）】［名］❶涙腺(るいせん)から分泌され、眼球をうるおしている透明な液体。悲しみ・感激・苦痛などを感じたときや、外部からの刺激を受けたときに多量に分泌される。〓「―があふれる」「―を流す」「聞くも―語るも―の（＝聞き手も語り手も泣いてしまうような悲しい）物語」❷人間らしい感情。人情。〓「血も―もない人だ」

◉**涙を呑(の)・む** 悲しさやくやしさをこらえる。〓「―・んで降伏する」

◉**涙を振(ふる)・う** 私情や同情を捨てる。〓「―・って断罪に処す」注意「ふるう」を「奮う」と書くのは誤り。

なみだ-あめ【涙雨】［名］❶悲しみの涙が化して降るという雨。❷ほんの少しだけ降る雨。

なみ-たいてい【並大抵】［名・形動］ふつうの程度であるさま。ひととおり。〓「―の苦労ではない」「彼の地の寒さは―でない」▼多く下に打ち消しを伴う。

なみだ-きん【涙金】［名］お情けで与えるわずかな金。特に、これまでの関係を絶つために与える金。なみだがね。

なみだ-ぐまし・い【涙ぐましい】［形］涙が出そうなほど、心に強く訴えるものがあるさま。〓「―努力を重ねる」派生-さ

なみだ-ぐ・む【涙ぐむ】［自五］目に涙をうかべる。泣きそうになる。〓「しかられて―」

なみだ-ごえ【涙声】〔ゴヱ〕［名］泣きそうな声。また、泣きながら話す声。

なみだ・する【涙する】［自サ変］涙を流す。泣く。〓「あまりの無念さに―」文なみだ・す

なみ-だ・つ【波立つ】［自五］❶波が起こる。また、波が高くなる。❷波のように起伏する。〓「風に吹かれて草原が―」❸動揺が起こる。また、もめごとが起こる。〓「不安で胸が―」

なみだ-ぶくろ【涙袋】［名］〔新〕目の下のふくらんだ部分。涙堂(るいどう)。

なみだ-め【涙目】［名］❶疲れなどで涙の出やすくなった目。❷涙ぐんだ目。〓「叱られて―になる」

なみだ-もろ・い【涙▼脆い】［形］ちょっとしたことにも感じて涙を流しやすいさま。〓「―人」派生-さ

なみ-なみ［副］液体が容器からあふれるほどいっぱいあるさま。〓「コップに酒を―とつぐ」

なみなみ-ならぬ【並並ならぬ】［連体］ひととおりでない。大変な。〓「―努力」

なみ-の-はな【波の花】［名］波のくだけ散る白い泡を花にたとえた語。

なみ-のり【波乗り】［名］❶船などが波のうねりに乗ること。❷板などを使って波のうねりに乗る遊び。サーフィン。

なみ-はず・れる【並外れる】〔ハヅ〕［自下一］普通とは目立って違っている。〓「―・れた語学力」「―・れて腕力が強い」文なみはづ・る

なみ-はば【並幅】［名］反物のごく一般的な幅。鯨尺(くじらじゃく)の九寸五分（約三六センチメートル）。小幅。

なみ-ま【波間】［名］❶波のうねりとうねりとの間。〓「椰子(やし)の実が―を漂う」❷波が寄せてくるまでの絶え

間。＝「ーをみて舟を出す」

なみ-まくら【波枕】［名］船中や海の近くで波の音を聞きながら旅寝すること。＝「ーを重ねる」

なみ-もり【並盛り】［名］食べ物を容器に普通に盛ること。また、その食べ物。＝「ーのチャーハン」

なみ-よけ【波▽除け】［名］波を防ぐこと。また、そのための設備。防波堤など。

なむ【南無】［名］仏・菩薩・三宝などを信じ敬い、心から帰依している気持ちを表すために唱える語。＝「ー八幡大菩薩」▽梵語 namas の音写。帰依するものの名に冠して感動詞的に使う。

なむ〔古風〕■一［副助］上の語を取り立てて、念を押す気持ちで強調する。＝「橋を八つ渡せるによりてなむ八つ橋といひける〈伊勢〉」▽文末を活用語の連体形で結ぶ。■二［終助］希望を表す。＝「小倉山峰のもみぢ葉心あらば今ひとたびのみゆき待たなむ」使い方 活用語の未然形に付く。◈上代の助詞「なも」の転。平安時代末ごろから「なん」とも。

なむ-あみだぶつ【南無▼阿▽弥▼陀仏】［名］阿弥陀仏に帰依する意を表す語。浄土宗では、阿弥陀仏の浄土に救済されることを願って唱える語。六字の名号(みょうごう)。なむあみだ。

なむ-さん【南無三】［感］「南無三宝■二」の略。

なむ-さんぼう【南無三宝】■一［名］仏・法・僧の三宝に帰依することを表す語。三宝に呼びかけ、仏の救いを求めるときに唱える語。■二［感］驚いたとき、失敗したときなどに発する語。南無三。＝「ー、しくじったか」

なむ-みょうほうれんげきょう【南無妙法▼蓮華経】(ーメウホフレンゲキャウ)［名］法華経に帰依する意を表す語。日蓮宗では、法華経の加護を求めて祈るときに唱える語。七字の題目。お題目。

ナムル【namul 朝鮮】［名］朝鮮料理の一つ。大豆モヤシ・ゼンマイ・ホウレンソウなどの野菜を醤油(じょうゆ)・ごま油・ニンニクなどで和えたもの。

なめくじ【〈▼蛞▼蝓〉】(ナメクヂ)［名］ナメクジ科の軟体動物。陸生の巻き貝だが、貝殻はない。淡褐色の体表は粘液におおわれ、前端に触角をもつ。塩をかけると体内の水分が出て縮む。ナメクジラ。ナメクジリ。

なめ-こ【滑子】［名］全体が粘質物におおわれるモエギタケ科の食用キノコ。天然にはブナなどの枯れ木に群生するが、市場には栽培物が出回る。

な-めし【菜飯】［名］刻んだ青菜を炊き込んだ飯。また、さっと湯がいた青菜を刻んで混ぜた飯。

なめし-がわ【▼鞣し革】(ーガハ)［名］なめして柔らかくした革。つくりがわ。

なめ・す【▼鞣す】［他五］動物の皮から毛や脂を除き、薬品で処理して柔らかくする。＝「馬の皮をー」

なめ-みそ【▼嘗め味▼噌】［名］魚・肉・野菜などを入れて調味した副食用の味噌。金山寺味噌・ゆず味噌・鯛(たい)味噌など。

なめ-もの【▼嘗め物】［名］なめ味噌(みそ)・ひしお・塩辛など、少量ずつなめるようにして食べる副食物。

なめ-らか【滑らか】［形動］❶物の表面に凹凸がなく、すべすべしているさま。また、つるつるしているさま。＝「ーな肌」「表面をーに磨く」❷よどみなく、すらすらと進むさま。＝「ーな口調で話す」「ーに回転する」派生 ーさ

な・める【▼嘗める・▼舐める】［他下一］❶舌先でなでるようにふれる。また、そのようにして味わう。＝「乾いた唇をー」「犬が傷口をー」「飴(あめ)をー」❷少しずつ味わいながら飲む。＝「ウイスキーのグラスをー」❸子供などを溺愛(できあい)する。＝「初孫をーようにかわいがる」❹(炎や火を舌に見立てて)火が燃え広がる。＝「炎が住宅街をー・め尽くす」❺残るくまなく覆いつくす。＝「カメラがーように被写体の上をはう」❻つらい思いを体験する。＝「辛酸[苦杯]をー」❼人をあなどって軽く見る。ばかにする。＝「相手をー・めてかかる」「素人にー・められる」◈形容詞「なめし(無礼し)」の動詞化ともいう。文 な・む　嘗

なめろう［名］包丁でたたいたアジやイワシなどの身に味噌(みそ)・ショウガ・ネギなどを加え、さらに粘りけが出るまでたたいたもの。千葉県の郷土料理。

な-や【納屋】［名］物を納めておく小屋。物置小屋。

なやまし・い【悩ましい】［形］❶悩みが多いさま。心が苦しくつらい。困難な状況である。＝「失意のうちにー日々を送る」「ー局面が続く」「ー問題」❷官能を刺激して心の平静を奪うさま。＝「寝姿がー」◈動詞「悩む」の形容詞化した語。近年②の意味に使われることが多いが、①の意味の方が原義で、古くから用いられてきた。派生 ーげ／ーさ

なやま・す【悩ます】［他五］悩むようにする。苦しめる。＝「工場騒音が住民をー」「頭をー難題」「悪臭にー・される」異形 悩ませる

なやま・せる【悩ませる】［他下一］⬇悩ます 文 なやま・す

なやみ【悩み】［名］❶悩むこと。精神的な苦しみ。＝「ーを打ち明ける」「ーの種」❷〔古風〕病気。わずらい。

なや・む【悩む】［動五］■一［自］❶結論や解決策が見いだせなくて、あれこれと思い苦しむ。＝「良心の呵責(かしゃく)にー」「人間関係でー」使い方 〜ヲに〈悩みの内容〉を表す語をとって他動詞としても使う。＝「いかに生きるべきかをー」❷体の不調や痛みに苦しむ。＝「腰痛にー・まされる」❸被害をこうむって苦しむ。＝「公害にー・まされる」■二〈動詞の連用形に付いて複合動詞を作る〉その動作が思うようにはかどらなくて苦しむ。＝「伸びー・行きー」名 悩み

な-よせ【名寄せ】［名］人・物・名所などの名を寄せ集めること。また、それを書き記したもの。＝「東海道名所ー」

なよ-たけ【▽弱竹】［名］細くてしなやかな竹。若竹。

なよ-なよ［副と］しなやかで弱々しいさま。＝「ー(と)したしぐさ」

なよ-やか［形動］しなやかでやわらかいさま。なよなよしているさま。＝「ほっそりとしてーな体」「扇を手にーに舞う」派生 ーさ

なら【▼楢】［名］❶山野に自生するブナ科の落葉高木。葉は倒卵形で、縁にぎざぎざがある。実は細長いドングリ。材は家具・器具・薪炭用。コナラ。ハハソ。❷コナラ・ミズナラ・ナラガシワなど、ブナ科の落葉または常緑高木の総称。

なら［接］「それなら(ば)」のくだけた言い方。ならば。＝「行きたくないのか？ー、やめよう」

なら［接助］❶後ろに述べることを導くための**仮定的条件**を表す。…ならば。＝「天気が悪くなるようなら下山しよう」「風邪なら寝ていなさい」「私に言わせるなら、君が間違っている」「彼がいたのなら、紹介してくれればよかったのに」❷事実ではないことを**想定**する。…ならば。＝「もしも空を飛べたなら、あなたのもとに飛んで行く」「もう少し早く着

いたなら間に合ったのに」❸〈主に体言に付いて〉後ろで叙述するものを提示する。…について言えば。…ならば。‖「新聞ならここにあるよ」「酒ならこれに限る」❹〈「AがAならBもBだ」の形で〉二つを比べてどちらもよくない意を表す。‖「親が親なら子も子だ」
◈文語助動詞「なり」の未然形「なら」から。
使い方 体言、および助動詞「(よ)う」「まい」「だ」を除く活用語の終止形に付く。形容動詞や助動詞「そうだ」「ようだ」の場合は語幹に付く。

ならい【習い】ナラヒ[名] ❶ならわし。習慣。❷世間によくあること。世の常。‖「有為転変は世の—」
◉**習い性**(せい)**となる** 習慣もたび重なると、ついには生まれながらの性質のようになってしまうということ。▼「習い(＝習慣)、性となる」の意。✓注意 (1)「習い性」を習性の意で一語のように使うのは誤り。‖「× 学生時代の習い性が抜けない」(2)「性」を「しょう」と読むのは誤り。

ならい-ごと【習い事】ナラヒ[名] 師について芸事・技術などを習うこと。また、習う事柄。稽古事(けいこごと)。

なら・う【倣う】ナラフ[自五] すでにある物事をまねてそのとおりにする。手本としてまねる。‖「先例に—」「西洋に—・った法制度」「友人に—・ってジョギングを始める」「号令で右へ—・え!」▼「習う」と同語源。

なら・う【習う】ナラフ[他五] 知識・技術などの教えを受ける。教わる。また、教わったことをくり返し練習して身につける。‖「アメリカ人に英語を—」「—・い覚えた技術」「子供に日本舞踊を—・わせる」
◉**習うより慣**(な)**れよ** 人に教えられるよりも、実際に経験を重ねたほうがよく覚えられる。

ならく【奈落】[名] ❶地獄。❷物事の行きつく果て。どん底。‖「すべてを失って—に沈む」❸劇場で、舞台や花道の床下。回り舞台・せり出しなどの装置がある。

ならく-の-そこ【奈落の底】[名] ❶地獄の底。❷抜け出すことができないほど困難な状態。

なら・す【▽均す・▽平す】[他五] ❶地面などの高低や凹凸をなくす。平らにする。‖「土地[グラウンド・火鉢の灰]を—」❷平均する。‖「利益を—・して配分する」「月に—と五冊の本を読む」

なら・す【▽生らす】[他五] ➡ 生らせる

なら・す【慣らす(▼馴らす)】[他五] ❶少しずつ何度も行ってある状態や環境になじむようにする。順応させる。‖「準備運動をして体を—」「暗闇(やみ)に目を—」「履き—」❷動物を訓練して人になつくようにする。‖「鷹(たか)を—」「飼い—」◈ 書き分け (2)は【馴】が好まれるが、【慣】を使うことも多い。

なら・す【鳴らす】[他五] ❶吹いたりたたいたりして音を出す。(非意図的な動作や作用にもいう)‖「ボタンを押してブザーを—」「じゃらじゃらと鍵(かぎ)を—」使い方「鐘を鳴らす」のように〜ヲに〈道具〉(＝発声装置)をとる場合と、「鐘の音(ね)を鳴らす」のように〜ヲに〈結果〉(＝発声音)をとる場合とがある。後者は、鳴るようにして、その音を作り出す意。❷体の部分を使って音を出す。(非意図的な動作にもいう)‖「猫がごろごろとのどを—」「得意そうに鼻を—」❸その名を広く世間に知れ渡らせる。とどろかせる。響かせる。また、広く世間の評判をとる。‖「悪名を天下に—・した大泥棒」「豪速球で—・した投手」❹不平や不満を言いたてる。‖「不平を—」

ならず-もの【ならず者】[名] 手のつけようがないほど素行の悪い者。正業につかず、放浪して悪事を働く者。無頼漢。ごろつき。▼どうにもならない者の意。

なら・せる【▽生らせる】[他下一] 実がなるようにする。実を結ばせる。実らせる。‖「品種改良に努めて大粒の実を—」異形 ならす

ナラタージュ【narratage(フランス)】[名] 映画・テレビなどで、画面外の語り手が物語を補足していく技法。回想場面などで用いられる。▼narration(フランス)とmontage(フランス)の合成語。

なら-づけ【奈良漬け】[名] シロウリなどの野菜を酒粕に漬けた食品。▼昔、酒の産地だった奈良で創製したからという。

なら-では [連語] ❶〈下に打ち消しを伴って〉…でなくては。‖「あなた—出来ないことだ」❷…しかない。…だけ。‖「この土地—の名酒」「この発想は彼—だ」◈断定の助動詞「なり」の未然形「なら」＋接続助詞「で」＋副助詞「は」。✓注意「ならでわ」と書くのは誤り。

なら-ない [連語] ❶不可能の意を表す。…することができない。ならぬ。‖「もう我慢が—」「油断(が)—」「その一言、聞き捨て(に)—」❷〈「ては[では]ならない」の形で〉禁止を表す。…てはいけない。…てはだめだ。‖「後ろを振り返っては—」「結論を急いでは—」❸〈「て[で]ならない」の形で〉気持ちや感覚などが抑えようもなく起こってくる意を表す。しかたがない。‖「残念に思われて—」「不思議で—」❹〈「…なくてはならない」「…なければならない」「…ねばならない」などの形で〉義務・当然・必要などの意を表す。いけない。‖「不用意な発言は慎まなければ—」「チャンスは上手に利用しなければ—」❺〈指定の助動詞「だ」の連用形「で」＋「はならない」の形で〉打ち消しの意の決意を表す。‖「これでは—」
◈ 使い方 古風な言い方に「ならぬ」が、口頭語的・方言的な言い方に「ならん」がある。丁寧形は「なりません」。

なら-ぬ [連語]【古風】ならない。‖「油断が—やつだ」▼動詞「成る」の未然形＋打ち消しの助動詞「ぬ」。

なら-ぬ [連語]〈体言などに付いて〉…ではない。‖「ひとかた—御愛顧を賜る」「道—恋に落ちる」「ただ—気配がする」▼断定の文語助動詞「なり」の未然形＋打ち消しの助動詞「ず」の連体形。

なら-ば [接] それでは。なら。‖「責任者は不在らしい。—引き上げよう」

ならび【並び】[名] ❶並ぶこと。並んでいること。また、並んでいる状態。‖「銀行の—にある書店」❷並べて比べるもの。たぐい。比類。‖「天下に—もない剣客」

ならび-しょう・する【並び称する】[他サ変] すぐれたものとして並べて言う。並称する。‖「紫式部と—・される清少納言」文 ならびしょう・す

ならび-だいみょう【並び大名】ーダイミャウ[名] ❶歌舞伎の殿中の場面などで、大名に扮してただ並んでいるだけの役。また、それを務める下級の役者。❷名を連ねているだけであまり重要ではない人。

ならび-た・つ【並び立つ】[自五] ❶並んで立つ。‖「街道に—木」❷対等の位置に立つ。対等の勢力をもつ。‖「両雄—・たず」

ならび-な・い【並び無い】[形] 他に比べるものがないさま。たぐいない。‖「天下に—剣豪」

ならび-に【並びに】[接] および。‖「住所・氏名、—年齢を明記してください」使い方 ➡ 及び

なら・ぶ【並ぶ】[自五] ❶人が同じ方向を向いて列

をつくる。また、隣り合って位置する。「開店前から客が店先に―んでいる」「二人―んで歩く」❷物が列をなして配置される。また、(秩序正しく)配置される。「両側には土産物店がずらりと―んでいる」「会員の名前が五十音順に―んでいる」❸〈「…に/と並ぶ」の形で、連体形を使って〉程度に差がなく対等である。肩を並べる。匹敵する。「長打力では彼に―者がない」「世界記録に―好タイム」◈書き分け 対をなしてならぶ意で「▽双ぶ」、ずらりとならぶ意で「▽列ぶ」とも書くが、【並】が一般的。可能 並べる 名 並び

ならべ-か・える【並べ替える・並べ換える】 ハカエル[他下一]並んだものの順番を入れ替える。ソートする。「カードを―」▼「並び替える」とも。文 ならべか・ふ 名 ならべかえ

ならべ-た・てる【並べ立てる】[他下一]❶多くの物を一つ一つ並べる。「店頭に品物を―」❷次から次に列挙して言う。「相手の欠点を―」文 ならべた・つ

なら・べる【並べる】 **一**[他下一]❶列をつくるように位置させる。また、隣り合うように位置させる。「椅子を縦に―」「彼とは三年ほど机を―べて仕事をした」❷秩序正しく(次々に)置く。配置する。「食卓に料理を―」「盤に碁石を―」❸次々に言いたてたり提示したりする。並べ立てる。列挙する。「不平[弁解・証拠]を―」❹引き当ててその優劣などをくらべる。比較する。「両者を―べてみると実力の程が分かる」
◈書き方 対をなしてならべる意で「▽双べる」、ずらりとならべる意で「▽列べる」とも。文 なら・ぶ
二[自下一]「並ぶ」の可能形。並ぶことができる。

ならわし【習わし(▽慣わし)】 ナラハシ[名]しきたり。習慣。風習。「村の―」「冬至にカボチャを食べる―」

ならわ・す【習わす(▽慣わす)】 ナラハス[動五]
一[他]学習させる。習わせる。「子供に英会話を―」
二〈動詞の連用形に付いて複合動詞を作る〉いつも…する。する習慣になっている。「言い―・呼び―」

なり【▽形・▽態】[名]❶物の形。形状。❷からだつき。体格。「―ばかり大きい」❸服装。身なり。「そんな―で訪問しては失礼だ」

なり【▽生り】[名]実がなること。「今年の柿は―がいい」

なり【成り】[名]将棋で、駒が成ること。

なり【鳴り】[名]鳴ること。また、その音。「海―・耳―」
◉**鳴りを潜(ひそ)める** ❶物音をたてないで静かにする。「―めて状況を見守る」❷表だった活動をしないでじっとしている。「―めていた作家が新作を発表した」

なり[助動 形動型](なら-なり・に-なり-なる-なれ-(なれ))[古風]❶一致していること、資格があることなどの意を表す。…である。…だ。「本日は晴天―」「逆もまた真―」「歳は八つなれど身躰も大きし力もある〈一葉〉」❷〈場所を表す語に付いて〉そこに存在する意を表す。…にある。「自らの内なる思い」「小諸(こもろ)なる古城のほとり〈藤村〉」❸〈名詞に付いて〉その名を持つ意を表す。…という。「ロートリンゲンなる王国」「前衛芸術なるもの」
◈格助詞「に」+文語動詞「あり」の「にあり」の転。使い方 体言および活用語の連体形、その他いろいろな語に付く。②③は主に連体形「なる」の形で使う。

なり **一**[副助]❶〈「AなりBなり」の形で〉いくつかのうちから随意にどれかを選ぶ意を表す。「中から一つなり二つなり持って行け」「殴るなり蹴(け)るなり好きにしてくれ」「大なり小なり欠点はある」
❷〈「AなりBなり」の形で、Bに不定の語をとって〉Aを一例として示しながらも、他に類似のものがあることをほのめかす。「フランスなりどこなり、好きなところで暮らすがいい」「休暇を取るなりなんなりして休め」
❸他にも選択肢があるかもしれないという含みで一例を示す。「ご両親になり相談したほうがよい」「運動をするなりしてみてはどうか」「せめて電話するなりしておけばよかった」
◈指定の文語助動詞「なり」から。使い方 名詞や動詞の終止形などに付く。
二[接助]❶〈動詞などの連体形に付いて〉ある動作の成立とほとんど同時に次の動作・作用が起こるときの、先行の動作を表す。「帰るなり部屋へ閉じこもってしまった」「一目見るなり病気だと分かった」
❷〈過去の助動詞「た」の連体形に付いて〉ある動作の成立後に次の動作に移らずにそのままの状態が続くときの、先行の動作を表す。…まま。「坐りこんだなり動かない」「服を着たなり寝てしまった」
◈動詞「成る」の連用形「成り」から。

なり[接尾]❶〈名詞に付いて〉…のような形の意。「弓―に反(そ)る」「山―のスローボール」▼もとの用字は「▽形」。❷〈体言や形容詞連体形に付いて〉それにふさわしい、それに即応した意。…相応。「子供―に理屈が通っている」「私―に努力する」「道―に行く」「下手は下手―に頑張ればよい」❸〈動詞連用形(や連体形)に付いて〉…するままに従う意。「親の言い―になる」◈名詞「成り」「形(なり)」と同語源。

なり-あがり【成り上がり】[名]地位の低い人や貧しい人が高い地位に上ったり金持ちになったりすること。また、その人。「―者」▼多く軽蔑の気持ちを込めていう。動 なりあが・る(自五)

なり-かわ・る【成り代わる】 ナリカハル[自五]その人の代わりになる。代理をする。「本人に―・ってお詫び申し上げます」

なり-き・る【成り切る】[自五]すっかりそのものになる。「役に―」

なり-きん【成金】[名]❶将棋で、敵陣に入って金将と同じ働きをするようになった駒。❷急に金持ちになること。また、その人。「土地―」「―趣味」▼軽蔑の気持ちを込めていう。

なり-さが・る【成り下がる】[自五]地位・財産などを失ってみじめな境遇になる。落ちぶれる。

なり-すまし【成り済まし】[名]❶なりすますこと。「偽造旅券を使った―」❷ネットワーク上で、他人のユーザーIDやパスワードを盗み、その人になりすまして活動すること。またその活動。「―メール」

なり-すま・す【成り済ます】[自五]すっかり別のものになりきる。また、別のものであるようなふりをする。「彼女の兄に―」「刑事に―・して詐欺を働く」名 成り済まし

なり-たち【成り立ち】[名]❶あるものができあがること。また、できあがるまでの過程。「国の―を語る神話」❷いくつかの要素からできあがっているものの仕組み。構成。「文の―」

なり-た・つ【成り立つ】[自五]❶いくつかの要素が組み合わさってできあがる。構成される。なる。「水は

水素と酸素とから—っている」❷それを正当な基盤や条件として物事が成立する。〓「双方が合意に達して初めて契約が—」「そんな理不尽な弁解は—・たない」❸採算がとれたり収支が釣り合ったりして、商売や生活を続けることができる。〓「経営[生活]が—」名 **成り立ち**

なり-て【▽為り手】[名]それになる人。〓「委員長の—がない」

なり-と[副助]❶[古風]類似のものが他にあることを含みながら（最低の条件として）一つを示す。…でも。〓「よかったらお茶**なりと**召し上がれ」「せめて声**なりと**聞かせてほしい」❷〈不定の意を表す語に付いて〉随意に選択できる意を表す。…でも。〓「何**なりと**お申し付けを」「どこへ**なりと**行ってしまえ」❸[古風]〈「AなりとBなりと」の形で〉どれか一つを選択する意を表す。…なり。〓「煮る**なりと**焼く**なりと**勝手にしろ」◈副助詞「なり」＋接続助詞「と」。①②③ともに、「なりとも」「など」とも。

なり-どし【▽生り年】[名]果実のよくなる年。〓「柿の—」⇔裏年

なり-とも 一[副助]なりと。など。〓「願わくは消息**なりとも**知らせてほしい」▼副助詞「なり」＋接続助詞「とも」。二[接助]…ではあっても。…たりとも。〓「多少**なりとも**興味がある方はご参加ください」「どこへ**なりとも**お供します」▼指定の文語助動詞「なり」＋接続助詞「とも」から。改まった言い方で、語によっては古めかしく感じられる。

なり-は・てる【成り果てる】[自下一]落ちぶれてみじめな状態になる。〓「無一文に—」文 **なりは・つ**

なり-ひび・く【鳴り響く】[自五]❶大きな音が鳴って四方に響きわたる。〓「雷鳴が—」❷名声・評判などが世間に広く知れわたる。〓「天下に勇名が—」

なり-ふり【▽形振り】[名]身なりとそぶり。服装や態度。〓「—かまわず働く」

なり-もの【▽生り物】[名]❶果実のなる木。また、果実。くだもの。❷田畑からの収穫物。

なり-もの【鳴り物】[名]❶邦楽で、楽器の総称。❷歌舞伎の下座音楽で、笛・太鼓・大鼓・小鼓など、三味線以外の楽器。また、それを用いた囃子。

なりもの-いり【鳴り物入り】[名]❶鳴り物を使ってにぎやかにすること。〓「—の応援合戦」❷大げさな宣伝などをして、はでに騒ぎたてること。〓「—で登場した新製品」

なり-ゆき【成り行き】[名]物事が自然に推移していくようすや過程。また、その結果。〓「自然の—に任せる」「—で、朝まで飲んでしまった」

なり-わい【〈生業〉】ヒハ[名]生活をしていくための仕事。〓「製菓業を—とする」

なり-わた・る【鳴り渡る】[自五]❶音が鳴ってあたり一面に響く。〓「祝砲が—」❷名声・評判などが世間に広まる。〓「名工としてその名が天下に—」

な・る【▽生る】[自五]草木の実ができる。結実する。〓「実(み)が—」「ミカンが—」「瓜(うり)の蔓(つる)に茄子(なすび)は—・らぬ」▼「成る」と同語源。

な・る【成る（▽為る）】[動五]一[自]❶ある物事・事柄ができあがる。成立する。実現する。〓「為せば**成る**」「ローマは一日にして—・らず」「功—・り名遂ぐ」

❷〈「…からなる」の形で〉あるものがいくつかの要素からできている。組み立てられる。構成される。成り立つ。〓「水は酸素と水素から—」

❸〈多く「…の手になる」の形で〉その人の仕事によって作られた。…の制作・製作にかかる。〓「この詩は李白の手に—ものだ」「巨匠の筆に—名品」

❹〈「…になる」「…となる」「〜くなる」などの形で〉変化して別の事物に至る。また、ある経過をたどった結果としてある事物が生じる。〓「大人に—」「水が湯に—」「病気[好き]に—」「予定が変更に—」「私の身に—って考えてくれ」「騒然と—」「暑く—」使い方 ⑴「〜に」は、おおむね「〜と」と置き換えることができる。「〜に」は変化の到着先という趣が、「〜と」は結果物をそれと指定するという趣が強い。また、「〜と」のほうが、やや表現が古く硬い感じがある。⑵自分自身の変化を表す場合には、意図的な行為を表すこともある。〓「僕は医者に—ぞ！」

❺時間が経過して、ある時期・時刻、天候などに移る。〓「早く春に—・らないかなあ」「約束の時間に—・っても来ない」「明日は雨に—・りそうだ」

❻順当に考えると、それに相当する。他の何ものでもなく、これに違いないことを示していう。…に当たる。…だ。〓「痴漢は犯罪に—・ります」「この子は次男に—・ります」▼⑥は、現在そうであるという状態を表す。

使い方 ⑴「私も来年で六〇歳になります」は、これから到達する年齢を表す⑨の用法。「昨日、うちの四歳になる娘が…」「八〇になる父も元気でやっています」は現時点の年齢を表す⑥の用法。現在の年を「もう六〇歳になります」と答えると、「あなたにどう見えるか知らないが、実は」といったニュアンスを伴う。⑵「［客の注文した品を出すときに］こちらきつねうどんになります」のように、「…になります」が用いられることがある。⑥の「…になります」は、他の可能性も考えられる場面で、一つに絞られることを表すもので、きつねうどんを注文した客にきつねうどんを出すような、他の可能性が考えにくい場合には不自然になる。

❼あるものが一定の重要な役割を果たす。〓「この情報は捜査の参考に—」「そばにいるだけで頼りに—」「抑止力に—」「ごまをすっても何の足しにも—・らない」

❽〈「…になる」「…となる」の形で〉物事がそのように決まる。〓「集合場所は新宿駅に—・った」「振り駒によって田中君が先手と—」

❾ある数量に達する。〓「出費は合計して五万円に—」「来年で六〇歳に—」

❿それにふさわしい価値が成立する。〓「この光景は絵に—」「相手が彼では試合に—・らない」

⓫〈「…に（お）世話になる」などの形で〉他からその恩恵を受ける。…してもらう。〓「彼女にはいろいろとお世話に—・りました」「先輩にご馳走(ちそう)に—」

⓬将棋で、王将・金将以外の駒(こま)が敵陣に入って裏返され、飛車・角は金将と銀将の働きを併せ持ち、他の駒は金将と同じ働きをするようになる。〓「歩(ふ)が金に—」

⓭[古風]おでましになる。〜あそばす。〓「殿がお—・りになりました」▼非常に高い敬意を表す。

◈以下のような文型でも使う（それぞれの項目を参照）。⬇ことになる・こととなる・ようになる・となると・になると・となれば・となっては

使い方 しばしば、対応する他動詞文に「なす」ではなく「する」が用いられる。〓「水が湯になる／水を湯にする」「病気が気になる／病気を気にする」⬇する二⑦〜⑪

二[補動]❶〈「ならない」の形で〉⬇ならない②〜⑤

❷〈「て[で]なる（もの）か」の形で〉…てたまる（もの）か。〓「死んで—か」「負けて—ものか」

❸〈「お［ご］…になる」の形で、間に動詞連用形や漢語サ変動詞語幹が入って〉**尊敬** Aが…するという動作について、Aを高める。‖「先生がお読みに—」「皆さんがご心配に—・っています」「お試しに—・りますか」▽「お見えになる」「お召し上がりになる」は、「見える」「召し上がる」も敬語で二重敬語だが、一般化している。

✓注意 (1)「お［ご］…になる」の形では使いにくい動詞もある。‖「×お貰(もら)いになる・お死になる」
(2)「ご注文の品はおそろいになりましたでしょうか」は、「注文の品がそろった」の敬意表現で、客である「あなた」にではなく、「注文の品」に敬意を払った言い方になるため、誤り。レストラン側の行為として、「ご注文の品はそろっておりますでしょうか」のように言うか、客側の状態を表す「(お客様には)ご注文の品はおそろいでしょうか」のように言うのが適切。
(3)尊敬の「れる」を続けた「お…になられる」は二重敬語で、敬意過剰。‖「×先生がお越しになられた」「×どうぞご覧になられてください」⬇注意すべき「お」「ご」の敬語表現15(一八〇〇㌻)

◈書き方 □一①②⑫はかな書きも多い。③はかな書きが多い。④は「鶏口と為るも牛後と為るなかれ」など、慣用的に「為」と書くものもあるが、一般にかな書き。⑤〜⑪、並びに□二は、一般にかな書き。可能 **なれる**「信ずれば幸せになれる」名 **成り**

◉**なっていな・い** 非常に悪くて問題にならない。話にならない。なってない。なっとらん。‖「まるで態度が—」

◉**成らぬ堪忍(かんにん)するが堪忍** 我慢できないことを我慢するのが、本当の忍耐というものだ。

◉**なるようになる** 物事というものは自然のなりゆきに従うもので、人為でどうこうなるものではない。▽強めた言い方で「なるようにしかならない」と言う。

な・る【鳴る】［自五］❶音がする。‖「鐘［腹］が—」「ごろごろと雷が—」「出番はまだかと腕が—」使い方 〜ガに〈道具〉がくるが、「警報音が—」のように〈結果〉がくる場合もある。❷名声などが広く世間に知られる。‖「敏腕で—刑事」名 **鳴り**

なる-かみ【鳴神】［名］［古風］かみなり。

なる-こ【鳴子】［名］田畑を荒らす鳥獣を追い払うための仕掛け。小さな板に数本の竹筒をぶら下げたものを縄に掛け連ね、縄を引いて音を出すもの。

ナルコレプシー【narcolepsy】［名］突然激しい眠気に襲われ、一時的に眠り込んでしまう病気。入眠時に幻覚を見たり、覚醒時に金縛り状態に陥ったりする症状がみられることもある。居眠り病。

ナルシシズム【narcissism】［名］❶自分自身を愛の対象とすること。自己愛。▽水面に映る自分の姿に恋いこがれて死んだというギリシア神話の美少年ナルキッソスにちなむ精神分析用語。❷自己陶酔。うぬぼれ。

ナルシスト【narcissist】［名］自己愛の強い人。自己陶酔型の人。また、うぬぼれや。ナルシシスト。

なる-たけ【(成る丈)】［副］できるだけ。なるだけ。‖「—早く来てくれ」

なる-と【鳴戸・鳴▽門】［名］❶干満時に、潮流が渦巻いて鳴り響く瀬戸。❷切り口が赤白二色で渦巻き状に見えるかまぼこ。▽「鳴戸巻き」の略。

なる-はや【なる早】［名］［俗］なるべく早めに行うこと。至急。‖「—で仕上げる」

なる-べく【(成るべく)】［副］そうすることが可能だという見込みのもと、大きな負担がかからない範囲で、その事態が実現するようつとめる気持ちを表す。できる限り。できることなら。なるたけ。‖「—早く起きろ」「—午前中に来てほしい」「—出席するようにします」「—タバコはやめた方がよい」◈動詞「な(成)る」の終止形＋助動詞「べし」の連用形。

なる-ほど【(成る程)】［感］自分では気づかなかったことを他人に示されて、納得・同意する気持ちを表す。確かに。‖「乱筆失礼とあるが、—そのとおりだ」「一読して、—とひざをたたく」「—、それでわかった」

なれ【慣れ(▼馴れ)】［名］なれること。習熟。‖「—からくる油断」「場—」

なれ【▼汝】［代］［古風］(二人称)同等以下の相手を指し示す語。おまえ。なんじ。

なれ-あい【▼馴れ合い】ヒア［名］示し合わせた上で事を運ぶこと。ぐるになること。‖「—の議会」

なれ-あ・う【▼馴れ合う】フア［自五］❶互いに親しみ合う。❷共謀して事を運ぶ。ぐるになる。‖「業者が—・って入札価格を決める」❸情を通じ合う。‖「—・って一緒になった夫婦」名 **馴れ合い**

ナレーション【narration】［名］映画・テレビ・ラジオなどで、それぞれの場面にそって情景や筋の展開、登場人物の心理などを説明すること。また、その説明。語り。

ナレーター【narrator】［名］映画・テレビ・ラジオなどの語り手。

なれ-ずし【▽熟れ▼鮨】［名］塩漬けにした魚と飯を合わせ、自然発酵による酸味で腐敗をおさえた貯蔵食品。滋賀県の鮒鮨(ふなずし)が知られる。腐れ鮨。

なれ-そめ【▼馴れ初め】［名］恋愛関係になったきっかけ。

なれっ-こ【慣れっこ】［名・形動］すっかり慣れて、特別だと感じないこと。‖「徹夜にも—になった」

ナレッジ【knowledge】［名］知識。情報。特に、組織にとって有益な方法や事例など、付加価値のある知識や情報。‖「—を共有する」

ナレッジ-マネジメント【knowledge management】［名］企業内の知的資産を効果的に管理・活用すること。知識管理。知識経営。ナレッジマネージメント。

なれ-ども［接］［古風］であるけれども。しかし。だが。▽断定の助動詞「なり」の已然形「なれ」＋接続助詞「ども」。

なれなれし・い【▼馴れ▼馴れしい】［形］特に親しい間柄ではないのに、親しそうにふるまってはばからないさま。‖「初対面なのに—口をきく」「—・く話しかける」派生 -げ／-さ

なれ-の-はて【成れの果て】［名］零落して行き着いた結果。落ちぶれはてた姿。‖「往年のスターの—」

な・れる【成れる(▽為れる)】［動下一］「成る」の可能形。□一［自］なることができる。‖「歌手［友達・自由・楽］に—」「話す気に—・れない」□二［補動］〈「お［ご］…になれる」の形で、間に動詞連用形やサ変動詞語幹が入って〉**尊敬** Aが…することができるという動作について、Aを高める。‖「会員の皆様はいつでもご利用に—・れます」「昨夜はよくお休みに—・れましたか」⬇お・ご(御)◈書き方 一般にかな書き。

な・れる【▼狎れる】［自下一］親しくなりすぎて、礼

儀をわきまえない態度になる。なれなれしくなる。「寵愛(ちょうあい)に—」文なる 名狎れ

な・れる【慣れる(▼馴れる)】〔動下一〕■一〔自〕❶長くその状態にあるうちに（また、たびたび経験するうちに）、当たり前のこととして受けとめるようになる。「単身赴任の生活に—」「目が暗やみに—・れてくる」❷何度も経験するうちに、そのことがうまくできるようになる。習熟する。「新しい仕事に—」「—・れた手つきで包丁を使う」❸道具などが体になじむ。「靴が足に—・れてきた」❹その人に対して親しみの気持ちをもつようになる。なじむ。なつく。「園児が新しい先生に—」❺動物が人間に対する警戒心などをもたなくなる。「よく人に—・れた象」■二〈動詞の連用形や名詞に付いて複合動詞を作る〉いつも…していて、それになじむ。また、それがうまくこなせるようになる。「使い—・履き—・住み—・旅—」◈「狎れる」「熟れる」と同語源。書き分け【馴】はなじむ意で④⑤で好まれるが、【慣】を使うことも多い。文な・る 名慣れ

な・れる【▽熟れる】〔自下一〕食物が発酵して、ちょうどよい味になる。熟成する。「すしが—」「よく—・れた味噌」文な・る 名熟れ

なわ【縄】ナハ〔名〕❶わら・麻などの植物の繊維や化学繊維をよりあわせて長くしたもの。「—をなう」▼一般に、紐(ひも)よりも太く綱(つな)よりも細いものをいう。❷〈多く「お縄」の形で〉罪人をしばるもの。「お—を頂戴する（＝逮捕される）」

◉**縄を掛(か)・ける** ❶物を縄でしばる。「積み荷に—」❷罪人などを捕らえて縄でしばる。逮捕する。「盗っ人に—」

なわ-しろ【苗代】ナハ〔名〕稲の種をまいて苗を育てるための田。苗代田。なえしろ。「—をうつ」

なわ-つき【縄付き】ナハ〔名〕罪を犯して縄でしばられること。罪人として捕らえられること。また、その人。

なわ-て【▼畷】ナハ〔名〕❶田の間の細道。あぜ道。なわて道。❷まっすぐな長い道。▼多く地名の下に付けて使う。「四条[鳥羽]—」書き方「縄手」とも。

なわ-とび【縄跳び(縄飛び)】ナハ〔名〕左右の手で縄の両端を持って回転させ、その縄にふれないように跳びはねる遊戯。また、二人が縄の両端を持って回転させ、他の者がその縄にふれないようにくぐったり跳びはねたりする遊戯。

なわ-ぬけ【縄抜け】ナハ〔名・自サ変〕縛られている者が自分で縄をはずして抜け出すこと。

なわ-のれん【縄▽暖▼簾】ナハ〔名〕❶縄を何本も結び垂らしてのれんとしたもの。❷居酒屋。飲み屋。▼多く店先に①を下げていることから。

なわ-ばしご【縄▼梯子】ナハ〔名〕縄で作ったはしご。一端につけた鉤(かぎ)を高所にひっかけて使う。

なわ-ばり【縄張り】ナハ〔名〕❶縄を張りめぐらして境界を決めること。特に、敷地に縄を張って建物の位置を決めること。❷博徒・暴力団などの勢力範囲。また、一般に、ある人の勢力範囲。「—を荒らす」❸動物の個体・集団などがその生活の場を守るために他の個体や集団の侵入を許さない区域。テリトリー。「鮎(あゆ)の—」書き方公用文では「縄張」。

なわ-め【縄目】ナハ〔名〕❶縄の結び目。「—が解ける」❷罪人として捕らえられて縄で縛られること。「—の恥」

なん【難】■一〔名〕❶わざわい。災難。「危うく—を逃れる」「—破・—民」「遭—」❷むずかしいこと。「—を避け易(い)につく」「—解・—関・—題」❸欠点。きず。「—をいえば値段が少々高い」■二（造）なじる。責める。「—詰」「非—」旧難

なん【何】■一〔代〕（付属語の「だ」「で」「なら」「なり」に続くときの形。「と」「に」「か」に続くときも「なん」となる場合がある）⬇なに■一「これは—だ？」「—にもならない」■二〔接頭〕〈名詞などに冠して〉不定の数量を表す。「—時間・—年・—回・—階」使い方文脈によって、数え切れないほどに数量が大きい意、数えるまでもないほどに小さい意にもなる。「何回となく読んだ本」「事件を予想した人は何人もいない」

なん〔副助・終助〕⬇なむ（副助・終助）

なん【男】（造）❶おとこ。「美—」「善—善女(ぜんなんぜんにょ)」❷むすこ。「次—・長—」

なん【南】（造）みなみ。「—海・—極」「指—・東—」

なん【軟】（造）やわらかい。おだやか。「—弱・—禁・—派」「硬—・柔—」

な-ん〔連語〕〔古風〕ある動作・状態を実現しようとする強い意志を表す。…してしまおう。なむ。「虫にも鳥にも我はなり—〈万葉集〉」▼完了の助動詞「ぬ」の未然形「な」＋推量・意志の助動詞「ん」。

ナン【naan ヒンディー】〔名〕インド・西アジアなどの平らなパン。発酵させたパン種を楕円(だえん)形にのばし、タンドールと呼ばれる壺状の窯(かま)に貼りつけて焼いたもの。

なん-い【南緯】ヰ〔名〕赤道より南の緯度。⬍北緯

なん-い【難易】〔名〕難しいことと易(やさ)しいこと。また、難しいか易しいかということ。「問題に—の差がある」

なん-いど【難易度】〔名〕難しいか易(やさ)しいかの程度。難易の程度。難度。「—の高い技」

なん-おう【南欧】〔名〕ヨーロッパの南部。ギリシア・イタリア・フランス南部・スペイン・ポルトガルなどを含む。南ヨーロッパ。⬍北欧

なん-か【南下】〔名・自サ変〕南へ向かって進むこと。「寒気[渡り鳥]が—する」⬍北上

なん-か【軟化】ワク〔名・自サ変〕❶硬い物が軟らかくなること。❷強硬だった態度や意見がやわらぎ、おだやかになること。「当局の態度が—する」❸取引市場で、相場が安くなること。「ドルが—する」◈⬍硬化

なん-か【難化】ワク〔名・自サ変〕難しくなること。「年々—する入学試験」⬍易化(いかい)

なん-か〔副助〕❶〈体言に付いて〉例として取り上げる。…など。「バラなんかどうですか」「これなんか似合うと思うよ」❷〈下に打ち消しや否定的な表現を伴い、いろいろな語に付いて〉軽んじる気持ちをこめて取り上げる。…など。…なんて。「たばこなんかやめろよ」「居眠りなんかしていない」「会ってなんかいない」◈連語「なんか」が助詞化したもの。

なん-か【何か】■一〔連語〕「なにか」の、くだけた言い方。「—いいことないかな」■二〔副〕❶「なにか」の、くだけた言い方。「—気持ち悪い」❷ことばのつなぎに使う語。「あの人ってさ、—もう、すごいんだから」◈不定の代名詞「なに」＋終助詞「か」の転。書き方かな書きも多い。

なん-が【南画】ワク〔名〕❶中国絵画の系統の一つ。画題は山水を中心とし、水墨によるやわらかな描線を特徴とする。多く文人画家によって描かれた。▼「南宗画(なんしゅうが)」の略。❷①の影響を受けて、江戸中期ごろから文

人画家によって描かれた中国趣味の濃い絵画。▽池大雅(いけのたいが)・与謝蕪村(よさぶそん)らが大成した。

なん‐かい【南海】[名]南方の海。南の海。⇔北海

なん‐かい【難解】[名・形動]わかりにくいこと。むずかしいこと。「―な文章」派生―さ

なんかい‐どう【南海道】(ダウ)[名]律令制下の七道の一つ。紀伊・淡路・阿波(あわ)・讃岐(さぬき)・伊予・土佐の六国。また、それらの国を結んだ街道。

なん‐かん【難関】(クヮン)[名]❶通り抜けるのがむずかしい関所。また、通過するのがむずかしい場所。難所。❷切り抜けるのがむずかしい場面や事態。「司法試験の―を突破する」

なん‐がん【南岸】[名]南側の岸。「―低気圧(=日本の南海上を北東または東北東へ進む低気圧)」

なん‐ぎ【難儀】[名]❶[形動]むずかしいこと。めんどうなこと。困難。迷惑。「家族に―をかける」「―な仕事」派生―さ❷[自サ変]苦しむこと。苦労すること。「借金を抱えて―する」

なん‐きつ【難詰】[名・他サ変]欠点を挙げて厳しく非難すること。問いただして責めること。

なん‐きゅう【軟球】(キウ)[名]軟式のテニス・野球などで使用する比較的軟らかいボール。⇔硬球

なん‐ぎょう【難行】(ギャウ)[名]きわめてつらい修行。「―苦行(くぎょう)(=種々の苦難に耐えて修行すること。また、ひどい苦労をすること)」

なんぎょう‐どう【難行道】(ナンギャウダウ)[名]自らの修行によって悟りを開くという教え。⇔易行道(いぎょうどう)

なん‐きょく【南極】[名]❶地軸が南半球で地表と交わる点。南緯九〇度の点。南極点。❷地軸の南方への延長線が天球と交わる点。天の南極。❸①を中心に広がる大陸。陸上の大半は厚い氷雪におおわれている。「南極大陸」の略。❹「南極圏」の略。◈⇔北極

なん‐きょく【難曲】[名]演奏するのがむずかしい楽曲。「―を何なくこなす」

なん‐きょく【難局】[名]対処するのがむずかしい事態。困難な局面。「―に直面する」

なんきょく‐かい【南極海】[名]南極大陸を囲んでいる、南緯五五度付近までの海域。南氷洋。南極洋。▽太平洋・大西洋・インド洋の最南部にあたる。

なんきょく‐けん【南極圏】[名]南緯六六度三三分以南の地域。⇔北極圏▽夏至には一日中太陽が昇らず、冬至には一日中太陽が沈まない。

なん‐きん【南▽京】[名]❶主に関西で、かぼちゃ。❷中国から、または中国を経て渡来したものの意を表す。「―豆・―袋」❸小さくてかわいらしいものの意を表す。「―玉(だま)・―鼠(ねずみ)」◈②③は他の語と複合して使う。

なん‐きん【軟禁】[名・他サ変]比較的ゆるやかな監禁。身体は拘束しないが、外部との交渉・接触を許さない状態におくこと。「自宅に―される」

なんきん‐じょう【南▽京錠】(ヂャウ)[名]巾着(きんちゃく)の形をした錠前。棒状または湾曲したかんぬきの一方を本体に押し込むと掛け金がかかる。巾着錠。西洋錠。

なんきん‐だま【南▽京玉】[名]陶製・ガラス製の小さな玉。穴に糸を通して指輪や首飾りにする。ビーズ。

なんきん‐まめ【南▽京豆】[名]ラッカセイの通称。

なんきん‐むし【南▽京虫】[名]家屋内にすみ、人の血を吸うカメムシ目トコジラミ科の昆虫。体は扁平(へんぺい)で、五ミリメートル前後。トコジラミ。

なん‐くせ【難癖】[名]非難すべき点。悪い所。
◉**難癖を付・ける**　ささいな欠点を取り上げて非難する。「仕事の仕方に―」

なん‐くん【難訓】[名]漢字で、訓読するのがむずかしいこと。また、その漢字。

なん‐ご【▼喃語】[名]❶[自サ変]男女が仲むつまじくささやき合うこと。また、その言葉。❷乳児の出す、まだ言葉とはいえない発声。◈「喃」はくどくどと話す意。

なん‐ご【難語】[名]むずかしい語。意味の判りにくいことば。

なん‐こう【軟▼膏】(カウ)[名]脂肪・ワセリン・ラノリンなどの基剤に医薬品を混ぜた半固形の外用薬。⇔硬膏

膏

なん‐こう【難航】(カウ)[名・自サ変]❶航行が困難になること。❷障害が多くて物事がうまく進行しないこと。「捜査が―する」

なん‐こうがい【軟口蓋】[名]口蓋の後部にある柔軟な部分。飲食の際、後鼻孔をふさいで食物が鼻に入るのを防ぐ。⇔硬口蓋

なんこう‐ふらく【難攻不落】[名]攻撃がむずかしく、容易に陥落しないこと。「―の城塞(じょうさい)」▽承知させようとしても、なかなか思い通りにならない相手のたとえとしても使う。

なん‐ごく【南国】[名]南方の暖かい国。また、南方の暖かい地方。⇔北国

なん‐こつ【軟骨】[名]軟らかで弾性に富む骨。関節・鼻・耳介・椎間板(ついかんばん)などにみられる。⇔硬骨

なん‐ざん【難産】[名・自サ変]出産のとき、胎児がなかなか生まれないこと。⇔安産▽物事が容易に成立しないことのたとえにもいう。「―の末の組閣」

なん‐じ【難字】[名]むずかしい漢字。

なん‐じ【難事】[名]処理・解決するのがむずかしい事柄。

なん‐じ【難治】(ヂ)[名]病気がなおりにくいこと。なんち。

なんじ【▼汝・▼爾】(ナンヂ)[代]《二人称》同等以下の相手を指し示す語。「―の敵を愛せよ」

なん‐しき【軟式】[名]野球・テニスなどで、軟球を使って行う方式。⇔硬式

なん‐しつ【軟質】[名]物の質がやわらかいこと。また、やわらかい性質。「―の地盤」「―ゴム」⇔硬質

なん‐じゃく【軟弱】[名・形動]❶質がやわらかくて、しっかりしていないこと。「―な地盤」❷意志・性質・態度などがしっかりしていないこと。弱腰で、相手の言うままになりやすいこと。「―な精神」「―外交」派生―さ

なん‐じゅう【難渋】(ジフ)[名・自サ変]物事がすらすらと運ばないこと。また、物事がはかどらなくて苦しむこと。難儀すること。「復旧工事が―を極める」「雪道に―する」

なん‐しょ【難所】[名]道が険しく通行に困難な所。

なん‐しょう【難症】(シャウ)[名]治りにくい症状・病気。難病。

なん‐じょう【何条】(デウ)[副]《古風》反語を表す。どうして。なんで。▽「なにといふ」の転。

なん‐しょく【男色】[名]⇩だんしょく(男色)

なん‐しょく【難色】[名]賛成できないという顔つき。不承知らしいようす。「売買条件に―を示す」

なん・じる【難じる】[他上一]⇩難ずる

なん-しん【南進】〔名・自サ変〕南へ向かって進むこと。南下。‖「部隊が―する」「市内へ―する」⇔北進

なん-すい【軟水】〔名〕カルシウム・マグネシウムなどの塩類をあまり含んでいない水。飲料・洗濯・染色などに適する。⇔硬水

なん・ずる【難ずる】〔他サ変〕非難する。とがめて悪くいう。‖「失態を―」文 **なん・ず** 異形 **難じる**

なん-せ【何せ】〔副〕なにせ。‖「―駅から遠い」

なん-せい【南西】〔名〕南と西との中間の方角。西南。

なん-せん【難船】〔名・自サ変〕船が暴風雨などのために難破すること。また、その船。

ナンセンス【nonsense】〔名・形動〕意味のないこと。ばかげたこと。ノンセンス。‖「そんな議論は―だ」

なんせん-ほくば【南船北馬】〔名〕あちこちと各地を旅行すること。▽中国の南部は川が多いので船で行き、北部は平原や山間部なので馬で行く意から。

なん-ぞ〔副助〕など。

なん-ぞ【何ぞ】〔古風〕□一〔連語〕❶不定の物事をさす語。なにか。なにごとか。‖「―面白いことはないか」❷なんであるか。なにものか。‖「人生とは―や」□二〔副〕反語の意を表す。どうして…であろうか。‖「―知らん」

なんだ〔助動 特活型〕(なんだろ-なんだ-なんだり・なんで-なんだ-なんだ-○)過去の打ち消しを表す。…なかった。‖「知ら―」「気づか―」▽室町時代に現れ、古風な方言的な言い方として今に残る。使い方 動詞などの未然形に付く。

なん-だ〔連語〕「なのだ」のくだけた言い方。

なん-だ【何だ】〔連語〕❶怒りやとがめる気持ちを込めて問いかけるのに使う。‖「―、その態度は」❷詰問する口調で相手の発言の真意をただすのに使う。‖「すると、―、おれが悪いとでもいうのか」❸適当な言葉が思いつかなかったりぼかしたりするときに、次の言葉へのつなぎに使う。‖「その、―、最近ちょっと腹が出てきたもんで、運動しようと思って〈筒井康隆〉」❹疑念や不安が解消して〔期待が外れて〕、安心〔失望〕する意を表す。なあんだ。‖「―、君だったのか」「―、ばかばかしい」◈①②③の丁寧形は「何ですか」。

なん-だい【難題】〔名〕❶たやすくは解けない問題。また、解決するのがむずかしい事柄。‖「行革という―に取り組む」❷詩歌・文章などを作りにくい題。❸無理な要求。言いがかり。‖「無理―」

なんたい-どうぶつ【軟体動物】〔名〕無脊椎(せきつい)動物の一門。軟らかな体は外套(がいとう)膜に包まれ、多くは貝殻に保護される。巻き貝、二枚貝、イカ・タコなど。

なんだ-か【何だか】〔副〕理由ははっきりしないが、何となく。なぜか。‖「―妙だ」「―眠くなってきた」

なんだ-かんだ【何だかんだ】〔連語〕あれやこれや。なんのかんの。▽「何だ彼(か)だ」の転。

なん-たって【何たって】〔連語〕なんといっても。なんてったって。‖「―わが家がいちばんいい」▽「なんといったって」の転。

なん-だって【何だって】□一〔感〕相手の発言に対する驚きや反発の気持ちを込めて、その内容を問い返す時に発する語。なんだと。‖「―、事故があったって」「―、もう一度言ってみろ」□二〔連語〕❶なんでも。どんなものでも。‖「食べられるものなら―いい」▽「なんであっても」の転。❷どういうわけで。なぜ。‖「―戻ってきたんだ」▽「なんだといって」の転。

なん-たら【何たら】〔連語〕❶不確かな名称を表す。なんとか。‖「タイでは―いう辛いスープがうまかった」「―かんたら言っていた」▽「なんとやら」の転。方言的な言い方。❷なんという。‖「―ことだ」▽「何たる」の転。

なん-たる【何たる】□一〔連体〕強い驚き・嘆き・怒りなどを表す語。なんという。‖「―ざまだ」「ここで会うとは―偶然」□二〔連語〕なんである。‖「人生の―かを知る」

なん-たん【南端】〔名〕南のはし。‖「島の―」⇔北端

なん-ちゃくりく【軟着陸】〔名・自サ変〕❶宇宙船などが衝撃を受けないように減速しながらゆっくりと着陸すること。❷景気動向を次の局面に向けて徐々に移行させること。❸強引に決着をはかるのではなく、他に与える影響を最小限にしながらゆるやかに安定させること。◈「ソフトランディング」とも。

なん-ちゅう【南中】〔名・自サ変〕天体が天頂の南側で子午線を通過すること。そのとき天体の高度は最も高くなる。正中(せいちゅう)。‖「太陽が―する」

なん-ちょう【軟調】〔名・形動〕❶写真のネガ・印画で、明暗の対照が乏しいこと。画面の調子がやわらかいこと。⇔硬調 ❷取引で、相場が下がり気味であること。⇔硬調・堅調

なん-ちょう【難聴】〔名〕❶聴力が低下して音声がよく聞き取れない状態。‖「突発性―」❷ラジオなどの放送がよく聞こえないこと。‖「―地域」

なん-て【何て】□一〔副〕❶詠嘆・驚嘆を表す語。なんと。なんとまあ。‖「―かわいいんだろう」❷どのように。なんと。‖「いま―言ったの」□二〔連語〕「なんという」を略した、くだけた言い方。‖「―ことはない」

なんて〔副助〕〈体言や活用語の言い切りの形に付いて〉❶叙述のために取り上げる。…など。‖「あなた**なんて**嫌いだ」「映画**なんて**めったに見ないよ」「旅行に行ける**なんて**いいなあ」使い方 軽んじる気持ちを伴うことが多い。❷発言や思考の内容を軽んじる気持ちをこめて示す。…などとは。‖「行く**なんて**言っていない」「気の毒だ**なんて**思わない」❸自分や他人の発言を冷やかしたりまぜっ返したりする気分で示す。なんちゃって。‖「愛してるよ**なんてね**」▽終助詞的に使う。❹〈後に名詞を続けて〉その内容を具体的に示す。…などという。‖「高田**なんて**やつは知らない」「生活に困る**なんて**ことはない」「殺人**なんて**恐ろしいことはできない」◈副助詞「など」+格助詞「とて」の転。注意「何て」と書くのは誤り。‖「×優勝する何て思わなかった」

なん-で【何で】〔副〕何ゆえに。どうして。なぜ。‖「―泣いているの?」「―私が知るものか」使い方 詰問・反語の言い方が多いが、単に理由を問う場合にも使う。

なん-てき【難敵】〔名〕打ち勝つことが困難な敵。

なん-です-か【何ですか】〔連語〕「何だ」①②③の丁寧な言い方。

なん-てつ【軟鉄】〔名〕炭素含有量の少ない鉄。軟らかく、展延性に富む。電磁気材料などに利用。

なん-でも【何でも】□一〔連語〕❶〈下に肯定表現を伴って〉全面的な肯定を表す。すべてにわたって。なにもかも。‖「スポーツなら―できる」「―悪い方に悪い方にと考える」❷〈「何でもいい」「何でも構わない」などの形で〉全面的な許可・許容を表す。‖「すぐできる物なら―いい」❸〈「何でもない」の形で〉全面的な否定を表す。いかなるものでもない。また、取り立てて問題にすべきことはない意を表す。別にどういうことはない。‖「彼女は恋人

でもーありません」「この現象は不思議でもーない」⦀「ーないことにこだわるな」◈「で」は助動詞「だ」の連用形、「も」は副助詞。それが何であってもの意から。

■二［副］〈多く、下に「…らしい」「…そうだ」「ようだ」」「…という(ことだ)」などの語を伴って〉その情報が不確かな記憶や伝聞に基づく意を表す。確か。⦀「ー無事だったらしい」「ー明日来るとかいうことだ」

なんでも-かんでも【何でもかんでも】［連語］❶どのようなものもみんな。すべて。⦀「親の言うことにはー反対だ」❷どんなことがあっても。是が非でも。どうしても。⦀「ー、やってみることだ」◈「何でも彼(か)でも」の転。

なんでも-や【何でも屋】［名］❶一通りの日用品を取りそろえている店。よろずや。❷何事にも手を出したがる人。また、何事でも一通りはこなせる人。

なん-てん【南天】［名］❶南の空。❷初夏、円錐花序に白い小花をつけるメギ科の常緑低木。小球形の果実は晩秋から冬にかけて赤く熟す。庭木として植えられ、品種も多い。

なん-てん【難点】［名］❶非難すべき点。欠点。❷処理・解決するのが困難な点。⦀「ーを克服する」

なん-と【南都】［名］❶(京都を北都と呼ぶのに対し)奈良。❷(比叡山の延暦寺を北嶺と呼ぶのに対し)奈良の興福寺。

なん-と【何と】■一［副］❶物事が不定である意を表す。どのように。どう。⦀「ーお詫びしていいのやら…」「これは一体ーしたことか」❷強い驚きや感動の気持ちを表す。なんという。なんて。⦀「ーばかげたことよ」

■二［感］強い驚きや感動の気持ちを表すときに発する語。⦀「ー、できたではないか」

なん-ど【何度】［名］❶不定の回数を表す。何回。⦀「ーか訪ねたが会えなかった」「海外にはーも行きました」「ー電話しても通じない」▼回数の多い意でも使う。❷不定の度数を表す。⦀「体温はーですか」

なん-ど【納戸】［名］衣類・調度品などをしまっておく部屋。屋内の物置部屋。

なん-ど【難度】［名］むずかしさの度合い。特に、体操競技などで、演技する技のむずかしさの度合い。難易度。⦀「ーの高い問題」「Eーの技」

なん-ど［副助］［古風］など。▼「なに」＋格助詞「と」の転。

なんと-いう【何と言う】［連語］❶どういう名の。何て言う。⦀「君が行ったのはー店ですか」❷強い驚きや感動の気持ちを表す。なんと。⦀「ーうまさだ」❸特にとりたてて問題にすべき点がない意を表す。どうこういう。⦀「ーこともなく検査は終了した」◈注意「何とゆう」と書くのは誤り。⦀「×何とゆうことだ！」

なんと-いっても【何と言っても】［連語］他の何よりもその事柄が優先される意をあらわす。だれがどう言おうとも。いろいろ考え方はあろうが、結局。⦀「ー健康が第一だ」「ー承知するわけにはいかない」

なん-とう【南東】［名］南と東との中間の方角。東南。

なん-とう【軟投】［名］野球で、投手が速度のゆるい変化球を多く投げること。⦀「ー型の投手」

なん-とか【何とか】■一［連語］❶不確かな発言内容を表す。⦀「黙ってないでー言ってみろ」❷不確かな名称を表す。また、不確かな名称の代替としたり、不都合な明言を避けて言ったりするのに使う。⦀「田中ーさんから電話だよ」「まるで蛙(かえる)の面にーだな」❸〈「…とかなんとか」の形で〉それを含めて、あれやこれや。⦀「確か出張だとかー言ってたなあ」

■二［副］❶〈「なんとかする」「なんとかなる」の形で〉不都合を排し、現状をより好ましい状態にするさま。また、そうなるさま。どうにか。どうとか。⦀「そこの車、ーしてくれ」「例の件、ーならない？」❷かろうじて目標や条件にかなうさま。どうにか。⦀「ー目標を達成する」「走ればー終電に間に合う」❸手段を尽くして目標や希望を満たすさま。何としても。どうしても。⦀「大会はー成功させたい」❹〈多く「なんとか頼む」「なんとかお願いする」の形で〉無理を承知で懇願する意を表す。⦀「ご無理でしょうが、ーそこを頼みます」◈書き方 一二とも、かな書きが多い。

⊙**何とかかんとか** ❶ああだとかこうだとか。なんだかんだ。何のかんの。⦀「ー理由をつけてその場を逃れる」❷やっとのことで。どうにかこうにか。⦀「ー目標にたどり着いた」

なん-どき【何時】［名］いつ。どの時刻。どのような時。⦀「いつー地震が起こらないとも限らない」▼「なにとき」の転。副詞的にも使う。

なん-どく【難読】［名］漢字の読み方がむずかしいこと。⦀「ー語」

なんとしても【何としても】［副］どうしても。絶対に。⦀「ー勝ちたい」

なんと-なく【何となく(何と無く)】［副］これといった理由や目的もなく。また、なんの考えもなく。⦀「ー寂しい」「ー気になる」「ー日々を過ごす」

なんとなれ-ば【何となれば】［接］［古風］その理由は何かといえば。

なん-とも【何とも】［副］❶形容のしようもないほど程度のはなはだしいさま。まことに。まったくもって。⦀「ー暑い日だ」「ー恐縮です」❷〈下に打ち消しを伴って〉はっきりと特定できないさま。どうとも。⦀「その件についてはー言いようがない」❸〈下に打ち消しを伴って〉問題にするほどのことではないさま。どう(と)も。⦀「非難されてもー思わない」◈「なにとも」の転。

なん-なく【難なく(難無く)】［副］少しの困難もなく。たやすく。やすやす。⦀「ーやってのける」

なん-なら【何なら】［副］相手の都合によっては自分もそうしようという意を表す。よかったら。⦀「ーご案内しましょう」使い方「…が何なら…」の形で、よくなければ、の意を表す。⦀「和食がー、中華にしよう」

なんなり-と【何なりと】［副］どんなことでも。どんなものでも。⦀「ーお申しつけ下さい」

なん-なん【▼喃▼喃】［副ㇳ］口数多くしゃべるさま。⦀「ーと駄弁を弄する」

なんなんと-する【▽垂んとする】［自サ変］まさにそうなろうとする。⦀「三時間にー熱戦」▼「なりなんとす」の転。文なんなんと・す

なん-にも【何にも】［副］〈打ち消しを伴って〉❶まったく。なに一つ。⦀「食べる物はーない」「今はー話したくない」▼「何も」を強めた言い方。❷何事にも。何物にも。⦀「期日に遅れたらーならない」

なん-にょ【男女】［名］男性と女性。だんじょ。⦀「老若(ろうにゃく)ー」

なん-の【何の】■一［感］たいしたことはないの意で、相手の言動や自分の気持ちを否定していう語。⦀「ー、これしき」「『さあ、降参しろ』『ー、ー』」

■二［連語］❶疑問・反語を表す。⦀「これはー木ですか」「ーことかさっぱり分からない」❷〈「何の…も」の形で、

下に打ち消しを伴って〉全面的否定を表す。どれほどの…もない。少しの…もない。「ー役にも立たない」「ー連絡もない」❸〈「…の何の」の形で〉同じような内容の表現が以下にあれこれと、小言がましく続くことを表す。…なんぞ(と)。「まずいのーと文句をいう」▼「何のって」とも。❹〈「…の何のって」の形で〉とても表現ができないくらいに…だ、の意を表す。…の…ないのって。「忙しいのーって、体が二つあっても足りない」

◉**何の気なしに**　取りたててそうするつもりもなく。何げなく。「ー口にする」▼「何のけなしに」は誤り。

◉**何のことはない**　（当初の予想や期待に反して）取りたてて問題にするほどのことはない。何ということはない。「重役になったってー、責任が重くなるだけだ」

なんの-かんの【何のかんの】［連語］あれやこれや。なんだかんだ。なんのかの。「年度末はーと忙しい」▼「何の彼の」の転。

なんの-その【何の▼其の】［連語］（軽くあしらう気持ちで）たいしたことではないの意を表す。なにするものぞ。「世間のうわさもー」

なん-ば【難場】［名］難儀する場所。また、苦しい状況。

なん-ぱ【軟派】［名］❶意見・主義などを強硬に主張しない軟弱な一派。❷軟文学を好み、異性との交遊やおしゃれに関心をもつ若い人々の一派。また、その人。❸新聞などで、社会面やスポーツ面。また、そこに掲載されている記事。❹［他サ変］異性などに声をかけて誘うこと。◈①〜③⇕硬派 [書き方]④は多く「ナンパ」と書く。

なん-ぱ【難破】［名・自サ変］悪天候などのために航行中の船が破損・転覆すること。また、座礁して航行できなくなること。「ー船」[注意]「難波(船)」と書くのは誤り。

ナンバー［number］［名］❶数。数字。また、番号。「ルームー」❷定期刊行物の号数。「バックー」❸軽音楽の曲目。「スタンダードー」❹数詞に付いて「第…番」の意を表す。「ーツー」[書き方]略号で「No.」とも。

ナンバー-ディスプレー【和製**number+display】**［名］発信者の電話番号を電話機の液晶ディスプレーに表示するサービス。▼NTTが一九九八年から開始した。

ナンバー-プレート【number plate】［名］自動車などの登録番号を記した金属板。

ナンバー-ワン【number one】［名］❶第一位。また、第一号。「実力ー」❷第一人者。花形。「オペラ界のー」

ナンバリング【numbering】［名］❶番号を付けること。❷番号印字器。印字するたびに数字が自動的に進む仕掛けをもつ。▼「ナンバリングマシン」の略。

なん-ばん【南蛮】［名］❶古代中国で、南方の異民族を卑しんで呼んだ語。南夷。⇩北狄・東夷・西戎 ❷日本で、室町時代末期から江戸時代にかけて、シャム・ルソン・ジャワなど、東南アジアの諸地域を呼んだ語。❸東南アジアに植民地をもつポルトガル・スペインなどを呼んだ語。❹名詞の上に付けて、②③から渡来した物、またはそのように異国風の物である意を表す。「ー絵」「ー更紗・ー漬け」❺「南蛮煮」の略。❻トウガラシの別称。▼「南蛮辛子」の略。

なんばん-づけ【南蛮漬け】［名］から揚げにした小魚などをネギ・タマネギ・唐辛子などを加えた合わせ酢に漬けたもの。「アジのー」

なんばん-に【南蛮煮】［名］鶏肉や魚肉に、焼き目をつけてぶつ切りにしたネギと唐辛子を加えて煮た料理。

なん-ぴと【何人】［名］「なにびと」の音便形。⇩なにびと

なん-びょう【難病】［名］治りにくい病気。「ーを克服する」

なん-ぴょうよう【南氷洋】［名］南極海の通称。⇕北氷洋

なん-ぶ【南部】［名］ある地域の中で、南の方の部分。「本州ー」⇕北部

なん-ぷう【南風】［名］南から吹く風。特に、夏に南から吹く風。みなみ。みなみかぜ。はえ。⇕北風

なん-ぶつ【難物】［名］取り扱いのむずかしい事柄。また、扱いのむずかしい人物。「この一件はなかなかのーだ」

ナン-プラー【nam plaaタイ**】**［名］タイ料理で使う魚醤。塩漬けにしたイワシなどの小魚を発酵させたもの。ナムプラー。

なん-ぶん【難文】［名］わかりにくい文章。難解な文章。

なんぶん-がく【軟文学】［名］恋愛や情事を主題とした文学作品。

なん-べん【軟便】［名］やわらかい大便。

なん-ぼ［副］❶数量を尋ねる語。いくら。どのくらい。「この靴はーや」❷数量・程度などが限定できない意を表す。いくら。どれほど。「酒ならーでも飲める」❸〈「なんぼ…でも」などの形で〉数量や程度のはなはだしさを考慮しながら譲歩する意を表す。いくら…でも。「ー上司だってあの一言はひどい」◈「何ほど」の転。方言的な言い方。

なん-ぽう【南方】［名］南の方角・方面。また、南の方にある国。⇕北方

なん-ぼく【南北】［名］南と北。「ーを走る山脈」「東西ー」「ーアメリカ」

なんまいだぶ［名］「なむあみだぶつ」の転じた語。なんまいだ。

なん-みん【難民】［名］戦禍や天災、政治的・宗教的迫害を受けて生活の困窮に陥った人々。特に、それらを避けて国外に逃れた人々。「ーキャンプ」

なん-めん【南面】［名・自サ変］❶南に向いていること。また、南の面。「居室にーする庭」⇕北面 ❷天子の位につくこと。▼昔、中国で、天子は臣下に対するとき南を向いて座ったことから。

なん-もん【難問】［名］解答するのがむずかしい問い。また、解決するのがむずかしい問題。

なん-やく【難役】［名］むずかしい役割・役目。

なん-よう【南洋】［名］日本の南方、太平洋西南部の熱帯海域。また、その洋上にある島々。⇕北洋

なん-ら【何▽等】［副］〈打ち消しを伴って〉少しも。なにも。「ー不安はない」▼「なにら」の転。

なんら-か【何▽等か】［名・副］はっきり指定はできないが、何か。なにがしか。「ーの対策を講じる」

なん-ろ【難路】［名］険しい道。通過するのに困難な道。

なん-ろく【南麓】［名］山の南側のふもと。

なん-ろん【軟論】［名］弱腰の意見・議論。⇕硬論

に

に【▽丹】[名] ❶赤色の顔料に用いられる土。赤土。❷赤い色。丹色。‖「―塗りの鳥居」

に【荷】[名] ❶運搬・輸送するためにひとまとめにした物品。にもつ。❷責任・負担となるもの。また、やっかいなもの。‖「肩の―が下りた」

◉**荷が重・い** 責任や負担が大きすぎる。荷が勝つ。

◉**荷が勝・つ** ⬇荷が重い

に【二】[名] ❶一の次、三の前の数。一の二倍の数。ふた。ふたつ。書き方 証書などで金額を記す場合は間違いを防ぐために「弐」とも書く。❷二番目。第二。‖「―の句が継げない」❸三味線で、一の糸より細く、三の糸より太い糸。二の糸。

に【尼】[名] 仏門に入った女性。あま。‖「―僧」「禅―」▽「比丘尼(びくに)」の略。使い方 尼僧の名の下にも添える。‖「阿仏―・蓮月(げれん)―・貞心―」

に

A 成立に関わる場所を表す

一 [格助] ❶存在の場所や所有する者を表す。‖「机の上に本がある」「母は部屋にいる」「この公園には砂場がない」「彼には子供が三人いる」「彼女には責任感が欠けている」

使い方 「道ばたに犬が死ぬ」「ベッドに男が眠(ねむ)る」などは標準的な言い方ではなく、動詞だけでは「に」をとれないものだが、「ている」が付いたり連体修飾語になったりすると、「道ばたに犬が死んでいる」「ベッドに眠る男」のように、「そこにそういう状態である／いる」という意味を表す。

❷物事が生じる発生・出現・新設などの場所を表す。‖「枝先に芽が出る」「スカートにしわができる」「庭に小屋を建てる」

❸〈移動や設置などを表す動詞とともに使って〉移動先や設置の場所や方向を表す。‖「成田に着く」「東京に向かう」「プールに飛び込む」「銃口を市民に向ける」「リボンは胸に付けなさい」「服に泥が付く」「南に向いた窓」

使い方 ものの設置よりも、動きの方向性を重視するときは「へ」に言い換えられる。⬇へ(格助)

B 動作のむけられる先を表す

❹動作の向けられる相手を表す。‖「友達に話す」「家に電話する」「弟に教えてやる」「人に飛びかかる」

❺精神作用の向けられる目標を表す。‖「母に甘える」「スターにあこがれる」「幼馴染みに恋する」「スポーツに熱中する」「勉強に打ち込む」

C 結果、状態や目的などを表す

❻〈変化を表す表現とともに使って〉変化の結果としてもたらされる、物事・立場・状態などを表す。‖「新しい車に変える」「友達になる」「王様に扮(ふん)する」「朱に染まる」「壁をブルーに塗る」

使い方 変化の結果がモノからサマに傾くと、形容動詞や形容詞の連用形による表現と極めて近くなる。‖「美人になる(格助詞の例)」「きれいに／美しくなる」

❼資格や見立て、名目などを表す。…として。‖「この作品をグランプリに選出する」「有力者を候補者に立てる」「鈴木君を助手に採用する」「本を枕(まくら)にする」「おみやげに菓子をもらう」「お礼にひとこと」

❽〈下に移動を表す動詞を伴い、動詞連用形や動作性名詞に付いて〉移動の目的を表す。‖「映画を見に行く」「家まで忘れ物を取りに帰る」「町に買い物に出る」

❾動作・作用のあり方や付帯的な状況を表す。‖「一気に飲み干す」「振り向きざまに矢を放つ」「手を左右に振る」「言われた通りに作る」「何も考えずに行動する」「仕方なしに元に戻す」

D 基準を表す

❿一方の状態を表すために、他方を基準として示す。‖「このマンションは駅に近い」「無関心は賛成したのに等しい」「長女は母に似ている」

使い方 「長女と母とは似ている」は両者を対等に表すのに対し、「長女は母と似ている」や「長女は母に似ている」は、一方を基準とした表現。「〜に」のほうが「〜と」よりも固定的な基準になる。

⓫その状態が適切かどうかを判断するための、個別の基準を表す。‖「私には大きい」「子供には無理だ」

⓬優劣の判定や評価の対象となる側面や部門を表す。…の面［点］で。‖「試合に負ける」「勝負に勝つ」「知力にまさる」「技術に優れた企業」「総合力に劣る」

⓭存在のあり方が問題にされる内容物や付帯物を表す。‖「養分に富む」「責任感に欠ける」「想像力に乏しい」「やる気に満ちあふれた態度」

使い方 「彼が責任感に欠ける」を、「彼に責任感が欠ける」のように言い換えると、①の意となる。

⓮配分の基準となる単位を表す。…につき。‖「一日に三回食べる」「お一人様に一本ずつ、生ビールをサービスします」

E きっかけとなる物事を表す

⓯主体に働きかけて、ある状態をもたらす物事を表す。‖「病(やまい)に倒れる」「日に焼ける」「風にそよぐ」「弟に負ける」

⓰対応や処置の動作・作用を起こすきっかけとなる物事を表す。…に対して。‖「騒音に抗議する」「提案に賛成する」「議長案に反論する」「台風に備える」「呼びかけに応じる」「音に反応するセンサー」

⓱感覚や感情が生じるきっかけとなる物事を表す。‖「無責任な態度に憤る」「美しい音楽にうっとりする」「事故の善後策に悩む」「突然の訪問にとまどう」

F 主体を表す

⓲〈受身や授受の表現とともに使って〉動作をしかけてくる側の人やものを表す。‖「友達に(＝から)もらう」「先生に(＝から)教わる」「警官に(＝から)助けてもらう」「時間に追われる」「波に飲まれる」

使い方 ものや精神作用などが向けられるときは「から」とも。⬇から(格助)㊀⑫

⓳使役の動作を仕向けられる側の人を表す。‖「太郎に書かせる」「息子に習い事をさせる」

使い方 「子供を立たせる」など、もとの動詞が自動詞の場合は「を」とも。「赤ん坊○を／×に立たせる」など、仕向けられる側の自主性が弱い場合は「に」にならない。⬇を(格助)⑭

G 時を表す

⓴〈時点を表す名詞に付いて〉出来事が起こる時点を表す。‖「三時に起きる」「九時に始める」「月曜に来る」

使い方 「今日」「翌日」「去年」「翌年」「来月」など、「に」の付かないものもある。

㉑〈「…までに」「…のうちに」「…の間に」「…以内に」などの形で、期間を表す語に付いて〉期限を表す。‖「あすま

でにやる」「おれがいる間に仕上げろ」「一週間以内に読んでおくこと」

Ⓗ 場や手段などを表す(古風な言い方)

㉒動作・作用が行われる場を表す。‖「駅前に待つ」「母校に会す」「ベニスに死す」

㉓手段を表す。…で。‖「寒風を襟に防ぐ」

㉔原因を表す。…で。‖「暴風雨に落ちた果実」

Ⓘ 成句などで用いる

㉕〈「には」「にも」などの形で〉尊敬する人が主語であることを表す。‖「先生にはお元気でお過ごしの由(よし)」「あなた様にもお変わりないご様子」

㉖取り合わせを表す。また、同類のものを並べ挙げるのに使う。‖「梅にウグイス」「割れ鍋(なべ)に綴(と)じ蓋(ぶた)」「東男に京女」「おせんにキャラメル」「国語に算数に理科に社会」

㉗〈動詞連用形に付き、同じ動詞を続けて〉意味を強める。‖「泣きに泣いた」「飲みに飲んだ」「待ちに待ったこの日」

㉘〈「AするにはAするが」の形で、同じ動詞を繰り返して〉譲歩の気持ちを表す。‖「読むには読んだが、よく理解できない」「話すには話してみるが、いい返事は期待しないでくれ」

Ⓙ 前の語句と後ろの語句を接続する

㊁[接助]❶〈「…ようにも」「…まいに」などの形で〉逆接を表す。‖「進もうにも風が強くて歩けない」「そんなことはあるまいに」

❷〈動詞連体形に付き、同じ動詞の可能打消の形を続けて〉…したくてもできない意を表す。‖「泣きたくも泣くに泣けない」「風雨が強く、行くに行けない」「越すに越されぬ大井川」「押すに押されぬ名代の役者」

❸〈「思うに」「考えるに」「要するに」などの形で〉発言の前触れとして使う。‖「思うに、あなたは誤解している」「私が考えるに、この案には問題がある」

に【似】(造)〈名詞に付いて〉そのものに似ている。‖「父親ー・おかあさんー」

に【煮】(造)ある調理法で煮ること。また、煮たもの。‖「水ー・角(かく)ー・甘露ー・クリームー」

に【弐】(造)「二」の大字。‖「一金ー万円也」旧貳

に-あ・う【似合う】(ニアフ)[自五]ほどよくつりあう。調和する。‖「和服のー人」「帽子は私にー・わない」「年にー・わず落ち着いた人」名似合い

に-あがり【二上がり】[名]三味線の調弦法の一つ。第二弦を本調子より一全音だけ高くしたもの。

に-あげ【荷揚げ】[名・自サ変]船の積み荷を陸にあげること。‖「貨物を港にーする」

に-あたって【に当たって】[連語]〈名詞・動詞連体形・サ変動詞語幹に付いて〉重要な節目に当たる事柄に際してという意を表す。…に当たり。‖「開会ーひとことご挨拶を申し上げます」「この施設を利用するー注意すべきこと」書き方かな書きも多い。

に-あつかい【荷扱い】(ニアツカヒ)[名]荷物を取り扱うこと。運ばれてきた貨物の受け取り・保管・発送などをすること。

ニアピン-しょう【ニアピン賞】(ーシャウ)[名]ゴルフで、指定されたホールでの第一打をグリーン上のピンに最も近づけたプレーヤーに与えられる賞。

ニアーミス[near miss][名]飛行中の航空機どうしが接触しそうになるほど接近すること。異常接近。

ニアリーイコール[nearly equal][名・形動]ほぼ等しいこと。おおよそ等しいこと。‖「機能面では他社製品とーだ」▼記号「≒」を使うことがある。

に-あわし・い【似合わしい】(ニアハシイ)[形]よく似合っているさま。似つかわしい。‖「大統領にー人物」「学生にはー・くない言動」派生-げ/-さ

にい【新】(ニヒ)(造)新しい。初めての。‖「ー盆」

ニーサ[NISA][名]少額投資非課税制度の愛称。個人の株式・投資信託などへの新規投資で、年間百万円まで、譲渡益や配当金への課税が免除されるもの。

にい-さん【《兄さん》】[名]「お兄さん」のくだけた言い方。‖「さっき、君のーを見かけたよ」⇔姉(ねえ)さん▼さらにくだけた形は「にいちゃん」。

ニーズ[needs][名]必要。要求。‖「地域住民のーに応える」

にい-づま【新妻】(ニヒー)[名]結婚して間のない妻。

ニート[NEET][名]職に就かず、教育も職業訓練も受けていない若年層。▼一九九九年イギリスで生まれた語で、二〇〇四年ごろから日本でも問題化。not in employment, education or training の頭文字から。

にいなめ-さい【新▼嘗祭】(ニヒナメー)[名]宮中の行事の一つ。十一月二十三日に天皇が新穀を神々に供え、自らも食して収穫を感謝する祭事。しんじょうさい。▼現在は、「勤労感謝の日」として、国民の祝日。

にいにい-ぜみ【にいにい▼蟬】[名]日本全土に分布するセミ科の昆虫。前ばねは褐色で、先端部が透明。小形のセミで、成虫は七月ごろジージーと単調に鳴く。

ニーハオ【你好中国】[感]こんにちは。

にい-ぼん【新盆】(ニヒー)[名]その人の死後、四十九日の後に初めて迎える盂蘭盆(うらぼん)。初盆(はつぼん)。あらぼん。

に-いん【二院】(ーヰン)[名]二院制で、上院と下院。日本では衆議院と参議院。両院。

にいん-せい【二院制】(ニヰンー)[名]議会が二つの独立した合議機関によって構成され、両者の決議の一致をもって議会の意思とする制度。

に-うけ【荷受け】[名]送ってきた荷物を受け取ること。⇔荷送り

に-うごき【荷動き】[名]商取引による荷物や商品の変動。

に-うま【荷馬】[名]荷物を運ぶ馬。荷負い馬。駄馬。

にえ【▼錵・▽沸】[名]焼きによって日本刀の刃と地肌との境目に現れる粟粒のような文様。

にえ【▼贄・▽牲】(ニヘ)[名][古風]神仏に供える食べ物。また、朝廷に献上する食べ物や特産物。

にえ-かえ・る【煮え返る】(ーカヘル)[自五]❶煮えて沸き返る。沸騰する。‖「釜(かま)の湯がー」❷感情が激しく高ぶる。ひどく腹が立つ。‖「はらわたがー」

にえきらな・い【煮え切らない】[連語]考えや態度がはっきりしない。‖「ぐずぐずとー人だ」「ー返事」

にえくり-かえ・る【煮え繰り返る】(ーカヘル)[自五]「煮え返る」を強めていう語。‖「はらわたがー(=ひどく腹が立つ)」

にえ-たぎ・る【煮え▼滾る】[自五]煮えて盛んに沸き返る。

にえ-た・つ【煮え立つ】[自五]煮えて沸き立つ。沸騰する。煮立つ。‖「ー・った湯」

にえ-ゆ【煮え湯】[名]沸騰した湯。熱湯。

◉煮え湯を飲まさ・れる 信頼していた者に裏切られてひ

どい目にあう。✔注意 敵やライバルに手ひどく負かされる意で使うのは本来は誤り。‖「×何度も煮え湯を飲まされている相手と決勝戦であたることになった」

に・える【煮える】〔自下一〕❶汁の中で加熱された食物に熱が通って食べられるようになる。また、そのような料理ができる。‖「豆〔煮物〕がー」❷液体（特に、水）が加熱されて湯になる。沸く。‖「よくーえた湯に青菜をさっとくぐらせる」▼「ーえたぎる」「ーえ立つ」など、複合語の中で使うことが多い。❸〔古風〕〈「腹が煮える」などの形で〉ひどく腹が立つ。‖「腹〔はらわた・肝・業〕がー」文にゆ

にお【▼鳰】ニホ〔名〕〔古風〕カイツブリ。

におい【匂い・臭い】ニホヒ〔名〕❶【匂・臭】そのものから発散されて嗅覚を刺激するもの。‖「薬品のーをかぐ」「香水〔梅の花〕の匂い」「すき焼きの匂い」「腐った魚の臭い」書き分け よい香りには【匂】を使う。不快なくさみには【臭】を使うが、慣用的には【匂】も使う。「におう」の場合も同じ。
❷【匂・臭】そのものがかもし出す雰囲気。いかにもそれらしい気配や趣。‖「下町のーがする路地」
❸【臭・匂】うさんくさい感じ。疑わしい気配。‖「犯罪のーがする」
❹【匂】日本刀の地肌と刃の境に現れた、霧のようにかすかな模様。

におい-た・つ【匂い立つ】ニホヒ〔自五〕❶よいかおりが生じてあたりにただよう。‖「梅の花がー」❷美しさなどであたりが輝くように見える。‖「ーような美しさ」

におい-ぶくろ【匂い袋】ニホヒ〔名〕白檀（びゃくだん）・麝香（じゃこう）・丁子（ちょうじ）などの香料を入れた小さな袋。身につけたり部屋に置いたりする。

に-おう【仁王（二王）】ワウ〔名〕仏法の守護神として寺門または須弥壇（しゅみだん）前面の両側に安置した一対の神像。怒りの形相をした像としてあらわされ、一体は口を開いた阿（あ）の相をなし、一体は口を閉じた吽（うん）の相をなす。金剛力士。

にお・う【匂う・臭う】ニホフ ━〔自五〕❶【匂・臭】においがする。よい香りがする。また、不快なくさみがする。‖「梅の花が匂う」「汗〔ガス〕が臭う」書き分け ⬇におい ❷【匂】色が美しく照り映える。美しく輝く。‖「紅萌ゆる岡の花早緑（さみどり）ー岸の色〈三高寮歌〉」「ーがごとき美しさ」
❸【匂】〔好ましいことに言って〕隠されていることなどがそれとなく察せられる。‖「婚約したこと、隠してもーわ」
❹【臭・匂】何かうさんくさいことが行われた感じがする。〜のにおいがする。‖「不正がー」
━〔他五〕〔俗〕物のにおいをかぐ。‖「溶液をーと塩素臭がした」▼西日本の方言が放送やネットを通して広がったもの。
◈「丹秀（にほ）ふ（＝赤く際立つ）」から出た。名におい

におう-だち【仁王立ち】ワウ〔名・自サ変〕仁王の像のようにどっしりといかめしく立つこと。

に-おくり【荷送り】〔名〕荷物を先方へ送り出すこと。⬍荷受け

にお-やか【匂やか】ニホ〔形動〕❶よい香りがするさま。においやか。‖「ーな梅の香」❷気品があって美しいさま。においやか。‖「ーにほほえむ」派生 -さ

におわ・す【匂わす】ニホハ〔他五〕⬇におわせる

におわ・せる【匂わせる】ニホハ〔他下一〕❶よいにおいをさせる。‖「ほのかに香をー」❷それとなくわからせる。ほのめかす。‖「辞任の意向をー」文にほはす 異形 におわす

に-かい【二階】〔名〕❶家屋が上下二層になっていること。‖「ー建ての家」❷多層の建物の、下から二層目の階。

◉**二階から目薬（めぐすり）**　思うようにならずもどかしいこと。また、回りくどくて効果のないこと。

にが・い【苦い】〔形〕❶舌が刺激され、口をゆがめたくなるような味を感じる。‖「このコーヒーは少しーね」「秋刀魚（さんま）は、腸（はらわた）のーところが好きだ」❷不愉快であるさま。また、つらくて苦しいさま。‖「ー顔をする」「ー経験」派生 -さ

にが-うり【苦▼瓜】〔名〕ツルレイシの別称。ゴーヤ。

に-がお【似顔】ガホ〔名〕「似顔絵」の略。

にがお-え【似顔絵】ニガホ〔名〕❶ある人の顔に似せて描いた絵。❷浮世絵で、顔や姿を似せて描いた役者絵・美人絵。

に-がさ【荷▼嵩】〔名〕荷がかさばること。

にが・す【逃がす】〔他五〕❶捕らえていたものを放して自由にする。また、逃げるのを手伝って逃げさせる。‖「人質をー」「釣った魚をーしてやる」「脱走兵を裏口からー」❷捕らえようとしたものをつかまえそこなう。のがす。‖「惜しいところで獲物をー」「みすみす絶好のチャンスをー」◈✔注意「にがす（逃がす）」と「のがす（逃す）」は送り仮名が異なる。可能 逃がせる

◉**逃がした魚（さかな）は大きい**　一度手に入れかけて失った物は、惜しさのために実際より大きく見えるものだ。釣り落とした魚は大きい。逃げた魚は大きい。✔注意 成句としては「逃（の）がした魚は大きい」は不適切。

に-がつ【二月】ワツ〔名〕一年の二番目の月。如月（きさらぎ）。⬇季節のことば（一八一〇ページ）

にが-て【苦手】〔名・形動〕❶性分が合わなくて、また、対処しにくくて、いやな感じをもつこと。また、そのような相手。‖「ーなチームと対戦する」❷得意でないこと。不得手。‖「英語のーな生徒」

にがにが-し・い【苦苦しい】〔形〕きわめて不愉快である。‖「風紀の乱れをーく思う」派生 -げ／-さ

にが-み【苦み（苦味）】〔名〕苦い味。また、苦い度合い。‖「ーのある山菜」▼「味」は当て字。

にがみ-ばし・る【苦み走る】〔自五〕顔つきに渋みがあり、きりっと引き締まっている。‖「ーったいい男」

にが-むし【苦虫】〔名〕かんだら苦いだろうと思われる虫。

◉**苦虫を嚙（か）みつぶしたよう**　きわめて不愉快そうな顔をするさま。✔注意「苦虫を嚙んだよう」「苦虫をつぶしたよう」とするのは誤り。

に-かよ・う【似通う】ヨフ〔自五〕互いによく似ている。多くの共通点がある。‖「ーった考え方」

にがり【〈苦汁〉・〈苦塩〉】〔名〕海水から食塩を結晶させた後に残る苦い溶液。主成分は塩化マグネシウム。豆腐を固める材料にする。にがしお。くじゅう。

にがり-き・る【苦り切る】〔自五〕きわめて不愉快そうな顔つきや態度をみせる。‖「ーった表情」

にが・る【苦る】〔自五〕不愉快そうな顔をする。

に-かわ【▼膠】ハカ〔名〕動物の骨・皮・腸などを煮出した溶液を濃縮・乾燥して作る不純なゼラチン。接着剤などに用いる。▼「煮皮」の意。

にが-わらい【苦笑い】ワラヒ〔名・自サ変〕内心は苦々

しく思いながら、それを紛らすためにむりに笑うこと。また、その笑い。苦笑(くしょう)。「男は—した」

にがん-レフ【二眼レフ】［名］撮影用レンズのほかに、それと同規格のファインダー用レンズを備えた長方形の箱形カメラ。二眼レフカメラ。▼「レフ」はreflex cameraから。

に-き【二季】［名］❶四季の中の二つの季節。春と秋、夏と冬など。❷盆と暮れ。「—払い」

にき-さく【二期作】［名］同じ耕地で同じ作物を年に二回栽培・収穫すること。特に稲作にいう。

にぎ-てき【二義的】［形動］根本的でないさま。さほど重要でないさま。二次的。「—な問題」

にぎにぎ-し・い【▼賑▼賑しい】［形］たいそうにぎやかであるさま。「客の出入りが—」［派生］-さ

にきび【〈面▼皰〉】［名］多く思春期に顔などにできる小さな吹き出物。皮脂の分泌が活発になって毛孔が詰まり、炎症を起こしたもの。

にぎ-やか【▼賑やか】［形動］❶人の声や物音などがしきりにするさま。よくしゃべったり笑ったりするさま。「隣の部屋が—だ」「—な人[宴会]」❷人などがたくさん集まって活気のあるさま。「—な通り」❸いろいろなものを並べたり飾ったりするさま。「—な食卓」「—に店頭を飾る」［派生］-さ

［品格］殷賑(いんしん)「—を極める」 活況(かっきょう)「—を呈する」 盛況(せいきょう)「—のうちに終わる」

にぎやか-し【▼賑やかし】［名］にぎやかにすること。また、にぎやかにするもの。「宴席の—に余興をする」

にきょく-か【二極化】ークヮ［名・自サ変］物事が大きく二つに分かれること。二極分化。「地価[子供の学力]が—する」「富と貧困の—が進む」

にぎら・せる【握らせる】［他下一］❶握るようにさせる。「ロープを—」❷賄賂(わいろ)の金銭などを渡す。「口止め料を—」［文］**にぎらす**

にぎり【握り】■［名］❶手で握ること。また、握り方。「クラブの—を強くする」❷道具などの手で握ってもつ部分。「包丁[バット]の—」❸小さく握った鮨飯(すしめし)に魚介などの種をのせた鮨。江戸前鮨。▼「握り鮨(ずし)」の略。❹「握り飯」の略。「お—」■(造)手で握った長さ・太さ・量を表す。「ひと—の米」

にぎり-こぶし【握り拳】［名］固く握りしめたこぶし。げんこつ。

にぎり-し・める【握り締める】［他下一］手に力を入れて強く握る。しっかり握る。「友の手を—」［文］**にぎりし・む**

にぎり-ずし【握り▼鮨・握り▽寿司】［名］小さく握った酢飯に魚介などの種(たね)をのせた鮨。江戸前鮨。握り。

にぎり-つぶ・す【握り潰す】［他五］❶強く握ってつぶす。「空き缶を—」❷提出された書類・提案などを故意に手もとにとどめ、処理をしないでうやむやにしてしまう。「要求を—」

にぎり-ばし【握り箸】［名］箸を正しく持てない人が、棒を握るような手つきで箸を操ること。

にぎり-めし【握り飯】［名］飯を三角形や丸形に握り固めたもの。おにぎり。にぎり。むすび。

にぎり-や【握り屋】［名］金銭をためこむばかりで出すのをしぶる人。しまり屋。けちんぼう。

に-き・る【煮切る】［他五］料理で、酒や味醂(みりん)を煮立ててアルコール分を飛ばすこと。また、酒を加えた醤油(しょうゆ)を煮つめること。［名］**煮切り**

にぎ・る【握る】［他五］❶指を曲げて手のひらをしっかりと閉じる。また、そのようにしてこぶしを作る。「赤ん坊が手を—・ったり開いたりしている」

❷しっかりと閉じた手の中に物を収める。「つり革をしっかりと—」「手に汗を—・って応援する」「暴力団と手を—(=力を合わせる)」［使い方］「つかむ」は対象物を手で捕らえる動作に、「にぎる」はしっかりと保つことに重点をおいていう。

❸〈～ヲに〈道具〉を表す語をとって〉手に保持した道具類を操り、それを活かした行為をする。執(と)る。「忙しくて絵筆[ラケット]を—暇がない」

❹あるものを自分のものにする。手中に収める。特に、重大な影響を及ぼす権力や情報を自分のものにする。「大金を—」「実権を—」「秘密[動かぬ証拠]を—」「勝敗の鍵(かぎ)を—」「弱みを—・られる」

❺握りずしや握り飯をつくる。「すしを—」［使い方］～ヲに〈結果〉をとる言い方。「そのマグロをにぎってくれ」のように～ヲに〈対象〉をとる言い方もある。握ることによってすしに変える意。［可能］**握れる** ［名］**握り**

にぎ-わい【▼賑わい】ーハヒ［名］にぎわうこと。「祭りの—」「枯れ木も山の—」

にぎ-わ・う【▼賑わう】ーハフ［自五］❶多くの人や物が出てにぎやかになる。「駅前は行楽客で—・っている」「思い出話で一座が—」「山海の珍味に/で食卓が—」❷〔古風〕繁盛する。富み栄える。「一家が—」

◈「わう」は「幸(さき)わう」「味わう」などの「わう」と同じ。「にぎあう」「にぎあわない」とするのは誤り。［名］**にぎわい**

にぎわし・い【▼賑わしい】ニギハシイ［形］にぎわっているさま。にぎやかだ。「縁日で境内が—」［派生］-さ

にぎわ・す【▼賑わす】ニギハス［他五］にぎやかにする。活気づける。「山海の珍味が食膳を—」「環境問題が新聞紙上を—」［異形］**にぎわせる**

にぎわ・せる【▼賑わせる】ニギハセル［他下一］➡にぎわす［文］**にぎは・す**

にく【肉】■［名］❶動物のからだで、皮膚の下にあり骨をつつむやわらかな物質。「筋—・贅(ぜい)—」❷食べ物としての、動物の肉。「牛の—」「—料理」▼単に「肉」というと普通は魚のそれを含めない。「魚肉」「魚の肉」などの表現では魚の身をさす。❸果物の皮と種との間のやわらかな部分。「桃の—」「果—」❹(精神に対して)肉体。からだ。「霊—一致」「—欲」❺肉のつき具合。また、物の厚み。「中—中背(ちゅうにくちゅうぜい)」「—太(ぶと)」❻骨組みに付け加えるもの。「当初の案をもとに—を付ける」❼印肉。「朱—」

■(造)じかであること。なまのもの。「—眼・—声」

にく-あつ【肉厚】［名・形動］肉が厚いこと。「—な葉っぱ」「—の手」

にく・い【憎い】［形］❶対象に敵意や反感をもち、その存在を許せないと思うほどに忌み嫌うさま。「犯人[戦争]が—」❷(反語的に)ちょっと引け目に思うほど、好ましいさま。感心させられるさま。「何とも—選曲だ」「—言い回しをするね」「お二人連れとは—ね」◈［書き方］「▽悪い」とも書くが、まれ。②は「ニクい」も多い。［派生］-げ/-さ「かわいさ余って—百倍」/-がる

にく・い【▽難い】［形］〈動詞の連用形に付いて複合語を作る〉❶することが難しい。…(し)づらい。「このまま終わるとは考え—」「あの人には相談し—」「食べ—・読

み—働き—」❷そうならない傾向がある意を表す。なかなか…(し)ない。〓「冷えー・さびー」〓住民の声が反映されー」◈⇕易(やす)い

使い方 ⑴「〜づらい」は非意図的動作には使いにくいが、「〜にくい」は意図的・非意図的のいずれの動きにも使う。〓「×壊れづらい／○壊れにくい」⑵「〜づらい」は主観的な理由による困難さを表す傾向があるが、「〜にくい」は客観的な困難さも表す。〓「(個人的な事情や気持ちから)入りづらい大学」「(個人的事情で、また、倍率が高くて)入りにくい大学」 派生 -げ／-さ

にく-いろ【肉色】[名] 人の肌のような色。黄色がかった淡紅色。肌色。

にく-が【肉芽】[名] ❶傷ついた皮膚などを治すために深部から盛り上がってくる赤い粒状の結合組織。毛細血管・繊維芽細胞などから成る。❷養分を蓄えて球状になった腋芽(えきが)。ヤマノイモなどの葉の付け根に生じる。むかご。珠芽。

にく-かい【肉界】[名] 肉体にかかわる世界。にっかい。⇕霊界

にく-かい【肉塊】[名] ❶肉のかたまり。❷生身の体。肉体。◈「にっかい」とも。

にくからず【憎からず】[連語] 好感がもてる。かわいい。〓「ー思う」▼副詞的に使う。

にく-かん【肉感】[名] ❶肉体上の感覚。❷性的な情欲を刺激する感じ。

にく-がん【肉眼】[名] 眼鏡・望遠鏡・顕微鏡などを用いない、生来のままの目。また、その視力。〓「ーでは見えない微生物」

にく-きゅう【肉球】[名] 猫や犬の足の裏に見られる、球のように盛り上がった無毛の部分。▼蹠球(しょきゅう)の通称。

にく-ぎゅう【肉牛】[名] 食肉をとるために飼う牛。

にく-こっぷん【肉骨粉】[名] 牛・豚の骨や内臓など、家畜の食肉以外の部位を原料とする飼料。

にく-じき【肉食】[名・自サ変] 鳥獣魚介の肉を食うこと。にくしょく。〓「ー(を)しない僧侶」

にくじき-さいたい【肉食妻帯】[名] 僧が肉食をし、妻をもつこと。

にく-しつ【肉質】[名] ❶肉の質。また、食肉の品質。❷肉の多い性質。〓「ーの人」❸肉のような性質。〓「ーの葉」

にくしみ【憎しみ】[名] 憎いと思う気持ち。〓「ーを覚える」「ーが深まる」

にく-じゃが【肉じゃが】[名] 豚肉または牛肉とジャガイモ・タマネギなどを甘辛く煮込んだ料理。

にく-しゅ【肉腫】[名] 上皮以外の組織から生じる悪性の腫瘍(しゅよう)。骨肉腫・繊維肉腫・筋肉腫など。

にく-じゅう【肉汁】[名] ❶食用の肉を煮出した汁。スープの素とする。ブイヨン。❷生の牛肉などから搾り取った汁。肉漿(にくしょう)。❸食用の肉を焼いたときににじみ出る液汁。▼③は俗に「にくじる」とも。

にく-じゅばん【肉▼襦▼袢】[名] 肌に密着するように作った肉色の肌着。歌舞伎などで、役者が肌を現すときに使う。にくじばん。

にく-しょく【肉食】[名・自サ変] ❶人間が鳥獣の肉を食べること。にくじき。⇕菜食 ❷動物が他の動物を食物にすること。〓「ー動物」⇕草食

にく-しん【肉親】[名] 親子・兄弟姉妹など、きわめて近い血縁関係にある人。〓「生別したーを探す」

に-くずれ【荷崩れ】[名・自サ変] 積み荷がくずれること。〓「運送中の木材がーする」

に-くずれ【煮崩れ】[名・自サ変] 煮えすぎて魚・野菜などの姿がくずれること。

にく-せい【肉声】[名] マイクなどの機械を通さない、なまのままの声。

にく-たい【肉体】[名] 生きている人間の体。なまみの体。〓「堂々たるー」

にくたい-かんけい【肉体関係】[名] 性的な関係。〓「ーを結ぶ」「あの二人にはーがある」

にくたい-てき【肉体的】[形動] 肉体にかかわるさま。〓「ーな疲労がはなはだしい」「ーな衰えを感じる」⇕精神的

にくたい-ろうどう【肉体労働】[名] 主に体を使ってする労働。筋肉労働。⇕精神労働

にくたらし・い【憎たらしい】[形] (かわいげがなく)いかにも憎らしく思う。〓「まあ、ー子供だこと」▼「にくったらしい」とも。

にく-だん【肉弾】[名] 肉体を弾丸の代わりとして激しく敵陣に突入すること。また、その肉体。〓「ー戦」

にく-だんご【肉団子】[名] ひき肉を丸めて焼いたり揚げたり煮込んだりしたもの。ミートボール。

にく-ち【肉池】[名] 印肉を入れる容器。肉入れ。

にく-づき【肉付き】[名] 体に肉のついている程度。太りぐあい。〓「ーのよい人」

にく-づけ【肉付け】[名・自サ変] ❶塑像などで、肉を加えて厚みをつけること。モデリング。❷大体の骨組みができてから細部に手を加えて内容を充実させること。〓「原案にーする」

にく-てい【憎体】[名・形動] 憎らしいこと。憎々しいこと。にくたい。〓「ーな口をきく」

にく-なんばん【肉南蛮】[名] 薄切りの豚肉とネギを入れた掛けそば、または掛けうどん。にくなん。

にくにく-し・い【肉肉しい】[形] ❶〔新〕食感・見た目などがいかにも肉らしく、食べ応えがあるさま。〓「ーステーキ」❷贅肉(ぜいにく)が多く付いているさま。〓「ー体型」

にくにく-し・い【憎憎しい】[形] 少しもかわいげがなくて、たいそう憎らしい。〓「あの口の利き方が何ともー」「ー目でにらむ」 派生 -げ

にく-はく【肉薄・肉迫】[名・自サ変] ❶身をもって敵地などに迫ること。❷競争などで、相手に接するほど追い迫ること。〓「首位にーする」❸ことば鋭く問いつめること。〓「野党が政府にーする」◈「薄」も迫る意。

にく-ばなれ【肉離れ】[名・自サ変] 急激な筋の収縮によって筋肉・筋繊維などの一部または全部が切れること。〓「足が／をーする」「ーを起こす」

にく-ひつ【肉筆】[名] 印刷・複製でなく、本人が実際に手で書くこと。また、そのもの。〓「ーの手紙」

にく-ぶと【肉太】[名・形動] 文字の線などが太いこと。〓「ーの文字」⇕肉細

にく-へん【肉片】[名] 肉の切れはし。

にく-ぼそ【肉細】[名・形動] 文字の線などが細いこと。⇕肉太

にくまれ-ぐち【憎まれ口】[名] 人から憎まれるようなことを言うこと。また、そのことば。〓「ーをたたく」

にくまれっ‐こ【憎まれっ子】〔名〕かわいげがなく、人から嫌われる子供や人。

◉**憎まれっ子世にはばかる**　人から憎まれるような人が世間ではかえって幅をきかせるということ。

にくまれ‐やく【憎まれ役】〔名〕他人から憎まれるような役目・立場。「―を買って出る」

にく‐まんじゅう【肉▼饅▽頭】〔名〕ひき肉に刻んだ野菜などを混ぜて調味し、イーストを加えた小麦粉の皮で包んで蒸した中華饅頭。肉まん。

にく・む【憎む(▽悪む)】〔他五〕人や物事を憎いと思う。憎悪する。「不正を―」「罪を―・んで人を―・まず」可能 **憎める**「佐藤さんは善良を絵にしたような憎めない人です」名 **憎み**

にく‐よく【肉欲(肉▼慾)】〔名〕肉体の欲望。性欲。

にくらし・い【憎らしい】〔形〕❶敵意や反感がつのって、いささか憎い感じだ。「ぬけぬけとしたあの態度が―」「全く―雨だ」❷(反語的に)憎しみを感じるほどすぐれているさま。「―ほど落ち着き払っている」「―ほどの才能だ」派生 ‐げ／‐さ

に‐ぐるま【荷車】〔名〕人や牛馬が引いて荷物を運ぶ車。

ニグロ【Negro】〔名〕黒人。ネグロ。

ニクロム【nichrome】〔名〕ニッケルを主体とし、一〇～二五パーセントのクロムを含む合金。電気抵抗が大きく、耐熱性・耐酸化性にもすぐれるので電熱線などに利用される。

に‐ぐん【二軍】〔名〕プロ野球などで、公式戦に出場する一軍に対して、その予備的なチーム。ファーム。「―落ち」⇔一軍

にげ【逃げ】〔名〕❶にげること。❷「逃げ口上」の略。

◉**逃げを打・つ**　逃げるための準備をする。また、責任をのがれるように策を講じる。

にげ‐あし【逃げ足】〔名〕逃げるときの足どり。逃げる速さ。「―が速い」

にげ‐う・せる【逃げ▽失せる】〔自下一〕逃げて行方がわからなくなる。「犯人がまんまと―」文 **にげう・す**

にげ‐うま【逃げ馬】〔名〕競馬で、スタート直後から先頭を切って、そのまま逃げ切るのを得意とする馬。

にげ‐かくれ【逃げ隠れ】〔名・自サ変〕逃げて身を隠すこと。「今さら―はしない」

にげ‐き・る【逃げ切る】〔自五〕❶つかまることなく逃げ終える。「―・った敗残兵は数名に過ぎない」❷競技などで、相手に追いつかれないでやっと勝つ。「一点差で―」名 **逃げ切り**

にげ‐ぐち【逃げ口】〔名〕❶逃げるための出口。❷逃げ口上。◈「にげくち」とも。

にげ‐こうじょう【逃げ口上】〔名〕罪や責任をのがれようとして言うことば。逃げ口。

にげ‐ごし【逃げ腰】〔名〕逃げようとする腰つき。また、責任などをのがれようとする態度。

にげ‐こ・む【逃げ込む】〔自五〕逃げてある場所にはいりこむ。「追われた賊が山中に―」

にげ‐じたく【逃げ支度・逃げ仕度】〔名〕逃げ出すための用意。「―にかかる」

にげ‐だ・す【逃げ出す】〔自五〕❶逃げてその場から去る。「熊が檻から―」「恥ずかしくて―・したい思いだ」❷逃げ始める。

にげ‐な・い【似気無い】〔形〕似つかわしくない。つりあわない。「子供に―ふてぶてしい態度」

にげ‐の・びる【逃げ延びる】〔自上一〕捕らえられないで遠くまで逃げる。「国外へ―」文 **にげの・ぶ**

にげ‐ば【逃げ場】〔名〕逃げ込んで身を隠す場所。また、逃げ道。「猛火に包まれて―を失う」

にげ‐まど・う【逃げ惑う】〔自五〕逃げようとしてうろうろする。逃げ迷う。「炎の中を―人々」

にげ‐まわ・る【逃げ回る】〔自五〕逃げてあちこちへ行く。あちこちを逃げ歩く。「諸国を―」

にげ‐みず【逃げ水】〔名〕草原や舗装道路などの前方に水たまりがあるように見え、近づくとそれがさらに前方へ移って見える現象。強い日ざしで地表が熱せられたときに見られる。

にげ‐みち【逃げ道】〔名〕❶逃げていく道。逃げる経路。「―を失う」❷責任などをのがれる手段。「責任回避の―を考える」

に・げる【逃げる】〔自下一〕❶捕まらないように相手の手の届かない所へ急いで去る。「強盗が盗難車で―」「秘密のルートで国外に―」❷束縛されていた場所や危険な場所などから抜け出して去る。「虎が檻から―」「地震だ、それ、―・げろ」❸いやな事柄や困難な物事などから抜け出そうとする。「厳しい現実から―」「質問から―・げないで答えなさい」❹運動競技で、首位に立った者が後続者に追いつかれないで勝つ。「一点リードのまま―・げて辛うじて勝つ」❺〈「腰[体]が逃げる」の形で〉体が理想的な姿勢から後方へ引いた、消極的な姿勢になる。「内角速球に思わず体が―」❻体温や香りなどがそのままに保たれないで外に出てしまう。「体温が体から―」「風味が―・げないように密封する」◈書き方 隠れ逃げる意で「▼遁げる」とも。文 **に・ぐ** 名 **逃げ**

◉**逃げた魚は大きい**　⇩逃がした魚は大きい

◉**逃げも隠れもしない**　堂々と対決する。

◉**逃げるが勝ち**　戦いを避けて逃げることが正面切って戦うよりは得策であるということ。

に‐げん【二元】〔名〕❶もととなるものが二つあること。「―的」「―中継」❷方程式で、未知数が二つであること。「―一次方程式」

にげん‐きん【二弦琴・二▼絃琴】〔名〕板状の胴に二本の弦を張った琴。

にげん‐ろん【二元論】〔名〕哲学で、事象を二つの原理によって説明しようとする考え方。⇔一元論

に‐こ【二▼胡】〔名〕中国の擦弦楽器の一つ。円筒形などの木製の胴に蛇皮を張り、長い棹を貫通させて二本の弦を張ったもの。馬尾の毛の弓でこすって演奏する。

に‐こう【二更】〔名〕五更の第二。現在の午後九時ごろから午後十一時ごろまで。また、一説に、午後十時ごろから午前零時ごろまで。⇩五更

に‐こう【尼公】〔名〕尼の敬称。尼君。

に‐ごう【二号】〔名〕❶第二番目であること。また、そのもの。「―室・―車」❷〔俗〕妻以外の愛人。▽本妻を一号と見立てていう。

にこう‐たいりつ【二項対立】〔名〕二つの概念が対立した関係にあること。男と女、光と影、善と悪、精神と肉体など。

にこ‐げ【▽和毛】〔名〕やわらかな毛。うぶ毛。

に‐こごり【煮▽凝り・煮▽凍り】［名］ゼラチン質の多い魚などの煮汁が冷えて固まったもの。また、ほぐした煮魚の身を煮汁とともに寒天などで固めた料理。 凝

に‐ごしらえ【荷▼拵え】ニコシラヘ［名・自サ変］荷物をこしらえてまとめること。荷づくり。

にご・す【濁す】［他五］❶濁るようにする。濁らせる。「立つ鳥跡を—・さず」⬍澄ます ❷ことばなどをあいまいにする。「ことば［口］を—」「お茶を—」

ニコチン［nicotine］［名］タバコの葉に含まれるアルカロイドの一つ。空気に触れると褐色になるが、もとは無色の揮発性液体。神経系統を興奮もしくは麻痺させ、血管を収縮させる。猛毒。「—中毒」

にこ‐にこ［副ト］うれしそうにほほえむさま。「—(と)笑う」

に‐こぼ・れる【煮▽零れる】［自下一］汁などが煮立って、鍋の外へあふれ出る。文にこぼ・る

に‐こみ【煮込み】［名］煮汁を多くして弱火で長時間煮ること。また、そのもの。「—うどん」「もつ—」

に‐こ・む【煮込む】［他五］いろいろな材料を一緒にしてよく煮る。煮汁を多くして時間をかけて煮る。「おでんを—」

にこ‐やか［形動］にこにこしているさま。心からうれしそうなさま。「—に挨拶する」派生—さ

にこ‐よん［名］［俗］日雇い労働者。▼「二個四」の意。一九四九(昭和二四)年の緊急失業対策法施行当時、公共職業安定所から支払われる日給が二四〇円だったことから。

にごり【濁り】［名］❶濁ること。濁っていること。「レンズの—」❷けがれ。「心の—」❸仮名に付ける濁音の符号。濁点。❹「濁り酒」の略。

にごり‐え【濁り江】［名］水のにごっている入り江や川。

にごり‐ざけ【濁り酒】［名］発酵させただけでもろみを濾し取っていない、白く濁った酒。どぶろく。だくしゅ。

にこり‐と［副］ちょっと笑うさま。にっこり。「—もしない(=表情をくずさない)」

にご・る【濁る】［自五］❶液体や気体に他の物質がまじって透明でなくなる。「井戸の水が黄色く—・っている」「部屋の空気が—」❷色や音が鮮明でなくなる。また、声がしわがれる。「音色が—」「—・った赤」❸ぼやけて、はっきりしなくなる。「意識が—」❹清らかさや正しさを失う。「—・った世の中」❺清音が濁音になる。「—・って読む」◈①②⑤⬍澄む 名濁り

に‐ころがし【煮転がし】［名］里芋などを焦げつかないように転がしながら、煮汁のなくなるまで煮たもの。にっころがし。にころばし。

に‐ごん【二言】［名］❶二度言うこと。ふたこと。❷前に言ったこととは矛盾する別のことを言うこと。「武士に—はない」

に‐ざかな【煮魚】［名］魚を醬油・砂糖などで味をつけて煮たもの。

に‐さばき【荷▼捌き】［名・自サ変］❶荷物を整理するなどして処理すること。「迅速に—する」❷入荷した商品を売りさばくこと。

に‐ざまし【煮冷まし】［名］一度煮たものを冷ますこと。また、そのもの。

に‐さん【二三】［名］ふたつみっつ。いくらか。少々。「—聞きたいことがある」

にさんか‐たんそ【二酸化炭素】ニサンクワ［名］炭などの完全燃焼、動物の呼吸などによって生じる無色無臭の気体。炭酸ガス。

にし【西】［名］❶方角の一つで、太陽の沈む方向。北に向かって左。また、その方向にある場所。「大西洋を—へ—へと進む」「佐渡島は新潟市の—に位置する」「三多摩は東京都の—にある」❷相撲で、正面から土俵に向かって右の方。また、番付の西方。❸東洋に対して、西洋。また、東欧に対して、西欧。「—の文化」❹西方浄土。◈①〜③⬍東

にし【▼螺】［名］一群の巻き貝の総称。アカニシ・ナガニシ・タニシなど。

にじ【虹】［名］雨上がりなどに、太陽と反対側の空に現れる円弧状の帯。空中の水滴に当たった太陽光線の屈折と分光により生じる。その美しい色彩を赤・橙・黄・緑・青・藍・紫の七色などに見る。「—が出る」

に‐じ【二次】［名］❶二番目に行われること。第二回。「—試験［募集］」❷ある事物・現象などが根本的・中心的なものに対して付随した関係にあること。副次。「—製品」「—的な問題」❸数学で、式・関数などの次数が二であること。「—曲線」

にし‐あかり【西明かり】［名］日没後、しばらく西の空が明るいこと。また、その空。残照。

にじ‐かい【二次会】ニジクワイ［名］宴会が終わったのちに場所を変えて開く二度目の宴会。

にし‐かぜ【西風】［名］西から吹いてくる風。「強い—が吹く」⬍東風

にじ‐かんせん【二次感染】［名］❶ある感染症にかかった人が、全治する前に別の感染症にかかること。❷感染者から別の人に感染すること。

にしき【錦】［名］金糸・銀糸など種々の色糸を用いて華やかな文様を織り出した絹織物。▼美しいもの、特に秋に色づく紅葉のたとえにいう。
◉**錦を飾る** ⬇故郷へ錦を飾る

にしき‐え【錦絵】ヱ［名］多色刷りにした浮世絵版画。江戸絵。東錦絵。

にしき‐ごい【錦▼鯉】ヒゴ［名］さまざまな色彩や斑紋をもつ観賞用の鯉。鯉の色変わり種を日本で品種改良したもの。変わり鯉。色鯉。花鯉。

にしき‐たまご【錦卵・錦玉子】［名］ゆで卵を黄身と白身に分けて裏ごしし、調味してから白と黄の二段になるように型に詰めて蒸した料理。

にしき‐の‐みはた【錦の▽御旗】［名］❶赤地の錦に金銀で日月を刺繡した官軍の旗印。❷自分の主張や言動を正当化し、権威づけるための名分。

にしき‐へび【錦蛇】［名］熱帯・亜熱帯地方に分布するボア科ニシキヘビ亜科のヘビの総称。大形のものは全長一〇メートルに達する。黄褐色の地に赤褐色や黒褐色の斑紋をもつものが多い。無毒。パイソン。

にじ‐ぐち【二字口】［名］相撲で、東西の力士が土俵に上がる所。徳俵と平行に「二」の字の形に俵が埋めてある。

に‐じげん【二次元】［名］❶次元の数が二つあること。平面のように、長さと幅だけの広がりをもっていること。⬇次元 ❷［新］漫画・アニメ・ゲーム。また、そのキャラクターや世界。

にじ‐さいがい【二次災害】［名］ある災害から派生して起こる別の災害。

にしじん【西陣】［名］京都の西陣で織られる高級絹織物。綾・錦・金襴(きんらん)・緞子(どんす)・繻子(しゅす)など。▼「西陣織」の略。

に-し-たっ-て［連語］⬇にしても 三「先方―困るだろう」

にじっ-せいき【二十世紀】［名］❶西暦一九〇一年から二〇〇〇年までの一〇〇年間。❷ナシの一品種。果皮は淡黄緑色で、果肉は水分に富む。◈「にじゅっせいき」とも。

に-し-て［連語］❶〈体言・副詞などに付いて〉物事が実現する**時間・段階**などを表す。また、**手段・方法**を表す。…で。三「一瞬―燃え尽きた」「ローマは一日―成らず」「煙はたちまち―部屋に満ちた」使い方 ⑴動作表現を伴うことが多いが、状態表現を伴うこともある。三「生まれながらにして体が丈夫だ」⑵最低限を表す語に付いて、程度を強調することが多い。
❷〈体言や形容動詞の語幹に付いて〉同類のことを並べ上げる。…であって同時に…でありかつ。三「有能な政治家―よき母親である」「勇敢―優しさもある」
❸〈体言に付いて〉**逆接**を表す。…であるのになお。…なのに。三「この年―まだ迷いがある」「教師―このざまだ」
❹幸不幸・運不運の評価を前置きとして示す。…なことに。三「幸い―大事には至らなかった」「不幸―病に倒れた」
◈格助詞「に」＋「する」の連用形「し」＋接続助詞「て」。

に-し-て-から-が［連語］肝心のそれからして、すでに問題を含んでいる意を表す。…でさえもが。…にして。三「リーダー―この始末だ」▼連語「にして」＋格助詞「から」＋接続助詞「が」。

に-し-て-は［連語］（条件と結果の落差を問題にして）その割に、の意を表す。…(な)のに。三「都会―緑が多い」「六〇―若く見える」「初めて―よくできた」「あれだけ働いた―ボーナスが少なすぎる」▼連語「にして」＋副助詞「は」。

に-し-て-も［連語］❶〈体言に付いて〉それ以外の場合であっても同様である意を表す。三「息子―初めから学校が嫌いだったわけではない」
❷〈体言、形容動詞の語幹、動詞・形容詞の終止形などに付いて〉かりにそうであったとしても。三「たとえ冗談―許せない」「忙しい―連絡ぐらいは入れてください」
❸〈「AにしてもBにしても」の形で〉同類のものを並べ上げて、どちらの場合でも適合する意を表す。…にしろ…にしろ。…にせよ…にせよ。三「やる―やめる―私に知らせてくれ」
❹〈疑問詞や疑問詞を伴う語に付いて〉どの場合も例外なく。三「いずれ―早くしたほうがいい」「何をする―初めが肝心だ」「どこで暮らす―故郷は忘れない」
◈連語「にして」＋副助詞「も」。使い方「にしろ」「にせよ」「にしたって」「にしたところで」「にしたところが」「にしてみても」なども。

にし-にほん【西日本】［名］日本列島の西半分。中部地方以西に位置する近畿・中国・四国・九州の各地方。にしにっぽん。⬍東日本 ▼地質構造上からは糸魚川(いといがわ)・静岡構造線以西の地域をいう。

にし-はんきゅう【西半球】［名］地球の西側の半分。子午線の零度から西へ一八〇度までの地域。南北アメリカ大陸を含む。⬍東半球

にし-び【西日】［名］西に傾いた太陽。また、夕方に近づいて西からさし込む日ざし。三「強い―のさす部屋」

にじ-ます【虹▼鱒】［名］食用として各地で養殖されるサケ科の淡水魚。青褐色の背に小さな黒点が散在し、体側に淡紅色の帯が縦に走る。

にじま・せる【▼滲ませる】［他下一］にじむようにする。三「紙に墨汁を―」「目に涙を―」「顔に苦渋の色を―」文にじます

にじみ・でる【▼滲み出る】［自下一］❶液体がしみて少しずつ表にあらわれる。三「額に汗が―」❷人の性格・感情・経験などが、自然に表にあらわれ出る。三「努力のあとが著作に―」

にじ・む【▼滲む】［自五］❶液体が紙や布などにしみて広がる。三「墨汁が半紙に―」「血が包帯に―」❷液体がしみて文字などの輪郭がぼやける。また、涙でかすんで物がぼやけて見える。三「雨にぬれてはがきの文字が―」「涙で星が―んで見える」❸表面にうっすらと液体がしみてくる。しみ出る。にじみ出る。三「額に汗が―」「目に涙が―」「傷口から血が―」「血の―ような努力を重ねる」❹内部にあった感情や気持ちが顔などの表面にあらわれる。にじみ出る。三「苦悩の色［無念の思い］が顔に―」「文面に愛情が―んでいる」

に-しめ【煮▽染め】［名］野菜・鶏肉・焼き豆腐・こんにゃくなどを味を濃くしてじっくりと煮上げたもの。

に-し・める【煮▽染める】［他下一］食べ物を煮汁の味がしみ込むまでよく煮る。三「こんにゃくを―」文にし・む

にしゃ-さんにゅう【二捨三入】［名・他サ変］端数が一、二のときは切り捨てて〇にし、三、四、五、六、七のときは五に、八、九のときは切り上げて一〇にすること。また、その計算法。

にしゃ-たくいつ【二者択一】［名］二つのうち、どちらか一つを選ぶこと。

に-じゅ【二▼豎】［名］病魔。また、病気。▼「豎」は子供の意。重病になった晋の景公が、病魔が二人の子供の姿で現れる夢を見たという故事から。

に-じゅう【二重】［名］❶二つのものが重なること。三「皿を―に包む」❷二つのことが重なること。三「料金を―に払う」「―遭難」

にじゅう-あご【二重顎】［名］肉がたるみ、二重になって見える下あご。

にじゅう-うつし【二重写し】［名］❶映画・テレビで、ある画面に別の画面を重ねて映すこと。また、その技法。オーバーラップ。❷写真撮影で、不注意または意図的に、同一のフィルムに二度露出を行うこと。二重撮り。二重露出。

にじゅう-けいご【二重敬語】［名］同じ種類の敬語を重ねて使うこと。尊敬語の動詞「おっしゃる」に尊敬の助動詞「れる」を付けた「おっしゃられる」など。敬意過剰で誤りとされることが多い。

にじゅうし-せっき【二十四節気】［名］太陰太陽暦で、一太陽年を太陽の黄経に従って二十四等分し、それぞれに季節の名称を与えたもの。春は立春・雨水・啓蟄(けいちつ)・春分・清明・穀雨、夏は立夏・小満・芒種(ぼうしゅ)・夏至・小暑・大暑、秋は立秋・処暑・白露・秋分・寒露・霜降、冬は立冬・小雪・大雪・冬至・小寒・大寒に分ける。二十四気。⬇季節のことば（八三ページ）

にじゅう-しょう【二重唱】［名］二人の歌手による重唱。デュエット。デュオ。

にじゅう-じんかく【二重人格】［名］一人の

人間の中に全く異なった二つの人格が交互に現れること。

にじゅう-せいかつ【二重生活】[名] ❶同一人物が職業・性格・習慣などの異なる二つの生活を営むこと。‖「弁護士と作家の―」❷生計を共にする家族の構成員が二か所に分かれて生活すること。‖「単身赴任で―となる」

にじゅう-そう【二重奏】[名] 二人の奏者が二種または二個の楽器を演奏する合奏。デュエット。デュオ。

にじゅう-ひてい【二重否定】[名] 否定のことばを二つ重ねること。また、その言語表現。「知らないはずはない」「行かずにはいられない」「食べられないこともない」など。▼単なる肯定に比べると強意・婉曲などの含意が付加されることが多い。

にじゅう-ぶた【二重蓋】[名] 器物のふたの内側にもう一つふたがあるもの。また、そのような作りのふた。

にじゅう-まる【二重丸】[名] 二重の丸。「◎」の印。正解や優良などを示す場合、「○」よりもさらに評価が高いことを表す。

にじゅう-まわし【二重回し】[名] 男性が和服の上に着る外套。インバネスを和装化して丈を長くしたもの。とんび。

にじゅうよ-じかん【二十四時間】[名] 午前零時から翌日の同じ時刻までの間。一昼夜。まる一日。‖「―営業」

に-じょう【二乗】[名・他サ変] ある数・式を二度かけ合わせること。また、その積。平方。自乗。‖「二の―は四」

にじり-ぐち【躙り口】[名] 茶室特有の狭い出入り口。にじりあがり。くぐり。▼膝でにじるようにして入ることから。

にじり-よ・る【躙り寄る】[自五] 膝をついたまま少しずつ進み寄る。‖「卓のそばに―」

に-じる【煮汁】[名] 食べ物を煮た汁。また、食べ物を煮るために調味した汁。

にじ・る【躙る】 ■一[自五] 膝を動かして少しずつ動く。‖「―・ってそばに来る」■二[他五] 押しつけてすり動かす。‖「タバコの火を―・って消す」

躙

に-しろ [連語] ⇩にしても‖「どんな理由―、最初に手を出したほうが悪い」

にしん【鰊・鯡】[名] 北太平洋・北大西洋に分布するニシン目ニシン科の海水魚。体は細長く、マイワシに似る。春、群れをなして接岸し、海藻に産卵する。食用。卵は数の子と呼ばれる。春告魚。カド。カドイワシ。

鰊

に-しん【二心（弐心）】[名] ❶そむこうとする心。不忠の心。ふたごころ。‖「―を抱く」❷疑いの気持ち。疑心。◈二つの心をもつ意から。

に-しん【二伸】[名] 手紙で、本文を書き終えたあとでさらに書き加える文。また、その初めに記す語。追って書き。追伸。追啓。追陳。追白。

に-しん【二審】[名] 一審の裁判に対し、不服の申し立てがあった場合に行われる第二次の審理。控訴審。第二審。

に-しんとう【二親等】[名] 親等の一つ。本人および配偶者と二世を隔てた関係にある親族。また、その関係。祖父母・兄弟・姉妹・孫など。二等親。

に-しんほう【二進法】[名] 記数法の一つ。数を0と1だけで表すもの。十進法の1、2、3…は、二進法では1、10、11…となる。コンピューターなどで使われる。

ニス [名] ⇩ワニス

に-すがた【似姿】[名] 実物に似せて作った像や絵。‖「阿弥陀如来の―」

に-すがた【荷姿】[名] 梱包された商品・荷物などの外見。‖「崩れそうな―」

にせ【偽・贋】[名] 本物によく似せて（こしらえて）あるが、本物ではないこと。‖「―の証書」▼「似せ」の意。

に-せ【二世】[名] 仏教で、現世と来世。この世とあの世。

にせ-アカシア【贋アカシア】[名] マメ科のハリエンジュの別称。

に-せい【二世】[名] ❶外国に移住した人の子で、その国で生まれ、その国の市民権をもつ人。‖「日系―」❷同じ名をもってその家や地位を継いだ二代目。‖「エリザベス―」❸歌舞伎・文楽などで、同じ名跡を継いだ二代目。‖「―市川団十郎」❹息子。‖「―誕生」

にせ-がね【偽金・贋金】[名] 偽造の貨幣。にせの硬貨。‖「―造り」

にせ-さつ【偽札・贋札】[名] 偽造の紙幣。がんさつ。

にせ-の-ちぎり【二世の契り】[名] 夫婦になる約束。▼来世でも心変わりしない約束の意から。

にせ-もの【偽物・贋物】[名] 本物によく似せてこしらえたもの。贋物。まがいもの。‖「まっかな―」

にせ-もの【偽者・贋者】[名] いつわって本人に見せかけている別人。また、いつわって他の職業・身分などを装っている人。‖「鼠小僧の―」

に-せよ [連語] ⇩にしても‖「行く―行かぬ―、連絡してくれ」

に・せる【似せる】[他下一] 似るようにする。‖「文章を師匠に―・せて書く」文に・す

に-そう【尼僧】[名] ❶出家して仏門に入った女性。比丘尼。尼。❷キリスト教の修道女。‖「―院」

にそく-さんもん【二束三文（二足三文）】[名] 数が多くても値段がごく安いこと。極端に安い値段。‖「家財を―で売り払う」▼金剛草履の値段が二足で三文であったことからという。

にそく-の-わらじ【二足の〈草鞋〉】[連語] 〈多く「二足のわらじを履く」の形で〉同じ人が本来は両立し得ないような二つの職業をもつこと。‖「医者と作家という―を履く」▼江戸時代、博打打ちが捕吏を兼ねることを言ったことから。注意 (1)「二束の草鞋」は誤り。(2)「歌手と作曲家」など、内容が似た二つの職業を兼ねる意で使うのは誤り。

に-だ【荷駄】[名] 馬で運送する荷物。

に-だい【荷台】[名] トラック・自転車などの、荷物を載せる台の部分。

に-たき【煮炊き】[名・自他サ変] 食べ物を煮たり炊いたりすること。炊事。‖「かまどで―する」

に-だし【煮出し】[名] ❶食べ物を湯で煮てその旨味をとり出すこと。❷鰹節・昆布・煮干しなどを湯で煮て旨味をとり出した汁。だし。だし汁。▼「煮出し汁」の略。

に-だ・す【煮出す】[他五] 食物を煮て旨みをとり出す。‖「豚骨を―・してスープをとる」名煮出し

に-た・つ【煮立つ】［自五］煮えて沸騰する。煮え立つ。〓「ー・ったスープ」

に-た・てる【煮立てる】［他下一］ぐらぐら沸き立つまで煮る。〓「スープをー」文にた・つ

にた-にた［副ト］声を立てずに薄気味悪く笑うさま。〓「ばかにしたようにー(と)笑う」

にた-もの【似た者】［名］性格・好みなどが互いに似かよった者。〓「ー同士」

にたもの-ふうふ【似た者夫婦】［名］夫婦は性質や好みなどが似るということ。また、そのような夫婦。

にたり-と［副］声を立てずに薄気味悪い笑いを浮かべるさま。〓「さも満足そうにー笑う」

にたり-よったり【似たり寄ったり】［名・形動］どれも同じ程度で大きな差のないこと。大同小異。どっこいどっこい。〓「どのイベントもーの趣向だ」

に-だん【二段】［名］二つの段。また、第二の段。〓「合気道ー」

にだん-がまえ【二段構え】［名］成り行きに応じて対処できるように、あらかじめ二つの方法を用意しておくこと。〓「ーで事に当たる」

にち【日】（造）❶太陽。〓「ー光・ー没・ー輪」❷太陽の出ている時間。昼間。〓「ー中・ー夜」❸その日。二十四時間。〓「ー刊・ー誌・ー時」「縁ー・初ー・毎ー」「一月一五ー」「百ーの間」❹「日曜日」の略。〓「土ー」❺「日本」の略。〓「ー中・ー銀・ー舞」

にち-ぎん【日銀】［名］「日本銀行」の略。

にちぎん-たんかん【日銀短観】［名］日本銀行が全国約一万社の企業を対象とし、四半期ごとに実施する企業短期経済観測調査。

にち-げん【日限】［名］前もって限り定めた日数。また、その期限の日。〓「ーを切って金を貸す」

にち-じ【日時】［名］❶日付と時刻。〓「会合のーを決める」❷日数と時間。〓「工事に要するーを見積もる」

にち-じょう【日常】［名］ふだん。つねひごろ。〓「平穏なーを送る」「ー会話［生活］」「非ー的」

にちじょう-さはん【日常茶飯】［名］ごくありふれたこと。〓「ー事」▼ふだんの食事の意から。

にち-にち【日日】［名］一日一日。毎日。ひび。〓「ーの努力」「ー進歩する」▼副詞的にも使う。

にち-ぶ【日舞】［名］日本の伝統的舞踊の総称。歌舞伎舞踊・上方舞・新舞踊など。⇕洋舞▼「日本舞踊」の略。

にちべいあんぜんほしょう-じょうやく【日米安全保障条約】［名］一九五一（昭和二六）年九月、日米間で調印された条約。日本の安全を保障するために、米軍の日本駐留などを定めたもの。一九六〇年、新条約に改定され、日米両国の共同防衛、米軍の軍事行動に関する事前協議制度などが加えられた。安保条約。

にちべい-ちいきょうてい【日米地位協定】［名］一九六〇年、現行の日米安全保障条約締結とともに改定された細目協定。駐日米軍の使用施設、経費の分担、裁判管轄権などについて詳細に規定する。改定前の名称は日米行政協定。

にち-ぼつ【日没】［名］太陽が沈むこと。また、その時刻。日の入り。⇕日出▼天文学的には太陽の上縁が地平線下に沈むこと。

にち-や【日夜】［名］昼と夜。昼夜。また、夜も昼も。〓「ーをわかたず努力する」「ー勉学にいそしむ」▼副詞的にも使う。

にち-よう【日用】［名］毎日の生活に用いること。〓「ー雑貨」

にち-よう【日曜】［名］週の第一日。土曜の次の日。日曜日。官公庁・一般企業・学校などでは休日とする。

にちよう-がっこう【日曜学校】［名］キリスト教会で、日曜ごとに児童を集めて宗教教育を行う学校。教会学校。

にちよう-だいく【日曜大工】［名］日曜などの休日を利用して趣味で行う、家庭内の大工仕事。また、それをする人。

にちよう-び【日曜日】［名］⬇日曜

にちよう-ひん【日用品】［名］毎日の生活に使用する品物。

にち-りん【日輪】［名］太陽。

にちれん-しゅう【日▼蓮宗】［名］鎌倉時代に日蓮が開いた仏教の一宗派。法華経を奉じ、「南無妙法蓮華経」の題目による成仏を説く。

にち-ろく【日録】［名］日々の出来事などの記録。日記。

に-つい-て【(に就いて)】［連語］⬇就く⑤⑥

にっ-か【日貨】［名］日本から輸出された商品。〓「ー排斥運動」

にっ-か【日課】［名］毎日決まってする事柄。また、毎日割り当ててする仕事。〓「散歩をーとする」

ニッカーボッカー【knickerbockers】［名］ひざ下で裾をしぼった、ゆったりした半ズボン。ゴルフ・登山・乗馬などに用いる。ニッカー。

に-つかわし・い【似つかわしい(似付かわしい)】［形］よく似合っているさま。ふさわしい。似合わしい。〓「月には薄がー」「古都にはー・くない建造物」派生-げ／-さ

にっ-かん【日刊】［名］毎日刊行すること。〓「ー紙」

にっ-き【日記】［名］❶毎日の出来事や感想などを一日ごとに書き記した記録。日録。ダイアリー。〓「ーをつける」「絵ー」❷毎日の記録を書き記す帳面。▼「日記帳」の略。

にっ-き【肉▼桂】［名］⬇にっけい（肉桂）②

に-つき【(に就き)】［連語］⬇就く⑤⑥⑦

にっ-きゅう【日給】［名］一日を単位として定められた給料。〓「ー制」

にっ-きん【日勤】［名］❶［自サ変］毎日出勤すること。〓「出張所にーする」❷昼間の勤務。⇕夜勤

に-つ・く【似つく(似付く)】［自五］❶よく似ている。〓「似てもー・かない（＝全く似ていない）」❷よく似合う。

ニックネーム【nickname】［名］本名とは別にその人を親しんで、または、からかって呼ぶ名。愛称。あだな。

に-づくり【荷造り・荷作り】［名・自サ変］荷物を運送しやすいようにまとめて梱包すること。荷ごしらえ。〓「急いでー(を)する」

に-つけ【煮付け】［名］魚・野菜などをよく味がしみ込むように煮ること。また、その料理。〓「カレイのー」

にっ-けい【日系】［名］日本人の血統を引いていること。また、その人。〓「ーブラジル人［三世］」

にっ-けい【日計】［名］一日単位の計算。また、一日

の総計。‖「—表」

にっ-けい【肉▼桂】[名] ❶暖地で栽培されるクスノキ科の常緑高木。樹皮・根皮に独特の香りと辛味がある。❷①の樹皮・根皮を乾燥させたもの。薬用・香辛料にする。ニッキ。ニッケ。

にっけい-れん【日経連】[名]「日本経営者団体連盟」の略。二〇〇二年五月に経団連と統合し日本経済団体連合会となった。

ニッケル[nickel][名] 鉄族元素の一つ。単体は光沢のある銀白色で、強磁性を示す。展延性にすぐれ、合金・めっき・貨幣材料などに広く利用される。元素記号Ni

に-つ・ける【煮付ける】[他下一] 魚・野菜などを味がよくしみ込むまで煮る。‖「鯖を—」文につ・く

にっ-こう【日光】[名] 日の光。太陽の光線。‖「—を浴びる」

にっこう-よく【日光浴】[名・自サ変](健康のために)体に日光を浴びること。

にっこり[副⁺] ちょっと笑うさま。ほほえむさま。にこり。‖「嬉しそうに—(と)笑う」▼「にこり」の促音化。

にっ-さん【日参】[名・自サ変] ❶神社や寺院に毎日参詣すること。日参り。❷ある目的のために毎日同じ場所を訪れること。‖「陳情のため役所に—する」

にっ-さん【日産】[名] 一日当たりの生産高。‖「—千台」

にっ-し【日子】[名] 日数。

にっ-し【日誌】[名] 毎日の出来事などを書き記した記録。また、その帳面。‖「業務[学級・航海]—」▼日記よりも公的なものをいう。

にっ-しゃ【日射】[名] ❶太陽光線がさすこと。ひざし。❷地上に到達した太陽の放射エネルギー。‖「—量」

にっしゃ-びょう【日射病】[名] 長時間強い直射日光を受けたために起こる病気。体温が著しく上昇し、頭痛・めまい・意識障害などが現れる。

にっ-しゅう【日収】[名] 一日の収入。▼月収・年収に対していう。

にっ-しゅつ【日出】[名] 太陽がのぼること。ひので。‖「—時」⇔日没▼天文学的には太陽の上縁が地平線上に現れること。

にっ-しょう【入声】[名] 漢字の四声の一つ。韻尾が[p][t][k]の子音によって急に閉じられるもの。

にっ-しょう【日商】[名] 一日の総商取引高。▼月商・年商に対していう。

にっ-しょう【日照】[名] 太陽が地上を照らすこと。‖「—時間」

にっしょう-き【日章旗】[名] 日本の国旗である、白地に赤く日の丸を染め抜いた旗。▼平成一一(一九九九)年公布の国旗国歌法で規定。

にっしょう-けん【日照権】[名] 快適な生活を営むために日照を享受する権利。

にっ-しょく【日食(日▼蝕)】[名] 太陽と地球の間に月が入ったとき、月の影によって太陽が隠されて見える現象。部分食・皆既食・金環食などがある。書き方「日食」は代用表記。

にっしん-げっぽ【日進月歩】[名・自サ変] 日ごと月ごとに、絶え間なく進歩すること。‖「—する医療技術」「—の情報科学」

にっ-すう【日数】[名] ひにちの数。ひかず。‖「多くの—を要した工事」「出席—」

ニッチ[niche][名] ❶西洋建築で、壁面をくぼめた部分。彫像・花瓶などを置く。壁龕。❷市場のすき間。他社がまだ進出していない分野。‖「—産業」

にっちも-さっちも【二▽進も三▽進も】[副] 物事が行き詰まって動きがとれないさま。どうにもこうにも。‖「こう人手不足では—できない」▼算盤の用語から。

にっ-ちゅう【日中】[名] ❶日がのぼっている間。ひるま。‖「—は暑くなる」❷仏教で、六時の一つ。正午または正午を中心とするほぼ四時間。また、その時に行う勤行。

にっ-ちょく【日直】[名] ❶その日の当直。また、その人。❷昼間の当直。また、その人。⇔宿直

にっ-てい【日程】[名] 毎日の、またはその日の予定。‖「旅行の—を組む」「会議の—を立てる」

にっ-てん【日展】[名] 美術団体の一つ。また、その団体が主催する総合美術展覧会。▼現在は公益社団法人。

にっ-と[副] 声を出さずに、歯を見せてちょっと笑うさま。‖「—笑う」

ニット[knit][名] 編み物。また、編んで作った布地。‖「—のスーツ」

にっ-とう【日当】[名] 一日いくらと決めて支払う手当。

ニッパー[nipper][名] 主として針金や電線を切断するのに用いる工具。

にっ-ぱち【二八】[名] 二月と八月。商売・興行などで景気の悪い月とされる。

ニッパ-やし【ニッパ▼椰子】[名] インド・南太平洋諸島の湿地に分布するヤシ科の常緑低木。幹はなく、地中の根茎から扇状に葉をのばす。果実は食用。樹液は砂糖やアルコールの原料、葉は屋根をふく材料にする。

にっ-ぽう【日報】[名] ❶毎日の報告。また、その報告書。‖「業務—」❷毎日の報道。また、毎日発行される新聞。

にっ-ぽう【日豊】[名] 日向と豊前・豊後。現在の宮崎・福岡・大分県地方。

にっぽん【日本】[名] ⬇にほん

にっぽん-ぎんこう【日本銀行】[名] 日本の中央銀行。銀行券を発行し、銀行の銀行、政府の銀行として金融政策の運営にあたる。にほんぎんこう。日銀。‖「—券(=日本銀行が発行する銀行券)」

にっぽんけいざいだんたい-れんごうかい【日本経済団体連合会】[名] 経団連と日経連が統合して二〇〇二年五月に発足した経済団体(社団法人)。経済界の意見を取りまとめ、自由・公正・透明な市場経済体制に向けて政府・労働組合・市民等広く関係者への働きかけなどを行う。

に-つま・る【煮詰まる】[自五] ❶煮えて水分がなくなる。‖「砂糖液が—」❷議論や検討が十分になされて、結論の出る段階になる。‖「議論が—」注意「議論が行き詰まる」の意で使うのは本来は誤り。

に-つ・める【煮詰める】[他下一] ❶水分がなくなるまで煮る。‖「餡を—」❷議論や検討を十分にして、結論の出る段階に至らせる。‖「事業計画を—」文につ・む

に-て[格助](古風) ❶動作・作用の行われる場所や時間を表す。…で。‖「旅先にて筆を執る」「門前にて馬車雇

いて走らするに〈鴎外〉」「本日三時にて終了した」使い方「これにて」「当方にて」など、慣用的な表現でも使う。〓「これにて一件落着」
❷材料・手段・原因・理由などを表す。…で。〓「ささにて包んだ餅」「蒸気船にて大洋を渡る」「『…こなたへ』と落ち付きたる声にていいて〈鴎外〉」「病弱にて徴兵を免れた」

にて-ひなる【似て非なる】[連語] 見かけは似ているが、内実は全く違う。〓「自由とわがままとは―ものだ」▼『孟子』の「悪似而非者(にてひなるものをにくむ)」から。

にてん-さんてん【二転三転】[名・自サ変] 情勢・態度などが次から次へ変わること。〓「試合の形勢が―する」

に-と【二▼兎】[名] 二匹のウサギ。
◉**二兎を追う者は一兎(いっと)をも得ず** 同時に違った二つのことをしようとすると、結局は二つとも失敗してしまうということ。

に-と【二途】[名] 二つの道。また、二つの方法。

に-ど【二度】[名] 二回。再び。〓「―は言わない」
◉**二度あることは三度(さんど)ある** 同じようなことが二度起これば、続いてもう一度起こる。

にとう-だて【二頭立て】[名] 馬車などを二頭の馬で引かせること。また、その車。〓「―の馬車」

にとう-へい【二等兵】[名] 旧陸軍で、兵の最下級の階級。また、その兵。▼旧海軍では二等水兵。

にとうへん-さんかくけい【二等辺三角形】[名] 二辺の長さが等しい三角形。等脚三角形。

にとう-りゅう【二刀流】ニタウリウ [名] ❶左右の手に刀を一本ずつ持って戦う剣術の流派。宮本武蔵の創始した二天一流など。❷酒も甘い物も両方好むこと。また、その人。❸二つのことを同時にうまく行えること。

にど-ざき【二度咲き】[名] 一年に二回花が咲くこと。特に、春に咲いて、また秋に咲くこと。返り咲き。

に-とって【〈に取って〉】[連語] ➡取る㊁

にど-でま【二度手間】[名] 一度ですむことに二度の手間をかけること。〓「―になるが再点検しよう」

にど-と【二度と】[副]〈下に禁止・打ち消しの語を伴って〉決して二度は。その後は一度たりとも。〓「―来るな」「その人とは―会わなかった」「―ないチャンス」
注意「2度と」と書くのは誤り。➡「二」のコラム(九九ページ)

にど-ね【二度寝】[名・自サ変] 一度目が覚めてのち、また眠ること。〓「―して会社に遅れる」

ニトログリセリン[nitroglycerin][名] グリセリンに硝酸と硫酸の混合物を作用させてつくる無色の油状液体。きわめて爆発しやすく、ダイナマイト・無煙火薬などの原料とする。また、血管拡張作用があり、狭心症などの舌下錠としても用いられる。

にな【▼蜷】[名] 川・湖沼などに分布するカワニナ科の巻き貝。黄褐色または黒褐色の貝殻は細長い。肺吸虫・横川吸虫などの第一中間宿主。カワニナ。

にない-て【担い手】ニナヒ [名] ❶荷物をかつぐ人。❷中心になってある物事を支え、推進していく人。〓「地域[次代]の―」

にな・う【担う(▽荷う)】ニナフ [他五] ❶物を肩でささえて持つ。かつぐ。〓「肩に米俵を―」「十字架を―」「天秤(てんびん)棒で―」▼「担(かつ)ぐ」に比べて、文章語的な言い方。❷自分の責任や役割として引き受ける。〓「重責を双肩に―」「期待を一身に―」「近代国家成立の一翼を―」「わが国の未来を―若者たち」可能 担える

に-なる-と[連語] 話題がその方面に及ぶ意を表す。…となると。…に関しては。…については。〓「その辺の事情―、私ではわからない」

に-なわ【荷縄】ニナハ [名] 荷物にかけて縛るための縄。

ににん-さんきゃく【二人三脚】[名] 二人一組で並んで隣り合った足首をひもで結び、二人の四脚を三脚のようにして走ること。また、その競走。▼二人が歩調を合わせて物事を行うことのたとえにもいう。〓「―で事業を拡大する」

に-にんしょう【二人称】[名] 人称の一つ。話し手(書き手)に対して聞き手(読み手)を指していうもの。また、そのときに用いられる、聞き手の名前や「あなた」「あなたがた」「きみ」「きみたち」「なんじ」など。第二人称。対称。

に-ぬき【煮抜き】[名] ❶水を多くして炊いた飯からとったねばねばした汁。おもゆ。おねば。❷かたゆでにした卵。▼「煮抜き卵」の略。主に関西でいう。

に-ぬし【荷主】[名] 荷物の所有者。また、荷物の発送人。

に-ぬり【▽丹塗り】[名] 丹または朱で塗ること。また、そのもの。〓「―の椀(わん)」

に-の-あし【二の足】[名] 歩きだすときの二歩目。
◉**二の足を踏(ふ)む** しりごみする。〓「値段を聞いて―」▼一歩目をためらって足踏みする意から。

に-の-うで【二の腕】[名] 肩からひじまでの間の部分。上膊(じょうはく)。

に-の-く【二の句】[名] 次に言い出すことば。
◉**二の句が継げ・ない** あきれて次に言うべきことばが出ない。

に-の-ぜん【二の膳】[名] 正式の日本料理で、本膳(一の膳)の次に出す膳。➡一の膳・三の膳

に-の-つぎ【二の次】[名] 二番目。その次。あとまわし。〓「仕事は―にして遊び回る」「もうけは―だ」

に-の-まい【二の舞い】マヒ [名] 人のあとに出てそのまねをすること。特に、前の人と同じ失敗をくり返すこと。〓「前任者の―を演じる」「これでは前政権の―だ」▼舞楽の「二の舞」が、安摩(あま)の舞のあとで、それをまねて滑稽に舞うことから。書き方 舞楽の場合は「二の舞」。
注意「轍(てつ)を踏む(=前人と同じ失敗をする)」や、言い方の似る「二の足を踏む(=しりごみする)」と混同して、「二の舞いを踏む」「二の轍を踏む」というのは誤り。

に-の-まる【二の丸】[名] 城の本丸に対して、その外側を囲む城郭。

に-の-や【二の矢】[名] 一の矢に続けて放つ矢。二番目に射る矢。
◉**二の矢が継げ・ない** 続けて打つべき手がなくて窮することのたとえ。

にはい-ず【二杯酢】[名] 合わせ酢の一つ。酢と醤油(しょうゆ)、または酢と塩を合わせたもの。

に-ばな【煮花】[名] せんじたての香りのよい茶。でばな。

に-ばん【二番】[名] ❶一番の次。第二位。❷二度目。二回。

にばん-かん【二番館】クワン [名] 新しい映画を封切館の次に上映する映画館。

にばん-せんじ【二番煎じ】[名] ❶一度煎じたものを、もう一度煎じること。また、そうしたもの。❷前にあった趣向をまねること。また、その新味のないもの。〓

「―のドラマ」

にび-いろ【▽鈍色】[名] 濃いねずみ色。にぶ色。▼古くは喪服や僧衣に用いた。

に-びたし【煮浸し】[名] 野菜や素焼きにした魚を薄味の煮汁で煮、そのまま浸しておいて味をしみ込ませること。また、そのもの。「小松菜の―」

にひゃく-とおか【二百十日】[名] 雑節の一つ。立春から数えて二一〇日目。九月一日ごろで、この前後には台風が多い。

にひゃく-はつか【二百《二十日》】[名] 雑節の一つ。立春から数えて二二〇日目。九月一一日ごろで、二百十日とともに台風に襲われることが多い。

に-びょうし【二拍子】[名] 音楽で、強弱二拍を一単位とする拍子。四分の二拍子など。

ニヒリスティック【nihilistic】[形動] 虚無的。虚無主義的。ニヒル。

ニヒリスト【nihilist】[名] 虚無主義の傾向をもった人。虚無主義者。

ニヒリズム【nihilism】[名] ⬇虚無主義

ニヒル【nihil ラテ】[形動] ❶虚無的。虚無主義的。❷非情で、冷酷なさま。「―な笑いを浮かべる」派生-さ

に-ぶ【二部】[名] ❶二つの部分。「―合唱」❷二番目の部分。「第―」❸書類・書物などの二そろい。「コピーを―とる」❹大学の夜間部。

にぶ・い【鈍い】[形] ❶刃物などの切れ味が悪いさま。鋭利でない。「切れ味の―庖丁」❷頭脳や感覚の働きが弱いさま。「勘[感受性・運動神経]が―」❸動き・勢い・刺激などが弱い。「客足が―」「―痛み」❹光・色彩などがぼんやりしている。また、音が澄んでいない。「―街灯の光」「―濃紺の着物」「どすんという―音がした」◈①②⬍鋭い 派生-さ

にぶ-いろ【鈍色】[名] にび色。

に-ふく・める【煮含める】[他下一] ゆっくりと煮て材料に味をしみ込ませる。「里芋を―」文にふく・む

に-ふだ【荷札】[名] 送り先と送り主の住所・氏名などを書いて荷物につける札。

に-ぶた【煮豚】[名] 豚肉のかたまりを醤油・味醂(みりん)・香味野菜などでやわらかく煮上げたもの。

にぶ・る【鈍る】[自五] ❶刃物の切れ味が悪くなる。鋭さがなくなる。鈍くなる。「彫刻刀の切れ味が―」❷頭脳や感覚の働き、決心、腕前などが弱くなる。「勘[判断・反応]が―」「感覚[味覚]が―」「練習不足で腕が―」「決心が―」❸あるものの動き・勢いなどが弱くなる。「伸び[売れ行き・客足]が―」

に-ぶん【二分】[名・自他サ変] 二つに分かれること。また、二つに分けること。「勢力が―する」「人気を―する」

にべ【▼鮸】[名] 松島湾以南の浅海にすむスズキ目ニベ科の海水魚。発達した耳石をもち、鰾(うきぶくろ)を振動させて鳴く。食用。鰾からは膠(にかわ)をとる。グチ。

にべ【〈▼鰾▼膠〉・〈▼鮸▼膠〉】[名] ニベ科の魚などの鰾(うきぶくろ)からとる粘着力の強い膠(にかわ)。にべにかわ。

◉**にべも無・い** 愛想がない。そっけない。「―・く断られる」

に-ぼし【煮干し】[名] カタクチイワシ・イカナゴなどの稚魚を煮て干したもの。主にだしをとるのに用いる。いりこ。だしじゃこ。

ニホニウム【nihonium】[名] 超アクチノイド人工放射性元素の一つ。平成一六(二〇〇四)年、日本の理化学研究所のチームが線形加速器で亜鉛とビスマスの原子を衝突させ、生成に成功した。元素記号Nh ▼名称は「日本」にちなむ。

に-ほん【二本】[名] ❶一本の倍。「ビールを―飲む」❷刀と脇差(わきざし)。大小の刀。大小。

にほん【日本】[名] わが国の国号。にっぽん。▼「にほん」と「にっぽん」は、ともに「日出づる処」を意味する「日本(じっぽん)」の音読から生じたもの。特に法的な規制はなく、慣用的に使い分けられている。複合語を作る場合は「にほん」を用いることが多い。

にほん-いち【日本一】[名] 日本で一番すぐれていること。また、そのもの。にっぽんいち。「―のバラ園」

にほん-おおかみ【日本▼狼】[名] オオカミに近縁のイヌ科の哺乳(ほにゅう)類。全身が灰褐色で、体長約一メートル。耳と四肢は短い。かつて本州・四国・九州に生息していたが、明治三八(一九〇五)年以降は捕獲例がなく、絶滅種とされる。ヤマイヌ。

にほん-が【日本画】[名] 日本の伝統的な技法・様式によって描かれた絵画。主として岩絵の具を用い、毛筆で絹や和紙に描く。▼油絵などの西洋画(洋画)に対していう。

にほん-かいりゅう【日本海流】[名] 黒潮。

にほん-がみ【日本髪】[名] 日本女性の伝統的な髪形の総称。丸髷(まるまげ)・島田髷・桃割れ・銀杏返(いちょうがえ)しなど。▼明治以降の洋髪に対していう。

にほん-けん【日本犬】[名] 日本原産の犬の総称。耳が立ち、尾の巻いているものが多い。柴犬・紀州犬・甲斐犬・秋田犬など。和犬。にほんいぬ。

にほん-ご【日本語】[名] 日本の国語。音韻面では母音で終わる開音節を特徴とし、文法面では膠着(こうちゃく)語に属す。

にほんご-きょういく【日本語教育】[名] 日本語を母国語としない外国人に対して行う日本語の教育。

にほんこく-けんぽう【日本国憲法】[名] 前文および十一章百三条からなる日本の現行憲法。大日本帝国憲法に代わって一九四六(昭和二一)年十一月三日に公布、四七年五月三日から施行。国民主権、基本的人権の尊重、平和主義を基本原則とする。

にほん-ざし【二本差し】[名] ❶武士のこと。▼腰に大小二本を差すことから。❷相撲で、もろざし。

にほん-さんぎょうきかく【日本産業規格】[名] ⬇ジス(JIS)

にほん-さんけい【日本三景】[名] 日本を代表する三つの景勝地。宮城県の松島、京都府の天橋立(あまのはしだて)、広島県の厳島(いつくしま)の三つをいう。

にほん-し【日本紙】[名] 日本古来の手漉(す)きの紙。和紙。▼機械で日本紙に似せて漉いた洋紙も含めていうことがある。

にほん-しゅ【日本酒】[名] 日本の伝統的な醸造法によって造られた酒。特に、清酒をいう。⬍洋酒

にほん-じん【日本人】[名] 日本の国籍をもつ人。日本国民。にっぽんじん。

にほん-ちゃ【日本茶】[名] 緑茶。▼紅茶やコーヒーなどに対していう。

にほん-とう【日本刀】[名] 日本の伝統的な鍛造法でつくられた刀剣。にっぽんとう。

にほん-のうえん【日本脳炎】［名］日本脳炎ウイルスの感染によって起こる脳炎。主にコガタアカイエカが媒介し、夏に流行しやすい。発病すれば死亡率が高く、治っても重い後遺症を残すことがある。

にほん-ばれ【日本晴れ】［名］空に一点の雲もなく晴れ上がること。また、そのような快晴の空。にっぽんばれ。▽疑いや不安が消えて心が晴れ晴れとすることのたとえにもいう。〓「すっきりとした―の心境」

にほん-ま【日本間】［名］畳を敷いた日本風の部屋。和室。⇕洋間

にまい-がい【二枚貝】［名］体が左右二枚の貝殻でおおわれている貝類の総称。触角や目はなく、斧（おの）の形をした筋肉質の運動器官をもつ。アサリ・ハマグリ・ホタテガイ・シジミなど。

にまい-かんばん【二枚看板】［名］❶芝居などで、中心になる二人の出演者や代表的人物。〓「チームの―」❷人々の関心を引きつける二つの物事。〓「減税と高齢者福祉を―にする公約」

にまい-げり【二枚蹴り】［名］相撲のきまり手の一つ。四つに組んだ相手の体をひねりながら、足のくるぶしあたりを蹴って倒す技。

にまい-ごし【二枚腰】［名］相撲・柔道などで、ねばり強くてなかなかくずれない腰。

にまい-じた【二枚舌】［名］前と食い違うことを言うこと。うそをつくこと。〓「―を使う」

にまい-め【二枚目】［名］❶歌舞伎で、主として男女の色事を演じる美男の役。また、その役者。▽近世、看板の右から二番目に名を書かれたことから。❷映画・演劇などで、美男役の俳優。❸美男子。ハンサム。❹相撲の番付で、前頭・十両・幕下などの二番目の位置。また、その力士。

に-まめ【煮豆】［名］味をつけてやわらかく煮た豆。

にもう-さく【二毛作】［名］夏季には稲を作り、冬季には麦を作るなど、同じ耕地で一年間に二種類の作物を栽培すること。⬇一毛作・三毛作・多毛作▽同じ作物の場合は「二期作」という。

に-も-かかわら-ず【にも▽拘わらず】［連語］前に述べた事柄を受けて、それに反する行動をとる意を表す。…（な）のに。〓「荒天―船を出す」▽接続詞的にも使う。〓「住民はこぞって反対した。―工場誘致に踏みきった」

に-もつ【荷物】［名］❶運搬または運送する品物。荷。〓「―をまとめる」「手―」❷負担となるもの。やっかいなもの。〓「皆のお―になる」

に-もの【煮物】［名］食材を調味して煮ること。また、その煮たもの。

に-やき【煮焼き】［名・他サ変］食べ物を煮たり焼いたりすること。

に-やく【荷役】［名］船荷の積みおろしをすること。また、それをする人。〓「―作業」

にや・ける［自下一］❶男性がなよなよと色っぽいようすをする。▽男色をいう「にやけ（若気）」を動詞化した語。❷にやにやする。

にや・す【煮やす】［他五］⬇業（ごう）を煮やす

に-やっかい【荷厄介】［名・形動］持った荷物がじゃまになること。また、物事が負担になること。〓「重い鞄が―になる」「口ばかり達者で―な男だ」

にや-にや［副ト］声を立てずに薄笑いを浮かべるさま。

にやり［副ト］声を立てずにちょっと薄笑いをするさま。

にゃん-こ［名］幼児語で、猫。にゃんにゃん。▽「にゃん」は猫の鳴き声から。

にゃん-にゃん［名］❶猫の鳴き声を表す語。❷幼児語で、猫。にゃんこ。▽猫の鳴き声から。

ニュアンス［nuanceフランス］［名］語句・表現などの微妙な意味合い。また、感情・色彩・音色などの微妙な差異。〓「水墨で表された繊細な―」

にゅう【入】（造）❶はいる。〓「―会・―社・―浴」「介―・転―・乱―」❷いれる。〓「―手・―籍」「挿―・導―・輪―」❸必要とする。〓「―用」❹漢字音の四声の一つ。入声（にっしょう）。

にゅう【乳】（造）❶ちち。〓「―製品・―白色」「牛―・搾―・母―」❷ちちに似たもの。〓「―液」「豆―」❸ちぶさ。また、それに似たもの。〓「―癌（にゅうがん）」「鍾―石（しょうにゅうせき）」❹ちちを飲んで育つ時期。〓「―歯・―児」

ニュー［new］■一［名］⬇お二ュー ■二（造）新しい。〓「―ウエーブ（＝新しい世代の傾向・流行）」「―モデル（＝新型）」

にゅう-いん【入院】［名・自サ変］治療などのために一定の期間病院にはいって過ごすこと。〓「―して検査を受ける」「―患者」⇕退院

にゅう-えい【入営】［名・自サ変］兵役義務者などが軍務につくために兵営に入ること。

にゅう-えき【乳液】［名］❶植物の乳細胞や乳管に含まれている乳状の液体。❷油脂・グリセリンなどを含む乳状の化粧品。肌の保護や化粧下に用いる。

にゅう-えん【入園】［名・自サ変］❶動物園・植物園・公園などに入ること。〓「―料」❷幼稚園・保育園などの園児になること。⇕卒園

にゅう-か【入荷】［名・自他サ変］商店・市場などに商品が入ること。〓「新製品が／を―する」⇕出荷

にゅう-か【乳化】［名・自他サ変］互いに溶け合わない液体の一方を微粒子にして他方の液体の中に分散すること。また、そのような状態になること。

にゅう-か【乳菓】［名］材料として牛乳を使った菓子。アイスクリームなど。

にゅう-かい【入会】［名・自サ変］ある会に入って、その会員になること。〓「―金・―資格」⇕退会

にゅう-かく【入閣】［名・自サ変］国務大臣になって内閣に加わること。〓「山田氏が―する」

にゅう-がく【入学】［名・自サ変］新しい児童・生徒・学生として、その学校にはいること。〓「次女が小学校に―する」「―試験・―式」⇕卒業

にゅう-かん【入棺】［名・他サ変］遺体を棺に納めること。納棺。

にゅう-がん【乳▼癌】［名］乳腺（にゅうせん）にできる癌。

にゅう-ぎゅう【乳牛】［名］牛乳をとるために飼育する牛。

にゅう-きょ【入居】［名・自サ変］ある住宅に入って居住すること。〓「―者募集」

にゅう-きょ【入▼渠】［名・自サ変］船がドック（＝船渠（せんきょ））にはいること。〓「―して修理する」

にゅう-ぎょ【入漁】［名・自サ変］他人や他の団体が漁業権をもつ漁場に入って漁業を行うこと。〓「―料」

にゅう-ぎょう【乳業】［名］牛乳を生産する事業。また、牛乳をバター・チーズなどの乳製品に加工し、販売する事業。

にゅう-きん【入金】[名] ❶金銭が自分の手元に入ること。また、その金銭。三「ーがある」「ー伝票」❷[自他サ変] 金銭を払い込むこと。また、その金銭。三「毎月末に銀行にーする」◈⇕出金

にゅう-こ【入庫】[名・自他サ変] ❶品物が倉庫に入ること。また、入れること。❷電車・自動車などが車庫にはいること。また、入れること。◈⇕出庫

にゅう-こう【入坑】[名・自サ変] 炭鉱・鉱山などで、坑道に入ること。

にゅう-こう【入貢】[名・自サ変] 外国の使節が朝廷に貢ぎ物を持って来ること。三「ー船」

にゅう-こう【入▼寇】[名・自サ変] 外敵が攻め入ってくること。来寇。

にゅう-こう【入港】[名・自サ変] 船が港に入ること。三「タンカーがーする」⇕出港

にゅう-こう【入構】[名・自サ変] ❶施設の構内に入ること。三「車で東門からーする」「ー禁止」❷列車が駅のホームに入ること。

にゅう-こう【入稿】[名・自他サ変] 原稿を印刷所に入れること。三「序文をーする」「データー」

にゅう-こう【乳香】[名] カンラン科の常緑高木から得られる樹脂。黄色透明の塊状物で、火にあぶると芳香を放つ。古代エジプト時代から薬用や薫香料にされた。

にゅう-こく【入国】[名・自サ変] 他の国にはいること。三「不法にーする」「ー許可」「ー査証(=ビザ)」⇕出国 ▼「にゅうごく」は避けたい。

にゅう-ごく【入獄】[名・自サ変] 牢獄に入れられること。三「これまでに二度ーした」⇕出獄

にゅう-こん【入魂】[名] ❶ある事に精魂をそそぎ込むこと。三「ーの技」「一球ー」❷ある物に魂を吹き込むこと。三「仏像のー式」

にゅう-ざい【乳剤】[名] 水に溶けにくい物質を乳化し、微粒子として水中に分散させた乳状の液剤。

にゅう-さつ【入札】[名・自サ変] 売買・請負などに際して契約希望者が複数あるとき、見積額などを書いた文書を提示した者と契約するため、最も有利な条件を提出させること。いれふだ。▼一連の事務を電子情報通信で行う電子入札も行われている。

にゅう-さん【乳酸】[名] 糖の発酵によって生じる有機酸。酸味のある無色の粘性液体で、食品の酸味剤などに用いる。

にゅう-ざん【入山】[名・自サ変] ❶登山・林業などの目的で山に入ること。❷僧が修行のため、または住職となるために寺に入ること。

にゅうさん-きん【乳酸菌】[名] 糖類を分解して乳酸をつくる細菌。ヨーグルト・チーズなど発酵食品の製造に利用される。

にゅう-し【入試】[名] 学校が入学志願者の中から一定の入学者を選抜するために行う試験。三「大学ー」▼「入学試験」の略。

にゅう-し【乳歯】[名] 小児に最初に生える一そろいの歯。生後六か月ごろから生え始め、一〇歳前後に永久歯と抜け替わる。総数二〇本。

にゅう-じ【乳児】[名] 生後一年から一年半くらいまでの、母乳やミルクで育てられる時期の子供。ちのみご。▼児童福祉法では満一歳未満の子供をいう。

にゅうじ-いん【乳児院】[名] 児童福祉施設の一つ。家庭では保育できない乳児を入院させ、その養育にあたる施設。

にゅう-しち【入質】[名・他サ変] 質屋に品物を預け入れること。質入れ。

にゅう-しつ【入室】[名・自サ変] 部屋に入ること。三「許可を得てーする」⇕退室

にゅう-しつ【乳質】[名] ❶牛乳などの品質。❷乳の性質。また、乳のような性質。

にゅう-しぼう【乳脂肪】[名] 乳、特に牛乳中に含まれている脂肪。乳脂。

にゅう-しゃ【入社】[名・自サ変] 会社に採用されて社員になること。三「ー試験・ー式」⇕退社

にゅう-じゃく【入寂】[名・自サ変] 仏教で、高僧が死ぬこと。入滅。入定。三「日蓮ーの地」▼寂滅に入る意。

にゅう-じゃく【柔弱】[名・形動] 気力・意志が弱いこと。また、体質が弱々しいこと。じゅうじゃく。三「ーな精神」派生 -さ

にゅう-しゅ【入手】[名・他サ変] 手に入れること。自分のものにすること。三「極秘情報をーする」「ー経路」

にゅう-じゅう【乳汁】[名] ⇩乳①

にゅうしゅつ-りょく【入出力】[名] 入力と出力。特に、コンピューターのデータの入力と出力。I/O

にゅう-しょ【入所】[名・自サ変] ❶研究所・事務所・保育所など「所」と名のつく機関や社会福祉施設に入って、その一員になること。❷刑務所に入って服役すること。◈⇕退所

にゅう-しょう【入賞】[名・自サ変] 競技会・展覧会などで、賞を授けられる順位内に入ること。

にゅう-じょう【入定】[名・自サ変] ❶仏教で、禅定に入ること。精神を統一させて無念無想の境地に入ること。⇕出定 ❷高僧が死ぬこと。入滅。入寂。

にゅう-じょう【入城】[名・自サ変] 城に入ること。特に、戦いに勝って攻め落とした城に入ること。

にゅう-じょう【入場】[名・自サ変] 会場・式場・競技場などの場内にはいること。三「選手団がーする」「ー式・ー行進・ー券」⇕退場

にゅう-じょう【乳状】[名] 乳のように白くてどろりとした状態。

にゅう-しょく【入植】[名・自サ変] 開拓地や植民地に入って生活すること。三「ー地・ー者」

にゅう-しょく【入職】[名・自サ変] 新規採用や復職・転職などによって、職に就くこと。

にゅう-しん【入信】[名・自サ変] 信仰の道に入ること。ある宗教を信仰し、その信者になること。

にゅう-しん【入神】[名] 技術が上達し、神わざかと思われるほどのすぐれた境地に達すること。三「ーの域に達する」

ニュース【news】[名] ❶一般にまだ知られていない新しい出来事。また、その知らせ。三「今年の十大ー」❷新聞・ラジオ・テレビなどによる報道。三「臨時ー」

にゅう-すい【入水】[名・自サ変] 水中に身を投げて死ぬこと。じゅすい。三「ー自殺」

ニュース-キャスター【newscaster】[名] テレビなどで、解説や論評を加えながらニュースを報道する人。

ニュース-ソース【news source】[名] ニュー

スの出所。情報源。

ニュース-バリュー【news value】[名] ニュースとして報道する値打ち。報道価値。「—のある事件」

ニューズレター【newsletter】[名] ❶企業・政府機関・学会などが従業員や会員、報道機関などに向けて発行する定期刊行物。❷特定の予約購読者に送る時事解説。◈「ニュースレター」とも。

にゅう-せいひん【乳製品】[名] 牛乳を原料とした製品の総称。バター・チーズ・ヨーグルト・練乳など。

にゅう-せき【入籍】ニフ [名・自他サ変] 養子縁組や結婚によって、ある者がある戸籍に入ること。また、入れること。▼初婚の二人が親の戸籍から離れて新たな戸籍を作る場合に「入籍」と言うのは、不適切。

にゅう-せん【入線】ニフ [名・自サ変] 始発駅で、列車が指定された番線にはいること。「—時刻」

にゅう-せん【入選】ニフ [名・自サ変] 選考に入ること。応募した作品などが審査に合格すること。「—作」⇔落選

にゅう-せん【乳腺】[名] 哺乳類の乳房中にあって、授乳期に乳汁を分泌する腺。

にゅう-たい【入隊】ニフ [名・自サ変] 軍隊などに入って、その一員となること。⇔除隊

にゅう-たい-いん【入退院】ニフタイヰン [名] 入院と退院。

ニュー-タウン【new town】[名] 大都市の近郊に計画的に建設された住宅都市。

にゅう-だん【入団】ニフ [名・自サ変] 団と名のつく団体に入って、その一員となること。「消防団に—する」⇔退団

にゅう-ちょう【入朝】ニフテウ [名・自サ変] 外国の使者などが来日して朝廷に参内すること。

にゅう-ちょう【入超】ニフテウ [名] ある期間内の輸入総額が輸出総額よりも多いこと。⇔出超 ▼「輸入超過」の略。

にゅう-てい【入廷】ニフ [名・自サ変] 裁判の関係者が法廷に入ること。「裁判官が—する」⇔退廷

にゅう-でん【入電】ニフ [名・自サ変] 電信・電報などで知らせが届くこと。また、その知らせ。

にゅう-とう【入党】ニフタウ [名・自サ変] ある党に加入して、その一員となること。⇔離党

にゅう-とう【入湯】ニフタウ [名・自サ変] 湯に入ること。特に、温泉に入ること。「—客」

にゅう-とう【乳糖】ニウタウ [名] 哺乳動物の乳汁の中に含まれている二糖類。チーズ製造の副産物として得られ、医療用甘味料・小児栄養剤などに利用する。ラクトース。

にゅう-とう【乳頭】[名] ❶乳房の先の突き出した部分。ちくび。❷舌の表面などにみられる、小さなちくび状の突起。

にゅう-どう【入道】ニフダウ [名] ❶[自サ変] 出家・剃髪して仏門に入ること。また、その人。❷仏門に入った三位以上の人。また、武士も含め、在俗のまま髪を剃り、僧衣を着て仏門に入った人。「清盛—」❸坊主頭の人。また、坊主頭の化け物。「大—・蛸—」

にゅうどう-ぐも【入道雲】ニフダウ [名] 積乱雲の通称。▼高く盛り上がって大入道のように見えることから。

ニュートラル【neutral】[名] ❶[形動] 対立する二者のいずれにも属さないこと。中立。「—な立場」❷自動車の変速装置で、エンジンの動力が車輪に伝達されない状態。

ニュートリノ【neutrino】[名] 素粒子の一つ。電気的に中性で、質量はごくわずか。現在三種類が観測されている。中性微子。

ニュートロン【neutron】[名] ➡中性子

ニュートン【newton】[名] 力の大きさを表す単位。一ニュートンは一キログラムの物体に一メートル毎秒毎秒の加速度を生じさせる力。記号N

にゅうない-すずめ【入内▼雀】ニフナイ [名] 本州中部以北の林で繁殖するスズメ目ハタオリドリ科の鳥。スズメに似るが羽色の赤みが強く、顔に黒斑がない。

にゅう-ねん【入念】ニフ [名・形動] 細かいところまでよく注意をはらうこと。念入り。「—な調査」 派生 —さ

ニュー-ハーフ【和製new＋half】[名] [俗] 女装した男性。また、性転換した元男性。

にゅう-ばい【入梅】ニフ [名] 梅雨の季節に入ること。梅雨入り。▼俗に「梅雨の季節」の意でも使う。

にゅうはく-しょく【乳白色】[名] 乳汁のように不透明な白色。ちちいろ。

にゅう-ばち【乳鉢】[名] 乳棒を使い固体試料を粉砕または混合するためのガラス製・陶磁製の鉢。

にゅう-ひ【入費】ニフ [名] ある事をするのに必要な金。費用。

にゅう-ぶ【入部】ニフ [名・自サ変] 部と名のつく団体に入って、その一員となること。「剣道部に—する」⇔退部

ニュー-フェース【new face】[名] 映画俳優などの新人。また、一般に、新人。新顔。ニューフェイス。「期待の—」

にゅう-ぼう【乳房】ニウバウ [名] ちぶさ。

にゅう-ぼう【乳棒】[名] 乳鉢に入れた固体試料を粉砕または混合するのに用いる陶磁製・ガラス製などの棒。

にゅう-まく【入幕】ニフ [名・自サ変] 相撲で、十両の力士が昇進して幕内力士になること。「新—」

ニュー-ミュージック【和製new＋music】[名] 一九七〇年代後半の日本に現れた、フォーク・ロックなどに影響を受けた新しいスタイルのポピュラー音楽。

にゅう-みん【入眠】ニフ [名] 眠りにつくこと。「—儀式（＝入浴、歯磨き、読書など、就寝前の習慣）」

ニューム [名] 「アルミニューム」の略。「—の弁当箱」「—管・—口金」

にゅう-めつ【入滅】ニフ [名・自サ変] 仏教で、聖者や高僧が死ぬこと。「釈迦—」▼滅度に入る意。

ニュー-メディア【new media】[名] 電子技術の発展によって開発された新しい情報媒体の総称。

にゅう-めん【▽煮麺】ニウ [名] ゆでた素麺をだし汁で煮た料理。 書き方 「入麺」とも。

にゅう-もん【入門】ニフ [名] ❶[自サ変] 門の中に入ること。❷[自サ変] 師について、その弟子になること。「漱石門下に—する」❸初心者のためにやさしく書かれた手引き書。入門書。「パソコン—」

にゅう-よう【入用】ニフ [名] ❶[形動] ある用を果たすために必要であること。「まとまった金が—になる」❷ある用のために必要な金銭。費用。

にゅうよう-じ【乳幼児】ニウエウ [名] 乳児と幼児。

にゅう-よく【入浴】ニフ [名・自サ変] ふろに入ること。入湯。「—剤」

にゅう-らい【入来】ニフ［名・自サ変］人の家などを訪れ、中に入ってくること。▽多く「御―」の形で、来訪をいう尊敬語として使う。

にゅう-らく【入▼洛】ニフ［名・自サ変］都、特に京都に入ること。じゅらく。▽古代中国の首都「洛陽」に入る意から。

にゅう-らく【乳酪】［名］牛乳などを加工して作った食品。バター・チーズ・クリームなど。特に、バター。

ニューラル-ネットワーク【neural network】［名］人間の脳の神経回路網をモデルにして作られたコンピューターのシステム。多くの比較的単純な要素が相互に連結し、単純な信号を交換することで情報処理を行う。コネクショニズム。並列分散処理。

にゅう-りょく【入力】ニフ［名・他サ変］❶電気回路などの装置に動力または信号を入れること。❷コンピューターで、処理をさせるデータを入れること。インプット。「データを―する」「―装置」◈⇔出力

にゅう-りん【乳輪】［名］乳首の周囲の褐色を帯びた輪状部分。乳暈。

にゅう-ろう【入▼牢】ニフラウ［名・自サ変］罪を犯して牢に入れられること。じゅろう。⇔出牢

ニューロン【neuron】［名］神経系を構成する基本的な単位。神経細胞体・樹状突起・軸索からなる。神経細胞。神経単位。

にゅう-わ【柔和】ニウ［名・形動］性質・表情などがおだやかで、やさしいこと。「―な顔」派生-さ

にょ【女】（造）おんな。「―性」「―体」「天―・老若男―」

にょ【如】（造）そのとおり。…のごとし。…のようだ。「―意・―実・―是」

にょ-い【如意】［名］❶物事が自分の思うままになること。「手元不―」❷読経・説法などのときに僧侶が手に持つ仏具。長さ三〇〜四〇センチほどの棒状で、先端をワラビのような形に曲げたもの。金属・骨・竹・木などで作る。

にょい-ぼう【如意棒】［名］伸縮自在で、思うままにあやつることができるという架空の棒。『西遊記』の孫悟空が武器として携行した。

にょいりん-かんのん【如意輪観音】クワンオン［名］六観音・七観音の一つ。如意宝珠と法輪の功徳によって衆生の願いをかなえ、苦しみを救うという。多くは六臂像。

にょう【尿】ネウ［名］腎臓で生成され、輸尿管・膀胱を経て尿道から体外に排泄される液体。小便。小水。「―意・―道」「血―・利―」

に-よう【二様】ヤウ［名］ふたとおり。二種類。「―の方法」

にょう-い【尿意】ネウ［名］小便がしたいという感覚。「―を催す」

にょう-いん【女院】ヰン［名］天皇の生母や后、内親王などで、朝廷から特に「院」または「門院」の称号を与えられた女性。上皇に準ずる待遇を受けた。にょいん。

にょう-かん【尿管】ネウクワン［名］腎臓から膀胱へ尿を送る管。輸尿管。

にょう-き【尿器】ネウ［名］病人などが寝たままで小便をするための容器。溲瓶。

にょう-さん【尿酸】ネウ［名］鳥類・爬虫類などの尿中に多量に含まれる有機酸。ヒトではプリン化合物の最終代謝産物として主に尿中に排泄され、血中の尿酸が過剰になると痛風を起こす。

にょう-そ【尿素】ネウ［名］哺乳類の尿中などに含まれる有機化合物。生体内でたんぱく質が分解されるときに生じる。工業的にはアンモニアと二酸化炭素から合成し、肥料・尿素樹脂などの原料になる。

にょう-どう【尿道】ネウダウ［名］膀胱にたまった尿を体外に排出するための管。「―結石」

にょうどく-しょう【尿毒症】ネウドクシャウ［名］腎臓の機能が低下し、体外に排泄されるべき尿中の窒素成分などが血中にたまって起こる病気。

にょう-はち【▼鐃▼鈸】ネウ［名］法会に用いる打楽器の一つ。中央部が椀状に盛り上がった銅製の円盤で、外側の中央にひもを通し、左右の手で二枚を打ち合わせて鳴らす。にょうばつ。

にょう-ぼう【女房】バウ［名］❶妻。多く自分の妻をさしていう。にょうぼ。❷宮中に仕え、個人用の部屋（＝房）を与えられて住む女官。

にょうぼう-ことば【女房▽詞（女房言葉）】ニョウバウ［名］室町初期ごろから宮中に仕える女房が使い始めた一種の隠語。髪を「かもじ」、団子を「いしいし」、豆腐を「おかべ」などという類。

にょうぼう-やく【女房役】ニョウバウ［名］傍らにいてその人を補佐する役目。また、その人。「会長［名投手］の―を務める」

にょ-かん【女官】クワン［名］朝廷に仕えて奉仕する女性の官人。

にょき-にょき［副と］細長いものがいくつも続いて現れ出るさま。「たけのこが―（と）生える」

にょ-じつ【如実】［名］❶現実のとおりであること。ありのまま。「事件の真相を―に物語る証拠の数々」❷仏教で、存在の究極的な姿である絶対不変の真理。真如。

にょ-しょう【女性】シャウ［名］〔古風〕女の人。じょせい。

にょぜ-がもん【如是我聞】［名］経文の最初に置かれる語。「このように私は聞いた」の意。

にょ-たい【女体】［名］女性の肉体。また、女性の姿。

ニョッキ【gnocchiイタ】［名］小麦粉にジャガイモ・卵などを加え、団子状に作ったパスタ。

に-よって［連語］❶受身動詞が表す動作・作用の主体を表す。「『夜明け前』は藤村―書かれた」「この建物は地震―破壊された」❷方法・手段・材料・仲介・依拠などを表す。…により。…で。「繰り返し練習すること―上達する」「時刻を短針と長針―表示する」「テレビ―世界のニュースを知る」「天候―は中止もありうる」

にょ-にん【女人】［名］女の人。じょせい。じょにん。「―禁制（＝寺院などの修行の場に女性の立ち入りを禁じたこと）」

にょ-ほう【如法】ホフ［名・形動］❶仏教の教えどおりであること。❷型どおりであること。文字どおりであること。「―暗夜」

にょ-ぼん【女▽犯】［名］仏教で、僧が戒律を破って女性と交わること。「―肉食」

にょ-らい【如来】［名］仏の敬称。真如に到達し、衆生済度のためにこの世へ来た人の意。「釈迦―」

に-よらず［連語］〈上に不定の意を表す語を伴って〉どのような場合でもすべて。…にかかわらず。「何事―注

意が肝心だ」

にーより【似寄り】［名］よく似ていること。また、そのもの。「ーの品を選ぶ」

にーより［連語］⬇によって②

にーよると［連語］❶〈多く、下に伝聞の意を表す表現を伴って〉情報の出どころを表す。…によれば。「予報ー、明日は雨だ」「警察の調べー」❷〈「ことによると」「場合によると」の形で〉そうなる可能性が少しはある意を表す。ひょっとすると。事情［場合］によっては。ことによったら。「場合ー、辞職もありうる」

にーよれば［連語］⬇によると①「担当者ー」

にょろーにょろ［副］細長いものが身をくねらせながら進み動くさま。「蛇がー(と)はい回る」

にら【▼韮】［名］野菜として栽培されるユリ科の多年草。食用にする葉は平たい線形で、特有の強いにおいがある。

にらみ【▼睨み】［名］❶にらむこと。❷他人を威圧する力。

◉**睨みを利か・せる** 他の者が勝手なことをしないように威圧する。無言の圧力をかける。「監督がー」

にらみーあ・う【▼睨み合う】［自五］❶互いに相手をにらむ。「両力士がじっとー」❷互いに相手の動きをうかがいながら対立する。「二派に分裂してー」［名］にらみ合い

にらみーあわ・せる【▼睨み合わせる】［他下一］双方を見比べながら考える。「予算とー・せて計画を立てる」［文］にらみあは・す ［名］にらみ合わせ

にらみーだい【▼睨み▼鯛】［名］正月や祝儀の席に縁起物として飾る鯛。▽にらみながら酒を飲むことから。

にらみーつ・ける【▼睨みつける（▼睨み付ける）】［他下一］激しい勢いでにらむ。「相手をきっとー」［文］にらみつ・く

にら・む【▼睨む】［他五］❶鋭い目つきで相手をじっと見る。「対戦相手をー」「じろりとー」▽敵意・怒り・非難などの気持ちがこもる。❷精神を集中してじっと見る。また、事態を注意深く観察する。「標的をぐっとー」「宙をー・んで考え込む」「情勢をー・んで断を下す」❸見当をつける。めぼしをつける。「犯人はあいつに違いないとー」「僕は彼を四〇前後とー・んでいる」「ー・んだ通りの結末になる」❹〈多く「にらまれる」の形で〉好ましくない人物として目をつけられる。「警察からー・まれる」［名］にらみ

睨

にらめっーこ【▼睨めっこ】［名・自サ変］❶にらみ合うこと。互いに向き合ったまま対立を続けること。❷向き合って互いに滑稽な表情をつくり、先に笑ったほうを負けとする子供の遊び。にらめくら。❸物をじっと見たまま黙っていること。「書類とーする」

にらんーせい【二卵性】［名］二つの卵子が同時に別々の精子を受精すること。⬍一卵性

にらんせいーそうせいじ【二卵性双生児】［名］二つの卵子が同時に別々の精子を受精してできた双生児。一卵性の場合とは異なり、二児は同性とは限らない。

にりつーはいはん【二律背反】［名］相互に対立・矛盾する二つの命題が同等の権利をもって主張されること。たとえば「世界は時間的に始めがあり、空間的に限定される」とする定立（テーゼ）に対し、反定立（アンチテーゼ）が「世界は時間的・空間的に無限である」とするなど。アンチノミー。

にーりゅう【二流】［名］❶二つの流れ。また、二つの流派。❷格式・程度・品質などが一流より劣ること。「ーの品」⬇一流・三流

にりゅうかーたんそ【二硫化炭素】［名］炭素と硫黄の化合物。特異臭のある無色の液体。引火しやすく、猛毒。溶剤・殺虫剤などに利用する。

にりんーしゃ【二輪車】［名］車輪が二つある車。自転車・オートバイなど。

にる【似る】［自上一］❶ものの形や性質・状態などが同じように見える。「姉妹は体つきも性質も似ている」「見違えるほどよく似ている」「アスナロは葉がヒノキにー」「安堵に似たものを感じる」

使い方 (1)言い切りでは「似ている」が多い。(2)「親子は声がー」（＝複数の者が互いに似る）「弟は兄と顔がー」（＝対等の関係で似る）「子は親にー（＝基準に照らして似る）」の、三つの言い方ができる。基準の取り違えは誤用。「×親は子に似ている」→「〇子は親に似ている」

❷〈「…に似ず」の形で〉外見や通例とは違って。「年に似ずしっかりしている」「常に似ず柔和だ」［文］にる

品格 似非「ー科学」 疑似「ー体験」 酷似「ーするDNA」 相似「ここの景色は故郷とーする」 彷彿「父親をーとさせるしぐさ」 紛う「花かとーばかりの雪」 類似「ー品」 類同「ー性」 ◉「似非」「類似」は、本物ではないことを批判する気持ちを含む。

◉**似ても似つかな・い** まったく似ていない。

にる【煮る】［他上一］食材を水や汁の中に入れて火にかけ、熱を通して食べられる状態にする。「豆をー」「ぐつぐつ［ことこと］ー」 使い方 「シチューをー」のように、〜ヲに〈結果〉をとる言い方もできる。煮ることによって料理を作る意。［文］にる

◉**煮ても焼いても食えない** どうにも手に負えない。どうしようもない。「ーやつ」

にーるい【二塁】［名］❶野球で、一塁と三塁の間の塁。セカンド。セカンドベース。「ー打」❷野球で、二塁とその周辺を守る内野手。▽「二塁手」の略。

にれ【▼楡】［名］ニレ科ニレ属の高木の総称。ハルニレ・アキニレ・オヒョウなど。街路樹などとして植えるほか、材を器具・家具・薪炭などに用いる。

楡

にろくじーちゅう【二六時中】［名・副］一日中。終日。また、いつも。四六時中。「ー監視する」▽昔、一日を一二刻に分けたことから。⬇四六時中

にわ【庭】［名］❶家の敷地の中で、建物のたっていない所。木や草花を植えたり、池や築山を設けたりする。❷あることが行われる場所。「学びのー」（＝学校）「裁きのー」（＝法廷）「いくさのー」（＝戦場）

にわーいし【庭石】［名］庭に趣を添えるためにすえる石。また、庭に置く飛石・敷石など。

にわーいじり【庭▽弄り】［名］庭の草木などの手入れをすること。「休日にーを楽しむ」

にわか【▼俄】 ■［形動］❶物事が急に起こったり変化したりするさま。急に。みるみるうちに。「ーに天候が変わる」❷〈否定的表現を伴って〉即座には。すぐには。「ーに決めがたい」「ーには信じがたいうわさ」■［名］❶以前からではなく、急になったこと。また、急に作ったもの。「ーファン」「ー仕込み（＝わずかばかりの練習による）の技術」❷「俄狂言」の略。⬇コラム（次ページ）

［ことば探究］「にわか」の使い方

▼本格的でない、準備や経験が充分でないなどの、否定的なニュアンスを伴うことが多い。
「にわかゴールキーパー」「にわか作りの休憩所」
▼「だしぬけ(に)」に比べると、少し時間の幅がある。「話し始める」など一瞬のできごとには「だしぬけ」を使うことが多く、「饒舌になる」など少し時間をかけないと確認できないできごとには「にわか」を使うことが多い。⬇だしぬけ［ことば探究］
「×にわか／〇だしぬけ に話し始めた」
「〇にわか／×だしぬけ に饒舌になった」

にわか‐あめ【▼俄雨】 ニハカ ［名］ 急に降り出してすぐにやんでしまう雨。驟雨。

にわか‐きょうげん【▼俄狂言(仁輪加狂言)】 ニハカキャウゲン ［名］ 宴席・街頭などで即興的に演じる滑稽な寸劇。江戸中期から大坂を中心に流行。にわか。

にわか‐じこみ【▼俄仕込み】 ニハカ ［名］ ❶必要に迫られてから急いで商品を仕入れること。❷当座の間に合わせに急いで覚え込むこと。≡「―の英会話」

にわか‐ゆき【▼俄雪】 ニハカ ［名］ 急に降り出して、すぐにやむ雪。

にわ‐き【庭木】 ニハ ［名］ 庭に植える木。また、庭に植えてある木。

にわ‐きど【庭木戸】 ニハ ［名］ 庭の出入り口に設けた木戸。

にわ‐くさ【庭草】 ニハ ［名］ 庭に生えている草。

にわ‐げた【庭下▽駄】 ニハ ［名］ 庭を歩くときに履く下駄。

にわ‐さき【庭先】 ニハ ［名］ 庭の縁側に近いあたり。

にわ‐し【庭師】 ニハ ［名］ 庭園を造り、その手入れをすることを職業とする人。

にわ‐つくり【庭作り・庭造り】 ニハ ［名］ 樹木を植え、築山・泉水などを設けて、庭を趣のあるようにつくること。また、それを職業とする人。庭師。

にわ‐とこ【〈接骨木〉】 ニハ ［名］ 春、白色の小花を円錐状につけるスイカズラ科の落葉低木。枝の内部には白い髄がある。花・葉は利尿・発汗などの薬用。庭木にもする。

にわ‐とり【鶏】 ニハ ［名］ 家禽として飼養されるキジ目キジ科の鳥。採卵用の白色レグホン、肉用のコーチン、卵肉兼用のプリマスロック、闘鶏用のシャモ、観賞用のチャボなど、多くの品種がある。▼庭の鳥の意。

にわ‐の‐おしえ【庭の▽訓】 ニハノヲシヘ ［名］ 家庭教育。≡「余は幼き比より厳しき―を受けし甲斐に〈鷗外・舞姫〉」▼「庭訓」を訓読みにした語。✓注意「教えの庭」は、教育をする所、学校の意。

にん【人】 一 ［名］ 人柄。≡「―を見て法を説く」 二（造）❶ひと。≡「―間・―数」「芸―・住―・仙―」「三―・五万―」 ❷…する人。…の役目の人。≡「案内―・苦労―・保証―」

にん【任】 一 ［名］ まかせられた仕事。役目。つとめ。≡「―を解く」「―務」「辞―・責―・赴―」 二（造）❶役目に当てる。役目につく。≡「―期・―命」「新―・専―」 ❷ゆだねる。自由にさせる。≡「―意」「信―・放―」

にん【▽仁】（造）❶博愛の心。思いやり。≡「―徳」 ❷果実のさね。≡「杏―・桃―」

にん【妊】（造）子を宿す。はらむ。≡「―娠・―婦」「懐―・避―」

にん【忍】（造）❶たえる。がまんする。≡「―耐」「堪―」 ❷むごい。≡「残―」 ❸隠れて行動する。しのび。≡「―者・―法」

にん【認】（造）見分ける。みとめる。承知する。≡「―可・―識・―定」「確―・公―・容―」

にん‐い【任意】 ［名・形動］ その人の意思にまかせること。自由に選ばせること。≡「―に選択する」「円周上の―の一点」

にんい‐しゅっとう【任意出頭】 ［名・自サ変］ 刑事訴訟法上、身体を拘束されていない被疑者が、取り調べを受けるために自ら捜査機関に出頭すること。

にん‐か【認可】 ［名・他サ変］ よいと認めて許可すること。≡「営業を―する」▼法律では、公の機関が第三者の行為に同意を与え、その行為の効力を有効に完成させる行政行為をいう。

にん‐がい【人界】 ［名］ 仏教で、人間の住んでいる世界。人間界。

にん‐かん【任官】 クワン ［名・自サ変］ 官吏に任命されること。官職に就くこと。≡「―試験」

にん‐き【人気】 ［名］ ❶世間一般の人々に好まれ、もてはやされること。≡「次第に―が出てきた」「若者に―のある番組」「今はあの歌手が―だ」「―投票・―者」 ❷〔古風〕⬇じんき≡「―の荒い土地」

品格 衆望「―を担って立候補する」 信望「国際的―を集める」 人望「失策して―を失う」 声価「社の―を高からしめる」 声望「―を害するおそれ」 徳望「―に優れる高僧」

にん‐き【任期】 ［名］ ある職務に就いている一定の期間。≡「―を全うする」

にんき‐とり【人気取り】 ［名］ 世間で良い評判を取ろうとすること。≡「―の政策」

にん‐ぎょ【人魚】 ［名］ 上半身が女性の姿で、下半身が魚の形をしているという想像上の動物。マーメイド。

にん‐きょう【任▼俠(▽仁▼俠)】 ケフ ［名］ 弱きを助け、強きをくじくことを信条とし、義のためには命をも惜しまないという気風。また、そうした気風に富むこと。おとこぎ。おとこだて。≡「―の徒」「―道」

にん‐ぎょう【人形】 ギャウ ［名］ 木・土・紙などで人の形に作ったもの。主に愛玩・装飾用。演劇などにも用いる。≡「日本―」「―芝居」▼他人に操られるばかりで、自分の意志では行動しない人のたとえにもいう。

にんぎょう‐げき【人形劇】 ニンギャウ ［名］ 人形遣いが人形を操って演じる劇。文楽・ギニョール・マリオネットなど。人形芝居。

にんぎょう‐じょうるり【人形浄瑠璃】 ニンギャウジャウルリ ［名］ 三味線の伴奏で語る浄瑠璃に合わせて演じる日本固有の人形芝居。▼現在は義太夫節によって演じられる文楽に代表される。

にん‐く【忍苦】 ［名・自サ変］ 苦しみを耐えしのぶこと。

にん‐げつ【人月】 ［名］ 仕事の量を数える語。一人が一か月働く分の仕事量を「一人月」とする。≡「六―の案件」

にん‐げん【人間】 ［名］ ❶ひと。人類。≡「―の尊厳」 ❷人柄。人物。≡「あの人は―ができている」

にんげん‐かんけい【人間関係】 クワンケイ ［名］ 人と人との関係。特に、集団・組織などで、心理面・感情面も含めた人間どうしの関係。ヒューマンリレーション。≡「ーが広がる」「ーに悩む」

にんげん‐くさ・い【人間臭い】［形］❶人が暮らしている雰囲気がある。≡「ー路地裏」❷いかにも人間らしい感情や欲望が感じられる。≡「聖職者のー一面」

にんげん‐こうがく【人間工学】［名］工学の一分野。人間の身体的特性や精神的機能に適合した機械装置や作業環境を設計・調整することを目的とする学問。エルゴノミックス。ヒューマンエンジニアリング。

にんげん‐こくほう【人間国宝】［名］重要無形文化財保持者の通称。文化財保護法によって文化庁が指定した重要無形文化財の技能をもつ人。

にんげん‐せい【人間性】［名］人間として生まれつき備えている特有の性質。人間らしさ。≡「ーを疑う」

にんげん‐ぞう【人間像】（ザウ）［名］人間を外面・内面の両面からとらえた全人格的な姿。≡「理想のー」

にんげん‐てき【人間的】［形動］人間の性格・感情・行動などに関するさま。また、人間らしい知・情・意を豊かにそなえているさま。

にんげん‐ドック【人間ドック】［名］健康状態の総合的な精密検査を行うための短期間の入院。語源 人体の検査を船体点検のためのドック（船渠〈せんきょ〉）入りになぞらえた語。注意「人間ドッグ」は誤り。

にんげん‐なみ【人間並み】［名・形動］世間一般の人と同じ程度であること。ひとなみ。

にんげん‐み【人間味】［名］人間らしい心のあたたかみ。人情味。≡「ー豊かな人」

にんげん‐わざ【人間業】［名］人間の能力でできること。≡「ーとは思えない技術」▼多く打ち消しの語を伴って、それが極めて優れた能力であることを表す。

にん‐ごく【任国】［名］大使・公使・領事として赴任する国。にんこく。

にんさん‐ばけしち【人三化け七】［名］容貌〈ようぼう〉がひどく醜いこと。また、その人。▼人間が三分、化け物が七分の意。

にんさん‐ぷ【妊産婦】［名］妊婦と産婦。妊娠中の女性と出産前後の女性。

にん‐しき【認識】［名・他サ変］❶物事をはっきりと見分けて、その本質や意義を理解すること。また、その理解された内容。≡「事の重要性をーする」「ーを改める」「遠くからでも彼の姿をーできた」❷哲学で、人間が理性の働きによって事物の性質や、事物と他の事物との関係などについて正しい判断をもつこと。また、それによって知り得た内容。知識。▼cognitionの訳語。❸コンピューターが、ハードウエアや、画像・音声などの外部からのデータを判別し、その性質や意義を理解すること。

にん‐じゃ【忍者】［名］忍術を使って間諜〈かんちょう〉・謀略活動などを行う者。忍術使い。忍びの者。

にん‐じゅう【忍従】［名・自サ変］苦しい境遇に耐えて従うこと。≡「殿の仰せにーする」

にん‐じゅつ【忍術】［名］姿を隠して敵方に入り込み、特殊な体術・武器などを用いて間諜〈かんちょう〉・暗殺などを行う術。忍びの術。

にん‐しょう【人称】［名］言語行動において、どのような立場で参加しているかを表す文法範疇〈はんちゅう〉。話し手（書き手）か聞き手（読み手）か第三者かのいずれであるかの区別をいう。一人称（自称）・二人称（対称）・三人称（他称）のほか、そのいずれかが不明確な場合に不定称を立てることがある。

にん‐しょう【認証】［名・他サ変］❶一定の行為や文書の成立・記載などが適正であることを公の機関が証明すること。≡「電子ー」❷天皇の国事行為で、内閣または内閣総理大臣の行った職権上の行為を公的に証明すること。

にん‐じょう【人情】（ジャウ）［名］人間に生まれつき備わっている心の動き。特に、他人に対する思いやりの心や情け。≡「秘密にされると知りたくなるのがーだ」「義理とーの板挟み」「ーに厚い人」「ー家」

にん‐じょう【▽刃傷】（ジャウ）［名］刃物で人を傷つけること。≡「ー沙汰〈ざた〉になる」

にんしょう‐かん【認証官】（クヮン）［名］任免について天皇の認証を必要とする官職。国務大臣・最高裁判所判事・高等裁判所長官など。

にんしょう‐だいめいし【人称代名詞】［名］人を指し示す代名詞。人代名詞。▼話し手（または書き手）を指す「わたし」「ぼく」などを一人称（自称）、聞き手（または読み手）を指す「あなた」「きみ」などを二人称（対称）、第三者を指す「かれ」「かのじょ」などを三人称（他称）、不特定または未定の人を指す「どなた」「だれ」などを不定称という。

にんじょう‐ばなし【人情話（人情▼噺）】（ニンジャウ）［名］落語のうち、市井の人々の人情を題材にしたもの。「文七元結」「唐茄子〈なす〉屋」「子別れ」「芝浜」など。▼本来は落ち（さげ）のない続き話を称したが、現在では広く人情味のある落語を含めていう。

にんじょう‐ぼん【人情本】（ニンジャウ）［名］文政（一八一八〜三〇）頃から明治初年まで流行した小説の一つ。洒落本〈しゃれぼん〉から転じたもので、町人の恋愛や人情の葛藤を描く。為永春水〈ためながしゅんすい〉の『春色梅児誉美〈しゅんしょくうめごよみ〉』などが代表作。

にんじょう‐み【人情味】（ニンジャウ）［名］人間らしい心のあたたかみ。人としての情の深さ。情味。≡「ーあふれる話」

にん・じる【任じる】［自他上一］⬇任ずる

にん‐しん【妊娠】［名・自サ変］女性が受胎して体内に子をやどすこと。身ごもること。懐妊。≡「ー八週目に入る」「ー三か月」

にん‐じん【人▽参】［名］❶野菜として栽培されるセリ科の越年草。また、その根。黄橙色または紅赤色の根は肥大し、独特の香りと甘みをもつ。❷チョウセンニンジンの別称。

にん‐ずう【人数】［名］❶人の数。≡「ーを数える」❷多くの人。≡「ーを繰り出す」◈「にんず」ともいう。

にん・ずる【任ずる】■［他サ変］❶ある職務（特に、役職）に就かせる。任命する。≡「山田氏を外務大臣にー」「朝廷から大使にー・ぜられる」❷自任する。≡「みずから芸術家を（もって）ー」■［自サ変］任務として引き受け、責任をもって仕事に努める。当たる。≡「国政にー」 文にん・ず 異形 任じる

にん‐そう【人相】（サウ）［名］❶人の顔つき。容貌〈ようぼう〉。❷顔面に表れた、その人の性格や運命。また、それによってその人の運命や吉凶を占うこと。

にんそう‐がき【人相書き】（ニンサウ）［名］犯罪者や失踪者をさがすために、その人相・特徴などをかいて掲示・配布するもの。

にんそう‐み【人相見】（ニンサウ）［名］人相を見て人の運命や吉凶を判断することを職業とする人。人相家。観相家。

にん-そく【人足】［名］かつて荷役・土木工事などの力仕事に従事する労働者を称した語。

にん-たい【忍耐】［名・他サ変］苦しさ・辛さ・怒りなどをこらえること。耐え忍ぶこと。||「長年の労苦をよく―する」「―を要する仕事」「―力」 使い方 ふつう精神的な苦難に対して言い、感覚的・生理的な苦痛には「我慢」「辛抱」を使うことが多い。

にん-ち【任地】［名］任務のために住む土地。||「―に赴く」

にん-ち【認知】［名・他サ変］❶ある事柄をはっきりと認めること。||「標識を―する」❷法律上の婚姻関係にない男女の間に生まれた子を、その父または母が戸籍法の手続きによって自分の子と認め、法律上の親子関係を発生させること。

にんち-かがく【認知科学】ークワガク［名］人間やその他の生物の認知機能を解明しようとする学際的な科学。心理学・言語学・人工知能・情報工学・神経科学など、多方面の分野とかかわり合う。

にんち-しょう【認知症】ーシヤウ［名］一度獲得した知的能力が脳の老化や器質的疾患などによって低下した状態。▼以前は「痴呆(症)」と称した。

にんちしょう-サポーター【認知症サポーター】ーシヤウー［名］認知症に対する正しい理解と知識を持ち、地域でその患者や家族を支援する人。

にん-てい【人体】［名］その人の外見のようす。また、その人の外見から受ける印象。||「卑しからぬ―の老人」

にん-てい【認定】［名・他サ変］事実・資格の有無、事柄の当否などを調べ、それと判断して決定すること。||「労災と―される」「資格―試験」

にんてい-こどもえん【認定こども園】ーモヱン［名］就学前の子どもに幼児教育と保育を一体的に提供し、地域の子育て支援を担うものとして、都道府県知事の認定を受けた施設。保護者の就労の有無に関わらず利用できる。

にん-どう【忍冬】［名］スイカズラの別称。▼冬でも葉がしおれないことからいう。

にんとう-ぜい【人頭税】［名］担税能力にかかわりなく、国民一人一人に対して一律に同額を課する租税。じんとうぜい。

にん-とく【人徳】［名］⇩じんとく(人徳)

にん-にく【〈大▼蒜〉・▼蒜・▼葫】［名］球状の鱗茎(りんけい)を食用にするユリ科の多年草。全体に独特の強いにおいがある。世界各地で栽培され、香辛料・強壮薬にも用いる。

にん-にく【忍▽辱】［名］仏教で、六波羅蜜の第三。恥辱や迫害に耐え、心を安らかにすること。忍辱波羅蜜(にんにくはらみつ)。

にん-のう【人皇】ーワウ［名］神代と区別し、神武天皇以後の天皇をいう語。じんこう。▼「にんおう」の連声。

にん-ぴ【認否】［名］認めることと認めないこと。また、認めるか否かということ。||「罪状―」

にん-ぴにん【人非人】［名］人の道にはずれた行いをする者をののしっていう語。人でなし。

ニンフ【nymph】［名］ギリシア神話で、森・樹木・花・川・泉などの精。美しい乙女の姿で現れ、歌と踊りを好む。

にん-ぷ【人夫】［名］かつて土木工事・荷役などの力仕事に従事する労働者を称した語。人足(にんそく)。

にん-ぷ【妊婦】［名］妊娠している女性。||「―服」

にん-べつ【人別】［名］❶各人ごとにすること。❷江戸時代の戸籍調査(＝人別改め)のための帳簿。▼❷「人別帳」の略。

にん-ぽう【忍法】ーハフ［名］忍術の法。忍術。||「―木の葉隠れ」

にんまり［副］内心満足するところがあって、声を立てずに笑いを浮かべるさま。||「してやったりと―する」

にん-む【任務】［名］その人に課せられた、果たさなくてはならないつとめ。||「重要な―を負う」「―を遂行する」

にん-めい【任命】［名・他サ変］ある官職や職務につくように命令すること。||「民間人を大臣に―する」

にん-めん【任免】［名・他サ変］役目につけることと、やめさせること。任命と免職。||「―権」

にんめん-じゅうしん【人面獣心】ージウ［名］⇩じんめんじゅうしん

にん-よう【任用】［名・他サ変］人をある職務につけて用いること。||「講師に―する」

にん-よう【認容】［名・他サ変］認めてゆるすこと。容認。

ぬ

ぬ［助動 特活型］(○-ず-ぬ-ん-ぬ-ん-ね-○)〈打ち消しの助動詞「ず」の連体形「ぬ」が、終止形として使われるようになったもの。「ん」とも〉打ち消しを表す。||「そんなことは知ら―」「よから―ことを考えるな」 使い方 (1)動詞、ク活用の形容詞、助動詞「(さ)せる」「(ら)れる」「しめる」「ます」の未然形に付く。サ変動詞には「せ」の形に付く(「悪いようにはせ―・遅刻せ―ように注意せよ」)。(2)仮定形「ね」は「…ねばならない」「…ねばならぬ」に残るのみ。(3)「ぬ」「ん」は、打ち消しの助動詞「ない」と異なり時の助動詞「た」と直接接続しないが、「ません」の後には「です」を介して、「知りませんでした」のように接続させる(「ます」を伴わない「知らんでした」は一般的でない)。(4)「ぬ」「ん」は文章語的で古風な言い回しや方言的な言い回しに現れることが多く、普通の言い方としては「ない」を使うのが一般的。ただし、丁寧の助動詞「ます」には「ない」が付かず、「ません」の形をとる。また、連用形「ず」も「ないで」「なくて」とともにしばしば使われる。⇩ない・ず

ぬ［助動 ナ変型］(な-に-ぬ-ぬる-ぬれ-ね)［古風］❶**完了**を表す。…た。…てしまった。||「久しく晴れたる空は夜に入りて雨となり―」〈花袋〉❷確実に実現する意を表す。きっと…てしまう。必ず…してしまう。||「銘々に申し合わせて生意気のありたけ、聞かば胆もつぶれ―べし」〈一葉〉◈ 使い方 用言と一部の助動詞の連用形に付く。

ぬい【縫い】ヌヒ［名］❶縫うこと。また、縫い方。❷縫い目。❸縫い取り。刺繍(ししゅう)。 書き方 「▼繡い」とも。

ぬい-あわ・せる【縫い合わせる】ヌヒアハセル［他下一］縫ってつなぎ合わせる。||「端切れを―」 文 **ぬひあは・す** 名 **縫い合わせ**

ぬい-かえ・す【縫い返す】ヌヒカヘス［他五］❶縫ってあるものをほどいて、もう一度縫う。縫い直す。||「浴衣を―」❷縫い目を丈夫にするために、一針ごとに針目をあとへ返しながら縫う。返し縫いをする。

ぬい-ぐるみ【縫い▽包み】ヌヒ［名］❶中に物を入

れ、それを包むように周囲を縫ったもの。特に、綿などを詰めて動物などの形に縫い合わせたおもちゃ。‖「熊の―」❷芝居などで、人が動物・キャラクターなどに扮するときに着用する衣装。着ぐるみ。

ぬい-こ【縫い子】ヌヒ [名] 雇われて裁縫をする女性。針子。

ぬい-こ・む【縫い込む】ヌヒ [他五] ❶中に物を入れ込んで縫う。‖「胴着に密書を―」❷布の端が縫い目の奥に隠れるように縫いとじる。また、縫い代を大きくとって縫う。

ぬい-しろ【縫い代】ヌヒ [名] 布地を縫い合わせるとき、縫い込み用として仕立て寸法以外にとっておく部分。

ぬい-つ・ける【縫い付ける】ヌヒ [他下一] 縫ってくっつける。‖「胸にワッペンを―」文 **ぬひつ・く**

ぬい-とり【縫い取り】ヌヒ [名・他サ変] 布地に色糸などで模様を縫い付けること。また、その模様。刺繡。

ぬい-なお・す【縫い直す】ヌヒナホス [他五] 縫ってあるものをほどいて、もう一度縫う。縫い返す。名 **縫い直し**

ぬい-はく【縫い▼箔】ヌヒ [名] 刺繡と摺り箔(=金箔・銀箔を布に張り付けること)によって布地に模様を表すこと。また、そのもの。

ぬい-ばり【縫い針】ヌヒ [名] 衣服を縫うために使う針。端に糸を通す穴がある。

ぬい-め【縫い目】ヌヒ [名] ❶布と布を縫い合わせた境目。❷縫った糸の目。‖「―が粗い」

ぬい-もの【縫い物】ヌヒ [名] ❶衣服などを縫うこと。裁縫。❷縫ったもの。また、縫うべきもの。

ぬい-もん【縫い紋】ヌヒ [名] 縫い取りをして表した衣服の紋。⇩書き紋

ぬ・う【縫う】フヌ [他五] ❶布などをとじ合わせるために、糸を通した針で布などの表裏を交互に指し貫く。‖「シャツのほころびを―」❷糸を通した針で布などをとじ合わせ、衣服などを作る。‖「着物を―」「ミシンでスカートを―」使い方 ~ヲに〈結果〉をとる。「綿布を雑巾に―」のように、材料名を〈対象〉にとる言い方もある。❸糸と針を使って布の上に模様を作る。刺繡をする。縫い取りをする。‖「ユニフォームの胸にイニシャルを―」「模様を―」書き方「▼繡う」とも。❹針と糸を使って傷口をとじ合わせる。縫合する。‖「頭を五針―」❺〔古風〕矢などが刺し貫く。‖「矢が袖を―」❻人々や物の間をぶつからないように曲折しながら進む。‖「雑踏を―・って進む」「ホタルが闇を―・って飛ぶ」❼空いている時間をみつけて何か別のことをする。‖「仕事の合間を―・って交代で休む」◈⑥⑦は多く「…を縫って」の形で~ヲに〈空間・時間〉を表す語をとる。可能 **縫える** 名 **縫い**

ヌード【nude】[名] ❶裸。裸体。❷絵画・彫刻・写真などの裸体像。裸像。‖「―モデル」

ヌードル【noodle】[名] 小麦粉と卵で作った帯状のめん類。スープなどに入れて食べる。

ヌーベル-バーグ【nouvelle vagueフランス】[名] 一九五八年ごろからフランス映画界に現れた若い映画作家たちとその作品傾向。映像の主体性を重視してストーリー主義に反逆するなど、従来の映画作法の打破を試みた。▼新しい波の意。

ヌーボー [形動タリ] 人の行動や性格が茫洋としてつかみどころのないさま。‖「―とした人物」▼ぬうっとして、ぼうっとしているさまをフランス語の「nouveau(=ヌーボー。新しいの意)」にかけて言った語。

ヌーボー-ロマン【nouveau romanフランス】[名] 一九五〇年代のフランスに興った前衛小説。従来の小説の概念を否定し、作中人物の典型、時間の流れ、物語性などの意識的な打破を企図した。▼新小説の意。「アンチロマン(反小説)」とも。

ぬえ【▼鵺・▼鵼】[名] ❶〔古風〕トラツグミ。❷『平家物語』などで、源頼政が退治したという怪獣。頭は猿、体は狸、尾は蛇、手足は虎、鳴き声はトラツグミに似るという。▼得体の知れない怪しげな人物などのたとえにもいう。‖「財界の―」

ぬか【▼糠】 一 [名] 玄米などを精白する際に、果皮・胚芽などが砕けて粉状になったもの。肥料・飼料・漬物などに用いる。こぬか。こめぬか。二 (造) ごく細かい、頼りない、はかない、などの意を表す。‖「―雨」「―よろこび」

◉**糠に釘** いくら努力しても手ごたえや効き目のないことのたとえ。

ぬか【▽額】[名]〔古風〕ひたい。

ヌガー【nougatフランス】[名] 砂糖と水あめを煮つめ、泡立てた卵白・ゼラチンなどを加えた柔らかなキャンディー。多く中にナッツ類を入れる。

ぬか-あぶら【▼糠油】[名] 米ぬかから搾りとった油。食用のほか、石鹼の原料などにする。こめぬかあぶら。

ぬか-あめ【▼糠雨】[名] 霧のように細かい雨。霧雨。こぬかあめ。

ぬか-ご【〈零余子〉】[名] ⇩むかご

ぬか・す【抜かす】[他五] ❶入れなくてはならないものを入れないでしまう。間をとばす。‖「うっかり順番を―」「一人―・して数える」❷それなしで済ませる。省く。‖「解説[昼食]を―」❸抜けるようにする。力や勢いなどを失わせる。‖「びっくり仰天して腰を―」「文学に現を―」❹追い抜く。抜く。‖「二人―・してトップに立つ」❺〔俗〕「言う」の意で、相手をののしっていう語。言いやがる。ほざく。‖「何を―・しやがる」◈書き方 ⑤は「▽吐かす」とも当てる。かな書きも多い。可能 **抜かせる**

ぬか・ずく【▽額ずく】ヌカヅク [自五] ひたいを地につけて礼拝する。また、ひたいが地につくほど深く頭をさげて礼拝する。‖「神前に―」書き方 現代仮名遣いでは「ぬかづく」も許容。

ぬか-づけ【▼糠漬け】[名] ぬかみそに野菜を漬けること。また、その漬物。ぬかみそ漬け。‖「キュウリの―」

ぬか-どこ【▼糠床】[名] 糠味噌。

ぬか-ぶくろ【▼糠袋】[名] 布製の袋にぬかを入れたもの。入浴のとき、肌をこすって洗うのに用いた。

ぬか-ぼし【▼糠星】[名] 夜空に散らばって見える、無数の小さな星。

ぬか-みそ【▼糠味▼噌】[名] ぬかに塩・水を加え、よくかきまぜて発酵させたもの。野菜などを漬けるのに用いる。ぬかどこ。

◉**糠味噌が腐る** 下手な歌や調子はずれの歌をあざけっていう語。

ぬかみそ-くさ・い【▼糠味▼噌臭い】[形] ❶糠味噌のにおいがする。‖「手が―」❷家事に追われて、女性が所帯じみたようすである。‖「―女房」

ぬか-よろこび【▼糠喜び】[名・自サ変] 喜んだあとで、あてがはずれてがっかりすること。また、その一時的なはかない喜び。‖「―に終わる」

ぬかり【抜かり】[名] 油断や不注意による失敗。手

ぬかり。‖「準備に―はない」

ぬか・る【抜かる】〔自五〕油断して失敗する。‖「者ども、―なよ」「これは―ったわい」名 **抜かり**

ぬか・る【〈泥▼濘〉る】〔自五〕雨や雪どけなどで地面がどろどろになる。ぬかるむ。‖「霜がとけて道が―」

ぬかる-み【〈泥▼濘〉】〔名〕雨や雪どけなどで地面がぬかっている所。‖「車が―にはまる」

ぬかる・む【〈泥▼濘〉む】〔自五〕泥濘(ぬか)る。‖「雨で―んだ道」名 **ぬかるみ**

ぬき【▽貫】〔名〕建物などの柱と柱を横に貫いてつなぐ材。ぬきぎ。‖「―を渡す」

ぬき【▽緯】〔名〕織物の横糸。ぬきいと。▼「ぬき(貫)」と同語源。

ぬき【抜き】■一〔名〕❶省くこと。‖「堅苦しい挨拶(あいさつ)は―にしよう」「冗談は―にして…」❷食べ物で、ふつうは入れるものを入れないこと。特に、天ぷら蕎麦(そば)などから蕎麦を除くこと。また、その物。‖「さび―」■二(造)対戦などでその人数だけ勝ち抜く意を表す。‖「五人―」

ぬき-あし【抜き足】〔名〕音を立てないように、そっと足を抜き上げるようにして歩くこと。‖「―差し足忍び足」

ぬき-いと【▽緯糸】〔名〕織物の横糸。ぬき。

ぬき-いと【抜き糸】〔名〕着物などをほどくときに抜き取った糸。

ぬき-うち【抜き打ち】〔名〕❶刀を抜くと同時に切りつけること。❷予告なしに不意に物事を行うこと。‖「―に検査する」

ぬき-えもん【抜き▽衣紋】〔名〕女性の和服の着方の一つ。衣紋(=胸元の合わせ目)を押し上げて後ろ襟を引き下げ、首筋がのぞくようにするもの。抜き襟。のけえもん。

ぬき-えり【抜き襟】〔名〕抜き衣紋(えもん)。

ぬき-がき【抜き書き】〔名・他サ変〕書物などから必要な部分だけを抜き出して書くこと。また、そのもの。‖「要点を―する」

ぬき-さし【抜き差し】〔名・他サ変〕❶抜き出すことと差し込むこと。❷身動きすること。

◉**抜き差しなら・ない** 身動きがとれない。どうにもならない。

ぬき-さ・る【抜き去る】〔他五〕❶抜いて取る。すっかり取り除く。‖「魚の小骨を―」❷追い抜いて前へ行く。‖「先頭の走者を―」

ぬぎ-す・てる【脱ぎ捨てる】〔他下一〕衣服・履物などを捨てるように勢いよく脱ぐ。また、脱いでそのままにしておく。‖「背広を―」文 **ぬぎす・つ** 名 **脱ぎ捨て**

ぬき-ずり【抜き刷り】〔名〕雑誌・書物などから必要な部分だけを抜き出して別に印刷すること。また、その印刷物。

ぬき-だ・す【抜き出す】〔他五〕❶引き抜いて取り出す。‖「書棚から本を―」❷選び出す。‖「該当者を―」

ぬきつ-ぬかれつ【抜きつ抜かれつ】〔連語〕競い合ってほぼ互角の勝負をしているさま。抜いたり抜かれたり。‖「―の大接戦」

ぬき-て【抜き手】〔名〕日本泳法の一つ。水をかいた手を水面上に抜き出し、平泳ぎのようにあおり足で泳ぐもの。ぬきで。

ぬき-と・る【抜き取る】〔他五〕❶引き抜いて取る。‖「とげを―」❷多くの物の中から選んで取り出す。‖「優良品を―」❸引き抜いて盗む。‖「車中で財布を―・られる」名 **抜き取り**

ぬき-に【抜き荷】〔名〕運送中または保管中の荷物の一部をひそかに抜き取ること。また、そのもの。

ぬき-み【抜き身】〔名〕鞘(さや)から抜き出した刀身や槍(やり)の穂先。

ぬき-よみ【抜き読み】〔名・他サ変〕必要な部分を選んで読むこと。

ぬきん・でる【抜きん出る(▽抽んでる・▼擢んでる)】〔他下一〕❶周囲のものよりもひときわ高く突き出る。❷ひときわすぐれている。秀でる。‖「衆に―・でた商才」文 **ぬきん・づ**

ぬ・く【抜く】■一〔他五〕❶生えているもの、中に入っているもの、突き刺さっているものなどを引っぱって取る。引き抜く。‖「歯を―」「雑草を―」「鞘(さや)から刀を―」「ワインの栓を―」「釘(くぎ)を―」❷中に充満しているもの、中に含まれているものを外へ出す。‖「タイヤの空気を―」「肩の力を―」「素晴らしさに度肝を―・かれる」「うっかり気を―・いて失敗する」❸中に入っている金品や輸送中の荷物などをこっそり盗み取る。‖「乗客の財布を―」❹全体から一部を取り出す。また、多くの中から必要なものだけを選び取る。‖「製品を任意に―・いてチェックする」「好きなカードを一枚―・いてください」❺いらないもの、じゃまなものを取り除く。抜き取る。‖「灰汁(あく)[染み]を―」「さびを―・いた握りずし」❻一部を省略する。また、それなしで済ませる。省く。‖「朝食を―」「仕事の手を―」「前置きを―・いて本題に入る」❼相手を追い越して前に出る。‖「先頭の走者を―」「師の芸を―」「身長で親を―」「数ある名作の中でも群を―・いて(=飛び抜けて)いる」❽新聞などで、他社を出し抜いて特種(とくだね)を報道する。‖「A社に―・かれる」❾一方から他方へ通じさせる。つらぬく。‖「ドリルで壁を―」書き方「▽貫く」とも。❿城などを攻め落とす。‖「堅塁を―」⓫スポーツで、相手の守りを突破する。打ち破る。‖「四番(打者)がライナーで左中間を―」⓬型などを使って、ある形にする。‖「板を菱形(ひしがた)に―」⓭ある部分を残して他の部分を染める。‖「家紋を白く―」「表題(の文字)を白く―」⓮着物を抜き衣紋(えもん)にして着る。‖「襟を―」➡抜き衣紋 ⓯囲碁で、相手の死んだ石を盤上から取る。‖「白の七子を―」■二〔自〕❶スポーツで、ボールがある物の間(特に、守備陣の間)を通り抜ける。‖「打球が右中間を―」「キックしたボールがポールの真ん中を―」❷弾丸が壁などに穴をえぐって通り抜ける。貫く。‖「銃弾が壁を―・いて隣室に達する」書き方「▽貫く」とも。■三〈動詞の連用形に付いて複合動詞を作る〉最後まで…する、すっかり…するの意を表す。‖「走り―」「生き―」「がんばり―」「困り―」「惚(ほ)れ―」可能 **抜ける** 名 **抜き**

ぬ・ぐ【脱ぐ】〔他五〕❶身に着けていたものを取り去る。‖「服[靴・帽子]を―」「彼の才能には兜(かぶと)を―(=降参する)」❷芸能人などが仕事で裸になる。▼自動詞的に使う。可能 **脱げる**

ぬく・い【▽温い】〔形〕あたたかい。ぬくとい。‖「今日は昨日より―」▼主に関西以西でいう。派生 ―さ／み

ぬぐ・う【拭う】ヌグフ〔他五〕❶布などを使って物についた水分や汚れをふき取る。ふく。〓「タオルで鏡の曇りをー」「ハンカチで汗をー」「ナプキンで口（の汚れ）をー」使い方「ふく」は「ガラス［廊下］をふく」のように全体をきれいにする意でもいうが、「ぬぐう」はもっぱら付着したものを取り去る意でいう。❷好ましくない事柄を消し去る。取り去る。〓「ー・いきれない疑念が残る」可能ぬぐえる

ぬくと・い【▽温とい】〔形〕あたたかい。ぬくい。〓「布団がー」派生ーさ／ーみ

ぬく-ぬく〔副ト〕❶あたたかくて心地よいさま。〓「ーと布団にくるまる」❷苦労や不足がなくのんびりと楽をしているさま。〓「親がかりでー（と）暮らす」❸周囲のことは気にかけず、ずうずうしく振る舞うさま。〓「大臣のポストにーと居座る」

ぬくま・る【▽温まる】〔自五〕あたたまる。ぬくもる。〓「風呂に入ってー」

ぬく-み【▽温み】〔名〕あたたかみ。ぬくもり。

ぬく・める【▽温める】〔他下一〕あたためる。あたたかくする。〓「火鉢で手をー」文ぬく・む

ぬくもり【▽温もり】〔名〕あたたかい感じ。あたたかみ。ぬくみ。〓「体のーを感じる」「心のーが伝わる文章」

ぬけ-あが・る【抜け上がる】〔自五〕生えぎわの頭髪が抜けて、額の上の方まではげあがる。〓「額がー」

ぬけ-あな【抜け穴】〔名〕❶通り抜けられる穴。また、こっそり逃げ出すための穴。❷うまくのがれるための手段・方法。〓「法のーをさがす」

ぬけ-うら【抜け裏】〔名〕通り抜けられる裏道。

ぬけ-がけ【抜け駆け】〔名・自サ変〕❶戦功を上げようとしてこっそり陣を抜け出し、人より先に敵陣に攻め入ること。〓「ーの功名」❷人を出し抜いて自分だけ先に物事を行うこと。

ぬけ-がら【抜け殻（▽脱け殻）】〔名〕❶セミ・ヘビなどの脱皮したあとに残る古い体皮。❷中身のなくなったもの。また、心を他に奪われてぼんやりしている人。〓「いつの間にかーになった家」「魂のー」

ぬけ-かわ・る【抜け替わる（抜け換わる）】ハルカ〔自五〕乳歯や髪の毛が抜けて新しいものが生えてくる。はえかわる。〓「子供の歯がー」

ぬけ-かん【抜け感】〔名〕きちんとしすぎず、ほどよく力が抜けた感じ。主に服装について言う。〓「ーのあるコーディネート」

ぬけ-げ【抜け毛（▽脱け毛）】〔名〕髪の毛が抜け落ちること。また、その毛髪。

ぬけ-さく【抜け作】〔名〕まぬけな人をあざけっていう語。〓「このーめ」▼「作」は人名めかして添えた語。

ぬけ-だ・す【抜け出す】〔自五〕❶ある場所からそっと離れて外へ出る。抜け出る。〓「授業中に教室をー」❷好ましくない状態からのがれ出る。〓「苦境をー」❸抜け始める。

ぬけ-・でる【抜け出る】〔自下一〕❶中から抜けて出る。また、その場からそっと外へ出る。抜け出す。〓「トンネルからー」❷好ましくない状態から離れる。〓「因習からー」❸他よりも高く突き出る。〓「町並みからー・でた教会の尖塔」❹他よりもひときわすぐれる。〓「ー・でた文才の持ち主」

ぬけ-に【抜け荷】〔名〕江戸時代、幕府の禁制を犯して行われた密貿易。出買い。

ぬけ-ぬけ〔副ト〕あつかましいことを平然と行うさま。〓「ーとうそをつく」

ぬけ-みち【抜け道】〔名〕❶本道からはずれた近道。間道。❷法律の規制や責任をのがれるための手段・方法。〓「法のーをさぐる」

ぬけ-め【抜け目】〔名〕❶抜け落ちたところ。欠けたところ。❷手抜かり。〓「商売となればー（が）ない」

ぬ・ける【抜ける（▽脱ける）】■〔自下一〕❶生えていたもの、中に入っていたもの、突き刺さっていたものなどが離れて取れる。〓「毛［床・バケツの底］がー」❷中に充満していたもの、中に含まれていたものなどが外へ出てしまう。〓「タイヤの空気がー」「臭みがー」「疲れがー・けない」❸気力・体力・性質・習慣などがなくなる。〓「中止と聞いて気がー・けてしまった」「腰がー・けて動けなくなる」「子供っぽさがー・けない」❹あるべきはずのものが欠ける。抜け落ちる。〓「この解説には肝心な点がー・けている」❺それまで属していた組織やそれまでいた場所などから離れる。〓「会を／からー」「忙しくて今は職場をー・けられない」❻ある場所を通って一方の側から他方の側に出る。〓「人込みをー・けて裏通りに出る」「打球が三遊間をー」❼通路がある場所に通じる。〓「この道は神社のわきを経て駅へー」❽ある状況からのがれ出る。脱する。〓「危機的状況からー」❾〈多く「抜けた」「抜けている」の形で〉知恵が足りない。ぼんやりして気がきかない。〓「あいつはどこかー・けている」❿〈「抜けるような」「抜けるように」の形で〉透き通っている。〓「ーような青空」「ーように白い肌」◈書き方①⑤⑧は「脱」とも。文ぬ・く 名抜け
■〔自他下一〕「抜く」の可能形。抜くことができる。〓「どうしてもワインの栓が／をー・けない」

ぬ・げる【脱げる】■〔自下一〕身に付けていたものが取れて離れる。〓「転んだはずみで靴がー」文ぬ・ぐ ■〔自他下一〕「脱ぐ」の可能形。脱ぐことができる。

ぬさ【▽幣】〔名〕神に祈るとき、また罪・けがれを祓うときに神前に供えるもの。古くは木綿を、のちには布や紙を用いた。幣帛。御幣。

ぬし【主】■〔名〕❶一家の主人。あるじ。〓「所帯ー」❷夫。亭主。❸そのものを所有している人。持ち主。〓「この鞄のーは誰だろう」「地ー・株ー」❹ある行為などをした人。また、ある事柄の主人公。〓「声のー」「落としー」❺山・川などに古くから住み、そこを支配していると信じられている動物。〓「森のーの古狸」▼一つの職場・場所などに古くからいる人のたとえにもいう。〓「学校のー」■〔代〕〔古風〕〔二人称〕❶同等以下の相手を指し示す語。❷女性が親しみを込めて特定の男性を指し示す語。〓「ーさま」

ぬ-し【▽塗師】〔名〕漆細工や漆器製造を職業とする人。塗り師。

ぬすっ-と【▽盗っ▽人】〔名〕泥棒。▼「ぬすびと」の転。

◉**盗っ人猛猛しい** 盗みなどの悪事を働きながら平然としているさまや、それをとがめられても居直るさまをののしっていう語。

◉**盗人に追い銭** 損をしたうえに、さらに損をすることのたとえ。

ぬす-びと【▽盗人】〔名〕他人の物を盗み取る人。泥棒。ぬすっと。ぬすと。

◉**盗人にも三分の理** 悪事を働くにも、それなりの理由はあるということ。また、その気になりさえすれば、どんな

理屈でもつけられるということ。

ぬすみ【盗み】［名］ぬすむこと。＝「―を働く」

ぬすみ-あし【盗み足】［名］足音を立てないようにそっと歩くこと。抜き足。

ぬすみ-ぎき【盗み聞き】［名・他サ変］人の話をこっそり聞くこと。＝「話を―する」

ぬすみ-ぐい【盗み食い】（ヒク）［名・他サ変］❶人に隠れてこっそり食うこと。❷食べ物を盗んで食うこと。

ぬすみ-み【盗み見】［名・他サ変］人に気づかれないようにこっそり見ること。＝「隣の人の答案を―する」

ぬすみ-よみ【盗み読み】［名・他サ変］❶他人宛ての手紙などをこっそり読むこと。❷他人が読んでいるものをそばからそれとなく読むこと。

ぬす・む【盗む】［他五］❶他人のものをひそかに取って自分のものにする。＝「金庫から現金を―」❷他人の作品や考えをひそかにまねて自分のものにする。盗作・盗用する。剽窃する。＝「人の作品からアイデア［デザイン］を―」❸他人の情報をわきからひそかに取って自分のものにする。＝「バッテリーのサインを―」「パスワードを―・まれる」❹技芸や技術などを見よう見まねで学び取る。＝「師匠から芸を―」［使い方］むしろその積極性をプラスに評価していう。❺人に知られないようにこっそり何かをする。ごまかす。＝「人目を―・んで会う」「親の目を―・んで金を持ち出す」❻わずかの時間をやりくりして何かをする。＝「暇を―・んで稽古をする」「一瞬のすきを―」❼野球で、盗塁をする。＝「二塁を―」［可能］**盗める** ［名］**盗み**

ぬた［名］魚・貝・野菜などを酢味噌であえた料理。ぬたあえ。ぬたなます。

ぬたく・る ■一［自五］体をくねらせてはう。＝「ミミズが―・ったような字」■二［他五］絵の具や墨などをむやみになすりつける。また、下手な字や絵をぶざまに書きつける。＝「白粉を顔に―」「色紙に―・った和歌」

ぬっ-と［副］音もなく、突然現れ出るさま。また、急に動作を起こすさま。＝「―顔を出す」

ぬの【布】 ■一［名］織物の総称。▼古くは絹に対して麻・葛・木綿などで織ったものをさした。■二（造）建築で、横・水平・平行などの意を表す語。＝「―羽目」

ぬの-きれ【布切れ】［名］布の切れはし。ぬのぎれ。

ぬの-こ【布子】［名］木綿の綿入れ。

ぬの-じ【布地】（チ）［名］衣服に仕立てるための布。織物。切れ地。

ぬの-びき【布引き】［名］布をさらすために広げて引っぱること。

ぬの-め【布目】［名］❶布の織り目。❷布の織り目のような模様。❸陶器の素地についた布の織り目の跡。素地を型から抜きやすくするために布を敷くので現れる。一種の装飾としてもつける。

ぬのめ-がみ【布目紙】［名］布目の模様が現れるように加工した紙。羅文紙。

ぬ-ひ【▽奴▽婢】［名］❶律令制下の最下層の身分。奴は男性、婢は女性。売買・寄進の対象にされた。❷召し使いの男性・女性。

ぬま【沼】［名］❶泥が深く、藻などが繁茂している水域。▼ふつう水深五メートル以内のものをいうが、湖との区別は明確ではない。❷［新］趣味などに熱中してのめり込むたとえ。

ぬま-ち【沼地】［名］泥の深い湿地。また、沼の多い土地。

ぬめ【▼絖】［名］なめらかで光沢のある、薄い絹布。日本画の絵絹や造花の材料に用いる。

ぬめ-かわ【▽滑革・▼靴】（ハカ）［名］牛皮をタンニンでなめした、光沢と弾力のある柔らかな革。革細工に用いる。

ぬめ-ぬめ［副ト］物の表面がなめらかで、濡れたような光沢のあるさま。また、ぬるぬるしているさま。＝「―（と）光る唇」

ぬめり【▽滑り】［名］ぬるぬるすること。また、ぬるぬるしたもの。＝「里芋の―をとる」

ぬめ・る【▽滑る】［自五］ぬるぬるしてすべる。＝「ウナギが―・ってつかめない」「刀身が血で―」［名］**ぬめり**

ぬら-くら［副ト］❶ぬらぬら。＝「手からウナギが―（と）逃げる」❷ぬらりくらり。＝「―（と）日を送る」

ぬら・す【▼濡らす】［他五］ぬれるようにする。ぬれた状態にする。＝「タオルを湯に―」「枕を涙で―」

ぬら-つ・く［自五］ぬるぬるする。＝「油で手が―」

ぬら-ぬら［副ト］表面が粘液状のものでおおわれて、すべりやすいさま。ぬるぬる。＝「水苔がついて―した川床」

ぬらり-くらり［副ト］態度などがとらえどころがないさま。ぬらくら。のらりくらり。＝「―（と）言い逃れる」

ぬり【塗り】［名］❶塗ること。塗り方。また、塗ったもの。＝「―がはげる」❷漆塗りであること。＝「―下駄」「―椀」

ぬり-え【塗り絵】（ヱ）［名］輪郭だけが印刷された絵に色を塗って遊ぶこと。また、その絵。

ぬり-か・える【塗り替える】（ヘル）［他下一］❶新たに塗りなおす。＝「壁を―」❷すっかり変える。一新する。更新する。＝「世界記録を―」「勢力図が―・えられる」［文］**ぬりか・ふ**

ぬり-かべ【塗り壁】［名］壁土・漆喰・モルタルなどを塗って仕上げた壁。

ぬり-ぐすり【塗り薬】［名］患部の皮膚に直接塗る薬。塗布剤。

ぬり-ごめ【塗り▽籠め】［名］寝殿造りで、周囲を厚く壁土で塗り込め、明かり取りの窓をつけた部屋。寝室・納戸などに用いた。

ぬり-こ・める【塗り込める（塗り▽籠める）】［他下一］中に物を入れて、外側からすきまなく塗り固める。＝「壁に―・められた経文」［文］**ぬりこ・む**

ぬり-たく・る【塗りたくる】［他五］やたらにごてごてと塗る。＝「白粉を―」

ぬり-たて【塗りたて（塗り立て）】［名］塗ったばかりであること。＝「ペンキ―」

ぬり-た・てる【塗り立てる】［他下一］❶きれいに塗って飾る。＝「店内を華やかに―」❷白粉などをやたらに塗る。［文］**ぬりた・つ**

ぬり-つ・ける【塗り付ける】［他下一］❶塗ってつける。なすりつける。＝「顔に墨を―」❷自分の罪や責任を他人に負わせる。なすりつける。＝「責任を部下に―」［文］**ぬりつ・く**

ぬり-つぶ・す【塗り潰す】［他五］❶下地が見えないように一面にびっしりと塗る。＝「バックを赤く―」❷物事をすっかりおおう。また、おおいかくす。＝「社内の不祥事を―」

ぬり-ばし【塗り箸】［名］漆塗りの箸。＝「―で素麺そうめんを食う(=すべって挟みにくいところから、物事が思うままにならないことのたとえ)」

ぬり-もの【塗り物】［名］漆を塗って仕上げた器物。漆器。＝「—師」

ぬ・る【塗る】［他五］❶物の表面に液体や液状・のり状のものをこするようにしてつける。＝「刷毛(はけ)で細工物にニスを—」「塀にペンキを—」「パンにバターを—」「傷口に軟膏(なんこう)を—」❷物の表面に色をつける。着色する。＝「ポスターに色を—」❸塗料などを付着させて表面をその色にする。彩色する。＝「色鉛筆で背景を青く—」「窓枠を緑色に—」❹壁土・漆喰(しっくい)などをなすりつけて壁や塀を築く。＝「漆喰で壁を—」 可能 塗れる 名 塗り

ぬる・い【▽温い】［形］❶液体の温度が冷めたり暖まったりして、適温から外れている。＝「—風呂に入る」「冷たいビールが—・くなった」 使い方 「あたたかい」が体温より少し高く心地よい温感であるのに対し、「ぬるい」は適温から微妙に外れた不快な温感であるのを表す。また、「あたたかい」は、固体・気体・液体のいずれにもいうが、「ぬるい」は液体が主で、まれに気体にもいう。「なまぬるい」は液体や気体の不快な温感に、さらに「なまあたたかい」は固体にもいう。「ぬくい」は方言的な言い方。❷やりかたが不十分で厳しさに欠ける。てぬるい。なまぬるい。 書き方 ②は「▽緩い」とも。 派生 —さ／—がる

ぬる-かん【▽温▼燗】［名］低めの温度で燗をすること。また、その酒。

ぬるで【〈白▼膠木〉】［名］夏、枝の先に白い小花を円錐(えんすい)状につけるウルシ科の落葉小高木。葉は秋に紅葉する。葉に生じる虫こぶを乾燥させたものは五倍子(ふし・ごばいし)と呼ばれ、タンニンの原料。フシノキ。

ぬる-ぬる［副ト］表面が粘液状のものでおおわれて、すべりやすいさま。また、柔らかくてなめらかなものがすべるように動くさま。ぬらぬら。＝「水あかで—した川床」「押さえたウナギが—(と)逃げ出す」

ぬるま-ゆ【〈微温〉湯】［名］温度の低い湯。ぬるい湯。ぬる湯。 使い方 刺激や緊張のない生活・境遇などのたとえにもいう。＝「—につかる」

◉**ぬるま湯に浸(つ)か・る** 安楽な現状に甘んじてのんきに過ごす。

ぬる・む【▽温む】［自五］❶温度が上がって少しあたたかくなる。＝「水—季節となる(=春の到来をいう)」❷熱かったものの温度が下がる。少し冷める。ぬるくなる。＝「お茶が—」

ぬれ-いろ【▼濡れ色】［名］水に濡れた色。また、水に濡れたようにつややかな色。

ぬれ-えん【▼濡れ縁】［名］和風建築で、雨戸の敷居の外に張り出して設けた雨ざらしの縁側。

ぬれ-がみ【▼濡れ髪】［名］洗ったばかりでまだ乾いていない髪。

ぬれ-ぎぬ【▼濡れ▽衣】［名］❶ぬれた衣服。ぬれごろも。❷身に覚えのない罪。＝「盗んだだなんて、とんだ—だ」

◉**濡れ衣を着(き)・せる** 無実の罪を負わせる。＝「仲間に—・せられ解雇されそうになった」 注意 「濡れ衣をかぶせる[かぶせられる]」でも意味は通じるが、成句としては不適切。

ぬれ-ごと【▼濡れ事】［名］❶歌舞伎で、男女の情事を演じること。また、その演出や演技。❷情事。色事。

ぬれ-そぼ・つ【▼濡れそぼつ】［自五］ぬれてびしょびしょになる。▽「そぼつ」もぬれる意。

ぬれ-て【▼濡れ手】［名］水にぬれた手。

◉**濡れ手で粟(あわ)** ぬれた手で粟をつかむと粟粒がたくさんついてくるように、何の苦労もしないで利益を得ること。 注意 「濡れ手に粟」は誤り。また、「あわ」を「泡」と書くのは誤り。

ぬれ-ねずみ【▼濡れ▼鼠】［名］水にぬれた鼠のように、衣服を着たまま全身がびしょぬれになること。

ぬれ-ば【▼濡れ場】［名］❶歌舞伎で、男女の情事の場面。ぬれ幕。❷一般に、情事の場面。

ぬればいろ【▼濡れ羽色】［名］水にぬれた烏(からす)の羽のように、しっとりとしたつやのある黒色。＝「髪は烏の—」

ぬ・れる【▼濡れる】［自下一］❶物の表面に水などが(たっぷりと)つく。また、物に水がかかって中までしみ込む。＝「シャツが汗で—」「頬(ほお)が涙で—」「歩道が雨に—・れている」❷情を交わす。色事をする。＝「しっぽり—」 文 ぬ・る

ぬんちゃく［名］二本の短い棒をひもや鎖でつないだ武具。沖縄で用いられた。

ね

ね【▽子】［名］十二支の第一番目。▼動物では「鼠(ねずみ)」に当てる。時刻では午前零時、または午後十一時から午前一時の間。方角では北。

ね【音】［名］❶おと。＝「鐘[琴]の—」❷鳥・虫などの鳴き声。＝「虫[雁(かり)]の—」❸人の声。また、泣き声。＝「ぐうの—もでない」

◉**音を上・げる** 苦しさに耐えきれずに声を立てる。弱音を吐く。

ね【値】［名］ものを売り買いするときの金額。値段。価格。 読み分け ➡あたい(値)

◉**値が張・る** 普通より値段が高い。

ね【根】［名］❶多く地中にあって植物体をささえ、水分と栄養分を取り入れる働きをする器官。＝「若木が—をおろす」❷物の基礎・根本となって全体を支えている部分。＝「歯の—」❸物事を引き起こすもとになるもの。根源。＝「悪の—を断つ」「息の—を止める」❹本来の性質。本性。＝「—は正直な人だ」

◉**根に持・つ** 深く恨んで、いつまでも忘れない。

◉**根も葉(は)も無・い** なんの根拠も無い。＝「—うわさ」

ね【寝】［名］寝ること。眠り。＝「—が浅い」

ね━［終助］❶相手を引き込むような気持ちで注意を引きつける意を表す。＝「あのね、私、これがね、ほしいの」「あしたはね、ちょっと都合が悪いんだ」❷相手との共感を表す。＝「いいお天気ですね」「うまく行ってよかったですね」「うん、これは行けるね」「あなたも苦労したわね」❸依頼や勧誘に親しみの気持ちを添える。＝「ここで待っててね」「お互いに頑張ろうね」「またあしたね」❹親しみの気持ちをこめた確認を表す。＝「出発はあしたでしたね」「痛くないですよね」「いいね、分かったね」❺ぞんざいに言い放つのに使う。＝「私なら、そんな言い方はしないわね」「そんなこと知らないね」❻質問・確認・反問・疑念などに尊大さを添える。＝「今日は何日かね」「あしたは来てくれるかね」「そんな手にだ

れが乗りますかね」▽質問・反問の意では、主として年配の男性が使う。◈使い方 ⑴①は文節末に付く。②〜⑤は文末で活用語の終止形や終助詞「よ」「わ」などに付く。⑥は質問の文に付く。⑵一般に、「ねえ」と長音化して意味を強める。ただし、⑥の場合は、疑念が強まった分だけ尊大さが弱まる。〓「うまくいきますかねえ」⑶「わね」や、体言・形容動詞語幹に直接付く形は多く女性が使う。〓「来てくれるわね」「きれいね」

二［感］親しみを込めて、相手の注意を引きつける意を表す。〓「ね、こっち向いてよ」「ね、いいでしょ？」▽「ねえ」と長音化して意味を強める。

ね-あか【根明】［名・形動］生まれつき性格が明るいこと。また、その人。〓「—なタレント」「—な国民性」⬍根暗(ねくら) 書き方 仮名書きも多い。

ね-あがり【値上がり】［名・自サ変］物の値段や料金が高くなること。〓「運賃が—する」⬍値下がり

ね-あがり【根上がり】［名］木の根が地上に現れ出ていること。〓「—の松」

ね-あげ【値上げ】［名・他サ変］物の値段や料金を高くすること。〓「家賃を—する」⬍値下げ

ね-あせ【寝汗(〈盗汗〉)】［名］眠っている間にかく汗。疲れたときや悪夢を見たときなどにかく生理的なものと、肺結核・心臓病などによる病的なものとがある。盗汗(とうかん)。〓「—をかく」「—が出る」

ねい【寧】（造）❶やすらか。落ち着いている。〓「—日」「安—」❷ねんごろ。〓「丁—」

ねい-かん【▼佞▼奸・▼佞▼姦】［名・形動］柔順を装いながら、心中はよこしまなこと。口先が巧みで、心がねじけていること。また、その人。〓「—の輩」

ね-いき【寝息】［名］眠っている間の呼吸。また、その音。〓「—をたてる」

◉**寝息を窺(うかが)う** 眠っているかどうかを確かめる。また、人の眠っている間に悪事を働こうとする。

ねい-じつ【寧日】［名］心安らかにくつろげる日。平穏な日。〓「仕事に追われて—がない」

ねい-しん【▼佞臣】［名］主君にこびへつらいながら、よこしまな心を抱く臣下。

ねい-じん【▼佞人】［名］口先が巧みで、心のねじけている人。佞者。

ね-いす【寝椅子】［名］体を横たえることのできる椅子。長椅子。

ネイチャー【nature】［名］❶自然。自然界。❷本性。天性。◈「ネーチャー」とも。

ネイティブ【native】［名］❶その土地で生まれ育った人。❷その言語を母国語として話す人。ネイティブスピーカー。〓「—の発音」◈「ネーティブ」とも。

ねい-もう【▼獰猛】［名・形動］「獰猛(どうもう)」の誤読。⬇どうもう

ネイリスト【nailist】［名］つめの手入れをしたり、つめに装飾を施したりすることを職業とする人。ネーリスト。

ねいり-ばな【寝入り▽端】［名］寝入ったばかりのころ。ねばな。〓「—を起こされる」

ね-い・る【寝入る】［自五］眠りに入る。また、よく眠る。熟睡する。〓「横になるとすぐに—・った」

ネイル【nail】［名］つめ。〓「—エナメル」

ネイル-アート【nail art】［名］つめに絵を描いたり、宝石を付けたりして飾ること。また、その装飾。

ネイル-ケア【nail care】［名］つめを健康に美しく保つための手入れ。つめを切って甘皮を処理し、マッサージ・マニキュア・ペディキュアなどを施す技術を総称していう。

ね-いろ【音色】［名］同じ強さ・高さの音でも楽器の違いや音の出し方によって生じる、それぞれの音の特性。おんしょく。

ね-うお【根魚】［名］岩礁などにすみついて遠くへ移動しない魚。アイナメ・カサゴ・メバル・ソイなど。根付き魚。ねざかな。

ね-うごき【値動き】［名・自サ変］相場が上がり下がりすること。相場の変動。〓「—が激しい」

ね-うち【値打ち】［名］❶その物・人・事柄などがもっている良さや大切さの度合い。価値。〓「—のある古書」❷価値があること。価値あるものを比較的安く得られること。また、そのもの。〓「お—品(ひん)」◈物の値を決める意から。

ねえ［終助・感］⬇ね（終助・感）

ねえ-さん【《姉さん》】［名］❶「お姉さん」のくだけた言い方。⬍兄(にい)さん ❷芸者などが、先輩格の女性を呼ぶ語。書き方「▼姐さん」とも。◈さらにくだけた形は「ねえちゃん」。

ねえさん-かぶり【《姉さん》▽被り】［名］⬇あねさんかぶり

ネービー-ブルー【navy blue】［名］濃紺色。▽イギリス海軍の制服の色。

ネーブル【navel】［名］オレンジの一品種。果実は球形で、頂点にへそ状の突起がある。果肉は多汁で甘く、香りがよい。ブラジル原産。ネーブルオレンジ。▽臍(へそ)の意。

ネーミング【naming】［名・自サ変］名をつけること。特に、新製品などに名をつけること。命名。〓「奇抜な—の商品」

ネーミング-ライツ【naming rights】［名］施設などに企業名やブランド名をつける権利。施設命名権。

ネーム【name】［名］❶名。名前。❷キャプション。❸漫画で、台詞やこま割り、構成などを書く下書き。ラフネーム。

ネーム-バリュー【和製name＋value】［名］名前そのものの価値。また、知名度。〓「—のある企業」

ネーム-プレート【nameplate】［名］❶名札。表札(ひょうさつ)。❷機械・器具などに付ける、製造者・所有者などを記した札。

ねえ-や【▽姉や】［名］年若い女中や子守を親しんで呼んだ語。

ネオ【neo】（造）新しい。〓「—クラシシズム」

ね-おい【根生い】［名］❶草木が根から生え育っていること。また、その草木。根付き。〓「—の松」❷その地に生まれ、その地に定着していること。また、その人。生え抜き。〓「—の造り酒屋」

ね-おき【寝起き】［名］❶眠りから覚めて起きること。また、そのときの気分や機嫌。寝覚め。〓「—が悪い」❷［自サ変］寝ることと起きること。生活すること。〓「一つ家に—する」

ね-おし【寝押し】［名・他サ変］布団の下に衣類を敷いて寝て、しわをのばし折り目をつけること。

ネオン【neon】［名］❶希ガス元素の一つ。無色・無

味・無臭の気体で、大気中に微量に含まれる。放電管に入れると橙赤色に光るので、ネオンサインなどに利用する。元素記号Ne ❷ガラス管にネオン・アルゴン・ヘリウムなどを封入した低圧放電灯。広告・装飾などに利用される。▼「ネオンサイン」の略。

ネガ【名】写真で、明暗や色相が肉眼で見た被写体と逆になった画像。また、そのフィルム。陰画。⬍ポジ ▼「ネガティブ(negative)」の略。

ねがい【願い】ネガヒ【名】❶願うこと。また、その事柄。‖「―がかなう」❷書式に従って、願いを書き記したもの。願い書。書き方 慣用の固定した「退職願・休職願」などは、送りがなを付けない。

ねがい-あ・げる【願い上げる】ネガヒ【他下一】丁重にお願いする。‖「よろしくお引き立てのほど―げます」▼多く手紙文などで使う。文 **ねがひあ・ぐ**

ねがい-ごと【願い事】ネガヒ【名】願う事柄。特に、神仏に祈願する事柄。‖「―がかなう」

ねがい-さげ【願い下げ】ネガヒ【名】❶一度願い出たことを自分から取り下げること。願書・訴訟などを引っ込めること。❷頼まれても断ること。‖「そんな注文は―だ」動 **ねがいさ・げる**(他下一)

ねがい・でる【願い出る】ネガヒ【他下一】役所・上司などに願いの旨を申し出る。‖「辞職を―」名 **願い出**

ねが・う【願う】ネガフ【動五】一【他】❶神仏に望みがかなうように祈る。祈願する。‖「商売繁盛[家内安全]を―」❷希望が実現するように請い求める。‖「心から成功を―」「子らの幸せを―・ってやまない」❸他人に対して、こうしてほしいと頼む。‖「寄付を―」「ご協力を―・います」使い方 丁寧語「願います」のほか、「願い上げます」「お願いします」「お願い致します」「お願い申し上げます」の形もよく使う。❹役所などに希望することを申請する。願い出る。‖「所轄官庁に認可を―」二【補動】〈「お[ご]…願う」の形で〉**尊敬** …して下さる、…していただく、などの意を表す。‖「先生にお出まし―」「ぜひご出席―・います」「お静かに―・います」使い方「…てくださる」「…ていただく」に比べて敬意の度合いが高く、また、やや強い依頼を表す。「…願いたく存じます」や、可能動詞「願える」を使うとやわらかな言い方になる。⬇願える 可能 **願える** 名 **願い**

⊙**願ったり叶ったり** 相手との条件がかみあって、希望どおりに物事が実現すること。‖「そうして頂けるのなら―です」

⊙**願ってもない** 願っても簡単にかないそうもないことが思いがけなく実現したときに喜んで(感謝して)いうことば。‖「―提案だ」

ね-がえり【寝返り】ネカヘリ【名】❶寝たまま体の向きを変えること。‖「―を打つ」❷味方を裏切って敵方につくこと。‖「臣下の―を恐れる」

ね-がえ・る【寝返る】ネカヘル【自五】❶寝たまま体の向きを変える。寝返りをうつ。‖「寝苦しくて―」❷味方を裏切って敵方につく。‖「敵側に―」名 **寝返り**

ねが・える【願える】ネガヘル【動下一】「願う」の可能形。一【自】願うことができる。‖「そう―・えれば有り難い」「あまり無理は―・えない」二【補動】〈「お[ご]…願える」の形で〉相手に何かを要望・懇願することができる意を表す。‖「事情をご説明―・えますか」「一つお聞かせ―・えませんか」「お引き取り―・えないでしょうか」「ご出席―・えれば幸いです」

ね-がお【寝顔】ネカホ【名】眠っているときの顔つき。‖「無邪気な―」

ね-がけ【根掛け】【名】女性が日本髪の髻(もとどり)の部分に掛ける飾り。縮緬(ちりめん)・金糸・銀糸・宝石などで作る。

ね-がさ【値▼嵩】【名】取引相場などで、値段が高いこと。‖「―株」

ねかし-つ・ける【寝かしつける(寝かし付ける)】【他下一】寝つくようにする。‖「むずかる子を―」

ねか・す【寝かす】【他五】❶寝つくようにする。寝させる。‖「赤ん坊を―」❷体を横たえさせる。横にならせる。‖「けが人をベッドに―」❸縦に長いものを横にする。横に倒す。‖「梯子(はしご)を―・して運ぶ」❹品物・金銭などを、活用しないでそのままにしておく。‖「製品を倉庫に―・しておく」❺発酵・熟成したり味をならしたりするために、一定の温度を保った場所にしばらくおく。‖「味噌(みそ)を―」「二年―・したモルト」異形 **寝かせる**

ねか・せる【寝かせる】【他下一】⬇寝かす 文 **ねか・す**

ね-かた【根方】【名】❶木の根もと。ねがた。❷ものの下の方。元の方。ねがた。‖「岬の―にある漁港」

ネガティブ[negative] 一【形動】否定的なさま。消極的なさま。‖「―に考える」二【名】⬇ネガ ◈⬍ポジティブ

ネガティブ-キャンペーン[negative campaign]【名】❶対立候補を誹謗(ひぼう)中傷することに重点を置いた選挙戦術。❷他社製品の欠陥や短所を強調して自社製品を売り込む宣伝方法。

ね-かぶ【根株】【名】木の切り株。

ねがわく-は【願わくは】ネガハクハ【副】願うことは。できることならどうか。‖「―幸多からんことを」▼動詞「願う」のク語法「願わく」に助詞「は」の付いた語。慣用で「願わくば」ともいうが、本来は誤り。

ねがわし・い【願わしい】ネガハシイ【形】それが願うところであるさま。望ましい。‖「一日も早く帰国することが―」派生 -さ

ね-かん【寝棺】ネクワン【名】遺体をあおむけに寝かせたまま納める長い棺。ねがん。

ねぎ【▼葱】【名】野菜として栽培されるユリ科の多年草。地下の短い茎から先のとがった円筒状の葉を生じる。初夏、管状の花茎の先に「ねぎ坊主」と呼ばれる白色の小花を球状につける。栽培品種が多い。ナガネギ。ネブカ。ヒトモジ。 葱

ねぎ【▼禰宜】【名】❶昔の神職の一つ。神主の下、祝(はふり)の上の位。❷現在の職制で、宮司(ぐうじ)・権宮司(ごんぐうじ)を補佐する神職。また、一般に神職の総称。 禰

ねぎ-とろ【名】マグロのトロの部分をたたいて、刻んだネギを散らしたすし種。

ねぎ-ぼうず【▼葱坊主】ネギバウズ【名】ネギの花。▼球状の花を坊主頭に見立てていう。

ねぎ-ま【▼葱▼鮪】【名】材料にネギとマグロを使った料理。ねぎま鍋(なべ)・ねぎま汁・ねぎま焼きなど。特に、ねぎま鍋。

ねぎま-なべ【▼葱▼鮪鍋】【名】マグロの脂身とぶつ切りにしたネギを醤油(しょうゆ)・酒・砂糖などで調味した汁で煮ながら食べるなべ料理。

ねぎらい【▽労い・▼犒い】ネギラヒ【名】ねぎらうこと。‖「―の言葉をかける」

ねぎら・う【▽労う・▼犒う】ネギラフ【他五】苦労やはたらきに対して感謝し、いたわる。‖「部下の労(ろう)を―」名 **ねぎ**

らい

[ことば探究]「ねぎらう」の使い方

▼「～をねぎらう」という場合、「～を」の部分には感謝する相手の人物や、感謝の対象となる苦労やはたらきが入る。「～の労をねぎらう」という形も多く用いられる。
「頑張った選手たち／裏方メンバーをねぎらう」
「選手たちの頑張り／田植え作業の労をねぎらう」
▼原則として目上の人物に対しては使わない。対等の相手には使うことができる。
「お互いをねぎらう」

ね-きり【根切り】［名］❶樹木の根を切ること。新根の発生を促したり枝の徒長を抑制したりするために行う。‖「庭木の—をする」❷物事の根を断つこと。根絶やしにすること。根絶。‖「悪の—をする」

ね-ぎ・る【値切る】［他五］値段を割り引かせる。まけさせる。‖「ビデオカメラを—って買う」

ね-ぐされ【根腐れ】［名］農作物の根や地下茎が腐ること。‖「トマトが—を起こす」「—病」

ネクスト-バッターズ-サークル［和製next batter's+circle］［名］野球で、次の打者が待機する円形で示された場所。左右打席の斜め後方にある。ウエーティングサークル。▽英語ではon-deck circle。

ね-くずれ【値崩れ】［名・自サ変］安定していた売値が急激に安くなること。‖「—を起こす」

ね-ぐせ【寝癖】［名］❶寝ている間に髪の毛についたくせ。‖「—がつく」❷寝ている間に体を動かして布団などを乱すくせ。‖「—が悪い」❸寝つきの悪いくせ。特に、幼児についていう。‖「—が悪くて、すぐぐずり出す」

ネクタイ［necktie］［名］洋装で、ワイシャツなどの襟もとに巻いて前で結ぶ帯状の飾り布。タイ。

ネクタイ-ピン［和製necktie+pin］［名］ネクタイの結び目にさすピン。また、ネクタイ留め。タイピン。

ネクタリン［nectarine］［名］モモの一品種。果実はモモよりもやや小さく、赤くて光沢のある果皮には毛がない。油桃(あぶらもも)。椿桃(つばいもも)。

ね-くび【寝首】［名］眠っているひとの首。
◉**寝首を搔(か)く** ❶眠っているところを襲って首を切り取る。❷油断に乗じ、卑怯(ひきょう)な手段を使って人を陥れる。

ね-くら【根暗】［名・形動］生まれつき性格が暗いこと。また、その人。‖「人づきあいを嫌う—な人」⇔根明(ねあか) 書き方 仮名書きも多い。

ね-ぐら【▼塒】［名］❶鳥の寝るところ。❷人の寝るところ。自分の家。‖「今夜の—をさがす」

ネグリジェ［négligé フランス］［名］ワンピース型の女性用寝巻き。柔らかい生地で、ゆったりと作ったもの。

ネグ・る［他五］〔新〕無視する。おろそかにする。‖「表の作成は—ってしまおう」▽「ネグレクト(neglect)」を略して動詞化した語。

ね-ぐるし・い【寝苦しい】［形］なかなか寝つけない。気持ちよく眠れない。‖「蒸し暑くて—夜」派生 -げ／-さ／-が・る

ネグレクト［neglect］［名・他サ変］❶無視すること。義務などを怠ること。❷養育者が子供の保護や世話を放棄すること。育児放棄。

ねこ【猫】［名］❶愛玩(あいがん)用・ネズミ駆除用として飼われるネコ科の哺乳(ほにゅう)類。体はしなやかで、毛色は多様。足裏に肉球が発達し、音を立てずに歩く。夜行性で、瞳孔は明るさに応じて大きさを変える。ペルシャネコ・シャムネコ・アビシニアンなど品種が多い。古代エジプトでは神聖な動物とされたが、一方では「化け猫」の語もあるように、魔性のものともされる。❷三味線。▽胴を猫の皮で張ることから。❸芸妓(げいぎ)。▽三味線を弾くことから。❹「猫車」の略。
◉**猫に鰹節(かつおぶし)** 油断できないことのたとえ。▽猫のそばに、その好物である鰹節を置くことから。
◉**猫に小判(こばん)** 価値の分からない人に貴重なものを与えてもむだであることのたとえ。▽猫には小判の値打ちがわからないことから。
◉**猫にまたたび** 大好物なもののたとえ。また、相手にそれを与えると効果的であるもののたとえ。▽ネコ科の動物がまたたびの実を好み、食べると一種の酩酊(めいてい)状態になることからいう。
◉**猫の首に鈴(すず)を付ける** いざ実行となると引き受け手がないほど難しいことのたとえ。▽猫の首に鈴を付けることになって、いざ実行するネズミは一匹もいなかったというイソップの寓話(ぐうわ)から。
◉**猫の手も借りたい** 非常に忙しくて、誰でもいいから手伝いがほしいこと。
◉**猫の額(ひたい)** 場所が狭いことのたとえ。‖「—ほどの庭」
◉**猫の目** 物事がめまぐるしく変わることのたとえ。‖「言うことが—のように変わる」▽猫の瞳孔(どうこう)は明るさによって大きさが変わることから。
◉**猫も杓子(しゃくし)も** だれもかれも。なにもかも。‖「当節は—ホームページ開設だ」▽軽い軽蔑(けいべつ)を込めて使う。
◉**猫を被(かぶ)る** 自分の本性を隠して、おとなしそうに振舞うことのたとえ。ねこかぶりをする。

ネゴ［名］「ネゴシエーション」の略。

ねこ-あし【猫足（猫脚）】［名］❶猫のように足音を立てないで歩くこと。また、そのような歩き方。❷膳・机などの脚で、上部が太く、下部が猫の足のように外に向けて湾曲しているもの。

ねこ-いた【猫板】［名］長火鉢の端の引き出しの部分にわたした板。▽そこによく猫がうずくまることからいう。

ねこ-いらず【猫いらず】［名］黄燐(おうりん)・亜砒酸(あひさん)などを主成分とする殺鼠剤(さっそざい)。▽商標名。

ねこ-かぶり【猫▽被り】［名］❶本性を隠して、うわべはおとなしそうに見せかけること。また、その人。❷知っていながら知らないふりをすること。また、その人。◈「ねこっかぶり」ともいう。

ねこ-かわいがり【猫可▽愛がり】［名・他サ変］飼い猫をかわいがるように、むやみにかわいがって甘やかすこと。‖「孫を—する」

ね-こぎ【根▽扱ぎ】［名］草や木を根をつけたまま引き抜くこと。根こそぎ。

ねこ-ぐるま【猫車】［名］一輪の手押し車。土砂などを運搬するのに使う。ねこ。

ね-ごこち【寝《心地》】［名］寝たときの感じ。また、眠っているときの心持ち。‖「—のよいベッド」

ネゴシエーション［negotiation］［名］条件などについての話し合い。交渉。折衝(せっしょう)。ネゴ。

ねこ-じた【猫舌】［名］熱い食べ物が苦手なこと。また、その人。▽猫は熱い食べ物を嫌うことから。

ねこ-じゃらし【猫じゃらし】［名］エノコログサ（犬の尾に似た花穂をつけるイネ科の一年草）の通称。

ねこ-ぜ【猫背】［名］背中が丸く曲がり、やや前方にかがむような姿勢になっていること。また、そのような体つき。

ね-こそぎ【根▼刮ぎ】 ㊀［名］根をつけたまますっかり抜き取ること。「―にする」㊁［副］余すところなく。ことごとく。「有り金を―奪われる」

ねこっ-け【猫っ毛】［名］猫の毛のように柔らかい頭髪。「―だから寝癖がつきやすい」

ね-ごと【寝言】［名］❶眠っている間に無意識に言うことば。「―を言う」❷筋の通らないことば。ばかげた言い分。たわごと。「―を並べる」

ねこなで-ごえ【猫▼撫で声】ヱコ［名］人の機嫌をとるときに出す、甘くこびるようなやさしい声。▽猫をなでてかわいがるときの声が甘ったるいことから。また、猫がかわいがられたときに発する声からともいう。

ねこ-ばば【猫▼糞】［名・他サ変］悪事を隠して知らん顔をすること。特に、拾った物をだまって自分のものにしてしまうこと。「拾った財布を―する」▽猫は糞(ふん)をした後、砂をかけてそれを隠すことから。

ねこ-またぎ【猫▼跨ぎ】［名］まずい魚。▽魚を好む猫さえまたいで通る意。

ね-こみ【寝込み】［名］寝ている間。よく眠っている最中。「―を襲われる」

ね-こ・む【寝込む】［自五］❶よく眠る。熟睡する。❷病気で床につく。「風邪をこじらせて―」

ねこめ-いし【猫目石】［名］宝石の一つ。金緑石のうち、光に当てると中央に猫の目のような光の筋が現れるもの。猫睛石(びょうせいせき)。キャッツアイ。

ねこ-やなぎ【猫柳】［名］早春、白い毛の密生した花穂をつけるヤナギ科の落葉低木。多く水辺に自生。庭木にもする。カワヤナギ。エノコロヤナギ。

ね-ごろ【値頃】［名・形動］値段が物の値打ちに相応していること。また、買うのに手ごろな値段であること。「―な品物」

ね-ころが・る【寝転がる】［自五］寝転ぶ。「畳に―って本を読む」

ね-ころ・ぶ【寝転ぶ】［自五］ごろりと体を横たえる。寝転がる。

ね-さがり【値下がり】［名・自サ変］物の値段や料金が安くなること。「洋酒が―する」⇔値上がり

ね-さげ【値下げ】［名・他サ変］物の値段や料金を安くすること。「通話料を―する」⇔値上げ

ね-ざけ【寝酒】［名］安眠できるように寝る前に少し飲む酒。ナイトキャップ。

ね-ざ・す【根差す】［自五］❶植物が土中に根をおろす。根づく。❷物事が定着する。根づく。「地域に―・したボランティア活動」❸もとづく。また、起因する。由来する。「伝統と風土に―・した食生活」「宗教上の対立に―・した紛争」

ね-ざめ【寝覚め】［名］眠りから覚めること。めざめ。

◉**寝覚めが悪・い** ❶眠りから覚めたときの気分がよくない。「飲み過ぎて―」❷過去の行為が反省されて心が安まらない。「彼をだましたようで―」◈ ✓注意 「目覚めが悪い」という言い方は伝統的でなく、特に②の意にいうのは誤り。

ね-ざや【値▼鞘】［名］取引市場で、二つの相場の差額。また、売値と買値の差額。

ねじ【〈▼螺子〉・〈捻子〉・〈▼捩子〉・〈▼螺旋〉】ネヂ［名］❶物をしめつけて固定するのに用いる円柱状の用具。外面に螺旋(らせん)状の溝を刻んだ雄ねじと、それに合致する溝を内面に刻んだ雌ねじとがある。「―を締める」❷時計などのぜんまいを巻くための装置。また、そのぜんまい。「―を巻く」

ねじ-あ・げる【▼捩じ上げる】ネヂ［他下一］ねじって上へ上げる。ねじり上げる。「相手の腕を―」文ねぢあ・ぐ

ねじ-きり【〈▼螺子〉切り】ネヂ［名］ボルトやナットにねじの溝を刻むこと。また、そのための工具。

ねじ-き・る【▼捩じ切る】ネヂ［他五］ねじって切断する。「針金を―」

ねじ-くぎ【〈▼螺子〉▼釘】ネヂ［名］先の部分に雄ねじが切ってあるくぎ。

ねじ-く・れる【▼捩じくれる・▼拗じくれる】ネヂ［自下一］❶ねじれて曲がる。ねじれる。「―・れた枝」❷心・性質などが素直でなくなる。ひねくれる。ねじける。「―・れた性格」文ねぢく・る

ねじ・ける【▼拗ける】ネヂ［自下一］❶ねじれて曲がる。❷心・性格などが素直でなくなる。ひねくれる。「心の―・けた人」文ねぢ・く

ねじ-こ・む【▼捩じ込む・▽捻じ込む】ネヂ ㊀［他五］❶ねじって中に入れる。「ボルトを―」❷狭い所などに無理に入れる。強引に押し込む。「札束をポケットに―」㊁［自五］苦情や文句を言いに押しかける。「騒音を何とかしろと工場に―」

ね-しずま・る【寝静まる】ーシヅマル［自五］人が寝入って静かになる。「夜が更けて辺りが―」

ね-しな【寝しな】［名］寝ようとするとき。また、寝入ったばかりのとき。「―に電話で起こされる」

ねじ-ふ・せる【▼捩じ伏せる・▽捻じ伏せる】ネヂ［他下一］❶相手の腕をねじって倒し、その場に押さえつける。「強盗を―」❷強引に相手を屈伏させる。「反対意見を―」文ねぢふ・す

ねじ-ま・げる【▼捩じ曲げる・▽捻じ曲げる】ネヂ［他下一］❶ねじって曲げる。「針金を―」❷故意にゆがめる。「事実を―」文ねぢま・ぐ

ねじ-まわし【〈▼螺子〉回し】ネヂマハシ［名］ビス・ねじくぎなどのねじ込みや取り外しに用いる道具。ドライバー。

ねじ-む・ける【▼捩じ向ける】ネヂ［他下一］ねじって、その方向へ向ける。「呼ばれて顔を―」文ねぢむ・く

ね-じめ【音締め】［名］琴・三味線などの弦を巻き締めて音調をととのえること。また、その調律された音色。

ね-じめ【根締め】［名］❶移植した草木の根もとの土を突き固めること。❷庭木などの根もとにあしらって植える草。❸生け花で、下段にさし添えて形をととのえる花材。

ねじ-やま【〈▼螺子〉山】ネヂ［名］ねじの溝と溝との間の突き出ている部分。スクリュースレッド。

ね-しょうが【根生▼姜】ーシャウガ［名］ショウガの根の部分。ヒネショウガ。「―をおろして薬味にする」

ね-しょうがつ【寝正月】ーシャウグワツ［名］❶外出や交際をしないで、正月を家でゆっくり休息して過ごすこと。❷病気で寝たまま正月を過ごすこと。

ね-しょうべん【寝小便】ーセウベン［名］眠っている間にもらす小便。夜尿。おねしょ。

ねじり-はちまき【▼捩り鉢巻き】ネヂリー［名］手ぬぐ

いをねじって頭に巻き、額の横で結んだ鉢巻き。ねじはちまき。

ねじ・る【▼捩る・▽捻る・▼拗る】［他五］❶細長いものの両端を持って互いに逆の方向に回す。ねじれた状態にする。「針金を―って絡み合わせる」「手ぬぐいを―って頭に巻く」❷固くしまった物の一部を右または左に回す。「ボルトを―って締める」❸体の一部に力を加えて右または左に回す。また、体の一部に無理に一方向へ回す。「上体を―」「腕をつかんで逆手に―」❹体の筋をちがえる。捻挫する。「足首を―って傷める」◈上二段動詞「ねづ」が近世以降四段に活用するようになった語。その痕跡が「ねじ曲げる」「ねじ切る」「ねじ込む」などの複合語に残っている。可能ねじれる 名ねじり

ねじ・れる【▼捩れる・▽捻れる・▼拗れる】■一［自下一］❶細長いものが、よれて曲がった状態になる。ねじった状態になる。「ネクタイが―れている」❷性質や状態がまっすぐでなくなる。「根性が―れている」「交渉が―れてうまくいかない」名ねじれ ■二［自他下一］「ねじる」の可能形。ねじることができる。「栓が固くて―れない」

ね-じろ【根城】［名］❶全軍の本拠とする城。本城。⇔出城 ❷行動の根拠とする所。根拠地。

ね-す・ぎる【寝過ぎる】［自上一］❶適当な時間よりも長く寝る。❷寝過ごす。「―ぎて飛行機に乗り遅れる」文ねす・ぐ

ね-すご・す【寝過ごす】［自五］目が覚めなくて起きる予定の時刻が過ぎる。寝過ぎる。「―して会議に遅れる」

ねず-の-ばん【寝ずの番】［名］⬇不寝番

ねずみ【▼鼠】［名］❶一般に小形で、尾が細長いネズミ目ネズミ科の哺乳類。上下一対の門歯が発達し、終生伸び続ける。農作物や食料品を食い荒らすほか、病原体を媒介することもある。「ねずみ算」の語があるほど繁殖力は旺盛。ドブネズミ・クマネズミ・ハツカネズミ・アカネズミ・ハタネズミなど、その種類はきわめて多い。▼十二支では第一番目の「子」にあてる。❷「ねずみ色」の略。「―の衣」◈注意「ねづみ」と書くのは誤り。

鼠

ねずみ-いろ【▼鼠色】［名］ネズミの毛色のような淡黒色。灰色。ねずみ。グレー。

ねずみ-こう【▼鼠講】［名］会員をねずみ算式に増やし、子会員が講元・親会員などに順次送金することを繰り返して巨額な利益を得ようとする金融組織。▼一九七八（昭和五三）年制定の「無限連鎖講の防止に関する法律」によって禁じられている。

ねずみ-ざん【▼鼠算】［名］和算の計算問題の一つ。子を生んで等比級数的に増え続けるネズミの数を求めるもの。▼そのように急速に増加していくことのたとえにもいう。「―式に増える」

ねずみ-とり【▼鼠取り・▼鼠捕り】［名］❶ネズミを捕らえること。また、ネズミを捕らえる器具。❷ネズミを殺す薬。殺鼠剤。❸［俗］警察が行う自動車のスピード違反取り締まり。

ね・せる【寝せる】［他下一］寝させる。寝かせる。寝かす。「子供を―」「急病人をソファに―」文ね・す

ね-ぞう【寝相】［名］人が眠っているときのかっこう。ねざま。「―が悪い」

ね-そび・れる【寝そびれる】［自下一］眠る時機をはずしたために、眠ろうとしても眠れなくなる。寝そこなう。

ね-そべ・る【寝そべる】［自五］足をのばして気ままな姿勢で横たわる。「ソファーに―って本を読む」

ねた［名］❶料理の材料。「鮨の―を仕入れる」❷新聞・雑誌記事などの材料。「記事の―をさがす」❸証拠。また、証拠の品。「―があがる」❹奇術などの仕掛け。◈「たね（種）」の倒語。

ね-だ【根太】［名］床板を支えるために渡す横木。

ね-だい【寝台】［名］［古風］寝床にするための台。ベッド。しんだい。

ねた-きり【寝たきり（寝た切り）】［名］床についたまま起きられないこと。「―の病人」

ね-たば【▽寝刃】［名］切れ味の悪くなった刀剣の刃。◉寝刃を合わ・す ❶刀剣の刃を研ぐ。❷ひそかに悪事をたくらむ。

ね-たばこ【寝〈煙草〉】［名］寝床でたばこを吸うこと。また、そのたばこ。

ねた-ばれ［名］粗筋や結末が、読んだり見たりする前にわかってしまうこと。「―に注意」書き方「ネタばれ」「ネタバレ」とも。

ねたまし・い【妬ましい（▽嫉ましい）】［形］うらやましくて、憎みたくなるような気持ちである。「友人の成功が―」派生-げ／-さ／-がる

ねたみ【妬み（▽嫉み）】［名］ねたむこと。嫉妬。そねみ。「―を買う」「―から嫌がらせをする」

ねた・む【妬む（▽嫉む）】［他五］他人の長所・幸運などをうらやんで、憎らしいと思う。ねたましく思う。嫉妬する。そねむ。「友人の名声［才能］を―」使い方自分もそうなりたいと望む「うらやむ」に対し、「ねたむ」「そねむ」にはさらに憎しみがこもる。名ねたみ

ね-だめ【寝▼溜め】［名・自サ変］睡眠不足になることを予測して、眠れるときに余分に眠っておくこと。「休日に―をしておく」

ね-だやし【根絶やし】［名］❶草木を根から抜き取って絶やすこと。❷物事を大もとから取り去って何も残らないようにする。根絶する。「悪習を―にする」

ねだ・る【〈強請〉る】［他五］甘えたり無理を言ったりして、欲しいものを請い求める。「親に小遣いを―」「スターにサインを―」使い方「せがむ」に似るが、「せがむ」は自分の要求を無理に通そうとする意が強く、「ねだる」は相手の好意に甘えようとする意が強い。

ね-だん【値段】［名］物を売買するときの金額。価格。値。「―が高い」

ね-ちが・える【寝違える】［自下一］むりな姿勢で寝たために首や肩の筋を痛める。「―えて首筋が痛い」文ねちが・ふ 名寝違え

ネチケット【netiquette】［名］ネットワーク上のエチケット。インターネットによってパソコン通信や情報交換を行う際のマナーをいう。「―を守る」▼netとetiquette の合成語。

ねちっ-こ・い［形］ねちねちしている。しつこい。「―性格」「―く攻める」▼「ねちこい」とも。派生-さ

ねち-ねち［副］❶不快にねばりつくさま。ねばねばするさま。「グリースで手が―する」❷性格や態度などがしつこくて、さっぱりしないさま。「―(と)いやみを言う」

ねつ【熱】［名］❶あつさを感じさせるもの。「―を加える」「地球の―」「―帯・―湯・―風」「加―・灼―」❷

平常より高くなった体温。‖「風邪で—を出す」「解—・微—」❸ある物事に打ち込むこと。夢中になること。‖「応援に—がはいる」「サッカーへの—が冷める」「—愛・—演」「情—」

◉熱に浮っかされる ❶高熱のために意識がはっきりせず、うわごとを言う。❷夢中になって理性を失う。‖「競馬の—」

◉熱を上・げる ❶夢中になる。‖「アイドルに—」❷威勢のいいことを言う。気炎を上げる。‖「議論に—」

ねつ-あい【熱愛】［名・他サ変］熱烈に愛すること。また、その愛情。‖「恋人〔音楽〕を—する」

ねつ-い【熱意】［名］物事に対する強い意気込み。熱心な気持ち。‖「彼の—を買う」

ねつ・い［形］❶ねばり強い。熱心だ。‖「—性格」❷しつこい。‖「—・くいやみを言う」派生-さ

ねつ-えん【熱演】［名・他サ変］演劇などを、熱意を込めて演じること。また、その意欲的な演技。

ネッカチーフ［neckerchief］［名］装飾用または防寒用に首の回りに巻く、四角形の薄い布。▼一般にスカーフより小さいものをいう。

ねっ-から【根っから】［副］❶もとから。はじめから。根から。‖「彼は—芸人だ」「—の酒好き」❷〈下に打ち消しを伴って〉まったく。少しも。根から。‖「—信用していない」

ねつ-かん【熱感】［名］熱のある感じ。

ねつ-がん【熱願】［名・他サ変］熱心に願うこと。また、その願い。

ねっ-き【熱気】［名］❶高温の空気・気体。‖「—消毒」❷興奮して高まった感情。また、高揚した意気込み。‖「館内が異様な—に包まれる」「話が—を帯びてくる」

ね-つき【寝つき（寝付き）】［名］眠りにはいること。‖「—の悪い人」

ね-つぎ【根継ぎ】［名］柱や土台の腐った部分を取り除き、新しい材で継ぎ足すこと。

ねつ-ききゅう【熱気球】［名］気密性の袋の中にガスバーナーなどで熱した空気を満たし、その浮力によって飛行する気球。

ねつ-きぐ【熱器具】［名］電気・ガス・石油などによって発生させた熱を調理・暖房などに利用する器具。ストーブ・こんろなど。

ねっ-きょう【熱狂】［名・自サ変］われを忘れるほど興奮して熱中すること。‖「ワールドカップに—する」「—的な声援」

ネック［neck］［名］❶首。また、えり。えりぐり。‖「ハイ—・タートル—」❷物事の進行をはばむ障害。隘路。‖「用地買収が立体駐車場建設の—となる」▼bottleneck から。

ね-つ・く【寝つく（寝付く）】［自五］❶眠りにはいる。寝入る。‖「赤ん坊がなかなか—・かない」❷病気になって床につく。‖「風邪をこじらせて—」

ね-づ・く【根付く】［自五］❶植えつけた草木が土中に根を張って発育する。❷新しい物事が受け入れられて定着する。‖「若者の間に—・いた風俗」

ネックレス［necklace］［名］首に巻いて胸元を飾るアクセサリー。首飾り。

ね-つけ【根付け】［名］印籠・たばこ入れなどのひもの先端につける小形の細工物。木・象牙・角などに精巧な彫刻をほどこしたもので、装飾とともに、ひもを帯にはさむときのすべりどめにする。

ねつ-け【熱気】［名］熱がある感じ。体温が普通より高い感じ。

ねっ-けつ【熱血】［名］❶体温のぬくもりのある生血。❷血のわきたつような激しい情熱。熱烈な意気。

ねっけつ-かん【熱血漢】［名］正義感が強く、熱烈な意気をもった人。

ねつ-げん【熱源】［名］熱エネルギーを供給するみなもと。

ねっ-こ【根っこ（根っ子）】［名］草や木の根。また、木の切り株。

ねっ-さ【熱砂（熱沙）】［名］❶太陽の熱に焼かれた熱い砂。ねっしゃ。❷暑い砂漠。‖「—地帯」

ねつ-さまし【熱冷まし】［名］病気で高くなった熱を冷ますこと。また、そのための薬。解熱剤。ねつざまし。

ねっしゃ-びょう【熱射病】［名］高温多湿の環境に長く置かれたとき、体温の調節が十分にできなくなって起こる病気。体温が著しく上昇し、頭痛・めまい・意識障害などが現れる。

ねっ-しょう【熱唱】［名・他サ変］情熱を込めて歌うこと。‖「新曲を—する」

ねつ-じょう【熱情】［名］燃えるような激しい感情。また、ある物事に向けられる熱烈な思い。情熱。‖「—的な詩」

ねつ-しょり【熱処理】［名・他サ変］金属を加熱・冷却して、目的とする性質に変化させること。また、その操作。焼き入れ・焼き戻し・焼きなましなど。

ねっ-しん【熱心】［名・形動］ある物事に心をこめて打ちこむこと。‖「—に指導する」「仕事—な人」▼多くその行為などを肯定的にとらえていう。派生-さ

ねっ-すい【熱水】［名］❶高温の水。熱湯。‖「—に溶ける物質」❷マグマが冷却して固まる際に生じる高温の水溶液。熱水溶液。

ねっ・する【熱する】㊀［自サ変］❶熱くなる。熱をもつ。‖「鉄は—・しやすく冷めやすい」❷夢中になって興奮する。熱中する。熱くなる。‖「—・しやすい性格」㊁［他サ変］熱を加える。熱くする。（人の行為にも自然の作用にもいう）‖「—・したフライパンに油を注ぐ」「太陽が大地を—」文ねっ・す

ねっ-せい【熱誠】［名・形動］熱情のこもった、ひたむきな誠意。また、その誠意がこもっていること。‖「—なる支援を得る」

ねっ-せん【熱戦】［名］熱のこもった激しい勝負・試合。‖「—を繰り広げる」

ねっ-せん【熱線】［名］❶熱した金属線。❷赤外線。▼熱作用をもつことからいう。

ねつ-ぞう【▼捏造】［名・他サ変］実際にはない事柄を事実であるかのようにつくり上げること。でっちあげること。‖「報告書を—する」▼「でつぞう（捏造）」の慣用読み。

ねっ-たい【熱帯】［名］赤道を中心にして南北両回帰線にはさまれた一年中暑い地帯。気候的には年平均気温がセ氏二〇度以上、または最寒月の平均気温がセ氏一八度以上の地域をいう。

ねったい-うりん【熱帯雨林】［名］高温多湿の熱帯地方に発達する樹林。常緑広葉樹を主体とし、つる植物や着生植物も多く繁茂する。熱帯多雨林。熱帯降雨林。

ねったい-ぎょ【熱帯魚】[名] 熱帯・亜熱帯地方にすむ魚類の総称。色彩の美しいものが多く、観賞魚として飼育される。グッピー・ディスカス・ネオンテトラ・エンゼルフィッシュなど。

ねったい-ていきあつ【熱帯低気圧】[名] 熱帯の海上で発生する低気圧。発達すると激しい暴風雨を伴う。日本では最大風速が秒速一七・二メートル以上のものを台風と呼ぶ。

ねったい-や【熱帯夜】[名] 最低気温がセ氏二五度以上の夜。「寝苦しい—が続く」

ねっ-ちゅう【熱中】[名・自サ変] ある物事に夢中になること。「試合に—し、我を忘れて応援する」

ねっちゅう-しょう【熱中症】[名] 高温の環境やスポーツ活動など、体の内部、または外部の熱によって引き起こされる病気の総称。熱射病は、そのうち最も重症なものをいう。

ねっちり[副「と」] しつこくてさっぱりしないさま。ねちねち。「—(と)小言をいう」

ねつっ-ぽ・い【熱っぽい】[形] ❶熱があるように感じる。少し熱がある。「風邪気味で—」❷情熱的であるさま。「—く夢を語る」派生—さ

ねっ-てつ【熱鉄】[名] まっかに熱した鉄。また、高温で溶けた鉄。

ねつ-でんどう【熱伝導】[名] 熱が物体中の高温部から低温部に移動する現象。「—率(＝熱の伝わりやすさを表す量)」

ネット【net】[名] ❶網。網状のもの。❷球技で、コートの中央やゴールの後ろなどに張る網。「ゴール—」❸「ネットワーク」の略。「社内の—化を急ぐ」「全国—の放送」❹「インターネット」の略。「—で知り合う」「—バンキング」❺髪の乱れを防ぐために頭にかぶる網。ヘアーネット。❻包み・容器などをのぞいた正味の量。「—二〇〇グラム」

ねつ-ど【熱度】[名] ❶熱さの度合い。「—を計る」❷熱心さの度合い。「仕事への—が高まる」

ネット-イン【和製 net + in】[名・自サ変] 卓球・テニス・バレーボールなどで、打球がネットの上端に触れて相手側のコートに入ること。

ねっ-とう【熱湯】[名] 煮えたぎっている湯。煮え湯。

ねっ-とう【熱闘】[名] 熱のこもった激しい戦い。

ネット-オークション【net auction】[名] 出品・入札・落札を、インターネットを通じて行う競売。インターネットオークション。

ネット-カフェ【和製 net + café フランス】[名] インターネットに接続したパソコンを利用できる喫茶店。インターネットカフェ。サイバーカフェ。

ネット-ぎんこう【ネット銀行】[名] インターネットで金融サービスを提供する銀行。インターネット銀行。オンライン銀行。ネットバンク。

ネット-サーフィン【net surfing】[名] 興味の赴くままにインターネット上の情報を見て回ること。▼ウェブサイトを次々と眺めることをサーフィンにたとえていう。

ネット-ショッピング【net shopping】[名] ➡オンラインショッピング

ネット-バンキング【net banking】[名] インターネットを通じて銀行口座の残高照会・振り込み・振り替えなどを行うこと。また、そのシステム。オンラインバンキング。インターネットバンキング。▼internet bankingの略。

ネット-ビジネス【net business】[名] インターネットを利用して行う事業。インターネットビジネス。オンラインビジネス。サイバービジネス。

ネット-プレー【net play】[名] テニス・バレーボールなどで、ネット際で行うプレー。

ねっとり[副「と」] 粘りのあるさま。「—(と)汗ばんだ肌」

ネット-ワーク【network】[名] ❶複数のコンピューターや情報機器を接続し、データを交換・共有するシステム。「コンピューター—」❷ラジオ・テレビで、キー局と多数の放送局を中継回線で結んだ全国的な組織。放送網。❸相互に連絡し合う組織。「福祉の—」◈「ネット」とも。

ねっ-ぱ【熱波】[名] 高温の空気が低緯度から高緯度に北上し、気温の急上昇を起こす現象。しばしば旱魃や山火事の原因となる。

ねつ-びょう【熱病】[名] 高熱を発する病気。マラリア・チフス・肺炎など。

ねっ-ぷう【熱風】[名] 熱気を含む風。高温の風。

ねつ-べん【熱弁(熱▼辯)】[名] 熱のこもった弁舌。熱烈な弁論。「—をふるう」

ねつ-ぼう【熱望】[名・他サ変] 熱心に望むこと。また、その希望。切望。「図書館の開設を—する」

ね-づよ・い【根強い】[形] ❶根がしっかり張っていて簡単には揺るがない。基盤がしっかりしていて強い。❷感情・思想などが、人の心にしみついていて、長い間変わらないさま。「—人気[不信感]」「—く残る因習」派生—さ

ねつ-らい【熱雷】[名] 夏、強い日射しを受けた地面が過熱されて局地的な上昇気流が起こり、上空に積乱雲が発達して生じる雷。山岳地帯に多い。

ねつ-りょう【熱量】[名] 熱をエネルギーの量として表したもの。単位はジュール、またはカロリー。

ねつ-るい【熱涙】[名] 強く感動して流す涙。

ねつ-れつ【熱烈】[名・形動] 感情が高まって、言動が激しいさま。熱中のあまり激しい態度をとるさま。「—な恋愛」「—な歓迎を受ける」派生—さ

ねつ-ろん【熱論】[名] 熱のこもった議論。「—をたたかわす」

ね-どこ【寝床】[名] 寝るために敷いた寝具。「—に入る」

ね-どこ【寝▽所】[名] 寝るための部屋。寝室。

ねと-ねと[副「と」] 粘りがあるさま。粘りつくさま。「とけて—した飴」「肌が汗ばんで—する」

ね-とぼ・ける【寝▼惚ける】[自下一] ねぼける。「—けたことを言うな」文ねとぼ・く

ね-とまり【寝泊まり】[名・自サ変] ある期間、そこに宿泊すること。「研究室に—して実験を続ける」

ね-とり【音取り】[名] 雅楽で、奏楽の前に楽器の音調をととのえ、雰囲気を醸成すること。また、そのための短い前奏曲。

ね-と・る【寝取る】[他五] 他人の配偶者・愛人などと情を通じて、自分のものにする。

ね-なし【根無し】[名] ❶根がついていないこと。❷よりどころのないこと。「—言」

ねなし-ぐさ【根無し草】[名] 地中に根を張らず、池などの水に浮いている草。浮き草。▼漂い動いて定ま

らない物事や人のたとえにもいう。‖「—の旅を続ける」

ねば-つ・く【粘つく】［自五］ねばって物にくっつく。ねばねばする。‖「口の中が—」

ねばっ-こ・い【粘っこい】［形］❶粘りけがある。ねばねばする。‖「—樹液」❷根気強い。しつこい。‖「—・く交渉を続ける」派生—さ

ねば-つち【粘土】［名］粘りけのある土。ねんど。

ね-ば-なら・ぬ［連語］〔古風〕〈動詞および動詞型活用の助動詞の未然形に付いて〉なければならない。‖「行か—」「一刻も早く手を打た—」▽打ち消しの助動詞「ぬ」の仮定形＋接続助詞「ば」＋動詞「なる」の未然形＋打ち消しの助動詞「ぬ」。

ねば-ねば ━［副］よくねばるさま。‖「水あめがついて手が—する」━［名］粘りけのあるもの。‖「納豆の—」

ね-はば【値幅】［名］取引で、売値と買値の差額。また、高値と安値の差額。‖「—が開く」

ねばり【粘り】［名］❶粘ること。また、その性質や程度。‖「—のある米」❷あきらめずに根気よく続けること。根気。‖「—の足りないチーム」

ねばり-け【粘り気】［名］ねばりつく性質。また、ねばる力。‖「—の強い糊」

ねばり-ごし【粘り腰】［名］相撲などで、ねばり強くてなかなかくずれない腰。▽ねばり強い態度のたとえにもいう。‖「—で交渉を続ける」

ねばり-づよ・い【粘り強い】［形］❶粘りけが強い。また、弾力性があって強い。‖「—餅」「—腰」❷耐える力が強い。根気強い。‖「—・く説得する」派生—さ

ねば・る【粘る】［自五］❶柔らかくよく伸びて物につきやすい性質がある。粘着性がある。粘りけがある。‖「この納豆はよく—」❷あきらめずに根気よく続ける。‖「執拗に最後まで—」「—・りに—・って勝利を収める」❸飲食店などに長居する。‖「コーヒー一杯で三時間も—」可能 粘れる 名 粘り

ねはん【▼涅▼槃】［名］❶仏教で、すべての煩悩を解脱した悟りの境地。一切の苦しみから解放された不生不滅の境地。‖「—に入る」❷死ぬこと。また、死。特に、釈迦の死をいう。

ねはん-え【▼涅▼槃会】［名］釈迦入滅の日とされる陰暦二月一五日に釈迦を追慕して行う法会。涅槃図をかかげ、遺教経を読誦する。

ねはん-ず【▼涅▼槃図】［名］釈迦が沙羅双樹の下で入滅する光景を描いた絵画。釈迦が頭を北、顔を西、右脇を下にして横臥し、諸菩薩をはじめ仏弟子・鬼畜などが集まって悲しむさまを描く。

ね-びえ【寝冷え】［名・自サ変］眠ってる間に布団をはいだりして体が冷えること。また、その結果起こる感冒・下痢・腹痛などの症状。

ね-びき【値引き】［名・他サ変］値段を定価より安くすること。値段をまけること。‖「家電を—する」

ね-びき【根引き】［名・他サ変］草木などを根のついたまま引き抜くこと。ねこぎ。

ね-ぶか【根深】［名］植物のネギの別称。‖「—汁」

ね-ぶか・い【根深い】［形］❶根が土中に深く入りこんでいるさま。‖「—・くてなかなか抜けない草」❷物事の根源が古くから存在しているさま。はじまりが古く、強固であるさま。‖「両派の対立は—」「—偏見が今なお残る」❸感情・観念・性癖などが、心の奥にしみついていて、容易に消し去ることができないさま。‖「—嫌悪感がある」派生—さ

ね-ぶくろ【寝袋】［名］羽毛・綿・化学繊維などの保温材を詰めた袋状の寝具。登山・キャンプなどで用いる。シュラフザック。

ね-ぶそく【寝不足】［名・形動］寝足りないこと。睡眠不足。‖「—の毎日」

ね-ふだ【値札】［名］値段を書いた札。

ネプチューン【Neptune】［名］❶ローマ神話の海の神。ギリシア神話のポセイドンにあたる。▽「ネプトゥヌス(Neptunusラテ)」の英語名。❷海王星。

ね-ぶと【根太】［名］太もも・尻・背中などにできるはれもの。赤く化膿して、ひどく痛む。かたね。

ね-ぶみ【値踏み】［名・他サ変］見積もってだいたいの値段をつけること。値積もり。‖「茶器を五万円と—する」使い方 人の価値をはかる意にもいう。‖「持ち物で—される」

ねぶ・る【▼舐る】［他五］なめる。しゃぶる。‖「飴を—」

ネフローゼ-しょうこうぐん【ネフローゼ症候群】［名］腎臓の糸球体に起こる障害から、浮腫・たんぱく尿・高脂血症などの症状が現れる病気。ネフローゼ。

ね-ぼう【寝坊】［名・形動・自サ変］朝遅くまで寝ていること。また、そういう性癖のある人。朝寝坊。

ねぼけ-まなこ【寝▼惚け眼】［名］ねぼけた目つき。

ね-ぼ・ける【寝▼惚ける】［自下一］❶目が覚めたばかりでまだ意識や感覚がぼんやりしている。また、はっきりと目が覚めないままおかしな行動をする。‖「起き抜けの—・けた顔」「—・けて夜中に歩きまわる」「—・けたことを言うな」❷色がぼけて不鮮明になる。‖「—・けた色のカーテン」文 ねぼ・く 名 寝ぼけ

ねぼ-すけ【寝▽坊助】［名］寝坊の人をからかって、または、あざけっていう語。

ねほり-はほり【根掘り葉掘り】［副］細かなことまで徹底的に。こまごまとしつこく。‖「—わけを聞く」▽「葉掘り」は「根掘り」に語調を合わせたもの。

ね-ま【寝間】［名］〔古風〕寝室。

ね-まき【寝巻き・寝間着】［名］寝るときに着る衣服。寝衣。

ねまち-づき【寝待ち月】［名］陰暦一九日の夜の月。特に、陰暦八月一九日の夜の月。臥し待ちの月。寝待ちの月。▽月の出が遅いので寝て待つ意。➡居待ち月・立ち待ち月

ね-まわし【根回し】［名］❶［自サ変］樹木を移植するとき、前もってその木の周囲を掘り、一部の根を切り詰めて細根を発生させておくこと。▽果実の実りをよくするためにも行う。❷［他サ変］交渉・会議などで、事がうまく運ぶように、前もって関係者に話をつけておくこと。‖「企画の件を関係団体に—しておく」

ね-まわり【根回り】［名］木の根の周囲。また、そこに植える草や木。

ねみだれ-がみ【寝乱れ髪】［名］寝ている間に乱れた髪。

ね-みだ・れる【寝乱れる】［自下一］寝ている間に衣服や髪が乱れる。‖「—・れた髪をとかす」

ね-みみ【寝耳】［名］眠っているときの耳。
⦿**寝耳に水** 不意の知らせや出来事に驚くことのたとえ。

ねむ・い【眠い（▽睡い）】［形］眠りたいと感じる。ね

むたい。〓「寝不足で朝から—」「—目をこする」「講義が始まると—くなる」派生 -げ/-さ

ねむ-け【眠気】[名] 眠りたいという気分。また、眠いという感じ。〓「—がさす」

品格 睡魔（すいま）に襲われる「昼食後、—」眠気に襲われる「強烈な—」瞼（まぶた）が重い「なんとなく—」

ねむけ-ざまし【眠気覚まし】[名] 眠気をはらうこと。また、その方法。〓「—にコーヒーを飲む」

ねむた・い【眠たい】[形] ねむい。ねむりたい。〓「—!くて仕方がない」▼「ねむい」のくだけた言い方。派生 -げ/-さ/-がる

ねむ-の-き【〈合歓〉木】[名] 夏、淡紅色の長い雄しべをもつ花を多数つけるマメ科の落葉高木。葉は大形の羽状複葉で、小葉は夜になると閉じて垂れ下がる。ネム。ネブ。ネブノキ。

ねむら・す【眠らす】[他五] ⬇眠らせる

ねむら・せる【眠らせる】[他下一] ❶眠るようにする。眠りにつかせる。〓「乳を飲ませて赤ん坊を—」「太郎を—・せ、太郎の屋根に雪ふりつむ〈三好達治〉」❷〔俗〕殺す。〓「裏切り者は—・せてしまえ」文 **ねむら・す** 異形 **眠らす**

ねむり【眠り】[名] ❶眠ること。睡眠。〓「—が深い」❷死ぬこと。永眠。〓「永遠の—につく」

ねむり-ぐさ【眠り草】[名] オジギソウの別称。

ねむり-ぐすり【眠り薬】[名] ❶眠気をもよおさせる薬。睡眠薬。催眠剤。❷麻酔剤。

ねむり-こ・ける【眠りこける】[自下一] ぐっすりと眠り込む。〓「酔って正体もなく—」

ねむり-こ・む【眠り込む】[自五] よく寝入る。ぐっすり眠る。〓「かたわらで犬が—」

ねむ・る【眠る(▽睡る)】[自五] ❶目を閉じて、体や意識の活動が一時的に休止した状態となる。寝る。〓「一日七時間—」「たっぷりと—!ったので疲れがとれた」「ぐうぐう[すやすやと・ぐっすりと]—」⇔起きる 使い方 ほぼ同じ意味で使われる「寝る」は多く体を横たえる、寝床に入る意でいうが、「眠る」は必ずしも横になる意はない。〓「立ったまま眠る」❷死ぬことを遠回しにいう語。永眠する。また、埋葬されている。〓「安らかに—」「父母の—墓所」❸活動をやめて静かな状態になる。〓「—!っている街」「草木も—丑（うし）三つ時」❹活用されない状態のままにある。〓「—!っている才能を掘り起こす」「海底に—資源」可能 **眠れる** 名 **眠り**

ねめ-つ・ける【▼睨めつける】【▼睨め付ける】[他下一]〔古風〕にらみつける。〓「敵意を含んだ目で—」文 **ねめつ・く**

ね・める【▼睨める】[他下一]〔古風〕にらむ。〓「目をむいて相手を—」文 **ね・む**

ね-もと【根元・根本】[名] ❶草木の根のあたり。〓「松の—」❷立っている物の付け根のあたり。〓「柱の—が腐る」❸物事のもと。こんぽん。〓「悪習を—から断つ」

ね-ものがたり【寝物語】[名]（男女が）同じ寝床に寝ながら話すこと。また、その話。

ね-や【▼閨】[名] 寝るための部屋。寝室。特に、夫婦の寝室。

ね-ゆき【根雪】[名] 降り積もったままとけないで、その上に別の雪を積みながら翌年の雪どけまで残る雪。

ねらい【狙い】ネラヒ [名] ❶弓・銃などで目標をねらうこと。また、その目標。〓「—を定めて撃つ」❷目当てとするところ。意図。〓「作品の—を説明する」

ねらい-うち【狙い撃ち】ネラヒ [名・他サ変] 銃などで、目標を定めて撃つこと。▼特定の目標を攻撃・攻略したり非難したりすることのたとえにもいう。

ねらい-すま・す【狙い澄ます】ネラヒ [他五] 十分にねらいを定める。〓「—!して標的を撃つ」

ねらい-め【狙い目】ネラヒ [名] ❶博打（ばくち）で、出るとねらいをつけた賽（さい）の目。❷ねらうのに適当なもの。また、ねらうための好機。〓「今、—の資格」「買い物は客の少ない午前中が—だ」

ねら・う【狙う】ネラフ [他五] ❶あるものを目標として、銃器や投球などのねらいを定める。〜に照準を合わせる。〓「的を—!って矢を射る」❷あるものを手に入れようとして（また、あることを遂行しようとして）目標を定める。〓「タカが獲物を—」「会社が経費の節減を—」「優勝を—」❸目標を達成しようとして機会をうかがう。〓「カメラマンが決定的瞬間を—」「すきを—!って逃走する」可能 **ねらえる** 名 **ねらい**

ねり-あ・げる【練り上げる(▼煉り上げる)】[他下一] ❶よくこねて仕上げる。〓「砂糖を加えて餡（あん）を—」❷計画・文章などを何度も直して、よいものに仕上げる。〓「十分に—!げたプラン」文 **ねりあ・ぐ**

ねり-ある・く【練り歩く(▼邌り歩く)】[自五] 列をつくってゆっくり歩く。〓「神輿（みこし）が町内を—」

ねり-あわ・せる【練り合わせる(▼煉り合わせる)】セルハ [他下一] 二種類以上のものをこねまぜて、一つのものにする。〓「膏薬（こうやく）を—」文 **ねりあは・す**

ねり-あん【練り餡(▼煉り▼餡)】[名] 小豆などを煮つぶして漉（こ）したものに砂糖を加え、加熱しながら練り上げた餡。

ねり-いと【練り糸】[名] 生糸から膠質（にかわしつ）のセリシンを除いた、しなやかで光沢のある絹糸。

ねり-おしろい【練り〈白粉〉(▼煉り〈白粉〉)】[名] 脂肪・グリセリンなどを加えて泥状に練ったおしろい。水溶きして肌にぬる。

ねり-がし【練り菓子・▼煉り菓子】クワシ [名] 練り上げて作った和菓子。練り切り・求肥（ぎゅうひ）・外郎（ういろう）・羊羹（ようかん）などの類。

ねり-ぎぬ【練り絹】[名] 生糸で織り上げ、あとから精練した絹織物。また、練り糸で織った絹織物。練り。⇔生絹（きぎぬ）

ねり-きり【練り切り・▼煉り切り】[名] 白餡（しろあん）に求肥（ぎゅうひ）などを加えて練り上げ、さまざまな形に作った和菓子。

ねり-けし【練り消し】[名] デッサンなどで使用する柔らかい消しゴム。上から押しつけるようにして黒鉛を吸収させる。▼「練り消しゴム」の略。

ねり-こう【練り香(▼煉り香)】カウ [名] 種々の香料を粉末にして蜜や糖などで練り合わせたもの。合わせ香。合わせ薫物（たきもの）。

ねり-せいひん【練り製品(▼煉り製品)】[名] すり身にした魚肉を練って加工した食品。ちくわ・かまぼこ・はんぺんなどの類。練り物。

ねり-なお・す【練り直す】ナホス [他五] ❶練ったものを、もう一度練る。❷計画・文章などをもう一度検討する。〓「事業計画を—」名 **練り直し**

ねり-はみがき【練り歯磨き(▼煉り歯磨き)】[名] 歯磨き粉にグリセリン・界面活性剤・香料などを加えて練り合わせたペースト状のもの。書き方 公用文では

「練歯磨」。

ねり-べい【練り塀(▽煉り塀)】[名] 練った土と平瓦(ひらがわら)を交互に積み重ね、上に瓦を葺(ふ)いた塀。

ねりま-だいこん【練馬大根】[名] 大根の栽培品種の一つ。根は太い円筒形で、長さ六〇センチメートルにも達する。たくあん漬け・煮物用。▽東京都練馬区で多く産したことから。

ねり-もの【練り物(▽煉り物)】[名] ❶薬物を練り固めて珊瑚(さんご)や宝石に似せた装身具。❷餡(あん)などの材料を練り固めて作った菓子。羊羹(ようかん)・きんとん・求肥(ぎゅうひ)などの類。❸練り製品。

ねり-もの【練り物(▽邌り物)】[名] 祭礼のときなどに町内をねり歩く行列・山車(だし)・踊り屋台など。

ね・る【練る】㊀[他五] ❶(火にかけて)むらのないようにこね固める。また、こねまぜて粘りが出るようにする。「土を—」「薬品を—」「うどん粉を—」 書き方「▽煉る」とも。 使い方 ～ヲに〈対象〉をとる「餡(あん)[糊(のり)]を—」など、～ヲに〈結果〉をとる言い方もある。こねて作る意。❷絹を灰汁(あく)などで煮て柔らかくする。また、そのようにして絹製品を作る。精練する。「生糸を—」「絹を—」❸金属を焼いて純度の高いものにする。また、そのようにして鋼や刀剣を作る。(ねり)鍛える。「鉄を—」「精鋼を—」 書き方「▽錬る」とも。❹皮類をなめす。なめし革にする。また、なめし革を作る。「牛皮を—」「なめし革を—」 書き方「▽煉る」とも。❺さらによいものにするために内容を検討し修正を加える。また、そのようにして最終案などを作り上げる。「文章[計画・構想・作戦]を—」「法案を—」❻学問・技芸などを鍛えて向上させる。「技を—」 書き方「▽錬る」とも。㊁[自五] 行列をつくってゆっくり進む。「神輿(みこし)が都大路を—」「—り歩く」 書き方「▽邌る」とも。 可能 練れる

ね・る【寝る(▽寐る)】[自下一] ❶体を横たえる。横になって休む。「寝ながら本を読む」「うつぶせに—」❷寝床に入る。また、眠りにつく。眠る。「もう—時間だ」「ゆうべはよく寝た」⇔起きる ❸病気になって床につく。ダウンする。伏(ふ)せる。「風邪で五日も寝ていた」❹立っているものが倒れて伏した状態になる。「髪の毛が—」❺共寝をする。「恋人と—」❻資金・商品などが活用されない状態である。「資金が寝ている」 文 ぬ 名 寝

◉**寝た子を起こす** せっかく収まっていた事態によけいな手出しをしてまた問題を起こすことのたとえ。

◉**寝ても覚(さ)めても** 寝ているときも起きているときも。四六時中。「—研究のことしか頭にない」

◉**寝る子は育つ** 日ごろよく眠る子は丈夫に育つ。

ネル[名]「フランネル」の略。「—の襦袢(じゅばん)」

ね・れる【練れる】㊀[自下一] ❶練られてちょうどよい状態になる。「よく—れた餡(あん)[文章]」❷修業・経験を積んで人柄が円満になる。「苦労人らしく—れた人」 文 ね・る ㊁[自他下一]「練る」の可能形。練ることができる。◈ 書き方「▽煉れる」「▽錬れる」とも。

ね-わけ【根分け】[名・他サ変] 草木の根を分けて移植すること。株分け。「菊を—してふやす」

ね-わざ【寝技・寝業】[名] ❶【技】柔道・レスリングで、寝た姿勢でかけるわざ。⇔立ち技 ❷【業】裏面にまわって行うかけひき。裏工作。「財界の—師」

ねん【年】㊀[名] ❶一月から十二月までの期間。一年。とし。「—に一度の大祭」「—月・—末」「新—・来—・例—」❷年季。「—が明ける」㊁(造) ❶年齢。とし。「—少・—長」「若—・老—」❷年数や学年などを数える語。「十—の月日が流れる」「一—先輩の人」

ねん【念】㊀[名] ❶おもい。考え。「望郷(ぼうきょう)の—にかられる」「概—・信—・理—」❷よく気をつけること。注意すること。「—を押す」「—書」㊁(造) 深く考える。「—願・—仏」「懸—(けねん)」

◉**念には念を入(い)れよ** 注意した上にもさらによく注意せよ。

◉**念の為(ため)** いっそう注意するため。より確実にするため。「—に点検する」「—見直す」

ねん【捻】(造) ひねる。ねじる。「—挫(ねんざ)・—出」

ねん【粘】(造) ねばる。「—液・—着・—膜」

ねん【然】(造) そのとおり。しかり。「寂—(じゃくねん)・天—」

ねん【燃】(造) もえる。もやす。「—料」「可—性」

ねん-いちねん【年一年】[名] 一年一年とだんだんに。年がたつにつれて。「—と成長する」

ねん-いり【念入り】[形動] 細かい点まで注意を払って、ていねいにするさま。入念。「—に検査する」「—な仕上げ」

ねん-えき【粘液】[名] 粘りけのある液体。⇔漿液(しょうえき)

ねんえき-しつ【粘液質】[名] ヒポクラテスの体液説に基づく気質の四類型の一つ。感情の起伏が少なく、知的な働きは緩慢だが、勤勉で粘り強い気質。

ねん-おし【念押し】[名・自他サ変] 念を押すこと。確認すること。「必ず来るように—する」

ねん-が【年画】グワ [名] 中国で、正月に門口や室内の壁に飾る民衆絵画。吉祥の図柄を木版刷りにして彩色をほどこしたもの。明代以降一般に流行した。

ねん-が【年賀】[名] 新年を祝うこと。また、その祝い。「—の挨拶(あいさつ)」

ねん-がく【年額】[名] 収入・支出などの一年間の総額。「—一〇〇万円の赤字」

ねんが-じょう【年賀状】ジャウ [名] 新年を祝う言葉を書いて送る葉書・手紙。賀状。年始状。

ねん-がっ-ぴ【年月日】グワツ [名] 何年何月何日という日付。

ねんがら-ねんじゅう【年がら年中】ヂュウ [副] 一年中。いつも。「—旅に出ている」▽「年が年中」の転。

ねん-かん【年刊】[名] 一年に一回刊行すること。「—の経済白書」

ねん-かん【年間】[名] ❶一年のあいだ。「—の降雨量」「—所得」❷ある年代のあいだ。「元禄—」

ねん-かん【年鑑】[名] ある分野について、一年間の出来事・動向・統計などをまとめて掲載した、年一回発行の定期刊行物。イヤーブック。

ねん-がん【念願】グワン [名・他サ変] いつも心にかけて望み願うこと。また、その願い。「平和を—する」「—がかなう」「—のタイトルを手に入れる」

ねん-き【年忌】[名] 人の死後、毎年めぐってくる命日。祥月(しょうつき)命日。また、その日に行う法要。回忌。年回。「三—」

ねん-き【年季】[名] ❶奉公をするときに契約した年限。「—が明ける」❷「年季奉公」の略。

◉**年季が入(はい)る** 長年修練を積んで、熟達している。「—年

季が/の入った技」

ねん-き【年期】［名］❶一年を単位とする期間。❷年季。

ねんき-ぼうこう【年季奉公】［名］年限を定めて行う奉公。年切り奉公。

ねん-きゅう【年休】［名］「年次有給休暇」の略。

ねん-きゅう【年給】［名］一年を単位にして定めた給料。年俸。

ねん-きん【年金】［名］一定期間または終身、毎年定期的に支給される定額の金銭。国民年金・厚生年金などの公的年金と、個人年金・企業年金などの私的年金がある。

ねんきん-てちょう【年金手帳】［名］公的年金の加入者に交付される手帳。基礎年金番号などが記入され、年金請求などの手続きに使用する。

ねん-ぐ【年貢】［名］❶領主が農民に課した租税。▽江戸時代には田の年貢は米納、畑の年貢は現物と金納を原則とした。❷明治以降、小作人が地主に納めた小作料。

⦿年貢の納め時 ❶長い間悪事を重ねてきた者が、捕らえられて罪に服する時。「かの悪党もとうとう―が来た」❷ある物事をあきらめなくてはならない時。

ねん-げつ【年月】［名］年と月。歳月。としつき。「―が経つ」「長い―をかけた工事」

品格　光陰「―矢のごとし」　歳月「―人を待たず」　日月「無名の猫を友にして―を送る〈漱石〉」　春秋「いたずらに―を送る」　星霜「幾―」　月日「五年の―が過ぎる」　年月「思えばいと疾し、この―」

ねんげ-みしょう【▼拈華▽微笑】［名］仏教で、ことばでは説明できない仏法の真髄を心から心へと伝えること。また、一般に、ことばを用いずに心から心へと伝えること。以心伝心。語源 霊鷲山で説法した釈尊が、一本の華を拈って会衆に示したところ、弟子の迦葉だけがその意を悟って微笑したという故事に基づく。

ねん-げん【年限】［名］一年を単位として定めた期限。「―が切れる」

ねん-こう【年功】［名］❶長年の功績・功労。「―に報いる」❷長年の経験・訓練。また、それによって得た技術。「―を積む」

ねん-ごう【年号】［名］年につける称号。元号。

ねんこう-じょれつ【年功序列】［名］年齢や勤続年数によって職場での地位や給料が決まること。「―型賃金」

ねんごろ【懇ろ】［形動］❶親切で心がこもっているさま。丁寧で大切に扱うさま。「―にもてなす」「―に弔う」❷（特に異性との関係が）親密であるさま。「親方の娘と―になる」　懇

［ことば探究］「ねんごろ」の使い方

▼「ねんごろ」①は、「丁重」に意味が似ているが、「丁重」の方が敬意が強い。

▼親切さや親密さが強いことをいうため、「やや」「少し」などの表現で程度を修飾することは難しい。

「×来客をややねんごろにもてなした」

「×商売仲間として少しねんごろな関係」

ねん-ざ【捻挫】［名・自他サ変］手や足の関節に無理な力が加わって靱帯・腱などを傷めること。また、その損傷。「足首が/を―する」

ねん-さん【年産】［名］一年間の生産高。「―計画」

ねん-し【年始】［名］❶年のはじめ。年頭。「年末―」⇔年末 ❷年のはじめを祝うこと。また、その挨拶。年賀。「―に行く」「―回り」

ねん-し【年歯】［名］年齢。よわい。

ねん-し【▼撚糸】［名］糸によりをかけること。また、よりをかけた糸。「―機」

ねん-じ【年次】［名］❶一年ごと。毎年。「―計画・―有給休暇」❷年の順序。「卒業―による名簿」

ねん-しき【年式】［名］自動車・電車などの、製造年による型。「―の古い車」

ねん-じゅ【念珠】［名］数珠。ねんず。

ねん-じゅ【念▼誦】［名・他サ変］仏教で、心に仏の姿を思い描きながら仏の名号や経文を唱えること。念仏誦経。ねんず。

ねん-しゅう【年収】［名］一年間の収入。「―に応じた保険料」

ねん-じゅう【年中】■［名］一年の間。一年中。ねんちゅう。「―無休」■［副］一年のうち、いつでも。しょっちゅう。「―遊んでばかりいる人」◈書き方 現代仮名遣いでは「ねんぢゅう」も許容。

ねんじ-ゆうきゅうきゅうか【年次有給休暇】［名］会社などで、年度ごとに決められている有給休暇。年次休暇。年休。

ねんじゅう-ぎょうじ【年中行事】［名］⇩ねんちゅうぎょうじ 書き方 現代仮名遣いでは「ねんぢゅうぎょうじ」も許容。

ねん-しゅつ【捻出（▼拈出）】［名・他サ変］❶知恵をしぼって考え出すこと。「妙案を―する」❷やりくり算段して金銭や時間をつくること。「何とか旅費を―する」

ねん-しょ【年初】［名］年の初め。年頭。年始。「―のご挨拶」

ねん-しょ【念書】［名］後日の証拠として念のために作成する文書。「―を取る」

ねん-しょう【年少】［名・形動］年が若いこと。幼いこと。「―の友人たち」「―者」⇔年長

ねん-しょう【年商】［名］企業・商店などの一年間の総売上高。「―一〇〇〇億円」

ねん-しょう【燃焼】［名・自サ変］物がもえること。物質が空気中の酸素と化合して光と熱を発すること。また、その現象。「不完全―」▽活力や情熱のすべてを注ぎ込んで事に当たることのたとえにもいう。「青春を―させる」

ねん・じる【念じる】［他上一］⇩念ずる

ねん-すう【年数】［名］年のかず。「―を経る」

ねん・ずる【念ずる】［他サ変］❶ある事柄の成就や実現を強く願う。「合格を―」❷心の中で神仏に祈る。また、心の中で名号・経文などを唱える。「弥陀の名号を―」文ねん・ず 異形 念じる

ねん-せい【粘性】［名］❶ねばる性質。ねばりけ。❷運動する流体の隣り合った各部が異なった速度で運動しているとき、その部分部分で速度を一様にしようとして生じる抵抗。「気体は―が小さい」

ねん-だい【年代】［名］❶経過してきた年月。「―を経た建造物」❷時の流れを区切ったひとまとまり。「一九九〇―」❸紀元からかぞえた年数。「資料を―

順に整理する」❹年齢層。世代。〓「同ーの人」

ねんだい‐き【年代記】［名］事件・事項を年代をおって記録したもの。

ねんだい‐もの【年代物】［名］長い年月を経て価値の高まったもの。時代物。〓「ーの掛け時計」

ねん‐ちゃく【粘着】［名・自サ変］ねばりつくこと。〓「ー力が強い」「ーテープ」

ねん‐ちゅう【粘▼稠・▼黏▼稠】［名・形動］ねばりけがあって濃いこと。〓「ー剤」「ーな液体」

ねんちゅう‐ぎょうじ【年中行事】［名］毎年、一定の時期に慣例として行われる行事。ねんじゅうぎょうじ。

ねん‐ちょう【年長】［名］年齢が上であること。年上。〓「三歳ーの人」「ー者・ー組」⇔年少

ねん‐てん【捻転】［名・自サ変］ねじれて向きが変わること。〓「腸ー」

ねん‐ど【年度】［名］事業・会計などの便宜上、特に設けた一年の期間。四月一日から翌年の三月三一日までとすることが多い。〓「ー初め・ー末」「会計ー」

ねん‐ど【粘土】［名］水を含むとねばりけの出る土。岩石・鉱物などが風化あるいは変成作用によって分解された微細な粒子からなる。陶磁器・瓦・セメントなどの原料。

ねん‐とう【年頭】［名］年のはじめ。〓「ーの挨拶」

ねん‐とう【念頭】［名］心。心の中の思い。胸のうち。〓「去年のことがーをよぎった」▼念いのあるあたり、の意。

◉念頭に置・く　いつも覚えていて心にかける。〓「常に安全をー」☑注意「念頭に入れる」は誤り。

ねん‐ない【年内】［名］その年が終わるまでの間。〓「ー無休」

ねん‐ね［名］❶［自サ変］幼児語で、寝ること。眠ること。〓「もうーしましょう」❷赤ん坊。❸年の割に世間知らずで幼稚なこと。また、その人。▼多く若い女性についていう。

ねん‐ねこ［名］❶［自サ変］幼児語で、寝ること。眠ること。〓「ー歌」❷子供を背負った上から羽織る綿入れの半纏。▼「ねんねこ半纏」の略。

ねん‐ねん【年年】［副］年とともにだんだん。年ごとに。〓「ー輸入が増加する」

ねんねん‐さいさい【年年歳歳】［副］来る年も来る年も。毎年毎年。〓「ー繰り返される行事」「ー花相似たり」

ねん‐ぱい【年配・年輩】［名］❶大体の年齢。年かっこう。〓「自分と同ーの人」❷相当の年齢の人。中年以上の人。〓「ーの紳士」❸年上。先輩。〓「二歳ーの人」◈書き方もと「年輩」が好まれた。

ねん‐ばらい【年払い】［名］❶一年分をまとめて支払うこと。❷年賦。

ねんばん‐がん【粘板岩】［名］泥岩・頁岩などが圧力による変成作用を受けて硬く緻密になったもの。板状にはがれやすい。スレート・石盤・硯などに利用する。

ねん‐ぴ【燃費】［名］機械がある仕事をするのに必要な燃料の量。自動車の場合は一リットルの燃料で走行できるキロ数で表す。燃料消費率。〓「ーのよい車」

ねんびゃく‐ねんじゅう【年百年中】［副］いつでも。年がら年中。

ねん‐ぴょう【年表】［名］歴史上の事件などを年代順に記載した表。〓「世界史ー」

ねん‐ぷ【年賦】［名］返済・納入などの金額を分割し、毎年一定額ずつ支払うこと。また、その方式。年払い。

ねん‐ぷ【年譜】［名］ある個人や団体の経歴を年代順に記録したもの。〓「作家のーをまとめる」

ねん‐ぶつ【念仏】［名・自サ変］仏の姿や功徳を心の中に思い浮かべること。また、仏の名号を口に唱えること。〓「一心にーする」「ーを唱える」▼浄土宗では阿弥陀仏を思い浮かべ、また、「南無阿弥陀仏」と唱えることで浄土へ救済されると説く。

ねんぶつ‐ざんまい【念仏三昧】［名］一心に念仏すること。ひたすら仏の姿を念じ、また、仏の名号を唱えること。

ねんぶつ‐しゅう【念仏宗】［名］阿弥陀仏を信じ、念仏によって極楽に往生することを願う宗派。浄土宗・浄土真宗・時宗・融通念仏宗など。

ねん‐ぽう【年俸】［名］一年を単位として定めた俸給。〓「ー制」☑注意「ねんぼう」は誤り。また、「年棒」と書くのも誤り。

ねん‐ぽう【年報】［名］一年ごとに出す報告書。〓「社内ー」

ねん‐まく【粘膜】［名］消化管・呼吸器・泌尿器・生殖器などの内壁をおおう柔らかな膜状の組織。表面はつねに粘液などの分泌液でうるおされる。

ねん‐まつ【年末】［名］一年の終わりの時期。年の暮れ。歳末。〓「ー大売り出し」⇔年始

ねんまつ‐ちょうせい【年末調整】［名］給与所得の支払い者が、年末に一年間の給与総額をもとに所得税額を算出し、源泉徴収した所得税額との過不足を精算すること。

ねん‐ゆ【燃油】［名］燃料用の油。

ねん‐よ【年余】［名］一年を越える期間。一年あまり。〓「ーにわたる調査」

ねん‐らい【年来】［名・副］何年も前から続いていること。長年。〓「ーの宿願を達成する」

ねん‐り【年利】［名］一年を単位として決めた利率。

ねん‐りき【念力】［名］精神を集中することで得られる力。

ねん‐りつ【年率】［名］一年を単位にして計算した比率・利率。

ねん‐りょ【念慮】［名］あれこれ思いめぐらすこと。また、その思い。思慮。

ねん‐りょう【燃料】［名］光・熱・動力などを得るために燃焼させる材料。石炭・コークス・まき・ガソリン・灯油・アルコール・ガス・ウランなど。

ねんりょう‐でんち【燃料電池】［名］水素と酸素の電気化学反応によって電気を取り出す装置。二酸化炭素などの温室効果ガスが排出されず、発電効率も高い。

ねん‐りん【年輪】［名］❶木を横に切ったときに見られる同心円状の輪。材の組織が春から秋にかけて活発に生長し、冬には休止するので、毎年一つずつ輪がふえる。❷一年一年と積み重ねられてきた経験や歴史。〓「人生のーを感じさせる容貌」

ねん‐れい【年齢】［名］生まれてから経過した年数。とし。〓「満ー」書き方小学校では「齢」の字を学習しないため、「年令」で代用する。

ねんれい‐そう【年齢層】［名］集団を同年齢または一定の幅の年齢によって区分けした層。

の

の【野】 一［名］❶自然のままの広く平らな土地。野原。「━に置く(=自然のままにしておく)」❷田畑。のら。二(造)野生の。「━うさぎ・━ばら」
◈**読み分け**「野に下(くだ)る」「野にあって教育の普及に尽力した」「野に遺賢(いけん)なし」など、(朝廷や国に属さない)民間の意の時は「や」と読む。

の【▽幅・▽布】［名］布のはばを表す単位。一幅(ひとの)はふつう鯨尺(くじらじゃく)の九寸から一尺で、約三四センチメートルから約三八センチメートル。「四(よ)━の布団」

の
A 続く体言が表す「もの」の性質を表す
一［格助］❶所有者を表す。「母の指輪」「私の家」
❷存在場所や所属先を表す。「高台の家」「文学部の学生」
❸物事の時期を表す。「冬の北海道」「三時のおやつ」
❹状態・状況・素材などの特性を表す。「薄幸の人」「休業中の店」「鉄の扉」
❺数量や順序などを表す。「三人の子供」「三つめの角」
❻資格や立場を表す。「弁護士の田村」「三女の綾子」
❼〔古風〕〈形容(動)詞語幹＋「の」の形で〉状態を表す。「永(なが)の別れ」「麗しの君」「豊かの海」
B 続く体言が表す「相対的な関係」の基準を表す
❽部分に対する全体を表す。「山のふもと」「小指の先」「学生のほとんど」「建物の一部」
❾相対的な位置づけの基準を表す。「食事のあと」「事件の三日前」「パン屋の左」「川の向こう」
❿事柄の推移の基準を表す。「事故の原因」「主張の根拠」「協議の結果」
C 続く体言が表す「事柄の特徴」を表す
⓫物事の具体的な内容を表す。「法律の本」「事故の報告」
⓬動作の目的を表す。「入会の手続き」「旅行の準備」
⓭動作の主体や対象などを表す。「娘の合格」「水の流れ」「季節の移り変わり」「胃の手術」
D 続く体言が表す「事柄の状況や内容」を詳しくする
⓮〈名詞＋格助詞＋「の」の形で〉その格助詞の意味を元に事柄を詳しくする。「息子への手紙」「父からの贈り物」「友人との旅行」 **使い方**「に」は「にの」とは言いにくく、「への」に置き換わるのが普通。「アメリカに留学する」→「アメリカへの留学」
⓯〈「について」「に関して」など、格助詞相当の連語に付いて〉事柄をより具体的に説明する。「開発についての意見」「彼に関しての噂」「子供にとっての親」「親としてのつとめ」
⓰〈動詞＋「て・てから・まで」などに付いて〉事柄の継起関係や付帯状況などを表す。「帰ってからのひと騒動」「仕事が始まるまでの小休止」「見てのお楽しみ」「接近しての攻撃」
⓱〈引用を表す「と」に付いて〉事柄の内容を表す。「帰れとの命令」
E 形式名詞などが表す意味を補完する
⓲意味を補完する。「紅葉(もみじ)のような手」「青少年のための音楽会」「もとのままにしておく」「お食事中のところ」
F 述語が表す動作・作用の担い手を表す
⓳〈連体修飾節で使って〉動作・作用の担い手を表す。「先生のお書きになった本」「雪の降る夜」「運動の苦手な人」「お茶の飲みたい方」 **使い方** 文語では、主文における動作・作用の担い手を表すこともできる。「静心なく花の散るらむ〈紀友則・古今集〉」
G 表現に文語的格調を添える
⓴〔古風〕〈体言相当の連体修飾句＋「の」＋体言の形で〉感情や思考などの内容を同格として表す。また、表現に文語的格調を添える。「相憐(あいあわ)れむの心」「灯火親しむの候」
H 状態を述べることで限定する
㉑〈体言に付き、後に活用語の連体形＋「の」を続けて〉体言の表すものについて、その状態を述べることで、さらにそのものを限定する。〜に関して、〜の状態にあるものの意。「コーヒーの冷めたの」「靴下の汚れたの」
I 全体を体言相当にする
㉒〈名詞や活用語の連体形に付いて〉〜(の)ものの意を表す。「弟のを借りる」「大きいのがほしい」「好きなのを取れ」「さっき来たのはだれだ」
㉓〈活用語の連体形に付いて〉それが述語となる節を体言化する。「去年会ったのを覚えているか」「そこにいるのを見た」
J 成句などで用いる
㉔〈「のだ」「のです」「のだろう」などの形で〉原因・前提・帰結・主張などを解説的、または断定的に示す。「やっと成功したのだ」「熱があるのだろう」「これでいいのです」
⇩のだ
㉕〈「…の…の(と)」の形で、主に用言に付いて〉同類のものを対照的に示して列挙する。「死ぬの生きるのと大騒ぎだ」「仕事はくびになるの、親には勘当されるの、さんざんな目にあった」 **使い方**「…だの…だの(と)」の形でも使う。「生きるだの死ぬだのとやかましい」
㉖〈「…の…ないの(って)」などの形で、主に用言に付いて〉程度が極めてはなはだしいことを表す。「痛いの痛くないの(って)、飛び上がってしまったよ」
K 文末に用いる
二［終助］〈活用語の連体形に付いて〉❶断定の意を表す。「今日は行きたくないの」「今日は休みなのよ」
❷〈上昇調のイントネーションを伴って〉質問・確認を表す。「もう行くの?」「まだ帰らないの?」「どうしたの?」
▽書くときは、一般に「?」を添えて①と区別する。
❸納得する気持ちで確認する意を表す。「そうだったの」「やっぱりダメだったのね」
❹軽く命じるのに使う。「強い子は泣かないの」
◈二は多く女性が使うが、②は男性も使う。

ノア［Noah］［名］旧約聖書の創世記に登場する洪水物語の主人公。アダムの直系一〇代目にあたる族長。人類の堕落を怒った神が大洪水を起こしたとき、神の命によって箱船をつくり、家族や動物とともに洪水を生きのびることができたという。

の-あそび【野遊び】［名］野に出て草を摘むなどして遊ぶこと。▽古くは野で狩りをすることもいった。

の-あらし【野荒らし】［名］田畑の作物などを荒らすこと。また、そうする人や動物。

ノイズ［noise］［名］騒音。雑音。特に、電話・ラジオ・テレビなどの電気的雑音。

の-いちご【野▽苺】［名］山野に自生するバラ科の草本のうち、イチゴ状の果実をつけるもの。

のーいばら【野茨】［名］半つる性で、茎に鋭いとげのあるバラ科の落葉低木。初夏、枝先に白色または淡紅色の五弁花を開く。山野に自生。ノバラ。

ノイローゼ［Neurose ドイ］［名］神経症。

のう【能】㊀［名］❶うまく仕事をすること。とりえがあること。≡「食べるしかーがない」「ー弁」「有ー」❷能楽。≡「薪(たきぎ)ー」「ー舞台」㊁（造）物事をなしとげることができる力。はたらき。≡「ー力」「機ー・技ー」

©能ある鷹(たか)は爪(つめ)を隠(かく)す すぐれた才能のある人は、むやみにそれをひけらかさないものだ。

のう【脳】ナウ［名］❶頭蓋骨(とうがいこつ)に包まれた、灰白色の柔らかい組織。多数の神経細胞が集中し、神経活動の中枢として生命活動をつかさどる。脳髄。≡「ー死」⬇図 ❷頭のはたらき。≡「ー裏」「洗ー」旧腦

のう【悩】ナウ（造）思いわずらう。なやむ。≡「苦ー・煩(ぼん)ー」旧惱

のう【納】ナフ（造）❶受け入れる。≡「ー涼」「笑ー」❷とりこむ。しまいこむ。≡「ー骨」「収ー」❸おさめ入れる。差し出す。≡「ー税・ー品」「全ー・滞ー」

のう【農】（造）❶田畑を耕し作物を作る。≡「ー園・ー家・ー村」「酪ー」❷「農民」の略。≡「豪ー・貧ー」

のう【濃】（造）❶色・味などがこい。また、密度が大きい。≡「ー厚・ー紺・ー縮・ー霧」❷「美濃(みの)」の略。≡「ー尾平野」

のう【▼膿】（造）うむ。うみ。≡「化ー」

のう【▼嚢】ナウ（造）❶ふくろ。≡「ー中」「土ー・氷ー」❷ふくろ状の器官。≡「気ー・胆ー」 囊

のうーいっけつ【脳▼溢血】ナウ［名］⬇脳出血

のうーえん【脳炎】ナウ［名］脳に起こる炎症性疾患。≡「日本ー」

のうーえん【農園】ヱン［名］野菜・草花・果樹などを栽培する農場。≡「市民ー」

のうーえん【濃艶】［名・形動］なまめかしくて美しいこと。つややかで色っぽいこと。≡「ーな舞い姿」派生ーさ

のうーか【農科】クワ［名］❶農業を研究する学科。❷大学の農学部の通称。

のうーか【農家】［名］農業を営んで生計を立てている世帯。また、その家屋。≡「専業・兼業ー」

のうーかい【納会】ナフクワイ［名］❶その年や年度の最後に締めくくりとして開く会合。❷取引所で、各月の最後の立ち会い。⬆発会▽十二月の立ち会いは「大納会」という。

のうーがき【能書き】［名］❶薬などの効能を書き記したもの。また、その文句。効能書き。❷自分のすぐれた点などを述べたてることば。自己宣伝の文句。≡「ーを並べ立てる」

のうーがく【能楽】［名］日本の古典芸能の一つ。囃子(はやし)に合わせて謡をうたいながら演じる一種の歌舞劇で、多くは仮面をつける。猿楽が諸種の歌謡舞曲の影響を受けて発達したもので、室町時代に観阿弥(かんあみ)・世阿弥(ぜあみ)父子によって大成された。能。≡「ー堂」▽広義には狂言も含めていう。

のうーがく【農学】［名］農業に関する学問。

のうーかすいたい【脳下垂体】ナウ［名］間脳の視床下部から下垂している空豆大の内分泌腺(せん)。前葉・中葉・後葉の三部に分かれ、他の内分泌腺の活動を促す種々のホルモンを分泌する。下垂体。

のうーかん【納棺】ナフクワン［名・他サ変］遺体を棺に納めること。≡「ーの儀」「ー師・ー式」

のうーかん【脳幹】ナウ［名］脳のうち、大脳半球と小脳を除く部分。延髄・橋(きょう)・中脳・間脳をいう。

のうかんーき【農閑期】［名］農作業のひまな時期。⬆農繁期

のうーき【納期】ナフ［名］税金・商品などを納める期日。また、納入の期限。≡「ーが迫る」

のうーき【農期】［名］農作業の忙しい時期。農繁期。

のうーきぐ【農機具】［名］農作業に使用する機械・器具。

のうーきょう【納経】ナフキャウ［名］追善供養などのために、経文を書写して寺社に納めること。また、その経文。

のうーきょう【農協】ケフ［名］「農業協同組合」の略。

のうーきょう【▼膿胸】ケフ［名］胸膜の化膿性炎症によって胸膜腔(こう)にうみのたまる病気。肺炎に続発することが多い。化膿性胸膜炎。

のうーぎょう【農業】ゲフ［名］土地を利用して穀類・野菜・果実などを栽培し、また家畜を飼育して生活に必要な資材を生産する産業。▽狭義には耕種農業をさし、広義には林業・農産加工などを含む。

のうぎょうーきょうどうくみあい【農業協同組合】ノウゲフケフドウクミアヒ［名］農業を営む個人や法人を正組合員として設立された協同組合。組合員の事業・生活に必要な資金の貸し付け、購買、販売、加工、共同施設の設置、技術指導などの事業を行う。農協。JA。

のうきょうーげん【能狂言】キャウゲン［名］❶能と狂言。❷能楽の狂言。▽歌舞伎狂言・俄(にわか)狂言などに対していう。

のうーきん【納金】ナフ［名・自他サ変］金銭を納めること。また、その金銭。≡「徴収した会費を事務局にーする」

のうーぐ【農具】［名］農作業に使用する器具。鍬(くわ)・鋤(すき)・犂(すき)・鎌(かま)などの類。

のうーげい【農芸】［名］❶農作物を育て作るための技術。≡「ー化学」❷農業と園芸。

❖脳の各部

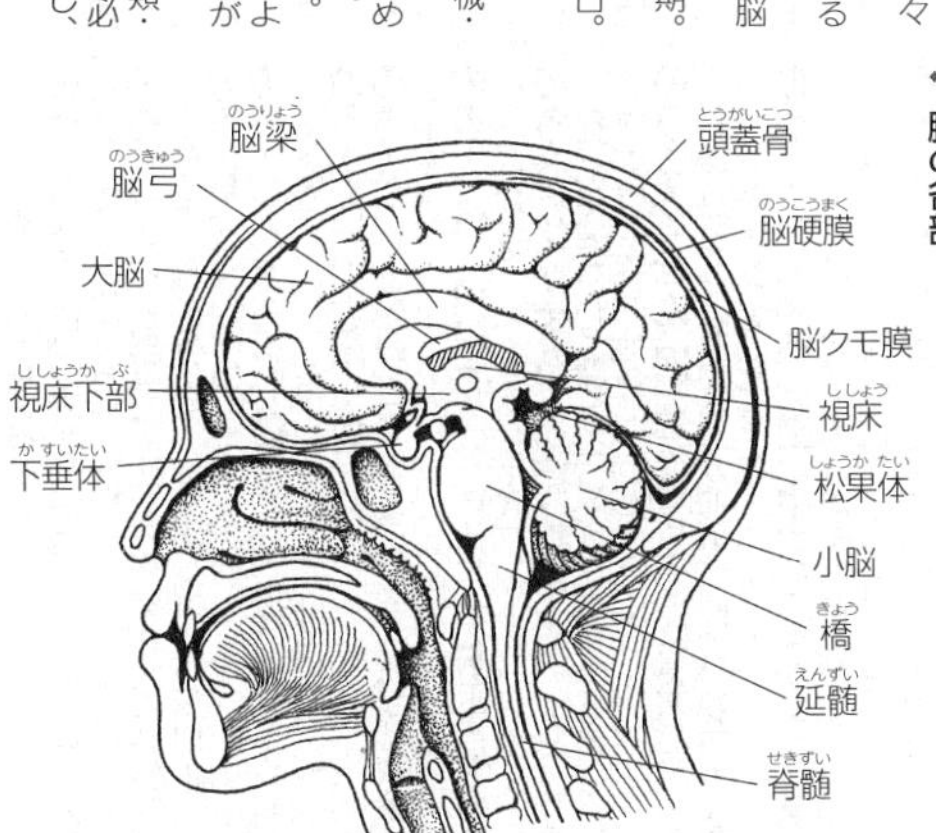

のうーげか【脳外科】［名］脳・脊髄などを対象に、手術による治療を行う外科の一分科。脳神経外科。

のうーけっせん【脳血栓】［名］脳梗塞の一つで、脳の血管に動脈硬化などによって生じた血液のかたまりが詰まるために起こる病気。意識障害・半身麻痺などの症状が現れる。脳血栓症。

のうーこう【農工】［名］農業と工業。また、農民と工員。

のうーこう【農耕】［名］田畑を耕して作物を作ること。「―生活」

のうーこう【濃厚】［形動］❶色・味・香り・成分などが濃いさま。「―な紅［ソース］」⇔淡泊 ❷ある可能性が強く感じられるさま。「容疑が―になる」「敗色―」⇔希薄 ❸愛の表現がきわめて熱情的で激しいさま。「―なラブシーン」派生 ―さ

のうーこうそく【脳梗塞】［名］脳の血管が狭くなったり詰まったりして、血液が流れなくなった部分の脳細胞が壊死に陥る病気。脳の血管に動脈硬化などの変化が起こる脳血栓と、脳に至る前に血栓（血の固まり）ができて、それが脳内に運ばれて血管を詰まらせる脳塞栓とがある。意識障害や半身麻痺など、詰まった血管の場所によりさまざまな症状が現れる。脳軟化症。

のうーこつ【納骨】［名・自サ変］火葬にした遺骨を骨壺に納めること。また、それを墓や納骨堂に納めること。「四十九日に―する」「―式」

のうーこん【濃紺】［名］濃い紺色。「―の背広」

のうーさい【納采】［名］皇族が結婚の結納をとりかわすこと。「―の儀」

のうーさい【能才】［名］物事を処理するすぐれた才能。また、その才能をもつ人。

のーうさぎ【野▼兎】［名］❶本州・四国・九州の山野に分布するウサギ科の哺乳類。夏は全身褐色だが、多雪地帯のものは冬、白色に変化する。ニホンノウサギ。❷野生のウサギの総称。

のうーさぎょう【農作業】［名］農作物を作るための仕事。

のうーさく【農作】［名］田畑を耕して作物を作ること。耕作。「―に適した土地」

のうさくーぶつ【農作物】［名］農耕による生産物。田畑で栽培される野菜・穀類など。のうさくもつ。

のうーざしょう【脳▼挫傷】［名］頭部の外傷によって脳の実質が損傷された状態。意識障害・運動麻痺・痙攣発作などの症状が現れる。

のうーさつ【悩殺】［名・他サ変］大いになやますこと。特に、美しさや性的魅力によって人の心をかき乱すこと。「挑発的なポーズで男を―する」

のうーさん【農産】［名］農業による生産。また、その生産物。

のうさんーぶつ【農産物】［名］農業によって得られる生産物。野菜・穀類・果物・畜産物など。

のうし【〈直衣〉】［名］平安時代以降、皇族・貴族の男性が着用した平常服。束帯の袍に似るが、位階による色目・文様の制限はない。袴は指貫を用い、冠はしばしば烏帽子で代用した。

のうーし【脳死】［名］脳幹を含めた全脳の機能が完全に失われ、回復が不能になった状態。▼脳死をもって「人の死」と判定する見解もあるが、なお議論が続いている。

のうーじ【能事】［名］しなくてはならない事柄。「―畢われり」

のうーじ【農事】［名］❶農業の仕事。「―暦」❷農業に関する事柄。「―試験場」

のうーしゃ【納車】［名・自他サ変］自動車などを買い主に納入すること。「期日までにカスタムカーを―する」

のうーしゅ【▼嚢腫】［名］分泌物のたまった組織が袋のような形状になる腫瘍。多くは良性のもの。

のうーじゅ【納受】［名・他サ変］❶金品を受け取っておさめること。受納。❷神仏が祈願を聞き入れること。

のうーじゅう【▼膿汁】［名］うみ。うみしる。

のうーしゅく【濃縮】［名・他サ変］煮詰めるなどして溶液の濃度を高くすること。「―ジュース」

のうーしゅっけつ【脳出血】［名］脳の血管が破れて出血すること。また、その病気。高血圧・動脈硬化などが原因になる。回復後も半身麻痺・言語障害などが残ることが多い。脳内出血。脳溢血。

のうーしょ【能書】［名］文字を巧みに書くこと。また、その人。能筆。「―筆を択ばず」

のうーしょう【脳▼漿】［名］脳の外側や脳室内を満たしている液。脳脊髄液。

のうーじょう【農場】［名］農業経営に必要な土地・建物・設備などを備えた一定の場所。「集団―」

のうーしょく【濃色】［名］色が濃いこと。

のうーしんとう【脳震▼盪（脳振▼盪）】［名］頭部を強く打ったときに起こる一時的な意識障害。

のうーずい【脳髄】［名］脳。

のうーせい【農政】［名］農業に関する行政・政策。「―審議会」

のうーぜい【納税】［名・自他サ変］税金を納めること。「期日までに―する」「―者」

のうぜんーかずら【〈▼凌▼霄花〉】［名］夏、黄赤色の大きな花を開くノウゼンカズラ科の落葉つる植物。気根を出して他物にからみつく。ノウゼン。

のうーそくせん【脳塞栓】［名］脳梗塞の一つで、脳以外でできた血栓が血流で運ばれ、脳内の血管を詰まらせる病気。脳塞栓症。

のうーそっちゅう【脳卒中】［名］脳血管の障害によって急激に意識を失い、手足などの麻痺を起こす病気。脳出血・くも膜下出血・脳梗塞など。卒中。

のうーそん【農村】［名］住民の大部分が農業を営んでいる村落。

のうーたん【濃淡】［名］色・味などの、濃いことと薄いこと。「墨で―をつける」

のうーち【農地】［名］農業に利用する土地。「―改良」

のうーちゅう【▼嚢中】［名］❶袋の中。❷財布の中。「―が乏しい」

◉**嚢中の錐** 才能のある人は凡人の中にあっても自然にその真価が現れてくることのたとえ。

のうーてん【脳天】［名］頭のてっぺん。脳頂。

のうーてんき【脳天気・能天気・能転気】［名・形動］考えが浅くて、軽薄なこと。また、そのような人。「―な人」

のうーど【農奴】［名］ヨーロッパ封建社会で、領主に隷属して貸与された農地を耕作し、賦役・貢納などの義務を負った農民。移転・転業は禁じられた。

のうど【濃度】[名] 溶液・混合気体などに含まれている組成分の量の割合。質量の百分率(重量パーセント)、体積の百分率(容量パーセント)、モル数の比(モル分率)などで表される。

のうどう【能動】[名] 自ら活動すること。自分から他に働きかけること。「―的に行動する」⇔受動

のうどう【農道】ノウダウ [名] 農作業のために田畑の間などに設けた道。

のうどうきつえん【能動喫煙】[名] 自分の意志でたばこを吸うこと。⇔受動喫煙

のうどうたい【能動態】[名] 動作の主体の働きかけが主語から他に及ぶことを示す文法範疇(はんちゅう)。「刺される」に対する「刺す」など。アクティブヴォイス。⇔受動態

のうドック【脳ドック】ナウ [名] MRI(核磁気共鳴映像法)・MRA(磁気共鳴血管撮影)などを用い、脳疾患の有無を調べる人間ドック。

のうない【脳内】ナウ [名] 脳の内部。「―出血」

のうなし【能無し】[名] 能力がなくて、役に立たないこと。また、そのような人。

のうなんかしょう【脳軟化症】ナウナンクワシャウ [名] 脳梗塞(こうそく)。

のうにゅう【納入】ナフ [名・他サ変] 金銭や品物を納めること。「授業料を―する」「工場に機械を―する」

のうのう [副] 何の心配もなくのんびりしているさま。「引退後は―(と)暮らす」

のうは【脳波】ナウ [名] 脳の神経細胞の活動によって発生する弱い電流の変化。また、それを増幅して記録した図。

ノウハウ [know-how] [名] ❶産業上必要な知識・技術。また、それに関する情報。技術情報。「―を提供する」❷物事のやり方。「営業の―を学ぶ」◈「ノーハウ」とも。

のうはんき【農繁期】[名] 田植え・稲刈りなどで、農作業が忙しい時期。農期。⇔農閑期

のうひ【能否】[名] 能力のあることとないこと。有能と無能。また、できることとできないこと。可能と不可能。「―を問う」

のうひつ【能筆】[名] 文字を巧みに書くこと。また、その人。能書。⇔悪筆

のうひん【納品】ナフ [名・自他サ変] 品物を納入すること。また、その品物。「取引先に―する」「―書」

のうひんけつ【脳貧血】ナウ [名] 脳の血液循環が一時的に悪くなる状態。冷や汗・めまい・吐き気などの症状が現れ、時には意識を失う。

のうふ【納付】ナフ [名・他サ変] 官公庁などに金銭や品物を納めること。「固定資産税を―する」

のうふ【農夫】[名] 農業に従事する男性。

のうふ【農婦】[名] 農業に従事する女性。

のうへい【農兵】[名] ❶農民を集めて編成した軍隊。また、その兵士。▼江戸末期、幕府や諸藩で組織された。❷平時は農業に従事し、事あるときは武装して戦う兵士。屯田兵。

のうべん【能弁(能▼辯)】[名・形動] 弁舌が巧みなこと。よどみなく上手にしゃべること。「―な人」「―の政治家」「―家」⇔訥弁(とつべん)

のうほう【農法】ノフハ [名] 農作業の方法。農作の技術。

のうほう【▼膿▼疱】ウハ [名] 発疹(はっしん)の一つ。水疱の中に膿(うみ)がたまっているもの。

のうほう【▼嚢胞】ナウハウ [名] 閉ざされた腺に分泌物がたまって袋状になったもの。類皮嚢胞・歯周嚢胞・乳腺嚢胞など。

のうほんしゅぎ【農本主義】[名] 農業および農村社会を立国の基本とする考え方。

のうまく【脳膜】ナウ [名] 脳を包んでいる髄膜。

のうまくえん【脳膜炎】ナウマク [名] ⬇髄膜炎(ずいまくえん)

のうみそ【脳味▼噌】ナウ [名] ❶脳のこと。❷頭の働き。知能。「―を絞る」

のうみつ【濃密】[形動] 密度が濃いさま。濃くてこまやかなさま。「―な色彩」「―に描写する」派生 ―さ

のうみん【農民】[名] 農業を生業にしている人。「―文学」「―一揆(いっき)(=百姓一揆)」

のうむ【濃霧】[名] 見通しがきかないほど濃い霧。深い霧。

のうめん【能面】[名] 能楽に用いる面。翁(おきな)・尉(じょう)・鬼・男・女に大別される。おもて。▼無表情な顔、端麗な顔のたとえにもいう。「―のような顔」数「一面(いちめん)…」「一枚(いちまい)…」と数える。

のうやく【農薬】[名] 農業で使用される薬剤。殺虫剤・殺菌剤・除草剤など。「―を散布する」「無―野菜」

のうよう【▼膿▼瘍】ウヤウ [名] 体の一部に化膿性の炎症が起こり、その組織がくずれて膿(うみ)がたまったもの。

のうらん【悩乱】ナウ [名・自サ変] 悩み苦しんで心が乱れること。

のうり【能吏】[名] 有能な役人。事務処理にすぐれている役人。

のうり【脳裏(脳▼裡)】ナウ [名] 頭の中。心のうち。「妙案が―にひらめく」「―に浮かぶ情景」

のうりつ【能率】[名] 一定の時間内にできる仕事の割合。仕事の進み具合。「―が上がる」

のうりょう【納涼】ナフリャウ [名・自サ変] 暑さを避け、風通しのよい所で涼しさを味わうこと。「―船」「―花火大会」

のうりょく【能力】[名] ❶物事を成し遂げることのできる力。「―を発揮する」「超―」❷法律で、完全に私権を行使できる資格。行為能力・責任能力・権利能力など。

のうりょく【濃緑】[名] 濃いみどり色。ふかみどり。「―色」

のうりん【農林】[名] 農業と林業。

のうりんすいさんしょう【農林水産省】ヤシャウ [名] 国の行政機関の一つ。農業・林業・畜産業・水産業に関する行政事務を担当する。長は農林水産大臣。農水省。▼外局に林野庁・水産庁がある。

ノエル [Noël] フランス [名] キリストの降誕祭。クリスマス。

ノー [no] ■[名] 否定。拒否。不賛成。「答えは―だ」■[感] 拒否や不承知の意を表す。いいえ。いや。否。⇔イエス ■(造)「無い」「不要な」「禁止」などの意を表す。「―ネクタイ・―コメント・―スモーキング」

ノーカウント [和製 no+count] [名] スポーツ競技などで、得失点に数えないこと。

ノーカット [和製 no+cut] [名] 映画のフィルムなどで、削除された部分がないこと。「―で上映する」

ノーゲーム [和製 no+game] [名] 野球で、雨による続行不能などの理由で試合が無効になること。また、その無効試合。▼プロ野球では、五回が終了すると試合

成立となる。

ノーゴール【no goal】[名] ❶球技で、反則などのために、ボールがゴールに入っても得点にならないこと。≡「ー判定」❷球技で、ゴールにボールを入れられなくて一点も得点できないこと。≡「三試合連続のー」

ノーコメント【no comment】[名] ある事柄についての説明や論評を求められて、それを断ること。また、断るときにいう語。

ノーコン[名] 野球で、投手の制球力がないこと。無制球。ノーコントロール。▽no controlから。

ノーサイド【no side】[名] ラグビーで、試合が終了すること。

ノースモーキング【no smoking】[名] 喫煙を禁じること。禁煙。▽注意書きなどに使う。

ノースリーブ【和製no＋sleeve】[名] 袖のない洋服。袖なし。スリーブレス。

ノータッチ【和製no＋touch】[名] ❶ある事柄に関与しないこと。かかわらないこと。≡「その問題にはーだ」❷野球で、野手が走者や塁にボールを触れていないこと。

ノート【note】[名] ❶帳面。▽「ノートブック」の略。❷覚え書き。注釈。≡「研究ー」❸[他サ変] 書き記すこと。記録。≡「ーをとる」

ノートパソコン[名] パソコン本体にキーボードやディスプレーなどが一体化し、ノートのような形をした軽量・小型のパソコン。ノート型パソコン。▽英語ではnotebook computer, laptop, laptop computerなどという。

ノーネクタイ【和製no＋necktie】[名] ネクタイをしないこと。ノータイ。

ノーハウ【know-how】[名] ⇒ノウハウ

ノーバウンド【和製no＋bound】[名] 野球などの球技で、投げたり打ったりしたボールがバウンドしないこと。ノーバン。

ノーヒットノーラン【no-hit no-run】[名] 野球で、投手が四死球や失策以外の走者を出さないで完投し、相手チームを無安打・無得点に抑えること。

ノーブラ[名] ブラジャーを着けないこと。▽「ノーブラジャー（和製no＋brassière（フラ））」の略。

ノーブル【noble】[形動] 高貴なさま。気品のあるさま。≡「ーな顔だち」

ノーヘル[名] ヘルメットをかぶらないこと。▽「ノーヘルメット（和製no＋helmet）」の略。

ノーベル-しょう【ノーベル賞】[名] スウェーデンの化学者ノーベル（一八九六年没）の遺言と遺産によって設けられた世界的な賞。毎年、物理学・化学・生理学および医学・文学・平和・経済学の六部門においてすぐれた業績をあげた人に授けられる。

ノーマーク【和製no＋mark】[名] ❶ある人物に対して特別の注意や警戒をしないこと。❷スポーツで、攻撃側の選手に注意を払わないこと。❸無印。

ノーマライゼーション【normalization】[名] 障害者や高齢者が地域で一般の人々と一緒に通常の生活をすることが社会の当然のあり方だとする社会福祉の理念。等生化。ノーマリゼーション。

ノーマル【normal】[形動] 普通なさま。標準的。また、正常なさま。≡「ーな状態」⇔アブノーマル

ノーミス【和製no＋miss】[名] 誤りがないこと。失敗しないこと。≡「ーで演技を終える」

ノーメイク[名] 化粧をしていないこと。また、その顔。素顔。ノーメーク。▽no makeupから。

ノーモア【no more】(造) …はもうたくさんだ、…は二度と繰り返さない、などの意を表す。≡「ーヒロシマ」

ノーラン【no run】[名] 野球で、無得点。≡「ノーヒットー」

ノーリターン【no return】[名] 出先から職場に戻らないで、そのまま帰宅すること。直帰。NR。

のが・す【逃す】[動五] ━[他] 捕らえようとしたものをつかまえそこなう。逸する。≡「大魚［終電・好機・決勝進出］をー」「ねらった獲物はーさない」 ━〈動詞の連用形に付いて複合動詞を作る〉…しないでしまう。…そこなう。≡「見ー・聞きー・買いー」

◈書き方「逃がす」と紛れやすいが、「逃す」は「す」から送るのが本則。可能 のがせる

のが・れる【逃れる（▼遁れる）】[自下一] ❶危険な所や好ましくない状態などを避けて、離れた所に身を置く。≡「危険地域をーれて国境に向かう」「追っ手［都会の喧噪］からー」❷不都合な状態を回避する。まぬかれる。≡「責任［税金］をー」「呪縛からー」

◈書き分け【遁】は「俗塵を遁れる」などと好まれるが、一般には【逃】でまかなう。文 のが・る

のき【軒】[名] 屋根の下端の、建物の外壁より外に張り出している部分。

◉**軒を並・べる** 軒を接して多くの家が建ち並ぶ。軒を連ねる。軒を争う。

のぎ【▼芒】[名] 稲・麦などの実の外殻にある針状の突起。のげ。

の-ぎく【野菊】[名] ❶山野に自生する菊の総称。シマカンギク・ノコンギク・ノジギクなど。❷ヨメナの別称。

のき-さき【軒先】[名] ❶軒の先端の部分。軒端。❷家の前の軒に近い部分。軒端。≡「ーに提灯をつるす」「ーを借りて露店を出す」

のき-した【軒下】[名] 軒の下。軒の下の場所。≡「ーで雨宿りする」

のき-しのぶ【軒忍】[名] 樹皮・岩上・屋根などに生えるウラボシ科の常緑性シダ植物。長い根茎は横にはい、その上に細長い葉が密にのびる。葉の裏面には胞子嚢が二列並んでつく。八目蘭。

ノギス[名] 主尺と主尺の上を移動する副尺（バーニア）とからなる精密測定具。二つの爪の間に物をはさみ、または物の内側にあてて厚さや直径を測る。▽Nonius（ドイツ）から。

のき-なみ【軒並み】━[名] ❶家が軒を並べて続いていること。≡「古いーの続く宿場町」❷並んで続いている家の一軒一軒。家ごと。≡「ーに旗を掲げる」━[副] どれもこれも。どこもかしこも。≡「公共料金がー値上がりする」

のき-ば【軒端】[名] 軒先。軒口。

の・く【▽退く】[自五] ❶今までいた場所から離れる。どく。≡「わきへーいて下さい」❷引き払う。立ちのく。≡「借家をーいてアパートに移る」❸ある地位・職務・組織などから離れる。≡「専務をーいて相談役になる」

の-ぐそ【野▼糞】[名・自サ変] 野外で糞をすること。また、その糞。≡「ーを垂れる」

ノクターン【nocturne】[名] 静かな夜の情緒を表す叙情的な楽曲。ピアノ曲が多い。夜想曲。夜曲。≡「ショパンのー」

のけ-ぞ・る【▽仰け反る】[自五] あおむいて後ろにそりかえる。‖「びっくりして—」

のけ-もの【▽除け者】[名] 仲間からはずされた者。仲間はずれ。‖「—扱い」

の・ける【▽退ける】[動下一] ■一[他] 今までいた場所から立ち去らせる。どかす。‖「群がるファンを—けて楽屋に入る」「押し—」
■二[補動]〈動詞連用形＋接続助詞「て」について〉やりにくいことを平気で、またみごとにしてしまう意を表す。‖「外聞の悪いことを平然と言って—」「たった一晩で修復工事をやって—」文 の・く

の・ける【▽除ける】[他下一] ❶取り除く。‖「雪を—けて道をつける」❷取り分けて残す。‖「売約済みの品を—けておく」文 の・く

のこ【▼鋸】[名]「のこぎり」の略。‖「糸—・電動—」

のこ-ぎり【▼鋸】[名] 木材・石材・金属などをひき切るのに使う工具。薄い鋼板の縁にぎざぎざの歯を刻んで柄をつけたもの。のこ。書き方 のこぎりの「は」は、「鋸歯(きょし)」をふまえて「歯」と書いてきたが、近年語源が忘れられるとともに刃物意識が高じて「刃」とも。数「一丁(挺)(いっちょう)…」と数える。

のこ・す【残す(▽遺す)】[他五] ❶全体のうちの一部に手をつけないでそのままにしておく。‖「食べきれずにご飯を—」「帰りの電車賃だけ—しておく」
❷人や物をある場所にとどめおく。特に、とどめおいたまま去る。‖「机上にメモを—」「放課後も学校に—される」「郷里に家族を—して上京する」
❸人や物をあとに置いたまま遠くへ去る。‖「子どもたちに莫大な財産を—」「後世に偉大な業績を—」
❹失わないで、そのままにとどめる。保持する。‖「目もとに幼時の面影を—」「旧街道の松並木を—国道」
❺結果として生じた問題点などをそのままの状態にしておく。‖「彼女に未練を—」「悔いを—」「二人の間にしこりを—」
❻〈「…まで〜を残すのみ」「…まで残すところ〜」などの形で〉決められた期間や距離があとわずかしか余っていない意を表す。‖「開会まで三日を—のみだ」「優勝まで—ところあと一勝だ」
❼相撲で、相手の攻めをこらえて勝負を先へ持ち越す。‖「そり身になって体を—」
◈書き分け【遺】は「財産[悔い・業績・面影]を遺す」など好まれるが、一般には【残】を使う。可能 残せる

のこ-のこ [副]〔と〕周囲のことなど気にかけずに平気で現れるさま。また、何のこだわりもなくのんびり動作が行われるさま。‖「後から—(と)やって来る」

のこら-ず【残らず】[副] 余すところなく。すべて。‖「知っていることを—話す」

のこり【残り】[名] 残ること。また、残ったもの。‖「仕事の—を片づける」「夏休みも—わずかとなった」
品格 残存「—勢力」残留「—部隊」名残(なごり)「春の—」◉「名残」は特に気配や気持ちについていう。

のこり-が【残り香】[名] 人が去ったあとに残る、その人のにおい。また、物がなくなったあとに残る、その物のにおい。

のこり-すくな・い【残り少ない】[形] 残っているものの数や量が少ない。‖「時間が—」

のこり-び【残り火】[名] 燃えきらないで残っている火。

のこり-もの【残り物】[名] あとに残っているもの。余り物。
◉**残り物には福がある** 人が取り残した物の中には思いがけなくよい物があるということ。

のこ・る【残る(▽遺る)】[自五] ❶全体のうちの一部がなくならないで、そのままある。‖「おひつに飯が少し—った」「日陰の所だけ雪が—っている」
❷当人が去ったあとも、そのままあり続ける。残される。‖「部屋には荷物が—った」
❸他の者や当人が去ったあとも、その場所や組織などにそのまま居続ける。‖「会社に—って仕事を続ける」「決勝トーナメントに—」「郷里には母が—った」
❹失われないで、もとの状態のままあり続ける。‖「この地方には豊かな自然が—っている」「顔に少年時の面影が—」「足に火傷(やけど)の跡が—」
❺結果として生じたことが、そのままの状態でとどまる。特に、記録にとどめられて後世に伝わる。‖「感情的なしこりが—」「悔いが—」「球史に—快投」
❻決められた期間や距離の一部が余る。‖「持ち時間が一〇分—」「ゴールまであと一周—」
❼相撲で、相手の攻めをこらえて勝負を先に持ち越す。‖「土俵際で—」
◈書き分け【遺】は「財産[業績・面影・未完の原稿]が遺る」などと好まれるが、一般には【残】を使う。可能 残れる 名 残り

のこん-の【残んの】[連体]〔古風〕まだ残っている。‖「—月」▼「残りの」の転。

のさ-ば・る [自五] ❶ほしいままに伸び広がる。‖「雑草が—」❷ほしいままに勢力を広げる。また、いばって勝手気ままにふるまう。‖「暴力団が—」「社長の一族が—っている会社」

の-ざらし【野▼晒し】[名] ❶野外で風雨にさらされること。また、そのもの。‖「—の石仏」❷風雨にさらされて白くなった人間の骨。特に、その頭骨。されこうべ。‖「—を心に風のしむ身かな〈芭蕉〉」

のざわ-な【野沢菜】[名] 野菜として栽培されるアブラナ科の越年草。葉・根ともに漬物にする。主産地は長野県の野沢温泉を中心とする信越地方。

のし【▽伸し・▽延し】[名] ❶布のしわをのばすこと。❷日本泳法の一つ。体を横にしてのばし、あおり足で泳ぐもの。横泳ぎ。のし泳ぎ。

のし【〈▼熨斗〉・▼熨】[名] ❶方形の色紙を細長い六角形に折り、中に熨斗鮑(のしあわび)の小片またはそれに模した黄色い紙を貼ったもの。祝儀の進物などに添える。▼近年はふつう熨斗紙を用いる。❷アワビの肉を薄く長くはぎ、よく伸ばして干したもの。古くは儀式用の肴とし、のち祝儀の進物に添えるようになった。▼「熨斗鮑」の略。❸「火熨斗(ひのし)」の略。
◉**熨斗を付けてくれてやる** 喜んで進呈してやる。自分には不要なものであることをことさらに強調していう。▼贈り物には熨斗①を付けることから。

の-じ【野路】[名] 野中の道。のみち。‖「—に咲くすみれ」

のし-あが・る【▽伸し上がる】[自五] 下位のものが他をおさえて一挙に高い地位などにあがる。‖「一躍トップ企業に—」

のし-かか・る【▽伸しかかる(▽伸し掛かる)】[自五] ❶体をのばし、体重をかけて相手の上におおいか

ぶさる。〓「賊に━」❷責任・負担などが身の上にかかる。〓「生活の重圧が━ってくる」

のし-がみ【〈▽熨斗〉紙】［名］熨斗と水引を印刷してある紙。祝儀の進物などを包むのに用いる。

のし-のし［副ト］力強くゆっくりと歩くさま。のっしのっし。〓「象が━（と）歩く」

のし-ぶくろ【〈▽熨斗〉袋】［名］熨斗と水引をつけた紙袋。また、熨斗と水引を印刷した紙袋。金銭を入れて贈るときに使う。

のし-もち【▽伸し餅】［名］長方形に薄く大きくのばしたもち。これを切って、切りもちにする。

の-じゅく【野宿】［名・自サ変］野外に寝て夜を明かすこと。〓「山の中で━（を）する」

の・す【▽伸す】■［自五］❶のびる。のびて広がる。〓「鋸のような葉が遠慮なく四方へ━・して〈漱石〉」❷他を押さえて地位などがあがる。また、勢力・規模などが広がる。〓「急速に━・してきた会社」❸さらに遠くまで行く。足をのばす。〓「小田原から箱根まで━」
■［他五］❶のばす。のばして広げる。〓「餅を━」❷熱を加えてしわなどをのばす。〓「アイロンでしわを━」書き方「▽熨す」とも。❸なぐり倒す。のばす。〓「つべこべ言うやつは━・してしまえ」

の-ずえ【野末】［名］野のはて。野原のはずれ。

ノスタルジア［nostalgia］［名］異郷にあって離れた故郷を懐かしむ気持ち。また、過ぎ去った昔を懐かしむ気持ち。郷愁。ノスタルジー。

ノズル［nozzle］［名］先端の穴から気体や液体を噴出させるようにした筒状の装置。内燃機関・蒸気タービンなどに使用される。

の・せる【乗せる・載せる】［他下一］❶【乗・載】ある物がある物の上に乗るようにする。のっける。〓「子供をひざの上に乗せる」「負傷者を担架に乗せて運ぶ」「荷物を網棚に載せる」「お盆にお茶を載せて運ぶ」
❷【乗・載】乗り物に人や荷物が乗るようにする。のっける。〓「駅まで乗せていってくれ」「病人を救急車に乗せる」「トラックに荷物［家畜］を載せて運ぶ」
❸【乗】あるものを他の流れといっしょにして運ぶ。〓「材木を川の流れに━・せて運ぶ」「情報を電波に━」
❹【乗】体の動きなどがものの動きによく合致するようにする。〓「全身をリズムに━・せて踊る」「相手を勢いに━な！」
❺【乗】一定の道筋や進路に従って順調に進むようにする。〓「人工衛星を軌道に━」
❻【乗】基準とする一定の線に達するようにする。〓「得票数を一〇万票の大台に━」「合格ラインに━」
❼【乗】仲間として加える。参加させる。〓「その計画に一口━・せてくれ」
❽【乗】相手を自分の思わくどおりに動かす。〓「相手を自分のペースに━」「巧みな宣伝に━・せられて買ってしまう」「口車に━」
❾【載】印刷物として掲げる。掲載する。出す。〓「新聞に広告を━」「名簿に名前を━」
◈書き分け ①②は、人や動物の場合は【乗】、荷物などの物（物扱いした動物も含む）の場合は【載】を使う。文の・す

のぞか・す【▽覗かす】［他五］⬇のぞかせる

のぞか・せる【▽覗かせる】［他下一］❶少しだけ姿を見せる。ちょっと見せる。〓「窓からちらりと顔を━」「胸のポケットから白いハンカチを━」❷相撲で、相手の脇を浅くさす。〓「右を━」文のぞか・す 異形のぞかす

のぞき【▽覗き】［名］のぞくこと。また、その人。

のぞき-からくり【▽覗き〈機関〉】［名］大きな箱の中に入れた数枚の絵を口上とともに転換させ、凸レンズを取り付けたのぞき穴から見せる装置。また、その大道見世物。のぞき眼鏡。からくり眼鏡。

のぞき-こ・む【▽覗き込む】［他五］顔を近づけたり首を伸ばしたりして中を見る。〓「部屋の中を━」「谷底を━」

のぞき-まど【▽覗き窓】［名］外部または内部のようすをのぞいて見るために設けた小窓。

のぞき-み【▽覗き見】［名・他サ変］こっそりとのぞいて見ること。〓「戸のすき間から━する」

のぞき-めがね【▽覗き《眼鏡》】［名］❶底にガラスをはめ込んだ箱。水面から水中を見て魚介などをとるのに使う。箱めがね。❷のぞきからくり。

のぞ・く【▽覗く（▽覘く）】■［自五］物の一部分だけが外に現れ出る。〓「雲間から太陽が━」「笑うと八重歯が━」「ポケットから財布が━・いている」
■［他五］❶（相手に気づかれないように）物陰から見たりすき間を通して見たりする。のぞき見をする。〓「双眼鏡で部屋を━」「垣根越しに庭を━」
❷高い所から身を乗り出して下を見る。のぞき込む。〓「展望台から谷底を━」
❸ある対象を見るために鏡や光学器械を使う。〓「顕微鏡を━」「日に何度も鏡を━」▼～ヲに〈道具〉をとる。
❹ひそかに見たり、ひそかにようすをうかがったりする。〓「人の日記を━」
❺立ち寄ってちょっと見る。ひやかす。〓「ちょっと夜店を━・いてみよう」
❻少しだけ知る。〓「宇宙の神秘を━」可能のぞける 名のぞき

のぞ・く【除く】［他五］❶取ってなくす。除去する。取り除く。〓「標本から不純物を━」「心の不安を━」❷その範囲に入れないようにする。除外する。〓「未成年者は公募の対象から━」「委員長を━・いて全員が反対した」「関東を━地域」❸邪魔者などを排斥する。排除する。〓「不満分子は直ちに━」可能除ける

品格 駆除「害虫を━する」削除「メールを━する」除去「土砂を━する」廃除「推定相続人を━する」排除「障害物を━する」払拭「懸念を━する」防除「カメムシの━」

の-そだち【野育ち】［名］行儀・作法などのしつけを受けないで、自然のままに育つこと。また、そのように育った人。

の-そ-のそ［副ト］動作がにぶく、ゆっくりしているさま。〓「━（と）歩く」

のぞまし・い【望ましい】［形］そうあってほしいと思われることであるさま。また、どちらかと言えば、そのほうがより理想に近いさま。願わしい。〓「適度な運動を毎日続けることが━」「平和的解決が━」派生-さ

のぞみ【望み】［名］❶のぞむ事柄。希望。期待。〓「子の将来に━をかける」❷のぞむ結果が得られる見込み。〓「成功の━はない」❸人望。名望。

のぞ・む【臨む】［自五］❶ある場所に向かい対する。面する。〓「彼の別荘は海に━・んで建っている」❷公的な催しや集まりに出席・参加する。〓「試合に━」「来賓として開会式に━」❸ある場面・事態などに直面する。〓

「戦いの場[死]に—」「閉幕に—・んで挨拶を述べる」❹支配者・統治者などとして人々に対応する。対する。≡「公正な態度で被告人に—」◈「望む」と同語源。可能 臨める

のぞ・む【望む】[他五] ❶遠くからながめる。遠くを見る。望見する。≡「展望台からはるかに富士を—」「眼下に町を—」❷そうあってほしい、そうなりたい、それを得たいと思う。希求する。こいねがう。≡「誰もが平和を—・んでいる」「進学[首相の地位]を—」❸相手に対してそうしてほしい、そうあってほしいと思う。また、そうなってほしいと求める。要求する。≡「当局に早期解決を—」「彼にはいっそうの努力が—・まれる」❹[古風] 仰ぐ。慕う。≡「徳を—」可能 望める 名 望み

の・だ [連語] ❶前に述べたことやその場の状況の原因・理由・帰結などを、解き明かすような気持ちで提示する。言い切りの形には断定の気持ちがこもる。≡「熱がある。風邪をひいた—」「高齢な—・だから無理しないほうがいい」「暇を持てあましたから遊びに来た—・だろう」「煮え切らないのは、要するに、やる気がない—」
❷次に述べることの原因・理由・前提などを表す。≡「知らなかった—・なら(ば)、許してやろう」「久しぶりに会った—が、あまり変わっていなかった」「山田君を探している—が、心当たりはないか」
❸強い主張を表す。≡「気にするな。これでいい—」「いいか、お前は何も見なかった—ぞ」
❹〈意志的な動作を表す動詞に付いて〉決意・命令を表す。≡「俺がやる—」「さ、早く行く—」
❺〈疑問詞とともに使い、下降のイントネーションを伴って〉強く詰問する気持ちを表す。≡「何をしている—」「今ごろどこから来た—」
❻〈「…のだった」の形で〉過去のことを詠嘆的に表す。≡「ようやく平和が訪れた—・だった」
❼〈「…のだった」の形で〉悔やむ気持ちを表す。…しておけばよかった。≡「こんなことなら予約しておく—・だった」
◈使い方 (1)活用語の連体形に付く。(2)話し言葉では「んだ」となることが多い。改まった言い方では「…のである」、丁寧な言い方では「…のです」となる。⬇のである・のです

の-だいこ【野太鼓・野▼幇間】[名] 座をとりもつだけで、何の芸もない太鼓持ちを卑しめていう語。

のたうち-まわ・る【のた打ち回る】ーマハル [自五] 苦しみもがいて転げまわる。≡「激痛に襲われて—」

のた-う・つ【のた打つ】[自五] 苦しがってもがく。苦痛に転げまわる。▼「ぬたうつ」の転。

のた-く・る [一][自五] 体をくねらせてはう。ぬたくる。≡「ミミズが—」[二][他五] 文字などを乱暴に書きつける。ぬたくる。≡「下手な字を色紙に—」

の-だて【野▽点】[名] 野外で茶をたてること。また、その茶の湯。野掛け。

のたま・う【▽宣う・▼曰う】ノタマフ [他五]「言う」の尊敬語。おっしゃる。≡「…などと社長が—ものだから」「訳のわからないことを—な」▼「宣り給ふ」の転。書き方 終止形・連体形では「ノタモー」と発音して「のたもう」と書くこともある。使い方 皮肉やからかいの気持ちで使われることも多い。

のたまわ-く【▽宣わく・▼曰わく】ノタマハク [名][古風] おっしゃることには。≡「子—」▼尊敬語「のたまう」のク語法。

のたり-のたり [副ト] 波などがゆるやかにうねるさま。のんびり動くさま。≡「春の海ひねもす—かな〈蕪村〉」

のたれ-じに【野垂れ死に】[名・自サ変] 路傍などに倒れてそのまま死ぬこと。また、そのようなみじめな死に方。≡「放浪の末、—する」

のち【後】[名] ❶〈「…したのち」「…ののち」などの形で、下の用言に続けて〉あることの終了を基準として、そのあとの物事の展開をいう。…に続く。そのあと。≡「大学を卒業した—、演劇界に入った」「城は本能寺の変の—(に)、焼失した」「曇り—雨」❷〈時間を表す数詞を受けて、下の用言に続けて〉基準の時点から新しい物事が展開する時点までの経過時間をいう。…後。≡「事件はあれから二か月—に解決した」❸これから先。将来。特に、死後。≡「—に備えて真実を書き残しておく」「—の世」◈①②⬍前・先

のち-ざん【後産】[名] ⬇あとざん

のち-ぞい【後添い】ーヒ [名] 二度目の妻。後妻。のちぞえ。

のち-のち【後後】[名] これからずっと先。また、それより先。将来。あとあと。≡「—のために貯えておく」「—困ったことになりそうだ」▼副詞的にも使う。

のち-ほど【後程】[副] 少し時間がたってから。あとで。≡「—伺います」

ノッカー [knocker] [名] ❶玄関のドアなどにつけて、来訪者がたたいて来訪を知らせるための金具。❷野球で、ノックをする人。

のっか・る【乗っかる・載っかる】[自五]「のる」のくだけた言い方。≡「自転車の荷台に—」

ノッキング [knocking] [名・自サ変] ガソリンエンジンなどの内燃機関で、燃料が異常燃焼を起こすこと。また、その異常燃焼。≡「—が起こる」▼金槌で金属をたたくような音がする。

ノック [knock] [名・他サ変] ❶訪問や入室を知らせるためにドアを軽くたたくこと。❷野球で、守備練習のために野手に向けてボールを打つこと。

ノックアウト [knockout] [名・他サ変] ❶ボクシングで、相手を打ち倒して一〇秒経過しても立ち上がれなくすること。KO。❷野球で、相手投手を打ち崩して降板させること。≡「先発投手が—される」❸相手を徹底的に打ち負かすこと。

ノックダウン [knockdown] [名・他サ変] ボクシングで、相手に打撃を与えて一時試合が続行できない状態にすること。≡「—されてマットに沈む」▼一〇秒以内に立ち上がれないとノックアウトになる。

のっけ [名] はじめ。最初。≡「—からしくじる」

のっし-のっし [副ト]「のしのし」を強めた語。≡「恐竜が—(と)やって来る」

のっそり [副ト] ❶動作がのろいさま。≡「—(と)体を起こす」❷ぼんやりとたたずんでいるさま。≡「門口に—(と)立っている」

ノット [knot] [名] 船舶の速度を表す単位。一ノットは一時間に一海里を進む速さで、時速約一・八五キロメートル。記号kt kn 書き方「▽節」「▼浬」と当てる。

のっと・る【▽則る・▽法る】[自五] 規準・規範としてそれに従う。≡「先例[古式]に—」「法律に—って裁く」▼「のりとる」の転。「のり(則)を取る」の意。注意 この意で、「乗っ取る」と書くのは誤り。

のっ-と・る【乗っ取る】[他五] 攻め入って自分のものにする。また、奪い取って自分の支配下に置く。≡「城

を—」「旅客機を—」名乗っ取り

のっぴき-ならな・い【▽退っ引きならない】〔連語〕退くことも避けることもできない。どうにもならない。「—用事で出かける」

のっぺい-じる【▽濃餅汁・▽能平汁】〔名〕油揚げ・里芋・椎茸・人参・ゴボウなどを刻んでだし汁で煮込み、醤油・味醂などで調味してから片栗粉でとろみをつけた汁。のっぺい。

のっぺら-ぼう〔名〕❶〔形動〕凹凸もなく一面になめらかなこと。「—の土地が広がる」❷顔に目も鼻も口もない化け物。

のっぺり〔副ㇳ〕一面に平らで変化に乏しいさま。また、顔の造形などが平板に感じられるさま。「—（と）した地形〔顔〕」

のっぽ〔名・形動〕背丈が高いこと。また、その人。「—の／な選手」「背高—」⇔ちび

の-づら【野面】〔名〕野のおもて。野原。「—を渡る風」

の-で〔接助〕前に述べたことが後ろに述べることの**理由**や**原因**であることを表す。「地盤がゆるいので危険だ」「事故があったので遅れました」「まだ子供なので理解できない」▼格助詞「の」＋格助詞「で」からとも、連語「のだ」の連用形からとも。使い方⑴活用語の連体形に付く。⑵くだけた話し言葉では「んで」となる。「君が来てくれたんで助かるわ」⑶「から」と類義だが、「ので」は因果関係を話者の説明（＝理由づけ）が必要なこととして、「から」は説明を要しない自然的なこととして示す。そのため、説明的ではない「から」は「悪いことをするからバチが当たったのよ」などと、しばしば強引で押しつけがましい論理展開となる。「どちらでも構わないから選びたまえ」「頼むからやってくれ」「電車がなくなるからもう帰ろう」など、説明抜きで、命令・依頼・勧誘などをする場合の表現は「から」となりやすい。なお、「発育が悪いのは気温が低いからだ」のように、「からだ」とは言うが、「のでだ」とは言わない。⇩から□②「使い方」

の-で-あ・る〔連語〕「のだ」①②の改まった言い方。▼丁寧な言い方では「のであります」となる。

の-・です〔連語〕「のだ」の丁寧な言い方。「すみません、電車に乗り遅れた—」⇩んです

の-てん【野天】〔名〕屋根のない所。露天。「—風呂」

のど【喉・▽咽】〔名〕❶口の奥の、食道と気管に通じている部分。咽頭と喉頭からなり、呼吸・嚥下・発声などの作用をつかさどる。咽喉。「—がかわく」書き方「〈咽喉〉」とも当てる。❷首の前面。のどくび。「短刀で—をつく」❸歌う声。「自慢の—を披露する」❹製本・印刷などで、本を開いたときの、とじ目の部分。▼切り口の部分をいう小口の対。

◎**喉が鳴る**　ご馳走を見て、食欲が盛んに起こる。

◎**喉から手が出る**　どうしても欲しいと思う気持ちのたとえ。「—ほど欲しい絵」

のど-あめ【喉▼飴】〔名〕咳や喉の荒れなどをやわらげる飴。「メントール入りの—」

のど-か【〈長閑〉か・▽閑か】〔形動〕静かでおだやかなさま。のんびりと落ち着いているさま。「—な田園風景」「—に日々を暮らす」派生-さ

のど-くび【喉▼頸】〔名〕❶首の前面の部分。のどのあたり。❷大切な所。急所。「敵の—を押さえる」

のど-ごし【喉越し】〔名〕飲食物がのどを通っていくときの感じ。「—よいビール」

のど-ちんこ【喉ちんこ】〔名〕〔俗〕口蓋垂。

のど-ぶえ【喉笛】〔名〕のどの気管が通っているあたり。また、のどぼとけのあたり。「—を掻き切る」

のど-ぼとけ【喉仏】〔名〕のどの中間の、甲状軟骨が突き出した部分。成年男性にははっきり見られる。

のど-もと【喉元】〔名〕のどのあたり。首の付け根のあたり。

◎**喉元過ぎれば熱さを忘れる**　苦しい時が過ぎ去れば、その時の苦痛もその時に受けた恩も簡単に忘れてしまうことのたとえ。

のど-やか【〈長閑〉やか】〔形動〕空が晴れて気候がおだやかなさま。のどか。「—な小春日和」派生-さ

のど-わ【喉輪】〔名〕❶甲冑の付属具の一つ。半月状の鉄板に小札の板二段の垂れを取り付けたもの。首にかけてのどから胸板の上までのすき間をおおう。❷相撲で、相手のあごの下に手のひらを当てて押し攻める技。▼「喉輪攻め」の略。

の-なか【野中】〔名〕野原の中。「—の一軒家」

の-に〔接助〕❶後ろに述べることが、前に述べたことと食い違うことを表す。…にもかかわらず。「熱があるのに出かけて行った」「信じていたのに裏切られた」「若いのに元気がない」「受賞作なのに面白くない」「小学生なのによくやった」❷対照的な事柄を並べて**対比**を表す。「イタリア語はできるのに英語はからきしだめだ」❸予想と食い違う事態になって残念だという気持ちを表す。恨みや非難の気持ちがこもることが多い。「あんなに注意したのに」「早く雨が上がるといいのに」▼終助詞的に使う。◈文語の接続助詞「に」の前に格助詞「の」が挿入されたもの。使い方活用語の連体形に付く。形容動詞、助動詞「だ」の類では終止形にも付く（やや俗語的）。「来ていたはずだのに、姿が見えない」

の-ねずみ【野▼鼠】〔名〕山野に生息するネズミの総称。アカネズミ・ハタネズミ・エゾヤチネズミなど。

ノネナール［nonenal］〔名〕皮脂に含まれる脂肪酸が酸化分解して生じる不飽和アルデヒド。加齢臭の原因となる。

のの-さま【のの様】〔名〕神仏・太陽・月など、尊ぶべきものを高めていう幼児語。ののさん。

ののし・る【罵る】〔他五〕非難してどなる。また、口汚く声をあげて悪口をいう。罵倒する。「人前で—・られる」可能ののしれる

の・ばす【伸ばす】〔他五〕❶引っぱって長くする。また、巻き取ったひもなどを繰り出して長くする。引き伸ばす。「ゴムひもを—」「巻き尺を—・して道幅を測る」❷曲がったものや縮れたものなどをまっすぐにする。また、しわなどをとって表面を平らにする。「曲がった釘をたたいて—」「書類のしわになった所を—」❸〈「しわを伸ばす」の形で〉「伸ばす」②の動作をすることによって、しわのない状態を作り出す。「美顔術で目じりのしわを—」❹植物が枝やつるなどを長くする。「松が枝を四方に—」❺人が髪やつめなどを生長に任せて長くする。特に、その手入れを忘れずに長くする。「髪を—」「彼女はつめを長く—・している」▼「無精ひげ［ちょびひげ］を—」は、〜ヲに〈結果〉をとる言い方。伸ばしてそうした状態を作り出

す意。❻〈空に突き出すようにして〉身体の部分をまっすぐにする。伸びをする。特に、手をまっすぐにしてその先端がある所に届くようにする。‖「背筋をぴんと—」「足を—・してくつろぐ」「(手にした)箸はしを—・して漬物をとる」「主人のいない間に羽を—(＝気がねなくふるまう)」▽「右ストレートを—」は、〜ヲに〈結果〉をとる言い方。「伸ばす」⑥の動作をして、その状態を作り出す意。❼発音を引いて長くする。‖「語尾を—・して発音する」 書き方「延ばす」とも。❽記録・業績・勢力などを発展させる。また、能力などを向上させる。‖「学力[シェア・才能]を—」❾相手をうち倒す。のす。‖「一発で相手を—」 書き方 ⑨は「延ばす」とも。かな書きも多い。

◈「延ばす」と同語源。 可能 伸ばせる

のば・す【延ばす】[他五] ❶時間・期間などを長くする。延長する。引き延ばす。‖「滞在を一週間—」「人工臓器で寿命を—」❷時刻・期日・期限などをおくらせる。延期する。‖「出発[開会]を翌日に—」❸すでにある道路・路線などをある場所まで長くする。延長する。‖「滑走路を五〇〇ﾒｰﾄﾙ—」❹〈「足を延ばす」の形で〉ある所まで出かけて、さらに遠くまで行く。伸のす。‖「京都に来たついでに奈良まで足を—」 書き方「伸ばす」とも。❺厚みのあるものを薄く広げる。延べる。‖「めん棒でパイ生地を—」❻水などを加えて濃度を薄くする。‖「糊のりを水で—」 可能 延ばせる

品格 延 延期「開店を—する」 延長「路線を—する」 順延「雨天—」 猶予ゆうよ「支払いを—する」

の-ばな【野花】[名] 野に咲く花。野生の花。‖「かわいらしい—」

の-ばなし【野放し】[名] ❶家畜などを放し飼いにすること。❷規制するなどの手を打たないで放任しておくこと。‖「密漁者を—にする」

の-はら【野原】[名] 草などの生えた広々とした平地。野。のっぱら。

の-ばら【野〈▼薔▼薇〉】[名] ノイバラの別称。また一般に、野生のバラの総称。

のび【伸び・延び】[名] ❶【伸】伸びること。また、その度合い。‖「輸出の—が著しい」❷【伸】疲れたときなどに手足をのばすこと。また、その度合い。‖「大きな—をする」❸【延】延びること。また、その度合い。‖「寿命の—」「—のよいクリーム」

の-び【野火】[名] 春先に野原などの枯れ草を焼く火。野焼きの火。

のび-あが・る【伸び上がる】[自五] つま先で立つなどして背をのばす。背伸びをする。‖「—・って塀の中をのぞく」

のび-ざかり【伸び盛り】[名] 成長や進展などが最も盛んな時期。‖「—の若手」「—の業界」

のび-しろ【伸び代】[名] ❶金属などを折り曲げたり熱したりする際に発生する伸び。また、その長さ。❷人や組織などが成長・発展していく可能性。‖「—の大きい企業」 注意「のりしろ」は別語。➡のりしろ

のび-ちぢみ【伸び縮み】[名・自サ変] 伸びることと縮むこと。伸びたり縮んだりすること。しんしゅく。‖「自在に—するシャツ」

のび-なや・む【伸び悩む】[自五] 伸びそうでいながらある段階で停滞し、それ以上は伸びずにいる。‖「輸出[記録]が—」 名 伸び悩み

のび-のび【延び延び】[名・形動] 何度も先に延ばされること。期日が遅れて長引くこと。‖「大会の開催が—になる」

のび-のび【伸び伸び】[副ト] 押さえられることなく自由であるさま。また、押さえつけるものがなく、気持ちがゆったりしているさま。‖「子供が—(と)育つ」「—(と)仕事に取り組める環境」

のび-やか【伸びやか】[形動] のびのびしているさま。ゆったりとして、こせこせしたところがないさま。‖「子供が—に育つ」「—な筆致の絵」 派生 -さ

のび-りつ【伸び率】[名] 伸びる割合。‖「売上の—」

の-びる【野▼蒜】[名] 山野や路傍に自生するユリ科の多年草。全体にニラに似た臭気がある。若葉と鱗茎りんけいは食用。

の・びる【伸びる】[自上一] ❶引っぱられて長くなる。また、巻き取ったひもなどが繰り出されて長くなる。‖「この餅もちはよく—」「救助隊のはしごが—・びて階上に届く」❷〈「しわが伸びる」の形で〉衣服などのしわが取り去られてまっすぐになる。‖「しわが—」❸生長して長くなったり高くなったりする。‖「雑草[身長・髪]が—」❹曲がっていた体の部分がまっすぐになる。また、曲がることなくまっすぐに(長く)なっている。‖「相手の攻勢にひざが—・びて土俵を割る」「腰がしゃんと—・びている」❺〈「手が伸びる」の形で〉目標物に届くところまで、まっすぐにした手が差し出される。‖「いきなり手が—・びて胸ぐらをつかまれる」「菓子に手が—」「被災者に救済の手が—」❻野球などで、球が勢いよく進む。‖「直球が打者の胸元でぐいと—」❼声楽や音響で、声や音が伸びやかに響く。‖「彼の声は高音域がよく—」❽記録・業績・勢力などが発展する。また、能力などが向上する。‖「成績[輸出]が—」「会社が順調に—」❾長くなって本来の弾力を失う。‖「そば[パンツのゴム]が—」 書き方 めん類の場合は「延びる」とも。❿打ちのめされて動けなくなる。また、ひどく疲れてぐったりする。‖「パンチをくらって—」「残業続きで—・びてしまう」 書き方 ⑩は「延びる」とも。かな書きも多い。

◈「延びる」と同語源。 文 の・ぶ 名 伸び

品格 伸長しんちょう「観客動員が—する」「権利の—を図る」 伸張しんちょう「事業の—を目指す」「樹木の—」

の・びる【延びる】[自上一] ❶時間・期間などが長くなる。‖「滞在が三日間—」「平均寿命が—」 書き方「日脚が延びる」は「伸びる」とも。❷時刻・期日・期限などが決められていた時よりおくれる。‖「悪天候のため出発が—」❸道路・路線などがつながって続く。また、つながってある場所まで長くなる。‖「国道が東にまっすぐ—・びている」「バス路線が郊外に—」「梅雨前線が東に—」❹一面に薄く広がる。‖「クリームが肌によく—」 文 の・ぶ 名 延び

ノブ [knob][名] ドアなどの丸い取っ手。ノッブ。

の-ぶし【野武士】[名] 中世、山野に潜伏して落ち武者の武具などを略奪した農民の武装集団。また、山賊の類もいう。のぶせり。 書き方「野伏」とも。

の-ぶと・い【野太い】[形] ❶ずぶとい。ふてぶてしい。‖「—神経」❷声が太い。‖「—声」 派生 -さ

のぶれ-ば【▽陳▽者】〔連語〕〔古風〕候文などの手紙で、本文の書き出しに用いる語。申し上げますが。さて。〓「拝啓、―貴下益々御清栄の段…」

のべ【延べ】〔名〕❶平たく延ばしたもの。特に、延べ金・延べ銀。〓「銀の―」❷同一のものが何度重複しても、それぞれを一回と数えて総計すること。〓「―にすると五百人の労働力」「―三万人の観客」❸建物の各階の床面積を合計すること。〓「―面積」❹時刻・期日を延ばすこと。〓「日―」

の-べ【野辺】〔名〕❶野のあたり。野原。〓「―に咲く花」❷火葬場。埋葬地。〓「―の煙」

のべ-いた【延べ板】〔名〕金属を平たく打ち延ばして板状にしたもの。〓「金の―」

のべ-がね【延べ金】〔名〕❶金銀を薄く打ち延ばしたもの。切って貨幣に代用した。❷刀剣のこと。

のべ-ざお【延べ▼竿】サヲ〔名〕継ぎがないで使う、長い釣り竿。⬍継ぎ竿

のべ-じんいん【延べ人員】ヰン〔名〕一つの仕事を仕上げるのに要した人員を、一日で仕上げたものとして換算した総人数。▼例えば三人で七日かかった仕事の延べ人員は二一人。

のべつ〔副〕絶え間なく続くさま。ひっきりなしに。しょっちゅう。〓「―本を読んでいる」

のべ-つぼ【延べ坪】〔名〕建物の各階の床面積を合計した坪数。延べ面積。

のべつ-まくなし【のべつ幕なし】〔副二〕休む間もなく続けてするさま。絶え間なく。〓「―(に)しゃべりまくる」▼芝居で、幕を引かずに演じ続ける意から。☑注意「のべつ幕なく」は慣用になじまない。また、「まく」を転倒させた「のべつくまなし」は誤り。

のべ-にっすう【延べ日数】〔名〕複数の人員で何日かかる仕事を、仮に一人で仕上げるとして換算した総日数。▼例えば三人で七日かかった仕事の延べ日数は二一日。

のべ-にんずう【延べ人数】〔名〕延べ人員。

のべ-の-おくり【野辺の送り】〔名〕遺体を火葬場や埋葬地まで見送ること。野辺送り。葬送。

のべ-ばらい【延べ払い】バラヒ〔名〕代金をすぐにではなく一定期間繰り延べて支払うこと。繰り延べ払い。延べ勘定。

のべ-ぼう【延べ棒】〔名〕❶金属を延ばして棒状にしたもの。〓「金の―」❷餅・麺めんなどを平らに延ばすのに使う木製の棒。

のべ-めんせき【延べ面積】〔名〕建物の各階の床面積を合計した面積。

ノベライズ[novelize]〔名・他サ変〕映画やドラマなどを小説化すること。〓「アニメを―する」

の・べる【延べる・伸べる】〔他下一〕〔古風〕❶【延】たたんであるものなどを広げる。〓「床ことを―」「布団を―」書き方「▽展べる」とも。❷【延】かたまった状態のものを打って薄く広げる。打ち延べる。〓「金きんを―」書き方「▽展べる」とも。❸【伸】〈「手を伸べる」の形で〉対象に向けて手をのばす。手をさしだす。さしのべる。〓「救いの手を―」❹【延】時刻・期日・期限などをおくらせる。くりのべる。〓「日を―」◈「述べる」と同語源。文 **の・ぶ** 名 **延べ**

の・べる【述べる】〔他下一〕ことばを連ねて気持ちや考えを言い表す。また、文章に書き表す。〓「電話で礼を―」「所信を―」「著書の中で―」書き方「▽宣べる」「▽陳べる」とも。文 **の・ぶ**

ノベル[novel]〔名〕小説。特に、長編小説。

ノベルティ[novelty]〔名〕❶新奇な趣向をこらした商品。❷広告・宣伝のために社名・商品名などを入れて無料で配布する品物。

の-ほうず【野放図(野方図)】ハウヅ〔名・形動〕❶規則や慣習には従わず、思うままにふるまうこと。勝手気ままでずうずうしいこと。〓「―に育つ」❷際限のないこと。〓「―に金を使う」「―に広がる環境破壊」

のぼ・す【上す】〔他五〕⬇上のぼせる〓「議題に―」

のぼせ-あが・る【〈逆上〉せ上がる】〔自五〕ひどくのぼせる。〓「アイドル歌手に―」

のぼ・せる【〈逆上〉せる】〔自下一〕❶頭に血がのぼって、ぼうっとなる。上気する。〓「長湯をして―」❷興奮して正しい判断ができなくなる。逆上する。❸すっかり夢中になる。〓「アイドルに―」❹思い上がる。うぬぼれる。〓「入選したからといって―な」◈「上せる」と同語源。文 **のぼ・す** 名 **のぼせ**

のぼ・せる【上せる】〔他下一〕〔古風〕❶話題や議題として取り上げて公の場に出す。〓「話題に―」❷ある事柄を頭の中で思い浮かべたり思い描いたりする。〓「意識に―」❸料理として出す。供する。〓「季節の野菜を食卓に―」❹正式に書き残して記録として残す。〓「記録に―」❺印刷して出版する。上梓じょうしする。〓「梓しに―」❻劇場などで上演されるようにする。〓「新作を舞台に―」❼高い所へあがらせる。また、高い地位に進ませる。〓「大臣の位へ―」文 **のぼ・す** 異形 **のぼす**

のほほん-と〔副〕何をするというのでもなく、のんきにしているさま。〓「―日を送る」

のぼり【▼幟】〔名〕❶縦長の布の上と横に多数の乳ちをつけて竿に通し、立てて標識とするもの。戦陣・祭礼・儀式などで用いる。❷端午の節句に立てる①。また、鯉のぼり。　幟

のぼり【上り・登り・昇り】〔名〕❶【上・登・昇】低いところから高いところへ移動すること。下から上にあがること。また、その道。〓「急な―にさしかかる」「―はきつい」❷【上】下流から上流へ移動すること。❸【上】交通機関で、線区または路線区の終点から起点への方向。また、その方向に走る列車やバス。〓「―車線」❹【上】地方から都へ向かうこと。〓「お―さん」◈⬍下くだり

のぼり-あゆ【上り▼鮎】〔名〕春、川をさかのぼって行く若鮎。書き分け⬇のぼる

のぼり-ぐち【上り口・登り口】〔名〕階段・坂道・山などの、のぼり始める所。のぼりくち。書き分け山の場合は【登】が多い。「富士山の登り口」

のぼり-ざか【上り坂・登り坂】〔名〕❶進む先が高くなっている坂道。❷物事が次第に盛んになっていく状態。〓「景気[人気]は―だ」◈⬍下り坂

のぼり-ちょうし【上り調子】テウシ〔名〕調子が上向くこと。物事の状態が次第によい方に向かっていくこと。〓「―の販売成績」

のぼり-つ・める【上り詰める・登り詰める・昇り詰める】〔自下一〕のぼっていって最も高い所に達する。〓「山頂に―」「社長にまで―」☑注意「世界第二位まで上り詰めた」のように、まだ先がある場合に使うのは誤り。

のぼり-りゅう【昇り竜(登り竜)】〔名〕天に昇

っていく竜。また、その竜を描いた絵。のぼりりょう。

のぼ・る【上る・登る・昇る】［自五］❶【上・登】ある所を通って下方から上方へ移動する。また、移動して上方に至る。‖「階段［山道］をー」「川をー」「山［木・演壇］に登る」使い方「上がる」に比べて、「上る」は〈移動する場所〉に注目する度合いが強い（○はしごを上る／△はしごを上がる）。「階段を上る／上がる」では前者が一般的。➡上がる㊀①
❷【上】地方から都へ行く。上洛(じょうらく)する。上京する。‖「都［京・江戸］に／へー」▽多く昔の事象にいう。「東京にー」は今では古風な言い方。
❸【上】《古風》宮中に参上する。参内(さんだい)する。参殿する。上がる。‖「宮中にー」
❹【昇・登・上】高い地位につく。昇進する。‖「左大臣の位にー」
❺【昇・上】太陽・月などが空に高く現れる。‖「東の空に朝日がー」⬍沈む
❻【昇・上】煙・気球などが空中を移動して上方に至る。‖「一筋の煙が煙突からー」「エレベーターがかなりの速度でーってゆく」「ほめられて天にもー心地だ」
❼【上】〈「頭に血が上る」「気が上る」の形で〉のぼせる。逆上する。‖「ののしられて頭に血がー」
❽【上】あるものが相当の数量に達する。‖「利用者は百万人にー」「被災総額は五〇億円にー」
❾【上】話題や議題として取り上げられて公の場に出される。‖「選挙のことが話題［うわさ］にー」「その名が優勝候補にー」
❿【上】ある事柄が意識に現れたり脳裏に浮かんだりする。‖「心の底に潜んでいた不安の塊が意識にーって〈鷗外〉」
⓫【上】料理として出される。供される。‖「山海の珍味が食卓にー」
◈順々にたどって上の方へ移動する意。①②⬍下(くだ)る
書き分け【上】は広く一般に使う。【登】は急ながけや坂を移動する意で「がけ［急坂・滝］を登る」などと、「登壇・登城・登板」などをふまえて「演壇［城・マウンド］に登る」などと好まれる①。また、「太閤(たいこう)の位に登る」のように、段々と登り詰めて位を得る意に使う④。【昇】は空中移動に使う⑤⑥ほか、勢いよく出世する・昇進する意に使う④。

のま・す【飲ます】［他五］⬇飲ませる‖「うそついたら針千本ー」「敵に煮え湯をー・される（＝ひどい目に遭わされる）」

のま・せる【飲ませる】［他下一］❶飲むようにさせる。‖「病人に薬をー」「この店はうまいコーヒーをー（＝提供する）」❷酒食をごちそうする。‖「一杯ー・せて労をねぎらう」文 のま・す 異形 飲ます

ノマド［nomadeフランス］［名］IT機器などを使い、決まった職場だけでなく、カフェや移動中の車内などさまざまな場所で仕事をすること。また、そのような働き方をする人。ノマドワーカー。▽原義は遊牧民。

のま・れる【飲まれる（▼呑まれる）】［連語］❶すっかり引き込まれる。包み込まれる。‖「波にー・れて溺れる」「酒にー・れて正体を失う」❷相手の態度や雰囲気に圧倒される。‖「気迫［大観衆］にー」

のみ【▼蚤】［名］ノミ目に属する昆虫の総称。体長は一〜三ミリメートルで、雄は雌よりも小さい。後肢が発達して、よくはねる。雌雄とも哺乳(ほにゅう)類・鳥類に寄生して血を吸う。ペスト・発疹(はっしん)熱などの感染症を媒介するものもある。ヒトノミ・ネコノミ・イヌノミなど。

蚤

のみ【▼鑿】［名］柄の先に刃をつけた工具。柄頭を槌(つち)で打つか手で押すかして木材などに穴をあけたり溝を掘ったりするのに用いる。数「一丁(いっちょう)(挺)…」と数える。

鑿

のみ［副助］❶それだけと限定する意を表す。だけ。‖「金のみが物を言う世界」「神のみぞ知る」「緊急の場合にのみ連絡せよ」❷〈「…のみだ」の形で〉それだけで他の事態でない意を表す。…だけだ。‖「ただ忍耐あるのみだ」❸〈「…のみか」の形で〉それだけでなく（さらに）。…ばかりか（かえって）。‖「剣術のみか世故にも長(た)け〈池波正太郎〉」◈「の身（＝それ自身）」の意から出たという。①②は「だけ」よりも、③は「ばかり」よりも古風な言い方。

のみ‐あか・す【飲み明かす】［他五］酒を飲んで夜を明かす。夜どおし酒を飲む。‖「旧友とー」

のみ‐かい【飲み会】クワイ［名］酒を飲んで楽しむための会。‖「職場のー」

品格 宴(うたげ)「ーを催す」 宴会「ーを開く」 宴席「ーにはべる」 会食「仲間とーする」 酒宴「ーを張る」

のみ‐くい【飲み食い】クヒ［名・他サ変］飲むことと食うこと。飲んだり食ったりすること。

のみ‐ぐすり【飲み薬】［名］飲用する薬。内服薬。

のみ‐くだ・す【飲み下す】［他五］飲んで胃のほうへ送りこむ。‖「錠剤をー」

のみ‐くち【▼呑み口】［名］樽(たる)の中の液体を注ぎ出すための穴に取りつけた木管。また、そこにはめる木栓。のみぐち。

のみ‐くち【飲み口】［名］❶酒などを口に含んだときに感じる風味。‖「ーのいい酒」❷よく酒を飲む人。のみて。❸杯などの、口に触れる部分。

のみ‐こうい【▼呑み行為】カウヰ［名］❶証券業者や商品取引員が取引所を通さないで自らが客の相手方となって直接売買をする行為。のみ。❷競輪・競馬などで、主催者以外の者が私的に車券や馬券の売買をする行為。のみ。◈法律で禁じられている。

のみ‐こみ【飲み込み（▼呑み込み）】［名］物事を理解すること。‖「ーが早い［悪い］」「早ー」

のみ‐こ・む【飲み込む（▼呑み込む）】［他五］❶飲んでのどを通す。また、かまないでまる飲みにする。‖「つばをー」「蛇(へび)が蛙(かえる)をー」❷巨大な生物が口から体内に取り込むように、自然現象が人や物を引き込む。また、建造物が多くの人々を収容する。‖「津浪が漁船をー」「五万人の観衆をーんだ球場」❸口から出そうになった言葉やあくびをおさえる。‖「言いかけた愚痴(ぐち)をー」「怒りの言葉をぐっとー」❹理解する。納得する。‖「こつをー」「事情はすべてーんだ」

のみ‐しろ【飲み代】［名］酒を飲むときの代金。酒代。

のみ‐すけ【飲み助（▼呑み助）】［名］酒が好きでよく飲む人。のんべえ。▽人名めかした言い方。

のみ‐たお・す【飲み倒す】タフス［他五］❶酒をのんで、その代金を払わないままにする。‖「常連の客にー・される」❷飲酒に金をつぎ込んで財産をなくす。飲みつぶす。‖「身代をー」

の‐みち【野道】［名］野中の道。野路(のじ)。

のみ‐つぶ・す【飲み潰す】［他五］飲酒に金をつぎ込んで財産をなくす。飲み倒す。‖「家屋敷をー」

のみ‐つぶ・れる【飲み潰れる】［自下一］ひどく

酒に酔って正体を失う。酔いつぶれる。文のみつぶる

のみ-て【飲み手】[名]よく酒を飲む人。酒飲み。

のみ-で【飲みで(飲み出)】[名]飲んで十分だと思えるほどの分量。飲みごたえのある量。‖「この酒は安くて—がある」

のみとり-まなこ【▼蚤取り眼】[名]ノミをとるときのように、どんな小さなものでも見のがすまいとする真剣な目つき。‖「—で探しまわる」

のみ-なお・す【飲み直す】ホナス[自五]相手や場所を変えてさらに酒を飲む。‖「河岸を変えて—」

のみ-なら-ず ■一[連語]…だけでなく。…ばかりでなく。‖「家屋—土地も失った」■二[接]そればかりでなく。‖「飢饉に苦しんだ。—地震にも見舞われた」◈改まった言い方。

ノミネート[nominate][名・他サ変]候補者として指名すること。推薦すること。‖「アカデミー賞に—される」

のみ-の-いち【▼蚤の市】[名]古物市。▼パリ北郊の旧城門付近で毎週立つ古物市の名から。ノミがわくような古物を売る意という。

のみ-の-しんぞう【▼蚤の心臓】[名]気の弱いこと、度胸のないことのたとえ。

のみ-ほ・す【飲み干す(飲み▽乾す)】[他五]容器の中の液体を一滴も残さずに飲む。‖「ジョッキのビールを—」

のみ-まわし【飲み回し】ハシマ[名]一つの器に入れたものを何人かで順々に飲んで回していくこと。回し飲み。

のみ-みず【飲み水】ツミ[名]人が飲むための水。飲料水。

のみ-もの【飲み物】[名]飲むための液体。茶・ジュース・酒など。飲料。‖「お—は何にいたしましょうか」書き方公用文では「飲物」。

のみ-や【飲み屋】[名]酒を飲ませる店。居酒屋。

の・む【飲む(▼呑む)】[他五]❶液体を口からのどを通して体内へ流し入れる。また、固形物をかまずに体内に送り込む。‖「水[味噌汁]を—」「蛇が蛙を—」❷特に、酒を体内に入れる。飲酒する。‖「この店でちょっと—んでいこう」「やけ酒を—」▼〜ヲに酒を表す語を伴わないことも多い。❸タバコを吸う。喫煙する。‖「うまそうにタバコを—」書き方「▽喫む」とも。❹高波などが人や人家などを中に取り込む。包み込む。飲み込む。‖「高波が人を—」「やみに—まれて姿を消す」❺[古風]刃物などを隠し持つ。‖「懐に匕首を—」❻気力で相手を圧倒する。また、相手を軽く見る。‖「敵を—んでかかる」「会場の雰囲気に—まれる」❼相手の要求などを受け入れる。妥協して認める。‖「敵の条件を—」「清濁併せ—」❽出そうになるものを抑える。こらえる。‖「あまりの美しさに息を—」「かたずを—んで見守る」「涙を—んで(=悔しさをこらえて)あきらめる」

◈書き分け【呑】は丸のみにする、ぐいぐいのむ意で、「丸薬を呑む(①)」「大酒を呑む(②)」「蛇[波]が蛙[舟]を呑む(④)」「短刀を呑む(⑤)」「敵を呑む(⑥)」「条件を呑む(⑦)」「息を呑む(⑧)」などと好まれる。一般には【飲】でまかなうが、まかないがたいとして【呑】を使う、またはかな書きにすることも多い。可能飲める 名飲み

◉**飲まず食わず** ある期間、何も食べたり飲んだりしない。‖「—で二日を過ごす」

のめ・す[動五]《動詞の連用形に付いて複合動詞を作る》徹底的に…する。‖「ぶち—・たたき—・しゃれ—」

のめ-のめ[副]恥ずかしいとも思わずに平然としているさま。おめおめ。‖「このまま—(と)引き下がれようか」

のめり-こ・む【のめり込む】[自五]❶前に倒れるようにして入りこむ。‖「泥沼に—」❷ある状況・環境・思想などにはまり込んで抜け出せないほどになる。‖「仕事[ギャンブル]に—」

のめ・る[自五]前のほうに倒れかかる。‖「石につまずいて—」

の・める【飲める】■一[自他下一]「飲む」の可能形。飲むことができる。■二[自下一](■一から)飲むだけの価値がある。いける。‖「これはなかなか—酒だ」

の-やき【野焼き】[名]新しい草がよく生えるように、早春、枯れ草に火をつけて野を焼くこと。

の-やま【野山】[名]野と山。また、野や山。‖「—を駆けまわる」

の-ら【《野良》】[名]❶野原。野。❷田畑。‖「—着・—仕事」◈「ら」は接尾語。「良」は当て字。

のら-いぬ【《野良》犬】[名]飼い主のない犬。宿なし犬。野犬。

のら-くら[副]のらりくらり。‖「—(と)暮らす」

のら-ねこ【《野良》猫】[名]飼い主のない猫。どら猫。

のら-むすこ【のら《息子》】[名]のらくらと遊び暮らす息子。道楽息子。どら息子。

のらり-くらり[副]❶なまけてぶらぶらしているさま。のらくら。‖「仕事もせずに—(と)遊び暮らす」❷態度などがはっきりせず、とらえどころがないさま。のらくら。‖「—(と)言い逃れる」

のり【▽法・▽則】[名]❶法律。おきて。‖「—を守る」❷模範。手本。‖「後進に—を示す」❸仏の教え。仏教。仏法。❹差し渡しの長さ。寸法。‖「内—」

のり【▼糊】[名]紙などをはりつけたり、布地の形を整えたりするために使う粘りけのある物。米粉・麦粉などを煮て作る澱粉のり、フノリなどから作る海藻のりなどがある。▼広く接着剤の意でも使う。‖「合成—・アラビア—」

のり【乗り】■一[名]❶乗ること。また、乗る人。‖「玉—」❷調子づくこと。また、音楽のリズムなどにうまく調和すること。‖「—のよい曲」「悪—」❸絵の具・化粧品などの付きぐあい。‖「この白粉は—が悪い」■二(造)乗り物にその人数だけ乗れる意を表す。‖「五人—の自動車」「五〇人—のバス」

のり【〈海▼苔〉】[名]❶食用とする紅藻類・藍藻類の総称。海藻のアサクサノリ・スサビノリ・アオノリ、淡水藻のスイゼンジノリなど。❷アサクサノリを薄く紙のように漉いて干した食品。数「一枚…」「一帖(=一〇枚)」と数える。

のり-あい【乗り合い】ヒア[名]同じ乗り物に多数の人が一緒に乗ること。また、その一緒に乗っている人。‖「—バス」

のり-あ・げる【乗り上げる】[自下一]進行中の船や車が障害物などに当たり、はずみでその上に乗ってしまう。‖「船が暗礁に—」「バスが歩道に—」文のりあぐ

のり-あわ・せる【乗り合わせる】セルハ[自下一]偶然、同じ乗り物に一緒に乗る。‖「たまたま—・せた客と

親しくなる」文 のりあは・す

のり-い・れる【乗り入れる】[他下一] ❶乗っている車などを進めて中へ入れる。「境内までバスを—」❷バス・電車などをある区域や他社の路線まで延長して運行する。「私鉄二社が相互に—れている路線」文 **のりい・る** 名 **乗り入れ**

のり-うつ・る【乗り移る】[自五] ❶ある乗り物から降りて、別の乗り物に乗る。「本船から艀はしけに—」❷神霊・もののけなどが人間にとりつく。「悪魔が—」

のり-おく・れる【乗り遅れる】[自下一] ❶乗り物の出発時間に遅れて、その乗り物に乗れないでしまう。「終電に—」❷世の中の流れに即応できないで取り残される。「時流[ブーム]に—」文 **のりおく・る**

のり-おり【乗り降り(乗り下り)】[名・自サ変] 乗ることと降りること。乗降じょうこう。「大勢の旅客が—する駅」

のり-かえ【乗り換え】[名] 乗り物や立場などを乗り換えること。「この駅は—が不便だ」書き方 公用文では「乗換え」。慣用の固定した「乗換駅・乗換券」などは、送りがなを付けない。

のり-か・える【乗り換える】[自他下一] ❶それまで乗っていた乗り物を降りて別の乗り物に乗る。「東京駅で東北新幹線に—」「電車から/をバスに—」❷それまでの立場・考え方・かかわりなどを捨てて別のものにかえる。「主流派に—」「A社からB社に—」文 **のりか・ふ** 名 **乗り換え**

のり-かか・る【乗りかかる(乗り掛かる)】[自五] ❶乗り物に乗ろうとする。❷物事をしはじめる。「—った仕事だから手は引けない」❸上に乗って体をもたせかける。

◉**乗り掛かった船**ふね いったんかかわった以上、途中でやめるわけにはいかないことのたとえ。

のり-き【乗り気】[名・形動] 進んでそうしてみようとする気持ちであること。「縁談に—になる」

のり-き・る【乗り切る】[自五] ❶船などに乗ったまま最後まで進みとおす。❷困難な状況や危機を切り抜ける。「なんとか難局を—」❸残らず乗る。「全員が—らないうちにバスを発車させる」

のり-くみ-いん【乗組員】[名] 船舶・航空機などに業務として乗り組む人。

のり-く・む【乗り組む】[自五] 船舶・航空機などに業務上の一員として乗る。名 **乗り組み**

のり-こ・える【乗り越える】[自下一] ❶物の上を越えて向こう側へ行く。「塀を—」❷乗り物に乗って進みとおす。「ヨットで荒波を—」❸困難な状況や危機を切り抜ける。「不況[悲しみ]を—」❹他の人を抜いてさらに先に進む。「先人の業績を—」文 **のりこ・ゆ**

のり-ごこち【乗り《心地》】[名] 乗り物などに乗ったときの感じ。「—のよい車両」

のり-こ・す【乗り越す】[自五] ❶電車・バスなどで、下車する予定の、または乗車券の指定する駅や停留所を通り過ぎてさらに遠くまで行く。降りる予定の駅よりも先へ行く。❷物の上に乗って、それを越す。乗り越える。名 **乗り越し**「—料金」

のり-こ・む【乗り込む】[自五] ❶乗り物の中に入る。「乗客がバスに—」❷乗り物に乗ったままその場所に入る。「車を連ねて基地に—」❸勢いこんで相手の領域などに入りこむ。「単身敵地に—」名 **乗り込み**

のり-しろ【▼糊代】[名] ❶紙をはり合わせるとき、糊をつけるために設けてある部分。「—を広くとる」❷事態に対応したり状況を受け入れたりできるような、ゆとり・つなぎ。融通を利かせられる余地。「—を確保した資産運用」「人間関係を円滑にする—が必要だ」注意「伸びしろ」は伸びる(成長する)余地・可能性の意。

のり-すご・す【乗り過ごす】[自五] 乗り物に乗ったまま下車する予定の駅より先に行ってしまう。乗り越す。「うっかりして一駅—」

のり-す・てる【乗り捨てる】[他下一] 乗り物から降りる。また、乗り物から降りて、その乗り物を放置する。「駅前でタクシーを—」「銀行強盗が車を—てて逃げる」文 **のりす・つ** 名 **乗り捨て**

のり・する【▼糊する】[他サ変] ❶糊をつける。糊ではる。❷⬇口を糊する 文 **のり・す**

のり-だ・す【乗り出す】■[自五] ❶船などに乗って出発する。「大海に—」❷進んであることをし始める。また、進んである分野に入っていく。「真相の調査に—」「政界に—」❸乗り物に乗ることを始める。■[他五] 体を前のほうへ出す。「窓から身を—して手を振る」「膝を—して話を聞く」

のり-つぎ【乗り継ぎ】[名] 乗り継ぐこと。「—客」「電車の—案内」

のり-つ・ぐ【乗り継ぐ】[他五] 乗り物を降りて、また次の乗り物に乗る。次々に乗りかえて先に進む。「バスを—いでようやく目的地に到着する」名 **乗り継ぎ**

のり-づけ【▼糊付け】[名] ❶[他サ変] 糊ではりつけること。❷[自サ変] 洗濯した布・衣類などに糊をつけること。また、そのもの。◈「のりつけ」とも。

のり-つ・ける【乗り付ける】[自下一] ❶乗り物に乗って目的の場所に着く。また、乗り物に乗ったまま戸口・玄関口まで来る。「急いでタクシーで—」「車で玄関先に—」書き方「乗り着ける」とも。❷いつも乗っていて、慣れている。「—けない車は運転しづらい」文 **のりつ・く**

のり-て【乗り手】[名] ❶乗り物に乗る人。乗客。❷巧みに馬に乗る人。「当藩きっての—」

のり-と【《祝詞》】[名] 神事のときに神官が神前で唱える古体のことば。「—をあげる」

のり-にげ【乗り逃げ】[名・自サ変] ❶乗り物に乗って、その代金を払わずに逃げること。❷人の乗り物を盗み、それに乗って逃げること。「バイクを—される」

のり-のり[形動] リズムが軽快で、乗りのよいさま。また、物事が好調に運ぶさま。「—で踊る」「視聴率が伸びて—のドラマ」書き方 多く「ノリノリ」と書く。

のり-ば【乗り場】[名] 乗り物に乗るために設けられた場所。「タクシー—」

のり-まき【〈海▼苔〉巻き】[名] 干瓢かんぴょうなどの具を芯しんにして、すし飯を焼きのりで巻いたすし。巻きずし。

のり-まわ・す【乗り回す】[他五] 乗り物に乗ってあちこち走りまわる。「新車を—」

のり-めん【▽法面】[名] 土木工事で、切り土どや盛り土などによってつくられた斜面。のりづら。「—を緑化する」「—勾配こうばい」

のり-もの【乗り物】[名] 人を乗せて運ぶもの。電車・バス・自動車・自転車・船など。「遊園地の—」「—酔い」

の・る【乗る・載る】[自五] ❶【乗】ある物の上に上がる。のっかる。「体重計[ブランコ]に—」「子が父のひざに―」
❷【乗】移動するために乗り物の上または中に身を置く。〽「馬[車・船・エレベーター]に―」
❸【乗】他の流れといっしょになって運ばれる。〽「舟が川の流れに―」「祭り太鼓が風に―・って聞こえてくる」「私たちの声が電波に―」
❹【乗】ものの動きによく合致する。〽「勢い[リズム・調子・時流]に―」「―・っている(=調子づいている)人にはかなわない」
❺【乗】〈「興(きょう)が乗る」などの形で〉ある物事に対して積極的な気持ちになる。〽「仕事に興が―」「今日は練習に気分が―・らない」
❻【乗】一定の道筋や進路に従って順調に進む。のっかる。〽「人工衛星[経営]が軌道に―」
❼【乗】基準とする一定の線に達する。〽「株価が二万円の大台に―」「生産が採算ラインに―」
❽【乗】適合してよくなじむ。また、十分につく。〽「彼の声はマイクによく―」「おしろいが肌にうまく―・っていない」「十分に脂が―・って食べごろだ」
❾【乗】相手の依頼や勧誘に応じる。荷担する。〽「相談[もうけ話]に―」
❿【乗】相手の思わくどおりに動かされる。乗せられる。〽「相手の計略に―」「誘惑[おだて]に―」「挑発に―」「その手には―・らない」
⓫【乗・載】(機械などの大きさや重さについて言って)その上に乗せることができる。〽「楽にひざの上に―大きさのパソコン」「大きすぎて荷台には―・らない」
⓬【載】ある物の上に置かれている。〽「机に本が―・っている」「頭にベレー帽が―・っている」「トラックには初荷[家畜]が―・っている」▼言い切りでは「―・っている」の形で使う。[書き分け]⓬の【載】は、主に荷物などの物(物扱いした動物も含む)の場合に使う。「兄が踏み台の上に乗っている①」「こたつに猫が乗っている①」「後部座席に妹が乗っている②」など、人や動物の場合は一般に【乗】を使う。
⓭【載】印刷物として掲げられる。掲載される。〽「彼女の記事が新聞に―」「ブラックリストに―」
◈①②⬍おりる [可能]乗れる [名]乗り

ノルアドレナリン【Noradrenalin(ドイツ)】[名]副腎(ふくじん)や交感神経の末端から分泌される神経伝達物質。アドレナリンの前駆体で、末梢(まっしょう)神経を収縮させ、血圧を上昇させる。ノルエピネフリン。

のるか-そるか【▽伸るか反るか】[連語]成否は天にまかせ、思い切って事を行うさま。いちかばちか。〽「―の大ばくち」▼「のる」は、伸びる意。[注意]「乗るか反るか」と書くのは誤り。

ノルディック【Nordic】[名]スキー競技のうち、距離競技・ジャンプ競技・複合競技の総称。ノルディック競技。▼ノルウェーを中心に北欧で発達したことから。

ノルマ【norma(ロシア)】[名]個人や集団に割り当てられた一定時間内に果たすべき労働・生産の責任量。〽「―をこなす」

の-れん【▽暖▼簾】[名]❶商店で、屋号・店名などを染め抜いて店の出入り口に掲げておく布。▼一般に、部屋の出入り口などに下げて、仕切りや装飾に用いる布のこともいう。❷店の信用。店の格式。〽「―を守る」「―に傷がつく」◈「暖(のん)」は、唐音「暖(のん)」の転。
簾

◉**暖簾に腕押(うでお)し**　少しも手ごたえがないことのたとえ。
◉**暖簾を下ろ・す**　❶その日の営業をやめる。❷商売をやめる。廃業する。
◉**暖簾を分・ける**　商店・飲食店などで、長年勤めた店員などに新しく店を出させ、同じ屋号を名のることを許す。

のろい【呪い(▼詛い)】(のろひ)[名]のろうこと。呪詛(じゅそ)。〽「―をかける[とく]」[書き方]「呪▼詛い」とも当てる。

のろ・い【▼鈍い】[形]❶速度が遅い。〽「歩みが―」❷動作や反応が遅い。〽「理解が―」[派生]-さ

のろ・う【呪う(▼詛う)】(のろふ)[他五]❶恨みのある相手に災いが起こるように神仏に祈る。また、憎く思う相手に悪いことが起こるように心の中で願う。〽「人を―・わば穴二つ」❷強く恨む。〽「世を―」「わが身の不運を―」◈[書き方]「呪▼詛う」とも当てる。[可能]のろえる [名]のろい

ノロウイルス【Norovirus(ドイツ)】[名]食中毒や急性胃腸炎の原因となるウイルス。冬期に感染しやすく、下痢(げり)・嘔吐(おうと)・発熱などを引き起こす。

のろ-くさ[副]動作が非常に鈍いさま。のろのろ。〽「―(と)進む」

のろ-け【▼惚気】[名]のろけること。また、その話。〽「―話」

のろ・ける【▼惚気る】[自下一]自分の配偶者や恋人のことや、それとの仲のむつまじいことを得意になって話す。[名]のろけ

のろし【〈▼狼煙〉・〈▼烽火〉】[名]警報や合図のために高い所で薪(たきぎ)や火薬を燃して上げた煙。狼煙(ろうえん)。また、大きな動きのきっかけとなる行動のたとえにもいう。▼「狼煙(ろうえん)」は、昔狼(おおかみ)のふんを焼いたことからいう。
◉**狼煙を上・げる**　❶警報や合図のために煙を上げる。❷大きな動きのきっかけとなる行動を起こす。〽「革命の―」[書き方]「あげる」は「揚げる」とも。

のろ-のろ[副(と)]動きがゆっくりしているさま。〽「―(と)歩く」

のろ-ま【▽鈍間】[名・形動]動作がのろく、気がきかないこと。また、そのような人。〽「―なカメ」

のろわし・い【呪わしい】(のろはし)[形]のろいたい気持ちである。〽「―運命」[派生]-げ

の-わき【野分】[名]二百十日、二百二十日前後に吹き荒れる風。のわけ。▼野の草を吹き分ける風の意。

ノン【non(フランス)】[感]いいえ。いや。ノー。⬍ウイ

ノン【non】(造)「非」「不」「無」などの意を表す。〽「―プロ」「―タイトル」「―ストップ」

ノンアルコール[名]アルコールを含まないこと。また、アルコール分が一(パーセント)以下であること。〽「―ビール」▼nonalcoholicから。

ノン-オイル【non-oil】[名]料理などで、油を使わないこと。〽「―ドレッシング」

ノンカロリー[名]カロリーがないこと。また、低カロリーなこと。▼noncaloricから。

のん-き【▼呑気・▼暢気】[名・形動]性格がのんびりしていること。気が長いこと。また、心配事や苦労がなく、気楽なこと。〽「―な性分」「隠居して―に暮らす」[派生]-さ

ノン-キャリア【(和製)non+career】[名]中央官庁で、国家公務員試験Ⅰ種(上級甲)の合格者以外の公務員の俗称。⬍キャリア

ノン-け【ノン気】[名][俗]異性愛者。特に、異性愛者の男性。▼否定を表す「ノン(non)」と「気」の合成語。その気(け)(同性愛の気)のない人の意。

ノンシャラン【nonchalantフラ】[形動] のんきで無頓着なさま。なげやりなさま。「—な態度」

ノンシュガー【non-sugar】[名] 砂糖を含まないこと。無糖。シュガーレス。

ノンステップバス【和製non-step＋bus】[名] 床面を低くして乗降口の段差をなくしたバス。低床(ていしょう)バス。

ノンストップ【nonstop】[名] 途中の駅・バス停などに停車しないこと。

ノンセクト【和製non＋sect】[名] 特定の政党・党派などに属さないで行動すること。また、その人。

のんだくれ【飲んだくれ】[名] 大酒を飲んでひどく酔うこと。また、その人。よいどれ。

のんだくれる【飲んだくれる】[自下一] 大酒を飲んでひどく酔う。「昼間から—」 名 **飲んだくれ**

ノンバンク【nonbank】[名] 銀行以外で、金銭の貸し付けなどを業とする金融関連企業。サラリーマン金融・リース会社・クレジットカード会社など。

のんびり[副] あくせくしないで、ゆったりとくつろいでいるさま。せかせかしたところがなく、ゆっくりしているさま。「故郷に帰って—暮らす」「—とした口調で話す」「—とした朝」

ノンフィクション【nonfiction】[名] 虚構をまじえず、事実に基づいて作りあげた散文作品。伝記・紀行・記録文学など。⇔フィクション

ノンブル【nombreフラ】[名] 雑誌・書籍などで、ページの順序を示すために欄外に記す数字。ページ番号。「—を打つ」

ノンプロ[名] 職業的ではないこと。特に、職業選手ではないこと。「—野球」▼nonprofessionalから。

のんべえ【飲▽兵▽衛・▼呑▽兵▽衛】[名] 酒が好きでよく飲む人。のみすけ。▼人名めかした言い方。

のんべんだらり[副] 何をするでもなく、むだに時を過ごすさま。「—と暮らす」

ノンポリ[名] 政治や学生運動に関心をもたないこと。また、その人。▼nonpolitical（=非政治的な）から。

ノンレムすいみん【ノンレム睡眠】[名] レム睡眠以外の、深い眠りの時期。徐波(じょは)睡眠。⬇レム睡眠

は

は【刃】[名] 物を切る道具（刃物）の、薄く鋭い部分。その部分で物を切ったり削ったりする。「刀［包丁］の—」 書き方 ⬇のこぎり

は【羽】[名] ❶鳥・虫などの、はね。「—音」❷矢につける鳥のはね。矢ばね。「白—(しらは)の矢」

は【歯】[名] ❶鳥類以外の脊椎(せきつい)動物の口中に上下二列に並んで生えている、骨のように硬い器官。食物を咀嚼(そしゃく)したり、敵を攻撃したりするのに使う。人間では発声にも関係する。「—が生える」❷器具・機械などの縁に並んでいる①のような形をした刻み目。「くし［のこぎり］の—」 書き方 ⬇のこぎり ❸下駄(げた)の裏に付いている二枚の板。

◉**歯が浮・く** ❶歯の根が緩んで、歯が浮き上がったような状態になる。❷軽薄なお世辞などを聞いて、不快な気持ちになる。「—ようなおべんちゃら」

◉**歯が立たな・い** ❶固くてかめない。❷力量の差がありすぎたり、程度が高すぎたりして、立ち向かうことができない。

◉**歯に衣(きぬ)着せぬ** 遠慮せずに、ずけずけと物を言う。「—痛烈な批評」 注意「衣」を「絹」と書くのは誤り。

◉**歯の抜けたよう** まばらで、ふぞろいなさま。また、あるべきものがなくて、寂しいさま。「観客が少なくて—な会場」

◉**歯の根(ね)が合わな・い** 寒さや恐ろしさのために（歯をがちがちさせて）ふるえる。

◉**歯を食(く)いしば・る** 苦痛や悔しさなどを、（歯をかみ合わせて）必死にこらえる。

は【葉】[名] 植物の茎や枝につき、光合成・蒸散作用などを行う器官。ふつう緑色。葉っぱ。

は【端】[名] ❶物のはし。また、へりの部分。はた。「山の—」「口の—にのぼる」❷はんぱであること。はした。

は【派】一[名] 流儀・思想・主義などを同じくする人々の集まり。「特定の—に属さない」「—閥」「学—・宗—・印象—」二(造) ❶もとから分かれ出る。「—生」❷一部を分けてさしつかわす。「—遣」「特—」

は【破】一[名] 雅楽・能楽などで、曲の中間の部分。「序、—、急」二(造) ❶物をこわす。やぶる。物がこわれる。「—棄・—損・—片・—滅」「突—・爆—」❷そこなう。だめにする。だめになる。「—局・—産・—綻(たん)」❸相手を打ち負かす。「打—・論—」❹最後までやり抜く。とげる。「看—・踏—・読—」❺一定の枠からはずす。はずれる。「—戒・—格」

は【覇】[名] ❶武力・権力によって天下を統治すること。「—を唱える」「—王・—道」❷競技などで優勝すること。「—を競う」「制—・連—」 旧 霸

は[副助]（ワと発音する）

A 主題（題目）を表す

❶〈名詞（相当語）に直接に付いて〉文で述べようとする事柄を、「…について言えば」といった気持ちで話題としてとりたて、それについての説明を導く。「**彼は**江戸っ子だ」「**今日は**日差しが穏やかだ」「**日本は**地震が多い」「**社長は**出かけております」「**彼女は**何をしているのだろう」「**行くのは**いやだ」「賛成かどうか**は**分からない」

使い方 (1)「主題」「題目」などと呼ばれる用法。文全体の話題を示す性質をもつことから、「は」のかかる範囲は、連体節や条件節などには収まらない。このため、「太郎が持ってきた小説を読む」では、読む人は太郎とは限らないが、「太郎は持ってきた小説を読む」では、読む人は太郎に限られる。
(2)「先生にはますますご健勝の由」「彼とは三〇年来の交際だ」「株にまでは手を出していない」のように、助詞を介して名詞（相当語）に付くものもある。
(3)②以下を含めて、一般的に「は」は、新たに付け加える説明の前提となる部分を示す。この点から、「は」の付いた部分は「旧情報」「既知の事柄」を表すとも言われる。したがって、新しい情報を要求する、「誰」や「何」「どこ」などには「は」が直接付くことはない。「何はなくとも」「何はともあれ」「誰はさしおいても」などの固定的な言い回しの場合や、「誰は何、何はどこ、と一方的に決められた」などの「誰」は、新しい情報を要求するものではない。

B 対比を表す

❷〈名詞、名詞＋格助詞、副詞、活用語の連用形（＋接続助詞「て」）などに付いて〉同類の事柄が話題としてと

りたてられることを前提にして、それと対比的な事柄を示す。‖「声は聞こえるが、姿は見えない」「東京には行ったが、横浜には行っていない」「ゆっくりとは読めるが、すらすらとは読めない」「聞こえはしても、見えはしない」「見てはいるが、聞いてはいない」

使い方 (1)「対比」と呼ばれる用法。話題を対比的に示すとともに、「は」のあとに示される事柄の及ぶ範囲を限定する機能を持つ。「英語をすらすらとは読めない」は、英語が読めないのではなく、「すらすらと」という範囲について「読めない」ことを表す。対比の前提となる事柄が不明確であったり、通常の様子であったりすると、③の限定や強調を表すようになる。

(2)「は」のかかる範囲は、①とは異なり、「ゆっくりとは読めても、すらすらとは読めない小説」のように、連体節や条件節内にとどまることもある。

(3)対比されるものが言外に示されることも多い。「子供には無理だ」が〈大人にはできる〉意を、「大阪までは行ける」が〈大阪から先は行けない〉意を、「普段はいい子なのに」が〈今日は悪い子だ〉などの意を含むなど。

(4)「花は桜木、人は武士」や「男は度胸、女は愛嬌」など、修辞的な言い方で、対句の形で複数のものを話題にして、対比的に取り合わせを表すものもある。

C 限定や強調を表す

❸〈名詞、名詞＋格助詞、副詞、活用語の連用形(＋接続助詞「て」)などに付いて〉事柄の範囲や程度をとりたてて、それと限定したり、その範囲をことさらに強調したりする。‖「(大いにではないにしても)少しは懲りたろう」「多少は気になる」「読んではみた(がよく分からなかった)」「まさか怪しんだり(＝怪しむなど極端なこと)はしないだろう」「決して逃げはしない(＝最低逃げるようなことだけはしない)」

D その他

❹〈活用語の連体形＋「の」、名詞(＋なの)に付いて、「AのはBだ」「A(なの)はBだ」の形で〉説明にあたる部分を前提して「…は」で示し、述部で説明される部分をこれだと指し示す。‖「一番早く来たのは太郎だ」「クラス委員(なの)は私です」「日直は誰ですか」

使い方 「太郎が一番早く来た(のだ)」「私がクラス委員です」「誰が日直ですか」のように、説明されるものを「が」で、説明の部分を述部で示す文に置き換えられる。「太郎は学生だ(①の意)」は、太郎について、学生だという説明を加えるものだが、「学生は太郎だ(＝太郎が学生だ)」は、ある範囲から学生に合うものを探して、それは太郎だと説明することを表す。

❺〈時や場所など、場面を表す語に付いて〉後のさらに細かな場面設定を導く。‖「時は元禄一四年」「江戸は神田の生まれよ」「芸大は美術の出身」

❻〈「A(なこと)はAだが」「AするにはAしたが」などの形で〉考えてみればそれに違いないということを確認して、逆接の関係で下に続ける。‖「そりゃ、迷惑なことは迷惑だけど…」「安いことは安いが、質が悪い」「ダイヤはダイヤでも傷物だ」「勝つには勝ったが、それほどうれしくない」

❼〈名詞に直接に付いて、「AはA(だ)」の形で〉それ以外の何ものでもないことを確認する気持ちで(強調して)いう。‖「少額でも盗みは盗みだ」「元気とはいえ老人は老人だからね」「捜しても無駄だ、無いものは無い」「ならぬものはならぬ」

❽〈「AはAで」「AはAとして」の形で〉本筋から外れるがという含みで、立場や事情をそれなりに考慮していう。‖「彼は彼で言い分があろう」「明日は明日で法事があるんだ」「違反は違反として徹底追及する」「それはそれで十分に納得がいく」

は【把】(造) ❶手にとる。しっかりにぎる。‖「―握」 ❷にぎる所。にぎり。‖「―手」

は【波】(造) ❶水面に起こるなみ。‖「―紋・―瀾」「余―」 ❷なみのように動き伝わるもの。‖「音―・寒―・脳―・電磁―」

ば【場】[名] ❶あいている所。物などを置く所。‖「足の踏み―もない」 ❷あることが起こる、また、行われている所。‖「その―に居合わせる」「活動の―」 ❸あることが行われている所の状況。‖「―がしらける」 ❹劇・映画などの一場面。シーン。‖「第一幕第二―」「修羅―」 ❺取引所で、売買をする所。立会い場。‖「―が立つ」◈「場所」「場面」「現場」など、漢語のように使われるが、「ば」は和語。「にわ(庭)」の転という。

ば 一 [接助]

A 条件を表す

❶**順接の仮定条件** 未成立の事柄を仮定して、条件として示す。もし、…たら。…なら。‖「今すぐ出発すれば間に合うでしょう」

❷**順接の恒常条件** その条件のもとで常にある事柄が成立する場合の条件を示す。‖「春になれば雪が溶ける」「会えば必ずけんかだ」

❸〈多く、前で述べる表現に「さえ」を伴って〉後の事態が成立するために満たすべき条件を挙げる。‖「あと彼さえ来れば、メンバーが揃う」「これさえあればあとは何も要らない」

❹**反実仮想** 事実と異なる事柄を仮定して、想像される事態を導く。‖「もう少し早く出れば間に合っただろうに」「羽があれば彼女の所に行けるのに」「この間の試験、あと一〇点取っていればなあ」

B きっかけを表す

❺事実や状況を認識するきっかけとなった行為を示す。‖「よく見れば人違いだった」「ふと気がつけばすっかり暗くなっていた」「見上げれば一面の星空」

❻判断の根拠を示す。‖「ここまで来れば安心だろう」「あれだけやれば合格するのも当然だ」

❼伝聞や発話の由来を前置きとして示す。‖「ニュースによれば南米で地震があったそうだ」「聞けば些細なことが原因なのだそうだ」「率直に言えば君の考えはおかしい」

C 成句などで用いる

❽〈「…ばいい」「…ば宜しい」などの形で、また、上昇調のイントネーションを伴って「…ば」で言いさして〉そうする[なる]のが適当であるという気持ちを表す。また、提案・勧め・忠告・放任などの気持ちを表す。…たらいい。…といい。‖「君は黙って聞いていればいいんだよ」「ほしがっているんだから、買ってやればいいじゃない」「別れたければ別れればいいさ」「出荷元に問い合わせてみれば」「痛かったら、さっさと医者に行けば」「もう好きにすれば」

❾〈「…ばいいのに」「…ばいい(のだ)が」や、「…ばなあ」「…ばねえ」などの言いさす形で〉実現を望んだり現状がそうでないことを惜しんだりする気持ちを表す。…たら[と]いい(のに)。‖「雨がやめばいいのに」「適当な店が見つかればいいのだが」「あいつがもう少しテニスがうまければなあ」

❿〈「…ばよかった(のに)」などの形で〉実現しなかったこ

とに対する後悔や非難の気持ちを表す。〓「彼になんか会わなければよかった」「もっと早く来ればよかったのに」 ⓫〈「…といえば」「…ならば」などの形で〉直前に使われた語句を話題として示す。〓「山田といえば最近姿を見せないね」「茶碗ならばそこにある」 ⓬〈「からすれば」「とすれば」「にすれば」の形で体言を受けて〉後に述べることがもっともだと思われる、特定の立場を示す。…としては。…としたら。〓「学校とすれば認めるわけにはいかない」「彼にすれば親切心から出た行為だったのだろう」「彼女の立場からすれば腹を立てるのも当然だ」 ⓭〈「AすればAするほど」などの形で〉動作や状態が進むにつれて。…すれ[なら]ばその分。〓「やればやるほど面白くなる」「考えれば考えるほど分からない」「多ければ多いほどいい」 ⓮〈「AもすればBもする」の形で〉同類の事柄を並べて述べる。…もするし…もする。…でもあり…でもある。〓「雨もふれば風も吹く」「職もなければ家もない」 ⓯〈「…とすれば」の形で〉限定的な条件を示して、後に、そこから当然導かれる判断や意見を示す。…なら。…とすると。…の(ん)だったら。〓「やるとすれば今しかない」「十時に出たとすればもう着いているだろう」「親も同居するとすれば増築しなくてはならない」「四次元の世界があるとすれば、どのようなものだと思いますか」

D その他

⓰〔古風〕事実を挙げ、理由として示す(順接の確定条件)。…なので。…だから。〓「十一月の二十八日は旦那さまお誕生日なりければ、年毎お友達の方々招き参らせて〈一葉〉」

◈ 使い方 (1)活用語の仮定形に付く。文語では、①〜④は未然形に、⑤〜⑦は已然形に付く。⑯も已然形に付く。未然形接続の例として現在でも「死なばもろとも」「笑わば笑え」「すきあらばとねらう」などがある。(2)俗な言葉では、仮定形のエ段音と融合して、拗音の「ゃ(あ)」の形になることがある。「(行けば→)行きゃ(あ)」「(すれば→)すりゃ(あ)」「(寒ければ→)寒けりゃ(あ)」。ただし、⑧の言いさしの用法は拗音の形にはならない。

■〔格助〕格助詞「を」＋副助詞「は」が「をば」→「ば」と転じたもの。九州方言で、「…を」に同じ。〓「なんばしよっと?」

ば【羽】(造)⬇わ(羽) 〓「三—のからす」

ば【馬】(造)うま。〓「—脚・—車・—力」「競—・乗—」

ば【婆】(造)年をとった女性。〓「産—・老—」▽梵語の音写に使う。〓「—羅門」「娑—」「卒塔—」

ば【罵】(造)ののしる。〓「—声・—倒・—詈雑言」

ぱ【羽】(造)⬇わ(羽) 〓「鴨一〇—」

はあ〔感〕❶やや改まって相手のことばに同意するときに発する語。〓「—、わかりました」❷不審に思って問い返すときに発する語。〓「—、なんですって」▽尻上がりの調子で使う。

ばあ〔感〕幼児をあやすとき、幼児に顔を向けて発する語。また、急に顔を見せたとき、いたずらっぽく発する語。〓「いないいない—」

バー【bar】〔名〕❶高跳び・棒高跳びで、跳びこす目標とする横木。また、サッカー・ラグビーなどで、ゴールの上端にわたした横木。❷バレエの練習のときにつかまる手すり。❸カウンターを備え、主として洋酒を飲ませる酒場。

ぱあ〔名〕❶じゃんけんで、五本の指を全部開いた形。かみ。〓「ぐう、ちょき、—」❷全部なくなること。また、なかったと同じ状態に戻ること。〓「注ぎ込んだ金が—になる」❸〔俗〕愚かしいこと。

パー【par】〔名〕❶株式・公社債などの発行価格または市価が、その額面価格と同じであること。❷ゴルフで、各ホールごとに決められている基準打数。また、基準打数で各ホールを終えること。〓「—プレー」「アンダー—」

パー【PER】〔名〕⬇株価収益率 ▽price earnings ratio の略。「ピーイーアール」とも。

ば-あい【場合】〔名〕❶その時どきで変わってくる、その場の事情や状況。〓「時と—をわきまえる」「—によっては再検討が必要になる」❷〈連体修飾語を受けて〉そのような事例や状況。〓「多くの—、納得できない」「彼女の—は例外だ」「万一の—に備える」❸〈「…て[で]いる場合」の形で、下に打ち消し・反語を伴って〉今はそんな状況下にないの意で、緊迫した状況に適切に対処していないことを非難していう。〓「笑っている—か」❹〈「…場合が[も]ある」などの形で〉常にではないが、状況に応じてその事態が成立する意を表す。…ことが[も]ある。〓「予習はする—もあるが、しない—も多い」「たまに遅刻する—がある」◈「ばわい」「ばやい」は「ぐわい(具合)」「しやい(試合)」などと同様、変化した形。

パーカー【parka】〔名〕防寒・防風用に着る、ゆったりしたフードつきの上着。アノラック・ヤッケなど。パーカ。パルカ。

パーカッション【percussion】〔名〕ドラム・シンバル・マラカスなど、打楽器の総称。また、楽団でそれを演奏するセクション。

バーガンディー【Burgundy】〔名〕❶フランスのブルゴーニュ地方に産するワイン。特に、赤ワイン。▽「ブルゴーニュ(Bourgogne)」の英語名から。❷①のワインに似た、暗い赤色。暗紅色。

パーキング【parking】〔名〕駐車すること。また、駐車場。〓「—エリア」▽記号「P」は、駐車場あり、駐車可の意。

パーキンソン-びょう【パーキンソン病】〔名〕大脳内部の変性による病気。手足のふるえ、筋肉の緊張などから始まり、徐々に歩行困難などの症状が現れる。パーキンソン症候群。▽一八一七年、イギリスの医師パーキンソンによってその症例が報告された。

は-あく【把握】〔名・他サ変〕❶手でしっかりつかむこと。また、手中に収めること。〓「制空権を—する」❷ある事柄をしっかり理解すること。〓「状況を—する」

パーク【park】〔名〕❶公園。遊園地。〓「テーマ—」❷〔自サ変〕駐車すること。パーキング。

ハーケン【Haken ドイツ】〔名〕登山で、岩の割れ目などに打ち込んで支点とする金属製の大きなくぎ。手がかりや足がかりにもする。

バーゲン【bargain】〔名〕「バーゲンセール」の略。

バーゲン-セール【bargain sale】〔名〕商品の安売り。廉価販売。特売。バーゲン。

バー-コード【bar code】〔名〕太さや間隔の異なる黒いしま状の記号によって数字・英字などを表す符号。各種商品に印刷または貼付し、バーコードリーダーで読みとって商品の識別や管理を行う。

パーコレーター【percolator】〔名〕濾過装置のついたコーヒー沸かし器。

パーサー【purser】〔名〕客船・旅客機などで、客室乗務員の長。

ばあ-さん【▽婆さん】［名］「お婆さん」のくだけた言い方。⬍爺さん

ばあ-さん【〈祖母〉さん】［名］「お祖母さん」のくだけた言い方。⬍祖父さん

パージ［purge］［名・他サ変］追放すること。特に、公職から追放すること。≡「レッドー」

バージョン［version］［名］❶作品などに手を加えて作り直したもの。版。≡「ガイドブックの英語ー」❷コンピューターのプログラムなどの版。

バージョン-アップ［和製version＋up］［名・他サ変］コンピューターで、ソフトウエアなどの機能を改善して版を更新すること。アップグレード。

バージン［virgin］［名］処女。

バージン-ロード［和製virgin＋road］［名］キリスト教会の結婚式で花嫁が父親と腕を組んで歩く、入り口から祭壇までの通路。

バース-コントロール［birth control］［名］受胎調節。産児制限。バスコン。

バースデー［birthday］［名］誕生日。≡「ーケーキ」✓注意「バースディ」と書くのは誤り。

パースペクティブ［perspective］［名］❶遠近法。透視画法。❷舞台装置などの見取り図。❸将来の展望。見通し。また、視野。

パーセンテージ［percentage］［名］パーセントで表される割合。百分率。百分比。≡「広告費が高いーを占める」

パーセント［percent］［名］百分率で、全体を一〇〇としてその割合を表す単位。一パーセントは一〇〇分の一。プロセント。記号%

パーソナリティー［personality］［名］❶その人にそなわっている固有の性格。個性。❷放送で、ディスクジョッキーなどの番組を担当するタレント。

パーソナル［personal］［形動］❶一個人に関するさま。個人的。❷個人用の、小型で手軽な、などの意を表す。≡「ーテレビ」

パーソナル-コンピューター［personal computer］［名］⬇パソコン

バーター［barter］［名］物々交換。≡「ー貿易（＝二国間で一定期間内の輸出入価格を均衡させ、物々交換の形をとることによって為替による差額決済を不要にする貿易方法）」

ば-あたり【場当たり】［名・形動］❶演劇・集会などで、その場に応じた機転で人気を得ること。❷準備も計画もなく、その場の思いつきで事を行うこと。≡「ー的な対応」

バーチャル［virtual］［名・形動］仮想的であること。≡「ーな体験」「ーショッピング」

バーチャル-リアリティー［virtual reality］［名］コンピューターの制御によって仮想空間をつくり出し、人工的環境の中で視覚・聴覚・触覚などの疑似体験をさせること。また、その環境や技術。仮想現実。VR。

パーツ［parts］［名］機械・器具などの部品。部分品。

バーディー［birdie］［名］ゴルフで、一ホールを標準打数（パー）より一つ少ない打数でホールアウトすること。

パーティー［party］［名］❶社交のための集まり。≡「ダンスー・祝賀ー」❷仲間。一行。特に、登山などで行動をともにする仲間。❸政党。党派。

パーティション［partition］［名］❶部屋などの間仕切り。隔壁。❷コンピューターで、一台のハードディスクをイメージ的に複数台に分割するため設ける間仕切り。

バーテン［名］バーで酒類などの調合をする人。▽「バーテンダー（bartender）」の略。

ハート［heart］［名］❶心臓。❷こころ。心情。また、愛情。≡「彼女のーをつかむ」❸トランプで、心臓を図案化した♥の模様。また、その模様のついた札。≡「ーのクイーン」

ハード［hard］［一］［形動］❶堅いさま。堅牢なさま。≡「ーな材質」「ーカバー」❷厳しいさま。激しいさま。≡「ーな仕事」「ースケジュール」◈⬍ソフト 派生 -さ［二］［名］「ハードウエア」の略。

バード［bird］［名］鳥。小鳥。≡「ーウイーク（＝愛鳥週間）」▽多く他の語と複合して使う。

パート［part］［名］❶部分。全体の一部。❷小説などで、章・編。❸役割。職分。≡「重要なーを受け持つ」❹音楽で、それぞれの声域や楽器が受け持つ部分。また、楽曲の一部分。❺その企業の正規の労働時間よりも一日・一週・一か月あたりの労働時間が短い勤務制度。⬍フルタイム▽「パートタイム（part-time）」の略。❻パートタイムで働く人。▽「パートタイマー（part-timer）」の略。

ハードウエア［hardware］［名］コンピューターの機器および装置の総称。ハード。⬍ソフトウエア

バード-ウォッチング［bird watching］［名］自然の中で野鳥の姿を観察して楽しむこと。野鳥観察。探鳥。

ハードカバー［hardcover］［名］厚いボール紙を芯にした、かたい表紙の本。

ハード-コア［hard core］［名］❶一九八〇年代にパンクロックから派生したロック音楽。荒々しい演奏や過激な歌詞などを特徴とする。❷性描写が露骨であること。また、そのような映画・小説など。ハードコアポルノ。◈「妥協しない」「筋金入りの」などの意から。

ハード-コピー［hard copy］［名］コンピューターで、ディスプレー上に表示された画面をプリンターで印刷すること。また、そのもの。

ハード-スケジュール［hard schedule］［名］過密なスケジュール。予定がびっしりと詰まった厳しい日程。

ハード-ディスク［hard disk］［名］コンピューターで、金属製の磁気ディスクを使った記憶媒体。記憶容量が大きい。

ハードトップ［hardtop］［名］乗用車の車体形式の一つ。金属・プラスチックなど硬い材質でできた屋根をもち、左右の窓から中間支柱をはずしたスタイルのもの。

パートナー［partner］［名］❶ダンス・競技などで、二人一組になるときの相手。❷共同で仕事をするときの相手。相棒。❸配偶者。また、恋人。

パートナーシップ［partnership］［名］❶提携。協同。協力関係。≡「行政とNPOのー」❷共同経営。共同事業。

ハートフル［heartful］［形動］心がこもっているさま。やさしさにあふれているさま。≡「ーな贈り物」

ハード-ボイルド【hard-boiled】[名] 冷酷非情な現実を感情を交えずに簡潔な文体で描こうとする創作手法。第一次大戦後のアメリカ文学に現れ、ヘミングウェーをその先駆とする。▽もとは卵の固ゆでの意。

ハード-ランディング【hard landing】[名] ❶宇宙船などが逆噴射を使わないで急激に着陸すること。硬着陸。❷景気動向を急激に変動させ、次の局面に移行させること。◈⇕ソフトランディング

ハードル【hurdle】[名] ❶陸上競技のハードル競走で用いる、台のついた木製または金属製のわく。❷陸上競技の種目の一つ。一定の距離に一定の間隔で置いた①を飛び越えながら走り、その速さを競う競走。障害競走。▽「ハードル競走」「ハードルレース」の略。❸乗り越えなくてはならない障害。〓「いくつかの━を越える必要がある」

◉**ハードルが高・い** 乗り越えなくてはならない物事の程度や難度が大きい。〓「海外出店は━」▽「ハードル」①が高い意から、ゴールまでの困難さをいう。

バーナー【burner】[名] ガス・液体燃料・微粉炭などを燃焼させて高温を得る装置。ガスバーナー・オイルバーナーなど。

ハーネス【harness】[名] ❶登山・ロッククライミング・ダイビングなどの安全ベルト。❷犬につける胴輪。

ばあば [名] 祖母を親しんで呼ぶ語。⇕じいじ▽「祖母(ばば)」の転。多く幼児が使う。

ハーバリウム【herbarium】[名] ❶植物標本。植物標本室。❷瓶にドライフラワーなどを入れ、オイルで満たしたもの。観賞用。

バーバリズム【barbarism】[名] 野蛮な風習。野蛮な行為。また、ことさらに反文化的な行為を誇示する傾向。

ハーフ【half】[名] ❶二分の一。半分。〓「━サイズ・━ボトル」❷サッカー・ラグビーなどの試合の前半、または後半。❸ハーフバック。❹混血の人。▽half bloodから。

ハーブ【herb】[名] 薬草・香草の総称。〓「━ティー」

ハープ【harp】[名] 撥絃(はつげん)楽器の一つ。湾曲した三角形の枠に通常四七本の弦を張ったもので、両手の指で弦をはじいて演奏する。音高を調節するペダルを備えたものが多い。竪琴(たてごと)。

パーフェクト【perfect】[名・形動] ❶完璧であること。完全であること。〓「━な仕上がり」❷野球で、投手が一試合を完投し、相手チームに一人の走者も得点も許さないで勝った試合。完全試合。▽「パーフェクトゲーム」の略。

パーフォレーション【perforation】[名] 写真・映画用フィルムの両側または片側に一定間隔で開けられている穴。フィルムを送ったり巻き取ったりする役目をもつ。

ハープシコード【harpsichord】[名] チェンバロ。

ハーフ-スイング【half swing】[名] 野球で、打者が振りかけたバットを途中で止めること。空振りにはならない。

ハーフタイム【halftime】[名] サッカー・ラグビー・ホッケーなどで、試合の前半と後半の間に設けた休憩時間。

ハーブ-ティー【herb tea】[名] ハーブを煮出して茶のようにした飲み物。

ハーフトーン【halftone】[名] ❶絵・写真などで、明と暗の中間の調子。中間調。❷印刷などで、濃淡を表す網版。❸音楽で、半音。

ハーフパイプ【halfpipe】[名] スノーボードやスケートボードの競技種目の一つ。半円筒状のコースの斜面でジャンプ・回転などの技を競う。また、そのコース。

ハーフバック【halfback】[名] サッカー・ラグビー・ホッケーなどで、フォワードとフルバックの中間の位置。また、その位置にいて攻守両面の中継的な役割をする競技者。中衛。ハーフ。

ハーフ-マラソン【half marathon】[名] 正式のマラソンの半分の距離(二一・〇九七五キロメートル)を走る長距離競走。

ハーフ-メイド【和製half＋made】[名] 洋服で、仮縫いの段階までできていて、注文者の寸法に合わせて仕立てるようになっているもの。また、それで作った洋服。ハーフメード。

パープル【purple】[名] 紫。紫色。

バーベキュー【barbecue】[名] 肉などを直火(じかび)で焼きながら食べる料理。▽ふつう野外に炉を設けて行う。書き方 俗に「BBQ」「バーベQ」とも。

バーベル【barbell】[名] 鉄棒の両端に鉄製の円盤をはめ込んだ運動用具。重量挙げや筋力トレーニングに用いる。

バーボン【bourbon】[名] トウモロコシを主原料とするアメリカ産のウイスキー。内部を焦がした樽(たる)に詰めて熟成させ、独特の風味をつける。バーボンウイスキー。▽ケンタッキー州バーボン郡で作られたことから。

パーマ [名] 熱や薬品を用いて頭髪に波形をつけること。また、その髪形。パーマネント。〓「━をかける」▽permanent waveから。

バーミキュライト【vermiculite】[名] ❶蛭石(ひるいし)。❷蛭石を焼成して作る人工砂。栽培用土や土壌改良材などに用いる。

ハーモニー【harmony】[名] ❶調和。〓「色彩の━」❷音楽で、和声。

ハーモニカ【harmonica】[名] リード楽器の一つ。音階順に金属のリードを装置した長方形の板を金属製などのカバーでおおったもの。側面に並んだ穴に口を当て、息を吐いたり吸ったりして演奏する。ハモニカ。

ばあ-や【▽婆や】[名] 年をとった女の使用人。また、その人を親しんで呼ぶ語。〓「━に子守を頼む」⇕爺(じい)や

パーラー【parlor】[名] 主として洋菓子・アイスクリーム・飲み物などを出す軽飲食店。〓「フルーツ━」

ハーラー-ダービー【hurler derby】[名] プロ野球のリーグ戦で、シーズン中の投手間の勝利数の争い。▽「ハーラー」は投手の意。

は-あり【羽▼蟻】[名] 交尾期になって羽の生えたあり。はねあり。

バール【bar】[名] 先端がL字形に曲がった鉄製の工具。てこ・くぎ抜きなどに用いる。かなてこ。

バール【bar】[名] 圧力を表す単位。一バールは一〇万パスカル。記号bar

パール【pearl】[名] 真珠。〓「━の指輪」

バーレスク【burlesque】[名] ❶正統な演劇などを戯画化した芝居。▽一七、八世紀の英国で流行した。❷音楽・踊り・寸劇などを組み合わせた大衆向きの滑稽(こっけい)劇。❸アメリカで、ストリップショーなどを含む通

俗的なコメディショー。ボードビル。

ハーレム【harem】[名]⬇ハレム

ハーレム【Harlem】[名]ニューヨーク市マンハッタン区北部の住宅街。黒人・移民の居住者が多い。▽オランダのハーレムから入植した人々が建設したことから。

バーレル【barrel】[名]⬇バレル

はい【灰】ハヒ[名]ものが燃焼したあとに残る粉状のもの。⊙**灰にな・る** ❶焼失する。灰燼(かいじん)に帰す。❷死んで火葬にされる。

はい【▼蠅】ハヒ[名]⬇はえ(蠅)

はい【拝】■一[名]手紙で、自分の名の下に書き添えて相手への敬意を表す語。「鈴木—」■二(造)❶頭をさげて礼をする。おがむ。「—観・—殿」「参—・礼—(れいはい・らいはい)」❷あがめる。ありがたがる。「—金」「崇—」❸官位などをいただく。「—命・—領」❹自分の動作が及ぶ相手を高める語。つつしんで…する。「—啓・—見・—読」旧拜

はい【杯】■一[名]酒を入れる器。さかずき。「—を重ねる」「乾—・金—・祝—」書き方「▼盃」とも。■二(造)❶優勝カップ。賞杯。「賜—・天皇—」❷容器に入ったご飯・汁などを数える語。「ご飯三—」「バケツ一—分の水」❸イカ・カニ・タコや船などを数える語。◈上にくる語によって「ばい」または「ぱい」となる。

はい【▼胚】[名]多細胞生物の発生初期の個体。動物では卵黄または母体から養分を吸収して成長する過程のもの。種子植物では種子の中にあり、発芽後、根茎葉となる部分。胚子(はいし)。「—芽・—嚢(のう)」「胞—」

はい【肺】[名]胸の左右にあり、肋骨(ろっこつ)に囲まれた呼吸器官。息を送り込み、送り出す働きをする。肺臓。

はい[感]❶相手のことばを肯定したり受け入れたりするときに使う語。ええ。「『引っ越したんだって?』『—、フクロウが鳴くような所です』」「『行かないよね』『—、行きませんとも』」「『田中君、ご案内して』『—、かしこまりました』」⬍いいえ・いや 使い方 否定疑問への答え方については「いいえ」を参照。❷呼びかけられたり話しかけられたりしたときに応ずる語。「『佐藤君!』『—』」「『ちょっと、そこの若い人』『—、私ですか』」❸相手の注意を促すときに使う語。「—、大きく息を吸って」「—、お年玉!」❹自分のことばの末尾につけて発言の内容を確認したり真実性を強調したりするときに使う語。へりくだった語感を伴うことが多い。「承知いたしましたとも、—」「五年間の保証付きですから、—」使い方 インタビューなどで、相手に答えるのではなく、自分の意見を自分で納得しただけの自己完結型の言い方がある(「体の反応がよかったですね、はい」)が、慣用になじまない。「うん」も同様。❺牛馬を追うときのかけ声に使う語。はいし。「—どう」◈丁寧な言い方の口頭語。

はい【▼佩】(造)身につける。腰に下げる。「—刀」「玉—」

はい【背】(造)❶せなか。また、物の裏側。後ろ側。「—泳・—景・—面」「光—・紙—」❷せなかを向ける。後ろを向く。「—水・—走」❸そむく。裏切る。「—徳・—任・—反」「面従腹—」

はい【俳】(造)❶芸人。役者。「—優」❷こっけい。たわむれ。「—諧(はいかい)・—句」❸「俳諧」「俳句」の略。「—号・—人・—壇」

はい【配】(造)❶くばる。わりあてる。「—給・—線・—達」「集—・宅—」❷注意を行き届かせる。「—慮」「心—」❸ならべる。とりあわせる。「—色・—役・—列」❹連れ添う相手。連れ合い。「—偶」❺とりしまる。おさめる。「—下」「支—」❻島流しにする。「—流(はいる)」

はい【排】(造)❶しりぞける。おしのける。おしだす。「—気・—泄(はいせつ)」❷ならべる。「—置・—列」「按—(あんばい)」

はい【敗】(造)❶戦いや試合に負ける。「—色・—戦」「惨—・大—」「五勝二—」❷こわれる。だめになる。「—屋」「酸—・腐—」❸しそこなう。しくじる。「失—」

はい【廃】(造)❶役に立たなくなる。すたれる。「—屋・—墟(はいきょ)・—品」「荒—・頽—(たいはい)」❷不要のものとして用いるのをやめる。「—棄・—止・—車」「全—・撤—」❸体がだめになる。「—人」▽「癈」に通じる。旧廢

はい【輩】(造)❶なかま。ともがら。「後—・先—・同—」❷列をなして並ぶ。「—出」

ハイ【high】■一[名・形動]感情・気分などが高揚すること。「気分が—になる」■二(造)❶位置・高さなどが高い。「—ネック・—ジャンプ」❷速度・程度・性能などが高度である。「—スピード・—センス」❸上流の。高級の。「—クラス」

ばい【▽貝・▼蛽・〈海▼蠃〉】[名]浅海の砂泥底にすむエゾバイ科の巻き貝。肉は食用。紡錘形の殻はべいごまや貝細工の材料にする。ツブ。

ばい【倍】■一[名]同じ数を二回加えること。二倍。二倍の数量。「点数が—になる」■二(造)同じ数を何回か加える。「—加・—増・—率」「数—・二〇—」

ばい【売】(造)うる。あきなう。「—店・—名」「特—・非—・密—」旧賣

ばい【梅】(造)❶うめ。うめの花。「—林」「寒—・紅—・白—」❷うめの実の熟す時期。また、そのころの長雨。つゆ。「—雨」「入—」旧梅

ばい【培】(造)植物を養い育てる。つちかう。「—養」「栽—」

ばい【陪】(造)❶つきそう。ともをする。「—食・—席」❷たすける。補佐する。「—審」

ばい【媒】(造)❶結婚をとりもつ。なこうど。「—酌」❷仲立ちをする。「—介・—体」「触—・溶—・霊—」

ばい【買】(造)金を払って品物を求める。かう。「—収」「購—」

ばい【賠】(造)損害をおぎなう。つぐなう。「—償」

パイ【Π・π】[名]❶ギリシア語アルファベットの第一六字。❷数学で、円周率を表す記号。❸数学で、相乗積を表す記号。

パイ【pie】[名]小麦粉を冷水でこねた生地にバターなどの油脂を切り込んだ皮にジャム・果物・肉などを入れて天火で焼いたもの。「アップル[ミート]—」

パイ【牌 中国】[名]マージャンの駒(こま)。竹で裏打ちした骨材などに文字や図柄を彫ったもの。一三六個で一組みになる。

はい-あが・る【▼這い上がる】ハヒ[自五]❶はって上にあがる。はうようにして上にあがる。「土手を—」❷悪い状況から抜け出して、ある地位に達する。「どん底の生活から—」

バイアス【bias】[名]❶布を織り目に対して斜めに裁つこと。また、そのように裁った布。バイヤス。❷織り目に対して斜めに裁った布テープ。縫い代の始末や縁取りなどに使う。▽「バイアステープ(bias tape)」の略。❸かたより。「—がかかる」

バイアスロン【biathlon】[名]クロスカントリースキーと射撃とを組み合わせた複合競技。冬季近代二種。▽冬季オリンピック競技種目の一つ。

はい‐あん【廃案】[名] 議決・採用されずに廃止された議案。〓「ーになる」

はい‐い【廃位】ヰ [名・他サ変] 強要して君主をその位から退かせること。

はい‐いろ【灰色】ハヒ [名] ❶灰のような、薄いねずみ色。グレー。〓「ーの空」❷希望がなく、暗くてみじめなこと。〓「ーの人生」❸有罪か無罪かはっきりしないこと。疑惑があること。〓「ー高官」▽白とも黒ともつかないことから。

はい‐いん【敗因】[名] 負けた原因。⬍勝因

ばい‐いん【売淫】[名・自サ変] 売春。淫売。

ばい‐う【梅雨(▼黴雨)】[名] 六月から七月中旬にかけて降る季節的な長雨。本州以南から中国の揚子江流域にかけて顕著に現れる。つゆ。さみだれ。〓「ー前線」▽梅の実の熟するころの雨の意とも、黴を生じやすい雨の意ともいう。

ハイウエー【highway】[名] 高速自動車道路。▽英語では幹線道路の意。

ハイ‐ウエスト【high waist】[名] 洋服で、通常の位置より高いウエストライン。⬍ローウエスト

はい‐えい【背泳】[名] あお向けの姿勢で泳ぐ泳法。両腕を交互に回転させて水をかき、ばた足を用いて頭の方向へ進む。せおよぎ。バックストローク。

はい‐えき【廃液】[名] 不用になり廃棄される液体。

はい‐えつ【拝謁】[名・自サ変] 身分の高い人に会うことをいう謙譲語。〓「国王にーする」

ハイエナ【hyena】[名] インド・アフリカに分布するネコ目ハイエナ科の哺乳類の総称。体形はオオカミに似るが、前肢が後肢より長い。夜行性で、主に死肉をあさる。シマハイエナ・ブチハイエナなど。▽貪欲に利益をむさぼったり、他人の利益を強奪したりする者の意でも使う。〓「ーのような詐欺師」

バイエル【Beyerドイ】[名] ドイツの作曲家バイエルが作った初心者向けのピアノ教則本。

はい‐えん【肺炎】[名] 細菌・ウイルスなどの感染や、薬剤・アレルギーなどを原因として肺に起こる炎症。発熱・咳・喀痰・胸痛・呼吸困難などの症状が現れる。

はい‐えん【排煙】[名] ❶煙突などからはき出される煙。❷[自サ変] 中にこもっている煙を外に出すこと。

はい‐えん【廃園】ヱン [名] ❶使う人がなく、荒れ果てた庭園。❷[自他サ変] 動物園・幼稚園などが、その経営をやめること。

ばい‐えん【梅園】ヱン [名] 梅の木を多く植えてある庭園。

ばい‐えん【▼煤煙】[名] 石炭などの燃料を燃やしたときに出るすすと煙。

バイオ【bio】 ■[名]「バイオテクノロジー」の略。■(造) 生命。生物に関する。

バイオエシックス【bioethics】[名] ⬇生命倫理

はい‐おく【廃屋】ヲク [名] 住む人がなく、荒れ果てた家屋。廃家。

ハイ‐オク [名] ガソリンのオクタン価が高いこと。また、そのガソリン。▽「ハイオクタン(high-octane)」の略。

バイオグラフィー【biography】[名] 伝記。伝記文学。

バイオス【BIOS】[名] コンピューターで、ハードウエアを管理し正常に作動するように入出力環境を整える基本的なプログラム。▽basic input/output systemの略。

バイオテクノロジー【biotechnology】[名] 生物の化学反応やその機能を工業的に利用する技術。遺伝子組み換えや細胞融合の技術を中心とし、品種改良、医薬品・食糧の生産、環境浄化などに広く応用される。生命工学。生物工学。バイオ。

はい‐おとし【灰落とし】ハヒ [名] タバコの灰を落とし入れる器具。灰皿・灰吹きなど。

パイオニア【pioneer】[名] 開拓者。先駆者。〓「精神分析学のー」

バイオ‐ねんりょう【バイオ燃料】レウ [名] 植物などを原料としたエネルギー資源。バイオマス燃料。

バイオハザード【biohazard】[名] 研究施設や病院などから漏れ出た有害な生物、特に微生物が引き起こす災害。生物災害。

バイオマス【biomass】[名] ❶ある時点にある一定区域内に存在する生物の量。生物量。生物体量。❷生物体をエネルギー資源や化学・工業原料として利用すること。また、その生物体。

バイオメトリクス【biometrics】[名] ⬇生体認証

バイオリズム【biorhythm】[名] 人間の肉体・感情・知性などに生じる一定の周期的な律動。

バイオリニスト【violinist】[名] バイオリン奏者。

バイオリン【violin】[名] 擦弦楽器の一つ。全長約六〇センチメートルで、同形の楽器の中では最も小さい。四本の弦を馬の尾の毛を張った弓でこすって演奏する。提琴。ビオロン。書き方「バイオリン／ヴァイオリン」は、前者が一般的な表記。外来語の表記のよりどころとなる「外来語の表記」では、「ヴァ」「ヴィ」「クァ」の類は、外来語を原音や原つづりになるべく近く書き表そうとする場合に用いる仮名とし、一般的な表記に用いる仮名とは区別する。そのため、法令・公用文書・新聞などでは、「ヴァイオリン・ヴィデオ・クァルテット」ではなく、「バイオリン・ビデオ・カルテット」と書く。「外来語の表記」(一八三ページ)を参照。数「一丁(挺)…」と数える。

バイオレット【violet】[名] ❶スミレ。特に園芸種のニオイスミレ。❷すみれ色。濃い紫色。❸リキュールの一つ。紫色の甘い酒で、カクテルに用いる。

バイオレンス【violence】[名] 暴力。暴力行為。〓「ー映画」

ばい‐おん【倍音】[名] 基音に対して、その整数倍の振動数をもつ部分音。

はい‐か【配下】[名] ある人の支配下にあること。また、その者。手下。〓「ーの者を引き連れる」

はい‐か【廃家】[名] ❶住む人がなく、荒れ果てた家。廃屋。❷[自サ変] 旧民法で、戸主が他家に入籍するために自分の家を絶やすこと。また、その家。

はい‐が【拝賀】[名・自サ変] 目上の人にお祝いのことばを申し述べること。〓「ーの辞」

はい‐が【▼胚芽】[名] 種子の内部の、やがて生長して芽になる部分。胚。〓「ー米」

はい‐が【俳画】ワク [名] 俳諧の趣をもつ淡彩画または水墨画。俳句や賛を添えたものが多い。俳諧画。

ばい‐か【売価】[名] 物を売り渡すときの値段。うりね。⬍買価

ばい‐か【倍加】[名・自他サ変] ❶倍にふえること。ま

た、倍にふやすこと。❷ますますふえること。また、ますますふやすこと。≒「興味が―する」

ばい-か【梅花】〔名〕梅の花。

ばい-か【買価】〔名〕物を買い入れるときの値段。かいね。⇔売価

ハイカー [hiker]〔名〕ハイキングをする人。

はい-かい【俳諧(▼誹諧)】〔名〕❶滑稽。たわむれ。❷正統的な和歌に対し、滑稽味を帯びた和歌。▽「俳諧歌」の略。❸連歌の一体。洒落や俗語を用いた卑俗・滑稽なもの。▽「俳諧連歌」「俳諧の連歌」の略。❹俳句(発句)・連句の総称。

はい-かい【▼徘▼徊】〔名・自サ変〕あてもなく歩きまわること。≒「市中を―する」「―趣味」

はい-がい【拝外】〔名〕外国の思想・文物などをありがたがって崇拝すること。≒「―思想」

はい-がい【排外】〔名〕外国人や外国の思想・文物などをきらって排斥すること。≒「―運動」

ばい-かい【媒介】〔名・他サ変〕❶両方の間に立って橋渡しをすること。とりもつこと。≒「取引の―をして手数料を得る」❷病原菌を一方から他方にうつすこと。≒「蚊が―する病気」

はい-かき【灰▼搔き】〔名〕火鉢・香炉などの灰をかきならすのに用いる金属製の道具。灰おさえ。灰ならし。

はい-がく【廃学】〔名・自他サ変〕❶学業を中途でやめること。≒「―して故郷に帰る」❷学校(特に大学)を廃止すること。また、その学校。≒「少子化の影響で―になる」

ばい-がく【倍額】〔名〕二倍の金額。二倍の価格。

はい-かぐら【灰《神楽》】〔名〕火の気のある灰の中に湯や水をこぼしたとき、ぱっと舞いあがる灰けむり。

はい-ガス【排ガス】〔名〕⬇排気②≒「―規制」

はい-かつりょう【肺活量】〔名〕肺に吸い込んだ後に吐き出すことのできる最大限の空気の量。

ハイカラ〔名・形動〕西洋風で、しゃれていること。また、そのような人。≒「―な洋服」▽明治時代、洋行帰りの議員などが丈の高いカラー(high collar)を着用していたことから。派生―さ

バイカラー [bicolor]〔名〕二色であること。二つの色を並べた配色。

はい-かん【拝観】〔名・他サ変〕神社・仏閣、またその宝物などを謹んで観覧すること。≒「―料」

はい-かん【肺肝】〔名〕❶肺臓と肝臓。❷心の奥底。≒「―を砕く(＝非常に苦心する)」

はい-かん【配管】〔名・自サ変〕ガス管・水道管などを敷設すること。≒「―工事」

はい-かん【廃刊】〔名・他サ変〕新聞・雑誌など、定期刊行物の刊行を廃止すること。

はい-かん【廃館】〔名〕映画館・博物館など、館と名のつく施設が経営を廃止すること。

はい-かん【廃艦】〔名・他サ変〕使用できなくなった軍艦を艦籍から除くこと。また、その軍艦。

はい-がん【拝顔】〔名・自サ変〕人に会うことをいう謙譲語。お目にかかること。拝眉。≒「―の栄に浴する」

はい-がん【肺▼癌】〔名〕肺・気管支に発生する癌。

ばい-かん【陪観】〔名・他サ変〕身分の高い人につき従って一緒に見物すること。

はい-き【拝▼跪】〔名・自サ変〕ひざまずいておがむこと。≒「神前に―する」「王(の前)に―する」

はい-き【排気】〔名・自サ変〕❶内部の空気を外へ出すこと。≒「―口」❷熱機関が燃焼したあとのガスを外部に出すこと。また、そのガス。排ガス。排気ガス。≒「―量」⇔吸気

はい-き【廃棄】〔名・他サ変〕❶不用なものとして捨てること。≒「―物」「―処分」❷当事国の一方の意思によって条約の効力を失わせること。

はいき-ガス【排気ガス】〔名〕「排ガス」の通称。使い方 本来重言だが広く使う。マスコミでは「排ガス」「排出ガス」とする。

はい-きしゅ【肺気腫】〔名〕肺胞壁がこわれて肺組織が弾力性を失い、肺胞が過度に拡張する病気。咳・痰・呼吸困難などの症状があらわれる。

ばい-きゃく【売却】〔名・他サ変〕売り払うこと。

はい-きゅう【配球】〔名〕野球で、投手が打者に投球するときの球種・球速・コースなどを組み立てること。また、その組み合わせ。コンビネーション。

はい-きゅう【配給】〔名・他サ変〕❶品物などを銘々に割り当てて配ること。❷統制経済のもとで、限りのある物資を消費者に割り当てて売り渡すこと。≒「米の―」▽第二次大戦中から戦後にかけて行われた。❸映画を映画館に貸し出すこと。≒「―会社」

はい-きゅう【排球】〔名〕バレーボール。

ばい-きゅう【倍旧】〔名〕これまでよりも程度を増すこと。≒「―のお引き立てをお願い申し上げます」

はい-きょ【廃▼墟(廃虚)】〔名〕建物・市街などの荒れ果てた跡。≒「―と化した町」書き方「廃虚」は代用表記。 墟

はい-きょう【背教】〔名〕キリスト教で、信仰を捨てて異教に改宗すること。また、無宗教になること。≒「―者」

はい-ぎょう【廃業】〔名・自他サ変〕今までの職業や商売をやめること。≒「―した力士」

はい-きん【拝金】〔名〕金銭を最も価値あるものとして尊重すること。≒「―主義」

はい-きん【背筋】〔名〕胴体の背部にある筋。≒「―力」

ばい-きん【▼黴菌】〔名〕人体に有害な細菌の通称。▽汚いものや害をなすもののたとえとしても使う。 黴

ハイキング [hiking]〔名〕自然を楽しみながら野山や海辺を歩くこと。ハイク。

バイキング [Viking]〔名〕❶八世紀から一一世紀にかけて、スカンジナビア半島やデンマークを根拠地に海路ヨーロッパ各地を侵攻したノルマン人。❷多種の料理を卓に並べ、客が好みのものを好きなだけ取り分けて食べる形式の料理。▽「バイキング料理」の略。日本のレストランが命名したもの。

はい-く【俳句】〔名〕五・七・五の三句一七音を定型とし、季語を含むことを原則とする短詩。▽日本独自の短詩文芸で、俳諧連歌の発句が独立してできたもの。数「一句…」と数える。

はい-ぐ【拝具】〔名〕「つつしんで申し上げました」の意で、手紙文の末尾に記すあいさつの語。敬具。

バイク [bike]〔名〕❶「モーターバイク」の略。❷自転車。≒「マウンテン―」

はいぐう-しゃ【配偶者】〔名〕夫からみて妻を、妻からみて夫をいう語。≒「―控除」

ハイ-クオリティー【high quality】〔名・形動〕質が高いこと。高品質であること。‖「—な画像」

バイク-びん【バイク便】〔名〕オートバイを使って急ぎの書類・荷物などを集配する事業。

ハイ-クラス【high-class】〔名・形動〕高級であること。‖「—のホテル」

ハイ-グレード【high-grade】〔形動〕高級なさま。上質なさま。‖「—なマンション」

はい-ぐん【敗軍】〔名〕戦いに負けること。また、戦いに負けた軍隊。‖「—の将は兵を語らず（＝失敗した者はそれについて弁解がましいことをいうべきではないということ）」

はい-けい【拝啓】〔名〕「つつしんで申し上げます」の意で、手紙文の冒頭に記すあいさつの語。謹啓。▼文末はふつう「敬具」で結ぶ。

はい-けい【背景】〔名〕❶絵画・写真や演劇の舞台などで、中心になる題材をひきたたせる背後の光景。後景。バック。❷物事の背後にあってそれを成立させる事情や存在。‖「強い経済力を—とした吸収合併」

はい-げき【排撃】〔名・他サ変〕退けようとして非難・攻撃すること。‖「洋学を—する」

はい-けっかく【肺結核】〔名〕結核菌の感染によって起こる肺の慢性感染症。微熱・咳・痰・倦怠感などの症状があらわれ、進行すると喀血を起こす。肺病。

はいけつ-しょう【敗血症】〔名〕感染病巣から細菌が血液中に入って循環し、その毒素が全身に広がって中毒症状や急性炎症を引き起こす病気。注意「肺血症」と書くのは誤り。

はい-けん【▼佩剣】〔名〕腰に帯びる剣。佩刀。

はい-けん【拝見】〔名・他サ変〕「見ること」の意の謙譲語。‖「お手紙—いたしました」

はい-ご【背後】〔名〕❶物のうしろ。背中の方。後方。‖「敵の—に回る」❷表面に現れていない陰の部分。‖「事件の—関係」

はい-ご【廃語】〔名〕現在では全く使われなくなったことば。死語。

はい-こう【廃坑】〔名・自サ変〕❶鉱山・炭鉱で、坑道を廃棄すること。また、その坑道。❷廃鉱。

はい-こう【廃校】〔名・自サ変〕学校を廃止すること。また、その学校。‖「分校を—にする」

はい-こう【廃鉱】〔名・自サ変〕採掘をやめて鉱山・炭鉱を廃棄すること。また、廃棄された鉱山・炭鉱。

はい-ごう【俳号】〔名〕俳人としての雅号。芭蕉・蕪村・虚子などの類。

はい-ごう【配合】〔名・他サ変〕二種以上のものを組み合わせること。ほどよく混ぜ合わせること。‖「薬剤を—する」「—飼料」

はい-ごう【廃合】〔名・他サ変〕廃止することと合併すること。‖「町村の統—」

はい-こきゅう【肺呼吸】〔名〕肺によって行われる外呼吸。肺胞内の吸気と毛細血管との間で炭酸ガスと酸素の交換を行う。

ばい-こく【売国】〔名〕自国の内情や秘密を敵国に知らせて私利をはかること。

ばいこく-ど【売国奴】〔名〕敵国と通じて国を裏切る者をののしっていう語。

ハイ-コスト【high cost】〔名〕費用が高いこと。高価なこと。⇔ローコスト

ハイ-コンテクスト【high context】〔名〕互いの価値観や経験則が近いために、事柄の背景や状況などの詳細を説明しなくても、相手が何を言いたいのかを察することができること。

はい-ざい【配剤】〔名・他サ変〕❶薬剤を配合すること。❷ほどよく組み合わせること。‖「天の—」

はい-ざい【廃材】〔名〕役に立たなくなって廃棄された材木。

ばい-ざい【媒材】〔名〕媒介となる材料。仲立ちの役をする材料。

はい-さつ【拝察】〔名・他サ変〕「推察すること」の意の謙譲語。‖「お喜びのことと—いたします」

はい-ざら【灰皿】〔名〕タバコの灰や吸い殻を入れる容器。

はい-ざん【敗残】〔名〕❶戦いに負けて生き残ること。‖「—兵」❷心身ともに傷つき、落ちぶれること。‖「人生の—者」書き方「廃残」とも。

はい-ざん【廃山】〔名〕鉱山の操業をやめること。また、その鉱山。

はい-し【▼胚子】〔名〕➡胚

はい-し【俳誌】〔名〕俳句の雑誌。

はい-し【廃止】〔名・他サ変〕それまで続いてきた制度・慣習などをとりやめること。‖「赤字路線を—する」「虚礼—」

はい-し【▼稗史】〔名〕昔、中国で稗官が民間の風俗・人情などの、こまごまとした事柄を集めて記録した書物。また、小説風に書かれた歴史書。民間の歴史書。⇔正史

はい-じ【拝辞】〔名〕❶〔自サ変〕「退出すること」の意の謙譲語。‖「御前を—する」❷〔他サ変〕「辞退すること」の意の謙譲語。‖「入閣を—する」

はい-じ【廃寺】〔名〕住職のいない、荒れ果てた寺。

はい-しつ【肺疾】〔名〕肺の病気。肺病。

はい-しつ【廃疾（▼癈疾）】〔名〕身体に障害をもたらす不治の病。

ばい-しつ【媒質】〔名〕力や波動などを他に伝える媒介となるもの。音波を伝える空気、光を伝える空間など。

はいじつ-せい【背日性】〔名〕植物の器官が光の来る方向とは反対の方向へ屈曲する性質。背光性。⇔向日性

は-いしゃ【歯医者】〔名〕歯の病気を治療する医者。歯科医。また、その医院。

はい-しゃ【拝謝】〔名・自サ変〕「礼を言うこと」の意の謙譲語。‖「御厚情に—する」

はい-しゃ【配車】〔名・自サ変〕自動車・車両などを必要に応じて割り振ること。また、割り振ってさし向けること。

はい-しゃ【敗者】〔名〕勝負・試合などに負けた人。また、負けたチーム。‖「—復活戦」⇔勝者

はい-しゃ【廃車】〔名〕使用するのをやめて廃棄した自動車や車両。

はい-しゃく【拝借】〔名・他サ変〕「借りること」の意の謙譲語。‖「自転車を—します」「お手を—」

ばい-しゃく【媒酌・媒▼妁】〔名〕結婚の仲立ちをすること。また、その人。仲人。‖「—人」

ハイジャック【hijack】〔名〕航行中の航空機を暴力・脅迫などによって乗っ取り、その運行を支配すること。スカイジャック。

ハイ-ジャンプ【high jump】〔名〕走り高跳び。

はい-しゅ【▼胚珠】［名］種子植物のめしべに形成される生殖器官。胚嚢(はいのう)・珠心・珠皮からなり、受精後は種子となる。

はい-じゅ【拝受】［名・他サ変］「受け取ること」の意の謙譲語。‖「お手紙―いたしました」

ばい-しゅう【買収】(シウ)［名・他サ変］❶買い取ること。‖「用地を―する」❷ひそかに金品を与えて人を自分の有利になるように動かすこと。‖「有権者を―する」

ばい-じゅう【陪従】［名・自サ変］身分の高い人のお供をすること。また、その人。べいじゅう。

はい-しゅつ【排出】［名・他サ変］❶内部にたまった不要の物を外へ押し出すこと。‖「汚水を―する」「ガスの―口」❷生物体が体内に生じた不用または有害な物質を体外に出すこと。排泄(はいせつ)。

はい-しゅつ【輩出】［名・自他サ変］すぐれた人物が次々と世に出ること。‖「多くの名優が／を―した劇団」

使い方「〜が輩出する／輩出させる／輩出される」はともに用いられる。「〜を輩出する／輩出させる」では前者が一般的。「歴代の首相が輩出した／輩出された名門校」「歴代の首相を輩出した名門校」➡品詞解説(一八一六ジ) ✔注意 特定の一人が世に出ることをいうのは誤り。‖「×山田選手を輩出した道場」

ばい-しゅん【売春】［名・自サ変］金銭を得る目的で不特定多数の人と性的行為をすること。売淫(ばいいん)。‖「―婦」「―防止法」

ばい-しゅん【買春】［名・自サ変］➡かいしゅん(買春)

はい-しょ【俳書】［名］俳諧(はいかい)・俳句に関する書物。俳諧書。

はい-しょ【配所】［名］流罪(るざい)によって流された土地。配流の場所。謫所(たくしょ)。

はい-じょ【排除】(ヂョ)［名・他サ変］おしのけて、そこからのぞくこと。‖「異分子を―する」

はい-じょ【廃除】(ヂョ)［名・他サ変］❶やめて取り除くこと。廃止すること。‖「悪法を―する」❷遺留分を持つ推定相続人に著しい非行があったときなど、被相続人の請求に基づき、推定相続人の相続権を剥奪(はくだつ)すること。また、その制度。

はい-しょう【拝承】［名・他サ変］聞くこと、承知することをいう謙譲語。‖「お申し越しの件、確かに―いたしました」

はい-しょう【拝▼誦】［名・他サ変］「読むこと」の意の謙譲語。‖「お手紙―いたしました」

ばい-しょう【賠償】(シャウ)［名・他サ変］他人・他国に与えた損害をつぐなうこと。‖「損害―責任」

はい-しょく【配色】［名・他サ変］種々の色を取り合わせること。また、その取り合わせた色合い。

はい-しょく【配食】［名］調理した食事を届けること。‖「―事業」「―サービス」「―ボランティア」

はい-しょく【敗色】［名］負けそうな気配。‖「―濃厚」

ばい-しょく【陪食】［名・自サ変］身分の高い人と食事をともにすること。‖「御―を賜る」

はい-しん【背信】［名］信義にそむくこと。信頼を裏切ること。‖「―行為」

はい-しん【背進】［名・自サ変］後ろの方へ進むこと。後退。

はい-しん【配信】［名・他サ変］❶通信社・新聞社・放送局などが、入手した情報やニュースを関係報道機関などに流すこと。❷インターネットを使って、情報や音楽・動画などを送信すること。

はい-じん【俳人】［名］俳句を作る人。‖「蕉門の―」

はい-じん【廃人(▼癈人)】［名］傷害・病気などのために通常の社会生活を営めなくなった人。▼貶(おとし)めていう語。

ばい-しん【陪臣】［名］❶臣下の臣。又家来(またげらい)。❷江戸時代、直参と称した旗本・御家人に対し、諸大名の家臣。

ばい-しん【陪審】［名］一般市民の中から選ばれた人々が裁判の審理に参加し、与えられた事実問題に対し証拠に基づいて評決を下す制度。英米法系では裁判制度の基本。‖「―員」

はい-しんじゅん【肺浸潤】［名］肺のX線写真上に境界の不鮮明な陰影が認められる状態。▼かつては軽症の肺結核の意で使われた語。

はい-すい【背水】［名］川・湖などを背にすること。

◉**背水の陣**(じん) 一歩も退くことはできないという、せっぱ詰まった立場で事にあたることのたとえ。✔注意「背水の陣を敷く」を「背水の陣を引く」とするのは誤り。

はい-すい【配水】［名・自他サ変］上水道などの水を各所に配給すること。‖「―管」

はい-すい【排水】［名・自他サ変］❶過剰または不用になった水を外へ流し出すこと。‖「―口・―溝」❷水に浮かんだ物体が、水中に没した部分と同体積の水を押しのけること。

はい-すい【廃水】［名］使用されたあとの捨てられる水。‖「工場―」

はいすい-トンすう【排水トン数】［名］船の排水量を英トンまたはメートルトンで表したもの。おもに軍艦の重量表示に用いられる。

はいすい-りょう【排水量】(リャウ)［名］水に浮かぶ船が押しのける水の量。船体の重量と等しいので、船舶の重量表示に用いられる。

はい-すう【拝▼趨】［名］先方へ出向くことをいう謙譲語。

ばい-すう【倍数】［名］ある整数の何倍かの数。整数aが整数bで割り切れるとき、bに対するaのこと。‖「九は三の―である」

ハイ-スクール【high school】［名］高等学校。▼アメリカの八四制では中等学校にあたる四年の課程。

ハイ-スピード【high-speed】［名］速度が速いこと。高速度。

はい-ずみ【▽掃墨・灰墨】［名］ごま油・菜種油などの油煙をはき集めたもの。また、それに膠(にかわ)をまぜて作った墨。まゆ墨・薬・塗料などに用いた。▼「はきずみ」の転。

はい・する【拝する】［他サ変］❶頭を垂れて礼をする。敬礼する。おがむ。‖「阿弥陀如来を―」❷「受ける」の謙譲語。Aから受けるという動作について、Aを高める。‖「大命を―」❸「見る」の謙譲語。A(の事物)を見るという動作について、Aを高める。‖「尊顔［先生の手紙］を―」文はい・す

はい・する【配する】［他サ変］❶人や物を適当な場所・位置に置く。配置する。‖「要所に警備員を―」❷バランスよく取り合わせる。‖「松に竹を―」❸〔古風〕夫婦にする。めあわせる。❹〔古風〕島流しにする。配流(はいる)する。文はい・す

はい・する【排する】［他サ変］❶障害となるものを

しりぞける。排斥する。≡「主観[万難]を—」❷〔古風〕閉じているものを押し開く。≡「扉を—」❸順序に従ってならべる。排列する。≡「項目を五十音順に—」文はい・す

はい・する【廃する】〔他サ変〕❶それまで続けてきたことをやめる。廃止する。≡「虚礼を—」❷その地位から退かせる。≡「君主を—」文はい・す

はい・ずる【▼這いずる】ハヒ〔自五〕床や地面に体をすりつけるようにして動く。はって動く。≡「蛇(へび)が—」「赤ん坊が—り回る」

ばい・する【倍する】〔自他サ変〕❶二倍になる。また、二倍にする。≡「定員に—乗客」「税金を—悪政」❷大いに増える。また、大いに増やす。≡「旧に—ご愛顧をお願いいたします」文ばい・す

はい-せい【俳聖】〔名〕古今に並ぶ者のないほどすぐれた俳人。特に、松尾芭蕉。

はい-せい【敗勢】〔名〕負けそうな形勢。

はい-せき【排斥】〔名・他サ変〕受け入れがたいものとして、拒みしりぞけること。≡「偶像崇拝を—する」

ばい-せき【陪席】〔名・自サ変〕身分の高い人と同席すること。≡「歌会に—する」「—の栄に浴する」

バイセクシュアル【bisexual】〔名・形動〕両性に対して性的な欲望をもつこと。また、その人。両性愛者。

はい-せつ【排▼泄】〔名・他サ変〕生物体が体内に生じた不用な物質を体外に出すこと。排出。

はい-せつ【排雪】〔名・自他サ変〕降り積もった雪を取り除くこと。除雪。

はい-ぜつ【廃絶】〔名〕❶〔自サ変〕すたれて絶える。≡「七代で—した家系」❷〔他サ変〕すっかりなくすこと。廃止すること。≡「核兵器を—する」

はいせつ-ぶつ【排▼泄物】〔名〕生物体から排泄されたもの。一般に大小便をいう。排出物。

はい-せん【杯洗(▼盃洗)】〔名〕酒席で、やり取りする杯を洗いすすぐための水を入れておく器。

はい-せん【肺▼尖】〔名〕肺臓の上部のとがった部分。

はい-せん【配船】〔名・自サ変〕船舶をそれぞれの航路に割り振って就航させること。

はい-せん【配線】〔名・自他サ変〕❶電気部品・電子素子などを導線で結んで回路を構成すること。また、その導線。❷電力や電話の需要者側に電線や電話線を敷設すること。また、その電線や電話線。≡「—工事」

はい-せん【敗戦】〔名・自サ変〕戦争・試合などに負けること。まけいくさ。≡「—国」「—投手」

はい-せん【廃船】〔名〕使用に堪えなくなった船を廃棄すること。船舶原簿から除いて処分すること。また、その船。

はい-せん【廃線】〔名〕鉄道・バスなどで、ある区間の営業路線を廃止すること。また、その路線。

はい-ぜん【配膳】〔名・自他サ変〕料理の膳を客の前に配ること。≡「—係」

はい-ぜん【▼沛然】〔形動タル〕雨が激しく降るさま。≡「—たる驟雨(しゅうう)」

ばい-せん【媒染】〔名・他サ変〕染料が直接繊維にしみ込まないとき、染料と繊維とを結びつける薬剤を用いて繊維を加工すること。また、その染色法。≡「—剤」

ばい-せん【▼焙煎】〔名・他サ変〕コーヒー豆や茶の葉を煎(い)ること。≡「自家—」

ハイ-センス【和製high+sence】〔名・形動〕センスがいいこと。好みや趣味が洗練されていること。≡「—な着こなし」

はいせん-ばん【配線盤】〔名〕❶電話交換局で、加入者とつながる電話線を引き込んで統制のために配列しておく装置。❷機械で、配線を集めて取り付けておく盤。

はい-そ【敗訴】〔名・自サ変〕訴訟に負けること。自己に不利益な判決が下ること。⇔勝訴

ハイソ〔形動〕上流社会に属するさま。高級なさま。上品なさま。≡「—なファッション」▽「ハイソサエティー(high society)」の略から。

はい-そう【拝送】〔名・他サ変〕❶「見送ること」の意の謙譲語。≡「国賓を—する」❷「送付すること」の意の謙譲語。≡「ご注文の品を—いたしました」

はい-そう【背走】〔名・自サ変〕野球で、野手が捕球するために、本塁側に背を向けて守備位置後方へ走ること。また、前を向いたままの姿勢で後方へ走ること。

はい-そう【配送】〔名・他サ変〕品物を配達して送り届けること。また、配達と発送。≡「デパートの—係」

はい-そう【敗走】〔名・自サ変〕戦いに負けて逃げ走ること。≡「敵が—する」

はい-ぞう【肺臓】ーザウ〔名〕⇒肺(はい)

ばい-ぞう【倍増】〔名・自他サ変〕二倍に増えること。また、二倍に増やすこと。≡「所得が—する」

はい-ぞく【配属】〔名・他サ変〕人をある部署に配置して所属させること。≡「人事課に—される」

ハイソサエティー【high society】〔名〕上流社会。また、上流社会の社交界。

ハイ-ソックス【和製high+socks】〔名〕ひざ下までの長さのソックス。

はい-そん【廃村】〔名〕❶過疎地などで、住む人のいなくなった村。❷町村合併などによって存在しなくなった村。

バイソン【bison】〔名〕ウシ科バイソン属の哺乳(ほにゅう)類の総称。肩高一・八(メートル)に達する野生のウシで、頸から肩にかけての毛が長い。ヨーロッパバイソンとアメリカバイソン(バッファロー)の二種があるが、いずれも絶滅の危機に瀕し、現在は保護下にある。

はい-た【排他】〔名〕自分の仲間以外の者をすべてしりぞけること。≡「—主義」「—的」

ばいた【〈売女〉】〔名〕〔俗〕❶売春婦。また、それをののしっていう語。❷不貞な女性をののしっていう、差別的な語。

はい-たい【▼胚胎】〔名・自サ変〕❶みごもること。❷物事の起こる要因を含みもっていること。ある結果をもたらすきざしが生じること。≡「荘園制に—した封建制度」

はい-たい【敗退】〔名・自サ変〕負けてしりぞくこと。≡「初戦で—する」

はい-たい【廃退(廃▼頽)】〔名・自サ変〕❶衰えてすたれること。頽廃。≡「—した古城」❷道徳的な気風などが衰えてすたれること。頽廃。≡「道義が—する」書き方「廃退」は代用表記。

ばい-たい【媒体】〔名〕❶媒質となる物質。❷情報・力・効果などを他に伝える仲立ちとなるもの。≡「紙—・記録—・広告—・感染—」⇒メディア[ことば比べ]

ばい-だい【倍大】〔名〕二倍の大きさ。

はい-だ・す【▼這い出す】 ハヒ ［自五］❶はって出る。はい出る。❷はい始める。‖「赤ん坊が―」

はい-たつ【配達】 ［名・他サ変］品物・郵便物などを指定された家などに届けること。‖「新聞［牛乳］―」

ハイ-タッチ【和製high＋touch】 ［名］スポーツ選手などが喜びを表すために、頭上にかざした手のひらを互いに打ち合わせること。

はいたてき-けいざいすいいき【排他的経済水域】 ーケイザイスイイキ ［名］領海の外側にあり、沿岸から二〇〇海里（約三七〇キロメートル）までの海域。沿岸国がその海域の生物・鉱物資源の探査や開発、保存などに関して主権的権利をもつ。経済水域。EEZ。

バイタリティー【vitality】 ［名］活力。生命力。‖「―のある人」

はい-だん【俳壇】 ［名］俳句を作る人たちの社会。

はい-ち【背▼馳】 ［名・自サ変］そむくこと。くいちがうこと。‖「方針に―した意見」「行動が理想と―する」

はい-ち【配置】 ［名・他サ変］人や物を適当な位置や持ち場に割り当てて置くこと。また、その位置や持ち場。‖「警官を―する」「―転換（＝組織内で、構成員の職務地や職務内容を換えること）」「気圧―」

ばい-ち【培地】 ［名］微生物や動植物の組織を培養するために栄養分を組み合わせてつくった液状または固形の物質。培養基。

はいち-せい【背地性】 ［名］植物の茎が重力に逆らって上の方向へ屈曲する性質。負の屈地性。⇔向地性

はい-ちょう【▼蠅帳】 ハヒチャウ ［名］❶通風をよくし、ハエなどの侵入を防ぐために、三方または四方に紗（しゃ）や金網を張った食品用の小さな戸棚。❷食品の上にかぶせてハエなどの侵入を防ぐ、ほろ蚊帳（がや）状の道具。紗や金網で作る。◈「はえちょう」とも。

はい-ちょう【拝聴】 ーチャウ ［名・他サ変］「聞くこと」の意の謙譲語。謹んで聞くこと。‖「御高説を―する」

ハイツ【heights】 ［名］（高台にある）集合住宅（地）。多く、その名称の一部に使う。▽高地・高台の意。

はい-つくば・う【▼這い▼蹲う】 ハヒツクバフ ［自五］⬇はいつくばる

はい-つくば・る【▼這い▼蹲る】 ハヒ ［自五］両手・両ひざを地につけて伏す。平伏する。はいつくばう。‖「地面に―」「はたかれて土俵に―」

はい-てい【拝呈】 ［名］❶［他サ変］物を贈ることをいう謙譲語。つつしんで差し上げること。‖「近著を―いたします」❷手紙のはじめに書いて、相手への敬意を表す語。拝啓。

はい-てい【廃帝】 ［名］強制されてその地位を追われた天皇・皇帝。

ハイ-ティーン【和製high＋teen】 ［名］十代の後半、一六〜一九歳ぐらいの年齢層。また、その年ごろの少年少女。⇔ローティーン

ハイ-テク【high-tech】 ［名］⬇ハイテクノロジー ⇔ローテク

ハイ-テクノロジー【high technology】 ［名］高度科学技術。先端技術。ハイテク。

はい-てん【配点】 ［名・自サ変］試験問題の合計点を各問題や科目に振り分けること。また、その点。

はい-てん【配転】 ［名・他サ変］組織内で構成員の職務地や職務内容をかえること。▽「配置転換」の略。

はい-でん【拝殿】 ［名］神社で、本殿の前に建てられた、参拝者が拝礼を行うための殿舎。

はい-でん【配電】 ［名・自他サ変］発電所から送られた電力を需要者に供給すること。‖「―盤」

ばい-てん【売店】 ［名］駅・劇場・病院・学校・公園内などに設けられた小さな店。新聞・雑誌、日用品・飲食物などを販売する。

ハイ-テンション【high-tension】 ［名・形動］気分が高揚していること。また、その状態。‖「―で騒ぐ」

バイト ［名・自サ変］「アルバイト」の略。

バイト ［名］旋盤・平削り盤などの工作機械に取り付けて金属の切削に使用する刃物。▽bit（＝刃）あるいはbite（＝切り込む）から。

バイト【byte】 ［名］コンピューターで、情報量を表す単位。一バイトは八ビット。

はい-とう【▼佩刀】 ータウ ［名・自サ変］刀を腰におびること。また、その刀。帯刀。

はい-とう【配当】 ータウ ［名］❶［他サ変］割り当てて配ること。配分すること。❷［他サ変］株式会社などが利益金の一部を出資者・株主などに分配すること。また、その分配金。利益配当。❸競馬・競輪などで、的中券に対して支払われる金額。

はいとう-おち【配当落ち】 ハイタウー ［名］決算期が過ぎたために、株式にその期の配当金を受け取る権利がなくなること。

はい-とく【背徳（▼悖徳）】 ［名］道徳にそむくこと。‖「―行為」書き方「背徳」は代用表記。

はい-どく【拝読】 ［名・他サ変］「読むこと」の意の謙譲語。つつしんで読むこと。拝誦（はいしょう）。‖「お手紙―いたしました」

ばい-どく【梅毒（▼黴毒）】 ［名］梅毒トレポネーマ菌の感染で起こる慢性の性感染症。シフィリス。

パイナップル【pineapple】 ［名］熱帯・亜熱帯地方で栽培されるパイナップル科の常緑多年草。また、その果実。葉は剣状で厚く、短い幹に密生する。果実は松かさ状で、橙黄色に熟す。果肉は多汁で甘く、香りが高い。南アメリカ原産。アナナス。パイン。

はい-ならし【灰▽均し】 ハヒ ［名］火鉢・香炉などの灰をかきならすのに用いる金属製の道具。灰かき。

ばい-にく【梅肉】 ［名］梅干しの種を取り除いた果肉。すりつぶして和（あ）え物などに使う。‖「ゆり根の―和え」

はい-にち【排日】 ［名］外国人が日本人や日本の製品を排斥すること。‖「―運動」

はい-にゅう【▼胚乳】 ［名］種子の中にあって、胚の生長に必要な養分を蓄えている部分。

はい-にょう【排尿】 ーネウ ［名・自サ変］尿を体外へ出すこと。

はい-にん【背任】 ［名・自サ変］任務にそむくこと。特に、公務員・会社員などが役職を利用して私利を図り、役所・会社に損害を与えること。‖「―罪」

ばい-にん【売人】 ［名］品物を売る人。特に、密売組織の末端で麻薬などを売りさばく人。‖「麻薬の―」

はい-ねつ【排熱】 ［名・自他サ変］不要のものとして外部に熱を送り出すこと。また、その熱。‖「ファンを使って―を行う」「―ダクト」

はい-ねつ【廃熱】 ［名］使用されずに捨てられる熱。‖「焼却炉の―を利用する」「―ボイラー」

ハイ-ネック ［名］首にそって高く立った襟で、折り返しのないもの。▽high-neckedから。

はい-のう【背▼嚢】 ーナウ ［名］物品を入れて背負う方

形のかばん。皮やズックで丈夫に作ったもので、将兵が行軍のときなどに用いる。

ハイパー【hyper】［接頭］過度の、極度の、の意を表す語。‖「―テキスト」「―ソニック（＝極超音速）」▽「スーパー」よりも意味が強い。

ハイパーインフレ［名］貨幣価値が極端に下落し、物価が短期間に急上昇する現象。ハイパーインフレーション。▽hyperinflation から。

はい-はい【▼這い▼這い】［名・自サ変］幼児語で、はうこと。‖「赤ん坊が―する」

ばい-ばい【売買】［名・他サ変］売ることと買うこと。売り買い。‖「株を―する」「―価格」

バイ-バイ【bye-bye】［感］別れのあいさつに言う語。‖「―、またね」▽子供や親しい者どうしが使う。

ばいばい-ゲーム【倍倍ゲーム】［名］勝負事で、結果によって得点や掛け金を倍に上げ続けていくこと。また一般に、数量が倍々に増えていくこと。

バイパス【bypass】［名］❶交通渋滞を緩和するために、交通量の多い市街地などを迂回して通らせる補助道路。迂回路。❷血流の迂回路として作る代用血管。‖「―手術」

はい-はん【背反（▼悖反）】［名・自サ変］❶相いれないこと。矛盾。‖「二律―」❷そむくこと。違背。‖「命令に―する」

はい-ばん【杯盤（▼盃盤）】［名］杯と皿。酒宴の席で使う器。

はい-ばん【▼胚盤】［名］❶鳥類・爬虫類・魚類などで、端黄卵の動物極付近にある原形質の多い細胞質。将来、卵割して胚を形成する。❷イネ科の植物で、胚乳に接する面に発達し、発芽時に胚乳からの養分吸収を行う組織。

はい-ばん【廃盤】［名］製造を中止したレコード盤。

はいはん-ちけん【廃藩置県】［名］一八七一（明治四）年、明治新政府が中央集権化を徹底させるために、全国の藩を廃して府県を置いたこと。

はいばん-ろうぜき【杯盤▼狼▼藉】［名・形動トタル］酒宴のあと、杯や皿があたりに散乱していること。

はい-び【拝眉】［名・自サ変］人に会うことをいう謙譲語。拝顔。

はい-び【配備】［名・他サ変］必要な手配・配置をして準備をととのえること。‖「ミサイルを―する」

ハイ-ヒール【high heel】［名］主として女性用の、かかとの高いくつ。⇔ローヒール

ハイ-ビジョン【Hi-Vision】［名］NHKが開発した高精細度テレビジョン規格の商標名。また、その愛称。HDTV。▽high-definition television から。

ハイビスカス【hibiscus】［名］❶アオイ科フヨウ属の植物の総称。多くの園芸品種がある。❷ハワイ諸島・沖縄などで観賞用に栽培するアオイ科の熱帯性常緑低木。赤色などの大きな五弁花を開き、筒状になった雄しべを突き出す。ブッソウゲ。ヒビスカス。

ハイ-ピッチ【和製high＋pitch】［名］物事の進行がはやいこと。‖「―で酒を飲む」

はい-びょう【肺病】［名］肺の病気。特に、肺結核。

はい-ひん【廃品】［名］役に立たなくなった品物。不用の品物。廃物。‖「―回収」

ばい-ひん【売品】［名］売るための品物。売り物。⇔非売品

ばい-ひん【陪賓】［名］主賓に相伴する客。陪客。

パイピング【piping】［名］洋裁で、バイアステープで布端をくるみ、ほつれないように始末すること。

はい-ふ【肺▼腑】［名］❶肺。肺臓。❷心の奥底。心底。また、急所。‖「悲しみが―を抉る」

◉**肺腑を衝・く** 心に深い感銘を与える。‖「―一言」

はい-ふ【配付】［名・他サ変］一人一人に配って渡すこと。書き分け 法令では一部の例外を除いて、「配布」を使う。新聞も「配布」に統一。

はい-ふ【配布】［名・他サ変］多くの人に行き渡るように配ること。‖「街頭でチラシを―する」⇩配付

はい-ふ【配賦】［名・他サ変］割り当てること。‖「各戸に負担金を―する」

パイプ【pipe】［名］❶液体・気体などを通して他に導くための管。❷二者の間の橋渡しとなる人や組織。‖「労使交渉の―役となる」❸刻みたばこを詰めて吸うための洋式の喫煙具。❹紙巻きたばこを吸うときに使う筒状の吸い口。シガレットホルダー。

ハイ-ファイ【hi-fi】［名］音響機器で、再生される音が原音に忠実であること。また、原音に忠実な再生装置。▽high fidelity（高忠実度の意）の略。

はい-ふう【俳風】［名］俳諧・俳句の作風。

パイプ-オルガン【pipe organ】［名］大小多数の音管（パイプ）を配列し、それぞれの管に送風して音を出す仕組みのオルガン。多く、教会やコンサートホールなどに設置される。

はい-ふき【灰吹き】［名］たばこ盆に付属している、たばこの吸い殻を吹き落とすための竹筒。吐月峰。

はい-ふく【拝復】［名］手紙文で、返信の冒頭に書く語。復啓。敬復。▽つつしんで返事をする意。

バイブス【vibes】［名］雰囲気。人・状況などから受ける感じ。‖「―がいい」▽vibrations の略。

はい-ぶつ【廃物】［名］役に立たなくなったもの。廃品。‖「―利用」

はいぶつ-きしゃく【廃仏毀釈】［名］明治初年、政府の神道国教化政策に基づいて引き起こされた仏教排斥運動。各地で仏堂・仏像・経巻などが破壊された。▽仏教を廃し、釈迦の教えを棄却する意。

パイプライン【pipeline】［名］石油・天然ガスなどを遠隔地に輸送するための管路。

ハイブラウ【highbrow】一［名］学問・教養のある人。知識人。▽英語としては、しばしば軽蔑的な意味合いをこめて使われる。二［形動］知的で、教養の高いさま。知識人向きであるさま。‖「―な雑誌」◈「ハイブロー」とも。

ハイブリッド【hybrid】［名］❶動植物の雑種。‖「―米」❷異質の技術・素材などを組み合わせること。

ハイブリッド-カー【hybrid car】［名］電気モーター・ガソリンエンジンなど複数の動力源をもち、状況に応じて動力源を変えて走行する低公害車。

バイブル【Bible】［名］キリスト教の聖典。聖書。▽その分野で最も権威があるとされる書物のたとえとしても使う。‖「幼児教育の―」

はい-ふるい【灰▼篩】［名］灰の中の異物を取り除くのに用いる、金網を張ったふるい。

バイブレーション【vibration】［名］❶ふるえること。振動。❷声楽・器楽で、声や音を細かくふるわせること。

バイブレーター【vibrator】[名] 振動によって凝った筋肉などをもみほぐす電気器具。電気マッサージ器。

バイ-プレーヤー【和製by＋player】[名] 映画・演劇などで、脇役。助演者。

ハイブロー【highbrow】[名・形動] ⇩ハイブラウ

ハイフン【hyphen】[名] 英文などで、二語を連結して一語相当の語にするとき、または行末の一語を区切って二行に分けて書くときに用いる、短い横線の符号「-」。

はい-ぶん【拝聞】[名・他サ変]「聞くこと」の意の謙譲語。つつしんで聞くこと。拝聴。

はい-ぶん【俳文】[名] 俳諧的な味わいをもった散文。簡潔・洒脱・枯淡・含蓄の深さなどを特色とする。

はい-ぶん【配分】[名・他サ変] それぞれに割り当てて配ること。また、その分け前(の割合)。「もうけを均等に—する」「利益の—は二対一とする」「時間の—を誤る」
[使い方]「配分」は分けて配ることの割合に、「分配」は分けて配ることそれ自体に注目した言い方。

ばい-ぶん【売文】[名] 文章を書き、それを売った原稿料で生計を立てること。「—の徒」「—業」▼多くそれを卑下して、また、いやしめていう。

はい-へい【廃兵(▼癈兵)】[名] 戦争で負傷し、その障害のために再び戦闘に従事できなくなった兵。

ハイ-ペース【和製high＋pace】[名] ❶歩いたり走ったりする調子が速いこと。「スタートから—で飛ばす」❷物事の進行がはやいこと。「議論を—で進める」

はい-べん【排便】[名・自サ変] 大便を体外に排出すること。「毎日—する」

ばい-べん【買弁(買▼辦)】[名] ❶中国で、清朝末期から人民共和国の成立まで外国資本との商取引を仲介した中国商人。❷外国資本の手先。「—資本」◈[書き方]「買弁」は一般に行われる代用表記(「弁」は本来かんむり、「辦」は取りさばく意)。

ハイポ【hypo】[名] チオ硫酸ナトリウムの通称。亜硫酸ナトリウムの水溶液に硫黄の粉末を加えて得る、無色透明の結晶。水溶液を写真の定着液にするほか、脱塩素剤・漂白剤・媒染剤などにも利用する。

はい-ほう【肺胞】[名] 肺の内部の細気管支の先端にある半球状の小室。肺胞壁を介して肺胞内の空気と毛細血管内の血液との間でガス交換を行う。

はい-ほう【敗報】[名] 戦争・試合などに負けたという知らせ。⇔勝報

はい-ぼう【敗亡】[名・自サ変] 戦いに敗れて滅びること。また、負けて逃げること。「国が—する」

ハイボール【highball】[名] ウイスキーなどを炭酸水で割った飲み物。

はい-ぼく【敗北】[名・自サ変] 戦いや試合などに負けること。「決勝[市長選]で—する」「—を喫する」⇔勝利▼「北」は逃げる意。

ばい-ぼく【売▼卜】[名] 金をとって占いをすること。占いを職業とすること。

ハイポトニック【hypotonic】[名] 体液より低い浸透圧をもつこと。低張。「—飲料」⇔アイソトニック▼他の語と複合して使う。

はい-ほん【配本】[名・自他サ変] 発行された書物を小売店や購買者に配ること。また、その本。

はい-まつ【▼這松】[名] 本州中部以北の高山帯に自生するマツ科の常緑低木。幹は地をはい、樹皮は黒褐色。針状の葉は五本ずつ束生する。

はい-まつわ・る【▼這い▼纏わる】[自五] はうようにのびて、からみつく。「蔦が木の幹に—」

はい-み【俳味】[名] 俳諧のもつ独特の情趣。洒脱・軽妙・飄逸な味わい。俳諧味。

はい-めい【拝命】[名・他サ変] 官職に任命されることをいう謙譲語。「全権大使を—する」

はい-めい【俳名】[名] 俳人としての雅号。俳号。はいみょう。

ばい-めい【売名】[名] 自分の名前を広く世間に知らせようとすること。「—行為」

バイメタル【bimetal】[名] 熱膨張率の異なる二種の金属板をはり合わせ、温度が上がると膨張率の低い側へ湾曲するようにしたもの。温度計・サーモスタットなどに利用する。

はい-めつ【廃滅】[名・自サ変] すたれてほろびること。「伝統芸能が—する」

はい-めん【背面】[名] ❶後ろの方。後ろの側。「敵の—を突く」❷物事の裏に隠されている別の面。

はい-もん【肺門】[名] 肺の内側の中央部にあって、気管支・肺動脈・肺静脈などが出入りする部位。多くのリンパ節がある。

ハイヤー【hire】[名] 営業所などに待機し、客の申し込みに応じて派遣する貸し切り自動車。▼賃貸の意から。

バイヤー【buyer】[名] 買い手。特に、外国から商品を買い付けに来た貿易業者。

はい-やく【背約】[名・自サ変] 約束にそむくこと。違約。

はい-やく【配役】[名] 映画・演劇などで、俳優に役を割り当てること。また、その役。キャスト。

ばい-やく【売約】[名・自サ変] 売り渡す約束をすること。また、その約束。「—済みの絵」

ばい-やく【売薬】[名] 前もって製造・調合され、一般に市販されている薬。

はい-ゆ【廃油】[名] 使用済みの油。「—石鹸(＝使用済みの食用油から作る石鹸)」

はい-ゆう【俳優】[名] 映画・演劇・テレビドラマなどに出演することを職業とする人。役者。

はい-よう【▼佩用】[名・他サ変] 身につけて用いること。「サーベルを—する」

はい-よう【▼胚葉】[名] 動物の個体発生時に形成される細胞層。外胚葉・中胚葉・内胚葉に区分され、それぞれが特定の器官へ分化する。

はい-よう【肺葉】[名] 肺を形づくる、葉のような形をした部分。ヒトでは右肺は三葉、左肺は二葉からできている。

ばい-よう【培養】[名・他サ変] ❶草木を養い育てること。「—土」❷細菌・細胞などを人工的に発育・増殖させること。「コレラ菌を—する」❸物事の基礎を養い育てること。「実力を—する」

ばいよう-き【培養基】[名] 培地。

ハイライト【highlight】[名] ❶絵画・写真などで、特に明るく見える部分。光線が最も強くあたって白く見える部分。❷映画・演劇・競技・ニュースなどで、最も興味を引く部分や場面。「祇園祭の—」

バイラル【viral】[名] 情報が口コミによって広がること。「—メディア」「—マーケティング」▼他の語と複

合して使う。原義はウイルス性の、の意。

はい-らん【排卵】[名・自サ変] 哺乳(ほにゅう)類の卵巣から成熟した卵子が排出されること。「ー日」

はい-り【背理(▼悖理)】[名・自サ変] 道理・論理に反すること。

はい-り【背離】[名・自サ変] そむき離れること。

はいり-ぐち【入り口(▼這入り口)】ハヒ [名] 家・敷地などにはいるための所。門・玄関・勝手口など。いりぐち。

はいり-こ・む【入り込む(▼這入り込む)】ハヒ [自五] 中へ入る。奥深く入る。「野犬が庭にー」

ハイ-リスク【high-risk】[名] 危険性が高いこと。

ハイリスク-ハイリターン【high risk high return】[連語] 資金運用などで、損失の危険が大きい反面、収益も大きいこと。

はい-りつ【廃立】[名・他サ変] 臣下が君主を退かせて別の人を君主に立てること。はいりゅう。「王をーする」

ばい-りつ【倍率】[名] ❶ある数が基準になる数の何倍になるかを示す数。❷レンズを通して拡大された像の大きさと実物の大きさとの比。

はいり-ほう【背理法】ハフ [名] ある命題を証明するとき、結論を否定すれば矛盾が生じることを明らかにすることで、もとの命題が真であることを示す証明法。帰謬(きびゅう)法。間接証明法。

はい-りょ【配慮】[名・自他サ変] よく考えて心をくばること。心づかい。「安全性に/をーする」「ーに欠ける処置」

品格 意を用いる「意見の調整にー」 高配「ごーを賜り、厚く御礼申し上げます」 心遣(こころづか)い「周囲の人へのーを忘れない」 心を配る「健康管理にー」 心を遣(つか)う「日々の食事にー」 御念(ごねん)「ーには及びません」

はい-りょう【拝領】ヤウ [名・他サ変] 身分の高い人や目上の人から物をいただくこと。

ばい-りょう【倍量】ヤウ [名] ある量の、二倍の量。

ばい-りん【梅林】[名] 梅の木を植えた林。うめばやし。

バイリンガル【bilingual】[名] ❶二か国語を自由に話すこと。また、その人。❷二か国語で話されている、または書かれていること。「ー放送」

はい-る【配流】[名・他サ変] 刑罰として罪人を遠地に送ること。流刑。島流し。「ーの身」

はい・る【入る(▼這入る)】ハヒル [自五]

A 外から中に移る

❶外から一定の枠の中にすっぽりと移り動く。(意志的な行為にもそうでないものにもいう)「書斎にー」「船が港にー」「温泉にー」「打球が左翼席にー」「押し入れに布団がーっている」「ウイスキーはもう少ししかーっていない」「書店に新刊書がー」「ほこりが目にー」「事務所に冷暖房設備がー」⇔出る

❷主となるものに何かが加えられる。また、一連の流れに他の要素が付け加わる。「コーヒーにミルクがーっている」「雑音[じゃま]がー」「幕間(まくあい)に二〇分の休憩がー」「この布には花模様がーっている」

❸差し入れられる。挿入される。特に、(仕事の手始めとして)ある物に鋭利な刃物が刺し入れられる。「魚に包丁がー」「植樹祭で鍬(くわ)がー」「この銃には実弾がーっている」

B 内部に移りおさまる

❹雨風・光などが外から内に移り動く。「窓から雨がーってくる」「二階は西日がー」

❺〈「耳に入る」「頭に入る」などの形で〉物事が知覚されたり理解されたりする。「うわさが耳にー」「読んでいることが頭にーらない」

❻仕事などに能力や情熱などがそそぎ込まれる。「仕事に身がーらない」「気合いがー」「力のーった一番」

❼中に収め入れることができる。「この瓶には一リットルの液体がー」「詰め込めば一〇〇人はー」 使い方 物の場合は「入(い)れられる」、人の場合は「入(い)れる」とも。

❽物陰に移り動いて見えなくなる。隠れる。「船が島陰にー」「月が山の端にー」

❾外から内に文物がもたらされる。「海産物は隣の県からーってくる」

❿アルコール飲料が体内に取り入れられる。「酒がーと陽気になる」「もうかなりーっている(=飲んでいる)」

⓫ある範囲内に収まる。含まれる。「南九州が暴風圏にー」「大会で三位にー」「その件は予定にーっていない」

C 所属する

⓬特定の環境に身を移して、集団や組織の一員になる。「〇〇校[仏門・芸能界・傘下]にー」

⓭ある制度のもとに一員として加わる。加入する。「▼健康保険[生命保険]にー」

⓮物事があるクラスに分類される。所属する。属する。含まれる。「ヒトもゴリラも霊長類にー」

D 書き入れるなどの作業が加えられる

⓯模様などが付け加えられたり新たにできたりする。「千円札には透かしがーっている」「陶器にひびがー」

⓰文書などに訂正が加えられる。「報告書に部長の訂正がー」「校正紙に筆者の赤字がー」

⓱所定の位置に、日付や名前などが書き込まれる。「書類に日付がーっていない」

E 人や場所に届いて機能する

⓲文書や金などが特定の所に届く。来る。入金する。「本社から支社にファックスがー」「メールで注文がー」「月々一〇万円の家賃がー」「印税がー」

⓳票を獲得する「〇〇候補に多数の票がーった」

⓴スポーツで、味方に得点を加える。「先制点がーった」

㉑機械や器具に電流や火が通ってその機能が発揮される。「パソコンに電源がー」「冷房がー」

㉒電波を受信して音や画像を表示することができる。受信できる。「このマンションは衛星放送がー」

㉓工事人などがある場所に入って、作業している状態にある。「大工がーって工事をしている」

F ある時期・状況に移る

㉔時が移って、ある時期・期間に達する。「四月[梅雨(つゆ)・夏休み・ロスタイム]にー」

㉕次第に高じて、ある高い状態に移る。「物語が佳境にー」「そろそろ本題にーろう」「ストライキにー」

G その他

㉖お茶・コーヒーなど、お湯を注ぎ入れて作る飲料が用意される。「お茶がーりました(=お茶をどうぞ)」

㉗〈動作性名詞+「に入る」の形で〉ある目的をもって他人の建物などの中に入る。「山間部に方言調査にー」「盗みにー」「銀行に強盗にー」 使い方 (1)「銀行に強盗がー」など、～ガに〈人〉をとる言い方は①の意。(2)「〇〇産

業に強制捜査が―」など、～ガに〈結果〉をとる言い方もできる。「入る」①ことによって、そのことが行われる意。㉘争いの間に割り込む。仲裁人として間に立つ。▽「両者の間に―って仲を取り持つ」◆「はいいる」の転。古風な言い方では「入る」。対応する他動詞は「入れる」。読み分け「いる」と読む慣用句には、「念の入った話」「堂に入った演技」「有卦に入る・悦に入る・鬼籍に入る・興に入る」「郷に入っては郷に従え」「微に入り細を穿つ」「病膏肓に入る」「(捜査の)手が入る」「年季が入った技」「穴があったら入りたい」などがある。「出入り」は「でいり」とも「ではいり」とも読むが、「出入りの(＝よく訪れる)業者」「やくざの出入り(＝けんか)」などは「でいり」と読む。可能 はいれる(⬇はいる⑦)

パイル [pile] [名] ❶織物の地から突き出て表面をおおっている輪奈や毛羽。▽「―織り」❷土木・建築で、基礎工事のときに打ち込む杭。❸原子炉。

は-いれ【歯入れ】 [名] 下駄の歯を入れかえること。また、それを職業にする人。

はい-れい【拝礼】 [名・自サ変] 頭をさげて礼をすること。おがむこと。はいらい。▽「神仏に―する」

はい-れつ【配列(排列)】 [名・他サ変] 順序立てて並べること。また、その並び。▽「年代順に―する」書き方 本来は「排列」と書いたが、「排」の並べるの意が忘れられ、今では「配列」が一般的。

ハイ-レベル [high-level] [名・形動] 水準・段階などが高いこと。▽「―な／のテクニック」

パイロット [pilot] [名] ❶航空機の操縦士。❷船舶の水先案内人。❸試験的の意。▽「―ファーム」

パイロット-ランプ [pilot lamp] [名] 機械・器具などの作動状況を示すためのランプ。表示灯。

はい-ろん【俳論】 [名] 俳諧・俳句に関する理論や論評。

パイン [pine] [名] パイナップル。▽「―ジュース」

バインダー [binder] [名] ❶書類・新聞・雑誌などをとじ込むための文具。厚い表紙にとじ紐や金具などをつけたもの。❷稲・麦などを自動的に刈り取って束ねる農業機械。

は・う【▼這う・▼匍う】ハフ [自五] ❶両手・両膝を床・地面などにつけて進む。腹ばいになって進む。匍匐する。▽「赤ん坊が―」「地面を―って進む」❷手足をつく。四つんばい・腹ばいになる。▽「はたかれて土俵に―」❸動物が地面・壁面などに体をすりつけるようにして進む。▽「ナメクジが―」❹植物の根やつるが地面・壁面などを伝わって伸びる。▽「塀に蔦を―わせる」可能 はえる

ハウジング [housing] [名] 住宅の設計・施工、家具・インテリアなど、住宅供給に関する全般。また、その関連産業。

ハウス [house] [名] ❶家。住宅。また、建物。▽「モデル[セカンド]―」▼多く他の語と複合して使う。❷金属パイプなどで骨組みを作り、その上をビニールでおおった簡易温室。▽「―栽培」▼「ビニールハウス」の略。

ハウスキーパー [housekeeper] [名] ❶雇われて家事をする人。家政婦。❷家屋の管理人。

ハウスキーピング [housekeeping] [名] 家事。家政。

ハウス-さいばい【ハウス栽培】 [名] ビニールハウスで野菜・花などを栽培すること。

ハウス-ダスト [house dust] [名] 家屋内のほこり。ダニの死骸・繊維のくずなどを含み、アレルギー性疾患の原因となる。

は-うた【端唄】 [名] 三味線の伴奏で歌う短い俗謡。江戸後期から幕末にかけて流行し、うた沢や小唄の母体となった。江戸端唄。

パウダー [powder] [名] ❶粉。粉末。▽「ベーキング―」❷粉おしろい。

パウダー-ルーム [powder room] [名] 女性用の洗面所。化粧室。

パウチ [pouch] [名] ❶小物を入れる小さな袋。ポーチ。❷[他サ変] ⬇ラミネート▽「レトルト―」

バウチャー [voucher] [名] 引換券。割引券。金券。

は-うちわ【羽〈団扇〉】チハ [名] 鳥の羽で作ったうちわ。

ハウ-ツー [how-to] [名] 実用向きの方法・技術。

ば-うて【場打て】 [名] その場の雰囲気に圧倒されて気おくれがすること。

バウハウス [Bauhaus ドイ] [名] 一九一九年、建築家ワルター＝グロピウスが中心となってワイマールに創設した国立総合造形学校。三三年、ナチスの圧迫を受けて解散した。

バウムクーヘン [Baumkuchen ドイ] [名] ドイツの代表的な菓子。小麦粉・卵・バター・砂糖などで作った生地を棒に少量ずつ巻いて焼き、それを何回も繰り返して層状にしたもの。輪切りにすると木の年輪のような模様が現れる。▼木の菓子の意。

ハウリング [howling] [名] スピーカーから出た音をマイクが拾い、それをまたスピーカーが再生するということを繰り返し、雑音が生じる現象。

バウンド [bound] [名・自サ変] はずむこと。はねかえること。▽「車体が―する」

パウンド-ケーキ [pound cake] [名] 小麦粉・バター・卵・砂糖を混ぜ合わせて焼いた洋菓子。ナッツやドライフルーツを入れることもある。▼もと各材料を一ポンドずつ用いたことから。

はえ【▼鮠】 [名] ⬇はや(鮠)

はえ【▼蠅】ハヘ [名] ハエ目イエバエ科およびその近縁の科に属する昆虫の総称。体は黒色・褐色などで、一対の透明な羽をもち、頭部には大きな複眼と三つの単眼がある。幼虫は蛆と呼ばれる。イエバエ・クロバエ・ショウジョウバエなど種類が多く、感染症を媒介するものや農園芸上の害虫となるものもある。はい。 蠅

はえ【〈南風〉】 [名] 南から吹く風。▽「黒―・白―」▼主に西日本でいう。

はえ【映え】 [名] ❶照り輝くこと。▽「夕映え」❷りっぱに見えること。きわだってよく見えること。▽「見映えのする料理」「SNS映え(＝SNSに掲載した写真が目を引くこと)」◆他の語と複合するときには「ばえ」となる。

はえ【栄え】 [名] ほまれ。名誉。▽「―ある優勝」

はえ-かわ・る【生え替わる(生え換わる)】ハルカ [自五] 乳歯や髪の毛が抜けて新しいものが生えてくる。▽「歯が―」書き方 慣用的に「生え変わる」とも。

はえ-ぎわ【生え際】ハキ [名] 額・襟首などの、髪の生えている部分と生えてない部分との境目のあたり。

はえ-なわ【▽延縄】ナハ［名］一本の長い幹縄に適当な間隔を置いて多数の枝縄を結び、その先端に釣り針をつけた漁具。「―漁業」

はえ-ぬき【生え抜き】［名］❶その土地で生まれ、その土地で育ったこと。生っ粋。❷その団体・組織などに初めから所属して今日に至っていること。「―の社員」

パエリア［paellaイス］［名］バレンシア地方を起源とするスペイン料理。米と魚介・鶏肉・野菜などをオリーブ油で炒め、サフラン・ブイヨンを加えて炊きあげたもの。パエーリャ。

は・える【生える】［自下一］❶植物やその根・芽・枝などがのび出る。生じる。「庭に雑草が―」「もちに青かびが―」❷動物の体から毛・歯・角などが生じる。「髪の毛［乳歯］が―」「羽が―」文は・ゆ

は・える【映える・栄える】［自下一］❶【映】光に照らされて輝く。照り映える。「山桜が朝日に―」❷【映】周囲との調和や対照によって、そのものがあざやかに引き立って見える。「純白のドレスにネックレスが―」❸【栄・映】りっぱに見える。見ばえがする。目だつ。「風采が一向に―・えない」▼打ち消しの形が多い。文は・ゆ 名映え・栄え

パオ【包中国】［名］モンゴル人・キルギス人などの遊牧民が住む移動式の家。木で饅頭形の骨組みを作り、全体をフェルトでおおう。ゲル。

は-おう【覇王】ワウ［名］❶覇者と王者。また、覇道と王道。❷武力によって天下を治める王。

は-おく【破屋】ヲク［名］こわれた家。あばらや。

は-おと【羽音】［名］❶鳥や虫が飛ぶときにたてる音。はねおと。❷矢羽が風を切って飛ぶときの音。

は-おと【葉音】［名］葉が風などに吹かれてたてる音。

は-おり【羽織】［名］和装で、長着の上に着る丈の短い外衣。

はおり-はかま【羽織▼袴】［名］羽織と、はかま。また、それを着用した改まった服装。

は-お・る【羽織る】［他五］衣服の上から軽く掛けるようにして着る。「カーディガンを―」可能羽織れる

はか【▽計・▽量・▽果・▽捗】［名］仕事などの進みぐあい。はかどり。「仕事の―がいく」

はか【墓】［名］遺骨や遺体を葬ってある所。また、その上に立てた石塔などの墓碑。「―参り」数「一基…」と数える。

は-か【破▼瓜】クワ［名］❶（八の二倍で）女性の一六歳。❷（八の八倍で）男性の六四歳。❸処女膜が破れること。「―期」◈①②は、「瓜」の字を縦に二分すると八の字が二つになることから。

ばか【馬鹿（▼莫▼迦）】［名・形動］❶頭のはたらきがにぶいこと。また、その人。愚か（もの）。あほう。使い方 人をののしるときや、己の愚かさを反省するときなどに使う（自覚の足りない私が―でした）。また、親しい相手に対して「君も―だなあ」などと使うが、公的な場では最大の罵倒語となる。❷つまらないこと。何の益もないこと。「―も休み休み言え」「―なことをしてしまった」❸損をすること。「自分だけが―を見る」❹機能を果たさないこと。「ねじが―になる」❺一つのことだけにかかわっていて、広い視野からの判断ができないこと。「専門―」「親―」❻〈「馬鹿に」の形で〉程度が並外れていること。「今日は―に寒い」❼〈名詞・形容詞・形容動詞の上に付いて〉程度が並外れている意を表す。「―力・―高い・―正直」◈書き方「馬鹿」「莫迦」は当て字。「バカ」と書くことも多い。派生-さ

◉**馬鹿言え** 馬鹿なことは言うな。▼見え透いた愚かな意見を強く否定していう。

◉**馬鹿に・する** 相手を愚か者として扱う。また、軽視したり侮辱したりする。「―のもいい加減にしろ」

品格 嘲る「臆病者だと―」侮る「侮りがたいライバル」卑しめる「自らを―」貶める「他国を―ような発言」軽んじる「知識を―」玩弄「玩弄して辱める」愚弄「公衆の面前で―する」軽侮「―の念」軽蔑「―に値する態度」蔑む「世間から蔑まれる」嘲弄「―を受ける」侮蔑「―的な態度」蔑視「―が目に余る」見下す「弱い者を―」見くびる「格下とみて―」揶揄「会社員を揶揄して社畜という」

◉**馬鹿にならない** 軽視できない。いい加減に扱うことはできない。馬鹿にできない。「コーヒー代も―」

ばか-あたり【馬鹿当たり】［名・自サ変］興行・商売などで、予想をはるかに越えた成績を上げること。

は-かい【破戒】［名］戒律を破ること。「―僧」⇔持戒

は-かい【破壊】クワイ［名・自他サ変］物がこわれること。物の特性や機能が損なわれること。また、それらをこわすこと。「生態系を―する」「仏教寺院が―される」「環境―・価格―」

は-がい【羽交い】ガヒ［名］鳥の左右の翼が畳んだときに交差する部分。また、鳥の翼。

はかいかつどう-ぼうしほう【破壊活動防止法】ハクワイクワツドウバウシハフ［名］暴力主義的破壊活動を行った団体に対する規制措置を定めるとともに、暴力主義的破壊活動に関する刑法の罰則規定を補う法律。一九五二（昭和二七）年制定。破防法。

はか-いし【墓石】［名］墓のしるしとして立てる石。ぼせき。

はがい-じめ【羽交い締め】ガヒ［名］背後から相手のわきの下に差し入れた両手を首の後ろに回して組み、動けないように強く締めつけること。

はかい-むざん【破戒無▼慚】［名］仏教で、僧が戒律を破りながら良心に恥じないこと。

はかい-りょく【破壊力】クワ［名］❶物を破壊する力。「恐るべき―を持つ爆薬」❷相手を圧倒するような強い力。「―のある打線」

ばか-うれ【馬鹿売れ】［名・自サ変］予想をはるかに越えて売れること。「アイディア商品が―する」

ばか-がい【馬鹿貝】ガヒ［名］浅海の砂底にすむバカガイ科の二枚貝。殻はハマグリに似るが薄く、黄褐色の殻皮でおおわれる。肉・貝柱とも食用。むき身は「あおやぎ」、貝柱は「あられ」「小柱」と呼ばれる。

は-がき【葉書】［名］第二種郵便物として、一定の規格の紙の表裏に宛名と文を書いて投函する通信用紙。▼「郵便はがき」の略。書き方 かな書きも多い。数「一枚…」と数える。また、書かれていないものは「一葉…」と数える。

は-かく【破格】［名・形動］❶先例・基準などを破って、並はずれていること。「―の安値［待遇］」❷詩や文章が、きまりにはずれていること。

ばか-くさ・い【馬鹿臭い】［形］いかにもつまらない。ばからしい。「―話」派生-さ

は-がくれ【葉隠れ】［名］木の葉のかげになること。

はーかげ【葉陰】［名］木や草の葉のかげ。

ばか・げる【馬鹿げる】［自下一］くだらなく思える。つまらなくみえる。「そんなことに金を使うのは—げている」

ばかーさわぎ【馬鹿騒ぎ】［名・自サ変］度を過ごして騒ぐこと。また、その騒ぎ。「酒を飲んで—する」

ばかし［副助］「ばかり」の俗語的な言い方。

ばかーしょうじき【馬鹿正直】（ーシャウヂキ）［名・形動］ただ正直なばかりで融通がきかないこと。また、そのような人。「—なやり方」派生—さ

はかーじるし【墓▽標】［名］埋葬した場所に目印として建てる木や石の柱。ぼひょう。

はか・す【▼捌かす】［他五］❶水などがたまらないように流す。「洗い場の水を—」❷商品などが手もとに残らないように売りさばく。「在庫を—」

はが・す【剝がす】［他五］表面の物がとれて離れるようにする。はがれるようにする。はぐ。「生爪(なまづめ)を—」可能 はがせる

ばか・す【化かす】［他五］人の心を迷わせて正常な判断ができないようにする。「狸(たぬき)に—される」可能 化かせる

ばーかず【場数】［名］物事を経験した数。多くの経験。「—を踏む」

ばかーすか［副］物事が勢いよく進むさま。「ヒットを—打つ」

はかーせ【《博士》】［名］❶博士(はくし)の通称。❷学問や芸道などで、その道に深く通じている人。「鉄道[物知り]—」❸昔、大学寮・陰陽(おんよう)寮などの教官。

はーかぜ【羽風】［名］鳥や虫が羽を動かして飛ぶときに起こす風。

はーかぜ【葉風】［名］木や草の葉を吹き動かす風。

はーがた【歯形・歯型】［名］❶【形・型】歯でかんだあと。「—が残る」❷【型】歯並びの形を石膏(せっこう)などでうつしとったもの。「—をとる」

はかたーおび【▽博多帯】［名］博多織の帯。▽博多は、福岡市の那珂(なか)川以東の地区で、古くからの商業地。

はかたーおり【▽博多織】［名］福岡市博多地方で織られる絹織物。縦糸に細い練り糸を、横糸に太い練り糸を用いた平織りで、手ざわりは堅い。帯地・袴(はかま)地・袋物地などにする。

はかたーにんぎょう【▽博多人形】（ーニンギャウ）［名］博多地方で産する、粘土を素焼きにして精巧な彩色をほどこした人形。

ばかーぢから【馬鹿力】［名］常識では考えられないほど強い力。くそぢから。「火事場の—」

ばかーづら【馬鹿面】［名］間のぬけた顔つき。あほうづら。

ばかーていねい【馬鹿丁寧】［名・形動］度を越して不自然なまでに丁寧であること。「—な挨拶(あいさつ)」派生—さ

はかど・る【▽捗る】［自五］物事が順調に、また、能率よく進む。はかがいく。「執筆が—」名 はかどり

はかな・い【▼儚い・〈果敢〉無い】［形］❶もろくて長続きしないさま。束の間に消えていくさま。「—命」「一夜の夢のような—人生」❷不確かで、あてにならないさま。見込みがなくて、むなしいさま。「—希望を抱く」◈「果(はか)がいかない」意から。派生—げ/—さ/—がる

はかな・む【▼儚む】［他五］はかないと思う。「前途を—」

はーがね【鋼】［名］二・〇パーセント以下の炭素を含む強靱な鉄。こう。鋼鉄(こうてつ)。▽「刃金」の意。

ばかーね【馬鹿値】［名］極端に高い値段。また、極端に安い値段。

はかーば【墓場】［名］墓のある所。墓地。墓所。

はかばかし・い【▽捗▽捗しい（▽果▽果しい）】［形］物事が順調に進んでいくさま。また、望みどおりの方向へ進んでいくさま。「労使交渉が—進展をみせない」「なかなか—返事が得られない」「病状が—くない」▼ふつう下に打ち消しを伴う。派生—げ/—さ

ばかばかし・い【馬鹿馬鹿しい】［形］❶きわめてばかげているさま。非常にくだらない。「—くて聞いていられない話」❷程度がはなはだしいさま。「—高値をつける」派生—げ/—さ

ばかーばなし【馬鹿話】［名］これといった内容のない、くだらない話。たわいない話。

ばかーばやし【馬鹿▼囃子】［名］東京およびその近郊の祭礼で、笛・太鼓・鉦(かね)を用いて山車(だし)などの上で奏する祭りばやし。多くおかめやひょっとこの面をつけた踊りを伴う。屋台ばやし。

はーかぶ【端株】［名］❶旧商法で、株式配当・株式分配・株式併合などによって生じる一株に満たない株式。❷証券取引所で、定められた売買単位に満たない株式。

バガボンド［vagabond］［名］放浪者。さすらいびと。

はかま【▼袴】［名］❶和装で、着物の上につけて腰から下をおおう、ゆったりとした衣服。多くはズボン状だが、股下に襠(まち)のないスカート状のものもある。「—をつける」数「一具(いちぐ)…」「一下(ひとさげ)…」「一腰(ひとこし)…」などと数える。❷ツクシなどの茎の節を包む苞葉。❸酒の徳利を据えておくための筒形などの器。

はかーまいり【墓参り】（ーマヰリ）［名・自サ変］墓に参って拝むこと。特に、盂蘭盆(うらぼん)に先祖の墓に参ること。墓もうで。墓参。「親の—をする」

はーがみ【歯▼噛み】［名・自サ変］歯を食いしばること。「—して悔しがる」

ばかーやろう【馬鹿野郎】（ーヤラウ）［名］ばか者。また、人をののしっていう語。

はーがゆ・い【歯▼痒い】［形］思うようにならなくてもどかしい気持ちだ。じれったい。「うまく書けないのが—」派生—げ/—さ/—がる

はからい【計らい】（ハカラヒ）［名］考えて処置すること。とりはからい。「粋(いき)な—で事なきを得る」

はから・う【計らう】（ハカラフ）［他五］❶考えて適切に処置する。とりはからう。「便宜を—」「よきに—え」❷相談する。「役員と—って処分を決める」可能 計らえる 名 計らい

ばかーらし・い【馬鹿らしい】［形］非常にくだらないさま。ばかげている。ばかばかしい。「そんな無駄金を使うのは—」派生—げ/—さ

はからずーも【図らずも】［副］思いがけなく。意外にも。「—二人の意見が一致した」

はかり【▼秤】［名］物の重さをはかる道具。天秤(てんびん)・竿秤(さおばかり)・台秤など。

◉**秤に掛(か)・ける** ❶秤で重さをはかる。❷物事を比べて、その利害・損得などを考える。「利益とコストを—」

はかり【計り・測り・量り】［名］秤(はかり)・物差し・枡(ます)などの道具を使って物の重さ・長さ・量などをはかること。

また、その結果。

ばかり［副助］❶〈数量を表す語に付いて〉おおよその程度を表す。…ほど。…くらい。‖「かれこれ一時間**ばかり**も待たされた」「それは十日**ばかり**前のことだった」❷〈体言に付いて〉（集団が）単一のものに限られている意を表す。…だけ。全部が…だ。…しかない。‖「子供**ばかり**のグループ」「主役が退場して脇役**ばかり**になる」

使い方「脇役**ばかり**になる」は、脇役しかいない集団になる（＝②）とも、脇役になることしかない（＝③）とも解釈できるが、「脇役に**ばかり**なる」は、後者の解釈だけで、前者には解釈できない。

❸〈体言や、体言＋格助詞、動詞＋「て」などに付いて〉その事柄の及ぶ範囲が一つに偏っていることを表す。…だけ。‖「ずうたい**ばかり**が大きい」「妹の家**ばかり**に行く」「文句（を）**ばかり**言う」「家に**ばかり**閉じこもっている」「あの子と**ばかり**仲よくする」「遊んで**ばかり**いる」

❹〈「…ばかりだ」の形で活用語の連体形を受けて〉物事が偏って生じる意を表す。…だけだ。特に、物事がよくない方向にだけ進展する意を表す。…一方だ。‖「文句を言う**ばかり**で、動こうとしない」「ご迷惑をかける**ばかり**で恐縮です」「状況は悪化する**ばかり**だ」

使い方「ばかり」の入る位置は、焦点のあたる部分のすぐ後が多く、「兄とばかり遊んでいる」だと、相手の限定に、「兄と遊んでばかりいる」だと、状況の限定に、「兄と遊んでいるばかりだ」のように文末に来ると、④のように事柄全体の限定になりやすい。ただし、「掃除もせずに兄とばかり遊んでいる」「兄と遊んでいるばかりで、姉とは遊ばない」のように、文脈に支えられて他の位置に現れることもある。

❺〈「…ばかりだ」「…ばかりの」などの形で、動詞や動詞型活用の助動詞の連体形、もしくはその未然形＋「ん」に付いて〉物事がすぐにも起こりそうな段階にある意を表す。また、程度がはなはだしい意を表す。…ほど。‖「あとは出発する**ばかり**だ」「今にも降り出さん**ばかり**の天気だ」「花と見紛う**ばかり**の美しさ」

使い方⑤の「…んばかりだ」の「ん」は、本来打ち消しの「ぬ」に由来し、「…ぬばかりだ（＝…しないだけで…したかと思うほどの）」の意。後に推量の「む」と混同され、…しそうなくらいだ、と解釈されるようにもなった。

❻〈「…ばかりだ」「…ばかりの」などの形で、動詞や動詞型活用の助動詞の連用形＋「た」に付いて〉物事が生じた直後である意を表す。‖「今着いた**ばかり**だ」「耕された**ばかり**の畑」

❼〈「…ばかりに」の形で、活用語の連体形に付いて〉そのことだけが原因で、の意を表す。‖「知らせた**ばかり**によけいに心配をかけた」「手を貸した**ばかり**にかえって混乱した」「優しかった**ばかり**に、人一倍苦労もした」

❽〈「…ばかりか…まで［も・さえ］」の形で、名詞や活用語の連体形に付いて〉それだけでなく、さらにの意を表す。…どころか…まで［も・さえ］。‖「いびき**ばかり**か寝言まで聞こえる」「あの店は味が悪い**ばかり**か、接客態度もなっていない」「うそを言う**ばかり**か盗みさえする」

❾〈「…とばかりに」の形で、発話や思考の内容を受けて〉まさにそう思っているかのように、の意を表す。‖「死ねと**ばかり**に突き飛ばした」「今が盛りと**ばかり**に咲き誇る」「我がものと**ばかり**に抱え込んだ」「ここぞと**ばかり**に責め立てる」

◈「はかる」の連用形名詞「はかり」から。俗語的な言い方に「ばかし」「ばっかし」「ばっかり」がある。書き方「▽許り」とも当てる。

はかり‐うり【量り売り（計り売り）】［名・他サ変］客の求める分量だけ、そのつどはかって売ること。

はかり‐ごと【▽謀】［名］物事がうまく運ぶように前もって考えた計画。また、人をだますための計略。たくらみ。

はかり‐しれな・い【計り知れない】［連語］おしはかることができない。どれほどか見当もつかない。‖「―恩を受ける」

はかり‐べり【量り減り】［名］ある分量のものを升や秤で何回にも分けてはかっていくうちに、総量がまとめてはかったときの量目より少なくなること。

はか・る【計る・測る・量る・図る・謀る・諮る】［他五］❶【測・量・計】物差し・秤・枡・時計などを使って、物の長さ・広さ・重さ・量・時間などを調べる。測定する。‖「距離［身長・面積・音量・熱・速さ・角度］を**測る**」「体積［体重］を**量る**」「時間を**計る**」書き分け 時間は【計】、長さ・高さ・広さ・深さ・度合いなどは【測】、重さ・体積などは【量】を使う。「身長と体重をはかる」とまとめて言う場合は【測】が一般的。「数量［数値］を計（測）る」「力量のほどを量（測）る」のように両用されるものも多い。❷【測・量】あれこれ考えてだいたいのところをおしはかる。忖度する。推測する。推量する。‖「相手の心中を―」「先方の真意は―・りかねる」書き分け「効果のほどは計りがたい」など、「計測する」で言い換えられる場合は【計】とも。また、まれに【▽料る】とも。❸【図・計】安全や利益を計算して見通しを立てる。企図する。‖「身の安全を―・って入院させる」「新製品の開発で収益を―」❹【計】よい時機かどうかを見はからう。‖「ころ合い［タイミング］を―」❺【図】意図が実現するようにくわだてる。意図する。企図する。‖「再起［合理化・自殺・逃亡］を―」「会員の親睦を―」❻【図】うまく処理する。とりはからう。‖「便宜を―」❼【謀】悪いことをなそうと相談する。また、よくないことをたくらむ。‖「二人して悪事を―」「暗殺を―」❽【謀・計】だます。あざむく。‖「まんまと―・られた」❾【諮】上の人が下の人に意見を求めて相談する。また、単に相談する。‖「解決策を審議会に―」可能 はかれる 名 はかり（計・測・量）

はが・れる【剝がれる】［自下一］表面をおおっていた物や表面に付着していた物が自然にとれて離れる。はげる。‖「雨でポスターが―」「めっきが―」文 はがる

ばか‐わらい【馬鹿笑い】［名・自サ変］やたらにけたたましく笑うこと。‖「大口を開けて―する」

は‐がん【破顔】［名・自サ変］顔をほころばせること。笑うこと。‖「嬉しそうに―する」「思わず―した」

はがん‐いっしょう【破顔一笑】［名・自サ変］顔をほころばせて、にっこり笑うこと。‖「朗報に―する」

バカンス［vacances フランス］［名］比較的長い休暇。バケーション。

は‐き【破棄（破毀）】［名・他サ変］❶破り捨てること。‖「古い書類を―する」❷約束などを一方的に取り消すこと。‖「契約を―する」❸上級裁判所が、上訴に理由ありと認めて原判決を取り消すこと。書き方③は本来は「破毀」。今は新聞を含めて「破棄」で定着。

は‐き【覇気】［名］❶覇者の意気。❷進んで物事に

取り組もうとする意気込み。また、他に打ち勝とうとする強い気持ち。

覇

はぎ【▼脛】［名］足の、ひざから足首までの部分。すね。

はぎ【▼萩】［名］夏から秋、紅紫色の蝶形花(ちょうけいか)を総状につけるマメ科ハギ属の落葉低木の総称。ヤマハギ・ミヤギノハギ・マルバハギなど。秋の七草の一つ。

はぎ【▽接ぎ】［名］裁縫で、布をつぎ合わせること。また、その部分。＝「つぎー」

はぎ-あわ・せる【▽接ぎ合わせる】(ーアハセル)［他下一］布・板などをつぎあわせる。文 **はぎあは・す**

はき-け【吐き気】［名］胃の中の物を吐き出しそうになる感じ。▼激しい不快感についてもいう。＝「顔を見ただけでーがする」

は-ぎしり【歯▼軋り】［名・自サ変］睡眠中に歯と歯をすり合わせて音を立てること。使い方 怒りや悔しさで歯をかみしめて音を立てることも表す。＝「ーして残念がる」

はき-す・てる【吐き捨てる】［他下一］吐き出して捨てる。＝「ーように言う」文 **はきす・つ**

はきだし-まど【掃き出し窓】［名］室内のごみを掃き出すために、床に接して設けた小さな窓。掃き出し。

はき-だ・す【吐き出す】［他五］❶口や胃の中に入れたものを吐いて外へ出す。＝「梅干しの種をー」❷内にたまったものを外へ出す。＝「機関車が蒸気をー」❸蓄えてあった金品を出す。＝「貯金をー」❹心の中にたまっていることをすべて話してしまう。＝「不満をー」

はき-たて【掃きたて(掃き立て)】［名］❶掃除したばかりであること。❷養蚕で、孵化(ふか)したばかりの蚕を羽箒(はぼうき)などで掃いて集め、蚕卵紙から新しい蚕座へ移すこと。

はき-だめ【掃き▼溜め】［名］ごみを集めて捨てておく所。ごみため。ごみ捨て場。

◉**掃き溜めに鶴(つる)**　つまらないものの中にひときわすぐれたものや美しいものがまじっていることのたとえ。

はき-ちが・える【履き違える】(ーチガヘル)［他下一］❶履物をまちがえて履く。＝「靴の左右をー」❷意味をとりちがえる。考えちがいをする。＝「目的をー」文 **はきちが・ふ**

はぎ-と・る【剝ぎ取る】［他五］❶表面に付着しているものをはがして取る。＝「樹皮をー」❷身に着けている物をむりに奪い取る。＝「身ぐるみーられる」

はき-はき［副］態度・話し方などが活発で、はっきりしているさま。＝「ー(と)答える」

はき-もの【履物】［名］歩くとき足にはくもの。靴・下駄・草履など。書き方「履き物」とも。

ば-きゃく【馬脚】［名］❶馬のあし。❷芝居で、馬のあしに扮する役者。

◉**馬脚を露(あらわ)・す**　隠していた正体や悪事があらわになる。＝「うっかり本音を吐いてー」書き方「あらわす」は「現す」とも書く。注意「馬脚を出す」は誤り。

は-きゅう【波及】(ーキフ)［名・自サ変］波紋が広がるように、物事の影響がしだいに広い範囲に及んでいくこと。＝「反対運動が全国にーする」「ー効果」

バキューム【vacuum】［名］真空。＝「ーカー(＝真空ポンプとタンクを備えて、液状の物を吸入して運ぶ自動車)」

は-きょう【破鏡】(ーキャウ)［名］割れた鏡。▼夫婦が離別・離縁することのたとえにもいう。＝「ーの嘆き」

は-ぎょう【覇業】(ーゲフ)［名］覇者の事業。武力によって天下を統一する仕事。

は-きょく【破局】［名］❶物事が行き詰まって、それまでの状態を維持できなくなった局面。悲惨な終局。❷［自サ変］夫婦や恋人などが別れること。＝「芸能人カップルがーする」

は-ぎれ【歯切れ】［名］❶歯で物をかみ切るときの感じ。❷話すときの調子や話の内容がはっきりしている度合い。＝「ーの悪い返事」

は-ぎれ【端切れ(端▽布)】［名］裁断したあとの残りの布。はんぱな布きれ。

はく【伯】■［名］爵位の一つ。五等爵(公・侯・伯・子・男)の第三位。伯爵。■(造)❶兄弟の序列で、最年長者。長兄。＝「ー仲」❷父母の兄・姉。＝「ー父(おじ)・ー母(おば)」❸一芸に秀でた者の尊称。＝「画ー」❹「伯耆(ほうき)」の略。＝「ー備線」❺「伯剌西爾(ブラジル)」の略。

はく【拍】■［名］音楽のリズムを構成する単位。一定の間隔をもつ脈動で、その長短がテンポを決める。■(造)手のひらを打ち合わせる。＝「ー手」

はく【▼箔】［名］❶金属をごく薄くたたきのばしたもの。＝「ーを押す」「金ー」❷外面をかざって値打ちを付加するもの。

◉**箔が付・く**　値打ちが高くなる。評価が高くなる。＝「文学賞を取ってー・いた」

は・く【吐く】［他五］❶人が体内のものを口や鼻から外へ出す。＝「息をー」「つば[血]をー」「食べた物をー」❷中にたまったものを外に出す。＝「汽車が煙をー」「アサリが口から砂をー」❸口に出して言う。＝「本音[暴言]をー」可能 **吐ける**

は・く【▼佩く(▽帯く)】［他五］〔古風〕刀や矢を腰につける。佩(はい)する。おびる。＝「太刀をー」▼「穿(は)く」と同語源。可能 **はける**

は・く【▼穿く】［他五］足を通して衣類などを下半身につける。＝「袴(はかま)[ズボン・スカート・靴下]をー」▼「履(は)く」と同語源。使い方 衣類を体全体や上半身につける場合は「着る」を使う。可能 **はける**

は・く【掃く】［他五］❶なでるようにして、ほうきなどでごみを払い除く。また、払い除くために寄せ集める。＝「ほうきでごみをー」❷掃くことによって、その場をきれいにする。掃き清める。掃除する。＝「ほうきで庭をー」▼～ヲに〈場所〉をとる言い方で、場所を清めることに注目していう。①は～ヲに〈対象〉をとって、対象物の除去に注目していう言い方。❸はけ・筆などで、なでるようにしてさっと塗る。特に、そのようにして眉(まゆ)の形を描いたり整えたりする。＝「ほおに紅をー」「眉をー」書き方「▽刷く」とも。❹養蚕で、種紙についた毛蚕(けご)を羽箒(はぼうき)で集め、蚕座(さざ)に移す。掃き立てをする。可能 **掃ける**

◉**掃いて捨(す)てるほど**　あり余るほどたくさんあることのたとえ。＝「この程度の品ならーある」使い方 対象をマイナスに評価していう。

は・く【履く】［他五］履物を足につける。＝「靴[スリッパ・スキー]をー」可能 **履ける**

はく【白】(造)❶しろ。しろい。＝「ー衣・ー骨・ー髪」「純ー・漂ー・卵ー」❷何もついていない。何も書いてない。＝「ー紙・ー票」「空ー・余ー」❸けがれがない。＝「潔ー(けっぱく)」❹明るい。明るくてはっきりしている。＝「ー昼」「明ー」❺ありのままにいう。申し上げる。＝「ー状」「告ー」❻「白耳義(ベルギー)」の略。

はく【▼帛】(造)きぬ。しろぎぬ。絹布。＝「ー書」「裂ー」

はく【泊】(造)❶自宅以外のところにとまる。‖「外—・宿—・車中—」「五—六日の旅」❷船が港などにとまる。‖「—地」「停—」❸うすい。あっさりしている。‖「淡—」

はく【迫】(造)❶近づく。さしせまる。‖「—真・—力」「緊—・逼—」❷圧力をかけて苦しめる。‖「—害」「脅—」

はく【剝】(造)はぐ。はぎとる。はがれる。‖「—奪・—離」「落—」

はく【舶】(造)海を渡る大きな船。‖「—来」「船—」

はく【博】(造)❶広い。広く行き渡る。‖「—愛・—学・—聞」「該—」❷「博士」の略。‖「医—・文—」❸「博覧会」の略。‖「万国—」

はく【▼魄】(造)❶たましい。‖「魂—」❷落ちぶれる。‖「落—」

はく【薄】(造)❶うすい。‖「—氷」「希—」❷少ない。乏しい。‖「—給・—幸・—命」❸心がこもっていない。‖「—情」「軽—」❹せまる。近づく。‖「—暮」「肉—」

は・ぐ【剝ぐ】[他五]❶表面をおおっている物や表面に付着している物をむきとる。はがす。‖「樹皮[シール]を—」「化けの皮を—」使い方「剝(む)く」に似るが、「はぐ」は表面を取り去ることに、「むく」は中身をあらわにすることに注目していう。「落花生(の殻)をむく」「目[牙(きば)]をむく」など。❷身につけているものを無理に取り去る。はぎとる。はがす。‖「おいはぎに身ぐるみ—がれる」❸官位・地位などを取り上げる。はぎとる。‖「官位を—」可能 はげる

は・ぐ【▽接ぐ(▼綴ぐ)】[他五]〔古風〕布や板などをつぎ合わせる。つぐ。‖「ほころびに別布を—」▼「継ぎはぎ」「かけはぎ」などの複合語に残る。可能 はげる

ハグ[hug][名・自他サ変]抱きしめること。また、挨拶(あいさつ)として抱き合うこと。‖「子供を—する」「—し合う」

ばく【縛】[名]しばること。‖「呪—・束—」

◉**縛に就・く** 罪人として捕らえられる。

ばく【▼貘】[名]❶ウマ目バク科の哺乳(ほにゅう)類の総称。体形はずんぐりとして、カバに似る。鼻と上唇はつながって長く伸びる。❷人の悪夢を食うという中国の想像上の動物。体形は熊に、鼻は象に、目は犀(さい)に、脚は虎に、尾は牛に似るという。

貘

ばく【漠】一[形動タリ]果てしなく広いさま。また、ぼんやりしているさま。‖「—とした不安」二(造)❶はてしなく広がる砂原。‖「砂—」❷果てしなく広い。また、つかみどころがない。‖「—然」「空—・茫—」❸ものさびしい。‖「索—」

ばく【麦】(造)むぎ。‖「—芽・—秋」旧 麥

ばく【幕】(造)❶張りめぐらす布。天幕。また、天幕を張った陣営。‖「—営」「帷—」❷将軍が政治を行う場所。‖「—府」❸「幕府」の略。特に、「江戸幕府」の略。‖「—臣・—政・—吏・—僚・—末」「佐—・倒—」

ばく【▼瀑】(造)たき。‖「—布」「飛—」

ばく【爆】(造)❶大きな音を立ててはじける。はじけるように激しい。‖「—竹」「起—・自—」「—笑」❷「爆弾」の略。‖「原—・被—」❸「爆撃」の略。‖「空—」

ば-ぐ【馬具】[名]馬の装具。鞍(くら)・鐙(あぶみ)・轡(くつわ)・手綱(たづな)など。

バグ[bug][名]コンピューターで、ソフトウエアに内在する欠陥。▼虫の意。

はく-あ【白亜(白▼堊)】[名]❶白色または灰白色の軟らかな石灰岩。有孔虫などの遺骸からなり、主成分は炭酸カルシウム。白墨・白色顔料などの原料にする。チョーク。❷白い壁。しらかべ。‖「—の殿堂」◈書き方「白亜」は代用表記。

はく-あい【博愛】[名]すべての人を広く平等に愛すること。‖「—主義」

ばく-あつ【爆圧】[名]爆風の圧力。

はく-い【白衣】[名]白い衣服。特に、医師・看護師・科学者などが着る白い外衣。‖「—の天使(=女性看護師)」⬇びゃくえ

はくいん-ぼうしょう【博引▼旁証】[名・自サ変]事物を説明するとき、広い範囲から多くの実例や証拠を挙げて論じること。

はく-う【白雨】[名]にわか雨。夕立。

はく-うん【白雲】[名]白い雲。しらくも。

ばく-えい【幕営】[名・自サ変]❶仮に幕を張りめぐらした陣営。また、そこに野営すること。❷テントを張って野営すること。

はく-えき【博▼奕】[名]ばくち。

はく-えん【白煙】[名]白いけむり。‖「噴火口から—が立ちのぼる」

はく-おし【▼箔押し】[名・自他サ変]❶器物・布・紙などの表面に金箔・銀箔などをはりつけること。箔入れ。箔置き。❷金箔・銀箔などを用いて本の表紙や背に文字・図柄などを熱圧着すること。

ばく-おん【爆音】[名]❶飛行機・自動車・オートバイなどのエンジンが発する音。❷火薬・ガスなどが爆発するときに発する音。爆発音。

はく-が【博雅】[名・形動]広く学問に通じ、道理をよくわきまえていること。また、その人。‖「—の士」

ばく-が【麦芽】[名]大麦を発芽させたもの。多量のジアスターゼを含むので、ビール・水あめなどの製造に用いられる。

はく-がい【迫害】[名・他サ変]弱い立場にある者を圧迫して、ひどく苦しめること。‖「異教徒を—する」

はく-がく【博学】[名・形動]広い分野にわたって豊かな知識をもっていること。また、その人。‖「—な/の人」「—多才」

ばくが-とう【麦芽糖】[名]二糖類の一つ。でんぷんに麦芽中のジアスターゼを作用させると得られる。水に溶けやすい白色の結晶で、甘みは蔗糖(しょとう)より弱い。水あめの主成分。マルトース。

はくがん-し【白眼視】[名・他サ変]人を冷たい目で見ること。また、人をにくみ、冷たく扱うこと。‖「世間から—される」語源 竹林七賢の一人、晋の阮籍(げんせき)は、俗世の礼儀作法にこだわる俗人には白い目で応対したという故事に基づく。

は-ぐき【歯茎】[名]歯の根もとをおおっている粘膜層。歯齦(しぎん)。

ばく-ぎゃく【▼莫逆】[名]心の通い合ったきわめて親しい間柄。ばくげき。‖「—の友」

はくぎょく-ろう【白玉楼】[名]文人が死後に行くという天上の楼閣。‖「—中(ちゅう)の人となる(=文人が死ぬこと)」語源 晩唐の詩人李賀(りが)が臨終のとき、天帝の使いがやって来て「天帝が白玉楼を完成させたので、李賀を召してその由来を書かせることになった」と告げたという故事に基づく。

はく-ぎん【白銀】[名]❶銀。しろがね。❷しろがね色。▼降り積もった雪のたとえにもいう。‖「—の世界」

はく-ぐう【薄遇】［名・他サ変］人を冷たくもてなすこと。冷遇。⇔厚遇

はぐく・む【育む】［他五］❶親鳥が雛を羽で抱いて育てる。「雛を―」❷大切に守り育てる。また、大切に世話をする。「親の愛に―・まれて育つ」❸大切に守って発展させる。「子供の夢［才能］を―」◈「羽含む」の意。

はく-げき【迫撃】［名・他サ変］敵に接近して攻撃すること。

ばく-げき【爆撃】［名・他サ変］飛行機から爆弾などを落として攻撃すること。「―機」

はくげき-ほう【迫撃砲】ーハウ［名］口径が大きく、砲身の短い曲射弾道の火砲。弾丸を砲口から装塡する方式で、軽量。近距離での砲撃に適する。

はく-さい【白菜】［名］野菜として栽培するアブラナ科の越年草。淡緑色の葉は大きな長楕円形で、生育につれて密に重なり合う。中国原産。書き方「白才」は俗用。一般には誤用とされる。

はく-さい【舶載】［名・他サ変］船にのせて運ぶこと。船にのせて外国から運んでくること。「―品」

ばく-さい【博才】［名］博打を打って勝つ才能。「―がある」

ばく-さい【爆砕】［名・他サ変］爆発物を使ってこなごなにくだくこと。「ビルを―する」

ばく-さつ【爆殺】［名・他サ変］爆弾・爆薬で殺すこと。「テロリストに―される」

はく-し【白紙】［名］❶白い紙。しらかみ。❷書くべきことが何も書かれてない紙。❸特定の意見や先入観をもたないこと。「―で交渉に臨む」❹何もなかったもとの状態。「協定を―に戻す」「―撤回」

はく-し【博士】［名］学位の一つ。大学院の博士課程を修了し、博士論文の審査および試験に合格した者に与えられるもの（課程博士）と、論文試験に合格して博士課程修了と同等以上の学力を認められた者に与えられるもの（論文博士）とがある。ドクター。▼「はかせ（博士）」ともいうが、正式には「はくし」。使い方「湯川博士」のように肩書きとして使うと敬称になる。

はく-し【薄志】［名］❶弱い意志。❷わずかな謝礼。また、自分の謝礼をいう丁重語。寸志。薄謝。

はく-じ【白磁】［名］白い素地に透明な釉薬を施し、高温の窯で焼いた磁器。

ばく-し【爆死】［名・自サ変］爆撃・爆発などにあって死ぬこと。「敵陣で―する」

はくし-いにんじょう【白紙委任状】ーヰニンジャウ［名］委任事項・受任者など、委任状の一部を空欄にしておき、決定を相手方やその他の者に任せる委任状。

はく-しき【博識】［名・形動］広い知識をもっていること。博学。多識。「―な／の人」派生 -さ

はくし-じゃっこう【薄志弱行】ージャクカウ［名］意志が弱く、物事を断行する気力に欠けること。

はく-じつ【白日】［名］❶照り輝く太陽。「―の下に身をさらす」▼やましいところのないことのたとえにもいう。「青天―」❷昼間。白昼。

はく-しゃ【白砂（白▽沙）】［名］白い砂。はくさ。

はく-しゃ【拍車】［名］乗馬靴のかかとに取り付ける金具。馬の腹部を刺激して速度を出させるのに用いる。

◉**拍車を掛・ける** 物事の進行をいっそう早める。使い方「〜が混乱［憎しみ・いじめ］に拍車を掛けた」など、好ましくない傾向に用いられることが少なくないが、好ましさに関わりなく使われることも多い。

はく-しゃ【薄謝】［名］わずかな謝礼。また、自分の謝礼をいう丁重語。薄志。寸志。「―進呈」

ばく-しゃ【幕舎】［名］テントを張った宿舎。

はく-しゃく【伯爵】［名］旧華族制度で、五等爵の第三位。子爵の上、侯爵の下。

はく-じゃく【薄弱】［名・形動］❶意志・体力などが弱いこと。「意志―」❷よりどころが弱いこと。確かでないこと。「―な根拠」「論拠―」派生 -さ

はくしゃ-せいしょう【白砂青松】［名］白い砂浜と青い松原。海岸の美しい風景をいう。はくさせいしょう。「―の地」

はく-しゅ【拍手】［名・自サ変］両手を打ち合わせて音を立てること。特に、神を拝し、また賞賛・賛成などの気持ちを表して、手を打ち鳴らすこと。また、その音。「立ち上がって―する」「鳴りやまぬ―」

はく-じゅ【白寿】［名］数え年九九歳。また、その祝い。▼「百」の字から上の「一」を除くと「白」になることから。

ばく-しゅう【麦秋】ーシウ［名］麦の刈り入れをする季節。初夏のころ。むぎあき。むぎのあき。

はく-しゅつ【拍出】［名・他サ変］心臓が血液を送り出すこと。「心―量（＝一分間に心臓から送り出される血液量）」

はく-しょ【白書】［名］政府の各省庁が行政活動の現状を明らかにし、将来の政策・展望などを述べるために発表する年次報告書。「環境―」▼英国政府の公式外交報告書が白い表紙を用い、white paper と呼ばれることから。

はく-しょ【薄暑】［名］初夏のころの、わずかに感じられるほどの暑さ。「―の候」

ばく-しょ【▼曝書】［名・自他サ変］蔵書を広げて風に当てること。書物の虫干し。

はく-じょう【白状】ーヂャウ［名・他サ変］自分の罪や隠していたことを申し述べること。▼「白」は申す意。

はく-じょう【薄情】ーヂャウ［名・形動］人情に乏しいこと。人を思いやる気持ちが少ないこと。派生 -さ

ばく-しょう【爆笑】ーセウ［名・自サ変］大勢が声をあげていっせいに笑うこと。「聴衆から―が起こる」「会場の―を誘う」「―王」▼弾けるように笑う意から。使い方 一人で大声を上げて笑う意で使うのは新しい言い方。

はく-しょく【白色】［名］白い色。「―人種」

はくしょく-テロ【白色テロ】［名］支配者・権力者が反政府運動や革命運動に対して行う激しい弾圧。

はく-しん【迫真】［名］真に迫っていること。表現などがまるで現実のようであること。「―の演技」

はく-じん【白人】［名］白色人種に属する人。

はく-じん【白刃】［名］鞘から抜いた刀。ぬきみ。

ばく-しん【幕臣】［名］江戸時代、将軍直属の家臣。旗本・御家人など。

ばく-しん【爆心】［名］爆撃・爆発などの中心。「―地」

ばく-しん【▼驀進】［名・自サ変］まっしぐらに進むこと。「ゴールめざして―する」注意 勢いよく進む意を込めた「爆進」の表記も見られるが、誤り。驀

ばく-すい【爆睡】［名・自サ変］ぐっすり眠ること。正体もなく眠ること。「疲れ切って―する」

はく・する【博する】［他サ変］❶自分のものにする。

═「好評を─した新作」❷ひろめる。═「名声を─」文はく・す

ばく・する【▼駁する】［他サ変］他人の考えや意見に反対して非難・攻撃する。反駁する。═「新説を─」文ばく・す

ばく・する【縛する】［他サ変］❶縄でくくる。しばる。═「賊を─」❷自由を奪う。束縛する。═「因習に─せられる」文ばく・す

はく-せい【剝製】［名］哺乳類や鳥類の骨格・筋肉・内臓などを除いて皮だけを残し、綿などの芯を入れて縫い合わせ、防腐などの処理をして生きていたときの形に作ること。また、そのもの。═「─にする」

はく-せき【白▼皙】［名］肌の色の白いこと。═「─の美青年」

はく-せん【白扇】［名］書画などの書かれてない、白地のままの扇。

はく-せん【白線】［名］白い線。白いすじ。

はく-せん【白▼癬】［名］白癬菌などの糸状菌の感染によって起こる皮膚病。しらくも・たむし・水虫など。

はく-ぜん【白▼髯】［名］白いほおひげ。═「白髪─」

ばく-ぜん【漠然】［形動タル］ぼんやりとして、とらえどころのないさま。はっきりしないさま。═「将来のことを─と考える」

は-くそ【歯▼糞・歯▼屎】［名］歯の表面などに付着する食べ物のかす。歯垢。

ばく-そう【爆走】［名・自サ変］自動車やオートバイがすさまじい音を立てて走ること。═「バイクが猛スピードで─する」

ばく-だい【▼莫大】［形動］程度・量などがきわめて大きいさま。═「─な損害を被る」▼これより大なるは莫しの意。多く数量としてとらえられるものについて使う。派生 -さ

はく-だく【白濁】［名・自サ変］白くにごること。

はく-だつ【剝脱】［名・自他サ変］はげ落ちること。また、はぎ落とすこと。═「金箔が─する」

はく-だつ【剝奪】［名・他サ変］はぎとること。むりに取り上げること。═「タイトルを─する」

ばく-だん【爆弾】［名］❶爆薬を充塡し、投下または投擲して爆発させる武器。▼突然に人を驚かすものの、大きな混乱をもたらすもののたとえにもいう。═「─発言」❷おでん種の一つ。ゆで卵を魚のすり身でくるんで揚げたもの。❸第二次大戦後に出回った密造の粗悪な焼酎。❹トウモロコシ・米などを密封し、加熱・加圧してはじけさせた食品。爆弾あられ。

ばくだん-ていきあつ【爆弾低気圧】［名］急速に発達する温帯低気圧。中心気圧が二十四時間以内に二四ヘクトパスカル以上低下するもの。暴風雨や高波、大雪などをもたらす。

はく-ち【白痴】［名］もと、知的障害の最重度のものをいった語。

ばく-ち【博▽打・〈博▼奕〉】［名］❶賽・花札・トランプなどを用い、金品をかけて勝負をすること。賭博。ばくえき。═「─打ち」❷偶然の成功を当てにして行う危険な試み。═「一か八かの大─に出る」◈「ばくうち」の転。

パクチー［phakchiタイ］［名］➡コリアンダー

ばく-ちく【爆竹】［名］小さな紙筒や竹筒に黒色火薬を詰めて多数つないだもの。その端に点火し、次々に爆発させて鳴らす。▼中国で慶事・祝祭日などに用いる。

はく-ちず【白地図】［名］輪郭だけを線で表し、記号・文字などが全く記されていない地図。学習や分布図の作成に用いられる。白図。しろちず。

はく-ちゅう【白昼】［名］まひる。ひるひなか。═「─堂々と盗みを働く」

はく-ちゅう【伯仲】［名・自サ変］力量などが接近していて、優劣がつけがたいこと。═「勢力が─する」「実力─」▼「伯」は長兄、「仲」は次兄の意。

はくちゅう-む【白昼夢】［名］覚醒時にあらわれる非現実的な幻想。

はく-ちょう【白鳥】［名］カモ科ハクチョウ属の水鳥の総称。大形で首が長く、ほとんどが純白の羽毛をもつ。冬鳥としてオオハクチョウとコハクチョウの二種がシベリアなどから渡来する。

ばく-ちん【爆沈】［名・自他サ変］艦船が爆発を起こして沈没すること。また、艦船を魚雷・爆弾などで爆破して沈没させること。

ぱく-つ・く［他五］大きくあけた口を動かしながら盛んに食べる。═「饅頭を─」

バクテリア［bacteria］［名］細菌。

ばく-と【博徒】［名］ばくちを打つことを常習とする人。ばくち打ち。

はく-とう【白桃】［名］モモの栽培品種の一つ。果肉は白く、多汁で甘い。

はく-とう【白頭】［名］しらがの生えた頭。しらがあたま。═「─翁」

はく-どう【白銅】［名］銅とニッケルの合金。銀白色で硬く、腐蝕されにくい。貨幣・装飾品などに用いる。

はく-どう【拍動（▼搏動）】［名・自サ変］心臓が律動的に収縮して脈を打つこと。また、その収縮運動。書き方「拍動」は代用表記。

はく-とうゆ【白灯油】［名］家庭用の暖房や燃料に使う、精製した灯油。無色透明で、完全燃焼する。

はく-ないしょう【白内障】［名］眼球の水晶体が灰白色に濁り、視力が次第に低下していく病気。しろそこひ。注意「白内症」と書くのは誤り。

はく-ねつ【白熱】［名・自サ変］❶高温に熱せられた物体が白い光を放つこと。═「─電球」❷この上なく熱気を帯びた状態になること。═「議論が─する」

はく-ば【白馬】［名］白い毛色の馬。

ばく-は【爆破】［名・他サ変］火薬を爆発させて物を破壊すること。═「橋を─する」

はく-ばい【白梅】［名］白い花を咲かせる梅。また、その花。しらうめ。

バグパイプ［bagpipe］［名］木管楽器の一つ。革袋に数本の音管を取りつけたもので、革袋に満たした空気を押し出しながら演奏する。バッグパイプ。▼スコットランドのものが有名。

ばく-ばく【漠漠】［形動タル］❶広々としてはてしないさま。═「─と広がる大地」❷ぼんやりとして、とらえどころのないさま。═「─たる昔日の記憶」

ぱく-ぱく［副と］❶口をしきりに動かして盛んに物を食べるさま。═「大量のパンを─と食べる」❷緊張して感情が高まるさま。═「合格発表を見るときは、すごく─したよ」▼心臓の音が異常に大きく聞こえるようだとしていう。

ぱく-ぱく［副と］❶口をしきりに開けたり閉じたりする

さま。また、そのようにして盛んに物を食べるさま。‖「金魚が口を―(と)させる」❷物の合わせ目などが離れかかって、何度も開いたり閉じたりするさま。

はく-はつ【白髪】［名］白くなった頭髪。しらが。

◉**白髪三千丈**（はくはつさんぜんじょう） 憂愁のために白髪が長く伸びたことを誇張して言ったことば。▼李白の『秋浦歌』から。極端な誇張のたとえとしても言う。

ばく-はつ【爆発】［名・自サ変］❶物質の急激な化学的・物理的反応によって体積が著しく増大し、激しい勢いで破裂すること。また、その現象。熱・光・音・衝撃波などを伴う。‖「ガス―」❷おさえていた感情が激しい勢いで外に現れること。‖「怒りが―する」

ばくはつ-てき【爆発的】［形動］物事が激しい勢いで起こるさま。また、急激に広まるさま。‖「―な人気」「需要が―に伸びる」

はく-はん【白斑】［名］❶白色の斑点（はんてん）。白いまだら。❷皮膚のメラニン色素の消失によって生じる白いまだら。しろなまず。❸太陽の表面で、白い斑点のように強く輝いて見える部分。

はく-び【白眉】［名］❶白いまゆ毛。❷多くのものの中で最もすぐれたもの。‖「推理小説の―」語源 蜀（しょく）の馬氏の五人兄弟はいずれも秀才の誉れが高かったが、中でも最も優秀だった馬良（ばりょう）のまゆには白い毛が交じっていたという故事に基づく。

はく-び【伯備】［名］伯耆（ほうき）国と備州の諸国。現在の鳥取・岡山・広島県地方。

はく-ひょう【白票】（ヘウ）［名］❶何も記入しないで白紙のまま投じられた票。❷国会で、記名投票によって表決を行うとき、賛成の意を表すのに用いる白色の票。しろひょう。⇔青票（せいひょう）

はく-ひょう【薄氷】［名］薄く張った氷。うすごおり。

◉**薄氷を踏**（ふ）**む** きわめて危険な状況に臨むことのたとえ。

はく-ふ【白布】［名］白いぬの。しろぬの。‖「柩（ひつぎ）を―でおおう」

ばく-ふ【幕府】［名］鎌倉・室町・江戸の三代にわたる、武家政権の政庁。また、その武家政権の機構。

ばく-ふ【▼瀑布】［名］滝。特に、規模の大きな滝。

ばく-ふう【爆風】［名］爆発によって起こる強い風。

はく-ぶつ【博物】［名］動物・植物・鉱物などの自然物について分類学的研究を行う学問。また、動物学・植物学・鉱物学などの総称。▼「博物学」の略。各分野が高度に分化する以前に使われた語。

はくぶつ-かん【博物館】（クワン）［名］歴史・芸術・民俗・産業・自然科学などに関する資料を広く集めて研究・保管し、一般の利用のために公開する施設。

はく-ぶん【白文】［名］返り点・句読点・送り仮名などの付いていない、原文のままの漢文。

はく-ぶん【博聞】［名］物事を広く聞き知っていること。‖「―強記」

はくへい-せん【白兵戦】［名］刀剣・槍（やり）などをもち、敵味方が入り乱れて切り合うような接近戦。

はく-へん【剝片】［名］はがれ落ちたかけら。‖「―石器」

はく-へん【薄片】［名］薄いかけら。薄い切れはし。

はく-ぼ【薄暮】［名］もうすぐ日が暮れようとするころ。たそがれ。‖「―の迫る球場」

はくほう-じだい【白▼鳳時代】［名］文化史・美術史上の時代区分の一つ。飛鳥時代と天平時代の間、大化の改新（六四五年）から平城京遷都（七一〇年）までをさす。

鳳

はく-ぼく【白墨】［名］白亜や焼石膏（しょうせっこう）の粉末を水で練って棒状に固めたもの。黒板に字などを書くのに用いる。チョーク。▼白と限らず、着色したものにもいう。

はく-ま【白魔】［名］災害をもたらす大雪を魔物にたとえた語。

はく-まい【白米】［名］玄米を搗（つ）いて糠（ぬか）・胚芽（はいが）などを取り除いた米。精米。精白米。

ばく-まつ【幕末】［名］江戸幕府の末期。‖「―の動乱」

はく-めい【薄命】［名］❶寿命が短いこと。早死に。短命。‖「佳人―」❷運に恵まれないこと。ふしあわせ。薄幸。

はく-めい【薄明】［名］日の出前または日没後、しばらくのあいだ空がほのかに明るいこと。また、その現象。

はく-めん【白面】［名］❶白い顔。白く美しい顔。‖「―の貴公子」❷年が若くてまだ経験の乏しいこと。青二才。‖「―書生」

はく-や【白夜】［名］⇩びゃくや（白夜）

ばく-やく【爆薬】［名］火薬類のうち、物を破壊するのに使われるもの。ニトログリセリン・ダイナマイト・トリニトロトルエン（TNT）など。爆発薬。

はく-らい【舶来】［名・自サ変］外国から船で運ばれて渡来すること。また、そのもの。‖「―の化粧品」

ばく-らい【爆雷】［名］水中に投下し、一定の深度に達すると爆発する爆弾。潜水艦を攻撃するのに用いる。

はぐらか・す［他五］❶相手の追及をのがれようとして、また、相手の関心をそらそうとして、巧みに話の焦点をずらす。‖「質問を―」「核心にくると話を―」❷相手に気づかれないようにうまく離れ去る。‖「途中で連れを―」

はく-らく【伯楽】［名］❶馬の良否をよく見分ける人。❷人の資質・能力などを見抜き、人材を育てることに巧みな人。‖「画壇の名―」◈『荘子（そうじ）』などにみえる、中国周代にいた馬を鑑定する名人の名から。

はく-らく【剝落】［名・自サ変］はがれ落ちること。‖「塗料が―する」

はく-らん【博覧】［名］❶広く書物を読み、よく知っていること。❷広く一般の人々が見ること。‖「―に供する」

はくらん-かい【博覧会】（クワイ）［名］産業・貿易・学術・技術などの振興のために、種々の産物・天然物・文化財などを展示し、広く一般の人々に公開する催し。‖「万国―」

はくらん-きょうき【博覧強記】（キャウ）［名・形動］多くの書物を読み、よく記憶していること。‖「―の人」

はく-り【剝離】［名・自他サ変］はがれること。また、はがすこと。‖「塗装が／を―する」「網膜―」

ぱく-り［名］［俗］❶人の物をかすめ取ること。また、商品・手形・代金などをだまし取ること。❷他人の作品やアイディアを盗用すること。‖「この映画は往年の名作の―だ」◈書き方「パクリ」「パクり」とも。

はくりき-こ【薄力粉】［名］軟質小麦から製粉した、たんぱく質・グルテンの少ない小麦粉。粘りけが弱いので、天ぷらの衣やケーキの材料などに適する。

はくり-たばい【薄利多売】［名］品物一つあたりの利益は少ないが、安く大量に売ることによって全体の利益が上がるようにすること。

ぱくり-と【副】❶口を大きく開けて食いつくさま。‖「一口で—食べてしまう」❷割れ目などが急に大きく開くさま。ぱっくり。‖「傷口が—あく」

ばく-りょう【幕僚】[ウレ]【名】❶君主・将軍などを補佐する参謀。❷軍隊で、司令部に直属して作戦などの参謀事務に従事する将校。

はく-りょく【迫力】【名】見る人や聞く人の心に強く訴えかける力。‖「—のある演技」

はぐ・る【他五】はいでめくる。まくる。‖「毛布を—」可能 はぐれる

バグ・る【自五】〔俗〕バグが出る。コンピューターのソフトウエアが、不具合を起こす。▼「バグ」を動詞化した語。

ぱく・る【他五】〔俗〕❶人の物をかすめ取る。また、商品・手形・代金などをだまし取る。‖「バッグを—・られる」❷他人の作品やアイディアを盗用する。‖「小説のアイディアを—・られる」❸犯人などを逮捕する。‖「現行犯で—・られる」◈書き方「パクる」とも。

は-ぐるま【歯車】【名】❶機械部品で、円筒体・円錐(えんすい)台などの周辺に多数の歯を規則正しく刻んだもの。歯をかみ合わせて動力を伝達する。❷大きな組織などを構成している一つ一つの要素。

◉**歯車が嚙(か)み合わない** 双方の感情や考え方がうまく一致せず、物事がうまく進行しない。‖「議論の—」

ばく-れつ【爆裂】【名・自サ変】爆発して破裂すること。‖「地雷が—する」「—弾」

はぐ・れる【▽逸れる】【動下一】一【自】同行者や仲間を見失って離ればなれになる。‖「親に—・れて迷子になる」「連れと—」「群れを／から—・れた羊」使い方「〜に—」は動作の基点となる相手に、「〜と—」は動作の及ぶ対等の相手に、「〜を／から—」はそこからの離脱に注目していう。二〈動詞の連用形に付いて複合動詞を作る〉…しそこなう。…しそびれる意を表す。‖「食い—・取り—・行き—・乗り—」▼意味を強めて、「…っぱぐれる」の形でも使う。‖「食いっぱぐれる」

ばく-れん【▼莫連】【名】世間ずれして悪がしこいこと。また、そのような女性。あばずれ。すれっからし。

はく-ろ【白露】【名】❶白く光って見える露。しらつゆ。❷二十四節気の一つ。太陽暦の九月八日ごろ。▼このころから秋らしい気配が感じられる。

ばく-ろ【暴露(▼曝露)】【名・自他サ変】他人の悪事・秘密などをあばいて明るみに出すこと。また、それらが明るみに出ること。‖「役員の不正を—する」

ばく-ろう【博労(〈伯楽〉・馬▼喰)】[ウラ]【名】牛馬の売買や周旋を職業とする人。▼「はくらく(伯楽)」の転。

はくろう-びょう【白▼蠟病】[ハクラフビャウ]【名】チェーンソー・鋲(びょう)打ち機など、激しい振動を伴う工具を長期間使用する際にみられる職業病。血行障害によって手指が白くなり、しびれ・痛み・知覚障害などがあらわれる。振動病。

はぐろ-とんぼ【羽黒〈▼蜻▼蛉〉・〈鉄▼漿〉〈▼蜻▼蛉〉】【名】夏、平地の水辺をゆるやかに飛ぶ、カワトンボ科の昆虫。胴は細く、とまるときは黒い羽を直立させる。オハグロトンボ。

ばく-ろん【▼駁論】【名・他サ変】他人の説を非難し、反対意見を述べること。また、その議論。論駁。‖「実行の無益性を—する」「—を加える」

はく-わ【白話】【名】中国語の口語・日常語。また、口語体。‖「—小説」⇔文言(ぶんげん)

はけ【〈刷毛〉・〈刷子〉】【名】獣毛などを束ねて柄のついた台に植え付けた道具。塗料・糊などを塗ったり、ほこりを払ったりするのに用いる。

はけ【▼捌け】【名】❶水がとどこおりなく流れること。‖「下水の—が悪い」❷商品がよく売れていくこと。‖「新製品の—がよい」

はげ【▼禿】【名】頭髪が抜け落ちた状態であること。また、その人。

はげ-あが・る【▼禿げ上がる】【自五】額(ひたい)の生え際から頭の上のほうまで毛が抜けてなくなる。‖「額の—・った人」

はげ-あたま【▼禿頭】【名】頭髪が抜け落ちた頭。はげ。とくとう。また、その人。

は-けい【波形】【名】波のように起伏してうねる形。なみがた。‖「心電図の—が乱れる」

はげ-いとう【葉鶏頭(〈▼雁来紅〉)】【名】夏から秋、細長い葉が紅・黄色などに色づくヒユ科の一年草。花は淡緑色で、ごく小さい。観賞用に花壇や庭園に植える。ガンライコウ。アマランサス。

バケーション【vacation】【名】比較的長い休暇。バカンス。‖「サマー—」

はけ-ぐち【▼捌け口】【名】❶水などの流れ出ていく口。❷商品などの売れていく先。❸内にたまった感情・エネルギーなどを発散させる対象。また、それらを発散させるための手段・方法。‖「不満の—がない」◈「はけくち」とも。

はげし・い【激しい(▽烈しい・▽劇しい)】【形】❶勢いがきわめて強いさま。‖「—戦いが続く」「—口調で詰め寄る」「風雨が—・くなる」❷感情・性質などが荒々しいさま。激情的である。‖「—感情[恋]」「気性の—人」❸程度・頻度などがはなはだしい。‖「寒暖の差[人の出入り]が—」「—痛みに襲われる」「変化の—世相」派生 -さ

はげ-たか【▼禿▼鷹】【名】コンドル類・ハゲワシ類の通称。▼貪欲(どんよく)に利益をむさぼる者の意でも使う。‖「—のように金銭を集める」

はげ-ちゃびん【▼禿茶瓶】【名】はげ頭を茶瓶に見たて、頭のはげた人をあざけっていう語。

バケツ【bucket】【名】ブリキ・ポリエチレンなどで作った、水などを入れる容器。上部の開いた円筒形で、持ち運ぶためのつるが付いている。‖「ポリ—」

バケット【bucket】【名】❶バケツ。❷土砂・鉱石などをすくい取って運搬する容器。起重機や運搬機に取りつけて用いる。

バゲット【baguette[フランス]】【名】棒状のフランスパン。

パケット【packet】【名】データ通信で、小さく分割し、送受信のための情報を付加したデータのまとまり。▼「小包」の意から。

ばけ-の-かわ【化けの皮】[ハカハ]【名】真相・素性などを包みかくしている外見。‖「—がはがれる」

はげまし【励まし】【名】励ますこと。激励。‖「—の言葉をかける」「彼の—がなければ実現できなかった」

はげま・す【励ます】【他五】❶元気や勇気が出るようにかたわらから力づける。激励する。‖「失意の友を—」「自分で自分を—」「沿道の声援に—・される」❷〔古風〕声などを強くする。‖「声を—・して言う」名 励まし

はげみ【励み】【名】励むこと。また、そのための支えと

なるもの。‖「その一言が—になる」

はげ・む【励む】[自五] 気持ちを奮い起こして熱心に物事を行う。精を出す。‖「日夜家業に—」「黙々と練習に—」 使い方 古くは他動詞としても使った。‖「忠勤を—」 名 励み

ばけ-もの【化け物】[名] 動植物などが奇怪な姿・形をして現れ出たもの。おばけ。妖怪。‖「—屋敷」▽並の人間とは思われないような能力をもっている人のたとえにもいう。‖「徹夜続きでも平気でいるとは、あいつは—だ」

はげ-やま【▼禿山】[名] 草木の生えていない山。

は・ける【▼捌ける】[自下一] ❶水などがとどこおらないで流れる。‖「下水がよく—・けない」❷品物などが売りさばかれる。さばける。‖「在庫があらかた—・けた」❸人が退く。‖「舞台の下手から—」 文 はく 名 捌け

は・げる【▼禿げる】[自下一] ❶髪の毛が抜け落ちてなくなる。‖「髪の毛が—」「頭[額]が—」❷草木がなくなって山などの地肌が見えるようになる。◈「剝げる」と同語源。 文 はぐ 名 はげ

は・げる【剝げる】[自下一] ❶表面をおおっていた物や表面に付着していた物がとれて離れる。はがれる。‖「めっき[漆]が—」❷色が薄くなる。あせる。‖「染めが—」 文 はぐ

ば・ける【化ける】[自下一] ❶キツネ・タヌキ・妖怪などが、本来の姿・形を変えて別のものになる。‖「タヌキが茶釜に—」❷化粧・変装などによって別人のように見せかける。〜を装う。なりすます。‖「物売りに—・けて空き巣を働く」❸全く別のものに変わる。‖「衣類が食費に—」「債券が紙くずに—」❹あるものが思いがけない状態に変化する。役者・芸人などが突然人が違ったようにうまくなったり、株価などが大きく変動したりすることにいう。‖「噺家[株価]が—」 文 ばく

はげ-わし【▼禿▼鷲】[名] 主に腐肉を食べるタカ科の鳥の総称。頭部の皮膚が露出しているものが多い。エジプトハゲワシ・シロエリハゲワシなど。ハゲタカ。

は-けん【派遣】[名・他サ変] ❶任務を命じて他の地へ行かせること。‖「使者を—する」「人材—」❷「派遣社員」の略。

は-けん【覇権】[名] ❶覇者としての権力。強大な威力によって他を支配する権力。‖「—を握る」❷競技などで優勝して得る栄誉。

ば-けん【馬券】[名] 競馬で、配当の対象となる馬を予想して買う券。単勝式・複勝式・連勝式などがある。正式名称は「勝馬投票券」。

ば-げん【罵言】[名] ののしることば。ひどい悪口。

はけん-しゃいん【派遣社員】-シャヰン [名] 派遣会社から契約先の企業に派遣される労働者。派遣労働者。派遣。

はこ【箱】[名] ❶物を入れるための(多くは方形の)器。木・紙・金属などで作り、ふつう蓋を付ける。‖「—に詰める」「弁当[おもちゃ・ゴミ]—」❷列車・電車などの車両。❸三味線を入れる容器。また、三味線。❹劇場やホールなどの建物。‖「新しい—でライブをする」◈ 書き方「▼函」「▼匣」「▼筥」とも。④は「ハコ」とも。

はご-いた【羽子板】[名] 羽根突きに使う、柄のついた長方形の板。桐・杉などの材を用い、片面は絵や押し絵で飾る。大形の板に豪華な押し絵を施した装飾用のものもある。

はこ-いり【箱入り】[名] ❶箱に入っていること。また、そのもの。❷箱にしまい込むようにして大切にすること。また、その物や人。

はこいり-むすめ【箱入り娘】[名] めったに外にも出さないようにして大切に育てられた娘。

は-こう【▼跛行】-カウ [名・自サ変] ❶片方の足を引きずるようにして歩くこと。❷つり合いのとれないまま進行すること。‖「—状態が続く相場」

はこ-がき【箱書き】[名] 書画・陶磁器などを収めた箱に作者・鑑定家がその名称などを記し、真作であることの証明として署名・捺印すること。また、その署名など。

は-ごく【破獄】[名・自サ変] 囚人が牢獄から脱走すること。牢破り。脱獄。

はこ-し【箱師】[名] 列車・電車など、乗り物の中を専門とする掏摸。

はこ-じょう【箱錠】-ヂャウ [名] ドアに取り付ける錠の一つ。開閉する装置が金属製の箱に納められたもの。

はこ-せこ【▼筥▽迫】[名] 和装の女性が懐にはさむ箱形の装飾品。▽現在は婚礼や七五三の礼装用。

ば-こそ [連語] ❶〈活用語の仮定形に付いて〉理由を強調して示す。…からこそ。‖「君のことを思えー注意しているのだ」 使い方 文語の名残で已然形に付くこともある。‖「この城なれ—敵を防ぐことができたのだ」❷〈「〜も[など]…ばこそ」の形で、活用語の未然形に付いて〉そんなことはまったくないと全面的に否定する。‖「人助けをする気などあら—」「遠慮も斟酌もあら—」「人の話も聞か—」

パゴダ【pagoda】[名] 仏塔。特に、ミャンマーの仏塔。

は-ごたえ【歯応え】-ゴタヘ [名] ❶物をかんだとき歯に受ける抵抗感。‖「こりこりとした—」❷[俗] 働きかけに対して受ける確かな反応。手ごたえ。‖「—のある相手」

はこ-にわ【箱庭】-ニハ [名] 土や砂を敷いた浅い箱の中に模型の家・橋などを置き、小さな草木や石を配して山水・庭園などに模したもの。

はこにわ-りょうほう【箱庭療法】-ニハレウハフ [名] 砂を入れた箱と玩具を使って箱庭を作らせ、心の中の世界を表現することで自己治癒力を引き出そうとする心理療法。

はこび【運び】[名] ❶物をある場所から他の場所に移すこと。❷〈「足の運び」の形で〉足を動かして移動すること。また、その足の進め方や速さ。‖「軽快な足の—」❸道具などを動かすこと。また、その動かし方。‖「雄渾な筆の—」❹物事を進めること。また、その進み方。‖「話の—が遅い」❺進んでいる物事がある段階に至ること。‖「ようやく出版の—となる」

はこ-ひばち【箱火鉢】[名] 箱形をした木製の火鉢。

はこ・ぶ【運ぶ】■[他五] ❶ある所から他の所へ人や物を動かし移す。移動させる。(意図的な行為にもそうでないものにもいう)‖「手に持って荷物を—」「夕食を食卓に／へ—」「観光客をフェリーで—」「トラックで引っ越し荷物を—」「蚊が病原菌を—」 使い方「船で／が食糧を—」のように、〜デ(手段格)を〜ガ(主格)に置き換えていう言い方もある(主に乗り物の場合)。❷自分の動きや流れに乗せて他のものを動かし移す。‖「春風が花の香りを—・んでくる」「手紙が感動を—」「ヘモグロビンが酸素を—」 使い方「胆管が胆汁を—」など、静止した〈通路〉を主語にしてもいう。❸目的に従って手に持った道具を動かす作業をする。‖

「筆を—(=文章を書く)」「器用に箸を—」❹歩行などのために自分の足や体を動かす。❺〈「お運びになる」「お運び下さる」などの形で〉「来る」「行く」の尊敬語。||「わざわざお—び頂き恐縮です」❻あるしかたで物事を推し進める。進める。推進する。||「手堅く試合を—んで初戦を勝ち取る」「慎重に事を—」□二[自五] 物事があるしかたで展開する。進捗する。||「話が滞りなく—」「事が予定どおりに—」可能 運べる 名 運び

はこ-ぶね【箱船・▽方舟】[名] 方形の船。||「ノアの—」

はこべ【〈繁▼縷〉・〈▼蘩▼蔞〉】[名] 春、白い五弁花をつけるナデシコ科の越年草。茎は地面をはい、よく分枝する。柔らかい葉は食用。小鳥の餌にもする。春の七草の一つ。ハコベラ。

は-こぼれ【刃▽毀れ】[名・自サ変] 刀・包丁などの刃が部分的に欠けること。また、その部分。

はこ-まくら【箱枕】[名] 箱形の台の上に小さなくくりまくらをのせたまくら。

はこ-みや【箱宮】[名] 神棚に飾る小さな社殿。

はこ-もの【箱物】[名] ❶箪笥・書棚など、箱状の家具。⇕脚物 ❷公共事業などでつくられる、庁舎・学校・ホールなどの建物。書き方「ハコモノ」と書くことも多い。

は-ごろも【羽衣】[名] 天人が着て空中を飛ぶという薄くて軽い衣。鳥の羽で作るという。天の羽衣。

は-こん【破婚】[名・自サ変] 婚約または結婚を解消すること。

バザー【bazaar】[名] ボランティア団体などが資金集めのために品物を持ち寄って開く即売会。慈善市。▼原義は市場。

ハザード【hazard】[名] ❶危険。||「モラル—」❷ゴルフで、コース内の障害地域。バンカー・池・川など。||「ウォーター—」❸高速道路などで、後続車に注意を促す非常点滅表示灯。▼「ハザードランプ(和製hazard+lamp)」の略。

ハザード-マップ【hazard map】[名] 自然災害を予測し、その被害の程度・範囲や避難情報などを示した地図。災害予測地図。

ハザード-ランプ【和製hazard+lamp】[名] 自動車の非常用点滅灯。故障などで緊急駐車するとき、後続車に注意を促すために用いる。

バザール【bazarフランス】[名] ❶イスラム圏諸国の都市にある市場。❷デパート・商店などの特売会。また、その特設会場。

は-さい【破砕(破▼摧)】[名・自他サ変] 粉々にくだけること。また、粉々に打ちくだくこと。||「衝撃でコンクリートが—する」「岩石を—する」

はざかい-き【端境期】ハザカヒー [名] ❶前年産の米と新米とが市場で入れ替わろうとする九、十月のころ。また、その年の産物が前年の産物に代わって市場に出始めようとする時期。はざかい。❷広く、物事の新旧が入れ替わる時期。

は-さき【刃先】[名] 刃の先端。刀などの切っ先。

は-ざくら【葉桜】[名] 花が散って若葉が出始めたころの桜。

ば-さし【馬刺し】[名] 馬肉の刺身。

ぱさ-つ・く[自五] 水分が少なくてぱさぱさした感じになる。||「ご飯が—」

ばさ-ばさ[副ト] かわいて油けなどがなく、乱れているさま。||「—(と)した髪」

ぱさ-ぱさ[副ト] かわいて水分や油けがないさま。||「—(と)したパン」

はざ-ま【▽狭間・▽迫間・▽間】[名] ❶物と物との間の狭いところ。すきま。あいだ。||「雲の—から日が射す」❷谷あい。谷間。||「—の村」❸ある事柄と次の事柄との間の短い時間。||「生と死の—」❹弓・鉄砲などを発射するために城壁に設けた穴。銃眼。

はさま・る【挟まる】[自五] ❶物と物との間に入る。||「日記帳に若いころの写真が—・っていた」書き方「▽挿まる」とも。❷物と物とに両側から押さえられて動けない状態になる。||「電車のドアに手が—」「奥歯に物が—・ったような(=はっきりしない)言い方をする」❸対立するものの間に立つ。はさまれる。||「労使の間に—・って苦労する」

はさみ【▼鋏・〈▼剪刀〉】[名] ❶手に握って、物を二枚の刃で挟んで切る道具。数「一丁(挺)…」と数える。❷切符などに穴をあける道具。パンチ。❸じゃんけんで、指を二本開いた形。ちょき。

◉**鋏を入・れる** ❶はさみで切る。||「開通式のテープに—」「フィルムに—(=編集のために一部をカットする)」❷係員が切符に穴をあけたり切り込みを入れたりして使用の証とする。

はさみ【▼螯】[名] カニ・エビ・サソリなどの脚の、餌などをはさむことのできる大きなつめの部分。

はさみ-うち【挟み撃ち】[名・他サ変] 相手を両側から挟むようにして攻撃すること。挟撃。||「敵を—(に)する」「—に遭う」動 はさみう・つ(他五)

はさみ-しょうぎ【挟み将棋】ーシャウギ [名] 将棋の駒と盤を用いる遊びの一つ。盤の最下端に横一列ずつ並べた駒を交互に縦または横に動かし、相手の駒を前後左右から挟んで取り合うもの。

はさ・む【挟む(▽挿む)】[他五] ❶物を両側から押さえて動かないようにする。||「本を小脇に—」「洗濯ばさみで衣類を—」「二人組に—・まれて連れ去られる」❷身体の部分を過ってドアなどに割り込ませる。||「(僕は)ドアに指を—・んでしまった」使い方 非意図的な動作にいい、①の意の受身表現「(僕は)ドアに指を—・まれた」とほぼ同義となる。❸物と物とのすきまに差し入れる。||「パンにチーズを—」「本にしおりを—」❹〈「…を挟んで」の形で〉物を間に置いて向かい合う。||「道を—・んで二軒の旅館がある」❺何かをしている間に別のことを入れる。間に割り込ませる。||「会議は一〇分の休憩を—・んで再開する」「疑いを—余地はない」「人の話に横合いから口を—な」❻⬇小耳に挟む ◈書き分け ③⑤は【挿】も好まれるが、【挟】が一般的。可能 挟める

はさ・む【▼鋏む・▼剪む】[他五]〔古風〕はさみで切る。||「髪を—」▼「挟む」と同語源。可能 はさめる

は-ざわり【歯触り】ーザハリ [名] 食べ物などを歯でかんだときの感触。

は-さん【破産】[名・自サ変] ❶財産をすべて失うこと。||「こんな生活が続くと我が家は—だ」❷法律で、債務者がその債務を完済することができない場合に、債務者の総財産をすべての債権者に公平に弁済するために進められる裁判上の手続き。||「—宣告」

はし【端】[名] ❶細長いものの先端や末端。||「糸の—」❷平らなものの縁の部分。また、ものの周辺部。||

「布のーを縫う」「舞台のーに立つ」❸切り離した小さな部分。切れはし。‖「木のー」❹全体のうちのちょっとした部分。‖「言葉のーをとらえる」❺物事の初めの部分。‖「聞いたーから忘れる」◈「はじ」ともいう。

はし【箸】［名］食べ物などを挟むのに使う二本の細長い棒。木・竹・金属などで作る。食事用のもののほか、料理用のもの（＝菜箸(さいばし)）、炭火などを挟むためのもの（＝火箸）などもある。数 一対で「一膳(いちぜん)…」と数える。

箸

◉箸が転んでもおかしい年ごろ　ちょっとしたことでも笑う年ごろ。十代後半の女性をいう。

◉箸にも棒(ぼう)にも掛からない　ひどすぎて、どうにもならない。‖「ー駄作」

◉箸をつ・ける　箸で食べ物に触れる。また、食べ始める。

はし【橋】［名］川・谷・海峡・道路・線路などの上にかけわたして、人や車が通行できるようにした構築物。‖「ーを架ける」「つりー(ばし)」

◉橋を渡(わた)・す　❶橋をかけ渡す。❷両者の間に立って仲立ちをする。橋渡しをする。

はじ【恥（▽辱・▼耻）】(チハ)［名］恥じること。自分の欠点・過失などに気づいて恥ずかしく思うこと。また、それによって自分の名誉・面目などを失うこと。‖「ーをかく」▼「耻」は「恥」の俗字。

◉恥の上塗(うわぬ)り　恥をかいた上にまた恥を重ねること。

◉恥も外聞(がいぶん)も無・い　恥ずかしく思ったり、体面を気にしたりするということがない。‖「ー・く酔いしれる」

はじ【▽端】［名］➡はし（端）

は-じ【把持】(チ)［名・他サ変］しっかりと手に持つこと。また、権力などをかたく握ること。‖「権勢をーする」

はし-い【端居】(ヰ)［名・自サ変］家の端近くに出ていること。特に、夏、涼を求めて家の縁先や縁台に出ていること。

はじ-い・る【恥じ入る】(ハヂ)［自五］たいへん恥ずかしいと思う。深く恥じる。‖「ー・って謹慎する」

バジェット［budget］［名］政府などの予算。予算案。また、特定の用途のための経費。

はし-おき【箸置き】［名］食卓で、はし先をのせておく小さな器具。はし台。はしまくら。

はしか【〈麻▼疹〉（〈▼痲▼疹〉）】［名］幼児に多い、麻疹(ましん)ウイルスによる急性の感染症。風邪のような症状に始まり、口の中に小さな白斑(はくはん)が現れた後、赤い発疹(はっしん)が全身に広がる。一度かかると終生免疫を得る。ましん。

はし-がかり【橋懸かり（橋掛かり）】［名］能舞台で、楽屋に続く鏡の間(ま)から舞台へ斜めにかけ渡した欄干のある通路。書き方 慣用で「橋懸」も好まれる。

はし-がき【端書き】［名］❶書物の初めに、その成立事情や内容に関することを記す文。序文。まえがき。⇔後書(あとが)き ❷手紙文の終わりに書き添える文。追伸。おってがき。❸和歌などの前にその由来などを書き添える文。詞書(ことばが)き。◈書き方 かな書きも好まれる。

はじかみ【▼薑・▼椒】［名］❶ショウガの古名。❷酢取り生姜(しょうが)。茎付きの若い生姜をゆでて甘酢に漬けたもの。焼き魚などに添える。

はじき【▽弾き】［名］❶はじくこと。また、はじくための装置。❷おはじき。❸ピストル。

はじ-き【▽土師器】［名］古墳時代から平安時代にかけて用いられた素焼きの土器。赤褐色または黄褐色で、模様などの装飾はない。

はじき-だ・す【▽弾き出す】［他五］❶はじいて外へ出す。‖「爪(つめ)でビー玉をー」❷のけ者にして追い出す。‖「仲間からー」❸そろばんをはじいて計算する。算出する。また、費用などをひねり出す。‖「総工費をー」「苦心して旅費をー」

はし-きれ【端切れ】［名］必要な所を切り取った残りの小部分。切れ端。

はじ・く【▽弾く】［他五］❶ためた力を瞬間的に解放して、物を打ったり飛ばしたりする。‖「指先でおはじきをー」「指をー・いて音を出す」❷はね返して寄せつけない。‖「よく水をーレーンコート」❸指でそろばん珠を動かして計算する。また、単に計算する。‖「そろばんをー・いて集計する」「損得をー」可能 はじける 名 弾き

はし-くれ【端くれ】［名］❶木材などを切った端の部分。切れ端。❷取るに足りない存在だが、一応その類に属す者。‖「芸術家のー」▼多く謙遜(けんそん)して、また多少の誇りをもって自分を表すときに使う。

はしけ【▼艀】［名］停泊中の本船と波止場との間を往復して旅客や貨物を運ぶ小舟。はしけぶね。

はし-げた【橋桁】［名］橋ぐいの上にかけ渡して橋板を支える材。

はじ・ける【▽弾ける】［自下一］❶植物の実が熟して殻などが割れる。はぜる。‖「豆のさやがー」❷熱などの作用を受けて物が勢いよく砕ける。また、砕けて飛び散る。はぜる。‖「火に投じたクリの実がー」「岩に当たってしぶきがー」❸ふくらんだ物が勢いよく破れる。‖「泡［バブル］がー」❹勢いよくわき起こる。‖「笑い声がー」❺［新］ふっきれて羽目を外す。また、常軌を逸する。‖「体育祭でー」「デザインがー・ている」文 はじく

はし-ご【▼梯子（▼梯）】［名］❶寄せかけて、またはつるして高い所へ登る道具。二本の長い材の間に足掛かりにする横木を何本も取りつけたもの。❷［自他サ変］「はしご酒」の略。‖「何軒もーをして飲む」❸［自他サ変］次から次へと場所を移すこと。‖「本屋をーして新刊を手に入れる」

◉梯子が外(はず)さ・れる　ともに事を行っていた仲間や味方が手を引くなどして、孤立してしまう。

はしこ・い［形］❶動作がすばやい。機敏だ。‖「ー・く逃げ回る子供」❷頭の回転がはやい。また、抜け目がない。‖「ー・く立ち回る」◈「はしっこい」とも。派生 -げ／-さ

はしご-ざけ【▼梯子酒】［名］次から次へ場所を移して飲み歩くこと。はしごのみ。はしご。

はしご-しゃ【▼梯子車】［名］伸縮するはしごを備えた消防自動車。

はしご-だん【▼梯子段】［名］段ばしごの階段。また、階段。

はしご-のり【▼梯子乗り】［名］消防の出初め式などで、直立したはしごの上で曲芸をすること。また、その人。

はじ-さらし【恥▼曝し】(ハヂ)［名］世間に恥をさらけだすこと。また、そのような人。

はじ-しらず【恥知らず】(ハヂ)［名・形動］恥を恥とも思わないこと。恥になることをして平然としていること。また、そのような人。‖「ーな／の行動」

はし-た【▽端】［名］❶［形動］ある数量を基準として計算・計量したときの過不足の数量。‖「ーが出る」❷「端金」の略。

はした-がね【▽端金】［名］ある額に満たないはんぱ

な金銭。ごくわずかな金銭。はしたぜに。

はしたーな・い【形】礼儀にはずれていて見苦しいさま。慎みがなく下品なさま。「ー口をきく」⬇「ない」のコラム(一二〇三ページ) 派生 ーさ

はしたーめ【▽端女(〈▼婢女〉)】【名】【古風】召し使いの女性。下女。

はしーぢか【端近】【名・形動】家の中で出入り口や縁側に近いこと。また、その場所。あがりはな。「ーな席」

はしっーこ【端っこ】【名】「はし」のくだけた言い方。はじっこ。

ハシッシュ[hashish]【名】マリファナ。ハッシシ。ハシシ。

ばじーとうふう【馬耳東風】【名】人の意見や批判を心にとめないで聞き流すこと。▽心地よい春風が馬の耳を吹き抜けても、馬には何の感動も与えない意から。李白の詩に基づく。

はしなくーも【(端無くも)】【副】思いがけなく。はからずも。「ー受賞の栄に浴す」

はしーばこ【箸箱】【名】はしをしまっておく細長い小箱。

はしーばし【端端】【名】あちこちの部分。また、ちょっとした部分。「ことばのーに不満がうかがわれる」

はしばみ【▼榛】【名】日当たりのよい山野に自生するカバノキ科の落葉低木。葉は広卵形で、縁にぎざぎざがある。春、葉より先に穂状の花をつける。どんぐり状の果実は食べられる。▽ヘーゼルナッツは近縁のセイヨウハシバミの果実。

はじまり【始まり】【名】❶物事がはじまること。また、はじまる時。「授業のーが遅れる」❷物事の起こり。起源。「近代オリンピックのー」「嘘つきは泥棒のー」

はじま・る【始まる】【自五】❶ある現象や非意図的な作用が、継続的なものとして新たに起こる。「今日から新しい世紀がー」「有機物の腐敗がー」「再び株価の上昇がーった」❷ある人為的な物事が継続的なものとして新たに行われる。「今日の試合は午後七時からー」「今年も明日から夏休みがー」❸いつもの無意識的なくせなどが出る。「またいつもの自慢話がーった」❹ある時代や物事を起点・起源とする。「この祭事は鎌倉時代にー」「些細(ささい)な誤解からーったけんか」❺〈「…しても始まらない」の形で〉…してもむだだ、…してもしかたがないの意を表す。「悔やんでもーらない」「いまさら嘆いてもーらない」◈①〜③⬍終わる 名 始まり

はしーミシン【端ミシン】【名】洋裁の始末の方法の一つ。裁ち目を裏側に細く折り、その折り山のきわにミシンをかけること。また、そのステッチ。

はじめ【初め・始め】【名】❶【初】物事が始まったばかりの段階。最初。「夏のー」「ーは好調だった」「月のー」「ー誰だか分からなかった」▽副詞的にも使う。❷【始】物事の起こり。起源。始原。「人類[国]のー」「ーと終わり」「仕事ー」⬍終わり ❸【初】第一番目のもの。多くのもののうち先の方のもの。「ーの曲の方がいい」❹【始】〈「…を始め(として)」の形で〉多くの中で代表となるものを表す。「社長をー、社員一同」

◈書き分け 一般に、時の流れを重視して【初】、物事の起こりを重視して【始】と使い分ける。「年初/年始」に対応させて、「年の初め/始め」のように両用してきたが、近年【初】が一般的。④はかな書きも多い。

はじめーて【初めて】【副】❶今までに一度もなかったことが起こるさま。「ー聞いた話だ」「ーお目にかかります」「今月ーまとまった雨が降った」▽「ーの」の形で連体修飾にも使う。「(生まれて)ーの海外旅行」❷ある経験を経てようやくその状態になるさま。そのときになってやっと。「病気になってー健康の有り難さに気づく」

◈書き方 以前は「始」も使った。

はじめーね【始値】【名】取引所で、午前または午後の最初の立ち会いで成立した値段。特に午前のものをいう。寄り付き値段。寄り値。⬍終値(おわりね)

はじめましーて【初めまして】【感】初対面の人にいうあいさつのことば。「ー、田中と申します」書き方 以前は「始」も使った。

はじ・める【始める】【動下一】■【他】❶継続的なものとして新たにある行為を行う。「早朝から仕事をー」「すすめられてジョギングをー」「赤ん坊がはいはいをーめた」❷継続的なものとして新たにある物事を起こす。新たにつくる。「会社をー」「仲間と同人雑誌をー」書き方「▽創める」とも。❸いつもの無意識的なくせなどを出す。「また例のお説教をーめた」

■〈動詞の連用形に付いて複合動詞を作る〉その動作が行われ出す意を表す。「降りー・咲きー」「歩きー・動きー」「読みー・食べー・作りー」

◈■①■⬍終える・終わる 文 はじ・む 名 はじめ

品格 開始「営業をーする」口火を切る「追及のー」始動「新チームがーする」着手「ー金」緒(ちょ)に就く「改革は緒に就いたばかりだ」取り掛かる「製作にー」狼煙(のろし)を上げる「復権のー」踏み出す「社会人としての一歩をー」発足「内閣がーする」

はーしゃ【覇者】【名】❶徳によらず、武力によって天下を治める者。⬍王者 ❷競技などで優勝した者。

はーじゃ【破邪】【名】仏教で、邪説・邪道を打ち破ること。「ー顕正(けんしょう)」(=邪悪な考えを否定して正しい道理を明らかにすること)」

ばーしゃ【馬車】【名】馬に引かせて人や荷物を運ぶ車。「荷ー・幌(ほろ)ー」

ばしゃーうま【馬車馬】【名】馬車を引く馬。▽わき見をしないように目の両側におおいをつけられたことから、わき目もふらず一心に働くことのたとえにいう。「ーのように働く」

はしゃ・ぐ【▽燥ぐ】【自五】❶調子にのって陽気にさわぐ。「子供のようにー」❷【古風】からからに乾燥する。「桶(おけ)がー」可能 はしゃげる

はーじゃく【羽尺】【名】大人の羽織一着が仕立てられる長さの反物。⬍着尺(きじゃく)

はーじゃく【端尺】【名】一反に満たない長さの和服地。帯・袋物などに用いる。

はしーやすめ【箸休め】【名】主となる料理の間に食べる、ちょっとした副菜。

パジャマ[pajamas]【名】ゆったりとした上衣とズボンを組み合わせた寝巻き。

はーしゅ【▼播種】【名・自他サ変】作物の種子をまくこと。たねまき。「ー期」

ばーしゅ【馬主】【名】馬の持ち主。ばぬし。うまぬし。

ばーしゅ【馬首】【名】馬の首。また、馬の進む方向。「ーをめぐらす」

はーしゅつ【派出】【名・他サ変】仕事をさせるために人をさし向けること。

ばーじゅつ【馬術】【名】馬を乗りこなす術。「ー競技」

はしゅつ‐じょ【派出所】［名］❶本部からさし向けられた職員などが業務を行うための事務所。❷交番の旧称。

はしゅつ‐ふ【派出婦】［名］一般家庭などの求めに応じ、出向いて家事などをすることを職業とする女性。

ば‐しょ【場所】［名］❶何かが行われたり存在したりする所。「約束の―に集合する」「駐車する―がない」「広い―を必要とするスポーツ」❷人がいる所。「―が悪くて舞台が見にくい」❸大相撲の興行をする所。また、その興行の期間。「本―・初―」

は‐じょう【波状】ジャウ［名］❶波のように起伏した形状。❷波が寄せては返すように、一定の間隔をおいて繰り返すこと。「―攻撃」

ば‐しょう【▼芭▼蕉】セウ［名］庭などに植えるバショウ科の大形多年草。葉は長楕円形で、細い葉脈にそって裂けやすい。夏、淡黄色の筒状花を多数つける。中国原産。

ば‐じょう【馬上】ジャウ［名］馬の上。また、馬に乗っていること。「―の人となる」

はしょう‐ふう【破傷風】ハシャウ［名］傷口から破傷風菌が侵入し毒素が産み出されて起こる感染症。中枢神経が冒され、開口不能・筋肉硬直・背筋痙攣などの激しい症状が現れる。

ばしょ‐がら【場所柄】［名］その場所に特有の性質・状況。また、その場所にふさわしい雰囲気。「―学生相手の飲食店が多い」

は‐しょく【波食(波▼蝕)】［名］波による浸食作用。書き方「波食」は代用表記。

ば‐しょく【馬▼謖】［名］中国、三国時代の蜀の武将(一九〇〜二二八)。⬇泣いて馬謖を斬る

ばしょ‐ふさぎ【場所塞ぎ】［名］場所をふさいでじゃまになること。また、そのもの。

はしょ・る【▽端▽折る】［他五］❶着物の裾を折って、その端を帯などにはさむ。「裾を―・って浅瀬を渡る」❷ある部分を省いて短くする。「話を―」◈「はしおる」の転。可能 **はしょれる**

はしら【柱】 ■［名］❶土台などの上に垂直に立てて、梁・屋根などを支える細長い材。また、直立して物を支える細長い材。「白木の―」「電信―・床―」❷①のように、縦に長い形状をしているもの。「火の―が立つ」「水―・茶―」❸中心となって全体を支える人や物。「一家の―となって働く」「行政改革の―となる法案」❹「貝柱」の略。■(造)神・位牌・遺体・遺骨などを数える語。「二―の神」

はじらい【恥じらい(▽羞じらい)】ハヂラヒ［名］恥じらうこと。「―の色を見せる」「―を覚える」

はじら・う【恥じらう(▽羞じらう)】ハヂラフ［自他五］恥ずかしそうなそぶりを見せる。はずかしがる。「うつむいて―」名 恥じらい

はしら‐ごよみ【柱暦】［名］家の柱などにかけておく暦。

はしら・す【走らす】［他五］⬇走らせる「車を―・した」

はしら・せる【走らせる】［他下一］❶走って行かせる。急いで行かせる。「車を―」❷なめらかに素早く動かす。「すらすらと筆を―」「書類に目を―・せた」❸敗走させる。「敵を―」文 **はしら・す** 異形 **走らす**

はしら‐どけい【柱《時計》】［名］柱・壁などにかけておく時計。掛け時計。

はしり【走り】［名］❶走ること。また、走り方。「安定した―を見せるランナー」「ひと―する」❷滑らかに動くこと。また、そのぐあい。「筆の―がよい」❸旬にさきがけて市場に出回る魚・野菜・果物など。走り物。初物。「松茸の―」❹物事のはじめとなるもの。先がけ。「梅雨[流行]の―」

ぱしり［名］〔俗〕用事を命令されてあちこちへ使いに行くこと。また、その人。▼「使いっ走り」の略。

はしり‐がき【走り書き】［名・他サ変］急いで続けざまに文字を書き記すこと。また、その書き記したもの。「要点を―する」「―のメモ」

バジリコ［basilicoイタリア］［名］ハーブとして栽培されるシソ科の一年草。全草に芳香があり、イタリア料理の香辛料として用いられる。バジル。目箒。

はしり‐こみ【走り込み】［名］練習などで、十分に走ること。「―で体力をつける」動 **はしりこ・む**(自五)

はしり‐たかとび【走り高跳び】［名］陸上競技の種目の一つ。助走して片足で踏み切り、水平に置いたバーを跳び越えてその高さを競う。ハイジャンプ。

はしり‐づかい【走り使い】ツカヒ［名］ある人の使いとして雑用に走り回ること。また、その人。

はしり‐づゆ【走り《梅雨》】［名］本格的な梅雨に入る前の、ぐずついた空模様。梅雨の走り。梅雨の前ぶれ。

はしり‐はばとび【走り幅跳び】［名］陸上競技の種目の一つ。助走して踏み切り線の手前で跳び、その跳んだ距離を競う。ブロードジャンプ。

はしり‐まわ・る【走り回る】マハル［自五］❶あちこちを走る。かけまわる。「子供らが校庭を―」❷ある用事のために休む間もなくあちこちへ行く。奔走する。「資金集めに―」

はしり‐よみ【走り読み】［名・他サ変］急いでざっと読むこと。「手紙を―する」

はし・る【走る(▽奔る・▼趨る・▽疾る)】［自五］❶人や動物が足を交互にすばやく動かして移動する。かける。「ランナーが全速力で―」「チーターが草原を―」使い方「マラソンを―」のように、同族目的語(=競技名)をとって他動詞としても使う。❷乗り物などが進む。また、運行する。「電車が郊外を―」「ここのバスは十二時を過ぎても―・っている」❸目的の場所へ急いで行く。急行する。急ぐ。「取るものもとりあえず事故現場へ―」❹目的達成のために急いで行動する。特に、安易な手段での解決を急ぐ。「ドル買いに―」「売上げ減となるとすぐさま値上げに―」❺ある目的のために忙しく動き回る。東奔西走する。駆けずり回る。飛び回る。「金策に―」❻(急いで)逃げ去る。また、逃げてある側につく。「味方を裏切って敵方に―」❼水などが勢いよく流れる。また、水などが飛び散る。ほとばしる。「岩間を清水が―」「傷口から血が―」❽すべり出る。「刀が鞘から―」❾投げた球がスピードに乗る。「今日はボールがよく―・っている」❿文字・文章などが思いどおりに書ける。「すらすらとペンが―」「筆が―・り過ぎて筆禍事件を起こす」⓫ある方向や状況に強くかたむく。「悪の道[流行・極

端・私利私欲」に━」使い方 あるべき状態にとどまれない意から、多くマイナスに評価していう。

⑫ある方向に通じている。また、細長く延びる。「南北に国道が━」「東西に山脈が━」「道路に亀裂が━」

⑬光・音などが瞬間的に現れて消える。「夜空に稲妻が━」「閃光が━」

⑭ある感覚・感情などが瞬間的に現れて消える。「肩に痛みが━」「声を聞いただけで虫酸が━」

◈書き分け【奔】は勢いよく走る意、【趨】は足早に赴く意、【疾】は「疾走」をふまえて、それぞれ「敵方に奔る」「党利党略に趨る」「野獣【稲妻】が疾る」などと使うが、一般には【走】でまかなう。可能 走れる 名 走り

は・じる【恥じる(▽羞じる・▼耻じる)】ハヂル ㊀[自他上一]自分の欠点・過失などに気づいて面目なく思う。恥ずかしく思う。「己の不明を━」「良心に(照らして)━ようなことはするな」㊁[自上一]〈「…に恥じない」の形で〉…の名誉や名声を傷つけることがない。…を辱めない。…にふさわしい。「日本代表の名に━じない成績を残す」◈書き方「▼慚じる」「▼愧じる」とも。「耻」は「恥」の俗字。文 は・づ 名 恥

バジル [basil] [名] バジリコ。

はし-わたし【橋渡し】[名] ❶橋をかけ渡すこと。また、その人。❷両者の間に入って仲立ちをすること。「取引の━をする」

ば-しん【婆心】[名] 老婆心。

ば-しん【馬身】(造) 競馬で、馬と馬との間隔を表す語。一馬身は馬の鼻先から尻までの長さ。「三━差」

はす【▽斜】[名] ななめ。はすかい。「━に斬る」

◎はすに構・える ➡斜に構える

はす【▼蓮】[名] 蓮根と呼ばれる根茎を食用にするハス科の多年生水草。池・水田などで広く栽培される。葉は円形で、葉柄が長い。夏、花茎の先に紅・淡紅・白色などの大きな花を開く。花が散ると花托が蜂の巣状に肥大し、上面の穴に種子を結ぶ。種子も食用。はちす。蓮華。

はず【▼筈(▼弭)】[名] ❶弓の両端の弦をかける部分。弓筈。

❷矢の末端で弓の弦につがえる部分。矢筈。

❸〈「…はずだ」「…のはずだ」の形で〉ある道理や事情などから必然的に結論が導き出される意を表す。「飛行機なら二時間で着く━だ」「二人は顔見知りの━だ」「方法は完璧な/完璧の━だ」「いつもだと連絡してくる━だが…」

❹事の真相を知って、現実が当然の帰結として成立していることを納得する意を表す。「(雪が降っているのに気づいて)道理で、寒い━だ」「それもその━、彼はもう六〇ですからね」

❺〈「…はずがない」の形で〉その理由や根拠がない意から、ある事柄を強く否定する。「彼がそんなことを言う━がない」「怒られないですむ━がない」「これは現実なのだ、夢の━がない」使い方「賛成するはずがない(⑤)/賛成しないはずだ(③)」では、前者の方が意味が強い(前者は賛成の可能性が皆無、後者は可能性を残す)。

❻〈「…はずではなかった」の形で〉予想に反した事柄が起こったことを表す。「こんな━ではなかった」

◈弓の弦と矢筈が合うのは当然であることから、③以降の形式的な用法が出た。書き方①②は「弭」とも。③以降はかな書き。

ハズ [名]「ハズバンド」の略。

バス [bass] [名] ❶男声の最低音域。また、その音域の歌手。❷楽曲の中の最低音部。❸同族楽器の中で、最も低い音域をもつもの。「━ドラム」❹「コントラバス」の略。

バス [bath] [名] 洋式の浴槽。また、浴室。「━、トイレ付き」

バス [bus] [名] 大勢の人を乗せて走る大型の乗合自動車。「観光━」「━に乗り遅れる(=時流から取り残される)」

パス [pass] [名] ❶[自サ変] 審査・試験などに合格すること。審査・試験などを通過すること。「試験に━する」「書類審査を━する」❷[自サ変] トランプなどで、自分の番を飛ばして次の人に回すこと。また、一般に、自分の番などを回避して次へ回すこと。「今回の旅行は━しよう」❸[他サ変] 球技で、ボールを味方の選手に送ること。❹通行証。また、定期券・入場券など。

は-すい【破水】[名・自サ変] 出産のとき、羊膜が破れて中の羊水が流れ出ること。

は-すう【端数】[名] ちょうどきりのよい数で切ったときの、余った数。はんぱの数。

バズーカ [bazooka] [名] 携帯式の対戦車用ロケット砲。円筒状の砲身にロケット弾を込め、肩にのせて発射する。バズーカ砲。

バスーン [bassoon] [名] ファゴット。

は-ずえ【葉末】ハズヱ [名] 葉の先。

ば-すえ【場末】バズヱ [名] 繁華街の中心から離れた場所。また、都市の中心から離れた所。「━の映画館」

はす-かい【▽斜交い】ハスカヒ [名] ななめ。はす。また、ななめに交わること。「家の━にある酒屋」「道路を━に横切る」

バス-ガイド [和製bus+guide] [名] 観光バスなどで、観光案内や乗客の世話をする乗務員。

はずかし・い【恥ずかしい】ハヅカシイ [形] ❶自分の失点・過失などが意識されて、人に合わせる顔がない気持ちだ。面目ない。ひけめが感じられて体裁が悪い。「同じ失敗をくり返すなんて━」「そんな━格好で人前に出るな」「どこへ出しても━・くない実力」❷きまりが悪くて、人に見られたくない気持ちだ。照れくさい。「人前で歌うのは━」❸うれしいとともに困ってしまうような気持ちだ。「そうほめられては━」派生 -げ/-さ/-がる

はずかしめ【辱め】ハヅカシメ [名] 辱めること。「━を受ける」

はずかし・める【辱める】ハヅカシメル [他下一] ❶恥ずかしい思いをさせる。恥をかかせる。侮辱する。「公衆の面前で━・められる」❷地位・名誉などをけがす。「母校の名誉を━」使い方 謙遜して、自分の力量以上の地位・役職につく意でもいう。「会長の地位を━」❸犯す。陵辱する。「暴漢に━・められる」文 はづかし・む 名 辱め

ハスカップ [名] 北海道に自生するスイカズラ科の落葉低木。青紫色の果実はカルシウム・鉄分などが豊富で、生食のほかジャムなどにする。クロミノウグイスカグラ。▽アイヌ語から。

パスカル [pascal] [名] 圧力を表す単位。一パスカルは一平方メートル当たりに一ニュートンの力が働く圧力。記号Pa ▽フランスの思想家・物理学者の名にちなむ。

ハスキー [husky] [形動] 声がかすれているさま。「

「―ボイス」

バスケット【basket】[名] ❶かご。手さげかご。❷「バスケットボール」の略。❸バスケットボールのゴールとして使う、底の抜けた網。

バスケットボール【basketball】[名] 球技の一つ。五人ずつからなる二チームが規定時間内に一つのボールを奪い合い、相手方の陣内にある「バスケット」③に投げ入れて得点を競う球技。また、それに用いるボール。籠球(ろうきゅう)。バスケット。

はず・す【外す】(ハズ) ━[他五] ❶掛けてあるもの、はめてあるもの、取りつけてあるものなどを取って離す。取り去る。取り外す。‖「ボタンを―」「壁から絵を―」「制限の枠を―」「はめを―・して大騒ぎする」❷身につけていたものを取り去る。取り外す。‖「時計[ネクタイ]を―」❸ある人や物事を一定の集団・枠・範囲などから除く。‖「違反者をメンバーから―」「議案の一部を議題から―」❹相手の攻撃などが自分にぶつからないようにする。かわす。そらす。‖「攻撃の矛先[相手の視線]を―」❺機会や目標をとらえ損なう。失する。‖「手元が狂ってねらいを―・してしまう」❻一定の基準に合わせられなくなる。狂わせる。ずらす。‖「音程を―」━[自五] ❶急所などに命中することを意図的に避ける。故意に〜から外れる[それる]ようにする。‖「急所を―・して撃つ」❷時間の上の不都合な重なり合いを意図的に避ける。‖「ゴールデンウイークを―・して旅行する」「打者のタイミングを―」❸一時的にある場所から離れる。‖「所用で席を―」「打者がバッターボックスを―」可能 外せる

バズ-セッション【buzz session】[名] 討論の形式で、少人数のグループに分かれて話し合い、その結論・意見をさらに全員で討議するもの。▼「バズ」は蜂がブンブン飛ぶ羽音。話し合いのざわめきをたとえていう。

パスタ【pasta(イタリア)】[名] イタリア料理に使うめん類の総称。スパゲッティ・ベルミチェッリ・ペンネ・マカロニ・ラビオリ・ラザニアなど、きわめて種類が多い。▼「ペースト」「パテ」と同語源。

バスター[名] 野球で、打者がバントの構えから強打すること。バスターバント。▼日本だけの用法。

バス-タオル【bath towel】[名] 入浴後に体をふくのに使う大形のタオル。湯上がりタオル。

バスタブ【bathtub】[名] 浴槽。湯船。

はすっ-ぱ【▼蓮っ葉】[名・形動] 言葉や態度が軽薄で品がないこと。また、そのような女性。はすは。

バス-てい【バス停】[名] バスの停留所。バスストップ。

パステル【pastel】[名] 粉末顔料に白粘土をまぜ、アラビアゴムなどの粘着剤で棒状に練り固めた絵の具。‖「―画」

パステル-カラー【pastel color】[名] 柔らかな感じの淡い中間色。

バスト【bust】[名] ❶胸。❷胸回り。また、その寸法。❸胸像。半身像。

ハズバンド【husband】[名] 夫。亭主。ハズ。

パスポート【passport】[名] ❶外国に旅行する人の身分・国籍を証明し、旅行先の国に対して便宜や保護を依頼する公文書。旅券。❷入場券。パス。

パス-ボール[名] 野球で、捕逸。▼passed ballから。

バズ-マーケティング【buzz marketing】[名] ソーシャルメディアなどで人から人へ伝わることを利用したマーケティング手法。▼「バズ」は蜂がブンブン飛ぶ羽音のことで、ここはうわさの意。

はずみ【弾み】(ハズミ) [名] ❶物がはずむこと。❷次第に活発になっていく勢い。‖「話に―がつく」❸その場の思いがけない勢い。偶然のなりゆき。‖「ものの―で本音をもらす」❹ある動作の余勢で次のことが起こること。‖「車をよけた―に転倒する」

はず・む【弾む】(ハズム) ━[自五] ❶弾力のある物が他の物に当たって、勢いよくはねかえる。‖「このまりはよく―」❷調子に乗って勢いづく。また、気持ちがうきうきと活気づく。‖「話が―」「受話器の向こうで声が―」「喜びで胸が―」❸呼吸が激しくなる。‖「息を―・ませて駆けてくる」━[他五] 気前よく多額の金を与える。‖「チップを―」名 弾み

はす-むかい【▽斜向かい】(ハスムカイ) [名] ななめ前。はすむこう。‖「―の家」

バズ・る[自五]〔新〕多くの人が一気に話題にしたり注目したりすることで、短期間で爆発的に流行すること。‖「SNSの投稿が―」「―・った新商品」▼蜂がブンブン飛ぶ羽音の意の「バズ(buzz)」を、動詞化した語。

パズル【puzzle】[名] 頭を使ってなぞを解く遊戯的な問題。‖「クロスワード―・ジグソー―」

はずれ【外れ】(ハズレ) [名] ❶予測・目標などからそれること。‖「今年の天気予報はほとんど―がない」❷催しや商売などが失敗すること。‖「当たり―の少ない商売」❸くじなどに外れること。❹ある一定の範囲から少し外へ出た所。‖「町の―にある公園」「村―の神社」◈①〜③⬍当たり

は-ずれ【葉擦れ】[名] 風に吹かれて草木の葉が擦れ合うこと。また、その音。‖「さやさやと―の音がする」

はず・れる【外れる】(ハズレル) [自下一] ❶掛けてあったもの、はまりこんでいたもの、取りつけてあったものなどが抜けて離れる。‖「ホック[障子・関節]が―」「箍(たが)が―(=自制できなくなる)」❷標的・目標に当たらないでそれる。‖「矢が的を―」❸予想や期待と違う結果となる。‖「天気予報[目算・思わく]が―」❹集団・組織などから離れた状態になる。ぬける。‖「メンバーを/から―」❺一定の範囲から外に出る。それる。ずれる。‖「飛行機が予定のコースを―」「市街地から―・れた住宅団地」❻くじ引きや選定で、当たりの枠から外に出る。‖「宝くじが―」「抽籤(ちゅうせん)に―」「監督推薦の枠に/から―」❼一定の基準に合わなくなる。ずれる。‖「彼の歌は音程が―・れている」「議題を―・れた発言」「人並み―・れた怪力の持ち主」❽道理・人道などに反する。もとる。そむく。‖「人の道に―・れた行為」◈②③⬍当たる 文 はづ・る 名 外れ

バスローブ【bathrobe】[名] 湯上がりに着る、ゆったりとした部屋着。タオル地のものが普通。

パスワード【password】[名] コンピューターで、システムを利用する際、利用する権利のある人かどうかを証明するための文字列。▼暗証番号もその一種。

はぜ【▼鯊・〈沙魚〉】[名] ❶河口や内海の砂泥地に分布するハゼ科の海水魚。体は前方が円筒形で、後方に向かって細くなる。口が大きく、胸びれは吸盤状。食用。マハゼ。❷マハゼ・ドンコ・ヨシノボリなど、スズキ目ハゼ亜目の魚の総称。

はぜ【〈黄▼櫨〉・▼櫨】[名] 五月ごろ、黄緑色の小花を円錐状につけるウルシ科の落葉高木。葉は秋に紅葉する。果実から木蠟(もくろう)を採るために栽培もされる。ハゼノキ。

琉球ハゼ。ハゼウルシ。

は-せい【派生】［名・自他サ変］もとになる物事から分かれて生じること。‖「新たな問題が—する」「新法が新たな法律上の効果を—させる」「①の語義が②の意味を—する」

ば-せい【罵声】［名］口ぎたなく声高にののしる声。‖「—を浴びせる」

はせい-ご【派生語】［名］独立して使われうる単語に接頭語・接尾語などが付いてできた語。「真っ白」「か細い」「春めく」など。⇩合成語

ば-せき【場席】［名］人の居るべき場所。座る場所。座席。

はせ-さん・ずる【▼馳せ参ずる】［自サ変］急いで参上する。大急ぎでかけつける。‖「急を聞いて—」文はせさん・ず 異形馳せ参じる

はせ-つ・ける【▼馳せ着ける】［自下一］走ってきて到着する。かけつける。‖「救援隊が—」文はせつ・く

パセティック［pathetic］［形動］哀れを誘うさま。感傷的なさま。また、感動的なさま。‖「—なドラマ」

バセドー-びょう【バセドー病】［名］甲状腺の機能亢進によって起こる病気。甲状腺の腫れ、眼球突出、動悸、息切れ、手指のふるえなどの症状が現れる。グレーブス病。▼ドイツの医師バセドーにちなむ命名。

パセリ［parsley］［名］香味野菜として栽培するセリ科の二年草。葉は細かく裂けた複葉で、独特の香りがある。オランダゼリ。

は・せる【▼馳せる】 ■一［自下一］かける。速くはしる。‖「父母のもとへ—」■二［他下一］❶速くはしらせる。‖「車を—」❷気持ちなどを遠くまで至らせる。‖「遠い故国に思いを—」❸名前などを広く行きわたらせる。とどろかす。‖「その名を世界に—」文は・す

は・ぜる【▽爆ぜる】［自下一］草木の実が熟して裂ける。また、砕けて飛び散る。はじける。‖「豌豆のさやが—」「栗の実が—」文は・ず

は-せん【波線】［名］波状の線。波の形にうねった線。なみせん。

は-せん【破船】［名］難破した船。難破船。

は-せん【破線】［名］等しい間隔で切れ目を入れた線。粗い点線。⇔実線

は-そく【把捉】［名・他サ変］意味などをしっかりつかむこと。よく理解すること。‖「実体を—する」

ば-ぞく【馬賊】［名］清代末ごろから中国東北部に勢力を張り、馬に乗って一帯を荒らし回った盗賊の集団。

パソ-コン［名］個人の使用を目的とした小型コンピューター。PC。▼「パーソナルコンピューター」の略。

パソ-ドブレ［paso dobleスペ］［名］軽快なスペインの舞曲。二拍子または三拍子で、闘牛場の行進曲としてもしばしば演奏される。

ば-そり【馬▼橇】［名］馬に引かせるそり。

は-そん【破損】［名・自他サ変］こわれて、いたむこと。また、こわして、いためること。‖「台風で家屋が／を—する」

はた【畑（▼畠）】［名］はたけ。

はた【旗】［名］布・紙などで作り、さおの先や綱などに取り付けて空中に高く掲げるもの。国・団体などの象徴、標識・信号・装飾などに用いる。

◉**旗を振・る** 先頭に立って指揮をとる。

◉**旗を巻・く** 降参する。

はた【端（▽側・▽傍）】［名］❶物のふち。へり。‖「池の—」❷その人の近く。そば。かたわら。また、そばにいる人。‖「本人は自信満々だが—から見ると心配だ」

はた【機】［名］布を織る機械。また、それで織った布。▼ふつう動力化する以前の、手足で操作するものをいう。

はた【▽将】［副］あるいは。それともまた。はたまた。‖「雨の音か、—渓流の音か」

はだ【肌（▽膚）】［名］❶人の体をおおっている表皮。皮膚。‖「—で感じる（＝直接見聞きしたり体験したりして感じ取る）」「餅—」「美—」❷物をおおっている表皮。‖「木の—」「山—」❸その人の気質。気性。‖「彼とはどうも—が合わない」「学者［職人］—」◈書き分け【膚】は「鮫はだ」「鳥はだ」などで使われるが、【肌】が一般的。

◉**肌に粟を生・ずる** 寒さや恐怖などのために、皮膚に粟のようなぶつぶつが浮き出る。鳥肌が立つ。

◉**肌を許・す** 女性が男性に身をまかせる。体を許す。

バター［butter］［名］牛乳から分離した脂肪分を練り固めた食品。牛酪。バタ。‖「—ロール」

パター［putter］［名］ゴルフで、グリーン上のボールをホールに入れるときに使う、先の平たいクラブ。

はだ-あい【肌合い】ヒァ［名］❶皮膚や物の表面に触れたときの感じ。肌ざわり。‖「すべすべした—」❷その人に特有の気質。また、その人に接して受ける感じ。‖「さっぱりとした—の人」

はた-あげ【旗揚げ】［名・自他サ変］❶兵を集めていくさを起こすこと。❷新しく劇団などを組むこと。‖「—公演」❸新しく組織・団体などを発足させること。‖「新党が／を—する」

ばた-あし【ばた足】［名］水泳で、伸ばした両足を交互に上下させ、足の甲で水を打つこと。クロール・背泳などの足の使い方。

パターナリズム［paternalism］［名］相手の利益のためには、相手の意思に反してでもその生活や行動に干渉すべきだとする考え方。上司と部下、医師と患者など、父と子のような保護と支配の関係に見られる。父親的温情主義。

はだ-あれ【肌荒れ（▽膚荒れ）】［名］肌が荒れること。皮膚がかさかさになること。

バター-ロール［名］バターをたっぷり加えた生地を巻いて焼いた、小型のパン。▼buttered rollから。

パターン［pattern］［名］❶型。類型。‖「ワン—」❷図案。模様。‖「テスト—」

ば-だい【場代】［名］その場所を使用する代金。席料。場所代。

はた-いろ【旗色】［名］勝負・試合・論争などの形勢。‖「味方の—が悪い」▼戦場で、軍旗のひるがえる様子を見て戦況を知ったことから。

はだ-いろ【肌色（▽膚色）】［名］❶肌の色。肌の色つや。❷人の肌のような色。やや赤みがかった薄い黄色。

はだ-え【▽肌（▽膚）】ヘ［名］皮膚。はだ。

はた-おり【機織り】［名］❶機で布を織ること。また、その人。❷［古風］キリギリス。

はだか【裸】［名］❶からだに衣服などをつけていないこと。また、そのからだ。❷おおうものがなく、むき出しであること。‖「謝礼を—で渡す」「—電球」❸隠し事や、へだてのないこと。‖「—の付き合い」❹財産などが全くな

いこと。無一物。

はだか-いっかん【裸一貫】 [名] 自分の体のほかには資本となるものは何もないこと。‖「—から巨万の富を築く」

はた-がしら【旗頭】 [名] 一派を率いる長。ある集団の首領。

はだか-の-おうさま【裸の王様】 [名] 直言する人がいないために自分は正しいと信じ込み、真実が見えなくなった人を揶揄していう語。‖「会長は今や—だ」▼アンデルセンの童話の題名から。

はだか-むぎ【裸麦】 [名] オオムギの変種。熟すと実と籾が離れやすい。実を食用、馬の飼料にする。

はだか-むし【裸虫】 [名] ❶羽・毛などの生えていない虫。蝶や蛾の幼虫など。❷毛などで覆われた動物に対して、人間。❸まとう衣服もないほど貧しい人。

はだか・る【▽開かる】 [自五] ❶着ている衣服の前が乱れて開く。はだける。‖「裾が—」❷手足を大きく広げて立つ。また、相手の前をふさぐようにして立つ。立ちはだかる。‖「行く手に—」「目前に—難問」

はたき【▼叩き】 [名] 室内や器物のほこりを払う道具。柄の先に細長い布きれや羽根を束ねてつけたもの。‖「—をかける」

はだ-ぎ【肌着(▽膚着)】 [名] 肌に直接つけて着る衣類。下着。

はたき-こみ【▼叩き込み】 [名] 相撲のきまり手の一つ。相手が低い姿勢でかかってくるとき、体を開きながら相手の首筋・肩・背などをはたいて土俵にはわせる技。動 はたきこ・む(他五)

はた-ぎょうれつ【旗行列】 [名] 祝賀の際などに、大勢が手にした小旗を振りながら行列をつくって練り歩くこと。また、その行列。

はた・く【▼叩く】 [他五] ❶平たいもので打つ。たたく。‖「平手で頬を—」❷たたいて払い除く。‖「はたきでほこりを—」❸財布を逆さにして中の金をすっかり出す。また、有り金をすっかり出し尽くす。‖「財布(の底)を—(=たたく)」「貯金を—」❹相撲で、相手の首や肩を上からたたいて前に倒す。はたき込みの技をかける。

バター-くさ・い【バタ臭い】 [形] 西洋風なさま。また、西洋かぶれしているさま。‖「—顔だち」▼バターのにおいがする意から。派生 -さ

はたけ【畑(▼畠)】 [名] ❶野菜・穀物などを作る耕地。水田に対し、水をたたえていないものをいう。はた。‖「—を耕す」❷専門の分野・領域。‖「音楽—の人」❸〔俗〕母胎。◈「畑」「畠」は国字。

はたけ【▼疥】 [名] 顔面に丸く、白い粉をふいたような斑点ができる皮膚病。顔面単純性粃糠疹。

はたけ-ちがい【畑違い】 [名] ❶専門とする分野・領域と違うこと。‖「—の仕事を頼まれる」❷兄弟姉妹の中で、母親を異にすること。腹違い。‖「—の弟」

はだ・ける【▽開ける】 ■[他下一] 着ている衣服の前を広げる。‖「襟元を—」■[自下一] 衣服の前が乱れて開く。はだかる。‖「胸が—」文 はだ・く

はた-ご【〈旅籠〉】 [名] 江戸時代、旅人を食事付きで宿泊させた宿屋。はたごや。▼もと旅行者が道中の食べ物や日用品を入れて持ち運んだかごの意。

はた-ざお【旗▼竿】 [名] 旗をつけて掲げるためのさお。

はた-さく【畑作】 [名] 畑で穀物・野菜などを作ること。また、その作物。

はた-さしもの【旗指物(旗差物)】 [名] 昔、鎧の背の受け筒にさして戦場での目印にした小旗。はたさし。

はだ-さむ・い【肌寒い(▽膚寒い)】 [形] 肌に冷たさを感じる。はだざむい。‖「朝夕は—」派生 -さ

はだ-ざわり【肌触り(▽膚触り)】 [名] 肌に触れたときに受ける感じ。‖「なめらかな—」

はだし【〈裸足〉・▼跣・〈▼跣足〉】 [名] ❶履物をはいていないこと。また、その足。❷〈人を表す名詞の下に付いて〉その人も逃げ出すほど、みごと(な腕前)であること。‖「玄人—の技」「専門家—の業績」注意「玄人はだし」とはいうが、「素人はだし」は誤り。◈「肌足」の転。

はたし-あい【果たし合い】 [名] 争いの決着をつけるために互いに命をかけて戦うこと。決闘。

はたし-じょう【果たし状】 [名] 果たし合いを申し込む書状。決闘状。

はだ-しつ【肌質】 [名] 乾燥の度合いや皮脂分泌量などで分類される肌の質。普通肌・脂性肌・乾燥肌・混合肌など。‖「—に合わせて美容液を選ぶ」

はたし-て【果たして】 [副] ❶予想通りであることを表す。案の定。‖「—下山には二日もの時間を要した」❷〈下に疑問の表現を伴って〉判断がつかないという気持ち、正しさを疑う気持ちを表す。実際のところ。‖「この方法で—十分な成果が上がるのだろうか」

[ことば探究]「果たして」の使い方

▼「果たして」①は、「案の定」とも言い換えられるが、「案の定」はやや古い話し言葉として使われる。どちらも多く「心配・危惧など、よくない予想が当たってしまう」というニュアンスがある。

▼「果たして」②は、その時点では誰も正解が分からないようなことについて言い、相手が答えを知っていそうなので尋ねるという場合には使わない。

「×あなたは果たして大学生ですか」

「○私は果たして大学生になれるのだろうか」

はだ-じゅばん【肌▼襦▼袢】 [名] 肌にじかに着るじゅばん。肌じばん。

はた-じるし【旗印】 [名] ❶昔、戦場で目印として旗に付けた紋所や文字。また、それを付けた旗。❷行動の目標として掲げる主義・主張。‖「市政刷新を—にする」

はた・す【果たす】 [動五] ■[他] ❶しなくてはならないことや、しようと思っていたことを成し遂げる。‖「遂に目的を—」「責任[ノルマ]を—」❷あるものがその働きをする。‖「二重壁が防音の役割を—」■〈動詞の連用形に付いて複合動詞を作る〉すっかり…する。‖「小遣いを使い—」「敵を討ち—」可能 果たせる

はたせる-かな【果たせる▼哉】 [連語] 思った通り。案の定。はたして。‖「—試みはことごとく失敗した」

はた-ち【《二十》・《二十歳》】 [名] 二十歳。使い方 二十歳そのものをいう語。「はたちも違う」「はたち代の若者」など、年数の意で「はたち」を使うのは誤り。「二十[二十歳]も違う」「二十代の若者」としたい。

はた-ち【畑地】 [名] 畑になっている土地。

ばーたち【場立ち】［名］以前の証券取引所・商品取引所の立会場で、会員会社から派遣されて売買取引の業務にあたる人。手振り。

ばたーつ・く［自五］ばたばたと音を立てて動く。また、落ち着きなく動き回る。〓「旗が風でー」「足をー・かせる」

はだーつや【肌▼艶（▽膚▼艶）】［名］肌のつや。肌のなめらかさ。〓「ーがいい」

はたーと［副］❶急に勢いよく物を打つさま。〓「ー膝を打つ」❷急に状況が一転するさま。〓「ー気づく」「風がーやむ」❸鋭く見すえるさま。はったと。〓「ーにらみつける」◈書き方 漢字では「▼礑と」と書く。

はだーぬぎ【肌脱ぎ（▽膚脱ぎ）】［名］和服の袖(そで)から腕を抜き上半身の肌をあらわすこと。また、その姿。

はたーはた【▼鰰・▼鱩】［名］北太平洋と日本海の沿岸に分布するスズキ目ハタハタ科の海水魚。背側は黄褐色で黒褐色の斑紋がある。口が大きく、うろこはない。「ぶりこ」と呼ばれる卵とともに食用。かみなりうお。

はたーはた［副「と」］旗などが風に吹かれてひるがえるさま。また、その音を表す語。〓「旗がー（と）ひるがえる」

ばたーばた［副「と」］❶手・足・羽などを、何度も音を立ててせわしなく動かすさま。また、その音を表す語。〓「廊下をー（と）走る」❷物が強い風にあおられてはためくさま。また、その音を表す語。〓「テントが強風にあおられてー（と）する」❸あわただしくて落ち着かないさま。せわしないさま。〓「急の来客でーする」❹物が続けざまに落ちたり倒れたりするさま。〓「書棚から本がー（と）落ちる」❺物事が次々とはかどって決着がつくさま。

はたーび【旗日】［名］国民の祝日。▼国旗を掲げて祝うことから。

はたーびらき【旗開き】［名］労働組合などがその年の闘争を始めるにあたり、組合旗などを飾って開く新年の懇親会。

バタフライ［butterfly］［名］❶蝶(ちょう)。❷泳法の一つ。平泳ぎから独立した泳法で、両腕で同時に水をかきながら、足はドルフィンキックで水を蹴る。▼蝶の飛ぶ形に似ることから。❸ヌードダンサーが下腹部につける三角形の小さな布。

はたーふり【旗振り】［名］❶合図などのために旗を振ること。また、その人。❷ある事柄を推進するために、率先して周囲に呼びかけること。〓「新党結成のー役となる」

はたーまた【▽将又】［副］あるいはまた。それともまた。〓「牀前(しょうぜん)の月光か、ー地上の霜か」

はだーまもり【肌守り（▽膚守り）】［名］いつも肌につけて持っている守り札。

はだーみ【肌身（▽膚身）】［名］はだ。からだ。

◉**肌身離(はな)さず** いつも大切に身につけて。〓「スマホをー持ち歩く」

はたーめ【▽傍目】［名］当事者以外の人がそばから見て受ける感じ。他人の目。〓「ーには幸せそうだ」

はたーめいわく【▽傍迷惑】［名・形動］まわりの人の迷惑になること。〓「ーな話［人］」

はたーめ・く［自五］旗・布などが風に吹かれてひるがえる。また、はたはたと音を立てる。〓「幟(のぼり)が風にー」

はたーもと【旗本】［名］江戸時代、将軍家直属の家臣のうち、禄高一万石以下で、将軍に謁見する資格をもつ武士。

ばたーや【ばた屋】［名］〔俗〕ごみ捨て場や道端の廃品を拾い集めることを仕事にしている人。

はたらか・す【働かす】［他五］⬇働かせる〓「感覚をー・して物の存在をとらえる」

はたらか・せる【働かせる】［他下一］❶働くようにさせる。仕事をさせる。労働させる。〓「低賃金でー」「私をここでー・せてください」❷身体部分や頭脳などの機能を発揮させる。〓「もっと頭をー・せなさい」「想像力をー」文 **はたらか・す** 異形 **働かす**

はたらき【働き】［名］❶力を尽くした実績・成果。〓「ーが認められる」❷物事に備わっている能力や機能。また、それが及ぼす作用。〓「胃のーが鈍る」「引力のーで落下する」❸仕事。労働。〓「ーに出る」❹収入。かせぎ。〓「今月はーが少ない」

はたらきーあり【働き▼蟻】［名］アリ・シロアリの類で、食物の採取、営巣、女王アリの世話、育児などをするアリ。ふつう小形で、生殖機能の退化した雌アリ。

はたらきーか・ける【働きかける（働き掛ける）】［自下一］自分から他に向けて積極的に動作・作用をしかける。〓「連携を強化すべく各部署にー」文 **はたらきか・く** 名 **働きかけ**

はたらきーぐち【働き口】［名］賃金を得るために働くところ。勤め口。

はたらきーざかり【働き盛り】［名］人の一生のうち最も盛んに仕事のできる年ごろ。壮年期。

はたらきーづめ【働きづめ（働き詰め）】［名］休まないで働くこと。〓「朝から晩までーだ」✓注意「働きずくめ」は誤り。

はたらきーて【働き手】［名］❶働く人。特に、働いて一家の生計の中心になる人。❷よく働く人。仕事のよくできる人。〓「店でも評判のー」

はたらきーばち【働き蜂】［名］ミツバチ・スズメバチなどで、花粉・蜜の採取、営巣、育児などをする雌のハチ。生殖機能は退化している。職蜂(しょくほう)。▼ただひたすらに働くサラリーマンなどのたとえにもいう。

はたら・く【働く】■［自五］❶仕事をする。また、生計を立てるために一定の職につく。労働する。〓「四番打者としてチームのためにー」「生きるためにー」「工場でー」使い方「有らん限りの仕事をー・き、何でもしないことはない〈福沢諭吉〉」のように、同族目的語をとって他動詞としても使う。❷知的・精神的能力が発揮される。〓「頭［勘・連想］がー」❸機能が発揮される。また、効果・作用が現れる。〓「安全装置がー」「就職では英会話力が有利にー・いた」❹文法で、活用語の語尾が変化する。活用する。〓「五段にー動詞」

■［他五］よくないことをする。〓「悪事［盗み・詐欺(さぎ)・乱暴］をー」可能 **働ける** 名 **働き**

品格 勤務「ー形態」勤労「ー統計」携(たずさ)わる「業務にー」勤める「役所にー」労働「ー意欲」

「働く」を修飾する表現

よく［まじめに／一生懸命／熱心に／地道に／精力的に／せっせと／せかせかと／いそいそと／きびきびと／くるくると／かいがいしく／あくせく／休みなく／シャカリキに／孜々(しし)として／営々として］働く

しぶしぶ［いやいや／ちんたらちんたら］働く

汗水たらして［額に汗して／髪振り乱して／なりふり構わず／身を粉(こ)にして／労苦をいとわず／骨身を惜しまず／死に身になって／先頭に立って／張り切って／馬車馬のように／こまねずみのように］働く

はだれ-ゆき【▽斑雪】[名] うっすらとまだらに降り積もった雪。また、はらはらとまばらに降る雪。

は-たん【破綻】[名・自サ変] 物事や人間関係がうまくいかなくなって修復しようのない状態に陥ること。〓「生活が―する」

は-だん【破断】[名・自サ変] 金属などの構造物が破壊されて、いくつかの部分に分離すること。〓「トラックのハブが―する」

は-だん【破談】[名] 一度取り決めた約束などを取り消すこと。特に、縁談を取り消すこと。〓「―になる」

ばたん [副ト] 物が勢いよく倒れたり当たったりするときの音を表す語。ばたり。〓「意識を失って―と倒れる」「―とドアが閉まる」▼より軽い音を表す語に「ぱたん」がある。〓「本をぱたんと閉じる」

ばたん-きゅう [名] [俗] ばたんと倒れるようにしてすぐ眠り込んでしまうこと。〓「家に着いたとたん―だった」

はたん-きょう【▽巴旦▼杏】[名] ❶スモモの一品種。実は大きく甘い。❷アーモンド。

パタンナー【和製 pattern＋er】[名] デザイン画をもとにして型紙を起こす専門家。パターンメーカー。

はち【八】[名] 七の次の数。やっつ。やつ。や。〓「―の字」▼末広がりの形から縁起のよい数とされる。書き方 証書などで金額を記す場合は間違いを防ぐために「▼捌」とも書く。

はち【蜂】[名] ハチ目のうち、アリ以外の昆虫の総称。体は頭・胸・腹に分かれ、二対の膜質の翅をもつ。雌は毒針をもつものが多い。世界に一〇万種以上が分布する。

はち【鉢】[名] ❶底のやや深い器。〓「料理を―に盛る」「小―」❷植木鉢。❸頭蓋骨の上部のふたになる部分。頭頂骨。また、頭のまわり。〓「―が開いている（＝額のまわりが大きい）」▼形が鉢を伏せた形に似ることから。❹かぶとなどの頭全体をおおう部分。

ばち【罰】[名] 人の悪事に対する報いとして神仏が下すこらしめ。〓「―が当たる」読み分け ➡ばつ（罰）

◉**罰が当た・る** 悪業の報いとして神仏からこらしめを下される。

ばち【▼撥・▼枹・▼桴】[名] ❶【撥】琵琶・三味線などの弦をはじいて鳴らす、へら状の道具。❷【枹・桴】太鼓・鉦鼓・銅鑼などを打ち鳴らす棒状の道具。

ばち-あたり【罰当たり】[名・形動] 罰が当たって当然と思われること。また、そのような人。〓「この―め」

はち-あわせ【鉢合わせ】[名・自サ変] ❶頭と頭が正面からぶつかり合うこと。❷思いがけなく出会うこと。〓「恋敵と―する」▼多く会いたくない相手について言う。

はち-うえ【鉢植え】[名] 植木鉢に植えてあること。また、そのもの。〓「―のゼラニウム」

ば-ちがい【場違い】[名・形動] ❶その場にふさわしくないこと。〓「―なことを言う」❷本場の産でないこと。また、そのもの。〓「―の鯛」

はち-がつ【八月】[名] 一年の八番目の月。葉月。➡季節のことば（八三ページ）

はち-き・れる【はち切れる】[自下一] 中身がいっぱいになっておおっているものや入れ物が裂ける。〓「詰め過ぎて袋が―」「若さが―・れんばかり」

は-ちく【▽淡竹】[名] 各地で植栽される、イネ科マダケ属の大形のタケ。高さは約一〇メートルに達する。材は家具・工芸用。タケノコは食用。中国原産。クレタケ。カラタケ。

は-ちく【破竹】[名] ❶竹を割ること。❷「破竹の勢い」の略。〓「―の快進撃」

はちく-の-いきおい【破竹の勢い】[連語] 勢いが激しくてとどめることができないこと。▼竹は一節を割るとあとは一気に割れることから。

ぱちくり [副ト] 驚いたときなどに大きくまばたきするさま。〓「思いがけない光景に目を―とさせる」

はちじゅうはち-や【八十八夜】[名] 雑節の一つ。立春から数えて八八日目の日。太陽暦の五月二日ごろで、このころから農家は種まき・茶摘み・養蚕などで忙しくなる。

はちじゅうはっ-かしょ【八十八箇所】[名] 四国八十八箇所。

はち-す【▼蓮】[名] ❶〔古風〕ハス。▼花托が蜂の巣に似ることから。❷アオイ科のムクゲ。

パチ-スロ [名] パチンコ店に置かれたスロットマシーン。

はち-だいじごく【八大地獄】[名] 仏教で、等活・黒縄・衆合・叫喚・大叫喚・焦熱・大焦熱・阿鼻（無間）の八種類の地獄。八熱地獄。

はち-の-す【蜂の巣】[名] 蜂が幼虫を育て、花の蜜などを蓄えるために作る巣。六角柱状の室が集合したものが多い。

◉**蜂の巣にな・る** 機関銃などでたくさん弾丸を打ちこまれる。

◉**蜂の巣をつついたよう** 大騒ぎになって収拾がつかないさま。

ぱち-ぱち [副ト] ❶物を繰り返して打ち合わせる音を表す語。〓「―（と）手をたたく」❷熱せられたものが何度もはじける音。また、勢いよく燃えて火花が散る音を表す語。〓「暖炉の薪が―（と）燃える」❸しきりにまばたきをするさま。また、続けざまにカメラのシャッターを切るさま。〓「―（と）写真を撮る」

はち-ぶんめ【八分目】[名] 全体の八割程度。また、物事を控えめにしておくこと。はちぶめ。〓「腹―」

はち-まき【鉢巻き】[名] ❶[自サ変] 細長い布で頭の鉢のまわりを巻くこと。また、その布。〓「ねじり―・向こう―」❷土蔵造りで、防火のために粘土・漆喰などを特に厚く塗り込めた軒下の部分。

はちまん【八▼幡】■[名]「八幡神」「八幡宮」の略。■[副]〔古風〕断じて。決して。〓「―忘れはせぬ」▼八幡神に誓って、の意から。

はちまん-ぐう【八▼幡宮】[名] 八幡神をまつる神社。大分県の宇佐神宮を総本社とする。はちまん。

はちまん-じん【八▼幡神】[名] 八幡宮の祭神。応神天皇を主座とし、比売神・神功皇后を配して三座で一体とする。はちまん。

はちまん-だいぼさつ【八▼幡大▼菩▼薩】[名] 八幡神の称号。神仏習合の思想から、八幡神の本地を菩薩としたもの。

はち-みつ【蜂蜜】[名] ミツバチが花から集めて巣に蓄えたみつ。また、それを精製したもの。粘りのある甘い液体で、栄養価が高い。食用・薬用。ハニー。

はち-ミリ【八ミリ】[名] 八ミリメートル幅のフィルム。また、それを用いるカメラ・映写機・映画など。〓「―カメラ」

はち-めん【八面】[名] ❶八つの平面。〓「―体」❷八つの顔。また、八つの方面。

はちめん-れいろう【八面▼玲▼瓏】[名] ❶どの面から見ても美しく透き通っていること。❷心が清らかで、少しのわだかまりもないこと。

はちめん-ろっぴ【八面六▼臂】〔名〕❶仏像などが、八つの顔と六本の腕を持っていること。❷一人で何人分もの働きをすること。「—の活躍」

はち-もの【鉢物】〔名〕❶鉢に植えた草木。盆栽。❷鉢に盛って出す料理。

ぱち-もん〔名〕〔俗〕偽物。「高級ブランド時計の—」書き方「パチモン」とも。

はち-もんじ【八文字】〔名〕❶「八」という字の形。「—のひげ」❷遊里で、遊女が道中をするときの歩き方。腰をすえて足を八の字の形に踏み出すもの。

は-ちゃ【葉茶】〔名〕煎茶(せんちゃ)など、葉の形を残す茶。はぢゃ。▼抹茶など粉末の茶に対していう。

はちゃ-めちゃ〔名・形動〕〔俗〕「めちゃくちゃ」に同じ。「—な男」「夕べは—に飲んだ」

はちゅう-るい【▼爬虫類】〔名〕脊椎(せきつい)動物亜門爬虫綱に属する動物の総称。カメ・ワニ・トカゲ・ヘビなどの類。ほとんどが陸生の変温動物で、肺呼吸を行う。全身は角質の表皮でおおわれている。卵生または卵胎生。

は-ちょう【波長】〔名〕波動の山と山、または谷と谷との間の水平距離。▼他人と意思を通じ合うときに同調が求められる考え方・感じ方のたとえにもいう。「彼とは—が合わない」

は-ちょう【破調】〔名〕❶調子・調和などが整わないこと。❷和歌・俳句などで、定型の音数をくずすこと。字余り・字足らずなど。

バチルス【Bazillusドイ】〔名〕細菌。特に、桿菌(かんきん)。▼人や社会に害を及ぼすもののたとえにもいう。

ぱちん〔副ト〕物が当たったりはじけたりするときに発する音を表す語。「指を—と鳴らす」「—とスナップをとめる」「足の爪を—と切る」

ぱちんこ〔名〕❶Y字形の木の枝や針金にゴムひもを張り、その弾力で小石などを飛ばすおもちゃ。❷前面にガラスを張った長方形の箱の下部から鋼鉄の玉をはじき上げ、それが多数の釘に囲まれた当たり穴にはいると多くの玉が戻る仕組みのゲームマシン。また、それを使った遊技。得た玉は種々の景品と交換できる。▼現在はさまざまな機種が開発されている。書き方「パチンコ」と書く。❸〔俗〕ピストル。

はっ〔感〕❶かしこまって返事をするときに発する語。はい。「—、承知いたしました」❷驚いたとき、また、急に思いついたときに発する語。あっ。「—、そうだった」❸相手のことばがよく聞き取れなかったとき、聞き返すために発する語。「—、何とおっしゃいましたか」

はつ【初】■一〔名〕初めてであること。最初。「—の受賞」「お—にお目にかかります」「—恋・—耳・—公開」■二〔造〕その年初めての。「—雪・—鰹(がつお)・—仕事」

はつ【髪】〔名〕頭の毛。かみ。「間、—を入れず」「散—・長—」旧髮

はつ【発】〔造〕❶出かける。たつ。「—車・—着」「始—・出—・札幌—」❷弾丸・矢などを放つ。うちだす。「—射・—砲」「爆—・不—」「百—百中(ひゃっぱつひゃくちゅう)」「三—の銃声」「花火」❸外に現れる。外に出す。また、新たに始める。「—案・—音・—会・—芽」「自—・続—・乱—」❹伸びる。盛んになる。「—育・—達・—展」❺明らかにする。ひらく。「—見・—表」「開—・啓—・告—」旧發

はつ【▼撥】〔造〕はねる。はじく。「—音」「挑—・反—」

はつ【▼潑】〔造〕水が勢いよくこぼれ散る。「—剌(はつらつ)」

はつ【▼醱】〔造〕かもす。「—酵」

ハツ〔名〕食用にする、牛・豚・鶏などの心臓。▼heartから。

ばつ〔名〕❶その場のぐあい。❷つじつま。「—を合わせる」◈「場都合」の略という。

◉**ばつが悪・い** その場を取り繕うことができなくて気まずい思いをするさま。体裁が悪くて恥ずかしい。注意「罰が悪い」と書くのは誤り。

ばつ〔名〕不可・誤り・伏せ字などを表すのに用いる「×」のしるし。「—をつける」▼「罰点(ばってん)」からか。

ばつ【▼跋】■一〔名〕書物などの末尾に書き記す文。あとがき。「—文」「題—」■二〔造〕こえる。「—扈(ばっこ)」

ばつ【罰】〔名〕罪・悪事・過ちなどに対するこらしめ。しおき。「—を受ける」「—金・—則」読み分け 神仏がくだすこらしめは、「天罰(てんばつ)」のような「罰」を除き、「ばち」と読む。「罰(ばち)が当たる」

ばつ【閥】■一〔名〕出身・利害などによって結びついている人々の排他的な集まり。「—を作る」「学—・財—・派—」■二〔造〕家柄。家格。「—族」「門—」

ばつ【伐】〔造〕❶刃物で木などを切る。「—採」「間—・乱—」❷敵を切り殺す。うつ。「征—・討—」

ばつ【抜】〔造〕❶ぬいてとる。ぬきだす。選び出す。「—糸・—粋・—擢(ばってき)」❷他よりすぐれている。ぬきんでる。「—群」「奇—・卓—」旧拔

はつ-あき【初秋】〔名〕秋のはじめ。新秋。孟秋(もうしゅう)。しょしゅう。

はつ-あん【発案】〔名・他サ変〕❶新しい考えを出すこと。❷議案を作成して提出すること。「—権」

はつ-い【発意】〔名・他サ変〕計画などを考え出すこと。ほつい。「会員の—でバザーを開く」

はつ-いく【発育】〔名・自サ変〕育って大きくなること。成育。「稲が順調に—する」

ばつ-いち〔名〕〔俗〕一度だけ離婚経験があること。また、その人。▼戸籍に×印が一つ付いている意からという。書き方「×いち」「×イチ」「バツイチ」などとも。

はつ-うま【初▽午】〔名〕二月の最初の午の日。また、その日に稲荷(いなり)神社で行う祭礼。初午祭り。

はつ-うり【初売り】〔名〕年が明けて初めての売り出し。初商(はつあきな)い。売りぞめ。⇔初買い

はつ-えき【発駅】〔名〕❶列車・電車などの出発する駅。また、始発駅。❷荷物などを送り出す駅。

はつ-えん【発煙】〔名・自サ変〕煙を出すこと。

はつえん-とう【発煙筒】〔名〕信号用・煙幕用に、発煙する薬品を筒に詰めたもの。

はつ-おん【発音】〔名〕❶〔他サ変〕音声器官を使って言語音を発すること。また、発せられた言語音。「正しく—する」「—記号」❷音を出すこと。「—体」

はつ-おん【▼撥音】〔名〕語中・語尾にあらわれて一音節をなす鼻音。かなの「ン」「ん」で書き表される。「トランプ」の「ン」、「ところてん」の「ん」など。

撥

はつおん-びん【▼撥音便】〔名〕音便の一つ。五段活用の連用形の語尾「に」「み」「び」が「て」「た」「たり」などに連なるとき、発音上の便宜から撥音「ん」に転じる現象。「死にて→死んで」「読みて→読んで」「飛びて→飛んで」の類。▼「かみた→かんだ(神田)」「かみなづき→かんなづき(神無月)」「かみさし→かんざし(簪)」のように、名詞の語中にあらわれる現象についてもいう。

はっ-か【発火】〔名・自サ変〕❶火を発すること。燃え出すこと。「自然に—する」❷火薬だけを込めて空

砲を撃つこと。‖「—信号」

はっか【薄荷】［名］❶ペパーミント・スペアミントなど、シソ科ハッカ属の植物の総称。❷夏から秋、葉の付け根に淡紫紅色の小花をつけるシソ科の多年草。全体に芳香がある。葉から薄荷油をとるために栽培する。❸「薄荷油」の略。

はつか【《二十日》（▼廿日）】［名］❶一日の二〇倍の日数。二〇日間。❷月の二〇番めの日。‖「八月—」

はつが【発芽】［名・自サ変］芽を出すこと。

ばっか【幕下】［名］❶張りめぐらした幕の中。陣営。❷将軍・大将の敬称。❸将軍の配下の者。また、将軍直属の家来。旗本。◈「ばくか」ともいう。

ハッカー［hacker］［名］❶コンピューターに習熟・精通する人。❷ハッキングを行う（能力のある）人。▼悪質なハッカーを「クラッカー」、悪質なハッキングを防ぐ人を「ホワイト（ハット）ハッカー」などという。

はっかい【発会】［名］❶［自サ変］会が発足すること。また、初めて会を開くこと。‖「—式」❷取引所で、その月の最初の立ち会い。⇔納会▼一年の最初の立ち会いは「大発会」という。

はつかい【初会】［名］新年になって初めて開く会合。

はつがい【初買い】［名］一月二日に、新年になって初めての買い物をすること。⇔初売り

はつかえびす【《二十日》恵比須・《二十日》▼戎】［名］陰暦十月二十日に行う恵比須講。関東・東北などで、商家が商売繁盛を祈って祝宴を開く。▼関西では十日恵比須といい、陰暦一月十日に行う。

はつがお【初顔】［名］❶会合などに初めて参加したり登場したりした人。新顔。‖「—のメンバーを紹介する」❷「初顔合わせ」③の略。‖「—の一番」

はつかおあわせ【初顔合わせ】［名］❶関係者全員が初めて集まること。❷映画・演劇などで、初めて共演すること。‖「二大スターの—」❸相撲などで、初めて対戦すること。

はっかく【八角】［名］❶八つの角。また、八つの角のある形。‖「—火鉢」❷中国料理の香辛料で、大茴香の果実を乾燥したもの。果実は八個の袋果が放射状に集まった星形。香味はアニスに似る。

はっかく【発覚】［名・自サ変］隠していた悪事・陰謀などが人に知られること。‖「問題［脱税］が—する」
注意 単に明らかになる、判明するの意では使わない。‖「×妊娠［婚約・誕生］が発覚」

ばっかく【麦角】［名］ライ麦・大麦などの子房に寄生した麦角菌がつくる菌核。また、それを乾燥させたもの。アルカロイドを含み、子宮筋収縮作用がある。

はっかけ【八掛け】［名］すそ回し。⬇着物（図）
書き方 慣用で「八掛」も好まれる。

ばっかし［副助］［俗］「ばかり」を強めた語。‖「冗談ばっかし！」

バッカス［Bacchus］［名］ギリシア神話の酒神。バッコス。▼「ディオニュソス」の英語名。

はつかだいこん【《二十日》大根】［名］ダイコンの一品種。生長が早く、種をまいてから二五日ほどで収穫できる。根は小さな球形または紡錘形で、外皮の色は赤・紫・白など。主としてサラダに用いられる。ラディッシュ。

はつがつお【初▼鰹】［名］初夏のころ市場に出回る走りのかつお。‖「目には青葉山ほととぎす—」〈山口素堂〉

はっかてん【発火点】［名］物質が空気中で自然に発火する最低温度。▼固形燃料の場合には多く着火点という。

はつかねずみ【《二十日》▼鼠】［名］人家や畑地にすむネズミ科の哺乳類。体は灰褐色だが腹部は白い。実験動物・愛玩用の飼育品種にマウス・ナンキンネズミ・コマネズミなどがある。

はつがま【初釜】［名］茶の湯で、新年に初めて釜をかけて茶事を行うこと。また、新年初めての茶会。

はっかゆ【薄荷油】［名］乾燥した薄荷の葉を蒸留して得る精油。主成分は薄荷脳（メントール）。香料や清涼剤に用いる。

はつかり【初▼雁】［名］その年の秋に初めて北方から渡って来たがん。はつかりがね。

ばっかり［副助］「ばかり」を強めた語。‖「こればっかりは勘弁してくれ」

はっかん【発刊】［名・他サ変］書籍・新聞・雑誌などを印刷して世に出すこと。‖「雑誌を—する」

はっかん【発汗】［名・自サ変］汗をかくこと。‖「—作用」

はつがん【発▼癌】［名］癌が発生すること。また、発生させること。‖「—物質（＝癌を発生させる物質）」

ばっかん【麦▼稈】［名］むぎわら。‖「—真田（＝むぎわらを平たくつぶして真田ひものように編んだもの）」

はっき【白旗】［名］白い旗。しらはた。しろはた。▼戦場で軍使や降伏の印として用いる。

はっき【発揮】［名・他サ変］もっている能力・特性・素質などを外に表して、十分に働かせること。‖「実力［本領・指導力］を—する」「親ばかぶりを—する」

はつぎ【発議】［名・他サ変］❶話し合いの場などで意見を出すこと。❷合議体で、議員が議会に議案を提出すること。◈「ほつぎ」とも。

はづき【葉月】［名］陰暦八月の別称。はつき。▼太陽暦の八月にもいう。

はっきゅう【白球】［名］野球・ゴルフなどの白いボール。

はっきゅう【発給】［名・他サ変］役所が書類などを発行して給付すること。‖「旅券を—する」

はっきゅう【薄給】［名］給料が少ないこと。安月給。⇔高給

はっきょう【発狂】［名・自サ変］精神に異常をきたすこと。‖「男はついに—した」「—しそうになる」

はっきり［副］❶他の物事とまぎれることなく、明瞭に区別できるさま。また、物事を鮮明に知覚できるさま。‖「山稜が—（と）見える」「霧笛が—（と）聞こえる」「意識が—しない」❷明確で、あいまいなところがないさま。また、率直であるさま。‖「態度を—させる」「好き嫌いの—した人」「—物を言う」❸体調や気分がさわやかで、すっきりしているさま。‖「二日酔いで頭が—しない」

はっきん【白金】［名］白金族元素の一つ。単体は銀白色の固体金属。融点は高く、展延性に富む。化学的に安定していて、王水以外の酸には溶けない。触媒・理化学用器械・装飾品などに広く用いられる。プラチナ。元素記号Pt

はっきん【発禁】［名］有害な出版物などの発売を

法によって禁ずること。‖「ー本」▽「発売禁止」の略。

ばっ-きん【罰金】〔名〕❶罰として金銭を払わせること。また、その金銭。制裁金。❷刑法の定める財産刑の一つ。犯罪の処罰として金銭を取りたてること。また、その金銭。

ハッキング [hacking]〔名〕❶他のコンピューターシステムに不法侵入すること。クラッキング。❷バスケットボールで、ボールを持っている選手の手をはたくこと。反則になる。❸ラグビーで、故意に相手選手の足を蹴(け)ること。反則になる。

パッキング [packing]〔名〕❶荷造り。包装。❷荷造りをするとき、破損を防ぐために荷物のすき間に詰めるもの。詰め物。パッキン。❸管の接合部や容器の蓋などに当てて気体や液体が漏れるのを防ぐもの。ゴム・ポリウレタンなどを用いる。パッキン。

バック [back]〔名〕❶背。背中。❷後ろ。背後。‖「ーシート」⇕フロント ❸背景。‖「古城をーに写真を撮る」「タイトルー」❹後援すること。また、後援者。‖「大企業がーにつく」❺〔自サ変〕後進すること。後退すること。‖「トラックがーする」❻〔他サ変〕戻すこと。還元すること。‖「利益の一部をーする」❼サッカー・ラグビー・バレーボールなどで、後衛。バックス。❽背泳ぎ。▽「バックストローク(backstroke)」の略。❾自動車などのギアで、後進させるときに働く歯車装置。後進ギア。▽「バックギア(back gear)」の略。❿「バックハンド」の略。

バッグ [bag]〔名〕手提げ袋やかばんの総称。‖「ハンドー・ボストンー・ショルダーー」

パック [pack]〔名・他サ変〕❶包装すること。容器に詰めること。また、その包みや容器。‖「真空ー」❷種々のものをひとまとめにすること。‖「ーツアー(=パッケージツアー)」❸顔の皮膚に溶剤などを塗り、人工の被膜をつくって外気を遮断する美顔法。

パック [puck]〔名〕アイスホッケーの球として使用する硬化ゴム製の小円盤。

バックアップ [backup]〔名・他サ変〕❶背後で支えて、もりたてること。後援すること。‖「地域全体で子育てをーする」❷野球などで、ある選手の守備を他の選手が後ろに回って補助すること。❸コンピューターで、プログラムやデータの破損・紛失に備えて、予備のディスクなどに複写しておくこと。

バックグラウンド [background]〔名〕❶背景。遠景。❷背後の事情。環境。

バックグラウンド-ミュージック [background music]〔名〕ラジオ・テレビ・映画などで、背景に流す音楽。また、喫茶店・職場・病院などで、和やかな雰囲気をつくるために流す音楽。バックミュージック。BGM。

バック-コーラス【和製 back + chorus】〔名〕ポピュラー音楽などで、主旋律に付け加える合唱。また、それを歌う人。▽英語では単に chorus という。

バックス [backs]〔名〕❶サッカー・ラグビー・ホッケーなどで、自軍の後方に位置して主に防御にあたる選手。後衛(こうえい)。⇕フォワード ❷野球で、投手・捕手を除く守備陣。

バックスイング [backswing]〔名〕野球・ゴルフなどで、ボールを打ったり投げたりするときにバットやクラブ、腕などを後方へ振り上げること。

バックスキン [buckskin]〔名〕❶鹿皮(しかがわ)。鹿のもみ皮。また、それに似せて仕上げた子牛や子羊の革。▽裏革をけばだたせたスエードとは別。❷鹿のもみ皮に似せて仕上げた織物。

バック-スクリーン【和製 back + screen】〔名〕野球場で、投球が打者に見やすいように、センター後方のスタンド内に設ける暗緑色の壁。

バックストレッチ [backstretch]〔名〕陸上競技場・競馬場のトラックで、決勝線の反対側の直線コース。⇕ホームストレッチ

バックスピン [backspin]〔名〕テニス・卓球・ゴルフなどで、打球が飛んでいく方向とは逆の方向に回転すること。後退回転。また、その打法。

はっ-くつ【発掘】〔名・他サ変〕❶土中に埋もれているものを掘り出すこと。特に、土中の遺跡・遺物を掘り出すこと。また、その作業。‖「ー調査」❷世に知られていないすぐれた人や物を見つけだすこと。‖「人材をーする」

バック-ナンバー [back number]〔名〕❶定期刊行物の既刊号。❷自動車の後部に付ける登録番号。❸運動選手の背番号。

バック-ネット【和製 back + net】〔名〕野球場で、ホームベースの後方に張ってある網。

バックパッカー [backpacker]〔名〕バックパックを背負って旅行する人。

バックパック [backpack]〔名〕(大型の)リュックサック。

バックハンド [backhand]〔名〕テニス・卓球などで、ラケットを持つ手の反対側に来たボールを打つこと。また、その打ち方。逆手(さかて)打ち。バック。⇕フォアハンド

バック-ホーム【和製 back + home】〔名〕野球で、本塁を狙う走者をアウトにするために、野手が本塁へ送球すること。

バックボーン [backbone]〔名〕その人の行動や生き方を支える思想・信念。気骨。▽背骨の意。

バック-ミラー【和製 back + mirror】〔名〕自動車などの運転席に取りつけた、後方を見るための鏡。

バックヤード [backyard]〔名〕❶裏庭。❷店舗などで、倉庫・作業場など売り場ではない場所。❸背後の事情。バックグラウンド。

バックライト [backlight]〔名〕❶液晶ディスプレーなどの裏面に付ける光源。❷舞台の後方から当てる照明。❸逆光。

バックル [buckle]〔名〕ベルト・靴などの留め金具。多く実用と装飾をかねる。

ばっく・れる〔自下一〕〔俗〕❶知らないふりをする。❷逃げ出す。さぼる。‖「授業をー」◈「しらばっくれる」の略。

は-づくろい【羽繕い】ロツビク〔名・自サ変〕鳥がくちばしで羽毛を整えること。はねづくろい。

ばつ-ぐん【抜群】〔名・形動〕多くのものの中で特にすぐれていること。とびぬけていること。‖「ーの成績をおさめる」

はっ-け【八▼卦】〔名〕❶易で、陰と陽とを示す算木の組み合わせで得られる八種の形。その中の二種を組み合わせて自然界・人間界の諸現象を表す。はっか。❷占い。‖「当たるもー、当たらぬもー」「ー見(み)」

はっ-けい【八景】〔名〕八つのすぐれた景色。中国の瀟湘(しょうしょう)八景に始まる。日本では近江八景・金沢八景・

南都八景など。

パッケージ【package】[名・他サ変] ❶商品などを包装すること。また、包装用の容器。❷関係のあるものをひとまとめにすること。「―ツアー（＝旅行社が日程・観光コースなどを企画して売り出す、運賃・宿泊費込みの団体旅行）」

ばつ‐ゲーム【罰ゲーム】[名] 勝負で負けた人が、罰として科せられる遊び。

はっ‐けっきゅう【白血球】ハクケッキウ [名] 血液の有形成分の一つ。核のある無色の細胞で、赤血球より大きい。体内に侵入した細菌や異物を食作用によって消化分解する働きをもつ。

はっけつ‐びょう【白血病】ハクケツビャウ [名] 血液中の白血球が異常に増殖する病気。造血・免疫機能が低下し、貧血、発熱、リンパ節の腫はれ、出血傾向などの症状があらわれる。

はっけ‐よい [感] 相撲の行司が土俵上で動きの止まった力士に向かって発する掛け声。「―、のこった、のこった」▽「八卦良い」の意とも、「発気揚揚」の意ともいう。

はっ‐けん【白鍵】ハク [名] 鍵盤楽器の白い鍵。⇔黒鍵

はっ‐けん【発見】[名・他サ変] 今まで知られていなかったものを、見つけだすこと。また、存在のわからなかったものを見出すこと。「新星を―する」「誘拐された幼児を―する」

はっ‐けん【発券】[名・他サ変] 乗車券・入場券・銀行券などを発行すること。「―銀行」

はつ‐げん【発言】[名・自他サ変] 意見などを述べること。また、そのことば。「会議で―する」

はつ‐げん【発現】[名・自他サ変] 現れ出ること。また、現れ出すこと。「第二次性徴が―する」

ばっ‐けん【抜剣】[名・自サ変] 剣を鞘さやから抜くこと。また、その剣。「―して斬りかかる」

バッケン【Backenドイ】[名] スキー靴をスキー板に固定するための金具。耳金みみがね。▽ジャンプ競技で最長不倒距離の記録を「バッケンレコード」という。

はつげん‐りょく【発言力】[名] 発言によって人を動かしたり従わせたりする影響力。「党内で大きな―のある人」「国際的な―が強い」

はつ‐ご【初子】[名] 最初に生まれた子。初めての子供。ういご。

はつ‐ご【発語】[名] ❶言い始めること。ことばを発すること。「―機能」❷文章や談話で、冒頭に用いる語。「さて」「では」「いざ」「そもそも」の類。❸語調を整え、軽い意味を添える接頭語。「さ霧」「か細い」「そ知らぬ」の「さ」「か」「そ」など。◈「ほつご」とも。

ばっ‐こ【▼跋▼扈】[名・自サ変] 思うままに勢力をふるうこと。また、のさばり、はびこること。「軍閥が―する」▽「扈」は魚を捕るために水中に仕掛ける竹かご。大魚はそれをおどり越えて逃げ去ることから。

跋扈

ばつ‐ご【▼跋語】[名] 書物の終わりに記すことば。あとがき。跋。跋文。

はつ‐こい【初恋】ヒ|コ [名] 初めての恋。「―の人」

はっ‐こう【八▼紘】クヮウ [名] 国の四方と四隅の果て。天下。「―一宇（＝全世界を一つの家とすること。第二次大戦中、日本の海外侵略を正当化するための標語として使われた語）」

はっ‐こう【白光】ハククヮウ [名] 白い光。白く輝く光。

はっ‐こう【発光】クヮウ [名・自サ変] 光を発すること。「物質［ホタル］が―する」「―体・―塗料」

はっ‐こう【発向】カウ [名・自サ変] 目的地に向かって出発すること。

はっ‐こう【発行】カウ [名・他サ変] ❶新聞・雑誌・書籍などを編集して世に出すこと。「タウン誌［メールマガジン］を―する」❷紙幣・証券・証明書などを作って世の中に通用させること。「旅券［領収書］を―する」

はっ‐こう【発効】カウ [名・自サ変] 法律・条約などの効力が発生すること。「条約が―する」⇔失効

はっ‐こう【発酵（▼醱酵）】カウ [名・自サ変] 細菌・酵母などの微生物が炭水化物・たんぱく質などの有機化合物を分解し、アルコール・有機酸・二酸化炭素などを生成すること。また、その現象。酒・味噌みそ・醬油しょうゆ・パン・チーズ・抗生物質などの製造に利用される。▽頭の中に芽生えた考えが次第に熟していくことのたとえにもいう。「プランを―させる」書き方「発酵」は代用表記。

はっ‐こう【薄幸（薄▼倖）】カウ [名・形動] 幸せに恵まれないこと。ふしあわせ。「―な人生」「―の歌人」

はっこう‐ダイオード【発光ダイオード】ハックヮウ [名] ⇒エルイーディー（LED）

はつ‐ごおり【初氷】ゴホリ [名] その冬に初めて張った氷。

はっ‐こつ【白骨】ハク [名] 風雨にさらされて白くなった骨。「―死体」

ばっ‐さい【伐採】[名・他サ変] 樹木や竹を切り倒すこと。材木などを切り出すこと。

はっ‐さく【八▼朔】[名] ❶陰暦八月朔日ついたち。また、その日に行われる行事。▽古く農家では新穀の贈答や豊作祈願の行事が行われた。❷ミカンの一品種。果実は夏ミカンより小形で、甘みにまさる。二〜四月に出回る。

ばっさり [副] ❶刃物で勢いよく切るさま。「枝を―（と）切り落とす」❷思い切りよく（多くの分量を）取り除くさま。「予算を―（と）削る」

はっ‐さん【発散】[名] ❶[自他サ変] 内部にたまったものが外へ散らばって出ること。また、外へ飛び散らすこと。「熱が―する」「ストレスを―する」❷[自サ変] 光線が四方に広がって進むこと。⇔収束

はつ‐ざん【初産】[名] 初めての出産。ういざん。しょさん。

ばっ‐し【末子】[名] 最後に生まれた子。末っ子。まっし。⇔長子

ばっ‐し【抜糸】[名・自サ変] 手術の切り口がふさがったあと、そこを縫い合わせた糸を抜き取ること。

ばっ‐し【抜歯】[名・自他サ変] 歯を抜くこと。

バッジ【badge】[名] 襟・帽子などに付ける小さな記章。徽章きしょう。バッチ。

はっし‐と [副] ❶堅い物と堅い物とが勢いよくぶつかるさま。「太刀を―受けとめる」❷強く打ち込むさま。「矢を―射る」◈書き方「発止と」と当てる。

パッシブ【passive】❶[形動] 自分からは進んで働きかけないさま。消極的。❷[名] 文法で、受動態。パッシブヴォイス。◈⇔アクティブ

はつ‐しも【初霜】[名] その年の秋から冬にかけて初めて降りる霜。

はっ‐しゃ【発車】[名・自サ変] 列車・電車・バスなど

が走り出すこと。〓「—オーライ」

はっ‐しゃ【発射】［名・他サ変］弾丸・ロケットなどを打ち出すこと。〓「ミサイル［拳銃］を—する」

ハッシュタグ［hashtag］［名］SNSで、投稿内容に関連するキーワード。「#」の記号を付けて示し、同一のハッシュタグは検索して一覧表示することができる。

はっ‐しゅつ【発出】［名・自他サ変］ある事態や状態が現れ出ること。また、現し出すこと。〓「県が—する文書」「改善命令を—する」

ハッシュドビーフ［hashed beef］［名］細かく切った牛肉と玉ネギを炒め、デミグラスソースなどで煮込んだ料理。

はっ‐しょう【発症】（ハツシヤウ）［名・自他サ変］病気の症状があらわれること。また、症状をあらわすこと。〓「糖尿病が／を—する」「—時期」

はっ‐しょう【発祥】（ハツシヤウ）［名・自サ変］物事が起こり現れること。〓「インダス文明—の地」

はつ‐じょう【発条】（ハツデウ）［名］ばね。ぜんまい。▼「発条」と書いて「ばね」「ぜんまい」とも読む。

はつ‐じょう【発情】（ハツジヤウ）［名・自サ変］情欲が起こること。成熟した哺乳（ほにゅう）動物が交尾可能な状態になること。人以外は繁殖期に限られる。〓「—期」

ばっ‐しょう【▼跋渉】（バツセフ）［名・自サ変］山を越え、川を渡ること。各地を歩き回ること。〓「山野を—する」

はっ‐しょく【発色】［名・自サ変］カラー写真・染め物などで、色があらわれ出ること。また、その色の仕上がり。〓「—する素材」「—がいい」

パッション［名］❶［passion］情熱。激情。❷［Passion］キリストの受難。また、受難曲。

パッションフルーツ［passionfruit］［名］トケイソウ科のつる性多年草。また、その果実。ブラジル原産。紫色に熟す果実は甘酸っぱく、香りが高い。生食するほか、ジュースにもする。クダモノトケイソウ。

はっ‐しん【発信】［名・自他サ変］電信・電波・郵便物などを送ること。〓「—機・—局」⇔受信・着信

はっ‐しん【発▼疹】［名・自サ変］皮膚や粘膜にごく小さな吹き出物ができること。また、その吹き出物。ほっしん。

はっ‐しん【発進】［名・自サ変］❶自動車が走り出すこと。❷飛行機・軍艦などが基地から出発すること。〓「緊急—」

バッシング［bashing］［名・他サ変］手厳しく非難・攻撃すること。虐待すること。〓「—を受ける」

パッシング［passing］［名］❶テニスで、ネット際に前進してくる相手の横を抜く打球。パッシングショット。❷車のヘッドライトを点滅させて、前を走る車や対向車に合図を送ること。

はっしん‐チフス【発▼疹チフス】［名］シラミの媒介による感染症。高熱を発し、全身に赤く細かい発疹があらわれるのが特徴。ほっしんチフス。

はっ‐すい【▼撥水】［名］布地などが表面で水をはじくこと。〓「—性」「—加工」

ばっ‐すい【抜粋（抜▼萃）】［名・他サ変］書物・作品などから必要な部分だけを抜き出すこと。また、抜き出したもの。〓「論文から結論を—する」

はつ‐すがた【初姿】［名］❶正月らしく着飾った姿。❷初めてその装いをした初々しい姿。

はっ‐する【発する】■［自サ変］❶あることを源として物事が起こる。生じる。また、始まる。〓「条約の効力が—」❷出て行く。出発する。〓「特急列車が駅を—」❸外へあらわれ出る。〓「怒り心頭に—」■［他サ変］❶物事を起こす。生じさせる。〓「境界争いに端を—・した事件」❷出発させる。さし向ける。〓「特使を—」❸外へ向かって出す。放つ。〓「光を—」❹気持ちや考えを明らかにする。また、口からことばを出す。〓「怒りを—」「一言も—・しない」❺矢・弾丸などを打ち出す。放つ。〓「ミサイルを—」文はっ・す

ハッスル［hustle］［名・自サ変］張り切ること。闘志をみなぎらせること。〓「—して仕事に取り組む」

ばっ‐する【罰する】［他サ変］罰を与える。処罰する。〓「法律によって—」文ばっ・す

はっ‐すん【八寸】［名］❶一寸の八倍の長さ。約二四・二センチメートル。❷八寸四方の白木製の器。懐石料理で、献酒の際の取り肴（ざかな）を数種盛り合わせるのに使う。八寸膳。❸懐石料理で、②に盛る取り肴。

はっ‐せい【発生】［名］❶［自他サ変］ある現象や物事が生じること。また、ある現象や物事を生じさせること。〓「稲に害虫が—する」「事件が—する」「車社会が車公害を—させる」使い方「～を発生する／発生させる」では後者が一般的。「～を発生する」は、「この物質は燃やすとダイオキシンを発生する」のように、自然に生じるものに限られる。⬇品詞解説（一八二六ページ）❷［自サ変］生物学で、受精卵や胞子が多細胞の個体へと育っていくこと。また、その過程。個体発生。

はっ‐せい【発声】［名・自サ変］❶声を出すこと。また、声の出し方。〓「—練習」❷唱和するとき、最初に声を出して音頭をとること。〓「主賓の—で乾杯する」❸宮中の歌会で、講師（こうじ）が歌を読み上げたあとで、それに節をつけて歌い上げること。また、その役。

はっ‐せき【発赤】［名］炎症を起こした皮膚や粘膜の一部が充血して赤くなること。ほっせき。

ばっ‐せき【末席】［名］⬇まっせき

はっ‐せつ【八節】［名］季節のうちの八つの変わり目。二十四節気の中の、立春・春分・立夏・夏至・立秋・秋分・立冬・冬至をいう。

ばっ‐せん【抜染】［名・他サ変］捺染（なっせん）法の一つ。無地染めにした布の一部に抜染剤を含む糊（のり）を置き、蒸気・薬品などでその部分の色を抜いて模様を表すもの。脱色とともに他の色に染めることもある。

はっ‐そう【八双】（ハツサウ）［名］剣または薙刀（なぎなた）の構えの一つ。左足を前に出し、立てた刀身を正面より右に寄せて構えるもの。〓「—の構え」

はっ‐そう【発走】［名・自サ変］陸上競技・競馬・競輪などで、出発点からゴールに向かって走り出すこと。スタート。〓「馬が一斉に—する」「—時刻」

はっ‐そう【発送】［名・他サ変］荷物・郵便物などを送り出すこと。〓「小包を—する」

はっ‐そう【発想】（ハツサウ）［名］❶［他サ変］思いつくこと。新しい考えを得ること。また、その方法や内容。〓「子供らしい—」「—の転換が必要だ」❷芸術作品などで、創作のもとになる思いつきや考え。❸音楽で、楽曲のもつ気分を演奏の緩急・強弱などによって表現すること。また、その表現方法。

はっそう‐ひょうご【発想標語】（ハツサウヘウゴ）［名］楽曲のもつ気分を表現する方法を指示する標語。アジタート・カンタービレなど。

はっ‐そく【発足】［名・自サ変］⬇ほっそく

ばっ-そく【罰則】［名］違法行為に対する処罰を定めた規則。

はつ-ぞら【初空】［名］元日の空。はつそら。

ばっ-そん【末孫】［名］その血統の末にあたる子孫。遠い子孫。まっそん。

はつ-だ【発▼兌】［名・他サ変］書籍・新聞などを印刷・発行すること。

ばった【〈飛▼蝗〉・〈▼蝗虫〉】［名］バッタ目バッタ上科の昆虫の総称。一般に体は細長いが大きな頭をもち、触角が短い。後肢が長く、よくはねる。イナゴ類やトノサマバッタ・ショウリョウバッタなど。

バッター【batter】［名］野球やクリケットで、打者。

バッター-ボックス［名］野球で、打者が打撃のときに立つ場所。本塁の両側に白線で示された長方形の区画。バッターズボックス。▽batter's boxから。

はったい-こ【▼糗粉・▼麨粉】［名］焦がした大麦をうすでひいて粉にしたもの。砂糖を加えてそのまま、または湯で練って食べるほか、干菓子の材料にもする。麦こがし。香煎(こうせん)。

はつ-たけ【初▼茸】［名］夏から秋にかけて松林に生えるベニタケ科のキノコ。傘は中央部がくぼみ、十分に開くと漏斗状になる。食用。

はっ-たつ【発達】［名・自サ変］❶肉体や精神が成長して、より完全な形態や機能をもつようになること。‖「心身が―する」「嗅覚(きゅうかく)の―した犬」❷進歩・発展してより高度の段階に進むこと。‖「医療技術が―する」「港町として―する」❸規模が次第に大きくなること。‖「―した低気圧」

はったつ-しょうがい【発達障害】［名］幼少期に現れる、心身の機能の発達が不均衡な状態。広汎性発達障害(PDD)・注意欠陥多動性障害(ADHD)・学習障害(LD)などの総称。神経発達症。

はったと［副］鋭く見すえるさま。はたと。‖「―にらみつける」

ばった-もの【ばった物】［名］ばった屋が売りさばく格安品。書き方 多く「バッタ物」と書く。

ばった-や【ばった屋】［名］正規のルートを通さないで仕入れた品を格安に売る人。書き方 多く「バッタ屋」と書く。

はったり［名］実際以上に見せかけようとして大げさな言動をすること。また、相手を威圧しようとして強気な態度をとること。‖「―をかます［利かせる］」

ばったり［副ト］❶急に倒れるさま。‖「銃弾を受けて―(と)倒れる」❷思いがけなく人と出会うさま。‖「街角で―(と)顔を合わせる」❸続いていたものが急に途絶えるさま。‖「客足が―(と)止まる」

ぱったり［副ト］❶比較的軽い物が倒れるさま。‖「屏風(びょうぶ)が―(と)倒れる」❷続いていたものが急に途絶えるさま。‖「風が―(と)やむ」「客が―来なくなった」

はっ-たん【八端(八反)】［名］縦・横に黄色と褐色のしま模様を織り出した厚手の絹織物。丹前・布団地などに用いる。▽「八端織り」の略。

ハッチ【hatch】［名］❶船の甲板に設けた、上げぶたのある昇降口。また、その上げぶた。❷航空機・宇宙船などの出入り口。❸調理場と食堂の間に設けた、料理などを受け渡しする小さな窓口。

パッチ［名］丈の長いももひき。▽朝鮮語からという。

パッチ【patch】［名］継ぎ布。

ばっち-い［形］幼児語で、汚い。ばばっちい。

パッチ-テスト【patch test】［名］接触皮膚炎(ひふえん)や薬疹(やくしん)などの原因物質を調べるため、疑いのある物質を皮膚に貼布(ちょうふ)して反応をみる検査。皮膚貼布試験。

はっ-ちゃく【発着】［名・自サ変］出発することと到着すること。‖「新幹線が―するホーム」「―所」

はっ-ちゅう【発注(発▼註)】［名・他サ変］注文を出すこと。特に、生産者に製品の注文を出すこと。‖「資材をメーカーに―する」「―伝票」⇔受注

はっ-ちょう【八丁(八▼挺)】［名］物事に巧みなこと。‖「口も―手も―」▽八つの道具を使いこなす意。

はっちょう-みそ【八丁味▼噌】［名］大豆麹(こうじ)を発酵させてつくる、暗褐色の辛口味噌。愛知県岡崎市を中心に生産される。岡崎味噌。三州味噌。

ばっちり［副］〔俗〕見事に。確実に。十分に。‖「バイトで―稼ぐ」

ぱっちり［副ト］目が大きく、目もとがはっきりしているさま。また、目を大きく見開くさま。‖「目の―(と)した人」

パッチワーク【patchwork】［名］さまざまな色・柄・形の小布をはぎ合わせて一つの面を作る手芸。

バッティング【batting】［名］野球やクリケットで、打撃。‖「―アベレージ(＝打率)」「―オーダー(＝打順)」

バッティング【butting】［名］❶ボクシングで、頭・額・肩・ひじなどを相手にぶつけること。反則となる。❷［自サ変］予定などがかち合うこと。‖「会議と旅行の予定が―する」

ばっ-てき【抜▼擢】［名・他サ変］多くの人の中から特に選び出してある役につけること。‖「新人を主役に―する」

バッテラ【bateira ポルトガル】［名］サバの押し鮨(ずし)。▽原義は、短艇。もとは明治時代に大阪の鮨屋が売り出したコノシロの押し鮨。形が短艇に似ていることから客が名付けたという。

バッテリー【battery】［名］❶蓄電池。❷野球で、投手と捕手。‖「―を組む」

はっ-てん【発展】［名・自サ変］❶物事の勢いや力がのびひろがること。‖「社会が―する」「貴家の御―を祈ります」❷より進んだ段階に移ること。‖「話が思わぬ方向へ―する」❸異性関係などが盛んであることを冷やかしていう語。‖「―家」

はつ-でん【発電】［名・自他サ変］電気を発生させること。‖「風力［自家］―」「―所」

ばっ-てん【罰点】［名］不良・誤り・不可・消去などの意を表す「×」のしるし。

はってんてき-かいしょう【発展的解消】［名］さらに発展させるために、それまでの組織などを解散させること。‖「ECはEUに―を遂げた」

はってんとじょう-こく【発展途上国】［名］まだ経済発展の途上にあって、現在は第一次産業への依存が大きく、国民一人あたりの実質所得が低い国。開発途上国。途上国。低開発国。

はっ-と【法度】［名］❶おきて。法令。特に、武家時代の法令。‖「武家諸―」❷禁じられていること。禁制。‖「めでたい席だからその話は御―だ」

はっ-と［副］❶思いがけない出来事に驚くさま。‖「―息をのむ」❷急に気づくさま。‖「―して我に返る」

ハット【hat】[名] 帽子。特に、縁のある帽子。≡「シルクー」

ぱっ-と [副] 一気にまき散らすさま。また、一挙に広がるさま。≡「バケツの水をーぶちまける」

バット【bat】[名] ❶野球などで、ボールを打つときに使う木製または金属製の棒。❷卓球で、ラケット。

バット【vat】[名] 料理や写真現像などに使う、底の浅い箱形の容器。

ぱっ-と [副] ❶動作がすばやいさま。また、物事が瞬時に起こるさま。≡「ー身をかわす」❷一挙に広がるさま。また、一挙に散らばるさま。≡「うわさがー広まる」❸派手で人目につくさま。見ばえのするさま。≡「ーしない話」

パット【putt】[名・自サ変] ゴルフで、グリーンにのせたボールをホールに向けてパターで打つこと。

パッド【pad】[名] シルエットを整えるために洋服の肩・胸などにあてる詰め物。パット。≡「肩ー」

はつ-どう【発動】[名] ❶[自サ変] 動き始めること。活動を始めること。≡「欲心がーする」❷[他サ変] 法的権限を行使すること。≡「強権をーする」❸[自サ変] 動力を起こすこと。≡「エンジンをーさせる」「ー機」

ばっ-とう【抜刀】ータウ [名・自サ変] 刀を鞘から抜くこと。また、その刀。≡「ーして襲いかかる」

はつどう-き【発動機】[名] 動力を起こす機械。内燃機関。エンジン。

はっ-とうしん【八頭身】[名] 身長が頭部の長さの八倍に相当すること。最も均整のとれた体形とされる。

ハット-トリック【hat trick】[名] サッカー・アイスホッケーで、一人の選手が一試合中に三点以上得点すること。▼もとはクリケットで、三球で三人の打者を連続アウトにした投手に賞として帽子が贈られたことから。

ぱっと-み【ぱっと見】[名][俗] ぱっと見たところ。一見。≡「ーはうまそうだ」

はつ-づな【端綱】[名] 馬の轡に付けて引く縄。

はつ-なつ【初夏】[名] 夏のはじめ。しょか。

はつ-なり【初▽生り】[名] 果実がその年に初めてなること。また、その果実。≡「蜜柑のー」

はつ-に【初荷】[名] 新年の初商いの日に、問屋・商店などが積み荷に飾りをほどこして売り先へ送り出すこと。また、その荷。▼もと、二日に行われた。

はつ-ね【初音】[名] ウグイス・ホトトギスなどが、その年、その季節に初めて鳴く声。▼ホトトギスの場合は「忍び音」ともいう。

はつ-ね【初値】[名] ❶取引所で、大発会の最初にできた相場。❷株式が上場され、最初についた値段。

はつ-ねつ【発熱】[名・自サ変] ❶熱を発生すること。熱を放出すること。≡「ー量」❷体温が平常より高くなること。≡「風邪でーする」

はつ-のり【初乗り】[名] 電車・タクシーなどで、設定された最低運賃で乗ることのできる区間。また、その運賃。≡「ー料金」

はっ-ぱ【葉っぱ】[名]「葉」のくだけた言い方。

はっ-ぱ【発破】[名] 爆薬を仕掛けて岩石などを破砕すること。また、それに用いる爆薬。

◉**発破を掛ける** 激しいことばなどをかけて発奮させる。≡「後輩たちにー」

はつ-ばい【発売】[名・他サ変] 商品を売り出すこと。≡「記念切手をーする」「本日ー」

ばっ-ぱい【罰杯(罰▼盃)】[名] 宴会などで罰として無理に酒を飲ませること。また、その酒。

はっ-ぱく【八白】[名] 陰陽道で、九星の一つ。五行では土星、方位では東北にあたる。⬇九星

はつ-ばしょ【初場所】[名] 毎年正月に東京の両国国技館で行われる大相撲の本場所。一月場所。

ぱっぱ-と [副] ❶ためらわずに勢いよく物事を行うさま。≡「言いにくいことでもー言う」❷すばやく物事を行うさま。≡「仕事をー片づける」❸瞬時に繰り返し起こるさま。≡「ー火花が散る」

はつ-はな【初花】[名] その季節に初めて咲く花。また、その草木に初めて咲く花。

はつ-はる【初春】[名] 春の初め。新春。新年。

はっ-ぴ【法被(▽半被)】[名] 職人などが着物の上に着る短衣。膝丈または腰丈で、羽織に似るが襠も襟の折り返しもない。袖は広袖か筒袖。多くは背中に屋号などを染め出す。印半纏。

ハッピー【happy】[形動] しあわせなさま。幸福であるさま。≡「ーな気分」

ハッピー-エンド [名] 小説・演劇・映画などで、すべてが幸せな状態で終わること。めでたしめでたしの結末。▼happy ending から。

はつ-ひかげ【初日影】[名] 元日の朝日。また、その光。初日の光。

はつ-ひので【初日の出】[名] 元日の日の出。はつひ。

はっぴゃくや-ちょう【八百八町】ーチャウ [名] 江戸市中に町の多いことをいう語。江戸の町全体。

はつ-びょう【発病】ービャウ [名・自サ変] 病気になること。病状がはっきりあらわれること。

はっ-ぴょう【発表】ーペウ [名・他サ変] 広く世間に知らせること。また、世間の人に見せたり聞かせたりすること。≡「新作を雑誌にーする」「ピアノのー会」

ばつ-びょう【抜▼錨】ーベウ [名・自サ変] 船が出帆するために錨を巻き上げること。錨を上げて出帆すること。⬍投錨

はっ-ぷ【発布】[名・他サ変] 新しく制定された法令などを広く世の中に知らせること。公布。≡「憲法ー」

バッファー【buffer】[名] ❶衝撃をやわらげるために間に挟むもの。緩衝。❷コンピューターで、一時的にデータを蓄積する機能。バッファーメモリー。❸余裕。ゆとり。≡「ーを持たせた日程」

はつ-ぶたい【初舞台】[名] 役者として初めて舞台に上がり、観衆の前で演技を披露すること。≡「ーを踏む」▼公開の場などで初めて事を行うことのたとえにもいう。≡「プロ選手としてのー」

はつ-ふゆ【初冬】[名] 冬の初め。しょとう。

はっ-ぷん【発奮(発憤)】[名・自サ変] あることに刺激を受けて気持ちをふるいたたせること。やる気を起こすこと。≡「惨敗を喫してーする」「キュリー夫人の伝記にーする」

ばつ-ぶん【▼跋文】[名] 書物・論文などで、本文の終わったあとにしるす文章。あとがき。跋。⬍序文

はつ-ほ【初穂】[名] ❶その年、最初に実った稲の穂。❷その年、最初に収穫した穀物・野菜・果実など。初物。❸その年、最初に収穫し、神仏・朝廷などにささげる農作物。また、その代わりに奉納する金銭など。≡「神前にーを供える」「ー料」◈「おはつほ」とも。

はっ-ぽう【八方】ーパウ [名] 東西南北(四方)と北東・北西・南東・南西(四隅)の八方向。また、あらゆる方向。≡

「—丸くおさまる」「四方—」

はっ‐ぽう【発泡】ハウ［名・自サ変］あわを生じること。あわが出ること。「—剤」

はっ‐ぽう【発▼疱】ハウ［名・自サ変］皮膚に水ぶくれができること。

はっ‐ぽう【発砲】ハウ［名・他サ変］銃・大砲などを撃つこと。「拳銃を—する」

はっぽう‐さい【八宝菜】［名］中国料理の一つ。豚肉・エビ・イカ・白菜・タケノコ・シイタケなどを炒め煮にして調味し、かたくり粉でとろみをつけたもの。

はっぽう‐しゅ【発泡酒】ハウ［名］麦芽または麦を原料の一部とする、ビール様のアルコール飲料。麦芽の比率が少ない。

はっぽう‐スチロール【発泡スチロール】ハウ［名］細かな気泡を無数に含んだポリスチレン樹脂。断熱・包装などに用いる。

はっぽう‐にらみ【八方▼睨み】ハッパウ［名］❶四方八方に目を向けること。あらゆる方面に気を配ること。❷画像の目がどの方向からみても、その方をにらんでいるように見えること。

はっぽう‐びじん【八方美人】ハッパウ［名］誰からもよく思われようと、如才なくふるまう人。▽多く非難の意を込めて使う。

はっぽう‐ふさがり【八方塞がり】ハッパウ［名］❶陰陽よう道の占いで、どの方角にも障りがあって何事も行えないこと。❷どの方面にも支障があって手の打ちようがないこと。

はっぽう‐やぶれ【八方破れ】ハッパウ［名］どの方面にも備えがなく、すきだらけであること。すっかり居直って、破れかぶれの態度であること。

はつ‐ぼく【▼潑墨】［名］水墨画の画法の一つ。画面に直接墨をそそいですばやく形態を描き、ぼかしの濃淡によって立体感を表すもの。

ばっ‐ぽん【抜本】［名］根本の原因を取り除くこと。「—策」「—的な対策をとる」

はつ‐まいり【初参り】マヰ［名］初もうで。

はつ‐まご【初孫】［名］その人にとって初めての孫。ういまご。

はつ‐みみ【初耳】［名］初めて耳にすること。初めて聞くこと。「その話は—だ」

はつ‐めい【発明】❶［名・他サ変］それまでなかったものを新たに考え出すこと。特に、新しい機器・技術などを考え出すこと。「蓄音機［新しい遊び］を—する」「—家」❷［形動］〔古風〕賢いさま。利発。「—な人」

はつ‐もう【発毛】［名・自サ変］毛根から毛が生えること。「—剤」

はつ‐もうで【初詣】マウデ［名］新年になって初めて社寺に参詣すること。初参り。書き方「初詣で」とも。送りがなをつけない「初詣」は、常用漢字表によるもの。

はつ‐もの【初物】［名］その季節に初めてとれた穀物・野菜・果物・魚介など。

はつもの‐ぐい【初物食い】グヒ［名］❶初物を好んで食べること。また、その人。❷新しい物や珍しい物にすぐ飛びつくこと。また、その人。

はつ‐もん【発問】［名・自サ変］問を発すること。

はつ‐やく【初役】［名］その俳優が初めて演じる役。

はつ‐ゆ【初湯】［名］❶新年になって初めて入る湯。正月二日の湯。初風呂。❷産湯うぶゆ。

はつ‐ゆき【初雪】［名］その冬になって初めて降る雪。

はつ‐ゆめ【初夢】［名］その年、初めて見る夢。▽ふつう元日の夜または二日の夜に見る夢をいう。

はつ‐よう【発揚】ヤウ［名・他サ変］❶精神を奮い立たせること。「志気を—する」❷勢いを盛んにして周囲に示すこと。「国威を—する」

ばつ‐よう【末葉】エフ［名］子孫。末裔まつえい。まつよう。

はつ‐らつ【▼潑▼剌（▼潑▼溂）】［形動ナリ］動作・表情などが生き生きとして元気のよいさま。「—とした少年」派生 -さ

潑剌

はつ・る【▽削る・▽砕る・▼斫る】［他五］少しずつ削り取る。特に建築で、コンクリートの不要な部分を削り取る。名 はつり

はつ‐れい【発令】［名・他サ変］法令・辞令・警報などを出すこと。「非常事態宣言を—する」

はつ‐ろ【発露】［名・自他サ変］心の中の事柄が行動・態度・表情などにあらわれること。また、あらわすこと。隠していた事柄が表面にあらわれること。「心情を—する」「善意の—からの行為」

はつ‐わ【発話】［名・自他サ変］言語学で、現実に音声言語を発すること。また、その結果生じる音声・語列・文章。「—行為」

はて【果て】［名］❶終わること。尽きること。また、物事の終わり。しまい。「—のない欲望」❷行きつく最後の所。いちばん端の所。「地の—」「世界の—」❸年月を経て行きついた状態。末路。「なれの—」

はて［感］怪しんだり、迷って考え込んだりするときに発する語。「—、あの煙は何だろう」「—、どうしたものか」

は‐で【派手】［名・形動］❶姿・形・色彩などが、はなやかで目だつこと。「—な柄」❷態度・行動などが、大げさで目だつこと。「—に散財する」◈⇔地味

パテ【pâté フラ】［名］ペースト。「フォアグラの—」

パテ【putty】［名］石膏せっこう・胡粉ごふん・亜鉛華などを乾性油で練った充塡じゅうてん剤。ガラスを窓枠に固定する時や、物のすき間・継ぎ目などをふさぐ時に用いる。

ば‐てい【馬丁】［名］馬の世話や馬の口取りを仕事とする人。

ば‐てい【馬▼蹄】［名］馬のひづめ。「—形（=U字形）」

バディー【buddy】［名］仲間。相棒。また、二人組。バディ。

パティシエ【pâtissier フラ】［名］菓子を作る職人。

パティスリー【pâtisserie フラ】［名］小麦粉を使った菓子。また、それを売る店。

はて‐し【果てし】［名］終わりとなるところ。限り。きり。「—のない議論」▽「し」は強意の助詞。打ち消しの語を伴って使う。

はてし‐な・い【果てしない（果てし無い）】［形］終わりに達しないさま。限りない。「—・く続く草原」「—苦悩」派生 -さ

はて‐な［感］怪しむとき、考え惑うときなどに発する語。「—、だれの仕業だろう」

はて‐は【果ては】［副］しまいには。ついには。「口論を始めて、—殴り合いになる」

ばて‐ばて［形動］ひどく疲れるさま。ばてるさま。「ちょっと走っただけで—だ」

はではで‐し・い【派手派手しい】［形］非常に派手な感じである。「—・く飾り立てる」

はで‐やか【派手やか】［形動］はでな感じがするさ

ま。華やかなさま。「―に装う」派生―さ

は・てる【果てる】[動下一] 一[自] ❶続いていたことが終わりに達する。「宴が―」❷死ぬ。「戦場で―」二〈動詞の連用形に付いて複合動詞を作る〉限界まで…する。すっかり…する。「困り―・疲れ―」「あきれ―・変わり―・荒れ―」使い方 多くマイナスに評価していう。文 は・つ 名 果て

ば・てる [自下一] ひどく疲れる。疲れて動けなくなる。「残業続きで―」▽「疲れ果てる」の「果てる」からか。

品格 倦怠「―感」困憊「疲労―」疲れる「勉強に―」疲労「―が残る」

バテレン【▽伴▽天連】[名] ❶室町時代末、キリスト教伝道のために渡来したカトリックの宣教師。パードレ。❷キリスト教、また、キリスト教徒。◈神父の意のpadre(ポルトガル)から。

は-てんこう【破天荒】[名・形動] 今までだれも成し得なかったことを初めて行うこと。未曽有。前代未聞。「―な試み[判決・価格]」「―の計画」語源 唐代、荊州からは進士の合格者が一人も出なかったので、その地を「天荒(=不毛の地)」と言っていたが、やがてついに劉蛻が合格したとき、人々は天荒を破ったと言ったという故事に基づく。注意 無鉄砲・奔放の意で使うのは誤り。「×破天荒な性格の主人公」「×破天荒に暮らす」

パテント [patent] [名] 特許。特許権。

はと【▼鳩】[名] ハト目ハト科の鳥の総称。一般に頭部は小さく、嘴は短い。野生種はキジバト・アオバト・カラスバトなど。家禽として飼われるドバトはカワラバトの改良種。平和の象徴とされる。

◉鳩が豆鉄砲を食ったよう 突然のことにびっくりして目を丸くしているさま。

◉鳩に三枝の礼あり 子は親に対して礼を重んじ、孝を尽くさなくてはならないことのたとえ。▽鳩の子は親のとまる枝から三本下の枝にとまるということから。

は-とう【波頭】[名] ❶高く盛り上がった波のいただき。なみがしら。❷波の上。海上。

は-とう【波▼濤】[名] うねりの大きな波。大波。「万里の―を乗り切る」

濤

は-どう【波動】[名] ❶波がうねるような動き。また、波の高低に似た周期的な変化。「景気の―」❷空間の一点に生じた振動が次々に周囲に伝えられていく現象。水面に起こる水波や、音波・地震波・電磁波などにみられる。

は-どう【覇道】[名] 為政者が仁義を軽んじ、武力・策略などによって国を治めること。また、その治め方。⇔王道

ば-とう【罵倒】[名・他サ変] 激しくののしること。「口汚く―する」

ばとう-かんのん【馬頭観音】[名] 六観音の一つ。頭上に馬頭の冠をのせ、怒りの形相をした観世音菩薩。多く三つの顔、八本の腕をもつ姿であらわされる。馬頭明王。

パトカー [名] 「パトロールカー」の略。

はとこ【〈再従兄弟〉・〈再従姉妹〉】[名] 親どうしがいとこである子と子の関係。またいとこ。

パトス [pathos(ギリシア)] [名] アリストテレスの倫理学で、欲情・怒り・恐怖・憎悪・喜び・哀しみなど、快楽または苦痛を伴う感情。理性的な心の働き(=ロゴス)、持続的な心の働き(=エートス)に対して、一時的な心の働きをいう。▽⇩エートス・ロゴス

パドック [paddock] [名] ❶競馬場で、レース前に出走馬を引き回して観客に見せる場所。下見所。❷自動車レース場で、出場する自動車の整備・点検をする場所。

はと-どけい【▼鳩《時計》】[名] 掛け時計の一つ。時刻が来ると時計の箱の小窓から作り物のハトがあらわれ、時の数だけ鳴く仕掛けのもの。

はと-は【▼鳩派】[名] 強硬手段を避け、相手側の主張も聞きながら穏健な方法によって問題を解決しようとする立場の人たち。⇔鷹派

はと-ば【《波止場》】[名] 港で、陸から海に細長く突き出した構築物(=波止)を設けた所。埠頭。また広く、港のこと。

はとば-いろ【▼鳩羽色】[名] ハトの羽のような色。黒みがかった薄い青緑色。

はと-ぶえ【▼鳩笛】[名] ハトの姿に似せた土焼きの笛。尾端を吹くとハトの鳴き声に似た音が出る。

バドミントン [badminton] [名] 球技の一つ。コートの中央に張った高さ約一・五五メートルのネットをはさみ、小型のラケットで羽根のついた球(=シャトルコック)を打ち合う競技。語源 英国のバドミントン荘で競技の原型が整えられたことからという。書き方「バトミントン」は俗用。

はと-むぎ【▼鳩麦】[名] ジュズダマに似るイネ科の一年草。夏から秋、雌花と雄花の穂をつける。鞘におおわれた楕円形の果実はやわらかい。果実を食用・薬用にする。川穀。

はと-むね【▼鳩胸】[名] ハトの胸のように高く突き出た胸。胸骨の下半分が突出し、その両側の胸郭が扁平になったもの。

はと-め【▼鳩目】[名] 靴ひも・とじひもなどを通す丸い小穴。また、それに取りつける丸い金具。アイレット。▽ハトの目に似ていることから。

は-どめ【歯止め】[名] ❶車輪が動き出さないように車輪と車輪接地面との間にはさんでおくもの。❷車輪の回転を止めるための装置。ブレーキ。❸物事の行き過ぎや事態の悪化を抑えとどめるための手だて。「物価の急騰に―をかける」

バトル [battle] [名] 戦い。戦闘。

パドル [paddle] [名] カヌーなどの櫂。

パトローネ [Patrone(ドイツ)] [名] 三五ミリフィルム用の円筒形の容器。そのままカメラに装塡するもの。

パトロール [patrol] [名・自サ変] 巡回すること。特に、警官が犯罪・事故の防止と早期発見のために担当区域を見回ること。「繁華街を―する」

パトロール-カー [patrol car] [名] 警官がパトロールに使う自動車。パトカー。

ハドロン [hadron] [名] 素粒子のうち、強い相互作用をもつものの総称。

パトロン [patron] [名] ❶芸術家・芸人・団体などを経済的に援助する人。後援者。❷特定の異性に金を出して生活の面倒をみる人。

ハトロン-し【ハトロン紙】[名] 片面に光沢をつけた褐色の西洋紙。丈夫なので、封筒・包装紙などに用いる。クラフト紙。▽薬莢を包む紙の意のpatroon-papier(オランダ)から。

バトン [baton] [名] ❶リレー競技で、走者が手に

持って走り、次の走者に手渡す筒状の棒。〓「第一走者から第二走者に—が渡った」❷音楽の指揮棒。タクト。❸パレードなどで用いる飾りのついた指揮棒。

◉**バトンを渡・す**　後任者に仕事などを引き継ぐ。

バトン-タッチ【和製baton＋touch】[名] ❶[自サ変]リレー競技で、次の走者に「バトン」①を手渡すこと。バトンパス。❷[自他サ変]仕事・責任・地位などを後任者に引き継ぐこと。

バトン-トワリング【baton twirling】[名]「バトン」③を回転させたり投げたりして操る演技。また、その演技の美しさを競う競技。

バトン-パス【baton pass】[名] ➡ バトンタッチ①

はな【花(華)】[名] ❶一定の期間、植物の茎や枝の先に形成され、つぼみの状態から開いて実を結ぶものの総称。よい香りと美しい色彩をもつものが多く、観賞・装飾用に栽培されるものもある。植物学的には種子植物の生殖器官で、雄しべ・雌しべ・花冠・萼(がく)からなる。〓「—が咲く[散る]」▼「波の—」「氷の—」など、たとえにも使う。波・氷が花のように美しい意。❷桜の花。〓「—見・—吹雪」▼春の花を代表することから。❸はなやかで美しいもの。また、きらびやかで人目を引くもの。〓「社交界の花」「華のある芸」「華と散る」▼「—の…」の形で、連体修飾としても使う。〓「—の都」「—の顔(かんばせ)」❹最もよい時期。もっとも盛んな時期。〓「若いうちが—だ」❺芸人などに与える祝儀。また、芸者などの揚げ代。〓「—代」❻〈多く「お花」の形で〉生け花。華道。〓「お—の師匠」❼花札。◈書き分け【華】は③で使うが、用法は狭い。

◉**花が咲・く**　❶時期が来て栄える。〓「才能の—」❷にぎやかに盛り上がる。〓「昔話に—」

◉**花も恥じら・う**　美しい花でさえ引け目を感じるほどに美しい。うら若い女性の美しさをたたえていう語。〓「—乙女(おとめ)」

◉**花も実もある**　外観ばかりでなく、内容もすぐれていること。また、情理ともに兼ね備えていること。〓「—人生」「—お裁き」

◉**花より団子(だんご)**　風流よりも実利、外観よりも実質を重んじるということ。

◉**花を持た・せる**　相手に功や名誉を譲る。〓「後輩に—」

はな【▼洟】[名]鼻の穴から出る液体。はなじる。鼻水。〓「—をかむ」▼「鼻」と同語源。

◉**洟も引っかけ・ない**　無視して相手にしない。見向きもしない。

はな【▽端】■[名]❶物の突き出た先の部分。はし。〓「岬の—に立つ」❷物事の初め。最初。〓「—からやり直す」■(造)〈動詞の連用形に付いて、「ばな」の形で〉…を始めてすぐ。…してすぐの時・所。〓「出—・寝入り—・上がり—」

はな【鼻】[名]❶哺乳(ほにゅう)動物の顔面の中央にある盛り上がった部分。呼吸・嗅覚(きゅうかく)をつかさどり、発声を助ける働きをする。〓「—がつまる」❷嗅覚。

◉**鼻が利(き)・く**　❶嗅覚(きゅうかく)が鋭い。❷敏感に察知する。

◉**鼻が高・い**　誇らしく思う。得意・自慢げである。

◉**鼻であしら・う**　まともに取り合わないで、冷たく扱う。鼻先であしらう。

◉**鼻で笑・う**　軽蔑した態度をとる。鼻先で笑う。

◉**鼻に掛・ける**　自慢する。得意になる。

◉**鼻に付・く**　❶においが鼻につきまとう。❷飽きて不快になる。〓「オーバーな演技が—」

◉**鼻の下が長・い**　すぐ女性にでれでれするさま。

◉**鼻を明か・す**　相手を出し抜いて、あっと言わせる。

◉**鼻を折・る**　得意になっている相手の面目を失わせる。〓「高慢ちきの—」

バナー-こうこく【バナー広告】(—クヮウコク)[名]インターネットのサイトに掲載される広告。クリックすると広告主のサイトに移動するなどの仕組みをもつ。▼バナー(banner)は旗・幟(のぼり)の意。

はな-あらし【花嵐】[名]❶桜の花の咲くころに吹く強い風。桜の花を吹き散らす風。❷桜の花が盛んに散るさまを嵐に見立てた語。

はな-あわせ【花合わせ】(—アハセ)[名]❶花札で、同じ月の札を合わせて取り、その出来役や点数で勝負を競う遊び。❷平安時代、左右二組に分かれて桜の花などを出し合い、また、その花を和歌に詠むなどして優劣を競った遊び。

はな-いき【鼻息】[名]❶鼻でする息。❷意気込み。❸相手の機嫌・意向。〓「—をうかがう」

◉**鼻息が荒・い**　意気込みが激しい。

はな-いけ【花生け(花▽活け)】[名]花を生けるための器。花器。花入れ。

はな-いれ【花入れ】[名]花生け。

はな-いろ【花色】[名]露草の花の色。薄い藍(あい)色。はなだ色。〓「—衣(ごろも)」

はな-うた【鼻歌(鼻唄)】[名]鼻にかかった小声で歌のメロディーを口ずさむこと。また、その歌。〓「—を歌う」

はなうた-まじり【鼻歌交じり】[名]鼻歌を歌いながら、のんきに物事をするさま。〓「—で仕事をする」

はな-お【鼻緒(花緒)】(—ヲ)[名]下駄や草履の緒の、足の指ではさむ部分。また、緒の全体。〓「—をすげる」

はな-おち【花落ち】[名]花が落ちてすぐのころに収穫した、ナス・キュウリなどの若い実。

はな-かご【花籠】[名]草花を摘んで入れるかご。また、切り花などを盛るかご。

はな-がさ【花▼笠】[名]花・造花などで飾った笠。祭礼や舞踊に用いる。〓「—音頭(おんど)」

はな-かぜ【鼻《風邪》】[名]鼻が詰まり、くしゃみや鼻水が出る程度の軽い風邪。

はな-がた【花形】[名]❶花の形。花の模様。❷一座を代表する人気役者。▼「花形役者」の略。❸華やかで、人気のある人や物事。〓「—選手[産業]」

はな-がたみ【花▼筐】[名]花・若菜などを摘んで入れるかご。花かご。

はな-がつお【花▼鰹】(—ツヲ)[名]かつお節を花びらのように薄く削ったもの。

はな-がみ【鼻紙(花紙)】[名]鼻汁をぬぐうときなどに用いる薄い紙。ちり紙。はなかみ。

はな-がめ【花▽瓶】[名]花を生けるのに用いるかめ。かびん。

はな-ガルタ【花〈骨▼牌〉】[名]花札(はなふだ)。

はな-かんざし【花▼簪】[名]造花などの飾りを付けたかんざし。

はな-ぎ【鼻木】[名]牛の鼻の穴に通す木または金属の環。鼻輪。鼻がい。

はな-ぐすり【鼻薬】[名]❶鼻の病気に用いる薬。❷便宜をはかってもらうためにそっと渡す少額の金。少額の賄賂(わいろ)。〓「—を利かす」

はな-くそ【鼻▼糞・鼻▼屎】［名］鼻孔の中で鼻汁とほこりがまじって固まったもの。

はな-ぐもり【花曇り】［名］桜の花の咲く頃、空がぼんやり薄く曇っていること。また、そのような天気。

はな-げ【鼻毛】［名］鼻孔の中に生える毛。

◉**鼻毛を抜・く** すきをみて相手をだます。だしぬく。

◉**鼻毛を伸ば・す** 色香に迷ってだらしなくなる。

◉**鼻毛を読・む** 自分にほれた相手を思うままに操る。

はな-ごえ【鼻声】ーゴヱ［名］❶涙にむせたとき、また風邪を引いたときなどに出す、鼻の詰まった声。❷甘えたときに出す、鼻にかかった声。

はな-ごおり【花氷】ーゴホリ［名］花を封じ込めて凍らせた氷柱。

はな-ござ【花▼茣▼蓙】［名］いろいろな色に染めた藺で花模様などを織り出したござ。花むしろ。

はな-ことば【花言葉(花▽詞)】［名］バラは愛、スミレは忠実というように、花の一つ一つに象徴的な意味をもたせたもの。また、その象徴的な意味。

はな-ごよみ【花暦】［名］四季の花の名を月の順に配列し、それぞれにその名所などを書き入れた暦。

はな-ざかり【花盛り】［名］❶花が咲きそろっていること。また、その季節。「今が桜の━」❷ある物事がきわめて盛んであること。また、その時期。「━の情報産業」

はな-さき【鼻先】［名］❶鼻の先端。❷目の前。「━に証拠を突きつける」書き方 ②は「▽端先」とも。

◉**鼻先であしら・う** ⬇鼻であしらう

◉**鼻先で笑・う** ⬇鼻で笑う

はなし【話】［名］❶まとまった内容のある事柄を声に出して相手に伝えること。また、その内容。「━を切り出す」「くだらない━」❷ある事柄を筋道に従って述べること。「彼女は━がうまい」❸話題。「━を変える」❹うわさ。評判。「耳寄りな━がある」❺相談や交渉をして決めるべき事柄。「技術提携の━を持ち込む」❻物事の道理。「━のわかる人」「それでは━が逆だ」❼いきさつ。事情。「詳しい━は知らない」❽人に聞かせるための物語。説話・昔話・落語・人情ばなしなど。「桃太郎の━」◈書き分け (1)名詞の場合は【話】(佐藤さんとお話をする・彼は話がうまい・先生の話)。動詞連用形の場合は【話し】(佐藤さんにお話しする・先生がお話しになる)。複合語は、上に付くときは【話し…】、下に付くときは【…話】が多い(話し合い・話し中／世間話・作り話)。(2)❽は「▼咄」「▼噺」とも。

◉**話が合・う** お互いの関心や考え方が一致するので楽しく話をすることができる。

◉**話が落・ちる** 話が低俗・下品になる。

◉**話が嚙み合わな・い** お互いの関心や考え方がずれていて話がうまく運ばない。

◉**話が付・く** 相談や交渉がまとまる。

◉**話が弾・む** 会話が活発に続く。

◉**話が早・い** 相手が話の内容をすぐに理解するのでお互いの意思が通じやすい。また、結論・決着に至るのが早い。「労使間の━」

◉**話が見えな・い** 相手が何を話そうとしているのか結論がつかめない。

◉**話にならな・い** 話すだけの値打ちがない。問題にならない。「そんな条件では━」

◉**話に花が咲・く** さまざまな話題が次から次に出てきて会話がはずむ。

◉**話の腰を折・る** 横から口を挟んで話の流れを妨げる。

◉**話を付・ける** 話の決着をつける。相談・交渉をまとめる。

はなし【放し】(造)〈動詞の連用形に付いて〉…して顧みない、勢いよく…する、などの意を表す。「ドアを開け━にしておく」▼多く「…っぱなし」の形で使う。「置きっぱなし」「言いっぱなし」

はなし-あい【話し合い】ーアヒ［名］話し合うこと。相談。「━をもつ」「━に応じる」「━で解決する」

はなし-あいて【話し相手】ーアヒテ［名］話をする相手。また、話し合うのにふさわしい相手。

はなし-あ・う【話し合う】ーアフ［他五］❶互いに話す。語り合う。語らう。「友と将来の夢を━」❷物事を解決するために、互いに意見を出し合って話す。相談する。「家族と━って決める」名**話し合い**

はなし-か【▼咄家・▼噺家】［名］落語などを口演することを職業にする人。落語家。

はなし-がい【放し飼い】ーガヒ［名］家畜をつながないで、また狭い柵などで囲わないで、広い場所に放って飼うこと。

はなし-がい【話し▽甲▼斐】ーガヒ［名］話すだけの価値。また、話しただけの効果。「━のない相手」

はなし-か・ける【話しかける(話し掛ける)】［他下一］❶相手にことばをかけて話をしようとする。「隣席の客に━」❷話し始める。「━・けて口をつぐむ」文はなしか・く

はなし-ごえ【話し声】ーゴヱ［名］話をしている声。

はなし-ことば【話し言葉】［名］音声を媒介にして話し、聞く言語。日常の会話で使う言葉。音声言語。口頭語。⬍書き言葉

はなし-こ・む【話し込む】［自他五］話に熱中する。「深夜まで━」

はなし-て【話し手】［名］❶話す人。話をする側の人。話者。⬍聞き手 ❷話の上手な人。

はなし-はんぶん【話半分】［名］事実は話の半分くらいで、あとはうそや誇張であるということ。「━に聞く」

はな-しょうぶ【花▼菖▼蒲】ーシャウブ［名］初夏、花茎の先に紫・淡紅・絞りなどの大きな花をつけるアヤメ科の多年草。ノハナショウブの改良種で、園芸品種が多い。

はな-じる【鼻汁(▼洟)】［名］鼻の穴から出る粘液。鼻水。はなしる。

はな-じろ・む【鼻白む】［自五］❶気後れした顔をする。おじける。「叱責されて━」✓注意「鼻じらむ」「鼻しらむ」と読むのは誤り。❷興ざめた顔をする。「無粋な話に━」

はな・す【放す】［動五］㊀［他］❶捕らえてあった動物などを自由にする。解放する。また、束縛を解くなどして物体を動くがままに任せる。放つ。「縄を解いて犬を━」「釣った魚を池に━」「空に風船を━」❷⬇離す② 「手を━」❸⬇目を離す ❹料理で、材料を水や汁に入れて散らす。「うどんを水に━・してあくを抜く」㊁〈動詞の連用形に付いて複合動詞を作る〉勢いよく…する、すっかり…する、…して顧みないなどの意を表す。放つ。「言い━・開け━・打ち━」▼「…っぱなす」の形で意味を強める。「開けっ放す」◈「離す」と同語源。可能 放せる

はな・す【話す】［他五］❶互いにことばを交わす。会話をする。「とりとめのないことを━」「留学生と英語で━」❷まとまった意味内容をもつ事柄を口に出して伝

える。お話しする。告げる。語る。〓「彼は記者団に必ず優勝すると━・した」「用件を━」「人前で━のは苦手だ」❸討議したり相談したりする。話し合う。〓「座談会で政策について━」「自分の就職のことを親と━」❹ある言語を使う。～が話せる。〓「英語を━」「このロボットは関西方言を━」 可能 話せる 名 話

品格 語らう「仲間と━」 語る「━に値しない」 口にする「不安を━」 口に出す「━のをためらう」 口を挟む「脇から━」 弁ずる「とうとうと自説を━」 述べる「祝辞を━」

はな・す【離す】〔他五〕❶くっついていたものを別々の状態にする。分離する。分け離す。〓「鶏の骨と肉を━」「もみ合う二人を━」❷握っていたものを握っていない状態にする。つかんでいたのをやめる。〓「ハンドルから手を━」「つないだ手を━」 書き方「放す」とも。 使い方「手(→命綱)から命綱(→手)を離す」のように、～カラ(起点)と～ヲ(対象)を入れ換えても同じ意味で使うことができる。❸他のものとの間をあける。間隔を広げる。また、その位置から遠ざける。〓「字を━・して書く」「二位以下を大きく━・してゴールインする」❹⬇目を離す 可能 離せる

はな-すじ【鼻筋】〔名〕眉間から鼻の先までの筋。鼻梁。〓「━の通った(=鼻筋がまっすぐで、顔だちがととのっている)人」

はな-すすき【花▽薄】〔名〕穂の出たすすき。尾花。

はな-ずもう【花《相撲》】〔名〕本場所以外に臨時に興行する相撲。慈善相撲・奉納相撲・力士引退相撲など。▼もと木戸銭を取らずに花(祝儀)だけで興行したことから。

はな・せる【話せる】[一]〔自他下一〕「話す」の可能形。〓「英語が/を━」[二]〔自下一〕(一から)話し相手とするに足りる。ものわかりがよい。融通がきく。〓「うちの親は━」

はな-ぞの【花園】〔名〕花の咲く草木を多く植えてある庭園。

はな-だい【花代】〔名〕芸者などを揚げて遊ぶ代金。揚げ代。線香代。玉代。はな。

はなだ-いろ【▼縹色】〔名〕薄い藍色。はないろ。はなだ。

はな-たかだか【鼻高高】〔形動〕いかにも得意げなさま。〓「優勝して━だ」

はな-たけ【鼻▼茸】〔名〕慢性鼻炎・副鼻腔炎などの際に鼻粘膜に生じる、きのこ状のはれもの。鼻ポリープ。

はな-たて【花立て】〔名〕❶花入れ。花生け。❷仏前・墓前・神前などに花や樒を立てて供えるための器。

はな-たば【花束】〔名〕花を何本も束ねたもの。ブーケ。

はな-だより【花便り】〔名〕花の咲いたようすを知らせる便り。花信。▼特に桜の花についていう。

はな-たらし【▼洟垂らし(鼻垂らし)】〔名〕❶いつも鼻汁をたらしていること。また、その子供。はなたれ。はなったらし。❷若くて未熟な者をあざけっていう語。はなたれ。はなったらし。

はな-たれ【▼洟垂れ(鼻垂れ)】〔名〕はなたらし。〓「━小僧(=鼻汁をたらしている子供。また、若くて未熟な者をあざけっていう語)」

はな-ぢ【鼻血】〔名〕鼻の穴からの出血。鼻出血。

はな・つ【放つ】〔動五〕[一]〔他〕❶捕らえてあった動物などを自由にする。放す。〓「小鳥を籠から━」▼「放す」に比べて古風な言い方。❷矢・弾丸などをうち出す。発射する。〓「鏑矢を━」▼「祝砲を━」は～ヲに〈結果〉を、「ピストルを━」は〈道具〉をとる。❸主にスポーツで、前方に突き出すようにして、ある状態(特に、有効な攻撃状態)を作り出す。〓「スパイク[シュート・パンチ]を━」▼～ヲに〈結果〉をとる。 使い方 作品などを世間に送り出す意にも転用する。〓「ミリオンセラーの大ヒットを━」❹外に向かって光・におい・声などを出す。また、ことばを出す。発する。〓「蛍光を━物体」「不思議な輝きを━」「画壇に異彩を━」「悪臭を━」❺ある任務をおびた人を送り出す。〓「密偵を━」❻〈「火を放つ」の形で〉火をつける。放火する。〓「民家に火を━」▼「放火」の訓読語。[二]〈動詞の連用形に付いて複合動詞を作る〉勢いよく…する、すっかり…する、…して顧みないなどの意を表す。放す。〓「言い━・開け━」「刀を抜き━」 可能 放てる

はな-づくし【花尽くし】〔名〕❶いろいろな花の名をあげること。❷いろいろな花をあらわした模様。

はな-づつ【花筒】〔名〕花を生ける筒。筒形の花器。

はなっ-ぱし【鼻っぱし】〔名〕⬇はなっぱしら

はなっ-ぱしら【鼻っ柱】〔名〕人に負けまいとして張り合う意気。向こう意気。はなばしら。はなっぱし。〓「━が強い」

◉**鼻っ柱をへし折・る** 相手の負けん気や自信をくじく。

はな-つまみ【鼻▽摘まみ】〔名〕人からひどく嫌われること。また、その人。

はな-づまり【鼻詰まり】〔名〕鼻汁などで鼻の孔が詰まること。〓「風邪を引いて━になる」

はな-づら【鼻面】〔名〕鼻の先端。鼻先。はなっつら。

はな-でんしゃ【花電車】〔名〕祝賀の時などに、造花・電球・旗などで美しく飾って走らせる市街電車。

はな-どき【花時】〔名〕その花の咲くころ。特に、桜の花の咲くころ。

バナナ[banana]〔名〕熱帯地方で栽培されるバショウ科の多年草。また、その果実。葉はバショウに似る。房状になる果実は湾曲した紡錘形で、多くは黄色に熟す。品種が多い。

はな-の-かんばせ【花の▽顔】〔連語〕花のように美しい顔。

はな-の-さ【鼻の差】〔名〕競馬で、ごくわずかな着差。また、勝負事などで、ごくわずかな差。鼻差。〓「━で勝つ」

はな-の-さき【鼻の先】〔連語〕❶鼻の先端。はながしら。はなさき。❷すぐ目の前。目と鼻の先。

◉**鼻の先で笑・う** ⬇鼻で笑う

はな-ばさみ【花▼鋏】〔名〕花や小枝を切るのに使うはさみ。

はな-ばしら【鼻柱】〔名〕❶鼻の左右の穴を隔てている肉の壁。鼻の障子。❷鼻を隆起させている軟骨。❸⬇はなっぱしら

はな-はずかし・い【花恥ずかしい】〔形〕美しい花も恥ずかしがるほど、ういういしいさま。〓「━年ごろ」

はなは-だ【甚だ】〔副〕ふつうの程度をはるかに超えているさま。たいへん。非常に。〓「━遺憾に思う」「━迷惑だ」

はな-ばたけ【花畑(花▼畠)】〔名〕草花が多く咲

いている所。また、草花を栽培している畑。⬇お花畑

はなはだ-し・い【甚だしい】[形] ふつうの程度をはるかに超えているさま。||「過疎化が━」「公私混同も━」「━被害をこうむる」 使い方 多く望ましくないことにいう。 派生 -さ

はなばなし・い【華華しい(花花しい)】[形] 活動などがはなやかで人目を引くさま。||「━活躍」「━・くデビューする」 派生 -さ

はな-び【花火(〈煙火〉)】[名] 黒色火薬・発色剤などを調合して筒や玉に詰め、火をつけて燃焼・破裂させて、光・色・音などを楽しむもの。線香花火・ねずみ花火・打ち上げ花火・仕掛け花火など、さまざまな種類がある。||「━大会」

はな-びえ【花冷え】[名] 桜が咲くころ、一時的に寒くなること。また、その寒さ。

はな-びら【花▽弁・花▽片(▼瓣)】[名] 萼(がく)の内側にあって、花冠を形づくっている薄片。美しい色彩をもつものが多い。かべん。

はな-ひら・く【花開く】[連語] ❶花が咲く。❷物事の成果が現れる。また、物事が盛んになる。||「長年の努力が━・いた」

はな-ぶさ【花房(▽英)】[名] 小さな花が集まって房状になったもの。また、その花。||「藤(ふじ)の━」

はな-ふだ【花札】[名]「花合わせ」①に用いる札。一二種の草木を描いた札を十二か月に四枚ずつ配した四八枚を一組みとする。また、それを使ってする遊び。花ガルタ。

はな-ふぶき【花《吹雪》】[名] 桜の花びらが風に吹かれて乱れ散るさまを吹雪に見立てていう語。桜吹雪。

パナマ [Panama] [名] パナマ草の若葉を細く裂いて漂白した繊維で編んだ夏用の帽子。▽「パナマ帽」の略。

はな-まがり【鼻曲がり】[名] ❶鼻筋が曲がっていること。❷へそ曲がり。つむじ曲がり。❸吻(ふん)の部分が突き出て曲がっている、生殖期の雄の鮭(さけ)。

はな-まち【花街(花町)】[名] 芸者屋・遊女屋などが集まっている町。花柳街。色町。かがい。

はな-まつり【花祭り】[名] 灌仏会(かんぶつえ)の通称。

はな-まる【花丸】[名] 花びらの形で囲んだ丸印。よくできた子供の作品などにつける。

はな-み【花見】[名] 花、特に桜の花を眺めて、遊び楽しむこと。||「━客・━酒」

はな-み【花実】[名] ❶花と実。||「死んで━が咲くものか」❷名と実(じつ)。

は-なみ【歯並み】[名] 歯ならび。

はな-みず【鼻水】ーミヅ [名] 水っぽい鼻汁。||「━が出る」

はな-みずき【花水木】ーミヅキ [名] 春、白や淡紅色の苞(ほう)を四枚つけ、中央に緑黄色の小花を開くミズキ科の落葉小高木。庭木・街路樹として植える。北アメリカ原産。アメリカハナミズキ。アメリカ山法師(やまぼうし)。

はな-みち【花道】[名] ❶歌舞伎の劇場で、客席を貫いて舞台に至る細長い道。役者の登場・退場する通路として、また舞台の一部として用いられる。❷相撲場で、力士が支度部屋から土俵に出入りするための通路。||「東西の━」❸最後にはなばなしく活躍する時や場面。また、人に惜しまれて華やかに引退する時や場面。||「人生の━」「引退の━を飾る」

はな-みどう【花▽御堂】ーダウ [名] 四月八日の灌仏会(かんぶつえ)に設ける、花で飾った小堂。誕生仏(＝誕生時の釈迦(しゃか)の姿をかたどった像)を安置する。

はな-むけ【▼餞・▼贐】[名] 旅立ちや門出を祝って金品・詩歌、挨拶(あいさつ)の言葉などを贈ること。また、その贈るもの。||「卒業生に━の言葉を贈る」▽「馬の鼻向け」の略。昔、旅立つ人の乗る馬の鼻を目的地に向けて道中の安全を祈ったことから。

餞

はな-むこ【花婿(花▼聟)】[名] 結婚したばかりの男性。また、結婚式当日の、新郎。⬄花嫁

はな-むしろ【花▼筵・花▼蓆】[名] 花ござ。

はな-めがね【鼻《眼鏡》】[名] ❶耳にかけるつるがなく、鼻の根元にはさんでかけるようにした眼鏡。❷眼鏡がずり落ちて鼻の先の方にかかっていること。また、そのように眼鏡をかけること。

はな-もじ【花文字】[名] ❶草花の模様などで装飾したローマ字の大文字。飾り文字。❷草花を文字の形に並べ植えたもの。また、花を文字の形に並べたもの。

はな-もち【鼻持ち】[名] 臭気に堪えること。

◉**鼻持ちならない** ❶臭くてがまんできない。❷言動や様子が嫌みで、我慢ならない。||「━俗物」

はな-もの【花物】[名] 園芸・生け花などで、主に花を観賞の対象とする植物。⬇葉物②・実物(みもの)

はな-もり【花守】[名] 桜の花を守る人。花の番人。

はな-やか【華やか(花やか)】[形動] ❶彩りが豊かで美しいさま。また、きらびやかで人目を引くさま。||「━な装い」「━なデビュー」❷勢いがさかんなさま。隆盛しているさま。||「騎士道━なりしころ」 派生 -さ

はな-や・ぐ【華やぐ(花やぐ)】[自五] 明るくはなやかになる。||「パーティー会場の━・いだ雰囲気」

はな-やさい【花▼椰菜(花野菜)】[名] カリフラワー。

はな-よめ【花嫁】[名] 結婚したばかりの女性。また、結婚式当日の、新婦。⬄花婿

はなよめ-ごりょう【花嫁御寮】ーレウ [名]「花嫁」を高めて、また親しんでいう語。

は-ならび【歯並び】[名] 歯の並びぐあい。はなみ。歯列。||「━がよい」

はなれ【離れ】[名] 母屋から離れて敷地内に建てられた、別棟の建物。離れ家。離れ座敷。

ば-なれ【場慣れ(場▼馴れ)】[名・自サ変] 経験が豊かで、その場所や物事になれていること。場数を踏んでいること。||「━した話し方」

はなれ-じま【離れ島】[名] 陸地から遠く離れた島。孤島。離島(りとう)。

はなれ-ばなれ【離れ離れ】[名・形動] 互いに離れた状態になること。ちりぢり。||「親子が━に暮らす」

はな・れる【放れる】[自下一] ❶つながれていたものなどが、自由になって動き出す。||「犬が鎖から━」「親の束縛を/から━」❷矢・弾丸などがうち出されて飛ぶ。発射される。||「矢が弦を━」◈「離れる」と同語源。文 **はな・る**

はな・れる【離れる】[自下一] ❶接していたものの一方が動いて別々になる。また、一体であるものが別々になる。||「足が地を━」「船が岸から━」「家族が━・れて暮らす」「子供が親と/から━・れて生活する」❷〈「離れて」「離れた」の形で〉二つのものの間にある隔たりがある。||「東京と横浜は二〇キロメートル以上━・れている」「田中兄弟は年齢が三歳━・れている」「都心から少し━・れた住宅地

に住む」❸ある場所・立場から遠ざかる。また、ある職務・地位などから退く。‖「席を—」「戦列から—」「職を—」❹その物事や事柄とかかわりがなくなる。‖「話が本題から—」「損得を—れて世話をする」❺ある思いや感情がなくなる。‖「人心が為政者から—」「試合のことが頭を／から—れない」❻⇩手を離れる 文はな・る 名離れ

はなれ-わざ【離れ業・離れ技】[名] 人を驚かすような大胆・奇抜な芸当や仕業。危険なわざ。

はな-わ【花輪・花▽環】[名] 生花または造花を組み合わせて輪の形にしたもの。慶弔・歓迎などの意を表すのに用いる。数「一基(いっき)…」と数える。

はな-わ【鼻輪】[名] 牛の鼻に通す木または金属製の輪。鼻木。鼻がい。

ハニー [honey] [名] ❶蜂蜜(はちみつ)。❷いとしい人。▽恋人・夫婦間などで、相手に呼びかけるときなどに使う語。

ハニー-トラップ [honey trap] [名] 機密情報を聞き出したり弱みを握ったりするために、色仕掛けで誘惑すること。‖「—を仕掛ける」▽原義は、甘い罠(わな)。

はにか・む [自五] 恥ずかしがる。恥ずかしそうなそぶりや表情をする。‖「—んでうつむく」名**はにかみ**

は-にく【歯肉】[名] 歯の根元の肉。はぐき。歯肉(しにく)。

ば-にく【馬肉】[名] 食用としての馬の肉。さくら肉。

パニク・る [自五] [俗] 思いがけない事態に直面して頭が混乱する。パニック状態に陥る。‖「パスポートをなくして—った」▽「パニック」を動詞化した語。

バニシング-クリーム [vanishing cream] [名] 脂肪分の少ない化粧用クリーム。肌荒れの防止や化粧下などに適する。

パニック [panic] [名] ❶災害などに直面したときに群衆が引き起こす混乱状態。‖「—に陥る」❷恐慌。

パニック-しょうがい【パニック障害】(ーシャウガイ) [名] 突然の動悸(どうき)・息切れ・震え・窒息感・吐き気などを何度か経験し、その恐怖感と再発の不安に悩まされる症状。パニック症。

バニティー-ケース [vanity case] [名] 化粧品などを入れて携帯する箱形の手提げかばん。

はにゅう【▼埴▽生】(ハニフ) [名] 陶器などを作る粘土を産する土地。また、その粘土。

はにゅう-の-やど【▼埴▽生の宿】(ハニフー) [名] みすぼらしい家。埴生の小屋。▽土を塗っただけの家の意から。

バニラ [vanilla] [名] ❶熱帯地方で栽培されるラン科のつる性多年草。豆の莢(さや)に似た細長い果実はバニラビーンズと呼ばれる。果実を発酵熟成させて香料を製する。❷①の果実からとった香料。菓子・アイスクリームなどに用いる。▽「バニラエッセンス(vanilla essence)」の略。❸バニラエッセンスで香りをつけたアイスクリーム。▽「バニラアイスクリーム」の略。

はに-わ【▼埴輪】[名] 古墳の上部や周囲に並べられた素焼きの土製品。

ば-ぬし【馬主】[名] 馬の持ち主。ばしゅ。うまぬし。

はね【羽・羽根】[名] ❶鳥の全身をおおって生えている毛。羽毛。❷鳥が空を飛ぶための器官。翼。‖「鷲(わし)が—を広げる」❸昆虫類が飛ぶための器官。❹飛行機の翼。❺器具・機械類に取り付けた翼状のもの。‖「扇風機の—」❻矢の本(もと)につけた羽毛。やばね。❼ムクロジの種子の核に数枚の①をつけたもの。羽子(はご)。‖「—をつく」◈書き方「羽根」は主に④～⑦で使う。③は「▼翅」とも。

◉**羽を伸ば・す** 拘束から解放されて、のびのびと振る舞う。注意「のばす」を「延ばす」と書くのは誤り。

はね【跳ね】[名] ❶跳ねること。❷泥などが跳ねること。また、その泥など。‖「—があがる」❸劇場などでその日の興行が終わること。打ち出し。◈「撥ね」と同語源。

はね【▼撥ね】[名] 文字を書くとき、字画の先端をはねること。また、その部分。

ばね【〈発条〉・〈▼撥条〉・〈弾機〉】[名] ❶鋼(はがね)などを螺旋(らせん)状に巻いたり曲げたりして、弾性をもたせたもの。エネルギーを蓄積して動力としたり、衝撃・振動を緩和したりするのに用いる。スプリング。❷足・腰などの弾力性。‖「足の—を利かせる」

はね-あが・る【跳ね上がる】[自五] ❶はねてとびあがる。‖「泥が—」❷値段・相場などが急激にあがる。‖「地価が—」❸先走って行き過ぎたことをする。‖「執行委員が—った行動をする」名**跳ね上がり**

はね-あり【羽▼蟻】[名] ⇩はあり

はね-お・きる【跳ね起きる】[自上一] 跳ねるようにして勢いよく起きる。とび起きる。‖「銃声を聞いて—」文**はねお・く**

はね-かえ・す【跳ね返す】(ーカヘス) [他五] ❶ぶつかってきたものを勢いよくもとの方向へもどす。はじき返す。‖「フェンスがボールを—」❷圧力をかけてくるものを勢いよく押し返す。‖「重圧を—」❸受けつけないで返す。拒絶する。はねつける。‖「要求を—」

はね-かえり【跳ね返り】(ーカヘリ) [名] ❶ぶつかってもとの方向へもどること。❷ある物事の影響が他に及んで、さらに別の結果をもたらすこと。❸軽はずみで、つつしみのない娘。おてんば。はねっかえり。

はね-かえ・る【跳ね返る】(ーカヘル) [自五] ❶ぶつかってもとの方向へもどる。‖「打球がフェンスに当たって—」❷勢いよくはねる。‖「泥水が—」❸ある物事の影響が他に及んで、さらに別の結果をもたらす。‖「人件費の高騰が商品価格に—」名**跳ね返り**

はねか・す【▼撥ねかす】[他五] [俗] はねて飛び散らす。‖「水を—」

はね-ぐるま【羽根車】[名] 水車・タービンなどで、回転軸の周囲に金属製の羽根を取りつけたもの。水・蒸気などを羽根に受けて軸を回転させる。

はね-つき【羽根突き】[名] 羽子板で羽根をついて遊ぶこと。また、その遊び。

はね-つ・ける【▼撥ねつける(▼撥ね付ける)】[他下一] きっぱりとことわる。強く拒絶する。‖「提案をにべもなく—」文**はねつ・く**

はね-とば・す【▼撥ね飛ばす】[他五] ❶ぶつかって勢いよく飛ばす。はじき飛ばす。‖「体当たりをして相手を—」❷障害となるものを勢いよく排除する。はねのける。‖「重圧を—」

はね-の・ける【▼撥ね▽除ける・▼撥ね▽退ける】[他下一] ❶はじくようにしてどける。勢いよく押しのける。‖「ふとんを—」❷不要のもの、悪いものなどを選び出して取り除く。‖「傷物を—」❸障害となるものを勢いよく除く。はねとばす。‖「プレッシャーを—」文**はねの・く**

はね-ばし【跳ね橋】[名] ❶城などの入り口に設け、不要なときは綱・鎖などでつり上げ、必要なときにおろしてかける橋。❷大きな船を通すために橋桁(はしげた)がはねあが

るようにした橋。開閉橋。跳開橋(ちょうかいきょう)。

はね-ぶとん【羽根布団・羽布団】［名］鳥の羽毛を入れた上等の布団。軽くて暖かい。

はね-ぼうき【羽▼箒】［名］➡はぼうき

はね-まわ・る【跳ね回る】［自五］あちこち跳ねて動き回る。「子供がはしゃいで━」

ハネムーン［honeymoon］［名］❶結婚後の一か月。新婚の月。蜜月。❷新婚旅行。蜜月旅行。「━ベビー」

パネラー［和製 panel+er］［名］❶クイズ番組の解答者。❷パネリスト。

パネリスト［panelist］［名］パネルディスカッションの討論者。パネラー。

は・ねる【跳ねる】［自下一］❶はずみをつけて勢いよくとび上がる。「ウサギ［ノミ］がぴょんぴょん━」「子らは飛んだり━・ねたりして元気に遊んでいる」❷ある力を得て物が空中に上がる。跳ね上がる。「打球が不規則に━・ねて外野に抜ける」❸液体などが勢いよくまわりに飛び散る。「泥［しぶき］が━」❹劇場・映画館などで、その日の興行が終わる。また、客商売の店がその日の営業を終了する。「芝居が━」「店が━・ねてから食事をする」▼芝居小屋の外囲いの蓆(むしろ)を上へはねあげたところからいう。❺囲碁で、相手の進行を防ぐために、相接した自分の石から斜めの位置に次の石を打つこと。書き方 多く「ハネる」と書く。◈「撥ねる」「刎ねる」と同語源。文 は・ぬ 名 跳ね

は・ねる【▼刎ねる】［他下一］人の首を切り落とす。斬首(ざんしゅ)する。「首を━」文 は・ぬ

は・ねる【▼撥ねる】［他下一］❶人や物をはじきとばす。はね飛ばす。「トラックが歩行者を━」「電車に━・ねられる」❷液体などを飛び散らせる。また、はね返す。「車が泥を━」「この油紙はよく水を━」❸強くはじき飛ばすようにしてのける。はね飛ばす。はねのける。「郡書記は、おどろいて、掛け具を━・ねて立った〈柴田錬三郎〉」❹音を出すために弦や指などをはじく。「撥(ばち)で弦を━・ねて鳴らす」❺一定の基準に合わないものを取り除く。はねのける。「不良品を━」「書類選考で━・ねられる」❻人の取り分の一部分をかすめ取る。「上前を━」❼［自下一］物の先端を上に向ける。また、物の先端が上を向く。「先端がぴんと━・ねた髭(ひげ)」「髪が━・ねている」❽文字を書くとき、字画の先端を払い上げるようにする。「『手』の終画は━・ねて書く」❾撥音(はつおん)(=ンの音)でいう。撥音化する。「━音」文 は・ぬ 名 撥ね

パネル［panel］［名］❶鏡板。羽目板。また、一定の規格で製造された建築用の板。❷絵を描くための板。また、それに描かれた絵。パネル画。❸展示用の写真・図・ポスターなどをはりつける板。また、写真などをはりつけて展示できるようにしたもの。❹配電盤の一区画。❺スカートなどのわきに入れる装飾用の別布。また、スカートなどの上から重ねて垂らす装飾用の布。

パネル-ディスカッション［panel discussion］［名］ある問題について対立意見を持つ数人の代表者が聴衆の面前で討論を行い、のちに聴衆の質問や意見を求める討論会の形式。

パネル-ヒーター［和製 panel+heater］［名］油を入れた金属板に電気を通して油の温度を上げ、その放射熱で部屋を暖める暖房器具。

パノラマ［panorama］［名］❶半円形の壁に写実的な背景を描き、前景に立体的な模型を配して、室内に広い実景を見るような場面を再現する装置。❷広い眺望。広々とした風景。全景。「眼下に広大な━を見おろす」

パノラマ-しゃしん【パノラマ写真】［名］横に長く広がる光景を一目で見られるように撮影した写真。

はは【母】［名］❶親のうちの女のほう。母親。女親。「ただいま━は外出しております」⇔父 ▼実母のほか、義母・継母・養母にもいう。❷物事を生み出す本となるもの。「━なる大地」「必要は発明の━」

は-は［感］目上の人に対してかしこまって応答するときに発する語。ははあ。「━、承知仕りました」

はば【幅(▽巾)】［名］❶物の横の端から端までの長さ。「この道路は━が広い」「テーブルの━(=横幅)をはかる」使い方「━のあるリボン」「━がないので車二台は通れない」「この机は━を取る(=広い空間を占領する)」など、相当の長さの意でもいう。❷音声や価格の、高低の隔たり。「彼女は声の━が広い」「今年は家賃の値上げの━が大きい」使い方「━のある声で余裕たっぷりに歌う」のように、相当の隔たりの意でもいう。❸時間的な隔たり。時間的長さ。期間。「『昼』と『正午』では『昼』のほうが時間の━が長い」❹広狭でとらえた、物事の範囲。領域。「選択の━を狭める」「芸の━が広い」❺人物や技芸などに広さや広がりがあること。「人物に━がある」「芸に━が出てきた」❻制約の中で自由にできる余地。余裕。ゆとり。「研修期間に半年の━を持たせる」◈書き方「巾」は「幅」の略字から出た俗用。

◉**幅を利(き)か・せる** 勢力をふるう。幅を利かす。

ばば【▽婆】［名］❶年老いた女性。老女。老婆。ばばあ。⇔爺(じじ) ❷トランプのジョーカー。書き方 多く「ババ」と書く。

ばば【▼糞・▼屎】［名］大便など、汚いものをいう幼児語。

ばば【〈祖母〉】［名］父母の母親。そぼ。おばば。⇔祖父(じじ)

ば-ば【馬場】［名］乗馬の練習をする場所。また、馬術競技・競馬などを行う場所。「良━」

パパ［papa］［名］父親。お父さん。子供などが父親を呼ぶ語。⇔ママ ▼幼児語的な言い方。

は-はあ［感］❶思い当たったとき、また納得したときなどに発する語。「━、そういうわけか」❷目上の人に対してかしこまって応答するときに発する語。「━、仰せのとおりに致します」

ばばあ【▽婆】［名］年老いた女性。⇔爺(じじい) ▼親しみやののしりの気持ちを込めていう。

パパイヤ［papaya］［名］熱帯地方で栽培されるパパイヤ科の常緑高木。また、その果実。長楕円(だえん)形の果実は黄熟し、果肉は甘い。パパヤ。パパイア。

はは-うえ【母上】［名］母の敬称。⇔父上

はは-おや【母親】［名］母である親。女親。「━の反対で話がまとまらない」「この子の━の悲しみが思いやられる」⇔父親

はは-かた【母方】［名］母の血筋に属していること。また、その人。「━の祖母」⇔父方

はばかり【▼憚り】［名］❶つつしむこと。遠慮。「何の━もなくふるまう」❷さしさわりがあること。差し支え。「公表するのは━がある」❸便所を遠回しにいう語。▼人目をはばかる所の意。

はばかり-さま【▼憚り様】［感・形動］［古風］❶

他人の手をわずらわせたときなどに言う、あいさつの語。恐れ入ります。ご苦労さま。〓「『お茶が入りましたよ』『これはこれは、—』」❷相手の非難やからかいに対し、軽い皮肉を込めて言い返すときなどに言う語。〓「—、あなたには関係のないことです」

はばかり-ながら【▼憚りながら】〔副〕❶こんなことを言うのは遠慮すべきかも知れないが。恐れながら。〓「—申し上げます」❷自分のことを誇示するようだが。生意気な口をきくようだが。〓「—私もプロのはしくれです」

はばか・る【▼憚る】㊀〔他五〕差しさわりがあるとして避ける。何かを気にして行動を控える。つつしむ。遠慮する。〓「車内では大声を出すのを—・った」「口に出すのも—・られる下品な言葉」㊁〔自五〕のさばる。幅をきかせる。〓「憎まれっ子、世に—」▼もとは、いっぱいになってつかえる意。「はびこる」「はだかる」と意味の混同を生じたもの。名**はばかり**

[ことば探究]「はばかる」の使い方

▼「はばかる」㊀は、他者からどう思われるかを気にして、行動・態度を抑制するというニュアンスを持つ。

▼㊀の意味で「〜をはばかる」という場合、「〜を」の部分には気にする対象や控える行動が入る。

「あたりをはばかって声をひそめる」

「世の反響を恐れて公表をはばかる」

▼どう思われるか気になってできないという意味で、「〜は(も)はばかられる」と言うことがある。

「職場や親族の手前、派手な結婚式ははばかられた」

▼「〜してはばからない」の形で、「公然と〜する」の意味で使うこともある。この場合は、発言について言うことが多い。

「断言してはばからない」

はばき【▼鎺】〔名〕刀剣などの刀身が鍔(つば)と接する部分にはめ込み、刀身が鞘から抜け落ちないように締めておく金具。鎺金(はばきがね)。

はば-きき【幅利き】〔名〕顔を知られていて、その方面では勢力があること。また、その人。

はは-ぎみ【母君】〔名〕〔古風〕母の敬称。⇔父君

はは-ご【母御】〔名〕〔古風〕他人の母の敬称。⇔父御

はは-こ-ぐさ【母子草】〔名〕春から夏、茎頂に黄色の小花を多数つけるキク科の越年草。若い葉・茎は食用。春の七草の一つで、御形(ごぎょう・おぎょう)ともいう。

ばば-シャツ【▽婆シャツ】〔名〕〔俗〕女性用の防寒シャツ。▼中高年女性が好んで着るシャツの意。書き方「ババシャツ」とも。

ははそ【▼柞】〔名〕〔古風〕コナラなど、ブナ科コナラ属の樹木の総称。

は-ばた・く【羽▽撃く・羽▼搏く】〔自五〕鳥が両翼を広げて上下に動かす。〓「鶏が—」▼人が広い世界へ出て自由に活躍することのたとえとしても使う。〓「未来へ—若人」書き方まれに「▼翔(た)く」とも。可能**羽ばたける** 名**羽ばたき**

ははっ〔感〕目上の人に対してかしこまって応答するときに発する語。はは。〓「—、承知致しました」

は-ばつ【派閥】〔名〕政党などの団体で、出身・利害関係・政治思想などによって結びついた人々が形成する排他的な小集団。〓「—争い」

はば-とび【幅跳び】〔名〕踏み切り線から前方へ跳躍した距離の長さを競うもの。立ち幅跳びと走り幅跳びがある。

ばば-ぬき【▽婆抜き】〔名〕トランプで、隣の人の札を一枚ずつ引いて、手札に同じ数の札が二枚そろうとそれを場に捨て、一枚しかないジョーカー(=ばば)を最後まで手元に持っていた人が負けるゲーム。

ハバネロ【habanero】〔名〕中南米原産の激辛の唐辛子。

はは-の-ひ【母の日】〔名〕子供が母の愛に感謝する日。五月の第二日曜日。カーネーションを贈る習慣がある。

ははは〔感〕ほがらかに笑うときに発する語。〓「—、愉快だね」

はば-びろ【幅広】〔名〕❶〔形動〕普通より幅の広いこと。はばひろ。〓「—のネクタイ」❷普通より幅を広く仕立てた帯。はばひろ。▼「幅広帯」の略。

はば-ひろ・い【幅広い】〔形〕❶横の広がりが大きいさま。〓「—道路」❷関係する範囲が広いさま。〓「—知識をもつ人」「音楽は—・く聴く」派生—さ

はば・む【阻む(▼沮む)】〔他五〕進もうとするものの進路や発展を押しとどめる。阻止する。さまたげる。〓「吹雪が我々の行く手を—」「旧弊が近代化を—」可能**阻める**

はは-もの【母物】〔名〕映画・演劇などで、母性愛を主題とした作品。

はば-よせ【幅寄せ】〔名・自サ変〕❶駐車するとき、車を前後に動かしながら道路の端に寄せること。❷走行中の車を道路際に寄せること。また、並んで走っている車に近づけること。

パパラッチ【paparazzi(イタリア)】〔名〕ゴシップ写真を撮るために有名人を執拗(しつよう)に追い回すカメラマン。

ババロア【bavarois(フランス)】〔名〕洋菓子の一つ。牛乳・砂糖・卵黄・ゼラチンなどを煮溶かして冷やし、泡立てた卵白を加えてからさらに型に入れて冷やしたもの。チョコレート・生クリーム・果物などを加えて風味をつける。

パピエ-コレ【papiers collés(フランス)】〔名〕キュービズムの表現技法の一つ。画面に新聞紙・壁紙・楽譜・レッテルなどの断片を貼りつけて制作するもの。▼糊付(のりづ)けされた紙の意。

は-びき【刃引き】〔名〕刃を引きつぶして切れないようにした刀。

はびこ・る【〈▼蔓延〉る】〔自五〕草木が伸びて広がる。また、好ましくないものが勢いを得て広がる。蔓延(まんえん)ずる。〓「庭に雑草が—」「悪が—」可能**はびこれる**

ば-ひつ【馬匹】〔名〕ウマのこと。〓「—改良」▼一匹、二匹と数えることから。

パビリオン【pavilion】〔名〕❶博覧会などの展示用に仮設した建物。展示館。❷運動会などで用いる、大型のテント。

パピルス【papyrus(ラテン)】〔名〕❶北東アフリカ・東ヨーロッパの沼地に自生するカヤツリグサ科の多年草。茎は三角柱状で、高さ約二メートル。夏、茎の先に多数の小枝を広げ、淡褐色の小穂をつける。観賞用に温室栽培もされる。カミガヤツリ。❷①の茎を裂き、髄の繊維を縦横に編んで作った筆写材料。一種の紙として、エジプトを中心に紀元前三〇〇〜紀元後一〇世紀ごろまで使われ

た。

はーふ【破風（▼搏風）】［名］日本建築で、屋根の切り妻に打ち付けた合掌形の装飾板。また、それに囲まれた三角形の部分。〓「―造りの家並みが続く」

はぶ【波布】［名］奄美諸島・沖縄諸島に分布するクサリヘビ科の毒蛇。全長約二メートル。頭は三角形、背面は淡褐色で、黒褐色の輪状紋がある。攻撃的で、しばしば人畜を襲う。

ハブ［hub］［名］❶車輪などの中心部。轂。❷複数のコンピューターや機器を接続するための中継装置。

パフ［puff］［名］粉おしろいを軽くたたいて肌につけるときに使う化粧道具。おしろいたたき。

パブ［pub］［名］イギリスの大衆酒場。また、一般に洋風の居酒屋。▽public house の略。

パフェ［parfait フランス］［名］アイスクリームにチョコレート・生クリーム・果物などを添えた冷菓。

パフォーマー［performer］［名］演奏・演技・舞踊などの表現活動をする人。パフォーマンスをする人。

パフォーマンス［performance］［名］❶音楽・演劇・舞踊などを上演すること。また、その演技。❷既成芸術の枠組みに収まらない、身体的動作・音響などによって行う実験的な芸術表現。一回的・即興的・偶然的な要素を重視する。❸人目を引くために行う表現行為。〓「選挙をにらんで派手な―を行う」❹性能。また、効率。〓「コスト―の高いデジタルカメラ」

はぶ・く【省く】［他五］❶必要がない（または、薄い）ものとして取り除く。しないですます。省略する。略す。はしょる。〓「詳しい説明［敬称］を―」❷不要なものとして時間・労力・費用などを切り詰める。少なくする。減らす。〓「時間のむだを―」可能 省ける

ハブ-くうこう【ハブ空港】［名］各地からの航空路が集中し、幹線航空路の起点となる拠点空港。▽ハブ（hub）は車輪の轂の意。

はーぶたえ【羽二重】［名］絹織物の一つ。撚りのない良質の生糸を用いて平織りにし、精練して純白に仕上げたもの。きめが細かくて、つやがある。礼服・羽織・羽織裏などに用いる。

はぶーちゃ【波布茶】［名］マメ科の一年草ハブソウの種子を炒って煎じ、茶のようにして飲むもの。健胃剤とする。▽エビスグサの種子を代用することも多い。

ハプニング［happening］［名］予想外の出来事。突発的な事件。

パフューム［perfume］［名］香水。香料。

はーブラシ【歯ブラシ】［名］歯を磨くのに使う小さなブラシ。

はーぶり【羽振り】［名］世間で認められている地位・経済力・勢力などの程度。〓「彼は近ごろ―がいい」

パプリカ［paprika］［名］果実を香辛料にも利用する、トウガラシの栽培変種。また、その香辛料。赤・黄などの色で、甘みがあり、肉厚。辛みはほとんどない。

パブリシティー［publicity］［名］広報。広報活動。特に、官庁・企業などがその事業や製品などに関する情報を報道機関に提供し、マスメディアを通じて広く伝達されるように働きかける広報活動。

パブリック［public］［形動］公共に関するさま。公衆の。一般の。

パブリック-アート［public art］［名］美術館ではなく、広場・公園・街角など公共の場に設置される美術作品。

パブリック-オピニオン［public opinion］［名］世論。

パブリック-コメント［public comment］［名］行政機関が規則などの制定・改廃に当たり、事前に国民から意見や情報をつのること。また、その意見や情報。パブコメ。

パブリック-スペース［public space］［名］公共の空間。ホテル・集合住宅などで、誰でも自由に利用できる場所。

パブリック-ドメイン［public domain］［名］著作物や発明などの知的創作物で、知的財産権が発生していない状態、または消滅した状態。

バブル［bubble］［名］❶あわ。気泡。▽泡のように消えやすいもののたとえとしても使う。❷投機の目的とされた株・土地などの資産価格が経済の基礎条件から想定される合理的な評価を上回って膨張し続ける現象。また、その経済状況。〓「―の崩壊」▽「バブル現象」「バブル経済」の略。

ばーふん【馬▼糞】［名］馬のくそ。まぐそ。

はーへい【派兵】［名・自サ変］戦地や駐留地に軍隊を派遣すること。〓「海外に―する」

はべ・る【▽侍る】［自五］地位の高い人のそばにひかえる。また、かしこまって宴会の席などにいる。〓「殿のおそば近くに―」「芸者を―・らせる」▽「仕える」の謙譲語である文語ラ変動詞「はべり」の口語形。

バベル-の-とう【バベルの塔】［名］旧約聖書の創世記に記されている伝説の塔。ノアの洪水後、バビロンに天にも届くような高い塔を築こうとした人類の驕りを神が怒り、それまで一つであった言語を混乱させたので未完成に終わったという。▽実現不可能な、空想的な計画のたとえにもいう。

はーへん【破片】［名］壊れた物のかけら。〓「ガラスの―」

はーぼう【破帽】［名］破れた帽子。〓「弊衣―」

はーぼうき【羽▼箒】［名］鳥の羽で作った小さなほうき。茶道具や香道具として用いる。はねぼうき。

はーぼたん【葉▼牡丹】［名］冬、内側の葉が紅・白・黄・紫などに色づくアブラナ科の越年草。キャベツの一品種だが、葉は結球しない。観賞用に栽培される。

はーほん【端本】［名］ひとそろいの書物の一部が欠けているもの。また、ひとそろいの書物の一部。零本。⇔完本

はま【浜】［名］❶海や湖の水際に沿った平らな陸地。浜辺。❷囲碁で、囲んで取った相手の石。上げ石。▽「揚げ浜」の略。❸「横浜」の略。〓「―っ子」

はまーおぎ【浜▼荻】［名］❶浜辺に生える荻。❷〔古風〕イネ科のアシ。〓「難波の葦は伊勢の―」

はーまき【葉巻】［名］タバコの葉を刻まずに、そのまま固く棒状に巻いたタバコ。葉巻タバコ。シガー。

はまーぐり【▼蛤（▼蚌）】［名］北海道南部以南の内湾に分布するマルスダレガイ科の二枚貝。殻は丸みのある三角形で、表面はなめらか。黄褐色の地に栗色・紫色などの紋様のあるものが多い。肉は食用、殻は胡粉・貝細工などの材料。▽「浜栗」の意という。

はまーじ【浜路】［名］浜辺の道。海岸に沿った道。

はまだらーか【羽▽斑蚊】［名］シナハマダラカ・ヤマトハマダラカなど、ハマダラカ亜科の蚊の総称。翅に黒い斑紋をもつものが多い。マラリアを媒介する種もある。

はまち【▼魬】［名］❶関西で、ブリの若魚の通称。全長四〇センチメートル内外のもの。▽関東では「いなだ」という。❷関東で、養殖のブリの通称。

はま-ちどり【浜千鳥】［名］浜辺にいる千鳥。

はま-て【浜手】［名］浜のほう。浜辺の側。⇔山手

はま-なす【浜▽梨・浜〈▼茄子〉】［名］春から夏、枝先に紅紫色の五弁花をつけるバラ科の落葉低木。赤く熟す扁球形の果実は食用。本州以北の海岸に自生する。

はま-なべ【▼蛤鍋】［名］ハマグリのむき身と焼き豆腐・ネギ・三つ葉などを味噌または塩で調味した汁で煮ながら食べる鍋料理。はまぐりなべ。

はま-べ【浜辺】［名］浜の水際。また、浜。海岸。

はま-ぼうふう【浜防風】［名］海岸の砂地に自生するセリ科の多年草。葉は羽状複葉で、厚い。芳香のある若葉を刺身のつまなどにする。八百屋防風。伊勢防風。

はま-や【破魔矢】［名］❶「破魔弓」①につがえて射る矢。▽現在は正月の縁起物や端午の節句の飾り物にする。❷棟上げ式のとき、「破魔弓」②とともに屋上に立てる二本の矢の形をした飾り。

はま-やき【浜焼き】［名］尾頭付きの鯛に塩をふって、高熱の釜で蒸し焼きにしたもの。▽もとは塩釜で蒸し焼きにしたり、塩田の熱い塩の中に入れて蒸したりした。

はま-ゆう【浜〈木綿〉】［名］夏、花茎の先端に白い花を十数個つけるユリ科の常緑多年草。幅広の葉は厚く、オモトに似る。暖地の海辺に自生。ハマオモト。

はま-ゆみ【破魔弓】［名］❶藁などを円座の形に編んだ的を射るための弓。江戸時代には、男児の前途を祝福する正月の飾り物とした。▽現在では正月の縁起物とするほか、男子の初節句の飾り物にもする。❷棟上げ式のとき、「破魔矢」②とともに屋上に立てる二張りの弓の形をした飾り。

はまり-やく【▼嵌まり役】［名］その人に最もふさわしい役。適役。

はま・る【▼嵌まる・▽塡まる】［自五］❶物が穴や枠などにぴたりと収まる。〓「彼の指には指輪が━っている」「キーが鍵穴に━」❷深くなった所に落ち込む。〓「車が溝に━」「恋の深間に━」❸計略にかかる。おちいる。ひっかかる。〓「わな〔敵の術中〕に━」❹条件・枠などにちょうどあう。〓「こちらの条件にぴたりと━人はなかなかいない」「型に━った（＝型どおりで平板な）文章」❺〔新〕のめりこむ。熱中する。〓「野球に━」「今、━っているドラマ」

はみ【〈馬▼銜〉】［名］❶轡の、馬の口にくわえさせる部分。❷荒馬を静めるために口にかませて頭の上で縛っておく縄。◈「食み」と同語源。

は-みがき【歯磨き】［名］❶［自サ変］歯を磨いてきれいにすること。❷歯を磨くときに使う粉状またはペースト状の洗剤。粉歯磨き・練り歯磨き・水歯磨きなど。

はみ-だ・す【▽食み出す】［自五］ある範囲や枠におさまらないで外へ出る。中に入りきらないであふれ出る。はみ出る。〓「観客が廊下まで━」「伝統の枠から━した作風」

はみ-で・る【▽食み出る】［自下一］はみ出す。〓「布団から綿が━」

ハミング【humming】［名］口を閉じ、声を鼻に抜いて旋律だけを歌うこと。

は・む【▽食む】［他五］❶動物が食べ物をかむ。また、かんで飲み込む。〓「牛が草を━」❷俸給などを受ける。〓「高禄を━」

ハム【ham】［名］塩漬けにした豚肉を燻煙した加工食品。骨付きのもも肉で作るのが本来だが、ほかにボンレスハム・ロースハム・プレスハムなどがある。

ハム【ham】［名］アマチュア無線家。

ハム【hum】［名］ラジオ・テレビなどの受信機から発するブーンという雑音。

ば・む［接尾］〈名詞に付いて五段活用動詞を作る〉…のようすが現れる、…のさまを帯びる、などの意を表す。〓「黄━・汗━・気色━」

は-むか・う【歯向かう・刃向かう】［自五］逆らって向かっていく。反抗する。〓「権力に━」▽歯をむき出して、また、刃物をもって向かっていく意から。

は-むし【羽虫】［名］❶羽をもった小さな昆虫の俗称。❷ハジラミ（おもに鳥に寄生してその羽などを食べる小昆虫）の別称。

は-むし【葉虫】［名］ウリハムシ・クルミハムシなど、コウチュウ目ハムシ科の昆虫の総称。幼虫・成虫とも植物を食害する。

ハムスター【hamster】［名］東ヨーロッパ・西アジアに分布するネズミ科の哺乳類。モルモットに似るが、ごく短い尾がある。発育が早く、動物実験用・愛玩用に飼育される。ゴールデンハムスター。

ハムストリング【hamstring】［名］大腿の後面にある筋肉。大腿二頭筋・半膜様筋・半腱様筋など。

は-むら【葉▼叢】［名］生い茂った一群れの葉。

ハムレット-がた【ハムレット型】［名］ツルゲーネフが分類した人間の二つの型の一つ。決断力に乏しくて容易に物事を決することができない、思索的・懐疑的・非行動的な性格の類型。⇔ドンキホーテ型 ▽シェークスピアの戯曲の主人公の名から。

はめ【羽目】［名］❶建築で、板を縦または横に並べて平らに張ったもの。また、その板。羽目板。❷なりゆきから生じた好ましくない状況。また、追いつめられた事態。〓「苦しい━に陥る」「結局、違約金を支払う━になる」 書き方「破目」とも。

◉**羽目を外・す** 規律や束縛から抜け出して、思うように振る舞う。調子にのって度を過ごす。〓「━して騒ぐ」▽「はめ」は「馬銜（マクシ）」の転とも。

はめ-いた【羽目板】［名］羽目に用いる板。

はめ-こ・む【▼嵌め込む・▽塡め込む】［他五］❶ある形や枠の中にぴったりと入れる。はめ入れる。〓「窓に網戸を━」❷計略にかけてだます。〓「━んで粗悪品を売りつける」

はめ-ころし【▼嵌め殺し】［名］障子・ガラス窓などを開閉できないように固定して作り付けること。また、そのもの。

は-めつ【破滅】［名・自サ変］根底からほろびること。存立できなくなること。〓「身の━を招く」

は・める【▼嵌める・▽塡める】［他下一］❶押し入れるようにして穴や枠などにぴたりと収める。〓「手袋を━」「窓枠に板ガラスを━」「カメラのレンズにキャップを━」❷ある条件・制限・範囲内におさめ入れる。〓「予算に一定の枠を━」❸計略にかける。おとしいれる。ひっかける。〓「わなに━」「まんまと━められた」 文はむ

は-めん【波面】［名］❶波のおもて。波立っている水面。❷波動が伝わるとき、ある時刻における位相の等しい点を連ねて得られる面。

ば-めん【場面】［名］❶ある事が行われているその場の様子。また、その場。「一触即発の―に直面する」❷映画・演劇などの、一つの情景。シーン。「名―」

はも【▼鱧】［名］❶本州中部以南の沿岸に分布するウナギ目ハモ科の海水魚。全長約一・五メートル。体形は細長く、歯の発達した大きい口をもつ。小骨が多いので骨切りをしてから料理する。❷東北で、アナゴの通称。　鱧

は-もの【刃物】［名］刃がついていて、物を切ったり削ったりする道具。包丁・ナイフなど。

は-もの【葉物】［名］❶野菜のうち、主に葉を食用とするもの。ほうれん草・小松菜・キャベツなど。❷園芸や生け花で、主として葉を観賞する植物。⇩花物・実物

は-もの【端物】［名］欠けた部分があって、ひとそろいにならないもの。はんぱもの。

ハモ・る［自五］［俗］❶合唱などで、ハーモニーを生み出す。「きれいに―・ったコーラス」❷二人以上の人が同時に同じことばを言い重ねること。「『そうだ、そうだ』と―・って言う」◈「ハーモニー」の略の「ハモ」を動詞化した語。

は-もん【波紋】［名］❶石を投げたときなどに水面に生じる、幾重にも輪を描いて広がる波の模様。「―を描く」❷ある物事がきっかけになって次々と周囲に及んでいく影響。また、その影響を生じる物事。「大臣の一言が―を呼ぶ」「―を投じる［広げる］」 使い方 「波紋を投じる［投げる］」は、反響を呼ぶような問題を提起する意。これは、「一石を投じる」結果として生じる「波紋」を目的語にとった言い方。

は-もん【破門】［名・他サ変］❶師が門人との師弟関係を絶って門下から除くこと。「弟子を―する」❷信徒の資格を剝奪して宗門から追放すること。

ハモンド-オルガン【Hammond organ】［名］電気振動によってパイプオルガンに似た音を発生させる電子オルガン。一九三四年、アメリカのハモンドが発明した。商標名。

はや【▼鮠】［名］淡水魚のウグイ・オイカワ・モツゴなどのこと。

は-や【▽甲矢】［名］手に二本の矢を持って射るとき、初めに射るほうの矢。⇔乙矢

はや【早】［副］はやくも。すでに。もう。「入学してから―三年が経つ」

ばや［終助］［古風］❶願いの実現を望む意を表す。…したい。…してほしい。…できたらなあ。…であればいいなあ。「旦那さま淋しき余りに貰い子せばやと仰しゃるなれども〈一葉〉」❷意志を表す。…しよう。「その当時の事少しいわばや〈一葉〉」◈接続助詞「ば」＋副助詞「や」から。 使い方 未然形に付く。

はや-あし【早足（速▽歩）】［名］❶ふつうより速く歩くこと。急ぎ足。「―で歩く」❷馬術で、馬の歩法の一つ。並足と駆け足の中間で、一分間二一〇メートルの速度を基準とする。トロット。

はや・い【早い・速い（▽疾い・▽迅い・▼捷い）】［形］❶【早】物事の区切りとなる時点が基準より前である。「夏は夜明けが―」「最近は父の帰りが―」「一日も―・く退院したい」
❷【速】移動に要する時間が少ない。高速だ。「この車はスピードが―」「田中君は足が―」「この川は流れが―」
❸【早・速】動作や作用に要する時間が少ない。「食べるのが―」「世の中の変化が―」「仕事［決断］が―」「あきらめが―」「月日の経つのは―」
❹【速・早】特に、一定の動きを繰り返すものの間隔や周期が短い。「患者の呼吸が異常に―」「モーターの回転が―」「客の回転が―」
❺【早】時間が、一定の期間内でより前に属するさま。「飛行機は二〇世紀も―段階で発明された」「―時期に謝っておけ」
❻【早】まだ適当な時期に至っていないさま。時期が早すぎる。時期尚早だ。「出かけるには―」「喜ぶのはまだ―」
❼【早】手間ひまかけずに迅速に処理できるさま。手っ取り早い。「手紙よりメールが―」「バスを待つより歩くほうが―」「―話（が）、昔はもっと素直だった」
❽【早】〈「早いとこ（ろ）」の形で〉早めにとりかかったり急いで終わらせようとしたりするさま。早いうちに。早急に。「―ところ仕事を片づけよう」▼「―とこ」はくだけた言い方。まれに「―こと」とも。
❾【早】⇩耳が早い
❿【早】〈「気が早い」の形で〉待ちきれないで性急な気持ちになるさま。せっかちだ。
⓫【早】〈「…が早いか」の形で、動詞連体形を受けて〉前の動作の終了と次の動作の開始が極めて接近している意を表す。…するやいなや。…するとすぐに。「家に帰るが―か、また外に飛び出した」
◈①～⑥⇔遅い 書き分け ⑴【速】はスピードがあって所要時間が少ない意で使うほか、②で「五月雨を集めて早し最上川〈芭蕉〉」や、派生語で「早口・早足・早業・動画の早送り」など、スピードがある意でも慣用的に使う。「手［耳・気・話］が早い」「足が早い（＝腐りやすい）」などの成句を「速」と書くことはない。③は【早】が一般的だが、速度に注目するときは【速】も使う。⑵【疾】【迅】はスピードがある意、【捷】は動きが速い意（敏捷）。いずれも一般には【速】を使う。 使い方 「早く走れ（①）／速く走れ（②）」は、前者は〈早く走り始めろ〉、後者は〈速い速度で走れ〉の意。「〈食事前にいう〉早く食べろ（①）／〈食事中にいう〉早く食べろ（③）」は、前者は〈早く食べ始めろ〉、後者は〈早く食べ終えろ〉の意。 派生 ―さ

はやいもの-がち【早い者勝ち】［連語］人よりも早く来た者や先にした者が利益を得ること。「―の特売」「特等席は―だ」

はや-うち【早打ち】［名］❶［他サ変］続けざまに早い調子で打つこと。❷囲碁で、相手の着手に応じて間をおかずに打つこと。❸ピストルなどをすばやく撃つこと。 書き方 ふつう「早撃ち」と書く。❹昔、馬などを走らせて急を知らせたこと。また、その使者。

はや-うま【早馬】［名］❶「早打ち」④の使者が乗る馬。また、その使者。❷足の速い馬。

はや-うまれ【早生まれ】［名］一月一日から四月一日までの間に生まれたこと。また、その人。⇔遅生まれ ▼四月二日から十二月三十一日までに生まれた児童が数え年八歳で就学するのに対し、数え年七歳で就学することから。

はや-おき【早起き】［名・自サ変］朝早く起きること。

◉早起きは三文の得　朝早く起きると何かしらよいことがあるということ。書き方「得」は「徳」とも書く。

はや-がえり【早帰り】 ヘリカ〔名・自サ変〕定刻より早く帰ること。

はや-がてん【早合点】〔名・自他サ変〕まだよく理解していないのに、わかったと思い込むこと。早のみこみ。はやがってん。〓「―して意味をとり違える」「失敗を成功と―する」

はや-がね【早鐘】〔名〕緊急な事態を知らせるために続けて激しく打ち鳴らす鐘。▼激しい動悸のたとえにもいう。〓「胸が―を打つ」

はや-がわり【早変わり（早替わり）】 ハリカ〔名・自サ変〕❶歌舞伎などで、一人の役者が同一場面ですばやく姿を変え、二役以上を演じること。❷姿・ようすなどをすばやく変えること。すばやく転身すること。〓「会議場が宴会場に―する」

はやく【早く】〔名〕❶〔副〕早い時期に。ずっと以前に。〓「―（に）父と死別した」❷早い時刻・時期。〓「朝―からおそくまで」

は-やく【端役】〔名〕映画・演劇などで、主要でない役。また、その役を演じる人。

は-やく【破約】〔名・自サ変〕約束を破ること。また、約束・契約を取り消すこと。〓「結婚の話は―にする」

はや-くち【早口】〔名〕しゃべり方が早いこと。くちばや。

はやくち-ことば【早口言葉】〔名〕同音が重なるなどして発音しにくい文句を早口にいうこと。また、その文句。〓「なま麦なま米なま卵」「赤巻紙青巻紙黄巻紙」の類。

はやく-も【早くも】〔副〕❶（予想や期待に反して）事がはやばやと成立するさま。〓「開場するや、―満席だ」「気持ちは―ヒマラヤだ」❷早くとも。〓「―来月まではかかる」

はや-さ【早さ・速さ】〔名〕❶【早】物事の成立の時点を、早いか遅いかでとらえた場合の、その時間的な位置づけ。早い・遅いの程度。〓「朝が早いと聞いているが、どの程度の―かい？」「九時始業なら普通の―だ」❷【早】その時点が相当に早いこと。〓「集合時間の―に皆驚いた」❸【速】移動の速度。スピード。〓「時速三〇キロメートルの―で走る」「足の―は人並み以上だ」❹【速】移動に要する速度が相当に速いこと。〓「驚くべき打球の―だ」❺【早・速】動作・作用などに要する速度の程度。スピード。〓「この計算機は処理の―が少々不満だ」「窓口の対応の―はどうですか」❻【早・速】その速度が相当に早いこと。〓「彼の理解の―といったらない！」◈②④⑥⬍遅さ

はや-ざき【早咲き】〔名〕普通の開花時期より早く咲くこと。また、早く咲く品種。〓「―の桜」⬍遅咲き

はやし【林】〔名〕❶樹木が多く立ち並んで生えている所。〓「雑木―」▼「森」よりも木々の密生度が小さく、範囲の狭いものをいう。❷同種のものが多く立ち並んでいる状態。〓「煙突の―」

はやし【▼囃子】〔名〕能楽・歌舞伎など各種の芸能で、拍子をとり、また情緒を添えて雰囲気を出すために演奏する音楽。笛・太鼓・鼓・鉦・三味線などを用いる。歌舞伎ばやし・神楽ばやし・祭りばやし・馬鹿ばやしなど。

囃

はやし-た・てる【▼囃し立てる】〔他下一〕❶盛んに囃子を演奏する。また、盛んに歌舞の調子をとる。〓「笛や太鼓で―」❷大勢が声を上げて冷やかす。また、大勢が声を出してほめそやす。〓「やんややんやと―」文はやした・つ

はや-じに【早死に】〔名・自サ変〕若くして死ぬこと。若死に。〓「病気で―する」

はや-じまい【早仕舞い】 マジ〔名・自他サ変〕店をいつもの定刻より早く閉めること。また、仕事などをいつもより早く終えること。

はや-じも【早霜】〔名〕秋早くに降りる霜。⬍遅霜

ハヤシ-ライス〔名〕牛肉・玉ねぎなどを油で炒め、トマト味のブラウンソースで煮込んだものを米飯にかけた料理。▼hashed (meat and) rice からとも、考案者の名前からともいう。

はや・す【▼囃す】〔他五〕❶囃子を演奏する。〓「笛太鼓で―」❷手を打ち鳴らし、また囃子詞を唱えて歌舞の調子をとる。〓「手拍子を打って―」❸声をそろえてからかう。また、声をそろえてほめたたえる。〓「泣き虫やぁいと―」

はや・す【生やす】〔他五〕❶生物が自分の体に毛・歯・髪・足などを生じさせる。〓「オタマジャクシが足を―してカエルになった」「角を―した牛」▼比喩的にも使う。〓「仏教思想が日本に根を―」❷人が自分の髪・ひげを生えるがままに任せる。また、手入れをして髪・ひげを整え伸ばす。〓「髪の毛をぼうぼうに―している」「彼は立派な口ひげを―している」❸人が植物などを生えるがままに任せる。〓「パンにかびを―してしまった」可能 生やせる

はや-せ【早瀬】〔名〕川の流れの速い所。

はや-だし【早出し】〔名・他サ変〕野菜・果物などを時期より早く出荷すること。〓「ハウス物のスイカを―する」

はや-だち【早立ち】〔名・自サ変〕朝早く旅立つこと。

はや-て【〈疾風〉】〔名〕急に激しく吹き起こる風。はやち。しっぷう。〓「―の如く走り去る」

はや-で【早出】〔名・自サ変〕いつもより早い時間に出勤すること。また、交替制勤務で、早い時間帯の仕事につくために早く出勤すること。⬍遅出

はや-てまわし【早手回し】 ハジマ〔名〕事がさしせまらないうちに早々と準備・手配をしておくこと。はやでまわし。

はやと【▼隼▽人】〔名〕❶古く薩摩・大隅（現在の鹿児島県）に住み、大和朝廷に従わなかった部族。八世紀には服属し、宮中の警護などをつとめた。はやひと。❷鹿児島県の男性のこと。〓「薩摩―」

はや-とちり【早とちり】〔名・自他サ変〕早合点して、まちがえること。〓「不採用を採用と―する」

はや-ね【早寝】〔名・自サ変〕夜、早い時刻に寝ること。〓「―して明日に備える」「―早起き」⬍遅寝

はや-のみこみ【早▼呑み込み】〔名・自他サ変〕❶理解が早いこと。❷早合点。

はやば-まい【早場米】〔名〕普通の収穫期より早く作る地方から出荷される米。

はや-ばや【早早】〔副〕普通よりもずっと早く物事を行うさま。ずっと早くに。〓「―（と）投票を済ます」

読み分け⬇早早

はや-ばん【早番】〔名〕交替制勤務の職場で、早い時

間帯に出勤する番。早出。⇔遅番

はや-びけ【早引け（早▽退け）】〔名・自サ変〕勤務先や学校を定刻より前に退出すること。早引き。早退。‖「学校を—する」◈「引け」は「引ける」□一②の連用形から。

はや-ひる【早昼】〔名〕いつもより早い時刻に昼食を食べること。また、その昼食。

はや-ぶさ【▼隼】〔名〕❶世界各地に分布するタカ目ハヤブサ科の鳥。体形はタカに似る。小鳥などの獲物を見つけると高空から急降下し、足でけり落として殺す。古来、鷹狩りに使われた。❷チゴハヤブサ・チョウゲンボウなど、ハヤブサ科の鳥の総称。

はや-べん【早弁】〔名〕昼食の時間より前に弁当を食べること。

は-やま【端山】〔名〕人里近くにある低い山。また、連山の端の方にある山。

はやま・る【早まる・速まる】〔自五〕❶【早】時期・時刻が早くなる。‖「時期〔出発・終業時刻〕が—」❷【早】結論を急いで誤った判断をしてしまう。軽率なことをしてしまう。‖「—った考えは起こすな」❸【速・早】速度がはやくなって所要時間が短縮される。‖「速度〔テンポ・脈〕が—」「変化が—」

はや-み【早見】〔名〕必要な知識・情報などが一目でわかるようにまとめた図表など。‖「郵便料金—表」

はや-みち【早道】〔名〕❶他の道よりも目的地に早く行ける道。❷早く目的を達するための簡単な方法。‖「英会話上達の—」

はや-みみ【早耳】〔名〕うわさや情報を人より早く聞きつけること。また、その人。

はや-め【早め】〔名・形動〕決められた時刻・時期よりもいくらか早いこと。‖「—に家を出る」「—の夕食をとる」▼「め」は接尾語。

はや・める【早める・速める】〔他下一〕❶【早】時期・時刻を早くする。‖「死期〔順番〕を—」❷【速・早】速度をはやくして所用時間を短縮する。‖「スピード〔動き〕を—」「生長を—」文はや・む

はやり【〈流行〉り】〔名〕❶多くの人々の好みに合って、ある一時期広く世間で行われること。また、そのもの。流行（りゅうこう）。‖「今—のヘアスタイル」「—歌」❷病気などがはやること。‖「—の風邪」

はやり-すたり【〈流行〉り廃り】〔名〕一時的に多くの人々にもてはやされたり、一転して見向きもされなくなったりすること。

はやり-た・つ【▽逸り立つ】〔自五〕しきりに勇みたつ。勢い込む。‖「—心を抑える」

はやり-め【〈流行〉り目】〔名〕流行性結膜炎。

はや・る【▽逸る】〔自五〕その時期ではないのに早く実現させようと心があせる。また、心が奮い立つ。勇み立つ。‖「早く帰ろうと気が—」「血気に—若者たち」▼「早る」の意で、「流行（はや）る」と同語源。

はや・る【〈流行〉る】〔自五〕❶ある一時期、多くの人々の好みに合って広く世の中に行われる。広まる。流行（りゅうこう）する。‖「ロングスカートが—」「昭和初期に—った歌謡曲」⇔すたれる・すたる ❷病気などが人々の間に広がる。広まる。蔓延（まんえん）する。‖「悪性の風邪が—」❸人気があって商売などが繁盛する。‖「よく—っている店」⇔すたれる・すたる・さびれる◈「早る」の意。名流行り

品格　一世を風靡（ふうび）する「奇妙な学説が—」 時めく「今を—人気タレント」 流行「—に遅れる」

はや-わかり【早分かり】〔名〕すぐに理解すること。のみこみが早いこと。▼案内書などのタイトルにも使う。‖「英文法—」

はや-わざ【早業（早技）】〔名〕素早くて巧みなわざ。また、素早い動作。‖「目にもとまらぬ—を見せる」

はら【原】〔名〕草などの生えた平らで広い土地。野原。原っぱ。‖「武蔵野の—」

はら【腹】□一〔名〕❶動物の胸部から尾部までの下側の部分。人間では胸から腰までの間の、前面の部分。胃腸などの内臓が収まっているところ。‖「—を切る」「この頃—が出てきた」❷消化器。特に、胃腸。‖「—が痛い」「—がすく」❸母親の胎内。また、その胎内から生まれたこと。❹物の中ほどの広い部分。また、ふくらんだ部分。‖「親指の—で押す」❺心の中。また、心の中で考えていること。‖「—を決める」「相手の—をさぐる」書き方「▼肚」とも。❻胆力。度胸。また、度量。書き方「▼肚」とも。❼感情。気持ち。‖「そんなことをされては—が収まらない」◈「おなか」はもと女房詞（ことば）で、①②③の丁寧な言い方。

□二（造）魚の腹子（はらご）を数える語。‖「たらこ二—」

◉**腹が黒・い**　心の中に悪だくみを抱いている。腹黒い。

◉**腹が据わ・る**　覚悟ができていて、物事に動じない。度胸が据わる。注意「すわる」を「座る」と書くのは誤り。

◉**腹が立・つ**　怒りを感じる。しゃくにさわる。

◉**腹に収め・る**　ある情報などを、自分の心の中にとどめておく。

◉**腹に据えか・ねる**　腹が立って、がまんできなくなる。‖「奴の態度は—」注意「肝に据えかねる」は誤り。

◉**腹を痛・める**　自分が痛い思いをして子を産む。‖「—・めた子」

◉**腹を切・る**　責任を取って辞職する。▼切腹する意から。

◉**腹を括・る**　最悪の事態も考慮しながら覚悟を決める。腹を据える。‖「—・って審判を待つ」

◉**腹を肥や・す**　地位・職務などを利用して私利をむさぼる。私腹を肥やす。

◉**腹を据・える**　覚悟を決める。

◉**腹を割・る**　心の内をさらけ出す。本心を打ち明ける。‖「—・って話す」

ばら【▽散】〔名〕ひとまとまりの品物を、一つ一つに分けたもの。‖「—で売る」

ばら【▼肋】〔名〕「ばら肉」の略。

ばら【〈▼荊▼棘〉】〔名〕とげのある木の総称。イバラ。

ばら【〈▼薔▼薇〉】〔名〕香りが高く、白・黄・紅・赤などさまざまな色の華麗な花を咲かせるバラ科の低木。また、その花。重弁のものもあるが、萼片・花片とも五枚が基本。枝にはとげがある。野生種を交配改良した園芸品種には、きわめて多くの系統がある。そうび。しょうび。

薔薇

ばら【▽輩・▼儕】〔接尾〕〈人を表す名詞に付いて〉複数の同類がいることを表す。‖「殿—・役人—」▼現在では相手を見下した場合に使う。

パラ［para］〔名〕❶越えること。向こう側の。‖「—水素」▼他の語と複合して使う。❷「パラリンピック」の略。

はら-あて【腹当て】〔名〕❶腹掛け。また、腹巻き。❷胸部・腹部と両脇だけを覆う簡単な鎧（よろい）。多く雑兵（ぞうひょう）が用いた。

バラード [ballade フランス] [名] ❶譚詩(たんし)。バラッド。❷譚歌。バラッド。❸ポピュラー音楽で、愛などをテーマにした感傷的な歌。

ハラール [Halal アラビア] [名] イスラム法で許されていること。特に、イスラム教徒が食べてもよいとされる食品。ハラル。≡「―ミート」

はら-あわせ【腹合わせ】 ハラアハセ [名] 表と裏を別の布地で仕立てた帯。昼夜帯。▼「腹合わせ帯」の略。

はらい【払い】 ハラヒ [名] ❶金銭を払うこと。また、払うべき金銭。❷書道で、文字の先端を払うこと。

はらい【▼祓い】 ハラヒ [名] 神に祈って罪・汚れ・災厄などを除き去ること。また、そのための神事。おはらい。はらえ。

はらい-こみ【払い込み】 ハラヒ [名] 払い込むこと。 書き方 公用文では「払込み」。慣用の固定した「払込期日・払込金・払込先」などは、送りがなを付けない。

はらい-こ・む【払い込む】 ハラヒ [他五] 金銭を支払って納める。≡「電話料金を―」 名 **払い込み**

はらい-さ・げる【払い下げる】 ハラヒ [他下一] 官公庁などが不要になった動産・不動産を民間に売り渡す。≡「国有地を民間に―」⇔買い上げる 文 **はらひさ・ぐ** 名 **払い下げ**

はら-いせ【腹▽癒せ】 [名] まともにはまぎらせない怒り・恨みなどを的はずれなやり方で晴らすこと。≡「―にあらぬ噂(うわさ)を振りまく」

はら-いた【腹痛】 [名] 腹が痛むこと。腹痛(ふくつう)。

はらい-だし【払い出し】 ハラヒ [名] 金銭を支払うこと。支出。≡「―期日」 動 **はらいだ・す**(他五)

はら-いっぱい【腹一杯】 [名] 十分に食べて、それ以上は腹に入らないこと。≡「握り飯を―食べる」▼副詞的にも使う。

はらい-の・ける【払い▽除ける】 ハラヒ [他下一] 手などで振り払う。また、払うようにして除き去る。≡「くもの巣を―」「邪念を―」

はらい-もどし【払い戻し】 ハラヒ [名] 払い戻すこと。 書き方 公用文では「払戻し」。慣用の固定した「払戻金・払戻額・払戻証書」などは、送りがなを付けない。

はらい-もど・す【払い戻す】 ハラヒ [他五] ❶一度領収した金銭を精算して余分な金銭を返す。≡「税金を―」❷銀行(郵便局)が預金(貯金)者の請求に応じて金銭を払い渡す。≡「定期預金を―」❸競馬・競輪などで、的中投票券と引き換えに配当金を支払う。 名 **払い戻し**

はらい-もの【払い物】 ハラヒ [名] 不用になって廃品回収業者などに売り払う物。

ばら-いろ【〈▼薔▼薇〉色】 [名] うすい紅色。淡紅色。≡「―の頬(ほお)」▼明るい未来や希望・幸福などを象徴する色とされる。≡「―の人生」

はら・う【払う】 ハラフ [動五] ■[他] ❶その場にあるじゃまな物を取り除く。排除する。≡「竹ぼうきで天井の煤(すす)を―」「手ではたいて服のちりを―」「ハエを―」❷覆いや仕切りなどを不要な物として取り去る。取り払う。≡「ふすまを―って宴会場にする」❸ふさいだ気持ちなどを取り去る。≡「もやもやを―」「酒は憂いを―玉箒(たまははき)」❹向かってくる危険物をわきへどける。≡「相手の太刀先を軽く右に―」❺棒状のものを鋭く横に振り動かす。≡「なぎなたで脛(すね)を―」「右足で相手の両足を―」 使い方 「刀を横に―」など、～デ(手段)を～ヲ(道具)に代えてもいう。❻じゃまだとしてそこを去らせる。人払い、または先払いをする。≡「人を―って密談をする」「行列の先を―」❼〈「威風(が)辺(あた)りを払う」などの形で〉周囲の人を圧倒しなびかせる。また、それほどに威厳や気高さがある。≡「威風、辺りを―」「権勢、天下を―」❽不要な物として売り渡す。お払い箱にする。≡「古物商に家財道具一切を―」❾決済するために金銭を相手に渡す。支払う。≡「代金[税金]を―」「電子マネーで―」❿あることに心や力を傾ける。≡「その時は彼の言葉に注意を―わなかった」「音楽に特別の関心を―」「先生に敬意を―」「国家建設に犠牲を―」▼payの翻訳から。⓫〈「裾(すそ)を払う」の形で、立ち上がるときの所作にいって〉服のちりを「払う」①ような動作をして、座して崩れた裾の乱れをただす。≡「私は羽織の裾を―って、…ずずと立つ〈鏡花〉」⓬風がものを運び去る。払いのける。吹き払う。≡「一陣の風が塵(ちり)を―」「霧[熱気]を―」⓭〈「地を払う」「底を払う」などの形で〉すっかりなくなる。≡「威信、地を―」⓮風が物をゆらしたり涼感をとどめたりして吹き過ぎる。≡「涼風が袂(たもと)を―って冷ややかに吹く」⓯書道で、文字の先端を勢いよく斜めに引き伸ばすように書く。≡「『木』の最終画は右に―」⓰珠算で、計算をご破算にする。≡「―・いましては…」⓱〈「分母を払う」の形で〉算数で、分数を排して整数または小数の形に直す。≡「2を乗じて分母を―」■[自] それまでいた所をあける。引き払う。≡「アパートを―」「江戸を―って長崎へ向かう」■〈動詞の連用形に付いて複合動詞を作る〉すっかり～する。≡「追い―・売り―・落ち着き―」「全員が出―」◆ 書き方 「枝を掃う」「威厳、地を掃う」など「▽掃う」とも書くが、一般には「払」を使う。 可能 **払える** 名 **払い**

はら・う【▼祓う】 ハラフ [他五] 神に祈って罪・汚れ・災厄などを除き去る。≡「汚れを―」「―・い給え清め給え！」▼「払う」と同語源。 可能 **はらえる** 名 **祓い**

ばら-うり【▽散売り】 [名・他サ変] 通常はまとめて売るものを、ばらばらに分けて売ること。≡「タバコを―する」

バラエティー [variety] [名] ❶変化があること。多種多様であること。≡「―に富んだ内容」❷歌・踊り・寸劇などを取り合わせて構成するショー。▼「バラエティーショー(variety show)」の略。

はら-おび【腹帯】 [名] ❶寝冷えなどを防ぐために腹に巻く帯。腹巻き。❷岩田帯(いわたおび)。❸鞍(くら)を馬の背に固定するために、馬の腹に締める帯。はるび。

はら-がけ【腹掛け(腹懸け)】 [名] ❶胸と腹をおおい、細い布紐(ぬのひも)を背中で交差させて着用する作業着。前面に「どんぶり」と称する物入れをつける。職人などが用いる。❷寝冷えなどを防ぐために子供の胸と腹をおおう布。首の後ろと背中で布紐を結んでとめる。腹当て。

はら-から【〈同胞〉】 [名] ❶同じ母親から生まれた兄弟姉妹。また、一般に兄弟姉妹。❷同じ国民。どうほう。

はら-ぎたな・い【腹汚い・腹▼穢い】 [形] 根性がねじけていて意地が悪いさま。≡「―人」 派生 ―さ

はら-きり【腹切り】 [名] 自分で腹を切って死ぬこと。切腹(せっぷく)。

はら-ぐあい【腹具合】 ―グアヒ [名] 胃や腸の調子。≡「―

が悪い」

はら-くだし【腹下し】［名］❶下痢をすること。腹下り。❷下剤。

はら-くだり【腹下り】［名］腹下し。

パラグライダー【paraglider】［名］横長のパラシュートを着けて斜面を駆け下り、離陸して滑空するスポーツ。

パラグラフ【paragraph】［名］❶文章の段落。節。❷新聞・雑誌などの短い記事。短評。

はら-ぐろ・い【腹黒い】［形］心の中でひそかに悪だくみを抱くような人であるさま。‖「ー家臣の陰謀に陥る」 派生 -さ

はら-げい【腹芸】［名］❶芝居で、役者がせりふや動作をおさえて、その人物の心理や感情を内面的に表現する静的な演技。❷ことばや行動をおさえ、人間関係や政治力によって巧みに問題を処理すること。また、そのようなやり方。‖「ーにたけた政治家」❸あおむけに寝た人の腹の上で行う曲芸。また、腹に顔を描き、それを動かして表情を変えてみせる座興の芸。

ばら・ける【▽散ける】［自下一］一つにまとまっていたものがばらばらになる。‖「髪がー」「マラソンの先頭集団がーけてきた」

はら-こ【腹子】［名］魚類の腹中にある卵。また、それを塩漬けや醤油漬けにしたもの。たらこ・すじこ・いくらの類。はららご。

はら-ごしらえ【腹▼拵え】［名］活動に備えて食事をしておくこと。‖「ーをして出かける」

はら-ごなし【腹▽熟し】［名］食後に軽い運動などをして、食べた物の消化を助けること。‖「ーに散歩する」

パラサイト【parasite】［名］❶寄生虫。❷居候。寄食者。‖「ーシングル（＝卒業・就職後も結婚しないで親元で暮らす人）」

パラシュート【parachute】［名］飛行中の航空機から人が降下するとき、また、物資を投下するときに用いる布製の用具。空中で傘状に開き、空気抵抗を大きくして落下速度を下げる。落下傘。

はら・す【晴らす】（▼霽らす）［他五］❶心の中にわだかまる不快な感情を取り除いてすっきりさせる。‖「思いのたけを述べて気をー」「憂さ［積年の恨み］をー」❷かけられた疑いなどをすっかり取り除く。‖「汚名［無実の罪］をー」 可能 **晴らせる**

はら・す【腫らす】［他五］はれを生じさせる。はれさせる。‖「傷が膿んで足をー」「目を泣きー」

ばら・す［他五］❶解体・分解してばらばらにする。‖「エンジンをー・して修理する」❷秘密などを他人に知らせる。すっぱぬく。‖「八百長をー・してやる」❸殺す。❹売り払う。‖「盗品をー」

品格 暴く「不正をー」 さらけ出す「本性をー」 さらす「白日のもとにー」 暴露「実態をーする」 露見「旧悪がーする」

バラス［名］➡バラスト③ ▼ballast から。

はら-すじ【腹筋】［名］腹部の筋肉。‖「ーを縒る（＝腹の筋が痛くなるほど笑う）」

ばら-ずし【▽散▼鮨】［名］五目鮨。散らし鮨。

バラスト【ballast】［名］❶船を安定させるために船底に積む水・油・砂利などの重量物。底荷。脚荷。❷潜水艇の浮沈や気球の昇降を調節するために積み込む水・砂・鉛などの重量物。❸道路・鉄道線路などに敷く砂利。バラス。

パラ-スポーツ【Para-sports】［名］身体に障害のある人が主体となって行うスポーツ。障害者スポーツ。

ハラスメント【harassment】［名］嫌がらせ。

パラセーリング【parasailing】［名］パラシュートをつけて自動車・モーターボートなどに引かせて空中に舞い上がるスポーツ。パラセール。

ばら-せん【▽散銭】［名］硬貨などの小銭。ばら。

パラソル【parasol】［名］日よけに使う洋傘。‖「ビーチー」

パラダイス【paradise】［名］天国。楽園。▼悩みや苦しみのない幸せな世界のたとえにもいう。‖「子供のー」

パラダイム【paradigm】［名］❶ある領域の科学者集団を支配し、その成員によって共有されている物の見方、問い方、解き方などの総体。▼アメリカの科学史家T＝S＝クーンの用語。❷ある時代の人々の物の見方や考え方を支配する概念的な枠組み。思考の規範。❸語形変化の型を示した一覧表。

パラダイム-シフト【paradigm shift】［名］ある集団に共有される考え方や概念が劇的に変化すること。社会の規範や価値観が変わること。パラダイムチェンジ。パラダイム転換。

はらだたし・い【腹立たしい】［形］怒りだしたくなるような気持ちだ。腹が立つ。しゃくにさわる。‖「考えただけでもー」「ー言動」 派生 -げ／-さ

はら-だち【腹立ち】［名］腹が立つこと。怒ること。立腹。‖「ーを抑える」「ー紛れ」

ばら-だま【▽散弾】［名］❶散弾。❷一発ずつこめて撃つ弾丸。

パラチオン【parathion】［名］農業用の有機燐系殺虫剤。極めて毒性が強いので現在は使用禁止。

はら-ちがい【腹違い】［名］兄弟姉妹で、父親が同じで母親が異なること。腹変わり。異腹。畑違い。‖「ーの妹」⇔種違い

パラチフス【Paratyphus ドイツ】［名］パラチフスA菌の経口感染によって起こる消化器系の感染症。発熱・下痢など腸チフスに似た症状が現れるが、比較的軽い。

ばら-つき［名］❶ふぞろいであること。‖「品質にーがある」❷統計などで、数値が不規則に分布すること。‖「測定値にーがみられる」「利益率のー」

バラック【barrack】［名］❶間に合わせに建てた粗末な家屋。仮小屋。❷兵舎。営舎。

ばら-つ・く［自五］❶雨や霰がばらばらと少し降る。‖「大粒の雨がー」❷束ねてあるものが乱れてばらばらになる。‖「髪がー」❸統計などで、数値が不規則に分布する。‖「測定値がー」 名 **ばらつき**

ぱら-つ・く［自五］雨・霰などがぱらぱらと少し降ってくる。‖「小雨がー」

はら-つづみ【腹鼓】［名］❶言い伝えで、満月の夜に狸が腹を太鼓のように打ち鳴らすこと。また、その音。‖「狸のー」❷〈「腹鼓を打つ」の形で〉十分に食べてふくらんだ腹を満足げにたたくこと。‖「食った食ったとーを打つ」◈ 注意 「はらづつみ」は本来は誤りだが、今はかなり一般化している。

はら-っぱ【原っぱ】［名］原。野原。

はら-づもり【腹積もり】［名］心の中にもっているおおよその予定や計画。心づもり。‖「家を建て替えるーだったが…」

はら-どけい【腹《時計》】［名］腹のすきぐあいから大体の時刻を推定することを時計にたとえて言う語。‖「ーでは、そろそろ十二時だ」

パラドックス［paradox］［名］逆説。

ばら-にく【▼肋肉】［名］牛肉・豚肉などで、あばら骨を包んでいる肉。三枚肉。ばら。▼あばら骨についた肉の意。

パラノイア［paranoia］［名］内的原因による妄想を長期にわたって持ち続ける病気。妄想には論理の一貫性があって、思考や人格の変化は認められない。偏執病。妄想症。

はら-の-むし【腹の虫】［名］❶腹の中に寄生する虫。回虫など。❷人の機嫌にかかわる感情を腹中の虫によるものとして言う語。❸空腹時に腹が鳴るのを、腹中の虫が鳴くものとして言う語。‖「ーが鳴く」

◉腹の虫が治まらない　腹が立って我慢ができない。

はら-ばい【腹▼這い】［名］腹を地につけてはうこと。また、腹を下にして寝そべること。‖「ーになって敵陣に近づく」動はらば・う(自五)

はら-はちぶ【腹八分】［名］いっぱい食べないで、少し控えめにしておくこと。‖「ーに医者いらず」

はら-はら［副ト］❶小さなものや軽いものが少しずつ静かに落ちるさま。‖「花びらがー(と)散る」「ー(と)涙を落とす」❷髪の毛が乱れて垂れかかるさま。‖「後れ毛がーと頰にかかる」❸ことの成り行きが心配で落ち着かないさま。‖「ーしながら曲芸を見る」

ばら-ばら ㊀［副ト］❶粒状のものが散らばりながら続けて落ちるさま。また、その音を表す語。‖「大豆がー(と)こぼれる」❷何人かの人がまとまりなく出てくるさま。‖「バスから乗客がー(と)降りてくる」㊁［形動］まとまらずに、別々であるさま。‖「家族がーに暮らす」「ーな意見」

ぱら-ぱら［副ト］❶小さな粒状のものが続いてまばらに落ちるさま。また、その音を表す語。‖「雨がー(と)降ってきた」「塩をー(と)ふりかける」❷まばらに散らばっているさま。‖「山裾に民家がー(と)ある」❸本などを手早くめくるさま。また、その音を表す語。‖「雑誌をー(と)めくる」

パラフィン［paraffin］［名］❶石油から分離して得る白色半透明の固体。ろうそく・マッチ・クレヨン・防水布などに利用する。❷①をグラシン紙・模造紙などにしみ込ませて耐水性をもたせた紙。▼「パラフィン紙」の略。

パラフレーズ［paraphrase］［名・他サ変］原文の語句を別の言葉に置き換えてわかりやすくすること。

ハラペーニョ［jalapeño スペ］［名］唐辛子の一品種。また、それをつぶして作る香辛料。メキシコ料理などで用いる。

はら-ぺこ【腹ぺこ】［名・形動］〔俗〕非常に腹がすいていること。

パラベン［名］防腐剤・化粧品などに用いられる有機化合物。パラオキシ安息香酸エステル。

パラボラ-アンテナ［名］放物面の反射器を備えた指向性アンテナ。回転する凹面によって電波を一定方向に集中して送受信する。マイクロ波の通信や衛星放送の受信など、用途は広い。▼parabolic antenna から。

はら-まき【腹巻き】［名］❶冷えるのを防ぐために腹に巻きつける幅の広い布。また、毛糸などを筒形に編んだもの。腹おび。腹当て。❷腹部に巻いて背中で合わせるようにした簡略な鎧。

ばら-ま・く【▽散▼蒔く】［他五］❶ばらばらに散らしてまく。あちこちにまき散らす。‖「豆をー」「うわさをー」❷金品などをあちこちの人に配る。‖「投票を依頼して金をー」「開店通知のビラをー」

はら-み【腹身】［名］❶牛や豚などの横隔膜の肉。書き方 多く「ハラミ」と書く。❷魚の腹側の、脂の多い肉。

はらみ-く【▼孕み句】［名］連歌・俳諧などで、座に出る前に用意しておいた句。

はらみつ【波羅蜜】［名］仏教で、迷いの世界(＝此岸)から悟りの世界(＝彼岸)へ至ること。また、そのために菩薩が行う修行。波羅蜜多。

はら・む【▼孕む・▽妊む・▽胎む】 ㊀［他五］❶胎内に子を宿す。みごもる。妊娠する。‖「二人目の子をー」❷内部に含み持つ。‖「新技術は多くの可能性[危険性]をー・んでいる」「内部に矛盾をー説」❸〈「風をはらむ」の形で〉風を受けてふくらむ。‖「帆が風をー」㊁［自五］穂が出ようとして茎がふくらむ。‖「稲がー」◈「腹」を動詞化した語。

パラメーター［parameter］［名］❶変数間の関数関係を間接的に表すために用いる変数。媒介変数。❷母集団の特性を表す値。母数。❸コンピューターで、プログラムを実行する際に設定し、その動作を指示する数値や文字。❹コンピューターで、プログラム中に関数を呼び出す際に与える処理上の情報。引数。

はら-もち【腹持ち】［名］食べたものの消化が遅くて、なかなか腹が減らないこと。‖「餅はーがいい」

バラモン-きょう【バラモン教】［名］古代インドで、バラモン階級(最高位の司祭階級)を中心に発展した民族宗教。ベーダを根本聖典として祭祀主義をとり、厳格な身分制度を確立した。書き方「婆羅門教」とも。

バラライカ［balalaika ロシ］［名］撥弦楽器の一つ。ウクライナの民俗楽器で、長い棹のついた三角形の共鳴胴に三本の弦を張り、指ではじくもの。

はらり-と［副］軽いものなどが静かに落ちかかるさま。‖「涙がー落ちる」「前髪がー垂れる」

パラリンピック［Paralympics］［名］身体障害者の国際スポーツ大会。四年に一度、オリンピック開催地で行われる。▼もと、paraplegia(＝下半身麻痺)とOlympicsの合成語。現在はギリシア語のpara(＝沿う、並行)＋Olympicsで「もう一つのオリンピック」の意とする。

パラレル［parallel］［名］❶［形動］直線・平面が平行であること。また、二つの事柄が相応して存在すること。‖「両者はーな関係にある」❷スキーを平行にそろえて滑る技術。

はら-わた【▽腸】［名］❶大腸・小腸などの総称。また、臓腑。‖「ーがよじれるほど笑う」❷動物の内臓。臓物。わた。❸こころ。精神。性根。‖「ーの腐った奴だ」❹ウリなどの内部の、柔らかな果肉が種を包んでいる部分。

◉腸がちぎ・れる　耐えがたい悲しみを感じる。‖「ー思いで祖国を捨てる」注意「腸がよじれる」は誤り。

◉腸が煮え繰り返・る　我慢できないほど腹が立つ。‖「友人に裏切られてー」注意「腹が煮え繰り返る」は誤り。

は-らん【葉▼蘭】［名］根茎の節から長楕円形の葉

をのばすユリ科の常緑多年草。庭園などに植え、葉を生け花の材料や料理の敷物に使う。

は-らん【波▼瀾・波乱】[名]激しい変化や曲折があること。また、そのような状態が引き起こすもめごと・騒ぎ。「ーに富んだ人生」「ーを呼んだ事件」「ー含みの政界」▽「波」は小波、「瀾」は大波の意。書き方「波乱」は、同音類義語による代用表記。新聞が考案して広がった。

瀾

バランス【balance】[名]つりあい。均衡。「ーのとれた食事」「ー感覚がある」

バランス-シート【balance sheet】[名]貸借対照表。

はらん-ばんじょう【波▼瀾万丈・波乱万丈】[名]物事の変化や盛衰が激しく、劇的であること。「ーの人生」書き方⬇波瀾

はり【針】■一[名]❶布などを縫ったり、刺して留めたりするのに用いる、先端のとがった細い道具。多くは鋼鉄製。「待ちー」❷ハチ・サソリなどが他の動物を刺して毒を注入する器官。❸時計などの計器で、目盛りを指し示すもの。「磁石のー」❹注射針。❺レコード針。❻書類などを綴じるための留め金。「ホチキスのー」❼裁縫。おはり。「ーの稽古」❽人の心を傷つける要素。害意。「ーを含んだことば」■二(造)手術で、針で縫った目数をかぞえる語。「九ーも縫う怪我」

◉**針の筵** 気の休まることのない、つらい場所。

はり【▼梁】[名]構造物の上部の重みを支えるために、または柱を固定するために、柱の上にかけわたす水平材。特に、桁に対して、棟と直角にかけわたした水平材をいう。

はり【▼鍼】[名]漢方で、体表のつぼに刺して治療するのに使う、金・銀・プラチナ製などの細長い器具。また、その治療法。「ーを打つ」▽「針」と同語源。書き方「針」と書くこともあるが「鍼」が一般的。

はり【張り】■一[名]❶糸などを張ること。また、その度合い。「弦のーを強くする」❷引き締まって弾力があること。「ーのある肌」❸心の中に何かをしようとする意欲がみなぎること。充実感。張り合い。「ーのある仕事」■二(造)弓・琴・提灯・蚊帳・幕・テントなどを数える語。

はり【▼玻璃】[名]❶仏教で、七宝の一つ。水晶。❷ガラス。「ー器・ー鏡」

ば-り【罵▼詈】[名・他サ変]口汚くののしること。また、そのことば。

ばり【張り】[接尾]〈人名などに付いて〉それに似ている意を表す。「セザンヌーの風景画」「鷗外ーの文体」

バリアー【barrier】[名]障壁。防壁。また、障害物。バリア。

はり-あい【張り合い】[名]❶張り合うこと。競うこと。「意地のー」❷働きかけただけのかいがあると感じられること。充足した反応があること。「仕事にーがでてくる」「この薄給では働くーがない」

はり-あ・う【張り合う】[自他五]相手に負けまいとして競い合う。同じ目標に向かってせり合う。「意地をー」「双方一歩も譲らずにー」

はり-あ・げる【張り上げる】[他下一]声を高く大きく出す。「声をーげて歌う」文**はりあ・ぐ**

バリア-フリー【barrier-free】[名]高齢者や障害者の日常生活に妨げとなる障壁(バリア)を取り除くこと。段差の解消など、物理的障壁だけでなく、社会的・制度的・心理的障壁の除去も含めていう。

はり-い【▼鍼医】[名]鍼術による治療を職業とする人。鍼医者。

パ-リーグ[名]日本のプロ野球二リーグのうちの一つ。現在、六球団が加盟する。▽「パシフィックリーグ(Pacific League)」の略。⬇セリーグ

はり-いた【張り板】[名]洗って糊をつけた布や漉いた紙を張って乾かすのに用いる厚い板。

バリウム【barium】[名]❶アルカリ土類金属元素の一つ。単体は銀白色の軟らかい金属。空気中では酸化されやすい。金属の脱酸剤、軸受け合金の材料などに用いる。元素記号Ba❷X線造影剤に用いる硫酸バリウムの通称。「ーを飲む」

バリエーション【variation】[名]❶物事の変化・変動。また、物の変型・変種。「ーに富む商品」❷変奏曲。

はり-えんじゅ【針▼槐】[名]街路樹・公園樹として植えるマメ科の落葉高木。初夏、白い蝶形の花が総状に垂れ下がって咲く。ニセアカシア。

はり-おうぎ【張り扇】[名]親骨一本を芯にして外側を奉書紙で張り包んだ扇。講談師が釈台をたたいて調子をとるのに使う。

はり-か・える【張り替える(貼り替える)】[他下一]古いものを取り去って新しいものを張る。「襖をー」文**はりか・ふ** 名**張り替え**

はり-がね【針金】[名]金属を伸ばして細長い糸のようにしたもの。

はり-がみ【貼り紙】[名]❶紙をはりつけること。また、はりつけた紙。「ー細工」❷紙に通知文・宣伝文などを書いて人目につく所にはりだすこと。また、その紙。❸注意や覚え書きを書いて書類などにはりつけること。また、その紙。付箋。

バリカン[名]頭髪を刈る金属製の器具。櫛状の刃を重ねて一方を固定し、一方の刃を左右に往復させて毛髪を切る。▽フランスの製造会社名Bariquand et Marreから。

ば-りき【馬力】[名]❶自動車のエンジンなどの仕事率を表す単位。七五キログラムの物体を毎秒一メートル動かす仕事率。一馬力は〇・七三五五キロワット。仏馬力。記号PS❷仕事などをなしとげる活力。精力。「あの人はーがある」「締切が近いのでーを掛ける」❸荷馬車。

はり-き・る【張り切る】[自五]❶ゆるみなく十分に張る。ぴんと張る。「ーった糸が切れる」❷気持ちや神経がぴんと張りつめる。緊張する。「気持ちがーっている」❸物事に対処して意欲や気力をみなぎらせる。意気ごむ。「仕事にー」「来年も優勝したいとーっている」名**張り切り**

品格 意気込む「得意げにー」勇む「喜びー」気負い立つ「試合を前にー」奮い立つ「激励にー」

はり-くよう【針供養】[名]毎年二月八日(地方によっては十二月八日)に針仕事を休み、折れた針や古い針を集めて供養すること。また、その行事。針をこんにゃくや豆腐に刺して神社に納めたりする。

バリケード【barricade】[名]市街戦などの際に、敵の侵入や攻撃を防ぐために築く応急の防壁。

ハリケーン【hurricane】[名]大西洋西部のカリブ海・メキシコ湾などで発生する暴風を伴った熱帯性低気圧。

はり-こ【張り子】［名］❶木型に紙を何枚も張り重ね、糊(のり)が乾いてから木型を抜き去って作る細工物。張り抜き。|||「―の虎(とら)(＝見かけは強そうだが実は弱い人)」❷木や竹を組み、その上に何枚も紙を張り重ねて作ったもの。張りぼて。

はり-こみ【張り込み・貼り込み】［名］❶【張】見張りをすること。|||「―の刑事」❷【貼】はりつけること。また、そのもの。|||「画像の―」

はり-こ・む【張り込む・貼り込む】 ■一［自五］【張】見張りをする。特に、警官などが犯人の現れそうな場所に待機して見張る。|||「刑事がアパートに―」■二［他五］❶【貼】台紙などにはりつける。|||「アルバムに写真を―」❷【張】あることのために思い切って大金を投じる。|||「祝儀を―」「―・んで新車を買う」名 張り込み

バリコン［名］極板面積や電極間の距離を変えて静電容量を加減するコンデンサー。ラジオ・テレビなどの発信回路や同調回路に用いる。可変コンデンサー。▼variable condenser から。

パリ-さい【パリ祭】［名］フランス革命記念日(七月一四日)の、日本での通称。▼ルネ＝クレール監督の映画 Quatorze Juillet (七月一四日)が「巴里祭」と訳されたことから。

パリサイ【Pharisaios ギリシア】［名］キリスト時代のユダヤ教の一派。モーセの律法の遵守と、その厳格な実践を強調。福音書ではイエスの論敵となり、その形式主義と偽善的傾向が激しく批判された。パリサイ人。パリサイ派。▼偽善者・形式主義者のたとえとしても使う。

はり-さ・ける【張り裂ける】［自下一］❶中がいっぱいになって裂ける。ふくらみすぎて破裂する。|||「袋が―」❷激しい勢いでわき上がる感情のために、胸がいっぱいになって耐えられなくなる。|||「悲しみに胸が―」文 はりさ・く

はり-さし【針刺し】［名］裁縫用の針を刺しておく道具。綿・毛髪・ぬかなどを布で包んで作る。針山。針立て。針坊主。

はり-しごと【針仕事】［名］裁縫。縫い物。

バリスタ【barista イタリア】［名］イタリアのバール(＝喫茶店)で、エスプレッソを専門にいれる人。

ばり-ぞうごん【罵▼詈雑言】［名］口を極めてののしること。また、そのことば。

はり-たお・す【張り倒す】［他五］平手で強く打って倒す。また、殴り倒す。|||「横っ面を―」

はり-だし【張り出し・貼り出し】［名］❶【張】建築で、建物の外側へ張り出して造ること。また、その部分。|||「―窓」❷【貼】ある情報を書いて人目につく所にはること。また、そのもの。張り紙。❸【張】相撲で、正位置に次ぐものとして番付の欄外に書くこと。また、その力士。|||「―横綱」書き方 ③は「張出」と書く。

はり-だ・す【張り出す・貼り出す】［他五］❶［自五］【張】外側にでっぱる。また、外側にでっぱらせる。|||「軒が―」「高気圧が―」「庭に―・した窓」❷【貼】紙・札などに書いたものを人目につく所に掲げる。|||「児童の作品を―」

はり-たて【針立て】［名］針刺し。針山。

はり-つ・く【貼り付く・張り付く】［自五］❶【貼】面と面とがぴったりくっついて離れなくなる。|||「岩礁に―・いたアワビ」❷【張】ある人や場所から離れないでいる。|||「記者団が大統領一行に―」

はり-つけ【▼磔】［名］昔の刑罰の一つ。横木を付けた柱に罪人を大の字形に縛りつけ、両脇から槍(やり)で突き殺したもの。▼「張り付け」の意。

はり-つ・ける【貼り付ける・張り付ける】［他下一］❶【貼】紙・布などを広げて糊(のり)やピンで他の物にくっつける。|||「肩に膏薬(こうやく)を―」❷【貼】コンピューターで、コピーしたり切り取ったりしたデータを別の場所に持っていって表示させること。⬇ペースト ❸【張】ある目的のために人を一定の場所にとどめておく。|||「記者を警察署に―・けておく」文 はりつ・く

ぱりっ-と［副］❶固くて薄いものが割れるさま。また、その音を表す語。|||「せんべいを―かむ」❷くっついたものがはがれるさま。また、その音を表す語。|||「アルバムの写真を―はがす」❸張りがあるさま。また、ぴたりと体裁が整っているさま。|||「スーツを―着こなす」

はり-つ・める【張り詰める】 ■一［自下一］❶氷などがあたり一面に張り広がる。|||「池に氷が―」「森に朝の気配が―」❷気持ちが極度に緊張した状態になる。|||「神経［心］が―」❸会場などに緊張感が行き渡る。|||「議場内に緊張感が―」「―・めた雰囲気が和らぐ」■二［他下一］❶建材などをあたり一面に張りめぐらす。|||「庭に芝生を―」❷気持ちを十分に引き締める。|||「気を―・めて事に当たる」「―・めていた気持ちがゆるむ」文 はりつ・む

はり-て【張り手】［名］相撲の技の一つ。相手の横面または首の側面を平手で打つこと。

パリティー-けいさん【パリティー計算】［名］生産費に関係なく、一般物価指数との釣り合いによって価格を決める方法。日本では農産物の価格算定に用いる。

はり-とば・す【張り飛ばす】［他五］平手で強くなぐる。なぐりとばす。

バリトン【barytone】［名］❶男声の、テノールとバスの間の音域。また、その音域の歌手。❷同族楽器の中で、①に相当する音域をもつもの。|||「―サックス」

はり-ねずみ【針▼鼠】［名］背面に鋭いとげが密生するモグラ目ハリネズミ科の哺乳(ほにゅう)類。体形はネズミに似るが尾が短い。敵に出合うと体を丸めて身を守る。

はり-ばこ【針箱】［名］裁縫用具を入れておく箱。裁縫箱。

ばり-ばり［副ト］❶［三］こわばっているさま。|||「糊(のり)がきいて―した浴衣」❷固いものを勢いよく引き裂いたり破ったりかみ砕いたりするさま。また、その音を表す語。|||「羽目板を―(と)はがす」❸続けざまに破裂する音を表す語。|||「機銃掃射の音が―(と)響く」❹大量の物事を次々に処理するさま。|||「―(と)仕事を片づける」使い方「ばりばりの」や「〜のばりばり」の形で、時宜に適って極めて目立つさまを表す。|||「―の現役」「若手の―」

ぱり-ぱり ■一［副ト］❶［三］こわばっているさま。|||「―(と)した海苔(のり)」❷薄くて固いものを割ったり砕いたりするさま。また、その音を表す語。|||「漬物を―(と)かむ」■二［名］❶新しくて張りがあること。|||「―のスーツ」❷勢いがよくて活発なこと。|||「―の新入社員」「江戸っ子の―」

はり-ばん【張り番】［名］見張って番をすること。また、それをする人。見張り番。

はり-ぼて【張りぼて】［名］ある形に木や竹を組み、その上に紙を張り重ねて作ったもの。特に、そのようにして作った芝居の小道具。張り子。

はりま【▼梁間】[名] 建物の梁の長さ。梁行。

はりめ【針目】[名] 針で縫ったあと。縫い目。「—が粗い」

はりめぐら・す【張り巡らす】[他五] まわりを囲むように張る。全体にくまなく張る。「敷地に縄を—」「全国に情報網を—」 異形 **張り巡らせる**

はりもの【張り物】[名] ❶布地を洗って糊をつけ、板張りまたは伸子張りにして乾かすこと。また、その布。❷芝居の大道具で、木材を組んだ枠の上に紙や布を張り、樹木・岩石などの形にしたもの。

はりやま【針山】[名] 針刺し。針立て。

バリュー【value】[名] 価値。値打ち。▼多く他の語と複合して使う。「ネーム—・ニュース—」

ばりょう【馬糧】[名] 馬のえさ。馬の飼料。

はりわた・す【張り渡す】[他五] 一方から他方に達するように張る。「ロープを—」

はる【春】[名] ❶四季の一つ。冬と夏の間の季節で、陽暦では三月から五月まで、陰暦では一月から三月まで。次第に夜が短く、昼が長くなるとともに、暖かくなって草木が繁り始める。暦の上では立春から立夏の前日まで、天文学では春分から夏至までをいう。❷正月。新年。「初—」▼旧暦ではほぼ立春と重なるところから。❸活気があって、勢いの盛んな時期。「人生[わが世]の—」❹思春期。青春期。また、思春期の性的な欲情。「—のめざめ」

「春」のイメージと表現

①暖かく穏やかな季節。(春眠暁を覚えず・のどかな春の日差し・春の小川はさらさら流れる)

②大地は目ざめ、草木は芽ぐみ、花咲き鳥鳴いて、心は浮き立つ。(大地[生きとし生けるもの]が冬の眠りから目を覚ます・春爛漫・桜前線・花見の宴)

③新しい年度・シーズンの始まり。(卒業式・入学[入社]式・新入生・フレッシュマン・引っ越し・転勤)

④思春期・青春の象徴。また、盛時の象徴。(春のめざめ・希望に満ちた青春・わが世の春を謳歌する)

⑤売買の対象となる性行為(春をひさぐ[売る]・売春・買春)

＊陰陽五行説は、方角では「東」に、色では「青」に見立てる(青春・春宮)。

は・る【張る(貼る)】

A **線状・膜状のものが伸びる**

一[自五] ❶たるみがないように引きのばされる。「凧の糸がぴんと—」❷広がってのびる。「地中深く根が—」「松の枝が四方に—」❸一面に広がって生じる。「池に氷が—」「豆乳に薄膜が—」「天井に蜘蛛の巣が—」❹横に突き出る。「頬骨が—」「えらの—った人」

B **緊張してこわばる**

❺筋肉がこわばる。凝る。「肩が—」「ふくらはぎがぱんぱんに—」❻はちきれそうにふくらむ。たるみなくふくらむ。「乳が—」「肌がぴんと—って若々しい」❼気持ちが引き締まる。緊張する。はりつめる。「気が—って疲れを感じない」「初舞台に神経がぴんと—」

C **程度を越える**

❽数量・程度などが度を越す。「嵩が—」「つきあいが—って出費がかさむ」❾ある気持ちが度を越して強くなる。「欲(の皮)が—」「食い意地が—」❿値段などが高くなる。「経費が—」「値が—商品」

D **線状・膜状のものを伸ばす**

二[他五] ❶糸状のものを一端から他端へかけ渡す。また、網状・布状のものを広げて設置する。「ロープ[弦]を—」「幕を—」❷植物が根や枝を広げてのばす。「大地に根を—」❸広げ渡すようにしてあるものを作り設ける。「クモが天井に巣を—」「野外に陣を—」❹警戒や防御などに備えて特別の状況を作り出す。「検問のために非常線を—」「伏線を—」❺通信・連絡・連携が可能な状況を作り出す。「全会員に連絡網を—」「関連サイトにリンクを—」❻体の一部をそらせたり突き出したりする。「昂然と胸を—って答える」「肩を—って歩く」

E **膜状のものを伸ばして取り付ける**

❼糊などをつけて物を平らな面に付着させる。貼付する。また、板状・布状の物を平らに並べて取り付ける。「壁にポスターを貼る」「傷口に絆創膏を貼る」「壁にタイルを—」

書き分け 貼付する意で【貼】、取り付ける意で【張】を使う。それぞれの意に重点を置いて、「タイルを貼る／張る」など両方使うものもある。 使い方 「障子紙を張る」に対し、「障子を張る」など〜ヲに〈結果〉をとる言い方もある。張ることによってそれを作り出す意。

F **緊張させ強める**

❽気持ちを引き締める。はりつめる。「夏の疲れは気を—って乗り切る」❾強引にある考え・気持ち・態度などを押し通す。「我[強情・片意地]を—」❿ある領域に勢力を誇示する。「奥羽地方に勢力を—」

G **その他**

⑪うわべをかざる。「見え[虚勢]を—」⑫酒宴を催す。「宴を—」「祝宴を—」▼幕を張って宴席をしつらえたことから。⑬スポーツで、強化合宿を行う。「キャンプを—」「高地合宿を—」▼仮設テントなどを設けたことから。⑭水などをいっぱいに満たす。「浴槽[田]に水を—」 使い方 「係員がスケートリンクに氷を—」など、〜ヲに〈結果〉をとる言い方もある。その状態をリンクいっぱいに作り設ける意。⑮高い地位に身を置く。「横綱を—」⑯〈「声を張る」の形で〉大きな声を出す。張り上げる。「声を—って呼ぶ」⑰平手で打つ。また、相撲で張り手を使う。「頬を—」「横っ面を—」 書き方 「▽擲る」とも。⑱警戒や逮捕のために見張る。「現場を—」⑲金銭を賭ける。また、万一の幸運をねらって物事をする。「有り金すべてを丁に—」「やまを—」⑳危険を覚悟して事に当たる。賭ける。賭す。「体を—って仕事をする」

可能 **張れる** 名 **張り**

は・る【助動 五型】（はら-はり（はっ）-はる-はる-はれ-はれ）関西で、軽い尊敬の意を表す。〓「大阪へ行か—」「昨日はそう言わはった」

ば・る【（張る）】［接尾］〈名詞の下に付いて五段活用の動詞を作る〉そのことを強く押し通す、また、その傾向が一段と顕著である意を表す。〓「欲—・四角—・格式—」

はる-いちばん【春一番】［名］立春を過ぎて初めて吹く強い南風。はるいち。

バルーン［balloon］［名］風船。気球。〓「アド—」

バルーン-スカート［balloon skirt］［名］胴回りと裾にギャザーを取り、全体を膨らんだ風船のような形にしたスカート。

はるか【▼遥か】［形動・副］❶時間的・空間的な隔たりが大きいさま。〓「異郷から—な思いを寄せる」「—にヒマラヤ山脈を望む」「—昔の話」「—かなたの国」❷程度の違いが甚だしいさま。〓「この本の方が—に面白い」「予想を—に下回る投票率」

遥

はる-がすみ【春▼霞】［名］春のかすみ。春に立つかすみ。〓「四方の山々に—がたなびく」

はる-かぜ【春風】［名］春の風。春の日に東または南から吹く穏やかな風。しゅんぷう。

はる-ぎ【春着】［名］❶正月に着る晴れ着。❷春に着る衣服。春服。

バルキー［bulky］［名・形動］厚ぼったいこと。分厚いこと。〓「—タイツ」

はる-け・し【▼遥けし】［形ク］［古風］❶空間的・時間的に遠くはなれている。〓「思ふこと遠く—・くなりにけり室戸の浜をとゆきかくゆき〈吉井勇〉」❷心が遠くはなれている。

はる-ご【春▽蚕】［名］春から初夏にかけて飼い育てる蚕。しゅんさん。▽夏蚕・秋蚕に対していう。

バルコニー［balcony］［名］❶洋風建築で、階上の室外に広く張り出した手すりのついた台。露台。バルコン。❷劇場の二階席。桟敷。

はる-さき【春先】［名］春の初め。早春。〓「—に咲く花」

はる-さく【春作】［名］春に栽培する農作物。また、春に収穫する農作物。

バルサミコ［balsamico イタリア］［名］ブドウの果汁とワインを発酵させて作るイタリアの醸造酢。バルサミコ酢。

はる-さめ【春雨】［名］❶春、静かに降る細かい雨。しゅんう。⇔秋雨 ❷緑豆・ジャガイモなどのでんぷんを原料にする、透き通った麺状の食品。湯などで戻して用いる。

パルス［pulse］［名］❶脈拍。❷きわめて短い時間の間だけ流れる電流や電波。

パルチザン［partisan フランス］［名］武装した一般市民が組織する非正規軍。多く正規軍と連携しながらゲリラ活動や遊撃活動を行う。別働隊。

はるつげ-どり【春告げ鳥】［名］ウグイス。

はる-の-ななくさ【春の七草】［名］春を代表する七種の若菜。芹・薺・御形（＝ハハコグサ）・繁縷（＝ハコベ）・仏の座（＝タビラコ）・菘（＝カブ）・蘿蔔（＝ダイコン）。⇔秋の七草

はる-ばしょ【春場所】［名］毎年三月に大阪で行われる大相撲の本場所。三月場所。▽もとは正月に興行されるものをいった。

はる-ばる【▼遥▼遥】［副と］非常に遠くから（遠くまで）動作・作用が及ぶさま。〓「—（と）海を渡ってきた白鳥」「海上を—（と）見渡す」

バルブ［bulb］［名］❶電球。特に、閃光電球。❷カメラで、長時間露出をする機能。シャッターボタンを押している間はシャッターが閉じない。記号B

バルブ［valve］［名］管の途中や両端にあって、管内を流れる気体・液体の流量を調節する開閉弁。

パルプ［pulp］［名］木材などの植物体を機械的・化学的に処理して抽出したセルロース繊維。紙・化学繊維などの原料に用いる。

はる-まき【春巻き】［名］中国料理の点心の一つ。ひき肉・刻んだ野菜・春雨などを炒めてから薄い小麦粉の皮で筒形に巻き、低温の油で揚げたもの。

ハルマゲドン［Harmagedōn ギリシア］［名］世界の終末に起こるという善悪諸勢力の決戦の場。転じて、世界の終わり。アルマゲドン。▽新約聖書「ヨハネの黙示録」一六章から。

はる-め・く【春めく】［自五］春らしい気候になる。〓「一雨ごとに—」

パルメザン［Parmesan］［名］粉末にしてパスタ・スープなどに用いる、イタリアのパルマ地方原産の硬質なチーズ。パルメザンチーズ。パルミジャーノ。

はる-やすみ【春休み】［名］学校で、学年末から四月の始業日までの間の休暇。

はれ【晴れ】［名］❶空が晴れること。天気がよいこと。〓「曇りのち—」❷（普段と違って）表だって特別であること。正式・公式であること。〓「—の舞台」「—の席に臨む」⇔褻 ❸疑いが晴れること。〓「—の身となる」

はれ【腫れ（▼脹れ）】［名］はれること。また、その状態。〓「傷口の—が引く」

はれ-あが・る【晴れ上がる】［自五］すっかり晴れる。

はれ-あが・る【腫れ上がる】［自五］はれてふくれ上がる。

ば-れい【馬齢】［名］❶馬の年齢。❷自分の年齢を謙遜していう語。

◉**馬齢を重・ねる** これといったこともしないでむだに年をとる。馬齢を加える。

ばれいしょ【馬鈴▼薯】［名］ジャガイモの別称。

薯

はれ-いしょう【晴れ衣装】［名］晴れ着。

バレエ［ballet フランス］［名］ヨーロッパの舞踊形式の一つ。音楽を伴った踊りや身振りによって意思や感情を表現し、一つの物語を展開させる舞踊劇。

バレー［名］「バレーボール」の略。

ハレーション［halation］［名］写真で、特に強い光が当たった部分の周囲が白くぼやけて写る現象。光暈。〓「—を起こす」

ハレー-すいせい【ハレー▼彗星】［名］長い尾を引くことで知られる太陽系の彗星。周期七六年で楕円軌道を公転する。ハリー彗星。▽イギリスの天文学者E＝ハレーがその軌道を計算した。

パレード［parade］［名・自サ変］祭礼・祝賀などの際に、行列を整えて華やかに行進すること。また、その行進。

バレーボール［volleyball］［名］二チームがコート中央のネットを挟んで相対し、手でボールを地に落とさないように打ち返し合って得点を競う球技。六人制と

九人制、ビーチバレーなどがある。また、それに用いるボール。バレー。排球。

パレオ【paréo フランス】[名] 女性が体に巻きつける長方形の布。ポリネシアの民族衣装。

はれ-おとこ【晴れ男】ヲトコ [名] 催しに参加すると、いつも晴れになるといわれる男性。⇔雨男・晴れ女

はれ-おんな【晴れ女】ヲンナ [名] 催しに参加すると、いつも晴れになるといわれる女性。⇔雨女・晴れ男

はれ-がまし・い【晴れがましい】[形] ❶いかにも表立っていて、はなやかであるさま。「婚礼の—場に臨む」❷表立っていて、恥ずかしくも名誉に思うさま。世間に対して誇らしく思うさま。「—気持ちで旗手を務める」派生 -さ/-がる

はれ-ぎ【晴れ着】[名] 入学式・成人式など、表立った場所に出るときに着る衣服。晴れ衣装。よそゆき。⇔普段着

パレス【palace】[名] ❶宮殿。御殿。❷娯楽などのための大きな建造物。「アイス—」

はれ-すがた【晴れ姿】[名] ❶晴れ着を着た姿。❷表立った場所に出た時の立派な姿。「一世一代の—」

は-れつ【破裂】[名・自サ変] ❶内部からの圧力などによって勢いよく裂けること。「水道管が—する」❷話し合いがまとまらないで交渉などが物別れになること。決裂。

はれつ-おん【破裂音】[名] ❶物が破裂した音。❷唇・歯ぐき・口蓋などの調音器官を閉じて呼気を止めたのち、急にそれを開放して発する音。日本語では無声音の[p、t、k]、有声音の[b、d、g]など。閉鎖音。

バレッタ【barrette フランス】[名] 金具を取り付けた髪留め。バレット。

パレット【palette】[名] 油絵や水彩画を描くとき、絵の具を混合して色をつくるのに用いる板。調色板。

パレット【pallet】[名] 荷物を載せたままフォークリフトなどで移動できるようにした運搬用の荷台。

はれ-て【晴れて】[副] だれはばかるところなく。公然と。「—自由の身になる」

はれ-ばれ【晴れ晴れ】[副上] ❶空がすっかり晴れ渡っているさま。「—(と)した初夏の空」❷心配事などがなく気分がすっきりしているさま。「—(と)した表情」

ばれ-ばれ [形動] すっかりばれているさま。見えすいているさま。みえみえ。「うそが—だ」

はれ-ぶたい【晴れ舞台】[名] 表立った特別の舞台。多くの人の前で何かをする華やかな場面。晴れの舞台。「全国大会の—」

はれ-ぼった・い【腫れぼったい】[形] はれてふくれているようなさま。「—目で見つめる」「寝不足でまぶたが—」派生 -さ

はれ-ま【晴れ間】[名] ❶降り続く雨や雪が一時的にやんでいる間。「梅雨の—」❷雲の切れ間からのぞいて見える青い空。「ところどころに—が見える」

ハレム【harem】[名] ❶イスラム教国の王室・上流家庭で、女性専用の居間。▽近親以外の男性は出入りを禁じられる。❷オスマン帝国の王室の後宮。◈もとアラビア語で「出入りを禁じられた場所」の意。「ハーレム」とも。

はれ-もの【腫れ物】[名] 炎症などで、皮膚の一部がはれてうみなどをもったもの。できもの。

◉**腫れ物に触(さわ)るよう** 機嫌をそこなわないように恐る恐る接するさま。「—に扱う」

はれ-やか【晴れやか】[形動] ❶空が晴れ渡っているさま。「—な秋空」❷何の心配事もなく心がはればれと明るいさま。「—な気分」「—に笑う」❸はなやかなさま。「—に着飾る」派生 -さ

バレリーナ【ballerina イタリア】[名] バレエで、女性の踊り手。▽本来は主役を務める女性の踊り手をさす。

は・れる【晴れる】(▼霽れる)[自下一] ❶雲や霧などが消える。また、雨や雪がやんで青空が見える状態になる。「霧が—れて視界が開ける」「西の空が明るく—」「梅雨が—」「—れているのに雨が降っている」❷心の中にわだかまる不快な感情が消えてさっぱりする。晴れやかになる。「気[気分]が—」「心の憂さ[迷い・もやもや]が—」❸かけられた疑いなどが消える。「殺人の容疑が—」文 は・る 名 晴れ

は・れる【腫れる】(▼脹れる)[自下一] 病気、炎症・内出血などで、体の一部がふくれあがる。「寝不足でまぶたが—」「扁桃腺(へんとうせん)が—」「捻挫(ねんざ)して足が—」文 は・る 名 腫れ

ば・れる [自下一] ❶うそや隠しごとが知られてしまう。露見する。発覚する。「正体[悪事・うそ]が—」❷釣りで、いったん針にかかった魚が逃げる。

バレル【barrel】[名] ヤードポンド法で、液体の体積を表す単位。日本はアメリカの規格を採用し、一バレルは四二ガロンで、約一五九リットル。イギリスは三六英ガロンで、約一六四リットル。▽樽(たる)の意。

ハレルヤ【hallelujah】[名] 旧約聖書の詩編などにみられる、神の栄光を賛美し、神の恵みを感謝する語。キリスト教会の聖歌や賛美歌にも用いられる。アレルヤ。▽ヘブライ語で「主をほめたたえよ」の意。

はれ-わた・る【晴れ渡る】[自五] 空が一面に晴れる。「雲一つなく—った秋空」

ばれん【馬▼楝(馬連)】[名] 木版刷りで、着色した版木に当てた紙を上からこすり、絵の具を紙に付着させるための用具。円盤形の芯を竹の皮で包んだもの。

ばれん【馬▼簾】[名] 纏(まとい)の周囲に飾りとして垂れ下げる、紙・革・ラシャなどを細長く切ったもの。

バレンタイン-デー【Valentine Day】[名] 二月一四日。三世紀にローマで殉教した聖人バレンタインの記念日で、愛の告白や贈り物の交換をする。日本では女性が男性にチョコレート贈る風習がある。セントバレンタインデー。

は-れんち【破廉恥】[名・形動] 恥を恥とも思わないで平然としていること。恥知らず。「—な行為」「—罪(=殺人・放火・強姦(ごうかん)など、道徳的に非難される動機によってなされる犯罪)」

ハロ【halo】[名] ❶太陽や月の周りに現れる光の輪。暈(かさ)。❷聖像などの頭部の背後に描かれる光の輪。光輪。光背。◈「ハロー」とも。

は-ろう【波浪】ハラウ [名] 波。「—注意報」

は-ろう【破▼牢】ハラウ [名・自サ変] 囚人が牢を破って逃げること。牢破り。脱獄。

ハロウィン【Halloween】[名] 万聖節(ばんせいせつ)(=諸聖人の祝日)の前夜に行われる祭り。一〇月三一日。カボチャをくり抜いた提灯を飾ったり、仮装した子供たちが家々を回ったりする。ハロウィーン。

ハロー【hello】[感] 呼びかけ、または軽い挨拶(あいさつ)の

語。もしもし。やあ。こんにちは。

パロール【parole フランス】[名] 言語学者ソシュールの用語で、ある社会で共有されているラング(言語)に依存しながら、ある個人がある時・ある場面で具体的に行使することば。「言」と訳される。

ハローワーク【和製 Hello + Work】[名] ➡ 職業安定所

ハロゲン【halogen】[名] フッ素・塩素・臭素・沃素・アスタチンの五元素の総称。ハロゲン族元素。

バロック【baroque フランス】[名] 一六世紀末から一八世紀半ばにかけてヨーロッパ全土に流行した芸術様式。調和と均斉を理想とする端正なルネサンス様式に対し、技巧・装飾を重視した動的・感覚的な表現を特色とする。「—音楽」

パロディー【parody】[名] 著名な作品の構成や文体を巧みに取り入れ、風刺・滑稽・諧謔などを目的に作り変えた文学作品。日本の本歌取り・狂歌・替え歌などもその一種。▼広く演劇・音楽・芸術などの作品についてもいう。

バロメーター【barometer】[名] ❶気圧計。晴雨計。❷物事の状態・程度などを推測する基準となるもの。

ハロン【furlong】[名] 競馬で、距離を表す単位。一ハロンは八分の一マイルで、約二〇一メートル。ファーロング。

パワー【power】[名] ❶力。腕力。体力。また、能力。活力。馬力。「—のある選手」「子供たちから—をもらった」「—シャベル」❷支配力。軍事力。❸政治・社会を動かす集団の力。「住民—に押される」

パワーアップ【power up】[名・自他サ変] 力が増すこと。力がつくこと。また、力をつけること。「エンジンが—する」

パワーゲーム【power game】[名] 権力をめぐる駆け引き。特に、国家間の主導権争い。

パワーユーザー【power user】[名] パソコンなどの使い方に精通している人。ヘビーユーザー。

パワーリフティング【power lifting】[名] バーベルを持ち上げる筋力の強さを競う競技。スクワット・ベンチプレス・デッドリフトの三種目がある。重量挙げとは持ち上げ方を異にする。

パワーワード【power word】[名] 影響力のある言葉。印象に残る言葉。

ハワイアン【Hawaiian】[名] ハワイ諸島の民族音楽にジャズなどの影響が加わって発展した現代ハワイのポピュラー音楽。スチールギター・ウクレレ・各種打楽器によって演奏される。ハワイアン音楽。

は-わたり【刃渡り】[名] ❶刃物の刃の長さ。「—三〇センチの包丁」❷刀の刃を上に向けて固定し、その上を素足で歩く芸当。刀の刃渡り。

パワハラ [名] 権力や地位を利用したいじめや嫌がらせ。職場内で上司が部下に対して行ういじめなどをいう。▼「パワーハラスメント(和製 power + harassment)」の略。

パワフル【powerful】[形動] 強力なさま。力強いさま。「—な一打」「—な演奏」

はん【反】㊀[名] ❶反定立。❷「反切」の略。㊁[接頭]〈名詞に付いて〉…に反対する、…に合致しない、の意を表す。「—作用・—主流派・—社会的」㊂(造) ❶もとへかえる。かえす。「—射・—省」❷繰り返す。「—芻・—復」❸そむく。「—逆・—抗」「離—」▼「叛」に通じる。

はん【半】㊀[名] ❶時刻で、三〇分。「—になったら出かけよう」「五時—」❷奇数。「丁か—か」⬍丁 ㊁(造) ❶二つに分けたひとつ。半分。「—額・—日」「折—・後—」❷中途までである意を表す。なかば。不完全。「—熟・—病人」

はん【判】㊀[名] ❶印鑑。はんこ。「書類に—を押す」❷紙・書類、また、衣服などの大きさの規格。「L—・四六—」❸金貨の大きさ。「大—・小—」㊁(造) ❶判断する。はっきり区別する。「—定」「裁—」❷はっきりする。明白になる。「—然・—明」

◉**判で押したよう** 同じことの繰り返しで変化のないさま。「—な挨拶〔サラリーマン生活〕」

はん【版】㊀[名] ❶印刷をするもとになる板状のもの。「—を彫る」「—画」「活—・瓦—・製—・凸—・木—」❷一つの本を印刷するときの、ひとまとまりの版。また、(その版によって)印刷した本。「—を重ねる」「—権・—元」「改訂—・初—・絶—・第五—」㊁(造) あるものに基づいて、別の場所・時代などで作ったもの。バージョン。また、特定の場所やグループに向けて作ったもの。「現代—かぐや姫」「日本—401K」「グルメガイド全国—」

はん【班】㊀[名] 一つの集団を何人かずつに分けた、その一つ一つ。組。グループ。「三つの—に分かれる」「—長」「研究—」㊁(造) 席次。「首—」

はん【煩】㊀[名] 事が多くてわずらわしいこと。「—をいとわない」「—に堪えない」「—瑣・—雑」㊁(造) 思いなやむ。「—悶」

はん【範】㊀[名] 手本。のり。「—を垂れる」「規—・師—・模—」㊁(造) 一定のくぎり。わく。「—囲・—疇」「広—」

はん【藩】[名] 江戸時代、大名が支配した土地や統治機構の総称。「米沢—」「—校・—主」「廃—置県」

はん【汎】㊀[接頭]〈名詞に付いて〉広くその全体にわたる意を表す。「—神論・—アラブ主義」▼英語の接頭辞panの音訳。㊁(造) 広くゆきわたる。「—用」「広—」

はん［接尾］人名・職名などに付いて、軽い敬意を表す語。「鈴木—・あんた—・社長—」▼「さん」の転。多く関西で話し言葉として使う。

はん【氾】(造) ❶水があふれ、広がる。「—濫」❷すみずみまで広がる。「—愛・—論」▼「汎」に通じる。

はん【犯】(造) ❶法やおきてを破る。「—行・—罪・—則」「違—・防—」❷「犯罪」「犯人」の略。「共—・戦—・確信—・殺人—」❸刑を受けた回数を表す語。「前科二—」

はん【帆】(造) 風を受けて船を進ませるための布。ほ。「—船・—布」「出—・順風満—」

はん【伴】(造) ともなう。つれだつ。つれ。「—侶」「同—」

はん【坂】(造) ❶傾斜した道。さか。「—路」「登—」❷「大坂」の略。◈「阪」に通じる。

はん【阪】(造) ❶傾斜した道。さか。❷「大阪」の略。「—神・—大」「京—」◈「坂」に通じる。

はん【板】(造) ❶木を薄く平らに切ったもの。また、そのような形のもの。いた。「甲—・乾—・合—・鉄—」❷印刷のために文字などを彫る木のいた。「—

刻」「開—」

はん【▼叛】(造) そむく。さからう。‖「—旗・—逆・—乱」▼「反」に通じる。

はん【畔】(造) ❶田と田を分けるさかい。あぜ。‖「—界」❷ある場所のかたわら。ほとり。‖「河—・湖—」

はん【般】(造) ❶同類の物事。種類。‖「一—・諸—・全—」❷ある局面。回。とき。‖「今—・先—」

はん【販】(造) ❶物を売る。あきなう。‖「—路」「市—」❷「販売」の略。‖「信—・通—」

はん【斑】(造) まだら。ぶち。‖「—点・—紋」「紫—」

はん【飯】(造) めし。食事。‖「—店」「炊—・噴—・日常茶—」

はん【搬】(造) はこぶ。うつす。‖「—出・—入」「運—」

はん【頒】(造) 広くわけあたえる。‖「—布」

はん【繁】(造) ❶草木がしげる。ふえてひろがる。‖「—殖・—茂」❷物事が盛んになる。‖「—栄・—華街」❸事が多くてわずらわしい。‖「—雑・—忙」「頻—」旧繁

ばん【晩】㊀[名] 夕暮れ。夕方。また、夜。‖「朝から—まで忙しい」「あすの—には到着するだろう」「—餐・—鐘」「今—・昨—・毎—」㊁(造) 時期がおそい。‖「—春・—年」旧晩

ばん【番】㊀[名] ❶順序として割り当てられる位置。‖「次は君の—だ」「三—ホーム」「前から五—目の席」「—号」「当—」❷見張りをすること。‖「店の—をする」「—犬・—台」「交—・門—」㊁(造) ❶碁・将棋・相撲・剣道などの勝負・取り組みを数える語。‖「五—勝負」❷日常の。粗末な。‖「—茶・—傘」

ばん【盤】㊀[名] ❶将棋・囲碁・双六などで使う、表面の平らな台。‖「将棋—・碁—」❷レコード。‖「古い—を聴く」「LP—」㊁(造) ❶大きな平たい器。大きな皿。‖「—台」「水—」❷皿状のもの。‖「円—・吸—」❸大きな平たい岩。‖「—石」「落—」▼「磐」に通じる。❹物をのせる平らな台。また、台の形をした道具・機械。‖「鍵—・羅針—」❺勝負などの局面。‖「序—」

ばん【▼鷭】[名] 日本全土の水辺に分布する、クイナ科の鳥。全体に灰黒色で、額からくちばしにかけて赤い。人の笑い声に似た声で鳴く。

ばん【万】㊀[副] ❶〈下に打ち消しを伴って〉万に一つも。決して。‖「—遺漏なきように」❷どうしても。万一。‖「—やむを得ず」㊁(造) 数が非常に多いこと。すべて。‖「—事・—全・—能」旧萬

ばん【伴】(造) ともなう。‖「—走・—奏」「相—」

ばん【判】(造) ⬇はん(判)

ばん【板】(造) 木を薄く平らに切ったもの。また、そのような形状のもの。いた。‖「—金」「看—・黒—・回覧—」

ばん【版】(造) ⬇はん(版)

ばん【蛮】(造) ❶未開の異民族。‖「—夷・—族」「南—」▼「蕃」に通じる。❷下品で荒々しいこと。‖「—行・—勇」「野—」旧蠻

ばん【▼磐】(造) ❶大きな石。いわ。‖「—石」「落—」❷「磐城」の略。‖「—越」「常—」▼「盤」に通じる。

ばん【▼蕃】(造) ❶未開の異民族。‖「—夷・—人」▼「蛮」に通じる。❷外国。‖「—書」

バン【van】[名] 後部に荷物を積めるようにした箱形の自動車。‖「ライト—」

パン【Pan】[名] ギリシア神話で、牧人と家畜の神。上半身は人間で、山羊の角・耳・鬚・下半身をもつ半獣神。笛の音と舞踊を好む。牧神。牧羊神。

パン【pan】[名・自サ変] 映画・テレビなどで、カメラの位置を固定したままレンズの方向を左右または上下に動かしながら撮影すること。▼上下に動かすことはティルトともいう。

パン【pão ポルトガル】[名] ❶小麦粉・ライ麦粉などに少量の塩を入れて水でこね、イーストで発酵させてから天火などで焼いた食品。❷生活の糧。また、(精神的なものに対して)物質的なもの。‖「人は—のみにて生きるものにあらず」◈書き方「〈▼麺▼麭〉」「〈▼麪包〉」と当てて書く。

パン【pan】(造) 広くそのすべてにわたる意を表す。汎。‖「—アメリカニズム」

はん-あい【汎愛】[名・他サ変] すべての人を平等に愛すること。博愛。‖「—主義」

はん-い【犯意】[名] 犯罪になると知りながら、その行為をしようとする意思。

はん-い【▼叛意】[名] 主君などに背こうとする気持ち。謀反心。叛心。‖「—を抱く」

はん-い【範囲】[名] ある物事によって限られた一定の広がり。限定された領域。‖「半径五キロメートルの—をくまなく捜査する」「地震の影響が広い—に及ぶ」「分かる—で答えてください」「予算の—内でまかなう」

ばん-い【蛮▼夷(▼蕃▼夷)】[名] 中国周辺の未開人。▼「蛮」は南方の、「夷」は北方の未開人の意。

はんい-ご【反意語】[名] 対義語。

はん-えい【反映】[名] ❶[自他サ変] 光や色が反射してうつること。また、うつすこと。‖「夕日が川面に—する」❷[自サ変] 光や色がうつり合って、輝きを増すこと。‖「もろ肌を脱いで石鹼で磨き上げた皮膚がぴかついて黒縮緬の羽織と—している〈漱石〉」❸[自他サ変] あるものの影響が他に及び、その結果があらわれること。また、あらわすこと。‖「住民の意思を市政に—させる」「世相を—した事件」

はん-えい【繁栄】[名・自サ変] 勢いが盛んになること。富みさかえること。‖「子孫が—する」「交通の要地として—した町」「皆様の御—をお祈り申し上げます」

はん-えいきゅう【半永久】[名] ほとんど永久に近いこと。また、それほど長い時間。‖「—的な構造物」

ばんえい-けいば【▼輓▼曳競馬】[名] 輓馬に騎手と重量物を載せた橇を引かせ、障害を設けたコースを走らせる競馬。距離は二〇〇メートル。北海道の地方競馬で行われる。

ばん-えつ【▼磐越】[名] 磐城国から越後国。現在の福島・新潟県地方。

はん-えり【半襟(半▼衿)】[名] 掛け襟の一つ。飾りとして襦袢・長襦袢の襟に重ねて掛ける布。‖「塩瀬羽二重の—」

はん-えん【半円】[名] 円または円周を直径で二等分した、その一方。‖「—形」

はん-おし【半押し】[名・他サ変] ピントを合わせるためにカメラのシャッターボタンを半分だけ押すこと。

はん-おん【半音】[名] 全音の二分の一の音程。⬍全音 ▼八調長音階ではミとファ、シとドの間の音程。

はん-おんかい【半音階】[名] 各音の間がすべて半音になっている音階。一オクターブ内に一二の半音をもつ。⬍全音階

はん-か【反歌】[名] 長歌のあとに添える短歌。長歌の意を補足、または要約するもの。一首ないし数首からなる。万葉集に例が多い。かえしうた。

はん-か【頒価】[名] 物品などを頒布する際の価格。‖

「非売品の—」

はん-か【繁華】[名・形動] 人が多く集まって、にぎわっていること。「—な通り」「—の地」「—街」

はん-が【版画】[名] 版を用いて転写した絵。木版画・銅版画・石版画・シルクスクリーンなど。

ばん-か【▼挽歌(▼輓歌)】[名] 人の死を悲しんで作る詩歌。哀悼歌。▽もと、葬送のときに柩を挽く人たちがうたう歌の意。『万葉集』では、相聞・雑歌と並ぶ三大部立ての一つ。

ばん-か【晩夏】[名] ❶夏の終わりごろ。❷陰暦六月の別称。

ハンガー【hanger】[名] 洋服かけ。

バンカー【bunker】[名] ゴルフ場で、コース中の障害物の一つとして設けられた砂地のくぼみ。

ハンガー-ストライキ【hunger strike】[名] 抗議や要求貫徹のための手段として絶食する示威行為。ハンスト。

はん-かい【半開】[名・自他サ変] 半ば開くこと。はんびらき。「窓を—にしておく」

はん-かい【半壊】[名・自サ変] 建造物などが半ばこわれること。「地震で—した家屋」⇔全壊

ばん-かい【▼挽回】[名・他サ変] 失ったものを取り戻すこと。「失点[往年の栄光]を—する」「名誉—」

使い方 「汚名[退勢・地に落ちた評判]を挽回する」など、「〜を」にくるものを払いのけて、もとのよい状態を取り戻すために巻き返しを図る意でも使われる。「汚名挽回」を誤用とする説は、この用法を認めない。

ばん-がい【番外】[名] ❶予定された、または定められた番数・番組などにないこと。また、そのもの。「—の余興が飛び出す」「連続ドラマの—編」❷ふつうとは違っていること。例外であること。また、そのもの。「彼の人生観は—だ」

はん-がえし【半返し】[名] 祝儀・不祝儀などで、受け取った金品の半額程度の金品を礼として返すこと。

はんか-がい【繁華街】[名] 商店・飲食店などの多い、にぎやかな地域。

はん-かく【半角】[名] 正方形の和文活字一字を半分にした大きさ。「—文字」▽コンピューターでは、日本語入力をオフにして入力したアルファベット・数字などの、等幅フォントでの一字分の大きさをいう。

はん-がく【半額】[名] ある決まった金額の半分。「—割引」

はん-がく【藩学】[名] 藩校。

ばん-がく【晩学】[名] 年をとってから学問を始めること。「—の人」

はんか-くさ・い【半可臭い】[形] 愚かしい。ばからしい。「—理屈をこねる」▽主に東北・北海道地方の方言。

ばん-がさ【番傘】[名] 和傘の一つ。太い竹の骨に油紙を張った実用的な雨傘。

はんか-しい-ぞう【半▼跏思▼惟像】[名] 仏教彫刻で、台座に腰掛けて左足を垂らし、右足を曲げて左ひざの上に置き、右手で頬づえをついて思索する姿を表したもの。多く弥勒菩薩の像に見られる。はんかしゆいぞう。

ばん-がた【晩方】[名] 日暮れどき。夕方。「—になると冷え込む」▽副詞的にも使う。「—来客があった」

ハンカチ[名] 手ふきや装飾に用いる正方形の小さな布。ハンケチ。▽「ハンカチーフ(handkerchief)」の略。

はんか-つう【半可通】[名・形動] よく知りもしないのに知ったふりをすること。通人ぶること。また、その人。

ばん-カラ【蛮カラ】[名] 身なりや言動が粗野なこと。わざと汚れた格好をして粗野にふるまうこと。また、その人。「—な校風」▽「ハイカラ」をもじった語。

バンガロー【bungalow】[名] ❶深い軒とベランダをもつ木造平屋建ての小住宅。▽インドのベンガル地方独特の木造住宅から。❷キャンプ場などに設ける木造の簡易宿泊施設。

はん-かん【反間】[名] 敵国に入って敵状を探り、敵国を混乱に陥れるように画策する者。間者。スパイ。「—苦肉の策(=自らを犠牲にして敵をあざむき、敵の内部分裂をはかる策略)」

はん-かん【反感】[名] 相手を不快に感じ、逆らう気持ち。反発の感情。「—を買う」「—を抱く」

はん-かん【半官】[名] 半ば公営であること。「—半民」

はん-かん【繁簡】[名] こみいったことと簡単なこと。繁雑と簡略。「—よろしきを得る」

はん-がん【半眼】[名] 目を半ば開くこと。また、その目。

はん-がん【半顔】[名] 顔面の半分。

はん-がん【判官】[名] ❶⬇ほうがん(判官) ❷[古風] 裁判官。

ばん-かん【万感】[名] 心に浮かぶ種々さまざまな思い。「その一言に—の思いを託す」「—胸に迫る」「—交到る」

はんかん-はんみん【半官半民】[名] 政府と民間とが共同出資して事業を運営すること。また、その事業形態。

はん-き【反旗(▼叛旗)】[名] 謀反を起こして立てる旗。

◉**反旗を翻す** 謀反を起こす。権威や権力に逆らう。「体制に—」

はん-き【半季】[名] 一年の半分。半年。

はん-き【半期】[名] 一定の期間の半分。また、一年の半分。「上—」「下—」「—決算」

はん-き【半旗】[名] 弔意を表すために、国旗などを旗竿の先端より三分の一ほど下げて掲げること。また、その旗。「—を掲げる」

はん-ぎ【版木・板木】[名] 木版印刷・版画で、文字や絵を彫りつけた板。形木。彫板。

ばん-き【万機】[名] 政治にかかわる多くの重要な事柄。

ばん-き【晩期】[名] ❶晩年の時期。❷終わりの時期。末期。

ばん-ぎ【板木】[名] 合図として木槌などで叩き鳴らす長方形の板。「始業を知らせる—が鳴り響く」

ばん-きしゃ【番記者】[名] いつも特定の政治家などに密着して取材をする記者。

はん-ぎゃく【反逆(▼叛逆)】[名・自サ変] 国・権力・主君などにさからい、そむくこと。「苛政に—する」「—児(=世間の風潮や慣習に逆らって、自分の思うままに行動する人)」

はん-きゅう【半弓】[名] ふつうの弓のほぼ半分の長さの弓。座ったまま射ることができる。⬇大弓

はん-きゅう【半休】[名] 半日だけ休むこと。半日休暇。

はん‐きゅう【半球】ーキウ［名］❶球をその中心を通る平面で二等分した、その一方。❷地球を東西・南北などに二等分したときの、その一方。‖「北―・東―」

ばん‐きょ【盤▼踞・▼蟠▼踞】［名・自サ変］❶しっかりと根を張って動かないこと。‖「老松の―する街道」 書き方 多く「盤踞」と書く。❷広大な土地を占領して、そこを動かないこと。‖「奥州に―した一族」◈わだかまりうずくまる意から。

はん‐きょう【反共】［名］共産主義に反対すること。⇕容共

はん‐きょう【反響】ーキヤウ［名］❶［自サ変］音波が物体にぶつかって反射し、再び聞こえてくること。また、そのはね返った音。こだま。‖「生徒の声が廊下に―する」❷ある事件や発表された事柄に対して起こる、さまざまな反応。‖「海外で―を呼んだ作品」

はん‐ぎょく【半玉】［名］まだ一人前にならない年少の芸者。おしゃく。⇕一本 ▽玉代（ぎょくだい）が半分である意から。

はん‐きん【半金】［名］総金額の半分。はんがね。

ばん‐きん【万▼鈞】［名］物のきわめて重いこと。‖「―の重み」

ばん‐きん【板金（▼鈑金）】［名］❶金属板を常温で成型加工すること。‖「―工」❷金を板のように薄く打ち延ばしたもの。室町時代、これを切って貨幣にした。

ばん‐きん【▼輓近】［名］近ごろ。最近。

バンク［bank］［名］❶銀行。‖「メイン―」❷重要な物や情報を蓄えておく機関やシステム。‖「アイ―・データ―」

パンク［名・自サ変］❶タイヤのチューブが破れて空気が抜けること。❷ふくらみすぎて破れること。‖「食べ過ぎて腹が―しそうだ」❸物事が過度に集中して機能が失われること。‖「人件費がかさんで財政が―する」◈puncture から。

パンク［punk］［名］❶一九七〇年代、体制化したロックに反発してニューヨークやロンドンに始まった攻撃的な音楽。パンクロック。❷髪を原色に染めたり、引き裂いたシャツやジーンズを身に付けたりする奇抜なファッション。パンクファッション。

ハング‐アップ［hung up］［名］コンピューターが入力を受け付けなくなって、全く機能しなくなること。フリーズ。

ハング‐グライダー［hang glider］［名］三角形の金属枠に布を張った小型の懸垂式グライダー。また、それを使って滞空時間や距離、着陸精度を競うスポーツ。ハングライダー。

ばん‐ぐみ【番組】［名］❶放送・演芸などの組み合わせや、その順序。また、それを書いた表。プログラム。‖「―編成」❷①の、それぞれの出し物・内容。‖「娯楽―」

ハングリー［hungry］［形動］空腹であるさま。飢えているさま。また、何かを強く求めるさま。‖「―精神」

ハングル［han-gul 朝鮮］［名］朝鮮語の表記に用いられる文字。一〇の母音字と一四の子音字の組み合わせによって音節を表す。▽「大いなる文字」の意。

バングル［bangle］［名］腕輪。

ばん‐くるわせ【番狂わせ】ークルハセ［名］予想外の出来事によって物事が順序どおりに進まなくなること。また、勝負事などで、予想外の結果になること。

はん‐ぐん【反軍】［名］❶軍部・軍国主義・戦争などに反対すること。‖「―思想」❷支配者などに背き武力行動を起こした軍隊。反乱軍。書き方「▼叛軍」とも。

はん‐けい【半径】［名］円または球の中心と、その円周上または球面上の一点とを結ぶ線分。また、その長さ。直径の半分。

はん‐けい【判型】［名］本の大きさ。A5判・B5判など。はんがた。

ばん‐けい【晩景】［名］❶夕方の景色。夕景。❷夕方。夕刻。

パンケーキ［名］❶［pancake］小麦粉に牛乳・卵などを加えて薄い円形に焼いた菓子。❷［Pan-Cake］固形おしろいの一つ。▽商標名。

はん‐げき【反撃】［名・自サ変］攻撃してくる敵に対し、逆に攻撃をしかけること。‖「―に転じる」

はんげ‐しょう【半夏生】ーシヤウ［名］❶雑節の一つ。夏至から一一日目。太陽暦では七月二日ごろにあたる。▽農家ではこのころを田植えの終期とした。❷水辺に自生するドクダミ科の多年草。全体に独特の臭気がある。夏、茎の先に白色の小花を密生し、上部の葉の下半分が白くなる。片白草（かたしろぐさ）。

ハンケチ［名］⬇ハンカチ

はん‐けつ【判決】［名・他サ変］訴訟事件に対して、裁判所が口頭弁論を経たのちに法規に基づいて行う最終的な判断。また、その判断を下すこと。‖「求刑通り懲役一年を―する」「―を言い渡す」

はん‐げつ【半月】［名］❶半円形の月。弦月。弓張り月。❷半円の形。

はん‐けん【半券】［名］料金の領収や品物の預かりの証拠として切り取って渡す、入場券や預かり証の半片。

はん‐けん【版権】［名］著作権者との契約によって、出版者が著作権者の著作物を独占的に製作・発売して利益を受ける排他的権利。出版権。

はん‐げん【半減】［名・自他サ変］半分に減ること。また、半分に減らすこと。‖「収入が―する」「人員を―する」

ばん‐けん【番犬】［名］家の番をさせるために飼う犬。

はん‐こ【判子】［名］印判。はん。‖「―を捺（お）す」▽「はんこう（版行）」の転。

はん‐ご【反語】［名］❶話者が自分の判断を強調するために、その判断とは反対の内容を疑問の形で述べる言い方。「聖職者がそんなことをするだろうか（＝するはずがない）」「冗談でこんなことが言えるか（＝決して言えない）」の類。❷ある語を本来の意味とは反対の意味に使うことで皮肉を込める言い方。遅く帰宅した人に「ずいぶんとお早いお帰りですね」などと言う類。

ばん‐こ【万戸】［名］多くの家。‖「千家―」

ばん‐こ【万古】［名］遠い昔。遠い昔から現在までの長い年月。

ばん‐ご【蛮語】［名］❶異国のことば。▽もと、外国語を卑しんでいった語。❷南蛮語。スペイン語・ポルトガル語・オランダ語など。

パン‐こ【パン粉】［名］❶パンを乾かして細かく砕いたもの。フライの衣などに用いる。❷パンの原料となる小麦粉。

はん‐こう【反抗】ーカウ［名・自サ変］さからうこと。てむかうこと。‖「親［権力］に―する」「―的な態度」

はん‐こう【反攻】［名・自サ変］攻められていたものが逆に相手を攻撃すること。反撃。

はん‐こう【犯行】ーカウ［名］犯罪となる行為。犯罪行為。‖「―を認める」

はん-こう【版行・板行】カウ〔名〕❶〔他サ変〕文書・書籍などを印刷して発行すること。刊行。❷印判。はん。はんこ。

はん-こう【藩侯】〔名〕藩主。大名。

はん-こう【藩校（藩▼黌）】カウ・クヮウ〔名〕江戸時代、各藩が藩士の子弟を教育するために設けた学校。藩学。

はん-ごう【飯▼盒】カフ〔名〕底の深い携帯用の炊飯具。主にアルミニウム製で、弁当箱にもなる。「―炊爨(すいさん)」

ばん-こう【蛮行】カウ〔名〕野蛮な行為。道理にはずれた乱暴な行い。

ばん-ごう【番号】カウ〔名〕ものの順番を表したり、他のものと識別したりするために付ける数字や符号。ナンバー。「作品に―をふる」「―順に並ぶ」「背―・電話―・郵便―」

はんこう-き【反抗期】ハンカウ〔名〕精神発達の過程で、周囲のものに対して反抗的な態度を示す時期。三、四歳の幼児期に現れる第一次反抗期と、一二、三歳の青年期前期に現れる第二次反抗期とがある。

はん-コート【半コート】〔名〕❶和装用外套(がいとう)で、羽織より少し長めに仕立てたもの。❷洋装用外套で、腰が隠れる程度の丈に仕立てたもの。ハーフコート。半ゴート。

ばん-こく【万国】〔名〕世界のすべての国。「―旗」

ばん-こく【万▼斛】〔名〕きわめて多くの分量。「―の涙を流す」▼「斛」は容量の単位で「石」と同じ。

はん-こつ【反骨（▼叛骨）】〔名〕容易に権勢には服従しない気骨。権力・時勢・因習などに逆らおうとする気概。「―精神」

ばん-こつ【万骨】〔名〕多くの人の骨。「一将功成りて―枯る」

ばん-ごはん【晩御飯】〔名〕晩の食事。夕御飯。▼「晩飯」より丁寧な言い方。

ばんこ-ふえき【万古不易】〔名・形動〕永久に変わらないこと。

ばん-ごや【番小屋】〔名〕見張りをするための小屋。番人のいる小屋。

はん-ごろし【半殺し】〔名〕❶暴力をふるって、もう少しで死ぬほど痛めつけること。「―にされる」❷豆・ご飯などを粗くつぶすこと。また、おはぎ。「小豆を―にする」「―をつくる」▼方言的な言い方。

はん-こん【▼瘢痕】〔名〕外傷・火傷・潰瘍(かいよう)などが治ったのち、皮膚や粘膜に残るあと。傷あと。

ばん-こん【晩婚】〔名〕ふつうの結婚年齢よりも遅い年齢でする結婚。⇔早婚

はんごん-こう【反魂香】カウ〔名〕火にくべると死者の霊を呼び戻し、その姿を煙の中に現すという香。

ばんこん-さくせつ【盤根錯節】〔名〕複雑に入り組んでいて処理や解決がむずかしい事柄。

はん-さ【煩▼瑣】〔名・形動〕細かくこみいっていて、わずらわしいこと。「―な手続きを要する」

はん-ざい【犯罪】〔名〕法律によって刑罰に科せられる行為。「―を犯す」「―者」

ばん-ざい【万歳】[一]〔感〕めでたく、喜ばしいことを祝うとき、両手を上にあげて発する語。「―、優勝だ」[二]〔名〕❶いつまでも生きて栄えること。「千秋―を祈る」❷〔自サ変〕めでたく、喜ばしいこと。また、それを祝うとき[一]を唱えること。「これで丸くおさまれば―だ」「―三唱」❸〔自サ変〕降参すること。お手上げ。「どうしても勝てない、―するよ」▼[一]を唱えるとき、両手を上にあげることから。

はん-さく【半作】〔名〕農作物の収穫量が平年作の半分であること。五分作。

ばん-さく【万策】〔名〕ありとあらゆる方策。可能な限りの手段。「―尽きる」

はん-さつ【藩札】〔名〕江戸時代に諸藩が発行し、その領内だけで通用させた紙幣。

はん-ざつ【煩雑】〔名・形動〕込み入っていて、わずらわしいこと。「―な手続きを要する」派生―さ

はん-ざつ【繁雑】〔名・形動〕しなくてはならない物事が多くて、わずらわしいこと。「―多忙な毎日」派生―さ

ハンサム【handsome】〔形動〕男性の顔だちがよいこと。美男子であること。「―な青年」

はん-さよう【反作用】〔名〕物体Aが物体Bに力を及ぼすとき、同時にBが同じ大きさの力をAに及ぼすこと。また、その力。⇔作用

ばん-さん【晩▼餐】〔名〕夕食。特に、改まった夕食。ディナー。「―会」

餐

はん-し【半死】〔名〕死にそうになっていること。「―の負傷者」

はん-し【半紙】〔名〕縦二四～二六センチメートル、横三二～三五センチメートルの和紙。習字などに使う。▼もと小形の杉原紙を半分に切ったものをいった。

はん-し【藩士】〔名〕江戸時代、藩に所属した武士。大名の家臣。藩臣。

はん-じ【判事】〔名〕裁判官の官名の一つ。高等裁判所・地方裁判所・家庭裁判所に所属して裁判事務を行う。

ばん-し【万死】〔名〕❶命が助かる見込みのないこと。また、命を投げ出すこと。❷何度も死ぬこと。「罪、―に値する」

◉**万死に一生(いっしょう)を得(え)る** ➡九死(きゅうし)に一生を得る

ばん-じ【万事】〔名〕あらゆること。すべてのこと。「母に―を任せる」「―順調に運ぶ」

◉**万事休(きゅう)す** もはや施す手段がない。おしまいになるの意。「―、食糧が尽きた」▼「休す」は、停止する・おしまいになるの意。
✔注意「きゅうす」を「窮す」「急す」と書くのは誤り。

パンジー【pansy】〔名〕三色すみれ。

バンジー-ジャンプ【bungee jump】〔名〕足首などにゴム製の命綱を付け、高所から地面や水面の近くまで飛び降りる遊び。

はんじ-え【判じ絵】ヱ〔名〕一枚の絵の中に別の絵や文字を紛らしてかきこみ、それを探させる趣向の絵。

はん-した【版下】〔名〕❶木版・印判などを彫るための下書き。薄紙に文字や絵をかき、裏返して版木・印材にはりつける。❷製版に用いる図表・絵・文字などの原稿。

はんし-はんしょう【半死半生】ハンシヤウ〔名〕死ぬか生きるかの境目にあること。死にかかっていること。「―の目に遭う」

はんじ-もの【判じ物】〔名〕なぞの一つ。文字や絵にある意味を隠しておき、それを人に当てさせるもの。

はん-しゃ【反射】〔名〕❶〔自他サ変〕光・音・電波などが物の表面に当たって跳ね返ること。「月が太陽の光を―する」「湖面に日光が―する」❷人・動物が、外からの刺激に対して意識作用とは無関係に起こす反応。「条件―」

ばん-しゃ【万謝】［名］❶［自他サ変］厚く感謝すること。‖「温情に/を―する」❷［他サ変］深くわびること。‖「妄言―」

はんしゃ-きょう【反射鏡】［名］光学器械で光線を反射させるために用いる鏡。平面鏡・凹面鏡・凸面鏡・放物面鏡など。

ばん-しゃく【晩酌】［名・自サ変］家庭で、夕食のときに酒を飲むこと。また、その酒。

ばん-じゃく【盤石・▼磐石】［名］❶大きな岩。いわお。ばんせき。❷きわめて堅固なこと。しっかりしていて動かないこと。‖「―の構え」

はんしゃ-しんけい【反射神経】［名］ある刺激に対する反応の速さ。‖「―が鈍い」

はんしゃ-てき【反射的】［形動］刺激に対して無意識のうちに瞬間的に反応するさま。‖「―に目をつぶる」

はんしゃ-ろ【反射炉】［名］金属精錬用の炉の一つ。燃焼室と加熱室を別にし、燃焼室から加熱室に送り込まれた火炎と、それによって熱せられた炉壁・天井の放射熱によって金属を溶解・精錬する。

はん-しゅ【藩主】［名］藩の領主。大名。藩侯。

はん-しゅう【半周】［名・自サ変］一周の半分。また、それをまわること。‖「トラックを―する」

ばん-しゅう【晩秋】［名］❶秋の終わりごろ。秋の末。暮秋。‖「―の候」❷陰暦九月の別称。

ばん-しゅう【蛮習】［名］野蛮な風習。

はん-じゅく【半熟】［名］❶果実などが十分に熟していないこと。‖「―の柿」❷卵を白身・黄身とも完全に固まらない程度にゆでること。また、その卵。

ばん-じゅく【晩熟】［名・形動］ふつうより遅れて成熟すること。おくて。‖「―の品種」⬄早熟

はん-しゅつ【搬出】［名・他サ変］運び出すこと。‖「展覧会場から作品を―する」⬄搬入

ばん-しゅん【晩春】［名］❶春の終わりごろ。春の末。暮春。❷陰暦三月の別称。

ばん-しょ【板書】［名・他サ変］授業などで、黒板に字を書くこと。‖「数式を―する」

ばん-しょ【番所】［名］❶番人が詰めている所。❷江戸時代の町奉行所。

はん-しょう【反証】［名・他サ変］ある主張や推論が正しくないことを証拠によって示すこと。また、その証拠。

はん-しょう【反照】［名・自サ変］光が照り返すこと。また、その光。‖「朝日が湖面に―する」

はん-しょう【半焼】［名・自サ変］火事で建物などの半分が焼けること。

はん-しょう【半鐘】［名］釣り鐘の小さいもの。火の見櫓（やぐら）につるし、火事・洪水などの非常時に警報としてたたき鳴らす。

はん-しょう【汎称】［名・他サ変］同類のものをひとまとめにして呼ぶこと。また、その名称。総称。‖「ハエ目の幼虫をウジと―する」

はん-じょう【半畳】［名］❶畳（たたみ）一畳の半分。また、その畳。❷江戸時代、芝居小屋などで観客が敷いた小さなござ。

⊙**半畳を入・れる** 他人の言動に非難やからかいのことばを投げかける。▽芝居の観客が「半畳」②を舞台に投げ入れて、役者の芸に対する不満を表したことから。

はん-じょう【犯情】［名］犯罪をおかすまでの事情。‖「―を斟酌（しんしゃく）する」

はん-じょう【繁盛（繁▼昌）】［名・自サ変］にぎわって栄えること。‖「店が―する」「商売―」

ばん-しょう【万象】［名］形あるすべてのもの。宇宙に存在するありとあらゆるもの。‖「森羅（しんら）―」

ばん-しょう【万障】［名］いろいろのさしさわり。あらゆる差し支え。‖「―を排して決行する」「―お繰り合わせのうえ御出席ください」

ばん-しょう【晩鐘】［名］寺院・教会などが夕方に鳴らす鐘の音。入相（いりあい）の鐘。暮鐘。‖「三井（みい）の―」⬄暁鐘

ばん-じょう【万丈】［名］非常に高いこと。また、非常に深いこと。‖「波瀾（はらん）―の生涯」▽一丈の万倍の意。きわめて意気が盛んなことのたとえにもいう。‖「―の気を吐く」「気炎―」

ばん-じょう【万乗】［名］天子。また、天子の位。‖「―の君」▽「乗」は車の意。天子は戦時に兵車一万台を繰り出すことができたところから。

ばん-じょう【番匠】［名］❶古代、飛驒（ひだ）・大和（やまと）などから交替で京に上り、宮廷などの造営修理に従事した大工。❷一般に、大工。◈「ばんしょう」とも。

はんしょう-かのうせい【反証可能性】［名］ある仮説が実験や観察の結果で否定される可能性を持つこと。▽falsifiabilityの訳語。

バンジョー［banjo］［名］撥弦（はつげん）楽器の一つ。片面に羊皮を張った円形の共鳴胴に長い棹（さお）をつけ、四〜五本の弦を張ったもの。指またはピックではじいて演奏する。アメリカのカントリー音楽などで用いる。

はん-しょく【繁殖（▼蕃殖）】［名・自サ変］動物・植物が生まれてふえていくこと。生殖によって生物の個体数がふえること。‖「細菌［ネズミ］が―する」

ばん-しょく【伴食】［名］❶［自サ変］主客のおともをしてご馳走（ちそう）になること。相伴（しょうばん）。陪食（ばいしょく）。❷その職や地位にあるだけで、実力・実権が伴わないこと。‖「―大臣」

ばん-しょく【晩食】［名］晩の食事。夕食。

はん・じる【判じる】［他上一］⬇判ずる

はん-しん【半身】［名］体の半分。特に、体の腰から上の部分。上半身。‖「右―」「―像」

はん-しん【阪神】［名］❶大阪と神戸。❷大阪・神戸を中心とする地方。‖「―工業地帯」▽「阪神地方」の略。

ばん-じん【万人】［名］すべての人。ばんにん。

ばん-じん【蛮人】［名］野蛮人。

はんしん-はんぎ【半信半疑】［名］半ば信じ、半ば疑っていること。信じる気持ちと疑う気持ちが相半ばして心を決めかねているようす。‖「―で話を聞く」

はんしん-ふずい【半身不随】［名］体の左右いずれかの半分が麻痺（まひ）して自由に動かなくなること。脳出血・脳梗塞（こうそく）などの症状としてみられる。片麻痺（へんまひ）。

はんしん-よく【半身浴】［名］みぞおちから下の半身だけをぬるめの湯につける入浴法。

はんしん-ろん【汎心論】［名］万物に人間の心と同じような心的な性質があるとする宗教・哲学観。

はんしん-ろん【汎神論】［名］いっさいの存在は神そのものであり、神と世界とは一体のものであるとする宗教観・哲学観。万有神論。

はん-すう【反▼芻】［名・他サ変］❶一度飲み下した食べ物を口中に戻してかみなおし、再びそれを飲み込む

こと。ウシ・シカ・キリンなどが行う。❷一つのことを繰り返し考え、よく味わうこと。‖「恩師のことばを―する」

はん-すう【半数】[名] 全体の数の半分。半分の数。‖「委員の―が欠席する」

ハンズ-オン [hands-on] [名] 参加体験、実地体験などをとおした学習方法。体験学習。▼手を触れるの意から。

ハンズフリー [handsfree] [名] 手に持たなくても操作できること。特に、電話で、送受話器を手に持たなくても通話できる機能。

はん-ズボン【半ズボン】[名] 丈が膝ぐらいまでのズボン。⇔長ズボン

はん・する【反する】[自サ変] ❶反対の結果になる。～と裏腹になる。‖「予想に―・した結果になる」「期待に―・して業績が伸びない」「目的に―」❷規則などに違反する。‖「法律[契約]に―」❸命令・教えなどにそむく。さからう。‖「主命[モラル]に―」「時の政府に―・して兵を起こす」◈書き方 ③は「▼叛する」とも。文はん・す

はん・ずる【判ずる】[他サ変] 物事の優劣・可否・善悪などを見分ける。また、推し量って、その意味などを判断する。‖「適否[勝敗]を―」「夢を―」文はん・ず 異形 判じる

はん-せい【反省】[名・他サ変] ❶みずからを省みて、悪い点がなかったかどうかを考えること。‖「わが身を―して悔恨の思いに泣く」「日々―を怠らない」❷みずからを省みて、自分が悪いことをしたとはっきりと認めること。‖「私が悪かったと―する」「不祥事を招いたことを深く―する」「言い訳ばかりで―の色が見られない」

はん-せい【半生】[名] 一生の半分。また、これまで送ってきた人生。‖「―を振り返る」「僻地の医療に―を捧げる」

はん-ぜい【反▼噬】[名・自サ変] 恩ある人にそむき、さからうこと。‖「―の患」▼「噬」は嚙む意。

ばん-せい【万世】[名] 何代も続く長い世。万代。‖「―不易(=永久に変わらないこと)」

ばん-せい【晩生】[名] 農作物がふつうより遅れて成熟すること。また、その農作物。おくて。‖「―種」⇔早生

ばん-せい【晩成】[名・自サ変] ふつうより遅れて完成すること。また、年をとってから成功すること。‖「大器―」「―型の人」

ばん-せい【蛮声】[名] 粗野な声。荒々しい大声。

ばんせい-いっけい【万世一系】[名] 一つの系統が永久に続くこと。

はん-せいひん【半製品】[名] 製造・加工の途中にあって、まだ完成していない製品。

はん-せき【犯跡】[名] 犯罪が行われた形跡。‖「―を残す」

はん-せき【版籍】[名] 版図と戸籍。土地と人民。‖「―奉還」

はん-せつ【反切】[名] ある漢字の字音を表すのに、他の漢字二字の音を用いて示す方法。たとえば「東」の字音を「徳紅の切」のように表し、徳[tok]の声母(=音の頭の子音)[t]と紅[hung]の韻母(=音から声母を除いた部分)[ung]とを合わせた[tung]であることを示す。

はん-せつ【半切(半▼截)】[名] ❶[他サ変] 半分に切ること。また、半分に切ったもの。❷唐紙・画仙紙などの全紙を縦に二つに切ったもの。また、それに書かれた書画。書き方「半折」とも。

ばん-せつ【晩節】[名] ❶晩年。❷晩年の節操。‖「―をけがす」

はん-せん【反戦】[名] 戦争に反対すること。‖「―運動[デモ]」

はん-せん【帆船】[名] 帆に受ける風力を利用して進む船。帆掛け船。帆前船。

はん-ぜん【判然】[名・形動タルト・自サ変] はっきりとわかること。‖「論旨が―(と)しない」

ばん-せん【番線】[名] ❶太さを示す番号をつけた針金。また、針金の太さを示す語。❷駅のプラットホームに面している、番号をつけた線路。また、その線路の順序を表す語。‖「三―に電車が入ります」

ばん-ぜん【万全】[名・形動] 全く手ぬかりのないこと。あらゆる点で完全なこと。‖「準備[体調]は―だ」「―の措置を講ずる」

◉**万全を期・す** 少しの手ぬかりもないようにする。

ハンセン-びょう【ハンセン病】[名] らい菌の感染によって起こる慢性の感染症。皮膚・末梢神経などに病変が現れるが、伝染力はきわめて弱い。かつては、らい病と呼ばれ、不治の遺伝性疾患と誤解されたが、現在は化学療法などによって完治する。語源 ハンセンは一八七三年にらい菌を発見したノルウェーの医師の名。

はん-そ【反訴】[名・自サ変] 民事訴訟で、審理の進行中に被告が原告を相手に訴訟を提起すること。また、その訴え。本訴との併合審理を目的とする。

はん-そう【半双】[名] 二つで一組みになっているものの一方。一双の半分。‖「―の屏風」

はん-そう【帆走】[名・自サ変] 船が帆を張って走ること。‖「ヨットが―する」

はん-そう【搬送】[名・他サ変] 荷物などを運んで送ること。‖「現場に資材を―する」

ばん-そう【伴走】[名・自サ変] マラソン・駅伝競走などで、競技者につき従って走ること。‖「―車」

ばん-そう【伴奏】[名・自サ変] 器楽・声楽の主奏部に合わせ、他の楽器で補助的に演奏すること。また、その演奏。‖「ピアノで―してリートを歌う」

ばん-そう【伴僧】[名] 法要・修法などで、導師の供をする僧。

ばん-そう【晩霜】[名] 四月・五月になってから降りる霜。農作物へ被害を与える。おそじも。

ばんそう-こう【▼絆創▼膏】[名] テープ状の紙・布などに薬品を練り合わせた粘着剤を塗ったもの。傷口の保護やガーゼ・包帯の固定に用いる。

はんそう-は【搬送波】[名] 音声・映像などの低周波信号をのせて伝送する高周波電流。キャリア。

はん-そく【反則】[名・自サ変] ❶法律・規則を犯すこと。❷運動競技などで、ルールに違反すること。‖「―をとられる」「―して負ける」書き方「犯則」とも。

はん-そく【反側】[名・自サ変] 寝返りを打つこと。‖「輾転―」

はん-そく【販促】[名] 商品の販売増進のために行う活動。広告宣伝・展示会・見本の配布など。セールスプロモーション。‖「新商品の―」▼「販売促進」の略。

はん-ぞく【反俗】[名] 俗世間の生き方や風潮に逆らうこと。‖「―の精神」

ばん-ぞく【蛮族(▼蕃族)】[名] 文明の開けていない民族。

ばん-そつ【番卒】[名] 見張り番をする兵卒。番兵。

はん-そで【半袖】[名] ❶洋服で、肘くらいまでの

長さのそで。また、その衣服。❷和服で、半幅(約一八センチメートル)のそで。肌襦袢や野良着につける。

はん-た【煩多】[名] 厄介なことが多くてわずらわしいこと。「—な事務手続き」▼「煩」はわずらわしい意。

はん-た【繁多】[名・形動] しなくてはならない物事が多いこと。用事が多くて忙しいこと。「御用—のみぎり」▼「繁」は非常に多い意。

はんだ【半田・▽盤▼陀】[名] 錫と鉛の合金。融点が低いので、金属の接合に用いる。「—付け・—鏝」

ばん-だ【万▼朶】[名] 花のついた多くの枝。また、多くの花。▼「朶」は枝から花が垂れ下がる意。

パンダ[panda][名] 中国南西部の高地に分布するネコ目クマ科の哺乳類。体形はクマに似るが、目の周囲、耳、肩、前後肢は黒く、あとは白い。竹・ササを主食とする。ジャイアントパンダ。

ハンター[hunter][名] ❶狩りをする人。狩猟家。❷欲しいものを求め歩く人。「ラブ—・ブック—」

はん-たい【反対】[名] ❶[形動] 物事の位置・方向・順序などが逆の関係にあること。あべこべ。「—の方向へ進む」「本心と—のことを言う」「靴を左右—に履く」「道路の—側に渡る」❷一対になっているものの一方。もう一方。「綱を—の手でつかみ直す」❸[自サ変] ある考えやり方などに同意しないこと。また、そのような意見。反対意見。「法案に—する」「—勢力」「絶対—」⇔賛成 使い方 まれに他動詞としても使う。「彼らの結婚を—する」

はん-だい【飯台】[名] 何人かが一緒に食事をするための台。また、ちゃぶ台。

ばん-だい【万代】[名] 万世。よろずよ。「—不易」(=永久に変わらないこと)

ばん-だい【番台】[名] 銭湯などの入り口に高く設けた台。また、そこに座って入浴料の受け取りや脱衣場の見張りをする人。

ばん-だい【盤台】[名] 魚屋が魚を入れて運ぶのに使う、浅くて大きい円形または楕円形のたらい。はんだい。

はんたい-きゅうふ【反対給付】[名] 双務契約で、一方の給付に対して対価の意味をもつ他方の給付。たとえば売買契約の場合、売り主にとっては金銭が、買い主にとっては売買の目的物が反対給付となる。

はんたい-ご【反対語】[名] 対義語。

はんたい-しょく【反対色】[名] 互いに補色関係にある色。赤に対する緑など。▼混合すると光では無彩色に、絵の具では灰色になる。

はんたい-せい【反体制】[名] 既存の政治体制・社会体制などを否定し、それを改革しようとすること。また、その立場。「—運動」

はん-だくおん【半濁音】[名] 五十音図のハ行の仮名のうち、無声破裂音[p]を子音にもち、仮名で書くときは半濁点をつけて表す「パ・ピ・プ・ペ・ポ」の音節。⇔清音・濁音

はん-だくてん【半濁点】[名] 半濁音を示すためにハ行の仮名の右肩につける符号。半濁符。記号「゜」。

パンタグラフ[pantograph][名] ❶電車などの屋根に取り付けて架線から電流を取り入れる装置。菱形で、上下自在に伸縮する。❷図形を任意に拡大・縮小して写しとるのに用いる伸縮式の製図用具。写図器。パントグラフ。

バンダナ[bandanna][名] 絞り染めや更紗染めの綿布で作られた大型のハンカチ。スカーフや鉢巻きとしても用いる。

パン-だね【パン種】[名] ❶パンをふくらませ、特有の香味をつけるために用いる酵母。イースト。❷パンを焼く前の、小麦粉をこねた生地。

バンタム-きゅう【バンタム級】[名] ボクシングの体重別階級の一つ。アマチュアでは五二キログラムを超えて五六キログラムまで、プロでは一一五ポンド(約五二・一キログラム)を超えて一一八ポンド(約五三・五キログラム)まで。

パンタロン[pantalon フランス][名] 長ズボン。特に、裾の広がった長ズボン。

はん-だん【判断】[名・他サ変] ❶ある基準・情報・論理などに基づいて、自分の考えを決めること。また、その決めた内容。「事の是非を—する」「適切な—を下す」❷吉凶を占うこと。占い。「姓名—」

ばん-たん【万端】[名] ある物事についてのすべての事柄。また、あらゆる手段・方法。「準備—整う」「諸事—の世話をする」「家事(の)—を取り仕切る」 注意 (1)「万全」と混同して、手抜かりがない意で使うのは誤り。「×警備に万端を期す(○万全を期す)」(2)「準備万端整う」の意味で、「準備万端」と省略されることが多いが、本来は「整う」を続けないと意味が完結しない。

ばん-たん【▼播▼但】[名] 播磨国と但馬国。現在の兵庫県にあたる。

ばん-ち【番地】[名] 住地を明示するために、市町村内の地域を区分した区画につけた番号。「所—を記す」「三丁目三—」

ばん-ち【蛮地・▼蕃地】[名] 未開の土地。蕃土。

パンチ[punch][名] ❶[他サ変] 切符・カードなどに穴をあけること。また、それに使うはさみや器具。❷ボクシングで、相手を打つこと。また、こぶしで相手をなぐること。「—を食らう」❸人に強烈な刺激や印象を与える力。迫力。「—の利いた宣伝文句」

パンチ-パーマ[名] 短めの頭髪にパーマをかけ、小さな渦巻きを並べたように縮らせた髪形。主に男性用。▼和製 punch+permanent から。

ばん-ちゃ【番茶】[名] 硬くなった葉や古い葉、茎などを原料として製茶した緑茶。

パンチャー[puncher][名] ❶パンチ力のあるボクサー。❷切符・カード・テープなどに穴をあける器械。穿孔機。❸コンピューターにキーボードで入力作業をする人。▼「キーパンチャー」の略。

はん-ちゅう【範▼疇】[名] ❶哲学で、事物の存在を分類するもっとも基本的・一般的な概念。「倫理学の—に属する問題」❷同質・同類のものがすべて含まれる部門・領域。カテゴリー。「この作品は恋愛小説の—に入る」「男とか女とかいう—を超えた問題」使い方「常識の範疇で判断する」「法律にふれない範疇でやる」など、「範囲」の意で使うのは新しい使い方。

はん-ちょう【班長】[名] 班を統率する責任者。

ばん-ちょう【番長】[名] 中学・高校生などの、非行少年少女グループのリーダー。「—を張る」

ハンチング[名] 鳥打ち帽。▼hunting cap から。

パンチング[punching][名] サッカーで、ゴールキーパーがこぶしでボールをはじき返すこと。フィスティング。

パンツ[pants][名] ❶ズボン。「ショート—」❷

運動用のズボン。〓「トレーニングー・海水ー」❸短い下ばき。

はん-つき【半月】［名］一か月の半分。

はん-つき【半▼搗き】［名］玄米を半分ほどついて、なかば精米すること。また、その米。半つき米(まい)。

ばん-づけ【番付】［名］❶大相撲の本場所で、力士の序列を一覧表にしたもの。❷①の体裁にならって、ある事柄にかかわる人名などを順序づけて一覧表にしたもの。〓「長者［名所］ー」❸芝居・演芸などで、上演月日・演目・出演者・配役などを記した刷り物。

ハンデ［名］「ハンディキャップ」の略。

ばん-て【番手】［名］紡績糸の太さを表す単位。綿糸では重さ一ポンド(=約四五四グラム)で長さ八四〇ヤード(=約七六八メートル)の糸を一番手とする。▼数が大きくなるほど糸は細くなる。

はん-てい【判定】［名・他サ変］物事を見分けて是非・勝敗などを決めること。また、その決定。〓「合否をーする」「写真ー」「ー勝ち」

はん-てい【藩邸】［名］江戸時代、江戸に置かれた諸大名の屋敷。

ハンディー［handy］［形動］手ごろな大きさで、持ち運びのしやすいさま。簡便で扱いやすいさま。〓「ーなカメラ」「ーサイズ」 派生 -さ

パンティー［panty］［名］女性用の短い下ばき。ショーツ。

パンティー-ストッキング［和製 panty＋stocking］［名］爪先から腰まで覆う、タイツ型のストッキング。パンスト。

ハンディキャップ［handicap］［名］❶スポーツ競技などで、力量の差を平均化するために強者に負わせる不利な条件。また、弱者に与える有利な条件。❷他と比べて不利な条件。また、それによる不利益。〓「ーを克服する」◈「ハンディ」「ハンデ」とも。

はん-ていりつ【反定立】［名］アンチテーゼ。

バンデージ［bandage］［名］包帯。特に、ボクサーがこぶしや指を保護するために直接巻きつける包帯。

パンデミック［pandemic］［名］感染症が世界的規模で大流行すること。世界的流行。感染爆発。▼一定の地域・集団での流行は「エピデミック」という。

はん-てん【反転】［名・自他サ変］❶ころがること。ひっくり返ること。また、ころがすこと。ひっくり返すこと。〓「マットの上で体をーさせる」❷位置・方向などが反対になること。また、反対にすること。〓「機首がーする」「文字をーさせる」❸写真で、陰画から陽画になること。また、陰画を陽画にすること。〓「ーフィルム」◈ 使い方 「〜を反転する／反転させる」では後者が一般的。⬇品詞解説(一八一六ページ)

はん-てん【半天】［名］❶天の半分。❷空のなかほど。中空。中天。〓「ーにかかる月」

はん-てん【半▼纏(▼袢▼纏)】［名］着物の上にはおる丈の短い衣服。羽織に似るが襠(まち)や胸ひもはなく、襟を折り返さないで着る。

纏

はん-てん【斑点】［名］まだらに散らばっている点。〓「白に紅のーがある花」 書き方 もと、新聞では「班点」で代用したが、今は「斑点」と書く。

はん-てん【飯店】［名］中国料理店。多く中国料理店の店名に用いる。〓「四川ー」▼ホテル・旅館の意の中国語から。

はん-と【反徒(▼叛徒)】［名］謀反を起こした人々。逆徒。

はん-と【半途】［名］なかほど。途中。〓「勉学ーにして挫折する」

はん-と【版図】［名］一国が治める領土。また、一般に、勢力の及ぶ範囲。〓「ーを広げる」▼「版」は戸籍、「図」は地図の意。

ハント［hunt］［名・他サ変］探し求めること。特に、異性の遊び相手を探すこと。〓「ボーイ［ガール］ー」

ハンド［hand］［名］❶「ハンドリング」①の略。❷手。手動。〓「ーマイク・ーブレーキ・ークリーム」「マジックー」▼多く他の語と複合して使う。

バント［bunt］［名・他サ変］野球で、打者がバットにボールを軽く当てて内野に転がすこと。また、その打法。〓「初球をーする」「セーフティーー」

バンド［band］［名］❶物を固定するための帯状のひも。〓「時計のー」「ヘアー」❷洋装で、腰に締める布製・革製などの細い帯。ベルト。❸周波数帯。〓「スリーーのラジオ」❹軽音楽などの楽団。〓「ジャズー」「ーマン」

パント［punt］［名］ラグビーなどで、手から落としたボールを地面につく前にけること。パントキック。

はん-ドア【半ドア】［名］自動車などのドアが完全に閉まっていない状態。

ハンドアウト［handout］［名］記者会見などで、事前に配布する報道用の資料。

はん-とう【反騰】［名・自サ変］取引市場で、下落していた株価が一転して大きく上昇すること。⇔反落

はん-とう【半島】(ウタ)［名］海に向かって長く大きく突き出た陸地。〓「房総ー」▼小規模のものは岬・崎・鼻などと呼ぶ。

はん-どう【反動】［名］❶ある方向に力・作用が及ぶとき、それと正反対の方向に力・作用が働くこと。❷ある動き・傾向に対して生じる、それと正反対の動き・傾向。〓「好況のーがこわい」❸歴史の流れや進歩・改革に反対し、旧体制に逆戻りしようとする保守的な傾向。また、その人。〓「ー主義」「ー的な立場」

ばん-とう【晩冬】［名］❶冬の終わりごろ。冬の末。⇔初冬 ❷陰暦十二月の別称。

ばん-とう【晩稲】(ウタ)［名］普通の稲よりも遅く実る稲。おくて。

ばん-とう【番頭】［名］商家などで、使用人のかしら。手代以下を統率し、主人に代わって店のすべてを預かる者。〓「大ー」

ばん-どう【▽坂東】［名］関東地方の旧称。〓「ー太郎(=利根川のこと)」

はん-どうたい【半導体】(タウ・タイ)［名］常温での電気伝導率が導体と絶縁体の中間にある固体物質。低温ではほとんど電気を通さないが、高温になるに従って電気伝導率が増す。ゲルマニウム・セレン・シリコンなど。トランジスタ・ダイオードなどに利用する。

はんとう-まく【半透膜】［名］溶液や気体混合物に対し、ある成分は通すが他の成分は通さない膜。膀胱(ぼうこう)膜・セロファン膜など。

はんとう-めい【半透明】［名・形動］半ば透き通っていること。〓「ーな／のガラス」

はん-とき【半時】［名］❶昔の時間の単位で、一時(いっとき)の半分。現在の約一時間。❷わずかの時間。少しの間。〓「ーを争う事態」

はん-どく【判読】［名・他サ変］わかりにくい文字や

文章を前後関係などから推量しながら読むこと。≡「古文書を—する」

はん‐どく【▼繙読】［名・他サ変］書物をひもとくこと。読書をすること。

ハンドクラフト【handcraft】［名］手工芸品。ハンディクラフト。

ハンド‐クリーム【hand cream】［名］手の荒れを防ぐためにつけるクリーム。

はん‐とし【半年】［名］一年の半分。六か月。はんねん。

バンドネオン【bandoneón スペ】［名］アコーディオンと同種のリード楽器。ボタン式の鍵盤(けんばん)で演奏する。▼タンゴ演奏の主要楽器。

ハンドバッグ【handbag】［名］手回り品・化粧品・財布などを入れて持ち歩く小型の手提げかばん。

ハンドブック【handbook】［名］特定分野の情報を簡便にまとめた案内書。手引き書。便覧。≡「用字用語—」

ハンドベル【handbell】［名］柄(え)の付いた小型の鐘。特に、楽器として振り鳴らすもの。

ハンドボール【handball】［名］球技の一つ。七人ずつ二組に分かれ、パスやドリブルでボールを扱いながら前進し、相手チームのゴールにボールを投げ入れて得点を競う。一一人制もある。送球。

ハンド‐マイク［名］手持ち式のマイク。

パントマイム【pantomime】［名］ことばを用いないで身振りと表情だけで演じる劇。また、その演技。無言劇。マイム。

ハンド‐ミキサー【和製hand＋mixer】［名］卵などを泡立てたり材料を混ぜ合わせたりするのに使う、小型の電動ミキサー。

ハンドメイド【handmade】［名］人の手で作ること。手製。手作り。ハンドメード。≡「—のクッキー」

パンドラ‐の‐はこ【パンドラの箱(パンドラの▼匣)】［連語］❶ギリシア神話で、ゼウスがあらゆる悪と災いを封じ込めてパンドラに持たせた箱。パンドラが好奇心からこれを開いたところ、すべての悪と災いが地上に飛び出したが、急いでふたを閉めたので希望だけが箱の底に残ったという。▼パンドラ(Pandora)は、ゼウスが人間を罰するために泥から作らせ地上に送り出したという人類最初の女性。❷予期できない災いや困難の根源。

はん‐とり【判取り】［名］❶［自サ変］同意・承認・領収などの証拠として相手から証印をもらうこと。❷金品を渡した証拠として相手に証印を捺(お)してもらう帳面。▼「判取り帳」の略。

パントリー【pantry】［名］食料品・食器類などを収納・貯蔵する小室。

ハンドリング【handling】［名］❶サッカーで、ゴールキーパー以外の選手が手や腕でボールに触れること。反則の一つ。ハンド。❷ラグビー・ハンドボールなどで、キャッチングやパスの際のボールさばき。❸自動車などのハンドル操作。

ハンドル【handle】［名］❶機械・器具などを操作する際に手で握る部分。特に、自転車・自動車の進行方向を調節するために手で握る部分。≡「—を右に切る」❷ドアなどを開閉する際に手で握る部分。取っ手。

◉**ハンドルを握(にぎ)る** 運転する。

バンドル【bundle】［名］別種の商品を組み合わせて販売すること。特に、パソコンにソフトウエアを組み合わせて販売すること。バンドリング。

ハンドル‐ネーム【和製handle＋name】［名］インターネット上などで用いる本名以外の名前。ハンドル。HN。▼「ハンドル」はあだ名の意。

はん‐ドン【半ドン】［名］土曜日。また、半日だけ勤務する日。半休日。▼「ドンタク」の半分の意。

はん‐なき【半泣き】［名］今にも泣き出しそうなこと。≡「—になる」

パンナ‐コッタ【panna cotta イタリア】［名］生クリームに砂糖や香料などを加え、ゼラチンで固めた洋菓子。

はん‐なま【半生】［名］❶［形動］生煮えであること。≡「—の芋」❷［形動］生乾きであること。≡「—のイカ」❸［形動］知識などが不十分なこと。半可通。≡「—な学問をひけらかす」❹生菓子と干菓子との中間のもの。水分を少なめにした保存のきく菓子。最中(もなか)・石衣(いしごろも)など。▼「半生菓子(はんなまがし)」の略。

はんなま‐がし【半生菓子】クヮシ［名］生菓子と干菓子との中間のもの。最中(もなか)・ようかんなど。はんなま。

はんなり［副ト］上品で華やかなさま。≡「—(と)した色合い」▼主に関西でいう。

ばん‐なん【万難】［名］多くの困難。あらゆる障害。≡「—を排して成し遂げる」

はん‐にち【反日】［名］日本または日本人に反感をもつこと。≡「—感情［運動］」⇔親日

はん‐にち【半日】［名］一日の半分。はんじつ。≡「—仕事」

はんにゃ【般▽若】［名］❶分別・対立を越えて真理を悟る知恵。▼梵語の音訳。❷能の女面の一つ。二本の角と大きく裂けた口をもつ鬼女の面。般若面。

はんにゃ‐とう【般▽若湯】タウ［名］僧家で、酒をいう隠語。

はん‐にゅう【搬入】ニフ［名・他サ変］品物を運び入れること。持ち込むこと。≡「会場に展示物を—する」⇔搬出

はん‐にん【犯人】［名］罪を犯した人。犯罪人。

ばん‐にん【万人】［名］すべての人。ばんじん。≡「—が認める真理」「—向けの製品」

ばん‐にん【番人】［名］番をする人。見張りをする人。

はんにん‐まえ【半人前】マヘ［名］❶ひとり分の半分。❷技術や経験が不足して、一人前の半分ほどの働きしかできないこと。未熟なこと。≡「いっぱしの口はきくが、仕事は—だ」

はん‐ね【半値】［名］ある決まった値段の半分。半分の値段。≡「市価の—で手に入れる」

ばん‐ねん【晩年】［名］一生の終わりに近い時期。≡「不遇な—を過ごす」「—の作品」注意 スポーツ選手の現役時代の終盤などをいうのは不適切。生きている人については使わない。

はん‐のう【反応】ヲウ［名・自サ変］❶人が働きかけに応じて変化や動きをみせること。≡「いくら催促しても—がない」「相手の—をみる」❷生体が刺激に応じてある変化を起こすこと。≡「光に—する」「ツベルクリン—」❸物質が他の物質との相互作用によって組成や構造を変えること。≡「化学—」◈「はんおう」の連声(れんじょう)。

はん‐のう【半農】［名］半分は農業、半分はその他の職業について生計を立てていること。≡「—半漁」

ばん‐のう【万能】［名］❶すべてに効力があること。

何事にも役立つこと。「金が―の世の中」「―薬」❷すべてにすぐれていること。何でもできること。「―選手」

ばんのう-さいぼう【万能細胞】〔名〕さまざまな組織になる能力を持つ未分化の細胞。ES細胞・iPS細胞など。

はん-の-き【▼榛の木】〔名〕山野の湿地に自生するカバノキ科の落葉高木。早春、葉が出る前に開花し、小さな松かさ状の果実を結ぶ。果実は染料に用いる。

パン-の-き【パンの木】〔名〕熱帯地方で栽培されるクワ科の常緑高木。球形または楕円形の大きな果実は多量のでんぷんを含み、食用。材は建材用。

はん-ば【飯場】〔名〕鉱山や土木工事の現場で働く人の宿泊所。

はん-ぱ【半端】〔名・形動〕❶ある基準でまとめた数・量・種類などがそろっていないこと。また、そのもの。「―な時間」❷どっちつかずで、はっきりしないこと。「―な気持ち」「中途―な立場」❸気がきかないこと。どこか間が抜けていること。

◉**半端ではない**　物事が中途半端に流れず徹底している。半端じゃない。「その安さは―」使い方「半端じゃない」を略して「半端ない」と言うのは新しい使い方。一般には避けたい。

品格　完膚なきまでに「―打ちのめされた」徹底的「―に議論する」とてつもない「とてつもなく大きい」途方もない「途方もなく時間がかかる」並外れる「並外れた才能」

ばん-ば【▼輓馬】〔名〕車・橇などを引かせる馬。「―競走」

バンパー【bumper】〔名〕車両などの前後に取り付けて、物にぶつかったときの衝撃をやわらげる装置。緩衝器。

ハンバーガー【hamburger】〔名〕丸いパンの間にハンバーグステーキを挟んだもの。

ハンバーグ〔名〕牛のひき肉に玉ねぎのみじん切りや卵・パン粉などを加えてこね、楕円形にまとめて焼いたもの。▼「ハンバーグステーキ（hamburg steak）」の略。

はん-ばい【販売】〔名・他サ変〕商売として品物を売ること。「食品を―する」「―網」「通信―」「自動―機」

バンパイア【vampire】〔名〕❶吸血鬼。❷チスイコウモリの別称。

はん-ばく【反▼駁】〔名・自他サ変〕他人の意見や批判に反対して論じ返すこと。反論。はんぱく。「酷評に―する」「相手（のことば）を―する」

はん-ぱく【半白（斑白）】〔名〕白髪が半分ほどまじっていること。また、その毛髪。「―の紳士」

ばん-ぱく【万博】〔名〕世界各国がそれぞれの文化と産業の成果を展示し、相互の理解と交流を深めるために開かれる国際的な博覧会。万国博。▼「万国博覧会」の略。

はん-ばつ【藩閥】〔名〕明治政府で、明治維新を主導した藩の出身者が結成し、要職を独占して政治を動かそうとした派閥。「―政治」

はん-ぱつ【反発（反▼撥）】〔名〕❶〔自他サ変〕はね返ること。また、はね返すこと。「―力」❷〔自サ変〕人の言動などを受け入れないで、たてつくこと。また、その気持ち。「市民の―を招く」❸〔自サ変〕取引で、値下がりしていた相場が一転してはね上がること。◈書き方「反発」は代用表記。

ばん-ぱつ【晩発】〔名・自サ変〕病気の症状がふつうよりも遅く現れること。遅発。「―効果（＝放射線の被曝後、数年から数十年を経て白血病・癌・悪性貧血などが発症する障害）」

はん-はば【半幅】〔名〕並幅の半分の幅。約一八センチメートル。「―帯」

はん-はん【半半】〔名〕半分ずつ。半分半分。五分五分。「利益を―に分ける」「成功の確率は―だ」

ばん-ばん【万万】〔副〕❶十分に。よくよく。「―承知した」❷〈下に打ち消しを伴って〉万が一にも。よもや。決して。「間違えることは―あるまい」

ばん-ぱん【万般】〔名〕あらゆる事柄。さまざまな方面。百般。「―の準備を整える」「諸事―」

パンパン〔名〕売春婦。街娼。特に、第二次大戦後、進駐軍の兵士を相手にした街娼。パンパンガール。▼語源未詳。

ばんばんざい【万万歳】〔名〕「万歳」を強めていう語。この上なく喜ばしいこと。「そこまでできれば―だ」

バンバンジー【棒棒鶏中国】〔名〕中国料理の一つ。ゆでた鶏肉を細かく裂き、すり胡麻にラー油・醬油・酢・唐辛子などを合わせた辛いたれをかけたもの。

はん-びらき【半開き】〔名〕❶半ば開くこと。「―のドア」❷花が半ば咲くこと。

はん-ぴれい【反比例】〔名・自サ変〕ある量が他の量の逆数に比例すること。二つの量の一方が二倍、三倍になるとき、他方が二分の一、三分の一に変化していくような関係。逆比例。⇔正比例

はん-ぷ【帆布】〔名〕船の帆やテントなどに用いる、木綿糸または麻糸を平織りにした厚手の織物。

はん-ぷ【頒布】〔名・他サ変〕広くゆきわたるように配ること。「カタログを―する」「無料―」

バンプ【vamp】〔名〕あやしい魅力で男を迷わせる女性。妖婦。

ばん-ぷう【蛮風】〔名〕野蛮な風習。

はん-ぷく【反復】〔名・他サ変〕何度も繰り返すこと。反覆。「発音を―して教える」「―記号」

はん-ぷく【反覆】〔名〕❶〔自他サ変〕心が離れること。変心して裏切ること。「人心が―する」❷〔他サ変〕反復。

パンプス【pumps】〔名〕ひも・留め金・ベルトなどのつかない、甲の部分が広く開いた婦人靴。

ばん-ぶつ【万物】〔名〕宇宙に存在する、ありとあらゆるもの。「―は流転する」「―の霊長（＝万物の中で最もすぐれているものの意で、人間のこと）」

ハンブル【fumble】〔名・他サ変〕⬇ファンブル

パンフレット【pamphlet】〔名〕案内・説明・広告などをのせた仮綴じの小冊子。パンフ。

はん-ぶん【半分】〔名〕❶二等分したものの一方。二分の一の数量・分量。「スイカを―に割る」❷なかばその状態であること。なかばそのつもりであること。「冗談めかしているが―は本心だ」「―眠っている状態」▼副詞的にも使う。❸〈名詞などの下に付いて〉なかばその気持ちである意を表す。「面白―」「からかい―」

はんぶん-こ【半分こ】〔名〕「半分」に同じ。「パンを―にする」▼「こ」は接尾語で、主に幼児語。

はんぶん-じょくれい【繁文▼縟礼】〔名〕規則・礼式・手続きなどが、こまごまとしてわずらわしいこと。繁縟。

はん-ぺい【藩▼屏】[名] ❶垣根。囲い。❷王室・皇室の守りとなるもの。

ばん-ぺい【番兵】[名] 見張りをする兵士。哨兵(しょうへい)。

はん-べつ【判別】[名・他サ変] はっきり見分けること。他と区別すること。‖「酸性かアルカリ性かを—する」「暗くて物の—がつかない」

はん-ぺん【半▽平・半片】[名] 魚肉のすり身におろした山芋などを加えて気泡がまじるように練り、方形・半円形などの型に入れてゆでた食品。白くて柔らかい。

はん-ぽ【半歩】[名] 一歩の半分。‖「—前に進む」

はん-ぼいん【半母音】[名] 母音の性質と子音の性質をともにそなえた音。有声の摩擦音で、調音の仕方は母音に近いが、日本語では単独で音節を作らない。ヤ・ユ・ヨの頭音の[j]、ワの頭音の[w]の類。

はん-ぼう【繁忙(煩忙)】(ハウ) [名・形動] 用事が多くていそがしいこと。‖「—を極める毎日」「—期」

ばん-ぽう【万邦】(ハウ) [名] あらゆる国。万国。‖「—共栄」

はん-ぽん【版本・板本】[名] 文字などを彫った版木で印刷した本。整版本。木版本。刻本。

はん-ま【半間】[名・形動] ❶全部そろっていないこと。はんぱなこと。‖「—な茶道具」❷気がきかないこと。間が抜けていること。また、その人。

ハンマー [hammer] [名] ❶大形の金槌(かなづち)。❷ピアノなどの鍵盤(けんばん)楽器で、弦をたたいて音を出す小槌。❸金属製の球に鉄線をつけ末端に取っ手をつけた、ハンマー投げの用具。

ハンマー-なげ【ハンマー投げ】[名] 陸上競技の投擲(とうてき)種目の一つ。ハンマーを直径二・一三五メートルのサークル内で体を回転させながら投げ、その飛距離を競うもの。

はん-まい【飯米】[名] 飯にたくための米。

はん-み【半身】[名] ❶相手に対して体を斜めに向けること。また、その姿勢。‖「—に構える」❷魚を二枚におろしたときの、身の片方。

はん-みち【半道】[名] ❶一里の半分。半里。約二キロメートル。❷全行程の半分。

はん-みょう【斑▽猫】(メウ) [名] コウチュウ目ハンミョウ科の昆虫。黒紫色の地に金赤色・金緑色などの帯がある。山間の路上に多く、人の先へ先へと飛ぶことから「みちおしえ」「みちしるべ」ともいう。

ばん-みん【万民】[名] すべての人民。全国民。‖「—の安寧を祈る」

はん-む【繁務・煩務】[名] わずらわしくて忙しい仕事。‖「—に追われる」

はん-めい【判明】[名・自サ変] はっきりとわかること。明らかになること。‖「事実[動機]が—する」

ばん-めし【晩飯】[名] 晩の食事。夕食。夕めし。⇔朝飯(あさめし)・昼飯

はん-めん【反面】[名] 反対の面。別の方面。他面。‖「明るい彼の—にこのような冷酷さがあった」「恐い—、やさしいところもある」▼副詞的にも使う。

はん-めん【半面】[名] ❶顔の半分。❷一定の広さをもった表面の半分。‖「コートの—を使う」❸物事の一方の面。一面。‖「問題の—しか見ていない」❹〈副詞的に〉もう一方で。‖「行ってはみたいが、—怖い気もする」

ばん-めん【盤面】[名] ❶碁盤・将棋盤などの表面。また、盤上の勝負の局面。‖「—に駒を置く」「—が緊迫する」❷レコード盤の表面。‖「—に傷がつく」

はんめん-きょうし【反面教師】(ケウ) [名] 悪い見本として反省や戒めの材料となるような人物や事柄。▼中国の毛沢東のことばから。

はん-も【繁茂】[名・自サ変] 草木が一面に生い茂ること。‖「雑草の—した空き地」

はん-もく【反目】[名・自サ変] 仲たがいしてにらみ合うこと。対立して仲が悪いこと。‖「与野党が—し合う」

ハンモック [hammock] [名] 丈夫なひもで編んだ網や麻布でつくった寝床。両端につけた縄で樹木や柱の間につり渡して用いる。つり床。

はん-もと【版元(板元)】[名] 書籍などを出版する所。出版元。発行所。

はん-もん【反問】[名・自他サ変] 相手の質問に直接答えないで、その質問の意図などを問いただすこと。逆に聞き返すこと。また、心の中で自問すること。‖「それはないよと—する」「私は二宮君にこんな事を—しました〈漱石〉」

はん-もん【斑紋(斑文)】[名] まだらの模様。とらふ。

はん-もん【煩▼悶】[名・自サ変] あれこれと悩み苦しむこと。もだえ苦しむこと。‖「日夜—する」

はん-や【半夜】[名] ❶真夜中。夜半。また、子(ね)の刻(現在の午前零時ごろ)から丑(うし)の刻(午前二時ごろ)までの間。❷一夜を二分した、その半分。‖「—交替の工事」

ばん-や【番屋】[名] 番人の詰めている小屋。番小屋。番所。

パンヤ [panha ポルト] [名] ❶東南アジアに分布するパンヤ科の落葉高木。楕円(だえん)形の実は熟すと五裂し、綿毛に包まれた種子を散らす。カポック。パンヤノキ。❷パンヤ科植物の種子を包む綿毛状の繊維。布団・クッションなどの詰め物に用いる。

はん-やく【反訳】[名・他サ変] ❶録音された音声を文字化すること。テープ起こし。❷翻訳された文や速記された符号を元の言葉や普通の文字に書き直すこと。❸翻訳。

ばん-ゆう【万有】(イウ) [名] 宇宙間に存在するすべてのもの。万物。万象。‖「天地—」

ばん-ゆう【蛮勇】[名] 事の理非を考えずに無分別に発揮する勇気。向こう見ずの勇気。‖「—をふるう」

ばんゆう-いんりょく【万有引力】(バンイウ) [名] すべての物体間に働く引力。その大きさは物体の質量の積に比例し、距離の二乗に反比例する。▼ニュートンによって発見された。

はん-よう【汎用】[名・他サ変] 一つのものを広くいろいろな方面に用いること。‖「—樹脂・—コンピューター」

はん-よう【繁用】[名] ❶用事が多くて忙しいこと。‖「御—のところ恐れ入ります」❷[他サ変] たびたび用いること。‖「麻薬を—する」「対句を—した文体」

はん-ら【半裸】[名] 上半身が裸であること。半ば裸であること。

ばん-らい【万雷】[名] 多くのかみなり。▼大きく鳴り響く音のたとえにいう。‖「—の拍手を浴びる」

はん-らく【反落】[名・自サ変] 取引市場で、上がっていた株価が一転して大きく下落すること。⇔反騰

はん-らん【反乱(▼叛乱)】[名・自サ変] 政府や支配者に反抗して武力行動を起こすこと。‖「—軍」

はん-らん【氾濫(汎濫)】[名・自サ変] ❶河川などの水がふえて、あふれ出ること。洪水になること。‖「豪雨

で川が―する」❷事物があふれるほど多く出回ること。‖「ブランド商品が―する」▽多く好ましくない状態にいう。

ばん-り【万里】〔名〕非常に遠いこと。きわめて遠い道のり。‖「―の波濤(はとう)を越える」「―の長城」▽一万里の意。

ハンリュー【韓流中国】〔名〕韓国の大衆文化。映画・テレビドラマ・音楽などについていう。かんりゅう。‖「―ブーム」「―ドラマ」

はん-りょ【伴侶】〔名〕ともに連れだって行く者。連れ。また、配偶者。‖「旅の―となる」「人生の―を得る」

はん-りょう【半量】〔名〕半分の量。‖「―の水を加える」

ばん-りょく【万緑】〔名〕見渡すかぎり緑であること。‖「―叢中(そうちゅう)紅一点(こういってん)」(➡紅一点)

ばん-りょく【蛮力】〔名〕蛮勇の力。向こう見ずにふるう腕力。

はん-るい【煩累】〔名〕わずらわしくめんどうな物事。‖「部下に―を及ぼす」

はん-れい【凡例】〔名〕書物の初めにあって、その編集方針・構成・使用法などを箇条書きにして示した部分。例言。

はん-れい【反例】〔名〕ある主張に当てはまらないことを示す例。反対の例。‖「仮説に対して―を提示する」

はん-れい【判例】〔名〕裁判の先例。特に、同趣旨の裁判が繰り返されて規範化した判決の実例をいう。‖「―を踏まえる」

はん-れい【範例】〔名〕模範となる例。手本。‖「書簡文―」「―学習」

はん-ろ【販路】〔名〕商品を売りさばく方面。商品のはけ口。‖「―を開拓する」

はん-ろう【煩労】〔名〕心身をわずらわせ、疲れさせること。また、その労苦。‖「―をいとわない」

はん-ろん【反論】〔名・自他サ変〕相手の意見・批判などに対して反対意見を述べること。また、その議論。‖「検察側の論告に―する」「―の余地がない」

はん-ろん【汎論】〔名・自他サ変〕広く全般にわたって論じること。また、全体を総括した論。総論。通論。‖「仏教について―する」「民俗学―」

ひ

ひ【日】〔名〕❶太陽。‖「―が昇る」書き方「▽陽」とも。❷太陽の光線。日ざし。日光。‖「―がさす」「―に焼ける」書き方「▽陽」とも。❸太陽が出ている間。日の出から日没まで。昼間。‖「―が短くなる」❹地球が一回自転する間。一日。一昼夜。‖「―に三度の食事」❺ある特定の一日。‖「休みの―」「秋分の―」❻定めておいた日時。日限。‖「―を改めてうかがいます」❼過去の、ある時期・時代。ころ。‖「若かりし―の勇姿」❽天候の模様。日和。‖「うららかな―が続く」❾〈「…した日には」の形で〉…した場合には、の意を表す。‖「調合を誤った―には、大変なことになる」「彼ときた―には、約束の時間を守ったことがない」▽多く否定的な事柄についていう。

⦿**日が浅・い** 日数があまりたっていない。‖「入社してまだ―」

⦿**日暮(く)れて道(みち)遠(とお)し** ❶年をとってしまったのに、まだ少ししか目的を達していないことのたとえ。❷期限が迫っているのに、仕事が一向にはかどっていないことのたとえ。

ひ【火】〔名〕❶光や熱を発しながら燃えている状態にあるもの。また、その炎。多く煙を伴う。‖「―が燃える」「―に当たる」「火鉢に―をつぐ」▽胸中に燃えさかる激しい感情のたとえにもいう。‖「嫉妬の―」❷高温・高熱の状態にあるもの。‖「食べ物に―を通す」▽必ずしも炎は伴わない。❸火事。‖「―の用心」「不審―(び)」

⦿**火が付いたよう** ❶赤ん坊などが激しく泣くさま。❷あわただしいさま。‖「―にせきたてられる」

⦿**火に油を注(そそ)ぐ** 勢いの激しいものに、さらに勢いを加えることのたとえ。

⦿**火の無い所に煙(けむり)は立たぬ** うわさが立つのは、何かしらその原因があるからだということ。

⦿**火を落と・す** 調理場などの火を弱くする。また、消す。‖「ガスの―」

⦿**火を見るよりも明(あき)らか** 明白で疑う余地がないさま。明々白々。‖「あんな練習態度では、負けるのは―だ」

注意「火を見るように明らか」は誤り。

ひ【灯】〔名〕物を照らす光。あかり。ともしび。‖「街(まち)に―がともるころ」

ひ【▼杼・▼梭】〔名〕織機の部品の一つ。縦糸の間を左右に滑らせて横糸を織り込むための舟形の道具。

ひ【▼樋】〔名〕❶水を引くためにかけ渡した竹製・木製などの管。とい。❷物の表面につけた細長いみぞ。‖「―定規」

ひ【比】㊀〔名〕❶くらべてみて同等・同類であること。‖「今日の寒さは昨日の―ではない」❷二つの量または数をくらべたとき、一方が他方の何倍あるいは何分のいくつに当たるかという関係。㊁（造）❶同列に並ぶ。また、並べてくらべる。‖「―較・―肩・―率・―類」「対―・無―」❷たとえる。‖「―喩(ゆ)」❸「比律賓(フィリピン)」の略。‖「日―」

ひ【妃】〔名〕皇族や王族の妻。きさき。‖「王―・皇太子―」「―殿下」

ひ【否】㊀〔名〕そうではないと打ち消すこと。同意しないこと。‖「―とする者多し」「―決・―認」「拒―」㊁（造）前の語を打ち消して反対の意味を表す。‖「可―・採―・賛―(さんぴ)・成―」

ひ【非】㊀〔名〕❶正しくないこと。道理にあわないこと。‖「―をあばく」「―行・―道・―礼」「是―」❷あやまち。欠点があること。‖「自らの―を認める」㊁〔接頭〕そうではない意、否定の意を表す。‖「―公式・―常識・―科学的・―日常的」「―情・―凡・―力」㊂（造）うまくいかない。‖「―運・―業(ごう)」➡み(未)

⦿**非の打ち所が無・い** まったく欠点がない。‖「―紳士」

ひ【秘】㊀〔名〕人に知られてはならないこと。また、人に知られないようにかくすこと。‖「秘中の―」「―策・―伝・―密」「極―」㊁（造）❶奥深くてはかりしれないこと。‖「―境」「神―(しんぴ)」❷通じがわるい。‖「便―(べんぴ)」旧祕

ひ【碑】〔名〕後世に伝えるために事のいわれや先人の功績などを石に刻んで建てたもの。いしぶみ。‖「―文」「句―・記念―」旧碑

ひ【▼緋】〔名〕明るい朱色。あか。あけ。‖「―の衣(ころも)」「―鯉(ごい)・―桜(ざくら)」

ひ【▽曽】〔接頭〕祖父母の親または孫の子など、三代離れた関係である意を表す。ひい。‖「―じじ・―孫」

ひ【皮】（造）❶動植物の表面をおおう組織。かわ。‖「―

脂・―膚」「牛―・樹―・表―」❷物事の表面。うわべ。‖「―相」

ひ【批】(造) ❶良否・是非などを決める。‖「―判・―評」❷主権者が承認する。‖「―准」

ひ【彼】(造) 離れた向こうにあるものを表す。‖「―我・―岸」

ひ【披】(造) おしあける。開く。また、すっかり開いて見せる。‖「―瀝・―露」

ひ【肥】(造) ❶ふとる。こえる。‖「―満」❷土地がこえる。‖「―沃」❸農作物にほどこす栄養分。こえ。こやし。‖「―料」「堆―」❹「肥前」「肥後」の略。‖「豊―本線」「薩長土―」

ひ【卑】(造) ❶身分・地位などが低い。価値が劣る。‖「―賤」「尊―」❷品性が劣る。いやしい。‖「―怯・―劣・―猥」「野―」❸低い位に置く。いやしめる。また、へりくだる。‖「―屈・―下」旧卑

ひ【飛】(造) ❶空をとぶ。‖「―行・―翔・―来」❷とびはねる。とんで高くあがる。また、とびちる。‖「―沫・―躍」❸空中にあがるように高い。‖「―瀑」❹とぶように速い。速く行かせる。‖「―脚」❺「飛球」の略。‖「右―」❻「飛車」の略。‖「―角」❼「飛騨」の略。‖「―州」

ひ【疲】(造) つかれる。おとろえる。‖「―弊・―労」

ひ【被】(造) ❶おおう。おおいかぶさる。‖「―膜」❷かぶる。着物を着る。‖「―服」❸他からある動作・行為を受ける意を表す。‖「―害・―告・―写体」

ひ【▼婢】(造) 女性の召し使い。‖「―女」「侍―」

ひ【悲】(造) ❶かなしい。かなしむ。かなしみ。‖「―観・―惨・―壮・―報・―恋」❷仏教で、めぐみぶかい心。あわれみ。‖「―願」「慈―」

ひ【扉】(造) とびら。‖「開―・鉄―・門―」

ひ【費】(造) ❶金品を使って減らす。ついやす。‖「―目・―用」「消―・浪―」❷ある目的のために使う金銭。ついえ。‖「学―・出―・戦―・燃―・交際―・光熱―・支援―」

ひ【▼鄙】(造) ❶都から遠く離れた地。いなか。‖「辺―」❷洗練されていない。いやしい。‖「―劣」「野―」❸自分を謙遜していう語。‖「―見」

ひ【罷】(造) ❶やめる。中止する。やめさせる。‖「―免」❷つかれる。‖「―弊」▼「疲」に通じる。

ひ【避】(造) 難をさける。よける。‖「―暑」「逃―」

び【美】[名] ❶姿・形・色彩などが美しいこと。‖「天然の―」「―貌」「華―・優―」❷りっぱであること。ほめるに値すること。‖「有終の―を飾る」「―酒・―談・―点」

び【微】㊀[名] 非常に小さいこと。きわめて細かいこと。‖「―生物・―粒子」㊁(造) ❶ごくわずか。かすか。‖「―香・―動・―熱・―量」❷おとろえる。‖「衰―」❸身分が低い。‖「―臣」❹自分に関することを謙遜していう意を表す。‖「―力」

◉**微に入り細を穿つ** 非常に細かいところまでゆきとどく。‖「―・って説明する」

び【尾】(造) ❶動物のしっぽ。‖「―骨」「燕―」❷物の末端。うしろ。おわり。‖「―行」「語―・首―」❸動物の雌雄が交わる。つるむ。‖「交―」❹「尾張」の略。‖「濃―平野」

び【眉】(造) まゆ。まゆげ。‖「蛾―・白―・柳―」

び【備】(造) ❶あらかじめ用意しておく。そなえ。‖「―考・―品」「警―・設―」❷必要なものがそろう。そなわる。‖「完―・不―」❸「吉備」の略。‖「伯―線」

び【▼媚】(造) ❶なまめかしい。また、こびる。‖「―態・―薬」❷あでやかで美しい。‖「風光明―」

び【鼻】(造) 嗅覚をつかさどる器官。はな。‖「―炎」

ビア [beer] [名] ビール。ビヤ。

ひ-あい【悲哀】[名] 悲しくあわれなこと。‖「人生の―を感じる」

ビア-ガーデン [beer garden] [名] 夏季に庭園やビルの屋上などでビールを専門に飲ませる店。

ひ-あが・る【干上がる(▽乾上がる)】[自五] ❶すっかりかわく。かわききる。‖「からからに―・った田」❷金がなくなって生活できなくなる。‖「あごが―」

ピア-サポート [peer support] [名] 同じような立場にある人同士が支え合うこと。▼「ピア」は仲間の意。

ひ-あし【日脚(日足)】[名] ❶太陽が東から西へ移っていく動き。‖「―が早い」❷太陽が出てから沈むまでの時間。昼間の時間。‖「―が延びる」

ひ-あし【火脚(火足)】[名] 火事などで、火の燃え移っていく速さ。火の回り。‖「強風のため―が速い」

ピアス [名] 耳たぶに小さな穴をあけてつけるイヤリング。▼pierced earrings から。pierce は穴をあける意。

ひ-あそび【火遊び】[名] ❶火をおもちゃにして遊ぶこと。火いたずら。❷あぶない遊び。特に、その場限りのあぶない情事。

ひ-あたり【日当たり(▽陽当たり)】[名] 日光が当たること。また、その当たり具合。‖「―のよい部屋」

ピアニシモ [pianissimoイタリア] [名] 音楽の強弱標語の一つ。「きわめて弱く」の意を表す。ピアニッシモ。記号pp ⇕フォルティシモ

ピアニスト [pianist] [名] ピアノの演奏家。

ピアノ [piano] [名] ❶鍵盤楽器の一つ。鍵盤に連動するハンマーが大きな共鳴箱の中に張った金属弦を打って音を出す。平型(グランド)と竪型(アップライト)とに大別される。ピヤノ。‖「―を弾く」❷音楽の強弱標語の一つ。「弱く」「やわらかく」の意を表す。記号p ⇕フォルテ

ひ-あぶり【火▼炙り・火▼焙り】[名] 罪人を火で焼き殺す刑罰。火刑。‖「―の刑」

ひあり【火▼蟻】[名] アリ科のヒアリ類の総称。南米原産で、働きアリの体長は約二・五〜六ミリ。体色は主に赤茶色で、腹部に毒針をもつ。

ヒアリング [hearing] [名] ❶外国語を聞いてその意味を理解すること。聞き取り。❷公聴会。聴聞会。◈「ヒヤリング」とも。

ヒアルロン-さん【ヒアルロン酸】[名] 眼球の硝子体・皮膚・臍帯などに広く分布する多糖類。組織構造の維持、細菌の侵入防止などに役立つ。ヒアルウロン酸。

ひ-い【非違】ヰ [名] 法にそむくこと。非法。違法。

び-い【微意】[名] 自分の気持ちや志を謙遜していう語。‖「感謝の―を表す」

ビー【B】[名] 鉛筆の芯の黒色濃度を表す記号。2B・3Bと数値が大きくなるほど濃度が増す。⇕H ▼black の頭文字から。

ピーアール【PR】[名・他サ変] 官公庁・団体・企業などが、その事業内容・施策・商品などを人々に理解してもらうためにマスメディアを使って広く知らせること。また、その広報・宣伝活動。‖「―雑誌」▼public relations の略。

ビーエス【BS】[名] 放送衛星。また、衛星放送。‖「ーアンテナ」▽broadcasting satellite の略。

ピーエス【PS・ps】[名] 手紙の追って書きの冒頭に記す語。追伸。二伸。▽postscript の略。

ビーエスイー【BSE】[名] 牛海綿状脳症の略。▽bovine spongiform encephalopathy の略。

ピーエッチ【pH】[名] 溶液の水素イオン濃度を表す指数。中性は七。酸性は七より小さく、アルカリ性は七より大きい。ペーハー。

ピーエッチエス【PHS】[名] デジタル方式の簡易型携帯電話。▽personal handyphone system の略。

ピーエフアイ【PFI】[名] 民間資金を導入して社会資本整備などの公共サービスを行うこと。▽Private Finance Initiative の略。平成一一年七月に「民間資金等の活用による公共施設等の整備等の促進に関する法律」(PFI法)が制定された。

ピーエム【P.M.・p.m.】[名] 午後。⇔A.M. ▽post meridiem ラテ の略。書き方 普通、6:00P.M. のように使う。

ビーエムアイ【BMI】[名] 肥満度を表す指数。体重(kg)を身長(m)の二乗で割った数。体格指数。ボディーマス指数。▽body mass index の略。

ピーエムエス【PMS】[名] 月経の数日前から月経開始までの期間に心身の不調を生じる症候。いらいら・眠気・頭痛などの症状が現れる。月経前症候群。▽premenstrual syndrome から。

ピーエムにてんご【PM2・5】[名] 大気中を浮遊する粒子状物質のうち、粒径が二・五マイクロメートル以下のもの。車や航空機などの排気ガスや工場のばい煙などから発生する。▽PMは、Particulate Matter の略。呼吸器系や循環器系への影響が懸念され、平成二一(二〇〇九)年に環境基準が設けられた。

ピーエルほう【PL法】ーハウ [名] 製造物責任法。⬇製造物責任 ▽PLは product liability の略。

ビーカー【beaker】[名] 理化学実験に使う平底円筒形のガラス製容器。液体を注ぎやすいように一方にくちばしのような突起がある。

ビーガン【vegan】[名] 肉・魚類に加えて卵・乳製品などの動物性食品を一切食べない菜食主義者。ピュアベジタリアン。

ぴいかん [名][俗] 快晴。▽映画撮影現場の用語から。書き方 多く「ピーカン」と書く。

ひいき【▼贔▼屓】[名・他サ変] 自分の気に入った者を特に引き立てて支援すること。また、その引き立てる人。‖「妹ばかりーする」「ーにしている芸人」

贔屓

◉贔屓の引き倒し ひいきにし過ぎて、かえってその人を不利に導くこと。

ひいきめ【▼贔▼屓目】[名] ひいきをする立場からの好意的な見方。‖「どうーに見ても優勝は難しい」

ビーきゅう【B級】ーキフ [名] 第二位の等級。‖「ーグルメ」「ー映画」▽一級ではないが、それなりの味わいがあるとしていう。

ひいく【肥育】[名・他サ変] 食肉用の家畜・家禽を、ふとらせるために、運動を制限し、良質の飼料を与えて飼育すること。また、その飼育法。

ピーク【peak】[名] ❶山の頂上。山頂。❷物事の頂点。絶頂。最高潮。‖「ラッシュアワーのー」

ピーケー【PK】[名] 「ペナルティーキック(penalty kick)」の略。

ピーケーエフ【PKF】[名] 国連平和維持軍。紛争地での兵力引き離しや停戦監視・治安維持などを主な業務とする。▽peacekeeping forces の略。

ピーケーオー【PKO】[名] 国連平和維持活動。国連が受け入れ国の同意を得た上で部隊・人員を派遣し、紛争地での兵力引き離しや停戦監視・治安維持などの業務にあたる活動。▽peacekeeping operations の略。

ピーケーせん【PK戦】[名] サッカーで、時間内に勝負がつかないとき、ペナルティーキックによって勝敗を決すること。また、その方法。▽両チーム各五人の選手が交互にボールをけり、得点の多い方を勝ちとする。

ピーコート【pea coat】[名] 厚手のウール地で仕立てた七分丈のダブルのコート。もと船乗りなどが防寒用に着用した。

ビーコン【beacon】[名] ❶航空路や水路の標識・標識灯。❷「ラジオビーコン」の略。

ビーシー【B.C.】[名] 「西暦紀元前」の意を表す記号。ふつう横書きでB.C.250のように用いる。⇔A.D. ▽before Christ の略。

ビージー【BG】[名] 女性の事務員。⬇OL ▽和製 business＋girl の略。

ピーシー【PC】[名] 「パーソナルコンピューター(personal computer)」の略。

ビージーエム【BGM】[名] 「バックグラウンドミュージック(background music)」の略。

ビーシーシー【bcc】[名] 電子メールで、本来の受信者以外の人にメールのコピーを送ること。ccと違い、受信者は自分以外に誰が受信したかわからない。また、その機能。▽blind carbon copy の略。

ビーシージー【BCG】[名] 結核予防のための生ワクチン。牛型結核菌を弱毒化したもので、生後六か月までに接種する。▽Bacille de Calmette et Guérin フラ の略。

ピーシービー【PCB】[名] ビフェニルに二個以上の塩素が付加した化合物の総称。化学的に安定し、耐熱性・電気絶縁性にすぐれる。絶縁油・熱媒体・可塑剤・塗料などに広く用いられたが、廃棄処理が困難で、かつ生体に毒性が蓄積するため現在は製造・使用禁止。▽polychlorinated biphenyl の略。

びいしき【美意識】[名] 美を美として感じとる心の働き。芸術や自然の美を理解し、鑑賞するときに働く意識。

ヒース【heath】[名] 北西ヨーロッパに分布するツツジ科の常緑低木の総称。また、それの群生する荒地。

ビーズ【beads】[名] 手芸・装飾などに用いる小さな飾り玉。多くはガラスやプラスチック製で、糸を通す穴があいている。南京玉。

ピース【peace】[名] ❶平和。❷手のひらを外に向け、人差し指と中指を立ててV字形にしたサイン。勝利や平和を表す。ピースサイン。Vサイン。

ピース【piece】[名] 一片。一切れ。‖「千ーのジグソーパズル」

ヒーター【heater】[名] ❶暖房装置。暖房器具。

❷電熱器。

ビー-だま【ビー玉】[名] 子供が遊びに使うガラス玉。▽「ビー」は「ビードロ」の略。

ピータン【皮蛋 中国】[名] アヒルの卵に木灰・石灰・塩・泥などを茶の汁でこねたものを塗りつけて発酵させたもの。白身は半透明の褐色、黄身は濃緑褐色になる。中国料理の前菜に用いる。

ビーチ【beach】[名] 海辺。なぎさ。‖「—ウエア」

ピーチ【peach】[名] 桃。また、桃の実。

ビーチ-バレー [名] 砂浜で行う二人制のバレーボール。ルールは六人制バレーボールに準じる。ビーチバレーボール。▽beach volleyball の略。

ビーツ【beets】[名] アカザ科の一、二年草。地中海沿岸地方原産。一般には肥大した根のしぼり汁から砂糖(甜菜糖(さいとう))をとるサトウダイコンをさすが、ほかに野菜として栽培されるカエンサイやフダンソウなども含まれる。ビート。

ビー-ツー-シー【BtoC】[名] 企業と消費者の間の電子商取引。ビートゥーシー。▽Business to Customer または Business to Consumer の略。 書き方「B2C」とも。

ビー-ツー-ビー【BtoB】[名] 企業間の電子商取引。ビートゥービー。▽business to business の略。 書き方「B2B」とも。

ピー-ティー-エー【PTA】[名] 生徒の保護者と教師の会。保護者と学校の相互理解・協力による教育効果の向上を目指して各学校に組織される。▽Parent-Teacher Association の略。

ピー-ティー-エス-ディー【PTSD】[名] 生命の危険を感じるような恐怖や絶望を体験したあとに継続して起こる、不安・うつ状態・パニック・フラッシュバックなどの障害。心的外傷後ストレス障害。▽post-traumatic stress disorder の略。

ピー-ディー-エフ【PDF】[名] コンピューターで、OSや機種に関係なく文書のイメージを変えずに表示できるファイル形式。アメリカのアドビシステムズが開発。▽portable document format の略。

ビー-ティー-オー【BTO】[名] 顧客の注文を受けてから生産・出荷する仕組み。受注生産方式。▽build to order の略。

ピー-ディー-シー-エー-サイクル【PDCAサイクル】[名] 業務や生産の管理を円滑にするための手法で、計画(plan)、実行(do)、評価(check)、改善(act)の過程で、継続的に業務の成長を目指すもの。

ひいては【▽延いては】[副] それがもとになって、その結果。さらには。‖「ガンダーラ美術は中国の仏教美術に、—日本の仏教美術に大きな影響を与えた」

ひい・でる【秀でる】[自下一] ❶他より特にすぐれている。ぬきんでる。‖「数学に—」「一芸に—でた人」❷いちじるしく目立つ。‖「—でた額」 文 ひい・づ

ビート【beat】[名] ❶水泳で、足で水を打つこと。ばた足。‖「—板(ばん)」❷音楽で、拍子。特にジャズ・ポップスで、アクセントをつけた拍子。また、そのリズム感。‖「エイト—」❸干渉によって生じる音波のうなり。

ビート【beet】[名] 砂糖大根。

ヒート-アイランド【heat island】[名] 都市部の地上温度が周辺部より高温になる現象。また、その高温域。大量の燃料消費による人工熱の発生、気温の上昇を抑える緑地の減少、大気汚染による温室効果などを原因とする。▽等温線の高温の部分が海に浮かぶ島のように見えることから。

ヒートショック-プロテイン【heat shock protein】[名] 熱せられた細胞に誘導されて増加するたんぱく質。細胞を耐熱性にして熱などのストレスから保護する働きがある。熱ショックたんぱく質。ヒートショックたんぱく質。HSP。

ビート-ばん【ビート板】[名] 水泳で、ばた足などの練習に使う、浮力のある板。キックボード。

ヒート-ポンプ【heat pump】[名] 低温の物体から熱を吸収して高温の物体へ運ぶ装置。冷暖房などに利用される。熱ポンプ。

ビードロ【vidro ポルトガル】[名] ❶ガラス。▽室町末期から江戸時代まで使われた語。❷ガラス製の玩具(がんぐ)の一つ。底の薄いフラスコ状のもので、吹くと底部がくぼんでポピンポピンと鳴る。

ビーナス【Venus】[名] ❶ローマ神話の菜園の女神。▽「ウェヌス」の英語名。のちギリシア神話のアフロディテと同一視され、美と愛の女神となった。❷金星。

ピーナッツ【peanuts】[名] 落花生の実。なんきんまめ。ピーナツ。‖「—バター」

ピーナッツ-バター【peanut butter】[名] ピーナッツをすりつぶしてペースト状にし、食塩・砂糖などを加えたもの。

ビーバー【beaver】[名] ヨーロッパ北部と北アメリカ北部の水辺に分布するネズミ目ビーバー科の哺乳(ほにゅう)類。尾は扁平なオール状で、後肢に水かきをもつ。鋭い歯でかじり倒した木でダムを築いて巣を作る。海狸(うみだぬき・かいり)。

ビー-ばん【B判】[名] 日本産業規格(JIS)による紙の仕上がり寸法の一つ。一〇三〇ミリメートル×一四五六ミリメートルをB0番とし、以下一〇番まで、半裁ごとにB1番・B2番と表す。➡A判

ひい-ひい [副] ❶子供などが力なく泣き続ける声を表す語。‖「赤ん坊が—(と)泣く」❷苦しくて音(ね)を上げる声を表す語。‖「練習が厳しくて—言う」

ぴい-ぴい [副] ❶笛の音や鳥などの鳴き声を表す語。‖「ひよこが—(と)鳴く」❷金がなくて生活が苦しいさま。‖「年中—している」

ビー-ビー-エス【BBS】[名] 電子掲示板。▽bulletin board system の略。

ビー-ピー-エス【bps】[名] データ送受信速度の単位。一秒間に送受信できるビット数を表す。ビット毎秒。▽bits per second の略。

ピー-ピー-エム【ppm】[名] 百万分率で、全体を一〇〇万としてその割合を表す単位。一ピーピーエムは一〇〇万分の一。▽parts per million の略。

ビーフ【beef】[名] 牛肉。‖「—シチュー」

ビープ-おん【ビープ音】[名] パソコンなどで、誤操作やエラーなどが起きたときに鳴る音。

ビーフ-シチュー【beef stew】[名] 牛肉と玉ネギ・ニンジンなどの野菜をデミグラスソースなどで煮込んだ料理。

ビーフ-ジャーキー【beef jerky】[名] 牛の乾燥肉。

ビーフステーキ【beefsteak】[名] 牛のロース・ヒレなどの肉を厚く切って、鉄板などの上で焼いた料理。焼き加減によってレア・ミディアム・ウエルダンなどに分ける。ビフテキ。テキ。

ビーフ-ストロガノフ [beef stroganoff] [名] 牛肉をタマネギなどと炒め、サワークリーム入りのソースで煮込んだロシア料理。

ビーフン【米粉^中国】 [名] 中国の麺の一つ。粳米の粉を熱湯で練って麺状に押し出し、ゆでてから乾燥させたもの。水や熱湯につけてもどし、炒めたりスープに入れたりする。

ピーマン [piment フランス] [名] 若い果実を食用にする、トウガラシの栽培変種。果実は空洞状で大きく、辛みはほとんどない。緑色をはじめ、赤・黄・黒色のものなど、多くの品種がある。ピメント。

ビーム [beam] [名] ❶光・電子の流れの束。❷電波の束。信号電波。❸建物の梁・桁。

ピーラー [peeler] [名] 野菜や果物の皮むき器。

ひいらぎ【▼柊(▼柊木)】 ヒヒラギ [名] 関東以西の山地に自生するモクセイ科の常緑小高木。葉は卵形で、縁にとげ状のぎざぎざがある。晩秋、白い小花を密生し、暗紫色の実を結ぶ。庭木・生垣にもする。堅い材は印材・器具用。

ヒーリング [healing] [名] 癒やすこと。治療。また、回復。‖「―ミュージック(=気分を落ち着かせ、ストレスを解消させる音楽)」

ピーリング [peeling] [名] 皮膚表面の古い角質をはがし取り、新陳代謝を促す美容法。ケミカルピーリング。

ヒール [heel] [名] ❶かかと。特に、靴のかかと。‖「ハイ―」❷プロレスなどの悪役。⇔ベビーフェース

ビール [bier オランダ] [名] 大麦の麦芽にホップ・酵母を加えて発酵させたアルコール飲料。ビア。ビヤ。‖「缶―」

書き方「〈麦酒〉」と当てる。

ビールス [Virus ドイツ] [名] ⬇ウイルス

ひ-いれ【火入れ】 [名] ❶たばこに火をつけるための火種を入れておく小さな器。❷[自サ変] 溶鉱炉などが完成して、初めて点火すること。また、点火して操業を開始すること。‖「―式」❸[自サ変] 清酒・醬油などの腐敗を防ぐために熱を加えること。❹[自サ変] 土地を肥やすために山野の枯れ草などを焼くこと。野焼き。

ひ-いろ【▼緋色】 [名] ❶濃く鮮やかな赤色。深紅色。スカーレット。‖「―の装束」「―の染め革」❷銅器につける鮮やかな鳶色。

ヒーロー [hero] [名] ❶英雄。勇者。また、敬慕の的となる人。‖「国民的―」❷スポーツの試合などで、はなばなしい活躍をした人。‖「―インタビュー」❸小説・演劇などの、男性の主人公。⇔ヒロイン

ビーン-ボール [bean ball] [名] 野球で、投手が故意に打者の頭の近くをねらって投げる球。反則投球の一つ。▽bean は頭の意の俗語。

び-う【眉宇】 [名] まゆのあたり。まゆ。‖「憂いを―に漂わす」▽「宇」は軒の意。まゆを目の軒に見立てていう。

び-う【微雨】 [名] こまかな雨。こさめ。細雨。

ひ-うお【氷魚】 ヒヲ [名] 鮎の稚魚。体長二、三センチメートルのもの。ひお。▽氷のように半透明であることから。

ひ-うち【火打ち(▼燧)】 [名] 火打ち石と火打ち金とを打ち合わせて火を出すこと。また、その道具。

ひうち-いし【火打ち石(▼燧石)】 [名] 石英の一種。きわめて硬いので、火打ち金と打ち合わせて発火させる道具として用いた。

ひうち-がね【火打ち金(▼燧▽鉄)】 [名] 火打ち石と打ち合わせて発火させるのに用いた三角形の鋼鉄片。火口金。

ひ-うん【非運(否運)】 [名] よい運に恵まれないこと。つきがないこと。不運。⇔幸運

ひ-うん【悲運】 [名] 悲しい運命。‖「―に泣く」

ひえ【▼稗・▼穇】 [名] 畑で栽培されるイネ科の一年草。夏、円柱状の穂をつけ、小さな実を結ぶ。種子は食用・飼料用。やせ地にも育つので、古来、救荒作物とされた。

ひえ【冷え】 [名] ❶冷えること。気温が下がること。‖「明け方の―が身にしみる」❷体、特に下半身が冷たくなること。‖「足先の―がひどい」

ひ-えき【▼裨益】 [名・自サ変] 役に立ち、利益となること。‖「社会に―する事業」

ひえ-こ・む【冷え込む】 [自五] ❶気温がぐっと低くなる。寒気が強くなる。‖「今朝はだいぶ―」❷寒さのために体がすっかり冷たくなる。‖「体の芯から―」名冷え込み

ひえ-しょう【冷え性・冷え症】 ヰシヤウ [名] 血行が悪いために体が冷えやすい性質。また、その症状。

ピエタ [Pietà イタリア] [名] 絵画・彫刻などで、キリストの遺体をひざに抱いて哀悼する聖母マリアを主題とするもの。嘆きの聖母像。▽敬虔な心・慈悲心の意。

ひえ-びえ【冷え冷え】 [副ト] ❶風・空気などが非常に冷たく感じられるさま。‖「―(と)した山の空気」❷心がむなしく、さびしいさま。‖「―(と)した気持ち」❸関係などが冷たく、よそよそしくなるさま。‖「―(と)した関係」

ヒエラルキー [Hierarchie ドイツ] [名] 上下関係によってピラミッド型に序列化された組織。軍隊組織・官僚機構など。位階性。階層性。ヒエラルヒー。

ひ・える【冷える】 [自下一] ❶温度が下がって冷たく、または寒くなる。また、そのように感じる。‖「春とはいえ朝晩はまだ―」「足が―」「―・えたビール」⇔あたたまる ❷熱意・愛情・興味などが失われる。また、良好だった関係がわるくなる。‖「二人の仲[両国の関係]が―」❸低調になる。‖「消費が―」文ひ・ゆ 名冷え

品格　かじかむ「手が―」凍える「体の芯まで―」冴える「―冬空」◉「かじかむ」「凍える」は体感から、「冴える」「冷える」は気温から寒さを表現した言い方。

ピエロ [pierrot フランス] [名] ❶サーカスなどで、おどけた格好をして狂言回しの役をつとめる道化役者。紅をさした白塗りの顔、長そでのだぶだぶな衣装などを特徴とする。❷滑稽なしぐさで人を笑わせる人。また、人の笑いものになるだけの人。

ヒエログリフ [hieroglyph] [名] ❶古代エジプトの象形文字。聖刻文字。❷古代エジプト文字の総称。

ひ-えん【飛▼燕】 [名] 飛んでいるつばめ。▽すばやい身の動きのたとえにいう。‖「―の早業」

び-えん【鼻炎】 [名] 鼻腔粘膜の炎症。くしゃみ・鼻水・鼻づまりなどの症状をともなう。‖「アレルギー性―」

ビエンナーレ [biennale イタリア] [名] 二年ごとに開催される国際的な美術展覧会。▽二年ごとの意。

ひ-お【氷▽魚】 ヒヲ [名] ⬇ひうお

ひ-おい【日▽覆い】 ヒオホヒ [名] 日光をさえぎるためのおおい。ひおおい。

ひ-おう【秘奥】 ヒアウ [名] 容易には到達することのでき

ない奥深いところ。‖「芸の—をきわめる」

ひ-おうぎ【▼檜扇】(ーアフギ) [名] 細長い檜(ひのき)の薄板をとじ重ねて作った扇。貴族が衣冠・直衣(のうし)を着けるとき、笏(しゃく)に代えて持った。

ひ-おけ【火▼桶】(ーヲケ) [名] 木製の丸い火鉢。外側は木地のまま、あるいは漆を塗って彩色し、内側に真鍮(しんちゅう)などの金属板を張ったもの。

ビオトープ [Biotopドイ] [名] 生物群集が存在できるように整備された生息空間。‖「公園に—を作る」

ひ-おどし【▼緋▼縅し】(ーヲドシ) [名] 鎧(よろい)のおどしの一つ。緋色に染めた革緒や組み紐(ひも)を使って札(さね)をつづったもの。また、その鎧。

ビオラ [violaイタリア] [名] バイオリン属の擦弦楽器。バイオリンよりやや大きく、五度低く調弦する。室内楽・管弦楽などの内声部を受け持つ。

ビオロン [violonフランス] [名] バイオリン。

び-おん【美音】 [名] 美しい音や声。

び-おん【微音】 [名] かすかな音。ごく小さな音。‖「—を聴き取る」

び-おん【微温】(ーヲン) [名・形動] ❶わずかに温かいこと。なまあたたかいこと。‖「—湯(とう)(=ぬるま湯)」❷手ぬるくて徹底しないこと。‖「—な対策」

び-おん【鼻音】 [名] ❶鼻にかかった声。❷音声学で、呼気を鼻腔に通し、鼻腔を共鳴させて出す有声の子音。ま行の子音[m]、な行の子音[n]など。

ひ-か【皮下】 [名] 皮膚の下の層。‖「—組織」

ひ-か【悲歌】 [名] ❶悲しい調子の歌。悲しみの気持ちを表した歌。また、死者を悼む歌。エレジー。❷[自サ変] 悲しんで歌うこと。‖「—慷慨(こうがい)」

ひ-が【彼我】 [名] かれと、われ。相手側と自分側。‖「—を比較する」

ひ-が【非我】 [名] 哲学で、自我と区別されて存在する外的世界。⇔自我

び-か【美化】(ークヮ) [名・他サ変] ❶美しくすること。‖「校内を—する」❷実際以上に美しく考えること。また、実際以上に美しいものとして表現すること。‖「現実を—する」

び-か【美果】(ークヮ) [名] ❶おいしい果物。❷よい結果。‖「—を得る」

ひ-がい【被害】 [名] 損害や危害を受けること。また、その害。‖「—を受ける」「—が大きい」⇔加害 ▼「被害を被(こうむ)る」は、〜ヲに〈結果〉をとる言い方。重言ではない。⬇「重言」のコラム(七四〇ページ)

ひがい-しゃ【被害者】 [名] ❶天災・人災などによって損害を受けた人。❷他人の不法行為や犯罪によって権利の侵害や損害を受けた人。⇔加害者

ぴか-いち【▽光一】 [名] 多くの中できわだってすぐれていること。また、そのもの。‖「県で—の腕前」▼花札で、光り物(二〇点札)が一枚で、あとはかす札の手役から。 書き方 多く「ぴか一」「ピカ一」と書く。

ひがい-もうそう【被害妄想】(ーマウサウ) [名] 自分が他人から危害を受けていると思い込む妄想。

ひかえ【控え】(ヒカヘ) [名] ❶時間・順番などがくるのを待つこと。また、その人やそのための場所。‖「—の間」❷予備として別に用意しておくこと。また、そのものや人。‖「—の書類[選手]」❸必要な事柄を記録しておくこと。また、そのもの。‖「帳簿の—と照合する」

ひかえ-しつ【控え室】(ヒカヘ) [名] 控えて待つための部屋。‖「従業員[講師]—」 書き方 公用文では「控室」。

ひかえ-め【控えめ(控え目)】(ヒカヘ) [名・形動] ❶目立たないように遠慮してふるまうこと。‖「—な態度」❷量や程度を少なめにすること。‖「労組としては—な要求だ」「塩分は—にする」

ひ-がえり【日帰り】(ーガヘリ) [名] その日のうちに行って帰ってくること。‖「—出張」

ひか・える【控える】(ヒカヘル) [動下一] 一[自] ❶順番や用事に備えてすぐそばで待つ。待機する。‖「隣室に—・えて出番を待つ」「ベンチに—・えている選手」❷目立たないようにして身辺にいる。‖「要人の身辺に護衛が—」❸距離的・時間的にすぐ近くにある。‖「村の背後には山が—・えている」「年末に総選挙が—」 二[他] ❶分量や程度をおさえて度を越さないようにする。制限する。差し控える。‖「酒[塩分]を—」❷あることを配慮して自分の行動をおさえる。抑制する。‖「判断[発言・外出]を—」❸距離的・時間的にすぐ近くにある。‖「このホテルは近くにスキー場を—・えている」「試験を明日に—」❹忘れないように、また、のちのちのために書きとめておく。メモをとる。‖「日程を手帳に—」「電話番号を—・えておく」❺〈古風〉動こうとするものをおさえとどめる。引きとどめる。‖「馬を—」 文 ひかふ 名 控え

ひ-かがみ【▼膕】 [名] ひざの後ろのくぼんでいるところ。よぼろ。膝窩(しっか)。▼「引き屈(かが)み」の転。

ひ-かく【比較】 [名・他サ変] 二つ以上のものをくらべること。また、くらべ合わせて、その異同について考えること。‖「大きさを—する」「自社製品を他社製品と—する」「—にならないほどの大差がつく」

ひ-かく【皮革】 [名] 毛のついた生の皮となめした革。また、加工した動物の皮の総称。‖「—製品」「合成—」

ひ-かく【非核】 [名] 核兵器の製造・実験・使用などをしないこと。‖「—三原則(=核兵器を製造しない、保持しない、持ち込みを認めないという日本政府の基本方針)」

び-がく【美学】 [名] ❶美の本質・原理・構造などを自然や芸術にみられる美的諸現象を対象として研究する学問。▼古くは「審美学」といった。❷美についての独特の価値観。‖「引き際の—」

ひかく-きゅう【比較級】(ーキフ) [名] 英語・ドイツ語などで、形容詞・副詞がとる語形変化の一つ。事物の性質・状態などの程度が比較の対象よりも高いことを表す。英語のgood(よい)、happy(幸せな)に対するbetter(よりよい)、happier(より幸せな)などの類。⬇最上級②

ひかく-こうこく【比較広告】(ークヮウコク) [名] 性能・効能・価格などを他の競合商品と具体的に比較し、新商品の優位を訴える広告。

ひかく-たすう【比較多数】 [名] 過半数には至らないが、最も多数であること。

ひかく-てき【比較的】 [副] 他の同種のものや一般の基準とくらべて。わりあいに。‖「この湾の水深は—浅い」「—閑静な土地」 使い方 まれに「比較的に」の形でも使う。‖「病状は比較的に良好です」

ひ-かげ【日陰(日▼蔭)】 [名] ❶物にさえぎられて日の当たらない所。⇔日向(ひなた) ❷世間で公然と活動できないような立場や身分。また、恵まれずに世に埋もれている境遇。‖「一生を—で過ごす」「—の身」

ひ-かげ【日影】 [名] 日の光。ひざし。‖「春の—」

ひーがけ【日掛け】［名］毎日、一定額の金銭を積み立てること。「ー貯金」

ひかげーもの【日陰者（日▼蔭者）】［名］❶世の中に公然と出ることのできない身の上の人。日陰の身。❷恵まれないままに世に埋もれて暮らす人。

ひーかげん【火加減】［名］火力の程度。

びかーご【美化語】［名］敬語の一つ。ものごとを美しく上品にいう語。「お菓子」「お天気」「お昼」など。⬇敬語解説（一七九八ページ）

ひがーごと【▼僻事】［名］事実に合わないこと。また、道理にもとること。

ひーがさ【日傘】［名］強い日ざしをさえぎるためにさす傘。パラソル。

ひかさ・れる【引かされる】［自下一］心が引きつけられる。ほだされる。「情にー」文ひかさ・る

ひがし【東】［名］❶方角の一つで、太陽の昇ってくる方向。北に向かって右。また、その方向にある場所。「ーの風が吹く」「群馬県のーは栃木県と接する」❷相撲で、正面から土俵に向かって左の方。また、番付の東方。西よりも上位。「ーの横綱」❸西洋に対して、東洋。また、西欧に対して、東欧。「ーの文化」◈「日向し→ひんがし→ひがし」と転じた。⬍西

ひーがし【干菓子（▽乾菓子）】［名］水分の少ない菓子。落雁・金平糖・煎餅などの類。⬍生菓子
注意「ほしがし」と読むのは誤り。

ひがしーかぜ【東風】［名］東から吹いてくる風。ひがし。こち。⬍西風

ひがしーにほん【東日本】［名］日本列島の東半分。中部地方以東に位置する関東・東北・北海道の各地方。ひがしにっぽん。⬍西日本▼地質構造上からは糸魚川静岡構造線以東の地域をいう。

ひがしーはんきゅう【東半球】［名］地球の東側の半分。アジア・ヨーロッパ・アフリカ・オセアニアを含む。⬍西半球

ひかーしぼう【皮下脂肪】［名］皮下組織の膠原線維に蓄積された脂肪細胞の集合体。熱を遮断して体温を維持する。皮下脂肪組織。

ひか・す【引かす（〈落籍〉す）】［他五］芸者・遊女などの借金を肩代わりし、年季の明ける前に廃業させる。身請けする。

ひーかず【日数】［名］日の数。にっすう。「ーを経る」

ひーかぜい【非課税】［名］課税されないこと。「ー所得」

ひーがた【干潟】［名］遠浅の海岸で、潮が引いたときに現れる砂地。 潟

ピカタ［piccataイタリア］［名］イタリア料理の一つ。薄切りの豚肉・子牛肉などに小麦粉をまぶし、とき卵をつけて油で焼いたもの。

ぴかっーと［副］「ぴかりと」を強めていう語。

ぴかーどん［名］原子爆弾の通称。▼広島に原爆が投下されたとき、「ぴか」という閃光に続いて「どん」という爆発音があったことから。書き方「ピカドン」とも。

ひがないちにち【日がな一日】［名］朝から晩まで。一日中。「ー句作にふける」▼多く副詞的に使う。

ぴかーぴか［副］断続的に光を放って輝くさま。また、つやがあって光り輝くさま。「星がー（と）またたく」「靴をーに磨く」使い方「ぴかぴかの」の形で真新しいさまを表す。「ーの一年生」

ひがーみみ【▼僻耳】［名］聞き間違えること。聞き違い。また、思い過ごし。「老いのー」

ひが・む【▼僻む】［自五］物事をすなおに受け取らずに、自分だけが不当に扱われていると思い込む。「弟だけに買ってやれば兄がー」名ひがみ

ひがーめ【▼僻目】［名］❶両眼の視線の方向が異なる目。❷見まちがい。❸かたよった見方をすること。偏見。

ひーがら【日柄】［名］❶暦の上から見た、その日の吉凶。日のよしあし。「本日はおーもよく」❷日数。

ひーがら【日▼雀】［名］留鳥として針葉樹林などにすむシジュウカラ科の小鳥。頭・のどは黒く、頰に白斑がある。ツツピンツツピンと高い声でさえずる。

ひから・す【光らす】［他五］光るようにする。「目をー」異形光らせる

ひから・せる【光らせる】［他下一］⬇光らす 文ひから・す

ひーから・びる【干▼涸びる・▽乾▼涸びる】［自上一］❶水分がすっかり抜けて、かさかさになる。乾き切る。「ー・びたパン」❷生気や潤いがなくなって古くさくなる。「ー・びた思想」文ひから・ぶ

ひかり【光】［名］❶人の視神経を刺激して明るさを感じさせるもの。太陽・星・電灯などから発する電磁波の一種で、真空中を一秒間に約三〇万キロメートルの速さで伝わる。普通は可視光線をさすが、広義には紫外線・赤外線・X線・γ線なども含める。「日のー」❷輝き。光沢。❸人の心を明るくさせるもの。希望。光明。「前途にーを見いだす」❹人に畏敬の念を起こさせる勢い。威光。「徳のー」

ひかりーケーブル【光ケーブル】［名］電線の代わりに光ファイバーを使った光通信用のケーブル。

ひかりーつうしん【光通信】［名］レーザー光線や赤外線などの光線を搬送波として利用する通信方式。パソコンから携帯端末へのデータ転送、無線LAN、半導体レーザーによる光ファイバーケーブルの大容量通信などに利用される。

ひかりーディスク【光ディスク】［名］レーザー光を当てて反射する光の変化で信号を読み取る円盤形のデータ記録メディア。CD・DVD・ブルーレイディスク（BD）などがある。

ぴかりーと［副］一瞬鋭く光るさま。「ー光る刃」

ひかりーファイバー【光ファイバー】［名］電気信号を光に変換して伝送するのに用いるガラスやプラスチック製の直径〇・一〜〇・二ミリメートルの繊維。光通信・胃カメラ・レーザーメスなどに広く使用される。

ひかりーもの【光り物】［名］❶光を放つもの。流星・稲妻・鬼火など。❷金銀の貨幣。❸廃品回収業などで、金属類。特に、値の張る銅・真鍮など。❹鮨種で、皮が銀白色に光って見える魚。コハダ・サバ・アジ・サヨリなどの類。❺花札で、二〇点札。松・桐・薄（坊主）・桜・柳（雨）のそれぞれの札。

ひか・る【光る】［自五］❶光を放つ。また、光を反射して輝く。「夜空に星がー」「月が皓々とー」「白露がきらりとー」「目が涙でー」❷光沢がある。「靴が磨かれてぴかぴかにー・っている」「ズボンの尻がてかてかにー・っている」❸才能・技術・容姿・人物などが一段とすぐれていて目だつ。「彼女の演技が断然ー・っている」❹〈「目が光る」「目を光らせる」の形で〉厳しく監視する。「親の目がー・っている」名光

品格　輝く「朝日が—」　煌めく「—星」「才能が—」　閃く「いなずまが—」

ひかれ‐もの【引かれ者】[名] 処刑のために刑場へ引かれていく者。

◉**引かれ者の小唄** 負け惜しみで強がりを言うこと。▼罪人が平気を装って小唄を歌う意から。

ひか・れる【引かれる】[連語] ❶心が引きつけられる。魅せられる。魅了される。「彼女の人柄に—」書き方「▽惹かれる」「▽魅かれる」も好まれる。❷相場で損をする。◈「ひく」の未然形＋受け身の助動詞「れる」から。

ひ‐がわり【日替わり】ハリ[名] 毎日替わること。「—のランチ」書き方「日変わり」とも。

ひ‐かん【悲観】クヮン[名・自他サ変] ❶よくない結果ばかり予想して失望すること。望みを失って悲しむこと。「前途に／を—する」❷世の中や人生を悪いものだとして否定的に見ること。「—論」◈⇔楽観

ひ‐かん【避寒】[名・自サ変] 暖かい土地に移って、一時、冬の寒さを避けること。「—地」⇔避暑

ひ‐がん【彼岸】[名] ❶向こうがわの岸。❷仏教で、迷いから脱して煩悩を超越した悟りの境地。⇔此岸 ❸雑節の一つ。春分の日、秋分の日を中日とする各七日間。春の彼岸と秋の彼岸。「暑さ寒さも—まで」「—の入り」「—の中日」▼俳句では春の彼岸をさす。❹春、秋の二回、彼岸の七日間に行う仏事。▼「彼岸会」の略。

ひ‐がん【悲願】クヮン[名] ❶仏・菩薩が慈悲の心から衆生を救おうとして立てた誓願。❷どうしても成し遂げたいと思う悲壮な願い。「全国制覇の—を達成する」

び‐かん【美感】[名] 美しいと感じる気持ち。また、感覚に受けとめられる美しさ。「—の鋭い人」

び‐かん【美観】クヮン[名] 美しい眺め。美しい景観。「—地区(＝街の美観を維持するために都市計画法により建造物・屋外広告物などが規制される地区)」

び‐がん【美顔】[名] ❶美しい顔。❷顔を美しくすること。「—術・—クリーム」

ひ‐かんざくら【▼緋寒桜】[名] 早春、葉より先に緋紅色の五弁花をつけるバラ科の落葉低木。カンヒザクラ。ヒザクラ。

ひがん‐ざくら【彼岸桜】[名] 春の彼岸ころ、他の桜に先だって淡紅色の花を開くバラ科の落葉高木。山地に自生し、庭木としても植える。コヒガンザクラ。

ひかん‐てき【悲観的】クヮン[形動] 先行きに希望のもてないさま。また、すべてを悪い方向に考えるさま。「—な状況」「—な見方」

ひがん‐ばな【彼岸花】[名] 秋の彼岸ころ、花茎の先に蕊の長い赤色の六弁花をつけるヒガンバナ科の多年草。土手や田の畦に群生する。鱗茎は有毒。曼珠沙華。死人花。

ひき【▼蟇】[名] ヒキガエル。

ひき【引き】■[名] ❶引くこと。また、その力。「魚の—が強い」❷特別に目をかけて引き立てること。「役員の—で昇進する」❸写真撮影で、カメラを後ろに移す余地。「狭いので—がない」■[接頭]〈動詞に付いて〉その意味や語調を強める。「—とめる・—しめる・—まわす・—会わせる」▼音便で「ひっ」「ひん」ともなる。「ひんむく」「ひっつかむ」

ひ‐き【悲喜】[名] 悲しみと喜び。「—交交至る」

ひき【匹(▼疋)】(造) ❶獣・虫・魚などを数える語。上にくる語によって「びき」「ぴき」となる。「一—・二—・三—・四—・五—・六—・七—・八—・九—・一〇—」▼大きな動物には「頭」を使う。❷布地を数える単位。二反を一匹とする。❸昔、銭を数えた単位。一〇文、また、のちには二五文を一匹とする。

ひ‐ぎ【秘技】[名] 秘密のわざ。

ひ‐ぎ【秘儀】[名] ひそかに行う秘密の儀式。密儀。

び‐き【美▽姫】[名] 容姿の美しい女性。

び‐ぎ【美技】[名] みごとなわざ。ファインプレー。

ひき‐あい【引き合い】ヒア[名] ❶両方から引っ張り合うこと。❷証拠・比較などのために例に引くこと。「前例を—に出して話を進める」❸売買取引についての問い合わせ。

ひき‐あ・う【引き合う】フア ■[他五] 両方から引っ張り合う。「綱を—」■[自五] ❶取引をして利益がある。収支がつりあう。「原価が高くて—・わない」❷努力や苦労をしただけのかいがある。「助けてやって文句を言われたのでは—・わない」

ひき‐あけ【引き明け】[名] 夜明け。明け方。

ひき‐あげ【引き上げ・引き揚げ】[名] 引き上げること。「税率の—」「外地からの—」書き方 公用文では「引上げ」「引揚げ」。

ひき‐あ・げる【引き上げる・引き揚げる】■[他下一] ❶【上・揚】引っ張って上にあげる。「沈没船[錨]を引き揚げる」「ズボンを引き上げる」❷【上】価格・比率などをあげる。「運賃[金利]を—」❸【上】より高い地位につける。「部長を取締役に—」❹【揚・上】差し向けた人、差し出した物などをもとの所へもどす。「軍隊を—」「投下した資金を—」■[自下一]【揚・上】いままでいた所を去って元の所へもどる。「赴任先を—」「外地から故国へ—」文ひきあ・ぐ 名ひきあげ

ひき‐あて【引き当て】[名] ❶予定される支出に備えて金銭を準備しておくこと。また、その金銭。「—金」❷抵当。担保。「—物」◈書き方 慣用の固定した「引当金・引当率」などは、送りがなを付けない。

ひき‐あ・てる【引き当てる】[他下一] ❶くじを引いて賞などを当てる。「特賞を—」❷引き比べる。あてはめる。「わが身に—・てて考える」文ひきあ・つ

ひき‐あわ・せる【引き合わせる】セル[他下一] ❶引き寄せて合わせる。「襟もとを—」❷とりもって対面させる。紹介する。「婚約者を伯父に—」❸比べ合わせる。照合する。「校正刷りを原稿と—」文ひきあは・す

ひき・いる【率いる】ヰル[他上一] ❶多くの人々を引き連れて行く。引率する。「ゼミの学生を—・いて方言調査を行う」❷多くの人々を指揮する。統率する。「チーム[劇団]を—」◈「引く」の連用形＋古語「率る」(＝引き連れる)」から。注意「引きいる」と書くのは不適切。

ひき‐い・れる【引き入れる】[他下一] ❶引いて中に入れる。「馬を中庭に—」⇔引き出す ❷人を誘って仲間に入れる。「彼を味方に—」文ひきい・る

ひき‐うけ【引き受け】[名] 引き受けること。書き方 公用文では「引受け」。慣用の固定した「引受人・引受額・引受時刻」などは、送りがなを付けない。

ひき‐う・ける【引き受ける】[他下一] ❶頼まれ

た役割や仕事を責任をもって受け持つ。‖「仲人[引っ越しの手伝い・出演]を―」「渋々[快く]―」❷面倒な仕事や厄介な物事をあえて受け入れる。責務として受容する。‖「会社倒産の責任を会長みずからが―」「他人の罪を―」❸責任をもってあとを受け継ぐ。‖「家業を―」❹保証する。保証人になる。‖「留学生の身元を―」文 ひきう・く 名 引き受け

品格 請け合う「二つ返事で―」承る「ご相談を承ります」応諾「取引先の―を得た」承諾「顧客の―を得る」諾する「条件を飲むことを諾した」担う「中心的な役割を―」

ひき-うす【▼碾き臼・▼挽き臼】[名] 上下に円盤状の石を重ね、上の石を回して間に入れた穀物を粉にする道具。石の接触面に穀物を砕いて外周へ送り出すための溝が刻まれている。

ひき-うつし【引き写し】[名] 他人の文章や書画をそっくりそのまま書き写すこと。また、そのもの。敷き写し。動 ひきうつ・す(他五)

ひき-おこ・す【引き起こす】[他五] ❶倒れたものを引っ張って起こす。❷ある物事(特に、事件・騒動など)を生じさせる。‖「不注意から大惨事を―」「ブームを―」書き方「▼惹き起こす」とも。

品格 惹起「誤認―行為」招来「物価騰貴を―する」もたらす「壊滅的な報復を―」誘発「排卵―剤」

ひき-おとし【引き落とし】[名] ❶引き落とすこと。❷相撲のきまり手の一つ。相手の手や前みつを取って前に引き落とす技。

ひき-おと・す【引き落とす】[他五] ❶前または下に引いて落とす。‖「腕をつかんで―」❷公共料金などを、支払人の預金口座から受取人の口座へ送金する。‖「水道料金を―」名 引き落とし

ひき-かえ【引き換え・引き替え】[名] 交換すること。書き方 公用文では「引換え」。慣用の固定した「引換券・代金引換」などは、送りがなを付けない。

ひき-かえし【引き返し】[名] ❶和服の仕立てで、裾回しに表と同じ布地を使うこと。また、その仕立て。❷歌舞伎で、一幕の演技のうちにしばらく幕を引いて道具立てを変え、またすぐに幕を開けて続きを演じること。ひっかえし。▽「引き返し幕」の略。

ひき-かえ・す【引き返す】[自五] 進んできた道をもとへ戻る。Uターンする。ひっかえす。‖「船が港へ―」

品格 折り返す「来た道を―」踵を返す「踵を返し、去っていく」踵をめぐらす「踵をめぐらして戻ってきた」

ひき-か・える【引き換える・引き替える】 一[他下一] ある物を渡して、代わりに別の物を手に入れる。交換する。‖「当たりくじを景品と―」二[自下一] まったく逆になる。反対になる。‖「姉に―・え、妹はお転婆だ」▽多く「…にひきかえ」の形で使う。文 ひきか・ふ 名 引き換(替)え

ひき-がえる【▼蟇・▼蛙・〈▼蟾▼蜍〉】[名] ヒキガエル科の両生類。背面は暗褐色または黄褐色で、多くのいぼがある。体は肥大し、四肢が短い。ニホンヒキガエル。ガマガエル。がま。ひき。蟾蜍。

ひき-がし【引き菓子】[名] 祝儀・仏事などの際に、引き出物として客に配る菓子。

ひき-がたり【弾き語り】[名] ❶自分で三味線を弾きながら浄瑠璃などを語ること。❷自分でギター・ピアノなどの楽器を弾きながら歌をうたうこと。

ひき-がね【引き金】[名] ❶小銃・ピストルなどで、弾丸を発射させるときに指で引く金具。❷ある事態を引き起こす原因。‖「公共料金の値上げが物価上昇の―となる」◈書き方 まれに「引き▽鉄」とも。

ひき-ぎわ【引き際】[名] 現在の仕事・地位・立場などから退くときの時期や態度。引け際。‖「―を誤る」

ひき-げき【悲喜劇】[名] ❶悲劇と喜劇との両方の要素が混在する劇。トラジコメディー。❷悲しみと喜びが重なり合って起こること。また、悲しむべきことが、見方を変えると滑稽であること。‖「人生の―を描いた小説」

ひきこみ-せん【引き込み線】[名] ❶鉄道の本線から駅・工場などの構内に引き込まれた線路。ひっこみせん。❷配電幹線から屋内に引き入れた電線。◈書き方 公用文では「引込線」。

ひき-こ・む【引き込む】[他五] ❶引っぱって中に入れる。引いてきて入れる。‖「電線を―」❷人を誘って仲間に入れる。‖「悪の道に―・まれる」❸人の心を強く引き寄せる。‖「話に―・まれる」❹ひどく風邪を引く。‖「風邪を―・んで寝込む」可能 引き込める

ひき-こもり【引き籠もり】[名] 人間関係や社会参加を避けて、自宅や自室にひきこもること。

ひき-こも・る【引き籠もる】[自五] ❶家の中などに閉じこもる。‖「風邪を引いて部屋に―」❷公の仕事などから退いて静かに暮らす。‖「退官して故郷の村に―」名 ひきこもり

ひき-さが・る【引き下がる】[自五] ❶その場から退く。‖「叱られてすごすご―」❷仕事などから退く。‖「政界の一線から―」❸自分の主張などを取り下げる。‖「言い込められて―」

ひき-さ・く【引き裂く】[他五] ❶引っぱって裂く。‖「布を―」❷無理に離れさせる。‖「二人の仲を―」

ひき-さげ【引き下げ】[名] 引き下げること。‖「公定歩合の―」

ひき-さ・げる【引き下げる】[他下一] ❶値段・水準・地位などを低くする。‖「公共料金を―」「部長から課長に―」❷提案・要求などを取り下げる。‖「訴願を―」❸ある場所から退かせる。後退させる。‖「突撃隊を前線から―」文 ひきさ・ぐ

ひき-ざん【引き算】[名] ある数から他の数を引いて、その差を求める計算。減法。⇕足し算

ひき-しお【引き潮(引き▼汐)】[名] 潮が引いて海水の水位が低くなり、海岸線が沖に退いていくこと。また、その現象。下げ潮。落ち潮。⇕満ち潮 ▽退く時機のたとえにもいう。‖「―を心得る」

ひき-しぼ・る【引き絞る】[他五] ❶矢を弓につがえて弦を十分に引く。‖「弓を―」❷むりに声を出す。‖「声を―・って叫ぶ」❸強く絞る。また、強く締める。‖「手拭いを―」

ひき-しま・る【引き締まる】[自五] ❶ゆるみがなくなって固く締まる。‖「―・った体」❷気持ちが緊張してしっかりする。‖「身の―思い」❸取引で、値段が上がり気味になる。‖「相場が―」

ひき-し・める【引き締める】[他下一] ❶引っぱって締める。たるみのないように強く締める。‖「手綱を―」❷気持ちを緊張させる。‖「気を―・めて試験に臨む」❸倹約して出費をおさえる。‖「財政を―」文 ひき

し・む 名 引き締め

ひぎ-しゃ【被疑者】〔名〕起訴されてはいないが、犯罪の疑いを受けて捜査の対象になっている者。容疑者。▽起訴されたのちは被告人と呼ばれる。

ひき-す・える【引き据える】〔他下一〕力ずくで、その場に座らせる。‖「罪人を―」 文 ひきす・う

ひきずり-おろ・す【引き▼摺り下ろす】〔他五〕❶強く引っぱっておろす。‖「敵兵を馬から―」❷自分より上位の者を強引に失脚させる。‖「会長の座から―」

ひきずり-こ・む【引き▼摺り込む】〔他五〕❶強く引っぱって中へ入れる。‖「腕をつかんで家の中に―」❷むりに誘い入れる。強引に参加させる。‖「悪い仲間に―・まれる」

ひきずり-だ・す【引き▼摺り出す】〔他五〕引きずって外へ出す。強引に引っぱり出す。

ひきずり-まわ・す【引き▼摺り回す】〔他五〕❶引きずってあちこちへ動かす。❷自分の思うままにあちこち連れて歩く。‖「繁華街を―・される」

ひき-ず・る【引き▼摺る】〔他五〕❶地面・床などの表面をするようにして引いていく。‖「着物のすそを―」「下駄を―・って歩く」「大きな荷物を―・って運ぶ」❷無理に引っぱって連れていく。‖「だだをこねる子を―・って帰る」❸長引かせた状態でいる。‖「審議を会期いっぱいまで―」「風邪を―・っている」❹いつまでも忘れないでいる。いつまでもその影響から抜け出せないでいる。‖「暗い過去[倒産の痛手]を―」❺《「引きずられる」の形で》周囲の状況や他人の考えに影響される。‖「その場の雰囲気に―・られる」

ひき-ぞめ【弾き初め】〔名〕❶新年になって初めて、その楽器を弾くこと。初弾き。▽多くは正月二日に行う。❷新しい楽器を初めて弾くこと。

ひき-だし【引き出し】〔名〕❶引き出すこと。‖「預金の―」❷机・たんすなどに取りつけて抜き差しできるようにした物入れ。書き方「▽抽き出し」「▽抽▽斗」とも。

ひき-だ・す【引き出す】〔他五〕❶中にあるものを引っぱって外に出す。引っ張り出す。‖「繭から糸を―」「牛舎から牛を―」⇔引き入れる ❷公の場などに連れ出す。‖「頼み込んで証人として法廷に―」❸働きかけて隠れているものを表面に出す。‖「本音を―」「子どもの才能を―」❹働きかけて資金などを出させる。‖「財団から研究資金を―」❺預金や貯金をおろす。‖「預金を―」 名 引き出し

ひき-た・つ【引き立つ】〔自五〕❶きわだってよく見える。ひときわよく感じられる。‖「コサージュをつけるとドレスが―」❷気力などが盛んになる。元気づく。‖「気持ちを―・たせる」

ひきたて-やく【引き立て役】〔名〕その場にいる他の人のよさが際立つようにふるまう人。‖「候補者の―に回る」

ひき-た・てる【引き立てる】〔他下一〕❶無理に連れていく。ひったてる。‖「容疑者を警察署に―」❷よく見えるようにする。よさがきわだつようにする。‖「スパイスが味を―」「脇役が主役を―」❸特に目をかけて重用する。‖「後輩を―」❹気力などを奮い立たせる。はげます。‖「気を―・てて再度挑戦する」❺戸などを引いて閉じる。‖「雨戸を―」 文 ひきた・つ 名 引き立て

ひき-ちぎ・る【引きちぎる(引き千切る)】〔他五〕むりに引っぱって切る。乱暴にちぎる。

ひき-ちゃ【▼碾き茶・▼挽き茶】〔名〕抹茶(まっちゃ)。

ひき-つぎ【引き継ぎ】〔名〕引き継ぐこと。‖「事務の―をする」

ひき-つ・ぐ【引き継ぐ】〔他五〕前の人から受け継ぐ。また、あとの人に受け渡す。‖「家業[伝統]を―」「後任者に事務を―」 名 引き継ぎ

ひき-つけ【引き付け】〔名〕乳幼児に多い、発作的な全身の痙攣(けいれん)。

ひき-つ・ける【引き付ける】 一〔他下一〕❶近くに引き寄せる。‖「餌をまいて獲物を―」❷人の心を誘い寄せる。魅了する。‖「巧みな話術で聴衆を―」書き方「▼惹き付ける」とも。 二〔自下一〕発作的に全身性の痙攣(けいれん)を起こす。 文 ひきつ・く 名 引き付け

ひき-つづき【引き続き】〔副〕ある事がすんだあと、それに続けて。また、間をおかず続けざまに。‖「式典のあと、―懇親会を開く」「―御愛顧の程を願います」

ひき-つづ・く【引き続く】〔自五〕❶物事がとぎれないでずっと続く。‖「不況が―」❷ある事がすんだあと、すぐ別の事が続く。‖「式典に―・いてパーティーを開く」

ひき-つ・る【引き▼攣る】〔自五〕❶傷あとなどの皮膚が引っぱられたようになる。‖「火傷(やけど)のあとが―」「怒りに頬を―・らせる」❷痙攣(けいれん)を起こす。‖「ふくらはぎが―」❸かたくこわばる。‖「緊張して声が―」

ひき-つ・れる【引き連れる】〔他下一〕連れていく。あとに従える。‖「お供を―」 文 ひきつ・る

ひき-て【引き手】〔名〕❶車などを引く人。❷戸・障子・襖(ふすま)などを開閉するときに手をかける所。また、そこに取り付ける金具や紐(ひも)。

ひき-て【弾き手】〔名〕弦楽器や鍵盤(けんばん)楽器を演奏する人。

ひきで-もの【引き出物】〔名〕祝宴のときなど、主人から招待客に贈るみやげ物。引き物。▽古く馬を庭に引き出して贈ったことから。

ひき-ど【引き戸】〔名〕鴨居(かもい)と敷居との溝にはめ込み、左右に引いて開けたてする戸。やり戸。

ひき-どき【引き時】〔名〕手を引くのにふさわしい時期。引退・退出するのに適当な時期。‖「今が―だ」

ひき-と・める【引き止める(引き留める)】〔他下一〕❶去ろうとする人をとどまらせる。‖「帰ろうとする客を―」❷ある行動に出ようとする人を思いとどまらせる。引きとどめる。‖「辞任を―」 文 ひきと・む

ひき-とり【引き取り】〔名〕引き取ること。書き方 公用文では「引取り」。慣用の固定した「引取税・引取人・引取経費」などは、送りがなを付けない。

ひき-と・る【引き取る】 一〔自五〕その場から立ち去る。退く。‖「その場を/から早々に―」「『どうぞお―・りください』と、慇懃(いんぎん)に追い払う」▽みずからを引き取ることからいう。使い方「お―・りください」は、すぐに帰れの意を遠回しにいう語。丁寧な口調の中にしばしば強い拒否の気持ちを伴う。 二〔他五〕❶引き受けて自分の手もとに置く。‖「不良品を―」❷引き受けて世話をする。‖「遺児[身柄]を―」❸話のあとを受け継ぐ。‖「話を―」「大臣の発言を―・って答弁する」❹⬇息を引き取る 名 引き取り

ビギナー [beginner]〔名〕初心者。

ビギナーズ-ラック [beginner's luck]〔名〕賭け事などで、初心者が往々にして得る幸運。

ひき-なお・す【引き直す】〔他五〕❶改めてもう一度引く。‖「線を―」❷風邪に再びかかる。❸作りな

おす。改める。‖「納屋を―した離れ」

ビキニ【bikini】［名］❶胸と腰をわずかにおおう、セパレーツ型の女性用水着。❷股上がごく短い男性用の下着・水着。

ひき-にく【▼挽き肉】［名］器械でひいて細かくした食肉。ミンチ。メンチ。

ひき-にげ【▼轢き逃げ】［名・自他サ変］自動車などで人をひいてそのまま逃げ去ること。

ひき-ぬ・く【引き抜く】［他五］❶引っぱって抜き取る。‖「釘を―」❷他の組織に属している人を好条件などを示して自分の方に引き入れる。‖「ライバル会社に技術者を―・かれる」名 **引き抜き**

ひき-の・ける【引き▽退ける】［他下一］❶引っぱって取り去る。‖「幕を―」❷引き離す。一方を遠ざける。‖「飛びかかろうとする犬を―」文 **ひきの・く**

ひき-のば・す【引き伸ばす】［他五］❶引っ張って長くする。また、引っぱって広げる。‖「ゴムを―」「曲がった針金を―」❷写真で、原板を拡大して焼き付ける。‖「写真を―」❸ことばを足して文章などを長くする。名 **引き伸ばし**

ひき-のば・す【引き延ばす】［他五］❶時間・期日などを長引かせる。‖「だらだらと会議を―な」「返事を―」❷厚みのあるものを薄く広げたり、水などを加えて濃度を薄くしたりする。‖「金属を薄く―」書き方 ②は「引き伸ばす」とも。名 **引き延ばし**

ひき-はが・す【引き剝がす】［他五］引っぱってはがす。無理にはがす。ひっぱがす。‖「ラベルを―」

ひき-はな・す【引き離す】［他五］❶引っぱって離す。無理に離れさせる。‖「相愛の二人を―」❷あとに続くものとの間を大きくあける。差を大きくする。‖「二位以下を大きく―・してトップに立つ」

ひき-はら・う【引き払う】［他五］あとをすっかり片づけてよそへ移る。退去する。‖「下宿を―」「東京を―・って故郷に帰る」

ひき-ふだ【引き札】［名］❶開店の披露や商品の宣伝・広告のために配るちらし。❷くじ引きの札。

ひき-ふね【引き船・▼曳き船】［名］❶船が川上にのぼるときなど、人が船に引き綱をつけて引いていくこと。また、その船。❷船が引き綱をつけて他の船や筏を曳航すること。また、そのための船。

ひき-まく【引き幕】［名］芝居の舞台などで、左右に引いて開閉する幕。

ひき-まゆげ【引き眉毛】［名］まゆ毛をそり落としたあとや薄いまゆ毛の上に、まゆ墨で描いたまゆ。ひきまゆ。つくりまゆ。

ひき-まわし【引き回し】［名］❶あれこれと指導して世話をすること。‖「よろしくお―のほどお願いいたします」❷江戸時代、打ち首以上の重罪に付加した刑。処刑前に罪人を縛って裸馬に乗せ、見せしめのために市中を引いて歩いたこと。

ひき-まわ・す【引き回す】［他五］❶引っぱってふり回す。❷あちこち連れて歩く。‖「上京した友人を東京じゅう―」❸引き回しの刑に処する。‖「罪人を―」❹あれこれと指導して世話をする。‖「後輩を―」❺周囲にぐるりと張りめぐらす。‖「紅白の幕を―」

ひきめ-かぎばな【引き目▼鉤鼻】［名］大和絵などで、人の顔を描く技法。下ぶくれの輪郭に目は細い線で一文字に、鼻は短い「く」の字に描きあらわすもの。「源氏物語絵巻」などに典型が見られる。

ひきも-きらず【引きも切らず】［副］絶え間なく。ひっきりなしに。‖「―見物人が押しかける」

ひき-もど・す【引き戻す】［他五］引っぱってもとの所に戻す。もとの場所や状態に戻す。‖「腕をつかんで―」「現実に―・される」

ひき-もの【引き物】［名］引き出物。特に、祝宴や法事の膳に添えて出すみやげ物用の料理・菓子など。

ひ-きゃく【飛脚】［名］近世、手紙・金銀・小荷物などの送達を職業とした人。また、その通信機関。

ひ-ぎゃく【被虐】［名］他人から残虐な扱いを受けること。いじめ苦しめられること。‖「―性愛（＝マゾヒズム）」⇔加虐

び-きゃく【美脚】［名］すらりとした美しい足。‖「―パンツ」

ひ-きゅう【飛球】［名］野球で、高く打ち上げたボール。フライ。

ひ-きゅう【悲泣】［名・自サ変］悲しんで泣くこと。‖「愛児を亡くし、日夜―する」「―の声をもらす」

び-きょ【美挙】［名］りっぱな行い。賞賛に値する行為。

ひ-きょう【比況】［名］❶他と比べて、それにたとえること。❷文法で、動作・状態などを他のものにたとえていう言い方。「ようだ」「みたいだ」「ごとし」などの助動詞を付けていう。

ひ-きょう【卑▼怯】［名・形動］臆病で、また、ずるくて、正々堂々と物事を行わないこと。‖「―な手段を使う」「―にも逃げ出す」「―者」

ひ-きょう【秘教】［名］❶仏教で、真言密教のこと。❷秘密の儀式を重んじる宗教。密儀宗教。

ひ-きょう【秘境】［名］外部の人がほとんど足を踏み入れたことがないために、まだその事情が一般には知られていない地域。

ひ-きょう【悲境】［名］悲しい境遇。ふしあわせな身の上。

ひ-ぎょう【罷業】［名］❶仕事をしないこと。業務をやめること。❷ストライキ。▽「同盟罷業」の略。

ひ-きょく【秘曲】［名］特定の人だけに伝授する秘伝の楽曲。

ひ-きょく【悲曲】［名］悲しい調子の曲。また、悲しみを歌った音楽。

ひき-よ・せる【引き寄せる】［他下一］❶引いて手もとに近づける。‖「灰皿を―」❷待っていて相手が近寄るようにする。‖「敵を―・せて撃つ」❸心をひきつける。‖「話に―・せられる」書き方「▼惹き寄せる」とも。文 **ひきよ・す**

ひ-きょり【飛距離】［名］❶野球・ゴルフなどで、打ったボールが飛んだ距離。❷スキーのジャンプ競技で、選手がジャンプ台を踏み切ってから着地するまでの距離。

ひき-わけ【引き分け】［名］試合や勝負事で、決着がつかないまま勝ち負けなしとして終えること。

ひき-わた・す【引き渡す】［他五］❶綱・幕などを一方から他方へ張り渡す。‖「幔幕を―」❷自分の所にいる者や手もとにある物を他人の手に渡す。‖「貨物を荷受人に―」「容疑者の身柄を検察庁に―」名 **引き渡し**

ひき-わり【▼碾き割り】［名］❶穀物を臼などで粗く割り砕くこと。また、割り砕いたもの。‖「―納豆」❷

大麦を臼で粗く割り砕いたもの。割り麦。▽「碾き割り麦」の略。

ひ-きん【卑近】[名・形動] 身近でわかりやすいこと。通俗的でなじみ深いこと。||「ーな例を挙げる」

ひ-きんぞく【卑金属】[名] 空気中で容易に酸化される金属の総称。鉄・銅・鉛・亜鉛・アルミニウムなど。⬍貴金属

ひ・く【引く】

A 自分に向かって直線的に動かす

一 [他五] ❶物に手をかけたりして(特にひも状の物の端をもって)自分のほうに寄せる。||「テーブルを手前にー」「ひもをー・いてブラインドを開ける」「手綱をー・いて馬を止める」

B 横に動かして開け閉めする

❷仕切り戸などを横に動かして開けたり閉めたりする。特に、引き幕を閉める。||「戸をー・いて中へ入る」「カーテンをー・いた部屋」「幕をー」

C 自分に寄せる動作を伴い移動させる

❸乗り物を自分の近くへ寄せるようにしながら、先に立って進む。||「荷車をー」「牛に車をー・かせる」

❹(綱でつないだ)動物や囚人を後に従えて進む。||「犬をー・いて散歩に出る」「警察にー・かれる」

❺こっそり盗む。||「ネズミが餅をー」

D ものや足を地面につけたまま移動する

❻衣服の端を地面につけたまま移動する。ぞろりと引きずる。また、衣服の端がぞろりと地面にふれる。||「ドレスの裾をー・いて歩く」「ズボンが裾をー・いて歩きにくい」

❼地面をするようにして歩く。また、杖を手にして出かける。||「足をー・いて歩く」「秋の一日、郊外に杖をー」▽杖を、地面をするようにして使うことから。

E 自分側に直線的に動かしながら何かを行う

❽矢をつがえて弦を張る。引き絞る。また、そのようにして矢を放つ。||「弓をー・いて標的を狙う」「敵に向かって弓をー」

❾(手前に引く動作をすることから)包丁などの道具を使う。また、包丁で食材を切(って料理を作)る。||「包丁をー」「柳刃で刺身をー」⬇挽く①

F 後方に移動させる

❿自分の体やその一部分を自分のほうへ寄せる。||「少し身[手]をー」「ラケットを後ろにー・いてボールを打つ」「軽くあごをー・いて挨拶する」

⓫客などに供した膳を台所に下げる。||「膳をー」

⓬全体から一部を取り去る。差し引く。||「五から三をーと二になる」「税金を給料からー」⬍足す

⓭自分の軍勢を退却させる。撤退させる。||「兵をー」

⓮撮影で、被写体に対してカメラを後ろへ移動させて撮影範囲を広げる。

G 人の注意や関心を向けさせる

⓯人を誘い寄せる。誘い込む。||「店先で客をー」

⓰人の注意や関心を向けさせる。引きつける。||「異様な光景が私の注意をー・いた」「派手な衣装が人目をー」「気をーようなことを言う」⬇ひかれる

H 線状のものを生じさせる・設置する

⓱線状の施設や設備を作(って水や電気などを自分のほうに導き入れ)る。||「水道管[電話]をー」「用水池から田に水をー」

⓲細く長く伸びたものを生じる。||「納豆が糸をー」「彗星が尾をー」「(船ガ)永く煙をー・いて遠ざかる…〈三島由紀夫〉」▽~ヲに〈結果〉をとる。

⓳線をかく。また、線図・図面をかく。||「線をー」「設計図をー」▽~ヲに〈結果〉をとる。

I 過去から伝わり今に残る

⓴長く続ける。||「長く声をー・いて犬がほえる」

㉑受け継いで伝わり及ぶ。||「貴族の血をー」「語り物の流れをー大衆演芸」

㉒あとに余波や余韻が残る。||「総裁選の対立が後をー」「失恋の痛手が長く尾をー」

J 選び出して何かを行う

㉓説明などのために他から文章を引用したり他の事例を引き合いに出したりする。援用する。||「小説に故事成句をー」「肖像画を例にー・いて絵画史を論じる」

㉔多くの中から選び抜いて自分のものにする。||「札山からカードを一枚ー」「大吉をー」

㉕「引く」㉔ことによって、くじびきや花札などの遊びを成立させる。||「みんなでくじをー・いて順番を決める」「おみくじをー」

K その他

㉖自分の体内に取り入れる。ひきこむ。||「風邪をー」

㉗引き延ばすようにして表面に広く塗る。||「フライパンに油をー」「手薬煉をー・いて待ち構える」

㉘辞書などを使って求める情報を探し出す。検索する。また、そのようにしてその内容を調べる。||「辞書[電話帳]をー」「漢和辞典で『齷齪』という熟語をー」

㉙⬇手を引く・身を引く

◈注意「敷く」と紛れやすい。||「×なべに油を敷く(○引く)」「×電話[水道管]を敷く(○引く)」「×鉄道路線[箝口令・伏線・布団]を引く(○敷く)」「×拡大路線[強力な布陣]を引く(○敷く)」

二 [自五](みずからを引く意から) ❶後ろにさがる。引き下がる。しりぞく。||「進むこともーこともできない」「言い出したら後へはー・かない」

❷引退する。||「政界からー」

❸これまで盛んだった現象がやむ。||「洪水[潮]がー」「汗[腫れ]がー」

❹〔新〕冷ややかになる。しらける。||「寒いギャグにー」

◈書き分け【▼曳く】【▼牽く】【▼惹く】【▽抽く】【▽退く】とも。【曳】はひきずる、【牽】は前から力を加えて前進させる、【惹】は注意を引きつける・引き起こす、【抽】は抜き出す、【退】は後ろに下がる意で、それぞれ「荷車を曳く・網を曳く・悲しみが尾を曳く」「機関車が車両を牽く」「人目を惹く・人柄に惹かれる・事件を惹き起こす」「くじを抽く」「身を退く・潮が退く」なども使うが、一般には【引】。

可能 引ける 名 引き

◉**引くに引けない** 引き下がろうと思っても引き下がれない。||「ここまで来てはー」

ひ・く【▼挽く・▼碾く】[他五] ❶【挽】のこぎりや鉋を使う。また、そのようにして材木などを切ったり削ったりする。||「のこをー」「のこで丸太をー」⬇引く⑨ ❷【挽】切ったり削ったりするためにろくろを回す。また、そのようにして製品を作る。||「ろくろをー・いて盆を作る」「ろくろで椀をー」 ❸【挽・碾】うすなどの道具を回して物を細かく砕く。また、そのようにして粉やミンチを作る。||「石うすでお茶をー」「粉をー」▽「うす[ミル]をー」のように、~ヲに〈道具〉をとる言い方もある。書き分け うすでひくときは「碾」が一般的。◈「引く」と同語源。手前に引く動作をすることからいう。可能 ひける

ひ・く【弾く】［他五］弦楽器・鍵盤（けんばん）楽器を演奏する。また、そのようにして音楽を作り出す。奏でる。奏する。弾ずる。鳴らす。☰「バイオリン［ピアノ］を―」「モーツァルトの曲を―」▼「引く」と同語源。琴などの爪（つめ）を手前に引くことからいう。使い方 〜ヲに〈道具〉（＝楽器名）と、〈結果〉（＝曲名）をとる言い方がある。前者は楽器を操作する、後者は演奏によって音楽を作り出す意に重点がある。可能 弾ける

ひ・く【▼轢く】［他五］自動車・電車などが人や動物を踏みつけにして通り過ぎる。☰「トラックが通行人を―」「車に―・かれて重傷だ」▼「引く」と同語源。注意「敷（し）く」と紛れやすい。☰「×車に敷かれる（→ひかれる）」　轢

びく【〈魚籠〉・〈魚▼籃〉】［名］釣りなどで、とった魚を入れておく器。籠（かご）びく・網びく・箱びくなどがある。

びく【▽比▽丘】［名］出家して定められた戒を受けた男子。僧。▼梵語の音訳。使い方「比丘尼（びくに）」（＝尼僧）の意味で使うこともある。

ひく・い【低い】［形］❶基準点から上方に存在するものまでの距離が小さい。また、ある物が基準点より下方に位置している。☰「天井が―」「ポケットの位置が―」「燕（つばめ）が―・く飛ぶ」「海より―土地」
❷物の上端から下端までの距離が小さい。☰「隣の家の塀は―」「背の―人」「―山」
❸鼻などの盛り上がり方が小さい。☰「―鼻」
❹価値・効果や評価・格付けなどが下である。☰「経済波及効果［実効性］が―」「評価［人気］が―」「文化水準［ランク］が―」
❺社会的な立場や職階が下である。☰「地位が―」
❻能力などが水準より劣っている。☰「教養［性能・鑑識眼］が―」「政治への関心が―」
❼品位・品格が劣っている。☰「格調［格式］が―」
❽自分の品格を保持しようとする意識が弱い。☰「プライドが―」
❾志（こころざし）や目標がより下にある。☰「志［理想］が―」
❿音や声の音程が下である。☰「バスの―声」
⓫音量が小さい。☰「テレビの音を―・くする」
⓬香りが高くない。☰「今年のミカンは香りが―」
⓭数量化したものの程度が小さい。☰「気温［血糖値・金利］が―」「成功の確率が―」◈⬍高い 派生 ―さ

ひく・さ【低さ】［名］低いこと。また、その程度。☰「天井の―が気になる」「モラルの―にあきれる」⬍高さ

びく・しょう【微苦笑】（セウ）［名・自サ変］微笑とも苦笑ともつかない笑い。かすかなにが笑い。☰「―を浮かべる」▼小説家・久米正雄の造語。

ピクセル［pixel］［名］画素。

ひ・ぐち【火口】［名］❶火事の燃えはじめ。また、出火した所。火元。❷点火するための口。❸火縄銃で、火皿の火気を筒の中に通す穴。火門。

ひ・くつ【卑屈】［名・形動］必要以上に自分をいやしめて人にへつらうこと。いじけて人にへりくだること。☰「―な態度をとる」派生 ―さ

びく・つ・く［自五］こわがってびくびくする。☰「蛇を見て―」

びく・っ・と［副］驚いて、瞬間的に身をふるわせるさま。びくりと。☰「大きな蛇を見て―する」

ひく・て【引く手】［名］❶自分の方へ来るようにと誘いかける人。❷舞で、手を手前に引き寄せる手振り。

ひくて・あまた【引く手〈数多〉】［連語］来てくれと誘う人がたくさんいること。

ピクト・グラム［pictogram］［名］絵文字。事物や情報を、文字以外の単純な図記号によって表したもの。ピクトグラフ。

びく・と・も［副］〈下に打ち消しを伴って〉まったく動かないさま。また、いっこうに動じないさま。☰「いくら押しても―しない」

びく・に【▽比▽丘尼】［名］出家して定められた戒を受けた女子。尼僧。尼（あま）。▼梵語の音写。

ピクニック［picnic］［名］弁当などを携行し、野山や郊外に出かけて遊ぶこと。遠足。

ひく・ひく［副（と）］体の一部などが時々小刻みにふるえ動くさま。☰「鼻を―（と）させる」

びく・びく［副（と）］❶恐怖・不安に敏感になっておびえるさま。☰「襲われるのではないかと―する」❷体などが何度もふるえ動くさま。

ぴく・ぴく［副（と）］小刻みにふるえ動くさま。☰「ほおが―（と）ひきつる」

ひ・ぐま【▼羆】［名］大形のクマ科の哺乳（ほにゅう）類。体色は褐色・赤褐色・黒色など。雑食性で、冬は穴に入って冬眠する。日本では北海道に一亜種のエゾヒグマが生息。　羆

ひくま・る【低まる】［自五］度合いや程度が低くなる。☰「隣室の騒音がだんだん―・ってきた」

ひく・め【低め（低目）】［名・形動］❶位置がやや低いこと。また、その位置。☰「ベルトを―に締める」「変化球を―に集める」「―のテーブル」❷評価や状態などがやや低いこと。☰「血圧がやや―だ」「―の声」「難易度をやや―に設定する」❸値段がやや安いこと。安め。☰「価格を―に抑える」◈⬍高め

ひく・める【低める】［他下一］低くする。☰「腰を―」「声を―・めて話す」⬍高める 文 ひく・む

ひ・ぐらし【▼蜩・〈▼茅▼蜩〉】［名］夏から秋、早朝や夕方にカナカナと高い声で鳴くカメムシ目セミ科の昆虫。体は褐色で、緑や黒の斑紋がある。翅（はね）は透明。

ひ・ぐらし【日暮らし】［名］朝から晩まで。一日中。ひねもす。☰「―釣りをして過ごす」▼一日を暮らす意。副詞的にも使う。

ぴくり［副（と）］痙攣（けいれん）するように小さく動くさま。ぴくっと。☰「頰（ほお）を―とさせる」「眉（まゆ）が―と動く」「川に垂れた浮きは―ともしない」

ピクルス［pickles］［名］西洋風の漬物の一つ。野菜や果実を香草・香辛料などを加えた酢に漬けたもの。ピックルス。

ひ・ぐれ【日暮れ】［名］太陽の沈むころ。夕暮れ。夕方。

び・くん【微▼醺】［名］少し酒に酔うこと。ほろ酔い。

ひけ【引け】［名］❶人より劣っていると感じること。ひけめ。❷その日の勤務などを終えて退出すること。☰「―どき」書き方「▽退け」とも。❸取引で、最終の立ち会い。また、その時に成立した相場。大引け。

◉**引けを取・る** 劣る。負ける。☰「プロにも―・らない腕前」▼多く打ち消しの形で、劣ることがない意で使う。

ひげ【▼髭・▼鬚・▼髯】［名］❶人（多く成人男性）の唇のまわり、顎（あご）・頰（ほお）のあたりに生える毛。❷動物の口のあたりに生える長い毛や毛状の突起物。また、昆虫の口器のあたりから伸びる触角などの突起物。☰「コオロギの―」◈「髭」は口ひげ、「鬚」はあごひげ、「髯」　髭

はほおひげの意。総称として「髭」を使うことが多い。

ひ-げ【卑下】[名・他サ変] 劣ったものとして自らをいやしめること。へりくだること。‖「自己を—する」

ピケ [名]「ピケット」の略。‖「—を張る」

ピケ [piqué フランス] [名] 表面に盛り上がった畝(うね)模様を織り出した綿織物・毛織物。通気性に富むので、夏物の服地や帽子に用いられる。ピケ織り。

ひ-けい【飛型】[名] スキーのジャンプ競技で、飛んでいるときのフォーム。

ひ-けい【秘計】[名] 秘密のはかりごと。

び-けい【美形】[名] 美しい容貌。また、容貌の美しい人。

び-けい【美景】[名] 美しい景色。よいながめ。

ひ-げき【悲劇】[名] ❶人生の不幸や悲惨な運命などを題材とし、受難と闘い苦悩する主人公の悲しい結末で終わる劇。トラジェディー。❷人生や社会の悲惨な出来事。‖「一家心中という—」◈⇕喜劇

ひげき-てき【悲劇的】[形動] 悲劇にみられるように悲しくて不幸な様相を示すさま。‖「—な結末」

ひけ-ぎわ【引け際】ギハ [名] ❶一日の勤務などが終わって帰ろうとするまぎわ。❷引き際。❸取引所で、立ち会いの終わる時分。大引けに近いころ。また、そのころの相場。

ひ-けし【火消し】[名] ❶火を消すこと。特に、火事を消しとめること。また、それをする人。❷江戸時代の消防組織。また、それに所属する人。❸騒動や問題の解決をはかること。‖「—役」

ひげ-そり【▼髭▼剃り】[名] ひげをそること。また、その道具。

ひ-けつ【否決】[名・他サ変] 提出された議案を不賛成または不承認と議決すること。‖「不信任案を—する」⇕可決

ひ-けつ【秘▼訣】[名] 人には知られていないが、特別に効果のある方法。奥の手。‖「成功の—を伝授する」

ひ-けつ【秘結】[名・自サ変] 大便がかたくなって出ないこと。便秘。

ピケット [picket] [名] 労働争議の際、労働組合員がスト破りを防ぐために事業所・工場などの入り口を固めて見張りを立てること。また、その見張り人。ピケ。

ひげ-づら【▼髭面】[名] ひげの生えた顔。ひげもじゃの顔。また、その人。ひげっつら。

ひけ-どき【引け時(▽退け時)】[名] 一日の業務・課業などを終えて会社や学校を退出する時刻。

ひけ-ね【引け値】[名] 取引所で、各立ち会いの最終相場。引け相場。終わり値。

ひげ-ね【▼鬚根・▼髭根】[名] 単子葉植物で、茎の下部から生じる多数のひげ状の不定根。

ひけ-め【引け目(引け目)】[名] 自分は他人より劣っていると思う気持ち。また、劣っていると思う点。‖「—を感じる」

ひげ-もじゃ【▼髭もじゃ】[名] ひげが乱雑にたくさん生えていること。ひげむじゃ。‖「—の男」

ひけらか・す [他五] 得意そうに見せびらかす。‖「知識を—」

ひ・ける【引ける】 一 [自下一] ❶体の一部が後方へしりぞいた状態になる。‖「内角球に思わず腰が—」❷その日の勤めや授業が終わる。終わって退出する。また、たんに退出する。‖「学校は五時に—」「その日は夜遅く本部を—・けた」書き方「▽退ける」とも。❸その日の相場がある値をつけて終わる。‖「五〇円高で—」❹物事に積極的に対処できない。‖「気が—・けて今さら参加できない」「腰が—・けていては改革はおぼつかない」文ひ・く 名引け
二 [自他下一]「引く」の可能形。引くことができる。‖「重くて—・けない」

ひ-けん【比肩】[名・自サ変] 肩を並べること。同等のものとして並ぶこと。匹敵。‖「王室に—する勢力をもった一族」

ひ-けん【披見】[名・他サ変] 開いてみること。‖「書状を—する」

ひ-けん【卑見(▼鄙見)】[名] 自分の意見を謙遜(けんそん)していう語。‖「—を申し述べる」

び-げん【微減】[名・自サ変] わずかに減ること。‖「売り上げが—する」⇕微増

ひけん-しゃ【被験者】[名] 試験・実験などの対象になる人。

ひこ【〈曽孫〉】[名] 孫の子。ひまご。そうそん。▼「ひひこ」の転。

ひご【▼籤】[名] 竹を細く割って削ったもの。提灯(ちょうちん)・かご・模型飛行機の材料などに用いる。竹ひご。

ひ-ご【▼庇護】[名・他サ変] かばって守ること。‖「弱者を—する」「親の—のもとに育つ」

ひ-ご【卑語(▼鄙語)】[名] いやしいことば。下品なことば。

ひ-ご【飛語(▼蜚語)】[名] 根拠のないうわさ。デマ。‖「流言(りゅうげん)—」

ピコ [pico] (造) 単位の上に付いて、その一兆分の一の意を表す。記号p

ひ-ごい【▼緋▼鯉】ヒゴイ [名] 真鯉(まごい)に対し、赤・赤黄色・白色などを帯びた鯉の総称。品種が多く、色・紋様ともさまざま。▼「にしきごい」は緋鯉の改良種。

ひ-こう【披講】ヒカウ [名・他サ変] 詩歌の会などで、作品を読み上げて披露すること。また、その役の人。

ひ-こう【肥厚】[名・自サ変] 皮膚(ひふ)・粘膜などが厚くなること。‖「患部が—する」「—性鼻炎」

ひ-こう【非行】ヒカウ [名] 道義にはずれた行為。特に、青少年の法律や社会規範に反する行為。‖「—に走る」

ひ-こう【飛行】ヒカウ [名・自サ変] 空中を飛んでいくこと。‖「低空を—する」「—時間」「夜間—」

ひ-ごう【非業】ヒゴフ [名] 現世の思いがけない災難などによること。‖「—の死を遂げる」▼もと仏教で、前世の行いの報いではない意。

び-こう【尾行】ビカウ [名・他サ変] 行動などを探るために、人のあとを気づかれないようについていくこと。‖「容疑者を—する」「—をまく」

び-こう【備考】ビカウ [名] 参考のために書き添えること。また、その事柄。‖「—欄」

び-こう【備荒】ビクワウ [名] 凶作・災害に備えておくこと。‖「—作物」

び-こう【微光】ビクワウ [名] かすかな光。

び-こう【微行】ビカウ [名・自サ変] 身分の高い人がおしのびで出歩くこと。‖「王が—して民情を探る」

び-こう【微香】ビカウ [名] かすかな香り。‖「—性」

び-こう【鼻孔】[名] 鼻のあな。‖「—が詰まる」

び-こう【鼻▼腔】ビカウ [名] 鼻のあなから咽頭(いんとう)までの空間。読み分け 医学では「びくう」という。

ひ-こうかい【非公開】[名] 一般の人には公開しな

いこと。〓「―で証人を喚問する」「―の文書」

ひこう‐き【飛行機】ヒカウ [名] 翼面に生じる揚力で機体を支えながらプロペラの回転や燃焼ガスの噴射によって空中を前進する乗り物。数「一機(いっき)…」と数える。

ひこうき‐ぐも【飛行機雲】ヒカウキ [名] 飛行機が寒冷多湿の高空を飛んだとき、その航跡に尾を引くように発生する細長い雲。

ひこう‐し【飛行士】ヒカウ [名] 飛行機を操縦する人。パイロット。

ひ‐こうしき【非公式】[名・形動] 公式でないこと。表向きでないこと。〓「―の見解」「―に訪問する」

ひこう‐じょう【飛行場】ヒカウヂャウ [名] 滑走路・管制塔など、飛行機の発着に必要な施設を備えた場所。空港。エアポート。

ひこう‐せん【飛行船】ヒカウ [名] 流線形の気嚢(きのう)に空気よりも軽いヘリウムガスなどの気体を詰めて浮揚し、発動機でプロペラを回転させて飛行する乗り物。

ひこう‐てい【飛行艇】ヒカウ [名] 水面から発着できるように船形の胴体を備えた大型の水上飛行機。

ひ‐ごうほう【非合法】ガフハフ [名・形動] 法律の規定に違反していること。〓「―な手段」「―運動」

ひ‐ごうり【非合理】ガフ [名・形動] 論理に合わないこと。また、論理・理性ではとらえられないこと。〓「―の衝動」「―主義」派生 ‐さ

ひ‐こく【被告】[名] 民事訴訟・行政訴訟の第一審で、訴えられた側の当事者。⇔原告 ▼上告審では「被上告人」と呼ぶ。

ひこく‐にん【被告人】[名] 刑事訴訟で、犯罪を犯したとして公訴を提起され、まだ裁判が確定していない者。

ひ‐こくみん【非国民】[名] 国民としての義務・本分にもとる者。▼特に第二次大戦中、軍や国策に批判的・非協力的な者を非難していった語。

び‐こつ【尾骨】[名] 脊柱(せきちゅう)の最下端にある痕跡(こんせき)状の骨。尾骶(びてい)骨。尾閭(びりょ)骨。⬇骨(ほね)(図)

び‐こつ【鼻骨】[名] 鼻の付け根にある左右一対の骨。上端は前頭骨に、側方は上顎(じょうがく)骨に連結する。

ピコット【picot フランス】[名] レース編み・毛糸編みなどの端に付ける小さな輪状の縁飾り。ピコ。

ひ‐ごと【日▽毎】[名] 毎日。一日一日。ひび。〓「―に水がぬるむ」

蘖

ひこ‐ばえ【▼蘖】[名] 木の切り株や根元から生え出る若芽。▼「孫(ひこ)生え」の意。

ひこ‐ぼし【▼彦星】[名] 鷲(わし)座の首星アルタイル。牽牛(けんぎゅう)星。牛飼い星。

ひ‐ごろ【日頃】[名] 常の日いつも。ふだん。平生。〓「―の心がけがよい」「つね―」▼副詞的にも使う。

ひ‐こん【非婚】[名] 結婚しないこと。また、生き方として結婚を選択しないこと。〓「―化(=一度も結婚しない人が増えること)」

膝

ひざ【膝】[名] ❶ももとすねをつなぐ関節部の前面。脚を折り曲げたとき外側に突き出るところ。ひざがしら。〓「―をすりむく」❷ひざがしらから上の、ももの前面の部分。〓「荷物を―に乗せる」

◉**膝突き合わ・す** 相手と膝が触れ合うほどの近さで対座する。〓「―・して相談する」

◉**膝を打・つ** 急に思いついたり感心したりして、思わず座っている膝の辺りを手のひらで叩(たた)く。

◉**膝を折・る** ❶膝を折り曲げて、体をかがめる。❷屈服する。膝を屈する。〓「―・って懇願する」

◉**膝を崩・す** 楽な姿勢で座る。〓「どうぞ―・して下さい」

◉**膝を屈・する** 膝を折り曲げて、身をかがめる。また、屈服する。膝をかがめる。膝を折る。

◉**膝を進・める** ❶座ったまま前に出る。また、相手に近づく。❷乗り気になる。

◉**膝を正(ただ)・す** きちんと座る。正座する。また、改まった態度をとる。〓「―・して陳謝する」

◉**膝を乗り出・す** 前に進み出る。また、興味を示して乗り気になる。〓「もうけ話に―」

◉**膝を交(まじ)・える** 親しく同席する。互いにうちとけて話し合う。〓「―・えて相談する」

ビザ【visa】[名] 外国旅行者が正当な理由と資格をもってその国を旅行するものであることを証明する旅券の裏書き。通常、入国希望国の駐在領事が発行する。入国査証。査証。

ピザ【pizza イタリア】[名] イタリア料理の一つ。パン生地を平たくのばした上にトマトをベースにしたソースを塗り、ソーセージ・魚介・野菜・チーズなど好みの具をのせて天火で焼いたもの。ピザパイ。ピッツァ。

ひ‐さい【非才(▼菲才)】[名] 才能がないこと。また、自分の才能を謙遜(けんそん)していう語。〓「―の身」「浅学―」書き方「非才」は、同音類義語による代用。「菲才」は、本来、才能が乏しい意。

ひ‐さい【被災】[名・自サ変] 災害を受けること。罹災(りさい)。〓「台風で―した地域」「―者・―地」

び‐さい【微細】[名・形動] きわめて細かいこと。〓「―な粒子」「―に陳述する」

び‐ざい【微罪】[名] 軽微な犯罪。ごく軽い罪。

ひざ‐おくり【膝送り】[名・自サ変] 空席をつくるために、すわったまま順にひざをずらして座を詰めること。〓「お―を願います」

ひざ‐かけ【膝掛け】[名] 防寒用・保温用として、ひざの上にかける毛布や布。

ひざ‐がしら【膝頭】[名] ひざの関節の前部。ひざ小僧。

ひさかた‐ぶり【久方ぶり(久方振り)】[形動] ひさしぶり。〓「―に映画を見る」

ひざ‐かぶ【膝株】[名] ひざ頭(がしら)。

ひ‐ざかり【日盛り】[名] 日中の、太陽の盛んに照りつけるころ。特に、夏の午後の最も暑いころ。

ひ‐さく【秘策】[名] 秘密のはかりごと。ひそかに立てたうまい策略。〓「―を練る」

鬻

ひさ・ぐ【▼鬻ぐ】[他五] 売る。あきなう。〓「古本を―店」「春を―(=売春する)」

ひざ‐くりげ【膝▼栗毛】[名] 徒歩で旅行すること。▼ひざで栗毛の馬の代用にする意から。

ひさご【▼瓠・▼瓢】[名] ❶ヒョウタン・ユウガオなどの総称。また、その果実。❷ヒョウタンの実の内部をくり抜いて乾燥させた容器。水・酒・穀物などを入れる。

ひざ‐こぞう【膝小僧】[名] ひざ頭(がしら)。▼擬人化していった語。

ひざ‐ざら【膝皿】[名] ひざの関節の前面にある皿状の骨。ひざの皿。膝蓋(しつがい)骨。

ひ‐さし【▼庇・▼廂】[名] ❶日光・雨などを防ぐため、建物の窓・出入り口・縁側などの上に張り出した片流れの小屋根。❷帽子の、額の上に突き出した部分。つば。❸寝殿造りで、母屋(もや)の外側に張り出した細長い部屋。

その外に簀の子縁をめぐらす。ひさしのま。

◉**庇を貸して母屋を取られる** ❶一部を貸したために、その全部を取られてしまう。‖「あまり甘やかすと━ことになるよ」❷恩を仇で返される。

ひ‐ざし【日差し(日▽射し・▽陽▽射し)】[名] 日の光がさすこと。また、その光。‖「春の━を浴びる」

ひさし・い【久しい】[形] 長い時間が経過しているさま。‖「音信が絶えて━」「━・くご無沙汰いたしました」派生‐さ

ひさし‐ぶり【久しぶり(久し振り)】[形動] 前にそのことがあってから長い時間が経過していること。しばらくぶり。ひさかたぶり。‖「スキーをするのは━だ」「━に故郷へ帰る」使い方「(お)久しぶりです」の形で、無沙汰をわびる挨拶の言葉とする。

ひ‐さつ【肥▼薩】[名] 肥後国と薩摩国。現在の熊本・鹿児島両県にあたる。

ひざ‐づめ【膝詰め】[名] 互いのひざが突き合うほど相手に迫ること。‖「━談判」

ピザ‐パイ【和製pizzaイタリア+pie】[名] ピザ。

ひさ‐びさ【久久】[形動] 前の機会から長い時間が経過したさま。ひさしぶり。‖「━の雨」「━に会う」

ひざ‐びょうし【膝拍子】[名] ひざをたたいて拍子をとること。また、その拍子。

ひさべつ‐ぶらく【被差別部落】[名] 江戸時代の身分制度によって強い差別を受けてきた集団の系譜を引くとされる人々が多く住み、現在も不当な差別を受けている地区。明治四(一八七一)年、住民の法制上の身分は解放されたが、社会的差別は現在なお根強く残っている。

ひざ‐まくら【膝枕】[名] 横になるのに人のひざを枕にすること。

ひざ‐まず・く【▼跪く】[自五] 地面や床にひざをついて身をかがめる。‖「神前に━」書き方 現代仮名遣いでは「ひざまづく」も許容。

ひ‐さめ【氷雨】[名] ❶雹。また、霰。❷晩秋・初冬に降る冷たい雨。また、みぞれ。

ひざ‐もと【膝元・膝下】[名] ❶ひざのすぐ近く。❷庇護してくれる人の身に近い所。また、権力者や組織の支配が直接およぶ所。特に、天皇や将軍の住む所。おひざもと。‖「親の━を離れて上京する」「江戸は天下のお━」「財務省の━で起こった収賄事件」

ひ‐ざら【火皿】[名] ❶きせるやパイプで、たばこの葉を詰めるところ。❷火縄銃で、点火薬を盛る鉄の小皿。❸焜炉・暖炉・ストーブなどで、燃料を燃やす部分の下に置く鉄格子。ロストル。

ひ‐さん【飛散】[名・自サ変] とびちること。‖「ガラスの破片が━する」

ひ‐さん【悲惨(悲酸)】[名・形動] あまりにもひどくて、いたましいと感じられること。‖「━な光景」「━な最期を遂げる」派生‐さ

ひし【▼菱】[名] 泥中の根から長い茎をのばし、水面に菱状の葉を浮かべるヒシ科の水生一年草。池や沼に群生し、夏、白い四弁花を開く。菱形のかたい殻におおわれた果実は食用。

ひ‐し【皮脂】[名] 皮脂腺から分泌される油脂状の物質。肌や毛髪を潤して乾燥を防ぐ。‖「━腺(=毛根の近くにあり、皮膚の表面に皮脂を分泌する腺)」

ひ‐し【彼▼此】[名] あれとこれ。あれもこれも。あれこれ。‖「━の別を明らかにする」

ひ‐し【秘史】[名] 秘められた歴史。公にされていない歴史上の出来事。また、それを記した書物。‖「日露戦争━」

ひじ【肘(▼肱・▼臂)】[名] ❶上腕と前腕をつなぐ関節の、折り曲げたときに外側になる部分。‖「机に━をつく」❷①のような形に折れ曲がって突き出ているもの。‖「椅子の━」

ひ‐じ【秘事】[名] 秘密にしている事柄。また、ひそかに伝授する奥義。

び‐じ【美辞】[名] 美しく飾ったことば。巧みな文句。

ひ‐しお【▼醤】[名] ❶なめ味噌の一つ。大豆と小麦で作った麹に食塩水を加えて発酵・熟成させたもの。また、それを使った漬物。❷醤油のもろみ。❸魚肉・鶏肉などを塩漬けにして発酵・熟成させたもの。肉びしお。書き方 ③は「▼醢」とも。

ひじ‐かけ【肘掛け】[名] ❶椅子などの、ひじをもたせかける部分。❷脇息。

ひし‐がた【▼菱形】[名] ❶ひしの実のような形。❷数学で、四辺の長さが等しく、四つの角が直角でない四辺形。斜方形。りょうけい。

ひじき【〈鹿尾菜〉】[名] 潮間帯の岩上に群生する褐藻類ホンダワラ科の海藻。円柱形の主枝から多数の枝を出す。黄褐色だが、乾燥すると黒くなる。食用。

ひし・ぐ【▽拉ぐ】[他五] ❶押しつけてつぶす。押しつぶす。‖「岩をも━怪力」❷勢いをくじく。圧倒する。‖「鬼をも━勢い」

ひし・げる【▽拉げる】[自下一] 押されてつぶれる。ひしゃげる。‖「━・げた箱」文ひし・ぐ

ひし‐しょくぶつ【被子植物】[名] 種子植物のうち、胚珠が子房に包まれているものの総称。最も進化した高等植物の一群で、重複受精を行う。単子葉類と双子葉類とに分けられる。⇔裸子植物

ビジター【visitor】[名] ❶訪問者。外来者。客。❷会員制のクラブやゴルフ場で、会員以外の利用者。❸野球などで、相手側の本拠地で試合をするチーム。ビジティングチーム。

ひ‐しつ【皮質】[名] 大脳・小脳・腎臓・副腎などの表層をなす部分。⇔髄質

び‐しつ【美質】[名] その人が備えている、すぐれた性質。

びしっ‐と[副] ❶棒などで物を強く打ったり、物が折れたりするさま。また、そのときの音を表す語。‖「警策で肩を━打つ」❷厳しいさま。強い調子であるさま。‖「━断る」❸きちんと整って隙のないさま。‖「タキシードで━決める」「━敬礼する」

ぴしっ‐と[副] ❶鞭などで物を強く打ったり、ガラスなどに亀裂が入ったりするさま。また、そのときの音を表す語。‖「━鞭を鳴らす」「窓ガラスに━ひびが入る」❷厳しいさま。容赦のないさま。‖「怠けていて━叱られる」❸きちんと整って隙のないさま。‖「計算が━合う」

びし‐てき【微視的】[形動] ❶人間の視覚では見分けられないほど微細であるさま。顕微鏡的。‖「━生物」❷現象を全体的にではなく、個別に微細なところまでとらえて観察・分析するさま。ミクロ的。‖「━な見方」◈⇔巨視的

ひじ‐てつ【肘鉄】[名] 「肘鉄砲」の略。

ひじ‐でっぽう【肘鉄砲】[名] ❶腕を曲げ、ひじで相手を突きのけること。‖「━を食わす」❷相手の誘

いや申し込みを強くはねつけること。ひじてつ。

ひし-と【▼犇と】[副] ❶強く密着させるさま。ぴったりと。しっかりと。‖「ー抱き合う」❷身や心に強く感じるさま。‖「寒さがー身にしみる」

ビジネス【business】[名] ❶仕事。職業。また、事業。‖「サイドー」❷利益を上げる手段としての仕事。‖「ーに徹する」

ビジネス-クラス【business class】[名] 旅客機などで、ファーストクラスとエコノミークラスの中間にあたる席。

ビジネス-ホテル【和製business+hotel】[名] 仕事で出張するビジネスマンなどが利用する、比較的低料金のホテル。

ビジネスマン【businessman】[名] ❶会社員。特に、事務系の仕事に携わる社員。❷事業に携わる人。実業家。

ビジネス-モデル【business model】[名] 企業が事業を行うための仕組み。

ビジネスライク【businesslike】[形動] 仕事と割り切って事務的に処理するさま。職業的。能率的。‖「ーに話を進める」「ーな/の口調」

びし-ばし [副ト][俗] ❶鞭などで何度も強く打つさま。びしびし。‖「ーひっぱたく」❷手加減をしないで厳しく物事を行うさま。びしびし。‖「ー練習させる」▽鞭で打つ音から。❸脇目もふらずがむしゃらに物事を行うさま。‖「ー働く」「ー勉強する」

ひし-ひし【▼犇▼犇】[副ト] 身や心に強く感じるさま。‖「寒さがーと身に迫る」「友のありがたさをー感じる」

びし-びし [副ト] ❶手加減をしないで厳しく事を行うさま。‖「違反者をー(と)取り締まる」❷物を勢いよく続けざまに打つ音を表す語。‖「鞭でー(と)打つ」

ぴし-ぴし [副ト] ❶鞭などで続けて軽く打ったり、小枝などが続けて折れたりするときの音を表す語。‖「枯れ枝をー折る」「牛の尻をーたたく」❷手加減をしないで厳しく物事を行うさま。‖「ー利子を取り立てる」❸続けて的確に当てるさま。‖「矢がー的中する」「答えをー当てる」

ひじ-まくら【肘枕】ヒヂ [名] 自分のひじを曲げて枕の代わりにすること。

ひし-め・く【▼犇めく】[自五] 大勢の人が一か所に集まって互いに押し合うようにする。‖「花火を見ようと見物人がー」

ひし-もち【▼菱餅】[名] 菱形に切ったもち。紅・白・緑色の三枚を重ねて雛祭りに供える。

ひ-しゃ【飛車】[名] 将棋の駒の一つ。縦・横に何間でも自由に動け、成ると竜王になる。

ひしゃく【▽柄▼杓】[名] 水などをくみ取る道具。木・竹・金属などで作った椀状の容器に長い柄をつけたもの。

び-じゃく【微弱】[名・形動] きわめて弱いこと。かすかなこと。‖「ーな脈[電波]」派生 -さ

ひしゃ・げる【▽拉げる】[自下一] 押されてつぶれる。ぺしゃんこになる。ひしげる。‖「バケツがー」文 ひしゃ・ぐ

ひしゃ-たい【被写体】[名] 写真で、撮影の対象となるもの。

ピジャマ【pyjamaフランス】[名] ⬇パジャマ

びしゃもん-てん【▼毘▽沙門天】[名] 四天王・十二天の一つ。須弥山中腹の北側に住んで北方世界を守護する神。憤怒の形相で、右手に矛または宝棒、左手に宝塔を捧げた武将像で表される。日本では財宝をもたらす神として信仰され、七福神の一つ。多聞天。毘沙門。

ぴしゃり [副ト] ❶戸・障子などを手荒くしめるさま。また、その音を表す語。‖「襖をーとしめる」❷平手などで勢いよく打つさま。また、その音を表す語。‖「ほっぺたをーとひっぱたく」❸水などがはねあがるさま。また、その音を表す語。‖「泥水がーとはねかかる」❹完全に相手を封じるさま。‖「反撃をーとおさえる」❺正確で少しの食い違いもないさま。ぴたりと合うさま。‖「年齢をーと言い当てる」

ひ-しゅ【▼匕首】[名] つばのない短刀。あいくち。

び-しゅ【美酒】[名] 味のよい酒。うまい酒。うまざけ。‖「勝利のーに酔う」

ビジュアル【visual】[形動] 目に見えるさま。視覚に訴えるさま。‖「ーな効果」

ひ-しゅう【悲愁】シウ [名] 悲しみとうれい。‖「ーを帯びた表情」

ひ-じゅう【比重】ヂユウ [名] ❶ある物体の質量と、それと同体積の標準物質の質量との比。‖「ーの大きい[重い]物質」▽ふつう固体・液体の場合はセ氏四度の水を、気体の場合にはセ氏〇度一気圧の空気を標準物質とする。❷他と比べたときの重要さや大きさの度合い。‖「改革路線にーを置く」「食費の占めるーが高い[大きい]」
◈使い方 程度表現は、右のように、①は「大小」「重軽」が、②は「高低」「大小」のほか、「増減」なども使われる。‖「経済的ーが増す」

び-しゅう【美醜】シウ [名] 美しいことと、みにくいこと。

ひ-じゅつ【秘術】[名] 秘密にして人には知らせない術。とっておきの手段。奥の手。

び-じゅつ【美術】[名] 色彩や形によって美を表現する芸術。絵画・書・写真・彫刻・建築・工芸など。‖「ー品」

びじゅつ-かん【美術館】クワン [名] 絵画・彫刻などの美術品を収蔵・展示する施設。

ひ-じゅん【批准】[名・他サ変] 全権委員が調印した条約を当事国が最終的に確認して同意すること。また、その手続き。‖「講和条約をーする」

ひ-しょ【秘書】[名] ❶要職にある人に直属し、その機密の文書・事務などを取り扱う職。また、その職の人。セクレタリー。‖「社長ー」❷ひそかに所蔵している書物。秘蔵の書物。

ひ-しょ【避暑】[名・自サ変] 涼しい土地に移って、一時、夏の暑さを避けること。‖「ー地」⇔避寒

び-じょ【美女】ヂヨ [名] 容姿の美しい女性。美人。‖「美男ー」

ひ-しょう【卑小】セウ [名・形動] いやしくて、つまらないこと。取るに足りないほど小さいこと。‖「ーな俗物」

ひ-しょう【卑称】[名] 他人、またその動作・状態をさげすんでいう表現。「てめえ」「こん畜生」「ぬかす」「…やがる」などの類。⇔尊称

ひ-しょう【飛▼翔】シヤウ [名・自サ変] 空高く飛ぶこと。‖「鷲が大空をーする」

ひ-しょう【費消】セウ [名・他サ変] 金銭や物品を使い尽くすこと。‖「公金をーする」

ひ-じょう【非常】ジヤウ ━[名] 普通ではない、緊急の状態。‖「ーの際の態勢」「ー階段」━[形動] 程度がは

なはだしいさま。≡「ーな喜び[努力]」≡「ーに小さい」≡「ーに驚いた」≡「ーに高価な品」

ひ-じょう【非情】[名] ❶[形動] 人間らしい思いやりがないこと。心が冷たくて、喜怒哀楽の情に左右されないこと。≡「ーな現実」「ーの徒」「冷酷ー」 派生 -さ ❷仏教で、感情・意識をもたないもの。山川草木など。無情。⇕有情

び-しょう【美称】[名] 人や物を美化して上品にいう言い方。また、その語。「たすき」に対する「玉だすき」、「机」に対する「玉案」、「日本」に対する「瑞穂の国」など。

び-しょう【美粧】[名・他サ変] 美しくよそおうこと。また、美しく化粧すること。≡「ー室・ー料」

び-しょう【微小】[名・形動] きわめて小さいこと。≡「ーな粒子[生物]」≡「ー地震(=マグニチュード三以下、一以上の地震)」

び-しょう【微少】[名・形動] きわめて少ないこと。≡「ーの毒物が検出される」「ーな分量」

び-しょう【微笑】[名・自サ変] にっこり笑うこと。ほほえむこと。また、ほほえみ。≡「優しくーする」

び-しょう【微傷】[名] わずかな傷。かすり傷。

び-じょう【尾錠】[名] ベルトなどの一端に取り付け、他端をそれに通して締め合わせる金具。バックル。尾錠金。

ひじょう-きん【非常勤】[名] 常勤ではなく、限られた日数や時間だけ勤務すること。≡「ー講師」⇕常勤

ひじょう-ぐち【非常口】[名] 建物や乗り物で、火災・事故などの緊急時に逃げ出すための出口。

ひじょう-じ【非常時】[名] 非常の事態が発生したとき。特に、国家・国際間に重大な事態が発生したとき。≡「ー体制」

ひ-じょうしき【非常識】[名・形動] 常識がないこと。常識にはずれていること。≡「ーな言動」 派生 -さ

ひじょう-しゅだん【非常手段】[名] 非常の事態に際してやむなく取られる処置。特に、武力・暴力による強圧的な処置。≡「ーに訴える」

び-しょうじょ【美少女】[名] 容姿の美しい少女。

ひじょう-しょく【非常食】[名] 災害時のために準備しておく食料。

ひじょう-せん【非常線】[名] 重大な犯罪・災害などが発生したとき、警官が一定の区域を限って厳重に検問や通行禁止などを行う警戒態勢。また、その区域を囲む線。警戒線。

び-しょうねん【美少年】[名] 容姿の美しい少年。≡「紅顔のー」

び-じょうふ【美丈夫】[名] きりりとして美しい若者。

ひしょ-かん【秘書官】[名] 大臣・長官などに直属し、その命を受けて機密の事務を取り扱う職。また、その人。

ひ-しょく【非職】[名] ❶現在、職についていないこと。❷官吏が地位はそのままで職務だけ免じられること。休職。

び-しょく【美食】[名・自サ変] ぜいたくなもの、うまいものばかりを食べること。また、その食事。≡「ーに飽きる」「ー家」

ビショップ[bishop][名] ❶キリスト教会の高級聖職者。▽司教・監督・主教などと訳す。❷チェスで、僧正の帽子の形をした駒。斜め四方に動ける。

びしょ-ぬれ【びしょ▼濡れ】[名] びしょびしょにぬれること。ずぶぬれ。

びしょ-びしょ[副] ❶[と] 雨が絶え間なく降るさま。≡「ー(と)降る雨」❷[三] 雨や水で全体がすっかりぬれてしまうさま。≡「汗でーになったシャツ」

ビジョン[vision][名] ❶未来への展望。将来の構想。未来像。≡「ーのない政策」❷先行きを見通す力。洞察力。

ひ-じり【▽聖】[名] ❶高徳の僧。高僧。また、僧の敬称。❷知徳の高い人。聖人。❸その道で知識・技量が特にすぐれている人。◈本来、「日知り(=日の吉凶を知る人)」の意という。

びじ-れいく【美辞麗句】[名] 美しく飾った言葉や文句。≡「ーを並べ立てる」

ひ-しん【皮▼疹】[名] 皮膚に生じる発疹。

び-しん【美神】[名] 美をつかさどる神。ビーナス。

び-しん【微震】[名] ❶かすかな震動。❷気象庁の旧震度階級(八階級)の一つ。震度一に当たるもの。

び-じん【美人】[名] 容姿の美しい女性。美女。

ひしん-けい【披針形(皮針形)】[名] 植物の葉で、竹・柳・ユリなどの葉のように、細長くて先端がとがり、もとの方がやや広い形。書き方「皮針形」は当用漢字の時代に行われた代用表記。

ひ-ず【氷頭】[名] サケなどの頭部の軟骨。薄く切って食用にする。≡「ー膾」▽氷のように透明であることから。

ビス[vis フランス][名] 小形の雄ねじ。

ひ-すい【▼翡▼翠】[名] ❶鳥のカワセミ。❷光沢のある緑色の硬玉。古くから装飾用に珍重されてきた。

び-すい【微酔】[名] 酒に少し酔うこと。ほろよい。

ビスキュイ[biscuit フランス][名] ビスケットやクッキーなど、小麦粉にバター・卵などを加えて焼いた洋菓子。

ビスケット[biscuit][名] 小麦粉に牛乳・油脂・卵・砂糖などを混ぜて焼いた菓子。

ピスタチオ[pistachio][名] ウルシ科の落葉樹。また、その種子。西アジア原産。種子は白色でかたい殻をもち、中の緑色の部分を食用とする。

ヒスタミン[histamine][名] 生体の組織内に広く分布する化学物質。外傷や薬剤によって活性化されると血管拡張や不随意筋収縮などを起こし、過剰に放出されるとアレルギー症状の原因になる。

ヒステリー[Hysterie ドイツ][名] ❶精神的な葛藤が、知覚・運動障害などの身体症状や、健忘・朦朧状態などの精神症状となってあらわれるもの。❷感情を統御できず、発作的に激しい興奮状態をあらわすこと。また、その状態。ヒス。

ヒステリック[hysteric][形動] ヒステリーのようなさま。異常に興奮しているさま。ヒステリカル。≡「ーに叫ぶ」

ピストル[pistol][名] 拳銃。短銃。

ビストロ[bistro フランス][名] 軽い食事や酒を供する小さな料理店。居酒屋風のレストラン。

ピストン[piston][名] 内燃機関・蒸気機関などのシリンダー内で往復運動をする円柱状または円板状の部品。活塞。

ピストン-ゆそう【ピストン輸送】[名] 車両・

船舶などを絶え間なく往復させて人や物を次々と送ること。

ヒスパニック【Hispanic】［名］米国で、スペイン語を日常語とするラテンアメリカ系住民。

ひずみ【▼歪み】ヒヅミ［名］❶物体に外から力を加えたときに生じる形や体積の変化。のび・ちぢみ・ねじれ・ゆがみなど。❷社会的な事象などが進行する過程で生じた欠陥や悪影響。‖「福祉行政の―が現れる」

ひず・む【▼歪む】ヒヅム［自五］❶ゆがんだ形になる。いびつになる。‖「物置の戸が―」❷オーディオの音などで、もとの信号波と再生された信号波との間にずれが生じて聞き苦しくなる。‖「高音が―」名 **ひずみ**

ひ・する【比する】［他サ変］くらべる。比較する。‖「昨年に―・して収益が少ない」文 **ひ・す**

ひ・する【秘する】［他サ変］隠して人にわからないようにする。秘密にする。‖「―・して語らず」文 **ひ・す**

ひ-せい【批正】［名・他サ変］批評して誤りを正すこと。‖「諸賢の御―を乞う」

ひ-せい【非勢】［名］囲碁・将棋などで、形勢がよくないこと。‖「失着から―におちいる」

び-せい【美声】［名］美しい声。‖「―の持ち主」⇔悪声

ひせいき-こよう【非正規雇用】［名］期間を限定して契約を結ぶ雇用形態。契約社員・派遣社員・嘱託(しょくたく)・パートタイマー・アルバイトなど。

ひせいふ-そしき【非政府組織】［名］エヌジーオー(NGO)。

び-せいぶつ【微生物】［名］顕微鏡で拡大しなければ観察できない微細な生物。細菌・酵母・原生動物など。

ひ-せき【秘跡・秘▼蹟】［名］➡サクラメント

ひ-せつ【秘説】［名］珍しい説。また、秘密にして容易に人に知らせない説。

ひ-ぜに【日銭】［名］毎日収入として手に入る現金。‖「―を稼ぐ」

ひ-ぜめ【火攻め】［名］火を放って敵を攻めること。‖「―水攻め」

ひ-ぜめ【火責め】［名］火を使って責め苦しめること。火を使う拷問(ごうもん)。

ひ-せん【卑▼賤(▼鄙▼賤)】［名・形動］社会的な地位や身分がきわめて低いこと。

ひ-せん【飛泉】［名］高い所から落下する水。滝。

ひ-ぜん【皮▼癬】［名］疥癬(かいせん)。

び-せん【微▼賤】［名・形動］社会的な地位などが低いこと。卑賤。

び-ぜん【美▼髯】［名］りっぱな頬(ほお)ひげ。‖「―をたくわえる」

ひせんきょ-けん【被選挙権】［名］選挙に立候補して当選人になれる資格。▼公職選挙法上、衆議院議員・地方議会議員・市町村長は満二五歳以上、参議院議員・都道府県知事は満三〇歳以上の者に与えられる。

ひせんとう-いん【非戦闘員】ーセントウヰン［名］❶戦争中、直接戦闘に参加しない一般住民。民間人。❷国際法で、交戦国の兵力に属し、戦闘以外の事務に従事する人。軍医・看護兵・電信士・従軍記者など。

ひ-そ【▼砒素】［名］窒素族元素の一つ。粉末状の黄色砒素・黒色砒素と、金属光沢のある結晶で得られる灰色砒素の三種がある。単体も化合物も猛毒だが、医薬・殺虫剤に用いられるほか、合金・半導体などの原料にも利用。元素記号As

び-そ【鼻祖】［名］その事を最初に始めた人。元祖。始祖。▼胎生動物は鼻から形づくられたという中国の伝説から。

ひ-そう【皮相】ーサウ［名・形動］物事の表面。うわべ。また、物事の表面だけをみて、その本質を理解しないさま。‖「―な理解にとどまる」「―的な見解」

ひ-そう【悲壮】ーサウ［名・形動］悲しさの中にも雄々しく勇ましいところがあること。‖「―な決意」「―の覚悟」「―感を漂わせる」派生 **-さ**

ひ-そう【悲▼愴】ーサウ［名・形動］悲しく痛ましいこと。‖「―な面持ち」派生 **-さ**

ひ-ぞう【秘蔵】ーザウ［名・他サ変］❶非常に大切なものとして、しまっておくこと。また、そのもの。‖「―の銘刀」「―本」❷非常に大切なものとして、かわいがり育てること。また、その人。‖「―の娘［弟子］」

ひ-ぞう【▼脾臓】ーザウ［名］左上腹部、胃の後ろに位置する、楕円(だえん)形・海綿状のリンパ系器官。リンパ球の生成、赤血球の貯留、老朽した赤血球の破壊などを行う。

び-そう【美装】ーサウ［名・他サ変］美しくよそおうこと。‖「―した娘たち」「―をこらす」「―本」

び-ぞう【微増】［名・自サ変］わずかに増えること。‖「売上高が―する」⇔微減

びそう-じゅつ【美▽爪術】ビサウ［名］つめを美しく整える美容術。マニキュアとペディキュアがある。

ひそ-か【▽密か・▽秘か・▽窃か・▽私か】［形動］他人に知られないように物事を行うさま。‖「―な恋心を抱く」「―に策をめぐらす」

ひ-ぞく【卑俗(▼鄙俗)】［名・形動］❶品がなくて俗っぽいこと。低俗であること。‖「話が―に流れる」❷いなかびていること。‖「―な風習」派生 **-さ**

ひ-ぞく【卑属】［名］親族関係で、ある人よりもあとの世代の血族。子・孫などの直系卑属と、甥(おい)・姪(めい)などの傍系卑属とに分けられる。⇔尊属

ひ-ぞく【▼匪賊】［名］集団で略奪などを行う盗賊。▼「匪」は悪者の意。

び-ぞく【美俗】［名］美しい風俗・習慣。‖「醇風(じゅんぷう)―」

ひぞっ-こ【秘▽蔵っ子】［名］特に大切にして、かわいがっている子供。また、特に大切にして目をかけている弟子や部下。ひぞうっこ。

ひそ-ひそ［副］他人に聞こえないように小声で話すさま。‖「―(と)話す」「―話」

ひそま・せる【潜ませる】［他下一］ひそむようにする。‖「扉の陰に身を―」文 **ひそま・す** 異形 **潜ます**

ひそま・る【潜まる】［自五］❶ひっそりとなる。静かになる。静まる。‖「―・り返った放課後の校舎」❷〔古風〕外から見えない状態になる。かくれる。

ひそみ【▼顰み】［名］まゆの間にしわを寄せること。

◉**顰みに倣(なら)う** 善し悪しを考えないで、やたらに人のまねをする。また、人の言行を見習うことを謙遜(けんそん)していうことば。語源 古代中国の美女西施(せいし)が胸を病んで苦しみ顔をしかめたところ、それを美しいと思ったほかの女たちがまねをしたという故事に基づく。

顰

ひそ・む【潜む】［自五］❶人に見つからないように隠れる。‖「犯人は都内のアパートに―・んでいた」❷内部に隠されて外に現れないでいる。潜在する。‖「彼には無限の可能性が―・んでいる」「心の奥底に罪の意識が―」

ひそ・める【潜める】［他下一］❶人に見つからないように身を隠す。ひそませる。≡「物陰に身を—」「熾烈(しれつ)な販売合戦が影を—」❷音や声を小さくして人に聞かれないようにする。≡「声を—・めて話す」❸表に表すことなく胸の中などに隠しもつ。≡「胸奥に情熱を—」文ひそむ

ひそ・める【▼顰める】［他下一］⬇眉(まゆ)をひそめる 文ひそむ

ひそ-やか【▽密やか・▽秘やか】［形動］❶物音などが絶えて、ひっそりと静まっているさま。≡「—に小雨が降る」❷人に知られないように静かに事を行うさま。≡「—に泣く」「—な楽しみ」

ひ-ぞ・る【干反る(▽乾反る)】［自五］乾燥してそりかえる。≡「障子が—・って開かなくなる」

ひた【▽直】［接頭］〈動詞または動詞の連用形名詞に付いて〉ひたすら、いちずに、などの意を表す。≡「—走る」「—隠しにする」

ひだ【▼襞】［名］❶衣服などで、布を細く折りたたんで付けた折り目。≡「スカートの—」❷①のように見えるもの。≡「胃壁の—」「山—に残る雪」 襞

ビター【bitter】［名］❶苦みがあること。≡「—チョコレート」❷ホップをきかせた苦みの強いビール。ビターエール。

ひたい【額】ヒタヒ［名］頭部の髪の生えぎわから眉のあたりまでの部分。おでこ。

◉**額に汗(あせ)する** 汗を流して事に励む。一生懸命にする。≡「—・して働く」

◉**額を集・める** 顔を寄せ合う。集まって相談する。≡「—・めて相談する」

ひ-だい【肥大】［名・自サ変］❶太って大きくなること。≡「官僚機構が—する」❷生体の組織・臓器などの容積が正常の大きさよりも大きくなること。≡「前立腺(ぜんりつせん)—」

び-たい【▼媚態】［名］人の気を引く、なまめかしい態度。また、人の機嫌をとろうとして、こびへつらう態度。≡「—を示す」

ひたい-ぎわ【額際】ヒタヒギハ［名］額の頭髪の生えぎわ。

びた-いちもん【▼鐚一文】［名］ごく少額の金。≡「—出さない」▼鐚銭一文の意。

ひだ-おく【▼襞奥】［名］衣服などで、ひだとひだとの間の奥まった部分。⇔ひだ山

ひた-おし【▽直押し】［名］ただひたすら押すこと。また、いちずに押し進むこと。≡「—に押す」

ひた-かくし【▽直隠し】［名］ひたすら隠すこと。≡「真相を—にする」

び-だくおん【鼻濁音】［名］鼻音化してやわらかくひびく音。特に、語頭以外のガ行音。「きんがく(金額)」の「が」、「やまぎわ(山際)」の「ぎ」、「しんぐ(寝具)」の「ぐ」など。▼東京語などで標準的な発音とされるが、現在は衰退しつつある。

ひた・す【浸す(▽漬す)】［他五］❶液体の中にいれる。浸ける。また、そのようにして液体を十分に含ませる。しみこませる。≡「湯槽(ゆぶね)の中に体を—」「消毒液に—・したガーゼ」❷あふれた水が物をおおいつくす。水びたしにする。≡「高波が家々を—」使い方「秋の夜更けの夜気が水のように肌を—・した〈円地文子〉」のように、気体にも転用する〈修辞的な言い方〉。❸〈多く「…に身を浸す」の形で〉ある心の状態の中にすっぽりと身を置く。≡「思い出にわが身を—」「心地良い眠りに身を—・して〈村上春樹〉」❹〈多く「…が胸を浸す」の形で〉ある感情(特に、ある感動)で胸がいっぱいになる。≡「幸福感が私の胸を—」

ひた-すら【〈▼只管〉・〈一向〉】［副・形動］そのことだけに心を集中するさま。そのことだけに心を集中して物事を行うさま。≡「—無事を祈る」「—(に)歩く」

びた-せん【▼鐚銭】［名］❶表面の文字がすり減った粗悪な銭。びたぜに。びた。❷室町時代から江戸時代にかけて通用した粗悪な私鋳銭。

ひた-たれ【▽直垂】［名］広袖をつけた肩衣(かたぎぬ)(=袖なしの上着)に胸紐(むなひも)・菊綴(きくとじ)を付した上衣と袴(はかま)とで一具となった衣服。すそは袴(はかま)の中に入れて着る。もとは庶民の仕事着だったが、室町時代以降は武士の礼服となった。

ひ-だち【肥立ち】［名］❶日を追って成育すること。≡「—のよい赤ん坊」❷病人や産婦が日を追って健康を回復すること。≡「産後の—がよい」

ぴたっ-と［副］「ぴたりと」を強めていう語。

ひた-と［副］❶すきまなく接しているさま。じかに。ぴたりと。≡「—寄り添う」❷続いていたものが急に止まるさま。にわかに。とつぜん。≡「風が—止む」

ひ-だね【火種】［名］❶火をおこすもとになる火。❷事件・騒動などの原因。≡「国際紛争の—になる」

ひた-はしり【▽直走り】［名］ただひたすら走り続けること。ひたばしり。≡「—に走る」

ひた-ひた［副］❶［と］静かに揺れ動く水が繰り返しものに打ち当たるさま。また、その音を表す語。≡「波が—(と)船べりをたたく」❷［と］波が寄せてくるように次第に物事が迫ってくるさま。≡「孤独感が—と胸に迫る」❸［三］液体の量が中の物がやっとつかるほどであるさま。≡「スープを—に加える」

ひた-ぶる【〈一向〉】［形動］それだけに集中するさま。いちずなさま。ひたすら。≡「—に祈る」

ひ-だま【火玉】［名］❶きせるの火皿にある、火のついた刻みたばこのかたまり。❷火の玉。

ひ-だまり【日▼溜まり】［名］日当たりがよくて暖かい所。

ビタミン【vitamin】［名］生体の発育と健康維持に不可欠な有機化合物の総称。ふつう動物の体内では生成されず、外界から食べ物として摂取する。A・B・C・D・E・Kなど、多くの種類がある。≡「—剤」

ひた-むき【▽直向き】［形動］もっぱら一つのことだけに心を向けるさま。≡「—な努力が実を結ぶ」

ひだ-やま【▼襞山】［名］衣服などのひだの、折り目が線になっている部分。⇔ひだ奥

ひ-だら【干▼鱈】［名］薄塩に漬けたタラを乾燥させたもの。棒だら・開きだら・掛けだらなどがある。干し鱈。

ひだり【左】［名］❶人体を対称線に沿って二分したとき、心臓のある方。体の左側。≡「—の目がかゆい」「X線写真を見て医者が—の肺に影があります」❷「前後左右」で表される相対的方向の一つで、①の方向。また、その方向にある場所。例えば、話し手が北を向いたとき西に当たる方など。≡「—を向く」「銀行の—にホテルがある」使い方(1)対面する相手には、しばしばその人の立場に身を置いていう。≡「[号令で]全員、—向け、—!」「[バスガイドが]—に見えますのは都庁舎です」(2)左右が紛れるときは、視点を明らかにして「向かって—の

絵が好きだ」「議長席から見て━が急進派だ」などの限定が必要となる。
❸(①の類推で、その物に身を置いた視点でいう)左右対称の物を中心線で縦に二分したとき、①に相当する側。左側。‖「車の━半分がへこんだ」「(ひな人形で)左大臣は━に右大臣は右に座る」使い方 左右が紛れるときは、それと対面する視点から「向かって右」などと言いかえる。
❹(回転の方向について)時計の針が進む方向とは逆の方向。‖「ねじを━に回す」
❺思想の傾向が急進的・革新的であること。左翼。‖「━がかった思想」
❻酒を好んで飲むこと。また、その人。左党。◈⬍右

ひだり-うち【左打ち】[名]❶左手(で持ったラケットなど)で打つこと。❷野球などで、打者が左打席で打つこと。またゴルフで、プレーヤーがボールを打つ方向に自分の右側を向けた体勢で打つこと。‖「右投げ━」❸野球などで、ボールを左方向へ打つこと。◈⬍右打ち

ひだり-うちわ【左〈団扇〉】ーチハ[名]生活の心配がなく、のんびりと安楽に暮らすこと。‖「━で暮らす」▼利き手でない左手でゆうゆうとうちわを使う意から。

ひだり-うで【左腕】[名]左側の腕。さわん。⬍右腕

ひだり-がわ【左側】ーガハ[名]左の方の側。さそく。‖「道路の━を走る」「柱が━に傾く」⬍右側

ひだり-きき【左利き】[名]❶右手よりも左手の方がよく利くこと。また、その人。⬍右利き ❷酒が好きなこと。また、その人。左党。

ひだり-て【左手】[名]❶左の手。❷左の方。左側。‖「━に山が見える」◈⬍右手

ぴたり-と[副]❶すき間なくくっつくさま。ぴったり。‖「━寄り添う」❷まったく一致するさま。うまく的中するさま。ぴったり。ぴしゃり。‖「計算が━合う」❸急にすっかり止まるさま。また、すっかりやめるさま。‖「━泣きやむ」「たばこを━やめる」

ひだり-とう【左党】ーリタウ[名]酒好き。左党。

ひだり-なげ【左投げ】[名]ボールなどを左の手で投げること。⬍右投げ

ひだり-まえ【左前】ーマヘ[名]❶和服の右衽を左衽の上に重ねて着ること。死者の装束に用いるので、不吉なものとされる。❷運が傾くこと。経済状態が悪くなること。左向き。‖「家業が━になる」

ひだり-まき【左巻き】[名]❶左に巻くこと。⬍右巻き ❷時計の針の動く方向と反対に巻いていくこと。頭の働きが鈍いこと。また、その人。

ひだり-むき【左向き】[名]❶左の方に向くこと。また、左の方へ向いていること。❷⬇左前②

ひだり-よつ【左四つ】[名]相撲で、左手を相手の右腕の下に差し込み、右手で上手を取って組む体勢。⬍右四つ

ひた・る【浸る(▽漬る)】[自五]❶水や湯の中にはいる。つかる。‖「肩まで湯に━」使い方「たそがれの薄明かりの中に━」「故郷の吸いなれた空気に━」のように、ある自然環境の中にすっぽりと身を置く意に転用する。❷あふれた水に建造物や田畑がおおわれる。つかる。‖「濁流に線路が━」❸ある状態(特に、心の状態)の中にすっぽりと身を置く。‖「勝利の喜びに━」「ドラッグに━」可能 浸れる

ひ-だる・い【▼饑い】[形]空腹を感じる。ひもじい。‖「朝食を抜いたので━」派生 -げ/-さ/-がる

ひ-だるま【火▽達磨】[名]全身が火に包まれて燃えあがること。‖「━になって転げまわる」

ひ-たん【悲嘆(悲▼歎)】[名・自サ変]悲しみなげくこと。‖「愛児の死に━する」「━に暮れる」

ひ-だん【飛弾】[名]飛んでくる弾丸。

ひ-だん【被弾】[名・自他サ変]銃弾・砲弾などを受けること。‖「舷側に━する」

び-だん【美談】[名]聞いて感動するような立派な行いについての話。

び-だんし【美男子】[名]容姿の美しい男性。びなんし。

ピチカート[pizzicatoイタリア][名]バイオリンなどの弦楽器で、弓を使わず、弦を指ではじいて弾く演奏法。ピッチカート。

び-ちく【備蓄】[名・他サ変]将来の使用や万一の場合に備えて、たくわえておくこと。また、そのたくわえ。‖「石油[食材]を━する」「━米」

ひ-ちしゃ【被治者】[名]統治される者。

ぴちっ-と[副]すきまなく合うさま。‖「━したシャツ」

ぴち-ぴち[副ト]❶魚などが勢いよくはねるさま。また、いかにも生きがよいさま。‖「釣り上げた魚が━はねる」「とれたての━したイワシ」❷若々しくて躍動感にあふれているさま。‖「━した体」

びちゃ-びちゃ[副]❶[ト]水などが何度もはね返る音を表す語。‖「水たまりを━(と)歩く」❷[ニ]水などにひどくぬれるさま。‖「雨で━になったシャツ」

ぴちゃ-ぴちゃ[副ト]❶水などが物にあたって軽くはねかえるさま。また、その音を表す語。‖「浅瀬を━(と)歩く」❷飲み食いするときに舌が立てる音を表す語。‖「猫が━(と)ミルクを飲む」

ひ-ちゅう【秘中】[名]秘密にしている事柄のうち。

び-ちゅう【微衷】[名]自分の本心・真心をいう丁重語。‖「━お察しください」

ひちゅう-の-ひ【秘中の秘】[名]秘密の事柄のうちでも特に秘密にしている事柄。

ひ-ちょう【飛鳥】ーテウ[名]空を飛んでいる鳥。▼すばやい動作のたとえにもいう。‖「━の早業」

ひ-ちょう【悲調】ーテウ[名]悲しい音曲。もの悲しい調べ。

び-ちょうせい【微調整】ーテウセイ[名・他サ変]一応の調整を終えたあとで行う、細かな部分の調整。‖「テレビの色調を━する」

ひちりき【▼篳▼篥】[名]雅楽に使われる管楽器の一つ。長さ六寸(約一八センチメートル)の竹管の表に七つ、裏に二つの指孔をあけ、上端に蘆で作った舌を挿入したもの。音域は狭いが、音量は豊富。縦にして吹く。 篳篥

ひ-ちりめん【▼緋▽縮▼緬】[名]緋色のちりめん。女性の長襦袢・腰巻きなどに用いる。

ひっ【引っ】[接頭]〈動詞に付いて〉その意味や語調を強める。‖「━かける・━こむ・━ぱる」▼「引き」の音便。

ひつ【▼櫃】[名]❶上蓋のある大きな箱。唐櫃・長櫃など。❷飯を入れておく器。おひつ。 櫃

ひつ【筆】■[名]ふでで書くこと。また、ふでで書いたもの。‖「空海の━」■(造)❶文字や絵をかく道具。ふで。‖「鉛━・毛━・万年━」❷ふでなどで文字や絵をかく。‖「━算・━順」「達━・文━」❸ふでなどでか

いた文字や絵。‖「悪―・絶―(ぜっぴつ)・肉―」

ひつ【匹】(造) ❶対になる相手。対等の者。‖「―敵」 ❷身分が低い。‖「―夫(ぷ)」

ひつ【必】(造) ❶かならず。きっと。‖「―至・―勝・―見・―着・―読」 ❷そうしなくてはならない。‖「―然」

ひつ【泌】(造) 液体がにじみ出る。‖「分―(ぴ)」

ひつ-あつ【筆圧】[名] 文字を書くとき、筆・ペンなどの筆記用具の先に加わる力。‖「―が強い[弱い]」

ひつ-い【筆意】[名] ❶運筆の際の心構え。筆づかい。❷詩文・書画に表れた趣。‖「作者の―をくむ」

ひ-つう【悲痛】[名・形動] 悲しんでひどく心を痛めること。また、きわめて悲しく痛ましいこと。‖「―な面持ち」「―な別離」「―の声[表情・念]」

ひ-つうち【非通知】[名] 通知しないこと。特に、発信者の電話番号を受信者に通知しないこと。

ひっ-か【筆禍】(クヮ) [名] 発表した文章の内容が原因になって官憲や社会から処罰・制裁などを受けること。また、その災難。‖「―事件」

ひっ-かか・る【引っ掛かる】[自五] ❶突き出たものや張り出したものにかかって、そこに止まる。‖「袖(そで)が釘(くぎ)に―」「チョウがクモの巣に―」 ❷途中で立ち寄って、そのまま長居をする。‖「駅前の飲み屋に―」 ❸規則・検査・監視などで、とがめられる。また、そのために止められる。‖「法律に―ようなことはするな」「検問に―」 ❹やっかいな人物や事柄と関係が生じる。‖「悪い男に―」 ❺計略にはまる。だまされる。‖「詐欺に―」 ❻納得できなくて、こだわりが残る。‖「言い方にどこか―ものがある」 ❼飛んできた液体がふりかかる。‖「ホースの水が―」◈書き方「引っかかる」も多い。

ひっかき-まわ・す【引っ▼搔き回す】(マハス) [他五] ❶乱暴にかき回す。‖「机の中を―」 ❷自分勝手にふるまって秩序を乱す。‖「総会屋が株主総会を―」

ひっ-か・く【引っ▼搔く】[他五] つめや先のとがったもので強くかく。‖「猫に―・かれる」

ひっ-か・ける【引っ掛ける】[他下一] ❶鉤(かぎ)状のものや輪状のものをかけて対象物をとらえる。‖「鉤(かぎ)で―・けて荷を引き寄せる」 ❷突き出たものや張り出したものにかかって、物の動きが妨げられる。‖「敷石に足を―・けてころぶ」 ❸ものにかけて、ぶら下げる。‖「ハンガーにコートを―」 ❹衣服・履物などを無造作に身につける。‖「半纏(はんてん)を―」「サンダルを―・けて庭に出る」 ❺走行する車が人などをはねる。‖「トラックに―・けられる」 ❻仕組んで人をだます。特に、ことば巧みに誘惑する。‖「悪い冗談に―・けられる」「女性を―」 ❼むりに関係づける。かこつける。‖「視察に―・けて観光旅行をする」 ❽液体などを浴びせかける。‖「つばを―」 ❾酒を一気に飲む。‖「コップ酒を―」 ❿野球で、打者が投手の球をバットの端のほうに当ててしまう。‖「カーブを―」◈書き方「引っかける」も多い。文ひっか・く 名引っ掛け

ひっ-かつ・ぐ【引っ担ぐ】[他五] 勢いよく担ぐ。‖「俵を―・いで歩く」

ひっ-かぶ・る【引っ▽被る】[他五] ❶勢いよくかぶる。また、上からすっかりおおう。‖「頭から水を―」 ❷他人が負うべき責任などをしょいこむ。‖「罪を―」

ひっ-き【筆記】[名・他サ変] 書き記すこと。書き取ること。また、書き記したもの。‖「口述―」「―試験」

ひ-つき【火付き】[名] 火のつきぐあい。

ひつ-ぎ【▽棺・▼柩】[名] 遺体を入れて葬る箱。かん。かんおけ。‖「亡骸(なきがら)を―に納める」

ひ-つぎ【日▽嗣】[名] 皇位を受け継ぐこと。また、皇位。‖「―の御子(みこ)(=皇太子)」▼日の神の大命によって大業を次々に受け継ぐ意という。

ひっ-きょう【▼畢▼竟】(ヒッキャウ) [副] さまざまな経緯があっても最後に到達するところは。つまるところ。結局。‖「―人世の栄枯盛衰は一場の夢に過ぎない」「―するに(=要するに)責任は当局にある」

畢

ひっきり-なし【(引っ切り無し)】[形動] 絶え間なく続くさま。‖「―に車が通る」▼もと「し(っ)きりなし」とも。

ピッキング [picking] [名] ❶針金状の工具を使って、錠を壊さずにあけること。❷ギターなどの弦をはじいて演奏すること。❸物流で、出荷するための商品を保管先から取り出すこと。

ビッグ [big] [形動] ❶大きいさま。‖「―な夢」「―チャンス」 ❷重要なさま。‖「―ニュース」

ピック [pick] [名] ❶ピッケルの頭部のつるはし状の部分。❷ギター・バンジョーなどの弦をはじくつめ。義甲。プレクトラム。

ピック-アップ [pick up] [他サ変] ❶拾い上げること。選び出すこと。‖「話題を―する」 ❷[pick-up] レコードプレーヤーで、針の振動を電気信号に変えて音を再生する装置。

ひっ-くく・る【引っ▽括る】[他五] 力を入れてしばる。また、手荒にしばる。‖「古新聞を―」

ビッグ-データ [big data] [名] 膨大で多様なデジタルデータの集積。マーケティングや行政・防災・学術など、さまざまな分野で活用されている。

ビッグ-バン [big bang] [名] 宇宙の始めに起こったとされる大爆発。▼アメリカの理論物理学者ガモフらが唱えた説で、膨張を続ける宇宙のきっかけになったとする。

びっくり [副] 突然のことや意外なことにおどろくさま。‖「―して目を覚ます」「―仰天(=非常におどろくこと)」 書き方「〈▼吃驚〉」「〈喫驚〉」とも当てる。

ひっくり-かえ・す【ひっくり返す(引っ繰り返す)】(カヘス) [他五] ❶上下・表裏・前後などの関係を逆にする。裏返す。‖「座布団を―」 ❷勢いよく横に倒す。転倒させる。‖「バケツを―」 ❸必要な記事などをさがすためにあちこちページをめくる。‖「古い雑誌を―・して調べる」 ❹それまでの状態や関係を逆転させる。くつがえす。‖「負け試合を九回裏で―」「新資料の発見で定説が―・される」

ひっくり-かえ・る【ひっくり返る(引っ繰り返る)】(カヘル) [自五] ❶上下・表裏・優劣などの関係が逆になる。さかさまになる。くつがえる。‖「ヨット[形勢]が―」「天地が―・ったような大騒動」 ❷後ろや横に勢いよく倒れる。転倒する。‖「パンチをくらって―」

びっくり-ばこ【びっくり箱】[名] 箱のふたを開けると中の物がばね仕掛けで飛びだし、人をびっくりさせる仕組みの玩具(がんぐ)。

ひっ-くる・める【引っ▽括める】[他下一] 一つにまとめる。包括する。‖「税・サービス料を―・めた料金」「逆のケースも―・めて考える」文ひっくる・む

ひ-つけ【火付け】[名] 家などに火をつけること。放火。また、その犯人。

ひ-づけ【日付】[名] ❶書類・手紙などに記す、作成・提出などの年月日。‖「請求書に―を入れる」 ❷暦上の、

年月日を示す数字。〓「夜中の十二時を過ぎてーが変わる」

ひっ-けい【必携】［名］必ず持っていなくてはならないこと。また、そのもの。〓「海外旅行者ーの書」

ひづけ-へんこうせん【日付変更線】(ヘンカウセン)［名］地方標準時のずれによって生じる日付の差を調節するために、経度一八〇度の太平洋上に設けられた仮想の線。この線を東から西に渡るときは日付を一日進め、逆の場合には一日遅らせる。

ひつけ-やく【火付け役】［名］事件・論議・改革などのきっかけをつくる役。また、その人。〓「論争のーとなった社説」

ピッケル［Pickel ドイ］［名］杖の先端につるはし状の金具を取り付けた登山用具。氷雪上に足場を刻むときや体を支えるときに使う。アイスアックス。

ひっ-けん【必見】［名］必ず見なくてはならないこと。なんとしても見る価値があること。また、そのもの。〓「ファンーの映画」✓注意「必見の価値あり」は、多く「一見(いっけん)の価値あり(＝一度は見る価値がある)」を言い誤ったもの。

ひっ-けん【筆▼硯】［名］❶ふでと、すずり。また、文字や文章を書くこと。〓「ーを新たにする(＝詩文の構想・構成などを一新して書きなおす)」❷手紙文で、文筆家の生活などについていう語。〓「ー益々御清栄の段」

びっこ【▼跛】［名］❶足の具合が悪く歩行の釣り合いがとれないこと、また、足の不自由な人をいう差別的な語。❷［形動］対(つい)になるものの形や大きさがそろわないこと。▽足の障害を比喩として使った、差別的な言い方。

ひっ-こう【筆耕】(カウ)［名］❶報酬をもらって写字や清書をすること。〓「ー料」❷文筆によって生計を立てること。

ひっ-こし【引っ越し】［名・自サ変］引っ越すこと。移転。転居。〓「新居にー(を)する」「ー先」

ひっこし-そば【引っ越し〈▼蕎麦〉】［名］近づきのしるしとして、引っ越し先の隣近所に配るそば。▽「おそばに参りました」の意にかける。

ひっ-こ・す【引っ越す】［自五］生活や仕事の拠点を他の場所に移す。移転する。〓「都心のマンションを／かららー・して郊外に移り住む」「仙台から大阪にー」使い方「銀座から新宿に事務所をー」のように、他動詞としても使う。名引っ越し

ひっこ-ぬ・く【引っこ抜く】［他五］「引き抜く」を強めた言い方。〓「大根をー」

ひっ-こみ【引っ込み】［名］❶中に引き入れること。引き込み。〓「ー線」❷その場から退くこと。また、ある物事から身を引くこと。❸歌舞伎・能などで、役者が舞台から退場すること。また、そのときの演技。

◉**引っ込みがつか・ない** 行きがかり上、途中で退くことができない。

ひっこみ-じあん【引っ込み思案】［名・形動］内気で、自分から積極的に行動しようとしないこと。また、そのような性格。〓「ーな／の人」

ひっ-こ・む【引っ込む】［自五］❶突き出たものが元の状態に戻る。また、内側にくぼむ。〓「こぶがー」「ーんだ目」❷奥の方に位置する。奥まる。〓「大通りから少しーんだ路地にある家」❸表だった所から退いて別の所へ移る。〓「店を畳んで故郷にー」名引っ込み

ひっ-こ・める【引っ込める】［他下一］❶一度出し(かけ)たものを元にもどす。〓「カメが首をー」「差し出した手をー」❷突き出ないように内側に下がらせる。〓「ダイエットをして肥満した腹をー」❸一度出したものを取り下げる。〓「意見書をー」「やる気のない選手はベンチにー」文ひっこ・む

ヒッコリー［hickory］［名］北米原産のクルミ科の落葉高木。果実は食用。材はスキー板・家具などに用いる。

ピッコロ［piccolo イタ］［名］管楽器の一つ。管長はフルートの二分の一で、フルートより一オクターブ高い音域をもつ木製または金属製の横笛。音色は明澄で、鋭い。

ひっ-さく【筆削】［名・他サ変］詩文などの語句を書き加えたり削ったりしてなおすこと。添削(てんさく)。

ひっ-さ・げる【引っ提げる】［他下一］❶手にさげて持つ。〓「両手に荷物をー・げて出かける」❷引き連れる。ひきいる。〓「手勢をー・げて殴り込みをかける」❸目を引くようにかかげる。〓「福祉政策改革論をー・げて立候補する」❹無理をして動かす。〓「老軀(ろうく)をー・げて任に当たる」文ひっさ・ぐ

ひっ-さつ【必殺】［名］相手を必ず殺すこと。また、その意気込み。〓「ー技」

ひっ-さん【筆算】［名・他サ変］暗算・珠算に対し、数字を紙などに書いて計算すること。

ひっ-し【必死】［名］❶［形動］死を覚悟して事に当たること。全力を尽くすこと。〓「ーの思いで隣国に逃れた」「ーの形相(ぎょうそう)［抵抗・努力］」「ーに弁解する」❷将棋で、どう守っても必ず王が詰んでしまう状態。また、その差し手。〓「ーをかける」書き方「必至」とも。

ひっ-し【必至】［名・形動］❶必ずそうなること。そうなるのは避けられないこと。〓「今や倒産はーである」「長期戦はーの状況だ」❷➡必死②

ひっ-し【筆紙】［名］筆と紙。〓「ーに尽くし難い(＝文章では十分に表現することができない)」

ひつじ【▽未】［名］十二支の第八。〓「ー年(どし)」▽動物では羊に当てる。時刻では午後二時、または午後一時から三時の間。方角では南南西。

ひつじ【羊】［名］多く、うずまき形の角を持ち、灰白色の縮れた毛におおわれたウシ目ウシ科の哺乳(ほにゅう)類。草食性で、性質はおとなしい。毛(ウール)・肉(マトン)・乳などを利用するために古くから改良が重ねられた。綿羊(めんよう)。▽十二支では第八番目の「未(ひつじ)」にあてる。

ひつじ-ぐも【羊雲】［名］高積雲のこと。〓「秋空にーが浮かぶ」▽羊の群れのように見えることから。

ひっ-しゃ【筆写】［名・他サ変］書き写すこと。書写。〓「古文書をーする」「ー本」

ひっ-しゃ【筆者】［名］その文章・書画などを書いた人。▽執筆中の本人を指していうこともある。〓「…と筆者(＝私)は考える」

ひつ-じゅ【必需】［名］どうしても必要であること。〓「生活ー品」

ひっ-しゅう【必修】(シウ)［名］必ず学ばなくてはならないこと。〓「ー科目」

ひつ-じゅん【筆順】［名］文字、特に漢字を書くときの筆運びの順序。書き順。

ひっ-しょう【必勝】［名］必ず勝つこと。〓「先手ー」

ひつ-じょう【必定】(ヂャウ)［名・形動］そうなると決まっていること。確かであること。〓「味方の敗北はー」

ひっ-しょく【筆触】［名］絵画で、色調・明暗・躍動感などの効果を生む筆づかい。タッチ。

びっしょり［副ト］すっかりぬれるさま。ぐっしょり。≡「ー(と)汗をかく」「汗ーになる」

びっしり［副ト］❶すき間なく詰まっているさま。≡「細かい字でー(と)書き込む」「予定がー(と)詰まっている」❷休む間もなく物事を行うさま。≡「日の暮れるまでー(と)働く」

ひつ-じん【筆陣】［名］文章によって相手と論争する構え。≡「ーを張る」

ひっ-す【必須】［名・形動］なくてはならないこと。どうしても必要なこと。≡「応募者にーの条件」「ーアミノ酸」

ひっ-せい【▼畢生】［名］生を終えるまでの間。一生。生涯。≡「ーの大事業」「ミケランジェローの大作」

ひっ-せい【筆生】［名］書写を仕事とする人。写字生。

ひっ-せい【筆勢】［名］書画に表れた筆の勢い。また、文章の勢い。筆力。筆づかい。≡「力強いー」

ひっ-せき【筆跡(筆▼蹟)】［名］書かれた文字。また、その文字の特徴や書きぐせ。≡「ー鑑定」

ひつ-ぜつ【筆舌】［名］文章に書くことと口で話すこと。書かれた文章と話されたことば。

◉**筆舌に尽(つ)くし難(がた)い** 文章やことばでは十分に表現することができない。≡「ー苦しみ［美しさ］」

ひっ-せん【筆洗】［名］筆の穂を水で洗うための器。ふであらい。

ひっ-せん【筆戦】［名］文章によって論争すること。

ひつ-ぜん【必然】［名・形動］必ずそうなること。それ以外にはなりようがないこと。≡「ーの結果」「ー性」⬍偶然・蓋然(がいぜん)

ひつぜん-てき【必然的】［形動］必ずそうなるさま。≡「ーに導かれる結論」

ひっ-そく【▼逼塞】［名・自サ変］❶八方ふさがりでどうしようもなくなること。❷落ちぶれて世間から身を隠して暮らすこと。≡「郷里にーする」❸江戸時代、武士や僧侶に科した、門を閉ざして昼間の出入りを禁じた刑罰。閉門より軽く、遠慮より重い。

ひっそり［副ト］❶物音も人の気配もなく静かなさま。≡「ー(と)静まりかえる」❷目立たないように静かにしているさま。≡「ー(と)暮らす」「路傍にー(と)咲く野菊」

ひっそり-かん【ひっそり閑】［副ト］きわめて静かなさま。≡「ーとした境内」▼「ひっそり」に同じ意の漢字「閑」を重ねた語。

ひっ-たくり【引っ手繰り】［名］不意に他人の持っている物を奪い取って逃げること。また、その者。≡「路上でーにあう」

ひっ-たく・る【引っ手繰る】［他五］他人の持っている物をつかんで無理に奪い取る。≡「財布をーって逃げる」▼「ひきたくる」の転。名 **ひったくり**

ひっ-たつ【必達】［名・他サ変］必ず達成すること。≡「ー目標」

ひっ-た・てる【引っ立てる】［他下一］無理に連れて行く。≡「捕らえた掏摸(すり)をー」▼「引き立てる」の転。

ぴったり［副ト］❶すき間なく密着するさま。ぴたり。≡「ー(と)戸を閉める」❷［形動］すき間やずれがなく、一致するさま。また、ちょうどよく合うさま。≡「二人の息がー(と)合う」「ー(と)十時に開会する」「足にーなブーツ」「お歳暮にーな品」❸急にすっかり止まるさま。また、すっかりやめるさま。ぴたり。≡「風がー(と)やむ」

品格 合う「足にー靴」一致「方針がーする」格好「密会するのにーの場所」好適「贈り物にーな品」釣り合う「転出と転入がー」適合「憲法の趣旨にーする」適する「現地の環境にー作物」適切「ーな表現で批判する」適当「一人暮らしにーな家」似合わしい「季節にー装い」似つかわしい「ベテランに似つかわしからぬミス」符合「自白内容と証拠がーする」ふさわしい「リーダーにー人材」

ひっ-たん【筆端】［名］❶筆の先。❷筆の運び。また、それによって書かれた文章や書画のはしばし。≡「ーにあらわれた雅趣」

ひつ-だん【筆談】［名・自サ変］話す代わりに、互いに文字を書いて意思を伝え合うこと。≡「ーして意思を伝える」

ひっ-ち【筆致】［名］書画や文章の書きぶり。ふでつき。≡「軽妙なーで描く」

ピッチ［pitch］［名］❶同じ動作を一定時間内に繰り返すときの回数や速さ。ボートでオールをこぐ回数や、水泳で水をかく回数など。≡「速いーでこぐ」❷仕事・作業などの能率。≡「工事のーをあげる」❸ねじの山と山、また、歯車の歯と歯との間隔。❹音の調子。音の高さ。⬍ストレス ❺「ピッチング」の略。≡「ワイルドー」❻サッカー・ホッケーなどで、競技場。

ピッチ［pitch］［名］コールタール・原油などを蒸留したあとに残る暗褐色の物質。舗装材・防水材・電極材などに利用する。

ヒッチハイク［hitchhike］［名］通りがかりの自動車などにただで乗せてもらいながら目的地まで行く旅行。

ピッチャー［pitcher］［名］野球・ソフトボールなどの投手。

ピッチャー［pitcher］［名］水差し。

ひっ-ちゃく【必着】［名］期日までに必ず着くこと。また、必ず着くようにすること。≡「月末までにーのこと」

ひっ-ちゅう【必中】［名・自サ変］必ず命中すること。≡「的(まと)にーする」「一発ー」

ひっ-ちゅう【筆▼誅】［名・他サ変］他人の罪悪・欠点などを書きたてて厳しく責めること。≡「ーを加える」

ひっ-ちょう【必聴】［名］必ずきかなくてはならないこと。またそのもの。≡「ーの名盤」

ぴっちり［副ト］すき間なく密着しているさま。≡「肌にー(と)した水着」

ピッチング［pitching］［名・自サ変］❶野球で、投手の投球。また、その技術。❷船・飛行機などが上下に揺れること。縦揺れ。⬍ローリング

ひっ-つか・む【引っ▼掴む】［他五］無造作につかむ。また、荒々しくつかむ。≡「胸ぐらをー」

ひっ-つ・く【引っ付く】［自五］❶ぴったりとくっつく。≡「吸盤がー」❷［俗］恋人などの親密な関係になる。

ひっ-つめ【引っ詰め】［名］鬢(びん)にふくらみをつけず、無造作に後ろに引きつめて結う髪型。ひっつめがみ。

ヒッティング［hitting］［名］野球で、打者が積極的に打って出ること。

ひっ-てき【匹敵】［名・自サ変］比べたとき、価値・能力などが同程度であること。肩を並べること。≡「プロにーする実力」

ヒット［hit］［名・自サ変］❶打つこと。また、命中する

こと。❷野球で、安打。ベースヒット。❸興行物・流行歌・商品などが多くの人に支持されること。大当たりすること。‖「新曲が―する」「―チャート」

ビット【bit】［名］コンピューターで、情報量を表す最小単位。コンピューターの内部ではすべてのデータを0と1の二進法の数値であつかう。一ビットはその一桁分。▼binary digitから。

ピット【pit】［名］❶穴。くぼみ。‖「排水―」❷自動車レース場の走路わきに設けた整備所。競技車の燃料補給・タイヤ交換・応急修理などを行う。❸陸上競技の跳躍種目で、競技者が着地する場所。マット・砂場など。❹ボウリングで、倒されたピンが落ち込む穴。

ひっ‐とう【筆答】［名］質問に対して文字や文章で答えること。‖「筆問―」⇔口答

ひっ‐とう【筆頭】［名］❶筆の先。また、文章の書き出し。❷名前を書き連ねたうちの第一番め。また、その人。‖「前頭―」「―株主」❸ある領域の中で一番目に挙げられるもの。‖「人気ブランドの―」

ヒット‐エンド‐ラン【hit-and-run】［名］野球で、投手が投球動作を起こすと同時に走者が走り、打者が必ずそのボールを打つ攻撃法。

ひつ‐どく【必読】［名］必ず読まなくてはならないこと。なんとしても読む価値があること。‖「―文献」

ビットマップ【bitmap】［名］コンピューターで、文字や図形をドット(点)の集まりで表現する手法。

ひっ‐とら・える【引っ捕らえる】［他下一］しっかり捕らえる。ひっつかまえる。‖「すりを―」文ひっとら・ふ

ひっ‐ぱが・す【引っ剝がす】［他五］勢いよくはがす。また、乱暴にはがす。ひっぺがす。‖「布団を―して起こす」書き方「引っぱがす」も多い。

ひっ‐ぱく【▼逼迫】［名・自サ変］追いつめられて余裕のない状態になること。‖「家計[国際情勢]が―する」

ひっ‐ぱた・く【引っ▼叩く】［他五］強くたたく。乱暴にぶつ。‖「ほっぺたを―」

ひっぱり‐だこ【引っ張り▼凧・引っ張り▼蛸】［名］人気があって、多くの人が争って求めること。‖「各テレビ局から―のタレント」

ひっぱり‐だ・す【引っ張り出す】［他五］❶引っ張って外に出す。引き出す。‖「押し入れの奥から毛布を―」❷強引に表立った場所に出す。‖「一曲歌えとステージへ―」「口説かれて知事選に―・される」

ひっ‐ぱ・る【引っ張る】［他五］❶強く引いてたるみのない状態にする。‖「ひもをぴんと―」
❷電線・導管・路線などをある場所まで延長する。引く。‖「水道管を山の畑まで―」
❸物や体の一部をもって自分の方へ強く引く。‖「スイッチを入れるひもを―」「袖を―」「手を―・って助け起こす」「人の足を―(=じゃまをする)」
❹車両などを強く引いて前進させる。引く。‖「レッカー車で故障車を―」「リヤカーを―」
❺長く引き伸ばして線の図柄をえがく。引く。‖「補助線を―」「通路に白線を―」
❻先に立って人を導く。‖「リーダーとなって部員をぐいぐい―」「みずから四番を打って強力打線を―」
❼人をある場所に連れていく。引っ張り回す。‖「あちこち―・って歩く」
❽警官などがむりに連れてゆく。連行する。しょっぴく。‖「窃盗容疑で警察に―・られる」
❾仲間になるように誘い込む。‖「後輩を演劇部に―」
❿時間・期間などをのばす。また、期限などを遅らせる。引き延ばす。‖「会期を―」「支払いを―」
⓫興味を引きつけて飽きないようにさせる。‖「筋立ての巧みさで読者を―」
⓬発音を長くのばす。引く。‖「語尾を―」
⓭野球で、投手の球を右打者はレフト方向へ、左打者はライト方向へ飛ばすように強打する。⇔流す

ひつ‐び【必備】［名・他サ変］必ず備えておかなくてはならないこと。‖「―の用具」

ヒッピー【hippie】［名］一九六〇年代のアメリカで、既成の社会体制や価値観を否定し、自然への回帰を主張した若者たち。また、その運動。長髪、奇抜な服装、反文明的な行動などを特徴とする。‖「―スタイル」

ひっ‐ぷ【匹夫】［名］身分の低い男性。また、道理をわきまえない男性。⇔匹婦
◉**匹夫の勇** ただ血気にはやるだけの、取るに足りない勇気。

ひっ‐ぷ【匹婦】［名］身分の低い女性。また、道理をわきまえない女性。⇔匹夫

ヒップ【hip】［名］尻。また、尻回り(の寸法)。

ビップ【VIP】［名］➡ブイアイピー

ヒップ‐ハンガー［名］➡ローライズ▼hiphuggerから。

ヒップ‐ホップ【hip-hop】［名］一九七〇年代後期にニューヨークのサウスブロンクス地区に住む黒人ティーンエージャーたちによって作られた街頭文化の総称。カラースプレーを使って落書きをするグラフィティ、ブレークダンス、ラップなどがある。

ひっ‐ぽう【筆法】［名］❶筆の運び方。文字の書きぶり。‖「雄渾な―」❷文章の書き方。表現の方法。‖「春秋の―」❸物事を処理する方法。‖「例の―で片づける」

ひっ‐ぽう【筆▼鋒】［名］❶筆の穂先。❷文字の勢い。また、文章の勢い。‖「―鋭く論評する」

ひっ‐ぼく【筆墨】［名］筆と墨。また、それを用いて書いたもの。‖「―料」

ひつ‐まぶし【▼櫃▽塗し】［名］細かく切った鰻の蒲焼きを飯にまぶし、飯櫃に入れた料理。茶碗に取り分け、一杯目はそのまま、二杯目はネギ・ワサビなどの薬味をのせ、三杯目は茶漬けにして食べる。名古屋の名物。▼商標名。

ひ‐づめ【▼蹄】［名］馬・牛・羊などの足先にある堅い角質のつめ。注意「ひずめ」と書くのは誤り。

ひつ‐めい【筆名】［名］文章などを発表するときに用いる、本名とは別の名。ペンネーム。

ひつ‐めつ【必滅】［名・自サ変］必ずほろびること。‖「生者―会者定離」

ひつ‐よう【必用】［名］必ず用いなくてはならないこと。

ひつ‐よう【必要】［名・形動］物事が成立するために、それがなくてはならないこと。必ず要ること。‖「完成までには一か月の期間が―だ」「受験に―な書類をそろえる」「―に応じて提供する」「この患者は即刻入院する―がある」「君にそんなことを言う―はない」派生―さ

ひつよう‐あく【必要悪】［名］よいことではないが、組織や社会などにとって、やむをえず必要とされる事柄。

ひつよう-じょうけん【必要条件】〔名〕ある事柄が成立するために、必ずなくてはならない条件。▼「AならばBである」という命題が真であるとき、BはAの必要条件、AはBの十分条件という。

ひつ-りょく【筆力】〔名〕❶筆の勢い。また、文章の勢い。❷文章を書く能力。≡「衰えを知らないー」

ひつ-ろく【筆録】〔名・他サ変〕書きしるすこと。記録すること。また、その書いたもの。≡「語り部の話をーする」

ビデ【bidet フランス】〔名〕女性用の局部洗浄器。

ひ-てい【比定】〔名・他サ変〕同質のものがないとき、他の類似のものと比較し、それがどういうものであるかを推定すること。≡「応仁天皇陵にーされた古墳」

ひ-てい【否定】〔名〕❶〔他サ変〕事実に反するとして、そのことばを打ち消すこと。≡「彼のことばをーする」❷〔他サ変〕事実に反するとして、その存在を認めないこと。正しくない・劣るなどとして、その存在や意義を認めないこと。容認しないこと。≡「霊魂の存在をーする」「暴力をーする」❸文法で、打ち消しを表す言い方。≡「部分ー」◈①②⬍肯定

びてい-こつ【尾▼骶骨】〔名〕尾骨(びこつ)。

ひてい-てき【否定的】〔形動〕否定にかかわるさま。ネガティブ。≡「ーな見解を示す」⬍肯定的

ビデオ【video】〔名〕❶テレビの映像。⬍オーディオ ❷画像・音声を記録する磁気テープ。▼「ビデオテープ(videotape)」の略。❸ビデオカメラやテレビから送られてくる画像・音声を磁気テープに記録し、またそれを再生する装置。▼「ビデオテープレコーダー(videotape recorder)」の略。

ビデオ-オン-デマンド【video on demand】〔名〕利用者が、好きな時間に希望する動画作品の配信を受けて視聴できる放送通信サービス。VOD。

ビデオ-ゲーム【video game】〔名〕テレビゲーム。

び-てき【美的】〔形動〕❶美に関するさま。美学の対象となるさま。≡「ー効果[感覚]」❷美しく感じるさま。≡「ーな表現」

ひてつ-きんぞく【非鉄金属】〔名〕鉄以外の金属の総称。銅・鉛・亜鉛・錫(すず)・ニッケルなど。

ひ-でり【日照り(▼旱り)】〔名〕❶日が照ること。 書き方 「日照り」と書く。❷真夏に晴天が続いて雨が降らないこと。また、そのために川・池・井戸などの水がかれること。❸あるべきもの、欲しいものなどが不足すること。≡「職人ー」

ひでり-あめ【日照り雨】〔名〕⬇天気雨

ひ-てん【批点】〔名〕詩歌・文章などを批評してつける評点。また、文章中の要所などを示すためにつける傍点。≡「ーを打つ(=詩文に評点をつける。転じて、人の欠点などを指摘して非難すること)」

ひ-でん【飛電】〔名〕❶いなずま。いなびかり。≡「ー一閃(いっせん)」❷至急の電報。

ひ-でん【秘伝】〔名〕秘密にして特定の人以外には教えないこと。また、その事柄。≡「高弟にーを授ける」

び-てん【美点】〔名〕すぐれている点。長所。⬍欠点

び-でん【美田】〔名〕地味の肥えたよい田地。≡「児孫(じそん)のためにーを買わず」

ひ-でんか【妃殿下】〔名〕皇族の妃の敬称。≡「皇太子ー」

ひと【人】〔名〕❶動物分類学上、霊長目(れいちょうもく)ヒト科に属する哺乳(ほにゅう)類。学名はホモ-サピエンス。人間。人類。 書き方 学術的用語の場合は「ヒト」と書く。❷ある特定の個人。また、ある一定の条件にあてはまる個人。≡「これからーに会う用がある」「ーを募集する」❸能力などのすぐれた個人。有能な人材。≡「ーを得る」❹自分以外の人間。他人。≡「ーからとやかく言われたくない」「ーにはわからない苦労」 書き方 「〈他人〉」とも当てる。❺性格。人柄。≡「ーがいい」

◉**人には添(そ)うてみよ、馬には乗ってみよ** ⬇馬には乗ってみよ、人には添うてみよ

◉**人の噂(うわさ)も七十五日(しちじゅうごにち)** 世間のうわさは長く続くものではなく、しばらくすれば消えてしまうものだ。

◉**人の口に戸は立てられぬ** 世間のうわさ話は防ぎようがない。

◉**人のふり見て我(わ)がふり直せ** 他人の行いの善し悪しを見て自分の行いを反省し、欠点を改めよということ。

◉**人の褌(ふんどし)で相撲(すもう)を取る** 他人のものを利用して自分の利をはかる。

◉**人はパンのみにて生(い)くるものに非(あら)ず** 人は物質的な満足を得るためにだけ生きるものではなく、精神生活が大切であるということ。▼新約聖書『マタイ伝』第四章から。

◉**人は見かけによらぬもの** 人の性格や能力は、うわべを見ただけでは判断できないということ。

◉**人を呪(のろ)わば穴(あな)二つ** 他人に害をなそうとすれば、自分もまた害を受けることになるということ。▼他人を呪い殺そうとして墓穴を掘る者は、もう一つ自分の墓穴も掘らなくてはならなくなる意から。

ひ-と【費途】〔名〕金銭の使いみち。使途。

ひと【一】(造)❶ひとつの。一回の。≡「ー皿・ー包み・ー勝負」❷少しの。ちょっと。≡「ー雨・ー苦労・ー休み」❸全体に及ぶさまを表す。≡「ー夏・ー町」❹不特定の期間やおおよその範囲を漠然と表す。≡「ーころ・ー通り・ーわたり」❺軽くある動作を行う意を表す。≡「ー眠りする」「ー風呂浴びる」

ひと-あし【一足】〔名〕❶一歩。❷きわめて近い距離。また、ごく短い時間。≡「駅まではほんのーだ」「ー先に出かける」

ひと-あし【人足】〔名〕人のゆきき。往来。≡「ーが絶える」

ひと-あじ【一味】〔名〕他とは微妙に異なる味わい・趣。≡「ー違う話芸」

ひとあし-ちがい【一足違い】〔名〕わずかな時間の差。

ひと-あしらい【人あしらい】〔名〕人のもてなし方。応対。≡「ーがうまい」

ひと-あせ【一汗】〔名〕ひとしきり汗を流すこと。≡「畑仕事をしてーかく」

ひと-あたり【人当たり】〔名〕他人と接するときの態度。また、そのとき相手に与える感じ。≡「ーのよい人」「ーがやわらかい」

ひと-あめ【一雨】〔名〕❶一回の降雨。≡「ーごとに暖かくなる」❷ひとしきり降る雨。≡「ー来そうだ」

ひと-あれ【一荒れ】〔名・自サ変〕❶風雨がひとしきり激しくなること。❷もめごとなどがひとしきり起こること。≡「今度の株主総会はーありそうだ」

ひと-あわ【一泡】〔名〕驚き、あわてることのたとえ。

◉**一泡吹(ふ)か・せる** 不意をついて、また、思いがけないこと

をして、相手を驚かせあわてさせる。

ひと-あんしん【一安心】［名・自サ変］ひとまず安心すること。‖「けがは軽いと聞いて—する」

ひど・い【▽酷い(非▽道い)】［形］❶非情で道義にはずれるさま。残酷だ。むごい。‖「幼児を虐待するとはあまりにも—」「—目にあう」❷程度がはなはだしい。‖「物忘れが—」「今日は—渋滞だ」「—・く叱責(しっせき)される」「—・く咳(せ)き込む」使い方 多く悪い意味で使うが、「—喜びようだった」「—・く懐かしがる」のようにいい意味で使うこともある。❸ものの状態や出来などがはなはだしく悪い。‖「都心部の住環境は—」「この料理は—」「これは—出来だ」◈名詞「非道(ひどう)」から。派生 -さ「待遇の—にあきれる」

ひと-いき【一息】［名］❶一回の呼吸。ひと呼吸。❷ちょっと休むこと。ひと休み。‖「ここらで—入れよう」❸休まないでひと続きに物事を行うこと。一気。‖「大ジョッキを—に飲み干す」❹わずかの努力。‖「頂上までもう—だ」

ひと-いきれ【人▽熱れ・人▼熅れ】［名］多くの人が集まって、その体熱やにおいがいっぱいに立ちこめること。‖「—でむっとする車内」

ひと-いちばい【人一倍】［名］ふつうの人以上であること。‖「—の努力が必要だ」▼副詞的にも使う。

ひと-いろ【一色】［名］❶一つの色。いっしょく。❷一つの種類。一種類。‖「この手の品は—しかない」

ひ-とう【秘湯】ヒタウ［名］人にまだあまり知られていない鄙(ひな)びた温泉。

ひ-どう【非道】ヒダウ［名・形動］人の道にそむいていること。人情にもとること。‖「—の輩(やから)」「極悪(ごくあく)—」

び-とう【尾灯】［名］車両などの後尾につける赤い標識灯。テールランプ。テールライト。⇔前照灯

び-とう【微糖】ビタウ［名］食品に含まれている糖分がごくわずかであること。‖「—のコーヒー」

び-どう【微動】［名・自サ変］わずかに動くこと。‖「その表情は—だもしない」

ひと-うけ【人受け】［名］その人から他人が受けとる好悪の印象。‖「—のいい人」

ひと-うち【一打ち】［名・他サ変］❶一度打つこと。❷一度で打ち負かすこと。また、一撃で打ち倒すこと。‖「敵を—にする」

ひと-え【一重(▽単・〈単衣〉)】ヘ［名］❶重なっていないで、そのものだけであること。‖「—の帯」「紙—」「—の椿(つばき)」❷花びらが重なっていないこと。‖「—まぶた」❸裏をつけないで仕立てた着物。ひとえもの。⇔袷(あわせ) 書き方 ③は「単」「単衣」と書く。

ひとえ-に【▽偏に】ヒトヘ［副］❶ただそのことだけをするさま。ひたすら。‖「—お願い申し上げます」❷ただそれだけが理由であるさま。もっぱら。‖「これも—皆様のお陰です」◈名詞「一重(ひとえ)」＋格助詞「に」から。書き方「一重に」とも。

ひと-おし【一押し】［名・他サ変］❶一回だけ押すこと。一気に圧倒すること。‖「—で土俵を割らせる」❷あともう少し努力すること。‖「もう—で完成する」

ひと-おじ【人▽怖じ】チヲ［名・自サ変］幼児などが、知らない人の前に出るとおじけづくこと。‖「—しない子供」

ひとおもい-に【一思いに】ヒトオモヒ［副］あれこれ迷わずに、思い切って行うさま。‖「いっそ—死にたい」

ひと-がき【人垣】［名］多くの人が垣のように立ち並ぶこと。‖「沿道に—ができる」

ひと-かげ【人影】［名］❶人の姿。‖「—もまばらな早朝の駅」❷物に映った人の影。

ひと-かず【人数】［名］❶人の数。にんずう。❷一人前の人間として数えられること。‖「まだ未熟で—には入らない」

ひと-かた【一方】■一［名］❶「一人(ひとり)」の敬称。おひとり。‖「もうお—いらっしゃいます」❷一つの方。片一方。また、片一方の人。■二［形動］程度が普通であるさま。ひととおり。‖「その喜びようは—ではなかった」▼打ち消しの語を伴う。書き方 かな書きも多い。

ひと-がた【人形】［名］❶人の形。人の姿。また、人の姿をかたどったもの。にんぎょう。❷⇒形代(かたしろ)

ひとかたなら-ず【一方ならず】［副］ひととおりでなく。非常に。‖「—悲しむ」

ひとかたなら-ぬ【一方ならぬ】［連体］ひととおりでない。非常な。‖「—世話になる」

ひと-かど【一▽廉・一角】［名］❶他よりもひときわすぐれていること。いっかど。‖「—の人物」❷それ相応の能力や内容をそなえていること。一人前であること。‖「古いが—の役に立つ道具」

ひと-がら【人柄】［名］❶その人に備わっている性格や品格。‖「やさしい—」❷性格や品格がすぐれていること。‖「お—が伝わってくる」

品格 人格「—形成」人品(じんぴん)「—卑(いや)しからざる人」人となり「—が透けて見える」

ひと-かわ【一皮】ヒトカハ［名］一枚の皮。皮一枚。▼本質・素質を覆いかくすもののたとえにもいう。‖「—剝(む)けば旧態依然の体制であることは明らかだ」

◉**一皮剝(む)・ける** 容姿・性格・技術などが洗練されて見違えるようによくなる。‖「—・けてたくましくなる」

ひと-ぎき【人聞き】［名］他人が聞くこと。また、他人が聞いたときに受ける感じ。外聞。‖「—の悪いことを言うな」

ひと-ぎらい【人嫌い】ヒトギラヒ［名］他人との関わり合いを嫌うこと。また、そのような性格の人。人間嫌い。

ひと-きわ【一際】ヒトキハ［副］他とくらべて特にきわだっているさま。一段と。‖「—目立つ」「—美しい」

ひ-とく【秘匿】［名・他サ変］人に知られないように隠しておくこと。‖「財貨を—する」

ひど-く【▽酷く(非▽道く)】［副］程度のはなはだしいさま。非常に。‖「—揺れる[しかられる]」「彼の心遣いが—嬉しかった」▼形容詞「ひどい」の連用形から。

び-とく【美徳】［名］美しい徳行。道徳にかなった立派な行い。‖「謙譲の—」⇔悪徳

ひと-くくり【一▽括り】［名］一つにまとめてくくること。また、そのもの。いっかつ。‖「薪(たきぎ)を—にする」

ひと-くさり【一くさり】［名］謡物・語り物などの一段落。また、話などのまとまった一区切り。‖「自慢話を—聞かされる」

ひと-くせ【一癖】［名］ふつうとはどこか違った扱いにくい性格。特異な個性。‖「—ありそうな人」

◉**一癖も二癖(ふたくせ)もあ・る** ふつうの人とはだいぶ違って、したたかで油断のならない感じを抱かせる。

ひと-くだり【一▽行】［名］文章の一行(いちぎょう)。また、文章・物語などの一部分。‖「『草枕』冒頭の—」

ひと-くち【一口】［名］❶飲食物を一度に全部口に入れること。‖「饅頭(まんじゅう)を—で食う」❷口にはいる一回

分だけ飲食すること。また、その口にはいる量。≡「ビールをー飲む」「ー羊羹(ようかん)」❸かいつまんで手みじかに言うこと。≡「ーにジャズといってもいろいろある」❹株・寄付などの一単位。≡「ー千円の寄付」❺何人かでする仕事などの一部分。≡「ー乗る(=もうけ口や仕事の仲間に加わる)」

ひとくち-ばなし【一口話(一口▼噺)】[名]ちょっとした短い話。特に、滑稽(こっけい)みのある短い話。小話。

ひと-くふう【一工夫】[名・他サ変]ちょっと工夫すること。もう少し思案すること。≡「もうーすれば特許が取れる」「製品化にはーあってしかるべきだ」

ひと-くろう【一苦労】[名・自サ変]かなりの苦労をすること。≡「ーして論文を書き上げる」

ひと-け【人気】[名]人のいるけはい。≡「ーのない境内」

ひ-どけい【日《時計》】[名]時計の目盛りをつけた盤の上に指針を立て、太陽の光を受けた指針がつくる影の位置によって時刻を知る装置。

ひと-けた【一桁】[名]❶十進法で表した数の桁一つ。≡「値段がーちがう」「数値をー読みちがえる」❷一の位の数。≡「昭和ー生まれ」

ヒト-ゲノム[名]人間の全遺伝子情報。▼ヒト(人)+ゲノムの和製語。英語ではhuman genome。

ひと-こいし・い【人恋しい】[形]寂しくて何となく人に会いたい気持ちである。≡「ー・くなって電話をかける」派生-げ/-さ

ひと-こえ【一声】[名]❶一回だけ声を発すること。一回だけ鳴くこと。また、その声。❷短いことばを発すること。また、その一言。≡「総理のーで決まる」「ーかけて出かける」

ひと-ごえ【人声】[名]人が話す声。

ひと-こきゅう【一呼吸】[名]❶[自サ変]一回、呼吸をすること。また、一回の呼吸。ひと息。≡「ーして緊張をほぐす」❷ちょっとの間(ま)。≡「ーおいて話を続ける」

ひと-ごこち【人《心地》】[名]無事に生きているという気持ち。生きた心地。また、緊張が解けてほっとした気持ち。≡「怖くてーもなかった」「難を逃れ、ようやくーがついた」注意「一心地」と書くのは誤り。

ひと-ごころ【人心】[名]人の心。また、人情。情け。

ひと-こと【一言】[名]一つのことば。また、わずかのことば。≡「ーの挨拶もない」「ーでは言えない」

ひと-ごと【人事(〈他人〉事)】[名]他人にかかわること。自分とは関係ないこと。≡「とてもーとは思えない」「彼はまるでーのように言った」注意「他人事」は明治・大正期の文学で、「他人事(ひとごと)」のようにふりがな付きで書かれたものが、のちふりがなが取られ、「他人事(たにんごと)」とも読むようになった。

ひと-こま【一▼齣】[名]❶映画・演劇などの一場面。❷一続きの事柄の中の一場面。≡「青春のー」「歴史のーを飾る世紀の祭典」❸フィルム・漫画などで、枠で区切られた一場面。≡「ー漫画」❹大学などで、時間割の一区切り。一時限。

ひと-ごみ【人混み(人込み)】[名]たくさんの人がいて、混み合っていること。また、その場所。雑踏。

ひと-ころ【一頃】[名]以前のある時期。≡「ーの元気はない」「ーはやった歌」▼副詞的にも使う。

ひと-ごろし【人殺し】[名]人を殺すこと。殺人。また、人を殺した者。殺人者。

ひと-さし【一差し(一指し)】[名]舞・将棋などの一回。≡「ー舞う」

ひとさし-ゆび【人差し指(人指し指)】[名]手の、親指と中指の間にある指。第二指。食指(しょくし)。▼足の場合は、その位置から「足の人差し指」などという。

ひと-ざと【人里】[名]人家の集まっている所。人々の住んでいる村落。≡「ー離れた山中」

ひと-さま【人様】[名]他人の敬称。≡「ーの物に手を出すな」

ひと-さらい【人▼攫い】[名]人をだまして、または暴力などを使って無理に連れ去ること。また、その者。

ひと-さわがせ【人騒がせ】[名・形動]たいした理由もなく人を騒がせて迷惑をかけること。≡「ーな話」▼一時は人を驚かせたが大事には至らなかった場合に使う。

ひとし・い【等しい(▽斉しい・▽均しい)】[形]❶二つ(以上)のものが、数量・形状などにおいて完全に一致するさま。同一だ。同じだ。≡「4×4と2×8は値がー」「形はーが大きさが異なる」❷〈「…に(も)等しい」の形で〉基準とするもの(特に、極端な程度のもの)に限りなく近いと思われるさま。≡「伸び率はゼロにー」「沈黙はしばしば同意にー」「その言い方は脅しに(も)ー」◈書き分け【等】は広く使う。【斉】は「全員斉しく(=そろって)賛成した」のよう「斉しく」の形で、【均】は公平に行き渡る意で使うが、今は【等】が一般的。派生-さ

ひと-しお【一塩】[名]魚や野菜に薄く塩をふること。また、そうしたもの。≡「ーの鮭(さけ)」

ひと-しお【一▽入】[副]より程度がはなはだしくなるさま。一段と。いっそう。ひときわ。≡「熱帯地方だけに暑さもーだった」▼染め物を染め液の中に一回つける意から。

ひと-しきり【一▽頻り】[副]しばらくの間、盛んな状態が続くさま。≡「ー笑った」

ひとし・く【等しく(▽斉しく・▽均しく)】[副]❶いずれもおなじように。こぞって。≡「来訪者全員がー祝意を示した」「兄弟ー五百円ずつもらった」使い方「兄弟[みな]ー」のように名詞に直接付く形でも使う。❷〈「…と等しく」の形で〉…するやいなや。…した途端に。≡「到着するとー車はまた出発した」◈書き分け➡等しい

ひと-しごと【一仕事】[名]❶[自サ変]ひとしきり仕事をすること。また、そのしごと。≡「ーして汗をかく」❷あるまとまった仕事。かなり手間のかかる仕事。≡「用意を整えるまでがーだ」

ひと-じち【人質】[名]❶要求を押し通すために脅迫手段として身柄を拘束しておく相手側の人。❷近世以前、誓約の保証として、また経済上の担保として相手側に預けた人。

ひとし-なみ【等し並み】[名・形動]差別をしないで同じように扱うこと。同等。同様。≡「大人も子供もーに扱う」

ひと-しばい【一芝居】[名]人をあざむいたりだましたりするために仕組む計画的な行動。≡「ー打つ」

ひと-しれず【人知れず】[副]人に気づかれないようにするさま。≡「ー悩む」

ひと-しれぬ【人知れぬ】[連体]だれも知らない。人にはわからない。≡「ー苦労がある」

ひと-ずき【人好き】[名]多くの人に好かれること。≡

「―のする性格」

ひと-すじ【一筋(一▽条)】 ㊀[名]細長いものの一本。一条。「―の糸[光明]」㊁[形動]一つのことに心を集中させ続ける。「芸道―に励む」「学問―の人」「ただ―に思いつめる」

ひとすじ-なわ【一筋縄】 [名]通常の方法。尋常の手段。「―では行かない」

ひと-ずれ【人擦れ】 [名・自サ変]多くの人と接して悪く世慣れていること。さまざまな経験を積み、ずるさを身につけていること。「まだ―していない若者」

ひと-だかり【人▽集り】 [名]多くの人が群がり集まること。「黒山のような―」

ひと-だすけ【人助け】 [名]困っている人を助けること。

ひと-だのみ【人頼み】 [名]他人をあてにする。他人まかせにすること。「―にはできない仕事」

ひと-たび【一度】 ㊀[名]いちど。一回。「―は中止を考えた計画」㊁[副]〈条件節の中で使って〉一つの行為や経験をするさま。いちど。いったん。「―地震でも起こればひとたまりもない」

ひと-だま【人▽魂】 [名]夜、青白い尾を引いて空中を飛ぶ火の玉。▽死者から抜け出した魂と考えられたことから。

ひと-たまり【一▼溜まり】 [名]しばらくの間、もちこたえること。

◉**一溜まりもな・い** わずかの間ももちこたえられない。

ひと-だんらく【一段落】 [名・自サ変]➡いちだんらく

ひと-ちがい【人違い】 [名・他サ変]別の人をある人と思い違いすること。人ちがえ。

ひと-つ【一つ】 ㊀[名]❶自然数のはじめの数。いち。「―、二つ」▽物を数えるときに使う。❷物を数えるときの、一個。「菓子を―つまむ」「―しかない命」❸年齢の、一歳。「―上の人」❹同一であること。「―屋根の下で暮らす」❺同じ状態であること。また、類似の状態であること。「心を―にする」❻同じ範疇(はんちゅう)に属していること。いくつかあるうちの、一種・一面であること。「それも懸案の―だ」「それも―の方法だ」❼〈名詞の下に付いて〉それだけであると限定し、強調する意を表す。「身―でやってくる」「実行するかどうかは君の考え―だ」❽〈名詞の下に付いて、打ち消しを伴って〉それを最低・最小の例として、類推される事柄をすべて否定する意を表す。「風邪―ひかない」「何―成功した試しがない」㊁[副]❶何かを思い立ったときに軽い調子でいう語。ちょっと。ためしに。「―やってみよう」❷相手に依頼するときに軽い調子でいう語。どうか。「―よろしくお願いします」

ひとつ-あな【一つ穴】 [名]同じ穴。

◉**一つ穴の狢(むじな)** ➡同じ穴のむじな

ひとつ-おぼえ【一つ覚え】 [名]一つのことだけを習い覚え、何かにつけてそればかり言うこと。一つのことを言うばかりで融通がきかないこと。「ばかの―」

ひと-づかい【人使い】 [名]人を使うこと。また、その使い方。「―が荒い」

ひと-つき【一月】 [名]一か月。

ひと-づき【人付き】 [名]❶他人とのつきあい。人づきあい。❷他人がその人に接して受ける好悪の感じ。他人の気受け。

ひと-づきあい【人付き合い】 [名]他人とのつきあい。交際。「―がよい」

ひとっ-こ【人っ子】 [名]「人」を強めていう語。「―一人いない境内」

ひと-づて【人▽伝】 [名]人を介して伝えること。また、人を介して伝わること。「―に知らせる」「―に聞いた話」✓注意「人ずて」と書くのは誤り。

ひとつ-ところ【一つ所】 [名]同じ場所。ひとところ。一か所。「―にとどまる」

ひとっ-とび【一っ飛び】 [名]❶一回飛ぶこと。また、一回飛んだくらいの短い距離や時間。ひととび。「東京・那覇間もいまや―だ」❷〈「一っ飛びに」の形で〉ただちに。いっぺんに。ひととび。「夢が―にかなった」

ひとつ-ばなし【一つ話】 [名]❶いつも得意になって話す同じ話。❷いつまでも語り継がれるような珍しい話。

ひとつ-ひとつ【一つ一つ】 [名・副]多くあるものの、それぞれ。いちいち。「風景の―に思い出がある」「製品を―確かめる」

ひとつぶ-だね【一粒種】 [名]大切にしている一人っ子。

ひと-づま【人妻】 [名]結婚して夫のある女性。また、他人の妻。✓注意「ひとずま」と書くのは誤り。

ひとつ-み【一つ身】 [名]後ろ身頃(みごろ)を並幅(約三六センチメートル)の布一枚で仕立てた乳児用の着物。

ひとつめ-こぞう【一つ目小僧】 [名]目が一つしかない小僧姿の妖怪(ようかい)。

ひとつ-や【一つ家】 [名]❶一軒家。❷同じ家。

ひと-て【一手】 [名]❶自分ひとりだけで行うこと。独占してすること。いって。「―に引き受ける」❷碁・将棋などで、一回の勝負。いって。❸一回の手数。また、一回のわざ。「―遅れる」❹一組。一隊。

ひと-で【人手】 [名]❶人間のしわざ。「―を加える」❷働く人。働き手。「―が足りない」❸他人の力。「―に頼る」❹他人の手中。他人の所有。「家財が―に渡る」❺他人のしわざ。

◉**人手に掛か・る** ❶他人に殺される。❷他人に助けられる。他人に養育される。

ひと-で【人出】 [名]人が外に出て集まること。また、外に出て集まった人。「祭りは大変な―だった」

ひと-で【〈海星〉・〈海盤車〉・人手】 [名]浅海から深海の岩礁や泥底に生息する、ヒトデ綱に属す棘皮(きょくひ)動物の総称。体は扁平で、五本またはそれ以上の腕をもつ。マヒトデ・アカヒトデ・オニヒトデなど。

ひとで-なし【人でなし(人で無し)】 [名]人の道に反する行いをする人。人情や恩義をわきまえない人。▽人をののしる語としても使う。書き方もと「〈人非人〉」とも当てた。

ひと-てま【一手間】 [名]ひとしきり時間と労力を費やすこと。また、その時間と労力。「粉をふるう―が重要だ」「―かけるだけでおいしくなる」

ひと-とおり【一通り】 [名]❶一応、全体にわたっていること。ひとわたり。あらまし。「―の知識はある」「―書類に目を通す」▽副詞的にも使う。❷〈多く下に打ち消しを伴って〉普通であること。尋常。なみひととおり。「この夏の暑さは―ではなかった」

ひと-どおり【人通り】 [名]人の行き来。「―の多い道」

ひと-とき【一時】 [名]❶しばらくの間。「楽しい―

を過ごす」❷〈副詞的に〉以前のある時期。ひところ。いっとき。≡「ー流行したファッション」❸昔の時間の単位で、現在の約二時間。いっとき。

ひと-とせ【一▽年】〔名〕〔古風〕❶一年。一年間。❷以前のある年。先年。

ひと-となり【人となり(〈為人〉)】〔名〕生まれつきの性質。生来の人柄。

ひと-なか【人中】〔名〕❶たくさんの人が集まっている場所。衆人の中。❷世間。≡「ーでもまれる」

ひと-なかせ【人泣かせ】〔名・形動〕人を泣かせること。人に迷惑をかけて困らせること。また、そのような行い。≡「ーの長雨」

ひと-なだれ【人《雪崩》】〔名〕大勢の人が押されて高所からなだれ落ちること。また、大勢の人が押し合いながらなだれのように乱れ動くこと。

ひと-なつかし・い【人懐かしい】〔形〕ことさら人を懐かしく思うさま。人恋しい。≡「町の灯を見るとー・くなる」派生-げ／-さ

ひと-なつっこ・い【人懐っこい】〔形〕誰とでもすぐに打ちとけて親しみやすい。≡「ー子供〔笑顔〕」▼「ひとなつこい」とも。派生-さ

ひと-なのか【一七日】〔名〕人の死後七日目の忌日。初七日(しょなのか)。いちしちにち。ひとなぬか。

ひと-なみ【人波】〔名〕大勢の人が押し合いながら移動するさまを波にたとえた語。≡「ーにのまれる」

ひと-なみ【人並み】〔名・形動〕世間一般の人と同じ程度であること。世間並み。≡「ーの暮らし」「ーすぐれた忍耐力」

ひと-な・れる【人慣れる(人▼馴れる)】〔自下一〕❶他人との付き合いになれる。≡「若いのにー・れている」❷動物が人になつく。≡「ー・れた家鴨(あひる)」文ひとな・る 名人慣れ

ひと-にぎり【一握り】〔名〕❶片手で握ること。≡「ーの砂」❷ごくわずかの数量。≡「恩恵を受けるのはーの住民だけだ」❸簡単に握りつぶすこと。また、たやすくやっつけること。≡「敵の軍勢をーにする」

ひと-ねいり【一寝入り】〔名・自サ変〕ひと眠り。

ひと-ねむり【一眠り】〔名・自サ変〕しばらくの間眠ること。≡「ーして徹夜にそなえる」

ひと-ばしら【人柱】〔名〕❶昔、橋・堤防・城などを築くとき、神を鎮め、工事を無事に完成させるために、人を生きたまま水底または土中に埋めたこと。また、その埋められた人。❷ある目的のために犠牲になった人。≡「祖国のためにーとなる」

ひと-はしり【一走り】〔名・自サ変〕ちょっと走ること。ひとっぱしり。≡「酒屋までー行ってくる」

ひと-はた【一旗】〔名〕一本の旗。

◉**一旗揚(あ)・げる** 成功をめざして新しく事業をおこす。

ひと-はだ【一肌】〔名〕〈「一肌脱ぐ」の形で〉本気になって力を貸す。本腰を入れて援助する。≡「友のためにー脱ぐ」注意「人肌脱ぐ」と書くのは誤り。

ひと-はだ【人肌(人▽膚)】〔名〕人間のはだ。また、それくらいの温かさ。≡「燗(かん)はーがいい」

ひと-はたらき【一働き】〔名・自サ変〕ひとふんばりして働くこと。≡「日が暮れないうちにもうーしよう」

ひと-はな【一花】〔名〕いっときの栄華。

◉**一花咲か・せる** 成功していっとき華やかに栄える。

ひと-ばらい【人払い】ラヒ〔名・自サ変〕❶密談をするために、他の人をその席から遠ざけること。❷貴人が通行するとき、その前方にいる人を去らせること。

ひと-ばん【一晩】〔名〕夕方から朝までの時間。≡「ーで仕上げる」「生地を冷蔵庫でー寝かせる」▼副詞的にも使う。

ひと-ひ【一日】〔名〕〔古風〕❶いちにち。また、いちにちじゅう。終日。≡「ー湖畔に遊ぶ」❷ある日。先日。

ひと-びと【人人】〔名〕多くの人たち。また、その中のめいめいの人たち。≡「大勢のーが集まる」「被災したーを援助する」

ひと-ひねり【一▽捻り】〔名・他サ変〕❶体の一部などを少しだけひねること。≡「腰をーする」「首をーして殺してしまう」❷苦もなく相手をやっつけること。≡「あんなチームはーだ」❸ちょっとした工夫や趣向をこらすこと。≡「俳句をーする」「もうーほしい企画」

ひと-ひら【一▽片・一▽枚】〔名〕薄くて平らなもののいちまい。いっぺん。≡「ーの雪〔花びら〕」

ひと-ふで【一筆】〔名〕❶ちょっと書きつけること。また、その文章。いっぴつ。≡「ー書き添える」❷墨継ぎをせずひと続きに書くこと。いっぴつ。≡「ー書き」

ひと-べらし【人減らし】〔名〕人数を減らすこと。特に、従業員の数を減らすこと。

ひと-ま【一間】〔名〕一つの部屋。一室。≡「六畳ーのアパート」

ひと-まえ【人前】ヘ〔名〕❶多くの人がいる所。他の人が見ている前。≡「ーで恥をかく」❷他人のてまえ。体裁。体面。≡「ーを飾る」

ひと-まかせ【人任せ】〔名〕他人にすっかり任せること。≡「店をーにする」

ひと-まく【一幕】〔名〕❶演劇で、舞台の幕を上げてから下ろすまでの間に演じられる一区切り。≡「ー物」❷話題となるような一場面。≡「犯人逮捕のー」「子供たちの花束贈呈に、先生が涙するというーもあった」

ひと-まず【一▽先ず】ツ〔副〕あとのことは別にして、そこで一応の区切りをつけるさま。とりあえず。≡「これでー安心だ」

ひとまち-がお【人待ち顔】ホ〔名・形動〕人が来るのを待ち受けているような顔つき。≡「ーで街角に立つ」

ひと-まとめ【一▼纏め】〔名〕一つにまとめること。

ひと-まね【人〈真似〉】〔名〕❶他人の言動ややり方をまねること。❷動物が人間のことばやしぐさをまねること。≡「猿のー」

ひと-まわり【一回り】ハ〔名〕❶〔自サ変〕一回まわること。≡「町内をーする」❷〔自サ変〕順番に従って全部まわること。≡「打順がーする」❸十二支で、同じ年が再びまわってくるまでの年数。十二年。≡「年がーちがう」❹物の大きさや人の度量などを比べたときの一段階。≡「ー小さい靴」「人間がー大きくなる」

ひとみ【瞳(▼眸)】〔名〕瞳孔(どうこう)。黒目。また、目。≡「つぶらなー」

◉**瞳を凝(こ)ら・す** じっと見つめる。凝視(ぎょうし)する。

ひとみ-ごくう【人身御▽供】〔名〕❶いけにえとして人間の体を神に捧げること。また、その人間。人身供犠(じんしんくぎ)。❷特定の個人や集団の利益のために、ある人を犠牲にすること。また、その人。

ひと-みしり【人見知り】〔名・自サ変〕子供などが知らない人を見ておじけづいたり嫌ったりすること。≡「ーの激しい子」「うちの子は全くーしない」

ひと-むかし【一昔】〔名〕ふり返って、もう昔のこと

だと感じられるほどの過去。〓「十年―」「―前の出来事」

ひと‐むら【一▼叢】［名］一か所に集まっているもの。ひとまとまり。〓「―の雲」

ひと‐め【一目】［名］❶一度だけ見ること。また、ちょっと見ること。一望。〓「―で偽物とわかる」❷一度で全体が見えること。〓「山頂から湖が―で見渡せる」

ひと‐め【人目】［名］他人が見る目。世間の人の目。

◉**人目に余‐る** 行為・ようすなどが目立ちすぎて他人に不快感を与える。

◉**人目に付‐く** 他人の注意を引く。〓「―場所」「―・かないよう裏道を歩く」✓注意「人目が付く」は誤り。また、「一目に付く」と書くのも誤り。

◉**人目を驚か‐す** 尋常でないことをして人を驚嘆させる。

◉**人目を忍‐ぶ** 他人に見られないように心を配る。

◉**人目を憚‐る** 他人に見られないようにする。〓「―・らず泣き崩れる」

◉**人目を引‐く** 目立って、他人の目を引きつける。〓「―衣装」✓注意「一目を引く」と書くのは誤り。

ひとめ‐ぼれ【一目▼惚れ】［名・自サ変］一目見ただけで心を引かれること。〓「海岸で見かけた少女に―する」「―して買った雑貨」

ひと‐もうけ【一▼儲け】ヒトマウケ［名・自サ変］一度にまとまった利益を得ること。〓「相場で―する」

ひと‐もじ【人文字】［名］大勢の人が並んで文字の形をつくること。また、その文字。

ひともし‐ごろ【火▽灯し頃・火▽点し頃】［名］明かりをともすころ。夕暮れどき。夕方。

ひと‐もと【一本】［名］草や木などのいっぽん。また、いっぽんだけ離れて生えている草や木。〓「庭に―棗の木〈水師営の会見〉」「―松［柳］」

ひと‐やく【一役】［名］一つの役目・役割。

◉**一役買‐う** ある役目を進んで引き受ける。

ひと‐やすみ【一休み】［名・自サ変］途中で少し休むこと。〓「ここらでちょっと―しよう」

ひと‐やま【一山】［名］❶一つの山。また、ある山の全体。❷山の形に積んだものの一つ。〓「―五百円のリンゴ」❸一つの困難な場面・状態。〓「―越える」

◉**一山当て‐る** 投機などで大きな利益を得る。

ひと‐やま【人山】［名］大勢の人が一か所に集まっているさまを山にたとえた語。〓「見物人が―を築く」

ひと‐よ【一夜】［名］❶ひとばん。いちや。❷ある夜。また、先夜。〓「秋の―の出来事」

ひと‐よい【人酔い】ヒヨ［名・自サ変］人混みの中にいると気分が悪くなること。〓「遊園地で―する」

ひとよ‐ぎり【一▽節切】［名］長さ一尺一寸一分（約三四センチメートル）の尺八。竹の節一つから作り、前面に四孔、裏面に一孔の指孔をつける。

ひと‐よせ【人寄せ】［名・自サ変］人を寄せ集めること。また、そのための口上・演芸など。〓「―にカラオケ大会を開く」

ヒドラ［名］❶［Hydra］ギリシア神話で、ヘラクレスが退治した九つの頭をもつ水蛇。ヒュドラ。❷［hydra］ヒドロ虫綱ヒドラ科ヒドラ属の腔腸動物の総称。淡水産。体は細長い円筒形で、先端にある口の周辺に六本前後の触手が生える。雌雄異体。

ひとり【《一人》・独り】㊀［名］❶人の数が一つであること。一名。いちにん。〓「残るはあと―だ」❷相手・仲間がいなくて、その人だけであること。〓「―で悩む」「―旅」「―娘」❸独身であること。ひとりみ。〓「まだ―です」

◈副詞的にも使う。㊁［副］〈下に打ち消しを伴って〉その物事だけには限られない意を表す。ただ単に。〓「―学校教育だけの問題ではない」

◈書き分け 一般に、数に重点を置いて【一人】、孤独・独立・単独などに重点を置いて【独り】と使い分ける。㊁は多くかな書き。

ひ‐とり【火取り（火採り）】［名］炭火などを入れて運ぶのに用いる道具。

ひ‐どり【日取り】［名］ある事を行う日をとり決めること。また、その日。〓「披露宴の―を決める」

ひとり‐あたま【《一人》頭】［名］一人につき。一人あたり。〓「―三千円の自己負担」

ひとり‐あるき【独り歩き・《一人》歩き】［名・自サ変］❶同行者もなく、ひとりだけで歩くこと。〓「夜道の―は危険だ」❷人の助けを借りないで、自力で生活をすること。ひとりだち。❸自分一人の力で歩くこと。❹物事が当事者の意図とは関係なく勝手に動いていくこと。〓「その趣旨は忘れられ、制度だけが―をする」

ひとり‐おや【《一人》親】［名］両親のうち一方がいないこと。また、残っているほうの親。片親。

ひとり‐がてん【独り合点】［名・自他サ変］自分だけで、よくわかったつもりになること。独りがってん。

ひとり‐ぎめ【独り決め】［名・他サ変］❶人の意見や都合を聞かずに、自分だけの考えで物事を決めること。❷自分ひとりで勝手に思い込むこと。

ひとり‐ぐらし【《一人》暮らし・独り暮らし】［名］ひとりで生活すること。

ひとり‐ご【《一人》子・独り子】［名］⬇ひとりっこ

ひとり‐ご・ちる【独り▽言ちる】［自上一］ひとりごとを言う。▼「ひとりごと」を動詞化した語。

ひとり‐ごと【独り言・《一人》言】［名］聞く相手がいないのに、ひとりでものを言うこと。また、そのことば。独語。

ひとり‐しばい【《一人》芝居・独り芝居】バヰ［名］❶登場人物が一人だけの芝居。また、一人で数人の役を演じ分ける芝居。❷相手がないのに、自分の勝手な思いこみだけで行動すること。〓「―に終わる」

ひとり‐じめ【独り占め・《一人》占め】［名・他サ変］自分または自分たちだけのものにすること。独占。〓「もうけを―する」

品格 占有「コンピュータを―する」 占領「敵国の領土を―する」 独占「市場を―する」 壟断「貴族階級による政治の―」

ひとり‐ずもう【《一人》《相撲》・独り《相撲》】ズマフ［名］相手もいないのに、ひとりで意気込むこと。また、結果の期待できない物事に意気込んで取り組むこと。

ひとり‐だち【独り立ち】［名・自サ変］❶人の助けを借りないで自分の力だけで立つこと。❷人の助力を受けないで、自分の力だけで仕事や生活をしていくこと。独立。〓「親元を離れ―する」

ひとり‐っこ【《一人》っ子・独りっ子】［名］兄弟・姉妹のいない子。ひとりご。

ひとりで‐に【▽独りでに】［副］他から力が加わっていないのに、また、そうする意図がないのに、あることが行われたり、ある状態になったりするさま。自然に。おのずから。〓「―ドアが閉まった」「―涙があふれてくる」

ひとり-てんか【《一人》天下・独り天下】〔名〕だれも抑える人がなくて、自分ひとりが思うままに振る舞うこと。ひとりでんか。

ひとり-ね【独り寝】〔名〕相手がなくて、ひとりだけで寝ること。「—のわびしさ」

ひとり-のこらず【《一人》残らず】〔副〕一人も残さないで。みんな。全員。「遭難者を—救助する」

ひとり-ひとり【《一人》《一人》】〔名・副〕多くの人の、それぞれ。めいめい。各人。ひとりびとり。「—感想を述べる」

ひとり-ぶたい【《一人》舞台・独り舞台】〔名〕❶舞台でたったひとりの役者が演じること。ひとりしばい。❷多くの中で、あるひとりだけがきわだった活躍をすること。また、あるひとりだけが自分の思うままに振る舞うこと。「決勝戦は四番打者の—だった」

ひとり-ぼっち【独りぼっち・《一人》ぼっち】〔名〕仲間や肉親がいなくて、ただひとりであること。ひとりぽっち。▽「ひとりぼうし」の転。

ひとり-まえ【《一人》前】〔名〕⇒いちにんまえ

ひとり-み【独り身】〔名〕❶結婚していないこと。また、その人。独身。❷家族などと離れて、ひとりで暮らすこと。また、その人。

ひとり-むし【火取り虫】〔名〕夏の夜、灯火に集まってくる虫。

ひとり-もの【独り者】〔名〕❶結婚していない人。独身者。❷自分一人だけで他に家族のいない人。

ひとり-よがり【独りよがり(独り善がり)】〔名・形動〕他人の意見などは聞かずに、自分だけでよいと思い込んでいること。独善。「—な/の言動」

ひと-わたり【一渡り(一▽渉り)】〔副〕一度、全体にわたっておおざっぱに行うこと。ひとおり。「—調べがついた」

ひな【▼鄙】〔名〕都から遠く離れた土地。いなか。

ひな【▼雛】一〔名〕❶卵からかえったばかりの鳥。ひよこ。ひなどり。「—がかえる」❷ひな人形。ひいな。二〔造〕〈名詞に付いて〉小さい、かわいらしい、の意を表す。「—菊・—形」

鄙 雛

ひな-あそび【▼雛遊び】〔名〕❶ひな人形を飾り、供え物などをして遊ぶこと。❷ひな祭り。

ひな-あられ【▼雛▼霰】〔名〕雛祭りに供える色とりどりのあられ。加熱してふくらませた米粒に紅・白・青・黄などの糖蜜をまぶしたもの。

ひな-うた【▼鄙歌】〔名〕田舎でうたわれる素朴な歌。ひなびた歌。

ひ-なか【日中】〔名〕日のある間。ひるま。にっちゅう。「昼—」

ひ-なが【日永(日長)】〔名〕昼間が長いこと。春になって昼間が長く感じられること。「春の—」⇔夜長

ひな-がた【▼雛形・▼雛型】〔名〕❶実物をかたどって小さく作ったもの。模型。❷書類などの様式や形式を示す見本。手本。

ひな-ぎく【▼雛菊】〔名〕春、淡紅・紫紅・白色などの頭花をつけるキク科の多年草。園芸種には重弁のものが多い。デージー。延命菊。

ひな-げし【▼雛〈▼罌▼粟〉・▼雛▼芥子】〔名〕初夏、紅・桃・白色などの四弁花を開くケシ科の越年草。茎や葉はあらい毛におおわれる。ポピー。虞美人草。

ひ-なし【日済し】〔名〕❶借金を毎日少しずつ返していくこと。❷毎日少しずつ返済する約束で貸す高利の金。▽「日なし金」の略。

ひ-なた【日▽向】〔名〕日のあたっている場所。⇔日陰 ▽恵まれた環境のたとえにもいう。「—の人」

ひなた-くさ・い【日▽向臭い】〔形〕日光にさらされたもの特有のにおいがするさま。「布団が—」派生 —さ

ひなた-ぼっこ【日▽向ぼっこ】〔名〕寒いとき、日の当たる所に出て暖まること。

ひなた-みず【日▽向水】〔名〕❶日なたに置かれて少し温まった水。❷なまぬるい水。

ひな-だん【▼雛▼壇・▼雛段】〔名〕❶ひな祭りに、ひな人形や調度品を並べて飾る階段状の壇。❷議場・会場などで、他より一段高く設けられている座席。特に、国会の本会議場での大臣席。❸歌舞伎で、長唄や囃子の演奏者が座る二段の台。

ひな-どり【▼雛鳥】〔名〕❶鳥のひな。ひよこ。❷鶏のひな。また、その肉。書き方 ❷は「▼雛▽鶏」とも。

ひな-にんぎょう【▼雛人形】〔名〕三月三日のひな祭りに飾る人形。ふつう内裏雛・三人官女・五人囃子・随身・仕丁などを一組とする。おひなさま。

ひな・びる【▼鄙びる】〔自上一〕いかにも田舎らしい感じがする。いなかびる。「—・びた湯治場」文 ひな・ぶ

ひな-まつり【▼雛祭り】〔名〕三月三日の上巳の節句にひな人形や調度品を飾り、白酒・菱餅・桃の花などを供えて女児の幸せを祈る行事。ひな遊び。ひいなまつり。

ひ-なみ【日並み(日▽次)】〔名〕暦の上で、その日の縁起のよしあし。日の吉凶。ひがら。「—がよい」

ひならず-して【日ならずして】〔連語〕何日もたたずに。近いうちに。「—完成するだろう」

ひ-なわ【火縄】〔名〕竹や檜の皮の繊維、木綿糸などを縄状にし、よく燃えるように硝石をしみ込ませたもの。

ひなわ-じゅう【火縄銃】〔名〕筒の先端から黒色火薬と弾丸を込め、火縄の火で起爆薬に点火して発射させる仕掛けの銃。種子島。▽天文一二(一五四三)年、ポルトガル人を経て種子島に伝来した。

ひ-なん【非難(批難)】〔名・他サ変〕相手の欠点や過失などを取り上げて責めること。「弟(の態度)を—する」「—を浴びる」「—囂々」

ひ-なん【避難】〔名・自サ変〕災難を避けて安全な場所にのがれること。「現場から—する」「—訓練」

び-なん【美男】〔名〕容姿の美しい男性。美男子。びだん。

ビニール【vinyl】〔名〕ビニル基(=エチレンから水素原子一個を除いた一価の原子団)をもった原料から作られる合成樹脂・合成繊維の総称。耐水性・気密性を利用してガラス・布・皮革などの代用とするほか、接着剤・塗料などに広く利用される。ビニル。

ビニール-ハウス【和製vinyl+house】〔名〕鋼管などで作った骨組みを透明なビニールで覆った簡易温室。野菜・花の促成栽培に用いられる。

ひ-にく【皮肉】〔名・形動〕❶相手の欠点・弱点などを、(逆にほめたりして)遠まわしに非難したりからかったりすること。また、そのことば。当てこすり。「辛辣な—を言う」❷物事が予想や期待と違って、よくない結果にな

ること。‖「—な結果になる」派生—さ

ひにく-の-たん【▼髀肉の嘆】〔連語〕功名を発揮する機会に恵まれないまま、いたずらに時を過ごす無念さを嘆くこと。語源「髀肉」はももの肉。蜀(しょく)の劉備(りゅうび)が馬に乗って戦場を駆けめぐることが久しくないために髀肉が肥え太ったことを嘆いたという『三国志』蜀志の故事に基づく。

ひにく・る【皮肉る】〔他五〕皮肉を言う。皮肉なことをする。‖「世相を—った漫画」▼「皮肉」を動詞化した語。

ひに-けに【日に▽異に】〔連語〕〔古風〕日がたつにつれて。日ましに。‖「別離の思いは—茂りゆくのみ〈鷗外・舞姫〉」

ひ-にち【日にち(日日)】〔名〕❶ある事を行う予定の日。ひどり。‖「会議の—を確かめる」❷日数。ひかず。‖「完成まで—がかかる」

ひ-にちじょう【非日常】〔名〕普段の生活からはかけ離れていること。

ひにひに【日に日に】〔副〕日を追って。日ましに。‖「—春めく」

ひにょう-き【泌尿器】〔名〕尿を生成・貯留・排出する器官。腎臓(じんぞう)・尿管・膀胱(ぼうこう)・尿道からなる。ひつにょうき。‖「—科」

ビニロン [vinylon]〔名〕一九三九年に日本で開発された、ポリビニルアルコール系の合成繊維。吸湿性・保温性にすぐれ、摩擦やアルカリに強い。服地・漁網・ロープなどに利用される。▼vinylとnylonの合成語。

ひ-にん【否認】〔名・他サ変〕ある事柄を事実と認めないこと。‖「犯行を—する」⇔是認

ひ-にん【避妊】〔名・自サ変〕人為的に妊娠しないようにすること。

ひ-にんじょう【非人情】〔名・形動〕❶人間としての情がないこと。他人に対する思いやりや同情心に欠けること。❷世俗の義理人情を超越して、それにわずらわされないこと。▼夏目漱石が『草枕』の中で説いた境地。

ひね【▽陳】〔名〕古くなること。また、そのもの。特に、一年以上前に収穫した穀物や野菜。‖「—米」

ビネガー [vinegar]〔名〕ワイン・リンゴ酒などから作る西洋酢。

ひねくり-まわ・す【▽捻くり回す】〔他五〕❶指先でひねってもてあそぶ。あれこれいじりまわす。ひねりまわす。‖「知恵の輪を—」❷趣向をこらそうとあれこれ工夫する。‖「結婚式の祝辞を—」

ひねく・る【▽捻くる】〔他五〕❶手先でいじりまわす。あれこれといじる。‖「指先でハンカチを—」❷あれこれ理屈をつけて言う。また、あれこれ趣向をこらす。‖「屁(へ)理屈を—」❸苦心して俳句・歌などを作る。ひねる。‖「一句—」

ひねく・れる【▽捻くれる】〔自下一〕❶ねじまがる。ゆがむ。‖「—・れた枝」❷性質や考え方がねじけて素直でなくなる。‖「—・れた言い方をする」文ひねく・る

ひ-ねつ【比熱】〔名〕物質一グラムの温度をセ氏一度だけ上げるのに必要な熱量。‖「—が高い」

び-ねつ【微熱】〔名〕軽微な発熱。平熱より少し高い体温。‖「—が出る」

ひねもす【〈終日〉】〔名〕〔古風〕朝から晩まで。一日中。しゅうじつ。‖「—読書にふける」

ひねり【▽捻り・▼拈り・▼撚り】〔名〕❶ひねること。❷趣向を凝らすこと。‖「—のきいたラストシーン」❸相撲で、相手をねじるようにして倒す技。上手ひねり・下手ひねり・合掌ひねりなど。ひねり技。❹⇩おひねり

ひねり-だ・す【▽捻り出す】〔他五〕❶知恵をしぼって、ようやく考え出す。‖「妙案を—」❷工面して費用を調達する。捻出する。‖「少ない予算から交際費を—」

ひねり-まわ・す【▽捻り回す】〔他五〕❶指先で一つの物をあれこれといじる。❷趣向をこらそうとして、あれこれ工夫する。◈「ひねくりまわす」とも。

ひね・る【▽捻る・▼拈る・▼撚る】〔他五〕❶指先でつまんで回す。軽くねじる。‖「スイッチ[蛇口]を—」「赤子の手を—ように打ち負かす」使い方「こよりを—」のように、〜ヲに〈結果〉をとる言い方もある。ひねることによってそれを作る意。❷体の一部を回転させて向きを変える。‖「上体を—・って後ろを向く」「飛び降りた拍子に足首を—・った」❸首をしめて殺す。絞める。‖「鶏(とり)を—」❹〈「頭をひねる」の形で〉考えをめぐらす。‖「いいアイデアはないかと頭を—」❺〈「首をひねる」の形で〉考え込む。また、疑わしく思う。首をかしげる。‖「どう処理したものかと首を—」「不審そうに首を—」❻あれこれ考えて俳句・歌や名案などを作り出す。ひねり出す。‖「庭の紅梅を見て一句—」❼あれこれ考えて普通とは違ったものを作り出す。趣向をこらす。‖「あの先生はいつも—・った問題を出す」❽簡単に負かす。‖「ちょっと—・ってやろう」可能ひねれる 名ひねり

ひ・ねる【▽陳ねる】〔自下一〕❶年を経る。日がたって古くなる。‖「—・ねた生姜(しょうが)」❷年齢より大人びる。ませる。‖「—・ねた子供」

ひ-の-いり【日の入り】〔名〕夕方、太陽が西に沈むこと。また、その時刻。日没。⇔日の出▼天文学的には太陽の上縁が西の地平線に接する時をいう。

ひ-の-え【▽丙】〔名〕十干(じっかん)の第三番目。へい。▼「火の兄(え)」の意。

ひのえ-うま【▽丙▽午】〔名〕干支(えと)の第四三番目。へいご。▼午は南の方角に当たることから火災の多い年という俗信や、この年に生まれた女性は気性が激しく、夫を死なせるなどの俗信がある。

ひ-の-き【▼檜・▼檜木】〔名〕日本特産のヒノキ科の常緑高木。山地に自生し、植林もされる。淡黄色の材は緻密で耐水力が強く、建材・器材などに利用される。 檜

ひのき-ぶたい【▼檜舞台】〔名〕❶ヒノキの板を張った立派な舞台。❷自分の腕前を披露するのにふさわしい晴れの場所。‖「国際コンクールの—に立つ」

ひ-の-くるま【火の車】〔名〕❶⇩火車(かしゃ)❷家計がきわめて苦しいこと。‖「わが家の台所は—だ」

ひ-の-け【火の気】〔名〕火があること。火のあるけはい。また、火のぬくもり。‖「—がないのに出火する」

ひ-の-こ【火の粉】〔名〕火が勢いよく燃えるときに飛び散る小さな火片。

ひ-のし【火〈熨斗〉】〔名〕布地のしわをのばすための道具。底の滑らかな金属製の器に木の柄をつけたもの。中に炭火を入れ、熱くなった底を布地に当てて使う。

ひのした-かいさん【日の下開山】〔名〕相撲・武芸などで、天下に並ぶ者のないほど強いこと。特に、相撲で、横綱のこと。▼「日の下」は天下、「開山」は開祖の意。

ひ-の-たま【火の玉】〔名〕球状になった火のかたま

り。また、夜、空中を飛ぶという火のかたまり。鬼火。人魂(ひとだま)。

ひ-の-て【火の手】[名] 火事などで、燃え上がる炎。‖「—が上がる」▽闘争・攻撃など、表面化した激しい行動のたとえにもいう。‖「革命の—が上がる」

ひ-の-で【日の出】[名] 朝、太陽が東に昇ること。また、その時刻。⇔日の入り ▽天文学的には太陽の上縁が東の地平線に接する時をいう。

⊙日の出の勢(いきお)い 朝日が昇るような盛んな勢い。

ひ-の-と【▽丁】[名] 十干(じっかん)の第四番目。てい。▽「火の弟(と)」の意。

ひ-の-ばん【火の番】[名] 火事が起こらないように警戒すること。また、その番人。‖「—小屋」

ひ-の-べ【日延べ】[名・他サ変] 予定の期日を先に延ばすこと。また、予定の期間を延長すること。‖「開会を—する」

ひ-の-まる【日の丸】[名] ❶太陽をかたどった赤色や金色の丸。❷白地に太陽をかたどった赤い丸を描いた旗。日の丸の旗。特に、日章旗のこと。

ひのまる-べんとう【日の丸弁当】(-ベンタウ)[名] 飯の中央に梅干しを一個だけ入れた弁当。

ひのみ-やぐら【火の見▼櫓】[名] 火事の見張りをするために高く設けたやぐら。火の見。

ひ-の-め【日の目】[名] 日の光。日差し。

⊙日の目を見る それまで埋もれていた物事が世間に知られるようになる。また、それまで不遇だった者が世間に認められるようになる。‖「地道な研究が—」

ひ-の-もと【日の本】[名] 日本の美称。日の本の国。▽日の昇る本の意。

ひ-の-もと【火の元】[名] 火事の原因となるような火のある所。火を使う場所。‖「—に気をつける」

ひ-ば【干葉(▽乾葉)】[名] 大根の葉や茎を陰干しにしたもの。

ひ-ば【▼檜葉】[名] ❶ヒノキの葉。❷アスナロ。

ビバ【viva(イタリア)】[感] 万歳(ばんざい)。

ビバーク【bivouac(フランス)】[名・自サ変] 登山で、露営すること。野宿。

ひばい-ひん【非売品】[名] 一般には販売しない品。見本品や特定の人にだけ配布する品など。⇔売品

ビハインド【behind】[名] 試合などで負けていること。得点をリードされていること。‖「三点の—」

ひ-はく【飛白】[名] ❶漢字の書体の一つ。刷毛(はけ)状の筆でかすれ書きにしたもの。扁額などに用いる。❷かすりじまの模様。また、その織物。かすり。

ひ-ばく【飛▼瀑】[名] 高い所から落下する滝。

ひ-ばく【被▼曝】[名・自サ変] 放射線にさらされること。

ひ-ばく【被爆】[名・自サ変] 爆撃を受けること。特に、原水爆の攻撃を受けること。また、その放射能の害を受けること。‖「疎開先で—する」「—者」

び-はく【美白】[名] メラニン色素の生成を抑えて白く美しい肌にすること。ホワイトニング。

ひ-ばし【火箸】[名] 炭火などを挟むのに使う金属製のはし。

ひ-ばしら【火柱】[名] 高く燃えあがって柱のように見える炎。‖「—が立つ」

び-はだ【美肌】[名] 色つやの美しい肌。また、肌を美しくすること。‖「—効果のある入浴剤」

ひ-ばち【火鉢】[名] 灰を入れ、中に炭火をいけて暖房や湯わかしに使う道具。陶製・木製・金属製などがある。‖「—にあたる」

[ことば比べ]「火鉢」と「囲炉裏(いろり)」

▼「火鉢」は灰を入れて、比較的小さな部屋を温める。

▼「囲炉裏」は床に切ってつくった炉(ろ)に灰をいれて火をおこし、調理を行ったり食事をとったりする場となる。

び-はつ【美髪】[名] 美しい頭髪。また、髪の毛を美しく手入れすること。‖「—料」

ひ-ばな【火花】[名] ❶激しく燃える炎から飛び散る火。また、石・金属などが激しくぶつかったときに発する火。❷放電の際に発する光。スパーク。

⊙火花を散ら・す 互いに刀を打ち合わせて激しく戦う。転じて、双方が激しく争う。‖「与野党が論戦に—」

ひ-ばら【▼脾腹】[名] 腹の横側。よこはら。

ひ-ばらい【日払い】(-バラヒ)[名] 賃金や掛け金などを、一日ごとに払うこと。‖「—のアルバイト」

ひばり【〈雲▼雀〉】[名] 草原・畑地・河原などにすむスズメ目ヒバリ科の鳥。体は黄褐色で、黒い斑点がある。春、空高く舞い上がりながらよくさえずる。

ひ-はん【批判】[名・他サ変] 物事に検討を加え、その正否や価値などを評価・判定すること。特に、物事の誤りや欠点を指摘し、否定的に評価・判定すること。‖「国の施策を—する」「無—に取り入れる」[使い方]「批判される」に代えて、「批判を買う」と言うのは誤り。➡買う③

ひ-ばん【非番】[名] 当番でないこと。また、その人。‖「—の警官」

ひはん-てき【批判的】[形動] 物事を批判しようとするさま。否定的な態度・立場をとるさま。‖「—な内容の論文」

ひ-ひ【▼狒▼狒】[名] ❶サル目オナガザル科のうち、ヒヒ属・ゲラダヒヒ属の哺乳(ほにゅう)類の総称。鼻口部が犬のように突出し、雄は強い犬歯をもつ。マントヒヒ・マンドリルなど。❷好色な中高年の男をののしっていう語。‖「—おやじ」

ひ-ひ【▼霏▼霏】[形動タルト] 雨や雪がしきりに降るさま。‖「—として降る雪」

ひ-ひ【比比】[副] どれも同じようであるさま。どれもこれも。

ひび【▼皹・▼皸】[名] 寒さや乾燥で荒れた皮膚に生じる細かい裂け目。‖「—が切れる」 皹

ひび【▼篊】[名] ❶ノリ・カキなどの養殖で、胞子や幼生を付着させるために海中に立てる枝のついた竹や粗朶(そだ)。▽現在では多く網が用いられる。❷浅海に枝のついた竹や粗朶を並べ立て、一方の口から中に入った魚が出られないようにして捕る仕掛け。

ひび【▼罅】[名] 陶器・ガラス・壁・骨などに生じる細かい割れ目。‖「—の入った茶碗」▽「ひび(皹)」と同語源。[使い方] 人間関係などに生じた不和のたとえにもいう。‖「友情に—が入る」 罅

ひ-び【日日】[名] 一日一日。毎日。‖「—の暮らしに困る」「—是(これ)好日」

び-び【微微】[形動タルト] ごくわずかであるさま。小さくて取るに足りないさま。‖「もうけは—たるものだ」「人間など—たる存在だ」

ひびき【響き】[名] ❶音がひびくこと。また、その音。❷その音から受ける感じ。‖「―のよいことば」❸伝わってくる振動。‖「地―」

ひび・く【響く】[自五] ❶音があたりに伝わって広がる。鳴り渡る。反響する。‖「暗がりに銃声が―」「こだまが―」❷音の振動が伝わって、物が振動したり共鳴音を発したりする。‖「爆音が窓ガラスにびりびりと―」❸音が耳に伝わって、ある特徴をもった音として聞こえてくる。‖「街宣車の声ががんがん耳に―・いてくる」「解説者の声が空疎に―」❹衝撃などが振動となって伝わる。‖「重いパンチが腹の奥まで―」「打てば―(=すばやい)反応が返ってくる」❺世間に広く伝わる。響き渡る。とどろく。‖「名声が世界中に―」❻悪い影響を与える。‖「住宅ローンが家計に―」「飲み過ぎると明日の仕事に―」❼心に伝わる。‖「その一言が心に―」名 響き

びび-し・い【美美しい】[形] はなやかで美しいさま。‖「―装い」派生 -さ

ビビッド[vivid][形動] 生き生きとしているさま。‖「―な描写」

ひ-ひょう【批評】ヒヤウ [名・他サ変] 物事の長短・優劣などを指摘して評価を述べること。また、そのことば。‖「小説を―する」「―家・―眼」

ひ-びょういん【避病院】ヒビヤウヰン [名] 旧伝染病予防法で、法定伝染病にかかった患者を隔離・治療するために設けられた病院。

びび・る[自五][俗] 恐れてしりごみする。おじけづく。

ひび-われ【▼罅割れ】[名・自サ変] ひびが入ること。また、その割れ目。動 **ひびわ・れる**(自下一)

び-ひん【美品】[名] 美しい状態にある品物。ネットオークションやフリーマーケットで中古品を売るときなどにいう。‖「中古ながら―です」

び-ひん【備品】[名] 官庁・会社・学校などで、必要なものとして備えつけてある品物。机・椅子・ロッカーなど。▼消耗品に対していう。

ビビンバ[bibimbap 朝鮮][名] 朝鮮料理の一つ。米飯の上に野菜の和え物を主にした具をのせたもの。まぜ合わせて食べる。ビビンパ。ビビンパブ。

ひ-ふ【皮膚】[名] 動物の体表をおおっている皮。脊椎(せきつい)動物では表皮・真皮・皮下組織からなり、体の保護・体温調節・知覚・排泄(はいせつ)・呼吸作用などを営む。▼人間の場合、日常語としては多く「肌」を使う。

ひ-ふ【被布(被風)】[名] 着物の上にはおる外衣。襟ぐりを四角にとり、打ち合わせを深くしたもので、組み紐(ひも)でとめて着る。▼江戸時代には茶人や俳人が好んで着たが、のち女性の和装用コートとなった。

ひ-ぶ【日歩】[名] 元金百円に対する一日の利息。

ひ-ぶ【日賦】[名] 借金などを毎日一定額ずつ返していくこと。また、その借金。日済(ひな)し。‖「―の約束で高利の金を借りる」「―の返済に追われる」

び-ふう【美風】[名] 美しい風習。よいならわし。⇕悪風

び-ふう【微風】[名] かすかに吹く風。そよかぜ。

ひ-ふく【被服】[名] 着るもの。衣服。

ひ-ふく【被覆】[名・他サ変] 表面を包むようにおおいかぶせること。また、そのもの。‖「―加工」「―電線」

び-ふく【美服】[名] 美しい衣服。美衣。

ひ-ぶくれ【火膨れ(火▼脹れ)】[名] やけどで皮下に体液がたまり、皮膚がふくれあがること。また、その部分。

ひ-ぶくろ【火袋】[名] ❶暖炉(だんろ)の、薪(まき)や石炭を燃やす所。❷灯籠(とうろう)の火をともすところ。

ビブス[bibs][名] 競技者が付けるゼッケン。また、チームを区別するためにユニフォームなどの上に着るベスト状のもの。

ひ-ぶた【火蓋】[名] 火縄銃の火皿をおおうふた。

◉**火蓋を切・る** 戦いや競争を始める。‖「論争の―」 使い方 受身でも使う。‖「今、決戦の火蓋が切られる」 注意「幕を切って落とす」との混同から、「火蓋を切って落とす」「火蓋が切って落とされる」とするのは誤り。

ひ-ぶつ【秘仏】[名] 厨子などに大切に納めて、特別の時にしか一般に公開しない仏像。

ビフテキ[bifteck フランス][名] ビーフステーキ。テキ。

ビブラート[vibrato イタリア][名] 歌唱や器楽演奏で、音程を細かく上下させて震えるように響かせること。また、その技法。‖「―をかける」

ビブラフォン[vibraphone][名] 鉄琴の一種。各音板の下に取り付けた共鳴管の内の空気を小さな電動ファンによって振動させ、ビブラートのかかった豊かな余韻を得る。バイブラフォン。バイブ。

ひ-ふん【悲憤】[名・自サ変] 悲しみいきどおること。

ひ-ぶん【碑文】[名] 石碑に彫りつけた文章。碑銘。

び-ぶん【美文】[名] 美辞麗句を連ね、修辞上の技巧を凝らした文章。特に、明治中期の文壇に流行した擬古文体。‖「―調」

び-ぶん【微分】[名・他サ変] 数学で、ある変数の微小な変化量と、それに対する関数の微小な変化量との比の値の極限(微分係数)を求めること。また、その関数の値の変化量。▼その計算法を微分法という。

ひふん-こうがい【悲憤▼慷慨】カウガイ [名] 世の不正や自分の運命に憤慨し、悲しみいきどおること。

ひ-へい【疲弊】[名・自サ変] ❶心身が疲れて弱ること。‖「神経が―する」❷経済状態などが悪化して勢いが衰えること。‖「国力が―する」

ピペット[pipette フランス][名] 化学実験器具の一つ。一定量の液体を正確に採取するために用いる、目盛りのついた細いガラス管。

ひ-ほう【飛報】[名] 急ぎの知らせ。急報。

ひ-ほう【秘方】ハウ [名] 漢方などで、秘密にして人には教えない薬の処方。

ひ-ほう【秘宝】[名] 秘蔵の宝物。大切にして他人にはめったに見せない宝。

ひ-ほう【秘法】ホフ [名] ❶秘密の方法。❷真言密教で行う秘密の祈禱(きとう)。▼②の歴史的仮名遣いは「ヒホフ」。

ひ-ほう【悲報】[名] 悲しい知らせ。‖「―に接する」

ひ-ぼう【非望】バウ [名] 身分不相応な大きな望み。分を越えた望み。

ひ-ぼう【▼誹▼謗】バウ [名・他サ変] 他人の悪口を言うこと。そしること。‖「対立候補を―中傷する」

び-ほう【▽弥縫】ホウ [名・他サ変] 失敗・欠点などを一時的にとりつくろうこと。‖「―策」

び-ぼう【美貌】バウ [名] 美しい顔かたち。

び-ぼう【備忘】バウ [名] 忘れたときのために備えておくこと。

びぼう-ろく【備忘録】バウ [名] メモ。覚え書き。

ひ-ぼく【▼婢僕】[名] 下女と下男。召し使い。

ひほけん-しゃ【被保険者】[名] 保険の契約で、

保険の対象となる人。⇔保険者

ひほけん-ぶつ【被保険物】[名] 損害保険で、一定の事故によって損害が生じたとき、保険者からその補塡を受けるべき物。保険の目的物。

ヒポコンデリー[Hypochondrie ドイ][名] 自分の病気に対して必要以上に不安を抱き、ちょっとした症状を過大に受けとめる精神状態。心気症。

ひ-ぼし【干▽乾し】[名] 食べ物がなく、飢えてやせ衰えること。

ひ-ぼし【日干し(日▽乾し)】[名] 直接日光に当てて干すこと。また、そのもの。⇔陰干し

ピボット[pivot][名] ❶先が円錐形になっている回転軸。時計・計測器などに用いられる。❷ダンス・体操などで、片足を軸にして体を回転させる動作。❸バスケットボールなどで、ボールを持った選手が片足を軸にし、他方の足を動かして体を回転させること。❹ゴルフで、クラブを振る際に脊柱を軸にして腰を回転させる動作。❺ボートのオールがオール受けと接触する部分。

ひ-ほん【秘本】[名] ❶秘蔵の本。大切にして他人にはめったに見せない本。❷春本。

ひ-ぼん【非凡】[名・形動] 凡庸でないこと。普通より特にすぐれていること。「一の才」「一な手腕」⇔平凡 派生 -さ

び-ほん【美本】[名] ❶装丁の美しい本。❷保存がよくて、汚れていない本。

ひま【暇】[名] ❶ある物事にふりむけることのできる時間。また、あることをするのに必要な時間。「忙しくて昼食をとる一もない」「手間一かけて作った料理」❷[形動] 仕事などにしばられない時間。自由に使える時間。また、そのような時間をもつこと。「一を見つけて外出する」「一な人に仕事を手伝ってもらう」 書き方「▽閑」とも。❸[古風] 休暇。また、解雇。離縁。「一週間の一を取る」「奉公人に一を出す」

品格 閑暇「一を見いだして読書をする」 所在ない「所在なく日々を過ごす」 清閑「一を得る」 手持ち無沙汰「仕事もなく一だ」 無聊「一を慰める」

ひ-まく【皮膜】[名] ❶皮膚と粘膜。❷皮のような膜。

ひ-まく【被膜】[名] 物をおおい包んでいる膜。

ひ-まご【▽曽孫】[名] 孫の子。ひいまご。そうそん。

ひ-まし【日増し】[名] ❶〈多く「日増しに」の形で〉日がたつにつれて物事の程度が強くなること。「一に寒くなる」「一に元気になる」❷食べ物などが日数がたって古くなること。また、そのもの。「一物」

ひまし-ゆ【▼蓖麻子油】[名] トウゴマの種子をしぼって得る不乾性油。下剤として内服するほか、減摩剤・石けん・ポマードなどの原料にする。

ひま-じん【▽閑人・暇人】[名] これといった用事もなく時間をもてあましている人。

ひ-まち【日待ち】[名] ❶集落や一族の人々が集まり、前夜から潔斎して翌朝の日の出を拝む民間行事。▽陰暦の正月・五月・九月の吉日を選んで行われ、次第に酒宴を伴うようになった。❷農村で、田植え・収穫などが終わったあと、集落の人々が集まって会食などをする行事。お日待ち。

ひ-まつ【飛▼沫】[名] 細かな粒になって飛び散る水。しぶき。「一感染」

ひま-つぶし【暇潰し】[名] ひまな時間を適当に使って過ごすこと。また、その手段。「一に将棋を指す」

ひ-まつり【火祭り】[名] ❶火災のないように祈る祭り。鎮火祭。❷火をたいて神をまつる神事。

ひま-ど・る【暇取る】[自五] 時間が長くかかる。手間どる。「準備に一」

ヒマラヤ-すぎ【ヒマラヤ杉】[名] 庭園樹などとして植えるマツ科の常緑高木。直立した幹とほぼ水平に広がった枝が、均斉のとれた円錐形をつくる。葉は針形。ヒマラヤ地方原産。ヒマラヤシーダー。

ひ-まわり【〈向日▼葵〉】[名] 夏、茎頂に大形の黄色い花をつけるキク科の一年草。直立する太い茎は高さ二メートル内外。種子は食用・採油用。サンフラワー。日輪草。日車。

ひ-まん【肥満】[名・自サ変] 体が普通以上にふとること。「一体」

び-まん【▼瀰漫・▽弥漫】[名・自サ変] 一面に広がること。はびこること。「悪習が一する」

ひまん-しょう【肥満症】[名] 皮下や内臓に脂肪がたまりすぎて体が病的に太る状態。糖尿病・高血圧などの生活習慣病を合併しやすい。脂肪過多症。肥胖症。

び-み【美味】[名・形動] 味がよいこと。また、うまい飲食物。「きわめて一な魚」

ひ-みつ【秘密】[名・形動] 隠して、他人に知られないようにすること。また、その事柄。「一を守る」

び-みょう【美妙】[名・形動] 何とも言い表せないほど美しいこと。「一な琴の音」

び-みょう【微妙】[名・形動] ❶一言では言い表せない趣があること。「一な趣のある焼き物」❷はっきりと言い表せないほど細かく複雑なこと。また、どちらとも言えないほどきわどいこと。「両者の言い分には一な違いがある」「目標を達成できるかどうかは一だ」❸[新] ごくわずかに。「一に遠い」「一に寒い」❹[新] あまりよくないこと。好ましいとは言えないこと。「一な出来の料理」「画質は一ですが…」 派生 -さ

品格 幾分「一声が大きくなった」 些か「一あきれた」 心持ち「車間距離を一大きく開ける」 若干「一のずれがある」 少々「彼の考えは一違う」 多少「季節により一変動する」 どことなく「一似ている」 何となく「一感じている」 やや「品質が一劣る商品」 僅か「当時の面影が一に残る」

ひ-むろ【氷室】[名] 冬に切り出した天然氷を夏までたくわえておくためのむろ。地中や山かげに穴を掘り、茅などでおおって保存する。

ひめ【姫】■一[名] ❶女子の美称。「歌一・舞一」⇔彦 ❷貴人の娘。姫君。「お一さま」 書き方「▽媛」とも。■二(造)〈名詞に付いて〉小さい、かわいらしい、の意を表す。「一百合・一小松・一鏡台」

ひ-めい【非命】[名] 天命を全うしないこと。思いがけない災難で死ぬこと。「一に倒れる」

ひ-めい【悲鳴】[名] ❶苦痛・恐怖などのために高く声をあげること。また、その叫び声。「一が聞こえる」❷困ったときに発する声。他に助けを求める声。弱音。泣き言。「忙しくて一を上げる」

ひ-めい【碑銘】[名] 石碑に刻まれた文章。碑文。

び-めい【美名】[名] ❶よい評判。名声。⇔悪名 ❷世間に対して体裁のよい名目。「慈善の一のもとに私腹を肥やす」

ひめ-がき【姫垣】[名] たけの低い垣根。

ひめ-ぎみ【姫君】［名］貴人の娘の敬称。特に、貴人の娘のうち、姉のほうの敬称。姫御前(ひめごぜ)。

ひ-めくり【日▾捲り】［名］毎日、一枚ずつめくり取っていく暦。柱ごよみ。日めくりごよみ。

ひめ-ごと【秘め事】［名］隠していて人に知らせない事柄。かくしごと。ないしょごと。

ひめ-こまつ【姫小松】［名］❶ゴヨウマツ。❷小さい松。

ひめ-のり【姫▾糊】［名］やわらかく煮た飯をすりつぶして作ったのり。洗い張りや障子張りに使う。

ひめ-ます【姫▾鱒】［名］ベニザケの陸封型。全長約三〇センチメートル。北海道の阿寒湖・チミケップ湖原産だが、十和田湖・中禅寺湖など日本各地の湖沼に移殖されている。食用。

ひめ-まつ【姫松】［名］小さい松。姫小松。

ひめ-ゆり【姫〈百合〉】［名］初夏、茎頂に赤色・橙色などの六弁花を上向きにつけるユリ科の多年草。本州南部の山地に自生する。観賞用にも栽培。

ひ・める【秘める】［他下一］❶奥深く隠し持って人に示さない。「二人の約束を固く心に—」「内に闘志を—」❷人や物事がある性質を表立たない形で備えもつ。確かに隠し持つ。「この新人は無限の才能を—・めている」文ひ・む

ひ-めん【罷免】［名・他サ変］公職をやめさせること。

ひめん-けん【罷免権】［名］憲法上、内閣総理大臣が任意に国務大臣をやめさせることのできる権限。

ひも【▾紐】［名］❶物をしばったり、つないだりするのに用いる細長いもの。紙・布・麻・革などで作る。ふつう、糸より太く、縄・綱より細いものをいう。「靴の—を結ぶ」「小包を—でくくる」❷物事を陰で操ったり、支配したりするもの。「—のついた資金」❸女性を働かせて金品を貢がせている情夫。

ひ-もう【被毛】［名］獣の体表面をおおっている毛。

ひも-かわ【▾紐革】(カハ)［名］❶革で作ったひも。❷革ひものように扁平に打ったうどん。きしめん。▼「ひもかわうどん」の略。

ひ-もく【費目】［名］支出する内容によって分けた費用の名目。「支出—」

び-もく【眉目】［名］容貌。顔かたち。「—秀麗」

ひも-ぐつ【▾紐靴】［名］ひもを結んで履(は)く靴。

ひもじ・い［形］ひどく空腹を感じる。腹がへっている。ひだるい。「—思いをする」▼「ひだるし」の女房詞(ことば)「ひ文字」が形容詞化した語。派生-げ／-さ／-がる

ひも-すがら【〈終日〉】［副］朝から晩まで。一日じゅう。▼「ひねもす」と「夜もすがら」の合成語。

ひ-もち【日持ち(日▽保ち)】［名］食べ物などが日数を経ても変質しないこと。また、その度合い。「—のしない生菓子」

ひ-もち【火持ち(火▽保ち)】［名］炭火などが消えないで長くもつこと。また、その度合い。

ひも-つき【▾紐付き】［名］❶ひもが付いていること。また、そのもの。❷一定の見返り条件が付いていること。「—融資」❸女性に情夫が付いていること。

ひ-もと【火元】［名］❶火を使う所。火のもと。「—を確かめて寝る」❷出火した場所。火事を出した家。「—は台所と判明する」❸事件・騒動などを引き起こすもとになったもの。「うわさの—は隣人らしい」

ひも-と・く【▾繙く・▾紐解く】［他五］❶書物を開いて読む。本を読む。ひもどく。「史書を—」▼書物の帙(ちつ)のひもを解く意から。❷〔新〕調査する。また、解き明かす。「歴史を—」

ひ-もの【干物(▽乾物)】［名］魚介類を干したもの。「アジの—」

ひ-や【火矢(火▾箭)】［名］矢先に火をつけて放つ矢。また、矢先に火薬をしかけて発射する矢。

ひや【冷や】［名］❶「冷や水」に同じ。❷「冷や酒」に同じ。◈「お冷や」は、多く「冷や水」の意になる。

ビヤ【beer】［名］ビール。ビア。「—ホール(=おもに生ビールを飲ませる店)」▼多く他の語と複合して使う。

ひや-あせ【冷や汗】［名］緊張したとき、恐ろしかったとき、恥ずかしかったときなどに出る汗。「—をかく」

ひや-かし【冷やかし】［名］❶冗談などを言って相手をからかうこと。「—を言う」❷買う気もないのに商品を見て回ること。また、その人。「—に道具屋をのぞく」「—客」書き方「〈素見〉し」とも。

ひや-か・す【冷やかす】［他五］❶当惑したり恥ずかしがったりするような冗談を言って相手をからかう。「新婚夫婦を—」❷買う気もないのに品定めをしたり値段を聞いたりする。「夜店を—」書き方「〈素見〉す」とも。❸水などにつけて冷たくする。冷やす。名冷やかし

ひゃく【百】［名］❶数の名。一〇の一〇倍。▼数の多い意も表す。「—に一つ(=ごくまれなことのたとえ)」「—科・—獣」「—花繚乱(りょうらん)・—戦錬磨」❷百歳。「雀(すずめ)—まで踊り忘れず」

◉**百も承知(しょうち)**　十分わかっていること。「リスクは—で投資する」「—二百も合点」

ひ-やく【飛躍】［名・自サ変］❶高く飛び上がること。❷広い世界に飛び出して活躍すること。「世界に—する企業」❸急速に進歩・向上すること。「—の年を迎える」「—的に発展する」❹順を追わないで急にとびはなれたところに移ること。「話が—しすぎる」

ひ-やく【秘薬】［名］製法などが秘密にされている薬。秘伝の薬。また、特別な効能のある不思議な薬。

ひ-やく【秘▾鑰】［名］秘密・謎(なぞ)を解明する手がかり。▼秘密の倉をあける鑰(かぎ)の意から。

びゃく【白】(造)❶しろ。しろい。「—衣(びゃくえ)・—檀(びゃくだん)・—虎(びゃっこ)」❷あかるい。「—夜」

び-やく【▾媚薬】［名］❶性欲を催させる薬。催淫薬。❷相手に恋情を催させる薬。惚(ほ)れ薬。

びゃく-え【白▽衣】［名］白色の衣服。びゃくい。

ひゃく-がい【百害】［名］多くの弊害。「—あって一利なし」

びゃく-ごう【白▾毫】(ガウ)［名］仏の眉間にあって光を放つという白い巻き毛。▼仏像では眉間に水晶玉などをはめ込んで表す。

ひゃくじつ-こう【百日紅】［名］サルスベリ。

ひゃくしゃく-かんとう【百尺▾竿頭】［名］百尺もある長い竿(さお)の先端。ひゃくせきかんとう。▼到達すべき極点のたとえにいう。

◉**百尺竿頭一歩(いっぽ)を進む**　努力を重ねて高い目標に達した後も、さらに努力して工夫を重ねること。

ひゃく-じゅう【百獣】(ジウ)［名］多くのけもの。あらゆるけだもの。「—の王(=ライオンのこと)」

ひゃく-しゅつ【百出】［名・自サ変］いろいろなものが次々と多数現れ出ること。「議論—」

ひゃく-しょう【百姓】(シヤウ)［名］❶農業を営む人。農民。❷田舎(いなか)に住む人をさげすんでいう語。

ひゃくしょう-いっき【百姓一▼揆】[名] 江戸時代、領主・代官の悪政や過重な年貢に対して農民が集団で立ち向かった反抗運動。

ひゃくしょう-よみ【百姓読み】[名] 漢字を偏や旁の音から類推するなどして我流に読むこと。垂涎を「すいえん」、円滑を「えんこつ」と読む類。

ひゃく-せん【百千】[名] 数の多いこと。‖「—の兵」

ひゃく-せん【百戦】[名] 百回の戦い。また、数多くの戦い。

ひゃくせん-れんま【百戦錬磨・百戦練磨】[名] 数多くの戦いで鍛えられていること。また、数多くの経験を積んでいること。‖「—の勇士」「—の弁護士」

ひゃく-たい【百態】[名] さまざまな姿。‖「彫像—」

ひゃく-だい【百代】[名] きわめて長い年月。永遠。‖「名を—に残す」▽古くは「はくたい」とも。

びゃく-だん【白▼檀】[名] 南インド・東南アジアで植栽されるビャクダン科の半寄生性常緑高木。淡黄色の心材は堅く、強い香りを放つ。仏像・仏具・扇子などの材に使うほか、細片から白檀油をとって香料にする。栴檀。サンダルウッド。

ひゃくとお-ばん【一一〇番】[名] 犯罪・事故などを警察に通報するときの電話番号。‖「—通報」

ひゃくど-まいり【百度参り】[名] ➡お百度

ひゃく-にち【百日】[名] 百の日数。また、多くの日数。‖「—の説法屁一つ(=長い間の苦労がわずかな失敗のためにあっけなく無駄になることのたとえ)」

ひゃくにち-かずら【百日▼鬘】[名] 歌舞伎のかつらの一つ。長い間月代をそらずに伸びほうだいにした形のもので、盗賊・囚人などの役に用いる。

ひゃくにち-ぜき【百日▼咳】[名] 百日ぜき菌の飛沫感染による急性の感染症。感冒のような症状があらわれ、次いで痙攣性のせきを繰り返す。予防接種が有効。

ひゃくにち-そう【百日草】[名] 夏から秋、茎頂に赤・淡紅・紫・黄・白などの大形の花をつける、キク科ヒャクニチソウ属の植物の総称。園芸品種が多い。▽花の寿命が長いことからの名。

ひゃくにん-いっしゅ【百人一首】[名] 百人の歌人の歌を一首ずつ集めたもの。藤原定家が京都小倉山の山荘で撰したと伝えられる「小倉百人一首」が最もよく知られ、江戸時代以降、歌ガルタにも用いられた。百人首。

ひゃくにん-りき【百人力】[名] ❶一〇〇人に相当するほどの力があること。❷強力な助力を受けて非常に心強く思うこと。‖「彼が来てくれるなら—だ」

ひゃく-ねん【百年】[名] 百の年数。また、長い年月。‖「—の計(=遠い将来までを考えて立てた計画)」「—の恋も一時に冷める」

◉百年河清を俟つ いくら待っても実現することのない望みのたとえ。▽常に濁っている黄河の水が澄むのを待つ意から。書き方「俟つ」は「待つ」とも。

ひゃくねん-め【百年目】[名] 運命のきわまる時。運のつき。‖「ここで会ったが—」▽隠しごと、また隠れていた人が露見した時などに使う。

ひゃく-パーセント【百パーセント】[名] ❶割合が一〇〇分の一〇〇であること。一〇割。❷完全であること。‖「—間違いない」

ひゃくはちじゅう-ど【百八十度】[名] ❶一度の一八〇倍。一直線になる角度。❷正反対の方向。‖「方針を—転換する」

ひゃくはち-ぼんのう【百八煩悩】[名] 人間の心身を迷わせる一〇八種の煩悩。一切の煩悩。▽一説に眼・耳・鼻・舌・身・意の六根に各六つの煩悩があるとして三六、さらにそのそれぞれを過去・未来・現在に配して一〇八とする。

ひゃく-ぶん【百聞】[名] 何度も聞くこと。

◉百聞は一見に如かず 何回も人から聞くより、自分の目で実際に見るほうが確実だということ。

ひゃくぶん-ひ【百分比】[名] 百分率。

ひゃくぶん-りつ【百分率】[名] 全体を一〇〇としたとき、そのうちのいくらにあたるかという割合。単位はパーセント。百分比。パーセンテージ。

ひゃく-まん【百万】[名] 万の一〇〇倍の数。また、きわめて大きな数。‖「—の味方を得た思い」

ひゃくまん-げん【百万言】[名] きわめて多くのことば。あらゆることば。‖「—を費やしても言い尽くせない」

ひゃくまん-べん【百万遍】[名] ❶百万回。また、数限りなく繰り返すこと。❷浄土宗で、七日間に念仏を百万回唱えること。また、僧や信者が輪になって念仏を唱えながら大数珠を百回順送りにする仏事。▽「百万遍念仏」の略。

ひゃく-めんそう【百面相】[名] 顔の表情をさまざまに変えること。特に、簡単な小道具を使い、顔の表情をさまざまに変えてみせる寄席芸。

ひゃく-ものがたり【百物語】[名] 夜、百本のろうそくを立て、人々が集まって順番に百種の怪談を語る会。一話終わるごとに一灯ずつ消し、百番目の話が終わって暗闇になると化け物が現れるとされた。

びゃく-や【白夜】[名] 北極・南極近くの高緯度地方で、夏至または冬至のころ、日没から日の出までの間、空が薄明るい状態であること。はくや。

ひゃく-やく【百薬】[名] 数多くの薬。いろいろな薬。‖「—の長(=酒をほめたたえていう語)」

ひゃくよう-そう【百葉▽箱】[名] 気温・湿度・気圧などを測定するために気象観測用の計器を入れておく小屋形の木箱。四方を白く塗った鎧戸で囲ってある。ひゃくようばこ。

ひゃく-らい【百雷】[名] 多くのかみなり。▽大音響・大音声などのたとえにいう。‖「—の一時に落ちたような轟音」

ひゃく-れん【百錬】[名] 何度も繰り返してきたえること。

びゃく-れん【白▼蓮】[名] 白いハスの花。はくれん。▽けがれのない清らかな心のたとえにもいう。

ひ-やけ【日焼け】[名・自サ変] 強い日ざしを受けて皮膚が褐色に変わること。‖「真っ黒に—する」

ひや-ざけ【冷や酒】[名] 燗をしない酒。冷たいままの酒。冷や。⇔燗酒

ひやし-ちゅうか【冷やし中華】[名] ゆでて冷やした中華麺に、キュウリ・錦糸卵・ハムなどの具をのせ、酸味のきいた醤油だれや胡麻だれをかけた料理。

ひや-じる【冷や汁】[名] ❶冷やした汁物。❷焼いたアジなどの身に胡麻や味噌を加えてすり混ぜ、冷やしただし汁でのばした料理。薄切りのキュウリ、千切りのシソ・ミョウガなどとともに、飯にかけて食べる。宮崎地方の郷土料理。冷やし汁。

ヒヤシンス【hyacinth】[名] 春、紅・白・黄・紫・

青紫などの花を総状につけるユリ科の多年草。根生する葉は広線形。園芸品種が多い。小アジア原産。風信子 書き方「〈風信子〉」と当てる。

ひや・す【冷やす】［他五］❶温度を下げる。冷たくする。「―したビール」⬍あたためる ❷興奮した状態を鎮める。冷静になるようにする。「頭を―」❸⬇肝を冷やす 可能 冷やせる 名 冷やし

ひゃっ‐か【百花】［名］いろいろの花。たくさんの花。「―斉放（＝いろいろの花が一斉に開く意から、文学・芸術の分野で、さまざまな人が活発に創作活動を展開すること）」

ひゃっ‐か【百科】［名］❶あらゆる科目・学科。❷「百科事典」の略。

ひゃっ‐か【百家】［名］多くの学者。

ひゃっ‐か【百貨】［名］いろいろの商品。

ひゃっか‐じてん【百科事典】［名］社会・学問・芸術など、あらゆる分野にわたる事柄から項目を選定して解説を記述した辞書形式の書物。

ひゃっか‐ぜんしょ【百科全書】［名］❶百科事典。❷一定の体系に基づいて学術・技芸などの知識を部門別に解説した叢書。

ひゃっか‐そうめい【百家争鳴】［名］多くの知識人・文化人がそれぞれの立場から自由に意見を述べ合い、論争すること。

ひゃっか‐てん【百貨店】［名］デパート。

ひゃっか‐にち【百箇日】［名］人の死後一〇〇日目に当たる日。また、その日に行う法要。

ひゃっか‐りょうらん【百花▼繚乱】［名・形動］❶さまざまな花が美しく咲き乱れること。❷優れた人やものが一時期に数多く現れること。

ひゃっき‐やこう【百鬼夜行】［名］❶いろいろの妖怪が夜中に列をなして出歩くこと。❷得体の知れない人々が我が物顔にふるまうこと。◈「ひゃっきやぎょう」とも。

ひゃっ‐けい【百計】［名］いろいろのはかりごと。あらゆる手段。「―を案じる」

びゃっ‐こ【白▼狐】［名］白い毛のキツネ。▽神通力をもち、人を化かすとされた。

ひやっこ・い【冷やっこい】［形］ひやりとする。つめたい。「―ビール」▽「ひやこい」の転。派生 ‐さ

ひゃっ‐こう【百行】［名］あらゆる行い。

ひやっ‐と［副］「ひやりと」に同じ。

ひゃっぱつ‐ひゃくちゅう【百発百中】［名］❶発射した弾丸や矢がすべて的にあたること。❷予想や計画がいつも思いどおりに運ぶこと。「今月の天気予報は―だ」

ひゃっ‐ぱん【百般】［名］いろいろな方面。さまざまな事柄。「―の事情を考慮する」

ひゃっ‐ぽ【百歩】［名］百の歩数。また、多くの歩数。

⦿**百歩譲って** 相手の言い分を最大限認めたとして。「―も彼は準会員としてしか認められない」

ひゃっ‐ぽう【百方】［名］すべての方面。あらゆる方法。「―手を尽くす」▽多く副詞的に使う。

ひ‐やとい【日雇い（日▼傭い）】［名］一日単位の契約で雇うこと。また、その雇われた人。「―労働者」書き方 公用文では「日雇」。

ひや‐ひや【冷や冷や】［副］❶肌に冷たく感じられるさま。❷よくないことが起こるのではないかと気が気でないさま。「落ちるのではないかと―した」

ヒヤ‐ヒヤ［感］明治のころ聴衆が謹聴・賛成などの意を表すときに発した語。▽Hear! Hear! から。

ひや‐みず【冷や水】［名］冷たい水。れいすい。ひや。「年寄りの―」

ひや‐むぎ【冷や麦】［名］うどんより細く、そうめんより太く打った麺。ゆでてから冷水に入れ、つけ汁をつけて食べる。

ひや‐めし【冷や飯】［名］冷たくなった飯。

⦿**冷や飯を食・う** ❶冷遇される。❷居候をする。

ひやめし‐ぞうり【冷や飯《草履》】［名］台も緒もわらだけで作った粗末な草履。

ひや‐やか【冷ややか】［形動］❶肌に冷たく感じられるさま。「早朝の―な風」❷思いやりがなく、冷淡なさま。そっけないさま。「―な視線を浴びる」「―な見方をする」派生 ‐さ

ひや‐やっこ【冷や▽奴】［名］冷やした豆腐を小さな方形に切って、醤油と薬味で食べる料理。やっこ豆腐。

ひやり‐と［副］❶急に冷たさを感じるさま。「―した風が吹き抜ける」❷突然の出来事に恐怖や危険を感じるさま。「足を踏み外して一瞬―した」

ひやり‐はっと［名］事故には至らなかったが、場合によっては事故に直結したかもしれない事例。▽危険を感じてひやりとしたり、はっとしたりした事例の意。書き方 多くカタカナで書く。

ヒヤリング［hearing］［名］⬇ヒアリング

ひ‐ゆ【比喩（▼譬喩）】［名］ある物事を説明するのに他の類似した物事を借りて表現すること。注意「譬喩」を「けいゆ」と読むのは誤り。

ピュア［pure］［名・形動］まじりけがないこと。純粋なこと。「―な心」「―モルト」

びゅう【▼謬】（造）あやまる。あやまち。「―見」「誤―」

ビューアー［viewer］［名］❶画像など閲覧するためのソフトウエア。❷スライドを拡大して見るための光学装置。◈「ビューワー」とも。

びゅう‐けん【▼謬見】［名］間違った考え。誤った見解。「―を正す」

ヒューズ［fuse］［名］電気回路に規定以上の電流が流れると、発生する熱で溶けて回路を遮断する金属線。鉛・錫・アンチモンなどの合金で作られる。「―が飛ぶ」

ビューティー［beauty］［名］美しさ。美。また、美人。「―サロン（＝美容院）」▽多く他の語と複合して使う。

ひゅう‐ひゅう［副］❶強い風が吹き続ける音を表す語。「北風が―(と)吹きすさぶ」❷物が繰り返し鋭く風を切る音を表す語。「銃弾が―飛んでくる」❸空気が狭い場所を通るときに発する音を表す語。「のどが―鳴る」「―と指笛を鳴らしてからかう」

びゅう‐びゅう［副］❶激しい風が吹き続ける音を表す語。「風が―(と)吹きつける」❷物がくり返し鋭く風を切る音を表す語。「鞭を―(と)振り回す」

ぴゅう‐ぴゅう［副］❶風が勢いよく吹く音を表す語。「北風が―(と)吹きつける」❷笛・汽笛などが鋭く鳴る音を表す語。「口笛を―(と)吹く」

ピューマ［puma］［名］南北アメリカ大陸に分布するネコ科の哺乳類。ライオンに似るがたてがみはない。

跳躍力が強く、木登りも巧み。シカや小動物を捕食する。アメリカライオン。クーガー。

ヒューマニスト【humanist】[名] ❶人文主義の立場をとる人。人文主義者。❷人道主義の立場をとる人。人道主義者。

ヒューマニズム【humanism】[名] ❶さまざまな抑圧や束縛から人間を解放し、人間性の尊厳を確立しようとする思想。人文主義。人本主義。❷人間性を尊重し、人類愛の立場から人類全体の幸福をはかろうとする思想。人道主義。

ヒューマニティー【humanity】[名] 人間らしさ。人間性。人情味。ユマニテ。

ヒューマノイド【humanoid】[名] 外見が人間に似たロボット。また、SFなどで、人間に似た宇宙人など。

ヒューマン【human】[形動] 人間らしいさま。人間的。「―インターフェース(=機械と人間との接点として機能するもの)」

ビューラー【和製BEAURA】[名] ⬇アイラッシュカーラー ▽商標名。

ピューリタン[名] ❶【Puritan】清教徒。❷【puritan】道徳的に潔癖で、謹厳な人。きまじめな人。

ピューレ【purée フランス】[名] 野菜・果実などをすりつぶし、裏ごしした汁を煮詰めて濃縮したもの。トマトピューレなど。ソースやスープの材料にする。ピュレ。

ビューロー【bureau】[名] ❶官庁などの、局・部・課。❷事務所。営業所。また、案内所。「チケット―」

ヒュッテ【Hütte ドイツ】[名] 登山者・スキーヤーなどのための山小屋。

ビュッフェ【buffet フランス】[名] ❶駅・列車内などの簡易食堂。❷立食形式の食事。「―スタイル」▽バイキング形式の食事の意でも使う。

ピュリッツァーしょう【ピュリッツァー賞】[名] アメリカで、毎年、報道・文学・音楽の各部門ですぐれた功績をあげた作品に贈られる賞。新聞人ジョセフ=ピュリッツァーの遺言により、一九一七年に創設された。ピュリツァー賞。

びゅんびゅん[副と] 物が激しく風を切る音を表す語。「車を―飛ばす」「速球を―投げる」

ひょいと[副] ❶不意に。だしぬけに。「旧友が―顔を出す」❷何の気なしに。なにげなく。「―口をすべらす」❸軽々と。軽やかに。「―柵を跳び越える」

ひょう【表】㊀[名] 事項を分類・整理し、それぞれを縦横に配置して示すもの。「年―・一覧―」㊁(造) ❶おもて。外面。「―紙」「地―」❷あらわす。あらわれる。「―現・―情」「発―」❸役所・職場などに提出する文書。「辞―」❹模範。手本。「師―」❺「表紙」の略。▽出版・広告で言う語。表紙・裏表紙の四面を「表1」から「表4」で表す。

ひょう【豹】[名] アジア・アフリカの平原や森林にすむ、ネコ科の哺乳類。一般に黄または黄褐色の地に黒斑が見られるが、クロヒョウは全身が黒い。

豹

ひょう【票】[名] ❶記録・証明用のふだ。また、書きつけ用の紙片。「原―・伝―・付―」❷選挙・採決などに用いるふだ。「反対の―を投じる」「―を集める」「―が伸びる」「開―・投―・白―」「五―差」

ひょう【評】[名・他サ変] 物事の是非・優劣・価値などをとりたてて論じること。また、そのことば・文章。批評。「審査員の―を聞く」「―価・―者・―判・―論」「書―・総―」

ひょう【雹】[名] 主に積乱雲から雷雨に伴って降る、直径五ミリメートル以上の氷のかたまり。時にはこぶし大のものもある。⬇あられ[ことば比べ]

雹

ひょう【氷】(造) こおる。こおり。「―河・―結・―山・―点」「樹―・流―」

ひょう【俵】(造) たわら。「土―」「米五―・炭七―」

ひょう【剽】(造) ❶かすめとる。「―窃」❷おそう。おびやかす。「―盗」❸動作がすばやい。「―軽」

ひょう【漂】(造) ❶ただよう。「―泊・―流」❷水・薬品などでさらす。「―白」

ひょう【標】(造) ❶しるしをつける。書きしるす。しるし。「―札・―識」「商―・墓―・目―」❷目立つようにかかげる。「―語・―示」

ひよう【日傭】[名] 日雇い。また、その賃金。「―取り(=日雇いで働くこと。また、その人)」

ひよう【飛揚】[名・自サ変] 飛んで空高くあがること。「グライダーが―する」

ひよう【費用】[名] 物事をするために必要な金銭。「店舗の改装にはかなりの―がかかる」「―は各自が負担する」「旅行の―をためる」 使い方 「経費」よりもくだけた言い方で、多く小規模な出費についていう。

びょう【秒】[名] ❶時間を表す単位。一秒は一分の六〇分の一。「―針・―速」「毎―」❷角度・経緯度を表す単位。一秒は一度の三六〇〇分の一。

びょう【廟】[名] ❶先人・祖先などの霊を祭る建物。おたまや。みたまや。「孔子の―」「宗―」❷王宮の正殿。政治を行う所。朝廷。「―議・―堂」

びょう【鋲】[名] ❶画びょう。押しピン。❷頭部が丸く大きいくぎ。金属板の接合などに用いる。リベット。「―を打つ」❸靴の底に打ちつける金具。

びょう【苗】(造) ❶芽が出たばかりの草木。なえ。「種―」❷植えつけて育てるもの。「痘―」❸子孫。ちすじ。「―裔」

びょう【病】(造) ❶わずらう。やむ。やまい。「―院・―弱」「看―・仮―」「熱―・肝臓―・伝染―」❷欠点。短所。「―弊」

びょう【描】(造) 物の形や状態を絵やことばであらわす。えがく。「―写」「素―・点―」

びょう【猫】(造) ねこ。「―額」「愛―・怪―・霊―」

びよう【美容】[名] ❶美しい容貌。❷容姿・肌などを美しくすること。「―整形」「―体操」

びよう【微恙】[名] 軽い病気。

ひょうい【憑依】[名・自サ変] 霊などがのりうつること。「生き霊が―する」

ひょういつ【飄逸】[名・形動] 世俗のわずらわしさなどにとらわれず、のびのびしていること。「―な作風」

ひょういもじ【表意文字】[名] 文字の分類の一つ。一つ一つの字が一定の意味をもっている文字。絵文字・象形文字・漢字など。⬍表音文字

びょういん【病因】[名] 病気の原因。「―を突きとめる」

びょういん【病院】[名] 医師が患者の診察・治療を行う施設。「―に通う」▽医療法では患者二〇人以上の入院設備を有するものをいい、一九人以下のもの

は診療所として区別する。

びよう-いん【美容院】ヰン［名］美容師が整髪・美顔術・着付けなどを施す施設。美容室。ビューティーサロン。

びょう-えい【苗▼裔】ベウ［名］遠い子孫。末裔。

ひょう-おん【表音】ヘウ［名］文字・記号などで、ことばの音を表すこと。

ひょうおん-もじ【表音文字】ヘウオン［名］文字の分類の一つ。一つ一つの字が特定の意味をもたず、ただ音のみを表す文字。ローマ字・アラビア文字・仮名・梵字など。音字。音標文字。⇕表意文字

ひょう-か【氷菓】クヮ［名］牛乳・クリーム・果汁などに香料や糖蜜を加えて凍らせた菓子。アイスクリーム・シャーベットなど。氷菓子(こおりがし)。

ひょう-か【評価】ヒヤウ［名・他サ変］❶品物の価格や人・事物などの価値を判断して決めること。また、その内容。‖「土地の―が下がる」「―の分かれる作品」❷その価値を高く認めること。‖「能力を―する」

ひょう-が【氷河】［名］高山や高緯度地方の万年雪が圧縮されて氷塊となり、その自重によって徐々に低地へ流れ下るもの。

びょう-か【病家】ビヤウ［名］病人のいる家。患家。

びょう-が【病▼臥】ビヤウグヮ［名・自サ変］病気で床につくこと。‖「郷里で二年間―する」「―の身」

びょう-が【描画】ベウグヮ［名・自サ変］絵画をかくこと。

ひょう-かい【氷海】［名］氷の張りつめた海。また、氷山や氷塊がおびただしく浮いている海。

ひょう-かい【氷塊】クワイ［名］氷のかたまり。

ひょう-かい【氷解】［名・自サ変］氷がとけるように疑念・疑惑などがすっかり消え去ること。‖「長年の疑問が―する」

ひょう-がい【▼雹害】［名］降雹によってこうむる農作物などの被害。

びょう-がい【病害】ビヤウ［名］病気によってこうむる農作物・家畜などの被害。

ひょうが-き【氷河期】［名］❶「氷河時代」に同じ。❷「氷期」に同じ。❸ある分野の活気がなくなり、困難な時期。‖「就職―」

ひょうが-じだい【氷河時代】［名］地球上の気候が寒冷になり、氷河が中緯度地方まで広がった時代。特に、新生代第四紀の更新世をさす。

ひょう-がため【票固め】ヘウ［名］選挙に先立ち、自分の得票を伸ばすために運動・工作すること。

ひょう-かん【▼剽▼悍】ヘウ［名・形動］動作がすばやい上に、荒々しい強さをもっていること。‖「―な面魂(つらだましい)」

びょう-かん【病患】ビヤウクワン［名］病気。わずらい。

ひょう-き【氷期】［名］氷河時代のうち、特に寒冷で、氷河が大規模に拡大した時期。氷河期。

ひょう-き【表記】ヘウ［名・他サ変］❶おもてに書きしるすこと。‖「金額は―のとおり」❷文字や記号を使ってことばを書き表すこと。‖「漢字で―する」「―形」

ひょう-き【標記】ヘウ［名・他サ変］❶目印としてしるすこと。また、その目印。❷標題・件名として書きしるすこと。また、その事柄。‖「―の件について協議する」

ひょう-ぎ【評議】ヒヤウ［名・他サ変］集まって相談すること。意見を出し合って検討すること。‖「予算について―する」「―会・―員」

びょう-き【病気】ビヤウ［名］❶身体の生理的機能や精神の働きに障害が生じ、苦痛・不快感などによって通常の生活が営みにくくなる状態。やまい。疾病(しっぺい)。‖「―になる」❷悪いくせや、なかなか直らない悪い行為。‖「また例の―が始まった」

品格　疾患(しっかん)「慢性の―」　疾病(しっぺい)「―対策」　病(やまい)「―の床」　患(わずら)い「長―」

びょう-ぎ【▼廟議】ベウ［名］朝廷の評議。朝議。

ひょうき-ほう【表記法】ヘウキハフ［名］ことばを文字で書き表すときのきまり。漢字と仮名の使い分け、仮名遣い、送り仮名、句読点の打ち方、縦書き・横書きなど。

ひょう-きん【▼剽▽軽】ヘウ［名・形動］軽率で、滑稽(こっけい)な感じのすること。‖「―なしぐさ」「―者」派生 -さ

びょう-きん【病菌】ビヤウ［名］病原菌。

ひょう-ぐ【表具】ヘウ［名］紙・布などをはって巻物・掛け物・屏風(びょうぶ)・ふすまなどに仕立てること。表装。

びょう-く【病苦】ビヤウ［名］病気による苦しみ。‖「―と戦う」

びょう-く【病▼軀】ビヤウ［名］病気の体。病身。‖「―をおして出席する」

ひょう-けい【表敬】ヘウ［名］敬意を表すこと。‖「―訪問」

ひょう-けいさん【表計算】ヘウ［名］表の形で縦横に並んだ数を計算すること。また、その計算。

ひょうけいさん-ソフト【表計算ソフト】ヘウケイサン［名］コンピューターで、財務管理・販売管理などに使用される、表形式で種々の計算を行うソフトウエア。

ひょう-けつ【氷結】［名・自サ変］凍ること。‖「港が―する」

ひょう-けつ【表決】ヘウ［名・他サ変］議案に対して賛否の意思を表明すること。‖「動議を―する」

ひょう-けつ【票決】ヘウ［名・他サ変］投票によって決めること。‖「議案を―する」「―をとる」

ひょう-けつ【評決】ヒヤウ［名・他サ変］評議して決めること。議決。‖「法案を―する」

びょう-けつ【病欠】ビヤウ［名・自サ変］病気のために欠席・欠勤すること。‖「―者」

ひょう・げる【▼剽げる】ヘウ［自下一］ひょうきんにふるまう。おどける。‖「―・げたことを言う」

ひょう-げん【氷原】［名］厚い氷の層でおおわれた広大な地域。

ひょう-げん【表現】ヘウ［名・他サ変］人間の内面にある思想・感情・感覚などを客観化し、表情・身振り・言語・音楽・絵画・造形などの外面的な形として表すこと。また、その表したもの。‖「喜怒哀楽を全身［音楽］で―する」「生の歓喜を絵画に―する」「心理の微細な―に苦しむ」「難解な語句を分かりやすい―（＝表現内容）に改める」

ひょう-げん【評言】ヒヤウ［名］批評のことば。評語。

びょう-げん【病原（病源）】ビヤウ［名］病気の原因。病因。

びょうげん-きん【病原菌】ビヤウゲン［名］病気の原因となる細菌。病原細菌。病菌。‖「―に冒される」

ひょうげん-しゅぎ【表現主義】ヘウゲン［名］二〇世紀初頭、ドイツを中心に展開した芸術運動。印象主義や自然主義などに対する反動として、作家の心理・感情・思想などの主観的表現を重視した。キルヒナー・カンディンスキーなどの絵画運動として始まった。

びょうげん-せい【病原性】ビヤウゲン［名］細菌やウイルスなどの病原体がヒトや動物に感染し、病気を発症させる性質。‖「―大腸菌」

びょうげん-たい【病原体】[名] 病気の原因となる微生物。細菌・リケッチア・ウイルス・原虫など。

ひょう-ご【評語】[名] ❶批評のことば。評言。❷学校教育で、学業成績の評価を示すことば。優・良・可など。

ひょう-ご【標語】[名] 主義・主張や運動の目標などを簡潔に言い表した語句。モットー。スローガン。

びょう-ご【病後】[名] 病気の治ったあと。病み上がり。

ひょう-こう【標高】[名] ある地点の平均海水面を基準とした山・陸地などの高さ。海抜。「―一二〇〇メートルの山」

びょう-こん【病根】[名] ❶病気のもと。病因。❷悪習・弊害などの根本原因。「不正の―を絶つ」

ひょう-さつ【表札(標札)】[名] 居住者の氏名を記して戸口や門に掲げておく札。

ひょう-ざん【氷山】[名] 極地の海中に浮かぶ巨大な氷塊。氷河や陸地を覆う厚い氷の一端が分離して漂うもの。海面には全体の約七分の一が現れる。

◉氷山の一角 たまたま表面に現れたことは全体の一部分に過ぎないことのたとえ。

ひょう-し【拍子】[名] ❶楽曲のリズムのもとになる単位。強拍と弱拍の周期的な組み合わせで、楽譜では小節に一致する。❷音楽・歌舞などの節に合わせて掛ける声や、手などを打ち鳴らす音。「―を取る」「手―」❸ある動作をした、そのはずみ。とたん。「飛びおりた―に足をくじく」

ひょう-し【表紙】[名] 書籍・帳簿などの外側につける厚紙・布・革などのおおい。「―にカバーをかける」▼特に、「裏表紙(=書物の裏側の面の表紙)」に対して、書名などを記した面を言うこともある。

ひょう-じ【表示】[名・他サ変] ❶はっきりとわかるように表し示すこと。また、そのようにして示されたもの。「価格[意思]―」❷図表にして示すこと。「調査結果を―する」◈書き方「標示」とも書くが、まれ。

ひょう-じ【標示】[名・他サ変] 目印となるものを掲げてそれと示すこと。また、そのようにして示されたもの。「危険区域を―する」「道路―」

びょう-し【病死】[名・自サ変] 病気で死ぬこと。病没。「旅先で―する」

びょう-じ【病児】[名] 病気にかかった子供。「―保育室」

ひょう-しき【標識】[名] ある事柄を知らせるための目じるし。また、目じるしとして設置されたもの。「道路―」

ひょうし-ぎ【拍子木】[名] 二本を打ち合わせて鳴らす方柱形の木。劇場での合図や夜回りの警報などに打ち鳴らす。柝。

ひょう-しつ【氷室】[名] ❶氷を貯蔵しておく部屋。❷➡ひむろ

ひょう-しつ【氷質】[名] 氷の質。

びょう-しつ【病室】[名] 病人が寝る部屋。

ひょうし-ぬけ【拍子抜け】[名・自サ変] 緊張が急にゆるんでがっかりすること。張り合いがなくなること。「対戦相手が弱すぎて―した」

ひょう-しゃ【評者】[名] 批評をする人。

ひよう-しゃ【被用者・被▼傭者】[名] 雇われている人。「―年金・―保険」

びょう-しゃ【病者】[名] 病人。びょうじゃ。「戦傷―」

びょう-しゃ【病舎】[名] 病室のある建物。病棟。

びょう-しゃ【描写】[名・他サ変] 具体的イメージを伴うようなしかたで、対象を描き出すこと。描き写すこと。特に、芸術作品として、知覚・認識した形態・情景・感情などを言語・絵画・音楽などによって具体的に表現すること。「心理―」

ひょう-しゃく【評釈】[名・他サ変] 詩文を解釈し、批評を加えること。また、その解釈・批評した文章。「伊勢物語の―」

びょう-じゃく【病弱】[名・形動] 体が弱くて病気にかかりやすいこと。また、病気で体が弱くなっていること。「―な人」「―の身」

ひょう-しゅつ【表出】[名・自他サ変] 心の中の動きが外にあらわれでること。また、外にあらわしだすこと。「抑圧されていた感情が/を―する」「幻視の世界を―した作品」

びょう-しゅつ【描出】[名・他サ変] 絵画・文章などにえがきだすこと。「風俗を生き生きと―した石版画」

ひょう-じゅん【標準】[名] ❶判断・行動などのよりどころとなるもの。基準。「―を定める」❷平均的な度合い。並み。「―を上回る成績」

ひょうじゅん-ご【標準語】[名] その国で国語の標準とされ、教育・放送・法令などの公用語として用いられる規範的・理想的な言語。⇔方言 ▼➡共通語

ひょう-しょう【▽平声】[名] 漢字の四声の一つ。高低のない平らな声調。上平と下平に分かれる。ひょうせい。▼四声のうち、平声以外の、何らかの変化のあるものを「仄声」という。

ひょう-しょう【氷晶】[名] 大気中の水蒸気がセ氏零度以下に冷却されたときに生じる微細な氷の結晶。

ひょう-しょう【表象】[名・他サ変] ❶象徴。象徴すること。❷哲学・心理学で、知覚に基づいて心に思い浮かべる外界の対象の像(イメージ)。また、その像をあらわすこと。

ひょう-しょう【表彰】[名・他サ変] 善行・功労・成果などを広く人々に知らせ、ほめたたえること。「優勝チームを―する」「―状」✔注意「表賞」と書くのは誤り。「×表賞式→○表彰式」

ひょう-しょう【標章】[名] 特定の団体や催し物のしるしとなる記章・マークの類。シンボルマーク。

ひょう-じょう【氷上】[名] 氷の上。「―競技」

ひょう-じょう【表情】[名] 内面の感情や情緒が顔つきや身振りにあらわれること。また、その顔つきや身振り。「―が明るくなる」「無―」▼ようすや状況の意でも使う。「各地から歳末の―を伝える」

ひょう-じょう【評定】[名・他サ変] 大勢の人々が集まって、相談して決めること。「小田原―」

びょう-しょう【病床(病▼牀)】[名] 病人の寝ている床。「―に臥す」

びょう-しょう【病症】[名] 病気の性質・症状。

びょう-じょう【病状】[名] 病気の状態。病人の容態。「―が悪化する」

びょう-しん【秒針】[名] 時計の、秒を示す針。

びょう-しん【病身】[名] 病気にかかっている体。また、病気がちの弱い体。病躯。

ひょう・する【表する】[他サ変] 態度やことばに気持ちを表す。表明する。「敬意を―」読み分け➡あ

らわす（表す） 文 へう・す

ひょう・する【評する】ヒャウ［他サ変］人物や物事の善悪・価値などを論じて定める。批評する。「受賞作を―」文 ひゃう・す

ひょう-せい【▽平声】ヒャウ［名］➡ひょうしょう（平声）

びょう-せい【病勢】ビャウ［名］病気の進む勢い。「―が募る」

ひょう-せつ【氷雪】［名］氷と雪。「―が溶ける」

ひょう-せつ【▼剽窃】ヘウ［名・他サ変］他人の文章・作品・学説などを盗用し、自分のものとして発表すること。「人の論文を―する」

ひょう-ぜん【▼飄然】ヘウ［形動タリ］❶ふらりとやってくるさま。また、ふらりと立ち去るさま。「―と家を出る」❷世俗にこだわらないで超然としているさま。

ひょう-そ【▼瘭▼疽】ヘウ［名］手足の指先に起こる急性化膿(かのう)性炎症。激痛を伴う。ひょうそう。

ひょう-そう【表装】ヘウサウ［名・他サ変］書画を紙・布などで縁取りや裏打ちをし、巻物・掛け物・額・屏風(びょうぶ)などに仕立てること。表具。

ひょう-そう【表層】ヘウ［名］表面の層。うわべ。「―雪崩」⬌深層

びょう-そう【病巣】ビャウサウ［名］体の病気に冒されている部分。「手術をして―を摘出する」

ひょう-そく【▽平▼仄】ヒャウ［名］❶漢字の平声(ひょうしょう)と仄声(そくせい)。また、平声字と仄声字。➡四声(しせい)❷漢詩の近体詩で、声調をととのえるために規定される平声字と仄声字の規則的な配列。平仄法。

◉**平仄が合わ・ない** 話のつじつまや物事の道理が合わない。

びょう-そく【秒速】ベウ［名］運動するものが一秒間に進む距離で表した速さ。「―三〇メートルの風」

ひょう-だい【表題(標題)】ヘウ［名］❶書物の表紙に記されている、その本の題名。❷講演・演劇・芸術作品などの題目。「―音楽」

びょう-たい【病体】ビャウ［名］病気にかかっている体。病軀(びょうく)。

びょう-たい【病態】ビャウ［名］病気のようす。病状。

ひようたいこうか【費用対効果】クヮウクヮ［名］かけた費用に対して得られる成果。「―が大きい」

びょう-たる【▼眇たる】ベウ［連体］ほんのわずかな。取るに足りない。「大海に浮かぶ―孤島」

ひょう-たん【氷炭】［名］氷と炭。

◉**氷炭相容(あい)れず** 性質が正反対で、調和・一致しないことのたとえ。

ひょう-たん【▼瓢▼簞】ヘウ［名］❶観賞用・日除け棚用に植えるウリ科の一年草。茎を長く伸ばし、巻きひげで他物にからみつく。夏、白い花を開き、中間がくびれて上下のふくらんだ果実を結ぶ。❷熟した①の果実の中身をくりぬき、十分に乾燥したもの。酒などを入れる容器にする。ひさご。ふくべ。

瓢簞

◉**瓢簞から駒(こま)** 思いもかけないことが真実となって現れること。また、道理上ありえないことのたとえ。▼「冗談から駒」はそのもじり。同じような意で使う。注意「駒」は馬の意。「独楽(こま)」と書くのは誤り。

ひょうたん-なまず【▼瓢▼簞▼鯰】ヘウタンナマヅ［名］つかまえどころがないこと。要領を得ないこと。また、そのような人。▼つるつるした瓢簞で、ぬるぬるした鯰をつかまえようとする意から。

びょう-ち【▼錨地】ベウ［名］船がいかりをおろしてとまる所。停泊地。

ひょう-ちゃく【漂着】ヘウ［名・自サ変］ただよい流れて岸に着くこと。「ボートが無人島に―する」

ひょう-ちゅう【氷柱】［名］❶つらら。❷夏、涼感を呼ぶために室内に飾る角柱形の氷。こおりばしら。

ひょう-ちゅう【標柱】ヘウ［名］❶目じるしのために立てる柱。❷測量のときに目標または尺度として立てる長い棒。ポール。

びょう-ちゅう【病中】ビャウ［名］病気にかかっている間。「―をおして面会する」

びょうちゅう-がい【病虫害】ビャウチュウ［名］病菌や害虫による農作物などの被害。

ひょう-ちょう【表徴】ヘウ［名］❶［自サ変］かくされていたものを外面にあらわすこと。また、外面にあらわれたもの。❷［他サ変］象徴。

ひょう-ちょう【漂鳥】ヘウテウ［名］ある地域内で、季節によって小規模の移動をする鳥。夏に山地で繁殖し、冬は平地で越冬するウグイス・ヒヨドリ・ムクドリや、北日本で繁殖して南日本で越冬するマヒワなど。

ひょう-てい【評定】ヒャウ［名・他サ変］一定の基準に従って人や事物の評価を定めること。「地価［学力］を―する」「―価格」「勤務―」

ひょう-てき【標的】ヘウ［名］❶射撃・弓術・アーチェリーなどで使うまと。❷攻撃のまと。攻撃目標。「敵の―になる」

びょう-てき【病的】ビャウ［形動］心身の状態が健康・健全ではないさま。「―な顔色」

ひょう-てん【氷点】［名］水が氷結し始めるとき、また、氷が融解し始めるときの温度。水の凝固点・氷の融解点。一気圧のもとではセ氏零度。

ひょう-てん【評点】ヒャウ［名］❶成績などを評価してつけた点数。❷評語と批点。「選者の―」

ひょう-でん【票田】ヘウ［名］選挙で、ある候補者や政党にまとまった得票が見込まれる地域・職域などを田に見立てていう語。

ひょう-でん【評伝】ヒャウ［名］人物評をまじえて書かれた伝記。

ひょうてん-か【氷点下】［名］セ氏零度以下の温度。零下。

ひょう-ど【表土】ヘウ［名］土壌の最上層部。有機物を多く含み、農作物の栽培に最も重要な部分。表層土。

びょう-とう【病棟】ビャウ［名］病室のある建物。病舎。「内科―」

びょう-どう【平等】ビャウ［名・形動］差別することなく、同じように扱うこと。「―の／な権利を有する」「―に分配する」「男女―」「不―」派生 -さ

びょう-どう【▼廟堂】ベウダウ［名］❶祖先の霊を祭った建物。おたまや。みたまや。❷政治をつかさどる所。朝廷。

びょう-どく【病毒】ビャウ［名］病気のもとになる物質・微生物などの総称。

びょう-なん【病難】ビャウ［名］病気のわざわい。病気で苦しむ災難。

びょう-にん【病人】ビャウ［名］病気にかかっている人。

ひょう-のう【氷▼囊】ナウ［名］氷片や水を入れて患部を冷やすための袋。こおりぶくろ。

囊

ひょう-はく【表白】ヘウ［名・他サ変］自分の考えや気

持ちをことばや文章にあらわすこと。〓「決意を―する」
▽「ひょうびゃく」は別語。

ひょう-はく【漂白】ヘウ［名・他サ変］色のついた食品・紙・繊維などを天日や水にさらして白くすること。また、薬品などを使って脱色すること。〓「―剤」

ひょう-はく【漂泊】ヘウ［名・自サ変］❶流れただようこと。さすらうこと。〓「舟が―する」❷居所を定めずに、さまよい歩くこと。さすらうこと。〓「―の旅」

ひょう-ばん【評判】ヒャウ［名］❶善し悪しについての世間での評価。〓「―のいい医者」「前―」❷世間のうわさとなって、名高いこと。〓「味がよいと―のレストラン」「―倒れ」

ひょう-ひ【表皮】ヘウ［名］動植物体の表面をおおっている細胞層。

ひょう-びゃく【表白】ヘウ［名］法会ほうえで、僧侶がその趣旨などを仏前で読み上げること。また、その文。

ひょう-ひょう【▼飄▼飄】ヘウヘウ［形動タルト］❶風の吹くさま。また、その音を表す語。❷性格・態度などが世間ばなれしていて、とらえどころがないさま。〓「―とした人柄」

飄

ひょう-びょう【▼縹▼渺・▼縹▼緲】ヘウベウ［形動タルト］❶かすかではっきりしないさま。〓「神韻―」❷果てしなく広がっているさま。〓「―たる平原」

びょう-びょう【▼渺▼渺】ベウベウ［形動タルト］果てしなく広いさま。また、遠くはるかなさま。〓「―たる海原」

びょう-ぶ【▼屏風】ビャウ［名］長方形の木枠に紙・布などを張り、二枚・四枚・六枚と連ねて折り畳めるようにした調度。部屋の仕切りや装飾などに用いる。書き方「屏」は「屛」の簡易慣用字体。数「一架かい…」と数える。また、左右二架を一対とし、「一双そう…」と数える。

びょう-へい【病弊】ビャウ［名］物事の内部にひそむ弊害。

ひょう-へき【氷壁】［名］氷河の末端などで、氷が崖のように切り立っている所。また、氷におおわれている岸壁。

びょう-へき【病癖】ビャウ［名］病的な(悪い)くせ。

ひょう-へん【▼豹変】ヘウ［名・自サ変］機を見て態度や考え方が一変すること。〓「不利とみて態度が―した」語源『易経』の「君子は豹変す、小人は面を革あらたむ」による語で、もとは豹の毛が抜けかわると斑紋も鮮やかになるように、はっきりと誤りを正す意。⬇君子は豹変す

びょう-へん【病変】ビャウ［名］病気によって起こる生体の変化。〓「―組織」

びょう-ほ【苗▼圃】ベウ［名］草木の苗を育てるための畑。

ひょう-ほう【兵法】ヒャウハフ［名］⬇へいほう(兵法)

ひょう-ぼう【標▼榜】ヘウバウ［名・他サ変］自分の主義・主張などを公然とかかげ示すこと。〓「民主主義を―する」

びょう-ぼう【▼渺▼茫】ベウバウ［形動タルト］果てしなく広いさま。〓「―たる大海」

びょう-ぼつ【病没(病▼歿)】ビャウ［名・自サ変］病気で死ぬこと。病死。〓「父は五年前に―した」

ひょう-ほん【標本】ヘウ［名］❶研究資料として適当な処理を施して保存された動植物・鉱物などの個体またはその一部。〓「昆虫の―」❷統計で、調査対象として全体の中から抜き出した個々の資料。サンプル。

ひょうほん-ちょうさ【標本調査】ヘウホンテウサ［名］母集団から標本を抜き出して調査を行い、その結果から確率論的に母集団の性質を推測する方法。サンプリング調査。

びょう-ま【病魔】ビャウ［名］病気を魔物にたとえていう語。〓「―に冒される」

ひょう-む【氷霧】［名］微細な氷の結晶が空中に浮遊し、視程が一キロメートル未満になる現象。

ひょう-めい【表明】ヘウ［名・他サ変］自分の考えや決意をはっきりとあらわし示すこと。〓「所信［辞意］を―する」

びょう-めい【病名】ビャウ［名］病気の名称。

ひょう-めん【表面】ヘウ［名］❶物の外側の面。〓「地球の―」❷外から目につくところ。外見。うわべ。〓「―をとりつくろう」◈⬍裏面りめん

ひょうめん-か【表面化】ヘウメンクワ［名・自サ変］それまで隠れていた物事が表にあらわれてくること。〓「内部抗争が―する」

ひょうめん-せき【表面積】ヘウ［名］立体の表面の面積。

ひょうめん-ちょうりょく【表面張力】ヘウメンチヤウリヨク［名］液体の表面に作用する、その表面積をできるだけ小さく縮めようとする力。液体の分子間に働く引力によって起こる。▽水滴が球状になるのはこの力による。

ひょう-よみ【票読み】ヘウ［名・自サ変］❶開票時に票を読み上げること。❷選挙前に得票数を予想すること。〓「―のむずかしい選挙」

びょう-よみ【秒読み】ベウ［名］❶時間の経過を秒単位で読み上げること。特に、開始予定時刻・終了予定時刻までの経過を秒単位で読み上げること。❷期限などが間近に迫った状態にあること。〓「大学入試もいよいよ―の段階だ」

ひょう-り【表裏】ヘウ［名］❶［自サ変］表と裏。また、表と裏の関係にあること。〓「幸と不幸は―一体をなす」❷互いに様相の異なる二つの面。〓「世の中の―を知り尽くす」❸人前での言行と内心とが相違すること。うらおもて。〓「―のある人」

びょう-り【病理】ビャウ［名］病気の原因・症状・経過に関する理論。〓「―学」「―解剖」

ひょうり-いったい【表裏一体】ヘウリ［名］相反して見える二つのものの関係が根本の所では密接に結びついていること。〓「愛と憎しみとが―をなす」「官民が―となって復興に当たる」

ひょう-りゅう【漂流】ヘウリウ［名・自サ変］風や潮流のままに海上をただよい流れること。〓「船［材木］が嵐で―する」「漁師が筏いかだで―する」「―物・―記」使い方 海上以外の場所をさまよう意にもいう。〓「都会を―する若者たち」

ひょう-りょう【▼秤量】ヒヤウリヤウ［名］❶［他サ変］はかりにかけて重さをはかること。称量しょうりょう。❷そのはかりで正確にはかることのできる最大重量。〓「―一〇〇キロのはかり」◈「しょうりょう」の慣用読み。

びょう-れき【病歴】ビャウ［名］これまでにかかった病気の経歴。既往歴。

ひょう-ろう【兵糧(兵▼粮)】ヒャウラウ［名］将兵のための食糧。▽一般に、食糧の意でも使う。

ひょうろう-ぜめ【兵糧攻め】ヒャウラウ［名］敵の食糧補給路を断って戦力を弱らせる攻め方。

ひょうろく-だま【表六玉】ヘウロク［名］まのぬけた人をあざけっていう語。ひょうろく。書き方「兵六玉」とも。

ひょう-ろん【評論】ﾋｬｳ[名・他サ変]物事の善悪・優劣・価値などについて批評して論じること。また、その文章。〓「文芸[映画]―」「―家」

ひ-よく【比翼】[名]❶二羽の鳥が互いにつばさを並べること。❷雌雄ともに目が一つ、つばさが一つずつで、いつも二羽が一体となって飛ぶという、中国の伝説上の鳥。愛情の深い夫婦にたとえられる。▼「比翼の鳥」の略。❸和裁で、襟・袖口・振り・裾を二枚重ねにし、長着を重ね着したように見せる仕立て。▼「比翼仕立て」の略。

ひ-よく【肥沃】[名・形動]土地が肥えていて農作物がよく育つこと。〓「―な平野」

び-よく【尾翼】[名]飛行機などの後端部に取りつけた翼。ふつう垂直尾翼と水平尾翼とからなり、機体の安定確保・転回・上昇などの働きをする。

び-よく【鼻翼】[名]鼻のあたまの両端にあって、ふくれている部分。こばな。

ひよく-づか【比翼塚】[名]相愛だった男女や心中した男女を一緒に葬った墓。めおとづか。

ひよく-れんり【比翼連理】[名]比翼の鳥と、連理の枝。夫婦がきわめて仲むつまじいことのたとえ。

ひ-よけ【日▽除け】[名]❶直射日光をさえぎるためのおおい。❷日傘。パラソル。

ひ-よけ【火▽除け】[名]❶火事の延焼を防ぐこと。また、そのための構築物。❷神仏の力を借りて火事を防ぐこと。また、その護符。

ひよ-こ【▼雛】[名]❶卵からかえって間のない鳥。ひな。特に、ニワトリのひな。ひよっこ。❷まだ一人前になっていない未熟な者。幼稚な者。ひよっこ。〓「大工としてはまだ―だ」

ぴょこ-ぴょこ[副ト]❶小刻みにはねるさま。また、軽くはねるように動くさま。ひょこひょこ。〓「カエルが―(と)飛び出してくる」❷しきりに頭をさげるさま。ぺこぺこ。〓「―(と)おじぎをする」

ひょっこり[副ト]❶不意に目の前に現れるさま。〓「田舎の父が―(と)顔を出す」❷思いがけなく出会うさま。ばったり。〓「旧友と―再会する」

ひょっ-と[副]❶不意であるさま。思いがけないさま。ふと。〓「―立ち上がる」「―したことから知り合いになった」❷そうしたこともありうるという(期待を込めた)気持ちを表す。〓「―すれば―するかもしれない」使い方 動詞「する」と複合して「ひょっとしたら」「ひょっとして」「ひょっとすると」などさまざまな成句を作る。

ひょっとこ[名]❶目玉をむいて、とがらせた口を曲げた滑稽な顔つきの男の面。また、その面をつけて踊る里神楽の道化役。▼火吹き竹で火を吹く「火男(ひおとこ)」の転という。❷男性をののしっていう語。〓「この―野郎」

ひょっと-したら[副]そうしたこともありうるという(期待を込めた)気持ちを表す。もしかしたら。ひょっとすると。〓「―優勝できるかもしれない」

ひょっと-して[副]もしかして。〓「―落としたのじゃないか」「―君は知っているんだろう」

ひよ-どり【▼鵯】[名]ヒーヨヒーヨとやかましい声で鳴くスズメ目ヒヨドリ科の鳥。全身青灰色で、尾が長い。山林に群生するが、市街地でも繁殖する。ひよ。ひえどり。

ぴよ-ぴよ[副ト]ひな鳥などの鳴く声を表す語。〓「ひよこが―と鳴く」

ひ-よみ【日読み】[名]❶暦。❷十二支のこと。◈日を数える意。

ひよ-めき【〈▼顋門〉】[名]新生児の頭蓋で、骨がまだしっかりと接合していない部分。骨質を欠くので、鼓動のたびに動く。泉門。▼ひよひよと動く意から。

ひ-より【《日和》】[名]❶天気。空模様。〓「いいお―ですね」❷晴れたよい天気。また、そのことをするのにちょうどよい天気。〓「待てば海路の―あり」「小春―(びより)」「釣り―(びより)」「行楽―(びより)」❸物事のなりゆき。形勢。❹晴天の日にはく、歯の低い下駄。▼「日和下駄」の略。

ひより-み【《日和》見】[名]❶天候のようすを見ること。❷有利な方につこうとして形勢をうかがうこと。〓「―主義」

ひよ・る【日▽和る】[自五]態度をはっきりさせず、形勢をうかがって自分の都合のよい方につこうとする。〓「―って体制側につく」▼「日和見」から。

ひょろ-つ・く[自五]足元が定まらないでよろける。

ひょろ-なが・い【ひょろ長い】[形]ひょろひょろと細長いさま。〓「―足」派生―さ

ひょろ-ひょろ[副ト]❶細長くのびていかにも弱そうなさま。〓「背ばかりが―(と)のびた子供」❷足元がしっかりせず危なっかしいさま。〓「酔って―(と)歩く」

ひょろり[副ト]❶細長く伸びているさま。〓「―とした体つき」❷足もとがよろめくさま。〓「酔いが回って―とよろめく」❸不意に現れたり、消えたりするさま。〓「―と姿を現す」

ひ-よわ【ひ弱】[形動]いかにも弱々しいさま。〓「―な体」▼「ひ弱い」の語幹から。派生―さ

ひ-よわ・い【ひ弱い】[形]弱くてもろいさま。いかにも弱々しい。〓「―体つき」派生―げ／―さ

ひょん-な[連体]思いがけないさま。意外な。妙な。〓「―所で会う」「―ことから親しくなる」

ぴょん-ぴょん[副ト]身軽に繰り返しとびはねるさま。〓「カエルが―(と)はね回る」

ひら【平】[名]❶たいらなこと。ひらたいこと。また、そのもの。〓「手の―」「―屋根」❷並みであること。特に、組織などで役職についていないこと。〓「―社員」❸建物の大棟に平行な側面。❹「平椀(ひらわん)」の略。❺「平織り」の略。❻「平泳ぎ」の略。

ひら【▽片・▽枚】(造)薄くてたいらなものを数える語。〓「一(ひと)―の花弁」

びら【▽片・▽枚】[名]広告・宣伝のために文字や絵をかいてはり出したり、人に配ったりする紙片。〓「―をまく」

ビラ[villa][名]別荘。別邸。

ひら-あやまり【平謝り】[名]ただひたすら謝ること。〓「―に謝る」

ひ-らい【飛来】[名・自サ変]飛んでくること。〓「敵機が―する」

ひらい-しん【避雷針】[名]落雷による被害を防ぐために建造物の上などに立てる金属の棒。その先端に集めた電気を導線によって地中に放電する。

ひら-うち【平打ち】[名]❶ひもを平らに編むこと。また、そのひも。⬌丸打ち ❷金属を平らに打ち延ばすこと。また、その金属。

ひら-およぎ【平泳ぎ】[名]泳法の一つ。うつぶせになって、前方にのばした両手を左右対称に開きながら水をかき、足は蛙足(かえるあし)を用いて進む。蛙泳ぎ。ブレスト。ブレストストローク。

ひら-おり【平織り】[名] 縦糸と横糸を一本ずつ交差させて織る、最も基本的な織り方。また、その織物。平(ひら)。平地(ひらじ)。

ひら-がな【平《仮名》】[名] 仮名の一つ。平安初期に成立した音節文字。漢字の草書体から作られた草仮名をさらに簡略化したもの。

ひらき【開き】[名] ❶開くこと。また、そのぐあい。‖「ドアの—が悪い」❷隔たり。差。‖「実力に—がある」❸魚を開いて干したもの。‖「サンマの—」❹⬇おひらき ❺「開き戸」の略。❻〈他の名詞に付いて、「びらき」の形で〉閉じていたものを開放する意を表す。‖「山—・海—・プール—」

ひらき-ど【開き戸】[名] 蝶番(ちょうつがい)・枢(とぼそ)などを取りつけて一方を固定し、他方を前後に開閉するようにした戸。片開き戸・両開き戸がある。

ひらき-なお・る【開き直る】(ナホル)[自五] それまでとは打って変わって、ふてぶてしい態度になる。覚悟をきめて、正面きったきびしい態度になる。‖「—って反問する」

ひら-ぎぬ【平絹】[名] 縦糸・横糸とも同じ太さの糸で平織りにした薄手の絹織物。和服の裏地などに用いる。

ひら・く【開く】

A 閉じたり畳まれたりしたものが開放される

一[自五] ❶閉じていたものが排されて、行き来できたり見通せるようになったりする。開放した状態になる。開(あ)く。‖「ドア[門・ゲート]が—」「バッグの口が—」「コックを右に回すと弁が—」 注意 漢字で書く場合、「開(あ)く」と「開(ひら)く」の読み方の区別がつきにくいため、ふりがなが必要な場合もある。⬍閉まる・閉じる

❷畳んでいた物や閉じていた物が広がる。‖「傘[扇子]が—」「パラシュートが—」⬍閉じる

❸固く閉じたものが広がった状態になる。特に、つぼみや若葉がほころんだ状態になる。また、花が咲く。‖「茶葉が完全に—まで煎(せん)じる」「ユリのつぼみが—」「花が—」

❹接合したり重なり合ったりしていた部分が離れた状態になる。特に、目や口が開(あ)いた状態になる。‖「莢(さや)が—」「貝(の口)が—」「傷口が—」「眠くて目が—・かない」 使い方 「心が—(=隠し事やわだかまりをなくして打ち解けた気持ちになる)」など、比喩的にも使う。

❺〈「瞳孔(どうこう)が開く」の形で〉瞳孔が最大限に散大し、光に反応しなくなる。‖「瞳孔が—・いている」▼死の認定の一つとする。

❻選挙で、開票される。‖「都市部が—」

❼スポーツで、力のためがなく有効な姿勢が持続できなくなる。‖「体(からだ・たい)[肩]が—」

B 営業が始まる

❽その日の業務が始まる。また、引き続き業務を行う。開(あ)く。‖「店は朝九時に—」⬍閉まる

C 隔たりが大きくなる

❾隔たりが大きくなる。また、大きな隔たりがある。‖「差が—」「年齢が一回りも—・いている」「(打撃フォームで)左右の足が—・きすぎている」

❿先のほうが広がっている。‖「このズボンは裾(すそ)が大きく—・いている」⬍閉じる・すぼむ

D 閉じたり畳まれたりしたものを開放する

二[他五] ❶閉じていたものを排して、自由に行き来したり難なく見通したりできるようにする。開放した状態にする。開(あ)ける。‖「扉[門戸]を—」「カーテン[幕]を—」「胸元を—・いて医師の診察を待つ」⬍閉める・閉じる

❷畳んでいた物や閉じていた物を広げる。‖「手帳[本]を—」「傘を—」「巻物を—」⬍閉じる

❸中身を取り出すために、ふたや封じ目などを開ける。‖「ふた[封]を—」「弁当を—」「手紙を—」

❹固く閉じた物を広げる。特に、草木がつぼみや若葉をほころばせる。また、花を咲かせる。‖「ネムノキは昼は葉を—・き夜は閉じる」「ツバキが花を—」

❺(閉じていた)体の部分を開放した状態にする。開(あ)ける。‖「大きく口を—・いて息を吸い込む」「しっかりと目を—・いて見る」「クジャクが羽を—」⬍閉じる 使い方 「現代音楽に目を—」「おもむろに口を—」「胸襟(きょうきん)を—」「眉(まゆ)を—」などの成句もある。

❻足の先のほうが広がるようにする。‖「爪先(つまさき)を—」「スキーを逆八字形に—・いて斜面を登る」

❼魚の調理法で、腹(または背)を切り離して一枚に広がった形にする。開きにする。‖「ウナギを腹から—」

❽国(特に、港)を開放して、諸外国が自由に出入りできるようにする。また、そのようにして国と国が交流する状態を作り出す。‖「交易のために港を—」「隣国と国交を—」⬍閉じる・閉ざす

❾〈「開かれた…」「開かれている」の形で〉特段の制限や統制を設けないさま。閉鎖的でない。開放された。オープンな。‖「—・かれた社会」「本校はまだ社会に向けて十分に—・かれてはいない」

E 新たに組織などを作る

❿新たに組織の拠点や施設・設備などを設ける。開設する。‖「ビルの二階に事務所を—」「〇〇銀行に口座を—」⬍閉める・閉じる・畳む

⓫新たに国家・王朝・流派などを作る。立てる。興す。‖「国[〇〇王朝]を—」「鎌倉に幕府を—」「一宗派を—」

F 催しや営業などを始める

⓬会や催しを行う。開催する。開会する。‖「会議を—」「個展を—」「公民館で市民大学講座を—」⬍閉じる

⓭店や事務所がその日の業務を始める。また、引き続きその業務を行う。開(あ)ける。‖「朝九時に店を—」「夜は九時まで店を—・いている」⬍閉める・閉じる

G 今までなかった状況や局面を新たに作る

⓮生活に適した空間を得るために未開の地に手を加える。また、そのようにして農地・道・居住地などを作る。開拓・開墾する。‖「原野を—」「山を切り崩して道を—」

⓯未来へ向けて新しい状況・局面・境地などを作り出す。‖「問題解決への突破口を—」「和平への道を—」

⓰未来のための足がかりとなるものを作り出す。‖「研究の端(たん)を—」「発展の基礎を—」

H 隔たりを大きくする

⓱隔たりを大きくする。開(あ)ける。広げる。‖「ゴール間近で一気に距離を—」⬍詰める・狭める

I その他

⓲⬇蒙(もう)を啓(ひら)く

⓳〈「悟りを開く」の形で〉迷いを去って真理を会得する。悟りの境地に達する。また、一般に物事の道理を会得する。悟る。‖「俗念を去って悟りを—」

⓴〈「体(たい)を開く」の形で〉一方の足を後ろへ引いて(半身の姿勢で)相手との距離をとる。‖「体を—・いて出し投げを打つ」

㉑コンピューターで、ファイルなどを見たり編集したりできる状態にする。‖「ファイルを—」⬍閉じる

㉒数学で、平方根・立方根を求める。開平する。開立(かいりゅう)

する。また、括弧のついた式を括弧のない式に変える。‖「平方に―」㉓校正で、原稿の漢字の部分をかなに改める。‖「かなに―」

◈書き分け 切り開く意で「▽拓く」(二⑭⑮)、書物や手紙を開く意で「▽披く」(②③)、巻いた物や閉じた物を広げて見る意で「▽展く」(②。巻物を展く)とも書くが、一般には【開】を使う。啓蒙の意の(二)⑱は「▽啓く」を使う。可能 開ける 名 開き

◉**開け、胡麻** アラビアンナイト中の物語『アリババと四十人の盗賊』で、盗賊団の宝を隠した洞窟の扉を開けるときに唱える呪文。オープン、セサミ。

び-らく【微落】［名・自サ変］物価などがわずかに下がること。⇕微騰

ひら-ぐけ【平▼絎】［名］❶ひも・細帯などを平らに仕上がるようにくけること。❷芯を入れないで平たくくけた幅の狭い帯。▽「平絎帯」の略。

ひら-くび【平首】［名］馬の首の側面。たてがみの下の左右の平らな部分。

ひら-ぐも【平〈▼蜘▼蛛〉】［名］❶ヒラタグモの通称。❷体の扁平なクモ。‖「―のようになって(＝平身低頭して)謝る」

ひら・ける【開ける】■［自下一］❶さえぎる物がなく広く見渡せるような景観が広がる。‖「眼前に雄大な展望が―」「路地を抜けると目の前に海が―」❷道路・交通機関が通じて自由に行き来できるようになる。‖「本四架橋で四国への道が―」❸文明や文化が進む。また、人の考え方や世の中が進む。‖「文明が―」「年齢のわりには考え方が―・けている」❹開発が進んで土地がにぎやかになる。‖「あの辺りも最近はずいぶん―・けてきた」❺未来へ向けて新しい状況や局面が展開される。‖「君たちの前には輝かしい未来が―・けている」「信ずれば必ずや運が―」❻〈「開けた…」「開けている」の形で〉世情・人情に通じて物分かりがよい。‖「―・けた人だからいつでも相談に乗ってくれる」◈書き方「▽拓ける」「▽展ける」とも。⬇開く「書き分け」文ひら・く■［自他下二］「開く」の可能形。開くことができる。‖「委員会は三日以降なら―」

ひら-ざら【平皿】［名］浅くて平たい皿。

ひら-じろ【平城】［名］平地に築いた城。ひらじょう。

ひらた・い【平たい】［形］❶表面がたいらで、凹凸が少ないさま。また、厚みが少なく、横に広がっている。‖「―鍋」「グラウンドを―・くならす」❷表現などがわかりやすい。‖「―ことばで解説する」「―・く言えば、猿も木から落ちるということだ」派生 ―さ

ひらた-ぐも【平〈▼蜘▼蛛〉】［名］家屋内の壁面などに丸くて平たい巣を張るヒラタグモ科のクモ。体長一〇ミリメートル前後。ヒラグモ。

ひら-たけ【平▼茸】［名］秋から冬にかけて広葉樹の枯れ木に生えるヒラタケ科のキノコ。傘はふつう半円形で、白い柄は短い。食用。

ひら-ち【平地】［名］平らな土地。

ひら-づみ【平積み】［名］書店で、雑誌や書籍の表紙を上向きにして積み並べること。また、その陳列法。‖「目立つように―にする」

ひら-て【平手】［名］❶開いた手のひら。❷将棋で、駒を落とさずに対等の条件で指すこと。⇕駒落ち

ピラティス［pilates］［名］筋力トレーニングとストレッチを組み合わせた運動法。ゆるやかな動きと呼吸法が特徴。ピラティスメソッド。▽もと商標名。

ひら-なべ【平鍋】［名］底が浅くて平たいなべ。

ひら-に【平に】［副］へりくだって一心に懇願する気持ちを表す。どうか。何とぞ。‖「―ご容赦ください」

ピラニア［piranhaポルトガル］［名］南米の河川に分布するカラシン科の淡水魚の総称。一般に体は平たい卵円形。強く鋭い歯をもち、人畜を襲う種もある。

ひら-ば【平場】［名］❶平坦な土地。ひらち。❷歌舞伎劇場で、舞台正面の枡で仕切られた観客席。また一般に、舞台正面の一階座席。平土間。❸競馬などで、特別レースではない一般のレース。

ひら-ひら［副］❶軽くて薄いものがひるがえりながら動くさま。‖「花びらが―(と)散る」❷火や光が揺れ動くさま。‖「暖炉の火が―(と)燃えあがる」

ピラフ［pilafフランス］［名］バターで炒めた米にタマネギ・肉・魚介などを加えて調味し、スープストックで炊きあげた米飯料理。

ひら-べった・い【平べったい】［形］〔俗〕平らだ。扁平だ。平たい。‖「―かばん」派生 ―さ

ひら-まく【平幕】［名］相撲で、横綱と三役を除いた幕内力士。前頭。

ひら-まさ【平▽政】［名］本州以南の近海に分布するアジ科の海水魚。ブリに似るがやや細長く、体側中央に鮮やかな黄色縦帯が走る。食用。夏が旬。ひらす。ひらぶり。

ピラミッド［pyramid］［名］エジプト・エチオピア・メキシコなどに残る、石または煉瓦を四角錐に積み上げた巨大な建造物。古代エジプトでは、王・王妃・王族の墳墓として建造された。メキシコの古代遺跡では神殿の基壇として建てられたものが多い。金字塔。

ひら-め【平目・▼鮃・〈比目魚〉】［名］近海の砂底にすむカレイ目ヒラメ科の海水魚。体は平たい長楕円形で、普通両眼とも頭部の左側にある。カレイ類に比べて口が大きい。食用。

ひらめか・す【▼閃かす】［他五］❶一瞬するどく光らせる。きらめかす。‖「ナイフを―・して切りかかる」❷ひらひらとひるがえす。なびかせる。‖「ふさふさ白い尾を―重挽馬〈宮沢賢治〉」❸すぐれた能力や考えなどをちらりと見せる。‖「才知の片鱗を―」異形 ひらめかせる

ひらめか・せる【▼閃かせる】［他下一］⬇ひらめかす

ひらめき【▼閃き】［名］ひらめくこと。‖「とっさの―」

ひらめ・く【▼閃く】［自五］❶一瞬するどく光る。ぴかっと光る。きらめく。‖「雷光が―」❷風などを受けてひらひらと揺れ動く。‖「幟が―」❸瞬間的にある考えが脳裏に浮かぶ。‖「脳裏にアイディアが―」名 ひらめき

ひら-や【平屋(平家)】［名］一階建ての家。

ひらり-と［副］すばやく身をひるがえすさま。‖「―体をかわす」

ひら-わん【平▼椀】［名］底が浅くて平たい椀。また、それに盛った料理。おひら。ひら。

び-らん【▼糜▼爛】［名・自サ変］炎症によって皮膚や肉が破れてくずれること。ただれ。‖「―ガス」

びり［名］順位・順番の一番あと。最下位。どんじり。

ピリオド［period］［名］欧文などで、文の末尾につ

ける点。ドット。終止符。記号「.」

◉ピリオドを打つ ➡終止符を打つ

ぴり-から【ぴり辛】[名] ぴりっと辛いこと。‖「—せんべい」 書き方 多く「ピリ辛」と書く。

ひ-りき【非力】[名・形動] 腕力・体力の弱いこと。また、力量が足りないこと。ひりょく。‖「おのれの—を痛感する」「—な人」 派生 -さ

ビリケン [Billiken] [名] とがった頭と眉(まゆ)のつり上がった顔をもつ裸の人形。▼アメリカの美術家がつくり出し、幸福を招く神として流行。

ひ-りつ【比率】[名] 二つ以上の数量を比較したときの割合。‖「利益を七対三の—で分ける」「—が高い」「—が上昇する」

ひり-つ・く [自五] ひりひりと痛む。‖「のどが—」

びり-っ-けつ【びりっ▽尻】[名]〔俗〕最後であること。最下位。最後尾。びりけつ。▼最後の意の「びり」と「けつ」を重ねた語。

びりっ-と [副] ❶紙や布が勢いよくさけるさま。また、その音を表す語。‖「カーテンを—破る」 ❷電気などの強い刺激を受けてしびれなどを感じるさま。‖「静電気が—きた」

ぴりっ-と [副] ❶刺激などを瞬間的に感じるさま。‖「舌が—する」 ❷緊張感などで引き締まるさま。‖「彼が出るだけで舞台が—締まる」「気持ちが—する」

ひり-ひり [副ト] 皮膚や粘膜が刺激されて、軽くしびれるような痛みや辛味を感じるさま。‖「日に焼けて肌が—(と)する」

びり-びり [副ト] ❶[三] 紙や布を破るさま。また、その音を表す語。‖「手紙を—(と)破る」 ❷物が小刻みにふるえ動くさま。また、その音を表す語。‖「爆風を受けてガラス戸が—(と)鳴る」 ❸電気などにふれて皮膚に強い刺激を感じるさま。‖「スイッチにさわると—(と)する」

ぴり-ぴり [副ト] ❶皮膚や粘膜が刺激されて、しびれるような痛みや辛味を感じるさま。‖「唐辛子がきいて舌が—(と)する」 ❷神経がたかぶって敏感になるさま。‖「生徒は試験を控えて—(と)している」 ❸小刻みにふるえ動くさま。‖「ほおが—(と)ひきつる」

ビリヤード [billiards] [名] ➡玉突き①

ひ-りゅう【飛竜】[名] 空をかけめぐるという竜。ひりょう。

び-りゅうし【微粒子】(フーリシ) [名] きわめて細かいつぶ。微粒。

ひりゅう-ず【飛竜頭】(ヒリュウズ) [名] ❶粳米(うるちまい)と糯米(もちごめ)の粉をまぜ合わせて水で練り、油で揚げた食品。❷関西で、「がんもどき」のこと。◈ポルトガル語のfilhosから。「ひりょうず」とも。

ひ-りょう【肥料】(ーレウ) [名] 植物の生育を助けるために土壌などに施す栄養物質。こやし。‖「化学—」

び-りょう【微量】(ーリヤウ) [名] きわめてわずかな量。‖「—の鉄分を含む水」

び-りょう【鼻▼梁】(ーリヤウ) [名] はなすじ。はなばしら。‖「—が高い」

び-りょく【微力】[名] ❶ごく弱い力しかないこと。また、その力。❷自分の力量をいう丁重語。‖「—ながらお手伝いいたします」

ピリング [pilling] [名] ➡毛玉①

ひる【昼】[名] ❶日の出から日の入りまでの明るい間。日中。昼間。‖「—は働き、夜学校へ行く」⇕夜▼特に日の高い間をいうことがある。‖「朝と—の二回散歩をする」 ❷正午。 書き方 「▽午」とも。❸昼食。ひるめし。‖「簡単に—を済ます」

ひる【▼蛭】[名] ヒル綱に属する環形動物の総称。細長い体は扁平(へんぺい)または円筒形。三四の体節からなり、体の前後両端の腹面に吸盤をもつ。淡水や湿地に生息するチスイビル・ウマビル・ヌマビル・ヤマビルなどは温血動物から吸血する。

ひる【▼蒜】[名] ネギ・ノビル・ニンニクなど、においが強く食用になる草の総称。

ひ・る【▽放る】[他五] 体外へ排泄(はいせつ)する。‖「屁(へ)を—」

ひる【干る(▽乾る)】[自上一] ❶水分がなくなる。かわく。‖「田んぼが—」 ❷潮が引いて海底があらわれる。‖「潮が—」

びる [接尾]〈名詞または形容詞の語幹に付いて上一段活用の動詞を作る〉…らしくなる、…のような状態になる、などの意を表す。‖「古(ふる)—・大人—・ひな—」

ビル [名] 「ビルディング」の略。‖「駅—・ターミナル—」

ビル [bill] [名] ❶勘定書。請求書。❷手形。証券。

ピル [pill] [名] ❶丸薬。錠剤。❷経口避妊薬。

ひる-あんどん【昼行▽灯】[名] ぼんやりした人、役に立たない人をあざけっていう語。▼昼間ともす行灯はぼんやりして何の役にも立たないことから。

ひ-るい【比類】[名] それとくらべられるもの。同等のもの。‖「—なき壁画の傑作」

ひるがえ・す【翻す(▼飜す)】(ヘルカス) [他五] ❶反転させる。ひっくりかえす。‖「手のひらを—」「身を—・して逃げる」 ❷布などを、風をともなうような形で動かす。はためかす。‖「旗を—」「スカートの裾を—・してドアから出て行った」 ❸意見・考えなどを急に大きく変える。くつがえす。‖「彼は簡単に前言を—・した」「態度を—」◈ 書き方 「飜」は異体字。 可能 翻せる

[ことば探究]「ひるがえす」の使い方

▼「ひるがえす」①は、風を伴うようなイメージを持っているため、丸いものの反転や、ゆっくりした回転には言いにくい。

「たこ焼きをくるりと ×ひるがえす/○ひっくりかえす」

▼「ひるがえす」③は、「覆(くつがえ)す」と近い意味だが、「ひるがえす」は自分の言動以外のことがらを変える場合には言いにくい。

「常識を ×ひるがえす/○覆す」

ひるがえっ-て【翻って】(ヒルガヘッー) [副] これとは別の立場や方面からみると。反対に。‖「—日本の年金制度を考えてみると…」

ひるがえ・る【翻る(▼飜る)】(ヘルカ) [自五] ❶風に吹かれてひらひらする。風になびく。はためく。また、木の葉などが風に吹かれて舞う。‖「大会旗が—」「木枯らしに枯れ葉が—」 ❷これまでの態度・意見などが急に変わる。‖「決意が—」◈ 書き方 「飜」は異体字。

ひる-がお【昼顔】(ーガホ) [名] 夏の日中、漏斗形の淡紅色の花を開くヒルガオ科のつる性多年草。地下茎で増え、長いつるをのばして他物にからまる。

ビル-かぜ【ビル風】[名] 高層ビルの周辺に吹く、局所的な強い風。

ひる-げ【昼▼餉・昼▽食】[名]〔古風〕昼の食事。昼めし。⇕朝餉(あさげ)・夕餉(ゆうげ)

ひる-ごはん【昼御飯】［名］昼の食事。▽「昼飯」より丁寧な言い方。

ひる-さがり【昼下がり】［名］正午を少し過ぎたころ。

びるしゃな-ぶつ【▼毘▼盧遮那仏】［名］華厳宗で、蓮華蔵世界に住み、全宇宙をあまねく照らす仏。盧遮那仏。毘盧遮那。▽真言宗では大日如来と同体とされる。

ひる-すぎ【昼過ぎ】［名］正午を過ぎたころ。また、午後。〓「ーから雨になった」「明日のーに会おう」

ビルディング［building］［名］鉄筋コンクリートなどで造られた中・高層の建築物。ビル。

ビルト-イン［built-in］［名・他サ変］組み込むこと。作りつけてあること。〓「調理台にーされたレンジ」

ひる-どき【昼時】［名］❶正午のころ。昼ごろ。〓「ーに雨が降り出した」❷昼食をとる時分。昼飯時。〓「もうーだから弁当にしよう」

ひる-とんび【昼▼鳶】［名］昼間、人家に忍び入って金品をかすめ取るこそどろ。ひるとび。

ひる-なか【昼中】［名］昼間。日中。

ひる-ね【昼寝】［名・自サ変］昼間、眠ること。午睡。

ひる-ひなか【昼日中】［名］「昼間」「日中」を強めていう語。まっぴるま。

ひる-ま【昼間】［名］朝から夕方までの間。昼の間。日中。〓「ーは暖かいが夜になると寒くなる」

ひる-まえ【昼前】［名］正午の少し前。また、午前。

ひる・む【▼怯む】［自五］おじけづいて勢いが弱まる。しりごみする。〓「ーんだすきをついて組み伏せる」

ひる-めし【昼飯】［名］昼の食事。昼食。昼げ。⇔朝飯・夕飯・晩飯

ひる-やすみ【昼休み】［名］昼食時にとる休憩。また、その時間。

ひれ【▼鰭】［名］魚類や水生哺乳類が遊泳するための運動器官。魚類では背びれ・尾びれ・尻びれ・胸びれ・腹びれなどがある。

鰭

ヒレ［filet フランス］［名］牛や豚のロースの内側にある、脂肪でおおわれた赤身の肉。最もやわらかい上等の肉で、まわりの脂をけずって用いる。ヒレ肉。フィレ。

ひ-れい【比例】［名・自サ変］❶数学で、二つの変数の間で、一方が二倍、三倍となるにつれて、一方も二倍、三倍となっていくこと。また、その二つの変数間の関係。正比例。❷二つのものが一定の関係をもち、一方が増減するにつれて他方も増減すること。〓「高齢人口の増加にーして要介護高齢者も増えていく」❸物の形で、部分と部分または部分と全体との割合が釣り合っていること。

ひ-れい【非礼】［名・形動］礼儀にはずれること。〓「ーをわびる」「ーの者」「ーな態度」派生 -さ

び-れい【美麗】［名・形動］あでやかで美しいこと。〓「ーな衣服」

ひれいだいひょう-せい【比例代表制】［名］各政党の得票数に比例して、それぞれの当選者数を決定する選挙制度。

ひれい-はいぶん【比例配分】［名］ある量を与えられた比に等しくなるように分けること。按分比例。

ヒレ-カツ［和製 filet フランス + cutlet］［名］豚のヒレ肉に小麦粉・溶き卵・パン粉をつけて油で揚げた料理。

ひ-れき【披▼瀝】［名・他サ変］心中をさらけ出すこと。考えていることをすべて打ち明けること。〓「胸中をーする」

瀝

ひれ-ざけ【▼鰭酒】［名］乾燥したフグなどのひれを焼き焦がし、熱燗の清酒に浸したもの。特有の香味がある。

ひ-れつ【卑劣(▼鄙劣)】［名・形動］品性や言動がいやしくきたないこと。〓「ーな手段」派生 -さ

ひれ-ふ・す【▽平伏す】［自五］かしこまって頭が地につくほど体を平らにする。へいふくする。〓「神前にー」

ひ-れん【悲恋】［名］悲しい結末に終わる恋。

ひろ【▽尋】［名］慣習的な長さを表す単位。両手を左右に広げた長さ。一ひろは約一・五メートルから約一・八メートル。釣り糸や水深などを計るのに用いる。

ひろ・い【広い】［形］❶面積が大きい。特に、活用できる面積が大きい。〓「この公園は面積がー」「入り口は狭いが、内部はー」「荷物を整理して部屋をーく使う」❷仕切られた両端の幅が大きい。〓「このテレビは画面がー」「額がー人」「道幅をーくする」使い方「広い／太い幹線道路」では、前者が単に線状に続くものの両側の幅の大きさをいうのに対し、後者は輸送力が大きいなど機能の面に注目していう。❸ものの広がりが大きい範囲に行き渡っているさま。〓「宇宙空間は限りなくー」「さすがに頂上からの眺めは視界がー」「世間はーようで意外に狭い」❹物事が大きい範囲に行き渡っているさま。〓「知識がー」「政治家だけあって顔がー」「ー・く社会に意見を求める」「その名は業界ではー・く知られている」❺〈多く「広く浅く」の形で〉知識などが深みに達することを求めないで、もっぱら広範囲に及ぶことを求めるさま。〓「ー・く浅く知識を吸収する」❻心の持ちようがゆったりしているさま。寛大だ。寛容だ。〓「度量がー」「ー心で人を許す」書き方 ④は「▽博い」、⑥は「▽寛い」とも。◈⇔狭い 派生 -さ

ヒロイズム［heroism］［名］英雄を崇拝し、英雄的な行為を賛美する心情。英雄主義。

ひろい-だ・す【拾い出す】［他五］見つけて拾い上げる。多くのものの中から選び出す。〓「必要なデータをー」

ヒロイック［heroic］［形動］勇ましいさま。英雄的。

ひろい-もの【拾い物】［名］❶拾った物。拾得物。〓「ーをする」❷思いがけない収穫。もうけもの。〓「この一勝はーだ」

ひろい-よみ【拾い読み】［名・他サ変］❶必要な部分だけを選んでとびとびに読むこと。〓「雑誌をーする」❷文字を一字一字たどって読むこと。また、読める文字だけを拾って読むこと。

ヒロイン［heroine］［名］小説・戯曲などの女主人公。また、実際の出来事などの中心となる女性。〓「悲劇のー」⇔ヒーロー

ひ-ろう【披露】［名・他サ変］知られていないことや珍しいことなどを広く人々に知らせること。〓「新作［裏話］をーする」「襲名［結婚］ー」▽手紙・文書などを披き露わす意から。使い方 多く、好ましいことをその場で見せるといった含みで使う。

ひ-ろう【疲労】［名・自サ変］❶体を使いすぎたために、その機能が低下して本来の働きができなくなること。つかれること。また、その現象。〓「心身ともにーする」「ーがたまる」「眼精ー」❷金属などの材料に外力がくり

返し作用したとき、材料の強度が低下すること。また、その現象。「金属ー」

ひろ・う【拾う】 [他五] ❶落ちているものや捨ててあるものを手で取り上げる。「空き缶をー」「浜で貝殻をー」「公園で子猫をー」❷他人の落としたものを偶然に手にいれる。拾得する。「道で定期券をー」❸多くの中から必要なものを選び取る。「新聞から話題をー」「短編だけをーって作品集を編む」❹鳥がくちばしでえさをついばむ。「カラスがえさをー」❺テニス・バレーなどの球技で、相手の攻撃してくる球を受け止める。「スパイクをー」❻不遇な人などを取り立てる。「失業中にーわれて職を得る」❼思いがけなく手に入れる。「勝ち星[幸運]をー」❽失いかけたものを失わずにすむ。「危ないところで命をー」❾車などで出かける途中で人を乗せる。「友人をーって駅まで行く」❿流しのタクシーなどを呼びとめて乗る。「表通りで車をー」⓫マイクロフォンなどが音を感じ取る。キャッチする。とらえる。「マイクが雑音をー」⓬〈「年を拾う」の形で〉年をとる。◈①⑥⑩⬍捨てる 可能 拾える

び-ろう【尾籠】 [名・形動] きたないこと。けがらわしいこと。「ーな話で恐縮ですが…」▼愚かの意の「おこ（痴）」に当てた「尾籠」を音読みにした語。

ひろう-えん【披露宴】 [名] めでたい事柄を披露するために催す宴会。「結婚ー」

ひろう-こんぱい【疲労困▼憊】 [名] ひどくつかれて苦しむこと。

ひろ-えん【広縁】 [名] 幅の広い縁側。

ピロー [pillow] [名] 枕(まくら)。

ビロード [veludo ポルトガル] [名] パイル織物の一つ。綿・絹・毛などで織り、表面を毛羽立てた、滑らかな感触の織物。ベルベット。書き方「〈天▼鵞▼絨〉」と当てる。

ひろが・る【広がる】 [自五] ❶人為や作用によって、面積、規模・範囲などが広くなる。大きくなる。「川幅[領土]がー」「先頭との距離がー」「知識[傷口]がー」⬍狭まる ❷（規模が大きくなって）広い範囲に行きわたる。「部屋中に火がー」「場内に手拍子がー」「うわさ[波紋]がー」❸閉じたものが開いて大きくなる。また、先端に向かって幅が大きくなる。「風で傘がー」「このズボンはすそがラッパ状にーっている」❹大きく展開される意で、景観や光景が見渡すかぎりそこに存在することをいう。「眼下に大草原がー」「足元に湿地帯がー」◈書き方 ①②は「▽拡がる」、④は「▽展がる」とも。名 広がり

ひ-ろく【秘録】 [名] かくされていた記録。一般に公開されていない記録。

び-ろく【美▼禄】 [名] ❶よい俸禄。高額の給与。「ーを食(は)む」❷酒の美称。▼『漢書』の「酒は天の美禄」から。

び-ろく【微▼禄】 [名] わずかの俸禄。薄給。

ひろ-くち【広口】 [名] ❶容器の口が広いこと。「ー瓶(びん)」❷生け花用の水盤。

ひろ・げる【広げる】 [他下一] ❶面積、規模・範囲などを広くする。大きくする。（意図的な行為にもそうでないものにもいう）「間口[勢力・事業・視野]をー」「選択の幅をー」⬍狭める ❷閉じたり巻いたり畳んだりした物を開く。「新聞をー」「クジャクが羽をー」「両手をーげて抱きしめる」❸あたり一面に置き並べる。「所持品を机の上にー」「日用品を路上にーげて売る」❹植物が周囲に枝や根を張り出す。伸ばす。張り広げる。「桜が四方八方に枝をー」◈書き方 ①④は「▽拡げる」、②③は「▽展げる」とも。文 ひろ・ぐ

ひろ-こうじ【広小路】 [名] 幅の広い街路。

ひろ-さ【広さ】 [名] ❶平面の大きさ。また、その度合い。面積。「ーを測る」❷相当に広いこと。「部屋のーを自慢する」「心のーに驚く」⬍狭さ

ピロシキ [pirozhki ロシア] [名] ロシア料理の一つ。パン生地をのばしてひき肉・タマネギ・キノコ・春雨などをいためた具を包み、紡錘形または半月形にまとめて油で揚げるか、オーブンで焼くかしたもの。

ひろ-そで【広袖】 [名] 和裁で、袖口の下方を縫い合わせない袖。長襦袢(ながじゅばん)・丹前などにつける。平袖。

ひろっ-ぱ【広っぱ】 [名] 広々とした所。▼「ひろば（広場）」の転。

ピロティ [pilotis フランス] [名] 一階は支柱だけにして二階以上に室を設ける建築様式。また、その柱。

ひろ-の【広野】 [名] 広い野原。ひろのはら。

ひろ-ば【広場】 [名] ❶広々とした場所。ひろっぱ。❷多くの人が集まれるように広く空間をとった公共の場所。フォーラム。「駅前ー」▼広く意思の疎通をはかる場のたとえにもいう。「話し合いのー」

ひろ-はば【広幅】 [名] ❶幅の広いこと。❷反物で、並幅の倍の幅のもの。鯨尺で一尺九寸（約七二センチメートル）の幅。大幅。

ひろ-びろ【広広】 [副ト] いかにも広く感じられるさま。「ーと晴れ渡った空」

ひろ-ぶた【広蓋】 [名] ❶衣装箱のふた。▼昔、衣服を人に贈るとき、これにのせて差し出した。❷縁のある大形の角盆。

ヒロポン [Philopon] [名] 覚醒(かくせい)剤の塩酸メタンフェタミンの商標名。連用すると幻覚などの中毒症状を起こす。

ひろ-ま【広間】 [名] 広い部屋・座敷。「大ー」

ひろ-まえ【広前】 [名] ❶神仏の前を高めていう語。❷神殿・宮殿などの前庭。

ひろま・る【広まる（▼弘まる）】 [自五] ❶全体に広く行きわたって知られるようになる。広がる。「うわさが町中にー」「習慣がー」❷範囲が大きくなる。「試験の範囲がー」⬍狭まる ▼まれな言い方で、「広くなる・広がる」のほうが一般的。

ひろ-め【広め（広目）】 [名・形動] 普通よりやや広いこと。「裁ち幅をーに取る」「ーの部屋」

ひろめ【広め（披露目・▼弘め）】 [名] 広く知らせること。披露(ひろう)。▼「広める」の連用形から。⬇おひろめ

ひろ・める【広める（▼弘める）】 [他下一] ❶（範囲を広げて）全体を大きくする。「世界に学んで知識をー」「見聞をー」❷全体に広く行きわたらせて知られるようにする。普及させる。「仏教[新製品]をー」文 ひろ・む 名 広め

ひろ-やか【広やか】 [形動] 広々としているさま。「ーな草原」派生 -さ

ピロリ-きん【ピロリ菌】 [名] ヒトの胃に生息するグラム陰性の桿菌(かんきん)。ヘリコバクター-ピロリ。▼胃潰瘍(かいよう)や胃癌(がん)などの発生につながるとされる。

ひわ【▼鶸】 [名] スズメ目アトリ科の鳥のうち、マヒワ・カワラヒワ・ベニヒワの総称。ふつうマヒワをさす。

ひ-わ【秘話】 [名] 世間の人々に知られていない話。

ひ-わ【悲話】 [名] 悲しい物語。あわれな話。

びーわ【▼枇▼杷】ハ[名]果樹として栽培するバラ科の常緑高木。また、その果実。葉は大形の楕円(だえん)形。初冬、枝頂に白い花を密につけ、翌年の初夏、倒卵形の果実を結ぶ。黄色に熟す果実は生食・缶詰用。

びーわ【▼琵▼琶】ハ[名]東洋の撥弦(はつげん)楽器の一つ。しゃもじ形をした木製の共鳴胴に四、五本の弦を張ったもの。語り物の伴奏などに用いる。日本ではふつう撥(ばち)を使って演奏する。数「一面(いちめん)…」と数える。

ひーわい【卑▼猥(▼鄙▼猥)】[名・形動]下品で、みだらなこと。「—な話」派生—さ

ひわーいろ【▼鶸色】ヒハ[名]ヒワの羽のような黄緑色。

ひーわだ【▼檜▽皮】ダハ[名]❶檜(ひのき)の皮。❷檜の皮を重ねて屋根をふくこと。また、その屋根。▼「檜皮葺(ひわだぶき)」の略。❸襲(かさね)の色目の名。表は黒みがかった赤色、裏は同色か薄い藍色。

ひーわり【日割り】[名]❶給金・支払いなどを一日いくらと割りふること。書き方 公用文では、「日割計算」は送りがなを付けない。❷ある期間続く仕事や行事を一日ごとに割り当てること。また、その日程。「工事の—を決める」

ひーわれ【干割れ】[名]❶乾きすぎてひびや割れ目ができること。また、そのひびや割れ目。❷日光の直射や温度差によって樹木・木材などに割れ目が入ること。また、その割れ目。

ひーわ・れる【干割れる】[自下一]乾いて割れ目ができる。「日照り続きで田が—」文ひわ・る 名干割れ

ひん【品】㊀[名]人や物にそなわっていて、外部にあらわれてくる好ましい感じ。「—がある」㊁(造)❶しなもの。もの。「—質・—名」「逸—(いっぴん)・作—・商—・食—・必需—」❷価値や等級。「—位・—格」❸料理などの種類を数える語。「五—の料理が並ぶ」

ひん【貧】㊀[名]まずしいこと。「—に迫る(=貧乏になって困窮する)」「—相・—富」「極—・清—」㊁(造)とぼしい。「—血・—弱」

ひん[接頭]〈動詞に付いて〉意味を強める語。「—むく・—曲げる」▼「引き」の音便。

ひん【浜】(造)❶はま。はまべ。「海—」❷「横浜」の略。「京—」旧濱

ひん【賓】(造)❶大切にもてなす。もてなすべき客。「—客」「迎—・来—」❷主に対して従になるもの。「—格」旧賓

ひん【頻】(造)何度も引き続いて起こること。しきりに。しばしば。「—出・—度・—繁」旧頻

びん【便】㊀[名]❶交通・輸送機関の運行・輸送。「三時の—に乗る」「船—・定期—・宅配—」「第一—」❷手紙。たより。「次の—で報告します」「—箋(びんせん)」㊁(造)都合がいい。「—乗・—覧」「穏—」

びん【瓶】[名]液体などを入れるガラス・陶磁器・金属などの容器。特に、口が狭く細長いガラス製の容器。「—の栓(せん)を抜く」「花—・ビール—」書き方「▼壜」とも。旧瓶

びん【▼鬢】[名]耳ぎわの髪の毛。また、頭髪の左右側面の部分。「—に白いものがまじる」　鬢

びん【敏】[形動]頭の働きや動作・行動がすばやいこと。「機を見るに—な人」「—感・—腕」「過—・機—」旧敏

びん【▼憫】(造)かわいそうに思う。「不—・憐—」

ピン[名]❶カルタ・さいの目などの一の数。❷第一番。また、最上のもの。❸一人であること。「—芸人」❹うわまえ。「—を撥(は)ねる」▼一割をかすめ取る意から。◈pinta(ポルトガル)(点の意)から。

⦿**ピンからキリまで** 最上のものから最低のものまで。「ワインにも—ある」

ピン[pin][名]❶物を突き刺して留める針。また、物をはさんで留める道具。虫ピン・ネクタイピン・ヘアピン・安全ピンなど。❷ボウリングで、徳利形の標的。❸ゴルフで、ホールに立てる目印の旗竿。

ピン【PIN】[名]正規の利用者であることを確認する番号。キャッシュカード、クレジットカードの暗証番号、無線LAN機器などの設定番号など。PINコード。▼personal identification number の略。

ひん-い【品位】ヰ[名]❶その人や物にそなわっている品のよさ。品格。「—を保つ」「—を落とす」❷金銀の地金、または金貨・銀貨に含まれている金・銀の割合。❸鉱石に含まれている有用元素の割合。

ひん-か【貧家】[名]貧しい家。⇔富家

ひん-かい【頻回】クヮイ[名]回数が多いこと。「—の輸血を必要とする」

ひん-かく【品格】[名]その人や物から感じられる品のよさ。品位。「—の備わった人」

ひん-かく【賓客】[名]⇒ひんきゃく

ひん-かく【賓格】[名]文法で、目的語を示す格。目的格。

ひんがし【▽東】[名]⇒ひがし

びん-がた【▽紅型】[名]沖縄の伝統的な型染め。一枚の型紙を用いて多彩な模様を染め分ける。鮮やかな色彩と絵画風な紋様が特徴。

びん-かつ【敏活】クヮツ[名・形動]動作がてきぱきとしてすばやいこと。「事務を—に処理する」

ひん-かん【貧寒】[名・形動タル]貧しくて、さむざむとしていること。中身が乏しくてみすぼらしいこと。「—とした部屋」「—たる政策」

びん-かん【敏感】[形動]感覚が鋭く、ちょっとしたこともすぐに感じ取るさま。「—に反応する」⇔鈍感 派生—さ

びん-ぎ【便宜】[名]⇒べんぎ

ピンキー-リング[pinkie ring・pinky ring][名]小指にはめる指輪。

ひん-きゃく【賓客】[名]客。客人。また、大切な客人。ひんかく。　賓

ひん-きゅう【貧窮】[名・自サ変]貧しくて生活に苦しむこと。「病に倒れて—する」

ピン-キリ[名]「ピンからキリまで」の略。

ひん-く【貧苦】[名]貧乏の苦しみ。「—にあえぐ」

ピンク[pink][名]❶桃色。淡紅色。❷色事や性に関すること。「—映画」

ひん-けつ【貧血】[名]血液中の赤血球数またはヘモグロビン量が正常値以下に減少した状態。顔が青白くなり、息切れ・動悸(どうき)・めまい・頭痛などの症状があらわれる。

ビンゴ[bingo][名]❶数字が並んだカードから、くじなどで無作為に選んだ数字を消していき、縦・横・斜めのいずれか一列を消した人を勝ちとする遊び。ビンゴゲーム。❷[感]相手または自分のねらいが的中したときに発する語。また、ぴったり的中すること。▼ビンゴ①の勝者が叫ぶことから。

ひん-こう【品行】ｶｳ［名］道徳の上からみた、ふだんの行い。行状。≡「―を慎む」

ひん-こう【貧鉱】ｸﾜｳ［名］❶有用鉱物をあまり含んでいない鉱山。❷鉱石産出量の少ない鉱山。

ひんこう-ほうせい【品行方正】ﾋﾝｶｳﾊｳｾｲ［名・形動］行いがきちんとしていて正しいこと。≡「―な／の 若者」

びんご-おもて【▽備後表】［名］備後地方（広島県の東部）から産出する上質の畳表。

ひん-こん【貧困】［名・形動］❶貧しくて生活に困っていること。≡「―に陥る」「―な／の 家庭」❷必要なものが乏しいこと。大事なものが欠けていること。≡「政治の―を嘆く」「発想が―だ」

びん-ざさら【〈編木〉・〈拍板〉】［名］田楽などに使う打楽器で、数十枚の短冊状の木片をひもでつづり合わせたもの。両端の取っ手を握って動かし、板と板とを打ち合わせて音を出す。ささら。ささらぎ。

ひん-し【品詞】［名］単語を文法上の機能や形態によって分類した種別。▼現在の国文法ではふつう、名詞・代名詞・動詞・形容詞・形容動詞・副詞・連体詞・接続詞・感動詞・助動詞・助詞の一一品詞に分類。

ひん-し【▼瀕死】［名・形動］死にそうであること。≡「―の状態」

ひん-じ【賓辞】［名］❶⬇述語(じゅつご)② ❷文法で、客語。目的語。

ひん-しつ【品質】［名］品物の質。≡「―のよい製品」

ひん-じゃ【貧者】［名］貧しい人。貧乏人。≡「長者の万灯(まんとう)より―の一灯(いっとう)」⬍富者

ひん-じゃく【貧弱】［名・形動］❶みすぼらしくて見劣りがすること。≡「―な体」「―な造りの家」❷量や内容が乏しいこと。必要なものを十分に備えていないこと。≡「―な財源」「ボキャブラリーが―だ」派生―さ

ひん-しゅ【品種】［名］❶品物の種類。≡「豊富な―を取りそろえる」❷同一種の農作物や家畜の中で、その遺伝的な形態・性質が他と区別される一群。≡「寒さに強い―」「―改良」

ひん-しゅく【▼顰▼蹙】［名・自サ変］

顰蹙

不快に感じて眉(まゆ)をひそめること。顔をしかめていやがること。≡「世間を―せしめた発言」「彼らの理解力の無さに―した」使い方 普通、「顰蹙を買われる」「顰蹙される」のような受身では使わない。≡「問題発言をして×人々から顰蹙を買われた／○人々の顰蹙を買った」

◉**顰蹙を買・う** 人が眉をひそめるような言動をして、人から嫌われ軽蔑(けいべつ)される。使い方 ⬇顰蹙

ひん-しゅつ【頻出】［名・自サ変］同じものが何度もあらわれること。同じことが何度も起こること。≡「入試に―する重要単語」

びん-しょう【敏▼捷】ｾﾌ［名・形動］❶動作などがすばしこいこと。≡「―な身のこなし」❷理解・判断などが早いこと。≡「―に機を見てとる」派生―さ

びん-しょう【▼憫笑】ｾｳ［名・他サ変］あわれなものだと、さげすみ笑うこと。また、その笑い。≡「―を買う」

びん-じょう【便乗】［名・自サ変］❶自分に都合のよい乗り物に相乗りすること。≡「運送店のトラックに―する」❷自分に都合のよい機会をとらえてうまく利用すること。≡「品不足に―して値上げをする」

ピンズ［pins］［名］⬇ピンバッジ

ヒンズー-きょう【ヒンズー教】ｹｳ［名］インドの民間信仰がバラモン教と融合して発展した民族宗教。ブラフマン・ビシュヌ・シバの三神を中心とする多神教で、多くの宗派に分かれる。インド教。

ピンストライプ［pinstripe］［名］極細の縞(しま)模様。

ひん・する【貧する】［自サ変］貧しくなる。貧乏になる。文ひん・す

◉**貧すれば鈍(どん)する** 貧乏をすると頭の働きが鈍くなり、さもしい心をもつようになる。注意「貧すれば窮(きゅう)する」「貧すれば通(つう)ず」は誤り。⬇窮すれば通ず

ひん・する【▼瀕する】［自サ変］さし迫った事態に近づく。よくない事態に直面する。≡「絶滅の危機に―した野生動物」文ひん・す

瀕

びんずる【▽賓頭▼盧】ﾋﾞﾝﾂﾞﾙ［名］十六羅漢の第一。神通力をもてあそんで釈迦にしかられ、釈迦入滅後も衆生の救済にあたったという。白髪と長いまゆ毛の像であらわされる。賓頭盧尊者。おびんずるさま。なでぼとけ。▼日本ではこの像をなでると病気が治るという俗信がある。

ひん-せい【品性】［名］道徳的な観点からみた、その人の性格。また、人柄。人品。≡「―を養う」

ひん-せい【▼稟性】［名］生まれつきそなわっている性質。天性。稟質(ひんしつ)。

ひん-せき【▼擯斥】［名・他サ変］しりぞけること。のけものにすること。排斥。

ピンセット［pincetｵﾗﾝﾀﾞ］［名］小さな物をつまむ金属製などのV字形の器具。医療や細工物に使う。

ひん-せん【貧▼賤】［名・形動］貧しくて身分が低いこと。⬍富貴

びん-せん【便船】［名・自サ変］ちょうど都合よく出る船。また、その船に乗ること。

びん-せん【便箋】［名］手紙を書くための用紙。

ひん-そう【貧相】ｻｳ［名］❶貧乏の相。⬍福相 ❷［形動］顔つきや身なりが貧弱でみすぼらしいこと。≡「洗いざらしの―な着物」「―な体つき」◈注意「ひんそ」と読むのは誤り。また、「貧素」と書くのも誤り。「貧素(ひんそ)」は、貧乏の意の別語だが、現代ではあまり使われない。

びん-そく【敏速】［名・形動］すばやいこと。≡「―に行動［対応］する」「―な避難」

ひん-そん【貧村】［名］貧しい村。寒村。

ひん-だ【貧打】［名］野球で、打撃が振るわないこと。

びん-た［名］平手で他人のほおを打つこと。≡「往復―」

ヒンターランド［Hinterlandﾄﾞｲﾂ］［名］港湾の背後や都市の周辺にあって、その経済活動が港湾や都市と密接な関係をもつ地域。後背地。

ピンチ［pinch］［名］追いつめられた苦しい事態。危機。窮地。≡「―を脱する」「絶体絶命の―」

ピンチ-ヒッター［pinch hitter］［名］❶野球で、代打。❷危急のとき、ある人に代わってその仕事をする人。代役。

びんちょう-たん【▽備長炭】ﾋﾞﾝﾁﾔｳ［名］ウバメガシを材料とする良質の炭。火力が強く、灰も少ない。和歌山県の特産。びんちょうずみ。▼江戸時代、紀州の備中屋長左衛門(びっちゅうやちょうざえもん)（備長）が創製したことから。

ピンチ-ランナー［pinch runner］［名］野球で、代走。

びん-つけ【▼鬢付け】［名］日本髪で、鬢(びん)を固めて形を整えるために使う固練りの油。固油(かたあぶら)。▼「鬢付け油」の略。

びん-づめ【瓶詰め（▼壜詰め）】［名］瓶につめるこ

と。また、瓶につめたもの。≡「—のジャム」

ビンディング【Binding ドイ】[名] スキー靴をスキーに取りつけるための締め具。バインディング。

ビンテージ【vintage】[名] ❶ブドウの収穫年。また、ぶどう酒の醸造年。❷良質のブドウが収穫された年を表記した上等のぶどう酒。❸由緒ある年代に作られたもの。年代物。≡「—ジーンズ」

びん-でん【便殿】[名] 行幸・行啓の際、天皇・皇后などが休息するために設けた御座所。べんでん。

ヒント【hint】[名] 問題を解くための示唆。物事を考える手がかり。≡「—を出す」

ひん-ど【貧土】[名] 地味のやせた土地。不毛の土地。

ひん-ど【頻度】[名] ある事が繰り返して起こる度合い。≡「使用—を調べる」「発症する—が高い」

ぴん-と[副] ❶物が勢いよくはね上がったりそり返ったりするさま。≡「計器の針が—はね上がる」「—胸を張る」❷まっすぐに強く張るさま。≡「糸を—張る」❸直感的に感じとるさま。見聞きしてすぐにわかるさま。≡「顔を見て—きた」「—こない話」

ピント[名] ❶カメラなどのレンズの焦点。フォーカス。≡「—を合わせる」❷物事の要点。≡「—のぼけた話」◈brandpunt オランダから。

ひん-とう【品等】[名] 品物をその品質・値打ちなどによって分けた等級。

ピンナップ【pinup】[名] ピンで留めて壁などに飾る写真。ピンアップ。≡「—ガール」

ひん-にゅう【貧乳】[名]〔俗〕女性の乳房が小さいこと。⇔巨乳

ひん-にょう【頻尿】ネウ[名] 排尿の回数が異常に多くなる状態。尿量が増加する場合と、尿量は変わらないが尿意が頻繁に起こる場合とがある。

ひん-のう【貧農】[名] 貧しい農民・農家。⇔富農

ひん-ば【牝馬】[名] めすの馬。めすうま。⇔牡馬ぼば

ひん-ぱつ【頻発】[名・自サ変] 同じ種類のことがしきりに起こること。≡「盗難事件が—する」

びん-ぱつ【鬢髪】[名] 鬢の部分の髪。

ピン-バッジ【pin badge】[名] 裏にピン(留め針)のあるバッジ。ピンズ。

ピン-はね【ピン撥ね】[名・自他サ変] 他人に渡すべき金品の一部を取って自分のものにすること。上前をはねること。≡「賃金から—する」⬇ピン④

ひん-ばん【品番】[名] 商品を管理するために、種類・色・形式などを区別して付ける番号。しなばん。

ひん-ぱん【頻繁】[名・形動] しきりに行われること。たびたび繰り返されること。≡「放火事件が—に起こる」「本社と—に連絡をとる」

ピン-ヒール【pin heel】[名] ピンのように細いハイヒール。また、それを付けた靴。

ひん-ぴょう【品評】ヒャウ[名・他サ変] 作品・製品・産物などを批評し、その優劣を決めること。しなさだめ。≡「新酒の—をする」「—会」

ひん-ぴん【頻頻】[形動タル] 同じような事が何度も続けて起こるさま。≡「—と火災が発生する」

びん-びん[副ト] ❶強く響きわたるさま。≡「大声が—(と)響く」「聴衆の反応が—伝わってくる」❷張りつめているさま。≡「神経が—に緊張する」

ぴん-ぴん[副ト] ❶勢いよく何度もはねるさま。≡「エビが—(と)はね上がる」❷健康で元気がよいさま。≡「年はとっても—(と)している」

ひん-ぷ【貧富】[名] 貧しいことと富んでいること。また、貧乏人と金持ち。≡「—の差がはげしい」

ピンポイント【pinpoint】[名] 正確な目標地点。≡「—ランディング」▽針の先の意。

びん-ぼう【貧乏】ボフ[名・形動・自サ変] 収入や財産がとぼしくて、生活が苦しいこと。≡「—な暮らし」「—旅行(=出費を切りつめた旅行)」「器用—」

◉**貧乏暇無し** 貧乏なために生活に追われて、ゆっくりくつろぐ暇もないということ。

びんぼう-がみ【貧乏神】ボフ[名] 人にとりついて貧乏をもたらすという神。≡「—にとりつかれる」

びんぼう-くじ【貧乏籤】ボフ[名] ひどく不利益なくじ。また、最も損な役まわり。≡「—を引く」

びんぼう-しょう【貧乏性】ボフシャウ[名] いつもこせこせして、おおらかになれない性質。また、気がちいさくて、何事にもくよくよする性質。

びんぼう-ゆすり【貧乏揺すり】ボフ[名] すわっているとき、絶えずひざのあたりを小刻みに揺り動かすこと。また、その癖。貧乏ゆるぎ。

ピン-ぼけ[名・形動] ❶ピントがはずれて画像がぼけること。≡「—の写真」❷人の言動が的をはずれていて要領を得ないこと。≡「—な発言」◈ピンは「ピント」の略。

ぴん-ぽん[名]〔俗〕❶インターホン。≡「—ダッシュ(=他人の家のインターホンを押して逃げるいたずら)」▽押すと「ピンポン」と音がすることから。❷正解であること。▽クイズなどで正解のときに鳴る音から。◈書き方 多く「ピンポン」と書く。

ピン-ポン【ping-pong】[名] 卓球たっきゅう。テーブルテニス。

ピン-マイク【和製pin＋mike】[名] 襟元などに留めて用いる小型のマイク。タイピンマイク。

ひん-ま・げる【ひん曲げる】[他下一] ❶力ずくで曲げる。ひどく曲げる。≡「口を—」❷物事をひどくゆがめる。ひどく歪曲わいきょくする。≡「事実を—・げて話す」

ひん-みん【貧民】[名] 貧乏な民。貧しい人々。≡「—窟くつ(=貧しい人々が集まって住んでいる地域。貧民街)」

ひん-む・く【ひん剝く】[他五] 手荒くはぎとる。≡「化けの皮を—・いてやる」

ひん-めい【品名】[名] 品物の名前。

ひん-もく【品目】[名] 品物の種目。品物の目録。≡「商品を—別に陳列する」「一日三〇—の食品を摂取する」

ひんやり[副ト] 冷たく感じるさま。≡「—(と)した風が吹く」

びん-らん【便覧】[名] ⬇べんらん

びん-らん【紊乱】[名・自他サ変] 道徳・秩序などが乱れること。また、乱すこと。≡「風紀[秩序]が/を—する」▽「ぶんらん(紊乱)」の慣用読み。

びんろう-じ【檳榔子】ビンラウ[名] 檳榔樹びんろうじゅの種子。近世、薬用・染料用として南方から輸入された。びろうじ。

びんろう-じゅ【檳榔樹】ビンラウ[名] マレーシア原産のヤシ科の常緑高木。幹は円柱状で、葉は大形の羽状複葉。熱帯地方では未熟な果実と石灰をキンマの葉で包み、嗜好品しこうひんとして嚙む風習がある。

びん-わん【敏腕】[名・形動] 物事をすばやく的確に処理する能力をもっていること。また、その能力。≡「—な/の刑事」「—を振るう」「—家」

ふ【▽斑】［名］まだら。ぶち。「―のある花」

ふ【府】㊀［名］❶都道府県と並ぶ地方公共団体。大阪府・京都府がある。「―立・―知事」❷省と並ぶ国の行政機関。「内閣―」❸物事の中心になる所。また、みやこ。「学問［行政］の―」「首―」㊁（造）❶役人が事務をとる所。役所。「政―・太宰―」❷徳川幕府の所在地である、江戸。「参―」❸財貨・文書などをしまっておく倉庫。「御―・秘―」

ふ【歩】［名］将棋の駒の一つ。前に一つずつしか進めないが、敵陣に入って成ると「と金」となり、金と同じ働きをする。▽「歩兵」の略。旧步

ふ【訃】［名］人が死んだという知らせ。「恩師の―に接する」「―報」

ふ【負】㊀［名］❶ある数が0より小さいこと。マイナス。「―の整数」「―数」❷イオン・帯電体などの電荷がマイナスであること。マイナス。陰。◈⇔正 ㊁（造）❶物を背中にのせる。おう。「―荷」❷めんどうな物事を身におう。「―傷・―担」❸たのむ。たのみとする。「自―・抱―」❹まける。「勝―」

ふ【▼腑】［名］❶はらわた。内臓。「胃の―」「―分け」「五臓六―」❷心。性根。

◉腑に落ちない 納得がいかない。「不合格なのは―」使い方 否定の意で使うのが伝統的だが、近年は「腑に落ちる」の形で納得がいく意で使うこともある。

ふ【賦】㊀［名］❶詩歌。「早春―」❷『詩経』の六義の一つ。比喩を用いずに、心に感じたことをありのままに述べるもの。「詩―」❸漢文の韻文体の一つ。対句を多く含み、句末で韻を踏むもの。「赤壁―」㊁（造）❶税を取りたてる。「―役」❷割り当てる。「―課」「月―」❸授け与える。「―与」「天―」

ふ【▼麩】［名］❶小麦粉から澱粉を除いたあとのたんぱく質（グルテン）から作る食品。生麩と焼き麩がある。❷小麦から粉をとったあとの皮くず。飼料などにする。ふすま。 麩

ふ【譜】㊀［名］音楽の曲節を符号で書き表したもの。「―を読む」「―面」「音―・楽―」㊁（造）❶物事を系統だてて書き表したもの。「図―・年―」❷先祖代々の系統を書き記したもの。「―代」「系―」

ふ【不】［接頭］〈名詞などに付いて〉打ち消しを表す。…でない。…しない。…がよくない。「―必要・―自然・―公平・―一致・―景気・―出来・―手際・―まじめ・―行き届き」⬇ぶ（無・不）・み（未）

ふ【夫】（造）❶成人した男性。「大―・凡―」❷労働にたずさわる男性。「坑―・農―」❸男性の配偶者。おっと。「―妻」

ふ【父】（造）❶ちち。「―子・―母」「祖―」❷年老いた男性。「漁―」

ふ【付】（造）❶つく。つける。「―記・―属・―着」「添―・配―」▽「附」に通じる。❷わたす。あたえる。「―与」「交―」❸よせる。届ける。「寄―・送―」❹たのむ。まかせる。「―託」「委―」

ふ【布】（造）❶織物。ぬの。「―巾・―団」「湿―・毛―」❷一面に敷き広げる。「―石」「散―」❸広く行き渡らせる。「―教」「公―・分―・流―」

ふ【扶】（造）力を貸す。たすける。「―持・―養」

ふ【怖】（造）こわがる。おそれる。「畏―・恐―」

ふ【阜】（造）❶おか。「―垤」❷ふやす。豊かにする。「―財」

ふ【附】（造）❶つく。つける。よせる。「―加・―着・―録」「寄―・送―」❷つき従う。「―近・―随・―属」❸わたす。手わたす。「下―」❹まかせる。「―託」

ふ【赴】（造）急いで行く。おもむく。「―任」

ふ【浮】（造）❶水面や空中にただよう。うく。「―揚・―遊・―力」❷よりどころがない。はかない。また、うわついている。「―薄・―浪」

ふ【婦】（造）❶成人した女性。「―女・―人」「妊―」❷女性の配偶者。「主―・新―」❸「婦人」の略。「―議・―警」❹「看護婦」の略。「―長」

ふ【符】（造）❶二つの片を合わせて証明するふだ。割り符。また、しるしのあるふだ。「切―」❷神仏の守り札。「護―・呪―・免罪―」❸しるし。記号。「音―・疑問―」

ふ【富】（造）❶財産や物がゆたかにある。とむ。とみ。「―豪・―裕」「貧―」❷「富士山」の略。「―岳」

ふ【普】（造）❶広く行き渡る。「―及・―遍」❷なみで、ありふれている。「―段」❸「普通」の略。「―選」❹「普魯西」の略。「―仏戦争」

ふ【腐】（造）❶くさる。ただれる。「―食・―敗・―乱」「防―剤」❷古くて役に立たない。「陳―」❸心をいためる。「―心」

ふ【敷】（造）しく。しき延べる。「―衍・―設」

ふ【膚】（造）❶体の表皮。はだ。「完―・皮―」❷うわべ。表面。「浅―」

ぶ【分】［名］❶優劣などの度合い。また、優勢であること。「形勢は―がいい」「こちらに―がある」書き方「歩」とも。❷平らなものの厚み。「―厚い」❸全体の一〇分の一。「五―咲き」❹一割の一〇分の一。「三割五―の打率」❺尺貫法で、長さを表す単位。一分は一寸の一〇分の一で、約三ミリメートル。❻尺貫法で、足袋などの大きさを表す単位。一分は一文の一〇分の一で、約二・四ミリメートル。❼温度・角度を表す単位。度の一〇分の一。❽昔の貨幣の単位。両の四分の一。また、文の一〇分の一。

◉分が悪い 形勢がよくない。劣勢である。「優勝チームが相手では―」

ぶ【歩】［名］❶一定の割合の手数料。また、利息の割合。歩合。「―を取る」▽「分」からの転。❷尺貫法で、土地の面積を表す単位。一歩は約三・三平方メートルで、一坪に相当する。❸尺貫法で、長さを表す単位。一歩は六尺で、約一・八メートル。❹町・段・畝の下に付いて、面積に端数のないことを表す。「三段―の畑」旧步

ぶ【武】㊀［名］戦いに関する事柄。軍事。兵法。兵力。「―を尚ぶ」「―器・―士」「演―・文―」㊁（造）❶強い。勇ましい。「―勇」❷「武蔵国」の略。「総―」

ぶ【部】㊀［名］❶全体をいくつかに区分けした、その一区分。「夜［上］の―」「三―合唱」「―品・―門」「後―・西―」❷ある性質に該当するところ。部分。「重要―をまかされる」「暗―・患―・細―・頭―」▽多く他の語と複合して使う。❸役所・会社などの、業務機構の区分。「新しい―を創設する」「総務―・編集―・支―」「―長」▽ふつう、「局」の下、「課」の上。❹学校などで、同

好者がつくる趣味やスポーツのグループ。〓「合唱ー・水泳ー・テニスー」 二 (造) 新聞・書籍などを数える語。〓「三万ー発行する」

ぶ【無・不】[接頭]〈名詞などに付いて〉打ち消しを表す。❶【無】…がない。〓「ー愛想・ー愛嬌(あいきょう)・ー沙汰(さた)」 ❷【不・無】…でない。…がよくない。〓「不器用・不器量・不気味・不細工・不格好・不調法・不祝儀」「無遠慮・無作法・無風流」 ❸【不】打ち消しの接頭語「不(ふ)」の意味を強めていう。〓「ー信心・ー案内・ー用心」

ぶ【侮】(造) ばかにする。あなどる。〓「ー辱・ー蔑(べつ)」「軽ー」 旧侮

ぶ【▼撫】(造) なでてかわいがる。なだめる。〓「愛ー・慰ー」

ぶ【舞】(造) ❶まう。おどる。おどり。〓「ー台・ー踏・ー踊」「円ー・剣ー」 ❷はげます。〓「鼓ー」

ファ[fa イタリア] [名] ❶西洋音楽で、長音階の第四音の階名。また、短音階の第六音の階名。❷日本音名ヘ音のイタリア音名。

ファー[fur] [名] 毛皮。毛皮製品。〓「ーコート」

ファーザー-コンプレックス[和製 father＋complex] [名] ❶⇒エレクトラコンプレックス ❷娘が成長しても父親離れができない心的傾向。ファザコン。

ファースト[first] [名] ❶最初。一番目。また、第一級。〓「ーキス」▼多く他の語と複合して使う。❷野球で、一塁。また、一塁手。

ファースト-インプレッション[first impression] [名] 第一印象。

ファースト-クラス[first class] [名] 旅客機などの一等席。

ファースト-ネーム[first name] [名] 姓に対して、名。⇒ファミリーネーム

ファースト-フード[fast food] [名] 注文してすぐに食べられ、また持ち帰りもできる簡単な食品。ファストフード。▼「ファースト」は早い意。

ファースト-レディ[first lady] [名] ❶大統領夫人。また、元首・首相などの夫人。❷ある分野で、指導的立場にある女性。

ファーム[farm] [名] ❶農園。農場。〓「パイロットー」 ❷米国のプロ野球で、マイナーリーグに所属する選手養成のための球団。また、日本のプロ野球で、二軍。

ぶ-あい【歩合】ヒァ [名] ❶ある数量に対する他の数量の比率。割・分・厘・毛、またはパーセントなどで表す。〓「公定ー」 ❷出来高・取引高・売上高などに応じた報酬または手数料。〓「ー制」

ファイア[fire] [名] 火。炎。〓「キャンプー」

ファイア-ウォール[fire wall] [名] コンピューターネットワークを不正な侵入から守るためのシステム。▼「防火壁」の意から。

ぶ-あいそう【無愛想(不愛想)】サウ ーァィ [名・形動] 愛想がないこと。ぶっきらぼうで、そっけないこと。ぶあいそ。〓「ーに返事をする」「ーな顔をする」

ファイター[fighter] [名] ❶戦士。闘士。また、闘志のある人。❷ボクシングで、相手に接近して果敢に攻撃するタイプの選手。❸戦闘機。

ファイト[fight] 一 [名] ❶戦い。❷ボクシング・レスリングなどの試合。❸闘志。戦意。〓「ーがわく」 二 [感] スポーツで、「がんばれ」「しっかり戦え」などの意で発する掛け声。

ファイト-マネー[和製 fight＋money] [名] プロボクシング・プロレスリングなどで、試合をする選手に対する報酬。

ファイナリスト[finalist] [名] スポーツで、決勝戦に出場する選手。また、音楽コンクールなどで、最終審査に残った者。

ファイナル[final] [名] ❶スポーツで、決勝戦。❷最後。最終。〓「ーチャンス・ーコンサート」▼多く他の語と複合して使う。

ファイナンシャル[financial] (造) 財政の。財政上の。フィナンシャル。〓「ーアナリスト(=株式の投資価値などを調査・分析する専門家)」「ープランニング(=資産運用・財産形成などの立案をすること)」

ファイナンシャル-プランナー[financial planner] [名] 資産運用・財産形成などについて助言を行う専門家。FP。

ファイナンス[finance] [名] ❶財政。財務。❷財源。資金。❸金融。融資。

ファイバー[fiber] [名] ❶繊維。また、繊維状のもの。〓「グラスー」 ❷木綿繊維や化学パルプを塩化亜鉛の水溶液に浸し、膠(にかわ)状にしてから圧縮・乾燥させた皮革状のもの。▼「バルカンファイバー」の略。

ファイバースコープ[fiberscope] [名] 束ねたガラス繊維の先端にレンズを付けた光学機器。内視鏡などに用いる。

ファイリング[filing] [名] 書類・資料・新聞などを分類・整理してとじ込むこと。

ファイル[file] [名] ❶[他サ変] 新聞・書類・カードなどを整理してとじ込むこと。また、とじ込んだもの。〓「議事録をーする」 ❷書類挟み。紙挟み。❸コンピューターで、データやプログラムをハードディスクなどの記憶媒体に保存するための基本単位。

ファインダー[finder] [名] カメラに取りつけられたのぞき窓。被写体の構図を決め、焦点を合わせるのに用いる。

ファイン-プレー[fine play] [名] スポーツで、みごとな技。妙技。美技。

ファウル[foul] [名] ❶スポーツで、競技中の規則違反。反則。❷野球で、ファウルラインの外側に出たボール。⇔フェア ▼「ファウルボール(foul ball)」の略。

ファウル-チップ[foul tip] [名] 野球で、打者のバットをかすって直接捕手のミットに収まった球。ストライクになる。チップ。

ファカルティー-ディベロップメント[faculty development] [名] 大学教員の資質や教授能力を向上させること。

ファクシミリ[facsimile] [名] 電気信号に変えた文書・写真・印刷物などの画像を電話回線によって送り、受信側でその画像を再現する通信方式。また、そのための装置。ファックス。

ファクター[factor] [名] ❶要素。要因。❷数学で、因数。

ファクト[fact] [名] 事実。真実。実際。

ファクト-チェック[fact check] [名] 情報の信憑(しんぴょう)性を検証すること。文書や発言に事実として示されている事柄に誤りがないかを調べること。真偽検証。

ファクト-ベース[fact base] [名] 事実に基づいた論理思考。〓「ーで考えた提案」

ファゴット【fagotto イタ】[名] 木管楽器の一つ。ダブルリードで、管長約三メートル。U字状に折れ曲がった構造をもち、音域は約三オクターブ半にわたる。管弦楽で中低音部を受け持つ。バスーン。

ファザコン [名]「ファーザーコンプレックス」の略。

ファジー【fuzzy】[形動] あいまいであるさま。また、柔軟性があるさま。‖「―な考え方」派生 ―さ

ファジーりろん【ファジー理論】[名] 真(1)か偽(0)かの二値論理に対し、自然言語などにみられる「あいまいさ」を数値で表す数学理論。人間の判断により近い推論ができるとして、コンピューターやシステム制御に広く応用される。あいまい理論。

ファシズム【fascism】[名] 第一次大戦後に現れた、一党独裁による国家主義的・全体主義的な政治理念。また、その政治体制。自由主義・共産主義に反対し、対外的には勢力圏拡大のための侵略政策をとる。▽イタリアのファシスト党に始まり、のちドイツ・スペインなどに広まった。

ファシリテーター【facilitator】[名] 組織内でグループ活動が円滑に行われるように、中立的な立場で支援する役目を担う人。会議・集会の進行役など。

ファスナー【fastener】[名] 互いにかみ合う金属やプラスチックの小片を布テープなどの左右一列に取りつけ、中央の金具をすべらせて開閉させる留め具。衣服・袋物などに用いる。チャック。ジッパー。

ぶあつ【分厚(部厚)】[形動] 厚みがかなりあるさま。‖「―な札束」

ぶあつ・い【分厚い(部厚い)】[形] かなり厚みがあるさま。厚い感じがするさま。‖「―本」「―手紙が届く」派生 ―さ

ファックス【fax】[名] ⇒ファクシミリ

ファッショ【Fascio イタ】[名] ❶一九一九年、イタリアのムッソリーニによって結成された国家主義・全体主義的な政党。ファシスト党。❷ファシズム。また、ファシズム的な傾向をもつ人・団体・運動など。

ファッショナブル【fashionable】[形動] 流行の先端をいっているさま。‖「―な装い」

ファッション【fashion】[名] ❶流行。はやり。‖「オールド―の家具」❷流行に即した服装・髪型。また、一般に服装。‖「―ショー」

ファナティック【fanatic】 一 [名] 狂信者。 二 [形動] 狂信的なさま。熱狂的なさま。‖「―な信者」◈「ファナチック」とも。

ファブリック【fabric】[名] 織物。編み物。布地。ファブリックス。‖「難燃性―」「ソファーの―」

ファミリー【family】[名] ❶家族。家庭。一家。‖「―カー」「―ドクター」❷同族。一門。‖「―企業」

ファミリーネーム【family name】[名] 名に対して、姓。⇒ファーストネーム

ファミリーレストラン【和製family＋restaurant】[名] 家族連れで気軽に利用できるレストラン。ファミレス。

ファルス【farce フランス】[名] 滑稽さや軽い風刺を目的とする喜劇。笑劇。ファース。

ファルセット【falsetto イタ】[名] 男性が通常の音域よりも高い声域で歌う技法。また、その声域。仮声。裏声。

ファン【fan】[名] 送風機。扇風機。換気扇。また、それに取りつけた羽根。‖「―ヒーター」

ファン【fan】[名] 特定のスポーツ・映画・演劇・芸能などの熱心な愛好者。また、特定の選手・チーム・俳優・芸能人などの熱心な支持者。ひいき。ファン。‖「―クラブ」「―レター」

ふあん【不安】[名・形動] 悪いことがおこりそうで気がかりなこと。また、その気持ち。‖「将来に―を抱く」「―の影が差す」「連絡が取れず―になる」「―な夜を過ごす」「社会―」派生 ―げ/―さ/―がる

ファンキー【funky】[名・形動] ❶ジャズなどで、黒人独特の感覚があること。野性的で、土臭いこと。‖「―なボーカル」❷服装などが、派手でけばけばしいこと。‖「―なファッション」

ファンク【funk】[名] 一九六〇年代から七〇年代に発達したソウルミュージックの一スタイル。一六ビートの強いリズムを特徴とする。

ファンシー【fancy】 一 [名] 空想。想像。 二 [形動] 装飾的な趣向をこらしてあるさま。また、意匠などが奇抜なさま。‖「―ショップ」

ファンタジー【fantasy】[名] ❶空想。幻想。❷幻想的・夢幻的なテーマを扱った文学作品。❸幻想曲。

ファンタスティック【fantastic】[形動] ❶空想的。幻想的。❷すばらしいさま。感動的。

ふあんてい【不安定】[名・形動] 安定していないこと。状態が一定しないこと。‖「足場が―だ」「―な収入」「政情―な国」「情緒―」派生 ―さ

ファンデーション【foundation】[名] ❶下地用の化粧品。❷体形を整えるための女性用下着。ブラジャー・ガードル・コルセットなど。❸油絵の下地として塗る白色の絵の具。また、それによる下塗り。◈基礎・土台の意。「ファウンデーション」とも。

ファンド【fund】[名] ❶資本。基金。❷投資信託・年金基金などの運用財源。

ふあんない【不案内】[名・形動] 知識・経験・心得などがなくて、様子や事情がよくわからないこと。ぶあんない。‖「―な/の土地」「パソコンには―だ」

ファンヒーター【fan heater】[名] 電気・石油・ガスなどで起こした熱を送風ファンによって送り出す方式の暖房器具。

ファンファーレ【fanfare イタ】[名] 儀式・祝典・競技会などの際、開始の合図にトランペットなどで演奏される短い曲。また、それを模した楽曲。

ファンブル【fumble】[名・他サ変] 球技で、ボールを捕りそこなうこと。特に、野球で、野手がいったんはグラブに当てたボールを取り落とすこと。お手玉。ハンブル。

ふい [名] すっかり失われること。また、むだになること。‖「せっかくのチャンスを―にする」「これまでの苦労が―になる」

ふい【不意】[名・形動] 思いがけないこと。突然であること。だしぬけ。‖「―の来客にあわてる」「―に思い出す」

◉**不意を突・く** 思いもよらないときに事をしかける。

ふい【布衣】[名] 無位無官の人。平民。庶民。‖「―の交わり（＝地位や身分を離れての交際）」「―の友」▽昔、中国で庶民は布（＝木綿）の衣を着たことから。

ぶい【武威】ヰ [名] 武力による威光・威勢。‖「―を示す」

ぶい【部位】ヰ [名] 全体の中である位置を占めている部分。‖「牛肉の各―の名称」「出血―」

ブイ【buoy】[名] ❶航路の目印や係船のために水面に浮かべておくもの。浮標。❷浮き袋。≡「救命―」

ブイ-アール【VR】[名]「バーチャルリアリティー」の略。

ブイ-アイ-ピー【VIP】[名] 国家的に重要な人物。政府要人・国賓・皇族など。ビップ。▼very important person の略。

フィアンセ【fiancé・fiancée フランス】[名] 婚約者。いいなずけ。▼fiancé は男性、fiancée は女性。

フィーチャー【feature】[名] ❶[他サ変] 特に目立たせること。注目させること。また、特色。≡「新人俳優を―する」「ギターを―する」❷新聞・雑誌などの特集記事。また、テレビなどの特集番組。

フィート【feet】[名] ヤードポンド法で、長さを表す単位。一フィートは一二インチで、三〇・四八センチメートル。記号 ft ▼foot の複数形。書き方「▼呎」と当てる。

フィードバック【feedback】[名] ❶[他サ変] 電気回路で、出力の一部を入力側に戻して出力を調整すること。増幅器・自動制御装置などで使われる。❷[自他サ変] 結果が原因の側にもどって原因に影響を与えること。また、結果にあらわれた不適切な点をみて原因の側を調整すること。≡「反応の感覚が刺激に―する」

フィーバー【fever】[名・自サ変] 熱狂すること。

フィーリング【feeling】[名] 感覚。感じ。また、直感的にとらえられた気分。≡「―の合わない相手」

フィールディング【fielding】[名] 野球で、野手の守備。また、守備の方法・技術。

フィールド【field】[名] ❶野原。野外。❷陸上競技場で、トラックの内側の区域。❸陸上競技のうち、フィールドで行うもの。投擲競技と跳躍競技。▼「フィールド競技」の略。❹サッカー・ラグビーなどの競技場。❺球場の内野と外野。❻学問・活動などの分野。領域。❼調査・作業などの現場。現地。❽物理学で、場。特に、磁場。

フィールド-アスレチック【Field Athletic】[名] 自然の地形を利用したコース上に遊具や障害物を置き、それを次々に通過することによって体力を養うスポーツ。また、そのコース。▼商標名。

フィールドワーク【fieldwork】[名] 野外などの研究室外の現場で行う調査・研究。

ふい-うち【不意打ち(不意討ち)】[名] だしぬけに攻撃をしかけること。

ブイ-エッチ-エス【VHS】[名] 家庭用ビデオテープレコーダーの一方式。▼Video Home System の略。

ブイ-オー-ディー【VOD】[名]「ビデオオンデマンド」の略。

フィギュア【figure】[名] ❶姿。形。また、図形。❷スケート競技の一つ。氷上に図形を描くように滑りながら、ジャンプ・スピン・ステップなどの技術の正確さと芸術性を競うもの。シングル・ペア・アイスダンスなどの種目がある。フィギュアスケート。▼「フィギュアスケーティング(figure skating)」の略。❸動物やアニメのキャラクターなどをかたどった人形。フィギュアモデル。

フィギュア-スケート[名]➡フィギュア②

ふ-いく【扶育】[名・他サ変] 世話をして育てること。≡「遺児を―する」▼「扶」は助ける意。

ふ-いく【▼傅育】[名・他サ変] 身分の高い人の子を大切に守り育てること。≡「―係」▼「傅」は付き添って守る意。

ぶ-いく【▼撫育】[名・他サ変] かわいがって大切に育てること。≡「子を―する」

フィクション【fiction】[名] ❶作り事。虚構。❷作者の想像力によって書かれた物語。創作。小説。⬍ノンフィクション

ふい-ご【▼鞴・▼韛】[名] 金属の精錬や加工に用いる火力を強くするための送風装置。気密性の箱の中のピストンを手足で動かして風を送る。

ブイ-サイン【V-sign】[名] 人差し指と中指でV字形をつくって示す、勝利や平和のしるし。▼Vは victory の頭文字。

フィジカル【physical】[形動] ❶物理に関するさま。物理的。物理学的。≡「―サイエンス」❷肉体に関するさま。肉体的。身体的。≡「―トレーニング」⬍メンタル

フィジビリ[名]「フィジビリティースタディー」の略。

フィジビリティー-スタディー【feasibility study】[名] 事業計画の実現の可能性を評価するための調査。費用対効果調査。費用便益調査。

フィズ【fizz】[名] 発泡性飲料。特に、アルコール飲料に糖類・レモン汁などを加えて炭酸水で割ったもの。ジンフィズ・カカオフィズなど。フィーズ。

ブイ-チップ【Vチップ】[名] 子供のいる家庭などでテレビに装着し、過剰な暴力・性表現を含む番組を自動的にカットするチップ(集積回路)。▼Vは violence(=暴力)の頭文字。

ふい-ちょう【▽吹聴】[名・他サ変] あちこちに言いふらすこと。言い広めること。≡「自慢話を―して歩く」

ふ-いつ【不一(不▽乙)】[名] 手紙の結びに添えて、自分の気持ちを十分に書き尽くしていない意を表す語。不悉。不尽。ふいち。≡「草草―」

フィックス【fix】[名・他サ変] ❶取り付けること。固定すること。❷日時・場所・価格などを決めること。≡「システムの仕様を―する」

フィッシング【fishing】[名] 釣り。≡「ルアー―」

フィッシング【phishing】[名] 金融機関や企業を装った電子メールやウェブサイトを用い、暗証番号・クレジットカード番号などの個人情報を入手する手口の詐欺。フィッシング詐欺。

フィッター【fitter】[名] ❶衣服の仕立てや着付けをする人。❷衣服などについて、それぞれの客にぴったり合うものを選ぶ人。≡「シュー―」

フィッティング-ルーム【fitting room】[名] 試着室。

フィット【fit】[名・自サ変] 洋服の型やサイズが体にぴったり合うこと。≡「体形に―したスーツ」

フィットネス【fitness】[名] ❶健康。❷健康の維持・増進のために行う運動。≡「―クラブ」

ブイ-ティー-アール【VTR】[名] ❶➡ビデオ③ ❷ビデオカメラで撮影した映像。◈videotape recorder の略。

ふい-と[副] 何の前ぶれもなく急に物事が起こるさま。不意に。ふと。≡「―用事を思い出す」

ぷい-と[副] 急に機嫌を悪くするさま。≡「―横を向く」

フィナーレ【finale イタリア】[名] ❶終曲。❷演劇などの最終場面。終幕。❸物事の最後の部分。締めくくり。

フィナンシャル【financial】(造)➡ファイナンシャル

シャル

フィニッシュ【finish】［名］❶終わり。結末。❷運動競技で、最後の動作。特に、体操競技で、最後の技から着地までの動作。

ブイネック【Vネック】［名］前がV字形になった襟ぐり。

フイフイきょう【▽回▽回教】［名］⇩回教

フィフティーフィフティー【fifty-fifty】［名］五分五分。半々。〓「成功の確率は━だ」

ブイヤベース【bouillabaisseフラ】［名］オリーブ油で炒めた新鮮な魚介類をタマネギ・トマト・香草などと煮込み、サフランを加えて色と香りをつけたスープ料理。南フランスの漁師料理から発達したもの。

フィヨルド【fjord】［名］U字形の氷食谷が海面下に沈降して生じた幅の狭い湾。両岸は高い絶壁をなす。ノルウェー・アラスカ・グリーンランドなどに多い。峡湾。峡江。

ブイヨン【bouillonフラ】［名］骨付きの牛肉・牛骨などに香味野菜・香辛料を加えて長時間煮出した汁。スープ・ソースなどのもとにする。

フィラメント【filament】［名］白熱電球・真空管などの、電流を通すと光や熱電子を放出する細い線条。▼ふつうタングステンを用いる。

フィラリアしょう【フィラリア症】［名］糸状虫の寄生によって起こる慢性の感染症。アカイエカなどが媒介し、リンパ管炎・象皮病などを起こす。

ふいり【▽斑入り】［名］植物の葉・花びらなどで、地の色に別の色がまだらにまじっていること。また、そのもの。

ふいり【不入り】［名］興行などで、客の入りが少ないこと。

フィリング【filling】［名］料理で、詰め物。サンドイッチやケーキに挟む具材など。

フィルター【filter】［名］❶液体や気体の中の固体粒子を分離させる装置。濾過器。濾過装置。❷紙巻きたばこの、ニコチンやタールを吸着させる吸い口。❸カメラのレンズに取りつけて、特定の光だけを透過・吸収・屈折させる特殊ガラス。❹電気回路などで、特定の周波数だけを通過させる装置。濾波器。❺コンピューターで、ある条件に適合したデータを抜き出すプログラムやサービス。

フィルダーズチョイス【fielder's choice】［名］野球で、打球を捕った野手が一塁に送球すれば打者をアウトにできるのに、先行走者をアウトにしようとして他の塁に送球したために両者とも生かしてしまうこと。野手選択。野選。フィルダースチョイス。

フィルタリング【filtering】［名］❶不要なものを選別して取り除くこと。❷インターネットで、未成年に有害な内容のウェブサイトを閲覧できないようにすること。〓「━サービス」

フィルハーモニー【Philharmonieドイ】［名］管弦楽団の名称に用いる語。フィル。フィルハーモニック。〓「ウィーン━」▼好楽家の意。

フィルム【film】［名］❶写真感光材料の一つ。アセチルセルロース・ポリエステルなどの薄い板に感光剤を塗ったもの。〓「カラー━」❷①に写し出された陰画や陽画。特に、映画。〓「━ライブラリー」◈薄い膜の意。「フイルム」とも。

フィロソフィー【philosophy】［名］哲学。

ふいん【訃音】［名］人が死んだという知らせ。訃報。

ぶいん【部員】［名］部に所属し、部を構成する一員。

ぶいん【無音】［名］長い間、便りをしないこと。無沙汰。〓「長らく御━に打ち過ぎ申し訳なく存じます」

フィンガー【finger】［名］❶指。また、指状のもの。〓「━ボール（＝食後に指先を洗う水を入れる容器）」❷空港で、送迎用のデッキ。▼finger deckから。

ふう【封】［名］封筒・容器・出入り口などを閉じてふさぐこと。また、その閉じた部分。〓「箱に━をする」「手紙の━を切る」〓「━印・━鎖」「開━・密━」

ふう【風】㊀［名］❶様子。様式。また、やり方。傾向。〓「知った━なことをいう」「どんな━に扱われるのか」「━習・━俗・━貌」「学━・気━・新━」❷おもむき。雰囲気。〓「紳士の━がある」「━格・━景・━味」㊁［接尾］そのような姿・状態であること、また、そのように見えることを表す。〓「純日本━の建物」「一見サラリーマン━」「洋━・和━」㊂（造）❶かぜ。〓「━雨・━車・━速」「強━・順━」❷うわさ。〓「━説・━評」❸病気。〓「痛━」❹それとなく言う。〓「━刺」▼「諷」に通じる。

ふう【▼諷】（造）❶節をつけてとなえる。〓「━詠」❷それとなく言う。〓「━諫・━刺」▼「風」に通じる。

ふうあい【風合い】［名］手触りや外観から受ける織物全体の感じ。〓「絹の━を持った布」

ふうあつ【風圧】［名］風が物体に加える圧力。風速の二乗に比例する。〓「━計」

ふうい【▼諷意】［名］意思をほのめかすこと。また、それとなく示されている意味。〓「━をくみ取る」

ふういん【封印】［名・自他サ変］❶封じた証拠として封じ目またはそこに貼った証紙に印を押すこと。また、その印や印を押した証紙。〓「━を開く」❷表に出さないようにすること。封じ込めること。〓「暗い過去を━する」

ふういん【風韻】［名］風雅なおもむき。みやびやかな味わい。風趣。〓「━に富む山水画」

ブーイング【booing】［名］演奏会・競技会などで、聴衆・観衆がぶうぶう言って不満の意を表すこと。また、その声。〓「━が起こる」

ふうう【風雨】［名］雨と風。また、風をともなった雨。〓「━をついて出かける」

ふううん【風雲】［名］❶風と雲。風や雲。また、自然。〓「━の情」❷天候が荒れるように、世の中が乱れて今にも事の起こりそうな情勢。〓「━の志（＝世の乱れに乗じて功名を立てようとする志）」

◉**風雲急を告・げる**　今にも大事変が起こりそうな緊迫した状態である。〓「━情勢」

ふううんじ【風雲児】［名］事変などの機会をつかんで活躍する英雄。また、社会の変動に乗じて活躍する人。〓「時代の━」

ふうえい【▼諷詠】［名・他サ変］詩歌を作ること。また、詩歌を吟ずること。〓「花鳥━」

ふうか【風化】［名・自サ変］❶地表の岩石が気温・水・空気・生物などの作用によって次第に破壊されていくこと。また、その過程。❷ある記憶や印象が時とともに薄れていくこと。〓「━する戦争体験」

ふうが【風雅】［名］❶［形動］高尚で、優美な味わいがあること。みやびやかな趣。〓「━を解する人」❷詩歌・文芸・書画などにかかわること。〓「━の道」

フーガ【fugaイタ】［名］対位法による楽曲形式。一つの声部が示した主題を別の声部が模倣しながら追いかけるように展開するもの。遁走曲(とんそうきょく)。

ふう‐がい【風害】[名] 強風や竜巻による損害。

ふう‐かく【風格】[名] ❶その人の容姿・言動・態度などに現れ出る品格。「王者の━がそなわる」❷独特の味わい。おもむき。「━のある字」

ふう‐がわり【風変わり】(ハリ)[名・形動] 様子・性質・行動などが一般と違っていること。「━なファッション[趣味]」

ふう‐かん【封‐緘】[名・他サ変] 封を閉じること。封。「━はがき(＝郵便書簡の旧称)」

ふう‐かん【諷‐諫】[名・他サ変] 遠回しにそれとなく忠告すること。また、その忠告。⇔直諫(ちょっかん)

ふう‐がん【風眼】[名] 膿漏眼(のうろうがん)の通称。淋菌(りんきん)によって起こる急性結膜炎。

ふう‐き【風紀】[名] 社会生活を送るうえで守るべき道徳上の規律。特に、男女が交際するうえで守るべき規律や節度。「━が乱れる」

ふう‐き【富貴】[名・形動] 財産があって、しかも地位・身分が高いこと。ふき。ふっき。「━の身」「━な人」⇔貧賤(ひんせん)

ふう‐ぎ【風儀】[名] ❶ならわし。習慣。❷行儀作法。「━を正す」❸風紀。

ふう‐きょう【風狂】(キャウ)[名] ❶心の働きが正常でないこと。また、その人。❷風雅に徹すること。また、その人。「━の詩人」

ふう‐きり【封切り】[名・他サ変] 新しい映画を初めて上映して一般に見せること。ふうぎり。「正月に━される娯楽大作」「━館」▼フィルム巻の封を切ることから。動 ふうき・る(他五)

ふう‐きん【風琴】[名] ❶オルガン。❷アコーディオン。▼「手風琴」の略。

ブーケ【bouquet フランス】[名] 花束。

ふう‐けい【風景】[名] ❶自然の風物などのありさま。景色。「山村の━」❷その場のありさま。情景。「練習━」

ブーケ‐ガルニ【bouquet garni フランス】[名] 煮込み料理用に、セロリ・パセリ・ローリエなど複数の香草を束ねたもの。

ふう‐げつ【風月】[名] 清らかな風と美しい月。また、自然界の美しい風物。「━を友とする(＝自然に親しみ風流を楽しむこと)」「花鳥━」

ブーゲンビリア【bougainvillea】[名] 観賞用に栽培されるオシロイバナ科のつる性低木。枝先に総状に集まって咲く花は目立たないが、紅色などの大きな包葉が美しい。ブラジル原産。ブーゲンビレア。

ふう‐こう【風光】(クヮウ)[名] 自然の美しいながめ。景色。

ふう‐こう【風向】(カウ)[名] 風の吹いてくる方向。風位。かざむき。

ふうこう‐めいび【風光明‐媚】(クヮウ)[名・形動] 自然の景色が清らかで美しいこと。「━の地」

ふう‐こつ【風骨】[名] ❶すがた。容姿。風采(ふうさい)。❷詩歌などの作風とその精神。

ふう‐さ【封鎖】[名・他サ変] 出入りまたは出し入れできないように閉ざすこと。「道路を━する」「国境[経済]━」

ふう‐さい【風采】[名] 容姿・身なりなど、人の外見上のようす。「━の上がらない人」▼多く否定的に評価して使う。

ふう‐さつ【封殺】[名・他サ変] ❶相手の言行をおさえつけること。「敵の進軍を━する」❷フォースアウト。

ふう‐し【夫子】[名] ❶年長者・賢者・師などの敬称。❷孔子の敬称。❸あなた・あの人の意で、その当人をさす語。ご本人。

ふう‐し【風刺(諷刺)】[名・他サ変] 他の事柄にかこつけて社会や人物を遠回しに批判・非難すること。また、その批判・非難を嘲笑的に言い表すこと。「世相を━する」「━画」書き方「風刺」は代用表記。

ふう‐し【風姿】[名] ❶すがたかたち。容姿。風采(ふうさい)。❷詩歌・俳諧・能楽などで、芸術的な美を現している全体の趣。

ふう‐じ【封じ】[名] 封じること。おさえつけて活動できないようにすること。「口━・虫━・浮気━」▼多く他の語と複合して使う。

ふうじ‐こ・める【封じ込める】[他下一] ❶中に入れて出られないようにする。閉じ込める。「催涙ガスを容器に━」❷おさえつけて自由に活動できないようにする。「策動を━」文 ふうじこ・む

ふうじ‐て【封じ手】[名] ❶囲碁・将棋の対局が翌日に持ち越されるとき、その日の最後になる手を紙に書いて密封しておくこと。また、その手。▼翌日の再開時に封を開き、その手から始める。❷武術などで、使うことを禁じられている技。禁じ手。

ふうじ‐め【封じ目】[名] 封をした所。

ふう‐しゃ【風車】[名] 風を受けて回転する羽根車。また、その羽根車の回転によって動力を得る装置。製粉・精米・発電などに利用する。「━小屋」

ふう‐じゃ【風邪】[名] かぜ。感冒。

ふう‐しゅ【風趣】[名] 風情のあるおもむき。風流な味わい。「━に富んだ庭園」

ふう‐じゅ【風樹】[名] 風に吹かれて揺れ動く木。風木。

◉風樹の嘆(たん) 親孝行をしようと思ったときにはすでに親はなく、孝行をしたくてもできないという嘆き。▼『韓詩外伝』から。

ふう‐しゅう【風習】(シフ)[名] その地方や国に長年伝えられてきた生活や行事のならわし。風俗習慣。「昔ながらの━を守る」

ふう‐しょ【封書】[名] 封をした手紙。封状。

ふう‐しょく【風食(風‐蝕)】[名・他サ変] 土砂のまじった風が吹きつけて岩石面や地表面をすり減らしていくこと。また、その浸食作用。書き方「風食」は代用表記。

ふう・じる【封じる】[他上一] ❶出入り口などを閉じてふさぐ。「港を━」❷自由に発言・行動できないようにおさえつける。「口[反撃]を━」❸封をする。「袋を━」異形 封ずる

ふう‐しん【風‐疹】[名] 風疹ウイルスの感染によって起こる急性の感染症。発熱と前後して全身に発疹(はっしん)が現れるが、ふつう二、三日で治る。小児に多い。三日ばしか。

ふう‐じん【風神】[名] 風をつかさどる神。ふつう裸形で風袋をかつぎ、天空を駆ける姿にかたどられる。風の神。風伯。

ふう‐じん【風‐塵】(ヂン)[名] ❶風に吹かれて舞い上がるちり。▼きわめて軽いもののたとえにもいう。❷わず

らわしい俗世間。また、俗世間の雑事。

ブース【booth】[名] 仕切られた小部屋。また、レストランなどの仕切り席。

ふう-すい【風水】[名] ❶吹く風と流れる水。❷地勢や水勢を占って、都市・住居・墳墓などの地を選び定める術。

ふうすい-がい【風水害】[名] 強風と豪雨によって発生する災害。

ブースター-きょく【ブースター局】[名] テレビ放送の受信が困難な地域で、親局の電波を増幅して再送信する中継専用の放送局。

フーズ-フー【who's who】[名] 紳士録。名士録。

ふう・する【▼諷する】[他サ変] 遠回しに批判する。「世相を—した漫画」文ふう・す

ふう・ずる【封ずる】[他サ変] ➡封じる 文ふう・ず

ふう-せい【風声】[名] ❶風の吹く音。❷風のたより。うわさ。

ふうせい-かくれい【風声▽鶴▼唳】[名] おじけづいた人がちょっとしたことにも恐れおののくことのたとえ。語源 敗軍の兵が風の音や鶴の鳴き声にも敵兵かと思ってびくついたという『晋書』の故事から。

ふう-せつ【風雪】[名] 風と雪。また、風をともなって降る雪。吹雪。「—注意報」▼きびしい試練や苦難のたとえにもいう。「人生の—に耐える」

ふう-せつ【風説】[名] 世間に広まっている根拠のない話。うわさ。「あらぬ—が立つ」

ふう-せん【風船】[名] ❶紙・ゴムなどで作った袋に空気や水素を入れてふくらませた玩具。飛ばしたり手でついたりして遊ぶ。風船玉。❷〔古風〕気球。

ふう-ぜん【風前】[名] 風の当たる所。

◉**風前の灯火** 危険が迫って滅ぶ寸前であるさまのたとえ。

ふう-そう【風葬】[名] 死体を野天・洞窟・樹上などに放置して自然に風化させる葬法。曝葬。

ふう-そう【風霜】[名] ❶風と霜。▼きびしい試練や苦難のたとえにもいう。「—に耐える」❷年月。長い歳月。星霜。

ふう-そく【風速】[名] 風の吹く速さ。ふつう一秒間に進む距離によって表す。「—四〇㍍の暴風」

ふう-ぞく【風俗】[名] ❶ある時代や社会集団にみられる生活上の習わしや、しきたり。風習。「昭和初期の—」❷社会生活上の規律。風紀。❸風俗営業のこと。「—街」

ふうぞく-えいぎょう【風俗営業】[名] 客に遊興・飲食、または射倖的遊技をさせる営業の総称。待合・料理店・バー・キャバレー・ダンスホール・パチンコ屋・マージャン屋など。

ふうぞく-しょうせつ【風俗小説】[名] その時代の世態・風俗を外面的・現象的に描いた小説。

ふう-たい【風袋】[名] ❶物の重さを量るとき、その物が入っている袋・包み紙・箱など。「—ごと量る」❷見かけ。うわべ。

ふう-たく【風▼鐸】[名] ❶仏堂・仏塔などの軒の四隅に装飾としてつり下げる青銅製の鐘形の鈴。宝鐸。❷〔古風〕風鈴。

ぶうた・れる [自下一]〔俗〕不平不満をいう。また、ふてくされる。「分け前が少ないと—」

ぷうたろう【▽風太郎】[名] 定職をもたず、ぶらぶらと日を送る人。また、住居を定めずにさまよい歩く人。書き方 多く「プータロー」「プー太郎」と書く。

ふう-ち【風致】[名] おもむき。特に、自然の風景がもつおもむき。風趣。「—地区（＝都市の自然景観を守るために都市計画法で特に指定された地域）」

ふう-ちょう【風潮】[名] 時代とともに変わっていく世の中の傾向。「使い捨ての—を見直す」

ふう-ちん【風鎮】[名] 掛け物の軸の両下端にさげる玉・石などのおもり。

ブーツ【boots】[名] 履き口がくるぶしより上にある靴。長靴。

ブーツ-カット【boots cut】[名] ジーンズやスラックスで、太ももから膝にかけては細く、膝から裾にかけては少し広がっている型。

ふう-てい【風体】[名] その人の素性がうかがわれるような外見上のようす。身なり。ふうたい。「怪しげな—」

フーディー【hoody】[名] フード付きの上着。パーカー。

ブーティー【bootee】[名] くるぶしあたりまでの丈のショートブーツ。

ふう-てん【▼瘋▼癲】[名] ❶精神状態が正常でないこと。また、その人。❷定職をもたずに、ぶらぶらと日を送っている人。

ふう-ど【封土】[名] 古墳などを覆う盛り土。人工のものも、自然の地形を利用したものもいう。ほうど。

ふう-ど【風土】[名] その土地の気候・地形・地質など、住民の生活・文化に影響を及ぼす自然環境。「熱帯の—」「—色豊かな郷土玩具」▼人間の思考や行動に影響を及ぼす人為的な環境のたとえにもいう。「精神的[政治的]—」

フード【food】[名] 食べ物。食品。「ファースト—」

フード【hood】[名] ❶頭から首までをおおう防寒・防風・防雨用のかぶりもの。頭巾。❷機械・器具などにかぶせるおおい。❸カメラのレンズに取りつける反射光線よけのおおい。レンズフード。❹ガスレンジなどの上に取りつける排気口のおおい。❺自動車のボンネット。

ふう-とう【封筒】[名] 手紙・文書などを封入する紙袋。状袋。

ふう-どう【風洞】[名] 人工的に気流をつくるためのトンネル型の実験装置。風路に置いた物体に働く空気抵抗などを調べるのに使う。

フード-バンク【food bank】[名] 品質には問題がないのに廃棄される食品の寄付を受け、支援を必要とする人や団体に無償で提供するボランティア活動。また、それを行う団体。食糧銀行。

ふうど-びょう【風土病】[名] 特定の気候・風土をもつ地域に多く発生する病気。

フード-プロセッサー【food processor】[名] 食材を切り刻んだり、すりつぶしたりこねたりする電動調理器具。

プードル【poodle】[名] 犬の一品種。大きさによってスタンダード・ミニチュア・トイの三種に分けられる。性質は穏和。カールした長い毛を独特の形に刈り込んで愛玩用とする。ヨーロッパ原産。

ふう-にゅう【封入】[名・他サ変] 中に入れて封をすること。中に入れて口をぴったりふさぐこと。「写真を—する」

ふう-は【風波】[名] ❶風と波。また、風に吹かれて

立つ波。風浪。❷争いごと。もめごと。なみかぜ。

ふうばい-か【風媒花】(クワ) [名] 風の媒介によって受粉する花。稲・麦・松・杉などの花。

ふうば-ぎゅう【風馬牛】(ギウ) [名] まったく関係がないこと。まったく関係がないという態度をとること。〓「政治には—だ」語源『春秋左氏伝』の「風する馬牛も相及ばず(=発情して互いに求め合う馬や牛の雌雄でも会えないほど遠くへだたっている)」から。

ふう-び【風▼靡】 [名・他サ変] 風が草木をなびかせるように、大勢の人をなびき従わせること。〓「美人画で一世を—した浮世絵師」

靡

ブービー【booby】 [名] ゴルフやボーリングで、最下位から二番目。〓「—賞」▼英語では最下位の意。

ふう-ひょう【風評】(ヒヤウ) [名] 世間の取りざた。うわさ。〓「とかくの—のある人」「よくない—が立つ」

ふうひょう-ひがい【風評被害】(フウヒヤウ) [名] メディアによって流された情報が、事実の有無に関わりなくひとり歩きを始め、一つの風評として世間に定着することからこうむる被害のこと。

ふう-ふ【夫婦】 [名] 結婚している男女一組。夫と妻。めおと。

ふう-ふう [副・] ❶口をすぼめて何回も息を吹きかけるさま。〓「—(と)冷ましながらうどんを食べる」❷苦しそうに息をするさま。❸仕事などに追われて苦しむさま。〓「受験勉強で—言っている」

ぶう-ぶう ━ [副] ❶警笛・楽器などの太くて低い音を表す語。❷不平・不満などを言いたてるさま。〓「いつまでも—言うな」━ [名] 幼児語で、自動車。

ふう-ぶつ【風物】 [名] ❶景色として目にふれるもの。風景。〓「自然の—に親しむ」❷その季節やその土地の特徴を表している景物。〓「回り灯籠は夏の—」

ふうぶつ-し【風物詩】 [名] ❶景色または季節をよんだ詩。❷その季節の感じをよく表している風習や事物。〓「朝顔市は夏の—」◈注意 この意で「風物誌」と書くのは誤り。

ふうふ-べっせい【夫婦別姓】 [名] 夫婦が結婚後もそれぞれの姓を名乗ること。

ふう-ぶん【風聞】 [名・他サ変] うわさとして伝え聞くこと。また、そのうわさ。〓「よからぬ—が立つ」

ふう-ぼう【風防】(バウ) [名] 風を防ぐこと。また、そのためのもの。風よけ。防風。〓「—ガラス」

ふう-ぼう【風貌(風▼丰)】 [名] 風采と容貌。その人に見る身なりや顔かたちのようす。〓「古武士の—がある人」

貌

ふう-み【風味】 [名] 飲食物のもつ香りや味わい。〓「—のよい菓子」「独特の—がある山菜」

ブーム【boom】 [名] ❶急に人気が上昇してはやりだすこと。急激に盛んになること。❷急に需要が高まって価格が上がること。にわか景気。〓「土地—」

ブーメラン【boomerang】 [名] オーストラリアのアボリジニなどが狩猟や戦闘に用いた木製の飛び道具。多くは「へ」の字形で、投げると回転しながら飛ぶ。目的物に当たらないときは手もとに戻ってくるものもある。

ふう-もん【風紋】 [名] 風の作用によって砂地の上にできる模様。

ふう-ゆ【▼諷喩(風諭)】 [名] たとえだけを提示して、本義を推察させる比喩法。「角を矯めて牛を殺す」が「わずかな欠点を直そうとして、それ全体をだめにしてしまう」意をさとらせる類。書き方「風諭」は代用表記。

ふうらい-ぼう【風来坊】(バウ) [名] ❶風に吹き寄せられたように、どこからともなくやって来た人。また、定まった住所も職業もなく流れ歩いている人。風来人。❷気まぐれで、落ち着きのない人。

フーリガン【hooligan】 [名] ヨーロッパで、熱狂のあまりしばしば暴徒と化す無謀なサッカーファン。▼もとは、ならず者の意。

ふう-りゅう【風流】(リウ) [名・形動] ❶優雅で、落ち着いた趣があること。みやびやかなこと。〓「—な庭園」「—の士」❷世俗を離れて、書画・詩歌・茶の湯などの雅趣に親しむこと。また、その境地。〓「—を解する人」派生 -さ/-がる

ふう-りょく【風力】 [名] ❶風の強さ。〓「—計」❷風が物体に及ぼす力。風のエネルギー。〓「—発電」

ふう-りん【風鈴】 [名] 金属・陶器・ガラスなどで作った釣り鐘形の小さな鈴。風が吹くと内側につけた舌が鈴をたたいて音を立てる。夏、軒下につるして涼感のある音を楽しむ。

プール【pool】 [名] ❶人工的に作られた水泳場。スイミングプール。❷置き場。〓「モーター—」❸[他サ変] ためること。たくわえておくこと。〓「資金を—する」❹カルテルの一つ。協定を結んだ企業が収支を一つのものとして計算し、協定の割引率によって利潤を分配するもの。プール計算。

ふう-ろう【封▼蠟】(ラフ) [名] 瓶の栓や書状の封じ目などを密閉するときに用いる蠟状の物質。松脂・セラック・蜜蠟などを混合して着色したもの。

ふう-ろう【風浪】(ラウ) [名] 風と波。また、風に吹かれて立つ波。風波。

ふ-うん【不運】 [名・形動] 運が悪いこと。悲運。〓「—な境遇」「—の身」「—に泣く」⇔幸運 派生 -さ

ふうん [感] 軽く同意・了承するとき、また、ちょっと感心したときなどに発する語。〓「—、なるほど」「—、見事なものだ」

ぶ-うん【武運】 [名] 戦いでの勝敗の運。また、武人・軍人としての運命。〓「—長久を祈る」

ふえ【笛】 [名] ❶木・竹・金属などの管にいくつかの穴をあけ、息を吹き込んで鳴らす楽器の総称。フルート・篠笛・能管などの横笛と、リコーダー・尺八などの縦笛に大別される。〓「—を吹く」▼狭義では日本古来の横笛をさす。❷合図のために吹き鳴らすもの。呼子・ホイッスルなど。〓「試合終了の—が鳴る」

◉**笛吹けども踊らず** あれこれと手を尽くして働きかけるのに、誰もそれに応じようとしないこと。▼『新約聖書』から。

ふ-え【不▽壊】(ヱ) [名] こわれないこと。また、滅びないこと。〓「金剛—」

フェア【fair】 ━ [名] 野球・テニスなどで、打球が規定の線内に入ること。〓「—グラウンド」⇔ファウル ━ [形動] 道義的に正しいさま。公明正大なさま。〓「—な態度」

フェアウエー【fairway】 [名] ゴルフコースで、ティーグラウンドからグリーンまでの、芝生を刈りそろえ整地した場所。

フェアトレード【fair trade】 [名] 発展途上国の生産物を、適正な価格で継続的に購入する取り組み。生産者の労働条件の改善や経済的自立、環境保全の支援などを目的とする。公正貿易。

フェアープレー【fair play】[名]試合・競技で、正々堂々とした態度で技を競うこと。

フェアリー【fairy】[名]妖精。仙女。‖「ーテール（=おとぎ話）」

フェイク【fake】[名]❶にせもの。模造品。❷アメリカンフットボールで、攻撃側の選手が意図するプレーを相手に見破られないように仕掛ける偽りの動作。❸ジャズで、即興演奏をすること。◈「フェーク」とも。

フェイクーニュース【fake news】[名]虚偽の情報で作られたニュース。主にネット上で発信される嘘（うそ）の情報。

フェイス【face】[名]❶顔。容貌。‖「ポーカーー」❷登山で、広がりのある急斜面の岩場。岩壁。❸ゴルフのクラブヘッドの、打球面。◈「フェース」とも。

フェイスータオル【face towel】[名]洗顔などに用いる小型のタオル。フェースタオル。

ふえいようーか【富栄養化】（フエイヤウクワ）[名]湖沼や内海に排水などが流入し、燐（りん）・窒素などの栄養塩類が蓄積されること。プランクトンが異常繁殖し、水質が汚染される。

フェイント【feint】[名]サッカー・バスケットボール・バレーボール・ボクシングなどで、タイミングをはずして相手を惑わす動作。‖「ーをかける」

フェーズ【phase】[名]❶段階。局面。‖「重要なーを迎える」❷物理学で、位相。◈「フェイズ」とも。

フェータル【fatal】[形動]❶宿命的。運命的。❷致命（ちめい）的。‖「ーなミス」

フェードーアウト【fade-out】[名]映画・演劇・テレビなどで、一つの場面が徐々に暗くなって消えていくこと。溶暗。⇔フェードイン

フェードーイン【fade-in】[名]映画・演劇・テレビなどで、一つの場面が徐々に明るくなって現れてくること。溶明。⇔フェードアウト

フェーンーげんしょう【フェーン現象】（ーゲンシャウ）[名]比較的高温の乾いた風が山から平地へ吹き下ろす現象。山を越えて吹く風が山腹を上る際に雨を降らせて水分を失い、吹き下ろすときに温度を上昇させるもの。▽「フェーン」は、もとはアルプスの北麓（ほくろく）に吹き下ろす局地風。

ふーえき【不易】[名・形動]いつまでも変わらないこと。不変。‖「万古（ばんこ）ー」

ふーえき【賦役】[名]❶地租と夫役（ぶやく）。❷近代以前、公の仕事のために支配者から人民に課せられた労働提供の義務。夫役。◈「ぶえき」とも。

ふえきーりゅうこう【不易流行】（ーリウカウ）[名]蕉風俳諧で、俳諧の風体には決して変わることのない不易性と絶えず進展・流動する流行性があるが、その二体は根本において一つであるということ。

フェザー【feather】[名]鳥の羽。羽毛。

フェザーーきゅう【フェザー級】（ーキフ）[名]プロボクシングの体重別階級の一つ。一二二ポンド（約五五・三キログラム）以上、一二六ポンド（約五七・一キログラム）まで。

フェス[名]「フェスティバル」の略。‖「野外ー」

フェスタ【festa イタリア】[名]「フェスティバル」に同じ。

フェスティバル【festival】[名]祭り。祭典。また、催し物。フェスタ。フェス。‖「ジャズー」

フェチ[名][俗]❶「フェティシズム」②の略。‖「パンストー」❷ある種類のものに度を超えた愛着を持つこと。また、その人。‖「車ー」

ふーえつ【斧鉞】（ーヱツ）[名]おのとまさかり。

◉**斧鉞を加・える**　文章に手を入れて修正する。添削する。

ふーえて【不得手】[名・形動]❶得意でないこと。不得意。‖「ーな学科」❷たしなまないこと。‖「ーな酒を強いられる」

フェティシズム【fetishism】[名]❶特定の人造物や自然物を超自然的な力をもつものとして崇拝すること。呪物（じゅぶつ）崇拝。❷異常性欲の一つ。髪・下着・衣類・装身具などに執着し、それによって性的快感を得ること。フェチ。

フェニックス【phoenix】[名]❶エジプト神話の霊鳥。五、六〇〇年ごとに香木を燃やしてわが身を焼き、その灰の中から幼鳥の姿となって生き返るという。不死鳥。❷カナリーヤシ・セネガルヤシなど、ヤシ科ナツメヤシ属の常緑植物の総称。葉は大形の羽状複葉で、円柱状の茎頂に集まってつく。

フェミニスト【feminist】[名]❶女性解放論者。男女同権論者。❷女性を大切に扱う男性。

フェミニズム【feminism】[名]女性の社会的・経済的・政治的権利を拡張し、性差別からの解放と性別間の平等をめざす思想や運動。女性解放論。男女同権主義。

フェミニン【feminine】[名・形動]女性らしいこと。

フェリーーボート【ferryboat】[名]旅客や貨物とともに自動車・鉄道車両などを乗せて運搬する大型の連絡船。カーフェリー。フェリー。

ふ・える【増える・殖える】[自下一]❶【増】ものの数量が多くなる。増加する。‖「人数［体重・負担・出番・悩み］がー」[使い方]「〜が増す」と似るが、「長さ［速さ・興味］が増す」など程度を表す場合は「ふえる」は使いにくい。❷【殖・増】利殖によって財産が多くなる。また、繁殖によって生物の数が多くなる。‖「財産［資産］がー」「家畜［雑草］がー」◈⇔減る [書き分け]②は本来は【殖】だが、実際には【増】が優勢。「ふやす」の場合も同じ。[文]ふ・ゆ

[品格] 嵩（かさ）む「計画変更で、費用がー」増加「観光客がーする」増殖「細胞がーする」増進「食欲がーする」増大「需要がーする」増量「薬剤をーする」

フェルト【felt】[名]羊毛などの繊維を圧搾して布状にしたもの。弾性・保温性に富むので、帽子・敷物・履物・芯地などの材料にする。

フェルトーペン【felt pen】[名]インクを詰めた軸にフェルトの芯（しん）を差し込んだ筆記用具。

フェルマータ【fermata イタリア】[名]音楽で、楽譜の音符または休符につける（𝄐）の記号。適当な長さに延ばして演奏することを示す。延長記号。

フェルマーーのーていり【フェルマーの定理】[名]3以上の自然数 n について、$x^n+y^n=z^n$ を満たす自然数 x、y、z は存在しないという定理。▽一七世紀半ばにフランスの数学者・物理学者フェルマーが提示。一九九四年、イギリスの数学者ワイルズが証明する論文を発表し、翌年証明が認められた。

フェロモン【pheromone】[名]動物の体内で生産され、分泌・放出されると同種の他個体の行動や生理状態に作用を及ぼす微量物質。

ふーえん【不縁】[名]❶夫婦・養子などの縁組みがこわれること。離縁になること。❷縁組みがまとまらないこ

と。「縁談が━に終わる」

ふ-えん【敷▼衍(布▼衍・敷延)】［名・他サ変］意味・趣旨などをおし広げて詳しく述べること。また、たとえなどを用いてやさしく述べること。「論旨を━して説明する」

フェンシング［fencing］［名］細身の軽い剣を使う西洋の剣術。サーブル・エペ・フルーレの三種がある。▼中世ヨーロッパで騎士の戦闘術として発達し、近代になってスポーツ化した。

フェンス［fence］［名］❶柵(さく)。塀。❷野球のグラウンドを囲む塀。

フェンダー［fender］［名］❶自動車・自転車などの車輪につける泥よけのおおい。❷機関車などの前部につける緩衝装置。

フェンネル［fennel］［名］香辛料の一つ。茴香(ういきょう)の種子を乾燥させたもの。樟脳(しょうのう)に似た香りとかすかな苦みがある。魚料理・ピクルス・パン・クッキーなどに用いる。フェネル。

ぶ-えんりょ【無遠慮】［名・形動］遠慮なく好き勝手に振る舞うこと。「━に上がり込む」「━な態度」 書き方「不遠慮」とも。派生 ━さ

フォア［名］「フォアハンド(forehand)」の略。

フォア［four］［名］❶数の四。四つ。フォー。❷四人漕ぎの競漕用ボート。また、それによるレース。フォアオール。

フォア［fore］［感］ゴルフで、打球の方向にいる人に対して、気をつけろ、ボールがそっちへ行くぞの意で掛ける声。

フォア-グラ［foie gras フランス］［名］強制的に肥育したガチョウの肥大した肝臓。キャビア・トリュフとともにフランス料理の高級食材とされる。

フォアハンド［forehand］［名］テニス・卓球などで、ラケットを握る手の側にきたボールを打つこと。また、その打ち方。フォア。⇔バックハンド

フォア-ボール［和製 four＋ball］［名］野球で、投手が一人の打者にストライクでない球を四回投げること。打者は一塁へ進むことができる。四球。

フォーカス［focus］［名］焦点。ピント。「オート━」

フォーク［fork］［名］❶西洋料理で、食べ物を刺して口へ運ぶのに使う金属製の用具。肉刺し。❷①に似た形の農具。堆肥(たいひ)や牧草を扱うのに使う。

フォーク-ソング［folk song］［名］❶民謡。❷アメリカで生まれた民謡風のポピュラーソング。ギターなどの弾き語りで民衆の生活や感情を歌ったもの。フォーク。

フォーク-ダンス［folk dance］［名］❶世界の各地方・各民族に古くから伝わる民俗舞踊。❷多人数が円形や方形に並んで踊る軽快なダンス。スクエアダンスなど。

フォーク-ならび【フォーク並び】［名］公衆トイレやレジなどで、一列に並んだ先頭の人から順に、空いた所を利用する並び方。▼列と利用者の流れの形をフォークに見立てていう。

フォークボール［forkball］［名］野球で、変化球の一つ。人差し指と中指の間に球をはさんで投げるもので、球の回転が少なく、打者の手もと近くですとんと落ちる。

フォークリフト［forklift］［名］車体前部に取り付けた二本のフォーク状の腕を上げ下げして、荷物の積み降ろしや運搬をする自動車。

フォークロア［folklore］［名］❶民間伝承。❷民俗学。❸ファッションで、民族調。

フォース-アウト［force-out］［名］野球で、後続打者が打って走者となったとき、すでに塁に出ていた走者が進まなくてはならない次塁に達する前に、野手がその塁または走者にタッチしてアウトにすること。封殺。

フォービスム［fauvisme フランス］［名］二〇世紀初頭、フランスに興った絵画の一傾向。原色的色彩と単純化された太い描線を特徴とする。マチス・ルオー・ブラマンク・デュフィなどが代表的。野獣派。

フォーマット［format］［名］❶形式。書式。❷［他サ変］コンピューターで、ハードディスクなどの記録媒体にデータを管理する区画を作り、管理情報を書き込んで使用可能にすること。初期化。また、その形式。❸コンピューターで、ファイルの保存形式。ファイルフォーマット。

フォーマル［formal］［形動］公式・正式であるさま。また、格式ばったさま。「━ウエア」⇔インフォーマル

フォーム［foam］［名］泡。泡状のもの。「シェービング━」

フォーム［form］［名］❶形。外形。また、形式。様式。フォルム。❷スポーツなどで、動きの姿勢。「投球━」❸文書などの書式。ひな形。「問い合わせ━」

フォーメーション［formation］［名］サッカー・ラグビー・バスケットボールなどで、攻撃時または防御時の選手の配置。また、その配置からの展開の型。

フォーラム［forum］［名］一つの問題に対して出席者全員が参加して行う公開討論。また、その方式。▼「フォーラムディスカッション(forum discussion)」の略。古代ローマのフォーラム(＝公共の広場)で行われた討論形式から。

フォール［fall］［名・他サ変］レスリングで、相手の両肩を同時にマットにつけること。アマチュアでは一秒間、プロでは三秒間経過すると、つけた方の勝ちとなる。

フォールト［fault］［名］⇒フォルト

フォカッチャ［focaccia イタリア］［名］オリーブ油を練り込んだ生地にハーブを添え、薄く焼いたイタリアのパン。フォカッチオ。

フォト［photo］［名］写真。フォトグラフ。「━スタジオ」

フォトグラファー［photographer］［名］写真家。カメラマン。

ぶ-おとこ【▽醜男】［名］顔かたちのみにくい男性。

フォトジェニック［photogenic］［形動］写真うつりのよいさま。写真向きであるさま。「━な横顔」

フォトジャーナリスト［photojournalist］［名］写真を主体とする報道活動をする人。報道写真家。

フォルダー［folder］［名］❶紙ばさみ。書類ばさみ。❷パソコンで、ファイルやプログラムを収納する入れ物。①をパソコンのファイル整理に当てはめたもの。◈「フォルダ」とも。

フォルテ［forte イタリア］［名］音楽の強弱標語の一つ。「強く」の意を表す。記号f ⇔ピアノ

フォルティシモ［fortissimo イタリア］［名］音楽の強

弱標語の一つ。「きわめて強く」の意を表す。フォルティッシモ。記号ff ⇔ピアニシモ

フォルト【fault】［名］テニス・卓球・バレーボールなどで、サーブを失敗すること。フォールト。

フォルム【formeフラ】［名］⇩フォーム(form)

フォロー【follow】［名・他サ変］❶追跡すること。あとを追うこと。‖「紛争の顛末(てんまつ)を—する」❷失敗のないように補助すること。また、失敗したところを後から補うこと。‖「先輩に—を頼む」❸ラグビーなどで、ボールを持った味方選手の後を走って補助すること。❹ゴルフなどで、追い風。順風。フォローウインド。⇔アゲンスト ❺ＳＮＳで、ある利用者の投稿を自分のページで閲覧できるように登録すること。

フォロー-アップ【follow-up】［名・他サ変］❶追跡調査をして結果や効果を確認すること。‖「新規事業の経過を—する」❷継続的に補助すること。続けて不足分を補うこと。フォロー。‖「研修会を開いてスタッフを—する」❸失敗しないように補助すること。また、失敗したところを補うこと。‖「新人を—する」

フォロワー【follower】［名］ＳＮＳで、ある利用者の投稿を自分のページで閲覧できるように登録した人。

フォロワーシップ【followership】［名］組織や集団の目的の達成のために、上司・指導者を補佐する機能・能力。

フォワード【forward】［名］サッカー・ラグビー・ホッケーなどで、最前部に位置して主として攻撃にあたる選手。前衛。⇔バックス

ふ-おん【不穏】ーヲン［名・形動］状況・情勢などがおだやかでないこと。危機や危険をはらんでいること。‖「形勢が—になる」「—な動き」「政情—」⇔平穏

フォンデュ【fondueフラ】［名］❶チーズと白ワインを煮溶かし、串に刺したパン切れなどにからめて食べる、スイスの鍋料理。チーズフォンデュ。❷串に刺した牛肉などを油で揚げながら食べる、フランスのブルゴーニュ地方の鍋料理。オイルフォンデュ。

フォント【font】［名］印刷したり電子機器の画面に表示したりする場合の文字の形。書体。‖「—がそろう」「—を切り替える」▼同一書体・同一サイズの一揃いの活字の意から。

ふ-おんとう【不穏当】ーヲンタウ［名・形動］おだやかでないこと。さしさわりがあって、その場にふさわしくないこと。‖「—な発言」

ふか【▼鱶】［名］(大形の)サメ。

ふ-か【不可】［名］❶いけないこと。よくないこと。‖「可もなく—もなし」❷成績などを評価する語。優・良・可に次ぐもので、不合格を表す。

ふ-か【付加(附加)】［名・他サ変］あるものに、さらに付け加えること。‖「契約に別項の条件を—する」

ふ-か【府下】［名］府の行政下にある地域。大阪府・京都府のうち、大阪市・京都市を除く地域。

ふ-か【負荷】［名］❶［他サ変］責任・任務などを身に負うこと。‖「重責を—する」❷電気的・機械的エネルギーを発生する装置に対して、そのエネルギーを消費するもの。また、消費される仕事の量。直流回路における抵抗、発電機における電灯、電動機におけるポンプなど。

ふ-か【浮華】ークワ［名・形動］うわべは華やかだが、実質に乏しいこと。‖「生活が—に流れる」

ふ-か【富家】［名］裕福な家。金持ち。ふうか。ふけ。⇔貧家

ふ-か【▼孵化】ークワ［名・自他サ変］卵がかえること。また、卵をかえすこと。‖「鮭(さけ)を人工的に—する」

ふ-か【賦課】ークワ［名・他サ変］税金などをそれぞれに割り当てて負担させること。‖「—金」

ぶ-か【部下】［名］ある人の下に属し、その指図・命令を受けて働く人。

ふか-あみがさ【深編み▼笠】［名］顔が隠れるように深く作った編みがさ。人目をさけるために用いる。

ふ-かい【不快】ークワイ［名］❶［形動］いやな気分になること。不愉快であること。‖「実に—だ」「—な思いをする」「—感」❷病気。やまい。‖「—の気味」

ふ-かい【付会(附会)】ークワイ［名・他サ変］理屈をつけて関係のないことを結びつけること。こじつけること。‖「俗説に—して論を展開する」「牽強(けんきょう)—」

ふか・い【深い】［形］❶表面から底までの距離が大きい。‖「この湖は水深が—」「—井戸［皿］」「—・く刻まれたしわ」

❷内部にあって表面からの距離が大きい。また、入り口や先端から奥までの距離が大きい。‖「震源が—」「囲碁の世界は奥が—」「山中—・く分け入る」「椅子(いす)に—・く腰を下ろす」「根—(ぶか)」

❸野球で、ホームベースから見て、定位置より後ろの方に位置するさま。‖「左翼手の守備位置が—」

❹密集して奥まで見通せないさま。‖「霧が—」「—森の中にはいる」「謎はベールに—・く包まれている」「毛—(ぶか)」「草—(ぶか)」

❺物事が、表面的でなく、本格的な領域に達している。特に、そのような精神的傾向が強いさま。‖「傷［情け・欲］が—」「—悲しみに閉ざされる」「—・く考える」「罪—(ぶか)」「執念［慎み］—(ぶか)」「感慨—(ぶか)」

❻物事が、容易には知りがたい重要な意味をひそませている。‖「それには—理由がある」「—意味はない」「意味—(ぶか)」

❼関係が密接である。‖「彼とは関係が—」「なじみ—(ぶか)」

❽〈連体修飾の形で〉恋愛関係が肉体的交渉をもつまでになる。わりない仲になる。‖「—関係になる」

❾華やかでなく落ち着いた濃い色合いである。‖「木々の緑が日々—・くなる」「—青」▼連体用法が多い。

❿味や香りなどに味わい尽くせない趣がある。奥深い。‖「この古酒には—香りがある」「味わい—(ぶか)」

⓫時を経て、夜や秋がたけなわになる。深まる。‖「夜［秋］が—・くなる」◈⇔浅い 派生 -げ／-さ／-み

ぶ-かい【部会】ークワイ［名］ある組織を複数の部門に分けた、その一つ一つ。また、各部門ごとに開かれる会合・会議。

ぶ-がい【部外】ーグワイ［名］その団体・部署などに属していないこと。それとは関係のない外部。‖「—者の出入りを禁ずる」⇔部内

ふかい-しすう【不快指数】フクワイ［名］夏の蒸し暑さの程度を、気温と湿度の関係から数量的に表した指数。▼七五を越えると半数の人が、八〇以上では全員が不快になるとされる。

ふがい-な・い【▼腑▽甲▼斐無い・不▽甲▼斐無い】フガヒー［形］情けなくなるほど、だらしがないさま。意気地がない。‖「最下位に終わるとは—」 書き方 かな書きが多い。 注意 丁寧形を「腑甲斐ありません」とするのは標準的でない。⇩「ない」のコラム(二〇四ページ) 派生 -さ

ふか-いり【深入り】[名・自サ変] 必要以上に深くかかわりあうこと。‖「その話にはーしないほうがいい」

ふか-おい【深追い】ヒオ[名・他サ変] どこまでも追いかけること。‖「あまりーするな」「ーは危険だ」

ふ-かかい【不可解】[名・形動] 理解しようとしても理解できないこと。理解に苦しむこと。‖「ーな行動[出来事]」

ふか-かち【付加価値】[名] ❶生産過程で新たに付け加えられた価値。売上高から原材料費や減価償却費を差し引いたもの。‖「ー税」❷商品やサービスで、他の同種のものにはない価値。‖「ーを付けて売り出す」

ふか-ぎゃく【不可逆】[名] 理化学で、ある反応・変化の逆の過程が物理的や化学的に可能でないこと。‖「ー変化・ー性」⇕可逆

ふ-かく【不覚】[名・形動] ❶意識がしっかりしていないこと。思わず知らずそうなること。‖「前後ーに陥る」❷油断して失敗すること。‖「ーを取る」「ーにも敵に攻め込まれる」

ふ-かく【▼俯角】[名] 高所から物を見おろしたとき、その視線の方向と目の高さの水平面とがなす角度。⇕仰角

ふ-がく【富岳(富▼嶽)】[名] 富士山。‖「ー百景」

ぶ-がく【舞楽】[名] 舞を伴う雅楽。

ふ-かくじつ【不確実】[名・形動] 確実でないこと。ふたしか。‖「ーな情報」派生 -さ

ふ-かくてい【不確定】[名・形動] はっきり決まっていないこと。‖「日程はまだーだ」「ー要素が多い」

ふ-かけつ【不可欠】[名・形動] 欠くことのできないこと。なくてはならないこと。‖「ーの条件」「生活にーな物質」

ふかこう-りょく【不可抗力】フカカウー[名] 人間の力ではどうすることもできない外力や事態。‖「ーの災害」

ふか-さ【深さ】[名] ❶表面から底・奥までの距離。また、その度合い。‖「穴のー」❷①の程度や物事の程度が相当に深いこと。‖「あまりのーに目がくらむ」「思いのーに感動した」⇕浅さ

ふか-ざけ【深酒】[名・自サ変] 度を越して酒を飲むこと。‖「ついー(を)してしまう」

ふ-かし【不可視】[名] 肉眼では見えないこと。‖「ー光線」⇕可視

ふかし-ぎ【不可思議】[名・形動] 常識では理解できないこと。怪しく異様なこと。不思議。‖「ーな現象」「ーな/の力」「霊妙ーな光」派生 -さ

ふ-かしん【不可侵】[名] 他国の侵略を許さないこと。‖「ー条約」

ふか・す【▽蒸す】[他五] 食べ物に蒸気をあててやわらかくする。むす。‖「芋をー」可能 **ふかせる**

ふか・す【吹かす】[他五] ❶吸ったたばこの煙を吐き出す。たばこを吸う。‖「たばこをー」❷自動車などのエンジンを速く回転させる。‖「アクセルを踏み込んでー」❸〈「…風(かぜ)を吹かす」の形で〉ことさら…らしく振る舞う。…ぶっていばる。‖「先輩風をー」

ふか・す【更かす】[他五]〈「夜を更かす」の形で〉夜遅くまで起きている。夜ふかしをする。‖「夜をー・して語り合う」

ふ-かそく【不可測】[名・形動] 予測できないこと。‖「ーの事態」

ふ-かち【不可知】[名] 人知では知り得ないこと。

ふかち-ろん【不可知論】[名] 哲学で、人間は意識に与えられる感覚的な経験の背後にある客観的な実在は認識できないとする立場。その実在を認める説と、その実在そのものも不確実とする説とがある。

ふ-かつ【賦活】ークヮッ[名・他サ変] 活力を与えること。機能や作用を活性化すること。‖「ー剤」

ぶ-かつ【部活】ークヮッ[名] 学生や生徒のクラブ活動。▼「部活動」の略。

ぶ-かっこう【不格好(不▼恰好)】ーカクカウ・ーカッカウ[名・形動] かっこうがよくないこと。みっともないこと。‖「頑丈そうだがーな靴」

ふか-づめ【深爪】[名・自サ変] 爪を深く切ること。

ふか-で【深手(深▽傷)】[名] 深い傷。重傷。‖「ーを負う」⇕浅手

ふか-なさけ【深情け】[名] 異性などへの情愛が深いこと。また、その情愛。

ふ-かのう【不可能】[名・形動] 可能ではないこと。また、そのような事柄。‖「ここから脱出することはーだ」「技術的にはほとんどーに近い」「証明ー」⇕可能

ふ-かひ【不可避】[名・形動] 避けようがないこと。必ず起こること。‖「スト突入はーだ」「ーの/な選択」

ふか-ひれ【▼鱶▼鰭】[名] 中国料理の食材の一つ。サメのひれの外皮を取り去り日干しにしたもの。水で戻したものをゆでて水にさらし、半透明になったものを調理する。ふかうるめ。ふかのひれ。‖「ーのスープ」

ふか-ふか[副ト・形動] やわらかくふくれているさま。‖「ー(と)した布団」

ぶか-ぶか[副ト・形動] ❶身につける物が大きすぎるさま。‖「ーな帽子」❷中にすき間ができて、その部分が浮きあがっているさま。

ぷか-ぷか[副ト] ❶たばこをしきりに吸うさま。‖「葉巻をー(と)ふかす」❷軽い物が水に浮かんでいるさま。‖「ごみがー(と)流れてくる」❸らっぱ・笛などを吹き鳴らす音を表す語。

ふかぶか-と【深深と】[副] いかにも深そうなさま。‖「ー頭をさげる」

ふ-かぶん【不可分】[名・形動] 結びつきが密接なので切り離せないこと。‖「二者はーの関係にある」

ふか-ま【深間】[名] ❶水などの深い所。深み。❷男女の仲がきわめて密接になること。‖「かりそめの情事がーにはまる」

ふかま・る【深まる】[自五] 物事の程度がしだいに深くなる。‖「両者の溝[関係]がー」「認識[疑惑]がー」使い方 多くは抽象的な意味で使い、「激流にえぐられて川底がー」のように具体的な意味に使うことはまれ。名 **深まり**

ふか-み【深み】[名] ❶深いところ。表面的でなく奥深い場所。深間(ふかま)。‖「川[泥]のーにはまる」「人影が闇[夜]のーに消えていく」使い方 深入りしすぎて動きのとれない状況のたとえにいう。‖「アジア経済が不況のーにはまる」「恋のーにはまる」⇕浅み ❷色合いの濃さ。‖「ーのある紫」❸表面からは感じ取れない奥深い味わい。‖「味にーがある」

ふか-みどり【深緑】[名] 濃い緑色。濃緑色。しんりょく。

ふか・める【深める】[他下一] 物事の程度をしだいに深くする。‖「交流[対立]をー」「自信[混迷の色]をー」使い方 多くは抽象的な意味で使い、「掘削機で穴をー」のように具体的な意味に使うことはまれ。文 **ふか・む**

ふか-よみ【深読み】〔名・他サ変〕他人の表現や言動に込められた意味を必要以上に深く解釈すること。

ふ-かん【▼俯▼瞰】〔名・他サ変〕高所から見おろして眺めること。鳥瞰。‖「山頂から町をーする」「ー図」

ぶ-かん【武官】〔名〕軍事を任務とする官吏。⇔文官 ▽旧陸海軍では下士官以上の軍人。

ふかん-しへい【不換紙幣】〔名〕金貨・銀貨などの本位貨幣と交換できない紙幣。不換券。

ふかん-しょう【不感症】〔名〕❶性交の際に女性が快感を得られない状態。冷感症。❷感覚が鈍いために、またそれに慣れてしまったために、ふつうなら感じる物事に感じなくなること。‖「騒音に対してーになる」

ふ-かんぜん【不完全】〔名・形動〕欠けたところや十分でないところがあって、完全ではないこと。‖「ーな書類」「今日の試合はー燃焼のまま終わった」

ふき【▼袘】〔名〕袷(あわせ)または綿入れの裾(すそ)・袖口(そでぐち)などで、裏布を表側にのぞかせて縁のように仕立てた部分。ふきかえし。

ふき【▼蕗】〔名〕山野に自生し、また野菜としても栽培するキク科の多年草。早春、地下の根茎から「ふきのとう」と呼ばれる花茎を出し、淡黄色の頭花を開く。多肉質の葉柄とふきのとうを食用にする。

ふ-き【不▼軌】〔名〕❶法や規則に従わないこと。❷反逆をはかること。‖「ーの臣」

ふ-き【不帰】〔名〕二度と帰らないこと。また、死ぬこと。

◉**不帰の客(きゃく)となる** 死ぬ。注意「帰らぬ人となる」と混同した「不帰の人となる」は避けたい。

ふ-き【不▼羈(不▼覊)】〔名・形動〕❶束縛されることなく自由に振る舞うこと。‖「独立ー」「ー奔放(ほんぽう)」❷才能などが並はずれていて常軌では束縛できないこと。‖「ーの才」◈「羈」「覊」ともに、つなぐ意。

ふ-き【付記(附記)】〔名・他サ変〕付け加えて書きしるすこと。また、その文。‖「文末に注意事項をーする」

ふ-ぎ【不義】〔名〕❶正義・道義に反すること。また、その行い。❷道にはずれた関係を結ぶこと。密通。姦通(かんつう)。

ふ-ぎ【付議(附議)】〔名・他サ変〕議案などを会議にかけること。また、ある案件に付け加えて議論すること。‖「改正案を委員会にーする」

ぶ-き【武器】〔名〕❶戦いに用いる道具。兵器や武具。‖「ーをとって戦う」❷何かを行うときに効果的な手段となるもの。‖「語学力をーにして海外で働く」

ぶ-ぎ【武技】〔名〕武道のわざ。武術。武芸。

ふき-あげ【吹き上げ・噴き上げ】〔名〕❶【吹】風が低い所から吹き上がってくる場所。❷【吹・噴】水を吹き上げること。また、その装置。噴水。

ふき-あ・げる【吹き上げる・噴き上げる】㊀〔他下一〕❶【吹】風が吹いて物を舞い上がらせる。‖「風が落ち葉をー」❷【吹・噴】液体・気体などを勢いよく上へふき出させる。‖「鯨が潮をー」❸【吹・噴】水や蒸気がふき出して上にある物を勢いよく持ち上げる。‖「沸騰した湯が鍋のふたをー」「火山が灰を**噴き上げる**」◈書き分け ②③は、勢いを強調するときは【噴】。⬇噴く
㊁〔自下一〕【吹】風が低い所から高い所へ吹きのぼってくる。‖「谷から涼風がー」文 ふきあ・ぐ 名 **吹き上げ**

ふき-あ・れる【吹き荒れる】〔自下一〕風が激しく吹く。吹きすさぶ。‖「野分がー」文 ふきあ・る

ブギ-ウギ【boogie-woogie】〔名〕ピアノによるブルースの演奏形式で、左手で一小節八拍のリズムを繰り返しながら右手で旋律を変奏するもの。一九二〇年代にシカゴの黒人ピアニストによって創始された。ブギ。

ふき-おろ・す【吹き下ろす】〔自五〕風が高い方から低い方に向かって吹く。‖「山風がー」

ふき-かえ【吹き替え】〔名〕❶貨幣・金属器具などをとかして鋳なおすこと。改鋳。❷外国映画などのせりふを自国語に訳して録音しなおすこと。❸映画・演劇などで、ある場面を観客にわからないように代役が演じること。また、その代役。動 **ふきか・える**(他下一)

ふき-かえ【▼葺き替え】〔名〕屋根の瓦(かわら)・板・藁(わら)・茅(かや)などを新しいものと替えること。屋根替え。動 **ふきか・える**(他下一)

ふき-かえ・す【吹き返す】㊀〔自五〕風が今までとは逆の方向へ吹く。㊁〔他五〕❶風が吹いて物を裏返しにする。‖「風が落ち葉をー」❷風が吹いてもとの所へ戻す。❸一度とまった呼吸を回復する。蘇生する。‖「息をー」❹貨幣・金属器具などをとかして鋳なおす。‖「銅貨をー」

ふき-か・ける【吹きかける(吹き掛ける)】〔他下一〕❶息などを強く吹いてかける。吹きつける。‖「酒臭い息をー」❷争いなどを一方的にしかける。ふっかける。‖「無理難題をー」❸物の値段などを法外に高く言う。ふっかける。‖「足もとを見て高値をー」文 **ふきか・く**

ふき-け・す【吹き消す】〔他五〕息を吹きかけて火を消す。‖「ろうそくの火をー」

ふ-きげん【不機嫌】〔名・形動〕機嫌の悪いこと。‖「ーな顔をする」「ーに黙り込む」⇔上機嫌 派生 **-さ**

ふき-こぼ・れる【吹き▽零れる】〔自下一〕湯・煮汁などが沸騰して容器からあふれ出る。‖「味噌(みそ)汁がー」文 **ふきこぼ・る**

ふき-こ・む【吹き込む】㊀〔自五〕風が吹いて中へ入り込む。また、風に吹かれて雨・雪などが中へ入ってくる。‖「冷たい風がー」「破れた窓から雪がー」㊁〔他五〕❶吹いて中に入れる。‖「風船に息をー」「俳壇に新風をー」❷教え込んでそそのかす。‖「悪知恵をー・まれる」❸レコード・テープなどに録音する。‖「留守電にメッセージをー」名 **吹き込み**

ふき-こ・む【拭き込む】〔他五〕つやが出るまでくり返してふく。‖「よくー・まれた柱」

ふき-さらし【吹き▼曝し】〔名〕囲いやおおいがなくて風が吹きあたるままになっていること。また、その場所。吹きっさらし。‖「ーの無人駅」

ふき-すさ・ぶ【吹き▽荒ぶ】〔自五〕風が吹き荒れる。‖「寒風ー北国の町」

ふ-きそ【不起訴】〔名〕検察官が公訴を提起しない処分。犯罪が成立しない場合、公判を維持するのに十分な証拠がない場合、起訴猶予を相当とする場合などに行われる。

ふき-そうじ【拭き掃除】〔名・自他サ変〕雑巾(ぞうきん)などでふいてきれいにすること。‖「毎朝ーする」

ふ-きそく【不規則】〔名・形動〕一定のきまりに従っていないこと。規則的でないこと。‖「ーな生活が続く」「ーな縞(しま)模様」「勤務時間がーになる」派生 **-さ**

ふき-だし【吹き出し】〔名〕漫画で、登場人物の口から吹き出したような形に描く、せりふの囲み部分。

ふき-だ・す【吹き出す・噴き出す】 ■一［自五］❶【吹・噴】内にあったものが勢いよく外へ出てくる。‖「汗［不満］が―」「石油が噴き出す」❷【吹】草木の芽が勢いよく出てくる。‖「若芽が―」❸【吹・噴】こらえきれなくなって笑い出す。‖「顔を見て思わず―」■二［他五］【吹】❶吹いて外へ出す。‖「鼻からたばこの煙を―」❷草木が勢いよく芽を出す。‖「柳が芽を―」
◈書き分け ①③は、勢いを強調するときは【噴】。

ふき-だまり【吹き▼溜まり】［名］❶風に吹き寄せられた雪・落ち葉・ごみなどがたまっている所。❷落ちぶれて行き場のない人たちがどこからともなく寄り集まっている所。‖「社会の―」

ふ-きつ【不吉】［名・形動］悪いことが起こりそうな兆しがあること。縁起が悪いこと。‖「―な予感がする」

ふき-つ・ける【吹きつける（吹き付ける）】 ■一［自下一］風が強く吹いて当たる。‖「北風が―」■二［他下一］❶息などを強く吹いて当てる。‖「種火に息を―」❷液体などを吹いて、霧状にして付着させる。‖「壁に塗料を―」文ふきつ・く

ぶ-きっちょ【不▽器用・無▽器▽用】［名・形動］［俗］器用でないこと。ぶきっちょう。‖「―な人［手つき］」▼「ぶきよう（不器用）」の転。派生-さ

ふきで-もの【吹き出物】［名］皮膚にできる小さなはれもの。できもの。

ふき-とば・す【吹き飛ばす】［他五］❶風などが強く吹いて物を飛ばす。‖「風で帽子が―・される」❷いっぺんに払いのける。‖「暑さ［不安］を―」

ふき-と・る【▼拭き取る】［他五］布・紙などでふいて水分や汚れを取り去る。ぬぐい取る。‖「汗を―」

ふき-ながし【吹き流し】［名］❶旗の一種。長い数条の布を半円や円形の枠に取りつけ、竿(さお)の先につけて風になびかせるもの。昔、軍陣で用いられた。❷端午の節句に鯉(こい)のぼりとともに立てる、①に模したのぼり。また、鯉のぼり。❸細長い円筒形の布を円形の枠に取りつけ、空中に掲げて風になびかせるもの。気象台・飛行場などで、風向を知るのに用いる。

ふき-ぬき【吹き抜き（吹き▽貫き）】［名］❶風が吹き通ること。また、その場所。吹きぬけ。吹き通し。❷建築で、柱と柱の間に壁を設けずに、空間を外部に開放する構造。また、建物の内部で、数階にわたって床を設けずに、一続きの空間を作る構造。吹きぬけ。吹きはなし。❸「吹き流し」①のうち、長い数条の布を円形の枠に取りつけたもの。

ふき-ぬけ【吹き抜け】［名］➡吹き抜き①②

ふき-ぬ・ける【吹き抜ける】［自下一］風が吹いて通り抜ける。‖「一陣の風が―」文ふきぬ・く

ふき-の-とう【▼蕗の▼薹】［名］早春、ふきの根茎から生え出る若い花茎。食用。香りとほろ苦さを賞味する。

薹

ふき-はら・う【吹き払う】［他五］吹いて物を払いのける。‖「ごみを―」

ふき-ぶり【吹き降り】［名］強い風とともに雨が激しく降ること。

ふき-まく・る【吹き▼捲る】 ■一［自五］長時間にわたって強い風が吹き続ける。‖「木枯らしが―」■二［他五］盛んにおおげさなことを言う。‖「ほらを―」

ふき-まわし【吹き回し】［名］❶風の吹くぐあい。❷風向きのように変わる、その時々の調子や気分。‖「どういう風の―か、あの無精者が顔を出すようになった」

ぶ-きみ【不気味・無気味】［形動］気味が悪いさま。なんとなく不安や恐ろしい感じを抱かせるさま。‖「―な叫び声」「―に静まり返った屋敷」派生-さ／-がる

ふき-や【吹き矢】［名］細長い筒の中に小さな矢を入れ、吹き口から強く息を吹き込んで飛ばすもの。また、その矢。

ふ-きゅう【不休】［名］少しも休まないこと。‖「不眠―の工事」

ふ-きゅう【不朽】［名］いつまでも朽ちないこと。長く価値を保ち後世まで残ること。‖「―の名作」

ふ-きゅう【不急】［名・形動］特に急ぐ必要のないこと。さし迫っていないこと。‖「―の品」「不要―の施設」

ふ-きゅう【普及】［名・自他サ変］社会一般に広く行き渡ること。また、行き渡らせること。‖「携帯電話［ネット販売］が―する」「薄型テレビを―させる」「―率」
使い方 (1)「〜を普及する／普及させる」では、後者が一般的。➡品詞解説（一八二六ページ）(2)「〜が普及する」は、もとは「〜が普及される（自発）」とも。‖「近代では洋服が―されたが、」〈寺田寅彦〉

ふ-きゅう【腐朽】［名・自サ変］木材・金属などがくさってくずれること。‖「桟橋が―する」

ふ-きょう【不況】［名］経済活動が停滞している状態。不景気。‖「―の波をかぶる」⇔好況

ふ-きょう【不興】［名・形動］❶興味がさめること。しらけること。興ざめ。‖「―をかこつ」❷目上の人の機嫌をそこなうこと。‖「上司の―を買う」派生-げ

ふ-きょう【布教】［名・他サ変］ある宗教を一般に広めること。‖「日本に〇〇教を―する」「―活動」

ふ-きょう【富強】［名］❶［形動］国などが富んでいて、勢力が強いこと。‖「―な国家」「―の国」❷「富国強兵」の略。

ふ-ぎょう【▼俯仰】［名・自サ変］うつむくことと、あおむくこと。‖「―天地に愧(は)じず（＝仰いで天地に愧じず）」

ぶ-きよう【不器用】［名・形動］❶器用でないこと。手先を使う作業などがへたなこと。ぶきっちょ。‖「―な手つきで折り紙を折る」❷物事がじょうずに処理できないこと。要領が悪いこと。‖「世渡りに―な人」◈書き方「無器用」とも。派生-さ

ぶ-ぎょう【奉行】［名］武家社会で、特定の行政事務を担当する職。▼江戸幕府には寺社・勘定・町の三奉行のほか、伏見・長崎などの諸奉行が置かれた。

ふ-ぎょうぎ【不行儀】［名・形動］行儀がよくないこと。無作法。

ふ-ぎょうじょう【不行状】［名・形動］品行のよくないこと。身持ちが悪いこと。不行跡。

ふ-ぎょうせき【不行跡】［名・形動］不行状

ふきょうわ-おん【不協和音】［名］よく調和しないで、不安定な感じを与える和音。⇔協和音▼協調しない関係のたとえにもいう。‖「両国の間に―が生じる」✓注意「不響和音」と書くのは誤り。

ふ-きょか【不許可】［名］許可しないこと。許可されないこと。‖「撮影が―になる」

ふ-きょく【布局】［名・自サ変］❶囲碁で、碁石を局面に配置すること。また、その配置。❷ある物事の全体の配置。‖「登場人物の―に難のある戯曲」

ぶ-きょく【舞曲】［名］❶舞踊と音楽。❷舞踊のた

めの音楽。また、その形式をふまえた演奏会用の楽曲。ポルカ・ワルツ・マズルカ・メヌエットなど。

ふきよせ【吹き寄せ】［名］❶種々の煮物や揚げ物をいろどりよく盛り合わせた料理。また、紅葉などにかたどった干菓子を盛り合わせたもの。▼秋から初冬にかけての季節感を表し、風で木の葉が吹き寄せられたように盛ることから。❷寄席演芸の一つ。種々の音曲から少しずつ抜き集めて歌い聞かせるもの。音曲吹き寄せ。❸日本建築で、格子・障子などの桟を均等に置かないで、二本または数本を一組みとして配置する方式。

ふぎり【不義理】［名・形動］義理を欠くこと。特に、金などを借りて返さずにいること。‖「方々に━を重ねる」「━な借金をする」

ぶきりょう【不器量】［名・形動］顔かたちが醜いこと。また、その人。‖「━な人」▼もと、才能・能力が乏しい意。書き方「無器量」とも。

ふきん【付近(附近)】［名］近い場所。そのあたり。近辺。‖「━の商店街」「入り口の━が混み合う」

ふきん【布巾】［名］食器類をふくための布。

ふきんこう【不均衡】［名・形動］つりあいがとれていないこと。アンバランス。‖「貿易収支の━を是正する」

ふきんしん【不謹慎】［名・形動］つつしみのないこと。ふまじめなこと。‖「葬儀で━な態度をとる」

ふく【服】■一［名］衣服。着る物。特に、洋服。‖「━を着る」「━を替える」■二（造）❶茶やたばこを飲む回数を数える語。‖「たばこ一━」❷粉薬などの包みを数える語。‖「朝夕二━」

品格 衣装「民族━」衣服「━をつくろう」衣料「━品」衣類「男物の━」装束「白━」着衣「━に乱れがある」被服「━費」◉「装束」は特別な場合に合わせたものをいう。

ふく【副】■一［名］❶主なるものに伴ってその補助となること。また、そのもの。‖「正一名━二名」「━知事」⇕正 ❷書物・書類などの原本を写した控え。写し。‖「契約書の正と━」「━本」■二（造）添える。つけ加わる。‖「━賞・━作用・━産物」

ふく【幅】■一［名］掛け物。軸物。‖「山水の━」「五━の掛け軸」■二（造）横の長さ。はば。‖「紙━・振━」

ふく【福】［名］運のよいこと。さいわい。‖「━は内、鬼は外（＝節分の夜、豆まきをするときに唱えることば）」「━の神」「━音・━祉」「祝━・冥━」旧福

ふく【複】■一［名］❶テニス・卓球などで、ダブルス。⇕単 ▼「複試合」の略。❷「複勝」「複勝式」の略。■二（造）❶重なる。重ねる。‖「━合・━雑・━数・━線」❷重ねて行う。‖「━写・━製」

ふく【吹く】■一［自五］❶風が起こる。また、動いて通っていく。‖「突風［そよ風］が━」❷それまで見えなかったものが表面に現れ出る。生じる。‖「柳の芽が━」「干物に塩が━」「粉の━・いた干し柿」▼〜ガに発生出現したものをとる。⬇二⑩ ■二［他五］❶風が通ってきて物に当たる。‖「松を━風」❷口をすぼめて息を強く出す。息をはく。また、そのようにして吸い込んだたばこの煙を出す。‖「ふっと息を━・いて塵を払う」「たばこの煙を━」❸息を強く出して物に当てる。〜に息を吹きかける。‖「ろうそくの火を━・いて消す」❹管状のものに息を貫き通す。また、そのようにして楽器を鳴らす。‖「火吹き竹を━」「口笛［フルート］を━」▼〜ヲに〈道具〉（＝楽器名）をとる。❺楽器を吹くことによって音楽を作り出す。演奏する。‖「ファンファーレを━」「行進曲を━」▼〜ヲに〈結果〉（＝作品名）をとる。❻ありもしないことを言う。また、事実を大げさに言う。大言壮語する。‖「ほらを━」「酔いにまかせてラッパを━」使い方「彼は少々━くせがある」のように、自動詞的にも使う。❼〈多く「泡を吹く」の形で〉呼気といっしょに口や鼻から泡を出す。また、食品などが沸騰したり発酵したりして泡を立てる。‖「カニが口から泡を━」「醸造中の酒がぶくぶくと泡を━」❽〈「霧を吹く」の形で〉水を霧状にして吹きかける。‖「葉に霧を━」❾呼気といっしょに鯨が海水を勢いよく体外に出す。‖「鯨が潮を━」書き分け⬇噴く ❿それまで見えなかったものを表面に現し出す。生じる。‖「バラが芽を━」「銅板が緑青を━」▼〜ヲに〈結果〉（＝発生出現するもの）をとる。現象としては一②と同じだが、二⑩はみずからが作り出すといった意。⓫鉱石をとかして金属をとり出す。精錬する。また、金属をとかして器具を作る。鋳造する。‖「銅を━」「鐘を━」▼⑪は、ふいごなどで風を送って火力を強めることからいう。◈「噴く」と同語源。可能 吹ける

ふく【噴く】■一［自五］内部から気体・炎・液体などが勢いよく出る。‖「傷口から血が━」「額から汗が━」「罐から蒸気が━」■二［他五］気体・炎・液体などを内部から勢いよく出す。‖「火山［エンジン］が火を━」「鯨が潮を━」◈書き分け【噴】は、勢いの強さを強調して使う。一般には、「汗が吹いて出る」など【吹】も使う。「鯨が潮を噴く／吹く」では、前者はその勢いに、後者は単なる呼気作用に視点を置いていう。

ふく【拭く】［他五］❶布・紙などを使って物の表面に付着した水分や汚れを取り去る。ふきとる。ぬぐう。‖「ハンカチで汗を━」❷ふくことによって、汚れた場所をきれいにする。‖「タオルで顔を━」「雑巾で廊下を━」◈①は〜ヲに〈対象〉を、②は〈場所〉をとる。可能 ふける

ふく【▼葺く】［他五］❶板・茅・瓦などで屋根をおおう。また、そのようにして屋根を作る。‖「屋根に瓦を━」「トタンで屋根を━」❷草木などを軒にさして飾る。‖「軒に菖蒲を━」可能 ふける

ふく【伏】（造）❶うつぶせになる。ふせる。‖「━臥」「起━・平━」❷かくれる。かくす。‖「━線・━兵・━流」「潜━」❸したがう。‖「屈━・降━・調━」

ふく【復】（造）❶同じ道を行って帰る。‖「━路」「往━」❷もとの状態にもどる。また、もどす。‖「━活・━元・━興」「回━・修━」❸くり返す。‖「━習」「反━」❹返事をする。こたえる。‖「━唱」「拝━」❺仕返しをする。‖「━讐」「報━」

ふく【腹】（造）❶はら。‖「━筋・━痛」「空━・切━」❷母親の胎内。‖「同━」❸心。心の中。‖「━案」「立━」❹物の中ほど。‖「山━・中━」

ふく【覆】（造）❶くつがえる。くつがえす。‖「━水」「転━」❷くり返す。‖「━刻」「反━」▼「復」に通じる。❸おおう。‖「━面」

ふぐ【〈河豚〉】［名］フグ目フグ科の海魚の総称。体は

丸みを帯びた長卵形で、口は小さい。外敵に襲われると水や空気を吸い込んで腹をふくらませる。多くは肝臓・卵巣などに猛毒をもつが、肉は美味。食用とされるのはトラフグ・マフグ・ショウサイフグなど。ふく。ふくべ。かとん。

◉**ふぐは食いたし命は惜しし** 快楽や利益は得たいが、あとのたたりや危険が恐ろしくてためらうこと。

ふ-ぐ【不具】［名］❶体の一部の機能に障害があること、また、その障害を持つ人をいう差別的な語。❷意を尽くしていない意で、手紙文の末尾につける語。不備。不一。不尽。

ぶ-ぐ【武具】［名］戦いに用いる道具。刀・槍・鎧・兜など。

ふ-ぐあい【不具合】［名・形動］製品に当初目ざした働きができないこと。また一般に、身体や物事の具合が悪いこと。〓「パソコンに—（＝バグ・故障）が生じる」「ブレーキの—」「人間関係の—を解消する」

ふく-あん【腹案】［名］心の中で考えている案・計画。〓「—がある」

ふく-いく【▼馥▼郁】［形動タトル］よい香りがただようさま。〓「—たる伽羅の香」

ふく-いん【副因】［名］主な原因に次ぐ原因。二次的な原因。⇕主因

ふく-いん【幅員】［名］道路・橋・船などの、はば。

ふく-いん【復員】［名・自他サ変］軍隊の戦時体制を平時体制に戻し、兵員の召集を解除すること。また、兵士が兵役を解かれて帰郷すること。〓「—兵」

ふく-いん【福音】［名］❶喜ばしい知らせ。うれしい便り。〓「天来の—」❷キリスト教で、キリストによって人類が救済されるという喜ばしい知らせ。また、それを伝える教え。

ふくいん-しょ【福音書】［名］新約聖書の中で、キリストの生涯と教えを記したマタイ・マルコ・ルカ・ヨハネによる四つの文書。

ふ-ぐう【不遇】［名・形動］才能をもちながら運が悪くて世間に認められないこと。〓「—な一生を送る」

ふく-うん【福運】［名］めでたい運命。幸運。

ふく-えき【服役】［名・自サ変］❶懲役に服すること。❷兵役に服すること。

ふく-えん【復円】［名・自サ変］日食・月食が終わって、太陽面・月面がもとの円形にもどること。

ふく-えん【復縁】［名・自サ変］離婚した夫婦、離縁した養子などが再びもとの関係にもどること。

ふく-が【伏▼臥】［名・自サ変］うつぶせに寝ること。⇕仰臥

ふく-がく【復学】［名・自サ変］休学・停学中の学生・生徒がもとの学校に復帰すること。

ふく-がん【複眼】［名］多数の個眼が蜂の巣状に集まってできた目。昆虫類・甲殻類などにみられる。⇕単眼

ふく-ぎょう【副業】［名］本業のかたわらにする仕事。〓「—として民宿を始める」⇕本業

ふく-くう【腹▼腔】［名］⬇ふっこう（腹腔）

ふく-けい【復啓】［名］⬇ふっけい（復啓）

ふく-げん【復元（復原）】［名・自他サ変］もとの位置や形態に戻すこと。また、戻ること。〓「細胞が—する」「古代の遺跡を—する」

ふくげん-りょく【復元力（復原力）】［名］もとの状態に戻ろうとして働く力。特に、傾斜した船舶や航空機などがもとの状態に戻ろうとして働く力。

ふく-こう【腹▼腔】［名］⬇ふっこう（腹腔）

ふく-ごう【復号】［名］符号化された情報を解読してもとの情報に戻すこと。

ふく-ごう【複合】［名］❶［自他サ変］二つ以上のものが合わさって一つのものになること。また、一つのものにすること。〓「小さなミスが—して起きた事故」「様々な技術を—した工法」「—施設」❷スキーのノルディックで、ジャンプ競技と距離競技の総合成績で順位を競うもの。❸スキーのアルペンで、滑降と回転の総合成績で順位を競うもの。

ふく-こうかんしんけい【副交感神経】［名］交感神経とともに自律神経系を構成し、呼吸・消化・循環を支配する神経。交感神経とは反対に作用し、心臓に対しては抑制の、消化器に対しては促進の働きをする。

ふくごう-ご【複合語】［名］本来それぞれ独立した単語が二つ以上結合し、新たな意味・機能を持つ一つの単語となったもの。「坂道」「山桜」「咲きにおう」「仰ぎ見る」など。⬇合成語

ふく-さ【▼袱▼紗（▼帛▼紗・服▼紗）】［名］❶羽二重・絹などで作った小さなふろしき。〓「—包みの菓子折り」❷茶の湯で、茶道具を扱うときなどに用いる方形の絹布。

ふく-さい【副菜】［名］主菜にそえて出すもの。〓「煮物を—とする」

ふく-ざい【伏在】［名・自サ変］中にひそんで存在すること。潜在。〓「いくつかの原因が—する」

ふく-ざい【服罪】［名・自サ変］犯した罪に従って刑罰を受けること。〓「おとなしく—する」

ふく-ざつ【複雑】［名・形動］物事がさまざまに入り組んで、簡単にはとらえられないこと。〓「—な構造」「事情」「—な表情を浮かべる」「いろいろな要素が—にからみあった問題」⇕単純・簡単 派生 -さ

ふくざつ-けい【複雑系】［名］一つの原因に対する一つの結果という単純な関係ではなく、多くの要素がからみ合い干渉し合って成り立つ体系として物事をとらえる考え方。科学・経済学などさまざまな分野で用いられる。▼complexity system の訳。

ふく-さよう【副作用】［名］薬物が病気を治療する作用以外に人体に及ぼす作用。有害なものが多い。

ふく-さんぶつ【副産物】［名］❶ある製品を生産する過程で付随して得られる別の産物。❷ある物事の発生や進展に伴って起こる別の物事。〓「冷戦の—としての情報の覇権主義」

ふく-し【副使】［名］正使を補佐し、必要なときはその代理をつとめる使者。そえづかい。⇕正使

ふく-し【副詞】［名］品詞の一つ。自立語で活用がなく、主語・述語にならない語のうち、主として連用修飾語として用いられるもの。状態副詞（たちまち・のんびり・ちらちら）、程度副詞（やや・さらに・すこぶる）、陳述副詞（もし・あたかも・決して）などに分けられる。▼「やや右」「少し上」のように連体修飾する場合もある。

ふく-し【福祉】［名］国家によって国民に等しく保障されるべき安定した生活および社会環境。〓「公共の—を図る」「—事業［施設］」

ふく-じ【服地】［名］洋服を仕立てるのに用いる布地。

ふく-しき【複式】［名］❶二つまたはそれ以上からな

る方式。❷簿記の一つ。すべての取引を借方と貸方の二面から記入し、各口座ごとに集計するもの。▽「複式簿記」の略。❸「複勝式」の略。⬇複勝◈⬆単式

ふくしき-こきゅう【腹式呼吸】キフ［名］腹筋を使い、横隔膜の収縮と弛緩(しかん)によって行う呼吸。横隔膜呼吸。⬆胸式呼吸

ふくし-じむしょ【福祉事務所】［名］社会福祉法に基づいて設置され、福祉に関する業務を担当する行政機関。社会福祉事務所。▽正式には「福祉に関する事務所」という。

ふくじ-てき【副次的】［形動］ある事柄が主たる事柄に従属した関係にあるさま。二次的。‖「―な機能」

ふく-しゃ【複写】［名・他サ変］❶文書・図表などを原本どおりに写しとること。また、そのもの。コピー。❷一度写してあるものを被写体として、さらに写しとること。‖「古い写真を―する」

ふく-しゃ【▼輻射】［名・他サ変］⬇放射②

ふく-しゅ【副手】［名］旧制の大学などで、助手の下にあってその仕事を補助する人。▽現在は多く教務補佐員という。

ふく-しゅう【復習】シフ［名］一度習ったことを繰り返して勉強すること。おさらい。⬆予習

ふく-しゅう【復▼讐】シウ［名・自サ変］ひどい仕打ちを受けた者が、その相手にうらみをもって報復すること。‖「敵に―する」 讐

ふく-じゅう【服従】［名・自サ変］他人の命令や意志にそのまま従うこと。‖「上官の命に―する」

ふくしゅう-にゅう【副収入】シウニフ［名］副業などによって得る収入。

ふくじゅ-そう【福寿草】サウ［名］早春、茎の先端に黄色い花を一個つけるキンポウゲ科の多年草。めでたい花とされ、正月用の鉢植え・盆栽などにする。園芸品種が多い。

ふく-しょう【副将】シヤウ［名］主将の次位にあって、それを補佐・代行する役。また、その人。副帥(ふくすい)。

ふく-しょう【副賞】シヤウ［名］正式の賞に添えて贈られる金品。⬆正賞

ふく-しょう【復唱(復▼誦)】シヤウ・ショウ［名・他サ変］❶繰り返して唱えること。‖「―して暗記する」❷確認するために、言われたことを繰り返して言うこと。‖「命令を―する」

ふく-しょう【複勝】［名］競馬・競輪などで、二着または三着までに入れば的中とする方式。▽「複勝式」の略。

ふく-しょく【服飾】［名］衣服と装身具。また、衣服の飾り。‖「―デザイナー」

ふく-しょく【副食】［名］主食に添えて食べるもの。おかず。菜(さい)。副食物。‖「―費」⬆主食

ふく-しょく【復職】［名・自サ変］退職・休職していた人がもとの職に戻ること。‖「一年で―する」

ふく-じょし【副助詞】［名］助詞の一つ。種々の語句に付いて、その語句に補助的な意味を添え、下にくる用言や活用連語を修飾・限定する働きをもつ助詞。「まで」「など」「だけ」「ばかり」「くらい」などの類。▽副詞に似た機能をもつ助詞の意。

ふく-しん【副審】［名］競技などで、主審を補佐する審判員。⬆主審

ふく-しん【腹心】［名］❶心の奥底。❷心から信頼できること。また、そのような人。‖「―の部下」

ふく-しん【覆審】［名］上級審で、第一審とは無関係に訴訟資料を集め、それに基づいて訴訟事件の審理をやりなおすこと。また、その審級。

ふく-じん【副腎】［名］左右の腎臓の上端にある内分泌器官。表層部の皮質から副腎皮質ホルモンを、内部の髄質からアドレナリンを分泌する。腎上体。

ふくじん-づけ【福神漬け】［名］漬物の一つ。ダイコン・ナス・レンコン・ナタマメ・シソの実などを刻んで塩漬けにし、塩抜きをしてから味醂(みりん)・砂糖などで調味した醤油(しょうゆ)に漬け込んだもの。▽七種の材料を七福神に見立てて命名したという。

ふく-すい【腹水】［名］腹腔(ふくこう)内にたまった液体。悪性腫瘍(しゅよう)・肝硬変などによって生じる。

ふく-すい【覆水】［名］容器がひっくり返ってこぼれた水。

◉**覆水盆(ぼん)に返らず** 一度離別した夫婦はもとに戻らないことのたとえ。また、一度してしまったことは取り返しがつかないことのたとえ。

ふく-すう【複数】［名］❶数が二つ以上であること。‖「―の事例を挙げる」「―犯」使い方「安全のため夜間は複数でご来店ください」など、敬語が求められるところに「複数」を使うのは誤り。❷インド-ヨーロッパ語などの文法で、名詞・代名詞の表す人や事物の数が二つ以上であることを示す語形。複数形。▽名詞・代名詞に呼応する動詞・形容詞・冠詞などにもみられる。◈⬆単数

ふく-すけ【福助】［名］大きな頭にちょん髷(まげ)を結い、裃(かみしも)をつけて正座している童顔の人形。幸福を招くとされる。叶福助(かのうふくすけ)。

ふく・する【伏する】［自他サ変］❶かがむ。平伏する。また、平伏させる。‖「神前に―」❷負けて従う。また、負かして従わせる。屈伏させる。服する。‖「敵軍に―」「論敵を―」❸ひそむ。かくれる。また、身をかくす。‖「山中に―」文ふく・す

ふく・する【服する】[一]［自サ変］言われたことに従う。また、ある事柄を受け入れてその求めに従う。‖「命令に―」「喪［刑］に―」[二]［他サ変］❶言ったことばに従わせる。屈服させる。伏する。❷茶・薬などを飲む。服用する。‖「薬を―」文ふく・す

ふく・する【復する】[一]［自サ変］もとの状態に戻る。‖「体調が―」「旧に―」[二]［他サ変］むくいる。仕返しをする。‖「亡君の仇(あだ)を―」文ふく・す

ふく-せい【復姓】［名・自サ変］もとの姓に戻ること。

ふく-せい【複製】［名・他サ変］ある物とそっくりな物を別に作ること。また、その作られた物。‖「絵画［文書・ファイル］を―する」「―画・―品」▽著作権法上は、ある著作物を印刷・写真・複写・録音・録画などの方法によって有形的に再製することをいう。

ふく-せき【復籍】［名・自サ変］❶婚姻や養子縁組によって他家の戸籍に入っていた者が、離婚・離縁などによってもとの戸籍に戻ること。❷いったん退学した者が、復学してもとの学籍に戻ること。

ふく-せん【伏線】［名］❶小説・戯曲などで、筋の展開上必要な事柄をあらかじめそれとなく呈示しておくこと。また、その事柄。‖「―を張る」❷のちの準備としてそれとなく用意しておくこと。また、そのもの。‖「訴訟に至ることを予想して―を敷(し)く」

ふく-せん【複線】［名］❶並行している二つ以上の線。❷鉄道で、上り・下りの線路が並行して敷かれてい

ること。また、その軌道。◈⬍単線

ふく-そう【服装】[名] 身につけた衣服や装身具。また、それをつけたときのようす。身なり。‖「派手な―」

ふく-そう【福相】[名] 福徳のありそうな人相。福々しい顔つき。‖「―の人」⬍貧相

ふく-そう【▼輻▼輳（▼輻▼湊）】[名・自サ変] 物事が一か所に寄り集まること。一か所に集中してこみ合うこと。‖「事務が―する」▽車の輻が轂に集まる意。

ふく-ぞう【腹蔵】[名] 心の中に包みかくすこと。‖「―なく意見を述べる」

ふくそう-ひん【副葬品】[名] 遺体とともに墓に埋葬する品物。生前の所有物、来世での生活用具、祭具など。

ふく-ぞく【服属】[名・自サ変] 配下となって付き従うこと。従属。‖「大国に―する」

ふくそく-るい【腹足類】[名] 軟体動物の一綱。巻き貝の類で、螺旋状の殻をもつものが多い。頭部には触角と目をそなえ、幅広い腹面の筋肉が発達して足となる。サザエ・ウミウシ・カタツムリなど。

ふくそ-すう【複素数】[名] a、bを実数、iを虚数とするとき、$a+bi$で表される数。

ふく-だい【副題】[名] 書物・論文などの表題に添え、その内容を簡潔に示す題。サブタイトル。

ふぐ-たいてん【不▼倶戴天】[名] 同じ天下には生かしておけないと思うほど、恨みや憎しみが深いこと。また、その間柄。‖「―の敵」▽『礼記』から。

ふく-ちゃ【福茶】[名] 黒豆・昆布・梅干し・山椒などを入れた茶。正月・節分・大晦日などに縁起を祝って飲む。

ふく-ちゅう【腹中】[名] ❶腹の中。❷心の中。心中。‖「―を探る」❸度量。‖「大―の人物」

ふく-ちょう【復調】[名・自サ変] ❶体などの調子がもとの状態に戻ること。❷変調波からもとの信号を取り出すこと。また、その操作。

ふ-くつ【不屈】[名・形動] 困難にくじけないで意志を貫くこと。‖「―の精神」「不撓―」

ふく-つう【腹痛】[名] 腹部が痛むこと。また、その痛み。はらいた。

ふく-てつ【覆▼轍】[名] 前人の失敗のあと。‖「―を踏む」▽ひっくり返った車の轍の意から。

ふく-とう【復党】[名・自サ変] 党籍を離れていた人が、もといた党に戻ること。

ふく-とく【福徳】[名] 幸福と利益。‖「―円満」

ふく-どく【服毒】[名・自サ変] 毒を飲むこと。‖「―して命を絶つ」「―自殺」

ふくどく-ほん【副読本】[名] 教科書の補助として用いられる図書。サイドリーダー。

ふく-としん【副都心】[名] 大都市の古くからの都心部に対し、その周辺に発展して都心の機能を分担する地域。東京の新宿・渋谷・池袋など。

ふく-の-かみ【福の神】[名] 福をもたらすという神。七福神など。ふくじん。

ふく-はい【復配】[名・自サ変] 配当を復活すること。ふつう株式の配当についていう。

ふく-はい【腹背】[名] ❶前と後ろ。前後。❷心の中でそむくこと。‖「面従―」

ふく-びき【福引き】[名] 宴会の余興や商店の売り出しで、くじを引かせて当たった人に商品を分け与えること。また、そのくじ。書き方 公用文では「福引」。

ふく-びこう【副鼻▼腔】[名] 鼻腔を囲む骨内にあって、鼻腔に通じる空洞の部分。

ふく-ぶ【腹部】[名] ❶動物の腹の部分。❷物のほぼ中央の部分。‖「山[船体]の―」

ふく-ふく【福福】[副] 富裕に栄えるさま。

ぶく-ぶく[副] ❶しきりに泡が出るさま。また、その音を表す語。‖「蟹が―(と)泡を吹く」❷[三] しまりなく太っているさま。‖「―(と)太った人」

ふくぶく-し・い【福福しい】[形] 顔がふっくらと丸く、福徳のありそうなさま。‖「―顔の翁」派生 -げ/-さ

ふくふく-せん【複複線】[名] 鉄道で、二組の複線が並行して敷設されている軌道。

ふく-ぶくろ【福袋】[名] 商店の初売りなどで売られる、いろいろな品物を入れた袋。

ふく-ぶん【復文】[名] ❶返事の文章・手紙。❷漢文の書き下し文を原文に戻すこと。

ふく-ぶん【複文】[名] 構造上からみた文の分類の一つ。主語と述語から成る文で、その構成部分の中にさらに主語・述語の関係が成り立つもの。「雪に閉ざされる冬がやって来た」「私は彼が賢いと思う」の類。⬇単文・重文

ふくべ【▼瓠・▼瓢・▼匏】[名] ❶瓢簞。また、その果実から作った容器。ひさご。❷ユウガオの変種。丸く大きな果実は苦味が強い。堅い果皮を乾燥させて、炭入れ・花器・盆などを作る。マルユウガオ。

ふく-へい【伏兵】[名] 敵の不意を襲うために、ひそかに隠れている軍勢。▽思いがけないときに現れる競争相手や障害のたとえにもいう。‖「思わぬ―に優勝をさらわれる」

ふく-へき【復▼辟】[名・自サ変] 退位した君主が再びその位につくこと。▽「辟」は君主の意。

ふく-へき【腹壁】[名] 腹腔の内面の壁。

ふく-ぼく【副木】[名] 添え木。副子。

ふく-ほん【副本】[名] 原本の通りに写した文書。特に、正本の控えとするために、正本の通りに写しとった文書。‖「戸籍の―」

ふく-まく【腹膜】[名] 腹腔の内側にあって腹壁の一部と諸内臓の表面をおおう薄い膜。

ふくまく-えん【腹膜炎】[名] 腹膜に起こる炎症。急性のものは激しい腹痛や発熱・嘔吐・下痢などを伴う。

ふくま-でん【伏魔殿】[名] ❶魔物が隠れひそんでいる殿堂。❷陰謀・悪事などをたくらむ者が大勢集まっている所。‖「政界の―」

ふく-まめ【福豆】[名] ❶節分にまく煎り豆。❷福茶に入れる豆。

ふくみ【含み】[名] ❶含むこと。また、含むもの。❷ことばの表面にあらわれない意味や内容。‖「―をもたせた言い方」

ふくみ-えき【含み益】[名] 所有する土地や有価証券などの値上げによって、会計帳簿に計上されない利益。⬍含み損

ふくみ-お・く【含み置く】[他五] 事情などをよく理解して心にとめておく。‖「その点をお―・きください」使い方 多く、依頼の表現として使う。「何とぞお―・きいただきたく…」「お―・き願います」

ふくみ-そん【含み損】[名] 所有する土地や有価証

券などの値下げによって、会計帳簿に計上されない損失。⬍含み益

ふくみ-みみ【福耳】[名] 耳たぶの大きい耳。福相とされる。

ふくみ-わらい【含み笑い】ワラヒ [名] はっきりと声を出さずに笑うこと。

ふく-む【服務】[名・自サ変] 職務・任務につくこと。〓「軍に—する」「—中は制服を着る」「—規程」

ふく・む【含む】[他五] ❶物を口の中に入れ、そのままの状態にしておく。〓「酒を口に—」「あめ玉を口に—・んでしゃぶる」❷内部に成分や構成要素としてもつ。含みもつ。〓「レモンはビタミンCを多く—・んでいる」「とげを—・んだ言葉」「組合員は課長から上は—・まない」「何か—ところがありそうだ」❸事情などを納得して心にとめておく。〓「その点を—・んでおいてほしい」❹ある感情を表情や態度などにあらわす。〓「恥じらいを—・んだ態度」 可能 含める 名 含み

ふく-めい【復命】[名・他サ変] 命令を受けて職務を遂行した者が、その経過や結果を報告すること。〓「隊長に—する」「—書」

ふくめ-に【含め煮】[名] 野菜などを薄味の煮汁でやわらかくなるまで煮て、味をしみこませること。また、その煮物。含ませ。〓「芋〔クワイ・クリ〕の—」

ふく・める【含める】 一 [他下一] ❶物を口の中に入れる。含ませる。〓「赤子の口に乳首を—」❷内部に包みもつようにする。含ませる。〓「筆に墨をたっぷりと—」「皮肉の意を—」❸条件に組み入れていっしょに扱う。〓「失敗する場合も—・めて考えておく」「私も—・めて全員が反対した」❹事情などを説明して納得させる。言い含める。〓「因果を—・めて言い聞かせる」「嚙かんで—ように話す」 文 ふく・む 二 [自他下一]「含む」の可能形。含むことができる。〓「大きすぎて口には—・めない」

ふく-めん【覆面】[名] ❶ [自サ変] 布などで顔面をおおいかくすこと。また、そのための布など。〓「—をかぶる」「—の男」「—強盗」❷本名や正体を明らかにしないで活動すること。〓「—批評」「—パトカー」

ふく-も【服喪】[名・自サ変] 喪に服すること。近親者が死んだ後、一定期間身を慎むこと。〓「—中」

ふく-やく【服薬】[名・自他サ変] 薬を飲むこと。

ふく-よう【服用】[名・他サ変] 薬を飲むこと。〓「食前に—する」

ふく-よう【服▼膺】[名・他サ変] 心にとどめて片時も忘れないこと。〓「拳々けんけん—」▽「膺」は胸の意。

ふく-よう【複葉】フエフ [名] ❶葉身が二枚以上の小葉に分かれている葉。❷飛行機の主翼が上下二枚になっていること。また、その翼。〓「—機」◈⬍単葉

ふく-よか [形動] ❶ふっくらとしているさま。柔らかそうにふくらんでいるさま。ふくやか。ふくらか。〓「—な顔」❷おだやかなよい香りがするさま。〓「—な新茶の香り」 派生 -さ

ふくらし-こ【膨らし粉】[名] ベーキングパウダー。

ふくら-すずめ【福▽良雀・▼脹ら▼雀】[名] ❶まるまると太ったスズメ。また、寒気のために羽毛をふくらませているスズメ。❷①が羽をのばした姿を図案化した紋所・紋様。❸②の形に似せた、少女の日本髪の結い方や若い女性の帯の結び方。

ふくら-はぎ【膨ら▼脛・▼脹ら▼脛】[名] すねの後ろの、筋肉のふくらんだ部分。こむら。〓「—がつる」

ふくらみ【膨らみ(▼脹らみ)】[名] 膨らむこと。また、その部分や程度。〓「蕾つぼみの—」

ふくら・む【膨らむ(▼脹らむ)】[自五] ❶物が内から外へ盛り上がって大きくなる。〓「バラのつぼみが—」「期待に胸が—」「熱せられて空気が—」「パンがふっくらと—」❷数量・規模などが大きくなる。ふくれあがる。〓「借金が—」「事業計画がどんどん—」❸思いが広がって大きくなる。〓「夢〔疑惑〕が—」 名 膨らみ

ふく-り【福利】[名] 幸福と利益。生活に満足感をもたらす利益。

ふく-り【複利】[名] 複利法によって計算された利子。重利。⬍単利

ふぐり【〈陰▼嚢〉】[名] いんのう。きんたま。

ふくり-こうせい【福利厚生】[名] 充実した健康な生活をはかること。特に、企業が従業員とその家族の生活を充実させるために設ける制度や施設。

ふくり-ほう【複利法】フハ [名] 利息計算法の一つ。一定期間の利子を元金に加え、その合計額を新たな元金として次期の利息を計算する方法。

ふく-りゅう【伏流】ウリ [名] 地表を流れる水がある区間だけ地下にもぐって流れること。また、その地下の流れ。

ふく-りん【覆輪】[名] 武具・馬具・調度・器具などの縁を、補強と装飾のために金・銀・錫すずなどでおおったもの。

ふくれ-あが・る【膨れ上がる(▼脹れ上がる)】[自五] ❶ふくれて大きくなる。〓「ハチに刺されて頰ほおが—」❷数量などが予想や基準よりも大きくなる。〓「人件費が—」「参加者が倍に—」

ふくれっ-つら【膨れっ面(▼脹れっ面)】[名] 不平・不満などで頰ほおをふくらませた顔つき。不機嫌そうな顔つき。

ふく・れる【膨れる(▼脹れる)】[自下一] ❶内側から外へ盛り上がって大きくなる。〓「ぷうっと餅もちが—」「ビールでおなかが—」「小銭でポケットが—」❷数量などが大きくなる。ふくれあがる。ふくらむ。〓「予算が—」❸不平・不満などを感じて不機嫌な顔つきになる。〓「注意されるとすぐに—」▽頰ほおをふくらませる意から。 文 ふく・る

ふくろ【袋(▼嚢)】[名] ❶一方に口があって、それを閉じることができるように作った紙・布・革・ビニール製などの入れ物。〓「ごみ—ぶくろ・手提げ—ぶくろ」❷ミカン・ホオズキなどの果肉を包む薄い皮。❸開いている口が一つしかないもの。〓「—小路」

◉**袋の鼠ねずみ** 追いつめられて逃げ場のないこと。

ふく-ろ【復路】[名] かえりみち。帰路。⬍往路

ふくろう【▼梟】ロフ [名] ❶日本各地の平地林にすむフクロウ科の鳥。灰褐色の地に黄白色や褐色の斑紋が散在する。夜、羽音を立てずに飛び、小動物を捕食する。くちばしは短い鉤かぎ状で鋭い。❷フクロウ目フクロウ科の鳥の総称。▽一般に耳状の羽毛をもたないものをフクロウ、もつものをミミズクと呼ぶが、分類学上の区別はない。 梟

ふくろ-おび【袋帯】[名] 表裏を輪にして袋状に織った帯。裏側は無地で、帯芯おびしんは入れない。正装・礼装用。

ふくろ-おり【袋織り】[名] 表裏二枚の布を耳の部分だけ密着させて筒状に織ること。また、その織物。帯地・袋物地などに使う。

ふくろくじゅ【福▼禄寿】［名］七福神の一つ。短身・長頭の老人で、ひげが長い。経巻を結びつけた杖(つえ)を持ち、鶴を従える。福と俸禄と長寿の三徳をそなえるとされる。福禄人。福禄神。

ふくろ-こうじ【袋小路】(ーコウヂ)［名］先が行き止まりになっている路地。袋道。▼物事が行き詰まった状態のたとえとしても使う。‖「研究が—に入り込む」

ふくろ-だたき【袋▼叩き】［名］大勢の人が一人を取り囲んでひどくなぐること。▼多くの人が集中的に非難・攻撃することのたとえにもいう。‖「世論の—にあう」

ふくろ-とじ【袋▼綴じ】(ーヂト)［名］❶書物・書類などを文字面を表にして二つ折りにした紙を重ね、折り目でない方の紙端を糸などでとじる方法。和装本にはこのとじ方が多い。❷雑誌などで、中がすぐには見られないように、一部のページを袋状にとじたもの。

ふくろ-ぬい【袋縫い】(ーヌヒ)［名］布地を外表(そとおもて)に合わせて布端を浅く縫い、裏返してから、その縫い代を包んで本縫いをする縫い方。

ふくろ-みみ【袋耳】［名］❶一度聞いたことは決して忘れないこと。また、その人。地獄耳。❷織物のへりの部分を袋織りにしたもの。

ふくろ-もの【袋物】［名］紙入れ・たばこ入れ・がま口・手提げ袋など、袋状の入れ物。

ふくわ-じゅつ【腹話術】［名］口唇をほとんど動かさないで声を出し、自分以外のものが話しているように見せかける術。また、それを用いて、人形と対話をしているように見せかける演芸。

ふく-わらい【福笑い】(ーワラヒ)［名］目隠しをして、輪郭だけを描いたお多福などの絵の上に目や口などの形に作った紙片を並べ、出来上がりのおかしさを楽しむ正月の遊び。

ふ-くん【夫君】［名］他人の夫の敬称。ご主人。

ふ-くん【父君】［名］他人の父の敬称。お父上。

ぶ-くん【武勲】［名］戦場でたてた手柄。武功。

ふけ【〈雲脂〉・〈頭▼垢〉】［名］頭皮の角質細胞に皮脂・汗などがまじり合って乾燥し、小さなうろこ状になってはがれ落ちるもの。

ぶ-け【武家】［名］武士の家筋。また、一般に武士。‖「—政治」⬍公家

ふ-けい【不敬】［名・形動］皇室や社寺に対して敬意を払わず、礼儀に欠けること。‖「—事件」

ふ-けい【父兄】［名］❶父と兄。父や兄。❷学校で、児童・生徒の保護者。

ふ-けい【父系】［名］❶父方の系統。また、その系統に属していること。❷家系が父方の系統によって相続されること。‖「—制」◈⬍母系

ふ-けい【婦警】［名］女性の警察官。婦人警官。▼「婦人警察官」の略。現在は「女性警察官」という。

ぶ-げい【武芸】［名］武士が身につけるべき技芸。剣術・弓術・槍術(そうじゅつ)・柔術・馬術など。‖「—百般に通じる」「—十八般(＝昔、武人に必要とされた十八種の武芸)」

ふ-けいき【不景気】［名・形動］❶景気が悪いこと。社会全体の経済活動に活気がないこと。不況。‖「—な時代」「—の風が吹く」⬍好景気 ❷気分が沈み込んで活気がないこと。‖「—な顔をするな」

ふ-けいざい【不経済】［名・形動］経済的でないこと。費用・労力・時間などがむだに費やされること。‖「—な暮らし」「燃料を—に使う」

ふけ-こ・む【老け込む】［自五］すっかり年をとったようすになる。‖「大病をして—」

ふ-けつ【不潔】［名・形動］❶衛生的でないこと。きたないこと。‖「いつも台所を—にしている」❷みだらなこと。けがらわしいこと。‖「—な金[関係]」◈⬍清潔 派生 -さ

ふ-けっか【不結果】(ークヮ)［名］結果が思わしくないこと。また、その結果。不首尾。‖「実験が—に終わる」

ふけ-やく【老け役】［名］映画・演劇などで、老人に扮する役。また、それを演じる俳優。ふけ。

ぶけ-やしき【武家屋敷】［名］城下町で、武士が主君から与えられて居住した屋敷。

ふけ・る【▼耽る】［自五］ある一つのことに熱中する。すっかり心を奪われる。没頭する。‖「読書[物思い]に—」▼「更ける」と同語源。

ふ・ける［自下一］〔俗〕逃げる。脱けだす。また、脱けだしてさぼる。‖「事故現場から—」「授業を—」

ふ・ける【老ける】［自下一］年をとる。また、年寄りじみる。‖「ここ二、三年で急に—けた」▼「更ける」と同語源。文ふ・く

ふ・ける【更ける(▽深ける)】［自下一］❶時間がたって夜中に近くなる。夜が深まる。‖「しんしんと夜が—」❷季節がたけなわになる。季節が深まる。‖「秋が—」文ふ・く

ふ・ける【▽蒸ける】［自下一］蒸しあがってやわらかくなる。‖「芋が—」文ふ・く

ふ-けん【夫権】［名］旧民法で、夫が妻に対してもっていた財産上などの権利。

ふ-けん【父権】［名］❶父親が家長として家族を支配すること。❷父親としての権利。◈⬍母権

ふ-げん【不言】［名］口に出して言わないこと。‖「—不語」

ふ-げん【付言(附言)】［名・他サ変］言い終わったあとで、付け加えて言うこと。また、そのことば。‖「あえて—するならば…」

ふげん【普賢】［名］仏教で、理法や修行をつかさどる菩薩(ぼさつ)。文殊(もんじゅ)とともに釈迦(しゃか)の脇に仕える。白象に乗った姿で表される。普賢菩薩。

ぶ-げん【侮言】［名］人を侮辱していうことば。

ぶ-げん【▼誣言】［名］わざと事実をいつわって言うこと。また、そのことば。ふげん。

ふ-けんこう【不健康】(ーカウ)［名・形動］❶健康でないこと。体の調子がよくないこと。‖「—な顔色」❷生活態度がかたよっていて、体によくないこと。‖「—な生活」❸考え方・行動などがよくない方へかたよっていること。不健全。‖「—な遊び」派生 -さ

ふ-けんしき【不見識】［名・形動］見識が低いこと。常識や判断力に欠けること。‖「—な奴だ」

ふげん-じっこう【不言実行】(ージッカウ)［名］あれこれ言わずに黙って実行すること。

ぶげん-しゃ【分限者】［名］金持ち。財産家。

ふ-けんぜん【不健全】［名・形動］❶健康的でないこと。❷精神・思想・物事のあり方などがよくない方へかたよっていること。‖「—な考え方[経営]」派生 -さ

フコイダン【fucoidan】［名］コンブ・メカブなどの褐藻(かっそう)類の粘質物に多く含まれる食物繊維。

ふ-こう【不孝】(ーカウ)［名・形動］子として親に孝を尽くさないこと。‖「—者」「親—」⬍孝行

ふ-こう【不幸】(ーカウ)［名］❶［形動］幸福でないこと。ふ

しあわせ。〓「わが身の—を嘆く」⇔幸福 ❷近親者が死ぬことを遠回しにいう語。〓「身内に—があった」

◉不幸中の幸い 不幸な出来事の中で、せめてもの慰めとなること。〓「死者が出なかったのは—だった」

ふ-ごう【負号】ガウ［名］数学で、負の数であることを表す記号。「－」の記号。負の符号。マイナス。⇔正号

ふ-ごう【符号】ガウ［名］❶ある意味・情報などを表すために体系的に作られた記号。コード。〓「モールス—」「長音—」❷数学で、正数を表す正の記号「＋」と負数を表す負の記号「－」。

ふ-ごう【符合】ガフ［名・自サ変］❶割り符がぴったり合うこと。❷二つ以上の事柄がぴったりと合うこと。合致すること。〓「両者の証言が—する」

ふ-ごう【富豪】ガウ［名］きわめて富んでいる人。大金持ち。

ぶ-こう【武功】［名］戦争であげた手柄。武勲。

ふ-ごうかく【不合格】ガフカク［名］試験・検査などに合格しないこと。

ふ-こうへい【不公平】［名・形動］判断や処理などが公平でないこと。〓「配分のしかたが—だ」「—な判定」派生 -さ

ふ-ごうり【不合理】ガフリ［名・形動］道理・理屈に合っていないこと。〓「—な制度〔要求〕」派生 -さ

ふ-こく【布告】［名・他サ変］❶国が決定した意思を国民や相手国に公式に告げ知らせること。また、その手続き。〓「宣戦を—する」❷明治一九（一八八六）年以前に発布された、法律・勅令・省令などの通称。〓「太政官—」

ぶ-こく【誣告】［名・他サ変］わざと事実をいつわって告げること。ふこく。▼刑法での「誣告の罪」は、現在「虚偽告訴の罪」という。

ふこく-きょうへい【富国強兵】キャウヘイ［名］国を富ませ、兵力を増強して、国の勢力を拡大すること。明治政府の重要政策の一つ。

ふ-こころえ【不心得】［名・形動］心がけがよくないこと。〓「わが子の—を諭す」「—な〔の〕人」

ぶ-こつ【無骨】［名・形動］❶骨ばってごつごつしていること。〓「—な手」❷粗野で洗練されていないこと。無作法なこと。また、無風流なこと。〓「—な振る舞い」◈「こちなし（無骨）」の音読みから。書き方「武骨」とも。

派生 -さ

ふさ【房（▽総）】［名］❶束ねた糸・毛糸などの先を散らして垂らしたもの。〓「—のついた帽子」❷花や実が多く集まって枝から垂れ下がっているもの。〓「ぶどう〔藤〕の—」❸果実の中の袋状になった実の一つ一つ。〓「ミカンの—」

ブザー【buzzer】［名］電磁石によって鉄片を振動させて音を発生する装置。呼び鈴・警報などに用いる。〓「—を鳴らす」

ふ-さい【不才】［名］才能のないこと。才能に乏しいこと。また、その人。非才。▼自分の才能を謙遜していう語としても使う。〓「—の身」

ふ-さい【夫妻】［名］夫と妻。夫婦。〓「大統領—」

ふ-さい【付載（附載）】［名・他サ変］本文に付け加えて掲載すること。〓「年表を—する」「—記事」

ふ-さい【負債】［名］他から金品を借りて返済の義務を負うこと。また、その借りた金品。〓「—を抱える」

ふ-ざい【不在】［名］家やいるべき場所にいないこと。また、ある状況や場面にいないこと。〓「姉は—です」「現場—証明（＝アリバイ）」「国民—の政治」

ぶ-ざい【部材】［名］構造物の一部に用いられる材料。〓「建築—」

ぶ-さいく【不細工】［名・形動］❶細工がまずいこと。また、仕上がりの体裁が悪いこと。〓「—な椅子」「どうにも—な服」❷容貌が整っていないこと。〓「—な顔」◈「ぶざいく」とも。書き方「無細工」とも。

ふざいしゃ-とうひょう【不在者投票】トウヘウ［名］不在・病気などの理由で投票日に所定の投票所で投票できない選挙人が、選挙の期日以前、あるいは所定の選挙所以外の場所で行う投票。不在投票。

ふさが・る【塞がる】［自五］❶すき間や穴にじゃまなものが詰まって通じなくなる。〓「落石で道が—」「気管が—・って呼吸困難に陥る」❷開いていたものが閉じる。〓「傷口が—」「彼の非常識にはあいた口が—・らない」❸ほかのものが占めていてはいる余地がない。いっぱいであきがない。〓「会議室は五時まで—・っている」「いま仕事で手が—・っている」⇔空く ❹心にある感情がいっぱいに満ちる。〓「悲しみで胸が—」名ふさがり

ふさぎ-こ・む【塞ぎ込む】［自五］元気をなくして沈み込む。ひどく憂鬱な気分になる。

ふさぎ-の-むし【塞ぎの虫】［名］気分の晴れないことを体内の虫のせいにして言う語。〓「—にとりつかれる」

ふ-さく【不作】［名］❶農作物のできが悪いこと。〓「今年は米が—だ」⇔豊作 ❷よい人材や作品があらわれないこと。〓「今年の映画界は—だ」

ふ-さく【▼斧▼鑿】［名］おのとのみ。また、それを使って細工をすること。

◉斧鑿の痕 詩文などに小手先の技巧を凝らしたあと。〓「—をとどめず」

ふさ・ぐ【塞ぐ】㊀［他五］❶覆いや詰め物をして、すき間や穴をなくす。〓「屏風の破れ目を—」❷目・耳・口などを手などで覆う。また、目・口を閉じる。〓「悲惨な光景に思わず目を—」「失言に気づいて口を—」❸出入り口や通路に物を置くなどして通行を妨げる。（意図的な人の行為にもそうでないものの作用にもいう）〓「両手を広げて行く手を—」「横転したトラックが道を—」❹ある物が場所を占めて、他に余地を与えない。占領する。占拠する。〓「山積みの書類が机を—」❺〈責めを塞ぐ〉の形で〉何とか与えられた役目を果たす。〓「期日までに間に合わせて責めを—」

㊁［自五］気分が晴れないでいる。ゆううつである。〓「気が—」「仕事に失敗して—・いでいる」

◈㊀❸❹⇔空ける 書き方㊁は「▽鬱ぐ」とも。名ふさぎ

ふ-さくい【不作為】クヰ［名］法律で、あえて積極的な行為をしないこと。住居に侵入するなどの積極的行為（作為）に対して、住居から退去しない行為など。〓「—犯」⇔作為

ふざ・ける［自下一］❶冗談を言ったりおどけたことをしたりして遊び興じる。〓「—・けて笑わせる」❷子供などがはしゃいで動きまわる。遊び戯れる。〓「子供が—・けてやかましい」❸男女がたわむれる。いちゃつく。❹人をばかにする。〓「—・けたまねをするな」

◈書き方「▽巫▽山▽戯る」と当てる。文ふざ・く 名ふざけ

ぶ-さた【無沙汰】［名・自サ変］長い間、便りや訪問をしないこと。無音。〓「長らく御—いたしました」書き方「不沙汰」とも。

ぶ-ざつ【▼蕪雑】［名・形動］雑然と入り乱れているこ

と。整っていないこと。〓「ーな言辞を弄(ろう)する」

ふさ-ふさ【▽総▽総・房房】[副ト] 毛などがたくさん集まって垂れ下がっているさま。〓「ー(と)した髪」 [書き方] かな書きが一般的。

ぶ-さほう【無作法・不作法】ブサハフ [名・形動] 礼儀作法をわきまえないこと。礼儀を知らないこと。〓「ーをわびる」「ーな振る舞い」

ぶ-ざま【無様(不様)】[名・形動] 体裁が悪いこと。みっともないこと。〓「ーな負け方をする」「ーにひっくり返る」 [派生] -さ

ふさわし・い【〈相応〉しい】フサハシイ [形] あるものにつり合っていて適当であるさま。〓「交渉役に最もー人を選ぶ」「実力にー地位」「リーダーとしてー・くない行為」 [派生] -さ

ふ-さん【不参】[名・自サ変] 行事や会合などに参加・出席しないこと。

ふし【節】[名] ❶竹・葦(あし)などの茎の、ややふくらんで区切りとなっている部分。❷樹木の幹で、枝の生え出ているところ。また、枝を切り取った跡の部分。〓「ーのある板」❸骨のつなぎ目。関節。〓「指のー」❹糸・縄などのこぶ状になった所。節目(ふしめ)。❺物事の区切りとなる箇所。節目。〓「歴史上一つのーとなる時代」❻歌などの旋律。また、その一区切り。曲節。〓「一ー歌う」❼謡曲・浄瑠璃(じょうるり)などで、詞(ことば)に対して旋律のある部分。[書き方] ふつう「フシ」と書く。❽文章を音読するときや、講演などで話すときの抑揚。〓「妙なーをつけて読む」❾目にとまる箇所。そのように思われる点。〓「思い当たるーがある」❿きっかけ。おり。おりふし。〓「ふとしたーに思い出す」⓫「かつお節」の略。〓「本ー(ぶし)」◈①〜④は盛り上がって区切りになっている形状。⑨⑩は形式名詞的な用法。

ふし【〈五倍子〉】[名] ヌルデの若葉などに寄生したアブラムシが作る虫こぶ。タンニンを多く含むので、インク・染料などの原料とする。ごばいし。

ふ-し【不死】[名] いつまでも死なないこと。永遠の生命を保つこと。〓「ーの薬」「不老ー」

ふ-し【父子】[名] 父と子。〓「ー家庭」「ー相伝の秘薬」

ふじ【藤】フヂ [名] 五月ごろ、紫色・白色などの蝶形花(ちょうけいか)を総状につけるマメ科のつる性落葉低木。つるは右巻き、葉は羽状複葉で互生。園芸品種が多い。

ふ-じ【不▽二】[名] ❶対立して二つのように見える事柄も、絶対的な立場からは一つとして捉えられること。ふに。〓「乾坤ー・善悪ー」❷手紙の末尾に書いて、十分に意を尽くさないの意を表す語。ふに。

ふ-じ【不治】チ [名] 病気が治らないこと。ふち。〓「ーの病」

ふ-じ【不時】[名] 予想外の時。思いがけない時。〓「ーの客」

ぶ-し【武士】[名] 昔、武芸を修め、軍事にたずさわった者。平安中期に勃興し、中世・近世には支配階級となった。さむらい。もののふ。

◉**武士に二言(にごん)無し** 武士は信義に厚いので一度言ったことを取り消すようなことはしない。

◉**武士は相身(あいみ)互(たが)い** 同じ立場にある者は互いに思いやりをもち助け合わなくてはならないということ。

◉**武士は食(く)わねど高楊枝(たかようじ)** 貧しい境遇にあっても、気位を高くもち、泰然としていることのたとえ。

ぶ-じ【武事】[名] いくさや武芸に関する事柄。⇕文事(ぶんじ)

ぶ-じ【無事】[名・形動] 過失・事故・病気などの、とりたてて心配するようなことが起こらないこと。〓「航海のーを祈る」「手術がーに終わった」「平穏ー」

ぶ-じ【▼蕪辞】[名] 乱雑で、整っていないことば。また、自分のことばや文章をいう丁重語。〓「ーを連ねる」

ふし-あな【節穴】[名] ❶板などの節の部分が抜け落ちたあとの穴。❷見ることのできない目。物事の本質を見抜く力のないことをあざけっていう語。〓「お前の目はーか」

ふ-しあわせ【不幸せ(不仕合わせ)】ハシアハセ [名・形動] 恵まれた状態にないこと。幸福でないこと。不幸。不運。〓「ーな境遇」⇕幸せ

ふし-いと【節糸】[名] 玉繭(たままゆ)からとった節の多い糸。節糸織り・銘仙などに用いる。玉糸。

ふし-おが・む【伏し拝む】ヲガム [他五] ❶ひれ伏して拝む。〓「仏をー」❷はるか離れた所から拝む。遥拝(ようはい)する。

ふ-しぎ【不思議】[名・形動] ❶理性や常識ではその理由や原因が理解できないこと。また、そのような事柄。不可思議。〓「二人はーな縁で結ばれた」「ーな現象」「ーなことに誰も来ない」「世界の七ー」 [使い方]「初舞台にしてはーと緊張を感じなかった」のように、俗に「ーと」の形でも使う。❷〈「不思議(で)はない」などの形で〉そのことが当然のこととして起こる意を表す。おかしくない。当然だ。〓「この管理体制では事故が起こってもー(で)はない」 [派生] -さ

ふしくれ-だ・つ【節▼榑立つ】[自五] ❶木などが、節が多くてでこぼこしている。❷手や指の骨や筋が盛り上がってごつごつしている。〓「ー・った手」

ふじ-さん【富士山】[名] 静岡・山梨の両県にまたがる円錐(えんすい)状の成層火山。標高三七七六㍍(メートル)。日本の最高峰。富士。富岳(ふがく)。[書き方]「不▽二山」「不▽尽山」とも書いた。

ふ-しぜん【不自然】[名・形動] 自然でないこと。わざとらしいこと。〓「ーな言動」「ーに誇張された音」 [派生] -さ

ふ-しだら [名・形動] ❶生活態度などがだらしないこと。しまりがないこと。〓「ーな生活」❷品行がよくないこと。〓「ーな関係」

ふじ-ちゃく【不時着】[名・自サ変] 飛行機が故障・悪天候などのために航行不能になり、やむなく目的地以外の場所に降りること。不時着陸。

ふし-ちょう【不死鳥】ウテウ [名] ⬇フェニックス①

ふ-しつ【不▽悉】[名] 手紙の末尾に記して、思うことを十分に言い尽くさないの意を表す語。不一(ふいつ)。不尽(ふじん)。

ふ-じつ【不実】[名・形動] ❶真心や情愛に欠けていること。不誠実であること。〓「ーな人」❷事実でないこと。偽り。〓「ーの記載をする」

ふ-じつ【不日】[副] 日ならずして。近いうちに。〓「ー渡米の予定です」

ぶ-しつ【部室】[名] クラブ活動などの部に割り当てられた部屋。〓「サッカー部のー」

ふし-づけ【節付け】[名・自サ変] 歌詞に節をつけること。作曲すること。▽多く邦楽にいう。

ぶ-しつけ【不▼躾】[名・形動] 礼儀をわきまえていないこと。無作法。無礼。〓「ーな言い方」「ーながらお願い申し上げます」 [書き方]「無▼躾」「不仕付け」とも。

ふじ-つぼ【富士▼壺】[名] フジツボ科・イワフジツボ

科の甲殻類の総称。海産で、岩礁や船底に固着する。体長一～五センチメートル。円錐状の殻から六対の脚を伸ばしてプランクトンなどを捕食する。イワフジツボ・クロフジツボなど。

ふし-ど【▼臥▽所】[名] 夜寝る所。ねどこ。ねや。

ぶし-どう【武士道】ダウ [名] 日本の武士階級で形成された道徳。鎌倉時代に武士の社会で形成され、江戸時代、儒学思想に裏づけられて発展し、忠誠・尚武・礼節・質素などを重んじた。士道。

ふじ-なみ【藤波（藤▽浪）】フヂ [名] 藤の花房が風に吹かれて波のように揺れること。また、藤の花房。

ふじ-ばかま【藤▼袴】フヂ [名] 夏から秋、茎頂に淡紫紅色の頭状花を密につけるキク科の多年草。山野・川岸などに自生し、観賞用に栽培もされる。秋の七草の一つ。

ふじ-びたい【富士額】タヒ [名] 髪の生え際が富士山に似た形をしている額。美人の条件の一つとされた。

ふし-ぶし【節節】[名] ❶体のあちこちの関節。‖「―が痛む」❷いろいろの箇所。‖「疑問の―をただす」

ふ-しまつ【不始末】[名] ❶後始末をきちんとしないこと。‖「火の―から火事を起こす」❷他人に迷惑をかけるような不都合な行いをすること。また、その行い。

ふし-まわし【節回し】ハシ [名] 歌・謡物・語り物などの節の上げ下げや声の抑揚の変化。

ふ-じみ【不死身】[名・形動] ❶不死であること。どのような苦痛・病気にも耐えられる強い体であること。また、その体。‖「―の騎士」❷どのような失敗・困難にもくじけないこと。また、その人。‖「―な精神」

ふし-め【節目】[名] ❶木材・竹などの節になっているところ。❷物事の区切りとなるところ。‖「人生の―を迎える」

ふし-め【伏し目】[名] うつむきかげんに視線を下の方に向けること。また、その目つきや姿勢。‖「―がちに話す」✓注意「伏せ目（がち）」は誤り。

ふ-しゃ【富者】[名] 富んでいる人。金持ち。⇔貧者

ふ-しゃく-しんみょう【不▽惜身命】ミヤウ [名] 仏道のためには、体と命をささげて惜しまないこと。

ふ-しゅ【浮腫】[名] 皮下組織にリンパ液や組織液が多量にたまった状態。むくみ。

ふ-じゅ【腐儒】[名] 実際の役に立たない学者。▽時代遅れの学者をののしっていう語。

ぶ-しゅ【部首】[名] 漢字を字形上から分類したとき、その構成の基本となる字形。「加」「努」「功」などの「力」、「旧」「旬」「映」などの「日」の類。

ふ-しゅう【▼俘囚】シウ [名] とりこ。捕虜。

ふ-しゅう【腐臭】シウ [名] 腐った物が発するにおい。

ふ-じゆう【不自由】イウ [名・形動・自サ変] 不足や欠陥があって、思うとおりにならないこと。不便なこと。‖「飲み水に―する」「小遣いには―しない」「耳が―な人」「―の身」派生―さ

ぶ-しゅうぎ【不祝儀】シウ [名] めでたくないこと。特に、葬式。‖「―が続く」「―袋」

ふ-じゅうぶん【不十分（不充分）】ジフ・ジウ [名・形動] 足りないところがあって満足できないこと。‖「設備が―な研究所」「説明が―で誤解を与える」「証拠―」派生―さ

ふ-しゅつ【不出】[名] 外へ出ないこと。また、外へ出さないこと。‖「門外―の秘宝」

ふ-じゅつ【▼巫術】[名] ⇩シャーマニズム

ぶ-じゅつ【武術】[名] 戦いのために必要とされる技術。剣術・槍術（そうじゅつ）・弓術・柔術・馬術など。武芸。

ふ-しゅび【不首尾】[名・形動] 思わしい結果が得られないこと。‖「調停が―に終わる」⇔上首尾

ふ-じゅん【不純】[名・形動] 純粋・純真でないこと。‖「―な動機」「―異性交遊」「―物」派生―さ

ふ-じゅん【不順】[名・形動] 順調でないこと。‖「天候―が続く」「生理―」

ふ-じょ【▼巫女】ヂヨ [名] 神に仕えて神事を行う女性。また、神意をうかがって神託を告げる女性。みこ。

ふ-じょ【扶助】[名・他サ変] 力を添えて助けること。経済的に援助すること。‖「相互―の精神」

ふ-じょ【婦女】ヂヨ [名] 婦人。女性。

ぶ-しょ【部署】[名] 組織の中で各人に割り当てられた任務。また、その任務を行う場所。持ち場。‖「別の―に異動になる」✓注意「部所」と書くのは誤り。

ふ-しょう【不肖】セウ [名・形動] ❶父または師匠に似ず、愚かなこと。‖「―の子［弟子］」▽「肖」は似る意。❷自分の身を謙遜（けんそん）していう語。‖「―ながら努力致します」「―私が議長を務めさせていただきます」

ふ-しょう【不承】[名・形動] ❶承知しないこと。不承知。❷いやいやながらも承知すること。‖「少しくらいのことは―してくれ」

ふ-しょう【不詳】シヤウ [名] くわしくはわからないこと。はっきりわからないこと。‖「身元―の死体」

ふ-しょう【負傷】シヤウ [名・自他サ変] 傷を負うこと。けがをすること。また、けが。‖「―者」

ふ-じょう【不定】ヂヤウ [名・形動] 定まっていないこと。不確かなこと。‖「生死（しょうじ）―・老少―」⇔一定（いちじょう）

ふ-じょう【不浄】ジヤウ [名] ❶[形動] けがれていること。‖「―の身」「―な金」❷便所。▽ふつう「御（ご）―」の形で使う。

ふ-じょう【浮上】ジヤウ [名・自サ変] ❶水の中から浮かび上がること。❷表面にあらわれること。‖「地下都市構想が―する」❸下位から上位に上がること。‖「最下位から三位に―する」

ぶ-しょう【武将】シヤウ [名] 武士の大将。また、武道・軍事にすぐれた大将。‖「戦国―」

ぶ-しょう【部将】シヤウ [名] 一部隊を統率する長。

ぶ-しょう【無精・不精】シヤウ [名・形動] わずかなことも面倒くさがって、なかなかしようとしないこと。‖「―な人」「出―・筆―」

ふ-しょうか【不消化】セウクワ [名・形動] ❶食べ物が消化されないこと。よくこなれないこと。❷内容が十分に理解されていないこと。‖「―な知識を振りまわす」

ふ-しょうじ【不祥事】シヤウ [名] なげかわしい出来事。好ましくない事件。‖「前代未聞の―」

ふ-しょうじき【不正直】シヤウヂキ [名・形動] 正直でないこと。‖「―な人」

ふ-しょうち【不承知】[名・形動] 承知しないこと。聞き入れないこと。

ぶしょう-ひげ【無精▼髭・不精▼髭】シヤウ [名] 剃（そ）るのをおっくうがって、伸びたままにしたひげ。

ふしょう-ぶしょう【不承不承】[副] 気の進まないままに行うさま。いやいや。しぶしぶ。‖「―引き受ける」

ふしょう-ふずい【夫唱婦随】シヤウ [名] 夫が言い出し、妻がそれに従って行動すること。妻が夫に従うことで夫婦が和合すること。

ふ-じょうり【不条理】デウ [名・形動] ❶物事の筋道

が通らないこと。道理に合わないこと。「矛盾だらけのーな世の中」❷実存主義的な考え方で、人生に意義を見いだすことのできない絶望的な状況をいう語。▽フランスの文学者カミュによって用いられた。

ふしょく【扶植】［名・他サ変］勢力・思想などを植えつけること。「東北に勢力をーした一門」

ふしょく【腐食（腐▼蝕）】［名・自他サ変］くさって、または錆びて形がくずれること。また、くさらせて形をくずすこと。「土台がーする」 書き方 「腐食」は代用表記。

ふしょく【腐植】［名］土壌中の有機物が微生物の作用によって分解する過程でできる黒褐色の物質。「ー土」

ぶじょく【侮辱】［名・他サ変］ばかにして、恥ずかしい思いをさせること。「人をーする」「ーを受ける」

ふしょくーふ【不織布】［名］繊維を熱・接着剤などで接合して布状にしたもの。弾力・通気性に富み、衣料品の芯地・マスク・バッグなどに広く用いられる。

ふじょーし【婦女子】［名］❶女性と子供。❷女性。婦人。

ふしょぞん【不所存】［名］考えが正しくないこと。心がけのよくないこと。不心得。「ー者」

ふしん【不信】［名・形動］❶信じないこと。信用できないこと。「ーの念を抱く」「ー感」「人間ーに陥る」「政治ーを招く」❷誠実でないこと。偽りのあること。不実。「ー行為」❸信仰心がないこと。「ーの徒」

ふしん【不振】［名］勢いがふるわないこと。成績・業績などが思わしくないこと。「営業ーにあえぐ」「食欲ー」

ふしん【不審】［名・形動］がてんのいかない点があって、疑わしく思うこと。いぶかしいこと。「荒っぽい金遣いをーに思う」「ーな点の多い供述」「ーを抱く」「よそ者にーの目を向ける」「挙動ー」 派生 ーげ／ーさ／ーがる

ふしん【普請】［名・他サ変］建築工事・土木工事を行うこと。また、その工事。「離れをーする」「安ー」▽もと禅宗で、多くの人々に要請して塔堂建立などの労役に従事してもらったこと。

ふしん【腐心】［名・自サ変］ある事を成し遂げるためにあれこれと心を使うこと。苦心。「会社の経営に日夜ーする」

ふじん【不尽】［名］手紙の末尾に記して、十分に思いを書きつくしていないの意を表す語。不悉。不一。

ふじん【夫人】［名］他人の妻の敬称。「大統領ー」

ふじん【布陣】［名］❶戦いの陣をしくこと。また、その陣。「堂々のーを構える」❷団体競技・闘争・論争などで、人員配置などの態勢をととのえること。また、その態勢。「最強のーで試合に臨む」◈ 注意 「布陣を敷く」は重言。「布」は敷くの意。

ふじん【婦人】［名］成人した女性。「ーの地位向上」「ー参政権」「ー服・ー会」▽「女性」よりも古風な語。現在では女性を地位的・職業的に差別する語として使用を避ける傾向にある。

ぶじん【武人】［名］軍事にたずさわる人。軍人。武士。⇔文人

ふじんーか【婦人科】［名］主として女性生殖器に関する病気を専門に扱う医学の一分野。

ふしんーかん【不信感】［名］信用できないという思い。「行政へのーを募らせる」

ふしんーじん【不信心】［名・形動］神仏を信仰しないこと。信仰心のないこと。ぶしんじん。「ーな人」

ふしんーせつ【不親切】［名・形動］親切でないこと。配慮に欠けること。「ーな応対［案内書］」 派生 ーさ

ふしんーにん【不信任】［名］信任しないこと。「内閣のー決議案（＝内閣を信任しない旨を決議する案。日本国憲法では、衆議院がこれを可決した場合、内閣は一〇日以内に解散するか総辞職しなければならない）」

ふしんーばん【不寝番】［名］一晩中、寝ないで番をすること。また、その人。寝ずの番。

ふしんーび【不審火】［名］放火の疑いがある、原因不明の火事。ふしんか。「空き家がーで全焼する」「近くに火の気がなく、ーの可能性が高い」

ふ・す【伏す】［自五］❶顔を下に向けて体を床や地面につける。腹ばいになる。また、頭を深く下げる。うつむく。「地にー・して銃を構える」「ー・してお願い申し上げます」❷姿勢を低くして、外から見えないようにする。隠れる。「草陰にー」

ふ・す【▼臥す】［自五］体を横にして寝る。また、病気などで寝こむ。臥する。「床［病］にー」▽五段「臥せる」に比べて、文章語的。 書き方 「伏す」とも。

ふ・す【付す（附す）】［自他五］⇒付する

ふーず【付図（附図）】［名］本文などに付けられた地図や図表。

ぶす［名］女性の顔の美しくないこと。また、女性をののしっていう語。

ぶーす【▽付子（▽附子）】［名］トリカブトの根を乾燥したもの。アコニチンなどのアルカロイドを含む。漢方で、鎮静・鎮痛剤などに用いる。劇薬。ぶし。

ふーずい【不随】［名］病気などのために、体が思うように動かないこと。「半身ー」

ふーずい【付随（附随）】［名・自サ変］主になるものにつき従っていること。「契約にーして定める約款」「職務にーする権益」

ぶーすい【無粋（不粋）】［名・形動］粋でないこと。人情の機微、特に男女間の微妙な情愛を解さないこと。また、物の風情がわからないこと。「ーな人」「ーなことを言う」 派生 ーさ

ふずいいーきん【不随意筋】［名］意志によって動かすことのできない筋肉。内臓の壁をつくる筋肉や心筋など。⇔随意筋

ふーすう【負数】［名］零より小さい数。負の数。マイナスの数。⇔正数

ぶーすう【部数】［名］書籍・新聞・雑誌などの数。「発行ー」

ぶすっーと［副］❶柔らかなものにとがったものが勢いよく突き刺さるさま。また、その音を表す語。「ナイフでー刺す」❷不機嫌なさま。「ーしている」

ぶすーぶす［副］❶炎を上げないで煙だけ出して燃えるさま。「生木がー（と）燃える」❷刃物などが何度も突き刺さるさま。また、その音を表す語。「針でー（と）刺す」❸不平・不満などを一気に発散させないで、いつまでも小声で言い続けるさま。「ー（と）文句を言う」

ふすぶ・る【▼燻る】［自五］❶炎を上げないで煙だけ出して燃える。くすぶる。「生木がー」❷すすで黒くなる。すすける。くすぶる。「真っ黒にー・った天井」

ふすま【▼衾・▽被】［名］寝るときに体にかける夜具。長方形に仕立てた袷で、ふつう綿を入れる。

ふすま【▼麬・▼麸】［名］小麦をひいたあとに残る皮の

くず。家畜の飼料などにする。からこ。麦かす。

ふすま【▼襖】[名] 和室用の建具の一つ。木で骨を組み、その両面に布・紙などを張り重ねたもの。部屋の仕切りに用いる。唐紙(からかみ)。襖障子。〓「―絵」 襖 数「一領(いちりょう)…」と数える。

ふ・する【付する(附する)】 ■一[自サ変] ついてゆく。つき従う。〓「先学の驥尾(きび)に―」 ■二[他サ変] ❶つける。添える。〓「申請書に顔写真を―」 ❷与える。交付する。〓「許可証を―」 ❸〈「…に付する」の形で〉…にまかせる。…に託す。また、…という形で処理する。〓「改正案を審議に―」「不問[茶毘(だび)]に―」 文ふ・す

ふ・する【賦する】[他サ変] ❶割り当てる。課する。〓「労役を―」 ❷漢詩などを作る。〓「律詩を―」 文ふ・す 異形付す

ふ-せ【布施】[名] ❶他人に施し与えること。 ❷仏事の際、僧侶に読経などの謝礼として渡す金品。〓「お―を包む」

ふ-せい【不正】[名・形動] 正しくないこと。法や道義に反すること。また、その行い。〓「―が明るみに出る」「―を働く」「帳簿上で―な処理を行う」

ふ-せい【父性】[名] 父親としてもっている性質。〓「―愛」⇔母性

ふ-せい【▼斧正】[名] 他人の文章に筆を加えて遠慮なく正すこと。詩文の添削を頼むときにへりくだっていう語。〓「―を請う」▼斧(おの)で正す意。

ふ-ぜい【風情】 ■一[名] ❶風雅な趣。風流な味わい。情緒。〓「―のある庭」 ❷ありさま。ようす。けはい。〓「どことなく寂しげな―」 ■二(造)〈人を表す名詞・代名詞に付いて〉…のようなつまらない者の意を表す。〓「私―にはもったいない」「足軽―に何ができる」▼自らを謙遜(けんそん)していうとき、また他をいやしめるときに使う。

ぶ-ぜい【無勢】[名] 人数の少ないこと。〓「多勢(たぜい)に―」

ふせいアクセスきんし-ほう【不正アクセス禁止法】[名] 他人のIDやパスワードを無断で使用して利用権限のないコンピューターを不正に利用したり、データやプログラムを無断で改竄(かいざん)したりするなどの、不正アクセス行為を禁じる法律。平成一二(二〇〇〇)年施行。▼「不正アクセス行為の禁止等に関する法律」の略称。

ふ-せいかく【不正確】[名・形動] 正確でないこと。〓「―な数字[記憶]」 派生―さ

ふ-せいこう【不成功】[名] 成功しないこと。思いどおりの結果にならないこと。〓「実験は―に終わる」

ふ-せいしゅつ【不世出】[名] きわめてまれにしか世に現れないほどすぐれていること。〓「―の名優」

ふ-せいせき【不成績】[名・形動] 成績がよくないこと。

ふ-せいりつ【不成立】[名] 成立しないこと。まとまらないこと。

ふせい-みゃく【不整脈】[名] 脈の打ち方が乱れて不規則になること。また、その乱れた脈拍。

ふ-せき【布石】[名] ❶囲碁の序盤戦で、全局を見通して要所要所に石を置くこと。また、その置き方。 ❷将来のために前もってととのえておく手はず。〓「事業拡張のために―を打つ」

ふせ・ぐ【防ぐ(▼禦ぐ)】[他五] ❶侵入しようとする敵をくいとめる。〓「敵の攻撃を―」 ❷好ましくないものが内に入らないようにさえぎる。〓「二重窓にして寒さを―」 ❸好ましくない事態が起こらないように手段を講じる。〓「警備員を置いて混乱を―」 ◈使い方 ①②③とも、「強固な要塞(ようさい)が敵の侵入を―」「防風林が風害を―」「日ごろの心構えが事故を―」のように、人以外の〈物〉を主語にしてもいう。 可能防げる

ふせ-じ【伏せ字】[名] 印刷物で、明記することを避けるために、その箇所を空白にしたり、○や×の印で表したりすること。また、その空白の部分や印。

ふ-せつ【付設(附設)】[名・他サ変] 付属させて設けること。〓「水産試験場に水族館を―する」

ふ-せつ【付説(附説)】[名・他サ変] つけ加えて説明すること。また、その説明。

ふ-せつ【浮説】[名] 根拠のない噂(うわさ)。流言。風説。

ふ-せつ【符節】[名] 木・竹・紙などの札の中央に証印を押して二つに割ったもの。当事者どうしが分けて持ち、後で合わせて証拠とする。割り符。

◉**符節を合わせたよう** ぴったり一致するさま。

ふ-せつ【敷設(布設)】[名・他サ変] 設備・装置などを広い範囲にわたって設置すること。〓「鉄道[海底電線]を―する」

ふ-せっせい【不摂生】[名・形動] 健康に注意を払わないこと。健康によくないことをすること。不養生。〓「日ごろの―がたたる」

ふせ・る【▼臥せる】[自五] 横になって寝る。特に、病気で床につく。〓「風邪で―・っている」▼「臥(ふ)す」に比べて、口語的。 書き方「伏せる」とも。

ふ・せる【伏せる】[他下一] ❶体(の一部)を下の方に向ける。また、腹ばいになる。〓「恥ずかしそうに顔を―」「目を―」 使い方 腹ばいになる意では自動詞的にも使う。〓「危険を察して地面に―」 ❷表面・上部・開口部などを下に向けて置く。〓「読みかけの本を―」「コップを―・せて置く」 ❸見つからないように人を配置したり身を置いたりする。ひそませる。〓「要所要所に兵を―」 ❹人に知られないようにする。隠す。〓「この件は皆には―・せておこう」 文ふ・す

ふ-せん【不戦】[名] 戦わないこと。互いに戦争・試合などをしないこと。〓「―同盟」

ふ-せん【付箋(附箋)】[名] 目印としたり、注を書いたりして貼っておく小さな紙片。付け紙。

ふ-ぜん【不全】[名・形動] 物事の機能や活動が完全でないこと。不完全。〓「心(しん)―」「発育―」

ふ-ぜん【不善】[名・形動] 道徳上、好ましくないこと。〓「小人(しょうじん)閑居(かんきょ)して―をなす」

ぶ-ぜん【▼憮然】[形動タリ] 落胆したりあきれたりして、呆然(ぼうぜん)とするさま。〓「―として立ち去る」「―たる思いで立ちすくむ」▼「憮」はがっかりする意。 使い方 俗にむっとする意にも使う。〓「―として反論する」

ふせん-しょう【不戦勝】[名] 対戦相手の欠場・棄権などのために、試合をしないで勝ちとなること。⇔不戦敗

ふ-せんめい【不鮮明】[名・形動] 鮮明でないこと。はっきりしないこと。〓「―なコピー」「態度が―だ」 派生―さ

ふ-そ【父祖】[名] 父と祖父。また、先祖。〓「―伝来の土地」

ふ-そう【扶桑】[名] 日本の別称。〓「松嶋は―第一の好風にして〈奥の細道〉」▼昔、中国で、東海の日の出る島にあるとされた神木(また、その島)の意。

ぶ-そう【武装】[名・自サ変] 戦闘のための装備をすること。また、その装備。〓「―を解く」「―した警官」

ふ-そうおう【不相応】［名・形動］ふさわしくないこと。つり合いがとれていないこと。‖「若者には―な高級車」「―の金を手にする」

ふ-そく【不足】［名・形動］❶［自サ変］足りないこと。十分でないこと。‖「材料が―する」「認識―」❷満足でないこと。‖「相手にとって―はない」

ふ-そく【不測】［名］予測できないこと。‖「―の事態が起こる」「―の事態に備える」「―(＝不慮)の事故に遭遇する」注意 (1)「不測の事態」を「不足の事態」とするのは誤り。(2)「不測の事態」を、前もって想定する場合に使うのは誤り。‖「×不測の事態を予想して警備を強化する」

ふ-そく【付則(附則)】［名］法令などの終わりに付加される規則。執行期日・経過措置など、主要事項に付随する事項を定める。⇕本則

ふ-ぞく【付属(附属)】［名・自サ変］❶主となるものに付き従っていること。また、そのもの。‖「―品」「―施設」❷教育研究や教育実習の機関として大学に付設されている高等学校以下の学校。‖「―の生徒」▼「付属学校」の略。◈書き方 公用文では「附属」。

ぶ-ぞく【部族】［名］一定地域に居住し、言語・宗教・慣習など共通の文化を持つ人々の集団。

ふぞく-ご【付属語】［名］単独では文節を作らず、常に自立語の下に付いて用いられる語。助詞・助動詞の類。⇕自立語

ふそく-ふり【不即不離】［名］二つのものがつきもせず、離れもせずの関係にあること。‖「―の関係」

ふ-ぞろい【不▼揃い】［名・形動］そろっていないこと。大きさ・形・種類などが、まちまちであること。また、組になっているものの数が足りないこと。‖「棒の長さが―だ」「―のティーカップ」「―な野菜」

ふ-そん【不遜】［名・形動］思いあがっていること。‖「―な態度をとる」

ふた【蓋】［名］❶入れ物などの口にあてがって、ふさぐもの。‖「瓶の―」「鍋の―」❷サザエ・タニシなどの巻き貝の口をおおうもの。

◉**蓋を開ける** ❶物事を始める。また、物事の結果を見る。‖「―・けてみると与党の圧勝だった」❷興行を始める。◈注意 この意で「蓋をひらく」は誤り。

ふた【二】(造) ふたつ。‖「―心」「―通り」▼数値を読み上げるときなど、二の数を特に間違いなく伝えるために使う。‖「二千二百二十円」

ふだ【札】［名］❶文字・記号などを記して、必要な事項を示したり目印としたりする木片・紙片など。‖「名―」「荷―」❷神仏の守り札。護符。おふだ。‖「魔除けの―」❸トランプ・花札などの紙片。‖「手―」

ぶた【豚】［名］❶イノシシを改良して家畜化したウシ目の哺乳類。体はよく太り、孔が正面を向く鼻は上方にしゃくれ、細くて小さい尾がくるっと巻いている。毛色は白・茶・黒など。ほとんどが食肉用。❷豚肉。

◉**豚に真珠** どんなに貴重なものでも、その価値のわからない者には無意味であることのたとえ。▼『新約聖書』から。

ふ-たい【付帯(附帯)】［名・自サ変］主となるものに付き伴うこと。‖「権利に―する義務」「―決議(＝ある案件を可決するとき、その実施上の希望意見を表明する決議)」

ふ-だい【譜代(譜第)】［名］❶代々、臣下として一つの主家に仕えること。また、その家系。❷江戸時代、関ヶ原の合戦以前から徳川氏に仕えていた大名。▼「譜代大名」の略。

ぶ-たい【部隊】［名］❶軍隊の一部を構成する隊。‖「機動―」❷共通の目的をもって集団で行動する人々の集まり。‖「平和―」「買い出し―」

ぶ-たい【舞台】［名］❶演劇・音楽・舞踊などを演じるために設けられた場所。また、そこで行われる演技・演奏。‖「―に立つ」「檜の―」❷腕前を発揮する場。‖「政治の―に立つ」「世界を―に活躍する」❸物語などが進行する場。‖「ある田舎町を―とする小説」

ぶたい-うら【舞台裏】［名］❶客席からは見えない、舞台の裏側。大道具の置き場や楽屋のある所。❷ある物事が行われている裏面。‖「明治維新の―」「―で交渉を続ける」◈注意「裏舞台」は誤り。

ぶたい-かんとく【舞台監督】［名］演劇で、演出者の意図に沿って、演技・舞台装置・照明・衣装などを総合的に指導・監督する人。

ぶたい-げいこ【舞台稽古】［名］舞台上で、衣装・舞台装置・照明などを公演時と同じ状態にして行う稽古。

ぶたい-げき【舞台劇】［名］観客を前にして舞台で演じられる劇。

ふ-たいてん【不退転】［名］❶仏教で、それまでの修行によって達した段階から後退しないこと。不退。❷志を固く守って、あとへ引かないこと。‖「―の決意で臨む」

ふた-いとこ【二〈従兄弟〉・二〈従姉妹〉】［名］その人からみて、父母のいとこに当たる人の子。またいとこ。はとこ。

ぶたい-びじゅつ【舞台美術】［名］舞台芸術の表現効果を高めるために用いられる舞台装置・照明・衣装・小道具などの総称。セノグラフィー。

ふた-え【二重】［名］二つ重なっていること。にじゅう。

ふたえ-まぶた【二重▼瞼】［名］まぶたにひだがあって二重になっているもの。ふたかわめ。

ふた-おや【二親】［名］父親と母親。両親。⇕片親

ふ-たく【付託(附託)】［名・他サ変］物事の処置などを他にゆだねること。特に議会で、本会議に先立って、議案などの審査を他の機関にゆだねること。

ふ-たく【負託(負▼托)】［名・他サ変］他に責任をもたせて、まかせること。‖「国民の―に応える」

ふた・ぐ【▽塞ぐ】［他四・他下二］〔古風〕ふさぐ。

ぶた-くさ【豚草】［名］荒れ地などに群生するキク科の一年草。夏、黄色い花を穂状につけるが、花粉はしばしばアレルギーの原因になる。明治初年、北アメリカから渡来。

ふた-ご【双子(二子)】［名］同じ母体から一度の出産で生まれた二人の子。双生児。

ふた-ごころ【二心(▽弐心)】［名］味方や主君を裏切ろうとする心。にしん。‖「―を抱く」

ふたこと-め【二言目】［名］何かを言い始めると、次に必ず口癖や決まり文句のように口に出すことば。‖「―には昔はよかったと言う」

ぶた-こま【豚細(豚小間)】［名］豚肉のこまぎれ。

ふだ-さし【札差し】［名］江戸時代、蔵米取りの旗本・御家人の代理として禄米を受け取り、それを売り

さばいて換金した商人。

ふ-たしか【不確か】［形動］確かでないさま。あやふやなさま。不確実。≡「ーな情報［記憶］」派生-さ

ふだ-しょ【札所】［名］仏教の霊場で、巡礼者が参詣のしるしとして札を受け、または納める所。

ふたすじ-みち【二筋道】フタスヂー［名］二本の道。また、二方向に分かれている道。わかれ道。▼二つの方面に分かれている事柄のたとえにもいう。≡「色と欲とのー」

ふた-たび【再び】［副］もう一度。再度。≡「ー挑戦する」

ふた-つ【二つ】［名］❶一の二倍。に。❷二歳。❸二番目。第二。

◉**二つと無・い**　かけがえがない。一つしかない。

◉**二つに一つ**　両者のうち、どちらか一つ。

ふ-たつ【布達】［名］❶［他サ変］官庁などが広く一般に知らせること。また、その知らせ。≡「法令をーする」❷明治一九（一八八六）年以前に発布された行政命令。≡「太政官ー」

ふたつ-おり【二つ折り】リヲ［名］真ん中から二つに折ること。また、そのもの。≡「ーにする」

ふだ-つき【札付き】［名］❶札が付いていること。特に、商品に正札が付いていること。また、そのもの。❷定評のあること。特に、悪評が定着していること。また、その人。≡「ーの悪党」

ふたつ-へんじ【二つ返事】［名］快くすぐに承諾すること。≡「ーで引き受ける」▼「はい、はい」とすぐに返事をする意。注意「一つ返事」は誤り。

ふたつ-め【二つ目】［名］❶順番の二番目。❷東京で、落語家の格付けの一つ。前座の上、真打ちの下。▼寄席で前座の次に高座へ上ったことから。

ふた-て【二手】［名］二つの方面。二方向。≡「ーに分かれる」

ぶ-だて【部立て】［名］全体をいくつかの部門・部類に分けること。特に歌集で、和歌を四季・恋・雑などの部に分けること。また、その分類。

ふだ-どめ【札止め】［名］❶劇場などで満員のため入場券の発売をやめること。≡「満員ー」❷札を立てて立ち入り・通行などを禁止すること。

ふた-なのか【二七日】［名］仏教で、人の死後一四日目。また、その日に行う法事。ふたなぬか。

ぶた-にく【豚肉】［名］食用としての豚の肉。とんにく。ポーク。

ふた-ば【二葉・双葉】［名］植物が発芽したときに見られる二枚の子葉。▼人のごく幼いころのたとえにもいう。≡「栴檀はーより芳し」

ぶた-ばこ【豚箱】［名］［俗］留置場。

ふた-また【二股】［名］❶もとが一つで、先が二つに分かれていること。また、そのもの。≡「ーに分かれた道」❷ある目的を遂げるために同時に二つの物事にかかわること。≡「ーをかける」

ふたまた-ごうやく【二股▼膏薬】ーガウヤク［名］⇩内股膏薬

ぶた-まん【豚▼饅】［名］関西で、肉まん。豚まんじゅう。

ふた-みち【二道】［名］❶二方向に分かれている道。分かれ道。❷⇩二股②

ふた-め【二目】［名］二度見ること。

◉**二目と見られな・い**　あまりに醜くて、またはむごたらしくて、二度と見る気にならない。≡「ー惨状」

ふ-ため【不▽為】［名・形動］その人のためにならないこと。

ふた-もの【蓋物】［名］陶器・漆器などで、ふたのついているもの。

ふたり【《二人》】［名］人数が二であること。また、その数の人。≡「ーの仲を取り持つ」

ふ-たん【負担】［名］❶［他サ変］自分の仕事・義務・責任などとして引き受けること。また、その仕事・義務・責任など。≡「親にーをかける」「費用は各自がーする」❷力量を超えて課せられた仕事・義務・責任など。≡「管理の仕事がーとなる」「心臓にーがかかる」◈荷を背負う意から。

ふ-だん【不断・普段】［名］❶［不断］絶え間なく続くこと。≡「ーの努力を怠らない」❷［不断］決断力に乏しいこと。≡「優柔ー」❸［副］［普段］つねひごろ。平生。≡「ーの心がけが大切だ」「ー酒は飲まない」

品格　日頃「ー食べつけない食事」平生「ーと変わらない生活」平素「ーから情報収集に努める」

ぶ-だん【武断】［名］武力でおさえつけて物事を処理すること。≡「ー政治」⇔文治

ふだん-ぎ【普段着（不断着）】［名］日常、家庭で着る衣服。⇔晴れ着

ふだん-そう【不断草】ーサウ［名］野菜として栽培するアカザ科の一年草または越年草。暑気や乾燥に強いので、夏の葉菜とする。トウヂサ。トウヂシャ。

ふだん-づかい【普段使い】ーヅカヒ［名］日常的に使用すること。≡「ーのバッグ」書き方かな書きも多い。

ふち【▼淵・▼潭】［名］川などで、水が深くよどんでいる所。⇔瀬　使い方なかなか抜け出すことのできない苦しい境遇のたとえにもいう。≡「絶望のーに沈む」

ふち【縁】［名］物のまわりの部分。へり。また、物のまわりの、ある幅をもってそれを取り囲んでいる部分。≡「池のー」「眼鏡のー」「帽子のー」読み分け⑴「眼鏡の縁」「帽子の縁」は「ふち」、「川縁」「船縁」は「べり」と読む。⑵「川［畳・船］の縁」のように「ふち」とも「へり」とも読めるものが多い。「目の縁が赤い」「縁の欠けたカップ」などは「ふち」と読むのが一般的だが、「へり」とも読みうる。なお常用漢字表では「縁」を「へり」と読むことを認めないため、現在の表記では「へり」は平仮名やルビを振って書かれることが多い。⑶「外縁」「周縁」「縁辺」など位置を表す場合は「えん」、「金縁」「黒縁」「額縁」「崖っ縁」など、ものやものの様態を表す場合は「ぶち」「ぷち」となる。

ふ-ち【不知】［名］知らないこと。≡「ー案内（＝不案内）」「ー不識のうちに（＝知らず知らずのうちに）」

ふ-ち【不治】［名］⇩ふじ（不治）

ふ-ち【付置（附置）】［名・他サ変］ある機関や建物に付属させて設置すること。≡「大学に病院をーする」

ふ-ち【布置】［名・他サ変］物をそれぞれの場所に置き並べること。配置。≡「庭石をーする」

ふ-ち【扶▽持】［名］❶［他サ変］俸禄を与えて臣下とすること。❷主君から家臣に与えられる俸禄。また、俸禄として与えられる米。扶持米。

ぶち【▽斑】［名］地色と異なる色の部分が所々にまじっていること。また、そのような毛色の動物。まだら。≡「ーの犬」

ぶち【▽打ち】［接頭］〈動詞に付いて〉意味・語勢を強め、また、荒々しくその動作をする意を表す。≡「ーまけ

る・ーこわす・ーのめす」▽音便の形をとって「ぶっ」「ぶん」ともなる。

プチ【petit フラ】（造）❶小さな。‖「ーケーキ・ートマト」❷〔新〕小規模の。ちょっとした。‖「ー整形・ーグルメ」

ぶち−あ・げる【▽打ち上げる】〔他下一〕大きなことを言う。大言をはく。‖「大仰な構想をー」

ぶち−あた・る【▽打ち当たる】〔自五〕❶勢いよく突き当たる。ぶつかる。‖「ハンドルを切りそこなって塀にー」❷困難に行き当たる。‖「難題にー」

ぶち−かま・す【▽打ち▼噛ます】〔他五〕❶相撲で、立ち上がったとき頭をさげて相手の胸に強くぶつかる。❷相手に強い一撃を与える。名**ぶちかまし**

ぶち−こ・む【▽打ち込む】〔他五〕❶たたき込む。うちこむ。‖「大砲をー」❷手荒く中に入れる。ほうり込む。‖「留置場にー・まれる」

ぶち−ころ・す【▽打ち殺す】〔他五〕殴り殺す。また、「殺す」を強めていう語。ぶっ殺す。

ぶち−こわ・す【▽打ち壊す・▽打ち▽毀す】ハスコ〔他五〕❶強くたたいて徹底的にこわす。たたきこわす。‖「ハンマーで壁をー」❷物事をだめにする。台なしにする。‖「せっかくの雰囲気をー」名**ぶち壊し**

ふち−せ【▼淵瀬】〔名〕淵と瀬。川の深い所と浅い所。使い方「世の中はなにか常なるあすか川きのふの淵ぞ今日は瀬になる〈古今集〉」などから、世の中や人事の移ろいやすいことのたとえにもいう。

ふち−どり【縁取り】〔名・他サ変〕縁を彩ること。また、縁に細工を施すこと。また、そのもの。‖「赤くーしたカード」「レースでーしたテーブルクロス」動**ふちど・る**〔他五〕

ぶち−ぬ・く【▽打ち抜く】〔他五〕❶強い力を加えて反対側まで貫き通す。‖「砲弾が城壁をー」❷間にある仕切りを取り払って一続きにする。‖「二間をー・いて宴会を開く」

ぶち−のめ・す【▽打ちのめす】〔他五〕ひどくなぐって倒す。二度と立ち上がれないほど大きな打撃を与える。‖「相次ぐ失敗にー・される」

プチ−プラ〔名〕〔新〕値段が安いこと。安価。▽プチプライス（和製petit フラ＋price）」の略。

プチ−ブル〔名〕ブルジョア（資本家階級）とプロレタリア（労働者階級）の中間に位置する階級。中産階級。小ブルジョア。▽多く、被支配者階級でありながらブルジョア意識をもつ人々をさげすんで言う。「プチブルジョア（petit-bourgeois フラ）」の略。

ぶち−ま・ける〔他下一〕❶容器をひっくり返して中の物をすっかりまき散らす。‖「鞄の中身を床にー」❷包み隠さずに、すっかり表面にあらわす。あらいざらい打ち明ける。‖「日ごろの鬱憤をー」文**ぶちま・く**

ふ−ちゃ【普茶】〔名〕❶黄檗宗で、人々にお茶を出してもてなすこと。ふさ。❷江戸初期、黄檗宗の僧侶によって伝えられた中国風の精進料理。黄檗料理。ふさりょうり。▽「普茶料理」の略。

ふ−ちゃく【不着】〔名〕到着しないこと。‖「ーの郵便物」

ふ−ちゃく【付着（附着）】〔名・自サ変〕物が他の物にくっついて離れないこと。‖「服にガムがーする」「岩礁にーした貝」

ふ−ちゅう【不忠】〔名・形動〕忠義にそむくこと。‖「ーの臣」

ふ−ちゅう【付注（附▼註）】〔名〕注をつけること。また、その注。

ふ−ちゅうい【不注意】〔名・形動〕注意が足りないこと。うかつなこと。‖「ーから事故を起こす」

ふ−ちょう【不調】ウテ〔名・形動〕❶調子が悪いこと。思わしくないこと。‖「体のーを訴える」「エンジンがーだ」⬍好調 ❷事がうまくまとまらないこと。成り立たないこと。‖「交渉がーに終わる」

ふ−ちょう【婦長】ヤウ〔名〕看護婦の長。▽現在は「看護師長」「師長」などという。

ふ−ちょう【符丁（符帳・符▼牒）】チャウ・チャウ・テフ〔名〕❶しるし。符号。特に、商品に付ける、値段・等級などを示す符号。❷仲間だけに通用することば。隠語。注意「符丁を合わせる」は誤り。「符節を合わせる」との混同。

ぶ−ちょう【部長】ヤウ〔名〕部の長。‖「人事ー」「テニス部のー」

ぶ−ちょうほう【不調法（無調法）】ハフ〔名・形動〕❶配慮が行きとどかないこと。へたなこと。‖「ー者」❷しくじり。不始末。粗相。‖「ーをしでかす」❸酒・芸事などのたしなみがないこと。‖「酒はーでして…」▽謙遜の気持ちを込めて使う。

ふ−ちょうわ【不調和】ウテ〔名・形動〕調和しないこと。ふつりあいなこと。‖「和室にはーな家具」

ふ−ちん【不沈】〔名〕艦船などが絶対に沈没しないこと。

ふ−ちん【浮沈】〔名・自サ変〕❶浮くことと沈むこと。浮き沈み。‖「波間にーするブイ」❷栄えることと衰えること。盛衰。‖「国家のーにかかわる大事」

ふっ【吹っ】〔接頭〕〈動詞に付いて〉勢いよくその動作をする意を表す。‖「ー飛ぶ・ー飛ばす」▽動詞「吹く」の連用形「吹き」の転。

ふつ【▽仏】（造）「仏蘭西」の略。‖「ー文・ー和」「渡ー」旧佛

ふつ【払】（造）はらう。はらいのける。‖「ー拭・ー底」旧拂

ふつ【沸】（造）❶湯が煮え立つ。‖「ー点・ー騰」「煮ー」❷わき出る。‖「ーー」

ぶっ【▽打っ】〔接頭〕〈動詞に付いて〉意味を強め、また、激しい勢いでその動作をする意を表す。‖「ーたまげる・ー飛ばす・ー倒れる・ーこわす」

ぶつ【物】一〔名〕〔俗〕現物。物件。‖「注文は受けたがーがない」二（造）もの。‖「ー質・ー体・ー欲」「事ー・生ー・危険ー・郵便ー」

ぶ・つ【▽打つ・▽撃つ・▽撲つ】〔他五〕❶たたく。なぐる。‖「尻をー」❷「話す」「演説する」「芝居をする」などの意を強めていう語。‖「一席ー」「演説をー」「興行をー」❸博打をする。◈「うつ」の転。可能**ぶてる**

ぶつ【仏】（造）❶梵語の音訳「仏陀」の略。ほとけ。‖「ー壇」「成ー・神ー・大ー・念ー」❷仏教。‖「ー式」「廃ー」旧佛

ふ−つう【不通】〔名〕❶通じないこと。交通・通信などが絶たれること。‖「全線ー」「音信ー」❷意味などが通じないこと。わからないこと。‖「文意ー」

ふ−つう【普通】一〔名・形動〕❶他の同種のものとくらべて特に変わった点がないこと。特別でなく、ありふれていること。‖「ごくーの考え」「ーとは違った印象」⬍特殊 ❷〔新〕〈「普通に」の形で〉ありのままであるさま。正

直なところ。≡「―においしい」「『あれ、どこから出てきた?』『―に店から』」使い方 ⑴この「普通に」は、状況によって「意外に」「思ったより」「まあまあ」「ただ単に」などさまざまな意を表す。⑵会う約束をした人が来ないので連絡をとったところ、「ごめん、普通に寝てた」と謝るなどの場合は、「特別な理由があったわけではなく、単に寝ていたのだ」「そんなつもりもなく、寝ていたのだ」といった意を表す。

二 [副] たいてい。一般に。通常。≡「―一週間もあれば完成する工事」書き方 二は、かな書きも多い。

ふつう-せんきょ【普通選挙】 [名] 身分・性別・教育・財産などによる制限を設けず、一定の年齢に達した国民に等しく選挙権・被選挙権を認める制度。普選。

ふつう-ぶん【普通文】 [名] 明治時代から大正初期にかけて広く用いられた漢字仮名まじりの文語体。漢文書き下し文と古文・擬古文などの和文体を融合して作られたもの。

ふつう-めいし【普通名詞】 [名] 名詞の一類。同じ類に属する事物のすべてに共通する名称を表す名詞。「海」「波」「魚」「船」の類。

ぶつ-えん【仏縁】 [名] 仏との間に結ばれる縁。仏の引き合わせ。≡「―を結ぶ」

ぶつ-おん【仏恩】 [名] 仏の慈悲の恩。

ふつ-か【《二日》】 [名] ❶その月の第二の日。≡「先月の―」❷一日の倍の日数。二日間。≡「―がかりの仕事」

ぶっ-か【仏花】 [名] 仏壇や墓に供える花。

ぶっ-か【仏果】 [名] 仏道修行の結果として得た仏の境地。

ぶっ-か【物価】 [名] 売買する商品の市価。個々の商品・サービスの価格に対し、それらを総合的にみて示される価格水準をいう。

ぶつ-が【仏画】 [名] 礼拝の対象となる仏の姿を描いた絵。また、広く仏教に題材をとった絵画。仏教絵画。

ぶつ-が【物我】 [名] 外物と自己。外界の一切と自分自身。≡「―一如」

ぶっ-かい【仏界】 [名] 仏が住む世界。浄土。

ぶっ-かき【▽打っ欠き】 [名] 食用に氷を小さく砕いたもの。かちわり。

ふっ-かく【伏角】 [名] 地球上の任意の点に置いた磁針が水平面に対して傾く角度。その地点での地磁気の方向を示す。傾角。

ぶっ-かく【仏閣】 [名] 寺の建物。また、寺院。≡「神社―」

ふっ-か・ける【吹っかける(吹っ掛ける)】 [他下一] ❶息などを強く吹いてかける。❷争いなどを一方的にしかける。≡「議論を―」❸物の値段などを法外に高く言う。≡「高値を―」

ぶっか-しすう【物価指数】 [名] 物価水準の変動を総合的に示す指数。ある時点・地点の物価を一〇〇とし、以後の物価の動きをその百分比で表す。企業物価指数・消費者物価指数など。

ふっ-かつ【復活】 [名] ❶[自サ変] 死んだものが生き返ること。よみがえること。≡「キリストの―」❷[自他サ変] 衰えたものや消失したものが再び行われること。また、廃止したものを再び行うようにすること。≡「SL[友情]が―する」「旧制度[祭り]を―させる」「敗者―戦」使い方 「〜を復活する/復活させる」では、後者が一般的。➡品詞解説(一八六ページ)

ふっかつ-さい【復活祭】 [名] キリスト教で、イエス＝キリストの復活を記念する祝日。春分後の最初の満月のあとの日曜日に行われる。イースター。

ふつか-よい【《二日》酔い】 [名] 酒の酔いが翌日まで持ち越されて気分がよくないこと。宿酔。

ぶつか・る [自五] ❶勢いよく突き当たる。ぶち当たる。≡「バスとタクシーが―」「肩と肩が―・って口論になる」❷ある物や事に行き当たる。出くわす。≡「この道を行くと川に―」「準決勝で優勝候補と―」❸意見などが食い違って対立する。≡「進学をめぐって子が親と―」❹積極的に立ち向かって相手にじかに接する。立ち向かう。≡「だめでもともとの気持ちで会長に―・ってみよう」❺物事が重なる。かち合う。≡「日程が―」◈強めて「ぶっつかる」とも。名 ぶつかり

ふっ-かん【副官】 [名] 軍隊で、司令官・隊長などに直属して事務の整理などを担当する士官。

ふっ-かん【復刊】 [名・他サ変] 刊行を中止、または廃止していた出版物を再び発行すること。

ふっ-き【富貴】 [名・形動] ➡ふうき(富貴)

ふっ-き【復帰】 [名・自サ変] もとの地位・任務・状態などにもどること。≡「病気が治って職場に―する」「社会―」

ふ-づき【▽文月】 [名] 陰暦七月の別称。ふみづき。▼太陽暦の七月にもいう。

ぶつ-ぎ【物議】 [名] 世の人々のやかましい議論。世間の取りざた。

◉**物議を醸す** 世間の論議を引き起こす。≡「首相の発言が―」注意 「物議を醸し出す」は誤り。また、「論議を呼ぶ」と混同した「物議を呼ぶ」も本来は誤り。

ふっ-きゅう【復▼仇】 [名・自サ変] かたきをうつこと。あだうち。

ふっ-きゅう【復旧】 [名・自他サ変] 壊れたものなどが、もとの状態にもどること。また、もとの状態にもどすこと。≡「寸断された国道が―する」「―作業」

ふつ-ぎょう【払暁】 [名] 夜明け。明け方。あかつき。

ぶっ-きょう【仏教】 [名] 紀元前五世紀ごろ、釈迦がインドで説いた教えに基づいて成立した宗教。キリスト教・イスラム教とともに世界三大宗教の一つ。迷いと苦しみに満ちた現世を超越し、悟りを開いて涅槃に至ることを目的とする。

ぶっ-きょう【仏経】 [名] 仏教の経典。経文。経。

ぶっきら-ぼう【ぶっきら棒】 [名・形動] 物の言い方や態度に愛想がないこと。≡「―に答える」

ぶつ-ぎり【ぶつ切り】 [名] 料理で、材料を形にとらわれないで大きめに切ること。また、そのように切ったもの。

ふっ-き・る【吹っ切る】 [他五] 迷いやわだかまりをきっぱりと捨て去る。≡「悩み[未練]を―」

ふっ-き・れる【吹っ切れる】 [自下一] ❶迷いやわだかまりが一気に消えてなくなる。≡「未だ―・れない面持ち」❷腫れ物などの口が開いて、うみがすっかり出る。文 ふっき・る

ふっ-きん【腹筋】 [名] 腹壁をつくる筋肉の総称。

ブッキング [booking] [名] ❶帳簿に記入すること。❷航空機の座席やホテルの部屋などを予約すること。≡「オーバー―」❸出演契約。また、映画の配給契約。

フック【hook】[名] ❶鉤(かぎ)。鉤形のもの。❷ボクシングで、ひじを鉤形に曲げ、体をひねるようにして相手の側面を打つこと。また、その打撃。❸ゴルフで、打球が途中から打者の利き腕と逆の方向へ曲がりながら飛ぶこと。⇕スライス

ブック【book】[名] ❶本。書籍。‖「ガイドー」❷帳面。綴(と)じ込み。‖「スケッチー・スクラップー」

ぶつ-ぐ【仏具】[名] 仏前に供え、また仏事に使う器物。‖「ー店」

ふ-づくえ【▽文机】[名] 読書や書き物をするための和風の机。▼「ふみづくえ」の転。

ブックエンド【bookends】[名] 立て並べた本が倒れないように両側に置いて支えとするもの。本立て。

ブック-カバー【和製book+cover】[名] 本の表紙の上にかけるおおい。

ぶつ-くさ[副] しきりに不平・不満などを言うさま。ぶつぶつ。‖「ー言わずに仕事をしろ」

ブックマーク【bookmark】[名] インターネットのブラウザーで、必要なウェブサイトを登録すること。また、その機能。お気に入り。▼しおりの意から。

ふっくら[副上] やわらかく、丸みをおびてふくらんでいるさま。‖「ー(と)焼けたパン」

ブックレット【booklet】[名] 小冊子。パンフレット。

ぶっ-け【仏家】[名] ❶寺。寺院。また、僧。❷仏教徒。

ふっ-けい【復啓】フク[名] 手紙文で、返信の冒頭に記す語。返事を申し述べる意。拝復。ふくけい。

ぶつ・ける[他下一] ❶物を投げて相手に当てる。(意図的な行為にもそうでないものにもいう)‖「壁にボールをー」「球を打者にーけてしまう」❷自分の体や物を他の物に打ち当てる。(非意図的な行為にもそうでないものにもいう)‖「いやと言うほど向こうずねを柱にーけた」「壁に頭をーけて悔しがる」❸自分の感情などをあからさまにぶちまける。はっきり言う。‖「上司に怒りをー」❹思い切って組み合わせる。また、対抗させる。‖「新人同士をー」◈「ぶつける」は「ぶちつける→ぶっつける→ぶつける」と転じた。強めて「ぶっつける」とも。

ふっ-けん【復権】フク[名] ❶[自他サ変] 一度失った権利などを回復すること。❷[他サ変] 恩赦の一つ。有罪の判決によって喪失し、または停止された資格や権利を回復させること。

ぶっ-けん【物件】[名] ❶物品。品物。‖「証拠ー」❷土地・建物などの不動産。‖「優良ー」

ぶっ-けん【物権】[名] 財産権の一つ。特定の物を直接に支配できる権利。所有権・占有権・地上権・抵当権など。

ふっ-こ[名] スズキの若魚。一般に二～三歳魚で、全長三〇～六〇センチメートル。▼満一年以下の幼魚は「せいご」と呼ぶ。

ふっ-こ【復古】フク[名・自他サ変] 昔の体制・状態に戻ること。また、戻すこと。‖「王政にーする」「ー調」

ふつ-ご【▽仏語】[名] フランス語。

ぶっ-こ【物故】[名・自サ変] 人が死ぬこと。死去。‖「ーした友人を追悼する」「ー者」

ぶつ-ご【仏語】[名] ❶仏のことば。仏の教え。❷仏教の用語。また、仏教に由来する語。

ふっ-こう【復航】フクカウ[名・自サ変] 船や航空機が目的地から出発地へ帰ること。また、その運航。⇕往航

ふっ-こう【復興】フク[名・自他サ変] 一度衰えたものが再び盛んな状態に戻ること。また、盛んな状態にすること。‖「被災した町がーする」「文芸ー」

ふっ-こう【腹▼腔】フクカウ[名] 脊椎(せきつい)動物の体腔の一部。哺乳(ほにゅう)動物では横隔膜から下の部分で、胃・腸・肝臓などが収まっているところ。ふくこう。[読み分け] 医学では「ふくくう」という。

ふ-つごう【不都合】ガフ[名・形動] ❶都合が悪いこと。‖「ーをきたす」⇕好都合 ❷道理に合わないこと。けしからぬこと。‖「ーな振る舞い」[派生]ーさ

ふっ-こく【復刻(覆刻・複刻)】フク[名・他サ変] 写本・木版本・初版本などを、原本どおりの版を作って前と同一の体裁で刊行すること。また、そのもの。‖「昭和初期の作品がーされた」「ー本」

ふつ-こく【▽仏国】[名] フランス。仏国(ふっこく)。▼「仏蘭西(ふらんす)国」の略。

ぶつ-ざ【仏座】[名] 仏像を安置する台座。蓮台(れんだい)。

ぶっ-さつ【仏刹】[名] 寺院。寺。ぶっせつ。

ぶっ-さん【仏参】[名・自サ変] 寺へ行って仏や墓を拝むこと。寺まいり。

ぶっ-さん【物産】[名] その土地から産出される物。産物。‖「ー展」

ぶっ-し【仏子】[名] ❶仏教を信じる人。仏教徒。❷一切の衆生(しゅじょう)。

ぶっ-し【仏師】[名] 仏像をつくる工匠。仏工。

ぶっ-し【物資】[名] 食料や衣類など、主に日常生活の支えとなるような品物・資材。‖「ーが不足する」「救援ー」

ぶつ-じ【仏寺】[名] 仏教の寺。仏刹(ぶっさつ)。仏閣。

ぶつ-じ【仏事】[名] 仏教の儀式・行事。法事。法要。法会。

ぶっ-しき【仏式】[名] 仏教による方式。‖「ーで結婚式を挙げる」

ぶっ-しつ【物質】[名] ❶空間の一部を占め、感覚によってその存在を認識できるもの。❷物理学で、一定の質量をもって物体を構成しているもの。❸精神に対して、人間の欲望を充足させる金銭・品物などの具体物。‖「ー文明」

ぶっしつ-てき【物質的】[形動] ❶物質としての性質を持つさま。また、物質に関するさま。❷精神よりも物質を重んじるさま。金銭・品物などに関するさま。‖「ーな援助」⇕精神的

ぶっ-しゃり【仏舎利】[名] 釈迦(しゃか)の遺骨。舎利。

プッシュ【push】[名・他サ変] ❶押すこと。‖「ーボタン」❷働きかけること。あと押しをすること。‖「商談がまとまるようにーする」

プッシュ-ホン【和製push+phone】[名] 押しボタン式の電話機。

ぶっ-しょ【仏書】[名] 仏教に関する書籍。仏典。

ぶっ-しょう【仏性】ヤウ[名] 仏になることのできる性質。

ぶっ-しょう【物証】[名] 文書・検証物など、有体物による証拠。▼「物的証拠」の略。⬇書証・人証

ぶっ-しょう【物象】ヤウ[名] 物の世界の現象。物の姿・形。‖「外界のー」

ぶつ-じょう【物情】ヤウ[名] 世間のありさま。世人の心。‖「ー平穏」

ふっ-しょく【払拭】[名・他サ変] すっかりぬぐい去

ること。すべて取り除くこと。ふっしき。≡「旧弊を━する」

ぶっ-しょく【物色】［名・他サ変］多くのものの中から適当な人物や事物を探し出すこと。≡「手ごろな家を━する」「空き巣が室内を━する」

ぶっ-しん【仏心】［名］❶仏の心。また、仏のように慈悲深い心。❷仏性。

ぶっ-しん【仏身】［名］仏の体。仏の姿。

ぶっ-しん【物心】［名］物質と精神。物と心。≡「━両面から援助する」

ぶっ-しん【物神】［名］神霊が宿るとして崇拝の対象にされる動植物や物。≡「━崇拝」

ぶっ-せい【物性】［名］物質のもつ性質。その物質に固有の力学的・光学的・電気的・磁気的・熱的などの性質。

ぶつ-ぜい【物税】［名］物の所有・取得・製造・販売・輸入または物から生じる収益に課せられる租税。消費税・固定資産税など。

ぶっ-せつ【仏説】［名］仏が説いた教え。

ふつ-ぜん【▼怫然】［形動タルト］怒るさま。むっとするさま。≡「━として席を立つ」

ぶつ-ぜん【仏前】［名］仏の前。仏壇などの前。≡「━に花を供える」

ふっ-そ【▼弗素】［名］ハロゲン族元素の一つ。刺激臭のある淡黄緑色の気体。反応性が強く、ほとんどの元素と直接化合する。主要鉱石は蛍石・氷晶石など。元素記号F　書き方 自然科学では「フッ素」と書く。

ぶっ-そ【仏祖】［名］❶仏教の開祖。釈迦。❷釈迦と、その教えを受け継いだ各宗派の祖師。

ぶっ-そう【仏葬】［名］仏式による葬儀。

ぶっ-そう【物騒】［名・形動］危険な感じがすること。おだやかでないこと。≡「━な世の中になる」「━なものを振り回す」派生 -さ／-がる

ぶつ-ぞう【仏像】［名］礼拝の対象としてつくられた仏の彫像・画像。特に、彫像。▼仏陀以外の諸尊仏の像もいう。

ぶっそく-せき【仏足石】［名］釈迦の足の裏の形を刻んだ石。古代インドでは釈迦を象徴する足跡として礼拝の対象とした。

ぶっ-そん【物損】［名］身体的損害に対して、物質的損害。物的損害。≡「━事故」

ぶっ-だ【仏▼陀】［名］❶釈迦。ぶつだ。❷すべての煩悩を超越して真理を悟った人。覚者。ぶつだ。◈「目覚めた人」の意の梵語から。

ぶっ-たい【仏体】［名］❶仏の体。仏身。❷仏像。

ぶっ-たい【物体】［名］具体的な形をもって存在しているもの。≡「空を飛ぶ謎の━」

ぶった-ぎ・る【▽打った切る】［他五］勢いよく切る。たたき切る。≡「鉈で枝を━」

ぶった-く・る【▽打っ手繰る】［他五］❶強引に奪いとる。ひったくる。≡「バッグを━・られる」❷法外に高い代金をとる。ふんだくる。ぼる。≡「バーで━・られる」名ぶったくり「やらず━の悪どさ」

ぶつ-だん【仏壇】［名］❶仏像を安置する壇。須弥壇。❷仏像・位牌などを安置する厨子。書き方 俗に「仏▼檀」とも。

ぶっ-ちがい【▽打っ違い】［名］ななめに交差させること。また、その形。すじかい。うちちがい。ぶっちがえ。

ぶっ-ちぎり［名］［俗］競技・競走などで、大差をつけて勝つこと。≡「━でトップに立つ」「━の優勝」

ぶっ-ちぎ・る【▽打っ千切る】［他五］❶強くちぎる。≡「ひもを━」❷［俗］競技・競走などで、大差をつけて勝つ。≡「二位以下を━」名ぶっちぎり

ぶっ-ちゃけ［副］［新］包み隠さず話すさま。すっかり言ってしまうなら。≡「━彼のことは好きじゃない」

ぶっ-ちゃ・ける［他下一］包み隠さずすっかり話す。打ち明ける。≡「━と、やる気がしない」▼「ぶちあける」の転。

ぶっちょう-づら【仏頂面】［名］無愛想な顔。不機嫌な顔。ふくれっつら。▼仏頂尊の恐ろしい面相から。また、一説に「不承面」の転とも。

ふつつか【不▽束】［名・形動］配慮が行きとどかないこと。気がきかないこと。不調法。≡「━な点は幾重にもおわびします」「━な息子ですがよろしく」「━者」派生 -さ

ぶっ-つけ［名・形動］❶準備や予告なく、いきなり物事を行うこと。❷はじめ。最初。≡「━からつまずく」

ぶっつけ-ほんばん【ぶっつけ本番】［名］準備や練習なしに、いきなり物事を始めること。≡「━でもなんとかなった」

ぶっ-つづけ【▽打っ続け】［名］休まずに、ずっと続けること。≡「三昼夜━で作業をする」動ぶっつづ・ける（他下一）

ふっ-つり［副ト］❶糸・ひもなどが断ち切られるさま。また、その音を表す語。ぷっつり。≡「凧糸が━（と）切れる」❷それまで続いていた物事が急に絶えるさま。ぷっつり。≡「音信が━（と）途絶える」

ぷっ-つり［副ト］ふっつり。≡「三味線の糸が━（と）切れる」

ぷっ-つん 一［副ト］糸などが急に切れるさま。また、その音を表す語。ぷつん。≡「釣り糸が━と切れる」二［名・自サ変］［俗］❶我慢の限界を超え、怒りが爆発すること。かっとなって冷静さを失うこと。≡「口汚くののしられて遂に━した」❷緊張感や自制心が途切れること。≡「━してやる気を失う」「━していて話が通じない」◈書き方「プッツン」とも。

ふっ-てい【払底】［名・自サ変］物がすっかりなくなること。甚だしく欠乏すること。≡「燃料が━する」「人材━の感がある」

ぶっ-てき【仏敵】［名］仏法の敵。仏教に敵対して害をなすもの。

ぶっ-てき【物的】［形動］物に関係するさま。物質的。≡「━証拠（＝物証）」

ぶつ-でし【仏弟子】［名］❶釈迦の弟子。❷仏教徒。

ふって-わいた【降って湧いた】［連語］いままでなかったものが突然姿を現すさま。思いがけなく生じるさま。≡「━幸運」「━ような災難」

ふっ-てん【沸点】［名］液体が沸騰し始めるときの温度。ふつう一気圧のもとでの温度をいう。沸騰点。▼水の沸点はセ氏九九・九七度。

ぶっ-てん【仏典】［名］❶仏教の経典。❷仏教に関する書籍。仏書。

ぶつ-でん【仏殿】［名］仏像を安置し、礼拝するための建物。仏堂。

ふっ-と［副］❶口をすぼめて、一瞬息を吹き出すさま。また、その音を表す語。≡「━ため息をもらす」❷何の前

ぶれもなく物事が起こるさま。また、事態が急に変わるさま。不意と。ふと。「夜中に—目を覚ます」「—姿が見えなくなる」

ぶっ-と【仏徒】[名] 仏教を信仰する人。仏教徒。

ぶつ-ど【仏土】[名] ❶仏が住む国土。浄土。❷仏が教化する国土。この現実世界。

ふっ-とう【沸騰】[名・自サ変] ❶液体が煮えたつこと。加熱されて沸点に達した液体が、その表面からの蒸発だけでなく、内部からも気化する現象。❷わきたつように騒がしくなること。一気に激しく盛り上がること。「世論が—する」「人気—の新人歌手」❸物価などが激しい勢いで上がること。「株価が—する」 騰

ぶっ-とう【仏塔】フ-タ [名] 仏の遺骨を安置した塔。仏舎利塔。また一般に、寺院の塔。

ぶつ-どう【仏堂】ウ-タ [名] 仏像を安置した堂。仏殿。

ぶつ-どう【仏道】ウ-タ [名] 仏の説いた教え。仏教。また、仏の悟りに達する修行の道。「—に励む」

ふっとう-てん【沸騰点】[名] ⇒沸点

ぶっ-とおし【▽打っ通し】ホ-シ [名] ❶初めから終わりまで休まないで続けること。「昼夜—で作業をする」❷ぶち抜くこと。動 ぶっとお・す(他五)

フットサル [futsal] [名] 体育館内でもできる五人制のミニサッカー。ルールはサッカーに準じるが、フィールドは普通のサッカー場の約八分の一。サロンフットボール。インドアサッカー。▽Futbol de Salon(スペ)の略。

ぶっ-とば・す【▽打っ飛ばす】[他五] ❶飛ぶほど強くなぐる。なぐりとばす。❷勢いよく遠くまで飛ばす。「大ホームランを—」❸車などを激しい勢いで走らせる。「高速道路をバイクで—」

ふっ-と・ぶ【吹っ飛ぶ】[自五] ❶激しい勢いで飛ぶ。「強風にあおられて屋根が—」❷激しい勢いで走る。「—んで家に帰る」❸いっぺんになくなる。「ローンでボーナスが—」「疲れが—」

ぶっ-と・ぶ【▽打っ飛ぶ】[自五] ❶勢いよく飛ぶ。ふっとぶ。「強風でテントが—」❷常識とかけ離れている。「何とも—んだ発想だ」❸非常に驚く。「突然の報告で—んだ」

フットボール [football] [名] サッカー・ラグビー・アメリカンフットボールなどの総称。蹴球(しゅうきゅう)。

フットライト [footlights] [名] 舞台の床の前端に取り付け、出演者を足もとから照らす照明。脚光。

フットワーク [footwork] [名] ❶球技・ボクシングなどで、足の運び方。足さばき。「—が軽い」❷機動力。

ふつ-に【▽都に・▽尽に】[副]〔古風〕〈打ち消しの語を伴って〉まったく。全然。

ぶつ-のう【物納】ナフ [名・自他サ変] 税金・小作料などを金銭の代わりに物品で納めること。⇔金納

ぶつ-ばち【仏罰】[名] 仏から受ける罰。ぶつばつ。

ぶっ-ぱな・す【▽打っ放す】[他五] 勢いよく放出する。発射する。「大砲を—」

ぶっ-ぱん【物販】[名] 物品を売ること。「—の売り上げ」▽「物品販売」の略。

ぶっ-ぴん【物品】[名] 物。品物。特に、不動産を除いた有体物。「—を売買する」

ふつ-ふつ【沸沸】[形動タリ] ❶煮えてわきたつさま。「鉄瓶の湯が—とたぎる」❷水などがわきでるさま。「岩間から—とわき出る清水」❸ある感情などがわき起こるさま。「喜びが—とわいてくる」

ぶつ-ぶつ ■一[副]ト ❶小声で続けて物を言うさま。「—(と)ひとりごとを言う」❷しきりに不平・不満などをもらすさま。ぶつくさ。「陰で—(と)文句を言う」❸小さな泡を立てながら煮えたつさま。「小豆が—(と)煮えてきた」❹無造作に短く切るさま。「ねぎを—(と)切る」❺表面に粒状のものがたくさん出るさま。「湿疹(しっしん)が—(と)出てくる」■二[名] 表面にたくさんある粒状のもの。「背中に—ができる」

ぷつ-ぷつ [副]ト ❶物がたやすく切れるさま。「糸が—(と)切れる」❷表面に粒状のものがたくさん出るさま。

ぶつぶつ-こうかん【物物交換】クヮン [名] 貨幣を媒介としないで物と物とをじかに交換すること。バーター。

ふつ-ぶん【▽仏文】[名] ❶フランス語の文章。「—和訳」❷フランス文学。また、フランス文学科。▽「仏文学」「仏文学科」の略。

ぶっ-ぽう【仏法】ホフ [名] 仏の説いた教え。仏道。仏教。⇔王法(おうぼう)

ぶっぽう-そう【仏法僧】ブッポフ [名] ❶仏と、仏の教えである法と、仏法を奉ずる僧のこと。三宝(さんぼう)。❷夏鳥として渡来し、冬、南方に帰るブッポウソウ科の鳥。体は青緑色で、くちばしと脚が赤い。「ぎゃっ、ぎゃっ」「げっげっ」などと鳴く。▽実際にブッポウソウと鳴くのはコノハズクであることから「姿のブッポウソウ」ともいう。❸フクロウ科のコノハズク。▽ブッポウソウと鳴くことから「声のブッポウソウ」ともいう。

ぶつ-ぼさつ【仏▼菩▼薩】[名] 仏と菩薩。

ぶつ-ま【仏間】[名] 仏像・位牌(いはい)などを安置してある部屋。

ぶつ-めつ【仏滅】[名] ❶釈迦(しゃか)の死。入滅。❷六曜の一つ。すべてに凶とされる大悪日。仏滅日(にち)。

ぶつ-もん【仏門】[名] 仏の説いた道。仏道。「—に入る」(=出家する)

ぶつ-よく【物欲(物▼慾)】[名] 金銭や物品を所有しようとする欲望。財物に対する執着心。「—にとらわれる」

ぶつ-り【物理】[名] ❶物の道理。❷「物理学」の略。

ふ-つりあい【不釣り合い】アヒ [名・形動] 釣り合わないこと。ふさわしくないこと。「私には—な大役」

ぶつり-がく【物理学】[名] 自然科学の一部門。物質の構造・性質を探究し、すべての自然現象を支配する普遍的な法則を研究する学問。力学・熱力学・統計力学・電磁気学・量子力学・素粒子物理学・原子核物理学・物性物理学・宇宙物理学などの諸分野がある。

ぶつ-りき【仏力】[名] 仏のもつ広大無辺の力。

ぶつり-てき【物理的】[形動] ❶物理学にかかわるさま。また、物理学の法則にかなうさま。「—変化」❷数量としてとらえることのできる空間・時間・力・速度・重量などにかかわるさま。「—な条件がある」

ぶつり-へんか【物理変化】クヮ [名] 物質の成分は変わらずに、その形や状態だけが変化すること。⇔化学変化

ぶつ-りゅう【物流】リウ [名] 生産物が生産者から消費者の手に渡るまでの流れ。「—管理[コスト]」▽「物的流通」の略。

ぶつ-りょう【物量】リャウ [名] 物の分量。また、物資の多さ。「—を誇る」「—作戦」

ぶつ‐りょう【物療】ーレウ〘名〙「物理療法」の略。

ぶつり‐りょうほう【物理療法】ーレウハフ〘名〙水・熱・光・電気・放射線などの物理的エネルギーを応用した治療法。理学療法。物療。⇔化学療法

ぷつん‐と〘副〙❶糸などが急に切れるさま。‖「ひもが―切れる」❷続いていたことが急に途絶えるさま。‖「通信が―絶える」❸小さな粒が一つできるさま。‖「ほほに―にきびができる」

ふで【筆】㊀〘名〙❶竹や木の柄(え)の先に穂(ほ)（＝束ねた獣毛）をつけ、墨・絵の具などを含ませて文字や絵をかく道具。また、筆記具の総称。‖「―を走らせる（＝文章をすらすらと書く）」❷①を使って書くこと。また、書いたもの。‖「藤原定家の―」❸文章を書くこと。また、その文章。‖「―がさえる」「―の力」㊁（造）文字・絵をかくとき、筆などを紙にあてて動かす回数を数える語。‖「一(ひと)―で書く」

◉**筆が滑(すべ)る** うっかりして書かなくてよいことまで書いてしまう。注意 執筆が調子よく進むことをいうのは本来的でない。また、「筆を滑らす」は誤り。

◉**筆が立つ** 文章を書くのがうまい。

◉**筆を入れる** 書かれた文章を訂正する。添削する。

◉**筆を擱(お)く** （筆記具を手から放して）書くのをやめる。特に、文章を書き終える。‖「長編小説の―」

◉**筆を折(お)る** 文筆活動をやめる。‖「大作を最後に―」

◉**筆を執(と)る** 文章または書画をかく。

◉**筆を揮(ふる)う** 書画をかく。‖「大作に―」

ふ‐てい【不定】〘名・形動〙定まらないこと。‖「住所―」

ふ‐てい【不貞】〘名・形動〙貞操を守らないこと。

ふ‐てい【不▼逞】〘名・形動〙道義を無視してわがままにふるまうこと。‖「―の輩(やから)」「―な物言い」

ふ‐ていき【不定期】〘名・形動〙時期・期間などが一定していないこと。‖「―の刊行物」「―便」

ふ‐ていさい【不体裁】〘名・形動〙見かけが悪いこと。また、外聞が悪いこと。ぶていさい。‖「―な話」

ふていしゅう‐そ【不定愁訴】ーシウ〘名〙頭痛・いらいら・疲労感・不眠など、さまざまな自覚症状を訴えるが、その訴えと特定の病気との関連がはっきりしないもの。

ふてい‐しょう【不定称】〘名〙代名詞・連体詞で、はっきりと特定できない人・事物・方角・場所などを示すもの。「だれ」「どれ」「どちら」「どこ」「どいつ」「どの」などの類。⇩遠称・近称・中称

ブティック [boutique フランス]〘名〙婦人服・装身具などを専門に扱う、しゃれた感覚の小売店。▼小売店の意。

ふで‐いれ【筆入れ】〘名〙筆を入れる箱や筒。また、筆記用具を入れる箱。筆箱。

プディング [pudding]〘名〙材料を型に入れて蒸し固めた菓子または料理。一般には、卵・砂糖・牛乳を主材料としたカスタードプディングをさす。プリン。

ふで‐がしら【筆頭】〘名〙❶筆の穂先。❷列記した人名の中の第一番目。ひっとう。

ふ‐てき【不適】〘名・形動〙適していないこと。不適当。‖「飲用には―な水」

ふ‐てき【不敵】〘名・形動〙敵を敵とも思わないこと。大胆で、ものを恐れないこと。また、乱暴で無法なこと。‖「―な面構(つらがま)え」「大胆―」

ふ‐でき【不出来】〘名・形動〙出来が悪いこと。また、仕上がりが悪いこと。‖「今年はブドウが―だ」

ふ‐てきせつ【不適切】〘名・形動〙適切でないこと。ふさわしくないこと。‖「―な発言」

ふ‐てきとう【不適当】ータウ〘名・形動〙適当でないこと。うまく当てはまらないこと。不適。‖「教材には―な本」

ふ‐てぎわ【不手際】ーギハ〘名・形動〙手際が悪いこと。物事の処理の方法や結果が悪いこと。‖「主催者の―で開演が遅れる」

ふて‐くさ・れる【不▽貞腐れる】〘自下一〙不平・不満があって投げやりな態度や反抗的な態度をとる。ふてくさる。‖「―・れて返事もしない」文ふてくさ・る

ふで‐さき【筆先】〘名〙❶筆の穂先。❷筆の使い方。筆の運び。‖「―が器用だ」❸筆で書くことば。文章。‖「お―（＝神のお告げを教祖が書き記したという文書）」

ふで‐たて【筆立て】〘名〙筆などの筆記具を立てておく筒形の用具。

ふで‐づか【筆塚】〘名〙使い古した筆を供養(くよう)するために、筆を地中に埋めて築いた塚。

ふで‐づかい【筆遣い（筆使い）】ーヅカヒ〘名〙筆の使い方。筆の運び。

ふで‐づつ【筆筒】〘名〙筆を入れておく筒。

ふ‐てってい【不徹底】〘名・形動〙徹底していないこと。十分に行き届かないこと。‖「連絡が―だ」派生‐さ

ふて‐ね【不▽貞寝】〘名・自サ変〙ふてくされて寝ること。‖「しかられて―する」

ふで‐ばこ【筆箱】〘名〙筆記用具を入れる箱。筆入れ。ペンケース。

ふで‐ぶしょう【筆無精・筆不精】ーブシャウ〘名・形動〙おっくうがって手紙や文章をなかなか書かないこと。また、そのような人。⇔筆まめ

ふてぶてし・い〘形〙開き直っていてずうずうしいさま。きわめて図太い。‖「―態度」派生‐さ

ふで‐ぶと【筆太】〘名・形動〙書かれた文字が太いこと。また、その文字。‖「―に書く」

ふで‐まめ【筆〈忠実〉】〘名・形動〙おっくうがらずに手紙や文章をよく書くこと。また、そのような人。⇔筆無精

ふ・てる【不▽貞る】〘自下一〙ふてくされる。‖「―・て返事もしない」文ふ・つ

ふ‐てん【普天】〘名〙大地をあまねく覆う広大な天。また、広大な天に覆われた地。天下。全世界。

ふと【浮▼屠・浮図・▽仏図】〘名〙❶仏陀(ぶっだ)。仏。▼梵語(ぼんご)の音写。❷僧侶。❸仏塔。

ふ‐と〘副〙何とはなしに。ちょっとした拍子に。‖「―立ち止まる」「―思い立って出かける」書き方「不図」などと当てる。

ぶと【▼蚋】〘名〙⇩ぶゆ（蚋）

ふと‐い【太▼藺】ーヰ〘名〙夏、茎頂に茶褐色の穂をつけるカヤツリグサ科の多年草。池沼などに群生する。オオイ。オオイグサ。マルスゲ。

ふと・い【太い】〘形〙❶ひも状や棒状のものの径が大きい。周囲が大きい。‖「この麺(めん)は―」「―毛糸〔幹〕」❷帯状・線状のものの幅が大きい。‖「彼の眉(まゆ)は―」「―罫線(けいせん)〔ベルト〕」❸関係や連絡が緊密である。‖「政府筋に―パイプを持つ」❹声が低くて音量が大きい。野太(のぶと)い。‖「どすの利いた―声」❺〈多く「太く短く」の形で〉人生を凝縮させたような精力的な生き方をするさま。‖

「ーく短く生きる」❻大胆で、気後れしたり小事にこだわったりしないさま。‖「神経[肝]がー」「線のー政治家」❼ずうずうしいさま。ふてぶてしい。‖「ー野郎だ！」◈①～⑥⬍細い 派生 ーさ

ふーとう【不等】［名・形動］等しくないこと。‖「ーな配分」

ふーとう【不当】［名・形動］正当・妥当でないこと。‖「ーな差別」「ー解雇」「ー表示（＝商品やサービスの内容・取引条件について顧客が誤認するような表示をすること）」派生 ーさ

ふーとう【不▼撓】［名・形動］どのような困難に出合ってもひるまないこと。‖「ーの決意」「ー不屈」

ふーとう【▼埠頭】［名］港湾で、船を横づけにして旅客の乗降や貨物の積み卸しをする区域。波止場。

ふーどう【不同】［名・形動］❶同じでないこと。‖「長さのーな材木」❷順序などがそろっていないこと。‖「順ー」

ふーどう【不動】［名］❶動かないこと。ゆるがないこと。また、他からの力によって動かされないこと。‖「ーの姿勢」「ーの地位を築く」❷「不動明王」の略。

ふーどう【浮動】［名・自サ変］位置・立場などが定まらないでゆれ動くこと。

ふーどう【婦道】［名］女性として守るべき道。

ぶーとう【武闘】［名］武力で戦うこと。‖「ー派」

ぶーとう【舞踏（舞▼踏）】［名・自サ変］踊りをおどること。舞いおどること。ダンス。‖「ー会」

ぶーどう【武道】［名］❶武士として守るべき道。武士道。❷武術。武芸。

ぶどう【▼葡▼萄】［名］八～十月に球形で多汁の果実を房状につけるブドウ科のつる性落葉低木。また、その果実。果皮は黄緑色・紅紫色・黒紫色などのものがある。生食のほか、ジャム・ジュース・干しぶどう（レーズン）・ぶどう酒などの原料にする。

葡萄

ふーとういつ【不統一】［名・形動］統一がとれていないこと。‖「閣内に意思のーがある」「ーな文体」

ぶどうーいろ【▼葡▼萄色】［名］熟したブドウの実の色。赤み、または黒みを帯びた紫色。

ふとうーおう【不倒翁】［名］起き上がり小法師。

ぶどうーきゅうきん【▼葡▼萄球菌】［名］化膿性疾患や食中毒の原因となる細菌の一群。ぶどう状球菌。▼ブドウの房状に配列することからこの名がある。

ふとうーこう【不凍港】［名］冬、海面が凍る地域にありながら暖流の影響などで凍結しない港。

ふーとうこう【不登校】［名］児童・生徒が心理的な理由などから登校しないこと。▼これまでの「登校拒否」に替わって用いられる。

ふとうーごう【不等号】［名］二つの数・式の間の大小関係を表す記号。＞、＜、≧、≦など。

ふーどうさん【不動産】［名］土地と、その定着物である建物など。⬍動産

ふとうーしき【不等式】［名］不等号を使って表した式。⬍等式 ▼AがBより大ならば$A>B$、AがB以下ならば$A \leqq B$のように表す。

ぶどうーしゅ【▼葡▼萄酒】［名］ブドウの果実または果汁をアルコール発酵させてつくった醸造酒。ふつう白ぶどう酒・赤ぶどう酒・ロゼ（薄紅）に大別される。ワイン。

ふどうーそん【不動尊】［名］不動明王。

ふーどうたい【不導体】［名］熱または電気が伝わりにくい物体。絶縁体。不良導体。⬍導体

ぶどうーとう【▼葡▼萄糖】［名］単糖類の一つ。でんぷん・グリコーゲンの加水分解によって得られる白色の結晶で、水によく溶ける。ブドウなどの果実や蜂蜜の中に分布し、人間の血液中にも含まれる。デキストロース。Dグルコース。

ふーどうとく【不道徳】［名・形動］道徳に反していること。‖「ーな行い」

ふどうーひょう【浮動票】［名］選挙で、支持する政党や候補者が一定していない有権者の票。

ふどうーみょうおう【不動明王】［名］五大明王の主尊。悪魔・煩悩を降伏し、仏道を守護する。その像は右手に利剣、左手に羂索を持って大火焔の中に座し、すさまじい憤怒の形相を現す。不動尊。不動。

ふーとうめい【不透明】［名・形動］❶すきとおっていないこと。❷実情や成り行きがはっきり見通せないこと。‖「交渉の先行きはーだ」派生 ーさ

ふとうーろうどうこうい【不当労働行為】［名］使用者が労働者の団結権・団体交渉権・争議権や労働組合の自主性を侵害する行為。

ふどーき【風土記】［名］❶七一三（和銅六）年、元明天皇の詔によって諸国で編纂された地誌。その国の地名の由来や産物・地形・古伝説などを記す。▼出雲（完本）・常陸・播磨・豊後・肥前のものが現存。❷地方別に、その地の風土・風俗・産物・伝説などを記した書物。

ふーとく【不徳】［名］❶徳が足りないこと。❷人の道にそむくこと。不道徳。‖「ーの輩」

◉**不徳の致すところ** 自分の身に徳が備わっていないためだとして、自分がかかわる失敗や不都合をわびることば。‖「私のーでございます」

ふーとく【婦徳】［名］女性として守るべき道徳。

ぶーとく【武徳】［名］武士として守るべき徳義。

ふーとくい【不得意】［名・形動］得意でないこと。不得手。‖「ーな学科」

ふーとくぎ【不徳義】［名・形動］徳義にそむくこと。人として守るべき道に反すること。

ふーとくてい【不特定】［名・形動］特にこれと定まっていないこと。‖「ーの客」「ー多数の読者」

ふとくーようりょう【不得要領】［名・形動］要領を得ないこと。肝心な点があいまいで、よくわからないこと。‖「ーな答弁」

ふところ【懐】［名］❶衣服（特に和服）を着たとき、胸のあたりの内側の部分。❷まわりを山などで囲まれた奥深い所。‖「山のー」❸①に入れて持っている金。‖「買うかどうかはーと相談して決める」❹内部。内幕。‖「敵のーに飛び込む」❺心の中。胸中。‖「相手のーを見透かす」

◉**懐が温か・い** 所持金がたくさんある。書き方「懐が暖かい」とも書くが、「温かい」が標準的。

◉**懐が寂し・い** ⬇懐が寒い

◉**懐が寒・い** 所持金が少ない。懐が寂しい。

◉**懐が深・い** ❶心が広くて、包容力がある。‖「ー人物」❷相撲で、両腕と胸とでつくる空間が大きくて、容易にまわしを取らせない。

ふところーがたな【懐刀】［名］❶常に懐中に入れ

て持ち歩く護身用の小刀。懐剣(かいけん)。❷内密の相談などにあずかる腹心の部下。☰「社長の―」

ふところ‐がみ【懐紙】［名］たたんで懐に入れておく紙。畳紙(たとう)がみ。かいし。

ふところ‐で【懐手】［名］❶和服を着たとき、腕を袖(そで)に通さないで懐に入れていること。❷人にまかせて、自分では何もしないこと。☰「―をして見て見ぬふりをする」

ふと‐ざお【太▼棹】［名］三味線の種類の一つ。棹が太く、胴も大きいもの。義太夫節などに用いる。

ふと‐じ【太字】［名］線の太い文字。☰「―用のペン」⬍細字

ふと‐した［連体］思いがけない。ちょっとした。☰「―風邪がもとで寝込む」「―拍子に出生の秘密を知る」

ふとっ‐た【太った(▽肥った)】［連体］体全体に肉のついた。こえた。☰「―人」「まるまると―赤ん坊」

ふとっ‐ちょ【太っちょ】［名］太っていること。また、太っている人をからかい気味にいう語。でぶ。ふとっちょう。

ふとっ‐ぱら【太っ腹】［名・形動］度量の大きいこと。豪胆で、些事にこだわらないこと。また、そのような人。☰「―な人」「―の編集長」

ふ‐とどき【不届き】［名・形動］❶配慮・注意が行き届かないこと。☰「―をわびる」❷道理やおきてにそむいた行いをすること。☰「―千万(せんばん)な話」「―者」

ふと‐ばし【太箸】［名］新年の雑煮を食べるときに使う白木のはし。折れるのを忌んで太く丸く作る。

ふと‐まき【太巻き】［名］太く巻くこと。また、太く巻いたもの。のり巻きなどにいう。☰「―ずし」

ぶ‐どまり【歩留まり(歩止まり)】［名］❶加工品で、使用原料に対する製品の出来高の比率。☰「製品の―が悪い」❷穀類・野菜類・魚類などで、全体に対して食用となる部分の比率。◈書き方 公用文では「歩留り」。

ふと‐め【太め(太目)】［名・形動］普通よりやや太いこと。☰「―に打った麺(めん)」「―のズボン」⬍細め

ふと‐もの【太物】［名］❶綿織物・麻織物など、太い糸で織った織物。絹織物に対していう。❷衣服用の布地。反物。

ふと‐もも【太▽股・太▼腿】［名］ももの、足のつけ根に近い太い部分。また単に、もも。

ふとり‐じし【太り▽肉】［名］肉づきのよいこと。太っていること。

ふと・る【太る】［自五］❶体に肉や脂肪がついて太くなる。こえる。☰「近ごろずいぶん―・ってきた」「まるまると―・った赤ん坊」⬍やせる 書き方「▽肥る」とも。❷財産などがふえる。☰「株の売買で企業が―」可能 太れる

ふ‐とん【布団(▼蒲団)】［名］布地を袋状に縫い合わせ、中に綿・羽毛などを入れた寝具。☰「―を敷く」「掛け―(ぶとん)」▼「蒲」「団」は唐音。もと蒲(がま)の葉で編んだ円座の意。「布」は「蒲」の当て字。

ふな【▼鮒】［名］湖沼・河川に分布するコイ科フナ属の淡水魚の総称。コイに似るが、口ひげがない。釣りの対象とし、食用にもする。キンブナ・ギンブナ・ゲンゴロウブナなど。

ふな【船・舟】(造)ふね。☰「―旅・―乗り」▼名詞・動詞の上に付いて複合語を作る。

ぶな【▼橅・〈山毛▼欅〉】［名］五月ごろ黄色い小花を開き、秋、柔らかなとげのある殻に包まれた実をつけるブナ科の落葉高木。葉は卵形で、縁に鋸歯(きょし)がある。材は建築・器具・パルプ用。シロブナ。ブナノキ。

ふな‐あし【船足(船脚)】［名］❶船が進むこと。また、その速さ。☰「―が速い」❷船体の水中に沈んでいる部分。また、その深さ。喫水。☰「―が浅い」

ふな‐あそび【船遊び・舟遊び】［名］船に乗って水上で楽しむこと。船逍遥(ふなしょうよう)。

ふ‐ない【府内】［名］❶府の区域内または管轄内。☰「京都―」❷江戸時代、町奉行の支配下にあった江戸の市域。御府内(ごふない)。

ぶ‐ない【部内】［名］官公庁・会社などの部の内部。また、その組織・機構などの内部。☰「―会議」⬍部外

ふな‐いくさ【船▽軍】［名］❶船に乗って海上で戦うこと。海戦。❷兵船で編成した軍隊。水軍。

ふな‐いた【船板】［名］❶木造船を建造するのに用いる板材。☰「―塀(べい)(＝古い船板で作った塀)」❷木造船などの船底に敷く板。船中のあげ板。

ふな‐うた【舟歌・舟唄・船歌】［名］船方が船を漕(こ)ぎながらうたう歌。

ふ‐なか【不仲】［名・形動］仲がよくないこと。☰「兄弟が―になる」

ふな‐がかり【船掛かり・船▼繋かり】［名・自サ変］船をつなぎとめること。また、その場所。

ふな‐かた【船方】［名］船乗り。船頭。

ふな‐ぐ【船具】［名］船の用具。帆・艪(ろ)・舵(かじ)・錨(いかり)・綱など。せんぐ。

ふな‐ぐら【船倉(船蔵)】［名］❶船を格納する建物。船小屋。❷船の、貨物を積み込んでおく区画。上甲板の下方に設ける。船倉(せんそう)。

ふな‐じ【船路】［名］❶船が航行する道すじ。航路。❷船で行く旅。船旅(ふなたび)。☰「―を楽しむ」

ふな‐ずし【▼鮒▼鮨・▼鮒▽寿司・▼鮒▼鮓】［名］塩漬けにした鮒を、飯と交互に重ねて漬け込み、重石(おもし)をして乳酸発酵させた熟(な)れ鮨(ずし)。琵琶湖(びわこ)の名産。

ふな‐ぞこ【船底】［名］❶船の底。せんてい。❷船の底のように側面が弓形に湾曲している形。☰「―天井」

ふな‐だいく【船大工】［名］和船を建造する大工。

ふな‐だな【船棚】［名］和船のふなべりに取り付けた踏み板。ここで船頭が艪(ろ)や櫂(かい)を操る。

ふな‐たび【船旅】［名］船に乗ってする旅行。

ふな‐だま【船霊(船▽魂)】［名］航海の安全を祈って船中にまつる守護神。

ふな‐ちん【船賃】［名］船に乗るときや、船で荷物を運ぶときに支払う料金。また、船を雇うときに支払う料金。

ふな‐つき【船着き】［名］船が停泊・発着する所。船着き場。

ふな‐づみ【船積み】［名・他サ変］船に荷物を積みこむこと。☰「鉄材を―する」「―港」

ふな‐で【船出】［名・自サ変］船が港を出ること。出航。出帆。☰「横浜を―する」「大海原に/へ―する」

ふな‐どこ【船床】［名］和船の床。また、そこに敷くすのこ。

ふな‐どめ【船止め(船留め)】［名・自サ変］船出や船の往来を禁ずること。☰「時化(しけ)で―になる」

ふな‐に【船荷】［名］船に乗せて運送する荷物。

ふな‐ぬし【船主】［名］船の所有者。せんしゅ。

ふな‐のり【船乗り】［名］船に乗り込んで船の仕事

をする人。船方。船員。

ふな-ばし【船橋】［名］船を横に並べてつなぎ、その上に板を渡して橋としたもの。浮き橋。ふなはし。せんきょう。

ふな-ばた【船端（▽舷）】［名］船のへり。ふなべり。

ふな-びと【船人・舟人】［名］❶船頭。船方。❷船に乗っている人。船客。

ふな-びん【船便】［名］❶人や物の輸送に船を利用できること。船の便。せんびん。❷船で郵便物・荷物などを送ること。また、その郵便物・荷物など。

ふな-べり【船▽縁】［名］船のへり。ふなばた。

ふな-まち【船待ち】［名］船の来るのを待つこと。また、船が出るのを待つこと。‖「—の乗客」

ふな-むし【船虫】［名］海岸の岩間などに群生する、甲殻綱等脚目の節足動物。体長四センチメートル前後。長卵形の体はかたい甲でおおわれ、第二触角とひげ状の尾が長い。胸脚がよく発達し、すばやく走る。

ふな-やど【船宿】［名］❶船遊びや魚釣りの船を仕立てる家。また、釣り人などを宿泊させる家。❷船による運送を業とする家。

ふな-よい【船酔い】ヒヨ［名・自サ変］船の揺れによって気分が悪くなること。

ふ-なれ【不慣れ（不▼馴れ）】［名・形動］なれていないこと。‖「—な仕事」「—な手つきで包装する」派生—さ

ふな-わたし【船渡し】［名］❶船で人や荷物を対岸に渡すこと。また、そのための場所。渡し場。❷売買契約で、指定の船に商品を積み込む時点まで、売り主が一切の責任と費用をもつ商取引。本船渡し。

ぶ-なん【無難】［名・形動］❶さしてすぐれてもいないが悪くもないこと。‖「—な演技」❷危険のないこと。災難のないこと。‖「彼には近づかない方が—だ」

ふ-にあい【不似合い】アヒ［名・形動］似合わないこと。ふさわしくないこと。‖「和室には—な家具」

ふ-にく【腐肉】［名］くさった肉。

ぷに-ぷに［副ト・形動］柔らかく張りのあるさま。‖「—としたほっぺた［肉球］」

ふにゃ-ふにゃ［副ト・形動］❶［三］やわらかくて弾力や張りがないさま。‖「—したゴムまり」「ぬれて—になった紙」❷頼りないさま。‖「—（と）した男」

ふ-にょい【不如意】［名・形動］思いどおりにならないこと。特に、金回りが思うようにならないこと。‖「—な暮らし」「手元—」

ふ-にん【不妊】［名］妊娠しないこと。また、妊娠できないこと。‖「—症」

ふ-にん【赴任】［名・自サ変］任地におもむくこと。‖「タイ［隣町の小学校］に／へ—する」「単身—」

ぶ-にん【無人】［名・形動］人数（時に、人手）が足りないこと。

ふ-にんき【不人気】［名・形動］人気がないこと。‖「新製品は—だった」

ふ-にんじょう【不人情】ジャウ［名・形動］人情に欠けていること。人を思いやる気持ちがないこと。‖「—な仕打ち」

ふ-ぬけ【▼腑抜け】［名・形動］積極的に事に当たろうとする気力がないこと。意気地のないこと。また、そのような人。腰抜け。

ふね【船・舟】［名］❶人や荷物を乗せて水上を走る乗り物。船舶。書き分け【舟】は主に小型のふねに使う。「舟を漕ぐ・小舟・丸木舟」など。【船】は大型のふねのほか、小型のふねや手動式のふねに使う。「船を出す・船旅・船乗り」など、ふねに関する語に広く使う。「釣り舟／釣り船」など、小型／大型で使い分けるものもある。数「一杯（いっぱい）…」「一艘（いっそう）…」「一隻（いっせき）…」などと数える。❷水・酒などを入れる箱型の入れ物。‖「湯—」書き方「▽槽」とも。❸刺身などを盛る底の浅い容器。

◉舟を漕（こ）ぐ（舟をこぐ姿のように）居眠りをして、からだを前後にゆする。‖「授業中に—」

ふ-ねっしん【不熱心】［名・形動］熱心でないこと。‖「商売に—な人」

ふ-ねん【不燃】［名］燃えないこと。また、燃えにくいこと。‖「—物・—性」⇔可燃

ふ-のう【不納】ナフ［名］納めるべきものを納めないこと。

ふ-のう【不能】［名・形動］❶できないこと。不可能。‖「運行［再起］—」❷才能・能力がないこと。無能。❸性的能力のないこと。インポテンツ。

ふ-のう【富農】［名］裕福な農家。⇔貧農

ふ-のり【布〈海▼苔〉】［名］❶潮間帯の岩礁に群生するフノリ科の紅藻の総称。藻体は円柱状で、不規則に枝分かれする。ハナフノリ・フクロフノリ・マフノリなど。❷①を煮て板状に干し固めたもの。また、それを煮とかした糊（のり）。絹布の洗い張りなどに用いる。

ふ-はい【不敗】［名］負けないこと。また、負けたことがないこと。‖「—を誇るチーム」

ふ-はい【腐敗】［名・自サ変］❶有機物が微生物の作用で分解されて有毒物質を生じ、また悪臭のある気体を発生すること。くさること。‖「肉が—する」❷精神が堕落して、道義がすたれること。‖「人心が—する」「政治の—」

ふ-ばい【不買】［名］買わないこと。‖「—運動」「—同盟（＝ボイコット）」

ふ-はく【布▼帛】［名］麻・木綿などの布と絹布。また、織物。

ふ-はく【浮薄】［名・形動］人情・行動・風俗などがうわついていて、しっかりしていないこと。‖「軽佻（けいちょう）—」

ふ-ばこ【▽文箱】［名］❶書状・書類などを入れておく手箱。❷書状を入れて送り届ける細長い箱。◈「ふみばこ」の転。

ふ-はつ【不発】［名］❶弾丸が発射しないこと。また、爆薬が爆発しないこと。‖「—弾」❷予定された行動が実行されずに終わること。‖「二四時間ストが—に終わる」

ふ-ばつ【不抜】［名・形動］意志がかたくてゆるがないこと。‖「—の志」「堅忍（けんにん）—の精神」

ふ-ばらい【不払い】バラヒ［名］支払うべき金銭を支払わないこと。‖「賃金の—」書き方 公用文では「不払」。

ぶ-ば・る【武張る】［自五］武人のように強く勇ましそうなようすをする。また、堅苦しくふるまう。‖「—・った挨拶をする」

ふ-び【不備】［名・形動］❶必要なものが十分に備わっていないこと。‖「書類に—がある」「—な点がありましたらご指摘下さい」⇔完備 ❷文言が整わない意で、手紙文の終わりに書き添える語。不一。不尽。

ぶ-び【武備】［名］戦争のための備え。軍備。

ぶ-びき【分引き（歩引き）】［名・他サ変］幾分か割り引くこと。

ふ‐ひつよう【不必要】ーヒツエウ［名・形動］必要がないこと。「味に—なこだわりを見せる」「—に大衆の不安をあおる」「—(=不要)な品は買わない」 使い方 かえってないほうがよいといった気持ちでいう。 派生 ‐さ

ふ‐ひょう【不評】ーヒャウ［名］評判がよくないこと。評価が低いこと。不評判。「—を買う」⇔好評

ふ‐ひょう【付表(附表)】ーヘウ［名］本文・本表などに付けてある表。

ふ‐ひょう【付票(附票)】ーヘウ［名］荷物などに付ける札。つけ札。

ふ‐ひょう【浮氷】［名］水上に浮いている氷塊。また、流氷。

ふ‐ひょう【浮標】ーヘウ［名］❶航路の目印や係船のために水面に浮かべておく構造物。ブイ。❷漁網などに付ける浮き。

ふ‐ひょう【譜表】ーヘウ［名］音楽で、音符を記入するために等間隔の平行線を数本引いたもの。通常は五線を用いる。五線譜表。

ふ‐びょうどう【不平等】ービャウドウ［名・形動］平等でないこと。「—な決まり」「—の社会」「—条約」

ふ‐びん【不敏】［名・形動］❶機敏でないこと。❷頭の働きが鈍いこと。才知・才能に乏しいこと。「すべて私の—の致すところです」▽多く自分のことを謙遜(けんそん)して使う。

ふ‐びん【不▼憫・不▼愍】［名・形動］かわいそうなこと。あわれむべきこと。「親をなくした子を—に思う」 派生 ‐げ／‐さ／‐がる

ぶ‐ひん【部品】［名］器具・機械などの一部となるもの。部分品。「自動車の—」

ふ‐ひんこう【不品行】ーヒンカウ［名・形動］品行がよくないこと。身持ちが悪いこと。

ぶ‐ふうりゅう【無風流(不風流)】ーフウリウ［名・形動］風流でないこと。風流を解さないこと。野暮。「—な人」

ふぶき【《吹雪》】［名］強い風に吹かれて雪が激しく乱れ飛びながら降ること。また、その雪。「猛—」▽風に吹かれて乱れ舞うもののたとえにもいう。「花—・紙—」

ふ‐ふく【不服】［名・形動］納得できなくて不満に思うこと。「—を申し立てる」「—の声を上げる」「—な表情」「—そうな顔をする」 派生 ‐げ

ふぶ‐く【▽吹▽雪く】［自五］激しい風が吹く。特に、激しい風に吹かれて雪が乱れ飛びながら降る。 名 ふぶき

ふ‐ふふ［感］口を開かずに軽く笑う声を表す語。

ふ‐ぶん【不文】［名］❶文字・文章に書き表していないこと。❷文字を知らないこと。学問がないこと。「—を恥じる」❸文章がへたなこと。また、へたな文章。拙文。❹文明が開けていないこと。

ぶ‐ぶん【部分】［名］全体の中に位置を占めて、それを成立させる要素となるもの。「土地を四つの—に分ける」「重要な—を書き写す」「彼とは考えが一致する—もある」⇔全体 使い方 「部分」は構成要素(の場所)に、「一部」は全体との関係の数量に注目していう。 注意 「ところ」などに代えて、「学問を軽んじていた部分があった」「仕事を離れた部分で違和感があった」などというのは、新しい使い方。

ぶぶん‐しょく【部分食(部分▼蝕)】［名］日食・月食で、太陽や月の一部分だけが欠けて見えること。また、その現象。⇔皆既食 書き方 「部分食」は代用表記。

ぶぶん‐てき【部分的】［形動］物事が全体のうち、その一部分だけにかかわるさま。「—な訂正」「—賛成」⇔全面的・全体的

ふぶん‐ほう【不文法】ーハフ［名］判例法・慣習法など、明確に文章で定められていない法。不文律。⇔成文法

ふぶん‐めい【不分明】［形動］はっきりしないさま。明らかでないさま。ふぶんみょう。「—な回答」

ふぶん‐りつ【不文律】［名］❶不文法。⇔成文律 ❷互いに了解し合い、暗黙のうちに守られているきまり。

ふ‐へい【不平】［名・形動］満足できなくて不愉快に思うこと。また、その思いを述べることば。「小遣いが少ないと—を言う」「—たらたら」「—不満」

ぶ‐べつ【侮蔑】［名・他サ変］相手を見下してさげすむこと。ばかにすること。軽蔑。「初心者を—する」「—的な言辞を弄(ろう)する」

ふ‐へん【不変】［名・形動］変わらないこと。変化しないこと。「—の真理」「永久—」⇔可変

ふ‐へん【不偏】［名・形動］かたよらないこと。公正であること。「—の立場を貫く」「—不党」

ふ‐へん【普遍】［名］❶広く行きわたること。また、すべてのものにあてはまること。「—の原理」「—性」⇔特殊 ❷哲学で、宇宙・世界の全体にかかわっていること。また、特殊・個物に対して、ある部類に属するすべての事物に共通する性質。

ふ‐べん【不便】［名・形動］何かをするのに都合が悪いこと。便利でないこと。「交通が—な場所」「—な道具」⇔便利 派生 ‐さ／‐がる

ぶ‐へん【武辺】［名］武術・武道に関する事柄。

ぶ‐べん【武弁】［名］武士。武官。▽「弁」はかんむりの意。「辯」「辨」「瓣」「辦」「辮」とは、本来別字。

ふ‐べんきょう【不勉強】ーベンキャウ［名・形動］勉強が足りないこと。「他社製品には疎(うと)い—な販売員」 派生 ‐さ

ふへん‐しほん【不変資本】［名］投下される資本のうち、原材料・機械などの生産手段に支出される部分。⇔可変資本

ふへん‐だとうせい【普遍妥当性】ーダタウセイ［名］真理あるいは倫理的・美的価値などにそなわる、すべての対象について、いかなる場合でも普遍的に承認されるべき性質。妥当性。

ふへん‐てき【普遍的】［形動］広く行きわたるさま。また、すべてのものにあてはまるさま。「—な価値」

ふへん‐ふとう【不偏不党】ータウ［名］いずれの党派・主義にもかたよらず、自由・公正な立場をとること。

ふ‐ぼ【父母】［名］ちちと、はは。ちちはは。両親。

ふ‐ほう【不法】ーハフ［名・形動］❶法律・規則などに違反していること。「広場を—に占拠する」「—侵入」「—就労者」❷人の道にはずれること。無法。「—な言いがかりをつける」

ふ‐ほう【訃報】［名］人が死去したという知らせ。訃音(ふいん)。「—に接する」

ふ‐ぼく【浮木】［名］水に浮かび漂っている木。うきぎ。

ふ‐ぼん【不▽犯】［名］僧が戒律を犯さないこと。特に、邪淫戒(じゃいんかい)を守って異性と交わらないこと。

ふ‐ほんい【不本意】［名・形動］自分の本当の気持ちとは異なること。「—な結果に終わる」「—ながら承諾する」

ふ‐ま【不磨】［名］すり減らないこと。永久に残ること。

不朽。‖「—の大典(=大日本帝国憲法の発布勅語で用いた語)」

ふまえ-どころ【踏まえ所】[名] ❶足で踏んで立つ所。踏み所。❷よりどころ。頼りにするところ。

ふま・える【踏まえる】[他下一] ❶力を入れてしっかりと踏みつける。‖「両足で大地を—えて立つ」❷ある物事を判断や考え方のよりどころにする。根拠とする。‖「調査結果を—えて報告書をまとめる」「古典を—えて詩を作る」使い方「—えて(…する)」の形が多い。文ふま・ふ

ふ-まじめ【不《真面目》】[名・形動] まじめでないこと。‖「—な態度」派生-さ

ふ-まん【不満】[名・形動] もの足りなく思って、満足しないこと。また、その気持ち。‖「—を抱く」「—な顔をする」「—の色を見せる」「欲求—」派生-げ

ふ-まんぞく【不満足】[名・形動] 満足しないこと。不満。‖「—な出来」

ふみ【文(▽書)】[名] ❶文字を書き記したもの。文書。書物。❷手紙。書状。‖「—を通わす」❸学問。特に、漢学。❹漢詩。

ふ-み【不味】[名・形動] 味がよくないこと。

ふみ-あら・す【踏み荒らす】[他五] 足で踏みつけてめちゃめちゃにする。‖「畑を—」

ふみ-いし【踏み石】[名] ❶履物を脱ぐために玄関や縁側の上がり口に置く平らな石。沓脱ぎ石。❷日本庭園などで、伝い歩くために少しずつ間を離して並べた平らな石。飛び石。

ふみ-いた【踏み板】[名] ❶その上を踏んで渡るために、溝・ぬかるみなどに掛け渡した板。❷リードオルガンの、左右の足で踏んで空気を送るための板。

ふみ-い・れる【踏み入れる】[他下一] 足を踏み出してある場所に入る。‖「部屋[泥沼]に足を—」文ふみい・る

ふみ-うす【踏み臼】[名] 唐臼。

ふみ-え【踏み絵】[名] 江戸時代、禁制のキリスト教徒を摘発するために、キリストやマリアの像を彫った銅板・木板を人々に踏ませたこと。また、その像。絵踏み。▼人の思想・主義などを強制的に調べる手段のたとえにもいう。

ふみ-がら【文殻】[名] 読み終えて不要になった手紙。文反古。

ふみ-きり【踏み切り】[名] ❶鉄道線路と道路が同じ平面で交差している所。‖「—事故」書き方公用文では「踏切」。❷跳躍競技で、踏み切ること。また、その場所。‖「—が弱い」❸相撲で、踏み切ること。❹思い切って決断すること。ふんぎり。

ふみ-き・る【踏み切る】■[自五] ❶跳躍競技で、地面やジャンプ台を強くけって反動をつける。‖「左足で跳躍板を—」❷決断してある行動に移る。思い切って行う。‖「公表[値下げ]に—」❸相撲で、土俵の外に足を出す。土俵を割る。‖「力尽きて土俵を—」◈使い方①③は「跳躍板[土俵]から足を—」のように、他動詞としても使う。■[他五] 強く踏んだ勢いで切る。‖「鼻緒を—」名踏み切り

ふみ-こ・える【踏み越える】[自下一] ❶踏んで通り過ぎる。❷境界を越えて外へ出る。‖「越えてはならない一線を—」❸困難などを押しきって進む。‖「幾多の苦難を—」文ふみこ・ゆ

ふみ-こた・える【踏み▽堪える】[自下一] 足をふんばってこらえる。また、我慢してこらえる。‖「土俵際で—」「倒産の危機を—」文ふみこた・ふ

ふみ-こみ【踏み込み】[名] ❶足を踏み出すこと。特に相撲で、立ち上がった瞬間にすばやく足を踏み出すこと。❷玄関などで、履物を脱いでおく所。

ふみ-こ・む【踏み込む】[自五] ❶足を踏み出す。‖「一歩—んで面を打つ」❷踏んだ足が中に落ち込む。‖「ぬかるみに—」❸ある場所や建物に予告なく、また強引に入り込む。‖「警官が賭場に—」❹ある状態に入り込む。‖「悪の道に—」❺物事の奥深くまで考えを及ぼす。‖「もう一歩—んだ分析がほしい」名踏み込み

ふみ-しだ・く【踏み▽拉く】[他五] 踏んでめちゃめちゃにする。踏み荒らす。踏みにじる。‖「草花を—」

ふみ-し・める【踏み締める】[他下一] ❶力を入れてしっかりと踏む。‖「大地を—」❷踏んでかためる。踏みかためる。‖「雪を—めて道をつける」文ふみし・む

ふみ-だい【踏み台】[名] ❶高い所に上るとき、また高い所の物を取るときに足場とする台。足つぎ。踏みつぎ。❷ある目的のための足がかりとして利用するもの。‖「友人を出世の—にする」

ふみ-たお・す【踏み倒す】[他五] ❶踏みつけて倒す。❷代金や借金を支払わないままにしてしまう。‖「勘定を—」

ふみ-だ・す【踏み出す】[他五] ❶片足を前に出して地を踏む。‖「左足が土俵を—」❷境界から外へ足を出す。‖「一歩—」❸新しい仕事や活動を始める。‖「第二の人生の第一歩を—」

ふみ-だん【踏み段】[名] はしご・階段などの、踏んで上り降りする段。

ふみ-づかい【文使い】[名]〔古風〕手紙を相手に届ける使い。ふみつかい。

ふみ-づき【文月】[名] 陰暦七月の別称。ふづき。▼太陽暦の七月にもいう。

ふみ-づくえ【文机】[名] ⬇ふづくえ

ふみ-つ・ける【踏みつける(踏み付ける)】[他下一] ❶踏んで押さえつける。強く踏む。‖「雑踏の中で足を—けられる」❷人の体面や気持ちをないがしろにする。‖「人を—けた仕打ち」文ふみつ・く名踏みつけ

ふみ-つぶ・す【踏み潰す】[他五] ❶踏みつけて潰す。❷人の体面・名誉などを傷つける。‖「面目を—される」

ふみ-とどま・る【踏み▽止まる・踏み▽留まる】[自五] ❶足をふんばってその場にとどまる。‖「崖っぷちで—」❷他の人が去ったあとまで、その場に残る。‖「現地に—って後始末をする」❸そうしようと思ったことをがまんしてやめる。思いとどまる。‖「辞表を出そうとして—」

ふみ-なら・す【踏み▽均す】[他五] 踏んで平らにする。‖「グラウンドを—」

ふみ-なら・す【踏み鳴らす】[他五] 激しく踏んで音を立てる。‖「床を—して踊る」

ふみ-にじ・る【踏み▼躙る】[他五] ❶踏みつけてめちゃめちゃにつぶす。踏み荒らす。‖「花壇の花を—」❷人の気持ち・体面・名誉などをひどく傷つける。‖「人の好意を—」

ふみ-ぬ・く【踏み抜く】[他五] ❶踏みつけて穴をあける。‖「床を—」❷とがった物を踏んで足の裏に突き

刺す。‖「釘を―」

ふみ-ば【踏み場】［名］足を踏み入れる場所。踏み所。‖「散らかっていて足の―もない」

ふみ-はず・す【踏み外す】ーハヅス［他五］❶踏む場所をまちがえる。踏みそこなう。‖「階段を―・して転落する」❷正道・常道からはずれた行いをする。‖「人の道を―」❸順当な進路からはずれる。‖「出世コースを―」

ふ-みもち【不身持ち】［名・形動］酒色におぼれるなど、行いがよくないこと。不品行。

ふみ-わ・ける【踏み分ける】［他下一］踏んで分け入る。踏んで道をつける。‖「藪(やぶ)を―・けて進む」文ふみわ・く

ふ-みん【不眠】［名］眠らないこと。また、眠れないこと。‖「毎夜の―に苦しむ」

ふ-みん【府民】［名］地方公共団体である府の住民。‖「京都―」

ふみん-しょう【不眠症】ーシャウ［名］よく眠れない状態が続くこと。精神疾患・身体疾患などのほか、環境の変化によっても起こる。不眠障害。インソムニア。

ふみん-ふきゅう【不眠不休】キウ［名］眠ったり休んだりしないこと。‖「―で工事を続ける」

ふ・む【踏む】［他五］❶足を床・地面などにつける。足をおろす。また、足をおろして前に進む。踏みしめる。‖「大地を―・んですっくと立つ」「石畳を―・んで玄関に至る」❷〈「足を踏む」の形で〉自分の足を上下に動かす。足を使う。‖「足を―・んでミシンを動かす」❸体重をかけて足で上から押さえつける。また、押さえつけた足を上下に動かす。〈意図的な動作にもそうでないものにもいう〉‖「箱を―・んでつぶす」「ガムを―」「雑踏で足を―・まれる」「自転車のペダルを―」「ブレーキを―」 使い方「ミシン［唐臼(からうす)］を―」のように、〈道具〉をとる言い方もある。踏んでそれを操作する意。❹「踏む」①ことによって、足で行う動作を作り出す。‖「四股(しこ)を―・んで足腰を鍛える」「ステップを―」▼〜ヲに〈結果〉をとる。❺〈「〜足を踏む」の形で〉足を使ってある一定の動作や状態を作り出す。‖「無駄足を―」「二の足を―(=ためらう)」▼〜ヲに〈結果〉をとる。❻実際にその場に行って立つ。また、その場所を訪れる。‖「故郷の地を―」「チョモランマの山頂を―」❼物事を実際に行う。経験する。‖「一五歳で晴れの舞台を―」「これまで多くの修羅場(しゅらば)を―・んできた」▼〜ヲに〈結果〉をとる。その場を「踏む」⑥ことによってある行為を作り出す意。❽一定の順序に従って行う。‖「正しい手順を―・んで申し込む」「正規の手続きを―」❾人の道などを守り行う。ふみ行う。‖「天下の正道を―」「人の道を―」❿見当をつける。評価する。また、値ぶみをする。‖「実現は難しいと―」「どう―・んでも一万円はしない」⓫〔古風〕地位などにつく。‖「帝位を―」⓬⬇韻(いん)を踏む
◈ 書き分け ふみ行く・ふみ行う意で「▽履む」〈場数［轍(てつ)］を履む〉、実践する意で「▽践む」〈手順［人の道］を践む〉とも書くが、一般には【踏】を使う。 可能 踏める

ふ-むき【不向き】［名・形動］ふさわしくないこと。適さないこと。‖「商売には―な場所」「人には向き―がある」

ふ-めい【不明】［名・形動］❶明らかでないこと。はっきりしないこと。‖「―な点を調べ直す」「原因―の事故」「意識［行方］―」❷道理にくらいこと。物事を見抜く力がないこと。‖「すべて私の―の致すところです」

ぶ-めい【武名】［名］武人としての名声。武勇のほまれ。‖「―をあげる」

ふ-めいよ【不名誉】［名・形動］名誉を傷つけること。不面目。‖「学校にとって―な事件」「一五連敗という―な記録」

ふめい-りょう【不明瞭】ーレウ［名・形動］はっきりしないこと。あいまいなこと。‖「会の方針が―だ」「―な発音」

ふめい-ろう【不明朗】ーラウ［名・形動］❶明るくほがらかでないこと。❷偽りやごまかしがあって公正を欠くこと。‖「―な会計」

ふ-めつ【不滅】［名］ほろびないこと。永久になくならないこと。‖「歴史に―の名を残す」「霊魂の―を信じる」

ふ-めん【譜面】［名］楽譜の書き記された紙面。また、楽譜。

ぶ-めん【部面】［名］物事をいくつかに分けたうちの一方面。

ふ-めんぼく【不面目】［名・形動］面目を失うこと。不名誉。ふめんもく。‖「―な失態を演じる」

ふ-もう【不毛】［名・形動］土地がやせていて、また気候が寒すぎて、草木や作物が育たないこと。‖「―の地」▼何一つ実りのないことのたとえにもいう。‖「―な議論に終わる」

ふ-もと【麓】［名］山の下の方の部分。山のすそ。山麓(さんろく)。

麓
［ことば比べ］「麓(ふもと)」と「裾(すそ)」と「袂(たもと)」
▼「麓」は「山麓」という語があるように「山」との直接的な繋がりが強い。
「麓から少し登ると茶屋がある」
▼「裾」は「裾野」という語があるように山の下から緩やかに広がった平地を指す。
「山の裾に向かって野原が広がる」
▼「袂」は山の想起が必然であるわけではなく、あたり、そばを表す。例えば「橋の袂」などとも言える。
「山の袂に沿ってドライブする」

ふ-もん【不問】［名］あえて問いたださないこと。問題にしないこと。‖「情状を酌量して―に付す」

ぶ-もん【武門】［名］武士の家柄。武家。‖「―の出」

ぶ-もん【部門】［名］全体をいくつかに分けた、それぞれの部分。‖「販売―を拡充する」「合唱―で優勝する」

ぶ-やく【▽夫役・▽賦役】［名］昔、領主などが人民を徴発して労役を課したこと。ぶえき。ふやく。

ふや・ける［自下一］❶水などにひたって柔らかくふくれる。‖「豆が―」❷気持ちがゆるんでだらける。‖「―・けた了見」文ふや・く

ふや-じょう【不夜城】ージャウ［名］灯火が明るく輝いて夜でも昼のように明るい場所。特に、夜の歓楽街。

ふや・す【増やす・殖やす】［他五］❶【増】ものの数量を多くする。増加させる。‖「生徒の数［生産量］を―」 使い方「〜を増す」と似るが、「長さ［強度・感興］を増す」など程度を表す場合は「ふやす」は使いにくい。❷【殖・増】利殖によって財産を多くする。また、繁殖によって生物の数を多くする。‖「財産［家畜］を―」

◈⬍減らす 書き分け ⬇ふえる 可能 ふやせる

ふゆ【冬】［名］四季の一つ。秋と春の間の季節で、陽暦では十二月から二月まで、陰暦では十月から十二月まで。次第に昼が短く、夜が長くなるとともに、寒くなって氷が張ったり雪が降ったりする。暦の上では立冬から立春の前日まで、天文学では冬至から春分までをいう。

「冬」のイメージと表現

①寒く厳しい季節。(底冷えのする［身を切るような］寒さが続きます・木枯らし［空っ風／北風］が吹く・霜柱が立つ・小雪がちらつく・粉雪が舞う・氷が張る・軒下につららが下がる・路面が凍結する・水道管が破裂する・冬将軍が猛威をふるう・雪かきに明け暮れる・吐く息が白い・夜気［寒気・冷気・霜気］凛々(りんりん)・寒気凛冽(かんきりんれつ))

②暖をとる季節。(ストーブ［暖房］が恋しい季節になりました・コート［襟巻き・手袋］なしではいられない季節の到来です)

③活動の停滞する季節。(冬の時代・冬枯れ・冬ごもり・冬眠)

④春の到来を待ちわびる季節。(冬来たりなば春遠からじ)

＊陰陽五行説では、方角では「北」に、色では「黒」に見立てる。

ぶゆ【▾蚋】［名］ブユ科の昆虫の総称。ハエに似るが小さい。体は黒褐色または灰色で、透明な翅(はね)をもつ。雌は人畜から吸血し、刺されるとはれる。ブヨ。ブト。

ふ-ゆう【浮遊(浮▾游)】(ウイ)［名・自サ変］水面・水中・空中などに浮かんでただようこと。≡「空中に—する塵埃(じんあい)」「—機雷」

ふ-ゆう【富裕】［名・形動］多くの財産があって、生活が豊かなこと。≡「—な家庭」

ぶ-ゆう【武勇】［名］武術にすぐれて戦いに強いこと。≡「—の誉れが高い大将」

フュージョン［fusion］［名］ジャズがジャンルを異にするロック・ソウル・ポップス・ラテン・クラシックなどと融合して生まれた音楽。▽融合の意。

ぶゆう-でん【武勇伝】［名］武勇にすぐれた人物の話。また、勇ましい手柄話。▽腕力をふるった事件などを冷やかしてもいう。

ふ-ゆかい【不愉快】(ユクワイ)［名・形動］楽しくないこと。いやな気分になること。≡「—な思いをする」「—な話」 派生 -げ／-さ

ふゆ-がれ【冬枯れ】［名］❶冬になって草木が枯れること。また、その寂しい風景。❷冬、特に二月、商店などの客足が落ちて不景気になること。⬍夏枯れ

ふゆ-き【冬木】［名］❶冬になって葉の枯れ落ちた木。❷冬でも落葉しない木。常緑樹。ときわ木。

ふゆ-ぎ【冬着】［名］冬に着る衣服。冬服。

ふ-ゆきとどき【不行き届き】［名・形動］注意や配慮が十分に行き届かないこと。≡「監督—」

ふゆ-くさ【冬草】［名］❶冬になって枯れた草。枯れ草。❷冬にも枯れないで青々としている草。

ふゆ-げ【冬毛】［名］鳥獣の、冬にそなえて秋に抜けかわった柔らかい毛。

ふゆ-げしょう【冬化粧】(ーゲシャウ)［名・自サ変］雪が降り積もって辺りが白くなり、いかにも冬らしくなること。≡「—した山野」

ふゆ-ごもり【冬籠もり】［名・自サ変］❶冬の間、動物が巣の中や土の中に入ってじっとしていること。❷冬の間、寒さを避けて家の中にこもっていること。

ふゆ-さく【冬作】［名］冬の間に生育し、春から夏にかけて収穫する作物。麦・アブラナ・ソラマメなど。⬍夏作

ふゆ-ざれ【冬ざれ】［名］冬の、草木が枯れはてても のさびしいようす。また、そのような冬の季節。

ふゆ-しょうぐん【冬将軍】(ーシャウグン)［名］冬の厳しい寒さを擬人化していう語。また、寒さの厳しい冬。≡「—が到来する」▽モスクワに遠征したナポレオンが厳寒に敗れて退却した史実から。

ふゆ-ぞら【冬空】［名］冬の空。また、寒々とした冬の空模様。

ふゆ-どり【冬鳥】［名］秋に北方から渡来して越冬し、春になると去っていく渡り鳥。ハクチョウ・カモ・ガン・ツル・ツグミなど。

ふゆ-の-じだい【冬の時代】［名］ある活動や人気などの低調が続く時期。≡「業績が改善しはじめ、—の終わりが見えてきた」

ふゆ-ば【冬場】［名］冬のころ。冬の間。≡「—は客が少ない」

ふゆ-び【冬日】［名］❶冬の日ざし。ふゆひ。❷一日の最低気温がセ氏零度未満の日。

ふゆ-もの【冬物】［名］冬期に使う物。特に、冬に着る衣服。

ふゆ-やすみ【冬休み】［名］学校・会社などで、(正月をはさんで)冬の寒い期間に設ける休暇。冬期休暇。

ふゆ-やま【冬山】［名］❶冬枯れの山。また、雪におおわれた山。❷冬の登山の対象になる山。⬍夏山

ふ-よ【不予】［名］天皇・貴人の病気。不例。

ふ-よ【付与(附与)】［名・他サ変］さずけ与えること。≡「財産を—する」

ふ-よ【賦与】［名・他サ変］才能・資質などを分け与えること。≡「天から—された画才」

ぶよ【▾蚋】［名］⬇ぶゆ(蚋)

ふ-よう【不用】［名・形動］使われないこと。≡「—になった物を売り払う」「予算の—額」「—品」

ふ-よう【不要】(ーエウ)［名・形動］必要としないこと。いらないこと。≡「—な字句を削る」「弁当［会費・経験］—」「—不急」「—論」

ふ-よう【扶養】(ーヤウ)［名・他サ変］助け養うこと。生活の世話をすること。≡「—義務［手当］」

ふ-よう【▾芙▾蓉】［名］❶夏から秋、淡紅色または白色の五弁花を開くアオイ科の落葉低木。葉は手のひら状に三〜七裂する。暖地に自生し、観賞用にも栽培。❷ハスの花。

ふ-よう【浮揚】(ーヤウ)［名・自サ変］浮かびあがること。≡「軽気球［肉体］が—する」「—力」「景気—策」

ぶ-よう【舞踊】［名］音楽に合わせて手足や体を動かし、そのリズミカルな所作によって感情や意思を表現する芸能。おどり。まい。舞踏。ダンス。≡「日本—・民族—」

ふ-ようい【不用意】［名・形動］❶用意していないこと。準備ができていないこと。❷注意・配慮の足りないこと。うかつなこと。≡「—な言を吐く」「—に秘密をもらす」

ふ-ようじょう【不養生】(ーヤウジャウ)［名・形動］健康に気を配らないこと。≡「医者の—」

ぶ-ようじん【不用心】［名・形動］用心が足りないこ

と。また、そのために危険なこと。ふようじん。≡「留守がちで—な家」「大金を持ち歩くのは—だ」 書き方 「無用心」とも。

ふようど【腐葉土】 [名] 堆積した落ち葉が腐ってできた土。養分が多く、空気の流通や排水がよい。園芸に用いる。

ふよく【扶翼】 [名・他サ変] かばい助けること。扶助。

ぶよぶよ [副ト] 水気を含んで、やわらかいさま。≡「—(と)した腹」

ぷよぷよ [副ト・形動] やわらかくて弾力があるさま。≡「—したマシュマロ」「—のお腹」

プラーク [plaque] [名] 歯垢。

フライ [fly] [名] 野球で、打者が高く打ち上げた球。飛球。≡「キャッチャー—」

フライ [fry] [名] 魚介・肉・野菜などに小麦粉・溶き卵・パン粉をまぶして油で揚げたもの。≡「牡蠣—」

ぶらい【無頼】 [名・形動] 正業につかず無法な行いをすること。また、そのような人。≡「—の徒」

プライオリティー [priority] [名] 他よりも先に扱うこと。優先事項。優先権。≡「—シート」

ぶらいかん【無頼漢】 [名] 無頼な男。ならず者。ごろつき。

フライきゅう【フライ級】 [名] ボクシングの体重別階級の一つ。プロでは一〇八ポンド(約四八・九キログラム)以上、一一二ポンド(約五〇・八キログラム)まで。アマでは四九キログラム以上、五二キログラムまで。

プライス [price] [名] 価格。値段。

フライスばん【フライス盤】 [名] 円筒形の刃物(=フライス)を定位置で回転させ、送られてくる工作物を切削する工作機械。ミーリングマシン。ミーリング盤。

プライスレス [priceless] [名] 金では買えないようなこと。非常に貴重なこと。

ブライダル [bridal] [名] 婚礼。結婚式。≡「—ウエア」

フライト [flight] [名] ❶航空機の飛行。❷スキーのジャンプ競技で、跳躍台からの飛行。また、その空中飛型。

プライド [pride] [名] 誇り。自尊心。≡「—を傷つけられる」

品格 矜持「専門家としての—」 自尊心「相手の—を傷つけない」 誇り「—を持って仕事をする」

フライドチキン [fried chiken] [名] 鶏の唐揚げ。鶏肉に小麦粉をまぶして油で揚げたもの。

フライドポテト [fried potate] [名] ジャガイモを油で揚げた料理。フレンチフライ。

フライトレコーダー [flight recorder] [名] 航行中の飛行機の高度・速度・機首方向などのデータを時刻とともに自動的に記録する装置。フライトデータレコーダー。

プライバシー [privacy] [名] 私事・私生活。個人の秘密。また、それが他人から干渉・侵害されない権利。≡「—を守る」

プライバシーポリシー [privacy policy] [名] 企業などが収集した個人情報の取り扱いに関して定める規範や指針。

フライパン [fry pan] [名] 柄のついた浅い鍋。揚げ物・いため物などに用いる。

プライベート [private] [名・形動] 個人にかかわること。公的でないこと。個人的。私的。≡「—な時間」

プライベートブランド [private brand] [名] スーパーやデパートが企画・生産して販売する商品のブランド。また、その商品。自家商標。商業者商標。PB。

プライマリーケア [primary care] [名] 患者が地域の開業医などから最初に受ける、総合的な医療。第一次医療。PC。

プライマリーバランス [primary bal-ance] [名] 国の財政で、公債金を含まない税収などによる歳入と、公債金以外の歳出の差額。基礎的財政収支。

プライムタイム [prime time] [名] テレビで、視聴率の高い時間帯。夜の七時から十一時まで。⬇ゴールデンタイム

フライヤー [flier・flyer] [名] ちらし。ビラ。

フライング [flying] [名] 陸上競技・競泳・スピードスケートなどで、スタートの号砲が鳴る前に飛び出すこと。不正出発。

ブラインド [blind] [名] 日除けや目隠しのために窓などに取り付けるおおい。≡「—をあげる」

ブラインドタッチ [和製 blind+touch] [名] キーボードのキーを見ないで文字を打ち込むこと。タッチタイピング。

ブラウザー [browser] [名] インターネット上のウェブページを閲覧するためのソフト。ウェブブラウザー。ブラウザ。▼browse は拾い読みする意。

ブラウス [blouse] [名] 上半身に着用する、ゆったりしたシャツ風の衣服。

ブラウン [brown] [名] 茶色。褐色。

ブラウンかん【ブラウン管】 [名] 電気信号を光学像に変換する電子管。テレビジョン・レーダー・オシロスコープなどに利用される。▼ドイツの物理学者ブラウン(K.F.Braun)が発明。

ブラウンソース [brown sauce] [名] バターでよく炒めた小麦粉をブイヨンでのばし、弱火で炒めたベーコン・野菜・香草・トマトピューレなどを加えて煮つめたものを裏ごししたソース。

プラカード [placard] [名] スローガンや校名・国名などを書いて掲げ歩く板。デモや入場行進に使う。

フラグ [flag] [名] ❶コンピューターで、実行中のプログラムの設定条件やデータの状態をチェックするための変数。❷[新] 小説・漫画・映画などで、後の展開を予想させるような出来事やせりふ。伏線。≡「死亡—が立つ」

ぶらく【部落】 [名] ❶比較的少数の民家がひとかたまりになって、村の一部として地縁共同体を形成している所。❷「被差別部落」を差別していう語。

プラグ [plug] [名] ❶電気コードの先端に取り付ける差し込み。コンセントに差し込んで配線と電気器具を接続する。❷内燃機関のシリンダーのシリンダーヘッドに取り付け、火花放電によってシリンダー内の混合気体に点火する装置。点火プラグ。イグニッションプラグ。

プラグイン [plug-in] [名] コンピューターで、アプリケーションソフトの機能を拡張すること。また、そのためのプログラム。

プラクティカル [practical] [形動] 実際に役立つさま。実用的。≡「—な方策」

プラクティス [practice] [名] ❶練習。訓練。演習。❷実行。実践。

プラグマティズム【pragmatism】〔名〕実用主義。

プラザ【plaza】〔名〕広場。市場。‖「ショッピングー」

ブラザー-コンプレックス【brother complex】〔名〕兄弟に対して強い愛情・執着をもつ心的傾向。ブラコン。

ぶら-さが・る【ぶら下がる】〔自五〕❶上端で支えられて垂れ下がる。‖「鉄棒にー」「切れてー・った電線」❷今にも手に入りそうな状態にある。‖「目の前に優勝がー・っている」

ぶら-さ・げる【ぶら下げる】〔他下一〕❶上端を支えて下げる。‖「腰に手拭いをー」「軒に提灯をー」❷無造作に手にさげて持つ。‖「買い物かごをー・げて出かける」文ぶらさ・ぐ

ブラシ【brush】〔名〕柄の先や板面に獣毛・繊維などをたくさん植えつけた用具。清掃・整髪・塗装などに用いる。洋服ブラシ・ヘアーブラシ・歯ブラシなど。ブラッシュ。

プラシーボ【placebo】〔名〕薬品としての効果のない物質で製した薬。ある医薬品の効能検査や患者の精神安定のために用いる。偽薬。プラセボ。

プラシーボ-こうか【プラシーボ効果】〔名〕偽薬の投与による心理作用で現れる治癒効果。偽薬効果。プラセボ効果。

ブラジャー【brassiere】〔名〕乳房を保護し、胸の形を整えるための女性用の下着。ブラ。

ふら・す【降らす】〔他五〕降るようにする。‖「雨をー」異形 降らせる

プラス【plus】〔名〕❶〔他サ変〕足すこと。加えること。‖「本給に精勤手当をーする」❷加えることを表す記号「+」。❸正の数であること。また、その記号「+」。❹陽電気。また、その記号「+」。❺陽性。陽性反応。また、その記号「+」。❻ためになること。効果があること。有益。‖「留学体験がーになる」「ー材料」❼利益。黒字。❽よいこと。また、肯定的であること。‖「ーのイメージを持つ」「ー思考」◈⬍マイナス

プラス-アルファ【和製plus+alpha】〔名〕一定の数量にさらにいくらかの数量を加えること。また、その付け加えられた数量。‖「基本給にーの手当をつける」書き方 多く「+α」と書く。

フラスコ【frascoポルトガル】〔名〕化学実験器具の一つ。長い円筒形の首部とふくらんだ胴部とからなる耐熱ガラス製の容器。平底フラスコ・丸底フラスコ・三角フラスコなどがある。

プラス-しこう【プラス思考】〔名〕どんなこともうまくいくと、前向きに考えること。また、そのような考え方。⬍マイナス思考

プラスチック【plastic】〔名〕可塑性のある有機高分子物質の総称。加熱・加圧によって任意の形に成型できるので用途が広い。合成樹脂。可塑性物質。

フラストレーション【frustration】〔名〕欲求の充足が内部または外部の原因によってさまたげられた状態。また、その結果として生じる緊張や不安。欲求不満。

ブラス-バンド【brass band】〔名〕金管楽器に打楽器を加えて編成された楽団。吹奏楽団。

プラズマ【plasma】〔名〕正負の電荷を持つ粒子がほぼ同密度に混在し、全体としてほぼ電気的中性を保っている物質の状態。アーク放電をする電極間の気体、超高温の炎、電離層などに見られる。

プラス-マイナス【和製plus+minus】〔名〕❶プラスとマイナス。得失。差し引き。プラマイ。‖「ーゼロ」❷ある数値に対する誤差や許容の範囲を表すのに用いる語。記号±

プラズマ-テレビ〔名〕プラズマ放電による発光で画像を表示する、プラズマディスプレーを用いたテレビ。薄い大画面で、鮮明な画像を得ることができる。PDPテレビ。▼plasma television から。

ふら・せる【降らせる】〔他下一〕⬇降らす 文ふら・す

プラセンタ【placenta】〔名〕胎盤。また、その抽出物。肝障害などの治療や化粧品などに用いられる。

プラタナス【Platanusラテン】〔名〕スズカケノキ・アメリカスズカケノキ・モミジバスズカケノキなど、スズカケノキ科スズカケノキ属の落葉高木の総称。

フラ-ダンス【和製hula+dance】〔名〕ハワイの民族舞踊。手や腰をくねらせる独特の所作が特徴。▼英語では hula, hula-hula という。

ふ-らち【不▼埒】〔名・形動〕道徳や法にはずれていて、けしからぬこと。ふとどき。‖「ーな振る舞いに及ぶ」

プラチナ【platinaスペイン】〔名〕白金。

プラチナ-チケット【和製platinaスペイン+ticket】〔名〕人気が高く入手が難しい入場券。プラチナペーパー。

ふら-つ・く〔自五〕❶足元が安定しなくて、ふらふらする。‖「足場がー」❷気持ちが定まらないでゆれ動く。‖「決心がー」❸あてもなく歩きまわる。うろつく。‖「盛り場をー」

ブラック【black】〔名〕❶黒。黒色。‖「ーボード(=黒板)」❷コーヒーにミルクや砂糖を入れないこと。また、そのコーヒー。ブラックコーヒー。❸黒人。‖「ーパワー」❹闇の、正体不明の、不正の、などの意を表す。‖「ーマーケット(=闇市)」▼多く他の語と複合して使う。

ぶら-つ・く〔自五〕❶垂れ下がってぶらぶら揺れる。❷あてもなく歩きまわる。‖「商店街をー」

ブラック-きぎょう【ブラック企業】〔名〕長時間労働や過剰なノルマなど、劣悪な労働条件や就業環境で、従業員に過重な負担を強いる企業。

ブラック-コメディー【black comedy】〔名〕風刺とともに不気味さ、残酷さを感じさせる喜劇。

フラッグ-ショップ【和製flag+shop】〔名〕支店や系列店の中で、ブランドの象徴となる中心的な店。フラッグシップショップ。旗艦店。

ブラック-タイガー【black tiger】〔名〕西太平洋・インド洋に分布するクルマエビ科のエビ。体長約二五センチメートル。灰黒色の体の節には黄白色の帯がある。食用。ウシエビ。クロエビ。

ブラック-バス【black bass】〔名〕スズキ目サンフィッシュ科の淡水魚。全長約五〇センチメートル。背は黒褐色、腹部は銀白色で、口が大きい。オオクチバス。

ブラック-フォーマル【和製black+formal】〔名〕冠婚葬祭で身に着ける礼服のうち、黒いもの。特に弔事で着るものをいう。

ブラック-ペッパー【black pepper】〔名〕黒胡椒。

ブラック-ホール【black hole】〔名〕超高密度のために光を含めすべての物質が脱出できない天体。一般には、大きな恒星がその最後の時期に、中心部分が際

限なく収縮を続けてできると考えられている。

ブラック-ボックス【black box】[名] ❶機能はわかるが、内部構造や動作原理のわからない装置。❷具体的な内容が明らかでないこと。‖「資金の内訳は—だ」❸航空機のフライトレコーダーやボイスレコーダー。

ブラック-ユーモア【black humor】[名] 笑ったあとで不気味さや残酷さを感じさせるユーモア。

ブラック-リスト【black list】[名] 要注意人物名・企業名などを記した一覧表。黒表。

フラッシュ【flash】[名] ❶写真撮影に用いる閃光。また、それを発生させる閃光電球・ストロボなどの装置。フラッシュライト。‖「—をたく」❷映画・テレビなどで、ごく短い場面。❸新聞・放送などで、簡単な速報。

ブラッシュ-アップ【brushup】[名・他サ変] ❶ブラシをかけて磨くこと。❷技術や能力に磨きをかけること。完成度を上げること。‖「企画書の—」「語学力を—する」

フラッシュ-バック【flashback】[名] ❶映画やテレビで、進行中の場面を瞬間的に切り替えて過去の場面を挿入する技法。❷過去の麻薬使用時の幻覚・妄想や、災害・事故など強烈な体験の記憶が、あるきっかけで再発すること。

フラッシュ-メモリー【flash memory】[名] 電源を切っても記憶情報が消えない半導体メモリー。

フラッシュ-モブ【flash mob】[名] SNSなどでの呼びかけに応じた不特定多数の人々が公共の場に集合し、指定された行動をとってすぐに解散すること。

ブラッシング【brushing】[名・他サ変] ❶ブラシをかけること。‖「髪を—する」❷歯を磨くこと。

フラット【flat】[名] ❶[形動] 平らであること。起伏がないこと。❷[形動] 色調・明暗などが平板であること。単調であること。‖「—な画面」❸競技の計時で、記録に秒以下の端数がないこと。‖「九秒—」❹音楽で、ある音を半音下げることを示す記号。変記号。♭で表す。⇕シャープ ❺集合住宅で、一世帯用の住戸が同一階に収まった数室からなるもの。また、その住戸。⇩メゾネット

プラットホーム【platform】[名] ❶駅で、客の乗降などに便利なように、線路に沿って設けた構築物。ホーム。❷ある製品やサービスの土台となる基本的な環境。コンピューターのOSなど。◈「プラットフォーム」とも（特に②）。

フラップ【flap】[名] 飛行機の離着陸時により大きな揚力を得る目的で、主翼の前縁、または前縁・後縁の両方に取り付ける可動性の小翼。下げ翼。

フラッペ【frappé フラ】[名] ❶氷を細かくくだいてリキュールなどを注いだ飲み物。❷かき氷。

ブラ-トップ [名] ブラジャーのカップがついた肌着。

プラトニック-ラブ【platonic love】[名] 肉欲を離れた、純粋に精神的な恋愛。

プラネタリウム【planetarium】[名] 星座や天体の運行を映写機で丸天井に映して見せる装置。天象儀。

フラノ [名] 地を緻密に織った、やや厚手のフランネル。洋服地に用いる。▽flannelから。

ブラフ【bluff】[名] はったり。虚勢。‖「—をかける」

ふら-ふら [副] ❶[形動] 体に力が入らないで、足もとがよろけるさま。また、頭の働きがはっきりしないさま。‖「熱があって—する」❷あれこれと迷って態度が定まらないさま。‖「方針が—する」❸しっかりした考えや目的のないままに行動するさま。‖「つい—(と)誘惑にのる」

ぶら-ぶら [副] ❶[三] 垂れ下がってゆれ動くさま。‖「提灯が—(と)揺れる」❷あてもなく歩きまわるさま。また、のんびりと歩くさま。‖「繁華街を—する」❸決まった仕事もなく毎日を漫然と暮らすさま。‖「定職もなく—する」

ブラボー【bravo イタ】[感] 称賛・喝采・歓喜などの気持ちを込めて叫ぶ声。うまいぞ。すばらしいぞ。

フラボノイド【flavonoid】[名] 緑葉や柑橘類の皮に多く含まれる天然色素。

プラ-マイ [名] 「プラスマイナス」の略。

フラミンゴ【flamingo】[名] 海岸・湖岸に群れをなして生息するフラミンゴ科の鳥の総称。ツルに似るが全身淡紅色で、くちばしは「く」の字形に曲がる。熱帯・温帯にベニイロフラミンゴ・アンデスフラミンゴなどが分布。ベニヅル。

プラム【plum】[名] 李。

フラメンコ【flamenco スペ】[名] スペイン南部、アンダルシア地方に伝わる民謡と舞踊。ギターの伴奏に合わせ、手やカスタネットを打ちながら床を踏み鳴らして踊る。

プラ-モデル [名] プラスチック製の部品を組み立てて作る模型玩具。▽「プラスチックモデル（plastic model）」の意の商標名。

ふらり-と [副] ❶体に力が入らないで、よろめくさま。‖「—倒れかかる」❷これという目的もなく出かけるさま。また、何の予告もなくやって来るさま。‖「—旅に出る」「—姿を見せる」◈「ふらっと」とも。

ぶらり-と [副] ❶物が垂れ下がっているさま。‖「腰に手拭いを—下げる」❷何の目的もなく出かけるさま。また、何の予告もなくやって来るさま。‖「—町へ出る」❸何もせずに漫然と時を過ごすさま。‖「たまの休日を—過ごす」

フラワー【flower】[名] 花。‖「ドライ—」

フラワー-アレンジメント【flower arrangement】[名] 生け花。特に、洋風の生け花。

ふ-らん【▼孵卵】[名・自他サ変] 卵がかえること。また、卵をかえすこと。‖「—器」 孵

ふ-らん【腐乱（腐▼爛）】[名・自サ変] くさって形がくずれること。‖「—した魚」「—死体」 書き方 「腐乱」は代用表記。

フラン【franc フラ】[名] スイス・カメルーンなどの通貨の基本単位。記号F ▽フランス・ベルギー・ルクセンブルクのフランは、二〇〇二年よりユーロに移行。

プラン【plan】[名] ❶計画。構想。案。‖「—を立てる」❷図面。平面図。設計図。

フランク【frank】[形動] 率直なさま。ざっくばらんなさま。‖「—な態度」

ブランク【blank】[名] ❶空白の部分。余白。空欄。❷空白の期間。仕事・経験などが途切れている期間。‖「歌手生活に三年の—がある」

プランクトン【plankton】[名] 水中または水面で水の動きのままに浮遊生活を送る生物の総称。動物プランクトンと植物プランクトンとに大別される。他の水生動物の餌として重要だが、赤潮を引き起こすものもある。

ブランケット【blanket】[名] 毛布。ケット。

ぶらんこ【〈▼鞦▼韆〉】[名] つり下げた二本の綱・鎖の下端に腰を掛ける横板を取り付けた遊具。板に乗って前後に揺り動かして遊ぶ。ぶらここ。しゅうせん。||「ーをこぐ」

鞦韆

フランスパン【和製 France＋pão ポルトガル】[名] フランス風の皮のかたいパン。バゲットやバタールなど。

プランター【planter】[名] 草花の栽培容器。プラスチック製のものが多い。

ブランチ【branch】[名] ❶枝。枝分かれしたもの。❷部門。分科。❸支店。分店。

ブランチ【brunch】[名] 昼食を兼ねた遅い朝食。

フランチャイズ【franchise】[名] ❶プロ野球・サッカーなどの球団が本拠地の球場で試合を行う場合にもつ特別興行権。また、その球場。❷親業者が契約店に与える、一定地域内での一手販売権。また、その一手販売地域。||「ーチェーン（=企業本部が加盟店にフランチャイズを与えて経営指導を行い、その見返りとして特約料を徴収する連鎖店組織）」

ブランデー【brandy】[名] 果実酒、特に葡萄酒を蒸留して貯蔵熟成させた洋酒。

ブランド【brand】[名] 銘柄。商標。||「有名ー」

プラント【plant】[名] 工場設備。生産設備。

フランドルは【フランドル派】[名] 一五世紀から一七世紀にかけてフランドル地方（ベルギーを中心とする地方）を中心に栄えた美術の流派。ファン=アイク兄弟・ブリューゲル・ルーベンスらを代表とする。

プランナー【planner】[名] 計画・企画を立てる人。立案者。||「広告ー」

プランニング【planning】[名] 計画・企画を立てること。企画立案。

フランネル【flannel】[名] 紡毛糸で平織りまたは綾織りにした布面をやや毛羽立たせた柔らかな毛織物。服地・肌着などに用いる。ネル。▽梳毛糸・綿糸を使ったもの、化学繊維を混紡したものもある。

フランベ[名] ❶[flamber フランス][他サ変] 肉料理やデザートにブランデー・リキュールなどの酒をかけて火をつけ、アルコール分をとばして香りをつけること。また、その調理法。❷[flambé フランス] ①の方法で調理した肉料理やデザート。

ブランマンジェ【blanc-manger フランス】[名] アーモンドで香りをつけた牛乳に砂糖・生クリームを加え、ゼラチンなどで冷やし固めた菓子。ブラマンジェ。

ふり【振り】■一[名] ❶外面にあらわれた態度や動作。||「知らないーをする」「人のー見てわがー直せ」❷振り動かすこと。また、振り方。||「ーを付ける」「ーが鈍る」 書き方「▽風」とも。❸舞踊で、所作。踊るときの形。||「ーを付ける」❹料理屋・旅館などで、客が紹介や予約なしにやって来ること。また、その客。||「ーの客を断る」 注意「フリーの客」は誤り。❺女性の着物で、袖付けから袖下までの縫いつけない部分。➡着物(図) ■二(造) 刀剣を数える語。||「一ーの刀」

ふり【降り】[名] 雨・雪などが降ること。また、その程度。||「午後からひどいーになる」

ふーり【不利】[名・形動] よくない状況にあること。損失・失敗などを招きそうな状態であること。||「形勢はーだ」「ーな条件を提示される」⇕有利

ぶり【▼鰤】[名] 沿岸を回遊するアジ科の海水魚。体は紡錘形で、背面は暗青色、腹面は銀白色。体側中央に黄色の帯が走る。食用。養殖も盛ん。▽代表的な出世魚で、関東ではワカシ・イナダ・ワラサ・ブリの順に、関西ではツバス・ハマチ・メジロ・ブリの順に呼称が変わる。

鰤

ぶり【(振り)】[接尾]〈名詞・動詞の連用形に付いて〉❶その物事のようす・状態・あり方などを表す。||「枝ー！話しー・仕事ー・繁盛ー」▽語調を強めて「っぷり」の形でも使う。||「飲みっぷり」❷それに相当する大きさ・分量であることを表す。||「大ーの茶碗」「小ーのバッグ」❸〈時間を表す語に付いて〉再び同じ状態になるまで、それだけの期間が過ぎていることを表す。||「事件から七〇時間ーに解放」「五年ーの優勝」「しばらくーです」 使い方 好ましくないことにもいう。||「九年ぶりの大地震」「三年ぶりの低成長」 注意「大学二年ぶりの再会」など、「ぶり」の前に〈物事の始点〉がくる言い方は誤り。「ぶり」の前には〈経過した時間〉がくる。また、「先生に会うのはいつぶり？」など、時を尋ねるのに「いつぶり」と言うのも誤り。正しくは「何年ぶり」「いつ以来」。❹曲節・調子の意を表す。||「万葉ー・ますらおー」

ふりーあい【振り合い】ヒア [名] 他と比較したときの釣り合い。バランス。

ふりーあ・う【振り合う】フリア [自五] 互いに触れる。触れ合う。||「袖ーも多生の縁」

ふりーあお・ぐ【振り仰ぐ】フリアオグ [他五] 頭を上に向けて高いところを見る。||「富士をーぎ、ーぎ、峠をのぼって来る〈太宰治・富嶽百景〉」

ふりーあ・げる【振り上げる】[他下一] 手や手に持っている物を勢いよく上げる。||「拳をー」 文 ふりあ・ぐ

フリー【free】[名・形動] ❶自由であること。束縛・制約などがないこと。||「ーな立場から意見を述べる」❷フリーランス。||「ーのカメラマン」❸料金などが免除されること。無料。||「タックスー」

フリーアドレス【和製 free＋address】[名] 職場で、各従業員の席を固定せず、それぞれが仕事に応じて空いている席を自由に使うこと。||「ー制」

フリーウエア【freeware】[名] パソコンなどで、無料で使えるソフトウエア。フリーソフト。

フリーエージェント【free agent】[名] プロ野球などで、一定期間チームに貢献した選手が、どのチームとでも契約交渉のできる権利。FA。

フリーキック【free kick】[名] サッカーなどで、相手チームに反則があったとき、相手側の妨害を受けることなく、その地点から任意の方向へボールをけること。

フリーク【freak】[名] ❶異形のもの。珍奇なもの。❷ある物事に夢中になっている人。熱狂的ファン。マニア。||「パソコンー」「サッカーー」

フリーザー【freezer】[名] 冷凍装置。冷凍庫。また、冷蔵庫の冷凍室。

フリーサイズ【和製 free＋size】[名] 衣服などで、どんな体形でも合うように作られていること。

フリージア【freesia】[名] 早春、茎の先に黄色・白色などの漏斗状の花を数個つけるアヤメ科の多年草。観賞用に栽培する。南アフリカ原産。アサギズイセン。

フリース【fleece】[名] 軽くて柔らかい、起毛仕上げの織物。特に、ポリエステル製のものをいう。▽原義は羊毛。

フリーズ【freeze】[名] ❶[自他サ変] 凍ること。また。凍らせること。冷凍。凍結。❷[自サ変] パソコン

などで、使用中のソフトやシステムが突然動かなくなること。ハングアップ。「パソコンが—した」

フリースクール【free school】〔名〕自主性の尊重を教育理念とし、学科の選択も授業への出席もすべて生徒の自由と責任にゆだねられる学校。

フリースタイル【freestyle】〔名〕❶レスリングの種目の一つ。上半身だけで闘うグレコローマンスタイルに対し、相手の腰から下を攻撃してもよいもの。⇔グレコローマン ❷競泳で、自由形。❸スキー競技の一つ。アクロ・モーグル・エアリアルなどの種目からなるもの。

フリーズドライ〔名〕物を凍結し、真空下で水分を昇華させる乾燥法。医薬品やインスタント食品などに用いられる。凍結乾燥。▽freeze-drying から。

フリースロー【free throw】〔名〕バスケットボール・ハンドボール・水球で、相手チームの反則によって与えられる、一定の位置から自由にゴールへ投球する権利。また、その投球。

フリーソフト〔名〕⇒フリーウエア ▽free software から。

フリーター〔名〕在学していない若年層で、アルバイトやパートなどの非正規な雇用形態で働いている人。▽「フリーアルバイター（和製free＋Arbeiterドイ）」の略。

フリーダイヤル【和製free＋dial】〔名〕電話で、受信人が料金を支払う通話方式。

フリーダム【freedom】〔名〕自由。

ブリーチ【bleach】〔名〕脱色・漂白すること。また、脱色・漂白剤。

プリーツ【pleats】〔名〕洋服などにつけるひだ。折りひだ。

フリートーク【和製free＋talk】〔名〕自由な討論。自由な話し合い。フリートーキング。

フリードリンク【和製free＋drink】〔名〕飲み放題であること。また、飲み物が無料であること。「—制のパーティー」「オフィスの—コーナー」

フリーパス【free pass】〔名〕❶無料で乗車・入場などができること。また、その切符。無料パス。❷試験・審査・検閲などを受けずに通過できること。無試験合格や税関の無条件通過など。

フリーハンド〔名〕❶【freehand】定規・コンパスなどの器具を使わずに図を描くこと。❷【free hand】他から拘束されないこと。自由裁量。

ブリーフ【briefs】〔名〕男性用下着の一つ。腰部をぴったりおおう、股下のないパンツ。

ブリーフケース【briefcase】〔名〕書類などを入れる薄い角形のかばん。書類かばん。

フリーペーパー【free paper】〔名〕無料配布される新聞や雑誌。フリーマガジン。

フリーマーケット【flea market】〔名〕古物や不用品を持って集まり交換・売買をする市。蚤(のみ)の市。古物市(ふるものいち)。フリマ。▽flea は、ノミの意。

フリーライター【和製free＋writer】〔名〕特定の出版社・新聞社などに属さない、自由契約の文筆家。

フリーランス【free lance】〔名〕自由契約者。特に、特定の会社・劇団・プロダクションなどに所属しないジャーナリスト・演出家・俳優・歌手など。フリー。フリーランサー。

プリインストール【pre-install】〔名〕パソコンに、OSやアプリケーションソフトがあらかじめインストールされていること。プレインストール。

ふりうり【振り売り】〔名〕商品をかつぎ、その品の名を大声で唱えながら売り歩くこと。また、その人。ふれうり。

ふりえき【不利益】〔名・形動〕利益にならないこと。損になること。「—を受ける」

ブリオッシュ【briocheフラ】〔名〕バター・牛乳・卵をたっぷり使った柔らかい菓子パン。ブリオシュ。

プリオン【prion】〔名〕脳などに含まれるたんぱく質性感染因子。異常型プリオンはクロイツフェルトヤコブ病や牛海綿状脳症(BSE)などの原因となる。

ふりかえ【振り替え】〔名〕❶振り替えること。「—輸送」❷「振替休日」「振替休暇」の略。❸地方郵便局に郵便振替口座を開き、送金・決済などを郵便局を通じて行う制度。▽「郵便振替」の略。郵政民営化後はゆうちょ銀行が継承。◈書き方 公用文では「振替」。慣用の固定した「振替休日・振替口座・振替伝票・郵便振替」などは送りがなを付けない。

ふりかえきゅうじつ【振替休日】〔名〕❶祝祭日が日曜日と重なったとき、次の月曜日を休日とすること。❷休日に出勤・登校したとき、代わりに他の日を休みにすること。振替休暇。振替。

ぶりかえ・す【ぶり返す】〔自五〕一度よい状態になりかけていた物事が再びもとの悪い状態に戻る。「風邪が—」

ふりかえ・る【振り返る】〔他五〕❶顔や上体を後ろに向ける。「後ろを—」❷過ぎ去った事柄を思い返す。回顧する。「学生時代を—」

ふりか・える【振り替える】〔他下一〕❶一時的にあるものを別の用途に使う。「休日を月曜日に—」「鉄道の不通区間をバス輸送に—」❷簿記で、ある勘定科目の記載を別の勘定科目に移す。一般に、帳簿上のつけかえだけで支払いを行う。「広告費を営業費に—」文ふりか・ふ 名振り替え

ふりかか・る【降りかかる（降り掛かる）】〔自五〕❶降ってきて体にかかる。「雨が—」❷よくないことが身に及ぶ。「災難が—」

ふりかけ【振り掛け】〔名〕飯の上に振りかけて食べる食品。魚粉に海苔(のり)・胡麻(ごま)・調味料を加えたものなど。

ふりか・ける【振りかける（振り掛ける）】〔他下一〕粉末状・液状のものを上から少しずつ散らすようにしてかける。「赤飯にごま塩を—」文ふりか・く

ふりかざ・す【振り▼翳す】〔他五〕❶手や手に持った物を頭の上に振りあげる。「太刀を—・して構える」❷主義・主張などを前面に押し出して示す。「権力[大義名分]を—」

ふりかた【振り方】〔名〕❶物を振り動かす方法。❷処置の仕方。扱い方。「身の—を考える」

ふりがな【振り《仮名》】〔名〕漢字のわきにつけて、その読み方を示す仮名。ルビ。

ふりかぶ・る【振り▽被る】〔他五〕手や手に持った物を勢いよく頭の上にあげる。「—・って第一球を投げる」

ブリキ【blikオラ】〔名〕薄い鉄板に錫(すず)をめっきしたもの。建材などに使う。「—の缶」書き方「▼錻」「▼錻力」などと当てる。

ふりき・る【振り切る】〔他五〕❶しがみついているものを強く振るようにして離す。「手を—・って逃げる」

❷まとわりつく思いなどをはらいのける。‖「望郷の念を―」❸人の頼みや説得を拒絶する。‖「悪友の誘惑を―」❹競走などで、追いつこうとするものを引き離す。❺十分に振る。‖「バットを―」

プリクラ［名］撮影した顔写真に枠や背景などの装飾を施して、シールにする機械。また、そのシール。▼「プリント倶楽部」の略。「プリクラ」「プリント倶楽部」はともに商標名。

フリゲート-かん【フリゲート艦】［名］軍艦の艦種の一つ。対潜・対空の装備をもち、哨戒（しょうかい）・船団護衛などに当たる小型の艦。フリゲート。

ふり-こ【振り子】［名］一端を固定した糸や棒の他端におもりをつけ、一定の周期で左右の往復運動を繰り返すようにした仕掛け。振子（しんし）。‖「―時計」

ふ-りこう【不履行】（―リカウ）［名］約束などを実行しないこと。‖「契約―」

ふり-ごと【振り事】［名］➡所作事（しょさごと）

ふり-こみ【振り込み】［名］振り込むこと。書き方 慣用の固定した「振込金・振込先・振込手数料・銀行振込」などは、送りがなを付けない。

ふり-こ・む【降り込む】［自五］降る雨や雪が家の中に入り込む。

ふり-こ・む【振り込む】［他五］❶振替口座・預金口座などに金銭を払い込む。‖「先方の口座に受信料を―」❷麻雀で、自分の捨てた牌（パイ）が相手の上がり牌になる。‖「満貫を―」名振り込み

ふりこめ-さぎ【振り込め詐欺】［名］電話・電子メールなどで相手をだまし、指定口座に金を振り込ませる詐欺。

ふり-こ・める【降り込める・降り▽籠める】［他下一］雨や雪がしきりに降って外へ出られないようにする。‖「終日、雨に―・められる」▼多く受身の形で使う。文ふりこ・む

ブリザード［blizzard］［名］北米大陸北部で、吹雪を伴う寒冷な強風。また、極地方の猛吹雪。

プリザーブド-フラワー［preserved flower］［名］薬品を使って、生花のような色と質感を長く保存できるよう加工した花。

ふり-しき・る【降り▽頻る】［自五］しきりに降る。盛んに降る。‖「―雪の中を行軍する」

ふり-し・く【降り敷く】［自五］一面に降る。降って一面をおおう。‖「花びらが―」

ふり-しぼ・る【振り絞る】［他五］絞るようにして出し尽くす。‖「ありったけの力を―」

ふり-す・てる【振り捨てる】［他下一］思い切って捨てる。容赦なく見捨てる。‖「未練を―」文ふりす・つ

プリズム［prism］［名］光学ガラスなどでできた透明な多面体。光を分散・屈折・全反射・複反射させるときに用いる。

ふり-そそ・ぐ【降り注ぐ】［自五］あるものの上にしきりに降ってかかる。‖「日光がベランダに―」

ふり-そで【振り袖】［名］袂（たもと）の長い袖。また、その袖のついた長着。未婚女性の礼装に用いる。

ふり-だし【振り出し】［名］❶振って出すこと。また、振って中身を小さな穴から出すように作った容器。❷双六（すごろく）で、賽（さい）を振り始める出発点。❸物事の始め。出発点。‖「交渉が―に戻る」❹手形・小切手などを発行すること。❺生薬を布の袋に入れて熱湯に浸し、成分を溶かし出して飲む薬剤。▼「振り出し薬（ぐすり）」の略。◈書き方 公用文では「振出し」。慣用の固定した「振出局・振出小切手・振出人」などは、送りがなを付けない。

ふり-だ・す【振り出す】［他五］❶容器を振って中に入っている物を出す。❷振り始める。❸手形・小切手などを発行する。‖「約束手形を―」

ふり-た・てる【振り立てる】［他下一］❶勢いよく盛んに振る。‖「旗を―・てて応援する」❷声を張り上げる。文ふりた・つ

ふ-りつ【府立】［名］府が設立し、管理・運営していること。また、その施設。‖「―高校」

ブリックス【BRICS】［名］地下資源が豊富で、経済発展が著しいブラジル・ロシア・インド・中国・南アフリカ共和国の五か国の総称。▼BRICSは五か国の国名（英語表記）の頭文字から。

フリック-にゅうりょく【フリック入力】（―ニフリョク）［名］スマートフォンやタブレットなどで、液晶画面に表示されたキーボードを指で弾くように操作し文字を入力する方法。

ふり-つけ【振り付け】［名］舞踊などで、音楽や歌に合わせた所作を考案して演者に教えること。

ぶりっ-こ【ぶりっ子】［名・自サ変］いい子ぶること。かわいい子ぶること。また、その人。‖「先生の前では―だ」▼特に若い女性にいう。

ブリッジ［bridge］［名］❶橋。橋梁。❷船舶の上甲板の高所にあって、船長が航海の指揮をとる場所。船橋。❸列車の車両と車両との間の部分。❹抜けた歯を補うために、その両側の歯を支えにして橋をかけるように入れた義歯。架工歯。❺眼鏡の、鼻にかかる部分。❻四人が二人ずつ二組に分かれ、各自一三枚ずつの手札を持って取得組数を競うトランプゲーム。せりによって親と切り札を決め、親が取得組数を宣言してゲームを始める。▼「コントラクトブリッジ（contract bridge）」の略。❼トランプゲームの一つ。二〜六人が七〜一〇枚の手札をもって勝負を競うもの。同じ数の札や同種の順位札を三枚以上集め、早く手札をなくした方が勝ちとなる。▼「セブンブリッジ（和製seven＋bridge）」の略。❽レスリングで、フォールを防ぐために、あお向けになったまま頭と足を使って体を支えること。

ブリッジ-バンク［bridge bank］［名］破綻（はたん）した金融機関の債権・債務処理などを行い、受け皿となる金融機関が見つかるまでのつなぎ役を果たす公的銀行制度。

フリッター［fritter］［名］泡立てた卵白を混ぜた衣をつけて魚介・野菜・果物などをふわっと揚げた料理。

ふり-つづみ【振り鼓】［名］舞楽で、舞人が用いる楽器。二つの小型の鼓を互いに直角の向きになるように重ねて柄を通したもの。柄を振ると、胴の側面に糸で結びつけてある玉が皮に当たって音を立てる。

フリップ［名］テレビ放送などで、説明に用いる大型の図表。▼flip chartから。

ふり-にげ【振り逃げ】［名・自サ変］野球で、一塁に走者がいないとき、または、いても二死のとき、第三ストライクのボールを捕手が捕りそこねた間に打者が一塁に走り込むこと。

ふり-ぬ・く【振り抜く】［他五］十分に振る。振り切る。‖「バットを―」

ふり-はな・す【振り放す（振り離す）】［他五］❶しがみついているものを強く振るようにして離れさせ

る。‖「つかまれた腕をー」❷競走などで、追いつこうとする者を引き離す。‖「ゴール直前で二位以下をー」

ふりーはば【振り幅】[名]「振れ幅」に同じ。

ふりーはら・う【振り払う】ーハラフ[他五]手などを振り動かして払いのける。‖「涙をー」「すがりつく手をー」

ふりーふり[名・形動]フリルやレースがたくさんついていること。‖「ーのワンピース」書き方「フリフリ」とも。

ぶりーぶり[副ト]腹を立てて機嫌の悪いさま。ぷりぷり。‖「突然ー(と)怒り出す」

ぷりーぷり[副ト]❶押すとふるえるほど、しまって弾力があるさま。‖「ー(と)した蒟蒻」❷怒ってひどく機嫌の悪いさま。‖「朝からー(と)怒っている」

プリペイドーカード[prepaid card][名]料金前払い式の磁気カード。現金と同じように使える。

ふりーほど・く【振り▽解く】[他五]からんだもの、まといつくものを、振り動かしてほどく。‖「ロープをー」

フリーマ[名]「フリーマーケット」の略。

ふりーま・く【振り▼撒く】[他五]❶あたり一面にまき散らす。‖「土俵に塩をー」❷惜しまないで分け与える。‖「愛嬌をー」

プリマードンナ[prima donnaイタリア][名]オペラで、主役を務める女性歌手。

ふりーまわ・す【振り回す】ーマハス[他五]❶手や手に持った物を勢いよく振って動かす。‖「腕をー」❷むやみに使う。乱用する。‖「権力をー」❸得意げに示す。ひけらかす。‖「生半可な知識をー」❹思うままに人を動かす。‖「デマにーされる」

ふりーみだ・す【振り乱す】[他五]激しく振り動かして乱す。‖「髪をーして戦う」

プリミティブ[primitive][形動]原始的なさま。また、素朴なさま。‖「ーな感覚」

ふりみーふらずみ【降りみ降らずみ】[連語][古風]降ったり降らなかったり。‖「ーの空模様」

ふりーむ・く【振り向く】[一][他五]顔や上体を回して後ろを向く。特に、振り返って見る。‖「声をかけられて後ろをー」「ーと、そこに君がいた」[二][自五]〈下に打ち消しを伴って〉その方へ注意を向けようとしない。関心を寄せない。見向きもしない。‖「いくら訴えても誰もーかない」

ふりーむ・ける【振り向ける】[他下一]❶動かしてその方を向くようにする。‖「後ろの方に顔をー」❷別の目的や用途に回してあてる。‖「貯蓄を家の改築費にー」文ふりむ・く

プリムラ[primulaラテン][名]サクラソウ科サクラソウ属の植物の総称。マラコイデス(オトメザクラ)・オブコニカ(トキワザクラ)・ポリアンサ・ジュリアンなど、園芸品種が多い。プリムローズ。

ぶーりゃく【武略】[名]軍事上のはかりごと。戦術。戦略。

ふーりゅう【浮流】フリウ[名・自サ変]水に浮かんで流れること。‖「海面にーする油を回収する」「ー物」

ふりゅうーもんじ【不立文字】フリフー[名]仏の道はことばや文字で伝えるものではなく、心で悟らなくてはならないということ。▽「以心伝心」とともに禅宗の根本的な立場を示す語。

ふーりょ【不慮】[名]思いがけないこと。意外。不意。‖「ーの災難」「ーの死を遂げる」使い方 よくないことについていう。

ふーりょ【▼俘虜】[名]戦争で敵軍に捕らえられた者。とりこ。捕虜。

ふーりょう【不良】ーリャウ[名・形動]❶質・機能・状態などがよくないこと。‖「整備[消化・天候]ー」❷品行のよくないこと。また、その人。‖「ー少年」

ふーりょう【不猟】ーレフ[名]狩猟で、獲物が少ないこと。鳥獣がとれないこと。⇔大猟

ふーりょう【不漁】ーレフ[名]漁で、獲物が少ないこと。魚介がとれないこと。⇔大漁・豊漁

ぶーりょう【無▼聊】ーレウ[名・形動]❶心配事があって気が晴れないこと。❷することがなくて退屈なこと。‖「ーをかこつ」

ふりょうーけん【不了見・不料▽簡】ーレウケン[名・形動]考えや心がけがよくないこと。

ふりょうーさいけん【不良債権】フリャウー[名]金融機関の貸出債権のうち、融資先の経営破綻などから元利金の回収が懸念される債権。問題債権。

ぶりょうーとうげん【武陵桃源】ータウゲン[名]俗世間から離れた別天地。桃源。桃源郷。▽陶淵明の『桃花源記』に見える架空の土地。

ふーりょく【浮力】[名]流体内にある物体が重力と反対の方向に受ける力。流体が物体を押し上げるように働く圧力。その大きさは物体が押しのけた流体の重力に等しい。

ふーりょく【富力】[名]富の力。財力。

ぶーりょく【武力】[名]軍隊の力。軍事力。兵力。‖「ー衝突」

フリル[frill][名]細い布などの片側にひだを寄せて他の側を波状にしたふち飾り。襟・袖口・すそなどにつける。

ふりーわけ【振り分け】[名]❶振り分けること。また、振り分けたもの。❷二つの荷物をひもでつなぎ、前後に分けて肩にかけること。また、その荷物。振り分け荷物。❸子供の髪形の一つ。肩のあたりの長さに切りそろえた髪を左右に分けて垂らしたもの。▽「振り分け髪」の略。

ふりーわ・ける【振り分ける】[他下一]❶全体を二つに分ける。‖「選手を赤組と白組にー」❷割り当てる。配分する。‖「利潤を出資額に応じてー」文ふりわ・く

ふーりん【不倫】[名・形動]道徳に反すること。特に、既婚者とその配偶者以外の男女関係をいう。

プリン[名]プディング。特に、カスタードプディング。▽puddingから。

フリンジ[fringe][名]ショールや掛け布などの縁につける房飾り。へり飾り。

プリンシプル[principle][名]❶原理。原則。❷主義。信条。

プリンス[prince][名]王子。皇太子。⇔プリンセス

プリンセス[princess][名]王女。皇女。また、王子・皇太子の妃。⇔プリンス

プリンター[printer][名]❶印刷機。❷写真などで、原板から陽画を焼き付ける装置。焼き付け機。❸コンピューターで、文書や画像のデータを用紙に印刷する出力装置。

プリンーたい【プリン体】[名]核酸の構成成分として生体に分布する一群の塩基性化合物。体内で分解され、尿酸に変化する。プリン塩基。

プリント[print][名・他サ変]❶印刷すること。ま

た、その印刷物。‖「名簿を—する」❷写真・映画などで、陰画から陽画を焼き付けること。また、その焼き付けられた写真やフィルム。❸捺染（なっせん）すること。また、捺染した布。

プリント‐アウト【print out】[名・他サ変] コンピューターのデータを打ち出して用紙に印刷すること。また、印刷されたもの。‖「資料を—する」

ふる【古】[名] ➡お古

ふ・る【降る】[自五] ❶空から雨や雪などが落ちてくる。また、上方から細かいものが落ちてくる。‖「雨が—」「火山灰[砲弾]が—」 使い方 雨に見たてて涙がこぼれる意にもいう。‖「私の心に涙の雨が—」❷霜がおりる。置く。‖「初霜が—」❸日光や月光がそそぐ。‖「陽光が燦々（さんさん）と—」「窓辺に—月の光」❹思いがけないことが身に及ぶ。‖「幸運[災難]が—・ってくる」 名 **降り**

◉**降って湧（わ）く** 突然起こる。また、思いがけなく現れる。‖「—・いたような話」

ふ・る【振る】[他五] ❶体の一部を前後・左右・上下に動かす。また、その動作をくり返す。‖「さようならと手を—」「腕を—・って歩く」「犬が尾を—・ってついてくる」❷物の一端などを持って前後・左右・上下に動かす。また、その動作をくり返す。‖「バット[指揮棒・シェーカー・鈴]を—」「改革開放の旗を—」「采配（さいはい）を—」❸手を動かして握っていた物を下に投げる。転がす。‖「さいころを—」「将棋の駒（こま）を—」❹手を動かして粒状の物をまき散らす。〜に振りかける。‖「牛肉に塩を—」「赤飯にごま塩を—」❺動かして方向を変える。‖「舵（かじ）を右に—」❻役割などを割り当てる。割り振る。‖「新人に大役を—」❼読みがな・番号などの小さなしるしをつける。‖「漢字にルビを—」「整理券に番号を—」❽嫌ってはねつける。特に、求愛をしりぞける。袖（そで）にする。‖「意中の人に—・られる」❾手に入れた地位などをあっさり捨てる。なげうつ。‖「重役の地位を—・って歌人の道を歩く」❿為替（かわせ）・手形などを発行する。振り出す。‖「約束手形を—」⓫本題に導くための短い話をする。‖「時局の話題を枕（まくら）に—」「噺家（はなしか）が枕（まくら）を—」⓬（指揮棒を振ることから）音楽で、楽団の指揮をする。また、指揮をして音楽を作り出す。‖「〇〇フィルを—」「『運命』を—」⓭司会者などが、ある人に発言を誘いかける。‖「急に—・られてびっくりする」 可能 **振れる** 名 **振り**

フル【full】[形動] 限度いっぱいであるさま。十分であるさま。‖「才能を—に発揮する」「—回転」

ぶ・る [自五] 気どったりもったいをつけたりして、自分を実際以上に見せかけようとする。‖「—・ってないで素直になりなさい」▼接尾語「ぶる」が独立してできた語。

ぶ・る【（振る）】[接尾]〈名詞・形容（動）詞語幹などに付いて五段活用の動詞を作る〉それらしく振る舞ったりそのように見せかけようとしたりする意を表す。‖「兄貴—・勿体（もったい）—・利口—・上品—・偉（えら）—」

ふるい【▼篩】（フル）[名] 円形や方形の浅い枠の底に金網・絹布などを張った道具。粒状のものを入れてゆり動かし、細かいものと粗いものとをより分けるのに使う。

◉**篩に掛（か）ける** ❶ふるいを使ってより分ける。❷多くの中から基準・条件にかなったものを選び出す。‖「応募者を—」

ふるい【震い】（フル）[名] ❶ふるえること。ふるえ。❷瘧（おこり）などのために体が小刻みにふるえること。ふるえ。

ふる・い【古い】[形] ❶ものができて（また、物事が成立して）長い時間が経過しているさま。‖「築五〇年の—家に住んでいる」「—情報を削除する」「—傷がうずく」「—・くなった洗濯機」❷食べ物などが、時間がたって鮮度が落ちているさま。新鮮でない。‖「—牛乳」「—・くなったパン」❸既に使われて（役割を終えて）いる。使用済みだ。‖「—電池は捨てておいてください」「—カレンダーがこんなに残っている」❹新味などがなくて時代遅れである。‖「考え方が—」「その手はもう—」❺以前の。昔の。‖「—法律にはこの規定はなかった」「彼女は—友人です」▼連体・連用用法が一般的。◈⇔新しい 派生 **—さ**

ぶ‐るい【部類】[名] 種類によって分けたときの、その一つ一つ。種類による区別。‖「好きな—に入る食べ物」

ふるい‐おこ・す【奮い起こす】（フル）[他五] はげまして気力を引き立たせる。奮い立たせる。‖「勇気を—」

ふるい‐おと・す【▼篩い落とす】（フル）[他五] ❶篩（ふるい）にかけて下に落とす。‖「混入した砂を—」❷多くの中から基準に合わないものをより分けて除く。‖「面接で—」

ふるい‐おと・す【振るい落とす】（フル）[他五] 付いている物を振って下に落とす。振り落とす。‖「傘のしずくを—」

ふるい‐た・つ【奮い立つ】（フル）[自五] 気力が盛んになる。勇み立つ。‖「決勝戦を前に—」

ふるい‐つ・く【震い付く】（フル）[自五] 感情が高まって、思わず抱きつく。むしゃぶりつく。‖「—・きたいほどの人」

ふる・う【震う】（フル）[自五]〔古風〕ふるえる。▼「振るう」と同語源。

ふる・う【▼篩う】（フル）[他五] ❶ふるいにかけて、より分ける。‖「そば粉を—」❷基準・条件などを設けて、より分ける。選抜する。 可能 **ふるえる** 名 **ふるい**

ふる・う【振るう・奮う（▽揮う）】（フル）㊀[他五] ❶【振】こぶしや武器などを大きく、また、勢いよく振り動かす。‖「こぶしを—・って襲いかかる」「剣[鞭（むち）]を—」「機構改革に大鉈（おおなた）を—」❷【振】巧みに使って力や能力などが十分に現れるようにする。発揮する。‖「料理に腕を—」「熱弁[手腕・権力・暴力]を—」「冬将軍が猛威を—」❸【奮】気力が盛んになるようにする。‖「勇気を—・って立ち向かう」❹【振】振り動かして中の物をすっかり出す。‖「財布の底を—」❺【振】振り動かして取り除く。‖「枝をゆすって—・い落とす」 可能 **振るえる**
㊁[自五] ❶【振】力や能力が充実していて活動が盛んである。‖「国力が大いに—」「成績が全く—・わない」❷【奮】士気や気力が発揮される。‖「士気、大いに—」❸【奮】➡奮（ふる）って ❹【振】〈「振るっている」「振るった」の形で〉普通とは違っている。とっぴである。‖「言うことが—・っている」
◈ 書き方 ㊀②と㊁①は、まれに「奮」「揮」も使う。㊁④はかな書きが一般的。

ブルー【blue】[名] ❶青。青色。❷[形動] 憂鬱（ゆううつ）であること。‖「—な気分」「—マンデー」

ブルー‐オーシャン【blue ocean】[名] 経営

学で、競争のない未開拓市場。

ブルー-カラー【blue-collar】[名] 生産の現場で働く人。⇔ホワイトカラー ▽青色の作業服を着ることから。

ブルース【blues】[名] アメリカ南部の黒人たちの間に生まれた四分の四拍子の歌曲。ブルーノート音階(=三度・七度の音がほぼ半音下がる音階)とブルース和声で、不運・悲哀・苦悩などを題材にした三行詩を歌う。ジャズを生む母体の一つともなった。ブルーズ。

フルーツ【fruit】[名] 果物。果実。「—サラダ」

フルーティー【fruity】[形動] 果物の風味が豊かに感じられるさま。「—な香り」「—なワイン」

フルート【flute】[名] 木管楽器に分類される横笛の一つ。古くは黒檀などで作られたが、現在はほとんどが金属製。ほぼ三オクターブの音階と、柔らかく澄んだ音色をもつ。独奏・管弦楽などに広く用いられる。

ブルートゥース【Bluetooth】[名] パソコンや周辺機器などを無線で接続する、近距離用無線通信の規格。▽商標名。

ブルー-フィルム【blue film】[名] ひそかに製作・上映される猥褻な映画。

ブルー-ブラック【blueblack】[名] 濃い藍色。

ブルー-ベリー【blueberry】[名] 果樹として栽培するツツジ科スノキ属の低木の総称。また、その果実。藍黒色に熟す果実は小さい扁球形で、甘酸っぱい。生食のほか、ジャム・ジュースなどに加工する。北アメリカ原産。

ブルー-ライト【blue light】[名] 波長が三八〇〜四九五ナノメートルの青い光。パソコン・スマートフォンなどのバックライトや太陽光に含まれる。

フルーレ【fleuret フランス】[名] フェンシング用の細くて柔軟な剣。また、それを用いて行う競技。胴体への突きのみで得点を争う。

ブルーレイ-ディスク【Blu-ray Disc】[名] 青紫色半導体レーザーをもちいて記録する光ディスクの規格。DVDと同サイズだが、記録容量はおよそ五倍。ブルーレイ。BD。

プルーン【prune】[名] ❶西洋スモモの一種。また、その果実。肉質はかたく、核と果肉は離れやすい。❷①を乾燥させた加工食品。鉄分に富む。

ふるえ【震え】[名] 体が震えること。「—がくる」

ふるえ-あが・る【震え上がる】[自五] 寒さや恐ろしさのためにひどくふるえる。「人々を—らせた事件」

ふる・える【震える】[自下一] ❶物が小刻みにゆれ動く。震動する。「爆音で窓ガラスががたがた—」❷寒さ・興奮・恐怖などで、体や体の一部などが小刻みに動く。「雨にぬれて全身が—」「膝ががくがく—」「緊張して声が—」 文ふる・ふ 名震え

プルオーバー【pullover】[名] 頭からかぶって着る衣類。前後にあきのないセーターやブラウスなど。

フル-カウント【full count】[名] 野球で、ボールカウントがスリーボール、ツーストライクになること。

ふる-がお【古顔】[名] 古くからその社会や集団に、よく顔を知られている人。古参。古株。⇔新顔

ふる-かね【古▽鉄】[名] 使い古した金属製品。また、壊れた金属製品。ふるてつ。ふるがね。

ふる-かぶ【古株】[名] ❶樹木や草の古い株。❷古くからその社会や集団にいる人。ふるがお。「—の社員」

ふる-かわ【古川】[名] 古くからそこを流れている川。「—に水絶えず(=基盤のしっかりしているものはたとえ衰えてもたやすくは滅びないことのたとえ)」

ふる-ぎ【古着】[名] 着古した衣類。「—屋」

ふる-きず【古傷(古▼疵)】[名] ❶以前に受けた傷。また、その傷のあと。「—が痛む」❷以前に犯した悪事や過失。また、思い出したくないいやな体験。「—をあばく」

ふる-ぎつね【古▼狐】[名] 年をとった狐。通力をもつとされる。▽多くの経験を積んでずるがしこくなった人のたとえにいう。

ふるく【古く】[名・副] ずっと以前。昔。「—からの知り合い」「この寺の縁起は—平安時代にさかのぼる」▽形容詞「ふるい」の連用形から。

ふる-くさ・い【古臭い】[形] いかにも古い感じがするさま。古びていて新鮮さや珍しさがない。「—外套」「—考え」 派生-さ

フル-コース【full course】[名] 西洋料理の正餐で、オードブル・スープで始まり、デザートで終わる一連の料理。▽full-course dinner から。

プルコギ【bulgogi 朝鮮】[名] 韓国料理の一つ。たれに漬けた薄切りの牛肉を鉄鍋や鉄板で焼きながら食べるもの。

プルサーマル【和製 plu-thermal】[名] 使用済み核燃料の中の燃え残ったプルトニウムを、通常の原子力発電所(軽水炉)で再利用すること。ウランと混合したMOX(モックス)燃料にして使用する。▽plutonium thermal use から。

ふる-さと【古里(▽故里・▽故▽郷)】[名] ❶自分の生まれ育った土地。故郷。郷里。❷物事の発祥地。また、その源となるところ。「民謡の—」「心の—」

書き方 もと「故郷」が好まれたが、新聞の影響で「古里」が盛ん。かな書きも多い。

品格 家郷「—千里の思い」 郷関「志を立てて—を出づ」 郷土「—料理」 郷里「—で起業する」 故郷「—へ錦を飾る」 出身地「年齢と—を尋ねる」 生地「—主義の国籍法」

ふるさと-のうぜい【ふるさと納税】[名] 納税者が自分で選んだ自治体に対して寄付をした際に、寄付額から二千円を引いた金額が所得税と住民税から控除される制度。

ブルジョア【bourgeois フランス】[名] ❶中世ヨーロッパで、上層の貴族・聖職者と下層の農民・労働者との中間に位置した商工業者。市民。❷近代資本主義社会で、資本家階級に属する人。⇔プロレタリア ❸金持ち。財産家。

ブルジョア-かくめい【ブルジョア革命】[名] 新興の産業資本家を中心とする市民階級が封建制を倒し、政治的・経済的な支配権を掌握した社会革命。一七世紀のイギリス革命、一八世紀のアメリカ独立革命、フランス革命など。市民革命。

ブルジョアジー【bourgeoisie フランス】[名] 階級としてのブルジョア全体をさす語。もとは市民階級・有産階級の意。現在では資本家階級をさす。⇔プロレタリアート

ふる-す【古巣】[名] ❶古くなった巣。もとの巣。❷以前住んでいた所。また、もと勤めていた所。「—の広告部に戻る」

ふる・す【古す】［動五］〈動詞の連用形に付いて複合動詞を作る〉古くする。何回も…して新しさを失う。‖「着ー・したコート」「言いー・されたことば」

プルス［Puls ドイ］［名］脈。脈拍。パルス。

フル-スイング［full swing］［名・他サ変］野球・ゴルフで、バットやクラブを十分に振り切ること。

フル-スピード［full speed］［名］出せる限りの速力。全速力。

ブルゾン［blouson フランス］［名］（おしゃれ着としての）ジャンパー。

フル-タイム［full time］［名］❶所定時間のすべて。全時間。常時。‖「ーサービス」❷決まった勤務時間を通して働くこと。常勤。‖「ーで働く」⇔パート

ふる-だぬき【古▼狸】［名］年をとった狸。人を化かすとされる。▼多くの経験を積んでずるがしこくなった人のたとえにいう。

プル-タブ［pull-tab］［名］ビールやジュースの缶を開けるときに指をかけて引くつまみの部分。プルトップ。

ふる-ち【古血】［名］循環がとどこおって新鮮さを失った血。また、病毒などでけがれた悪い血。

ふる-づけ【古漬け】［名］長い間、漬け込んだ漬物。ひね漬け。‖「大根のー」⇔新漬け

ふるっ-て【奮って】［副］自分から進んで。積極的に。‖「ー御参加ください」

ふる-つわもの【古▽強者・古▽兵】［名］多くの実戦経験を積んだ老巧な武士。▼年功・経験を積んで、その道に通じている人のたとえにもいう。‖「政界のー」

ふる-て【古手】［名］❶衣服・道具などの使い古したもの。‖「ーのオーバー」❷長年、その仕事に従事している人。古株。❸［形動］古くからあること。ごくありふれていること。‖「ーな商法」◈②③⇔新手

ふる-どうぐ【古道具】［名］使い古した道具。

ブルドーザー［bulldozer］［名］土木機械の一つ。キャタピラ式トラクターの前面に鋼製の排土板をとりつけたもの。土砂の運搬、削土・盛土・土ならし、除雪などに用いる。

ブルドッグ［bulldog］［名］イギリス原産の犬の一品種。体形はずんぐりして、肩高約四五センチ。足・尾は短く、頭部が大きい。ひしゃげて、ほおの肉のたれた顔は獰猛そうだが、性質は温順。番犬・愛玩犬。▼なまって「ブルドック」とも。

プルトニウム［plutonium］［名］アクチノイドに属する人工放射性元素。単体は銀白色の固体金属。放射能毒性はきわめて強い。放射能原子炉の燃料、核弾頭などに利用される。元素記号Pu

ふる-なじみ【古▼馴染み】［名］古くから親しくしていること。また、その人。昔なじみ。‖「ーの客［温泉宿］」

フル-ネーム［full name］［名］人の姓と名からなる名前。氏名。姓名。また、団体・組織などの略称ではない、正式の名前。‖「ーで署名してください」

ブルネット［brunet・brunette］［名］褐色がかった髪・目・肌の人。また、その髪。

フルバック［fullback］［名］ラグビー・サッカーなどで、最後尾に位置して相手の攻撃を防ぐ役。また、その選手。最後衛。

ふる・びる【古びる】［自上一］古くなる。古くさくなる。‖「ー・びた掛け時計」文ふる・ぶ

ふる-ふる［副］❶小刻みに震えるさま。‖「緊張で唇がーと震える」❷やわらかなものが揺れるさま。‖「ーのプリン」

ぶる-ぶる［副］小刻みにゆれ動くさま。また、体がふるえるさま。‖「手がーして字が書けない」「寒くてー（と）ふるえる」

ぷる-ぷる［副］❶小刻みに震えるさま。‖「つらいストレッチで足がーと震える」❷やわらかくて弾力があり、みずみずしいさま。‖「ーした肌」▼「ぷるんぷるん」とも。

フル-ベース［和製 full＋base］［名］野球で、満塁。

ブルペン［bullpen］［名］野球場で、救援投手が投球練習をする場所。▼牛の囲い場の意。

ふる-ぼ・ける【古▼惚ける・古▼呆ける】［自下一］古くなって色があせる。また、古くなってきたならしくなる。‖「ー・けた写真」

フルぼっこ［名］〔新〕相手を全力で打ちのめすこと。▼「フルパワーでぼこぼこにする」の略から。書き方「フルボッコ」と書く。

フル-ボディー［名・形動］ワインなどの味に深みがあること。こくがあること。また、そのようなワイン。▼full-bodied から。

ふる-ほん【古本】［名］❶読み古した本。また、読んだあと売りに出された本。‖「ー屋」⇔新本 ❷刊行されてから長い時を経た本。

ブルマー［bloomers］［名］❶裾口にゴムを入れてしぼった、股下の長い下着。女性・子供用。❷①と同形の、女子用の運動着。◈「ブルーマー」とも。

ふる-まい【振る舞い】［名］❶振る舞うこと。動作。行為。‖「立ち居ー」❷もてなし。ごちそう。‖「ー酒」

ふる-ま・う【振る舞う】一［自五］人前である動作・行為を行う。行動する。‖「自然に［無遠慮に］ー」「明るくー」▼ふつう振る舞い方を表す副詞句を伴う。二［他五］人にごちそうをする。おごる。もてなす。‖「客に手作りの料理をー」使い方 無料提供が原則だが、無料同然の値段の意に拡張してもいう。‖「餃子一皿を十円でー」名振る舞い

フル-マラソン［名］正式な距離四二・一九五キロメートルを走るマラソン。ハーフマラソンや短縮マラソンに対していう。‖「ーを走る」▼full-length marathon から。

ふる-めかし・い【古めかしい】［形］いかにも古く感じられるさま。古風である。‖「ー文体」派生 -さ

ふる-もの【古物】［名］使い古した品物。古着や古道具など。‖「ー商」

ふるわ・せる【震わせる】［他下一］小刻みにゆれ動くようにする。ふるえるようにする。‖「怒りに全身をー」「肩をー・せて泣く」文ふるは・す 異形 震わす

ふれ【触れ】［名］政府などから広く世間に告げ知らせること。書き方「布▽令」とも。

ぶれ［名］写真撮影で、カメラがぶれること。また、そのために映像がぼけること。‖「手ー」

プレ［pre］［接頭］〈名詞に付いて〉前の、…以前の、の意を表す。‖「ーオリンピック」

フレア［flare］［名］洋服で、裾が朝顔状に広がるようにゆったりと仕立てたもの。また、その広がり。

ふれ-あ・う【触れ合う】［自五］❶互いに触れる。接触する。‖「肩がー」❷心を通わせ合って親しく交わる。‖「地域住民がー場をつくる」名触れ合い

ふ-れい【不例】［名］貴人の病気。不予。

ぶ-れい【無礼】［名・形動］礼儀にはずれること。‖「ー

を働く」「御ーの段、お許し下さい」「ー者」

ブレイク【break】[名]❶ボクシングで、クリンチの体勢になった選手に対し、レフェリーが離れることを命じる語。❷テニスで、相手にサービス権のあるゲームに勝つこと。❸休憩。≡「ティーー」❹[自サ変]爆発的に売れること。≡「今年大ーしたバンド」◈「ブレーク」とも。

ぶれい-こう【無礼講】[名]身分・地位などの上下による堅苦しい礼儀を抜きにして行う宴会。≡「ーでいこう」

フレー【hurray】[感]スポーツ競技を観戦するとき、競技者を応援・激励して発する語。≡「ー、ー、白組」

プレー【play】[名]❶[自サ変]遊ぶこと。また、遊び。遊戯。≡「ールーム・ースポット」❷[自サ変]競技をすること。また、その競技や技の一つ一つ。≡「正々堂々とーする」「ファインー」❸芝居。演劇。❹「プレーボール」の略。◈「プレイ」とも。

プレーイング-マネージャー【playing manager】[名]❶スポーツで、選手を兼ねている監督。選手兼任監督。❷企業などで、実務も担当する管理職。

プレーオフ【playoff】[名]ゴルフ・サッカーなどで、同点や同率のときに行う決勝試合。再試合。延長戦。

ブレーカー【breaker】[名]一定量以上の電流や異常電流が流れると回路が自動的に遮断される装置。回路遮断器。

プレーガイド【和製play＋guide】[名]映画・演劇・音楽会・スポーツの試合などの案内や入場券の前売りをする所。

ブレーキ【brake】[名]❶車輪の回転をおさえることで、自動車・列車などを停止または減速させる装置。制動機。≡「急ー」❷物事の進行・進展を抑制または妨げるもの。≡「第一走者がーとなる」

フレーク【flake】[名]薄片。また、薄片状にして加工した食品。≡「コーンー」

ブレーク【break】[名]⇩ブレイク

ブレークスルー【breakthrough】[名]❶困難や障害を突破すること。また、突破口。≡「問題の解決にはーが必要だ」「新事業設立のーとなるアイデア」❷科学技術や産業などが飛躍的に進歩すること。≡「ーによって大量生産が可能になる」

フレーズ【phrase】[名]❶句。成句。慣用句。≡「キャッチー」❷音楽で、旋律の一区切り。楽句。

プレート【plate】[名]❶板金。金属板。≡「ネームー・ナンバーー」❷皿。❸野球で、投手が投球する位置に置かれた板。投手板。ピッチャーズプレート。また、本塁。ホームプレート。❹写真の感光板。❺真空管の陽極。❻地球の表層部を形づくる厚さ一〇〇キロメートル内外の岩盤。大陸プレートと海洋プレートに分けられる。

フレーバー【flavor】[名]風味。香り。≡「ーティー」

プレーバック【playback】[名・他サ変]❶録音・録画を再生すること。❷回顧すること。振り返ること。≡「過去の名勝負をーする」

プレーボーイ【playboy】[名]女性を次々に誘惑して遊びまわる男性。また、小粋な遊び人。

プレーボール【play ball】[名]野球・テニスなどの球技で、試合を開始すること。また、審判が試合開始を宣言するときに発する語。

フレーム【frame】[名]❶枠。縁。額縁。≡「眼鏡[ラケット]のー」❷機械・自動車・建造物などの枠組み。❸テレビ・映画・写真などで、撮影される画面の枠取り。また、その画面。❹木などの枠で作った温床。≡「ー栽培」

フレーム-アウト【和製frame＋out】[名]映画・テレビで、被写体が画面からはずれること。⇩フレームイン

フレーム-イン【和製frame＋in】[名]映画・テレビで、被写体が画面に入ってくること。⇩フレームアウト

フレームワーク【framework】[名]❶骨組み。枠組み。≡「政策のー」❷構造。組織。体制。≡「会社のー」

プレーヤー【player】[名]❶競技をする人。競技者。❷演技者。俳優。❸演奏者。❹音響再生装置。レコードプレーヤー・CD(MD)プレーヤー・デジタルオーディオプレーヤーなど。

ブレーン【brain】[名]❶頭脳。❷政府・企業・個人などの相談役として専門的な助言を与える学者・専門家のグループ。▼「ブレーントラスト(brain trust)」の略。

プレーン【plain】[形動]飾らないさま。簡素なさま。あっさりとしているさま。≡「ーオムレツ(＝具の入っていないオムレツ)」「ーヨーグルト」

ブレーンストーミング【brainstorming】[名]参加者が意見を出し合い、自由に討議しながらアイディアを発展させてゆく集団思考法。ブレスト。

フレキシビリティー【flexibility】[名]柔軟性。融通性。適応性。

フレキシブル【flexible】[形動]柔軟性のあるさま。融通のきくさま。≡「ーな思考」

フレグランス【fragrance】[名]❶芳香。香気。❷香水・オーデコロン・ボディーローションなど、芳香性製品の総称。

ふれ-こみ【触れ込み】[名]前もって言いふらすこと。前宣伝。≡「資産家というーの人」▼多く誇大に宣伝することにいう。動**ふれこ・む**(他五)

ブレザー【blazer】[名]フラノ地などで仕立てる、スポーティーな背広型ジャケット。パッチポケット・金属ボタンなどを特徴とする。ブレザーコート。

ブレス【breath】[名]息。呼吸。また、息継ぎ。

プレス【press】[名]❶[他サ変]押すこと。押さえつけること。❷[他サ変]衣服や布地にアイロンをかけること。≡「スカートをーする」❸[他サ変]板金などに圧力を加えて成型すること。また、そのための機械。≡「ー加工」❹印刷。また、出版。出版物。❺新聞。また、新聞社。報道機関。

フレスコ【frescoイタ】[名]壁画制作の技法の一つ。下地の漆喰が乾ききらないうちに水溶性顔料を使って描くもの。また、その技法によって描かれた壁画。≡「フレスコ画」

ブレスト[名]「ブレーンストーミング」の略。

ブレスト【breast】[名]❶胸。胸部。❷平泳ぎ。▼「ブレストストローク(breaststroke)」の略。

プレスト【prestoイタ】[名]音楽で、速度標語の一つ。「きわめて速く」の意。

プレス-ハム【和製press＋ham】[名]豚肉など畜肉の小塊を原料とし、つなぎにでんぷんなどを加えて圧縮・成型したハム。

プレス-リリース【press release】[名]官庁や

企業などが広報として報道関係者に行う公式発表。また、そのときに配布する資料。ニュースリリース。

プレス-ルーム【press room】[名] ❶新聞記者室。報道記者室。❷企業の広報室。▼日本だけの用法。

ブレスレット【bracelet】[名] 腕輪。腕飾り。

プレゼン [名]「プレゼンテーション」の略。

プレゼンテーション【presentation】[名] ❶広告代理店が広告主に対して計画・企画案などを提示・説明すること。❷集会などで自分の意見や考えを発表すること。◈略して「プレゼン」とも。

プレゼント【present】[名・他サ変] 贈り物をすること。また、贈り物。‖「ーを贈る」「クリスマスー」

ふれ-だいこ【触れ太鼓】[名] 相撲の興行で、初日の前日に呼び出しが太鼓をたたきながら取組などを町中に触れ回ること。また、その太鼓。

プレタ-ポルテ【prêt-à-porter フランス】[名] 有名デザイナーの作る高級既製服。▼もとはパリのオートクチュール(高級衣装店)が作る高級既製服。

フレックスタイム【flextime】[名] 総労働時間を規定し、その範囲内で出退社時間を各人が任意に決めることができる勤務制度。▼コアタイムを設ける場合もある。

フレッシャー【fresher】[名] 新入生や新入社員。新人。フレッシャーズ。フレッシュマン。

プレッシャー【pressure】[名] 圧力。特に、精神的な重圧。‖「ーをかける」

フレッシュ【fresh】[形動] 新しいさま。新鮮なさま。‖「ージュース」「ーマン(=新人)」 派生 -さ

プレッツェル【pretzel】[名] 小麦粉をイーストで発酵させた生地を、結び目などの形にして焼いた菓子。

ブレッド【bread】[名] パン。‖「レーズンー」

ふれ-はば【振れ幅】[名] ❶「振幅(しんぷく)」に同じ。振り幅。❷ものごとの変動の度合い。振り幅。‖「金融市場のーが大きい」「感情のー」

プレハブ【prefab】[名] 工場で量産された建築部材を現場で組み立てる建築工法。また、その建築物。▼prefabrication の略。

プレパラート【Präparat ドイツ】[名] 顕微鏡で観察するために、生物・鉱物などの資料をスライドガラスにのせてカバーガラスでおおった標本。

プレビュー【preview】[名] ❶コンピューターで、文書などを印刷・閲覧する前に、仕上がりの状態を画面上で確認すること。また、その機能。❷映画・演劇などの試写・試演。

ふれ-ぶみ【触れ文】[名] 触れ知らせるための文書。触れ書き。

ふれ-まわ・る【触れ回る】ハルマ [他五] ❶触れを伝えて歩く。❷あちこちに言い触らして歩く。‖「悪口をー」

プレミア-ショー【premiere show】[名] 映画で、封切り前に行う有料試写会。また、演劇で、初日の前に招待客だけを対象にして行う披露興行。

プレミアム【premium】[名] ❶権利金。また、割増金。❷手に入りにくい入場券などを正規の料金以上の価格で売買するときの、上乗せされた金額。プレミア。‖「ー付きのチケット」

プレミアム-フライデー【和製 premium + friday】[名] 月末の金曜日を一五時終業にして、働き方の変革と消費の活性化を目指そうとする取り組み。▼二〇一七(平成二九)年二月より実施。

プレリュード【prelude】[名] 前奏曲。

ふ・れる【▽狂れる】[自下一]〈「気がふれる」の形で〉精神が正常さを失う。気が狂う。▼「触れる」とも「振れる」とも書き、語源も不詳。文ふ・る

ふ・れる【振れる】㊀[自下一] ❶左右・前後・上下などにゆれ動く。‖「舟の揺れに従って上体がー」「地震計の針が大きくー」❷一方にずれる。‖「航路から少し西にー」❸野球で、打撃の調子がよい。‖「今日はバットがよくーれている」▼㊁から。文ふ・る
㊁[自他下一]「振る」の可能形。振ることができる。‖「けがが治ったので思い切ってクラブがー」

ふ・れる【触れる】㊀[自下一] ❶人(の体)が他の人や物に瞬間的に接触する。ちょっとだけさわる。‖「恐る恐る傷口にー」「赤ちゃんのやわらかい頰(ほお)にー」「高圧線にーれて感電する」「肩と肩がー」 使い方「触れる」は意図的な行為にもそうでないものにもいう。類義の「触(さわ)る」は多く意図的な行為にいう。
❷何かが他の人や物に瞬間的に接触する。‖「前髪が額にーれてうるさい」「金属が空気にーれて酸化する」
❸〈「脈が触れる」の形で〉脈拍が指先に感じられる。‖「手首も上膊(じょうはく)も脈がーれなくなって…〈三島由紀夫〉」
❹目・耳などに知覚される。‖「人の目にーれないように行動する」「不快なうわさが耳にー」
❺ある事柄にかかわる。特に、ある事柄に言い及ぶ。‖「問題の核心にー」「過去のことにはーれないでおこう」
❻法律・規則などに反する。抵触する。‖「この行為は法律にー」
❼ある物事や機会に出あう。‖「折にーれて忠告する」
❽ある物事にじかに接する。また、じかに接して影響を受ける。‖「異文化にー」「温かい人柄にー」
❾ある物事に接して感動する。‖「人生の機微にーれて感銘を受ける」「心の琴線(きんせん)にー話」
❿相手の怒りなどを身に受ける。‖「家元の怒りにーれて出入りを禁じられる」「師の逆鱗(げきりん)にー」
㊁[他下一] ❶手・指などの体の部分を他の物に軽く接触させる。‖「展示品には手をーれないでください」
❷広く人々に知らせる。‖「近所に悪口をーれて歩く」
文ふ・る 名触れ

ぶ・れる [自下一] ❶正常の位置からはずれる。ずれる。‖「観測位置がー」❷写真を撮る瞬間にカメラが動く。また、そのために映像がぼけて写る。‖「手元がーれないように注意する」 名ぶれ

ふれんぞく-せん【不連続線】[名] 気温・湿度・風向・風速などが異なる二つの気団の接触する面が地表面と交わる線。前線はその一つ。

フレンチ【French】[名] ❶フランス風。フランスの。‖「ートースト」▼他の語と複合して使う。❷フランス料理。

フレンチ-トースト【French toast】[名] パンを卵・砂糖・牛乳などをとき混ぜたものに浸し、表面をバターで焼いたもの。

フレンチ-ドレッシング【French dressing】[名] 酢・油・塩・胡椒(こしょう)などをまぜ合わせたドレッシング。ビネグレットソース。

ブレンド【blend】[名・他サ変] 洋酒・たばこ・コーヒ

ーなどで、品質の異なる数種をまぜ合わせること。また、まぜ合わせたもの。〓「ーコーヒー」

フレンドリー【friendly】［形動］友好的なさま。好意的なさま。〓「ーな人」「ーな関係」

ふろ【風呂】［名］❶体を湯に浸して温めたり洗ったりする設備。また、その湯。〓「ーをわかす」❷入浴すること。〓「ひとー浴びる」❸風呂屋。銭湯。❹塗り終わった漆器を入れて乾かす箱や室(むろ)。

ふ-ろ【風炉】［名］茶の湯の席で、釜(かま)をかけて湯をわかす炉。唐銅(からかね)製・鉄製・土製・木製などがあり、五月初めから十月末ごろまで使う。

プロ［名］❶職業として行うこと。また、その職業人。〓「ーの棋士をめざす」「ー野球」❷ある物事について、(長年の)経験に裏打ちされた知識・技能を具えている人。専門家。〓「経理［子育て・窃盗］のー」◈「プロフェッショナル」の略。⬍アマ

プロ［名］❶「プロダクション」の略。〓「芸能ー」❷「プログラム」の略。❸「プロパガンダ」の略。〓「アジー」❹「プロレタリア」「プロレタリアート」の略。

フロア【floor】［名］❶床。板の間。〓「ースタンド」❷クラブ・ダンスホールなどで、ショーやダンスをする場所。〓「ダンスー」❸建物の階。

ブロイラー【broiler】［名］短期間で効率的に飼育される、食肉用の若鶏。また、その肉。▽もと、肉をあぶり焼きにするための調理器具の意。食肉用の鶏は、地鶏・銘柄鶏・ブロイラーに大別される。

ふ-ろう【不老】(ラウ)［名］いつまでも老いないこと。〓「ー長寿」「ー不死」

ふ-ろう【浮浪】(ラウ)［名・自サ変］定まった職業・住所などをもたないで、あちこちさまよい歩くこと。また、その人。〓「街［各地］をーする」「ー者」

ふろう-しょとく【不労所得】(フラウ)［名］働かなくて得ることのできる所得。利子・配当金・家賃・地代など。

ふろう-ふし【不老不死】(フラウ)［名］老いることも死ぬこともないこと。〓「ーの仙薬」

フロー【flow】［名］❶流れ。流量。❷一定の期間内に生産され流動する財貨全体の量。⬇ストック④

ブロー【blow】［名］❶髪の毛にドライヤーをあて、ブラシで髪形を整えること。ブローセット。❷ボクシングで、打撃。〓「ボディーー」

ブローカー【broker】［名］仲買人。仲介業者。〓「土地ー」

ブロークン【broken】［形動］外国語の発音・文法などがでたらめであるさま。〓「ーイングリッシュ」

ブローチ【brooch】［名］洋服の胸・襟などにつける留め針式の装身具。

フロー-チャート【flow chart】［名］作業の流れや処理の手順を所定の記号を用いて図式化したもの。流れ図。フローシート。

フロート【float】［名］❶浮き。浮標。❷水上飛行機の脚部に取り付けられた浮き舟。浮舟(ふしゅう)。❸アイスクリームを浮かした冷たい飲み物。〓「コーヒーー」

ブロード［名］❶光沢のある平織りの綿織物。婦人服・ワイシャツなどに用いる。❷上質の紡毛糸・梳毛(そもう)糸を平織りまたは綾織りにした薄手の毛織物。▽broadclothから。

ブロードウェー【Broadway】［名］ニューヨーク市のマンハッタンを南北に走る繁華な大通り。特に、タイムズスクエア付近の劇場街をいう。

ブロードバンド【broadband】［名］高速で大容量のデータを送受信する広帯域通信網。光ファイバーやCATV回線などを使って実現される。書き方 俗に「BB」とも。

ブローニー-ばん【ブローニー判】［名］写真フィルムの画面サイズの一つ。縦六(センチメートル)×横九(センチメートル)。▽イーストマンコダック社のブローニー(Brownie)カメラで使われたことから。

ブローニング【Browning】［名］ベルギー製の自動式ピストル。▽アメリカ人John Moses Browningの発明による。

フローラル【floral】［形動］花のようであるさま。花を用いているさま。〓「ーな香り」

フローリング【flooring】［名］木質系の床仕上げ材。また、板材で床を張ること。

ブロガー【blogger】［名］ブログを開設している人。

ふ-ろく【付録(附録)】［名］❶本文の末尾などに参考・補足として付けられたもの。〓「巻末ー」❷雑誌などで、本体に添えられたおまけや小冊子。

ブログ【blog】［名］インターネット上で公開する、日記形式のウェブサイト。読み手がコメントを書き込んだりできる。▽ウェブ(web)とログ(log)からの造語「ウェブログ(weblog)」の略。

プログラマー【programmer】［名］コンピューターのプログラムを作成する人。

プログラミング【programming】［名・自他サ変］コンピューターのプログラムを作成すること。

プログラム【program】［名］❶予定。計画。また、それを表にしたもの。予定表。❷放送・映画・演劇・各種催し物などで、各出し物の組み合わせ。また、その演目・曲目・順序・内容などを印刷した番組表や小冊子。❸［他サ変］コンピューターに処理させる仕事の手順を精密に記述したもの。また、それを作成すること。

プログレッシブ【progressive】［名・形動］進歩的なさま。進取の気性に富むさま。また、そのような人。〓「ーな感性」⬍コンサバティブ

プロジェクション-マッピング【projection mapping】［名］壁面や、建築物・家具など立体物の表面にプロジェクターで映像を投影する手法。広告、イベント、メディアアートなどで利用される。

プロジェクター【projector】［名］❶映写機。❷計画者。立案者。

プロジェクト【project】［名］企画。研究計画。事業開発計画。〓「ーチーム」

ふろ-しき【風呂敷】［名］物を包むのに使う正方形の布。▽もとは風呂屋で入浴客が脱いだ衣類を包んだ布。

◉**風呂敷を広・げる**　実際よりも大げさに言う。▽強調して「大風呂敷を広げる」とも。⬇大風呂敷を広げる

プロセス【process】［名］手順。工程。過程。経過。

プロセス-チーズ【process cheese】［名］一種または二種以上のナチュラルチーズを加熱殺菌し、香辛料を加えるなどして再成形したチーズ。

プロセッサー【processor】［名］コンピューターの処理装置。CPU。

プロダクション【production】［名］❶作りだすこと。生産。製造。❷映画・テレビ番組・出版物などの企画・制作を行う会社。プロ。❸芸能人・タレントなどを

抱えて興行や事業を行う会社。プロ。

フロック【fluke】［名］❶ビリヤードなどで、まぐれ当たり。❷まぐれで成功すること。思いがけない幸運。

フロック【frock】［名］男性の昼用礼服。上着は黒ラシャのダブルで丈は膝(ひざ)まで、黒のチョッキと白のシャツをつけ、縦じまのズボンと組み合わせて着る。フロックコート。

ブロック【bloc】［名］特定の目的のために結びついている国・団体など。

ブロック【block】［名］❶かたまり。≡「牛肉を―で買う」❷コンクリートを中空の四角形に成型した建築材料。コンクリートブロック。≡「―塀」❸積み木。❹市街地の一区画。街区。❺木版印刷の版木。❻［他サ変］運動競技で、相手を妨害・阻止すること。ブロッキング。

ブロック‐けいざい【ブロック経済】［名］同盟国などが排他的な経済圏を形成し、重要物資の自給自足や相互の市場確保をはかること。広域経済圏。

ブロッコリー【broccoli イタリア】［名］キャベツの一変種。緑色のつぼみを食用とする。メハナヤサイ。ミドリハナヤサイ。

フロッタージュ【frottage フランス】［名］石・木片・木の葉・粗い布などに紙を当て、鉛筆・木炭などでこすって偶然の絵画的効果を得る技法。▽摩擦の意。

プロット【plot】［名］小説・演劇・映画などの筋。構想。

フロッピー‐ディスク【floppy disk】［名］コンピューターの記憶媒体の一つ。プラスチックの薄い小形の円盤に磁性体を塗布してジャケットに収めたもの。磁気に弱い。FD。

プロテイン【protein】［名］たんぱく質。

プロテクター【protector】［名］スポーツで、防護用具。野球で捕手や審判が使う胸当てや、ボクシング用のヘッドギアなど。

プロテクト【protect】［名・他サ変］❶守ること。保護すること。❷コンピューターで、データの変更・削除・破壊・コピーなどを防ぐこと。

プロテスタント【Protestant】［名］一六世紀の宗教改革後、ローマカトリック教会に対立して成立したキリスト教の新しい教派。新教。また、その信徒。新教徒。

プロテスト【protest】［名・自サ変］抗議すること。異議申し立て。≡「体制に―する」「―ソング」

プロデューサー【producer】［名］映画・演劇・放送番組などの制作責任者。

プロデュース【produce】［名・他サ変］映画・演劇・テレビ番組などを制作すること。≡「正月映画を―する」

プロトコル【protocol】［名］❶国家間の議定書。❷コンピューターが通信を行う際の手順や約束事。ウェブブラウザーとウェブサーバー間のHTTPなど。

プロトタイプ【prototype】［名］❶実験的に作られるもの。試作品。試作モデル。❷典型。基本型。模範。≡「若い頃の作品を―にして書いた小説」❸言語学や認知心理学で、一つの意味範疇(はんちゅう)に属するもののうち、その典型と見なされるもの。

プロトン【proton】［名］陽子(ようし)。

ふろ‐ば【風呂場】［名］入浴設備のある部屋。浴室。湯殿(ゆどの)。

プロパー【proper】［名］❶固有であること。特有であること。≡「哲学―の問題」▽多く他の語に付けて使う。❷その方面に専門であること。また、その人。≡「経理部門の―」❸服飾・流通業界などで、定価。値引きしない価格。❹製薬会社で、病院などを回って医薬品の宣伝・販売をする担当者。▽現在はMR（medical representative）の用語が用いられる。

プロバイダー【provider】［名］インターネットへの接続サービスを提供する業者。インターネットプロバイダー。ISP。

プロパガンダ【propaganda】［名］宣伝。特に、政治的意図をもって行われる主義・思想などの宣伝。

プロパティー【property】［名］❶財産。資産。❷固有性。特性。属性。❸コンピューターで、ファイル・周辺機器などの属性に関する情報をまとめたもの。

プロバビリティー【probability】［名］❶見込み。公算。蓋然性(がいぜんせい)。❷数学で、確率。

プロパン‐ガス【propane gas】［名］プロパン（メタン系炭化水素の一つ）を主成分とする液化石油ガス。家庭用・商工業用の燃料に用いる。

プロフ［名］［新］インターネット上に自己紹介ページを作成できるサービス。▽プロフィール（profile）の略から。

プロファイリング【profiling】［名］❶過去の犯罪の手口や動機をデータベース化し、それをもとに犯人を特定する方法。❷顧客のデータを分析して、その特徴や今後の行動などを推測すること。

プロフィール【profile】［名］❶横顔。また、肖像画・写真などで横顔の像。❷側面から見た人物評。人物紹介。◈プロフィルとも。

プロフェッサー【professor】［名］教授。

プロフェッショナル【professional】㊀［形動］それを職業として行うさま。また、専門的。≡「―な技術」㊁［名］職業人。また、専門家。⬍アマチュア ⬇プロ

ふろ‐ふき【風呂吹き】［名］輪切りにしたダイコン・カブなどを昆布だしで柔らかくゆで、熱いうちに合わせ味噌(みそ)をつけて食べる料理。≡「―大根」

プロペラ【propeller】［名］航空機などでエンジンの回転力を推進力に変える装置。軸に取り付けた数枚の羽根が回転して推力を生じる。

プロポーザル【proposal】［名］企画。提案。申し込み。

プロポーション【proportion】［名］❶釣り合い。特に、体の均整。≡「―のいい人」❷割合。比率。

プロポーズ【propose】［名・自サ変］申し込みをすること。特に、結婚の申し込みをすること。求婚。

プロポリス【propolis】［名］ミツバチが、集めてきた樹液と唾液(だえき)を混ぜて作った粘りけのある物質。抗菌作用にすぐれ、古くから欧米で民間薬や強壮剤に用いられてきた。

フロマージュ【fromage フランス】［名］チーズ。

ブロマイド【bromide】［名］俳優・歌手などの肖像写真。▽ブロマイド紙（乳剤として臭化銀を塗布した印画紙）を用いたことから。なまって「プロマイド」とも。

プロミネンス【prominence】［名］❶太陽の彩層からコロナの中に立ちのぼる炎状のガス体。主成分は水素。紅炎(こうえん)。❷文中のある語句を強調するために、特

に強く発音すること。卓立。

プロムナード【promenade フランス】[名] 散歩道。遊歩道。

プロモーション【promotion】[名] 販売促進のための宣伝をすること。≡「ーグッズ」

プロモーション-ビデオ【和製 promotion + video】[名] 宣伝・販売促進用のビデオ。特に、宣伝用のミュージックビデオ。ビデオクリップ。PV。

プロモーター【promoter】[名] ❶主催者。発起人。❷興行主。

プロモート【promote】[名・他サ変] ❶促進すること。奨励すること。≡「新商品の開発をーする」❷興行を主催すること。

プロ-レス [名] 興行を目的とするショー的なレスリング。プロレスリング。▽professional wrestling から。

プロレタリア【Proletarier ドイツ】[名] 資本主義社会で、生産手段をもたず、自分の労働力を資本家に売ることによって生活する賃金労働者。また、その階級。無産者。⇔ブルジョア

プロレタリアート【Proletariat ドイツ】[名] プロレタリアの階級。労働者階級。無産階級。⇔ブルジョアジー

プロローグ【prologue】[名] ❶演劇で、開幕前に演じられる主題を暗示するための小劇や上演意図などを述べる前口上。❷詩歌・小説・音楽などで、その作品の主題を暗示する前置きの部分。序詩・序章・序曲など。❸物事のはじまり。発端。◈⇔エピローグ

フロン-ガス【和製 flon + gas】[名] クロロフルオロカーボンの日本での慣用名。炭素に塩素・フッ素の原子が結びついた化合物の総称。冷蔵庫などの冷媒、半導体の洗浄剤などに用いられる。▽大気中に放出されたガスが成層圏に達するとオゾン層を破壊することが指摘され、現在では規制の方向にある。

ブロンズ【bronze】[名] 青銅。また、青銅製のもの。≡「ー像」

フロンティア【frontier】[名] 国境地方。特に、米国開拓時代の最前線となった辺境地帯。≡「ースピリット(=開拓者精神)」

フロント【front】[名] ❶正面。前面。≡「ーガラス」⇔バック ❷ホテルなどの受付。❸プロ野球で、球団の首脳陣。▽「フロントデスク(front desk)」の略。「フロントオフィス(front office)」の略。

ブロンド【blond】[名] 金髪。また、金髪の女性。

フロント-ガラス【和製 front + glas オランダ】[名] 自動車などの運転席の前面にあるガラス。フロントグラス。

プロンプター【prompter】[名] ❶演劇で、舞台の陰で俳優に台詞(せりふ)を教える役の人。❷放送やスピーチで、読み手の原稿をカメラやパソコンに取り込み、ハーフミラーに写し出す装置。テレビカメラや聴衆に視線を向けて原稿を読むことができる。

ふ-わ【不和】[名] 仲が悪いこと。不仲。≡「二国間にーを生じる」「家庭ー」

ふ-わく【不惑】[名] 四〇歳のこと。▽『論語』為政の「四十にして惑わず」から。

ふ-わけ【▼腑分け】[名・他サ変]〔古風〕解剖。

ぶ-わけ【部分け】[名・他サ変] 種類・性質などによっていくつかに分けること。部類分け。

ふ-わたり【不渡り】[名] 手形・小切手の所持人が期日になっても支払人からその支払いを受けられないこと。また、その手形・小切手。≡「ーを出す」「ー手形」

ふわ-ふわ [副ト] ❶軽そうなものが風を含んでなびくさま。また、軽そうなものが浮いて漂うさま。≡「白い雲がー(と)漂う」「カーテンがー(と)揺れる」❷[形動] 柔らかくふくらんでいるさま。≡「ー(と)したスポンジケーキ」❸気持ちがうわついているさま。≡「ー(と)した気分でいる」

ふわ-らいどう【付和雷同(附和雷同)】[名・自サ変] 一定の主義・主張がなく、他人の意見や行動にすぐ同調すること。≡「幹部の意見にーする」注意「不和雷同」と書くのは誤り。

ふわり [副ト] ❶柔らかくふくらんでいるさま。≡「ーと焼き上がったパン」❷軽く浮き上がるさま。また、軽く浮いて漂うさま。≡「ーと舞い上がる」❸軽くて柔らかいものでそっとおおうさま。≡「タオルケットをーとかける」

ふん【分】[名] ❶時間を表す単位。一分は一時間の六〇分の一。≡「歩いて五ーの距離」❷角度を表す単位。一度の六〇分の一。◈使い方 促音「っ」・撥音(はつおん)「ん」に続く場合は「ぷん」になる(さんぷん・よんぷん・ろっぷん・はっぷん・じっぷん)。まれに「よんふん」「はちふん」とも。「ろっふん」は不適切。

ふん【▼糞】[名] 動物の排泄物。大便。くそ。≡「馬のー」「ー尿」「人ー」

ふん [感] ❶同輩以下の人に対して軽く受け答えをするときに発する語。≡「ー、ー、そうなのか」❷不満・軽視などの気持ちを表すときに発する語。≡「ー、これっぽちか」「ー、ばかばかしい」

ふん【粉】(造) ❶物を細かくくだいたもの。こな。また、こなにする。≡「ー塵(じん)」「花ー・金ー・澱ー(でんぷん)」「ー骨砕身」

ふん【紛】(造) ❶入り乱れる。もつれる。≡「ー糾・ー争」「内ー」❷まぎれてわからなくなる。≡「ー失」

ふん【雰】(造) 空気。大気。≡「ー囲気」

ふん【噴】(造) 勢いよくふき出す。≡「ー火・ー射」

ふん【墳】(造) 土を高く盛り上げた墓。つか。≡「ー墓」「古ー・前方後円ー」

ふん【憤】(造) ❶いきどおる。いかる。いかり。≡「ー慨・ー怒(ふんぬ・ふんど)」「鬱ー(うっぷん)」❷ふるいたつ。≡「発ー」

ふん【奮】(造) ふるいたつ。勇みたつ。≡「ー闘・ー発」「興ー」

ぶん【分】一[名] ❶割り当てられた務め。本分。また、身の程。≡「ーを尽くす」「親ー・客ー」❷それに相当する部分・要素。また、相当する数量。分量。≡「自分のーを確保する」「超過ーを払う」「三日ーの薬」❸そのような程度。≡「個人の立場で発言しているーには問題がないが」「このーなら成功するだろう」使い方「…分(だけ)、…」の形で、その程度に応じて他の事柄の程度も進む意を表す。≡「期待していなかったー、余計に嬉しかった」「スピードを上げたーだけ疲れが出た」

二(造) ❶いくつかに分ける。分かれる。≡「ー解・ー類」「配ー・半ー」❷成分。≡「塩ー・水ー・アルコールー」❸そのころ。ころあい。≡「時ー・夜ー」

◉**分に過ぎる** その人の立場や能力以上である。≡「ー・ぎた栄誉」注意「分(ぶん)」を「ぶ」と読むのは誤り。

ぶん【文】[名] ❶思ったことや感じたことを文字で書き表したもの。文章。≡「ーを書く」「紀行ー・抗議ー」「ー才・ー書」「作ー・詩ー・序ー・名ー」❷文法で、思想・感情などをことばで表現する際の、一区切りのまとまった

内容をもつ最小の単位。一語または複数の語から構成される。センテンス。文字で表すときは、ふつう句点でその終わりを示す。≡「―節」「単―・複―」▼日常語では文章ともいう。❸学問。学芸。≡「―を修める」「―武両道」「―官・―教・―人」

ぶん【聞】（造）❶きく。≡「外―・見―・伝―」❷うわさ。評判。≡「異―・醜―・風―」

ぶん-あん【文案】[名] 文章の下書き。草案。≡「―を練る」

ぶん-い【文意】[名] 文章の意味。文の趣旨。≡「―を汲む」

ふんい-き【雰囲気】[名] その場やその場の人々がかもし出している気分。また、ある人が周囲の人々に感じさせる独特の気分。ムード。≡「なごやかな―」「険悪な―が漂う」「明るい―の人」▼もと、地球をとりまいている大気の意。✓注意「ふいんき」は誤り。

ぶん-いん【分院】[名] 病院・寺院などで、本院とは別に設けられた建物。

品格 香り「ルネサンスの―」気配「秋の―」佇まい「楚々とした―」匂い「事件の―がする」

ぶん-うん【文運】[名] 学問・芸術が盛んになる気運。また、文化・文明が発展していこうとする動き。≡「―の盛衰」「―隆盛」

ふん-えん【噴煙】[名] 火山の火口などから噴き上がる煙。≡「浅間山が―を上げる」

ぶん-えん【分煙】[名] 非喫煙者の受動喫煙を避けるために、喫煙と禁煙の場所や時間帯を区分すること。

ふん-か【噴火】[名・自サ変] 火口から溶岩・火山ガス・水蒸気・岩塊などが地表に噴き出すこと。また、その現象。≡「火山が―する」

ぶん-か【分化】[名・自サ変] ❶単純なものが進歩・発展の過程で異質なものを生じて分かれていくこと。≡「自然科学が―する」❷生物体の発生の過程で細胞や組織の形態が変化し、それぞれの機能に応じた特異性が確立していくこと。また、その現象。

ぶん-か【分科】[名] 専門科目別に分けること。また、分けられた科目。≡「―会」

ぶん-か【分課】[名・他サ変] 仕事を分担するためにいくつかの課に分けること。また、その課。

ぶん-か【文化】[名] ❶ある民族・地域・社会などでつくり出され、その社会の人々に共有・習得されながら受け継がれてきた固有の行動様式・生活様式の総体。≡「―遺産」「地方―史」❷人間がその精神的な働きによって生み出した、思想・宗教・科学・芸術などの成果の総体。▼物質的な成果の総体は特に「文明」として区別される。❸世の中が開けて、生活水準が向上すること。≡「―生活」

ぶん-か【文科】[名] ❶数学・自然科学系統以外の学問分野。人文科学・社会科学の分野。また、それを研究・教育する大学の部門。文学・史学・法学・経済学など。≡「―系」⇔理科 ❷文学部。

ぶん-が【文雅】[名] ❶詩歌をよみ、文章をつづる風雅の道。❷[形動] 詩文に親しむなどして、みやびやかなこと。風流なこと。≡「―な趣味」

ふん-がい【憤慨】[名・自他サ変] いきどおりなげくこと。ひどく腹を立てること。≡「差別待遇に／を―する」

ぶん-かい【分会】[名] 本部の下部組織として地域別・職場別・専門別に設けられた会。

ぶん-かい【分界】[名・他サ変] 分けて境目をつけること。また、その境目。≡「気候上の―をなす山脈」「―を画す」「―線」

ぶん-かい【分解】[名・自他サ変] ❶一つにまとまっているものを個々の要素や部分に分けること。また、分かれること。≡「機体が／を―する」「糖が―される」❷化合物が化学変化によって二つ以上の異なる物質に分かれること。また、分けること。≡「電気―」

ぶん-がい【分外】[名・形動] 身分や分限を越えていること。身分不相応なこと。≡「―の光栄に存じます」

ぶんか-いさん【文化遺産】[名] 歴史的価値あるものとして現在まで保存・継承されてきた過去の文化。文化財。

ぶんか-えいが【文化映画】[名] 劇映画・ニュース映画に対し、一般の人々の知識や教養を高めるために作られた映画。教育映画・科学映画・記録映画など。

ぶんか-かがく【文化科学】[名] 一般法則性を重んじる自然科学に対し、一回的・個別的な現象を対象にして、その価値を研究する科学。▼Kulturwissenschaftの訳語。

ぶん-がく【文学】[名] ❶言語で表現される芸術作品。詩歌・戯曲・小説・随筆・評論など。文芸。≡「―作品」❷①を研究対象とする学問。文芸学。❸自然科学・社会科学以外の、文芸学・言語学・哲学・史学などの総称。≡「―部」

ぶんがく-しゃ【文学者】[名] ❶文学作品を創作する人。詩人・作家・劇作家など。❷文学を研究する人。

ぶんか-くんしょう【文化勲章】[名] 学術・芸術など、文化の向上・発展に著しい功績を残した人に授与される勲章。一九三七（昭和一二）年に制定された。

ふんか-こう【噴火口】[名] 火山が溶岩・火山弾・火山灰などを噴き出す口。✓注意「噴火孔」と書くのは誤り。

ぶんか-こうろうしゃ【文化功労者】[名] 文化功労者年金法に定める、文化の向上発展に著しい貢献のあった人。終身年金が支給される。

ぶんか-さい【文化祭】[名] 中学・高校・大学などで、生徒・学生が中心になって展示・演劇・音楽会・講演会などを行う文化的な行事。

ぶんか-ざい【文化財】[名] 人間の文化活動の結果として生み出されたもので、文化的価値の高いもの。特に、文化財保護法が保護の対象として規定する、有形文化財・無形文化財・民俗文化財・記念物・伝統的建造物群の総称。

ふんか-ざん【噴火山】[名] 噴火している山。活火山。

ぶんか-し【文化史】[名] 科学・芸術・文学・教育・思想・宗教・衣食住・風俗・交通などを文化の所産として捉え、人間の文化的活動の変遷・発展を包括的に記した歴史。文明史。

ぶんか-じん【文化人】[名] 学問・芸術などの分野で活躍している人。文化的教養を身につけた教養人。

ぶんか-じんるいがく【文化人類学】[名] 人間を社会と文化の側面から実証的に調査し、研究する学問。

ぶんか-そうたいしゅぎ【文化相対主義】[名] 文化に優劣はないとして、文化の多様性を認め、異文化を尊重しようとする考え方。

ぶんか‐ちょう【文化庁】［名］文部科学省の外局。文化の振興・普及、文化財の保存・活用、宗教に関する行政事務などを主な業務とする。

ぶん‐かつ【分割】［名・他サ変］いくつかに分けること。‖「土地を―する」「黄金―」

ぶん‐かつ【分轄】［名・他サ変］いくつかに分けて管轄すること。‖「職務を―する」

ぶんかつ‐ばらい【分割払い】［名］代金を何回かに分けて支払うこと。⇔一時払い 書き方 公用文では「分割払」。

ぶんか‐てき【文化的】［形動］❶文化にかかわっているさま。‖「―な事業」❷文化を取り入れているさま。‖「―生活」

ぶんか‐の‐ひ【文化の日】［名］国民の祝日の一つ。十一月三日。自由と平和を愛し、文化をすすめる日。文化勲章の授与などが行われる。▽新憲法公布の日、また旧明治節の日。

ぶんか‐ぶ【文化部】［名］部活動のうち、文化系の活動を行うもの。⇔運動部

ぶん‐かん【文官】［名］文民の官吏。軍事以外の行政事務に携わる官吏。⇔武官

ふん‐き【噴気】［名］火山などで、ガスや水蒸気を噴き出すこと。また、そのガスや水蒸気。‖「―孔」

ふん‐き【奮起】［名・自サ変］ふるいたつこと。意気や勇気をふるいおこすこと。‖「―を促す」

ふん‐ぎ【紛議】［名］もつれてまとまらない議論。

ぶん‐き【分岐】［名・自サ変］二つの方向に分かれること。‖「街道から―した道」

ぶんき‐てん【分岐点】［名］❶道路・線路などが二つの方向に分かれる点。❷物事の分かれ目。‖「人生の―に立つ」「損益―」

ふん‐きゅう【紛糾】［名・自サ変］物事がもつれて、まとまらないこと。‖「議論が―する」

ぶん‐きょう【文教】［名］学問によって人を教化すること。また、学問・教育に関すること。‖「―地区」▽多く行政分野で使う。

ぶん‐ぎょう【分業】［名・自他サ変］❶手分けして仕事をすること。❷生産の工程をいくつかの段階に分け、それぞれを異なった労働力が分担すること。

ぶんきょう‐じょう【分教場】［名］➡分校

ぶん‐きょく【分極】［名・自サ変］❶電界内に原子または分子を置いたとき、電荷の分布が変化して正・負の電荷に分かれること。❷電気分解などで、電極付近のイオン濃度の変化や水素ガスの発生などによって、外部からの電圧とは反対方向の起電力が生じること。

ぶんきょく‐か【分極化】［名・自サ変］相対する二つ以上の立場や勢力に分かれること。‖「野党の―が進む」

ふん‐ぎり【踏ん切り】［名］思い切って決心すること。決断。‖「なかなか―がつかない」「―が悪い」

ぶんきん‐たかしまだ【文金高島田】［名］女性の日本髪の一つ。島田髷の根を高くした、優美で華やかな髪形。現在では婚礼のときなどに結う。文金島田。

ぶん‐ぐ【文具】［名］文房具。‖「―店」

ぶん‐け【分家】［名・自サ変］家族の一員が、その所属する家から分かれて新しく一家を構えること。また、その家。‖「三男が―する」「―の娘」

ふん‐けい【▼刎▼頸】［名］首をはねること。斬首。

◉**刎頸の交わり** その友人のためなら首をはねられても後悔しないほどの親しい交わり。▽『史記』から。

ぶん‐けい【文系】［名］文科の系統。文科系。⇔理系

ぶん‐けい【文型】［名］文をその構造・表現方法などによって分類した各種の型。‖「基本―」▽sentence patternの訳語。

ぶん‐げい【文芸】［名］❶言語によって表現される芸術。詩歌・小説・戯曲など。文学。‖「―評論」❷文学とその他の芸術一般。また、学問と技芸。

ぶんげい‐ふっこう【文芸復興】［名］ルネサンス。

ふん‐げき【憤激】［名・自サ変］はげしくいきどおること。また、はげしい怒り。‖「―を買う」

ぶん‐けつ【分▼蘖】［名・自サ変］稲・麦・トウモロコシなどが、根に近い茎の節部から枝分かれすること。また、その枝分かれした茎。株張り。ぶんげつ。

ぶん‐けん【分県】［名］日本全国を都道府県に分けたもの。‖「―地図」

ぶん‐けん【分遣】［名・他サ変］本隊などから分けて派遣すること。‖「―隊」

ぶん‐けん【分権】［名］権力を分散させること。‖「地方―」⇔集権

ぶん‐けん【文献】［名］❶昔の制度・文物を知るための資料となる記録・文書。❷参考資料になる文書・書物。‖「参考―」

ぶん‐げん【分限】［名］❶身分。身のほど。分際。ぶげん。‖「―をわきまえる」❷財力。また、財力があること。金持ち。ぶげん。‖「―者」❸法律で規定される公務員の地位・資格。‖「―免職」

ぶん‐げん【文言】［名］❶文章や手紙の中の文句。もんごん。❷中国で、伝統的な文章体。文語。⇔白話

ぶんけん‐がく【文献学】［名］文献の考証・解釈・批判・成立史などを研究する学問。フィロロジー。

ぶん‐こ【文庫】［名］❶書物などを入れておく倉庫。書庫。❷ひとまとまりの蔵書。‖「学級―」❸書類・紙筆などを入れておく小箱。手文庫。❹同一の型・装丁で続いて発行される廉価な小型本。判型は文庫判と呼ばれるA6判（縦一四・八センチメートル、横一〇・五センチメートル）が基本。▽「文庫本」の略。

ぶん‐ご【文語】［名］❶文章を書くときに用いることば。書きことば。文字ことば。❷平安時代の言語を基礎にして発達・固定した独自の書きことば。現代では和歌・俳句などで用いられる。◈⇔口語

ふん‐ごう【▼吻合】［名］❶［自サ変］二つの事柄がぴったりと合うこと。❷［自サ変］血管・神経・腸管などが互いに連絡していること。❸［他サ変］手術によって血管や腸管などの端どうしをつなぎ合わせること。‖「―術」◈上下の唇が合う意から。

ぶん‐こう【分光】［名・自他サ変］プリズムを通った光がスペクトルに分かれること。また、スペクトルに分けること。‖「―器」

ぶん‐こう【分校】［名］本校から遠く離れた地域に住む児童・生徒のために、本校とは別に設ける学校。⇔本校 ▽古くは「分教場」といった。

ぶん‐ごう【分合】［名・他サ変］分けることと合わせること。分割と合併。また、あるものを分けて他のものに合わせること。‖「飛び地を―する」「農地を交換―す

る」

ぶん-ごう【文豪】ガウ〔名〕きわめてすぐれた文学者。大作家。

ぶんご-たい【文語体】〔名〕「文語」②を用いて書かれた文章様式。擬古文体・漢文体・和漢混淆(こんこう)文体・候文体など。⇕口語体

ふん-こつ【分骨】〔名・自他サ変〕遺骨を二か所以上に分けて葬ること。また、その遺骨。

ふんこつ-さいしん【粉骨砕身】〔名・自サ変〕力の限り懸命に努力すること。「会社再建のために―する」注意「さいしん」を「砕心」と書くのは誤り。

ぶんご-ぶん【文語文】〔名〕「文語」②を用いて書かれた文。⇕口語文

ふん-ご・む【踏ん込む】〔自五〕「踏み込む」に同じ。「私は思い切ってどろどろの中へ片足―・みました〈漱石・こころ〉」

ふん-さい【粉砕】〔名・他サ変〕❶こなごなに砕くこと。「―機」❷徹底的に打ち破ること。「敵を―する」

ふん-ざい【粉剤】〔名〕こな状の薬剤。こなぐすり。

ぶん-さい【文才】〔名〕詩歌・文章を巧みに作る才能。文学的才能。

ぶん-ざい【分際】〔名〕身分・地位の程度。身のほど。分限。「新人の―で出過ぎたことをする」

ぶん-さつ【分冊】〔名・他サ変〕ひとまとまりの書物を何冊かに分けること。また、その分けた本。

ぶん-さん【分散】〔名・自他サ変〕分かれて散らばること。また、分けて散らすこと。「勢力が／を―する」「リスクを―する／させる」「―した／されたデータ」使い方「～を分散する／分散させる」は、ともによく用いられる。⬇品詞解説(一八六㌻)

ふん-し【憤死】〔名・自サ変〕憤慨のあまり死ぬこと。「讒言(ざんげん)にあって―する」

ぶん-し【分▼祀・分▼祠】〔名・他サ変〕本社と同じ祭神を別の神社にまつること。また、その神社。

ぶん-し【分子】〔名〕❶各物質をその化学的性質を保ったまま分割したときの最小の構成単位。ヘリウムのように一原子からなる一原子分子もあるが、ふつうは複数個の原子の結合体。❷団体を構成している各個人。成員。「不平―」❸分数または分数式で、割られる方の数または式。⇕分母

ぶん-し【文士】〔名〕〔古風〕文筆を職業とする人。特に、小説家。「昭和の―」

ぶん-じ【文事】〔名〕学問・芸術などに関する事柄。⇕武事

ぶん-じ【文辞】〔名〕文章のことば。文詞。

ぶんし-しき【分子式】〔名〕元素記号を用いて一個の分子を構成する原子の種類と数を表す化学式。

ふん-しつ【紛失】〔名・自他サ変〕物がどこかにまぎれてなくなること。また、なくすこと。「パスポートが／を―する」「―届」

ぶん-しつ【分室】〔名〕本部・本社などから離れた場所に分けて設けられた事務所。「町役場の―」

ふん-しゃ【噴射】〔名・他サ変〕❶勢いよくふき出させること。「蒸気を―する」❷霧状にした燃料油と圧縮空気を混合して爆発させ、その排気を続けてふき出させること。「―推進機関」

ぶん-しゃ【分社】〔名〕❶本社の神霊を分けてまつった神社。❷会社をいくつかに分けること。「―化」

ぶん-じゃく【文弱】〔名・形動〕学問・芸術などにかたよりすぎて弱々しいこと。「―の徒」

ぶん-しゅう【文集】シフ〔名〕文章・詩歌などを集めて一冊にまとめたもの。「卒業記念―」

ぶん-しゅく【分宿】〔名・自サ変〕何人かの一行が何か所かに分かれて宿泊すること。

ふん-しゅつ【噴出】〔名・自他サ変〕勢いよくふき出ること。また、ふき出すこと。「水蒸気〔炎・感情〕が―する」「溶岩を―する山」

ふん-しょ【▼焚書】〔名・自サ変〕学問・思想弾圧の手段として書物を焼き捨てること。「―坑儒(こうじゅ)(＝紀元前二一三年、秦の始皇帝が儒教の書物を焼き捨て、儒者を坑(あな)に埋めて殺したこと。転じて、学問・思想に対する弾圧)」

ぶん-しょ【分署】〔名〕警察署・消防署・税務署などで、本署から分かれて設けられた小規模の機関。

ぶん-しょ【文書】〔名〕文字で書き記したもの。書き物。書類。もんじょ。「―で回答する」「怪―・公―」

ふん-じょう【紛▼擾】ゼウ〔名・自サ変〕乱れてもめること。また、もめごと。

ぶん-しょう【分掌】ジャウ〔名・他サ変〕職務・仕事などを分けて受け持つこと。「行政事務を―する」

ぶん-しょう【文章】シャウ〔名〕文を連ねて思想・感情などを表現したひとまとまりのもの。ふつう、韻文に対して散文をいう。「―を練る」「―力」▽⬇文②

ぶん-じょう【分乗】〔名・自サ変〕何人かの一行が何台かの乗り物に分かれて乗ること。「車二台に―して目的地へと向かった」

ぶん-じょう【分譲】ジャウ〔名・他サ変〕いくつかに分けて譲ること。特に、土地・建物などを区分して売ること。「宅地を―する」「―地・―住宅」

ぶんしょう-ご【文章語】ブンシャウ〔名〕口頭語ではあまり使われないで、多く文章を書くときに用いられる語。書きことば。

ふん-しょく【粉食】〔名・自サ変〕穀物を粉にし、麺(めん)・パンなどに加工して食べること。

ふん-しょく【粉飾】〔名・他サ変〕よく見せようとしてうわべを飾ること。「事実を―する」「―決算(＝企業が不正な意図をもって、その財政状態や経営内容を過大または過小に表示して決算すること)」

ぶん-しょく【文飾】〔名〕文や語句を飾ること。また、文章のあや。「巧みな―を施す」

ぶんし-りょう【分子量】リャウ〔名〕質量数一二の炭素原子の原子量を一二としたときの、各分子の相対的な質量。

ぶん-しん【分針】〔名〕時計の、分を示す針。長針。

ふん-じん【粉▼塵】ヂン〔名〕粉状の細かなちり。

ふん-じん【奮迅】〔名〕激しくふるい立つこと。「獅子(しし)―の活躍」

ぶん-しん【分身】〔名〕❶一つの本体が二つ以上に分かれること。また、その分かれ出たもの。「作者の―である主人公」❷仏・菩薩(ぼさつ)が衆生(しゅじょう)を教化するために種々の姿となってこの世に現れること。また、その姿。

ぶん-じん【文人】〔名〕詩歌・書画など、文芸をたしなむ風雅な人。「―墨客・―趣味」⇕武人

ぶんじん-が【文人画】グワ〔名〕東洋画で、文人が趣味として描いた絵。水墨または淡彩で山水・人物などを描く。▽しばしば「南画」と同義にも使われる。

ふん-すい【噴水】〔名〕❶水が噴き出るように作っ

た装置。また、その水。❷噴き出る水。〓「―井戸」

ぶん-すい【分水】［名・自他サ変］川などの流れが分かれること。また、水路をつくって川などの流れを分けること。

ぶんすい-かい【分水界】［名］降った雨水が異なった水系に分かれて流れる境界。分水線。

ぶんすい-れい【分水▼嶺】［名］降った雨水を異なった水系に分ける山稜（さんりょう）。分水山脈。

ぶん-すう【分数】［名］整数 a を0ではない整数 b で割った商を $\frac{a}{b}$ の形で表したもの。横線の下にある数を分母、横線の上にある数を分子という。

ふん・する【▼扮する】［自サ変］他の人の姿に似せてよそおう。特に演劇で、俳優が役の人物の姿になる。〓「店員に―して張り込む」「ハムレットに―」文ふん・す

ぶん-せき【分析】［名・他サ変］❶複雑な事柄を細かな要素に分けて、その性質・構造などを明らかにすること。〓「情勢を―する」「自己―」❷哲学で、対象・表象・概念などを、それを構成する要素に分けて解明すること。⬍総合 ❸物質の成分を検出して各量を調べ、その組成を明らかにすること。〓「定量―」

ぶん-せき【文責】［名］談話などをまとめて記事にする場合、その書かれた文章についての責任。〓「―編集部」

ぶん-せつ【分節】［名］❶［他サ変］一続きになった全体をいくつかの区切りに分けること。また、そのひと区切り。❷［自サ変］動物体が前後軸に沿った多数の節（ふし）で区分されていること。また、その節。

ぶん-せつ【文節】［名］日本語の言語単位の一つ。文を実際のことばとして不自然にならない程度に区切ったときの最小の単位。たとえば「強い風が吹く」という文は、「強い」「風が」「吹く」の三つの文節からなる。

ぶんせつ-か【分節化】（クヮ）［名・他サ変］一続きのものに切れ目を入れて分割すること。特に、言葉によってある物事を他の物事と区別して認識すること。

ふん-せん【噴泉】［名］❶水や湯が地下から勢いよくふき出している泉。❷噴水。

ふん-せん【奮戦】［名・自サ変］気力をふるって力いっぱい戦うこと。〓「強豪を相手に―する」

ふん-ぜん【紛然】［形動タル］物事が入りまじって乱れているさま。〓「―たる様相を呈する」

ふん-ぜん【憤然】［形動タル］はげしく怒るさま。〓「―として席を立つ」

ふん-ぜん【奮然】［形動タル］勇気・気力などをふるい起こすさま。〓「―として強敵に立ち向かう」

ぶん-せん【文選】［名・他サ変］活版印刷で、原稿に合わせて活字ケースから必要な活字を拾い集めること。また、それを仕事にする人。〓「―工」

ブンゼン-バーナー【Bunsen burner】［名］ガスに空気を混入して燃焼させる装置。都市ガスからも容易に千数百度の高温が得られる。ブンゼン灯（とう）。▼ドイツの化学者ブンゼンが発明した。

ふん-そう【▼扮装】（ーサウ）［名・自サ変］俳優が役柄に合わせて身なりや顔形を装うこと。また、その装い。〓「騎士に―する」▼一般に、ある人物などの身なりを装うことにもいう。〓「女性に―して脱出する」

ふん-そう【紛争】（ーサウ）［名・自サ変］事がもつれて争いになること。また、その争い。もめごと。〓「―が起こる」「―の絶えない地域」「学園［労使］―」

ぶん-そう【文藻】（ーサウ）［名］文章や詩をつくる才能。文才。

ぶん-そうおう【分相応】（ーサウオウ）［名・形動］その人の身分・地位・能力などにふさわしいこと。〓「―の／な生活［待遇］」

ふんぞり-かえ・る【ふんぞり返る（踏ん反り返る）】（ーカヘル）［自五］上体を大きく後ろにそらすようにする。〓「椅子に―・って命令する」▼多く尊大な態度にいう。

ぶん-そん【分村】［名］❶本村から分かれた新しい村。❷［自サ変］村の多くの者が集団で移住し、他所に新しい村をつくること。また、その村。

ふん-たい【粉▼黛】［名］❶白粉（おしろい）とまゆずみ。❷美人。

◉**粉黛を施（ほどこ）・す** 化粧をする。

ぶん-たい【分隊】［名］❶本隊から分けられた隊。❷軍隊の編成単位の一つ。旧日本陸軍では、指揮上の最小単位。旧日本海軍では陸軍の中隊に相当。

ぶん-たい【文体】［名］❶文章の様式。口語体・文語体・和文体・漢文体・書簡体・である体（常体）・ですます体（敬体）など。❷語句・語法・修辞などにあらわれる文章表現上の特色。特に、その作家特有の文章表現上の特色。〓「簡潔な―」「漱石の―をまねる」

ぶん-だい【文題】［名］❶文章・詩歌などを作るときの主題。❷文章の表題。

ぶんだく・る［他五］❶乱暴に奪い取る。強奪する。ひったくる。〓「ハンドバッグを―・られる」❷強引に金を支払わせる。〓「法外な飲み代を―・られる」

ふんだり-けったり【踏んだり蹴ったり】［連語］続けざまにひどい目にあうこと。〓「道には迷うし財布は落とすし―だ」

ふん-たん【粉炭】［名］粉状または細片状の石炭。

ぶん-たん【分担】［名・他サ変］仕事などをいくつかに分けて受け持つこと。〓「作業［費用］を―する」「役割―」

ぶん-たん【文旦】［名］ザボン。

ぶん-だん【分団】［名］団体の本部からわかれて設けられた小規模の集団。

ぶん-だん【分段】［名］物事の区切り。段落。

ぶん-だん【分断】［名・他サ変］一つにつながっているものを、たち切って別々にすること。〓「地震で鉄道が―される」

ぶん-だん【文壇】［名］作家・文芸評論家などの社会。文学界。

ふんだん-に［副］あまるほどたくさんあるさま。〓「酒なら―ある」▼「不断に」の転。

ぶん-ち【文治】［名］武力によらず、学問による教化や法令によって世の中を治めること。文政。〓「―政治」⬍武断

ぶん-ち【聞知】［名・他サ変］聞いて知ること。聞き及んでいること。〓「当方は―しない」

ぶん-ちゅう【文中】［名］文章のなか。〓「―に原文を引用する」

ぶん-ちょう【文鳥】（ーテウ）［名］観賞用に飼育されるスズメ目カエデチョウ科の小鳥。体は灰色で頭が黒く、くちばしと足は淡紅色。ハクブンチョウ・サクラブンチョウなどの品種がある。

ぶん-ちん【文鎮】［名］紙・書類などのおもしとして、その上にのせる文具。

ぶん-つう【文通】［名・自サ変］手紙をやりとりするこ

と。▽「韓国の友人と―する」「―が絶える」

ふん-づ・ける【踏んづける（踏ん付ける）】［他下一］強く踏む。▽「足を―・けられる」▼「踏みつける」の転。

ふん-づまり【▼糞詰まり】［名］大便がとどこおって出ないこと。便秘。

ぶん-てん【文典】［名］文法を説明した本。文法書。

ふん-ど【憤怒（▼忿怒）】［名・自サ変］⬇ふんぬ

ぷん-と［副］❶急に強くにおうさま。▽「異臭が―鼻をつく」❷腹を立ててふくれ面をするさま。▽「怒って―横を向く」

ふん-とう【奮闘】［名・自サ変］❶力をふるって戦うこと。▽「孤軍―」❷力いっぱい努力すること。▽「会社再建のために日夜―する」

ふん-どう【分銅】［名］はかりで目方をはかるときに重量の基準として用いる金属製のおもり。法馬（ほうま）。ふんどん。

ぶん-とう【文頭】［名］文（文章）のはじめの部分。⬍文末

ぶん-ど-き【分度器】［名］角度をはかるための器具。円形・半円形の薄板に角度の目盛りをほどこしたもの。

ふんどし【▼褌・〈▼犢鼻▼褌〉】［名］❶男子が陰部を包み隠すためにつける細長い布。越中ふんどし・六尺ふんどしなど。下帯（したおび）。❷力士が腰につける締め込み。まわし。▽「人の―で相撲をとる（＝他人の物をうまく利用して自分のことをする）」

◉**褌（ふんどし）を締めてかか・る**　心を引き締め、覚悟して事に当たる。

ふんどし-かつぎ【▼褌担ぎ】［名］相撲で、最も位の低い力士。▼関取のふんどしを持ち運びすることから。その世界で最も地位の低い者のたとえにもいう。

ぶん-ど・る【分捕る】［他五］戦って敵の武器などを奪い取る。また、他人の物を強引に奪い取る。▽「敵から機関銃を―」「分け前を―・られる」

ぶん-なぐ・る【ぶん殴る】［他五］強く殴る。力いっぱい殴る。

ぶん-な・げる【ぶん投げる】［他下一］強く投げる。乱暴に投げる。

ふん-にゅう【粉乳】［名］牛乳を濃縮・乾燥させて粉末にしたもの。粉ミルク。ドライミルク。▼全脂粉乳・脱脂粉乳・加糖粉乳・調製粉乳などがある。

ふん-にょう【▼糞尿】［名］大便と小便。屎尿（しにょう）。

ふん-ぬ【憤▽怒（▼忿▽怒）】［名・自サ変］はげしく怒ること。ふんど。▽「―の形相（ぎょうそう）」

ぶん-のう【分納】［名・他サ変］何回かに分けて納めること。▽「会費を―する」

ぶん-ぱ【分派】［名・自サ変］❶主となるものから分かれ出ること。また、分かれ出たもの。▽「山脈の―」❷団体などで、主流となる勢力から分かれて別の流派をつくること。また、その一派。

ぶん-ばい【分売】［名・他サ変］ひとそろいになっている商品の一部分を分けて売ること。▽「全集を―する」

ぶん-ぱい【分配】［名・他サ変］❶分けて配ること。▽「全員に利益を―する」「―金」 使い方 ⬇配分 ❷土地所有者には地代、資本家には利潤、労働者には賃金というように、生産活動に関与した割合に従って各人にその所得を分けること。所得分配。▽「―国民所得」

ふん-ぱつ【奮発】［名］❶［自サ変］気力をふるいおこすこと。発奮。▽「―して勉強に取り組む」❷［他サ変］思い切りよく金品を出すこと。▽「祝儀を―する」

ふん-ば・る【踏ん張る】［自五］❶開いた足に力を入れて、体をしっかりと踏み支える。▽「土俵際で―」❷気力を出してこらえる。がんばる。▽「―・って会社を立て直す」 名 踏ん張り「もうひと―だ」

ふん-ぱん【噴飯】［名・自サ変］あまりのばかばかしさに、思わず笑ってしまうこと。▽「そいつは―ものだ」「―に堪えない」▼おかしさにこらえきれずに食べかけの飯を噴き出す意から。 注意 腹立たしくて仕方ないことの意で使うのは誤り。▽「×凄惨な犯行現場を見て、噴飯にたえない」

ぶん-ぱん【文範】［名］文章の手本。また、模範となる文章を集めた書物。▽「手紙―」

ぶん-ぴつ【分泌】［名・他サ変］腺（せん）細胞が特殊な用途をもつ代謝産物を体の内外に送り出すこと。ぶんぴ。▽「胃液を―する」「内―」「―腺（せん）」

ぶん-ぴつ【分筆】［名・他サ変］土地登記簿上の一区画（＝一筆）の土地を分けて数区画にすること。⬍合筆

ぶん-ぴつ【文筆】［名］筆をとって文章・詩歌などを書くこと。▽「―活動」

ぶんぴつ-か【文筆家】［名］文章を書くことを職業とする人。小説家・評論家・ルポライターなど。

ふん-びょう【分秒】［名］分と秒。きわめて短い時間。寸秒。寸刻。▽「―を争う急務」

ぶん-ぶ【文武】［名］文事と武事。学問と武芸。▽「―両道」

ぶん-ぷ【分布】［名・自サ変］❶ある範囲内のあちこちに分かれて存在すること。▽「方言の―図」❷動植物がその種類によって異なった区域に生育すること。▽「亜熱帯地方に―する植物」

ぶん-ぶつ【文物】［名］文化の所産であるもの。学問・芸術・制度・法律・宗教など。▽「平安時代の―」

ふん-ぷん【▼芬▼芬】［形動タル］香りの高いさま。また、強くにおうさま。▽「―と漂う梅の香」「悪臭―」▼本来は芳香についていうが、今では悪臭にも使う。

ふん-ぷん【紛紛】［形動タル］入り乱れてまとまらないさま。▽「諸説―として定まらない」

ぶん-ぶん［副］❶物が鋭く風を切ってうなりを立てるさま。また、その音を表す語。▽「飛行機が―（と）飛ぶ」❷昆虫の羽音を表す語。▽「蜂が―（と）飛び回る」

ぷん-ぷん［副］❶強いにおいがただよって鼻をつくさま。▽「酒気が―（と）におう」❷腹を立てて機嫌が悪いさま。▽「―（と）怒って帰る」

ふん-べつ【分別】［名・他サ変］道理をわきまえていること。常識に従って物事の是非を判断すること。また、その能力。▽「―がつかない」「―顔（がお）」

ぶん-べつ【分別】［名・他サ変］種類によって区分・区別すること。また、その区分・区別。区分け。▽「ごみを―する」「―蒸留」

ふんべつ-くさ・い【分別臭い】［形］いかにも分別がありそうなさま。▽「―顔で説教をする」 派生 -げ／-さ

ふんべつ-ざかり【分別盛り】［名・形動］人生経験を積んで豊富な知識をもち、世の中の道理がよくわかる年ごろ。また、その人。▽「―の四十男」

ふんべつ-らし・い【分別らしい】［形］分別がありそうな印象があるさま。▽「―顔つき」 派生 -さ

ふん-べん【▼糞便】［名］大便。くそ。

ぶん‐べん【分▼娩】［名・他サ変］子を産むこと。胎児を体外へ産み出すこと。出産。〓「―室」

ふん‐ぼ【墳墓】［名］遺体・遺骨などを葬ってある所。はか。〓「―の地（＝先祖代々の墓のある所。故郷）」

ぶん‐ぼ【分母】［名］分数または分数式で、割る方の数または式。横線の下に書かれた数または式。⇔分子

ぶん‐ぽう【分包】ーパウ［名・他サ変］粉薬・丸薬などを分けて一包みずつにすること。

ぶん‐ぽう【分封】［名］❶［他サ変］領主が臣下に領地を分け与えて支配させること。また、その分け与えた領地。❷［自サ変］ミツバチなどに新しい女王バチが現れたとき、それまでの女王バチが働きバチの一部をつれて巣を離れ、別の場所に新しい巣を作ること。巣別れ。分蜂（ぶんぽう）。

ぶん‐ぽう【文法】ーパフ［名］❶一言語を構成する文・語など形態や、その機能を支配している法則性。❷①を分析・記述する研究。また、その体系化された理論。文法論。❸文章の作法。文章を作る上でのきまり。

ぶんぼう‐ぐ【文房具】ーバウ［名］物を書くときに必要な道具。筆・ペン・鉛筆・インク・紙・ノート・定規など。文具。▽「文房」は書斎（しょさい）の意。

ふん‐ぽん【粉本】［名］❶東洋画で、下書き。▽昔、胡粉（ごふん）で下絵を描いたことから。❷参考として模写した絵画。❸絵・文章などの手本とする作品。

ふんま・える【踏んまえる】フンマヘル［他下一］「ふまえる」を強めていう語。〓「両足を―・えて立つ」

ふん‐まつ【粉末】［名］固体を砕いて細かくしたもの。こな。こ。〓「石炭の―」「―ジュース」

ぶん‐まつ【文末】［名］文の終わりの部分。⇔文頭

ぶん‐まわし【ぶん回し】ーマハシ［名］コンパス。

ふん‐まん【憤▼懣（▼忿▼懣）】［名］腹が立ってどうにもがまんできないこと。また、その気持ち。〓「―やるかたない」

懣

ぶん‐みゃく【分脈】［名］血脈・山脈・鉱脈・水脈など、主脈から分かれ出た脈。

ぶん‐みゃく【文脈】［名］❶文中の語と語、文章中の文と文の論理的なつながりぐあい。文の脈絡。文章の筋道。コンテクスト。〓「―をたどる」❷物事の脈絡・筋道。また、物事の背景。〓「文化全体の―から考察する」

ぶん‐みん【文民】［名］職業軍人以外の人。

ふん‐む【噴霧】［名・他サ変］液体を霧状にしてふき出させること。〓「消毒液を―する」「―器」

ぶん‐めい【分明】［名・形動］明らかなこと。他との区別がはっきりしていること。〓「事実を―にする」

ぶん‐めい【文名】［名］文筆家としての名声。文声。〓「―を馳（は）せる」

ぶん‐めい【文明】［名］❶人間の知識や技術が向上し、社会制度などが整備されて、物質的・精神的に生活が豊かになった状態。〓「古代―」❷人知の発達がもたらした技術的・物質的な所産。〓「―の利器」▽精神的な所産である「文化」に対していう。

ぶんめい‐かいか【文明開化】ークヮイ［名］世の中が開けて生活が便利になること。特に、明治初年、西洋文明を積極的に取り入れて、世の中が急速に近代化した風潮をいう。

ぶん‐めん【文面】［名］文章。特に、手紙の文章。また、その表現が示している趣旨。〓「―からは一片の誠意もうかがえない」

ふん‐もん【噴門】［名］胃の入り口。胃が食道と接する部分。

ふん‐もん【憤▼悶】［名・自サ変］憤慨して悩み苦しむこと。〓「一段の―を増して〈幸田露伴〉」

ぶん‐や【分野】［名］ある物事のかかわる範囲・領域。また、その人の活動する領域。〓「自然科学の―」「専門―を異にする」

ぶん‐ゆう【分有】ーイウ［名・他サ変］一つのものをいくつかに分けて所有すること。〓「土地を―する」

ぶん‐よ【分与】［名・他サ変］一つのものをいくつかに分けて与えること。〓「土地を―する」「財産―」

ぶんらく【文楽】［名］義太夫（ぎだゆう）節に合わせて演じる人形浄瑠璃（じょうるり）の通称。▽寛政年間（一七八九〜一八〇一）に植村文楽軒が大坂で創設した「文楽座」が、明治末期以降、人形浄瑠璃の唯一の専門劇場となったことから。

ふん‐らん【紛乱】［名・自サ変］ひどく入り乱れること。混乱。〓「議事が―する」

ぶん‐らん【▼紊乱】［名・自他サ変］道徳・秩序などが乱れること。また、乱すこと。〓「風紀が／を―する」▽「びんらん」は慣用読み。

紊

ぶん‐り【分離】［名・自他サ変］❶一つになっていたものが分かれて離れること。また、分けて離すこと。〓「東西に―したローマ帝国」「車道と歩道を―する」「中央―帯」「政教―」使い方「〜を分離する／分離させる」では、前者が一般的。➡品詞解説（一八二六㌻）❷結晶・蒸発・昇華などによって、ある物質を分け離して抽出すること。〓「ウラン鉱からラジウムを―する」

ぶん‐りつ【分立】［名・自サ変］分かれて別々に存在すること。ぶんりゅう。〓「小藩が―する」「三権―」

ぶん‐りゅう【分流】ーリウ［名］❶［自サ変］本流から分かれて流れること。また、その流れ。〓「利根川の―」❷中心になる系統から分かれた流派。分派。

ぶん‐りゅう【分留（分▼溜）】ーリウ［名・他サ変］沸点の異なる液体の混合物を加熱し、沸点の低いものから順に成分を分離すること。また、その方法。〓「原油を―する」▽「分別（ぶんべつ）蒸溜」の略。書き方「分留」は代用表記。

ぶん‐りょう【分量】ーリャウ［名］物の重さ・大きさ・数・割合などの、多い少ないの程度。量。〓「水の―をはかる」「かなりの―の蔵書」

ぶん‐るい【分類】［名・他サ変］事物を一定の基準に従って種類別に分けること。〓「図書を―する」

ふん‐れい【奮励】［名］気力をふるい起こして一心に励むこと。〓「―努力せよ」

ぶん‐れい【分霊】［名］ある神社の祭神の霊を分けて他の神社の祭神とすること。また、その霊。〓「―社」

ぶん‐れい【文例】［名］文章の書き方・形式などの手本。文章の実例。〓「手紙の―集」

ぶん‐れつ【分列】［名・自他サ変］いくつかの列に分かれて並ぶこと。また、分けて並べること。〓「―行進」

ぶん‐れつ【分裂】［名・自サ変］❶一つにまとまっていたものがいくつかに分かれること。〓「意見が―する」「組合が二つに―する」❷生物の細胞や核などが分かれること。

ぶんれつ‐しき【分列式】［名］軍隊の礼式の一つ。各部隊が隊列を整えて順次に行進し、観閲者の前で敬礼を行うもの。

ぶん‐わ【文話】［名］文章や文学に関する談話。

ふんわりーハリ［副ト］「ふわり」を強めていう語。〓「―した羽根布団」

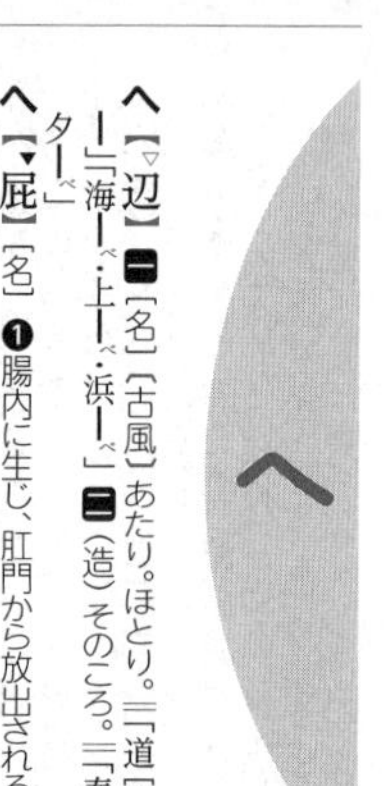

へ【▽辺】㊀［名］〔古風〕あたり。ほとり。‖「道［山］のー」「海ー・上ー・浜ー」㊁（造）そのころ。‖「春ー・夏ー」

へ【▼屁】［名］❶腸内に生じ、肛門から放出されるガス。おなら。‖「ーをひる」❷価値のないもの。つまらないもの。

◉**屁でもな・い** まったく問題にならない。取るに足りない。‖「こんな課題はー」

◉**屁とも思わ・ない** 軽く見て問題にしない。

へ［格助］〈エと発音する〉❶〈方向を表す体言に付いて〉**移動の方向**を表す。‖「一路西へ向かう」「右へ右へと回る」「こっちへ来い」「海の方へ飛んでいく」
❷〈地点を表す体言に付いて〉**到達点**を表す。‖「頂上へたどり着く」「故郷へ帰る」「池へコイを放つ」「荷物をロッカーへ入れる」
❸動作が向かう**相手**を表す。‖「妻へ贈る」「うちへ電話する」「近所へ言い触らす」 使い方 (1)❶〜❸は移動や伝達など方向性をもつ述語とともに使う。(2)❶〜❸は「に」とも言うが、「に」は到達点・相手を、「へ」は方向性を重視した言い方となり、動きの展開する方向を特に表す「前へ前へ突き進む」「公益法人、民営化の方向へ」などでは「に」は不自然になる。また、「本塁に／へ生還する（→本塁への生還）」「私は母に／へ手紙を書いた（→私が書いた母への手紙）」のように、名詞句では「にの」の形がないので、すべて「への」となる。
❹〈方向性の希薄な述語とともに使って〉移動した結果として、動作・作用が実現する場所を表す。‖「ここへ座って（＝ここへ来てここに座って）話を聴け」「こちらへ住んで（＝移り住んで）五年になる」「首へぶらさげておきなさい」 使い方 ふつうは「に」を使うが、「へ」にすると、その場所へ移動するイメージが現れる。

べ【辺】（造）⬇へ（辺）

ヘア［hair］［名］❶髪。髪の毛。‖「ースタイル」❷陰毛。‖「ーヌード」◈「ヘヤ」「ヘアー」とも。

ベア［名］「ベースアップ」の略。

ペア［pair］［名］❶二人で一組になること。また、その一組。特にスポーツで、二人一組のチーム。‖「ーで大会に挑む」❷二つの物で一組になるもの。特に、ある二人のための、形やデザインに共通点を持った二つの物の一組。‖「ーの指輪」「ールック」❸トランプで、二枚の同じ数字のカードの一組。

ヘア-カラー［hair color］［名］頭髪を化学薬品などで脱色しながら染めること。また、その染色剤。ヘアダイ。

ヘア-スプレー［hair spray］［名］髪形の乱れを防ぐためにセットした頭髪に吹きつける整髪剤。

ヘア-トニック［hair tonic］［名］脱毛を防ぎ、ふけ・かゆみをおさえる頭髪用の化粧品。

ヘア-ドネーション［hair donation］［名］病気や事故等が原因で頭髪に悩みを抱える子供たちのために、寄付された髪の毛で医療用かつらを作り、無償で提供する活動。

ヘア-ヌード［和製hair＋nude］［名］陰毛の写ったヌード写真。

ヘア-バンド［hair band］［名］髪を飾ったり髪の乱れを防いだりするために頭に巻くバンド。

ヘア-ピース［hairpiece］［名］髪型を整えるために頭髪に添え加える髪。つけ毛。

ヘア-ピン［hairpin］［名］❶髪の毛を整えたり飾ったりするために使うピン。❷❶のように、U字形に曲がっている道。▼「ヘアピンカーブ（和製hairpin＋curve）」の略。

ベアリング［bearing］［名］軸受け。

へい【丙】㊀［名］成績・等級などの第三位。‖「ー種」▼昔、小学校などの成績表は「甲・乙・丙・丁」で示した。㊁（造）十干の第三。ひのえ。

へい【兵】［名］❶戦闘に従事する者。軍人。‖「ー役・ー隊」「衛ー・徴ー・派ー」❷いくさ。戦争。‖「敗軍の将はーを語らず」「ー書・ー法」❸軍人の最下位の階級。また、その者。‖「上等ー・二等ー」▼旧陸海軍では、兵長以下の軍人。

◉**兵を挙・げる** 兵を集めて軍事行動を起こす。挙兵する。

へい【塀】［名］建物や敷地のまわりに立てる板・石・ブロック・レンガなどの仕切り。境界を示し、目かくしの役目をする。‖「ーをめぐらす」▼「塀」は国字。旧字は康熙字典の字体にならったもの。書き方「▼屏」とも。旧塀

へい【幣】㊀［名］神前に供える麻・木綿・帛などの布。ぬさ。‖「ーを捧げる」「御ー」㊁（造）通貨。‖「貨ー・紙ー・造ー」

へい【弊】㊀［名］よくない習慣。害。‖「ーに陥る」「旧ー・語ー」㊁（造）❶古くなってやぶれる。‖「ー衣」❷つかれる。‖「疲ー」❸自分に関する事柄に添えて謙遜の意を表す。‖「ー誌・ー社」

へい【平】（造）❶凹凸がない。たいら。‖「ー板・ー面」「地ー・扁ー」❷たいらにする。たいらげる。‖「ー定」❸かたよりがない。‖「ー均」「公ー」❹おだやか。‖「ー安・ー静」「泰ー・和ー」❺ふだん。ふつう。‖「ー日・ー熱・ー服・ー凡」❻「平方」の略。‖「開ー」❼平氏。‖「ー家」「源ー」

へい【並】（造）同列にならぶ。ならべる。‖「ー行・ー存・ー列」旧竝

へい【併】（造）❶ならぶ。ならべる。‖「ー行・ー発・ー存」❷二つ以上のものをあわせる。‖「ー殺・ー設」「合ー」旧倂

へい【柄】（造）❶とって。え。‖「葉ー」❷勢い。権力。‖「権ー」❸材料。たね。‖「話ー」

へい【陛】（造）宮殿にのぼる階段。‖「ー下」

へい【閉】（造）❶とじる。しめる。すきまなくふさぐ。‖「ー鎖・ー塞」「密ー・幽ー」❷やめる。終わりにする。‖「ー会・ー店」

へい【蔽】（造）おおう。おおいかくす。‖「隠ー・掩ー・遮ー・建ー率」

へい【餅】（造）もち米や小麦粉から作る食品。もち。‖「画ー・月ー・煎ー」書き方「餅」は許容字体。旧餠

べい［助動詞「べし」の連体形「べき」の音便形］推量・意志・勧誘などを表す。…だろう。…しよう。‖「そうかい。芋でも食うー」〈漱石〉「昼寝でもすーか」▼東日本の方言。終助詞的に使う。

べい【米】（造）❶こめ。‖「ー価・ー食」❷「亜米利加」の略。‖「ー国」「渡ー」❸「米突」の略。‖「平ー」

ペイ［pay］［名］❶賃金。報酬。❷［自サ変］採算が

とれること。収支が引き合うこと。‖「この取引は―しない」

へい-あん【平安】[名] ❶[形動] 何も変わったことがなくておだやかなこと。無事平穏なこと。‖「旅の―を祈る」❷手紙の脇付の一つ。宛名の左わきに書いて、変事の知らせでないことを示す。平信。

へい-い【平易】[形動] 説明などがたやすく理解できるさま。易しい。‖「―な文章」「―に説明する」派生 -さ

へい-い-はぼう【弊衣破帽】[名] ぼろぼろの衣服と破れた帽子。特に、旧制高校生の好んだ蛮カラな服装をいう。

へい-いん【兵員】[名] 兵士。また、兵士の数。

へい-いん【閉院】[名・自他サ変] ❶病院など「院」と名のつく施設が閉鎖されること。また、閉鎖すること。❷病院などで、その日の業務が終わること。また、終えること。◈⇕開院

へい-えい【兵営】[名] 兵士が集団で起居する宿舎。また、その宿舎のある一区画。兵所。軍営。

へい-えき【兵役】[名] 軍籍に入って一定期間軍務につくこと。

へい-えん【閉園】[名・自他サ変] ❶幼稚園・動物園など、園と名のつく施設がその日の業務を終えること。‖「通常は五時で―する」「―時間」❷幼稚園・動物園などが、その業務を停止して閉業すること。‖「今月限りで―する遊園地」◈⇕開園

べい-えん【米塩】[名] 生活の必需品である米と塩。‖「―の資(=生活費)」

ペイ-オフ【pay off】[名] ❶給料・勘定などの支払い。❷金融機関が破綻した場合、預金保険機構が預金者に対して一定額の払い戻しを行う制度。

へい-おん【平穏】[名・形動] 変わったこともなく、おだやかであること。‖「―な毎日を送る」「―無事」⇕不穏 派生 -さ

へい-おんせつ【閉音節】[名] 子音で終わる音節。日本語では、撥音や促音で終わる音節がこれにあたる。⇕開音節

へい-か【平価】[名] ❶ある国の通貨と他の国の通貨を交換するときに基準とする比率。本位貨幣に含まれる金の含有量を基準とする金平価、米ドルを基準とするIMF平価とがある。▽一九七三年、主要国は変動為替相場制に移行し、平価は用いられなくなった。❷有価証券の価格が額面価格と等しいこと。パー。

へい-か【兵▼戈】[名] ❶刃物とほこ。武器。‖「―を交える」❷戦争。いくさ。

へい-か【兵火】[名] 戦争によって起こる火災。

へい-か【兵科】[名] 軍隊で、直接戦闘行為に従事する兵種。歩兵・騎兵・砲兵・工兵など。

へい-か【兵家】[名] ❶軍事にたずさわる人。軍人。‖「勝敗は―の常」❷兵法・兵学を修めた人。兵法家。❸中国、春秋・戦国時代の諸子百家の一つ。用兵・軍略などを説いた兵法家・軍学者の一群。

へい-か【陛下】[名] 天皇・皇后・皇太后・太皇太后の敬称。▽「陛」は宮殿の階段。階下の近臣を通じて奏上する意から。

へい-か【閉架】[名] 図書館で、閲覧者が図書や資料を請求し、書架から取り出してもらう方式。⇕開架

へい-が【平▼臥】[名・自サ変] ❶体を横たえること。体を横たえて休養すること。❷病気で床につくこと。病臥。‖「過労がたたり―する」

べい-か【米価】[名] 米の値段。‖「生産者―」

べい-か【米菓】[名] 米を主な材料として作られる干菓子。せんべい・あられなど。

へい-かい【閉会】[名・自他サ変] ❶会議・集会などが終わること。また、終えること。‖「会議が/を―する」「―式」❷国会・地方議会の会期が終わること。また、終えること。◈⇕開会

へい-がい【弊害】[名] 害になる悪いこと。他に悪影響を及ぼす物事。‖「専制政治の―が現れる」

弊

へい-か-きりさげ【平価切り下げ】[名] 固定為替相場制のもとで、一国の通貨の法定交換比率を引き下げること。その通貨の対外購買力は弱くなる。デバリュエーション。

へい-かく【兵革】[名] いくさ。戦争。▽武器と甲冑の意。

へい-かつ【平滑】[名・形動] 平らで、なめらかなこと。‖「―な面」

へい-かん【閉館】[名・自他サ変] ❶図書館・映画館など、館と名のつく施設が、その業務をやめること。‖「経営難で映画館が/を―する」❷図書館・映画館などが、その日の業務を終えること。◈⇕開館

へい-がん【併願】[名・他サ変] 受験のとき、二つ以上の学校または同一校の二つ以上の学部に同時に願書を出すこと。‖「A校とB校を―する」

へい-き【平気】[名・形動] ❶何が起こっても、気にかけずに、いつもと同じように落ち着いていること。‖「このくらいの坂道は―だ」「他人の土地に―で入りこむ」❷何の不都合もないと保証すること。大丈夫。‖「『時間ある？』『明日なら―』」派生 -がる

へい-き【兵器】[名] 戦闘に使う機器・器具。武器。‖「核―・化学―」

へい-き【併記(並記)】[名・他サ変] 二つ以上の事柄を並べ合わせて書き記すこと。‖「現住所と本籍を―する」

へいき-の-へいざ【平気の平左】[連語]「平気」を強めて、人名のように言った語。▽「平気の平左衛門」の略。

へい-きょ【閉居】[名・自サ変] 家の中に閉じこもっていること。籠居。‖「自室に―する」

へい-ぎょう【閉業】[名・自他サ変] ❶営業をやめること。廃業。‖「ホテルが三月末で―する」❷その日の営業を終えること。終業。

へい-きん【平均】[名] ❶[自サ変] 大小・多少などのふぞろいがなく、そろっていること。‖「品質が―している」「大きさを―させる」❷[他サ変] いくつかの数値をならして、中間の値を求めること。また、その値。‖「年間の―気温」「―点」❸[自サ変] つりあいがとれていること。‖「―台」

へいきん-かぶか【平均株価】[名] 一定数の銘柄の株価を集計して平均した値。株式市場全体の動向を示す指標となる。単純平均株価・修正平均株価・加重平均株価の三種がある。

へいきん-じゅみょう【平均寿命】[名] 生まれたばかりの乳児が平均して何年生きられるかを示す指標。零歳児の平均余命。

へいきん-だい【平均台】[名] 幅一〇センチメートルの角柱を一定の高さで水平に固定した器械体操用具。また、それ

を使って行う女子の体操競技種目。

べい‐ぐん【米軍】[名] アメリカ合衆国の軍隊。〓「—基地」

へい‐け【平家】[名] ❶平の姓をもつ一族。特に、平安末期に政権を握った平清盛の一族。平氏。❷「平家物語」の略。❸「平家琵琶」の略。

へい‐けい【閉経】[名] 更年期になって月経が停止すること。

へい‐げい【▼睥▼睨】[名・他サ変] ❶横目でにらみつけること。〓「道也先生は昂然として壇下を—している〈漱石〉」❷周囲をにらみすえて威圧すること。〓「天下を—する」

へいけ‐がに【平家▼蟹】[名] 瀬戸内海・有明海などの浅海に分布するヘイケガニ科の甲殻類。甲幅約二センチメートル。後ろ二対の脚で貝殻を背負い、身を隠す習性がある。▼甲の凹凸が怒った人の顔に見えることから、壇ノ浦で滅びた平家の怨霊が乗り移ったという伝説がある。

へいけ‐びわ【平家▼琵▼琶】[名] ❶語り物の一つ。琵琶の伴奏に合わせて平家物語を語るもの。平曲。❷①の伴奏に用いる琵琶。雅楽の楽琵琶よりもやや小さく、四弦五柱。撥を使って演奏する。

へい‐けん【兵権】[名] 軍隊を統率・指揮する権限。兵馬の権。

へい‐げん【平原】[名] 広々とした平坦な野原。〓「大—」

へい‐ご【平語】[名] ふだん使っていることば。日常語。〓「—俗語」

べい‐ご【米語】[名] アメリカで使われている英語。アメリカ英語。

へい‐こう【平行】[名・自サ変] ❶[形動] 同一平面上にある二直線が交わらないこと。また、空間の直線と平面、あるいは平面と平面が交わらないこと。〓「—する二直線」「—四辺形」❷⬇並行②

へい‐こう【平衡】[名] つり合いがとれて安定した状態にあること。均衡。〓「体の—を保つ」

へい‐こう【並行(併行)】[名・自サ変] ❶並んで進むこと。〓「二台のトラックが—して走る」❷二つ以上の物事が同時に行われること。平行。〓「二つの議案を—して審議する」

へい‐こう【閉口】[名・自サ変] どうにもならなくて困ること。手に負えないこと。〓「彼のしつこさには—する」

へい‐こう【閉校】[名・自他サ変] ❶学校を一時閉鎖して授業を休止すること。〓「インフルエンザのために五日間—する」❷学校の経営をやめること。廃校。〓「生徒数の減少により小学校を—する」⬄開校

へい‐ごう【併合】[名・自他サ変] 二つ以上のものを合わせて一つにすること。〓「大小二校を—する」「隣国に—される」

へいこう‐かんかく【平衡感覚】[名] ❶重力の方向に対する体の位置や姿勢・動作などの変化を知る感覚。平衡覚。〓「—を失う」❷ものごとをバランスよく考えたり処理したりする能力。〓「抜群の—で大臣に登りつめる」

へいこう‐せん【平行線】[名] ❶同一平面上にあって、どこまで延ばしても交わることのない二本またはそれ以上の直線。❷互いの意見・主張などが対立したまま、どこまでいっても一致しないこと。〓「話し合いが—をたどる」

へいこう‐ぼう【平行棒】[名] 台脚の上に二本の棒を平行に取り付けた器械体操用具。また、それを使って行う男子の体操競技種目。〓「段違い—」

べい‐こく【米国】[名] アメリカ合衆国。▼「米」はアメリカを「亜米利加」と当てたことから。

べい‐こく【米穀】[名] 米。また、穀類。

べいこく‐ねんど【米穀年度】[名] 米の収穫に合わせて設けられた年度。十一月から翌年の十月まで。

べい‐ごま【▽貝〈独楽〉】[名] 巻き貝バイの殻の中に溶かした鉛や蠟を注ぎ込んで作ったこま。また、それを模して作った鉄・鉛製などのこま。▼「ばいごま」の転。

へい‐こら [副] へつらって、ぺこぺこ頭をさげるさま。〓「上役に—する」

へい‐さ【閉鎖】[名・他サ変] ❶出入り口などを閉ざすこと。〓「坑道を—する」❷施設などを閉じて機能を停止させること。〓「工場を—する」「学級—」❸内にこもって外部との交流をこばむこと。〓「日本市場の—性」◈⬄開放

べい‐さく【米作】[名] ❶稲を栽培・収穫すること。米作り。〓「—地帯」❷稲の実りぐあい。

へい‐さつ【併殺】[名・他サ変] ダブルプレー。〓「—打」

へいさ‐てき【閉鎖的】[形動] 内にこもって外部との交流をこばむさま。〓「—な性格[市場]」⬄開放的

へい‐ざん【閉山】[名・自他サ変] ❶その年の登山の期間を終わりにすること。〓「—式」❷採掘を打ち切って鉱山を閉鎖すること。⬄開山

べい‐さん【米産】[名] ❶米の生産。〓「—地」❷アメリカで生産していること。

へい‐し【平氏】[名] 平の姓を名乗る一族。平家。

へい‐し【兵士】[名] 軍隊に属し、士官の指揮を受けて軍務に服する者。兵隊。兵卒。〓「出征—」

へい‐し【閉止】[名] ❶[自サ変] 働きがとまること。〓「月経が—する」「便通—」❷[他サ変] 栓などを閉めて流れをとめること。〓「ガス栓[バルブ]を—する」

へい‐し【▼斃死】[名・自サ変] のたれ死にすること。〓「異境に—する」

へい‐じ【平時】[名] ❶平常の時。ふだん。〓「—の体温」❷戦争・事変などのない時。平和な時。〓「—の備え」⬄戦時

へい‐じ【兵事】[名] 戦争・軍隊などに関する事柄。また、軍事に関する事務。

へい‐しき【閉式】[名・自他サ変] 式を終えること。また、式が終わること。⬄開式

べいしき‐しゅうきゅう【米式蹴球】[名] アメリカンフットボール。

へい‐じつ【平日】[名] 日曜・祝祭日以外の日。週日。ウイークデー。〓「—ダイヤ」▼土曜日も除いていうことがある。

へい‐しゃ【兵舎】[名] 兵営内で、兵士が集団で生活する建物。

へい‐しゃ【弊社】[名] 自分の会社をいう丁重語。小社。▼やや小ぶりの文字で書く習慣がある。

へい‐しゅ【兵種】[名] 軍隊の任務による種別。旧陸軍の歩兵・砲兵・航空兵、旧海軍の水兵・機関兵・飛行兵など。

べい‐じゅ【米寿】[名] 数え年八十八歳。また、その祝い。よねの祝い。▼「米」の字を分解すると八十八になることから。

たり。弊風。

べい-しゅう【米収】 [名] 米の収穫。‖「―高」

へい-しゅつ【▼迸出】 [名・自サ変] ほとばしり出ること。

へい-じゅん【平準】 [名] ❶水準器で測って水平にすること。❷不均衡をなくして均一になるようにすること。‖「年金格差の―化を図る」

へい-しょ【兵書】 [名] 兵法・兵学の書。「孫子」「呉子」など。

へい-しょ【閉所】 [名] ❶閉めきった場所。また、閉ざされた場所。‖「―恐怖症」❷[自他サ変] 事務所・研究所など「所」と名の付く施設・機関などが、その業務をやめて閉鎖すること。⇔開所

へい-しょ【弊所】 [名] 自分の属す事務所・研究所などをいう丁重語。

へい-じょ【平叙】 [名・他サ変] ありのままに述べること。‖「―文」

へい-しょう【併称・並称】 [名・他サ変] 合わせて呼ぶこと。また、すぐれたものとして、並べていうこと。‖「李白と―される杜甫」▽受身が多い。

へい-じょう【平常】 [名] いつもと同じであること。平生(へいぜい)。ふだん。‖「―のダイヤに戻る」「―どおり営業する」▽副詞的にも使う。

へい-じょう【閉場】 [名・自他サ変] ❶会合・催し物などが終わって会場を閉じること。‖「―時間」⇔開場 ❷劇場などが営業をやめること。‖「三月いっぱいで―する寄席」

へいじょう-しん【平常心】 [名] ふだんと変わらない平穏な心。‖「―を失う」

べい-しょく【米食】 [名] 米を食うこと。特に、米を主食にすること。

へいじょ-ぶん【平叙文】 [名] 文をその表現形式によって分類する場合の一つ。命令文・感嘆文・疑問文に対し、叙述を表す文。「風が冷たい」「明日は雨だろう」など。

へい-しん【平信】 [名] 変事の知らせではない、ふつうの便り。無事の便り。また、その手紙の脇付に用いる語。

へい-しん【並進(併進)】 [名・自サ変] 並んで進むこと。‖「艦隊が―する」

へいしん-ていとう【平身低頭】 [名・自サ変] 体をかがめ、頭を低くさげて恐れ入ること。‖「―して謝る」

へい-すい【平水】 [名] ❶川などの、ふだんの水かさ。‖「―量」❷波立っていない水面。‖「―区域」

へい-せい【平成】 [名] 昭和の一つ後、令和の一つ前の日本の年号。一九八九年一月八日から二〇一九年四月三〇日まで。▽『史記』にみえる「内平外成」、『書経』にみえる「地平天成」から。

へい-せい【平静】 [名・形動] 静かに落ち着いていること。おだやかなこと。‖「―をよそおう」派生 -さ

へい-せい【兵制】 [名] 軍隊・軍備に関する制度。

へい-せい【幣制】 [名] 貨幣に関する制度。‖「―改革」

へい-せい【弊政】 [名] 弊害の多い政治。悪政。

へい-ぜい【平生】 [名] ふだん。つねひごろ。平素。‖「―の心がけがよくない」▽副詞的にも使う。

へい-せき【兵籍】 [名] ❶軍人としての身分。軍籍。❷軍人の身分に関する事柄を登記した帳簿。▽「兵籍簿」の略。

へい-せつ【併設】 [名・他サ変] 主となる施設やすでにある施設につけ加えて設置すること。また、二つ以上のものを合わせて設置すること。‖「医科大学に病院を―する」

へい-ぜん【平然】 [形動タリ] 平気で落ち着いているさま。‖「野次をあびても―としている」

へい-そ【平素】 [名] ふだん。つねひごろ。平生。‖「―の努力が実を結ぶ」▽副詞的にも使う。

へい-そう【兵曹】 [名] 旧海軍の下士官。上等・一等・二等の三階級に分かれる。

へい-そう【並走(併走)】 [名・自サ変] 並んで走ること。‖「列車が―する」

へい-そく【閉塞】 [名・自他サ変] 閉じてふさぐこと。また、閉ざされてふさがること。‖「―した時代」「腸[卵管]―」

へい-ぞく【平俗】 [名・形動] ❶ありふれていて俗っぽいこと。凡俗。‖「―な画風」❷文章などがくだけていてわかりやすいこと。‖「―な表現」

へい-そつ【兵卒】 [名] 最下級の軍人。兵士。

へい-そん【併存(並存)】 [名・自サ変] 二つ以上のものが同時に存在すること。へいぞん。‖「新旧の勢力が―する」

へい-たい【平体】 [名] 写真植字で、変形レンズを使って文字の縦の幅を縮めた、扁平な文字。

へい-たい【兵隊】 [名] ❶兵士を隊に編制した集団。軍隊。❷下級の軍人。兵。

へい-たく【弊宅】 [名] ❶荒廃した家。あばらや。❷自分の家をいう丁重語。拙宅(せったく)。

へい-たん【平▼坦】 [名・形動] ❶土地などが平らであること。‖「―な道」❷平穏なこと。‖「―な人生を歩む」派生 -さ

へい-たん【平淡】 [名・形動] 気取りがなく、さっぱりしていること。‖「―な歌風」

へい-たん【兵▼站】 [名] 戦場の後方にあって、兵器・食糧などの管理・補給に当たる機関。‖「―部」

へい-たん【兵端】 [名] 戦いのいとぐち。戦端。‖「―を開く」

へい-だん【兵団】 [名] 戦時、独立した作戦行動ができるように、師団・旅団などを合わせて編成した大規模の部隊。軍団。

へい-ち【平地】 [名] 平らな土地。起伏のない土地。ひらち。‖「―林(=平野部にある林)」

◉**平地に波瀾(はらん)を起こ・す** 平穏なところに好んでもめごとを起こすことのたとえ。▽劉禹錫(りゅううしゃく)「竹枝詞(ちくしし)」から。

へい-ち【併置】 [名・他サ変] 二つ以上のものを同じ場所に設置すること。‖「農業科と商業科を―する」

へい-ちゃら【平ちゃら】 [形動] 少しも気にしないさま。ものともしないさま。へっちゃら。‖「一晩ぐらい寝なくても―だ」

へい-ちょう【兵長】 [名] 旧軍隊の階級の一つ。陸軍では伍長の下、上等兵の上。海軍では二等兵曹の下。

へい-てい【平定】 [名・他サ変] 敵や賊を討ち平らげて世の中の秩序を回復すること。‖「反乱軍を―する」

へい-てい【閉廷】 [名・自他サ変] 法廷を閉じて審理を休止すること。⇔開廷

へい-てん【閉店】 [名・自他サ変] ❶その日の営業を終えて店をしめること。‖「平日は九時に―する」❷商売

をやめて店をたたむこと。〓「三代続いた呉服屋が／を―する」「―につき大安売り」◈⬍開店

へイト【hate】〔名〕憎悪。反感を抱くこと。

へい‐どく【併読】〔名・他サ変〕二つ以上のものをあわせて読むこと。

へイト‐スピーチ【hate speech】〔名〕憎悪に基づく暴力的な発言。特に、特定の人種・民族・性別などに対する差別的な言論。

へい‐どん【併▼呑】〔名・他サ変〕他の勢力を自分の勢力下に入れて従わせること。〓「隣国を―する」

へい‐ねつ【平熱】〔名〕健康なときの体温。▼ふつう成人ではセ氏三六〜三七度。

へい‐ねん【平年】〔名〕❶閏年（うるうどし）でない年。一年が三六五日の年。❷ふつうの年。特に、気象や農作物の収穫がふつうの年。〓「今年は―より雨が多い」「―作」

へい‐ば【兵馬】〔名〕❶兵器と軍馬。また、軍隊。軍備。〓「―の権（＝軍を編成・統帥する権限）」❷いくさに用いる馬。軍馬。❸いくさ。戦争。〓「―倥偬（こうそう）の間（＝戦争に明け暮れているとき）」

へい‐はく【幣▼帛】〔名〕布・金銭・酒食など、神前に供える物。みてぐら。

へい‐はつ【併発】〔名・自他サ変〕二つ以上のことが同時に起こること。また、起こすこと。〓「風邪から肺炎を―する」

へい‐ばん【平板】〔名〕❶平らな板。特に、測量のとき製図用の紙を貼る平らな板。❷〔形動〕単調でおもしろみのないこと。〓「―な文章」

べい‐はん【米飯】〔名〕米のめし。〓「―給食」

へい‐び【兵備】〔名〕いくさの備え。軍備。

へい‐ふう【弊風】〔名〕悪い風俗や風習。悪習。

へい‐ふく【平伏】〔名・自サ変〕両手をつき、頭を地につけて礼をすること。ひれふすこと。〓「御前に―する」

へい‐ふく【平服】〔名〕式服・礼服に対して、平素身につけている衣服。ふだんぎ。〓「当日は―で御出席ください」⬍式服・礼服

べい‐ふん【米粉】〔名〕米をひいて粉にしたもの。糝粉（しんこ）・白玉粉・みじん粉など。こめのこ。

へい‐へい [一]〔感〕相手を敬いながら気軽に応答・承諾するときに発する語。〓「―、承知いたしました」[二]〔副〕こびへつらうさま。〓「上役に―する」

へい‐べい【平米】〔名〕平方メートル。〓「一〇〇―の土地」▼俗に、「へイベー」「へーべー」と発音する。

ぺい‐ぺい〔名〕〔俗〕地位の低い者、まだ一人前でない者をあなどっていう語。また、自分を卑下していう語。〓「駆け出しの―」

へいへい‐たんたん【平平▼坦▼坦】〔形動タルト〕きわめて平坦なさま。〓「―たる野」

へいへい‐ぼんぼん【平平凡凡】〔形動タルト〕きわめて平凡なさま。〓「―と日を送る」

へい‐ほう【平方】ハウ〔名〕❶〔他サ変〕二つの同じ数を掛け合わせること。二乗。自乗。❷長さを表す単位の前につけて、面積の単位を表す語。〓「九〇―メートルの土地」❸長さを表す単位のあとにつけて、その長さを一辺とする正方形の面積を表す語。〓「五センチ―の紙」

へい‐ほう【兵法】ハフ〔名〕❶いくさの仕方。用兵・戦術などの方法。兵学。❷武術。武芸。〓「―指南」◈「ひょうほう」とも。

へいほう‐こん【平方根】ヘイハウ〔名〕ある数を二乗した数に対し、そのもとの数。二乗根。〓「二乗すると a になる数を、a の―と呼ぶ」

へい‐ぼん【平凡】〔名・形動〕ごくふつうで、特にすぐれたところ、変わったところがないこと。〓「―で退屈な人生」「―な発想」⬍非凡 派生 ―さ

へい‐まく【閉幕】〔名・自サ変〕❶舞台の幕が下りて芝居などが終わること。❷行事・催し物などが終わりになること。〓「国体が―を迎える」◈⬍開幕

へい‐みゃく【平脈】〔名〕健康なときの脈拍。▼ふつう成人では一分間に六〇〜八〇。

へい‐みん【平民】〔名〕❶官位をもたない、ふつうの人民。庶民。❷明治時代に設けられた身分制度で、華族・士族の下位の者。

へい‐めい【平明】〔名・形動〕はっきりしていてわかりやすいこと。〓「―な文章」「―に記す」派生 ―さ

へい‐めん【平面】〔名〕❶平らな面。また、表面が平らであること。❷数学で、その上にある任意の二点を結ぶ直線が常にその面上にあるような面。

へいめん‐ず【平面図】ヅ〔名〕投影図法で、物体を平画面に投影して得た図。物体を真上から見た図。〓「家の―」

へいめん‐てき【平面的】〔形動〕❶表面が平らなさま。〓「―な顔」❷物事の内面までは立ち入らずに、その表面だけを見るさま。〓「―な見方」◈⬍立体的

へい‐もん【閉門】〔名〕❶〔自他サ変〕門を閉じること。⬍開門 ❷江戸時代、武士・僧に科した刑罰。一定期間門や窓を閉じ、昼夜とも一切の出入りを禁じた。

へい‐や【平野】〔名〕山地に対して、起伏の少ない広大な土地。〓「関東―」

へい‐ゆ【平癒】〔名・自サ変〕病気が治ること。〓「難病が―する」

へい‐よう【併用】〔名・他サ変〕二つ以上のものをいっしょに使うこと。〓「二種の薬を―する」書き方「並用」は標準的でない。

へい‐らん【兵乱】〔名〕戦争によって世の中が乱れること。戦乱。〓「―の巷（ちまた）」

へい‐り【弊履】〔名〕破れた履物。

◉**弊履の如（ごと）く棄（す）てる** 惜しげもなく捨て去る。

へい‐りつ【並立】〔名・自サ変〕二つ以上のものが並んで立つこと。また、並んで存在すること。〓「二つの政府が―する」書き方「併立」は標準的でない。

へい‐りゃく【兵略】〔名〕軍事上のはかりごと。軍略。戦略。

へい‐りょく【兵力】〔名〕兵員数・兵器数などを総合した力。戦闘力。

へい‐れつ【並列】〔名〕❶〔自他サ変〕二つ以上のものが並び連なること。また、並べ連ねること。〓「部材を一定間隔に―する」❷電池・蓄電池・抵抗器などの、同じ極どうしをつなぐこと。並列接続。⬍直列

へい‐わ【平和】〔名・形動〕❶戦争や紛争がなく、世の中がおだやかな状態にあること。〓「―な／の時代」「―運動」❷心配事やもめごとがなく、おだやかであること。〓「―な家庭」

ペイン‐クリニック【pain clinic】〔名〕神経痛や癌（がん）などの痛みを持つ患者を対象とする診療（施設）。

ペイント【paint】〔名〕着色や表面保護の目的で物の表面に塗布する材料の総称。ボイル油・樹脂類・水などの展色剤に顔料をまぜたもの。ペンキ。

へえ〔感〕❶驚いたとき、感心したとき、疑ったときなど

に発する語。≡「ー、そんなことがあったのか」❷へりくだった気持ちで応答・承諾するときに発する語。へい。≡「ー、さようでございます」

ベーカリー【bakery】［名］パン・洋菓子などを製造・販売する店。パン屋。

ベーキング-パウダー【baking powder】［名］パン・ビスケットなどの生地をふくらませるために用いる粉末。重曹を主成分とする。ふくらし粉。

ベーグル【bagel】［名］生地をゆでてから、やや堅めに焼いたドーナツ形のパン。

ベーコン【bacon】［名］豚のばら肉を塩漬けにしてから燻製にした食品。≡「ーエッグ」

ページ【page】［名］書物・ノートなどの紙の一面。また、その順序を示す数字。ノンブル。≡「ーを開く」「ーをめくる」「一〇ー」書き方「▼頁」と当てる。

ページェント【pageant】［名］❶野外劇。❷祝祭日などに野外で行われる大がかりな仮装行列やショー。

ベーシック【basic】［形動］基礎となるさま。基本的。

ベーシック-インカム【basic income】［名］政府がすべての国民に、生活に必要最小限の額を無条件で支給する所得補償制度。

ベージュ【beige フランス】［名］薄くて明るい茶色。染色・漂白をしていない羊毛のような色。らくだ色。

ベース【base】［名］❶もとになるもの。土台。基礎。≡「ウォッカをーにしたカクテル」「賃金ー」❷根拠地。基地。❸野球で、塁。≡「三塁ー」

ベース【bass】［名］❶コントラバス。▼「ダブルベース（double bass）」の略。❷男声の最低音域。バス。❸ジャズ・ロック・ポップスなどで、楽曲の最低音部。また、それを受け持つ楽器。

ペース【pace】［名］❶歩くとき、走るとき、泳ぐときなどの速度。❷物事を進める速度。また、その進みぐあい。≡「ーを上げる」「マイー」

ベース-アップ【和製 base＋up】［名・自他サ変］賃金の基準が引き上がること。また、引き上げること。ベア。

ベース-キャンプ【base camp】［名］❶登山の根拠地として設営するキャンプ。≡「マナスル登山隊のー」❷軍隊の根拠地。軍事基地。≡「進駐軍のー」

ペースト【paste】［名］❶肉・内臓・野菜などを煮てすりつぶし、のり状に練った食品。≡「レバーー」❷のり状の接着剤。❸［他サ変］コンピューターで、データの一部を別の場所に貼り付けること。

ベースボール【baseball】［名］野球。

ペースメーカー【pacemaker】［名］❶中・長距離競走、自転車競技などで、先頭を走ってそのレースの基準となる速度を示す選手。❷拍動数に異常のある心臓に一定の周期で電気刺激を与え、律動的な収縮運動を起こさせる装置。心臓ペースメーカー。

ペーズリー【paisley】［名］細密な曲線で勾玉(まがたま)に似た形を描いた模様。▼スコットランドの都市ペーズリーで、この柄の布が量産されたことから。

ベーゼ【baiser フランス】［名］接吻。キス。

ヘーゼルナッツ【hazelnut】［名］セイヨウハシバミの実。形はドングリに似る。脂肪分に富む種子を煎(い)って食用にする。

ペーソス【pathos】［名］もの悲しさ。哀愁。哀感。

ベータ-カロテン【β-carotene】［名］カロテンの一つ。ニンジン・カボチャなどの緑黄色野菜に多く含まれ、体内でビタミンAに変わる。ベータカロチン。

ベーター-ばん【β版】［名］ソフトウエアなどで、発売前や正式公開前に試用してもらう製品。評価版。

ペーハー【pH ドイツ】［名］➡ピーエッチ

ペーパー【paper】［名］❶紙。特に、西洋紙。≡「ーテスト（＝筆記試験）」「ティッシュー」❷文書。論文。❸「サンドペーパー」の略。

ペーパー-カンパニー【和製 paper＋company】［名］税金逃れなどのための、実体のない名目だけの会社。

ペーパー-クラフト【papercraft】［名］紙を材料にする工芸。また、その作品。紙工芸。紙細工。

ペーパー-タオル【paper towel】［名］紙製のタオル。

ペーパー-ドライバー【和製 paper＋driver】［名］運転免許証は持っていても、実際には運転することのないひと。

ペーパーバック【paperback】［名］紙の表紙をつけただけの略装本。文庫本・新書版の類。ペーパーバックス。

ペーパー-プラン【paper plan】［名］頭の中で考え出しただけの、実用性のない案。紙上の計画。机上の案。

ペーパーレス【paperless】［名］資料や情報の伝達に紙を使わず、コンピューターなどで処理すること。

ペープサート［名］人物などの絵を棒に貼りつけたものを動かして演じる紙人形劇。▼ペーパーパペットシアター（和製 paper＋puppet＋theater）からの造語。

ペーブメント【pavement】［名］舗装道路。舗道。ペーブ。

ベール【veil】［名］❶女性が顔や頭をおおうのに用いる薄い布。面紗。❷物をおおいかくすもの。≡「神秘のーをはぐ」

◉**ベールを脱(ぬ)・ぐ**　初めて実体を現す。明らかになる。≡「新商品がー」

ペール【pale】［名］淡いさま。薄いさま。≡「ーブルー」▼多く、他の語と複合して使う。

ペガサス【Pegasus】［名］ギリシア神話で、翼をもつ天馬。ペガソス。ペガスス。

べから-ず［連語］〔古風〕❶〈文末に使って〉禁止を表す。…てはいけない。…な。≡「部外者は入るー」❷不可能の意を表す。…ことができない。≡「あり得ー・ざる奇蹟」❸…しないのが当然だ。…べきではない。…てはならない。≡「許すー・ざる行為」❹〈二重否定「…ざるべからず」の形で〉…するのが当然だ。…なければならない。≡「法を重んぜざるー」◈「べし」の否定形。

へき【癖】［名］かたよった習性や好み。くせ。≡「浪費のーがある」「悪ー・潔ー(けっぺき)」

へき【▼碧】（造）深い青色。青緑色。≡「ー空」「紺ー(こんぺき)」

へき【▼僻】（造）❶かたよる。ひがむ。≡「ー見」❷遠く離れる。かたすみ。≡「ー地」

へき【壁】（造）❶かべ。≡「ー画・ー面」❷仕切りとする建造物。かき。とりで。≡「隔ー・城ー・防ー」❸かべのように切り立った所。がけ。≡「岸ー(がんぺき)・絶ー(ぜっぺき)」

へき【璧】（造）玉。輪の形をした玉器。また、玉のように美しいものや優れたもののたとえ。≡「完ー(かんぺき)・双ー」

べき【▽冪(▽羃)】[名] 同じ数または式を何回か掛け合わせたもの。累乗。||「—法」 書き方「▽巾」で代用することもある。

べき [助動詞「べし」の連体形] ⬇べし・べきだ・べきではない

へき-えき【▽辟易】[名・自サ変] ❶勢いに押されてたじろぐこと。しりごみすること。||「あまりの剣幕に—する」❷どうにもならなくて閉口すること。嫌気がさすこと。||「長談義に—する」◈避けて所をかえる意から。

注意「辟易とする」は誤り。

へき-えん【▽僻遠】[名] 中央から遠く離れていること。また、その地域・場所。||「—の地」

へき-が【壁画】[名] 壁面・天井などに描かれた絵画。

へき-かい【▽碧海】[名] 青い海。青海原。蒼海。

へき-かい【▽劈開】[名・自サ変] 結晶体がある特定の方向に沿って割れること。また、そのように割れやすい性質。雲母や方解石に見られる。||「—面」▼「劈」は裂ける意。

へき-がん【▽碧眼】[名] 青い目。特に、西洋人の青い目。また、西洋人。||「紅毛—の人」

へき-ぎょく【▽碧玉】[名] ❶青色または緑色の玉。❷酸化鉄などの不純物を含む不透明な石英。色は赤・黄・緑・褐色など。古くから勾玉・管玉などに用いられた。ジャスパー。

へき-くう【▽碧空】[名] 青空。碧落。

へき-けん【▽僻見】[名] 一方にかたよった見解。偏見。

へき-すい【▽碧水】[名] 深い川などの、青緑色に澄んだ水。

へき-すう【▽僻▽陬】[名] へんぴな土地。僻地。||「—の地」▼「陬」は隅の意。

へき-する【▽僻する】[自サ変] 一方にかたよる。偏する。||「—した考え」文へき・す

へき-せつ【▽僻説】[名] 一方にかたよった意見。道理に合わない説。

へき-そん【▽僻村】[名] へんぴな地にある村。かたいなかの村。||「—から上京する」

べき-だ [連語] ❶そうするのが当然だと義務づける意を表す。当然だ。義務だ。||「最も犯人らしくない人を疑う—」❷〈「べきだった」の形で〉過去に行わなかったことが間違っていたという判断を表す。||「もっと勉強しておく—だった」

◈使い方 (1)「廃止すべきだ/廃止するべきだ」は、前者は文語の動詞「廃止す」の終止形に、後者は口語の動詞「廃止する」の終止形に付いたもので、どちらも適切な言い方。「べき」は現在は口語形に付くことが多いが、簡潔で引き締まった文語形の言い方も好まれる。(2)丁寧形は「べきです」「べきでした」。否定形は「…べきで(は)ない」が正しく、「…しないべきだ」は誤り。||「×嫌がることはしないべきだ→○嫌がることはすべきではない[するべきではない]」(3)①は、「のだ」に続くときは、「一人でやるべきなのだ」のように「べきな」の形を使う。連体修飾には「べきな」は使われず、助動詞「べし」の連体形「べき」が使われる。||「○やるべきこと/×やるべきなこと」

注意「べきだ」「べきです」「べきではないでしょうか」などを、省略して「〜べき。」というと、失礼な表現になる。||「×契約内容は説明すべき。」

へき-たん【▽碧▽潭】[名] 青々とした水をたたえた深いふち。

へき-ち【▽僻地】[名] 都会から遠く離れた、へんぴな土地。僻陬。辺地。||「—の小学校」

べき-で-は-な-い [連語] ❶禁止を表す。…てはいけない。…な。||「安易に結論を出す—」❷〈「べきではなかった」の形で〉過去に行ったことが間違っていたという判断を表す。…してはいけなかった。||「あんなことは言う—かった」◈「べきだ」の否定形。「べきでない」とも。

へき-とう【▽劈頭】[名] 物事の初め。最初。冒頭。||「—の演説」

へき-めん【壁面】[名] 壁の表面。||「—が汚れる」

へき-らく【▽碧落】[名] 青い空。碧空。

へき-れき【▽霹▽靂】[名] かみなり。雷鳴。||「青天の—」

霹靂

へ・ぐ【▽剝ぐ・▽折ぐ】[他五] 表面を薄く削りとる。また、はがす。はぐ。||「杉の皮を—」

べく [助動詞「べし」の連用形] ⬇べし・べくして・べくもない

べく-して [連語] ❶〈前後に同じ動詞を伴って〉当然そうなる[する]はずで。当然のこととして。||「これは勝つ—勝った試合だ」「起こる—起こった事件」❷〈古風〉〈下に反意的・対句的な表現を伴って〉…することはできても。||「この説は言う—行うべからず〈福沢諭吉〉」◈文語助動詞「べし」の連用形＋接続助詞「して」。

ヘクタール [名] メートル法で、面積を表す単位。アールの一〇〇倍で、一ヘクタールは一万平方メートル。記号ha ▼hectareから。

ペクチン [pectin] [名] 植物体、特に果実に多く含まれているコロイド状の多糖類。細胞を結合させる働きをもつ。酸や砂糖を加えるとゼリー状になるので、ジャム・マーマレードなどの製造や微生物の培養基などに用いられる。

ヘクトパスカル [hectopascal] [名] 気圧を表す単位。一ヘクトパスカルは一〇〇パスカルで、旧単位の一ミリバールに等しい。記号hPa

ベクトル [Vektor] [名] 大きさと方向をもった量。速度・力・加速度など。平面上・空間上の有向線分(＝方向を決めた線分「→」)で表す。

べく-も-な-い [連語] 話し手が希望するような事態が、まったく起こりようがない意を表す。…しようにも…する[できる]はずがない。||「決勝進出など望む—」「内部の事情は知る—」

ベクレル [becquerel] [名] 放射能の強さを表す単位。一ベクレルは放射性核種が一秒間に一つの割合で崩壊するときの放射能。記号Bq

べくん-ば [連語] [古風] …ができるならば。||「忍ぶ—忍べ」▼「べくは」の転。

ペケ [名] ❶役に立たないこと。だめなこと。||「企画が—になる」❷罰点。×印。||「答案に—をつけられる」◈語源未詳。

ヘゲモニー [Hegemonie] [名] 指導的な地位。主導権。||「—を握る」

へこ-おび【▽兵▽児帯】[名] 男性・子供用のしごき帯。▼もと鹿児島県地方の兵児(＝若者)が用いたことから。

へこ-た・れる [自下一] 気力をなくして動けなくなる。

くじける。へたばる。▷「一度の失敗ぐらいでーな」文へこたえる

ベゴニア【begonia】〔名〕熱帯・亜熱帯に分布するシュウカイドウ科ベゴニア属の植物の総称。花は淡紅色・赤・紫・白・黄など。観賞用に栽培され、多くの園芸品種がある。

ぺこ-ぺこ〔副〕❶〔三〕ひどく空腹であるさま。▷「おなかがーだ」❷〔ト〕頭をしきりにさげるさま。また、頭をさげて人にへつらうさま。▷「上役にーする」❸〔ト〕軽く押された薄い金属板などがへこんだり、もとに戻ったりするさま。また、その音を表す語。

へこま・す【▽凹ます】〔他五〕❶へこむようにする。▷「腹をー」❷相手をやりこめる。言い負かす。▷「先生をー」異形 へこませる

へこ・む【▽凹む】〔自五〕❶力が加えられて表面の一部が周囲より低くなる。くぼむ。へっこむ。▷「追突されて車体がー」❷やりこめられて屈服する。くじける。▷「どなられたぐらいでー奴じゃない」❸損をする。▷「最終レースでだいぶーんだ」❹落ち込む。▷「振られてー」◈読み分け「ハンバーグは中央を凹ませてから焼く」など、①の意では「くぼむ」とも「へこむ」とも読む。悪い評価を表す②〜④は「へこむ」と読む。「あいつを凹(へこ)ましてやる(②)」名 へこみ

ぺこり〔副ト〕急に頭を下げるさま。ぺこん。▷「ーと頭を下げる」

へ-さき【▼舳先(▼舳)】〔名〕船の先端。船首。みよし。⇔艫(とも)

べし【▽可し】〔助動 形型〕(べから-べく・べかり-べし-べき・べかる-べけれ-○)〔古風〕

❶当然の成り行きと見なされる、確信を持って推量できる意を表す。…はずだ。▷「ついに来るべき時が来た」「女房はお初といいて二十八か九にもなるー〈一葉〉」「推して知るー」使い方 文の終わりを終止形「すべし」でなく、連体形「すべき」で止めるのは誤り。「べきだ」「べきである」などが適切。

❷そうするのが当然だと義務づける意を表す。…なければならない。▷「絶対に守るべき規律」「後生畏(おそ)るー〈論語〉」▼打ち消しの形では禁止や警告の意を表す。⬇べきではない・べからず

❸〈終止形「べし」を文末に使って〉命令を表す。▷「潔く辞職すー」「直ちに出頭すー」

❹可能である、または実現が見込まれる意を表す。▷「予測すべからざる事態」「真相を確かめるべく(=確かめるために)現地に赴いた」

❺意志を表す。…しよう。▷「必ず成し遂げるーと意気込む」

◈文語の助動詞だが、「べき」「べく」は現在も普通に使う。⬇べきだ・べきではない・べくして・べくもない 書き方 かな書きが一般的。使い方 (1)動詞および動詞型活用の助動詞の終止形に付く。ただしラ変型動詞、ラ変型の助動詞、形容詞、形容動詞には連体形に付く。未然形「べから」は打ち消しの助動詞「ず」を伴う用法、連用形「べく」は中止用法と直接用言にかかる用法に限られる。(2)上に来る動詞は口語形をとることも多い。▷「汝、努力すべし」「努力するべし」「教えるべきことはもはや何もない」⬇べきだ[使い方]

へし-あ・う【▽圧し合う】ファ〔自五〕互いに押し合う。名 へし合い「押し合いへしー」

へし-お・る【▽圧し折る】ルヲ〔他五〕強い力で押しつけて折る。たわめて折る。▷「木の枝をー」「高慢の鼻をー(=慢心をくじく)」

ベジタブル【vegetable】〔名〕野菜。▷「ースープ」

ベジタリアン【vegetarian】〔名〕菜食主義者。

ペシミスティック【pessimistic】〔形動〕悲観的であるさま。厭世(えんせい)的。▷「ーな見方」「ーに考える」

ペシミスト【pessimist】〔名〕物事を悲観的に考える人。悲観論者。厭世(えんせい)主義者。⇔オプチミスト

ペシミズム【pessimism】〔名〕物事を悲観的にとらえる思想傾向。悲観主義。厭世(えんせい)主義。⇔オプチミズム

へしゃん-こ〔形動〕❶押しつぶされて平たくなったさま。また、押しつぶされたように平たくなっているさま。ぺちゃんこ。▷「箱がーになる」「ーな鼻」❷やりこめられて手も足も出ないさま。ぺちゃんこ。

ベスト【best】〔名〕❶最もよいもの。最上。最良。▷「自己ーの記録」「ーテン」「ードレッサー(=衣服を最も巧みに着こなす人)」❷最善。全力。▷「ーを尽くす」

ベスト【vest】〔名〕胴着。チョッキ。

ペスト【Pestドイ】〔名〕ペスト菌の感染によって起こる急性の感染症。死亡率が高い。敗血症を起こすと皮膚が紫黒(しこく)色に変わるので、黒死(こくし)病ともいう。

ベスト-セラー【best seller】〔名〕ある期間内に最もよく売れた商品。特に、書籍についていう。

ベスト-ばん【ベスト判】〔名〕写真フィルムで、縦横の寸法が四×六・五センチメートルのもの。▼コダック社のベストポケットカメラに用いられたことから。

ベスト-ばん【ベスト盤】〔名〕ある歌手・演奏者の代表的なヒット曲などを編集して収録したCDアルバム。ベストアルバム。

ベスト-プラクティス【best practice】〔名〕最も効率的な実践方法。最善の方法。

ペストリー【pastry】〔名〕パイ生地を使った菓子パン。ペイストリー。

へず・る【▽剝る】ルッ〔他五〕少しけずり取る。▷「交際費をー」

ペセタ【pesetaスペ】〔名〕もと、スペインの通貨の基本単位。▼二〇〇二年よりユーロに移行。

へそ【▼臍】〔名〕❶腹部の中央にある、へその緒のとれた跡。ふつう小さなくぼみになっている。ほぞ。❷物の表面の中央にある、小さなでっぱりやくぼみ。▷「あんパンのー」❸物の中央・中心にあたる部分。また、物の最も重要な部分。▷「日本列島のー」「話にーがない」 臍

◉**臍で茶を沸(わ)かす** おかしくてたまらないことのたとえ。また、ばかばかしくてしようがないことのたとえ。

◉**臍を曲・げる** 機嫌をそこねて、かたくなな態度をとる。▷「彼は些細(ささい)なことですぐにー」

べそ〔名〕子供などが今にも泣き出しそうな表情になること。泣きべそ。▷「叱られてーをかく」

ペソ【pesoスペ】〔名〕メキシコなどの中南米諸国、フィリピンなどの通貨の基本単位。

へそ-くり【▼臍繰り】〔名〕やりくりして、こっそりためた金銭。へそくりがね。▼綜麻(へそ)(=紡いだ麻糸を環状に幾重にも巻きつけたもの)を繰ってためた金の意で、「臍」は当て字。

へそ-の-お【▼臍の緒】ヲ〔名〕胎児のへそと母体の胎盤とをつなぐ管状の器官。胎児に栄養や酸素を補給

し、老廃物を運び去る。ほぞのお。臍帯(さいたい・せいたい)。〓「ーを切ってから(＝生まれてからこれまで)」

へそ-まがり【▼臍曲がり】［名・形動］性質がすなおでないこと。ひねくれていること。また、そのような人。つむじ曲がり。

へた【▼蔕】［名］ナス・柿などの実についている萼(がく)。　蔕

へた【▼厴】［名］巻き貝の殻の口をふさぐ板状のふた。　厴

へた【《下手》】［名・形動］❶技術や手際が悪くて、物事が巧みに行えないこと。また、その人。また、物事を行った結果としての出来映えが劣っていること。〓「彼は商売がーだ」「字のーな人」「素人だがーな料理人よりはるかにうまい」「話しーだ」⇔上手(じょうず) ❷悪い結果を導くような、まずいやり方で物事を行うこと。また、その結果としての物事。〓「ーなことは言うものではない」「ーな小細工はやめよ」「ーに動かすと出血がひどくなる」

◉**下手な鉄砲(てっぽう)も数(かず)撃(う)てば当たる**　たくさんやってみると、なかにはまぐれ当たりもあるということ。

◉**下手の考え休むに似たり**　よい考えも浮かばないのに長く考え込むのは時間のむだだということ。▽碁や将棋で、下手な人の長考は何の効果もないことからいう。✅注意「下手な考え休むに似たり」は誤り。

◉**下手の長談義(ながだんぎ)**　話が下手な人ほど長々と話をしたがるものだということ。✅注意「下手な長談義」は誤り。

◉**下手の横好(よこず)き**　下手なくせに物事を妙に好むこと。✅注意「下手な横好き」は誤り。

◉**下手をすると**　まずいことをすると。また、まずい展開や結果になると。悪くすると。下手すると。〓「ー大事になりかねない」「ー実力は相手のほうが上ではないか」

べた 一［名］❶［形動］すきまのないこと。〓「ーに塗りたくる」❷活字組み版で、字間・行間などをあけずに組むこと。また、そのように組んだもの。▽「べた組み」の略。❸写真で、ネガを印画紙に密着させて焼き付けること。また、焼き付けたもの。▽「べた焼き」の略。❹［形動］［新］ありきたりで、面白味に欠けること。〓「ーなギャグに全員がしらける」「ーな展開を見せる推理劇」▽「べた記事(＝べた組みにして掲載された短い記事)」からという。◈書き方 一は「ベタ」と書くことも多い。
二（造）すっかり、完全に、などの意を表す。〓「ー惚(ぼ)れ」「ーぼめ」

ベター［better］［形動］よりよいさま。最善・最高ではないが、比較的よいさま。〓「この方法のほうがーだ」

ベター-ハーフ［better half］［名］よき配偶者。妻。

べた-いちめん【べた一面】［名・形動］物の表面全体に及んでいること。〓「絵の具をーに塗りたくる」

へた-くそ【《下手》▼糞】［名・形動］きわめて下手なこと。また、そのような人。〓「ーな演技」「あんなーはいない」▽「下手」を強め、しばしばけなしていう。

へだたり【隔たり】［名］へだたること。また、その度合い。〓「年齢のー」

へだた・る【隔たる】［自五］❶時間的・空間的に遠く離れる。〓「遠くーった昔のことなど覚えていない」「この町はA市と百(キロメートル)ほど距離がーっている」❷物事の間に差がある。懸け離れている。差異がある。〓「両者の考え方は相当にーっている」「理想と現実が大きくーっている」「彼の絵は芸術からは遠くーっている」❸気持ちが離れて関係がうとくなる。懸け離れる。疎遠になる。〓「二人の気持ちが遠くー」名隔たり

べた-つ・く［自五］❶べたべたと粘りつく。ねばつく。べたべたする。〓「手が油でー」❷なれなれしくまといつく。特に、男女が甘えてだらしなくまといつく。いちゃつく。べたべたする。

へだて【隔て】［名］❶間を仕切ること。また、仕切るもの。❷わけへだて。差別。〓「ーなく子供たちを育てる」❸遠慮があって打ちとけないこと。また、その気持ち。〓「ーのない間柄」

へだ・てる【隔てる】［他下一］❶時間的・空間的に距離を置く。〓「親子は三十年の歳月をーてて再会した」「家から五百(メートル)ほどーてた所に野球場がある」❷間に物を置く。また、間に置かれた物が二つの物をさえぎる。〓「座敷を屏風(びょうぶ)でー」「テーブルをーてて向かい合う」「高層ビルにーてられて海が見えなくなる」❸関係をうとくする。損なう。遠ざける。〓「不信感が二人の仲をー」文へだつ 名隔て

へたば・る［自五］❶体力・気力が尽きて弱る。また、弱って座りこむ。へばる。〓「徹夜が続いてー」「頂上を前にしてー」❷気力がなくなる。へこたれる。〓「一度の失敗ぐらいでーな」

へた-へた［副(と)］力がぬけてくずれるように座りこむさま。〓「がっかりしてー(と)しゃがみ込む」

べた-べた［副(と)］❶［三］物が粘りつくさま。〓「汗で体がーする」❷甘えて、また機嫌をとって、まといつくさま。特に、男女が甘えてまといつくさま。〓「人前でー(と)いちゃつく」❸一面にたっぷり塗りつけたり貼りつけたりするさま。〓「のりをー(と)塗りたくる」

ぺた-ぺた［副(と)］❶平らな物が平らな面に続けて軽く当たるさま。また、その音を表す語。〓「平手でほおをー(と)たたく」❷物を続けていくつも貼りつけるさま。〓「シールをー(と)貼る」

べた-ぼめ【べた褒め】［名・他サ変］手放しでほめそやすこと。〓「審査員長がーした作品」

べた-ゆき【べた雪】［名］水気が多く、さらっとしない雪。〓「午後からは気温が上がってーになった」

へたり-こ・む【へたり込む】［自五］力が抜けてへたへたと座り込む。また、疲れて立てなくなる。〓「坂道の途中でー」

ペダル［pedal］［名］機械・楽器などの、足で踏んで操作する部分。踏み板。〓「自転車のー」

へたれ［名］［俗］根性がないこと。実力がなくて情けないこと。また、そのような人。

ペダンチック［pedantic］［形動］学識をひけらかすさま。物知り顔をするさま。衒学(げんがく)的。ペダンティック。〓「ーな文章」

ペチカ［pechka(ロシ)］［名］建物の一部として壁や床に組み込まれたロシア式の暖炉。煉瓦(れんが)や粘土で築き上げ、内部の煙道に煙を通すことで部屋を暖める。

ペチコート［petticoat］［名］女性がスカートの形を整えるためにつけるスカート状の下着。ペティコート。

へちま【〈糸▼瓜〉・〈天糸▼瓜〉】［名］❶夏、黄色い花をつけ、細長い円柱形をした濃緑色の実を結ぶウリ科のつる性一年草。また、その実。若い果実は食用。熟した果実から果皮・果肉を取り除いた網状の繊維は入浴用のたわしや靴の敷き皮などにする。茎の切り口からとる粘性の液は糸瓜水といい、古くから化粧水やせき止め剤に用いられた。❷〈「…もへちまもない」などの形で〉否定を

強調する語。…もへったくれもない。〓「理由も—もあるもんか（＝理由などない）」

べちゃ-くちゃ［副ト］ぺちゃくちゃ。

ぺちゃ-くちゃ［副ト］ひっきりなしに、よくしゃべるさま。べちゃくちゃ。〓「—（と）しゃべり続ける」

ぺちゃん-こ［形動］ぺしゃんこ。〓「衝突して車が—になる」

べつ【別】㊀［名］❶物事と物事とを分けて扱うこと。また、そのようにして生じた物事と物事との違い。区別。〓「公私の—を明らかにする」「昼夜の—なく働く」❷［形動］そのものとは違っていること。同じでないこと。〓「兄とは—な道を進む」「—の銀行に口座を移す」「それとこれとは話が—だ」「—口・—件」❸〈「別として」の形で〉例外として扱うこと。問題外とすること。〓「彼女は—として、全員参加が望ましい」「冗談は—として…」㊁（造）❶それに基づいてわける。区別する。〓「年齢—・体重—・地域—」❷わかれる。〓「—離」「死—・惜—」

べつ【蔑】（造）見くだす。あなどる。〓「—視」「軽—・侮—」

べつ-いん【別院】ーヰン［名］❶本山・本寺に準じて別の場所に建てられた寺院。❷七堂伽藍（がらん）のほかに、僧の住居として建てられた堂。

べつ-うり【別売り】［名］本体とは別に売ること。それだけを単独に販売すること。別売（べつばい）。〓「—のバッテリー」

べつ-えん【別宴】［名］送別の宴。

べっ-かく【別格】［名］定められている格式によらないこと。特別に扱うこと。〓「あの人だけは—だ」

べっ-かん【別館】ークヮン［名］本館とは別に建てられた建物。

べっかんこう ベッカウ［名］「あかんべえ」に同じ。

べっ-き【別記】［名・他サ変］本文とは別に書き添えること。また、その文章。〓「注意事項を—する」

べつ-ぎ【別儀】［名］別のこと。ほかのこと。

べっ-きょ【別居】［名・自サ変］家族・夫婦などが別々に住むこと。〓「家族［夫］と—する」⇔同居

べつ-ぎょう【別業】ーゲフ［名］❶別の職業。他の事業。❷別荘。▽「業」は屋敷の意。

べつ-くち【別口】［名］❶別の方面。別の部類。〓「—の収入がある」❷別の口座。〓「—預金」

べっ-け【別家】［名・自サ変］❶本家から分かれて別に一家を立てること。また、その家。分家。❷商家の使用人が、暖簾（のれん）を分けてもらって新しい店を出すこと。また、その店。暖簾分け。

べっ-けい【別掲】［名・他サ変］別のところに掲示・掲載すること。〓「参考文献を—する」

べっ-けん【別件】［名］別の用件。また、別の事件。〓「それとは—で外出しています」「—逮捕（＝ある犯罪の被疑者を逮捕するだけの証拠がないとき、別の犯罪の容疑で逮捕すること）」

べつ-げん【別言】［名・他サ変］別のことばで言いかえること。また、そのことば。換言。〓「—すれば…」

べっ-こ【別個】［名・形動］❶別のものであること。〓「—の事件として扱う」❷一つ一つ切り離されていること。また、その一つ一つ。個別。〓「—に面接する」

べつ-ご【別後】［名］別れてからのち。〓「—の消息は聞かない」▽副詞的にも使う。

べつ-ご【別語】［名］別の語。べつのことば。〓「—に言い換える」

べっ-こう【別項】ーカウ［名］別の項目。他の条項。

べっ-こう【鼈甲】ーカフ［名］タイマイ（ウミガメの一種）の背甲を加工して作った装飾品の材料。半透明で、黄褐色に黒褐色の斑紋がある。櫛（くし）・笄（こうがい）・帯留め・眼鏡の縁などに用いる。〓「—細工」

べっ-こん【別懇】［名・形動］特別に親しいこと。昵懇（じっこん）。〓「—の間柄」「—になる」

べっ-さつ【別冊】［名］雑誌・書籍などの付録として別にまとめられた冊子。また、雑誌などで、定期的に発行される本誌とは別に刊行されるもの。〓「—付録」

ペッサリー［pessary］［名］避妊のため、または子宮の位置矯正のために膣（ちつ）内に装着する器具。子宮栓。

べっ-し【別紙】［名］別の紙。また、別に添えた文書。

べっ-し【蔑視】［名・他サ変］ばかにして見くだすこと。さげすむこと。〓「外国を—する発言」

べつ-じ【別事】［名］❶別のこと。ほかの事柄。❷普通とは変わった特別のこと。〓「—なく日々を送る」

べつ-じ【別辞】［名］別れのことば。送別の辞。

べっ-しつ【別室】［名］ほかの部屋。また、特別に設けられた部屋。〓「—にさがる」

べっ-して【別して】［副］特に。ことに。とりわけ。〓「今日は—暑い」

ヘッジ-ファンド［hedge fund］［名］少数の投資家から大口の資金を集め、投機性の高い金融商品を運用する金融機関。▽ヘッジは（リスクの）回避の意。

べっ-しゅ【別種】［名］別の種類。〓「マグロとは—の魚」

べっ-しょう【別称】［名・他サ変］別の名称。別の呼び名。別名。〓「油虫はゴキブリの—」

べっ-しょう【蔑称】［名］その人やその人の動作・状態をさげすんで呼ぶ称。

べつ-じょう【別条】ーデウ［名］ふつうとは違った事柄。〓「—なく暮らす」

べつ-じょう【別状】ージヤウ［名］ふつうとは違った状態。異状。〓「命に—はない」

べつ-じん【別人】［名］その人とは別の人。ほかの人。〓「酔うと—のようになる」

べつ-ずり【別刷り】［名］❶本文とは別にインク・用紙などを変えて印刷すること。また、その印刷物。❷書籍・雑誌の一部だけを別に印刷すること。また、その印刷物。抜き刷り。

べっ-せい【別姓】［名］別の姓。別の名字。⬇夫婦別姓

べっ-せい【別製】［名］特別に念を入れてこしらえること。また、そのもの。特製。特別製。〓「—の家具」

べっ-せかい【別世界】［名］自分の属している所とは異なった環境。また、現実とはかけ離れた環境。別天地。〓「彼は私とは—の人間だ」「雪と氷に閉ざされた—」

べっ-せき【別席】［名］❶別の席。また、特別の席。❷ほかの部屋・座敷。別室。〓「会議のあと—で懇親会を開く」

べっ-そう【別荘】ーサウ［名］避寒・避暑・休養などの目的で、本宅とは別の土地に設けた家。

べっ-そう【別送】［名・他サ変］別にして送ること。〓「品物を—する」

べっ-たく【別宅】［名］本宅のほかにもっている家。別邸。

へったくれ［名］そのものをとるに足りないもの、価値

のないものとして軽んじていう語。‖「校則も—もない」「義理も—もあるものか」▽多く「…も—もない」の形で使う。

べつ-だて【別立て（別建て）】[名] 別々に分けて、異なる取り扱いをすること。‖「—運賃」

べったり [副ト] ❶粘りけのある物がくっつくさま。また、一面にすきまなくつくさま。‖「グリスが手に—（と）つく」❷すっかり頼りきって離れないさま。また、きわめて密接な関係にあるさま。‖「父親に—（と）まつわりつく」「体制—の考え方」❸すっかり尻をつけて座るさま。‖「土間に—（と）座りこむ」

ぺったり [副ト] ❶粘りけのある物がくっつくさま。‖「—切手を—（と）貼る」❷尻を落として座るさま。‖「—（と）腰をおろす」◈「べったり」よりやや軽い感じを表す。

べつ-だん【別段】 一 [名] 常と異なること。‖「—の配慮を願う」 二 [副]〈多く下に打ち消しを伴って〉とりわけ。格別。‖「—変わったことはない」

へっ-ちゃら [形動] ⬇へいちゃら‖「何を言われても—だ」

ベッチン [名] 綿糸で織ったビロード。服地・鼻緒・足袋などに用いる。▽velveteen から。書き方「別珍」と当てる。

へっ-つい【▼竈】ヘッツヒ [名] かまど。▽「竈(へ)つ霊(ひ)（=かまどの霊(れい)）」の転。

べっ-てい【別邸】[名] 本邸とは別に設けられた邸宅。別宅。

ヘッディング【heading】[名] ⬇ヘディング

ペッティング【petting】[名] 性的な愛撫(あいぶ)。

べっ-てん【別添】[名・他サ変] 別に添えること。‖「—のリスト」

べってんち【別天地】[名] 現実とはかけ離れた理想郷。俗世間から離れた環境の場所。別世界。

ヘット【vet オランダ】[名] 牛の脂身からとった料理用のあぶら。牛脂。

ヘッド【head】[名] ❶頭。頭部。また、頭脳。‖「—スライディング」❷物の先端の部分。‖「バットの—」「クラブ—」❸集団の上に立つ人。かしら。長。‖「—コーチ」❹テープレコーダーの磁気テープや、ハードディスクの磁気ディスクなどに、データの読み書きを行う部品。

べっ-と【別途】[名] 別の方法。別の方面。‖「交際費は—支給する」▽副詞的にも使う。

ベッド【bed】[名] ❶寝台。ねどこ。‖「二段—」❷苗床。花壇。‖「フラワー—」

ペット【pet】[名] ❶愛玩用の動物。‖「—フード」❷お気に入り。また、年少の愛人。

ベッド-イン【bed-in】[名] ベッドに入ること。特に、男女が共寝をすること。▽日本だけの用法。

べつどう-たい【別働隊（別動隊）】[名] 本隊の作戦を有利に導くために、本隊から独立して別行動をする部隊。

ヘッド-コーチ【head coach】[名] スポーツで、数人いるコーチの中心になる人。主任コーチ。

ベッド-シーン【bed scene】[名] 映画・テレビなどで、ベッドの上で演じられる情事の場面。

ヘッド-スライディング【和製 head + sliding】[名・自サ変] 野球で、頭の方から塁へ滑り込むこと。

ベッド-タウン【和製 bed + town】[名] 大都市の周辺にある住宅地域。▽大都市に通勤する人々が、夜、眠るために帰ってくる町の意。

ヘッド-ハンティング【headhunting】[名・他サ変] 他の会社などから優秀な人材を引き抜くこと。ヘッドハント。‖「有能な技術者を—する」

ペット-ボトル【PET bottle】[名] ポリエチレンテレフタレート樹脂製の瓶。軽くて丈夫なので、清涼飲料などの容器として広く使われる。▽PET は polyethylene terephthalate の略。

ヘッド-ホン【headphone】[名] 頭にかけ、両耳に当てて用いる小型のスピーカー。ヘッドフォン。

ベッド-メイキング【bedmaking】[名] シーツ・毛布などをかけ直すなどして、ベッドを整えること。ベッドメーキング。

ヘッド-ライト【headlight】[名] 自動車・電車などの前面に取り付けた、進路を照らすための灯火。前照灯。

ヘッド-ライン【headline】[名] ❶新聞・雑誌などの見出し。❷ニュース放送などの主な項目。

べっとり [副ト] 粘りけのあるものなどが一面にくっつくさま。べったり。‖「—（と）血のりがつく」

ベッド-ルーム【bedroom】[名] 寝室。

ペット-ロス【pet loss】[名] 愛玩(あいがん)動物を失って悲しんでいる状態。特に、喪失の悲しみから立ち直れない心理状態をいう。

べつ-に【別に】[副] それほど。特別に。とりたてて言うほどではない意を表す。‖「—用はない」「そうなっても—困らない」「—私はそれでもいいよ」使い方 感動詞的に打ち消しの応答表現としても使う。‖「『痛くないか』『—』」

べつ-のう【別納】ベツナフ [名・他サ変] 料金・品物などを別に納めること。別の方法で納めること。‖「料金—郵便」

べっ-ぱ【別派】[名] 別の流派・宗派・党派。

ペッパー【pepper】[名] 胡椒(こしょう)。ペパー。

べつ-ばい【別売】[名・他サ変] ⬇別売り

べつ-ばら【別腹】[名] ❶〔新〕満腹になっても、デザートや甘いものなどはさらに食べられること。‖「ケーキは—だ」❷父が同じで母が異なること。腹違い。異腹。べっぷく。

べっ-ぴょう【別表】ベツペウ [名] 本文とは別に掲げた表。

へっぴり-ごし【▼屁っ▽放り腰】[名] ❶上体をかがめて尻を後ろに突き出した不安定な腰つき。❷中途半端で、いかにも自信のなさそうな態度。及び腰。

べつ-びん【別便】[名] 別に出す郵便。また、別の運送・交通手段。‖「詳細は—で知らせる」

べっ-ぴん【別品】[名] ❶別の品物。また、特別によい品物。❷別嬪(べっぴん)。

べっ-ぴん【別▼嬪（別品）】[名] 格別に美しい人。美人。別品。‖「—さん」 嬪

べっ-ぷう【別封】[名] ❶[他サ変] 別々に封をすること。また、別に封じたもの。‖「交通費を—する」❷手紙の中などに、別に添えた封書。

べつ-べつ【別別】[名・形動] それぞれが別であること。それぞれに分かれていること。一緒でないこと。‖「—の道を歩む」「勘定を—に支払う」

べっ-ぽう【別法】ベツパフ [名] 別の方法。‖「—を考える」

へっぽこ [名・形動] 技量の劣っている人、役に立たない人などをあざけっていう語。‖「—絵描き〔医者・役人〕」

べつ‐ま【別間】［名］別の部屋。別室。

べつ‐むね【別棟】［名］同じ敷地の中で、棟が別になっていること。また、その建物。‖「―の研究室」

べつ‐めい【別名】［名］本名以外の名。また、正式の呼称以外の名称。異名。べつみょう。‖「折口信夫(おりくちしのぶ)―釈迢空(しゃくちょうくう)」

べつ‐めい【別命】［名］別の命令。また、特別の命令。

べつ‐もの【別物】［名］❶別の物。違う品物。❷特別の物。また、特別の人。例外。‖「―として扱う」

べつ‐もんだい【別問題】［名］当面している問題とは関係のない問題。別種の事柄。‖「それとこれとは―だ」

べつ‐よう【別様】(ベウヤ)［名・形動］様相・様式が他と異なること。また、別の様相・様式。‖「―の見方をする」

へつら・う【▼諂う】(ヘツラフ)［自五］お世辞を言ったり機嫌をとったりして相手の気に入るようにふるまう。‖「上役に―」「媚(こ)び―」 名 へつらい

べつ‐り【別離】［名］別れること。別れ。離別。‖「―を惜しむ」

べつ‐わく【別枠】［名］例外として特別に定めた基準や範囲。‖「―の予算を獲得する」

ペディキュア［pedicure］［名］足の爪(つめ)の手入れ。また、足の爪の化粧。⬇マニキュア

ペティコート［petticoat］［名］⬇ペチコート

ペティー‐ナイフ［和製 petit(フラ)＋knife］［名］小型の洋包丁。野菜・果物の皮むきや面とりに用いる。プチナイフ。

ヘディング［heading］［名］❶サッカーで、ボールを前額部で受けたり打ったりすること。‖「―シュート」❷ボクシングで、頭を相手にぶつけること。▼反則になる。❸新聞などの見出し。標題。◈「ヘッディング」とも。

ベテラン［veteran］［名］長年の経験を積んで、その道に熟達した人。‖「―のパイロット」

ぺてん［名］うそをついて人をだますこと。また、その手段。‖「―にかける」「―師」▼中国語からか。

へ‐と［連語］動きの方向を表す。‖「京都―向かった」「終章―読み進んだ」▼格助詞「へ」＋格助詞「と」。

使い方 (1)「へ」よりもさらに動きの方向性が強い。(2)地点を表す語に伴った「に」や「へ」は、移動の経路を表す「を」とともには使いにくいが、「へと」では自然である。‖「山道を△麓(ふもと)に［麓へ］降りた→山道を○麓へと［麓の方へ］降りた」「大通りを△駅に［駅へ］走っていく→大通りを○駅へと［駅の方に］走っていく」

へど【▽反吐・へ▼嘔吐】［名］一度胃に入れたものを吐き戻すこと。また、その吐いたもの。げろ。

◉**反吐が出る** 吐きそうになるほど不愉快になる。

べと‐つ・く［自五］粘りつく。べとべとする。‖「汗で体が―」

へと‐へと［形動］疲れきって力がすっかり抜けてしまうさま。‖「―に疲れる」

べと‐べと［副・形動］物が粘りつくさま。‖「手がペンキで―になる」

へど‐もど［副］どうしてよいかわからなくて、まごつくさま。‖「いきなり質問されて―する」

へどろ［名］河口・湖沼・湾などの底に堆積(たいせき)した粘性のある泥。特に、産業廃棄物や有機物質を含む泥状の沈殿物。汚泥(おでい)。書き方 多く「ヘドロ」と書く。

ベトン［béton(フラ)］［名］コンクリート。

へな‐ちょこ【へな▼猪▽口】［名］未熟な人、役に立たない人などをあざけっていう語。‖「―野郎」▼へな土(＝粘りけのある土)で作った安手の猪口の意から。

へな‐へな［副(ト)］❶［三］わずかな力を加えただけで、すぐに曲がったりしなったりするさま。‖「―(と)した竹ざお」❷性格・態度などにしっかりしたところがないさま。‖「―(と)した人」❸気力・体力を失って座りこむさま。‖「―と地べたに座りこむ」

ペナルティー［penalty］［名］罰則。また、罰金。違約金。‖「―を科す」

ペナルティー‐キック［penalty kick］［名］サッカー・ラグビーなどで、相手チームの反則によって味方に与えられるキック。PK。

ペナルティー‐ゴール［penalty goal］［名］ラグビーで、ペナルティーキックのボールがゴールに入ること。得点は三点。

ペナント［pennant］［名］❶細長い三角旗。また、校旗・団体旗。❷優勝旗。また、優勝。

ペナント‐レース［pennant race］［名］プロ野球で、各リーグの優勝を争う公式戦。

べに【紅】［名］❶「紅花(べにばな)」の略。❷紅花の花びらからとる赤い色素。染料・化粧品・着色料などに使う。❸鮮やかな赤色。べにいろ。❹口紅。また、ほお紅。‖「―をさす」

ペニー［penny］［名］イギリスの通貨の単位。一ペニーは一ポンドの一〇〇分の一。▼ペンス(pence)の単数形。アイルランドのペニーは、二〇〇二年よりユーロに移行。

べに‐いも【紅芋】［名］塊根が紅色または紫色のサツマイモの総称。

べに‐がら【紅殻】［名］ベンガラ。‖「―塗り」「―格子」▼ベンガラに当てた「紅殻」を訓読みにした語。

べに‐ざけ【紅▼鮭】［名］北太平洋に分布するサケ科の海水魚。背は青黒色、腹は銀白色だが、産卵期には雌雄とも紅色の婚姻色を示す。食用。ベニマス。▼陸封型を「ひめます」と呼ぶ。

べにさし‐ゆび【紅差し指】［名］くすりゆび。べにつけゆび。▼紅をつけるときに用いたことから。

べに‐しょうが【紅生▼姜】(―シャウガ)［名］梅酢に漬けたショウガ。食紅で赤く着色したものもある。

ペニシリン［penicillin］［名］青かびの一種を培養して得る抗生物質。細菌性疾患に有効。

ペニス［penis］［名］陰茎。男根。

べに‐ばな【紅花】［名］夏、アザミに似た黄赤色の頭花をつけるキク科の越年草。乾燥した花びらから紅色の染料をとり、種子から食用油をとる。べに。すえつむはな。サフラワー。

べに‐ます【紅▼鱒】［名］ベニザケ。

ベニヤ‐いた【ベニヤ板】［名］薄い板材を二枚以上はり合わせた板。合板。ベニヤ。▼ベニヤ(veneer)は薄板の意。

ベネフィット［benefit］［名］❶利益。恩恵。❷慈善事業。

へ‐の‐かっぱ【▼屁の▽河▽童】［名］何でもないこと。たやすくできること。河童の屁。‖「それくらい―だ」

ペパーミント［peppermint］［名］❶シソ科の多年草。乾燥させた葉から薄荷脳(はっかのう)・薄荷油をとる。西洋はっか。❷薄荷脳(メントール)。また、薄荷油。❸蒸留酒に薄荷油・丁字油・シロップなどを加えた緑色のリキュール。食前酒やカクテルに用いられる。

へばり‐つ・く［自五］ぴったりはりつく。離れないようにくっつく。‖「岩壁に―」「一日中机に―」

へば・る［自五］疲れてへとへとになる。へたばる。‖「徹夜続きで―」

へび【蛇】［名］小さなうろこにおおわれた細長い円筒形の体を持つトカゲ目ヘビ亜目の爬虫類の総称。表皮が古くなると脱皮する。四肢はなく、腹面のうろこを起伏させ、体をくねらせながら前進する。ほとんどが陸生で、卵生または卵胎生。肉食性で、小動物・小鳥・鳥の卵などを丸のみにする。神話・伝説などにも多く登場し、神の使いとして崇められる一方、執念深く、不気味な生き物として恐れられる。ながむし。くちなわ。▽十二支では第六番目の「巳」にあてる。読み分け「鬼が出るか蛇が出るか」「蛇は一寸にして人を呑む」は「じゃ」と読む。「蛇に睨まれた蛙」「藪をつついて蛇を出す」は「へび」と読む。「蛇の道は蛇」は「じゃのみちはへび」と読む。

◉**蛇に睨まれた蛙** 恐ろしさのために身がすくんで動けなくなることのたとえ。蛇に見込まれた蛙。

◉**蛇の生殺し** ❶一気に殺さないで、半死半生の状態にして苦しめること。❷物事に決着をつけないで、不徹底のままにしておくこと。また、そのために苦しい思いをすること。

ヘビー【heavy】［名］❶［形動］重いこと。‖「―級」❷［形動］程度がはなはだしいこと。はげしい。きびしい。‖「―な仕事」「―スモーカー」❸馬力をかけること。スパート。

ベビー【baby】［名］❶赤ん坊。乳児。‖「―服」「―ブーム（＝出産率が急上昇すること）」❷小さなもの。かわいいもの。‖「―サイズ・―ゴルフ」▽多く他の語と複合して使う。

ベビー‐カー【和製baby＋car】［名］乳母車。▽英語ではbaby carriageなどという。

ヘビー‐きゅう【ヘビー級】［名］ボクシングの体重別階級の一つ。プロでは二〇〇ポンド（約九〇・七キログラム）以上。アマでは八一キログラム以上、九一キログラムまで。

ベビー‐サークル【和製baby＋circle】［名］赤ん坊を中で安全に遊ばせるための囲い。

ベビー‐シッター【baby-sitter】［名］親の代わりに、雇われてその子供の世話をする人。

へび‐いちご【蛇▼苺】［名］四、五月ごろ黄色の五弁花をつけるバラ科の多年草。草地や道端に自生する。球形の果実は赤く熟すが、食用には不適。クチナワイチゴ。▽「どくいちご」とも呼ばれるが無毒。

ベビー‐フェース【baby face】［名］❶童顔。❷プロレスなどで、善玉役。⇔ヒール

ヘビー‐メタル【heavy metal】［名］一九八〇年代以降に定着したロックの一傾向。重いビートとエレキギターによる金属的なサウンドを特徴とする。▽略して「ヘビメタ」とも。

ヘビー‐ユーザー【heavy user】［名］❶ある店や道具などを高い頻度で利用する人。‖「駅前のカフェ［携帯電話］の―」❷⇒パワーユーザー

ベビー‐リーフ【baby leaf】［名］葉菜やハーブなどの若い葉を摘みとったもの。サラダなどに用いる。

ヘビー‐ローテーション【heavy rotation】［名］短期間に何度も繰り返すこと。ヘビロテ。パワープレー。

ペプシン【Pepsinドイ】［名］脊椎動物の胃液中にあって、たんぱく質をペプトンに分解する酵素。

ペプチド【peptide】［名］二個以上のアミノ酸が結合してできた化合物。

ペプトン【Peptonドイ】［名］たんぱく質がペプシンなどによって分解されてできる物質。水に溶けやすく、加熱しても凝固しない。細菌の培養基などに用いられる。

べべ［名］幼児語で、着物。‖「赤い―を着る」

へべれけ［形動］ひどく酒に酔って正体をなくすさま。ぐでんぐでん。へべのれけ。‖「大酒をくらって―になる」

ペペロンチーノ［名］ニンニクと唐辛子を炒めて香りをつけたオリーブオイルをパスタにからめた料理。▽spaghetti aglio olio e peperoncinoイタリアから。「ペペロンチーノ」は唐辛子の意。

へぼ［名・形動］❶技術・腕前などがへたなこと。また、その人。‖「―な役者」「―医者［将棋］」❷野菜・果物などのできが悪いこと。‖「―なす」

へぼ・い［形］［俗］下手くそだ。できが悪い。‖「―ピッチャー」「―作品」▽「へぼ」を形容詞化した語。

ヘボンしき‐ローマじ【ヘボン式ローマ字】［名］日本語のローマ字表記法の一つ。シ・チ・ツをshi chi tsu、フ・ジをfu jiなどと英語式につづるもの。▽羅馬字会の定めた方式をアメリカ人のヘボンが辞書で採用し、一般に普及した。

へま［名・形動］気がきかないこと。間のぬけていること。また、それによる失敗。‖「―をしでかす」

へ‐めぐ・る【経巡る】［自五］あちこちをめぐり歩く。遍歴する。‖「景勝の地を―」

ヘモグロビン【hemoglobin】［名］脊椎動物の赤血球中に存在する鉄を含む色素たんぱく質。血中の酸素を運ぶ役割をもつ。血色素。

へ‐や【《部屋》】［名］❶家の中をかべや建具で区切り、独立して利用できるようにした空間。‖「勉強―」❷大相撲で、年寄（＝親方）が経営し、所属する力士を育成する所。▽「相撲部屋」の略。

へや‐ぎ【《部屋》着】［名］室内でくつろぐときに着る衣服。

へや‐ずみ【《部屋》住み】［名］昔、家督を相続する前の嫡子。また、次男以下で、独立できないまま親や兄の家にとどまっている者。

へや‐わり【《部屋》割り】［名］集団で宿泊するときなどに、部屋の割り当てをすること。

へら【▼篦】［名］竹・木・象牙・金属などを細長く平らに削り、先端を刃のような形にした道具。布などに折り目や印をつけるとき、物を練るとき、物を塗るときなどに使う。 篦

べら【▽遍羅・▽倍▽良】［名］暖海の沿岸に分布するスズキ目ベラ科の海水魚の総称。体色の鮮やかなものが多い。ホンベラ・キュウセン・ニシキベラ・ササノハベラなど。

へら・す【減らす】［他五］❶数量を少なくする。減少させる。‖「人員［体重・タバコ］を―」「仕事を―・して趣味の時間を増やそう」⇔増やす・増す ❷〈「腹を減らす」「おなかを減らす」の形で〉腹をすかす。空腹になる。‖「腹を―・して帰宅する」可能 減らせる

へらず‐ぐち【減らず口】［名］強がりや負け惜しみを言うこと。言いたい放題のことを言うこと。また、そのことば。‖「―をたたく」

へら‐ぶな【▼篦▼鮒（▽平▼鮒）】［名］ゲンゴロウブナの飼育品種。釣りの対象として全国で広く養殖され

る。

へら-へら〔副ト〕❶軽薄に笑うさま。また、あいまいに笑うさま。‖「ー(と)笑ってごまかす」❷軽々しくよくしゃべるさま。また、迎合して軽々しくふるまうさま。‖「ー(と)追従をいう」

べら-べら〔副ト〕❶立て続けによくしゃべるさま。また、軽々しくしゃべるさま。‖「ー(と)まくしたてる」「秘密をー(と)しゃべる」❷〔形動〕紙・布などが薄くて張りのないさま。

ぺら-ぺら〔副ト〕❶軽々しくよくしゃべるさま。‖「秘密でも何でもー(と)しゃべってしまう」❷〔形動〕外国語をよどみなく話すさま。‖「ドイツ語がーな人」❸重ねた紙などを続けざまにめくるさま。‖「雑誌をー(と)めくる」❹〔形動〕紙・布などが薄くて弱々しいさま。‖「安物のーした生地」

べら-ぼう〔名・形動〕❶程度が並はずれていること。はなはだしいこと。‖「今日はーに暑い」「ーに強い酒」❷筋が通らないこと。ばかげていること。‖「そんなーな話があるか」❸人をののしっていう語。たわけ。あほう。‖「ふざけるな、このーめ」◈書き方「▽箆棒」と当てる。

ベランダ〔veranda〕〔名〕建物の外側に張り出した広縁。ふつう庇(ひさし)のあるものをいう。

べらん-めえ〔感〕江戸っ子が人をののしっていう語。‖「ー、ふざけるんじゃねえ」▽江戸の下町の職人たちが使った、巻き舌でまくしたてる荒っぽい口調を「べらんめえ口調」という。

へり【▽縁】〔名〕❶物のまわりの部分。また、物のはし。ふち。‖「池のーに柵をめぐらす」「本のーがいたむ」❷物のはしに付けた飾り。特に、畳・薄縁(うすべり)などのはしに付けた布。‖「リボンでーをとる」読み分け ⬇ふち(縁)

ヘリ〔名〕「ヘリコプター」の略。

ベリー〔berry〕〔名〕多肉質の小果実。イチゴ・ブルーベリー・ラズベリー・クランベリーなど。

ヘリウム〔helium〕〔名〕希ガス元素の一つ。水素に次いで軽い無色・無臭の気体。化学的には不活性で、ほとんど化合物をつくらない。気球用ガスや極低温用冷却剤などに利用する。元素記号He

ペリカン〔pelican〕〔名〕温・熱帯の水辺に分布するペリカン目ペリカン科の鳥の総称。長い下くちばしについた袋を利用して魚を捕食する。

へり-くだ・る【▽謙る・▽遜る】〔自五〕❶相手を敬う気持ちで控えめな態度をとる。また、自分の能力や言動などを控えめに評価する。謙遜(けんそん)する。‖「大した芸ではありませんが、とー」❷自分を相手よりも劣ったものだといやしめ、相手にへつらう。卑下する。‖「もみ手をしながらー」◈「へり」は、へりくだる意の動詞「謙(へ)る」の連用形で、「減る」と同語源。

へ-りくつ【▽屁理屈】〔名〕道理に合わない理屈。無理にこじつけた理屈。‖「ーをこねる」

ヘリコプター〔helicopter〕〔名〕機体上部の大きな回転翼を回して飛行する航空機。垂直上昇・下降、前進・後進、空中停止などができるが速度は遅い。ヘリ。

ペリスコープ〔periscope〕〔名〕潜望鏡。

ペリドット〔peridot〕〔名〕橄欖石(かんらんせき)のうち、濃緑色で透明なもの。宝石とする。ペリドート。

ヘリポート〔heliport〕〔名〕ヘリコプターの離着陸に使う施設。ヘリコプターの発着所。

ベリリウム〔beryllium〕〔名〕金属元素の一つ。単体は軽くてもろい銀白色の金属。天然には緑柱石として産出する。原子炉の減速材や軽合金の材料に利用する。元素記号Be

ヘリンボーン〔herringbone〕〔名〕V字形を縦横に並べた模様。杉綾(すぎあや)模様。また、杉綾織り。▽ニシンの骨の意から。

へ・る【減る】〔自五〕❶数量が少なくなる。減少する。‖「人口[収入]がー」「楽しみがー」「体重が一〇キロほどー」「口のー・らないやつだ」⬍増える・増す ❷すりへる。摩耗する。損耗する。‖「靴の底[タイヤ]がー」❸〈「腹が減る」「おなかが減る」の形で〉腹がすく。空腹になる。‖「腹がー・った」名減り

品格 軽減「負担をーする」減少「交通事故がー傾向にある」減ずる「罪一等をー」削減「従業員をーする」消耗「体力をーする」節減「経費ー」損耗(そんもう)「ーが著しい」摩滅(まめつ)「靴のかかとがーする」摩耗(まもう)「ブレーキのー材」

へ・る【経る(▽歴る)】〔自下一〕❶時がたつ。月日が過ぎる。経過する。閲(けみ)する。‖「多くの年月をー」「三年をー」❷ある時代や場所を通る。経由する。‖「中世を経て近世に至る」「バンコクを経てデリーに向かう」❸ある過程や段階を通る。‖「委員会の審議をー」「幾多の変遷を経て今日に至る」使い方 ⬇得る㊁④ 文ふ

ベル〔bell〕〔名〕❶電鈴。呼び鈴(りん)。‖「玄関のー」❷鈴。鐘。‖「ハンドー」

ベルガモット〔bergamot〕〔名〕主にイタリアで栽培されるミカン科の常緑低木。また、その果実。果皮から油をとり、香料にする。

ベルクロ〔Velcro〕〔名〕洋服・靴などに用いられる面ファスナーの一種。▽ベルクロ社の登録商標。

ヘルシー〔healthy〕〔形動〕健康に関するさま。健康によいさま。‖「ーな食品」

ヘルス〔health〕〔名〕健康。‖「ーケア」「メンタルー」▽多く他の語と複合して使う。

ヘルス-ケア〔health care〕〔名〕健康管理。

ヘルス-センター〔和製health＋center〕〔名〕保養・レクリエーションなどの設備を整えた多目的施設。▽英語のhealth centerは保健所の意。

ヘルス-メーター〔和製health＋meter〕〔名〕家庭用の小型体重計。

ペルソナ〔personaラテン〕〔名〕❶人格。特に、心理学で、社会に適応するための表面的な人格。❷キリスト教の三位一体論で、父と子と聖霊の三つの位格。❸美術で、人体。また、人体像。

ヘルツ〔Hertzドイツ〕〔名〕振動数・周波数を表す単位。一秒間に周期的に振動する振動数。記号Hz ▽ドイツの物理学者H・R・ヘルツの名から。

ベルト〔belt〕〔名〕❶胴部にしめる帯状の留め具。革帯。バンド。‖「ズボンのー」「安全ー」❷二個の軸輪にかけ渡して動力や回転の伝達を行う帯。調べ帯。‖「ファンー」❸帯状になっている場所・地帯。‖「グリーンー」

ベルト-コンベヤー〔belt conveyor〕〔名〕ベルト車に幅の広いベルトを輪状にかけて回転させ、その上に物をのせて連続的に運ぶ装置。ベルトコンベア。

ヘルニア〔herniaラテン〕〔名〕臓器の一部が異常な位置に飛び出した状態。特に、腹部の内臓が腹膜に包まれたまま腹壁の裂け目から足のつけ根に飛び出す鼠蹊(そけい)ヘルニア(＝脱腸)。▽腹部以外にも椎間板(ついかんばん)ヘルニア・

脳ヘルニアなどがある。

ヘルパー【helper】〔名〕❶手助けをする人。特に、家事などの手助けをする人。❷「ホームヘルパー」の略。

ヘルプ【help】〔名〕❶助けること。援助。また、助っ人。❷コンピューターで、ソフトウエアの使用中に、その操作方法を画面に表示して説明する機能。

ヘルペス【herpes】〔名〕疱疹。ウイルスの感染によって、皮膚に小水疱や小膿疱が群がって生じる状態。単純性疱疹・帯状疱疹などがある。

ベルベット【velvet】〔名〕ビロード。

ベルボーイ【bellboy】〔名〕ホテルで、客の荷物の運搬などに従事する男性。

ベルボトム【bell-bottoms】〔名〕ズボンで、裾がつり鐘状に開いているもの。

ヘルメット【helmet】〔名〕❶頭部を衝撃から守るためにかぶる、金属製・プラスチック製などの兜形の帽子。❷熱暑を避けるためにかぶる、コルクを芯にして布を張った帽子。トーピー。

ベルモット【vermouthフランス】〔名〕リキュールの一つ。ニガヨモギなどの成分を浸出した蒸留酒をワインに加えて熟成させたもの。食前酒やカクテルに用いる。

ベレー【béretフランス】〔名〕丸くて平たい縁なしの帽子。フェルトなどの柔らかな布で作る。ベレー帽。

べろ〔名〕〔俗〕❶舌。≡「―を出す」❷舌に似た形をしたもの。≡「靴の―」

ベロア【velour】〔名〕表面にビロードのような毛羽のある、柔らかな毛織物。光沢に富み、コート地・婦人服地などに使われる。

ヘロイン【Heroinドイツ】〔名〕モルヒネからつくる、習慣性のきわめて強い麻薬。法により、製造・売買・所持・使用が禁じられている。ジアセチルモルヒネ。

へろ-へろ〔副・形動〕力がないさま。≡「体が―だ」

べろ-べろ〔副〕❶〔ト〕舌を出してしきりに物をなめまわすさま。≡「皿を―(と)なめる」❷〔三〕ひどく酒に酔ってだらしのないさま。べろんべろん。≡「―に酔う」

ぺろ-ぺろ〔副ト〕舌で物をなめまわすさま。≡「飴を―(と)なめる」

ぺろり-と〔副〕❶人をからかうとき、失敗して照れたときなどに、すばやく舌を出すさま。ぺろっと。≡「―舌を出して頭をかく」❷舌でなめるさま。ぺろっと。❸食べ物をまたたく間に全部食べてしまうさま。ぺろっと。≡「三杯のラーメンを―平らげる」

へん【辺】㊀〔名〕❶基準とするものに近い、おおよその場所。あたり。≡「駅の―で買い物をする」「この―も家が多くなった」「近―・身―」❷状態・時間などのおおよその範囲。≡「この―で(=この辺りで)私の話を終わりにします」「そこら―のことはよくわからない」❸数学で、多角形を構成する各線分。≡「二―の長さ」「底―」㊁(造)中央から離れている。≡「―境・―土」旧邊

へん【変】㊀〔名〕❶事件。事変。≡「桜田門外の―」❷音楽で、半音低いことを示す語。フラット。≡「―ロ長調」⬍嬰▼♭で表す。㊁〔形動〕普通と異なるさま。変わっている。≡「―な服装」「様子が―だ」「―死」㊂(造)変わる。変える。≡「―化・―更」旧變

へん【偏】㊀〔名〕漢字の構成部分の一つ。「机」の「木」、「技」の「扌」など、左右の組み合わせからなる漢字の左側の部分。≡「木―・人―」⬍旁㊁(造)中心からそれている。かたよる。≡「―屈・―見・―食・―重」

へん【編(▼篇)】〔名〕❶一つにまとまっている詩歌・文章。≡「詩―」「短―・長―」「二―の詩」❷書物・文章などで、大きくわけた区分。≡「二つの―に分かれた戯曲」「復讐―」「全三―の小説」「第五―」▼「章」「節」より大きな区分をいう。❸原稿を集めて一冊の書物を作ること。≡「佐藤氏の―になる本」「―纂・―者・―集」「共―・新―」◈書き方①②は本来「篇」。③はもともと「編」と書く。

へん【片】(造)❶二つに分けたものの一方。≡「―務」❷きれはし。≡「―鱗」「断―・肉―・破―」❸わずか。少し。≡「―言・―時」

へん【返】(造)もとに戻る。かえる。かえす。≡「―済・―答・―品・―礼」

へん【遍】(造)❶度数・回数を数える語。≡「二―呼んだが返事がない」「何―も行ったことがある」▼上に来る語によっては「べん」「ぺん」になる。❷あまねくいきわたる。≡「―在・―照・―路」「普―・満―」

べん【弁(▼瓣)】〔名〕❶花びら。≡「五―の椿」❷管・容器などの途中や両端にあって液体や気体の流通を調節する装置。また、それに似た機能をもつもの。バルブ。≡「心臓の―」「安全―」旧瓣(「弁」「瓣」は本来別字。「弁」はかんむり、「瓣」は花びら。)

べん【弁(▼辯)】〔名〕話すこと。しゃべり方。≡「―が立つ」「大臣就任の―」「―解・―護」「詭―・答―・関西―」旧辯(「弁」「辯」は本来別字。「弁」はかんむり、「辯」は言い開きする。)

べん【便】㊀〔名〕❶都合がよいこと。便利。≡「交通の―がいい」「―をはかる」「―宜」「簡―」❷排泄物。特に、大便。≡「―の出が悪い」㊁(造)❶排泄する。≡「―所」「快―」❷くつろぐ。≡「―衣」

べん【弁(▼辨)】(造)とりしきる。≡「合―・買―」▼「弁」「辨」は本来別字。「弁」を「辨」の代用字とする。

べん【弁(▼辨)】(造)❶わきまえる。わきまえて処理する。≡「―証・―償」「勘―」❷用に当てる。≡「―当」❸「弁当」の略。≡「駅―」旧辨(「弁」「辨」は本来別字。「弁」はかんむり、「辨」は見わける。)

べん【弁(▼辮)】(造)髪をあむ。≡「―髪」▼「弁」「辮」は本来別字。「弁」を「辮」の代用字とする。

べん【勉】(造)はげむ。つとめる。≡「―学・―励」「勤―」旧勉

べん【▼鞭】(造)❶むち。むちうつ。≡「―撻」「先―」❷むち状のもの。≡「―毛」

ペン【pen】〔名〕❶インクをつけて字などを書く筆記具。また、万年筆。≡「―習字」❷文章。また、文筆。

◉**ペンは剣よりも強し** 言論の力は武力よりも訴える力をもっているということ。

へん-あい【偏愛】〔名・他サ変〕かたよって愛すること。ある特定の人や物だけを愛すること。また、その愛情。≡「姉は漱石[猫・人形・苔類]を―している」

へん-あつ【変圧】〔名・自他サ変〕圧力を変えること。特に、電圧を変えること。

へんあつ-き【変圧器】〔名〕電磁誘導によって交流電圧を変える装置。トランス。

へん-い【変位】ヰ〔名・自サ変〕物体がその位置を変えること。また、その変えた位置。

へん-い【変異】〔名〕❶非常に変わった出来事。異変。❷〔自サ変〕同種の生物個体間にあらわれる形態的・生理的な差異。また、その差異があらわれること。≡「―したウイルス」❸〔自サ変〕⬇突然変異

へん-い【変移】［名・自サ変］うつりかわること。変遷。〓「骨格［世相］が一する」

へん-い【偏▼倚】［名］❶［自サ変］一方へかたよること。❷一定の数値・位置・方向などからのかたより。偏差。◈「倚」もかたよる意。

べん-い【便意】［名］大小便、特に大便をしたくなる気持ち。〓「一を催す」

へんい-きごう【変位記号】ヘンイキガウ［名］⬇変化記号

へん-うん【片雲】［名］一片の雲。ちぎれ雲。

へん-えい【片影】［名］❶わずかの影。わずかに見えた物の姿。❷人の人格などの一面。〓「師の一を語るエピソード」

べん-えき【便益】［名］便宜と利益。都合がよく有益なこと。〓「公衆の一をはかる」

へん-えん【辺縁】［名］へりの部分。周辺。周縁。〓「大脳一系」「歯肉一部」

へんおん-どうぶつ【変温動物】ヘンヲン［名］外界の温度変化に従って体温が変化する動物。鳥類・哺乳類を除くすべての動物が含まれる。冷血動物。⬍恒温動物

へん-か【返歌】［名］人から贈られた歌に対する返答の歌。かえし歌。

へん-か【変化】‐クヮ［名・自サ変］❶ある性質・形状・状態などが別の性質・形状・状態などに変わること。〓「気温［態度］が一する」「一に富む地形」「心境の一」「化学一」❷文法で、単語の語形が他の語との関係や用法に応じて変わること。〓「語尾一」

ペン-が【ペン画】‐グヮ［名］ペンを使って描いた絵。

へん-かい【変改】［名・自他サ変］物事を変えて改めること。また、変わり改まること。改変。へんがい。〓「制度［風俗］が／を一する」

べん-かい【弁解（▼辯解）】［名・他サ変］言い訳をすること。また、そのことば。〓「遅刻したことをくどくど一する」「一無用」

へん-がお【変顔】‐ガホ［名］［新］わざと変な表情をつくること。また、その顔。

へんか-きごう【変化記号】ヘンクヮキガウ［名］音楽で、幹音を上げる、または下げることを示す記号。嬰記号・変記号など。変位記号。

へんか-きゅう【変化球】ヘンクヮキウ［名］野球で、打者の近くで球道が変わる投球。カーブ・スライダー・シンカーなど。⬍直球

へん-かく【変革】［名・自他サ変］物事を根本から変えて新しくすること。また、変わって新しくなること。改革。〓「既存の制度を一する」「社会の一期」

へん-かく【変格】［名］❶本来の規則や格式からはずれていること。変則。〓「一の旋法」❷「変格活用」の略。◈⬍正格

へん-がく【▼扁額】［名］横に長い額。横額。

べん-がく【勉学】［名・自他サ変］つとめて学問をすること。勉強。〓「大学で一する」「一に励む」

へんかく-かつよう【変格活用】‐クワツヨウ［名］日本語の動詞の活用で、その語形変化が比較的不規則なもの。口語ではカ行（来る）・サ行（する）の二種、文語ではカ行（来）・サ行（す）・ナ行（死ぬ・往ぬ）・ラ行（有り・居り・侍り・いまそかり）の四種。⬍正格活用

ベンガラ［Bengala オランダ］［名］❶酸化第二鉄を主成分とする赤色顔料。塗料・染料・絵の具などに用いられる。▽インドのベンガル地方で産したことから。❷縦糸に絹、横糸に木綿を用いた縞織物。▽「ベンガラ縞」の略。 書き方 「▽紅殻」「弁柄」なども当てる。

へん-かん【返還】‐クワン［名・他サ変］一度手に入れたものや預かっていたものをもとの持ち主に返すこと。〓「優勝杯を一する」

へん-かん【変換】‐クワン［名・自他サ変］別のものと変えること。また、入れ変わること。〓「方針を一する」「仮名を漢字に一する」 使い方 「～を変換する／変換させる」では、前者が一般的。⬇品詞解説（一八六ページ）

べん-き【便器】［名］大小便を受ける器。便所に備えつけるものや、室内用のおまる・おかわなど。

べん-ぎ【便宜】［名］都合がよいこと。便利のよいこと。また、その人にとって都合のよい処置。〓「消費者の一をはかる」▽「びんぎ」ともいうが、「べんぎ」が一般的。

ペンキ［名］ペイント。特に、油ペイント。▽pek オランダから。

へん-きごう【変記号】‐キガウ［名］音楽で、ある音を半音下げることを示す記号。フラット。♭で表す。⬍嬰記号

べんぎ-てき【便宜的】［形動］一時の間に合わせにとりあえず処理するさま。〓「一に分類する」

へん-きゃく【返却】［名・他サ変］借りていた物、預かっていた物などを所有者に返すこと。〓「図書館に本を一する」

へん-きょう【辺境（辺▼疆）】‐キャウ［名］中央から遠く離れた土地。国の果て。国ざかい。国境。〓「一の町」

へん-きょう【偏狭】‐ケフ［名・形動］❶土地などが狭いこと。〓「一な領土」❷考え方が狭いこと。度量が小さいこと。〓「一な見方」 派生 ‐さ

べん-きょう【勉強】‐キャウ［名・自他サ変］❶学問や知識・技術などを身につけるために学ぶこと。〓「算数を一する」「受験一」❷経験をすること。また、（将来のためになる）その経験。〓「試合には負けたけれど、いい一になった」❸商人が値引きをすること。値段をまけること。〓「一させていただきます」

へん-きょく【編曲】［名・自他サ変］ある楽曲を他の楽器演奏や演奏形態に適するように書き改めること。アレンジ。アレンジメント。

へん-きん【返金】［名・自他サ変］借りていた金、預かっていた金を返すこと。〓「期日までに一する」

ペンギン［penguin］［名］南半球の沿岸に分布するペンギン目ペンギン科の鳥の総称。翼はひれ状に退化して飛べないが、水かきのある短い足を使って巧みに泳ぎ、陸上では直立して歩く。コウテイペンギン・フンボルトペンギンなど。

へん-くつ【偏屈】［名・形動］性質がねじけていて、素直でないこと。がんこなこと。〓「どこか一なところのある人」 派生 ‐さ

へん-げ【変化】‐クヱ［名・自サ変］❶神仏が仮に人間の姿になって現れること。また、その姿。❷動物などが種々のものに姿を変えて現れること。また、その現れたもの。〓「妖怪一」❸芝居で、一人の役者が次々と別の人物に早がわりすること。〓「一物」「七一」

へん-けい【変形】［名・自他サ変］形や状態が変わること。形や状態を変えること。また、変えられた形や状態。〓「脊柱が一する」「熱で一したレール」

へん-けい【変型】［名］用紙・書籍などの大きさが規格の型と異なること。また、その型。〓「四六判一」「A5判一」

べん-けい【弁慶(▼辨慶)】[名] ❶強い者。強がる者。「内―・陰―」▽鎌倉時代初期、源義経に仕えた武蔵坊弁慶が豪傑をうたわれた僧であったことから。❷竹筒に多くの穴をあけたもの。うちわや台所用具を差しておくのに使う。▽弁慶が七つ道具を背負った姿、または全身に矢を受けて立ち往生した姿になぞらえていう。❸「弁慶縞」の略。

◉**弁慶の泣き所** ❶むこうずね。▽弁慶ほどの豪傑でも、蹴られれば痛がって泣く急所の意から。❷強い者のもつ弱い所。唯一の弱点。

べんけい-じま【弁慶▼縞】[名] 紺と浅葱、紺と茶など、二色の糸で織った太い格子縞。弁慶格子。弁慶。

へんけい-ろうどうじかん-せい【変形労働時間制】[名] 法定労働時間(週四〇時間)の枠内で、ある一定期間、一日の所定内労働時間を弾力的に決められる制度。

へん-けん【偏見】[名] かたよったものの見方・考え方。「―を持つ」

へん-げん【片言】[名] ちょっともらしたことば。一言。「―隻句」

へん-げん【変幻】[名] 実体をとらえられないほど、すばやく形や状態が変わること。「―窮まりない山の表情」

へんげん-じざい【変幻自在】[名・形動] 思いのままに変化したり出没したりすること。「―に球を操る」

へんげん-せきご【片言隻語】[名] ほんのわずかな言葉。片言隻句。一言半句。「―も聞きもらさない」

べん-ご【弁護(▼辯護)】[名・他サ変] ❶その人の利益になることを主張して、その人が害を受けないように守ること。「自己―」❷刑事訴訟で、被告人・被疑者の正当な利益を擁護すること。

へん-こう【変更】[名・他サ変] 決められていた事柄などを変えること。「予定[プログラム]を―する」「住所―・名義―」

へん-こう【偏光】[名] 光の振動ベクトルの分布が一様でなく、ある特定の方向にかたよっている光。直線偏光・円偏光・楕円偏光などがある。「―レンズ・―フィルター」

へん-こう【偏向】[名・自サ変] 考え方などが一方へかたよること。また、かたよった傾向。「―した思想」「―教育」

べんご-し【弁護士】[名] 原告・被告の依頼や官公署の委嘱によって訴訟行為その他一般の法律事務を行うことを職業とする人。

べんご-にん【弁護人】[名] 刑事訴訟で、被告人・被疑者の正当な利益を擁護することを任務とする人。原則として弁護士の中から選任される。

へん-さ【偏差】[名] 標準となる数値・位置・方向などからのかたより。また、その度合い。偏倚。

べん-ざ【便座】[名] 洋式便器で、腰をかける部分。

へん-さい【辺際】[名] 限界。果て。限り。へんざい。

へん-さい【返済】[名・他サ変] 借りた金銭や品物を相手に返すこと。「住宅ローンを―する」「―期限」

へん-さい【変災】[名] 天災や事変。天変地異や事故によるわざわい。

へん-ざい【偏在】[名・自サ変] ある所にかたよって存在すること。「都市部に―する人口」「富の―」

へん-ざい【遍在】[名・自サ変] 広くゆきわたって存在すること。「日本各地に―する伝説」

べん-さい【弁才(▼辯才)】[名] 弁舌の才。巧みに話す才能。べんざい。

べん-さい【弁済(▼辨済)】[名・他サ変] 借りていたものを返すこと。「債務を―する」

べんざい-てん【弁財天・弁才天(▼辨財天・▼辯才天)】[名] 七福神の一人。財福をつかさどる女神で、宝冠をつけ琵琶を弾く姿であらわされる。弁天。べざいてん。▽もと、音楽・弁舌・財福・知恵をつかさどるインドの河神。

へんさ-ち【偏差値】[名] 学力試験などの結果が集団の平均値からどの程度へだたっているかを示す数値。ふつう個々の数値と平均値との差を標準偏差で割って一〇倍し、それに五〇を加えた数で表す。

へん-さん【編▼纂】[名・他サ変] いろいろな材料を集めて整理し、一つの書物にまとめること。編修。「郷土史を―する」

へん-し【変死】[名・自サ変] 自殺・他殺・事故死など、ふつうではない死に方をすること。また、その死に方。特に、犯罪の疑いのある死に方。「―体」

へん-じ【片時】[名] ちょっとの間。ほんのわずかな時間。かたとき。「―も忘れられない人」

へん-じ【返事(返辞)】[名・自サ変] 呼びかけ・問いかけなどに答えること。また、その内容や、内容を示したもの。「いくら呼んでも―がない」「大きな声で―する」「取引先からいい―がもらえた」「暑中見舞いに―を出す」

へん-じ【変事】[名] 異常な出来事。思いがけない事件。異変。

品格 回答「口頭で―を得る」 レスポンス「何の―も返ってこない」

べん-し【弁士(▼辯士)】[名] ❶演説・講演などをする人。❷無声映画の画面に合わせて、その内容を語ることを職業とする人。活弁。

ペン-じく【ペン軸】[名] ペン先を取り付けるための軸。ペンホルダー。

へん-しつ【変質】[名] ❶[自サ変] 物事の性質が変わること。「薬品が―する」❷病的な性格・性質。

へん-しつ【偏執】[名] ⇒へんしゅう(偏執)

へんしつ-しゃ【変質者】[名] 性質や性格が異常な人。

へん-じゃ【編者】[名] 書物などを編集する人。編纂者。編集者。へんしゃ。「歌集の―」

へん-しゅ【変種】[名] 同一種の生物のうち、形態的・生態的に二つ以上の点で異なり、また分布地域を異にする個体群。生物分類上、種または亜種の下に置く。

へん-しゅう【▼扁舟】[名] 小さな舟。こぶね。

へん-しゅう【偏執】[名] かたよった考えにとらわれて、他人の意見を受け入れないこと。へんしつ。「―狂(=モノマニア)」「―病(=パラノイア)」

へん-しゅう【編修】[名・他サ変] いろいろな資料を集めて整理し、一つの書物にまとめること。編纂。「国史を―する」

へん-しゅう【編集(編▼輯)】[名・他サ変] ❶一定の方針に従って原稿や資料を集めて調整し、新聞・雑誌・書物などを作ること。また、その仕事。「週刊誌を―する」「―部」❷撮影済みのフィルム・ビデオテープや録音テープを一つの作品にまとめること。また、その仕事。◈書き方「編集」は代用表記。

へん-しょ【返書】[名] 返事の手紙。返信。

べん-じょ【便所】[名] 小便・大便をするために設けられた場所。⇨「公衆[水洗]ー」使い方 今は「トイレ」が一般的な言い方。ほかに「(お)手洗い」「化粧室」「洗面所」などともいう。古風な言い方に「厠」「後架」「御不浄」「雪隠」「はばかり」などがある。

へん-しょう【返照】[名] ❶[自サ変] 光が照り返すこと。照り返し。❷夕日の光。夕映え。❸[他サ変] 仏教で、自己に照らして内省すること。顧みて自己の本源を明らかにすること。書き方「ᵛ反照」とも。

へん-じょう【返上】[名・他サ変] 返すことを謙遜していう語。また、一般に返すこと。受け取らないこと。⇨「タイトルをーする」「汚名ー」「休日をーして働く」

べん-しょう【弁証(ᵛ辨証・ᵛ辯証)】[名・他サ変] 弁論によってある事柄を証明すること。また、弁別して証明すること。

べん-しょう【弁償(ᵛ辨償)】[名・他サ変] 他人に与えた損害を金銭や品物で埋め合わせすること。⇨「修理代をーする」「ー金」

べんしょう-ほう【弁証法】[名] 哲学で、自己自身の中で自己と矛盾する有限なものによって自己を止揚し、より高次なものへと発展する運動・発展の論理。一般には、正・反・合、定立・反定立・綜合の三段階によって説明される。

へん-しょく【変色】[名・自サ変] 色が変わること。⇨「写真がセピア色にーする」

へん-しょく【偏食】[名・自サ変] 食べ物の好き嫌いが極端で、特定の食品ばかり食べること。⇨「ーが激しい」

ペンション[pension][名] ホテル形式の民宿。

へん・じる【変じる】[自他上一] ⬇変ずる

べん・じる【弁じる(ᵛ辨じる)】[自他上一] ⬇弁ずる(辨)

べん・じる【弁じる(ᵛ辯じる)】[他上一] ⬇弁ずる(辯)

ペンシル[pencil][名] 鉛筆。⇨「シャープー」

へん-しん【返信】[名・自他サ変] 通信手段によって返事をすること。また、その返事。⇨「受信したメッセージにーする」「ーはがき」⬍往信

へん-しん【変心】[名・自サ変] 考えや気持ちが変わること。心変わり。

へん-しん【変身】[名・自サ変] 姿を他のものに変えること。また、変えた姿。⇨「狐が人間にーする話」

へん-じん【変人(偏人)】[名] 性格・言動などが普通の人とは変わっている人。変わり者。⇨「奇人ー」

ベンジン[benzine][名] 石油を分留して得られる無色透明の液体。引火性・揮発性が強い。燃料・溶剤・しみ抜きなどに用いる。

ペンス[pence][名] ペニーの複数形。

へん-すう【変数】[名] 数学で、数量を一つの文字で表すとき、一定の範囲内でいろいろな値をとり得る文字。ふつう x・y・z などが用いられる。⬍定数

へん-ずつう【偏頭痛・片頭痛】[名] 発作的に頭部の片側に起こる激しい頭痛。へんとうつう。片頭痛。書き方「片頭痛」は学術用語集による新しい表記。

へん・する【偏する】[自サ変] 一方にかたよる。⇨「ーした裁定」文へん・す

へん・ずる【変ずる】[自他サ変] 変わる。変える。⇨「桑田ーじて滄海となる」「顔色をー」文へん・ず 異形 変じる

べん・ずる【弁ずる(ᵛ辨ずる)】一[他サ変] ❶わきまえる。区別する。⇨「公私をー」❷処理する。済ませる。⇨「商用をー」二[自サ変] 済む。解決する。⇨「用がー」文べん・ず 異形 弁じる

べん・ずる【弁ずる(ᵛ辯ずる)】[他サ変] ❶言う。述べる。⇨「一席ー」❷言い訳をする。弁明する。⇨「友の名誉のためにー」文べん・ず 異形 弁じる

へん-せい【変成】[名・自他サ変] 形が変わってできあがること。また、形を変えてつくること。

へん-せい【変性】[名・自サ変] 性質が著しく変化すること。性質が同種のものとは異なっていること。また、そのもの。⇨「ーアルコール」

へん-せい【編成】[名・他サ変] 個々のものを組み立てて、一つのまとまったものにすること。⇨「番組をーする」「次年度の予算をーする」「六両ーの電車」

へん-せい【編制】[名・他サ変] 個々のものを組織して統一された団体をつくること。特に、軍隊をつくること。⇨「陸海軍をーする」「戦時[平時]ー」

へん-せい【編製】[名・他サ変] 個々のものを集めて一定の書式にまとめること。⇨「戸籍をーする」▽役所で使う語。

へんせい-がん【変成岩】[名] 既存の堆積岩・火成岩などが高温・高圧などの物理条件のもとで変化し、別の組織・構造を持つようになった岩石。

へんせい-き【変声期】[名] 声変わりの起こる時期。

へんせい-ふう【偏西風】[名] 南北両半球の中緯度地帯の上空を帯状に取り巻き、一年じゅう西から東に吹いている風。

へん-せつ【変節】[名・自サ変] 節義を変えること。自分の信念・主義・主張などを変えること。⇨「体制に迎合してーする」「ー漢」

へん-せつ【変説】[名・自サ変] それまで主張してきた自説を変えること。⇨「ーの見られる論文」

べん-ぜつ【弁舌(ᵛ辯舌)】[名] ものを言うこと。また、ものの言い方。⇨「ーを振るう」「ーさわやかに語る」

へん-せん【変遷】[名・自サ変] 時とともに移り変わること。移り変わり。⇨「時代とともにーする風俗」「幾多のーを経て今日に至る」

ベンゼン[benzene][名] 最も基本的な芳香族炭化水素。特有の芳香をもつ無色の揮発性液体で、コールタールの分留などから得られる。化学工業製品の基礎材料や燃料・溶剤として重要。ベンゾール。

べん-そ【弁ᵛ疏(ᵛ辯ᵛ疏)】[名・他サ変] 言い訳をすること。弁解。

へん-そう【返送】[名・他サ変] 送り返すこと。⇨「誤配された手紙をーする」

へん-そう【変装】[名・自サ変] 別人に見せかけるように顔や服装を変えること。また、その姿。

へん-ぞう【変造】[名・他サ変] 通貨・文書などの形状や内容に変更を加えること。⇨「ー紙幣」

へんそう-きょく【変奏曲】[名] 一つの主題のリズム・旋律・和音などを種々の技法で変化させ、全体を一つの楽曲にまとめたもの。バリエーション。

ベンゾール[Benzolドイ][名] ベンゼン。

へん-そく【変則】[名・形動] ふつうの規則・規定・方

法からはずれていること。〓「―の時間割」「―的なやり方」⇕正則

へん-そく【変速】［名・自サ変］速度を変えること。〓「自動的に―する」「三段―の自転車」

ベンダー［vendor］［名］❶売り手。売り主。また、販売会社。❷自動販売機。ベンディングマシン。

へん-たい【変体】［名］形や体裁が普通のものと異なること。また、その形や体裁。〓「―漢文（＝用字・語彙・語法などが正規の漢文とは異なる日本化した漢文）」

へん-たい【変態】［名］❶動物が幼生（幼虫）から成体に移る過程で形態を変えること。また、その過程。蛹（さなぎ）がチョウに、オタマジャクシがカエルになるなど。❷性的倒錯があって、性行動が普通とは異なる形で現れるもの。変態性欲。また、その傾向のある人。

へん-たい【編隊】［名］飛行機などが隊形を整えること。また、その隊形。〓「―飛行」

へんたい-がな【変体《仮名》】［名］現在使われている平仮名とは異なる字体の仮名。「[illegible]（か）」「[illegible]（そ）」の類。

ペン-だこ【ペン〈▼胼▼胝〉】［名］ペンなどの筆記具を長い間使い続けることで指にできるたこ。

べん-たつ【▼鞭▼撻】［名・他サ変］❶むちで打ってこらしめること。❷努力するように強く励ますこと。〓「ご指導ご―のほどお願い申し上げます」

鞭撻

ペンダント［pendant］［名］❶鎖・ひもなどで首から胸に下げる装身具。❷天井などから吊り下げる照明器具。コードペンダント。

へん-ち【辺地】［名］都会から遠く離れた土地。僻地（へきち）。

ベンチ［bench］［名］❶駅・公園などに備えてある数人掛けの細長い椅子。❷野球場などで、選手・監督・コーチなどの控え席。ダッグアウト。❸野球などで、②にいる監督・コーチ陣のこと。〓「―の指示を仰ぐ」

ペンチ［名］針金を切断したり曲げたりするのに用いる、はさみに似た形の工具。▷pinchers から。

へんちく-りん［形動］［俗］何とも奇妙なさま。非常に変なさま。へんてこ。へんてこりん。〓「―な格好で現れる」 書き方 「変ちくりん」とも。

ベンチ-スタート［和製 bench＋start］［名］試合開始時に、控え選手としてベンチにいること。

ベンチ-プレス［bench press］［名］パワーリフティングで、台にあおむけに横たわり、胸につけたバーベルを両手で真上に押し上げる種目。

ベンチ-マーク［benchmark］［名］❶測量で、水準点。❷物事の基準となるもの。指標。

ベンチャー［venture］［名］❶冒険。冒険的な企て。❷投機。また、投機的・野心的な事業。〓「―企業」

ベンチャー-キャピタル［venture capital］［名］成長の可能性が見込めるベンチャービジネスに対する投資を主な業務とする企業。

ベンチャー-ビジネス［venture business］［名］最新技術や高度の専門知識を生かして、新分野で創造的・革新的な経営を行う企業。

へん-ちょ【編著】［名］編集し、著述すること。また、その書物。〓「―者」

へん-ちょう【変調】（テウ）［名・自他サ変］❶調子を変えること。調子が通常とは異なる状態に変わること。また、その調子。〓「エンジン［体］が／に―を来（きた）す」❷楽曲の調子が変わること。また、変えること。移調。〓「曲の途中で―する」❸搬送波の周波数・振幅・位相などを信号波で変化させること。

へん-ちょう【偏重】［名・他サ変］ある方面ばかりを重んじること。〓「学歴―の社会」「知育―」

ベンチレーター［ventilator］［名］換気のための装置。通風機・送風機・換気扇など。

べん-つう【便通】［名］大便が出ること。通じ。

ペンディング［pending］［名］未決定の状態にあること。懸案中であること。〓「その問題は―にしておく」

へん-てこ［形動］奇妙なさま。変なさま。へんてこりん。〓「―な理屈をこねる」 書き方 「変▼梃」とも。

へん-てつ【変哲】［名・形動］普通と違っていること。変わっていること。〓「何の―もない（＝ありふれていて、特に取り立てて言うほどのこともない）」

へん-てん【変転】［名・自サ変］状態・情勢が移り変わること。〓「めまぐるしく―する政情」

へん-でん【返電】［名・自他サ変］返事の電信・電報。〓「帰宅許さぬと―する」「―を打つ」

べん-てん【弁天（▼辨天・▼辯天）】［名］❶「弁財（才）天」の略。❷美しい女性。〓「―娘」

へんでん-しょ【変電所】［名］発電所から送られてきた電気の電圧を調節し、それぞれの消費地に分配する施設。

へん-ど【辺土】［名］都会から遠く離れた土地。辺地。

へん-とう【返答】（タフ）［名・自他サ変］質問や呼びかけに対して答えること。また、そのことば。返事。〓「大きな声で―する」「欠席する旨を―する」

へん-どう【変動】［名・自サ変］状態や事態が動いて変化すること。〓「世の中が大きく―する」「景気［地殻］の―」「―為替相場制（＝為替相場を固定させないで、外国為替市場の需給関係によって変動させる制度）」

べん-とう【弁当（▼辨当）】（タウ）［名］❶外出先で食べるように箱などに詰めて持っていく食べ物。❷料理店・仕出し屋などが出す、箱などに主食と副食を詰め合わせた食事。〓「幕の内―」

へんとう-せん【▼扁桃腺】（ヘンタウ）［名］のどの奥の左右にあるリンパ節の集合体。口蓋（こうがい）扁桃。〓「―がはれる」「―炎」

へん-に【変に】［副］普通と違っているさま。妙に。不思議に。〓「―気を回す」「―寒気がする」

へん-にゅう【編入】（ニフ）［名・他サ変］団体・組織などにあとから組み入れること。〓「大学の三年に―される」「―試験」

ペン-ネーム［pen name］［名］文筆活動をするときに用いる本名以外の名。筆名。

へんねん-し【編年史】［名］編年体で書かれた歴史。

へんねん-たい【編年体】［名］歴史記述の形式の一つ。年代の順を追って事実を記述するもの。中国の『春秋』に始まる。⬇紀伝体

へん-のう【返納】（ナフ）［名・他サ変］もとの場所・所有者に返して納めること。〓「奨学金を―する」

へん-ぱ【偏▼頗】［名・形動］かたよりがあって不公平なこと。〓「愛情が―になる」「―な情報」

へん-ぱい【返杯（返▼盃）】［名・自サ変］さされた杯の酒を飲み干して、その人に杯をさし返すこと。

べん-ぱく【弁▼駁（▼辯▼駁）】［名・自他サ変］他人

の説の道理に合わない点を論じて攻撃すること。べんばく。≡「証拠を挙げて相手の論を—する」

べん‐ぱつ【弁髪(▼辮髪)】[名] 中国北方民族の間に行われた男性の髪型で、頭髪の中央を長く編んで垂らし、他の部分を剃ったもの。清代には漢民族に強制した。書き方「弁髪」は代用表記。

ペン‐パル[pen pal][名] ペンフレンド。

へん‐ぴ【辺▼鄙】[名・形動] 都会から遠く離れていて不便なこと。≡「—な村に住む」

べん‐ぴ【便秘】[名・自サ変] 大便がとどこおって出なくなること。また、その状態。ふんづまり。

へん‐ぴん【返品】[名・自他サ変] 買った品物や仕入れた品物を返すこと。また、その品物。≡「不良品を—する」「—の山」

へん‐ぷく【辺幅】[名] 外観。うわべ。≡「—を飾る」▽布・織物などのへりの意から。

べん‐ぷく【便服】[名] ふだん着。平服。便衣。

へん‐ぶつ【変物(偏物)】[名] かわりもの。変人。また、偏屈な人。

ペン‐フレンド[pen-friend][名] 文通によって交際している友達。文通仲間。ペンパル。

へん‐ぺい【▼扁平(偏平)】[名・形動] ひらたいこと。≡「—な顔」書き方「偏平」は代用表記。

へんぺい‐そく【▼扁平足(偏平足)】[名] 足の裏が平らで、土踏まずがほとんどない足。

べん‐べつ【弁別(▼辨別)】[名・他サ変] 物事の違いを見分けること。識別。≡「是非善悪を—する」

へん‐ぺん【片片】[形動タリ] ❶切れ切れになっているさま。また、切れ切れになったものが軽くひるがえるさま。≡「—と舞う桜花」❷取るに足りないさま。≡「—たる知識」

べん‐べん【便便】[形動タリ] ❶何もしないでいたずらに時を過ごすさま。≡「—と日を送る」❷太って腹がせり出ているさま。≡「—たる太鼓腹」

ぺんぺん‐ぐさ【ぺんぺん草】[名] ナズナの通称。▽「ぺんぺん」は三味線の音の形容。莢の形が三味線の撥に似ることから。

◉**ぺんぺん草が生・える** 家や土地が荒れ果てていることのたとえ。

へん‐ぼう【変貌】[名・自サ変] 姿や様子がすっかり変わること。≡「めざましい—を遂げた国」

へん‐ぼう【偏▼旁】[名] 漢字の偏と旁。

へん‐ぽう【返報】[名] ❶人の好意などにむくいること。❷恨みに対して仕返しをすること。

べん‐ぽう【便法】[名] ❶便利な方法。❷一時しのぎの便宜的な方法。≡「—を講じる」

ペン‐ホルダー[penholder][名] ❶ペン軸。❷卓球で、ペンを持つようにラケットを握る持ち方。⇔シェークハンド▽「ペンホルダーグリップ」の略。

へん‐ぽん【返本】[名・自他サ変] 書店が仕入れた本を出版元などに返すこと。また、その返された本。

へん‐ぽん【▼翩翻】[形動タリ] 旗などが風を受けてひるがえるさま。≡「—とひるがえる旗」

べん‐まく【弁膜(▼瓣膜)】[名] 心臓・血管・リンパ管などの内部にあって、血液やリンパ液の逆流を防ぐ弁の働きをする膜。

へん‐む【片務】[名] 契約の当事者の一方だけが義務を負うこと。≡「—契約(=契約当事者の一方だけが債務を負担する契約)」⇔双務

べんむ‐かん【弁務官(▼辨務官)】[名] 自治領・保護国・植民地などに派遣され、その地の政治・外交などを指導する公務員。

へん‐めい【変名】[名・自他サ変] 本名を隠すために別の姓名を用いること。また、その姓名。

べん‐めい【弁明(▼辯明)】[名・他サ変] 説明して事情を明らかにすること。申し開きをすること。弁解。釈明。≡「発言の意図について—する」

べん‐もう【▼鞭毛】[名] 原生動物や動植物の精子にある、細長い鞭状のもの。運動器官として働く。

へん‐もく【編目(▼篇目)】[名] 書物などの編・章につけられた題目。

へん‐やく【変約】[名・自他サ変] 約束を変えること。また、約束を破ること。違約。≡「一方的に—する」

へん‐よう【変容】[名・自他サ変] 外観・様子などが変わること。また、変えること。≡「噴火で—した山」

ペン‐ライト[penlight][名] ペンのような形をした小型の懐中電灯。

へん‐らん【変乱】[名] 事変によって世の中が乱れること。また、世の中を乱す事変。

べん‐らん【便覧】[名] ある事柄の概要が一見してわかるように編集された本。ハンドブック。びんらん。≡「英文法—」

べん‐り【弁理(▼辨理)】[名・他サ変] 物事を判別して処理すること。≡「登記事務を—する」

べん‐り【便利】[名・形動] あることをするのに都合のよいこと。うまく役立つこと。≡「交通が—な土地」「通勤に—なマンション」⇔不便 派生 ‐さ

べんり‐し【弁理士】[名] 特許・実用新案・意匠・商標に関して特許庁などへの登録出願の代理や鑑定を行うことを職業にする人。

へん‐りん【片▼鱗】[名] きわめてわずかな一部分。一端。≡「大器の—を示す」「実力の—がうかがえる」▽一片のうろこの意。

ヘンルーダ[wijnruitオランダ][名] 初夏、黄色い小花をつけるミカン科の多年草。強いにおいがある。薬用・観賞用に栽培。南ヨーロッパ原産。芸香。

へん‐れい【返礼】[名・自サ変] 他から受けた礼や贈り物に対してお返しをすること。また、そのお返しの礼や品物。≡「—の品」「—訪問」

へん‐れい【返戻】[名・他サ変] 返すこと。返却。

べん‐れい【勉励】[名・自サ変] つとめはげむこと。ひたすら努力すること。≡「職務に—する」「刻苦—」

べんれい‐たい【▼駢▼儷体】[名] 駢儷 漢文で、四字または六字からなる対句を基本とし、華美な文辞と典故のある語句を多用する華麗な文。四六駢儷体。▽中国の南北朝時代に隆盛し、日本でも奈良・平安時代の漢文に多く用いられた。

へん‐れき【遍歴】[名・自サ変] ❶広く各地をめぐり歩くこと。≡「諸国—の旅」❷さまざまな経験を重ねること。≡「種々の職業を—する」「人生—」

へん‐ろ【遍路】[名] 祈願のために弘法大師修行の遺跡である四国八十八か所の霊場をめぐり歩くこと。また、その人。≡「お—さん」

べん‐ろん【弁論(▼辯論)】[名・他サ変] ある問題について、大勢の前で筋道を立てて意見を述べること。≡「—大会」「最終—(=刑事訴訟法で、公判手続きのこと。特に、公判期日に行われる弁護人などの陳述)」

ほ【帆】［名］帆柱に高く張り上げ、風を受けて船を進ませる布。‖「—を張る［あげる］」

ほ【穂】［名］❶イネ科植物の花序。長い茎の先端に花や実が群がりついたもの。‖「ススキの—」❷槍・筆など、とがったものの先端の部分。‖「筆の—」

◉**穂に出る** ❶穂先に実を結ぶ。穂が出る。❷思っていることが外に現れる。

ほ【歩】［名］❶歩くこと。‖「—を運ぶ」「—行・—調・—道」「競—・散—・徒—」❷歩くときの足を進める回数や歩幅を数える語。上にくる語によって「ぽ」ともなる。‖「五—さがる」「一—前進」旧歩

ほ【保】（造）❶持ち続ける。たもつ。‖「—温・—持・—存」「確—・留—」❷大切に養い育てる。大切に守る。‖「—育・—健・—護・—母」❸請け合う。‖「—険・—証・—障」「担—」❹「保険」の略。‖「国—」

ほ【哺】（造）食物を与えて育てる。‖「—育・—乳類」

ほ【捕】（造）❶つかまえる。とらえる。‖「—獲・—手・—虜」「逮—・拿—」❷「捕手」の略。‖「—逸」

ほ【補】（造）❶おぎなう。‖「—遺・—完・—強・—修・—足」「増—」❷おぎないたすける。‖「—佐・—助」❸官職を授ける。‖「—任」「転—」❹正式の職につく前の資格。‖「候—・警部—」

ほ【▼輔】（造）付き添ってたすける。‖「—佐・—助」

ほ【舗】（造）❶商品を並べて売る所。みせ。‖「店—・老—」❷しく。しきならべる。‖「—装・—道」書き方「鋪」は異体字。

ぼ【▼戊】（造）十干の第五。つちのえ。‖「—辰」

ぼ【母】（造）❶はは。‖「—子・—胎・—乳」「祖—・父—」❷根拠地。出身地。‖「—校・—国」❸物を生みだすもとになるもの。‖「—音・—型」「酵—・分—」

ぼ【募】（造）人や物を一般から広く求める。つのる。‖「—金・—集」「応—・急—・公—」

ぼ【墓】（造）はか。‖「—穴・—地・—標」「墳—・陵—」

ぼ【慕】（造）懐かしく思う。恋しく思う。したう。‖「—情」「敬—・思—・恋—」

ぼ【暮】（造）❶日がくれる。また、ゆうぐれ。‖「—景・—色」「朝—・薄—」❷季節や年の終わり。‖「—春」「歳—」

ぼ【模】（造）かたち。大きさ。‖「規—」

ぼ【簿】（造）帳面。‖「—記」「帳—・名—・家計—」

ボア［boa］［名］❶熱帯・亜熱帯に分布するトカゲ目ボア科のヘビの総称。ほとんどが卵胎生で、無毒。❷毛皮や羽毛で筒状に作ったえり巻き。❸毛足の長い織物。コートの裏地や敷布などに用いる。

ほ-あん【保安】［名］❶安全を保つこと。‖「—要員」❷社会の平安・秩序を保つこと。‖「—条例［警察］」

ほあん-かん【保安官】［名］アメリカで、住民の選挙によって任命され、郡などの治安維持に当たる役人。シェリフ。

ほ-い【補遺】［名］書物などで、漏れ落ちた事柄をあとから補うこと。また、その補ったもの。‖「—版」

ぽ・い［接尾］⬇っぽい‖「飽きっ—人」

ホイール［wheel］［名］車輪。

ホイール-キャップ［和製wheel+cap］［名］自動車の車輪を取り付ける部分の外側につける円盤状のおおい。

ホイールベース［wheelbase］［名］前後の車軸間の距離。軸距。

ぼ-いき【墓域】［名］墓所として区切られた地域。

ほ-いく【保育】［名・他サ変］乳幼児を保護し育てること。‖「乳児の—に当たる」「—器」

ほ-いく【哺育（保育）】［名・他サ変］動物の親が、乳や食べ物を与えて子を育てること。書き方 本来は「哺育」。

ほいく-えん【保育園】［名］保育所の通称。

ほいく-し【保育士】［名］一定の資格をもち、保育所・児童養護施設などの児童福祉施設で子供の保育に従事する職員。▼もとは「保母」といった。現在も通称として、女性は「保母（さん）」、男性は「保父（さん）」とも。

ほいく-しょ【保育所】［名］児童福祉法による児童福祉施設の一つ。保護者が仕事・病気などのために十分に保育できない乳幼児をあずかって保育する施設。保育園。

ボイコット［boycott］［名・他サ変］❶消費者が団結して、特定の商品を排斥するために買うことを拒否すること。不買同盟。非買同盟。‖「外国製品の—」❷ある要求を通すために特定の人を共同で排斥すること。また、会合や運動への参加を拒否すること。‖「卒業式を—する」

ボイス［voice］［名］❶声。‖「—トレーニング」❷文法で、動詞の態。

ぽい-すて【ぽい捨て】［名］（公共の場に）ものを無造作に投げ捨てること。‖「たばこの—」書き方 多く「ポイ捨て」と書く。

ボイス-メール［voice mail］［名］音声によるメッセージを送受信する電子メールシステム。音声メール。

ボイス-レコーダー［voice recorder］［名］❶飛行機の操縦席内の音声や管制塔との交信を自動的に録音する装置。事故などの際、原因調査の重要な資料となる。❷小型の音声録音機器。

ほ-いつ【捕逸】［名］野球で、捕手が投球を取りそこなって、走者の進塁を許すこと。パスボール。

ホイッスル［whistle］［名］❶競技で、審判などが合図のために鳴らす小型の笛。❷汽笛。警笛。

ホイッパー［名］⬇泡立て器

ホイップ［whip］［名・他サ変］卵白や生クリームを強くかき回して泡立てること。また、その泡立てたもの。‖「—クリーム」

ホイップ-クリーム［名］生クリームを泡立てたもの。▼whipped creamから。

ほ-いっぽ【歩一歩】［副］一歩一歩前進するさま。‖「—（と）完成に近づく」

ぽい-と［副］物を無造作に投げ出すさま。‖「空き缶を—投げ捨てる」

ほい-ほい［副］気安く物事を引き受けるさま。また、軽々しく物事を行うさま。‖「頼まれるままに—（と）金を貸す」「誘われれば—（と）出かけていく」

ボイラー［boiler］［名］❶給湯・暖房用などの湯を沸かす装置。❷動力源として、高温・高圧の蒸気を発生させる装置。汽罐。

ホイル［foil］［名］❶金属をごく薄くのばしたもの。箔。❷料理用のアルミ箔。アルミホイル。クッキングホ

イル。∥「牡蠣の―焼き」

ボイル [boil] [名・他サ変] ゆでること。∥「卵を―する」

ボイル [voile] [名] よりの強くかかった糸であらく平織りにした薄地の織物。綿織物が多い。夏服やシャツ地などに用いる。

ほい-ろ【▼焙炉】[名] 熱によって茶や海苔を乾燥させる道具。▽「ほい」は「焙」の唐音。

ぼ-いん【母音】[名] 言語音を二分類した場合の一つ。声帯の振動によって生じた有声の呼気が、くちびる・歯・舌などの閉じや狭めによる妨げを受けないで発せられる音。日本語の共通語ではア・イ・ウ・エ・オの五つ。ぼおん。⇔子音 ▼母音の分類は舌の位置に基づいてなされるのが一般的。

ぼ-いん【▼拇印】[名] 親指の先の腹に朱肉や墨をつけて、印鑑の代わりに押すもの。また、その印。爪印。書き方 新聞では「母印」で代用する。

ポインセチア [poinsettia] [名] 観賞用として温室栽培されるトウダイグサ科の常緑低木。枝先に鮮紅色の包葉を放射状につけ、中央に小花が集まって咲く。苞が黄白色・淡紅色などの品種もある。ショウジョウボク。

ポインター [pointer] [名] 短毛・垂れ耳で、白地に赤褐色や黒色の斑がある中形猟犬。イングリッシュポインター・ジャーマンポインターなど。

ポイント [point] [名] ❶点。箇所。∥「ウイーク―」❷重要な箇所。要点。∥「―を押さえる」❸釣りで、魚がよく集まる所。❹得点。❺鉄道で、レールの分岐点に設ける転轍機。❻小数点。コンマ。❼活字の大きさを表す単位。一ポイントは〇・三五一四ミリメートル。ポ。❽指数を表す単位。パーセントを意味する。∥「物価が前年比三―上昇する」

ポイントゲッター [point getter] [名] 団体球技で、チームの中で最も高い得点を上げる能力をもつ選手。

ほう【方】ハウ [名] ❶方向。方角。また、その方向にある場所。∥「西の―に進む」「僕の―を見る」❷（抽象的に）物事のおもむく方向。∥「国会は解散の―へと向かう」❸いくつかある区分けのうちの一つ。特に、対比するもののうちの一つ。∥「家事の―にまで手が回らない」「改革派の―につく」「演説は得意だが書く―は苦手だ」❹物事をぼかしていったり遠回しにいったりする。多く、ぼかすことで慎み深い気持ちを表す。∥「金融の―に勤めています」「お仕事の―は順調ですか」注意「おつりの方は二三〇円です」「[コーヒーだけを注文した客に]コーヒーの方をお持ちしました」など、ぼかす必要のない場面や、対比するものがない場合に使うのは適切でない。❺〈「…方だ」の形で〉どちらかというとその部類に属する意を表す。∥「背は高い―だ」「これだけできれば上出来の―だ」❻〈「…方がいい」などの形で〉適当である意を表す。また、勧め・提案を表す。∥「あまり期待しない―がいい」「行くなら新幹線の―がいい」◈書き方 ⑤⑥は、かな書きも多い。注意「ほお」と書くのは誤り。∥「×見たほおがいい」

ほう【法】ハフ [名] ❶決まり。規範。特に、法律。∥「―を破る」「―案・―令」「憲―・民―」❷やり方。方法。また、手段。てだて。∥「ただ我慢しろなどという―はない」「技―・治療―」❸礼儀。∥「―にかなう」「作―」❹言語学で、ムード。❺仏の教え。仏法。また、仏事。∥「人を見て―を説く」「―要」「説―」▼⑤の歴史的仮名遣いは、「ホフ」（呉音）。

ほう【▼苞】ハウ [名] 芽やつぼみを包んで保護する小さな葉。鱗片状や花弁状になるものもある。

ほう【砲】ハウ [名] 火薬を使って弾丸を発射する兵器。つつ。おおづつ。∥「―撃・―弾」「鉄―」

ほう【▼袍】ハウ [名] 男性が束帯や衣冠のときに着ける上衣。身分・官位によって色や布地が異なる。

ほう【報】[名] 知らせ。通知。∥「逝去の―に接する」「―告・―道」「会―・警―・電―・朗―」

ほう [感] 驚いたとき、感心したときなどに発する語。∥「―、もうできたのか」

ほう【包】ハウ (造) つつむ。つつみこむ。また、つつみ。∥「―囲・―括・―装」「梱―」

ほう【▼抛】ハウ (造) ほうり投げる。∥「―棄・―物線」

ほう【芳】ハウ (造) ❶かおりがよい。かんばしい。∥「―香・―醇」❷他人についての事柄に冠して敬意を表す。∥「―志・―名」

ほう【邦】ハウ (造) ❶国。国土。国家。∥「万―・連―」❷わが国の。日本の。∥「―画・―楽・―人・―訳」

ほう【奉】(造) ❶ささげる。たてまつる。∥「―納」❷目上の人に仕える。∥「―公・―仕」❸おおせに従う。うけたまわる。∥「―職・―勅」

ほう【宝】(造) ❶たから。∥「―石・―物」「家―・国―」❷たからとして大切にする。∥「―典」「重―」❸天子に関する物事を敬う意を表す。∥「―算・―祚」旧寶

ほう【抱】ハウ (造) ❶だく。だきかかえる。∥「―擁」「介―」❷思いをいだく。∥「―負」

ほう【放】ハウ (造) ❶外に向けて出す。はなつ。∥「―射・―送」❷追いやる。遠ざける。∥「―校」「追―」❸ときはなす。自由にする。そのままにしておく。∥「―牧・―免」「解―・釈―」❹思うままにする。∥「―言・―任」「豪―・奔―」❺ほうりなげる。∥「―棄・―物線」

ほう【▼朋】(造) 友だち。仲間。∥「―友」「同―」

ほう【泡】ハウ (造) あわ。あぶく。∥「―沫」「発―」

ほう【封】(造) 領地を与えて諸侯にする。また、領地。∥「―建・―地」「―土」「移―・分―・素―家」

ほう【胞】ハウ (造) ❶胎児を包む膜。えな。∥「―衣」❷母の胎内。∥「同―」❸生物体を組織する基本単位。∥「―子」「細―」

ほう【倣】ハウ (造) まねる。ならう。∥「模―」

ほう【俸】(造) 給料。∥「―給」「減―・年―」

ほう【峰】(造) 山の頂。また、高い山。∥「主―・霊―」

ほう【崩】(造) ❶くずれる。∥「―壊・―落」❷天子が死ぬ。∥「―御」

ほう【訪】ハウ (造) ❶おとずれる。人をたずねる。∥「―問」「来―・歴―」❷出向いて探し求める。∥「探―」

ほう【蜂】(造) ハチ。∥「―起」「養―」

ほう【豊】(造) ❶物が多い。ゆたか。ふくよか。∥「―潤・―富・―満」❷農作物がよく実る。∥「―年・―穣」❸「豊前」「豊後」の略。∥「筑―」旧豐

ほう【飽】ハウ (造) ❶食べあきる。∥「―食」❷いっぱいになる。∥「―和」

ほう【▼鳳】(造) 聖人が世に出たときに現れるという瑞鳥。∥「―凰」「白―」

ほう【褒】(造) ほめる。ほめたたえる。∥「―賞・―美・―

貶」旧襃

ほう【▼鋒】(造) ❶ほこさき。‖「鋭—」❷軍隊の先陣。‖「先—」❸鋭い勢い。‖「舌—」

ほう【縫】(造) ❶ぬう。また、ぬい目。‖「—合・—製」「裁—・天衣無—」❷とりつくろう。‖「弥—」

ぼう【坊】 ■一 [名] ❶僧の住まい。僧坊。また、宿坊。❷僧侶。‖「—さん」❸幼い男の子を親しんでいう語。‖「—や」■二 [接尾] ❶僧侶の通称や坊号の下に添える語。‖「法界—」「武蔵—弁慶」❷人の名に付けて、親しみの意を表す。‖「けん—・お春—」❸人の様態を表す語に付けて、そのような人である意を表す。‖「暴れん—・けちん—・食いしん—」■三 (造) 奈良・平安時代、唐の都城制にならった市中の一区画。

ぼう【某】[名] 人の名や場所・時などを、不明な場合、またそれをわざとはっきり示さない場合に使う語。‖「山田—(=なにがし)」「—大学」「—年—月」

ぼう【棒】[名] ❶細長い木・竹・金属などで、ふつう手に持てるほどの大きさのもの。‖「足が—になる(=ひどく疲れる)」「綿—・鉄—」❷まっすぐな線。‖「—グラフ」「横—」❸指揮棒。タクト。‖「—を振る」

◉**棒に振る** これまでに努力して得てきたものやこれから得られるはずのものを無にしてしまう。‖「一生を—」

注意「棒に振るう」は誤り。

ぼう【亡】(造) ❶ほろびる。なくなる。‖「—国」「興—・存—・滅—」❷死ぬ。また、死んだ。‖「—霊」「死—」❸にげる。にげて姿を隠す。‖「—命」「逃—」

ぼう【乏】(造) 物がない。とぼしい。‖「欠—・貧—」

ぼう【忙】(造) いそがしい。‖「—殺」「多—・繁—」

ぼう【妨】(造) じゃまをする。さまたげる。‖「—害」

ぼう【忘】(造) わすれる。‖「—却・—年会」「健—」

ぼう【防】(造) ❶ふせぐ。まもる。‖「—衛・—止・—犯」「消—・予—」❷つつみ。土手。‖「堤—」❸「周防」の略。‖「—州」

ぼう【房】(造) ❶部屋。小部屋。‖「工—・厨—」❷僧の住まい。‖「僧—・禅—」▼「坊」に通じる。

ぼう【肪】(造) あぶら。‖「脂—」

ぼう【▼茅】(造) かや。ちがや。また、かやぶき。‖「—屋・—舎」

ぼう【冒】(造) ❶むりやり押し切ってする。おかす。‖「—険」❷おおいかぶさる。‖「—頭」

ぼう【▼茫】(造) ❶広々としている。‖「—漠・—洋」「蒼—」❷ぼんやりしている。‖「—然」「渺—」

ぼう【剖】(造) 切りさく。わる。‖「—検」「解—」

ぼう【紡】(造) 繊維をよって糸にする。つむぐ。‖「—錘・—績」「混—」

ぼう【望】(造) ❶遠くを見る。‖「—郷」「眺—・展—」❷まちのぞむ。のぞむ。のぞみ。‖「—外」「志—・切—・絶—・要—」❸よい評判。ほまれ。‖「信—・人—」❹満月。もちづき。‖「—月」

ぼう【傍】(造) そば。わき。かたわら。‖「—観・—線・—流」「路—」

ぼう【帽】(造) 頭にかぶるもの。帽子。‖「制—」

ぼう【貿】(造) 互いに物品を取りかえる。‖「—易」

ぼう【貌】(造) ❶顔かたち。すがた。‖「美—・容—」❷物のすがた。‖「全—・変—」

ぼう【暴】(造) ❶あばれる。あらあらしい。‖「—言・—行・—風雨」「横—・凶—・粗—」❷度を過ごす。‖「—飲・—利」❸にわかに。‖「—発・—落」

ぼう【膨】(造) ふくらむ。ふくれる。‖「—大・—脹」

ぼう【謀】(造) はかる。くわだてる。‖「—略」「無—」

ぼう-あく【暴悪】[名・形動] 道理にはずれて乱暴なこと。‖「—な振る舞い」

ぼう-あつ【防▼遏】[名・他サ変] 防ぎとめること。

ぼう-あつ【暴圧】[名・他サ変] 権力や暴力で無理に押さえつけること。‖「デモ隊を—する」

ほう-あん【奉安】[名・他サ変] 尊いものを安置してまつること。‖「—殿(=第二次大戦中まで、学校が御真影や教育勅語の保管のため設けた小さな建物)」

ほう-あん【法案】[名] 法律の案文。法律案。

ぼう-あんき【棒暗記】[名・他サ変] 意味を考えないで、文章をそのままおぼえること。丸暗記。

ほう-い【方位】[名] ❶東西南北の四方向を基準として定めた方角。一般に、八方位・一六方位・三二方位などに区分する。❷易で、吉凶を表す方角。それぞれの方向に陰陽・十干十二支・八卦などを配したもの。恵方・金神・鬼門などの類。

ほう-い【包囲】[名・他サ変] まわりを取り囲むこと。‖「敵を—する」「—網」

ほう-い【法衣】[名] ➡ほうえ(法衣)

ぼう-い【暴威】[名] あらあらしい勢い。‖「台風が—をふるう」

ほうい-がく【法医学】[名] 法律を運用する際に必要な医学的事項を研究する、医学の一部門。

ほう-いつ【放逸(放▼佚)】[名・形動] 勝手気ままにふるまうこと。節度がないこと。‖「—な生活態度」

ほう-いん【法印】[名] ❶「法印大和尚位」の略。僧の最高位。❷中世以降、僧に準じて儒者・医師・仏師・画工・連歌師などに授けられた称号。❸山伏や祈禱師のこと。

ぼう-いん【暴飲】[名・他サ変] 酒などを度を超して飲むこと。‖「—暴食」

ほう-え【法会】[名] ❶僧俗を集めて、仏の道を説き聞かせる集会。❷死者の追善供養を行う仏教の儀式。法要。

ほう-え【法▽衣】[名] 僧尼の着る衣服。僧服。法服。ころも。ほうい。

ほう-えい【放映】[名・他サ変] テレビで放送すること。特に、劇場用映画をテレビで放送すること。

ぼう-えい【防衛】[名・他サ変] ❶他からの攻撃を防ぎ守ること。特に、他国の侵略を防ぎ自国を守ること。‖「正当—」❷スポーツの選手権をかけた試合で、挑戦者を退けて選手権を保持すること。‖「タイトルを—する」

ぼうえい-しょう【防衛省】[名] 国の行政機関の一つ。自衛隊の管理・運営を任務とし、陸上・海上・航空・統合の各幕僚監部などを置く。長は防衛大臣。▼二〇〇七年一月、防衛庁から移行。

ほう-えき【法益】[名] 法によって保護される利益。‖「—をおかす」「個人的[国家的]—」

ぼう-えき【防疫】[名] 感染症の発生や流行を予防すること。また、そのための処置。‖「—対策」

ぼう-えき【貿易】[名・自サ変] 外国と商品の取引をすること。交易。‖「—協定」「自由—」

ぼうえき-ふう【貿易風】[名] 中緯度の高圧帯から赤道付近の低圧帯に向かってほぼ定常的に吹く風。地球の自転によって北半球では北東風、南半球では南東風となる。恒信風。

ぼうえき-まさつ【貿易摩擦】[名] 輸出・輸入の

不均衡をめぐって関係国間に生じる紛争。通商摩擦。

ほう-えつ【法悦】[名] ❶仏の教えを聞いて生じる、無上の喜び。法喜。❷うっとりとするような喜び。陶酔。エクスタシー。

ほう-えん【方円】[名] 方形と円形。四角と丸。‖「水は―の器に従う」

ほう-えん【砲煙】[名] 大砲を発射したときに生じる煙。

ほう-えん【豊艶】[名・形動] ふくよかで美しいこと。‖「―な姿」

ぼうえん-きょう【望遠鏡】[名] 遠くにある物体を拡大して見るための光学装置。‖「天体―」

ほうえん-だんう【砲煙弾雨】[名] 砲煙と激しく飛び交う弾丸。戦闘の激しいさまをいう。

ぼうえん-レンズ【望遠レンズ】[名] 遠方の物を拡大して撮影するためのレンズ。標準レンズよりも焦点距離が長い。

ほう-おう【法王】[名] ❶教皇。❷仏法の王。仏の敬称。

ほう-おう【法皇】[名] 仏門に入った上皇。‖「後白河―」

ほう-おう【訪欧】[名・自サ変] ヨーロッパを訪れること。‖「首相が―する」

ほう-おう【▼鳳▼凰】[名] 古代中国で、聖徳の天子の代に現れるとされた想像上の霊鳥。五色の羽をもち、前半身は麟、後半身は鹿、あごは燕(つばめ)、くちばしは鶏、首は蛇、背は亀、尾は魚に似るという。鳳は雄、凰は雌ともいわれる。

鳳凰

ぼう-おく【▼茅屋】[名] ❶かやぶきの屋根の家。❷みすぼらしい家。また、自分の家をいう丁重語。

ほう-おん【芳恩】[名]「恩」の尊敬語。御恩。‖「―をかたじけなくする」

ほう-おん【報恩】[名] 恩に報いること。恩返し。

ぼう-おん【忘恩】[名] 受けた恩を忘れること。恩知らず。‖「―の徒」

ぼう-おん【防音】[名・自サ変] 騒音が室内に入るのを防ぎ、また騒音が室外にもれるのを防ぐこと。‖「二重窓で―する」「―壁」

ほう-か【邦家】[名] 国。国家。特に、自分の国。

ほう-か【邦貨】[名] 日本の貨幣。⇔外貨

ほう-か【放火】[名・自サ変] 火事を起こすために、わざと火をつけること。付け火。‖「―魔」

ほう-か【放歌】[名・自他サ変] あたりかまわず大声で歌うこと。‖「―高吟」

ほう-か【放課】[名] その日の課業が終わること。

ほう-か【法科】[名] ❶法律に関する学科。❷大学の法学部。

ほう-か【法家】[名] ❶法律家。❷中国、戦国時代の諸子百家の一つ。厳しい法律によって国を治めることを主張した学派。韓非(かんぴ)によって大成。

ほう-か【法貨】[名] 法律によって強制的な通用力を認められている貨幣。▽「法定貨幣」の略。

ほう-か【砲火】[名] 大砲を発射したときに発する火。また、発射した弾丸。‖「―を浴びる」

◉**砲火を交・える** 互いに発砲し合う。戦闘状態に入る。

ほう-か【▼烽火】[名] 合図として高く上げる煙や火。のろし。

ほう-が【邦画】[名] ❶日本の絵画。日本画。❷日本の映画。⇔洋画

ほう-が【奉加】[名・他サ変] 神仏に金品を寄進すること。

ほう-が【奉賀】[名・他サ変] つつしんでお祝いを申し上げること。また、賀状をさしあげること。‖「―新年」

ほう-が【▼萌芽】[名・自サ変] ❶草木が芽を出すこと。また、その芽。めばえ。❷新たに物事が起こりはじめること。また、そのきざし。‖「近代文明の―」

ぼう-か【防火】[名] 火災の発生や延焼を防ぐこと。‖「―に努める」「―訓練」

ぼう-が【忘我】[名] あることに心を奪われて、われを忘れること。‖「―の境に入る」

ほう-かい【抱懐】[名・他サ変] ある考えを心の中にもつこと。また、その考え。‖「野心を―する」

ほう-かい【法界】[名] ❶⇒ほっかい(法界) ❷「法界悋気(ほうかいりんき)」の略。

ほう-かい【崩壊・崩潰】[名・自サ変] 維持してきた形やまとまりのある状態が壊れること。‖「地震で家屋が―する」「封建制度の―」「学級―」 書き方 今は「崩壊」が定着。

ほう-がい【法外】[名・形動] 常識の範囲をはるかに越えていること。‖「―な値段をふっかける」

ぼう-がい【妨害(妨▼碍)】[名・他サ変] さまたげること。じゃまをすること。‖「議事の進行を―する」「営業[公務執行]―」 書き方「妨▼礙」とも。

ぼう-がい【望外】[名・形動] 望んでいた以上であること。‖「―の幸せ」

ほうかい-せき【方解石】[名] 炭酸カルシウムを主成分とする鉱物。無色または白色で、ガラス光沢がある。たたくと菱面(りょうめん)体(=菱形の平面で囲まれている六面体)に割れやすい。

ほうかい-りんき【法界▼悋気】[名] 自分に関係のないことに嫉妬すること。おかやき。

ほう-がく【方角】[名] ❶東西南北で規定される向き。‖「太陽が昇る―」「駅は反対の―です」 使い方 ⇒方向 ❷話などが向かうところ。方向。方面。‖「思わぬ―へ話が進む」 ❸見当。‖「―違い」

ほう-がく【邦楽】[名] 日本の伝統的音楽。雅楽・能楽・箏曲(そうきょく)・民謡など。和楽。⇔洋楽

ほう-がく【法学】[名] 法に関する学問。法律学。‖「―部」

ほうか-ご【放課後】[名] 学校で、その日の課業が終わったあと。‖「―は部活動がある」

ほうか-だいがくいん【法科大学院】[名] 法曹を養成するための専門職大学院。二〇〇四(平成一六)年創設。ロースクール。

ほうが-ちょう【奉加帳】[名] ❶寺社に寄進する金品の目録や寄進者の氏名などを記入する帳面。❷寄付を集めるとき金額と氏名を記入する帳面。

ほう-かつ【包括】[名・他サ変] ひっくるめて一つにまとめること。‖「諸説を―する」

ほうかつ-てき【包括的】[形動] 全体として一括するさま。全体に渡るさま。‖「世界史を―にとらえる」「A社とB社は―な提携を結んだ」

ほうかつてきかくじっけんきんし-じょうやく【包括的核実験禁止条約】[名] 地下を含め、あらゆる場所での核爆発実験を禁止する条約。CTBT。

ほう-かん【奉還】[名・他サ変] 天皇にお返しする

こと。▽「大政ー」

ほうかん【宝冠】〔名〕宝石で飾ったかんむり。

ほうかん【宝鑑】〔名〕手本。また、手本になることを記した実用的な本。▽多く書名に使う。「書道ー」

ほうかん【法官】〔名〕司法をつかさどる官吏。裁判官・検察官。

ほうかん【砲艦】〔名〕喫水の浅い小型の軍艦。河川・沿岸の警備に用いられる。

ほうかん【▽幇間】〔名〕たいこもち。▽「幇」はたすける意。

ほうがん【包含】〔名・他サ変〕内部につつみふくんでいること。「この政策は多くの問題をーしている」▽多く抽象的な事柄に使う。

ほうがん【▽判官】〔名〕❶律令制で、四等官の第三位。❷衛府の尉で、検非違使を兼ねる者。❸検非違使の尉であったことから、源義経の通称。◈「はんがん」とも。

ほうがん【砲丸】〔名〕❶大砲のたま。砲弾。❷砲丸投げに使う金属製のたま。

ぼうかん【坊間】〔名〕町の中。市中。また、世間。「ーの書（＝世間一般の人が読んでいる通俗的な書物）」

ぼうかん【防寒】〔名〕寒さをふせぐこと。「ー服」⇔防暑

ぼうかん【傍観】〔名・他サ変〕手を出さずに、そばで見ていること。物事のなりゆきを離れた立場で見ていること。「ー者に徹する」「拱手ー」

ぼうかん【暴漢】〔名〕人に乱暴をする男性。

ボウガン〔bowgun〕〔名〕銃のように引き金を引いて矢を発射させる仕組みの弓。クロスボウ。ボーガン。

ほうがんし【方眼紙】〔名〕直角に交わる縦横の線を等間隔に引き、多数の細かい方形を表した用紙。グラフ・見取り図・設計図などを描くのに用いる。セクションペーパー。

ほうがんなげ【砲丸投げ】〔名〕陸上競技で、投擲種目の一つ。直径二・一三五メートルのサークル内から「砲丸」②を片手で肩から突き出すように投げ、その到達距離を競うもの。

ほうがんびいき【▽判官▽贔▽屓】〔名〕不遇な人や弱い立場の人に同情し、味方すること。また、その気持ち。はんがんびいき。▽兄源頼朝に滅ぼされた判官源義経に人々が同情したことから。

ほうき【▽箒・▽帚】〔名〕ごみやちりなどを掃いて取り除く用具。「ーで掃く」「竹ー」▽「ははき」の転。 箒

ほうき【芳紀】〔名〕女性の若くて美しい年ごろ。また、その年ごろを迎えた女性の年齢。「ーまさに一八歳」

ほうき【宝器】〔名〕宝とされる大切な器物。

ほうき【放棄（▽抛棄）】〔名・他サ変〕物事を見限って捨てること。特に、自分の役割・権利・資格などを捨てて、行使しないこと。「権利をーする」

ほうき【法規】〔名〕法律と規則。特に、国民の権利・義務にかかわるものをいう。「交通ー」

ほうき【法器】〔名〕❶仏法を受け入れることのできる能力。また、それをもっている人。❷仏事に用いる道具。仏具。法具。

ほうき【蜂起】〔名・自サ変〕（蜂が巣から一時に飛び出すように）多くの者がいっせいに暴動・反乱などの行動を起こすこと。「民衆がーする」

ぼうぎ【謀議】〔名・他サ変〕計画を協議すること。特に、犯罪の計画・手段などを相談すること。

ほうきぐさ【▽箒草】〔名〕夏、黄緑色の小花を穂状につけるアカザ科の一年草。茎は乾燥させて草ぼうきを作る。小球形の果実は「とんぶり」と呼ばれ、食用。ホウキギ。ハハキギ。

ほうきぼし【▽箒星】〔名〕彗星のこと。

ぼうきゃく【忘却】〔名・他サ変〕忘れてしまうこと。「すでにーの彼方に去った出来事」

ぼうぎゃく【暴虐】〔名・形動〕ひどく乱暴な行いをして人を苦しめること。「ーな領主」

ほうきゅう【俸給】〔名〕公務員・会社員などが労務に対して支給される報酬。特に、国家公務員の基本給をいう。

ほうぎょ【崩御】〔名・自サ変〕天皇・皇后・皇太后・太皇太后を高めてその死をいう語。▽古くは上皇・法皇にもいった。

ぼうきょ【暴挙】〔名〕乱暴なふるまい。また、無謀なくわだて。

ぼうぎょ【防御（防▽禦）】〔名・他サ変〕敵の攻撃などを、ふせぎ守ること。「陣営をーする」書き方「防御」は代用表記。

ほうきょう【豊凶】〔名〕豊作と凶作。また、豊年と凶年。

ほうきょう【豊胸】〔名〕女性のふっくらとした美しい胸。また、人工的にそのような胸にすること。「ー術」

ほうきょう【豊▽頰】〔名〕肉づきのよい、ふっくらと美しいほお。

ぼうきょう【防共】〔名〕共産主義勢力の侵入・拡大を防ぐこと。「日独伊ー協定（＝一九三七年、ソ連への軍事牽制を目的に、日本・ドイツ・イタリアの三国がローマで調印した協定）」

ぼうきょう【望郷】〔名〕ふるさとをなつかしく思うこと。「ーの念にかられる」

ほうぎょく【宝玉】〔名〕宝として珍重される貴重な玉。宝石。宝珠。

ぼうぎょりつ【防御率】〔名〕野球で、投手の自責点の一試合（九イニング）当たりの平均。自責点の合計に九を掛け、それを投球回数の合計で割ったもの。

ぼうきれ【棒切れ】〔名〕棒のきれはし。短い棒。

ほうきん【砲金】〔名〕八〜一二パーセントの錫を含む銅合金。また、それに一〜九パーセントの亜鉛を加えた銅合金。軸受け・歯車などの機械部品に用いられる。▽昔、大砲の鋳造に使われたことから。

ほうぎん【放吟】〔名・自他サ変〕あたりかまわず、声を張り上げて詩歌をうたうこと。「高歌ー」

ぼうぐ【防具】〔名〕危険を防ぐために身をおおう道具。特に、剣道・フェンシングなどで身につける面・胴・小手などの類。

ぼうぐい【棒▽杭・棒▽杙】〔名〕棒状のくい。丸い木材のくい。

ぼうくう【防空】〔名〕航空機などによる空からの攻撃をふせぐこと。「ー壕」

ぼうくうごう【防空▽壕】〔名〕空襲から身を守るために地面を掘って造った穴や構築物。

ぼうぐみ【棒組み】〔名〕❶印刷の組み版で、字詰めと行間だけを指定通りにし、その他は仕上がりの体裁

に関係なく続けて組んでいくこと。また、その組み版。⬍本組み ❷駕籠(かご)をかつぐ相棒。また、一緒に物事をする相手。

ぼう‐グラフ【棒グラフ】［名］数量の大きさを棒線の長さで示したグラフ。

ぼう‐くん【亡君】バウ［名］なくなった主君。

ぼう‐くん【傍訓】バウ［名］漢字の横につける読みがな。振りがな。ルビ。

ぼう‐くん【暴君】［名］❶人民を苦しめる横暴な君主。❷自分勝手にふるまう横暴な人。

ほう‐けい【方形】ハウ［名］四角形。「—の皿」「正—」

ほう‐けい【包茎】ハウ［名］陰茎の先が成人しても包皮で覆われたままであること。皮かぶり。

ほう‐げい【奉迎】［名・他サ変］身分の高い人を出迎えること。⬍奉送

ぼう‐けい【亡兄】バウ［名］なくなった兄。⬍亡弟

ぼう‐けい【傍系】バウ［名］❶親族関係で、同じ祖先を通じてつながっている系統。「—血族」❷直系から分かれ出た系統であること。「—会社」❸その社会で、主流からはずれた系統であること。◈①②⬍直系

ぼう‐けい【謀計】［名］はかりごと。計略。

ほう‐げき【砲撃】ハウ［名・他サ変］大砲で攻撃すること。「敵艦を—する」

ぼう‐げつ【某月】［名］ある月。「—某日」▽その月が不明な場合、また明示を避ける場合などに使う。

ほう・ける【▼呆ける・▼惚ける・▼耄ける】［動下一］■一［自］❶意識や知覚がにぶった状態になる。ぼんやりする。ぼける。「ショックで皆—けている」❷そのことにすっかり夢中になる。「遊びに—けている」■二〈動詞の連用形に付いて複合動詞を作る〉限度を越えて…する、すっかり…する意を表す。「病み—・遊び—」文ほう・く

ほう‐けん【奉献】［名・他サ変］社寺・貴人などに、つつしんで物を差しあげること。「常夜灯を—する」

ほう‐けん【宝剣】［名］宝物として秘蔵している剣。

ほう‐けん【封建】［名・他サ変］天子・国王・皇帝などが領地を諸侯に分け与えて領有・統治させること。また、その制度。▽封土を分けて諸侯を建てる意。

ほう‐げん【方言】ハウ［名］❶特定の地域社会で使われることば。一つの国語が地域によって異なる音韻・語彙・語法をもつとき、それぞれの地域の言語体系をいう。「九州[関西]—」❷標準語・共通語に対して、特定の地域で使われる発音・用語・語法。なまり。俚言(りげん)。⬍標準語・共通語

ほう‐げん【放言】ハウ［名・自他サ変］思ったままを無責任に言い放つこと。また、そのことば。「根も葉もないことを—する」

ほう‐げん【法眼】ホフ［名］❶法印に次ぐ僧位。▽「法眼和尚位(かしょうい)」の略。❷中世以降、僧侶に準じて、仏師・絵師・医師・連歌師などに与えられた称号。

ぼう‐けん【冒険】［名・自サ変］危険な行為にあえていどむこと。また、成功するかどうかわからないことをあえて行うこと。「—の旅に出る」「—家」

ぼう‐けん【剖検】［名・他サ変］解剖して調べること。「死体を—する」

ぼう‐けん【望見】バウ［名・他サ変］遠くからながめ見ること。「ヒマラヤ山脈を—する」

ぼう‐げん【妄言】バウ［名］⬇もうげん

ぼう‐げん【暴言】［名］人を侮辱するような乱暴な言葉。「—を吐く」

ほうけん‐じだい【封建時代】［名］封建制度が国家・社会の中心体制だった時代。ふつう日本では鎌倉時代から明治維新まで、ヨーロッパでは六世紀ごろから一五世紀末ごろまでをさす。

ほうけん‐せいど【封建制度】［名］封土の授与と軍役の義務を核とし、国王・領主・家臣間に結ばれた主従関係を基盤として統治される政治制度。中世ヨーロッパに成立。フューダリズム。▽日本では荘園制に始まり、鎌倉時代に発展した。

ほうけん‐てき【封建的】［形動］封建制度特有の傾向があるさま。個人の自由・権利よりも人間の上下関係を重視するさま。「—な思想」

ほう‐こ【宝庫】［名］❶宝物を収納しておく倉庫。❷有用な資源・産物などを多量に産出する土地。また、価値あるものを多く取り出せるところ。「水産物の—」

ほう‐ご【邦語】ハウ［名］❶自国の言語。自国語。❷日本語。「—訳」

ほう‐ご【法語】ホフ［名］❶仏教の教義を説いたことば。❷仏の教えをやさしく説いた文章・書物。

ぼう‐ご【防護】バウ［名・他サ変］危害・災害などの及ぶのを防ぎ守ること。「—壁」

ほう‐こう【方向】ハウカウ［名］❶ものが向いたり進んだりする方。「南に—を変える」「電気はマイナスからプラスの—に流れる」「—感覚」「進行—」使い方「方角」は主に東西南北で規定される向きをいい、「方向」は前後左右上下斜めなどを含んで向きを広くとらえていう。❷意思や行動が向かうところ。めあて。方針。「卒業後の—が決まる」「妥結の—で話がまとまる」

ほう‐こう【▼彷▼徨】ハウクワウ［名・自サ変］あてもなく歩き回ること。さまようこと。「荒野を—する」

ほう‐こう【芳香】ハウカウ［名］よい香り。「—剤」

ほう‐こう【▼咆▼哮】ハウカウ［名・自サ変］猛獣などがほえさけぶこと。また、その声。▽機械が上げる轟音(ごうおん)などの比喩にも使う。「エンジンが—をあげる」

ほう‐こう【奉公】［名・自サ変］❶国家や朝廷のために身をささげて尽くすこと。「滅私—」❷他家に雇われ、その家事・家業に従事すること。「丁稚(でっち)—」

ほう‐こう【放校】ハウカウ［名・他サ変］校則に違反した学生・生徒を退学処分にして追放すること。「—処分」

ほう‐こう【砲口】ハウ［名］砲身の先端の、砲弾が飛び出す部分。

ほう‐ごう【法号】ホフガウ［名］❶出家した人が、受戒の時に師から授けられる名。法名。❷僧が死者におくる名。法名。戒名。

ほう‐ごう【縫合】ガフ［名・他サ変］ぬい合わせること。特に、傷口や手術のあとの開口部をぬい合わせること。「傷口を—する」「—手術」

ぼう‐こう【▼膀▼胱】バウクワウ［名］腎臓(じんぞう)から送られてくる尿を一時たくわえておく袋状の臓器。

ぼう‐こう【暴行】バウカウ［名・自サ変］❶他人に暴力をふるって危害を加えること。また、その行為。「相手に—を加える」「—を受ける」❷暴力を用いて人(特に女性)を犯すこと。強姦(ごうかん)。

ほうこう‐おんち【方向音痴】ハウカウ［名］すぐに道を間違えるなど、方向に対する感覚が鈍いこと。また、その人。

ほうこう‐たんちき【方向探知器・方向探知

機】[名] 指向性の強い受信アンテナを回転させ、電波の進んで来る方向を測定する装置。飛行機や船舶がその位置などを知るために用いる。方位測定器。

ほう-こく【奉告】[名・他サ変] 神や貴人に謹んで申し上げること。‖「一祭」

ほう-こく【報告】[名・他サ変] 告げ知らせること。特に、任務などの経過や結果を知らせること。また、その内容。‖「事故の顚末を一する」「一書」「中間一」

ほう-こく【報国】[名] 国の恩にむくいること。国家に尽くすこと。‖「尽忠一の精神」▽戦前、軍国主義に結びついて盛んに用いられた語。

ぼう-こく【亡国】[名] ❶国をほろぼすこと。‖「一論」❷国がほろびること。また、ほろびた国。‖「一の民」

ぼうこ-ひょうが【暴虎▼馮河】[名] 血気にはやって無謀な勇をふるうこと。‖「一の勇」▽虎に素手で立ち向かい、大河を徒歩で渡る意。『論語』にある語。

ほう-こん【方今】[名] ちょうど今。ただ今。現今。‖「一の世相」▽副詞的にも使う。

ぼう-こん【亡魂】[名] ❶死んだ人の魂。亡霊。❷成仏できなくて迷っている霊魂。幽霊。

ほう-ざ【砲座】[名] 大砲をすえておく台座。

ぼう-さ【防砂】[名] 土砂の崩壊や流出を防ぐこと。また、風による砂の飛来を防ぐこと。砂防。‖「一林」

ほう-さい【報▼賽】[名・自サ変] 祈願成就のお礼として社寺に参拝すること。お礼参り。

ぼう-さい【亡妻】[名] 死んだ妻。⇔亡夫

ぼう-さい【防災】[名] 風水害・地震などの災害を防ぐこと。‖「一の日」「一対策」

ぼう-さい【防塞】[名] 敵を防ぐためのとりで。防塁。

ぼう-さき【棒先】[名] ❶棒の先端。❷駕籠などを担ぐ棒の先端。ぼうばな。❸駕籠の棒の前を担ぐ人。先棒。

ほう-さく【方策】[名] 物事を処理するための手段・方法。‖「一が尽きる」

ほう-さく【豊作】[名] 農作物がよく実って収穫量が多いこと。満作。‖「一貧乏(=豊作のために作物の価格が下落し、かえって農家の収入が少なくなること)」⇔不作・凶作

ぼう-さつ【忙殺】[名・他サ変] 非常にいそがしいこと。仕事などに追われること。‖「雑務に一される」▽「殺」は意味を強めるための助辞。

ぼう-さつ【謀殺】[名・他サ変] あらかじめ計画して人を殺すこと。▽旧刑法は故殺・謀殺の区別を設け、謀殺は死刑と定めた。

ぼう-さび【防▼錆】[名] 金属がさびるのを防ぐこと。防錆。防銹。

ほう-さん【奉賛】[名・他サ変] 社寺などの行事や仕事につつしんで協力すること。‖「一会」「一金」

ほう-さん【宝算】[名] 天皇を高めて、その年齢をいう語。聖算。聖寿。

ほう-さん【放散】[名・自他サ変] 広く散らばること。また、広く散らすこと。‖「熱が/を一する」

ほう-さん【▼硼酸】[名] 硼素を含む無機酸。無色・無臭、うろこ状の結晶で、水溶液は弱い殺菌作用をもつ。うがい・洗眼・洗浄などに用いるほか、硬質ガラス・顔料などの原料にする。‖「一水」

ぼう-さん【坊さん】[名] 僧を親しんでいう語。

ほうさん-しょう【法三章】[名] 漢の高祖が秦の始皇帝が定めた苛酷な法律を廃して制定した、殺人・傷害・窃盗だけを罰する三か条の法律。転じて、法治万能主義を排し、法律をきわめて簡略にすること。

ほう-し【芳志】[名] 親切な心づかいをいう尊敬語。芳情。芳心。‖「一を賜る」

ほう-し【奉仕】[名・自サ変] ❶国家・社会や他人のために、利害を離れて尽くすこと。‖「一活動」❷商品を特に安く提供すること。サービス。‖「一品」❸神仏・師・主君などに、つつしんで仕えること。

ほう-し【奉▼祀】[名・他サ変] 神仏や祖霊をつつしんでまつること。‖「祖先の霊を一する」

ほう-し【放恣(放▼肆)】[名・形動] 勝手気ままで、だらしがないこと。‖「一な生活」

ほう-し【法師】[名] ❶僧。僧侶。❷僧形をした俗人。‖「琵琶一」❸名詞の下に添えて「人」の意を表す語。‖「影一」「一寸一」▽多く「ぼうし」と濁る。

ほう-し【法嗣】[名] 仏教で、師から仏法の伝統を受け継ぐ人。[読み分け] 禅宗では「はっす」という。

ほう-し【胞子】[名] コケ類・シダ類・菌類などが無性生殖を行うためにつくる生殖細胞。ふつう単細胞で、発芽して新個体を生じる。芽胞。‖「一体」

ほう-じ【邦字】[名] 日本の文字。漢字とかな。‖「一新聞」

ほう-じ【法事】[名] 死者の追善供養のために行う仏事。特に、死後四九日まで七日目ごとに、また、年忌などに行う仏事。法要。法会。‖「一を営む」

ほう-じ【▼捧持(奉持)】[名・他サ変] ささげ持つこと。‖「国旗を一する」[書き方]「奉持」は同音類義語による代用表記。「奉持」は、奉り持つ意。

ほう-じ【▼牓示】[名] 昔、領地・領田などの境界を示すために立てた杭・札・石柱などの標識。ぼうじ。‖「一杭」

ぼう-し【亡姉】[名] 死んだ姉。なき姉。⇔亡妹

ぼう-し【防止】[名・他サ変] ふせぎとめること。‖「火災を未然に一する」「事故一」「再発一に努める」

ぼう-し【某氏】[名] ある人。‖「一の言によれば」▽名前がわからない場合や名前を伏せる場合などに使う。

ぼう-し【紡糸】[名] 糸をつむぐこと。また、その糸。

ぼう-し【▼眸子】[名] ひとみ。瞳子。

ぼう-し【帽子】[名] ❶頭にかぶる装身具。身なりを整えたり、寒暑や直射日光を防いだりする。‖「一をかぶる」「麦わら一」❷物の上部にかぶせるもの。

ぼう-じ【亡児】[名] 死んだ子供。

ぼう-じ【房事】[名] 閨房の中での行為。性交。

ほう-しき【方式】[名] ある一定のやり方・形式・手続き。‖「新しい一を採用する」

ほう-しき【法式】[名] 儀式・儀礼などの定められたやり方。作法。‖「一にかなった茶事」

ほうじ-ちゃ【▼焙じ茶】[名] 番茶や煎茶を強火であぶった茶。独特の香りがある。

ぼう-しつ【亡失】[名・自他サ変] なくなること。また、なくすこと。‖「戦災によって財産を一する」

ぼう-しつ【忘失】[名・他サ変] ❶すっかり忘れてしまうこと。‖「記憶を一する」❷忘れてなくすこと。‖「証券を一する」

ぼう-しつ【防湿】[名] 湿気を防ぐこと。‖「一剤」

ぼう-じつ【某日】[名] ある日。‖「某月一」▽その日が不明な場合、また明示を避ける場合などに使う。

ぼう‐じま【棒▼縞】［名］太い縦じま模様。「—の筒袖(つつそで)」

ほう‐しゃ【放射】 ハウ［名］❶［自他サ変］一点から四方八方に放出すること。また、一点から四方八方へ広がり出ること。「首都圏から—状にのびる高速道路」❷［他サ変］物体が電磁波または粒子線を放出すること。また、その電磁波または粒子線。輻射(ふくしゃ)。

ほう‐しゃ【報謝】［名・自サ変］❶人から受けた恩に感謝すること。また、金品などを贈って恩にむくいること。「—の念を表す」❷僧や巡礼に金品を与えること。

ほう‐しゃ【▼硼砂】 ハウ［名］硼酸(ほうさん)ナトリウムの結晶。白色の柱状結晶で、水溶液はアルカリ性を示す。ガラス原料・防腐剤などに用いられる。

ぼうじゃく‐ぶじん【傍若無人】 バウジャク［名・形動］人前をはばからず、勝手気ままにふるまうこと。「—な態度」▼「傍(かたわ)らに人無きが若(ごと)し」の意。派生 ‐さ

ほうしゃ‐せい【放射性】 ハウシャ［名］物質が放射能をもっていること。また、その性質。「—物質」

ほうしゃせい‐げんそ【放射性元素】 ハウシャセイ［名］放射能をもつ元素。ウラン・ラジウム・カリウムなどの天然放射性元素とテクネチウム・ネプツニウムなどの人工放射性元素がある。

ほうしゃ‐せん【放射線】 ハウシャ［名］❶ある一点から四方八方に広がっている線。❷放射性元素から放出されるアルファ線・ベータ線・ガンマ線の総称。「—を浴びる」▼広義にはすべての電磁波および粒子線をいう。

ほうしゃ‐ねつ【放射熱】 ハウシャ［名］物体に吸収され、その物体の温度上昇に使われる放射エネルギー。輻射熱(ふくしゃねつ)。

ほうしゃ‐のう【放射能】 ハウシャ［名］❶放射性元素の原子核が自然崩壊して放射線を放出する性質。また、その現象。「—を測定する」「—汚染」❷［俗］放射線。「—を浴びる」

ほうしゃ‐れいきゃく【放射冷却】 ハウシャ［名］地表面の熱が大気圏外に放射され、地表に接する大気の温度が降下する現象。晴天・無風の夜に起こりやすく、放射霧や遅霜の一因となる。

ほう‐しゅ【法主】 ホッ［名］❶仏。▼法門の主の意。❷一宗派の長。▼浄土真宗では管長のこと。❸法会(ほうえ)の主宰者である僧。◈「ほっしゅ」「ほっす」とも。

ほう‐しゅ【砲手】 ハウ［名］火砲を発射する役目の兵士。

ほう‐じゅ【宝珠】［名］❶宝の玉。宝玉。❷とがった頭部の左右から火炎が燃え上がっているさまをかたどった玉。如意宝珠。宝珠の玉。▼仏教ではこの玉によってすべての願いがかなえられると説く。◈「ほうしゅ」ともいう。

ぼう‐しゅ【▼芒種】 バウ［名］二十四節気の一つ。太陽暦の六月六日ごろ。▼稲・麦など、芒(のぎ)のある穀類を植える時期の意。

ぼう‐じゅ【傍受】 バウ［名・他サ変］他人の間で交わされている無線通信を第三者が故意または偶然に受信すること。

ほう‐しゅう【報酬】 ーシウ［名］労力・尽力または物の使用の対価として給付される金品。「—を支払う」

ほう‐じゅう【放縦】 ハウ［名・形動］何の節度もなく気ままにふるまうこと。ほうしょう。「—な生涯を送る」派生 ‐さ

ぼう‐しゅう【防臭】 バウシウ［名］悪臭や異臭を防ぎとめること。また、消すこと。「—剤」

ほう‐しゅく【奉祝】［名・他サ変］つつしんで祝うこと。「—行事」

ほう‐じゅく【豊熟】［名・自サ変］穀物などが豊かに実ること。「稲が—する」

ぼう‐しゅく【防縮】 バウ［名・他サ変］布地・毛織物などが縮むのを防ぐこと。「—加工」

ほう‐しゅつ【放出】 ハウ［名］❶［自他サ変］勢いよく吹き出すこと。また、あふれ出ること。「熱が—する」❷［他サ変］たくわえてあったものを一度に外へ出すこと。「冬物衣料—セール」

ほう‐じゅつ【方術】 ハウ［名］❶方法。手だて。❷仙人が使う不思議な術。神仙術。法術。「—士」

ほう‐じゅつ【砲術】 ハウ［名］火砲を操作する技術。「—家」

ほう‐じゅん【芳潤】 ハウ［名・形動］香りが高くてうるおいがあること。

ほう‐じゅん【芳▼醇】 ハウ［名・形動］酒などの香りが高く、味のよいこと。「—なワイン」「果実の—な香り」書き方「芳純」で代用することもある。派生 ‐さ

ほう‐じゅん【豊潤】［名・形動］豊かでうるおいのあること。「—な土地」派生 ‐さ

ほう‐しょ【芳書】 ハウ［名］手紙をいう尊敬語。芳翰(ほうかん)。芳信。「—拝読いたしました」

ほう‐しょ【奉書】［名］❶天皇・将軍などの命を受けて、臣下がその意向を下部に伝達した文章。❷「奉書紙」の略。

ほう‐じょ【▼幇助】 ハウ［名・他サ変］手助けすること。特に、犯罪行為の実現を容易にするために手助けすること。「国外逃亡を—する」「自殺—」

ぼう‐しょ【防暑】 バウ［名］暑さを防ぐこと。「—服」⇔防寒

ぼう‐しょ【某所】［名］ある場所。「都内—」▼その場所が不明な場合、また明示するのを避ける場合などに使う。

ぼう‐じょ【防除】 バウヂョ［名・他サ変］❶対策を立てて災害などを防ぎ除くこと。「雪害を—する」❷農作物の病虫害を防ぎ除くこと。「害虫—」

ほう‐しょう【奉唱】 ーシャウ［名・他サ変］つつしんで歌うこと。また、つつしんで唱(とな)えること。「御詠歌を—する」

ほう‐しょう【放▽縦】 ハウ［名・形動］⇨ほうじゅう 派生 ‐さ

ほう‐しょう【法相】 ハフシャウ［名］法務大臣の通称。

ほう‐しょう【報奨】 ーシャウ［名・他サ変］善行・勤労・努力などに金品を与えてむくい、さらに奨励すること。「永年勤続者を—する」「—金」

ほう‐しょう【報償】 ーシャウ［名］与えた損害をつぐなうこと。弁償。「損害の—金」

ほう‐しょう【褒章】 ーシャウ［名］社会・文化のために尽くし、それぞれの分野で立派な行為や業績のあった人に国から授与される記章。紅綬(こうじゅ)・緑綬・藍綬(らんじゅ)・紺綬・黄綬(おうじゅ)・紫綬の六種がある。 褒

ほう‐しょう【褒賞】 ーシャウ［名・他サ変］ほめたたえること。また、そのしるしとして与える金品。

ほう‐じょう【方丈】 ハウヂャウ［名］❶一丈(＝約三・〇三メートル)四方。四畳半ほどの広さ。「—の間」❷寺で、住職の居室。また、その広さの部屋や建物。

ほう‐じょう【芳情】 ハウジャウ［名］親切な心づかいをいう

尊敬語。芳志。≡「ーを賜(たま)わる」

ほう-じょう【放生】(ハウジャウ) [名] 捕らえた動物を放してやること。

ほう-じょう【法▼帖】(ホフテフ) [名] 習字の手本や観賞用として、古人のすぐれた筆跡を石や木に刻み、拓本にとって折り本に仕立てたもの。数「一帖(いちじょう)…」と数える。

ほう-じょう【法城】(ホフジヤウ) [名] 仏法が、堅固にして諸悪を防ぐことを城にたとえていう語。

ほう-じょう【豊▼穣】(ジヤウ) [名・形動] 穀物が豊かに実ること。≡「ーの秋」「五穀ーを祈る」

ほう-じょう【豊▼饒】(ゼウ) [名・形動] 土地が肥えて、作物がよく実ること。≡「ーな大地」 饒

ほう-じょう【褒状】(ジヤウ) [名] 行為や業績をほめたたえる言葉を記した文書。賞状。

ぼう-しょう【傍証】(バウ) [名・他サ変] 間接的な証拠。また、それを示して、ある事実を間接的に証明すること。≡「史実をーする資料」「ーを固める」

ぼう-しょう【帽章】(シヤウ) [名] 帽子につける記章。

ぼう-じょう【暴状】(ジヤウ) [名] 乱暴なありさま。乱暴なふるまい。

ほうじょう-え【放生会】(ハウジヤウヱ) [名] 供養のために捕らえた動物を放してやる儀式。▼陰暦八月一五日(現在では九月一五日)に行われる京都・石清水八幡宮のものが知られる。

ほうしょ-がみ【奉書紙】 [名] 上質のコウゾを原料とする、厚手で純白の和紙。しわがなく、きめが美しい。ほうしょ。

ほう-しょく【奉職】 [名・自サ変] 公の職につくこと。≡「母校にーする」

ほう-しょく【宝飾】 [名] 装身具として用いる宝石・貴金属。≡「ー店」

ほう-しょく【飽食】(ハウ) [名] ❶[自他サ変] あきるほど十分に食べること。❷[自サ変] 食べ物に不自由しないこと。また、日常生活に不足がないこと。≡「ーの時代」

ぼう-しょく【防食(防▼蝕)】(バウ) [名・他サ変] 金属の腐食を防ぐこと。≡「ー剤」 書き方「防食」は代用表記。

ぼう-しょく【紡織】(バウ) [名] 糸をつむぐことと、布を織ること。≡「ー機」

ぼう-しょく【望▼蜀】(バウ) [名] 一つの望みをとげ、さらにそれ以上のことを望むこと。人の欲望には限りがなく、満足を知らないことのたとえ。≡「ーの嘆」 語源 後漢の光武帝が隴(ろう)の国を得て、さらに蜀の国を望んだという『後漢書』の故事から。

ぼう-しょく【暴食】 [名・他サ変] 度を越してむやみに食べること。≡「暴飲ー」

ほうしょく-だんい【飽食暖衣】(ハウシヨク) [名] 満ち足りた豊かな生活。暖衣飽食。

ほう・じる【報じる】 [自他上一] ⬇報ずる

ほう・じる【奉じる】 [他上一] ⬇奉ずる

ほう・じる【▼焙じる】(ハウジル) [他上一] 火であぶって湿気を取り去る。≡「茶をー」

ぼう-しわ【防▼皺】(バウ) [名] 衣類などで、皺になりにくくすること。防皺(ぼうしゅう)。≡「ー加工」

ほう-しん【方針】(ハウ) [名] 物事を行うときの、めざす方向や原則。≡「政策のーを決める」「基本[教育]ー」▼方位を指し示す磁石の針の意から。

ほう-しん【芳心】(ハウ) [名] 親切な心づかいをいう尊敬語。芳志。芳情。

ほう-しん【芳信】(ハウ) [名] ❶手紙をいう尊敬語。芳翰(ほうかん)。芳書。❷花が咲いたという便り。花便り。

ほう-しん【放心】(ハウ) [名・自サ変] ❶心をうばわれて、魂が抜けたようにぼんやりすること。≡「ー状態」❷気にかけないこと。放念。≡「ごーください」

ほう-しん【▼疱▼疹】(ハウ) [名] ヘルペス。

ほう-しん【砲身】(ハウ) [名] 大砲の、弾丸を込めて発射する円筒状の部分。

ほう-じん【方陣】(ハウヂン) [名] ❶兵士を四角形に並べた陣立て。方形の陣。❷いくつかの数字を正方形に並べ、縦・横・斜めの和がいずれも等しくなるようにしたもの。魔方陣。

ほう-じん【邦人】(ハウ) [名] 日本人。特に、外国にいる日本人。≡「在留ー」

ほう-じん【法人】(ハフ) [名] 人間ではないが、権利・義務の主体となる法律上の人格を認められた組織体。公法人と私法人、社団法人と財団法人、営利法人と公益法人・中間法人などに分けられる。⬍自然人

さまざまな「法人」

医療法人・営利法人・NPO法人・学校法人・監査法人・現地法人・公益法人・公共法人・公法人・財団法人・私法人・社会福祉法人・社団法人・宗教法人・準学校法人・清算法人・中間法人・特殊法人・独立行政法人・農業生産法人・農業法人・農事組合法人

ぼう-じん【防▼塵】(バウヂン) [名] ちりやほこりが入るのを防ぐこと。≡「ーマスク」

ほうじん-ぜい【法人税】(ハフジン) [名] 法人の所得などに課せられる国税。

ほう-ず【方図】(ハウヅ) [名] 物事の限り。際限。きり。≡「ーもないことを言う」

ぼう-ず【坊主】(バウ) [名] ❶一寺院の主(あるじ)である僧。住職。❷僧侶。≡「なまぐさー」▼乱暴な言い方。❸髪の毛をそった、または、短く刈った頭。また、その人。≡「ーにする」「丸ー」❹男の子を親しんで、または、ぞんざいに呼ぶ語。≡「うちのー」❺表面をおおうべきものがないこと。また、そのような状態のもの。≡「乱伐で山がーになる」❻釣りで、えものが全くないこと。おでこ。❼花札で、八月にあたる薄(すすき)(月)の二〇点札。❽〈他の語に付いて〉親しみの気持ちをこめて、そのような男の子の意を表す。≡「腕白ー・やんちゃー」❾〈他の語に付いて〉あざけりやからかいの気持ちをこめて、そのような人の意を表す。≡「三日ー」

◉**坊主憎(にく)けりゃ袈裟(けさ)まで憎い** その人を憎むあまり、その人に関係するすべてのものまで憎くなることのたとえ。

ほう-すい【放水】(ハウ) [名・自他サ変] ❶川・ダムなどの水を導き流すこと。≡「ー路」❷ホースなどから水を勢いよく出すこと。≡「ー車」

ほう-すい【豊水】 [名] 水量がゆたかなこと。≡「ー期」⬍渇水

ぼう-すい【防水】(バウ) [名・他サ変] 水がしみ込んだり流れ込んだりするのを防ぐこと。≡「ー加工」

ぼう-すい【紡▼錘】(バウ) [名] 糸をつむいで巻き取る用具。錘(つむ)。

ぼうすい-けい【紡錘形】(バウスイ) [名] 円柱状で中央が

太く、両端が次第に細くなっていく形。‖「その檸檬の色彩はガチャガチャした色の階調をひっそりと—の身体の中へ吸収してしまって〈梶井基次郎・檸檬〉」

ぼう-ずし【棒▼鮨・棒▽寿司】［名］細長い木箱や巻き簀を用いて作る棒状の押し鮨。‖「鯖の—」

ほう・ずる【崩ずる】［自サ変］天皇・皇后・皇太后・太皇太后が亡くなる。崩御する。文ほう・ず

ほう・ずる【報ずる】㊀［自他サ変］恩返しをする。むくいる。‖「恩に—」㊁［他サ変］❶仕返しをする。報復する。むくいる。‖「恨みを—」❷広く一般に知らせる。‖「新聞が事件の詳細を—」文ほう・ず 異形 **報じる**

ほう・ずる【奉ずる】［他サ変］❶うやうやしくうけたまわる。‖「勅命を—」❷主君として上にいただく。‖「新しい国王を—」❸身分の高い人にさしあげる。たてまつる。‖「貢ぎ物を—」❹つつしんで勤める。‖「職を—」❺うやうやしく持つ。ささげ持つ。‖「連隊旗を—」文ほう・ず 異形 **奉じる**

ほう・ずる【封ずる】［他サ変］君主が臣下に領地を与えて、その地の支配者にする。‖「一〇万石の大名に—」文ほう・ず

ぼう・ずる【忘ずる】［他サ変］わすれる。‖「故郷—じがたし」文ばう・ず

ほう-すん【方寸】［名］❶一寸（＝約三・〇三センチメートル）四方。きわめて狭い所をいう。‖「—の地」❷心。心の中。胸中。‖「去就は我が—にあり」

ほう-せい【方正】［名・形動］心の持ち方や行いが正しいこと。

ほう-せい【法制】［名］法律と制度。また、法律で定められた制度。‖「—化」

ほう-せい【砲声】［名］大砲を発射する音。‖「—がとどろく」

ほう-せい【▼鳳声】［名］伝言や書信をいう尊敬語。‖「—を賜る」

ほう-せい【縫製】［名・他サ変］縫って衣服などを作ること。‖「背広を—する」「—工場」

ぼう-せい【暴政】［名］人民を苦しめる暴虐な政治。‖「—にあえぐ」

ほう-せき【宝石】［名］非金属の鉱物のうち、産出量が少なく、硬質で美しい色彩と光沢に富むことから装飾用として珍重されるもの。ダイヤモンド・エメラルド・ルビー・サファイアなど。‖「—箱」数「一顆…」と数える。

ぼう-せき【紡績】［名］❶糸をつむぐこと。‖「—工場」❷綿花・羊毛・麻・絹などの繊維を加工して糸にすること。動植物などの繊維をつむいで作った糸。特に、紡績機械で作った片撚りの綿糸。▼「紡績糸」の略。

ほう-せつ【包摂】［名・他サ変］❶ある範囲の中に包み入れること。‖「民間信仰を—した宗教」❷論理学で、ある概念をより一般的な概念の中に包み込むこと。また、特殊が普遍に従属する関係。▼例えば、鳥という概念は脊椎動物という概念に包摂される。

ぼう-せつ【防雪】［名］雪がもたらす害を防ぐこと。‖「—林」

ほう-せん【奉遷】［名・他サ変］神体などを他に移し奉ること。

ほう-ぜん【宝前】［名］神仏の前。

ぼう-せん【防戦】［名・自サ変］相手の攻撃を防ぐために戦うこと。‖「必死に—する」

ぼう-せん【傍線】［名］注意・強調などのために、文章中の文字のわきに引く線。サイドライン。

ぼう-せん【棒線】［名］棒のように、まっすぐな線。

ぼう-ぜん【▼呆然】［形動タルト］驚きあきれて、気が抜けたようになるさま。茫然。‖「—と立ちつくす」

ぼう-ぜん【▼茫然】［形動タルト］❶漠然として、とらえどころのないさま。‖「—たる前途」❷呆然。‖「あまりのことに—とする」

ほうせん-か【▼鳳仙花】［名］夏から秋、葉のわきに白・淡紅色・紅色などの花をつけるツリフネソウ科の一年草。果実は熟すと裂けて種子を飛散する。古くは花をつぶして爪を染めた。爪紅。

ぼうぜん-じしつ【▼茫然自失】［名・自サ変］あっけにとられて我を忘れること。‖「突然の出来事に—する」「—の体で立ちつくす」

ほう-そ【宝▼祚】［名］天皇の位。皇位。

ほう-そ【崩▼殂】［名・自サ変］天子が死ぬこと。崩御。

ほう-そ【▼硼素】［名］硼素族元素の一つ。金属光沢をもつ黒灰色の固体で、ダイヤモンドに次いで硬い。天然には硼酸・硼砂などとして産出する。半導体・ガラス材料などに利用される。元素記号B

ほう-そう【包装】［名・他サ変］❶品物などをつつむこと。また、そのうわづつみ。‖「贈り物を—する」「—紙」❷輸送・保管のために、種々の資材を用いて品物を保護すること。荷造り。

ほう-そう【奉送】［名・他サ変］身分の高い人を見送ること。⇔奉迎

ほう-そう【放送】［名・他サ変］ラジオ・テレビなどの電波によって音声や映像を受信者に送ること。また、有線によって一定区域内の人々に音声などを伝えること。また、その内容。‖「ドラマ［音楽番組］を—する」「FM［館内］—」「—局」

> **さまざまな「放送」**
>
> 衛星放送・AM放送・FM放送・音声多重放送・学校放送・玉音放送・公開放送・公共放送・国際放送・再放送・CS放送・実況放送・場内放送・深夜放送・政見放送・全国放送・短波放送・地上デジタル放送・中継放送・データ放送・デジタル放送・生放送・ハイビジョン放送・8K放送・BS放送・民間放送・無線放送・有線放送・4K放送

ほう-そう【法曹】［名］法律事務に従事する人。特に、裁判官・検察官・弁護士などをいう。‖「—界」

ほう-そう【▼疱▼瘡】［名］❶天然痘の通称。❷種痘、およびその痕の通称。

ほう-ぞう【包蔵】［名・他サ変］内部に持っていること。中に包みかくしていること。‖「危険を—する実験」

ほう-ぞう【宝蔵】［名］❶宝物を保管しておく蔵。❷寺院で、経典を納めておく建物。経蔵。

ぼう-そう【暴走】［名・自サ変］❶規則などを無視して乱暴に走ること。‖「車で—する」❷運転者のいない乗り物がひとりでに走り出すこと。❸周囲の状況や他人の思惑を考えないで勝手に物事をおし進めること。❹コンピューターが異常な動作をして制御不能になること。

ほうそう-えいせい【放送衛星】［名］放送に使用される人工衛星。地上放送局から送られるテレビ放送などの電波を中継・増幅し、直接地上に送信する静止衛星。BS。

ぼうそう-ぞく【暴走族】［名］交通法規を無視して乗用車やオートバイを乗り回し、危険な走行や騒音で周囲に迷惑をかける集団。

ほうそう-だいがく【放送大学】［名］ラジオ・テレビの視聴やスクーリングによって高等教育を行う生涯学習の機関。特に、日本の「放送大学学園」の通称。

ほうそう-もう【放送網】［名］⇒ネットワーク②

ほう-そく【法則】［名］❶一定の条件のもとで、常に成立する事物相互の関係。また、それをことば・記号などで表したもの。「自然界の—」「慣性の—」❷守らなければならないきまり。規則。

ぼう-だ【滂沱】［形動タリ］涙がとめどもなく流れ出るさま。「涙は—とあふれた」

ほう-たい【包帯(繃帯)】［名］傷口などを保護するために巻きつける、ガーゼ・木綿などの細長い布。書き方「包帯」は代用表記。

ほう-たい【奉戴】［名・他サ変］❶つつしんでいただくこと。「聖旨を—する」❷貴人を組織・団体などの長として迎えること。

ほう-だい【邦題】［名］外国の作品につけられた日本語の題名。

ほう-だい【砲台】［名］大砲を据えつけ、砲・砲手などを敵弾から防護する設備を施した堅固な構築物。

ほう-だい【放題】（造）〈動詞の連用形、助動詞「たい」、名詞・形容動詞の語幹などに付いて〉ある動作を思うままに行う意、また、ある作用・状態が進むままにしておく意を表す。「飲み—」「家が荒れ—になる」「言いたい—のことを言う」

ボウ-タイ【bow tie】［名］蝶ネクタイ。ボータイ。

ぼう-だい【傍題】［名］副題。サブタイトル。

ぼう-だい【膨大】［名・自サ変］ふくれて大きくなること。

ぼう-だい【膨大(厖大)】［形動］形・内容・数量・規模などがきわめて大きいさま。「—な計画」「—な損害を被る」書き方「膨大」は代用表記。「膨大」は、もとサ変動詞（⇒前項）。派生 -さ

ぼう-たおし【棒倒し】［名］二組に分かれて各陣地に高い棒を立て、早く相手側の棒を倒した方を勝ちとする競技。運動会などで行われる。

ぼう-たかとび【棒高跳び】［名］陸上競技の跳躍種目の一つ。棒（ポール）を持って所定の距離を助走し、棒の一端を地に突き立てて二本の支柱に渡した横木（バー）を跳び越え、その高さを競うもの。ポールジャンプ。

ぼう-だち【棒立ち】［名］驚きやおそれのために、棒のように立ちすくむこと。

ぼう-だま【棒球】［名］野球で、威力のない直球。

ぼう-だら【棒鱈】［名］マダラを三枚におろし、頭と背骨を除いて日干しにした食品。

ほう-たん【放胆】［名・形動］きわめて大胆であること。「—な人［筆致］」派生 -さ

ほう-だん【放談】［名・他サ変］思ったことを遠慮なく語ること。また、その談話。「車中—・時事—」

ほう-だん【法談】［名］仏の教えを説き聞かせること。また、その話。

ほう-だん【砲弾】［名］大砲の弾丸。

ぼう-だん【防弾】［名］銃弾の貫通を防ぐこと。「—ガラス」

ほう-ち【放置】［名・他サ変］そのままにして、ほうっておくこと。「案件を未審議のまま—する」「—自転車」

ほう-ち【報知】［名・他サ変］告げ知らせること。また、その知らせ。「事件を—する」「火災—機」

ほう-ちく【放逐】［名・他サ変］その場所・組織などから人を追い払うこと。追放。「業界から—される」▽まれに人以外にもいう。「教室から私語を—する」

ほうち-こく【法治国】［名］法治国家。

ほうち-こっか【法治国家】［名］国民の意思によって制定された法律に基づいて政治が行われる国家。法治国。

ほう-ちゃく【逢着】［名・自サ変］〈ある過程の中で〉物事に出会うこと。たどり着くこと。「困難に—する」

ほう-ちゅう【庖厨】［名］台所。くりや。厨房。

ぼう-ちゅう【忙中】［名］忙しいさなか。

◉**忙中閑あり** どんなに忙しい時でも、わずかなひまはあるものだ。

ぼう-ちゅう【防虫】［名］虫の侵入を防ぐこと。衣類・書籍などに虫がつくのを防ぐこと。「—剤」

ぼう-ちゅう【傍注(旁註)】［名］本文のわきに書き添えた注釈。

ほう-ちょう【包丁(庖丁)】［名］料理に使う刃物。出刃包丁・刺身包丁・菜切り包丁など、多くの種類がある。「見事な—さばき」書き方「包丁」は代用表記。数「一丁(挺)…」と数える。

ほう-ちょう【放鳥】［名・自他サ変］❶繁殖のため、野鳥のひなを人工的に育ててから放すこと。また、生態調査などのため、捕らえた野鳥に目印などをつけて放すこと。❷放生会や葬式の際、供養などのために捕らえておいた鳥を放してやること。また、その鳥。放ち鳥。

ぼう-ちょう【防潮】［名］津波・高潮などの害を防ぐこと。「—林」

ぼう-ちょう【防諜】［名］敵のスパイ工作を防ぎ、情報などが漏れないようにすること。「—活動」

ぼう-ちょう【傍聴】［名・他サ変］会議・討論・公判などを、当事者以外の者が許可を受け、発言権なしに場内で聞くこと。「裁判を—する」「—席」

ぼう-ちょう【膨張(膨脹)】［名・自サ変］❶ふくれて大きくなること。❷物体の長さや体積が増大すること。「熱—」❸規模が発展・増大すること。また、数量が増大すること。「医療費が—を続ける」◈書き方もと「膨脹」と書いたが、平成二二年「脹」は常用漢字表から削除された。近年は「膨張」が優勢。

ぼうっ-と［副］❶物がぼやけて見えるさま。「山が—かすんで見える」❷意識がぼんやりするさま。「頭が—する」❸勢いよく炎が立つさま。「紙くずが—燃え上がる」

ぽうっ-と［副］❶色や明るさがかすかに感じられるさま。また、顔などが赤くなるさま。「東の空が—赤らむ」❷意識がぼやけるさま。上気するさま。「あまりの暑さに—する」

ほう-てい【奉呈】［名・他サ変］身分の高い人に、つつしんでさしあげること。献上。「親書を—する」

ほう-てい【法廷】［名］裁判所が審理・裁判を行う場所。「黒白を—で争う」

ほう-てい【法定】［名］法令によって定められていること。「—利率［相続人］」

ほう-てい【▼捧呈】［名・他サ変］身分の高い人に、ささげ持って、うやうやしくさしあげること。書き方 新聞では「奉呈」で代用する。

ほう-てい【▼鵬程】［名］きわめて遠い道のり。「ー万里」▽鵬の飛び渡る道のりの意から。

ぼう-てい【亡弟】バウ［名］亡くなった弟。⇔亡兄

ほうてい-しき【方程式】ハウテイ［名］❶未知数を含み、その未知数にある特定の値を入れたときにだけ成立する等式。「連立ー」▽その特定の値を根（または解）という。❷比喩的に、未知の問題を解決するための方法論。「成功へのーを模索する」「勝利のー（＝公式）を手中にする」

ほうてい-だいりにん【法定代理人】ハフテイ［名］本人の意思によるのではなく、法律の規定またはそれに基づく裁判所の決定によって任命される代理人。未成年者の親権者、成年被後見人の後見人など。

ほうてい-でんせんびょう【法定伝染病】ハフテイデンセンビャウ［名］❶家畜伝染病予防法で指定されている家畜伝染病の通称。❷伝染病予防法で、患者が発生した場合には届け出・隔離治療・消毒などが義務づけられていた伝染性の感染症。▽感染症予防法の施行により、伝染病予防法は廃止。

ほう-てき【放▼擲（▼抛▼擲）】ハウ［名・他サ変］うち捨てること。何もしないで、ほうっておくこと。「職務をーする」 擲

ほう-てき【法的】ハフ［名・形動］法律にかかわるさま。法律の立場に立つさま。法律的。「ーな措置をとる」

ほう-てき【法敵】ホフ［名］仏法に敵対するもの。仏敵。

ほう-てん【奉▼奠】［名・他サ変］つつしんで供えること。「玉串ー」

ほう-てん【宝典】［名］❶貴重な書物。❷実際に役立つ知識を集めた、重宝な書物。「家庭介護ー」▽多く書名に用いる。

ほう-てん【法典】ハフ［名］❶法として守るべき事柄を体系的に記述したもの。「ハンムラビー」❷同系統の法規を体系的に分類して編んだ成文法規集。刑法典・民法典などの類。

ほう-でん【宝殿】［名］❶宝物・奉納品などを保管しておく建物。宝物殿。❷神を祭る建物。神殿。

ほう-でん【放電】ハウ［名・自サ変］❶帯電体が電気を失うこと。❷蓄電池から電流が流れ出ること。⇔充電 ❸空気・油・ゴムなどの絶縁体に高電圧をかけたとき、その絶縁体を通して両極間に電流が流れること。また、その現象。

ぼう-てん【傍点】バウ［名］❶注意・強調などのために、文章中の文字のわきにつける点。「ーを打つ」❷漢字のわきにつける訓点。

ほう-と【方途】ハウ［名］とるべき方法。手段。てだて。「ーを見出す」

ほう-ど【邦土】ハウ［名］一国の領土。国土。

ほう-ど【封土】［名］❶封建制度下で、君主がその家臣に領地として与えた土地。❷ふうど（封土）。

ぼう-と【暴徒】［名］暴動を起こした人々。「群衆がーと化す」

ほう-とう【宝刀】タウ［名］宝物として大切にしている刀剣。「伝家のー」

ほう-とう【宝塔】タフ［名］❶寺の塔の美称。❷多宝塔。❸円筒形の塔身に方形の屋根をかけ、その上に相輪を立てた単層の仏塔。▽二〜三層の多宝塔に対していう。

ほう-とう【放▼蕩】ハウタウ［名・自サ変］酒や女遊びにおぼれること。「ーして身上をつぶす」

ほう-とう【▼朋党】タウ［名］共通の主義・利害などで結ばれた人々の集団。徒党。

ほう-とう【法灯】ホフ［名］❶衆生を迷いから救う仏の教え。▽闇を照らす灯火にたとえていう。❷神前・仏前にともす灯火。みあかし。

ほう-とう【法統】ホフ［名］仏法の伝統。

ほう-とう【砲塔】ハウタフ［名］軍艦・要塞などで、砲・砲手などを敵の攻撃から守るための、鋼鉄製の囲い。

ほう-とう【▼餺▼飥】ハウタウ［名］小麦粉を水で練り、平たくのばしてひも状に切ったもの。また、それをカボチャなどの野菜とともに味噌仕立ての汁で煮込んだもの。山梨県の郷土料理として知られる。

ほう-どう【報道】ダウ［名・他サ変］告げ知らせること。特に、新聞・ラジオ・テレビなどを通して、世の中の出来事などを広く一般に知らせること。また、その知らせ。「事件をーする」

ぼう-とう【冒頭】［名］❶文章や談話のはじめの部分。「ーに結論を述べる」❷物事のはじめ。「式典のーに挨拶を述べる」

ぼう-とう【暴投】［名・他サ変］野球で、投手が捕手のとれないボールを投げること。また、その投球。ワイルドピッチ。

ぼう-とう【暴騰】［名・自サ変］物価・相場などが急に大幅に上がること。⇔暴落 騰

ぼう-どう【暴動】［名］多くの者が集まって騒動を起こし、社会の秩序や治安を乱すこと。「ーを鎮圧する」

ほうどう-きかん【報道機関】ホウダウキクワン［名］新聞社・放送局など、社会の出来事を一般に広く知らせることを目的とする組織体。

ほうどう-しゃしん【報道写真】ホウダウ［名］新聞・テレビなどで報道することを目的に、撮影された写真。

ほうどう-じん【報道陣】ホウダウヂン［名］報道機関がある出来事の取材・報道のために派遣する記者・カメラマンなどの一団。

ぼうとう-ちんじゅつ【冒頭陳述】［名］刑事裁判で、検察側からの立証にあたり、はじめに検察官が証明しようとする犯罪事実を証拠によって明らかにするためにおこなう陳述。

ほう-とく【報徳】［名］受けた恩や徳に報いること。報恩。

ほう-どく【奉読】［名・他サ変］つつしんで読むこと。「勅語をーする」

ほう-どく【▼捧読】［名・他サ変］手にささげ持って読むこと。「誓詞をーする」

ぼう-とく【冒▼瀆】［名・他サ変］神聖なもの、清純なものを、おかしけがすこと。「神をーする行い」 瀆

ぼう-どく【防毒】バウ［名］毒を防ぐこと。特に、有毒ガスを防ぐこと。「ーマスク」

ほう-なん【法難】ホフ［名］仏教を広めようとする教団や信徒が法敵や為政者から受ける迫害。仏法の受難。

ほう-にち【訪日】ハウ［名・自サ変］外国人が日本を訪問すること。「韓国の大統領がーする」

ほう-にょう【放尿】ハウネウ［名・自サ変］小便をするこ

と。

ほう-にん【放任】ハウ［名・他サ変］干渉しないで、ほうっておくこと。成りゆきにまかせること。‖「子供を―する」「自由―」

ほう-ねつ【放熱】ハウ［名・自サ変］熱を放散すること。‖「―器」

ほう-ねん【放念】ハウ［名・他サ変］気にかけないこと。心配しないこと。‖「どうかその件は御―ください」▽多く手紙文で使う。

ほう-ねん【豊年】［名］穀物、特に稲の実りがよく、収穫が多い年。豊作の年。‖「―満作」⇔凶年

ぼう-ねん【忘年】バウ［名］❶年末に、その年にあった苦労を忘れること。年忘れ。‖「―会」❷相手との年齢の差を忘れること。‖「―の交わり」

ほう-のう【奉納】ナフ［名・他サ変］神仏に物品を献上すること。また、神仏に献上するために社寺の境内で芸能や競技を演じること。‖「―相撲」

ほう-はい【奉拝】［名・他サ変］つつしんで拝むこと。‖「神殿を―する」

ほう-はい【▼澎▼湃】ハウ［形動タルト］❶水が激しい勢いで逆巻くさま。‖「―として押し寄せる大波」❷物事が盛んな勢いで起こるさま。‖「反戦の気運が―として起こる」

ほう-ばい【▼朋輩（▽傍輩）】ホウ・ハウ［名］主人・師・会社などを同じくする仲間。また、地位・年齢などが同じくらいの友。同僚。同輩。書き方「朋」は当て字。本来の表記は「傍輩」。

ぼう-はく【傍白】バウ［名］演劇で、観客には聞かせるが、舞台上の相手役には聞こえないものとしていうせりふ。わきぜりふ。‖「―で言う」

ぼう-ばく【▼茫漠】バウ［形動タルト］❶広くて、とりとめのないさま。‖「―たる平原」❷ぼんやりして、つかみどころがないさま。‖「―とした話」

ほう-はつ【▼蓬髪】［名］生い茂った蓬のように、伸びてくしゃくしゃに乱れた髪。‖「弊衣―」

ぼう-はつ【暴発】［名・自サ変］❶不注意などから、銃砲の弾丸が誤って発射されること。‖「―事故」❷事件などが突然起こること。また、不満などをおさえきれなくなって、突然過激な行動を起こすこと。‖「クーデターが―する」

ぼうは-てい【防波堤】バウハ［名］外海からの波浪を防ぎ、港湾内を静穏に保つために築いた突堤。▽外部の圧迫や悪い影響を防ぐもののたとえにもいう。‖「緑地帯を設けて環境悪化の―にする」

ぼう-ばり【棒針】［名］先端のとがった棒状の編み針。⇒かぎ針

ぼう-はん【防犯】バウ［名］犯罪を防ぐこと。‖「―ベル」

ほう-ひ【包皮】ハウ［名］❶表面を包む皮。❷陰茎の亀頭部をおおう皮。

ほう-ひ【放▼屁】ハウ［名・自サ変］おならをすること。

ほう-ひ【豊肥】［名］豊後国と肥後国。現在の大分・熊本両県にあたる。

ほう-び【褒美】［名］ほめるために与える金品。褒賞。‖「―をもらう」 褒

ぼう-び【防備】バウ［名・他サ変］外敵や災害を防ぐために、そなえをすること。また、そのそなえ。‖「国境を―する」「無―」

ぼう-びき【棒引き】［名・他サ変］❶線を引くこと。特に、帳簿などの記載を消すために線を引くこと。❷貸借関係をなしにすること。帳消し。‖「借金を―(に)する」

ぼう-ひょう【妄評】バウヒヤウ［名・他サ変］⇒もうひょう

ぼう-ひょう【暴評】ヘウ［名・他サ変］荒っぽい批評をすること。また、その批評。

ほう-ふ【抱負】ハウ［名］心の中にいだいている決意や計画。‖「卒業後の―を語る」

ほう-ふ【豊富】［名・形動］豊かであること。たくさんあること。‖「―な知識」「カルシウムが―な食品」「人材―」派生―さ

ほう-ぶ【邦舞】ハウ［名］日本舞踊。日舞。⇔洋舞

ぼう-ふ【亡夫】バウ［名］死んだ夫。なき夫。⇔亡妻

ぼう-ふ【亡父】バウ［名］死んだ父。なき父。⇔亡母

ぼう-ふ【防腐】バウ［名］くさるのを防ぐこと。‖「―剤」

ぼう-ふう【防風】バウ［名］❶風をふせぐこと。‖「―林」❷夏、枝先に白い小花を多数つけるセリ科の多年草。漢方で、根を発汗・去痰・鎮痛薬などに用いる。シベリア・中国などに分布。❸ハマボウフウのこと。

ぼう-ふう【暴風】［名］激しく吹き荒れる風。

ぼうふう-う【暴風雨】［名］激しい風を伴った雨。あらし。‖「―が来る」「―が吹き荒れる」

ほう-ふく【抱腹（▼捧腹）】ハウ・ホウ［名・形動・自サ変］腹をかかえて大笑いすること。‖「―絶倒」

ほう-ふく【法服】ハフ［名］❶もと、法廷で、判事・検事・弁護士・裁判所書記が着用した制服。▽現在は、裁判官のみに制服が定められている。❷僧の着る衣。法衣。

ほう-ふく【報復】［名・自サ変］❶仕返しをすること。‖「敵に―する」❷国際関係で、他国の不当な行為に対し、同様の行為で報いること。‖「―措置」▽歴史的仮名遣いは「ホフク」。

ほうふく-ぜっとう【抱腹絶倒（▼捧腹絶倒）】ハウフクゼツタウ・ホウフクゼツタウ［名・自サ変］腹をかかえてころげまわるほど大笑いすること。‖「珍芸の連続に―する」

ほう-ふつ【▼髣▼髴・▼彷▼彿】ハウ［名・形動タルト・自他サ変］❶よく似たものが、眼前にありありと立ち現れること。また、ありありと思い浮かばせるさま。‖「故郷の山河が―として眼前に現れる」「往時を―(と)させる古都の家並み」「啄木を―(と)させる面立ち」「我々の祖先は『神』と言う言葉に衣冠束帯の人物を―していた〈芥川〉」使い方「〜を髣髴する」よりも「〜を髣髴(と)させる」の形が一般的。❷ぼんやりとしているさま。ぼやけているさま。‖「―として定めがたい遥かな山容」

ほうぶつ-せん【放物線（▼抛物線）】ハウブツ［名］平面上で、一定点と一定直線までの距離がおのおの等しい点の軌跡。真空中で斜めに投げ上げた物体が落ちるまでに描く曲線。書き方「放物線」は代用表記。

ぼう-ふら【〈▼孑▼孑〉・〈▼孒▼孒〉】［名］蚊の幼虫。体長五ミリ前後。淡水中にすみ、棒状の体をくねらせながら上下に泳ぐ。ぼうふり。

ほう-ぶん【邦文】ハウ［名］日本の文字・文章。和文。

ほう-ぶん【法文】ハフ［名］❶法令の文章。‖「―解釈」❷大学の法学部と文学部。

ほう-へい【奉幣】［名・自サ変］神前に幣帛をささげること。

ほう-へい【砲兵】ハウ［名］陸軍で、火砲を用いて敵を攻撃することを任務とする兵。また、その兵科。

ぼう-へき【防壁】バウ［名］外敵や風雨・火災などを防ぐために設ける壁。

ほう‐へん【褒▼貶】［名・他サ変］ほめることと、けなすこと。「毀誉(きよ)ー」

ほう‐べん【方便】ハウ［名］❶仏教で、衆生を真の教えに導くために用いる仮の手段。❷ある目的を達するために用いる便宜的な手段。「うそもー」

ぼう‐ぼ【亡母】バウ［名］死んだ母。なき母。⇔亡父

ほう‐ほう【方法】ハウハフ［名］目的を達成するためのやり方。手だて。「会社再建のーを考える」「ー上に問題がある」 使い方「手段」と似るが、「方法」は抽象的な考え方や手順に、「手段」は具体的な手だてに重点がある。「連絡の方法／手段」では、主に前者は「誰が・いつ・どのように」など連絡のしかたの全般を、後者は「電話・手紙・直接会う」などの具体策を問題にしていう。

ほう‐ぼう【方方】ハウバウ［名］いろいろな方面。あちこちの場所。「ーの社寺を訪ねる」「ーに手を回す」

ほう‐ぼう【▼魴▼鮄】ハウ［名］北海道南部以南の砂泥底に分布するホウボウ科の海魚。体は赤褐色、胸びれは淡緑色。大きな胸びれの下部にある三本の突起で海底を歩行する。うきぶくろを振動させて音を出す。食用。

ぼう‐ぼう【某某】［名］だれだれ。「ーの証言によれば」▼複数の人物について、名前が不明の場合や名前を明示しない場合に使う。

ぼう‐ぼう【▼茫▼茫】バウバウ［形動タルト］❶広々として果てしないさま。「ーたる大海原」❷ぼんやりして、はっきりしないさま。「ーとした記憶」❸草・毛髪などが伸びて乱れているさま。「ーたる白髪」「草ーの庭」

ぼう‐ぼう［副と］火が盛んに燃えあがるさま。「乾いた薪がー（と）燃える」

ほうほう‐の‐てい【▼這う▼這うの体】ハフハフ［連語］あわてふためいて、はうようにその場を逃げ出すさま。「ーで退散する」

ほうほう‐ろん【方法論】ハウハフ［名］哲学で、学問の研究方法を論理的に考察し、真理を得るための合理的な過程を探究する分野。

ほう‐ぼく【芳墨】ハウ［名］❶香りのよい墨。❷手紙や筆跡をいう尊敬語。

ほう‐ぼく【放牧】ハウ［名・他サ変］馬・牛・羊などの家畜を放し飼いにすること。「ー地」

ぼう‐まい【亡妹】バウ［名］死んだ妹。なき妹。⇔亡姉

ほう‐まつ【泡▼沫】ハウ［名］あわ。あぶく。▼はかないものや、問題にならないもののたとえにもいう。「ーの恋」「ー候補」 注意「泡末」と書くのは誤り。

ほう‐まん【放漫】ハウ［名・形動］だらしがなく、いい加減なさま。「ーな運営」「ー経営」

ほう‐まん【豊満】［名・形動］❶豊かで、満ち足りていること。「ーな色彩」❷肉づきのよいさま。「ーな肉体」▼多く女性についていう。派生 ーさ

ほう‐まん【飽満】ハウ［名・自サ変］飽きるほど食べて満腹すること。また、十分に満ち足りること。

ぼう‐まん【暴慢】［名・形動］乱暴で、自分勝手なこと。「ーな態度」派生 ーさ

ぼう‐まん【膨満】バウ［名・自サ変］いっぱいにふくれあがること。「腹部がーする」「ー感」

ほう‐みょう【法名】ホフミヤウ［名］❶仏門に入った人に授けられる名前。⇔俗名(ぞくみょう) ❷死者におくられる名前。戒名。

ぼう‐みん【暴民】［名］暴動を起こした人民。

ほう‐む【法務】ハフ［名］❶法律・司法に関する事務。❷仏法に関する事務。▼②の歴史的仮名遣いは「ホフム」。

ほうむ‐しょう【法務省】ハフムシヤウ［名］国の行政機関の一つ。検察・行刑・恩赦・戸籍・人権擁護・出入国管理など、法務に関する事務を担当する。長は法務大臣。

ほうむ・る【葬る】ハフムル［他五］❶遺体や遺骨を埋めるなどして、墓所におさめる。「旅先で倒れた友人を故郷の寺にーった（＝埋葬した）」❷不都合なことを隠すなどして、なかったことにする。「一族の不名誉となる事件を闇から闇にーった」❸人を、その社会での存在価値を奪い、いないも同然にする。追放する。「彼を芸能界からーろうとする動きがある」

［ことば探究］「葬る」の使い方

▼「葬る」②③には、不当な行いである、残念なことだというニュアンスがある。

▼「葬る」①は「墓所におさめる」という物理的な意味合いが強く、死を悼(いた)む、鎮魂、慰霊という精神的意味合いが強い場合は「弔(とむら)う」と言うことが多い。

「十年前の事故の犠牲者を×葬る／○弔う」

▼②③は、「葬り去る」の形も多い。特に受け身の形では、「葬られる」よりも「葬り去られる」が多く使われる傾向がある。

ほう‐めい【芳名】ハウ［名］❶姓名の尊敬語。「ー録」 使い方「芳名」自体が尊敬語だが、「御」を付けてより敬意の度合いの高い言い方もする。「寄付者御芳名」「御芳名をお書きください」❷よい評判。名声。

ぼう‐めい【亡命】バウ［名・自サ変］政治上・宗教上などの理由で、自国から外国へ逃れること。「隣国にーする」「ー者」▼「命」はいのちの意ではなく、名を記した「戸籍」の意。

ほう‐めん【方面】ハウ［名］❶その方向。また、そのあたり。「台風が九州ーに近づく」❷ある分野・領域。「法律のーにくわしい」

ほう‐めん【放免】ハウ［名・他サ変］❶刑期の満了によって受刑者を釈放すること。また、無罪とわかった被疑者や被告人を釈放すること。「無罪ー」❷拘束を解いて自由にすること。「会長の重職からーされる」

ほう‐もう【法網】ハフマウ［名］法律を犯罪者をとらえるために張りめぐらした網にたとえていう語。「ーをくぐり抜ける」

ぼう‐もう【紡毛】バウ［名］❶毛を糸につむぐこと。❷比較的短い羊毛や再生毛でつむいだ糸。▼「紡毛糸」の略。

ほう‐もつ【宝物】［名］たからもの。「ー殿」

ほう‐もん【法文】ホフ［名］仏法を説き明かした文章。経典の文章。

ほう‐もん【法門】ホフ［名］仏の教え。仏法。▼悟りに向かう門の意。

ほう‐もん【法問】ホフ［名］仏法について問答すること。また、その問答。

ほう‐もん【砲門】ハウ［名］砲身の、弾丸を発射する口。砲口。

⦿砲門を開(ひら)く 砲撃を開始する。攻撃を始める。

ほう‐もん【訪問】ハウ［名・他サ変］人をたずねること。他家・他国などをおとずれること。「知人宅をーする」「家庭ー」

ほうもん‐かいご【訪問介護】 ハウモン―［名］介護保険法に基づき、ホームヘルパーが対象者の家庭を訪問して行う、身体介護や家事援助などのサービス。

ほうもん‐かんご【訪問看護】 ハウモン―［名］看護師や保健師が対象者の自宅を訪問して行う看護。

ほうもん‐ぎ【訪問着】 ハウモン―［名］和服で、女性の略式礼服。改まった社交・訪問のときなどに着る。

ほうもん‐はんばい【訪問販売】 ハウモン―［名］販売員が直接家庭や職場を訪問して商品を販売すること。また、その商法。

ぼう‐や【坊や】 バウ―［名］❶幼い男の子を親しんでいう語。❷世間知らずの若い男性を軽んじていう語。

ほう‐やく【邦訳】 ハウ―［名・他サ変］外国文を日本語に訳すこと。また、その訳したもの。和訳。

ほう‐ゆう【▼朋友】 ―イウ［名］友だち。友人。

ぼう‐ゆう【亡友】 バウイウ［名］死んだ友だち。なき友。

ぼう‐ゆう【暴勇】［名］無謀な勇気。蛮勇。

ほう‐よう【包容】 ハウ―［名・他サ変］❶包み入れること。❷広い心で、他人を受け入れること。「寛大な心で相手を━する」

ほう‐よう【抱擁】 ハウ―［名・他サ変］愛情を込めてだきしめること。だきしめて愛撫すること。

ほう‐よう【法要】 ホフエウ［名］死者の供養などのために行う仏教の儀式。法事。法会。「━を営む」

ぼう‐よう【亡羊】 バウヤウ［名］逃げて見失ったひつじ。

⦿**亡羊の嘆（たん）** 学問の道は多方面に分かれ、なかなか真理に到達できないこと。また、いくつもの方針があって、どれを選ぶべきか迷うこと。多岐（たき）亡羊。語源 逃げ出した羊を追いかけたが、道が幾筋にも分かれていたために見失ったという『列子』の故事から。

ぼう‐よう【▼茫洋（▼芒洋）】 バウヤウ［形動タリ］広々として限りのないさま。広くて見当のつかないさま。「━たる大草原」「━たる前途」

ほうよう‐りょく【包容力】 ハウヨウ―［名］他人を寛大に受け入れることのできる心の広さ。「━のある人」

ほう‐よく【豊沃】［名・形動］土地が肥えていて、作物がよく実ること。肥沃。「━な大地」

ほう‐よく【▼鵬翼】 ハウ―［名］❶おおとりの翼。❷飛行機の翼。また、飛行機。

ぼう‐よみ【棒読み】［名・他サ変］❶文章を、抑揚をつけないで一本調子に読むこと。❷漢文を返り点などに従わないで音読みすること。

ほう‐らい【▼蓬▼莱】［名］❶中国の神仙思想で説かれた神山。渤海（ぼっかい）にあって、不老不死の薬をもつ仙人が住むとされる。蓬莱山。❷富士山・熊野山などの霊山の称。❸①をかたどった台の上に松竹梅・鶴亀・翁（おきな）と媼（おうな）などを配した飾り物。祝儀に用いる。▼「蓬莱台」の略。❹三方の上に白米・熨斗鮑（のしあわび）・伊勢海老・搗（かち）栗・昆布などを盛った飾り物。関西で、新年の祝儀に用いる。▼「蓬莱飾り」の略。

ほう‐らく【法楽】 ホフ―［名］❶仏道を修行し、善を行い徳を積むことによって得る喜び。❷誦経や奏楽などを手向けて神仏を楽しませること。❸なぐさみ。たのしみ。放楽。「目の━」

ほう‐らく【崩落】［名・自サ変］❶くずれ落ちること。「崖（がけ）が━する」❷相場が急激に下がること。

ぼう‐らく【暴落】［名・自サ変］物価や相場が急激に大きく下がること。「株価が━する」⇔暴騰

ほう‐らつ【放▼埒】 ハウ―［名・形動］気ままにふるまって、しまりのないこと。酒色にふけり、品行がおさまらないこと。▼馬が埒（らち）からはなれ出る意から。

ほう‐らん【抱卵】 ハウ―［名・自サ変］親鳥が卵をかかえて温めること。「文鳥が━する」

ほう‐り【法理】 ハフ―［名］法律の原理。

ぼう‐り【暴利】［名］不当な利益。「━をむさぼる」

ほう‐りき【法力】 ホフ―［名］❶仏法の功徳の力。❷仏道修行によって得られた超人的な力。

ほうり‐こ・む【放り込む】 ハウリ―［他五］投げて中に入れる。また、無造作に入れる。「納屋にわら束を━」「留置場に━・まれる」

ほうり‐だ・す【放り出す】 ハウリ―［他五］❶投げて外に出す。また、勢いよく外に出す。「窓から荷物を━」「衝突のショックで車から━・される」❷投げるようにして置く。乱暴に置く。「本を机の上に━」❸あきらめて途中でやめる。また、手をつけないでそのままにしておく。「中途で仕事を━」「宿題を━・してゲームをする」❹人をある場所や集団から追い払う。

ほう‐りつ【法律】 ハフ―［名］❶社会秩序を維持するために国家などが人民に強制する規範。法。❷憲法に基づき、国会の議決を経て制定される成文法。

ほうり‐な・げる【放り投げる】 ハウリ―［他下一］❶無造作に、また乱暴に投げる。「窓から空き缶を━」❷途中でやめてほうっておく。「仕事を━・げて飲みに行く」

ほう‐りゃく【方略】 ハウ―［名］はかりごと。計略。

ぼう‐りゃく【謀略】［名］人をあざむくためのはかりごと。

ほう‐りゅう【放流】 ハウリウ［名・他サ変］❶せき止めていた水を放出すること。❷繁殖・調査などのために、稚魚などを川・湖・海などに放すこと。

ぼう‐りゅう【傍流】 バウリウ［名］❶本流から分かれた流れ。支流。「信濃川の━」❷主流から分かれた系統や流派。傍系。「北辰一刀流の━」

ほう‐りょう【豊漁】 ―レフ［名］魚などがたくさんとれること。大漁。⇔不漁

ぼう‐りょく【暴力】［名］相手の身体に危害や苦痛を与える乱暴な力。また、その力を使う無法な行為。「━をふるう」「━事件」

ぼうりょく‐だん【暴力団】［名］暴力や脅迫によって私的な目的を達成しようとする反社会的集団。

ほう‐りん【法輪】 ホフ―［名］仏の教え。仏教。▼仏法が衆生の迷いや悪を打ち破るさまを古代インドの輪（転輪聖王が用いたという戦車に似た武器）にたとえた語。

ボウリング【bowling】［名］レーンの上にボウルを転がし、約二〇メートル前方の床上に立てた一〇本のピンを倒した数で得点を競い合う室内競技。ボーリング。▼「ボウル（bowl）」は、ボウリングやクリケットの球の意。

ほう・る【放る（▼抛る）】 ハフル［他五］❶物を〈遠くへ〉投げる。また、無造作に投げる。「捕手に向かってボールを━」「雑誌を━・ってよこす」使い方「変化球を━」のように、〜ヲに〈結果〉をとる言い方もある。❷途中でやめる。また、あきらめて放棄する。ほうり投げる。「英会話の勉強を中途で━」「宿題を━・って遊びに行く」❸〈「放っておく」の形で〉手をつけないで成り行きにまかせる。放置する。うっちゃらかす。「手入れもしないで━・っておく」◈書き方「ほうる」は「はふる」の転。「放」は音で、「放る・抛る」は当て字だが、平成二二年「放（ほう）る」は常

用漢字表内訓となった。◎注意 仮名遣いを「ほおる」とするのは誤り。「×ほおっておく」 可能 ほうれる

ボウル【bowl】[名] 料理などに使う深い鉢。ボール。

ほう-るい【▼堡塁】[名] 敵の攻撃を防ぐために石・土砂・コンクリートなどで築いた堅固なとりで。 書き方 もと、新聞では「保塁」で代用した。

ぼう-るい【防塁】[名] 敵の襲撃を防ぐためのとりで。

ほう-れい【法令】[名] 法律と命令。▽条例・規則などを含めた法規一般の意でも使う。

ほう-れい【法例】[名] ❶法典の中で、その法律の適用される範囲を定めた部分。▽刑法第一編第一章などの章名であったが、法改正で「通則」に改められた。❷法律の適用に関する諸事項を定めている法律。明治三一(一八九八)年施行。▽平成一八(二〇〇六)年、「法の適用に関する通則法」に改正。

ほう-れい【豊麗】[名・形動] 豊かで美しいこと。「―な美人画」

ぼう-れい【亡霊】[名] 死者の魂。亡魂。また、幽霊。▽過去に滅びたが、いまも忌まわしい痕跡を残すもののたとえにもいう。「ナチスの―」

ぼう-れい【暴戻】[名・形動] 乱暴で、道理に反すること。「―な君主」

ほう-れつ【芳烈】[名・形動] 香気の強いこと。「―な香水」

ほう-れつ【放列】[名] ❶大砲を横に並べて一斉に射撃できるようにした隊形。「―布置」 書き方「砲列」とも。❷ずらりと横に並んで何かを待ち構える形。「カメラの―を敷く」

ほう-れん【▼鳳▼輦】[名] ❶屋形の上に金銅の鳳凰を飾りつけた輿。天皇が儀式の行幸に用いた。❷天皇の乗り物の美称。

ほうれん-そう【▼菠▼薐草】[名] 野菜として栽培されるアカザ科の一、二年草。根元が淡紅色で、葉に切れ込みのある東洋種と、切れ込みのない西洋種とがある。

ほう-れん-そう【報連相】[名] 報告・連絡・相談の三つをまとめた語。職場で十分な意思疎通を図り、円滑な活動を行うための必要不可欠な要素とされる。

ほう-ろう【放浪】[名・自サ変] あてもなくさまよい歩くこと。定住しないで、転々とさすらうこと。「日本各地を―する」「―の旅」「―癖」

ほう-ろう【▼琺▼瑯】[名] さび止めや装飾のために金属面に焼き付ける不透明なガラス質の釉(うわぐすり)。また、それを焼き付けた金属器。「―の鍋」「―引き」⬇七宝(しっぽう)②

ぼう-ろう【望楼】[名] 遠くを見渡すために設けたやぐら。

ほう-ろく【俸▼禄】[名] 俸と禄。扶持。給与。

ほう-ろく【▼焙▼烙・▼炮▼烙】[名] 素焼きの浅い土鍋。茶・塩・穀類などを炒るのに用いる。

ぼう-ろん【暴論】[名] 道理に合わない乱暴な議論・意見。「―を吐く」

ほう-わ【法話】[名] 仏の教えや功徳などを分かりやすく説く話。法談。

ほう-わ【飽和】[名・自サ変] ❶最大限度まで満たされていること。「ゴミ処理場が―状態になる」❷一定の条件のもとで蒸気・溶質などが最大値まで満たされていること。「―溶液」

ポエジー【poésie フランス】[名] ❶詩。詩歌。❷詩情。

ほえ-づら【▼吠え面】[名] 泣き顔。泣きつら。「あとで―かくな」

ポエム【poem】[名] 詩。韻文作品。

ほ・える【▼吠える・▼吼える・▼咆える】[自下一] ❶獣などが大きな声で鳴く。「ライオンが―」 書き分け【吠】は広く使う。【吼】は太く大きな声でほえる。【咆】は含み声でほえる意。❷わめく。どなる。「卓をたたいて―」 文 ほ・ゆ

ほお【▽朴・〈厚朴〉】[名] 五、六月ごろ、枝先に大きな黄白色の花をつけるモクレン科の落葉高木。葉は大きな卵形で、裏が白い。材は版木・楽器・家具・器具・下駄などに用いる。日本特産。ホオノキ。ホオガシワ。

ほお【頰】[名] 顔の両側面、口・鼻と耳の間の柔らかい部分。ほほ。ほっぺ。ほっぺた。「―を赤らめる」▽「ほほ→ほお」と転じた。

◉**頰が緩(ゆる)・む** うれしくて、思わずにこにこする。◎注意「顔が緩む」は本来は誤り。

◉**頰を染(そ)・める** 恥ずかしさに顔を赤くする。

◉**頰を膨(ふく)らま・せる** 不平・不満の気持ちを顔に表す。「不機嫌そうに―」

ボーイ【boy】[名] ❶男の子。少年。⬍ガール ❷レストランやホテルで、料理の給仕や客の世話をする男性。ウエイター。

ボーイ-スカウト【Boy Scouts】[名] 一九〇八年、英国で創始された国際的な少年団体。心身の鍛練、社会への奉仕、善良な市民の育成などを目的とする。日本では大正一一(一九二二)年に創設。⬍ガールスカウト

ボーイズ-ラブ【和製 boys+love】[名] 漫画や小説で、男性同士の恋愛をテーマにしたもの。BL。

ボーイッシュ【boyish】[形動] 女性の服装や態度などが少年のようであること。少年風。「―なファッション」

ボーイフレンド【boyfriend】[名] 女性にとっての、男友達。⬍ガールフレンド

ほお-え・む【頰笑む(▽微笑む)】[自五] ⬇ほほえむ

ポーカー【poker】[名] トランプで、各自が五枚の手札を組み合わせ、その役の強さを競うゲーム。

ポーカー-フェイス【poker face】[名] 心の動きを隠した無表情な顔つき。▽ポーカーをするとき、手札のよしあしを相手に悟られないように無表情を装うことから。

ほお-かぶり【頰▽被り】[名・自サ変] ❶手ぬぐいなどで頭からほお・あごのあたりまで覆い隠すこと。❷知っていながら知らないふりをすること。「―を決め込む」◈「ほっかぶり」「ほおかむり」ともいう。

ボーカリスト【vocalist】[名] 歌手。声楽家。

ボーカル【vocal】[名] ❶歌うこと。声楽。歌唱。❷グループ演奏の中で歌を担当する人。

ボーク【balk】[名] 野球で、走者が塁にいるとき、投手が規則に反する投球動作をすること。走者は次の塁に進むことができる。

ポーク【pork】[名] 豚肉。「―ソテー」「―カツレツ」

ほお-げた【頰桁】[名] ほおぼね。

ほお・ける【▼蓬ける】[自下一] ほつれて乱れる。けば立つ。そそける。「髪の毛が―」 文 ほほ・く ◎注意

「ほうける」と書くのは誤り。

ボーゲン【Bogenドイ】[名] スキーで、スキー板の後端をV字形に開いて回転すること。制動回転。

ボージョレーヌーボー【Beaujolais nouveauフラ】[名] フランスのボージョレ地方で、その年収穫されたブドウを仕込んだ赤ワインの新酒。一一月の第三木曜日が解禁日。ボ(ー)ジョレーヌーボー。

ほお-じろ【頰白】ホホ [名] 日本各地の低山・林野に分布するホオジロ科の鳥。背面は赤褐色で、腹面は褐色、ほおのあたりに白い筋がある。繁殖期の鳴き声は「一筆啓上仕候(つかまつりそうろう)」と聞きなされる。

ホース【hoosオラ】[名] ゴム・ビニールなどで作った、気体や液体を通すための管。

ポーズ【pause】[名] ❶休止。間(ま)。「ーをおく」❷休止符。

ポーズ【pose】[名] ❶絵画・彫刻・写真などのモデルが意識してとる姿勢。また、絵画・彫刻・写真などに表現された姿勢。❷ことさらに相手を意識した態度。見せかけの態度。「自信満々に見えるがーにすぎない」

ほお-ずき【〈酸▼漿〉・〈鬼灯〉】ホホヅキ [名] ❶夏、黄白色の花を開き、初秋、袋状の萼(がく)に包まれた球形の果実を結ぶナス科の多年草。❷橙赤色に熟した①の果実から中の種をもみ出したもの。口に含み、舌で押し鳴らして遊ぶ。◈書き方 現代仮名遣いでは「ほおづき」も許容。「ほうずき」は誤り。

ホースラディッシュ【horseradish】[名] 野菜として栽培するアブラナ科の多年草。ヨーロッパ原産。ワサビに似た辛みをもつ根茎は、すりおろして薬味などにする。ワサビダイコン。セイヨウワサビ。レホール。

ほお-ずり【頰擦り】ホホ [名・自サ変] 自分のほおを相手のほおにすりつけること。▼愛情を示す動作。

ボースン【boatswain】[名] 水夫長。甲板長。

ボーダー【boarder】[名] ボード(=板)を使うスポーツをする人。「スノーー」「スケートー」

ボーダー【border】[名] ❶境界。境界線。国境。❷へり。ふち。また、へり飾り。❸横縞(よこじま)。

ポーター【porter】[名] ❶駅・空港・ホテルなどで、客の荷物運びを仕事とする人。❷登山で、荷の運搬を仕事とする人。

ボーダーライン【borderline】[名] 境界線。境目。

ボーダーレス【borderless】[名・形動] 境界・国境があいまいなこと。国家などの枠にとどまらないこと。ボーダレス。「ー社会」

ボー-タイ【bow tie】[名] 蝶(ちょう)ネクタイ。ボー。

ポータビリティー【portability】[名] ❶持ち運びができること。「番号ー(=携帯電話で、契約事業者を変更しても同じ番号がそのまま使えること)」❷転職時に、それまで積み立てた年金資産を転職先に移動できること。◈「移植性」「可搬性」の意から。

ポータブル【portable】[名] 持ち運びのできる大きさ・重さであること。また、そのもの。携帯用。「ーCDプレーヤー」▼多く他の語と複合して使う。

ポータル-サイト【portal site】[名] インターネットで、検索エンジンやリンク集などさまざまな情報を提供するウェブサイト。▼「ポータル」は入り口の意。

ポーチ【porch】[名] 洋風建築で、玄関から張り出して設けた、屋根つきの吹き抜けの部分。車寄せ。

ポーチ【pouch】[名] 化粧品や小物をいれる小形の袋。

ポーチド-エッグ【poached egg】[名] 塩と少量の酢を加えた熱湯に卵を割り入れてゆでた料理。落とし卵。

ほお-づえ【頰▼杖】ホホヅエ [名] ひじをついて手のひらで頰を支えること。「ーをつく」

ボート【boat】[名] ❶オールで漕(こ)いで進む小舟。短艇。「救命ー」❷船。「モーターー」

ボード【board】[名] ❶板。❷建築材用に加工した板。合板・化粧板など。「耐火ー」❸スケートボード・スノーボードなどで使う板状の用具。

ポート【port】[名] ❶港。また、発着所。❷コンピューターと周辺機器を接続する端子。

ボード-ゲーム【board game】[名] チェス・オセロなど、盤上の駒(こま)を動かして行うゲーム。

ボードセーリング【boardsailing】[名] ウィンドサーフィン。

ボードビリアン【vaudevillian】[名] ボードビルに出演する芸人。また、軽演劇俳優。

ボードビル【vaudevilleフラ】[名] パントマイム・歌・踊りなどを取り入れた風刺的な軽喜劇。また、歌・踊り・曲芸などを組み合わせた寄席演芸。

ポートフォリオ【portfolio】[名] ❶紙ばさみ。携帯用の書類入れ。❷画家やデザイナーなどが自分の作品をまとめたファイル。❸機関投資家が所有する各種の金融資産の一覧表。資産構成。❹投資運用で、安全性と収益性を考えた最も有利な金融資産の組み合わせ。ポートフォリオセレクション。

ポートレート【portrait】[名] 肖像画。肖像写真。

ポート-ワイン【port wine】[名] 発酵途中にブランデーを加えて醸成した、甘みのある赤ぶどう酒。ポルト酒。▼本来はポルト(英名ポート)から積み出されたポルトガル産のものをいう。

ボーナス【bonus】[名] ❶賞与。特別手当。期末手当。❷株式の特別配当金。

ほお-ば【▽朴葉】ホホ [名] ホオの葉。食品を盛ったり包んだりするのに使う。「ー味噌(みそ)」「ー餅(もち)」

ほお-ば【▽朴歯】ホホ [名] ホオの材で厚く作った下駄の歯。また、その歯を入れた下駄。

ほお-ば・る【頰張る】ホホ [他五] ほおがふくらむほど口いっぱいに食べ物をふくむ。「握り飯をー」✓注意「ほうばる」と書くのは誤り。

ほお-ひげ【頰▼髯・頰▼鬚・頰▼髭】ホホ [名] ほおにはえるひげ。

ホープ【hope】[名] 将来を期待されている人。有望な新人。▼原義は希望・のぞみ。

ほお-ぶくろ【頰袋・頰▼嚢】ホホ [名] ニホンザル・リス・ハムスターなどのほおの内側にある、食物を一時ためておくためのふくろ。

ほお-べに【頰紅】ホホ [名] ほおにつける紅。チーク。

ほお-ぼね【頰骨】ホホ [名] ほおの上部に少し高く突き出ている骨。ほおげた。顴骨(かんこつ)。「ーの張った顔」

ホーマー【homer】[名] ホームラン。

ホーム [名] 「プラットホーム」の略。

ホーム【home】[名] ❶家。家庭。「マイー」「ーパーティー」❷故郷。祖国。「ータウン」❸本拠地。「ーグラウンド」❹養護施設・老人福祉施設・療養所など、生活の場となる施設。≡「ーに入所する」「老人ー」❺「ホームベース」の略。◈①②③は多く他の語と複合して使う。

ホーム-イン【和製home＋in】[名・自サ変] 野球で、走者が本塁に達して得点すること。

ホーム-グラウンド【home ground】[名] ❶スポーツで、そのチームが本拠地としている競技場。❷その人がよく知っていて十分に活躍できる場所。≡「中国をーとする研究者が集まる」

ホーム-ゲーム【home game】[名] プロ野球・サッカーなどで、自チームの本拠地で行う試合。⇔ロードゲーム・アウェーゲーム

ホーム-シアター【home theater】[名] 家庭で映画館のような大型スクリーンと音響による映画鑑賞などを楽しめるようにした設備。ホームシアターシステム。

ホーム-シック [名] 離れた地にいて、故郷や家庭が恋しくてたまらなくなること。郷愁。懐郷病。▽home-sickness から。

ホーム-スチール【和製home＋steal】[名] 野球で、三塁から本塁への盗塁。本盗。

ホーム-ステイ【homestay】[名] 留学生などが滞在地の一般家庭に寄宿し、家族の一員としてその国の生活体験をする制度。ホームステー。✔注意「ホームスティ」と書くのは誤り。

ホーム-ストレッチ【homestretch】[名] 陸上競技場・競馬場などで、決勝線のある側の直線走路。ホームストレート。⇔バックストレッチ

ホーム-スパン【homespun】[名] 手紡ぎの太い羊毛糸を手織りにした厚手の織物。また、それに似せて機械で織った布。背広地・コート地などに用いる。

ホーム-セキュリティー【和製home＋security】[名] 家庭の事故や盗難などを防ぐために、警備会社と契約して構築する警備システム。ホームセキュリティーシステム。

ホーム-センター【和製home＋center】[名] 日曜大工用品・園芸用品・自動車関連用品・生活雑貨などを幅広く品揃えした大型小売店。

ホーム-ソング【和製home＋song】[名] 家庭で大人も子供もともに歌えるように作られた健全な歌。

ホーム-ドア [名] 鉄道の駅で、乗客と電車との接触や乗客の転落を防ぐためにホームと線路の境に設ける仕切り。可動式ホーム柵。スクリーンドア。▽platform door から。

ホーム-ドクター【和製home＋doctor】[名] 家族のかかりつけの医者。家庭医。

ホーム-ドラマ【和製home＋drama】[名] 家庭内の日常的な出来事を題材にした劇。

ホーム-ドレス【home dress】[名] 女性が家庭で着る実用的な洋服。家庭着。ハウスドレス。

ホーム-パーティー【和製home＋party】[名] 自宅で開くパーティー。

ホーム-プレート【home plate】[名] ホームベース。

ホーム-ページ【home page】[名] ウェブ(WWW)によって提供される情報の表紙となるページ。また、そのページ全体。HP。

ホーム-ベース【home base】[名] 野球で、本塁。ホームプレート。ホーム。

ホーム-ヘルパー【和製home＋helper】[名] 日常生活に支障のある人の家に派遣されて家事・介護などを行う人。訪問介護員。家庭奉仕員。

ホーム-メイド【homemade】[名] 自家製。手作り。≡「ーのケーキ」

ホーム-ラン【home run】[名] 野球で、相手側の失策なしに打者が各塁を回って本塁に達することのできる安打。本塁打。ホーマー。

ホーム-ルーム【home room】[名] 教科担任制をとっている中学校・高等学校に設けられる、学級の自治活動を育成するための学級活動。また、そのための時間。

ホームレス【homeless】[名] 住む家がなく、駅の構内・路上・公園などに寝泊まりしている人。

ポーラー [名] 強く撚(よ)りをかけた梳毛(そもう)糸を用いて平織りにした通気性に富む織物。夏服地に適する。ポーラ。▽poral から。

ホーリズム【holism】[名] 対象を、単なる要素の総和ではなく、全体で一つのまとまりをなす存在だと捉える考え方。全体論。全体主義。

ボーリング【boring】[名・他サ変] ❶穴をあけること。❷地質調査や地下資源採掘などの目的で地中に深く細い穴を掘ること。試錐(しすい)。試鑽(しさん)。

ボーリング【bowling】[名] ⇩ボウリング

ホール【hall】[名] ❶洋風建築で、玄関。また、玄関に続いている広間。❷会議・講演会・演奏会などを行う広い場所。また、会館。公会堂。≡「ダンスーシティーー」❸飲食店などで、客の入る空間。≡「ースタッフ(＝飲食店などの接客係)」

ホール【hole】[名] ❶穴。≡「ボタンー」❷ゴルフで、球を打ち入れる穴。カップ。

ボール [名] 「ボール紙」の略。≡「段ー」▽board から。

ボール【ball】[名] ❶球状のもの。≡「ミラーー」「ーペン」❷球技・遊戯などに使う球。たま。まり。≡「サッカーー」❸野球で、打者に対する投球のうちストライクゾーンをはずれたもの。≡「フォアー」⇔ストライク

ボール【bowl】[名] ⇩ボウル

ポール【pole】[名] ❶細長い棒。さお。≡「センターー」❷路面電車などの屋根に取り付ける、架線から電気を取り入れるためのさお。❸測量に用いるさお。測桿(そっかん)。

ホール-アウト【hole out】[名] ゴルフで、一ホールのプレーを終了すること。

ホール-イン-ワン【hole in one】[名] ゴルフで、ティーグラウンドからの第一打が直接ホールに入ること。

ボール-がみ【ボール紙】[名] わらパルプ・砕木パルプなどを原料にする厚い紙。板紙(いたがみ)。

ホールディング【holding】[名] ❶バレーボールで、ボールが競技者の手の中や腕で静止すること。反則になる。❷バスケットボール・サッカー・ハンドボールなどで、故意に相手の体をおさえてプレーを妨げる反則行為。❸ボクシングで、相手の腕や上体を腕でかかえ込む反則行為。

ホールディングス【holdings】[名] 持ち株会社。ホールディングカンパニー。

ホールド【hold】[名] ❶支えること。また、保持すること。❷登山で、岩登りをするときの手がかり。❸レスリングで、押さえ込み。

ボールド【bold】[名] 欧文活字で、肉太の書体。ボ

ールド体。

ボールド [board] [名] 黒板。ボード。

ホールド-アップ [hold up] [名] ❶ [自サ変・感] 手向かわない意思を示すために両手をあげること。また、それを命じる語。手をあげろ。❷強盗。追いはぎ。

ボール-ばん【ボール盤】 [名] テーブルの上に載せた工作物にドリルで穴をあける工作機械。穿孔(せんこう)機。鑽孔(さんこう)機。ドリリングマシン。▼boor-bank(オランダ)または Bohr-bank(ドイツ)から。

ボール-ベアリング [ball bearing] [名] 回転軸との摩擦を少なくするために、間に鋼鉄の玉を入れた軸受け。球軸受け。

ボール-ペン [名] 先端に回転する小さな金属球をはめこみ、そこから軸内のインクをにじみ出させて書くペン。▼ball-point pen から。

ボール-ボーイ [ball boy] [名] 野球・テニスなどの球技で、ボールを回収したり新しいボールを補充したりする人。

ボーロ [bolo ポルトガル] [名] 小麦粉に卵・砂糖などを加えて軽く焼いた、丸くて小さな菓子。

ほ-おん【保温】(ヲン) [名・自他サ変] 温度を一定に保つこと。特に、温度をあたたかく保つこと。「—材」

ホーン [horn] [名] ❶自動車の警笛。クラクション。❷⇒ホルン

ボーン-チャイナ [bone china] [名] 磁土に骨灰を混ぜて焼成した軟質の磁器。乳白色で、透光性がある。骨灰磁器。

ボーンヘッド [bonehead] [名] 野球などで、判断を誤ったまずいプレー。▼まぬけ、へまの意。

ほか【他・外】 [名] ❶【他】そこではない、別のところ。よそ。他(た)。「ここには見当たらないから、どこか—を捜そう」「—にはない品ぞろえ」
❷【他】それではない、別のもの・こと・人。それ以外のものごとや人。他(た)。「何か—に必要なものはありませんか」「このことは—にはもらすな」「会長—三名が出席」
❸【外】ある基準の範囲の外にあること。「思いの—の重傷」「殊の—」「もっての—」
❹【他】〈動詞の連体形、格助詞「より」などを受けて、下に否定の表現を伴って〉それ以外(以上)はすべて否定し、それだけだとそれを強く限定する意を表す。…以外(以上)に…ない。…しか…ない。「今はじっと我慢する—ない」「彼より—に適任者はいない」▼品詞を係助詞や副助詞とする立場もある。
❺【他】〈「…の他(に)」「…する他(に)」などの形で〉それ以外に類似のものが付加される意を表す。「釣りの—にカメラが好きだ」「文書をもってする—、口頭でも説明する」
◆書き方 全般にかな書きも多い。

ぼ-か【簿価】 [名] 資産・負債および資本について帳簿に記入されている価額。一般には、該当資産の取得原価をいう。▼「帳簿価格」の略。

ぽか [名] 囲碁・将棋で、勘違いから打ったり差したりするひどい悪手。また一般に、不注意から引き起こす思いがけない失策。「とんだ—をやる」

ほ-かく【捕獲】(クワク) [名・他サ変] ❶動物などを捕らえること。いけどること。「キツネを—する」「—量」❷国際法上、戦時に交戦国の軍艦が相手国の船舶などを取り押さえること。海上捕獲。

ほ-かげ【火影】 [名] ❶灯火の光。❷灯火に照らされて見える姿。

ほ-かげ【帆影】 [名] 遠くに見える船の帆。

ほかけ-ぶね【帆掛け船】 [名] 帆を張って走る船。ほぶね。ほかけ。▼一般に小型のものをいう。

ほか・す【▽放す】 [他五] ほうり捨てる。うち捨てる。「ごみを—」▼主に関西でいう。

ぼか・す【▼暈かす】 [他五] ❶輪郭や濃淡の境目をはっきりさせないようにする。「山の稜線を—・して描く」❷話の内容などをあいまいにする。「論点を—」◈書き方「暈かす」と「か」から送るのは、自動詞「暈ける」に対応させた送り方。表外字であることから「暈す」と送ることもできる。可能 ぼかせる 名 ぼかし

ぽかっ-と [副] ❶頭などをなぐるさま。また、その音を表す語。ぽかりと。❷ふさがっていた部分が急に抜けてなくなるさま。「—穴があく」

ほかでも-な・い【他でもない・外でもない】 [連語] ほかのことではない、まさしくそのことである。ほかではない。「話というのは—、例の融資のことだが…」「来てもらったのは—、君のためだ」

ほかなら-な・い【他ならない・外ならない】 [連語] 〈多く「…に他ならない」の形で〉他のものではない、まさしく…である。「あいつの仕業に—」使い方 (1)「ほかならぬ」と違い、連体用法はまれ。「△ほかならない君の頼みでは断れない」(2)丁寧形は「ほかなりません」。

ほかなら-ぬ【他ならぬ・外ならぬ】 [連語] [古風] ほかならない。「—君の頼みでは断れない」

ほか-ほか [副(ト)] 暖かいさま。「—(と)湯気を立てている焼きいも」

ぽか-ぽか [副(ト)] ❶暖かいさま。暖かくて気持ちがよいさま。「—(と)した小春日和」❷頭などを続けてたたくさま。また、その音を表す語。

ほがら-か【朗らか】 [形動] ❶心が晴れ晴れとして明るいさま。心にこだわりがなく、快活なさま。「—に笑う」❷空が明るく晴れわたっているさま。「初秋の—な一日」派生 -さ

ほ-かん【保管】(クワン) [名・他サ変] 物品を預かって保存・管理しておくこと。「書類を—する」

ほ-かん【補完】(クワン) [名・他サ変] 不十分なところを補って完全なものにすること。「—的機能」

ぼ-かん【母艦】 [名] 兵器・燃料・食料などを補給する設備をもち、航空機・潜水艦などの移動基地となる軍艦。「航空—」

ぽかん-と [副] ❶頭などを強くたたくさま。また、その音を表す語。ぽかりと。❷口をあけているさま。また、口をあけてぼんやりしているさま。「わけがわからなくて—している」

ほ-き【補記】 [名・他サ変] 不足を補うために書き足すこと。また、その書き足したもの。「注釈を—する」

ぼ-き【簿記】 [名] 企業体などの資本の増減・出納を一定の方式で記録・計算・整理し、その経済活動の結果を明らかにする記帳方法。記帳方法によって単式簿記と複式簿記に分けられる。

ボギー [bogey] [名] ゴルフで、そのホールの基準打数(パー)よりも一打多い打数。▼二打多い場合はダブルボギーという。

ボギー-しゃ【ボギー車】 [名] 二軸四輪の台車二台の上に車体を載せた鉄道車両。車体に車軸を固定した車両に比べて動揺が小さく、曲線部を容易に通過できるので脱線も少ない。

ぼき-ぼき［副と］太くてかたいものが次々に折れるさま。また、その音を表す語。||「太い枝がー（と）折れる」

ぽき-ぽき［副と］細くてかたいものが次々に折れるさま。また、その音を表す語。||「小枝をー（と）折る」

ボキャブラリー【vocabulary】［名］語彙(ごい)。||「ーの豊富な人」

ほ-きゅう【捕球】ーキウ［名・自他サ変］球をとること。特に野球で、打球・投球・送球をとること。

ほ-きゅう【補給】ーキフ［名・他サ変］足りなくなった分を補うこと。||「燃料をーする」「栄養ー」

ほ-きょう【補強】ーキヤウ［名・他サ変］弱いところを補って強くすること。||「堤防をーする」「ー材」

ほ-きん【保菌】［名］体内に病原体をもっていること。

ぼ-きん【募金】［名・自サ変］❶寄付金などを一般から集めること。また、その金。||「ーを呼びかける」「ーに応じる」「多額のーが集まる」▼主催者側からいうことば。❷（①に応じて）金を寄付すること。また、その金。||「難民救済のために多額のーをした」「ーを差し出す」◈①が本来の意で、主催者側からいうことば。②は、主催者側の言い方をそのまま受けて言ったもの。⬇課金

ほきん-しゃ【保菌者】［名］発病はしていないが体内に病原菌をもち、感染源となり得る人。

ほく【北】（造）❶きた。||「ー緯・ー極・ー上・ー部」「最ー・東ー・洛(らく)ー」「南ー(なんぼく)・脱ー(だっぽく)」❷背を向けて逃げる。||「敗ー(はいぼく)」

ほ-ぐ【▽反▽故（▽反▽古）】［名］⬇ほご（反故）

ぼく【僕】㊀［代］（一人称）同等以下の相手に対して男性が自分を指し示す語。||「君とーの間柄じゃないか」

使い方 (1)おとなが男の子に向かって「ぼく、どこにいくの」のようにいうこともある。相手側の立場に立った用法。(2)おとなが使うと「わたし」よりもくだけた言い方になる。

㊁（造）（男性の）しもべ。召し使い。||「下ー・公ー」

ぼく【▼卜】（造）亀甲や獣骨を焼き、生じるひびの形によって吉凶をうらなう。また一般に、うらなう。うらない。||「ー筮(ぜい)・ー占」「亀ー」

ぼく【木】（造）❶き。たちき。||「古ー・香ー・高ー・大ー・流ー」❷木材。また、木で作った物。||「ー鐸(たく)・ー刀」「銘ー・肋ー(ろくぼく)」❸飾り気がない。||「ー訥(とつ)」

ぼく【朴】（造）❶飾り気がない。すなお。||「ー訥(とつ)」「純ー・素ー」❷ほおのき。

ぼく【牧】（造）❶家畜を放し飼いにする。||「ー牛・ー場・ー草・ー童」「放ー・遊ー」❷人々を治める。また、導く。||「ー師・ー民」❸役人。地方長官。||「州ー」

ぼく【睦】（造）仲がよい。また、仲よくする。むつぶ。||「親ー・和ー」

ぼく【墨】（造）❶書画をかくのに用いるすみ。また、それでかいたもの。||「ー痕(こん)・ー汁」「筆ー・水ー画」❷書画をかくのに用いる道具。||「白ー・石ー」❸いれずみ。||「ー刑」❹中国古代の思想家、墨子(ぼくし)。||「ー守」❺墨田川。||「ー水・ー堤・ー東」▼現在の表記は「隅田川」。❻「墨西哥(メキシコ)」の略。||「日ー」旧墨

ぼく【撲】（造）うつ。たたく。なぐる。||「ー滅」「打ー」

ほく-い【北緯】ーヰ［名］赤道より北の緯度。⬍南緯

ほく-おう【北欧】［名］ヨーロッパの北部地方。一般にデンマーク・スウェーデン・ノルウェー・フィンランド・アイスランドの五か国をさす。北ヨーロッパ。⬍南欧

ほく-が【北画】ーグヮ［名］中国の絵画の系統の一つ。文人を主とする南宗画に対し、技巧的な職業画家の系統をいう。山水画を中心とする鋭い描線と力強い構成が特色。▼「北宗(ほくしゅう)画」の略。

ほく-がん【北岸】［名］北側の岸。||「テムズ川のー」

ぼく-ぎゅう【牧牛】ーギウ［名］牛を放し飼いにすること。また、その牛。

ほく-げん【北限】［名］北方の限界。特に、動植物の分布する限界についていう。⬍南限

ボクサー【boxer】［名］❶ボクシングの選手。拳闘家。❷短毛で、顔つきがブルドッグに似た中形犬。ドイツ原産で、もとは闘犬用。活発で人なつこい。

ぼく-さつ【撲殺】［名・他サ変］なぐり殺すこと。

ぼく-し【牧師】［名］キリスト教のプロテスタントで、教区・教会を管理し、信徒の指導や布教を行う人。また、その役職。

ぼく-しゃ【▼卜者】［名］占いをする人。占い師。卜人(ぼくじん)。

ぼく-しゃ【牧舎】［名］牧場で、飼っている牛・馬・羊などを入れておく建物。

ぼく-しゅ【墨守】［名・他サ変］昔からの習慣や自説をかたくなに守り通すこと。||「旧套(きゅうとう)をーする」語源 戦国時代、墨子(ぼくし)がよく城を守って、なお守りにゆとりがあったという故事に基づく。

ぼく-じゅう【墨汁】ージフ［名］墨をすった汁。また、すぐ使えるように製造した墨色の液。

ぼく-しょ【墨書】［名・他サ変］墨で書くこと。また、その書いたもの。||「名前をーする」「ー土器」

ほく-じょう【北上】ージャウ［名・自サ変］北へ向かって進むこと。北進。||「台風がーする」「前線のー」⬍南下

ぼく-じょう【牧場】ージャウ［名］牛・馬・羊などを放牧する設備をそなえている所。まきば。

ぼく-しょく【墨色】［名］墨の色。また、墨で書いたものの色つや。すみいろ。

ほく-しん【北進】［名・自サ変］北へ向かって進むこと。北上。||「連合軍がーする」⬍南進

ぼく-しん【牧神】［名］森林・狩猟・牧畜をつかさどる半人半獣の神。ギリシア神話のパン、ローマ神話のファウヌスなど。牧羊神。

ぼく-じん【牧人】［名］牧場で家畜の世話をする人。牧者。

ボクシング【boxing】［名］両手にグローブをはめた二人の競技者がリング上で上半身を打ち合い、ノックアウトまたは判定で勝敗を決するスポーツ。拳闘(けんとう)。体重別に階級を分け、三分間を一ラウンドとして戦う。

ほぐ・す【▽解す】［他五］❶結んだもの、縫ってあるもの、もつれたものなどを、といてもとへ戻す。ほどく。||「古い着物をー」「感情のもつれをー」❷かたまっているものをさばいて細かくする。||「魚の身をー」❸こりかたまったものをやわらげてもとのおだやかな状態へ戻す。||「肩のこり［緊張］をー」可能 ほぐせる

ぼく・する【▼卜する】［他サ変］❶うらなう。||「吉凶をー」❷うらなって定める。また、判断して定める。||「居(きょ)をー」文 ぼく・す

ほく-せい【北西】［名］北と西との中間の方角。西北。

ぼく-ぜい【▼卜▼筮】［名］占うこと。占い。卜占。▼「卜」は亀の甲、「筮」は筮竹を使って占うこと。

ぼく-せき【木石】［名］❶木と石。❷人情を解さないもの。||「ー漢」

ぼく-せき【墨跡・墨▼蹟】［名］筆で書いた文字。筆

跡。特に、禅僧の筆跡。

ぼく-せん【▼卜占】[名]占い。

ほ-くそ【火▼糞】[名]❶ろうそくの燃えがら。❷火口。

ぼく-そう【牧草】[名]家畜の飼料にする草。‖「―地」

ほくそ-え・む【ほくそ笑む】[自五]思い通りになったことに満足して、一人ひそかに笑う。‖「してやったりと―」[書き方]「ほくそ」は「塞翁が馬」の故事に語られる北叟の転ともいい、「北叟笑む」と当てる。

ぼく-たく【木▼鐸】[名]世の中の人々を教え導く人。指導者。‖「社会の―」▽古代中国で、法令などを人民に知らせるときに振り鳴らした、木製の舌をもつ大きな鈴が原義。

ほく-たん【北端】[名]北のはし。‖「島の―」⇔南端

ほ-くち【火口】[名]火打ち石で打ち出した火を移し取るもの。ほくそ。▽イチビの茎を焼いた炭や、茅花やパンヤに煙硝を加えたものなどが用いられた。

ぼく-ち【墨池】[名]❶硯の、墨汁をためるくぼんだ部分。硯の海。硯池。❷墨汁を入れる容器。すみつぼ。

ぼく-ちく【牧畜】[名]牛・馬・羊などの家畜を飼育して繁殖させること。‖「―業」

ほく-てき【北▼狄】[名]古代中国で、北方の遊牧民族を卑しめて呼んだ語。➡東夷・西戎・南蛮

ぼく-てき【牧笛】[名]牧童が家畜を集めるときなどに吹く笛。

ほく-と【北斗】[名]「北斗七星」の略。

ほく-とう【北東】[名]北と東との中間の方角。東北。

ぼく-とう【木刀】[名]木で作った刀。きだち。

ぼく-とう【▼濹東(墨東)】[名]隅田川中流の東岸にあたる地域。東京都墨田区の一帯をいう。▽「濹」は墨田川(隅田川)の意。

濹

ぼく-どう【牧童】[名]牧場で牛・馬・羊などの番をする子供。また、牧場で家畜の世話をする人。牧夫。▽「カウボーイ」の訳語としても使う。

ほくと-しちせい【北斗七星】[名]北天にひしゃく形に連なって見える、大熊座の七つ星。古来、方位や時刻を測定する星として親しまれてきた。北斗星。ななつぼし。▽「斗」は、ひしゃくの意。

ぼく-とつ【朴▼訥・木▼訥】[名・形動]飾り気がなく、口数が少ないこと。‖「―な人」「剛毅―」[注意]「とつとつ」と混同して、口ごもりながら話すさまをいうのは誤り。‖「×木訥と話し続ける」[派生]―さ

ぼくねん-じん【朴念仁】[名]無口で愛想のない人。また、人情や物の道理がわからない人。

ほく-ぶ【北部】[名]ある地域の中で、北の方の部分。‖「関東―」⇔南部

ぼく-ふ【牧夫】[名]牧場で家畜の世話をする人。牧人。

ほく-へん【北辺】[名]北の果て。北のあたり。

ほく-ほく[副]❶すっかり満足して、うれしさを隠せないさま。‖「連日の大入り満員で―する」❷ふかしたての芋などが、水分が少なくて味にこくがあるさま。ぼくぼく。‖「―した焼き芋」

ぼく-めつ【撲滅】[名・他サ変]完全に絶やすこと。すっかりなくしてしまうこと。‖「害虫を―する」「覚醒剤―運動」

ぼく-や【牧野】[名]家畜を放牧し、牧草を採取する野原。

ほく-よう【北洋】[名]北方の海。特に、日本の北方の、オホーツク海・ベーリング海など。‖「―漁業」⇔南洋

ぼく-よう【牧羊】[名]羊を飼育すること。また、その羊。

ぼく-り【木履】[名]❶木で作ったくつ。きぐつ。❷げた。あしだ。❸➡ぼっくり(木履)

ほく-りく【北陸】[名]❶福井・石川・富山・新潟の四県の総称。▽「北陸地方」の略。❷「北陸道」の略。

ほくりく-どう【北陸道】[名]律令制下の七道の一つ。若狭・越前・加賀・能登・越中・越後・佐渡の七か国の総称。くぬがのみち。ほくろくどう。北国。

ほく-れい【北▼嶺】[名]❶比叡山。高野山を南山と呼ぶのに対していう。❷比叡山延暦寺。奈良の興福寺を南都または南嶺と呼ぶのに対していう。

ほぐ・れる【▽解れる】[自下一]❶もつれたもの、かたまったものなどがとけて離れる。‖「からんだ毛糸が―」❷こりかたまったものがやわらいで、もとのおだやかな状態になる。‖「肩のこり[気分]が―」[文]ほぐ・る [名]ほぐれ

ほくろ【〈黒子〉】[名]皮膚の表面にみられる黒または黒褐色の色素斑。小豆大程度までのものをいう。こくし。

ほく-ろく【北麓】[名]山の北側のふもと。‖「富士の―」「六甲山―の温泉地」

ぼけ【▼惚け・▼呆け】[名]❶ぼけること。また、ぼけた人。‖「時差―」❷漫才で、つっこみに対して、とぼけた応答をして客を笑わせる役。

ぼ-け【木▼瓜】[名]春、葉に先立って紅・淡紅・白などの五弁花をつけるバラ科の落葉低木。洋梨状の果実は秋に黄熟し、香りが高い。多くの園芸品種がある。ぼっか。

ほ-げい【捕鯨】[名]鯨を捕ること。‖「―船」

ぼ-けい【母系】[名]❶母方の系統。また、その系統に属していること。❷家系が母方の系統によって相続されること。‖「―社会」◈⇔父系

ぼ-けい【母型】[名]活字の鋳造に用いる金属製の鋳型。

ほけ-きょう【▽法華経】[名]大乗仏教の代表的な経典。永遠の仏である釈迦をたたえ、法華一乗の立場を説く。天台宗・日蓮宗が教義のよりどころとする。妙法蓮華経。

ほ-げた【帆▼桁】[名]帆を張るために帆柱に水平に取りつけた材。

ほ-けつ【補欠(補▼闕)】[名]欠員を補うこと。また、そのための予備の人員。‖「―選挙・―選手」

ぼ-けつ【墓穴】[名]遺体や遺骨を埋めるための穴。はかあな。

◉**墓穴を掘・る**　自分で自分の身を滅ぼすような原因をつくる。

ほけつ-せんきょ【補欠選挙】[名]議員の欠員を補うために行う臨時の選挙。公職選挙法により、繰り上げ補充ができないときや欠員が一定数に達したときに実施される。

ポケッタブル【pocketable】[形動]ポケットに

入るほど小さいさま。‖「—なエコバッグ」

ぼけっ-と [副] 何もしないでぼんやりしているさま。‖「—するな」

ポケット【pocket】[名] ❶洋服などに取り付けた袋状の物入れ。かくし。‖「胸—」❷ポケットに入るほど小さいこと。‖「—カメラ」▼他の語と複合して使う。

ポケット-サイズ【pocket-size】[名] ポケットに入るくらいのサイズ。‖「—の手帳」

ポケット-ティッシュ【pocket tissue】[名] ポケットに入る、小型のティッシュペーパー。

ポケット-ベル【和製pocket+bell】[名] ポケットに入る小型無線呼び出し装置の商標名。ポケベル。

ポケット-マネー【pocket money】[名] 手もとにあって自由に使える金。小遣い銭。

ぼけ-なす【▼惚け▼茄子】[名] ぼんやりした人をののしっていう語。▼色つやのあせたナスの意から。

ぼ・ける【▼惚ける・▼呆ける】[自下一] 頭の働きがにぶくなる。‖「年とともに—けてきた」▼「暈ける」と同語源。文ぼ・く 名ぼけ(惚・呆)

ぼ・ける【▼暈ける】[自下一] ❶輪郭や濃淡の境目がはっきりしなくなる。‖「ピントが—」「—けた柄の着物」❷話の内容などがあいまいになる。‖「論点が—」文ぼ・く 名暈け

ほ-けん【保健】[名] ❶健康を守り保つこと。‖「—薬」❷保健について教える、学校の教科名。

ほ-けん【保険】[名] ❶災害・疾病・死亡など、偶発的な事故による損害を補償するために、多数の人が出し合った掛け金を資金として、事故に遭遇した人に一定の金銭を給付する制度。生命保険・損害保険など。‖「—を掛ける」❷損害を償う保証。確実な保証。❸「健康保険」の略。‖「—のきかない薬」

ぼ-けん【母権】[名] ❶家族に対する支配権が母親にあること。❷母親としての権利。◈⬍父権

ほけん-し【保健師】[名] 保健所・市町村・病院・学校などに勤務し、保健指導や療養指導に従事する人。看護師の有資格者が厚生労働大臣の免許を受けて資格を得る。▼もと、女性は「保健婦」、男性は「保健士」といった。

ほけん-しつ【保健室】[名] 学校などで、病気・けがの簡単な治療や健康診断・健康相談などを行う部屋。

ほけん-じょ【保健所】[名] 公衆衛生活動の中心として、地域住民の健康相談・衛生指導・疾病予防などを行う公的機関。地域保健法により都道府県・政令指定都市および東京都の特別区が設置する。

ほけん-しょう【保険証】[名] 社会保険の被保険者証の通称。健康保険被保険者証など。

ほけん-たいいく【保健体育】[名] 中学校・高等学校で、保健と体育を教える教科。保体。

ほけん-ふ【保健婦】[名] 女性の保健師の旧称。

ほこ【矛(▼戈・▼鉾)】[名] ❶長い柄の先端に両刃の剣をつけた武器。❷①を立てて飾った山車(だし)。山鉾(やまぼこ)。▼「鉾山車」の略。

◉**矛を収(おさ)・める** 戦いをやめる。注意「矛先を収める」は誤り。

ほ-ご【▽反故(▽反古)】[名] ❶書画などを書き損じて不要になった紙。ほごがみ。ほうご。ほぐ。❷役に立たないもの。むだなもの。無用のもの。‖「党が公約を—にする」

ほ-ご【保護】[名・他サ変] ❶危険・損害・迫害などが及ばないように、弱いものなどをかばい守ること。‖「文化財を—する」「プライバシーの—」「自然—運動」❷応急の救護を必要とする人を一時警察署などに留め置くこと。‖「迷子を—する」

ほ-ご【補語】[名] 国文法で、連用修飾語のうち、主として格助詞「に」「と」を伴って述語の意味を明瞭にする語句。「父が母に電話をする」の「母に」、「希望が夢と消える」の「夢と」の類。▼英文法などでは不完全自動詞・不完全他動詞の意味を補う語をいう。SVCやSVOCのC。

ぼ-ご【母語】[名] ❶その人が幼児期に母親など身近な人々から自然に習い覚えた言語。第一言語。❷同じ系統に属している諸言語の源にあたる言語。フランス語・イタリア語・スペイン語などに対するラテン語の類。祖語。

ほ-こう【歩行】(ウカ) [名・自サ変] 歩くこと。‖「道路の右側を—する」「二足(にそく)—」「—者」「—困難」

ほ-こう【補講】(ウカ) [名] 一定の講義のほかに、不足した時間や内容をおぎなうために行う講義。

ぼ-こう【母后】[名] 皇太后。ははきさき。

ぼ-こう【母校】(ウカ) [名] 自分が学んでいる学校。また、自分が学んで卒業した学校。出身校。

ぼ-こう【母港】(ウカ) [名] その船が本拠とする港。

ほこうしゃ-てんごく【歩行者天国】(ホカウシャ) [名] 日曜・休日などに、時間を区切って繁華街の一区画を歩行者に開放し、車の通行を禁止すること。また、その区画。

ほご-かんさつ【保護観察】(クワンサツ) [名] 仮出獄者、刑の執行猶予中の者、保護処分になった少年などを保護観察官・保護司などが補導・援助し、社会生活の場でその更生・改善を図る制度。

ほご-かんぜい【保護関税】(クワンゼイ) [名] 国内産業の保護を目的として、輸入品にかける関税。

ぼ-こく【母国】[名] 自分の生まれ育った国。祖国。

ほご-こく【保護国】[名] 条約に基づいて他国を保護下に置き、その統治権能の一部を代行する国。また、その保護を受ける国。

ほこ-さき【矛先(▼鋒・▼鉾先)】[名] ❶矛の先端。❷議論・非難などで、攻撃の方向。また、その勢い。‖「—をかわす」「批評の—が鈍る」

ほご-しゃ【保護者】[名] 児童など未成年者を保護する義務のある人。その子供の父母や、父母に代わる人。

ほご-しょく【保護色】[名] 動物が外敵の目から逃れるためにもつと考えられる体色や模様。環境に応じて体色を変えるものもある。▼アマガエル・カメレオン・ライチョウ・エチゴウサギなど、その例は多い。

ほご-しょぶん【保護処分】[名] 家庭裁判所が非行少年を善導するために言い渡す処分。保護観察、児童自立支援施設または児童養護施設への送致、少年院への送致の三種がある。

ほご・す【▽解す】[他五] ⬇ほぐす 可能ほごせる

ほご-ちょう【保護鳥】(ウテ) [名] 捕獲が禁止されている鳥。禁鳥。

ほご-ぼうえき【保護貿易】[名] 国内産業を保護・育成するため、国家が保護関税や輸入制限などによって対外貿易に干渉すること。▼自由貿易に対していう。

ぼこ-ぼこ [副亡] ❶中空のものを続けてたたいたりひどく殴ったりするさま。また、その音を表す語。‖「ドラム缶

をーたたく」「頭をー殴られる」❷水などが盛んにわき上がったり泡立ったりするさま。また、その音を表す語。‖「湯がーとわき出る」❸[形動]でこぼこしているさま。‖「事故で車がーになる」「ーの地面」❹次々とあらわれるさま。‖「新商品がー発売される」◈より軽いさまや音を表す語に「ぽこぽこ」がある。

ほこら【▼祠】[名]神をまつった小さな社(やしろ)。

ほこら-か【誇らか】[形動]誇らしげなさま。得意そうなさま。誇りか。‖「ーに受賞の喜びを語る」

ほこらし・い【誇らしい】[形]誇りに思って、人に自慢したい気持ちである。‖「ー顔をして表彰台にのぼる」「優勝をー・く思う」派生 -げ/-さ

ほこり【▼埃】[名]空中にとびちり、物にくっついてたまる細かなごみ。‖「砂ー(ぼこり)」

ほこり【誇り】[名]誇ること。また、その心。‖「両親をーに思う」

ほこり-か【誇りか】[形動]➡ほこらか

ほこ・る【誇る】[他五]❶他よりすぐれていると確信して得意になる。また、その気持ちを態度やことばにあらわす。自慢する。‖「自分の才能をー」「権勢をー」❷長所として認められるものをもつ。また、それを名誉と思う。‖「日本がー伝統技術」「歴史と文化をー古都」▼連体用法が多い。可能 誇れる 名 誇り

ほころ・びる【綻びる】[自上一]❶衣服の縫い目などがほどける。‖「袖(そで)がー」❷花のつぼみが少し開く。‖「梅がー」❸かたかった表情がやわらぐ。笑顔になる。‖「顔がー」✓注意「顔がほころびる」を「笑顔がほころびる」とするのは誤り。文 ほころ・ぶ 名 ほころび

ほころ・ぶ【綻ぶ】[自五]「綻びる」に同じ。‖「コブシのつぼみがー」「吉報に顔がー」名 ほころび

ほ-さ【保佐】[名・他サ変]民法で、精神上の障害によって判断能力が著しく不十分な人(＝被保佐人)を保護し、財産の管理などを行うこと。また、その制度。➡成年後見制度

ほ-さ【補佐(▼輔佐)】[名・他サ変]人の仕事を助け、おぎなうこと。また、その役やその人。‖「幼帝[社長]をーする」「課長ー」「大統領ー官」

ぼ-さい【募債】[名・自サ変]債券を募集すること。

ほ-さき【穂先】[名]❶植物の穂の先。❷細長くとがったものの先端。‖「筆[槍(やり)]のー」

ほざ・く[自五]〔俗〕他人について「言う」をののしっていう語。ぬかす。‖「何をーか」可能 ほざける

ぼ-さつ【▼菩▼薩】[名]❶仏教で、仏になるために悟りを開き、衆生を救おうと修行を重ねる者。文殊(もんじゅ)・観音・弥勒(みろく)・勢至・普賢(ふげん)など。▼梵語の音写「菩提薩埵(ぼだいさった)」の略。元来は前世で修行者だった釈迦(しゃか)を言った。❷昔、朝廷から高徳の僧に贈られた称号。‖「行基ー」❸本地垂迹(すいじゃく)説によって、日本の神に与えられた称号。‖「八幡大ー」

薩

ぼ-さつ【簿冊】[名]綴(と)じてある本。帳簿。帳面。‖「名をーに記させつ〈鷗外・舞姫〉」

ぼさっ-と[副]何もしないでただぼんやりしているさま。‖「ー立ってないで手伝ったらどうだ」

ボサ-ノバ【bossa nova ポルトガル】[名]一九五〇年代末にブラジルで興ったポピュラー音楽。サンバにジャズの要素が加わって都会的に洗練されたもの。▼新しい感覚の意。

ぼさ-ぼさ[副(と)]❶すべきことをしないで、ぼんやりしているさま。‖「ーしていないで仕事にかかれ」❷[三]髪などが乱れているさま。‖「髪がーになる」

ぼ-さん【墓参】[名・自サ変]墓に参ること。墓参り。‖「一周忌にーする」

ほし【星】[名]❶夜空に小さく光って見える天体。‖「ーが光る」▼恒星・惑星・彗星(すいせい)などすべての天体をさすが、多く太陽・地球・月を除いていう。❷星の光をかたどったしるし。☆など。‖「胸にーを付ける」「ー印」❸丸くて小さな点。まるぼち。‖「重要な語句にーを打つ」❹眼球に生じる白い斑点。❺目当て。めぼし。‖「ーをつける」❻警察関係で、犯人・容疑者をいう隠語。‖「ーを挙げる(＝逮捕する)」❼相撲で、勝敗を示す白黒の丸い記号。‖「白ー・黒ー」❽九星のうち、その人の生まれ年にあたるもの。また、その年々の運勢。‖「よいーのもとに生まれる」❾〔古風〕歳月。年月。‖「ー移る」▼①が運行することから。❿期待され、もてはやされる人。花形。スター。‖「角界のー」⓫囲碁で、碁盤の目に黒丸の打ってある所。全部で九か所。

◉**星にな・る** 死ぬ。

◉**星の数(かず)ほど** 非常に数が多いことのたとえ。無数に。‖「ーある」

◉**星を頂(いただ)・く** まだ星のある早朝から物事をする。また、早朝から夜遅くまで物事をする。‖「ー・いて帰る(＝夜の帰宅、特に、仕事後の夜の帰宅をいう)」

◉**星を落と・す** 負ける。

ほ-じ【保持】[名・他サ変]保ち続けること。‖「権力をーする」「選手権ー者」

ぼ-し【母子】[名]母と子。‖「ーともに健康」

ぼ-し【母指(▼拇指)】[名]手の第一指。おやゆび。書き方「母指」は、新聞などで行う代用表記。

ぼ-し【墓誌】[名]石板や金属板に死者の閲歴・業績などを記して墓中に納めたもの。また、墓石に死者の閲歴・業績などを刻んだ文。

ポジ[名]写真で、肉眼で見た被写体と同じ明暗や色相で写っている画像。また、そのフィルム。陽画。⬍ネガ▼「ポジティブ」の略。

ほし-あかり【星明かり】[名]星の光による明るさ。

ほしい【▼糒】[名]米を蒸して乾燥させた保存食。古くは旅の携行食とし、水や湯に浸して食べた。▼ほしいい(乾し飯)の転。

ほし・い【欲しい】━[形]❶自分のものにしたいと思う。手に入れたい。‖「私は暇がー」「あの腕輪がのどから手が出るほどー」使い方「…が欲しい」がふつうだが、「…を欲しい」とも。❷存在しないものの必要性が痛切に感じられる意を表す。‖「家の近くにコンビニがー」「職場には若い人材がー」「もう一工夫ー」派生 -げ/-さ「遊興費ーの犯行」/-がる
━[補形]〈動詞連用形＋「て[で]」に付いて〉自分の望むことを相手に求める気持ちを表す。…てもらいたい。‖「すぐに来てー」「そんなに怒らないでー」使い方「ー・かった」(過去)の形では、実現しなかったことが残念だという気持ちを表す。‖「彼女にだけは分かってー・かった」「もっと早く来てー・かった」
◈書き方 一二とも、かな書きも多い。

ほしい-まま【▼擅・▽恣・▽縦】[形動]自分の思うままにふるまうさま。‖「権勢をーにする」

ほし-うお【干し魚(▽乾し魚)】[名]保存用に天日などで乾燥させた魚。ひもの。

ほし-うらない【星占い】-ウラナヒ [名]⬇占星術

ポシェット [pochetteフランス] [名] 肩からさげられるようにひもをつけた小型のバッグ。▽小さなポケットの意。

ほし-か【干し▼鰯(▽乾し▼鰯)】[名] 脂を抜いたイワシ・ニシンなどを乾燥して作った肥料。江戸後期から明治にかけて木綿・タバコ栽培などに用いられた。

ほし-がき【干し柿(▽乾し柿)】[名] 渋柿の皮をむき、天日で干して甘みを出したもの。つるしがき。

ほし-かげ【星影】[名] 星の光。「またたく―」

ほし-が・る【欲しがる】[他五] しきりに求める。欲しそうなようすをする。「金を―」「甘いものを―」

ほし-くさ【干し草(▽乾し草)】[名] 家畜の飼料にするために、刈り取って乾燥させた草。

ほし-くず【星▼屑】-クヅ [名] 夜空に光る無数の小さな星。

ほじく・る【▼穿る】[他五] ❶つつき回す。また、つつき回して中の物を外へ出す。「耳を―」❷隠されていたものをしつこく追及する。「旧悪を―」可能 ほじくれる

ポジショニング [positioning] [名] ❶スポーツで、各選手が攻撃や守備にあたって位置を定めること。位置どり。❷市場などで、競合製品に対する自社製品の位置を定めること。「マーケティング上の―を明確にする」

ポジション [position] [名] ❶位置。特に、球技などで選手がつく定位置。「―につく」❷職務上の位置。地位。部署。

ほし-じるし【星印】[名] ❶星形のしるし。☆など。❷注・参照・疑義などを表す、*の記号。アステリスク。

ほ-しつ【保湿】[名・自他サ変] 一定の湿度に保つこと。「乳液で(肌を)―する」「―効果」

ほし-づきよ【星月夜】[名] 星の光が月のように明るい夜。ほしづくよ。

ポジティブ [positive] ■一[形動] 肯定的なさま。積極的なさま。「―に考える」■二[名]⬇ポジ◈⬍ネガティブ

ポジティブ-シンキング [positive thinking] [名] 物事を肯定的・楽観的に捉える思考方法。ポジティブ思考。

ぼし-てちょう【母子手帳】-テチヤウ [名] 母子保健法に基づき、妊娠の届け出をした女性に地方自治体が交付する手帳。妊娠の経過・出産の状況・乳児の発育状況などを記録する。▽「母子健康手帳」の略。

ほしとり-ひょう【星取り表】-ヘウ [名] 相撲などで、勝敗の結果を○●の記号(白星・黒星)で示した表。

ほし-のり【干し〈海▼苔〉・▽乾し〈海▼苔〉】[名] 刻んだ生ノリを紙のように薄くすいて乾燥させた食品。

ポシビリティー [possibility] [名] 可能性。

ほし-ぶどう【干し▼葡▼萄・▽乾し▼葡▼萄】-ブダウ [名] ブドウの実を乾燥させたもの。レーズン。

ほし-まつり【星祭り】[名] ❶⬇七夕(たなばた)① ❷真言宗で、除災・求福のために本命星(ほんみょうじょう)(=その人の生年に当たる星)などを祭ること。また、その法会(ほうえ)。星供(ほしく)。

ほし-まわり【星回り】-マハリ [名] 各人の運命を左右するという本命星(ほんみょうじょう)(=その人の生年に当たる星)のめぐりあわせ。「―が悪い」

ほし-め【星目(星▽眼)】[名] 目の結膜や角膜にできる粟粒(あわつぶ)大の白い斑点(はんてん)。また、それが生じる病気。フリクテン。

ほし-もの【干し物】[名] 日光にあてて乾かすこと。また、そのもの。特に、洗濯物。

ほ-しゃく【保釈】[名・他サ変] 一定の保証金を納めさせて、未決勾留中の刑事被告人を釈放すること。「―金」

ぽしゃ・る [自五] [俗] 計画などが途中でだめになる。「企画が―」▽「ぽしゃ」は「シャッポ」の倒語ともいう。書き方「ポシャる」とも。

ほ-しゅ【保守】[名] ❶古くからの制度・習慣・考え方などを守り、急激な改革を避けようとすること。また、その立場。「―派」「―反動」⬍革新 ❷[他サ変] 機械・設備などの正常な状態を維持すること。「―点検」

ほ-しゅ【捕手】[名] 野球・ソフトボールで、本塁の後ろで投手の投球を受け、また、本塁を守る選手。キャッチャー。

ほ-しゅう【補修】-シウ [名・他サ変] いたんだ部分を補い、修理すること。「重要文化財を―する」「橋の―工事」

ほ-しゅう【補習】-シフ [名・他サ変] 正規の授業以外に、学力を補うために学習すること。また、その学習。「数学の―を受ける」「―授業」

ほ-じゅう【補充】[名・他サ変] 不足しているものを補い満たすこと。「欠員を―する」「タンクに燃料を―する」

ぼ-しゅう【募集】-シフ [名・他サ変] 広く呼びかけて、人やものを集めること。「会員[アイデア]を―する」

ぼ-しゅう【暮秋】-シウ [名] ❶秋の終わりごろ。晩秋。❷陰暦九月の別称。

ほしゅ-てき【保守的】[形動] 古くからの制度・習慣などを守ろうとするさま。「―な風土」⬍進歩的・革新的

ぼ-しゅん【暮春】[名] ❶春のおわりごろ。晩春。❷陰暦三月の別称。

ほ-じょ【補助】[名・他サ変] ❶足りないところを補って助けること。また、その助けとなるもの。「学資[製作費・業務]を―する」「―金・―席」❷民法で、精神上の障害によって判断能力が不十分な人のうち、保佐・後見の対象となるまでには至らない人(=被補助人)を補い、助けること。また、その制度。⬇成年後見制度

ぼ-しょ【墓所】[名] 墓のある所。はかば。墓地。

ほ-しょう【歩▼哨】-セウ [名] 軍隊で、兵営・陣地などの要所に立って警戒や監視をすること。また、その兵士。

ほ-しょう【保証】[名・他サ変] ❶確かであると請け合うこと。「品質[身元]を―する」❷債務者が債務を履行しない場合、これに代わって他の者が債務を履行する義務を負うこと。「―人」「連帯―」

ほ-しょう【保障】-シヤウ [名・他サ変] ある地位や状態がそこなわれないように、保護して守ること。「身の安全[言論の自由]を―する」「社会―」

ほ-しょう【補償】-シヤウ [名・他サ変] 与えた損失をつぐなうこと。特に、損害賠償として、財産上・健康上の損失を金銭でつぐなうこと。「損害を―する」「災害[刑事]―」

ほ-じょう【捕縄】[名] 犯人などの逮捕や連行にもちいる縄。

ぼ-じょう【慕情】-ジヤウ [名] したわしく思う気持ち。恋いしたう気持ち。「―を抱く」

ほしょう-にん【保証人】［名］ある人の身元や債務などについて保証する人。

ほ-しょく【捕食】［名・他サ変］生物が他の生物を捕らえて食うこと。‖「鳥が昆虫を―する」

ほ-しょく【補色】［名］一定の割合で二つの色を混ぜ合わせて、光では白色に、絵の具では灰色になるとき、一方の色に対する他方の色。赤に対する青緑、紫に対する黄緑など。余色。

ほ-しょく【補食】［名］必要な栄養やエネルギーを摂取するために、通常の食事のほかに食べる軽い食事。

ぼ-しょく【暮色】［名］夕方の、薄暗くなるころの色合い。また、夕方の景色。‖「―が迫る」「―蒼然(そうぜん)」

ほじょ-けん【補助犬】［名］身体に障害がある人の生活を補助する犬。介助犬・聴導犬・盲導犬など。

ほじょ-どうし【補助動詞】［名］動詞のうち、本来の独立した用法を離れ、他の語に付いて補助的な役割をするもの。「持っている」の「いる」、「置いてある」の「ある」、「取ってしまう」の「しまう」など。

ほじょ-りん【補助輪】［名］子供用自転車の両側に装着する練習用の車輪。

ほじ・る【▼穿る】［他五］つついて小さな穴をあける。また、つついて中の物をかき出す。ほじくる。‖「指先で土を―」「鼻糞(はなくそ)を―」可能 **ほじれる**

ほ-しん【保身】［名］自分の地位・名誉・安全などを守ること。‖「ひたすら―をはかる」

ほ・す【干す(▽乾す)】［他五］❶水分を取り除くために、物を日光・風・火などの当たる場所に置く。特に、日に当てて乾かす。‖「物干し場に洗濯物を―」「本を日に―」「―・した魚」❷その中にある水などをすっかりなくす。からにする。‖「池の水を―」「杯(さかずき)を―」「飲み―」❸意図的に仕事や役割を与えないでおく。‖「役を―・される」▼❸は受身の形が多い。可能 **干せる**

ボス【boss】［名］❶組織・集団の中で実権を握っている人。親分。首領。顔役。‖「政界の―」❷組織などの長。上司。

ポス【POS】［名］店のレジとコンピューターをつなぎ、商品の販売時に売り上げ数や在庫などの管理を自動的に行うこと。販売時点情報管理システム。ピーオーエス。▼point-of-sale の略。

ほ-すい【保水】［名］水をたくわえておくこと。‖「―力の強い土壌」

ほ-すう【歩数】［名］歩くときに足でふむ回数。‖「―計」

ほ-すすき【穂▽薄・穂▼芒】［名］穂の出たススキ。

ポスター【poster】［名］広告・宣伝などのための、文字・写真・絵などを配した貼り紙。

ポスター-カラー【poster color】［名］ポスターなどの広告図案に用いられる水溶性の不透明絵の具。

ポスター-セッション【poster session】［名］研究発表などで、研究内容をポスター大の用紙にまとめて掲示し、それを使って説明を行うこと。また、その発表形式。

ポスティング【posting】［名］ちらしなどを家々の郵便受けに入れて回ること。

ポスティング-システム【posting system】［名］アメリカの大リーグ球団が、日本のプロ野球選手を獲得するための入札制度。選手との契約が成立した場合、選手が所属していた日本の球団に移籍金が支払われる。

ホステス【hostess】［名］❶パーティーなどで、主催者側の女性の主人。❷バー・クラブなどで、接客を業とする女性。❸テレビのワイド番組などで、女性の司会者。◈⇔ホスト

ホスト【host】［名］❶パーティーなどで、主催者側の男性の主人。また一般に、主催者。‖「サミットの―国」❷クラブなどで、接客を業とする男性。❸テレビのワイド番組などで、男性の司会者。◈⇔ホステス

ポスト【post】［名］❶郵便物を投函する箱。また、家庭などの郵便受け。❷地位。役職。また、部署。‖「重要な―につく」

ポスト【post】（造）〈他の語の上に付いて〉…以後。…のあと。…の次にくる。‖「―冷戦」「―モダニズム」

ポストカード【postcard】［名］郵便はがき。

ポスドク［名］博士号取得後の研究者。特に、博士号を取得した後、大学などで任期制の職に就く研究者。ポストドクター。博士研究員。▼postdoctoral fellow から。

ホスト-コンピューター【host computer】［名］コンピューターネットワークの中で中心的な役割を果たす上位コンピューター。

ホスト-ファミリー【host family】［名］ホームステイの留学生を受け入れて世話をする家族。

ポスト-モダン【post-modern】［名］進歩主義・機能本意主義に基づく啓蒙の原理によって支えられてきた近代主義を批判し、脱近代をめざす傾向。ポストモダニズム。脱近代主義。▼一九七〇年代、モダニズム建築に対する批判として生じた語。

ボストン-バッグ【Boston bag】［名］底が長方形で、中ほどがふくらんだ形の旅行用手提げかばん。ボストン。

ホスピス【hospice】［名］末期癌(がん)患者など死期の近い患者を対象とし、身体的苦痛や死への恐怖を軽減することを目的に医療的・精神的・社会的援助を行う施設。▼もと、巡礼者や病人を泊めたキリスト教会の宿泊所の意。

ホスピタリティー【hospitality】［名］心のこもったもてなし。また、もてなしの心。‖「―の高い旅館」

ほ・する【保する】［他サ変］たもつ。また、うけあう。保障する。‖「自由を―」文 **ほ・す**

ほ・する【補する】［他サ変］職務の担当を命じる。‖「局長に―」文 **ほ・す**

ほ-せい【補正】［名・他サ変］不足を補って誤りを正すこと。‖「図面[ゆがみ]を―する」

ほ-せい【補整】［名・他サ変］不足を補って全体を整えること。‖「画像を―する」「―下着」

ほ-ぜい【保税】［名］関税の徴収が保留されていること。‖「―倉庫」

ぼ-せい【母性】［名］❶母親としてもっている性質。また、妊娠・出産する機能。‖「―愛・―保護」⇔父性

ほせい-よさん【補正予算】［名］すでに成立した予算(本予算)に関して、その後に生じた事情から必要となった経費を追加するために作成される予算(追加予算)と、追加はないが内容を変更するために作成される予算(修正予算)の総称。

ぼ-せき【墓石】［名］墓標として立てる石。はかいし。

ほ-せつ【補説】［名・他サ変］不十分なところを補って説明すること。また、その説明。

ほ‐せん【保線】[名] 列車運行の安全を保つために、鉄道線路を保守・整備すること。「―工事」

ほ‐ぜん【保全】[名・他サ変] ❶事物の状態・機能などを保護して、安全を保つこと。「生態系[森林]を―する」「環境―」「設備の―と修理」❷権利などを保護して守ること。「―処分」「地位―」

ぼ‐せん【母船】[名] 漁業船団の中心となって、物資の補給や漁獲物の処理・加工・冷凍などを行う大型の船。「―式漁業」

ぼ‐せん【母線】[名] ❶幾何学で、一つの直線の移動によって曲面が描かれるときの、それぞれの位置にある直線。❷発電所や変電所で、電源から生じるすべての電流を受け、さらにそれを各外線に分配する幹線。

ぼ‐ぜん【墓前】[名] 墓の前。「―に花を供える」

ほぞ【▼枘】[名] 木材などを接合するために、一方の材の端に作った突起。これを他方の材に作った枘穴(ほぞあな)にはめ込んで合わせる。▼「ほぞ(臍)」と同語源。

ほぞ【▼蔕】[名] 果実のへた。▼「ほぞ(臍)」と同語源。

書き方 蔕 臍

ほぞ【▼臍】[名] へそ。

◉臍を固(かた)める 覚悟を決める。

◉臍を嚙(か)む 悔しがる。後悔する。「―思い」書き方「かむ」は「▼噬む」とも。

ほそ・い【細い】[形] ❶ひも状や棒状のものの径が小さい。周囲が小さい。「彼女の腕は―」「竹を―く削る」❷帯状・線状のものの幅が小さい。「―線を引く」「―路地を抜ける」「目を―くして笑う」❸連絡が悪く、つながりが密でない。「両者をつなぐ情報のパイプが―」❹声の音量が小さく弱々しい。か細い。「消え入るような―声で答える」❺〈多く「細く長く」の形で〉短期間で精力を使い切らないで、長く続くようにするさま。「研究は無理をせず―く長く続けよう」❻気が小さく、気後れがしたり小事にこだわったりするさま。「神経が―人」「社長にしては線が―」❼〈「食が細い」の形で〉少ししか食べられない性質であるさま。体質的に少食だ。◈①〜⑥⇕太い 派生 ‐さ「今にも折れんばかりの―」

ほ‐そう【舗装(▼鋪装)】[名・他サ変] 道路の表面をアスファルト・コンクリート・煉瓦などで固めること。「私道を―する」「―工事」

ほそ‐うで【細腕】[名] やせて細い腕。また、かよわい力。

ほぞ‐おち【▼蔕落ち】[名] 果実が熟してへたから自然に落ちること。また、その果実。

ほそ‐おび【細帯】[名] 幅の狭い帯。

ほそ‐おもて【細面】[名] ほっそりとした顔。

ほ‐そく【歩測】[名・他サ変] 一定の歩幅で歩き、その歩数でおよその距離を測ること。

ほ‐そく【捕捉】[名・他サ変] とらえること。つかまえること。「レーザーで微粒子を―する」

ほ‐そく【補足】[名・他サ変] 不十分な点を補い、付け加えること。「説明を―する」

ほ‐そく【補則】[名] 法令の規定を補うために付け加えた規則。付則。

ほ‐そつ【歩卒】[名] 徒歩で従軍する兵卒。歩兵。

ほそ‐づくり【細作り】[名] ❶細く作ってあること。また、そのもの。「―の太刀」❷刺身で、サヨリ・キス・イカなどを縦に細く切ること。また、そのもの。❸体がほっそりとして、きゃしゃなこと。また、その体。

ぼそっ‐と [副] ❶何もしないで、ぼんやりしているさま。「―立っている」❷小声で無愛想に言うさま。「―つぶやく」

ほそなが・い【細長い】[形] 細くて長いさま。「―箱[顔]」

ほぞ‐の‐お【▼臍の緒】(ヲ) [名] へその緒。臍帯(さいたい)。

ほそ‐びき【細引き】[名] 麻などをより合わせて作った細い縄。細引き縄。

ほそ‐ぼそ【細細】[副ト] ❶きわめて細いさま。また、細くて弱いさま。「―とした腕[声]」❷かろうじて続いているさま。また、生活などを、かろうじて維持しているさま。「―(と)暮らしを立てる」読み分け ⇩こまごま

ぼそ‐ぼそ [副ト] ❶低く小さな声で話すさま。「―(と)話し合う声がする」❷水分が乏しくて食べにくいさま。「―(と)したパン」

ほそ‐み【細み】[名] 蕉風俳諧の理念の一つ。句に詠む対象に対する作者の繊細で細やかな感受性。また、それによって表現された、しみじみとした情趣。

ほそ‐み【細身】[名] ❶普通より幅をせまく作ってあること。また、そのもの。「―のズボン」❷体がほっそりとして、きゃしゃなこと。また、その体。「―の人」

ほそ‐め【細め(細目)】[名・形動] 普通より少し細いこと。「―の帯を締める」「イカを―に切る」⇕太め

ほそ‐め【細目】[名] ❶少しだけ開いた目。薄目。「―をあけて見る」❷普通より細い編み目・織り目。

ほそ・める【細める】[他下一] 細くする。「まぶしそうに目を―」文 ほそ・む

ほそ・る【細る】[自五] ❶細くなる。「蠟燭(ろうそく)の火が―」❷やせて細くなる。やせ細る。「身も心も―思い」❸力や勢いなどが弱くなる。弱る。「食が―」

ほ‐ぞん【保存】[名・他サ変] ❶そのままの状態を保ちながら、とっておくこと。「文化財を―する」「冷凍―」❷コンピューターなどのデータ操作で、データを記憶媒体に記憶すること。「上書き―」

ほぞん‐しょく【保存食】[名] ❶長期間保管できるように加工した食品。塩蔵品・乾物・缶詰・レトルト食品など。❷給食施設などで、食中毒が疑われたときに保存する食品。

ほた【▼榾・▼榾▼柮】[名] 囲炉裏(いろり)やかまどでたくたきぎ。小枝や木の切れはしなど。ほたぎ。ほだ。

ぼた [名] 炭鉱で選炭したあとに残る岩石や粗悪な石炭。「―山(＝ぼたを積み上げた山)」▼主に九州地方でいう。

ポタージュ [potage(フランス)] [名] とろみのある濃厚なスープ。⇩コンソメ ▼原義はスープの総称。

ほ‐たい【保体】[名] 「保健体育」の略。

ぼ‐たい【母体】[名] ❶母親のからだ。特に、出産前後のからだ。「―保護」❷発展してきたもの、分かれ出てきたものなどの、もとになるもの。母胎。「川柳の―となった前句付け」「労働組合を選挙―とする政党」「新事業の推進―」

ぼ‐たい【母胎】[名] ❶母親の胎内。「生命のたねが―に宿る」❷⇩母体②

ぼだい【▼菩▽提】[名] ❶仏教で、一切の煩悩を断ち切って到達する悟りの境地。また、悟りの智慧(ちえ)。❷死後の冥福。◈梵語 bodhi の音写。「覚」「智」「道」などの意。

◉菩提を弔(とむら)・う 死者の冥福(めいふく)を祈る。

ぼだい‐じ【▼菩▽提寺】[名] 先祖代々の墓や位牌

をおき、葬式などの仏事を営む寺。檀那寺(だんなでら)。

ぼだい-じゅ【▼菩▽提樹】[名] ❶幹・枝から太い気根が垂れ下がるクワ科の常緑高木。葉は卵円形で光沢があり、花・果実はイチジクに似る。インド原産。インドボダイジュ。テンジクボダイジュ。▽釈迦(しゃか)はこの木の下で悟りを開いたと伝えられる。❷寺院などで①の代用として植えられるシナノキ科の落葉高木。夏、淡黄色の小花を下向きにつけ、芳香を放つ。中国原産。▽シューベルトの歌曲で知られる菩提樹は同属別種のセイヨウボダイジュ(セイヨウシナノキ・リンデンバウム)。

ぼだい-しょ【▼菩▽提所】[名] 菩提寺。

ぼだい-しん【▼菩▽提心】[名] 仏道修行をして、悟りを求めようとする心。また、悟りを求め、世の人を救おうとする心。‖「—を起こす」

ほださ・れる【▼絆される】[自下一] 情に引かれて気持ちや行動が束縛される。人情にかられて、そうしようという気になる。‖「情に—れて金を貸す」「情熱に—れて一肌脱ぐ」▽動詞「ほだす」+受身の助動詞「れる」から。文ほださ・る

ほだし【▼絆し】[名] 人の心や行動の自由を束縛するもの。‖「浮き世の義理が—となる」▽つなぎとめるものの意。

ほだ・す【▼絆す】[他五] ❶綱でつなぎとめる。❷自由を束縛される。⇩ほだされる 名ほだし

ほたて-がい【帆立貝】(ヒガ)[名] 丸みを帯びた扇形の貝殻をもつイタヤガイ科の二枚貝。東北・北海道などの寒海に分布。大きな貝柱を食用とし、養殖も盛ん。

ボタニカル[botanical][形動] 植物の。植物性の。

ぼた-ぼた[副(と)] ❶大粒の液体が重い感じでしたたり落ちるさま。‖「墨汁が—(と)垂れる」❷水分を含んでいて重そうなさま。

ぽた-ぽた[副(と)] 液体が続けざまにしたたり落ちるさま。‖「—(と)涙をこぼす」

ぼた-もち【▼牡▽丹餅】[名] おはぎ。‖「棚から—」

ぽたり-と[副] ❶液体が粒になって落ちるさま。また、その音を表す語。‖「滴(しずく)が—落ちる」❷(滴(しずく)のように)一つのかたまりが落ちるさま。また、その音を表す語。ぽとっと。‖「椿が—落ちる」

ほたる【蛍】[名] ホタル科の甲虫の総称。特に、水辺の草むらにすみ、腹端の発光器で夜間青白い光を放つゲンジボタル・ヘイケボタル・ヒメボタルなどをいう。闇の中を飛び交うほのかな光は夏の夜の風物詩としてめでられるが、それを死者の霊とする伝説もある。なつむし。くさのむし。

◉**蛍の光(ひかり)窓の雪** 苦労して勉学に励むこと。⇩蛍雪(けいせつ)

ほたる-いか【蛍〈▼烏賊〉】[名] 全身に無数の発光器をもつホタルイカモドキ科のイカ。本州中部以北の沿岸に分布。富山湾・相模湾に多い。食用。マツイカ。

ほたる-び【蛍火】[名] ❶ホタルの発するかすかな光。❷わずかに消え残った炭火。

ほたる-ぶくろ【蛍袋】[名] 夏、内面に紫斑のある淡紅紫色または白色の鐘状花を下向きにつけるキキョウ科の多年草。山野に自生する。ツリガネソウ。

ぼ-たん【▼牡丹】[名] ❶初夏、枝先に紅・淡紅・紫・白などの大形花をつけるボタン科の落葉小低木。古くから観賞用に栽培され、園芸品種が多い。中国原産。ぼうたん。❷イノシシの肉の通称。‖「—鍋(なべ)」▽「獅子(しし)に牡丹」の「獅子」が猪(しし)と音通することから。

ボタン[botão(ポルトガル)][名] ❶衣服などの合わせる部分につけ、他の一方に設けた穴やループに通してとめるもの。形状は円形・半球形などさまざまで、装飾を兼ねるものも多い。‖「金—」書き方「▼釦」「▼鈕」とも。❷指で押して機械類などを作動・停止させるための突起状のもの。‖「押し—」▽英語button からとも。

◉**ボタンの掛け違い** 物事の手順が狂い、後になって不都合や矛盾が生じること。

ボタン-ダウン[button-down][名] 先端をボタンで身頃に留めるようにした襟(えり)。ボタンダウンカラー。

ぼたん-ばけ【▼牡丹▽刷毛】[名] 毛がボタンの花のように開いた化粧用のはけ。水おしろいなどを塗るのに使う。

ボタン-ホール[buttonhole][名] ボタンをはめるための穴。ボタン穴。

ぼたん-ゆき【▼牡丹雪】[名] ふっくらと大きな雪片となって降る雪。ぼたゆき。

ぼ-ち【墓地】[名] 墓のある区域。はかば。‖「共同—」

ぼち[接尾] ⇩ぼっち‖「これっ—じゃ足りない」

ホチキス[Hotchkiss][名] コの字形の針を紙に打ち込み、内側に折り曲げてとじ合わせる器具。ステープラー。ホッチキス。▽アメリカの発明家ホッチキスの名に由来する。

ぽち-ぶくろ【ぽち袋】[名] 祝儀やお年玉を入れる小さなのし袋。書き方「ポチ袋」とも。

ぼち-ぼち[副(と)] ❶少しずつ(ゆっくり)行うさま。少しずつある状態になるさま。ぼつぼつ。‖「—(と)学んでいけばいい」「庭の梅が—と咲き始めた」❷物事を行ったりある状態になったりする時間が徐々に迫るさま。そろそろ。‖「—出かけようか」「—完成するころだ」❸[形動] 物事の程度などが十分とはいえないが一応は満足できるさま。まあまあ。‖「商売は—だ」▽主に関西でいう。

ぽちゃ-ぽちゃ[副(と)] ❶ふっくらとして愛らしいさま。ぽっちゃり。‖「—(と)ふとった赤ん坊」❷水を軽くかき乱したり、水が物に当たってはね返ったりするさま。また、その音を表す語。‖「—(と)水遊びをする」

ほ-ちゅう【補注(補▼註)】[名] 注釈や説明の不足を補うために付け加えた注記。

ほちゅう-あみ【捕虫網】[名] 昆虫を捕らえるのに用いる、細長い柄をつけた袋状の網。

ほ-ちょう【歩調】(ウ)[名] ❶歩くときの調子。特に、大勢で歩くときの足並み。‖「—を合わせる」❷大勢の人が一緒に行動するときのそろいぐあい。‖「仕事の—が合わない」

ほちょう-き【補聴器】(ホチャ)[名] 難聴者のために、外界の音声を拡大増幅して聞こえやすくする装置。

ほつ【発】(造) 始まる。起こる。また、始める。起こす。‖「—願・—起・—作・—心・—足・—端」

ぼつ【没】[一][名] ❶死ぬこと。‖「平成一〇年—」「—後・—年」「死—・戦—・病—」▽「歿」に通じる。❷原稿などを採用しないこと。‖「投稿が—になる」▽「没書」の略。[二][接頭]〈名詞に付いて〉それがない意を表す。‖「—個性・—交渉・—趣味」

ぼつ【▼歿】(造) 死ぬ。‖「死—・病—」「—年」▽「没」に通じ、死ぬ意では、もと専ら「歿」を使った。

ぼつ【勃】(造) ❶物事が急に起こる。‖「—起・—興・—然・—発」❷盛んに起こるさま。‖「—・鬱(うつ)—」❸「勃牙利(ブルガリア)」の略。

ほ-つ-え【▽上枝・▽秀つ▽枝】［名］〔古風〕上の方にある枝。⇕下枝(しずえ)▽「つ」は「の」の意の格助詞。

ぼっ-か【牧歌】(ボク-)［名］❶牧童などが家畜の番をしながらうたう歌。❷牧人や農夫の生活を主題とする、素朴で叙情的な詩歌。田園詩。パストラル。

ぼつ-が【没我】［名］物事に熱中して自我を意識しなくなること。「一の境に入る」

ほっ-かい【法界】［名］仏教で、思考の対象となるすべてのもの。また、広大無辺の全宇宙。法界(ほうかい)。

ぼっ-かく【墨客】(ボク-)［名］書や絵を巧みにかく人。ぼっきゃく。「文人一」

ぼっか-てき【牧歌的】(ボクカ-)［形動］牧歌のように素朴で叙情的なさま。「一な風景」「一な作品」

ぽっかり［副-］❶軽く浮かんでいるさま。「一(と)浮かんだ雲」❷不意に浮かび上がるさま。また、急に現れるさま。「雲間から太陽が一(と)姿を見せる」❸口を大きく開けるさま。また、大きな穴などが開くさま。「壁に一(と)穴があく」

ほつ-がん【発願】(-グワン)［名・自他サ変］❶神仏に誓願を立てること。❷ある事を成し遂げようと念願を起こすこと。「寺院の建立を一する」

ほっ-き【発起】［名］❶［他サ変］思い立ってある事を企てること。「一人」❷［自サ変］悟りを得ようとする心を起こすこと。発心。「一念一」

ほつ-ぎ【発議】［名・他サ変］会議などで、意見や議案を出すこと。はつぎ。「条例改正を一する」

ぼっ-き【勃起】［名・自サ変］❶にわかに起こり立つこと。勃興。❷陰茎が海綿体組織の充血によって硬く大きくなること。「一不全」

ほっき-がい【北寄貝】(ホクキガヒ)［名］ウバガイ。

ぼっ-きゃく【没却】［名・他サ変］捨て去ること。忘れ去ること。「自我を一する」

ぼっ-きょ【▼卜居】(ボク-)［名・自サ変］その土地を占って住居を定めること。また、土地を選んで住居を定めること。

ほっ-きょう【法橋】(-ケウ)［名］❶僧の位で、法印・法眼(ほうげん)に次ぐ位。▽「法橋上人位」の略。❷中世以降、僧に準じて医師・仏師・絵師・連歌師などに与えられた称号。

ほっ-きょく【北極】(ホク-)［名］❶地軸(＝地球の自転の中心軸)が北半球で地表を貫く地点。北緯九〇度の地点。北極点。❷地軸の延長線が北端で天球と交わる点。天の北極。❸地磁気の北の極。北磁極。❹「北極圏」の略。◈⇕南極

ほっきょく-かい【北極海】(ホクキョク-)［名］北極を中心として、北アメリカ・ユーラシア大陸に囲まれた海域。夏季以外はそのほとんどが凍結する。北氷洋。

ほっきょく-けん【北極圏】(ホクキョク-)［名］北極を中心とした北緯六六度三三分以北の地域。⇕南極圏▽太陽が一日中沈まない日と、一日中現れない日が年に一日以上ある。

ほっきょく-せい【北極星】(ホクキョク-)［名］小熊座のアルファ星。天の北極近くに位置するので、北の方位を知る目印となる。ポラリス。北辰。

ぽっきり［副-］❶堅いものがもろく音を立てて折れるさま。また、その音を表す語。「枝が一(と)折れる」❷〈数量を表す語に付いて〉ちょうどそれだけと限定する意を表す語。「二千円一で食い放題の店」

ほっ-く【発句】［名］❶和歌の第一句。最初の五音からなる句。❷連歌・俳諧の第一句。五・七・五の一七音からなる句。⇕挙げ句 ❸俳句。▽俳諧の第一句が独立した短詩形として詠まれたもの。

ホック【hook】［名］洋服の合わせ目を留める小さな金具。かぎ状のかぎホックと凹凸一対の押しホック(＝スナップ)とがある。

ボックス【box】［名］❶箱。また、箱状のもの。「アイス一・ジューク一」❷劇場・喫茶店などで、箱状に仕切った空間に設けられた席。「ロイヤル一」❸箱形の小さな建造物。「電話一」❹野球で、打者・捕手・コーチャーなどが位置する区画。「バッター一」❺子牛の皮をなめした、表面に箱形の斑紋のある革。「一の靴」▽box calf から。

ほっくり［副-］食べ物があたたかいさま。また、ふかしての芋などが、水分が少なく味にこくがあるさま。「一としたカボチャの煮物」

ぽっく-り【▽木履】［名］楕円(だえん)形の材の底をくりぬき、後方を丸く、前方を前のめりに作った駒下駄(こまげた)。側面に漆を塗ったものが多い。少女や祇園の舞妓が用いる。ぼっくり。▽「ぼくり」の転。

ぽっくり［副-］❶人が突然に死ぬさま。「苦しまずに一死にたいものだ」❷馬などがゆっくり歩くさま。また、その音を表す語。

ほっけ【▼𩸽】［名］東北・北海道の岩礁域に分布するアイナメ科の海水魚。体形はアイナメに似るがやや細長く、尾びれは二またに分かれる。食用。

ホッケー【hockey】［名］一一人ずつの二チームが先の曲がったスティックでボールを打ち合い、相手のゴールに入れて得点を競う競技。フィールドホッケー。

ほっけ-しゅう【法華宗】［名］❶天台宗の別称。❷日蓮宗の別称。◈「法華経」をよりどころにする宗派の意。

ぼっ-けん【木剣】(ボク-)［名］木製の刀。木刀。

ぼつ-ご【没後(▼歿後)】［名］死んだあと。死後。「一百年」⇕没前

ぼっ-こう【勃興】［名・自サ変］急に勢力を得て盛んになること。「民族独立運動が一する」「近代資本主義の一期」

ぼっ-こうしょう【没交渉】(-カウセフ)［名・形動］交渉をもたないこと。かかわりあいのないこと。ぼつこうしょう。「世間とは一の生活」

ほっこり［副-］❶ほかほかと暖かいさま。「一(と)した綿入れの半纏(はんてん)」❷ふかしたての芋などが、水分が少なくて味にこくがあるさま。ほくほく。「一(と)した焼き芋」❸人の情けなどにふれて、心にぬくもりを感じるさま。「故郷からの母の手紙に一する」

ぽっこり［副-］丸みを帯びて盛り上がっているさま。「下腹が一とする」

ぼっ-こん【墨痕】(ボク-)［名］筆で書いた墨のあと。「一鮮やかな一文」「一淋漓(りんり)」

ほっ-さ【発作】［名］病気の症状が急激に起こること。「喘息(ぜんそく)の一が起こる」

ほっさ-てき【発作的】［形動］突然激しい症状が起こるさま。また、突然ある行動を起こすさま。「一な痙攣(けいれん)」「一な犯行」「一に人を刺す」

ぼっ-しゅう【没収】(-シウ)［名・他サ変］❶所有物・権利などを強制的に取り上げること。「財産を一する」❷刑法上の付加刑で、犯罪に関連した物の所有権を取り

上げて国家に帰属させること。

ぼっしゅう‐じあい【没収試合】〔ボッシュウジアヒ〕［名］野球などのスポーツで、一方のチームに試合続行を拒否するなどの規則違反があった場合、審判が試合終了を宣言し、相手チームを勝ちにする試合。フォーフィッテッドゲーム。放棄試合。

ぼっ‐しゅみ【没趣味】［名・形動］趣味に乏しいこと。面白みのないこと。無趣味。ぼっしゅみ。「―な人」

ぼっ‐しょ【没書】［名］新聞・雑誌などが、投書・投稿を採用しないこと。また、その投書・投稿。没。

ほっ‐しん【発心】［名・自サ変］❶菩提心を起こすこと。悟りを得ようと決意すること。また、仏門にはいること。❷ある事を始めようと思い立つこと。

ほっ‐しん【発▼疹】［名・自サ変］⬇はっしん（発疹）

ほっ‐す【▽払子】［名］獣毛や麻を束ねて柄をつけた仏具。真宗以外の僧が説法のときなどに威儀を正すために用いる。▼もとインドで、虫や塵（ちり）を払うための具。

ほっ‐す【法主】［名］⬇ほうしゅ（法主）

ほっ‐する【欲する】［他サ変］望み願う。…がほしい、…がしたいと思う。「我々は平和を―」「体が水分を―している」▼「ほる」（「むさぼる」の「ぼる」）が「ほりす」となり、さらに音便で「ほっす」となった。文ほっ・す

ぼっ‐する【没する】■［自サ変］❶沈む。沈んで姿が見えなくなる。「太陽が―」❷人が死ぬ。「異郷に―」書き方「▼歿する」とも。■［他サ変］❶沈める。沈めて姿をかくす。「暗闇に姿を―」❷取り上げる。没収する。「領地を―」文ぼっ・す

ぼつ‐ぜん【没前（▼歿前）】［名］死ぬ前。生前。⬍没後

ぼつ‐ぜん【勃然】［形動タリ］❶にわかに起こり立つさま。「―として勇気がわく」❷顔色を変えて怒るさま。「―として色をなす」

ほっ‐そく【発足】［名・自サ変］組織・団体などが設立されて活動を始めること。はっそく。「福祉審議会が―する」

ほっ‐そり［副ト］細くてきゃしゃなさま。「―（と）した指」

ほっ‐たい【法体】［名］❶仏教で、宇宙万物の本体。❷剃髪して法衣を着た僧侶の姿。僧体。僧形（そうぎょう）。⬍俗体

ぼったく・る［他五］［俗］法外な料金を取る。ぶったくる。「バーで五万円も―られた」名ぼったくり

ほっ‐たて【掘っ立て・掘っ建て】［名］土台を置かずに、柱を直接地面に埋め立てること。「―小屋」▼「ほりたて」の転。

ほったらか・す［他五］そのままにしておく。ほうっておく。「宿題を―して遊びに行く」名ほったらかし

ほっ‐たん【発端】［名］物事の始まり。事の起こり。「事件の―」

ぼっち［名］〔新〕「ひとりぼっち」の略。

ぼっち［接尾］〈数を表す語や「これ」「それ」などに付いて〉わずかに…だけ、たった…だけ、の意を表す。ぼち。「千円―では買えない」「これっ―では足りない」

ぽっちゃり［副ト］ふくよかで愛らしいさま。「―（と）した子供」

ぼっ‐ちゃん【坊ちゃん】［名］❶他人の息子の敬称。「かわいらしい―ですね」❷苦労を知らずに育った男性。おぼっちゃん。

ぽっちり［副ト］ごくわずかであるさま。ほんの少し。

ほ‐づつ【火筒】［名］〔古風〕銃砲。

ほっつ・く［自五］［俗］当てもなくうろつき回る。「こんな遅くまでどこを―いていたんだ」▼「ほつく」の転。

ぼってり［副ト］厚くふくれて重そうなさま。「―（と）した腹」

ぽってり［副ト］ふっくらとした重厚感と弾力があるさま。「―（と）した唇」「―と肉厚な椎茸（しいたけ）」

ほっ‐と［副］❶緊張がとけて安心するさま。「―息をつく」「無事と聞いて―する」❷ためいきをつくさま。

ホット【hot】［形動］❶［名］飲食物などが熱いこと。また、熱くしたもの。特に、熱いコーヒー。「―ミルク・―ウイスキー」❷情報などが最新であるさま。生々しいさま。「―なニュース」❸激しいさま。興奮したさま。「―な議論」

ぽっ‐と［副］❶急に明るくなるさま。「―街灯がつく」❷顔が少し赤くなるさま。「―ほおを赤らめる」❸ぼんやりしているさま。ぼうっと。「―して立っている」

ポット【pot】［名］❶注ぎ口のついた壺（つぼ）型の容器。「ティー―」❷魔法瓶。

ほっ‐とう【発頭】［名］先に立って物事を企てること。「―人」

ぼっ‐とう【没頭】［名・自サ変］他をかえりみず、一つのことに熱中すること。「寝食を忘れて執筆に―する」

ホット‐カーペット【和製hot＋carpet】［名］電気を熱源とする絨毯（じゅうたん）型の暖房器具。

ポッドキャスト【Podcast】［名］インターネット上で公開される音声や動画のデータを、パソコンや携帯音楽プレーヤーに自動的に取り込むシステム。

ほっと・く【▽放っとく】［他五］そのままにしておく。「そんな傷は―けば治る」▼「ほっておく」の転。可能ほっとける

ホット‐ケーキ【hot cake】［名］小麦粉にベーキングパウダー・砂糖・牛乳・卵などを加えて溶き、鉄板などで厚めの円形に焼いた菓子。バターを塗り、メープルシロップなどをかけて食べる。

ホット‐サンド［名］オーブンなどで焼いた温かいサンドイッチ。また、トーストなどに温かい具を挟んだサンドイッチ。▼「ホットサンドイッチ（hot sandwich）」の略。

ホット‐スポット【hot spot】［名］❶マントルの上部で、絶えずマグマを発生し続ける高温部。❷周囲よりも放射能汚染の激しい地域。❸紛争や武力衝突が起こっている危険地帯。

ホット‐チョコレート【hot chocolate】［名］あたたかい牛乳とチョコレート・ココアパウダー・砂糖などを混ぜた飲み物。

ぽっと‐で【ぽっと出】［名］地方から初めて都会に出てきたこと。また、その人。

ホット‐ドッグ【hot dog】［名］細長いパンに切れ目を入れ、焼いたソーセージなどをはさんだもの。マスタード・ピクルスなどを添えて食べる。

ホット‐ニュース【hot news】［名］現場から送られてきたばかりの最新のニュース。

ホット‐パンツ【hotpants】［名］股下が極端に短いショートパンツ。

ホット‐プレート【hot plate】［名］電熱で鉄板を加熱する方式の調理器具。肉・野菜などを焼くのに用いる。

ホット‐ライン【hot line】［名］緊急用の直通

信線。

ほ-づな【帆綱】[名] 帆を操作するための綱。

ぼつ-にゅう【没入】ニフ [名・自サ変] ❶一つのことに熱中すること。没頭。「研究に—する」❷すっかり沈んでしまうこと。「海中深く—する」

ぼつ-ねん【没年(▼歿年)】[名] ❶死んだときの年齢。享年。行年。❷死んだ年次。⇔生年

ぽつねん-と [副] 一人でさびしそうにしているさま。「—ひとり取り残される」

ホッパー [hopper] [名] 石炭・砂利・穀類・セメントなどの貯蔵槽。漏斗(じょうご)形で、下部に底開き式の取り出し口がある。

ぼっ-ぱつ【勃発】[名・自サ変] 事件などが急に起こること。「戦争が—する」

ほっぴょう-よう【北氷洋】ホクピョウヤウ [名] 北極海の通称。⇔南氷洋

ホップ [hop] [名・自サ変] ❶片足で跳ぶこと。また、三段跳びで、第一段目の跳躍。「—、ステップ、ジャンプ」❷野球で、投球が打者の手もとで浮き上がること。

ホップ [hop] [名] 温帯各地で栽培されるアサ科のつる性多年草。雌花は淡緑色の苞(ほう)が重なった松かさ状。苞の付け根に生じる花粉に似た腺体(ホップ腺)をビールに苦味と香気をつけるのに用いる。

ポップ【POP】[名] 商品の近くに掲げて、客の購買意欲を促進するための広告。ポップ広告。「手書き—」▼point-of-purchase (=購買時点、店頭)の略。

ポップ [pop] [名] ❶[形動] 大衆向きであること。また、同時代感覚があってしゃれていること。「—な作品」❷ポピュラーミュージック。ポップス。

ポップ-アート [pop art] [名] 一九六〇年代からニューヨークを中心に展開した前衛芸術。漫画・ポスター・工業製品などに使われた大衆的なイメージを直接作品の素材として取り入れたもの。

ポップ-アップ [pop-up] [名] ❶中のものがぽんと飛び出す仕掛け。「—トースター」「—絵本(=飛び出す絵本)」❷コンピューターで、画面の最前面に現れる小さなウインドー。「—広告」

ポップ-カルチャー [pop culture] [名] 大衆文化。

ポップコーン [popcorn] [名] トウモロコシの実をいってはじけさせ、バター・塩などで味をつけた食品。

ポップス [pops] [名] ポピュラーミュージック。ポップ。「—歌手」

ほっ-ぺた【▽頰っぺた】[名] ほお。また、ほおのあたり。「リンゴのような—」▼「ほおべた」の転。

ぽっぽ [名] ❶[俗] ふところ。また、ふところぐあい。「—が暖かい」❷幼児語で、汽車。汽車ぽっぽ。❸幼児語で、鳩(はと)。はとぽっぽ。

ほっ-ぽう【北方】ホクハウ [名] 北の方角。北の方面。「—領土」⇔南方

ぼつ-ぼつ【勃勃】[形動タリ] 盛んにわき起こるさま。「雄心—として起こる」

ぼつ-ぼつ [副] ❶小さな点や穴があちこちにあるさま。「—と穴の開いた障子」▼「ぽつぽつ」より点や穴がやや大きい感じを与える。❷少しずつ(ゆっくり)行うさま。少しずつある状態になるさま。「観客が—(と)集まりだした」❸物事を行ったりある状態になったりする時間が徐々に迫るさま。そろそろ。ぼちぼち。「—始まる」❹[形動] 物事の程度などが十分とはいえないが一応は満足できるさま。まあまあ。「『お仕事はどうですか』『—ですわ』」▼主に関西でいう。

ぽつ-ぽつ [副] ❶小さな点や穴があちこちにあるさま。「紙に—(と)穴をあける」❷少しずつ(ゆっくり)行うさま。少しずつある状態になるさま。「—注文の電話もある」「—(と)客が入り始めた」❸しずくが少しずつ落ちるさま。「雨が—(と)降ってきた」

ほっぽ・る [他五] [俗] ❶乱暴に投げる。ほうり投げる。「窓から空き缶を—」❷そのまま打ち捨てておく。「仕事を—って遊びに行く」

ぼつ-らく【没落】[名・自サ変] 栄えていたものが衰えて滅びること。「—した貴族」

ぽつり-と [副] ❶雨やしずくが落ちるさま。ぽつんと。「大粒の雨が—落ちてくる」❷小さな点や穴が一つだけできるさま。ぽつんと。「障子に—穴があく」❸離れて一つだけあるさま。ぽつんと。「山裾に—建っている民家」❹一言だけ言うさま。ぽつんと。「—つぶやく」❺糸やひもが途中で切れるさま。ぷつりと。「釣り糸が—切れる」

ボツリヌス-きん【ボツリヌス菌】[名] 土中に分布する嫌気性桿菌(かんきん)。食品に混入した菌の胞子が発芽すると強力な毒素を出し、下痢(げり)・嘔吐(おうと)などを伴う食中毒を引き起こす。

ほつ・れる【▽解れる】[自下一] 縫い目・編み目などがほどける。また、束ねてあるものがほどけて乱れる。「袖口が—」「髪の毛が—」文ほつ・る 名ほつれ

ぽつん-と [副] ⇒ぽつりと①〜④

ほてい【▽布▽袋】[名] 中国、唐末・後梁(こうりょう)の禅僧。太鼓腹を露出して日用品を入れた袋を背負い、市中を歩き回っては人の吉凶や天候を占ったという。日本では七福神の一人として親しまれてきた。

ほ-てい【補訂】[名・他サ変] 著作物などに部分的な補足や訂正をほどこすこと。「—版」

ほ-てい【補▼綴】[名・他サ変] ❶破れなどを繕うこと。「欠損部を—する」❷文章などの不足を補うこと。❸古人の語句をつづり合わせて詩文を作ること。◆「ほてつ」ともいう。

ボディー [body] [名] ❶人の体。特に、胴の部分。「—ライン」「—チェック」❷自動車・航空機・船舶・機械などの本体。「車[カメラ]の—」❸洋裁で、人台(じんだい)。◆「ボディ」とも。

ボディー-ガード [bodyguard] [名] 要人などに付き添って、その身辺を守る人。護衛。

ボディー-チェック [body check] [名] ❶危険物を所持していないかどうかを調べるための身体検査。「空港での—」▼日本だけの用法。❷アイスホッケーで、パックを持った相手選手に体当たりして攻撃を防ぐこと。

ボディー-ビル [名] バーベル・エキスパンダーなどを使って筋肉を発達させること。また、そのための運動。▼body-building から。

ボディー-ブロー [body blow] [名] ボクシングで、相手の腹部を打つこと。また、そのパンチ。

ボディー-ボード [body board] [名] 発泡ウレタン製の板の上に腹ばいになって波に乗るマリンスポーツ。ボディーボーディング。また、それに使う波乗り板。

ボディー-ランゲージ [body language] [名] ことばではなく、身ぶり手ぶりによって相手に意思

を伝えること。身体言語。身ぶり言語。

ポテト [potato]〔名〕じゃがいも。‖「—サラダ」「フライド—」

ポテト-チップス [potato chips]〔名〕ジャガイモの薄切りを油で揚げて塩味をつけた食品。ポテトチップ。

ぼて-ふり【▽棒手振り】〔名〕魚・野菜などをてんびん棒で担いで売り歩くこと。また、その人。▼江戸では特に魚市場と料理屋の間に立って魚を売買する人をいった。

ぼて-ぼて ㊀〔副+〕厚ぼったくて重そうなさま。‖「—した腹〔ジャケット〕」㊁〔名〕野球で、打球に勢いがないこと。‖「—のピッチャーゴロ」

ほ-て・る【火照る（▽熱る）】〔自五〕顔や体が熱くなる。‖「照れくさくて顔が—」「足が—」

ホテル [hotel]〔名〕洋式の設備を備えた宿泊施設。西洋風の旅館。

ほ-てん【補塡】〔名・他サ変〕不足分・欠損分をおぎなって埋めること。‖「赤字を—する」

ポテンシャル [potential]〔名〕❶可能性としてもっている力。潜在能力。❷力学的エネルギーのうち、エネルギーの大きさが位置のみによって決まるもの。位置エネルギー。▼「ポテンシャルエネルギー(potential energy)」の略。

ほど【程】〔名〕❶物事の度合い。程度。‖「実力の—は知らない」「年の—は四〇くらい」❷物事の限度。限界。‖「いたずらにも—がある」❸空間・時間のへだたりの程度。‖「—近い場所」「—なく戻る」❹ころあい。時分。‖「—を見て帰る」❺〈「…のほど」の形で〉こと・具合・様子などをいう。‖「ごひいきの—をお願いします」「真偽の—を確かめる」◈書き方 かな書きが多い。

ほ-ど【歩度】〔名〕歩く速度。また、歩幅の程度。‖「—を速める」

ほど〔副助〕❶〈数量を表す語に付いて〉おおよその数量を表す。…ぐらい。‖「一時間ほどで帰る」「三日ほどかかる」「半分ほど済んだ」使い方 疑問詞に付くときは、不定の数量を表す。‖「どれほど必要ですか」❷〈体言や活用語の連体形に付いて〉極端な例を挙げて、それくらいにはなはだしい意を表す。‖「仕事は山ほどある」「のどから手が出るほどほしい」「恐ろしいほどついている」「これほど言っても分からないのか」❸〈体言や活用語の連体形に付いて〉…と同じ程度。…くらい。‖「こぶしほどの大きさの石」「君ほどの実力があれば優勝は間違いない」❹〈「AはBほど…ない」の形で〉Bに比べてAの程度が低い意を表す。‖「今日は昨日ほど暑くない」「彼は君が思うほどばかじゃない」❺〈「Aほど…はない」の形で〉Aが最も…である意を表す。‖「彼ほどすぐれた人はいない」「これほど悲しいことはない」❻〈「Aする(という)ほどの」の形で動詞の連体形に付いて、下に打ち消しを伴って〉取り立ててAする必要があるような、の意を表す。‖「心配するほどのけがではない」「特に取りあげるというほどの作品でもない」「怒るほどのことはない」「わざわざ行くほどのことはない」❼〈「…(という)ほどではない」の形で〉物事の程度がそこまでは及んでいない意を表す。‖「生き写しというほどではないが、かなり似ている」「病状は手術が必要なほどではない」❽〈多く「AすればAするほど」の形で〉一方の変化の程度に応じて、他方も変化する意を表す。‖「考えれば考えるほど分からなくなる」「年月を(経れば)経るほどうまくなる」「酔うほどに気宇広大となる」
◈名詞「ほど」から。書き方「程」とも書くが、一般にかな書き。

ほど-あい【程合い】〔名〕ちょうどよい程度。ころあい。

ほ-どう【歩道】〔名〕歩行者用に車道と区別して設けた道。人道。‖「横断—」⇔車道

ほ-どう【補導（▼輔導）】〔名・他サ変〕正しい方向に教え導くこと。特に、非行を防ぐために青少年を指導すること。‖「中学生を—する」

ほ-どう【舗道（▼鋪道）】〔名〕舗装道路。ペーブメント。

ぼ-どう【母堂】〔名〕他人の母の敬称。母君。母上。

ほどう-きょう【歩道橋】〔名〕車道を横断するために設けた歩行者用の陸橋。

ほどき-もの【▽解き物】〔名〕着物などの縫い糸を抜き取ること。また、そうする着物など。ときもの。

ほど・く【▽解く】〔他五〕結んであるもの、縫ってあるもの、もつれたものなどをときはなす。とく。‖「ひもの結び目を—」「荷物を—」「着物を—・いて縫い直す」「からんだ釣り糸を—」使い方「解く」に比べて、口頭語的な言い方。「縄をとく／ほどく」など、ともに動作に焦点を当てて使うほか、「とく」には、離したり解除したりした結果に焦点を当てる用法がある。‖「警備〔統制〕をとく(×ほどく)」可能 ほどける

ほとけ【仏】〔名〕❶仏教で、完全な悟りを得た聖者。仏陀。特に、釈迦のこと。❷薬師・阿弥陀・不動・地蔵尊など、仏菩薩一般の称。❸仏像。‖「石に—を刻む」❹死者。また、その霊。‖「死んで—になる」「これでは—も浮かばれまい」❺やさしく、慈悲心の深い人。

◉**仏造って魂入れず** 苦心してなしとげた物事が、肝心な点を抜かしたために何の役にも立たなくなることのたとえ。

◉**仏の顔も三度** どんなに温厚な人でも、何度も無法なことをされれば、しまいには怒り出すということ。注意「仏の顔は三度」は誤り。

ほとけ-ごころ【仏心】〔名〕仏のように慈悲深い心。ぶっしん。‖「—を出す〔起こす〕」

ほとけ-しょう【仏性】〔名〕仏のように慈悲深い性質。

ほとけ-の-ざ【仏の座】〔名〕❶タビラコの別称。春の七草の一つ。❷春、葉の付け根に紅色の唇形花を数個ずつつけるシソ科の越年草。畑や路傍に自生する。

ほど・ける【▽解ける】㊀〔自下一〕❶結ばれていたものなどがとけて離れる。‖「結び目〔帯〕が—」❷張りつめた気持ちや表情などがやわらぐ。ほぐれる。‖「緊張が—」文 ほど・く ㊁〔自他下一〕「ほどく」の可能形。ほどくことができる。

ほどこし【施し】〔名〕恵みとして金品を与えること。また、その金品。布施。施与。‖「—を乞う」

ほどこ・す【施す】〔他五〕❶あわれみの気持ちで恵まれない人たちに慈善的行為をする。恵み(として金品)を与える。恵む。授ける。‖「貧しい人々に恵みを—」「功徳を—」「金品を—」❷植物の生長を促すために肥料を

与える。‖「作物に肥料を—」❸装置・設備として備え付ける。設置する。‖「客室に豪華設備を—」❹(効果・影響を期待して)ある物事を行う。‖「患者に治療を—」「防水のために加工を—」「環境汚染に抜本的対策を—」❺本体にあるもの(特に、装飾的要素となるもの)を付け加える。‖「作品に修辞を—」「報告書に粉飾を—」「顔に隈取りを—」❻⇒面目を施す 可能 施せる 名 施し

ポトス【pothos】[名] 観葉植物として栽培するサトイモ科のつる性多年草。葉は長い柄をもつハート形で、濃緑色の地に淡黄色の斑や縞がある。黄金葛。

ほど-ちか・い【程近い】[形] 距離などの隔たりが少ないさま。あまり遠くない。‖「駅から/に—住宅地」⇔程遠い

ほど-とお・い【程遠い】(ホドトオイ) [形] 距離・時間などの隔たりがかなりあるさま。また、程度がかけ離れているさま。‖「山小屋には—」「完成には—」⇔程近い

ほととぎす【〈▽杜▽鵑〉・〈時鳥〉・〈不如帰〉・〈子規〉】[名] 夏鳥として渡来するカッコウ科の鳥。背面は灰褐色、腹面は白色で黒い横斑がある。自分の巣をもたず、ウグイスなどの巣に托卵する。高く鋭い鳴き声は「テッペンカケタカ」「トッキョキョカキョク」などと聞きなされる。▼古来、和歌によく詠まれ、また、冥土に往来する鳥ともされた。卯月鳥・早苗鳥・時つ鳥・文目鳥・妹背鳥・魂迎鳥など、多くの呼び名がある。

ほど-なく【〈程無く〉】[副] あまり時間がたたないうちに。まもなく。‖「—迎えの車が来るだろう」

ほと-ばし・る【▽迸る】[自五] 激しく噴き出す。飛び散るように勢いよく噴出する。‖「岩の間から清水が—」「傷口から鮮血が—った」「原初的な芸術への欲求が—作品」

【ことば探究】「ほとばしる」の使い方

▼水・血液などが物理的に噴き出すことを言う場合と、感情・性質などが激しく表出することを言う場合がある。

▼物理的に噴出する意では、飛び散るように広がり出るというニュアンスがあり、まっすぐ噴き出すような場合には使われにくい。また、やや比喩的に「光がほとばしった」などとも言う。

▼激しさ、鮮烈さを文学的に描写し、客観的な記述にはあまり使われない。

「×報告によると、パイプから熱水がほとばしったらしい」

▼感情などが表出する意では、勢いのよさやエネルギーに満ちている感じをニュアンスとして持つため、悲しみや後悔についてはあまり使わない。

「〇激しい歓喜がほとばしる」

「×激しい後悔と自責の念がほとばしる」

ほと・びる【▽潤びる】[自上一] 水分を吸ってふくれる。ふやける。‖「大豆が—」文ほと・ぶ

ポトフ【pot-au-feuフランス】[名] フランスの家庭料理で、大きく切った肉と野菜類に香草を加えて水からゆっくりと煮込んだもの。

ほと-ほと【▽殆】[副] 非常に。まったく。ほんとうに。‖「—困り果てた」「—愛想がつきた」▼嫌になった気持ち、困り果てた気持ちなどを表す。

ほど-ほど【程程】[形動] ちょうどよい程度であるさま。適度だ。‖「酒は—にしておきなさい」「辛さも—で旨い」書き方 かな書きも多い。

ほとぼり [名] ❶高ぶった感情や興奮のなごり。❷事件などがおさまったのちまでも残る世間の関心。‖「—がさめるまで身を隠す」❸さめきらないで残っている熱。余熱。

ボトム【bottom】[名] ❶底。下部。❷ズボン・スカートなど、下半身につける衣服の総称。⇔トップ

ボトム-アップ【bottom-up】[名] 企業経営などで、上層部が下部からの意見を取り上げて意思決定を行う管理方式。⇔トップダウン

ほど-よ・い【程▽好い】[形] 程度がちょうどよいさま。都合がよい。‖「—湯加減」「大根を—大きさに切る」派生 -さ

ほとり【▽辺・▽畔】[名] あるもののそば。きわ。あたり。‖「川の—を歩く」「湖の—にあるレストラン」

ボトル【bottle】[名] 瓶。特に、洋酒の瓶。‖「ワイン—」

ボトル-キープ【和製bottle+keep】[名] 酒場で、客が自分の飲む酒を瓶ごと買い、来るたびに飲めるように店に預けておくこと。

ボトルネック【bottleneck】[名] ❶狭い通路。交通が渋滞する地点。❷円滑な進行を妨げるもの。障害。隘路。ネック。◈「瓶の首」の意から。

ほとんど【▽殆ど】[副] ❶[名] 全部ではないが、全部に近いさま。大部分。おおかた。‖「ビルは—完成した」「漱石の小説は—読んだ」「—の市民が反対する」「市民の—が参加する」❷〈下に打ち消しを伴って〉まったくといっていいほど。‖「朝から—食べていない」「内閣の支持率は—変わっていない」❸もう少しのところで。すんでのことに。‖「彼は—泣き出さんばかりだった」◈書き方「▽幾ど」とも。

ほ-なみ【穂波】[名] 稲・麦などの穂が風に吹かれて波のようにゆらぐこと。

ほ-なみ【穂並み】[名] 稲・麦などの穂が出そろって並んでいること。また、その穂。

ポニー【pony】[名] 小型の馬。ふつう、肩までの高さが一四七センチメートル以下のものをいう。

ポニー-テール【ponytail】[名] 長い髪を後頭部で束ねてポニー(=小形の馬)の尾のように垂らした髪型。

ほ-にゅう【哺乳】[名・自サ変] 乳を飲ませて子を育てること。‖「—瓶」「—動物」

ぼ-にゅう【母乳】[名] 母親の乳。

ほにゅう-るい【哺乳類】[名] 哺乳綱に属する脊椎動物の総称。恒温性で大部分が胎生。肺呼吸をし、乳で子を育てる。哺乳動物。

ほ-ぬの【帆布】[名] 船の帆に用いる厚い布。はんぷ。

ほね【骨】[名] ❶脊椎動物の骨格を構成し、体の各部位を支えたり臓器を保護したりする堅い組織。‖「—にひびが入る」「やせて—と皮になる」「—の多い魚」❷火葬などにした死者の骨。‖「—になる」❸器物・建造物などを形づくって全体を支えるもの。‖「傘の—」「障子の—」❹物事や組織の中心となるもの。‖「計画の—ができる」❺気骨。気概。‖「—のある青年」❻[形動] 困難であること。‖「頂上まで登るのは—だ」⇒図(次ページ)

◉**骨が折・れる** 労力を要する。困難だ。‖「—仕事」

◉**骨に刻・む** 深く心にとどめて忘れないようにする。‖「友の忠告を—」注意「骨身に刻む」は誤り。

◉**骨を埋(うず)める** その地で一生を終える。また、そのことに一生をささげる。▼死んで埋葬される意から。✓注意「うずめる」を「うめる」とするのは避けたい。

◉**骨を惜(お)しむ** 労苦をいやがって怠ける。‖「—まず働く」

◉**骨を折る** 苦労する。力を尽くす。‖「会社再建のために—」

◉**骨を拾(ひろ)う** ❶火葬にして遺骨を拾いおさめる。❷死後の後始末をする。また、他人のしたことの後始末をする。

ほね-おしみ【骨惜しみ】シミ［名・自サ変］手間をかけることや労苦を嫌がること。なまけること。‖「—せずに働く」

ほね-おり【骨折り】リヲ［名］苦労すること。力を尽くすこと。‖「お—に感謝いたします」動**ほねお・る**(自五)

ほねおり-ぞん【骨折り損】リホネヲ［名］苦労した結果がむくわれないこと。‖「—のくたびれ儲(もう)け」

ほね-がらみ【骨絡み】［名］❶梅毒などが全身に広がって、骨がうずくように痛むこと。また、その症状。骨うずき。❷状況がどうにもならないほど悪化すること。また、その状況。‖「問題が—になる」

ほね-ぐみ【骨組み】［名］❶からだの骨の構造。骨格。❷機械・建造物などの基礎になる主材の組み立て。❸物事の根本となる組み立て。‖「戯曲の—を考える」

ほね-つぎ【骨接ぎ(骨継ぎ)】［名］骨折・脱臼(だっきゅう)などを治療すること。接骨。整骨。また、それを業とする人。

ほねっ-ぷし【骨っ節】［名］❶骨の関節。ほねぶし。❷容易には屈しない強い意志。気骨。気概。‖「—のある人」

ほねっ-ぽ・い【骨っぽい】［形］❶魚肉などに小骨が多いさま。‖「—くて食べにくい魚」❷ごつごつと骨ばっているさま。‖「—手」❸信念があって、しっかりしているさま。気骨がある。‖「なかなか—評論を書く」派生—さ

ほね-なし【骨無し】［名］❶骨がないこと。また、そのもの。❷しっかりした意志や信念がないこと。また、その人。

ほね-ぬき【骨抜き】［名］❶調理で、魚・鳥などの骨を取り除くこと。また、そのようにしたもの。❷計画や案から肝心な部分をはずし、価値の乏しいものにすること。‖「—にされた法案」❸人を気骨や節操のない状態にすること。‖「大金を積まれて—にされる」

ほね-ば・る【骨張る】［自五］❶骨の形が浮き出てごつごつしている。‖「—った手足」❷意地を通してかどばる。‖「—った物言い」

ほね-ぶと【骨太】［形動］骨が太いこと。骨格ががっちりしていること。‖「—の体」⇔骨細

ほね-み【骨身】［名］骨と肉。からだ。全身。

◉**骨身に染(し)みる** 全身に強く感じる。深く感じる。骨身に応える。‖「寒さ[人の親切]が—」書き方「しみる」は「▽沁みる」「▽浸みる」「▽滲みる」とも。

◉**骨身を惜(お)しまず** 苦労や面倒をいとわず。‖「—働く」

◉**骨身を削(けず)る** 体がやせ細るほど苦労を重ねて努力する。‖「研究に—」

ほね-やすめ【骨休め】［名・自サ変］体を休めること。ほねやすみ。

ほの【▼仄】［接頭］〈動詞・形容詞などに付いて〉かすかに、わずかに、の意を表す。‖「—白い・—暗い」「—見える」

ほ-の-お【炎(▼焔)】ホノ［名］燃えている火の先端の部分。燃焼する気体が熱と光を発している部分。‖「家屋が—に包まれる」▼「火(ほ)の穂」の意。使い方 怒り・ねたみ・恋情など、心中におこり立つ激しい感情のたとえにもいう。‖「嫉妬の—に狂う」「恋の—に身を焦がす」✓注意 仮名遣いを「ほのう」とするのは誤り。

ほの-か【▼仄か】［形動］❶光・色・香りなどが、かすかにそれと感じられるさま。‖「東の空が—に明るくなる」「梅の香が—にただよう」❷心や意識がはっきりしないさま。‖「—な恋心を抱く」

ほの-ぐら・い【▼仄暗い】［形］光が弱くて、ぼんやりと暗いさま。うす暗い。‖「—蠟燭(ろうそく)の光」「早朝まだ—うちに出発する」派生—さ

ほの-ぼの【▼仄▼仄】［副］❶ほのかに明るみが感じ

❖骨格の各部

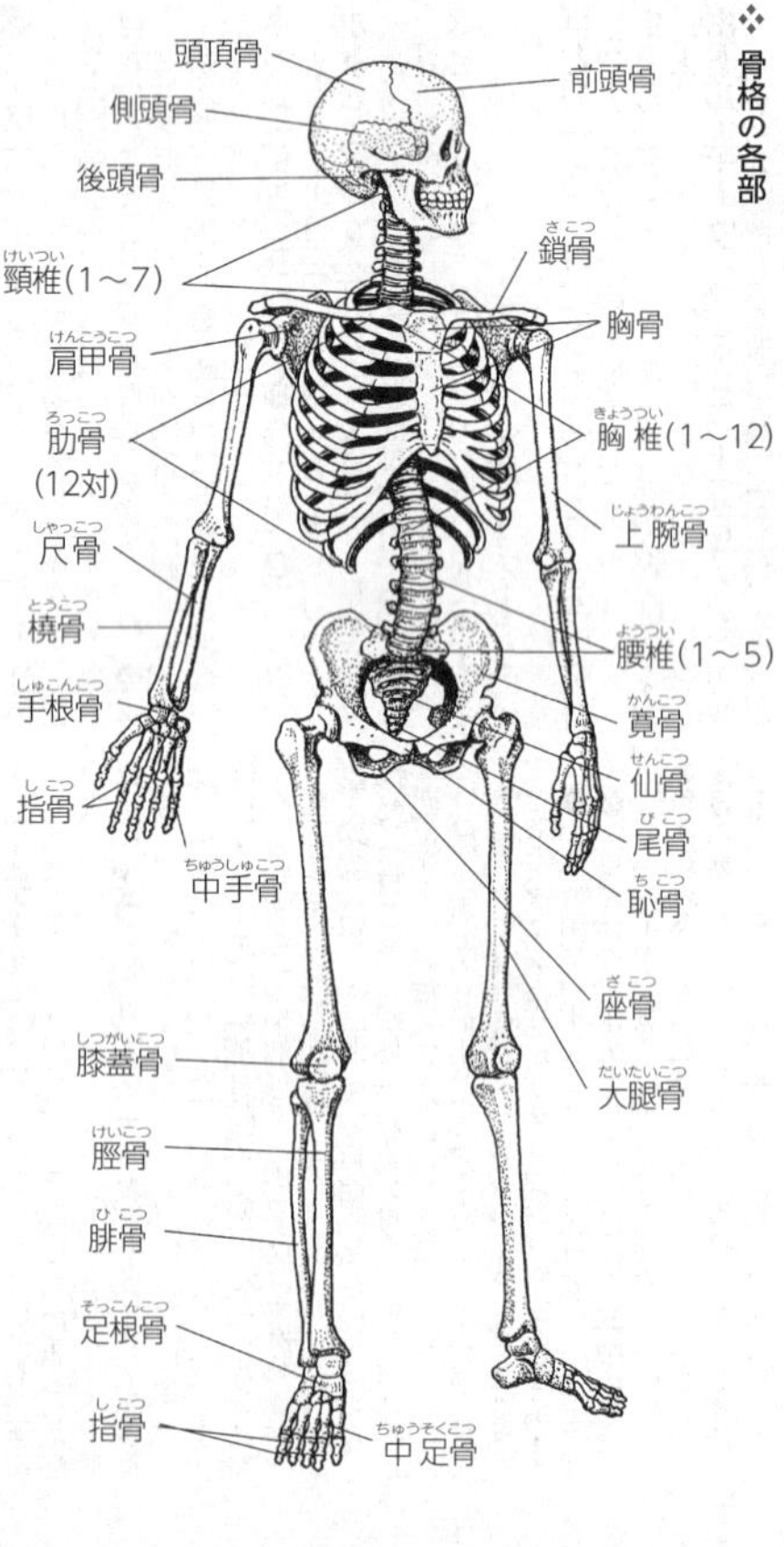

頭頂骨
前頭骨
側頭骨
後頭骨
鎖骨(さこつ)
頸椎(けいつい)(1～7)
胸骨
肩甲骨(けんこうこつ)
肋骨(ろっこつ)(12対)
胸椎(きょうつい)(1～12)
尺骨(しゃっこつ)
上腕骨(じょうわんこつ)
橈骨(とうこつ)
腰椎(ようつい)(1～5)
手根骨(しゅこんこつ)
寛骨(かんこつ)
仙骨(せんこつ)
指骨(しこつ)
尾骨(びこつ)
中手骨(ちゅうしゅこつ)
恥骨(ちこつ)
座骨(ざこつ)
膝蓋骨(しつがいこつ)
大腿骨(だいたいこつ)
脛骨(けいこつ)
腓骨(ひこつ)
足根骨(そっこんこつ)
指骨(しこつ)
中足骨(ちゅうそくこつ)

られるさま。‖「—と夜が明けてくる」❷ほのかに暖かみが感じられるさま。‖「—(と)した友情」

ほの-めか・す【▼仄めかす】［他五］それとなくそぶりや言葉に表して示す。におわせる。‖「引退を—」

ほの-め・く【▼仄めく】［自五］ほのかに見える。かすかに現れる。‖「薄暗い本堂に灯火が—」 名 **ほのめき**

ぼ-ば【▼牡馬】［名］おすの馬。おす馬。⇔牝馬(ひんば)

ホバークラフト［Hovercraft］［名］圧縮空気を垂直下方に吹きつけてエアクッションをつくり、機体を空中にわずかに浮き上がらせながら高速で走行する水陸両用の乗り物。エアカー。エアクッションカー。▽商標名。

ほ-ばく【捕縛】［名・他サ変］捕らえてしばること。‖「強盗を—する」

ほ-ばしら【帆柱(▼檣)】［名］船の、帆をあげるための柱。マスト。

ほ-はば【歩幅】［名］歩いて一歩進む距離。

ぼ-はん【母斑】［名］先天的な原因によって皮膚に生じる斑紋の総称。黒子(ほくろ)・あざなど。

ぼ-ひ【墓碑】［名］死者の氏名・戒名・没年月日・事績などを刻んだ墓石。はかいし。‖「—を建てる」

ポピー［poppy］［名］けし。ひなげし。

ほ-ひつ【補筆】［名・自サ変］文章・書画などに書き加えて補うこと。加筆。‖「草稿に—する」

ほ-ひつ【▼輔▼弼(補▼弼)】［名・他サ変］天子・君主などの政治を助けること。

ぼひ-めい【墓碑銘】［名］墓石に刻む、死者の経歴や業績などについての文章。墓銘。

ポピュラー［popular］❶［形動］一般に広く知られて人気があるさま。また、大衆的なさま。‖「—なスポーツ」「タイ料理も—になった」❷［名］「ポピュラーミュージック」の略。

ポピュラー-ミュージック［popular music］［名］欧米風の大衆的な軽音楽。ジャズ・ロック・ラテン・シャンソンなど。ポピュラー音楽。ポップス。

ぼ-ひょう【墓標(墓表)】(ーヘウ)［名］墓のしるしとして立てる木や石の柱。はかじるし。

ボビン［bobbin］［名］❶ミシンの下糸を巻く金具。❷紡績で、スピンドルにはめて糸を巻き取る筒状の用具。❸電線を巻いてコイルを作る筒。

ほ-ふ【保父】［名］男性の保育士の通称。保父さん。

ほ-ぶ【歩武】［名］足取り。歩み。‖「—堂々たる行進」

ほ-ふく【▼匍▼匐】［名・自サ変］腹ばいになること。‖「敵陣に向かって—する」「—前進」

ボブスレー［bobsleigh］［名］斜面に設けた氷のコースをハンドルとブレーキのついた鋼鉄製のそりで滑降し、そのタイムを競う競技。二人乗りと四人乗りの二種目がある。

ほ-ぶね【帆船】［名］帆かけ船。はんせん。

ポプラ［poplar］［名］幹は直立し、短い枝が垂直方向に伸びるヤナギ科の落葉高木。樹形が美しいので、街路樹や庭園樹にされる。セイヨウハコヤナギ。▽ウラジロハコヤナギを含めてもいう。

ポプリ［pot-pourri(フランス)］［名］芳香のある花弁・葉・樹皮などを乾燥させ、香料とともに混ぜて瓶・壺・袋などに入れたもの。

ポプリン［poplin］［名］木綿・絹・毛などを使って横方向に細いうねを織り出した平織物。光沢があって、柔らかい。ワイシャツ・ブラウスなどに用いる。

ほふ・る【▼屠る】［他五］❶鳥獣の体を切り裂く。‖「牛を—」❷敵を打ち負かす。‖「強敵を—って首位に立つ」 可能 **ほふれる**

ほ-へい【歩兵】［名］❶徒歩で戦う兵士。❷旧日本陸軍で、小銃・機関銃・擲弾筒(てきだんとう)などの小火器を装備し、徒歩で移動しながら戦闘を行う兵士。また、その兵科。

ぼ-へい【募兵】［名・自サ変］兵士を募集すること。

ボヘミアン［Bohemian］［名］社会の規範に縛られないで、自由奔放に放浪的な生活をする人。▽もと、ボヘミアの人の意。

ほほ【頰】［名］⇩ほお(頰)

ほ-ぼ【保母(保▼姆)】［名］女性の保育士の通称。保母さん。 書き方 もと専ら「保姆」と書いた。女性の先生の意。

ほぼ【▽略・▽粗】［副］だいたい。あらかた。‖「準備は—整った」「客席は—満員になった」「駅までは—五キロメートルある」

ほほ-えまし・い【▽微笑ましい(頰笑ましい)】(ーヱマシイ)［形］思わずほほえみたくなるようであるさま。好感や親しみを人々に抱かせるさま。ほおえましい。‖「—話［光景］」 派生 -さ

ほほ-え・む【▽微笑む(頰笑む)】(ーヱム)［自五］❶声を立てずにわずかに笑う。にっこり笑う。微笑する。‖「にこやかに—」 使い方 多く好意的な笑みにいうが、悪意の笑みにもいう。‖「意地悪く［してやったりと］—」❷花が少し開く。ほころぶ。‖「桜の花が—」❸(比喩的に)自然の気象・風物などが人を好意的に迎え入れる意を表す。‖「夏の夜が優しく—」◈「ほおえむ」ともいう。 書き方 語源は「頰-笑む」だが、「微笑(びしょう)」をふまえて「微笑む」が好まれる。

ほぼ-ほぼ［副］新 見る限り、おおむね妥当だと判断できるさま。だいたい。▽「ほぼ」を重ねて強めた語。

ポマード［pomade］［名］白色ワセリンやひまし油に香料を加えて練った整髪用の油。

ほまえ-せん【帆前船】(ーマヘ)［名］帆に風を受けて進む洋式帆船。▽幕末期、和式の帆船に対していった。

ほまれ【誉れ】［名］ほめられて誇りに思うこと。また、よいという評判を得ること。名誉。‖「郷土の—」「名君の—が高い」

ほ-むぎ【穂麦】［名］穂の出た麦。

ほ-むら【▽炎(▼焰)】［名］❶ほのお。火炎。▽「火(ほ)群(むら)」の意。❷怒り・恨み・嫉妬などで心中に燃え立つ激情をたとえていう語。‖「嫉妬の—を燃やす」「瞋恚(しんい)の—」

ホメオスタシス［homeostasis］［名］生物体が外部環境の変化に対応し、体内の生理状態などを一定に保って生命を維持すること。また、その現象。恒常性。

ほめ-ごろし【褒め殺し(▽誉め殺し)】［名］ほめちぎることによって、かえって相手を非難したり、不利な状況に追い込んだりすること。

ほめ-そや・す【褒めそやす(▽誉めそやす)】［他五］しきりにほめる。ほめたてる。‖「皆で口々に—」

ほめ-たた・える【褒め▽称える(▽誉め▽称える)】(ータヘル)［他下一］さかんにほめる。ほめそやす。称賛する。‖「功績を—」 文 **ほめたた・ふ**

ほめ-ちぎ・る【褒めちぎる(▽誉めちぎる)】［他五］この上なくほめる。絶賛する。‖「名人芸だと—」

ほめ-もの【褒め者・褒め物】［名］多くの人から褒められる人や物。

ほ・める【褒める（▽誉める・▽称める・▽賞める）】［他下一］相手の行為・業績などをすぐれたものとして評価し、そのことを口に出して言う。ほめたたえる。「先生が生徒を—」「自分で自分を—」「あまり—・めた（＝感心できる）話ではない」⇔そしる・けなす 文ほむ

褒

品格 喝采「—を送る」賛嘆「—の声が上がる」賛美「大自然を—する」賞玩「—するに足る景物」賞賛「—が寄せられる」称揚「美徳を—する」推奨「—銘柄」称える「神を—」愛でる「名月を—」

ホモ-サピエンス【Homo sapiens ラテン】［名］現生人類の学名。ヒト。▼賢い人の意。

ホモ【homo】［名］「ホモセクシュアル」の略。

ホモセクシュアル【homosexual】［名］同性愛。また、同性愛者。特に男性にいう。ホモ。

ほ-や【火屋】［名］❶香炉や手あぶりなどの上部を覆うふた。❷ランプやガス灯などの火を覆うガラス製の筒。

ほや【〈海▼鞘〉】［名］ホヤ目の原索動物の総称。すべて海産で、単体のものと群体をつくるものとがある。単体のものは球形または卵形で、岩などに固着。体表は外皮でおおわれ、上端に入水孔と出水孔をもつ。マボヤ・アカボヤは食用。

ぼや【〈小火〉】［名］少しの範囲が燃えただけの小さな火事。

ぼ-や【暮夜】［名］夜になった時分。また、夜。夜分。

ぼや・く［自他五］ぶつぶつと不平を言う。しきりに泣き言をいう。「給料が安いと—」名ぼやき

ぼや・ける［自下一］はっきりしなくなる。ぼんやりする。ぼける。「色［論点・記憶］が—」

ほや-ほや［名・形動］❶できたてで湯気が立つほど温かいこと。「できたて—のまんじゅう」❷その状態になってまだ間がないこと。「新婚—の二人」

ぼや-ぼや［副］気がきかないで、また気がつかないでぼんやりしているさま。「—していると置いていかれるぞ」

ほ-ゆう【保有】イウ［名・他サ変］自分のものとして持っていること。「核を—する国」「会社の—地」

ほ-よう【保養】ヤウ［名・自サ変］❶心身を休めて健康を保つこと。「高原のホテルで—する」「—所」❷⇒目の保養

ほら【洞】［名］崖・岩・大木などにできた、中が空洞の穴。ほら穴。

ほ-ら【▽法▼螺】［名］❶「法螺貝」の略。❷大げさにいうこと。でたらめをいうこと。また、その話。「—を吹く」

ほら［感］相手の注意をうながすときに発する語。「—、見てごらん」「—、言ったとおりだろう」

ぼら【▼鯔・▼鰡】［名］暖海に分布し、汽水域・淡水域にも生息するボラ科の海水魚。体は円筒形で、頭部はやや平たい。食用。肥厚した胃壁はへそと呼ばれ、塩干しにした卵巣はからすみと称する。▼出世魚の一つで、成長とともにハク・オボコ（スバシリ）・イナ・ボラ・トドなどと呼称が変わる。

ホラー【horror】［名］恐怖。戦慄。「—映画」

ほら-あな【洞穴】［名］洞。洞穴。洞窟。

ほら-がい【▽法▼螺貝】ガヒ［名］❶紀伊半島以南の岩礁地帯に分布するフジツガイ科の巻き貝。日本最大の巻き貝で、殻高四〇センチメートルに達する。貝殻は紡錘形で、殻口が広い。食用。ほら。❷①の殻頂を切って、らっぱに似た歌口をつけたもの。修験者が山中で獣を追い払うために吹き鳴らしたほか、戦陣での進退の合図にも用いられた。ほら。

ほら-が-とうげ【洞ヶ峠】タウゲ［名］形勢を見て、いつでも有利な方につけるような態勢をとること。日和見。「—を決め込む」語源 一五八二年の山崎の合戦で、筒井順慶が洞ヶ峠（京都府八幡市と大阪府枚方市の境にある峠）に軍をとどめ、明智勢に加勢するかどうか戦況をながめていたという俗伝から。

ボラティリティー【volatility】［名］為替相場などの予想変動率。

ほら-ふき【▽法▼螺吹き】［名］物事を大げさに言う人。また、でたらめばかり言う人。

ポラロイド-カメラ［名］撮影後すぐに印画が得られるカメラ。フィルム・印画紙・現像処理剤などが一体になった特殊フィルムを用いる。▼商標名。Polaroid Land Camera から。

ボランチ【volante ポルトガル】［名］サッカーで、ミッドフィルダー（MF）のうち、後方に位置して主に守備を担当する選手。▼浮かぶ、移動できるの意。

ボランティア【volunteer】［名］自主的に公共福祉などの社会事業に参加し、営利を目的としない活動に携わる人。「—活動」

ほり【堀（▼濠）】［名］❶地面を細長く掘って水を通したところ。掘り割り。❷敵の侵入を防ぐために城などの周囲を掘って水をたたえたところ。

ほり【彫り】［名］❶彫ること。また、彫ったぐあい。❷彫ったような凹凸。「—の深い顔」

ほ-り【捕吏】［名］罪人を捕らえる役人。とりて。

ポリ［名］❶「ポリエチレン」などの略。「—袋・—バケツ」❷［俗］「ポリス」の略。

ほり-あげ【彫り上げ】［名］彫刻・印刻などで、模様や文字を高く残して地を低く彫ること。浮き彫り。

ポリープ【polyp】［名］皮膚や粘膜の表面にできる茸状や卵球状のはれもの。茸腫。ポリプ。「大腸—」

ポリウレタン【polyurethane】［名］主鎖中にウレタン結合を含む重合体。耐摩耗性・耐薬品性などが高く、合成樹脂・合成繊維などに利用する。

ほり-え【堀江】［名］地面を掘って水を通した人工の川。疎水。

ポリエステル【polyester】［名］分子内にエステル結合をもつ高分子化合物の総称。化学繊維の原料としてすぐれ、衣類などに広く用いられる。

ポリエチレン【polyethylene】［名］エチレンの付加重合で得られる高分子化合物。無色半透明の可燃性物質で、袋・絶縁材料などに用いられる。

ポリオ【polio】［名］ポリオウイルスの経口感染による急性の感染症。発熱など風邪に似た症状のあと、四肢に麻痺が起こる。小児に多く、俗に小児麻痺と呼ばれる。急性灰白髄炎。▼二〇〇〇年、WHOによって日本が所属する西太平洋地域における根絶宣言が出された。

ほり-おこ・す【掘り起こす】［他五］❶掘って土を起こす。開墾する。「畑を—」❷掘って埋もれているものを取り出す。「松の根を—」❸隠れていた事柄などを見つけだして表面に出す。「埋もれた人材を—」

ほり-かえ・す【掘り返す】カヘス［他五］❶掘って下

の方にある土を上に出す。すき返す。‖「畑を―」❷いったん掘って埋めた所を再び掘る。‖「墓を―」❸一度決着のついた事柄を再び取り上げて問題にする。‖「過去を―」

ポリグラフ [polygraph] [名] 脳波・脈拍・血圧・呼吸・皮膚電気反射など、生体のさまざまな生理的・心理的反応を同時に測定・記録する装置。うそ発見器としても使われる。

ほり-ごたつ【掘り▼炬▼燵】 [名] 床を切って炉を設けたこたつ。上に櫓(やぐら)を置き、床に腰掛けるようにしてあたる。切りごたつ。

ほり-さ・げる【掘り下げる】 [他下一] ❶地面を下へ深く掘る。‖「井戸を―」❷深く突っ込んで考える。深く究明する。‖「問題点を―・げて論じる」文 ほりさ・ぐ

ポリシー [policy] [名] 政策。方策。また、方針。‖「―に反する」

ポリス [police] [名] 警察。また、警察官。ポリ。

ポリス [polis ギリシア] [名] ❶古代ギリシアの都市国家。前八世紀ごろ、有産者の集住によって成立した。❷都市。‖「メトロ―」▼多く他の語と複合して使う。

ほりだし-もの【掘り出し物】 [名] 思いがけなく手に入った珍しい物や、安くて価値のある物。

ほり-だ・す【掘り出す】 [他五] ❶地面を掘って土の中に埋もれた物を取り出す。‖「球根を―」❷珍しい物や安くて価値のある物を思いがけなく手に入れる。‖「古書展で珍本を―」

ホリデー [holiday] [名] 休日。祭日。

ほりぬき-いど【掘り抜き井戸】 [名] 地下深く掘り下げて地下水をわき出させる井戸。掘り抜き。書き方 公用文では「掘抜井戸」。

ほり-ばた【堀端】 [名] 堀のほとり。堀のそば。

ポリプ [polyp] [名] ❶腔腸(こうちょう)動物の基本形態で、浮遊型のクラゲに対する定着型の形態。イソギンチャクなどのように岩などに付着して生活するもの。❷⬇ポリープ

ポリフェノール [polyphenol] [名] 水酸基を二個以上もつ化合物。コレステロールの酸化を抑え、動脈硬化を防止するとされる。果物・野菜・カカオ・赤ワインなどに多く含まれる。多価フェノール。

ポリフォニー [polyphony] [名] 複数の声部がそれぞれの旋律線を重視しながら、相互に和声的な関連をもって同時的にからみ合っていく様式の音楽。複音楽。多声音楽。⬇モノフォニー

ぼり-ぼり [副ト] ❶かたい物をかみくだくさま。また、その音を表す語。‖「あめ玉を―(と)かむ」❷つめで皮膚(ひふ)などをひっかくさま。また、その音を表す語。‖「頭を―(と)かく」

ぽり-ぽり [副ト] 「ぼりぼり」よりやや軽い感じを表す語。‖「たくあんを―(と)かむ」「頰(ほお)を―(と)かく」

ポリマー [polymer] [名] 複数の低分子化合物の重合によってできた化合物。重合体。⬇重合

ほり-もの【彫り物】 [名] ❶彫刻。❷入れ墨。

ほ-りゅう【保留】 [名・他サ変] そのままの状態でとどめておくこと。特に、決定や実行を先に延ばすこと。‖「態度を―して様子を見る」

ほ-りゅう【▼蒲柳】 [名] ❶ネコヤナギ。❷体質がひよわなこと。虚弱。‖「―の質(たち)」▼ネコヤナギが弱々しいことから。

ボリューム [volume] [名] ❶量。量感。‖「―たっぷりの朝食」❷音量。‖「ステレオの―を下げる」❸書物の巻。冊。書き方「vol.」と略記する。

ほ-りょ【捕虜】 [名] 戦争などで敵に捕らえられた人。とりこ。俘虜(ふりょ)。

ほり-わり【掘り割り】 [名] 地面を掘って作った水路。ほり。書き方「堀割」も好まれる。俗に「堀割(り)」とも。

ほ・る【彫る】 [他五] ❶印刷版や彫刻物を作るために、刃物を使って木・石・金属などを削る。彫刻する。刻む。‖「板木を―・って版を作る」「墓石に戒名を―」❷「彫る」①ことによって、印刷版や彫刻物を生み出す。‖「判こ[能面]を―」❸体を「彫る」①ことによって、入れ墨をする。彫り物をする。‖「背中に竜を―」◈「掘る」と同語源。①は〜ヲに〈対象〉を、②③は〈結果〉をとる。可能 彫れる 名 彫り

ほ・る【掘る】 [他五] ❶穴をあけるために地中の土などを取り除く。‖「地面を―」❷「掘る」①ことによって、穴や穴状の設備や建造物を作る。‖「地面に穴を―」「温泉[トンネル]を―」❸土などを取り除いて地中にあるものを取り出す。掘り出す。‖「芋[石炭]を―」◈①は〜ヲに〈対象〉を、②は〈結果〉をとる。可能 掘れる

ぼ・る [自五] [俗] 法外な代金を取る。不当な利益をむさぼる。‖「バーで―・られた」▼「むさぼる」の略とも、「暴利(ぼうり)」を動詞化した語ともいう。

ポルカ [polka] [名] 二拍子の軽快な舞踏。また、その舞曲。▼ボヘミア地方に由来する。

ボルシェビキ [Bol'sheviki ロシア] [名] レーニンを指導者とするロシア社会民主労働党の左派。一九〇三年、メンシェビキと対立して分派を形成、一七年、十月革命によってプロレタリア独裁政権を樹立した。一八年、ロシア共産党と改称。ボリシェビキ。⬍メンシェビキ ▼多数派の意。

ボルシチ [borshch ロシア] [名] ロシア料理で、大切りにした肉とビーツ(赤カブ)・ジャガイモ・タマネギ・ニンジンなどの野菜を長時間煮込み、塩・胡椒・トマトピューレなどで調味したスープ。サワークリームをかけて食べる。

ホルスター [holster] [名] 拳銃を入れてつり下げるための革ケース。

ホルスタイン [Holstein ドイツ] [名] オランダ原産の代表的な乳牛。毛色は白と黒のまだら。雌は乳房がよく発達し、乳量がきわめて多い。

ホルダー [holder] [名] ❶支えるもの。固定するもの。‖「キー―・ペン―」❷保持者。‖「タイトル―」◈多く他の語と複合して使う。

ホルターネック [halterneck] [名] ファッションで、腕・肩・背を露出し、首からひもでつるすデザイン。また、そのドレス・ビーチウエアなど。ホルターネック。▼牛馬のおもがいに付ける端綱(はづな)の意。

ボルダリング [bouldering] [名] ❶安全確保以外の用具を使わずに、大きな岩や壁を登ること。❷スポーツクライミングの一種目。高さ四〜五(メートル)ほどの壁を、制限時間内にいくつ登れるかを競う。

ボルテージ [voltage] [名] ❶電圧。電位差。❷熱意・意気込みなど、内にこもった力の度合い。‖「論争の―が上がる」

ボルト [bolt] [名] 機械部品などを締めて固定するための雄ねじ。ナットと組み合わせて用いる。

ボルト [volt] [名] 電圧・起電力(=電池・発電機な

どの電流を流す能力〉を表す単位。一ボルトは、一アンペアの電流を流して一ワットの電力が消費されるときの電圧。記号V ▼物理学者ボルタの名から。

ボルドー【Bordeaux フラ】[名] フランス南西部の港湾都市、ボルドーで産するワイン。赤・貴腐の種類に優れる。

ボルドー-えき【ボルドー液】[名] 硫酸銅の溶液と生石灰の溶液とを混合した農業用殺菌剤。▼ボルドー地方のぶどう園で最初に使われたことから。

ポルノ[porno][名] 性行為の露骨な描写を主題とした書画・写真・映画・ビデオなど。ポルノグラフィー。

ホルマリン[Formalin ドイ][名] ホルムアルデヒドの約四〇パーセント水溶液。防腐剤・殺菌消毒剤などに広く用いられる。

ホルムアルデヒド[formaldehyde][名] メチルアルコールの酸化によって得られる刺激臭のある気体。水によく溶ける。ベークライト・尿素樹脂など合成樹脂の原料として重要。

ホルモン[Hormon ドイ][名] 生体内の内分泌腺(せん)から血液中に分泌され、特定の組織や器官の機能を調節する化学物質。

ホルモン-やき【ホルモン焼き】[名] 豚などの内臓を小さく切って焼いた食べ物。

ホルン[horn][名] ❶角笛(つのぶえ)。❷丸く巻いた管と大きな朝顔形の開口部をもつ金管楽器。音量は豊かだが、音色は柔らかい。フレンチホルン。◈「ホーン」とも。

ほ-れい【保冷】[名] 低温に保つこと。||「一車」

ボレー[volley][名] ❶テニスで、相手の打球が地面に落ちる前に打ち返すこと。❷サッカーで、ボールが地面に落ちる前に蹴ること。||「一シュート」

ほれ-こ・む【▼惚れ込む】[自五] すっかりほれる。それ以外はないというほど気に入る。||「人柄に一」

ほれ-ぼれ【▼惚れ▼惚れ】[副ト] すっかり心を奪われてうっとりするさま。||「一(と)するような美声」

ポレミック[polemic][名] ❶論争。❷論争好きな人。論客。

ほ・れる【▼惚れる】[動下一] ■[自] ❶恋愛の対象として、心を奪われるほどに夢中になる。||「ぞっこん一」「こんな人にどうして一・れてしまったのだろう」 使い方 ➡愛する② ❷人物や物事の魅力に参ってとりつかれたようになる。魅せられる。魅了される。||「気っぷのよさ[腕の確かさ]に一」 ■〈動詞の連用形に付いて複合動詞を作る〉そうすることに心を奪われてうっとりする。||「見一・聞き一」 ◈もと、心がぼんやりする意。 文 ほ・る

◉**惚れた腫(は)れた** 語呂(ごろ)を合わせて、「惚れた」を強めていう。||「一で大騒ぎする」

◉**惚れた弱み** 恋愛関係では、より強くほれているほうがより強く弱みをもつということ。✓注意「惚れた弱さ」は誤り。

ボレロ[bolero スペ][名] ❶一八世紀末にスペインで創始された、四分の三拍子の舞踊。多く踊り手がカスタネットを打ち鳴らしてリズムをとる。また、その舞曲。❷前開きで打ち合わせがない短い上着。

ほろ【▼幌】[名] 風雨・日光・ほこりなどを防ぐための、車などに取りつけるおおい。▼「ほろ(母衣)」と同語源。

ほろ【〈母衣〉】[名] 昔、鎧(よろい)の背につけて流れ矢を防いだ幅の広い布。平安時代には長い布をなびかせるように作り、室町時代以降は中に竹かごを入れて袋状に作った。

ぼろ【〈▼襤▼褸〉】[名] ❶使い古した布。ぼろきれ。襤褸(らんる)。❷着古して破れた衣服。つぎはぎだらけの衣服。襤褸(らんる)。||「一をまとう」❸都合の悪い点。欠点。||「一が出る」❹ひどくいたんだもの。また、役に立たなくなったもの。||「一家(や)」「一靴[自転車]」

◉**ぼろを出・す** 隠していた欠点を見せてしまう。

ポロ[polo][名] 一チーム四人の競技者が、馬上からマレット(先がT字型になった長い棒)で木製のボールを打ち合い、相手のゴールに入れて得点を競う競技。

ぼろ・い[形][俗] ❶元手や労力に比べて利益がきわめて多いさま。||「こんな一商売はない」❷古くて壊れかけているさま。||「一車」▼「ぼろ(襤褸)」を形容詞化した語。

ほ-ろう【歩廊】(ラウ)[名] ❶建築物の側面などに設けられた通路。||「聖堂の一」「工場の点検用の一」❷〔古風〕プラットホーム。

ぼろ-きれ【〈▼襤▼褸〉切れ】[名] ぼろの切れはし。ぼろ。||「一のようにこき使われる」

ぼろ-くそ【〈▼襤▼褸〉▼糞】[名・形動] ひどく劣っているもの。価値のないもの。また、そのようなものとしてののしって言うさま。||「新作を一にけなされる」

ホログラフィー[holography][名] レーザー光線などを使って物体の立体像を空間に復元する光学技術。情報処理などに広く利用される。

ホログラム[hologram][名] ホログラフィーを応用して、立体画像を記録したフィルム。光線を当てることで立体画像を再生できる。

ポロ-シャツ[polo shirt][名] 襟のついた半袖のスポーツシャツ。頭からかぶって着る。▼ポロ競技で着たことから。

ぽろっ-と[副] ぽろりと。

ほろ-にが・い【ほろ苦い】[形] ❶わずかに苦味があるさま。何となく苦いさま。||「この山菜は一」❷かすかに心が痛む。||「一初恋の思い出」 派生 -さ

ポロネーズ[polonaise フラ][名] 四分の三拍子でテンポのゆるい、ポーランドの民族舞踊。また、その舞曲。戦士の勝利を祝う踊りが宮廷儀式に用いられて発達したものという。

ほろ-ばしゃ【▼幌馬車】[名] 風雨・日光・ほこりなどを防ぐために、ほろを掛けた馬車。

ほろ・びる【滅びる(▽亡びる)】[自上一] 勢力などが衰え、これまで存在していたものが絶えてなくなる。滅亡する。絶滅する。||「世界[恐竜・肉体]が一」「必ずや悪は一」 文 ほろ・ぶ

品格 衰退「地域が一する」 衰亡「帝国の一の歴史」 絶滅「一危惧種」 破滅「一的状況」 滅却「心頭一」 滅失「天然記念物の一」 滅亡「国が一する」

ほろ・ぶ【滅ぶ(▽亡ぶ)】[自五] ➡滅びる

ほろぼ・す【滅ぼす(▽亡ぼす)】[他五] ❶これまで存在していたものを存在しないようにする。壊滅させる。〈意図的な行為にもそうでないものにもいう〉||「進攻して敵を一」「核兵器が人類を一」❷〈多く「…で身を滅ぼす」などの形で、上に原因の表現を伴って〉あることのために人生を損なう。台なしにする。||「酒で身を一」「掟(おきて)を破って身を一」 使い方 ~デ(=原因)を~ガ(=主格)に代えていうこともできる。損ない破滅させる意。||「麻薬が青年を一」 可能 滅ぼせる

品格 根絶「暴力団の―」殲滅「―作戦」根絶やし「発生源を―にする」撲滅「麻薬―」没却「法の精神を―する」抹殺「社会的に抹殺される」

ほろ-ほろ［副ト］❶涙がこぼれ落ちるさま。‖「―(と)涙を流す」❷花などが静かに落ちるさま。‖「コブシの花が―と散る」❸ばらばらにほどけるさま。‖「クッキーが口の中で―と崩れる」❹雉・山鳥などが鳴く声を表す語。

ぼろ-ぼろ ■一［副ト］❶粒状の物が続けてこぼれ落ちるさま。‖「飯を―(と)こぼす」「涙を―(と)流す」❷水分や粘りけをなくして、ばらばらにくだけるさま。‖「壁が―(と)くずれる」■二［形動］ひどくいたんでいるさま。また、心身が疲れきっているさま。‖「―の着物」「身も心も―だ」

ぽろ-ぽろ［副ト］「ぼろぼろ」よりやや軽い状態を表す語。‖「飯粒を―(と)こぼす」

ほろほろ-ちょう【ほろほろ鳥】ーテウ［名］食用・愛玩用として飼育されるキジ目キジ科の鳥。体は丸く、灰黒色などの地に多数の小白斑がある。頭頂部の突起と頸部の肉垂は赤い。

ぼろ-もうけ【ぼろ▼儲け】ーマウケ［名・自サ変］少ない資本や労力で多大な利益を得ること。‖「株で―する」「濡れ手で粟の―」

ほろ-よい【▽微酔い】ーヨヒ［名］酒を飲んでいくらか酔っていること。また、その状態。‖「―機嫌(=少し酒によっていい気分になること)」

ほろり-と［副］❶涙がこぼれるさま。また、涙がこぼれそうになるほど胸を打たれるさま。‖「観客を―させるシーン」❷花などが散り落ちるさま。‖「椿の花が―落ちる」❸酒を飲んで少し酔うさま。‖「一杯のワインに―する」

ぽろり-と［副］❶涙などがこぼれるさま。‖「―涙をこぼす」❷くっついていたものなどが容易に離れ落ちるさま。‖「差し歯が―抜ける」❸うっかり口にしたり表に現れたりするさま。‖「―本音が出る」

ホワイト［white］［名］❶白。白色。❷白色の絵の具。❸修正液。

ホワイト-カラー［white-collar］［名］事務系の労働者。頭脳労働者。⇔ブルーカラー ▼白い襟のワイシャツを着ていることから。

ホワイト-ソース［white sauce］［名］小麦粉をバターで炒め、牛乳でのばして調味した白いソース。グラタンなどに使う。

ホワイト-チョコレート［white chocolate］［名］カカオ豆からとったカカオバターにミルク・砂糖を加えて作る白いチョコレート。

ホワイト-デー［和製white＋day］［名］三月一四日。バレンタインデーに女性からチョコレートをもらった男性が、お返しに菓子などを贈る日。

ホワイト-ニング［whitening］［名］日焼けを防ぎ、しみ・そばかすなどの原因となるメラニンの合成を抑えて肌を白くすること。美白。

ホワイト-ハウス［White House］［名］❶米国の首都ワシントンにある大統領官邸。白亜館。▼白色の外観から。❷アメリカ合衆国政府。

ホワイト-ボード［white board］［名］フェルトペンなどで文字や図をかき、また消すことのできる白い板。白板。

ほ-わた【穂綿】［名］綿の代用にした、茅・葦などの穂。

ほわ-ほわ［副ト・形動］やわらかく膨らんでいるさま。‖「―(と)した羊」▼「ふわふわ」より空気を多く含むさまをいう。

ポワレ［poêler フラ］［名］フランス料理で、肉や魚などを蒸し焼きにしたりフライパンで焼いたりすること。また、その料理。‖「真鯛の―」

ほん【本】 ■一［名］❶文章・絵・写真などを編集して印刷した紙葉を、ひとまとまりに綴じて装丁したもの。書物。書籍。‖「―を読む」「―棚・―屋」「絵―・豪華―」❷脚本。‖「このドラマは―が悪い」■二（造）❶もとになるもの。よりどころ。‖「―店・―部」「根―」❷正式な。‖「―職・―物」❸いま問題にしている。当該の。この。‖「―事件・―発表」❹細長いもの、タイヤ、映画などの作品を数える語。また、柔道・剣道などで、技の数を数える語。‖「鉛筆三―」「八―の映画に主演する」「一―とる」

品格 書「―を繙く」書籍「電子―」書物「―文化」図書「―目録」文献「―に当たる」

ほん【奔】（造）❶勢いよくはしる。‖「―走・―馬・―流」「東―西走」❷にげる。‖「出―」❸思うままにふるまう。‖「―放」

ほん【翻】（造）❶ひるがえる。ひるがえす。‖「翩―」❷思うままにする。‖「―弄」❸急に変える。ひるがえす。‖「―意・―然」❹入れかえる。つくりかえる。‖「―案・―訳」旧飜

ホン［phon］［名］騒音の大きさを表す単位。現在はデシベルを使用。

ぼん【凡】 ■一［名・形動］ごく普通であること。ありふれていること。■二（造）すべて。みな。おおむね。‖「―ならざる才」「―人・―俗・―庸」「非―・平―」

ぼん【盆】 ■一［名］❶物をのせるための平たく浅い器。‖「―に載せて運ぶ」❷「盂蘭盆会」の略。また、それが行われる七月中旬(新盆)、または八月中旬(旧盆)の期間。お盆。‖「―の墓参り」■二（造）ぼんのような形のもの。‖「―栽・―地」

◉**盆と正月が一緒に来たよう** うれしいことが重なるさま。また、大変忙しいさま。

ぼん【▼梵】（造）❶バラモン教の最高原理。ブラフマン。また、それを神格化したもの。‖「―天・―我一如」❷サンスクリット。‖「―語・―字」❸仏教にかかわる物事に付ける語。清浄なものの意。‖「―鐘・―刹」

ほん-あん【翻案】［名・他サ変］小説・戯曲などで、原作の大筋は生かし、時代・背景などを置き換えて改作すること。‖「マクベスを―した時代劇」

ほん-い【本位】ーヰ［名］❶判断や行動などの基本となるもの。‖「自分―の考え方」「興味―であれこれ尋ねる」「成績―の査定」▼普通、名詞に付けて使う。❷貨幣制度の基準。‖「金―制度」❸もとの位置。もとの地位。

ほん-い【本意】［名］❶本当の考え・気持ち。真意。❷もとからの考え。本来の望み。‖「―を遂げる」

ほん-い【翻意】［名・自サ変］決心を変えること。‖「説得されて―する」「兄を―させる」「―を促す」

ほんい-かへい【本位貨幣】ホンヰクワヘイ［名］額面価値に等しい価値をもつ金属(金または銀)で鋳造された貨幣。一国の貨幣制度の基準とされた。金本位制度での金貨など。

ほん-いん【本院】ーヰン［名］❶主となる院。別院・分院に対していう。‖「―の院長」❷この院。当院。❸上皇や法皇が二人以上いる場合、その第一の人。新院・中院に対していう。

ほんいんぼう【本因坊】[名] 囲碁の本因坊戦の優勝者に与えられる称号。▽安土・桃山時代から昭和一四(一九三九)年まで続いた囲碁の家元の名から。

ほん-えい【本営】[名] 総大将・総指揮官のいる軍営。本陣。「大—」

ぼん-おどり【盆踊り】[名] 盂蘭盆のころ、地域の人々が集まって音頭や歌に合わせておどる踊り。

ほん-か【本科】[名] ❶その学校の本体となる課程。予科・別科・専攻科などに対していう。❷この科。

ほん-か【本歌】[名] ❶古歌を踏まえて和歌・連歌を作った場合、その典拠となった歌。もとうた。⬇本歌取り ❷本格的な和歌。狂歌・俳諧などに対していう。

ほん-かい【本懐】[名] もとからの願い。本望。「—を遂げる」

ほん-かいぎ【本会議】[名] ❶本式の会議。部会・委員会などの予備的な会議に対していう。❷国会の衆参両議院で、全議員で構成される会議。

ほん-かく【本格】[名] 本来の格式や方式。また、それを備えていること。「—派のミステリー作家」「—化」

ほんかく-てき【本格的】[形動] ❶本来の格式や方式にのっとっているさま。「—な懐石料理」❷本来の性質が備わっているさま。「—な冬がやって来る」「来月から—な活動を開始する」「進路について—に考える」

ほんか-どり【本歌取り】[名] 和歌や連歌で、古歌(=本歌)の語句・発想・趣向などを取り入れて作歌し、重層的で複雑な世界を創造する技法。

ほん-かわ【本革】[名] 合成ではない、本物の革。ほんがわ。

ほん-かん【本官】一[名] ❶見習いや臨時雇いではなく、正式の官職。❷兼任する官職ではなく、その人本来の官職。二[代]〔一人称〕官職にある人が自分を指し示す語。

ほん-かん【本館】[名] ❶中心になる建物。別館・新館・分館などに対していう。❷この館。当館。

ほん-がん【本願】[名] ❶本来の願い。本懐。「—成就」❷仏・菩薩が衆生を救済するために起こした誓願。阿弥陀仏の四十八願など。本誓。

ぼん-がん【凡眼】[名] 凡人の目。平凡な眼識。⬍慧眼

ポン-かん【ポン▼柑・▼椪▼柑】[名] 果樹として栽培されるミカン科の常緑小高木。また、その果実。ミカンよりやや大きい果実は香りが高く、甘い。インド原産。

ほん-き【本気】[名・形動] 嘘ではない、本当の気持ち。真剣に対応しようとする気持ち。また、そのような気持ちであるさま。「—で怒り出す」「—を出して勉強する」「—にする(=本当であると信じる)」

ほん-ぎ【本紀】[名] 紀伝体の歴史書で、帝王一代の事跡を記述したもの。⬇列伝②

ほん-ぎ【本義】[名] ❶語句・文字などの本来の意味。⬍転義 ❷根本となる意義。「教育の—」

ほん-ぎまり【本決まり】[名] 正式に決まること。「本社の移転が—になる」

ほん-きゅう【本給】[名] 諸手当・賞与などを含まない基本の給与。基本給。本俸。

ほん-きょ【本拠】[名] 活動などの主なよりどころとなるところ。「大阪に—を置く」「—地」

ほん-ぎょう【本業】[名] その人の主とする職業。本来の職業。⬍副業

ほん-きょく【本局】[名] ❶中心となる局。支局・分局などに対していう。❷この局。

ほん-きん【本金】[名] ❶資本金。元金。❷純金。

ぼん-ぐ【凡愚】[名・形動] 平凡で愚かなこと。また、その人。「—な衆生」「—の迷信」

ほん-ぐう【本宮】[名] 神霊を他に分けてまつった時の、もとの神社。本社。もとみや。⬍新宮・別宮 ▽特に熊野本宮をさしていうことがある。

ほん-くじ【本▼籤】[名] 頼母子講などで、掛け金の落札者を決めるくじ。

ほん-ぐみ【本組み】[名] 印刷の組み版で、棒組みにして校正を終えたものを、割り付けに従って本式のページに組むこと。また、その組み版。⬍棒組み

ほん-ぐもり【本曇り】[名] 空の大部分が雲におおわれていること。空がすっかりくもること。

ぼん-くら【盆暗】[名・形動] ぼんやりしていて目端がきかないこと。また、そのような人。▽もと賭博の語で、さいころを伏せた盆の中が見通せない意。

ぼん-くれ【盆暮れ】[名] 盂蘭盆と歳末。また、そのころ。「—の付け届けを欠かさない」

ほん-け【本家】[名] ❶一門・一族の中心となる家筋。❷分かれ出た流派の、おおもととなる家。家元。❸商家で、そのおおもととなる店。❹一般に、ある事柄のおおもととなる人やところ。「漢字の—である中国」

ぼん-げ【凡下】[名・形動] 平凡で、取り柄のないこと。また、そのような人。「—の心」

ぼん-けい【盆景】[名] 盆や盆栽の上に石・砂などを配して自然の風景を写したもの。

ほんけ-がえり【本▼卦▽還り(本▼卦帰り)】[名] 生まれた年と同じ干支が再びめぐってくること。数え年で六一歳になること。還暦。

ほんけ-ほんもと【本家本元】[名] いちばんおおもとになる家。また、いちばんのおおもと。「二刀流の—」

ほん-けん【本件】[名] ❶この件。この事件。❷警察が本来の捜査対象としている事件。▽別件に対していう。

ほん-けん【本絹】[名] まじりけのない絹糸・絹織物。純絹。正絹。⬍人絹

ほん-げん【本源】[名] 物事のおおもと。みなもと。根源。「活動の—」「万物の—をさぐる」

ぼん-ご【▼梵語】[名] 古代インドの文章語。サンスクリット語。▽その起源が梵天(造物神ブラフマン)にあるとするインドの伝承から、中国・日本での称。舎利・檀那・卒塔婆など、多く音訳された形で仏教用語として用いられる。

ボンゴ【bongóスペ】[名] ラテン音楽で用いられる打楽器。音高の異なる小形の太鼓を二つつないだもの。股の間にはさみ、手で打ち鳴らす。

ほん-こう【本坑】[名] 鉱山などで、中心になる坑道。

ほん-こう【本校】[名] ❶本体となる学校。分校に対していう。⬍分校 ❷この学校。当校。

ほん-こう【本稿】[名] ❶もとになる原稿。❷この原稿。「—の執筆者」

ほん-こく【翻刻】[名・他サ変] 写本・刊本などの字句を、そのまま活字に組むなどして新たに刊行すること。「古文書を—する」

ほん-ごく【本国】[名] ❶その人の生まれ育った国。また、その人の国籍のある国。母国。「—を離れる」❷

植民地などに対して、本来の領土。▽「イギリス—」

ほん-ごし【本腰】 [名] 本格的に物事に取り組もうとする姿勢。▽「—を入れる」

ぼん-こつ【凡骨】 [名] 平凡な才能・素質。また、その人。

ぽんこつ [名] 使い古されて壊れかかったもの。役に立たなくなったもの。▽「—自動車」

ボンゴレ [vongoleイタリア] [名] ボンゴラ(アサリに似た二枚貝)を使ったイタリア料理。▽「スパゲッティー—」

ほん-さい【本妻】 [名] 正式の妻。正妻。⇔内妻

ぼん-さい【凡才】 [名] 平凡な才能。また、その人。

ぼん-さい【盆栽】 [名] 観賞するために枝や幹に手を加えて育てた鉢植えの樹木。

ぼん-さい【▼梵妻】 [名] 僧侶の妻。だいこく。

ぼん-さく【凡作】 [名] 平凡でつまらない作品。⇔秀作

ほん-ざや【本▼鞘】 [名] 先物取引で、相場が当限(とうぎり)、中限(なかぎり)、先限(さきぎり)の順に高いこと。順鞘(じゅんざや)。⇔逆鞘

ほん-ざん【本山】 [名] ❶一宗一派の中心として末寺を統括する寺。❷この寺。当山。❸物事を統括する元締めとなるところ。▽「悪の—」「財界の総—」

ほん-し【本旨】 [名] 本来の趣旨。▽「地方自治の—にかなう」

ほん-し【本志】 [名] もとからの志。本意。本懐。

ほん-し【本紙】 [名] ❶新聞などの本体となる紙面。日曜版・号外などに対していう。❷この新聞。わが新聞。▽「—特派員」

ほん-し【本誌】 [名] ❶雑誌の本体となる部分。別冊・付録などに対していう。❷この雑誌。わが雑誌。

ほん-じ【本地】 [名] 本地垂迹(すいじゃく)説で、神などの仮の姿をとって現れた仏・菩薩(ぼさつ)に対して、その本来の仏・菩薩。▽たとえば、天照大神の本地は大日如来とされる。

ほん-じ【本字】 [名] ❶漢字。仮名文字に対していう。❷正式な書き方による漢字。正字。略字・俗字などに対していう。❸ある漢字のもととなった漢字。

ほん-じ【翻字】 [名・他サ変] ある文字体系で書かれた語句や文を、別の文字体系による表記に書き改めること。▽「ローマ字文をカタカナ文に—する」

ぼん-じ【▼梵字】 [名] 古代インドで、サンスクリット語を書き表すのに用いられた文字。

ほん-しき【本式】 [名・形動] ❶省略したりしないで、正当な形式で行うこと。また、そのやり方。▽「—の作法」⇔略式 ❷遊びや間に合わせでなく、本格的に行うこと。▽「—に練習を始める」

ほん-しけん【本試験】 [名] 予備試験・模擬試験などに対して、正式の試験。また、臨時試験・追試験などに対して、本来の試験。通常の試験。

ほんじ-すいじゃく【本地垂▼迹】 [名] 本地である仏・菩薩が衆生を救済するために神などの姿をとってこの世に現れるということ。▽「—説」

ほん-しつ【本質】 [名] ❶その物事を成り立たせている根本的な性質・要素。その物事の本来の姿。▽「問題の—に迫る」「—をつく質問」❷哲学で、ある事物をそのものとして規定している不変の性質。▽essence の訳語。

ほん-じつ【本日】 [名] きょう。この日。▽「—開店」

ほんしつ-てき【本質的】 [形動] 本質にかかわるさま。▽「—な問題」「—に異なる物質」

ほん-しゃ【本社】 [名] ❶一つの会社がいくつかに分かれているとき、その中心となる事業所。⇔支社 ❷同系の神社の中で、その中心となる神を祭るやしろ。⇩末社・摂社 ❸この会社。また、この神社。当社。

ぼん-しゅ【凡手】 [名] ❶平凡な腕前。また、その人。❷囲碁・将棋などで、つまらない手。▽「—を打つ」

ぼん-しゅ【凡主】 [名] 平凡な資質・器量の主人。

ほん-しゅう【本州】 [名] 日本列島の主要部をなす最大の島。東北・関東・中部・近畿・中国の五地方に分けられる。

ボンジュール [bonjourフランス] [感] こんにちは。おはよう。

ほん-しゅつ【奔出】 [名・自サ変] 激しい勢いでふき出ること。▽「温泉が—する」

ほん-しょ【本初】 [名] はじめ。もと。▽「—の計画」

ほん-しょ【本書】 [名] ❶主となる文書。添付文書・付録などに対していう。❷正式の文書。下書き・写しなどに対していう。❸この本。この書物。

ほん-しょ【本署】 [名] ❶警察署・消防署・税務署などで、担当する管内の支署・分署などを統轄する役所。❷この署。当署。

ほん-しょう【本性】 [名] ❶生まれながらの性質。本来の性質。ほんせい。▽「—を現す」❷本心。また、正気。▽「酔って—を失う」

ほん-しょう【本省】 [名] ❶各省で、管下の官庁を統轄する中央の最高官庁。❷この省。当省。

ほん-じょう【本城】 [名] ❶中心となる城。ねじろ。本丸。❷この城。

ぼん-しょう【凡小】 [名・形動] 才能などが平凡で、器量が小さいこと。▽「—な人物」

ぼん-しょう【▼梵鐘】 [名] 寺院の鐘楼につり下げる鐘。多くは青銅製で、撞木(しゅもく)で打ち鳴らす。

ほん-じょうぞう【本醸造】 [名] ❶七〇%以下に精米した白米を主原料とし、醸造アルコールの添加量は白米一トン当たり一二〇リットル以下の清酒。本醸造酒。❷原料を麴菌(こうじきん)や酵母などの微生物によって発酵・熟成させた醤油(しょうゆ)。

ほん-しょく【本職】 ■[名] ❶その人が主としている職業。本業。❷それを専門とする人。専門家。くろうと。▽「仕上げは—にまかせよう」■[代]〔一人称〕官吏が自分を指し示す語。本官。

ほんしょ-しごせん【本初子午線】 [名] 経度・時刻の基準となる、英国の旧グリニッジ天文台を通る子午線。グリニッジ子午線。

ほん-しん【本心】 [名] ❶その人の本当の心。真実の気持ち。▽「—を明かす」「—から出たことば」❷本来の正しい心。▽「—に立ち返る」❸たしかな心。正気。▽「泥酔して—を失う」

品格 実意「—のこもった挨拶」 真意「彼女の—を理解する」 心底「—から信じている」 衷心「—より感謝申し上げます」

ほん-しん【本震】 [名] ある地域で一定期間に起きた一群の地震のうち、最も大きい地震。▽「予震」「余震」に対していう。

ほん-しん【翻身】 [名・自サ変] 身をひるがえすこと。

ほん-じん【本陣】 [名] ❶陣営で、一軍の大将が駐屯している所。本営。❷江戸時代、街道の宿駅で諸大名・公家などが宿泊した公認の旅館。

ぼん-じん【凡人】［名］これといった長所や特徴をもたない普通の人。平凡な人。‖「━には思いつかない発想」

ポン-ず【ポン酢】［名］❶ダイダイ・スダチなどのしぼり汁。▼「ポンス（pons ｵﾗﾝﾀﾞ）」から。「酢」は当て字。❷「ポン酢醤油（じょうゆ）」の略。

ほん-すう【本数】［名］「本」を使って数えるものの数。‖「バスの━が少ない」「ホームランの━」

ほん-すじ【本筋】ースヂ［名］本来のすじみち。また、正しいすじみち。‖「話が━からそれる」「こちらから出向くのが━だ」

ポンず-しょうゆ【ポン酢▼醤油】ーシャウユ［名］醤油にダイダイ・スダチなどのしぼり汁を加えた調味料。チリ鍋（なべ）・水炊きなどのつけ汁に使う。ポン酢。

ほん-せい【本姓】［名］❶もとの姓。生家の名字。旧姓。❷本当の姓。筆名・芸名・偽名などに対していう。

ほん-せい【本性】［名］➡ほんしょう（本性）①

ほん-せき【本籍】［名］その人の戸籍がある場所。原籍。‖「━を移す」「━地（＝本籍のある都道府県名、市区町村名と地番）」▼現実の居住地などに関係なく、どこにでも自由に定めることができる。

ぼん-せき【盆石】［名］盆の上に趣のある自然石や砂を配して自然の風景を表すもの。また、それに用いる自然石。➡盆景

ぼん-せつ【▼梵刹】［名］寺。寺院。ぼんさつ。▼清らかな土地を意味する梵語の音写から。

ほん-せん【本船】［名］❶船団などで、その中心となる船。親船。もとぶね。❷この船。当船。

ほん-せん【本線】［名］❶鉄道の幹線。‖「東海道━」❷送電線の幹線。❸高速道路で、走行車線。◈①②⇔支線

ほん-ぜん【本然】［名］もともとそうであること。自然のままであること。ほんねん。‖「━の性」

ほん-ぜん【本膳】［名］❶正式の日本料理の膳立てで、一の膳。二の膳、三の膳などに対して、主となる膳。飯・汁・なます・平（ひら）（煮物）・香の物を配して客の正面に置く。❷「本膳料理」の略。

ほん-ぜん【翻然】［形動タリ］❶旗などがひるがえるさま。‖「━とはためく校旗」❷急に心をひるがえすさま。また、急に心を改めるさま。‖「━と非を悟る」

ぼん-せん【凡戦】［名］平凡な、つまらない試合。

ほんぜん-りょうり【本膳料理】ーレウリ［名］本膳・二の膳・三の膳からなる正式の日本料理。料理の数によって、与（よ）の膳・五の膳を添える場合もある。▼冠婚葬祭に用いる儀式料理として江戸時代に完成された。

ほん-そう【本葬】ーサウ［名］本式の葬儀。⇔仮葬（かそう）・密葬

ほん-そう【奔走】［名・自サ変］物事の実現に向けて走り回って努力すること。‖「資金集めに━する」

ほん-ぞう【本草】ーザウ［名］❶草木。植物。❷漢方で、薬草。また、薬用となる動植物・鉱物の総称。❸「本草学」の略。

ほんぞう-がく【本草学】ホンザウー［名］薬用となる動植物・鉱物について研究する中国古来の学問。日本には奈良時代に伝えられ、江戸時代に盛行した。

ほん-そく【本則】［名］❶法令・規則などの本体となる部分。⇔付則 ❷正規の規則。基準になる規則。原則。

ぼん-ぞく【凡俗】［名・形動］ありふれていて、何のとりえもないこと。俗っぽいこと。また、その人。凡人。俗人。‖「━な考え」「━の輩（やから）」

ほん-ぞん【本尊】［名］❶信仰・礼拝の中心として寺院の本堂などに安置される仏・菩薩像。❷〈多く「御本尊」の形で〉その話題や事柄の中心となる人物。本人。当人。‖「当の御━だけがご存じない」▼からかいの気持ちをこめて使う。

ぼん-だ【凡打】［名・他サ変］野球で、ヒットまたは犠打にならない打撃をすること。また、その打撃や打球。

ほん-たい【本体】［名］❶そのものの本当の形・姿。正体。❷機械などで、付属物を除いた主要な部分。‖「パソコンの━」「━価格」❸神社の神体。また、寺の本尊。❹哲学で、もろもろの現象を超越して存在し、理性によってのみ捉えられる不変の実体。理体。

ほん-たい【本隊】［名］❶中心となる部隊。主力部隊。⇔支隊 ❷この隊。

ほん-たい【本態】［名］本当の様子。本来の姿。

ほん-だい【本題】［名］話や議論の中心となる題目。‖「━に入る」

ぼん-たい【凡退】［名・自サ変］野球で、打者が出塁することも犠打を打つこともできないで退くこと。

ほん-たく【本宅】［名］別宅などに対して、ふだん住んでいる家。本邸。

ほん-だち【本裁ち】［名］和裁で、並幅一反の布を使って大人用の着物一枚を仕立てること。また、その裁ち方。大裁ち。

ほん-たて【本立て】［名］机上などに立てて並べた本が倒れないように支える文具。ほんだて。ブックエンド。

ほん-だな【本棚】［名］本を並べてのせておくための棚。書棚。書架。

ほん-だわら【〈馬尾藻〉・〈神馬藻〉】ーダハラ［名］温海域の岩礁に生育する褐藻類ホンダワラ科の海藻。茎はよく分枝し、長い葉と多数の気胞をつける。乾燥させたものを鏡餅の飾りや肥料にする。ホダワラ。▼古名は「なのりそ」。

ほん-たん【奔▼湍】［名］水勢の激しい流れ。急流。早瀬。‖「岩をかむ━」

ぼん-たん【▽文旦】［名］ザボン。

ぼん-ち【盆地】［名］周囲を山によって囲まれた平地。

ポンチ【punch】［名］❶鋼製の棒の先端を鋭くとがらせた工具。穴あけ加工の目印としてくぼみを打つのに使う。❷ブランデーなどに果汁・砂糖・香料を加えた飲み物。パンチ。ポンス。‖「フルーツ━」❸風刺をこめた滑稽（こっけい）な絵。漫画。▼「ポンチ絵」の略。英国の漫画雑誌「パンチ（Punch）」にちなむという。

ほん-ちゃん【本ちゃん】［名］〔俗〕「本番」①に同じ。書き方「本チャン」とも。

ポンチョ【poncho ｽﾍﾟｲﾝ】［名］❶四角形の布地の中央にあけた穴から頭を出して着る中南米の民族衣装。また、それに似せて作った外衣。❷①に形を似せて作ったレインコート。

ほん-ちょう【本庁】ーチャウ［名］❶中心となって業務を統轄する官庁。中央官庁。支庁などに対していう。❷この庁。当庁。

ほん-ちょう【本朝】ーテウ［名］わが国の朝廷。また、わが国。⇔異朝

ほん-ちょうし【本調子】ーテウシ［名］❶三味線の調弦法で、最も基本となる調子。❷本来の調子。また、本来の調子が出て、物事が順調に運ぶこと。‖「体が━になる」

ぽん-つく［名・形動］〔俗〕間が抜けていること。また、そのような人をあざけっていう語。

ほん-て【本手】［名］❶勝負事などで、その局面で使うべき本筋の手。❷三味線や琴の合奏で、基本となる旋律。また、その演奏者。ほんで。⬌替え手

ほん-てい【本邸】［名］本宅。

ボンデージ［bondage］［名］ファッションで、皮膚に密着し、体を締めつけるデザイン。‖「ースーツ」▽原義は束縛・屈従。

ほん-てん【本店】［名］❶営業の本拠となる店。本舗。⬌支店・分店 ❷この店。当店。

ほん-でん【本田】［名］❶苗代田に対し、苗を本式に植えつけて生育させる田。❷江戸時代、新田に対して、古くから耕作されている田。また、租税の対象として検地帳に登録されている田。⬌新田

ほん-でん【本殿】［名］神社で、神霊を安置してある社殿。正殿。

ぼん-てん【▼梵天】［名］❶インドの古代宗教で、世界の創造主とされた最高神（ブラフマン）。仏教に取り入れられて帝釈天とともに仏法護持の神となった。▽梵語 Brahman の訳。❷祭礼などで用いる大形の幣束。長い竹や棒の先に白布や五色の紙を取りつけたもの。❸延縄・刺し網などにつける浮標。

ほん-と【本▽当】［名・形動］❶「ほんとう（本当）」①②に同じ。❷〈副詞的に〉自分の気持ちをそのまま率直に述べることを示す。率直なところ。正直なところ。‖「ー、ばかみたい」❸〈上昇のイントネーションを伴って〉相手のことばに、信じられないという気持ちで驚きや疑念を表す。‖「え、ー？ 結婚するの？」

ほん-ど【本土】［名］❶国の中心となる国土。離島・属国などに対していう。‖「英国ー」❷その人の生まれ育った国。本国。❸本州。

ぽん-と［副］❶物を軽くたたくさま。ある物を別の物に軽く当てるさま。また、その音を表す語。‖「ー手をたたく」❷物が勢いよく（軽く）はじけたり飛んだりするさま。また、その音を表す語。‖「ービールの栓を抜く」❸物を無造作に投げるさま。‖「空き缶をー投げ捨てる」❹気前よく金品を差し出すさま。‖「ー大金を寄付する」

ポンド［pound］［名］❶イギリスの通貨の基本単位。一ポンドは一〇〇ペンス。記号£・L 使い方「ポンド」という単位で表される貨幣の意でもいう。❷ヤードポンド法で、重量を表す単位。一ポンドは約四五三・六グラム。記号lb 書き方①は「▼磅」、②は「▽封度」「▼听」「▽英▽斤」などと当てた。

ほん-とう【本当】［名・形動］❶偽りや見せかけではなく、そのとおりであること。特に、ことばで表されたものが、実際にそのとおりであること。‖「彼こそーの友達だ」「平気な顔をしているが、ーは怖いのさ」「『結婚するってーか？』『ーだとも』」❷本来そうあるべきこと。本来的。‖「体調がまだーではない」「ーは右利きだが、左でも打てる」◈「ほんと」とも。⬇ほんと

品格 事実「紛れもないー」正真正銘「ーの金塊」真実「戦争のーに迫る」真正「ー性」真相「ー究明」真理「不変のー」まこと「ーの姿」

ほん-とう【本島】［名］❶群島や列島の中で、その中心となる島。‖「沖縄ー」❷この島。

ほん-とう【奔騰】［名・自サ変］❶液状の物や感情がたぎり立つこと。‖「ーする川［血潮・情熱］」❷物価や相場が非常な勢いで上がること。

ほん-どう【本堂】［名］寺院の中心として本尊を安置する建物。⬌庫裏

ほん-どう【本道】［名］❶道路交通の中心となる広い道。本街道。⬌間道 ❷正統な道筋。本来の正しいあり方。‖「民主政治のーにもとる」❸漢方で、内科の通称。

ほんとう-に【本当に】［副］心からそう思ったり感じたりするさま。実に。まことに。ほんとに。‖「ー感心な子だ」「ーありがとう」

ほん-なおし【本直し】［名］味醂のもろみに焼酎などを加えて作った甘い酒。柳蔭。直し。

ほん-に【（本に）】［副］本当に。

ほん-にん【本人】［名］その人自身。当人。当事者。‖「ーの意思を尊重する」「ー次第」

ほんにん-かくにん【本人確認】［名］公的機関や特定事業者などが手続きや取引等にあたって、相手方の本人特定事項を確認すること。

ほん-ね【本音】［名］本当の気持ちや考え。また、それを言い表すことば。‖「ーを漏らす」「建て前でなくーで語る」「企業のー」⬌建て前▽「本心」に比べてやや情緒的に訴えかけるニュアンスがある。

ボンネット［bonnet］［名］❶自動車の前部にある、エンジン部分の覆い。‖「ーバス（＝ボンネットが突き出ているバス）」❷頭頂から後頭部を覆って額を出すようにかぶり、あごの下でひもを結ぶようにした女性・子供用の帽子。

ほん-ねん【本年】［名］ことし。当年。

ほん-ねん【本然】［名］⬇ほんぜん（本然）

ほん-の【（本の）】［連体］下の語を強く限定して、その量や程度などが本当にただそれだけに過ぎない意を表す。本当にごくわずか（に過ぎない）。‖「ー一足違いでした」「まだー子どもで…」「ーおしるしです」▽「ー少ししかない」のように、副詞としても使う。

ほん-のう【本能】［名］動物に生まれつき備わっている能力や習性。‖「帰巣ー・母性ー」「ー的」

ぼん-のう【煩悩】［名］仏教で、心身を悩まし、煩わせ、苦しめる心の作用。一切の欲望、他者への怒りや憎しみ、仮の実在への執着など。‖「ーを断つ」

ぼん-の-くぼ【盆の▼窪】［名］うなじの中央のくぼんだところ。

ほん-の-むし【本の虫】［名］❶衣魚など、本を食害する虫。❷本が好きな人。⬇虫③

ほん-のり［副］（と）かすかなさま。うっすら。‖「東の空がー（と）明るくなる」「ー（と）甘い香り」

ほん-ば【本場】［名］❶発祥地であったり主要な産地であったりして、ある物事が本式に行われている場所。また、盛んに行われていたり由緒があったりして、ある物事が高い水準にある場所。‖「ー仕込みの中国語」「この店はーイタリアに負けないパスタを出す」❷取引所で、午前中の立ち会い。前場。

ほん-ば【奔馬】［名］勢いよく走る馬。あばれ馬。▽勢いの激しいことのたとえにもいう。‖「ーの勢い」

ぼん-ばい【▼梵▽唄】［名］仏の徳をたたえるために梵語または漢文の経文を節をつけて唱えるもの。声明。

ほん-ばこ【本箱】［名］本を並べて入れておく、棚の付いた箱形の家具。

ほん-ばしょ【本場所】［名］大相撲で、力士の番付

作成の基準となる正式な興行。現在は一月の初場所(東京)、三月の春場所(大阪)、五月の夏場所(東京)、七月の名古屋場所、九月の秋場所(東京)、十一月の九州場所(福岡)と、年六回開催される。

ほん-ばん【本番】[名] ❶映画・テレビ・ラジオなどで、リハーサルやテストでなく、正式に撮影・放送・録音を行うこと。また一般に、練習ではなく本式に物事を行うこと。‖「ーに強い」「ぶっつけー」❷本格的にその時期を迎えること。‖「夏ー」

ぽん-びき【ぽん引き】[名][俗] ❶土地に不案内な人を甘言でだまし、金品を巻き上げること。また、その者。❷売春の客引き。書き方「ポン引き」も多い。

ぼん-ぴゃく【凡百】[名] いろいろなもの。かずかず。もろもろ。ぼんびゃく。‖「ーの映画」

ほん-ぶ【本部】[名] 組織・団体などで、活動の中心となる部署。‖「対策[捜査]ー」⇔支部

ほん-ぷ【本譜】[名] 五線紙に書かれた正式な楽譜。⇔略譜

ぼん-ぷ【凡夫】[名] ❶平凡な人。普通の人。凡人。❷仏教で、煩悩にとらわれて迷う衆生。異生(いしょう)。

ポンプ【pompオランダ】[名] 圧力の働きを利用して、液体や気体を吸い上げたり送り出したりする装置。書き方「〈▼喞筒〉」と当てる。

ほん-ぷく【本復】[名・自サ変] 病気が全快すること。‖「ーをとげる」「ーを祝う」

ほん-ぶし【本節】[名] カツオを三枚におろし、片身をさらに背側と腹側に分けて作った鰹節(かつおぶし)。背肉のものを雄節(おぶし)、腹肉のものを雌節(めぶし)という。

ほん-ぶり【本降り】[名] すぐにはやみそうもない勢いで、雨や雪が本格的に降ること。‖「午後からーになる」⇔小降り

ほん-ぶん【本分】[名] その人が本来果たさなくてはならない務め。‖「学生のーにもとる」

ほん-ぶん【本文】[名] ❶序文・跋文(ばつぶん)・注解などを除いた、その書物の主体となる部分の文章。ほんもん。❷法令で、ただし書きに対して、その条例の本体となる文。

ボンベ【Bombeドイツ】[名] 高圧の気体や液体の貯蔵・運搬に用いる耐圧容器。鋼鉄製で、多くは円筒形。‖「酸素ー・ガスー」

ほん-ぺん【本編(本▼篇)】[名] ❶続編・付録などに対して、主体となる編。正編。❷この編。この文章。

ほん-ぽ【本舗】[名] ❶本店。❷ある商品を製造・販売する、おおもとの店。▼多く店名に添えて使う。

ほん-ぽう【本邦】ウハ [名] この国。我が国。‖「ー初公開」

ほん-ぽう【本法】フハ [名] ❶本体となる法律。❷法文中で、その法律自体をさす語。この法律。

ほん-ぽう【本俸】[名] 諸手当を除いた、基本となる俸給。本給。

ほん-ぽう【奔放】ウハ [名・形動] 常識や慣習などにとらわれず、自分の思うとおりに振る舞うこと。‖「自由ーな生き方」

ぼんぼり【〈雪洞〉】[名] 紙または絹張りの覆いをつけた手燭(てしょく)・燭台。また、柄と台座をつけた小さな行灯(あんどん)。

ぼん-ぼん[名] 主に関西で、良家の若い息子。若だんな。ぼんち。

ボンボン【bonbonフランス】[名] 洋酒を含んだシロップなどを砂糖やチョコレートで包み込んだ菓子。‖「ウイスキーー」

ぽん-ぽん ■[副と] ❶続けざまに物を軽くたたく音を表す語。‖「鼓をー(と)鳴らす」❷続けざまにはじけたり飛んだりするさま。また、その音を表す語。‖「花火がー(と)あがる」❸勢いよく、また遠慮なく続けてものを言うさま。‖「冗談がー(と)飛び出す」❹勢いよく次々と行ったり現れたりするさま。‖「何でもー(と)あげる」「アイデアがー(と)浮かんでくる」■[名] 幼児語で、腹。

ポンポン【pompon】[名] ❶毛糸などで作った丸い玉。帽子や衣服などの飾りにする。玉房飾り。❷チアガールが手に持って振る、毛のふさふさした用具。

ポンポン-ダリア【pompon dahlia】[名] ダリアの園芸品種の一つ。筒状の花弁が重なり合った球状の花を多数つける。赤・黄など、色の種類は多い。

ほん-ま【(本真)】[名・形動] 本当。‖「ーかいな」「ーの話」▼主に関西でいう。

ほん-まつ【本末】[名] 物事の根本と枝葉。基本になる重要なことと、どうでもよい瑣末(さまつ)なこと。

ほんまつ-てんとう【本末転倒】ータウ [名] 大切なことと、つまらないことを取り違えること。

ほん-まつり【本祭り】[名] 神社の正式の祭礼。陰祭り・宵祭りに対していう。

ほん-まる【本丸】[名] 城郭の中心となる一区画。多くは中央に天守閣を築き、周囲に堀をめぐらす。

ほん-み【本身】[名] 本物の刀。真剣。竹光(たけみつ)などに対していう。

ほん-みょう【本名】ーミャウ [名] 本当の名前。実名。ほんめい。筆名・芸名・偽名などに対していう。

ほん-む【本務】[名] 本来の任務。また、主要な職務。

ほん-めい【本命】[名] ❶競馬・競輪などで、一着になると予想される馬や選手。優勝の第一候補。❷一般に、ある資格を得る最有力とみられている人。‖「次期総裁のー」❸一番にねらっているもの。最も目指すもの。‖「ーの大学」❹生まれた年の干支(えと)。ほんみょう。

ほん-めい【奔命】[名・自サ変] 忙しく立ち働くこと。▼君命に従って奔走する意から。

ほん-もう【本望】ーマウ [名] ❶もとからの望み。本懐。‖「ーを遂げる」❷本来の望みを達成して満足であること。‖「決勝まで進めればーだ」

ほん-もと【本元】[名] おおもと。一番のもと。‖「本家ー」

ほん-もの【本物】[名] ❶にせ物や作り物でない、本当のもの。‖「ーのルビー」「ーそっくりのモデルガン」❷見せかけやまやかしでなく、実質を備えていること。本格的であること。‖「このチームの力はーだ」「あの人はーの職人だ」

ほん-もん【本文】[名] ❶注釈・訳文などに対して、そのもととなる文章。‖「ー校訂」❷序文・跋文(ばつぶん)・注解などを除いた、その書物の主体となる部分の文章。ほんぶん。

ほん-や【本屋】[名] ❶本を売る店。書店。▼出版社をさしていうこともある。❷屋敷の中で主となる建物。おもや。ほんおく。

ほん-やく【翻訳(▼飜訳)】[名・他サ変] ある言語で表現された文を他の言語に移し変えて表すこと。‖「フランスの詩をーする」「ー小説」

ぼん-やり[副と] ❶物の形・色などがはっきりせず、ぼや

けて見えるさま。‖「島影が━(と)見える」❷意識・記憶などがはっきりしないさま。‖「寝不足で頭が━している」「━とした思い出」❸あることに心を奪われて、注意が足りなくなるさま。‖「━していると事故を起こすよ」❹積極的に何かをしようとする気力がないさま。また、間が抜けていて気がきかないさま。‖「━突っ立ってないで手伝ったらどうだ」「━(と)した人」

ぼん-よう【凡庸】[名・形動] 平凡で、すぐれたところがないこと。また、そのような人。‖「━な作品」

ほん-よみ【本読み】[名] ❶本を読むこと。❷本を好んで読む人。読書家。❸演劇で、稽古(けいこ)に入る前に作者や演出家が出演者を集め、脚本を朗読して聞かせること。また、出演者が脚本の中の自分のせりふを声を出して読み合わせること。

ほん-らい【本来】[名] 性質・能力・役割などとして、もともと備わっていること。‖「━の目的と異なる」「━の力が発揮できない」「それが━(の)あるべき姿だ」「━ならお断りすべきところだが…」▼副詞的にも使う。

ほん-りゅう【本流】(ウリ) [名] ❶その河川の根幹である川筋。主流。⇔支流 ❷中心となる流派・流儀。‖「写実派の━」「保守━」

ほん-りゅう【奔流】(ウリ) [名] 勢いのはげしい流れ。

ぼん-りょ【凡慮】[名] 凡人の考え。平凡な考え。

ほん-りょう【本領】(ヤウリ) [名] 本来の特質。もちまえのすぐれた性質や才能。‖「━を発揮する」

ほん-るい【本塁】[名] ❶野球で、捕手の前にある五角形の塁。ホームベース。出塁した走者が各塁を回ってここに戻ると一得点となる。❷本拠となる砦(とりで)。

ほんるい-だ【本塁打】[名] ホームラン。

ほん-れき【本暦】[名] 基準となるくわしい暦。略本暦などに対していう。

ボンレス-ハム[boneless ham][名] 骨を抜き取った豚のもも肉で作ったハム。

ほん-ろう【翻弄】[名・他サ変] 思うままにもてあそぶこと。‖「運命に━される」「波に━される船」

ほん-ろん【本論】[名] ❶議論・論文などで、中心となる論。序論・結論などに対していう。❷この論。

ほんわか[副] 暖かみや優しさを感じさせるさま。なごやかな気持ちになるさま。‖「━とした雰囲気」

ま

ま【真】㊀[名] まこと。真実。㊁[接頭] ❶〈名詞に付いて〉真実の、偽りのない、まじめな、などの意を表す。‖「━心・━人間・━顔」❷〈名詞・形容詞・形容動詞に付いて〉完全な、まじりけがない、正確な、などの意を表す。‖「━上・━水・━冬・━四角」「━新しい」❸〈動植物の名に付いて〉その種の中での標準的なものであることを表す。‖「━鯛(だい)・━竹」

◉**真に受・ける** 本当だと思う。本気にする。‖「噂(うわさ)を━」

ま【間】[名] ❶物と物とのあいだにできる空間。あいだ。‖「先頭に三米(メートル)の━を置いて後続隊が続く」「雲━・すき━」▼多くは複合語の形で使う。
❷物事と物事との間の時間的隔たり。‖「試験までにはまだ━がある」「結婚してまだ━がない」
❸ある物事が続いている間(あい)。‖「知らぬ━に財布を盗まれた」「食事をする━もない」「あっと言う━に逃げ去る」
❹〈「…の間」の形で〉家屋の一区切りをなしている部屋。‖「控えの━・茶の━」「八畳と六畳の二(ふた)━」
❺地方によって異なる柱間(はしらま)の長さをもとにして作った畳(を敷いた部屋)を、その大きさに注目していう語。‖「京━・江戸━」▼他の語と複合して使う。
❻物事と物事の間に人為的に設けられた時間的空白。特に、邦楽、舞踊、演劇・話芸などで、拍と拍、動作と動作、せりふとせりふとの間などに入れる時間的空白。‖「━の抜けた(=調子や拍子の外れた)音楽」「あの役者は━の取り方がうまい」
❼ちょうどよい時機。折。タイミング。‖「よくもまあ、━の悪いときに来たものだ」

◉**間がい・い** 折がいい。また、運がいい。‖「ここで会えるなんて、なんて━んでしょう」

◉**間が抜・ける** 肝心なところが抜けている。‖「まったく━・けた話じゃないか」

◉**間が持たな・い** あいた時間を取りつくろうことができない。間が持てない。‖「退屈で━」

◉**間が悪・い** ❶折が悪い。また、運が悪い。‖「━ことに相手は一枚上手だった」❷体裁が悪くて恥ずかしい。きまりが悪い。‖「二日連続の遅刻で━」

◉**間を持た・せる** あいた時間をうまく取りつくろう。間を持たす。‖「余興で━」

ま【魔】㊀[名] 人の心を迷わし害を及ぼす悪神。また、そのような不気味なもの。‖「━性・━力」「妖━・病━」㊁(造) 一つのことに異常なほど執着する人。‖「電話━」 魔

◉**魔が差・す** ふと悪心を起こす。‖「━・して放火する」
注意 「さす」を「指す」「刺す」「射す」とは書かない。

ま【麻】(造) ❶植物のアサ。また、アサの類。‖「━紙・━布」「大━・胡━」❷しびれる。‖「━痺(ひ)・━酔」▼「痲」に通じる。

ま【摩】(造) ❶する。こする。また、さする。‖「━擦」「按━」❷ちかづく。せまる。‖「━天楼」

ま【磨】(造) ❶みがく。‖「研━」「━製石器」❷みがき究める。‖「百戦錬━」

まあ ㊀[感] 驚いたとき、感心したとき、意外に思ったときなどに発する語。‖「━、きれい」「━、あきれた」「━、なにかしら」▼多く女性が使う。㊁[副] ❶十分ではないが、とりあえずは満足できる気持ちを表す。‖「━上出来のほうだ」❷相手の気持ちをなだめたり、とりあえずあることをするようにうながしたりするさま。‖「━そう言わずに」「━おすわりなさい」

ま-あい【間合い】(ヒア) [名] ❶適当な間隔。‖「━をとる」❷適当な時機。ころあい。‖「━をはかる」

マーカー[marker][名] ❶しるしをつけるための筆記用具。フェルトペンの類。❷ゴルフなどで、得点の記録係。❸目印として使われるもの。指標。

マーガリン[margarine][名] 食用油脂に食塩・乳化剤・香料などを加えて練り固めた、バターに似た食品。

マーガレット[marguerite][名] 夏、中央が黄色で周囲が白い頭状花をつけるキク科の多年草。観賞用に栽培され、八重咲きなどの園芸種もある。

マーキング[marking][名・自サ変] ❶印をつけること。‖「━ペン」❷動物が尿などの分泌物をつけて縄張りを示すこと。また、その行動。

マーク[mark][名] ❶しるし。記号。‖「トレード━

クエスチョン—」❷[他サ変]特に目をつけて注意すること。‖「ノー—」❸[他サ変]競技などで、ある記録を達成すること。‖「自己ベストを—する」

マーク‐シート[和製mark＋sheet][名]試験や調査などで、該当する欄を塗りつぶして答えを記す用紙。マーク読み取り機にかけて大量のデータを処理する。

マーケット[market][名]❶日用品・食料品などを商う店が立ち並ぶ場所や建物。市場(いちば)。‖「スーパー—・フリー—」❷市場(しじょう)。販路。‖「新たな—の開拓」

マーケティング[marketing][名]消費者の求める商品やサービスを調査し、商品開発と効率的な販売方法で市場拡大を図る企業活動。‖「—リサーチ」

マージャン【麻雀中国】[名]一三六個の牌(パイ)を使い、四人の競技者がそれぞれ一四個の牌を組み合わせて上がりを競う室内ゲーム。中国から伝わった。

マージン[margin][名]❶原価と売値との差額。利ざや。❷販売手数料。‖「一割の—をとる」❸株取引で、株を売買するときの担保として客が証券会社に納める金銭。委託証拠金。❹印刷などで、上下左右の余白。

ま‐あたらし・い【真新しい】[形]見るからに新しいさま。まったく新しい。‖「—靴」派生—さ

マーチ[march][名]行進曲。

マーチャンダイジング[merchandising][名]消費者の欲求に合う商品を、適切な数量・価格・販売形態で市場に供給する企業活動。商品化計画。MD。

マーブル[marble][名]❶大理石。❷大理石の表面に似せた模様。大理石模様。また、その模様をつけた洋紙。❸おはじきに使う石。

マーボー‐どうふ【麻婆豆腐中国】[名]中国の四川料理の一つ。ひき肉・豆腐・ネギを炒め、唐辛子・豆板醤(トウバンジャン)などを加えて煮たもの。

まあ‐まあ 一[形動]十分とはいえないが一応は満足できるさま。まずまず。‖「今期の成績は—だ」 二[副]相手にある事をするように促すさま。‖「—お上がりください」 三[感]❶相手をなだめたり、抑制したりするときに発する語。‖「—、そんなに怒らないで」❷驚いたときや意外に思ったときに発する語。‖「—、何ということでしょう」

マーマレード[marmalade][名]オレンジ、レモンなど、柑橘(かんきつ)類の果皮と果汁を砂糖で煮つめて作ったジャム。ママレード。

まい【舞】(マヒ)[名]音楽や歌謡にあわせて体や手足を動かし、さまざまな姿を象徴的に演じること。また、その芸能。‖「—を舞う」▼元来は跳躍する動作を指す「踊り」に対し、足で地をするようにめぐり回る動作を指していった。

まい[助動 特活型](○-○-まい-(まい)-○-○)❶**打ち消しの推量**を表す。…ないだろう。‖「この分なら雨は降る—」「このままでは助かる—」❷**打ち消しの意志**を表す。…しない。…ないことにしよう。‖「二度と過ちは繰り返す—」「泣き言はもう言う—」「絶対に負け—ぞ」❸〈「…まいとする」の形で〉実現しないようにする。‖「言い負け—として意地を張る」「笑う—としてもつい笑ってしまう」▼実現するために努力する意は、「…(よ)うとする」で表す。❹〈「…では[でも]あるまい」などの形で〉不適当の意を表す。‖「分別ある大人が知らなかったではある—」「あんなに叱ることもある—に」▼非難や侮蔑(ぶべつ)の気持ちがこもる。❺〈「…では[でも]あるまいし」などの形で〉後に述べる出来事や状態について、もし…ならば当然だと考えられるが、事実はそうではないと、その不適切さを示す。…ならともかく。…ならまだしも。‖「山登りでは[でも]ある—し、そんな装備で行かなくたって…」「素人じゃある—に、こんなこともできないのか」❻〈「…(よ)うが…まいが」などの形で〉そうするかどうかが話題になってはいるが、それは協議するようなものではないことを表す。…しても…しなくても。…するにしろ、しないにしろ。‖「行こうが行く—が私の勝手だ」「彼が来(こ)ようと来(こ)—と僕の知ったことではない」❼(古風)〈「まいぞ」の形で〉禁止を表す。…てはいけない。‖「やがて熟れたが、桜んぼ、…鳥にとられちゃなる—ぞ〈金子みすゞ〉」
◈文語助動詞「まじ」の転だが、意味の面では文語助動詞「じ」に近い。使い方(1)五段動詞と助動詞「ます」の終止形に、上一段・下一段・カ変動詞と助動詞「(ら)れる」「(さ)せる」の未然形に付く。サ変動詞には「し」の形の未然形に付く(そんな説明では納得しまい)。上一段・下一段・サ変・カ変には、終止形にも付く(見るまい・納得するまい[納得すまい]・来るまい)。(2)連体形「まい」は「もの・こと・はず」などの形式名詞に付く。

まい【毎】[接頭]〈名詞に付いて〉それぞれの、そのたびごとの、の意を表す。‖「—春(しゅん)・—試合・—日曜日」旧每

まい【米】(造)こめ。‖「新—・精—・白—・無洗—」

まい【妹】(造)いもうと。‖「姉—・従—」

まい【枚】(造)❶紙・板・貨幣・皿など薄くて平たいものを数える語。‖「ざるそば一—」❷相撲の番付など、序列・能力の段階を数える語。‖「前頭七—目」「二—も三—も上手だ」❸田畑の区画を数える語。‖「田一—」❹(一つ一つ)数える。‖「—挙」

まい【昧】(造)❶くらい。ほのぐらい。‖「曖—(あいまい)」❷道理にくらい。おろか。‖「愚—・蒙—」

まい【埋】(造)うめる。うもれる。‖「—蔵・—設・—没」

まい‐あが・る【舞い上がる】(マヒ)[自五]❶舞うようにして高くあがる。‖「空高くヒバリが—」❷いい気になって浮かれる。有頂天になる。‖「結婚が決まってすっかり—・っている」

まい‐あさ【毎朝】[名・副]毎日の朝。朝はいつも。朝ごと。‖「—牛乳を飲む」

まい‐おうぎ【舞扇】(マヒアフギ)[名]舞を舞う時に使う扇。

マイ‐カー[和製my＋car][名]自家用車。

まい‐かい【毎回】(クワイ)[名・副]そのたびごと。‖「遅刻は—のことだ」「—出席する」

まい‐きょ【枚挙】[名・他サ変]一つ一つ数え上げること。
◉**枚挙に暇(いとま)がない** 数え切れないほど多い。

マイク[mike][名]音声を電気信号に変える装置。拡声器・放送などに用いられる。▼「マイクロホン」の略。

マイクロ[micro](造)❶単位の上に付いて、その一〇〇万分の一の意を表す。ミクロ。記号μ ‖「—グラム」❷ごく小さい意を表す。‖「—コンピューター」

マイクロ‐チップ[microchip][名]超小型の集積回路。特に、個体識別のために動物の皮下に埋め込む集積回路。

マイクロ‐は【マイクロ波】[名]波長一～一〇センチメートルの電波。レーダー・衛星通信・無線LANなどに利

用される。マイクロウエーブ。

マイクロバス【microbus】〔名〕小型のバス。

マイクロファイバー【microfiber】〔名〕超極細の合成繊維。寝具や衣料品などに用いられる。

マイクロフィルム【microfilm】〔名〕長期保存などのために、新聞・雑誌・書籍などの内容を縮小撮影するためのフィルム。マイクロリーダーで拡大して閲覧する。

マイクロホン【microphone】〔名〕⬇マイク

マイクロメーター【micrometer】〔名〕ねじを利用して二点間の距離を精密に測定する装置。測微尺(そくびしゃく)。測微計。

マイクロメートル【micrometer】〔名〕メートルの一〇〇万分の一。一マイクロメートルは一万分の一センチメートル。ミクロン。記号 μm

まい-こ【舞子・舞▼妓】〔名〕舞をまって宴席に興を添える少女。特に、京都・祇園のそれを指す。

まい-ご【《迷子》】〔名〕連れとはぐれたり道に迷ったりすること。また、その子供・人。▽「まよいご」の転。

まい-こつ【埋骨】〔名・自他サ変〕遺骨を埋葬すること。「父の遺骨を墓地に━する」「━式」

まい-こ・む【舞い込む】〔自五〕❶舞うようにして入ってくる。「窓から雪が━」❷思いがけなく入ってくる。また、思いがけないものが入りこむ。「幸運が━」「変な手紙が━」

まい-じ【毎次】〔名・副〕そのたびごと。そのつど。毎度。「━記録をのばす」

まい-じ【毎時】〔名〕一時間ごと。「━百キロメートルの速度」

まい-しゅう【毎週】〔名・副〕一週間ごと。どの週も。「━月曜日に会議を開く」

まい-しょく【毎食】〔名・副〕食事のたび。食事ごと。

まい-しん【▼邁進】〔名・自サ変〕ひるむことなく、ひたすら突き進むこと。「夢に向かって━する」「勇往━」

まい-す【▽売▽僧】〔名〕堕落した僧。また、僧をののしっていう語。▽もと禅宗で、僧形を利用して商行為をする僧をさげすんでいった語。

まい-すう【枚数】〔名〕紙・板・皿など、「枚」で数えるものの数。

マイスター【Meister ドイツ】〔名〕❶大家(たいか)。巨匠。❷徒弟制度で、職人の最上位。親方。師匠。

まい-せつ【埋設】〔名・他サ変〕地中に埋めて設備すること。「下水管を━する工事」

まい-そう【埋葬】〔名・他サ変〕遺体または遺骨を土中にうめて葬ること。「故郷の墓地に━する」

まい-ぞう【埋蔵】〔名・他サ変〕❶地中にうめて隠すこと。「━金」❷天然資源が地中にうずもれていること。「ガスが━されている」「原油の━量」

まい-たけ【舞▼茸】〔名〕秋、ミズナラ・クリなどの根元に生えるトンビマイタケ科の食用キノコ。太い茎はよく分枝し、へら形の傘が重なり合って大きな塊状になる。独特の味と香りをもち、歯切れがよい。人工栽培もされる。

まい-ちもんじ【真一文字】〔名〕「一」の字のようにまっすぐであること。一直線。「━に口を結ぶ」

まい-つき【毎月】〔名・副〕月ごと。つきづき。まいげつ。✓注意「毎月ごと」は重言。⬇「重言」のコラム(七四〇ページ)

まい-ど【毎度】〔名・副〕そのたびごと。いつも。「━ありがとうございます」

まい-とし【毎年】〔名・副〕⬇まいねん

マイナー【minor】〔名〕❶〔形動〕規模が小さいこと。あまり重要でないこと。「━な作品」❷音楽で、短調。短音階。◈⬍メジャー

マイナー-チェンジ【minor change】〔名〕小さな手直し。自動車などの、部分的で小規模なモデルチェンジ。

マイナー-リーグ【minor league】〔名〕アメリカのプロ野球で、メジャーリーグの下位にある小リーグ。

まい-ない【▽賄・▽賂】〔名〕〔古風〕わいろ。

マイナス【minus】〔名〕❶〔他サ変〕減じること。引くこと。「九から三を━する」❷減じることを表す記号「−」。❸負の数であること。また、その記号「−」。「気温が━になる」❹陰電気。また、その記号「−」。❺陰性。陰性反応。❻ためにならないこと。弊害になること。不利益。「企業にとって━の出来事」「━材料」❼欠損。赤字。❽悪いこと。また、否定的であること。「━のイメージが先行する」「━思考」◈⬍プラス

マイナス-しこう【マイナス思考】〔名〕何かと悲観的に、悪い方向に考えること。また、そのような考え方。⬍プラス思考

マイナス-せいちょう【マイナス成長】〔名〕国内総生産や売上高などの成長率が、前期に比べて減少すること。

マイナンバー【和製 my＋number】〔名〕マイナンバー法に基づいて日本国内に住民票を有するすべての人に割り当てられる「個人番号」の通称。

まい-にち【毎日】〔名・副〕どの日もどの日も。日ごと。日々(ひび)。「充実した━を送る」「━朝六時に起きる」

まい-ねん【毎年】〔名・副〕どの年も。年ごと。まいとし。

マイノリティー【minority】〔名〕少数。少数派。⬍マジョリティー

まい-ばん【毎晩】〔名・副〕どの夜も。夜ごと。毎夜。

まい-ひめ【舞姫】〔名〕舞をまう女性。舞子・踊り子・バレリーナなど。

マイ-ブーム【和製 my＋boom】〔名〕世間の流行とは無関係に、個人的に夢中になるものごと。

マイ-ペース【和製 my＋pace】〔名・形動〕物事を自分に適した速度や方法で行うこと。「━で作業を進める」「━な／の人」

マイ-ホーム【和製 my＋home】〔名〕❶自分の持ち家。❷自分の家庭。わが家。「━主義」

まい-ぼつ【埋没】〔名・自サ変〕❶うもれて隠れてしまうこと。「土砂に━した家」❷世にうずもれ、社会的な評価を得られずにいること。「━した人材の発掘」

まい-まい【毎毎】〔副〕いつも。そのたびごとに。毎度。

まい-もど・る【舞い戻る】〔自五〕一度は去った者が再びもとの所へもどってくる。「古巣へ━」

まい-よ【毎夜】〔名・副〕夜ごと。毎晩。

まい・る【参る(▽詣る)】〔動五〕■〔自〕❶〈多く「参ります」の形で〉「行く」「来る」の丁重語。相手(＝聞き手・読み手)に対する改まった気持ちを表す。「三時にお宅に━・ります」「当地に━・って三日になります」「向こうから人が━・りますので、道を聞いてみましょう」「先生、お下がりください、電車が━・りました」

使い方 (1)「伺う」が、訪問したり行ったりする先の人物を

高める敬語であるのに対し、「参る」は丁重な物言いをして相手（＝聞き手・読み手）に改まった気持ちを表す敬語。たとえば佐藤氏に向かって「田中氏のお宅に伺います／参ります」という場合、「伺う」は訪問する先の田中氏を高め、「参る」は聞き手である佐藤氏に対する丁重さを表す。
⑵「伺う」は必ず高める人物がいる場合に使うが、「参る」は高める人物がいない場合にも使える。‖「休暇でハワイへ×伺います／○参ります」「〔取引先の社長に向かって〕先日、うちの会長の別荘に×伺いまして…／○参りまして…」

注意 「参る」を尊敬語のように使ったり、ほかの尊敬語と組み合わせたりして、他人の動作をいうのは誤り。‖「×先生は祝宴には参られますか」「×ご面会の方が受付に参っていらっしゃいます」

❷〔古風〕〈多く命令形で〉「行く」「来る」の尊大語。目上の人が目下の人の行為を低めていう。‖「その方は一足先へー・れ〈芥川〉」「近うー・れ」

❸〔古風〕「行く」「来る」の荘重語。重々しくもったいをつけていう。‖「御坊たち、うちそろってよくー・られた〈柴田錬三郎〉」「殿は、いずれへー・られまする〈司馬遼太郎〉」「わしには一向に合点がー・らぬぞ」▼この用法では尊敬を表す「参られる」の形もよく使う。

❹神仏、先祖の墓などにもうでる。参拝する。参詣する。‖「出雲大社［先祖の墓］にー」 使い方 丁重語意識がなくなり、「参られる」「お参りになる」など、尊敬語化も自由に行われる。

❺負ける。降参する。‖「『どうだ、ー・ったか』『うん、ー・った』」「見事なお手並み、ー・りました」

❻閉口・困惑する。よわる。こまる。‖「この暑さにはーよ」

❼困難な状況で心や体が弱る。へたばる。‖「こう忙しくては体［神経］がー」

❽〔古風〕死ぬ。‖「そのような時には永く苦しませずに首をねじってー・らせてやるのだ〈倉田百三〉」

❾心を奪われる。‖「彼は彼女にすっかりー・っている」

二〔他〕〈終止形を手紙の脇付に使って〉目上の人にこの手紙を差し上げますの意を表す。男女ともに使う。‖「母上様ー」▼もと、差し上げるの意で、その動作の及ぶ相手を敬ったことから。

三〔補動〕〈動詞連用形＋「て［で］」に付いて〉❶「…て行く」「…て来る」の丁重語。相手（＝聞き手・読み手）に対する改まった気持ちを表す。‖「〔知人への手紙で〕日増しに寒くなってー・ります」「これまで種々の職業を体験してー・りました」「先日は信州まで行ってー・りました」

❷〔古風〕「…て行く」「…て来る」の尊大語。‖「一度こちらへ連れてー・れ」

❸〔古風〕「…て行く」「…て来る」の荘重語。‖「京の宗牧と申される方が訪ねてー・られました〈司馬遼太郎〉」

◈「参い入る（＝貴所に参入する）」の転。

書き方 一⑤〜⑨、三はかな書きも多い。 可能 参れる 名 参り ➡敬語解説（一七九八ページ）

マイル［mile］［名］ヤードポンド法で、距離を表す単位。一マイルは約一・六〇九キロメートル。記号mi. mi 書き方「哩」と当てる。

マイルストーン［milestone］［名］❶道路の起点からの距離をしるした標識。里程標。❷画期的な出来事。大事件。‖「天文学のーとなる発見」❸システム開発やプロジェクトの進捗を管理するために設ける節目。

マイルド［mild］［形動］味などが刺激が少なく穏やかなさま。まろやか。‖「ーな味［香り］」

マイレージ［mileage・milage］［名］航空会社が利用者の搭乗距離に応じて行う、無料航空券進呈などのサービス。マイレージサービス。▼総マイル数の意から。

マインド［mind］［名］心。精神。

マインド-コントロール［和製mind＋control］［名］❶自分の精神状態を制御すること。❷他人の精神状態を自分の意のままに操ること。

マインド-セット［mind-set］［名］物事を判断する際の基本的な考え方。ものの見方。

マインドフルネス［mindfulness］［名］今この瞬間に体験していることだけに集中すること。また、そのための瞑想法。

ま・う【▼眩う】フマ［自五］〔古風〕〈「目がまう」の形で〉めまいがする。目がくらむ。‖「（百合ノ）強い香を眼のーまで嗅いだ〈漱石〉」▼「舞う」と同語源。 注意 「眩」を「呟」と混同して「つぶやく」の表記に用いるのは誤り。‖「×彼は一言眩いた」

ま・う【舞う】フマ［自五］❶音楽に合わせ、一定の決まりに従ってかろやかに体を動かす。舞を演じる。‖「ひと差しー」 使い方 ⑴「舞［神楽］を舞う」のように、〜ヲに同族目的語をとって他動詞としても使う。⑵元来「舞う」は足で地をするようにして旋回する動作をいい、「踊る」は跳躍する動作をいう。「フィギュア選手が氷上を舞う」のように、舞い踊る意に転用する。❷円を描くようにして空を飛ぶ。また、ひるがえるようにして空中を動く。‖「トンビがくるりと宙をー」「はらはらと雪がー」「胴上げで監督が宙をー」 可能 舞える 名 舞

ま-うえ【真上】ヘウ［名］まっすぐ上。すぐ上。‖「頭のー」⬍真下

マウス［mouse］［名］❶ハツカネズミの飼育変種。生物学・医学の実験に用いられる。❷コンピューターの操作機器の一つ。机の上ではわせるように動かして操作する。▼形状がネズミに似ることから。

マウス-パッド［mouse pad］［名］コンピューターのマウスを動かしやすくするための下敷き。

マウスピース［mouthpiece］［名］❶管楽器の口に当てる部分。吹き口。❷スポーツで、競技者が舌や歯の損傷を防ぐために口に入れる器具。❸歯科治療のために歯にはめる器具。

マウンティング［mounting］［名］❶サルなどの哺乳類で、優位な個体が、他の個体に馬乗りになる行動。交尾の際や順位確認のために行う。❷［自サ変］〔新〕自慢したり相手を見下すような態度を取ったりして、自分の優位性を誇示すること。マウント。

マウンテン-バイク［mountain bike］［名］野山などを走るための頑丈な自転車。太く溝の深いタイヤ、直線状のハンドル、多段変速ギアなどを備える。

マウント［mount］［名］❶写真などを貼る台紙。❷カメラで、交換レンズを装着する台座。❸［他サ変］外部機器をコンピューターに認識させ、操作可能にすること。❹格闘技で、馬乗りの体勢。❺〔新〕➡マウンティング②

◉**マウントを取・る** 〔新〕自慢したり相手を見下すような態度を取ったりして、自分の優位性を誇示する。マウン

ティングする。

マウンド【mound】[名] 野球で、投手が投球するときに立つ、土を盛って少し高くした所。

まえ【前】(マヘ) 一 [名] ❶人の体・顔・目が向いている方向、場所。また、物の正面が向いている方向。その方向にある場所。||「ーを向いて歩く」「一歩だけーに出る」「テレビのーに座る」「聴衆をーにして語る」⇔後ろ ❷人と向かい合ったとき、相手の領域となる場所。また、物と向かい合ったとき、その物に近いほうの場所。||「父のーに進み出る」「子供のーでそんなことは慎みなさい」「皆が見ているーで転んでしまった」「店のーを自転車が通る」 ❸物の中心部付近より「前」①の部分。前方部(分)。また、縦に並んだ列で基準とするものの前部。特に、縦列の最前部。||「衝突して車のーがへこんだ」「太郎の二人ーに花子がいる」「ーの二人は最後まで残れ」⇔後ろ ❹一連の内容をもつもので、基準とするものに先行する部分。||「本文のーに『訳者のことば』がある」⇔後ろ ❺衣服で、前部を打ち合わせる部分。また、その身体部分。特に、陰部。||「着物のーを合わせる」「ーを隠す」 ❻(抽象的な事柄に関して)人の行動が向かう方向。||「幾多の困難が兄弟のーに立ちはだかる」 ❼他人に対する体裁や体面。||「お客のーをつくろう」 ❽人が直面する(強い支配力をもった)状況。||「いかなる人も神のーでは平等だ」「相手の不当な要求のーに屈してはならぬ」 ❾基準となる時間より以前の時間。||「今から三年ーの話だ」「それは結婚するーのことだった」⇔あと・のち **使い方** 未来を基準にして言う「暗くなる(=暗くならない)前に帰る」などでは、肯定と否定の言い方が同義となる。〜ならない内に、の意。 ❿基準となる出来事が起こる以前(特に、直前)の時間。||「乾杯のーに来賓の祝辞がある」「連休のーに仕事を済ませておく」「嵐のーの静けさ」⇔あと・次 ⓫順番が基準となるものより早いこと。||「妹が姉よりーに面接を済ませた」⇔あと ⓬同一の(名称で呼ばれる)ものを比較して、以前の様子や状態をいう。||「ーにもましてお美しい」「ーの社長は偉大だった」 ⓭〔俗〕以前に犯した犯罪。犯罪歴。前科。||「彼にはーがある」 ⓮〈「Aである前にBだ」の形で〉AよりもさらにBが優先される意を表す。Aである以前にBだ。||「教師であるーに一人の人間だ」 ⓯〔古風〕身分の高い女性の名に添えて敬意を表す語。||「千手のー・玉藻のー」

二 [接尾]〈人数を表す語に付いて〉❶その人数に相当する食事の量であることを表す。||「三人ーを平らげる」 ❷それ相応の価値や内容であることを表す。||「一人ーの職人」「半人ーの仕事しかできない」◈「目方」の意。

まえ-あき【前開き】(マヘ) [名] 衣服の前面にボタンやファスナーでとめるようになった開きがあること。

まえ-あし【前足(前脚・前▽肢)】(マヘ) [名] ❶四本足の動物の、頭部に近い二本の足。⇔後足・後ろ足 ❷前に踏み出した方の足。

まえ-いわい【前祝い】(マヘイハヒ) [名] 成功や成就を見越して前もって祝うこと。また、その祝い。||「合格のー」

まえ-うしろ【前後ろ】(マヘ) [名] ❶前と後ろ。前後。❷衣服などの後ろと前とが逆になること。うしろまえ。||「セーターをーに着る」

まえ-うり【前売り】(マヘ) [名] 入場券・乗車券などを、使用当日より前に売ること。また、その券。||「ー券」

まえ-おき【前置き】(マヘ) [名・自サ変] 本題・本論に入る前に関連することなどを述べること。また、そのことばや文章。||「ーしてから話す」「ーが長い」

まえ-かがみ【前▽屈み】(マヘ) [名] 上半身を前の方へかがめること。また、その姿勢。前こごみ。

まえ-がき【前書き】(マヘ) [名] 本文の前に書き添えること。また、その文章。端書き。序文。序。⇔後書き

まえ-かけ【前掛け】(マヘ) [名] 衣服の汚れなどを防ぐために、腰から下の前面を覆うひも付きの布。前垂れ。エプロン。

まえ-がし【前貸し】(マヘ) [名・他サ変] 給料などを本来の支給日より前に貸し与えること。⇔前借り

まえ-がしら【前頭】(マヘ) [名] 相撲の階級で、小結の下位、十両の上位。また、その力士。||「ー筆頭」

まえ-かぶ【前株】(マヘ) [名]〔俗〕「株式会社○○」「㈱○○」のように、「株式会社」や㈱が企業名の前に付くこと。あたまかぶ。⇔後株

まえ-がみ【前髪】(マヘ) [名] ❶額の前に垂らした髪。❷昔、女性や元服前の少年が額の上の部分の髪を束ねたもの。向こう髪。❸元服前の少年。

まえ-がり【前借り】(マヘ) [名・他サ変] 給料などを本来の支給日より前に借り受けること。⇔前貸し

まえ-きん【前金】(マヘ) [名] 品物を受け取る前に代金を支払うこと。前払い。ぜんきん。⇔後金

まえ-く【前句】(マヘ) [名] ❶連歌・俳諧で、付句のすぐ前にある句。❷「前句付け」の略。

まえく-づけ【前句付け】(マヘクヅケ) [名] 雑俳の一つ。七・七の短句(前句)を題として出し、それに五・七・五の長句(付句)をつけるもの。▽元禄(一六八八〜一七〇四)の頃から庶民の間に流行し、川柳の母体となった。

まえ-げいき【前景気】(マヘ) [名] 物事が始まる前の評判や人気。||「派手な宣伝でーをあおる」

まえ-こうじょう【前口上】(マヘコウジャウ) [名] 本題・実演などに入る前に述べることば。まえおき。||「芝居のー」

まえ-せつ【前説】(マヘ) [名] ❶本題の前に述べる話。ぜんせつ。❷公開録画などの番組が始まる前に全体の構成などについて説明すること。また、その役の人。▽「前説明」の略。

まえ-だおし【前倒し】(マヘダフシ) [名・他サ変] 予定の時期を早めて予算の執行や施策の実施に踏みきること。||「景気対策として公共事業をー(に)する」 **注意** (1)「前倒す」という動詞では使わない。||「×選挙を一か月前倒す」 (2)「前倒し」の対語として「後ろ倒し」と言うのは、本来は誤り。

まえ-だて【前立て】(マヘ) [名] 兜の正面に付ける飾り物。鍬形・半月・天衝など。▽「前立て物」の略。

まえ-だれ【前垂れ】(マヘ) [名] 前掛け。

まえ-づけ【前付け】(マヘ) [名] 書籍の本文の前につける扉・口絵・序文・目次などの総称。⇔後付け

まえ-のめり【前のめり】(マヘ) [名] 前へ傾くこと。

まえ-ば【前歯】(マヘ) [名] 歯列の中央にある上下各四本の歯。門歯。

まえ-はば【前幅】(マヘ) [名] 和裁で、前身頃の幅。また、その寸法。⇔後ろ幅

まえ-ばらい【前払い】(マヘバラヒ) [名・他サ変] 給料・代金

などを前もって支払うこと。‖「工費を―する」「料金―」⇔後払い 書き方 公用文では「前払」。

まえ-ひょうばん【前評判】［名］事前の評判。

まえ-ぶれ【前触れ】［名］❶前もって知らせること。予告。‖「―なく訪ねてくる」❷ある物事が起こることを知らせるきざし。前兆。‖「地震の―」

品格 兆し「春の―」前兆「危険の―を察知する」兆候「景気回復の―がみられる」萌芽「ルネサンスの―」予兆「特殊詐欺の―電話」◉起きる前に感じるのが「兆し」「前兆」、既に起こり始めていることの一端が「兆候」。

まえ-まえ【前前】［名］ずっと前。以前。‖「―からの約束」

まえ-みごろ【前身頃】［名］衣服の身ごろのうち、体の前をおおう部分。まえみ。⇔後ろ身ごろ ➡着物（図）

まえ-むき【前向き】［名・形動］❶正面を向いていること。❷物事に対する姿勢や態度が積極的・発展的であること。‖「―に考える」◈⇔後ろ向き

まえ-もって【前▽以て】［副］事に先立って。あらかじめ。‖「―連絡する」「―調べておく」

品格 あらかじめ「―分かっていた」かつて「―聞いたことがある」かねがね「―会いたいと思っていた」かねて「お名前は―うかがっています」事前に「―連絡する」◉「あらかじめ」「事前に」はある事が起きる前を、「かつて」「かねがね」「かねて」は今より前の時期を指す。

まえ-やく【前厄】［名］厄年の前の年。一般に、男性は数え年の二四歳、四一歳。女性は一八歳、三二歳。厄年に次いで慎む風がある。⇔後厄

まえ-わたし【前渡し】［名・他サ変］❶金品を期日より前に渡すこと。‖「代金を―する」❷手付金。

ま-おう【魔王】［名］❶仏教で、仏道修行をさまたげる天魔の王。❷魔界の王。

ま-おとこ【間男】［名・自サ変］夫のある女性が他の男性と密通すること。また、その相手の男性。

ま-かい【魔界】［名］悪魔のすむ世界。

まがい【▽紛い】［名］❶本物によく似せて作ってあること。見まちがえるほどそっくりであること。また、そのもの。まがいもの。‖「―の真珠」▼名詞の下に付けても使う。‖「紫檀―のテーブル」「詐欺―の手口」❷〈「まがいもない」の形で〉まちがいないこと。正真正銘であること。‖「―もない李朝の白磁」

まがい-ぶつ【磨崖仏】［名］自然の岩壁や巨石に彫刻された仏像。

まがい-もの【▽紛い物】［名］本物そっくりに似せて作ってあるもの。にせもの。模造品。

まが・う【▽紛う】［自五］よく似ているのでまちがえる。‖「雲かと―ばかりの桜花」「―方なき正宗の銘刀」使い方 現代語では連体形だけが使われ、多く「まごう」と発音・表記される。名 まがい

ま-がお【真顔】［名］まじめな顔つき。‖「急に―になる」

ま-がき【▼籬】［名］竹・柴などで目を粗く編んだ垣根。ませがき。

まが-ごと【▽禍言】［名］不吉なことば。

まが-ごと【▽禍事】［名］不吉な事柄。凶事。災難。

ま-がし【間貸し】［名・自他サ変］代金を取って部屋を貸すこと。‖「離れを―する」⇔間借り

マガジン［magazine］［名］❶雑誌。❷フィルムを巻き取って収納する円筒形のケース。❸連発銃の弾倉。

マガジン-ラック［magazine rack］［名］雑誌・新聞などを一時収納しておく簡便な入れ物。

まか・す【任す（▽委す）】［他五］➡任せる ‖「運営は役員に―・されている」

まか・す【負かす】［他五］相手を負けさせる。〜に勝つ。‖「宿敵を―」「言い―」可能 負かせる

ま-かず【間数】［名］部屋の数。‖「―の多い家」

まかせ【任せ】（造）そのものに任せる意を表す。‖「風―・力―・運―・人―・あなた―」

まか・せる【任せる（▽委せる）】［他下一］❶自分のすべきことを人にゆだねて、その人の思いのままにさせる。また、権限などを人にゆだねて、その人の思いのままにさせる。‖「子供の世話を祖父母に―」「運転を助手に―」❷物事に自分の意志を反映させないで、それが進むがままにする。そのものの自由にさせる。‖「今後のことはなりゆきに―」「運を天に―・せて勝負に出る」「後はご想像にお―・せします」「流れに身を―」❸〈「…に任せて〜する」の形で〉そのものを存分に利用して〜する。…に飽かして〜する。‖「暇に―・せて遊び歩く」「金に―・せて贅沢三昧をする」◈使い方 一般に「任す」よりも「任せる」のほうが優勢。ただし受身では、「任せる」の受身形「任せられる」より、「任す」の受身形「任される」の方が多い。‖「上司から仕事を任せられる／任される」文 まか・す 異形 任す

品格 預ける「留守を―」委嘱「アイドルに一日署長を―する」委託「特別業務を―する」託する「将来を―に足りる人材」委ねる「交渉の全権を―」

まが-たま【▽勾玉・▽曲玉】［名］玉を巴形に加工した弥生・古墳時代の装身具。一端に孔をあけてひもを通し、首飾りなどにした。材料は、瑪瑙・翡翠・水晶など。

マカダミア-ナッツ［macadamia nut］［名］ヤマモガシ科の常緑高木マカダミアの実。オーストラリア原産。脂肪が多く、煎って食用にする。マカデミアナッツ。

まがっ-た【曲がった】［連体］❶形がまっすぐでない。たわんだ。‖「―竹」「―道」❷性質や考えなどが道理からはずれた。すなおでない。‖「心の―人」「―ことは大きらいだ」

まかない【賄い】［名］下宿・寮などで、食事をととのえて食べさせること。また、その食事や、それを作る人。‖「―付きの下宿」

まかな・う【賄う】［他五］❶食事をととのえて出す。‖「朝食と夕食は宿で―」❷限られた人員・物資・費用などで何とか用を足す。間に合わせる。やりくりする。切り盛りする。‖「トウモロコシで食糧を―」「寄付で経費を―」「アルバイトをして学費を―」可能 賄える 名 賄い

まがな-すきがな【間がな隙がな】［副］〔古風〕ひまさえあればいつも。‖「―入りびたる」

まか-ふしぎ【摩▼訶不思議】［名・形動］非常に不思議なこと。‖「―な出来事」▼「摩訶」は大きいの意。

まがまが-し・い【▽禍▽禍しい】［形］悪いことが起こりそうに思われるさま。不吉だ。‖「―出来事」派生 -さ

ま-がも【真▼鴨】［名］冬鳥として渡来するカモ目カモ科の水鳥。青首とも呼ばれる雄は頭部が暗緑色、首に

白い輪がある。雌は全体が黄褐色。アヒルの原種。

まかり【▽罷り】［四段動詞「まかる」の連用形］〈下に動詞を続けて〉❶意味を強める。「━間違う・━通る・━成らぬ」❷謙譲の意を表す。「お屋敷まで━越す」❸丁重の意を表す。「一同の前へ━出る」

ま-がり【間借り】［名・自他サ変］代金を払って他人の家の部屋を借りること。⇔間貸し

まがり-かど【曲がり角】［名］❶道などが折れ曲がっている角の所。❷物事の変わり目。転機。「人生の━に立つ」「━にきた商売」

まがり-くね・る【曲がりくねる】［自五］幾重にも折れ曲がる。くねくねと曲がる。「━・った道」

まかり-・でる【▽罷り出る】［自下一］❶「退出する」の謙譲語。「御前を━」❷「行く」の謙譲語。行く先の人物を高める。参上する。「朝廷へ━」❸「(人前に)出る」の丁重語。「挨拶に━」▼現代語では、厚かましく人前に出る意でも使う。「ぬけぬけと━」

まかり-とお・る【▽罷り通る】［自五］「通る」を強めていう語。堂々と通る。また、堂々と通用する。「大手を振って━」「不正が━世の中」▼多く、よくないことにいう。使い方「まかり通らせる」などの形で、通用させる意でいうのはまれ。他動詞にした「まかり通す」も慣用になじまない。

まかり-なら・ぬ【▽罷り成らぬ】［連語］〈古風〉「ならぬ」を強めていう語。決してしてはならない。「弁解は━」

まがり-なりに-も【曲がりなりにも】［副］完全ではないが。どうにかこうにか。「━独り立ちした」▼曲がった形でも、の意から。

まかり-まちが・う【▽罷り間違う】［自五］「まちがう」を強めていう語。「━・えば大事故になるところだった」「━・っても命だけは落とすな」使い方 多く、「まかり間違えば」など条件の形で、万一間違うと最悪の事態になるという気持ちを表す。

まか・る【負かる】［自五］値段を安くすることができる。負けられる。「これ以上は━・らない」

まが・る【曲がる】［自五］❶まっすぐでない状態になる。「年とともに腰が━」「衝突の衝撃でガードレールが━」「雪の重みで枝が━」「くねくねと━・った道」❷正しい位置や状態からそれる。「机が━・っている」「━・ったネクタイを直す」❸性質や行いが道理から外れる。「あいつは根性が━・っている」「僕は━・った(=不正な)ことは嫌いだ」❹進む方向を変える。また、進む方向が変わる。「交差点を左に━」「ボールが打者の手元で外側に━」可能 曲がれる 名 曲がり

マカロニ［macaroni］［名］パスタの一つで、練った小麦粉を円筒に入れて管状に押し出し、短く切って乾燥させたもの。グラタン・サラダなどに用いる。

マカロン［macaron フランス］［名］泡立てた卵白にアーモンドの粉末と砂糖を加えて、半球状に絞り出して焼いた洋菓子。マコロン。

まき【牧】［名］〈古風〉牛馬を放し飼いにしておく場所。牧場。まきば。

まき【▽薪】［名］燃料用の割り木。たきぎ。「かまどに━をくべる」読み分け「薪ストーブ」「薪能」など固定のものを除くと、「薪」は「まき」とも「たきぎ」とも読める場合が多い。「薪を割る(=薪割り)」「薪をくべる(=火の中に入れる)」は多く「まき」と読む。「山に薪を採りに行く」「薪を集める[拾う]」など、自然に手に入る(加工されていない)「薪」は「たきぎ」と読むことが多い。常用漢字表には「たきぎ」の読みしかないため、「まき」にはルビを振ることも多い。

まき【巻き・巻】［名］❶【巻き】巻くこと。また、巻いた程度。「二━の毛糸」使い方 料理名の「(〜の)〇〇巻き」は、「〇〇を巻いた料理(干瓢巻き・牛肉のアスパラ巻き)」と、「〇〇で巻いた料理(海苔巻き・アスパラの牛肉巻き)」の言い方がある。❷【巻】書画の巻物。❸【巻】書物が内容上の区分によって何冊かに分かれている場合の、それぞれの冊。「源氏物語の明石の━」「上の━」読み分け⬇かん(巻)

ま-き【真木・▼槙】［名］❶暖地の山地に自生するマキ科の常緑高木。庭園樹にもする。材は建築・器具用。いぬまき。❷①の変種。低木状で、庭木・生け垣などにする。らかんまき。❸〈古風〉スギ・ヒノキなど、建築材に適した木の総称。▼「ま」はすぐれている意を表す接頭語。

まき-あ・げる【巻き上げる】［他下一］❶巻いて上にあげる。「帆を━」❷風が物を舞い上がらせる。「つむじ風が木の葉を━」❸おどして、また、だまして金品を奪い取る。「ナイフを突きつけて金を━」文 まきあ・ぐ

マキアベリズム［Machiavellism］［名］❶イタリアの思想家、マキアベリが『君主論』の中で述べた思想。君主の統治技術を論じ、国家の利益のためならいかなる反道徳的行為も容認されると主張する。❷目的のためには手段を選ばないやり方。権謀術数主義。◈「マキャベリズム」とも。

まき-あみ【巻き網(▽旋網)】［名］魚群を網で取り巻いて捕らえる漁法。また、その網。

まき-え【▼蒔絵】［名］器物の表面に漆で文様を描き、金・銀などの金属粉や色粉を付着させた日本独特の工芸品。また、その技法。

まき-え【▼撒き餌】［名］魚などをおびき寄せるためにえさをまくこと。また、そのえさ。

まき-おこ・す【巻き起こす(▼捲き起こす)】［他五］❶風などがほこりや砂を巻くように吹き上げる。「突風が土ぼこりを━」❷ある事柄が思いがけない事態を引き起こす。「彼の発言が議論[論争・騒動]を━」「ブーム[センセーション]を━・した映画」

まき-がい【巻き貝】［名］らせん状に巻いた殻をもつ貝類の総称。バイ・サザエ・ホラガイ・タニシなど。

まき-かえし【巻き返し】［名］❶巻いてもとの状態に戻すこと。また、巻いて別の状態に直すこと。❷劣勢から勢いを盛り返して反撃すること。「野党側が━をはかる」動 まきかえ・す(他五)

まき-がみ【巻紙】［名］半切り紙を横に長く継いで巻いたもの。毛筆で手紙を書くのに用いる。

まき-がり【巻き狩り】［名］狩り場を四方から包囲し、獣を中に追いつめて捕らえる狩り。

まき-げ【巻き毛】［名］頭髪などの、渦巻き状に巻いた毛。

まき-こ・む【巻き込む(▼捲き込む)】［他五］❶巻いて中へ入れる。「ノリに酢飯とかんぴょうを━」「機械に服を━・まれる」❷ある事態や関係に引き入れる。「相手を自分のペースに━」「事件に━・まれる」

マキシ［maxi］［名］スカート・コートなどで、丈がくるぶしのあたりまである長いもの。「━ドレス」

まき-じた【巻き舌】［名］舌の先を巻くようにしてラ行音を発音すること。また、そのようにして勢いよく話す口調。べらんめい口調。▽江戸の下町で職人などが多用したもの。

マキシマム［maximum］［名］❶最大限。極限。❷数学で、最大値。極大値。◈「マクシマム」「マックス」とも。⇔ミニマム

まき-じゃく【巻き尺】［名］細いテープ状の布や金属に目盛りをつけ、容器内に巻き込めるようにしたものさし。書き方 公用文では「巻尺」。

まき-ずし【巻き▼鮨】［名］海苔(のり)・薄焼き卵などで酢飯と具を巻いたすし。

まき-ぞえ【巻き添え】［名］他人の引き起こした事件・事故などに巻き込まれて損害を受けること。‖「けんかの—を食う」

まき-たばこ【巻き〈煙草〉】［名］❶刻んだたばこの葉を紙で細長く巻いたもの。紙巻きたばこ。シガレット。❷葉巻。シガー。

まき-ちら・す【▼撒き散らす】［他五］あたり一面にまく。また、あちこちに広める。‖「煙草の灰を—」「うわさを—」

まき-つ・く【巻き付く】［自五］他の物のまわりを巻いてくっつく。‖「ヘチマのつるが支柱に—」書き方「巻きつく」も多い。

まき-つけ【▼蒔き付け】［名］作物の種をまくこと。

まき-つ・ける【巻き付ける】［他下一］他の物のまわりに巻いてくっつける。‖「腰にロープを—」書き方「巻きつける」も多い。文まきつ・く

まき-と・る【巻き取る】［他五］巻いて他のものに移し取る。‖「フィルムを—」「釣り糸をリールに—」

まき-なおし【▼蒔き直し】［名］改めてもう一度まくこと。動まきなお・す(他五)

まき-ば【牧場】［名］牛・馬・羊などの家畜を放し飼いにしておく場所。まき。ぼくじょう。

まき-ひげ【巻き▼鬚】［名］葉や茎の一部が変形して細いつる状になったもの。他に巻きついて植物体を支える働きをする。ブドウ・ヘチマ・エンドウ・アサガオなどに見られる。

まき-もど・す【巻き戻す】［他五］巻いて元の状態に戻す。巻き返す。‖「テープ［フィルム］を—」可能 巻き戻せる 名 巻き戻し

まき-もの【巻物】［名］❶書画を横に長く表装して軸に巻いたもの。❷軸に巻いた反物(たんもの)。❸巻きずし。

ま-ぎゃく【真逆】［名・形動］新「逆」を強めた語。まったく逆。正反対。‖「—の立場」

ま-きょう【魔境】［名］魔物のすむ世界。魔界。

まぎら・す【紛らす】［他五］他のものと混同させてそれとわからなくする。特に、他に気持ちを向けて気分が晴れるようにする。まぎらわす。まぎらせる。まぎらわせる。‖「雑踏に姿を—」「水を飲んで空腹を—」「悲しみを笑いに—」「映画でも見て気を—・そう」

まぎら・せる【紛らせる】［他下一］❶紛れるようにする。紛らす。‖「気を—」❷「紛らす」の可能形。紛らすことができる。‖「水だけで空腹は—・せない」

まぎらわし・い【紛らわしい】［形］はっきりと区別がつけにくいさま。間違えやすい。‖「てへんとけものへんは—」「本物と—模造品が出回っている」派生 -げ／-さ

まぎらわ・す【紛らわす】［他五］⇩紛らす

まぎらわ・せる【紛らわせる】［他下一］⇩紛らす 文まぎらは・す

まぎれ【紛れ】■［名］まぎれること。■（造）〈形容詞の語幹や動詞の連用形の下に付いて〉その感情の勢いに押されて分別がつかなくなる意を表す。‖「苦し—にうそをつく」「悔し—」「腹立ち—」

◎**紛れもな・い** 間違いようがない。‖「—事実」

まぎれ-こ・む【紛れ込む】［自五］❶あるものの中に異質のものが入り込む。‖「隣家の郵便物が—」❷多くの人やものの中に入り込んで所在がわからなくなる。‖「人込みに—・んで姿を消す」

まぎ・れる【紛れる】［自下一］❶他のものに入りまじって区別がつかなくなる。‖「雑踏に—・れて姿が見えなくなる」「話が騒音に—・れて聞き取れない」❷〈「…に紛れて」の形で〉他と見分けのつかない状況や混雑にうまく乗じる。…をいいことにして。‖「やみに—・れて逃亡する」「どさくさに—・れて盗みを働く」❸似通っていて区別がつかなくなる。‖「二人の靴が—・れて、どちらが自分のものか分からなくなる」「色が—・れやすいので名前を書いておこう」❹他のことに気をとられて、しなくてはならないことがおろそかになる。取り紛れる。‖「多忙に—・れて約束を忘れる」❺他のことに心が移って不快な感情・感覚などを忘れる。‖「忙しさで悲しみが—」「氷で冷やすと痛みが—」「音楽を聴くと気が—」文まぎ・る 名 紛れ

ま-ぎわ【間際(真際)】［名］ちょうどその事が行われようとするとき。直前。寸前。‖「試合終了—の逆転」

まき-わら【巻き▼藁】［名］わらを巻いて束ねたもの。弓術の練習の的や空手の突きの稽古などに使う。

まき-わり【▽薪割り】［名］薪にするために丸太などを適当な大きさに割ること。また、それに使う刃物。

まく【幕】［名］❶仕切りや装飾のために張りめぐらす大きな布。‖「紅白の—」「暗—・横断—」❷劇場で、舞台の前面にたらす大きな布。引き幕と、巻いて上げ下ろしする緞帳(どんちょう)とがある。‖「銀—」使い方「人生の幕を閉じる」「自由化時代の幕が切って落とされた」など、比喩的にも広く使う。❸演劇で、幕を開けてから閉じるまでの一区切り。‖「一間(ひとま)」「二—物の芝居」❹ある場面・状況。‖「彼の一人舞台で、私の出る—がなかった」❺相撲で、幕内(まくうち)。

◎**幕が開(あ)・く** 芝居が始まる。また、広く、物事が始まる。‖「初日［戦い］の—」注意 この意では、「幕がひらく」は誤り。

◎**幕を下(お)ろ・す** ⇩幕を閉じる

◎**幕を切って落と・す** はなばなしく物事を始める。‖「革命の—」▽歌舞伎で、開演の際、幕の上部を外して一気に落とすことから。使い方 受身でも使う。‖「決戦の幕が切って落とされる」

◎**幕を閉・じる** ❶芝居などを終えて、幕を閉める。❷物事が終わる。また、物事を終わりにする。‖「人生の—」▽「幕を下(お)ろす」とも。

まく【膜】［名］❶生物体内の諸器官・組織をおおい、また隔てている薄い細胞層。‖「鼓—・胸—」❷物の表面をおおう薄い皮。‖「油の—ができる」

ま・く【巻く(▼捲く)】■［他五］❶物のまわりにひも状・帯状の物などをしっかりとからみつける。‖「糸巻きに糸を—」「ご飯に海苔(のり)を—」使い方「傷口に包帯を巻く↔傷口を包帯で巻く」「全身に包帯を巻く↔全身を包帯で巻く」のように、〜ヲ(対象)を〜デ(手段)に、〜ニ

〈場所〉を～ヲ〈対象〉に変えていう言い方もある。また、「リールを巻く」のように、～ヲに〈道具〉をとる言い方もある。道具を操作して巻き取る意。❷ひも状・帯状の物などをその一端が内側になるようにして丸くまとめる。‖「ロープを—」「賞状を—・いて筒にしまう」「彼の才能には舌を—（＝感心する・驚く）」❸ねじを回してぜんまいを固く締めつける。‖「時計のねじを—」「オルゴールのぜんまいを—」❹軸を支えに回転して螺旋（らせん）や円環状の形を作り出す。‖「蛇がとぐろを—」「川の流れが渦を—」▼～ヲに〈結果〉をとる。❺そのものに取り付けた綱や鎖を軸にからませて引き上げる。巻き上げる。‖「錨（いかり）を—」❻まわりを取り囲む。取り巻く。‖「二万もの軍勢が城を—」「煙に—・かれる」❼登山で、難所を避けるために山腹を迂回（うかい）して登る。‖「滝を—」❽⬇くだを巻く ❾連歌・俳諧の付合をする。‖「歌仙を—」

[二]〔自五〕❶（みずからを巻く意から）渦や植物の葉・つるなどが螺旋状の形を作り出す。‖「海峡に渦が—」「キャベツの葉が球状に—」❷放送などで、進行を急ぐ。‖「残り時間が少ないので—・いてくれ」可能 巻ける 名 巻き

ま・く【▼蒔く・▼播く】〔他五〕❶植物の種子を畑に散るように落とす。また、土に散らして埋める。‖「苗代（なわしろ）にもみを—」「畑にトウモロコシの種を—」❷〈「…の種を—く」などの形で〉物事の原因をつくる。‖「両者の間に紛争の種を—」「自分で—・いた種は自分で刈れ」❸蒔絵（まきえ）を作るために金粉・銀粉などを散らす。また、そのようにして蒔絵を作る。‖「漆に金銀粉を—」「葦（あし）の紋様を—」可能 まける

◉**蒔かぬ種（たね）は生（は）えぬ**　何もしなくては良い結果は得られないことのたとえ。

ま・く【▼撒く】〔他五〕❶あたり一面に散り広がるように落とす。‖「土俵に塩を—」「釣り場に餌（えさ）を—」「庭に水を—」「畑に農薬を—」「節分に豆を—」❷大勢の人に配って行き渡らせる。‖「街頭でビラを—」❸連れの者や跡をつける者の目をくらまして自分の居所をわからなくする。‖「追跡者［尾行］を—」◈「蒔く」と同語源。可能 まける

まく-あい【幕▽間】ヒア〔名〕演劇で、一幕が終わって、次の幕が開くまでの間。まくのうち。✓注意「まくま」と読むのは誤り。また、「幕合」と書くのは誤り。

まく-あき【幕開き】〔名〕⬇幕開（まくあ）け

まく-あけ【幕開け】〔名〕❶演劇で、幕が開いて演技が始まること。また、その場面。❷物事が始まること。また、その時。‖「新時代の—」⬍幕切れ ◈「幕開（あ）き」とも。特に①の意では「幕開き」が普通。

まく-うち【幕内】〔名〕相撲で、番付の第一段目に名が書かれる前頭以上の力士。また、その位。まくのうち。‖「—優勝」▼将軍の相撲上覧のとき、幔幕（まんまく）の内に伺候することが許されたことから。

マグ-カップ【和製mug＋cup】〔名〕取っ手の付いた筒形の大型カップ。マグ。

まく-ぎれ【幕切れ】〔名〕❶演劇で、幕がおりて場面が一段落すること。また、その場面。❷物事の終わり。また、その時。‖「あっけない—」⬍幕開け

ま-ぐさ【▼秣】〔名〕牛馬の飼料にする草。かいば。▼「馬草」の意。書き方 語源をふまえた平易な書き方で「馬草」とも。

まくし-あ・げる【▼捲し上げる】〔他下一〕まくって上へ引きあげる。まくりあげる。‖「ワイシャツの袖を—」文 まくしあ・ぐ

まく-した【幕下】〔名〕相撲（すもう）で、番付の二段目に名を書かれる力士のうち、十両を除いた力士。また、その位。▼もとは幕内に入らない力士の総称。

まくし-た・てる【▼捲し立てる】〔他下一〕威勢よく一方的にしゃべり続ける。‖「早口で—」文 まくした・つ

ま-ぐそ【馬▼糞】〔名〕馬のくそ。ばふん。

ま-ぐち【間口】〔名〕❶土地・建造物などの正面のはば。‖「—三間（げん）の家」⬍奥行き ❷知識・研究・事業などの領域。‖「—の広い評論家」「商売の—を広げる」

ま-くつ【魔窟】〔名〕❶悪魔の住みか。❷悪者や私娼（ししょう）が住む所。

マグニチュード【magnitude】〔名〕地震そのものの規模を表す単位。気象庁マグニチュード、モーメントマグニチュードなど複数の算出方法がある。略語M ▼各観測地点での揺れの強さを表す震度とは異なる。

マグネシウム【magnesium】〔名〕金属元素の一つ。単体は銀白色で軽く、展延性に富む。熱すると白色光を発する。軽合金や純金属製造用の還元剤などに利用。記号Mg

マグネット【magnet】〔名〕磁石。また、磁力。

まく-の-うち【幕の内】〔名〕❶⬇まくうち ❷演劇で、舞台の幕がおりている間。幕間（まくあい）。❸「幕の内弁当」の略。

まくのうち-べんとう【幕の内弁当】タウ〔名〕俵型の小さなにぎり飯とおかずとを詰め合わせた弁当。まくのうち。▼芝居の幕間（まくあい）に簡単に食べられるように工夫されたもの。

まく-ひき【幕引き】〔名〕❶幕を閉めて芝居を終えること。❷芝居で、幕を開け閉めする役の人。❸物事を終わりにすること。‖「人生の—」「事件の—役」

マグマ【magma】〔名〕地下深くに存在する、さまざまな鉱物が地熱で高温になり、どろどろに溶けたもの。岩漿（がんしょう）。▼地表に流出したものは「溶岩」という。

まくら【枕】〔名〕❶寝るときに頭をのせて支えるもの。❷長い物の下に置き、その支えとするもの。‖「—木」❸前置きのことば。特に落語などで、本題に入る前の短い話。‖「—を振る」

◉**枕を交（か）わ・す**　男女が一つの寝具でいっしょに寝る。同衾（どうきん）する。

◉**枕を高くして・寝る**　安心して眠る。

◉**枕を並・べる**　❶同じ場所で並んで寝る。❷多くの人が同じ場所で倒れる。‖「—・べて討ち死にする」

まくら-え【枕絵】ヱ〔名〕性行為を描いた絵。春画。笑い絵。わ印。

まくら-がみ【枕上】〔名〕まくらもと。まくらべ。

まくら-ぎ【枕木】〔名〕鉄道で、レールを固定するために道床の表面に一定の間隔を置いて敷き並べる角柱状の材。古くは木材が使われたが、現在は鉄材やコンクリート材が用いられる。

まくら-ぎょう【枕経】ギャウ〔名〕仏教で、死者のまくらもとで読経（どきょう）をすること。特に、納棺に先立って読経をすること。また、その経。

まくら-ことば【枕▽詞】[名] 昔の和歌などにみられる修辞法の一つ。特定の語句の上についてこれを修飾し、また語調を整える語句をいう。ふつうは五音だが、三音・四音のものもある。「山」にかかる「あしひきの」、「母」にかかる「たらちねの」など。

まくら-する【枕する】[自サ変] 枕を用いる。また、ある物を枕として寝る。‖「石に—し流れに漱ぐ」文 **まくら・す**

マクラメ【macramé フランス】[名] 手芸の一つ。糸やひもを結び合わせてさまざまな模様を作るもの。マクラメ編み。マクラメレース。▼もとアラビア語で装飾用のひもや房の意。

まくら-もと【枕元・枕▽許】[名] 寝ている人の枕のそば。

まくり【〈海人草〉・〈海仁草〉】[名] 暖海の岩礁に生育する紅藻類のフジマツモ科に属する海藻。回虫駆除の煎じ薬に用いられる。カイニンソウ。

まく・る【▼捲る】[動五] 一[他] ❶覆っている物を端から巻いて上へあげる。また、覆っている物をはがす。めくる。‖「シャツの袖を—」「布団を—」使い方「腕をまくる」「尻をまくる(=急に反抗的になる)」のように、覆っている物をはがして体の一部を外に現す意でもいう。❷競輪で、追い上げて一気に抜く。
二〈動詞の連用形に付いて複合動詞を作る〉勢いよくその動作を行う。また、その動作をずっと続ける。‖「書き—・買い—・しゃべり—・逃げ—」可能 **まくれる**

まぐれ【▽紛れ】[名] 偶然によい結果が生じること。‖「—で成功する」

まぐれ-あたり【▽紛れ当たり】[名] 偶然に当たること。たまたまうまくいくこと。‖「—のヒット商品」

まく・れる【▼捲れる】[自下一] 物の端が巻かれたように上がる。めくれる。‖「着物の裾が—」文 **まく・る**

マクロ【macro】[名] ❶[形動] 巨大であること。また、巨視的であること。‖「—な視点」「—経済学」⇔ミクロ ❷パソコンで、一連のキー操作やプログラムを登録しておき、必要なときに一括して実行できるようにした機能。マクロ機能。

まぐろ【▼鮪】[名] 大形の遠洋性回遊魚で、紡錘形をしたサバ科マグロ属の海水魚の総称。クロマグロ(ホンマグロ)・メバチ・キハダ・ミナミマグロ・ビンナガなどは食用として重要。脂身を「とろ」、赤身を「づけ」と称し、刺身・すし種などに用いる。▼俗にカジキマグロとも呼ばれるカジキの類はマグロ属とは別属。

マクロコスモス【Makrokosmos ドイツ】[名] 大宇宙。⇔ミクロコスモス

マクロビオティック【macrobiotique フランス】[名] バランスを重視し、その土地の穀物や野菜を主食材とする健康を維持するための食事法。

ま-ぐわ【馬▼鍬】[名] 牛や馬にひかせて田畑の土をかきならす農具。長さ一メートルほどの横木の下部に櫛状の鉄の歯を取りつけたもの。まんが。うまぐわ。万能。

まくわ-うり【真桑▼瓜・〈▼甜▼瓜〉】[名] 夏、黄色い花をつけるウリ科のつる性一年草。また、その果実。楕円形の果実は黄・緑・白色など。アマウリ。マクワ。

まけ【負け】[名] ❶負けること。敗北。‖「一点差で—になる」⇔勝ち ❷勝負事などで、負けて損をした分。‖「—を取り返す」❸⬇おまけ

⦿**負けが込・む** 負けが重なる。

まげ【▼髷】[名] 髪の毛を頭頂で束ねて、曲げたり折り返したりした部分。また、その髪形。‖「—を結う」

まけ-いくさ【負け戦(負け▽軍)】[名] 戦争や試合に負けること。また、その戦い。敗戦。⇔勝ち戦

まけ-いぬ【負け犬】[名] けんかに負けて、しっぽを巻いて逃げる犬。‖「—の遠吠え」▼みじめな敗残者のたとえにもいう。‖「—根性」

まけ-いろ【負け色】[名] 負けそうな気配。敗色。⇔勝ち色

まけ-おしみ【負け惜しみ】[名] 負けたことや失敗したことを認めたがらないこと。また、そのための弁解や屁理屈。‖「—を言う」

まけ-ぎらい【負け嫌い】[名・形動] 人に負けることを特に嫌う性格であること。また、そのような人。▼現在では「負けず嫌い」が一般的。

まけ-ぐみ【負け組】[名] ❶競争社会で、負ける方のグループ。社会的・経済的に成功しない人。❷ブラジルの日系移民社会で、太平洋戦争での日本の敗戦を受け入れた人々。◈⇔勝ち組

まけ-こし【負け越し】[名] 負け越すこと。‖「七勝八敗の—になる」⇔勝ち越し

まけ-こ・す【負け越す】[自五] 勝負・試合などで、負けた回数が勝った回数より多くなる。⇔勝ち越す 名 **負け越し**

まけじ-だましい【負けじ魂】[名] 他人に負けまいとして奮い立つ気持ち。まけじごころ。‖「—を発揮する」

まけず-おとらず【負けず劣らず】[副] 両者とも同じ程度で、優劣がつけにくいさま。‖「妹も姉に—よく働く」

まけず-ぎらい【負けず嫌い】[名・形動] 負け嫌い。‖「—な/の男」▼否定の強調で「負け嫌い」に打ち消しの「ず」を挿入したもの。

まげ-て【曲げて・▼枉げて】[副] 無理でも。是が非でも。‖「—お願い致します」▼相手に懇願するときに使う。

まけ-ぼし【負け星】[名] 相撲の星取り表で、負け力士につける黒丸。転じて、勝負に負けること。‖「—がかさむ」⇔勝ち星

まげ-もの【▼髷物】[名] ちょんまげを結っていた時代に題材を得た小説・演劇・映画など。時代物。ちょんまげもの。

まげ-もの【曲げ物】[名] ❶スギ・ヒノキなどの薄板を曲げて桜の皮などでとじ合わせ、底板を取りつけた容器。わげもの。まげわっぱ。❷[俗] 質ぐさ。

ま・ける【負ける】 一[自下一] ❶相手と争って屈する。敗北する。敗れる。‖「戦争[裁判]に—」「賭けで—」「判定で試合に—」書き方「▽敗ける」とも。❷他と比べて劣る。ひけをとる。‖「技術では他社に—・けない」「国を思う気持ちでは誰にも—・けない」❸抵抗できなくなって屈する。‖「誘惑[夏の暑さ]に—」「相手の熱意に—」❹ギャンブルやゲームに敗れて、金銭を失う。‖「競馬で三万円ほど—」❺薬品・漆・刃物などで皮膚が荒れる。かぶれる。‖「剃刀に—」◈一①〜④⇔勝つ
二[他下一] 値段を安くする。また、サービスとして品物を余分に渡す。‖「定価を半値に—」「一〇個買うなら一個—・けよう」文 **ま・く** 名 **負け**

品格 一敗地にまみれる「総攻撃を受け、—」兜を脱ぐ「彼の熱意には—」下る「敵将に—」降参「いい加減降参しろ」降伏「—の条件」惨敗「—を喫する」惜敗「善戦むなしく—する」敗退「初戦で—する」敗北「—を認める」参る「参りました」敗れる「価格競争に—」

◉**負けるが勝ち**　強いて争わず相手に勝ちを譲った方が、結局は自分に有利な結果をもたらすということ。

ま・げる【曲げる】〔他下一〕❶まがった状態にする。‖「針金を—」「薄板を円筒形に—」「膝を—」❷事実・道理・規則などを意図的にゆがめる。‖「事実を—・げて報道する」「規則を—」書き方「▼枉げる」とも。❸自分の主義・主張・意志などをむりに変える。‖「頑として自説を—・げない」「志（節）を—」書き方「▼枉げる」とも。❹〔俗〕質に入れる。‖「カメラを—」▼「質」と同音の「七」の第二画が曲がっていることから。文ま・ぐ

まけん-き【負けん気】〔名〕人に負けまいとする気性。‖「—が強い」▼「負けぬ気」の転。

ま-ご【孫】〔名〕❶息子・娘の子供。‖「内—・外—」「—娘」❷一つ間を隔てた関係にあること。‖「—弟子」

ま-ご【馬子】〔名〕馬に人や荷物を乗せて運ぶことを仕事とした人。馬方。

◉**馬子にも衣装**　どんな人間でも外面を飾れば立派に見えることのたとえ。✓注意「孫にも衣装」は誤り。

ま-ごい【真▼鯉】〔名〕緋鯉に対して、体色の黒っぽい鯉。

まご・う【▽紛う】〔自五〕➡まがう

まご-こ【孫子】〔名〕❶孫と子。❷子孫。後裔。‖「—の代まで伝える」

ま-ごころ【真心】〔名〕偽りや飾りのない真実の心。‖「—を込める」

まご-つ・く〔自五〕不慣れなために、迷ってうろうろする。また、当惑してまごまごする。‖「外国の空港で—」「いきなり質問されて—」

ま-こと【誠（▽真・▽実）】■一〔名〕❶うそ・偽りでないこと。本当。‖「—の話」「うそから出た—」❷いつわりのない心。誠意。まごころ。‖「—を尽くす」■二〔副〕本当に。実に。‖「—痛ましい話」

まことし-やか【▽真しやか・▽実しやか】〔形動〕いかにも本当らしく感じさせるさま。‖「—な嘘をつく」

まこと-に【誠に（▽真に・▽実に）】〔副〕本当に。実に。‖「—美しい」「—有り難く存じます」

まご-の-て【孫の手】〔名〕細い棒の先端を曲げて手先の形に作ったもの。背中など、手の届かない所をかくのに用いる。

まご-びき【孫引き】〔名・他サ変〕他の本に引用された文章を、原典を確かめないでそのまま引用すること。‖「雑誌に載っていた資料を—する」

まご-まご〔副ト〕どうしてよいかわからずうろたえるさま。まごつくさま。‖「—（と）しているうちに電車が発車した」

まご-むすめ【孫娘】〔名〕その人の孫にあたる女の子。

ま-こも【真▼菰・真▽薦】〔名〕初秋、円錐花序の上部に雌花穂、下部に雄花穂をつけるイネ科の多年草。葉は長い線形。茎や葉で筵を編んだ。カツミ。コモクサ。

マザー-コンプレックス【和製 mother＋complex】〔名〕青年が母親に極端な愛着や執着を抱き、自分の行動を自身で決定できないまま母親の言動に左右される心的傾向。愛の対象としても母親に似た女性を思慕するとされる。マザコン。

マザー-ボード【motherboard】〔名〕パソコンの中にあってCPUやメモリーなどを取り付ける、最も中心となる基板。メインボード。

まさ-か ■一〔名〕〈「まさかの時」などの形で〉実現の可能性の少ない非常事態の意を表す。万一の場合。‖「—の時に備えて遺言状をしたためる」「はした金では—の場合の役に立たない」■二〔副〕〈下に否定的表現を伴って〉❶どう考えてもそのような事態は起こりそうもないという気持ちを表す。いくら何でも。よもや。‖「—雨にはならないだろう」「—ねえ、失敗するとは思わなかったよ」「『—結婚はしてないだろうね』『いえ、その—なんですよ』」「—の敗北」▼「まさかの…」の形で連体修飾にも使う。❷どう考えてもそのようにはできないという気持ちを表す。とても。どうしても。‖「—来るなとは言えまい」◈目前のときの意から。書き方「真逆」とも。

まさかり【▼鉞】〔名〕大形のおの。伐木用のほか、古くは武器としても用いられた。

まさ-き【▼柾・正木】〔名〕生け垣や庭木にするニシキギ科の常緑低木。葉は卵形で、質が厚い。初夏、白緑色の小花を開く。丸い果実は熟すと裂け、橙色の種子を露出する。

ま-さぐ・る【▽弄る】〔他五〕❶手先を動かしてさぐる。‖「ポケットを—・って小銭を取り出す」❷指先でいじる。もてあそぶ。‖「数珠を—」

ま-さご【真▽砂】〔名〕細かい砂。いさご。まなご。‖「浜の—の数ほどある例」▼数の多いたとえにも使う。

マザコン〔名〕「マザーコンプレックス」の略。

まさし・く【正しく】〔副〕疑う余地がなく、確信する気持ちを表す。確かに。まちがいなく。‖「この絵は—彼の最高傑作だ」

ま-さつ【摩擦】〔名〕❶〔自他サ変〕物と物がすれ合うこと。また、こすること。‖「乾布—」❷物理で、接触している物体の一方が動く際、もう一方の物体にそれを妨げようとする力が働く現象。また、その力。‖「—熱」❸意見・感情・立場などの食い違いによって生じるもめごと。軋轢。‖「諸国間の—」「貿易—」

まさつ-おん【摩擦音】〔名〕調音器官である唇・歯・舌などを狭めたすき間に呼気をこするように通して出す音。[s][z][f]などの音。

まさ-に【正に】〔副〕❶疑いのないさま。まちがいなく。確かに。‖「—名言だ」「—その通り」「—千載一遇のチャンスだ」❷ぴったりあてはまるさま。ちょうど。‖「芳紀—一八歳」❸あることが起こる、または、行われる直前であるさま。‖「—沈もうとする太陽」「物語は—佳境に入らんとしている」▼漢文の訓読「まさに…んとす」から。❹そうするのが当然であるさま。‖「客への態度は—そうあるべきだ」▼漢文の訓読「まさに…べし」から。◈書き方①④は「▽当に」とも。③は「▽将に」「▽方に」とも。

まざ-まざ〔副ト〕目の前で見えるようにはっきりしているさま。ありありと。‖「プロの実力を—と見せつけられる」

まさ-め【正目（▼柾目）】〔名〕縦まっすぐに通った木目。木材を年輪に対して直角に縦断した面に現れる。まさ。‖「—の板」「—の通った材木」⬄板目

まさ-ゆめ【正夢】〔名〕現実と一致する夢。あとでそれが現実となる夢。⬄逆夢

まさり【勝り(▽優り)】（造）まさること。すぐれていること。‖「男一の気性」「親一の才人」

まさ・る【勝る(▽優る)】〔自五〕他と比べて能力・価値・程度などが上である。すぐれている。‖「打撃力では相手チームより一・っている」「健康は富に一」「聞きしに一美しさ」⬍劣る ▼「増さる」と同語源。

◉**勝るとも劣ら・ない** 程度が勝ってはいても劣ることはない。同等以上だ。‖「プロに一実力」 注意「負けるとも劣らない」は誤り。

まさ・る【増さる】〔自五〕数量や程度が次第に大きくなる。ふえる。‖「川の水かさが一」「いとしさが一」

まざ・る【交ざる・混ざる(▽雑ざる)】〔自五〕❶【交】あるものの中に性質や種類の異なるものが入り込んで一体化した状態になる。交じる。‖「木綿に麻が一」「黒地に赤が一」「麦の一・った飯」❷【混】あるものの中に性質や種類の異なるものがとけ合って一体化した状態になる。混じる。‖「酒に水が一」「コーヒーにミルクが一」「雑音が一・って聞こえる」❸【交】仲間に入る。交じる。‖「先生が子供らに一・って遊んでいる」◈ 書き分け ➡まじる

まし【増し】 一〔名〕ふえること。また、ますこと。割り増し。▼数量・割合などを示す語に付けても使う。‖「千円一の料金」「二割一の手間賃」 二〔形動〕他より少しはまさっているさま。‖「古着でもないより一だ」「もう少し一な暮らしがしたい」 書き方 多くかな書き。

まし〔助動 特活型〕（ましか）・（ませ）-〇-まし-まし-ましか-〇）〔古風〕❶事実に反する仮想や希望を表す。もし…なら…だろうに。もし…だったらよかったのに。‖「世の中に絶えて桜のなかりせば春の心はのどけから一〈在原業平・古今集〉」「いといと若き光をば 名づけましかば明星と〈藤村〉」❷ためらいを含んだ意志を表す。…うかしら。‖「雪降れば木ごとに花ぞ咲きにけるいづれを梅と分きて折ら一〈紀友則・古今集〉」❸推量を表す。…だろう。‖「穉しと笑い玉わんが、寺に入らん日はいかに嬉しから一〈鷗外・舞姫〉」◈ 使い方 活用語の未然形に付く。

まし〔丁寧の助動詞「ます」の命令形〕〔古風〕➡ませ‖「お気をつけなさい一」「いらっしゃい一」

まじ〔名・形動〕〔俗〕「まじめ」の略。本気・本当であること。‖「一な話」「一で聞いてくれ」「一になって働く」「その話、一?」▼副詞的にも使う。‖「一でかっこいい」

まじ〔助動 形型〕（まじから-まじく・まじかり-まじ-まじき・まじかる-まじけれ-〇）〔古風〕打ち消しの推量、打ち消しの意志、禁止などを表す。…ないだろう。…ないに違いない。…べきではない。…ないようにしよう。‖「落とす一と、ひしと燃ゆるものを抱きしめて行く〈漱石〉」「人間にあるまじき行為」「すまじきものは宮仕え」▼上代の助動詞「まじ」の転。口語「まい」のもととなる。連体形「まじき」は、「あるまじき」の形で現在もよく使う。 使い方 動詞および動詞型活用の助動詞の終止形に付く。ラ変型動詞とラ変型助動詞には連体形に付く。

まじ・える【交える】〔他下一〕❶あるものに他のものを加え入れる。いっしょに含める。（意図的な行為にもそうでないものにもいう）‖「仕事に私情を一」「ユーモアを一・えて話す」「身振り手振りを一・えて講演する」「専門家を一・えて協議する」「男はわずかに白髪を一・えている」❷互いに組み合うようにする。交差させる。‖「木々が枝を一」「夫婦で膝を一・えて（=親しく）話し合う」❸互いに（敵対する）相手とやりあう。とりかわす。かわす。‖「敵と砲火を一」「一戦を一」「ことばを一（=やりとりする）」 文 まじ・ふ

ま-しかく【真四角】〔名・形動〕正方形であること。‖「一な/の布」

ま-じきり【間仕切り】〔名〕部屋を仕切るもの。

マジシャン【magician】〔名〕手品師。魔術師。

ま-した【真下】〔名〕そのちょうど下。まっすぐ下。直下。‖「断崖の一を流れる川」⬍真上

マジック【magic】〔名〕❶魔術。魔法。❷奇術。手品。❸「マジックインキ」の略。❹「マジックナンバー」の略。

マジック-インキ【Magic Ink】〔名〕油性のフェルトペン。マジック。▼商標名。

マジック-ナンバー【和製magic＋number】〔名〕プロ野球などのリーグ戦で、第二位のチームが残り試合に全勝した場合に、第一位のチームがあと何勝すれば優勝できるかを示す勝ち試合の数。

マジック-ハンド【和製magic＋hand】〔名〕遠隔から手に似た構造をもつ機械を操作して手作業を代行させる装置。マニピュレーター。

マジック-ミラー【和製magic＋mirror】〔名〕明るい側から見れば鏡だが、暗い側からは明るい側が透視できるガラス。板ガラスに金属膜を貼ってガラスを重ねたもの。ハーフミラー。マジックガラス。▼英語では one-way mirror という。

まし-て【▽況して】〔副〕程度の著しい例を先にあげ、その場合でさえこうなのだからそれ以外の場合は言うまでもなく、という気持ちを表す。なおさら。いわんや。‖「彼は音楽には興味はないし、一楽譜など読めるはずがない」

まし-て【(増して)】〔連語〕➡増す 一③ 書き方「増して」とも。

まじ-ない【▽呪い】〔名〕神仏などの霊力を借りて災いを除いたり、他人に災いを及ぼしたりすること。また、その術や、そのためのことば。‖「一をかける」「お一」

まじ-まじ〔副[と]〕目をすえて、じっと見つめるさま。‖「一と相手の顔を見る」

まし-ま・す【▽在す・▼坐す】〔自四〕〔古風〕「在る」「居る」の尊敬語。いらっしゃる。おいでになる。‖「天に一我らの神よ」

まじ-め【《真面目》】〔名・形動〕❶本気であること。真剣であること。‖「一に勉強する」「一な顔になる」❷真心がこもっていること。誠実であること。‖「一な人柄」「一に暮らす」 派生 -さ

まじめ-くさ・る【《真面目》腐る】〔自五〕ことさらにひどくまじめな態度をとる。‖「一・った顔で冗談を言う」 書き方 かな書きが多い。

ま-しゃく【間尺】〔名〕❶建築工事などの寸法。❷損得の計算。

◉**間尺に合わ・ない** 割に合わない。損になる。

ま-しゅ【魔手】〔名〕悪魔の手。▼人に危害を加えるもの、また、悪に誘い込むもののたとえとして使う。‖「殺人鬼の一にかかる」「誘惑の一が伸びる」

ま-じゅつ【魔術】〔名〕❶人を惑わす不思議な術。魔法。妖術。❷大がかりな仕掛けを用いる奇術。

マシュマロ【marshmallow】〔名〕ゼラチン液に泡立てた卵白や砂糖・香料などを加えて作る、弾力のあるふわりとした洋菓子。マシマロ。▼もとアオイ科のマシユマロ（ウスベニタチアオイ）の根の粘液を利用して作っ

たことから。

まーじょ【魔女】ヂョ [名] ❶ヨーロッパの俗信で、悪魔と交わって魔力を得た女性。人間に種々の害悪をもたらし、キリスト教を破壊するとされた。ウイッチ。❷不思議な力をもつ女性。また、あやしい魅力をもつ女性。

まーしょう【魔性】シャウ [名] 悪魔のように人をまどわす性質。||「ーのものがとりつく」

まーしょう【魔障】シャウ [名] 仏道修行のさまたげをなすもの。

まーしょ・う マセ [連語]〈動詞の連用形に付いて〉
❶推量を丁寧に表す。||「今夜半は雷雨がありー」「彼なら辛抱してくれー」「何と言いーか、返答に窮しますね」
❷勧誘や婉曲な命令を丁寧に表す。||「さあ一緒に乾杯しー」「今日は遊園地はやめにしー」
❸意志や申し出を丁寧に表す。||「私から説明しー」「私が参りーか」
❹〈疑問や感嘆の意を表す語を伴って〉反語や感動を丁寧に表す。||「こんなことにだれが気がつきー(か)」
◈丁寧の助動詞「ます」の未然形＋意志・推量の助動詞「う」。[使い方] (1)❶は、非意志的な意味を持つ語に付く場合は、終止形＋「でしょう」に比べて古風な言い方となる。||「雷雨がありましょう／雷雨があるでしょう」「辛抱してくれましょう／辛抱してくれるでしょう」(2)❷❸は、くだけた言い方では「ましょ」とも。||「さ、帰りましょ」

まーしょうめん【真正面】シャウメン [名] ちょうど正面の位置。まっしょうめん。||「駅のーに建つビル」

まじょーがり【魔女狩り】ヂョ [名] ❶一三世紀から一八世紀にかけて、ヨーロッパの諸国家とキリスト教会が魔女として告発された女性を宗教裁判にかけ、多くを火刑に処したこと。また、その異端迫害の運動。❷権力者や多数派が異端分子と見なす人物を迫害の対象とし、制裁を加えて排斥すること。

マジョリカ [majolica] [名] イタリア産の陶器で、有色の下地に白色不透明の釉薬(うわぐすり)をかけ、華やかな色彩で絵柄を施したもの。一五、六世紀に発達した。▽マジョルカ島のスペイン陶器をまねて作られたことから。

マジョリティー [majority] [名] 多数。過半数。また、多数派。⬍マイノリティー

ましら【▽猿】 [名]〈古風〉サル。

まじらい【交らい】マジラヒ [名]〈古風〉つきあい。交際。

まじりーけ【混じり気(▽雑じり気)】 [名] 種類や性質の異なるものがまじっていること。||「ーのない色」

まじ・る【交じる・混じる(▽雑じる)】 [自五]
❶[交] あるものの中に性質や種類の異なるものがはいり込む。交ざる。||「漢字にかながー」「黄のーった赤色」「白髪のーった髪」「芋のーった飯」
❷[混] 性質や種類の異なるものがとけ合って一体となる。混ざる。||「思考に雑念がー」「飲料水に毒物がー」
❸[交] 仲間にはいる。グループに加わる。交ざる。||「子供らにーって遊ぶ」
◈[書き分け] [交]はとけ合わないまじり方に、[混]はとけあったまじり方に使う。「まざる」「まぜる」の場合も同じ。[名] まじり「小雨交じりの天気」

まーじろ・ぐ【▽瞬ぐ】 [自五] まばたきをする。まばたく。||「少しもーがずに見入る」▽古くは「まじろく」。[名] まじろぎ

まじわり【交わり】マジハリ [名] ❶つき合うこと。交際。||「水魚のー・刎頸(ふんけい)のー」❷交合。性交。ちぎり。

まじわ・る【交わる】マジハル [自五] ❶線状のものが交差する。||「二直線が直角にー」「県道と国道がー」❷人とつき合う。交際する。||「友と親しくー」▽まじりはいって仲間となる意からいう。「朱に交われば赤くなる」などの言い方にその意味が残る。❸肉体関係をもつ。性交する。[名] 交わり

まーしん【麻▼疹】 [名] ⬇はしか

マシン [machine] [名] ❶機械。||「タイムー」❷レース用の自動車・オートバイ。◈「マシーン」とも。

まーじん【魔神】 [名] 災いを起こす神。ましん。

マシンーガン [machine gun] [名] 機関銃。||「ートーク(＝息を継ぐ間もないような早口のおしゃべり)」

ます【升(▼枡)】 [名] ❶液状・粒状・粉状の物の容量をはかるための方形・円筒状の容器。||「一合[一升]ー」❷❶ではかった量。ますめ。||「ーが足りない」❸升席。
◈[書き方]「桝」は簡易慣用字体。

ます【▼鱒】 [名] サケ目サケ科の魚のうち、マスと名のつくものの総称。サクラマス・カラフトマス・ヒメマス・ニジマスなど。特に、サクラマス。

鱒

ま・す【増す(▽益す)】 ■[自五] ❶数・量が多くなる。ふえる。||「人口[川の水かさ]がー」⬍減る ❷程度がはなはだしくなる。||「不安[食欲・親近感]がー」❸〈「…にも増して」の形で〉それよりもずっと程度が上である。…以上に。…よりずっと。||「前にもーして元気になる」「誰にもーして母が喜んだ」[使い方]「いつにも増して(＝いつも以上に)」は、近年、「いつもに(も)増して」ともいう。■[他五] ❶みずからがその数・量を多くする。ふやす。||「国は少しずつ人口をーし続けている」「川が水かさをー」⬍減らす ❷みずからがその程度をはなはだしくする。||「だんだんと雨が激しさをーしてきた」[名] 増し

ま・す【▽在す・▼坐す】 [動四]〈古風〉■[自]「ある」「いる」「行く」「来る」の意の尊敬語。おいでになる。いらっしゃる。■[補動]〈活用語の連用形などに付いて〉「ある」「いる」の意の尊敬語。お…になる。…ていらっしゃる。

ます [助動 特活型]〈ませ・ましょーましーますーますーますれーませ・まし〉**丁寧** 聞き手に対する丁寧な気持ちを表す。||「電車が来ー」「一緒に行きませんか」「ありがとうございました」「お帰りなさいませ」▽「まらする→まるする→まっする→まっす・まする→ます」と転じた。
[使い方] (1)動詞と動詞型活用の助動詞に付く。補助動詞「いる」に付いた「〜て[で]います」は、話し言葉ではしばしば「〜て[で]ます」となる。||「本を読んでます」⬇いる[使い方]
(2)「私も行きますです」など、「ますです」には崩れた語感があるが、「ますでしょう」はそうではない(ただし、過剰な丁寧表現)。||「随分掛かった筈ですから、さぞ困っていますでしょう〈鷗外〉」「先生は今はどうしていらっしゃいますでしょう」
(3)「です」「ます」を付けず、丁寧でない常体(だ・である体)に対し、「です」「ます」を付けた丁寧な言い方を敬体(です・ます体)と呼ぶ。敬体には、さらに丁寧な言い方である「でございます体」もある。
(4)疑問の形は、次の順で丁寧さが増す。||「ますか」「ませんか」「ませんでしょうか」

「ます」を用いた過剰な丁寧表現
(カッコ内が標準的な表現)

1 **固定化した慣用表現**
お気をつけましてお過ごしください（お気をつけて）
これに懲りませずにまたおいでください（これに懲りずに）
2 **助詞のように使う、固定化した連語**
北京に**おきまして**開催されました（…において）
先生に**おかれましては**お元気のことと存じます（…におかれては）
ご多忙に**もかかわりませず**お越しくださり（…にもかかわらず）
環境問題に**つきまして**お話しします（…について）
御社に**とりましては**何よりです・お母様に**とられましては**、さぞご心配のことでしょう（…にとっては）
お陰様を**もちまして**成功いたしました（…を以て）
3 **副詞・接続詞**
テレビに**よりまして**知りました（…によって）
改めましてお知らせします（改めて）
重ねまして御礼申し上げます（重ねて）
差し当たりましてご報告します（差し当たって）
従いまして試合は中止です（従って）
それはさておきまして（それはさておいて）
つきましては予定をお知らせいただきたく（ついては）
4 **事物を修飾する表現**
取り急ぎまして御礼まで（取り急ぎ）
閉まります扉にお気をつけください（閉まる扉）
降りましたホームの中程の階段を（降りたホーム）
＊一般に、固定慣用化した表現は敬語にする必要はなく、これらの中で用いられる動詞に「ます」を付けるのは、本来は誤り。しかし、話し言葉や手紙文で丁寧表現として定着しつつあるものも多い。
＊「ご乗車になりましてお待ちください」「お伺いいたします」など、尊敬・謙譲表現の中で丁寧の「ます」を使うのは適切だが、過剰な表現となる場合もある。

マス [mass]〔名〕❶集まり。集団。❷大量。多数。≡「—コミュニケーション」❸大衆。≡「—メディア」

まず【▽先ず】〔副〕❶他のものに先んじて、それを行おうとする気持ちを表す。最初に。第一に。≡「事件の捜査は—聞き込みから始まる」「将を射んとせば—馬を射よ」❷一通りのことが済んで、そこで一つの区切りをつけようとする気持ちを表す。なにはともあれ。とりあえず。≡「これで—一件落着だ」「—は、ひと休みしよう」❸だいたいのところ。ほぼ。多分。≡「—間違いはないだろう」「この怪我では—動けまい」

ま-すい【麻酔（▼痲酔）】〔名〕外科手術などの際、薬剤などを使って知覚を一時的に失わせること。全身麻酔と局所麻酔とがある。≡「—をかける」

まず・い【〈不味〉い】〔形〕❶飲食物の味が悪い。≡「—くて食えない料理」⇕うまい・おいしい ❷技術などが拙いさま。下手だ。≡「操作が—」「—試合運び」❸不都合であるさま。具合が悪い。≡「人に聞かれると—」「—ところを見られた」「これ以上太っては—」❹容貌がよくない。≡「性格はいいが顔が—」派生 -げ／-さ／-がる

ます-がた【升形（▼枡形・▽斗形）】〔名〕❶升のように四角い形。❷柱などの上部に設けた正方形または長方形の木。斗形。ます。❸日本の城で、一の門と二の門との間に設けた方形の空き地。

マスカット [muscat]〔名〕ブドウの一品種。大粒の実は淡緑色で、香りが高い。ヨーロッパ原産。

マスカラ [mascara]〔名〕まつげを濃く、長く見せるために塗る化粧品。

マスキング-テープ [masking tape]〔名〕塗装のときに色を塗らない部分を保護するために貼る粘着テープ。また、装飾・包装などに用いられる粘着力の弱いテープ。

マスク [mask]〔名〕❶面。仮面。❷病原体の侵入・放出やほこりなどを防ぐために、口や鼻をおおう不織布製などの衛生用具。❸スポーツで、顔面を保護するためにつける防具。❹防毒マスク。ガスマスク。❺顔。容貌。≡「甘い—の俳優」

マスクメロン [muskmelon]〔名〕メロンの一品種。果実は球形で、表面に網目模様がある。高級品種として、温室栽培される。▼香りが高いことからマスク（麝香）の名がある。

マス-ゲーム [mass game]〔名〕集団で行う体操・ダンス。

マスコット [mascot]〔名〕幸運をもたらすお守りとして身近に置く人形や小動物。また、団体やイベントなどのシンボルとなるキャラクター。

マス-コミ〔名〕「マスコミュニケーション」の略。

マス-コミュニケーション [mass communication]〔名〕新聞・雑誌・テレビ・ラジオ・映画などのマスメディアを通じて不特定多数の人々に大量の情報を伝達すること。また、その媒体であるマスメディア。大衆伝達。マスコミ。

ます-ざけ【升酒（▼枡酒）】〔名〕升に入れた酒。また、升売りの酒。

まずし・い【貧しい】〔形〕❶収入が少なくて毎日の生活が苦しい。貧乏である。≡「—暮らし」❷質・量・内容などが少ない。十分に満たされていない。≡「語彙が—」「資源の—国」「心の—人」派生 -げ／-さ

ます-せき【升席（▼枡席）】〔名〕劇場・相撲場などで、土間を方形に仕切った客席。

マスター [master]〔名〕❶主人。特に、喫茶店やバーの男性の主人。❷集団の長。主任。≡「バンド—」❸修士。バチェラー（学士）の上、ドクター（博士）の下の学位。❹大学院の修士課程。マスターコース。❺〔他サ変〕技術・知識などを、完全に習得すること。また、習得した人。≡「フランス語を—する」❻複製や編集をするときの、もとになるもの。≡「—データ・—テープ」

マスター-キー [master key]〔名〕異なったいくつもの鍵を開けることのできる合い鍵。親かぎ。

マスタード [mustard]〔名〕西洋カラシナの種子から作った調味用のからし。洋がらし。

マスターピース [masterpiece]〔名〕傑作。名作。マスターワーク。

マスターベーション [masturbation]〔名〕自慰。手淫。オナニー。

マスト [mast]〔名〕船の帆柱。

マスト [must]〔名〕〔新〕必要なこと。また、必要なもの。≡「この夏の—アイテム」

まず-は【▽先ずは】〔副〕「まず」を強めていう語。

何はともあれ。ひとまず。‖「—こちらへ」「—御礼まで」

ますます【▽益・▽益▽益】〔副〕より程度が甚だしくなるさま。いっそう。‖「風が—強くなる」「反対されると—頑(かたく)なになる」▼動詞「ま(増)す」を重ねた語。

まずまず【▽先ず▽先ず】(マヅマヅ)〔副〕完全とはいえないが一応は満足できるさま。まあまあ。‖「—完成といってよいだろう」

ますめ【升目(▼枡目)】〔名〕❶升ではかった量。❷升形に区切られたもの。‖「原稿用紙の—を埋める」

マスメディア【mass media】〔名〕❶不特定多数の受け手に対し大量の情報を伝達する手段。新聞・テレビ・雑誌・インターネットなど。❷①を使って情報を広く伝える組織。新聞社・出版社・放送局など。◈「メディア」とも。➡メディア

ますらお【▽益▽荒▽男・〈丈夫〉】(ヲ)〔名〕〔古風〕強く勇ましい男性。立派な男子。ますらたけお。ますらおのこ。⇔手弱女(たおやめ)

ま・する【摩する】〔他サ変〕❶こする。みがく。‖「剣を—」❷迫り近づく。かすめる。‖「天を—(=天に接するほど高くそびえる)」「塁を—(=敵陣に迫る。転じて、技量や地位がほぼ同程度に達する)」文ま・す

まする〔助動 特活型〕〔古風〕丁寧の助動詞「ます」の終止形・連体形の古い形。‖「お願い申し上げ—」「私が思い—には」

まず・る(マヅル)〔自五〕〔俗〕失敗する。へまをする。‖「こいつは—・った」▼形容詞「まずい」を動詞化した語。

マズルカ【mazurka(ポーランド)】〔名〕ポーランドの民族舞踊。また、その舞曲。軽快・活発な三拍子で、第二または第三拍に強いアクセントをもつ。

ますれ〔丁寧の助動詞「ます」の仮定形〕仮定条件・既定条件を丁寧に表す。‖「もしお目文字がかない—ば(=かないますならば)大変幸せに存じます」「お力を賜ることができ—ば(=できますなら)幸甚に存じます」▼改まった書きことば。

ませ〔丁寧の助動詞「ます」の命令形〕〈「くださる」「なさる」「召す」「いらっしゃる」「おっしゃる」など、尊敬を表す動詞の連用形に付いて〉依頼・命令を丁寧に表す。‖「ぜひ一度ご賞味ください—」「もうしばらくお待ちください—」「お気をつけなさい—」使い方 やわらかな表現として使われる。「いらっしゃいませ」「行ってらっしゃいませ」など挨拶(あいさつ)表現となっているものも多い。古風な言い方で「まし」ともいう。

まぜあわ・せる【混ぜ合わせる】(アハセル)〔他下一〕二種類以上のものを混ぜて一つにする。‖「牛乳と卵をよく—」文まぜあは・す

ませいせっき【磨製石器】(キセキ)〔名〕刃などの一部や全体を研磨して仕上げた石器。日本では縄文・弥生(やよい)時代に多用された。

まぜかえ・す【混ぜ返す】(カヘス)〔他五〕❶よくかきまぜる。まぜっかえす。❷わきから口をはさんで人の話を混乱させる。まぜっかえす。‖「ちゃかして話を—」

ませがき【▼籬垣】〔名〕竹や柴(しば)を粗く編んで作った低い垣根。まがき。ませ。

まぜがき【交ぜ書き】〔名・他サ変〕漢字の熟語などを、漢字と仮名をとりまぜて書くこと。「迂回」を「う回」、「失踪」を「失そう」と書くなど。

まぜこぜ〔名・形動〕種々のものが無秩序に入りまじっていること。ごちゃまぜ。‖「話が—になる」

まぜごはん【混ぜ御飯】〔名〕煮て下味をつけた肉・魚介・野菜などの具を炊き上がった飯に混ぜ合わせたもの。まぜめし。

まぜもの【混ぜ物】〔名〕本来の物に混ぜた別の物。‖「—なしのワイン」

ま・せる〔自下一〕年齢のわりにおとなびる。‖「—・せた子供」「—・せた口をきく」文ま・す

ま・ぜる【交ぜる・混ぜる(▽雑ぜる)】〔他下一〕❶【交】あるものの中に性質や種類の異なるものを加える。また、加えて一つにする。‖「綿に麻を—」「米に麦を—」「トランプをよく—」「漢字にかなを—・ぜて(=漢字かな交じり文で)書く」「ユーモアを—・ぜて(=交えて)話す」❷【混】性質や種類の異なるものが一つにとけ合うようにする。‖「黄と青の絵の具を—」「酢と油を—」「酒に水を—」「ミルクに卵黄を入れてよく—」◈書き分け ➡まじる 文ま・ず

ませ・ん〔連語〕打ち消しを丁寧に表す。‖「私は行き—」▼丁寧の助動詞「ます」の未然形+打ち消しの助動詞「ぬ(ん)」。使い方 丁寧の助動詞「です」が付いた「ませんです」には崩(くず)れた語感があるが、「ませんでしょう」や「ませんでした」にはそういう感じはない。‖「何とかなりませんでしょうか」「彼はとうとう来ませんでした」

マゼンタ【magenta】〔名〕❶印刷インキなどの三原色の一つ。赤紫色。紅紫色(こうししょく)。❷赤紫色の塩基性合成染料。フクシン。

マゾ〔名〕「マゾヒスト」「マゾヒズム」の略。

マゾヒスト【masochist】〔名〕マゾヒズムの傾向がある人。被虐(ひぎゃく)的な性格の人。マゾ。⇔サディスト

マゾヒズム【masochism】〔名〕相手から精神的・肉体的苦痛を受けることによって性的快感を得る異常性欲。被虐性愛。マゾ。⇔サディズム 語源 オーストリアの作家マゾッホ(Masoch)の名から。

また【股・▼叉】〔名〕❶胴から足が分かれ出ている所。両足のつけねの内側の部分。またぐら。‖「—を開く」▼②の意から。❷一つのもとから二つ以上に分かれ出ている所。また、そのようなもの。‖「木の—」「二(ふた)—ソケット」◈書き分け 多く、①は【股】、②は【叉】を使う。

◉**股に掛(か)・ける** 広く各地を歩き回る。また、広い地域にわたって活躍する。‖「世界を—」注意「股に駆ける」と書くのは誤り。

また【又】㊀〔副〕❶同じことが再び起こるさまを表す。もう一度。‖「—明日会おう」「—負けた」「—の機会にしよう」書き方「▽復」とも。❷同じく。同様に。やはり。‖「貧乏暮らしも—楽しい」「これも—何かのご縁でしょう」書き方「▼亦」とも。❸驚きや疑問の気持ちを込めて語調を整える語。‖「なんで—そんなことをしたんだ」「これは—失礼しました」❹同じものに別の面があるさまを表す。一方。‖「この地は—蛤(はまぐり)の産地としても有名だ」「—の名は天才ゲーマー」❺〈「AまたA」の形で、同じ名詞を繰り返して〉同様のものが続くさまを表す。‖「どこまで行っても山—山だ」

㊁〔接〕❶別の事柄をつけ加える語。その上に。それに加えて。さらに。かつ。‖「過剰な包装は不経済だ。—環境にも害がある」❷事柄を列挙する語。並びに。‖「よき父であり、—よき夫でもある」❸あるいは。または。‖「使い方によっては薬にもなるし、—毒にもなる」

㊂〔接頭〕〈名詞に付いて〉間接的であることを表す。‖「—聞き」「—貸し」

◈書き方 ㊀㊁㊂とも、かな書きも多い。

まだ【▽未だ】□一［副］❶〈下に否定的表現を伴って〉物事がその段階では実現されていないさま。いまだ(に)。‖「父は―帰宅しない」「『徒然草』は―読んだことがない」
✓注意「まだ未○○」は重言。‖「まだ未完成」
❷特に、物事が期待される段階に至っていないさま。「春は―浅い」「海外旅行なら―先の話だ」
❸〈下に過去を表す表現を伴って〉物事が現在の段階に至っていないさま。‖「この一帯が―松林だった頃」
❹ある状態がその時まで続いているさま。いまだに。今なお。今も。‖「―頭痛がする」「実力の差が―ある」
❺物事が終わることなく、今に残っているさま。いまだに。‖「やる気なら―十分にある」「予算は―こんなに残っている」
❻〈下に数量を表す語を伴って〉ある段階まで達するのに、なお余裕があると感じるさま。あと。‖「定年まで―五年ある」「瓶の中には酒が―半分ある」
❼〈下に時間を表す語を伴って〉時間がわずかしかたっていない(と感じる)さま。‖「妻を亡くしてから―二年しかたっていない」
❽(未来について言って)同じ状態が続くと予測されるさま。また、同じようなことがあると予測されるさま。‖「不況は―続きそうだ」「チャンスは―ある」
❾十分ではないが、他と比べればいくらかでもまさっているさま。どちらかといえば。まだしも。‖「暑いのは―我慢できる」「ないよりは―ましだ」
◈「いまだ」の転。使い方 強調して「まだまだ」とも。⑥⑦は主観的な言い方で、同じ状態を「もう…しかない」「もう…も経過した」など逆の立場で表現することができる。
□二［名・形動］ある事柄がその段階では実現されていないこと。‖「食事は―のようだ」「弁当が―な人は取りに来て下さい」

マター【matter】［名］❶物質。要素。❷事柄。問題。▼人名や部署名などの後に付いて、その人や部署が担当する事柄であることを表すこともある。‖「部長―」

ま-だい【真▼鯛】［名］沿岸の低層に分布するタイ科の海水魚。淡紅色の体側に青い小斑点が散在し、尾びれの後縁が黒い。食用。オオダイ。タイ。▼色・姿とも美しく、名も「めでたい」に通じるので古くから祝い膳に用いられる。

ま-だい【間代】［名］部屋を借りる代金。部屋代。

また-いとこ【又〈従兄弟〉・又〈従姉妹〉】［名］それぞれの親がいとこどうしである子の関係。また、その人。ふたいとこ。いやいとこ。

また-がし【又貸し】［名・他サ変］自分が借りたものを他人に貸すこと。転貸。⇔又借り

また-がみ【股上】［名］ズボンなどで、股の分かれ目より上の部分。また、その長さ。⇔股下

また-がり【又借り】［名・他サ変］他人の借りたものをさらに借りること。転借。‖「部屋を―する」⇔又貸し

また-が・る【▼跨がる】［自五］❶またを開いて両足で挟むようにして乗る。‖「馬[自転車]に―」❷時間的・空間的に一方から他方に至る。わたる。‖「ダム工事は三年に―って続けられた」「両県に―森林地帯」◈書き方 まれに「股がる」とも。可能 またがれる

またぎ［名］東北地方などの山間部に住み、代々狩猟を生業としてきた人々の集団。まとぎ。やまだち。

まだき【▽未だき】［名］〔古風〕まだその時点に達していない時。早い時期。‖「朝―」▼「早くも」「早々と」などの意で副詞的にも使う。

また-ぎき【又聞き】［名・他サ変］その話を聞いた人からさらに聞くこと。人づてに聞くこと。

また・ぐ【▼跨ぐ】［自五］❶またを開いて物の上を越える。‖「敷居を―」❷橋がある物の上を越えて一方から他方に至る。‖「陸橋が大通りを―いで架けられている」可能 またげる

また-ぐら【股▽座・▼胯▽座】［名］両またの間。股間。

ま-だけ【真竹】［名］タケの一種。茎は高さ二〇メートルに達する。節から二本ずつ枝を伸ばし、五、六枚の葉をつける。竹の子はやや苦みがあるが食用。皮には黒い斑紋がある。材は建築や細工物に利用。中国原産。くれたけ。にがたけ。からたけ。

また-した【股下】［名］ズボンなどで、股の分かれ目から裾までの部分。また、その長さ。⇔股上

またして-も【(又しても)】［副］同じ事が繰り返されるさま。またも。‖「―一回戦で敗れた」

まだ-しも【▽未だしも】［副］「まだ」□一⑨を強めた言い方。十分ではないが他よりはまだましであるさま。‖「一回や二回なら―五日も続けて遅刻するとは」

また・す【待たす】［他五］⬇待たせる

また-ずれ【股擦れ】［名］またの内側が歩くたびにすれ合って皮膚がすりむけること。また、その傷。

また・せる【待たせる】［他下一］待つようにさせる。‖「書斎で来客を―」「―・たせて、ごめんなさい」使い方「お待たせしました」「お待たせ!」は、待たせたことをわび、すぐに予定の物事が始まることを告げる、挨拶のことば。「お待たせしております」は、予定の物事がなかなか始まらないことをわびる、挨拶のことば。文 また・す 異形 待たす

また-ぞろ【又ぞろ】［副］あまり望ましくないことが繰り返されるさま。ややあきれたという気持ちを込めて使う。またしても。またまた。‖「―夜遊びが始まった」▼「またぞうろう(又候)」の転。

ま-たた・く【瞬く】［自五］❶まぶたをすばやく開けたり閉じたりする。まばたきをする。まばたく。‖「しきりに目を―・かせる」使い方 慣用的に「目を瞬く」の形で他動詞としても使う。またたかせる意。❷光がちらちらする。明滅する。‖「夜空に星が―」◈「目叩く」の意。名 瞬き

またたく-ま【瞬く間】［名］一回またたきをするほどの、きわめて短い時間。瞬時。瞬間。‖「―の出来事だった」

また-たび【股旅】［名］江戸時代、博徒や芸人が諸国をまたにかけて渡り歩いたこと。‖「―物(=通俗小説・演劇・映画などで、諸国を渡り歩く博徒や侠客を主人公にしたもの)」

またたび【〈木天▼蓼〉】［名］初夏、梅に似た白い五弁花を開くマタタビ科のつる性落葉低木。長楕円形で先のとがった果実は塩漬けや果実酒用。漢方では虫こぶのある果実を薬用にする。▼ネコ類を酩酊状態に導くイリドミルメシンなどを含有する。

また-と-な・い【(又と無い)】［連語］❶二度とない。‖「―チャンス」❷二つとない。これ以上のものはない。‖「―友[喜び]」

また-どなり【又隣】［名］隣の隣。一軒おいた隣。

マタニティー【maternity】［名］❶妊婦(のための)。‖「―用品」❷妊婦用の、腹部にゆとりをもたせて

仕立てた服。妊婦服。▽「マタニティードレス」「マタニティーウエア」の略。

また-は【又は】［接］どちらを選択してもよいという条件で、二つ(以上)のものを提示する語。あるいは。もしくは。‖「A―Bに○を付けよ」「電話で知らせるか、―メールを送って下さい」 書き方 法令・公用文では漢字で書くが、一般にはかな書きも多い。 使い方 ⬇もしくは

マタ-ハラ［名］妊娠・出産に関する嫌がらせ。▽「マタニティーハラスメント(和製maternity＋harassment)」の略。

また-ひばち【股火鉢】［名］火鉢にまたがるようにして暖をとること。▽行儀の悪いこととされる。

また-また【(又又)】［副］またしても。またもや。‖「―驚かされた」 書き方 「▽復▽復」とも。

まだ-まだ【▽未だ▽未だ】［副］「まだ」を重ねて強めた語。‖「―半人前だ」「これから―暑くなる」

マダム【madame フラ】［名］❶既婚の女性。夫人。奥様。❷喫茶店・酒場などの女主人。ママ。

また-もや【(又もや)】［副］またしても。またも。‖「―地震に見舞われた」

まだら【▽斑】［名・形動］種々の色や、濃い色・淡い色が所々にまじっていること。また、そのもの。‖「白黒―の犬」

まだるっ-こ・い【間▽怠っこい】［形］⬇まどろっこしい ▽「まだるい」を強めていう語。 派生 -さ

まだるっ-こし・い【間▽怠っこしい】［形］⬇まどろっこしい 派生 -さ

まち【町・街】［名］❶【町】地方公共団体の一つ。市と村の中間に位置する。東京都の奥多摩町の類。ちょう。‖「―と村が合併する」
❷【町】区や市を構成する小区画。千代田区神田小川町の類。‖「区画整理で―の名前が変わる」
❸【町】人家が多く集まって都会地として開けたところ。タウン。‖「住みなれた―」「陶器の―」「城下―」
❹【街】特に、商店などの並んでいる、にぎやかな区域。繁華街。商店街。‖「新宿の―を歩く」「―の灯がともる」
◈ 書き分け ①②③の【町】と④の【街】(＝繁華街)の意味の違いによって、「町／街おこし」「町／街づくり」「町／街ぐるみ」「町／街の真ん中に空港ができる」「町／街に買い物に行く」などと使い分ける。④も含めて一般に【町】でまかなうこともできるが、情緒的なニュアンスをこめたり、「学生街」「街頭インタビュー」を踏まえた「学生の街」「街の声を聞く」など、【街】も好まれる。

まち【▼襠】［名］衣服や袋物で、幅や厚みの足りない部分を補って添える布。‖「―を入れる」

まち-あい【待合】［名］❶人・順番などを待つこと。また、その場所。❷茶の湯で、茶会の客が亭主の迎えを待つ場所。寄り付き。❸「待合茶屋」の略。客が芸者などを呼んで飲食・遊興をする店。‖「―遊び」

まちあい-しつ【待合室】［名］駅・病院などで、発着時間や順番を待つための部屋。

まち-あぐ・む【待ち▼倦む】［他五］いやになるほど長く待つ。待ちわびる。‖「便りを―」

まち-あわせ【待ち合わせ】［名］待ち合わせること。‖「―の場所を間違える」「友人との―に遅れる」

まち-あわ・せる【待ち合わせる】［他下一］前もって場所と時間を決めて、相手と会うようにする。‖「駅で―」 文 まちあは・す 名 待ち合わせ

まち-いしゃ【町医者】［名］個人で開業している医者。開業医。

まち-うけ【待ち受け】［名］携帯電話などで、操作していないときに表示される画面。▽「待ち受け画面」の略。

まち-う・ける【待ち受ける】［他下一］やって来るのを予想して待つ。待ち構える。‖「敵を―」 文 まちう・く

マチエール【matière フラ】［名］❶材料。素材。材質。❷素材・材質などによって生み出される美術的効果。材質効果。

まち-おこし【町興し・町起こし】［名］活力を失った町を再興すること。‖「温泉で―を目指す」▽村を再興する場合は「村おこし」という。 書き方 多く「町おこし」と書く。「町」は、まれに「街」とも。

ま-ぢか【間近(真近・目近)】［名・形動］時間・距離がすぐのところに近づいていること。間近いこと。‖「出発が―に迫る」「頂上を―に仰ぐ」「開校―の学校」
書き方 語源をふまえた標準的な書き方は「間近」。
✓注意 「まじか」と書くのは誤り。

ま-ちがい【間違い】［名］❶事実と違うこと。正しくないこと。誤り。‖「記事に―がある」❷しくじり。失策。過失。❸反社会的・反道徳的な行い。‖「一部の生徒が―を犯す」❹よくない出来事。事故。‖「夜道を帰る途中で―がなければいいが」

品格 過ち「―を繰り返すまい」 誤り「―を訂正する」 過誤「医療―」 誤謬「―に陥る」 錯誤「試行―」 失敗「―から立ち直る」

まちがい-な・い【間違い無い】［形］❶物事の予測や判断が確実である。確かだ。‖「彼の成功はまず―」「絶対に―」▽副詞的にも使う。‖「この曲は―くモーツァルトだ」❷仕事などで失敗することがない。必ずうまくやる。間違いがない。‖「筆は遅いができは―」❸〈「AはBに間違いない」の形で〉両者が一致するということについて、確実性のある、非常に高い推量を表す。‖「彼は犯人に―」 使い方 ③は「…に違いない」「…に相違ない」とほぼ同義だが、それよりも確信の度合いが強い。
◈ 書き方 かな書きも多い。 使い方 丁寧形は「間違いありません［ございません］」。⬇「ない」のコラム(一二〇四㌻)

ま-ちが・う【間違う】［自五］❶〈「間違っている」「間違った」の形で〉正しくない状態にある。‖「君はやり方が―っている」「封筒に―った宛名を書いてしまった」❷〈「間違っても」の形で、下に禁止や打ち消しの表現を伴って〉たとえどんなことがあっても。決して。‖「―っても振り返ってはいけない」「―ってもそんなことはしない」
二［他五］「間違える」の新しい言い方。‖「こんなやさしい問題を―はずがありません」「約束の日時を―った」
使い方 「間違える」に比べてややくずれた語感がある。⬇間違える「使い方」
◈ 書き方 かな書きも多い。 名 間違い

ま-ちが・える【間違える】［他下一］❶方法や手順などを誤って正しくないことをしてしまう。しくじる。失敗する。しそこなう。‖「お釣りを―えて渡してしまった」❷正しいものとそうでないものとを取り違える。‖「花子が道を―えた」「うっかり塩を砂糖と―えた」◈ 書き方 かな書きも多い。 使い方 (1)「間違う」とも言うが、「間違える」のほうが標準的。‖「〇二度と間違えない／△間違わない」(2)複合語の場合も一般に「間違える」を使う。「間違う」を使うこともあるが、ややくずれた語感があ

る。‖「○見間違える／△見間違う」「○間違えやすい言葉／△間違いやすい言葉」文まちが・ふ 名間違え

まち-かど【街角（町角）】［名］❶街路の曲がり角。❷街頭。‖「—の風景」

まち-か・ねる【待ち兼ねる】［他下一］今か今かと待つ。また、長く待って、待つことに耐えられなくなる。‖「吉報の届くのを—」文まちか・ぬ

まち-かま・える【待ち構える】［他下一］準備をととのえて待つ。待ち受ける。‖「獲物を—」「今や遅しと—」文まちかま・ふ

まち-ぎ【街着（町着）】［名］街に出かけるときに着る衣服。外出着。タウンウエア。

まち-きん【街金】［名］［俗］特定の地域で営業する、小規模な金融業者。‖「—からグレーゾーン金利の金を借りる」

まち-くたび・れる【待ち〈草▼臥〉れる】［自下一］長い間待ち続けて疲れてしまう。‖「—・れて寝てしまう」文まちくたび・る

まち-こうば【町工場】［名］町なかにある小さな構えの工場。

まち-こが・れる【待ち焦がれる】［他下一］しきりに待ち望む。まだかまだかと一心に待つ。‖「春の訪れを—」文まちこが・る

まち-すじ【町筋（街筋）】［名］町並みに沿って通っている道。町の通り。

まち-どうじょう【町道場】［名］市中にある、剣道・柔道などを教える道場。

まち-どお【待ち遠】［形動］〔古風〕待ち遠しいさま。‖「春の訪れが—でならぬ」⬇お待ち遠様

まち-どおし・い【待ち遠しい】［形］すぐには実現しないことを待ち望んで、早く実現してほしいと思うさま。‖「春の訪れが—」✓注意「待ちどうしい」と書くのは誤り。派生—げ／—さ／—がる

まち-なか【町中・街中】［名］町の、商店や住宅が立ち並んでいる所。

まち-なみ【町並み・街並み】［名］町の道筋に家や商店が立ち並んでいるようす。また、その所。‖「江戸情緒を残す—」

まちに-まった【待ちに待った】［連語］以前から待ちこがれていた。‖「—その日が来た」

マチネー［matinée フランス］［名］演劇・音楽会などで、昼間の興行。マチネ。⬇ソワレ③

まち-のぞ・む【待ち望む】［他五］そうなることを期待して待つ。‖「吉報を—」

まち-はずれ【町外れ（街外れ）】［名］町の（にぎやかな）家並みが切れようとする辺り。町のはずれ。‖「—を流れる川」

まち-ばり【待ち針】［名］裁縫で、縫い合わせる布がずれないように刺しとめたり、縫い止めの印として刺しておいたりする針。糸を通す穴はなく、頭部に玉飾りなどがつけてある。小町針。

まち-びと【待ち人】［名］来ることを待たれている人。待っている相手。‖「—来たらず」

まち-ぶぎょう【町奉行】［名］江戸幕府の職名。老中に属し、江戸の町方の行政・司法・警察などを担当した。寺社奉行・勘定奉行とともに三奉行の一つ。▼京都・大坂・駿府などにも置かれたが、単に町奉行といえば江戸のものをさす。

まち-ぶせ【待ち伏せ】［名・他サ変］（不意をつくために）相手が来るのを隠れて待つこと。

まち-ぼうけ【待ち▼惚け】［名］待っていた相手がとうとうやってこないこと。まちぼけ。‖「—を食う」

まち-まち【▽区▽区】［名・形動］それぞれ異なっていること。‖「住民の意見は—だ」「—の服装［結果］」

まち-もう・ける【待ち設ける】［他下一］準備をして待つ。また、期待して待つ。待ち受ける。‖「遠来の客を—」「—・けていた機会が到来する」文まちまう・く

まち-や【町家・町屋】［名］町の中にある家。特に、商家。ちょうか。

まち-やくば【町役場】［名］町の行政事務を扱う役所。ちょうやくば。

まち-わ・びる【待ち▼侘びる】［他上一］なかなか来ないので心配しながら待つ。待ちあぐむ。‖「夫の帰国を—」文まちわ・ぶ

まっ【真っ】［接頭］〈名詞・形容詞・形容動詞に付いて〉真の、本当のなどの意を添え、語勢を強める。‖「—白・—黒・—暗闇・—最中・—正直・—ぱだか」使い方(1)「真っ」は、「ま(真)」が、摩擦音[s]や破裂音([p][t][k])などで始まる語に連なるときの形。(2)古くから「真っ黄」もあり、近年「真っ茶」などの形も見られる。

まつ【松】［名］❶マツ科の針葉樹の総称。庭木・盆栽・街路樹・防風林などとして植栽され、材は薪炭・建築・パルプなどに広く用いられる。古来、日本では神聖な木、長寿を象徴する木として尊ばれ、正月の門松にもされる。竹・梅とともに厳寒の三友の一つ。❷門松。また、門松を飾っておく期間。‖「—の内」「—が取れる」❸松明。

まつ【末】㊀［名］終わり。すえ。‖「九月の—」「月—・世紀—・年度—」㊁（造）❶物の端。‖「—梢・—端」「本—」❷下位。‖「—寺・—席」

ま・つ【待つ】［他五］❶人・物・時などが来ることや物事が実現することを望みながら、それまでの時を過ごす。‖「駅前で友人を—」「故郷からの便りを—」「出番を—」「新作の発売が—・たれる」❷期限をのばす。‖「返済はあと一日—・ってくれ」❸ある動作を途中でやめる。‖「結論を出すのは—・ちなさい」「—・て、そこを動くな」❹相手の意向がわかるまで成りゆきを見守る。‖「先方の出方を—」❺使い方 多く相手に要求する形で使う。〈多く「…に俟つ」の形で〉…を頼りにしてまかせる。…に望みを託す。‖「良識に—」「今後の研究に—・ちたい」❻〈「論［言］を俟たない」などの形で〉わざわざ言うまでもない。当然である。‖「支援を要することは言を—・たない」◈書き方⑤⑥は「▼俟つ」が好まれる。可能 待てる

◉**待てば海路の日和あり**　あせらずに待っていれば、そのうちにきっといいことがあるということ。▼「待てば甘露の（＝甘露が降ってくるような）日和あり」の「甘露」を「海路」に言い換えたもの。句としての意味は変わらない。

まつ【抹】（造）❶ぬる。ぬりつぶす。‖「—消・—殺」❷こする。なでる。‖「一—」❸粉にする。‖「—茶・—香」

まつ-えい【末▼裔】［名］子孫。後裔。ばつえい。

裔

まっ-か【《真っ赤》】［形動］❶［名］とても赤いこと。‖「—な夕焼け」❷まぎれもなくそうであるさま。‖「—なうそ［にせもの］」▼「真っ赤なうそ」の類は、もと「まっかいな（＝正反対の）」だったものが、色彩の赤と混同さ

れたもの。

まつ-が-え【松が▽枝】［名］松の枝。▽「が」は「の」の意の格助詞。

まつ-かさ【松▼笠・松▼毬】［名］松の木の果実。まつぼっくり。まつふぐり。

まつ-かざり【松飾り】［名］正月、家の門口に飾る松。門松。

まつ-かぜ【松風】［名］❶松の木に吹く風。松籟。❷茶の湯で、釜の湯の煮え立つ音。❸小麦粉を水で溶いて平たい方形に焼き、表面に砂糖の液を塗ってケシの実を散らした干菓子。

まっ-き【末期】［名］終わりの時期。「江戸時代〔〇〇政権・梅雨〕の—」「中世—・戦争—」「—癌」「—的症状」⬍初期 読み分け 「末期」は多く「まっき」と読む。「まつご」と読むのは、「母の末期（＝最期）を看取る」「末期の水（＝死に水）をとる」など、人が死ぬ時・臨終の意に限る。「終末期医療・終末期ケア」などの「終末期」は「しゅうまつき」と読む。

まつ-ぎ【末技】［名］❶あまり重要でない技芸。枝葉末節の技芸。❷未熟な技芸。

マックス［max］［名］「マキシマム」の略。

まっ-くら【真っ暗】［名・形動］なにも見えないほど暗いこと。「—な夜道」▽まったく見通しの立たないことのたとえにもいう。「お先—」

まっ-くらやみ【真っ暗闇】［名］まったくの暗やみであること。

まっ-くろ【真っ黒】［名・形動］❶とても黒いこと。「—な墨」「—の髪」「—に日焼けする」❷よごれて、すっかり黒ずんでいること。「—になって働く」

まつ-げ【▼睫・▼睫毛】［名］まぶたのふちに生えている毛。「つけ—」▽「つ」は「の」の意の格助詞。「目の毛」の意。 睫

まつ-ご【末期】［名］一生の終わりの時。死にぎわ。臨終。読み分け ⬇まっき（末期）

まっ-こう【抹香】［名］シキミの葉・皮を粉末にして作った香。仏前の焼香に用いる。▽古くは沈香・白檀などの粉末を混ぜ合わせて作った。

まっ-こう【真っ向】［名］真正面。「—から切りつける」「意見が—から対立する」「—勝負」

まっこう-くさ・い【抹香臭い】［形］言動や雰囲気などにいかにも仏教特有の感じがあるさま。「—話題」▽抹香のにおいがする意から。派生 -さ

まつご-の-みず【末期の水】［名］臨終のとき、その人の口に含ませる水。死に水。「—をとる」

マッコリ［makkŏlli 朝鮮］［名］米や小麦などから作る朝鮮の濁り酒。マッカリ。

まつ-ざ【末座】［名］末席。しもざ。「—に控える」

マッサージ［massage］［名・他サ変］治療・美容などの目的で、手または器具で皮膚や筋肉をさすったり、もみほぐしたりすること。「全身を—する」

まっ-さいちゅう【真っ最中】［名］その動作・状態などが最も盛んであるとき。ただなか。まっ盛り。「演説の—に野次を飛ばす」

まっ-さお【《真っ青》】［名・形動］とても青いこと。純粋に青いこと。「—な空」「恐怖で顔が—だ」

まっ-さかさま【真っ逆様】［名・形動］全くさかさまであること。「崖から—に墜落する」

まっ-さかり【真っ盛り】［名］もっとも盛んであること。「夏の—」

まっ-さき【真っ先】［名］いちばん先であること。一番はじめ。「—にかけつける」

まっ-さつ【抹殺】［名・他サ変］❶こすって消し去ること。抹消。❷事実・意見などを否認して、なかったものにすること。また、存在を否定して消し去ること。「証言を—する」「社会的に—される」

まっ-さら【真っ▽新】［名・形動］全く新しいこと。まだ使われたことがないこと。「—なテーブルクロス」

まっ-し【末子】［名］最後に生まれた子。すえっこ。ばっし。⬍長子

まつ-じ【末寺】［名］本山の支配下にある寺。

まっしぐら-に【〈▼驀地〉に】［副］目標に向かって勢いよく突き進むさま。「ゴールめざして—駆け出す」

まつ-じつ【末日】［名］ある期間の最後の日。特に、ある月の最後の日。「三月—に締め切る」

まっ-しゃ【末社】［名］❶本社に付属する神社。摂社に次ぐ格式をもつ。⬇本社・摂社 ❷たいこもち。▽大神（大尽）を取り巻く末社に見立てていう。

マッシャー［masher］［名］ゆでた芋類・野菜などをつぶすための調理器具。

マッシュ［mash］［名・他サ変］ゆでた野菜などをすりつぶし、裏ごしすること。また、そのもの。

マッシュ-ポテト［名］ゆでたジャガイモをつぶして裏ごししたもの。バター・牛乳などで調味し、肉料理などの付け合わせにする。▽mashed potatoes から。

マッシュルーム［mushroom］［名］ハラタケ科の食用キノコ。白色または淡褐色で肉が厚い。堆肥・厩肥などを用いて栽培される。ツクリタケ。シャンピニオン。マシュルーム。

まっ-しょう【末▼梢】［名］❶木の枝の先。こずえ。❷物のはし。末端。「—神経」❸取るに足らないこと。ささいなこと。

まっ-しょう【抹消】［名・他サ変］塗りつぶして消すこと。字句や記載事項を消すこと。「登録を—する」

まっ-しょうじき【真っ正直】［名・形動］少しのうそもないこと。ましょうじき。「—に打ち明ける」「—な人」

まっしょう-しんけい【末▼梢神経】［名］中枢神経系から出て感覚器・筋肉・分泌腺・内臓などに分布する神経。機能的に、運動神経系・感覚神経系・自律神経系に分けられる。⬇中枢神経

まっ-しょうめん【真っ正面】［名］まっすぐ正面を向いていること。また、その方向。ましょうめん。「—を向く」

まっ-しろ【真っ白】［名・形動］とても白いこと。純粋に白いこと。「—な新雪」「頭の中が—になる」

まっ-すぐ【真っ▽直ぐ】［名・形動］❶少しも曲がっていないこと。「—な道路」「—に線を引く」❷寄り道などをしないで行くこと。「家に—帰る」❸正直で、ごまかしなどがないこと。「—な性格」派生 -さ

マッスル［muscle］［名］筋肉。

まっ-せ【末世】［名］❶仏教で、末法の世。仏法の廃れた世。❷道義が廃れ、乱れた世の中。まっせい。

まっ-せき【末席】［名］下位の座席。しもざ。ばっせき。⬍上席

◉**末席を汚す** 会合に出席したり、仲間に加わったりすることを謙遜していう語。「委員〔小説家〕の—・しております」✓注意 (1)「汚す」は「よごす」とは読まない。⬇

よごす［読み分け］⑵「末席」も「汚す」も謙遜の意を表すので、さらに謙譲語の「させていただく」を加えた「末席を汚させていただく」は過剰な敬語となり不適切。

まっ-せつ【末節】［名］物事の本質からはずれた、重要でない部分。些細な事柄。〓「枝葉―」

まっ-そん【末孫】［名］遠い子孫。後代の子孫。ばっそん。

まっ-た【待った】［名］❶碁・将棋・相撲などで、相手が仕掛けてきた手や立ち合いを待ってもらうこと。また、その時に発する語。〓「―をかける」❷進行しているものを一時止めること。〓「開発に―がかかる」

まつ-だい【末代】［名］死んでから後の世。後世。〓「―まで恥をさらす」

まった-き【全き】［名］完全で、欠けた所がないこと。〓「―を期す」▼文語形容詞「まったし」の連体形から。

まった-く【全く】［副］❶すべてにわたって。完全に。〓「―等しい」❷はっきりとそう感じられるさま。本当に。実に。〓「―困ったことだ」「―夢みたいだ」「今朝は―寒い」❸〈打ち消しの語を伴って〉完全に否定する意を表す。全然。まるっきり。〓「―わからない」「―酒を飲まない」❹容認できないとして、怒り・非難などの意を表す。〓「―、もう、あいつってやつは！」◈文語形容詞「まったし」の連用形から。感動詞的な④は「ったく」「たく」とも。

まったく-もって【全く▽以て】［副］「まったく」を強めていう語。本当に。実に。〓「―けしからん」「―迷惑な話だ」

まつ-たけ【松▼茸】［名］秋、アカマツなどの針葉樹林に生えるキシメジ科の食用キノコ。独得の芳香と風味があり、日本を代表するキノコとして珍重される。

まっ-ただなか【真っ▽直中・真っ▼只中】［名］❶まさにその中央。まんまんなか。〓「敵の―に飛び込む」❷真っ最中。〓「論戦の―」

まった-なし【待った無し】［名］❶碁・将棋・相撲などで、相手の仕掛けてきた手や立ち合いを待ってもらうことなく勝負をすること。❷少しの猶予もできないこと。また、やり直しのきかないこと。〓「―の催促」「―の本番」

まったり［副ト］❶味わいがまろやかで、こくのあるさま。〓「口中に―と広がる味」❷ゆったりとするさま。〓「―（と）くつろぐ」

まっ-たん【末端】［名］❶物のはしの部分。❷組織などの、中枢から最も遠い部分。また、その物や人。〓「しわ寄せが―にくる」「―価格（＝小売価格）」

マッチ［match］［名］軸木（じく）の先につけた薬剤と、箱に塗布した赤燐（せきりん）とを摩擦させて火をつけるもの。〓「―を擦る」「―棒」書き方「〈▼燐寸〉」とも。

マッチ-プレー［match play］［名］ゴルフで、ホールごとにその打数によって勝敗を決めていく競技方法。勝ったホール数が残りのホール数を上回ったときに競技は終了する。ホールマッチ。

マッチ-ポイント［match point］［名］卓球・テニスなどで、試合の勝敗が決まる最後の一点。〓「―を握る」

まっ-ちゃ【抹茶】［名］日光をあまり当てずに育てた茶葉を揉（も）まずに乾燥し、臼でひいて粉末にしたもの。ひき茶。

マッチョ［macho］［名・形動］❶筋骨隆々でたくましいこと。また、そのような人。❷男らしさを誇ること。

マッチング［matching］［名］❶組み合わせること。調和させること。❷複数のデータを照合すること。〓「―リスト」❸企業と人材、結婚相手を探す人同士などを仲介し、条件に応じて引き合わせること。〓「―アプリ」

まっ-てい【末弟】［名］いちばん下の弟。ばってい。

マット［mat］［名］❶靴の泥を落とすために玄関などに置く敷物。❷浴室などに置く、足ふき用の敷物。❸器械体操などで用いる厚い敷物。❹ボクシング・レスリングなどで、リングや競技場に敷く厚い敷物。〓「―に沈む（＝ボクシングで、ノックアウトされる）」

マット［matte］［名・形動］光沢がないこと。つや消しの処理がしてあること。〓「―な質感の用紙」

まっ-とう【全う（マッタウ）・真っ当】［形動］まともなさま。まじめなさま。〓「―に暮らす」「―な意見」▼「まったく」の転。書き方「真っ当」はあて字。派生-さ

まっとう・する【全うする（マッタウ）】［他サ変］完全に成し遂げる。完全に果たす。〓「任務［天寿］を―」「責任をもって終わりを―」▼「まったくする」の転。文まったう・す

マットレス［mattress］［名］敷き布団の下やベッドに敷く厚い敷物。

まつ-のうち【松の内】［名］正月の松飾りがある間。元日から七日、または一五日まで。注連（しめ）の内。

まつ-のは【松の葉】［名］❶松の木の葉。まつば。❷「寸志」の意で、贈り物の上包みなどに書く語。▼松の葉に包むほどわずかである意から。

まつ-のみ【松の実】［名］マツ科マツ属の植物の種子。胚乳（はいにゅう）の部分を食用にする。

マッハ［Mach ドイツ］［名］流体中を運動する物体の速さと、その流体中を伝わる音速との比。航空機・ミサイルなどの速度を表すのに用いる。マッハ一は音速と等しい速さで、秒速約三四〇メートル。マッハ数。記号M ▼オーストリアの物理学者エルンスト＝マッハの名から。

まつ-ば【松葉】［名］松の木の葉。

まっ-ぱい【末輩】［名］地位の低い者。また、技量などの劣った者。▼自分をいう丁重語としても使う。

まっ-ぱだか【真っ裸】［名］からだに何もつけていないこと。まるはだか。すっぱだか。

まつば-づえ【松葉▼杖（ヅヱ）】［名］足の不自由な人が脇の下に当てて体を支え、歩行の助けとするつえ。▼松葉のように二またに分かれていることから。

まつば-ぼたん【松葉▼牡丹】［名］夏、赤・白・黄などの五弁花を開くスベリヒユ科の一年草。茎は地をはって分枝し、肉厚の細い葉を互生。日照草。爪切り草。

まつ-ばら【松原】［名］松が多く生えている原。

まつ-び【末尾】［名］一続きになっているものの終わりの部分。〓「手紙の―」

まっ-ぴつ【末筆】［名］手紙などの末尾に書きしるす文句。〓「―ながら皆さまによろしく」

まっ-ぴら【真っ平】［副］絶対にいやだの意を表す。〓「貧乏はもう―だ」▼「真っ平御免」から。

まっぴら-ごめん【真っ平御免】［名］❶全くいやであること。❷相手に許しを請うときにいうことば。〓「―なすって」

まっ-ぴるま【真っ昼間】［名］昼のさなか。ひるひなか。〓「―から酒を飲むなんて」▼多く昼間にふさわしくない行動について使う。

マッピング［mapping］［名］❶地図を作ること。❷組み換え値をもとにして、染色体上に遺伝子を並べる

こと。❸ある情報と別の情報の間に一対一の対応関係を作ること。❹コンピューターの三次元グラフィックスで、モデル(物体)の表面にさまざまな効果を施すこと。

マップ【map】[名] 地図。≡「ロード‐サイト—」

まっ‐ぷたつ【真っ二つ】[名] ちょうど真ん中から半分にすること。また、半分になること。≡「意見が—に分かれる」

まつ‐ぶん【末文】[名] ❶手紙の最後に書き添える形式的な結びの文。「右御礼まで」など。❷文章の終わりの部分。

まっ‐ぽう【末法】[名] 仏教で、三時の一つ。釈迦(しゃか)の入滅後、正法(しょうぼう)・像法(ぞうぼう)を経たあとの一万年間。教法は存在するが、修行をする者も、悟りを開く者もいない時期とされる。末法時。

まっぽう‐しそう【末法思想】[名] 末法に入ると仏教は衰え、やがて教法の消滅に至る法滅の時代を迎えるとした悲観的な歴史観。平安末期から鎌倉時代にかけて流行した。▼「末法灯明記」などにより、日本では永承七(一〇五二)年に末法に入るとされた。

まつ‐ぼっくり【松▼毬】[名] まつかさ。まつぼくり。▼「まつふぐり」の転。

まつ‐むし【松虫】[名] ❶本州以南の草原・林などに分布するマツムシ科の昆虫。全体が淡褐色で、長い触角をもつ。雄はチンチロリンと鳴く。❷〔古風〕スズムシ。

まつ‐やに【松▽脂】[名] 松などの幹から分泌される粘りけのある樹脂。揮発成分を失うと固化する。特有の芳香がある。

まつよい‐ぐさ【待宵草】[名] コマツヨイグサ・メマツヨイグサ・オオマツヨイグサなど、アカバナ科マツヨイグサ属の植物の総称。夕方開花し、翌朝しぼむ。宵待草。

まつ‐よう【末葉】[名] ❶ある時代の末のころ。末期。❷子孫。末裔(まつえい)。ばつよう。

まつり【祭り】[名] ❶神仏・祖先をまつること。また、その儀式。特に、毎年、決まった日に神社で行う、祈願・感謝・慰霊などの儀式と、神楽(かぐら)などの諸行事をいう。祭礼。❷記念・祝賀・宣伝などのために行うにぎやかな催しもの。≡「桜—」◈書き方「神田祭(かんだまつり)」などの固有名詞では、許容形「祭」も多い。

さまざまな「祭」

まつり
葵祭・秋祭り・神田祭・祇園(ぎおん)祭・三社(さんじゃ)祭・山王祭・時代祭・七夕(たなばた)祭り・霊(たま)祭り・夏祭り・裸祭り・花祭り・春祭り・雛(ひな)祭り・火祭り・船祭り・星祭り・本祭り・村祭り・雪祭り・宵(よい)祭り・夜祭り

さい
慰霊祭・映画祭・音楽祭・感謝祭・降誕祭・式年祭・地鎮祭・謝肉祭・収穫祭・前夜祭・大嘗(だいじょう)祭・新嘗(にいなめ)祭・復活祭・文化祭・寮祭・例祭

まつり‐あ・げる【祭り上げる】[他下一] ❶尊いものとしてあがめる。❷周囲の者が働きかけ、おだてるようにして高い地位につかせる。≡「会長に—」❸おだてあげる。≡「先生、先生と—」

まつり‐ごと【政】[名] 主権者が領土・人民を統治すること。政治。▼「祭り事」の意。古代の政治が祭祀(さいし)を中心としたことから。

まつり‐つ・ける【▼纏り付ける】[他下一] まつって縫いつける。

まつ‐りゅう【末流】[名] ❶血筋の末。子孫。ばつりゅう。❷流派の末。また、末端の分派。

まつ・る【祭る(▼祀る)】[他五] ❶儀式を執り行い、神霊を慰めたり祈願したりする。≡「先祖の霊を—」❷神としてあがめ、一定の場所に安置する。≡「菅原道真を—神社」書き方②は、一般に「祀る」と書く。可能 祭れる 名 祭り

まつ・る【▼纏る】[他五] 布の端を裏へ折り込み、表側の針目は小さく、裏側の針目は大きくなるように縫いつける。端のほつれを防ぐために行う。≡「スカートの裾(すそ)を—」可能 まつれる

まつ・る【▽奉る】[動四]〔古風〕■一[他]「与える」「贈る」の謙譲語。ものを与えたり贈ったりする先の人物を高める。差し上げる。献上する。≡「幣(ぬさ)を—」■二[補動]〈動詞の連用形に付いて〉謙譲 動作の及ぶ人物を高める。…申し上げる。≡「仕え—」◈「祭る」と同語源。可能 奉れる

まつ‐ろ【末路】[名] ❶道の終わり。❷一生の終わり。晩年。≡「哀れな—をたどる」❸栄えていたものが衰えて行きつくところ。

まつわ・る【▼纏わる】[自五] ❶からみつく。≡「門扉に蔓草(つるくさ)が—」❷からみつくようにして離れない。つきまとう。≡「子犬が足元に—」❸深く関連する。からむ。≡「古城に—伝説」

まで ■一[格助] ❶〈継続する動作・作用や状態の表現を伴って〉動作・作用や状態の限度となる点、また範囲を表す。≡「あさってまで休みます」「地平線まで続く道」「東京から広島まで四時間かかる」▼範囲を表す場合には、しばしば、基準点を表す「から」を伴う。
❷〈移動表現を伴って〉到達点を表す。≡「一緒に駅まで行きましょう」「屋根まで飛んだ」「広島まで届けた」使い方 移動表現に伴う「〜に」はものの行き着く場所である目的地(到着点)を表すが、「〜まで」は、動作・作用が及ぶ限度(到達点)を表す。「岐阜に行くのに名古屋まで新幹線で行った」は、「岐阜」が目的地であり、「名古屋まで新幹線で行く」はその旅程と解釈されるが、「岐阜に行くのに名古屋に新幹線で行った」は、岐阜と名古屋の二つが目的地として示されるため、誤って名古屋に行ってしまったという意や、岐阜行きのためにまず名古屋を目的地とするという意に解釈される。
❸〈数量表現に付いて〉限度となる数量を表す。≡「入れるのは三人までだ」
❹〈「までに」の形で〉物事が実現する期限を表す。≡「十時までに帰る」「来週までに三冊読む」
■二[副助] ❶極端なものを例示して、他はましてと暗示する。≡「君まで僕を疑うのか」「親にまで見かぎられるとは」▼「までも」は、意味が強くなる。
❷〈こそあど言葉に付いて〉程度がはなはだしいさまを表す。≡「ここまで落ちぶれたか」「どこまで執念深いんだ」「そんなことまでしたくない」
❸〈「…(ほど)までに」の形で、動詞連体形に付いて〉それが起こり得るような(程度の高い)段階であることを表す。…くらいに。≡「親を助けるまでに成長した」
❹事柄を軽いものとして示す。≡「たかが試験に受かったまでのことではないか」使い方「ご参考までにお送りします」などは、これを慣用

的に使ったもの。ほんの…として、の意。「とりあえずご返事までに」は、下に来るべき「認めました」などを省略していうもの。さらに簡略化して、「取り急ぎお礼まで」のように「まで」で止める言い方もある。
❺〈「…までだ」などの形で〉物事を限定して、他に及ばない意を表す。〓「電車がないなら歩くまでだ」「失敗したらそれまでだ」
❻〈「…まで（のこと）もない」の形で〉そうしなくても十分である意を表す。…には及ばない。…しなくてもいい。〓「そんなことは言うまでもない」「この程度なら医者に行くまでのこともない」
❼〈「…ないまでも」の形で〉そうする必要はないとしても、せめて、の意を表す。〓「病院に行かないまでも見舞状くらいは出しておこう」◈書き方 漢字では「▼迄」と書く。

マティーニ【martini】［名］ジンにベルモットを合わせたカクテル。オリーブの実を添える。

まで‐に［連語］⬇まで㊀④・㊁③・④［使い方］

まで‐も［連語］⬇まで㊁①⑥⑦

マテリアル【material】［名］❶原料。材料。❷生地。素材。

まてん‐ろう【摩天楼】［名］先端が天に届くかのような超高層建築。摩天閣。スカイスクレーパー。

まと【的】［名］❶矢や弾丸を発射するときに目標とするもの。ふつう黒点を中心に同心円を描いて作る。標的。〓「―に当たる」❷物事をするときの目標となるもの。〓「議論の―をしぼる」「羨望の―となる」❸物事の核心。要点。〓「―の外れた指摘［批評］」

◉**的を射る** ❶うまく目標に当てる。❷的確に要点をつかむ。〓「的を射た質問」◈✓注意「当を得る（＝理にかなう）」や「要領を得る」との混同から「的を得る」とするのは誤り。

まど【窓】［名］採光・通風・展望などのために壁面や屋根にあけた穴。ガラスなどをはめて外界との仕切りにする。使い方 内部と外部とをつなぐもののたとえにもいう。〓「目は心の―」

まど‐あかり【窓明かり】［名］窓から差し込む光。また、窓から漏れてくる光。

まとい【▼纏】［名］❶戦国時代、戦場で武将が所在を示すために立てた馬印。竿の頭に作り物をつけ、その下に馬簾を垂らしたもの。❷江戸時代、町火消しが①を模して作り、各組のしるしとしたもの。

まど‐い【▽円居・▽団居】［名・自サ変］❶集まった人々がまるくなって座ること。車座になること。❷人々が集まって楽しい時を過ごすこと。団欒。

纏

まと・う【▼纏う】［他五］身につける。着る。〓「白装束を身に―」「一糸―・わぬ姿」可能 まとえる 名 まとい

ま‐どう【魔道】［名］❶仏教で、悪魔の住む世界。❷よこしまな道。堕落の道。

まど・う【惑う】［自五］❶道や方角がわからなくてまごつく。まよう。〓「山中で道に―」「火事場で逃げ―」❷どうしたらよいか決められなくて苦しむ。思いまどう。まよう。〓「心が―」❸あることに心を奪われて分別をうしなう。まよう。〓「誘惑に―」◈使い方「迷う」よりもやや古風な言い方。今では多く「とまどう」「思い惑う」「逃げ惑う」などの複合語で使う。名 惑い

ま‐どお【間遠】［形動］時間・距離の間隔が離れているさま。〓「来訪が―になる」

ま‐どお・い【間遠い】［形］時間・距離の間が隔たっているさま。〓「来訪が―・くなる」

まど‐か【▽円か】［形動］❶まるいさま。〓「―な月」❷穏やかなさま。円満なさま。〓「―な人柄」派生 ‐さ

まど‐ぎわ【窓際】［名］窓のそば。窓辺。〓「―族（＝企業の第一線からはずされて閑職に追いやられた中高年サラリーマン）」

まど‐ぐち【窓口】［名］❶仕切りや窓を通して直接外来者と応対し、金銭・書類の受け渡しなどをする所。また、その係。〓「駅の―」❷外部と交渉や折衝をする所。また、その役。〓「国際交流の―」

まと‐はずれ【的外れ】［名・形動］重要な点からはずれていること。見当はずれ。〓「―な意見」

まど‐べ【窓辺】［名］窓のそば。窓の近く。窓際。〓「―に立つ」

まとま・る【▼纏まる】［自五］❶別々にあったものが集まって一つになる。また、統一のとれた集まりになる。〓「全員が一丸となって―」「髪がうまく―・らない」「土器が―・って発見された」「―・った金が必要だ」❷思考・資料などの整理がついて一つの形に落ち着く。〓「クラスの意見［旅行の計画］が―」❸話し合いなどの決まりがつく。〓「交渉［契約］が―」名 まとまり

まとめ【▼纏め】［名］まとめること。また、まとめたもの。〓「討論の―に入る」「研究が―の段階に入る」「調査結果の―を発表する」

まと・める【▼纏める】［他下一］❶別々にあるものを集めて一つにする。〓「一か所に荷物を―」「皆でクラスの意見を―」「家賃を一年分―・めて支払う」使い方 ～ヲに〈対象〉をとる。「著作集を―」のように～ヲに〈結果〉をとる言い方もある。❷思考・資料などを整理して一つの形に落ち着かせる。〓「調査結果を報告書に―」使い方 ～ヲに〈対象〉をとる。「報告書を―」など、〈結果〉をとる言い方もある。❸話し合いなどの決まりをつける。〓「契約を―」文 まと・む 名 まとめ

品格 一括「一括して審議する」括る「かっこで―」集約「一点に―する」総括「―質問」統一「―見解」統括「外交政策を―する」

まとも【〈正面〉・▽真▽面】［名・形動］❶まっすぐ向かい合うこと。真正面。〓「西日を―に受ける部屋」❷駆け引きなどをしないこと。〓「―に勝負したのでは勝てない」❸すじみちが通って、きちんとしていること。〓「あいつは―に挨拶もできない」派生 ‐さ

マドモアゼル【mademoiselle フランス】［名］お嬢さん。

マドラー【muddler】［名］カクテルなどの飲み物をかき混ぜる棒。

ま‐どり【間取り】［名］家の中の部屋の配置。〓「―図」

マトリョーシカ【matryoshka ロシア】［名］中をくり抜き、上下に分割できるようにした木製人形を、いくつか入れ子にしたロシアの民芸品。

マドレーヌ【madeleine フランス】［名］卵・バター・小麦粉・砂糖などを混ぜ合わせ、貝殻などの形の型に入れて焼いた菓子。

マドロス【matroos オランダ】［名］船乗り。船員。

マドロス‐パイプ【和製 matroos オランダ + pipe】［名］火皿が大きく、軸が湾曲しているパイプ。▼船員がよく用いたからという。

まどろっ‐こし・い［形］じれったいほど動作や反応が

のろい。まだるっこい。まだるっこしい。≡「ーくて見ていられない」派生 ーさ

まーどろ・む【〈微睡〉む】[自五] しばらくの間、浅く眠る。うとうとする。≡「ソファでー」名 まどろみ

まどわ・す【惑わす】[他五] 正しい判断を失わせて、誤った方向へ誘い込む。（物事の非意図的な作用にも人の意図的な行為にもいう）≡「デマが消費者の心をー」「誇大広告にーされて高い買い物をする」

まとわりーつ・く【▼纏わり付く】[自五] からみつく。また、からむようにつきまとう。まといつく。まつわりつく。≡「浴衣（ゆかた）の裾（すそ）が足もとにー」「子供が母親にーいて離れない」

マトン [mutton] [名] 羊の肉。⬇ラム（lamb）①

マドンナ [Madonna イタリア] [名] ❶聖母マリア。また、幼いキリストを抱いた聖母マリアの像。聖母子像。❷多くの男性のあこがれとなる女性。

まーな【真名（真▽字）】[名] 漢字。まんな。⬍仮名 ▽仮名に対して、正式の文字の意。

まな【▽愛】（造）特にかわいがっている意を表す。≡「ー娘・ー弟子」

マナー [manner] [名] 礼儀。行儀。作法。≡「テーブルー」

マナーーモード [和製 manner＋mode] [名] 携帯電話で、着信音が鳴らないようにする機能。また、その状態。▼英語では silent (ring) mode という。

まなーいた【▼俎板・▼俎】[名] 魚・野菜などを包丁で切るときに下に敷く板や台。▼「真魚（まな）（＝食用の魚）板」の意。

⦿**俎板に載（の）・せる** 議論・批判などの対象として取り上げる。俎上（そじょう）に載せる。≡「新作をー」

⦿**俎板の鯉（こい）** 相手に生死の鍵を握られ、逃げ場のない者のたとえ。俎板の魚。俎上（そじょう）の魚（うお）。

まーなーかい【▽目▽交・▽眼▽間】[名] 目と目の間。目の前。まのあたり。≡「ーに浮かぶ亡母の面影」▼「目（ま）の交（かい）」の意。

まーながつお【真▽魚▼鰹・▼鯧】[名] 本州中部以南の外洋に分布するマナガツオ科の海水魚。体は菱形で、光沢のある銀白色。食用。

まーなーこ【眼】[名] 目。目玉。≡「ねぼけー・どんぐりー」▼「目（ま）の子」の意。

まーなーざし【▽眼差し（▽目差し）】[名] 物を見るときの目のようす。目つき。視線。≡「やさしいー」

まーなーじり【▼眦・▼眥】[名] 目じり。▼「目（ま）の後（しり）」の意。

⦿**まなじりを決（けっ）・する** 目を大きく開く。怒ったとき、決意したときのさまにいう。まなじりを裂く。

まーなつ【真夏】[名] 夏の盛り。盛夏。≡「ーの太陽が照りつける」▼生活感覚としては、梅雨明けから台風襲来の前ごろまで。

まなつーび【真夏日】[名] 一日の最高気温がセ氏三〇度以上の日。

まなーづる【真名鶴・▽真鶴】[名] 冬鳥として鹿児島県出水（いずみ）市などに渡来するツル科の鳥。目のまわりが赤い。特別天然記念物。

まなーでし【▽愛弟子】[名] 特に目をかけてかわいがっている弟子。

まなび【学び】[名] 学ぶこと。≡「ーの庭（＝学校）」

まなびーや【学び▽舎】[名] 学校。

まな・ぶ【学ぶ】[他五] ❶見習って知識・知恵・技術などを身につける。≡「先人の言行から努力の偉大さをー」❷教えを受けて知識や技術を習得する。勉強する。≡「大学で経済学をー」「テレビで中国語をー」❸経験を通して貴重な知恵を得る。≡「体験から教訓をー」◈まねをする意の古語「まねぶ」から出た語。可能 学べる 名 学び

まなーむすめ【▽愛娘】[名] 特にかわいがっている娘。

マニア [mania] [名] ある一つの趣味に熱中し、それについての詳細な情報や資料をもっている人。≡「鉄道ー・オーディオー」

まにーあ・う【間に合う】[自五] ❶予定された時刻や期日に遅れないですむ。≡「夕食にーように帰る」「仕事が期日にーってよかった」⬍遅れる ❷〈「…で間に合う」の形で〉あるものでその場の必要を満たすことができる。その場の用が足せる。まかなえる。≡「送料なら千円もあればー」「手持ちの品でー」使い方 やや古い用法だが、「それでは急場の間に合わない（＝用をなさない）」のように、連語の段階にとどまった言い方もある。❸〈「間に合っている」の形で〉ものが十分にあって用が足りている。≡「お酒なら今日はーっています」使い方 多く、ご用聞きや訪問販売に対する不買の意思表示として使う。

マニアック [maniac] [名・形動] ある物事に極端に熱中すること。また、非常に凝っていること。≡「ーな収集家」

まにーあわせ【間に合わせ】[名] 限られた範囲内のものでその場の役に立てること。また、そのもの。≡「ーの材料で酒肴をととのえる」

まにーあわ・せる【間に合わせる】[他下一] ❶予定された時刻や期日に間に合うようにする。≡「期日までには必ずー」❷〈「…で間に合わせる」の形で〉限られた範囲内のものや代わりのもので用がすむようにする。特に、次善のものでその場の役に立てる。まかなう。≡「お昼は店屋物でー」「手近の品でー」名 間に合わせ 異形 間に合わす

マニエリスム [maniérisme フランス] [名] ルネサンスからバロックへの移行期に興った極度に技巧的・作為的な芸術様式。マニエリズモ。

マニキュア [manicure] [名] ❶手のつめの手入れ・化粧。つめの形を整え、エナメル液を塗るなどして美しく見せる。美爪（びそう）術。⬇ペディキュア ❷①に使うエナメル液。

マニッシュ [mannish] [形動] 女性が男性的であるさま。マスキュリン。≡「ーな服」

マニフェスト [manifesto] [名] 宣言（書）。公約。

まにーまに【▽随に】[副] 成り行きにまかせるさま。まにま。≡「波のー漂う小舟」

マニュアル [manual] [名] ❶手引き書。説明書。≡「作業ー」❷自動車で、手動式の変速装置。≡「ー車」

マニュスクリプト [manuscript] [名] 原稿。手稿。また、写本。

まーにんげん【真人間】[名] 正しい生き方をしている、まじめな人。まともな人間。

まぬか・れる【免れる】[自下一] ⬇まぬがれる 文 まぬかる

まぬが・れる【免れる】[自下一] 好ましくない事態や災難からのがれる。まぬかれる。≡「戦火をー」「放置す

れば非常識のそしりを―れない」使い方「〜を免れる」が多いが、「〜から免れる」とも。‖「発作から免れることはできなかった〈島木健作〉」文まぬが・る

ま-ぬけ【間抜け】[名・形動]することに抜かりがあること。考えや行動にぼんやりしたところのあること。また、そのような人。‖「―な返答をする」「―面(づら)」派生-さ

まね【〈真似〉】[名]❶[自他サ変]まねること。また、形だけ似せた動作をすること。模倣。‖「猿の動きを―する」「泣く―をする」「鵜(う)の―をする烏(からす)」❷ふるまい。行動。‖「ばかな―はするな」

マネー[money][名]金。金銭。‖「ポケット―・電子―」

マネー-ゲーム[money game][名]高金利・高配当を得るために資金を投機的に運用すること。

マネージャー[manager][名]❶支配人。管理人。❷芸能人について、外部との交渉などにあたる人。❸運動部などで、チームの庶務や会計を担当する人。

マネー-フロー[money flow][名]国民経済を形成する貨幣および資金の流れ。資金循環。

マネー-ロンダリング[money laundering][名]犯罪や不正取引で得た資金を、多数の銀行口座を転々とさせるなどしてその出所や流れをわからなくすること。資金洗浄。マネーローンダリング。

まねき【招き】[名]招くこと。招待。‖「―に応じる」

まねき-い・れる【招き入れる】[他下一]客などを招いて家の中や室内に入れる。招(しょう)じ入れる。‖「来客を応接間に―」

まねき-ねこ【招き猫】[名]前足で人を招く姿をした猫の置物。客や財宝を招く縁起物として商家などで飾る。

マネキン[mannequin][名]❶衣料品などを着せて陳列する等身大の人形。マネキン人形。❷服飾品・化粧品などを試用し、実演しながら宣伝・販売する人。マヌカン。

まね・く【招く】[他五]❶合図をして人を近くへ来させる。呼び寄せる。招き寄せる。‖「手を振って子らを―」❷ある催しのために客として来てもらう。招待する。‖「誕生日に友人を―」「―・かれざる(=来てほしくない)客」❸地位・条件などを整えて、人に来てもらう。招聘(しょうへい)する。‖「郷土史家を教授に―」❹予期しなかった好ましくない結果を引き起こす。もたらす。‖「不注意が事故を―」「不用意な発言が誤解を―」名招き

品格 招集「軍勢を―する」招請(しょうせい)「来日を―する」招待「―状」招致(しょうち)「オリンピックを―する」招聘(しょうへい)「―教授」

まね-ごと【〈真似〉事】[名]❶まねてすること。‖「子供が大人の―をする」❷本格的ではなく、形ばかりのものであること。‖「趣味で俳句の―をいたします」▼多く自分の行為を謙遜(けんそん)していうときに使う。

マネジメント[management][名]❶経営。管理。❷経営者。管理者。‖「トップ―」◈「マネージメント」とも。

マネタイズ[monetize][名]インターネット上の無料サービスから利益を上げる方法。収益事業化。

まね・ぶ【▽学ぶ】[他四]〔古風〕❶まねをする。まねをして言う。❷習得する。◈「まなぶ」と同語源。名まねび

ま・ねる【〈真似〉る】[他下一]他のものに似せて、それと同じになるようにする。…のまねをする。模倣する。‖「大家の文体を―」「手本を―・ねて書く」使い方「…まねて〜する」の形で自動詞としても使う。‖「本物に―・ねて模造品を作る」文ま・ぬ 名まね

ま-の-あたり【目の当たり・目の辺り】[名・副]目の前(で)。‖「惨状を―にする」注意「めのあたり」と読むのは誤り。

ま-の-て【魔の手】[名]人に危害を加えたり、人を悪に誘い込んだりするもの。魔手(ましゅ)。‖「誘惑の―がのびる」「―にかかる」

ま-のび【間延び】[名・自サ変]❶間がふつうより長いこと。❷どことなくしまりがないこと。‖「―した顔」

ま-ばたき【▽瞬き】[名・自サ変]まぶたを閉じて、すぐに開くこと。

ま-ばゆ・い【目▽映い・▼眩い】[形]❶光が強くて見ていられないさま。‖「宝石の光が目に―」❷きらびやかで美しく、まともに目を向けられないさま。‖「目にも―花嫁衣装」「―ばかりの美しさ」「―ほどの宮殿」派生-げ/-さ/-が・る

まばら【▽疎ら(▼疏ら)】[形動]数が少なくて間がすいているさま。あちこちにわずかずつあるさま。‖「人影も―な夜の街」「―に木の生えた岩山」

ま-ひ【麻▼痺(▼痲▼痺)】[名・自サ変]❶しびれて感覚が失われること。❷神経系の障害によって、運動機能や知覚機能が失われること。❸本来の機能や働きが停止すること。‖「交通が―する」◈書き方「痺」は本来は「▼痹」。慣用で「痺」を使う。

ま-び・く【間引く】[他五]❶十分に生育させるために、密生している作物の一部を抜き取って間隔をあける。うろぬく。‖「菜を―」❷口減らしのために親が生まれたばかりの子を殺す。❸本来あるべきものをところどころ省く。‖「電車を―・いて運転する」名間引き

ま-びさし【目▼庇・▽眉▼庇】[名]❶兜(かぶと)の鉢のひさし。❷学生帽・鳥打ち帽などのひさし。❸窓の上に取り付ける、狭いひさし。

ま-ひる【真昼】[名]昼のさなか。白昼。

マフ[muff][名]毛皮や毛織物などを円筒状に縫った防寒具。両側から手を差し入れて暖める。

ま-ぶ【間夫】[名]❶情夫。❷人妻と密通する男性。まおとこ。

マフィア[Mafia][名]アメリカなどの大都市を基盤として暗躍する大規模な犯罪組織。▼イタリア・シチリア島の秘密結社が起源とされる。

マフィン[muffin][名]❶小麦粉・卵・ベーキングパウダーなどを混ぜ、カップ型に入れて焼いた菓子。❷平たい円形のパン。イングリッシュマフィン。

ま-ぶか【目深】[形動]帽子などを、目が隠れるほど深くかぶるさま。‖「ハンチングを―にかぶる」

まぶし・い【▼眩しい】[形]❶光が強くて見ていられないさま。‖「日ざしが―」❷あまりに美しくて、または、あまりに立派なので、まともには見ていられないさま。‖「―ほどの美しさ」「―ばかりの花嫁衣装」派生-げ/-さ/-が・る

まぶ・す【▽塗す】[他五]粉などを全体にまんべんなくつける。‖「餅に黄粉(きなこ)を―」可能まぶせる

ま-ぶた【▼瞼・目蓋】[名]眼球の前をおおって開いたり閉じたりする薄い皮膚。眼瞼(がんけん)。‖「―の母(=思い出として残っている母の面影)」書き方 瞼「目蓋」は語源を反映した書き方。

⦿瞼が重（おも）くなる　眠くなる。

⦿瞼に浮（う）かぶ　実際に見ているように、はっきりと思い出される。〓「今もその時の光景が━」

ま-ぶち【目縁（▼眶）】[名] 目のふち。

ま-ふゆ【真冬】[名] 冬のさなか。冬の最も寒い時期。〓「厳しい━の寒さが続く」▼生活実感としては、小寒から立春前くらいまでをいう。

ま-ふゆ-び【真冬日】[名] 一日の最高気温がセ氏零度未満の日。

マフラー [muffler] [名] ❶細長い襟巻き。❷自動車・オートバイなどの排気口や銃口に装着して、音を小さくする装置。消音器。サイレンサー。

ま-ほ【真帆】[名] 順風を受けて十分に風をはらんだ帆。⇔片帆

ま-ほう【魔法】（ハフ）[名] 魔力によって、ふつうでは考えられない不思議なことを行う術。魔術。〓「━をかける」「━使い」

ま-ほうじん【魔方陣】（ハウヂン）[名] 自然数を縦・横に同数だけ並べ、その縦・横・斜めに並ぶ数の和がいずれも等しくなるようにしたもの。方陣。注意「魔法陣」と書くのは誤り。

まほう-びん【魔法瓶】（ハフ）[名] 保温または保冷用の容器。多くは間を真空にした二重壁のガラス瓶で、内面に銀めっきなどを施して熱の伝導・対流・放射を防ぐようにしたもの。ポット。ジャー。

マホガニー [mahogany] [名] 熱帯地方で植栽されるセンダン科の常緑大高木。赤黒色の材は緻密（ちみつ）で堅く、家具や器具に用いる。

まほし [助動 形シク型]（まほしから-まほしく（まほしかり）-まほし-まほしき（まほしかる）-まほしけれ-○）《古風》希望の意を表す。…たい。…てほしい。〓「この花園に実りなば、弟よ採りて君が墓畔に種（う）ゑまほしきを〈佐藤春夫〉」▼「まくほし」の転。使い方 動詞と動詞型活用をする助動詞の未然形に付く。

マホメット-きょう【マホメット教】（ケウ）[名] イスラム教。回教。▼マホメット(Mahomet)は開祖の意。

まぼろし【幻】[名] ❶現実には存在しないのに、あるように見えるもの。幻影。〓「夢か、はたまた━か」▼すぐに消えてしまうはかないもののたとえにもいう。〓「━の人生」❷存在が確認されていないもの。〓「━の名刀」

まま【▼儘】[名] ❶変化や変更が加わらない状態であること。もとと同じ状態であること。〓「故郷は昔の━の風景だ」「生の━食べる」「見た━を話す」❷その場の成り行きに任せること。〓「足の向く━に歩く」「人にされるが━になる」❸思うとおりになること。〓「世の中は思うが━になるものではない」「部下を思いの━にあやつる」❹〈「…たまま(で)」の形で〉物事が次の事態に進展しないで、そのままの状態である場合の、または物事が予想外の展開を見せる場合の、直前の(硬直した)動作を表す。〓「座った━、動かない」「会社の金を持った━失踪（しっそう）した」◈「まにま(随意)」の転。俗には「まんま」とも。使い方 ふつう連体修飾語を受けて形式名詞的に使うが、そうでない形もある。〓「かすれ声のあいさつのことばも━にならず〈池波正太郎〉」

ま-ま【間間】[副] 頻繁ではないが、ときどき起こるさま。時として。〓「そうした間違いは━あるものだ」書き方 かな書きも多い。

ママ [mamma・mama] [名] ❶母親。また、子供などが母親を呼ぶ語。おかあさん。⇔パパ ▼幼児語的な言い方。❷バーなどの女主人。マダム。

まま-おや【▽継親】[名] 血のつながりのない親。継父、または継母。

まま-こ【▽継子】[名] ❶血のつながりのない子。実子でない子。〓「━いじめ」❷仲間はずれにされる人。

まま-こ【▽継粉】[名] 粉を水などでこねるとき、よくこなれないで残った粉のかたまり。だま。

まま-ごと【▽飯事】[名] 子供が玩具（がんぐ）を使って、炊事・食事など家庭生活のまねごとをする遊び。ままごと遊び。▼比喩（ひゆ）的に、本物でないことや真剣味に欠けることの意でも使う。〓「こんな交渉は単なる━に過ぎない」

まま-ちち【▽継父】[名] 血のつながりのない父。けいふ。

ママ-ちゃり [名]《俗》家庭で日常的に使いやすいように作った自転車。▼「ママが乗るちゃりんこ」の意。書き方「ママチャリ」とも。

ママ-とも【ママ友】[名] 子供を通じて知り合い、母親同士として親しくしている友人。

まま-なら-ぬ【▼儘ならぬ】[連語] 思いどおりにならない。ままならない。〓「とかくこの世は━」

まま-はは【▽継母】[名] 血のつながりのない母。けいぼ。

まま-よ【▼儘よ】[感] 成り行きにまかせるほかはないときに発する語。なるようになれ。なんとでもなれ。

ま-み【目見】[名]《古風》目つき。また、目もと。

まみ・える【▽見える】[自下一] ❶「会う」の謙譲語。お目にかかる。〓「天子に━」❷顔を合わせる。対面する。〓「敵に━」「両雄相━」文 まみ・ゆ

ま-みず【真水】（ミヅ）[名] 塩分などのまじらない水。淡水。⇔塩水

まみ・れる【▽塗れる】[自下一] あるものが一面にくっついて汚れる。〓「ズボンが泥に━」「汗に━・れて働く」「手あかに━・れた本」「一敗地に━」使い方「汚辱（おじょく）[俗塵（ぞくじん）]に━」など、抽象的なものに転用する。文 まみ・る

ま-むかい【真向かい】（ムカヒ）[名] ちょうど正面に向かい合うこと。真正面。〓「━の家」

まむし【▼蝮】[名] 日本各地に分布するクサリヘビ科の毒ヘビ。頭部は三角形で、胴は太い。灰褐色の地に銭形の斑紋がある。卵胎生。ニホンマムシ。ハミ。

まめ【豆】一 [名] ❶マメ科の植物。また、その種子。ふつう食用にする大豆（だいず）・小豆（あずき）・隠元（いんげん）などをいう。❷特に、大豆（だいず）。〓「━まき」❸手足の皮膚がかたいものとこすれてできる豆のような水ぶくれ。書き方「〈肉刺〉」とも。❹食用にする牛・豚などの腎臓。二（造）〈名詞に付いて〉❶形・規模などが小さい意を表す。〓「━本」「━電球」「━台風」❷子供である意を表す。〓「━剣士」

まめ【〈忠実〉】[名・形動] ❶面倒がらないで物事にはげむこと。〓「━に体を動かす」「━な性分」「筆━」❷体が丈夫であること。達者。〓「━に暮らす」派生 -さ

まめ-かす【豆▼粕】[名] 大豆から油を絞りとったかす。肥料や飼料にする。

まめ-しぼり【豆絞り】[名] 豆粒大の丸い文様を一面に表した絞り染め。手ぬぐいや浴衣に用いる。

まめ-たん【豆炭】[名] 無煙炭の粉に木炭などの粉をまぜ、卵形に練り固めて乾燥させた燃料。こんろ・こたつなどに用いる。

まめ-ちしき【豆知識】[名] ちょっとした知識。〓

「園芸ー」

まーめつ【摩滅・磨滅】[名・自サ変]すりへること。すりへってなくなること。‖「ーしたタイヤ」

まめーつぶ【豆粒】[名]豆の一つ一つの粒。また、ごく小さなもののたとえ。‖「ーに見える機影」「ーのような字を書く」「ー大の発疹(はっしん)」

まめーでっぽう【豆鉄砲】(ーデッパウ)[名]豆を弾にして打ち出す竹製のおもちゃの鉄砲。‖「鳩(はと)がーを食ったよう(＝突然のことに驚いて、きょとんとしているさま)」

まめーほん【豆本】[名]きわめて小型の本。趣味的に作られたものが多く、好事家に珍重される。

まめーまき【豆▼蒔き・豆▼撒き】[名]❶【蒔】豆の種を畑にまくこと。❷【撒】節分の夜、鬼を追い払うために、「福は内、鬼は外」と唱えながら煎(い)った豆をまくこと。また、その行事。豆打ち。

まめまめーし・い【〈忠実〉〈忠実〉しい】[形]かげひなたなくよく働くさま。かいがいしい。‖「ー・く働く」 派生 ーげ／ーさ

まめーめいげつ【豆名月】[名]陰暦九月十三夜の月。枝豆を供えて月見をするならわしがある。後(のち)の月。▽栗を供えることから「栗名月」ともいう。

まーもう【摩耗・磨耗】[名・自サ変]機械・部品・道具などが、すりへること。‖「シャフトがーする」

まーもなく【〈間も無く〉】[副]すぐに。ほどなく。‖「ー出発する」「ー開演になる」「その後ー(して)辞職した」「ー(の)発車となります」

まーもの【魔物】[名]魔性のもの。妖怪(ようかい)。化け物。▽人を惑わし、害を与えるもののたとえとしても使う。‖「金はーだ」

まーもり【守り(▽護り)】[名]❶守ること。守備。防備。‖「国境のー」❷神仏の加護。

まもりーがたな【守り刀】[名]身を守るために携える短刀。

まもりーがみ【守り神】[名]災難から身を守ってくれる神。守護神。

まもりーふだ【守り札】[名]神仏の霊がこもり、人を災難や病気から守るという札。身につけたり家に張ったりする。護符。お守り。おふだ。

まもりーほんぞん【守り本尊】[名]自分の身を守ってくれるものとして信仰している仏。また、その仏像。守り仏。

まーも・る【守る(▽護る)】[他五]❶決めたことや規則などに背かないようにする。遵守(じゅんしゅ)する。‖「約束[法律・教え]をー」❷大切なものが侵されないように防ぐ。また、大切なものを失わないようにする。維持する。キープする。‖「祖国をー」「一人で留守をー」「災害から身をー」「首位[秘密]をー」❸スポーツで、相手の攻撃に備えその場の守備をする。‖「ゴールをー」❹[古風]目を離さないで見る。見守る。‖「その顔が不遠慮に、さも驚いたように、お玉をー・っている〈鴎外〉」⇔攻める

◆「目(ま)守(も)る」意。書き分け【護】はかばい守る意で「祖国[幼君・身]を護る」などと書くが、今は【守】が一般的。可能 守れる 名 守り

品格 援護「災害ー資金」 加護「神仏のー」 警護「要人ー」 護衛「ー艦」 守護「ー霊」 庇護(ひご)「ーの下に入る」 防護「ー措置」 保護「文化財ー」 擁護(ようご)「人権ー」 養護「ー施設」

まやかし[名]ごまかし、あざむくこと。だますこと。また、そのもの。‖「宣伝文句にーがある」「ー物(＝にせもの)」

まーやく【麻薬(▼痲薬)】[名]強い鎮痛・麻酔作用をもち、習慣性・耽溺(たんでき)性がある物質。モルヒネ・ヘロイン・コカインなど。法律で使用が規制されている。

まゆ【眉】[名]目の上方に横に連なってはえている毛。まゆげ。

◉**眉が曇(くも)・る** 不安そうな顔つきになる。

◉**眉に唾(つば)を付・ける** だまされないように用心する。眉に唾を塗る。▽眉に唾をつけておくと狐などに化かされないという俗信から。

◉**眉に火が付・く** 危険がさし迫る。焦眉(しょうび)の急。

◉**眉を顰(ひそ)・める** 不快な気持ちや心配の念から眉のあたりにしわを寄せる。眉を寄せる。顔をしかめる。注意「眉をしかめる」ともいうが、「眉をひそめる」「顔をしかめる」(＝しかめっ面(つら))の表現が一般的。「目をひそめる」は誤り。

◉**眉を開(ひら)・く** 心配事がなくなって晴れ晴れとした顔になる。愁眉(しゅうび)を開く。

まゆ【繭】[名]❶完全変態をする昆虫の幼虫がさなぎになるときに、口から糸状の分泌物を出して作る殻状または袋状のおおい。糞(ふん)・砂粒・葉などを利用するものもある。❷蚕が口から糸を吐き出して作る俵形のおおい。生糸の原料にする。

繭

まゆーげ【眉毛】[名]まゆ。また、その一本一本の毛。

まゆーじり【眉尻】[名]まゆの、こめかみに近いほうの端。⇔眉根(まゆね)

まゆーずみ【眉墨・▼黛】[名]まゆを描いたり、その形を整えたりする化粧用の墨。また、その墨で描いたまゆ。

まゆーだま【繭玉】[名]❶柳などの枝に繭の形に丸めた餅や団子を多数つけたもの。繭の多産を祈って小正月の飾り物にした。❷柳などの枝に球形の餅をつけ、七宝・稲穂・小判・千両箱・宝船などの縁起物をつり下げたもの。正月の飾り物。

まゆつばーもの【眉唾物】[名]だまされないように用心しなくてはならないこと。真偽の疑わしいこと。また、そのもの。▽まゆに唾(つば)をつけると狐(きつね)などに化かされないという俗信から。略して「まゆつば」とも。

まゆーね【眉根】[名]まゆの、鼻に近いほうの端。⇔眉尻(まゆじり)

◉**眉根を寄・せる** 顔をしかめる。

まゆみ【▼檀】[名]山野に自生するニシキギ科の落葉低木。昔、弓の材にした。

まよい【迷い】(マヨヒ)[名]❶迷うこと。‖「気のー」❷仏教で、煩悩に乱されて悟りが開けないこと。

まよいーばし【迷い箸】(マヨヒー)[名]食事のとき、どの菜をとろうかと迷って、箸をあちこちに向けること。惑い箸。▽和食のマナーで無作法とされる。

まよ・う【迷う】(マヨフ)[自五]❶行くべき道や方向がわからなくなる。‖「山の中で道にー」❷どうしたらよいか決められなくなる。‖「選択にー」使い方(1)「どう判断すべきかを迷った」など、迷い悩む意で他動詞としても使う。(2)「進学か就職かで迷う／悩む」では、「迷う」は選択できないことに、「悩む」は思い悩むことに注目していう。❸欲望・誘惑に負けて正常な心を失う。‖「欲にー」❹死者の霊が成仏できないでいる。‖「どうかー・わず成仏して下さい」名 迷い

品格 逡巡(しゅんじゅん)「どちらがよいか逡巡している」 躊躇(ちゅうちょ)「ーなく実行に移す」 惑う「思いー」

まよえ・る【迷える】(マヨヘル)[連語]〈多く連体詞的に〉迷っている。‖「ー子羊を救済する」▽「迷ふ」の命令形

＋完了の文語助動詞「り」の連体形。

ま-よけ【魔▽除け】[名] 魔物などを近づけないこと。また、そのためのもの。「―のお守り」

ま-よこ【真横】[名] ちょうど横。まっすぐ横。

ま-よなか【真夜中】[名] 夜のすっかりふけたころ。深夜。

マヨネーズ[mayonnaiseフランス][名] 卵黄・サラダ油・酢・塩などをよくかきまぜて作るクリーム状のソース。サラダなどに用いる。マヨネーズソース。

まよわ・す【迷わす】マヨハス[他五] 迷うようにする。まどわす。「甘言に―・される」異形 迷わせる

まら【魔羅(摩羅)】[名] ❶仏教で、人の心を惑わし、仏道修行の妨げとなるもの。▽仏伝では釈迦の成道を妨げた悪神。❷陰茎。▽①から転じた僧の隠語からとも。

マラカス[maracasスペイン][名] ラテン音楽で用いられるリズム楽器の一つ。ウリ科のマラカの果実をくりぬいて乾燥させ、中に干した種やビーズ玉を入れたもの。左右の手に一個ずつ持って振り鳴らす。

マラソン[marathon][名] 陸上競技の長距離競走。四二・一九五キロメートルが正式の距離。▽前四九〇年、ギリシア軍がペルシア軍を破ったとき、一人の兵士がマラトンからアテネまで約四〇キロメートルを走り続け、勝利を報告して絶命したという故事に基づく。

マラリア[malaria][名] 四種類のマラリア原虫による感染症。熱帯・亜熱帯地方に多く、発作的な発熱をくり返すのが特徴。

まり【▼毬・▼鞠】[名] 遊びや運動に用いる球。綿を芯にして糸を巻いたものや、ゴム・革製のものなどがある。ボール。

マリアージュ[mariageフランス][名] ❶結婚。結婚式。❷組み合わせの相性がよいこと。「ワインとチーズの―」

マリオネット[marionnetteフランス][名] 糸でつるして操る人形。また、それを用いる人形劇。

まりし-てん【摩利支天】[名] 仏教で、自らの姿を隠して災難を除き、利益をもたらすという守護神。もと古代インドの女神。日本では、武士の守り本尊として信仰された。

マリッジ[marriage][名] 結婚。「―リング」「―ブルー(＝結婚直前におちいる憂鬱な状態)」

マリネ[marinéフランス][名] 魚介・肉・野菜を香味野菜とともに酢・塩・サラダオイル・ワイン・香辛料などを合わせた液に漬け込むこと。また、その料理。

マリファナ[marihuana][名] 大麻の花穂や葉を乾燥させたもの。また、その樹脂。タバコにまぜて吸煙すると精神興奮をもたらし、知覚が鋭敏になる。ハッシシ。ハシッシュ。マリフアナ。➡大麻②

まり-も【▼毬藻】[名] 寒冷地方の淡水湖に自生するアオミソウ科の緑藻。濃緑色の糸状体がからみ合って球形になる。北海道の阿寒湖のものは特別天然記念物。

ま-りょく【魔力】[名] 人を惑わす不思議な力。人を魅了し、迷わせる不思議な力。「宝石の―に魅せられる」

マリンバ[marimbaスペイン][名] 音板の下に金属製の共鳴管をつり下げた大型の木琴。

まる【丸】一[名] ❶まるい形。円形。また、球形。❷正解・合格・優良などを示す「○」の印。「二重―」❸句点。文の終わりに付ける「。」の符号。❹半濁点。「゜」の符号。❺数字の零を読み上げるときにいう語。「三―二号室」❻〔俗〕お金。ぜに。「―が足りない」▽親指と人指し指で円を作って示すことがある。❼そのもの全部。「りんごを―のまま食べる」❽城郭の内部。また、その一区画。「―の内」「本―」 二[接頭] ❶〈数詞に付いて〉その数が欠けていない意を表す。「―一日」「―五年」❷〈名詞に付いて〉完全にその状態である意を表す。「―損」「―もうけ」「―焼け」「―かじり」 三[接尾] ❶船の名に付ける語。「氷川―」❷古く、人名(特に稚児)・刀剣・犬などの名に付けた語。「牛若―」「村雨―」

まる-あらい【丸洗い】ラーピア[名・他サ変] ❶和服などを解きほどかないで、そのまま洗濯すること。⇔解き洗い ❷物の全体を洗うこと。「布団を―する」

まる-あんき【丸暗記】[名・他サ変] そのまますべてを暗記すること。棒暗記。「年表を―する」

まる・い【丸い(円い)】[形] ❶【丸・円】中心から等距離の外縁によってできる形である。球形である。円形である。「地球[ボール]は―」「目を―・くする(＝びっくりする)」／「―お盆[テーブル・窓]」「―・く輪になって座る」❷【丸】角がなく、なだらかである。また、なだらかに曲がっている。「角を―・く削る」「背中を―・くする」❸【円・丸】争いがなく、平穏であるさま。円満だ。「その場を―・く収める」「人柄が―」
◈書き分け 球形には【丸】、円形には【円】を使うのが規範的だが、今は円形にも多く【丸】を使う(①の「／」以下の用例)。③も【丸】を使う傾向がある。派生 -さ／-み

まる-うち【丸打ち】[名] 糸などを組んで、断面の丸いひもを作ること。また、そのひも。⇔平打ち

まる-おび【丸帯】[名] 広幅の帯地を二つ折りにした中に芯を入れ、縫い合わせた女帯。礼装用。広帯。

まる-がお【丸顔(円顔)】ホーガ[名] まるみのある顔。

まる-がかえ【丸抱え】カカヘ[名] ❶置屋が稼ぎの全額をとる代わりに、その経費・生活費の一切を負担する約束で芸者を雇うこと。❷必要な費用をすべて負担してやること。「企業―のチーム」

まる-がり【丸刈り】[名] 頭髪の刈り方で、全体を頭の形にそって短く刈り込むこと。また、その頭。坊主刈り。

まる-き【丸木】[名] 山から切り出したままの、加工していない木。丸太。

マルキシスト[Marxist][名] マルクス主義の信奉者。マルクス主義者。マルキスト。

マルキシズム[Marxism][名] マルクス主義。

まるき-ばし【丸木橋】[名] 一本の丸木を渡しただけの橋。

まるき-ぶね【丸木舟】[名] 一本の木の幹をくりぬいて造った船。くりぶね。

まる-きり【丸きり】[副] ➡まるっきり

マルク[Markドイツ][名] もと、ドイツの通貨の基本単位。一マルクは一〇〇ペニヒ。▽二〇〇二年よりユーロに移行。書き方「馬▽克」とも当てる。

マルクス-しゅぎ【マルクス主義】[名] マルクスおよびエンゲルスによって確立された科学的社会主義思想の体系。弁証法的唯物論・史的唯物論などに基づいて資本主義社会の矛盾を分析し、労働者階級の手による社会主義社会の実現を主張する。ロシア革命・労働運動・民族解放運動などの指導理論となった。マルキシズム。

まる-くび【丸首】[名] えりが首まわりに沿って丸くくりぬいてあること。また、そのえり。〓「—シャツ」

まる-ごし【丸腰】[名] ❶武士などが腰に刀を差していないこと。無腰(むごし)。❷武器をまったく持っていないこと。

まる-ごと【丸ごと】[副] もとの形のまま全部。まるのまま。〓「営業権を—譲る」

まる-シー[名] 著作権の所有を表示する記号©。▽万国著作権条約によって設定された。Cはcopyrightの頭文字。

マルシェ[marché(フランス)][名] 市(いち)。市場(いちば)。

まる-ぞめ【丸染め】[名] 衣服などをほどかないで、そのまま染めること。また、そのように染めたもの。

まる-ぞん【丸損】[名] 利益が全くなく、元手や労力がすべて損失になること。⇔丸儲け

まる-た【丸太】[名] 樹皮をはいだままの丸い木材。〓「—小屋」

まる-だし【丸出し】[名] 隠さないで、すべてをさらけ出すこと。〓「方言—でしゃべる」

まるた-んぼう【丸太ん棒】[名] 皮をはいだだけの材木。丸太。▽「まるたのぼう」の転。

マルチ[multi][形動] 多数。複数であるさま。多方面に渡るさま。〓「—な才能」「—機能」

マルチ-しょうほう【マルチ商法】(シャウハフ)[名] 本部会社に加盟している販売員が新しい販売員を次々と組織に加入させながら商品の販売網を拡大させていく商法。特定商取引に関する法律によって規制される。連鎖販売取引。▽multilevel marketing plan から。

マルチスクリーン[multiscreen][名] コンピューター・テレビ・映画などの画面をいくつかに区切り、それぞれに異なる映像を映し出すこと。また、その画面。

マルチタスク[multitask][名] ❶複数の作業を同時に行うこと。❷コンピューターで、複数の処理を同時に実行するプログラム。

マルチ-タレント[和製 multi + talent][名] 多方面にわたって活躍するタレント。

マルチ-ヒット[multi-hit][名] 野球で、一人の打者が一試合に二本以上のヒットを打つこと。マルチ安打。

マルチメディア[multimedia][名] 電子化した映像・音声・文字などを組み合わせて複合的に扱う手法。複合媒体。またそのための技術。

マルチユーザー[multiuser][名] 一台のコンピューターを複数のユーザーが同時に利用できるようにするシステム。

まるっ-きり【丸っきり】[副] ぜんぜん。まるで。まるきり。〓「昔とは—違っている」「—同じ状態だ」

まるっ-こ・い【丸っこい】[形] 丸みを帯びている。いかにも丸い。〓「—顔」「—字を書く」

まる-つぶれ【丸潰れ】[名] 完全につぶれること。すっかりだめになること。〓「面目—」

まる-で【丸で】[副] ❶〈多く下に「ようだ」「みたいだ」などを伴って〉ほとんど同じようであるさま。あたかも。さながら。〓「—夢のようだ」「—死んだみたいに黙り込む」「あのはしゃぎようは—子供だ」❷〈下に否定的表現を伴って〉まるっきり。全然。〓「予想とは—違う」

品格 あたかも「—知っているような態度」 さながら「本番—の臨場感」 同然「家族も—の間柄」

まる-てんじょう【丸天井(円天井)】(ヂャウ)[名] ❶半円球の天井。ドーム。❷大空。青空。

まる-どり【丸取り】[名・他サ変] 残さずにすべて取ること。〓「もうけを—する」

マルトリートメント[maltreatment][名] 不適切な関わり。特に、大人の子供に対する不適切な養育や関わり方。身体的・性的・心理的虐待や育児放棄などをいう。

まる-なげ【丸投げ】[名・他サ変] ❶仕事を請け負った者が、さらにその全部を他者に請け負わせること。〓「下請業者に工事を—する」❷すべきことのすべてを他に押しつけること。〓「問題の解決を部下に—する」「子供の指導を学校に—する」

まる-のみ【丸▼呑み】[名・他サ変] ❶かみくだかないで、そのまま飲みこむこと。〓「蛇が蛙(かえる)を—にする」❷内容を理解しないで、そのまま覚えこんだり受け入れたりすること。うのみ。❸要求などを、そっくり受け入れること。〓「提案を—にする」◈書き方「丸飲み」でもまかなうが、「丸呑み」「丸のみ」が一般的。

まる-はだか【丸裸】[名] ❶体に何も着けていないこと。あかはだか。まっぱだか。すっぱだか。❷財産・所有物などのすべてを失って、自分の体だけが残ること。無一物。

まる-はば【丸幅】[名] 布の、織ったままの幅。

まる-ひ【マル秘】[名] 秘密として扱わなくてはならないことを表す㊙の記号。また、その事柄を言う語。〓「—情報」

まる-ぼうず【丸坊主】(バウズ)[名] ❶髪の毛をすっかりそり落とした頭。また、頭髪を短く刈った頭。❷山などに樹木がないこと。また、樹木の葉が全くないこと。〓「乱伐で—になった山」

まる-ぼし【丸干し】[名] 魚・大根などを、そのままの形で干すこと。また、干したもの。

まる-ぽちゃ【丸ぽちゃ】[名・形動] 顔が丸くて、ふっくらしていること。また、そのような顔つき。

まる-まげ【丸▼髷】[名] 日本髪で、丸めた前髪の後ろに、楕円(だえん)形のやや平たいまげをつけたもの。既婚の女性が結った。まるわげ。

まる-まど【丸窓(円窓)】[名] 円い形の窓。

まる-ま・る【丸まる】[自五] 丸くなる。〓「—・って寝る」

まる-まる【丸丸】[副] ❶(と)よく太っているさま。〓「—(と)した赤ちゃん」❷全体に及ぶさま。すっかり全部。完全に。〓「—三日かかる行程」

まる-み【丸み(円み)】[名] ❶まるいようす。〓「—を帯びた体形」❷円満なようす。穏やかな感じ。まろみ。〓「人間に—が出る」

まる-みえ【丸見え】[名] すっかり見えること。〓「意図が—だ」

まるめ-こ・む【丸め込む】[他五] ❶丸めて中に入れる。❷うまく言いくるめて相手を自分の思うように操る。〓「反対派を—」

まる・める【丸める】[他下一] ❶丸い形にする。丸くする。〓「雪[新聞紙]を—」「背中を—・めてうずくまる」▽「炭団(たどん)[つみれ]を—」などは、〜ヲに〈結果〉をとる言い方。丸まった物を作る意。❷〈「頭を丸める」の形で〉頭髪をそり落とす。特に、出家する。〓「決意も新たに頭を—」❸相手を丸め込む。〓「手練手管で部下を—」❹算数で、切り捨て・切り上げ・四捨五入などによってきり

のいい数値にする。文 まる・む

マルメロ【marmelo ポルトガル】[名] 五月ごろ白または淡紅色の五弁花を開くバラ科の落葉高木。秋、西洋梨に似た黄色い果実を結ぶ。甘酸っぱい果実は芳香に富み、ジャム・砂糖漬けなどにする。西洋カリン。

まる-もうけ【丸▼儲け】マルマウケ [名・自サ変] 元手がかからず、収入のすべてが自分のもうけになること。〓「坊主ー」⇔丸損

まる-やき【丸焼き】[名] まるごと焼くこと。また、その焼いたもの。

まる-やけ【丸焼け】[名] 火事ですっかり焼けてしまうこと。全焼。

まれ【▼稀・▽希】[形動] めったにないさま。また、きわめて少ないさま。〓「ーな出来事」「たぐいーな才能」

◉**稀に・見る** めったにない。非常に珍しい。〓「ー天才[快挙・駄作・大雪]」 注意 「まれに見ぬ」は誤り。

まろうど【▽客▽人・▽賓】マラウド [名] 訪ねてきた人。客。客人。▼「まらひと」の転。古くは「まろうと」。

マロニエ【marronnier フランス】[名] 庭園樹・街路樹などにするトチノキ科の落葉高木。葉は大きな掌状複葉。初夏、枝先に赤みを帯びた白色の四弁花を円錐状につける。ウマグリ。セイヨウトチノキ。

まろ-ぶ【▽転ぶ】[自五]〔古風〕❶ころがる。〓「こけつーびつ逃げ帰る」❷ころぶ。倒れる。

まろ-やか【▽円やか】[形動] ❶形がまるいさま。まるみを帯びて、ふっくらとしているさま。〓「ーな月」「ーな頬(ほお)」❷味などが穏やかなさま。〓「ーな味」派生 -さ

マロン-グラッセ【marrons glacés フランス】[名] ゆでた栗の渋皮をむいてバニラ風味の砂糖液に漬け、十分に糖をしみ込ませてから乾燥した洋菓子。

まわし【回し(▼廻し)】マハシ [名] ❶まわすこと。また、まわすもの。〓「ー読み」「皿ー」▼多く他の語と複合して使う。❷ふんどし。特に、力士の締め込み。❸化粧回し。❹二重回し。

まわし-もの【回し者】マハシ [名] 内情を探るために、敵方からひそかに送り込まれた者。間諜(かんちょう)。間者。スパイ。

まわ・す【回す(▼廻す)】マハス [動五] 一 [他] ❶ある点や軸を中心にして輪を描くように動かす。回転させる。手を相手に沿うように動かしてそこに届かせる。〓「腕[首・こま]をー」「ハンドルを右にー」「恋人の肩に手をー」 使い方 「洗濯(せんたく)機[ビデオ]をー」など、～ヲに〈道具〉をとる言い方もある。回転させて機械の機能を発揮させる意。
❷物のまわりを取り巻くようにする。〓「綱を二重にー」「垣根をぐるりとー・した庭」
❸順に送り渡す。次に送る。必要とする者のもとへさし向ける。〓「全員に杯をー」「経理課に伝票をー」「仕事を明日にー」「迎えの車をー」「社長室に電話をー」
❹ある用途に移す。割り当てる。〓「広告費の一部を接待費にー」「余った時間を睡眠にー」
❺金銭を運用する。また、金銭や人などを回転させて組織・業務などを動かす。運転する。〓「年利二(パーセント)で(金を)ー」「五人の投手で先発のローテーションをー」「一人で仕事をー・していくのは容易ではない」
❻相手を敵対する立場に置く。〓「旧友を敵にー」「強豪を向こうにー・して戦う」
❼配慮などをすみずみまでゆきとどかせる。〓「事前に手をー」「八方手をー・して探す」「些細(ささい)なことに気をー」
二〈動詞の連用形に付いて複合動詞を作る〉全体にわたって…する、すみずみまで…する、さんざん…する、などの意を表す。〓「連れー・引っぱりー・つけー・追いー」 可能 回せる 名 回し

ま-わた【真綿】[名] くず繭を煮て、綿状に引きのばしたもの。丈夫で軽く、保温力が大きい。紬糸(つむぎいと)の原料や、防寒衣類の中入れ綿、寝具の引き綿などに用いる。▼「繭綿(まゆわた)」の転。

◉**真綿で首を絞(し)・める** 遠回しにじわじわと責めたり痛めつけたりすることのたとえ。

まわり【回り・周り】マハリ 一 [名] ❶【回】まわること。また、まわり方。回転。〓「鍵[モーター]のーが悪い」▼機能が働くことのたとえにもいう。〓「頭のーが早い」
❷【回】ある作用が行き渡ること。〓「火のーが早い」
❸【周】そのものを囲んでいる部分。周囲。〓「池のーを歩く」「家のーを取り囲む」「木のーに集まる」
❹【回・周】手や巻き尺などで簡単に計測できる円筒状の物の周囲。〓「首[胴・幹]のーをはかる」
❺【周】そのものの近くの部分。あたり。近辺。周辺。〓「ーがうるさい」「ーの人に尋ねる」
❻【回】遠くなる方の道をとること。遠回り。回り道。
❼【回】ある範囲を順にめぐっていくこと。〓「年始ー」
❽【回】ある地点を通っていくこと。また、ある道順をとること。〓「岡山ーで松江へ行く」「南ーの航空便」
二(造)【回】❶大きさ・規模などを比べるとき、その程度を漠然と表す語。〓「体が一ー大きくなった」「スケールが一ーも二ーも違う」
❷まわる回数を数える語。〓「地球を二ーする距離」
❸十二支が一巡する十二年を単位として年齢の差を表す語。〓「ちょうど一ー下の従兄弟」
◈書き方 一①②④⑥⑦⑧、二は「▼廻り」とも。「身のまわり」は「回り」が標準的とされる。

まわり-くど・い【回りくどい】マハリ [形] 煩わしいほど遠回しに言うさま。〓「ー言い方をするな」派生 -さ

まわり-どうろう【回り灯籠】マハリ [名] ろうそくの火をともすといろいろな形を切り抜いた内側の円筒が回転し、外枠に張った薄紙や布にその影絵が映る仕掛けの灯籠(とうろう)。走馬灯(そうまとう)。

まわり-どお・い【回り遠い】マハリドホイ [形] ❶遠回りである。❷直接的でなくて、もどかしい。まわりくどい。〓「説明がー」

まわり-ぶたい【回り舞台】マハリ [名] 劇場の舞台の床を円形に切り、その部分を奈落の轆轤(ろくろ)などで回転させて場面を転換する装置。また、それを備えた舞台。

まわり-まわって【回り回って】[連語] 次々に回っていって。めぐりめぐって。〓「善行はー自分のところに返ってくる」

まわり-みち【回り道】マハリ [名] 遠回りになる道を通って行くこと。また、その道。

まわり-もち【回り持ち】マハリ [名] 仕事・役などを順番に受け持つこと。輪番。

まわ・る【回る(▼廻る)】マハル [動五] 一 [自] ❶ある点や軸を中心にして輪を描くように動く。回転する。〓「車輪がー」「扇風機がー・っている」
❷惑星[衛星]が太陽[地球]の周りを楕円(だえん)軌道を描いて動く。公転する。〓「地球は太陽の周りをー・っている」
❸物の周囲にそって輪を描くように移動する。〓「ジョギングで湖の周りをー」「遊覧船で島をー」「敵の背後へー」

❹順々に決まった場所を移動する。‖「得意先を挨拶(あいさつ)に―」「工場内を―って火の元を点検する」❺物事が順に従って移る。‖「回覧板[当番]が―ってくる」「仕事が―り―って私のところへ来た」❻遠回りの道をとる。回り道をする。迂回(うかい)する。‖「急がば―れ」❼寄り道をする。寄る。‖「帰りに友人の家に―」❽それまでとは別の位置や立場に変わる。‖「敵[反対派]に―」「後手[攻勢]に―」「裏方[聞き役]に―」❾効力などがゆきわたる。また、配慮などがゆきとどく。‖「酔いが―」「よく気の―人だ」「細部の点検までは手が―らない」❿精神や言語の機能が十分に働く。‖「頭が―」「舌が―らない」⓫資金の運用が利息を生む。‖「年利一(パーセント)で―」⓬その時刻を過ぎる。‖「いま九時を―ったところだ」▼時計の針が通り過ぎることから。

㊁〈動詞の連用形に付いて複合動詞を作る〉そのあたりを…する、…しながら動くの意を表す。‖「歩き―・のたうち―・探し―」「うわさを触れ―」使い方「探して―」「酒を注いで―」など、動詞連用形＋「て[で]」の形に付いて、補助動詞的にも使う。可能 回れる

◉**回れ右** ❶体を右に回転させて、真後ろに向きを変えること。また、それを命じる号令。❷まったく逆の方向に向きをかえること。‖「―して逃げる」

まん【万】[名] 数の名で、千の十倍。‖「―の単位」「百―・巨―」「―一・―病」▼非常に数が多い意も表す。書き方 証書などで金額を記す場合は、間違いを防ぐために「▼萬」とも書く。旧萬

まん【満】㊀[名] ❶いっぱいになること。みちること。‖「―員・―期・―腹」❷年月や年齢がちょうどその数になっていること。‖「―で八歳になります」「―年齢」⬍数え ㊁(造)「満州」の略。‖「北―」旧滿

◉**満を持(じ)す** ❶弓を十分に引いて構える。❷十分に準備を整えて待機する。‖「―して舞台に立つ」

まん【真ん】[接頭]〈名詞・形容詞などに付いて〉完全な、まじりけがない、などの意を添える。‖「―中・―丸い・―前」▼「ま(真)」②に撥音(はつおん)「ん」が添加されたもの。

まん【慢】(造)❶おこたる。なまける。‖「怠―」❷おごる。いばる。また、あなどる。‖「―心」「高―・自―」❸進みがおそい。ゆるやか。‖「―性」「緩―」

まん【漫】(造)❶みなぎる。広くゆきわたる。‖「――」「爛―(らんまん)」❷みだりに。しまりがない。‖「散―・冗―・放―」❸そぞろ。なんとはなしに。‖「―画・―遊」

マン[man][名] ❶人。‖「―ツー―」❷男性。❸それを職業としている人。それに関係している人。‖「カメラ―・ガード―」◈多く他の語と複合して使う。

まん-いち【万一】㊀[名] めったにないことだが、ごくまれにあること。‖「―に備える」▼一万分の一の意。㊁[副] ひょっとして。もしも。万が一。‖「―遅れたら、先に行ってください」使い方 多く好ましくない事態を予測して使う。

まん-いん【満員】(ーヰン)[名] 定員に達すること。また、それ以上入れないほど、人がいっぱいいること。‖「―御礼・―電車」

まん-えつ【満悦】[名・自サ変] 満足して喜ぶこと。‖「ご―の表情」

まん-えん【▼蔓延】[名・自サ変] ❶つる草がのび広がること。❷好ましくないものが、はびこって広がること。‖「悪習[悪性の風邪]が―する」

蔓

まん-が【漫画】(ークワ)[名] 滑稽(こっけい)・風刺・誇張などをねらいとし、単純・軽妙な筆致で描かれた絵。また、そのような絵を連続させ、吹き出し(台詞(せりふ))を入れて物語を展開させるもの。‖「少女―」⬇劇画 書き方「マンガ」も多い。

まん-かい【満開】[名・自サ変] 花がすっかり開くこと。また、すべての花が開くこと。‖「今が―の梅」

まんが-いち【万が一】[名・副] まんいち。

まんが-きっさ【漫画喫茶】(マンクワー)[名] 大量の漫画本を常備し、客に好きな本を選んで読ませる方式の喫茶店。多くは時間制。書き方「マンガ喫茶」とも。

まん-がく【満額】[名] 要求または計画どおりの金額。‖「―回答を得る」

まん-かん【満干】[名] 満潮と干潮。潮のみちひ。干満。

まん-がん【万巻】(ーグワン)[名] きわめて多くの書物。

まん-がん【満願】(ーグワン)[名] 期限を定めて神仏に祈願した、その日数に達すること。結願(けちがん)。‖「―の日」

マンガン[Mangan(ドイツ)][名] 金属元素の一つ。単体は銀白色の金属。鉄より硬いが、きわめてもろい。マンガン鋼などの合金材料に用いる。元素記号Mn

まんかん-しょく【満艦飾】[名] ❶祝祭日や観艦式の際、停泊中の軍艦が万国旗・信号旗などで艦全体を飾りたてること。❷[俗] にぎやかに着飾ること。‖「―で外出する」❸[俗] 洗濯物を一面に干してひるがえすこと。

まん-き【満期】[名] 一定の期限に達すること。また、その時期。‖「保険が―になる」

まん-きつ【満喫】[名・他サ変] ❶存分に飲食すること。‖「秋の味覚を―する」❷心ゆくまで楽しむこと。‖「古都の秋を―する」

まん-きん【万金】[名] きわめて多くの金銭。千金。ばんきん。‖「―に値する一言」

まん-きん【万▼鈞】[名] きわめて重いこと。ばんきん。‖「―の重みのある言葉」

マングース[mongoose][名] アジア・アフリカなどに分布するマングース科の哺乳(ほにゅう)類。体形はイタチに似る。▼特に、明治末にハブ退治の目的で沖縄に移入されたフイリマングースをいう。

まんげ-きょう【万華鏡】(ークワキャウ)[名] 円筒の中にガラス板を三角柱状に組み、色紙の小片などを封入した玩具(がんぐ)。穴をのぞきながら回すと、色紙が動いてさまざまの美しい模様が見える。カレイドスコープ。

まん-げつ【満月】[名] 全面がまんまるに輝いて見える月。十五夜の月。もちづき。‖「―の夜」

まん-げん【万言】[名] きわめて多くのことば。ばんげん。‖「―を費やしても言い尽くしがたい」

まん-こう【満▼腔】(ーカウ)[名] 体じゅう。満身。‖「―の敬意を表する」▼「まんくう」は避けたい。

マンゴー[mango][名] 果樹として栽培するウルシ科の常緑高木。また、その果実。黄色に熟す果実は楕円(だえん)形で、大きな種子が一個ある。果肉は多汁で甘い。南アジア原産。

まん-ざ【満座】[名] その場にいる人のすべて。‖「―の喝采(かっさい)を浴びる」

まん-さい【満載】[名・他サ変] ❶車・船などに人や荷物をいっぱいにのせること。❷新聞・雑誌などに、ある記事をたくさんのせること。‖「ゴシップを―した芸能誌」

まんーざい【万歳】［名］新年に家々を回って祝言を述べ、歌舞を演じて祝儀を請う門付け芸能。また、その芸能者。三河万歳・大和万歳・尾張万歳などが知られる。

まんーざい【漫才】［名］二人の芸人が滑稽な掛け合いを演じて客を笑わせる寄席演芸。▽明治中期頃、大阪で「万歳」を舞台にのせたことに始まる。初め「万才」と書かれたが、一九三三（昭和八）年から大阪で「漫才」の表記が使われるようになった。

まんーさく【万作】［名］山地に自生し、庭木としても植栽する、マンサク科の落葉小高木。葉は菱状の楕円形で、縁には波状の鋸歯がある。春、葉に先立ち、枝の節ごとに数個の黄色い花をつける。

まんーさく【満作】［名］穀物がよく実ること。豊作。‖「豊年ー」

まんーさつ【万札】［名］〔俗〕一万円札。

まんーざら【満更】［副］《否定的表現を伴って》必ずしも。‖「ー捨てたものでもない」書き方 かな書きも多い。

◉**満更でもな・い** 必ずしも悪くはない。また、かなりよい。‖「成績はー」「ー様子だ」

まんーざん【満山】［名］山全体。山じゅう。全山。

まんーじ【卍】［名］❶仏の胸などにあらわれた瑞相。もと古代インドのビシュヌ神の胸の縮毛をかたどった吉祥の相という。▽中国の仏書では「万」の字を当てて用いた。書き方「卍字」「万字」とも。❷日本で、仏教や寺院を表す記号・紋章・標識。

まんーしつ【満室】［名］全ての部屋がふさがること。

まんじーともえ【卍巴】［名］多くのものが互いに追い合って入り乱れること。まんじどもえ。

まんーしゃ【満車】［名］駐車場に車がいっぱいで、それ以上の収容能力がないこと。

まんーじゅう【饅頭】［名］小麦粉・そば粉などを練って皮とし、中に餡を包んで蒸し上げた菓子。▽「頭」は唐音。書き方 民間表記で、俗に「万十」とも当てる。菓子の名前に多い。

まんじゅうーがさ【饅頭笠】［名］頂が丸くて浅いかぶり笠。▽饅頭を横に半分に切ったような形であることから。

まんじゅしゃげ【曼珠沙華】［名］ヒガンバナの別称。▽もとは天界に咲くという花の名。

まんーしょう【満床】［名］病院で、入院用のベッドが全部ふさがっていて空きがないこと。

まんーじょう【満場】［名］会場全体。また、その場にいる人のすべて。‖「ーの失笑」

まんじょうーいっち【満場一致】［名］その場にいるすべての人の意見が同じになること。‖「ーで可決される」

マンション［mansion］［名］中高層の集合住宅。多く、分譲形式のものをいう。▽原義は大邸宅。

まんじりーと［副］ちょっと眠るさま。‖「ーもしないで夜を明かす」▽ふつう打ち消しを伴って使う。

まんーしん【満身】［名］からだじゅう。全身。

まんーしん【慢心】［名・自サ変］おごり高ぶること。また、その心。‖「賞を取ってーする」

まんしんーそうい【満身創痍】［名］❶全身傷だらけであること。❷徹底的に痛めつけられること。

まんーすい【満水】［名・自サ変］水量がいっぱいになること。

マンスリー［monthly］［名］月に一回発行される刊行物。月刊誌。

まんーせい【慢性】［名］❶急激な症状はあらわれないが、経過が長引いて治りにくい病気の性質・状態。‖「ー肝炎」⇔急性 ❷好ましくない状態が長く続くこと。‖「ー化したデフレ」

まんーせき【満席】［名］劇場・乗り物などの座席がすべてふさがること。

まんーぜん【漫然】［形動タリ］はっきりした目的や意識もなく、ただなんとなく物事をするさま。‖「ーと時を過ごす」

まんーぞく【満足】［名・形動］❶［自サ変］望みどおりになって、心が満ち足りること。不平不満のないこと。‖「現在の境遇にーする」「ーの表情を浮かべる」「自己ー」❷十分であること。欠点や不足のないこと。‖「計算もーにできない」派生 ーげ／ーさ

まんだら【曼荼羅・曼陀羅】［名］悟りの境地や仏の教えを示すために、仏・菩薩などの像を一定の形式に従って描き並べた図絵。▽もとは密教のものだが、浄土宗・日蓮宗などの教えを象徴的に図示したものにもいう。

まんータン【満タン】［名］燃料などが容器いっぱいに入っていること。‖「ガソリンをーにする」▽「タン」は「タンク」の略。

まんーだん【漫談】［名］❶とりとめのない話。❷風刺や批判を交えて世相風俗・時事問題などをおもしろおかしく語る話芸。‖「ー家」

まんーちゃく【瞞着】［名・他サ変］だますこと。ごまかすこと。‖「世間をーする」

まんーちょう【満潮】［名］潮が満ちて海面が最も高くなる状態。高潮。みちしお。⇔干潮 ▽ふつう一日に二回起こる。

マンーツーーマン［man-to-man］［名］一人に一人が対応すること。一対一。‖「ーで英会話を教える」

まんーてん【満天】［名］空一面。‖「ーの星を仰ぐ」

まんーてん【満点】［名］❶試験などで、規定された点数の最高点。‖「数学でーをとる」❷申し分のないこと。きわめて満足できる状態であること。‖「栄養［スリル］ー」

まんてんーか【満天下】［名］世の中全体。全世界。

まんーと【満都】［名］みやこ全体。みやこに住むすべての人。

マント［manteauフランス］［名］ゆったりした、袖のないコート。

まんーどう【万灯】［名］❶たくさんの灯火。まんとう。❷紙を張った四角い木枠に長い柄をつけ、中に火をともしてさげ持つ行灯。

まんどうーえ【万灯会】［名］懺悔・罪障消滅のために、多くの灯明をともして仏・菩薩を供養する法会。万灯供養。

まんーどころ【政所】［名］❶鎌倉・室町幕府で、行政・財政・訴訟などを取り扱った政務機関。❷摂政・関白の妻の敬称。▽「北の政所」の略。

マンドリン［mandolin］［名］半球形の胴に四対八本の弦を張った撥弦楽器。鼈甲製などのピックではじいて演奏する。複弦を生かしたトレモロ演奏が特色。

マントルピース［mantelpiece］［名］暖炉の焚き口を囲む飾りの枠。上部には炉棚（マントルシェルフ）を設ける。

まんーなか【真ん中】［名］場所・距離・順序などの、

ちょうど中央・中心にあたるところ。▽「町の—にある公園」「クラスの—あたりの成績」▽「まなか」の撥音化。

まん-にん【万人】［名］多くの人。すべての人。ばんにん。▽「—向きのデザイン」

マンネリ［名］「マンネリズム」の略。▽「—化」

マンネリズム［mannerism］［名］同じ趣向が繰り返されて、新鮮さを失うこと。特に、芸術作品などで、手法・様式などが型にはまって、独創性を失うこと。マナリズム。マンネリ。

まん-ねん【万年】［名］❶一万年。また、きわめて長い年月。▽「鶴は千年、亀は—」❷いつまでも変わらずにその状態である意を表す。▽「—青年〔最下位〕」▽他の語と複合して使う。

まんねん-たけ【万年▼茸】［名］広葉樹の根元などに生えるマンネンタケ科のキノコ。傘は黒褐色または赤褐色。全体に漆を塗ったような光沢がある。質は堅く、腐敗しない。縁起物として床飾りにし、漢方薬にも用いる。霊芝。

まんねん-どこ【万年床】［名］昼も夜も布団を敷きっぱなしにしてある寝床。

まんねん-ひつ【万年筆】［名］軸の中にたくわえたインクを、使うときにペン先に流れ出るようにした携帯用のペン。

まんねん-ゆき【万年雪】［名］高山や高緯度地方に見られる、一年中消えずに残っている雪。

まん-ねんれい【満年齢】［名］生まれた年を零歳とし、誕生日を迎えるごとに一歳を加えていく年齢の数え方。また、その数え方による年齢。

まん-ば【漫罵】［名・他サ変］はっきりした理由もなく、むやみに相手をののしること。

まん-ぱい【満杯】［名］容器や場所などがものでいっぱいになること。▽「駐車場は—だ」

まん-ばけん【万馬券】［名］競馬で、配当金が一〇〇円につき一万円以上になる馬券。

マンパワー［manpower］［名］労働力。人的資源。▽「—が足らない」「—の確保」

まん-びき【万引き】［名・他サ変］買い物客のふりをして店内の品物をこっそり盗むこと。また、その人。

まん-ぴつ【漫筆】［名］筆にまかせて、とりとめもなく書き記すこと。また、その文章。漫録。

まん-びょう【万病】［名］あらゆる病気。▽「風邪は—のもと」

まん-ぴょう【漫評】［名］思いつくままをとりとめもなく述べた、気楽な批評。

まん-ぷく【満腹】［名・自サ変］腹がいっぱいになること。▽「—でもう食べられない」⇔空腹

まん-ぶん【漫文】［名］❶筆にまかせて書いた、とりとめのない文章。❷風刺をまじえて書いた滑稽な文章。▽「時事—」

まんべん-なく【満遍なく（万遍なく）】［副］行き渡らないところがないさま。すべてにわたって。満遍に。▽「壁に—ペンキを塗る」「全員に—愛想を振りまく」▽文語形容詞「満遍なし」の連用形が副詞化したもの。「なし」は、「まことに…だ」の意を添える接尾語。打ち消しの「なし」ではない。［使い方］「満遍に」が「満遍なく」と同じ意味で使われることがあるが、これは文語形容詞「満遍なり」の連用形「満遍に」の方言用法が広まったもの。

まんべん-に【満遍に（万遍に）】［副］満遍なく。⬇まんべんなく［使い方］

マンボ［mambo スペ］［名］キューバの舞曲にジャズの要素を取り入れたラテンアメリカ音楽。スピード感あふれる強烈なリズムを特徴とする。▽一九五〇年代、世界的に流行した。

まん-ぽ【漫歩】［名・自サ変］あてもなくぶらぶら歩くこと。そぞろ歩き。▽「公園を—する」

マンホール［manhole］［名］地下の下水道や配線用管路の途中に設けられた作業点検用の出入り口。地表面にはふつう鉄製の蓋を置く。

まんぽ-けい【万歩計】［名］歩く時の振動によって歩数をはかる計器。歩数計。▽商標名。

まんま【▽飯】［名］幼児語で、ご飯。

まんま【▼儘】［名］「まま」が撥音化した語。

まん-まえ【真ん前】［名］ちょうどその前。真正面。

まん-まく【▼幔幕】［名］式場・会場などに張りめぐらす紅白・黒白などの幕。

まんま-と［副］都合よく事が成し遂げられるさま。ものの見事に。うまく。▽「あいつに—だまされた」「—財宝を手に入れた」▽「うまうまと」の転。

まん-まる【真ん丸】［名・形動］完全に丸いこと。▽「—な月」「—のテーブル」

まん-まん【満満】［形動タル］満ちあふれているさま。▽「—と水をたたえた湖沼」「自信—」

まん-まん【漫漫】［形動タル］果てしなく広がるさま。▽「—たる原野」

まん-まんいち【万万一】［副］「万一」を強めていう語。

まん-めん【満面】［名］顔いっぱい。顔じゅう。▽「—に笑みをたたえる」

◉満面朱を注ぐ 腹を立てて顔を真っ赤にする。

まん-もく【満目】［名］見渡す限り。▽「—蕭条」

マンモグラフィー［mammography］［名］乳房X線撮影法。乳癌などの診断に用いられる。

マンモス［mammoth］［名］❶更新世、北半球に広く分布していた巨大なゾウ。体表は長い剛毛で覆われ、長く湾曲した牙をもつ。▽多くは化石として出土するが、シベリアからは凍結死体も発掘された。❷巨大であること。大型。▽「—都市」▽多く他の語と複合して使う。

まん-ゆう【漫遊】［名・自サ変］気の向くままに各地を遊びめぐること。▽「諸国を—する」「—記」

まんよう-がな【万葉《仮名》】［名］国語の音を表記するために、その音や訓を借りて表音文字に用いた漢字。真仮名。「也麻（やま＝山）」「波奈（はな＝花）」などの類。

まん-りき【万力】［名］工作材料を挟み、ねじの作用で締めつけて固定する工具。バイス。

まん-りょう【万両】［名］夏、白い小花を開き、晩秋、赤い球形の実を結ぶサクラソウ科の常緑小低木。暖地の林中に自生。庭木・鉢植えにもする。

まん-りょう【満了】［名・自他サ変］決められた期間が終わること。また、終えること。▽「契約が／を—する」「任期—に伴う改選」

まん-るい【満塁】［名］野球で、一・二・三塁のすべてに走者がいること。フルベース。▽「二死—」

まん-ろく【漫録】［名］筆にまかせて、とりとめもなく書き記すこと。また、その文章。漫筆。

み【三】［名］さん。みっつ。‖「ひ、ふ、—、よ」▼数を数えるときに使う。

み【▼巳】［名］十二支の第六。▼動物では蛇に当てる。時刻では午前十時、または午前九時から十一時の間。方角では南南東。

み【身】［名］❶人間のからだ。身体。‖「—が軽い」❷わが身。自分自身。❸身分。地位。‖「—に余る光栄」❹その人の立場。‖「相手の—になって考える」❺熱意。誠意。‖「仕事に—がはいらない」❻（骨・皮に対して）肉の部分。‖「—の多い蟹」❼容器で、ふたに対して物を入れる部分。

◉**身から出た錆**　自分の行いが原因で災いにあうこと。自業自得。

◉**身に覚えがある**　自分自身、そのことをしたと思い当たる記憶がある。‖「小さないたずらなら誰でも—だろう」

◉**身に染・みる**　❶心に深く感じられる。❷からだに強く感じられる。‖「寒気が—」

◉**身に付・ける**　❶体につけて持つ。着たり履いたりする。‖「スカーフを—」「勝負服を—」❷知識・習慣・技術などを習いおぼえる。体得する。習得する。‖「礼儀を—」

◉**身につまさ・れる**　他人の不幸などが、人ごとでなく感じられる。注意「身をつまされる」は誤り。

◉**身の振り方**　これからの生活や職業についての方針。

◉**身二つにな・る**　子を産む。出産する。

◉**身も蓋も無・い**　あらわに表現しすぎて、含みや味わいがない。‖「そう言ってしまっては—」注意「身」を「実」と書くのは誤り。

◉**身も世も無・い**　あまりの悲しさに自分の立場も世間体も考えていられない。

◉**身を誤・る**　生き方を間違える。人生を踏み外す。

◉**身を入・れる**　熱心に行う。‖「芸事に—」

◉**身を固・める**　❶しっかりと身仕度をする。‖「軍服に—」❷結婚して家庭をもつ。

◉**身を砕・く**　大変な苦心・努力をする。

◉**身を粉にする**　苦労をいとわず、一所懸命に仕事をする。注意「粉」を「こな」と読むのは誤り。

◉**身を立・てる**　❶生計を立てる。‖「役者として—」❷立身出世する。

◉**身を投・じる**　❶みずから川・海・火口などに飛び込む。❷みずからその世界に入り込み、熱心に物事を行う。‖「政治運動に—」◈「投じる」は「投ずる」とも。

◉**身を引・く**　かかわりのあった物事と関係を断って、そこから退く。撤退する。

◉**身を持ち崩・す**　品行が悪く、生活がふしだらになる。

◉**身を以て**　みずから直接に。自分自身で。‖「—体験したこと」注意「身を持って」と書くのは誤り。

◉**身を窶・す**　❶目立たないようにわざとみすぼらしい身なりをする。❷やつれるほど熱中する。‖「恋に—」

み【実】［名］❶植物の種子。また、果実。‖「柿の—がなる」❷汁の中に入れる中身。具。❸内容。実質。‖「—のある話」読み分け「名を捨てて実を取る」「改革の実を上げる」は「じつ」と読む。「花も実もある」「努力が実を結ぶ」は「み」と読む。「実がある」「実がない」は、誠意・真心の意の場合は「じつ」と読み、中身・実績の意の場合は両方読む。「実のない人（＝誠意のない人）」「もう少し実のある話がしたい」

◉**実を結・ぶ**　❶植物の実がなる。❷よい結果があらわれる。‖「長年の努力が—」

み【▽深】［接頭］〈主に和語の名詞に付いて〉美しいとほめたたえ、また、語調を整える。‖「—山・—雪・—吉野」書き方「▽御」「▽美」とも。

み【▽御】［接頭］〈主に和語の名詞に付いて〉神仏・天皇・貴人などに属するものであることを示し、尊敬の意を表す。‖「—仏・—心・—子・—世」

み【未】［接頭］まだ…していない、まだ…でない、の意を表す。‖「—解決・—確認・—成年・—払い」「—刊・—完・—熟・—納」使い方「生没年未詳／不詳」「砂糖未使用／非使用のチョコレート」では、「未」は「まだ…していない（いつの日にか実現する意を含む）」、「不・非」は「…していない（下の語をただ否定する）」で、意味に違いがある。

み［接尾］❶そのような性質や状態である、そのように感じられる意を表す。‖「赤—を帯びる」「温か—のある人柄」「甘—・新鮮—・ありがた—」❷そのような状態である場所の意を表す。‖「高—に立つ」「深—にはまる」「茂—に入る」❸〈古風〉二つの動作や状態が交互にくり返される意を表す。‖「降り—降らず—」◈書き方❶❷は「味」と当てるが、近年はかな書きが一般的（ただし「新鮮味」など、漢語形容動詞語幹に付くときは「味」も多い）。なお、これは和語の接尾語で、「甘味」「人間味」「醍醐味」など漢語の「味」とは別。使い方（1）❶❷は形容詞・形容動詞語幹に付いて名詞を作る。❸は動詞または助動詞「ず」の連用形に付く。（2）❶は近年、若者の間で「やばみを感じる」「わかりみが深い」などと拡張して用いられるが、標準的でない。

み【味】（造）❶食べ物のあじ。うまみ。‖「—覚」「甘—・酸—・七—・珍—」❷舌であじわう。また、物事をよく考えて理解する。‖「玩—・吟—」❸物事の趣やおもしろみ。‖「俳—・興—・趣—」「人間—」❹物事の内容。中身。‖「意—・正—」

み【魅】（造）❶もののけ。ばけもの。‖「魑—」❷とりつきまどわす。心をひきつける。‖「—力・—惑」

ミ【mi イタリア】［名］❶西洋音楽で、長音階の第三音の階名。また、短音階の第五音の階名。❷日本音名ホ音のイタリア音名。

み-あい【見合い】ヒア［名］❶結婚相手を求めている男女が紹介者の仲介によって面会すること。‖「—結婚」❷つり合っていること。‖「需給の—がとれる」

み-あ・う【見合う】フアウ ㊀［自五］両方のつり合いがとれる。対応する。合う。‖「この政策は日本の実情に—っている」「収入に—った生活をする」㊁［他五］互いに相手を見る。‖「両力士が互いに目を—ったまま動かない」名見合い

み-あ・きる【見飽きる】［自上一］何度も見て、もうそれ以上見る気がなくなる。‖「—きた風景［映画］」

み-あ・げる【見上げる】［他下一］❶下から上を見る。仰ぎ見る。‖「星空を—」❷称賛や尊敬の気持ちで見る。りっぱだと感心する。‖「—げた度胸だ」◈⇕見下げる・見下ろす　文みあ・ぐ

み-あた・る【見当たる】［自五］さがしていたものが見つかる。‖「眼鏡が—らない」▼現代では多く否定の形で使う。

み-あやま・る【見誤る】［他五］見て他のものとまち

がえる。また、見方をまちがえる。判断を誤る。〓「信号を—」「本質を—」 名 見誤り

みあわ・せる【見合わせる】〔他下一〕❶互いに相手を見る。見かわす。見合う。〓「思わず相手と顔を—」❷比べて見る。見比べる。対照する。〓「二つの案を—」❸事情を考慮し、実行をやめてようすをみる。〓「体調が悪いので旅行を—」 文 みあは・す 異形 見合わす

みいだ・す【見▽出す】〔他五〕隠されたものなどを新たに見つけ出す。発見する。〓「前途に活路を—」「人生に意義を—」 書き方「見い出す」と書くのは誤り。語構成は「見出(だ)す」。

ミーティング【meeting】〔名〕会合。打ち合わせ。

ミート【meat】〔名〕食用の肉。精肉。〓「—パイ」

ミート【meet】〔名・自サ変〕ボールをバットやラケットでうまくとらえること。〓「ジャスト—」

ミートソース【meat sauce】〔名〕ひき肉とみじん切りにした野菜を炒め、トマト・香辛料などを入れて煮込んだソース。パスタなどにかけて食べる。

ミートローフ【meat loaf】〔名〕ひき肉に野菜のみじん切りなどを加えて調味し、型に入れてオーブンで焼いた料理。

みいはあ〔名・形動〕軽薄で、周りの人の趣味や流行に左右されやすいこと。また、その人。〓「—な考え方」「—な/の私」▼「みいちゃんはあちゃん」の略。 書き方 普通「ミーハー」と書く。

ミイラ【mirra ポルトガル】〔名〕死体が腐敗しないで、原形に近い状態を保ちながら乾燥したもの。天然にできたものと、人工のものとがある。 書き方「〈木▾乃▾伊〉」と当てる。

◉**ミイラ取りがミイラにな・る** 人を連れ戻しに行った者が、先方にとどまって帰ってこられなくなる。また、人を説得しようとした者が、かえって相手に説得されてしまう。

みいり【実入り】〔名〕❶穀物などが実を結ぶこと。また、その実の入りぐあい。❷収入。もうけ。〓「—のいい商売」

みい・る【見入る】〔自他五〕じっと見る。また、引き付けられて見る。見とれる。〓「テレビの画面に—」「穴のあくほど相手を—」 書き方 主に受身形で、抵抗しがたい魔力や魅力にとりつかれる意では「魅入られる」とも。〓「悪魔［仏像］に魅入られる」

ミール【meal】〔名〕❶麦・豆・トウモロコシなどをひき割りにして粗い粉にしたもの。〓「オート—」❷食事。〓「—キット」

みうけ【身請け（身受け）】〔名・他サ変〕芸妓・娼妓などの前借金を払って、年季の明けないうちにその勤めをやめさせること。落籍。

みう・ける【見受ける】〔他下一〕❶見てとる。見て判断する。〓「どこも悪くないように—・けられる」❷見かける。〓「知った顔も二、三—・けられる」 文 みう・く

みうごき【身動き】〔名〕❶体を動かすこと。身じろぎ。❷思い通りに行動すること。〓「監視の目が厳しくて—がとれない」

みうしな・う【見失う】〔他五〕それまで見えていたものの所在がわからなくなる。〓「目標を—」

みうち【身内】〔名〕❶からだの内部。また、からだじゅう。❷家族やごく近い血縁関係にある人。〓「—だけで祝う」❸同じ組織に属する人。また、同じ親分の配下にある子分。〓「警察が—をかばう」

みうり【身売り】〔名・自他サ変〕❶前借金と引き換えに、年期を定めて奉公すること。〓「娘を—する」▼多く芸妓・娼妓についていう。❷経営難の会社などが、権利や施設をそっくり他に売り渡すこと。〓「工場を設備ごと—する」

みえ【見▽栄・見得】〔名〕❶人の目を意識して、うわべを実際よりよく見せようとすること。❷歌舞伎の演技・演出の一つ。役者が感情の盛り上がった場面でその動作を一時静止し、にらむようにして一定の姿勢をとること。◈動詞「見える」の連用形から。 書き分け 多く、①は【見栄】、②は【見得】と書く。「見栄」「見得」は当て字。公用文や新聞では【見え】と書く。

◉**見栄も外聞(がいぶん)もな・い** 人の目やうわさを気にかける余裕がない。

◉**見えを切・る** ❶役者が見得の所作をする。❷ことさら自分を誇示するような態度をとる。 書き方「見え」は「見得」とも。

◉**見えを張・る** ことさらにうわべを取り繕う。 書き方「見え」は「見▽栄」とも。

みえ-かくれ【見え隠れ】〔名・自サ変〕見えたり隠れたりすること。〓「本音が—する文面」▼「みえがくれ」とも。

みえ-す・く【見え透く】〔自五〕❶透きとおっていて中や底までよく見える。❷隠された意図や本心がよくわかる。〓「—・いた世辞を言う」

みえっ-ぱり【見▽栄っ張り】〔名・形動〕見えを張ること。また、その人。見え坊。〓「—の父」

みえ-ぼう【見▽栄坊】〔名〕見えを張りたがる人。見えっ張り。 書き方 公用文では「見え坊」。

みえ-みえ【見え見え】〔名・形動〕相手の意図や本心が見えすいていること。〓「魂胆(こんたん)が—だ」

み・える【見える】〔動下一〕一〔自〕❶その物の存在や動きが目でとらえられる。〓「窓から海が—」「笑うと八重歯が—」「さっきから彼の姿が—・えない」「目に—・えて（＝はっきりと分かる形で）大きくなる」❷〈「目が見える」の形で〉物を見る能力がある。また、目が物の存在や動きをとらえられる状態にある。〓「猫は暗がりでもよく目が—」「事故で目が—・えなくなる」❸見た感じでそのように判断される。また、見た感じがそのように判断される。〓「私には彼はまだほんの子供に—」「健康そうに—」「死人のように—」「どこから見ても本物に—」「楽しげに—」「若く—」「少し違って—」 使い方 判断を表す内容を、体言＋断定の助動詞「だ」の連用形「に」、形容動詞連用形「〜に」、形容詞連用形「〜く」、動詞連用形＋「て［で］」などの形で受ける。❹閲覧できる形で書物などに記録登載されている。見られる。ある。〓「その逸話は史記に—」❺あるものにそのような印象や様子が感じられる。見てとれる。観察される。〓「証書に改竄(かいざん)の跡が—」「景気に回復の兆しが—」「表情に疲れが—」❻〈「…と見える」の形で〉外見から判断してそのようだと思われる。見受けられる。〓「男はまだ三〇歳過ぎと—」「よほど困っているものと—・えます」❼未来の姿や物事の内容などが具体的なイメージとしてとらえられる。〓「目を閉じれば自分の未来が—・えてくる」「なかなか実体が—・えない」❽「来る」の尊敬語。おいでになる。いらっしゃる。〓「お客様が—・えました」▼更に尊敬の度合いを高めた「お見えになる」は二重敬語になるが一般化している。

注意 (1)尊敬の助動詞「られる」を付けた「見えられる」

は標準的でない。⑵相手(訪問者)の到着を自分側(訪問される側)の視覚に基づいていう語で、謙譲表現・依頼表現などとはなじまない。〓「×四時ごろお見えください→○いらして[おいで・お越し]ください」「×当店にお見えいただきありがとうございます→○当店にいらして[おいで・お越し]いただきありがとうございます」

❾《主に「よく見える」の形で》眼鏡や受像機の像が細かいところまで鮮明に知覚できる。〓「この眼鏡は遠方までよく—」

二 [補動]《連用形＋「て[で]」に付いて》東海・岐阜地方の方言で、「…てい(居)る」「…てゆく」「…てくる」の尊敬語。…ていらっしゃる。〓「考えて[帰って]—」「承知をして—」 書き方 かな書きが多い。

使い方 「午後には戻ってみえるの?」「お母上は明日訪ねてみえます」など、「…ていらっしゃる」の意で移動動詞を受けるものは、共通語化している。「…てくる」の尊敬語に相当する。 文 み・ゆ 名 見え

みえる-か【見える化】 ワカ [名]〈新〉実態や情報などを客観的に把握できるように視覚化すること。可視化。〓「業務実態の—」

み-お【▼澪・〈水脈〉】 ヲ [名] ❶遠浅の海や河口などで、帯状に深くなっているところ。小型船が行き来する水路となる。❷船が通ったあとに残る水の筋。航跡。▼「水(み)緒(お)」の意。

み-おくり【見送り】 [名] 見送ること。〓「同僚の—を受ける」

み-おく・る【見送る】 [他五] ❶遠ざかっていく人を、人や乗り物が見えなくなる所まで目で追う。また、そうするためにある所までついていく。〓「門口で客を—」❷追跡をあきらめて、遠ざかって行くものの軌跡を目で追う。〓「ホームランボールを呆然(ぼうぜん)と—」❸死ぬまで見届ける。〓「心を尽くして父親を最期まで—」❹積極的にかかわらないでほうっておく。〓「バスを一台—」「今の球は—ればボールだった」❺計画していたことを実行しないで、次の機会までそのままにしておく。〓「着工を—」「法改正が—られる」 名 見送り

み-おさめ【見納め(見収め)】 サメ [名] それを見ることが最後になること。〓「この世の—」

み-お-つ-くし【▼澪▽標】 ミヲ [名] 船の通路を示すために水中に立てた杭。▼「澪(みお)の串(くし)」の意。和歌では多く「身を尽くし」にかけて使われる。

み-おと・す【見落とす】 [他五] 見ていながら気がつかないですごしてしまう。〓「間違いを—」 名 見落とし

み-おとり【見劣り】 [名・自サ変] 他と比べて劣って見えること。〓「性能が—する」「体格で—する」「これならプロの作品と比べても—がしない」

み-おぼえ【見覚え】 [名] 以前に見た記憶があること。〓「—のない人」

み-おも【身重】 [名] 妊娠していること。〓「—になる」

み-おろ・す【見下ろす】 [他五] ❶上から下の方を見る。〓「ビルの屋上から町を—」❷見さげる。見くだす。あなどる。〓「人を—した態度」◈⇔見上げる

み-かい【未開】 [名] ❶文明がまだ十分に開けていないこと。〓「—社会」❷土地などがまだ開拓されていないこと。〓「—の荒野」

み-かいけつ【未解決】 [名・形動] まだ解決していないこと。〓「—の事件」

みかいほう-ぶらく【未解放部落】 ハウ [名] 被差別部落。

み-かえし【見返し】 ヘシ [名] ❶書物の表紙と本文との間に取りつける二ページ大の丈夫な紙。半分は表紙の内側に貼りつけ、「遊び」と呼ばれる半分は本文に接する。❷和装本の表(おもて)表紙の裏に貼る紙または布。❸洋裁で、襟ぐり・袖ぐり・打ち合わせなどの縁の始末に用いる布。

み-かえ・す【見返す】 ヘス [他五] ❶後ろを振り向いて見る。❷もう一度見る。見直す。〓「原稿を—」❸相手の視線を受けて、こちらも相手を見る。〓「相手の目を—」❹以前あなどられた相手に、立派になった姿を見せつけて報いる。〓「いつか—してやる」

み-かえり【見返り】 ヘリ [名] ❶振り向いて後ろを見ること。〓「—柳」「—美人」❷相手がしてくれたことにこたえて何かをすること。特に、保証・担保・代償として何かを差し出すこと。また、そのもの。〓「援助の—を要求する」

み-か・える【見変える】 ヘル [他下一] あるものを捨てて他のものに心を移す。〓「恋人に—えられる」 文 みか・ふ

みがき【磨き(▽研き)】 [名] ❶こすってつやを出すこと。❷修練して一段とすぐれたものにすること。〓「技に—をかける」

みがき-こ【磨き粉】 [名] 物をみがくのに使う粉。

みがき-にしん【身欠き▼鰊】 [名] 頭・尾・内臓を取り除き、二つに裂いて乾燥させたニシン。身欠き。みがきにしん。

み-かぎ・る【見限る】 [他五] 見込みがないと判断してあきらめる。見切りをつける。〓「会社を—って転職する」「弟子を—って破門にする」 名 見限り

み-かく【味覚】 [名] 物の味を感じる感覚。舌にある味蕾(みらい)が、甘い・塩からい・すっぱい・苦いなどの味を感じとる。

みが・く【磨く(▽研く)】 [他五] ❶こすって汚れを落としたりつやを出したりする。〓「ブラシで歯を—」「モップで床を—」❷削って滑らかにしたり鋭くしたりする。研磨する。〓「研磨剤でダイヤを—」❸肌などの手入れをして美しくする。〓「爪(つめ)を—」❹技芸などを上達させるために励む。〓「料理の腕を—」「技を—」 可能 磨ける 名 磨き

みかく-しょうがい【味覚障害】 シャウガイ [名] 味覚機能の低下・消失、または過敏によって本来の味が感じられなくなる状態。

み-かけ【見かけ(見掛け)】 [名] 外側から見たようす。外から見た印象。〓「人は—によらぬ」

品格 ◆上辺(うわべ)「—をつくろう」 外観「住まいの—」 外見「—は強そうだ」 皮相(ひそう)「—な理解にとどまる」
◉「上辺」「皮相」は、本質・内面とは違うという批判的なニュアンスで使われることが多い。

みかげ-いし【▽御影石】 [名] 石材とする花崗岩(かこうがん)。または花崗岩質岩石。▼神戸市の御影地区が産地として知られたことから。

みかけ-だおし【見かけ倒し(見掛け倒し)】 ダフシ [名・形動] 外見はりっぱだが実質は劣っていること。〓「—で役に立たない」 注意 「見かけ倒れ」は誤り。

み-か・ける【見かける(見掛ける)】 [他下一] 意図しないで偶然に目にする。目にとめる。見受ける。〓「不審な人を—」「最近新聞でしばしば—表現だ」 文 みか・く 名 見かけ

みかじめ-りょう【みかじめ料】 [名] 反社会的勢力が、飲食店などから監督・保護の対価などとして受け取る金品。書き方「見ケ〆料」とも。

み-かた【見方】 [名] ❶見る方法。≡「地図の—」❷ある立場からの考え方。見解。≡「それも一つの—だ」「専門家の—」

み-かた【味方(身方)】 [名] ❶争い合う双方のうち、自分が属している方(の仲間)。⇕敵 ❷[自サ変] 支持・支援すること。≡「弱い方に—する」書き方 本来の表記は「▽御方」。「味方」「身方」は当て字が慣用化したものだが、今は「味方」が一般的。

みか-づき【三日月】 [名] ❶新月から数えて三日目前後に出る、細い弓形の月。陰暦の三日前後に出る月。❷「三日月形」の略。≡「—眉・—パン」

みかづき-がた【三日月形】 [名] 三日月のように弓なりに曲がっている形。

み-がって【身勝手】 [名・形動] 自分の都合や利益だけを考えて行動すること。自分勝手。≡「—な言い分」派生 -さ

み-かど【▽帝・▽御門】 [名] 〈古風〉天子・天皇。また、その位。▼皇居の門を意味した「門」の尊敬語から。

みか・ねる【見兼ねる】 [他下一] 黙って見ていることができない。傍観できない。≡「見るに—・ねて手を貸す」文 みか・ぬ

み-がまえ【身構え】 [名] 身構えること。また、その姿勢。

み-がま・える【身構える】 [自下一] 敵や迫ってくる相手の動きにいつでも応じられるように姿勢を整える。また、警戒しながら相手になる。≡「木剣をとって—」「尋問されて—」文 みがま・ふ 名 身構え

み-がら【身柄】 [名] ❶その人の体。その人自身。≡「—を預かる」❷身分。身のほど。

み-がる【身軽】 [名・形動] ❶体の動きが軽快であること。≡「—な動作」❷服装が簡単であること。≡「—な格好」❸責任・義務などがなく気楽に行動できること。≡「重責を果たして—になる」派生 -さ

み-かわ・す【見交わす】 [他五] 互いに相手を見る。見合わす。≡「目と目を—」

み-がわり【身代わり(身替わり)】 [名] 他人の代わりを務めること。また、その人。≡「人質の—になる」

み-かん【未刊】 [名] 書物などが、まだ刊行されていないこと。⇕既刊

み-かん【未完】 [名] まだ完了、完成していないこと。≡「—の大器」「—に終わった小説」

み-かん【▽蜜▼柑】 [名] ❶ミカン科ミカン属の常緑低木。皮は黄橙色で、甘酸っぱい実を食用とする。初夏、白色の小さな五弁花を開く。ウンシュウミカン。❷ミカン科ミカン属に属する一群の柑橘類の総称。ウンシュウミカン・ナツミカン・ダイダイ・オレンジなど。

み-かんせい【未完成】 [名・形動] まだ完成していないこと。未完。≡「—の作品」

みき【幹】 [名] ❶植物の、木質化した茎。根から伸びて枝をつけ、樹木の主軸となる。❷物事の主要な部分。≡「—のしっかりした計画」

み-き【《神酒》(▽御▽酒)】 [名] 神に供える酒。おみき。

みぎ【右】 [名] ❶人体を対称線に沿って二分したとき、心臓のない方。体の右側。≡「—の手が痛い」❷「前後左右」で表される相対的方向の一つで、「右」①の方向。また、その方向にある場所。例えば、話し手が北を向いたとき東に当たる方など。≡「そば屋の角を—に折れる」「—から三人目が田中君だ」使い方 ⑴左右が紛れるときは、視点を明らかにして「向かって—の入り口から入る」「客席から見て—が上手だ」などの限定が必要となる。⑵対面する相手には、しばしばその人の立場に身を置いていう。≡「〔バスガイドが〕—に見えますのは岩木山です」❸左右対称の物を中心線で縦に二分したとき、「右」①に相当する側。右側。≡「ステレオの—のスピーカーから音が出ない」「〔ひな人形で〕左大臣は左に右大臣は—に座る」使い方 ①の類推で、その物に身を置いた視点でいう用法。左右が紛れるときは、それと対面する視点から「向かって左」などと言いかえる。❹(回転の方向について)時計の針が進む方向。≡「ドライバーを—に回す」「渦が—に巻く」❺縦書きの文章で、それより前に記した事柄。≡「—御礼まで」「—に述べたとおり」▼横書きの場合は「上」を使う。❻思想の傾向が保守的・国粋主義的であること。右翼。≡「—がかった思想」◈①〜④⑥⇕左

◉**右から左**　その場ですぐに応じること。また、手に入れた物をすぐに失ったり他に渡したりすること。≡「うまい具合に—とはいかない」「何度聞いても—と抜けてしまう」

◉**右と言えば左**　人の言うことにことさらに反対ばかりすること。

◉**右に出る**　〈多く「…の右に出る者はない」の形で〉その人が最高にすぐれている。≡「チェスなら彼の—者はない」

◉**右へ倣え**　❶右の人のする通りにせよの意で、横列の隊列を整える時の号令としていう。❷最初に行った人のことを(無批判に)まねること。◈ 注意「右にならえ」は誤り。また、「右へ習え」と書くのも誤り。

◉**右も左も分からな・い**　物事を理解する力がない。西も東も分からない。注意「左も右も分からない」は誤り。

みぎ-うち【右打ち】 [名] ❶右手(で持ったラケットなど)で打つこと。❷野球などで、打者が右打席で打つこと。またゴルフで、プレーヤーがボールを打つ方向に自分の左側を向けた体勢で打つこと。❸野球などで、ボールを右方向へ打つこと。≡「—が得意だ」◈⇕左打ち

みぎ-うで【右腕】 [名] ❶右側の腕。うわん。⇕左腕 ❷最も信頼し、頼りにしている部下。≡「社長の—として活躍する」

みぎかた-あがり【右肩上がり】 [名] ❶時を追うごとに数値などが上昇すること。≡「—の景気」▼数値を表すグラフの線が右側にいくほど上がることから。❷文字を書く際、右側をやや上げて書くこと。

みぎ-がわ【右側】 [名] 右の方の側。うそく。⇕左側

み-きき【見聞き】 [名・他サ変] 見たり聞いたりすること。見聞。≡「—したことを記録する」

みぎ-きき【右利き】 [名] 左手よりも右手の方がよく利くこと。また、その人。⇕左利き

ミキサー [mixer] [名] ❶野菜・果物などを刃物の回転で細かくくだいて液状にする電気器具。❷セメント・砂・砂利・水などを混合してコンクリートをつくる機械。コンクリートミキサー。❸複数の音声や映像を混合・調節する装置。また、それを操作する人。ミクサー。

ミキサー-しゃ【ミキサー車】 [名] コンクリート

を攪拌(かくはん)しながら輸送するトラック。トラックミキサー。

ミキシング【mixing】［名］❶混ぜ合わせること。‖「—グラスでカクテルをつくる」❷放送や録音で、いくつかの音声や映像を混合して調整すること。

みぎ-て【右手】［名］❶右の手。❷右の方。右側。◈⇕左手

みぎ-なげ【右投げ】［名］ボールなどを右の手で投げること。‖「—左打ち」⇕左投げ

みぎ-ひだり【右左】［名］❶右と左。右方と左方。さゆう。❷右と左を取り違えること。あべこべ。‖「靴を—に履く」

みぎ-よつ【右四つ】［名］相撲で、右手を相手の左腕の下に差し込み、左手で上手(うわて)をとって組む体勢。⇕左四つ

み-きり【見切り】［名］見込みがないとして、あきらめること。見限ること。

み-ぎり【▼砌】［名］時。おり。時節。‖「幼少の—」「向暑の—ご自愛のほどお祈り申し上げます」

みきり-はっしゃ【見切り発車】［名・自サ変］❶電車やバスが満員などの理由で乗客を駅などに残したまま出発すること。❷必要十分な条件が整わないうちに、物事を次の段階に進めること。‖「議会の承認を得ないまま—する」

みきり-ひん【見切り品】［名］利益を見限って安売りする商品。

み-き・る【見切る】［他五］❶すっかり見てしまう。❷見込みがないと判断してあきらめる。見捨てる。見限る。‖「医者に—・られる」❸ある商品を定価では売れないと見限る。

み-ぎれい【身奇麗・身▼綺麗】［形動］身なりや身の回りが清潔でさっぱりしているさま。‖「—な人」派生-さ

み-ぎわ【▼汀・▼渚・▽水際】(ハキ)［名］陸地と水の接する所。みずぎわ。

み-きわ・める【見極める】(キハメル)［他下一］❶最後まで見て確認する。‖「結果を—」❷物事の本質を追究して明らかにする。‖「事の真相を—」❸物事の奥底まで知りつくす。‖「芸の奥義を—」文みきは・む

み-くず【▽水▼屑】(ツク)［名］水中のごみ。‖「—となる(=水死する)」

み-くだ・す【見下す】［他五］❶相手をあなどって自分より低く見る。見さげる。‖「人を—・した態度」❷下の方を見る。見おろす。‖「眼下に—大平原」

みくだり-はん【三下り半(三▽行半)】［名］江戸時代、庶民が離婚するとき、夫から妻に与えた離縁状。‖「—を突きつける」▼三行半に書く習慣があったことから。

み-くび・る【見▼縊る】［他五］あなどって軽く見る。見くだす。‖「若輩だと思って—な」

み-くら・べる【見比べる(見▽較べる)】［他下一］それぞれを見て比べる。‖「商品を—」文みくら・ぶ

み-ぐるし・い【見苦しい】［形］見るからにいやな感じであるさま。みにくい。みっともない。‖「—身なり」派生-げ／-さ

み-ぐるみ【身▽包み】［名］身につけているもの全部。‖「追いはぎに—はがれた」「—(を)はがされる」

ミクロ【micro フランス】［名］❶［形動］非常に小さいこと。極微。また、微視的であること。‖「—の／な世界」⇕マクロ ❷⬇マイクロ①

ミクロコスモス【Mikrokosmos ドイツ】［名］小宇宙。⇕マクロコスモス

ミクロン【micron フランス】［名］メートル法の長さの単位。一ミクロンは一マイクロメートル。記号μ ▼現在はマイクロメートルを使う。

み-け【三毛】［名］ネコの毛色で、白黒茶の三色がまじったもの。また、その毛色のネコ。三毛猫。

み-けいけん【未経験】［名・形動］まだ経験していないこと。‖「—の仕事」「冬山は—だ」「—者可」

み-けつ【未決】［名］❶まだ決定・決裁がなされないこと。‖「—の議題」❷被告人の有罪・無罪がまだ決まっていないこと。‖「—囚(=拘置所に拘禁されている被疑者・被告人)」◈⇕既決

み-けん【未見】［名］❶まだ見ていないこと。‖「—の地」❷まだ会っていないこと。‖「—の人」

み-けん【眉間】［名］まゆとまゆの間。額の中央。‖「—にしわを寄せる」

み-こ【〈神子〉・〈▼巫女〉】［名］❶神事に奉仕し、神職を補佐する未婚の女性。かんなぎ。‖「—が神楽を舞う」❷神がかりの状態になって神託を告げたり、死者の口寄せをしたりする女性。

み-こ【▽御子(〈皇子〉・〈皇女〉・〈親王〉)】［名］❶天皇の子。皇子・皇女。❷親王(しんのう)。❸キリストの敬称。御子(おんこ)。‖「救いの—」▼神の子の意。書き方③は専ら「御子」と書く。

み-ごうしゃ【見巧者】(シャウ)［名・形動］芝居などを見なれていて、見方のじょうずなこと。また、その人。

み-こし【〈神▼輿〉・▽御▼輿】［名］祭礼のときなどに、神体・神霊を安置してかつぐ輿(こし)。おみこし。▼「輿」の尊敬語から。 輿

◉**神輿を上・げる** ❶腰を上げる。立ち上がる。▼「輿」を「腰」にかけていう。❷仕事に取りかかる。

◉**神輿を担(かつ)・ぐ** 人をおだてて祭り上げる。

◉**神輿を据(す)・える** 腰を落ち着けて動かない。‖「—・えて飲み始める」

み-こし【見越し】［名］隔てているものを越して向こう側を見ること。‖「—の松(=敷地の外から塀越しに上部が見えるように植えた松)」

み-ごしらえ【身▼拵え】(ラヘ)［名・自サ変］何かをするために服装をととのえること。身支度。

み-こ・す【見越す】［他五］❶成り行きを推しはかる。見通す。‖「値上がりを—・して買い占める」❷もの越しに見る。

み-ごたえ【見応え】(タヘ)［名］見るに値すること。見るだけの価値。‖「—のある試合」

み-こと【▽尊・▽命】［名］〈「…のみこと」の形で、神や貴人の名を受けて〉〔古風〕尊敬の意を表す。‖「日本武尊(やまとたけるのみこと)」「大国主命(おおくにぬしのみこと)」

み-ごと【見事(▽美事)】［形動・副］❶すばらしいさま。立派なさま。また、手際などが、あざやかで巧みなさま。‖「—な腕前［技］」「—(に)やり遂げる」❷〈逆説的に〉完全であるさま。‖「—な負けっぷり」「ものの—に失敗する」◈見るべき価値のあるものの意から。

みこと-のり【詔(▽勅)】［名］天皇のおことば。また、それを書き記したもの。詔勅。▼「御言宣(みことのり)」の意。

み-ごなし【身▽熟し】［名］体の動かし方。身のこなし。

み-こみ【見込み】［名］❶先行きの予想・予定。あ

て。〓「今週中にできる—です」「—違い」❷将来性。可能性。〓「—のある選手」

み-こ・む【見込む】［他五］❶前もって計算に入れる。あてにする。〓「臨時収入を—・んで予算を立てる」❷有望だと思う。頼りにする。〓「—・まれて支店長に抜擢される」［可能］見込める ［名］見込み

み-ごも・る【身籠もる（▽妊る）】［自他五］妊娠する。はらむ。〓「赤子を—」

み-ごろ【見頃】［名］見るのに最もよい時期。〓「梅の花が—になる」

み-ごろ【身頃（▼裑）】［名］衣服で、袖（そで）・襟・衽（おくみ）などを除いた、体の前と後ろをおおう部分。〓「前—」

み-ごろし【見殺し】［名］❶死にそうになっている人を見ていながら、助けないでほうっておくこと。❷困っている人を見ていながら助けないこと。〓「苦境に立つ友を—にする」

み-こん【未婚】［名］まだ結婚していないこと。⬍既婚

ミサ【missa ラテ】［名］❶ローマカトリック教会で、神をたたえ、罪のあがないと神の恵みを祈るための儀式。❷ミサの儀式のための多声楽曲。▼「ミサ曲」の略。◈［書き方］「▽弥▼撒」と当てる。

み-さい【未済】［名］物事がまだ済んでいないこと。また、金銭の返済がまだ終わっていないこと。〓「—事項」⬍既済

ミサイル【missile】［名］弾頭を備え、ロケットまたはジェットエンジンで発射・推進され、誘導装置によって目標に到達する爆弾。誘導弾。

みさお【操】ミサヲ［名］❶志を変えずにつらぬくこと。節操。❷女性の貞操。〓「—を立てる」

み-さかい【見境】ミサカヒ［名］物事を見分け、善悪・良否を判断すること。分別。識別。〓「酔うと前後の—がなくなる」「誰かれの—なく食ってかかる」▼多く下に打ち消しを伴って否定的に使う。

み-さき【岬（▽崎・▼碕）】［名］海や湖に細長く突き出ている陸地。また、その先端。さき。

み-さ・げる【見下げる】［他下一］相手をあなどって低く見る。また、劣ったものとして軽蔑する。〓「人を—・げた態度」「逃げ帰るとは—・げた奴だ」⬍見上げる ［文］みさ・ぐ

みさご【▼鶚・〈▼雎▼鳩〉】［名］日本全土の海辺や水辺にすむミサゴ科の鳥。背面は茶褐色で、頭部と下面は白い。鋭い爪で水面の魚をつかみとる。雎鳩（しょきゅう）。 鶚

み-ささぎ【陵】［名］天皇・皇后などの墓所。御陵（ごりょう）。

み-さだ・める【見定める】［他下一］しっかり見とどけて判断する。見きわめる。〓「状況を—・めてから行動する」［文］みさだ・む ［名］見定め

みざる-きかざる-いわざる【見猿聞か猿言わ猿】サル-イハ［連語］両目・両耳・口をそれぞれの両手で覆った三匹の猿の像。心を惑わすものは見ない、聞かない、余計なことは言わない、の意を表す。三猿（さんえん）。

みじか・い【短い】［形］❶両端間の空間的距離が小さい。〓「このトンネル［杖（つえ）］は—」「波長が—」「—首」「—・く切った髪」［使い方］⬇長い ❷時間的な幅が小さい。〓「冬の日は—」「寿命が—」「充実した時間は—・く感じられる」❸情報量が少なく、受容や鑑賞に時間がかからないさま。〓「講演の内容を—・くまとめる」「—手紙を書く」「—小説」❹〈多く「太く短く」の形で〉⬇太い⑤ ［派生］—さ「彼の気の—にはあきれるよ」

みじか-め【短め（短目）】［名・形動］普通よりやや短いこと。〓「髪を—にカットする」「—のコート」⬍長め ［書き方］慣用的に「短かめ」「短か目」とも。

みじか-よ【短夜】［名］夏の、短くて明けやすい夜。［書き方］慣用的に「短か夜」とも。

み-じたく【身支度・身仕度】［名・自サ変］何かをするために身なりをととのえること。身ごしらえ。〓「旅行の—をする」「—を整える」

み-じまい【身仕舞い】ミジマヒ［名・自サ変］身なりをととのえること。特に、女性が服装をととのえ、化粧をすること。

みじめ【惨め】［形動］見るにしのびないほどあわれなさま。また、自分でもひどく情けないさま。〓「—な暮らし」「—な負け方」［派生］—さ

み-しゅう【未習】ミシフ［名］まだ学習していないこと。習い終えていないこと。⬍既習

み-じゅく【未熟】［名・形動］❶果実などが十分に熟していないこと。〓「—な／の豆」⬍完熟 ❷経験・修練が不十分で、学問・技芸などが熟達していないこと。〓「まだ—な腕前」「—者」⬍円熟 ❸発育が十分でないこと。［派生］—さ

みじゅく-じ【未熟児】［名］出生時の体重が小さい新生児。▼現在、医学用語としては用いない。二五〇〇グラム未満の新生児は「低出生体重児」という。

み-しょう【実生】ミシャウ［名］挿し木・接ぎ木などによらないで、種子から発芽して生長した植物。みばえ。

み-しょう【未生】ミシャウ［名］まだ生まれないこと。

み-しょう【未詳】ミシャウ［名］まだはっきりとわからないこと。〓「作者［語源］—」

みしょう-いぜん【未生以前】ミシャウ［名］❶仏教で、自己を滅却した絶対無差別の境地。無我の境地。▼「父母（ぶも）未生以前」の略。❷生まれる以前。ずっと前。

み-しらず【身知らず】［名・形動］自分の身分や能力をわきまえないこと。身のほど知らず。

みしら-ぬ【見知らぬ】［連体］まだ見たことのない。面識がない。〓「—人」

みしり-お・く【見知り置く】［他五］見て記憶しておく。〓「以後お—・きください」

みしり-ごし【見知り越し】［名］以前から知り合っていること。面識があること。〓「—の間柄」

み-し・る【見知る】［他五］以前に会って知っている。面識がある。〓「よく—・った人」

み-じろぎ【身▽動ぎ】［名・自サ変］体をちょっと動かすこと。〓「—ひとつしない」

ミシン［名］❶布・革などを縫い合わせたり、刺繍を施したりするのに使う機械。❷紙などの切り取り線にあける細かい穴の列。◈sewing machine から。

み-じん【▽微▼塵】ミヂン［名］❶細かいちり。❷物が砕けて、非常に細かくなること。また、非常に細かいもの。〓「粉—」「木っ端—」❸〈下に打ち消しの語を伴って〉ごくわずかであること。〓「嫌な顔など—も見せない」

みじん-ぎり【▽微▼塵切り】ミヂン［名］野菜をごく細かく切ること。また、そのもの。

みじん-こ【▽微▼塵子・〈水▼蚤〉】ミヂン［名］ミジンコ科の甲殻類。体長一〜三ミリメートル。浅い池や沼に生息し、魚類の主要なえさとなる。▼ミジンコ目・ケンミジンコ目・ソコミジンコ目の甲殻類の総称としても使う。

みじん-こ【▽微▼塵粉】ミヂン-［名］糯米を蒸して干し、ひいて粉にしたもの。落雁など、和菓子の材料にする。

み-す【▽御▼簾】［名］宮殿・神殿などで用いるすだれ。平絹・綾などで縁をとった、目の細かいもの。 簾

ミス［Miss］［名］❶未婚女性の姓や名に冠する敬称。❷［miss］未婚の女性。❸名詞の上に付いて、それを代表する人として選ばれた未婚女性。≡「ー○○大学」

ミス［miss］［名・自他サ変］やりそこなうこと。失敗。≡「計算をーする」「送球でーする」「ケアレスー」

みず【水】ミヅ［名］❶雨・雪・川・湖沼・地下水・海などとして自然界にごく普通に存在する無色透明の液体。飲用・洗浄用のほか多くの用途がある。動植物体の構成成分としても重要で、生物の生命の維持に欠かせない。化学的には水素と酸素の化合物で、常温では液体、蒸発して水蒸気に、氷点下で氷になる。化学式H_2O ≡「岩の間からーが湧く」「ーを飲む」「ーで洗う」❷（湯に対して）温度の高くないもの。≡「この洗面台はーしか出ない」「ーで割って焼酎を飲む」❸人に害を与えるものとしての①。≡「ーの被害」❹液状のもの。特に、動物の組織内にたまる液体。≡「ひざにーがたまる」❺相撲で、力水のこと。

◈使い方 透明・清澄、自然、冷涼・冷静、淡麗・淡泊などのたとえにいう。≡「心清きことーのごとし」「流れるーのように自然に生きる」「俄にーの如き夜気が身に沁みて〈二葉亭〉」「左馬之介の表情は、ーのごとく冷静であった〈柴田錬三郎〉」「交わりは淡きことーのごとし」

◉**水が出る** 洪水が起こる。

◉**水が入る** 相撲で、水入りの勝負になる。

◉**水清ければ魚棲まず** 清廉にすぎるとかえって人にうとんじられるたとえ。

◉**水と油** 反発しあって互いに融和しないたとえ。油と水。

◉**水に流す** 過去のいざこざをなかったことにする。

◉**水に慣れる** その環境になれる。≡「プロのー」▼その土地の水が体になじむようになることから。

◉**水の低きに就くが如し** 物事は自然のなりゆきに従うということ。また、自然の勢いは人の力では止めがたいということ。▼『孟子』から。

◉**水は方円の器に随う** 人は環境や人間関係に感化され、よくも悪くもなるということ。▼水は容器の形に従って四角くも丸くもなることから。

◉**水も滴る** みずみずしい美しさの形容。≡「ーいい女［男］」

◉**水も漏らさぬ** 構えが厳重緊密で、遺漏がないさま。≡「ー警戒網を敷く」✓注意「水も漏れぬ」は誤り。

◉**水をあ・ける** 水泳・ボートレースなどで、一身長・一艇身以上の差をつける。また、競争相手との間に差をつける。

◉**水を打ったよう** いっせいに静まりかえるさま。

◉**水を得た魚** ➡魚（魚の水を得たよう）

◉**水を掛・ける** 盛り上がった動きのじゃまだてをする。水を差す。≡「改革の機運にー」

◉**水を差・す** じゃまをする。特に、はたから仲のいい間柄のじゃまをする。水を掛ける。≡「友好関係にー」

◉**水を向・ける** 相手の関心が自分の思うところに向くように誘いをかける。誘い水を向ける。

ミズ［Ms.］［名］未婚・既婚に関係なく、女性の姓や名に冠する敬称。▼アメリカの女性解放運動から生まれた、Miss と Mrs. からの合成語。

みず-あか【水▼垢】ミヅ-［名］水に溶けていた物質が分離して固まったもの。沈殿・浮遊したり、容器に付着したりする。

みず-あげ【水揚げ】ミヅ-［名］❶［他サ変］船の積み荷を陸にあげること。陸揚げ。❷漁獲高。❸商売などの売上高。稼ぎ高。❹生け花で、花材が水を吸い上げること。また、切り口を焼いたりして、花材がよく水を吸い上げるようにすること。❺遊女などが初めて客をとること。

みず-あさぎ【水浅▼葱】ミヅ-［名］薄いあさぎ色。みず色。

みず-あし【水足（水脚）】ミヅ-［名］河川などの水量が増減する速さ。

みず-あそび【水遊び】ミヅ-［名・自サ変］海・川・湖などの水に入って遊ぶこと。また、水を使って遊ぶこと。

みず-あたり【水▽中たり】ミヅ-［名・自サ変］生水を飲んで胃腸をこわすこと。≡「旅先でーした」

みず-あび【水浴び】ミヅ-［名・自サ変］❶水を浴びること。水浴。❷泳ぐこと。水泳。

みず-あめ【水▼飴】ミヅ-［名］粘りけのある液状のあめ。でんぷんを麦芽などの酵素で糖化して作る。

みず-あらい【水洗い】ミヅアラヒ［名・他サ変］水で洗うこと。特に、洗剤などを使わないで、水だけで洗うこと。

み-すい【未遂】［名］❶ある事をしようとして、その目的を達しなかったこと。≡「自殺ー」❷法律で、犯罪の実行に着手したが結果が不発生に終わり、犯罪の完成にはいたらなかったこと。≡「殺人ー」◈⬍既遂

みず-いらず【水入らず】ミヅ-［名］身内の者だけで他人をまじえないこと。≡「親子ーの旅行」「夫婦ーで暮らす」

みず-いり【水入り】ミヅ-［名］相撲で、長い間組み合ったまま勝負がつかないとき、いったん両力士を引き離して力水を与えること。しばらく休ませたのち、前と同じ形に組ませて勝負を再開する。

みず-いろ【水色】ミヅ-［名］うすい青色。空色。

みず-うみ【湖】ミヅ-［名］周囲を陸地に囲まれ、広く水をたたえた所。池や沼よりも大きく、沿岸植物が侵入できない深さのものをいう。▼「水海」の意。

みず-え【水絵】ミヅヱ［名］❶水彩画。❷浮世絵で、藍・紅・黄・緑など、淡色だけの色版で摺る版画様式。輪郭の墨線は用いない。錦絵誕生の前に試みられた。

みず-え【▼瑞枝】ミヅ-［名］みずみずしい若枝。

みず-えのぐ【水絵の具】ミヅヱノグ［名］水で溶いて使う絵の具。水彩絵の具。

み-す・える【見据える】ミスヱル［他下一］❶じっと見つめる。≡「相手の目をー」❷しっかり見とどける。見定める。≡「現実をー」文みす・う

みず-おち【〈▼鳩尾〉】ミヅ-［名］➡みぞおち▼「水落ち」の意。

みず-かい【水飼い】ミヅカヒ［名］家畜に水を飲ませること。≡「ー場」

みず-がい【水貝】ミヅガヒ［名］生のアワビをさいの目に切って深鉢に入れ、氷片を浮かした薄い塩水を注いだ料理。三杯酢やわさび醤油で食べる。

みず-かがみ【水鏡】ミヅ［名］水面に姿が映ること。水面に姿を映して見ること。また、その水面。▽水面を鏡にたとえていう。

みず-かき【水▼搔き・▼蹼】ミヅ［名］水鳥・カエルなどの指の間にある薄い膜。泳ぐときに水をかく働きをする。

みず-がき【▼瑞垣（▼瑞▼籬）】ミヅ［名］神社など周囲にめぐらした垣根の美称。たまがき。▽古くは「みずかき」。

みずかけ-ろん【水掛け論】ミヅカケ［名］お互いが自分の主張をまげず、決着がつかないまま続く議論。

みず-かげん【水加減】ミヅ［名］料理などで、水の入れぐあい。

みず-かさ【水▼嵩】ミヅ［名］川・池・湖などの水の量。水量。「川の━が増す」

みず-がし【水菓子】ミヅグワシ［名］くだもの。✓注意 水ようかんなどの冷菓の意で使うのは誤り。

み-すか・す【見透かす】［他五］❶すかして見る。❷表面にあらわれないことを見抜く。見破る。「胸中を━・される」

みず-がめ【水▽瓶・水▼甕】ミヅ［名］飲み水などをたくわえておくかめ。

み-すがら【身すがら】［名］〔古風〕❶体ひとつだけで、荷物などを持っていないこと。身一つ。❷自分一人だけで、連れや係累のないこと。

みずから【自ら】ミヅ ━［名］自分。自分自身。「━の力を信じる」━［副］自分で。手ずから。「━撤退する」「首相━説得にあたる」

みず-がれ【水▼涸れ】ミヅ［名］日照り続きで、井戸・池・田・川などの水が干上がること。

み-すぎ【身過ぎ】［名・自サ変］生計を立てていくこと。また、その手段。「━世過ぎ」

みず-き【水木】ミヅ［名］初夏、枝先に白色の小花を密生してつけるミズキ科の落葉高木。山地に自生し、庭木としても植える。白い材は器具・細工物用。語源 早春、木部に多量の水を含むことから。

みず-ぎ【水着】ミヅ［名］水泳や海水浴のときに身につける衣服。海水着。

みず-ききん【水飢▼饉】ミヅ［名］日照りが続いて、飲料水や農業用水が極度に欠乏すること。

ミスキャスト【miscast】［名］映画・演劇などで、不適当な俳優に役の割り当てをすること。不適当な配役。▽広く人選を誤る意でも使う。

みず-きり【水切り】ミヅ［名］❶［他サ変］物についた水分を取り去ること。また、そのための用具。❷［他サ変］生け花で、水揚げのために、花材の枝や茎を水の中で切ること。❸小石を水面と水平に投げ、石が水面をはねて飛ぶのを楽しむ遊び。

みず-ぎわ【水際】ミヅギハ［名］陸地が海・川・湖などの水面と接するあたり。みぎわ。

みずぎわ-さくせん【水際作戦】ミヅギハ［名］❶上陸してくる敵を水際で撃退する作戦。❷海港・空港などで、病原体・害虫などが国内に入り込まないように防疫体制をとること。

みずぎわ-だ・つ【水際立つ】ミヅギハ［自五］ひときわ目立つ。「━・った演技を見せる」

みず-ぐき【水茎】ミヅ［名］筆。また、筆跡。みずくき。「━の跡（＝書かれた文字）もうるわしく」

みず-くさ【水草】ミヅ［名］淡水中に生える草。すいそう。

みずくさ・い【水臭い】ミヅ［形］❶水分が多くて味が薄いさま。水っぽい。「━味噌汁」❷〔親しい間柄であるにもかかわらず〕他人行儀であるさま。「隠しておくなんて━」派生 -さ

みず-ぐすり【水薬】ミヅ［名］液状の飲み薬。医薬品を水に溶かしたもの。すいやく。

みず-ぐち【水口】ミヅ［名］水を引き入れる口。また、水を放出する口。みずくち。

みず-ぐるま【水車】ミヅ［名］⬇すいしゃ

みず-け【水気】ミヅ［名］そのものに含まれている水分。「━を切る」

みず-げい【水芸】ミヅ［名］水を使った曲芸や奇術。細い管を通した扇子・刀・衣装などから囃子に合わせて水を吹き出させるもの。

みず-けむり【水煙】ミヅ［名］❶水が細かいしぶきとなって飛び散り、煙のように見えるもの。❷水面に立ちのぼる霧や靄。

みず-こ【水子】ミヅ［名］胎児。特に、流産または堕胎した胎児。みずご。「━供養・━地蔵」

みず-ごえ【水肥】ミヅ［名］液状の肥料。下肥を水で薄めたものなど。すいひ。

みず-ごけ【水▼蘚・水▼苔】ミヅ［名］❶湿地・沼地などに群生するミズゴケ科の蘚類の総称。茎から数本の枝を伸ばして舌状の葉を密生する。透明な細胞をもつ葉は吸水力が強いので、園芸植物の保水材などに利用する。❷水垢のこと。

みず-ごころ【水心】ミヅ［名］❶水泳の心得。❷「魚心あれば水心あり」の略。⬇魚心

み-すご・す【見過ごす】［他五］❶見ていながら気づかないでしまう。見落とす。「道路標識を━」❷見て気づきながら、そのままにしておく。看過する。「悪事を━」

みず-こぼし【水▽翻し】ミヅ［名］点茶の際、茶碗をすすいだ湯水を捨てる器。建水。

みず-ごり【水▼垢離】ミヅ［名］神仏に祈願するとき、冷水を浴びて心身を清めること。垢離。

みず-さいばい【水栽培】ミヅ［名］土壌を使わず、必要な養分を溶かした水だけで植物を育てること。水耕。

みず-さかずき【水杯（水▼盃）】ミヅサカヅキ［名］再会が望めない別れに際して、互いに水を杯について飲み交わすこと。

みず-さき【水先】ミヅ［名］❶水の流れていく方向。❷船の進んでいく方向。船の水路。❸「水先案内」の略。

みずさき-あんない【水先案内】ミヅ［名］船舶が港を出入りするときや内海・運河などの水域を通航するときに水路の案内をすること。また、その人。パイロット。

みず-さし【水差し】ミヅ［名］コップ・花瓶などに注ぐための水を入れておく容器。

みず-しごと【水仕事】ミヅ［名］炊事・洗濯など、水を使ってする家事。

みず-じも【水霜】ミヅ［名］晩秋に露が凍って霜のようになったもの。露霜。みずしも。

みず-しょうばい【水商売】ミヅシャウバイ［名］客の人気・都合によって収入が増減する、浮沈の激しい商売。接客業・風俗営業など。水稼業。

ミス-ショット【和製 miss＋shot】［名］ゴルフ・テ

ニスなどで、ボールを誤った方向に打つこと。打ちそこなうこと。

みず-しらず【見ず知らず】[名] 一度も会ったことがなく、まったく知らないこと。一面識もないこと。‖「―の人[土地]」

みず-すまし【水澄まし】ミヅ [名] ❶水面を旋回して泳ぐ習性をもつミズスマシ科の小甲虫。紡錘形の体は黒褐色で、金属光沢がある。ウズムシ。マイマイムシ。❷アメンボの別称。

みず-ぜめ【水攻め】ミヅ [名] ❶せき止めた川の水を城の周囲に導き、水浸しになって孤立した敵を攻めること。また、その戦法。❷城内への給水路を断ち、敵を水不足に苦しませて攻めること。また、その戦法。

みず-ぜめ【水責め】ミヅ [名] 水を使って行う拷問。多量の水を飲ませたり、絶えず顔面に水を浴びせかけたりするもの。

みず-た【水田】ミヅ [名] ⬇すいでん

ミスター[Mister・Mr.] [名] ❶男性の姓や名に冠する敬称。❷〈分野・団体などを表す語の上に付けて〉それを代表する男性である意を表す。‖「―ベースボール」

みず-たき【水炊き】ミヅ [名] 鶏肉・野菜などを湯炊きにし、ポン酢醬油(じょうゆ)などをつけて食べる鍋料理。みずだき。

みず-たま【水玉】ミヅ [名] ❶水滴が玉のように丸い形になったもの。❷小さな円を一面に散らした模様。▼「水玉模様」の略。

みず-たまり【水▼溜まり】ミヅ [名] 地面のくぼみに雨水などがたまったもの。

み-ずち【▼蛟・▼虬】ミヅ [名] 毒気を吐いて人を苦しめるという想像上の動物。体は蛇に似て長く、角と四肢をもつ。▼「み」は水、「つ」は「の」、「ち」は霊の意。

みず-ぢゃや【水茶屋】ミヅ [名] 江戸時代、道端や寺社の境内で、往来の人々に湯茶を飲ませて休息させた店。みずちゃや。

みず-っぱな【水っ▼洟】ミヅ [名] 水のように薄い鼻じる。みずばな。

みず-っぽ・い【水っぽい】ミヅ [形] 水分が多すぎて味が薄いさま。水くさい。‖「―酒」派生 -さ

ミスティシズム[mysticism] [名] 神秘主義。

ミステーク[mistake] [名] 誤り。まちがい。ミス。

みず-でっぽう【水鉄砲】ミヅテッパウ [名] 筒先の穴から水を押し出して飛ばす玩具(がんぐ)。竹筒型・ピストル型などがある。

ミステリアス[mysterious] [形動] 神秘的なさま。不可解なさま。‖「―な現象」

ミステリー[mystery] [名] ❶神秘。不思議。怪奇。❷推理小説。怪奇小説。

み-す・てる【見捨てる(見▽棄てる)】[他下一] ❶窮状を見ながら、そのままに捨てておく。‖「倒れた人を―」❷捨てて顧みない。見込みがないとみて関係を絶つ。見限る。‖「師に―・てられる」文 みす・つ

みず-てん【見ず転・〈不見〉転】[名] 芸者などが、金次第でどんな相手にも身をまかせること。また、その芸者など。‖「―芸者」▼花札で、状況を考えないで札を出すことから。

ミスト[mist] [名] ❶霧。もや。❷霧状のもの。スプレー式の化粧品や整髪料など。

みず-どけい【水《時計》】ミヅ [名] 小さな穴からしたたり落ちる水の量によって時刻をはかる時計。漏刻(ろうこく)。

みず-とり【水鳥】ミヅ [名] 水辺に生息する鳥の総称。水禽(すいきん)。

みず-な【水菜】ミヅ [名] ❶野菜のキョウナの別称。❷山中の湿地に群生するイラクサ科の多年草。葉はゆがんだ卵形で、先がとがる。若い茎は食用。ウワバミソウ。ミズ。

みず-に【水煮】ミヅ [名・他サ変] 魚・野菜などを、味をつけないで水だけで煮ること。また、その煮たもの。‖「大豆を―する」▼薄い塩味のものもいう。

みず-の-あわ【水の泡】ミヅ [名] ❶水面に浮かぶ泡。すいほう。▼はかなく消えるもののたとえにもいう。❷努力・苦心がむだになること。‖「せっかくの苦労も―だ」

みず-の-え【▼壬】ミヅ [名] 十干(じっかん)の第九番目。じん。▼「水の兄(え)」の意。

みず-の-と【▼癸】ミヅ [名] 十干(じっかん)の第十番目。き。▼「水の弟(と)」の意。

みず-のみ【水飲み(水▼呑み)】ミヅ [名] 水を飲むこと。また、そのための器。‖「―場」

みずのみ-びゃくしょう【水▼呑み百姓】ミヅノミヒヤクシヤウ [名] 江戸時代、自分の田畑を持たず、日雇いや小作によって生活した下層農民。▼貧しい農民の卑称としても使った。

みず-ば【水場】ミヅ [名] ❶登山などで、飲み水や炊事用の水を汲(く)む場所。‖「―を探す」❷野鳥や野獣などが水を飲みに来る場所。‖「象が―に集まる」

みず-ばかり【水▼秤】ミヅ [名] アルキメデスの原理を利用し、液体の比重を測定する装置。

みず-ばかり【水計り(水▽準)】ミヅ [名] 水盛(も)り。

みず-はけ【水▼捌け】ミヅ [名] 水、特に雨水の流れていくぐあい。排水。みずはき。‖「―の悪い土地」

みず-ばしょう【水▼芭▼蕉】ミヅバセウ [名] 雪解けのあと、白い大きな仏炎苞(ぶつえんほう)に包まれた淡緑色の花穂を出すサトイモ科の多年草。本州中部以北の山地の湿原に群生する。

みず-ばしら【水柱】ミヅ [名] 水面から柱のように高くふき上がった水。すいちゅう。

みず-ばら【水腹】ミヅ [名] ❶水をたくさん飲んだときの腹ぐあい。❷水をたくさん飲んで空腹をしのぐこと。‖「―も一時(いっとき)」

みず-ばり【水張り】ミヅ [名] ❶糊は使わず、水だけにひたした布地を板などに張りつけて乾かすこと。❷水彩画などを描くとき、用紙をしめらせて画板などに張りつけること。紙の伸縮を防ぎ、絵の具ののびをよくするために行う。

みず-ひき【水引】ミヅ [名] ❶糊(のり)をひいたこよりを三本または五本合わせて干し固めたもの。慶事には紅白・金銀、弔事には黒白・藍白などに色を染め分け、進物の包み紙などを結ぶのに使う。❷山野に自生するタデ科の多年草。夏から秋、細長い花序をのばし、紅色の小花をまばらにつける。

みず-びたし【水浸し】ミヅ [名] すっかり水にひたること。

みず-ぶき【水拭き】ミヅ [名・他サ変] 水でしぼった布などで拭くこと。‖「テーブルを―する」

みず-ぶくれ【水膨れ(水▼脹れ)】ミヅ [名] ❶皮下に漿液(しょうえき)がたまりその部分がふくれること。また、そのもの。❷多量に水を含んで、ふくらんでいること。

ミスプリント [misprint] [名] 印刷物の誤り。誤植。ミスプリ。

みず-ぶろ【水風呂】 [名] わかしていない、冷たい水のままの風呂。

みず-べ【水辺】 [名] 川・池・湖沼などの、水のほとり。

みず-ほ【▼瑞穂】 [名] みずみずしい稲の穂。「―の国（＝日本国の美称）」

みず-ぼうそう【水▼疱▼瘡】 [名] 水痘の通称。

み-すぼらし・い [形] 粗末で、いかにも見劣りがするさま。貧弱だ。貧相だ。「―家[姿]」▼「すぼらし」は動詞「窄る」の形容詞化。すぼまるように見えるの意からとも、身がすぼまるようになるの意からともいう。派生 -げ／-さ

みず-まくら【水枕】 [名] 発熱時に頭を冷やすために、中に水や氷を入れて使うゴム製の枕。氷枕。

みず-まし【水増し】 [名・他サ変] ❶水を加えて分量をふやすこと。❷実際の数量などに名目を加え、見かけだけをふやすこと。また、決められた数量よりも多く見せかけること。「―予算」「―入学」

み-すま・す【見澄ます（見済ます）】 [他五] 注意してよく見る。「暗闇を―」

ミスマッチ [mismatch] [名] ❶釣り合わないこと。適合しないこと。「―感覚」❷異質なものどうしを意図的に組み合わせること。

みず-まわり【水回り】 [名] 家屋の中で、水をよく使う場所。台所・洗面所・浴室など。

みす-みす【見す見す】 [副] 目の前で見ていながら、またそうなるとわかっていながら、どうすることもできないさま。「―損をする」「犯人を―取り逃がす」書き方 かな書きも多い。

みずみずし・い【▼瑞▼瑞しい】 [形] 新鮮で生き生きしているさま。つやがあって若々しい。「―肌[野菜・感覚]」派生 -さ

みず-むし【水虫】 [名] ❶白癬菌によって起こる皮膚病。足の指の間や足の裏に小水疱やただれが生じ、強いかゆみを伴う。❷池沼などに生息するカメムシ目ミズムシ科の昆虫。❸水田・池沼などに生息する等脚目ミズムシ科の甲殻類。

みず-もち【水餅】 [名] かびやひび割れを防ぐために、もちを水につけておくこと。また、そのもち。

みず-もの【水物】 [名] ❶飲み物。❷水分の多い食べ物。果物など。❸そのときの状況に左右されやすく、予想のむずかしい物事。「選挙は―だ」

みず-もり【水盛り】 [名] 細長い角材にほった溝に水を入れ、その平面によって傾斜を測定する器具。また、それを使って水平を定めること。水計り。▼現在は気泡水準器などが用いられている。

みず-や【水屋】 [名] ❶寺社で、参詣人が手や口を洗い清める所。御手洗。❷茶室で、茶事の支度をしたり、茶器を洗ったりする所。水遣り。❸水を扱う所。台所。❹茶器・食器類を入れておく戸棚。茶だんす。

みず-ようかん【水羊▼羹】 [名] 寒天を煮溶かした中に砂糖やあんを加え、容器に入れて冷やし固めた夏向きの羊羹。水分が多く、やわらかい。

ミスリード [mislead] [名] ❶[他サ変] 人を誤った方向へ導くこと。❷新聞・雑誌などで、見出しと記事の内容が大きく異なること。◈「ミスリーディング」とも。

み・する【魅する】 [他サ変] 人の心を引きつける。魅了する。「美声に―・せられる」文 み・す

ミス・る [自五] ミスをする。失敗する。しくじる。「本番で―」▼「ミス(miss)」を動詞化した語。

みず-わり【水割り】 [名] ウイスキー・焼酎などに水や氷を加えて薄めること。また、そのもの。

みせ【店】 [名] 商品を陳列して客に売る所。商店。▼「見世棚」の略から。書き方 美的な表記として「見世」とも。

◉**店を畳・む** 商売をやめる。店じまいをする。

み-せいねん【未成年】 [名] 成年に達していないこと。また、その人。⇔成年

みせ-か・ける【見せかける（見せ掛ける）】 [他下一] 実際はそうでないのに、うわべだけそう見えるようにする。「実力以上に―」文 みせか・く 名 見せかけ

みせ-がね【見せ金】 [名] 商取引などで、信用を得るために相手に見せる金銭。

みせ-がまえ【店構え】 [名] 店の構え方。店の大きさや規模。「立派な―」

みせ-ぐち【店口】 [名] 店の間口。「―が広い」

みせ-けち【見せ▽消ち】 [名] 写本などの字句を訂正するとき、もとの字句が読めるように消す方法。その字句の上に細い線を引いたり、傍点をつけたりする。

みせ-さき【店先】 [名] 商店の入り口あたり。店頭。

みせ-じまい【店仕舞い】 [名・自サ変] ❶その日の営業を終えて店をしめること。閉店。❷店をたたんで廃業すること。◈⇔店開き

みせ-しめ【見せしめ】 [名] 悪事を働いた人を罰してみせることで、その人や他の人が同様の悪事をくり返さないように戒めの例とすること。

ミセス [Mrs.] [名] ❶既婚の女性の姓に冠する敬称。▼未婚の女性の場合は「ミス」。❷既婚の女性。

みせ-だま【見せ球】 [名] 野球で、投手が決め球を効果的にするためにわざと投げる、決め球とはコースや球種の異なる球。「直球を―に変化球で勝負する」

み-せつ【未設】 [名] まだ設置・建設されていないこと。「―の鉄道」「―の警報装置」「―線」⇔既設

みせ-つ・ける【見せつける（見せ付ける）】 [他下一] わざと人目につくようにする。これ見よがしにする。「仲のよいところを―」文 みせつ・く

みせ-どころ【見せ所】 [名] ぜひとも他人に見せたい得意な場面。「ここが腕の―だ」

み-ぜに【身銭】 [名] 自分の金。

◉**身銭を切・る** 本来自分が出す筋合いではない金を、自分の金で支払う。

みせ-ば【見せ場】 [名] 芝居などで、役者が得意とする芸を見せる場面。また一般に、見るだけの価値のある場面。「―をつくる」

みせ-ばん【店番】 [名] 店先で客の応対や商品の見張りをすること。また、その人。

みせ-びらか・す【見せびらかす】 [他五] 自慢そうに見せる。「最新のオーディオを―」

みせ-びらき【店開き】 [名・自サ変] ❶店を開けてその日の営業を始めること。開業。❷新しく店を開いて商売を始めること。◈⇔店仕舞い

みせ-もの【見世物】 [名] ❶料金を取って珍しい物

や各種の芸を見せる興行。また、その出し物。||「—小屋」❷多くの人から興味の対象として見られること。||「世間の—になる」◈[書き方]公用文では「見せ物」。

みせ-や【店屋】[名] 商店。みせ。||「—さん」

み・せる【見せる(診せる)】[動下一] 一 [他] ❶人に示してある物が見えるようにする。見させる。||「係官に身分証明書を—」「友人にノートを—」「敵に後ろを—・せて逃げる」「子供にサーカスを—」「いやがる証拠写真を—」❷特定の動作や演技などを作りなしてそれを示す。やって見せる。披露(ひろう)する。||「選手たちが堂々の行進を—」「泳法の手本を—」「名人芸を—」❸言語・行動・態度・表情などを通して内在的なものを外に表し示す。||「冷たいそぶりを—」「驚きの様子を—」「横綱の意地を—」「相手に弱みを—」「手の内を—」「お恥ずかしい姿をお—・せしました」❹そのものがそうでないものに見えるようにする。||「紙を散らして降雪に—」❺そのような性質をもったものに見えるようにする。||「優雅なことば遣いが彼女を上品に—・せている」❻映画・芝居などがよくできていて、人をして自然に見入るようにさせる。||「なかなか—映画だった」[書き方]美的な表記として「魅せる」とも当てる。||「魅せる野球」❼診察をしてもらう。また、専門的に鑑定や調査などをしてもらう。||「子供を医者に診せる」「掛け軸を鑑定士に—」[書き分け]診察の場合は【診】。❽〈「…に姿[顔]を見せる」などの形で〉自分の姿が人の目に入るようにする意を表す。…に姿[顔]を現す。||「週に一度は同好会に顔を—」「富士山が雲間に姿を—」❾物事に対してある姿勢や反応を表し示す。||「演劇に興味を—」「仕事に熱意を—」❿物事がその状態や推移・変化などを現し示す。||「町並みが落ち着いたたずまいを—」「景気が回復の兆しを—」「台風が衰えを—」「政局が意外な展開を—」◈[使い方]謙譲表現に「ご覧に入れる」「お目にかける」「(御)高覧(こうらん)[尊覧(そんらん)・貴覧(きらん)]に供(きょう)する」、謙遜(けんそん)した言い方に「(御)笑覧(しょうらん)に供する」などがある。二 [補動]〈動詞の連用形+「て[で]」に付いて〉❶人に見えるように実際にその行為をする。||「うなずいて—」「ほほえんで—」❷話し手の強い意志(=決意)を表す。||「何としても彼に勝って—ぞ」[文]み・す

み-ぜん【未然】[名] まだその事態になっていないこと。||「災害を—に防ぐ」

みぜん-けい【未然形】[名] 国文法で、活用語の第一活用形。口語では助動詞「ない」「う・よう」「れる・られる」「せる・させる」などが接続し、文語では助動詞「ず」「む」「る・らる」「す・さす」「しむ」などが接続する形。

噌

みそ【味▼噌】[名] ❶蒸した大豆を砕き、塩と麹(こうじ)を加えて発酵させた調味料。豆麹を使った豆味噌、麦麹を使った麦味噌、米麹を使った米味噌などがある。❷カニやエビの甲殻中にある、色や形状が①に似たもの。❸工夫や趣向をこらしたところ。自慢とする点。||「このカメラは胸ポケットにも収まるのが—だ」[書き方]「ミソ」と書くことも多い。

◉**味噌も糞(くそ)も一緒** 価値のあるものもないものも同一に扱うことのたとえ。

◉**味噌を付・ける** しくじる。しくじって面目を失う。

みぞ【溝】[名] ❶水を流すために地面を横長に掘ったもの。❷細長いくぼみ。||「敷居の—」❸人と人との間に生じる感情的な隔たり。||「夫婦間の—が深まる」

みぞ【〈針孔〉】[名] 針のあな。めど。

みそ-あえ【味▼噌▽和え】(アヘ) [名] 野菜・魚肉などを味噌であえること。また、その料理。

み-ぞう【未曽有】[名] 今までに一度もなかったこと。みぞうう。||「—の大事件」▼「未(いま)だ曽(かつ)て有らず」の意。

みぞ-おち【〈▼鳩尾〉】[名] 胸部の下方中央、胸骨の下にあるくぼんだ所。急所の一つ。▼「みずおち」の転。

みそ-か【〈▼晦日〉・三▽十日】[名] その月の最後の日。つごもり。||「—払い」▼月の三十番目の日の意。

みそか【▽密か】[形動] 人に知られないようにこっそりするさま。ひそか。||「—事(ごと)(=秘密のこと。また、密通)」

禊

み-そぎ【▼禊ぎ】[名・自サ変] 罪やけがれをはらうために、川などの水を浴びて身を清めること。||「滝で—(を)して山に登る」

みそ-くそ【味▼噌▼糞】[形動] ➡くそみそ

み-そこな・う【見損なう】(ソコナフ) [他五] ❶見あやまる。見まちがう。||「残念だ、—・ったよ」「これでも武士だ、—・ってもらっては困る」❸見る機会をのがす。見のがす。||「話題のミュージカルを—」

みそ-さざい【〈▼鷦▼鷯〉】[名] 山間の沢沿いにすむミソサザイ科の小鳥。体は茶褐色で、全長約一〇センチメートル。短い尾を上下させて活発に飛び回る。ミソッチョ。

みそ-じ【三▽十路・三▽十】(ヂ) [名] さんじゅう。三〇歳。

みそ-しる【味▼噌汁】[名] 味噌仕立ての汁物。実として野菜・豆腐・海藻・魚介などを加える。おみおつけ。

みそ-すり【味▼噌▼擂り】[名] ❶すり鉢で味噌をすること。❷へつらうこと。また、その人。ごますり。

みそっ-かす【味▼噌っ▼滓】[名] ❶味噌を漉(こ)したかす。❷子供の遊びなどで、その仲間と対等に扱ってもらえない子。

みそ-づけ【味▼噌漬け】[名] 野菜・肉・魚などを味噌に漬けること。また、漬けたもの。

みそっ-ぱ【味▼噌っ歯】[名] 乳歯の虫歯。また、欠けて黒っぽくなった歯。みそば。

みそなわ・す【見そなわす】(ミソナハス) [他五]「見る」の尊敬語。御覧になる。

みそ-はぎ【▼禊▼萩・▽溝▼萩】[名] 盂蘭盆会(うらぼんえ)のころ、紅紫色の小花を穂状につけるミソハギ科の多年草。山野の湿地に群生。盆花(ぼんばな)として栽培もする。精霊花(しょうりょうばな)。

みそひと-もじ【三▽十一文字】[名] 和歌。短歌。▼一首が仮名で三十一文字からなることから。

みそ-まめ【味▼噌豆】[名] ❶味噌の原料として、やわらかく煮た大豆。❷大豆のこと。

み-そ・める【見初める】[他下一] 初めて見た人に恋心をいだく。一目見て好きになる。||「パーティー会場で—・めた人」[文]みそ・む

み-そら【身空】[名] 身のうえ。境遇。||「若い—で苦労する」

霙

みぞれ【▼霙】[名] ❶空中でとけかかった雪が雨とまじって降るもの。➡あられ[ことば比べ] ❷かき氷に蜜(みつ)をかけたもの。

みぞれ-あえ【▼霙▽和え】(アヘ) [名] 魚介や野菜を、甘酢などで調味した大根おろしであえた料理。おろしあ

え。＝「ナマコの―」

みーそ・れる【見▽逸れる】〔他下一〕❶見ていながら、それと気づかないでいる。❷評価などをあやまり相手を低く見る。◈⬇お見それ 文みそ・る

みだ【▽弥▽陀】〔名〕「阿弥陀(あみだ)」の略。

みーだい【▽御台】〔名〕〔古風〕❶天皇や貴人を高めて、その食事をのせる台をいう語。❷天皇や貴人の食事。❸「御台所(みだいどころ)」の略。

みたいだ〔助動 形動型〕(みたいだろ-みたいだっ・みたいで・みたいに-みたいだ-みたいな-みたいなら-○)

❶**比況** 似たものにたとえる。ようだ。＝「真っ白で雪が降ったー」「星みたいな形」「まるで夢を見ているー」「もう勝ったみたいなものだ(＝勝ったも同然だ)」

❷**例示** 具体的な例として示す。のようだ。＝「君みたいな幸せ者はいない」「ゴムみたいに伸びる」

❸**不確かな断定** 話し手の知覚や直接的な経験に基づいた推測や判断を表す。＝「誰もいないー」「会いたくないー」「どうやら電車が遅れているー」

❹**婉曲** 断定を避けて婉曲(えんきょく)に示す。＝「少し味が薄いー」

◈「見たようだ」の転。使い方 (1)体言、形容動詞の語幹や、動詞、形容詞、助動詞「ない」「た」「(ら)れる」などの終止形に付く。(2)推量の助動詞「ようだ」よりも話し言葉的で、意味の範囲も狭い。また、「だ」を省いたやわらかな言い方「みたい」「みたいよ」「みたいね」も使われる。丁寧語は「みたいです」。

注意 (1)「鈴木君みたく(→みたいに)野球がうまいといいね」のように、「みたい」の「い」を形容詞の語尾のように活用させるのは本来は誤り。(2)話し言葉で、「一緒にやろうよ、みたいなことを言って四人で始めたんです」「謝ればいいんだろう、みたいな態度だったなあ」のように、「といった」や「と言わんばかりの」の代わりに、直接話法を「みたいな」で受ける言い方は、本来は誤り。

みーだいどころ【▽御台所】〔名〕〔古風〕大臣・大将・将軍などの妻の敬称。▼「御台盤所(みだいばんどころ)」の略。

みーたけ【身丈】〔名〕❶身のたけ。身長。❷着物で、襟のつけ根から裾(すそ)までの背縫いの長さ。

みーだし【見出し】〔名〕❶新聞・雑誌などで、記事の内容が一目で分かるように、文章の前につける簡単な言葉。❷書籍・帳簿などの、内容の一覧。目次・索引など。❸辞書で項目として立てた語。▼「見出し語」の略。

みーだしなみ【身▼嗜み】〔名〕❶人に不快な感じを与えないように、服装・容姿・言動などをととのえること。また、その心がけ。❷身につけておきたい教養や技芸。＝「英会話は現代人のーだ」

みた・す【満たす(▽充たす)】〔他五〕❶空所をいっぱいにする。＝「酒で杯をー」「一杯の飯で空腹をー」使い方「容器に水をー」のように、〜ニに〈容器〉を、〜ヲに〈器の中身〉をとる言い方もある。❷あるものが空所いっぱいに広がる。＝「歓声が会場をー」「心が感動でー・される」❸これ以上ほしくないという気持ちになるようにする。満足させる。＝「飽くなき追求で願望をー」「ー・されない思いが募る」❹条件や基準にかなった数値などが不足なく確保される。満足させる。＝「大会出場の条件をー記録が出る」◈書き分け【充】は、欠けるところがなくいっぱいにする意で「欠員[要求]を充たす」などと書くが、一般には【満】。可能 満たせる

みだ・す【乱す】〔他五〕❶整っていない状態を引き起こす。(非意図的な作用にいう)＝「髪をー・して奮戦する」「突然の訃報(ふほう)に心をー」「後半にペースをー」使い方「甘言が心をー」など、引き起こすものを主語にしてもいう。❷きちんとしていた列・式・席次などを整っていない状態にする。(意図的な動作にもそうでないものにもいう)＝「騒いで隊列をー」「銃声に敵が算をー(＝ちりぢりになる)」❸規律や秩序が軽んじられて混乱した結果を引き起こす。(非意図的な作用が多いが、そうでないものにもいう)＝「無責任な言動が規律をー」「国(の安寧)をー」「組織(の結束)をー」「秩序をー」書き方「▼紊す」とも。◈使い方 ふつう、マイナスに評価していう。

みーたつ【未達】〔名〕❶まだ達成しないこと。未達成。＝「ーの計画」❷郵便などがまだ届かないこと。

みーたて【見立て】〔名〕❶見て選ぶこと。選定。❷医師の診断。また、その結果。❸俳諧・和歌などで、あるものを別のものになぞらえて表現すること。

みーた・てる【見立てる】〔他下一〕❶見て選ぶ。選んで決める。＝「着物をー・てもらう」❷病気を診断する。＝「胃炎とー」❸仮にそのものと見なす。なぞらえる。＝「遠山の桜を白雲にー」文みた・つ

みたーところ【見た所】〔連語〕見たようすでは。一見したところでは。＝「ー元気そうだ」

みーたま【▽御霊・▽御▽魂】〔名〕神や死者の霊魂を高めていう語。

みたまーしろ【▽御霊代】〔名〕「霊代(たましろ)」の尊敬語。神霊の代わりとしてまつるもの。御神体。

みたまーや【▽御霊屋】〔名〕⬇おたまや(御霊屋)

みたーめ【見た目】〔名〕外から見たようす。外見。外観。＝「ーには丈夫そうな人」

品格 外形「ー的な視点」 外見「ーをはばかる」 外貌(がいぼう)「ー上の特徴」 観(かん)「別人のーがある」 形式「ーにのっとる」 形状「ー記憶」 形態「鳥のーを観察する」 体裁(ていさい)「ーにこだわる」 ◉「観」は、目に映った印象を言う。

みだら【淫ら・▼猥ら】〔形動〕性に関して慎みがないさま。性的に乱れているさま。＝「ーな言葉」

みーたらし【▽御手▽洗】〔名〕神社の入り口にあって、参拝者が水で手や口を洗い清める所。

みだりーがわし・い【▽濫りがわしい・▼猥りがわしい】〔形〕みだらであるさま。＝「ー話」派生 -さ

みだりーに【▽妄りに・▽濫りに・▽漫りに・▼猥りに】〔副〕むやみに。わけもなく。勝手に。＝「ー立ち入ることを禁ずる」▼形容動詞「みだりだ」の連用形から。

みだれ【乱れ】〔名〕❶乱れること。＝「髪[心]のー」❷能楽で、笛と大小鼓などの囃子(はやし)とともに舞う、緩急の変化の激しい舞。書き方「▼紊れ」とも。

みだれーうち【乱れ打ち・乱れ撃ち】〔名〕次から次へと打ちまくること。狙いを定めずにとにかく打つこと。動みだれう・つ(他五)

みだれーがみ【乱れ髪】〔名〕ばらばらに乱れた髪。また、形のくずれた髪。

みだれーと・ぶ【乱れ飛ぶ】〔自五〕多くのものが入り乱れて飛ぶ。＝「土俵に座布団がー」「うわさがー」

みだ・れる【乱れる】〔動下一〕■一〔自〕整っていた

ものがそうでない状態になる。≡「風で髪が━」「足並みが━」「心が千々に━」「列車のダイヤが━」「夏休みで生活が━」書き方 規律・秩序などがみだれる意では「▼紊れる」とも。使い方 多く、マイナスに評価していう。

二〈動詞の連用形に付いて複合動詞を作る〉…して無秩序な状態になる、無秩序に…する意を表す。≡「入り━・咲き━・寝━」文 みだ・る 名 乱れ

みち【道・▽路・▽途・▽径】［名］❶人・車などが往来する所。通路。道路。❷目的地までの経路。道すじ。≡「━に迷う」❸目的地までの距離。道のり。≡「隣町までは五キロほどの━だ」❹ある目的や結果に至るまでの道すじ。≡「合格への━は険しい」「我が━を行く」❺物事を行うために取るべき手だて。方法。≡「自活の━を探る」❻人としてふみ行うべき道すじ。道徳。≡「━をあやまる」❼仏教・儒教などの教え。≡「仏の━を説く」❽ある専門の分野。方面。≡「その━の権威」

◉**道が開**(ひら)**・ける** 進路をはばむものがなくなる。解決の手段が見つかる。≡「プロ［優勝］への━」

み‐ち【未知】［名］まだ知らないこと。まだ知られていないこと。≡「━の世界」⇔既知

みち‐あんない【道案内】［名］❶道順や距離を記して道ばたに立てる木や石。道標。みちしるべ。❷［自サ変］道順などを教えるために先に立って歩くこと。また、その人。≡「目的地まで━する」

みち‐いと【道糸】［名］釣り糸の、竿先から鉤素(はりす)までの部分。

み‐ぢか【身近】［名・形動］❶自分の体の近くであること。また、その場所。≡「━にある材料を使う」❷自分と関わりの深いこと。≡「━な人に頼む」「住民に━な問題」派生‐さ

み‐ちが・える【見違える】(ーチガヘル)［他下一］見て他のものと思う。また、判断を誤る。見まちがえる。≡「兄を弟と━」「━ように元気になった」文 みちが・ふ

みち‐かけ【満ち欠け（▼盈ち▼虧け）】［名］月が丸くなることと欠けること。

みち‐くさ【道草】［名］❶道ばたに生えている草。❷［自サ変］目的地に行く途中で他の物事に時間を費やす。≡「━して遅れる」▼「道草を食う」から。

◉**道草を食**(く)**・う** 目的地に行く途中で他の物事にかかわって時間を費やす。また、本筋から離れてむだな時間を費やす。≡「━って一年留年する」▼馬が道ばたの草を食ってなかなか進まない意から。注意「道草を食べる」は誤り。

みち‐しお【満ち潮】(ーシホ)［名］潮が満ちて、海面が次第に上昇する現象。また、一日のうちで海面が最も高くなるとき。上げ潮。まんちょう。⇔引き潮

みち‐じゅん【道順】［名］目的地に行くまでに通る道の順序。順路。

みち‐しるべ【道▽標】［名］❶道の方向や目的地までの距離などを記して道端に立てる標識。道案内。どうひょう。❷ある物事の手引きとなるもの。≡「人生の━」

みち‐すう【未知数】［名］❶方程式で、値のわかっていない数。x・y・zなどで表す。⇔既知数 ❷将来どうなるか予想がつかないこと。≡「彼の実力は━だ」❸ハンミョウの別称。

みち‐すがら【道すがら（〈途次〉）】［副］道を行く途中。道を行きながら。≡「━話し合う」▼「道道」よりやや改まった言い方。

みち‐すじ【道筋】(ーチスヂ)［名］❶通っていく道。通り道。コース。❷物事が進んでいく過程。また、物事の道理。すじみち。≡「事件の━をたどる」「話の━が立たない」

みち‐た・りる【満ち足りる】［自上一］十分に満たされる。満足する。≡「━・りた生活」

みち‐づれ【道連れ】［名］❶連れだって一緒に行くこと。また、その人。同行者。≡「旅は━世は情け」❷むりに一緒の行動をさせること。≡「子を━にして一家心中をはかる」◈注意「道ずれ」と書くのは誤り。

みち‐なか【道中】［名］❶目的地へ行く道の途中。❷道路のまん中。路上。

みちならぬ【道ならぬ】［連体］道徳にはずれた。≡「━恋」

みち‐なり【道▽形】［名］道路の続くその形。また、その形に従うこと。≡「━に進む」

みち‐の‐えき【道の駅】［名］幹線道路沿いに設けられた休憩施設。駐車場やトイレなどを備え、特産物の販売や観光情報の提供も行う。

みち‐の‐く【〈陸奥〉】［名］旧国名で、陸奥(むつ)・陸中(りくちゅう)・陸前(りくぜん)・磐城(いわき)・岩代(いわしろ)の奥州五国。現在の青森・岩手・宮城・福島の四県に当たる。▼「みち（道）のおく（奥）」の転。広義では東北地方全体をいう。

みち‐の‐べ【道の辺】［名］道のほとり。道ばた。

みち‐のり【道▽程】［名］ある地点から他の地点までの距離。どうてい。

みち‐ばた【道端】［名］道のはしのあたり。道のかたわら。路傍。

みち‐はば【道幅】［名］道路の横の広さ。

みち‐ひ【満ち干】［名］海水が満ちることと干ること。満潮と干潮。干満(かんまん)。≡「潮の━」

みちびき‐だ・す【導き出す】［他五］答えや結論を引き出して得る。≡「正解を━」

みち‐び・く【導く】［他五］❶人やものが目的の場所・方向に移動するようにする。誘導する。≡「客を応接間に━」「利根川の水を江戸の町に━（＝運ぶ）用水路」「北極星が探検隊を目的地へと━・いた」❷人を、ある方向に向かうように指導する。≡「多くの青少年をプロスポーツ界に━・いてきた指導者」「神の啓示に━・かれた（＝信仰の道に進むように啓示を受けた）」❸できごとを、特定の方向に進む（実現する）ようにしむける。≡「彼は難しい事業をみごとに成功に━・いた（＝成功させた）」「長い時間をかけて、国内経済を発展に━・いた（＝発展を実現した）」使い方「監督は結束の強化でチームを優勝に━」のように、〜ガ（＝主格）を〜デ（＝手段）に変えていうこともできる。❹結論・答えなどを引き出す。≡「与えられた条件から正解を━」◈「道引く」の意。可能 導ける 名 導き

［ことば探究］「導く」の使い方

▼「導く」①②③は、主に「〜を…に導く」という文型をとる。
「彼らを安全なルートに導く」「少年を健全な方向に導く」「チームを隆盛に導く」

▼「導く」④は、「（〜から）…を導く」という文型をとる。
「（複数の事実から）唯一の結論を導く」

▼②③は、よいことの実現を言うことが多いが、「破滅に導く」などまれに例外もある。

みち‐ぶしん【道普請】〔名・自サ変〕〔古風〕道路の新設や改修を行うこと。道路工事。

みち‐みち【道道】〔副〕道を行く途中で物事をするさま。道を行きながら。‖「帰る—花をつむ」

み‐ちゃく【未着】〔名〕まだ到着しないこと。‖「—郵便」

みち‐ゆき【道行き】〔名〕❶歌舞伎・浄瑠璃などで、相愛の男女が連れ立って旅を行く場面。駆け落ちの途上や心中に向かう場が多い。❷軍記物・謡曲・浄瑠璃などで、旅の途中の風景・旅情などをつづった韻文体の文章。❸和服用コート。被布(ひふ)に似た形で、えりもとを角形に仕立てたもの。道行きコート。▽もと道中着に使われたことから。◈書き方 多く「道行」と書く。

み・ちる【満ちる(▽充ちる)】〔自上一〕❶〈「〈場所〉ニ〈もの〉ガ満ちる」の形で〉ある場所に、あるものがあふれそうにいっぱいになる。充満する。‖「水槽に水が—・ちている」「反対派が会場に—・ちている」「体内に活力が—・ちている」「早春の気が山野に—」❷〈「〈場所〉ガ〈もの〉ニ/デ満ちる」の形で〉ある場所が、あるものによっていっぱいになる。充満する。‖「会場が反対派に/で—・ちている」「部屋は花の香りに—・ちている」「人生は希望に—・ちている」「敵意に—・ちたまなざし」「自信に—・ちた顔」使い方 強調した言い方に「満ち満ちる」がある。‖「喜びに満ち満ちた表情」❸極限の状態になる。‖「潮が—」「任期が—」「月が—・ちて二世が生まれる」
◈文語「満つ」は古くは四段に活用。中世以降上二段化し、さらに上一段の「満ちる」に転じた。書き分け【充】は、充満する意で「事件は謎に充ちる」などと使うが、一般には【満】。使い方 打ち消しで用いる場合、「ない」を直接付けた「満ちない」はほとんど使われず、「満ちていない」「満ちることはない」や、「満つ」に「ない」を付けた「満たない」など別の表現が使われる。⬇満つ 文み・つ

み‐つ【▼褌】〔名〕相撲のまわしで、腰に回した部分と縦に股下をおおう部分とが交差する所。また、まわし。‖「前—」▽「三つ」と同語源。

みつ【蜜】〔名〕❶植物が花から出す粘りのある甘い液。❷はちみつ。‖「—蠟(みつろう)」❸砂糖などを溶かして作る甘い液。

み・つ【満つ(▽充つ)】〔自五〕❶〔古風〕満ちる。‖「生憎(あいにく)酒は盃に—・たなかった〈藤村〉」❷〈「…に満たない」などの形で〉ある基準(の数値)に達しない。届かない。至らない。‖「定数に—・たない」「意に—・たない」◈使い方「満ちる」の古い語形「満つ」(四段活用)が未然形などに残ったもの。⬇満ちる

みつ【密】━〔形動〕❶ぎっしりと詰まっているさま。間隔がせまいさま。‖「木を—に植える」「—集・—林」「過—・疎—」❷関係が深いさま。‖「関係が—だ」「—接」「親—」❸こまやかなさま。細部にまで行き届いているさま。‖「—な計画」「厳—・緻—」❹他人に知られないよう、こっそりとするさま。‖「謀(はかりごと)は—なるをよしとする」「—会・—約・—貿易」「秘—・隠(おん)—」
━〔造〕「密教」の略。‖「顕—」

みつ‐あみ【三つ編み】〔名〕三本のひもや三束に分けた髪を互い違いに組み合わせて編むこと。また、その編み方や、そのように編んだもの。三つ組み。

みつ‐うん【密雲】〔名〕厚く重なった雲。

みつ‐おり【三つ折り】リヲ〔名〕三つに折ること。また、その折ったもの。

みっ‐か【三日】〔名〕❶月の第三番目の日。‖「一月—」❷三日間。‖「—三晩寝ずの看病をする」
⦿**三日に上げず** 間をおかないで。ほとんど毎日のように。‖「—通いつめる」✔注意「三日と上げず」「三日とあげず」「三日にあげず」は誤り。

みつ‐が【密画】ワク〔名〕細部まで綿密に描いた絵。細密画。

みっ‐かい【密会】ワイ〔名・自サ変〕ひそかに会うこと。特に、男女が人目をさけてこっそり会うこと。

みつ‐がさね【三つ重ね】〔名〕衣服・重箱・杯(さかずき)などで、三つを重ねて一組みにしたもの。みつぐみ。

みっか‐てんか【三日天下】〔名〕ごく短い期間だけ権力を握ること。みっかでんか。▽本能寺の変で天下をとった明智光秀(あけちみつひで)が、わずか一二日後に滅ぼされたことから。

みつ‐かど【三つ角】〔名〕❶道が三方に分かれている地点。三叉路。三つ辻。❷三つの角。

みっか‐ぼうず【三日坊主】バウズ〔名〕非常に飽きやすくて長続きしないこと。また、その人。

み‐つか・る【見つかる(見付かる)】〔自五〕❶隠していた身が人に見つけられる。発見される。‖「運よく敵に—・らずにすんだ」❷好ましくない物事が人の目にとまる。見つけられる。発見される。‖「飲酒運転が警察に—」「胃にポリープが—」使い方「警察に悪事を—・ってしまった」のように、他動詞としても使う。❸さがしていたものを見つけることができる。‖「やっとのことで迷子が—・った」「うまい言葉が—・らない」

みつ‐ぎ【密儀】〔名〕特別の資格をもった者だけが参加できる秘密の儀式。また、その資格を授けるために行う秘密の儀式。秘儀。

みつ‐ぎ【密議】〔名・自他サ変〕内密に相談すること。また、その相談・会議。秘密の会議。

みつぎ‐もの【貢ぎ物】〔名〕君主・宗主国などに献上する品物。

みっ‐きょう【密教】ケウ〔名〕仏教で、大日如来が自らの悟りを説いたとされる深遠秘密の教え。加持・祈禱(きとう)を重んじる。日本では、空海によって伝えられた真言宗系の東密と最澄によって伝えられた天台宗系の台密がある。⬍顕教

み‐つ・ぐ【貢ぐ】〔他五〕❶(支配者などに)金品を献上する。‖「朝廷に財物を—」❷愛情や敬意の表現として際限なく金品をささげる。入れあげる。‖「愛人に—」「グッズを買ってアイドルに—」可能 **貢げる** 名 **貢ぎ**

み‐づ・く【▽水漬く】〔自四〕〔古風〕水につかる。

ミックス【mix】〔名〕❶〔他サ変〕まぜ合わせること。組み合わせること。また、そのようにして一つにしたもの。‖「—サンド」❷テニス・卓球・バドミントンなどで、男女の混成チーム。▽「ミックスダブルス(mix doubles)」の略。

みつ‐くち【三つ口・〈▼兎唇〉】〔名〕「口唇裂(こうしんれつ)」をいう差別的な言い方。

みつ‐ぐみ【三つ組み】〔名〕❶三つで一組みになっていること。また、そのもの。‖「—の杯(さかずき)」❷三つ編み。

み‐づくろい【身繕い】ロヒ〔名・自サ変〕身なりを整えること。‖「—をすませる」

み‐つくろ・う【見繕う】ロフ〔他五〕適当なものを選んでととのえる。‖「夕食のおかずを—」

み‐つけ【見付(見▽附)】〔名〕江戸時代、枡形(ますがた)など

呼ばれる区画をもつ城門の外側で、番兵が通行人などを監視した所。▽江戸城には三六見附があったといわれ、現在でも赤坂見附・四谷見附などにその名が残る。

みっ-けい【密計】［名］ひそかにめぐらすはかりごと。秘密の計略。

みつ-げつ【蜜月】［名］❶結婚して間もないころ。ハネムーン。‖「一旅行（＝新婚旅行）」❷親密な関係にあること。‖「両派の一時代は終わった」▽honeymoonの訳語。

み-つ・ける【見つける（見付ける）】［他下一］❶探しているものを見いだす。発見する。‖「落とした財布を一」「打開策を一」❷いつも見ていて慣れている。見慣れる。‖「一・けている風景」文みつ・く

みつ-ご【三つ子（三つ▽児）】［名］❶同じ母親から一度の出産で生まれた三人の子。❷三歳の子。また、幼い子。

◉**三つ子の魂（たましい）百（ひゃく）まで**　幼いときに形成された性格は老年期になっても変わらないということ。

みっ-こう【密行】（ミッカウ）［名・自サ変］❶人目につかないように、こっそり出歩くこと。忍び歩き。❷ひそかに目的地に行くこと。

みっ-こう【密航】（ミッカウ）［名・自サ変］❶旅券を用意する、運賃を支払うなどの手続きをとらないで、ひそかに外国へ渡航すること。‖「アメリカに一する」「一者」❷規則を破って航行すること。‖「一船」

みっ-こく【密告】［名・他サ変］こっそり告げ知らせること。特に、関係当局などにこっそり告発すること。‖「警察に（犯人を）一する」「一者」

みっ-さつ【密殺】［名・他サ変］ひそかに殺すこと。特に、許可を得ないで家畜を殺すこと。

みっ-し【密使】［名］秘密の任務を帯びて、ひそかにつかわされる使者。

みつ-じ【密事】［名］秘密の事柄。

みっ-しつ【密室】［名］❶閉め切ってあって、人の出入りができない部屋。‖「一殺人事件」❷人に知られていない秘密の部屋。

みっ-しゅう【密集】（ミッシフ）［名・自サ変］すき間なくぎっしりと集まること。‖「人家が一する」

みつ-しゅっこく【密出国】［名・自サ変］正規の手続きを踏まないで、ひそかに国を抜け出すこと。⇔密入国

みっ-しょ【密書】［名］秘密の文書や手紙。

ミッション［mission］［名］❶キリスト教の伝道。また、そのための団体。❷使命。使節。また、使節団。❸「ミッションスクール」の略。

ミッション-スクール［mission school］［名］キリスト教団がその信仰に基づく一般教育を行う学校。

みっしり［副（と）］❶物がすき間なく詰まっているさま。びっしり。❷手かげんをしないで十分に行うさま。みっちり。‖「一鍛える」

みっ-せい【密生】［名・自サ変］草木・かび・毛などが、ぎっしりとすき間なく生えること。‖「羊歯（しだ）が一する」「葉に綿毛が／を一する」

みっ-せつ【密接】㊀［名・自サ変］すき間もないほど、ぴったりと接していること。‖「隣家に一した住宅」㊁［名・形動］関係がきわめて深いこと。‖「両国は一な関係にある」派生-さ

みっ-せん【密栓】［名・自他サ変］かたく栓をすること。また、その栓。‖「王冠でビール瓶を一する」

みっ-そう【密送】［名・他サ変］こっそりと送ること。‖「武器を一する」

みっ-そう【密葬】（ミッサウ）［名・他サ変］❶ひそかに遺体を葬ること。❷身内の者が内々に葬式を行うこと。また、その葬式。‖「親族だけで一を行う」⇔本葬

みつ-ぞう【密造】（ミッザウ）［名・他サ変］法を犯して、こっそりと物を製造すること。‖「一酒」

みつ-ぞろい【三つ▽揃い】（ミツゾロヒ）［名］三つで一組みになっているもの。特に、上着・チョッキ・ズボンが一組みになっている背広。スリーピース。✓注意「三つ揃え」は誤り。

みつ-だん【密談】［名・自他サ変］人に知られないように、こっそり相談すること。また、その相談。‖「三人で（陰謀の件を）一する」「一を交わす」

みっ-ちゃく【密着】［名・自サ変］❶ぴったりとくっつくこと。‖「地域に一した活動」❷写真で、原板と印画紙を重ねて原寸大に焼き付けること。また、その印画。べた焼き。

みっちり［副（と）］十分に行うさま。みっしり。‖「一（と）練習する」

みっ-つ【三つ】［名］❶一の三倍の数。さん。みつ。❷三歳。◈「みつ」の転。

みっ-つう【密通】［名・自サ変］❶ひそかに通じ合うこと。また、ひそかに通知すること。‖「敵と一する」❷配偶者以外の人とひそかに性的関係を結ぶこと。私通。‖「不義一」

みっ-てい【密偵】［名・他サ変］ひそかに相手の秘密や内情を探ること。また、その人。間諜（かんちょう）。スパイ。‖「敵の内情を一する」

ミット［mitt］［名］野球で、捕手と一塁手が使う、親指だけが分かれた革製の手袋。

みつ-ど【密度】［名］❶一定の面積・体積などの中にある量が含まれる割合。‖「人口一」❷内容の充実している度合い。‖「一の濃い議論」❸物質の単位体積あたりの質量。

ミッドナイト［midnight］［名］真夜中。深夜。

ミッドフィルダー［midfielder］［名］サッカーで、ハーフバックのこと。MF。

みつ-どもえ【三つ▽巴】（ミツドモヱ）［名］❶三つの巴を組み合わせて円形にした文様・紋所。❷勢力のほぼ等しい三者が対立して入り乱れること。‖「一の優勝争い」

みっとも-な・い［形］人に見られたり聞かれたりしたくないさま。体裁が悪い。‖「連敗に次ぐ連敗では一」「一姿で外出するな」▽「見とうもない」の変化した語。✓注意「みっともいい（ものではない）」「みっともよくない」「みっともありません」とするのは標準的ではない。⬇「ない」のコラム（三〇四ページ）

みつ-にゅうこく【密入国】（ミツニフコク）［名・自サ変］正規の手続きを踏まないで、ひそかに国内に入ること。⇔密出国

みつ-ば【三つ葉】［名］❶葉が三枚あること。また、そのもの。‖「一のクローバー」❷山野に自生し、野菜としても栽培するセリ科の多年草。葉は三枚の複葉で、柄が長い。食用とする若葉は独特の香りをもつ。

みつ-ばい【密売】［名・他サ変］法によって売買を禁じられているものをひそかに売ること。‖「一人」

みつ-ばち【蜜蜂】[名] ミツバチ科ミツバチ属のハチの総称。一匹の女王バチ、少数の雄バチ、多数の働きバチが集団を構成し、高度の社会生活を営む。働きバチは花の蜜や花粉を採集・貯蔵し、蠟(ろう)を分泌して大きな巣を作る。

みっ-ぷう【密封】[名・他サ変] すき間のないように厳重に封をすること。「薬品を—して保存する」

みっ-ぺい【密閉】[名・他サ変] すき間なく、ぴったりと閉じること。「容器を—する」「—された部屋」

みつ-ぼう【密謀】[名] 秘密のはかりごと。密計。

みつ-ぼうえき【密貿易】[名] 法律を犯してひそかに行う貿易。

みつ-また【三▼椏・三▼叉】[名] 樹皮の繊維を和紙の原料とするために栽培されるジンチョウゲ科の落葉低木。枝は三本ずつに分枝する。

みつ-また【三つ▼叉(三つ股)】[名] ❶道・川・枝・器具などが三方または三本に分かれていること。また、その所や部分。「—交差点[ソケット]」❷先端がY字形になった棒。高い所に物をかけるときなどに使う。

みつ-まめ【蜜豆】[名] さいの目に切った寒天と、ゆでた赤豌豆(えんどう)・求肥(ぎゅうひ)・果物などを盛り合わせ、糖蜜(とうみつ)をかけた食べもの。

みつ-み【三つ身】[名] 三、四歳の子供用の和服。▽並幅一反の半分を使い、身丈の三倍で前身頃・後ろ身頃・衽(おくみ)を裁つことから。

みつ-め【三つ目】[名] ❶目が三つあること。また、そのもの。❷婚礼・誕生から三日目に当たること。また、その祝い。三つ目の祝い。

みつ-めい【密命】[名] 秘密の命令。ひそかに与えられる命令。「—を帯びて渡米する」

みつめ-ぎり【三つ目▼錐】[名] 刃が細長い三角錐(すい)の形をしているきり。

み-つ・める【見つめる(見詰める)】[他下一] ❶対象から視線を離さないでじっと見続ける。凝視する。「一点をじっと—」❷目をそらさないで物事をはっきりと見る。直視する。「現実を—」「自分を—め直す」 文みつ・む

み-つもり【見積もり】[名] ❶見積もること。また、その計算。「—額」❷見積もった数字を記した書類。▽「見積書」の略。◈書き方 公用文では「見積り」。慣用の固定した「見積書・見積額」などは、送りがなを付けない。

み-つも・る【見積もる】[他五] ❶目で見ておおよその分量をはかる。❷あらかじめ必要な費用・人員・日数・経費などを計算して目安をつける。「経費を—」

みつ-やく【密約】[名・他サ変] ひそかに約束すること。また、その約束。「—を交わす」

みつ-ゆ【密輸】[名・他サ変] 法を犯して輸出・輸入すること。密輸出と密輸入。密貿易。「—品」

みつ-ゆしゅつ【密輸出】[名・他サ変] 法を犯してひそかに輸出すること。⇔密輸入

みつ-ゆにゅう【密輸入】(ニフ)[名・他サ変] 法を犯してひそかに輸入すること。⇔密輸出

みつ-ゆび【三つ指】[名] 親指・人差し指・中指の三本の指。▽丁寧におじぎをするときなど、それを軽く床につける。

みつ-りょう【密猟】(フレ)[名・他サ変] 猟を禁じられている鳥獣をひそかにとること。

みつ-りょう【密漁】(フレ)[名・他サ変] 漁を禁じられている魚介類をひそかにとること。「—船」

みつ-りん【密林】[名] 樹木が密生している森林。ジャングル。⇔疎林(そりん)

みつ-ろう【蜜▼蠟】(フラ)[名] 働きバチから分泌され、ミツバチの巣を構成する蠟。巣を加熱・圧搾して採取し、化粧品・光沢材などに利用する。

み-てい【未定】[名] まだ決まっていないこと。「細かいスケジュールは—だ」⇔既定

ミディ【midi】[名] コート・スカートなどが、ふくらはぎの中ほどまでの丈であること。

ミディアム【medium】[名] ❶媒介するもの。媒体。❷中間。中庸。「—サイズ」❸ビーフステーキの焼き方で、レアとウエルダンの中間のもの。

みてい-こう【未定稿】(ウカ)[名] まだ十分に仕上がっていない原稿。

みて-くれ【見て▽呉れ】[名] 外見。見かけ。体裁。▽「これを見てくれ」と得意そうに見せる意から。

みて-と・る【見て取る】[他五] ようすを見てさとる。また、見抜く。見破る。「相手の真意を—」「形勢は不利と—」

み-とう【未到】(ウタ)[名] まだだれも到達していないこと。「前人—の記録を樹立する」

み-とう【未踏】(フタ)[名] まだだれも足を踏み入れていないこと。「人跡—の秘境」

み-とう【味到】(ウタ)[名・他サ変] 内容を十分に味わいつくすこと。「山海の珍味[新居の居心地のよさ]を—する」

み-どう【▽御堂】(ウタ)[名] 「堂」の尊敬・美化語。仏像を安置した堂。また、寺院。

み-とおし【見通し】(ホシ)[名] ❶さえぎるものがなく、遠くの方まで見えること。「—の悪い道路」❷人の心や実情を見抜くこと。洞察。「神様はすべてお—だ」❸将来を予測すること。物事のなりゆきを察知すること。「復旧の—が立たない」「—が甘い」

み-とお・す【見通す(見▽透す)】(ホトス)[他五] ❶初めから終わりまで通して見る。全部見る。❷さえぎられずに遠方まで一目に見る。「窓からは湖の向こうまで—ことができる」❸心の中や実情を見抜く。「相手の腹の内を—」❹事の成り行きを予測する。「株価の動向を—」

み-とが・める【見▼咎める】[他下一] 怪しいと見て問いただす。また、よくないと見て非難する。「警官に—められる」 文みとが・む

み-とく【味得】[名・他サ変] 内容をよく味わって理解し、自分のものにすること。「歌劇の神髄を—する」

み-どく【未読】[名] まだ読んでいないこと。「—の小説[メール]」⇔既読

み-どく【味読】[名・他サ変] 内容をよく味わいながら読むこと。「名作を—する」

み-どころ【見所】[名] ❶見る価値のあるところ。「芝居の—」❷将来の見込み。将来性。「—のある青年」

み-とど・ける【見届ける】[他下一] 物事の成り行きを最後まで見る。また、最後まで見て確かめる。「結果を—」「完全に鎮火したのを—」 文みとど・く

みとめ【認め】[名] 「認め印」の略。

みとめ-いん【認め印】[名] 個人が書類などの認証に用いる略式の印判。実印以外の印判。みとめ。⇔実印

みと・める【認める】［他下一］❶見てその存在を知覚する。認識する。認知する。「暗やみに人影を━」「随所に苦心の跡が━・められる」❷確かにそのとおりだと肯定する。特に、二つのものの同一性を肯定する。「犯行を━」「筆跡を自分のものだと━」❸他人の意見・行動・申し出などを正しいとして、また当然のこととして受け入れる。認可する。許可する。「入学［異議］を━」「暴力は一切━・めません」❹能力や価値があると判断する。評価する。「才能を━」「世に━・められる」◈「見留める」の意。文 みと・む

品格 承認「━手続き」 是認(ぜにん)「正当なものとして━する」 認可「━手続きを取る」 容認「自衛権行使を━する」

み-ども【身共】［代］［古風］［一人称］同等以下の相手に対して自分を指し示す語。われ。われら。

みどり【緑(▼翠)】［名］❶青と黄の中間色。春・夏の草木の葉に見られる色。みどりいろ。❷緑色の樹木や草。特に、新緑のころのもの。「━の季節」❸濃い藍色(あいいろ)。「━の海原」

◉**緑の黒髪(くろかみ)** 黒くてつやのある髪。

みどり-ご【〈▼嬰児〉】［名］二、三歳くらいまでの乳幼児。

みとり-ざん【見取り算】［名］珠算で、書かれた数字を見ながらする計算。

みとり-ず【見取り図】〔ヅ〕［名］地形・建物・機械などの形や配置をわかりやすく示した略図。「駅周辺の━を描く」書き方 公用文では「見取図」。

みどり-の-ひ【みどりの日・緑の日】［名］国民の祝日の一つ。五月四日。自然に親しむとともにその恩恵に感謝し、豊かな心をはぐくむ日。▼二〇〇六年までは、昭和天皇の誕生日にあたる四月二九日。書き方「みどりの日」は法律に基づいた書き方。

み-と・る【見取る】［他五］❶見てはっきりと知る。「瞬時にして実力の差を━」❷病人の世話をする。看病する。また、病人の死期まで見守る。「重病の母を━」書き方 ❷は「▽看取る」とも。

ミドル【middle】［名］❶中央。中間。また、中級。「━クラス」▼多く複合語の形で使う。❷中年。「ナイス━」▼「ミドルエイジ(middle age)」の略。

ミドル-きゅう【ミドル級】〔キフ〕［名］ボクシングの体重別階級の一つ。プロでは一五四ポンド(約六九・八五キログラム)以上、一六〇ポンド(約七二・五七キログラム)まで。アマでは六九キログラム以上、七五キログラムまで。

ミドル-ネーム【middle name】［名］欧米の人名で、ファーストネームとファミリーネームの中間にある名。

ミドル-ホール【middle hole】［名］ゴルフで、基準打数(パー)が四のホール。ミディアムホール。

み-と・れる【見▼蕩れる・見▼惚れる】［自下一］心を奪われて見入る。うっとり見る。見ほれる。「咲き誇る花に━」文 みと・る

みどろ［接尾］〈名詞に付いて〉…にまみれている意を表す。「血━・汗━」

ミトン【mitten】［名］親指を入れる部分だけが分かれている手袋。

みな【皆】［名・副］そこにいる人すべて。そこにあるもの全部。ことごとく。みんな。「━が反対する」「どれもこれも━うまそうだ」

◉**皆になる** すっかりなくなる。尽きる。「蓄えが━」

み-なお・す【見直す】〔ナホス〕■［他五］❶確かめるために、もう一度よく見る。「遺漏がないかと答案を━」❷企画や政策などを再検討する。「福祉施策をゼロから━」❸それまで気づかなかった価値を認めて、評価を高く改める。「天然素材のよさが━・される」■［自五］病気・景気などが回復して良い方に向かう。「相場が━・してきた」名 見直し

み-なかみ【▽水上】［名］水の流れの上の方。上流。川上。⇕水下(みなしも)▼「水(み)の上(かみ)」の意。

みなぎ・る【▼漲る】［自五］❶水の勢いが盛んになる。また、水があふれるほどいっぱいになる。❷力・意志・感情などがあふれるほどいっぱいになる。「力が体中に━」「闘志━選手たち」

み-なくち【▽水口】［名］川の水を田に引き入れるための口。みずぐち。

み-なげ【身投げ】［名・自サ変］みずから川・海・火口などに飛び込んで死ぬこと。投身。

みな-ごろし【皆殺し】［名］一人も残さずに、すべて殺すこと。鏖殺(おうさつ)。

みな-さま【皆様】［名］(その場にいる人、相手の家族など)かかわりのあるすべての人の敬称。「━、ようこそいらっしゃいました」「━のご健康をお祈りいたします」▼多くの人々に呼びかける語としても使う。

みな-さん【皆さん】［名］「みなさま(皆様)」のくだけた言い方。「━、こんにちは」

みなし【見▼做し・▽看▼做し】［名］みなすこと。「━労働時間」▼多く、他の語の上に付けて使う。書き方 かな書きも多い。

みなし-ご【〈孤児〉】［名］両親のない子。こじ。

み-な・す【見▼做す・▽看▼做す】［他五］❶そうでないものを仮にそうだと定める。仮定する。「花を雪と━・して詠む」❷こうであると判断して決める。「欠席者は反対と━・される」❸法律で、ある事柄と性質を異にする他の事柄を同一視し、同一の法律効果を生じさせる。「失踪宣告を受けた者は死亡したと━」◈書き方 かな書きも多い。可能 見なせる 名 みなし

み-な-そこ【▽水底】［名］水の底。みずそこ。

み-な-づき【▽水無月】［名］陰暦六月の別称。太陽暦の六月にもいう。▼「な」は本来「の」の意の格助詞。田に引く「水の月」の意という。

み-なと【港(▼湊)】［名］出入りする船舶が安全に停泊し、乗客の乗降や荷物の積み下ろしができるようにした所。「━町」▼「水(み)の門(と)」の意。

み-なのか【三七日】［名］人の死後二一日目。また、その日に営む法事。みなぬか。さんしちにち。

みなまた-びょう【▽水▼俣病】〔ビヤウ〕［名］工場廃水中の有機水銀が魚介類を介して人体に摂取され、中枢神経系が冒される中毒症。四肢の感覚障害、言語障害、視野狭窄(きょうさく)などの症状が見られる。▼一九五三(昭和二八)年頃から熊本(くまもと)県水俣湾周辺に発生、六八年に政府が公害病と認定。

みなみ【南】［名］方角の一つで、南極点に向かう方向。東に向かって右。また、その方向にある場所。「━の空」「━に下る」⇕北

みなみ-かいきせん【南回帰線】〔クワイキセン〕［名］南緯二三度二七分の緯線。冬至(とうじ)の日に太陽はこの線の真上を通る。

みなみ-かぜ【南風】［名］南から吹いてくる風。なん

ぷう。みなみ。⇔北風

みなみじゅうじ-せい【南十字星】ミナミジフジー［名］南十字座の中心にある四つの星。対角線を結ぶと十字形になる。長軸を延長すると南極をさし、航海上の目印とされた。▽日本では沖縄県の那覇以南で見える。

みなみな-さま【皆皆様】［名］「みなさま」を強めていう言い方。

みなみ-はんきゅう【南半球】ハンキウ［名］地球の赤道以南の地域。⇔北半球

みな-も【▽水▽面】［名］水の表面。水上。みのも。

みな-もと【源】［名］❶川の水の流れ出るもと。水源。❷物事の起源。根源。〓「インダス文明の—」

み-ならい【見習い】ラヒ［名］見習うこと。特に、業務などを実地に見て習得すること。また、その人。〓「—社員」書き方 公用文では「見習」。

み-なら・う【見習う（見倣う）】ラフ［他五］人のすることを見て覚える。見て学ぶ。また、人の良い点を見てまねをする。〓「親方の仕事を—」

み-なり【身▽形】［名］❶衣服を身につけた姿。また、その服装。〓「—を整える」❷からだつき。体形。

み-な・れる【見慣れる（見▼馴れる）】［自下一］いつも見ていて目になれている。何度も見てよく知っている。〓「—れた風景」文 みなる

み-なわ【▽水▽泡・▽水▼沫】［名］水の泡。▽はかないもののたとえにもいう。「みなあわ」の転。

ミニ［mini］［名］❶小さいもの。小型。〓「—カー・—計算機」▽多く他の語と複合して使う。❷「ミニスカート」の略。

ミニアチュール［miniature フランス］［名］❶緻密に描かれた小さな絵。細密画。ミニチュア。微細画。❷西洋中世の写本の挿絵・装飾画。ミニチュア。◈「ミニチュア」とも。

ミニカー［minicar］［名］❶小型の自動車。軽自動車。❷ごく小さな模型自動車。ミニチュアカー。

みにく・い【醜い】［形］❶外観が悪いさま。美しくない。特に、容姿がよくない。〓「—く顔をゆがめる」❷人の心や社会の事柄などが不純で見苦しく、軽蔑ケイベツに値するさま。〓「—心［遺産争い］」派生 -さ

み-にく・い【見▽難い】［形］はっきりと見るのがむずかしいさま。よく見えない。見づらい。〓「文字が小さくて—」派生 -げ／-さ／-がる

ミニ-コミ［名］特定少数の人々を対象として情報を伝達すること。また、その伝達媒体。▽「マスコミ」の対語として作られた語。和製mini＋communicationから。

ミニ-シアター【和製mini＋theater】［名］小規模な映画館。▽多く、その劇場が独自である作品を上映する。

ミニスカート［miniskirt］［名］丈がひざより短いスカート。ミニ。

ミニチュア［miniature］［名］❶小型のもの。また、精巧に作られた小型の模型。ミニアチュア。❷ミニアチュール。

ミニ-トマト【和製mini＋tomato】［名］トマトの小形品種。果実は直径二〜三センチメートルの球形で、赤・黄色などに熟す。

ミニバン［minivan］［名］荷物を積むのにも適した、七〜八人乗りの箱形の乗用車。

ミニマム［minimum］［名］❶最小。最小限。最低限。❷数学で、極小。極小値。◈⇔マキシマム

ミニマム-きゅう【ミニマム級】キフ［名］プロボクシングの体重別階級の一つ。一〇五ポンド（約四七・六キログラム）以下。

ミニマリスト［minimalist］［名］必要最低限の物しか持たない人。最小限の物だけで暮らす人。

ミニマル-アート［minimal art］［名］最小限の造形手段によって制作する絵画や彫刻。一九六〇年代のアメリカに興った反芸術運動の一つ。

み-ぬ・く【見抜く】［他五］隠されている物事の本質・真相などを直観的に知る。奥底まで見とおす。〓「本心［うそ］を—」可能 見抜ける

み-ね【峰（▼嶺・▼峯）】［名］❶山の最も高い所。山の頂上。▽「み」は接頭語。「ね」は「山頂」の意。❷物の高く盛り上がっている部分。〓「雲の—」❸刀剣・刃物の背の部分。

みね-うち【峰打ち】［名］刀の峰で相手を打つこと。斬らないで打撃を与えるために行う。むねうち。

ミネストローネ［minestrone イタリア］［名］イタリア料理で、トマト・タマネギ・ニンジン・セロリ・パスタなどの具をブイヨンで煮込んだスープ。

ミネラル［mineral］［名］❶無機物。鉱物。❷食品成分中の無機質の総称。カルシウム・カリウム・ナトリウム・マグネシウム・塩素・鉄など。無機塩類。

ミネラル-ウォーター［mineral water］［名］主に天然の湧水ユウスイや鉱泉水を使用した、無機塩類を比較的多く含む飲料水。

みの【▼蓑（▼簑）】［名］カヤ・スゲ・わらなどを編んで作った、合羽カッパのように肩から掛けて着る雨具。　蓑

み-の【三▽幅・三▽布】［名］❶並幅の布三枚を合わせた幅。約一〇五センチメートル。また、その幅の布。❷三幅の布を縫い合わせて作った布団。▽「三幅布団」の略。

み-のう【未納】ナフ［名］まだ納めていないこと。〓「税金の—」⇔既納

み-の-うえ【身の上】ヘ［名］❶その人の出自や置かれている境遇。〓「私は彼女の—については詳しく知らない」❷その人の運命。（その後の）人生。〓「彼らの—に今後どのようなことが起こるのだろうか」

［ことば探究］「身の上」の使い方

▼「身の上」①は、背負っている難しい事情・内情を言うことが多く、普通の状況には使いにくい。
「〇敵の捕虜という身の上」
「×市議会議員をしている身の上」
▼「身の上」②は、「（その後の）人生」と近い意味を表す。ただし、「人生」のように選択したり築いたりするものではなく、さまざまな（難しい）できごとが降りかかるものというニュアンスで使われる。

み-のが・す【見逃す（見▼遁す）】［他五］❶見ていながら気がつかないで、また、何もしないでそのままにする。〓「誤植［チャンス］を—」❷見ていながらわざととがめない。〓「駐車違反を—」❸見る機会をのがす。〓「話題の映画を—」可能 見逃せる 名 見逃し

みの-がみ【▽美▽濃紙】［名］コウゾを原料にした厚くて丈夫な手すき和紙。文書の写しや障子紙などに使う。書院紙。直紙じきし。みの。▽美濃の武儀むぎ郡（岐阜県美濃市）から多く産出された。

みの-がめ【▼蓑亀】〔名〕甲に緑藻などがついて蓑を着たように見えるカメ。古来、長寿のしるしとして、めでたいものとされる。

み-の-かわ【身の皮】〔名〕身につけている衣服。‖「ーを剝(は)ぐ(=生活に困って着ている衣類まで売る)」

み-の-け【身の毛】〔名〕体に生えている毛。

◉身の毛がよだ・つ 恐ろしさのために全身の毛が逆立つ。

み-の-しょしかた【身の処し方】〔連語〕自分の置かれた状況において、今後取るべき行動や態度のあり方。‖「責任者としてしかるべきーを考える」

みのしろ-きん【身の代金】〔名〕❶人身売買の代金。❷人質などの代償として渡す金銭。書き方 新聞などでは「身代金」と書く。

み-の-たけ【身の丈】〔名〕❶背の高さ。背丈。身長。❷自分の能力などの程度。身の程。‖「ーに合った暮らし」

みの-ばん【▽美▽濃判】〔名〕美濃紙(みのがみ)の大きさで、縦約二七センチ、横約三九センチ。半紙より一回り大きい。▼「美濃紙判」の略。

み-の-ほど【身の程】〔名〕自分の能力・身分などの程度。分際(ぶんざい)。‖「ー知らず」

み-の-まわり【身の回り(身の周り)】〔名〕❶自分の周辺。身辺。また、身辺に置いて日常使うもの。‖「ーの品」❷日常生活から生じる雑事。‖「ーの世話をする」

みの-むし【▼蓑虫】〔名〕ミノガ科のガの幼虫。小枝や葉の小片を口から吐く糸でつづり合わせ、袋状の巣を作る。雄は羽化してガとなるが、雌は巣の中で一生を過ごす。

みのり【実り(▼稔り)】〔名〕❶植物が実を結ぶこと。‖「ーの秋」❷努力がよい結果をもたらすこと。努力の成果。‖「ーある学生生活」

みの・る【実る(▼稔る)】〔自五〕❶植物に実がなる。また、実が熟す。‖「稲がー」「柿がー」❷努力・苦労などが報いられる。また、報いられてよい結果があらわれる。‖「長年の苦労がやっとー」「二人の愛がついにー!った」名 実り

み-ば【見場】〔名〕外から見たようす。外見。外観。

み-ばえ【見栄え・見映え】〔名〕外観がよいこと。見た目がりっぱなこと。‖「ーのする贈答品」

み-はから・う【見計らう】〔他五〕❶何かをする時間の見当をつける。‖「帰宅するころをー!って訪問する」❷品物などを見て適当なものを選ぶ。みつくろう。

み-はつ【未発】〔名〕❶まだ起こっていないこと。‖「事故をーのうちに防ぐ」❷まだ発表・発見・発明されていないこと。‖「前人ーの説」

みはて-ぬ【見果てぬ】〔連体〕最後まで見ることができない。‖「ー夢(=いくら求めてもかなえられない願い)」

み-はな・す【見放す(見離す)】〔他五〕見込みがないとあきらめて見切りをつける。見限る。見捨てる。‖「家族からー・される」

み-はば【身幅】〔名〕❶体の幅。❷刀剣の幅。❸衣服の身頃(みごろ)の幅。

み-はらい【未払い】〔名〕まだ支払っていないこと。⇔既払い 書き方 公用文では「未払」。

み-はらし【見晴らし】〔名〕広く遠くまで見渡せること。また、その景色。‖「屋上はーがいい」

み-はら・す【見晴らす】〔他五〕広く遠くまで見わたす。‖「岬の突端から遠く外洋をー」

み-はり【見張り】〔名〕見張ること。また、その人。

み-は・る【見張る】〔他五〕❶〈「目を見張る」の形で〉目を大きく見開いて見る。‖「びっくりして目をー」「目をーばかりの美しさ」書き方「▼瞠る」とも。❷よく注意して番をする。見張りをする。監視する。‖「容疑者をー」名 見張り

み-はるか・す【見晴るかす(見▼霽るかす)】〔他五〕はるかに見わたす。‖「ー草千里」

み-びいき【身▼贔▼屓】〔名・他サ変〕自分に関係のある人を引き立てて、特にかわいがること。

みひつ-の-こい【未必の故意】〔名〕法律で、罪を犯すことを積極的に意図するものではないが、自分の行為によって実害が発生するかも知れないと思い、また、発生してもかまわないと認識してその行為に及ぶ場合の心理状態をいう。

み-びょう【未病】〔名〕東洋医学で、病気ではないが、健康とも言えない状態。

み-ひらき【見開き】〔名〕書籍・雑誌などを開いたとき、向き合っている左右の二ページ。

み-ひら・く【見開く】〔他五〕目を大きくあける。‖「目をー」

み-ぶり【身振り】〔名〕意志や感情を伝えるための身体の動き。しぐさ。‖「ー手振りで説明する」

み-ぶるい【身震い】〔名・自サ変〕寒さ・恐怖・怒り・感動などのために、体が自然とふるえ動くこと。

み-ぶん【身分】〔名〕❶その人が属している社会での地位や資格。‖「ーを明かす」❷境遇。身の上。‖「遊んで暮らせるとはいいーだ」▼やや皮肉をこめていう。

み-ぶんか【未分化】〔名〕まだ分化していないこと。‖「ーの細胞」「ーの社会階層」

みぶんしょうめい-しょ【身分証明書】〔名〕官庁・会社・学校などが発行する、その人がその団体に所属していることを証明する文書。

みぼう-じん【未亡人】〔名〕夫に死別して再婚しないでいる女性。寡婦(かふ)。

み-ほ・れる【見▼惚れる】〔自下一〕うっとりと見とれる。見てほれぼれとする。‖「名演技にー」文 みほ・る

み-ほん【見本】〔名〕❶商品などの外見や内容を示すために、その一つまたは一部を抜き出したもの。また、その規格の例として作られたもの。サンプル。❷具体的な例。代表例。‖「現代っ子のー」

み-まい【見舞い】〔名〕❶見舞うこと。‖「火事ー」「残暑ー」❷見舞うために送る手紙や品物。‖「ーをいただく」◈書き方 慣用の固定した「見舞金・見舞品」などは、送りがなを付けない。

み-ま・う【見舞う】〔他五〕❶病気や災難などにあった人を訪れて慰める。また、手紙などで安否を尋ねたり慰めたりする。‖「○○病院に友人をー」「知事が被災地をー」❷相手に攻撃を加える。‖「パンチをー!ってやろう」❸〈「…に見舞われる」の形で〉災難や不幸に襲われる。‖「旱魃(かんばつ)にー・われる」名 見舞い

み-まが・う【見▽紛う】〔他五〕見まちがえる。見あやまる。‖「霜かとー月の光」▼終止形・連体形は多く「みまごう」と発音される。

み-まか・る【身▽罷る】〔自五〕この世から去る。死ぬ。‖「若くしてー」▼身が現世から罷(まか)る意。

み-まも・る【見守る】〔他五〕❶そのものが無事であ

るように気をつけて見る。また、事のなりゆきを注意しながら見る。≡「事故のないように生徒を―」「手術後の経過を―」❷目を離さずにじっと見る。凝視する。

み-まわ・す【見回す(見▼廻す)】[他五] まわりをぐるっと見る。≡「あたりを―」

み-まわり【見回り(見▼廻り)】[名] 見回ること。また、その人。

み-まわ・る【見回る(見▼廻る)】[自他五] 警戒・監督などのためにあちこちを見て回る。巡回する。≡「警官が歓楽街を―」「異常がないかどうかを―」 名 見回り

み-まん【未満】[名] ある一定の数に達していないこと。≡「七歳―は入場無料」▼ある数を基準として、「以下」はその数を含むが、「未満」はその数を含まない。⬇以下①

みみ【耳】[名] ❶脊椎動物の頭部にあって聴覚および平衡感覚をつかさどる一対の器官。哺乳類と鳥類では外耳・中耳・内耳の三部からなる。爬虫類・両生類は内耳と中耳、魚類は内耳だけをもつ。❷外耳のうちの、外から見える部分。耳介。耳殻。≡「―を引っ張る」❸聞くこと。聞こえること。また、聞く能力。聴力。≡「鋭い―をもつ」❹②のような形をして、器物の両側に付いているもの。≡「鍋の―」❺紙・織物・食パンなどの端の部分。≡「パンの―」「用紙の―をそろえる」

◉**耳が痛・い** 他人の言うことが自分の弱点を突いているので、聞くのがつらい。

◉**耳が肥えて・いる** 音楽などを聞き味わう能力がすぐれている。

◉**耳が遠・い** 耳がよく聞こえない。

◉**耳が早・い** うわさなどの情報を聞きつけるのが早い。

注意「耳が速い」と書くのは慣用になじまない。

◉**耳に入・れる** ❶聞いて知る。❷情報などを人に知らせる。≡「ちょっとお―・れておきたいのですが」

◉**耳に逆ら・う** 聞いて不愉快になる。≡「忠言―」

◉**耳に・する** 聞く。聞きつける。

◉**耳に胼胝ができ・る** 同じことを何度も聞かされて、うんざりする。

◉**耳に付・く** ❶音や声が耳にとまって気になる。❷何度も聞かされて、聞くのがいやになる。≡「その歌もそろそろ―・いてきた」

◉**耳に留・める** 注意して聞く。また、聞いて記憶にとどめる。≡「忠告を―」

◉**耳に残・る** 音や声が記憶に残る。≡「いつまでも―名曲」

◉**耳に挟・む** ちらっと聞く。小耳にはさむ。≡「ちょっと―・んだ話」

◉**耳を疑・う** 思いがけないことを聞いて、聞き違いではないかと思う。≡「全員遭難の知らせに―・った」

◉**耳を貸・す** ❶人の話などを聞く。また、聞こうとする。≡「忠告に―・そうとしない」❷相談にのる。≡「ちょっと―・してくれ」

◉**耳を傾・ける** 注意して、熱心に聞く。≡「講演に―」

注意「耳をかしげる」は誤り。≡「×先生の話に耳をかしげる」

◉**耳を澄ま・す** 聞きとろうとして注意を集中する。耳をそばだてる。

◉**耳を揃・える** まとまった金額を不足なく用意する。≡「貸した金は―・えて返してもらおう」▼大判・小判の縁を揃える意から。

◉**耳を劈・く** 耳を突き破る。きわめて大きな音がとどろくさまをいう。≡「―爆音」

◉**耳を聾する** 耳を聞こえなくする。きわめて大きな音が響きわたるさまをいう。耳をつんざく。

みみ-あか【耳▼垢】[名] 耳の穴にたまるあか。みみくそ。じこう。

みみ-あたらし・い【耳新しい】[形] これまで聞いたことのない珍しいことであるさま。≡「―話」

みみ-あたり【耳当たり】[名] 聞いたときの感じや印象。≡「―のよい表現」

みみ-うち【耳打ち】[名・他サ変] 相手の耳もとに口を寄せて、こっそりと話すこと。≡「そっと―する」

みみがあ [名] 沖縄地方で、豚の耳皮を、ゆでて千切りにした食品。和え物・炒め物などにする。ミミガー。

みみ-かき【耳▼搔き】[名] 耳あかをかき取るための細長い道具。先端が小さな杓子状になっている。

みみ-かくし【耳隠し】[名] 女性の髪形で、ウエーブをつけた髪で耳をおおい隠し、後ろで低くまとめた束髪。大正末期に流行した。

みみ-がくもん【耳学問】[名] 自分で学んだのではなく、人の話を聞きかじって得た知識。

みみ-かざり【耳飾り】[名] 耳たぶにつける装身具。耳輪。イヤリング。

みみ-がね【耳金】[名] 器物などの左右に突き出ている取っ手の金具。

みみ-くそ【耳▼糞・耳▼屎】[名] 耳あか。

みみ-こすり【耳▽擦り】[名・自サ変] ❶耳もとでそっとささやくこと。耳打ち。❷あてこすりを言うこと。また、そのことば。

みみ-ざと・い【耳▼聡い】[形] ❶聴覚が鋭いさま。≡「―人」❷情報を聞きつけるのが早いさま。早耳だ。

みみ-ざわり【耳障り】[名・形動] 聞いていて不快に感じること。≡「―な声」注意「耳ざわり」は、耳に障る(=害になる)という意。これを、「耳触り」と解し、「耳ざわりがいい(=耳に心地よい)」のように使うのは、本来は誤り。「目障り」も同様。

みみず【〈蚯▼蚓〉】[名] 貧毛綱の環形動物の総称。体は細長い円筒形で、多くの環節からなる。陸生または淡水生。陸生のものは地中にすみ、腐植土を食う。赤竜。めめず。

みみ-ずく【〈木▼菟〉】[名] フクロウ科の鳥のうち、頭に耳のように見える羽毛をもつものの総称。ワシミミズク・コノハズク・オオコノハズクなど。書き方 現代仮名遣いでは「みみづく」も許容。

みみず-ばれ【〈蚯▼蚓〉腫れ】[名] 皮膚をひっかいたりした傷がミミズの形のように細長く赤くはれること。また、その傷。

みみ-だ・つ【耳立つ】[自五] その音がうるさくて特に耳につく。耳ざわりになる。みみたつ。

みみ-たぶ【耳▼朶】[名] 耳の下部に垂れ下がった柔らかな部分。みみたぼ。じだ。

みみ-だれ【耳垂れ】[名] 耳漏。

みみっち・い [形] けちくさい。≡「―了見」派生 -さ

みみ-どお・い【耳遠い】[形] ❶耳がよく聞こえない。≡「近ごろ―・くなった」❷聞きなれない。聞いても理解しにくい。≡「門外漢には―話」

みみ-どしま【耳年▽増】[名] 若くて経験に乏しいのに、聞きかじりの知識だけは豊富な女性。▼多く性的

な知識についていう。

みみ-なり【耳鳴り】[名] 外界に音がしていないのに、耳の奥で何か音がしているように感じられること。耳鳴(じめい)。

みみ-な・れる【耳慣れる(耳▼馴れる)】[自下一] 何度も聞いて珍しくなくなる。聞きなれる。「一!れないカタカナ語」文 みみな・る

みみ-もと【耳元・耳▽許】[名] 耳のすぐそば。「一でささやく」

みみ-より【耳寄り】[名・形動] 耳にしてよかったと思う内容であること。聞く価値があること。「それは一な話だ」

みみ-わ【耳輪】[名] 耳たぶに下げる装飾の輪。イヤリング。

み-むき【見向き】[名] 振り返ってその方を見ること。また、そちらに関心を示すこと。「甘い物には一もしない」▼多く下に打ち消しを伴って使う。

み-め【見目】[名] ❶見た目。外見。❷顔だち。容貌(ようぼう)。「一麗(うるわ)しい人」書き方 ②は「〈眉目〉」とも当てる。

み-めい【未明】[名] まだ夜が明けきらないころ。明け方。「一に起こった火事」「昨一」

ミメーシス[mimesisギリシア][名] ❶対象物の言語・動作を模倣して、その対象の性質を如実に表現しようとする修辞法。模写。❷動物が他からの発見を防ぐために色や形を周囲の環境に似せて目立たなくする擬態。隠蔽的擬態。◈「ミメシス」とも。

みめ-かたち【見目形】[名] 顔だちと姿。容姿。

ミモザ[mimosa][名] ❶マメ科オジギソウ属の総称。❷マメ科の常緑高木、フサアカシアの通称。❸園芸界で、ギンヨウアカシアの切り花の通称。

み-もだえ【身▼悶え】[名・自サ変] 苦しみや悲しみのために体をよじるように動かすこと。

み-もち【身持ち】[名] ❶日頃の行い。品行。「一が悪い」▼多く男女の交際についていう。❷妊娠すること。身重(みおも)。

み-もと【身元・身▽許】[名] ❶その人の出生から現在までの境遇・経歴に関する事柄。「一不明」❷その人の一身上の事柄。「一保証人」

み-もの【見物】[名] 見る価値のあるもの。見てすばらしいと感じるもの。「この試合は終盤が一だ」

み-もの【実物】[名] 園芸・生け花などで、主に果実を観賞の対象とする植物。花材ではウメモドキ・ナンテン・センリョウなど。⬇花物・葉物②

み-もん【未聞】[名] まだ聞いたことがないこと。「前代一の椿事(ちんじ)」

み-や【宮】[名] ❶神社。「お一参り」❷皇居。御所。また、皇族の敬称。「大津の一」❸独立して一家を構えた親王の称号。「秋篠(あきしの)の一」◈「御屋(みや)」の意。

みや-い【宮居】[名・自サ変] ❶神が鎮座すること。また、その場所。神社。❷天皇が住むこと。また、その場所。皇居。

みゃく【脈】[名] ❶動物の体内で、血液が流れる管。動脈と静脈。❷脈拍。「一を取る(=はかる)」❸細長くつながっているもの。「葉の一」「山一・人一」❹すじみち。「話の一」「一絡」「文一」

◉**脈がある** ❶脈拍があり、生きている。❷見込み・望みがある。「この取り引きはまだ一」✔注意 恋愛関係についていうことも多いが、「気がある」の意で使うのは誤り。「〇脈があるようなので彼女に告白する」「×彼、私に脈があるみたい」

みゃく-う・つ【脈打つ】[自五] ❶心臓の鼓動に従って動脈が律動する。❷内部にあって生き生きと活動を続ける。「進取の精神が一」

みゃく-どう【脈動】[名・自サ変] ❶脈が打つように、周期的・律動的に動いていること。また、その動き。「新時代の一を感じさせる作品」❷地震以外の原因によって、地殻が周期的に微動すること。また、その現象。

みゃく-はく【脈拍(脈▼搏)】[名] 心臓の拍動による動脈内圧の変動と、それに伴って生じる動脈血管壁の波動。書き方「脈拍」は代用表記。

みゃく-みゃく【脈脈】[形動タリ] とぎれることなく力強く続くさま。「一と息づく伝統」

みゃく-らく【脈絡】[名] ❶血管。❷物事のつながり。筋道。「前後の一がない文章」

みや-け【宮家】[名] ❶親王・法親王・諸王・門跡などの家。❷皇族で、天皇から宮の号を与えられた家。

みやげ【《土産》】[名] ❶旅先や外出先で手に入れ、家などに持ち帰る品物。その土地の産物など。「一物」❷他家を訪問するときに持参する贈り物。手みやげ。

みやげ-ばなし【《土産》話】[名] 旅先で見聞・経験した物事についての話。

みや-こ【都】[名] ❶その国の中央政府のある所。首都。首府。❷皇居のある所。「京の一」❸政治・経済・文化などの中心となる繁華な所。都会。「音楽の一ウィーン」「住めば一」◈「宮処(みやこ)」の意。

みやこ-おち【都落ち】[名] ❶都を追われて地方へ逃げていくこと。❷都会、特に東京を離れて地方に移り住むこと。

みやこ-どり【都鳥】[名] ❶カムチャツカ半島などで繁殖し、日本にも飛来するチドリ目ミヤコドリ科の鳥。頭部と背面は黒色、腹面は白色で、くちばしと脚は赤い。❷〔古風〕ユリカモメ。「名にし負はばいざ言問はむ一わが思ふ人はありやなしやと〈在原業平・古今集〉」▼古くから詩歌に詠まれ、隅田川の景物とされた。

みやこ-わすれ【都忘れ】[名] ミヤマヨメナの栽培品種。春から初夏にかけて、白・ピンク・紫などの頭状花をつける。ノシュンギク。アズマギク。

みや-さま【宮様】[名] 皇族を敬愛していう語。

み-やす・い【見▽易い】[形] ❶見るのにぐあいがよい。よく見える。「字が大きくて一本」❷わかりやすい。よく理解できる。「一道理」派生 -さ

みや-だいく【宮大工】[名] 神社・仏閣などの建築や補修を専門に行う大工。

みや-づかえ【宮仕え】[名・自サ変] ❶宮中に仕えること。また、貴人の家に仕えること。❷官庁・会社などに勤めること。「すまじきものは一」

みやび【▽雅】[名・形動] 宮廷風・都会風に洗練されていること。上品で優美なこと。風雅。「一な衣装」⬍俚(さと)び ▼動詞「みやぶ」の連用形から。

みやび-やか【▽雅やか】[形動] 上品で、優美な趣のあるさま。風雅なさま。「一に舞う」

みや-ぶ・る【見破る】[他五] 隠していることや隠されていることを見抜く。「うそ[トリック]を一」

み-やま【▽深山】[名] 〔古風〕奥深い山。奥山。

みや-まいり【宮参り】[名・自サ変] ❶子供が生まれてから初めて産土神(うぶすながみ)に参拝すること。うぶすなまいり。「家族で一(を)する」▼多く生後三〇日前後に

行う。❷七五三の祝いに産土神に参拝すること。❸神社に参拝すること。

みやま-おろし【▽深山▼颪】[名] 山奥から吹きおろしてくる風。

みやま-ざくら【▽深山桜】[名] ❶深山に咲いている桜。❷晩春、若葉ののちに白い五弁花を総状につけるバラ科の落葉高木。深山に自生する。

みや-もり【宮守】[名] 神社の番をすること。また、その人。

み-や・る【見▽遣る】[他五] ❶そちらの方を見る。〓「地平線の彼方を—」「音のする方を—」❷遠くの方を眺め見る。

ミュージアム[museum] [名] 博物館。美術館。

ミュージアム-ショップ[museum shop] [名] 博物館や美術館内で、所蔵作品に関連した商品などを販売する店。

ミュージカル[musical] [名] 歌・舞踊・演劇を融合させた現代的な音楽劇。オペレッタの形式を踏まえて生まれたが、第一次大戦後、アメリカのブロードウェーを中心に独自の発展をとげた。

ミュージシャン[musician] [名] 音楽家。特に、ポップス・ジャズなどの演奏家。

ミュージック[music] [名] 音楽。〓「ニュー—」

ミューズ[Muse] [名] ギリシア神話で、文芸・音楽・学術などの知的活動をつかさどる女神。一般に九人とされる。▽「ムーサ」の英語名。

ミュート[mute] [名] ❶弦楽器・金管楽器などで、音量を抑制したり音色を変化させたりするための器具。弱音器。❷[他サ変] パソコン・テレビなどの音を消すこと。消音。

ミュール[mule] [名] サンダルの一種。かかとの部分がおおわれていないヒール付きの履物。

み-ゆき【〈行幸〉(▽御▽幸)】[名] 「行くこと」の意の尊敬語。特に、天皇が外出することをいう。行幸(ぎょうこう)。▽古くは上皇・法皇・女院の外出にもいったが、のち「御幸(ごこう)」と称して、天皇の外出と区別した。

み-ゆき【▽深雪】[名] [古風] 雪。また、深く降り積もった雪。

み-よ【▽御代(▽御世)】[名] 「代」の尊敬語。ある為政者が統治している世。特に、天皇が治めている世。また、その在位期間。

み-よ・い【見▽好い・見良い】[形] ❶見た感じがよい。〓「あまり—姿ではない」❷見やすい。〓「この席の方が—」

みょう【妙】メウ [名・形動] ❶きわめてすぐれていること。〓「言い得て—」「—技・—手・—薬」「軽—・巧—・絶—」❷普通とは違って、変なこと。不思議なこと。〓「—な話」「奇—・珍—」

みょう【名】ミャウ (造) ❶なまえ。よびな。〓「—号・—字・—代」「異—・戒—・本—」❷ほまれ。評判。〓「—利」「悪—・高—・功—」

みょう【明】ミャウ (造) 〈年・月・日に付いて〉つぎの。あくる。〓「—晩・—年」

みょう【冥】ミャウ (造) 目に見えない神仏の働き。〓「—加・—護・—利」

み-よう【見様】—ヤウ [名] 見る方法。見方。〓「—によって異なる評価」

みょう-あん【妙案】メウ— [名] よい考え。すぐれた思いつき。

みょう-おう【明王】ミャウワウ [名] 仏教で、大日如来の命令を受けて悪魔を調伏(ちょうぶく)し、仏法を守護する諸尊。一般に怒りの相を示す。不動明王・愛染明王など。

みょう-おん【妙音】メウ— [名] 非常に美しい音声・音楽。

みょう-が【▼茗荷】メウ— [名] 野菜として栽培されるショウガ科の多年草。夏から秋、地下茎から花穂を生じ、苞(ほう)の間から淡黄色の花を出す。開花前の苞(みょうがの子)と若い茎(みょうがたけ)は食用。▽食べ過ぎると物忘れがひどくなるという俗説がある。

みょう-が【冥加】ミャウ— [名] ❶気づかないうちに授かる神仏の加護。冥利。〓「—に余る(=冥加が身に過ぎてありがたい)」「—に尽きる(=神仏の加護から見放される。)」❷[形動] きわめてありがたいこと。また、冥加に余ること。好運であること。❸「冥加金」の略。

みょうが-きん【冥加金】ミャウガー [名] ❶神仏の加護を祈願して、または加護へのお礼として寺社に奉納する金銭。❷江戸時代の雑税の一つ。商工業者などが営業免許や特権を得た代償として領主に献上した金銭。

みょう-ぎ【妙技】メウ— [名] 巧みなわざ。優れた技術。

みょう-きょう【妙境】メウキャウ [名] ❶景色の美しい土地。❷技芸や学問などのきわめて優れた境地。〓「大自在(だいじざい)の—に達している〈漱石・夢十夜〉」

みょう-けい【妙計】メウ— [名] すぐれたはかりごと。妙策。

みょう-ご【冥護】ミャウ— [名] 神仏がひそかに加護してくれること。神仏の守り。〓「—を賜る」

みょう-ご【明後】ミャウ— (造) ❶日・月・年などに付いて、次の次の、の意を表す。〓「—日(=あさって)」❷特定の日を表す語の上について、あさっての、の意を表す。〓「—一四日」「—六月三〇日」

みょう-ごう【名号】ミャウガウ [名] 仏・菩薩(ぼさつ)の名。特に阿弥陀(あみだ)仏を念じて唱える「南無阿弥陀仏」の六字。

みょうご-にち【明後日】ミャウゴ— [名] 明日の次の日。あさって。

みょうご-ねん【明後年】ミャウゴ— [名] 来年の次の年。再来年(さらいねん)。

みょう-さく【妙策】メウ— [名] すぐれた策略。妙計。

みょう-じ【名字(▽苗字)】ミャウ— [名] 代々伝えられているその家の名。姓。〓「—帯刀(=名字を名のり、大小の刀を帯びること)」▽江戸時代、一般の庶民は名字を名のることを許されなかった。

みょう-しゅ【妙手】メウ— [名] ❶すぐれた技量。巧みな腕前。また、その持ち主。〓「尺八の—」❷囲碁・将棋などで、きわめてすぐれた手。

みょう-しゅ【妙趣】メウ— [名] すぐれたおもむき。何とも言いようのない風情。妙味。〓「—にあふれる庭」

みょう-しゅん【明春】ミャウ— [名] 来年の春。来春。

みょう-しょ【妙所】メウ— [名] きわめてすぐれた点。何とも言いようのない味わいのある所。

みょう-じょ【冥助】ミャウ— [名] 目に見えない神仏の加護。冥加(みょうが)。

みょう-じょう【明星】ミャウジャウ [名] 明るく輝く星。特に、金星。〓「明けの—・宵(よい)の—」▽「じょう」は「星」の呉音「しょう」の連濁。**使い方** ある分野で最も人気のある人のたとえにもいう。〓「歌謡界の—」

みょう-じん【明神】ミャウ— [名] 神を尊んでいう語。〓「神田—」

みょう-せき【名跡】 [名] 代々受け継いでいく家名。名字の跡目。

みょうせん-じしょう【名詮自性】 [名] 仏教で、名そのものが本来の性質を表すということ。名と実が一致すること。▽たとえば「善吉」は善行を、「悪太郎」は悪事をするなど。

みょう-だい【名代】 [名] 目上の人の代理を務めること。また、その人。「師匠の━として出席する」

みょうちき-りん【妙ちきりん】 [形動] [俗] 奇妙なさま。普通とは違っていておかしいさま。妙ちく。妙ちくりん。「━な格好」

みょう-ちょう【明朝】 [名] あすの朝。

みょう-てい【妙諦】 [名] すぐれた真理。みょうたい。

みょうと【〈夫婦〉】 [名] 妻と夫。ふうふ。▽「めおと」の転。

みょう-に【妙に】 [副] 普通とは違うさま。どうしたわけか。不思議に。「彼とは━気が合う」

みょう-にち【明日】 [名] 「あした」「あす」の改まった言い方。▽副詞的にも使う。

みょう-ねん【明年】 [名] 今年の次の年。来年。

みょう-ばつ【冥罰】 [名] 神仏が人知れずくだす罰。天罰。めいばつ。

みょう-ばん【明晩】 [名] あすの晩。明夜。

みょう-ばん【明▼礬】 [名] 硫酸アルミニウムと硫酸カリウムとが化合した無色の結晶。皮なめし・媒染剤・製紙などに広く用いられる。

礬

みょう-ほう【妙法】 [名] ❶巧妙な方法。うまい手段。「妙手━」❷比類なくすぐれた教えである仏法。❸「妙法蓮華経」の略。◈②③の歴史的仮名遣いは「メウホフ」。

みょうほうれんげ-きょう【妙法▼蓮華経】 [名] ❶「法華経」に同じ。❷「南無妙法蓮華経」の略。

みょう-み【妙味】 [名] 優れた味わい。何とも言いようのないおもむき。妙趣。「渓流釣りの━を知る」

みよう-みまね【見様見〈真似〉】 [名] 他人のやり方をみて、それをまねること。「━で覚える」

みょう-もく【名目】 [名] ❶⬇めいもく(名目) ❷習慣などによる、漢字の特別な読み方。「還昇」を「かんじょ」と読む類。

みょう-もん【名聞】 [名] 世間での評判。名声。名誉。めいぶん。

みょう-や【明夜】 [名] あすの夜。明晩。

みょう-やく【妙薬】 [名] 不思議な効き目のある薬。

みょう-り【名利】 [名] 名声と利益。めいり。

みょう-り【冥利】 [名] ❶神仏が知らず知らずのうちに授ける恩恵。「━が悪い(=神仏の加護が受けられない。また、ばちがあたる)」❷ある立場・境遇にあることによって受ける恩恵。「役者━に尽きる」

みょう-れい【妙齢】 [名] 若い年ごろ。特に、女性の若い年ごろ。妙年。▽「妙」は若い意。

み-よし【▼舳・〈船首〉】 [名] 船の先端の部分。へさき。⇔艫 ▽「水押し」の転。

み-より【身寄り】 [名] 身を寄せるところ。親類。縁者。「━のない人」

ミラー [mirror] [名] 鏡。反射鏡。「バック━」

ミラー-ボール [mirror ball] [名] ダンスホール・ディスコなどの天井からつり下げる球状の飾り。小さな鏡で表面をおおい、光を反射しながら回転させる。

み-らい【未来】 [名] ❶現在を基準として、これから来る時。将来。「明るい━」⇔現在・過去 ❷仏教で、三世の一つ。死後の世界。来世。後世。「━仏」❸文法で、過去・現在などと対立する時制の一つ。動作・作用がこれから行われることを表現する。

み-らい【味▼蕾】 [名] 脊椎動物の味覚器。主に舌の粘膜に分布し、味細胞と支持細胞が花の蕾状に集まる。味覚芽。

みらい-えいごう【未来永▼劫】 [名] これから先、限りなく長い年月にわたること。永遠。「━の愛を誓う」▽副詞的にも使う。

みらい-は【未来派】 [名] 二〇世紀初頭のイタリアに興った芸術運動。詩人マリネッティが「未来派宣言」(一九〇九年)で主唱。伝統的・静的な芸術に反対して機械・高速・騒音・闘争などを賛美し、ダイナミックな運動感覚の表現を試みた。

ミラクル [miracle] [名] 奇跡。驚異。「━パワー」

み-られる【見られる】 [連語] ❶「見る」の受身形。「警官に顔を━」❷「見る」の尊敬形。ご覧になる。「あの映画はもう━・れましたか」❸「見る」の可能形。見ることができる。また、物の存在をいう。ある。いる。「W杯ならテレビで━」「六世紀以降に広く━」 注意 「見れる」は、ら抜き言葉。⬇ら抜き言葉

ミリ [milli フランス] ━[造] 単位の上に付いて、その一〇〇〇分の一の意を表す。━[名] 「ミリメートル」の略。

ミリオン [million] [名] 一〇〇万。「━セラー(=一〇〇万以上売れた書籍・CDなど)」

ミリグラム [milligramme フランス] [名] メートル法で、重量・質量を表す単位。グラムの一〇〇〇分の一。記号mg 書き方「▼瓱」と当てる。

ミリタリー [military] [名] 軍。軍隊。「━ルック」▽多く複合語の形で使う。

ミリタリズム [militarism] [名] 軍国主義。

ミリバール [millibar フランス] [名] 圧力を表す単位。バールの一〇〇〇分の一。ヘクトパスカル。記号mb mbar ▽現在はヘクトパスカルを使う。

ミリメートル [millimètre フランス] [名] メートル法で、長さを表す単位。メートルの一〇〇〇分の一。ミリ。記号mm 書き方「▼粍」と当てる。

み-りょう【未了】 [名] まだ終わらないこと。「審議━のまま廃案となる」

み-りょう【魅了】 [名・他サ変] 人の心をひきつけ、夢中にさせてしまうこと。「観客を━する演技」

み-りょく【魅力】 [名] 人をひきつけ、夢中にさせてしまう力。「オペラの━にとりつかれる」「この価格は━的だ」

ミリリットル [millilitre フランス] [名] メートル法で、容積を表す単位。リットルの一〇〇〇分の一。一ミリリットルは一立方センチメートル。記号ml 書き方「▼竓」と当てる。

み-りん【味▼醂】 [名] 焼酎に蒸したもち米と米こうじを加え、ゆっくりと糖化発酵させた甘い酒。正月の屠蘇や調味料に用いる。書き方「味▼淋」とも。

みりん-ぼし【味▼醂干し】 [名] 開いた小魚を味醂・醤油・砂糖などを混ぜた液に浸してから干した食品。

みる【〈海松〉・〈水松〉】［名］浅海の岩上に生える緑藻類のミル科の海藻。ひも状の藻体は二またに分岐をくり返し、扇状に広がる。食用。みるめ。みるぶさ。みるな。

みる【見る（診る・▽観る・▽視る・▽看る・▽覧る）】［動上一］■一［他］❶目の働きによって物の存在や動きをとらえる。‖「窓外の景色を━」「前を━」「見れば━ほどそっくりだ」「それ見たことか」❷絵図・写真や文字列などに目を通して、その内容をつかむ。また、答案や校正刷りなどを読んで適否を調べる。‖「画集を━」「朝刊はもう見ましたか」「初校は僕が見た」❸娯楽や学習などのために、観戦したり鑑賞したり見物したりする。‖「相撲［映画］を━」「テレビで国会中継を━」「ピカソ展を━」「日光は東照宮を見てきた」❹〈「夢を見る」などの形で〉眠っている最中に脳内にあるイメージを作り出す。‖「昨日は幼なじみの夢を見た」使い方 ～ヲに〈結果〉をとる。「苦しむさまを夢に━」など、～ヲに〈対象〉をとる言い方もできる。❺舌や手などの感覚によって物事を知る。‖「煮物の味［湯加減］を━」「車を走らせてエンジンの調子を━」❻占いによって未来を予見する。また、表面的な現象から奥に隠された意味を読み取る。占う。‖「タロットで運勢を━」「風水によって家相を━」「手相を━」❼医者が診察する。また、医療上の検査をする。‖「患者を診る」「脈を診る」➡書き分け ❽引き受けて、独り立ちが困難な人の世話をする。また、監督する立場で手のかかる面倒な仕事を引き受ける。‖「看護士がつきっきりで患者を━」「子供の面倒を━」「公認会計士に会社の経理を見てもらう」❾異常が起こらないよう注意して見守る。‖「この荷物ちょっと見て(い)てください」❿周りの状況や相手の反応などを注意深くうかがう。‖「状況を見て判断する」「相手の反応を━」⓫〈「〜と見る」「形容詞連用形＋見る」などの形で〉周りの状況にてらしてある判断を下す。‖「社長は今が規模拡張のチャンスだと見ている」「私は撤退を勇気ある決断と━」「相手を甘く見てはいけない」⓬人柄・能力のよしあしやものの価値をきちんと判断する。見定める。見極める。‖「人を━目がない」「人を見て法を説け」⓭〈「…目を見る」の形で〉ある(好ましくない)ことを体験する。…の思いを味わう。…の目に遭う。‖「痛い目を━」「ばか(な目)を━」「一人だけいい目を━」⓮ある現象の成立を観察報告する側から客観的にいう。～が見られる。～がある。‖「壁の一部に損傷を━も危険はない」「夜半に心機能低下を━が翌朝には回復す」使い方 一般に主語(＝報告主)は表面に現れない。⓯決定的な物事の成立を観察報告する側から重々しくいう。～が成立する。‖「大作はその一年後に完成を見た」「問題は未来永劫(えいごう)に解決を見まい」⓰〈「余裕を見る」などの形で〉予定を立てるときに時間的ゆとりを計算に入れる。‖「締切日は一週間の余裕を見て設定した」⓱〈「から見て」などの形で〉話し手が評価を下す場合の視点を表す。からすると。からいうと。‖「実績から見て、優勝は間違いない」「実用の点から━と、非常に使いにくい」「君から見たら簡単だろう」使い方 比較の気持ちが添えられることもある。‖「国家予算から見ればわずかな金額だ」

■二［補動］〈動詞の連用形＋「て［で］」に付いて〉❶試しに…する意を表す。‖「一口だけ食べてみよう」「天ぷらにしてみてはどうだろう」❷〈「…てみると」「…てみれば」「…てみたら」の形で〉次のことが実現・成立するための条件(確定条件)を表す。‖「歩いて━と一時間もかかった」「考えてみれば自分の方が悪かった」「一夜明けてみたら何もなかったかのようだ」❸〈「…にしてみれば」などの形で〉…の立場に立って(身になって)考えるとの意を表す。…としては。…にしては。‖「彼らにしてみれば、実に迷惑なことだろう」「親御さんにしてみても、さぞやおつらいことでしょう」

◈書き分け 【診】は診察する・医療上の検査をする意の■一⑦を使うが、平易な表記として【見】も使う。【観】は観察・観光、占う、(遠くから)見物する意(昆虫の生態を観る・手相を観る・映画を観る・名所旧跡を観る)、【視】は正視・監視などの意(視れば視るほど美しい・対象を客観的に視る・被災地を視る)、【看】は世話をする意(病人を看る・赤ん坊を看る)、【覧】はひととおり目を通す意(新聞を覧る)で使うが、今は【見】が一般的。■二は一般にかな書き。使い方 可能形は「見られる」。「見れる」はら抜き言葉。文 みる

◉**見ぬが花**(はな) 物事は実際に見ないであれこれ想像しているうちが楽しいということ。聞かぬが花。

◉**見も知らぬ** 「見知らぬ」を強めていう。少しも知らない。‖「━人から手紙をもらう」注意「身も知らぬ」と書くのは誤り。

◉**見る影**(かげ)**も無・い** 見るにたえないほどみじめなさま。‖「落ちぶれて今や━」注意「影」は姿かたちの意。「見る陰もない」と書くのは誤り。

みる-がい【〈海松〉貝・〈水松〉貝】［名］ミルクイの市場名。内湾の浅い泥底にすむバカガイ科の二枚貝。殻表は黒褐色の殻皮でおおわれる。後端の開口部から伸びる太い水管は食用。ミルクイガイ。語源 水管に海藻のミルが着生することから。

みるから-に【見るからに】［副］ちょっと見るだけでいかにもそういう感じがするさま。‖「━うまそうだ」

ミルク［milk］［名］❶乳。特に、牛乳。‖「━ティー」❷「コンデンスミルク」の略。❸植物の種子や果実から作られる、牛乳に似た食品。‖「ココナッツ━」

ミルク-セーキ［milk shake］［名］牛乳に卵・砂糖・香料・氷などを加え、強く攪拌(かくはん)して泡立てた飲み物。

ミル-フィーユ［mille-feuille フランス］［名］薄いパイを何層にも重ね、間にクリームなどをはさんだ菓子。▼「千枚の葉」の意から。

みる-みる【見る見る】［副］状態などが見ているうちにどんどん変わるさま。見るまに。‖「━色が変わっていく」「━うちに火が燃え広がる」

みる-も【見るも】［連語］〈下に形容(動)詞を伴って〉ちょっと見ただけでもそれと分かるほどに物事が際立っているさま。‖「━無残な敗北だった」

み-れん【未練】［名・形動］執着が残って、あきらめきれないこと。‖「(私は)妻に━がある」「━が残る」「━を残す」「今の仕事に━はない」派生 -げ／-さ

みれん-がまし・い【未練がましい】［形］いかにもあきらめが悪いさま。未練たらしい。‖「━・くあとを追う」派生 -げ／-さ

みろく【▽弥▼勒】［名］弥勒菩薩(ぼさつ)。

みろく-ぼさつ【▽弥▼勒▼菩▼薩】［名］現在は兜

率天の内院に住んでいるが、釈迦の入滅後五六億七〇〇〇万年後に仏となってこの世に現れ、衆生を救うという菩薩。弥勒仏。弥勒。

み-わく【魅惑】〔名・他サ変〕魅力によって人を引きつけ、心をまどわすこと。「―的なまなざし」

み-わけ【見分け】〔名〕見て区別すること。「―がつかない」

み-わ・ける【見分ける】〔他下一〕見て区別する。弁別する。識別する。「真偽を―」「雛の雌雄を―」文みわ・く 名見分け

み-わた・す【見渡す】〔他五〕遠くまで広く眺める。また、広く全体を見る。「―限りの大雪原」「作業工程を―・して省力化を図る」

みん【民】（造）❶一般の人。治められる側の人。たみ。「―主・―間」「市―・庶―」❷「民間」「民営」「民事」などの略。「―芸・―宿」❸…の人々。…した人々。「居留―・避難―」

みん【眠】（造）ねむる。ねむり。「安―・仮―」

みん-い【民意】〔名〕国民の意思。人民の考え。「―を問う」

みん-えい【民営】〔名〕民間の経営。「―化」⇔官営

みん-か【民家】〔名〕一般の人々の住む家。

みん-かん【民間】〔名〕❶一般の人々の社会。世間。「―信仰」❷公の機関に属さないこと。「―企業」「―人」

みんかん-がく【民間学】〔名〕民間で行われる学問。▼「官学」に対していう。

みんかん-ほうそう【民間放送】〔名〕民間資本で創設され、広告料などによって経営される放送事業。商業放送。民放。⇩公共放送

みん-ぎょう【民業】〔名〕一般の人が経営する事業。民営事業。⇔官業

ミンク【mink】〔名〕毛皮用に育種・繁殖されるイタチ科の哺乳類。イタチに似るがやや大きく、尾も太い。肉食性。

みん-ぐ【民具】〔名〕古くから一般民衆が日常生活の中で使ってきた道具・器具類。

みん-げい【民芸】〔名〕庶民の生活の中から生まれ、その地方に伝えられてきた実用的な工芸。民衆的工芸。「―品」

みん-けん【民権】〔名〕人民の権利。特に、人民が政治に参加する権利。「自由―運動」

みんけん-しゅぎ【民権主義】〔名〕❶民権の確立・伸張を目的とする主義。明治前期、自由民権運動の理論的支柱となった思想。❷孫文の唱えた三民主義の一つ。すべての権利を民衆に共有のものとし、民主制を実現させようとする主義。

みん-じ【民事】〔名〕私法上の法律的関係によって生じる事柄。また、私法の適用を受ける事柄。⇔刑事

みんじ-さいせいほう【民事再生法】〔名〕経営破綻に瀕した企業や個人などが裁判所に再建手続きを申し出て、債権者との権利関係を調整しながら事業の再生を図ることを定めた法律。

みんじ-さいばん【民事裁判】〔名〕個人や会社間など私人間の生活に関する事件を審理する裁判。⇩刑事裁判

みんじ-そしょう【民事訴訟】〔名〕私人の請求に応じて、裁判所が私人間の生活関係に関する紛争を法律的・強制的に解決するための手続き。民訴。

みん-しゅ【民主】〔名〕国家の主権が国民にあること。また、それを原則とした政治や制度。「―政治」

みん-じゅ【民需】〔名〕民間の需要。⇔官需・軍需

みん-しゅう【民衆】〔名〕国家・社会を構成している一般の人々。庶民。大衆。「―の支持を得る」

みん-しゅく【民宿】〔名〕一般の民家が営業許可を得て、副業的または季節的に営む宿泊施設。

みんしゅ-しゅぎ【民主主義】〔名〕人民が国家の主権を所有し、自らのためにその権力を行使する政治形態。デモクラシー。▼古代ギリシアの都市国家に始まり、一七、八世紀の市民革命によって一般化した思想。現代では、政治上だけではなく、広く人間の自由や平等を尊重する立場をいう。

みんしゅ-てき【民主的】〔形動〕民主主義の精神にかなっているさま。「―な運営」

みん-じょう【民情】〔名〕❶国民の心情。人民の気持ち。民心。「―を汲む」❷国民の生活の実情。民間の事情。

みん-しん【民心】〔名〕国民の心情。民情。

みん-せい【民生】〔名〕国民の生計・生活。特に、国民の社会福祉にかかわる事柄。

みん-せい【民政】〔名〕❶国民の福利を目的とする政治。❷文民による政治。⇔軍政

みんせい-いいん【民生委員】〔名〕社会福祉の増進を任務として各市区町村に置かれる役職（を務める人）。地区住民の生活状況の把握、要保護者の保護指導、社会福祉施設への協力などを行う。

みん-せん【民選】〔名・他サ変〕国民が選出すること。「―議員」⇔官選

みん-そ【民訴】〔名〕「民事訴訟」の略。

みん-ぞく【民俗】〔名〕民間に伝承されてきた風俗・習慣。

みん-ぞく【民族】〔名〕出自・歴史・文化・言語・生活様式などを共有し、同属の意識によって結ばれている人々の集団。「騎馬［少数］―」

みんぞく-がく【民俗学】〔名〕民間に伝承されてきた風俗・風習などを調査し、その民族の生活史・文化史を明らかにしようとする学問。フォークロア。

みんぞく-がく【民族学】〔名〕諸民族の文化・習俗などを比較研究し、その特質や歴史的過程を明らかにしようとする学問。エスノロジー。

みんぞく-しゅぎ【民族主義】〔名〕❶他の民族の干渉や支配を排し、自己の民族の統一・独立・発展をめざす思想および運動。⇩ナショナリズム ❷孫文の唱えた三民主義の一つ。国内諸民族の平等と帝国主義の圧迫からの独立を主張した原則。

ミンチ〔名〕細かく刻んだ肉。ひき肉。メンチ。「―パイ」▼mince から。

みん-ちょう【明朝】〔名〕❶中国の明王朝。また、その時代。❷「明朝体」の略。

みんちょう-たい【明朝体】〔名〕活字書体の一つ。縦線が太く、横線が細い。日本の新聞・書籍などの本文に広く用いられる。明朝活字。明朝。▼中国の明代に木版本で使われたことからという。

ミント【mint】〔名〕❶薄荷。❷未使用の貨幣や切手。

みん-ど【民度】〔名〕国民・住民の生活水準や文化水

準の程度。≡「—が高い」

みんな【▽皆】［名・副］「みな（皆）」をやや強めた語。また、ややくだけた語。≡「おおい、—元気か」▽代名詞的にも使う。≡「—はどう思う」【書き方】「▽皆んな」と書くことも多い。

✦品格✦ あまねく「—行き渡る」 一切「—の管理を任せる」 こぞって「諸人（もろびと）が—集まる」 ことごとく「—却下される」 悉皆（しっかい）「—調査」 すべて「最初から—説明する」 みな「彼らは—同意してくれた」

みん‐ぱく【民泊】［名］ホテルや旅館などの代わりに、民家を宿泊施設として提供すること。

みん‐ぺい【民兵】［名］民間人で編成される軍隊。また、その兵。

みん‐ぼう【民望】バウ［名］❶人民の希望。❷世間の人望。衆望。

みん‐ぽう【民放】ハウ［名］「民間放送」の略。

みん‐ぽう【民法】ハフ［名］❶私権に関する法律の総称。❷私法に関する基本的規定を定めた法典。総則・物権・債権・親族・相続の五編からなる。民法典。

みん‐ぽう【民報】［名］民間の新聞。▽地名などを冠して新聞紙名などに使う。

みんぽん‐しゅぎ【民本主義】［名］大正時代、政治学者・吉野作造が主唱した民主主義思想。政治の目的は民衆の利福にあるとし、民衆の意思に基づく政策の決定を主張。大正デモクラシーの指導理念となった。

みんみん‐ぜみ【みんみん▼蟬】［名］北海道の一部と本州以南の各地に分布する大形のセミ。体長約三五ミリメートル。黒色の体に緑色の斑紋があり、はねは透明。盛夏に現れる成虫はミーンミンミンと激しく鳴く。

みん‐ゆう【民有】イウ［名］私人または私法人が所有していること。民間の所有。≡「—地」⇔官有・国有

みん‐よう【民謡】エウ［名］民衆の日常生活の場から自然に発生し、歌い継がれてきた歌謡。その地方の人々の素朴な生活感情を表したものが多い。仕事歌・祝い歌・酒盛り歌・盆踊り歌など。俚謡（りよう）。▽広義には明治末から普及した新民謡を含む。

みん‐りょく【民力】［名］国民の経済力や労働力。

みん‐わ【民話】［名］民衆の中から生まれ、民衆によって口承されてきた説話。昔話・伝説など。民間説話。

む

む【六】［名］むっつ。ろく。≡「—十路（むそじ）」

む【無】■一［名］❶なにもないこと。存在しないこと。≡「—から有を生ずる」⇔有 ❷むだなこと。≡「人の好意を—にする」「精進が—になる」■二［接頭］ないの意を表す。≡「—差別・—慈悲・—防備」「—休・—色・—職」

◉**無に帰（き）する** もとのなにもない状態に戻る。また、むだになる。≡「長年の努力が—」

む［助動 特活型］⬇ん

む【矛】（造）ほこ。長い柄の先端に剣を付けた武器。≡「—盾」

む【務】（造）なすべき仕事。つとめ。≡「義—・業—・任—」

む【夢】（造）ゆめ。また、ゆめのような。≡「—中・—想」「悪—・白昼—」

む【霧】（造）きり。≡「—氷・—消」「濃—」「五里—中」

む‐い【無位】ヰ［名］位階を授けられていないこと。また、その人。無冠。≡「—無官」

む‐い【無為】ヰ［名］❶自然のままに任せて人の手を加えてないこと。作為のないこと。≡「—自然」❷仏教で、因果関係から離れ、決して生滅変化することのない絶対の真理。⇔有為（うい） ❸［形動］何もしないでぶらぶらしていること。≡「—に時を過ごす」「—の／な日々を送る」「—無策」「—徒食」

◉**無為にして化（か）す** 人為を用いなければ民は自然に感化され、政治や教育を行わなくても国は自然に治まる。▽『老子』から。

む‐いか【六日】［名］❶一日の六倍の日数。六日間。≡「締め切りまであと—ある」❷月の六番目の日。≡「三月—」◈「むゆか」の転。

◉**六日の菖蒲（あやめ）** 時機に遅れて役に立たないことのたとえ。≡「—十日の菊」▽五月五日の端午の節句に用いる菖蒲は六日では間に合わない意から。

む‐いぎ【無意義】［名・形動］それをするだけの価値がないこと。無意味。≡「—な行為」「—に日々を送る」⇔有意義

む‐いしき【無意識】［名］❶意識を失っていること。≡「—の状態」❷［形動］気づかないままにふるまうこと。≡「—に立ち上がる」「—のうちに足が向く」❸心理学で、通常は意識にのぼらない識閾（しきいき）下の領域。夢・精神分析などによって意識化が可能になる。潜在意識。

む‐いそん【無医村】［名］医者のいない村。

む‐いちもつ【無一物】［名］何も持っていないこと。むいちぶつ。

む‐いちもん【無一文】［名］金銭をまったく持っていないこと。一文なし。

む‐いみ【無意味】［名・形動］意味のないこと。無意義。ナンセンス。≡「—な議論」【派生】—さ

む‐いん【無韻】ヰン［名］詩文で、韻をふんでいないこと。≡「—詩」

ムース【mousse フランス】［名］❶泡立てた卵白や生クリームを用いてふんわりと仕上げた、口当たりの滑らかな菓子や料理。❷泡状の整髪料。▽商標名。

ムーディー【moody】［形動］ムードのあるさま。≡「—な音楽」▽日本だけの用法。原義は「ふさぎ込んだ」「不機嫌な」の意。

ムード【mood】［名］❶その場に支配的な気分。情緒や雰囲気。≡「歓迎—・沈滞—・あきらめ—」❷それに特有の好ましい雰囲気。≡「—のあるレストラン」❸言語学で、直説法・命令法・仮定法など、文の叙法を表す文法範疇（はんちゅう）。動詞の屈折や助動詞などで明示的に表される。法。

ムード‐ミュージック【mood music】［名］弦楽を中心にした柔らかな音調で、情緒的な雰囲気をつくり出す音楽。ムード音楽。

ムード‐メーカー【和製 mood＋maker】［名］その場の雰囲気を巧みに盛り上げる人。≡「クラスの—」

ムートン【mouton】［名］羊の毛皮。特に、メリノ種の子羊の毛皮。シープスキン。

ムービー【movie】［名］映画。≡「TV—」

ムーブメント【movement】［名］❶政治や社会などの動向。政治上・社会上の運動。❷時計やオルゴールなどの動作機構。❸彫刻や絵画などで、躍動感。ムーブマン。❹音楽で、楽章。

ムール‐がい【ムール貝】ガヒ［名］ムラサキイガイの別称。世界各地の浅海に分布するイガイ科の二枚貝。黒

紫色の殻は長さ約九センチメートル。フランス料理・イタリア料理などの食材として養殖もされる。

ムーンストーン【moonstone】[名] 乳白色・半透明の長石で、ある面で切断すると青色の内光があらわれるもの。装飾品に加工する。月長石。▼六月の誕生石。

むーえき【無益】[名・形動] 利益にならないこと。むだなこと。「―な争いをくり返す」⇕有益 派生―さ

ムエータイ【muay-thaiタイ】[名] タイ式ボクシング。パンチのほか、キックやひじ打ちなどを使って戦う。

むーえん【無援】ムヱン [名] 誰も助けてくれないこと。「孤立―」

むーえん【無塩】[名] 塩分を含まないこと。「―バター」⇕有塩

むーえん【無煙】[名] 煙が出ないこと。「―炭(たん)(=炭素の含有量の多い良質の石炭)」「―火薬(=黒色火薬に比べて発煙量の少ない火薬)」

むーえん【無縁】[名] ❶[形動] つながりがないこと。関係がないこと。「庶民とは―の高級マンション」「国民と―の政争」❷死後を弔う縁者がいないこと。「―仏(ぼとけ)」❸仏の教えに縁がないこと。「―の衆生(しゅじょう)」◈①③⇕有縁

むーおん【無音】[名] 音がしないこと。音が聞こえないこと。「―室」「―ピアノ」

むーか【無価】[名] ❶値をつけられないほど貴重であること。むげ。❷代価がいらないこと。ただ。

むーが【無我】[名] ❶私心・我意のないこと。無心であること。「―の境地」❷仏教の根本思想の一つ。万物は現象として生成するだけで、絶対不変の実体は存在しないとすること。「諸法―」

むかい【向かい】ムカヒ [名] ❶向き合っていること。正面に対していること。また、正面。「駅の―にあるビル」「師匠の―にすわる」「―の家」❷〈「お向かい」の形で〉自分の家の正面にある家。また、その家の人。「お―さん」

むーがい【無害】[名・形動] 害がないこと。「―な菌」「―の人間」「人畜―」⇕有害

むーがい【無蓋】[名] おおい・屋根などがないこと。「―貨車」⇕有蓋

むかいーあ・う【向かい合う】ムカヒアフ [自五] 互いに正面を向いて対する。向き合う。「―・って座る」「テーブルを挟んで―」

むかいーあわせ【向かい合わせ】ムカヒアハセ [名] 互いに正面を向き合って対すること。「―に座る」⇕背中合わせ

むかいーかぜ【向かい風】ムカヒ [名] 進行方向から吹いてくる風。向こう風。逆風。⇕追い風▼物事が順調に進むことをさまたげるたとえにもいう。「政局は首相にとって―だ」

むかいーび【向かい火】ムカヒ [名] 野火などで、燃え進んでくる火勢を弱めるために、こちら側からも火をつけること。また、その火。

むか・う【向かう】ムカフ [自五] ❶顔の正面を(体ごと)そのもののある方向に向ける。また、(正面から)まともに対する。「机[鏡・碁盤・ピアノ]に―」「標的に―・って銃を撃つ」「門を入ると―・って右に研究室がある」「面と―と何も言えなくなる」使い方「観客に向かって手を振る」のように、「…に向かって」の形で格助詞「に」とほぼ同じ意を表すことがある。❷ある方向をめざして進む。「今からすぐ現場に―・います」「大阪から東京に―」「改札を出て南へ―」❸〈「…に向かう」の形で、動作性の名詞を受けて〉ある目的をもって一定の所におもむく。「被災者の救助に―」「研究班はアマゾン奥地の探検に―・った」❹対抗する。立ち向かう。はむかう。「素手で敵に―」「彼は―ところ敵なしの強さだ」❺物事がある状態のほうに進み始める。「春に―・って日一日と日脚が長くなる」「高齢化がピークに―」「病気が快方に―」❻〈「…に[へ]向かって」の形で〉特定の物事を目標として。…に向けて。「大会に―・って頑張る」❼ある心組みで物事に対処する。「厳粛な気持ちで仕事に―」「俗念を捨てて仏に―」❽興味・関心・美意識などがその分野・方面に進む。～を志向する。「若者の関心は社会現象よりも個人の内面に―・っている」「私の興味は彫刻を離れて建築に―・った」◈「迎える」と同語源。✓注意 ⬇迎える 可能 向かえる 名 向こう・向かい

むかえ【迎え】ムカヘ [名] 来る人を待ち受けること。また、そのための使者や乗り物。「医者を―にやる」「―の車が来る」✓注意「向かえ」と書くのは誤り。

むかえーう・つ【迎え撃つ】ムカヘ [他五] 攻めてくる敵を待ち受けて戦う。迎撃する。「敵勢を―」

むかえーざけ【迎え酒】ムカヘ [名] 二日酔いの不快感を発散させるために酒を飲むこと。また、その酒。

むかえーび【迎え火】ムカヘ [名] 盂蘭盆(うらぼん)に入る日(陰暦七月一三日)の夜、先祖の霊を迎えるために家の門口で麻幹(おがら)・麦わらなどをたくこと。また、その火。⇕送り火

むかえーぼん【迎え盆】ムカヘ [名] 盂蘭盆(うらぼん)で、祖先の霊を迎える日。⇕送り盆

むか・える【迎える】ムカヘル [他下一] ❶やって来る人を待って受け入れる。「友人を空港に―」「優勝チームを拍手で―」⇕送る ❷家族や仲間の一員として受け入れる。「姪(めい)を養子に―」「皆で温かく転校生を―」❸呼んで来てもらう。呼び寄せる。「作家を講師に―・えて講演会を開く」❹呼び寄せて地位や役職につける。「○○氏を顧問に―」❺時間が経過して、ある時期や段階に達したことを知る。「試合が大詰めを―」「芝居がクライマックスを―」「正念場[新年・死]を―」❻他人の意向をよしとして受け入れる。「先方の意を―」❼敵を待ち受けて戦う。迎え撃つ。「敵軍を―」◈「向かう」と同語源。書き方 ⑦は「▼邀える」とも。✓注意「向かえる」は別語。「向かう→(可能)向かえる」「迎える→(可能)迎えられる」の関係。「今年で三回目を×向かえる/○迎える」文 むか・ふ 名 迎え

むーがく【無学】[名] ❶[形動] 学問・知識のないこと。「―の徒」「―なことを言う」❷小乗仏教で、四果のうちの阿羅漢果(あらかんか)。煩悩を断ち切って、もはや修行する必要のない位。また、その境地。

むかーご【〈零余子〉】[名] 腋芽(えきが)が養分を蓄えて球状に肥大したもの。多くは葉の付け根にできる。地上に落下して発芽し、新しい個体となる。肉芽。珠芽。ぬかご。▼ヤマノイモのむかごは食用。

むかし【昔】［名］❶遠くさかのぼった過去のある時点・時期。ずっと以前。「―を思い出す」「―住んでいた家」⇔今 ▼副詞的にも使う。❷過去の十年を一期としていう語。「十年一―」

品格　在りし日「―の姿」　以前「―会ったことがある」　古「―の都」　往古「―関東の華と称された名城」　往時「―の繁栄を懐かしむ」　往年「―の名選手」　過去「―にさかのぼって調査する」　かつて「―経験したことがある」　従来「―の見解を繰り返す」　昔日「―の面影はない」　◉「過去」は「暗い過去がある」のように、昔の事柄そのものを指す使い方もある。

◉**昔取った杵柄**　若いころ腕を磨いていて自信のある技量。

むかし-かたぎ【昔〈気質〉】［名・形動］昔ながらの考え方や様式をかたくなに守ろうとする気質であること。「―の職人」 読み分け ⬇気質

むかし-がたり【昔語り】［名］昔の出来事や経験について話すこと。また、その話。昔話。

むかしつ-せきにん【無過失責任】［名］発生した損害について、故意・過失がなくてもその賠償責任を負うこと。企業災害などについて適用される。

むかし-ながら【昔ながら】［副］昔のままで変わらないさま。「―に手で織った布」 使い方 多く「昔ながらの」の形で連体修飾に使う。「―の味」

むかし-なじみ【昔▼馴染み】［名］昔、親しかった人。また、古くから親しくしている人。「駅でばったり―に出会う」

むかし-ばなし【昔話】［名］❶昔の出来事や経験を思い出してする話。❷口承文芸の一つ。民間に口承されてきた説話。空想的な世界を題材とし、「むかしむかし、ある所に」などの決まり文句で始まるのを特徴とする。『一寸法師』『かちかち山』『桃太郎』など。 書き方 「昔▼噺」とも。

むかし-むかし【昔昔】［名］「昔」を強めていう語。はるか昔。「―の物語」「―、ある所に大きな沼がありました」▼昔話の冒頭にも使う。

むか-つ・く［自五］❶吐き気がする。むかむかする。「船酔いで胸が―」❷腹が立つ。しゃくにさわる。「顔を見ただけで―・いてくる」

むかっ-ぱら【向かっ腹】［名］わけもなく腹立たしく思うこと。「―を立てる」▼「むかばら」の転。

むかで【〈百足〉・〈▼蜈▼蚣〉】［名］節足動物門ムカデ綱のうちゲジ類を除いたものの総称。扁平で細長い体は多くの環節からなり、各環節に一対ずつの脚がある。毒液を出す顎肢を持つ。

むか-ばき【〈行▼縢〉・〈行騰〉】［名］武士が騎乗・狩猟などの際に腰から足先までのおおいとしたもの。多く鹿や熊の毛皮で作った。▼「向か脛にはく」意。　縢

むか-むか［副］❶吐き気がするさま。「胃が―(と)する」❷怒りがこみ上げてくるさま。「横柄な態度に―する」

むが-むちゅう【無我夢中】［名］あることに心を奪われて、われを忘れた状態になること。「―で逃げ出す」

む-かん【無官】［名］官職がないこと。「無位―」⇔有官

む-かん【無冠】［名］❶位のないこと。無位。❷競技・試合などで、名誉ある賞をとっていないこと。「―馬」

む-かんがえ【無考え】［名・形動］よく考えないこと。「―に何でも引き受ける」

む-かんかく【無感覚】［名・形動］❶感覚がないこと。何も感じないこと。❷相手の気持ちや周囲の状況を気にかけないこと。無神経。「恥に対して―になる」

む-かんけい【無関係】［名・形動］関係がないこと。何のかかわりもないこと。「彼は事件とは―だ」「本題とは―な話」「―な／の人を巻き込む」

む-かんさ【無鑑査】［名］美術展覧会へ出品する際、過去の入選実績などによって鑑査なしで出品できること。また、その資格。

む-かんしん【無関心】［名・形動］関心がないこと。興味を示さないこと。「国際問題に―な人」 派生 ―さ

むかん-の-ていおう【無冠の帝王】［名］❶特別な地位にはついていないが、実力を備えている人。❷スポーツなどで、十分な実力がありながら、賞やタイトルをとったことがない人。❸ジャーナリスト。特に新聞記者。▼権力に屈することなく論評する人の意。

むき【向き】［名］❶向くこと。また、向いている方向・方角。「風の―が変わる」「南―の部屋」❷ある考えや意思をもっている人。また、その考えや意思の内容。「反対する―もないではない」「ご希望の―は受付までお申し出ください」❸考え・行動などの傾向。「極論に走る―がある」❹適していること。ふさわしいこと。「仕事の―不向きを考える」「幼児―の番組」❺ささいなことに対してもすぐいちずになること。ちょっとしたことでも本気になって腹を立てること。「―になってつっかかる」 書き方 ⑤は普通かな書きにする。

む-き【無季】［名］俳句で、季語を含まないこと。また、その句。「―俳句」

む-き【無期】［名］期限を定めないこと。「―延期・―懲役」⇔有期

む-き【無機】［名］❶生活機能をもたないこと。❷「無機化学」「無機化合物」「無機物」などの略。◈⇔有機

むぎ【麦】［名］イネ科のコムギ・オオムギ・ライムギ・エンバクなどの総称。食用・飼料用、ビールの原料用として世界的に重要な穀物。日本では古く中国から渡来したコムギとオオムギが栽培される。

むき-あ・う【向き合う】［自五］互いに正面を向いて対する。向かい合う。「試験官と―・って座る」

むぎ-あき【麦秋】［名］「麦秋」を訓読みにした語。

むぎ-うち【麦打ち】［名］刈り取った麦の穂を殻竿で打って実を落とすこと。また、その殻竿。

むき-かがく【無機化学】［名］すべての元素・単体および無機化合物を研究対象とする化学の一分野。⇔有機化学

むき-かごうぶつ【無機化合物】［名］炭素を含まない化合物、および一酸化炭素・二酸化炭素・炭酸塩・シアン化合物など、構造の簡単な炭素化合物の総称。⇔有機化合物

む-きげん【無期限】［名］期限のないこと。期限を定めないこと。「―貸付金・―ストライキ」

むぎ-こ【麦粉】［名］麦、特に小麦をひいて粉にしたもの。小麦粉。うどん粉。メリケン粉。

む-ぎこう【無技巧】［名・形動］しいて技巧をこらしていないこと。「―の技巧(＝芸術創作などで、技巧ら

しい技巧を用いないことが、かえって技巧以上の効果を上げること)」

むぎ-こがし【麦焦がし】[名] 煎(い)って焦がした大麦をひいて粉にしたもの。砂糖を加えてそのまま、または湯に溶いて食べる。また、菓子の材料にもする。香煎(こうせん)。はったい粉。

むぎ-さく【麦作】[名] 麦を栽培すること。また、その作柄・収穫。

む-きしつ【無機質】[名] 五大栄養素の一つとして生体維持に欠かせない元素。また、それらの塩。カルシウム・カリウム・ナトリウム・マグネシウム・塩素・鉄・硫黄・リンなどの類。無機塩類。ミネラル。

む-きず【無傷(無▼疵)】[名・形動] ❶きずがないこと。‖「—で生還する」❷欠点・失点・失敗・罪などがないこと。‖「—の七連勝」

むき-だし【▽剝き出し】[名・形動] ❶おおいかくさないで、あらわに出すこと。‖「—の肩」「—になったコンクリート」❷抑制しないで、あらわに表すこと。‖「闘志を—にする」

むぎ-ちゃ【麦茶】[名] 大麦を殻のまま煎(い)ったもの。また、それを煎(せん)じた飲み物。夏、冷やして飲む。麦湯。

む-きてき【無機的】[形動] 無機物のようなさま。また、単調で冷たい感じを与えるさま。‖「—な空間」「—な人工の光」⇔有機的

む-きどう【無軌道】キダウ [名・形動] ❶軌道がないこと。‖「—電車(=トロリーバスの旧称)」❷考え方や行動が常識からはずれていること。‖「—な生活」「—に非行をくり返す」派生 -さ

むき-なお・る【向き直る】ナホ [自五] 体を動かして別の方向へ向きを変える。‖「声のする方へ—」「—って一礼する」

むぎ-の-あき【麦の秋】[名]「麦秋(ばくしゅう)」を訓読みにした語。

む-きぶつ【無機物】[名] ❶水・空気・鉱物など、生活機能をもたない物質。❷無機化合物のこと。◈⇔有機物

むぎ-ふみ【麦踏み】[名] 早春、麦の芽を足で踏むこと。霜柱による土壌の浮きを防いで根張りをよくし、また、不要な生長を抑制するために行う。

むき-み【▽剝き身】[名] ハマグリ・アサリなど貝類の殻を取り去って、中の肉だけにしたもの。

むき-むき【向き向き】[名] 人それぞれに適性・好み・関心の方向などが異なっていること。‖「—に応じて仕事を選ぶ」

むき-むき [副・形動] 筋肉が盛り上がったさま。‖「筋肉—のマッチョマン」書き方「ムキムキ」とも書く。

む-きめい【無記名】[名] 氏名を書かないこと。‖「—投票」

むぎ-めし【麦飯】[名] 米に麦をまぜて炊いた飯。また、麦だけを炊いた飯。ばくはん。

むぎ-ゆ【麦湯】[名] 麦茶。

む-きゅう【無休】キウ [名] 休まないこと。休日・休業のないこと。‖「年中—」

む-きゅう【無給】キフ [名] 給料が支払われないこと。⇔有給

む-きゅう【無窮】[名・形動] 時間・空間などに、極限のないこと。無限。‖「—の天」「天壌(てんじょう)—」

む-きりょく【無気力】[名・形動] 進んで物事をしようとする気力がないこと。‖「—な人」派生 -さ

むぎ-わら【麦▼藁】[名] 麦の実をとり去ったあとの茎。細工物の材料などにする。麦稈(ばっかん)。‖「—帽子」

むぎわら-とんぼ【麦▼藁〈▼蜻▼蛉〉】[名] シオカラトンボの雌。▼腹部が麦わらの色に似ることから。

む-きん【無菌】[名] 細菌がないこと。‖「—室」

む-く【無▼垢】[名・形動] ❶仏教で、いっさいの煩悩(ぼんのう)を離れて、清浄なこと。❷心身に汚れがなく、清らかなこと。うぶなこと。‖「—な心」「純真—」❸まじりもののないこと。純粋なこと。‖「金—(=純金)」❹和服で、表裏を同質・同色の無地で仕立てた長着。▼表裏を白一色で仕立てたものを白無垢といい、花嫁衣装などに用いる。

む・く【向く】■一 [他五] ❶その方向に顔や体の正面が位置するようにする。‖「右を—」「そっぽを—」❷物(の先端)がその方向を指し示す。‖「磁針が北を—」「鼻が上を—いている」■二 [自五] ❶その方向に位置する。面する。対する。‖「入り口のほうに—いて座る」「私の家は南に—いて建っている」❷ある方面に興味や関心がむかう。‖「気が—いたら便りをください」「足の—ままに旅を続ける」「選挙に興味が—」「世界の目はアジアに—いている」❸〈「運が向く」の形で〉未来へ向かって運が開ける。‖「運がよい方に—いてきた」❹適している。‖「彼は芸能人に—いている」「若者に—いた仕事を探す」可能 向ける 名 向き

む・く【▽剝く】[他五] ❶表面をおおっているものを取り去る。‖「リンゴの皮[ゆで卵の殻・チョコレートの銀紙]を—」「クリを—」使い方 ⇩はぐ ❷目や歯などをむき出しにする。‖「目を—いてじろりとにらむ」「獣が牙(きば)を—いて獲物に襲いかかる」可能 むける

むくい【報い(▽酬い)】[名] ❶よい行為または悪い行為の結果として自分の身に受けるもの。果報。‖「悪行の—を受ける」▼現在は多く悪い行為の結果についていう。❷労苦に対する償い。報酬。

むく-いぬ【▼尨犬】[名] むく毛の犬。むく。

むく・いる【報いる(▽酬いる)】[自上一] ❶人から受けたことに対して、それに見合うだけのことをして返す。応(こた)える。むくう。‖「恩返しをして相手の恩に—」「褒章で功労者に—」使い方「長年の努力が報いられる／報われる」は、前者が「報いる」の受身、後者が「報う」の受身。意味は同じだが、「報われる」のほうが一般的。⇩報う ❷相手から受けた仇(あだ)や屈辱に対して仕返しをする。報復する。‖「奇襲攻撃で敵に—」使い方「旧敵に仇を—」「一矢を—」「恨みを—」など、他動詞としても使う。◈「向く」と同語源。文 むく・ゆ 名 報い

むく・う【報う(▽酬う)】ムクフ [自五] 報いる。‖「恩に—」「やっと苦労が—われた」「—われない仕事」▼「報いる」の文語「報ゆ」の転。使い方 現在は「報いる」を使うことが多いが、受身の場合は「報う」の受身形である「報われる(報われない)」が多く使われる。⇩報いる① [使い方] 可能 むくえる

むくげ【〈木▼槿〉・▼槿】[名] 生け垣や庭木として植えるアオイ科の落葉低木。夏から秋の朝、紅紫色または白色の五弁花を開き、夕方しぼむ。モクゲ。キハチス。

むく-げ【▼尨毛】[名] 動物の、ふさふさと長く垂れた毛。

む-くち【無口】[名・形動] 口数が少ないこと。寡黙。‖

「ーな／の人」

むくつけき〔連体〕〔古風〕気味が悪くて恐ろしい。粗野で、むさくるしい。‖「ー武士」▼文語形容詞「むくつけし」の連体形から。

むく-どり【▼椋鳥】〔名〕❶日本全土に分布するムクドリ科の鳥。背面は黒褐色、くちばしと脚は橙黄色。人家近くに群がってリャーリャーとやかましく鳴く。白頭翁(はくとうおう)。むく。❷地方から都会へ出てきた人をあざけっていった語。

むく-の-き【▼椋の木】〔名〕五月ごろ、淡緑色の小花を多数つけるアサ科の落葉高木。山地に自生し、庭木にもする。球形の果実は黒く熟し、食べられる。ざらざらした葉は細工物を磨くのに用い、材は器具用。ムクエノキ。ムク。

むくみ【〈浮腫〉】〔名〕むくむこと。また、むくんだもの。ふしゅ。‖「全身にーがくる」「足のーがとれる」

むく・む【〈浮腫〉む】〔自五〕体組織に組織液やリンパ液がたまり、体の一部または全体がはれたようにふくれること。‖「ー・んだ顔」名むくみ

むく-むく〔副ト〕❶雲・煙などが重なり合ってわき上がるさま。‖「黒雲がー(と)わき起こる」❷感情などが急に高まるさま。‖「怒りがー(と)起こる」❸寝ているものが起き上がるさま。❹ふっくらと太っているさま。‖「ー(と)肥えた赤ん坊」

むぐら【▼葎】〔名〕野原や荒れた庭に生い茂る雑草の総称。カナムグラ・ヤエムグラなど。

むく・れる【▽剝れる】〔自下一〕❶腹を立ててふくれる。ふくれっつらをする。❷はがれる。むける。‖「皮がー」文むく・る

むくろ【▼軀・▽骸】〔名〕❶からだ。身体。❷死体。なきがら。‖「ーを弔う」

むくろ-じ【無▽患子】〔名〕夏、淡緑色の小花を円錐(えんすい)状につけるムクロジ科の落葉高木。山地に自生し、庭木にもする。球形の果実は黄褐色に熟し、黒色の種子を追い羽根の玉にする。サポニンを含む果皮は石鹼(せっけん)の代用にされた。ムク。

むくわ-・れる【報われる】ムクハ〔連語〕「報う」の受身形。⬇報う

むけ【向け】(造)他の語の下に付けて、送り先または対象の意を表す。‖「海外ーの放送」「高齢者ーの雑誌」

む-げ【無▼碍(無▼礙)】〔名・形動〕妨げがなく、自由自在であること。‖「融通ー」

む-けい【無形】〔名〕形がないこと。形に表れないこと。また、そのもの。‖「ーの財産[恩恵]」⇔有形

む-げい【無芸】〔名・形動〕人に見せるほどの芸を身につけていないこと。‖「多芸はー」「ー大食(=ただ大食いするほかには、これといった取り柄がないこと)」

むけい-ぶんかざい【無形文化財】ーブンクワザイ〔名〕日本の伝統的な演劇・音楽・工芸技術など、無形の文化的所産で、歴史上または芸術上の価値が高いもの。そのうち特に重要なものは文部科学大臣が重要無形文化財に指定し、併せてその保持者または保持団体を認定する。⇔有形文化財▼その保持者を「人間国宝」という。

む-けつ【無欠】〔名・形動〕欠けた所のないこと。欠点のないこと。‖「完全ー」

む-けつ【無血】〔名〕血を流さないこと。また、武力によらないこと。‖「ー革命」

む-げつ【無月】〔名〕空が曇って月が見えないこと。特に、陰暦八月十五夜の月が見えないこと。‖「中秋ー」

む-げに【無下に】〔副〕冷淡に。すげなく。そっけなく。‖「ー断るわけにもいかない」

む・ける【▽剝ける】〔自下一〕表面をおおっていたものがとれる。‖「皮がー」文む・く

む・ける【向ける】㊀〔他下一〕❶物(の先端)がある方向に向くようにする。‖「渦中の人にマイクをー」「電波の来る方角にアンテナをー」「ナイフをー・けて脅す」「妻に怒りをー」「それとなく話をー」❷体の一部分がある方向に向くようにする。‖「顔を上にー」「背中をー・けて座る」「銀座方面に足をー」「大躍進に熱い視線をー」❸乗り物の先端が目的地の方向へ向くようにする。また、乗り物が目的地へ向かうようにする。‖「東南に機首をー」「○○港に舵(かじ)をー」❹ある方面に興味や関心がむかうようにする。‖「イナゴの異常発生に注意をー」「新しい仕事に情熱をー」❺資金をある用途に割り当てる。振り当てる。‖「ボーナスを生活費にー」❻ある使命をもって行かせる。派遣する。差し向ける。‖「代理を現場にー」㊁〔自下一〕〈「…に[へ]向けて」などの形で〉❶その方向に動作・作用が及ぶ意を表す。…の方に向かって。…を目指して。…に。…へ。‖「北海道に／へー・けて旅立つ」「海外にー・けた情報発信が必要だ」❷主体の動作の及ぶ相手であることを表す。…に。…へ(の)。‖「二人にー・けて文句をいう」「これは市長が市民にー・けたメッセージだ」❸ある特定の時期や目標に備えて物事を行う場合の、その時期や目標を表す。‖「夏にー・けて新型の水着を発表する」「五輪にー・けた体力強化が求められる」「大会にー・けて特訓を始める」「優勝にー・けて努力を重ねる」文む・く ㊂〔自他下一〕「向く」の可能形。向くことができる。‖「首が痛くて右が／をー・けない」

む-けん【無間】〔名〕❶絶え間のないこと。❷⬇阿鼻(あび)▼「無間地獄」の略。◈「むげん」とも。

む-げん【無限】〔名・形動〕限度がないこと。果てがないこと。‖「ーの宇宙」「ーに広がる夢」⇔有限

む-げん【夢幻】〔名〕夢とまぼろし。‖「ーの境をさまよう」▼はかないことのたとえにもいう。‖「ーの人生」

むげん-きどう【無限軌道】ーキダウ〔名〕キャタピラ。

むげん-せきにん【無限責任】〔名〕債務者個人の全財産が債務の担保となる責任。⇔有限責任

むげん-だい【無限大】〔名・形動〕❶限りなく大きいこと。❷数学で、変数の絶対値がどの正数よりも大きくなること。その変数。記号∞であらわす。

むこ【婿(▼聟・▼壻)】〔名〕❶娘の夫となる男性。また、娘の夫として家族の一員になった男性。‖「ー選び」「ーを取る」❷新郎。はなむこ。◈⇔嫁 書き方「聟」は俗字。「壻」は別体。

む-こ【無▼辜】〔名〕罪のないこと。また、その人。‖「ーの民」▼「辜」は罪の意。

むご・い【▽惨い・▽酷い】〔形〕❶見るにたえないほど悲惨であるさま。‖「ー死にざま」❷思いやりがないさま。無慈悲だ。‖「ーことを言う」派生ーさ

むこ-いり【婿入り】〔名・自サ変〕婿となって嫁の家に入ること。また、その儀式。⇔嫁入り

むこう【向こう】ムカフ〔名〕❶話し手のいる所から遠ざ

かる方向。また、その方向（特に話し手が対面する方向）にある、比較的遠く離れている場所。〓「払いのけるようにして—へ押しやる」「もう少し—へ逃げよう」「—にいる人に手を振る」

❷〈多く「…の向こう」の形で〉…を隔て（て比較的遠く離れ）た所。…の反対側。…の向こう側。〓「山の—に海がある」「ドアの—に誰かいる」

❸視線が正視・注視などからそれる方向。あっち。〓「しばらく—を向いててくれ」

❹これから行く場所。目的地。〓「—へ着くのは夜になる」

❺遠く離れた土地。特に、外国。あちら。〓「—のボクサーは寒さに強いから〈沢木耕太郎〉」

❻先方。相手側。〓「—の意向を聞く」

❼これから先。今後。〓「—一週間休業する」

❽〔古風〕正面。向かい。特に、真向かいの家。[使い方]単独用法はまれで、今は「—三軒両隣」「—正面(じょうめん)」など複合語の形で使う。

◈歴史的仮名遣いは、「向かふ」の終止形・連体形が名詞化したものとして、一般に「ムカフ」とするが、連用形「向かひ」のウ音便と見て「ムカウ」とも。

◉**向こうに回(まわ)・す** 相手にして争う。敵にする。〓「プロを—にして互角に戦う」

◉**向こうを張(は)・る** 張り合う。対抗する。〓「大手スーパーの—って安売りをする」

む-こう【無効】ムカウ〔名・形動〕効力・効果がないこと。〓「切符が—になる」「—票」⇔有効

むこう-いき【向こう意気】ムカフ〔名〕相手に負けまいとして張り合う気持ち。向こう気。向こうっ気。〓「—の強い人」

むこう-がわ【向こう側】ムカフガハ〔名〕❶間に物を隔てた、その先の方の側。また、相対している側。向かい側。向こう。〓「川の—へ渡る」「—に倒れる」❷相手側。先方。また、反対側。敵側。向こう。〓「—に就く」◈⇔こちら側

むこう-ぎし【向こう岸】ムカフ〔名〕川・瀬戸などの反対側の岸。対岸。

むこう-きず【向こう傷】ムカフ〔名〕敵と正面から戦って、体の前面に受けた傷。特に、眉間(みけん)や額に受けた傷。⇔後ろ傷

むこう-じょうめん【向こう正面】ムカフジヤウメン〔名〕❶向かって正面にあたる方角や場所。前面。❷劇場で、舞台から見て正面の観客席。大向こう。❸相撲で、土俵正面（北側）の反対側（南側）にあたる場所。裏正面。

むこう-ずね【向こう▼脛】ムカフ〔名〕すねの前面。▽「弁慶の泣き所」ともいう。

むこうっ-き【向こうっ気】ムカフ〔名〕「向こう意気」に同じ。

むこう-づけ【向こう付け】ムカフ〔名〕懐石料理で、膳の中央より向こう側におく刺身・酢の物などの料理。また、それを盛る器。

むこうっ-つら【向こうっ面】ムカフ〔名〕顔の前面。また、向かい合った相手の顔。むこうづら。〓「—を張りとばす」

むこう-どなり【向こう隣】ムカフ〔名〕道を隔てて向かい側にある家。また、近隣。向かい隣。

むこう-はちまき【向こう鉢巻き】ムカフ〔名〕前頭部に結び目をつくる、鉢巻きの締め方。また、そのように締めた鉢巻き。⇔後ろ鉢巻き▽威勢のよい姿とされる。

むこう-みず【向こう見ず】ムカフ〔名・形動〕結果がどうなるかも考えないで行動すること。無鉄砲。〓「—な性格」

む-こくせき【無国籍】〔名〕どこの国籍ももっていないこと。

む-ごし【無腰】〔名〕腰に刀剣を帯びていないこと。まるごし。

むご-たらし・い【▽惨たらしい・▽酷たらしい】〔形〕いかにもむごいさま。残酷である。〓「—事故現場」[派生]—さ

むこ-とり【婿取り】〔名〕婿を家に迎えること。⇔嫁取り

むこ-ようし【婿養子】—ヤウシ〔名〕養子縁組と同時に養親の娘と結婚する人。

む-こん【無根】〔名・形動〕根拠や証拠がないこと。根も葉もないこと。〓「—の説」「事実—」

む-ごん【無言】〔名〕何も言葉を発しないこと。口をきかないこと。〓「—の行（＝物を言わないことで精神を統一する修行。転じて、黙り込んでいること）」「—電話」「—の圧力」「—の帰宅［帰国］」（＝死者となって家や国に戻ることの形容）」

むごん-げき【無言劇】〔名〕⇒パントマイム

む-さい【無才】〔名・形動〕才知・才能がないこと。〓「無学—」

むさ・い〔形〕きたならしい。むさくるしい。〓「—格好」

む-ざい【無罪】〔名〕❶罪がないこと。❷刑事事件で、被告人の行為が犯罪にならないこと。または犯罪が証明されないこと。また、その判決。⇔有罪

むさい-しょく【無彩色】〔名〕色相・明度・彩度のうち、明度だけをもつ色。白・灰・黒をいう。⇔有彩色(ゆうさいしょく)

む-さく【無策】〔名〕適切な方策をもっていないこと。何の対策も立てていないこと。〓「無為—」

む-さくい【無作為】—クヰ〔名〕意図的な操作をしないで、偶然にまかせること。〓「—に選び出す」

むさくいちゅうしゅつ-ほう【無作為抽出法】ムサクヰチウシュツハフ〔名〕標本調査・統計調査などで、意図的な操作をしないで母集団から標本を抜き出す方法。任意抽出法。ランダムサンプリング。

むさ-くるし・い〔形〕散らかっていてだらしがないさま。きたならしい。むさい。〓「—所ですが一度お越し下さい」[派生]—さ

むささび【〈▼鼯▼鼠〉】〔名〕前肢から後肢にかけて発達した飛膜をもち、木から木へと滑空するリス科の哺乳(ほにゅう)類。本州以南の森林にすみ、木の芽・葉・果実などを食べる。夜行性。バンドリ。ノブスマ。 [鼯鼠]

む-ざつ【無雑】〔名・形動〕まじりけがないこと。純粋なこと。〓「純一—」

む-さべつ【無差別】〔名・形動〕差別をつけないこと。すべてを同じように扱うこと。〓「—の待遇」「—に攻撃する」

むさべつ-きゅう【無差別級】—キフ〔名〕柔道の試合で、体重の軽重にかかわりなく出場できる種目。オープンカテゴリー。

むさぼ・る【貪る】〔他五〕満足することなく欲しがる。また、飽きることなくある行為を続ける。〓「暴利を—」「本を—り読む」[可能]むさぼれる

むざ-むざ［副ト］とるべき手段もないまま一方的に不利益をこうむるさま。〓「―(と)負けてなるものか」

む-さん【無産】［名］❶財産・資産がないこと。〓「―者」⇔有産 ❷「無産階級」の略。

む-さん【霧散】［名・自サ変］霧が散るように、あとかたもなく消え失せること。雲散霧消。〓「疑惑が―する」

む-ざん【無残(無惨)】［名・形動］❶むごたらしいこと。また、いたましいこと。あわれなこと。〓「見るも―な光景」「―にも打ち砕かれた夢」❷仏教で、戒律を破って、心に恥じないこと。〓「放逸―」書き方「無▼慙」「無▼慚」とも。

むさん-かいきゅう【無産階級】［名］生産手段をもたず、労働によって得た賃金で生活している階級。無産者階級。プロレタリアート。⇔有産階級

むし【虫】［名］❶人・獣・鳥・魚介類以外の小動物の総称。昆虫・寄生虫・害虫など。〓「―の音」「―がわく」❷人間の体内にあって、気分・感情・心理などを左右すると考えられているもの。〓「腹の―が治まらない」❸一つのことに熱中する人。〓「勉強の―」❹〈他の語の下に付いて〉そのような性質・性向をもつ人をあざけって言う語。〓「泣き―・弱―・点取り―」

◉**虫がい・い**　自分勝手で図々しい。〓「そんなに―話があるか」

◉**虫が知ら・せる**　何かよくないことが起こりそうな予感がする。

◉**虫が好か・ない**　なんとなく気に入らない。〓「あいつはどうも―」

◉**虫の居所が悪・い**　機嫌が悪く、ちょっとしたことにも腹を立てやすい状態にある。〓「父は―・そうだ」✓注意「虫の居場所が悪い」は誤り。

さまざまな「虫」

むし

油虫・芋虫・蛆虫・馬追い虫・貝殻虫・兜虫・髪切り虫・亀虫・轡虫・鍬形虫・毛虫・黄金虫・穀象虫・米食い虫・尺取り虫・鈴虫・草履虫・玉虫・でんでん虫・天道虫・松虫・蓑虫

ちゅう

益虫・回虫・害虫・寄生虫・蟯虫・原虫・甲虫・昆虫・三化螟虫・三葉虫・住血吸虫・成虫・夜光虫・幼虫

む-し【無死】［名］野球で、ノーアウト。〓「―満塁」

む-し【無私】［名・形動］私心のないこと。私利・私欲を求める心のないこと。〓「―の精神」「公平―」

む-し【無視】［名・他サ変］そこに存在するもの、また、存在するものの価値を認めないこと。〓「他人の忠告を―する」「信号―」

む-じ【無地】［名］全体が同じ色で模様のないこと。〓「―の着物」「鉄―・紺―」▽多く布地にいう。

むし-あつ・い【蒸し暑い】［形］風がなくて湿度が高く、蒸されるように暑く感じる。〓「今日は朝から―」派生―さ

むし-おくり【虫送り】［名］稲などの害虫を追い払うための農村行事。夜、村人が松明を焚き、鉦・太鼓を打ち鳴らしながら、虫の霊が移るとされるわら人形を村境まで送り、川に流したり焼き捨てたりする。多くは五～八月に行われた。稲虫送り。実盛送り。

むし-おさえ【虫押さえ】［名］❶子供の虫気を防ぎ、治療する薬。虫薬。❷空腹の一時しのぎにちょっと食べること。また、その食べ物。

むし-かえ・す【蒸し返す】［他五］❶一度蒸したものを、もう一度蒸す。❷一度決着のついた事柄を再び問題にする。〓「議論を―」名蒸し返し

む-じかく【無自覚】［名・形動］自分の言動の意味や責任がよくわかっていないこと。〓「―な態度」

むし-かご【虫▼籠】［名］虫を飼うためのかごや容器。

むし-がし【蒸し菓子】［名］蒸して作った和菓子。まんじゅう・蒸し羊かん・ういろうの類。蒸し物。

むし-がれい【虫▼鰈】［名］近海の砂泥底にすむカレイ科の海水魚。有眼側は茶褐色の地に黒褐色の斑紋が散在し、虫食いのように見える。食用。ミズガレイ。

むし-がれい【蒸し▼鰈】［名］カレイを塩水にひたし、蒸してから陰干しにしたもの。焼いて食べる。

むし-き【蒸し器】［名］食品を蒸すための用具。蒸籠・御飯蒸し・蒸し鍋など。

むし-くい【虫食い(虫▼喰い)】［名］❶虫に食われること。また、そのあと。〓「―の古書」❷口縁に釉の小さな剥落がある茶碗。釉が素地によく付着しないときなどに生じ、虫が食ったように見える。中国明代末期の古染め付けに多く、茶人が珍重した。

むし-くだし【虫下し】［名］回虫などの寄生虫を体内から駆除する薬。駆虫薬。

むし-け【虫気】［名］❶小児が寄生虫などが原因で、腹痛・不眠・ひきつけ・かんしゃくなどを起こすこと。❷産気。陣痛。〓「―づく」

むし-けら【虫▼螻】［名］❶虫類を卑しめていう語。❷人を卑しめていう語。〓「―同然に扱う」

む-しけん【無試験】［名］入学・入社、資格の取得などで、試験がないこと。試験を受ける必要がないこと。

むし-さされ【虫刺され】［名］カ・ダニ・ノミなどの虫に刺されること。また、それによって起こるはれやかゆみの症状。

むし-ず【虫▽唾・虫▽酸】［名］胸がむかむかするときなどに、胃から口にこみ上げてくる、すっぱい液。

◉**虫唾が走・る**　ひどく不快である。〓「声を聞くと―」

むし-ずし【蒸し▼鮨】［名］すし飯に味をつけた干瓢・椎茸・焼きアナゴなどを刻んで混ぜ、金糸卵・エビのおぼろなどをのせて蒸籠で蒸し上げたすし。ぬくずし。

む-じつ【無実】［名・形動］❶罪を犯していないのに罪があるとされること。ぬれぎぬ。〓「―の罪をきせられる」❷実質がないこと。〓「有名―」

むじな【▼狢・▼貉】［名］❶アナグマの別称。❷タヌキのこと。▽毛色がアナグマに似ていることからの混同。

むし-なべ【蒸し鍋】［名］食品を蒸すのに使うなべ。ふつう二段重ねで、上部のなべ底にあけた多数の細かい穴から、下部で沸かした湯の蒸気が吹き上がる。

むし-の-いき【虫の息】［名］今にも絶えそうな弱々しい呼吸。また、そのような状態。

むし-の-しらせ【虫の知らせ】［名］根拠はないのに、よくないことが起こりそうだと感じること。

むし-ば【虫歯】［名］歯の硬組織が口中の微生物の作用で生じた酸によって侵される病気。また、その歯。齲歯。

むし-ば・む【▼蝕む】［他五］❶虫などが食いあらす。虫が食って傷める。〓「―・まれた跡のある古文書」❷虫が食うように徐々に傷つけ、そこなわせる。〓「長年のスト

レスが精神を―んだ」「汚職や政治腐敗に社会の機能が―まれている」◈「虫食(ば)む」の意。

【ことば探究】「むしばむ」の使い方

▼「むしばむ」②は、①の比喩的な用法であるため、徐々に進行する深刻な傷・損壊をいう。

▼また、②には傷・損壊が目に見えない、内部からの被害であるという含意がある。

「強い薬が内臓をむしばむ」「社会が怠惰な風潮によってむしばまれている」

むし-パン【蒸しパン】[名] イーストまたはベーキングパウダーを入れた生地を蒸して作ったパン。

むし-ピン【虫ピン】[名] 昆虫を標本箱に留めるときなどに用いるピン。

む-じひ【無慈悲】[名・形動] いつくしみ、思いやる心がないこと。「―な仕打ち」

むし-ふうじ【虫封じ】[名] 子供に虫気(むしけ)が起こらないように祈禱(きとう)やまじないをすること。また、そのための護符など。

むし-ぶろ【蒸し風呂】[名] 浴室を密閉して蒸気で体を蒸し温める風呂。サウナ風呂など。

むし-ぼし【虫干し】[名・他サ変] 夏の土用のころ、かびや虫の害を防ぐために、書画・衣類などを陰干しして風を通すこと。虫払い。土用干し。

むし-むし【蒸し蒸し】[副ト] 蒸し暑いさま。「部屋の中が―する」

むし-めがね【虫《眼鏡》】[名] 小さな物を拡大して見るために使う、焦点距離の短い凸レンズ。拡大鏡。ルーペ。

むし-もの【蒸し物】[名] ❶蒸して作った料理。酒蒸し・ちり蒸し・茶碗(ちゃわん)蒸し・かぶら蒸し・卵豆腐など。❷蒸し菓子。

むしゃ【武者】[名] 武士。特に、よろい・かぶとで身を固めた武士。「若―」

むし-やき【蒸し焼き】[名] 材料を容器にいれ、密閉して焼くこと。また、その料理。「若鶏の―」

む-じゃき【無邪気】[名・形動] ❶あどけなくて、かわいいこと。「―にはしゃぎ回る子供」❷悪意やひねくれた気持ちがないこと。「―な質問」派生―さ

むしゃ-くしゃ[副ト] 腹立たしくて気分が晴れないさま。「仕事がはかどらなくて―(と)する」

むしゃ-しゅぎょう【武者修行】(―シュギャウ)[名] ❶武士が各地を回って武術の修行をすること。❷他の土地や外国へ行って学問・技芸を鍛錬すること。

むしゃぶり-つ・く[自五] 離すまいとして、激しい勢いですがりつく。「母親に―・いて泣く」▼「むさぶりつく」の転。書き方「武者振り付く」とも当てる。注意 食べ物にかぶりつく、食べ物をしゃぶる意で使うのは誤り。「×スイカにむしゃぶりつく」

むしゃ-ぶるい【武者震い(武者振るい)】(―ブルヒ)[名・自サ変] 戦いや重大な場に臨んだとき、心が勇み立って体がふるえること。「決戦を前に―する」

むしゃ-むしゃ[副ト] 勢い込んで無作法に物を食べるさま。

む-しゅう【無臭】(―シウ)[名] においやくさみがないこと。「無味―」

む-じゅう【無住】(―ヂュウ)[名] 寺に住職がいないこと。また、その寺。

む-しゅく【無宿】[名] ❶住む家のないこと。また、その人。❷江戸時代、町民・農民などが人別帳から名前を除かれること。「―人」▼家出・勘当・駆け落ち・追放など、さまざまな理由によった。

む-しゅみ【無趣味】[名・形動] ❶趣味をもたないこと。無風流。没趣味。「―の人」❷風流なおもむきがないこと。「―な庭」

む-じゅん【矛盾(矛▼楯)】[名・自サ変] 物事の道理が一貫していないこと。つじつまが合わないこと。自家撞着(どうちゃく)。「―した意見」語源 昔、楚(そ)の国の商人が、どんな盾(たて)でも突きとおすという矛(ほこ)と、どんな矛でも防ぐという盾を同時に売ろうとし、その矛でその盾を突いたらどうなるかと問われて返答に窮したという、『韓非子』の故事から。

むしょ[名] [俗] 刑務所。「―帰り」▼「虫寄場(むしよせば)」の転か。「刑務所」の略ともいう。

む-しょう【無償】(―シャウ)[名] ❶報酬のないこと。また、報酬を求めないこと。「―の奉仕」❷代価を払わないこと。無料。◈⇕有償

む-しょう【霧消】(―セウ)[名・自サ変] 霧が晴れるように、あとかたもなく消えてなくなること。「雲散―」

む-じょう【無上】(―ジャウ)[名・形動] それ以上のものはないこと。最上。「―の喜び」

む-じょう【無常】(―ジャウ)[名・形動] ❶仏教で、この世の一切のものは、絶えず生じ、滅び、変化して、永遠不変のものは一つもないということ。「諸行―」⇕常住 ❷人の世の変わりやすいこと。また、人の命のはかないこと。「―の風は時を選ばず(=人の死はいつ訪れるとも分からないということ)」

む-じょう【無情】(―ジャウ)[名・形動] ❶他を思いやる心がないこと。「花を散らす―の雨」「―な言葉」「―にも親子は引き離された」派生―さ ❷仏教で、感情・意識をもたないこと。山川草木などにいう。非情。「―の木石」◈⇕有情(うじょう)

む-じょうけん【無条件】(―デウ―)[名] 何の条件も伴わないこと。「―で許可する」「―降伏」

むしょう-に【無性に】(ムシャウ―)[副] むやみに。やたらに。「―眠い」

む-しょく【無色】[名] ❶色がついていないこと。「―透明」⇕有色 ❷特定の思想・信条などにかたよらないこと。「―の立場を貫く」

む-しょく【無職】[名] 定まった職業をもたないこと。

むし-よけ【虫▽除け】[名] ❶害虫がつかないようにすること。また、そのための装置・薬品。❷毒虫や毒蛇などの害を防ぐという神仏の守り神。

む-しょぞく【無所属】[名] 特定の政党や会派に所属していないこと。また、その人。「―議員」

むし・る【▼毟る・▼挘る】[他五] ❶生えているものをつかんで引き抜く。「草を―」❷指先などでちぎって小さくする。また、魚などの身をほぐす。「パンを―・って食べる」「焼き魚を箸(はし)で―」❸おどして、また、だまして金品などを奪いとる。むしり取る。「有り金を残らず―・られる」可能 むしれる

む-じるし【無印】[名] ❶しるしがついていないこと。❷競馬・競輪の予想表で、何のしるしもついていないこと。また、入賞する見込みの少ない馬や選手。❸商品にメーカーなどを表す商標がないこと。ノーブランド。

むしろ【▼筵・▼蓆・▼莚】[名] ❶藺(い)・わら・がま・すげ

などを編んで作った敷物。特に、わらを編んだものをいう。❷会合などの席。‖「宴の—」◈ 書き方「▽席」とも。

むしろ【▽寧ろ】[副] 二つのうち、あれよりもこれを選ぶという気持ちを表す。どちらかといえば。‖「—こちらのほうがいい」「彼は天才というより—努力家だ」

むしろ-ばた【▼筵旗・▼蓆旗】[名] むしろを竹竿などにつけて、旗としたもの。▼江戸時代、百姓一揆などで用いた。

む-しん【無心】[名] ❶[形動] 心に雑念や邪念がないこと。無邪気であること。‖「子供たちが—に遊ぶ」「—の勝利」「—な童女」❷[他サ変] 人に金品をねだること。‖「兄に—する」❸滑稽を主眼とした連歌。無心連歌。⇔有心

む-じん【無人】[名] 人がいないこと。人が住んでいないこと。むにん。‖「—駅・—島」「—探査機」⇔有人

む-じん【無尽】[名] ❶尽きるところがないこと。限りがないこと。‖「縦横—」❷「無尽講」の略。

む-しんけい【無神経】[名・形動] ❶感覚がにぶいこと。鈍感。‖「騒音に対して—になる」❷外聞や他人の思わくなどを気にしないこと。‖「人を傷つける—な発言」派生 -さ

むじん-こう【無尽講】[名] 金銭の融資を目的とする相互扶助団体。構成員が一定の期日に掛け金を払い込み、抽選や入札によって順次に所定の金額を給付するもの。融資が全員に行き渡った時に解散する。無尽。頼母子。頼母子講。

むじん-ぞう【無尽蔵】[名・形動] いくら取っても尽きないこと。無限にあること。‖「—の/な資源」

むじん-とう【無人島】[名] 人の住んでいない島。

むしん-ろん【無神論】[名] 神の存在を否定する思想的な立場。‖「—者」⇔有神論

む・す【▽生す・▽産す】[自五] 草・苔などが生える。生じる。‖「苔の—・した墓」

む・す【蒸す】■一 [自五] 風がなく、温度・湿度が高くて、暑さがこもるように感じられる。蒸し蒸しする。‖「部屋の中が—」■二 [他五] 蒸気を当てて物を熱する。また、そのようにして食べ物を調理する。‖「饅頭を—」「—・したタオルで顔を拭く」可能 蒸せる

むず[助動 特活型] ⬇んず

むず・い[形]〔俗〕難しい。‖「—試験」▼「むずかしい」を短縮した造語。書き方「ムズい」とも。

む-すう【無数】[名・形動] 数えられないほど多いこと。‖「—の星がまたたく」

むずかし・い【難しい】[形] ❶事態を処理したり、実現したりすることが容易でないさま。困難だ。‖「予定通り進めることは—」⇔たやすい・易しい ❷複雑で容易には理解できないさま。難解だ。‖「彼の理論は—」「—漢字を書く」⇔易しい ❸少しでも処置を誤ると最悪の状態に陥るおそれもあるさま。‖「—立場に立たされる」❹深刻に考えたり不機嫌になったりして、こわばった表情をしているさま。きむずかしい。こむずかしい。‖「—顔をする」❺機嫌を損ねやすかったり要求が多かったりして、普通の接し方ではすませそうにないさま。気むずかしい。‖「あの作家は—ことで有名だ」◈「むつかしい」とも。室町時代以降に「むつかし」の「つ」が濁音化した。書き方 現代仮名遣いでは「むづかしい」は認めない(「むづかしい」は歴史的仮名遣い)。派生 -げ/-さ/-がる

むずがゆ・い【むず▼痒い】[形] 肌の上に小さい虫がのっている時のように不快で、手で掻き出すなどして早く解消したいと感じる。むずむずする。‖「しもやけの足が—」派生 -げ/-さ/-がる

むずか・る【▽憤る】[自五] 幼児などが機嫌を悪くして泣く。また、すねてだだをこねる。むつかる。‖「赤ん坊が—」

むす-こ【《息子》】[名] 親にとって、男の子供。せがれ。‖「孝行—」⇔娘

むすっ-と[副] 機嫌をそこねて押し黙っているさま。‖「—してそっぽを向く」

むず-と[副] 急に荒々しく力を込めるさま。むんずと。

むすび【結び】[名] ❶糸・ひもなどを結ぶこと。また、結び目。‖「蝶—」❷人と人とを関係づけること。‖「—の杯」「縁—」❸しめくくること。終わり。最後。‖「—の言葉」❹係り結びで、係りの語に呼応して語尾を変化させた文末・句末の活用語。❺握り飯。おむすび。

むすび-つ・く【結びつく(結び付く)】[自五] 結ばれて一つになる。結ばれて密接な関係を持つ。つながる。‖「顔と名前が—」「地道な努力が成功に—」

むすび-つ・ける【結びつける(結び付ける)】[他下一] ❶結んでくっつける。ゆわえつける。‖「木の枝にお神籤を—」❷密接に関係づける。‖「二つの事件を—・けて考える」文 むすびつ・く

むすび-め【結び目】[名] ひもなどを結び合わせた部分。

むす・ぶ【結ぶ】■一 [他五] ❶糸・ひも・帯などをからみ合わせて離れないようにする。また、そのようにしてひもなどをある形に作る。‖「二本のひもを—」「靴ひも[風呂敷]を—」「丸帯をお太鼓に—」❷ばらばらになったり離れ離れになったりしないようにひもなどでくくりつける。結びつける。‖「髪をリボンで—」「二人は運命の赤い糸で—・ばれている」❸ひもなどを物や体の周りに巻きつける。結びつける。‖「神木におみくじを—」「頭の後ろで鉢巻きを—」❹「結ぶ」②をすることによって、建造物などを作り出す。‖「草庵を—」「垣根を—」❺口・手を固く閉じる。‖「口を固く—」「口をへの字に—」「—・んでひらいて手をうって—・んで〈むすんでひらいて〉」使い方「拳を—」のように、~ヲに〈結果〉をとる言い方もある。手のひらを固く閉じてこぶしを作る意。❻仏教で、手の指で悟りなどを象徴的に表す形を作る。‖「手に印を—」❼連絡や通信を可能にするために、複数のものをつなぐ。‖「○○大橋が両県を—」「遺留品が容疑者と事件を—」使い方 ~ガを~デ(=手段)に替えていう言い方もある。‖「二点間をホットラインで—」❽「結ぶ」⑦をすることによって、連絡のつく環境を作り出す。張りめぐらす。築く。‖「全市内に緊急連絡網を—」「鉄壁の包囲網を—」▼~ヲに〈結果〉をとる言い方。❾約束して強い関係を作る。‖「両者は一億円で売買契約を—・んだ」「隣国と通商条約を—」使い方 ~ヲに〈結果〉をとる。「業者と手を—・んで私腹をこやす」のように、〈対象〉をとる言い方もある。❿別々の体や心をつないで離れないようにする。結び合わせる。‖「二人は強固な信頼感で—・ばれている」「めでたく—・ばれる(=愛が成就する・結婚する)」使い方 受身の形が多い。また、「親交を—」のように、~ヲに〈結果〉をとる言い方もある。⓫米飯を握り飯にする。握る。‖「赤飯を俵形に—」

使い方「おむすびを三角に—」のように、〜ヲに〈結果〉をとる言い方もある。握り飯を作る意。
⓬形のあるもの（特に、粒状の物）を生じさせる。「空気中の水分が露を—」「ミカンが実を—」「網膜に像を—」
⓭話・文章などをしめくくる。「感謝のことばで挨拶(あいさつ)を—」「『敬具』と記して手紙を—」
⓮係り結びで、係助詞に呼応した形で文を終止させる。「こそ」を受けて文末の活用語を已然形にする類。
■二［自五］形のあるもの（特に、粒状の物）が生じる。「桑の実が—」「ハスの葉に露が—」
◈「掬ぶ」と同語源。 可能 結べる 名 結び

むす・ぶ【▼掬ぶ】［他四］〔古風〕手のひらを合わせて水をすくう。掬(きく)する。「袖ひちて—・びし水の凍れるを春立つ今日の風やとくらむ〈紀貫之・古今集〉」

むすぼ・れる【結ぼれる】［自下一］❶結ばれて解けにくくなる。「糸が—」❷水分が固まって玉のようになる。凝固・凝結する。「霜［露の玉］が—」❸気分がふさぐ。憂鬱(ゆううつ)になる。「気が—」文 むすぼ・る

むず-むず［副ト］❶虫などが体をはい回るような、むずがゆい感じがするさま。「背中が—する」❷何かをしたくて落ち着かないさま。うずうず。「旅行に行きたくて—している」

むす-め【娘】［名］❶親にとって、女の子供。「一人—」⇔息子 ❷未婚の若い女性。乙女(おとめ)。「近所の—」

むすめ-ごころ【娘心】［名］娘らしい心。若い女性の、純真で感じやすい気持ち。

むすめ-ざかり【娘盛り】［名］娘として最も美しい年ごろ。

むすめ-むこ【娘婿】［名］娘の夫。女婿(じょせい)。

む-せい【無声】［名］❶声・音を出さないこと。また、出ないこと。「—映画」❷音声学などで、声帯の振動を伴わないこと。「—音」◈⇔有声

む-せい【無性】［名］下等動物などで、雌雄の別がないこと。⇔有性

む-せい【夢精】［名・自サ変］睡眠中、無意識に射精すること。性的な夢を伴うことが多い。

む-ぜい【無税】［名］税金がかからないこと。また、税金をかけないこと。⇔有税

むせい-おん【無声音】［名］声帯の振動を伴わないで発せられる音。子音の［p］［t］［k］［s］［ts］など。⇔有声音

むせい-げん【無制限】［名・形動］制限がないこと。また、制限しないこと。「—の試合時間」

むせい-ふ【無政府】［名］政府が存在しないこと。

むせいふ-しゅぎ【無政府主義】［名］国家をはじめとする一切の政治的権力を否定し、個人の完全な自由と独立が保障される社会を樹立しようとする思想。アナーキズム。

むせい-ぶつ【無生物】［名］生命がなく、生活機能をもたないもの。石や水など。

むせい-らん【無精卵】［名］受精していない卵。

むせ-かえ・る【▼噎せ返る】［自五］❶ひどくむせる。「強い酒をあおって—」❷息をつまらせてひどく泣く。むせびなく。

む-せき【無籍】［名］国籍・戸籍・学籍などをもたないこと。

む-せきにん【無責任】［名・形動］❶責任がないこと。責任を負わないこと。「—な立場」❷自分の言動について責任を感じないこと。「—な発言」「—のそしりを免れない」派生 -さ

むせび-な・く【▼噎び泣く】［自五］息をつまらせて激しくなく。声をのみこむようにしてはげしく泣く。むせかえる。▽楽器や風の音をその声にたとえても使う。「—胡弓(こきゅう)の音(ね)」

むせ・ぶ【▼噎ぶ・▽咽ぶ】［自五］❶鼻やのどに強い刺激を受けて息がつまる。また、息をつまらせてせきこむ。「煙草の煙に—」❷感情がこみあげ、息をつまらせながら泣く。むせび泣く。「感涙に—」❸むせび泣くような音を立てる。「霧笛が—」

む・せる【▼噎せる・▽咽せる】［自下一］気管などに強い刺激を受けて息をつまらせる。また、息をつまらせてせきこむ。むせぶ。「蚊遣りの煙に—」「散薬を飲んで—」文 む・す

む-せん【無銭】［名］金銭を持たないこと。また、金銭を支払わないこと。「—飲食［旅行］」

む-せん【無線】［名］❶電線を設けないこと。電線を必要としないこと。ワイヤレス。⇔有線 ❷「無線電信」の略。❸「無線電話」の略。

むせん-そうじゅう【無線操縦】［名］航空機・船舶・車両などを、電波によって遠隔操縦すること。ラジオコントロール。ラジコン。

むせん-でんしん【無線電信】［名］電波を利用し、符号によって行う通信。無電。

むせん-でんわ【無線電話】［名］電波を利用した電話。列車電話や携帯電話など。

むせん-まい【無洗米】［名］水を加えるだけですぐ炊けるように加工されている米。▽洗う必要のない米の意。

む-そう【無双】［名］❶二つとないこと。比べるものがないほどすぐれていること。「天下—の怪力」❷衣服の表裏を同じ布地で仕立てること。また、そのもの。「—羽織」❸相撲で、取り組んだ相手の内股または外股に手をかけ、体をひねりながら相手を倒す技。内無双と外無双とがある。

む-そう【無想】［名］仏教で、心に何も思わないこと。心中の想念をすべて消し去ること。心に何も思わないこと。「無念—」

む-そう【夢想】［名・他サ変］❶夢の中で思うこと。また、夢を見ること。「—だにしない不幸に見舞われる」❷夢のようにあてもないことを心の中で思い描くこと。空想すること。「革命を—する」「—家」

む-ぞうさ【無造作】［名・形動］❶たやすく物事を実現すること。「難事を—にやってのける」❷手間をかけないで、おおざっぱに物事を行うこと。雑に。「髪を—に束ねる」「テーブルの上に買ってきた食材が—に置かれている」◈ 書き方「無雑作」とも。

［ことば探究］「無造作」の使い方

▼「無造作」①はかなり古い言い方で、現在では「造作なく」「造作もなく」などの言い方の方が普通である。

▼「無造作」②は、行動・様子に注意深さやこだわりがない、整然としていないというニュアンスを持つ。

▼②は、丁寧さがない、配慮がないというニュアンスから否定的な文脈で使われることが多いが、わざとらしさがない、窮屈な感じがないというニュアン

スで肯定的な文脈でも使われる。「無造作な手さばきが熟練ぶりを示す」

むそう-まど【無双窓(夢想窓)】ムサウ [名] 板連子(れんじ)を内外二重にはめ、開けると一つおきにすき間ができ、閉じると一枚の板張りのようになる窓。通風・採光用に雨戸などに取り付ける。

むそ-じ【六▽十路・六▽十】ヂ [名] ろくじゅう。また、六〇歳。六〇年。

む-ぞり【無反り】[名] 刀身に反りがなく、まっすぐなこと。また、その刀。

むだ【無駄・▽徒】[名・形動] 役に立たないこと。効果・効力がないこと。‖「—な金を使う」「時間を—にする」▼「無駄」は当て字。

むだ-あし【無駄足・▽徒足】[名] わざわざ出かけていったのにかいがないこと。‖「—を踏む」

む-たい【無体】[名・形動] ❶形がないこと。‖「—財産」❷無法なこと。道理に合わないこと。‖「—なまねをする」「無理—」書き方「無代」とも。

む-だい【無代】[名] 代金がいらないこと。無料。‖「—進呈」

む-だい【無題】[名] ❶作品に題がないこと。❷詩歌で、題を設けないで詠んだもの。題詠でない詩歌。

むたい-ぶつ【無体物】[名] 法律で、具体的な形をもたないもの。音・光・熱・電気など。⇔有体物

むだ-がね【無駄金・▽徒金】[名] 使ったことが何の役にも立たない金。むだぜに。‖「—を使う」

むだ-ぐち【無駄口・▽徒口】[名] 役に立たないおしゃべり。むだごと。‖「—をきく」

むだ-げ【無駄毛・▽徒毛】[名] 美容や化粧の妨げになる、顔・腕・足などの毛。‖「—を剃(そ)る」「—処理」

むだ-づかい【無駄遣い・▽徒遣い】ヅカヒ [名・他サ変] 金品を必要もないことに使うこと。‖「税金の—」

品格 空費「貴重な時間を—する」散財「見えを張って—する」濫費(らんぴ)「公金を—する」浪費(ろうひ)「労力を—する」

むだ-ばな【無駄花・▽徒花】[名] 咲いても実を結ばない花。特に、雄花。あだばな。

むだ-ばなし【無駄話・▽徒話】[名] 何の益もないおしゃべり。雑談。

むだ-ぼね【無駄骨・▽徒骨】[名] 苦労したことが何の役にも立たないこと。無益な骨折り。‖「—を折る」▼「むだ骨折り」の略。

むだ-めし【無駄飯・▽徒飯】[名] 仕事もしないで食う飯。‖「—を食う(=働きもしないで無益に暮らす)」

む-だん【無断】[名] 相手の許可や承諾を得ないこと。‖「—で人の自転車を使う」「—欠勤」

むち【▼鞭・▼笞・▽策】[名] ❶牛馬を打って進ませるための革ひもや竹・木・籐(とう)などで作った棒。刑罰として人を打ち据えるのにも使う。‖「—を入れる」❷人に物を指し示すときに使う細長い棒。❸人を叱ったり励ましたりするためのことばや行為。‖「愛の—」「飴(あめ)と—」 鞭

む-ち【無知(無▼智)】[名・形動] ❶知らないこと。知識がないこと。❷知恵がないこと。おろかなこと。‖「—蒙昧(もうまい)」

む-ち【無恥】[名・形動] 恥を恥と思わないこと。

むちうち-しょう【▼鞭打ち症】シヤウ [名] 自動車などの追突事故によって頸椎(けいつい)やその周囲の組織が損傷を受けたときに起こる諸症状。頭痛・手足のしびれ・めまい・耳鳴りなど。むち打ち。

むち-う・つ【▼鞭打つ】[自他五] ❶むちで打つ。むちを当てる。‖「馬に/を—」❷励ます。ふるいたたせる。鞭撻(べんたつ)する。‖「老骨を/に—」

むち-むち [副・形動] 肉づきがよく、はりのあるさま。むっちり。‖「—(と)した肢体」

む-ちゃ【無茶】[名・形動] ❶道理に合わないこと。筋が通らないこと。‖「—を言う」「—な話」❷節度がないこと。乱暴なこと。‖「—をして体をこわす」❸程度がはなはだしいこと。‖「—に忙しい」使い方 強めた言い方に、「むちゃくちゃ」「むちゃむちゃ」「むっちゃ」「めっちゃ」などがある。◈書き方「無茶」は当て字。

むちゃ-くちゃ【無茶苦茶】[名・形動]「むちゃ」を強めていう語。‖「—に踏みつぶす」「—な意見」▼「くちゃ」は語調を整えるためにそえた語。書き方「無茶苦茶」は当て字。

む-ちゃくりく【無着陸】[名] 航空機が目的地に到着するまで一度も着陸しないこと。‖「—飛行」

む-ちゅう【夢中】[名] ❶夢を見ている間。夢の中。❷[形動] 一つの物事に熱中して我を忘れること。‖「ゲームに—になる」「無我—」

品格 傾倒「ラテン音楽に—する」心酔「心酔してやまない」没我「—の境地」没頭「研究に—する」

む-ちゅう【霧中】[名] 一面に霧がただよっている中。霧の中。‖「—信号」➡五里霧中

む-ちん【無賃】[名] 賃金・料金を払わないこと。また、料金がいらないこと。‖「—乗車」

むつ【▼鯥】[名] 北海道以南の深海に分布するスズキ目ムツ科の海水魚。体は細長く、目と口が大きい。食用。「むつの子」と呼ばれる卵巣も賞味される。

む-つ【六つ】[名] ❶一の六倍の数。五の次の数。ろく。むっつ。❷六歳。むっつ。❸昔の時刻の名で、現在の午前六時ごろ(明け六つ)、および午後六時ごろ(暮れ六つ)。

む-つう【無痛】[名] 痛みがないこと。‖「—分娩(ぶんべん)」

むつかし・い【難しい】[形] ➡むずかしい▼「むずかしい」よりやや古風で方言的。

むつか・る【▽憤る】[自五] ➡むずかる

むつき【▽睦月】[名] 陰暦一月の別称。▼太陽暦の一月にもいう。

むつき【〈▼襁▼褓〉】[名] おしめ。おむつ。

ムック【和製mook】[名] 単行本的な内容をもつが、編集・造本・発行方式などが雑誌に近い出版物。▼magazineとbookの合成語。

むっく-と [副] 急に、またゆっくり起き上がるさま。むくと。むっくり。

むっくり [副] ❶急に、またゆっくり起き上がるさま。‖「—(と)起き上がる」❷丸々と太っているさま。また、丸く盛り上がっているさま。‖「—(と)した体つき」「ずんぐり—」

むつ-ごと【▽睦言】[名] むつまじく語り合う話。特に、男女の寝室での語らい。

むつ-ごろう【▼鯥五郎】ラウ [名] 有明海(ありあけかい)・八代海(やつしろかい)に生息するハゼ科の海水魚。目は頭頂部に突き出し、腹びれは左右合わさって吸盤をつくる。干潮時には胸びれで泥上をはい回る。食用。

ムッシュー【monsieurフランス】[名] フランス語で、男

性に呼びかけるときに用いる語。また、男性の姓名に冠する敬称。

むっちり ［副ト］肉づきがよく、ふっくらとした肌に張りがあるさま。むちむち。＝「ー（と）した太もも」

むっ-つ【六つ】 ［名］❶ろく。むつ。❷六歳。▽「むつ」の転。

むっつり ［副ト］口数が少なくて無愛想なさま。＝「ー（と）押し黙る」「ー助平（＝口には出さないが、実は好色であること。また、その人）」

むっ-と ［副］❶怒りや不満がこみあげてきて表情がこわばるさま。＝「悪口を言われてーする」❷熱気や悪臭がみちて息苦しく感じるさま。＝「ーするような暑さ」

むつまじ・い【▽睦まじい】 ［形］家族や男女などが、こまやかな愛情で結ばれていて仲がよいさま。＝「一家ー・く夕げを囲む」「夫婦がー・く暮らす」「仲ー」 派生 -げ／-さ

むつま-やか【▽睦まやか】 ［形動］仲むつまじいさま。＝「ーに語り合う」

むつ・む【▽睦む】 ［自五］仲良くする。親しくする。むつまじくする。むつぶ。＝「友とー」

む-て【無手】 ［名］❶手に何も持っていないこと。特に、武器を持たないこと。素手。❷何の方策や技術ももたないこと。＝「ーで交渉に臨む」

む-ていけい【無定形】 ［名］一定の形をもっていないこと。＝「ー結晶」

む-ていけい【無定型】 ［名］一定の型がないこと。また、一定の型にとらわれないこと。＝「ー短歌」

む-ていけん【無定見】 ［名・形動］一定した見識・見解をもっていないこと。＝「ーな施策」

む-ていこう【無抵抗】 ［名・形動］抵抗しないこと。特に、相手の暴力や圧力に対して手向かわないこと。＝「ーの／な市民を攻撃する」「ー主義」

むてかつ-りゅう【無手勝流】 ［名］❶戦わないで勝つこと。武器によらず、策略によって勝つこと。また、その方法。❷自分勝手なやり方。自己流。

む-てき【無敵】 ［名・形動］相手となる敵がいないほど強いこと。＝「ーの剣士」「天下ー」「ー艦隊」

む-てき【霧笛】 ［名］霧が深いとき、航行の安全のために船舶や灯台が鳴らす汽笛。きりぶえ。

むてっ-ぽう【無鉄砲】 ［名・形動］あとさきを考えないで物事をすること。むこうみず。＝「昔はーに遊んだ」「ーな／の人」▽「むてほう（無手法）」または「むてんぽう（無点法）」の転という。 書き方 「無鉄砲」は当て字。 派生 -さ

む-でん【無電】 ［名］「無線電信」「無線電話」の略。

む-てんか【無添加】 ［名］防腐剤・着色剤などの添加物を加えていないこと。

む-とう【無灯】 ［名］暗いのにあかりをつけないこと。無灯火。

む-とう【無糖】 ［名］糖分を含まないこと。＝「ーの缶コーヒー」

む-どう【無道】 ［名・形動］行いが人としての道にそむいていること。非道。＝「悪逆ー」

むとう-は【無党派】 ［名］いずれの政党にも属していないこと。また、特定の政党を支持していないこと。＝「ー層」

むとう-ひょう【無投票】 ［名］選挙で、立候補者が定員を超えないときなどに、投票を省略すること。＝「ー当選」

む-どく【無毒】 ［名・形動］毒がないこと。⇔有毒

む-とどけ【無届け】 ［名］事前の届け出がないこと。＝「ー欠勤」

む-とんちゃく【無頓着】 ［名・形動］物事にこだわらないこと。むとんじゃく。＝「着るものにーな人」「金にーになる」 派生 -さ

むな-いた【胸板】 ［名］❶胸部の平らな部分。＝「ーが厚い」❷鎧の胴の最上部の、胸に当てる部分。

むな-ぎ【棟木】 ［名］木造建築で、屋根の骨組みの最頂部に渡す横木。むねぎ。

むな-くそ【胸▼糞】 ［名］「胸」を強めて、乱暴にいう語。むねくそ。

◉**胸糞が悪い** 胸がむかむかするほど不愉快である。

むな-ぐら【胸倉・胸▽座】 ［名］着物の、左右の襟が重なるあたり。＝「ーをつかんで殴りかかる」

むな-ぐるし・い【胸苦しい】 ［形］胸が押さえつけられるようで息苦しい。＝「人いきれでー」 派生 -げ／-さ

むな-げ【胸毛】 ［名］胸に生える毛。

むな-さき【胸先】 ［名］胸のみぞおちのあたり。むなもと。

むな-さわぎ【胸騒ぎ】 ［名・自サ変］悪い予感や心配事のために胸がどきどきすること。＝「ーをおぼえる」

むな-ざんよう【胸算用】 ［名・自他サ変］心の中でざっと見積もりを立てること。胸勘定。胸積もり。むねざんよう。

むなし・い【▽空しい・▽虚しい】 ［形］❶内容がなく、空虚であるさま。＝「ー言葉」❷はかないさま。＝「人の世はー」「ー恋」❸効果があらわれず、行為などがむだになるさま。かいがない。＝「健闘ー・く敗退した」❹〈「むなしくなる」の形で〉死ぬ。みまかる。＝「薬石効なくー・くなる」 派生 -さ

むな-だか【胸高】 ［名・形動］帯をふつうより高く、胸のあたりに締めること。＝「ーに帯を締める」

むな-つき【胸突き】 ［名］山道や坂道で、傾斜がけわしい所。

むなつき-はっちょう【胸突き八丁】 ［名］❶急斜面のけわしい坂道。▽富士山頂までの、八丁（約八七二㍍）のけわしい斜面の意から。❷物事を成し遂げる直前の、最も苦しい局面。＝「交渉がーにさしかかる」

むな-づもり【胸積もり】 ［名］胸算用。

むな-もと【胸元】 ［名］胸のあたり。むなさき。

む-に【無二】 ［名］同じものが二つとないこと。かけがえのないこと。＝「ーの親友」

ムニエル【meunièreフラ】 ［名］魚に小麦粉をまぶし、バターで焼いた料理。ムニエール。＝「鮭のー」

むに-むさん【無二無三】 ［名］❶法華経の教えで、仏となる道には二乗も三乗もなく、ただ一乗だけであるということ。❷わき目もふらず、一心に物事を行うこと。＝「ーに走る」◈「むにむざん」ともいう。

むにゃ-むにゃ ［副ト］口の中で意味のわからないことをつぶやくさま。＝「何やらー（と）つぶやく」

むにんしょ-だいじん【無任所大臣】 ［名］国務大臣の中で、特定の行政事務を担当しない大臣。

むね【旨】 ［名］❶思うことや述べたことの主な内容。趣旨。趣意。＝「相談したいーを告げる」❷中心とすること。第一の目的とすること。＝「質素をーとする」 書き方 「▽宗」とも。

むね【胸】 ［名］❶体の前面で、首と腹の間の部分。哺

乳類では肺・心臓などが収まる部分で、肋骨に囲まれている。❷心臓。‖「―の鼓動」❸肺。‖「―を病む(＝肺結核になる)」❹胃。❺乳房。‖「―を隠す」❻心。心の中。‖「―が騒ぐ」❼衣服の、①に当たる部分。‖「―のポケット」◈「胸板」「胸元」「胸算用」「胸苦しい」など、他の語が下に付いて複合語をつくるときは多く「むな」となる。

◉**胸が一杯になる** 感激などで心が満たされる。

◉**胸が躍る** 喜びや期待で胸が高鳴る。わくわくする。

◉**胸が空く** 胸のつかえがとれて、さわやかになる。‖「―ようなホームラン」▼「胸のすく」の形も多い。「すく」はかな書きが多い。

◉**胸が塞がる** 悲しみや心配で暗い気持ちになる。憂鬱になる。

◉**胸が焼ける** 胸焼けがする。

◉**胸に一物** 口には出さないが、心の中にたくらみを持つこと。

◉**胸に刻む** 心にしっかりととどめて、忘れないでおく。‖「共に過ごした日々を―」

◉**胸に手を当てる** (両手を胸にあてがい)心を落ち着かせて、じっくりと思案する。胸に手を置く。

◉**胸に秘める** 心の内に隠して、人に知られないようにする。

◉**胸を痛める** ひどく心配する。心を痛める。

◉**胸を打つ** 強く感動させる。心を打つ。‖「勇気ある行為が人々の―った」

◉**胸を借りる** 相撲で、上位の力士にけいこをつけてもらう。また、一般に、実力が上の人に練習の相手をしてもらう。

◉**胸を焦がす** 深く恋い慕う。心を焦がす。

◉**胸を撫で下ろす** 心配事が解消して、一安心する。ほっとする。✅注意「心をなで下ろす」「肩をなで下ろす」は誤り。

◉**胸を弾ませる** 期待や喜びで心がうきうきする。

◉**胸を膨らませる** 期待や喜びで心がいっぱいになる。‖「希望に―」

むね【棟】 ㊀[名]❶屋根の最も高い所。二つの屋根面の接する稜線。また、そこに渡してある横木。棟木。❷刀の刃のついていない側。みね。書き方「〈刀背〉」「〈▼鉦〉」とも。㊁(造)家屋・建物などを数える語。‖「民家三―が全焼」

むね-あげ【棟上げ】 [名・自サ変]家を建てるとき、柱や梁などを組み立て、その上に棟木を上げること。また、そのときに行う儀式。上棟。建前。

むね-あて【胸当て】 [名]❶衣服の汚れを防ぐために胸に当てる布。胸掛け。❷胸の部分に当てる鎧。

むね-くそ【胸▼糞】 [名]⇩むなくそ

むね-さんずん【胸三寸】 [名]胸の中。また、心の中にもつ考え。‖「成否の鍵は彼の―にある」✅注意「胸先三寸」は、みぞおちのすぐそばのあたりの意。

む-ねつ【無熱】 [名]健康なときの体温であること。熱がないこと。平熱。

むね-の-うち【胸の内(胸の▼裡)】 [名]心の中。また、心中の気持ち。‖「そっと―でつぶやく」「―を明かす」書き方「胸のうち」も多い。

むね-やけ【胸焼け】 [名]みぞおちから食道のあたりにかけて、焼けつくような感じや鈍い疼痛のような感じが起こること。また、その感覚。

むねわり-ながや【棟割り長屋】 [名]一棟の家屋を壁で仕切り、何世帯かが住めるようにした長屋。

む-ねん【無念】 [名]❶仏教で、無我の境地に入り、心に何も思わないこと。‖「―無想(＝すべての雑念を去り、無心になること)」⇔有念 ❷[形動]くやしく思うこと。‖「―を晴らす」「彼もさぞ―だろう」「―の涙」「残念―」派生 -げ/-さ/-がる

む-のう【無能】 [名・形動]能力・才能がないこと。役に立たないこと。また、その人。‖「―な/の人」「―無策」⇔有能 派生 -さ

むのう-りょく【無能力】 [名・形動]物事をする能力がないこと。

むのうりょく-しゃ【無能力者】 [名]❶物事をする能力のない人。❷もと、民法で、未成年者・準禁治産者・禁治産者を指していった語。⇩制限行為能力者

む-はい【無配】 [名]「無配当」の略。⇔有配

む-はい【無敗】 [名]試合・戦いなどで、敗れたことがないこと。‖「今期―を誇るチーム」

む-はいとう【無配当】 [名]株主に対して、利益配当をしないこと。無配。

む-ひ【無比】 [名・形動]他に比べるものがないこと。無二。無双。‖「当代―の演奏家」「痛快―」

む-び【夢▼寐】 [名]眠って夢を見ること。また、その間。‖「―(＝夢)にも忘れられない」

む-ひつ【無筆】 [名・形動]読み書きができないこと。また、その人。

む-ひはん【無批判】 [名]批判しないこと。‖「―に他人の説に従う」

む-びゅう【無▼謬】 [名]理論や判断などに誤りがないこと。‖「―性」「―の真理」

む-ひょう【霧氷】 [名]気温が氷点下のとき、霧や水蒸気が樹枝などについてできる氷の層。樹氷・樹霜・粗氷の三種がある。

む-びょう【無病】 [名]病気にかからないこと。

む-ひょうじょう【無表情】 [名・形動]表情の変化に乏しいこと。‖「―に答える」

むびょう-そくさい【無病息災】 [名]病気をせず健康であること。

む-ふう【無風】 [名]❶風がないこと。❷波瀾・混乱のないこと。‖「―状態の相場」「―選挙区」

むふふ [感]何か下心のありそうな笑い声をいう語。

む-ふんべつ【無分別】 [名・形動]分別のないこと。あとさきを考えないで軽率にふるまうこと。‖「―な行動」

むべ【〈▼郁子〉】 [名]晩春、葉腋に淡紫色を帯びた白い小花をつけるアケビ科の常緑つる性低木。山地に自生し、庭木にもする。葉は手のひら状の複葉。食用となる実はアケビに似るが、裂けない。トキワアケビ。ウベ。

むべ【▽宜・▽諾】 [副・形動ナリ]〔古風〕もっともであると納得するさま。なるほど。いかにも。うべ。‖「―なるかな(＝もっともなことだ)」

む-へん【無辺】 [名・形動]広々として、はてがないこと。際限のないこと。‖「―の宇宙空間」「広大―」

む-ほう【無法】 [名・形動]❶法のないこと。法が守られていないこと。‖「―地帯」❷道理にはずれていて、乱暴なこと。‖「―者」派生 -さ

む-ぼう【無謀】 [名・形動]先のこともよく考えず、乱暴に物事を行うこと。‖「―な旅行計画」✅注意「無暴」と書くのは誤り。

む-ぼうび【無防備】 [名・形動]危険・災害などに

対する備えのないこと。‖「地震に対して—な都市」

むほん【謀反(謀▼叛)】[名] 国や君主にそむいて兵を挙げること。‖「—を企てる」

むま【夢魔】[名] ❶夢に現れて人を苦しめる悪魔。❷不安や恐怖を抱かせる悪夢。

むみ【無味】[名・形動] ❶味がないこと。‖「—無臭の液体」❷おもしろみがないこと。

むみかんそう【無味乾燥】サウ [名・形動] 何の味わいもおもしろみもないこと。‖「—な生活」

むみょう【無明】ミヤウ [名] 仏教で、煩悩にとらわれて真理を悟ることのできない心の状態。‖「—長夜じょうや(=悟ることのない状態を長い夜にたとえた語)」

むめい【無名】[名] ❶名前がないこと。名前がわからないこと。また、名前を記さないこと。‖「—の草花」「—投票」❷名前が世間に知られていないこと。‖「—の作家」⇔有名

むめい【無銘】[名] 書画・刀剣などに、作者の名が記されていないこと。⇔在銘

むめいし【無名氏】[名] 名前のわからない人。また、名前を記してない人。失名氏。‖「—の投書」

むめいし【無名指】[名] くすりゆび。

むめんきょ【無免許】[名] 免許を受けていないこと。‖「—運転」

むもん【無文】[名] 衣服などに模様がついていないこと。無地。⇔有文うもん

むもん【無紋】[名] 衣服・調度などに紋がついていないこと。⇔有紋うもん

むやく【無益】[名・形動] ⬇むえき

むやみ【無闇】[形動] ❶是非や結果を考えないで物事を行うさま。‖「—なことは言うものではない」❷度を超しているさま。‖「—に腹がへる」◈書き方「無闇」は当て字。

むやみやたら【無闇矢▼鱈】[名・形動]「むやみ」を強めた言い方。めったやたら。‖「—に買いあさる」書き方「無闇矢鱈」は当て字。

むゆうびょう【夢遊病】ムイウビヤウ [名] 睡眠中に起きあがって徘徊はいかいするなどの動作をし、本人はそれを記憶していない症状。睡眠時遊行症。夢中遊行症。

むよう【無用】[名・形動] ❶役に立たないこと。無益。⇔有用 ❷必要ないこと。不要。‖「遠慮は—だ」「心配御—」「天地—」❸用事のないこと。‖「—の者立入禁止」

むようのちょうぶつ【無用の長物】チヤウ [連語] あっても役に立たず、かえってじゃまになるもの。

むようのよう【無用の用】[連語] 役に立たないように見えるものが、かえって大切な役割を果たしているということ。

むよく【無欲(無▼慾)】[名・形動] 欲がないこと。‖「—の勝利」「—な/の人」「—恬淡てんたん」

むら【村】[名] ❶農業・漁業などを営む地域で、人家がある程度集まって形成している共同体。‖「—おこし」❷地方公共団体の一つ。町より規模が小さい。そん。

むら【▽斑】[名] ❶物事(の仕上がり)がそろっていないこと。均一の状態になっていないこと。‖「染めに—ができる」❷安定していないこと。ある状態に落ち着いていないこと。‖「気分に—がある」「—のある成績」

むら【群(▼叢)】[名] むらがっていること。また、そのもの。‖「—すずめ」「ひと—の薄すすき」「草—」▼多く他の名詞に付けて使う。

むらがる【群がる(▼叢がる・▼簇がる)】[自五] 多くの人や生物などが一か所に秩序なく寄り集まる。‖「魚がえさに—」「火事場に野次馬が—」「タンポポが—って咲く」

むらき【▽斑気】[名・形動] 気分が変わりやすいこと。気まぐれ。むらぎ。‖「—な性格」

むらぎえ【▽斑消え】[名] 積もった雪などが、まだらにところどころ消えること。

むらくも【群雲・▼叢雲】[名] [古風] むらがり集まった雲。ひとむれの雲。‖「月に—花に風」

むらさき【紫】[名] ❶古く、乾燥した紫色の根を染料としたムラサキ科の多年草。夏、直立した茎の先に白い小花をつける。紫草むらさきそう。❷「紫色」の略。❸醤油しょうゆの別称。

むらさきいも【紫芋】[名] 塊根の肉色が紫であるサツマイモの総称。山川紫・アヤムラサキなど。

むらさきいろ【紫色】[名] 赤と青の中間の色。また、ムラサキの根で染め出した色。

むらざと【村里】[名] 田舎で、人家の寄り集まっている所。村落。

むらさめ【村雨・▼叢雨】[名] [古風] 激しく降ったかと思うと、すぐにやんだり弱くなったりする雨。にわか雨。驟雨しゅうう。▼群がって降る雨の意。書き方「村」は当て字。

むらしぐれ【村《時雨》・▼叢《時雨》】[名] [古風] 晩秋から初冬にかけて、ひとしきり降ってはやみ、やんではまた降る雨。書き方「村」は当て字。

むらしばい【村芝居】バヰ [名] ❶旅役者が村々をまわって興行する芝居。また、その一座。❷村で村人たちが農閑期などに演じる芝居。地芝居。

むらす【蒸らす】[他五] 蒸れるようにする。特に、炊き上がったご飯の火を止めて、中にこもった蒸気と余熱でふっくらと仕上げる。‖「ご飯をよく—」

むらすずめ【群▼雀】[名] 群れをなしているスズメ。

むらたけ【群竹(▼叢竹)】[名] 群生している竹。

むらちどり【群千鳥】[名] 群れをなしているチドリ。

むらはちぶ【村八分】[名] ❶江戸時代以降の私的制裁で、村のおきてに背いた者に対し、村民全員が申し合わせてその家と絶交すること。❷仲間はずれにすること。

むらびと【村人】[名] 村の住人。村民。

むらむら[副ト] ある感情や衝動が激しくこみ上げてくるさま。‖「怒りが—(と)わき起こる」

むらやくば【村役場】[名]「村」②の行政事務を取り扱う役所。

むり【無理】[名・形動] ❶道理に反し、物事の筋が通らないこと。❷行うのがむずかしいこと。‖「その作業は一人では—だ」「—な注文を出す」❸[自サ変] 強引に行うこと。また、過度に行うこと。‖「—に詰め込む」「—がたたって体をこわす」「—して行かなくていいよ」

◉**無理が通れば道理どうりが引っ込む** 道理に反する不正が世に通用するようになれば、道理にかなった正義は行われなくなる。

◉**無理もない** 当然だ。もっともだ。‖「怒るのも—」

むりおうじょう【無理往生(無理▽圧状)】ワウジヤウ・アフジヤウ [名・形動] 無理に押しつけて承知させること。

むりおし【無理押し】[名・自サ変] 物事を強引に

押し進めること。║「—して安く買いたたく」

むり−からぬ【無理からぬ】［連体］無理はない。もっともな。║「そのような意見が出るのも—話だ」▽「よからぬ」などからの類推で、形容詞ではない「無理」に「からぬ」をつけてできた語。正しい形は「無理ならぬ」だが（親が心配するのも無理ならぬことだ）、「無理からぬ」も広く使われる。

むり−くり【無理くり】［副］〔俗〕強引に物事を行うさま。強いてやるさま。無理矢理。║「—お願いする」

むり−ゲー【無理ゲー】［名］〔新〕難易度が高すぎるコンピューターゲーム。転じて、達成が非常に困難なこと。▽「ゲー」は「ゲーム」の略。

むり−さんだん【無理算段】［名・自サ変］無理をして物事や金銭の融通をつけること。║「—して買う」

むり−し【無利子】［名］利子がつかないこと。無利息。

むり−じい【無理強い】〔−ジヒ〕［名・他サ変］相手のいやがることを強いてさせること。║「酒を—する」

むり−しんじゅう【無理心中】〔−シンヂュウ〕［名・自サ変］いっしょに死ぬ意志のない相手を殺して自分も死ぬこと。むりやりにする心中。║「女と—する」

むり−すう【無理数】［名］実数のうち、分数の形で表すことのできない数。√2やπ（円周率）など。⇔有理数

むり−なんだい【無理難題】［名］相手がとうてい実現・達成できないような要求。また、無理な言いがかり。

むり−むたい【無理無体】［名・形動］相手の意向にさからって強引に物事を行うこと。║「—な要求」

むり−やり【無理やり（無理矢理）】［副］無理と知りながら強引に物事を行うさま。強いて。║「—承諾させる」書き方「矢理」は当て字。

品格 否応（いやおう）なしに「—契約させられた」否でも応（おう）でも「—目に入ってくる」有無（うむ）を言わせず「—押し付けた」強いて「—行うほどではない」

む−りょ【無慮】［副］きわめて数の多いことをおおまかに表す語。おおよそ。ざっと。║「—数万の人々」

む−りょう【無料】〔−レウ〕［名］料金がいらないこと。ただ。║「送料—」⇔有料

む−りょう【無量】〔−リヤウ〕［名］はかり知れないほど多いこと。║「感—」「—の悲しみ」

む−りょく【無力】［名・形動］体力・能力・勢力など、何かをなしとげるための力をもたないこと。║「自分の—を思い知る」「—な存在」「—の人々」「—感（＝自分が無力だとわかったときのむなしい気持ち）」

む−るい【無類】［名・形動］比べるものがないほど抜きん出ていること。║「—の酒好き」「—の技術力を誇る企業」

むれ【群れ】［名］多くの人や生物が集まっている状態。また、その集団。║「—をなす野牛」「見物人の—に交じる」

む・れる【群れる】［自下一］動物などがあちらにひとつこちらにひとつと仲間ごとに群れをなして集まっている。むらがっている。║「草原にシマウマが—れている」「駅前に暴走族が—れている」文むる 名群れ

む・れる【蒸れる】［自下一］❶ご飯などに十分余熱や蒸気がとおって、ふっくらとやわらかく仕上がる。║「ご飯が—」❷風通しが悪くて熱気や湿気がこもる。また、そのために中にあるものが熱気や湿気や臭気を帯びる。║「満員の車内が—れて息苦しい」「足が—れて臭い」「おむつが—れてあせもができる」文むる 名蒸れ

むろ【室】［名］❶物の保存や育成などのために、外気をさえぎって一定の温度を保つように作った部屋。氷室（ひむろ）・麴室（こうじむろ）など。❷山腹などに穴を掘って作った岩屋。岩室（いわむろ）。

む−ろ【無▽漏】［名］仏教で、煩悩のないこと。また、その境地。⇔有漏（うろ）▽「漏」は煩悩の意。

むろ−あじ【室▼鰺】〔−アヂ〕［名］本州中部以南の暖海に分布するスズキ目アジ科の海水魚。マアジよりも細長く、体側中央部に黄色の縦縞がある。くさやなどの干物にする。

む−ろく【無▼禄】［名］禄のないこと。給与がないこと。

むろ−ざき【室咲き】［名］温室の中で花を咲かせること。また、その花。║「—のカーネーション」

む−ろん【無論】［副］論じる必要のないほど明らかなさま。言うまでもなく。もちろん。║「—賛成だ」「—経費はかかる」

むんず−と［副］荒々しく力を込めるさま。║「—腕をつかむ」

むん−むん［副ト］熱気や臭いなどがひどくたちこめているさま。║「場内が人いきれで—（と）する」「熱気—」

め

め【目（▽眼）】■一［名］❶光・色などを感受して脳に伝達する感覚器官。脊椎（せきつい）動物では左右一対の眼球と視神経からなる。║「—を閉じる」➡眼球（がんきゅう）
❷目つき。まなざし。║「やさしい—で見る」
❸視力。║「—がいい」
❹物事を見分ける力。眼力。║「さすがに—が高い」
❺視線。║「—が移る」「—のやりばに困る」
❻物事を見る態度。║「冷静な—で見る」
❼見たときの様子。外観。║「見た—が悪い」
❽その人が出合った事態。体験。║「ひどい—に遭う」「つらい—に遭った」
❾縦・横に交わった線で囲まれているところ。║「—の粗い布」「網の—」「碁盤の—」
❿細く一列に並んだものの凹凸や、そのすきま。║「のこぎりの—」「畳の—」
⓫中心にあるもの。║「台風の—」
⓬計器類に付けられた量を読むためのしるし。目盛り。║「はかりの—」
⓭賽（さい）の面に付けられた、数を示す点。
⓮囲碁で、石で囲んだ空間。一連の石は目が二つで活きとなる。
⓯好ましいことが起こる可能性。║「全員に優勝の—が残っている」
■二［接尾］❶〈数を表す語に付いて〉順序・度数を表す。║「二つ—の停留所」「三回—にようやく成功した」
❷〈動詞の連用形に付いて〉区切りとなる点や箇所を表す。║「切れ—」「折り—」「縫い—」「季節の変わり—」
❸〈形容詞の語幹・動詞の連用形などに付いて〉そのような度合い・傾向・性質を持つことを表す。║「多—に見積もる」「短—」「控え—」「落ち—」使い方■二は形容詞連体形に付く例（多いめ・少ないめ）、様態を表す副詞や形容動詞語幹に付く例（ゆっくりめ・無理め）、相対的位置を表す名詞に付く例（外めの球）が見られるが、標準的でない。◈書き方■二③はかな書きも多い。

◉**目が利く** 物の価値を見分ける能力がある。
◉**目が眩む** ❶強い光を受けて一時的に目が見えなくなる。‖「太陽光に—」❷病気や過度の刺激などのために、目がくらくらする。めまいがする。‖「貧血で—」❸ある物に目を奪われて健全な判断ができなくなる。‖「札束[欲]に—」
◉**目が肥える** よいものを見慣れて、本物の価値が見分けられるようになる。注意「こえる」を「超える」「越える」と書くのは誤り。
◉**目が覚める** ❶眠りから覚める。また、眠けが去る。‖「—ようなホームラン」❷迷いが去って、また、自分の誤りに気がついて、正しい方向に進むようになる。
◉**目が据わる** 酒に酔ったり怒ったりして、瞳が一点を見すえたまま動かなくなる。注意「すわる」を「座る」と書くのは誤り。
◉**目が届く** 注意や監視が行き渡る。‖「細部にまで—」
◉**目が無い** ❶判断力・鑑識力がない。❷思慮分別を失うほど好きである。‖「甘いものには—」
◉**目が回る** ❶目まいがする。❷きわめて忙しいさまのたとえ。‖「開店の準備で—忙しさ」注意「目が届く(=注意が行き届く)」の意で使うのは誤り。‖「× 担当以外の仕事までは目が回りづらい」
◉**目から鱗が落ちる** あることがきっかけとなって、それまで分からなかった実態や本質が急に理解できるようになる。▼『新約聖書』から。略して「目から鱗」とも。注意「目から鱗が取れる」は誤り。
◉**目から鼻へ抜ける** 非常に賢いさま。また、すばしこくて抜け目のないさま。
◉**目から火が出る** 頭や顔を強く打ったときの、くらくらっとして目の前に光が飛び交うような感じをいう。注意「顔から火が出る」と混同して、恥ずかしいさまにいうのは誤り。‖「× 目から火が出るほど恥ずかしい」
◉**目と鼻の先** 距離がきわめて近いこと。目と鼻の間。
◉**目に余る** あまりにひどくて、黙って見過ごすことができないほどである。‖「最近の彼の言動は—」
◉**目に一丁字もない** 全く文字が読めない。
◉**目に角を立てる** 目をつり上げて怒る。
◉**目に染みる** ❶煙などが目を刺激する。❷色彩などが鮮やかで、目を強く刺激する。‖「新緑が—」
◉**目にする** 実際に見る。目撃する。‖「公園で—・した光景」
◉**目に立つ** きわだって見える。目立つ。
◉**目に付く** 特によく見える。目立つ。‖「夏休みとあって親子連れが—」
◉**目には目を、歯には歯を** 害を受けたら、それに相応する報復をするということ。▼バビロニアの『ハムラビ法典』にあることば。『旧約聖書・出エジプト記』にも見える。
◉**目にも留まらぬ** 非常に早いさま。‖「—早わざ」
◉**目に物言わす** 目つきだけで相手に気持ちを伝える。注意「目に物見せる」と混同して、思い知らせる意にいうのは誤り。‖「× 今に見てろ、目に物言わせてやる」
◉**目に物見せる** 思い知らせる。ひどい目にあわせる。
◉**目の色を変える** 目つきを変える。怒ったり、驚いたり、何かに熱中したりするさまをいう。‖「—・えて家を飛び出す」
◉**目の上の瘤** (自分より地位や実力が上で)何かと目障りであったり、じゃまになったりする人のたとえ。目の上のたんこぶ。
◉**目の黒いうち** 生きているあいだ。目の玉の黒いうち。‖「わしの—は勝手なことはさせぬ」
◉**目の毒** ❶見ると害になるもの。❷見るとほしくなるもの。
◉**目の中に入れても痛くない** かわいくてたまらないさま。‖「—ほどかわいい孫」
◉**目は口ほどに物を言う** ことばで説明するのと同じ程度に、目つきは相手に気持ちを伝える。
◉**目も当てられない** あまりにひどくて見るにたえない。‖「—惨状」
◉**目もあや** まばゆいばかりに美しいさま。‖「—な花嫁衣装」
◉**目もくれない** 全く見向きもしない。無視する。
◉**目を疑う** 実際に見たことが信じられないほど不思議に思う。‖「—ような変貌ぶり」
◉**目を奪う** 美しさ、鮮やかさなどで、見とれさせる。‖「華やかな装いに—・われる」
◉**目を覆う** 手などで目をふさぐ。また、見ないようにする。‖「あまりの惨状に—」
◉**目を落とす** 視線を下に向ける。また、下を見る。‖「新聞に—」
◉**目を掛ける** かわいがって面倒をみる。ひいきにする。
◉**目を配る** 注意してあちこちをよく見る。‖「四方八方に—」
◉**目を凝らす** じっと見つめる。凝視する。注意「目を凝らせる」は誤り。
◉**目を曝す** くまなく見る。また、じっと見る。‖「新聞に—・す」
◉**目を三角にする** 怒って、こわい目つきをする。
◉**目を白黒させる** 苦しくて目玉を激しく動かす。また、驚きあわてるさまの形容。
◉**目を付ける** 特別の注意や関心を向ける。着目する。注目する。‖「以前から—・けていた新人」
◉**目を瞑る** ❶目を閉じる。❷死ぬ。❸過失などをわざと見ないふりをする。‖「今回だけは—・ろう」◈注意「まぶたをつぶる」は誤り。
◉**目を留める** 注意してよく見る。‖「一枚の写真に—・めた」
◉**目を盗む** 人に見つからないように、こっそり行動する。‖「親の—・んで遊びに出る」
◉**目を離す** 視線を他のものに移す。‖「ちょっと—・したすきに逃げられた」
◉**目を光らせる** 厳重に監視する。目を光らす。
◉**目を開く** それまで知らなかった事実や考え方などに気づき、そこに新しい境地を見出す。
◉**目を細める** うれしさや見るもののかわいらしさにほほえむ。‖「孫の成長に—」
◉**目を丸くする** 驚いて目を大きく見開く。
◉**目を回す** 気を失う。気絶する。
◉**目を見張る** 驚いたり感心したりして、目を大きく見開く。‖「—大活躍」
◉**目を剝く** 怒ったり驚いたりして、目を大きく見開く。
め【芽】[名] ❶植物の種子・根・枝から出て、やがて枝・葉・花などに生長するもの。❷新たに生じ、これから発展・成長しようとするもの。‖「才能の—を伸ばす」「悪の—を摘む」
◉**芽が出る** 幸運がめぐってくる。成功のきざしがあらわれる。目が出る。
め【▽奴】[接尾]〈名詞・代名詞に付いて〉❶人・動物な

め

どをののしるとき、また卑しめるときに用いる語。☰「ばか―」「こいつ―、またやりおったか」❷自分や自分に関することを卑下する意を表す。☰「私―がいたします」

め【雌・女(▼牝)】(造)❶女性。また、動植物のめす。☰「女神」「牝(雌)牛」「雌花」 書き分け 動物には【雌】【牝】を使う。❷一対の物のうち、より小さいものや、より弱いもの。☰「女波」「女(雌)滝」「女(牝)瓦」

め【▽馬】(造)うま。☰「駿―」

め-あかし【目明かし】[名]江戸時代、町奉行所の与力や同心が私的に雇い、犯罪人の捜査・逮捕に従事させた者。岡っ引き。▼目で明らかにする意という。

め-あたらし・い【目新しい】[形]これまで見たことのない新しさがあるさま。見た目に珍しいさま。斬新だ。☰「―デザイン」「別に―ところもない企画」派生 -さ

め-あて【目当て】[名]❶進んでいく方向の指針となるもの。目標。☰「灯火を―に進む」❷手に入れようとねらいをつけたもの。☰「―の品」「金―の犯行」

め-あわ・せる【▽妻合わせる・▼娶せる】セアハ[他下一]妻として添わせる。文 めあは・す

めい【▼姪】ヒメ[名]兄弟姉妹の娘。⇔甥(おい) ▼他人の姪の敬称は「姪御(めいご)(さん)」。

めい【命】一[名]❶言いつけ。命令。☰「―に背く」「厳―・任―」❷いのち。生命。寿命。☰「―を絶つ」「―脈」「救―」❸さだめ。めぐりあわせ。運命。☰「―を知る」「宿―」二(造)名付ける。☰「―名」

めい【明】一[名]❶物事の道理を見通す力。☰「先見の―」❷ものを見分ける力。視力。☰「―を失う」「失―」二(造)❶あかるい。また、あかり。☰「―暗・―滅」「照―・透―」❷はっきりしている。疑いない。あきらか。☰「―確・―白」「克―・鮮―」❸疑問点をあきらかにする。☰「解―・説―」❹かしこい。☰「―知」「聡―」❺夜あけ。☰「黎―」

めい【盟】[名]仲間としての約束。誓い。☰「―を結ぶ」「―主・―約」「同―・連―」

めい【銘】一[名]❶器物・石碑などに、その来歴などをしるした文。☰「―を刻む」「―文」「墓碑―」❷器物に刻まれた製作者の名。☰「無―」❸心に刻みつけて戒めとする言葉。☰「座右の―」二(造)❶深く心に刻み込んで忘れないようにする。☰「―記」「感―」❷品物の名称で、特に名の通ったもの。☰「―柄・―茶」

めい【名】(造)❶名前。な。☰「―称・―簿」「学―・氏―・姓―・題―・地―」❷すぐれている。評判が高い。☰「―菓・―作・―人・―選手・―文句」❸人数を数える語。☰「五―の参加者」「何―出席しますか」▼「人(にん)」より改まった言い方。

めい【迷】(造)❶まよう。まよわす。また、まよい。☰「―路・―信」「頑―」❷珍妙な。傑作な。☰「―答・―論」

めい【冥】(造)❶あの世。死後の世界。☰「―途・―界」❷くらい。☰「―暗」❸道理にくらい。おろか。☰「頑―」

めい【鳴】(造)❶鳥などが、なく。また、そのなきごえ。☰「鶏―」❷音がする。音を出す。なる。☰「―動」「雷―」

めい-あん【名案】[名]よい考え。すぐれた思いつき。

めい-あん【明暗】[名]❶明るいことと暗いこと。❷物事の明るい面と暗い面。喜びと悲しみ、成功と失敗、幸運と不運など。☰「―を分ける出来事」❸絵画・写真などで、色の濃淡や明るさの度合い。☰「―法」

めい-い【名医】[名]すぐれた医者。また、名高い医者。

めい-う・つ【銘打つ】[自他五]❶銘を刻む。❷商品に特別の名をつける。また、もっともらしい名目をかかげる。☰「産地直送と―って物産展を開く」「情報交換会と―った飲み会を開く」

めい-うん【命運】[名]物事のなりゆきを左右する重大な運命。☰「社の―を賭した事業」「―が尽きる」

めい-えん【名園】シヱ[名]名高い庭園。すぐれて立派な庭園。

めいおう-せい【冥王星】メイワウ[名]太陽系の準惑星。公転周期は約二四八年。▼惑星の一つだったが、二〇〇六年国際天文学連合はこれを惑星ではないとする決定をした。

めい-か【名花】クヮ[名]❶美しい花。名高い花。❷美しい女性。☰「銀幕の―」

めい-か【名家】[名]❶すぐれた家柄。名門。❷学問・技芸などにすぐれ、名声の高い人。

めい-か【名菓】クヮ[名]名高い菓子。上等の菓子。

めい-か【名歌】[名]名高い詩歌。すぐれた詩歌。

めい-か【銘菓】クヮ[名]特別な名をもった由緒ある菓子。

めい-が【名画】クヮ[名]❶すぐれた絵画。☰「印象派を代表する―」❷すぐれた映画。

めい-かい【明快】クヮイ[名・形動]筋道がはっきりしていてわかりやすいこと。☰「―な答弁」「単純―な論理」派生 -さ

めい-かい【明解】[名・形動]はっきりとわかりやすく解釈すること。書き分け【明解】は書物の題名に用いることが多い。「明解な説明」など題名以外に使うこともあるが、【明快】が一般的。派生 -さ

めい-かい【冥界】[名]死後の世界。冥土。

めい-かく【明確】[名・形動]はっきりしていて、確かなこと。☰「事実を―にする」「―な基準」派生 -さ

めい-がら【銘柄】[名]❶市場で、取引の対象となる有価証券や商品の名称。❷商品の名称。商標。特に、一流商品の商標。ブランド。☰「―米(=産地・品種などを指定して商品化した米。ブランド米)」

めい-かん【名鑑】[名]人や物の名を集めて分類した書物。☰「サッカー選手―」

めい-き【名器】[名]すぐれた器物・楽器。名高い器物・楽器。☰「―ストラディバリウス」

めい-き【明記】[名・他サ変]はっきりと書き記すこと。☰「住所氏名を―する」

めい-き【銘記】[名・他サ変]心に深く刻みつけて忘れないこと。☰「教訓を心中に―する」

めい-ぎ【名▼妓】[名]容姿・歌舞などにすぐれた芸者。名高い芸妓。

めい-ぎ【名義】[名]❶名前。特に、書類などに所有者・当事者として記される名前。☰「子供の―で銀行口座を作る」「会社―の土地」「―変更」❷その名に応じて守らなくてはならない義理。名分(めいぶん)。☰「―が立つ」❸表向きの理由。名目。☰「視察という―のもとに渡欧する」◈書き方 俗に、「名儀」とも。

めい-きゅう【迷宮】[名]❶中に入ると迷って出口がわからなくなるように造った宮殿。ラビリンス。❷複雑に入り組んでいてなかなか解明できない状態。

めいきゅう-いり【迷宮入り】[名]犯罪事件で、解決の糸口がつかめないまま捜査が打ち切りになること。お宮入り。

めい-きょう【明鏡】キャウ[名]曇りのない、澄みきった

鏡。≡「高く━を懸ける(=真実を見透す、明るい鏡を高く掲げる。鋭い洞察力、頭脳明晰、また、公明正大のたとえ)」

めい-きょう-しすい【明鏡止水】[名] 何の邪念もなく、静かに落ち着いている心の状態。≡「━の心境」▼曇りのない鏡と静かに澄んだ水の意から。

めい-きょく【名曲】[名] すぐれた楽曲。有名な楽曲。≡「バッハの━『マタイ受難曲』」

めい-きん【鳴▼禽】[名] よくさえずる小鳥。また、鳴き声の美しい小鳥。≡「━類」

めい-ぎん【名吟】[名] ❶すぐれた詩歌。有名な詩歌。❷すぐれた吟詠。

メイキング【making】[名] ❶作ること。製作。❷製作過程。≡「CMの━映像」◈「メーキング」とも。

めい-く【名句】[名] ❶すぐれた句。有名な句。俳句・連歌や漢詩の一節にいう。≡「名歌━」❷すぐれた文句。有名な文句。名言。

メイク【make】[名・自他サ変] メイクアップ。メーク。

メイクアップ【makeup】[名・自他サ変] 化粧をすること。また、俳優がその役柄に合わせて化粧すること。メイク。メークアップ。メーキャップ。

めい-くん【名君】[名] 善政を行う、すぐれた君主。≡「━吉宗」

めい-くん【明君】[名] 賢くてすぐれた君主。明主。≡「━松平不昧公」⇔暗君

めい-げつ【名月】[名] 陰暦八月十五夜の月。また、陰暦九月十三夜の月。≡「中秋の━」

めい-げつ【明月】[名] 清らかに澄みわたった満月。また、名月。

めい-けん【名犬】[名] 利口で、すぐれた犬。

めい-けん【名剣】[名] すぐれた刀剣。名高い刀剣。

めい-げん【名言】[名] 物事の本質や人生の真実をうまく言い当てたことば。名句。

めい-げん【明言】[名・他サ変] はっきり言い切ること。言明。≡「増税はしないと━する」「━を避ける」

めい-こう【名工】[名] すぐれた工芸技術をもつ職人。名高い職人。名匠。

めい-こう【名香】[名] よいかおりをもつ、名高い香。

めい-さい【明細】[名] ❶[形動] 細かい点まで詳しく、はっきりしていること。≡「━な実験記録」❷品目・項目・内訳などを細かく記した書類。≡「給与━」▼「明細書」の略。

めい-さい【迷彩】[名] 敵に発見されるのを防ぐため、戦闘服・兵器・戦車・艦船・航空機などに周囲の物と区別がつかないような彩色を施すこと。≡「━服」

めい-さく【名作】[名] すぐれた作品。有名な作品。≡「不朽の━」

めい-さつ【名刹】[名] 由緒ある、有名な寺。

めい-さつ【明察】[名・他サ変] ❶真相・本質などをはっきり見抜くこと。≡「事情を━する」❷推察をいう尊敬語。≡「御━のとおりです」

めい-さん【名産】[名] その土地の名高い産物。特産物。≡「━品」

めい-ざん【名山】[名] 美しい姿や立派な風格をもつ、名高い山。

めい-し【名士】[名] それぞれの社会で、よく名を知られている人。著名な人。≡「財界の━」

めい-し【名刺】[名] 小型の用紙に氏名・住所・勤務先・身分などを印刷したもの。普通、初対面の人に接するとき渡す。

めい-し【名詞】[名] 品詞の一つ。事物の名称を表す語。自立語で活用がなく、主語になることができる。代名詞とともに体言と総称される。普通名詞・固有名詞・形式名詞などにも分類する。▼代名詞を名詞に含める説もある。

めい-し【明視】[名・他サ変] はっきりと見えること。≡「━距離」

めい-じ【名辞】[名] 論理学で、概念を言語で表現したもの。実際上、概念と同じものとされる。

めい-じ【明示】[名・他サ変] はっきりと分かるように示すこと。≡「内容を━する」⇔暗示

めいじ【明治】[名] 明治天皇が在位した時代の元号。一八六八年一〇月二三日(慶応四年九月八日)から一九一二年七月三〇日まで。

めい-じつ【名実】[名] 評判と実際。名前と実質。≡「━ともに世界一の座につく」「━相伴う」

めいし-ばん【名刺判】[名] 写真の寸法の一つ。縦八・三センチメートル、横六・〇センチメートルのもの。

めい-しゃ【鳴謝】[名・自サ変] 深く礼を述べること。≡「御厚情に心から━致します」

めい-しゅ【名手】[名] ❶すぐれた技量をもつ人。名人。≡「胡弓の━」❷囲碁・将棋などで、巧みな手。妙手。

めい-しゅ【名主】[名] すぐれた君主。名君。

めい-しゅ【盟主】[名] 結社・同盟などの中心となる人や国。

めい-しゅ【銘酒】[名] 特別な名をつけた質の高い清酒。

めい-しょ【名所】[名] 美しい風景や史跡などで有名な場所。また、歴史的事件などがあってよく知られている場所。≡「吉野は桜の━」「街の新しい━になる」「━旧跡を訪ねる」

めい-しょう【名匠】[名] 美術・工芸などにすぐれた腕前をもつ人。

めい-しょう【名将】[名] すぐれた武将・将軍。名高い武将・将軍。

めい-しょう【名称】[名] 名前。特に、事物の名前。≡「━を改める」「正式━」

めい-しょう【名勝】[名] 景色のすばらしい土地。≡「━の地」「天下の━」

めい-しょう【明証】[名・他サ変] 証拠をあげてはっきりと証明すること。また、その証拠。≡「事実を━する」

めい-じょう【名状】[名・他サ変] 物事のありさまをことばで言い表すこと。≡「━しがたい美しさに陶然とする」「━すべからざる色合い」▼多く打ち消しの語を伴って使う。

めい-しょく【明色】[名] 明るい感じの色。⇔暗色

めい・じる【命じる】[他上一] ❶上位の者が下位の者に自分のいうとおりにするように言いつける。命令する。≡「部長が部下に出張を━」「良心の━ままに行動する」❷役職などに就くように言いつける。任命する。≡「会社は山田太郎を部長に━・じた」「彼は事務局長に━・じられた」 使い方 「〈人〉ヲ〈役職〉ニ命じる」の言い方のほかに、「〈人〉ニ〈役職〉ヲ命じる」の言い方がある。≡「会社は山田太郎に部長を命じる」「彼は事務局長を命じられた」❸名前をつける。命名する。名づける。≡「本艦をノーチラス号と━」 異形 命ずる

め

めいきょ―めいじる

めい・じる【銘じる】[他上一]⬇銘ずる‖「肝にー」

めい-しん【迷信】[名]科学的根拠がなく、社会生活に実害を及ぼすことが多いとされる信仰。‖「ーにとらわれる」

めい-じん【名人】[名]❶その分野で、特に技芸のすぐれた人。‖「釣りのー」「ー芸」❷江戸時代、囲碁・将棋の最高段位(九段)者に与えられた称号。▼現在は名人戦の優勝者をいう。

めい-すい【名水】[名]❶名高い清水。特に、茶の湯に適した有名な水。‖「ー百選」❷名高い川。名川。

めい-すい【銘水】[名]特別に名を知られた天然水。

めい-すう【名数】[名]❶上に一定の数をそえて、同類のすぐれたものをまとめていう呼び方。「三筆」「四天王」「八景」など。❷単位の名称や助数詞のついた数。「一個」「二軒」「三回」など。

めい-すう【命数】[名]❶命の長さ。寿命。‖「ーが尽きる」❷天から与えられた運命。宿命。

めい・する【▼瞑する】[自サ変]❶目を閉じる。‖「ーして思いをめぐらす」❷安らかに死ぬ。‖「以って瞑すべし」文めい・す

めい・する【銘する】[他サ変]⬇銘ずる 文めい・す

めい・ずる【命ずる】[他サ変]⬇命じる 文めい・ず

めい・ずる【銘ずる】[他サ変]❶金石などに刻みつける。‖「刀身に正宗とー」❷心に深く刻みつける。‖「師の一言を肝にー」文めい・ず 異形 **銘じる・銘する**

めい-せい【名声】[名]よい評判。ほまれ。‖「ーを得る」

めい-せき【名跡】[名]❶有名な古跡。❷⬇みょうせき

めい-せき【明▼晰(明▼晳)】[名・形動]はっきりしていること。筋道が通っていること。‖「ーな文章」「頭脳ー」派生-さ

めい-せつ【名節】[名]名誉と節操。誉れとみさお。

めい-せん【銘仙】[名]玉糸・紡績絹糸などを用いた平織りの絹織物。安価で丈夫なことから、普段着の和服地や夜具地に用いられた。

めい-そう【名僧】[名]知徳のすぐれた、名高い僧。

めい-そう【迷走】[名・自サ変]定まった道筋や進路をはずれて進むこと。‖「車がーする」「国政がーを続ける」

めい-そう【▼瞑想・冥想】[名・自他サ変]目を閉じて雑念を払い、静かに思いをめぐらすこと。‖「心静かにーして雑念を去る」「ーにふける」

めいそう-じょうき【明窓浄机】[名]勉学に適した明るく清らかな書斎。▼明るい窓と清潔な机の意から。

めいそう-しんけい【迷走神経】[名]脳の延髄からのびて、頸部・胸部・腹部などの諸器官に分布する神経。知覚神経・運動神経・副交感神経などを含み、知覚・運動・分泌をつかさどる。

め-いた【目板】[名]板塀や羽目板の合わせ目に補強などのために打ち付ける幅の狭い板。

めい-だい【命題】[名]❶題をつけること。また、その題。❷判断の内容を言語で表したもの。論理学では、真または偽を問う文。また、その文があらわす意味内容。❸課せられた問題。‖「AはBである」という形式をとる。▼「人生をいかに生きるかというー」

めい-たつ【明達】[名]かしこくて、物事の道理によく通じていること。‖「ーの士」

めい-だん【明断】[名・他サ変]明快に判断すること。また、その判断。‖「ーを下す」

めい-ち【明知(明▼智)】[名]すぐれた知恵。英知。

めい-ちゃ【銘茶】[名]特別な名をもつ上質の茶。

めい-ちゅう【命中】[名・自サ変]弾丸・矢などが標的に当たること。的中。‖「的にーする」「ー率」

めい-ちゅう【▼螟虫】[名]ニカメイガの幼虫。稲などの髄を食い荒らす。ずいむし。

めい-ちょ【名著】[名]すぐれた著作。名高い著書。

めい-ちょう【明徴】[名]明らかな証拠。また、証拠などをあげて明らかにすること。‖「国体をーにする」

めい-ちょう【明澄】[名・形動]くもりなく澄みわたること。‖「ーな心境」「鐘の音」

め-いっぱい【目一杯】[副]限度ぎりぎりまで。‖「ー努力する」▼秤の目盛りいっぱいまでの意から。

めい-てい【▼酩▼酊】[名・自サ変]酒を飲んでひどく酔うこと。‖「一升飲んでもーしない」

めい-てつ【明哲】[名・形動]才知にすぐれ、物事の道理をよくわきまえていること。また、その人。‖「ー保身(=聡明で、物事の道理に通じている人は、身を安全にまっとうするということ)」

めい-てん【名店】[名]名の通った店。有名店。‖「ー街」

めい-てんし【明天子】[名]聡明で、すぐれた天子。

めい-ど【明度】[名]色の三属性の一つ。色の明るさの度合い。⬇彩度・色相▼明度の最も高いものを白とし、最も低いものを黒とする。

めい-ど【冥土・冥途】[名]仏教で、死者の霊魂が行くという暗黒の世界。あの世。冥界。‖「ーへと旅立つ」

メイド【maid】[名]❶お手伝いさん。❷ホテルの客室係の女性。◈「メード」とも。

めい-とう【名刀】[名]すぐれた刀。名高い刀。

めい-とう【名湯】[名]すぐれた効力をもつ温泉。

めい-とう【名答】[名]ぴたりと言い当てた答え。すぐれた答え。‖「ごー、ずばりそのとおりです」

めい-とう【明答】[名・自他サ変]はっきりと答えること。また、その答え。‖「難問にずばりとーする」「実施は一日とーする」「ーを得る」「ーを避ける」

めい-とう【銘刀】[名]刀工の銘の打ってある刀。銘のある、すぐれた刀。

めい-どう【鳴動】[名]❶[自サ変]大きな音を立てて揺れ動くこと。‖「大山ーして鼠一匹」❷地震のときに生じる土地の震動と音響。

めい-にち【命日】[名]故人の死んだ日に当たる、毎月または毎年のその日。忌日。‖「祥月ー」

めい-ば【名馬】[名]すぐれた馬。世に名高い馬。

めい-はく【明白】[名・形動]はっきりしていて疑う余地のないこと。‖「ーな証拠」派生-さ

めい-ばん【名盤】[名]すぐれた演奏として定評のある録音盤。

めい-び【明▼媚】[名・形動]自然の景色が清らかで美しいこと。書き方もと、新聞は「明美」で代用した。

めい-ひつ【名筆】[名]書画・文章にすぐれていること。また、その人やその作品。

めい-ひん【名品】[名]すぐれた品。名高い品。‖「茶器のー」

めい-びん【明敏】[名・形動]頭の働きが鋭いこと。物事の本質をすばやく理解すること。‖「ーな頭脳」派生-さ

めい-ふ【冥府】［名］❶死後の世界。冥土。❷地獄。閻魔(えんま)の庁。

めい-ふく【冥福】［名］死後の幸福。「―を祈る」

めい-ぶつ【名物】［名］❶その土地の名高い産物。名産。❷その土地や社会で、独特なもの、風変わりなものとして評判になっている人や物事。「上州―空っ風」「―教師」

⦿**名物に旨(うま)い物なし**　とかく名物といわれているものには、おいしいものがない。名は実を伴わないことのたとえ。

めい-ぶん【名分】［名］❶身分・立場などに応じて守らなくてはならない道義上の立場。「―を立てる」「大義―」❷表向きの理由。名目。「植民地の保護を―に出兵する」

めい-ぶん【名文】［名］すぐれた文章。有名な文章。「―家」⇔悪文

めい-ぶん【名聞】［名］世間の評判。みょうぶん。

めい-ぶん【明文】［名］明確に規定されている条文。

めいぶん-か【明文化】ワク［名・他サ変］はっきりと文章に書き表すこと。「規則を―する」

めい-ぼ【名簿】［名］氏名・住所などを書き連ねた帳簿。「会員［選挙人］―」

めい-ほう【名宝】［名］りっぱな宝物。世に名高い宝。

めい-ほう【名峰】［名］姿の美しい山。有名な山。名山。「ヒマラヤの―」

めい-ほう【盟邦】ウハ［名］同盟を結んだ国。同盟国。

めい-ぼう【名望】ウハ［名］名声と人望。「―家」

めい-ぼう【明▼眸】［名］澄んだ美しいひとみ。

めいぼう-こうし【明▼眸▼皓歯】ウカ［名］美しく澄んだひとみと白く輝く歯。▼美人の形容にいう。

めい-ぼく【名木】［名］❶由緒のある、名高い樹木。❷すぐれた香木。多く伽羅(きゃら)をいう。

めい-ぼく【銘木】［名］形・色・木目などに独特の趣のある木材。床柱などの装飾用として珍重される。

めい-みゃく【命脈】［名］いのち。生命。「―を保つ」

めい-む【迷夢】［名］心の迷いを夢にたとえた語。

めい-む【迷霧】［名］❶方角がわからなくなるほど深い霧。❷心の迷いを深い霧にたとえた語。「―を払う」

めい-めい【命名】［名・自他サ変］名をつけること。「長女に／を花子と―する」「―式」

めい-めい【銘銘】［名］それぞれ。一人一人。各人。「―が感想を述べる」「―に弁当を配る」▼副詞的にも使う。「めんめん(面面)」の転。

めい-めい【冥冥(▼暝▼暝)】［形動タト］暗いさま。「―たる闇」

めいめい-ざら【銘銘皿】［名］料理を一人一人に取り分けるための皿。

めいめい-のうち【冥冥の▼裡】［連語］知らず知らずのうち。冥冥裏(めいめいり)。

めいめい-はくはく【明明白白】［形動タト］はっきりしていて、少しの疑いもないこと。「―たる証拠」▼明白のそれぞれの字を重ねて意味を強めた語。

めい-めつ【明滅】［名・自サ変］明かりがついたり消えたりすること。また、光が明るくなったり暗くなったりすること。「―する光」

めい-もう【迷妄】ウマ［名］物事の道理に暗くて、誤りを真実と思い込むこと。また、その誤った考え。

めい-もく【名目】［名］❶表向きの名称。実質のない、形式だけの名。「―だけの役員」❷表向きの理由。口実。「交通費の―で支給する」◈「みょうもく」とも。

めい-もく【▼瞑目】［名・自サ変］❶目を閉じること。❷安らかに死ぬこと。

めいもく-ちんぎん【名目賃金】［名］貨幣額で表示された賃金。⇔実質賃金▼その貨幣額で購入できる生活物資とサービスは物価に左右されるので、名目的な賃金水準しか表せないことからいう。

めい-もん【名門】［名］由緒ある家柄。名家。「―の出」▼有名な学校などにもいう。「―校」

めい-やく【名訳】［名］すぐれた訳。「畢生の―」

めい-やく【盟約】［名・他サ変］固く誓って約束すること。また、その約束。

めい-ゆ【明喩】［名］⇩直喩(ちょくゆ)　⇔暗喩・隠喩

めい-ゆう【名優】ウイ［名］演技のすぐれた俳優。有名な俳優。

めい-ゆう【盟友】ウイ［名］固い約束を結んだ友。同志。

めい-よ【名誉】［名］❶［形動］世間からすぐれていると高く評価されること。また、それをほまれに思うこと。「―な話」「―ある受賞」「―の負傷」❷世間から認められて得た体面。「―を傷つける」「―挽回(ばんかい)」❸地位や役職を表す語に付けて、その人の功績をたたえて贈る称号。「―市民」「―教授」

めいよきそん-ざい【名誉毀損罪】［名］公然と事実を指摘して他人の名誉を傷つける罪。親告罪の一つ。

めいよ-しょく【名誉職】［名］生活費としての給料をもらわないで従事する公職。他に本業をもつことができる。民生委員・保護司など。

めい-り【名利】［名］名誉と利益。みょうり。

めい-りゅう【名流】ウリ［名］広く世に知られた人々。名士。

めい-りょう【明瞭】ウレ［名・形動］はっきりしていること。あいまいな点がないこと。「―な発音」「簡単―」　派生 -さ

めい・る【▽滅入る】［自五］気分が沈む。憂鬱(ゆううつ)になる。「相次ぐ失敗に気が―」

メイル【mail】［名］⇩メール

めい-れい【命令】［名・他サ変］❶上位の者が下位の者に対してあることをするように言いつけること。また、その内容。「部隊に撤退を―する」「―を下す」❷国の行政機関が国会の議決によらないで制定する法規。政令・省令・人事院規則など。❸行政機関が特定の人に対して一定の義務を課する処分。

めいれい-けい【命令形】［名］国文法で、活用語の第六活用形。命令の意を表して文を終止する形。「来い」「休め」「起きろ」などの類。

め-いろ【目色】［名］目つき。目の色。「―が変わる」

めい-ろ【迷路】［名］迷いやすい道。また、入り込むと迷って出られなくなるようにつくった道。

めい-ろう【明朗】ウラ［形動］❶明るくて、ほがらかなさま。「―な性格」❷内容がはっきりしていて、うそやごまかしのないさま。「―会計」

めい-ろん【名論】［名］すぐれた論。りっぱな意見。「―卓説」

めい-わく【迷惑】［名・自サ変・形動］他人の行為などがもとで、不快な思いをしたり、不利益を被ったりする

こと。また、そのさま。▷「隣家の騒音に―している」「他の乗客の―になる」「皆に―をかけたくない」「―な話だ」 派生 -げ／-さ／-がる

めいわく-メール【迷惑メール】［名］受信者の同意を得ないで送りつける、広告・勧誘・嫌がらせなどの電子メール。

メイン【main】［名］主要なもの。中心になるもの。メーン。▷「―の会場」「シーフードを―とした料理」

メイン-イベント【main event】［名］一連の催し物の中で主要となるもの。特に、プロボクシングやプロレスで、その日の最後に行われる呼び物の試合。メーンイベント。

メイン-スタンド【和製main＋stand】［名］競技場などで、正面の観覧席。メーンスタンド。

メイン-ストリート【main street】［名］本通り。大通り。メーンストリート。

メインストリーム【mainstream】［名］主流。本流。メーンストリーム。

メイン-ディッシュ【main dish】［名］洋食の献立で、主となる料理。コース料理では肉または魚料理が多い。メーンディッシュ。

メイン-バンク【main bank】［名］会社や個人の複数の取引銀行の中で、取引規模や融資額が最も大きい銀行。主力銀行。メーンバンク。

め-うえ【目上】［名］自分より地位・階級や年齢が上であること。また、その人。⇔目下

め-うし【▼牝牛・▼雌牛】［名］めすの牛。⇔牡牛

め-うち【目打ち】［名］❶千枚通し。❷布に穴をあけるときや、刺繍の糸さばきに使う錐。❸ウナギなどを割くとき、動かないように目に打ち込む錐。❹製本で、とじ穴をあけること。また、それに用いる錐。❺切手・印紙などで、切り離しやすくするために連続してあけてある小さな穴。

め-うつり【目移り】［名・自サ変］他のものを見て、そちらに関心が移ること。また、多くのものを見て、あれこれと迷うこと。

メーカー【maker】［名］製造業者。▷「―品（＝名の通った製造会社の製品）」 使い方 「製薬メーカー」の類は重言だが、外来語「メーカー」に漢語を添えて意味をより明確にした表現として使われる。重言を避けた言い方は「製薬会社」「薬品メーカー」。

メーキャップ【makeup】［名・自他サ変］⬇メイクアップ

メーク【make】［名・自他サ変］⬇メイク

メークイン【May queen】［名］ジャガイモの一品種。芋は長楕円形で凹凸が少なく、煮くずれしにくい。

メーター【meter】［名］❶メートル。❷電気・ガス・水道の使用量を表示する自動計量器。❸タクシーの運賃表示器。

メーデー【May Day】［名］毎年五月一日に行われる国際的な労働者の祭典。労働祭。

メード【maid】［名］⬇メイド

メートル【mètre フランス】［名］メートル法で、長さを表す基本単位。もとは地球の子午線の四〇〇〇万分の一を一メートルとしてメートル原器が作られていたが、現在は真空中の光の速さに基づいて規定されている。メーター。記号m 書き方「▼米」「▼米▼突」と当てる。

メートル-せい【メートル制】［名］❶メートル法を用いる度量衡制度。❷計量器に表示された使用量に基づいて料金を支払う制度。メーター制。

メートル-ほう【メートル法】［名］十進法に基づく、度量衡の国際的な単位系。長さにメートル、質量にキログラム、時間に秒、電流にアンペアなどを用いる。

メープル【maple】［名］カエデ。メイプル。

メープル-シロップ【maple syrup】［名］サトウカエデの樹液を煮詰めて作る糖蜜。パンケーキなどにかける。

メーラー【mailer】［名］電子メールの作成や送受信などを行うためのソフトウエア。

メーリング-リスト【mailing list】［名］❶郵送先のリスト。❷登録されたメンバーのメールアドレスに、一度に同じ電子メールを送信する仕組み。メーリス。ML。

メール【mail】［名］❶郵便。郵便物。▷「エアー・ダイレクト―」❷「電子メール」の略。◈「メイル」とも。

メール-アドレス【mail address】［名］電子メールを送受信するための宛先。▼略して「メルアド」「メアド」とも。

メール-オーダー【mail order】［名］通信販売。

メール-びん【メール便】［名］宅配便の配達網を利用して、パンフレットや書類などの軽い荷物を郵便受けまで届けるサービス。また、その荷物。

メール-マガジン【mail-magazine】［名］インターネットの電子メールを使って、登録読者に編集された情報を提供するシステム。メールニュース。メルマガ。

メーン【main】［名］⬇メイン

め-おと【〈夫婦〉・▼妻▼夫・女▼夫】［名］夫と妻。ふうふ。みょうと。▷「晴れて―になる」

めおと-ぢゃわん【〈夫婦〉茶▼碗】［名］夫婦で使うように、二個一組みになっている茶碗。ふつう大小がある。

メカ［名］「メカニック」または「メカニズム」の略。▷「精密な―」「―に強い」

メガ【mega】（造）単位名の上に付いて、その百万倍の意を表す。記号M ▷「―ヘルツ」

め-がお【目顔】［名］目つき。目の表情。

め-かくし【目隠し】［名］❶［自サ変］目を布などで覆って見えないようにすること。また、その布など。❷［他サ変］家の中が外から見えないように覆いをすること。また、その覆い。❸鬼になった者が布などで目を覆い、逃げ回る者を手探りでつかまえる遊び。▼「目隠し鬼」の略。

め-かけ【▼妾】［名］正妻のほかに、妻と同じような関係を結びながら扶養する女性。▷「―を囲う」▼目をかける意から。

め-が・ける【目がける（目掛ける）】［他下一］目標としてねらう。めざす。▷「的を―・けて矢を放つ」文 めが・く

め-かご【目籠】［名］竹などで編んだ、目の粗いかご。

めかし・い［接尾］〈名詞や形容詞・形容動詞の語幹に付いて形容詞を作る〉そのような状態に見える意を表す。〜のような。〜らしい。▷「古―・なま―」「予言―ことを言う」

めかし-こ・む【めかし込む】［自五］たいそう身なりを飾る。おしゃれをする。▷「―・んでパーティーに出かけ

る」

めーがしら【目頭】[名] 目の、鼻に近い方の端。⬍目尻(めじり)

◉目頭が熱(あつ)くなる 感動して、涙が浮かんでくる。

◉目頭を押(お)さえる 出てくる涙を指などで押さえる。

◉目頭を拭(ぬぐ)う 涙をふく。≡「ハンカチでー」

めか・す [自五] 身なりを飾る。おしゃれをする。≡「ーして外出する」[名]めかし

めか・す [接尾]〈名詞、副詞、形容(動)詞語幹などに付いて、五段活用の他動詞を作る〉…の状態にする、…らしく見せかけるなどの意を表す。≡「冗談ー・人名ー」「きらー・ほのー」▼接尾語「めく」の他動詞形。

めーかた【目方】[名]（はかりではかった）物の重さ。

めーかど【目角】[名] 目の端。目じり。

◉目角を立・てる ⬇目に角を立てる

メガトン [megaton] [名] ❶質量を表す単位。トンの一〇〇万倍。❷核爆弾の爆発力を表す単位。一メガトンはTNT火薬一〇〇万トンの爆発力に相当する。

メカニカル [mechanical] [形動] 機械に関するさま。機械で動くさま。機械的。メカニック。≡「ーな構造」

メカニズム [mechanism] [名] ❶機械の仕掛け。機械装置。メカ。≡「通信衛星のー」❷物事の仕組み。機構。機序。メカ。≡「遺伝子のー」

メカニック [mechanic] ■一 [形動] 機械で動くさま。また、動きが機械のようであるさま。機械的。メカニカル。≡「ーな構造」■二 [名] 機械工。特に、自動車整備工。≡「レーシングカーのー」

めーがね【《眼鏡》】[名] ❶不完全な視力を調整したり、強い光線から目を保護したりするために目に付ける、レンズや色ガラスを装備した器具。がんきょう。≡「ーをかける」❷レンズを用いた器具。≡「遠(とお)ー」「虫ー」❸物を見分ける力。めきき。≡「(お)ーにかなう(=目上の人などに評価され、気に入られる)」「ーが狂う(=評価・判断を誤る)」

めがねーばし【《眼鏡》橋】[名] 橋脚が二つのアーチ形になっている石橋。▼水に映ると眼鏡のように見えることから。

メガバイト [megabyte] [名] コンピューターで、情報量を表す単位。一メガバイトは一〇〇万(一〇の六乗)バイト。記号MB ▼一〇四万八五七六(二の二〇乗)バイトの場合もある。

メガバンク [megabank] [名] 巨大な資産や収益規模を持つ銀行。また、大手都市銀行同士の合併や再編成などによって、生まれた巨大銀行。

メガヒット [megahit] [名] 映画・CDなどが非常に大きな人気を集めること。また、その作品。大ヒット。

めーかぶ【雌株】[名] 雌雄異株の植物で、雌花だけをつける株。⬍雄株

めーかぶ【〈和布〉▼蕪】[名] ワカメの根ぎわの茎の両縁に生じるひだ状の厚い葉。この部分で胞子がつくられる。食用。めかぶら。

メガフロート [megafloat] [名] 超大型の浮体式海洋構造物。海上空港・物流基地などへの利用が構想されている。

メガホン [megaphone] [名] 口に当てて声を拡大するための、らっぱ形の筒。メガフォン。

めーがみ【女神】[名] 女性の神。≡「勝利のーがほほえむ」

メガロポリス [megalopolis] [名] いくつかの大都市が帯状に連なり、機能的に一体化して形成する巨大都市圏。巨帯都市。

めーきき【目利き】[名] 書画・刀剣・器物などの真贋(しんがん)や良否を見分けること。また、それにすぐれている人。

めきーめき [副]ト 進歩・成長などがきわだってはやいさま。≡「ー(と)腕を上げる」

めーキャベツ【芽キャベツ】[名] キャベツの一変種。また、その茎に生じた腋芽が径二〜四センチメートルに結球したもの。結球した腋芽を食用にする。子持ちキャベツ。

めーぎれ【目切れ】[名] 目方が不足すること。

め・く [接尾]〈名詞、副詞、形容(動)詞語幹などに付いて、五段活用の自動詞を作る〉…の状態になる、…らしく見えるなどの意を表す。≡「春ー・色ー・芝居ー」「古ー」「ざわー・ひしー」

めーくぎ【目▼釘】[名] 刀身が柄から抜けないように、柄にあけた穴から茎(なかご)の穴にさし通すくぎ。角・金属・竹などで作る。目貫(めぬき)。

めーくじら【目くじら】[名] 目じり。目角(めかど)。

◉目くじらを立・てる 目をつりあげて人のあらさがしをする。ささいなことを取り立てて、とがめる。目角(めかど)を立てる。

めーぐすり【目薬(▽眼薬)】[名] ❶眼病をなおすため、目に直接つける薬。点眼薬。≡「ーをさす」❷賄賂(わいろ)として贈る、わずかの金品。鼻薬。≡「ーがきく」

めーくそ【目▼糞】[名] 目やに。

◉目糞鼻糞(はなくそ)を笑う 自分の欠点には気づかないで、他人の欠点をあざ笑うことのたとえ。▼汚い目やにが鼻くそを汚いといって笑う意から。

めーくばせ【目配せ(▼眴)】[名・自サ変] 目つきで合図をすること。≡「早く話せと妻にーする」✓注意「目配り」と混同した「目配せがゆき届く」などは誤り。

めーくばり【目配り】[名・自サ変] あちこちに目を向け、注意して見ること。注意をゆき届かせること。≡「ーが利く」「一人一人にーをする」

めぐま・れる【恵まれる】[自下一] ❶好ましい物事が運よく与えられる。≡「天候にー」「天然資源にー・れた国」❷必要なものが十分に得られる環境・境遇にある。≡「ー・れない子供たち」[文]めぐまる

めぐみ【恵み】[名] めぐむこと。恩恵。≡「天のー」

めーぐ・む【芽ぐむ(▼萌む)】[自五] 草木が芽を出す。芽吹く。≡「柳がー」

めぐ・む【恵む】[他五] ❶あわれに思って金品を与える。施す。≡「金をー」❷神仏・自然・君主などが人々に慈悲や恩恵を与える。≡「太陽がー・んでくれた果物」[名]恵み

めーくら【▽盲】[名] ❶視力を失っていること。また、目の不自由な人をいう差別的な語。❷道理や事情がわからないこと。▼視覚障害を比喩として使った、差別的な言い方。

めくらーじま【▽盲▼縞】[名] 縦横とも紺色の綿糸で織った、見えにくい縞のある平織物。紺無地(こんむじ)。青縞(あおじま)。▼視覚障害を比喩として使った、差別的な語。

めぐら・す【巡らす(▼廻らす・▼回らす・▼繞らす)】[他五] ❶ぐるりと回す。回転させる。≡「首(こうべ)をー」「視線をー・して室内を見る」❷ぐるりと周りを囲ませる。≡「家の周りに塀をー」❸あれこれと頭を働かせる。≡「思い[策]をー」◈書き分け【回】と【廻】は①③、

【繞】は②で使うが、今は【巡】が一般的。かな書きも多い。

異形 巡らせる

めぐら·せる【巡らせる(▼廻らせる·▽回らせる·▼繞らせる)】［他下一］⬇巡らす 文 めぐら·す

めくら-ばん【▽盲判】［名］内容をよく確かめないで、承知のはんこを押すこと。また、その印影。▼視覚障害を比喩として使った、差別的な語。

めくら-めっぽう【▽盲滅法】［名·形動］見当をつけることなく、やみくもに事を行うこと。▼視覚障害を比喩として使った、差別的な語。

めぐり【巡り(▼廻り·▽回り)】［名］❶経路をたどってまわること。「血の—が悪い」❷あちこちを順々にまわって行くこと。「名所—」❸周囲。周辺。「池の—」

めぐり-あ·う【巡り合う(巡り会う·▼廻り合う)】［自五］めぐりめぐって、やっとのことで出あう。「チャンス［幸運·運命の人］に—」名 巡り合い

めぐり-あわせ【巡り合わせ(▼廻り合わせ)】［名］人の意志とはかかわりなくめぐってくる運命。まわりあわせ。「不思議な—」

めく·る【▼捲る】［他五］❶覆っているものをはがす。「布団を—」❷下にあるものが現れるように、上に重なっているものをはがして取りのける。「カレンダーを—」❸はがすようにして裏返す。「めんこを—」「襟を—ってブランド名を確かめる」◈「まくる」の転。使い方「まくる」は「腕［尻］をまくる」のように、覆っている物をはがして体の一部を外に出す意があるが、「めくる」にはない。可能 めくれる

めぐ·る【巡る(▼廻る·▽回る·▼繞る)】［自五］❶物の周囲をたどって進む。周回する。まわる。「名月や池を—りて夜もすがら〈芭蕉〉」❷周囲を取り囲む。囲繞(いじょう)する。「内堀が城のまわりを—」❸あちこちを順にまわって歩く。「鎌倉の古寺を—」❹ある所を経由して順番などが回ってくる。「僕にもやっと幸運が—ってきた」「—り—って自分の番が来た」❺一定の経路をたどって再びもとに戻る。「季節が—」「血液が体内を—」❻〈「…をめぐって」などの形で〉ある事柄を中心にしてそのことに関連する意を表す。「政権を—って豪族が争う」「憲法を—問題」◈書き分け【回】と【廻】は①⑤、【繞】は②⑥で使うが、今は【巡】が一般的。かな書きも多い。

め-くるめ·く【目▼眩く】［自五］めがくらむ。めまいがする。「—黄金の輝き」「—ばかりの光の渦」

めく·れる【▼捲れる】❶［自下一］めくったような状態になる。「シーツが—」❷［自他下一］「捲(め)くる」の可能形。めくることができる。「手が痛くてページが/を—れない」

め·げる［自下一］弱気になる。くじける。負ける。「たび重なる失敗にも—げずにがんばる」文 め·ぐ

め-こぼし【目▼溢し】［名·他サ変］わざと見のがすこと。大目に見ること。「お—願います」

め-さき【目先(目▽前)】［名］❶目の前。「すぐ—にある」❷その場の物事。当座。「—の利益を追う」❸その場の表面的な印象。❹近い将来。また、先の見通し。

◉**目先が利(き)く** 先をよく見通すことができる。機転が利く。

◉**目先を変·える** 趣向を変えて見た目を新しくする。

め-ざし【目刺し】［名］イワシなどの目に竹のくしやわらを通し、数匹ずつ連ねて干した食品。

め-ざ·す【目指す(目差す)】［他五］❶その場所を目的地とする。「南極点を—して進む」❷それを達成の目標とする。「歌手を—」「連覇を—して練習に励む」

め-ざと·い【目▽敏い·目▼聡い】［形］❶見つけるのがはやいさま。目がはやい。「—く見つけ出す」❷目が覚めやすいさま。すぐに目をさます。「—赤ん坊」派生 -さ

め-ざまし【目覚まし】［名］❶目を覚ますこと。また、目を覚まさせるもの。❷子供が目を覚ましたときに与える菓子など。おめざ。❸設定しておいた時刻に、音が鳴る仕掛けの時計。▼「目覚まし時計」の略。

め-ざまし·い【目覚ましい】［形］びっくりするほどすばらしいさま。注目に値する。「—進歩を遂げる」「—働きをする」派生 -さ

め-ざめ【目覚め】［名］目覚めること。「快い—」「自我の—」「良心の—」

め-ざ·める【目覚める】［自下一］❶眠りから覚める。目が覚める。「夜中に—」「恐ろしい夢から—」❷ひそんでいた本能·理性などが働き始める。「性［自我］に—」❸迷いが去って正しい認識ができるようになる。「現実［責任感］に—」文 めざ·む 名 目覚め

め-ざる【目▼笊】［名］目の粗いざる。

めさ·れる【召される】［他下一］❶「する」の尊敬語。なさる。「御安心—れよ」❷「食べる」「飲む」「着る」などの尊敬語。「昼食［お着物］を—」❸「風邪を引く」「風呂に入る」「気に入る」などの尊敬語。「お風邪を—」「お気に—れない」❹「招く」「呼びよせる」などの尊敬語。「天に—」文 めさ·る

め-ざわり【目障り】［名·形動］❶物を見るときじゃまになること。また、そのもの。❷見ると不快になること。また、そのもの。「—な存在」注意 ⬇耳障(みみざわ)り

めし【飯】［名］❶米·麦などを炊いたもの。ごはん。❷食事。ごはん。「そろそろ—にしよう」「朝—」▼「ごはん」に比べて乱暴な言い方。◈召し上がるもの、の意から。

◉**飯も喉(のど)を通らない** 心配事などで食欲がない。

◉**飯を食(く)·う** 生活する。生計を立てる。「小商いをして—」

めじ［名］クロマグロの若魚。めじまぐろ。

め-じ【目地】［名］煉瓦(れんが)·タイル·コンクリートブロックなどの接合部にできる継ぎ目。

め-じ【目路(▽眼路)】［名］目で見通せる範囲。視界。「—はるかに小島が見える」

メシア【Messiah】［名］❶旧約聖書で、出現を待望された救世主。神によって聖別され、イスラエルの民を治める王のこと。❷新約聖書で、救世主としてのイエスの敬称。◈「メサイア」とも。ヘブライ語で、聖油を注がれて聖別された者の意。

めし-あが·る【召し上がる】［他五］❶「食べる」「飲む」の尊敬語。「何を—りますか」「どうか、たくさん—って下さい」使い方 ⑴さらに敬意の度合いを高めて「お召し上がりになる」とも。「奥様は朝食はお—りになりませんでした」⑵可能形は、「召し上がれる」「お召し上がりになれる」。「三日以降はお—りになれません」❷「食べる」「飲む」の丁重語。相手(=聞き手·読み手)に対する改まった気持ちや上品な気持ちを表す。「わさび醤油(じょうゆ)でおいしく—れるかまぼこ」注意 高めるべき

人物が曖昧になり丁重語化したもので、本来は誤り。◈⬇敬語解説(一七八ページ)

めしあ・げる【召し上げる】[他下一] 下位の者から所有物を取り上げる。没収する。‖「領地を—」文めしあ・ぐ

めしい【▽盲】[名]〔古風〕盲目。

めしうど【召▽人】[名]⬇めしゅうど(召人)

めしうど【▽囚▽人】[名]⬇めしゅうど(囚人)

めしかか・える【召し抱える】[他下一] 家来として雇う。‖「高禄をもって—」文めしかか・ふ

めした【目下】[名] 自分より地位・階級や年齢が下であること。また、その人。⬍目上

めしたき【飯炊き】[名] 飯を炊くこと。また、その仕事をする人。

めしだ・す【召し出す】[他五] 目下の者や家来を呼び出す。召しいだす。‖「主君に—・される」

めしつかい【召し使い】[名] 雑用をするために雇われていた人。下男・下女などの奉公人。書き方 もと多く「召使(い)」と書いた。

めしつぶ【飯粒】[名] 飯の粒。ごはんつぶ。

めしと・る【召し捕る】[他五] 官命によって罪人などをつかまえる。逮捕する。‖「盗賊を—」

めしびつ【飯▼櫃】[名] 飯を入れておく木製の器。おひつ。おはち。

めしべ【雌▼蕊】[名] 種子植物の花の中にある雌性の生殖器官。雌しべから花粉を受けて実を結ぶ。雌蕊。⬍雄しべ

めじまぐろ【めじ▼鮪】[名]⬇めじ

めしもり【飯盛り】[名] 江戸時代、宿駅の宿場で客の給仕をし、売春も行った女性。飯盛り女。

めしや【飯屋】[名] 簡単な食事をさせる大衆食堂。

メジャー[名] ❶[major][形動] 規模などが大きいこと。また、主要な位置を占めること。‖「—な作家」❷[major] 音楽で、長調。長音階。❸[Majors] 国際的な市場支配力をもつ巨大石油企業。国際石油資本。◈①②⬍マイナー

メジャー[measure][名] ❶計量。‖「—カップ」❷ものさし。巻き尺。❸基準。尺度。

メジャーリーグ[major league][名] アメリカのプロ野球で、アメリカンリーグとナショナルリーグとからなるトップリーグ。大リーグ。

めしゅうど【召▽人】[名] ❶宮中で行われる歌会始で、勅題歌の選定を委嘱された人。❷昔、宮中の和歌所で和歌の選定に当たった職員。寄人。❸昔、舞楽などをするために召し出された人。◈「めしびと」の転。

めしゅうど【▽囚▽人】[名]〔古風〕捕らえられて獄につながれている人。しゅうじん。▼「めしびと」の転。

めしょう【目性】[名] 目のたち。視力など。

めしよ・せる【召し寄せる】[他下一] 目下の者や家来を呼んで、その場に来させる。‖「家老を—」文めしよ・す

めじり【目尻】[名] 目の、耳に近い方の端。まなじり。‖「—にしわを寄せる」⬍目頭

◉**目尻を下・げる** すっかり満足したような顔つきをする。また、女性に見とれるなどして、しまりのない顔つきをする。

めしりょう【召し料】[名] 貴人が使う品物。召し物。

めじるし【目印(目▽標)】[名] ❶見てすぐ識別できるようにつけたしるし。❷目標となるもの。‖「角のタバコ屋を—に来てください」

めじろ【目白(▽眼白)】[名] 背面は黄緑色で、目の周囲に白い縁どりがあるメジロ科の小鳥。スズメよりやや小さい。美しい声でさえずる。

めじろおし【目白押し】[名] 大勢の人が込み合って並ぶこと。また、多くの物事が集中すること。‖「話題作が—の正月映画」▼メジロが集まると、木の枝に押し合うようにしてとまるということから。

めす【雌(▼牝)】[名] 動物の性別で、卵巣をもち、妊娠・産卵をするほう。⬍雄

め・す【召す】■[他五] ❶「呼び寄せる」「呼び出して任じる」などの意の尊敬語。‖「歌才によって宮中に—・される」「天国へ—・される」「判官に—・される」❷「食べる」「飲む」の尊敬語。‖「御酒はお—・しになりますか」❸「着る」「履く」の尊敬語。‖「浴衣をお—・しになる」❹「買う」の尊敬語。‖「花を—・しませ—・しませ花を〈東京の花売娘〉」❺「風呂・行水などを使う」の意の尊敬語。‖「お風呂を—」❻「風邪を引く」「年をとる」などの意の尊敬語。‖「お風邪を—」「お年を—・した方」■[自五] ❶「乗る」の尊敬語。‖「お駕籠にお—・しになる」❷「気に入る」の尊敬語。‖「お気に—・しましたか」

メス[mes オランダ][名] 外科手術や解剖に用いる小刀。

◉**メスを入・れる** ❶外科医がメスを使って切開する。❷問題を根本的に解決するために思い切った手段をとる。‖「政治の腐敗に—」

めず【▽馬頭】[名] 仏教で、頭は馬、体は人の形をした地獄の獄卒。‖「牛頭—」

メスシリンダー[Meßzylinder ドイツ][名] 目盛りをつけた円筒形のガラス容器。主に液体の体積を測定するのに用いる。

めずらか【珍か】[形動]〔古風〕めずらしいさま。‖「—な品」

めずらし・い【珍しい】[形] ❶まれにしかない。希有だ。‖「この服はデザインが—」「君が失敗するとは—」「—・く彼が訪ねてきた」❷ある物事を目新しく感じて、興味深く思うさま。物珍しい。‖「見るもの聞くもの、すべてが—」「水槽の魚を珍しそうに眺める」❸〈多く「お珍しい」の形で、感動詞的に〉久しぶりの訪問や出会いに感動して、その喜びをいう語。お久しぶり。‖「まあ、お—」◈「愛でる」と同語源で、もと賞賛するにふさわしい意。派生 —げ/—さ/—がる

品格 希有「—な事例」珍「—とするに足る」まれ「寒い日が続くことは—だ」まれに見る「—傑作」

メセナ[mécénat フランス][名] 企業などが文化・芸術活動に対して行う後援または資金援助。

めせん【目線】[名] ❶目の方向や位置。‖「カメラ—」使い方 映画・演劇業界の用語から広まったもの。「目線をそらす」「目線を合わせないようにする」などと使われることがあるが、「視線」が標準的。❷ものの見方やとらえ方。視点。‖「子供[お客様・国民]の—で考える」

メゾソプラノ[mezzo soprano イタリア][名] 女声で、ソプラノとアルトとの中間の音域。また、その音域の歌手。メッツォソプラノ。

メゾチント[mezzotint][名] 銅版画技法の一つ。鋭い刃のついた道具(ロッカー)で版面を縦横にひっかいて傷をつけ、その線の凸部をつぶして図柄を表すもの。つぶされた部分にはインクがつかないので、白黒の微

妙な階調が得られる。メゾティント。

メソッド [method] [名] 方法。方式。

メゾネット [maisonnette フランス] [名] 中高層集合住宅で、各住戸が上下二階にまたがる形式のもの。⬇フラット⑤

メゾ-ピアノ [mezzo piano イタリア] [名] 音楽の強弱標語の一つ。「やや弱く」「半ば弱く」の意。メッツォピアノ。記号 mp

メゾ-フォルテ [mezzo forte イタリア] [名] 音楽の強弱標語の一つ。「やや強く」「半ば強く」の意。メッツォフォルテ。記号 mf

めそ-めそ [副ト] 声を立てないで弱々しく泣くさま。また、意気地がなくてすぐに涙ぐむさま。‖「―(と)泣き続ける」

メタ [meta] [名] 超越すること。高次の。‖「―言語」▼他の語と複合して使う。

め-だか【目高】 [名] 小川・池・水田などにすみ、群れをなして泳ぐメダカ科の淡水魚。全長三～四センチメートル。体は細長く、目が大きい。

め-だき【雌滝・女滝】 [名] 一対の滝のうち、水勢がおだやかで、小さい方の滝。⬍雄滝

め-だけ【雌竹・女竹】 [名] イネ科の植物。径二～三センチメートル、高さ三～五メートル。丘陵・川岸・海辺などに群生する。茎は竹細工などの材料。なよたけ。しのだけ。⬍雄竹

メタ-げんご【メタ言語】 [名] 対象言語の表現内容を述べる際に用いられる言語。高次言語。▼例えばフランス語の文法を日本語で論じる場合、フランス語は対象言語、日本語はメタ言語となる。

めだし-ぼう【目出し帽】 [名] 両目の部分だけをあけて、頭からすっぽりかぶる帽子。目出帽。

メタセコイア [metasequoia] [名] 公園樹・街路樹として植えるヒノキ科の落葉高木。生長が早く、高さ三〇メートル以上になる。▼化石植物とされていたが、一九四〇年代、中国四川省で現生種が発見された。

め-だ・つ【目立つ】 [自五] ❶あるものが人目につきやすい性質をもっている。‖「白いシャツは汚れが―」「何かと―・ちたがる人」「この作品には気負いばかりが―」❷〈「目立って」の形で〉ひときわ人目をひくさま。際だって。‖「このところ犯罪の数が―・って減少した」「クラスでは彼女が―・って優秀だ」

め-たて【目立て】 [名] のこぎりの歯や、やすりの目などの鈍くなったものを鋭くすること。

メタノール [Methanol ドイツ] [名] メチルアルコール。

メタファー [metaphor] [名] 隠喩。暗喩。

メタフィジック [metaphysics] [名] 形而上学。

メタボリック-シンドローム [metabolic syndrome] [名] 内臓脂肪型肥満に高血糖・高血圧・高脂血症のうちの二つ以上を合併した状態。心筋梗塞や脳卒中などが発症しやすくなる。内臓脂肪症候群。メタボリック症候群。▼略して「メタボ」とも。

め-だま【目玉】 [名] ❶目の玉。眼球。❷〈「お目玉」「大目玉」の形で〉目上の人からしかられること。‖「お―をちょうだいする」「大―を食う」❸商店などで、客の気を引くための特売品。また一般に、多くの中で最も中心となる事柄。‖「―商品」「―番組」

めだま-やき【目玉焼き】 [名] フライパンに(二個の)卵を割って落とし、黄身をくずさないように焼いたもの。▼黄身を目玉にみたてていう。

メタモルフォーゼ [Metamorphose ドイツ] [名] 変形。変身。変貌。

メダリスト [medalist] [名] スポーツ競技などで、入賞してメダルを獲得した人。メダル受賞者。‖「ゴールドー」

メタリック [metallic] [形動] 金属でできているさま。また、金属的であるさま。‖「―カラー」

メタル [metal] [名] 金属。金属製のもの。‖「―スキー」

メダル [medal] [名] 表彰や記念のために贈る、金属製の記章。多くは円形で、浮き彫りなどを施す。‖「金―」

メタンガス [Methangas ドイツ] [名] 天然ガスの主成分。無色・無臭の可燃性気体。火をつけると青い炎をあげて燃える。沼地・湿地などに沈んで腐敗・発酵した有機物からも発生し、沼気と呼ばれる。メタン。

メチエ [métier フランス] [名] 絵画・彫刻・文学などで、作者のもつ専門的な表現技巧。専門技術。

め-ちがい【目違い】 [名] まちがって見ること。見そこない。

め-ぢから【目力】 [名]〔新〕相手に強い印象を与えるような目の魅力。‖「―のある人」「―をアップさせるメイク」

めちゃ【▽滅茶・目茶】 [名・形動] ❶道理に合わないこと。めちゃくちゃ。‖「―な話」❷程度がはなはだしいこと。めちゃくちゃ。‖「―な値をつける」▼副詞的にも使う。‖「―(めっちゃ)かわいい」◈書き方「滅茶」「目茶」は当て字。

めちゃ-くちゃ【▽滅茶苦茶・目茶苦茶】 [名・形動] ❶まるで道理に合わないこと。‖「―な話」❷程度がはなはだしいこと。‖「―な値段で売る」▼副詞的にも使う。‖「―くやしい」❸ひどく混乱すること。‖「話し合いが―になる」❹どうにもならないほど壊れること。‖「追突されて新車が―になる」◈「めちゃ」を強めていう。「くちゃ」は語調を整えるために添えられた語。書き方「滅茶苦茶」「目茶苦茶」は当て字。

めちゃ-めちゃ【▽滅茶▽滅茶・目茶目茶】 [名・形動] めちゃくちゃ。

め-ちょう【雌▼蝶】 [名] ❶めすの蝶。❷めすの蝶にかたどった折り紙。婚礼のとき、雄蝶と対にして銚子や提子につける。また、その銚子をとって酌をする子供。◈⬍雄蝶

メチルアルコール [Methylalkohol ドイツ] [名] 最も簡単な構造をもつアルコール。刺激臭のある無色の液体で、木材の乾溜などによって得られる。燃料・溶剤・ホルマリンの原料などに用いる。有毒。木精。メタノール。

めつ【滅】 (造) ❶なくなる。なくす。また、ほろびる。ほろぼす。‖「―亡」「―罪」「破―」「絶―」❷あかりが消える。‖「点―」「明―」❸仏陀・高僧の死。‖「入―」

メッカ [Mecca] [名] ❶サウジアラビアの中西部ヒジャーズ地方にある、イスラム教第一の聖地。ムハンマドの生誕地で、多くの巡礼者が訪れる。❷ある分野の中心地。また、あこがれの地。‖「ミュージカルの―、ブロードウェー」

め-づかい【目遣い】 [名] ❶物を見るときの目つき。‖「疑わしげな―」❷目くばせ。

めっ-き【〈▼鍍金〉・滅▽金】 [名] ❶[他サ変] 装

飾・防食・表面硬化のために、金属または非金属の表面に他の金属の薄膜を密着させること。また、それを施したもの。ときん。☰「クロムー」❷よく見せようとして、うわべを飾ること。◈「滅金(めっきん)(＝アマルガムの意)」の転という。書き方「メッキ」と書くことが多い。

⊙**めっきが剝(は)げる**　うわべの飾りがとれて、本性が現れる。地金(じがね)が出る。

め-つき【目つき(目付き)】［名］物を見るときの目のようす。☰「鋭いー」

め-つぎ【芽接ぎ】［名］接ぎ木で、新芽をとって台木の外皮を切り開いた所に挿入する方法。

めっ-きゃく【滅却】［名・自他サ変］ほろびること。また、ほろぼして、なくすこと。☰「心頭をーすれば火もまた涼し」

めっきり［副ト］変化がはっきり感じられるさま。きわだって。☰「ー寒くなる」「この頃ー白髪が増えた」「ーと大人らしくなった」

めっ-きん【滅菌】［名・自他サ変］熱・薬品などによって細菌やウイルスを全て死滅させること。☰「ーガーゼ」

め-つけ【目付】［名］室町時代以降の武家の職名。江戸幕府では若年寄に直属し、旗本・御家人の監視に当たった。▽多く「お目付役」の形で、監視役の意で使う。

めっけ-もの【目っけ物】［名］❶思いがけなく手に入れたよいもの。掘り出し物。❷思いがけない幸運。☰「軽傷ですんだのはーだ」◈「みつけもの」の転。

めつ-ご【滅後】［名］❶滅亡したあと。❷入滅したあと。特に、釈迦の死後。

めつ-ざい【滅罪】［名］仏教で、懺悔(さんげ)・善行などによって罪障を消滅させること。☰「ー生善(＝現世の罪を消滅させ、後世の果報のために善行を積むこと)」

めっ-し【滅私】［名］私心をなくすこと。私利・私情を捨てること。☰「ー奉公」

めっ-しつ【滅失】［名・自サ変］ほろびて、なくなること。☰「ーした古文書」

メッシュ［mèche フランス］［名］頭髪の一部を染めること。また、染めた部分。

メッシュ［mesh］［名］❶網の目。❷革・繊維などを網目状に編んだもの。編み目織り。☰「ーの靴」❸篩(ふるい)の目、または粉体の大きさを表す単位。一インチ(＝約二・五センチメートル)に含まれる篩の目の数で表す。

めつ-じん【滅尽】［名・自他サ変］すっかりほろびること。また、すっかりほろぼすこと。☰「一族がーする」

めっ-する【滅する】［自他サ変］❶ほろびる。死ぬ。また、ほろぼす。☰「命あるものは必ずー」❷なくなる。消える。また、なくす。消す。☰「私心をー」文**めっ・す**

メッセ［Messe ドイツ］［名］見本市。特に、常設の国際見本市。

メッセージ［message］［名］❶伝言。ことづて。☰「ーを残す」❷声明。声明書。❸アメリカの大統領が議会に送る教書。

メッセンジャー［messenger］［名］❶手紙・品物・伝言などを送り届ける人。使い。使者。❷オンライン上で簡単にメッセージを送る仕組み。

めっ-そう【滅相】(ーサウ)━［名］仏教で、四相の一つ。現在存在する一切のものがほろびて、過去に入ること。━［形動］法外なさま。とんでもないさま。☰「ーなことを言うものじゃない」

⊙**滅相もない**　とんでもない。あるべきことではない。☰「私に出馬しろなんて、ー」

めった【滅多】(造)むやみやたらである意を表す。☰「ー打ち・ー負け」▽「めた(＝むやみやたら)」の転。書き方「滅多」は当て字。かな書きも多い。

めった-ぎり【滅多切り・滅多斬り】［名］むやみやたらに斬りつけること。めちゃくちゃに斬ること。☰「敵をーにする」

めった-な【滅多な】［連体］❶思慮のないような。軽率な。むやみな。☰「ーことを言うな」「ー返事はできない」❷ごくふつうである。当たり前の。☰「ーことじゃ驚かない」書き方⬇滅多　使い方下に打ち消しや禁止の表現を伴って使う。もと、打ち消しを伴わない言い方もあった。「滅多に」も同様。☰「滅多な抗議を申し込むと又気色を悪くさせる危険がある〈漱石〉」

めった-に【滅多に】［副］〈下に打ち消しを伴って〉まれにしかないさま。ほとんど起こらないさま。☰「病院にはー行かない」「こんなチャンスはーない」書き方⬇滅多　使い方⬇滅多な

めった-やたら【滅多矢▼鱈】［副・形動］むやみに行うさま。☰「ーに買いまくる」書き方「滅多矢鱈」は当て字。

メッチェン［Mädchen ドイツ］［名］少女。娘。

めっちゃ［副］〔新〕とても。非常に。めちゃ。☰「ーかわいい」「ー混んでる」▽「滅茶(苦茶)」から。

め-つぶし【目潰し】［名］砂・灰などを投げつけて相手の目をくらますこと。また、それに使う砂や灰。

めつ-ぼう【滅亡】(ーバウ)［名・自サ変］ほろびて、なくなること。☰「国がーする」

めっ-ぽう【滅法】(ーポフ)━［形動］道理に合わないさま。常識をはずれているさま。☰「ーなことを言う」━［副］程度がはなはだしいさま。☰「今朝はー寒い」書き方かな書きも多い。

めっぽう-かい【滅法界】(メッポフー)［副］「めっぽう」を強めていう語。はなはだしく。法外に。☰「ーうまい酒だ」

め-づまり【目詰まり】［名・自サ変］布・網などの目がごみ・ほこりなどで詰まること。

め-て【▽馬手・▽右手】［名］❶馬上で、手綱を取る方の手。右の手。❷右側。右の方。◈⬇弓手(ゆんで)

メディア［media］［名］❶情報を伝えるための手段。印刷物や電子的な媒体(ばいたい)。情報を伝える文字や音声・画像・動画などをいうこともある。☰「新しいーが登場すると賛否が分かれる」「アイドルがSNSなどのーを使ってコメントを発信する」「ー(＝動画など)を再生する」❷特に①のうち、新聞・テレビ・雑誌・インターネットといった、情報を広く伝える手段。マスメディア。☰「本やーを活用して知識を身につける」「アイドルがーを通じてコメントを発表する」❸②を使って情報を広く伝える組織。新聞社・出版社・放送局など。マスメディア。☰「機密情報がーに漏れる」「ーをにぎわせた事件」「アイドルのコメントをーが伝える」❹電子化された情報を記録するための器具。ハードディスクやCD、USBメモリなど。記憶媒体。☰「CD・BDなど多様なーを再生できる機器」「アイドルのコメントを収録したーが発売される」◈情報を仲介するもの、媒体の意。mediaは、mediumの複数形。

［ことば比べ］「メディア」と「媒体」

▼「メディア」は「媒体」とほぼ同じ意味に用いられ

る。ただし、「媒体」には単独で「マスメディア」を表す用法はない。
「広告メディア＝広告媒体」
「未公開情報が○メディア（＝マスメディア）／×媒体に漏れる」
▼「媒体」には、力や効果などを他に伝える仲立ちとなるものの意味があり、「メディア」では置き換えられない。
「感染媒体（＝病原体を仲立ちする空気や動物など）」
「感染メディア（＝ウィルスソフトなどに感染したUSBなどの記憶媒体）」
「環境媒体（＝汚染を拡散する大気や水など）」
「環境メディア（＝環境に関わる情報を提供するマスメディア）」

メディア-ミックス【media mix】［名］❶広告で、出版・放送など、各種の媒体を組み合わせて効果を高めること。❷ある作品を、他の作品形態でも表現すること。小説を映画化、漫画化するなど。

メディア-リテラシー【media literacy】［名］メディアの特性を理解し、情報を取捨選択して活用したり自分の意見を表現したりする能力。▼literacyは読み書きの能力の意。

メディカル【medical】(造) 医療の。医学の。「―ケア・―ソーシャルワーカー」

メディカル-チェック【和製medical＋check】［名］検診。健康診断。

めでた・い［形］❶祝うのにふさわしいさま。「結婚披露宴の―お席」❷評価が高いさま。「上役の覚えの―人」❸⬇おめでたい②◈「めでる」「珍しい」と同語源。「愛で＋いたし（至し）」で、きわめて賞賛すべきさまを表す。書き方「目出▽度い」「芽出▽度い」などと当てる。派生―さ

めでたし-めでたし［連語］物事が無事に済んだとき、また、よい状態に終わったときなどに喜ばしい気持ちを表していう語。

め・でる【▽愛でる】［他下一］❶美しさを味わって感動する。「花を―」❷かわいがる。いとおしむ。「孫を―」文めづ

め-ど【目▽処・目途】［名］めざすところ。めあて。また、見通し。「仕事の―がつく」「解決の―が立たない」

め-ど【〈針孔〉】［名］針の一端にある、糸を通すあな。はりのみみ。

め-どおし【目通し】―ドホシ［名］初めから終わりまでひととおり見ること。

め-どおり【目通り】―ドホリ［名］❶身分の高い人にお目にかかること。「―がかなう」❷人が立ったときの目の高さで測った立ち木の幹の直径。目通り直径。

め-と・る【▼娶る】［他五］妻として迎える。「妻を―」▼「妻め取る」の意。

メドレー【medley】［名］❶いくつかの曲や、いくつかの曲の主要部をつないで演奏すること。また、その曲。接続曲。❷「メドレーリレー」の略。

メドレー-リレー【medley relay】［名］水泳で、一定の距離を四人の泳者が、背泳ぎ・平泳ぎ・バタフライ・自由形の順にリレーして泳ぐ競泳。

メトロ【métro フラ】［名］地下鉄。

メトロノーム【Metronom ドイ】［名］楽曲のテンポを示す器械。ぜんまい式と電子式がある。拍節器。

メトロポリス【metropolis】［名］❶首府。首都。❷中枢的な大都市。巨大都市。

め-なみ【女波（女▽浪）】［名］高低のある波のうち、低いほうの波。⬍男波

め-な・れる【目慣れる（目▼馴れる）】［自下一］いつも見ていて目になれている。見なれる。「―・れた風景」文めな・る

メニエール-びょう【メニエール病】ビャウ［名］内耳の障害によって、耳鳴りや難聴を伴うめまいなどの発作が繰り返し起こる病気。メニエール症候群。▼一八六一年、フランスの耳鼻科医メニエールによって報告された。

メニュー【menu】［名］❶料理品目を記した表。献立表。また、献立。❷コンピューターで、画面に表示される実行可能な機能の一覧。❸用意されている項目。また、その内容。

メヌエット【Menuett ドイ】［名］四分の三、または八分の三拍子の優雅な舞曲。フランスに始まり、一七、八世紀にヨーロッパで流行した。ミニュエット。

め-ぬき【目▽貫】［名］目釘めくぎ。また、それを覆う装飾的な金具。

め-ぬき【目抜き】［名］非常に目立つこと。また、その場所。「―の土地」「―通り」

めぬき-どおり【目抜き通り】―ドホリ［名］人通りの多い主要な通り。繁華街。

め-ぬり【目塗り】［名］物の合わせ目を塗ること。特に、火災のとき、火気が中に入らないように土蔵の戸の合わせ目を塗りふさぐこと。

め-ねじ【雌〈▼螺子〉・雌〈捻子〉】―ネヂ［名］雄ねじを受けるように、円筒状の穴の内側に溝の切ってあるねじ。⬍雄ねじ

め-のう【▼瑪▼瑙】―ナウ［名］乳白色・青色・赤褐色などの縞模様をもつ宝玉。石英の微細結晶の集合体で、玉髄の一種。

め-の-かたき【目の敵】［名］〈「目の敵にする」の形で〉何かにつけ敵視する。「彼らから―にされる」

め-の-こ【目の子】［名］そろばんなどを使わないで目で確かめながら計算すること。また、目で見ておおよその見当をつけること。▼「目の子算」「目の子算用」「目の子勘定」の略。

め-の-たま【目の玉（▽眼の玉）】［名］めだま。眼球。

◉目の玉が飛び出る　びっくりして目を大きく見開く。目玉が飛び出る。「―ほど高い」✓注意「目の玉が飛び出す」は誤り。

め-の-と【〈乳母〉・▼傅】［名］［古風］❶【乳母】母親に代わって、自分の乳を飲ませて子を養育する女性。うば。❷【傅】貴人の子を守り育てる役の男性。守り役。

め-の-ほよう【目の保養】―ヤウ［名］美しいものや珍しいものを見て楽しむこと。

め-の-まえ【目の前】―ヘ［名］❶見ている前。すぐ近いところ。眼前。目前もく。❷時間的にごく近いこと。目前ぜん。「試験が―に迫る」

め-ば・える【芽生える】［自下一］❶草木の芽が出はじめる。「チューリップが―」❷物事が生まれ始める。「恋［友情］が―」文めば・ゆ

め-はし【目端】［名］その場の様子を見はからう才知。

◉**目端が利(き)く**　機転が利く。

め-はちぶ【目八分】［名］❶目の高さより少し下がったところ。また、丁重に物を差し出すとき、その位置にささげ持つこと。めはちぶん。❷容器の十分の八ほど。八分目。めはちぶん。

め-はな【目鼻】［名］❶目と鼻。❷目鼻立ち。顔だち。

◉**目鼻が付く**　おおよその見通しが立つ。〓「仕事の━」

め-ばな【雌花】［名］雌しべだけがつく花。また、雄しべが退化している花。イチョウ・マツ・カボチャなど。⇔雄花

めはな-だち【目鼻立ち】［名］目や鼻のかっこう。顔だち。〓「━の整った顔」

め-ばり【目張り】［名］❶［自他サ変］物のすき間に紙などを張ってふさぐこと。書き方「目貼り」とも。❷舞台化粧で、目を大きくはっきり見せるために、目の周りに紅や墨をつけること。

めばる【目張】［名］目の大きなフサカサゴ科の海水魚。体色は変化に富む。食用。

め-ぶ・く【芽吹く】［自五］樹木の芽が出はじめる。〓「柳が━」

め-ぶんりょう【目分量】［名］計器を使わず、目で見て大体の分量をはかること。また、その分量。

め-べり【目減り】［名・自サ変］❶蒸発したりもれたりして、品物の量や目方が減ること。❷物の実質的な価値が下がること。〓「インフレで預金が━する」

め-ぼし【目星】［名］❶目当て。見当。〓「犯人の━がつく」❷角膜のふちに生じる白く小さな濁り。星目。

めぼし・い［形］多くの中で、特に目立っている。取り上げる価値がある。〓「漱石の━作品はみんな読んだ」「━ものは何もない」▼現在では連体用法だけが残る。

め-まい［名］周囲の物体が動くように感じられたり、目がくらんで立っていられなくなったりすること。▼「目眩(まい)(=目がくらむ)」の意。書き方「目まい」とも書く。また、「〈眩暈〉」とも当てる。

め-まぐるし・い【目まぐるしい】［形］物の動きや変化が目が回るほど早いさま。対応できないほど変化が激しい。〓「世の中の変化が━」「株価が━く変動する」書き方「目紛るしい」とも当てる。派生━さ

め-まぜ【目交ぜ】［名・自サ変］目で合図すること。目くばせ。

め-まつ【雌松(女松)】［名］アカマツ。⇔雄松

め-みえ【目見え】［名］❶「会うこと」の意の謙譲語。お目にかかること。〓「━を許される」❷奉公人などが、はじめて主人の前に出てあいさつすること。また、試しに数日間使われること。⇨お目見え

めめし・い【女女しい】［形］柔弱で、いくじがない。未練がましい。▼男性についていう。派生━げ／━さ

メモ【memo】［名・他サ変］忘れないように要点などを書きとめておくこと。また、その書きとめたもの。覚え書き。手控え。〓「━をとる」「━帳」

め-もと【目許・目元】［名］目のあたり。また、目の表情。〓「━の涼しいモデル」

め-もり【目盛り】［名］計測器・計量器などにつけられている長さ・重さ・容積などを示すしるし。

メモリアル【memorial】［名］何かを記念するもの。記念物。〓「━コンサート」

メモリー【memory】［名］❶記憶。思い出。また、記念。❷コンピューターの記憶装置。メモリ。

メモリー-カード【memory card】［名］半導体メモリーを内蔵したカード型の記憶装置。〓「デジタルカメラのデータを━に保存する」

メモ・る［他五］［俗］メモをする。メモをとる。〓「思いつきを━っておく」▼「メモ」を動詞化した語。

メモワール【mémoires フランス】［名］回想録。回顧録。

め-やす【目安】［名］❶判断や行為の基準。よりどころとするもの。目当て。〓「体重を━に健康状態を知る」「購入の━として書評を参照する」❷目標や基準として設定するもの。〓「二〇三〇年度を達成の━に置く」「このレシピは四人前を━としている」❸絶対的な規則ではない、おおよその指針。〓「あくまで━としてご理解ください」「表記法に一応の━を作る」❹見通し。めど。〓「一人で暮らしていける━が立った」「仕事の━が立たない」

めやす-ばこ【目安箱】［名］八代将軍徳川吉宗が評定所門前に設置し、庶民の不満や進言を投書させた箱。投書は将軍自らが閲覧した。▼公共団体や企業が広く住民・消費者などの意見を求める投書箱の意でも使う。

め-やに【目脂】［名］目から出る粘液が固まったもの。目くそ。

メラトニン【melatonin】［名］脳の松果体(しょうかたい)から分泌されるホルモン。生殖腺の発達を抑制する。睡眠のリズムを調節する作用もあるとされる。

メラニン【melanin】［名］動物の皮膚などに含まれている黒色または黒褐色の色素。

メラノサイト【melanocyte】［名］メラニンを産生する細胞。主に、恒温動物の表皮内・毛根などに散在する色素細胞。

メラミン-じゅし【メラミン樹脂】［名］メラミンとホルムアルデヒドを縮合させて作る熱硬化性樹脂。硬度・耐熱性・耐薬品性にすぐれ、食器・化粧板などに用いられる。

めら-めら［副(と)］炎を上げて勢いよく燃えるさま。〓「カーテンが━(と)燃え上がる」使い方 激しい感情を表すのにも使う。〓「嫉妬の炎を━(と)燃やす」

メランコリー【melancholy】［名］気がふさぐこと。憂鬱(ゆううつ)。

めり［助動 ラ変型］(○-めり-めり-める-めれ-○)［古風］**推量・婉曲**　目に見えることについての推量、あるいは婉曲(えんきょく)な断定を表す。…ようだ。〓「手にとる酒は美酒(うまざけ)の若き愁ひをたたふ━〈藤村〉」使い方 活用語の終止形に付く。ラ変型活用には連体形に付く。ラ変型活用語に付くときは、その語尾「る」が「ん」の形を取ることが多い。〓「あるめり→あんめり」

メリー-クリスマス【Merry Christmas】［感］クリスマスを祝っていう語。クリスマスおめでとう。

メリー-ゴー-ラウンド【merry-go-round】［名］回転木馬。メリーゴーランド。

めり-かり【乙甲・減上】［名］邦楽で、音高を標準の音よりも微妙に上げたり下げたりすること。▼笛・尺八などで、標準よりも下がった音を「めり」、上がった音を「かり」という。

メリケン［名］❶アメリカ。また、アメリカ人。❷げんこつ。〓「━パンチ」▼Americanから。

メリケン-こ【メリケン粉】［名］小麦粉。▼在来の「うどん粉」と区別し、アメリカ産の精製したものをいっ

た。

めり-こ・む【▽減り込む】[自五] 強い力に押されて、またその物の重みで、深く中へ入りこむ。〓「パンチが腹に―」

メリット [merit] [名] 利点。価値。〓「―が大きい」⇔デメリット

めり-はり【▽減り張り・▽乙張り】[名] ゆるめることと張ること。特に音声・文章などで、調子の抑揚・強弱。〓「生活に―をつける」「―のある文章」「―のきいた歌い方」

めり-めり [副と] 樹木や木造物が折れたり裂けたりする音を表す語。〓「雷に打たれて大木が―と裂ける」「床板を―はがす」

メリヤス [medias スペイン・meias ポルトガル] [名] 毛糸・綿糸などを機械で編んだ伸縮性に富む布地。手袋・靴下・下着などに用いる。 書き方 「〈莫大小〉」「目利安」とも。

メリヤス-あみ【メリヤス編み】[名] 棒針編みの基本的な編み方。一本の糸で一つの輪奈をつくり、それに次の輪奈をからめながら平面または筒状に編んでいくもの。表と裏の編み目が異なる。

メリンス [merinos スペイン] [名] 薄くて、やわらかい毛織物。モスリン。唐縮緬(とうちりめん)。▼メリノ種の羊毛で織ったことから。

メルクマール [Merkmal ドイツ] [名] 目印。指標。特徴。

メルシー [merci フランス] [感] ありがとう。

メルトダウン [meltdown] [名] 原子炉の中心が高温になって核燃料が溶融する状態。炉心溶融(ろしんようゆう)。

メル-とも【メル友】[名] (新) 電子メールのやりとりをする友人。▼「メール友達」の略。

メルトン [melton] [名] 太くて柔らかな羊毛糸を平織りまたは綾織りにした厚地の毛織物。表面を毛羽(けば)でおおって仕上げるので保温性にすぐれ、コート地などに用いられる。

メルヘン [Märchen ドイツ] [名] おとぎ話。童話。昔話。

メレンゲ [meringue フランス] [名] 固く泡立てた卵白に砂糖や香料を加えたもの。洋菓子などに用いる。

め-ろう【女郎】ウ|ラ [名] 女性をののしっていう語。

メロディー [melody] [名] 旋律。歌や楽曲のふし。

メロドラマ [melodrama] [名] 恋愛を中心とした感傷的・通俗的な演劇・映画・テレビドラマなど。▼メロス(＝旋律)とドラマを結びつけた語。元来は一八世紀後半のフランス・ドイツなどで発達した音楽入りの大衆演劇。

めろ-めろ 一 [形動] しまりがなくなるさま。〓「孫の前では―になる」 二 [副と] 炎を上げて燃えるさま。めらめら。

メロン [melon] [名] ❶果物として栽培するウリ科のつる性一年草。また、その果実。果肉は甘く、芳香がある。栽培品種が多い。❷マスクメロン。

メロン-パン [和製 melon＋pão ポルトガル] [名] 上にクッキー生地を乗せ、メロンの皮のような格子状の模様をつけて焼いた菓子パン。

めん【面】 一 [名] ❶人の顔。つら。〓「―と向かう」「―識・―前」「赤―・洗―」 ❷顔の形に似せ、顔につけるもの。仮面。マスク。〓「鬼の―」「―を打つ(＝作る)」 ❸剣道で、頭や顔をおおう防具。また、頭部に打ち込むこと。〓「―を取る」「素―(すめん)」 ❹物の外側の、広がりをもった部分。面(おも)。外面。また、紙などの表面。特に、新聞のページ。〓「海―・地―」「社会―」「三―記事」▼数学では線の移動によって生じる図形をいう。 ❺ある事柄の領域。方面。〓「よい―を評価する」「外交―」「全―・反―」 二 (造) ❶顔をあわせる。向き合う。〓「―会・―談」「対―・直―」 ❷平たいものを数える語。〓「鏡二―」「三―のテニスコート」

◉**面が割・れる** 氏名や身元が判明する。〓「容疑者の―」

めん【綿】 一 [名] 木綿(もめん)の糸や綿(わた)。また、綿織物。〓「―のシャツ」 二 (造) 細く長く続く。〓「―々・連―」

めん【麺】[名] そば・うどん・ラーメン・スパゲッティなどの総称。〓「―をゆでる」 旧 麪 麺

めん【免】(造) ❶まぬがれる。のがれる。〓「―疫・―責」 ❷まぬがれさせる。ゆるす。〓「―許・―税」「赦―・放―」 ❸職などをやめさせる。〓「―職」「罷―」 旧 免

めん-えき【免疫】[名] ❶体内に侵入した病原体・毒素や体内に発生したがん細胞に対し、抗原抗体反応やリンパ球などの細胞の働きによって発病しないこと。また、その生体反応。〓「ヒト―不全ウイルス(＝ＨＩＶ)」 ❷何度も経験するうちに慣れてしまうこと。慣れて抵抗を感じなくなること。〓「騒音に対して―ができる」

めんえき-りょうほう【免疫療法】ハ|レフ [名] 免疫反応を利用した治療法。ワクチンの接種、抗血清・免疫賦活剤の投与など。

めん-おりもの【綿織物】[名] 綿糸で織った織物。綿布(めんぷ)。

めん-か【綿花(▼棉花)】ワ|ク [名] ワタの種子を包む白色または淡褐色の繊維。紡いで綿糸にする。

めん-かい【面会】ワ|イク [名・自サ変] 訪ねていって、その人と会うこと。また、訪ねてきた人と会うこと。〓「来客と―する」「―謝絶」▼多く特定の人と改まった手続きを踏んで会うときに使う。

めん-かん【免官】ワク [名・他サ変] 官職をやめさせること。免職。罷免(ひめん)。〓「―処分」

めん-きつ【面詰】[名・他サ変] 面と向かって責めなじること。

めん-きょ【免許】[名] ❶官公庁がある特定の行為に関して許可を与えること。〓「調理師[運転]―」「無―」「―証(しょう)」 ❷師匠が弟子に、武術・技芸などの奥義を伝授すること。また、その証書。

めんきょ-かいでん【免許皆伝】[名] 師匠が弟子に武芸・技芸の奥義を全て伝授すること。〓「―の腕前」

めん-くい【面食い(面▼喰い)】ヒク [名] 顔の美しい人ばかりを好むこと。また、その人。器量好み。

めん-くら・う【面食らう(面▼喰らう)】ヲ|ク [自五] 不意の出来事に驚きあわてる。予想もしなかったことにまごつく。〓「突然の指名に―」

めん-こ【面子】[名] 円形または長方形のボール紙などに絵や写真を貼り付けた子供の玩具。また、それを使った遊び。二人以上が互いに自分のものを地面にたたきつけ合い、風の力で相手の札を裏返すなどして勝負する。

めん-ご【面▼晤】[名・自サ変] 面会すること。

めん-ざい【免罪】[名] 罪を許すこと。

めんざい-ふ【免罪符】[名] ❶中世のローマカトリック教会で、一時的な罪の許しとして信者に発行した証

書。ローマ教皇が発行権をもち、献金などの代償として乱発された。贖宥(しょくゆう)状。❷罪や責任をまぬがれるための事柄や行為。‖「当選を収賄の—とする」

めん-し【綿糸】［名］綿花から紡(つむ)いだ糸。木綿糸(もめんいと)。

メンシェビキ【Men'sheviki ロシア】［名］レーニンの率いるボルシェビキと対立した、ロシア社会民主労働党の一分派。マルトフ・プレハーノフらを中心とし、大衆政党の立場からブルジョア革命を主張した。⇕ボルシェビキ ▼少数派の意。

めん-しき【面識】［名］互いに顔を見知っていること。顔見知りであること。‖「—がある」「一—もない人」

めんじつ-ゆ【綿実油(▼棉実油)】［名］ワタの種子からとる半乾性油。リノール酸・パルミチン酸・オレイン酸などを含む。食用油にするほか、石鹸(せっけん)・減摩剤などの製造に用いる。

めん-しゅう【免囚】シウ［名］刑期を終えて放免された人。

めんじゅう-ふくはい【面従腹背】［名］うわべは服従するように見せかけて、内心では従わないこと。
☑注意「めんじゅうふくぜ(い)」と読むのは誤り。

めん-じょ【免除】ヂョ［名・他サ変］義務・任務などを果たさなくてもよいと許可すること。‖「授業料—」

めん-じょう【免状】ジャウ［名］❶免許のしるしとして授与する文書。免許状。❷卒業証書。

めん-しょく【免職】［名・他サ変］職をやめさせること。特に、公職をやめさせること。‖「諭旨[懲戒]—」

めん-しょく【面色】［名］かおいろ。顔色(がんしょく)。‖「蒼然(そうぜん)として死人に等しき我が—〈鷗外・舞姫〉」

めん・じる【免じる】［他上一］⬇免ずる

めん-しん【免震】［名］地震の揺れを軽減すること。‖「—構造(=地震時の振動を緩めるように設計した建築物の構造)」「—建築」

メンス［名］月経。▼Menstruation ドイツ から。

メンズ【men's】［名］男性向きの。紳士用。‖「—ウエア」「—ファッション」▼他の語と複合して使う。

めん・する【面する】［自サ変］❶向く。向かい合う。また、向かい合って接する。‖「庭に—・した座敷」❷直面する。‖「危機に—」文めん・す

めん・ずる【免ずる】［他サ変］❶許す。許して義務・責任などを免除する。‖「税を—」❷職をやめさせる。免職にする。‖「館長の職を—」❸〈「…に免じて」の形で〉当人や関係者の体面・功労などを考慮して、罪や過失を特に許す。‖「私に—・じて許してやってくれ」文めん・ず 異形 免じる

めん-ぜい【免税】［名・自他サ変］税金を免除すること。課税しないこと。‖「—品・—店」

めん-せき【免責】［名・他サ変］❶責任を問われるのをまぬがれること。‖「—特権(=国会議員が院内で行った演説・討論・表決について、院外で責任を問われない権利)」❷債務者が債務の全部または一部をまぬがれること。‖「—行為」

めん-せき【面責】［名・他サ変］面と向かって責めとがめること。面詰。‖「部下を—する」

めん-せき【面積】［名］平面や曲面の広さ。‖「円の—」

めん-せつ【面接】［名・自サ変］直接その人に会うこと。特に人柄や能力を知るために、その人に直接会って試問・助言などをすること。‖「—試験」

めん-ぜん【面前】［名］目の前。人の見ている前。‖「公衆の—で侮辱される」

めん-そ【免租】［名］租税の一部または全部を免除すること。

めん-そ【免訴】［名］刑事訴訟で、裁判所が有罪・無罪の判断をすることなく訴訟を打ち切る形式判決。すでに確定判決を経たとき、刑が廃止されたとき、大赦があったとき、時効が完成したときなどに言い渡される。

めん-そう【面相】サウ［名］顔のありさま。顔つき。容貌(ようぼう)。‖「恐ろしい—」「百—」⬇ご面相

メンター【mentor】［名］すぐれた指導者。よき助言者。‖「—制度(=先輩社員が後輩社員を支援する制度)」

めんたい【▽明太】［名］❶スケトウダラの別称。▼朝鮮語から。❷「明太子(めんたいこ)」の略。

めんたい-こ【▽明太子】［名］スケトウダラの卵巣を塩蔵し、唐辛子などを加えて熟成させたもの。めんたい。▼本来は「鱈子(たらこ)」の別称。

メンタリティー【mentality】［名］❶知性。知力。❷心のあり方。心的傾向。精神性。‖「強い—で試合に勝つ」

メンタル【mental】［形動］精神や知性に関するさま。心理的であるさま。‖「—な面を重視した教育」⇕フィジカル

メンタル-ヘルス【mental health】［名］精神衛生。心の健康。‖「従業員の—に配慮する」

めん-だん【面談】［名・自サ変］直接会って話をすること。‖「保護者と—(を)する」「委細—」

メンチ［名］細かく刻んだ肉。ひき肉。ミンチ。‖「—ボール」▼mince から。

メンチ-カツ［名］ひき肉にみじん切りのタマネギ・調味料・香辛料などを加えて小判形にまとめ、パン粉をつけて油で揚げたもの。▼和製 mince＋cutlet から。

めん-ちょう【面▼疔】チャウ［名］顔面にできる細菌性のはれ物。激痛と高熱を伴う。

メンツ【面子 中国】［名］❶体面。面目。‖「—がつぶれる」❷麻雀(マージャン)で、三枚の連続した数牌、または三枚の同一牌。❸(ゲームの)メンバー。顔ぶれ。‖「—が一人足りない」

めん-つう【面▼桶】［名］飯を一人前ずつ分けて盛る曲げ物。めんつ。

めん-つゆ【麺▽汁】［名］だし汁に醬油(しょうゆ)・酒・味醂(みりん)・砂糖などを合わせたもの。主にそばやうどんのつゆとして用いる。

めん-てい【面体】［名］顔かたち。おもざし。面相。

メンテナンス【maintenance】［名］建物・機械・システムなどの、保全維持。管理。

めんど・い【面▽倒い】［形］〔俗〕めんどうくさい。‖「バイトなんて—よ」▼「めんどう」を形容詞化した語。近世にも使われたが、現在は多く若者が使う。

めん-どう【面倒】ダウ［名］❶［形動］手間がかかってわずらわしいこと。また、複雑で解決が容易でないこと。‖「わざわざ出かけるのも—だ」「—な手続き」「—ばかり起こす人」❷世話。やっかい。‖「子供の—をみる」「—をかける」派生 -さ／-がる

めんどう-くさ・い【面倒臭い】メンダウ［形］いかにも面倒で、いやだと思うさま。‖「再調査など—」▼「めんどくさい」とも。派生 -げ／-さ／-がる

めんどう-み【面倒見】メンダウ［名］めんどうを見るこ

と。他人の世話をすること。〓「—のいい人」

めん-とおし【面通し】〈トホシ〉[名]犯人を割り出すために、事件の関係者に容疑者の顔を実際に見せること。面割り。

メントール[Menthol ドイツ][名]薄荷(はっか)油の主成分。芳香をもつ無色の結晶で、香料・医薬品などに広く用いられる。薄荷脳。メンソール。

めん-とり【面取り】[名]❶角材の角を削って面を作ること。❷料理で、大根・芋などの切り口の角を削って丸みをつけること。形をととのえ、煮くずれを防ぐために行う。

めん-どり【▽雌鳥・▽雌▽鶏】[名]❶めすの鳥。❷めすのにわとり。◈⇕おんどり 書き分け ①は【雌鳥】、②は多く【雌鶏】。

めん-ネル【綿ネル】[名]「綿フランネル」の略。

めん-ば【面罵】[名・他サ変]面と向かって相手をののしること。〓「公衆の面前で—される」

メンバー[member][名]❶団体を構成している人。構成員。会員。〓「—チェンジ」❷そこに集まる人々。顔ぶれ。〓「いつもの—がそろう」

メンバーシップ[membership][名]会やクラブの構成員であること。また、その地位・資格。

めん-ぴ【面皮】[名]❶つらの皮。〓「鉄—」❷世間に対する面目。〓「—を欠く(=面目を失う)」

◉**面皮が厚(あつ)・い** ずうずうしい。厚かましい。面(つら)の皮が厚い。

◉**面皮を剝(は)・ぐ** 厚かましい人間の悪事などをあばいて恥をかかせる。面(つら)の皮を剝ぐ。

めん-ぷ【綿布】[名]綿糸で織った布。綿織物。

めん-フランネル【綿フランネル】[名]表面を起毛させてフランネルに似せた綿織物。綿ネル。

めん-ぺき【面壁】[名・自サ変]壁に向かって座禅すること。また、座禅。めんへき。

◉**面壁九年(くねん)** 目標を達成するために、長年、わき目もふらずに勉学に励むことのたとえ。語源 少林寺に籠(こも)った達磨(だるま)大師が、九年の間、壁に向かって座禅を組み、ついに悟りを開いたという故事から。

めん-ぼう【面貌】〈バウ〉[名]顔つき。顔かたち。

めん-ぼう【綿棒】[名]先端に脱脂綿を巻きつけた細い棒。耳や鼻の中に薬をつけるときなどに用いる。

めん-ぼう【麺棒】[名]うどん・そばなどを打つとき、こねた生地を押しのばすのに使う棒。麦押し。

めん-ぽお【面頰】〈ホホ〉[名]❶剣道で、頭部と顔面をおおう防具。めん。❷顔面を防御するために着ける武具。頰当て・総面など。

めん-ぼく【面目】[名]世間に対する名誉・体面。また、世間から受ける評価。めんもく。〓「—が立つ」「—をつぶす」▼「ぼく」は「目」の漢音、「もく」は呉音。伝統的には「めんぼく」だが、「めんもく」も使う。

◉**面目を施(ほどこ)・す** 立派な成果を上げて、一段と評価を高める。▼「めんぼく」は、「めんもく」とも。

めんぼく-な・い【面目ない(面目無い)】[形]恥ずかしくてあわせる顔がない。申し訳ない。使い方 丁寧形は「面目ありません」「面目ございません」。⬇「ない」のコラム(一三〇四ページ) 派生 -げ/-さ

メンマ【麺麻 中国】[名]麻竹(まちく)などの筍(たけのこ)をゆでてから発酵させ、乾燥または塩漬けにしたもの。中国料理に用いる。しなちく。乾筍(カンスン)。

めん-みつ【綿密】[名・形動]注意がよく行き届いていて、手ぬかりがないこと。〓「—な計画を立てる」派生 -さ

めん-めん【面面】[名]ひとりひとり。おのおの。各自。〓「出席の—を紹介する」

めん-めん【綿綿】[形動タル]絶えることなくいつまでも続くさま。〓「—として尽きない話」「思いの丈を—とつづる」

めんもく【面目】[名]⬇めんぼく

めんもく-やくじょ【面目躍如】[形動タル]その人の言動が十分にその名誉を高めるさま。〓「名優の—たる演技」

めんよう【面妖】[名・形動]不思議なこと。怪しいこと。〓「はて、—な」▼「めいよ(名誉)」の転じた「めいよう」がさらに転じた語。書き方「面妖」は当て字。

めん-よう【面容】[名]顔かたち。顔つき。

めん-よう【綿羊(▼緬羊)】〈ヤウ〉[名]⬇羊(ひつじ)

めん-るい【麺類】[名]小麦粉やそば粉などを練って延ばし、細長く切った食品。うどん・そば・そうめん・スパゲッティなど。

も

も【▽面】[名]〔古風〕表面。おもて。〓「川の—」

も【喪】[名]親近者の死後、その死をいたみ、身を慎むために、祝い事や社交的な行動を一定の期間避けること。〓「—に服す」「—が明ける」

も【藻】[名]水中に生える藻類・水草などの総称。

も[副]さらに。もう。〓「—少し待ってくれ」

も

A 同類の事物を挙げる

一[副助]❶同類の事物をつけ加える。〓「この店は安いし味もよい」「君が行くなら僕も行く」使い方 同類の事物の暗示を含むことが多い。〓「今日も暑いね(「昨日」などを暗示)」「家族のことも考えろ(「仕事」などを暗示)」

❷〈AもBも(Cも…)の形で〉同類の事物を並べ挙げる。〓「明日は祖父も祖母も来る」「数学も理科も苦手だ」「賛成も反対もしない」

❸〈AもBもの形で、事物を対句的に並べ上げて〉それを含むすべてを言外に暗示する。下に来る肯定/否定の違いによって、全面的な肯定にも否定にもなる。〓「老いも若きも(=誰もが)感動した」「酸いも甘いも(=何事も)かみ分ける」「死んでは元も子もない(=すべてを失ってしまう)」▼用例に見るほか、「どこもかしこも」「どれもこれも」など、固定した言い回しが多い。

B 不定の意や数量を表す語などに付く

❹〈不定の意を表す語に付いて〉どの場合にも当てはまる意を表す。下に打ち消しを伴うときは全面的な否定となる。〓「どちらも似たりよったりだ」「苦しいのはどこも同じだ」「何もない」「誰も知らない」

❺〈少ない数量や小さな動きを表す語に付き、下に打ち消しを伴って〉全面的な否定を表す。〓「少しも待てない」「びくりとも動かない」「一つもない」

❻〈数量を表す語に付いて〉程度の多さを強調する。〓「二時間も待った」「毎月十万円も払えない」

❼〈数量を表す語に付いて、接続助詞「ば」を伴う条件句

に使って〉上限を示して数量の少なさを表す。≡「五分もすれば帰ってくる」「一万もあれば買える」❽〈数量を表す語に付いて、下に疑問の語を伴って〉過去のことを推量して、おおよその程度を表す。≡「一時間も待っただろうか」

C ことさらにとりたてて意味を強める

❾ある物事をとりたてて、通常は成立しないがと一歩引く気持ちを添えながらも、この場合は大いに成立すると主張してその文意を強める。…(で)さえも。…といえども。…でも。≡「中には泣き出す人もあった」「冗談もいいかげんにしろ」「弘法も筆の誤り」❿〈下に打ち消しを伴って〉容易なことなのにといった気持ちで物事をとりたて、否定の意を強める。…さえも…ない。≡「こんなに簡単なことも分からないのか」「挨拶もろくにしない」「顔も見たくない」⓫〈「…もしない」の形で〉動詞の実質的意味を表す部分をとりたてて、否定の意を強める。≡「予想もしなかった事件が起こった」「読みもしないで論評するな」⓬〈「…もない」の形で〉上の体言をとりたてて、否定の意を強める。≡「わびるどころか反省する気もない」「受賞はこの上もない喜びです」「くつろぐ間もなく出発する」

D さりげなくとりたててやわらげなどの意を添える

⓭さりげなくとりたてて、文意をやわらげる。≡「おなかもすいたし、食事にするか」「天気もいいから、散歩でもしよう」「一晩休めば、疲れもとれる」⓮一歩引く気持ちで、その判断をやわらげる。≡「自由に発言することも可能だ」「彼だって素直になることもある」「その件なら知らなくもない」⓯さりげなくとりたてて、抗しがたい事の移りゆきにある感慨を添える。…もまた(みんなと同じく)。≡「横綱もそろそろ引退だな」「母も随分と老け込んだものだ」⓰〈「AもB」の形で〉Aをさりげなくとりたてて、Aに含まれる(Aの性質をもつ)Bの位置づけをいう。≡「二〇世紀も中ごろのことだ」「商店街も五百メートルほど行くと寂しくなる」⓱軽い詠嘆を込めて事物をとりたてる。多く、人為を超えた物事の順当な推移についていう。≡「夜もふけた」「今や春もたけなわ」「ついに夏休みも終わった」

E 成句などで用いる

⓲〈「AしてもAしても」の形で〉いかに[いくら]…しても。≡「やってもやっても終わらない」⓳〈「AもBならCもBだ」「AもBすればCもBする」の形で、Bに同じまたは同類の意を表す語をとって〉二つの事柄が同時に成り立つ意を表す。≡「夫も教師なら妻も教師だ(=ともに教師だ)」「酒も飲めばタバコも吸う」⓴〈「AもA」の形で〉まさしくそれであることを強調する。≡「折も折、まずいところで会ったものだ」「成功も成功、大成功だ」㉑〈「…も…たり」の形で、同じ動詞を繰り返して〉詠嘆・感動の意を表す。≡「打ちも打ったり三千本安打」㉒〈「AもAならBもBだ」などの形で〉どちらも普通でない意を表す。否定的な評価を伴う。≡「親も親なら、子も子だ」 使い方 「反論(のほう)も反論(のほう)で、ひどいものだった」のように、他方を言外に示して一方だけをいう言い方もある。

F 古風な表現で用いる

㊁［接助］〔古風〕〈動詞の連体形や形容詞の連用形に付いて〉…ても。≡「今日に至るも完成を見ない」

㊂［終助］〔古風〕感動・詠嘆を表す。…(だ)なあ。≡「このあしたくれなゐ深くいろづける山の膚に雲触りゆくも〈斎藤茂吉〉」

も【茂】（造）草木がしげる。≡「繁ー」

も【▼摸】（造）❶にせる。まねる。≡「ー写」❷手さぐりでさぐる。≡「ー索」◈「模」②③に通じる。

も【模】（造）❶ひながた。てほん。≡「ー型・ー範」❷にせる。まねる。≡「ー写・ー倣」❸手さぐりでさぐる。≡「ー索」❹ありさま。かたち。≡「ー様」◈②③は「摸」に通じる。

モアーベター［和製 more＋better］［形動］ずっと良いさま。≡「迅速に行えばーだ」

モアレ［moiré フランス］［名］❶光の加減によって木目や波紋模様の表れる織物。また、その加工。❷幾何学的に規則正しく分布する点や線を重ね合わせたときに生じる縞模様。干渉縞。

モイスチャー［moisture］［名］水分。湿気。≡「ーローション(=肌にうるおいを与える化粧水)」

もう【毛】 ㊀［名］❶一割の一〇〇〇分の一。≡「年利二分二厘三ー」❷通貨の単位。円の一万分の一。❸尺貫法で、長さを表す単位。一毛は一〇〇〇分の一寸で、約〇・〇三ミリメートル。❹尺貫法で、重さを表す単位。一毛は一〇〇〇分の一匁で、約三・七五ミリグラム。㊁（造）❶生物の、け。≡「ー根・ー髪」「羽ー」❷けでできているもの。≡「ー筆・ー布」❸けのように細く小さい。わずか。≡「ー頭・細管」❹草木がはえる。穀物のみのり。≡「不ー・二ー作」

もう【▼蒙】 ㊀［名］道理に暗くて、愚かなこと。≡「ー昧」「啓ー」㊁（造）❶おおいかぶさる。こうむる。≡「ー塵」❷「蒙古」の略。≡「外ー・内ー」

◉**蒙を啓く** 道理にくらい人や知識の乏しい人を教え導く。啓蒙する。

もう［副］❶出来事を完了したものとする気持ちを表す。すでに。≡「太郎はー出発しました」❷現状が予想したり基準としたりした時期や程度を越えているという気持ちを表す。もはや。≡「言い訳はーたくさんだ」「ー遅い」「太郎はー小学生です」❸出来事が完了するまでの時間が小さいさま。ほどなく。≡「ー着くころだ」❹現状は期待される状態に近いが、少量だがさらに必要であるさま。≡「ー五分待ってみよう」「ー少し右に寄せて」❺〈多く「もう一つ」などの形で〉対になる一方を表す。あと。≡「これはペアの指輪で、ー一つは妹がもっている」「ー一方の手はポケットに入れたままだ」❻徹底していて、それ以外のことはないくらいだという気持ちを表す。なんといっても。≡「それはー、ほれぼれする姿だったよ」「これはー驚くしかない」❼〈感動詞的に〉憤慨や失望、困惑などで、これ以上は言葉が出ないほどである意を表す。≡「何やってんだよ、ー」「ー、あんたって人は」「弱ったな、ー」

もう【妄】（造）❶節度がない。常軌を逸している。むやみ。≡「ー信・ー想」「迷ー」❷うそ。でたらめ。≡「ー言」「虚ー」

もう【▼孟】（造）❶はじめ。特に、春夏秋冬の最初の一か月。≡「ー春・ー夏」❷孟子。≡「ー母」「孔ー」

もう【盲】（造）❶目が不自由な。≡「ー学校」❷くらい。気が付かない。≡「ー点」❸わけもなくむやみに。≡「ー愛・ー従」❹管の一端がふさがっている。≡「ー腸」

もう【耗】(造) へる。すりへる。また、へらす。使ってへらす。||「消━・損━・摩━」

もう【望】(造) ねがう。のぞむ。のぞみ。||「本━・所━」

もう【猛】(造) 勢いがはげしい。あらあらしい。||「━威・━獣・━練習」「獰━・勇━」

もう【網】(造) ❶あみ。||「漁━」 ❷あみ状の。あみの目のようにはりめぐらした。||「━膜」「法━・交通━」

もう‐あ【盲▼啞】[名] 目の見えないことと口のきけないこと。

もう‐あい【盲愛】[名・他サ変] むやみにかわいがること。また、その愛情。溺愛(できあい)。ねこかわいがり。

もう‐あく【猛悪】[名・形動] 荒々しくて悪いこと。乱暴で残酷なこと。||「━な心」

もう‐い【猛威】[名] 猛烈な威力。すさまじい勢い。||「流感[台風]が━を振るう」

もう‐う【猛雨】[名] 激しく降る雨。豪雨。

もう‐か【▼孟夏】[名] ❶夏の初め。初夏。 ❷陰暦四月の別称。

もう‐か【猛火】[名] 激しく燃え上がる火。

もう‐がっこう【盲学校】[名] 視覚に障害のある児童・生徒に対して普通教育に準ずる教育とともに、その障害を補うために必要な知識・技能を教える学校。▽法律上の区分は「特別支援学校」。

もうか・る【▼儲かる】[自五] ❶金銭上の利益が得られる。もうけになる。||「株で一〇万円━・った」 ❷代償をはらわずにすんで結果的に得をする。||「行かずにすんで━・った」「相手のエラーで三点━・った」◈ 使い方 ①②とも「この商売はあまり(金が)━・らない」「締切が延びて(時間が)━・った」のように、〜ガは省略されることも多いが、金や時間など〈もうかったもの〉が主語になる。主語が省略されたものは他動詞「もうける」で置き換えることができる。⬇儲ける

儲

もう‐かん【毛管】[名] ❶「毛細管」の略。||「━現象」 ❷「毛細血管」の略。

もうかん‐じゅうそう【盲管銃創】[名] 銃弾が身体を貫かないで体内にとどまっている負傷。⬍貫通銃創

もう‐き【盲亀】[名] 盲目の亀(かめ)。

◉**盲亀の浮木(ふぼく)** 出会うことがきわめて難しいことのたとえ。また、めったにない幸運にめぐり合うことのたとえ。||「━、優曇華(うどんげ)の花」 語源 百年に一度海面に浮かび上がる盲亀がたまたま海上を漂う流木に出会い、その木の穴に入り込んだという『雑阿含経(ぞうあごんきょう)』の寓話(ぐうわ)に基づく。

もう‐き【▼濛気】[名] 霧・もやなどの、もうもうと立ちこめる気。

もう‐きん【猛▼禽】[名] 性質が荒く、肉食をする鳥。

禽

もうきん‐るい【猛▼禽類】[名] 鋭いくちばしと鉤(かぎ)状の爪(つめ)をもち、他の鳥類や小動物を捕食する大形の鳥の総称。ワシ・タカ・フクロウ・ミミズクなど。▽多くタカ目とフクロウ目の総称として使う。

もうけ【設け】[名] 前もって準備してあること。

もうけ【▼儲け】[名] もうけること。また、利益。||「━の少ない商売」「まる━・ぼろ━」

もうけ‐ぐち【▼儲け口】[名] もうけの対象になる仕事。利益を得る物事。||「ぼろい━が見つかる」

もうけ‐もの【▼儲け物】[名] 思いがけなく得る利益。拾い物。||「思わぬ━をする」

もう・ける【設ける】[他下一] ❶ある目的のために必要なものをこしらえる。設置する。作る。||「選挙事務所[緩衝地帯・祭壇・相談窓口・審議会・質問コーナー]を━」 ❷(機会などを)前もって用意する。||「話し合いの機会[宴席]を━」 ❸あることを規制するための基準などを作る。||「販売活動に一定の枠を━」「期限を━」◈「儲ける」と同語源。 文 まう・く 名 設け

もう・ける【▼儲ける】[他下一] ❶金銭上の利益を得る。||「懸賞に当たって大金を━」「株で百万円も━」 ❷結果的に得をする。||「相手のエラーで得点を二点━・けた」 使い方 ①②とも、「事業が当たって面白いように━・けた」「臨時休校になって━・けた」のように、〜ヲを省略して自動詞的にも使う。その場合は自動詞「もうかる」で置き換えることができる。⬇儲かる ❸子を得る。||「三人の子供を━」 名 儲け

もう‐けん【猛犬】[名] 性質が荒く、人にかみついたりする犬。獰猛(どうもう)な犬。

もう‐げん【妄言】[名] 道理に合わない、でたらめなことば。ぼうげん。||「━を吐く」▽自分の発言を謙遜(けんそん)していう語としても使う。

もうげん‐たしゃ【妄言多謝】[名] 手紙などで、自分の意見を率直に述べた後に書き添える語。▽でたらめを申し上げたことを深くお詫びします、の意。

もう‐こ【猛虎】[名] 性質の荒い虎。▽強くたけだけしいことのたとえにもいう。

もう‐こう【猛攻】[名・他サ変] 激しい勢いで攻めたてること。||「敵の━を受ける」

もうこ‐はん【▼蒙古斑】[名] 乳幼児のしりなどに見られる青いあざ。真皮内のメラニン色素が集まったもので、ふつう成長するにつれて消失する。黄色人種に多い。小児斑(しょうにはん)。

もう‐こん【毛根】[名] 毛髪の、皮内にあってさや状の毛嚢(もうのう)に包まれている部分。

もうさい‐かん【毛細管】[名] ❶毛のように細い管。毛管。||「━現象(=液体中に細い管を立てたとき、管内の液面が管外の液面よりも高く、または低くなる現象)」 ❷毛細血管。

もうさい‐けっかん【毛細血管】[名] 全身の組織内に網状に広がり、動脈の末梢(まっしょう)と静脈の末梢とを結ぶきわめて細い血管。毛細管。毛管。

もうし【申し】[五段動詞「申す」の連用形]〈下に動詞を続けて〉 ❶「言って…する」の丁重語。相手に対する改まった気持ちを表す。||「━入れる・━込む・━立てる・━伝える」 ❷言って…する。||「━遅れる・━兼ねる・━付ける・━出る」 使い方 ②は丁重語の意識が薄く、「お申し込みになれます」「お申し付けください」のような形で動作主を高める表現でも使う。

もうし‐あ・げる【申し上げる】[動下一]
一 [他]「言う」の謙譲語。Aに言う動作について、Aを高める。||「皆様に心からお礼を━・げます」「先生には私から━・げます」「謹んで新春のお慶びを━・げます」「鈴木さんは先生に何か━・げましたか」 使い方 丁重語「申す」と違って、「申し上げる」は必ず〈高めるべき人物にものを言う〉場合に使う。||「×愚息には私から申し上げます」⬇「申す」一① 使い方 (1)
二 [補動]〈「お[ご・御(ぎょ)]…申し上げる」の形で、間に動詞連用形や漢語サ変動詞語幹が入って〉**謙譲** Aに…する、A(の事物)を…するという動作について、Aを高め

る。＝「先生には私からお届け—・げます」「謹んでご案内—・げます」「いずれ改めてご相談—所存でおります」⬇お(御)②・ご(御)② 使い方 「お〔ご〕～する」よりも敬意の度合いが高く、多く手紙や改まった挨拶(あいさつ)で使う。◈⬇敬語解説(一七九八ページ) 文 まうし・あぐ

もうし-あわせ【申し合わせ】マウシアハセ〔名〕話し合いをしてある事柄を決めること。また、決めた約束。＝「かねて—のとおり団地内を清掃する」「—事項」 書き方 公用文では「申合せ」。

もうし-あわ・せる【申し合わせる】マウシアハセル〔他下一〕話し合いをしてある事柄を取り決める。＝「集合場所を—」「—・せたように全員がTシャツを着てやって来た」 文 まうしあは・す 名 申し合わせ

もうし-いで【申し▽出で】マウシイ〔名〕〔古風〕申し出で。

もうし-いれ【申し入れ】マウシイ〔名〕申し入れること。また、そのことば。＝「—をする」 書き方 公用文では「申入れ」。

もうし-い・れる【申し入れる】マウシイ〔他下一〕こちらの意志や要求を(強い態度で)相手に告げ知らせる。＝「相手に抗議を—」「喜んで協力する旨を—」 使い方 ⬇申し② 名 申し入れ

もうし-う・ける【申し受ける】マウシウ〔他下一〕❶お願いしてもらい受ける。＝「送料は実費を—・けます」❷承る。お引き受けする。＝「洗い張り—・けます」 文 まうしう・く

もうし-おくり【申し送り】マウシ〔名〕事務上の必要事項などを後任者に伝えること。また、その内容。＝「—事項」

もうし-おく・れる【申し遅れる】マウシ〔他下一〕「言い遅れる」の丁重語。相手に対する改まった気持ちを表す。早く言うべきことが遅くなる。＝「—・れましたが、私は…」 文 まうしおく・る

もうし-か・ねる【申し兼ねる】マウシ〔他下一〕「言い兼ねる」の丁重語。相手に対する改まった気持ちを表す。言うことがためらわれる。言いにくい。＝「その件については—」 文 まうしか・ぬ

もう-じき キヂ〔副〕ほどなく。もうすぐ。＝「—出番だ」

もうし-ご【申し子】マウシ〔名〕❶神仏に祈願して授かった子。＝「観音様の—」❷霊力を持つものから生まれた子。＝「天狗の—」❸ある社会的背景から、その特性を反映して生じたもの。＝「時代の—」

もうし-こし【申し越し】マウシ〔名〕手紙や使いを通じて言ってよこすこと。また、その内容。＝「お—の件、了承いたしました」

もうし-こみ【申し込み】マウシ〔名〕申し込むこと。＝「購読の—を済ませる」 書き方 公用文では「申込み」。慣用の固定した「申込書・申込人」などは、送りがなを付けない。

もうし-こ・む【申し込む】マウシ〔他五〕❶承諾や許可を求めて、相手にこちらの依頼や要求を伝える。＝「練習試合〔結婚〕を—」❷謝罪や撤回を求めて、相手にこちらの主張を強く伝える。申し入れる。＝「監督が主審に抗議を—」❸募集などに応じて契約の手続きをとる。＝「購入を—」◈ 使い方 ⬇申し② 可能 申し込める 名 申し込み

もうし-そ・える【申し添える】マウシソヘル〔他下一〕「言い添える」の丁重語。相手に対する改まった気持ちを表す。つけ加えて言う。＝「念のために—・えておきます」 文 まうしそ・ふ

もうし-たて【申し立て】マウシ〔名〕申し立てること。また、そのことば。＝「異議—」 書き方 公用文では「申立て」。慣用の固定した「申立人・申立書」などは、送りがなを付けない。

もうし-た・てる【申し立てる】マウシ〔他下一〕公の機関や目上の人に対して自分の意見や希望を強く主張する。＝「裁判所に破産を—」「不服を—」 使い方 ⬇申し② 文 まうした・つ 名 申し立て

もうし-つ・ける【申し付ける】マウシ〔他下一〕上の者が下の者に対して言いつける。命令する。＝「出向を—」「何なりとお—・け下さい」 使い方 ⬇申し② 文 まうしつ・く 名 申し付け

もうし-つた・える【申し伝える】マウシツタヘル〔他下一〕「言い伝える」の丁重語。相手に対する改まった気持ちを表す。取りついで言う。＝「係の者に—・えておきます」 文 まうしつた・ふ

もうし-で【申し出】マウシ〔名〕申し出ること。また、その内容。＝「援助の—があった」 書き方 公用文では「申出」。

もうし・でる【申し出る】マウシ〔他下一〕公の機関や目上の人などにみずから自分の意見や希望を言って出る。＝「当局に寄付を—」「私にやらせてほしいと—」▽古形は「申し出(い)づ」。 使い方 「〔客に対して〕商品番号をお申し出下さい」などの「申す」は、丁重語の意識が薄く、「お…下さい」などの尊敬表現で使うのも誤りではない。ただし、「お知らせください」などの言い方のほうが普通。⬇申し② 名 申し出

もうし-の・べる【申し述べる】マウシ〔自下一〕「述べる」の丁重語。＝「意見を—・べます」

もうし-ひらき【申し開き】マウシ〔名〕自分の行為の正当性などを明らかにするために、そうせざるを得なかった事情や理由を説明すること。弁明。

もうし-ぶん【申し分】マウシ〔名〕❶言いたい事柄。言い分。＝「自分勝手な—」❷不満に思う点。非難すべき点。＝「—(の)ない出来栄え」▽多く、下に打ち消しの語を伴って使う。

もう-しゃ【盲者】マウ〔名〕視覚に障害のある人。目の見えない人。

もう-しゃ【猛射】マウ〔名・他サ変〕激しく射撃すること。また、その射撃。

もう-じゃ【亡者】マウ〔名〕❶死者。また、死後も成仏できず冥土(めいど)をさまよっている魂。❷金銭・財物・権力などへの執念にとりつかれている人。＝「金の—」

もう-しゅう【妄執】マウシフ〔名〕仏教で、心の迷いから物事に深く執着すること。迷妄から生じる執念。

もう-しゅう【▼孟秋】マウシウ〔名〕❶秋の初め。初秋。❷陰暦七月の別称。

もう-しゅう【猛襲】マウシフ〔名・他サ変〕激しくおそいかかること。猛烈な襲撃。＝「敵陣を—する」

もう-じゅう【盲従】マウ〔名・自サ変〕是非の判断をすることなく、ひたすら相手の言うことに従うこと。

もう-じゅう【猛獣】マウジウ〔名〕性質の荒々しい、肉食のけもの。ライオン・トラなど。＝「—使い」

もう-しゅん【▼孟春】マウ〔名〕❶春の初め。初春。❷陰暦一月の別称。

もう-しょ【猛暑】マウ〔名〕激しい暑さ。酷暑。

もう-しょう【猛将】マウシヤウ〔名〕勇猛な武将。

もう-じょう【網状】マウジヤウ［名］網の目のような形状。あみじょう。‖「ーに走る血管」

もうしょ-び【猛暑日】マウショ［名］一日の最高気温がセ氏三五度以上の日。

もうし-わけ【申し訳】マウシ［名］❶言い訳。‖「ちらかっていてーございません」❷ほんのわずかであること。‖「ー程度に展示されている」「ーに話し合う」▼かろうじて言い訳ができる程度の意から。

⦿申し訳が立・つ　弁解できる。‖「ご先祖様にー・たない」

もうしわけ-な・い【申し訳ない（申し訳無い）】マウシ［形］言い訳のしようもない。弁解の余地もない。すまない。‖「時間に遅れてー・かった」使い方　謝罪・恐縮などの表現に使う。丁寧形の「申し訳ありません」「申し訳ございません」が多く用いられる。➡「ない」のコラム（一二〇四㌻）派生 -さ

もうし-わた・す【申し渡す】マウシ［他五］上の者が下の者に命令・決定事項などを言い渡す。‖「謹慎をー」名 申し渡し

もう-しん【妄信】マウ［名・他サ変］わけもなくただ信じること。ぼうしん。‖「彼の言葉をーする」

もう-しん【盲信】マウ［名・他サ変］わけもわからずに信じること。

もう-しん【盲進】マウ［名・自サ変］何のわきまえもなく、ひたすら突き進むこと。

もう-しん【猛進】マウ［名・自サ変］はげしい勢いで突き進むこと。‖「敵陣にーする」「猪突ちょ猛ー」

もう-じん【盲人】マウ［名］目の不自由な人。視覚障害者。

もう・す【申す】マウス［動五］㊀［他］❶「言う」の丁重語。相手（＝聞き手・読み手）に対する改まった気持ちを表す。‖「私は鈴木とー・します」「私はうそはー・しません」「〔息子の担任に向かって〕私から息子にきつくー・しておきます」「〔父の友人に向かって〕昨日、父は私にこうー・しておりました」「この辺りは古町とー・します」「昔から『うそも方便』とー・しますが…」「ーまでもなく…」

使い方 (1)「申し上げる」が〈高めるべき人物にものを言う〉という謙譲語であるのに対し、「申す」は丁重な言い方をして相手（＝聞き手・読み手）に改まった気持ちを表す。「申す」は高める人物がいない場合にも使う。‖「〔取引先の部長に向かって〕社に戻って担当者に×申し上げておきます／○申しておきます」「この子は太郎と×申し上げます／○申します」

(2)たとえば田中氏に向かって「心から御礼を申します／申し上げます」という場合、田中氏に対して改まった気持ちを表す「申す」よりも、田中氏を高める「申し上げる」のほうが、敬意の度合いが高い。

注意　武家などが使った古風な言い方では、「申される」の形で、自分の威厳を保ちながら他人に対する尊敬の意を表す用法があり、今でも議会などでよく使われるが、一般には避けたい。「おっしゃる」や「言われる」が標準的。‖「×今何と申されましたか」「×先生がそう申されました」「〔相手のことばを受けて〕×〜と申しますと…→○〜とおっしゃいますと…」

❷「言う」の尊大な言い方。‖「名をー・せ」「思うところをー・してみよ」▼主に武家が使って、上の者が下の者の〈言う〉動作について下のものを低めていう。

㊁［補動］〈「お［ご・御おん］…申す」の形で、間に動詞連用形や漢語サ変動詞語幹が入って〉謙譲＋丁重　Aに…する、A（の事物）を…するという動作について、Aを高めるとともに、相手（＝聞き手・読み手）に改まった気持ちを表す。…いたす。‖「〔A先生の妻に向かって〕私がA先生をご案内ー・します」

相手とAが同一人物であることもある。‖「よろしくお頼みー・します」

◈使い方　㊀①、㊁は、現在は「ます」を伴って使う。「ます」がないと、ぶっきらぼうな武士ことばのようになる。可能 申せる ➡敬語解説（一七八八㌻）

もう-すぐ【もう▽直ぐ】［副］あまり時間がたたないうちに。間もなく。ほどなく。‖「父はー帰ってくる」「ー春だ」書き方　普通かな書き。注意「もおすぐ」と書くのは誤り。

もう-せい【猛省】マウ［名・自他サ変］きびしい態度で反省すること。‖「ーを促す」

もう-せん【毛▼氈】［名］獣毛の繊維などを広げて延ばし、加熱・圧縮して織物のように仕上げたもの。多く敷物に用いる。‖「緋ひー」

もう-ぜん【猛然】マウ［形動タルト］勢いの激しいさま。‖「ーと反撃に転じる」

もう-そう【妄想】マウサウ［名・他サ変］❶あり得ないことをあれこれ想像すること。また、その想像。‖「ーにふける」❷根拠のない主観的な判断に基づき、事実や論理によっても訂正されることのない主観的な信念をつくりあげること。また、その信念。‖「被害ー」❸仏教で、心の迷いから真実でないものを真実であると考えること。また、その誤った考え。◈書き方「盲想」は当用漢字の時代に新聞が行った代用表記。今は使わない。

もうそう-ちく【▼孟宗竹】マウソウ［名］竹の一種。日本にある最大の竹で、高さ一五㍍、直径二〇㌢にも達する。タケノコは食用。材は竹細工に使用する。中国原産。もうそうだけ。もうそう。

もう-だ【猛打】マウ［名・他サ変］激しく打つこと。特に、野球で、激しく打ちまくること。猛烈な打撃。

もうだ-しょう【猛打賞】マウダシヤウ［名］プロ野球で、一試合に三本以上のヒットを打つこと。賞に見立てていう。

もう-ちょう【盲腸】マウチヤウ［名］❶小腸と大腸の境にある袋状の部分。末端部の小突起は虫垂と呼ばれる。❷虫垂または虫垂炎の通称。

もう-ちょう【猛鳥】マウテウ［名］性質が荒々しく、肉食をする鳥。タカ・ワシなど。猛禽もうきん。

もう-つい【猛追】マウ［名・他サ変］激しい勢いで追いかけること。‖「敵をーする」

もうで【詣で】マウデ［名］❶もうでること。おまいり。参詣けい。‖「鹿島ー・神ー」❷希望をかなえてもらうために、あるところに通うこと。‖「官邸ー」◈他の語と複合して使う。書き方　動詞「詣でる」の送り仮名に準じ、「詣で」と書く。「初詣」は慣用が固定しているため、送り仮名は省く。

もう・でる【詣でる】マウデル［自下一］神社・寺・墓などにお参りする。参詣けいする。‖「父母の墓にー」文 まう・づ

もう-てん【盲点】マウ［名］❶視神経が網膜を貫いている部分。視細胞を欠くので光が当たっても視覚を生じない。盲斑もうはん。❷気がつかないで、うっかり見落としてしまう部分。‖「警備上のーを突く」

もう-とう【▼孟冬】マウ［名］❶冬の初め。初冬。❷陰暦十月の別称。

もう-とう【毛頭】［副］〈打ち消しを伴って〉少しも。いささかも。‖「そんなつもりはーない」▼毛の先ほども、

の意。

もう-どう【妄動】マウ［名・自サ変］よく考えないで軽率に行動すること。無分別な行動。ぼうどう。〓「軽挙—」

もう-どう【▼艨▼艟】［名］軍船。いくさぶね。もうしょう。

もうどう-けん【盲導犬】マウダウ［名］視覚に障害がある人の歩行を助け、目的の場所まで安全に誘導するように訓練された犬。

もう-どく【猛毒】マウ［名］作用の激しい毒。劇毒。

もう-ねん【妄念】マウ［名］仏教で、迷いの心。心の迷いから生じる執念。妄執。〓「—を去る」

もう-ばく【盲爆】マウ［名・他サ変］特定の目標を定めないで、むやみに爆撃すること。また、その爆撃。

もう-ばく【猛爆】マウ［名・他サ変］激しく爆撃すること。

もう-はつ【毛髪】［名］人体にはえる毛の総称。特に、髪の毛。

もう-ひつ【毛筆】［名］獣毛を束ねて穂とした筆。また、その筆で文字などを書くこと。

もう-ひとつ【もう一つ】［連語］❶さらに一つ。〓「リンゴを—ください」❷別の。〓「—の選択肢」❸満足できる程度に近いが、まだ至らないさま。いまいち。〓「色合いが—はっきりしない」「この味付けは—だね」使い方「〜はまあまあだ」が不十分だが満足できる範囲にかろうじて入ることを示すのに対し、「〜はもう一つだ」は、まだ満足できる範囲に入らないという否定的なニュアンスが強い。

もう-ひょう【妄評】マウヒャウ［名・他サ変］根拠のない、でたらめな批評。また、自分の批評を謙遜(けんそん)していう語。ぼうひょう。〓「—多謝」

もう-ふ【毛布】［名］寝具などに用いる厚地の毛織物。ブランケット。ケット。

もう-ぼ【▼孟母】マウ［名］中国の戦国時代の儒家、孟子(もうし)の母。▽賢母として名高い。

◉**孟母三遷(さんせん)の教え** 子供の教育のためにはよい環境を選ばなくてはならないという教え。三遷の教え。語源 孟子の母は初め墓地の近くに住んだが、孟子が葬式のまねばかりして遊ぶので市場の近くに越した。すると今度は商人のまねばかりして遊ぶので学校の近くに越したところ、ようやく礼儀作法のまねごとをするようになったという『列女伝』の故事から。

◉**孟母断機(だんき)の教え** 学業を途中で止めてはならないという教え。断機の戒め。語源 孟子が学業半ばで家に戻ると、母は織っていた機の糸を断ち切ってみせ、学問を中途でやめるのはこれと同じであると戒め師のもとへ帰らせたという『列女伝』の故事から。

もう-まい【▼蒙昧】［名・形動］知識が不十分で、物事の道理がわからないこと。〓「無知—の徒」派生 -さ

もう-まく【網膜】マウ［名］眼球の最も内部にあって、視細胞と視神経の末端が分布する膜。外界の光の刺激を感受し、大脳皮質の視覚中枢に伝達する。

もうまく-しょう【網膜症】マウマクシャウ［名］糖尿病や高血圧などによって起こる網膜の障害。進行すると失明に至る。▽糖尿病による毛細血管の障害で起こる網膜症は、糖尿病(性)網膜症。

もう-もう【▼濛▼濛・▼朦▼朦】［形動タルト］霧・煙・ほこり・湯気などが一面に立ちこめるさま。〓「砂塵(さじん)が—と舞い上がる」

もう-もく【盲目】マウ［名］❶目が見えないこと。❷理性を失い、適切な判断ができないこと。〓「—的な愛」▽視覚障害を比喩として使う差別的な言い方。

もう-ゆう【猛勇】マウ［名・形動］気性・行動などが荒々しく、勇ましいこと。勇猛。

もう-ら【網羅】マウ［名・他サ変］関係のあるものを残らず集め収めること。〓「昭和史の資料を—する」▽魚をとる網と、鳥をとる羅(あみ)の意から。

もう-りょう【▼魍▼魎】マウリヤウ［名］山川・木石などの精気から生じるという怪物。すだま。〓「魑魅(ちみ)—」

魍魎

もう-れつ【猛烈】マウ［名・形動］勢いがきわめて激しいさま。程度がはなはだしいさま。〓「—なスピード」「—に寒い」

もう-ろう【▼朦▼朧】［形動タルト］❶ぼんやりとかすんで、物の形がはっきり見えないさま。〓「夜霧の中に—と浮かぶ人影」❷意識が薄れてはっきりしないさま。〓「頭が—とする」❸実体がはっきりしないこと。〓「—会社」

朦朧

もう-ろく【▼耄▼碌】［名・自サ変］年をとって心身の働きが衰えること。老いぼれること。〓「父は少しも—していない」

耄碌

もえ【▼萌え】［名］❶草木が芽を出すこと。❷〔新〕ある人やものに対して激しく心をときめかすこと。▽感動詞的にも使う。〓「○○ちゃん、—!」

もえ-あが・る【燃え上がる】［自五］❶勢いよく燃えて炎が高くあがる。〓「燃料タンクが—」❷感情などが激しく高まる。〓「恋の炎が—」

もえ-かす【燃え▼滓】［名］燃えたあとに残ったもの。もえがら。

もえ-がら【燃え殻】［名］燃えたあとに残ったもの。もえかす。

もえ-ぎ【▼萌▼葱・▼萌黄】［名］黄色がかった緑色。もえぎいろ。▽萌(も)え出たばかりの葱(ねぎ)の色の意。

もえ-さか・る【燃え盛る】［自五］❶盛んに燃える。〓「夜空を焦がして—火の手」❷感情などが激しく高まる。〓「恋慕の情が—」

もえ-さし【燃え▽止し】［名］燃えきらないで残ること。また、残ったもの。燃え残り。〓「マッチの—」

もえ-たぎ・る【燃え▼滾る】［自五］燃えるように激しく感情がわき上がる。〓「情熱が—」

もえ-た・つ【燃え立つ】［自五］❶勢いよく燃える。〓「炎が—」▽赤い色が鮮やかに映えるたとえにもいう。〓「—紅葉に彩られた山」❷感情などが激しくわき起こる。〓「嫉妬(しっと)の情念が—」

もえ-つ・きる【燃え尽きる】［自上一］すっかり燃えてしまう。〓「薪が—」▽比喩的にも使う。〓「情熱が—」名 燃え尽き「—症候群」

もえ-つ・く【燃え付く】［自五］火がつく。火が燃え移る。〓「ストーブの火が着物に—」

もえ・でる【▼萌え出る】［自下一］草木の芽が出る。もえだす。〓「若葉の—季節」

もえ-のこり【燃え残り】［名］燃えさし。

も・える【▼萌える】［自下一］❶草木が芽を出す。芽ぐむ。〓「草［新緑］が—」❷〔新〕ある人やものに対して激しく心をときめかす。〓「美少女キャラクターに—」◈「燃える」と同語源。文 も・ゆ

も・える【燃える】［自下一］❶物に火がついて炎が上がる。また、火を発する現象が起こる。〓「家［薪］が—」

「ろうそくの火が━」 使い方 可燃ゴミの呼び方は、自治体によって、「燃えるゴミ」(自動詞)、「燃やすゴミ」(他動詞)、「燃やせるゴミ」(「燃やす」の可能形)、「燃せるゴミ」(「燃す」の可能形。方言的)などがある。❷暖房器具や照明器具などの燃料に火がついて炎が上がる。||「ストーブが━」❸炎のように光る。また、炎が立つようにゆらめく。||「夕焼けが赤く━」「陽炎が━」❹感情や情熱が高まる。||「怒り[理想]に━」 文 も・ゆ

モーグル [mogul] [名] スキーのフリースタイル競技の一つ。凹凸が密集した斜面を駆け降り、途中二回の空中演技(エア)を行うもの。ターン、タイム、エアの採点によって競う。▼もとノルウェー語で、雪のこぶの意。

モーション [motion] [名] ❶動き。動作。身ぶり。||「スロー━」「━を掛ける(=異性などの気を引こうとして働きかける)」❷野球で、投手の投球動作。||「━が大きい」

モーター [motor] [名] ❶原動機。発動機。また、電動機。||「リニア━」❷自動車。||「━ショー」▼「モーターカー」の略。

モーター-スポーツ [motor sports] [名] 自動車・オートバイなど、モーターを備えた乗り物を使って行う競技。

モーター-バイク [motorbike] [名] 小型のオートバイ。原動機付き自転車。バイク。

モーター-プール [motorpool] [名] 駐車場。

モーター-ボート [motorboat] [名] 内燃機関を動力とする快速の小型舟艇。

モータリゼーション [motorization] [名] 自動車が普及して日常生活に欠かせなくなる現象。自動車の大衆化。車社会化。

モーテル [motel] [名] ❶自動車旅行者のための車庫付きの簡易ホテル。❷自動車で乗りつける構造・設備をもった連れ込みホテル。◈motorist(自動車運転者)とhotelの合成語。

モード [mode] [名] ❶服装などの流行。また、流行の型。❷様式。形式。||「除湿━」❸音楽で、旋律。音階。❹統計資料で、最も頻繁に現れる数値。最頻値。

モーニング [morning] [名] ❶朝。午前。▼多く他の語と複合して使う。❷「モーニングコート」の略。

モーニング-コート [morning coat] [名] 背の裾が垂れた黒無地の上衣とチョッキに縦縞のズボンを組み合わせた男性用の礼服。元来はフロックコートの代わりに着用する昼の略礼服だが、日本では昼夜ともに用いる。

モーニング-コール [morning call] [名] ホテルなどで、指定された時間に電話をかけて客を起こすこと。

モーニング-サービス [和製morning＋service] [名] 喫茶店などで、朝の時間帯に軽食を安い値段で提供すること。

モーブ [mauve] [名] 青みがかった紫色の合成染料。また、その色。▼一八五六年、英国のパーキンが合成した最初の人工染料。

モーメント [moment] [名] ❶きっかけ。契機。❷きわめて短い時間。瞬間。❸物体を回転させる能力の大きさを表す量。能率。◈「モメント」とも。

モール [mall] [名] ❶並木を植え、所々にベンチなどを置いた遊歩道。❷中央に遊歩道のある大型商店街。ショッピングモール。

モール [mogolポルトガル] [名] ❶縦糸に絹糸、横糸に金糸・銀糸・色糸を用いて織る、緞子に似た紋織物。横糸に金糸を用いたものを金モール、銀糸を用いたものを銀モールという。帯地・袋物地などにする。❷細い針金に色糸やビニールなどを撚りつけたもの。装飾や手芸に用いる。 書き方 「〈▼莫▼臥児〉」「〈▼莫▼臥▼爾〉」などと当てる。

モールス-ふごう【モールス符号】[名] 長短二種の信号を組み合わせて文字や記号を表す電信の符号。モールス信号。短符号をトン、長符号をツーと称するところから、トンツーともいう。▼アメリカ人の考案者モールス(Morse)の名前から。

モカ [mocha] [名] イエメンやエチオピアで産するコーヒー豆の銘柄。豊かな香りと酸味を特徴とする。▼かつてイエメンのモカ港から積み出されたことから。

モガ [名] 当世風の若い女性。大正末から昭和初年にかけての流行語。⇔モボ ▼「モダンガール」の略。

もが・く【▼踠く・藻▼掻く】[自五] ❶もだえ苦しんで手足をしきりに動かす。||「水中で━」❷苦境を逃れようとしてあせる。||「どん底の生活からはい上がろうと━」◈ 書き方 「藻掻く」は当て字。

もが-な [終助] [古風] 願望を表す。〜といいなあ。||「世の中にさらぬ別れのなくもがな千代もと祈る人の子のため〈伊勢〉」▼現代語では「言わずもがな」「あらずもがな」に残る。

もがり-ぶえ【〈虎落〉笛】[名] 冬の強風が柵や竹垣に吹きつけて発する笛のような音。

も-ぎ【模擬(▼摸擬)】[名・他サ変] あるものの形態・方法などをまねること。||「━実験[試験]」

もぎ-てん【模擬店】[名] 学園祭・園遊会などの会場で、屋台店をまねて設けた飲食物を供する所。

もぎ-どう【▽没義道】[名・形動] 人の道にはずれていること。不人情で、むごいこと。非道。||「泣く子を━に突き放す」▼「ぼつぎどう」は避けたい。

もぎ-と・る【▼捥ぎ取る】[他五] ❶ねじるようにして取る。||「枝から梨の実を━」❷強引に取り上げる。||「賊の手から拳銃を━」

もぎり【▼捥り】[名] 劇場や映画館の入り口で、入場券の半片をもぎりとること。また、それをする人。

もぎ・る【▼捥る】[他五] ねじって取る。ちぎり取る。||「柿の実を━」 可能 もぎれる 名 もぎり

もく [名] [俗] たばこ。||「洋━」▼たばこの煙を雲に見たて、それを逆さにいった語。

もく【目】■ [名] 生物分類学上の区分で、「綱」の下、「科」の上。||「スズキ━アジ科」■ (造) ❶め。まなこ。||「耳━・衆━」❷みる。みつめる。||「━撃・━測」「注━・反━」❸要点。かなめ。||「眼━・要━」❹ねらい。めあて。||「━的・━標」❺見出し。||「━次」「種━」❻人の上に立つ人。||「頭━」❼分類した小さな区分。||「科━・細━」❽囲碁で、碁盤の目や盤上の碁石を数える語。||「三━差で負けた」

もく【木】(造) ❶き。||「━馬」「樹━」❷「木曜(日)」の略。❸五行の一つ。

もく【黙】(造) 口をきかない。だまる。||「━殺・━視」「寡━・沈━」 旧 默

も・ぐ【▼捥ぐ】[他五] ねじって取る。ちぎり取る。もぎる。||「リンゴを━」 可能 もげる

もくあみ【木▼阿▽弥】[名] 「元の木阿弥」の略。

もく-ぎょ【木魚】［名］僧が読経のときにたたいて鳴らす木製の仏具。横に割れ目のついた中空の球形で、表に魚鱗(ぎょりん)が刻まれている。
もく-ぐう【木偶】［名］木で作った人形。でく。
もく-げき【目撃】［名・他サ変］その場に居合わせて実際に見ること。‖「犯行を―する」「―者」
もく-げき【黙劇】［名］せりふを一切言わずに、身振りや表情だけで演じる劇。無言劇。パントマイム。
もく-ざ【黙座（黙▼坐）】［名・自サ変］だまったまますわっていること。書き方 本来は「黙坐」。
も-ぐさ【▼艾】［名］❶ヨモギの葉を乾燥させてもみ、葉の裏の白い繊維を集めて綿のようにしたもの。これを細かくちぎって灸(きゅう)に用いる。❷ヨモギの別称。
も-ぐさ【藻草】［名］藻(も)。
もく-ざい【木材】［名］建築・工作・パルプなどの材料にする、切りそろえた木。材木。
もく-さく【木柵】［名］木で作った柵。
もく-さく【木酢】［名］木材の乾留で得られる、刺激臭のある液体。酢酸・メタノール・アセトンなどを含む。防腐剤などに利用する。木酢酸。木酢液。
もく-さつ【黙殺】［名・他サ変］無視して、とり合わないこと。‖「訴えを―する」
もく-さん【目算】［名］❶［他サ変］目で見て、数量の見当をつけること。目分量。❷見通しをつけること。また、先々の見込み。もくろみ。‖「選挙に勝つ―がある」「―が外れる」
もく-し【目視】［名・他サ変］目で見ること。‖「―して安全を確認する」「―距離」
もく-し【黙止】［名・他サ変］だまって、そのまま放っておくこと。‖「批判を―する」
もく-し【黙示】［名・他サ変］❶はっきりと言わないで、暗黙のうちに意思や考えを示すこと。❷キリスト教で、神が人間に対して隠されていた真理や神意などを示すこと。啓示。◈俗に「もくじ」とも。
もく-し【黙視】［名・他サ変］だまって見ていること。‖「―するに忍びない惨状」
もく-じ【目次】［名］書物の内容の見出しを順序立てて書き並べたもの。
もく-しつ【木質】［名］❶木の性質。木のたち。❷木の幹の内部の堅い部分。‖「―部」
もく-しょう【目▼睫】［名］空間的・時間的にごく近いところ。目前。‖「試合が―の間(かん)に迫る」
もくし-ろく【黙示録】［名］新約聖書の巻末に置かれた一書。一世紀末にローマの迫害下にあったキリスト教徒を慰藉(いしゃ)し励ますために書かれたもので、キリストの再臨、神の国の到来、地上の国の王国の滅亡などが象徴的表現によって預言されている。ヨハネ黙示録。
もく・す【目す】［他五］⇩目する‖「第一人者と―・される人」
も-くず【藻▼屑】［名］海中にある藻などのくず。▽取るに足りないもののたとえとして使う。
◉藻屑となる 水難・海戦などで死ぬ。‖「海の―」
もく・する【黙する】［自サ変］だまる。沈黙する。‖「―・して語らず」文もく・す
もく・する【目する】［他サ変］❶そのように見なす。また、そうだと認める。評価する。‖「彼を後継者と―」❷注目する。嘱目(しょくもく)する。文もく・す 異形 目す
もく-せい【木星】［名］太陽系の、内側から五番目にある惑星。太陽系最大の惑星。六〇個以上の衛星を持つ。ジュピター。
もく-せい【木▼犀】［名］キンモクセイ・ギンモクセイ・ウスギモクセイの総称。モクセイ科の常緑小高木で、庭木として植えられる。秋に白色・橙黄色・薄黄色などの小花を開き、芳香を放つ。一般にはギンモクセイをさす。
もく-せい【木精】［名］❶木の精。木霊(こだま)。❷［古風］メチルアルコール。▽木材の乾留(かんりゅう)によって得られることから。
もく-せい【木製】［名］木で作ってあること。また、そのもの。‖「―の机」「―品」使い方 ⇩木造
もく-ぜん【目前】［名］❶目の前。まのあたり。‖「―の情景」❷時間的にごく近いこと。まぢか。‖「コンクールが―に迫る」◈注意「めまえ」と読むのは誤り。
もく-ぜん【黙然】［形動タリ］⇩もくねん
もく-そう【黙想】［名・他サ変］だまって思いにふけること。黙思。黙考。‖「自己の将来を―する」
もく-ぞう【木造】［名］木材でつくってあること。また、そのもの。‖「―の体育館」「―船」「―家屋」使い方「木製」は器具・家具類など比較的小さなものに、「木造」は建築・建造物など大きなものについていう。
もく-ぞう【木像】［名］木でつくった像。木彫りの像。
もく-そく【目測】［名・他サ変］目分量でおおまかに測ること。‖「―を誤る」
もく-だく【黙諾】［名・他サ変］言葉には出さないで、それとなく承諾の意を表すこと。黙許。
もく-たん【木炭】［名］❶木材をかまで蒸し焼きにしてつくった燃料。すみ。▽脱臭剤・脱色剤・吸湿剤などにも利用する。❷絵画で、下絵やデッサンを描くのに使う、細く軟らかい炭。‖「―画」
もくたん-し【木炭紙】［名］木炭画を描くために使う紙面のあらい紙。
もく-ちょう【木彫】［名］木材に彫刻すること。また、その彫刻。
もく-てき【目的】［名］実現させようとしてめざす事柄。めあて。‖「所期の―をとげる」
もくてき-いしき【目的意識】［名］行為の目的についてのはっきりした自覚。‖「―もなく進学する」
もくてき-ご【目的語】［名］文の成分の一つ。述語となる動詞の動作・作用が及ぶ人や事物を表す語。客語。▽「顔を洗う」の「顔を」、「弟を助ける」の「弟を」のように、現代語では多く格助詞「を」を伴う。
もく-と【目途】［名］めあて。目標。めど。‖「年内完工を―に工事を急ぐ」
もく-とう【黙▼禱】［名・自サ変］無言のまま心の中で祈ること。‖「追悼式で―する参列者」「一分間の―を捧げる」

禱

もく-どく【黙読】［名・他サ変］声を出さずに読むこと。‖「教科書を―する」⇔音読
もく-にん【黙認】［名・他サ変］だまって認めること。また、知らないふりをして見逃すこと。‖「遅刻を―する」「不正を―するわけにはいかない」
もく-ねじ【木へ螺子〉】［名］胴に螺旋(らせん)の切ってある木材用の釘(くぎ)。頭部の溝にドライバーを当ててねじ込む。
もく-ねん【黙然】［形動タリ］静かにだまっているさま。もくぜん。‖「―として答えない」
もく-ば【木馬】［名］❶木で馬の形に作ったもの。子

供の遊具や神社の奉納物などにする。「回転―」❷木材などで馬の背形に作った器械体操の用具。現在の跳馬に相当する。

もく-はい【木杯(木▼盃)】[名] 木製のさかずき。

もく-はん【木板】[名] 木製の板。「―を加工する」

もく-はん【木版】[名] 木の板に文字・絵画などを彫った印刷用・版画用の版。また、それで印刷したもの。書き方「木板」とも。

もくはん-が【木版画】クワ [名] 木版で印刷した絵。

もく-ひ【木皮】[名] 木の皮。樹皮。ぼくひ。

もく-ひ【黙秘】[名・自サ変] 尋問や詰問などに対し、だまったまま何も言わないこと。「―を続ける」

もくひ-けん【黙秘権】[名] 被疑者や被告人が、取り調べや公判などで自分に不利益な供述を強要されない権利。日本国憲法で保障される。供述拒否権。書き方「黙否権」は誤り。

もく-ひょう【目標】ヘウ [名] ❶射撃などの対象。まと。❷ある場所に行きつくための目印とするもの。「鉄塔を―に歩く」❸あることを実現・達成するためのめあて。「人生の―を立てる」「売上高一千万円を―とする」

もく-ぶ【木部】[名] ❶植物の維管束のうち、道管・仮道管・木部柔組織・木質繊維などからなる部分。水分などの通路となる。❷木でできている部分。

もく-へん【木片】[名] 木のきれはし。木ぎれ。

もく-ほん【木本】[名] 木質の茎をもつ植物。樹木。⇔草本

もく-め【木目(木▽理)】[名] 木の断面に見られる、年輪・繊維などが作り出す線や模様。正目(まさめ)と板目がある。木理(もくり)。きめ。

もく-もく[副ト] 煙や雲が次々と盛んにわき起こるさま。「黒雲が―(と)わきあがる」

もぐ-もぐ[副ト] ❶口を十分に開けないで物をかむさま。「パンを―(と)食う」❷口を十分に開けないでものを言うさま。「―(と)口ごもる」

もくもく-と【黙黙と】[副] 黙って何かをし続けるさま。「―畑を耕す」

もく-やく【黙約】[名] 文書などを取りかわさないで、暗黙のうちにとり決めた約束。

もく-よう【木曜】エウ [名] (日曜から数えて)週の第五日。水曜の次の日。木曜日。

もくよう-び【木曜日】モクエウ [名] ⇒木曜

もく-よく【▼沐浴】[名・自サ変] 髪や体を洗って、身を清めること。「川で―する」「斎戒―」

もぐら【〈土竜〉・〈▼鼹▼鼠〉】[名] シャベル状の前足で地中にトンネルを掘ってすむモグラ科の哺乳(ほにゅう)類の総称。土中のミミズ・昆虫などを食べる。モグラモチ。

もぐら-うち【〈土竜〉打ち】[名] モグラの害を防ぎ、農作物の豊作を祈願して行う小正月の行事。子供たちが固くしばったわら束などで地面をたたいて回る。もぐら送り。もぐらおどし。

もぐら-たたき【〈土竜〉▼叩き】[名] 遊技台のあちこちの穴から次々と頭をもたげるモグラ人形を、槌(つち)で叩いて引っ込ませ、得点を競う遊び。

もぐり【潜り】[名] ❶水にもぐること。潜水。「素―」❷法を犯して、また許可などを受けないで仕事・商売などを行うこと。「―の業者」❸ある集団の一員とは認められないこと。また、その人。「この業界で彼の名を知らないやつは―だ」

もぐり-こ・む【潜り込む】[自五] ❶水中に入り込む。また、物の中や下に入り込む。「水底に―」「夜具に―」❷ひそかに入り込む。潜入する。また、公正な手段によらないで組織などに入り込む。「敵地に―」「コネを利用して会社に―」「諜報員(ちょうほういん)が大使館に―」

もぐ・る【潜る】[自五] ❶水の中にくぐって入る。潜水する。「海に―」「水深三〇メートルの海底に―」❷物の中や下に入り込む。もぐり込む。(意図的な動作にもそうでないものにもいう)「ミミズが土の中に―」「布団[床下]に―」「電車は〇〇付近で地下に―」❸〈「地下に潜る」などの形で〉人に見つからないように身を隠す。特に、官憲の目を逃れて社会の表面から姿を消す。潜伏する。「党の指令で地下に―」可能 潜れる 名 潜り

もく-れい【目礼】[名・自サ変] 目で会釈(えしゃく)すること。「先輩に―して通り過ぎる」「―を交わす」

もく-れい【黙礼】[名・自サ変] 無言で礼をすること。「遺影に―する」

もく-れん【木▼蓮】[名] 春、葉に先だって暗紅紫色の六弁花をつけるモクレン科の落葉低木。観賞用として庭などに植える。中国原産。紫木蓮(しもくれん)。木蓮華(もくれんげ)。もくらん。▽白い花をつけるハクモクレンは近縁種。

もく-ろく【目録】[名] ❶所蔵品・展示品などの品名を整理して書き並べたもの。❷贈り物をする際、実物の代わりにその品目を記して渡すもの。「結納の―」❸武道・芸道を弟子に伝授し終えたとき、その名目を書いて与える文書。

もくろみ【目▽論見】[名] もくろむこと。計画。企て。「―が外れる」

もくろ・む【目▽論む】[他五] 計画をめぐらす。くわだてる。「海外市場進出を―」名 もくろみ

も-けい【模型】[名] 実際の事物をまねて作ったもの。「―飛行機」

も・げる【▼捥げる】[自下一] くっついていたものがちぎれて落ちる。取れる。「取っ手が―」文 も・ぐ

も-こ【模▼糊(▼模▼糊)】[形動タリ] ぼんやりしているさま。はっきりしないさま。「曖昧(あいまい)―」

もこ-もこ[副ト・形動] ❶ふくらんで厚みのあるさま。「着ぶくれして―する」❷柔らかく、空気を含んだものが、わきあがるようにふくらんでいるさま。「―した羊」

もご-もご[副ト] ❶もぐもぐ。「言葉につまって口を―させる」❷せまい所でうごめくさま。もぞもぞ。

も-さ【《猛者》】[名] ❶力わざにすぐれた、勇猛な人。❷その道にすぐれ、精力的に活動する人。「業界の―」

モザイク[mosaic][名] さまざまな色彩の石・ガラス・貝殻・木・タイルなどの小片を組み合わせて作った模様や絵。建築物の床・壁面や工芸品の装飾に用いる。

も-さく【模作(▼摸作)】[名・他サ変] あるものを手本として、似せてつくること。また、その作品。「名画を―する」

も-さく【模索(▼摸索)】[名・他サ変] あれこれと試みながらさがし求めること。手さぐりでさがすこと。「解決策を―する」「暗中―」

もさっ-と[副] ❶ぼんやりしていて気のきかないさま。「―していないで働け」❷野暮ったくて風采(ふうさい)のあがらないさま。「―した風貌」

もさ-もさ[副ト] ❶動作がのろいさま。「―するな」❷乱れてたくさん生えているさま。「雑草が―(と)はびこった庭」

も-し【模試】[名] 入学試験などになぞらえて行う試

験。〓「ーを受ける」▼「模擬試験」の略。

もし【▽若し】[副]ある事態を仮定して述べることを表す。仮に。〓「ー明日雨が降ったら中止にしよう」

もし[感]相手に呼びかけるときに発する語。〓「ー、そこのお方」▼「もうし」の転。

もーじ【文字】[名]❶ことばを視覚的に表すために、点・線などを組み合わせて作った記号。漢字などの表意文字、仮名・ローマ字などの表音文字に大別される。もんじ。❷[古風]文章。また、読み書き。学問。〓「ーのある人」

さまざまな「文字」

アラビア文字・ウイグル文字・エジプト文字・顔文字・仮名文字・契丹文字・ギリシア文字・キリル文字・楔形文字・クメール文字・クレタ文字・甲骨文字・シュメール文字・女真文字・西夏文字・チベット文字・朝鮮文字・ドイツ文字・突厥文字・トンパ文字・パスパ文字・フェニキア文字・ヘブライ文字・満州文字・モンゴル文字・ルーン文字

もしおーぐさ【藻塩草】[名]❶昔、藻塩をとるために用いた海藻。▼かき集めて海水を注ぐことから、詩歌などでは「書く」「書き集む」などの語にかけて使う。❷随筆・筆記類などのこと。▼かき集めたものの意から。

もしーか【▽若しか】[副]もしかして。もしかすると。

もしかーしたら【▽若しかしたら】[副]もしかすると。〓「私、ー結婚するかもしれない」

もしかーして【▽若しかして】[副]❶万が一のことがあって。もしも。〓「ー、リストラでもされたら、どうしよう?」❷「もしかすると」①のくだけた言い方。〓「ー、田中さん?」

もしかーすると【▽若しかすると】[副]❶はっきりした根拠なしに、そのような可能性がかなりある意を表す。あるいは。もしかしたら。〓「ー、鍵をかけ忘れたんじゃないだろうか」「ー、明日は休むかもしれない」「ー、山田君じゃないか」❷条件次第では、その可能性が少しはある意を表す。ひょっとすると。もしかしたら。〓「ー、合格できるかもしれない」「野球を続けていれば、ープロの選手になったかもしれない」

もーしき【模式】[名]単純化・典型化した形式。〓「ー図」

もしくーは【若しくは】[接]前の事柄と後ろの事柄のいずれか。…か…か。あるいは。または。さもなければ。〓「手紙ー電話で連絡せよ」「彼は死んだのだ。ー、どこか遠くに身を隠したのだ」書き方 法令では漢字で書くが、一般にはかな書きも多い。使い方 法令で「または」とともに使うときは、大きな選択に「又は」、小さな選択に「若しくは」を使う。〓「A若しくはB、又はC若しくはD」「A又はB若しくはC」

もじーコード【文字コード】[名]コンピューターなどで、文字を取り扱うためにそれぞれの文字に重複しない番号を割り振ったもの。JISコードやユニコードがある。

もじーづら【文字面】[名]❶文字の書き方や配置から受ける感じ。〓「ーがよくない」❷字句が示す表面だけの意味。文章のうわべ。〓「ーだけを追った解釈」

もじーどおり【文字通り】[名]❶文字に書かれたとおりの意味。表の意味。〓「皮肉をーに解釈する」❷文字に書かれたとおり、何の嘘も誇張も不適切さもないとして、下に導く表現が真実であることを主張する意を表す。〓「ーの箱入り娘だ」「ー骨と皮にやせた」▼副詞的にも使う。

もじーばけ【文字化け】[名・自サ変]コンピューターで、文字が他の文字や記号に変化して表示されること。また、その現象。〓「メールの文章がーする」

もじーばん【文字盤】[名]時計・計器などの、文字・数字・記号などが記されている盤。

もしーも【▽若しも】[副]「もし」を強めた言い方。仮にそうだとすると。そうだとしても。〓「ー私が政治家ならばそうはしない」「ー最悪の事態に陥ったとしても気を落とすな」

もしーもし[感]❶電話で相手に呼びかける語。〓「ー、田中さんのお宅ですか」❷(知らない)相手に呼びかける語。〓「ー、ハンカチを落としましたよ」◈「もうしもうし(申し申し)」の転。

もじーもじ[副ト]遠慮や恥ずかしさのために、ためらっておどおどするさま。〓「下を向いてーしている」

もしもーの-こと【▽若しもの事】[連語]万が一のこと。〓「ーがあったらどうしよう」

もーしゃ【模写(▼摸写)】[名・他サ変]絵画などを、実物どおりにまねて写すこと。また、そのもの。〓「壁画をーする」「声帯ー」

もしーや【▽若しや】[副]確信はないもののそうではないかと推量する気持ちを表す。ひょっとしたら。もしかしたら。〓「ー風邪を引いたのではないかと心配した」「ーあの時助けてくれた方ですか?」

もじゃーもじゃ[副ト]毛などが乱雑にたくさん生えているさま。〓「ーに乱れた髪」

もーしゅ【喪主】[名]葬式をとり行う代表者。そうしゅ。

モジュール[module][名]❶建築で、規格化された建築材の基準となる寸法。❷工業製品などで、交換が容易にできるように規格化された部品。

モジュラーージャック[modular jack][名]電話機などのコードを電話回線につなぐための接続器具。

もーしょう【喪章】[名]死者をいたむ気持ちを表すために腕や胸につける黒色のしるし。黒い腕章やリボンなど。

もじり【▼捩り】[名]❶有名な詩文・歌謡などの文句を踏まえ、滑稽に、または風刺的に言い換えること。また、その作品。⬇パロディー ❷言語遊戯の一つ。言葉を同音または音の近い他の語に言いかけること。地口・語呂合わせなどの類。❸男性が和服の上に着る、筒袖または角袖の外套。

もじ・る【▼捩る】[他五]❶滑稽や風刺をねらって、著名な詩文の文句などをまねて言いかえる。〓「名歌をーって替え歌を作る」❷ねじる。よじる。〓「腕をー」可能 もじれる 名 もじり
◈注意「文字る」「文字って」と書くのは誤り。

も・す【燃す】[他五]燃やす。〓「紙くずをー」▼方言的な言い方。可能 燃せる

もず【▼鵙・〈百舌〉・〈百舌鳥〉】[名]長い尾と鉤状の鋭いくちばしをもつモズ科の鳥。性質は攻撃的で、昆虫・トカゲ・カエルなどを捕食。獲物を木の枝などに突き刺して速贄を作る習性がある。

もずく【〈水雲〉・〈海▼蘊〉】[名]ホンダワラ類に

着生して生育する褐藻類のモズク科の海藻。細く柔らかな糸状で、全体にぬめりがある。食用。

モス-グリーン【moss green】[名] 苔のような暗い黄緑色。▽「モス」は苔の意。

も-すそ【▼裳裾】[名] 裳のすそ。着物のすそ。

モスリン【mousseline フランス】[名] メリンス。

も・する【模する(▼摸する)】[他サ変] あるものに似せて作る。まねる。「パンテオンを━・した建物」文も・す

も-ぞう【模造(▼摸造)】[名・他サ変] 実物に似せてつくること。また、そのもの。「━品」「━ダイヤ」

もぞう-し【模造紙】[名] 化学パルプを原料とする上質の洋紙。表面はなめらかで光沢がある。筆記用紙、包装などに使われる。▽もとは、明治初年、内閣印刷局が抄造した局紙という和紙を、ヨーロッパで模造したもの。大正初期、日本でさらにそれを模造したことからの名称。

も-そっと [副] [古風] もう少し。「━近う寄れ」

もぞ-もぞ [副ト] ❶虫などがうごめくさま。また、体にそのような感じを受けるさま。「背中が━する」❷動作や態度がはっきりしないさま。また、落ち着かないようすで体を動かすさま。もそもそ。「━(と)起きあがる」

もだ・える【▼悶える】[自下一] 苦しさに身をよじり動かす。また、ひどく悩み苦しむ。煩悶する。「激痛に━」「━・え死ぬ」文もだ・ゆ 名もだえ

もた・げる【▼擡げる】[他下一] もちあげる。おこす。「蛇がかま首を━」「頭を━」文もた・ぐ

擡

もた・す【持たす】[他五] ⬇持たせる

もだ・す【▽黙す】[自五] ❶ものを言わない。だまる。黙する。「━・して語らず」❷だまって見過ごす。放っておく。「君命━・し難く…」

もたせ-か・ける【▼凭せ掛ける】[他下一] ある物に寄りかからせる。ある物を支えにして立てかける。「脇息にひじを━」文もたせか・く

もた・せる【▼凭せる】[他下一] 立てかける。寄せかける。もたせかける。「壁に身を━」▽「持たせる」と同語源。書き方 古くは「持たせる」とも。文もた・す 異形 凭す

もた・せる【持たせる】[他下一] ❶持つようにさせる。「かばんを助手に━」「少年たちに希望を━」❷担当させる。受け持たせる。「三年一組を━」❸持って行かせる。「土産を━・せてやる」❹料金などを負担させる。払わせる。「ここは私に━・せてください」「加害者に費用を━」❺その状態を保たせる。維持させる。「このお金で生活を一か月━」「笑いを誘って座を━」書き方「▽保たせる」とも書くが、「持たせる」が一般的。❻関係を持つようにさせる。「AとBに関連性を━」「両者に交渉を━」❼ある性質(特に、優れた意味や価値)が備わるようにする。賦与する。与える。「発言に説得力を━」「強度[互換性・丸み]を━」❽〈「気を持たせる」の形で〉意味ありげな言動で相手に期待を抱かせる。「気を━ようなことをするな」❾〈「幅を持たせる」などの形で〉物事にゆとりができるようにする。「解釈に幅を━」「決定に含みを━」「スケジュールに余裕を━」文もた・す 異形 持たす

もた-つ・く [自五] もたもたする。「審議が━」

モダニズム【modernism】[名] ❶芸術分野で、伝統主義を否定し、現代的感覚による表現をめざす傾向。未来派・表現派・ダダイズム・シュルレアリスムなど。近代主義。❷最新の流行・感覚を好む傾向。現代風。

もた-もた [副ト] 動作がのろかったり手際がよくなかったりして時間をかけるさま。「━して会議に遅れる」

もたら・す【▼齎す】[他五] ❶あるものが情報や文化などを持ってくる。「唐の僧たちが大陸の文化を日本に━・した」「仲間から敵陣の情報が━・された」❷物事が別の物事を生じさせる。引き起こす。招来する。「長年の努力が彼に成功を━・した」「甚大な被害を━・した地震」◈注意「持たらす」と書くのは標準的でない。また、「もらたす」は誤り。

齎

[ことば探究]「もたらす」の使い方

▼「もたらす」①は目に見えない、抽象的なものの移動を言うことが多く、特定の人や、目に見える建造物・物品の移動は表しにくい。
「文化[技術/情報/利益]をもたらす」

▼「もたらす」②は、「引き起こす」と意味の重なる部分が多いが、「もたらす」はよいことにも悪いことにも言うのに対し、「引き起こす」はよいことには言いにくいという違いがある。
「長年の努力が繁栄を○もたらす/×引き起こす」

もたれ-かか・る【▼凭れ掛かる】[自五] ❶ある物に体をもたせかける。寄りかかる。もたれる。「机[肩]に━」❷人に依存する。頼る。「人の好意に━」

もた・れる【▼凭れる・▼靠れる】[自下一] ❶ある物に体を寄せかける。寄りかかる。「壁[ソファー]に━」❷食べた物がよく消化されないで、胃が重苦しく感じられる。「この肉は胃に━」文もた・る

モダン【modern】[形動] 現代的であること。当世風。モダーン。「━な建物」派生 -さ

モダン-アート【modern art】[名] 近代美術。現代美術。主として二〇世紀に入ってから第二次大戦前までに生まれた抽象主義・シュルレアリスムなどの新傾向の美術作品をいう。

モダン-ジャズ【modern jazz】[名] 一九四〇年代に興ったバップの流れを汲むジャズの総称。コンボ編成によって演奏され、アドリブの重視、複雑な和声・リズム、高度の音楽性などを特徴とする。

モダン-バレエ【modern ballet】[名] クラシックバレエに対し、自由な発想から個性的な表現を追求する新しい形式のバレエ。

もち【▽望】[名] ❶もちづき。満月。❷陰暦で、各月の一五日。もちの日。

もち【餅】[名] 蒸したもち米を臼などでつき、さまざまな形にまとめた食品。正月や祝い事に用いられる。書き方「餅」は許容字体。
◉**餅は餅屋** 物事にはそれぞれの専門家がいるということ。

餅

もち【▼糯】[名] 粘りけが強く、ついて餅にすることのできる米や粟・黍。⬄粳

もち【▼黐】[名] ❶モチノキなどの樹皮から得る粘りけの強いもの。小鳥などを捕るのに用いられた。とりもち。❷モチノキのこと。

黐

もち【持ち】[名] ❶品質・機能などが変わらずに、長く

保たれること。‖「—のいい食材」 書き方 「▽保ち」とも書くが、「持ち」が一般的。❷所有すること。‖「—時間」「物—」❸受け持つこと。負担すること。‖「交通費は自分—だ」❹囲碁・将棋・歌合わせなどで、勝負がつかないこと。引き分け。持じ。

もち-あい【持ち合い】ーアヒ〔名〕❶互いに分け合って持つこと。また、力を合わせて維持すること。‖「株式の—」「—所帯」❷両者の力がつり合っていること。勝負がつかないこと。‖「この将棋は—だ」❸取引市場で、相場に大きな変動がないこと。‖「—相場」 書き方 「▽保ち合い」とも。

もち-あが・る【持ち上がる】〔自五〕❶他からの力が働いて物が上の方へ上がる。また、位置が高くなる。隆起する。‖「荷物が重すぎて—・らない」「地震で地盤が—」❷急に事が起こる。‖「合併の話が—」❸生徒が進級しても、同じ教師が引き続いてその学級担任を受け持つ。‖「担任が六年に—」❹サッカーなどで、ボールを保持して相手の陣地へ攻め上がる。‖「左サイドからドリブルで—」 名 **持ち上がり**

もち-あ・げる【持ち上げる】〔他下一〕❶手などで持って、また、下から支えて物を上の方へ上げる。‖「大きな石を軽々と—」「ウインチで貨物を—」❷体の一部を高い位置になるように動かす。もたげる。‖「名前を呼ばれて頭を—」❸おだてあげる。‖「—・げられていい気になる」 文 **もちあ・ぐ**

もち-あじ【持ち味】ーアヂ〔名〕❶その食物にもとから備わっている味。‖「—を生かす」❷その人物・作品などがもつ独特の趣や味わい。‖「役者の—が出た映画」

もち-あみ【餅網】〔名〕もちを焼くときに使う金網。

もち-ある・く【持ち歩く】〔他五〕手に持ったり携帯したりして歩く。‖「傘を—」

もち-あわせ【持ち合わせ】ーアハセ〔名〕ちょうどそのとき所持していること。また、そのもの。特に、金銭。‖「あいにく—がない」

もち-あわ・せる【持ち合わせる】ーアハセル〔他下一〕ちょうどその時に所持している。‖「そんな大金は—・せていない」 注意 併せ持つ、兼ね備えるの意で「持ち合わせる」というのは誤り。‖「×人情味と正義感を持ち合わせる」 文 **もちあは・す** 名 **持ち合わせ**

もち-いえ【持ち家】ーイヘ〔名〕個人が所有している家。もちや。 書き方 公用文では「持家」。

モチーフ[motif フランス]〔名〕❶芸術作品で、創作の動機となる主要な題材・思想。❷音楽、楽曲を構成する最小単位となる旋律。動機。❸編み物などで、模様を構成する最小単位の小片。

もち・いる【用いる】モチヰル〔他上一〕❶道具や方法をその用にあてて使う。使用する。‖「原稿執筆にパソコンを—」「味付けに化学調味料を—」「巧みに比喩を—」「新薬を—・いて難病を治療する」「紛争の解決に暴力を—」▼「使う」②④のやや文章語的な言い方。❷意見などをよいとして採り上げる。採用する。‖「部下の提案[意見]を—」❸ある人物を適任であるとして採り上げる。登用する。‖「若手を—・いて改革を進める」❹〈「意を用いる」などの形で〉心をあれこれと働かせる。心を配る。心を労する。‖「組織の運営に意[心]を—」「本書は次の点に意を—・いて編集した」◈「持ち率ゐる(=引き連れる意)」から。古くは「用ゐる」(ワ行上一段)であったが、平安中期以降ワ行とハ行が混同され、「用ひる」の表記が生じ、ハ行上二段活用「用ふ」が行われるようになった。のち、「用ゆ」(ヤ行上二段)も生ずるに至った。 書き方 歴史的かなづかいは規範的には「もちゐる」だが、「もちひる」とも。

もち-うた【持ち歌】〔名〕歌手などが、自分のものとして歌う歌。また、いつでも歌える歌。レパートリー。‖「あの歌手は—が多い」「カラオケの—」

もち-おもり【持ち重り】〔名〕持っているうちに次第にその重さを感じるようになること。

もち-かえり【持ち帰り】ーカヘリ〔名〕持ち帰ること。また、そのもの。‖「ピザを—にする」「ごみの—」

もち-かえ・る【持ち帰る】ーカヘル〔他五〕❶品物などを持って帰る。‖「仕事を家に—」❷検討するために、提出された議案などを預かって帰る。‖「各党が案件を—」 名 **持ち帰り**

もち-か・ける【持ちかける(持ち掛ける)】〔他下一〕話を出して働きかける。‖「相談を—」 文 **もちか・く**

もち-がし【餅菓子】ーグワシ〔名〕糯米・白玉粉・糝粉などを材料にして作る柔らかい和菓子。大福・草餅・柏餅など。

もち-かぶ【持ち株】〔名〕所有している株。

もちかぶ-がいしゃ【持ち株会社】ーグワイシャ〔名〕他会社の株式を所有することで、その事業活動を支配することを主な業務とする会社。ホールディングカンパニー。

もち-きり【持ち切り】〔名〕その話題がある期間中ずっと続くこと。‖「どこへ行ってもそのうわさで—だ」

もち-ぐさ【餅草】〔名〕ヨモギの別称。▼若葉を餅につき混ぜて草餅にすることから。

もち-ぐされ【持ち腐れ】〔名〕価値のあるものを持ちながら、少しもそれを役立てないこと。‖「宝の—」

もち-くず・す【持ち崩す】ークヅス〔他五〕身持ちを悪くする。身持ちを悪くして財産を使い果たす。‖「身を—」

もち-こ・す【持ち越す】〔自五〕物事を決着のつかない状態のまま次の時期・段階へ送る。‖「勝負を—」「結論を次回に—」 名 **持ち越し**

もち-こた・える【持ち▽堪える】ーコタヘル〔他下一〕ある状態をそれ以上悪くならないように維持する。‖「重態を何とか—」「救助されるまで水だけで—」 文 **もちこた・ふ**

もち-ごま【持ち駒】〔名〕❶将棋で、相手から取って手元に持ち、いつでも使うことのできるこま。❷必要なときにいつでも使えるようにしてある人や物。

もち-こみ【持ち込み】〔名〕持ち込むこと。‖「危険物の—をチェックする」

もち-こ・む【持ち込む】〔他五〕❶物を外から持ってきて中に入れる。‖「会場に椅子を—」❷ある事柄を持ってくる。‖「苦情を—」❸状態をある段階にもっていく。‖「持久戦に—」「寝技に—」 名 **持ち込み**

もち-ごめ【▼糯米】〔名〕粘りけが強く、餅や赤飯にするのに適した米。⇔粳 書き方 近年「餅米」とも。

もち-じかん【持ち時間】〔名〕その人に割り当てられた一定の時間。‖「五分の—で意見を述べる」

もち-だし【持ち出し】〔名〕❶持って外へ出ること。❷費用などの不足分を自分で負担すること。‖「飲食代が—になる」

もち-だ・す【持ち出す】〔他五〕❶持って外部に出す。‖「図書館の本を無断で—」「個人情報を外部に—」

❷ある事柄を話題・論題として言い出す。≡「向こうが別れ話［ある条件・妙な理屈］を━してきた」❸不足した費用などを自分の負担でまかなう。自腹を切る。≡「足りない分を━」❹持ちはじめる。≡「息子が野球に興味を━」名持ち出し

もち-つき【餅▼搗き】［名］蒸したもち米をついて、餅をつくること。

もち-づき【▽望月】［名］陰暦十五夜の月。特に、陰暦八月の十五夜の月。満月。もち。もちのつき。

もちつ-もたれつ【持ちつ持たれつ】［連語］互いに助けたり助けられたりするさま。≡「━の関係」

もち-なお・す【持ち直す】㊀［他五］物の持ち方や持つ手を変えて、もう一度持つ。持ちかえる。≡「筆を━」㊁［自五］一度悪くなった状態が、もとのよい状態に向かう。≡「病人が━」「景気がやや━」

もち-にげ【持ち逃げ】［名・他サ変］他人の金品などを持って逃げること。≡「スーツケースを━される」

もち-ぬし【持ち主】［名］そのものを所有している人。所有者。≡「農場［特異な才能］の━」

もち-の-き【▼黐の木】［名］初夏、葉腋に黄緑色の小花をつけ、秋、球形の赤い果実を結ぶモチノキ科の常緑高木。山野に自生し、庭木にもする。材は細工物に用い、樹皮からは鳥もちをとる。トリモチノキ。モチ。 黐

もち-ば【持ち場】［名］受け持ちの場所。また、担当する仕事や任務。≡「各自の━につく」「━を離れる」

もち-はこび【持ち運び】［名］持ち運ぶこと。運搬。≡「━に便利なノートパソコン」

もち-はこ・ぶ【持ち運ぶ】［他五］手に持ってよそへ運ぶ。≡「大きなバッグを━」名持ち運び

もち-はだ【餅肌】［名］つきたての餅のように、色が白くてなめらかな肌。

もち-ばん【持ち番】［名］受け持ちの番。当番。

もち-ぶん【持ち分】［名］❶全体の中で各人が所有または負担している部分。≡「━に応じた責任」❷財産の共有関係で、個々の共有者が共有物について持っている権利、またはその割合。◈書き方公用文では「持分」。

モチベーション［motivation］［名］❶動機付け。❷物事を行う動機や意欲。やる気。≡「仕事の━を上げる」

もち-まえ【持ち前】［名］❶その人にもともと備わっているもの。生まれつきのもの。≡「━の頑張りを発揮する」❷各人が所有している部分。また、各人が担当している仕事などの範囲。持ち分。

もち-まわり【持ち回り】［名］一つの物事を関係者の間で順に受け持つこと。≡「自治会の会長は━とする」「━閣議（＝閣議を開かず、首相から各大臣に閣議事項を回して賛否を求める略式の閣議）」

もち-もち［副］❶弾力やねばりがあるさま。≡「━（と）した食感のパスタ」❷肉づきが豊かなさま。むっちりと肥えているさま。≡「━（と）した太もも」

もち-もの【持ち物】［名］持っている物。所持品。所有物。≡「━検査」「会社の━」

もち-や【餅屋】［名］餅をついて売る店。また、その人。≡「餅は━」

も-ちゅう【喪中】［名］喪に服している期間。≡「━につき新年の御挨拶を御遠慮申し上げます」

もち-よ・る【持ち寄る】［他五］めいめいが持って寄り集まる。≡「案を━って検討する」名持ち寄り

もち-ろん【▼勿論】［副］言うまでもなく。当然。無論。≡「━賛成だ」「専門知識は━のこと、広い教養を身につける」書き方かな書きが多い。

もつ［名］料理の材料としての、鳥獣の内臓。≡「━鍋」▽「臓物」の略。

も・つ【持つ】㊀［他五］❶指を使い手の中に入れて保つ。≡「右手に傘を━っている」❷身につけて保つ。たずさえる。携帯する。携行する。所持する。≡「懐中に大金を━」「手土産を━っておわびに上がる」「あいにく名刺を━っておりませんで…」❸あるものを所有する。特に、ある関係をもった者としてその人を所有する。≡「海外に別荘を━っている」「資格を━」「結婚して子供を━」「頼もしい後輩たちを━って幸せです」❹ある性質や特徴を備える。具備する。≡「彼は丈夫な体を━っている」「この磁器は独特の輝きを━っている」❺心の働きによってもたらされる能力を備える。≡「人は感情を━っている」「勇気［問題意識］を━」❻物事に対してある感情や考えをいだく。≡「級友に好意を━」「政治に興味を━」❼そのような過去・歴史・体験などを有する。〜がある。≡「八〇年の歴史を━学校」「詩人として華々しい経歴を━」「水におぼれそうになった経験を━」❽他とある関係を有する。≡「悪い連中とはかかわりを━な」「二人が性的な関係を━」❾自分の仕事として受け持つ。担当する。≡「一年一組を━」「専務は幾つもの重要な任務を━っている」❿場・機会・時間などを設ける。また、そのような機会を設けて話し合いを行う。≡「交渉の場を━」「自分の時間を━ちたい」「騒音問題をめぐって集会が━たれる」⓫料金などを負担する。≡「費用は主催者が━」「送料は当社が━」「責任は私が━」㊁［自五］その状態を保ち続ける。≡「冷蔵庫の中なら一週間は━」「この天気は三日と━まい」「酷使されては体が━たない」「酒なしでは座が━たない」書き方㊁は、「▽保つ」とも書くが、「持つ」が一般的。可能持てる 名持ち

品格 所持「覚醒剤を━する」所蔵「名画を━する」所有「土地を━する」占有「━権」専有「マンションの━面積」保有「株式を━する」

もつ【物】（造）もの。≡「書━・食━・荷━」

もっ-か【目下】［名］現在。ただいま。≡「━のところ詳細は不明」「━調査中」▽副詞的にも使う。

もっ-か【黙過】［名・他サ変］知っていながら黙って見すごすこと。≡「━しがたい不正行為」

もっ-かん【木管】［名］❶木製のくだ。❷「木管楽器」の略。

もっ-かん【木簡】［名］古代、文字を書き記すために用いられた木の札。

もっかん-がっき【木管楽器】［名］木製の管楽器。フルート・クラリネット・オーボエ・サクソフォンなど。▽現在では金属製のものも多いが、その起源・構造などから木管楽器に分類される。

もっ-きょ【黙許】［名・他サ変］知らないふりをして、そのまま許すこと。黙認。

もっ-きり【盛っ切り】［名］❶⇒もりきり≡「━飯」❷コップや枡について、一杯ずつ売る酒。▽「盛っ

切り酒」の略。

もっ-きん【木琴】モク [名] 調律された木片を音階順に並べ、先に丸い球のついた棒で打ち鳴らす打楽器。シロホン。

もっ-け【▼勿▽怪・物▽怪】[名] 思いがけないこと。意外なこと。‖「ーの幸い」

もっ-けい【黙契】モク [名] 暗黙のうちに、合意や約束が成り立つこと。また、その合意や約束。

もっ-こ【▼畚】[名] 縄などで編んだ四角い網の四隅に綱をつけたもの。棒でつって土砂や農作物などを運ぶ。▽「もちこ(持ち籠)」の転。

もっ-こう【木工】モク [名] ❶木材を使って家具・調度品などを作ること。‖「ー品」❷大工。

もっ-こう【黙考】モクカウ [名・自サ変] 黙ってじっと考えること。‖「沈思ー」

もっ-こく【木▼斛】モク [名] 夏、小さな白色の五弁花をつけるモッコク科(サカキ科とも)の常緑高木。葉は厚くてつやがある。暖地に自生し、庭木にもする。堅い材は床柱・器具用。

もっこり [副ト] ある部分がまわりよりふくらんで盛り上がっているさま。‖「ーとした丘」

もっ-こん【目今】モク [名] ただいま。現在。‖「ーの課題」

もっさり [副ト] ❶ぼんやりしていて、気がきかないさま。‖「ー(と)つっ立っている」❷野暮ったくて風采(ふうさい)があがらないさま。‖「ー(と)した服装」❸毛が深々と生えているさま。‖「ー(と)した髪の毛」

もっ-そう【物相(盛相)】ウサ [名] ❶飯を盛って量をはかる器。また、一人分の飯を盛って出す器。多くは円筒形の曲げ物。‖「ー飯(めし)(=物相に入れた、盛り切りの飯。特に、近世の牢獄で囚人に与えた飯)」❷懐石料理・点心で、ご飯の抜き型。▽「ーご飯」の形で使う。

もっ-たい【▼勿体】[名] 外見や態度が重々しいこと。

◉**勿体を付・ける** いかにも重々しく、また、仰々しく見せる。もったいぶる。

もったい-な・い【▼勿体ない(▼勿体無い)】[形] ❶使えるものが十分に活用されない状態を惜しいと思うさま。‖「大根の葉を捨てるとはー」「彼女を閑職に置くのはー」❷過分の気遣いや行為に対して恐縮し、ありがたいと思うさま。おそれ多い。かたじけない。‖「ーお言葉を頂戴し恐縮に存じます」◈注意 丁寧形を「もったいありません」とするのは標準的でない。⬇「ない」のコラム(一二〇四㌻) 派生 -げ/-さ/-が・る

もったい-ぶ・る【▼勿体ぶる(▼勿体振る)】[自五] 重々しく、また、仰々しく振る舞う。‖「ー・ってなかなか話さない」

もったい-らし・い【▼勿体らしい】[形] 仰々しい。もったいぶったようすである。‖「ー・く看板を掲げる」派生 -さ

もったり [副ト] ❶とろみがあり、手応えが重く感じられるさま。‖「生クリームをーするまで泡立てる」❷重く鈍そうなさま。‖「ーとした口調」「食べ過ぎて胃がーする」

もっちり [副ト] 弾力やねばりがあるさま。‖「ーしたパン[肌]」

モッツァレラ [mozzarellaイタ] [名] イタリア中南部原産の柔らかいチーズ。くせがなく、サラダ・ピザなどに用いる。

もっ-て【▽以て】[連語] ❶道具や手段を表す。…で。‖「文書をー通達する」❷期限を表す。…で。‖「これをー閉会とする」「今月末をー閉店する」❸根拠を表す。…によって。…で。‖「一事をー彼を判断するなかれ」❹判断や認定の対象を表す。…を。‖「彼をー嚆矢(こうし)とす」「俗物をー任じる」❺〈「…でもって」の形で〉…であり、なおかつ。…で、さらに。‖「美人でー頭も良い」❻⬇まったくもって ❼〈古風〉〈接続詞的に〉それによって。それで。‖「ー瞑(めい)すべし」◈「持ちて」の転。①~④は「…を以て」の形で使う。使い方 「お蔭様をもちまして」などの「…をもちまして」は、固定化して助詞のように使う「…をもって」を丁寧表現にしたもので、本来は誤り。⬇「ます」のコラム(一五五七㌻)

もって-い・く【持って行く】[連語] 手に携えていく。身につけて出かける。‖「雨模様なので傘をー」

もって-うまれた【持って生まれた】[連語] 生まれつき身にそなわっている。生得の。‖「ー才能」

もって-く・る【持って来る】[連語] 手に携えて来る。身につけてやって来る。‖「必ず筆記用具をー・来てください」

もって-こい【持って来い】[連語] 最もふさわしいさま。うってつけ。‖「ハイキングにはーの季節だ」

もって-の-ほか【▽以ての外】[名・形動] ❶きわめて不届きであること。けしからぬ。‖「勝手に休むとはーだ」❷思いもよらないほど程度がはなはだしいこと。‖「ーのあわてよう」

もって-まわった【持って回った】マハ [連語] 必要以上に遠回しな言い方ややり方をすること。‖「ー言い方」

もっ-と [副] より一層。さらに。‖「ー勉強しろ」「ー前に詰めてください」「ーたくさんほしい」

モットー [motto] [名] 日常の行動の目標や方針となる事柄。また、それを表した語句。‖「『笑顔であいさつ』がーだ」

もっと-も【▼尤も】■[形動] 道理にかなうさま。当然。‖「それもーな話だ」「彼女が怒るのもーだ」「ー至極な意見だ」「ごー、ごー」■[接] 前言を肯定したうえで条件や注釈を加えることで、異見のある意を表す。とはいえ。‖「彼の意見は正しい。ー、彼の立場に立てばの話だがね」

もっと-も【最も】[副] 程度がこの上なく甚だしいさま。いちばん。‖「この花がー美しい」「彼はー偉大な作家の一人だ」▽「尤も」と同語源。使い方 ⑴「最も偉大な作家の一人」など、「最も…」を一つに限らない言い方は、英語などの最上級表現(He is one of the greatest novelists.)の翻訳からきて一般化したもの。また、「最も有効な手段の中の一つ」の「の中」は不要。⑵話し言葉としては、明治・大正期には「一等」が、今では「一番」がよく使われる。「最も」はやや文章語的。

もっとも-らし・い【▼尤もらしい】[形] いかにもそのようであるさま。内実とは別に表面を取り繕っているさま。‖「ー口実で断る」「ー・くうなづく」派生 -げ/-さ/-が・る

もっぱら【専ら】[副] それだけが行われるさま。‖「休日はー庭いじりをする」「古典芸能をーにする」「ーのうわさ」

モップ [mop] [名] 長い柄の先に房状の雑巾をつけた掃除用具。床などをふくのに用いる。

もつれ-こ・む【▼縺れ込む】[自五] 物事がもつれ

て決着がつかないまま次の段階に入り込む。〓「同点のまま延長戦に—」

もつ・れる【▼縺れる】[自下一] ❶線状のものがからまり合ってほどけなくなる。〓「髪の毛が—」❷舌や足が思うように動かなくなる。〓「足が—・れて転びそうになる」❸感情・事情などが入り組んで決着がつかなくなる。〓「話[感情]が—」文もつ・る 名もつれ

も-て[連語]〔古風〕❶手段・材料・理由などを表す。〜によって。〜で。〓「蓮葉(はちすば)の濁りに染(し)まぬ心—なにかは露を玉と欺く〈遍昭・古今集〉」❷〈「…をもて」の形で〉上に来る語を強調する。〓「おほやけの奉り物は疎(おろ)かなるを—よしとす〈徒然〉」◈「もって(以て)」の促音無表記形から。

もて-あそ・ぶ【弄ぶ・▽玩ぶ・▼翫ぶ】[他五] ❶手に持って遊ぶ。いじくる。〓「扇子(せんす)を—」❷心の慰めとして愛好する。〓「盆栽を—」❸人を慰みものとする。なぶる。〓「女性[男性]を—」❹思うままに扱う。好き勝手に操る。〓「運命に—・ばれる」◈「持て遊ぶ」の意。名**もてあそび**

もて-あま・す【持て余す】[他五] うまく扱うことができなくて困る。手に負えなくて困る。〓「だだっ子[暇]を—」

もて-なし【持て成し】[名] ❶待遇。〓「丁重な—を受ける」❷客に出すごちそう。〓「茶菓の—」◈書き方かな書きが多い。

もて-な・す【持て成す】[他五] ❶人を取り扱う。待遇する。〓「客として丁重に—」❷酒食をふるまうなどして客を接待する。馳走(ちそう)する。供応する。〓「遠来の客を手料理で—」◈書き方かな書きが多い。名**持て成し**

もて-はや・す【持て▼囃す】[他五] 盛んにほめる。ほめそやす。また、多くの人々が話題にしてさわぐ。〓「名人と—・される」

モデム[modem][名] 電話回線などを通じてデジタル通信をする際に、デジタル信号とアナログ信号の変調・復調を行う機器。変復調装置。

もて-もて[名・形動] 大いにもてること。非常に人気があること。〓「子供に—のテレビタレント」

モデラート[moderatoイタリア][名] 音楽の速度標語の一つ。中ぐらいの速さの意。

モデリング[modeling][名] ❶模型を作ること。❷彫刻で、塑像(そぞう)の肉付けをすること。❸絵画で、陰影をつけたり画材を盛り上げたりして立体感を出すこと。

も・てる【持てる】■[自他下一]「持つ」の可能形。持つことができる。〓「期待が—」「確信が/を—・てない」■[自下一]〔一から〕❶その状態を保つ。維持する。もつ。〓「一人では座が—・てない」❷人に好意を持たれ、いい扱いを受ける。人気があってちやほやされる。〓「女性に—」「全然—・てない」◈書き方■①は「▽保てる」とも書くが、「持てる」が一般的。②は一般にかな書き。

もて-る【持てる】[連語]〈連体詞的に〉持っている。〓「—力を存分に発揮する」▼文語動詞「持つ」の命令形＋完了の助動詞「り」の連体形。

モデル[model][名] ❶機械・自動車などの型式(かたしき)。〓「ニュー—」❷模型。〓「—ガン」❸模範・見本・標準などになるもの。〓「—ハウス[地区]」❹彫刻・絵画・写真などの題材として使われる人や物。❺小説・戯曲などの素材となった実在の人や事件。〓「—小説」❻ファッションショーや服飾雑誌で、新作・流行の衣装や服飾品を身につけて見せたり、撮影させたりすることを職業にする人。▼「ファッションモデル(fashion model)」の略。

モデル-ケース[model case][名] 同じような事柄の標準・典型となる事例。模範例。〓「環境保全の—」

モデル-チェンジ[和製model＋change][名・自他サ変] 自動車・電化製品などで、製品の名称は変えずに型式(かたしき)・様式・性能などを改めること。

モデルノロジー[和製modernology][名] 考現学。▼archaeology(考古学)に対応させた造語。

モデル-ルーム[和製model＋room][名] 分譲マンションの見本として展示する一戸分の部屋。▼英語ではmodel apartmentという。

モデレーター[moderator][名] ❶仲裁者。調停者。❷原子炉で、核反応によって放出される高速中性子を減速し、燃料に吸収されやすくするために用いる物質。減速材。

もと【下・元・本・基・▽素(▽許・▽旧・▽故・▽因)】

A 物の下。影響や状況が及ぶところ(下・元)

■[名] ❶[下・元] 物の下。また、その辺り。〓「青空の下、運動会を行う」「白日の下にさらす」「灯台下暗し」❷[下・元] ある人や物事の支配・影響などが及ぶところ。また、ある人のいるところ。〓「厳しい監視の下に置かれる」「法の下の平等」「親の—を離れる」
読み分け⬇した(下)
❸[下]〈「…の下に」の形で〉…という状態において。〓「一言(いちごん)の—にはねつける」「一刀の—に斬り伏せる」

B 以前。物事の始まりや原因(元)

❹[元] 今より前のとき。以前。また、以前の状態。〓「—の同僚[住所]」「—の通りにする」「—に戻る」「—住んでいた家」▼副詞的にも使う。❺[元] 以前その職にあったこと。特に、前回以前の選挙で当選したことがあって、その職にあったこと。〓「—検事の斎藤氏」「クリントン—大統領」❻[元] 物事の起こりとなるもの。起源。始原。それが生じるところ。〓「事件の—をたどる」「口は災いの—」「火の—」「製造—・出版—」「本家本—」❼[元・本] ものの付け根。ねもと。〓「茎の—の方」「根—」❽[元] 物事の原因となるもの。〓「酒が—で健康を損なう」「風邪は万病の—」「失敗は成功の—」❾[元] もとで。資金。また、原価。〓「—のかかる商売」

C 物事の根幹や土台。原料(本・基・素)

❿[本] 物事の根源・根幹となるもの。〓「腐敗の—を断つ」「政治を—から正す」「農(のう)は国の—(＝礎(いしずえ))」⓫[基] 物事の基本的よりどころとなるもの。土台。基本。基(もとい)。〓「資料[データ]を—に判断する」「現場の意見を—にして社長が決定する」⓬[素] 原料。材料。〓「スープの—」「元気の—」

■(造)[本]〔古風〕数を表す和語に付いて、草木の株の数を数える語。〓「松一—を植える」

◈書き方かな書きも多い(④⑧⑪など。新聞は⑫をかな書き)。まれに、①②は「許」、④⑤は「旧」「故」、⑧は「因」とも。

◉**元の鞘(さや)に収(おさ)ま・る** いったん仲たがいした者や離縁した者が再び以前のような関係に戻る。

◉**元の木阿弥(もくあみ)** いったんよい状態になったものが、再び

以前の悪い状態に戻ること。

◉元も子もな・い すっかり失って何もない。〓「無理をして体をこわしたら—」▽元金も利息もない意。

◉元を糺せば 本源までさかのぼって、物事を明らかにしたり原因・責任を追及したりする意。元はと言えば。〓「—金田令嬢のハイカラと生意気から起った事だ〈漱石〉」書き方「もと」は「本」とも。「ただす」は「▽糾す」とも。かな書きも多い。

◉元を取・る 元手を回収する。原価に見合う売買をする。

もと-い【基】ーヰ [名] 物事の基礎。土台。▽「本居(もとい)」の意。

もとい【元い】[感] ➡もとへ

もと-うけ【元請け】[名] 依頼主から直接仕事を請け負うこと。また、その業者。その仕事をさらに請け負う下請けに対していう。元請負。

もと-うた【元歌・本歌】[名] ❶替え歌のもとになった歌。⬍替え歌 ❷➡ほんか(本歌)①

もどかし・い [形] 思うようにならなくて、落ち着かない気持ちだ。じれったい。はがゆい。〓「うまく言えず—」「見ていて—手つき」派生 -げ／-さ／-がる

もと-かの【元かの】[名][俗] 以前、恋人だった女性。▽「元彼女」の略。書き方 多く「元カノ」と書く。

もと-かれ【元彼】[名][俗] 以前、恋人だった男性。▽「元彼氏」の略。書き方「元カレ」とも。

もどき【▽擬き】[接尾]〈名詞に付いて〉それに匹敵するほどのもの、それに似て非なるもの、の意を表す。〓「梅—・がん—・役者—」

もと-きん【元金】[名] ❶資本金。元手。❷利子・利息に対して、貸し借りしたもとの金。がんきん。

モトクロス【motocross】[名] オートバイレースの一つ。山野に設定された起伏の激しいコースを走ってタイムを競うもの。

もと-ごえ【元肥・基肥】[名] 種まきや移植をする前に、あらかじめ田畑に施しておく肥料。基肥(きひ)。⬍追い肥

もと-さや【元▼鞘】[名][俗]「元の鞘に収まる」の略。書き方「元サヤ」とも。

もと-じめ【元締め】[名] ❶金銭の勘定などをしめくくる役(を務める人)。❷仕事などの全体をとりまとめる役(を務める人)。❸博打(ちばく)打ちなどの親分。◈書き方 公用文では「元締」。

もど・す【戻す】 ■一[他五] ❶もとあった場所に返す。〓「本を棚[図書館]に—」「テーブルに視線を—」❷もとの状態に返す。特に、乾燥食品をもとの柔らかい状態にする。〓「話をもとに—」「計画を白紙に—」「水に浸してワカメを—」❸逆の方向へ動かす。〓「時計の針を—」❹飲食したものを吐く。嘔吐(おうと)する。〓「食べた物を—」■二[自五] 下がっていた株価が回復する。〓「小幅ながら相場が—」▽みずからを戻す意からいう。「波が寄せる」の類。可能 戻せる

品格 回天(かいてん)「維新—の時」 回復「信頼を—する」 還元「利益を—する」 起死回生「—を図る」 克復「平和を—する」 再興「お家(え)—」 再生「—医療」 挽回(ばんかい)「劣勢を—する」 復旧「災害—事業」 復古「—調」 復興「—支援」 返戻(へんれい)「申込書を—する」

もと-せん【元栓】[名] 水道・ガスなどの器具につけた栓に対して、その引き込み管の根元にある栓。

もと-ちょう【元帳】ーチヤウ [名] 簿記で、いちばんのもととなる帳簿。勘定科目ごとに口座を設け、それぞれの収支貸借を記入する。

もと-づ・く【基づく】[自五] ❶それを根拠・基盤に置く。立脚する。〓「規則に—・いて処理する」「史実に—小説」❷それが基になって起こる。起因する。〓「不注意に—事故」◈注意「基ずく」「基く」と書くのは誤り。

もと-で【元手】[名] ❶事業を営むのに必要な金銭。元金(もときん)。資金。❷利益を得るもととなるもの。〓「体が—の商売」

もと-どおり【元通り】ードホリ [名] 以前と同じ形や状態であること。〓「使った道具を—にしまう」▽副詞的にも使う。

もと-どり【▼髻】[名] 髪の毛をまとめて頭の上で束ねた部分。たぶさ。〓「—を切る(=出家する)」▽「本取り」の意。

もと-なり【本▽生り・本成り】[名] 植物の実が蔓(つる)や幹のもとに近い方になること。また、その実。⬍末生(うらなり)り

もと-ね【元値】[名] 商品の仕入れ値段。原価。

もと-へ【元へ】[感] ❶体操などで、いったん取った姿勢をもとの姿勢に戻すことを命じるときに発する語。なおれ。もとい。❷前言を取り消して言い直しをするときに発する語。もとい。◈旧軍隊用語から。「へ」は助詞。「もとえ」と発音する。

もと-みや【本宮】[名] 主神がまつられている根本の神社。別宮・奥宮に対していう。本社。ほんぐう。

もとめ【求め】[名] ❶求めること。要求。請求。〓「—に応じる」❷買うこと。購入。〓「お—の品」

もと・める【求める】[他下一] ❶価値あるものだと思って追いかける。欲しいと思って追求する。〓「幸せ[理想]を—」❷手に入れたいと思ってさがす。探し求める。〓「職を—」「獲物を—・めて山野を歩く」❸相手にあることをするように要求する。〓「謝罪を—」❹金を払って手に入れる。買う。〓「骨董(こっとう)市で絵皿を—」「お—・めになりやすいお値段です」文 もと・む 名 求め

もと-もと【元元】 ■一[副] はじめから。もとから。〓「ここは—私の土地だ」「彼は—自然科学に関心がある」■二[名] もと。元来。〓「こけら落としの—の意味は木のくずを払うことだ」■三[形動] 前に示した事態が生じても、それが起こる以前と大差なく、どうせ得たり失ったりするものは少ないだろうと値踏みする気持ちを表す。〓「だめで—だ」「勝って—で、負けたら大変だ」

もと-ゆい【元結】ーユヒ [名] 髪のもとどりを束ねるひも・糸の類。もっとい。

もと-より【元より・▽固より・▽素より】[副] ❶もととなる性質やはじまりの時点から、そのまま引き継がれたことを表す。元来。昔から。はじめから。〓「彼は—金銭に縁がない」「—私には彼を責める気などなかった」❷言うまでもなく。もちろん。〓「そんなことは—承知だ」❸〈多く「AはもとよりBも」の形で〉可能性の高いAばかりでなく、可能性の低いBまでもそうなることを表す。AはもちろんBも。AだけでなくBも。〓「この法案には、野党は—与党の議員も反対票を入れた」「子供は—大人にも楽しめるテーマパーク」

もどり【戻り】[名] ❶もとの場所に帰ること。また、帰り道。〓「—は四時になる」❷戻ること。もとの状態に返ること。〓「—梅雨」❸物を引っかけるために鉤(かぎ)や釣り針の先端につけた、逆向きにとがった部分。

もと・る【▼悖る】[自五] 道理にそむく。反する。〓「人

の道に—行い」

もど・る【戻る】［自五］❶もとの場所に帰る。‖「忘れ物に気づいて会社に—」「サケが川に—ってくる」❷もといた場所の方向へ引き返す。‖「いま来た道を—」「行き過ぎた列車がちょっと—って停車した」❸〈「…から戻る」の形で、動作性名詞を受けて〉その用事を終えて外出先から帰る。‖「旅行［買い物］から—」❹もとの状態に返る。‖「彼にいつもの笑顔が—ってきた」「意識が—」「ダイヤが平常に—」「二人の関係がもとに—」❺本来の持ち主や本来あった場所に返る。‖「落とした財布が持ち主に—」可能戻れる 名戻り

も-なか【▽最中】［名］❶薄くのばして焼いた糯米（もちごめ）製の皮を二枚合わせ、中に餡（あん）を詰めた和菓子。▽形が「最中の月」に似ることから。❷まんなか。また、まっさかり。‖「—の月（＝陰暦十五夜の月）」

モナ-リザ［Monna Lisaイタリア］［名］レオナルド＝ダ＝ビンチ作の女性の肖像画。謎の微笑で知られる。ルーブル美術館蔵。▽モナは既婚婦人の敬称。

モニター［monitor］［名］❶放送や録画・録音などの状態を監視・調整する装置。また、それを操作する技術者。❷放送局・新聞社・企業などから依頼されて、放送内容・記事・商品などについて意見や感想を述べる人。❸コンピューターのディスプレー。

モニタリング［monitoring］［名］❶監視すること。継続的に観測したり測定したりすること。‖「水質の—」❷商品やサービスなどについて感想や意見を述べること。‖「新製品の—を行う」

モニュメント［monument］［名］❶記念建造物。記念碑・記念塔・記念像など。❷不朽の事業・功績・作品。‖「文学史上の—といえる長編小説」

も-ぬけ【▼蛻】［名］ヘビ・セミなどが脱皮すること。▽「裳脱け」の意。

もぬけ-の-から【▼蛻の殻】［名］❶ヘビ・セミなどのぬけがら。❷人が抜け出して、寝床や住居などが空になっている状態。❸魂の抜け去った体。死体。なきがら。

もの【物】 **一**［名］❶物体・物質、品物・物品、ひいては生物まで、具体的存在物を広くとらえていう。‖「—には形と色がある」「何か食べる—はないか」「洗い—・続き—」❷具体的な存在から離れて、物事や事物を広くとらえていう。考え・知識・言葉や、その他の事柄など、はっきりとはとらえ難いが、確かに意識の対象となる存在。‖「—を思う」「—を言う」「—には順序がある」❸悪霊など、得体（えたい）が知れず、恐ろしい存在。‖「—に憑（つ）かれる」▽直接指すことを避けていったもの。❹考慮・注目・問題視すべき対象となる存在。‖「遠路を—ともしない」「—の数にも入らない」❺〈連体修飾語を受けて〉それによって特徴づけられるさまざまの、抽象的な物事や事物を表す。‖「これは誰にでもできる—ではない」「死因は出血による—だ」❻〈主に「…というもの」の形で〉物事を抽象概念としてではなく、具体的な事物としてとらえていることを明示する。‖「年老いて初めて若さという—の貴重さを知った」❼〈「ものの」の形で〉⬇物の ❽〈名詞に付いて複合語を作る〉それに所属する・関係する・相当する、などの意を表す。‖「春—の服」「縁起—・時代—」「冷や汗—・表彰—・眉唾（まゆつば）—」 **二**［接頭］〈形容詞・形容動詞の上に付いて〉何となくそのようなようすである意を表す。‖「—悲しい」「—静かだ」

◈抽象的な動作・作用、状態・変化などをいう「こと（事）」に対し、「もの」は空間に位置を占め、形をもち、実際に見たり触れたりできる対象。連体形を受ける言い方では、「もん」ともいう。⬇もの（終助）・ものか・もので・ものなら・ものの・ものを 書き分け 一⑤〜⑦や、「『もの』の文型表現」にあるような「もの」はかな書きが標準的。他は漢字書きが標準的だが、近年かな書きが増えている。

◉**物ともせず** 問題にもしない。何とも思わない。物ともしない。‖「逆風を—突き進む」「失敗を—に最後までやり遂げた」✓注意「もろともせず」は誤り。

◉**物に・する** 手に入れる。また、習得する。‖「中国語を—」✓注意 詩文などを作る意で使うのは誤り。‖「著作を×ものにする→○ものする」

◉**物にな・る** 一人前になる。また、ある段階にまで達する。‖「練習を続ければ何とか—」

◉**物は相談** 困ったときは人に相談すればうまくいきやすいの意で、相手に相談をもちかけるときに使うことば。‖「—だが、君から説得してくれないか」

◉**物は試（ため）し** 物事は実際にやってみないと成否は分からないということ。‖「—、当たってみるか」✓注意「物の試しに［で］」とも言うが、本来は誤り。

◉**物を言・う** 効力を発揮する。‖「経験が—社会」

◉**物を言わ・せる** 力を発揮させる。‖「財力に—・せて美術品を買い集める」

「もの」の文型表現

㋐〔…ようなものだ・…みたいなものだ〕ある事態を比喩的・近似的に述べる。‖「それは猫に鰹節（かつおぶし）を預けるようなーだ」

㋑〔活用語の連体形＋ものだ〕本性、当然、当為などを表す。‖「だいたいにおいて、夏は暑い—だ」「苦労は買ってでもする—だ」▽否定の言い方は「ものでは［じゃ］ない」。「本来的に暴力は許される—ではない」

㋒〔活用語の連体形＋ものだ〕感動・詠嘆を表す。‖「世の中にはすごい人がいる—だ」「いやあ、よくもそんなに食べられる—だ」

㋓〔過去の助動詞「た（だ）」＋ものだ〕過去の経験を感慨を込めて回想・確認する。‖「昔は体重も尺貫法でいった—だ」「子供のころはよくあの川で泳いだ—だなあ」

㋔〔…たいものだ・…てほしいものだ〕感慨を込めた願望を表す。‖「たまにはゆっくり休みたい—だなあ」「今年は何としても優勝してほしい—だ」

㋕〔動詞連用形＋そうなものだ〕事態が成立しそうに見えて、なかなか成立しないことを感慨を込めていう。‖「それとなく察しがつきそうな—だが」

㋖〔過去の助動詞「た（だ）」＋ものではない〕押しつけや通念に対する強い反発や反論を表す。とても…ではない。‖「あの薬は苦くて飲めた—ではない」「土足で乗り込まれたのではたまった—ではない」

㋗〔…というものだ〕話し手の判断を強調する。‖「これこそ本当の幸福という—だ」

㋘〔活用語の連体形＋ものとする〕そういう規定や仮定を設ける意を表す。‖「委員は互選によって選出される—とする」「かりに人間は死なない—とする」

◈「ものだ」は、くだけた言い方で「もんだ」、丁寧な言い方で「ものです」とも。

もの【者】［名］〈上に連体修飾語を伴って〉そのような特質をもった人の意を表す。‖「若い—にはまだ負けない」

「家ちゅうのーに連絡する」「働きーひょうきんー」◈「物」と同語源。使い方 単独で使う場合、軽視や卑下の対象となることが多い。「次の方[人]は申し出てください」「次の者は申し出よ」のように、「者」は「方・人」と違って敬語化になじまない。

もの [終助] 理由を述べる。≡「でも、食べたくないんですもの」「そう言われたって退屈だもの」▼「ですもの」「ますもの」など丁寧語に付ける形は、主に女性が使う。くだけた言い方では「もん」とも。≡「あんな所、行きたくないもん」使い方 (1)活用語の終止形に付く。(2)接続助詞的にも使う。≡「まだ子供だもの、無理ですよ」(3)反駁はんばくや訴えなどの気持ちがこもることも多い。また、終助詞「な」「ね」が付くと、相手と同調する気持ちが伴う。≡「今日はよく働いたものな」「この辺りは冬が厳しいですものね」

もの-あんじ【物案じ】 [名・自他サ変]〔古風〕物事を思案すること。心配すること。

もの-いい【物言い】 ーイヒ [名] ❶物を言うこと。また、物の言い方。言葉づかい。≡「ぞんざいなーをする」❷言い争い。口論。❸決定について異議を唱えること。特に相撲で、行司の判定に対して審判委員や控え力士が異議を申し入れること。≡「ーがつく」

もの-いみ【物忌み】 [名・自サ変] ❶神事などに際して一定期間飲食や言行を慎み、不浄を避けて心身を清めること。潔斎。斎戒。❷夢見や暦の日取りが凶のとき、また不浄に触れたときなどに、一定期間家にこもって身を慎むこと。

もの-いり【物入り】 [名・形動] 費用のかかること。出費。散財。≡「年末は何かとーだ」

もの-う・い【物憂い(▼懶い)】 [形] なんとなく心が晴れない気持ちである。気がふさいで、おっくうに思うさま。けだるい。≡「ー気分」「ー春」派生 -げ/-さ

もの-うり【物売り】 [名] 商品を持ち歩いて、または露天に並べて売りさばくこと。また、その人。

もの-おき【物置】 [名] 普段あまり使わない雑多な道具などを入れておく場所。また、そのための小屋。物置小屋。

もの-おじ【物▽怖じ】 ーオヂ [名・自サ変] なにかにつけて物事をこわがること。≡「ーしない子」

もの-おしみ【物惜しみ】 ーヲシミ [名] 物を使ったり、人に物を与えたりすることを惜しがること。

もの-おそろし・い【物恐ろしい】 [形] なんとなく恐ろしいさま。≡「ーうなり声」派生 -げ/-さ

もの-おと【物音】 [名] 物が立てる音。≡「ー一つしない」

もの-おぼえ【物覚え】 [名] 物事を覚えること。記憶。≡「ーのよい子」

もの-おもい【物思い】 ーオモヒ [名] あれこれと考えること。また、思い悩むこと。≡「ーにふける」「ーに沈む」

もの-おも・う【物思う】 ーオモフ [自五] あれこれと思いわずらう。≡「ーことの多い秋」

もの-か [終助] 強く否定する気持ちを表す。≡「あんな奴に負けるものか」「あの人に私の気持ちが分かるものか」「彼が犯人なものか」▼名詞「もの」+終助詞「か」から。くだけた言い方では「もんか」とも。使い方 活用語の連体形に付く。

もの-かき【物書き】 [名] 文章を書くこと。また、それを職業としている人。▼「作家」「文筆家」などに比べて、くだけた言い方。

もの-かげ【物陰】 [名] 物に隠れて見えない所。≡「ーにひそむ」

もの-かげ【物影】 [名] 何かの姿。物の形。≡「ーが動く」

もの-がた・い【物堅い】 [形] 実直で義理がたいさま。律儀である。≡「ー・くて信用の厚い人」派生 -さ

もの-がたり【物語】 [名] ❶ある事柄について話すこと。また、その内容。≡「聞くも涙のー」「寝ー」❷古くから語り伝えられてきた話。≡「八郎潟にまつわるー」❸作者の見聞や想像をもとに虚構として作られ、相手に語る形式で書かれた散文作品。≡「軍記ー」

もの-がた・る【物語る】 [他五] ❶ある事柄についてまとまった話をする。語る。≡「事件の一部始終をー」❷ある事実がおのずからある意味を表す。≡「節くれ立った手が厳しい労働をー」可能 ものがたれる 名 物語

もの-がなし・い【物悲しい】 [形] なんとなく悲しいさま。≡「ー調べ」派生 -げ/-さ

もの-かは [連語]〔古風〕もののかずではない。≡「向かい風もー舟をこぐ」▼名詞「もの」+副助詞「かは」。

もの-ぐさ【物臭・▼懶】 [名・形動] 何かをするのを面倒がること。また、そのような性質・人。≡「ーな人」

モノグラム [monogram] [名] 頭文字などを組み合わせて図案化したもの。商標や署名に用いる。組み字。

もの-ぐるおし・い【物狂おしい】 ーグルホシイ [形] 正気を失わせるほどの強烈な刺激や印象があるさま。≡「ーほどの色香」派生 -げ/-さ

モノクロ [名]「モノクローム」の略。≡「ー写真」

モノクローム [monochrome] [名] ❶一色だけで描かれた絵画。単色画。単彩画。❷画面が白黒の写真や映画。モノクロ。⇕カラー

もの-ごい【物乞い】 ーゴヒ [名・自サ変] 他人に金品を恵んでくれるよう頼むこと。また、その人。乞食こじき。

もの-ごころ【物心】 [名] 世の中の道理や人情などを理解する心。

◉**物心がつ・く** 幼児期を過ぎて、世の中の物事が何となくわかってくる。

もの-ごし【物腰】 [名] 他人と接するときの態度や言葉遣い。≡「ーの柔らかい人」

もの-ごと【物事】 [名] この世にある有形・無形のすべてのもの。一切の事物。もの。≡「ーを多面的にとらえる」「ーは初めが肝心だ」▼「物と事」の意。使い方「事物じぶつ」は「もの」に、「物事」は「こと」に重点を置いていう。「事柄」は「物事」より抽象度が高い。

もの-さし【物差し(物指し)】 [名] ❶物にあてがい、刻まれた目盛りで長さを測る道具。竹製・金属製・プラスチック製などがある。さし。❷評価の基準。尺度。≡「普通のーでははかれない人物」

もの-さびし・い【物寂しい(物▼淋しい)】 [形] なんとなく寂しい。≡「ー夕景」派生 -げ/-さ

もの-さ・びる【物▽寂びる】 [自上一] どことなく古びてみすぼらしくなる。また、古びてどことなく趣がある。≡「ー・びた古寺」文 ものさ・ぶ

もの-しずか【物静か】 ーシヅカ [形動] ❶ひっそりと静かなさま。≡「ーな境内」❷態度や言葉遣いが落ち着いて穏やかなさま。≡「ーな人」

もの-しらず【物知らず(物▽識らず)】 [名] 知識・常識がないこと。また、その人。

もの-しり【物知り(物▽識り)】 [名] さまざまな物

事を知っていること。また、その人。博識。

品格 蘊蓄「—を傾ける」該博「—な知識」碩学「当代まれな—」造詣「—が深い」篤学「—の士」博学「—ぶりに驚く」博覧「—強記」有識「—者」

ものしり-がお【物知り顔】ホ‐カ［名］いかにも物事を知っているというような顔つき。‖「—に語る」

もの-ずき【物好き】［名・形動］風変わりな物事を好むこと。また、そのような人。‖「この雨の中を花見とは—な人だ」

もの-すご・い【物▽凄い】［形］❶普通では考えられないくらい、物事の程度が甚だしいさま。驚くほどすごい。尋常でない。‖「キャンペーンの反響が—」「外は—風だ」「足が—・く痛い」❷表情や姿が非常に恐ろしい。‖「—形相で追いかけてきた」派生 —さ

もの・する【物する】［他サ変］詩文などを作る。‖「一句—」文もの・す

もの-だ【(物だ)】［連語］⬇「もの」の文型表現

もの-だね【物種】［名］物事のもとになるもの。‖「命あっての—」

もの-たりな・い【物足りない】［連語］何かが欠けていて満ち足りない気持ちである。また、内容が不十分で人の心を満たさないさま。もの足らない。‖「おかずが少なくて—」「通り一遍の—説明」

もの-で［接助］言い訳がましく理由を示す。…ものだから。‖「貧乏所帯なもので、大したおかまいもできません」「気が弱いもので、断れません」▼名詞「もの」＋断定の助動詞「だ」の連用形「で」から。使い方 (1)活用語の連体形に付く。形容動詞、助動詞「だ」の類では終止形にも付く。‖「病弱な/だもので、授業も休みがちです」「学生な/だもので、金銭的に余裕がありません」(2)くだけた言い方では、「もんで」となる。‖「ついでがあったもんで、寄らせてもらいました」

モノトーン【monotone】［名・形動］❶単調であること。一本調子。❷単一色の濃淡や明暗だけで表現すること。

もの-ども【者ども(者共)】［代］〈二人称〉目下の人々に呼びかける語。お前たち。その方ども。‖「—、後に続け」

もの-とり【物取り(物▽盗り)】［名］他人の金品を盗み取ること。また、その人。どろぼう。

もの-なら［接助］❶〈可能表現など物事の実現を表す動詞の連体形を受け、下に命令や希望や推奨の表現を伴って〉**順接の仮定条件** できないと思われることを挙げておいて、その実現を命令したり希望したり推奨したりする意を表す。‖「勝てるものなら勝ってみろ」「できるものなら、代わってやりたい」❷〈「…(よ)うものなら」の形で〉好ましくない事態が起こるきっかけを表す。もし万一…ならば。‖「口答えをしようものなら、大目玉をくらう」「雨でも降ろうものならすぐに洪水だ」◈名詞「もの」＋断定の助動詞「だ」の仮定形「なら」から。使い方 くだけた言い方では、「もんなら」となる。

もの-な・れる【物慣れる(物▼馴れる)】［自下一］その物事になれる。なれて扱いがうまくなる。‖「—・れた態度で応対する」文ものな・る

もの-の【(物の)】［連体］数を表す語の上に付いて、それが大した程度ではない意を表す。ほんの。たかだか。‖「—五分もあれば出来上がる」

もの-の［接助］❶**逆接の確定条件** 前件の内容を一応は認めながらも、なおそれとは矛盾する事柄が後件に続くことを表す。…ではあるが、しかし。…とは言え。‖「出席すると返事はしたものの、行く気がしない」「力はあるものの、実戦に弱い」「一口にマスコミとは言うものの、その実体はさまざまだ」❷〈「…からいいようなものの」「…からよかった(ような)ものの」の形で〉ある大きな事態を回避する原因となった出来事が、確実なものではなく偶然もたらされたものである意を表す。‖「私が気づいたからいいようなものの、ほかの人だったらどうするつもりだ」「援軍があったからよかったものの、そうでなければ壊滅していた」❸〈「…すれば[すると]いい(ような)ものの」などの形で〉そうすれば物事が好転することがわかっていながらの意を表す。…なのに。…ものを。‖「店をたたんでしまえばいいようなものの、諸般の事情があってそうもいかない」「謝れば済むようなものの、その一言が言えない」◈名詞「もの」＋助詞「の」から。使い方 (1)活用語の連体形に付く。(2)くだけた言い方で、「もんの」となることもある。‖「喜助はんのとこへ、嫁にきたちゅうもンの、…〈水上勉〉」

もの-の-あわれ【物の哀れ】ハ‐レ［名］本居宣長が唱えた平安文学の美的理念。外界の「もの」と、それにふれたときにわき起こる感動の「あわれ」とが一致した所に生じる、しみじみとした情趣の世界を理念化した語。▼一般に、外界の事物にふれたときに生じる、しみじみとした情趣・哀感の意でも使う。

もの-の-かず【物の数】［名］特に数えたてるほど価値のあるもの。‖「あんなチームは—ではない」▼多く打ち消しの語を伴って使う。

もの-の-ぐ【物の具】［名］❶調度品。道具。❷武具。特に、鎧(よろい)。

もの-の-け【物の▽怪(物の気)】［名］人にとりついて祟(たた)りをするといわれる生き霊・死霊・妖怪の類。

もの-の-ふ【〈武士〉】［名］［古風］武士。武人。

もの-の-ほん【物の本】［名］❶ある事柄に関することが書かれた本。‖「—によるとその寺は寛永年間に焼失したという」❷本の総称。書物。

もののみごとに【物の見事に】［連語］❶たいそう鮮やかに。‖「—やってのける」❷完全に。‖「—失敗する」

もの-び【物日】［名］祝い事や祭礼などが行われる特定の日。

モノフォニー【monophony】［名］一つの声部だけからなる音楽。単旋律音楽。単音楽。⬇ポリフォニー

もの-ほし【物干し】［名］洗濯物を干すこと。また、そのための場所。物干し場。‖「—竿(ざお)」

ものほし-げ【物欲しげ】［形動］いかにも物が欲しそうなさま。もの欲しそう。‖「—な顔」

ものほし-そう【物欲しそう】ウ‐サ［形動］いかにも物が欲しそうなさま。ものほしげ。‖「—な顔をする」

モノマニア【monomania】［名］一つのことに病的に執着する人。偏執狂。

もの-まね【物〈真似〉】［名・他サ変］❶人や動物の声・動作などをまねること。また、それを行う芸。❷他人のしたことをそっくりまねること。

もの-み【物見】［名］❶見物すること。❷戦場で、敵情を偵察すること。また、その役の人。❸眺望のために

設けた場所や施設。⦀「—櫓(やぐら)」

もの-みだか・い【物見高い】［形］好奇心が強く、何でも珍しがって見物したがるさま。⦀「—群衆が押しかける」

もの-み-ゆさん【物見遊山】［名］あちこちを見物して遊び歩くこと。

もの-めずらし・い【物珍しい】(ーメヅラシイ)［形］見ることが少なく、好奇心をそそるさま。なんとなく珍しい。⦀「物珍しそうに仮装行列を眺める」派生 -げ／-さ／-が・る

もの-もう・す【物申す】(ーマウス)［自五］ものを言う。特に、文句を言う。⦀「役所［プロ野球界］に—」▼古くは、「物言う」の謙譲語。

もの-もち【物持ち】［名］❶財産をたくさん持っている人。財産家。❷物を大切にして、いつまでも持っていること。⦀「—のいい人」

ものもの-し・い【(物物しい)】［形］いかにも厳重で厳しい態度をとっているように思わせるさま。いかめしい。大げさだ。⦀「—いでたち」「—警戒網を張る」「—話し方をする」派生 -げ／-さ

もの-もらい【物▼貰い】(ーモラヒ)［名］❶他人から食べ物などをもらって生活すること。また、その人。乞食(こじき)。❷まぶたにできる小さなはれもの。まつげの根もとの脂腺に細菌が侵入して炎症を起こす。▼麦粒腫(ばくりゅうしゅ)の通称。

もの-やわらか【物柔らか】(ーヤハラカ)［形動］言動がやさしく、穏やかであるさま。⦀「—な態度」派生 -さ

モノラル【monaural】［名］単一のマイク・スピーカーだけを使って録音・再生する方式。⇔ステレオ

モノレール【monorail】［名］一本のレールを使って列車を走行させる鉄道。単軌鉄道。レールから車両をつり下げる懸垂式と、上にまたがらせる跨座(こざ)式とがある。

モノローグ【monologue】［名］❶演劇で、登場人物が相手なしに一人で語る台詞(せりふ)。独白。⇔ダイアローグ ❷登場人物が一人だけの芝居。独演劇。

もの-わかり【物分かり】［名］物事の道理・事情などをよく理解すること。また、その能力・程度。⦀「—のいい人」

もの-わかれ【物別れ】［名］話し合いなどがまとまらないままに終わること。⦀「交渉が—に終わる」

もの-わすれ【物忘れ】［名・自サ変］物事を忘れること。⦀「—がひどい」

もの-わらい【物笑い】(ーワラヒ)［名］世間の人々があざけり笑うこと。また、その対象。⦀「世の—になる」

もの-を［接助］そうしなかったことに対する不満や恨みをこめて、逆接的に下に続ける。仮定条件にも確定条件にも使う。…のに。⦀「一言断ればいいものを、黙ってやるから怒られるのだ」「あれほど謝っているものを、なんで許してやらないのだ」▼名詞「もの」＋助詞「を」から。使い方 (1)活用語の連体形に付く。(2)後件の句が略されて、終助詞的にも使う。⦀「知らせてくれれば助けてやれたものを」「もう一息で完成させられたものを」

モバイル【mobile】［名］移動先でインターネットや電子メールなどの情報のやりとりをすること。また、それをするためのノート型パソコンや携帯情報端末。モービル。モーバイル。

モバイル-バッテリー【mobile battery】［名］スマートフォンやタブレット端末などを充電するための予備電源。モバイル電源。

も-はや【▽最早】［副］すでに終わっていることを今あらためて認める気持ちを表す。今となっては。もう。すでに。⦀「—手の打ちようがない」「—これまで」

も-はん【模範】［名］見習うべきもの。手本。⦀「—演技」

モビール【mobile】［名］何枚かの金属板や紙片を針金でつるし、それぞれが微妙なバランスを保ちながら動くように構成した造形作品。

モヒカン-がり【モヒカン刈り】［名］頭部中央の前から後ろへと細長く髪を残し、両脇をそり落とす髪型。▼「モヒカン」はネイティブアメリカンの一族。

モビリティー【mobility】［名］移動性。流動性。⦀「バスを整備して—を確保する」

モブ【mob】［名］群衆。暴徒。モッブ。

も-ふく【喪服】［名］喪中の人や弔問者が着る黒または薄墨色の衣服。

もふ-もふ［副・形動］ふくれていて柔らかいさま。⦀「—(と)した犬」「—なウサギ」

モヘア【mohair】［名］アンゴラヤギの毛。また、それで織った光沢のある毛織物。繊維が長く、柔らかい。服地・ショールなどに用いる。モヘヤ。

モボ［名］当世風の若い男性。大正末から昭和初年にかけての流行語。⇔モガ ▼「モダンボーイ」の略。

も-ほう【模倣(▼摸倣)】(ーハウ)［名・他サ変］まねること。似せること。⦀「ローマン様式を—する」

もみ【▼籾】［名］❶「もみ殻」の略。❷「もみ米」の略。

もみ【▽紅・〈紅絹〉】［名］紅色に染めた無地の平絹。和服の裏地などに用いる。▼ベニバナを揉(も)んで染めたことから。

もみ【▼樅】［名］山地に自生し、庭園樹としても植えるマツ科の常緑高木。密に互生する葉は線形。材は建築材・家具・パルプなどに用いる。

樅

もみ-あ・う【▼揉み合う】(ーアフ)［自五］❶入り乱れ、押し合って争う。⦀「デモ隊と機動隊が—」❷取引で、相場が小幅な値動きを繰り返す。⦀「高値圏で—」❸激しく議論する。名 もみ合い

もみ-あげ【▼揉み上げ】［名］鬢(びん)の毛が耳の前に細長くはえ下がった部分。

もみ-うら【▽紅裏】［名］和服の裏地にもみを用いること。また、その裏地。

もみ-がら【▼籾殻】［名］イネの実を包んでいる外皮。籾米(もみごめ)をついて玄米を取ったあとの殻。もみぬか。もみ。

もみ-くちゃ【▼揉みくちゃ】［名］❶もまれてひどくしわになること。❷大勢の人に挟まれてひどくもまれること。⦀「満員電車で—にされる」◈「もみくた」「もみくしゃ」ともいう。

もみ-け・す【▼揉み消す】［他五］❶火のついたものを手でもんで消す。⦀「煙草の火を—」❷自分に都合の悪いことやうわさなどが世間に広まらないように手を尽くして抑える。⦀「不祥事を—」名 もみ消し

もみ-ごめ【▼籾米】［名］もみ殻の付いたままの米。もみよね。もみ。

もみじ【《紅葉》(〈黄葉〉)】(モミヂ)［名］❶晩秋に木の葉が赤や黄色に色づくこと。また、その葉。紅葉(こうよう)。使い方「美しくもみじする」などとサ変動詞にもなるが、多くは「紅葉(こうよう)する」という。❷カエデの別称。

もみじ-おろし【《紅葉》下ろし(《紅葉》卸し)】(モミヂー)［名］大根に赤唐辛子を差し込んで一緒におろしたもの。また、大根おろしと人参おろしを混ぜ合わせた

もの。

もみじ-がり【《紅葉》狩り】チモミ［名］山野に出かけて紅葉を観賞すること。

もみ-すり【▼籾▼摺り】［名］臼うすなどでもみ米からもみ殻を取り除いて、玄米にすること。

もみ-で【▼揉み手】［名］左右のてのひらを、もむようにすり合わせること。頼むとき、わびるとき、媚びるときなどの動作にいう。「―をして頼み込む」

もみ-ほぐ・す【▼揉み▽解す】［他五］❶もんで柔らかくする。「ふくらはぎを―」❷気持ちや気分が穏やかになるようにする。「深呼吸をして緊張を―」

もみ-りょうじ【▼揉み療治】‐レウヂ［名］筋肉の凝りなどを手でもんで治療すること。マッサージ。

も・む【▼揉む】［他五］❶手のひらで物を包んで、また、指で物をつまむようにして、くり返し圧力を加える。また、両手を合わせてこするように動かす。「紙を―・んで柔らかくする」「塩をふってキュウリを―」「肩を―」「しきりに手を―」使い方「錐きりを―」のように、～ヲに〈道具〉をとる言い方もある。こするように動かして両手にはさんだ道具を使う意。
❷くり返し激しく揺り動かす。「神輿みこしを―」「湯を―」使い方「もまれる」の形で、比喩ひゆ的に、さまざまな力を受けて苦しい経験を重ねる意にも使う。「人生の荒波に―・まれる」「世間に―・まれて成長する」
❸〈多く「もまれる」の形で〉大勢の人が体を寄せるようにして押し合う。「人込みに―・まれる」
❹意見を出し合って十分に検討する。「原案を―・んで成案を作る」
❺運動・勝負事などで、厳しく鍛える。「一丁―・んでやろう」
❻〈「気をもむ」の形で〉心配していらいらする。「子供の結婚で気を―」

もめ-ごと【▼揉め事】［名］争いごと。ごたごた。▼多く個人間や家庭内のちょっとした争いにいう。

✦品格✦ 軋轢あつれき「社会との―が生じる」 騒動「―を起こす」 トラブル「―が発生する」 波風なみかぜ「―を立てないようにする」 波瀾はらん「―に満ちた学生生活」 紛擾ふんじょう「―を招く」 摩擦まさつ「周囲と―を起こす」

も・める【▼揉める】［自下一］❶意見が合わなくてごたごたする。「議案を通す通さないで会議が―」❷〈「気がもめる」の形で〉心配していらいらする。「無事に着いたかと気が―」

も-めん【《木綿》】［名］❶ワタの種子に付いている白くて柔らかい繊維。弾力性・保温性・吸湿性にすぐれ、衣料などに広く用いられる。❷①を紡いで作った糸。綿糸。木綿糸。❸木綿糸で織った布。綿布。木綿織り。

モメンタム［momentum］［名］❶勢い。はずみ。「相場の―」❷物理学で、運動量。

モメント［moment］［名］➡モーメント

もも【▽百】［名］〔古風〕ひゃく。また、名詞の上に付いて、きわめて数の多いことを表す。「―の官つかさ」「―度たび」「―種くさ」

もも【▽股・▼腿】［名］脚の付け根から膝ひざまでの部分。大腿部。「太―」

もも【桃】［名］白色や薄紅色の球形の果実を食用とするバラ科の落葉小高木。また、その花や果実。春、葉に先立って白・淡紅・濃紅色などの五弁花を開く。多汁で甘い果実は、生食のほか缶詰やジュースにする。果樹用・観賞用とも品種が多い。
◉**桃栗ももくり三年さんねん柿かき八年はちねん** 桃と栗は芽を出してから三年、柿は八年で実を結ぶということ。この後に「柚ゆずは九年になりかかる」「梅は酸すいとて十八［十三年］」などと続けることもある。

もも-いろ【桃色】［名］❶〈桃の花びらの色のような〉うすい紅色。淡紅色。ピンク。❷〔俗〕男女間の情事に関することにいう語。「―遊戯」

もも-だち【▽股立ち】［名］はかまの両脇の、開いている所を縫い止めた部分。「―を取る（＝活動しやすくするために、左右のもも立ちをつまみ上げて腰のひもに挟む）」

ももち-どり【▽百千鳥】［名］❶数多くの鳥。また、いろいろな鳥。ももどり。❷〔古風〕チドリ。❸〔古風〕ウグイス。

もも-とせ【▽百▽歳】［名］〔古風〕百年ひゃくねん。百歳ひゃくさい。また、多くの年月。長い年月。

もも-の-せっく【桃の節句】［名］三月三日の節句。上巳じょうしの節句。雛ひな祭り。

もも-ひき【▽股引き】［名］腰から脚までをぴったりおおう衣服。下着用と作業用とがある。

もも-われ【桃割れ】［名］日本髪で、左右に分けた髪を輪にして後頭部上でまとめ、桃を二つに割ったような形に結ったもの。

ももんが【〈▼鼯▼鼠〉】［名］体側と四肢の間に飛膜をもち、木から木へと滑空するリス科の哺乳ほにゅう類。ムササビに似るが、小形で目が大きい。夜行性。

もや【▼靄】［名］大気中に無数の細かい水滴が浮遊し、遠方がかすんで見えるもの。「―がかかる」▼気象学上は視程一キロメートル以上一〇キロメートル未満のものをいい、一キロメートル未満の霧と区別する。 靄

も-や【▽母屋（▽身屋）】［名］❶屋敷の中の中心になる建物。おもや。▼離れ・物置などに対していう。❷寝殿造りで、中央部分の部屋。周囲に庇ひさしの間をめぐらせる。

もやい【▼舫い】モヤヒ［名］船をつなぎとめること。また、そのための綱。もやいづな。

もやい【▽催▽合い・最▽合い】モヤヒ［名］共同で一つの事を行うこと。また、共同で一つの物を所有すること。「この漬物は、―で頂きましょう」

もやい-ぶね【▼舫い船】モヤヒ‐［名］他の船や杭くいなどにつなぎとめてある船。停泊している船。

もや・う【▼舫う】モヤフ［他五］船と船とをつなぎ合わせる。また、船を杭くいなどにつなぎとめる。「艀はしけを桟橋に―」名 舫い

もやし【▼萌やし】［名］大豆・小豆・緑豆りょくとうなどの豆類を水に浸し、日光をさえぎって発芽させたもの。野菜として食用にする。

もやしっ-こ【▼萌やしっ子】［名］もやしのようにひょろひょろと背は伸びているが、体力のないひよわな子供。

もや・す【▼燃やす】［他五］❶燃えるようにする。燃す。「落ち葉を―」「火を―」❷気力・感情などを高揚させる。「全国制覇に意欲［闘志］を―」可能 燃やせる

もや-もや ■［副］ㇳ ❶もや・湯気・煙などがたちこめて、辺りがぼんやりとするさま。「煤煙が―（と）立ちこめる」❷実体などがはっきりしないさま。「―（と）した記憶」❸心にわだかまりがあって、すっきりしないさま。「―（と）した気分」

■二 [名] 心のわだかまり。‖「心の—が晴れる」

もよい【▽催い】（造）〈名詞の下に付いて〉そうなるきざしが見える意を表す。‖「雨—」「雪—の空」

も-よう【模様】[名] ❶紙・織物・工芸品などの表面に装飾として施す図柄や絵。また、物の表面にあらわれた図柄。‖「唐草—」 ❷ありさま。ようす。‖「試合の—を中継する」「会議は決裂しそうな—だ」 使い方 ②は、文末に使って、報告を表す用法もある。‖「犯人は逃走した—(だ)」

もよう-がえ【模様替え】[名] ❶建物の外装、室内の装飾、家具の配置などを変えること。❷物事の配置・方法・順序などを改めること。‖「組織の—」

もよう-ながめ【模様眺め】[名] 状況がわかるまで当座は静観していること。特に、相場の動向がはっきりするまで、売買をひかえていること。

もよおし【催し】[名] 大勢の人を集めて行事などを行うこと。また、その行事。催し物。

もよおし-もの【催し物】[名] 人を集めて行う、さまざまな行事。講演会・演芸会・展示会など。 書き方 公用文では「催物」。

もよお・す【催す】■一 [他五] 行事などを計画して行う。開催する。‖「茶会を—」「展覧会が—・される」 ■二 [自他五] ある気持ちや生理的な状態が起こる。また、それを起こす。‖「にわかに眠けが—」「マッチ売りの少女に哀れを—」「吐き気を—」 可能 催せる 名 催し

も-より【《最寄り》】[名] もっとも近い所。すぐ近く。‖「—の駅[交番]」 使い方 もとは場所に限って使ったが、用法を広げ、人にもいうようになった。‖「—の係員まで」

もより-ひん【《最寄り》品】[名] 食材や生活雑貨など、近所の商店で購入される商品。⇔買回り品

もらい-ご【▼貰い子】[名] 他人の子をもらって自分の子として育てること。また、その子。

もらい-ちち【▼貰い乳】[名] 母乳が出ないときなど、子を育てるために他人の乳をもらうこと。また、その乳。もらいぢち。もらいちち。

もらい-なき【▼貰い泣き】[名・自サ変] 他人が泣くのに同情して自分もいっしょに泣くこと。

もらい-び【▼貰い火】[名] ❶よそから出た火事で自分の家が焼けること。類焼。❷よそから火種をもらうこと。また、その火種。

もらい-もの【▼貰い物】[名] 人から物をもらうこと。また、その物。いただき物。‖「近所から—をする」

もら・う【▼貰う】[動五] ■一 [他] ❶贈られて自分の手に入れる。また、頼んだりきちんと断ったりして自分の手に入れる。‖「父に入学祝いを—・った」「小遣い[手紙]を—」「薬を—・いに行く」「許可を—」 ❷嫁や婿などを家に迎え入れる。‖「嫁[婿・養子]を—」 使い方 「嫁[婿]をもらう」は、~ヲに〈結果〉をとる言い方。「友人の妹を嫁にもらう」は、~ヲに〈対象〉をとる言い方。前者は~ヲに資格者が、後者は対象となる人がくる。 ❸人に頼んで自由に使えるようにする。使わせてもらう。‖「お隣から風呂を—」「暇を—・って郷里に帰る」 ❹人に頼んで時間的余裕や機会が得られるようにする。‖「存分に時間を—・って研究する」「納品までに三日の猶予を—」 ❺金を出して店の商品を自分のものにする。‖「熱燗を一本—・おう」 ❻人のアイディアなどをちゃっかりと自分(側)のものにする。借りる。盗む。‖「映画からアイディアを—」 ❼試合や勝負事で、勝利を自分のものにする。いただく。‖「この勝負はおれが—・った」 ❽もめ事などの仲裁を引き受ける。あずかる。‖「このけんか、おれが—・った」 ❾病気をうつされる。‖「学校で風邪を—・ってくる」 ❿人の放つ強力な生命力などを自分のものにする。‖「優勝者から元気[勇気]を—」 ■二 [補動]〈動詞の連用形＋「て[で]」に付いて〉 ❶人の行為によって自分(側)が利益や恩恵を与えられる意を表す。‖「兄に貸して—」「医者に診て—」「一晩泊めて—・おうかな」 ▼依頼に応じてその行為がなされるといった感じが強い。 ❷人の行為によって自分(側)が迷惑を与えられる意を表す。‖「誤解して—・っては困る」「家へ来て—・っては迷惑だ」 ❸〈「…て[で]もらいたい」の形で〉相手に要求・依頼する意を表す。…てほしい。‖「あなたにはぜひ参加して—・いたい」「若い人に読んで—・いたい」 使い方 「帰ってもらいたい」「いい加減にしてもらいたい」のように、形は〈願望〉でも心は婉曲な〈命令〉を表すことが多い。 ❹〈「…て[で]もらっていいですか」などの形で〉人に行為をしてもらうことの許諾を求める意を表す。‖「息子さんに手伝って—・っていいですか」「終わるまで待って—・って(も)いいですか」 注意 許諾を求めるのになじまない場面で使うのは不適切。‖「×注射しますから腕をまくってもらっていいですか」

◈使い方 (1)■一■二とも、謙譲語は「頂く・頂戴する」。(2)「父が時計を買ってくれた」/(私は)父に時計を買ってもらった」では、与えた人(＝父)を主語にとる「くれる」のほうが、与えた人の意志性や親切心がよりはっきりと出る。 可能 貰える 名 もらい

もら・える【▼貰える】[動下一]（「貰う」の可能形） ■一 [自他] もらうことができる。‖「そうして—なら助かるよ」「そんなお金は—・えない」 ■二 [補動]〈動詞の連用形＋「て[で]」に付いて〉 ❶…てもらうことができる。‖「食事をおごって—のかと思った」 ❷〈「…て[で]もらえますか」などの形で〉相手に要求・依頼する意を表す。…てくれ(ないか)。‖「ちょっと手を貸して—・えますか」 使い方 やや乱暴な言い方で「…てもらえるか」「…てもらえないか」、丁寧な言い方で「…てもらえませんか」「…てもらえないでしょうか」、くだけた言い方で「…てもらえる?」などともいう。

もら・す【漏らす(▼洩らす)】[動五] ■一 [他] ❶液体・気体・光などをすき間や穴から外へ出す。‖「思わず涙を—」「おしっこを—」「水も—・さぬ警備態勢」 書き方 「▼泄らす」とも。 ❷隠している情報などをひそかに外部に知らせる。‖「秘密を—」 ❸隠していた本心を口に出して言う。‖「周囲に不平を—」「思わず本音を—」 ❹感情などを思わず声や表情に表す。‖「ため息[賛嘆の声]を—」 ❺必要な事柄をぬかす。落とす。‖「名簿から新入会員の名を—」「細大—・さず報告する」 ■二〈動詞の連用形に付いて複合動詞を作る〉うっかりして必要なことをしないでしまう。‖「言い—・書き—・聞き—」 可能 漏らせる

モラトリアム【moratorium】[名] ❶戦争・恐慌・天災などの非常事態に際し、経済的混乱を避けるために法令によって金銭債務の支払いを一定期間猶予すること。支払猶予。❷知的・肉体的には成人していなが

ら、社会人としての義務や責任を課せられないでいる猶予の期間。また、そこにとどまっている心理状態。

モラ-ハラ［名］言葉や態度による精神的な嫌がらせや虐待。▽「モラルハラスメント」の略。

モラリスト［moralist］［名］❶道徳を重んじる人。道徳家。❷一六〜一八世紀のフランスで、人間性と人間の生き方を観察・探究し、その思索を随筆などに書きあらわした一群の思想家・文学者。モンテーニュ・パスカル・ラ＝ロシュフーコーなど。

モラル［moral］［名］道徳。倫理。〓「—に欠ける」

モラル-ハザード［moral hazard］［名］❶保険業界で、保険に加入することで、かえって損害の発生に無関心になるなどの危険性。道徳的危険。❷倫理崩壊。企業などが倫理性の欠如から利益追求に走ることなどをいう。

もり【森(▼杜)】［名］❶樹木が多く生い茂っている所。〓「—の動物たち」▽林よりも規模が大きく、木々がより密生している所をいう。❷神社を囲んでいる木立。神霊の宿る所とされる。〓「鎮守の—」

もり【▼銛】［名］木製の長い柄の先に先のとがった金具を取りつけた漁具。魚などを突き刺して捕獲する。

もり【守り・守】［名］❶子供のめんどうをみること。また、その人。子守。❷見守って管理すること。また、その人。〓「関—・灯台—」◈書き分け ①②とも、子守や管理をするという動詞的な意味の場合は「守り」、子守や管理をする人の意の場合は「守」と書く。「孫の守りをする／灯台には一人の守がいた」

もり【盛り】［名］❶食べ物を食器の中に盛ること。また、盛る分量。〓「てんこ—」❷「もりそば」の略。

もり-あが・る【盛り上がる】［自五］❶盛ったように高くなる。〓「腕の筋肉が—」❷物事の勢いや気勢が高まる。また、興趣が高まる。〓「世論が—」「お祭り気分が—」名**盛り上がり**

もりあげ-さいしき【盛り上げ彩色】［名］東洋画の彩色技法の一つ。画面の一部、特に衣服の文様や花弁に顔料を厚く盛り上げて立体的な表現効果を高めるもの。盛り上げ。

もり-あ・げる【盛り上げる】［他下一］❶盛って高くする。〓「土を—」❷物事の勢いや気勢を高める。また、興趣を高める。〓「雰囲気を—」文**もりあ・ぐ** 名**盛り上げ**

もり-あわせ【盛り合わせ】アハセ［名］種々の料理を一つの器にとり合わせて盛ること。また、そのもの。〓「刺身の—」

もり-かえ・す【盛り返す】カヘス［他五］いったん衰えた勢いを回復する。〓「人気を—」

もり-がし【盛り菓子】グワシ［名］三方の上に山形に盛って神仏に供える菓子。

もり-きり【盛り切り】［名］飯などを一度器に盛っただけで、お代わりのないこと。また、その盛ったもの。もっきり。

もり-こ・む【盛り込む】［他五］❶食べ物を器に盛って入れる。❷全体の中の一部として取り入れる。〓「斬新なアイディアを—んだ企画」

もり-じお【盛り塩】シホ［名］料理屋・寄席などで、縁起を祝って門口に塩を盛ること。また、その塩。盛り花。

もり-そば【盛り〈▼蕎麦〉】［名］そばをゆでて蒸籠に盛ったもの。そばつゆをつけて食べる。もり。数「一枚…」と数える。

もり-だくさん【盛り沢山】［名・形動］分量が多いこと。また、内容が豊富なこと。〓「—な料理」「—の行事」

もり-た・てる【▽守り立てる】［他下一］❶大切に守り育てる。〓「遺児を—」❷援助して力が発揮できるようにする。〓「二代目を—」❸もう一度盛んにする。再興する。〓「事業を—」文**もりた・つ**

もり-つけ【盛りつけ(盛り付け)】［名］料理を盛りつけること。また、そのもの。〓「刺身の—」

もり-つ・ける【盛りつける(盛り付ける)】［他下一］料理を器に盛る。〓「八寸に前菜を—」文**もりつ・く** 名**盛りつけ**

もり-つち【盛り土】［名］土を盛って地面を高くすること。また、その土。もりど。書き方 公用文では「盛土」。

もり-つぶ・す【盛り潰す】［他五］酒をどんどん飲ませて正体をなくさせる。酔いつぶす。

もり-ばな【盛り花】［名］❶水盤・籠などにたくさんの花を盛るように生けること。また、その花。❷「盛り塩」に同じ。

モリブデン［Molybdänドイ］［名］金属元素の一つ。単体は銀白色の硬い金属。きわめて融点が高く、耐酸性に富む。合金材料・耐熱材料・電子機器材料などに利用する。元素記号Mo

もり-もの【盛り物】［名］❶器に盛って膳に供える食べ物。❷菓子・果物など、器に盛って神仏に供える物。おそなえ。〓「お—」

もり-もり［副］❶勢いよく物事を行うさま。〓「—(と)食べる」❷勢いよく盛り上がるさま。〓「—(と)元気が出てくる」

も・る【漏る(▼洩る)】［自五］液体・気体・光などがすき間や穴を通って外に出る。漏れる。〓「天井から雨が—」「バケツから水が—」使い方「風船から空気が—」「樹間から月影が—」など、液体以外は古風な言い方で、今では「漏れる」が一般的。名**漏り**

も・る【盛る】［他五］❶高く積み上げる。盛り上げる。〓「土手に土を—」❷器に物を入れて満たす。〓「茶碗に飯を—」❸薬を調合して飲ませる。特に、毒物を調合して飲ませる。〓「一服—」▽匙に盛って調合することから。❹文章にある思想などを含める。盛り込む。〓「平和主義の理念を憲法に—」❺［新］(何かを加えて)飾る。大げさにする。〓「話[写真]を—」可能**盛れる** 名**盛り**

品格 誇張「発言の一部に—がある」大言「—を吐いて勝利を約束する」風呂敷「—を広げる」「風呂敷を広げた結果、失敗した」

モルタル［mortar］［名］セメントと砂を混ぜ、水で練り合わせたもの。煉瓦・タイルなどの接合や、外壁塗装などに用いる。〓「—塗り」

モルト［malt］［名］❶麦芽。特に、ウイスキーやビールの醸造に使う乾燥麦芽。❷麦芽を原料として醸造・蒸留されたウイスキーの原酒。

モルヒネ［morfineオラ］［名］アヘンに含まれるアルカロイド。鎮痛剤として有効だが、習慣性・副作用が強いので法律によって使用を制限されている。麻薬の一つ。モヒ。モルフィン。

モルモット［marmotオラ］［名］❶テンジクネズミの別称。多く医学・生物学の実験に用いられる。▽一六世紀に南アメリカからヨーロッパへ移入されたとき、オランダ人が別種のマーモットと誤認したことからの名という。❷実験台として利用される人。

もれ【漏れ(▼洩れ)】[名] ❶液体・気体などがもれること。‖「水—・ガス—」❷必要な事柄が抜けること。脱落。ぬけ。おち。‖「記載に—がある」

もれ-き・く【漏れ聞く(▼洩れ聞く)】[他五] ふと耳にする。また、人づてに聞く。‖「妙なうわさを—」「—ところによれば…」

もれ-なく【(漏れ無く)】[副] 例外なく。すべて。‖「応募者には—記念品を差し上げます」

も・れる【漏れる(▼洩れる)】[自下一] ❶液体・気体・光などが、すき間や穴を通って外に出る。もる。‖「桶(おけ)から水が—」「管の継ぎ目からガスが—」「戸のすきまから明かりが—」❷音や声が壁などを隔てて聞こえてくる。‖「隣室から話し声が—」❸隠していた情報などが外部に知られる。‖「外部に極秘情報が—」❹本心や感情が表情・声などになって表れる。‖「本音[微笑み]が—」「思わずため息が—」❺必要な事柄がぬける。落ちる。‖「住所録から一部の電話番号が—・れている」❻ある枠からはずれる。除外される。‖「代表の選に—」「彼もまたご多分に—・れず(=例外ではなく)多忙だ」[文]も・る [名]漏れ

品格 筒抜け「秘密が—になる」 漏洩(ろうえい)「機密—」 漏出(ろうしゅつ)「有害物質の—」

もろ・い【▼脆い】[形] ❶襲撃に弱くて、壊れたり欠けたりしやすい。崩れやすい。脆弱(ぜいじゃく)だ。弱い。‖「この鉄橋は意外にも地震に—・かった」「—・くて崩れやすい岩」❷物事が力強さに欠けて崩れやすい。‖「男女の愛情なんてこんなに—ものかしら」❸情にほだされやすく精神的に崩れやすい。‖「彼は情に—」[派生]-げ/-さ

もろく-も【▼脆くも】[副] 外形や意気込みとは裏腹に物事がたやすく行われるさま。‖「彼の野望は—潰えた」

もろ-こ【▽諸子】[名] コイ科タモロコ属とその近縁の淡水魚の総称。体は細長く、一対の口ひげをもつ。ホンモロコなどは食用。

もろ-ごえ【▽諸声】[名] いっしょに声を出すこと。‖「—に叫ぶ」

もろ-こし【〈唐土〉・▽唐】[名] 昔、日本から中国を呼んだ称。から。とうど。‖「—船」

もろ-こし【〈▼蜀▼黍〉・〈唐▼黍〉】[名] ❶食用・飼料として栽培されるイネ科の一年草。葉・茎などはトウモロコシに似る。夏、茎頂に穂状の花を多数つけ、赤褐色の小さな実を結ぶ。タカキビ。トウキビ。ソルガム。▼コーリャンは本種の一品種。❷トウモロコシの別称。

もろ-ざし【▽両差し(▽諸差し・▽双差し)】[名] 相撲で、両腕を相手のわきに差し入れて組むこと。二本差し。‖「—で一気に寄る」

もろ-て【▽諸手・▽両手・▽双手】[名] 左右の手。両手。

◉**諸手を挙(あ)・げる** 無条件に、また積極的に受け入れる。‖「—・げて賛成する」

もろ-とも【▽諸共】[副]二 一緒に行うさま。(〜と)ともに。‖「船—沈む」「気合い—飛びかかった」[書き方]かな書きが多い。

もろ-に [副] 直接に。まともに。‖「—火の粉をかぶる」

もろ-は【▽諸刃・▽両刃】[名] 刀剣などで、両方のふちに刃がついていること。両刃(りょうば)。⇔片刃

◉**両刃の剣(つるぎ)** 一方ではきわめて有用だが、他方では大きな危険をもたらすおそれのあるもののたとえ。[注意]「もろはのけん」「りょうばのつるぎ」ともいうが、本来は「もろはのつるぎ」。

もろ-はく【▽諸白】[名] 麴(こうじ)用の米も蒸し米も、ともに精白した米で醸造した上等の酒。

もろ-はだ【▽諸肌・▽両肌】[名] 両方の肩の肌。上半身の肌。

◉**諸肌を脱(ぬ)・ぐ** ❶衣服の上半身全部を脱いで肌をあらわす。❷全力を尽くして物事にとりくむ。

もろ-びと【▽諸人】[名] もろもろの人。多くの人々。衆人。‖「—こぞりて迎えまつれ〈賛美歌〉」

モロヘイヤ[molokheiya アラビア] [名] 野菜として栽培するシナノキ科の一年草。東地中海地方原産。刻んだりゆでたりするとぬめりを生じる。お浸し・スープなどにして食べる。シマツナソ。

もろ-み【▽諸味・▼醪】[名] 酒・醤油(しょうゆ)などの醸造で、発酵がすんだあとまだ粕(かす)をこしていないもの。

もろ-もろ【▽諸▽諸・▽諸】[名] 多くのもの。さまざまなもの。また、多くの人。‖「—の事情を考慮する」「その他—」

もん【▽物】[名]「もの(物)」の転。‖「何かうまい—を食べたい」

もん【▽者】[名]「もの(者)」の転。‖「若い—が集まる」

もん【文】㊀[名] ❶足袋・靴などの底の長さを表す単位。一文は約二・四センチメートル。‖「十六—の靴」❷昔の貨幣の単位。貫の一〇〇〇分の一。㊁(造) ❶模様。あや。‖「縄—・斑—」❷文字で書き表したもの。‖「—句」「証—・注—」❸学問。‖「天—」

もん【門】㊀[名] ❶建物の外構えにもうけた出入り口。‖「—をはいる」「—番」「通用—」❷学問や芸などを学ぶところ。また、その仲間。‖「松陰の—に学ぶ」「—下」「破—」❸生物分類学上の区分で、「界」の下で「綱(こう)」の上。‖「節足動物—」㊁(造) ❶物事の出入りするところ。‖「肛—・水—」❷家。家柄。‖「—閥」「名—」❸学問・芸術・宗教などの分野・種別。‖「専—・部—」❹大砲を数える語。‖「三—の大砲」

◉**門を叩(たた)・く** 師と仰ぐ人を訪ねて弟子入りを願う。

もん【紋】[名] ❶模様。あや。‖「指—・波—」❷もんどころ。紋章。‖「—服」「家—」

もん [終助]「もの(終助)」のくだけた言い方。

もん【問】(造) ❶たずねる。といただす。といつめる。‖「—題・—責」「質—・自—」❷おとずれる。見舞う。‖「慰—・訪—」❸問題。‖「難—・第三—」

もん【▼悶】(造) ❶もだえる。‖「—絶・——」「苦—・煩—」❷もめる。‖「—着」

もん-えい【門衛】[名] 官庁・会社・工場などの門のわきにいて、その開閉をし、出入りする人を見張る人。門番。

もん-おり【紋織り】[名] 平織り・斜文織り・繻子織りなどを組み合わせて種々の模様を浮き織りにした織物。▼「紋織物」の略。

もん-か【門下】[名] ある先生について、直接教えを受けること。また、その人。門人。門弟。‖「—生」

もん-か [終助]「ものか」のくだけた言い方。‖「こんなに晴れているのに、雨なんか降るもんか」

もん-がい【門外】[名] ❶門のそと。家のそと。❷専門外。局外。

もんがい-かん【門外漢】[名] その分野を専門

としない人。畑違いの人。≡「音楽に関してはーだ」

もんがい-ふしゅつ【門外不出】［名］非常に貴重なものとして秘蔵し、その家から外へ出さないこと。≡「ーの秘宝」

もんか-しょう【文科省】［名］「文部科学省」の略。

もん-がまえ【門構え】［名］❶門を設けつくること。また、その門のつくり。≡「ーの立派な家」❷漢字の部首の一つ。「開」「閉」などの「門」の部分。かどがまえ。

もん-かん【門鑑】［名］門を出入りするときに示す通行許可証。

モンキー［monkey］［名］❶猿。❷「モンキースパナ」の略。

モンキー-スパナ［和製 monkey＋spanner］［名］ボルトやナットの大きさに応じて、くわえ口の幅を変えられるスパナ。自在スパナ。モンキー(レンチ)。

もんきり-がた【紋切り型】［名］物事のやり方が一定の型にはまっていて、新味に乏しいこと。≡「ーの挨拶」▽紋を切り抜くための型の意から。

もん-く【文句】［名］❶文章中の語句。≡「歌のー」「名ー」❷相手に対する不平・不満などの言い分。苦情。≡「いちいちーをつける」

もんく-なし【文句なし(文句無し)】［連語］不平・不満をいう余地のないこと。非のうちどころのないこと。≡「ーの出来栄え」「ーに面白いドラマ」

もん-げん【門限】［名］❶夜、門を閉める時刻。❷外出先から戻らなくてはならない刻限。≡「ーを破る」

もん-こ【門戸】［名］❶門と戸。家の出入り口。❷外部と交流し、また外部のものを受け入れるための入り口。≡「一般市民にーを開放する」❸自分の家。一家。また、自分の一派。≡「ーを構える」

◉**門戸を開く** 交流や通商などを自由にする。出入りなどを禁止しない。≡「一般市民にー」

モンゴロイド［Mongoloid］［名］黄色人種。

もん-ごん【文言】［名］文中の語句。ぶんげん。≡「規約のーを改める」

もん-さつ【門札】［名］家の居住者などの姓名を記して門に掲げる札。表札。門標。

もん-し【門歯】［名］歯列の中央にある上下各四枚の歯。物をかみ切る働きをする。切歯。前歯。

もん-し【▼悶死】［名・自サ変］もだえ苦しんで死ぬこと。

もん-じ【文字】［名］➡もじ

もん-しゃ【紋▼紗】［名］紋様を織り出した紗。夏用の和服地・帯地・法衣などに用いる。

もんじゃ-やき【もんじゃ焼き】［名］小麦粉をゆるく水で溶いていろいろな具を混ぜ、鉄板で焼いて食べる料理。もんじゃ。▽焼くときにたねで文字を書いて遊んだことから、「文字焼」の転という。

もん-しゅ【門主】［名］❶門跡寺院の住職。❷一教団・一教派の長。

もんじゅ【文殊】［名］仏教で、知恵をつかさどる菩薩。脇侍として釈迦如来の左わきに侍す。彫像などでは獅子に乗り、右手に知恵の剣を持った姿で表される。文殊菩薩。≡「三人寄ればーの知恵」

もん-じょ【文書】［名］書きつけ。書類。ぶんしょ。

もん-しょう【紋章】［名］家・氏族・国・団体などが、それを表すしるしとして用いる一定の図柄。紋。紋所。

もんしろ-ちょう【紋白▼蝶】［名］日本全土に分布するシロチョウ科のチョウ。はねは白く、前ばねに二つ、後ろばねに一つの黒紋がある。青虫・菜種虫などと呼ばれる幼虫はアブラナ科の野菜を食害する。

もん-しん【問診】［名・他サ変］医師が診断の基礎とするために、患者に自覚症状、既往歴などをたずねること。

もん-じん【門人】［名］ある先生のもとで教えを受けている人。門下生。門弟。

モンスーン［monsoon］［名］❶季節風。❷アラビア海に吹く、半年交代で向きの変わる風。夏季は南西風、冬季は北東風。❸インド・東南アジアで、夏季の南西風がもたらす雨季。また、その雨。

モンスター［monster］［名］怪物。化け物。

もん-せい【門生】［名］門人。門下生。

もん-せき【問責】［名・他サ変］責任を問いつめること。≡「関係者をーする」「ー決議」

もん-ぜき【門跡】［名］❶祖師の法統を継承し、一門の諸寺を統率する寺。また、その主僧。❷皇族・貴族などが出家して居住する特定の寺。また、その住職。❸東・西本願寺。また、その管長の通称。

もん-ぜつ【▼悶絶】［名・自サ変］もだえ苦しんで気を失うこと。≡「激しい痛みにーする」

もん-ぜん【門前】［名］門の前。門のあたり。

◉**門前市を成す** その家を訪問する人がきわめて多いことのたとえ。≡「ー盛況」

◉**門前雀羅を張る** 訪れる人もなく閑散としていることのたとえ。語源 来客が途絶え、門前に雀羅(＝雀を捕らえる網)を張りめぐらせるほどだという『史記』の故事に基づく。

◉**門前の小僧習わぬ経を読む** 常日ごろ見聞きしていると、いつの間にか習わないことも覚えてしまうということ。

もんぜん-ばらい【門前払い】［名］❶訪問者を、会わないでそのまま帰すこと。≡「ーを食わせる」❷訴え・応募・提案・参加などを受け付けないこと。

もんぜん-まち【門前町】［名］中世以降、有力な寺社の門前を中心に発達した町。伊勢神宮の宇治山田、善光寺の長野、成田不動の成田など。

もん・だ［連語］「ものだ(物だ)」のくだけた言い方。

モンタージュ［montage フランス］［名・他サ変］❶映画で、多数のカットをつなぎ合わせて統一された映像に組み立てること。また、その手法。❷写真を合成すること。また、合成した写真。

モンタージュ-しゃしん【モンタージュ写真】［名］何枚かの写真から一部分ずつを取って合成した写真。特に、犯罪の目撃者の記憶に基づいて作る顔写真をいう。

もん-だい【問題】［名］❶知識・学力などを試すために、答えを求めて出す質問。試験などの問い。≡「ーを解く」「練習ー」❷批判・討論・研究などの対象になる事柄。また、解決・処理などを必要とする課題。≡「ーを提起する」「社会[環境]ー」「ー点」❸やっかいな事件。めんどうな事柄。≡「ーを起こす」「ー児」❹注目され、話題となっている事柄。≡「これがーのシーンだ」「ーの超大作」

品格 案件「個別のー」 課題「ーが山積している」 懸案「外交上のー」 事案「虐待のおそれがあるー」 争点「裁判のー」 本件「ーに関する部分」 論点

「—を明らかにする」

もんだい-いしき【問題意識】［名］ある物事を重要であると認識し、それに積極的にかかわり合おうとする意識。〓「—をもつ」「—が足りない」

もんだい-がい【問題外】［名・形動］問題として取り上げるだけの価値がないこと。問題にならないこと。論外。〓「データのない論文など—だ」

もん-ち【門地】［名］家柄。家格。〓「—門閥」

もん-ちゃく【▼悶着】［名］感情のもつれや意見の食い違いなどから起こる争い。もめごと。ごたごた。〓「—を起こす」「一—ありそうだ」

もん-ちゅう【門柱】［名］門の両側に立てる柱。もんばしら。

もん-ちょう【紋帳】［名］紋所の見本を集めた本。紋本。

もん-ちりめん【紋▽縮▼緬】［名］文様を織り出したちりめん。紋織りのちりめん。

もん-つき【紋付き】［名］背や袖に家紋をつけた礼装用の和服。五つ紋・三つ紋・一つ紋などがある。紋服。書き方「紋付」も好まれる。

もん-で［接助］「もので」のくだけた言い方。

もん-てい【門弟】［名］門人。弟子。▼「門弟子」の略。

もん-と【門徒】［名］❶同じ宗派に帰依している信徒。特に、浄土真宗の信徒をいう。❷「門徒宗」の略。

もん-とう【門灯】［名］門口や門柱に取りつけた灯火。

もん-どう【問答】［名・自他サ変］問うことと答えること。また、議論しあうこと。〓「華厳経のことなどを和尚と—する」「—無用」「禅—」

もん-どころ【紋所】［名］家の紋章。家紋。定紋。〓「三つ葉葵の—」

もんと-しゅう【門徒宗】［名］浄土真宗の別称。

もんどり【〈翻筋斗〉】［名］〈多く「もんどり(を)打つ」の形で〉空中で体を一回転させること。宙返り。とんぼ返り。〓「—打ってひっくり返る」

もん-なし【文無し】［名］所持金がまったくないこと。一文無し。

もん-なら［接助］「ものなら」のくだけた言い方。〓「やれるもんなら、やってみろ」

もん-ぱ【門派】［名］宗門の流派。また、一門の流派。

もん-ばつ【門閥】［名］❶家の格付け。家格。門地。❷家柄のよい家。❸よい家柄の家が互いに血縁関係を結んでつくった閥。▼「門閥家」の略。

もん-はぶたえ【紋羽二重】［名］文様を織り出した羽二重。紋織りの羽二重。

もん-ばん【門番】［名］門のわきにいて人の出入りを見張る番人。門衛。

もん-ぴ【門扉】［名］門のとびら。〓「—を閉ざす」

もん-ぴょう【門標】［名］門札。

もんぶかがく-しょう【文部科学省】［名］国の行政機関の一つ。学校教育・社会教育・生涯学習・学術・スポーツ・文化・科学技術・宗教などに関する行政事務を担当する。長は文部科学大臣。▼文部省・科学技術庁を統合して二〇〇一年一月に発足。

もん-ぷく【紋服】［名］家紋をつけた着物。紋付き。

もんぶ-しょう【文部省】［名］以前あった省の一つ。⬇文部科学省

モン-ブラン【Mont Blanc】［名］❶フランスとイタリアの国境にあるアルプス山脈の最高峰。標高四八一〇メートル。❷裏ごしした栗をスポンジケーキやメレンゲなどの上に山形に絞り出した洋菓子。▼白い山の意。

もんぺ［名］腰まわりをゆるく仕立て、すそを足首のところでしぼったズボン状の衣服。労働用・防寒用に、女性が着物の上からはく。もんぺい。

もん-め【▼匁】［名］❶尺貫法で、重さを表す単位。一匁は一貫の一〇〇〇分の一で、約三・七五グラム。❷江戸時代、上方で貨幣として用いられた銀貨の単位。一匁は金一両の五〇〜八〇分の一。

もん-もう【文盲】［名］文字の読み書きができないこと。また、その人。▼視覚障害と文字の読み書きを結びつけた差別的な語。現在は「非識字」を使う。

もん-もん【▼悶▼悶】［形動タル］悩み苦しんで、もだえるさま。〓「—として一夜を明かす」

もん-よう【文様・紋様】［名］調度・器物・衣服などに装飾として施された図柄。模様。〓「土器の—」

もん-りゅう【門流】［名］一門から分かれた系統。また、一門の中の流派。〓「小野派一刀流の—」

や【八】［名］❶はち。やっつ。やあ。〓「いつ、む、なな、—」❷〈名詞の上に付いて〉数が多い意を表す。〓「—重」「—雲立つ」「千代に—千代に」▼物を数えるときに使う。

や【矢（▼箭）】［名］❶弓の弦につがえ、目的物に向けて射る棒状のもの。鏃・矢柄・矢羽などからなる。武器・狩猟具として用いる。数「一本…」「一条…」などと数える。❷木材や石などを割るときに用いるくさび。

◉**矢でも鉄砲でも持って来い**　どんな手段でもよいからかかってこい。決意を固めたときやなかばやけになったときなどに発することば。

◉**矢の催促**　続けざまに激しくせきたてること。

◉**矢も盾もたまらず**　あることをしたいという気持ちをこらえることができないさま。〓「—家を飛び出す」

や【屋・家】　━［名］【家・屋】いえ。建物。〓「この—の住人」「空き—」「一軒—」　━［接尾］〈名詞に付いて〉❶【屋】その商売を営む人や家の意を表す。〓「肉—」「パン—」「植木—」❷【屋】それを専門とする人や、そのような性質の人である意を表す。〓「技術—」「皮肉—」「わからず—」「さびしがり—」▼時に、自嘲・軽蔑の意をこめても使う。❸【屋・家】商売を営む家の屋号として用いる。〓「越前—」「伊勢—」❹【屋】役者の屋号や文人の雅号として用いる。〓「成田—」「鈴迺—」書き方④は、「▽舎」とも。

や【▼輻】［名］車輪の轂に放射状に取り付けられて外側の輪を支える、数多くの細長い棒。

や【野】　━［名］❶広々とした土地。のはら。〓「虎を—に放つ」「—営」「—外」「—戦」「原—」「広—」「荒—」「山—」「平—」「林—」❷民間。〓「—にある逸材」「—党」「—史」「在—」「朝—」読み分け⬇の（野）　━（造）❶範囲。区域。〓「視—」「分—」❷自然のまま。人の手が加わっていない。〓「—生」「—草」「—鳥」❸洗練されていない。また、荒っぽい。〓「—趣」「—蛮」「粗—」❹「下野」の略。〓「—州」

◉**野に下る**　公職から民間の生活に入る。下野する。〓

「官を辞して━」✔注意 (1)「野」を「の」と読むのは誤り。(2)俗に、与党が野党の地位に落ちる意で使う。

や［感］驚きの気持ちを表す。やっ。やあ。‖「━、こいつは有り難い」「━、あいつはだれだ」

や［助動 形動型］(やろ-やっ-や-○-○-○) ❶断定…だ。‖「今日は日曜━」「あの人が先生━」❷〈終止形で〉あることがらを示して、行動を促す。‖「さあ、飯━、飯━」◈関西の方言。

や ━［格助］❶並立 同類のものを並べ上げる意を表す。‖「牛や馬が草をはんでいる」「赤いのや黄色いのが飛び交っている」「あれやこれやと問題が起こる」「何やかやと忙しい」使い方「父や母の意見に従う」では、「父と母双方の意見(and)」の意にも「父または母の意見(or)」の意にも解される。
❷〈「…や何か」の形で〉同類のものを例示する意を表す。…か何か。‖「戦争や何か物騒なことが起こりそうだ」「昆布や何かでダシを取るとよい」
◈体言相当句に付く。
━［接助］…するとすぐ。‖「母の顔を見るや泣き出した」「話を聞くや否や飛び出していった」使い方 動詞や助動詞「(ら)れる」「(さ)せる」の終止形に付く。
━［終助］❶対等以下の人に使って、促す気持ちを表す。‖「こっちに来いや」「まあ座れや」「一緒にやろうや」▽おもに男性がくだけた調子で使う。
❷軽く言い放つ気持ちを表す。‖「そんな人、知らないや」「やってられないや」「ま、これでいいや」
❸詠嘆の気持ちを表す。‖「これはすごいや」「ああ、恐ろしや、恐ろしや」「高く泳ぐや鯉のぼり〈鯉のぼり〉」▽俳句の切れ字もこれ。‖「古池や蛙(かわず)飛び込む水の音〈芭蕉〉」
❹目下の相手に対する呼びかけを表す。‖「太郎や、帰ったのかい」「ポチや、こっちにおいで」
❺［古風］疑問や反語を表す。…か。‖「君よ知るや、南の国」「白鳥はかなしからずや空の青海のあをにも染まずただよふ〈若山牧水〉」
◈①は命令形や勧誘の助動詞「(よ)う」に付く。②は助動詞「ない」「たい」や形容詞に付く。③は多く形容詞に付く。
━［副助］❶〈副詞に付いて〉詠嘆を伴い意味を強める。‖「必ずや成功させてみせる」「今や遅し」「またもや失敗した」
❷［古風］〈「…やも」の形で〉軽い疑いの意を表す。…かも。‖「助かるやもしれない命を見殺しにはできない」
❸［古風］疑問や反語を表す。‖「石に立つ矢のためしありなどて恐るる事やある〈敵は幾万〉」「近江のうみ堅田に群れしかりがねはいつの頃まで居るにやあらむ〈斎藤茂吉〉」▽文語では係助詞とする。文末を連体形で結ぶ。
❹［古風］〈「…やに」の形で〉➡やに(連語)

や［接尾］〈人を表す名詞に付いて〉親しみの意を表す。‖「坊━・ねえ━・ばあ━・じい━」

や【冶】(造)❶金属をとかす。金属をとかして器物を作る。‖「━金」「陶━」❷なまめかしい。‖「艶━」

や【弥】(造)さらに。いよいよ。‖「━猛」旧彌

や【夜】(造)よる。‖「━景・━食」「今━・深━・徹━・日━」

やあ［感］❶ちょっと驚いたとき、また、不意に気づいたときなどに発する語。‖「━、びっくりした」「━、これはなんだ」❷人に呼びかけるとき、また、呼びかけに答えるときなどに発する語。‖「━、しばらく」「━、あなたでしたか」❸気合いをこめるときに発する語。‖「えい、━」

ヤード【yard】［名］ヤードポンド法で、長さを表す単位。一ヤードは三フィートで、九一・四四センチメートル。記号yd 書き方「▼碼」とも。

ヤードポンド-ほう【ヤードポンド法】［名］基本単位として長さにはヤード、重さにはポンドを用いる度量衡法。英米で使用される。

ヤール【yard】［名］ヤード。主として布地の長さを測るときに使う。▽「ヤード」をオランダ語風に読んだ「ヤールド」の転。

ヤール-はば【ヤール幅】［名］服地の幅が一ヤール(=約九一・四四センチメートル)のもの。

やい［感］目下の者に乱暴に呼びかけるとき、また人をおどしつけるときなどに発する語。‖「━、出てこい」「━、金を出せ」

や-いた【矢板】［名］土木・建築の基礎工事で、土砂の崩壊や水の侵入を防ぐために打ち込む板状の杭。木製・鋼製・鉄筋コンクリート製などがある。

やいと【▼灸】［名］［古風］灸(きゅう)。▽「焼処(やきと)」の転。

や-いなや【や否や】［連語］動詞の終止形に付いて、同時に、または引き続いてすぐに物事が行われる意を表す。…するとすぐに。…するが早いか。‖「知らせを受ける━家を飛び出す」「毒杯をあおる━苦しみ出す」

やいの-やいの［副］繰り返ししつこく要求するさま。‖「━(と)催促する」

やいば【▽刃】［名］❶焼き入れをして鍛えた刃(は)。また、刃の表面に見える波形の模様。❷刃物・刀剣などの総称。‖「━を向ける」◈「焼き刃」の転。

やい-やい ━［感］乱暴に呼びかけるときに発する語。‖「━、もっと気をつけて口をきけ」━［副］しつこく言いたてるさま。やいのやいの。‖「━言われて重い腰をあげる」

や-いん【夜陰】［名］夜の暗さ。夜のやみ。また、夜中。‖「━に乗じる」

や-え【八重】［名］❶八つ、または数多く重なっていること。また、そのもの。‖「━の潮路(=はるかな海路)」❷花びらが数多く重なっていること。また、その花。‖「━の椿(つばき)」

や-えい【夜営】［名・自サ変］夜、軍隊が陣営を設けること。また、その陣営。‖「━地」

や-えい【野営】［名・自サ変］❶軍隊が野外に陣営を設けること。また、その陣営。❷野外にテントなどを張って宿泊すること。‖「湖畔で━する」

やえ-ざき【八重咲き】［名］花びらがいく枚も重なって咲くこと。また、その花。‖「━の桜」

やえ-ざくら【八重桜】［名］サトザクラのうち、八重咲きの品種の総称。他のサクラよりやや遅れて開花する。ボタンザクラ。

やえ-ば【八重歯】［名］正常な歯並びからずれて、重なるように生える歯。

やえ-むぐら【八重▼葎】［名］❶幾重にも生い茂っている雑草。❷夏、淡黄緑色の小花をつけるアカネ科の一年草または二年草。葉・茎には下向きのとげがある。荒地・畑地などに自生。

や-えん【野猿】［名］野生のサル。

やお-ちょう【《八百長》】［名］勝負事などで、表面は真剣に争っているように見せかけながら、あらかじめ示し合わせたとおりに勝負をつけること。また、なれあいで事を行うこと。‖「━試合」

や-おもて【矢面（矢表）】［名］❶敵の矢が飛んで来る正面。❷質問・非難などを集中して受ける立場。‖「批判の―に立つ」

やお-や【《八百屋》】［名］野菜類を売る店。また、その人。青果商。青物屋。

やお-よろず【《八百》万】［名］きわめて数が多いこと。‖「―の神」

やおら［副］ものごとの起こり方がゆっくりであるさま。おもむろに。‖「―立ち上がった」▼突然・不意に、の意味で使うのは誤り。

やか［接尾］〈名詞、形容詞の語幹、擬態語など、状態を表す語に付いて形容動詞の語幹を作る〉そのような状態である意を表す。‖「はな―・しめ―・ささ―・きらび―」「つつまし―」

や-かい【夜会】［名］社交を目的として夜に開催される会。音楽会・舞踏会・晩餐会など。

や-がい【野外】［名］野原。また、建物の外。戸外。屋外。‖「―劇・―コンサート」

やかい-ふく【夜会服】［名］夜会に着る正式の礼服。女性のイブニングドレス、男性の燕尾服・タキシードなど。

や-がく【夜学】［名］夜間に授業を行う学校。夜学校。

やかず-はいかい【矢数俳諧】［名］俳諧の形式の一つ。一昼夜または一日の間に独吟を続け、その句数の多さを競う俳諧興行。京都三十三間堂の大矢数にならったもの。

や-がすり【矢▼絣（矢〈飛白〉）】［名］矢羽根の柄を織り出したかすり。

や-かた【屋形・館】［名］❶【屋形・館】貴族・豪族などの屋敷。また、その主人。❷【屋形】船の上に設けた屋根のある部屋。

やかた-ぶね【屋形船】［名］「屋形」②を設けた和船。川遊びなどに用いる。

やがて【▼軈て】［副］そのうちに。おいおい。間もなく。‖「―到着するでしょう」「―日が暮れた」

やかまし・い【▼喧しい】［形］❶不快に感じるほど、音が強かったり多かったりする。騒がしい。うるさい。‖「隣の犬は鳴き声が―」「スピーカーの音が―」使い方⬇うるさい ❷表現や行為が度を超して不快に感じる。うるさい。‖「服装に―学校」「見合いをしろの何のと―ったらありゃしない」❸広く議論を巻き起こすさま。‖「世間に―く取りあげられた事件」❹好みについてあれこれ意見が多い。うるさい。‖「彼はファッションに―」使い方「やかましい」が意見が多いことを批判的にとらえていうのに対し、「うるさい」はそれについての知識量や判断を肯定的に評価する場合にもいう。自分の知識量を誇る意味で「俺はコーヒーにはうるさいんだ」とは言えても、「俺はコーヒーにはやかましいんだ」とは言わない。派生 -げ／-さ

やかまし-や【▼喧し屋】［名］小言や理屈をやかましく言う人。

やから【▽族】［名］血筋を同じくする人々。一族。

やから【▽輩】［名］同類の人々。連中。仲間。‖「不逞の―」▼多く非難や軽蔑の意味を込めて使う。

やがる［助動 五型］（やがら-やがり・やがっ-やがる-やがる-やがれ-やがれ）動作をする人に対するさげすみ・ののしりなどの気持ちを表す。‖「ふざけたことを言い―」「さっさと行きやがれ」▼動詞「上がる」から転じた語で、ぞんざいな会話で使う。使い方 (1)動詞・一部の助動詞の連用形に付く。(2)「ている」に付いた「ていやがる」は「てやがる」となることがある（威張ってやがる）。前の音が変化して「ゃあがる」となることがある（へらず口をたたきゃあがる）。また、「てやがるんだ」などが「てやがんだ」となることもある（何言ってやがんだ）。

や-かん【夜間】［名］夜の間。日没から日の出までの間。‖「―勤務[飛行]」⬄昼間

や-かん【▽薬▼罐（▽薬缶）】［名］❶銅・アルマイトなどで作った湯沸かし用の器具。全体に丸みを帯びた形で、上に取っ手、横に注ぎ口がついている。▼もと薬を煎じるのに使ったことから。❷［俗］①のようにつるつるにはげた頭。▼「薬罐頭」の略。

やき【焼き】［名］❶焼くこと。また、焼いたぐあい。‖「―のいい茶碗」❷刀などに焼き入れをすること。また、そのぐあい。◈書き方 陶磁器の名で固有名詞的なものは「…焼」と書く。‖「萩焼」「清水焼」

◉**焼きが回・る** ❶刀などに焼き入れをするとき、火が行きわたりすぎて切れ味が鈍くなる。❷年をとるなどして勢いや能力が鈍くなる。

◉**焼きを入・れる** ❶高温で焼いた刀などの刃を急冷し、堅く鍛える。❷刺激を与えてたるんだ気持ちを引き締めさせる。また、制裁を加える。

や-き【夜気】［名］❶夜のひんやりとした空気。‖「―に当たる」❷夜の静かなけはい。‖「―が迫る」

やぎ【〈山羊〉（〈野羊〉）】［名］家畜として飼育するウシ科の哺乳類。ヒツジに似るが、毛は白色で短い。多くは二本の角をもち、雄にはあごひげがある。乳・肉・毛を利用。

やき-あみ【焼き網】［名］魚・餅などを焼くための金網。

やき-いも【焼き芋】［名］焼いたサツマイモ。

やき-いれ【焼き入れ】［名］硬度を高めるために、鉄鋼を高温に熱してから水や油の中に入れて急激に冷やすこと。

やき-いろ【焼き色】［名］食べ物を焼いたときに、表面に付く色。‖「グラタンの表面に―をつける」

やき-いん【焼き印】［名］火で熱してから物に押し当てて焼き跡を付ける金属製の印。また、それで押したしるし。烙印。

やき-うち【焼き討ち】［名・他サ変］敵方の城・建造物・街などに火を放って攻撃すること。火攻め。

やき-え【焼き絵】［名］焼きごてや薬品を用いて、紙・木・革などに絵や文様を焼き付けること。また、その絵や文様。

やき-がし【焼き菓子】［名］焼いて作る菓子。

やき-がね【焼き金】［名］❶火で焼いた金属を牛馬の尻や罪人の額に押しあててしるしをつけること。また、そのしるし。❷吹き分けて不純物を除いた純粋の金。やききん。

やき-ぐし【焼き串】［名］肉・魚などを刺して焼くための竹製または金属製のくし。

やき-ごて【焼き▼鏝】［名］❶火で熱して使うこて。紙・布などのしわを伸ばすとき、または折り目をつけるときなどに用いる。❷焼き絵に用いる小さなこて。

やき-ごめ【焼き米】［名］もみのついたままの新米を煎り、臼でついて殻を取り除いたもの。

やき-ざかな【焼き魚】［名］魚に塩を振るなどして

焼いた料理。

やき-しお【焼き塩】ホ-シ〔名〕粗製の塩を焙烙(ほうろく)などで煎(い)った純白の塩。苦みがとれ、吸湿性も少なくなる。▽古くは素焼きの壺に入れて蒸し焼きにした。

やき-そば【焼き〈▼蕎麦〉】〔名〕蒸した中華めんに肉・野菜などの具を加えて油でいためた料理。また、中華めんを油で揚げて、肉・野菜などの入ったあんをかけた料理。

やき-たて【焼き立て】〔名〕焼き上がったばかりであること。また、そのもの。「―のパン」

やき-つ・く【焼き付く】〔自五〕❶焼けてくっつく。また、焼けて跡がつく。焼けつく。「モーターが―」「―ような夏の日差し」❷ある印象が強く残る。「悲惨な光景がまぶたに―」

やき-つけ【焼き付け】〔名〕❶写真で、原板と印画紙を重ね、光線をあてて陽画を作ること。プリント。❷陶磁器に絵や模様を描き、窯で焼いて定着させること。上絵付け。❸めっきをすること。◈書き方 公用文では「焼付け」。

やき-つ・ける【焼き付ける】〔他下一〕❶焼いた金属などを押しあてて、しるしをつける。焼き印を押す。「下足札に番号を―」❷写真で、原板と印画紙を重ね、光線をあてて陽画を作る。プリントする。❸陶磁器に絵や模様を描き、窯で焼いて定着させる。「花模様を―けた壺」❹金属と金属を、高温で溶かしてくっつける。また、熱処理によってめっきを施す。「バーナーで鉛管を―」❺強い印象を残す。また、しっかりと記憶にとどめる。「心に―けられた光景」文やきつ・く 名焼き付け

やき-どうふ【焼き豆腐】〔名〕直火(じかび)であぶって表面を軽く焼き焦がした豆腐。

やき-とり【焼き鳥】〔名〕鳥の肉や内臓を切って串にさし、塩やたれをつけてあぶり焼いた料理。▽牛や豚の臓物を使ったものもいう。

やき-なおし【焼き直し】ホオ-シ〔名〕❶一度焼いたものをもう一度焼くこと。❷すでに発表された作品に手を加え、別の作品のように見せかけて発表すること。また、その作品。「マクベスの―に過ぎない映画」

やき-なまし【焼き▽鈍し】〔名〕金属やガラスを適当な温度まで熱したのち、ゆっくりと冷却すること。金属では硬度が下がり、ガラスでは内部のひずみが除かれる。

やき-にく【焼き肉】〔名〕牛・豚などの肉をあぶり焼きにしたもの。また、薄く切った肉や内臓をたれにつけ、直火で焼きながら食べる料理。

やき-のり【焼き〈海▼苔〉】〔名〕干しのりを火であぶり、そのまま食べられるようにしたもの。

やき-ば【焼き場】〔名〕❶物を焼く場所。❷火葬を行う場所。火葬場。

やき-ばた【焼き畑】〔名〕雑草・雑木などを焼き払い、灰を肥料としてその跡に作物を植える農耕法。また、その畑。やきはた。「―農業」

やき-はら・う【焼き払う】ラハウ〔他五〕あたり一面をすっかり焼いて、何も残らないようにする。「草を―」

やき-ふ【焼き▼麩】〔名〕グルテンに小麦粉などを混ぜて焼いて乾燥させた食品。⬇生麩(なまふ)

やき-ぶた【焼き豚】〔名〕チャーシュー。

やき-ふで【焼き筆】〔名〕ヤナギなどの木の端を焼いて炭状にしたもの。日本画の下絵を描くのに用いる。

やき-まし【焼き増し】〔名・他サ変〕同じ写真の印画を追加して焼き付けること。また、その写真。✓注意「焼きまわし」は誤り。

やき-みょうばん【焼き明▼礬】ミャウバン〔名〕みょうばんを加熱して脱水した白色の粉末。医薬品や食品加工に用いられる。

やき-めし【焼き飯】〔名〕❶チャーハン。❷握り飯をあぶって、表面に焦げ目をつけたもの。焼きむすび。

やき-もき〔副ト〕あれこれと気をもんでいらだつさま。「遅れるのではないかと―する」

やき-もち【焼き餅】〔名〕❶焼いたもち。❷嫉妬(しっと)。ねたみ。「―を焼く」▽嫉妬する意の「焼く」に、もちを添えていった語。

やき-もの【焼き物】〔名〕❶土器・陶器・磁器などの総称。❷魚・鳥・獣肉などをあぶり焼きにした料理。

や-きゅう【野球】ウキ〔名〕九人ずつの二チームが交互に守備側と攻撃側に分かれ、守備側の投手が投げるボールを攻撃側の打者がバットで打って得点を競う球技。ベースボール。

や-ぎゅう【野牛】ウギ〔名〕❶野生のウシの総称。ヤク・ガウア(インドヤギュウ)・バイソンなど。❷バイソン。

や-ぎょう【夜業】フゲ〔名・自サ変〕夜間に仕事をすること。また、その仕事。よなべ。

や-きょく【夜曲】〔名〕❶セレナーデ。❷ノクターン。

や-きん【冶金】〔名〕鉱石から金属を取り出して精製・加工すること。

や-きん【夜勤】〔名〕夜間に勤務すること。また、その勤務。「―明け」⬍日勤

や-きん【野▼禽】〔名〕野生の鳥。野鳥。⬍家禽

やく【厄】〔名〕❶わざわい。災難。「―を払う」「―を落とす」❷「厄年」の略。「―が明ける」

やく【役】〔名〕❶つとめ。職務。任務。「仲介の―を果たす」「世話―」「大―」❷人の上に立つ高い地位・任務。「重要な―につく」「相談―」「―職」❸演劇などで、受け持って演じる役目。「―者」「脇―」❹トランプ・花札などで、一定の得点が与えられる条件。「―がそろう」

◉役に立・つ その目的に有効に働く。「災害時に―品」

やく【約】■一〔名〕❶約束すること。とりきめ。ちかい。「―を結ぶ」「契―・条―・予―」❷つづめること。簡略にすること。「長文の―」「簡―・要―」「―音」■二〔副〕およそ。だいたい。「道幅―八メートル」「―一時間」■三(造)❶つましくする。ひかえる。「倹―・節―」❷整数で割り切る。「―分」「公―数」

やく【訳】〔名〕訳すこと。また、その訳したもの。「仏文に日本語の―をつける」「―詩・―者」「英―・点―・通―・現代語―」旧譯

やく【▼葯】〔名〕雄しべの一部で、花粉をつくる器官。被子植物では花糸の先端にある。

やく【薬】■一〔名〕(俗)麻薬。■二(造)❶くすり。「―害・―草・―局」「丸―・製―」❷化学作用を及ぼす物質。「火―・弾―・農―」旧藥

や・く【焼く】〔他五〕❶火をつけて燃やす。また、燃やしてなくす。(意図的な行為にもそうでないものにもいう)「枯れ草を―」「震災で家を―」❷火であぶって中まで熱が通るようにする。「餅(もち)を―」「トースターでパンを―」▽〜ヲに〈対象〉をとる。❸原材料に熱を加えて物を作る。「茶碗(ちゃわん)を―」「クッキーを―」▽〜ヲに〈結果〉をとる。❹日光に当てて皮膚の色を黒くする。「海辺で肌

をー」[書き方]「▼灼く」とも。❺陽画を得るために写真の原板に光を当てる。焼き付ける。また、そのようにして陽画を作る。☰「ネガをー」「写真をー」[使い方]「情報をCDにー」「CD-ROMをー」など、CDなどに転用する。データを書き込む意。❻熱・化学物質などによって皮膚を損傷させる。(多く、非意図的な行為にいう)☰「熱いスープで舌をー」❼激しい情念に心を悩ませる。☰「恋に身をー」❽あれこれ気をつかう。面倒をみる。☰「世話[お節介]をー」❾(「焼き餅を焼く」から)嫉妬する。☰「二人の仲をー」[書き方]「▼妬く」が好まれる。また、「▼嫉く」とも。[可能]焼ける [名]焼き

やく【躍】(造)とびあがる。おどり動く。☰「ー進・ー動」「暗ー・活ー・跳ー・飛ー」

ヤク[yak][名]チベット・ヒマラヤ地方の高地に分布するウシ科の哺乳類。雌雄とも湾曲した長い角をもち、体側・腹面・尾には長い毛が密生する。古くから運搬用・乳用・肉用として家畜化される。犛牛。

やーぐ【夜具】[名]夜、寝るときに使う用具。布団・毛布・まくらなど。寝具。

やくーいん【役印】[名]職務上の役目を表す印。職印。

やくーいん【役員】ヰン[名]❶会合・催しなどで、ある特定の役を担当する人。☰「運動会のー」❷会社・団体などを代表し、その経営・業務執行・監督などの役割を担う幹部職員。

やくーえき【薬液】[名]薬品を溶かした液。液体状の薬。

やくーえん【薬園】ヱン[名]薬草を栽培する畑。薬草園。

やくーおとし【厄落とし】[名]神仏に祈るなどして、災難を取り除くこと。厄払い。

やくーおん【約音】[名]連続する二音節が、中間の音を脱落させて一音節に縮約する現象。「あらいそ(荒磯)」が「ありそ」に、「くすりし(薬師)」が「くすし」になるなどの類。約言。

やくーがい【薬害】[名]医薬品の副作用によって生じる害。また、農薬の使用によって農作物などが受ける害。

やくーがえ【役替え】ヘカ[名・他サ変]ある人の役目や役職を替えること。転役。

やくーがく【薬学】[名]医薬品の性質・開発・製法・効能・管理などについて総合的に研究する学問。

やくーがら【役柄】[名]❶役目の性質。役向き。❷役目に伴って生じる体面。☰「ーを重んじる」❸演劇で、俳優が演じる役の種別や性格。

やくーぎ【役儀】[名]役目。つとめ。☰「ー上、やむを得ない処置」

やくーげん【約言】[名]❶[他サ変]要点をかいつまんで言うこと。また、そのことば。☰「今の説明をーすればこうなる」❷約音。

やくーご【訳語】[名]訳した語。また、訳すときに当てられる語。☰「『極東』はFar Eastのー」

やーくーざ[名]❶[形動]いい加減で役に立たないこと。また、そのもの。☰「ーな稼業」❷ばくち打ち。渡世人。また、ならずもの。☰「ーの親分」「ー渡世」◈三枚ガルタのばくちで、八・九・三の札が来ると最悪の手になることからという。

やくーさい【訳載】[名・他サ変]訳して雑誌や新聞に掲載すること。☰「戯曲をーする」

やくーざい【薬剤】[名]薬品。薬物。また、調合された医薬品。☰「ー散布」

やくざいーし【薬剤師】[名]国家試験に合格し、医薬品の調剤・供給、その他の薬事衛生に携わる人。

やくーさつ【▼扼殺】[名・他サ変]手で首をしめて殺すこと。☰「かっとなって男をーする」

やくーさつ【薬殺】[名・他サ変]毒薬を使って殺すこと。☰「猛獣をーする」「ー処分」

やくーし【訳詞】[名]外国語の歌詞を翻訳すること。また、翻訳した歌詞。

やくーし【訳詩】[名]外国語の詩を翻訳すること。また、翻訳した詩。

やくーし【薬師】[名]「薬師如来」の略。

やくーじ【薬事】[名]医薬品・薬剤師・調剤などに関する事柄。

やくーじ【薬餌】[名]薬と食べ物。また、薬。☰「ー療法」☰「ーに親しむ(=病気がちである)」

やくしーにょらい【薬師如来】[名]仏教で、衆生を病苦から救い、災難を除くという仏。ふつう左手に薬壺を持った像であらわされる。薬師瑠璃光如来。薬師仏。

やくーしゃ【役者】[名]❶能楽・歌舞伎・現代劇などの演劇で、役に扮して演じる人。俳優。☰「千両ー」❷世故にたけ、駆け引きなどに巧みな人。☰「あの人はなかなかのーだ」

◉**役者が一枚上** 人物・知略・駆け引きなどが一段とすぐれていること。役者が上。役者が違う。[語源]芝居の番付や看板では上位から順に役者名が記されることから。

◉**役者が揃う** 何かをするのに必要な顔ぶれが全部そろう。

やくーしゃ【訳者】[名]詩や文章を訳した人。

やくーしゅ【薬酒】[名]生薬などを加えた酒。薬用酒。

やくーしゅ【薬種】[名]薬の材料。特に、漢方薬の材料として使われる草木など。☰「ー問屋」

やくーしゅつ【訳出】[名・他サ変]訳すこと。

やくーじゅつ【訳述】[名・他サ変]訳して原文の内容を述べること。また、その著述。

やくーしょ【役所】[名]役人が公務を行うところ。官公庁。☰「ー勤め」

やくーしょ【訳書】[名]訳した書物。訳本。☰「『資本論』のー」

やくーじょ【躍如】[形動タル]生き生きとして目の前に現れるさま。☰「面目ー」

やくーじょう【約定】ヂャウ[名・他サ変]約束して取り決めること。契約。☰「ー書」

やくーしょく【役職】[名]❶会社・団体などで、運営や管理にあたる重要な職務。管理職。☰「ー手当」❷一般に、役目・職務。☰「助手のーが空く」

やくーしん【薬▼疹】[名]薬剤の副作用によって皮膚に生じる発疹。

やくーしん【躍進】[名・自サ変]急速に進歩・発展すること。☰「首位にーする」「めざましいーを遂げる」

やく・す【約す】[他五]⬇約する [可能]約せる

やく・す【訳す】[他五]❶ある言語でなされた表現を他の言語に直す。翻訳する。☰「独文を和文にー」「『ベニスの商人』をー」❷古文・漢文などを現代語の文章に直す。☰「『枕草子』を口語にー」❸点訳する。また、音訳する。[可能]訳せる [異形]訳する

やく-すう【約数】［名］数学で、ある整数・整式に対し、それを割り切ることのできる整数・整式。

やく・する【▼扼する】［他サ変］❶強くおさえる。締めつける。〓「腕を—」❷重要な地点をおさえる。〓「要路を—」文やく・す

やく・する【約する】［他サ変］❶約束する。取り決める。〓「再会を—・して別れる」❷簡略にする。省略する。略する。〓「手続きを—」❸言葉・文章などを短くつづめる。要約する。〓「論文の内容を—」❹数学で、約分する。文やく・す 異形 約す

やく・する【訳する】［他サ変］⬇訳す 文やく・す

やく-せき【薬石】［名］種々の薬剤と治療法。〓「—効なく永眠する」「—の言(=薬のように効き目のある忠言)」▼「石」は古代中国で医療に用いた石鍼の意。

やく-せつ【約説】［名・他サ変］要約して説明すること。また、その説明。

やく-ぜん【薬膳】［名］漢方薬の材料を取り入れた中国料理。薬膳料理。▼中国で、医食同源の思想から生まれたもの。

やく-そう【薬草】［名］薬用になる植物。薬用植物。

やく-そく【約束】［名］❶［他サ変］当事者の間で将来の事柄を取り決めること。また、その事柄。〓「彼と結婚を—する」「それでは—が違う」「—の時間に間に合う」❷社会や集団で、あらかじめ守るように決められている事柄。きまり。ルール。〓「会の—を徹底させる」❸［他サ変］成り行きが前から定まっていること。〓「将来を—されている企業」❹生まれる前から定まっている運命。宿命。因縁。

品格 契約「業務委託—を結ぶ」 コミットメント「日米同盟の—」 誓約「他言しないと—する」 誓い「—を新たにする」 申し合わせ「—事項」 約定「—を違える」 ◉「契約」は法律上の効力を持つものをいう。「コミットメント」は、「関与」「義務」「達成目標」などの意で使われることが多い。

やくそく-ごと【約束事】［名］約束した事柄。〓「—を守る」

やくそく-てがた【約束手形】［名］振出人が受取人に、一定金額を一定期日に支払うことを約束して発行する手形。約手。

やく-たい【益体】［名］役に立つこと。また、きちんと整っていること。

◉**益体も無・い** 何の役にも立たない。つまらない。

やく-だい【薬代】［名］薬の代金。また、治療代。

やく-たく【役宅】［名］その役にある人が在職中に住むために設けた住宅。

やく-だく【約諾】［名・他サ変］約束して引き受けること。〓「援助を—する」

やく-たたず【役立たず】［名・形動］役に立たないこと。また、そのような人や物。〓「—の怠け者」

やく-だ・つ【役立つ】［自五］何かをするために有用である。役にたつ。〓「携帯電話は緊急時に—」

やく-だ・てる【役立てる】［他下一］役に立つようにする。〜の役に立てる。〓「この資料は調査研究に—・てたい」文やくだ・つ

やく-ちゅう【訳注(訳▼註)】［名］❶訳と注釈。❷訳者のつけた注釈。〓「—を施す」⬌原注

やく-づき【役付き】［名］ある役職についていること。また、その人。やくつき。

やく-づくり【役作り】［名］役者が自分の演じる役にふさわしい演技や扮装を工夫すること。〓「脚本を熟読して—をする」「—のため長い髪を切った」

やく-て【約手】［名］「約束手形」の略。

やく-とう【薬湯】［名］❶薬剤や薬草を入れた浴用の湯。くすりゆ。❷薬を煎じ出した湯。煎じ薬。

やく-どう【躍動】［名・自サ変］いきいきと活動すること。〓「—する体」「—感にあふれる筆致」

やく-とく【役得】［名］その役目についていることによって得られる特別の利益。〓「—の多い仕事」

やく-どく【訳読】［名・他サ変］原文を翻訳・解釈しながら読むこと。〓「聖書[枕草子]を—する」

やく-どく【薬毒】［名］薬の中に含まれる有毒成分。

やく-どころ【役所】［名］その人に与えられた役目。また、その人にふさわしい役目。〓「彼にはぴったりの—だ」

やく-どし【厄年】［名］❶災難に遭うことが多いので、万事に注意しなくてはならないとされる年齢。男は数え年の二五歳・四二歳、女は一九歳・三三歳など。陰陽道で説かれたものという。厄。▼特に男の四二歳と女の三三歳は大厄といい、その前後の年を前厄・後厄という。❷災厄の多い年。〓「今年はわが家にとって—だった」

やく-なん【厄難】［名］わざわい。災難。〓「—に遭う」

やく-にん【役人】［名］国や地方公共団体の機関に勤めている人。公務員。〓「—根性(=役人にありがちな、尊大で、融通のきかない性質)」▼よい意味では使われない場合が多い。

やく-ば【役場】［名］❶町村長や地方公務員が公務をとる所。〓「町—」❷公証人などが事務をとる所。

やく-はらい【厄払い】［名］❶神仏に祈るなどして災難を取り除くこと。厄落とし。▼一般に厄介なものを追い払う意でも使う。❷門付けの一つ。大晦日や節分の夜に市中を回り、厄難を払うことばを唱えて豆や金銭を乞うもの。また、その人。◈「やくばらい」とも。

やく-び【厄日】［名］❶陰陽道で、災難に遭いやすいので万事慎まなくてはならないとされる日。▼一般に災難に出遭った日の意でも使う。〓「今日はとんだ—だった」❷農家で、天候による災難が起こりやすいとされる日。二百十日・二百二十日など。

やく-ひつ【訳筆】［名］❶翻訳された文章。訳文。❷翻訳の作業。〓「—が進まない」

やく-びょう【疫病】［名］悪性の伝染病。えやみ。えきびょう。

やくびょう-がみ【疫病神】［名］疫病を流行させるという神。えやみのかみ。〓「—に取りつかれる」▼災難を招くとして人から忌み嫌われる人のたとえにもいう。

やく-ひん【薬品】［名］❶くすり。医薬品。〓「—工業」❷特定の化学変化を起こさせるために用いる物質。〓「化学—」

やく-ぶそく【役不足】［名・形動］その人の力量に比べて与えられた役目が軽すぎること。〓「課長補佐では—の感がある」注意 自分の力不足・力量不足の意で使うのは誤り。〓「×—ですが一所懸命務めます」

やく-ぶつ【薬物】［名］くすりとして用いられる化学物質。〓「—療法・—アレルギー」

やく-ぶん【約分】［名・他サ変］数学で、分数・分数式の分母と分子を公約数で割って簡単な分数・分数式

にすること。4/6を2/3にするなど。

やく-ぶん【訳文】［名］外国文や古文を翻訳・解釈した文章。翻訳文。

やく-ほ【訳補】［名・他サ変］原文にはない部分を補って翻訳すること。

やく-ほう【薬方】ハウ［名］薬を調合する方法。薬の処方。

やくほう-し【薬包紙】ヤクハウ-［名］粉薬を包むための紙。

やく-ほん【訳本】［名］翻訳した本。訳書。翻訳書。

やく-まえ【厄前】-マヘ［名］厄年の前の年。前厄。

やく-まわり【役回り】-マハリ［名］役の回りあわせ。割り当てられた役目。‖「損な━を引き受ける」

やく-み【薬味】［名］風味を増し、食欲をそそるために料理に添える香辛料や香味野菜。七味唐辛子・ネギ・ワサビ・ショウガ・山椒(さんしょう)など。

やく-むき【役向き】［名］役目に関する事柄。また、役目の性質。役柄。‖「皆が━を考えて行動する」

やく-め【役目】［名］❶役として果たさなくてはならないつとめ。割り当てられた仕事。‖「犬の散歩は弟の━だ」❷機能。はたらき。‖「魚のえらは哺乳(ほにゅう)類の肺と同じ━を果たす」

やく-めい【訳名】［名］原名を翻訳してつけた名称。

やく-もの【約物】［名］印刷で、文字・数字以外の記号活字の総称。句読点・括弧(かっこ)・数学記号など。

やく-よう【薬用】［名］薬として用いること。‖「━石鹸(せっけん)」

やく-よけ【厄▽除け】［名］災難を払い除くこと。また、その方法。

や-ぐら【▼櫓・矢倉】［名］❶城門・城壁などの上に一段高く設けた建物。見張りや攻防のための高楼。❷物見などのために木材・鉄材などを組み上げて作った高い構築物。‖「火の見━」❸相撲場、芝居の興行場、盆踊りの場などで、太鼓などを打ち鳴らすために高く作った構築物。❹こたつで、布団をかぶせるための四角い枠。こたつやぐら。❺相撲で、四つに組んで踏み込んだ形から、相手の内またにひざを入れて跳ね上げ、つりぎみに振って投げる技。▼「櫓投げ」の略。❻将棋で、王将の右側に金将・銀将を①のような形に組み上げて守る形。▼「矢倉囲い」の略。書き方 普通、「矢倉」と書く。

やぐら-だいこ【▼櫓太鼓】［名］相撲場で、開場や閉場を知らせるために櫓の上で打つ太鼓。▼昔は歌舞伎劇場でも打ち鳴らした。

やく-り【薬理】［名］薬品の働きによって起こる生理的変化。‖「━学」

や-ぐるま【矢車】［名］軸のまわりに矢羽根を放射状にとりつけ、風を受けて回るようにしたもの。幟竿(のぼりざお)の先などにつける。

やぐるま-ぎく【矢車菊】［名］夏から秋、矢車に似た青紫・桃・白色などの花を開くキク科の一年草または二年草。葉は線形で、白い綿毛が密生する。観賞用に栽培される。矢車草。

やぐるま-そう【矢車草】-サウ［名］❶初夏、茎頂に黄白色の小花を円錐状につけるユキノシタ科の多年草。直立した茎に小葉が矢車状につく。❷ヤグルマギクの通称。

やく-れい【薬礼】［名］投薬・治療に対する謝礼として医師に支払う金。くすりだい。

やく-ろう【薬籠】［名］❶薬を入れておく箱。薬箱。❷印籠(いんろう)に似た三重、四重の重ね箱。中に薬を入れて携帯した。

◉薬籠中(ちゅう)の物(もの) ➡ 自家(じか)薬籠中の物(「自家」の子見出し)

やく-わり【役割】［名］それぞれに割り当てられた役目・任務。‖「━を果たす」「━分担」

やく-わん【▼扼腕】［名・自サ変］憤慨したり残念がったりして、自分の腕を強くにぎりしめること。‖「切歯(せっし)━する」

やけ【〈自棄〉】［名］物事が思い通りにならないために、投げやりな気持ちになってむちゃな振る舞いをすること。やけくそ。自暴自棄。‖「━を起こす」「━のやん八(ぱち)」(=「やけ」を強めて、人名のようにいう語)」▼「焼け」と同語源。

やけ【焼け】［名］❶焼けること。また、焼けたように色が変わること。‖「丸━・生━」「朝━・日━」▼多く他の語と複合して使う。❷黄鉄鉱などの硫化鉱物に富んだ鉱床が地表に露出し、焼けたような褐色に見える部分。

やけ-あと【焼け跡】［名］火事で焼けた跡。

やけ-あな【焼け穴】［名］布などの一部が焼けてできた穴。

や-けい【夜景】［名］夜の景色。夜色。‖「百万ドルの━」

や-けい【夜警】［名］夜、町内や建物の中を見回って火災や犯罪の警戒をすること。また、その役目の人。‖「━団」

やけ-いし【焼け石】［名］焼けて熱くなっている石。

◉焼け石に水 わずかばかりの援助や努力では効果が上がらないということ。‖「これくらいの融資では━だ」▼焼けた石に少々水をかけても冷めないことから。

やけ-お・ちる【焼け落ちる】［自上一］建築物などが焼けて崩れ落ちる。‖「城が━」文やけお・つ

やけ-くそ【〈自棄〉▼糞】［名］「やけ」を強めていう語。‖「事業に失敗して━になる」

やけ-こげ【焼け焦げ】［名］焼けてこげること。また、その跡。‖「ズボンにタバコの━をつける」動やけこ・げる(自下一)

やけ-ざけ【〈自棄〉酒】［名］やけになって飲む酒。‖「━をあおる」

やけ-ださ・れる【焼け出される】［自下一］家を焼かれて住むところがなくなる。‖「大火で━」▼能動態の「焼け出す」はなく、受動態だけがある。

やけ-つ・く【焼けつく(焼け付く)】［自五］焼けてくっつく。焦げつく。‖「肉が鉄板に━」「━ような痛み」

やけっ-ぱち【〈自棄〉っぱち】［名］「やけ」を強めていう語。

やけ-ど【〈火傷〉】［名・自サ変］❶熱によって皮膚をいためること。また、その傷。かしょう。▼「焼け処(ど)」の意。❷危険なことにかかわって、手痛い目にあうこと。‖「相場に手を出して━した」

やけ-に［副］❶程度が甚だしいさま。むやみに。やたらに。いやに。ひどく。‖「今日は━暑い」「━ほえる犬だなあ」使い方 普通好ましくないことに言う。❷その理由が分からないとして、程度の甚だしいことをいぶかる意を表す。なぜかひどく。妙にひどく。‖「━かばうじゃないか」「今日は━調子がいいね」

やけ-の【焼け野】［名］野火で焼けた野原。焼け野原。

◉焼け野の雉(きぎす)夜(よる)の鶴(つる) 子を思う親の情が深いことのた

とえ。▽巣のある野を焼かれた雉は身の危険も顧みずに子を救い、寒い夜、鶴は翼で子をおおって温めるということから。

やけ-のこ・る【焼け残る】［自五］焼けないで残る。≡「—ったビル」

やけ-のはら【焼け野原】［名］❶野火で焼けた野原。焼け野。❷火災などによって焼かれ、あたり一面が荒れ果てている所。焼け野が原。

やけ-のみ【〈自棄〉飲み】［名・自サ変］やけになって酒を飲むこと。やけ酒を飲むこと。≡「失恋して—する」

やけ-ぶとり【焼け太り】［名・自サ変］火災にあったことで、かえって生活や事業の規模が大きくなること。≡「保険をかけていて—した店」

やけ-ぼっくい【焼け▽木▼杭・焼け▽棒▼杭】［名］焼けてこげた杭(くい)。燃えさしの棒杭。

◉焼け木杭に火が付く 以前に関係があって一度縁が切れていたものが、またもとの関係に戻ることのたとえ。多く男女関係にいう。▽一度焼けた杭(くい)は燃えつきやすいことから。✓注意「焼けぼっくりに火が付く」は誤り。

やけ-やま【焼け山】［名］❶野火などで草木の焼けた山。❷噴火したことのある山。

や・ける【焼ける】㊀［自下一］❶火がついて燃える。また、燃えてなくなる。≡「火事で家が—けた」「空襲で町が—けた」「ゴムの—においがする」❷火にあぶられて中まで熱が通る。≡「芋［肉］が—」「餅(もち)がこんがりと—」▽～ガに〈対象〉をとる。❸熱せられて高温になる。≡「鉄が真っ赤に—」❹原材料に熱が加えられて物ができあがる。≡「パイが—」「見事に—けた壺(つぼ)」▽～ガに〈結果〉をとる。❺日光に当たって皮膚(ふ)の色が赤黒くなる。≡「鼻の先が日に—けて赤い」「小麦色に—けた肌」❻日光や薬品によって物の色が変わる。≡「西日が当たって畳が—」「カーテンの色が—」❼日光を受けて空や雲の色が赤くなる。≡「空が夕日で真っ赤に—けている」❽〈「胸が焼ける」の形で〉食べ物が胃の中にもたれて胸が熱いように感じる。≡「食べ過ぎて胸が—」❾〈「…が焼けるようだ」などの形で〉体に熱い・痛いなどの強い刺激を感じるさまをいう。≡「高熱で体が—ように熱い」「辛(から)くて舌が—けそう」❿あれこれ気をつかって手がかかる。やっかいである。≡「うちの子供には手が—」「世話の—人たち」⓫ねたましく感じられる。嫉妬(しっと)心が起こる。≡「仲のいい二人を見ると—けてくる」書き方「▽妬ける」が好まれる。また、「▽嫉ける」とも。文やく
㊁［自他下一］「焼く」の可能形。焼くことができる。≡「クッキーが上手に—けない」

や-けん【野犬】［名］飼い主のいない犬。のら犬。

や-げん【▽薬研】［名］主に漢方で、薬種を細かく砕くのに用いる舟形の器具。内側のくぼみに薬種を入れ、軸のついた円盤状の道具で押し砕く。

やご【〈水▼蠆〉】［名］トンボの幼虫。淡水中にすみ、他の昆虫や小魚を捕食する。羽化まで一～三年かかるものが多い。 蠆

や-こう【夜光】［名］❶暗い所で光を発すること。また、その光。≡「—塗料」❷月のない晴れた夜空に見られる全天的な薄明かり。太陽のエネルギーによって高層大気が発光する現象。夜間の大気光。

や-こう【夜行】［名］❶［自サ変］夜、出歩くこと。また、夜間に活動すること。≡「百鬼—」❷夜間に運行する列車。夜汽車。▽「夜行列車」の略。

や-ごう【屋号】［名］❶商店につけた商業上の呼び名。店名。「越後屋」「紀伊国屋」などの類。❷歌舞伎役者の家の称号。「音羽屋」「成田屋」などの類。

や-ごう【野合】［名・自サ変］❶正式の結婚手続きをとらないで夫婦になること。私通。❷組織などが正当とみなされない形で結び付くこと。

やこう-せい【夜行性】［名］動物で、昼間は休んだり眠ったりし、夜になると活動する性質。フクロウ・コウモリなどにみられる。≡「—動物」⇔昼行性

やこう-ちゅう【夜光虫】［名］暖海の沿岸に分布し、海表面を浮遊するヤコウチュウ科の原生動物。体は直径一～二ミリメートルの球形で、波などの刺激を受けると青白い光を発する。

や-こぜん【野▼狐禅】［名］禅の修行者が、まだ悟っていないのに悟ったつもりになってうぬぼれること。また、その人。生禅(なまぜん)。

や-さい【野菜】［名］食用として畑などで栽培される植物の総称。青物。蔬菜(そさい)。≡「—サラダ」

やさ-おとこ【優男】［名］❶容姿が上品で、優美な男。❷風流を解する優雅な男。❸柔弱な男。

や-さがし【家捜し・家探し】［名・自サ変］❶家の中をくまなくさがすこと。≡「—して通帳を見つける」❷住むための家をさがすこと。いえさがし。◆書き分け 多く、①は【捜】、②は【探】を使う。

やさ-がた【優形】［名・形動］姿かたちがほっそりとして上品なこと。また、気立てやふるまいがやさしいこと。≡「—の男」

や-さき【矢先】［名］❶矢の先端。やじり。❷何かを始めようとする、ちょうどその時。また、始めたばかりでまだ物事が成就していない、その時。≡「出かけようとした—の出来事」「人生を楽しんでいた—に急死した」「対策を講じた—、事故が起こってしまった」✓注意「豪邸を新築した矢先の火災」など、物事が完全に成就した時にいうのは新しい使い方。「直後」としたい。

やさ-ぐ・れる［自下一］［俗］すねる。投げやりになる。▽もと、家出をいう、やくざの隠語。「やさ」は「さや」の倒語で「家」、「ぐれる」は「はぐれる」の意。

や-さけび【矢叫び】［名］❶矢を射当てたときに射手が歓声をあげること。また、その声。矢ごえ。矢たけび。❷合戦の始めに遠矢を射合うとき、両軍が発する叫び声。矢たけび。

やさし・い【易しい】［形］❶誰にでも簡単にできるさま。容易だ。たやすい。≡「このカメラの操作は—」「彼の説得なら—」❷簡単で理解しやすいさま。わかりやすい。平易だ。≡「今年の入試の問題は—かった」「小学生にも読める—漢字を使う」「もっと—く説明しなさい」◆⇔難しい 使い方「誰にでも—く操作できる機器」などの連用形の用法は、「優しく」との衝突を避けて、「たやすく」や「簡単に」などの言い方を使うことが多い。派生 -げ

やさし・い【優しい】［形］❶性質や態度に思いやりや慈しみの心がこもっているさま。≡「心の—人」「—言葉をかける」「—く慰める」「〔皮肉に〕彼女にはずいぶんと—のね」❷とげだたない穏やかさが好感を与えるさま。≡「—まなざしの老紳士」「—声で語りかける」「怒りっぽくない—先生のほうがいいな」「もっと—味のワインはないか」❸上品で優美なさま。≡「—笛の調べ」「唐草模様の

曲線が—く波打つ」「—く白き手をのべて林檎をわれにあたへしは〈藤村〉」❹〈「…に優しい」の形で〉人工物が天然自然の産物によくなじんで、その価値を損なうことのないさま。「地球環境に—ソーラーシステム」「手に—洗剤」派生 -げ／-さ／-み

や-さつ【野冊】［名］標本用に採集した植物を吸水用の紙とともに挟んでおく二枚の板。多く竹を編んで作り、ひもでくくって持ち歩く。

や-し【野史】［名］民間で編集した歴史書。外史。野乗。⇔正史

や-し【▼椰子】［名］熱帯・亜熱帯に分布するヤシ科の単子葉植物の総称。ココヤシ・ニッパヤシ・ナツメヤシ・アブラヤシなど。

や-し【〈香具師〉(野師)】［名］祭礼や縁日などに露店を出して、見世物などの興行や物売りをする人。また、露天商の場所割りなどをし、世話をする人。てきや。

やじ【野次(弥次)】［名］❶やじること。また、そのことば。「—を飛ばす」❷「やじ馬」の略。◈書き方「野次」「弥次」は当て字。「ヤジ」も好まれる。

やじ-うま【野次馬(弥次馬)】［名］火事や事故などの現場に興味本位で集まってくる人。また、自分とは関係のないことにすぐ興味を示し、人のしり馬に乗って騒ぎ立てる人。「—根性」

や-しき【屋敷(▽邸)】［名］❶家が建っている一区切りの土地。「家—を売り払う」❷家。特に、広い敷地に建つ大きな家。

やじ-きた【弥次喜多】［名］❶気楽で楽しい二人連れの旅行。「—道中」❷楽しく、また、こっけいな二人組み。「—コンビ」◈十返舎一九の『東海道中膝栗毛』の主人公、弥次郎兵衛と喜多八から。

やしき-ぼうこう【屋敷奉公】［名］武家屋敷に勤めること。屋敷勤め。

やしき-まち【屋敷町】［名］❶邸宅が建ち並んでいる区域。❷武家屋敷が建ち並んでいる区域。

やしない【養い】［名］❶やしなうこと。育てること。養育。「—親(=育ての親)」❷栄養となるもの。栄養物。また、肥料。

やしない-おや【養い親】［名］実子でない子を引き取り、養育する人。育ての親。養親。

やしな・う【養う】［他五］❶衣食などの面倒をみながら育てる。養育する。また、生活できるように面倒をみる。扶養する。「手塩にかけて子を—」「家族を—」❷餌を与えて飼う。飼育する。「牛馬を—」❸体力・気力・知力などを少しずつ作り上げる。「水泳で体力を—」「実力［鑑賞眼］を—」「英気を—」❹〔古風〕療養する。養生する。「病を—」可能 養える 名 養い

やしゃ【夜▼叉】［名］人を害するという古代インドの悪鬼。仏教では毘沙門天の眷属として北方を守護する鬼神となる。「外面如菩薩内心如—」▼梵語の音訳。

やしゃ-ご【〈玄孫〉】［名］ひまごの子。孫の孫。げんそん。▼「やしわご」の転。

や-しゅ【野手】［名］野球で、投手を除く守備側の選手。

や-しゅ【野趣】［名］自然のままのおもむき。素朴な味わい。「—に富む郷土料理」

やし-ゆ【▼椰子油】［名］ココヤシの果実の胚乳(コプラ)をしぼって得る白色の脂肪。石鹸・マーガリンなどの原料にする。コプラ油。

や-しゅう【夜襲】［名・他サ変］夜、暗やみを利用して敵を襲うこと。夜討ち。「—をかける」

や-じゅう【野獣】［名］野生のけだもの。「—の群れ」

やじゅう-は【野獣派】［名］フォービスム。

や-しょく【夜色】［名］夜のけしき。夜景。また、夜の気配。「蒼然たる—」

や-しょく【夜食】［名］❶夕食後、夜遅くなってからとる簡単な食事。❷夕食。ばんめし。

や-じり【▼鏃・矢尻】［名］矢の先端の、目標物に突き刺さる部分。矢先。矢の根。書き方「矢尻」は語源を反映した書き方。

やじ・る【野次る(弥次る)】［他五］他人の言動に対して大声でからかいや非難のことばを浴びせかける。「壇上の弁士を—」書き方「野次る」「弥次る」は当て字。「ヤジる」も好まれる。

や-じるし【矢印】［名］矢の形の印。方向・道筋などを示す。「—の方角に進む」

やしろ【社】［名］神を祭ってある建物。神社。

やじろべえ【弥次▽郎▽兵▽衛】［名］人形に見たてた短い棒に湾曲した細長い横棒をつけ、その両端におもりを取りつけたおもちゃ。短い棒の下端を指で支えると、大きく揺れながら釣り合いを保つ。釣り合い人形。

や-しん【野心】［名］❶ひそかに抱いている大きな望み。また、分不相応のよくない望み。野望。「政権奪取の—を抱く」「—家」❷新しいことに大胆に取り組もうとする意欲。「—作」

や-じん【野人】［名］❶いなかの人。また、飾り気のない、素朴な人。「田夫—」❷洗練されてない、粗野な人。❸在野の人。民間人。

やす【▼簎・▼矠】［名］漁具の一つ。長い柄の先に、先端が数本に分かれた鋭い鉄の金具を取りつけたもの。魚介類を突き刺して捕らえる。

やす［助動 特活型］(やせ-やし-やす-やす-〇-やせ・やす)❶〔古風〕聞き手に対し軽い丁寧の気持ちを表す。「へい、わかりやした」「そんなことはやりやせん」▼「あります」、また、「ます」の転という。❷主に関西で、動作主への軽い敬意を表す。やわらかな命令の意を表すことも多い。「あんたはんがようおいで—下河原の家へこれからいて待っとくれ—〈近松秋江〉」「またお越し—」▼「遊ばす」の転という。◈使い方 動詞の連用形に付く。

やす【安】(造)❶ある時期より値段が下がること。「円高ドル—」⇔高 ❷軽々しく行うさま。「—請け合い」

やす-あがり【安上がり】［名・形動］費用が安く済むこと。「—な工法」⇔高上がり

やす・い【安い】［形］❶金銭的に額が小さい。低価格だ。廉価だ。「品質が良い割に値段が—」「—・く上げる」⇔高い 書き方「▽廉い」とも。❷〈「安く」の形で〉評価が低いさま。軽く。安っぽく。「—・く見られる」❸〔古風〕平穏なさま。穏やか。やすらか。「安からぬ思い」「心安かれと祈る」❹〈「お安い御用」「お安いこと」の形で〉頼まれたことがわけなくできることをいう。たやすい。簡単だ。「何のこれしき、お—御用だ」書き方 まれに「お▽易い」とも。❺〔古風〕〈「お安くない」の形で〉男女の関係が一通りでないことをからかっていう。「あの二人はお—・くないね」派生 -げ／-さ

◉**安かろう悪かろう**　値段が安ければそれ相応に品質も悪いだろうの意で、安い物にいい物はないことをいう。✓注意「安かろうが悪かろうが」は誤り。

やす・い【▽易い】〔形〕❶〔古風〕手間もなく楽に行えるさま。たやすい。‖「言うは易く行うは難し」⇔難い ❷〈「お易い御用」などの形で〉➡安い④ ❸容易に行える意を表す。‖「あの人には相談し—」「食べ—形」⇔にくい・づらい ❹そうなる傾向がある意を表す。すぐに…してしまう。…がちだ。‖「形が壊れ—」「変わり—天気」⇔にくい ◈使い方 ③④は、動詞の連用形に付いて複合語を作る用法。意図的な動作の場合は③に、非意図的な動作の場合は④の意味になる。‖「生徒が入りやすい保健室／構造的にゴミが入りやすい機械」派生 -げ／-さ

やすうけあい【安請け合い】〔名・他サ変〕よく考えもしないで軽々しく依頼に応じること。‖「—して後悔する」

やすうり【安売り】〔名・他サ変〕❶安い値段で売ること。‖「大—」❷安易に与えて、そのものの価値を下げること。‖「そんなに自分を—するな」「親切の—は迷惑だ」

やすき【▽易き】〔名〕たやすいこと。楽なこと。‖「—に流れる」

◉**易きに付く**　安易な方を選ぶ。

やすけ【弥助】〔名〕鮨の別称。▼歌舞伎狂言「義経千本桜」三段目に登場する釣瓶鮨屋の主人が代々弥助を名のったことからという。本来、釣瓶鮨は吉野川のアユを使った熟れ鮨。

やすっぽ・い【安っぽい】〔形〕❶品質が劣っていて、いかにも安物らしいさま。‖「—服」❷品格がないさま。また、取るに足りないほど軽々しいさま。‖「—読み物」派生 -さ

やすで【安手】〔名〕❶同種の品のうち、値段の安い方。‖「—のスーツがよく売れる」❷〔形動〕いかにも安っぽいこと。粗末で、低級なこと。‖「—の普請」「—なヒューマニズム」

やすで【〈馬陸〉】〔名〕倍脚綱の節足動物の総称。細長い体はムカデに似るが、一体節に二対の歩脚をもつ。落ち葉の下などの湿った所にすみ、外敵にあうと渦巻き状になり臭気を放つ。円座虫。あまびこ。

やすね【安値】〔名〕❶値段が安いこと。安い値段。◈ ❷取引市場で、ある一定期間内で、最も安い値段。⇔高値

やすぶしん【安普請】〔名〕粗末な材料を使って、安い費用で家を建てること。また、その家。

やすま・る【休まる（安まる）】〔自五〕体や気分が落ち着いて、やすらかになる。‖「音楽を聴くと心が—」「気分［神経］が—」「忙しくて体の—暇がない」

やすみ【休み】〔名〕❶休むこと。休息。‖「食後の—」「—なく仕事をする」❷仕事・授業などを休む時間・日・期間。‖「夏—」❸会社・学校などを欠勤・欠席すること。‖「法事があるので—をとる」「ずる—」❹寝ること。就寝。‖「お—の時間」

品格　安息「—に身を委ねる」憩い「市民の—の場」休憩「—を挟む」休暇「—を取得する」閑暇「—を持て余す」休養「十分な—が必要だ」養生「—に専念する」余暇「—の過ごし方」

やすみやすみ【休み休み】〔副〕❶時々休みながら物事を続けるさま。‖「—山を登る」❷よく考えて、適度に。‖「冗談も—言え」

やす・む【休む】■〔自五〕❶心身の疲れをとるために仕事や活動を中断する。休憩する。休息する。‖「昼食後、横になって一時間ほど—」「—・まないで働く」❷眠るために床につく。寝る。‖「毎晩十時に—」❸仕事や勉強のためにいつも通っている場所に行かないで（家にいたままで）すます。‖「会社［学校・舞台］を—」■〔他五〕❶いつもしている仕事・業務を（例外的に）しないですます。休みにする。（個人についても組織についてもいう）‖「昨日は風邪で仕事を—・んだ」「都合により診療を—」❷恒常的・習慣的にしている行動や活動を一時的にやめる。休みにする。‖「体調を崩してジョギングを—」可能 休める 名 休み

やすめ【安め（安目）】〔名・形動〕値段が比較的安いこと。‖「—の品を選ぶ」「—に見積もる」⇔高め

やすめ【休め】〔感〕きをつけの姿勢をやめて楽な姿勢をとれという号令の語。‖「きをつけ、—」

やす・める【休める】■〔他下一〕❶心身の疲れをとるために体（の部分）を使わないようにする。休ませる。‖「横になって体を—」「花を眺めて心を—」「渡り鳥が水辺で羽を—」「筆［箸］を—（＝それを持ってする動作を中断する）」❷使われていない状態にする。休ませる。‖「機械［畑］を—」❸疲れをとるために休憩させる。休息させる。休ませる。‖■〔自他下一〕「休む」の可能形。休むことができる。‖「仕事は—うちに休んでおこう」文 やす・む

やすもの【安物】〔名〕値段が安く、品質の劣る物。

◉**安物買いの銭失い**　値段の安いものは品質が悪く、買い得と思っても結局は損をするということ。

やすやす【▽易▽易】〔副ト〕きわめて簡単に物事を行うさま。いとも簡単に。らくらく。‖「難関を—（と）突破する」「そう—とはだまされないぞ」

やすやど【安宿】〔名〕宿泊料の安い、粗末な宿屋。

やすら・う【休らう】〔自五〕休む。休息する。‖「木陰に—」名 休らい

やすらか【安らか】〔形動〕❶何事もなく平穏無事であるさま。‖「—な日々」❷何の心配もなく心が穏やかなさま。‖「—に眠る」「—な寝顔」派生 -さ

やすら・ぐ【安らぐ】〔自五〕安らかな気持ちになる。ゆったりと落ち着いた気分になる。‖「花を見ていると気持ちが—」名 安らぎ

やすり【▼鑢】〔名〕鋼の表面に細かい溝を刻み付けた切削工具。工作物の面を平らに削ったり、角を落としたりするのに使う。‖「—をかける」 鑢

やすりがみ【▼鑢紙】〔名〕紙やすり。サンドペーパー。

やすん・ずる【安んずる】■〔自サ変〕❶安らかな気持ちになる。安心する。‖「—・じて後進に道を譲る」❷満足する。甘んじる。‖「現状に—」■〔他サ変〕安らかな気持ちにさせる。安心させる。‖「人心を—」文 やすん・ず 異形 安んじる

やせ【痩せ（▼瘠せ）】〔名〕やせること。また、やせている人。‖「夏—」「—の大食い」

やせい【野生】■〔名・自サ変〕動植物が山野で自然のままに生育すること。‖「—の猿」「水仙が—している海岸」■〔代〕〔一人称〕自分を謙遜して指し示す語。小生。▼手紙文などで使う。

やせい【野性】〔名〕自然のままの性質。本能のままの性質。‖「—に目覚める」「—的（＝粗野だが、たくましさ

を感じさせるさま」

やせ‐うで【痩せ腕】［名］❶やせた細い腕。❷力量の乏しい腕前。また、生活力に乏しい身の上。細腕。

やせ‐おとろ・える【痩せ衰える】［自下一］ひどくやせて衰弱する。〓「大病を得てー」文**やせおとろ・ふ**

やせ‐がた【痩せ型・痩せ形】［名］やせた体つき。〓「ーの力士」

やせ‐がまん【痩せ我慢】［名・自サ変］無理に我慢して、平気をよそおうこと。〓「ひもじいのにーする」

やせ‐ぎす【痩せぎす】［名・形動］体がやせて骨ばって見えること。また、そのような人。〓「ーな人」

やせ‐こ・ける【痩せこける】［自下一］やせて、ひどく肉が落ちる。〓「長患いでー」文**やせこ・く**

やせ‐さらば・える【痩せさらばえる】［自下一］ひどくやせて衰える。〓「骨と皮ばかりにー」

やせ‐じし【痩せ▽肉】［名］やせていて肉付きがよくないこと。また、その体。

やせ‐た【痩せた】［連体］❶肉が落ちて体が細い。❷土地に作物などを生長させる力が乏しい。〓「ー土地」

やせ‐ち【痩せ地】［名］地味がやせていて作物などがよく育たない土地。

やせっ‐ぽち【痩せっぽち】［名・形動］ひどくやせていること。また、そういう人を軽んじていう語。

やせ‐ほそ・る【痩せ細る】［自五］やせて細くなる。〓「日に日にー」

やせ‐やま【痩せ山】［名］土質が悪く、樹木などがよく育たない山。

や・せる【痩せる】（▼瘠せる）［自下一］❶体重が減って体が細くなる。〓「大病で一〇キログラムもーせた」⇔太る・肥える ❷土地に作物や草木を生長させる力が乏しくなる。〓「この辺りは土地がーせている」⇔肥える 文**や・す** 名**やせ**

痩

◉**痩せても枯れても** どんなに落ちぶれても。衰えたといえども。〓「ー往年の大スター」

や‐せん【夜戦】［名］夜間に行われる戦闘。

や‐せん【野戦】［名］❶山野で行われる戦闘。また、攻城戦・要塞戦・市街戦以外の陸上戦。❷戦地。戦場。〓「ー病院」

や‐せん【野選】［名］フィルダーズチョイス。▼「野手選択」の略。

や‐ぜん【夜前】［名］〔古風〕きのうの夜。昨夜。ゆうべ。

ヤソ【▼耶▼蘇】［名］❶イエス＝キリスト。❷キリスト教。また、キリスト教徒。◈イエスの中国音訳「耶蘇」の音読みから。

や‐そう【野草】［名］山野に自然に生えている草。野の草。

やそう‐きょく【夜想曲】［名］ノクターン。

やそ‐じ【八▽十路・八▽十】［名］数の八〇。また、八〇年。八〇歳。

や‐たい【屋台】［名］❶台を設けた屋根付きの小さな店。路上・広場などで簡単な商いをするのに用いる。車をつけるなどして、移動させるものが多い。屋台店。〓「ーを引く」❷飾り物をして祭礼のときに引き歩く小屋形の台。囃子方や踊り手などをのせるものもある。山車。❸能楽・演劇などで、家屋・社寺などをかたどった大道具。❹「屋台骨」の略。

やたい‐ばやし【屋台▼囃子】［名］祭礼で、屋台を引くときなどに演奏するはやし。ばかばやし。

やたい‐ぼね【屋台骨】［名］❶屋台・家屋の骨組み。❷家庭や組織を支えるもの。〓「一家のーとなる」

やたい‐みせ【屋台店】［名］⇩屋台①

や‐たけ【弥▽猛】［名・形動］〔古風〕ますます勇み立つこと。〓「ーに逸る心」

や‐たけび【矢▽叫び】［名］⇩やさけび

や‐たて【矢立て】［名］❶矢を入れる道具。箙・胡籙の類。❷箙などの中に入れて陣中に携行した小さな硯箱。▼「矢立ての硯」の略。❸墨壺に筆を入れる筒をつけた携帯用の筆記用具。帯に挟んで持ち歩く。

や‐だね【矢種】［名］箙などに入れて身に帯びている矢。

や‐だま【矢弾・矢玉】［名］矢と弾丸。また、矢。

やたら【矢▼鱈】［副・形動］根拠・秩序・節度などが欠けているさま。筋がとおらないさま。むやみ。〓「ブランド品をー（に／と）買い込む」書き方「矢鱈」は当て字。

やち【▽谷地（▽谷）】［名］湿地帯。低湿地。やつ。

やち‐ぐさ【八千草】［名］たくさんの草。やちくさ。

やち‐ぐさ【八千▽種】［名］たくさんの種類。やちくさ。

や‐ちゅう【夜中】［名］夜のうち。夜間。夜分。

や‐ちょ【野▼猪】［名］イノシシ。

やち‐よ【八千代】［名］八千年。また、きわめて多くの年代。〓「千代にーに」

や‐ちょう【夜鳥】［名］夜鳴く鳥。夜間に活動する鳥。ヨタカ・フクロウ類など。夜禽。

や‐ちょう【野鳥】［名］野生の鳥。⇔飼い鳥

や‐ちん【家賃】［名］家やアパートを借りる料金。

やっ［感］❶ちょっと驚いたとき、また、不意に気づいたときなどに発する語。〓「ー、これは驚いた」「ー、しまった」❷人に呼びかけるとき、また、呼びかけに答えるときなどに発する語。〓「ー、しばらく」「ー、こんにちは」❸急に力を入れるとき、また、気合いをかけるときなどに発する語。〓「えい、ー」

やつ【▽奴】一［名］❶その人を軽蔑していう語。〓「あいつはいやなーだ」「とんでもないーだな」❷同等以下の人を親しんでいう語。〓「彼はいいーだ」「なかなか信頼できるーだ」❸その物を指して、乱暴にいう語。もの。の。〓「これと同じーがほしい」「もっと安いーはないか」❹〈「Aってやつ」の形で〉その物事にある評価（特にマイナス評価、時にプラス評価）を下していう語。〓「人間ってーはどこまで愚かなんだ」「試験ってーがなければねえ…」「バッハってーはすごいもんだ」二［代］〔三人称〕人をいやしめて、また同等以下の人を親しんで指し示す語。あいつ。〓「ーには気をつけろ」「ーもそろそろ四〇だ」◈注意 乱暴で野卑な感じを伴う（特に一③）。また、敬語表現で使うのはなじまない。〓「× 課長、昨日私がご報告したやつ、問題ないでしょうか」

やつ【▽谷】［名］やち。▼「八津」などの形で地名に残る。

や‐つ【八つ】［名］❶一の八倍の数。七の次の数。はち。やっつ。❷八歳。やっつ。❸昔の時刻の名で、現在の午前および午後の二時ごろ。❹〈他の語に付いて〉数が多い意を表す。〓「ー裂き」

やつ‐あたり【八つ当たり】［名・自サ変］腹を立てて関係のない人や物にまで当たり散らすこと。

やっ‐か【薬価】［名］薬の値段。また、薬代。〓「ー

基準」

やっ‐か【薬禍】ヤククヮ［名］薬の誤用や副作用によって起こる弊害。薬害。「―事件」

やっ‐かい【厄介】ヤク［名］❶面倒をみてもらうこと。世話になること。「一晩―になります」❷［形動］手間がかかって面倒なこと。「―な問題がおきた」派生―さ／―が・る

やっ‐かい【訳解】ヤク［名・他サ変］外国語の文章や古文を訳して解釈を加えること。また、その訳と解釈。「源氏物語の―」

やっかい‐ばらい【厄介払い】ヤクカイバラヒ［名・他サ変］厄介者や厄介な物事を追い払うこと。

やっかい‐もの【厄介者】ヤクカイ［名］❶他人に迷惑をかける人。❷居候。食客。

やつ‐がしら【八つ頭】［名］サトイモの一品種。肥大した親芋の周囲に数個の子芋が生じて大きな塊となる。含め煮などの煮物にする。「ずいき」と呼ばれる葉柄も食用。

やっか・む［他五］うらやむ。ねたむ。「人の幸せを―」▽主に関東でいう。名やっかみ

やっ‐かん【約款】ヤククヮン［名］条約・契約などに定められている個々の条項。

やっ‐き【躍起】ヤク［名・形動］あせってむきになること。「―になって弁解する」

やつぎ‐ばや【矢継ぎ早】［名・形動］続けざまにすばやく物事を行うこと。「―に質問を浴びせる」▽矢を次々と弓につがえて射る意から。

やっき‐ほう【薬機法】ヤクキハフ［名］医薬品・医療機器などについて、その品質・有効性・安全性の確保のために必要な規制を行うことを目的とした法律。薬事法の改正により、平成二六(二〇一四)年十一月より施行。▽正式名称は「医薬品、医療機器等の品質、有効性及び安全性の確保等に関する法律」。

やっ‐きょう【薬▼莢】ヤクケフ［名］銃砲の発射薬を詰める円筒形の容器。底部に雷管をつける。

やっ‐きょく【薬局】ヤク［名］❶薬剤師が医薬品の調剤および販売を行う店。開設には都道府県知事の許可を必要とする。❷病院・診療所などで、薬剤を調合する所。

やっきょく‐ほう【薬局方】ヤクキョクハウ［名］重要な医薬品について、その品質・強度・純度などの基準を定めた公定書。▽日本では薬機法に基づいた「日本薬局方」がある。書き方「方」は「漢方」などと言う場合の「方」。「薬局法」は誤り。ただし、「薬機法」「薬事法」は「法」。

やつ‐ぎり【八つ切り】［名］印画紙で、横二一・五センチメートル×縦一六・五センチメートルの大きさ。また、その印画紙。八つ切り判。

やつ‐くち【八つ口】［名］和服で、袖付けの下の脇を縫い合わせないでおく部分。身八つ口。

や‐づくり【家造り(家作り)】［名］❶家を造ること。❷家の構え。家の体裁。

ヤッケ【Jackeドイ】［名］フードの付いた防風・防寒用の上着。登山・スキー・釣りなどの時に着る。▽「ウインドヤッケ(Windjackeドイ)」の略。

やっこ【▽奴】［名］❶江戸時代の、武家の中間。❷江戸時代初期の侠客。男伊達。❸「奴豆腐」の略。◈「やつこ(＝家つ子の意)」の転。

やっ‐こう【薬効】ヤクカウ［名］薬の効きめ。「―があらわれる」

やっこ‐さん【▽奴さん】■［名］「やっこ」①の姿に折った折り紙。■［代］［三人称］同等以下の人を気軽に親しんで指し示す語。あいつ。やつ。「―、このごろ姿を見せないね」

やっこ‐だこ【▽奴▼凧】［名］奴が両袖を左右に突っ張った姿をかたどったたこ。

やっこ‐どうふ【▽奴豆腐】［名］❶小さめの正方形に切った豆腐。▽奴が着物につける方形の紋所に似ることから。❷冷ややっこ。

やつ‐ざき【八つ裂き】［名］ずたずたに裂くこと。

やっさ‐もっさ［副］大勢が集まって混乱するさま。「―して収拾がつかない」

やつ・す【▼俏す・▼窶す】［他五］❶人目につかないように姿を変える。みすぼらしく装う。「俏形に身を―」❷身がやせるほど熱中する。また、やせ衰えるほど思い悩む。「賭事に身を―」「恋に憂き身を―」

やった［感］物事が望みどおりになったときに喜んで発する語。「―、成功だ」

やっちゃ‐ば【やっちゃ場】［名］東京で、青物市場のこと。▽「やっちゃ、やっちゃ」の掛け声で競り売りをすることから。

やっ‐つ【八つ】［名］「やつ(八)」の変化した語。「ななつ、―、ここのつ」

やっつけ‐しごと【やっつけ仕事】［名］急場の間に合わせにする、その場限りの仕事。粗雑な仕事。

やっ‐つ・ける［他下一］❶「する」「やる」を強めていう語。一気にやる。とにかくやってしまう。「たまった仕事を―」❷相手をひどく打ち負かす。「敵をこてんぱんに―」◈「やりつける」の転。書き方「▽遣っ付ける」とも。

やつ‐で【八つ手】［名］晩秋、白い小花を球状につけるウコギ科の常緑低木。球形の果実は黒く熟す。互生する大きな葉は掌状に七～九裂し、柄が長い。暖地の海岸近くに自生し、庭木にもする。テングノハウチワ。

やって・くる【やって来る】［自カ変］❶こちらへ近づいてくる。「向こうから二人連れが―」❷ある仕事や生活を続けながら現在に至る。「三〇年間営業の仕事を―・きたベテラン」

やって‐の・ける【▽遣って▽退ける】［他下一］むずかしいことをやりとげる。「至難の業を難なく―」

やっ‐と［副］❶時間や手間をかけて何とか実現・成立するという気持ちを表す。ようやく。「―完成した」「―安心して眠れる」❷ぎりぎりで余裕がないという気持ちを表す。かろうじて。「一家が―暮らせるだけの収入」

やっ‐とう［名］剣術・剣道のこと。▽かけ声の「やっ」「とう」から。

やっ‐とこ【▼鋏】［名］工作物を挟んで持つのに用いる鉄製の工具。やっとこばさみ。

やっとこ‐さ ■［副］やっとのことで。やっとこ。「―片づいた」■［感］力を入れるときに発する語。どっこいしょ。やっとこせ。

やつ‐はし【八つ橋】［名］❶庭園の池などに、幅の狭い橋板を少しずつずらして継ぎ渡した橋。❷米粉に砂糖・肉桂の粉などを加えて蒸した生地を薄く伸ばし、短冊形に切ってから丸くそりをつけて焼いた和菓子。京都の名物。▽焼かない生八つ橋もある。

やっぱし［副］［俗］やはり。「―だめか」

やつ‐ばら【▽奴原(▽奴▽輩・▽奴▼儕)】［名］複数の人を卑しめていう語。やつら。「憎き―」▽「ばら」は

複数を表す接尾語。

やっぱり【(矢っ張り)】［副］「やはり」のくだけた言い方。▼さらにくだけた言い方で「やっぱし」「やっぱ」とも。

ヤッホー［yo-ho］［感］登山者が仲間に合図をするときなどに発する語。

やつめ-うなぎ【八つ目▼鰻】［名］ヤツメウナギ目に属する無顎(むがく)動物の総称。外形はウナギに似るが、目の後方に七つのえら穴が続き、すべてが目のように見える。食用・薬用。▼ビタミンAに富む。

やつ-ら【▽奴▽等】［名］複数の人を卑しめて、また、親しんでいう語。〓「悪いーを捕まえろ」▼「やつ」の複数形。

やつ・れる【▼窶れる】［自下一］❶病気や心労のために、やせ衰える。〓「見る影もなくー」❷身なりなどがみすぼらしくなる。〓「ー・れた姿で故郷に帰る」 文 やつ・る 名 **やつれ** 窶

や-ど【宿】［名］❶住む家。すみか。〓「埴生(はにゅう)のー」❷旅先で泊まるところ。宿屋。〓「駅の近くにーを取る」❸奉公人の親元または請け人。〓「ーに下がる」

やとい【雇い(▼傭い)】(ヤトヒ)［名］❶雇うこと。また、雇われた人。〓「臨時ー」❷もと官公庁で、臨時に雇われて補助的な業務を行った職員。雇員(こいん)。

やとい-にん【雇い人】(ヤトヒ)［名］人に雇われて働く人。使用人。書き方 公用文では「雇人」。

やとい-ぬし【雇い主】(ヤトヒ)［名］人を雇って仕事をさせる人。使用者。書き方 公用文では「雇主」。

や-とう【夜盗】(ータウ)［名］夜、盗みを働くこと。また、その盗人。

や-とう【野党】(ータウ)［名］政党政治で、政権を担当していない政党。⇔与党

やと・う【雇う(▼傭う)】(ヤトフ)［他五］❶賃金を払うことを約束して、その人を働き手として専用できるような状態に置く。雇用する。〓「太郎を用心棒にー」「会社にー・われる」使い方 ～ヲに〈結果〉をとる言い方もある。雇うことによって組織内に特定の働き手を作り出す意。〓「研究室にアシスタントをー」❷料金を払って、乗り物を専用できるような状態に置く。借り切る。チャーターする。〓「空撮用にヘリコプターをー」 可能 **雇える** 名 **雇い**

やど-がえ【宿替え】(ーガヘ)［名・自サ変］住居を替えること。転居。引っ越し。

やど-かり【宿借り(〈寄居虫〉)】［名］エビ目ヤドカリ科・ホンヤドカリ科・オカヤドカリ科などの甲殻類の総称。カニとエビの中間の形をした小動物で、頭胸部は硬いが、腹部は軟弱。多くは巻き貝の殻にすみ、成長すると大きな貝殻に移る。

やど-さがり【宿下がり】［名・自サ変］奉公人が休暇をもらって親元などに帰ること。

やど・す【宿す】［他五］❶内部に含み持つ。〓「胸に大望をー」❷子をはらむ。身ごもる。〓「新しい命をー」❸とどまらせる。〓「戦前の面影をー下町」

やど-ちょう【宿帳】(ーチャウ)［名］旅館で、宿泊者の住所・氏名などを書き入れる帳面。

やど-ちん【宿賃】［名］旅館の宿泊料。

やと-な【雇▽女】［名］主に関西で、茶屋・料理屋などが臨時に雇う仲居(なかい)。

やど-なし【宿無し】［名］定住する家や泊まる家がないこと。また、その人。

やど-ぬし【宿主】［名］❶宿の主人。また、家の主人。❷⬇しゅくしゅ

やど-もと【宿元(宿▽許)】［名］❶住んでいる所。また、宿泊している所。宿泊先。❷奉公人などの身元を引き受けて奉公先を周旋する家。請宿(うけやど)。

やど-や【宿屋】［名］旅客を泊めることを業とする家。旅館。

やど-り【宿り】［名］宿ること。また、その所。〓「一夜のー」

やどり-ぎ【宿り木・〈寄生〉木】［名］❶エノキ・ケヤキ・クリ・ミズナラなどの樹上に寄生するヤドリギ科の常緑小低木。緑色の茎は叉状に分枝し、球形に茂る。葉は細長く、先端が丸い。❷他の樹木に寄生する草木。

やど・る【宿る】［自五］❶旅先で宿をとる。〓「宿坊にー」❷その場所にとどまる。位置を占める。〓「笹の葉に露がー」「健全なる精神は健全なる肉体にー」❸胎内に子がこもる。〓「子がー」◈「屋取る」の意。名 **宿り**

やど-ろく【宿六】［名］妻が自分の夫のことを親しんで、また軽んじていう語。▼「宿のろくでなし」の意。

やど-わり【宿割り】［名］多人数で宿泊する人を何軒かの宿に割り当てること。また、その役の人。

やな【▼梁・▼簗】［名］川の瀬に杭・石などを並べて水を一か所に集め、そこに張った梁簀(やなす)の上で流れてくる魚を捕らえる仕掛け。

やながわ【▽柳川】(ーガハ)［名］浅い土鍋にささがきゴボウを敷き、その上に背開きにして頭・骨を取ったドジョウを並べ、割り下で煮てから溶き卵でとじた料理。▼「柳川鍋」の略。

やなぎ【柳】［名］ヤナギ科ヤナギ属の落葉高木または低木の総称。日本にはシダレヤナギ・カワヤナギ・ネコヤナギなどいくつかの種があるが、普通シダレヤナギをさす。街路樹・庭園樹などとして広く植栽する。

◉**柳に風(かぜ)** 柳が風になびくように、少しもさからわないで巧みにあしらうこと。〓「ーと受け流す」

◉**柳に雪折(ゆきお)れなし** 柔軟なものは剛直なものよりも、よく物事に耐えるということ。▼しなやかな柳の枝は、雪が積もっても、その重みで折れることがないことからいう。

◉**柳の下(した)にいつも泥鰌(どじょう)はいない** たまたま幸運をつかんだからといって、またそれと同じ方法で幸運が得られるわけではないということ。

やなぎ-ごうり【柳行▼李】(ーガウリ)［名］コリヤナギの枝の皮をはいで乾燥させたものを麻糸で編んで作った行李。衣類などを入れるのに用いる。やなぎごり。

やなぎ-ごし【柳腰】［名］ほっそりとして、しなやかな腰。美人の腰の形容。

やなぎ-だる【柳▼樽】［名］二本の長い柄をつけた酒樽。朱漆を塗るなどして祝い事に用いた。

や-なみ【家並み(屋並み)】［名］❶立ち並んでいる家。また、その並び方。いえなみ。〓「古いー」❷家ごと。

や-なり【家鳴り】［名］家が音をたてて揺れ動くこと。また、その音。

やに【▽脂】［名］❶樹木からしみ出る粘液。また、その固まったもの。樹脂。❷タバコを吸ったときにキセルやパイプにたまる褐色の粘液。❸目やに。

や-に［連語］〈「…やに聞く」の形で、動詞などの終止形を受けて〉断定を避けた形での伝聞を表す。…とか。…ように。〓「この村に名匠(めいしょう)がいるー聞く」▼副助詞「や」+格助詞「に」。

やに‐さが・る【▽脂下がる】［自五］いい気になって、にやにやする。〓「‐った顔」▽やにが吸い口に下がるように雁首を上げてキセルをくわえる格好からという。

やにっ‐こ・い【▽脂っこい】［形］❶やにが付着して、ねばねばしているさま。〓「タバコの吸いすぎで口の中が‐」❷しつこい。くどい。〓「‐やつ」◈「やにこい」の転。派生‐さ

やにょう‐しょう【夜尿症】［名］睡眠中に無意識に尿を漏らす症状。多く、排尿の抑制が調節できる年齢を過ぎた小児の症状についていう。

やにわ‐に【(矢庭に)】［副］❶急に。いきなり。〓「‐起きあがる」❷即座に。たちどころに。〓「‐断をくだした」◈語源「矢庭」は矢を射ているその場の意。「矢庭に射臥す」などの用法から「たちどころに」「いきなり」などの意が生じた。

や‐ぬし【家主】［名］❶貸家の所有者。いえぬし。おおや。❷一家の主人。あるじ。いえあるじ。戸主。

や‐ね【屋根】［名］❶雨・雪・直射日光などをさえぎるために建物の最上部に取り付けるおおい。〓「同じ‐の下で暮らす」⬇いらか［ことば比べ］❷物の上部をおおうもの。〓「自動車の‐」▽最も高い山・土地などのたとえにもいう。〓「世界の‐と呼ばれるヒマラヤ山脈」

やね‐いた【屋根板】［名］屋根を葺(ふ)くのに用いる板。

やね‐うら【屋根裏】［名］❶屋根の裏側。また、屋根と天井の間の空間。❷屋根のすぐ下に作った部屋。屋根裏部屋。

やね‐ぶね【屋根船】［名］簡単な屋根を設けた小船。川遊びなどに用いた。▽江戸で、大型の屋形船と区別していった語。

やの‐あさって【弥の〈明後日〉】［名］その日から数えて五日目。あさっての翌々日。やなさって。▽あさっての翌日をさす地方もある。

やのじ‐むすび【やの字結び】［名］女帯の結び方で、結び目を「や」の字の形に結ぶもの。やのじ。

や‐ば【矢場】［名］❶弓術の練習をする所。弓場(ゆば)。❷江戸時代、料金を取って楊弓を射させる遊技場。楊弓場(ようきゅうば)。

やば・い［形］〔俗〕❶自分に不利な状況が身近に迫るさま。また、そのような状況が予測されるさま。〓「すぐ逃げないと‐ぞ」「時間に遅れると‐」「‐仕事に手を出すな」❷程度が激しいことを表す語。はなはだしい。ひどい。〓「テストの点数、マジで‐・かった」「定食のごはんの量が‐(＝多い)」「‐ほど時間がかかった」使い方多く望ましくないことについていうが、プラスの評価に用いることもある。〓「‐、これ、おいしい!」◈形容動詞「やば(＝不都合なさま)」が形容詞化した語。もと盗人などが身辺が危ない意で使った隠語。書き方「ヤバイ」「ヤバい」とも。派生‐げ／‐さ

品格 危ない「近付くと‐」 危うい「財政が‐」 一触即発(いっしょくそくはつ)「‐の情勢」 危険「これ以上進むのは‐だ」 危殆(きたい)に瀕(ひん)する「平和が‐」 剣呑(けんのん)「‐至極」 秀逸(しゅういつ)「彼の演奏は‐だ」 甚(はなは)だしい「進歩が‐」 非凡(ひぼん)「‐の才能」 不都合「‐な事態」 よからぬ「‐噂(うわさ)」

ヤハウェ【Yahweh】［名］エホバ。

や‐はず【矢▼筈】［名］❶矢の末端の、弓の弦(つる)にかける部分。❷掛け物をかけるときに使う、細い棒の先に二またをつけた道具。

や‐ばね【矢羽根・矢羽】［名］矢の元に付ける羽根。▽鷲(わし)・鷹(たか)・雉(きじ)・山鳥などの羽が用いられる。

やはり【(矢張り)】［副］❶前もって予想したとおり。案の定。〓「‐思ったとおりだ」「‐彼が犯人だったか」❷以前と変わらず。依然として。今なお。〓「現在も‐開発のお仕事ですか」「別れて十年になるのに‐忘れられない」❸他と同じく。〓「‐ここも売り切れか」「‐あなたも賛成派なんですね」❹結局のところ。〓「冬は‐スキーに限る」❺本来的な意見に立ち戻って発言するという気持ちを表す。〓「『じゃあ、みんなで行こう』『うーん、‐やめようよ』」「‐、これでは変だ」◈くだけた言い方では「やっぱり」。さらにくだけた言い方に「やっぱ(し)」がある。

や‐はん【夜半】［名］よなか。〓「‐に目を覚ます」

や‐ばん【野蛮】［名・形動］❶文化が開けていないこと。未開。〓「‐な風習」❷粗野で、乱暴なこと。〓「‐な行為」派生‐さ

や‐ひ【野卑(野▼鄙)】［名・形動］下品で、いやしいこと。〓「‐な言葉遣い」

やぶ【▼藪】［名］❶草木や竹が雑然と生い茂っている所。〓「竹‐」❷「藪医者」の略。

藪

◉**藪(やぶ)から棒(ぼう)** だしぬけに物事を行うこと。▽藪から突然に棒を突き出す意から。注意「藪をつついて蛇を出す」と混同した、「藪から蛇」は誤り。

◉**藪(やぶ)をつついて蛇(へび)を出・す** よけいな手出しをして、かえって災いを受ける。藪蛇。

やぶ‐いしゃ【▼藪医者】［名］診断・治療などの下手な医者。やぶ。▽呪術で医術を行った「野巫(やぶ)医」からという。

やぶいちくあん【▼藪井竹▼庵】［名］藪医者を人名めかしていう語。

やぶ‐いり【▼藪入り】［名］奉公人が正月と盆の一六日前後に、主人から休みをもらって実家などに帰ること。また、その日。▽草深い土地に帰る意から。

やぶ‐か【▼藪蚊】［名］ヒトスジシマカ・トウゴウヤブカ・オオクロヤブカなど、カ科ヤブカ属の昆虫の総称。ふつう黒い体と足に白い斑紋がみられる。樹陰などにすみ、人畜の血を吸う。▽デング熱を媒介する種もある。

やぶ・く【破く】［他五］紙・布などを引き裂く。〓「障子を‐」▽「やぶる」と「さく」が混交してできた語。可能破ける

やぶ・ける【破ける】■［自下一］紙・布などが、裂けて破れる。〓「答案用紙が‐」■［自他下一］「破く」の可能形。破ることができる。

やぶ‐こうじ【▼藪▼柑子】［名］夏、小さな白い花をつけ、冬、赤い球状の実を結ぶヤブコウジ科の常緑小低木。山地の林内に群生。庭木・盆栽としても植えられ、正月の飾りなどにする。ヤマタチバナ。アカダマノキ。

やぶさか【▼吝か】［形動］〈「やぶさかで(は)ない」の形で〉…する努力を惜しまない。思いきりよく…する。〓「改めるのに‐でない」

やぶさ‐め【〈流▼鏑馬〉】［名］騎射の一つ。射手が馬に乗って駆けながら鏑矢(かぶらや)で三つの的を射るもの。平安後期から鎌倉時代にかけて盛行した。▽現在では鎌倉鶴岡八幡宮などで神事として行われる。

やぶ‐そば【▼藪〈▼蕎麦〉】［名］甘皮をつけたままひいた蕎麦粉で打つ、淡緑色の蕎麦。また、その蕎麦を出す蕎麦屋の屋号。

やぶ‐だたみ【▼藪畳】［名］❶やぶが一面に茂っている所。❷歌舞伎の大道具の一つ。木製の枠に葉のつ

いた竹をすき間なく取りつけて竹藪に見せたもの。

やぶ-にらみ【▼藪▼睨み】［名］❶⬇斜視(しゃし) ❷見方や考え方が見当はずれであること。

やぶ-へび【▼藪蛇】［名］よけいな手出しをして、かえって災いを招くこと。「うっかり口を出して━になる」▽「藪をつついて蛇を出す」から。

やぶ・る【破る】［他五］❶紙・布などを引き裂く。また、紙・布などに穴をあける。（意図的な行為にもそうでないものにもいう）「手紙を━」「ひなが卵の殻を━・って出てくる」❷傷つけてこわす。破壊する。「賊が牢を━」「爆薬で土蔵を━」❸相手側の守備・警備などをくぐって突き抜ける。「敵の堅い守備を━」「左中間を━ヒット」❹それまで続いていた状態（特に、平穏な状態）をそこなう。「悲鳴が静寂を━」「沈黙を━」❺記録を更新する。「世界記録を━」❻相手を打ち負かす。打ち破る。「チャンピオンを━」❼規則・慣例・約束などを無視してそれに従わない。「約束を━」 可能 **破れる**

やぶれ【破れ】［名］破れること。また、破れた物や破れた部分。「━障子」

やぶれ-かぶれ【破れかぶれ】［名・形動］どうにでもなれという気持ちになること。やけになること。「━になって家を飛び出す」「━の心境」

やぶ・れる【破れる】 一［自下一］❶裂けたり穴があいたりして、もとの形がそこなわれる。やぶける。「障子［靴下・堤］が━」 使い方 「張りつめていた気持ちが━」など、心の状態などに転用する。❷それまで続いていた平穏な状態がそこなわれる。「静寂［均衡］が━」❸物事が成就(じょうじゅ)しないで終わる。失敗に終わる。「夢［初恋］が━」 使い方 「…に━」の形で、成就すべき事柄に失敗する意を表す。「恋［都会での生活］に━」◈「敗れる」と同語源。 文 やぶ・る 名 **破れ**
二［自他下一］「破る」の可能形。破ることができる。「この布は丈夫でとても━・れない」

やぶ・れる【敗れる】［自下一］試合・勝負などで、相手（との戦い）に負ける。また、人生での戦いで敗北の憂き目をみる。敗北する。「横綱が平幕に━」「市長選に━」「人生に━」 文 やぶ・る

や-ぶん【夜分】［名］よる。夜間。「━恐れ入ります」

やぼ【野暮】［名・形動］❶世情にうとく、融通がきかないこと。人情の機微がわからないこと。また、その人。「そんなことは聞くだけ━だ」❷洗練されていないこと。また、その人。「━な服装」◈語源未詳。⬌粋(いき) 書き方 「野暮」は当て字。

や-ほう【野砲】ハウ［名］野戦用の大砲。主として歩兵支援のために使用されるもので、射撃速度がはやく、射程が長い。

や-ぼう【野望】バウ［名］分不相応な望み。身のほどを知らない大それた望み。「━を抱く」

やぼった・い【野暮ったい】［形］やぼな感じがするさま。あかぬけしていない。「━服」 派生 -げ／-さ

やぼ-てん【野暮天】［名］きわめてやぼなこと。また、その人。

やぼ-よう【野暮用】［名］ちょっとした用事。つまらない用事。▽粋なことではなく、ごく実務的な仕事の意で、用向きをそれとなくぼかす時などに使う。

やま【山】［名］❶周りの土地よりも著しく盛り上がっている所。「━に登る」▽古くは神のすむ清浄の地として信仰の対象とされた。特に、比叡山、または、そこにある延暦寺をさすこともある。❷鉱山。「━を閉鎖する」❸土や砂を①の形に盛ってつくったもの。築山。❹物が高く盛り上がったもの。また、盛り上げたもの。「ゴミの━」「本の━」❺数量がきわめて多いこと。「宿題が━とある」「人の━」「借金の━」❻万一の幸運に賭けること。また、偶然の的中を当てにした予想。「━をかける」「━が外れる」▽鉱脈を掘り当てることは確率の低い賭けであったことから。❼最も重要なところ。また、その結果を左右するような重要な場面。「病状はここ二、三日が━だ」「試合の━を迎える」❽犯罪事件。「大きな━を抱える」▽警察関係者や新聞記者が使う。❾山鉾(やまぼこ)。❿動植物の名の上に付けて、野生のもの、山地に自生するものの意を表す。「━犬・━ネコ・━桃・━ブドウ」◈⬇峠［ことば比べ］

◉**山高きが故(ゆえ)に貴(たっと)からず** 本当の価値は外観によるのではなく、その実質によって決まるということ。▽『実語教』にあることば。後に「樹(き)有るを以(も)って貴しと為(な)す」と続く。

やま-あい【山▽間（山合い）】アヒ［名］山と山との間。山峡(やまかい)。さんかん。「━の村」

やま-あらし【山嵐】［名］山に吹く激しい風。また、山から吹きおろす強い風。

やま-あらし【山荒らし・〈豪▼猪〉】［名］ネズミ目ヤマアラシ科とアメリカヤマアラシ科の哺乳(ほにゅう)類の総称。体と尾の上面に針状の剛毛があり、敵に近づくと毛を逆立てて身を守る。夜行性。

やまい【病】ヤマヒ［名］病気。「━が革(あらた)まる（＝病状が急に重くなる。危篤(きとく)状態になる）」

◉**病膏肓(こうこう)に入(い)る** ❶病気が重くなって回復の見込みがなくなる。▽「膏」は心臓の下の部分、「肓」は横隔膜の上の部分。薬も鍼(はり)も届かない、治療の困難な部分とされた。「こうもう」と読むのは俗用。⬇膏肓(こうこう) ❷あることに熱中してやめられなくなる。

◉**病は気(き)から** 病気は気の持ちようで、よくも悪くもなるということ。

やま-いぬ【山犬】［名］❶山野にすむ野生化した犬。❷ニホンオオカミのこと。

やま-いも【山芋】［名］⬇やまのいも

やま-うば【山▼姥】［名］人里離れた山奥に住むという女の怪物。鬼女。やまんば。

やま-おく【山奥】［名］山の奥。山の奥深い所。「━の集落」

やま-おとこ【山男】ヲトコ［名］❶山に住み、山で仕事をしている男性。❷登山を愛好する男性。❸人里離れた山奥に住むという男の怪物。

やま-おり【山折り】ヲリ［名］折り目が外側に出るように折ること。「紙を━にする」⬌谷折り

やま-おろし【山▼颪】［名］山から吹きおろす風。

やま-が【山家】［名］山里にある家。「━育ち」

やま-かい【山▼峡】カヒ［名］山と山との間。やまあい。

やま-かがし【〈赤▼棟蛇〉・〈山▼棟蛇〉】［名］本州以南の水田付近に分布するナミヘビ科のヘビ。体色は緑褐色または暗褐色で、不規則な黒斑・紅斑が散在する。有毒。

やま-かけ【山かけ（山掛け）】［名］わさび醤油(じょうゆ)をきかせたマグロの刺身などに、すりおろしたヤマノイモをかけた料理。

やま-かげ【山陰】［名］山のかげになること。山にさえぎられて日が当たらないこと。また、その場所。

やま-かご【山▼駕▽籠】[名] 竹で編んだ底を丸棒や竹棒からつるしただけの粗末なかご。昔、山路の旅などに用いた。

やま-かじ【山火事】[名] 山林が燃える火事。森林火災。

やま-かぜ【山風】[名] 山中を吹く風。また、山から吹きおろす風。特に、夜間山から吹き下ろす風。

やま-がたな【山刀】[名] 山仕事をするときに用いる、鉈の形をした刃物。

やま-がら【山▼雀】[名] 日本各地に分布するスズメ目シジュウカラ科の小鳥。背面は灰青色、腹面は赤褐色で、頭とのどが黒い。低山帯の広葉樹林で繁殖する。

やま-がり【山狩り】[名・自サ変] ❶山で狩猟をすること。❷山中に逃げ込んだ犯罪者などを大勢で捜し回ること。「早朝から―を行う」

やま-かわ【山川】[名] 山と川。山や川。

やま-がわ【山川】[名] 山の中を流れる川。

やま-かん【山勘】[名] [俗] 勘を働かせて山をかけること。また、その勘。「―が当たる」

やま-き【山気】[名] ➡やまけ

やま-ぎわ【山際】[名] ❶山のきわ。山に近い所。❷山の稜線と接するあたりの空。「朝焼けに―が赤く染まる」◈➡山の端[ことば比べ]

やま-くじら【山鯨】[名] イノシシの肉。また、獣肉。▼獣肉を食べることを忌んで言い換えた語。

やま-くずれ【山崩れ】[名・自サ変] 長雨・豪雨・地震などによって、山腹の岩石や土砂が突発的に崩れ落ちること。また、その現象。「―が起こる」

やま-ぐに【山国】[名] 山の多い国や地方。また、山に囲まれている地方。「―の生まれ」

やま-け【山気】[名] 偶然の成功にかけて、思い切ったことをしようとする気質。やまき。やまっけ。「―を起こす」▼山師のような気質の意。

やま-ごえ【山越え】[名・自サ変] ❶山を越えていくこと。山越し。❷江戸時代、関所札を持たない人が間道を通って関所のある山を越えたこと。

やま-ことば【山言葉(山▽詞)】[名] 忌み詞の一つ。きこり・猟師などが山中に入ったときだけ用いることば。米を「くさのみ」、熊を「くろげ」、水を「わっか」などという類。

やま-ごもり【山籠もり】[名・自サ変] 山中に隠遁すること。また、山寺などにこもって修行すること。

やま-ごや【山小屋】[名] 山中に建てた小屋。特に、登山者の宿泊・休憩・避難などのために山中に建てた小屋。ヒュッテ。

やま-さか【山坂】[名] ❶山と坂。山や坂。「多くの―を越える」❷山の中の坂。やまざか。「―を登る」

やま-ざくら【山桜】[名] ❶山に咲くサクラ。❷春、新葉とともに淡紅色の五弁花を開くバラ科の落葉高木。本州中部以南の山地に自生する。材は家具・器具用。

やま-ざと【山里】[名] 山の中にある村落。山村。

やま-ざる【山猿】[名] ❶山にすむ野生の猿。野猿。❷山奥や田舎に住む人を、礼儀作法を知らない人としてあざけっていう語。

やま-し【山師】[名] ❶鉱脈を捜して鑑定し、鉱山の発掘を行う人。❷山林の売買や伐採を請け負う人。❸投機的な事業で金もうけをねらう人。❹詐欺師。いかさま師。

やま-じ【山路】[名] 山の中の道。やまみち。

やまし・い【▼疚しい(▽疾しい)】[形] 良心に恥じるところがあるさま。うしろめたいさま。「何ら―ところはない」▼動詞「病む」が形容詞化した語。派生 ―さ

やま-すそ【山裾】[名] 山のふもと。山麓。

やま-せ【山背】[名] ❶山を越えて吹いてくる風。山背風。❷北海道・東北地方などで、夏、三陸沖やオホーツク海から吹いてくる冷湿な北東風。長く続くと冷害をもたらす。

やまたか-ぼう【山高帽】[名] つばのある男性の礼装用帽子。フェルト製で上部が丸く、高い。山高帽子。

やま-だし【山出し】[名] ❶木材・石材・薪炭などを山から運び出すこと。また、運び出された物。❷田舎から出てきたばかりで、まだ都会の風習になじんでいないこと。また、その人。

やまっ-け【山っ気】[名] ➡やまけ

やま-つなみ【山津波】[名] 山崩れなどによって起こる大規模な土石流。

やま-づみ【山積み】[名・自他サ変] ❶山のように高く積み上げること。「倉庫に荷物を―する」❷処理しなくてはならない仕事や問題がたくさんたまること。さんせき。「―になっている懸案事項」

やま-て【山手】[名] 山に近い方。山よりの土地。山の手。⇔浜手

やま-でら【山寺】[名] 山の中にある寺。

やまと【《大和》(▼倭)】[名] ❶旧国名の一つ。現在の奈良県全域に相当する。❷日本国のこと。やまとの国。▼①に都があったことから。❸名詞の上に付いて、日本固有のものである意を表す。「―歌・―絵・―言葉」

やまと-いも【《大和》芋】[名] ❶ナガイモの一品種。芋は不規則な塊状で、粘りが強い。とろろなどにして食べる。近畿・中国地方で栽培される。❷ヤマイモの一品種。芋は三味線のばちのような形をしている。ナガイモより粘りが強い。多く関東地方で栽培される。イチョウイモ。

やまと-うた【《大和》歌】[名] 日本固有の歌。和歌。⇔唐歌

やまと-え【《大和》絵】[名] ❶唐絵に対して、日本の風景・風俗を描いた絵。▼平安時代の用語で、絵巻物はその一つ。❷鎌倉時代に渡来した宋元画などに対し、平安時代以来の伝統的な様式の絵。

やまと-ごころ【《大和》心】[名] 漢学から得た知識に対し、日本人固有の知恵・能力。大和魂。⇔漢心

やまと-ことば【《大和》言葉(《大和》▽詞)】[名] ❶日本固有のことば。和語。やまとことのは。▼漢語・外来語に対していう。❷和歌。やまとうた。

やまと-しまね【《大和》島根】[名] [古風] ❶日本国。日本の国土。❷大和の国(現在の奈良県)の山々。やまとしま。

やまと-だましい【《大和》魂】[名] ❶大和心。❷日本民族固有の精神。勇猛で潔いことを特徴とする。▼近世以降、国粋主義思想のもとで盛んに使われた語。

やまと-なでしこ【《大和》▼撫子】[名] ❶ナデシコの別称。❷日本女性の美称。▼見かけはか弱そうだが、心の強さと清楚な美しさをそなえている意。

やまと-みんぞく【《大和》民族】[名] 日本人を

構成する主要な民族。

やま-どめ【山止め】[名] 山に入ることや、山での狩猟・採取を禁止すること。

やま-どめ【山留め】[名] 鉱山などで、支柱材などを用いて土砂の崩壊を防ぐこと。また、その設備。

やま-どり【山鳥】[名] ❶山にすむ鳥の総称。❷本州・四国・九州の森林に分布するキジ目キジ科の鳥。雄は全身赤銅色で、一メートルにも達する長い尾をもつ。雌は全体赤褐色で、尾が短い。雄は繁殖期になると翼を強く羽ばたかせて雌を呼ぶ。日本特産。

やま-な・い【▼已まない・▽止まない】[連語]〈「…してやまない」の形で〉どこまでも…する。…しないではいられない。≡「敬愛して―」「無罪を主張して―」「世界は変動して―」

やま-なみ【山並み(山▽脈)】[名] 山が連なっていること。また、連なった山々。連山。山脈(さんみゃく)。

やま-なり【山▽形】[名] 山のように中央が高くなった曲線を描くこと。また、その形。≡「―のボールを投げる」

やま-なり【山鳴り】[名] 地震・噴火などで、山が鳴り響くこと。また、その音。

やま-ね【山▼鼠・〈冬眠▼鼠〉】[名] 本州以南の森林に分布する齧歯(げっし)目ヤマネ科の哺乳(ほにゅう)類。日本特産で、体長約八センチメートル、尾長約五センチメートル。体は淡褐色で、背の中央に一本の黒い縦線がある。

やま-ねこ【山猫】[名] ❶ネコ目ネコ科の哺乳(ほにゅう)類のうち、小形の野生種の総称。日本にはイリオモテヤマネコとツシマヤマネコが生息する。❷山野にすむ野生化したネコ。

やまねこ-スト【山猫スト】[名] 一部の労働組合員が中央指導部の指令なしに行うストライキ。山猫争議。▽wildcat strike の訳語。

やま-の-いも【山の芋(〈▼薯▼蕷〉)】[名] 本州以南の山野に自生するヤマノイモ科のつる性多年草。葉は長卵形で、基部が心臓形。夏、葉の付け根に白い穂状の花をつける。円柱状の長い塊根と葉腋につくむかごは食用。ジネンジョ。ヤマイモ。

やま-の-かみ【山の神】[名] ❶山を守り、支配する神。❷自分の妻。長年連れ添って口やかましくなった妻をからかい半分にいう。

やま-の-さち【山の幸】[名] 山でとれる鳥獣や木の実・山菜・キノコなど。山幸(やまさち)。⇔海の幸

やま-の-て【山の手】[名] ❶⇩やまて ❷市街地のうち、高台の区域。多くは住宅地。⇔下町 ▽東京では、武蔵野台地の東縁以西の区域、四谷・赤坂・青山・麻布・本郷・小石川あたりをいう。

やま-の-は【山の端】[名] 山の稜線(りょうせん)。

[ことば比べ]「山の端」と「山際(やまぎわ)」

▼「山の端」が山の尾根の部分、山の姿形をいうのに対して、「山際」は山に近いところ、山の尾根と接する辺りの空をいう。

▼「山の端」はそこに立って海や町を眺めることができるが、「山際」に立つことはできない。

やま-の-ひ【山の日】[名] 国民の祝日の一つ。八月十一日。山に親しむ機会を得て、山の恩恵に感謝する日。▽平成二八(二〇一六)年より実施。

やま-のぼり【山登り】[名] 山に登ること。登山。

やま-ば【山場】[名] 進行する物事のもっとも重要な場面。クライマックス。≡「選挙戦が―を迎える」⇩峠

やま-はた【山畑】[名] 山にある畑。山間の畑。

やま-はだ【山肌(山▽膚)】[名] 土や岩の露出した、山の表面。

やま-ばと【山▼鳩】[名] ❶山林にすむ野生のハト。キジバト・アオバトなど。❷キジバトの別称。

やまばと-いろ【山▼鳩色】[名] 黄色に青みのかかった色。アオバトの羽根の色。

やま-ばん【山番】[名] 山林の番人。山守(やまもり)。

やま-びこ【山▼彦】[名] 山・谷などで声や音が反響すること。こだま。▽もと、山の神の意。山の神が声音をまねると信じられていたことから。

やま-ひだ【山▼襞】[名] 山の尾根と谷が入り組んでひだのように見える所。

やま-びと【山人】[名] ❶山里に住む人。また、山で働く人。きこり・炭焼きなど。❷仙人。

やま-びらき【山開き】[名] ❶霊山で、夏季の一定期間だけ禁を解いて一般の入山・登山を許すこと。また、その儀式。❷山小屋が開かれるなどして、夏山登山のシーズンが始まること。また、その初日の行事。❸山を切り開いて新しい道を作ること。

やま-ぶき【山吹】[名] ❶五月ごろ小枝の先に黄色の五弁花をつけるバラ科の落葉低木。八重咲きのものは結実しない。❷「山吹色」の略。❸大判・小判などの金貨。▽山吹色であることから。

やまぶき-いろ【山吹色】[名] ヤマブキの花の色。やや赤みを帯びた鮮やかな黄色。黄金色。

やま-ぶし【山伏】[名] ❶修験道(しゅげんどう)の修行をする人。修験者。❷山野に寝起きして仏道修行をする僧。◈山野に野宿する意から。

やま-ふところ【山懐】[名] 山に囲まれた奥深い所。≡「―に抱かれた集落」

やま-べ[名] ❶関東で、オイカワの通称。❷北海道・東北で、ヤマメの通称。

やま-べ【山辺】[名] 山の近く。やまのべ。

やま-ぼこ【山▼鉾】[名] 台の上に山形の造り物を置き、その上に鉾(ほこ)・なぎなたなどを立てた山車(だし)。やまほこ。▽京都の祇園会(ぎおんえ)のものが有名。

やま-ほど【山ほど(山程)】[副] たくさんあるさま。≡「仕事が―ある」

やま-ほととぎす【山〈時鳥〉】[名] ❶山の中にすむホトトギス。また、ホトトギス。❷秋、紫斑のある白い花を上向きにつけるユリ科の多年草。

やま-まゆ【山繭(〈天蚕〉)】[名] 日本全土に分布するヤママユガ科の大形のガ。幼虫はクヌギ・コナラなどの葉を食べ、葉間に緑色の繭を作る。幼虫からてぐすを、繭から絹糸をとる。ヤママユガ。てんさん。

やま-みち【山道・山▽路】[名] 山の中の道。やまじ。

やまめ【山女(〈山女魚〉)】[名] 渓流の冷水域に分布するサクラマスの陸封型。体は淡褐色または灰褐色で、体側に小判形の黒い斑紋が並ぶ。釣りの対象魚。食用。やまべ。

やま-もと【山元】[名] ❶山のふもと。山すそ。書き方「山本」「山下」とも。❷山の持ち主。鉱山の経営者。❸鉱山・炭鉱などの所在地。

やま-もり【山盛り】[名] 山のように高く盛り上げること。また、そのもの。≡「―のごはん」

やま-やき【山焼き】［名］早春、山の枯れ木・枯れ草を焼くこと。灰が肥料となって新しい草木の生長を促すほか、害虫駆除にも役立つ。

やま-やま【山山】㊀［名］多くの山。あちらこちらの山。〓「伊豆の―を歩く」㊁［副］❶たくさんあるさま。山ほど。〓「言いたいことは―ある」❷実際にはできないが、心から望み願う気持ちを表す。〓「欲しいのは―だが持ち合わせがない」書き方 普通かな書き。

やま-ゆり【山〈百合〉】［名］初夏、茎頂にらっぱ状の大形花を横向きにつけるユリ科の多年草。花は白く、内側に赤褐色の斑点がある。鱗茎(りんけい)は食用。

やま-わけ【山分け】［名・他サ変］もうけなどをほぼ等分に分け合うこと。〓「懸賞金を―する」

やま-んば【山▼姥】［名］➡やまうば(山姥)

やみ【闇】［名］❶光がなくて、真っ暗な状態。〓「―に閉ざされる」❷先の見通しがつかないこと。〓「一寸先は―」❸思慮分別がつかないこと。〓「心の―」❹世間に知られないこと。〓「―から―に葬る」❺正規の手続きを踏まないこと。〓「―取引」

やみ-あがり【病み上がり】［名］病気が治ったばかりで体力がまだもとに戻っていないこと。また、その状態の人。

やみ-いち【闇市】［名］闇取引の品物を売る店が集まっている場所。闇市場。▼第二次大戦の終戦直後、各地にバラック建ての闇市が現れた。

やみ-うち【闇討ち】［名］暗やみにまぎれて人を襲うこと。また、不意を襲うこと。〓「―に遭う」

やみ-がた・い【▽止み難い】［形］抑えることがむずかしい。〓「―望郷の念」

やみ-きんゆう【闇金融】［名］正規の金融機関以外のものが、法定外の高金利で行う金融。また、その業者。闇金(やみきん)。書き方 多く、「ヤミ金融」と書く。

やみ-くも【闇雲】［名・形動］見通しもなく物事を行うこと。思慮分別がないこと。〓「―に突っ走る」「―に信じ込む」▼闇の中で雲をつかむ意から。書き方 古くは「▽暗雲」とも。

やみ-サイト【闇サイト】［名］犯罪を助長したり犯罪者を募集したりするウェブサイト。

やみ-じ【闇路】チ［名］暗やみの道。▼心が迷い分別がつかなくなった状態のたとえにもいう。〓「恋の―」

やみ-じる【闇汁】［名］「闇鍋(やみなべ)」に同じ。

やみ-そうば【闇相場】ウバ［名］公定価格を無視して売買されるときの相場。闇取引での値段。

やみ-つき【病み付き】［名］物事に熱中してやめられなくなること。また、そのきっかけ。〓「大穴を当てて競馬に―になる」

やみ-とりひき【闇取引】［名］❶公定価格や正規の販路を無視して取り引きすること。また、売買を禁じられている品物を取り引きすること。❷人に知られないように裏でひそかに交渉すること。

やみ-なべ【闇鍋】［名］各自が思い思いに持ち寄った材料を、暗やみの中に置いた鍋で煮ながら食べるもの。それぞれが何を口にするかわからないことを興じる。やみじる。

やみ-ね【闇値】［名］やみ取引の値段。やみ相場。

やみ-や【闇屋】［名］やみ取引を仕事とする人。

やみ-よ【闇夜】［名］まっくらな夜。月の出ていない夜。

◉**闇夜の鉄砲(てっぽう)** 当たるはずもないということ。また、当てもなく向こう見ずな行動に走ること。闇夜の礫(つぶて)。

や・む【▽止む・▼已む】［自五］❶続いていた自然現象の動きがとまる。〓「雪[風]が―」❷続いていた現象・行為・状態などが終わる。〓「砲声[騒動]が―」「死して後已(の)む」◈書き分け ①は【止】、②はすっかり終わりになる意では【已】を使うが、ともにかな書きが一般的。

や・む【病む】［自他五］❶病気になる。病気におかされる。わずらう。〓「胸を―」❷〈「気に病む」「苦に病む」の形で〉心を悩ます。心配する。〓「失敗を気に―」

ヤムチャ【飲茶中国**】**［名］中国で、茶を飲みながら「点心」③を食べる軽い食事。

やむ-なく【▼已むなく・▽止むなく】［副］仕方なく。やむを得ず。〓「―中止する」

やむに-やまれず【▼已むに▼已まれず・▽止むに▽止まれず】［連語］やめようとしてもやめられずに。どうしようもなく。〓「―土地を手放す」

やむに-やまれぬ【▼已むに▼已まれぬ・▽止むに▽止まれぬ】［連語］やめようとしてもやめられない。どうしようもない。〓「―事情で欠席する」

やむを-えず【▼已むを得ず・▽止むを得ず】［連語］仕方なく。やむなく。〓「―引き返す」

やむを-えな・い【▼已むを得ない・▽止むを得ない】［連語］そうするよりほかに方法がない。仕方がない。〓「この天気では欠航も―」注意「やむおえない」「やむ終えない」「やもう得ない」は誤り。

や・める【辞める（▽罷める）】［自下一］❶自分の所属している組織を去る。辞する。退く。〓「会社[学校・テニス部]を―」❷自分の就いていた役職や地位を離れ去る。辞任する。辞する。〓「社長を―」「責任をとって議員を―」

◈「止(や)める」と同語源。～ヲは〈離脱点〉を表す。

書き分け (1)【辞】は、「会社[病院]を辞める」「社長を辞める」など、組織を去る・役職を離れる意に使う。これに対し、「酒[仕事・医者]をやめる」など、行為や状態を終わりにする意の「やめる」は【止】を使う（ただしかな書きが多い）。近年両者が混用され、「仕事[医者]を辞める」などと書かれることもある。➡止める

(2)【罷】は、「罷免(ひめん)」をふまえて「会社を罷めさせられる」などと使うが、今は【辞】が一般的。文や・む

品格 辞職「議員を―する」辞する「役目を―」辞任「大臣を―する」退官「役所を―する」退職「会社を―する」退陣「内閣が―に追い込まれる」罷免(ひめん)「大統領の―を要求する」退任「会長を―する」勇退「高齢を理由に―する」離職「過労で―を余儀なくされる」離任「大使が―する」

や・める【▽止める・▼已める・▽廃める】［他下一］❶それまで続けてきた行為・動作・状態などを終わりにする。〓「酒[販売]を―」「仕事[練習]を―・めてお茶にする」⇔続ける ❷これからしようとしていたことを、しないことにする。とりやめる。中止する。〓「雨のため外出を―」「行くのを―」

◈書き分け (1)【止】はやめる意で広く使うが、一般にはかな書きが多い。➡辞める

(2)【已】はそこですっかり終わりにする意で「囲碁はもう已めた」、【廃】は廃止・廃業する意で「商売[役者]を廃める」などと使うが、かな書きが一般的。文や・む

品格 遠慮「写真撮影はご―ください」置く「この一作で筆を―」お蔵入り「放送されず―になった

番組」「間断ーなく降り注ぐ」 断絶「外交関係をーする」 中止「雨天ー」

やめ-る【病める】〔連語〕 病気の。病んでいる。‖「ー現代文明」▼文語四段動詞「病む」の命令形＋完了の助動詞「り」の連体形。

やもう-しょう【夜盲症】ヤマウシャウ〔名〕 夜など、光線の少ないところで物が見えにくくなる症状。鳥目。

やも-め【▽寡・〈寡婦〉・▼孀】〔名〕 夫のいない女性。また、夫を失った女性。

やも-め【▼鰥・〈▼鰥夫〉】〔名〕 妻のいない男性。また、妻を失った男性。やもお。

や-もり【〈守宮〉】〔名〕 人家やその付近にすむトカゲ目ヤモリ科の爬虫類。体形はトカゲに似るが、灰褐色の背面に暗色の斑紋がある。太い指先に吸盤の働きをする毛状突起をもち、壁・天井などに吸いつく。夜活動し、昆虫を捕食する。ニホンヤモリ。

やや【▽児・▽稚】〔名〕〔古風〕 あかご。赤ん坊。▼「ややこ」の略。

やや【▼稍】〔副〕 いくらか。少し。‖「ー太り気味だ」

やや-こ【▽稚▽児】〔名〕 あかご。赤ん坊。やや。

ややこし・い〔形〕 複雑でわかりにくいさま。‖「両者の関係はーい」「話がーくなる」 派生 -げ／-さ

ややも-すると【▽動もすると】〔連語〕 ➡ ややもすれば

ややも-すれば【▽動もすれば】〔連語〕 とかくそのような状態になりやすいさま。ともすれば。どうかすると。ややもすると。‖「ー親にたよりがちだ」

や-ゆ【▼揶▼揄】〔名・他サ変〕 冗談や皮肉を言って相手をからかうこと。‖「対立候補の演説をーする」

やよい【《弥生》】ヤヨヒ〔名〕 陰暦三月の別称。▼太陽暦の三月にも使う。

やよい-じだい【《弥生》時代】ヤヨヒ〔名〕 弥生土器が製作・使用された時代。縄文時代のあと、紀元前五、四世紀ごろから紀元後三世紀ごろまで。

やよい-どき【《弥生》土器】ヤヨヒ〔名〕 縄文土器に続いて出現した素焼きの土器。一八八四（明治一七）年、東京本郷の弥生町貝塚から出土したことからの命名。輪状の粘土帯を積み上げる輪積み法で成形され、縄文土器より高い温度で焼成されている。薄手で、赤褐色のものが多い。壺・甕・高坏・鉢などがある。弥生式土器。

やら ■一〔終助〕〈多く上に疑問の語を伴って〉不確かな気持ちを込めて自問する意を表す。…だろうか。‖「あいつは一体どこへ行ったやら」「何を考えているのやら」「この先どうなることやら分からない」
■二〔副助〕 ❶〈不定を表す語に付いて〉不確かの意を表す。…か。‖「何やら不満げな様子だ」「どうやら留守のようだ」「誰やら騒いでいる」
❷〈「…とやら」の形で、体言や活用語の終止形を受けて〉それと特定せずにぼかして示すのに使う。…とか（いうもの）。‖「フィアンセとやらに紹介された」「リストラとやらでクビになった」「その声ざまの美しさは、極楽に棲むと やら承った伽陵頻伽にも劣るまじい〈芥川〉」
❸〈「AやらBやら（Cやら）」の形で、体言や活用語の連体形を受けて〉同類の事柄を並べ上げるのに使う。…と か…とか。‖「酒やら料理やらを振る舞われた」「泣くやらわめくやらの大騒ぎ」

やら-ぬ〔連語〕 動詞の連用形に付いて、その動作がまだ終わっていない意を表し、次に来る名詞を修飾する。まだ…しきらない。‖「明けー空」「消えー雪」「覚めー夢」▼動詞「やる（遣）」の未然形「やら」＋打ち消しの助動詞「ず」の連体形「ぬ」。

やら・れる〔自下一〕 ❶被害を受ける。危害を加えられる。‖「空き巣に現金をー」「早魃で稲をー」 ❷病気におかされる。‖「インフルエンザにー」 ❸負かされる。やりこめられる。‖「敵の奇襲作戦にー」「暑さにー」「こいつは一本ーれた」◈動詞「やる」の未然形＋受身の助動詞「れる」から。

やり【▼槍（▼鎗・▼鑓）】〔名〕 ❶長い柄の先端に細長い刃物（穂）をつけた武器。数「一本…」「一筋…」「一条…」と数える。❷槍を使う武術。槍術。‖「ーの達人」 ❸陸上競技の槍投げに使う用具。❹将棋で、香車のこと。

◉**槍が降っても** どんな困難があっても。‖「ー行く」

やり-あ・う【▽遣り合う】フ〔他五〕 ❶互いにする。‖「赤組と白組が応援合戦をー」 ❷〔自五〕互いに争う。特に、言い争う。‖「改札口で駅員とー」

やり-いか【▼槍〈▼烏賊〉】〔名〕 近海に分布するジンドウイカ科のイカ。胴は細長い円錐形で、三角形の大きなひれをもつ。生食のほか、するめなどに加工する。ツツイカ。ササイカ。サヤナガ。

やら-い【矢来】〔名〕 竹や丸太を縦横に粗く組んだ仮の囲い。‖「竹ー」▼追い払う意の「遣らい」からという。
◈「にやあらん」が「やらん→やらう→やら」と転じた。

や-らい【夜来】〔名〕 昨夜以来。昨夜来。‖「ーの雨が雪に変わる」
書き方「矢来」は当て字。

やら-か・す【▽遣らかす】〔他五〕〔俗〕 する。しでかす。‖「とんだへまをー」

やら・す【▽遣らす】〔他五〕 ➡ やらせる‖「この仕事は彼にー・してみよう」

やらず-の-あめ【▽遣らずの雨】〔名〕 帰ろうとする人を引き止めるかのように降り始める雨。また、出かけようとする人を行かせないためであるかのように降り始める雨。

やらず-ぶったくり【▽遣らずぶったくり】〔連語〕 自分からは与えることをしないで、人から取り上げるばかりであること。

やらせ【▽遣らせ】〔名〕 テレビのドキュメンタリーなどで、事前に示し合わせて事実の記録らしく演出すること。

やら・せる【▽遣らせる】〔他下一〕 やるようにさせる。させる。‖「これは私にー・せてね」 文 やら・す

やり-がい【▽遣り▽甲▼斐】ヒ〔名〕 その物事をするだけの価値。それをするときの張り合い。しがい。‖「ーのある仕事」

やり-かえ・す【▽遣り返す】ヘス〔他五〕 ❶やり直す。❷相手の非難や攻撃に対抗して、逆にやりこめる。‖「負けずにー」

やり-かた【▽遣り方】〔名〕 物事を行う方法。しかた。‖「練習のーを工夫する」

やりきれ-な・い【▽遣り切れない】〔連語〕 ❶やり遂げることができない。‖「この仕事は一か月ではー」 ❷がまんすることができない。耐えられない。‖「こう暑くてはー」「ー思いがする」

やりきれ・る【▽遣り切れる】〔連語〕 やり遂げることができる。‖「この工事なら年内にー」

やり-くち【▽遣り口】〔名〕 物事のやりかた。手口。‖

「いかにも汚い［強引な］—だ」使い方 マイナスに評価して使うことが多い。

やり-くり【▽遣り繰り】〔名・他サ変〕いろいろと工夫して都合をつけること。≡「家計を—する」「時間を—して出席する」

やり-こな・す【▽遣り▽熟す】〔他五〕うまくやってのける。≡「難しい技を—」

やり-こ・める【▽遣り込める】〔他下一〕言い負かして相手を黙らせる。≡「親を—」「秘書に—・められる」▽比喩的に、囲碁・将棋やゲームなどで、手も足も出ないほどに負かす意でも使われる。≡「小学生が大人を二連勝で—」文 やりこ・む

［ことば探究］「やりこめる」の使い方

▼対等か目上の相手を対象に「やりこめる」というのが典型的な用法。「上官が部下をやりこめる」など、目下を対象にすることはあまりない。「娘が父親をやりこめる」

やり-すご・す【▽遣り過ごす】〔他五〕❶あとから来たものを先に行かせる。≡「ダンプカーを—」❷なすがままにさせて、かかわりをもたないようにする。≡「見て見ぬふりをして—」❸限度を越えてする。≡「酒を—」

やり-そこな・う【▽遣り損なう】〔他五〕❶失敗する。しそんじる。≡「操作を—・った」❷そのことをする機会を失う。≡「テレビを見ていて宿題を—」名 やり損ない

やり-だま【▼槍玉】〔名〕槍を手玉のように巧みに使いこなすこと。また、槍で突き刺すこと。

◉槍玉に挙・げる 非難・攻撃の対象にして責める。

やり-つ・ける【▽遣り付ける】〔自下一〕❶いつもしていて慣れている。しつける。≡「—・けない仕事」❷相手を打ち負かす。やっつける。文 やりつ・く

やりっ-ぱなし【▽遣りっ放し】〔名〕物事をしたままで後始末をしないこと。≡「仕事を—にして帰る」

やり-て【▽遣り手】〔名〕❶物事をする人。≡「—のない危険な仕事」❷物を与える人。❸物事を巧みに処理する人。敏腕家。≡「—の経営者」❹遊郭で、遊女の教育・監督や遊女と客の取り持ちなどをした年輩の女性。やりてばば。

やり-ど【▽遣り戸】〔名〕引き戸。

やり-と・げる【▽遣り遂げる】〔他下一〕最後まで完全にやり終える。しとげる。やりぬく。≡「難事業を—」文 やりと・ぐ

やり-とり【▽遣り取り】〔名・他サ変〕❶物をとり交わすこと。≡「手紙を—する」❷ことばの受け答えをすること。≡「激しい—が続く」

やり-なお・す【▽遣り直す】〔他五〕改めて行う。しなおす。≡「計算を—」「人生を—」名 やり直し

やり-なげ【▼槍投げ】〔名〕槍を投げてその到達距離を競う陸上のフィールド競技。

やり-にく・い【▽遣り▽難い】〔形〕物事を行うのがむずかしい。やりづらい。≡「凝視されると—」

やり-ぬ・く【▽遣り抜く】〔他五〕物事を最後までやりとおす。やりとげる。≡「辛い仕事を—」

やり-ば【▽遣り場】〔名〕持って行くところ。≡「目の—に困る」「—のない怒り」

やり-ぶすま【▼槍▼衾】〔名〕大勢が槍を構えてすき間なく並ぶこと。≡「—を作る」

やり-みず【▽遣り水】〔名〕❶庭園などに外から水を引き入れてつくった流れ。❷植え込みや盆栽に水を与えること。みずやり。

や・る【▽遣る】〔動五〕一〔他〕❶目的を与えてある所に行かせる。≡「娘を実家に使いに—」「調査団を現地に—」「三人の子供を大学に—」❷目的の所へ届くように送り出す。≡「手紙を—」❸乗り物を動かし進める。≡「船を川上に—」「車を駅まで—・ってくれ」❹物をある所（特に、どこか不明の場所）へ動かす。≡「ここにあった新聞をどこへ—・ったの？」❺体の部分をその方へ向けたり動かしたりする。≡「庭に目を—」「ドアの方に顔を—」「腰に手を—」❻同等以下の人や動植物に物を与える。≡「家来に褒美を—」「孫に小遣いを—」「犬にえさを—」「花に水を—」⬍貰う 使い方 ぞんざいな語感を与えるようになり、丁寧な言い方である「上げる」にとってかわられる傾向にある。⬇上げる一㉛❼〔古風〕遠くに思いをはせる。また、思いを払いのける。≡「はるかの昔に思いを—」「酒を飲んで憂さを—」❽ある動作・行為をする。≡「宿題を—・ってから出かける」「皆でゲームを—・ろう」▼「する」よりも俗語的。使い方「やった、合格だ」「やったね！」など、遂行された行為を称賛して自動詞的にも使う。❾職業としてある仕事をする。また、店などを開いて営業を営む。≡「農業を—」「塾の先生を—」「これまでいろんな仕事を—・ってきた」「店は夜八時まで—・っている」❿興行や催しを行う。≡「あの劇場ではいま歌舞伎を—・っている」「展覧会を—」「特売を—」⓫学問・技芸・遊技などを（身を入れて）行う。≡「大学では数学を—・っている」「何かスポーツを—・っていますか」⓬ある役割を演じる。≡「主役［キーパー］を—」⓭酒・タバコなどの嗜好品を味わう。≡「酒もタバコも—・らない」「刺身で一杯—・ろう」⓮ある病気を経験する。わずらう。≡「少年時代に結核を—・った」「麻疹はまだ—・っていない」⓯好ましくないこと（特に、凶悪なこと）をする。≡「バカなことを—・ってんじゃないよ」「やつが会長を—・った（＝襲った・殺したなど）」「大統領が凶弾に—・られる」書き方「私は殺っていない」など、殺人の場合は「▽殺る」とも。⓰〔俗〕性交する。

二〔自〕暮らす。生活する。≡「給料だけでは—・っていけない」

三〈動詞の連用形に付いて複合動詞を作る〉❶その動作が完了する意を表す。すっかり…する。≡「まだ興奮が醒め—・らない」「暮れ—・らぬ空」「覚め—・らぬ眠り」▼下に打ち消しを伴う。❷その動作が広く、また遠くまで及ぶ意を表す。≡「思い—・眺め—」

四〔補動〕〈動詞の連用形＋接続助詞「て［で］」の形に付いて〉❶同等以下の人などのために何かをする意を表す。≡「娘に本を読んで—」「弟の勉強をみて—」「話を聞くだけは聞いて—」「君に一杯おごって—・ろう」「彼を励まして—・ってください」⬍（…て）もらう 使い方 話し手が主体と一致する場合は、ぞんざいな言い方となることが多いが、その語感が嫌われ、丁寧な言い方である「上げる」にとってかわられる傾向にある。より敬意の度合いの高い言い方に「…て差し上げる」がある。

❷強い意志をもって、相手に悪い影響の及ぶ行為をする意を表す。‖「殴って―」「思い知らせて―」 可能 やれる

やる【助動 四型】（やら-やり・やっ・やん-やる-やる-やれ-やれ・や）〔古風〕❶《多く「お…やる」の形で》軽い尊敬や親愛を表す。お…になる。…なさる。‖「お酒の方へお向きやれ〈鷗外〉」❷丁寧の意を表す。‖「雀の子早う帰りやれ灯がともる〈石塚友二〉」◈近世語で、「あり」の連体形「ある」の転。使い方 動詞の連用形に付く。

やるかた-な・い【▽遣る方無い】〔形〕心にわだかまる思いが晴らしようがなく、ひどく不快な気持ちである。やり場がない。‖「憤懣―」「無念―」 使い方 否定的な心理を表す名詞に直接続けて一語のように用いる。

やる-き【▽遣る気】〔名〕みずから物事をなしとげようとする積極的な気持ち。‖「―がない」「―満々」

やるせ-な・い【▽遣るせない（▽遣る瀬無い）】〔形〕悲しみや寂しさなどを晴らすことができないさま。また、そのためにつらい気持ちである。せつない。‖「師の晩年を思うにつけ―寂しさを感じる」「―恋心」 注意「やるせる」という動詞はなく、「やるせぬ」は誤り（×やるせぬ思い）。また、丁寧形を「やるせありません」とするのも標準的でない。⬇「ない」のコラム（二〇四㌻） 派生 -さ

やれ【感】❶ほっとしたとき、喜びを感じたときなどに発する語。‖「―、ひと安心」❷困惑したとき、あきれたときなどに発する語。‖「―、うるさいことだ」「―学費だの―ローンだのと出費が重なることだ」

やれ-やれ【感】❶安心したとき、また、深く心に感じたときなどに発する語。‖「―、やっと終わった」「―、かわいそうに」❷疲れたとき、困惑したとき、がっかりしたときなどに発する語。‖「―、また残業か」「―、困ったことになった」◈「やれ」を重ねていう語。

や-ろう【野郎】〔名〕❶男性をののしっていう語。‖「この―、待ちゃがれ」「ばかな―だ」▼代名詞的にも使う。❷男性。特に、若い男性。‖「―ばかりでカラオケに行く」

やろう-じだい【夜郎自大】〔名・形動〕自分の力量も知らないで威張っていること。語源「夜郎」は漢代、中国西南の辺境で勢力のあった異民族。漢の広大さを知らない夜郎の王が漢の使者に自国と漢の国の大小を問うたという『史記』の故事に基づく。

やわ【▽柔】〔名・形動〕弱々しいこと。また、こわれやすいこと。‖「―な作り」「―な体をきたえ直す」

や-わ【夜話】〔名〕❶夜にする話。よばなし。❷気楽に聞ける話。また、そのような内容の本。‖「明治維新―」❸禅宗で、夜に行われる訓話。

やわ・い【▽柔い】〔形〕❶やわらかい。‖「―紙」❷弱い。もろい。‖「―構造」 派生 -さ

やわ-はだ【▽柔肌】〔名〕柔らかな肌。特に、女性の肌にいう。

やわ-ら【▽柔ら】〔名〕柔術。‖「―の道」 書き方「柔」も好まれる。

やわ-らか【柔らか・軟らか】〔形動〕やわらかい。‖「歯ごたえが軟らかだ」「柔らかな筋肉」「柔らかな日差し」「軟らかな言い方」 書き分け ⬇やわらかい

やわらか・い【柔らかい・軟らかい】〔形〕
❶【軟・柔】固さの程度が小さく、力のままに変形したり壊れたり曲がったりするさま。‖「―餅〔肉・地盤〕」「僕の髪の毛は細くて―」「大根を―く煮る」
❷【柔】力のままに変形するが、すぐにもとに戻る性質がある。柔軟で弾力性がある。‖「赤ちゃんの頰は―」「枝が―くしなう」
❸【柔】体がしなやかに曲がったり滑らかに動いたりする。‖「体〔筋肉・手首〕が―」
❹【柔】布地や動物の体毛などが穏やかな感触をもっている。‖「この服地は手触りが―」「テンの毛は―」
❺【柔】物事や態度が穏やかで心地よい感じを与える。‖「春の日差しが―」「オーボエが―音色を響かせる」「物腰〔人当たり・まなざし〕が―」
❻【軟】表現などがしなやかで、こわばったところがない。‖「文章〔表現〕が―」
❼【軟】内容が娯楽的・世俗的だ。‖「―本〔話〕」
❽【軟】考えに適応力があり、融通がよく利く。‖「年の割に頭が―」
◈⬆かたい 書き分け【軟】は中身が軟弱で手ごたえや歯ごたえがない意。①は多く【軟】を使う。【柔】はしなやかで弾力性がある意で好まれる。「やわらか（だ）」も同様。派生 -げ／-さ／-み

やわら・ぐ【和らぐ】〔自五〕❶程度の激しかったものが穏やかになる。‖「寒さ〔痛み・怒り・風波〕が―」❷打ち解けてなごやかになる。‖「表情〔両者の緊張〕が―」◈ 注意 俗に「柔らぐ」「軟らぐ」とも書かれるが、標準的でない。

やわら・げる【和らげる】〔他下一〕❶穏やかになるようにする。また、なごやかになるようにする。‖「苦しみ〔衝撃〕を―」「雰囲気を―」❷平易な言い回しにする。わかりやすくする。‖「小学生にも分かるように表現を―」 文 やはら・ぐ

やん〔終助〕「やんか」の転。〜じゃないか。‖「それでいいやん」「本ならそこにあるやん」▼関西の方言。

ヤンキー【Yankee】〔名〕❶アメリカ人のこと。▼元来は米国南部で北東部諸州の住民を軽蔑的に呼んだ語。❷不良少年、不良少女をいう語。

ヤング【young】〔名〕若いこと。また、若い人。‖「―向けの雑誌」「―ミセス（＝比較的若い既婚女性）」

ヤング-アダルト【young adult】〔名〕十代後半の若者。二十代前半の若者を含めていうこともある。‖「―図書」

やんごと-な・い【▽止んごとない（▽止ん事無い）】〔形〕身分などがきわめて高いさま。高貴である。‖「―お方」 注意 やむを得ないの意で使うのは現代語としては誤り。派生 -げ／-さ

やんちゃ〔名・形動〕子供が大人のいうことをきかないで、いたずらばかりすること。また、そのような子供。‖「―な小学生」「―坊主」

やんぬる-かな【▼已んぬるかな】〔連語〕〔古風〕今となってはどうしようもない。もうおしまいだ。‖「万策尽きた。―」▼「やみぬるかな」の転。

ヤンバン【yangban 朝鮮】〔名〕朝鮮の高麗および李氏朝鮮時代の官僚組織。また、その身分階級。ヤンパン。書き方 漢字で書けば、「▽両▽班」。東班（文官）と西班（武官）に分けられていたことから。

やんま【〈▼蜻▼蜓〉】〔名〕ギンヤンマ・ルリボシヤンマ・カトリヤンマ・コシボソヤンマなど、ヤンマ科のトンボの総称。▼大形のトンボの通称としても使う。

やん-や【感】大勢がほめてはやしたてるときに発する語。‖「―、―の大喝采」

やんわり〔副〕やわらかであるさま。穏やかに。‖「―（と）たしなめる」「―（と）断る」

ゆ

ゆ【湯】［名］❶水を煮えたたせて熱くしたもの。‖「—をわかす」❷ふろ。銭湯。‖「—に入る」「—から上がる」❸温泉。いでゆ。‖「—の町」「有馬の—」❹金属を溶かして液状にしたもの。鋳造に用いる。

ゆ【由】（造）❶よってきたところ。いわれ。‖「—縁・—来」❷へる。とおる。‖「経—」

ゆ【油】（造）あぶら。液状のあぶら。‖「—圧・—脂・—田」「給—・石—・灯—」

ゆ【喩】（造）たとえ。たとえる。‖「暗—・引—・隠—」

ゆ【愉】（造）たのしい。よろこぶ。‖「—悦・—快」

ゆ【諭】（造）教えみちびく。さとす。‖「—旨」「教—」

ゆ【輸】（造）はこぶ。おくる。‖「—血・—送・—入」「空—」

ゆ【癒】（造）病気や傷がなおる。なおす。いえる。いやす。‖「—着」「快—・治—」

ゆ-あか【湯▼垢】［名］❶水に含まれている石灰分などが浴槽や鉄瓶などの内側にこびりついたもの。❷浴槽の湯水に浮く、垢などのまじったよごれ。

ゆ-あがり【湯上がり】［名］風呂から出たばかりの時。‖「—にビールを飲む」「—タオル（＝バスタオル）」

ゆ-あたり【湯▽中たり】［名・自サ変］過度の入浴によって体の具合が悪くなること。‖「長湯して—する」

ゆ-あつ【油圧】［名］油を媒体に用いてかける圧力。‖「—器」

ゆ-あみ【湯▽浴み】［名・自サ変］湯に入り、体を洗うこと。入浴。‖「—着」

ゆい【唯】（造）ただ、それだけ。‖「—一・—物論」

ゆい【遺】（造）死後にのこす。‖「—言」

ゆい-いつ【唯一】［名］ただ一つであること。‖「—の方法」▼古くから「ゆいつ」とも読んだが、「ゆいいつ」が本来の読み方。

ゆいいつ-むに【唯一無二】［名・形動］ただ一つだけで、二つとないこと。‖「—の存在」▼「唯一」を強めて言う語。

ゆいが-どくそん【唯我独尊】［名］❶天地間にある我よりも尊い存在はないということ。▼釈迦が唱えたという「天上天下唯我独尊」の略。❷世の中に自分ほどすぐれているものはないと、うぬぼれること。

ゆい-ごん【遺言】［名・自他サ変］自分の死後のために言い残しておくこと。また、そのことば。‖「—状」▼法律では「いごん」という。

ゆい-しき【唯識】［名］仏教で、一切の事物・事象は心の本体である識の作用によって現し出されたもので、外界に実在するものではないとする考え方。法相宗の中心思想。

ゆい-しょ【由緒】［名］❶物事の起こりと、今に至るまでのいきさつ。いわれ。‖「古寺の—を尋ねる」❷りっぱな来歴。‖「—ある神社」

ゆい-しん【唯心】［名］❶哲学で、精神だけが真の存在であるとする立場。⬍唯物 ❷仏教で、一切の事物・事象は心が現したもので、心以外の存在はありえないとする考え方。華厳経の中心思想。

ゆいしん-ろん【唯心論】［名］哲学で、万物の本質を精神的なものに求め、物質的なものはすべてその所産であるとする存在論上の立場。プラトン・ライプニッツ・ヘーゲルなどが代表者。⬍唯物論

ゆ-いつ【▽唯一】［名］⬇ゆいいつ（唯一）

ゆい-のう【結納】［名］婚約が成立したしるしに金品を取り交わすこと。また、その儀式や金品。‖「—を贈る」「—金」

ゆいび-しゅぎ【唯美主義】［名］美に最高の価値を認め、美の追求を至上の目的とする生活上および芸術上の立場。耽美主義。

ゆい-ぶつ【唯物】［名］哲学で、物質だけが真の存在であるとする考え方。⬍唯心

ゆいぶつ-しかん【唯物史観】［名］マルクス主義の歴史観。人間社会の形成は物質の生産様式に制約されるとし、生産力と生産関係との矛盾が発展する歴史の原動力になるとする立場。史的唯物論。

ゆいぶつ-べんしょうほう【唯物弁証法】［名］マルクス主義の方法論で、唯物論の立場に立つ弁証法。自然・社会・歴史を互いに連関しながら発展する物質としてとらえ、人間の意識や思考はそれに応じて弁証法的に展開するとする。弁証法的唯物論。

ゆいぶつ-ろん【唯物論】［名］哲学で、宇宙の根源は物質にあるとし、精神的なものはすべて物質の作用に基づくとする存在論上の立場。⬍唯心論

ゆい-わた【結い綿】［名］❶重ねた真綿の中央を結んで束ねたもの。祝い物に用いる。❷日本髪で、島田髷の中央に鹿の子絞りなどの布をかけて結んだもの。未婚女性が結う。

ゆう【夕】［名］日が暮れて夜になろうとするころ。夕方。‖「朝な—な」「—の祈り」「—食」⬍朝

ゆう【〈木綿〉】［名］楮の皮の繊維を蒸して水に浸し、細く裂いて糸にしたもの。幣として神に捧げる榊にかけ、また、神事の際の襷とした。

ゆう【有】［名］❶あること。存在すること。‖「無から—を生じる」「—害・—志・—望・—利」⬍無 ❷持っていること。‖「敵の—に帰する」「含—・共—・国—・所—」

ゆう【勇】［名］心が強く、恐れずに物事に立ち向かうこと。いさましいこと。‖「匹夫の—」「—敢・—気」「武—」

◉**勇を鼓・す** 勇気をふるいおこす。

◉**勇を奮・う** 勇気を出し尽くす。

ゆう【雄】❶［名］強く、すぐれていること。また、その人。‖「戦国の—」「—姿・—壮・—大」「英—・群—・両—」❷（造）生物のおす。‖「—蕊・—性」「雌—」

ゆう【優】❶［名］成績の評価で、すぐれていること。‖「—、良、可」❷（造）❶すぐれている。‖「—位・—秀・—劣」❷しとやか。上品で美しい。‖「—雅・—美」❸てあつい。‖「—遇・—待」❹ゆとりがある。‖「—柔」❺役者。‖「声—・俳—」

ゆ・う【言う（▼謂う・▼云う）】［自他五］（「言う」の表音式かなづかいによる表記）⬇いう

ゆ・う【結う】［他五］❶ひも状・棒状の物を結びかためる。また、そのようにしてある形を作る。‖「帯を—」「垣根を—」❷頭髪を整えるために束ねたり結んだりする。また、そのようにして髪型を作る。‖「髪を島田に—」「ちょんまげを—」可能 結える

ゆう【▼尤】［形動ナリ］特にすぐれているさま。‖「桜は花の—なるもの」「—物」

ゆう【友】（造）ともだち。‖「—情・—人」「悪—・親—」

ゆう【右】（造）❶みぎ。‖「左—・座—」❷たっとぶ。‖「—文」❸たすける。‖「—筆」

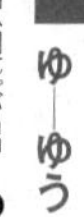

ゆう【由】(造) ❶よる。もとづく。‖「自—・所—」❷わけ。いわれ。‖「縁—・事—・理—」

ゆう【幽】ウイ (造) ❶くらい。かすか。‖「—明」❷奥深い。‖「—玄・—寂」❸世間から離れる。かくれる。‖「—境」❹人をとじこめる。‖「—閉」❺あの世。死者の。‖「—界・—霊」

ゆう【悠】ウイ (造) ❶どこまでも続くさま。はるか。‖「—遠・—久」❷ゆったりしているさま。‖「—然・—長・—揚」

ゆう【郵】ウイ (造) 手紙・はがきなどを送り届ける業務。‖「—政・—送・—便」

ゆう【湧】(造) わき出る。‖「—出・—泉」

ゆう【猶】ウイ (造) ためらう。‖「—予」

ゆう【裕】ウイ (造) ゆたか。ゆとりがある。‖「—福」「余—」

ゆう【遊】ウイ (造) ❶あそぶ。好きなことをして楽しむ。‖「—戯・—興」「豪—」❷酒食を楽しむ。‖「—客・—廓」❸見学・学問のために、よその土地に出かける。‖「—学・—覧」「周—・漫—」❹自由に動きまわる。‖「—撃・—牧」❺何もしないでいる。使わないでいる。‖「—民」❻およぐ。‖「—泳」「浮—・回—」❼「遊撃手」の略。‖「三—間」◈①③⑥は「游」に通じる。

ゆう【誘】ウイ (造) ❶さそう。いざなう。‖「—致・—導」「勧—」❷そそのかす。まどわす。‖「—拐・—惑」❸ひきおこす。‖「—因・—発」

ゆう【憂】ウイ (造) うれえる。心配する。心配事。‖「—鬱(うつ)・—国・—愁」「杞—・一喜一—」

ゆう【融】(造) ❶とける。とかす。‖「—解・—点」❷心がとけあう。‖「—合・—和」❸つうじる。とおる。‖「—資」「金—」

ユーアールエル【URL】[名] インターネット上のウェブ(WWW)情報の位置を表示する書式。プロトコル名、ドメイン名などからなる。▽Uniform Resource Locator の略。

ゆうあい【友愛】イウ [名] 兄弟間の情愛。また、友人・隣人に対する親愛の情。‖「—の精神」

ユーアイ【UI】[名] ➡ユーザーインターフェース

ゆうあかり【夕明かり】ユフ [名] 夕暮れに残るほのかな明るさ。残照。

ゆうあく【優▼渥】イウ [名・形動] 手厚く、恵み深いこと。‖「—なる待遇」▽「渥」は厚い意。

ゆうい【有為】イウ [名・形動] 才能があること。世の中の役に立つこと。‖「—の人材」

ゆうい【有意】イウ [名] ❶意味のあること。意義のあること。❷そうしようとする意志があること。また、下心があること。

ゆうい【雄偉】イウ [名・形動] 雄々しく、たくましいこと。‖「山の—な姿」

ゆうい【優位】イウ [名・形動] 地位や立場が他よりまさっていること。また、その地位や立場。⬍劣位

◉**優位に立つ** 地位や立場が他よりまさる。注意「有利に立つ」は誤り。

ゆういぎ【有意義】イウ [名・形動] 意義があること。価値があること。‖「—な時間を過ごす」⬍無意義

ゆういん【誘引】イウ [名・他サ変] 誘い入れること。‖「誇大広告で消費者を—する」

ゆういん【誘因】イウ [名] ある作用を引き起こす原因。‖「パニックの—となった報道」

ゆううつ【憂鬱】イウ [名・形動] 気持ちがふさいで、晴れ晴れとしないこと。‖「雑事が多くて—になる」「—な天気」派生 -げ/-さ

> **憂鬱** 品格
> 暗鬱(あんうつ)「—とした物語」 陰鬱(いんうつ)「—の影がさす」 憂さ「—を晴らす」 鬱々(うつうつ)「—として楽しまない」 鬱屈(うっくつ)「—のはけ口」 鬱積(うっせき)「怒りが—する」 気鬱(きうつ)「—を払う」 メランコリー「青春の—」 憂愁(ゆうしゅう)「—の色が濃い」

ゆうえい【遊泳(▼游泳)】イウ [名・自サ変] ❶泳ぐこと。‖「—する魚の群れ」「—禁止」▽泳ぐような動作をすることにもいう。‖「宇宙—」❷うまく世間をわたること。世わたり。処世。‖「—術に長ける」

ゆうえき【有益】イウ [名・形動] 利益のあること。ためになること。‖「—な話を聞く」「休暇を—に使う」⬍無益 派生 -さ

ゆうえき【誘▼掖】イウ [名・他サ変] 力を貸して導くこと。‖「子弟を—する」▽「誘」は前にあって導く、「掖」はそばから助ける意。

ユーエスビー【USB】[名] 周辺機器をパソコン本体に接続するための規格。コンピューターの電源を入れたままプラグを抜き差しすること(ホットプラグ)ができる。▽universal serial bus の略。

ユーエスビーメモリー【USBメモリー】[名] パソコンのUSB端子に差し込み、外部記憶装置として用いるフラッシュメモリー。

ゆうえつ【優越】イウ [名・自サ変] 他よりすぐれていること。‖「感情に対する理性の—を主張する」

ゆうえつかん【優越感】イウ [名] 自分が人よりすぐれているとする感情。‖「—に浸る」⬍劣等感

ユーエヌ【UN】[名] 国際連合。▽United Nations の略。

ゆうえん【有塩】イウ [名] 塩分を含むこと。‖「—バター」⬍無塩

ゆうえん【幽遠】イウ [名・形動] はかりしれないほど奥深いこと。‖「—な趣」派生 -さ

ゆうえん【幽艶・幽▼婉】イウ [名・形動] 奥ゆかしく美しいこと。‖「—な容姿」派生 -さ

ゆうえん【悠遠】イウ [名・形動] はるか遠く離れていること。‖「—の昔」「—な古代」派生 -さ

ゆうえん【優艶・優▼婉】イウ [名・形動] やさしくて、しとやかなこと。上品で美しいこと。‖「—な舞姿」派生 -さ

ゆうえんち【遊園地】イウ [名] 楽しく遊ぶための遊具・乗り物・娯楽設備などを設けた施設。‖「児童—」

ゆうおう【勇往】ユウ [名] 勇ましく進んでゆくこと。‖「—邁進(まいしん)」

ゆうが【優雅】イウ [名・形動] ❶気品があって美しいこと。‖「—なしぐさ」「—に踊る」❷俗事を離れたゆとりが感じられること。‖「—な生活」派生 -さ

ゆうかい【幽界】イウ [名] 死後の世界。あの世。冥土(めいど)。

ゆうかい【誘拐】イウ [名・他サ変] 人をだまして連れ去ること。‖「子供を—する」「—事件」

ゆうかい【融解】[名・自他サ変] 固体が熱せられて液体になること。また、固体を熱して液体にすること。‖「氷が—する」「—点・—熱」⬍凝固

ゆうがい【有害】イウ [名・形動] 害があること。‖「—な物質」「—無益」⬍無害 派生 -さ

ゆうがい【有蓋】イウ [名] 屋根・ふたなどの覆いがあること。‖「—貨車」⬍無蓋

ゆうがお【夕顔】ユフガホ [名] ❶夏の夕方、白い花を開

ウリ科のつる性一年草。茎は地面をはって伸び、巻きひげで他にからみつく。円形または楕円（だえん）形の果実は干瓢（かんぴょう）の原料とし、それ専用の品種もある。❷ヨルガオ。ヒルガオ科の一年草。つる性で、花はアサガオに似るが肉厚で大きい。園芸種。

ゆう-かく【遊客】 イウ〔名〕❶仕事をしないで遊び暮らしている人。❷遊覧の客。❸遊郭で遊ぶ人。嫖客（ひょうかく）

ゆう-かく【遊郭・遊▼廓】 イウクヮク〔名〕遊女屋の多く集まっていた一定の地域。色里。遊里。くるわ。

ゆう-がく【遊学】 イウ〔名・自サ変〕故郷を離れ、よその土地や外国に行って勉強すること。≡「フランスに―する」

ゆう-かげ【夕影】 ユフ〔名〕❶夕暮れの日の光。夕日。❷夕日に照らされた物の姿。

ゆうか-しょうけん【有価証券】 イウカ〔名〕私法上の財産権を表示した証券で、その権利の移転または行使に証券を必要とするもの。手形・小切手・株券・債券・商品券など。

ゆう-がた【夕方】 ユフ〔名〕日が沈むころから夜になるまでの間。夕刻。夕暮れ。⬍朝方

品格　黄昏（たそがれ）「―が迫る」　夕刻「―に発生した地震」　夕べ（ゆうべ）「―の祈り」

ゆうが-とう【誘▼蛾灯】 イウガ〔名〕昆虫の光に集まる性質を利用し、ガなどの害虫を誘い寄せて駆除する灯火装置。

ユーカラ〔名〕アイヌに口承されてきた叙事詩。▽アイヌ語で、詞曲の意。

ユーカリ〔名〕主にオーストラリアに分布するフトモモ科の常緑高木。全体に芳香がある。材は造船・土木・建築材に利用、葉からとるユーカリ油は医薬品・香料用。▽Eucalyptusラテから。

ゆう-かん【夕刊】 ユフ〔名〕日刊新聞で、午後から夕方にかけて発行されるもの。⬍朝刊

ゆう-かん【有閑】 イウ〔名〕ひまがあること。特に、生活に余裕があって、ひまが多いこと。≡「―階級［マダム］」

ゆう-かん【勇敢】〔名・形動〕勇気があって、危険や困難にひるまないこと。≡「―に立ち向かう」派生―さ

ゆう-かん【憂患】 イウクヮン〔名・他サ変〕心配して心を痛めること。また、その心配事。≡「内外の―」

ゆう-き【結▽城】 ユフキ〔名〕❶「結城紬（つむぎ）」の略。❷「結城縞（じま）」の略。❸「結城木綿（もめん）」の略。◈「結城」は紬の産地として知られる茨城県西部の市名。

ゆう-き【有期】 イウ〔名〕一定の期限があること。≡「―刑」⬍無期

ゆう-き【有機】 イウ〔名〕❶生命をもち、生活機能を備えていること。≡「―物」❷「有機化学」「有機化合物」などの略。◈⬍無機

ゆう-き【勇気】〔名〕おそれないで向かっていく強い気力。いさましい意気。≡「―が出る」「―凛々（りんりん）」

ゆう-き【幽鬼】 イウ〔名〕死者の霊。亡霊。

ゆう-ぎ【友▼誼】 イウ〔名〕友としての情愛。友達のよしみ。友情。≡「―に厚い人」

ゆう-ぎ【遊技】 イウ〔名〕わざを競う遊び。特に、ゲームに景品などをかけるパチンコ・ビリヤード・射的などをいう。≡「―場」

ゆう-ぎ【遊戯】 イウ〔名〕❶遊びたわむれること。遊び。≡「言葉の―」❷幼稚園や小学校低学年などで、運動と娯楽を兼ねて一定の方法で行われる遊びや踊り。≡「お―の発表会」

ゆうき-かがく【有機化学】 イウキクワガク〔名〕有機化合物を研究対象とする化学。⬍無機化学

ゆうき-かごうぶつ【有機化合物】 イウキクワガフブツ〔名〕炭素を主成分とする化合物の総称。⬍無機化合物

ゆうき-さいばい【有機栽培】 イウキ〔名〕有機肥料を用いた栽培。原則として、農薬や化学肥料を使用しないものをいう。

ゆうき-じま【結▽城▼縞】 ユフキ〔名〕結城紬（つむぎ）または結城木綿の縞織物。

ゆうき-たい【有機体】 イウキ〔名〕❶有機物によって構成され、生活機能を備えている組織体。生物体。❷各部分が互いに関連し合いながら統一された全体として機能する組織。

ゆうき-つむぎ【結▽城▼紬】 ユフキ〔名〕茨城県結城地方で作られる丈夫な絹織物。細い紬糸を平織りにしたもので、絣（かすり）と縞（しま）を主とする。結城。

ゆうき-てき【有機的】 イウキ〔形動〕有機体のように、多くの部分が互いに関連し合いながら統一された全体を形づくっているさま。≡「―な構造」「―に結合する」⬍無機的

ゆうき-ぶつ【有機物】 イウキ〔名〕❶生物体を構成・組織している物質。❷「有機化合物」の略。◈⬍無機物

ゆうき-もめん【結▽城《木綿》】 ユフキ〔名〕結城紬（つむぎ）に似せて織った木綿の縞（しま）織物。

ゆう-きゃく【誘客】 イウ〔名〕客を誘致すること。≡「―キャンペーン」

ゆう-きゅう【有休】 イウキウ〔名〕「有給休暇」の略。

ゆう-きゅう【有給】 イウキフ〔名〕❶給料が支払われること。⬍無給 ❷「有給休暇」の略。

ゆう-きゅう【悠久】 イウキウ〔名・形動〕果てしなく長く続くこと。永久。永遠。≡「―の太古」「―不変の自然」

ゆう-きゅう【遊休】 イウキウ〔名〕活用されないで放置してあること。≡「―地」「―資本」

ゆうきゅう-きゅうか【有給休暇】 イウキフキウカ〔名〕給料が支給される休暇。有給。有休。

ゆう-きょう【遊▼侠（▼游▼侠）】 イウケフ〔名〕仁義を重んじ、弱い者を助け、強い者をくじこうとすること。男だて。また、その気風の人。侠客（きょうかく）。≡「―の徒」

ゆう-きょう【遊興】 イウ〔名〕遊び興じること。特に、茶屋・料理屋などで飲食して遊ぶこと。≡「―にふける」「―費」

ゆう-きん【遊金】 イウ〔名〕活用しないで、しまい込んである金。あそびがね。

ゆう-く【憂苦】 イウ〔名・自サ変〕心配し、苦慮すること。また、心配事や苦しみ。≡「―に満ちた一生」

ゆう-ぐ【遊具】 イウ〔名〕遊戯に使う器具。遊び道具。

ゆう-ぐう【優遇】 イウ〔名・他サ変〕手厚く待遇すること。≡「経験者を―する」「―措置」⬍冷遇

ゆう-ぐれ【夕暮れ】 ユフ〔名〕日の暮れる頃。日暮れ。≡「―時」

ユーグレナ［Euglenaラテン］〔名〕ユーグレナ科の原生動物。体長〇・一ミリメートル以下。鞭毛（べんもう）で運動するが、光合成を行い、植物にも分類される。緑虫（みどりむし）。

ゆう-くん【遊君】 イウ〔名〕遊女。

ゆう-ぐん【友軍】 イウ〔名〕味方の軍隊。≡「―機」

ゆう-ぐん【遊軍】 イウ〔名〕❶戦列を離れて待機し、時機をみて出動する軍隊。遊撃隊。❷特定の部署に属

さず、臨機応変に活動できるように待機している人。〓「―記者」

ゆう-げ【夕▼餉】ユウ〔名〕〔古風〕夕方の食事。晩飯。⬍朝餉(あさげ)・昼餉(ひるげ)

ゆう-けい【夕景】ユウ〔名〕夕方。また、夕方の景色。

ゆう-けい【有形】イウ〔名〕形があること。また、形をもっているもの。〓「―無形の援助を受ける」⬍無形

ゆう-けい【雄▼勁】〔名・形動〕力強いこと。特に、書画・詩文などの書き方に力がみなぎっていること。〓「―な筆致」派生 -さ

ゆう-げい【遊芸】イウ〔名〕趣味や楽しみのためにする芸事。歌舞音曲・茶の湯・生け花など。

ゆうけい-ぶんかざい【有形文化財】イウケイブンクワザイ〔名〕文化財保護法上の文化財の一つ。建造物・絵画・彫刻・工芸品・書跡・典籍・古文書その他の有形の文化的所産で、歴史上または芸術上価値の高いもの、および考古資料・歴史資料。そのうち特に重要なものを文部科学大臣が重要文化財に指定する。⬍無形文化財

ゆう-げき【遊撃】イウ〔名〕❶〔自サ変〕戦列から離れ、時に応じて敵の攻撃や味方の援助に回ること。また、その軍隊。〓「―隊」❷「遊撃手」の略。

ゆうげき-しゅ【遊撃手】イウゲキ〔名〕野球で、二塁と三塁の間を守る内野手。ショートストップ。ショート。

ゆう-けむり【夕煙】ユウ〔名〕❶夕方、煙のようにかかるもや。夕もや。❷夕方、夕食の支度をする際にかまどから立ちのぼる煙。

ゆう-けん【勇健】〔名・形動〕❶勇ましく、すこやかなこと。❷健康であること。雄健。壮健。〓「ますます御―のことと存じます」▼多く手紙文で使う。

ゆう-けん【郵券】イウ〔名〕郵便切手。〓「―同封」▼多く公文書などで使う。

ゆう-げん【有限】イウ〔名・形動〕限りがあること。終わりがあること。〓「―な資源」⬍無限

ゆう-げん【幽玄】イウ〔名・形動〕物事の趣が言い尽くせないほど奥深いこと。幽遠な情緒と余情があること。〓「―の趣」▼中世の美的理念を表す語として歌論・能楽論などに用いられた語。✔注意「幽幻」と書くのは誤り。派生 -さ

ゆうげん-がいしゃ【有限会社】イウゲングワイシャ〔名〕有限会社法によって設立された社団法人。株式会社の特色を中小企業向けに簡素化した企業形態で、社員はその出資額を限度とする有限責任を負う。▼有限会社法は二〇〇五年の商法改正によって廃止されたが、名称変更は強制されない。

ゆうげん-じっこう【有言実行】イウゲンジッカウ〔名〕言ったことは必ず実行すること。〓「―の人」▼「不言実行」をもじって作られた語。

ゆうけん-しゃ【有権者】イウケン〔名〕権利をもっている人。特に、選挙権をもっている人。

ゆうげん-せきにん【有限責任】イウゲン〔名〕法律で、債務者が自分の財産のうち特定の物または一定額を限度として債務を返済すればよいとする責任。⬍無限責任

ゆう-こう【友好】イウカウ〔名〕友人として仲よくつき合うこと。〓「―を深める」「―関係」「―的な態度」

ゆう-こう【有功】イウ〔名〕てがらがあること。〓「―賞」

ゆう-こう【有効】イウカウ〔名・形動〕❶効果・効力があること。〓「―な薬剤」「余暇を―に使う」「―期限」⬍無効 ❷柔道で、「技あり」に近い技に下した判定。今は廃止。

ゆう-ごう【融合】ガフ〔名・自サ変〕異なるものが一つにとけ合うこと。〓「東西文化の―を図る」「核―」

ゆうこうきゅうじん-ばいりつ【有効求人倍率】イウカウキウジン〔名〕職業安定所(ハローワーク)を経由する有効求人数を有効求職数で割った数値。▼有効求人は求人申し込みの有効期限内に求人が充足されないこと。有効求職は求職申し込みの有効期限内に就職できないこと。

ゆう-こく【夕刻】ユウ〔名〕夕方の時刻。日暮れどき。夕方。

ゆう-こく【幽谷】イウ〔名〕山深いところにある静かな谷。〓「深山―」

ゆう-こく【憂国】イウ〔名〕自分の国の現状や将来を心配すること。〓「―の情」

ゆう-ごはん【夕御飯】ユウ〔名〕夕方の食事。晩御飯。▼「夕飯」より丁寧な言い方。

ゆう-こん【幽魂】イウ〔名〕死者のたましい。亡魂。

ゆう-こん【雄▼渾】〔名・形動〕のびのびとして力強いこと。〓「―な筆致」「―の筆法」

ユーザー〔user〕〔名〕商品などの使用者。利用者。需要者。〓「―のニーズに応える」

ユーザー-インターフェース〔user interface〕〔名〕使用者がコンピューターを操作する上での環境。マウス・キーボードなどの機器や画面の表示方法など。UI。

ゆう-ざい【有罪】イウ〔名〕罪があること。特に、裁判所の判決で犯罪事実および刑事責任の存在が認められること。〓「―判決」⬍無罪

ユーザビリティー〔usability〕〔名〕有用性。特にコンピューターで、ハードウエアやソフトウエアの使いやすさ。

ゆう-さん【有産】イウ〔名〕多くの財産を所有すること。⬍無産

ゆうさん-かいきゅう【有産階級】イウサンカイキフ〔名〕資本家や地主など、多くの資産を所有している階級。ブルジョアジー。⬍無産階級

ユーザンス〔usance〕〔名〕❶支払い猶予。❷期限付き手形の支払い猶予期間。

ゆうさんそ-うんどう【有酸素運動】イウサンソ〔名〕⬇エアロビクス

ゆう-し【有司】イウ〔名〕役人。官吏。〓「百官―」

ゆう-し【有史】イウ〔名〕文字で記録された史料があること。歴史があること。〓「―以前の昔」「―以来の大事件」「―時代」

ゆう-し【有志】イウ〔名〕ある事柄に関心をもち、それにかかわろうとする志があること。また、その人。〓「―を募る」

ゆう-し【勇士】〔名〕勇気のある人。また、勇ましい兵士。勇者。〓「歴戦の―」

ゆう-し【勇姿】〔名〕勇ましい姿。〓「選手団が―を現す」

ゆう-し【猶子】イウ〔名〕❶兄弟の子。おい。めい。❷貴族・武家社会などの家族制度で、兄弟・親戚または他人の子を自分の子としたもの。▼猶子を相続を目的としない名目上の親子関係に限るとする説もあるが、世継ぎを目的とする養子との混用もあって、その違いは必ずしも明確ではない。

ゆう-し【遊子(▼游子)】イウ〔名〕旅人。

ゆう-し【雄志】［名］勇ましく立派なこころざし。雄大な意気。「―を抱く」

ゆう-し【雄姿】［名］堂々として立派な姿。

ゆう-し【融資】［名・他サ変］資金を融通すること。また、その資金。「銀行から―を受ける」「不正―」

ゆう-じ【有事】［名］戦争や事変など、平常と変わった事件が起こること。「―に備える」

ゆう-しお【夕潮（夕▼汐）】［名］夕方に満ちてくる潮。⇔朝潮

ゆう-しき【有識】［名］❶学問があって見識が高いこと。また、その人。「―者」❷⇒ゆうそく

ゆうし-てっせん【有刺鉄線】［名］撚り合わせた針金のところどころに先をとがらせた短い針金をとげのようにからませたもの。防御用の柵などに用いる。ばら線。

ゆう-しゃ【勇者】［名］勇気のある人。勇士。

ゆう-じゃく【幽寂】［名・形動］奥深くてひっそりしていること。「―な趣の庭園」

ゆう-しゅう【幽囚】［名］捕らえられて牢屋に閉じこめられること。また、その人。

ゆう-しゅう【有終】［名］終わりを全うすること。

ゆう-しゅう【幽愁】［名］心の奥深く抱く悲しみ。「―を催す」

ゆう-しゅう【憂愁】［名］心配して悲しむこと。また、うれいと悲しみ。「―に閉ざされる」

ゆう-しゅう【優秀】［形動］ひときわすぐれているさま。「―な成績［人材］」派生 -さ

ゆう-じゅう【優柔】［名・形動］❶ぐずぐずして決断力に乏しいこと。はきはきしないこと。「―な性格」「―な態度をとる」❷やさしくて、ものやわらかなこと。「―な人柄」

ゆうしゅう-の-び【有終の美】［連語］最後までやり通して立派な成果をあげること。注意「優秀の美」と書くのは誤り。

ゆうじゅう-ふだん【優柔不断】［名・形動］ぐずぐずして決断力に乏しいこと。「―な性格」派生 -さ

ゆう-しゅつ【湧出（▼涌出）】［名・自サ変］地中からわき出ること。「温泉が―する」「石油の―量」

ゆう-しゅん【優▼駿】［名］特にすぐれた競走馬。

ゆう-じょ【▼佑助（▼祐助）】［名］助けること。助け。「天の―を願う」

ゆう-じょ【▼宥▼恕】［名・他サ変］寛大な心でゆるすこと。「―を請う」「―を願う」

ゆう-じょ【遊女】［名］❶昔、歌舞によって客を楽しませ、共寝をすることを業とした女性。あそびめ。❷遊郭にいて客の相手をした女性。女郎。

ゆう-しょう【有償】［名］受けた利益に対して代価を支払うこと。「―取得」⇔無償

ゆう-しょう【勇将】［名］強く勇ましい将軍。「―の下（もと）に弱卒（じゃくそつ）なし」

ゆう-しょう【優勝】［名・自サ変］❶競技・競争などで、勝って第一位になること。「県大会で―する」「―旗」❷すぐれたものが他に勝つこと。

ゆう-しょう【優賞】［名］手厚くほめて、ほうびを与えること。また、そのほうび。

ゆう-じょう【友情】［名］友人間の親愛の情。友愛の情。「―に厚い人」

ゆう-じょう【優▼諚】［名］天皇から下される恵み深いおことば。

ゆうしょう-れっぱい【優勝劣敗】［名］すぐれたものが勝ち、劣った者が負けること。特に生存競争で、強い者や環境に適した者が生き残り、弱い者や環境に適さない者が滅びること。「―の競争」

ゆう-しょく【夕食】［名］夕方の食事。夕飯。夕餉（ゆうげ）。晩ごはん。⇔朝食・昼食

ゆう-しょく【有色】［名］色がついていること。「―野菜」「―人種（＝皮膚の色が白くない人種の総称）」⇔無色

ゆう-しょく【憂色】［名］心配そうな顔つき。うれえているようす。「―が濃い」

ゆう-しん【雄心】［名］勇ましい心。雄壮な心。「―勃々（ぼつぼつ）としておこる」

ゆう-じん【友人】［名］親しく対等に交わっている人。朋友。「―代表のあいさつ」▽「友達」よりも改まった言い方。

ゆう-じん【有人】［名］宇宙船や機械・設備などに、人が（乗って）いること。⇔無人

ゆうしん-ろん【有神論】［名］神の存在を認める思想的な立場。⇔無神論

ゆう-すい【幽▼邃】［名・形動］奥深くてもの静かなこと。「―の地」

ゆう-すい【湧水】［名］地下からわき出る水。わきみず。

ゆう-ずい【雄▼蕊】［名］⇒おしべ ⇔雌蕊（しずい）

ゆうすい-ち【遊水池・遊水地】［名］洪水時に川の水を一時的にためるのに利用される、川に隣接した場所。「渡良瀬（わたらせ）―」書き方 河川法などでは「遊水地」、都市計画法などでは「遊水池」と表記されている。

ゆう-すう【有数】［名・形動］取り上げて数えるほど主だっていること。屈指。「日本―の景勝地」「世界―の物理学者」

ゆう-ずう【融通】［名］❶［他サ変］金銭などを都合して貸し借りすること。「資金を―する」❷その場その場に応じて適切な処置をとること。「―がきかない人」◈現代仮名遣いでは「ゆうづう」も許容。

ゆうずう-てがた【融通手形】［名］実際の商取引に基づかず、単に資金調達のためだけに振り出される手形。好意手形。⇔商業手形

ゆうずう-むげ【融通無▼碍】［名］考え方や行動が何物にも束縛されず、どのような事態にも自由自在に対応できること。「―に対処する」

ユース-オリンピック【Youth Olympics】［名］一四〜一八歳の選手を対象とするスポーツの国際競技大会。国際オリンピック委員会（IOC）が主催し、四年に一度開催される。ユース五輪。

ゆう-すずみ【夕涼み】［名］夏の夕方、戸外や縁側などに出て涼むこと。

ゆう-ずつ【夕▽星・〈長▼庚〉】［名］夕方、西の空に見える金星。宵の明星。▽古くは「ゆうつづ」。

ユーズド【used】［名］使用済みの。中古の。「―カー（＝中古車）」▽多く他の語と複合して使う。

ユース-ホステル【youth hostel】［名］青少年旅行者のために設けられた健全で安価な宿泊所。多くは会員制。

ゆう-する【有する】［他サ変］文 いう・す 持つ。持っている。所有する。「権利を―」

ゆう-せい【有声】［名］❶声が出ること。また、声

を出すこと。❷音声学で、発音の際に声帯の振動を伴うこと。◈⬍無声

ゆう-せい【有性】 [名] 雌雄の区別があること。⬍無性

ゆう-せい【幽▼棲(幽▼栖)】 [名・自サ変] 俗世間から離れてひっそりと隠れ住むこと。また、その住まい。≡「山奥に—する」

ゆう-せい【幽静】 [名・形動] 奥深くて静かなこと。

ゆう-せい【郵政】 [名] 郵便に関する行政。≡「—三事業(=郵便・郵便貯金・簡易保険の三つの事業)」

ゆう-せい【遊星】 [名] ⬇惑星①

ゆう-せい【雄性】 [名] 雄に共通する性質。⬍雌性

ゆう-せい【優性】 [名] ⬇顕性 ⬍劣性

ゆう-せい【優勢】 [名・形動] 勢いがまさっていること。形勢が有利であること。≡「試合を—に進める」⬍劣勢

ゆう-ぜい【有税】 [名] 税金がかかること。⬍無税

ゆう-ぜい【遊説】 [名・自サ変] 自分の意見や主張を説いて各地をまわること。特に、政治家が各地を演説してまわること。≡「党首が駅前で—する」

ゆうせい-おん【有声音】 [名] 発音の際に声帯の振動を伴う音。普通の母音と、[b][d][g][m][n]などの子音。⬍無声音

ゆうせい-がく【優生学】 [名] 人類の遺伝的素質を改善することを目的に、悪性の遺伝形質の淘汰と優良な遺伝形質の保存増加について研究する応用遺伝学の一分野。

ゆうせい-がち【優勢勝ち】 [名] 柔道などの試合で、両者とも勝敗を決める一本がとれないまま試合時間が経過したとき、審判が優勢と判定した方を勝ちとすること。

ゆうせい-しょう【郵政省】 [名] 以前あった省の一つ。⬇総務省

ゆう-せつ【融雪】 [名] 雪がとけること。≡「—剤」

ゆう-せん【有線】 [名] 電線を使って行う通信方式。≡「—電話」⬍無線

ゆう-せん【勇戦】 [名・自サ変] 勇ましく戦うこと。≡「兵士が—する」「—奮闘」

ゆう-せん【郵船】 [名] 郵便物の輸送と、航海中の郵便事務を取り扱う船。▽「郵便船」の略。

ゆう-せん【優先】 [名・自他サ変] 他のものをさしおいて先に扱うこと。≡「仕事より家庭を—する」「利益を—する／させる」「乗客救出が犯人逮捕に—する」「—席・—権・—順位」 使い方 「〜を優先する／優先させる」は、ともによく用いられる。⬇品詞解説(一八二六ペ)

ゆう-ぜん【友禅】 [名] 防染剤を入れた糊を布に置く方法によって、絹布などに花鳥・草木・山水などの模様を華麗・多彩に染め出したもの。京友禅・加賀友禅などがある。▽「友禅染」の略。

ゆう-ぜん【▽油然】 [形動トタル] 盛んにわき起こるさま。≡「—として構想がわく」

ゆう-ぜん【悠然】 [形動トタル] ゆったりと落ち着いているさま。≡「—と構える」「—として山を仰ぐ」

ゆうせん-せき【優先席】 [名] 電車・バスなどで、高齢者や体の不自由な人、妊婦などが優先的に座れるよう指定された座席。

ゆうせん-ほうそう【有線放送】 [名] 有線の電気通信設備を用いて限定された区域内に告知・広告・音楽などを放送する施設。また、その放送。

ゆう-そう【勇壮】 [名・形動] 勢いが盛んで勇ましいこと。≡「—な行進曲」「—活発」 派生 -さ

ゆう-そう【郵送】 [名・他サ変] 郵便で送ること。≡「手紙[書類・本]を—する」「—料」

ゆう-そう【雄壮】 [名・形動] おおしく、勢いがさかんなこと。勇壮。≡「—な大自然」 書き方 新聞は、「勇壮」と「雄壮」を区別せず、統一的に「勇壮」と書く。 派生 -さ

ゆう-そく【有▽職(有▽識)】 [名] 朝廷や公家・武家の儀礼・行事・官職などに精通していること。また、その人。

ゆうそく-こじつ【有▽職故実】 [名] 朝廷や公家・武家の儀礼・行事・官職・服飾などについての知識や学問。

ゆう-だ【遊惰】 [名・形動] 仕事をしないで遊び怠けること。≡「—な生活を送る」

ユー-ターン【Uターン】 [名・自サ変] ❶進行中の自動車などがUの字を描くように回って逆もどりすること。≡「—禁止」❷もとの場所や状態に逆もどりすること。特に、地方から大都市に移住した人が出身地などに戻ること。≡「故郷に—する」「—現象」

ゆう-たい【勇退】 [名・自サ変] 後進に道を開くために自分から進んで役職をやめること。≡「定年を待たず—する」

ゆう-たい【郵袋】 [名] 郵便物を入れて局から他局へ輸送する袋。行嚢。

ゆう-たい【優待】 [名・他サ変] 手厚くもてなすこと。特別に有利な扱いをすること。≡「高齢者を—する」「—券」

ゆう-だい【雄大】 [形動] 規模が大きく、堂々としているさま。≡「富士山の—な眺め」「—な構想」 派生 -さ

ゆうたい-ぶつ【有体物】 [名] 法律で、物理的に空間の一部を占め、形をもって存在するもの。⬍無体物

ゆう-だち【夕立】 [名] 夏の昼過ぎから夕方にかけて急に激しく降り出す雨。雷を伴うことが多い。≡「—がやってきそうだ」「—にあう」

◉**夕立は馬の背を分ける** ⬇馬の背を分ける

ユータナジー【euthanasie フランス】 [名] 安楽死。オイタナジー。ユーサネイジア。

ゆう-だん【勇断】 [名・他サ変] 勇気をもって決めること。また、その決断。≡「—を下す」

ゆうだん-しゃ【有段者】 [名] 柔道・剣道・囲碁・将棋などで、初段以上の段位をもっている人。

ゆう-ち【誘致】 [名・他サ変] 積極的にさそい寄せること。≡「工場を—する」「大学—」

ゆう-ちょう【悠長】 [形動] 落ち着いていて気が長いさま。のんびりして急がないさま。≡「—な話」「—に構える」「そんな—なことはやっていられない」

ゆう-づき【夕月】 [名] 夕方の月。

ゆう-づきよ【夕月夜】 [名] 夕方にでる月。また、月のでている夕方。ゆうづくよ。

ゆう-づくよ【夕▽月夜】 [名] ⬇ゆうづきよ

ユーティリティー【utility】 [名] ❶役に立つこと。有用性。≡「—ソフト」❷住宅などで、洗濯・アイロンがけなどの家事作業に必要な設備をまとめて設けてある部屋。家事室。▽「ユーティリティールーム(utility room)」の略。

ゆう‐てん【融点】[名] 固体がとけて液体になり始める温度。融解点。ふつう一気圧のもとでの値を指す。▽氷の融点はセ氏零度。

ゆう‐と【雄図】[名] 雄大な計画。壮図。‖「―を抱く」「―むなしく引き上げる」

ゆう‐と【雄途】[名] 勇ましく、意気盛んな出発。壮途。‖「―に就く」

ゆう‐とう【遊▼蕩】イウタウ [名・自サ変] だらしなく酒や色事にふけること。放蕩。‖「―児」

ゆう‐とう【優等】イウ [名・形動] 他よりもすぐれていること。‖「―の成績で卒業する」「―賞」⇔劣等

ゆう‐どう【誘導】イウダウ [名・他サ変] ❶進む方向を示して人や物をある場所や状態にみちびいていくこと。‖「住民を避難場所に―する」「滑走路の―灯」❷電気・磁気が、その電場・磁場にある物体に影響を及ぼすこと。また、その作用。感応。

ゆうどう‐えんぼく【遊動円木】イウドウヱンボク [名] 太い丸太の両端を鉄のくさりで低くつり下げた遊具。上に乗って前後に揺り動かしたり、上を歩いたりして遊ぶ。

ゆうどう‐じんもん【誘導尋問】イウダウ‐ [名] 容疑者・証人などに対し、尋問者が期待する内容の答えを暗示して供述を誘い出そうとする尋問。

ゆうとう‐せい【優等生】イウトウ‐ [名] 成績・品行の特にすぐれている生徒や学生。⇔劣等生

ゆうどう‐たい【誘導体】イウダウ‐ [名] ある有機化合物の分子内の一部が変化して生じる化合物。もとの化合物に対していう。

ゆうどう‐だん【誘導弾】イウダウ‐ [名] ⇒ミサイル

ゆう‐とく【有徳】イウ [名・形動] 徳をそなえていること。また、その人。うとく。‖「―の士」

ゆう‐どく【有毒】イウ [名・形動] 毒性があること。‖「人体に―な植物」「―ガス」⇔無毒

ユートピア[utopia] [名] 空想上の理想的な社会。理想郷。▽イギリスの作家トマス＝モアの小説の題名から。

ユートピアン[utopian] [名] 空想家。夢想家。

ゆう‐なぎ【夕▼凪】ユフ [名] 夕方、海風から陸風に替わるとき、海上や沿岸部が一時無風状態となること。⇔朝凪あさなぎ

ゆう‐に【優に】イウ [副] 十分に余裕のあるさま。‖「―五億円を超える資産」

ゆう‐のう【有能】イウ [名・形動] 能力・才能があること。‖「―な職員」⇔無能 派生 ‐さ

ゆう‐はい【有配】イウ [名] 株式などの配当があること。⇔無配

ゆう‐ばえ【夕映え】ユフ [名] ❶夕日を受けて美しく照り輝くこと。‖「―の嶺みね」❷夕焼け。‖「―の空」

ゆう‐ばく【誘爆】イウ [名・自サ変] 一つの爆発が原因となって近くにある他の爆発物が爆発を起こすこと。

ゆう‐はつ【誘発】イウ [名・他サ変] ある事柄がきっかけとなって、他の事柄を引き起こすこと。‖「不景気が犯罪を―する」

ゆう‐ばれ【夕晴れ】ユフ [名] 夕方、空が晴れ上がること。

ゆう‐はん【夕飯】ユフ [名] 夕方の食事。夕食。晩飯ばんめし。⇔朝飯あさはん

ゆう‐はん【有半】イウ [名] 〈年月を表す語に付いて〉…とその半分。‖「三年―」▽「有」は「その上に」の意。

ゆう‐はん【雄藩】[名] 勢力の強大な藩。

ゆう‐ひ【夕日(夕▽陽)】ユフ [名] 夕方の太陽。また、その光。‖「―が沈む」「―に映える山並み」⇔朝日

ゆう‐ひ【雄飛】[名・自サ変] 大きな志を抱いて意気盛んに活動すること。‖「海外に―する」⇔雌伏

ゆう‐び【優美】イウ [名・形動] 気品があって美しいこと。‖「―な装い」「―に舞う」派生 ‐さ

ゆう‐びえ【夕冷え】ユフ [名] 夕方になると感じられる冷ややかさ。

ゆう‐ひつ【右筆・▼祐筆】イウ [名] ❶昔、文筆の業に携わった人。また、文官。❷武家社会の職名。文書・記録の作成に携わった職。

ゆう‐びん【郵便】イウ [名] ❶日本郵便株式会社の管理により、手紙・はがき・物品などを送り届ける業務。❷①で送り届けられる手紙や物品。郵便物。‖「―を出す」

ゆうびん‐かわせ【郵便《為替》】イウビンカハセ [名] 郵便局の為替制度によって送金する方法。また、その証書。▽郵政民営化後はゆうちょ銀行が継承。

ゆうびん‐きって【郵便切手】イウビン‐ [名] 郵便物にはって料金の納付ずみであることを示す証紙。切手。郵券。

ゆうびん‐きょく【郵便局】イウビン‐ [名] 郵便物・小包の集配などの業務を行うところ。日本郵便株式会社の出先機関の一つ。

ゆうびん‐しょかん【郵便書簡】イウビン‐ [名] 紙の内側に通信文を書き、折りたたんで郵便物として出すことができる用紙。ミニレター。

ゆうびん‐はがき【郵便葉書】イウビン‐ [名] 日本郵便株式会社が規格様式を定め、そのまま投函とうかんできるようにした用紙。それに準じた私製はがきもある。書き方「はがき」は多くかな書き。

ゆうびん‐ばんごう【郵便番号】イウビンバンガウ [名] 全国の郵便局の集配区域ごとにつけられた七けたの番号。

ゆう‐ぶ【勇武】[名・形動] 勇ましくて、武芸にすぐれていること。‖「―の名を馳はせる」

ユーブイ【UV】[名] 紫外線。▽ultraviolet の略。

ユーフォー【UFO】[名] 正体不明の飛行物体。空飛ぶ円盤など。未確認飛行物体。UFOユーエフオー。▽unidentified flying object の略。

ゆう‐ふく【裕福】[名・形動] 経済的に豊かで、生活に余裕があること。富裕。‖「―に暮らす」派生 ‐さ

ゆう‐ぶつ【▼尤物】イウ [名] ❶多くの中で、特にすぐれているもの。❷美人。‖「三国一の―」

ゆう‐ぶん【右文】イウ [名] 学問・文学を重んじること。‖「―左武さぶ(＝文武両道を兼備すること)」

ゆう‐べ【夕べ】ユフ [名] ❶日の暮れるころ。夕方。‖「春の―」⇔朝あした ❷〈催しなどの題名に使って〉夕方から始まる催し物。‖「バロック音楽の―」

ゆう‐べ【《昨夜》】ユフ [名] きのうの夜。さくや。昨晩。‖「―は寒かった」

ゆう‐へい【幽閉】イウ [名・他サ変] 人をある場所に閉じこめて、外に出られないようにすること。‖「塔に―される」

ゆう‐へん【雄編(雄▼篇)】[名] 雄大で、すぐれた著作。‖「叙事詩の―」

ゆう‐べん【雄弁(雄▼辯)】[名・形動] 話術が巧みで説得力があること。また、その弁舌。派生 ‐さ

◉**雄弁に物語る** ある事実・心情などをはっきりと示し

ている。雄弁に語る。＝「現場の惨状が事故のすさまじさを—」

◉**雄弁は銀、沈黙は金** ⬇沈黙は金、雄弁は銀

ゆう-ほ【遊歩】［名・自サ変］目的もなく、のんびり歩くこと。そぞろ歩きすること。＝「自然公園内を—する」

ゆう-ほう【友邦】［名］互いに親しく付き合っている国。友国。

ゆう-ぼう【有望】［形動］将来に望みがもてるさま。見込みがあるさま。＝「—な新人」「—株」「前途—」 派生 -さ

ゆう-ぼく【遊牧】［名・自サ変］水や餌にする草を求めて移住しながら家畜を飼うこと。＝「—民族」

ゆうほ-どう【遊歩道】［名］ゆっくりと散歩を楽しめるようにつくった歩道。プロムナード。

ゆう-まぐれ【夕間暮れ】［名］夕方の薄暗いこと。また、その時分。▼「まぐれ」は「目暗」の意。書き方「間暮れ」は当て字。

ゆう-みん【遊民】［名］定まった職業を持たないで遊び暮らしている人。＝「高等—」

ゆう-めい【勇名】［名］勇気があるという評判。勇者としての名声。＝「—を馳せる」

ゆう-めい【幽明】［名］あの世とこの世。冥土と現世。▼暗いことと明るいことの意から。

◉**幽明境を異にする** 死に別れる。幽明相隔てる。

ゆう-めい【幽冥】［名］死後の世界。冥土。あの世。＝「—界」▼かすかで暗い意から。

ゆう-めい【有名】［形動］世間に広く知れわたっているさま。＝「彼の作品は—だ」「一躍—になる」⬍無名

品格 著名「短期間で—になった」名が高い「歴史上に—城」名が通る「業界では名が通っている」名だたる「世界に—企業」名にし負う「—名山」名のある「—俳優」

ゆうめい-むじつ【有名無実】［名・形動］名ばかりで、それに見合った実質がないこと。＝「—な法律」「—の官位」

ゆう-めし【夕飯】［名］夕方の食事。夕食。ゆうはん。晩飯。⬍朝飯・昼飯 ▼やや乱暴な言い方。

ユーモア［humor］［名］人の心を和ませるような、ほのぼのとしたおかしみ。気のきいた、上品なしゃれ。＝「—たっぷりに話す」「ブラック—」▼「ウイット」「エスプリ」が理知的なおかしみであるのに対し、人間的・感情的な温かさを感じさせるおかしみをいう。

ゆう-もう【勇猛】［名・形動］勇ましくて強いこと。＝「—な大将」「—果敢」 派生 -さ

ユーモラス［humorous］［形動］ユーモアのあるさま。おかしみを感じさせるさま。＝「下町の日常を—に描いた作品」

ユーモリスト［humorist］［名］❶ユーモアのある人。❷ユーモア文学の作家。

ユーモレスク［humoresque フランス］［名］滑稽味のある軽やかな器楽曲の小品。▼ドボルザークの作品が有名。

ゆう-もん【幽門】［名］胃の末端部で、十二指腸に接する部分。

ゆう-もん【憂▼悶】［名・自サ変］心配ごとがあって、悩み苦しむこと。＝「—の情に駆られる」

ゆう-やく【勇躍】［名・自サ変］勇んで心がおどること。＝「—して敵地に乗り込む」「—出発する」▼副詞的にも使う。

ゆう-やく【▼釉薬】［名］釉。

ゆう-やけ【夕焼け】［名］太陽の沈むころ、西の空が赤く見えること。また、その現象。＝「—小焼け」「—空」⬍朝焼け

ゆうやけ-ぐも【夕焼け雲】［名］夕焼けに赤く染まった雲。

ゆう-やみ【夕闇】［名］日が沈んだころの、うす暗さ。宵闇。＝「—が迫る」

ゆうや-ろう【遊冶郎】［名］酒や色事におぼれ、身持ちの悪い男性。放蕩者。道楽者。

ゆう-ゆう【悠悠】［副・形動タルト］❶ゆったりと落ち着いているさま。＝「—と歩を進める」❷十分に余裕があるさま。＝「開会までには—間に合う」❸時間や空間が限りなく続くさま。はるか。＝「—たる宇宙」

ゆうゆう-かんかん【悠悠閑閑】［形動タルト］ゆったりと構えて落ち着いているさま。＝「—たる態度」

ゆうゆう-じてき【悠悠自適】［名・自サ変］俗事のわずらわしさから離れて、自分の思いのままに静かに暮らすこと。＝「—の生活」

ゆう-よ【有余】［名］〈数を表す語に付いて〉それよりもやや多い意を表す。余り。＝「十年—」「十—年」▼「有」は「その上また」の意。

ゆう-よ【猶予（猶与）】［名］❶［他サ変］実行の期日を延ばすこと。また、期日の延期を認めること。＝「債務者が支払いの—を求める」「執行—付きの判決」❷［自サ変］決断や実行をためらうこと。ぐずぐずすること。＝「一刻の—も許されない」

ゆう-よう【有用】［名・形動］役に立つこと。＝「—な人材を確保する」⬍無用

ゆう-よう【悠揚】［形動タルト］ゆったりとして落ち着いているさま。＝「—迫らざる態度」

ゆう-よく【遊▼弋】［名・自サ変］艦船が敵に備えて海上をあちこち動き回ること。＝「近海を—する艦隊」▼「弋」は獲物をとる意。

ゆう-らく【遊楽】［名・自サ変］あちこちに出かけて、遊び楽しむこと。ゆらく。＝「—の旅」

ゆう-らん【遊覧】［名・自サ変］あちこちを見物して回ること。＝「船で湖を—する」「—船」「—バス」

ゆう-り【有利】［名・形動］利益のあること。利益の見込めること。また、都合よく事がはこぶ見込みがあること。＝「—な条件」「—に試合を進める」⬍不利 派生 -さ

ゆう-り【遊里】［名］昔、遊女屋が集まっていた場所。江戸の吉原、京都の島原、長崎の丸山など。

ゆう-り【遊離】［名・自サ変］❶他のものと離れて存在すること。＝「現場から—した教育理論」❷原子または原子団が他の物質と結合しないで存在すること。また、原子または原子団が他の物質との結合が切れて分離すること。

ゆうり-すう【有理数】［名］実数のうち、整数または分数の形で表すことのできる数。⬍無理数

ゆう-りょ【憂慮】［名・他サ変］悪い結果になるのではないかと心配すること。＝「国の前途を—する」「—に堪えない事態」

ゆう-りょう【有料】［名］料金がいること。＝「—道路」⬍無料

ゆう-りょう【遊猟】［名・自サ変］狩りをして遊ぶこと。

ゆう-りょう【優良】［名・形動］性質・品質・成績

などが、他よりすぐれていること。‖「—な製品」「—の成績」「—物件」「健康—児」⇔劣悪

ゆう-りょく【有力】 [形動] ❶権力や勢力があるさま。‖「—者」❷可能性の強いさま。見込みのあるさま。‖「—な手がかり［候補］」

ゆう-れい【幽霊】 [名] ❶死者が成仏できないで、この世に姿を現すというもの。亡霊。❷実体がないのに存在するように見せかけたもの。‖「—会社・—人口」

ゆう-れい【優麗】 [名・形動] 気品があって美しいこと。‖「—な舞い姿」

ゆう-れき【遊歴】 [名・自サ変] 各地をめぐり歩くこと。歴遊。‖「諸国を—する」

ゆう-れつ【優劣】 [名] すぐれていることと、おとっていること。‖「作品の—を競う」「—をつける」

ユーロ【Euro】 [名] 欧州連合（EU）の統一通貨単位。二〇〇二年に導入が始まり、現在は一九か国が参加。使い方「ユーロ」という単位で表される通貨の意でもいう。‖「—相場」

ゆう-わ【▼宥和】 [名・自サ変] 相手の不満な点などを大目に見て仲良くすること。‖「—政策（＝強硬な態度をとる他国に対し、ある程度の譲歩をして衝突を避けようとする外交政策）」

ゆう-わ【融和】 [名・自サ変] うちとけて、親しくすること。‖「近隣諸国との—を保つ」

ゆう-わく【誘惑】 [名・他サ変] 人の心をまどわし、その人にとって本来ためにならない状態へとさそいこむこと。また、そのさそい。‖「甘い言葉で—する」「ギャンブルの—に負ける」

ゆえ【故】 [名] ❶わけ。理由。‖「—あって名を秘す」❷〈活用語の連体形や体言に付いて〉原因・理由を表す。…のため。…なので。‖「急いでおりました—失礼いたしました」「若さ—の冒険」

ことば探究「ゆえ」の使い方

▼古めかしいニュアンスをもつ。

▼「ゆえ」①は多く「ゆえあり（ゆえあって）」「ゆえなし（ゆえなく）」の形で使われ、「理由」「わけ」のように「が」「を」などを付けて名詞として自由に使われることは少ない。

「×ゆえ（→○理由）を述べる」「×ゆえ（→○わけ）を話しなさい」

▼「ゆえ」②は、「〜ゆえ」の形のほか、「〜ゆえに」の形でも使う。

▼また名詞に続く形として、「〜ゆえの」という形もある。

▼「〜ゆえに」「〜ゆえの」の「〜」の部分が動詞・形容詞などの場合は、「〜がゆえに」「〜がゆえの」と言うこともある。

「経営規模が大きいがゆえに、失敗のリスクも大きい」

「広いつきあいを持っているがゆえの苦労」

ゆ-えき【輸液】 [名・自他サ変] 水分・電解質・栄養素などを点滴注射などによって投与すること。また、その液。‖「—によって栄養補給をする」

ゆ-えつ【愉悦】 [名・自サ変] 心から満足して喜ぶこと。‖「—を覚える」「—にひたる」

ゆえ-に【故に】 [接] 先に述べた事実から、そのあとに結果が導かれることを表す。こういう理由で。したがって。‖「我思う。—我あり」

ゆ-えん【由縁】 [名] 事の由来。わけ。ゆかり。‖「神社建立の—を尋ねる」

ゆえん【〈所以〉】 [名] 理由。わけ。いわれ。‖「江湖に信を問う—である」▼漢文訓読語の「ゆえになり」の転、「ゆえんなり」からという。

ゆ-えん【油煙】 [名] 油脂などが不完全燃焼したときに発生する微細な炭素の粉。

ゆか【床】 [名] ❶建物の内部で、地面より一段高く構えた根太の上に板などを張りつめた平面。また、広く屋内で、人が歩いたり物を置いたりする底面。‖「—が抜ける」 読み分け 「床に就く（＝寝る。寝込む）」「床を上げる（＝寝床を片付ける。床上げ）」「床を取る（＝布団などを敷いて寝床を作る）」「床擦れ」など、寝ることに関する語句は「とこ」と読む。「床の間・床柱」など寝床の意ではないもので「とこ」と読むものもある。❷劇場で、浄瑠璃を語る大夫や三味線の奏者が座る場所。❸料亭などが川原の上に張り出して設けた納涼用の桟敷。京都の鴨川・貴船川などのものが知られる。

ゆ-かい【愉快】 [名・形動] 楽しくて心地よいこと。‖「—な曲」「—に過ごす」 派生 -げ／-さ／-がる

ゆか-いた【床板】 [名] 建物の床として張られた板。

ゆかい-はん【愉快犯】 [名] 世間を騒がせて、その反響をひそかに楽しむことを目的とする犯罪。また、その犯人。

ゆか-うえ【床上】 [名] 床の上。また、床よりも上。‖「—浸水」⇔床下

ゆか-うんどう【床運動】 [名] 体操競技の一種目。一二メートル四方のマット上で、徒手体操・跳躍・倒立・宙返りなどの運動を組み合わせて演技するもの。

ゆ-が・く【湯▼掻く】 [他五] 手早く熱湯をくぐらせる。さっとゆでる。‖「蕗を—・いてあくを抜く」

ゆ-がけ【▽弓懸け】 [名] 弓を射るとき、指を傷つけないようにはめる革製の手袋。

ゆ-かげん【湯加減】 [名] 湯の温度の具合。特に、風呂の湯の熱さの具合。‖「—をみる」「ちょうどよい—」

ゆかし・い【（床しい）】 [形] ❶気品・情緒などがあって、どことなく心を引かれるさま。おくゆかしい。‖「—人柄」❷昔がしのばれて、何となくなつかしいさま。‖「古式—儀式」 派生 -げ／-さ／-がる

ゆか-した【床下】 [名] 床の下。縁の下。‖「—収納庫・—浸水」⇔床上

ゆ-かた【《浴衣》】 [名] 木綿で仕立てたひとえの着物。湯上がりに、また、夏のくつろぎ着として着る。▼「ゆかたびら（湯帷子）」の略。

ゆか-だんぼう【床暖房】 [名] 家屋の床の中にパネルヒーターやオンドルなどの設備を組み込み、床を直接暖める暖房方式。

ゆが・む【▼歪む】 [自五] ❶ねじれたり曲がったりして物の形が正しくなくなる。‖「爆風で窓枠が—」「苦痛で顔が—」「物が—・んで見える」❷考え方や行いが正しくなくなる。‖「あの人は根性が—・んでいる」 名 ゆがみ

ゆが・める【▼歪める】 [他下一] 物事を曲がった正しくない形・状態にする。‖「顔を—」 文 ゆが・む

ゆかり【▽縁・〈所縁〉】 [名] 何らかのつながりや関わりのあること。縁故。‖「漱石—の地」「縁も—もない」

ゆ-かん【湯▼灌】 [名] 仏式の葬儀で、遺体を棺に納める前に湯水でふき清めること。湯洗い。

ゆき【▼裄】［名］着物の背縫いから肩山を通って袖口までの長さ。肩ゆき。➡着物(図)

ゆき【雪】［名］雲中の水蒸気が冷えて凝結し、細かな結晶となって地上に降ってくるもの。また、それが積もったもの。≡「―がとける」使い方 白いもの、白髪のたとえなどにもいう。≡「―の肌」「頭に―を頂く」

さまざまな「雪」

ゆき　泡雪・淡雪・薄雪・大雪・堅雪・粉雪・小雪・細雪・里雪・粗目雪・白雪・どか雪・名残の雪・俄雪・根雪・はだれ雪・初雪・べた雪・ぼた雪・牡丹雪・万年雪・山雪・綿雪

せつ　銀雪・豪雪・残雪・春雪・深雪・新雪・早雪・飛雪・氷雪・暮雪・臘雪

ゆき【行き(▽往き)】［名］➡いき

ゆぎ【▼靫・▼靭】［名］昔、矢を入れて背負った、細長い箱形の道具。平安時代以降の壺胡簶にあたる。▼古くは「ゆき」。

ゆき-あ・う【行き合う(行き▼逢う)】［自五］行く途中で人などに偶然出会う。いきあう。≡「駅で旧友と―」

ゆき-あかり【雪明かり】［名］積もった雪の反射で、夜、あたりがうっすらと明るく見えること。

ゆきあたり-ばったり【行き当たりばったり】［名・形動］➡いきあたりばったり

ゆき-あた・る【行き当たる】［自五］➡いきあたる

ゆき-うさぎ【雪▼兎】［名］雪でウサギの形を作ったもの。ナンテンの赤い実を目に、ユズリハの葉を耳にする。

ゆき-おこし【雪起こし】［名］雪国で、雪の降る直前に鳴る雷。大雪の前ぶれとされる。▼冬にはじめて鳴る雷をいう地方もある。

ゆき-おれ【雪折れ】［名・自サ変］降り積もった雪の重みで木の枝や幹、竹などが折れること。また、その折れたもの。≡「柳に―なし」

ゆき-おろし【雪下ろし・雪降ろし】［名］❶［自サ変］屋根の上に降り積もった雪をかき落とすこと。❷雪を伴って山から吹きおろす風。

ゆき-おんな【雪女】［名］雪国の伝説で、雪の晩などに白い着物を着た女性の姿で現れるという雪の精。雪娘。雪女郎。

ゆき-か・う【行き交う】［自五］行き来する。いきかう。≡「船が瀬戸内海を―」「―人の流れ」

ゆき-かえり【行き帰り(▽往き帰り)】［名］➡いきかえり

ゆき-がかり【行きがかり(行き掛かり)】［名］➡いきがかり

ゆき-かき【雪▼掻き】［名］降り積もった雪をかいて除くこと。除雪。また、そのための道具。

ゆき-がけ【行きがけ(行き掛け)】［名］➡いきがけ

ゆき-がこい【雪囲い】［名］❶雪国で、風雪の害を防ぐために家の入口や周囲をむしろ・板などで囲うこと。また、その囲い。❷雪や霜の害を防ぐために庭木などをむしろ・わらなどで囲うこと。また、その囲い。

ゆき-がた【行き方】［名］〔古風〕行った方向。ゆくえ。≡「―知れず」

ゆき-がっせん【雪合戦】［名］丸く握り固めた雪をぶつけ合う遊び。雪投げ。

ゆき-き【行き来(▽往き来)】［名・自サ変］➡いきき

ゆき-ぐに【雪国】［名］雪が多く降る地方。≡「―の生まれ」

ゆき-ぐも【雪雲】［名］雪を降らせる雲。

ゆき-く・れる【行き暮れる】［自下一］目的地に行く途中で日が暮れる。≡「山中で―」文ゆきく・る

ゆき-げ【雪▽消・雪解】［名］〔古風〕雪がとけること。ゆきどけ。≡「―の水」▼「ゆきぎえ」の転。

ゆき-げしき【雪《景色》】［名］雪の降っている眺め。また、雪が降り積もった景色。

ゆき-げしょう【雪化粧】［名・自サ変］一面に雪が降り積もり、あたりの景色が白粉で化粧したように白く変わること。≡「美しく―した山々」

ゆき-けむり【雪煙】［名］積もった雪が風などのために煙のように舞い上がること。また、舞い上がった雪。

ゆき-さき【行き先】［名］➡いきさき

ゆき-じょろう【雪女郎】［名］雪女。

ゆき-すぎ【行き過ぎ】［名・形動］➡いきすぎ

ゆき-ずり【行きずり】［名］❶道ですれちがうこと。また、たまたま通りかかること。通りすがり。≡「―の人に助けられる」❷その場限りであること。≡「―の恋」

ゆき-ぞら【雪空】［名］雪が降り出しそうなようすの空。雪模様の空。

ゆき-だおれ【行き倒れ】［名］➡いきだおれ

ゆき-たけ【▼裄丈】［名］着物の裄と丈。また、裄の長さ。

ゆき-だるま【雪▽達磨】［名］雪を固めてだるまの形にし、炭団や木炭で目・鼻・口をつけたもの。

ゆきだるま-しき【雪▽達磨式】［名］雪だるまを作るときは雪の塊を転がし、雪をつけて大きくすることから、次から次に積み重なって、どんどん増えていくこと。≡「―に借金が増える」

ゆき-ちがい【行き違い】［名］➡いきちがい

ゆき-つ・く【行き着く】［自五］➡いきつく

ゆき-づま・る【行き詰まる】［自五］➡いきづまる　名行き詰まり

ゆき-どけ【雪解け(雪▽融け)】［名］❶降り積もっていた雪が春になってとけること。≡「―水」❷対立する両者間の緊張がゆるみ、友好の空気が生じること。≡「東西両陣営間に―の兆しがみえる」

ゆき-とど・く【行き届く】［自五］➡いきとどく

ゆき-どまり【行き止まり】［名］➡いきどまり

ゆき-なだれ【雪《雪崩》】［名］➡雪崩

ゆき-なや・む【行き悩む】［自五］❶前に進めなくて苦労する。≡「悪路に―」❷物事が思うようにはかどらないで苦しむ。≡「交渉が―」◈「いきなやむ」とも。

ゆき-の-した【雪の下】［名］初夏、茎頂に白色の小花をつけるユキノシタ科の多年草。本州以南の湿地に自生する。肉質の葉は丸く、裏面は暗赤色または白緑色。葉をせき止めなどの民間薬にする。虎耳草。

ゆき-ば【行き場】［名］➡いきば

ゆき-はだ【雪肌】［名］❶降り積もった雪の表面。❷雪のように白い肌。▼多く女性についていう。

ゆき-ばら【雪腹】［名］雪の降っているとき、または雪が降る前に、腹が冷えて痛むこと。≡「―を病む」

ゆき-ひら【行平(雪平)】[名] 持ち手・注ぎ口・ふたのある陶製の深い土鍋。また、木の柄をつけた金属製の打ち出し鍋。行平なべ。

ゆき-ぶか・い【雪深い】[形] 雪が多く降る。深い雪にとざされている。‖「一山里」

ゆき-ま【雪間】[名] ❶降り積もった雪が部分的に消えて土の見えている所。‖「一にのぞく若草」❷降り続いていた雪がしばらくやんでいる時。‖「一をみて出かける」

ゆき-み【雪見】[名] 雪景色を眺めて楽しむこと。‖「一の宴」「一酒」

ゆき-みち【雪道(雪▽路)】[名] 雪の降っている道。また、雪の降り積もった道。‖「一に強いタイヤ」

ゆきみ-どうろう【雪見灯籠】[名] 大きな笠と三〜六本の脚をもつ丈の低い石灯籠。庭園などに用いる。

ゆき-もち【雪持ち】[名] ❶樹木などの枝葉が雪をかぶっていること。‖「一の竹」❷屋根の積雪が急に落ちるのを防ぐための横木などの装置。

ゆき-もよい【雪▽催い】[名] 雲がたれ込めて底冷えのする、今にも雪が降り出しそうな気配。雪模様。‖「一の空」

ゆき-もよう【雪模様】[名]「雪催(ゆきもよ)い」に同じ。

ゆき-やけ【雪焼け】[名]❶[自サ変] 雪に反射した太陽光線で皮膚が黒く焼けること。‖「スキーに行って一する」❷しもやけ。凍傷。

ゆき-やなぎ【雪柳】[名] 春、枝の節に白色の小花を穂状につけるバラ科の落葉低木。川辺に自生し、庭木にもする。コゴメバナ。コゴメヤナギ。

ゆき-やま【雪山】[名] 雪の降り積もった冬の山。‖「一に登る」

ゆ-ぎょう【遊行】[名・自サ変] 僧が教化や修行のために各地をめぐり歩くこと。行脚(あんぎゃ)。‖「一の聖」

ゆき-よけ【雪▽除け・雪▽避け】[名] ❶積もった雪を取り除くこと。除雪。❷雪害を防ぐために鉄道・道路などの周囲に施すおおい。雪囲い。‖「一トンネル」

ゆき-わた・る【行き渡る】[自五] ❶あますところなくすべてに届く。すみずみにまで及ぶ。‖「救援物資が被災者に一」❷広く普及する。‖「宣伝[医学知識]が一」◈「いきわたる」とも。

ゆきわり-そう【雪割草】[名] ❶初夏、花茎の頂に淡紅色の小花をつけるサクラソウ科の多年草。本州中部以北の高地に自生する。❷早春、白・淡紅色などの小花を開くキンポウゲ科の多年草。山地の日陰に自生。根生する葉は柄が長く、葉身が三裂する。ミスミソウ。

ゆ・く【行く・逝く】[動五] ⬇いく

ゆく-え【《行方》】[名] ❶行くべき方向。ゆくて。‖「一も定めずに旅に出る」❷去って行った方向。行った先。‖「一をくらます」❸今後のなりゆき。行く末。前途。‖「勝敗の一を見守る」

ゆくえ-ふめい【《行方》不明】[名] どこへ行ったかわからなくなること。消息がわからないこと。‖「登山者が一になる」「重要書類が一になる」

ゆく-さき【行く先】[名] ❶行こうとする目当ての場所。ゆきさき。いきさき。‖「一も告げずに出かける」❷これから先。行く末。前途。将来。‖「この子の一が心配だ」

ゆく-すえ【行く末】[名] これから先のなりゆき。将来。ゆくさき。‖「子らの一が思いやられる」「来(こ)し方一」

ゆく-て【行く手】[名] ❶向かって行く方向。行く先。‖「岩壁が一をはばむ」❷前途。将来。‖「楽観できない一」

ゆく-ゆく【行く行く】[副] ❶ある場所へ行きながら。道すがら。‖「どこへ泊まるかは一考えよう」❷〈多く「ゆくゆくは」の形で〉行く末。将来。‖「一は自分の店をもちたい」書き方かな書きも多い。

ゆくり-なく[副]〔古風〕思いがけなく。不意に。‖「一(も)旧友と再会した」▼形容詞「ゆくりなし」の連用形から。

ゆ-げ【湯気】[名] 湯などから立ちのぼる水蒸気が冷えて、白い煙のように見えるもの。‖「一が立つ」

ゆ-けつ【輸血】[名・自他サ変] 治療の目的で患者の血管内に健康な人の血液を注入すること。血液型の適合を必要とする。‖「患者に一する」

ゆ-けむり【湯煙】[名] 温泉・風呂などから煙のように立ちのぼる湯気。ゆけぶり。

ゆ-ごう【癒合】[名・自サ変] 傷が治って開いていた傷口がふさがること。‖「傷口が一する」

ゆ-こく【諭告】[名・他サ変] さとし告げること。よくわかるように言い聞かせること。また、その内容。‖「法令を遵守(じゅんしゅ)すべく一する」

ゆ-こぼし【湯▽零し】[名] 飲み残した湯茶などを捨てる容器。こぼし。

ゆ-さい【油彩】[名] 油絵の具で絵を描く技法。また、その絵。油絵。‖「一画」⬇水彩

ゆ-ざい【油剤】[名] 油状の薬剤。また、油の入った薬剤。

ゆさ-ぶ・る【揺さぶる(揺さ振る)】[他五] ❶大きく揺り動かす。ゆすぶる。‖「一って目を覚まさせる」「大地を一ような轟音(ごうおん)」❷大いに動揺させる。また、大いに感動させる。‖「怪文書を流して対立候補を一」「名演奏に魂を一られる」名揺さぶり「一をかける」

ゆ-ざまし【湯冷まし】[名] ❶湯を冷ましたもの。❷湯を冷ますときに使う容器。

ゆ-ざめ【湯冷め】[名・自サ変] 入浴後に体が冷えて寒さを感じること。‖「一して風邪を引く」

ゆさ-ゆさ[副] 大きくて重い物がゆっくりと揺れ動くさま。‖「大木を一(と)ゆする」

ゆ-さん【遊山】[名] 野や山へ行って遊ぶこと。また、気晴らしに遊びに出かけること。‖「物見(ものみ)一」

ゆ-し【油紙】[名] ⬇あぶらがみ

ゆ-し【油脂】[名] 油と脂肪。‖「動物性一」

ゆ-し【諭旨】[名] そうすることの理由を言い聞かせること。‖「一免職」

ゆ-しゅつ【輸出】[名・他サ変] 自国の産物・製品・技術などを他国に送り出すこと。特に、自国の商品を他国に売り渡すこと。‖「自動車を一する」⬍輸入

ゆしゅつ-ちょうか【輸出超過】[名] ある期間内の輸出総額が輸入総額を上回ること。出超。⬍輸入超過

ゆ-しゅつにゅう【輸出入】[名] 輸出と輸入。‖「一の不均衡」

ゆ-じょう【油状】[名] 油のように、どろりとした状態。‖「一の液体」

ゆ-ず【▼柚・▼柚子】[名] 果樹として栽培するミカン科の常緑小高木。また、その果実。初夏に白い五弁花を

開き、扁球形の果実を結ぶ。淡黄色に熟す果実は独特の芳香と酸味をもち、食酢・香味料などに用いる。ユウ。ユ。▼冬至の日、ひび・あかぎれ・風邪などの予防として風呂にユズの果実を入れてわかす風習がある。

ゆず-がま【▼柚釜・▼柚子釜】〔名〕ユズのへたのほうを切り取り、中身をくりぬいたもの。中に料理を入れ、香りや彩りを添える。ゆがま。

ゆす・ぐ【▽濯ぐ】〔他五〕❶水の中で揺り動かして洗う。すすぐ。「洗濯物を―」❷水を含んで口の中を洗う。すすぐ。「口を―」書き方「▼漱ぐ」とも。可能ゆすげる 名ゆすぎ

ゆず-こしょう【▼柚▼胡▼椒・▼柚子▼胡▼椒】〔名〕細かく刻んだユズの皮と唐辛子をすりつぶしてペースト状にし、塩などを加えて熟成させた調味料。九州地方の特産品。

ゆすぶ・る【揺すぶる（揺す振る）】〔他五〕揺り動かす。ゆさぶる。「肩を―って歩く」

ゆず-ゆ【▼柚湯】〔名〕ユズの実を入れてわかす風呂。冬至の日の風習。

ゆすら-うめ【〈梅桃〉・〈山桜桃〉】〔名〕春、淡紅色の五弁花をつけるバラ科の落葉低木。庭木として植える。小球形の果実は六月ごろ赤く熟し、食用。

ゆすり【〈強請〉】〔名〕人の弱みにつけこんで金品をおどし取ること。また、その人。「―たかり」

ゆずり【譲り】〔名〕譲ること。また、譲り受けること。「父親―の性格」

ゆずり-う・ける【譲り受ける】〔他下一〕譲ってもらって自分のものにする。また、頼んで譲ってもらう。「営業権を―」「茶道具一式を―」文ゆづりう・く 名譲り受け

ゆすり-か【揺蚊】〔名〕ユスリカ科の昆虫の総称。アカムシユスリカ・セスジユスリカなどがある。形はカに似るが吸血しない。幼虫はアカムシ・アカボウフラなどと呼ばれ、釣りや観賞魚のえさにする。

ゆずり-は【譲り葉】〔名〕初夏、黄緑色の小花をつけるユズリハ科の常緑高木。本州以南の山林に自生し、庭木にもする。枝先に集まって互生する葉は革質の長楕円形。新葉がそろってから古い葉が落ちることから、代々相譲るという縁起を祝って新年の飾りにする。

ゆずり-わた・す【譲り渡す】〔他五〕自分の所有するものを他の人に与える。譲渡する。「権利を―」名譲り渡し

ゆす・る【揺する】〔他五〕❶揺り動かす。（意図的な行為にもそうでないものにもいう）「クリの木を―って実を落とす」「肩を―って笑う」❷人をおどして金品を取り上げる。ゆすりを働く。「金を―・られる」書き方「〈強請〉る」とも書くが、かな書きが一般的。名ゆすり

ゆず・る【譲る】〔他五〕❶自分の所有物・地位・権利などを（無償で）人に与える。「子に家屋敷を―」「老人に電車の席を―」❷求めに応じて売る。「友人に車を半値で―」▼「売る」を婉曲にいう。❸自分の主張を抑えて、他人の主張に従う。譲歩する。「反対を唱えて一歩も―・らない」❹自分をあとにして、他人が有利になるように取りはからう。「後進に道を―」「救急患者に順番を―」「相手に勝ちを―」❺〈「一歩譲る」の形で〉一段階劣る。「人気では優れるが、歌唱力では一歩―」❻すべきことを他の機会に延ばす。先送りにする。「結論は次回に―」可能譲れる 名譲り

ゆ-せい【油井】〔名〕石油を汲み上げるために掘った井戸。

ゆ-せい【油性】〔名〕油の性質をもっていること。「―塗料」⇔水性

ゆ-せん【湯煎】〔名・他サ変〕直接火にかけないで、材料を入れた容器を湯にひたして間接的に熱すること。「チョコレートを―する」「バターを―にかける」

ゆ-せん【湯銭】〔名〕〔古風〕銭湯で入浴するために支払う料金。入浴料。

ゆ-そう【油送】〔名・自サ変〕船・パイプなどで、石油を送ること。「―管」

ゆ-そう【油層】〔名〕原油を含んでいる地層。

ゆ-そう【油槽】〔名〕石油・ガソリンなどを貯蔵する大型の容器。「―船（＝タンカー）」

ゆ-そう【輸送】〔名・他サ変〕車・船・航空機などで人や物を運ぶこと。「タンカーで石油を―する」

ユダ【Judas】〔名〕イエスの十二使徒の一人。イエスを裏切って、銀貨三〇枚で師を敵の祭司長らに引き渡すが、のち後悔して自殺した。イスカリオテのユダ。▼裏切り者のたとえとしても使う。

ゆたか【豊か】〔形動〕❶満ち足りているさま。十分にあるさま。「―な資源［生活］」「才能の―な人」❷心にゆとりがあって、のびのびしているさま。ゆったりしているさま。「―な心を育てる」❸ふっくらと量感のあるさま。「―な胸」「―な曲線を描く」派生-さ

ゆ-だき【湯炊き】〔名・他サ変〕米を水からではなく、湯の中に入れて炊くこと。「米を―する」

ゆ-だく【油濁】〔名〕重油の流出による海水などの汚れ。「―被害」「―対策」

ゆだ・ねる【委ねる】〔他下一〕❶処置などを、すっかりまかせる。「代表に全権を―」「運命に身を―」❷すべてをささげる。「学校教育に身を―」文ゆだ・ぬ

ゆ-だま【湯玉】〔名〕❶湯が煮えたつときにわき上がってくる気泡。❷粒になって飛び散る熱湯。「はしる―」

ユダヤ-きょう【ユダヤ教】〔名〕モーセの律法を基礎とし、唯一至高の神ヤハウエを信仰するユダヤ民族の宗教。ユダヤ人の民を神の選民とみなし、神の国を地上にもたらすメシアの到来を信じる。聖典は律法（旧約聖書と重なる）とタルムード。

ゆだ・る【▼茹だる】〔自五〕湯の中で十分に煮られた状態になる。ゆであがる。うだる。「ホウレン草［卵］が―」使い方「ゆで卵が―」のように、〈結果〉を主語にしてもいう。

ゆ-たん【油単】〔名〕❶ひとえの布や紙に油をしみ込ませたもの。灯台・食卓などの敷物や唐櫃・長持ちなどの覆いに用いた。❷箪笥などの覆いに用いる布。

ゆ-だん【油断】〔名・自サ変〕気をゆるめて、注意を怠ること。「相手が弱いと思って―するな」

◎**油断も隙も無い** 少しも油断することができない。

ゆだん-たいてき【油断大敵】〔名〕油断は失敗を招くもとであるから、何よりもおそろしい敵である。

ゆ-たんぽ【湯▽湯▽婆】〔名〕中に湯を入れて寝床などに置き、足や腰をあたためる金属製・陶製などの容器。▼「たんぽ」は「湯婆」の唐音。

ゆ-ちゃ【湯茶】〔名〕湯と茶。湯や茶などの飲み物。「―の接待」

ゆ-ちゃく【癒着】〔名・自サ変〕❶本来離れているべき臓器や組織が炎症などのためにくっつ

癒

いてしまうこと。❷本来離れているべき者どうしが利害のために強く結びつくこと。‖「役所と業者が—する」▽不正をにおわせる状態として批判的に使う。

ユッカ【yucca】[名] 北米西部・中米などに分布するリュウゼツラン科ユッカ属の植物の総称。日本には明治以降に渡来、キミガヨラン・イトランなどが観賞用に栽培される。

ゆ-づかれ【湯疲れ】[名・自サ変] 長時間入浴したために体がだるくなること。‖「—して横になる」

ゆっくり[副] ❶急ぐことなく事を行うさま。のんびりとしているさま。‖「—(と)話す」「久しぶりに—(と)過ごせた」「どうぞご—」❷時間的・空間的に余裕があるさま。‖「終電に—間に合う」

ユッケ[yuk-hoe 朝鮮][名] 朝鮮料理の一つ。牛肉の赤身を生のままよくたたき、醤油・ごま油・ニンニク・唐辛子味噌などで調味したもの。盛るときに卵黄を添える。

ゆ-づけ【湯漬け】[名] 飯に湯をかけて食べること。また、その飯。湯漬け飯。

ゆったり[副] ❶気持ちにゆとりがあるさま。のんびりと落ち着いているさま。‖「—(と)くつろぐ」「—(と)構える」❷ゆとりがあって、きゅうくつでないさま。‖「—(と)したコート」

ゆ-つぼ【湯▼壺】[名] 温泉などで、わき出た湯をためておくところ。湯ぶね。

ゆ-づる【▽弓弦】[名] 弓に張る糸。麻のより糸に薬練(くすね)を塗ったものを白弦、それに漆を塗ったものを塗り弦という。

ゆで-こぼ・す【▼茹で▼溢す】[他五] ゆでて、そのゆで汁を流し捨てる。‖「ゴボウを—してあくを抜く」
注意「湯でこぼす」と書くのは誤り。

ゆで-だこ【▼茹で▼蛸】[名] ゆでて赤くなったタコ。▽入浴・飲酒・激怒などのために赤くなったさまのたとえにもいう。

ゆで-たまご【▼茹で卵】[名] 殻のままゆでた鶏卵。煮抜きたまご。うでたまご。

ゆ・でる【▼茹でる】[他下一] 熱湯の中に入れて煮る。また、そのようにして食品を作る。うでる。‖「枝豆[そうめん・タコ]を—」「ゆで卵を—」文ゆ・づ

ゆ-でん【油田】[名] 地下層から石油を産出する地域。また、地下に油層が存在する地域。‖「海底—」

ゆ-ど【油土】[名] 油で練った人工の粘土。放置しても硬くならない。彫刻・鋳金などの原型を作るのに用いる。

ゆ-とう【湯▼桶】[名] 飲用の湯を入れておく木製の器。注ぎ口と柄があって、多くは漆塗り。そば屋ではそば湯を入れるのに用いる。

ゆ-どうふ【湯豆腐】[名] 切った豆腐を昆布をだしにした湯で熱した料理。温めたつけ醤油と薬味をつけて食べる。

ゆとう-よみ【湯▼桶読み】[名] 二字漢字の熟語を、上の字は訓で、下の字は音で読むこと。また、その読み方。「身分(みぶん)」「消印(けしいん)」「野宿(のじゅく)」などの類。⇔重箱読み ▽「ゆ」は「湯」の訓読み、「とう」は「桶」の音読みであることから。

ゆ-どおし【湯通し】(-ドホシ)[名・他サ変] ❶織物の仕上げ工程の一つ。糊(のり)を除き、縮みを防ぐために、織物を温湯にひたすこと。❷料理で、灰汁(あく)・臭み・油気などを取り去るために、材料を熱湯にくぐらせること。‖「油揚げを—する」

ゆ-どの【湯殿】[名]〔古風〕入浴用の部屋。浴室。

ゆとり[名] 空間的・時間的・経済的・精神的に必要以上のあまりがあって、きゅうくつでないこと。余裕。‖「—のある部屋」「出発時間まではまだ—がある」「予算に—がある」「他人のことを考える—がない」

ゆとり-きょういく【ゆとり教育】(-ケウイク)[名] 詰め込み型の教育に対して、学習内容を縮小した教育。

ゆ-な【湯▽女】[名] ❶昔、温泉宿で入浴客の世話をした女性。❷湯屋にいた遊女。

ユニーク[unique][形動] 他にはない特徴をもっているさま。独特なさま。‖「—な発想[画風]」派生 -さ

ユニオン[union][名] ❶結合。連合。同盟。❷労働組合。

ユニコード[Unicode][名] コンピューターで扱われる文字コードの国際コード体系。各国で個別に採用されている文字コードを整理し、単一の体系で表現しようとするもの。

ユニコーン[unicorn][名] ヨーロッパの伝説上の動物。体は馬に似るが、額にねじれた一本の角を持つ。一角獣。

ユニセックス[unisex][名] 男女の区別がないこと。特に服飾で、男女の別なく着られるもの。‖「—デザイン」

ユニセフ[UNICEF][名] 国連の機関の一つ。主に発展途上国の児童に対する援助を行う。国際連合児童基金。▽一九四六年に設立されたUnited Nations International Children's Emergency Fund の略。五三年にUnited Nations Children's Fund と改称されたが、略称はそのまま。

ユニゾン[unison][名] ❶同じ高さの音。▽広義には、オクターブが異なる音も含める。❷斉奏。また、斉唱。

ユニックス[UNIX][名] アメリカのAT&Tベル研究所が開発したOS。ワークステーションやインターネットサーバーに多く使われている。▽商標名。

ユニット[unit][名] ❶全体を構成する個々の単位。また、規格化された単位をさまざまに組み合わせること。‖「友人と—を組んで(=一つのグループとして)学園祭で演奏する」「—家具(=組み立て式の家具)」❷教育で、単元。

ユニット-バス[和製 unit+bath][名] 浴槽と天井・床・壁などが一体化した浴室。

ユニバーサル[universal][形動] ❶世界的。宇宙的。‖「民族や人種を越えた—な問題」❷すべてに共通しているさま。一般的。普遍的。‖「子供も大人も楽しめる—な施設」

ユニバーサル-サービス[和製 universal+service][名] すべての人が合理的な料金で公平に受けられるサービス。電話・郵便など。

ユニバーサル-デザイン[universal design][名] 年齢や障害の有無に関係なく、すべての人が使いやすいように建物や製品などをデザインすること。また、そのデザイン。UD。▽アメリカのロナルド=メイスが提唱。

ユニバーシアード[Universiade][名] 国際大学スポーツ連盟が主催する大学生の国際総合競技会。一九五九年から隔年、夏季・冬季に開催される。▽University と Olympiad の合成語。

ユニバーシティー[university][名] 多くの学

部をもつ大学。総合大学。⇩カレッジ

ユニホーム【uniform】[名] 制服。特にスポーツで、所属チームを明示したそろいの運動着。ユニフォーム。

ゆ-にゅう【輸入】ユニフ [名・他サ変] 他国の産物・製品・技術などを自国へ取り入れること。特に、他国の商品を自国へ買い入れること。⇕輸出

ゆにゅう-ちょうか【輸入超過】ユニフテウクワ [名] ある期間内の輸入総額が輸出総額を上回ること。入超。⇕輸出超過

ゆにょう-かん【輸尿管】ユネウクワン [名] ⇩尿管

ユネスコ【UNESCO】[名] 国連の機関の一つ。教育・科学・文化を通じて国際協力を促進し、世界の平和と安全に貢献することを目的とする。国際連合教育科学文化機関。▽United Nations Educational, Scientific and Cultural Organization の略。

ゆ-のし【湯〈▼熨斗〉】[名・他サ変] 布地を湯気に当てて、または湯でしめして、しわをのばすこと。

ゆ-の-はな【湯の花】[名] 鉱泉の中に生じる沈殿物。硫黄泉の硫黄華、石灰泉の石灰華、珪酸泉の珪酸華など。ゆばな。温泉華。

ゆ-のみ【湯飲み・湯▼呑み】[名] 湯や茶を飲むのに使う小ぶりの茶碗(ちゃわん)。▽「湯飲み茶碗」の略。

ゆ-ば【湯葉】[名] 豆乳を煮たて、表面の薄い膜をすくい取って作った食品。生湯葉と干し湯葉がある。

ゆ-はず【▽弓▼弭・▽弓▼筈】[名] 弓の両端にあって、弦(つる)をかける部分。ゆみはず。

ゆ-ばり【▽尿】[名]〔古風〕小便。いばり。尿。▽名詞「湯」に排泄(はいせつ)する意の動詞「ま(放)る」の連用形が付いた「ゆまり」の転。

ゆび【指】[名] 人間の手足の先で、五本に分かれ出た部分。▽動物の四肢の末端で、それに相当する部分についてもいう。

◉**指一本(いっぽん)も差させな・い** 他人にまったく非難・干渉をさせない。「この件に関しては━」

◉**指を銜(くわ)・える** うらやみながらも手を出せないでいる。むなしく傍観する。

ゆび-おり【指折り】ユビヲリ [名] 多くのものの中で、指を折って数えあげるほどすぐれていること。屈指。「世界でも━のテノール歌手」

ゆびおり-かぞ・える【指折り数える】カゾヘル [他下一] 指を折り曲げて一つずつ数える。特に、あと何日かと一日ずつ数える。「━・えて待つ」

ゆ-びき【湯引き】[名] 湯でさっと煮ること。

ユビキタス【ubiquitous】[名] インターネットなどのネットワークが、いつでもどこでも利用できること。「━社会」▽「遍在する」の意から。

ゆび-きり【指切り】[名・自サ変] 約束を守るしるしとして、互いの小指をからませ合うこと。げんまん。「━げんまん、うそついたら針千本飲ます」

ゆび-さき【指先】[名] 指の先端。指頭。「━の器用な人」

ゆび-さ・す【指差す】[他五] 指でさし示す。また、さし示して知らせる。「子供が━方に目をやる」 書き方 「指さす」とも。

ゆび-さばき【指▼捌き】[名] 指の動き。指を使って取り扱うこと。指使い。「奏者の巧みな━」 書き方 「指裁き」と書くのは誤り。

ゆび-しゃく【指尺】[名] 広げた指の間隔を基準にして物の長さを測ること。

ゆび-ずもう【指《相撲》】ズマフ [名] 二人が互いに一方の手の四指を組み合わせ、立てた親指で相手の親指を押さえつけることを争う遊び。

ゆび-にんぎょう【指人形】ニンギャウ [名] 袋状に作った胴に手を差し入れ、指を動かしてさまざまな動作をさせる人形。⇩ギニョール

ゆび-ぬき【指▽貫き】[名] 裁縫で、縫い針の頭を押すために中指にはめるもの。革製または金属製で、指輪形とキャップ形がある。

ゆび-わ【指輪(指▽環)】[名] 装飾として指にはめる輪。多くは貴金属製で、宝石をはめ込んだものもある。リング。「結婚━」

ゆ-ぶね【湯船(湯▽槽)】[名] 入浴用の湯をたたえておく大きな容器。浴槽。「━につかる」

ゆ-まき【湯巻き】[名] ❶中古、貴人の入浴に奉仕する女官が濡れないように衣服の上から腰にまとった布。多くは白の生絹(すずし)を用いた。❷腰巻き。ゆもじ。

ゆ-まく【油膜】[名] 水や物の表面に生じる油の膜。

ユマニテ【humanité フランス】[名] 人間性。ヒューマニティー。

ゆみ【弓】[名] ❶矢をつがえて射るための武器。木・竹などをたわめて弦(つる)を張り、その弾力を利用して矢を放つ。数「一張(ひとはり)…」と数える。❷①で矢を射ること。また、その術。弓術。「━の達人」❸バイオリン・チェロ・胡弓(こきゅう)など、擦弦楽器の弦をこすって奏するための道具。

◉**弓折れ矢尽・きる** 力尽きて敗れる。刀折れ矢尽きる。▽『後漢書』から。

◉**弓を引・く** ❶弓に矢をつがえて射る。❷そむく。反逆する。◈使い方 本来は「弓を引き、矢を射る」だが、動作全体を指して「弓を射る」ということもある。

ゆ-みず【湯水】ユミヅ [名] 湯と水。

◉**湯水のように使・う** 金銭などを、湯や水を使うように惜しげもなく乱費する。

ゆみ-とり【弓取り】[名] ❶〔古風〕弓を使うことを務めとする人。武士。❷弓術に巧みなこと。また、その人。❸大相撲で、全取組の終わったあとで行われる、力士が故実に従って弓を取りさばく儀式。弓取り式。また、それを行う力士。

ゆみ-なり【弓▽形】[名] 弦(つる)を張った弓のように湾曲した形。「体を━に反らす」

ゆみ-や【弓矢】[名] 弓と矢。また、武器。「━の家(=武士の家柄)」「━の道(=武芸の道)」

ゆみや-はちまん【弓矢八▼幡】㊀[名] 弓矢の神である八幡大菩薩(ぼさつ)。㊁[感]〔古風〕❶神明に誓いをたてるときに発する語。神に誓って。断じて。❷失敗したとき、驚いたときなどに発する語。

ゆ-むき【湯▽剝き】[名] 熱湯にくぐらせて皮をむくこと。「トマトを━にする」

ゆめ【夢】[名] ❶睡眠中にさまざまな物事をあたかも現実の経験であるかのように感じる心的現象。多くは視覚像として現れる。「恐ろしい━を見る」「━から覚める」❷将来実現させたいと思っている願い。「━を抱く」「━がかなう」❸現実からはなれた空想。「━を追い求める」❹はかないもの。また、たよりにならないもの。「人生は━だ」「━の世」

ゆめ【▽努】[副] ❶〈禁止の表現を伴って〉決して。必ず。「━忘れるな」「━疑うことなかれ」❷〈打ち消しを

伴って〉仮にも。少しも。‖「こうなるとは―思わなかった」「そんなことは―知らず」

ゆめ-あわせ【夢合わせ】ハセ〔名〕夢の内容から吉凶を判断すること。夢判じ。夢占(ゆめうら)。

ゆめ-うつつ【夢▽現】〔名〕夢とも現実とも区別がつかないこと。意識がぼんやりしていること。‖「―に鳥の声を聞く」

ゆめ-がたり【夢語り】〔名〕❶見た夢の内容を物語ること。また、その物語。夢物語。❷夢のようにはかない話。夢物語。

ゆめ-ごこち【夢《心地》】〔名〕夢を見ているような、うっとりした心持ち。また、ぼんやりした心持ち。夢見心地。

ゆめ-さら【夢更】〔副〕〈禁止・打ち消しを伴って〉少しも。ゆめにも。‖「そんなことは―思わない」

ゆめ-じ【夢路】ヂ〔名〕夢を見ること。また、夢。

◉**夢路を辿(たど)・る** 夢を見る。また、心地よく眠る。

ゆめ-ちがえ【夢違え】ガヘ〔名〕悪い夢を見たとき、それが現実とならないようにまじないをすること。

ゆめ-にも【夢にも】〔副〕〈打ち消しを伴って〉少しも。いささかも。‖「留学できるとは―思わなかった」

ゆめ-まくら【夢枕】〔名〕夢を見ているときの枕もと。

◉**夢枕に立・つ** 神仏や故人が夢の中に現れて、ある事柄を告げる。

ゆめ-まぼろし【夢幻】〔名〕夢とまぼろし。夢幻(むげん)。‖「―の世」「―と消える」▽きわめてはかないことのたとえにいう。

ゆめ-み【夢見】〔名〕夢を見ること。また、見た夢。‖「―が悪い」

ゆめみ-がち【夢見がち】〔名・形動〕非現実的な理想を追う傾向にあること。‖「―な人」

ゆめみ-ごこち【夢見《心地》】〔名〕⇩ゆめごこち

ゆめ-み・る【夢見る】〔他上一〕こうありたいと心に思い描く。空想する。‖「バラ色の将来を―」▽夢を見る意から。

ゆめ-ものがたり【夢物語】〔名〕❶見た夢の内容を物語ること。また、その物語。夢語り。❷夢のように現実味のない話。はかない話。夢語り。‖「理想論だけの―に終わる」

ゆめ-ゆめ【▽努▽努】〔副〕❶〈禁止の表現を伴って〉決して。断じて。‖「―忘れることなかれ」❷〈打ち消しを伴って〉少しも。まったく。‖「―思わなかった」◈副詞「ゆめ」を重ねて意味を強めた語。

ゆ-もじ【湯文字】〔名〕❶腰巻き。❷女性が入浴の際に身にまとった単(ひとえ)。ゆまき。ゆかたびら。▽「ゆまき」の女房詞(ことば)。

ゆ-もと【湯元・湯本】〔名〕温泉がわき出るおおもと。また、温泉のわき出る土地。‖「―の旅館」▽箱根の湯本、日光の湯元など、地名となっているものが多い。

ゆ-や【湯屋】〔名〕〔古風〕料金を取って入浴させる家。銭湯。風呂屋。

ゆ-やせ【湯痩せ】〔名・自サ変〕入浴のし過ぎや湯あたりのために体がやせること。

ゆゆし・い【由由しい】〔形〕❶重大な事態に至ることが予見されるさま。事態が容易ならない。‖「外交上の―問題」「由由しき一大事」❷人を不快にさせるさま。また、不吉な印象を抱かせるさま。忌まわしい。‖「―悪事を働いた者」◈古語「ゆゆし」は、不吉だ・忌むべきだ、の意。書き方「由由」は当て字。派生―さ

ゆ-らい【由来】■〔名・自サ変〕ある物事がそこから起こっていること。また、ある物事がたどってきた筋道。来歴。いわれ。‖「社寺の―を調べる」「ラテン語に―する呼称」■〔副〕もともと。元来。‖「―保守的な土地柄」

ゆ-らく【愉楽】〔名〕心から楽しむこと。また、楽しみ。悦楽。‖「現世の―に生きる」

ゆら・ぐ【揺らぐ】〔自五〕❶ゆらゆらと揺れる。また、堅固な基盤などがぐらぐらと揺れる。ゆるぐ。揺れ動く。‖「建物の土台が―」「地震で家が―」❷堅固な物事の状態や気持ちが不安定になる。動揺する。ぐらつく。ゆるぐ。‖「政権の屋台骨が―」「決意が―」名**揺らぎ**

ゆら・す【揺らす】〔他五〕揺り動かす。ゆする。ゆすぶる。‖「ぶらんこを―」「木枯らしが街路樹の枝葉を―」

ゆら-め・く【揺らめく】〔自五〕ゆらゆらと動く。揺れ動く。ゆらぐ。‖「風に炎が―」名**揺らめき**

ゆら-ゆら〔副ㇳ〕ゆっくりと繰り返し揺れ動くさま。‖「ぶらんこが―(と)揺れる」

ゆらり-と〔副〕一度ゆっくりと大きく揺れ動くさま。‖「船が―揺れる」

ゆらん-かん【輸卵管】クワン〔名〕⇩卵管

ゆり【〈百合〉】〔名〕ユリ科ユリ属の多年草の総称。ヤマユリ・カノコユリ・ササユリ・ヒメユリ・オニユリ・テッポウユリなど。多くの園芸種が栽培される。

ゆり-いす【揺り椅子】〔名〕「ロッキングチェア」に同じ。

ゆり-うごか・す【揺り動かす】〔他五〕❶揺さぶって動かす。‖「体を―」❷動揺させる。また、感動させる。‖「国中を―・した事件」「名演奏が聴衆の心を―」

ゆり-おこ・す【揺り起こす】〔他五〕揺さぶって目を覚まさせる。‖「―・して避難させる」

ゆり-かえし【揺り返し】ヘシ〔名〕❶揺れた反動で、また揺れること。❷地震で、大きな震動のあとに起こる小さな震動。余震。ゆりもどし。

ゆり-かご【揺り籠】〔名〕寝かしつけるために、赤ん坊を入れて揺り動かすかご。揺籃(ようらん)。

◉**揺り籠から墓場(はかば)まで** 生まれてから死ぬまで。また、一生涯にわたって社会保障が実施されること。▽第二次世界大戦後のイギリスの社会保障政策の標語。

ゆり-かもめ【〈百合〉▼鷗】〔名〕冬鳥として各地の川・海岸などに渡来するチドリ目カモメ科の水鳥。体は白く、くちばしと脚が赤い。▽古くから和歌に詠まれてきた隅田川の都鳥(みやこどり)はこの鳥をさす。

ゆり-ね【〈百合〉根】〔名〕ユリの鱗茎(りんけい)。オニユリやヤマユリなどのものは食用にする。‖「―の含め煮」

ゆ-りょう【湯量】ヤウ〔名〕温泉で、わき出る湯の量。

ゆ・る【揺る】■〔他五〕❶ふって動かす。揺り動かす。ゆする。‖「ゆりかごに―・られて眠る」「馬車に―・られて行く」使い方「ゆする」が優勢で、「揺る」は「ゆり動かす」「ゆり起こす」などの複合語で使うほか、受身の形が多い。❷水の中などで、ふるい動かして選別する。‖「砂金を―」書き方「▽淘る」「▽汰る」とも。■〔自五〕〔古風〕物全体がゆらゆらと動く。特に、地震で大地が振動する。

ゆる【緩】〔形動〕❶ゆるいさま。‖「―に張った弦」❷ゆとりのあるさま。緊張を強いられないさま。‖「―キャリ(＝ゆとりのあるキャリアウーマン)」「―体操」書き方多く仮名書き。

ゆる・い【緩い】[形] ❶すき間やゆとりが十分にあるさま。ぶかぶかだ。だぶだぶだ。‖「ズボン[指輪・本のケース]が—」「—靴[帽子]」⇔きつい ❷締め方や縛り方・詰め方などで、力の入れ方が弱い。‖「帯の結び方[栓の締め方]が—」「靴ひもの結び目が—」「ご飯を少し—・く詰める」⇔きつい・かたい ❸制限や規則が厳しくない。‖「規制[監視・条件・取締り]が—・くなった」❹水分が多いなどして、形が崩れやすい。‖「地盤[小麦粉の溶き方]が—」「のりを—・くのばす」「便が—」⇔かたい 使い方「地盤がゆるい/もろい/軟らかい」は、それぞれ、地滑りがしやすい/岩などが崩れやすい/圧力に弱く変形しやすい意。❺角度の度合いが小さい。ゆったりしている。‖「屋根の傾斜が—」「—カーブを右折する」⇔急だ・激しい ❻ものの動きが遅い。ゆったりしている。‖「この川は流れが—」「—カーブで三振にとる」❼緊張を強いられず、ゆとりがある。‖「—コミュニケーション[映画]」派生 —さ

ゆるが・す【揺るがす】[他五] 揺り動かす。ゆさぶる。‖「天地を—雷鳴」「世界を—・した大事件」

ゆるがせ【▼忽せ】[形動] 物事をいいかげんにするさま。なおざりにするさま。‖「一点一画も—にしない」

ゆるぎ-な・い【揺るぎない(揺るぎ無い)】[形] 確固として動揺がない。‖「—名声を築く」「—自信を持つ」

ゆる-キャラ【緩キャラ】[名] 見る者を脱力させるマスコットキャラクター。▼「ゆるいキャラクター」の略。書き方 ふつう「ゆるキャラ」と書く。

ゆる・ぐ【揺るぐ】[自五] ❶堅固な基盤などがぐらりと揺れ動く。ぐらつく。ゆらぐ。‖「土台[大地]が—」❷堅固な物事の状態や気持ちが不安定になる。動揺する。ゆらぐ。‖「体制が—」「—・がぬ自信」名 揺るぎ

ゆるし【許し】[名] ❶許可すること。‖「親の—を得る」❷罪・過失などをとがめないこと。容認。‖「—を請う」書き方「▼赦し」とも。❸芸道で、師匠が弟子に与える免許。‖「奥—」

ゆる・す【許す】[他五] ❶相手の願いや申し出を聞き入れて希望どおりにさせる。許可する。認める。‖「父は我が子が留学することを—・した」「一〇日間の休暇を—」「面会が—・される」❷罪・過失などをとがめだてしないですます。容認する。‖「私たちは犯人を断じて—・さない」「謝って—・される問題ではない」書き方「▼赦す」とも。❸義務や負担などを免除する。‖「税[兵役]を—」書き方「▼赦す」「▼免す」とも。❹相手の思いどおりにさせる。また、許可して受け入れる。‖「子供のわがままを—」「敵の侵略を—・な」「相手に得点を—」「他の追随を—・さない傑作」「愛する人に肌を—」❺状況などがある物事を可能にする。‖「車を買い換えたいが予算が—・さない」「時間の—かぎり協力しよう」「状況は予断を—・さない」❻警戒や緊張をゆるめる。‖「気を—」「心を—・した友」❼そうであると認める。容認する。‖「自他ともに—福祉のスペシャリスト」可能 許せる 名 許し

品格 海容「ご—を賜りたい」看過「道義上、—できない事態だ」寛恕「ご—を賜りますようお願いいたします」許可「使用—」許諾「著者の—を得る」許容「—範囲」裁可「王の—をあおぐ」赦免「—を求める」恕する「—ことができない」免ずる「罪を免ぜられる」黙過「とうてい—できない」宥恕「神の—を請う」容赦「ご—ください」諒恕「ご—を賜らんことを」

ゆるま・る【緩まる(▼弛まる)】[自五] ゆるくなる。ゆるむ。‖「緊張[雨脚]が—」

ゆる・む【緩む(▼弛む)】[自五] ❶きつく締まっていたものがゆるくなる。‖「靴の紐が—」「帯が—」「結び目が—」「ねじが—」❷固かったものがやわらかくなる。‖「長雨で地盤が—」「気温が上がって池の氷が—」❸表情のかたさがとれる。‖「思わず口もとが—」「表情が—」❹緊密な結びつきが弱くなる。‖「仲間の結束が—」❺緊張の度合いが弱くなる。‖「気[緊張]が—」❻厳しさの程度がゆるやかになる。‖「寒さ[規制]が—」「攻撃の手が—」❼速度が落ちる。‖「スピードが—」❽相場が少し下がる。‖「市況[相場]が—」名 緩み

ゆる・める【緩める(▼弛める)】[他下一] ❶きつく締まっていたものをゆるくする。‖「ねじ[ベルト]を—」「財布の紐を—」⇔締める ❷表情のかたさをとる。‖「表情を—」❸緊密な結びつきを弱くする。‖「結束を—」❹緊張の度合いを弱くする。‖「気を—」❺厳しさの程度がゆるやかになる。‖「警戒を—」❻角度の変化の度合いを小さくする。また、速度を落とす。‖「傾斜を—」「スピードを—」文 ゆる・む

ゆる-やか【緩やか】[形動] ❶締まり方がきつくないさま。‖「ひもを—に結ぶ」「—な衣服」❷物の速度や物事の進展がゆっくりしているさま。‖「川の流れが—だ」「景気は—に回復している」書き方「▼徐やか」とも。❸規制などが厳しくないさま。‖「本校の校則は—だ」❹曲がり方や傾斜の度合いが少ないさま。‖「打球が—な曲線を描く」「—な坂道」派生 —さ

ゆる-ゆる【(緩緩)】■[副]ト 動きがゆるやかなさま。また、急がないさま。ゆっくり。‖「行列が—と歩を進める」「では、—(と)参ろう」■[形動] きつく締まっていないさま。‖「梱包のロープが—だ」

ゆるり【(緩り)】[副]ト ❶急ぐことなく(のんびりと)事を行うさま。ゆっくり。‖「ご—(と)おくつろぎください」❷締め方などがゆるいさま。‖「帯を—と締める」❸物の動きがゆるやかなさま。‖「—としたカーブを投げる」

ゆれ-うご・く【揺れ動く】[自五] ❶物がゆらゆらと動く。‖「地震で家が—」❷定まらないで、絶えず動揺する。‖「去就をめぐって気持ちが—」「大きく—政局」

ゆ・れる【揺れる】[自下一] ❶ある点を中心にして前後・左右・上下などに動く。‖「そよ風に木の葉が—」「大地がぐらぐらと—」❷安定が求められるものが不安定な状態になる。‖「進学か就職かで心が—」「汚職事件で政界が大揺れに—」「この条文は解釈が—・れている」文 ゆ・る 名 揺れ

ゆわえ-つ・ける【結わえ付ける】[他下一] むすびつける。しばりつける。ゆわいつける。‖「立て看板を柱に—」文 ゆはへつ・く

ゆわ・える【結わえる】[他下一] むすぶ。しばる。ゆわく。‖「縄で薪を—」文 ゆは・ふ

ゆ-わかし【湯沸かし】[名] 湯を沸かすための器具。やかんなど。

ゆわ・く【結わく】[他五] むすぶ。しばる。ゆわえる。‖「ひもを—」

ゆん-ぜい【▽弓勢】[名] 弓を引きしぼる力量。▼「ゆみぜい」の転。

ゆん-づえ【▽弓▼杖】[名] 弓をつえの代わりにすること。また、その弓。ゆづえ。▼「ゆみづえ」の転。

ゆん-で【▽弓手・▽左手】[名] ❶弓を持つほうの手。左手。❷左の方。左。◈⇔馬手 ▼「ゆみて」の転。

よ

よ【世・代】［名］❶【世】人々が互いにかかわりながら生活している場。世の中。世間。‖「—のため人のために尽くす」❷【世】人が生まれてから死ぬまでの期間。一生。‖「わが—の春」❸【世】その時その時の世の中。時世。❹【世】仏教で、前世・現世・来世のそれぞれ。‖「この—を去る」「あの—に行く」❺【世】ある人が家督を相続して家を治めている期間。‖「子に—を譲る」❻【代】ある為政者が国を統治している期間。時代。‖「徳川［武家］の—」 書き分け 「明治の代（＝明治天皇の治世。⑥の意）」「明治の世（＝明治時代の世の中。①の意）」のように使う。

◉**世が世ならば** その人にとって都合のよい時代であったならば。‖「—一国一城の主だった」

◉**世を忍ぶ** 世間の人の目から隠れる。‖「—仮の姿」

◉**世を渡る** 暮らしていく。生活していく。

よ【四】［名］し。よっつ。よつ。‖「ひ、ふ、み、—」「—年」「—次元」▼数を数えるときに使う。また、他の語と複合して使う。

よ【夜】［名］日没から日の出までの間。よる。‖「—が明ける」「—が更ける」「夏の—」 読み分け ⬇よる（夜）

◉**夜も日も明けない** それがなくては少しの間も過ごせない。‖「本なしには—」

◉**夜を徹する** 一晩中寝ないで物事を行う。徹夜する。‖「—・して看病する」

◉**夜を日に継ぐ** 昼夜の別なく続けて物事を行う。‖「—・いで作業する」

よ【▽節】［名］［古風］竹・アシなどの、ふしとふしとの間。また、ふし。

よ【余】■一［名］❶そのほか。それ以外。‖「—の話は知らない」「—罪・—談」❷〈「…（の）余」の形で〉数量がそれより多いこと。‖「三年の—を海外で過ごす」■二［代］［古風］（一人称）わたくし。われ。‖「—は嬉しく思う」 書き方 「予」とも。■三（造）❶あまり。残り。‖「—分・—白」「剰—」❷その数より少し多い。‖「二十—年の歳月」「百人—の参加者」 旧餘（「余」「餘」は本来別字）

よ【予】■一［代］［古風］（一人称）⬇余 ■二（造）❶あらかじめ。前もって。‖「—期・—定・—算」❷ためらう。ぐずぐずする。‖「猶—」❸「伊予（いよ）」の略。‖「—州」 旧豫（「予」「豫」は本来別字）

よ［終助］❶〈文節末に付いて〉確認する気持ちで相手の注意を引きつける意を表す。‖「もしもよ、誰かが来てもよ、絶対に入れないでね」「あなたがですよ、私の立場だったらですよ、どうしますか」 使い方 「よ」を伸ばしぎみにする言い方もある。‖「それからよう、親父が来たらよう、これ渡してくれよな」

❷〈文末に付いて〉親しみを込めて、断定・念押し・命令・勧誘・疑問などの気持ちを伝える。‖「そんなことないよ」「きちんと戸締まりをするんですよ」「早く来てよ」「一緒に行こうよ」「もう帰るのかよ」 使い方 ⑴活用語の終止形や体言、形容動詞語幹、終助詞「わ」「の」などに付く。あとに「ね」「な」を続けることもある（君も行くよね・悪いのは彼だよな）。「さ」とは違って、断定の助動詞「だ」にも付く（君がいけないんだよ）。⬇終助詞「さ」②［使い方］⑵「だよ」は男性が使っていたが、最近は女性も使う（あの人もう四〇だよ）。「わよ」は主に女性が使う（行くわよ）。体言や形容動詞に直接「よ」を付けるとき、上昇調のイントネーションを伴うとやわらかい言い方になる（あしたは休みよ）。

❸〈疑問の語や質問の文に付いて〉質問・反問に詰問・反駁（はんばく）の意を添える。‖「こんなことしたの誰だよ」「一体何考えてるのよ」「おまえなんかにできるかよ」「そんなこと言えた義理かよ」 使い方 常体に使うのが普通で、「誰が行きますかよう」などと敬体に使うと、皮肉な調子が出る。「誰だよ」「できるかよ」など、「だよ」「かよ」の形は女性にはあまり使われない。

❹呼びかけを表す。‖「君よ、嘆くな」「神よ、助け給え」

❺詠嘆を表す。‖「からたちの花が咲いたよ 白い白い花が咲いたよ（からたちの花）」

よ【与】（造）❶あたえる。‖「—奪」「授—・賞—・贈—・貸—」❷仲間になる。くみする。‖「—党」「関—」 旧與

よ【誉】（造）ほめる。ほめたたえる。ほまれ。‖「称—・栄—・名—」「毀—褒貶（きよほうへん）」 旧譽

よ【預】（造）❶あずける。あずかる。‖「—金」❷あらかじめ。‖「—言」

よ【▽輿】（造）❶乗り物。こし。‖「神—（しんよ）」❷多い。おおぜいの。‖「—論」

よ-あかし【夜明かし】［名・自サ変］夜が明けるまで寝ないで過ごすこと。徹夜。‖「—で語り合う」

よ-あけ【夜明け】［名］夜が明けること。また、その時間帯。明け方。あかつき。▼物事の始まりのたとえにもいう。‖「近代日本の—」

よ-あそび【夜遊び】［名・自サ変］夜に遊び歩くこと。また、その遊び。‖「仲間と—する」「—が過ぎる」

よ-あらし【夜嵐】［名］夜に吹く強い風。

よ-あるき【夜歩き】［名・自サ変］夜、外出して歩くこと。また、夜、遊び歩くこと。

よい【宵】（ヨヒ）［名］日が暮れて間もないころ。夜がまだそれほどふけていないころ。‖「春の—」「—の口」「—のうちから宴をはじめる」▼古くは日没から夜中までの時間帯をいった。

よい【酔い】（ヨヒ）［名］酒などに酔うこと。また、酔った状態。‖「—が回る」「二日—」「車—・船—」

よ・い【良い（善い・▽好い・▽佳い・▽宜い）】■一［形］❶物事のある側面が優れている。‖「彼は声が—」「うちの会社は給料が—」「品質が—」「—・く書けている」❷幸運などに恵まれている。‖「茶柱とは縁起が—」「運が—」「本年が—年でありますように」❸物事が好ましい状態である。‖「調子［物わかり・天気］が—」❹成績や効率などが好ましい。良好だ。‖「成績が—」「本番では—結果を残したい」❺人柄・態度、評判などが好ましい。‖「気だて［行儀］が—」「受けが—」❻やり方などが洗練されていて、（高く）評価できる。‖「立ち合い［趣味・手ぎわ］が—」❼互いの連絡や関係がうまくいっている。‖「乗換列車の接続が—」「太郎は花子と仲が—」❽時期や都合が適合している。‖「今は星を見るには—季節だ」「午後のほうが都合が—」❾〈「…に良い」の形で〉好ましい結果をもたらすさま。‖「早寝早起きは健康に—」❿〈「AにはBが良い」「AはBが良い」の形で〉目的にか

なって適当である。ふさわしい。〓「贈り物には花束がー」「髪は短めがー」⓫〈「良くなる」の形で〉異常な状態が正常に戻る。なおる。〓「病気がーくなる」「険悪な関係がーくなる」⓬道義的に正しい。善である。〓「人助けは善いことだ」「陰口は善くない」⓭重要な行事（特に、慶事）を行うのにふさわしい日である。吉日だ。〓「本日はお日柄もーく…」「この佳き日に…」⓮〈「値段が良い」などの形で〉値段が高いことを遠回しにいう。〓「値がーくて手が出ない」⓯ことばの意味を高く評価して解釈するさま。〓「ー意味での野性味がほしい」「ーく言えば堅実、悪く言えば平凡」⓰〈「よく（は）言わない」などの形で〉人物やその行動などを高く評価しないさま。〓「彼は彼女のことを絶対ーく言わない」⓱〈多く連体形「いい」の形で〉〈反語的に〉悪い。好ましくない。容認できない。年齢にふさわしい分別がないなどの意。〓「挨拶もしないとは、ー性格をしているよ」「いたずら電話なんてー迷惑だ」「ー大人が何を泣く」⓲〈「…（のほう）がよい」などの形で〉それが最適または適切である意を表す。〓「昼食には僕はウナギがー」「見るなら喜劇のほうがー」⓳もう必要ないという意を表し、物事の中断や終了を宣言する。…はもう結構だ。〓「その話はもうー」

使い方「僕はウナギはいいよ（＝ごめんだ）」のような、「もう」を伴わない言い方は、⑱と意味が紛れやすい。

⓴感動の気持ちをこめて、物事が高く評価できることをいう。〓「今年の新人はーよ」「やはり故郷はー」「海は広くてーなあ」㉑〈動詞の連用形に付いて、複合形容詞を作る〉容易に…できる。…やすい。〓「住みー町」「飲みー薬」⬌難い

□二［補形］〈「て［で］よい」「て［でも］よい」などの形で〉許容・許可の意を表す。…て（も）かまわない。…て（も）差し支えない。〓「もう帰ってー」「願いがかなうなら死んでもー」「しばらく借りてもーか」「昼食はウナギでー」

使い方□一⑱の「僕はウナギがよい」と、□二の「僕はウナギでよい」とでは、前者は最適の選択を、後者は許容できる範囲での（次善の）選択を表す。「…てよい／…てもよい」では、後者のほうが一歩引く気持ちが強い。このため「…がよい→…でよい→…でもよい」の順で、自分の選択にこだわる気持ちが薄れる。

◇⬌①〜⑯悪い 書き分け【良】は優れる意で使うほか、広く使う。【善】は道徳的に正しい意で⑫で使う。【好】は好ましい意で③〜⑦、【佳】はめでたい意で②⑬、【宜】は適宜・適当の意で⑧⑩⑱で使うが、今は【良】が一般的。かな書きも多く、特に「いい」の語形になる時や、⑲以降は一般にかな書き。

使い方⑴口語の終止形と連体形には、多く「いい」を使う。⑵様態の助動詞「そうだ」に続くときは、「よさそうだ」のように、語幹のあとに「さ」が入る。⑶連用形「よく」には、頻度の多さを表す用法や単なる程度副詞的な用法など、終止形にない意味・用法が豊富にあり、それらは独立した副詞として扱う。⬇よく 派生ーさ

品格 善良「穏やかでーなふるまい」妥当「ーな処置」優良「ー運転者」宜しい「帰宅してもーでしょうか」良好「ーな関係を築く」

◉よいお年を 年末、人と別れる際に、相手がよい新年を迎えられるように祈る挨拶のことば。▼「よいお年をお迎えください」などの略。

よい-ごこち【酔い《心地》】ヨヒ［名］酒に酔ったときの快い心持ち。〓「陶然としたー」

よい-ごし【宵越し】ヨヒ［名］そのままの状態で前夜から翌日まで持ち越すこと。〓「江戸っ子はーの金は持たぬ（＝江戸っ子は金銭に執着しないので、その日に稼いだ金はその日のうちに使い果たす）」

よい-ざまし【酔い▽醒まし】ヨヒ［名］酒の酔いをさますこと。また、そのための手段。〓「ーに風に当たる」

よい-ざめ【酔い▽醒め】ヨヒ［名］酒の酔いからさめること。また、その時。〓「ーの水は甘露の味」

よいしょ □一［感］❶重い物を持ち上げたり動かしたりなど、力を入れて物事をするときに発するかけ声。〓「ーと立ち上がる」❷民謡などの囃子詞。

□二［名・他サ変］相手をおだてて上げていい気分にさせること。〓「スポンサーをーする」

よい-し・れる【酔い▽痴れる】ヨヒ［自下一］❶ひどく酒に酔って正体を失う。❷あることに心を奪われてうっとりする。〓「勝利の喜びにー」文よひし・る

よい-っぱり【宵っ張り】ヨヒ［名］夜遅くまで起きていること。また、そのような習慣の人。〓「ーの朝寝坊」

よい-つぶ・れる【酔い潰れる】ヨヒ［自下一］酒に酔って動けなくなる。〓「ー・れて寝てしまう」文よひつぶ・る

よいと-まけ［名］〔俗〕建築現場などで、地固めのために大勢で重い槌を滑車で上げ下げすること。また、その作業に従事する人。▼その作業をするときのかけ声から。

よい-どめ【酔い止め】ヨヒ［名］乗り物酔いを予防すること。また、その薬。

よい-どれ【酔いどれ】ヨヒ［名］ひどく酒に酔った人。酔っぱらい。

よい-ね【宵寝】ヨヒ［名・自サ変］❶宵のうちから寝てしまうこと。早寝。❷宵のうちに少し寝ること。

よい-の-くち【宵の口】ヨヒ［名］日が暮れて間もないころ。また、まだ夜のふけないころ。

よい-の-みょうじょう【宵の明星】ヨヒノミャウジャウ［名］日没後、西空に明るく輝いている金星。ゆうずつ。⬌明けの明星

よいまち-ぐさ【宵待草】ヨヒマチ［名］マツヨイグサの別称。

よい-まつり【宵祭り】ヨヒ［名］祭礼で、本祭りの前夜に行われる祭。宵宮。

よい-みや【宵宮】ヨヒ［名］宵祭り。

よい-やみ【宵闇】ヨヒ［名］❶宵の薄暗さ。〓「ーが迫る」❷月の出の遅い陰暦一六日から二〇日ごろまでの宵の暗さ。また、そのころ。

よい-よい［名］脳卒中・アルコール中毒などが原因で、手足がしびれ、会話や歩行が困難になること。また、その人をいう差別的な語。

よ-いん【余韻】ヰン［名］❶音の鳴り終わったあとまで残るかすかな響き。また、音が消えたあとまで耳に残るかすかな響き。〓「ー嫋々」❷物事が終わったあとまで残る感覚や感情。〓「感動のーを味わう」❸詩文などで、言外の趣。余情。〓「ーのある表現」

よう【幼】エウ［名］おさないこと。〓「ーにして父母を失う」「ー児・ー少・ー稚」「長ー」

よう【用】㊀[名]❶役に立つこと。必要に応じた働きをすること。‖「これでは―をなさない（＝役に立たない）」「実―・有―」❷しなくてはならない事柄。用事。‖「―があって出席できない」「急―・雑―」❸大小便をすること。用便。⬇用を足す②㊁（造）❶つかう。もちいる。‖「―意・―法・―例」「運―・採―・専―」「家庭―・実験―」❷必要とする。‖「―具・―水」「無―」

◉用を足(た)す ❶用をすませる。❷大小便をすませる。また、仕事や役割としてその用を果たす。

よう【俑】[名]中国の戦国時代から明代にかけて副葬品として用いられた人形。死者の妻妾(さいしょう)・臣下・愛玩(あいがん)動物などを模したもので、土・陶・木・金属などで作られた。‖「兵馬―」

よう【洋】ヤウ㊀[名]東洋と西洋。㊁（造）❶広い海。‖「遠―・南―・太平―」❷西洋。‖「―楽・―食・―風・―服」

◉洋の東西(とうざい)を問(と)わず 東洋・西洋の別なく。世界中。

よう【要】エウ[名]❶大事なところ。かなめ。‖「簡にして―を得た説明」「―所・―点」「重―・主―」❷なくてはならないこと。必要とすること。また、求めること。‖「なお検討の―がある」「―注意・―介護・―支援」「―員・―望」「需―」

よう【庸】㊀[名]律令制で、租税の一つ。労役の代わりに納めた布・米・塩など。㊁（造）❶つね。不変。‖「中―」❷平凡である。‖「凡―」❸やとう。‖「雇―・登―」

よう【陽】ヤウ㊀[名]表から見える所。‖「陰に―にめんどうをみる」㊁（造）❶ひ。また、ひの当たる所。‖「―光」「山―・太―・落―」❷易の二元説で、積極的・能動的な性質のもの。‖「―気」⬍陰

よう【様】ヤウ[名]❶ありさま・様子の意を表す。‖「大変な嘆き―だ」「いか―であるかは不明だ」「各人各―」「一―・俗―・多―・同―」❷様式の意を表す。‖「今―・唐(から)―・天竺―・和―」❸ありさまが似ている意を表す。‖「寒天―のもの」「青かび―の物質」❹方法の意を表す。‖「慰め―もない」「弁解のし―がない」使い方 形式名詞的にも使う。‖「言おう―のない（＝言いようのない）感動」❺〔古風〕〈「言うよう」「思うよう」などの形で〉あとに引用を続ける。…の言う（思う）ことには。‖「かぐや姫の言ふ―『親ののたまふことを…』〈竹取〉」旧様

よう【癰】[名]皮膚や皮下にできる急性の化膿(かのう)性炎症。毛穴に黄色ぶどう球菌などが侵入して生じる腫れ物で、痛み・発熱を伴う。

癰

よ・う【酔う】ヨフ[自五]❶酒を飲んでうっとりした状態になる。また、飲んだ酒の作用で心身の状態が正常でなくなる。‖「美酒に―」「―と泣く癖がある」使い方「花の香(か)に―」「大麻で―」のように、香気や麻薬・薬物などに転用する。❷乗り物に揺られたり人込みにあてられたりして気分が悪くなる。‖「船[人込み]に―」❸そのことに心を奪われてうっとりした状態になる。また、その雰囲気などに引き込まれて正常な判断力などを失う。‖「妙技に―」「勝利の栄光に―」「すべて理解したような錯覚に―」◈古くは「酔(ゑ)ふ」。可能 酔える 名 酔い

よう【良う・善う・好ˇう】[副]よく。‖「―来てくださった」▼「よく」のウ音便。書き方 一般にかな書き。

よう【能ˇう】[副]〈下に打ち消しを伴って〉とても…することができない。‖「―言わん」▼「よく（能）」のウ音便。おもに西日本で使う。

よう[感]気軽に人に呼びかける時に発する語。‖「―、しばらく」▼多く男性が親しい間柄の人に使う。

よう[助動 特活型]（○-○-よう-(よう)-○-○）❶意志・申し出・勧誘を表す。‖「この仕事に賭(か)けてみ―」「お茶を入れ―か」「一緒に出かけ―」❷推量を表す。また、断定をやわらげる。‖「明日は晴れ―」「気づかれ―とは思わなかった」「次の点が指摘でき―」❸〈疑問の意を表す語を伴って〉反語や感動を表す。‖「こんなことが許され―か」❹〈「…ようとする」の形で〉実現を試みる、実現のために努力する意を表す。‖「寝―としたとき電話が鳴った」「起き―としても起きられない」❺〈「…ようが」「…ようと」「…ようにも」などの形で〉仮定を表す。…しても。‖「何をし―と驚くな」「家出をし―にも金がない」「落第し―ものなら大変だ」◈上一段動詞、下一段動詞、サ変動詞、カ変動詞、助動詞「(ら)れる・(さ)せる」の未然形などに付く。⬇う（助動）

よう[終助]「よ」を強く発音して、意味を強めた語。‖「早く帰ろう―」⬇よ（終助）

よう【羊】ヤウ（造）ひつじ。‖「―毛・―頭狗肉」「牧―・綿―」

よう【妖】エウ（造）❶あやしい。‖「―怪・―精」❷なまめかしい。‖「―艶」

よう【容】（造）❶入れる。おさめる。‖「―器・―量」「収―」❷すがた。かたち。‖「―姿・―貌」「美―」❸中に入れたもの。‖「内―」❹ききいれる。ゆるす。‖「―赦・―認」「寛―・許―」❺たやすい。‖「―易」❻ゆとりがある。‖「従―(しょうよう)」

よう【揚】ヤウ（造）❶高く上がる。高く上げる。‖「―力」「掲―・浮―・抑―」❷声を高める。‖「―言」❸気分が高まる。勢いが盛んになる。‖「高―・意気――」❹ほめる。‖「称―」❺ゆったりしている。‖「鷹―」

よう【揺】エウ（造）ゆれる。ゆする。‖「―曳(ようえい)・―籃(ようらん)」「動―」旧搖

よう【葉】エフ（造）❶植物のは。‖「―脈」「紅―・落―」❷薄く平たいもの。また、薄く平たいものを数える語。‖「肺―・前頭―」「一―の写真」❸時代の一区切り。‖「中―」

よう【傭】（造）やとう。やとわれる。‖「―兵」「雇―」

よう【溶】（造）❶水などにとける。とかす。‖「―液・―解」「水―性」❷金属が熱でとける。‖「―岩・―接・―鉱炉」書き方「熔」「鎔」の代用字。

よう【腰】エウ（造）こし。‖「―椎(ようつい)・―痛」

よう【瘍】ヤウ（造）できもの。はれもの。‖「潰―(かいよう)」

よう【踊】（造）❶おどりあがる。‖「―躍」❷おどり。‖「舞―」

よう【窯】エウ（造）陶器などを焼くかま。‖「―業」「陶―」

よう【養】ヤウ（造）❶やしなう。そだてる。‖「―鶏・―殖」「培―・扶―」❷実子でない者を自分の子として育てる。‖「―家・―父・―母」❸体をいやす。体を大事にする。‖「―護」「静―・療―」❹体力をつけるもの。‖「―分」「栄―」❺心豊かに育てる。つちかう。‖「―成」「教―・素―」

よう【擁】（造）❶だきかかえる。‖「抱―」❷まもり、たすける。‖「―護・―立」

よう【謡】エウ（造）❶節をつけてうたう。また、うた。はやりうた。‖「童―・民―」❷能楽のうたい。‖「―曲」旧謠

よう【曜】エウ（造）❶光り輝く。‖「照―」「黒―石」❷太陽・月と火・水・木・金・土の五星の総称。‖「七―・宿―」❸七曜を一週間の各日に配して呼ぶときの称。‖「月―・水―・土―」

よう-あん【溶暗】［名］⬇フェードアウト ⬍溶明

よう-い【用意】［名・他サ変］物事を行う前に、前もって必要な物や条件をととのえておくこと。準備。したく。‖「旅行の―をする」「食事を―する」「―周到（＝用意が行き届いて、落ち度がないこと）」▽陸上短距離競技や、広く競争などで開始のかけ声に使う。‖「位置について、―」「―ドン」

よう-い【容易】［形動］物事が手間もなく行えるさま。簡単だ。楽だ。たやすい。易しい。‖「こんな計算など―なことだ」「―に変更できる」「―ならぬ（＝簡単にはすまされない）事態」⬍困難 派生―さ

よう-イオン【陽イオン】［名］陽電荷をもつ原子・原子団。カチオン。⬍陰イオン

よう-いく【養育】［名・他サ変］子供を養って育てること。‖「三人の子供を―する」「―費」

よう-いん【要因】［名］❶ある物事を生じさせた主な原因。‖「事故［成功］の―を探る」❷ある物事を成立させる主な要素。条件。‖「安全、利便の二つの―がそろう」

よう-いん【要員】［名］ある仕事をするのに必要な人員。‖「保安―」

よう-うん【妖雲】［名］不吉な前兆を思わせる不気味な雲。‖「―が漂う」

よう-えい【揺▼曳】［名・自サ変］❶尾を引くようにゆらゆらとたなびくこと。‖「白煙が―する」❷音などがあとまで長く尾を引いて残ること。‖「―する琴の音」

よう-えき【葉▼腋】［名］葉が茎や枝と接続している部分。葉の付け根。

よう-えき【溶液】［名］二種類以上の物質が均一に混合している液体。‖「飽和―」⬇溶質・溶媒

よう-えん【妖艶（妖▼婉）】［名・形動］あやしいまでに、なまめかしく美しいこと。‖「―な役者［笑み］」派生―さ

よう-おん【▼拗音】［名］日本語の音節のうち、「キャ」「シュ」「チョ」「クヮ」のように、他の仮名の右下にヤ・ユ・ヨまたはワの仮名を小さく書いて表す音。

よう-か【八日】［名］❶月の初めから八番目の日。‖「三月―」❷八つの日数。八日間。

よう-か【妖花】［名］あやしく不気味な美しさをもつ花。▽あやしい魅力をもつ美人のたとえにもいう。

よう-か【▽沃化】［名・自サ変］沃素と他の物質とが化合すること。‖「―銀・―カリウム」

よう-か【養家】［名］養子となって入籍した家。⬍実家

よう-が【洋画】［名］❶西洋で発達した技法によって描かれた絵画。油絵・水彩画・パステル画など。西洋画。‖「―家」❷欧米で製作され、日本に輸入された映画。‖「―ファン」⬍邦画

よう-が【陽画】［名］ポジ。⬍陰画

よう-かい【妖怪】［名］人間の科学的知識などでは理解できない不思議な現象や存在。ばけもの。‖「―変化」

よう-かい【容▼喙】［名・自サ変］横から口を差しはさむこと。‖「他人の―すべき問題ではない」▽喙を容れる意から。

よう-かい【溶解・▼熔解・▼鎔解】［名・自他サ変］❶【溶】とけること。また、そのようにすること。ある物質が液体にとけて溶液になること。また、そのようにすること。‖「食塩が水に―する」「食塩を―した溶液」❷【溶・熔・鎔】固体が熱を加えられて液状になること。また、そのようにすること。‖「金属が―する」「―炉」書き方②の「溶解」は代用表記。

よう-がい【要害】［名］❶地勢が険しく、敵の攻撃を防ぐのに好都合なこと。また、その場所。‖「―の地」「―堅固」❷戦略上、重要な地に築いたとりで。要塞。‖「―を築く」◈味方には要、敵には害の意から。

よう-かいご【要介護】［名］介護保険法に基づき、介護サービスを受ける際の分類の一つ。常時介護が必要と認定されること。

よう-がく【洋学】［名］西洋の学問。▽漢学・和学に対し、江戸時代中期以降、わが国にもたらされた西洋の学問全般をさしていう。

よう-がく【洋楽】［名］西洋の音楽。⬍邦楽・和楽

よう-がさ【洋傘】［名］西洋風の傘。こうもり傘・パラソルなどの類。

よう-がし【洋菓子】［名］西洋風の菓子。ケーキ・プディング・クッキー・ビスケット・チョコレートなどの類。⬍和菓子

羹

よう-かん【羊▼羹】［名］砂糖を入れた餡に寒天を加えて練り上げたり、小麦粉を混ぜて蒸したりして固めた和菓子。練り羊羹・蒸し羊羹・水羊羹など。

よう-かん【洋館】［名］西洋風の建物。洋風の住宅。▽多く明治・大正期に建造されたものをいう。

よう-かん【腰間】［名］腰のあたり。腰のまわり。‖「―の秋水（＝腰に帯びた曇りのない刀剣）」

よう-がん【容顔】［名］かおだち。容貌。‖「―美麗」

よう-がん【溶岩（▼熔岩）】［名］地中のマグマが地表に流れ出てきたもの。また、それが冷えて固まってできた岩石。‖「―台地」書き方「溶岩」は代用表記。

ようかん-いろ【羊▼羹色】［名］黒・紫などの染め色があせて赤みを帯びた色。

ようがん-りゅう【溶岩流】［名］火口から噴出した溶岩の流れ。また、それが冷却固結した岩体。

よう-き【妖気】［名］何か不吉なことが起こりそうな不気味な雰囲気。‖「―が漂う」

よう-き【妖▽姫】［名］あやしい雰囲気をもつ、あでやかな女性。

よう-き【容器】［名］物をいれるうつわ。入れもの。‖「飲料水を―に移す」

よう-き【揚棄】［名・他サ変］アウフヘーベン。

よう-き【陽気】一［形動］ほがらかで明るいこと。浮き浮きとしてにぎやかなこと。‖「―な性格」「―に歌う」⬍陰気 派生―さ 二［名］❶時候。天候。‖「春らしい―になる」❷陽の気。万物を発生・活動させる気。

よう-ぎ【容疑】［名］犯罪を犯した疑いがあること。また、その疑い。嫌疑。‖「―が晴れる」

よう-ぎ【容儀】［名］礼儀作法にかなった態度。また、その姿。

ようぎ-しゃ【容疑者】［名］起訴されてはいないが、犯罪の疑いを受けて捜査の対象になっている者。▽法律では被疑者という。

よう-きゅう【洋弓】［名］西洋式の弓。アーチェリー。

よう-きゅう【要求】［名・他サ変］必要なこととして、また、当然の権利としてそれを求めること。また、その内容。‖「賃上げを―する」「先方の―をのむ」使い方

〈物〉を主語にしてもいう。「体が糖分を—する」

ようきゅう【▼楊弓】 ヤウ ［名］長さ二尺八寸(=約八五センチメートル)ほどの遊戯用の弓。的から七間半(=約一四メートル)離れ、座ったまま矢を射る。江戸時代、民間で流行した。▽もと楊柳で作られたことからという。

ようぎょ【幼魚】 エウ ［名］稚魚がやや成長した、まだ幼い魚。⇔成魚

ようぎょ【養魚】 ヤウ ［名］魚を飼育してふやすこと。「—場」

ようきょう【▼佯狂】 ヤウキャウ ［名］わざと気の狂ったふりをすること。また、その人。▽「佯」は偽る意。

ようきょう【容共】 ［名］共産主義やその政策を受け入れて認めること。「—思想」⇔反共

ようぎょう【窯業】 エウゲフ ［名］粘土などの非金属鉱物を窯や炉で高熱処理し、陶磁器・瓦・煉瓦・ガラス・セメントなどを製造する工業。

ようきょく【陽極】 ヤウ ［名］❶二極間に電流が通るとき、電位が高い方の極。正の電極。プラスの電極。❷磁石の北極。◈⇔陰極

ようきょく【謡曲】 エウ ［名］能の詞章・台本。また、その詞章に節をつけてうたうこと。うたい。

ようきん【用金】 ［名］❶公用の金銭。公金。❷幕府や大名が財政の不足を補うために領地の人民に課した金銭。◈多く「御用金」の形で使う。

ようきん【洋琴】 ヤウ ［名］❶近世、中国・朝鮮半島で用いられた打弦楽器。扁平な箱状の木製胴の上に多数の真鍮弦を張り、竹製の細い棒(琴竹)を左右の手にもって演奏する。ヤンチン。書き方「揚琴」「▼楊琴」とも。❷ピアノのこと。

ようぎん【洋銀】 ヤウ ［名］❶銅・ニッケル・亜鉛からなる合金。光沢のある銀白色で、食器・装飾品などに用いられる。❷幕末から明治初期にかけて、日本に流入した外国の銀貨。

ようぐ【用具】 ［名］ある事をするのに用いる道具。「筆記—・運動—」

ようぐ【要具】 エウ ［名］ある物事をするのに必要な道具。必要品。

ようくん【幼君】 エウ ［名］おさない君主。

ようけい【養鶏】 ヤウ ［名］卵や肉を利用するためにニワトリを飼育すること。「—場」

ようげき【要撃】 エウ ［名・他サ変］敵を待ち伏せて攻撃すること。「山中で敵を—する」

ようげき【▼邀撃】 エウ ［名・他サ変］攻めてくる敵を迎え撃つこと。迎撃。「敵機を—する」

ようけつ【要▼訣】 エウ ［名］物事の最も肝心なところ。秘訣。

ようけん【用件】 ［名］しなくてはならない仕事。また、伝えなくてはならない事柄。「—を済ます［話す］」

ようけん【要件】 エウ ［名］❶大切な用事。「—を先に片づけよう」❷必要な条件。「—を満たす」

ようげん【用言】 ［名］自立語のうち、活用があって単独で述語となるもの。動詞・形容詞・形容動詞の類。⇔体言

ようげん【妖言】 エウ ［名］人を惑わすような不吉な言説。

ようげん【揚言】 ヤウ ［名・他サ変］おおっぴらに言うこと。公然と言いふらすこと。

ようご【用語】 ［名］使用することば。特に、もっぱらある特定の分野で使うことば。術語。「専門—・哲学—」

ようご【洋語】 ヤウ ［名］❶西洋諸国の言語。西洋語。❷西洋からの外来語。また、それに模して日本で作られたカタカナ語。

ようご【要語】 エウ ［名］重要なことば。「—索引」

ようご【養護】 ヤウ ［名・他サ変］保護を必要とする人の世話をすること。また、児童・生徒などの健康を保持し、成長を助けること。「—教諭」

ようご【擁護】 ［名・他サ変］侵略や危害を受けないように、かばって守ること。「人権を—する」 擁

ようこう【妖光】 エウクワウ ［名］不吉な感じのする、あやしい光。不気味な光。

ようこう【洋行】 ヤウカウ ［名・自サ変］〔古風〕欧米に旅行・留学すること。「—帰り」

ようこう【要港】 エウカウ ［名］交通・輸送・軍事面などで、重要な港。

ようこう【要項】 エウカウ ［名］必要な事項。また、それを書き記したもの。「入試の—」「募集—」

ようこう【要綱】 エウカウ ［名］物事の基本となる重要な事柄。また、それをまとめて記したもの。「改正案の—」「指導—」

ようこう【陽光】 ヤウクワウ ［名］太陽の光。日光。「春の—が降り注ぐ」

ようこうろ【溶鉱炉(▼熔鉱炉・▼鎔鉱炉)】 ヨウクワウ ［名］鉱石を高温で溶かして、鉄・銅・鉛などを取り出すための炉。書き方「溶鉱炉」は代用表記。

ようごがっこう【養護学校】 ヤウゴガクカウ ［名］知的障害・肢体不自由・病弱な児童・生徒などに対して普通教育に準じる教育を行うとともに、障害に基づく困難を克服するための知識・技術を養う学校。▽法律上の区分は「特別支援学校」。

ようこく【陽刻】 ヤウ ［名・他サ変］文字・模様・絵などが浮き出るように彫ること。また、その彫刻。⇔陰刻

ようこそ ［副］相手の来訪などを歓迎する気持ちを表す語。よくぞ。「—いらっしゃいました」「—沖縄へ」「これはこれは、—」▽「よくこそ」の転。感動詞的にも使う。注意「よおこそ」と書くのは誤り。

ようごろうじんホーム【養護老人ホーム】 ヤウゴラウジン ［名］常時の介護は必要としないが、心身の障害や経済的、環境的な理由によって自宅での生活が困難な高齢者が、必要な養護を受ける施設。

ようさい【洋菜】 ヤウ ［名］西洋野菜。レタス・セロリ・パセリなど。

ようさい【洋裁】 ヤウ ［名］洋服の裁縫。⇔和裁

ようさい【要塞】 エウ ［名］戦略上重要な地点に設けられた、防衛のための軍事施設。監視所・砲台などを置く。

ようざい【用材】 ［名］❶土木・建築・木工などに用いる木材。「建築—」❷材料として使うもの。「学習—」

ようざい【溶剤】 ［名］物質を溶かすために用いる液体。アルコール・ベンゼン・ガソリンなど。

ようさいるい【葉菜類】 エフサイ ［名］葉や茎を食用にする野菜類。白菜・ほうれんそう・キャベツなど。

ようさん【葉酸】 エフ ［名］ビタミンBの複合体の一つ。緑葉野菜・肝臓・酵母などに多く含まれ、欠乏すると貧血・下痢などを起こす。ビタミンM。

ようさん【養蚕】 ヤウ ［名］繭をとる目的で蚕を飼育

すること。‖「ー業」

よう‐し【用紙】［名］ある用途のための紙。‖「原稿ー・答案ー」

よう‐し【洋紙】ヤウ［名］パルプを原料とし、機械的に抄造した紙。⇔和紙 ▽西洋から伝わった製法によることからいう。

よう‐し【要旨】エウ［名］文章・談話などの主要な内容。また、それをまとめたもの。‖「講義のーをまとめる」

よう‐し【容止】［名］立ち居振る舞い。挙止。

よう‐し【容姿】［名］顔だちと体つき。みめかたち。‖「ー端麗」

よう‐し【陽子】ヤウ［名］中性子とともに原子核をつくる素粒子。プロトン。

よう‐し【養子】ヤウ［名］養子縁組によって子となった人。⇔実子

よう‐じ【幼児】エウ［名］おさない子供。おさなご。▽児童福祉法では、満一歳から小学校に就学するまでの子供をいう。

よう‐じ【幼時】エウ［名］おさないとき。子供のころ。‖「ーの思い出」

よう‐じ【用字】［名］使用する文字。また、文字の使い方。‖「ー用語」

よう‐じ【用事】［名］しなければならないこと。用。用件。‖「急なーで出かける」「ーを頼まれる」

品格 所用「ーで席を外す」 用件「ーを済ます」 用務「出張のー」 用向き「公式のーがある」

よう‐じ【▼楊枝（▼楊子）】ヤウ［名］❶歯の間に詰まったものを取り除くためなどに用いる、先をとがらせた小さな棒。つま楊枝。小楊枝。❷歯を磨くために用いた道具。楊柳の材の先端を総ふさ状に打ちくだいたもの。ふさ楊枝。◈注意「揚枝」は誤り。

ようし‐えんぐみ【養子縁組】ヤウシ［名］親子の血縁のない者の間に、実の親子と同じ関係を成立させる法律行為。

よう‐しき【洋式】ヤウ［名］西洋のやり方や様式。西洋式。洋風。‖「ートイレ」⇔和式

よう‐しき【様式】ヤウ［名］❶一定の形式。‖「書類のーを統一する」❷長い間に自然につくられた、一定の形式や方法。‖「生活ー」❸芸術作品・建築物などで、ある時代や流派の特徴として位置づけられる表現形式。‖「桃山時代のー」

ようしき‐び【様式美】ヤウシキ［名］ある時代・民族・流派などの芸術作品や建築物の表現形式にみられる特徴的・類型的な美。

よう‐しし【養嗣子】ヤウ［名］旧民法で、家督相続人となる養子。

よう‐しつ【洋室】ヤウ［名］西洋風につくられた部屋。洋間。⇔和室

よう‐しつ【溶質】［名］溶液中に溶けている物質。食塩水のうちの食塩など。

よう‐しゃ【用捨】［名・他サ変］❶用いることと、不要なものとして捨てること。取捨。❷⇒容赦②

よう‐しゃ【容赦】［名・他サ変］❶相手のあやまちなどを許すこと。‖「失礼の段はごー下さい」❷手加減すること。控えめにすること。用捨。‖「素人だからといってーしないぞ」「ーなく取り立てる」

よう‐じゃく【幼弱】エウ［名・形動］おさなくて、かよわいこと。また、その子。‖「ーな子供」

よう‐じゃく【用尺】［名］衣服などを仕立てるのに必要なだけの布の長さ。

よう‐しゅ【幼主】エウ［名］おさない主君。幼君。

よう‐しゅ【洋酒】ヤウ［名］西洋から伝来した酒。また、その製法によって醸造した酒。ウイスキー・ブランデー・ジン・ワインなど。⇔日本酒

よう‐しゅ【洋種】ヤウ［名］動植物で、西洋産の系統に属する種類。西洋種。

よう‐じゅ【▼榕樹】［名］ガジュマルの別称。

よう‐じゅつ【妖術】エウ［名］人を惑わす、あやしい術。幻術。

よう‐しゅん【陽春】ヤウ［名］❶陽気に満ちた春。‖「ーの候」❷陰暦正月の別称。

よう‐しょ【洋書】ヤウ［名］西洋で出版された書物。洋本。⇔和書

よう‐しょ【要所】エウ［名］❶重要な場所・地点。‖「戦略上のー」❷重要な箇所。‖「ーをおさえる」

よう‐じょ【幼女】エウヂョ［名］おさない女の子。

よう‐じょ【妖女】エウヂョ［名］❶なまめかしく美しい魅力で、男性を惑わす女性。妖婦。❷魔法使いの女性。魔女。

よう‐じょ【養女】ヤウヂョ［名］❶他家からもらって、わが子として育てた女性。❷養子縁組によって子となった女性。▽民法では「養子」という。

よう‐しょう【幼少】エウセウ［名・形動］おさないこと。‖「ーのみぎり」

よう‐しょう【要衝】エウ［名］❶敵の攻撃を防ぐ要害の場所。❷産業上・交通上などの、重要な地点。‖「海上交通のー」

よう‐じょう【洋上】ヤウジヤウ［名］陸地から遠く離れた海の上。海洋の上。海上。‖「ーを漂う」

よう‐じょう【養生】ヤウジヤウ［名・自サ変］❶健康の維持・増進を図ること。‖「ー法」❷病気やけがの回復につとめること。保養。‖「転地してーする」❸建材やコンクリートをシートでおおうなどして保護すること。また、その作業。

よう‐しょく【洋食】ヤウ［名］西洋風の食事や料理。西洋料理。⇔和食

よう‐しょく【要職】エウ［名］重要な職務や地位。重職。‖「ーに就く」

よう‐しょく【容色】［名］顔かたち。みめかたち。

よう‐しょく【養殖】ヤウ［名・他サ変］一定の水域で、魚・貝・海藻などを人工的に育成すること。‖「カキをーする」「ー真珠」

よう‐しん【▼痒▼疹】ヤウ［名］激しいかゆみを伴う発疹ほっしん。

よう‐しん【養親】ヤウ［名］❶養子縁組によって親となった人。養父・養母。❷親代わりになって育ててくれた人。やしないおや。

よう‐じん【用心（要心）】ヨウ・エウ［名・自他サ変］悪いことの起こらないように気をつけること。注意。警戒。‖「泥棒が入らないようにーする」「盗難をーして〈井上靖〉」「火のー」

よう‐じん【要人】エウ［名］重要な地位にある人。特に、政治上の要職にある人。‖「政府のー」

ようじん‐ぶか・い【用心深い】［形］きわめて慎重なさま。十分に注意するさま。‖「ー性格」派生ーげ／ーさ

ようじん‐ぼう【用心棒】［名］❶護衛のために身

辺につけておく人。❷外から開けられないように、閉めた戸を内側から押さえておく棒。しんばり棒。❸盗賊などから身を守るために、いつも身辺に備えておく棒。

ようす【様子(容子)】 ヤウ・ヨウ ［名］❶外から観察して分かる、そのもののありさま。‖「街の—がすっかり変わってしまった」「庭から室内の—をうかがう」「会議の—を事細かに報告する」❷〈上に連体修飾語を伴って〉物事・事柄がそのような様態にあることをいう。‖「彼も相当に疲れた—だ（＝もようだ）」「彼女は大いに閉口の—だ（＝体（てい）だ）」❸〈「…の様子」の形で、情報の媒体を表す語を受けて〉そこから推測される情報の内容を表す。‖「電話の—では何か急用があるようだ」「手紙の—では元気とのことだ」❹〈上に不定を表す語を伴って〉特別な事情や子細なわけ。いわく。‖「どことなく—ありげに振舞う」◆**書き方** かな書きも多い。

品格 有様（ありさま）「惨憺（さんたん）たる—」 事態「緊急—」 実態「—調査」 状況「—の推移を見守る」 情勢「社会—の変化」 状態「健康—が悪化する」 様相（ようそう）「—が一変する」

よう・す【要す】 エウ ［他五］➡要する‖「説明を—・さない」

ようず【要図】 エウヅ ［名］必要な部分だけを簡潔にかいた図面。

ようすい【用水】 ［名］飲料・灌漑（かんがい）・工業・消火などに使う水。また、それを引いたり、たくわえたりしておくための施設。‖「防火—・農業—」

ようすい【羊水】 ヤウ ［名］子宮の羊膜内を満たして胎児を保護し、出産時には分娩（ぶんべん）を容易にする液。羊膜液。

ようすい【揚水】 ヤウ ［名・自他サ変］水を高い所へくみあげること。‖「ポンプで—する」「地下水を—する」「—機」

ようすいろ【用水路】 ［名］用水のために設けた水路。

ようすみ【様子見】 ヤウス ［名］ことのなりゆきを傍観すること。‖「しばらく—の状態が続く」

ようずみ【用済み】 ［名］用の済んだこと。必要がなくなること。‖「—の書類」

よう・する【要する】 エウ ［他サ変］❶必要とする。‖「十分な注意を—」「急を—連絡」❷要約する。‖「—・して言うならば」❸待ち伏せする。文 えう・す 異形 要す

よう・する【擁する】 ［他サ変］❶だく。だきかかえる。‖「相—・して泣く」❷所有する。‖「強大な権力を—」❸ひきいる。従える。‖「大軍を—・して戦う」文 よう・す

ようするに【要するに】 エウス ［副］これまで述べてきた話の内容を簡略に示そうとする気持ちを表す。かいつまんで言えば。つまり。‖「—資金が足りないということだ」

ようすれば【要すれば】 エウス ［副］❶必要とするならば。▽旧軍隊の慣用語。❷要するに。

ようせい【▼夭逝】 エウ ［名・自サ変］夭折（ようせつ）。

ようせい【幼生】 エウ ［名］動物の個体が胚から成体に至る過程で、成体とは著しく異なる形態や生活様式をもつ時期のもの。カエルになる前のオタマジャクシなど。▽昆虫では幼虫ともいう。

ようせい【妖星】 エウ ［名］昔、災害の前兆と信じられた不吉な星。彗星・流星などをいった。

ようせい【妖精】 エウ ［名］西洋の伝説・民話などに登場する自然物の精霊。超自然的存在として擬人化され、さまざまな姿や性格をもつ。フェアリー。

ようせい【要請】 エウ ［名・他サ変］必要なこととして、強く願い求めること。‖「救援を—する」

ようせい【陽性】 ヤウ ［名］❶［形動］陽気で、積極的なこと。また、そのような性質。‖「—の気質」❷医学の検査などで、ある刺激に対する反応がはっきり現れること。陽性反応。◈⇕陰性

ようせい【養成】 ヤウ ［名・他サ変］❶教育や訓練を行って一定の技術や能力を身につけさせること。またそうして、そのような能力のある人を作り出すこと。‖「デザインの技術を—する」「俳優を—する」❷ある能力や性質・考えなどを自らのうちに養い育てること。‖「体力［想像力］を—する」

ようせき【容積】 ［名］❶容器の中に入り得る分量。容量。❷立体が占めている空間の量。体積。

ようせつ【▼夭折】 エウ ［名・自サ変］年若くして死ぬこと。夭逝（ようせい）。‖「—した画家を悼む」

ようせつ【溶接(▼熔接)】 ［名・他サ変］金属の接合部を熱してとかし、つなぎ合わせること。‖「鋼材を—する」**書き方**「溶接」は代用表記。

ようせん【用船・▼傭船】 ［名］❶【用】ある目的のために使う船。❷［他サ変］【用・傭】運送用に船を借り入れること。また、その船。チャーター船。‖「—契約」**書き方** ②の「用船」は代用表記。

ようせん【用箋】 ［名］手紙などを書くのに使う紙。便箋・罫紙など。‖「事務—」

ようせん【溶▼銑(▼熔▼銑)】 ［名］銑鉄をとかすこと。また、とけた銑鉄。‖「—炉」**書き方**「溶銑」は代用表記。

ようそ【▽沃素】 エウ ［名］ハロゲン元素の一つ。単体は光沢のある暗紫色の結晶。ヨードチンキ・ルゴール液などの医薬品や試薬の原料にする。ヨード。元素記号I **書き方** 多く「ヨウ素」と書く。

ようそ【要素】 エウ ［名］ある物事を成り立たせている成分。ある物事の成立に関与する条件・性質などの一つ一つ。エレメント。‖「植物の生育に必要な—」「流動的な—の多い試案」

ようそう【洋装】 ヤウサウ ［名］❶［自サ変］西洋風の服装をすること。また、その服装。❷西洋式の装丁。洋とじ。‖「—本」◈⇕和装

ようそう【様相】 ヤウサウ ［名］物事のありさま。ようす。姿。‖「不穏な—を呈する」「駅前の—が一変する」

ようそうだん【要相談】 ［名］相談する必要があること。➡応相談

ようだ ヤウ ［助動 形動型］（ようだろ-ようだっ・ようで・ように-ようだ-ような-ようなら-○）
❶**比況** 似たものにたとえる。みたいだ。‖「もみじのような手だ」「あたかも夢の—」「一瞬体が浮くように感じた」「これでもう勝ったようなものだ」
❷**例示**〈「…のような」「…のように」の形で〉具体的な例として示す。‖「東京のような大都市」「彼のように優秀な人材はいない」
❸**前置き** 相手がすでに知っていることをことわる。また、後述することを告げる。‖「ご存じのように」「次のような結論に達した」
❹**不確かな断定** 話し手の知覚や直接的な経験に基づいた推測や判断を表す。‖「今日は来ない—」「どこかでお

会いしたような気がします」「この分だとあしたは雨の―」「彼は英語が苦手な―/苦手の―」

❺見かけ〈「…ようで(いて)」の形で〉一見そう思えるが、実はそうではない意を表す。‖「鳥類のようで、実は哺乳類だ」「易しいようで(いて)実は難しい」

❻婉曲 断定を避けて婉曲に示す。‖「少し塩辛い―ね」「助けがいるようなら連絡してくれ」

❼〈「…ようにする」の形で〉意志的な行為として行う意を表す。‖「門戸を開いて自由に出入りできるようにする」「彼とはもう二度と会わないようにした」

使い方「合格するまでテレビは見ないことにする/ようにする」では、前者は〈決定する行為〉に、後者は〈決定の内容〉に重点がある。

❽〈「…ようになる」の形で〉自分の意志とはかかわりなく、ある事態が帰結成立する意を表す。‖「英語が話せるようになる」「帰るつもりだが泊まるようになる(=ことになる)かもしれない」「親に頼らないようになる」

使い方「一人で行くことになる/ようになる」では、前者は物事の決定に自分は関与していないという〈帰結の成立への不関与〉に、後者は、そのような内容になっていることは自分の意志とは関わりないという〈帰結の内容への不関与〉に重点がある。

❾〈「…ように」の形で〉動作・作用の目的を表す。また、他にあつらえる内容を表す。‖「よく見えるように高く掲げた」「行かないように頼む」

❿〈「動詞連用形＋ます(ません)ように」の形で〉祈願を表す。‖「どうか入学できますように」「失敗しませんように」

◈名詞「よう(様)」＋断定の助動詞「だ」から。丁寧形は「ようです」。書き方 もと「様だ」とも書いた。

使い方 活用語の連体形に付く。また、体言＋「の」、または連体詞「この」「その」「あの」「どの」などに付く。

よう-たい【様態】ヤウ[名]❶物事のありさま。‖「都市の―が変わる」❷文法で、そのようなようすがみられるという、不確実な判断を表す言い方。口語では、助動詞「そうだ」を付けて言い表す。「悲しそうだ」「明日は晴れそうだ」の類。❸文法で、動作の様子を表すこと。動作のさま。マナー。「裸足で歩く」の「裸足で」の類。

よう-だい【容態・容体】[名]❶病気のようす。病状。‖「―が急変する」▽「ようたい」とも言うが、「ようだい」が伝統的。❷人などの、外面から見たようす。‖「―を飾る」

よう-たし【用足し・用▽達】[名]❶用事をすませること。‖「町まで―に行く」❷大小便をすること。❸⬇御用達(ごようたし)

よう-だ・てる【用立てる】[他下一]❶役に立てる。‖「寄付金を学校設備の充実に―」❷金銭を他人の役に立てる。たてかえる。‖「資金の不足分を―・てもらう」文ようだ・つ 名用立て

よう-だん【用談】[名・自サ変]用件について話し合いをすること。また、その話し合い。‖「―中」

よう-だん【要談】エウ[名]重要な相談。大事な話し合い。

よう-だんす【用▼簞▼笥】[名]身の回りの小物を入れておく小さなたんす。

よ-うち【夜討ち】[名]夜、不意に敵を攻めること。夜襲。夜駆け。‖「―をかける」⇔朝駆け

よう-ち【幼稚】エウ[名・形動]❶年が幼いこと。‖「―園」❷考え方・行動などが未熟で子どもっぽいこと。‖「―な発想」派生-さ

よう-ち【用地】[名]ある事に使用するための土地。‖「工場―」

よう-ち【要地】エウ[名]重要な地点・地域。‖「交通の―」

ようち-あさがけ【夜討ち朝駆け】[連語]新聞記者などが取材のために、深夜あるいは早朝に相手の家を訪問すること。

ようち-えん【幼稚園】エウチエン[名]学校教育法による学校の一つで、満三歳から小学校就学までの幼児を対象とする教育機関。▽保育所は児童福祉法に基づく児童福祉施設。

よう-ちゅう【幼虫】エウ[名]昆虫・クモ類など陸生節足動物の幼生の総称。特にカブトムシやトンボなど完全変態する昆虫でこの名を用いる。⇔成虫

よう-ちゅうい【要注意】エウ[名]注意や警戒を必要とすること。‖「風邪には―だ」「―人物」

よう-ちょう【羊腸】ヤウチヤウ[名]❶羊の腸。乾燥したものを楽器の弦やラケットの網などに用いる。❷[形動ﾀﾙ]山道などが、羊の腸のようにいく重にも折れ曲がって続いていること。‖「―たる山路」

よう-ちょう【▼膺懲】[名・他サ変]征伐してこらしめること。‖「敵を―する」

よう-ちょう【▼窈▼窕】エウテウ[形動ﾀﾙ]しとやかで、美しいさま。‖「―たる姿」

よう-つい【腰椎】エウ[名]脊柱を構成する椎骨のうち、胸椎と仙椎との間にある五つの椎骨。⬇骨(図)

よう-つう【腰痛】エウ[名]腰の痛み。

よう-てい【要諦】エウ[名]物事の最も大切なところ。ようたい。‖「政治の―を説く」

よう-てん【要点】エウ[名]物事の大切な箇所。‖「話の―をつかむ」「―をまとめる」

よう-てん【陽転】ヤウ[名・自サ変]ツベルクリン反応検査で、陰性から陽性に変わること。▽「陽性転化」の略。

よう-でんき【陽電気】ヤウ[名]エボナイトを毛皮でこすったとき、毛皮に生じる電気。また、それと同じ性質の電気。＋の符号で表す。正電気。⇔陰電気

よう-でんし【陽電子】ヤウ[名]電子の反粒子。電子とスピン・質量が同じで、陽電気を帯びた素粒子。ポジトロン。⇔陰電子・電子

よう-と【用途】[名]使いみち。‖「―の広い道具」

よう-ど【用土】[名]施設栽培用・鉢栽培用に、肥料などを調合してある土。

よう-ど【用度】[名]❶必要な費用。入費。‖「―金」❷学校・官庁・会社などで、事務用品などの供給を扱うこと。‖「―係・―品」

よう-とう【羊頭】ヤウ[名]羊の頭。

よう-とう【▼楊桃】ヤウタウ[名]インドネシア原産の、カタバミ科の常緑高木。また、その果実。スターフルーツ。

よう-どう【揺動】エウ[名・自他サ変]ゆれ動くこと。また、ゆり動かすこと。‖「大地が―する」

ようとう-くにく【羊頭▼狗肉】ヤウトウ[名]看板には羊の頭を掲げながら、実際には犬の肉を売る意から、見せかけばかりがりっぱで、実質が伴わないことのたとえ。▽「羊頭を掲げて狗肉を売る」の略。

ようどう-さくせん【陽動作戦】ヤウドウ[名]真の目的・意図を悟られないように、ことさら別の行動を起こし

て敵の注意をそらす作戦。

ようとじ【洋▼綴じ】ヤウトヂ［名］西洋式の本のとじ方。糸や針金で本紙をとじ、背に膠にかわを付けて厚紙・布・革などの表紙でくるむ。西洋とじ。⇕和綴じ

ようとして【▼杳として】エウ［副］事情などがはっきりしないさま。‖「―行方がわからない」▽「杳」は暗く奥深い意。

ようとん【養豚】ヤウ［名］肉などを利用するために、豚を飼育すること。‖「―業」

ようなし【洋梨】ヤウ［名］ヨーロッパ原産のナシの一種。果実はくびれた卵形。果実は香りが高く、やわらかい。日本には明治初年に渡来。バートレット・ラフランスなどの品種がある。ペア。西洋梨。

ようにする ヤウ［連語］⬇ようだ（助動）⑦

ようになる ヤウ［連語］⬇ようだ（助動）⑧

ようにん【用人】［名］江戸時代、幕府・大名・旗本家などで、庶務・会計などの家政を管理した要職（を務めた人）。

ようにん【容認】［名・他サ変］よいと認めて許すこと。‖「提案を―する」「―しがたい発言」

ようにん【▼傭人】［名］❶やとわれた人。❷私法上の契約に基づいて国または地方公共団体に勤務し、主として単純な労務に従事する人。▽もと官吏・公吏と区別して使われたが、現在、その区別はない。

ようねん【幼年】エウ［名］おさない年齢。また、おさない子供。‖「―期」▽ふつう、小学校に入学するころまでの年齢をいう。

ようは【要は】エウ［副］これまでに述べた話の内容をまとめて、大切な要点を伝えようとする気持ちを表す。肝心なのは。‖「―責任の所在をはっきりさせるということだ」

ようはい【▼遥拝】エウ［名・他サ変］神仏などを、遠く離れた所から拝むこと。‖「神宮［朝日］を―する」

ようばい【溶媒】［名］溶液で、溶質をとかしている液体。▽食塩水では、食塩が溶質で、水が溶媒となる。

ようはつ【洋髪】ヤウ［名］西洋風に結った髪形。▽日本髪に対していった。

ようひ【要否】エウ［名］必要か否かということ。‖「法改正の―を問う」「手術の―を判断する」

ようび【妖美】エウ［名・形動］人の心をまどわすような、あやしい美しさ。また、そのさま。‖「―な笑み」

ようび【曜日】エウ［名］七曜（日・月・火・水・木・金・土）で表される、一週間を構成する各日。‖「―を間違える」「今日は何―？」

ようひし【羊皮紙】ヤウヒ［名］羊・ヤギなどの皮をなめして作った書写材料。パーチメント。▽ヨーロッパでは中世末まで用いられた。注意「洋皮紙」は誤り。

ようひつ【用筆】［名］❶使用する筆。❷筆づかい。運筆。‖「―法」

ようひん【用品】［名］あることに使う品物。必要な品物。‖「事務―・スポーツ―」

ようひん【洋品】ヤウ［名］洋風の品物、特に洋装に必要な衣類・装身具など。‖「―店」

ようふ【用布】［名］衣服を仕立てるのに必要な布。

ようふ【妖婦】エウ［名］なまめかしい美しさで男性をまどわす女性。妖女。バンプ。

ようふ【養父】ヤウ［名］養子先の父親。また、養育してくれた義理の父親。⇕実父

ようぶ【洋舞】ヤウ［名］西洋舞踊。モダンダンス・バレエなどの総称。⇕日舞・邦舞

ようぶ【腰部】エウ［名］腰の部分。腰のあたり。

ようふう【洋風】ヤウ［名］西洋の様式であること。西洋風。様式。‖「―の生活」「―料理」⇕和風

ようふく【洋服】ヤウ［名］西洋風の衣服。背広・ズボン・ワンピース・スカートなど。‖「―箪笥だんす」⇕和服

ようぶん【養分】ヤウ［名］栄養となる成分。栄養分。

ようへい【用兵】［名］戦いで兵や軍隊を動かすこと。また、その動かし方。‖「―術」

ようへい【葉柄】エフ［名］葉のもとにあって、葉身を茎や枝につないでいる柄の部分。

ようへい【▼傭兵】［名］金銭的報酬を条件とする契約によってやとわれている兵士。やとい兵。‖「―部隊」

ようべや【用《部屋》】［名］❶用務に使う部屋。❷江戸城内で、老中・若年寄などが政務を執った部屋。御用部屋。

ようべん【用便】［名・自サ変］大小便をすること。‖「―に立つ」「―をすませる」

ようぼ【養母】ヤウ［名］養子先の母親。また、養育してくれた義理の母親。⇕実母

ようほう【用法】フハ［名］使用の方法。使い方。‖「薬の―を誤る」

ようほう【養蜂】ヤウ［名］蜜をとるためにミツバチを飼育すること。‖「―家」

ようぼう【要望】エウバウ［名・他サ変］他に向けてある物事の実現を強くのぞむこと。‖「自治体に福祉施設の拡充を―する」「―書」

ようぼう【容貌】バウ［名］顔かたち。顔つき。‖「美しい―」「―魁偉かいい」 貌

ようほん【洋本】ヤウ［名］❶西洋で出版された書物。洋書。❷洋とじの本。洋装本。⇕和本

ようま【妖魔】エウ［名］ばけもの。妖怪。魔物。

ようま【洋間】ヤウ［名］西洋風の部屋。洋室。西洋間。⇕日本間

ようまく【羊膜】ヤウ［名］子宮内で胎児を包む半透明の膜。中に羊水を満たす。

ようみゃく【葉脈】エフ［名］葉に分布している、水分や養分の通路となる維管束のすじ。

ようみょう【幼名】エウミヤウ［名］幼いときの名。元服以前の呼び名。幼名ようめい。

ようむ【用務】［名］しなくてはならない務め。果たすべき仕事。

ようむ【要務】エウ［名］重要な務め。大切な任務。‖「―を帯びる」

ようむいん【用務員】ヰン［名］学校・会社などで雑用に従事する人。‖「―室」

ようむき【用向き】［名］用事の内容。また、用事。‖「手紙で―を伝える」

ようめい【幼名】エウ［名］⬇ようみょう（幼名）

ようめい【用命】［名・他サ変］❶用事を言いつけること。❷商品などを注文すること。‖「我が社に御―ください」「御―の品」▽多く「御―」の形で、客の注文を受ける側からいう。

ようめい【溶明】［名］⬇フェードイン ⇕溶暗

ようめいがく【陽明学】ヤウメイ［名］中国、明の王陽明が唱えた儒学の一派。知識と実践の一致（＝知行合一ちこういつ）を説いた。

ようもう【羊毛】ヤウ［名］羊からとった毛。吸湿性・

保温性に富み、毛糸・毛織物の原料とする。

ようもう【養毛】ヤウ［名］毛髪の成長を速めたり発毛を促したりすること。「ー剤」

ようもの【洋物】ヤウ［名］西洋から渡来したもの。舶来の品。「ーを商う店」

ようやく【要約】エウ［名・他サ変］文章・談話などの要点を短くまとめること。また、そのまとめたもの。「講演の内容をーする」「ーを読む」

ようやく【▽漸く】ヤウ［副］長い時を経たのちに。また、あれこれ手間をかけたのちに、望んでいたことが実現するさま。やっと。ようよう。「寒気もーゆるんできた」「ー完成した」「ー山頂にたどり着いた」

ようゆう【溶融（▼熔融）】［名・自サ変］固体が加熱されて液体になること。融解。「ー点」書き方「溶融」は代用表記。

ようよう【要用】エウ［名］❶ぜひとも必要であること。「ーの品」❷重要な用件。「まずはーのみ申し上げます」

ようよう【洋洋】ヤウヤウ［形動タルト］❶水が満ちあふれて、広々としているさま。「ーたる大河」❷希望に満ちあふれているさま。「前途ーたる青年」

ようよう【揚揚】ヤウヤウ［形動タルト］得意げなさま。「意気ーと引きあげる」

ようよう【▽漸う】ヤウヤウ［副］ようやく。やっと。「ー探し当てた」▼「ようやく」の転。書き方 かな書きが多い。

ようらく【▼瓔▼珞】ヤウ［名］宝石・貴金属などを糸で連ねた飾り。仏像の飾り具や寺院内の内陣の装飾として用いる。▼もとインドの貴人が用いた装身具。

ようらん【要覧】エウ［名］統計資料などをまとめて要点をわかりやすく示した文書。「学校ー・市勢ー」

ようらん【揺▼籃】エウ［名］ゆりかご。▼物事が発展する初めのたとえとして使う。「インダス文明ーの地」「資本主義のー期」

ようりく【揚陸】ヤウ［名］❶［他サ変］積み荷を船から陸に運びあげること。陸揚げ。「物資をーする」❷［自サ変］上陸すること。「ー艦艇」

ようりつ【擁立】［名・他サ変］ある人を支持し、もりたてて高い地位につかせること。「幼帝をーする」

ようりゃく【要略】エウ［名・他サ変］必要な部分をとり、不要な部分は捨てて大意をまとめること。また、そのまとめたもの。「事件のーを述べる」

ようりゅう【▼楊柳】ヤウリウ［名］ヤナギ。▼「楊」はカワヤナギ、「柳」はシダレヤナギの意。

ようりょう【用量】ヨウリヤウ［名］使用すべき分量。特に、薬品の一回または一日の使用分量。

ようりょう【要領】エウリヤウ［名］❶物事の特に大事な点。「指導ー」❷物事の要点を心得た、じょうずな処理の仕方。「ーの悪い人」

◉**要領がい・い** ❶処理の仕方が巧みだ。手際がいい。❷巧みに立ち回ることにたけている。▼非難の気持ちを込めて使う。

◉**要領を得ない** 要点がはっきりしない。「ー説明」

ようりょう【容量】ヨウリヤウ［名］❶入れ物の中に入れることができる分量。容器の容積。「タンクのー」❷一定条件のもとで物体がその中に含むことのできる物理量。熱容量・静電容量など。

ようりょく【揚力】ヤウ［名］流体中を動く物体に対し、その運動方向と垂直に上向きに作用する力。飛行機の翼などに対して機体を浮かせるように作用する力。

ようりょくそ【葉緑素】エフリヨク［名］植物の葉緑体に含まれている緑色の色素。光合成に重要な役割を果たす。クロロフィル。

ようりょくたい【葉緑体】エフリヨク［名］緑色植物が光合成を行う細胞小器官。緑色のクロロフィルと黄色のカロチノイドを含む。

ようれい【用例】［名］用い方の例。実際に使用されている例。「ーをあげて説明する」

ようれき【陽暦】ヤウ［名］太陽暦。⇔陰暦

ようろ【要路】エウ［名］❶重要な道路。「交通のーにあたる」❷重要な地位。「財界のーにある人物」

ようろう【養老】ヤウラウ［名］老人をいたわり、世話すること。また、老後を安楽に過ごすこと。「ー院（＝老人ホームの旧称）」「ー保険［年金］」

よ-うん【余▼蘊】［名］余分のたくわえ。また、残された部分。余すところ。「ーなく追究する」

よ-えい【余映】［名］太陽が沈んだあとや、灯火が消えたあとに残る光。余光。「落日のー」

よ-えい【余栄】［名］死後に残る栄誉。「死してーあり」

よ-おう【余▼殃】ヨアウ［名］先祖の悪行の報いとして受ける子孫の災難。⇔余慶

ヨーガ【yogaサンスクリット】［名］インドに伝わるヨーガ派の修行法。独自の座法・呼吸法などを行って心身の統一をはかり、瞑想の境地に入って解脱を得ることをめざす。現在は心身の健康法としても行われる。ヨガ。

ヨーク【yoke】［名］装飾や補強のために、洋服の肩・胸、スカートの上部などに切り替えて入れる布。

ヨーグルト【yogurt】［名］牛乳やヤギの乳に乳酸菌を加えて発酵させたクリーム状の食品。さわやかな酸味がある。

ヨーデル【Jodelドイ】［名］スイス・オーストリアのアルプス地方で、地声と裏声（ファルセット）を交互に使って歌われる独特の民謡。また、その歌唱法。

ヨード【Jodドイ】［名］沃素。書き方「▽沃度」とも。

ヨードチンキ【Jodtinkturドイ】［名］エタノールに沃素と沃化カリウムを溶かした暗赤褐色の液体。殺菌力があるので傷の消毒などに用いるが、強い刺激作用がある。ヨーチン。

ヨードホルム【Jodoformドイ】［名］エチルアルコールを熱して水酸化アルカリと沃素を作用させると得られる、特異の臭気をもつ黄色の結晶粉末。防腐剤・殺菌剤などに利用。

ヨーヨー【yo-yo】［名］玩具の一つ。二枚の円板の中央をつないだ短い軸にひもを巻きつけ、ひもの先端を持って円板を上下に回転させて遊ぶもの。また、水の入った小さなゴム風船にゴムひもをつけて指につるし、手のひらで打ちながら上下させて遊ぶもの。

ヨーロッパ【Europaポルト】［名］六大州の一つ。ユーラシア大陸西部に突き出た半島状の地域とそれに付属する諸島からなる。北極海・地中海・大西洋に囲まれ、ウラル山脈・カスピ海・黒海を結ぶ線でアジアと区分される。欧州。書き方「▽欧▽羅▽巴」とも。

よ-か【予価】［名］商品の発売前に付けておく値段。予定価格。

よ-か【予科】クワ［名］❶本科に進むための予備の課程。❷旧制大学入学の前段階で、旧制高等学校に相当する課程。北海道帝国大学・東京商科大学のほか、多

くの私立大学に設置された。

よ-か【余暇】［名］仕事のあいまのひま。仕事を離れて自由に使える時間。

よ-か［連語］「よりか」のくだけた形。⬇よりか

ヨガ［yogaサンスクリット］［名］⬇ヨーガ

よ-かく【予覚】［名・他サ変］事前にさとること。予感。‖「友との別れを一する」

よ-かぜ【夜風】［名］夜吹く風。

よから-ぬ【良からぬ】［連語］良くない。好ましくない。‖「一ことをたくらむ」「一うわさを流す」「一仲間とつきあう」

よかれ【善かれ】［形容詞「善し」の命令形］よくあってくれ。うまくいってくれ。‖「一と思ってしたことだ」

よかれ-あしかれ【善かれ▽悪しかれ】［副］よくても悪くても。いずれにしても。‖「一決行するしかない」

よか-れん【予科練】クワ［名］旧日本海軍の飛行搭乗員を養成した制度。また、その訓練生。▼「海軍飛行予科練習生」の略。

よ-かん【予感】［名・他サ変］何か事が起こりそうだと前もって感じること。また、その感じ。‖「危険を一する」「悪い一がする」

よ-かん【余寒】［名］立春のあとまで残る寒さ。残寒。‖「一厳しき折から」

よ-き【予期】［名・他サ変］そうなるだろうと前もって期待したり覚悟したりすること。また、その事柄。予想。‖「一したとおりの成果」「一せぬ出来事」 使い方 「予想」に比べて、期待や覚悟をもって待ち受ける気持ちが強い。

よ-ぎ【夜着】［名］❶寝るときに上から掛ける夜具。‖「一を着せる」❷着物の形に作って綿を入れた掛け布団。かいまき。

よ-ぎ【余技】［名］専門以外に身につけている技芸。

よ-ぎしゃ【夜汽車】［名］夜間に走る汽車。夜行列車。‖「一で東京を発つ」

よぎ-な・い【余儀ない（余儀無い）】［形］それ以外に取るべき方法がない。そうする以外にない。やむを得ない。仕方ない。‖「一事情で欠席する」「辞任を一・くされる」 使い方 主に連体形か連用形で使う。

よ-きょう【余興】［名］宴会などで興を添えるために行う演芸。

よ-きょう【余響】キヤウ［名］音が消えたあとまで残るひびき。余韻。‖「春雷の一」

よ-ぎり【夜霧】［名］夜に出る霧。‖「一が立ちこめる」

よぎ・る【▽過る】［自五］前を通りすぎる。‖「眼前を人影が一」「思い出が脳裏を一」

よ-きん【預金】［名・自他サ変］銀行などの金融機関に金銭をあずけること。また、その金銭。‖「一通帳」「普通一」▼郵便局（ゆうちょ銀行）・農業協同組合などに金銭をあずけることは「貯金」という。

よく【欲】㊀［名］欲しがる気持ち。‖「一が深い」「愛一・食一・物一」㊁（造）欲しがる。‖「一念・一望・一求」

◈ 書き方 本来的には、㊀は「欲」、㊁は「慾」と区別されるが、混用もされた。今はともに「欲」と書く。

◉**欲に目が眩（くら）・む** 欲のため正常な判断がつかなくなる。

◉**欲の皮がつっ張（ぱ）・る** ひどく欲が深い。‖「一・った人」

◉**欲を言えば** 今のままでも不足はないが、さらに望むならば。

◉**欲を掻（か）・く** さらに欲を出す。欲心をあらわにする。‖「一・いて株の売り時を逃してしまう」 注意 「かく」を「欠く」と書くのは誤り。「欲を欠く」は、欲がない意。

よく【翼】㊀［名］❶鳥のつばさ。はね。❷飛行機の機体から左右に張り出した部分。‖「一を連ねる」「尾一」㊁（造）❶軍隊や運動競技の陣形で、左右に張り出した部分。‖「右一・左一」❷たすける。‖「扶一」

よく【良く・善く・▽克く・▽能く】［副］❶程度が十分であるさま。‖「星が一見える」「もっと一調べろ」「材料を一混ぜる」「君の言うことが一分からない」❷頻度が高いさま。しょっちゅう。しばしば。‖「あの店には昔は一行ったものだ」「一ある話じゃないか」❸相手の困難な行為に対して、感心したりねぎらったりする気持ちを表す。‖「金メダルとは一やった！」「一人で一これだけ作ったものだ」❹相手の非常識な行為に対して、疑問や反感の気持ちを表す。‖「惨敗を喫して一平気でいられるものだ」「一言うよ」▼③を反語的にいったもの。❺〔古風〕上手に。うまく。立派に。‖「一大任を果たす」❻〔古風〕困難に耐えて〔苦労して〕立派に事を行うさま。‖「困難に耐え学業に一努める」

◈「良い」の連用形から。 書き方 一般にかな書き。

よく【抑】（造）おさえる。おさえつけてとめる。‖「一圧・一制」

よく【沃】（造）地味がこえる。‖「一土」「肥一」

よく【浴】（造）❶水や湯に体をひたす。あびる。‖「一室・一槽」「入一・海水一」❷身に受ける。こうむる。‖「一恩」

よく【翌】（造）次の。その次の。‖「一七日」「一平成一五年」「一朝（よくあさ・よくちょう）・一日・一年」

よく-あさ【翌朝】［名］その次の日の朝。よくちょう。

よく-あつ【抑圧】［名・他サ変］❶行動・欲望などを、むりにおさえつけること。‖「言論の自由を一する」❷精神分析で、自我の安定をおびやかす不快な観念や衝動を無意識のうちにおさえつけ、意識にのぼらないようにすること。また、その精神作用。

よくうつ-しょう【抑鬱症】シヤウ［名］⬇鬱病（うつびょう）

よく-け【欲気】［名］強くほしがる気持ち。欲にかられた気持ち。‖「一を出す」

よく-げつ【翌月】［名］その次の月。

よく-ご【浴後】［名］入浴したあと。湯上がり。

よく-さん【翼賛】［名・他サ変］力を添えて助けること。特に、天子を補佐して政治を行うこと。‖「大政を一する」

よく-し【抑止】［名・他サ変］物事の進行をおさえつけてとめること。‖「物価の高騰を一する」「核の一力」

よく-しつ【浴室】［名］ふろ場。湯殿（ゆどの）。バスルーム。

よく-じつ【翌日】［名］その次の日。あくる日。

よく-しゅう【翌週】シウ［名］その次の週。

よく-じょう【浴場】ヂヤウ［名］❶ふろ場。浴室。‖「大一」❷ふろ屋。銭湯。‖「公衆一」

よく-じょう【欲情】ジヤウ［名］❶物をほしがる気持ち。欲心。❷肉体的な欲望。情欲。‖「一にかられる」

よく-しん【欲心】［名］物をほしがる心。欲につながる心。欲念。‖「一が起こる」

よく・する【浴する】［自サ変］❶水や湯を浴びる。入浴する。‖「温泉に一」❷日光などを身に浴びる。‖「日光に一」❸よいことを身に受ける。‖「恩恵に一」 文 よく・す

よく・する【善くする・▽能くする】［他サ変］❶十分に、また上手にできる。‖「歌を一」❷〈「よくしたも

の」の形で〉具合よくいく。うまくいく。「―したもので、そういう時でも食欲はある」

よく-せい【抑制】[名・他サ変] ❶勢いをおさえて、とどめること。「インフレを―する」❷高まる感情や欲望を意識的におさえつけること。「怒りを―する」

よく-せき [副] 他に方法や手段がなく、やむをえないさま。よくよく。「―困って頼みにきたのだろう」▼「よくせきの」の形で連体修飾に使う。「あの人が怒るなんて―のことだ」

よく-ぞ【(善くぞ)】[副] 相手の行為を評価・賛同する気持ちを表す。「―決心してくれた」▼「よく」を強めた言い方。

よく-そう【浴槽】ヨクサウ [名] 湯ぶね。ふろおけ。

よく-ち【沃地】[名] 地味の肥えた土地。沃土。

よく-ちょう【翌朝】ヨクテウ [名] 翌日の朝。よくあさ。

よく-ど【沃土】[名] 地味の肥えた土地・土壌。

よく-とく【欲得】[名] 欲にかられて利益を得ようとすること。「―抜きの親切」

よくとく-ずく【欲得ずく】ヅク [名] 物事をすべて欲得に基づいて行うこと。打算的なこと。「―で引き受ける」書き方「欲得▽尽く」とも。現代仮名遣いでは「〜づく」も許容。

よく-とし【翌年】[名] その次の年。よくねん。

よく-ねん【欲念】[名] 物をほしがる気持ち。欲心。

よく-ねん【翌年】[名] その次の年。よくとし。

よく-ばり【欲張り】[名・形動] 欲張ること。また、その人。「―な人」

よく-ば・る【欲張る】[自五] 度を越えてほしがる。「あれもこれもと―」名 欲張り

よく-ばん【翌晩】[名] その次の日の晩。あくる晩。

よく-ふか【欲深】[名・形動] 欲が深いこと。また、その人。よくぶか。「―な人」派生 ―さ

よく-ぼう【欲望】ヨクバウ [名] 不足・不満を感じて、これを充足させようと強く望む気持ち。「―を抱く」

よく-め【欲目】[名] 物事を自分に都合のよいように、また、実際以上に評価して見ること。ひいきめ。「親の―」

よく-も【(善くも)】[副] ❶相手の行為に驚いたり、あきれたりする気持ちを表す。「―これだけ食べたものだ」❷相手の行為を非難する気持ちを表す。「―だましたな」◈「よく」を強めた言い方。

よく-や【沃野】[名] 地味のよく肥えた平野。「緑の―が広がる」

よく-よう【抑揚】ヨクヤウ [名] 話すときに文節の区切りや文末にあらわれる声の上がり下がり。イントネーション。また、文章などの調子を上げたり下げたりすること。「―のない話し方」「―の効いた文章」

よく-よう【浴用】[名] 入浴のときに使うこと。「―石鹸せっけん」

よく-よく【翼翼】[形動タリ] 慎重なさま。用心深くて、びくびくするさま。「小心―」

よく-よく【(善く善く)】[副] ❶念には念を入れて物事をするさま。十分に。「―調べてみたら、すべてうわさに過ぎなかった」❷程度がはなはだしいさま。「―ついていない」▼多く好ましくないことについていう。❸他に方法・手段がなく、やむを得ずそうするさま。「夜逃げをするとは―のことだろう」◈「よく」を重ねて意味を強めた語。書き方「▽能く▽能く」とも。

よく-りゅう【抑留】ヨクリウ [名・他サ変] ❶おさえとどめておくこと。特に、他国の人や船舶を強制的に自国内にとどめておくこと。「―者」❷逮捕や勾引ののち、比較的短期間身柄を拘束すること。

よ-くん【余薫】[名] ❶あとまで残る香り。余香。❷先人の残した恩恵。余徳。「―をこうむる」

よ-けい【余慶】[名] 先祖の善行のおかげで得られる子孫の幸福。「先代の―をこうむる」「積善の家には必ず―あり」⇔余殃よおう

よ-けい【余計】[形動] ❶〈「余計に…」の形で〉必要な数量・程度をこえているさま。余分に。「弁当は少し―に用意しておいた」「混雑を予想して三〇分―に早く家を出た」❷必要の度をこえて、不要であると思われるさま。また、本来ならば不要と思われるさま。「あの一言は―だった」「そんな忠告、―なお世話だ」「私の不手際から―な心配をおかけしました」▼やや古い言い方で「―の」の形も使う。❸[副] 程度がさらに増すさま。なおさら。さらに。「見るなと言われると―見たくなる」◈書き方 かな書きも多い。

よ・ける【▽避ける・▽除ける】[一][自他下一]【避】行き当たらないようにわきに寄る。また、ぶつからないように身をかわしてさける。「ぬかるみを―けて通る」「バックしてくる車を―」[二][他下一] ❶【避】害を受けないように前もって防ぐ。さける。「囲いをして風を―」❷【除】取り除いて別にしておく。のける。「不良品を―」文 よく

よ-けん【与件】[名] 推理・研究などの前提として与えられた、議論の余地がないとされる事実や原理。所与。

よ-けん【予見】[名・他サ変] 物事が起こる前に、その事を見通して知ること。予知。「未来を―する」

よ-げん【予言】[名・他サ変] 未来の出来事を見通していうこと。また、そのことば。「―が的中する」

よ-げん【預言】[名・他サ変] ユダヤ教・キリスト教・イスラム教で、神によって超人的力を授けられた人が、神のことばを預かり、それを人々に語ること。また、そのことば。「神の国の到来を―する」

よこ【横】[名] ❶水平・左右の方向。「船が大きく―に揺れる」「首を―に振る(=了承・肯定しない)」❷前後の方向に対して、左右の方向。また、東西の方向。「カニは―に歩く」「山脈が列島を―に貫く」❸その人の視線が左右に動く方向。「線を―に引く」❹物の形で、最も短いほうの長さに沿った場合の、その方向。「大根を―に切る」❺物の置かれた形が、水平に長く伸びていること。「ソファーで―になる」❻列で、側面が左右に連なる形になっていること。「三人連れが―に並んで歩いている」❼階級・役職・年齢などで、同列の関係。「―の連絡を密にする」❽ものの側面。また、もののかたわら。わき。「箱の―に名前を書く」「学校の―に書店がある」❾見当外れで無関係な(また、道理に合わない)方向や場所。横の方。また、そのような立場。「話が―にそれる」「―から口を出す」❿横糸。◈①〜⑦⇔縦 書き方 ⑩はもと「▽緯」と書いたが、今は「横」でまかなう。

⊙**横の物を縦にもしない** ⇒縦の物を横にもしない

よ-ご【予後】[名] ❶病気・手術などの経過についての医学的な見通し。「―不良(=病気が回復する望みが少ないこと)」❷病気が治ったあとの経過。

よこ-あい【横合い】ヨコアヒ [名] ❶横の方。よこて。「―から殴りかかる」❷その事に直接関係しない立場。局外。「―から口を出す」

よこ-あな【横穴】［名］山腹などに横の方向に掘った穴。‖「—式住居」⇕縦穴

よこ-いと【横糸（▽緯糸・▽緯）】［名］織物で、横の方向に織り込む糸。ぬき糸。ぬき。⇕縦糸

よ-こう【予行】［名］練習のため、前もって本番通りに行うこと。‖「—演習」

よ-こう【余光】［名］❶日没後もなお残る空の明るさ。余映。❷先人のおかげ。余徳。‖「親の—」

よ-こう【余香】［名］あとまで残るかおり。残り香。余薫。

よこ-がお【横顔】［名］❶横向きの顔。横から見た顔。❷ある人物の、あまりよく知られていない一面。プロフィール。‖「出場選手の—」

よこ-がき【横書き】［名］文字を横の方向に並べて書くこと。また、その書いたもの。⇕縦書き

よこ-がみ【横紙】［名］❶漉き目が横に通っている紙。❷紙を、漉き目が横になるようにして使うこと。また、そのときの紙。

よこがみ-やぶり【横紙破り】［名］自分の意見などを無理に押し通そうとすること。また、そのような人。▽和紙は漉き目が縦にあって、横には破りにくいことから。

よこ-ぎ【横木】［名］横に渡した木。‖「柵の—」

よこ-ぎ・る【横切る】［自五］❶あるところを横の方向に通り過ぎる。横断する。‖「通りを—」❷あるものが目の前を通り過ぎる。‖「人影が視界を—」❸ふと浮かんで消える。‖「落胆の色が顔を—」

よ-こく【与国】［名］協力し合う関係にある国。同盟国。

よ-こく【予告】［名・他サ変］前もって告げ知らせること。‖「—なしに解雇される」「映画の—編」

よこ-ぐみ【横組み】［名］印刷などで、各行の文字を横に並べる組み方。⇕縦組み

よこ-ぐも【横雲】［名］横に長くたなびく雲。

よこ-ぐるま【横車】［名］❶車を横から押して動かそうとするように、道理に反したことを無理に押し通そうとすること。‖「—を押す」注意「横槍を入れる」と混同した「横車を入れる」は誤り。❷武術で、棒・長刀などを横にして振り回す技。

よこ-ざ【横座】［名］❶囲炉裏の奥正面で、主人の座る場所。❷正面の席。上座。

よこ-ざま【横様】［名・形動］❶横向きになること。また、横の方向。‖「—に倒れる」❷道理に合わないこと。非道なこと。‖「—な考えを抱く」◈「よこさま」ともいう。

よこ-じく【横軸】［名］❶横に長い掛け軸。❷数学で、直交座標の横の軸。*x*軸。⇕縦軸

よこ-しま【▽邪】［名・形動］正しくないこと。道にはずれていること。‖「—な思いを抱く」

よこ-じま【横▼縞】［名］横の方向に走った縞模様。⇕縦じま

よこ・す【▽寄越す】［動五］㊀［他］こちらへ送ってくる。また、こちらへ渡す。‖「弟が私に手紙を—・した」「分け前を—・せ」㊁［補動］〈動詞連用形＋「て」の形に付いて〉こちらへある動作をしかけてくる意を表す。‖「本を送って—」「持っていた物を投げて—」

よご・す【汚す】［他五］❶汚物や不純物を付着させたり混入させたりして、そのものをきたなくする。（多く非意図的な行為にいうが、そうでないものにも言う）‖「泥で服を—」「生活廃水で川を—な」使い方 ～デを～ガに替えてもいう。‖「排気ガスで（↓が）地球を—」❷清らかさを失うようなことをあえてする。けがす。‖「悪事に荷担して手を—」◈使い方 ⬇汚れる

読み分け「誇り［品位・家名］を汚す」など、対象が抽象的な概念の時は「けがす」と読むことが多い。「末席を汚す」「お耳を汚す」などへりくだった言い方の場合は「けがす」と読むことが多いが、「お耳汚し・お口汚し・お目汚し」は「よごし」と読む。悪いことをする、の意の「自らの手を汚す」は「よごす」と読むが、「手」自体が尊いものの時は「けがす」と読むこともある。可能 汚せる 名 汚し

よこ-ずき【横好き】［名］上手でもないのに、むやみに好むこと。‖「下手の—」

よこ-すじ【横筋】［名］❶横に通った筋。❷本筋から外れた筋道。横道。

よこ-すべり【横滑り（横▼辷り）】［名・自サ変］❶横の方向に滑ること。‖「雪道で車が—する」❷それまでと同程度の地位・役職に移ること。‖「営業部長に—する」

よこ-ずわり【横座り（横▼坐り）】［名・自サ変］正座の姿勢をくずし、そろえた両足を横に出して座ること。‖「床の上に—する」

よこ-た・える【横たえる】［他下一］❶横にする。横に寝かせる。‖「ベッドに体を—」❷横にして身につける。‖「大刀を腰に—」文 よこた・ふ

よこ-だおし【横倒し】［名］横に倒すこと。また、横に倒れること。よこたおし。‖「追突した車が—になる」

よこ-たわ・る【横たわる】［自五］❶横になって体をのばす。‖「ソファーに—」❷大きなものが横に伸びるようにして存在する。‖「眼下に大河が—」❸困難・障害などが、行く手をさえぎるように存在する。‖「前途には幾多の困難が—」

よこ-ちょう【横町・横丁】［名］表通りから横に入った細い通り。また、その町並み。よこまち。

よこ-づけ【横付け・横着け】［名・他サ変］車や船などの側面を目的の場所に接するようにつけること。

よこっ-ちょ【横っちょ】［名］「横」のくだけた言い方。横の方。

よこっ-つら【横っ面】［名］❶顔の側面。‖「—を張る」❷物の側面。‖「車の—」◈「よこつら」の転。

よこっ-とび【横っ飛び・横っ跳び】［名］横の方にとぶこと。よことび。‖「ぶつかりそうになって—に身をかわす」

よこ-づな【横綱】［名］❶相撲で、力士の最高位。‖「—を張る」▼もとは最優秀の大関に授けられた称号。❷①が土俵入りのときに化粧回しの上から締める白麻の太い綱。❸同類の中で最も優れたもの。‖「酒［歌謡界］の—」

よこっ-ぱら【横っ腹】［名］「よこばら（横腹）」の転。

よこ-て【横手】［名］横の方面。横側。‖「母家の—にある菜園」

よこ-で【横手】［名］両方の手のひらを左右に開いて打ち合わせること。‖「—を打つ（＝感じ入ったとき、思い当たったときなどに、思わず両の手のひらを打ち合わせること）」

よ-ごと【夜▽毎】［名］毎晩。毎夜。よなよな。‖「—の見回り」

よこ-とじ【横▼綴じ】［名］紙を横長にとじること。また、そのとじたもの。‖「—の絵本」

よこ‐どり【横取り】［名・他サ変］他人の物を横合いから奪い取ること。‖「財産を―される」

よこ‐なが【横長】［名・形動］縦より横の方が長いこと。⇕縦長

よこ‐ながし【横流し】［名・他サ変］物資を正規の販路を通さないで転売すること。‖「統制品を―する」

よこ‐ながれ【横流れ】［名］物資が正規の販路を通さないで転売されること。‖「―のブランド商品」

よこ‐なぐり【横殴り】［名］風雨などが横から強く吹きつけること。‖「―の雨」

よこ‐なみ【横波】［名］❶船体の横から打ちつける波。❷媒質の揺れる方向が、波の進行方向と垂直である波。⇕縦波

よこ‐ならび【横並び】［名］❶横に並ぶこと。❷きわだったものがなく、どれも同じような状態であること。‖「各社―の料金体系」

よこ‐ばい【横▼這い】〈ヒハ〉［名］❶横の方向にはうこと。‖「カニの―」❷物価・相場などがあまり変動しない状態が続くこと。‖「売上げの―状態が続く」❸オオヨコバイ・ツマグロヨコバイなど、カメムシ目ヨコバイ上科の昆虫の総称。農作物の害虫となる種が多い。

よこ‐はいり【横入り】〈ヒリ〉［名・自サ変］〔俗〕横から無理に入り込むこと。割り込み。‖「行列に―する」

よこ‐はば【横幅】［名］左右の長さ。はば。

よこ‐ばら【横腹】［名］腹部の横のあたり。また、物の側面。わきばら。よこっぱら。‖「―が痛む」

よこ‐ぶえ【横笛】［名］管を横に構えて吹く笛。洋楽のフルート・ピッコロや、雅楽の神楽笛・竜笛（りゅうてき）・高麗笛（こまぶえ）・篠笛（しのぶえ）など。⇕縦笛

よこ‐ぶり【横降り】［名］雨・雪などが強風のために横殴りに吹きつけること。

よこ‐みち【横道】［名］❶本道から分かれて横に入る道。わき道。❷本筋からはずれた事柄。‖「話が―にそれる」❸正道や道理からはずれること。また、その事柄。邪道。

よこ‐むき【横向き】［名］横の方を向いていること。また、横の方向。‖「―の写真」「―に座る」

よこ‐め【横目】［名］❶顔の向きは変えないで、目だけを動かして横の方を見ること。また、その目つき。‖「―でにらむ」❷〈「…を横目に」の形で〉ちらっと見ただけで、かかわろうとしないこと。‖「騒ぎを―に仕事を続ける」❸木目や紙の目が横に通っていること。また、そのもの。

よこ‐もじ【横文字】［名］❶横に書きつづる文字。西洋文字・アラビア文字など。特に、西洋文字。❷西洋語。また、その文章。‖「―に弱い」

よこ‐もの【横物】［名］横に長く描かれた書画。また、それを表装した額・軸物・巻物など。

よこ‐やり【横▼槍】［名］他人の話や仕事などに横から口をさしはさむこと。‖「結婚話に―が入る」▽両軍が合戦中に別の一隊が横合いから槍で突きかかる意から。

◉**横槍（よこやり）を入（い）・れる**　人の話や仕事に横から口を差しはさむ。はたから文句をつける。‖「法案に―・れて審議を長引かせる」

よこ‐ゆれ【横揺れ】［名・自サ変］❶機体・船体などが左右に揺れ動くこと。ローリング。‖「大きく―する」❷地震で、横の方向へ揺れること。◈⇕縦揺れ

よごれ【汚れ】［名］ものを汚すもととなるもの。‖「―がつく」

よごれ‐やく【汚れ役】［名］映画・演劇などで、うらぶれて汚れた服装をした人物や世間から好ましく思われない人物を演じる役。

よご・れる【汚れる】［自下一］❶汚物や不純物が付着したり混入したりして、そのものがきたなくなる。‖「手が泥で―」「煤煙（ばいえん）で空気が―」「―・れた器を洗う」❷不正や俗事などにかかわって清らかさを失う。けがれる。‖「悪事に身も心も―」「―・れた金は受け取れない」

◈**使い方**　「汚（よご）れる」は主に物質についていい、「汚（けが）れる」はもっぱら精神についていう。精神に言及する「よごれる」②の場合も、「けがれる」のほうが一般的。「汚（よご）す」「汚（けが）す」の場合も同様。文よご・る　名汚れ

よこ‐れんぼ【横恋慕】［名・自サ変］すでに配偶者や恋人のある人に、横合いから恋をすること。

よさ【良さ・善さ】［名］よいこと。よい程度。‖「人柄の―に引かれる」「サービスの―を売り物にする」

よ‐ざい【余財】［名］余った財産。‖「―を寄付する」

よ‐ざい【余罪】［名］すでに判明している罪以外に犯している罪。主罪以外の罪。‖「―を追及する」

よ‐ざくら【夜桜】［名］夜眺める桜の花。‖「―見物」

よ‐さむ【夜寒】［名］夜の肌寒さ。特に晩秋のころ、夜になって強く感じられる寒さ。⇕朝寒

よ‐さり【夜さり】［名］〔古風〕夜になったころ。夜分。▽「さり」は来る、近づくの意を表す動詞「去る」の連用形から。

よ‐さん【予算】［名］❶ある目的のために前もって必要な費用を見積もること。また、その費用。‖「―が乏しい」❷国または地方公共団体の、一会計年度の歳入・歳出についての見積もり。‖「―編成」

よ‐さん【予▼讃】［名］伊予（いよ）国と讃岐（さぬき）国。現在の愛媛・香川両県にあたる。

よし【由】［名］❶理由。わけ。‖「―ありげな様子」❷手段。方法。‖「知る―もない」❸述べたことの内容。‖「この―をお伝え下さい」❹伝え聞いたことの内容。聞き知った事情。‖「お元気の―何よりです」

よし【▼葦（▼蘆・▼葭）】［名］アシの別称。▽「あし」が「悪（あ）し」に通じるのを忌んで「よし（善し）」と言い換えた語。　葦

◉**葦の髄（ずい）から天井（てんじょう）を覗（のぞ）く**　自分だけの狭い見識をもって広大な世界を判断しようとすること。▽葦の細い管を通して天井を見ても、全体を見渡すことはできないことから。

よし【▽止し】［名］よすこと。やめること。‖「買うのは―にする」

よし【▽縦し】［副］〔古風〕〈逆接の仮定表現を伴って〉そうはなりそうもないが、仮にそうなったとしても、という気持ちを表す。たとえ。万一。‖「―上演できたとしても客の入りは望めないだろう」

よし［感］❶相手の考えや行動を承認するときに発する語。‖「―、よくやった」❷決意するときに発する語。‖「―、やるか」❸相手の行動を促すときに発する語。‖「―、かかってこい」

よ‐じ【余事】［名］❶当面していること以外の事柄。他事。‖「―にかまける」❷余暇にする仕事。‖「詩作は―にすぎない」

よし‐あし【善し▽悪し・良し▽悪し】［名］❶【善】よいことと悪いこと。よいか悪いか。ぜんあく。‖「ことの―」❷【善・良】よい面も悪い面もあって、どちらとも決めかねること。‖「器用なのも―だ」

品格 可否「提案の—を採る」正邪「—を裁く」正否「科学的—を判断する」是非「物事の—をわきまえる」善悪「—の判断がつかない」適否「開催地としての—」優劣「技術の—を競う」良否「製品の—をチェックする」◉道徳的・倫理的な観点から言うのが「善悪」「正邪」、品質を問題にするのは「良否」、理にかなっているかどうかは「是非」。

ヨジウム［jodium オラ］［名］沃素。ヨード。

よし-きり【▼葦切・▼葭切】［名］夏鳥として渡来するウグイス科のオオヨシキリとコヨシキリの総称。葦原でギョギョシ、ギョギョシと騒々しく鳴くことから「行々子」とも呼ばれる。

よし-ず【▼葦▼簀・▼葭▼簀】［名］アシの茎を編んで作ったすだれ。

よ-じげん【四次元】［名］次元が四つあること。空間の三次元に時間の次元を加えたもの。〓「—の世界」

よしず-ばり【▼葦▼簀張り】［名］よしずで囲うこと。また、よしずで囲った小屋。〓「—の茶店」

よ-じつ【余日】［名］❶ある期日までの残りの日数。〓「—いくばくもない」❷別の日。またの日。他日。〓「—を期す」

よし-ど【▼葦戸・▼葭戸】［名］よしずを張った戸。夏の間、襖や障子の代わりに用いる。

よし-な・い【由無い】［形］❶そうする理由・根拠がないさま。不当だ。〓「—・く解雇される」❷とるべき方法がないさま。なすすべがない。仕方ない。〓「—・く命に従う」❸そのかいがないさま。つまらない。無意味だ。〓「話しても—ことだ」

よし-なに［副］よい具合になるように。よいように。よろしく。〓「どうぞ—お取り計らい下さい」

よじ-のぼ・る【▼攀じ登る】［自五］その物にすがりつきながらのぼる。〓「木に—」

よし-み【▽好・▼誼】［名］❶親しい交際。好誼。〓「—を結ぶ」❷ゆかり。縁故。〓「昔の—で力を貸す」「同郷の—」

よし-や【▽縦しや】［副］〔古風〕たとえ。かりに。〓「—つらい思いをしようとも…」

よ-しゅう【予習】［名］まだ習っていないところを前もって学習すること。〓「数学の—をする」⇔復習

よ-しゅう【余臭】［名］なごり。〓「前代の—をとどめる」

よ-じょう【余剰】［名］必要分を越えた残り。あまり。〓「—米」「—人員」

よ-じょう【余情】［名］❶物事が終わった後に残るしみじみとした味わい。〓「旅の—にひたる」❷詩歌などで、表現の背後に感じられる情趣。〓「—をくむ」

よじょう-はん【四畳半】［名］日本家屋で、畳四枚半を敷いた、一間半四方の部屋。

よ-しょく【余色】［名］補色。

よし-よし［感］❶目下の相手の行為や意向を是認・承認するときに発する語。〓「—、買ってやろう」❷目下の相手を慰めるとき、なだめるときなどに発する語。〓「—、心配するな」

よじ・る【▼捩る】［他五］ひねって曲げる。〓「身を—・って笑う」可能 よじれる

よ・じる【▼攀じる】［自上一］登ろうとしてすがりつく。また、よじのぼる。〓「岩場を—」文 よ・づ

よじ・れる【▼捩れる】［自下一］ひねって曲げたような状態になる。ねじれる。よれる。〓「ネクタイが—」「腹が—ほど笑う」文 よぢ・る 名 よじれ

よし-わるし【善し悪し・良し悪し】［名］よい面も悪い面もあって一概に決められないこと。よしあし。〓「カード社会も—だ」

よ-しん【与信】［名］商取引で、信用を供与すること。授信。〓「—管理」

よ-しん【予審】［名］旧刑事訴訟法で、公訴提起後、裁判官が事件を公判にかけるべきか否かを決めるために行った手続き。

よ-しん【予震】［名］大地震の起こる前に、その震源付近で発生する小さな地震。前震。

よ-しん【余震】［名］大地震のあとに引き続いて起こる（小さな）地震。ゆりかえし。

よ-じん【余人】［名］当事者以外の人。ほかの人。よにん。〓「彼女の活躍は—を以て代え難い」

よ-じん【余▼燼】［名］❶燃え残った火。燃えさし。❷事件などが落着したあとになお残っている影響。〓「学園紛争の—」

よしん-ば【▽縦しんば】［副］〔古風〕たとえ。かりに。〓「—失敗したとしても後悔はしない」▼「よし（縦）」を強めた語。

よ・す【▽止す】［一］［他五］これまで続けてきた行為やこれからしようとする行為を打ち切る。やめにする。（と）りやめる。〓「愚痴を言うのはもう—・そう」「ばかなまねは—・しなさい」［二］［自五］職・地位などから退く。辞める。〓「学校を—」◈［一］［二］とも「やめる」に比べて古風な感じ。

よす-が【▽縁・▽便】［名］頼りとするもの。助けとなるもの。よりどころ。〓「身を寄せる—もない」

よ-すぎ【世過ぎ】［名］世の中で生活していくこと。世渡り。〓「身過ぎ—」

よすて-びと【世捨て人】［名］隠遁や出家をして、世間との関係を絶った人。

よ-すみ【四隅】［名］四方のすみ。〓「部屋の—」

よせ【寄せ】［名］❶寄せること。〓「人—・客—」❷囲碁・将棋で、終盤戦。〓「—に入る」

よせ【《寄席》】［名］落語・漫才・講談などの大衆芸能を興行する演芸場。〓「—に通う」「—芸人」▼「よせせき」の略。

よせ-あつめ【寄せ集め】［名］寄せ集めること。また、その集めたもの。特に、（集めうるものを）集めただけで、全体の構成や基準などへの意図・考慮が感じられないものについていう。〓「—のチーム〔委員会〕」

よせ-あつ・める【寄せ集める】［他下一］ちらばっている物を寄せて一か所に集める。〓「ごみを—・めて燃やす」文 よせあつ・む 名 寄せ集め

よ-せい【余生】［名］これから先の人生。残りの人生。〓「引退して—を田舎で楽しむ」▼多く、（社会的な）活動期を終えた後の意味で使う。

よ-せい【余勢】［名］何かをしたあと、まだ余っている勢い。

◉**余勢を駆る** 勢いに乗る。調子に乗る。〓「—・って攻める」使い方「駆る」と「買う」は、連用形に「て」が付いた形が同じになるが、「余勢を買って」というのは誤り。

よせ-うえ【寄せ植え】［名］同種または異種の植物を寄せ集めて植えること。また、その植えたもの。〓「観葉植物の—」

よせ-がき【寄せ書き】［名・自サ変］一枚の紙などに

多くの人が文章や絵を書くこと。また、その書いたもの。≡「色紙に―(を)する」「転校する友に―を贈る」

よせ-か・ける【寄せ掛ける】[他下一] 物に寄りかからせて立てる。もたせかける。≡「はしごを塀(へい)に―」文よせか・く

よせ-ぎ【寄せ木】[名] ❶木片を組み合わせること。また、その組み合わせたもの。≡「―造りの仏像」❷色や木目の異なる木片を組み合わせて模様などを描き出す細工。また、その工芸品。▽「寄せ木細工」の略。

よせ-ぎれ【寄せ切れ】[名] 裁ち残りの布きれを寄せ集めたもの。

よせ-ざん【寄せ算】[名] 足し算。

よせ-つ・ける【寄せ付ける】[他下一] 近くに来させる。近づける。≡「敵兵を―・けない」▽多く打ち消しの語を伴って使う。文よせつ・く

よせ-て【寄せ手】[名] 攻め寄せる軍勢。

よせ-なべ【寄せ鍋】[名] 魚介・肉・野菜などを取り合わせ、汁をたっぷり入れた鍋で煮ながら食べる料理。

よ・せる【寄せる】■[他下一] ❶あるものを別の所に近づける。≡「車を道端に―」「机を窓際に―」「口を耳もとに―・せて話す」「二人が肩を―・せて歩く」
❷一か所に集める。寄せ集める。≡「道端にごみを―」「目玉商品で客を―」「額に眉(まゆ)を―・せて考え込む」使い方「額にしわを―」のように、〜ヲに〈結果〉をとる言い方もある。その動作をして額にしわを作る意。
❸あるものに対して気持ちを傾ける。≡「部下に全幅の信頼を―」「日本選手に期待を―」「彼女に好意を―」
❹意見や品物などを送って、ある所(特に本部や事務局)に集まるようにする。≡「モニターが本部に情報を―」「各地から花便り[寄付]が―・せられる」
❺数を加える。寄せ算をする。足す。≡「二に三を―と五になる」
❻あるものに関係づける。ことよせる。≡「終戦記念日に―・せて感慨を述べる」「西風に―歌」
❼〈「…に身を寄せる」の形で〉そこを頼りにして仮の住まいとする。≡「叔父の家に身を―」
❽〈「寄せてもらう」の形で、自動詞的に〉訪問することを感謝の気持ちを添えていう。寄らせてもらう。≡「近々―・せてもらいます」使い方 謙譲の言い方は「―・せていただく」。
❾料理で、煮溶かした寒天・ゼラチンなどを型に入れて固める。また、寒天・ゼラチン・葛(くず)などをつなぎにして調理した材料を固める。寄せ物を作る。≡「寒天[葛]を―」
■[自下一](みずからを寄せることから)近くに迫る。押し寄せる。≡「波が―」「敵の軍勢が―・せて来る」文よ・す 名寄せ

よ-せん【予選】[名] あらかじめ選び出すこと。特に競技で、本大会や優勝決定戦に出場する選手やチームを選び出すための試合。≡「―を通る」

よ-ぜん【余▼喘】[名] 死ぬまぎわの、今にも絶えそうな息。虫の息。≡「―を保つ(=かろうじて生きながらえている。また、滅びそうになりながらかろうじて続いている)」

よせん-かい【予▼餞会】[名] 旅立ちや卒業の前に行う送別の会。▽「餞」は、はなむけの意。

よそ【余▽所・〈他所〉】[名] ❶(自分とはかかわりのない)別のところ。特に、自分の所属とは別の組織・集団。≡「この地の風習は―の人には理解しにくい」「―を向く」「この机を―に移せば、本棚が置ける」「―では売っていない品」❷自分の家以外のところ。他人の家や家庭。≡「―ではとてもおとなしい」「―のおじさんがサッカーを教えてくれる」「―に泊まる」❸〈「…をよそに(して)」などの形で〉…と関わりなく。…を無視して。≡「人々の心配を―に強行する」「狂騒の巷を―に見て安穏に暮らす」◈①②⇔うち

よそ-いき【余▽所行き】[名] ➡よそゆき

よ-そう【予想】[名・他サ変] 物事の成り行きや結果を前もっておしはかること。また、そのようにして得たもの。≡「勝敗を―する」「―もしない事件が起こった」「―が的中する」「―以上の成績」使い方 ➡予測・予期

よそ・う【▽装う】[他五] ❶汁や飯を器に盛る。よそる。≡「ご飯を―」❷➡よそおう

よそう-がい【予想外】[名・形動] 予想もしなかった成り行きになること。思いのほか。意外。≡「―の結果」

よそ・える【▽寄える・▽比える】[他下一] ❶何かにたとえる。なぞらえる。≡「人生を旅に―」❷何かを口実にする。かこつける。≡「仕事に―・えて家を抜け出す」文よそ・ふ

よそおい【装い(▽粧い)】[名] ❶外観をととのえること。また、身なりを美しく飾ること。また、その外観・姿。よそい。≡「店の―を新たにする」「春らしい―で出かける」❷外観のおもむき。風情。≡「秋の―を見せる渓谷」

よそお・う【装う(▽粧う)】[他五] ❶身なりや外観をととのえる。また、身なりや外観を美しく飾る。≡「姉妹が晴れ着で華やかに―」「店内を若者向けに―」書き分け【粧】は「新色の口紅で粧う」など化粧する意で使うが、今は【装】が一般的。❷実際はそうでないのに、いかにもそれらしく見せかける。≡「病人[警官]を―」「平静[無関心]を―」「親切を―・って近づく」◈「装(よそ)う」の転。可能 装える 名 装い

よ-そく【予測】[名・他サ変] 将来どうなるかを、得られた情報などに基づいておしはかること。また、そのようにして得たもの。≡「景気の動向を―する」「いくら経費がかかるか―がつかない」使い方「予想」は将来を推測する意で広く使い、「予測」は具体的なデータなどに基づく意で使うことが多い。

よそ-ごと【余▽所事】[名] 自分とは関係のないこと。≡「―とは思えない話」

よそ-じ【四十路・四▽十】[名] 四〇歳。しじゅう。

よそ-ながら【余▽所ながら】[副] 遠く離れていながら。かげながら。それとなく。≡「―見守る」

よそ-み【余▽所見】[名] ❶[自サ変] 他の物事に気をとられて、別の方を見ること。わきみ。≡「―をしないで運転しなさい」❷➡よそめ①

よそ-め【余▽所目】[名] ❶他人の見る目。はたから見たところ。はた目。≡「―には立派だ」❷➡よそみ①

よそ-もの【余▽所者・〈他所〉者】[名] 他の土地から来た人。≡「―扱いをする」▽多く、仲間から除外する意でいう。

よそ-ゆき【余▽所行き】[名] ❶外出すること。また、外出のときに着る衣服。よそいき。≡「―の着物」「―に着替える」❷ことさらに改まった言葉づかいや態度。よそいき。≡「―のことばを使う」

よそよそ-し・い【余▽所余▽所しい】[形] 態度が他人行儀で、親しみを示さないさま。≡「妙に―態度を

とる」「わざと―くする」派生―げ／―さ

よ-ぞら【夜空】［名］夜の空。「―を彩る花火」

よ-た【与太】［名］でたらめ。ふざけたことば。「―を飛ばす」▽「与太郎」から。

よ-たか【夜▼鷹】［名］❶夏鳥として渡来するヨタカ科の鳥。くちばしは小さいが、口は大きく開く。夜行性で、飛びながら昆虫を捕食。早口でキョキョキョキョと鳴く。❷江戸時代、夜、路傍で客を引いた私娼。

よたか-そば【夜▼鷹〈▼蕎麦〉】［名］夜間、街頭で売り歩くそば。また、そのそば屋。夜鳴きそば。

よ-たく【余沢】［名］先人の残した恩恵。余徳。「先代の―にあずかる」

よ-たく【預託】［名・他サ変］金銭や物品を一時預けて運用を任せること。「株式を―する」

よ-だち【夜立ち】［名・自サ変］夜に旅立つこと。「郷里を―する」「―して先を急ぐ」⇔朝立ち

よ-だつ【与奪】［名・他サ変］与えることと奪うこと。与えたり奪ったりすること。「生殺(せいさつ)―の権」

よ-だ・つ【▽弥立つ】［自五］⬇身の毛がよだつ（「身の毛」の子見出し）▽「いよだつ」の転。

よた-もの【与太者】［名］ならず者。やくざ者。不良。

よた-よた［副ト］足どりがもつれてしっかり歩けないさま。「荷物をかついで―(と)歩く」

よた・る【与太る】［自五］❶不良じみた言動をする。「夜の街を―・って歩く」❷でたらめを言う。「調子に乗ってさんざん―」◈「よた（与太）」を動詞化した語。

よ-だれ【▼涎】［名］無意識のうちに口の外へ流れ出る唾液(だえき)。「―を垂らす（＝ひどく欲しがるさまのたとえ。よだれが出る）」

よだれ-かけ【▼涎掛け】［名］幼児のあごの下にかけ、よだれなどで衣服が汚れるのを防ぐ布。スタイ。

よ-たろう【与太郎】(ヨタラウ)［名］役に立たない愚か者。よた。▽落語で間抜けな人物の名として使われることから。

よ-だん【予断】［名・他サ変］前もって判断すること。▽多く「―を許さない」の形で、状況や展開が不確定で見通しが立たないことをいう。「交渉の成りゆきは―を許さない」「―を許さない病勢」

よ-だん【余談】［名］本筋からそれた話。「これは―になりますが…」「―はさておき本題に戻ろう」

よ-ち【予知】［名・他サ変］事前に知ること。「地震を―する」「―能力」

よ-ち【余地】［名］❶余っている土地。また、あいている場所。「満員で立錐(りっすい)の―もない」❷さらに何かをするだけのゆとり。「弁解の―がない」「再考の―を残す」注意 可能性の意で使うのは誤り。「× 災害により危険にさらされる余地がある」

よ-ちょう【予兆】(ーテウ)［名］何かが起こることを予感させる前ぶれ。きざし。前兆。「噴火の―がある」

よちょ-きん【預貯金】［名］預金と貯金。

よち-よち［副ト］幼児などが頼りない足どりで歩くさま。「赤ん坊が―(と)歩きだす」

よ-つ【四つ】［名］❶一の四倍の数。し。よん。よっつ。❷四歳。よっつ。❸昔の時刻の名で、現在の午前および午後の十時ごろ。四つ時。❹相撲で、両力士が右差し、または左差しになってまわしを引き合う組み合い。❺「四つ切り」の略。

よつ-あし【四つ足（四つ脚）】［名］❶足が四本あること。また、そのもの。❷けもの。獣類。

よっ-か【四日】［名］❶月の第四番目の日。「三月―」❷一日の四倍。「完成まで―かかる」

よっ-か【翼下】(ヨク-)［名］❶飛行機などのつばさの下。❷支配力や保護の及ぶ範囲内。傘下(さんか)。「大国の―に入る」

よっ-かい【欲界】(ヨク-)［名］仏教で、三界(さんがい)の一つ。食欲・色欲・財欲など、本能的な欲望にとらわれているものの世界。六欲天から人間界、八大地獄までを含む。

よっ-かく【浴客】(ヨク-)［名］⬇よっきゃく

よつ-かど【四つ角】［名］二本の道が十字に交差する所。四つつじ。十字路。「―を右に曲がる」

よつ-がな【四つ《仮名》】［名］使い分けが必要とされる、「じ」「ぢ」「ず」「づ」の四つの仮名、およびその仮名で表される音。▽「じ」「ぢ」「ず」「づ」はそれぞれ異なる音として区別されてきたが、室町末期からは発音の差がなくなり、「じ」と「ぢ」、「ず」と「づ」は主として仮名遣いの上の問題となった。

よ-つぎ【世継ぎ】［名］家の跡目を継ぐこと。また、その人。

よっ-きゃく【浴客】(ヨク-)［名］銭湯・温泉などに入りに来る客。よっかく。

よっ-きゅう【欲求】(ヨクキウ)［名・他サ変］必要なもの、欠乏しているものを強くほしがり、求めること。また、その気持ち。「―が生じる」「―を満たす」

よっきゅう-ふまん【欲求不満】(ヨクキウ-)［名］⬇フラストレーション

よつ-ぎり【四つ切り】［名］印画紙で、三〇・五センチメートル×二五・五センチメートルの大きさ。また、その印画紙。四つ切り判。

よっしゃあ［感］思いどおりになったときや気合いを入れるときなどに発する語。よっしゃ。「―、満点だ！」「―、やるぞ！」

よつ-ずもう【四つ《相撲》】(ーズマフ)［名］両力士が四つに組む相撲。また、それを得意とする力士。

よつ-だけ【四つ竹】［名］打楽器の一つ。扁平な竹片を両手に二枚ずつ持ち、手のひらを開閉して打ち鳴らす。民俗芸能・舞踊・歌舞伎下座音楽などで用いられる。

よっ-たり【四▽人】［名］よにん。▽「よたり」の転。

よっ-つ【四つ】［名］「よつ」の促音添加。

よつ-つじ【四つ▼辻】［名］道路が十字に交差している所。四つ角。

よっ-て【因って・▽依って・▼仍って】［接］前文に述べたことを理由や根拠とする意を表す。そういうわけで。それゆえ。「―以下の結論が導かれる」「―件(くだん)の如し（＝従って前記記載の通りであるの意で、書状・証文などの最後に書き記す語）」▽「よりて」の転。書き方 かな書きも多い。

よつ-で【四つ手】［名］❶手が四つあること。また、そのもの。❷「四つ手網」の略。

よつで-あみ【四つ手網】［名］四角い網の四隅を十文字に渡した竹などで張り広げた漁具。ひもなどをつけて水底に沈めておき、魚をすくい捕る。

よって-たかって【寄って▽集って】［連語］大勢が寄り集まって。大勢が一緒になって。「―こづき回す」

よって-た・つ【▽拠って立つ】［自五］より所とする。依拠する。「憲法が―理念」

ヨット【yacht】［名］スポーツや遊覧に用いる小形の帆船。▽発動機を備えた大型船もあるが、一般には帆だ

けのものをさす。

よっ-ぱらい【酔っ払い】ーパラヒ［名］酒にひどく酔った人。よいどれ。‖「—運転」

よっ-ぱら・う【酔っ払う】ーパラフ［自五］酒に酔って正常の状態でなくなる。‖「—・ってくだを巻く」

よっ-ぴて【夜っぴて】［副］夜通し。一晩中。よっぴいて。‖「—酒を飲む」▼「よひとよ（夜一夜）」から変化した「よっぴとい」の転。

よっ-ぽど【（余っ程）】［副］「よほど」を強めていう語。‖「自分で作った方が—安い」◈「よきほど」の転。もともとは「よほど」より古い語。

よつ-み【四つ身】［名］❶和服の裁ち方で、身丈(みたけ)の四倍の長さで袖以外の身頃(みごろ)を裁つもの。また、その裁ち方で仕立てた着物。三、四歳から一〇歳前後の子供が着る。❷相撲で、四つに組んだ体勢。

よつ-め【四つ目】［名］❶目が四つあること。また、そのもの。❷中心に目のある四角形を四つ組み合わせた文様。また、その紋所。

よ-づめ【夜爪】［名］夜、つめを切ること。▼親の死に目に会えないなどとして忌む俗信がある。

よつめ-がき【四つ目垣】［名］竹をあらく縦横に組み、すき間が四角形になるようにした垣根。

よ-つゆ【夜露】［名］夜の間におりる露。‖「—にぬれる」⇔朝露

よつん-ばい【四つん▼這い】ーバヒ［名］両手・両足を地につけてはうこと。また、その姿勢。‖「—になる」▼「よつばい」の転。

よ-てい【予定】［名・他サ変］❶これから行うことを前もって決めておくこと。また、その事柄。‖「会議は来週に—している」「—の時刻に到着する」「一週間の—を立てる」❷〈「…する予定だ」などの形で、上に動詞連体形、動作性名詞などを伴って〉あらかじめそのような心づもりである意を表す。…するつもりだ。…するはずだ。‖「明日出発する—だ」「来春卒業—の学生」

よてい-ちょうわ【予定調和】ーテウワ［名］ライプニッツの哲学で、相互に独立した存在であるモナド（単子）からなる世界が統一された秩序を保っているのは、神があらかじめモナド間に調和が生じるように定めているからだとする考え。

よ-てき【余滴】［名］❶残りのしずく。筆先に残った墨のしずく、杯に飲み残した酒のしずく、雨のあがったあとに残るしずくなど。残滴。余瀝(よれき)。❷何かのあとに残された副次的な事柄。‖「研究—」

よど【▼淀・▼澱】［名］川などで、水が流れないでたまっている所。よどみ。

よ-ど【予土】［名］伊予(いよ)国と土佐(とさ)国。現在の愛媛・高知両県にあたる。

よ-とう【与党】ータウ［名］政党政治で、政権を担当している政党。‖「—議員」⇔野党

よとう-むし【夜盗虫】ヨタウー［名］ヤガ科ヨトウガの幼虫。黒褐色の芋虫で、昼間は土中にひそみ、夜になると野菜を食害する。

よ-どおし【夜通し】ードホシ［副］夜から朝まで物事を行うさま。一晩中。‖「—子供の看病をする」

よ-とぎ【夜▼伽】［名・自サ変］❶看病・通夜などのために、夜通し眠らないでそばにつき添うこと。また、その人。❷女性が男の求めに応じて夜の共寝をすること。

よ-とく【余得】［名］余分の利益。通常の収入以外の利得。余禄。‖「—にあずかる」

よ-とく【余徳】［名］先人の死後もなお残っている恩徳。余沢。

よどみ【▼淀み・▼澱み】［名］❶物事が順調に進まないで、とどこおること。‖「—なく語る」❷水などが流れないでたまっていること。また、その所。よど。‖「川［空気］の—」

よど・む【▼淀む・▼澱む】［自五］❶水や空気が流れないで、その場にとどまる。また、雰囲気などが停滞して活気がなくなる。‖「部屋の空気が—・んでいる」「社内の空気が—」❷物が底に沈んでたまる。また、どんより濁る。‖「池の底に泥が—・んでいる」「—・んだ瞳」❸すらすらと進まない。とどこおる。‖「ことばが—」「言い—」名よどみ

よ-なおし【世直し】ーナホシ［名］❶［自サ変］世の中の悪い状態を改めること。社会の改革。❷江戸中期から明治初年にかけて、農民・町民が貧困からの解放や平等な社会の実現を願い求めた風潮。また、その意識。打ちこわしや一揆に発展した。

よ-なか【夜中】［名］夜の中ほど。夜半。‖「真—」

よ-なが【夜長】［名］夜が長いこと。特に、秋が深まって夜が長く感じられること。また、その季節。‖「秋の—」⇔日永

よ-なき【夜泣き】［名・自サ変］乳幼児が夜眠らないで泣くこと。

よ-なき【夜鳴き（夜▼啼き）】［名・自サ変］鳥などが夜鳴くこと。

よなき-そば【夜鳴き〈▼蕎麦〉】［名］夜、屋台を引いてそばを売り歩く商人。また、そのそば。夜鷹(よたか)そば。

よ-なべ【夜なべ】［名・自サ変］（昼間に引き続いて）夜、仕事をすること。また、その仕事。夜業(やぎょう)。‖「—して仕上げる」書き方「夜鍋」「〈夜業〉」とも当てる。

よな-よな【夜な夜な】［副］夜が来るたびに起こるさま。毎夜毎夜。夜ごと。‖「—幽霊が出るという古城」⇔朝な朝な

よ-な・れる【世慣れる（世▼馴れる）】［自下一］多くの経験を積んで、世間の事情がよくわかる。世情・人情によく通じる。‖「—・れた人」文よな・る

よ-にげ【夜逃げ】［名・自サ変］夜間にこっそり逃げ出して行方をくらますこと。‖「一家で—する」

よに-も【世にも】［副］きわめて。この上なく。‖「—不思議な話」▼「世に」を強めた言い方。

よね【▽米】［名］❶〔古風〕こめ。❷八十八歳。米寿。‖「—の祝い」▼米の字を分解すると八十八になることから。

よね-ず【▽米酢】［名］➡こめず

よ-ねつ【予熱】［名・他サ変］❶エンジン・機器などを円滑に始動させるため、あらかじめ温めておくこと。‖「エンジンを—する」❷オーブンなどで調理をするとき、焼きむらを防ぐため、前もって内部を一定の温度まで上げておくこと。‖「グリルを—する」

よ-ねつ【余熱】［名］冷めきらないで残っている熱気。ほとぼり。‖「ストーブの—を利用する」

よ-ねん【余念】［名］当面していることとはかかわりのない考え。よけいな考え。

◉**余念がな・い**　ほかのことは考えないで一つのことに没頭する。‖「練習に—」

よ-の【四▽幅・四▽布】［名］❶並幅の布四枚分の幅。また、その布。よはば。▼「の」は布の幅を数える単位。

一幅の は鯨尺の一尺（約三七・九センチメートル）。❷四幅の布を縫い合わせて作った布団。▼「四幅布団」の略。

よ-のう【予納】〔名・他サ変〕前もって納入すること。前納。≡「手数料を—する」「—金」

よ-の-つね【世の常】〔名〕❶世間によくあること。世のならい。≡「有為転変は—だ」❷ごく一般的であること。並であること。≡「—の馬に比べて大きい」

よ-の-なか【世の中】〔名〕人と人とが互いにかかわり合って暮らしていく場。社会。世間。また、その事情やならわし。≡「—が騒がしくなる」「—の移り変わり」「せちがらい—」

よ-は【余波】〔名〕❶風が静まったあとも立ち続ける波。❷ある物事が終わったあともなお周囲に及んでくる影響。≡「円安の—を受けて倒産する」

よ-はい【余輩】〔代〕〔一人称〕わたし。また、わたしたち。

よばい【夜▼這い】〔名〕夜、恋人の寝所へ忍び入って情を通じること。▼動詞「呼ばう」の連用形から。書き方「夜這い」は当て字。

よ-はく【余白】〔名〕文字・絵などが書かれている紙面の、白く残っている部分。≡「—の書き込み」

よばわり【呼ばわり】〔名〕〈人を表す語に付いて〉そのように決めつけてそしる意を表す。≡「泥棒—をされる」「お前—される覚えはない」

よ-ばん【夜番】〔名〕夜、警戒などのために寝ないで番をすること。また、その人。夜警。

よ-び【予備】〔名〕前もって準備しておくこと。また、そのもの。≡「—の電池」「—費」

よび-おこ・す【呼び起こす】〔他五〕❶眠っている人に声をかけて目を覚まさせる。❷忘れていたことを思い出させる。また、ある感情を生じさせる。≡「一枚の写真が古い記憶を—」「妙なる調べが感動を—」

よび-かけ【呼びかけ（呼び掛け）】〔名〕呼びかけること。≡「向こう岸からの—に手を振って応える」「募金の—に応じる」

よび-か・ける【呼びかける（呼び掛ける）】〔他下一〕❶注意を向けさせるために、その人に向かって声をかける。≡「優しく—」❷意見・主張などを述べて、多くの人々に参加や協力を求める。≡「協力[決起]を—」「住民に—・けて寄付を募る」名 **呼びかけ**

よび-かわ・す【呼び交わす】〔他五〕互いに呼ぶ。≡「闇の中で名を—」

よび-ぐん【予備軍】〔名〕❶主力軍隊を支援するための軍隊。また、予備役から成る軍隊。❷将来、そうなる可能性のある人々。≡「メタボ—」書き方「予備群」とも。

よび-こ【呼び子】〔名〕人を呼ぶ合図として吹き鳴らす小さな笛。呼ぶ子。

よび-こう【予備校】〔名〕上級学校、特に大学の入学試験のための指導を行う各種学校。

よび-ごえ【呼び声】〔名〕❶人を呼ぶ声。また、人を呼び寄せるためにたてる声。≡「谷底から—が聞こえる」「金魚売りの—がする」❷人選・任命・成功などについての評判。うわさ。≡「次期総理への—が高い」「早くも新人賞の—がかかる」

よび-こ・む【呼び込む】〔他五〕呼んで中に誘い入れる。また、その方へ引き入れる。≡「客を店に—」「勝利を—」名 **呼び込み**

よび-さま・す【呼び覚ます】〔他五〕❶眠っている人に声をかけて目を覚まさせる。≡「『早く起きろ』と—」❷うもれていた記憶などを表に出させる。呼び起こす。≡「色あせた写真が幼年期の記憶を—」

よび-じお【呼び塩】〔名〕塩分の多い食品を薄い塩水に浸けて塩抜きをすること。また、そのための塩。

よび-すて【呼び捨て】〔名〕人の姓・名に君・様・さんなどの敬称をつけないで呼ぶこと。よびつけ。≡「後輩を—にする」

よび-だし【呼び出し】〔名〕❶呼び出すこと。≡「先生から—をうける」❷相撲で、取り組む力士の名を呼び上げる役（を務める人）。土俵を整備し、触れ太鼓・やぐら太鼓などを打つ役割も担う。❸電話をもたない人が近所の電話に取り次ぎを頼み、その呼び出しによって通話すること。また、その電話。▼「呼び出し電話」の略。◈書き方 公用文では「呼出し」。

よび-だ・す【呼び出す】〔他五〕呼んである場所に来させる。≡「生徒を職員室に—」名 **呼び出し**

よび-た・てる【呼び立てる】〔他下一〕❶声を張り上げて呼ぶ。≡「子供の名を—」❷わざわざ呼び出す。≡「緊急の用件で—・てられた」文 **よびた・つ** 名 **呼び立て**

よび-ちしき【予備知識】〔名〕何かをするときに前もって身につけておくべき知識。≡「現地についての—をたくわえる」「何の—もなく調査を始める」

よび-つ・ける【呼び付ける】〔他下一〕❶呼んで自分のいる所に来させる。≡「部長を社長室に—」❷呼び慣れる。≡「互いに愛称で—・けている」文 **よびつ・く**

よび-と・める【呼び止める】〔他下一〕声をかけて立ち止まらせる。≡「見知らぬ人に—・められる」文 **よびと・む**

よび-な【呼び名】〔名〕ふだん呼ばれている人や物の名。特に、正式の名前に対して、ふだん呼びならわしている名。通称。通り名。

よび-ね【呼び値】〔名〕取引所で、売買物件の一定数量（株式なら一株）に対して売買当事者が売りまたは買いの意思表示をするために示す値段。

よび-みず【呼び水】〔名〕❶ポンプの水が出ないとき、水を導くために上から水をそそぎ込むこと。また、その水。誘い水。❷ある物事を引き出すきっかけとなる事柄。誘い水。≡「投書が—となって住民運動が起こる」

よび-もど・す【呼び戻す】〔他五〕❶呼んで帰ってこさせる。≡「子供を故郷に—」❷もとの状態に返らせる。≡「古い記憶を—」

よび-もの【呼び物】〔名〕興行や催し物で、人々の人気を集めるもの。評判の出し物。≡「学園祭の—」

よ-びょう【余病】〔名〕ある病気に伴って起こる別の病気。≡「—を併発する」

よび-よ・せる【呼び寄せる】〔他下一〕呼んで近くへ来させる。≡「任地に妻[夫・家族]を—」文 **よびよ・す**

よび-りん【呼び鈴】〔名〕人を呼ぶときや合図をするときに鳴らすベル。

よ・ぶ【呼ぶ】〔他五〕❶相手の注意を引くために声を出す。≡「おいと—・んでも返事がない」「名前を—・ばれて手を挙げる」❷声をかけたり合図をしたり手紙で知らせたりしてそばに来させる（来てもらう）。特に、一定の用事・仕事・役割などを果たす人として来てもらう。≡「手招きをして子供を—」「大声で助けを—」「電話でタクシーを—」「裁判所に—・ばれる」書き方「▽喚ぶ」とも。❸客として来てもらう。招待する。≡「クラス会に恩師を―」「結婚式に―・ばれる」❹名づけて言う。称する。‖「シルクロードと―・ばれる交通路」❺魅力的な口上を並べるなどして客を呼び込む。‖「半額セールで客を―」❻あるものがある際立った特徴を作り出す。引き起こす。‖「見事な演奏が感動を―」「不用意な発言が論議を―」「幸せを―青い鳥」使い方 〜ヲに〈結果〉をとる。また、「新人歌手がミリオンヒットで話題を―」のように、人(組織)を主語にしてもいう。可能 呼べる

よ-ふかし【夜更かし】[名・自サ変] 夜遅くまで起きていること。‖「本を読んで―する」

よ-ふけ【夜更け】[名] 夜がふけること。また、その時分。深夜。‖「―の町を歩く」

よぶ-こ【呼ぶ子】[名] ➡よびこ

よぶこ-どり【呼子鳥】[名]〔古風〕古今伝授の三鳥の一つ。カッコウ。▼鳴き声が人を呼ぶように聞こえることから。ウグイス・ホトトギス・ツドリなどとする説もある。

よ-ふね【夜船】[名] 夜間に航行する船。よぶね。

よ-ふん【余憤】[名] おさまらずに残っている怒り。‖「―さめやらぬようす」

よ-ぶん【余分】[名] ❶余った分。残り。余り。‖「少しは―がある」❷[形動] 適切な分量や程度を超えていること。余計。‖「いつもより―に仕入れる」

よ-ぶん【余聞】[名] 本筋からはずれていて、あまり知られていない話。こぼれ話。余話。‖「政界―」

よ-べ【〈昨夜〉】[名]〔古風〕昨晩。さくや。

よ-へい【余弊】[名] ❶現在まで残っている弊害。‖「水害の―」❷あることに伴って生じる弊害。‖「情報化の―」

よ-ほう【予報】[名・他サ変] 予測した事柄を知らせること。‖「降雪を―する」「天気―」

よ-ぼう【予防】バウ [名・他サ変] 病気や災害などを前もって防ぐこと。‖「火災を―する」「―措置」

よぼう-いがく【予防医学】バウ [名] 心身の健康維持と疾病の予防を目的とする医学の一分野。▼治療医学に対していう。

よぼう-せっしゅ【予防接種】バウ [名] 感染症の発生・流行を防ぐために、毒性を薄めた病原菌などを体内に注入して免疫をつけること。

よぼう-せん【予防線】バウ [名] ❶敵の侵入・攻撃などに備えて、警戒や監視の手段を講じておく区域。❷〈多く「予防線を張る」の形で〉後で自分に不利益が生じないように前もって手段を講じておくこと。‖「非難されないように―を張る」注意「予防線を引く」は誤り。

よ-ほど【(余程)】[副] ❶程度のはなはだしいさま。かなり。相当。‖「―腹が空いていたんだろう」▼「余程の」の形で連体修飾に使う。‖「―の事情がない限り出席する」❷行動を起こす寸前のところまで考えたさま。思い切って。よくよく。‖「―帰ろうかと思った」◈「よきほど」の転。強調すると「よっぽど」となる。

よぼ-よぼ[副⁻] 年をとって体力が衰え、足どりなどがしっかりしないさま。‖「杖にすがって―(と)歩く」

よまい-ごと【世▽迷言】マヒ [名] 他人には意味の通じない不平や愚痴。‖「―を並べる」

よ-まつり【夜祭り】[名] 夜に行う祭り。

よ-まわり【夜回り】マハリ [名・自サ変] 夜、火災・盗難などを警戒して所定の地域などを見回ること。また、その人。‖「自警団が町内を―する」

よみ【〈黄泉〉】[名] 死者の魂が行くとされている地下の世界。冥土(めいど)。よみじ。よみのくに。よもつくに。

よみ【読み】[名] ❶文章などを読むこと。❷漢字の読み方。特に、訓。書き方「▽訓み」とも。❸隠された意図や事態の成り行きなどを読むこと。‖「―が深い」「―が外れる」❹囲碁・将棋で、先の局面の変化やそれに応じた手順を見通すこと。‖「―筋」

よみ-あ・げる【読み上げる】[他下一] ❶大きな声を出して読む。‖「新入生の名前を―」❷終わりまで読む。‖「借りた本を一晩で―」文 よみあ・ぐ

よみ-あわせ【読み合わせ】アハセ [名] ❶同一内容の二つの文書などを、一方が読み上げ、それを聞いている別の人が他方の文面を目で追いながら誤りを訂正すること。‖「帳簿の―をする」❷演劇などの稽古で、俳優が脚本の各自のせりふを互いに読み合うこと。本読み。動 よみあわ・せる(他下一)

よみ-うり【読み売り】[名] 江戸時代、世間の出来事を瓦版(かわらばん)などに刷り、内容を面白おかしく読み上げながら街上を売り歩いたこと。また、その人。

よみ-か・える【読み替える】カヘル [他下一] ❶その漢字を別の読み方で読む。‖「音(おん)で―」❷法令などの条文中の語句を、それと同じ条件の他の語句に置き換えて読み、そのまま適用する。文 よみか・ふ 名 読み替え

よみ-がえ・る【▽蘇る・▽甦る】ガヘル [自五] ❶死んだ人、死にかけた人が生き返る。蘇生(そせい)する。‖「死者が―」「大患から奇跡的に―」使い方 万物が生き返ったように元気になる意に転用する。‖「恵みの雨で万物が―」❷一度衰えたものがまた盛んになる。また、一度なくなったものが再びあらわれる。帰ってくる。もどる。‖「記憶が脳裏に―」「あの感動が心に―」「平和が―」「とだえていた伝統芸能が―」◈黄泉(よみ)から帰るの意。書き方 慣用的に「蘇える」「甦える」とも送る。名 よみがえり

よみ-かき【読み書き】[名] 文字や文章を読むことと書くこと。‖「―を習う」

よみかき-そろばん【読み書き▽算盤】[名] 読み書きと、計算。社会生活を営むうえでの基本的学力。

よみ-かた【読み方】[名] ❶文字を読むときの発音の仕方。‖「―のわからない漢字」❷文章などを声に出して読む方法。‖「―がぎこちない」❸文章などを読んで内容を理解すること。また、その方法。‖「地図の―を教わる」❹もと、小学校の国語教育の一分野。書き方・綴り方と並ぶもので、文章の読解と作品の鑑賞を目的とした。

よみ-がな【読み《仮名》】[名] 読み方を示すために漢字のわきに添える仮名。振り仮名。ルビ。

よみ-きかせ【読み聞かせ】[名] 読んで聞かせること。特に子供に絵本などを読んで聞かせること。‖「園児たちに―をする」動 よみきか・せる(下一)

よみ-きり【読み切り】[名] 小説・講談などで、連続しないで一回で完結すること。また、そのもの。

よみ-くせ【読み癖】[名] ❶普通とは異なるが、古くからの習慣としてそう決まっている特殊な読み方。‖「春宮」を「とうぐう」、「南殿」を「なでん」、「烏丸」を「からすま」と読む類。❷その人が声に出して読むときの特有の読み方。よみぐせ。

よみ-くだ・す【読み下す】[他五] ❶漢文を日本語の文の語順に直して読む。訓読する。‖「白文を―」❷文章を始めから終わりまで読む。‖「長文を一気に―」名 読み下し

よみ-ごたえ【読み応え】コタヘ [名] ❶読んだときに

よ

充実した満足感が得られること。≡「―のある小説」❷読むのに努力を要すること。≡「難解で―のある論文」

よみ-こな・す【読み▽熟す】〔他五〕読んで内容を理解し、完全に自分のものとする。≡「難解な論文を―」

よみ-こ・む【詠み込む】〔他五〕詩歌に事物・土地の名などを入れて詠む。≡「名所を―・んだ和歌」

よみ-こ・む【読み込む】〔他五〕❶何回も読んで自分のものとする。≡「古文書を―」❷コンピューターで、ハードディスクなどにあるデータをメモリーに記憶させる。また、コンピューターの外にあるデータをコンピューターの中に入れる。名 読み込み

よみ-じ【〈黄泉〉路・〈黄泉〉】ヂ〔名〕黄泉よみへ行く道。冥土めいどへの道。また、黄泉。≡「―へ旅立つ」

よみ・する【▼嘉する】〔他サ変〕〔古風〕神や目上の者が、人間や目下の者の言動をよしとして、ほめたたえる。≡「その志を―」文 よみ・す

よみ-せ【夜店(夜見世)】〔名〕縁日などの夜、路上などで品物を並べて売る店。

よみ-ち【夜道】〔名〕夜の道。また、夜の道を歩くこと。≡「―を急ぐ」

よみ-ちがい【読み違い】ガヒ〔名〕読み違えること。読み違え。

よみ-て【読み手】〔名〕❶文章を読む方の人。また、読む役目の人。❷歌ガルタで、読み札を読み上げる人。▼取り手に対していう。❸和歌・俳句などの作者。また、和歌・俳句などを巧みに作る人。書き方「詠み手」とも。

よみ-で【読みで】〔名〕分量が多くて読みごたえがあること。≡「―のある本」

よみ-と・く【読み解く】〔他五〕文章などを読んで、その意味を明らかにする。≡「暗号を―」

よみ-と・る【読み取る】〔他五〕❶文章などを読んで、その意味や内容を理解する。≡「論旨を―」❷外面にあらわれた事柄から、その内にかくされた本質や意味を推し量って理解する。≡「真意を―」❸コンピューターなどの機械が、機械の外にある情報を機械の中に入れる。≡「バーコードを―」名 読み取り

よみ-なが・す【読み流す】〔他五〕❶細かな点までは注意しないで、おおざっぱに読む。≡「全文を軽く―」❷文章をよどみなくすらすらと読む。≡「英詩を流麗に―」名 読み流し

よみ-びと【詠み人・読み人】〔名〕その詩歌の作者。

よみびと-しらず【詠み人知らず・読み人知らず】〔名〕歌の撰集などで、作者が不明の時や作者を明らかに示しにくい事情がある時に記載する語。

よみ-ふけ・る【読み▼耽る】〔自他五〕他のことは忘れて、夢中になって読む。耽読たんどくする。≡「推理小説に―」

よみ-ふだ【読み札】〔名〕百人一首やいろはガルタで、読み手が読み上げる方の札。⇔取り札

よみ-ほん【読本】〔名〕江戸時代後期の小説の一種。絵を主体とした草双紙くさぞうしに対して、読むことを中心とする本の意。歴史や伝説に取材した伝奇的な読み物が多い。上田秋成の『雨月物語』、曲亭馬琴の『南総里見八犬伝』などに代表される。

よみ-もの【読み物】〔名〕❶書物などを読むこと。❷読むために書かれたもの。書物。特に、気軽に読めるように書かれた書物。≡「高校生向きの―」❸講釈師などが語る演目。❹読みごたえのある文章・書物。≡「これはなかなかの―だ」◈書き方②③は「読物」も好まれる。

よ-みや【夜宮(▽宵宮)】〔名〕本祭りの前夜に行う祭り。宵宮よいみや。宵祭り。

よ・む【詠む】〔他五〕和歌・俳句などを作る。詠ずる。≡「和歌[漢詩]を―」「一句―」書き方「読む」と同語源で、「読む」とも書く。使い方 ～ヲに〈結果〉をとる。「山桜[感動]を歌に―」のように、～ヲに〈対象〉を、～ニに〈結果〉をとる言い方もある。可能 詠める

よ・む【読む】〔他五〕❶文字で書かれている文や文章を一字ずつ声に出して言う。≡「祝辞を―」「大声で教科書を―」「子供に本を―・んで聞かせる」
❷経文などを声に出して言う。唱える。≡「門前の小僧習わぬ経を―」
❸文字・文章・図表などが表している意味内容を理解する。≡「小説[時刻表]を―」「寒暖計の目盛りを―」
❹文字を音声の形にする。特に、漢字を音訓で表す。音読・訓読する。≡「この字は何と―のだろう」「魚偏に占と書いてアユと―」書き方「▽訓む」とも。
❺外面を見て隠された意図などを知る。読み取る。≡「相手の心を―」「手の内を―・まれる」
❻現在の状況から将来のことを推察する。≡「株価の動きを―」「高齢化社会の未来を―」
❼数を見積もる。≡「参加者数を五百人と―」「票を―」▽数を一つ一つかぞえる意からいう。今では、「鯖さばを―」「鼻毛を―」などの慣用句にその意が残る。
❽囲碁・将棋などで、先々の手を考える。≡「十手先まで―」
❾講釈師が講談を演じる。可能 読める 名 読み

品格 書見「―台」 読書「―にふける」 繙ひもとく「古代の文書を―」

よめ【嫁(▼娵)】〔名〕❶息子の妻となる女性。また、息子の妻としてその家族の一員となった女性。≡「長男の―」「―に行く」❷新婚の女性。≡「花―」❸他人の妻をいう語。≡「彼の―さんはしっかり者だ」❹自分の妻をいう語。≡「―と僕と娘の三人で出かけた」▽西日本の方言から。◈①②⇔婿

よ-め【夜目】〔名〕夜、暗い中で物を見ること。また、そのときの目。≡「―にも鮮やかな色」「―がきく」

◉**夜目遠目めとお笠かさの内うち** 夜の暗がりで見たとき、ちょっと遠くから見たとき、笠をかぶった顔の一部をのぞき見たときに、女性は実際より美しく見えるものだということ。

よ-めい【余命】〔名〕これから先の、死ぬまでの命。残りの命。余生。≡「―いくばくもない」「平均―」

よめ-いり【嫁入り】〔名・自サ変〕女性が結婚して夫の家に入ること。また、その儀式。≡「この春に―する娘」「―前」「―道具」⇔婿入り

よめ-ご【嫁御】〔名〕〔古風〕嫁の敬称。

よめ-じょ【嫁女】ヂョ〔名〕〔古風〕嫁。

よめ-とり【嫁取り】〔名〕嫁を家に迎えること。また、その儀式。⇔婿取り

よめ-な【嫁菜】〔名〕秋、薄紫色の頭花を開くキク科の多年草。山野・畦などに自生する。春の若葉は食用。

よ-も【四▽方】〔名〕東西南北や前後左右の四つの方向。しほう。また、あちらこちら。まわり一帯。≡「―の山々」

よもぎ【▼蓬・▼艾】〔名〕暖地の山野に自生するキク科の多年草。楕円だえん形の葉は羽状に裂け、裏面には灰白色の綿毛が密生。綿毛から灸きゅうに使うもぐ

蓬

さを作る。独特の香りをもつ若葉は草餅(くさもち)などに用いるので、餅草ともいう。

よも-すがら【夜もすがら(〈終夜〉)】［副］〔古風〕夜どおし。一晩中。よすがら。「—月を眺める」

よも-や［副］〈多く打ち消しを伴って〉ほとんどありえないという気持ちを表す。まさか。いくらなんでも。万が一にも。「—来ないということはあるまい」

よも-やま【四▽方山】［名］世間。また、さまざまな方面のこと。▼「よもやも(四方八方)」の転という。

よもやま-ばなし【四▽方山話】［名］さまざまな話題の話。世間話。

よ-やく【予約】［名・他サ変］前もって約束をすること。特に、ある手続きをして購入や使用の権利を得ること。また、その約束。「指定席を—する」「—をキャンセルする」「—金」

よ-ゆう【余裕】［名］限度いっぱいまでにまだあまりがあること。ゆとり。「納期までにまだ三日の—がある」「この部屋に本棚を入れる—はない」「車を買い替える—などない」「心に—を持つ」「—たっぷり」

よ-よ【代代(世世)】［名］幾世代も続くこと。だいだい。「—伝えられてきた美風」▼副詞的にも使う。

よ-よ【夜夜】［名］夜ごと。毎晩。

よよ-と［副］しゃくり上げて泣くさま。「—泣き崩れる」

より【寄り】■一［名］❶人などが集まること。❷相撲で、寄ること。「強引な—をみせる」❸腫(は)れ物などが一か所に集まること。「汗疹(あせも)の—」■二(造)そこに近い意を表す。「南—の風」「海—の道」「後ろ—の席」「アメリカ—の意見」

より【▼縒り・▼撚り】［名］よること。また、よったもの。

◉**縒りが戻(もど)る** もとの状態になる。特に、別れた夫婦・恋人がもとのように親密な関係になる。「前夫と—」

◉**縒りを掛(か)ける** ❶糸などをよる。❷「腕に縒りをかける」の略。「—けてご馳走をつくる」

◉**縒りを戻(もど)す** もとの状態にする。特に、別れた夫婦・恋人との関係をもとのような親密な状態にする。「別れた妻と—」

より［副］それ以上に。もっと。「—高く跳ぶ」「—よい方法を考える」「—きれいに見せたい」▼格助詞「より」から。今では翻訳的な感じもなくなったが、もともとは欧文の比較級を訳すために案出されたもの。

より［格助］❶比較の基準を表す。「新幹線の方が飛行機より安い」「きのうより今日の方が寒い」「思ったより簡単だ」「写真で見るよりきれいだ」「死ぬよりましだ」
❷〈選択するものを並べて〉他と比べて退けられる物事を示す。…(の)ではなく。「薬を飲むより運動しろ」「私より彼女を選んだ」「それよりご飯にしない?」「怒ると言うよりあきれはてた」
❸範囲を定める基準点を表す。…から。「これより先は立入禁止だ」「ご予約は二名様より」
❹起点となる時間を表す。…から。「ただ今より開始する」「会議は三時より行う」「雨は未明より降り続いている」「明朝より発売開始」
❺起点や通過点となる場所を表す。…から。「横浜港より出港した」「車窓より望む景色」
❻〈方向性のある表現を伴って〉動作を起こす主体を表す。…から。「理事長よりご紹介いただく」「山田様より電話がありました」「学友会より寄贈」
❼〈「…より(ほかに)」の形で、下に打ち消しを伴って〉それしかないと限定する意を表す。…しか。「あきらめるよりしかたない」「手術するより手はない」「歌よりほかに能がない」
◈使い方 ⑴体言や活用語の連体形に付く。⑵①〜③は「よりも」「よりは」とも。くだけた言い方に「よりか」「よか」がある。また、③〜⑥は「から」よりも改まった言い方。

より-あい【寄り合い】(ヒア)［名］❶相談・親睦(しんぼく)などのために人々が集まること。また、その集まり。「町内の—」❷種々雑多なものが集まっていること。「—所帯(＝いくつかの所帯が一か所に集まって暮らすこと。転じて、主義・主張・派閥などを異にする人々が形成する、統一性に欠けた組織)」

より-か［連語］「より(格助)」①②③のくだけた言い方。「コーヒー—お茶がいい」「部長という—親分といった感じだ」「十時—後にしろ」

より-かか・る【寄り掛かる(▼凭り掛かる)】［自五］❶他の物にもたれて体を支える。「壁に—」❷他人を頼りにする。「親に—って生活する」

よ-りき【与力】［名］江戸時代、諸奉行・所司代・大番頭(おおばんがしら)などの配下で同心を指揮し、警察・庶務・裁判事務などを担当した職(を務めた人)。

より-きり【寄り切り】［名］相撲の決まり手の一つ。四つに組んだ体勢から体を寄せ、そのまま押し進んで相手を土俵の外に出す技。

より-けり［連語］〈「…によりけり」の形で〉…によって決まるもので、一概には言えない。…次第である。「会うか会わぬかは相手に—だ」「冗談も時と場所に—だよ」▼動詞「よ(因)る」の連用形＋助動詞「けり」。

より-ごのみ【▽選り好み】［名・他サ変］好きなものだけを選びとること。えりごのみ。えり嫌い。「仕事を—する」

より-しろ【▽依り代(▼憑代)】［名］神霊が降臨するときに宿ると考えられているもの。憑依(ひょうい)体とされる樹木・岩石・動物・御幣(ごへい)など。

より-すが・る【寄り▼縋る】［自五］❶寄りかかって、すがりつく。「母のひざに—」❷力として頼りにする。「人の情けに—」

より-すぐり【▽選りすぐり】［名］よりすぐること。えりすぐり。「—の強者(つわもの)」「—の逸品」

より-すぐ・る【▽選りすぐる】［他五］多くの中から、特にすぐれたものを選び出す。えりすぐる。「—・った人材」名よりすぐり

より-そ・う【寄り添う】(フソ)［自五］体がふれるほど、ぴったりとそばに寄る。「—・って散歩する」

より-たおし【寄り倒し】(フタ)［名］相撲の決まり手の一つ。四つに組んだ体勢から土俵際まで寄り進み、相手の回しを引きつけながら土俵内外に押し倒す技。

より-つき【寄り付き】［名］❶取引所で、午前または午後の最初の立ち会い。また、その際に成立した値段。⇔大引(おおび)け ❷入ってすぐの部屋。❸庭園などに設けた簡略な休憩所。

より-つ・く【寄り付く】［自五］❶そばに近づく。寄ってくる。「怖がって人が—・かない」❷取引所で、その日の最初の取引が成立する。「高値で—」

より-どころ【▽拠り所(▽拠)】［名］❶支えとするところ。頼るところ。「心の—を求める」❷物事の根拠となるもの。「論説の—を明らかにする」

品格 根拠「法的―」証拠「―を提出する」証左「―とするに足る」証憑（しょうひょう）「―湮滅（いんめつ）罪」典拠「格言の―を示す」論拠「科学的―に乏（とぼ）しい」◉「証拠」は「証左」と置き換え可能だが、より文章語的。

よりーどり【▽選り取り】［名］多くのものの中から好きなものを自由に選び取ること。

よりどりーみどり【▽選り取り見取り】［名］自由に見て、好き勝手に選び出すこと。‖「あの市場なら新鮮な野菜が―だ」

よりにーよって【▽選りに▽選って】［連語］もっとほかによりよい選択や展開があってもよかったのにと、その事態の不手際や不運を非難慨嘆（がいたん）していう語。‖「―こんな物を買って…」「―妻に見られていたとは」

よりーぬき【▽選り抜き】［名］多くの中からすぐれたものを選んで抜き出すこと。また、そのもの。えりぬき。‖「―の逸品ぞろい」「―の選手［品］」動 よりぬ・く（他五）

よりーみち【寄り道】［名・自サ変］目的地へ行く途中、ついでに立ち寄ること。‖「―して遅く帰る」

よりーめ【寄り目】［名］❶左右の瞳（ひとみ）を鼻柱の近くに寄せること。また、その目。❷物を見るとき、一方の目の瞳が目標点よりも内側に向いているもの。内斜視。

よりーも［連語］➡より（格助）①②③

よーりょく【余力】［名］ある事をし終えて、なお余っている力。‖「―を残す」

よりーわ・ける【▽選り分ける】［他下一］多くの中から選んで区別する。選別する。えりわける。‖「リンゴを大と小に―」文 よりわ・く

よる【夜】［名］日没から日の出までの間。太陽が沈んで暗くなっている間。よ。‖「―になる」「―遅くまで勉強する」⬍昼 読み分け「夜も日も明けない・夜を徹（てっ）して〜」「夜明け・夜遊び・夜桜・夜釣り・夜逃げ・夜更かし・夜道・夜店」など、「夜」を用いた成句や複合語は「よ」と読むのが一般的。ただし、「夜も昼も働きずくめだ」「夜となく昼となく」「（寄席（よせ）などの）夜席」のように、「昼（ひる）」と対比的に使うときは「よる」と読む。

品格 晩「朝から―まで働く」暮夜（ぼや）「―ひそかに門を叩く」夜間（やかん）「―診療」夜分（やぶん）「―に失礼いたします」

◉**夜の帳（とばり）** 夜の闇。‖「―が下りる（＝夜になる）」▼夜、暗くなって視界をさえぎられるさまを、とばりが下りた状態にたとえていう。

「夜」のイメージと表現

① 暗くて物が見えない。（宵闇（よいやみ）が迫る・暗い夜道を行く・闇夜の烏（からす））
② 休息と睡眠のとき。（夜も遅いからもう寝よう・夜中に電話してくるとは何事だ）
③ 放逸と遊蕩（ゆうとう）のとき。（歴史は夜作られる・夜な夜な夜の街［巷（ちまた）／盛り場／歓楽街］を徘徊（はいかい）する・夜遊び・夜の観光）
④ 犯罪と悪徳の世界。（夜の一人歩きは危険だ・夜陰に乗じて盗みを働く・夜［暗黒街］の帝王）

よ・る【因る・▽依る・▽拠る・▽由る】［自五］〈「…による」の形で〉❶【因】それが原因になる。起因する。基づく。‖「この火事は漏電に―」「事故に―列車の遅れ」❷【依】それを手段とする。また、それが主体となる。‖「コンピューターに―って制御する」「ボランティアグループに―支援活動」「〇〇フィルに―演奏」❸【依・拠】それが基準・理由・根拠となる。‖「法の定めるところに―・ればこうなる」「主催者の発表に―・れば…」「人は見かけに―・らないものだ」❹【依】それに頼る。依存する。‖「年金に―・って生活する」「信仰に―・って生きる」❺【依】そのことに関係する。それに応じる。‖「それは時と場合に―」「所に―・っては晴れるでしょう」❻【由】由来する。‖「惨敗の―・って来たるところは明らかだ」❼【拠】根拠地としてたてこもる。依拠する。‖「山城に―・って戦う」
◈「寄る」と同語源。書き方 ①はかな書きも多い。②〜⑥も一般にかな書き。⑦は表外音訓だが、漢字書きが好まれる。使い方「…によって」「…により」「…によれば」など、助詞的に使うことも多い。

よ・る【寄る】［自五］❶ある人や物、またはある地点・場所・方向に近づく。‖「暖炉のそばに―」「都心より北に―・った地域」「もっと近くに―・りなさい」❷一か所に集まる。‖「三人―・れば文殊の知恵」❸ある所へ向かう途中で他の場所を訪れる。立ち寄る。‖「学校の帰りに書店に―」「いつでもお―・りください」❹しわが一か所に集まり生じる。しわができる。‖「笑うと目じりにしわが―」❺【古風】年をとる。特に、高齢・老齢になる。‖「―年波には勝てない」❻考えがそこに至る。思い及ぶ。‖「思いも―・らない出来事」書き方 かな書きも多い。❼相撲で、四つに組んだ体勢で前に進み出る。‖「もろ差しになって一気に―」❽体をもたせかける。もたれかかる。よりかかる。‖「欄干に―・って川をのぞく」「木に―・って憩う」書き方 ⑧はまれに「▼倚る」「▼凭る」とも。可能 寄れる

◉**寄らば大樹（たいじゅ）の陰（かげ）** 同じ庇護（ひご）を求めるなら勢力のある者の方がよいということ。▼雨宿りをするなら大木の下の方がぬれずにすむ意から。

◉**寄ると触（さわ）ると** 人々が寄り集まるたびに。折さえあればいつも。‖「―その話でもちきりだ」

よ・る【▽選る】［他五］多くのものの中からえらぶ。選別する。える。‖「好きなおかずを―」▼「える」が変化したもの。「えり好み／より好み」などの複合語でも両形が使われる。

よ・る【▼縒る・▼撚る】［他五］糸状のものをねじる。また、数本の糸などをねじり合わせて一本にする。‖「こよりを―」「麻糸を―・って縄を作る」可能 よれる

よーるい【余類】［名］戦いなどのあとに残った仲間。残党。

よるーがた【夜型】［名］夜遅くまで活動する生活習慣であること。‖「―だから徹夜に強い」⬍朝型

よるーごはん【夜御飯】［名］〔俗〕晩御飯。夕御飯。▼比較的最近使われるようになった語で、違和感をもつ人も多い。

よるーひる【夜昼】［名］夜と昼。‖「―心にかける」▼副詞的にも使う。

よるーべ【寄る辺】［名］頼りにして身を寄せる所や人。また、頼りになる親類縁者。‖「―のない身」

よーれい【予鈴】［名］開演や授業などの開始前に、予告として鳴らすベル。

よれーよれ［副］❶衣服などが、形がくずれたりしわが

よったりしているさま。〓「―になった背広」❷心身が疲れきっているさま。〓「仕事に追われて―になる」

よ・れる【▼縒れる・▼撚れる】［自下一］❶糸状のものがよった状態になる。よじれる。〓「ひもが―」❷平らなものが、しわになったりゆがんだりする。〓「シャツが―」

よろい【▼鎧（▽甲）】［名］昔、戦闘の際に着用して身体を被護した武具。数「一領（いちりょう）…」と数える。

鎧

よろい-いた【▼鎧板】［名］窓・建具などで、幅の狭い横板を一定の傾斜・間隔をもたせて何枚も取り付けたもの。直射日光や雨を防ぎ、通風を保つ。羽板。錣板（しころいた）。

よろい-ど【▼鎧戸】［名］❶よろい板を取り付けた戸。❷➡シャッター①

よ-ろく【余▼禄】［名］余分の利得。正規の収入以外の所得。余得。〓「―にあずかる」

よ-ろく【余録】［名］主要な記録からもれた記録。本題を離れた記録。余話。〓「明治維新―」

よろけ【〈▼蹌▼踉〉・〈▼蹣▼跚〉】［名］❶よろけること。❷［俗］珪肺（けいはい）。▼歩行がもつれることから。

よろ・ける【〈▼蹌▼踉〉ける】［自下一］足もとが不安定になって、ころびそうになる。よろめく。〓「肩を小突かれて―」文よろ・く 名よろけ

よろこばし・い【喜ばしい（▽悦ばしい）】［形］出来事や状態をうれしいと感じる。〓「孫の誕生が―」「―結果がでた」派生-げ／-さ／-がる

よろこば・す【喜ばす（▽悦ばす・▽歓ばす）】［他五］➡喜ばせる〓「母は人を―のが好きだ」

よろこば・せる【喜ばせる（▽悦ばせる・▽歓ばせる）】［他下一］喜ぶようにする。うれしがらせる。〓「観客を―演出」文よろこば・す 異形喜ばす

よろこび【喜び（▽慶び・▽悦び・▽歓び）】［名］❶喜ぶこと。また、その気持ち。〓「受賞の―をかみしめる」⇔悲しみ ❷祝い事。慶事（けいじ）。また、祝いのことば。祝辞。祝詞（しゅくし）。〓「卒業、結婚と―が続く」「受賞に当たり一言―を述べたいと存じます」◈書き分け【慶】は②で好まれる。➡喜ぶ

品格 歓喜「―に沸く」喜悦（きえつ）「―の眉を開く」恐悦（きょうえつ）「―至極に存じます」欣喜雀躍（きんきじゃくやく）「優勝して―する」満悦（まんえつ）「ほめられてご―の様子」愉快（ゆかい）「尽きせぬ―を覚える」

よろこ・ぶ【喜ぶ（▽慶ぶ・▽悦ぶ・▽歓ぶ）】［他五］❶好ましい出来事に満足しうれしく思う。〜に喜びを感じる。〓「実験の成功を心から―」「母の―顔が見たい」⇔悲しむ 使い方「合格の知らせに小躍りして―」など自動詞としても使う。〜ヲが単に〈喜びの対象〉を表すのに対し、〜ニは、〜を知って喜びを感じる意で、喜びの原因に重きをおいた表現となる。❷好ましいこととしてうれしく思う。喜んで受け入れる。歓迎する。〓「彼女は私の提案を少しも―・ばない」❸〈手紙やあいさつで使って〉めでたいこととしてうれしく思う。祝福する。〓「御婚約［初春］を心からお慶び申し上げます」「皆様におかれましては御健勝のこととお慶び申し上げます」❹〈「喜んで」の形で〉喜びに心が浮き立つさま。また、依頼などをこころよく引き受けるさま。〓「―・んで出かける」「―・んで出席します」◈書き分け【悦】は心にかなってうれしく思う、【歓】はにぎやかにわいわいと喜ぶ意だが、今は【喜】を使う。【慶】は③で好まれる。可能喜べる 名喜び

「喜ぶ」を表す表現

うれしく［有り難く／幸せに／満足に／喜ばしく／欣快（きんかい）に／同慶に／恐悦に］思う・幸せ［喜び］を感じる・恐悦至極に存じます

幸福感［満足感］に包まれる・全身が幸せ［至福の思い］に満たされる・喜びがこみあげる・無上の歓喜［喜悦／愉悦／悦楽／法悦］に包まれる・〜を喜びとする・喜ばしき限りだ・欣快（きんかい）［欣幸／同慶／恐悦］の至りだ・天にも昇る心地がする・悦に入る

わくわく［うきうき／そわそわ／ぞくぞく］する・心が躍る［弾む／ときめく／騒ぐ］

うれし［楽し］げだ・うれし［満足］そうだ・ご満悦の趣［体（てい）］だ・満足の面もちだ・いそいそと〜する

満面に微笑みを浮かべる・莞爾（かんじ）［婉然（えんぜん）］として笑む・欣然（きんぜん）［喜々］として〜する・喜びを満面［顔］に浮かべる・喜びを顔にみなぎらせる・喜びで顔がほころぶ・頬をゆるませる・相好（そうごう）を崩す・うれし涙［歓喜の涙／随喜の涙］を流す・感涙にむせぶ・目を細める・目を輝かせる・喜びの眉（まゆ）を開く・歓天喜地

よろし・い【▽宜しい】一［形］❶「よい」の改まった言い方。〓「お体の具合はもう―でしょうか」「ご都合の―時においで下さい」「それはよろしゅうございました」「お日柄も―・く誠に結構でございます」「お後が―ようで」❷〈感動詞的に〉「よし」の改まった言い方。わかった。承知した。〓「―、引き受けた」「―、その線で行きましょう」二［補形］「…て（も）よい」「…で（も）よい」の改まった言い方。許容・許可を表す。〓「帰って（も）―でしょうか」「これで―・かったらお貸しします」「お昼は蕎麦（そば）で―ですか」◈使い方 一般に丁寧な気持ちを添えるが、尊大で荘重な言い方になる場合もある。〓「彼の態度は―・くない」「もう帰っても―」

よろしき【▽宜しき】［名］ちょうどよいこと。適切なこと。〓「指導［寛厳］―を得る」▼文語形容詞「よろし」の連体形から。

よろしく【▽宜しく】［副］❶〈不都合などが起こらないように〉ほどよく見はからって。適宜勘案して。〓「例の件は遺漏なきよう―進めてくれ」
❷〈「よろしく願う」などの形で〉希望の実現に対して、相手に望ましい配慮を期待していう語。〓「清き一票を―お願い致します」「御指導のほど―お頼み申します」
❸〈挨拶（あいさつ）の表現で〉今後の良好な交際や相手の適切な配慮などを願っていう語。〓「今年もどうぞ―」「御両親様に―」「皆さんに―とのことでした」「あとは―」▼「よろしくお願いします」「よろしくお伝えください」などの下略から。
❹［俗］〈「よろしくやる」の形で〉親密な関係を保って、楽しげに物事をする。〓「今頃は二人で―やってるだろう」
❺［古風］〈名詞に付いて〉本物と現実を比べて、その類似や共通点を多少の詠嘆をこめていう。いかにもそれのように。…さながらに。〓「名探偵―謎（なぞ）を解く」「夫婦―連れだって出かける」
❻［古風］〈「よろしく…すべし」の形で〉ぜひとも。…したほうがよい。〓「―探求すべし」▼漢文の「宜」の訓読から。

よろず【▽万】［名］❶千の一〇倍。まん。❷数が非常に多いこと。あまた。〓「―の神」❸すべてのこと。万事。〓「―お任せ下さい」▼副詞的にも使う。

よろず-や【▽万屋】［名］❶生活に必要な種々の

品物を売る店。雑貨屋。❷いろいろなことを一通り知っている人。また、なんでも一通りできる人。なんでも屋。

よろぼ・う【〈▼蹌▼踉〉ぼう】 ボヨ〔自五〕〔古風〕よろよろと歩く。よろめく。

よろ-め・く【〈▼蹌▼踉〉めく】〔自五〕❶足もとが不安定になって、倒れそうになる。よろける。‖「荷物の重さで―」❷誘惑にのる。浮気をする。‖「人妻に―」名よろめき

よろ-よろ〔副ト〕足どりがしっかりせず、倒れそうなさま。よろめくさま。‖「酔って―(と)歩く」

よ-ろん【世論・▼輿論】〔名〕世間一般の人々の考えや意見。‖「―に訴える」「―調査」

輿 ▼public opinion の訳語で、本来は「輿論」。「輿(よ)」はもろもろの意。「世論(せろん)」は、「輿論(よろん)」の言い換え語として採用された「世論(せろん)」が「よろん」と誤読され、一般化したもの。そのため「世論」は「よろん」を避けて「せろん」と読む人もいるが、今は少数化した。

よ-わ【夜▼半】 ヨハ〔名〕夜。よなか。‖「―の月」

よ-わ【余話】〔名〕ある出来事について、一般にはあまり知られていない話。こぼれ話。余聞。‖「終戦―」

よわい【▼齢】 ヨハヒ〔名〕とし。年齢。‖「―を重ねる」「―八〇を迎える」

よわ・い【弱い】〔形〕❶人などが、物を動かしたり押さえつけたりする力が小さい。‖「力が―・くて持ち上がらない」「握力が―」

❷自然現象のもつエネルギーの作用が小さい。‖「今日の風波は―」「火力が―」

❸勝負などで、相手をしのぐ力をあまり持っていない。‖「兄は弟より将棋が―」「〇〇大は駅伝が―」

❹体(の一部)が丈夫でなく、機能的に劣っている。また、精神的な面での能力が劣っている。‖「胃腸〔肩〕が―」「観察力が―」

❺〈「…に弱い」の形で〉外からの作用に対して、しっかりと耐える力が小さい。‖「この建材は衝撃に―」「アルコールに―体質」

❻〈「…に弱い」の形で〉その方面やそのような状況について、あまり優れた力を持っていない。‖「機械〔チャンス〕に―」

❼〈「…に弱い」の形で〉魅力に抗しきれずにころりと参るさま。‖「誘惑〔ブランド品〕に―」

❽相互の結びつきがあまりしっかりしていない。軟弱だ。‖「夫婦のきずなが―」

❾自己を制御する力や物事に耐える力が小さい。‖「意志が―」

❿精神のあり方にきわだった特徴があまりない。‖「責任感は決して―・くはない」「気が―」

⓫物事の与える刺激や作用が小さい。‖「今日は冷え込みが―」「この薬は副作用が―」

⓬人が他に与える精神的な作用が小さい。‖「発言権が―」「反対派の反発は意外に―」

⓭(数量的な)度合いや対比の差が小さい。‖「傾斜の度合いが―」「塩味がやや―」◈⬍強い 派生 -さ/-み

よわ-き【弱気】〔名・形動〕❶事に当たって言動が消極的であること。また、そのような性質であること。‖「―な発言」「一度失敗してから―になる」✓注意「弱気」そのものに「言葉」の意はないので、「弱気を吐く」は誤り。「弱気なことを言う」「弱音を吐く」などが適切。❷取引で、相場が下がると予想すること。また、下がると予想して買い控えること。◈⬍強気

よわ-ごし【弱腰】〔名〕❶〔形動〕相手に対して弱気な態度をとること。‖「交渉の場で―になる」⬍強腰 ❷腰の左右のやや細くなっている部分。

よわ-さ【弱さ】〔名〕❶相当に弱いこと。‖「印象の―が気になる」❷弱いところ。弱み。‖「女性に甘いところが彼の―だ」◈⬍強さ

よ-わたり【世渡り】〔名〕実社会で生活してゆくこと。渡世(とせい)。‖「―がうまい」

よわ-ね【弱音】〔名〕意気地のない言葉。‖「―を吐く」

よわ-び【弱火】〔名〕火力の弱い火。とろ火。⬍強火

よわ-ふくみ【弱含み】〔名〕取引で、相場が下がりそうな気配を示していること。よわぶくみ。⬍強含み

よわま・る【弱まる】〔自五〕力や勢いが弱くなる。‖「雨脚〔火力・影響力・攻撃〕が―」⬍強まる

よわ-み【弱み】〔名〕弱い側面。‖「―を見せる」「―を握られる」⬍強み 書き方「弱味」とも当てるが、近年まれ。

よわ-むし【弱虫】〔名〕気の弱い人をあざけっていう語。意気地なし。‖「この―め」

よわ・める【弱める】〔他下一〕❶力や勢いを弱くする。‖「ガスの火を―」「ワクチンでウイルスの毒素を―」❷ある作用によって自分のもつ力や働きを弱くする。‖「台風がその勢力を―」「体が抵抗力を―」「組合がみずから結束力を―」◈⬍強める 文よわ・む

よわよわ-し・い【弱弱しい】〔形〕いかにも弱そうなさま。力や元気のないさま。‖「―声を出す」派生 -げ/-さ

よわり-め【弱り目】〔名〕弱ったとき。困っている状態。

◉**弱り目に祟(たた)り目** 困っているときに、さらに重ねて災難に遭うこと。不運が重なること。泣き面に蜂(はち)。

よわ・る【弱る】〔自五〕❶身体やその部分の働きが弱くなる。衰弱する。‖「夏ばてで体が―」「気力〔足腰・視力・胃腸〕が―」❷そのことに困惑してどうしていいか分からなくなる。困却する。困る。‖「終電に乗り遅れて―・った」「―・ったことに雨まで降ってきた」

よん【四】〔名〕数のよっつ。し。▼「よ(四)」の転。

よん-く【四駆】〔名〕自動車で、前後四輪とも駆動する構造。また、その自動車。4WD。▼「四輪駆動」の略。

よん-けい【四継】〔名〕陸上競技の四〇〇メートルリレー。四人で一〇〇メートルずつ走る。▼「四〇〇メートル継走」の略。

よん-ケー【4K】〔名〕テレビ・パソコンなどで、長辺の画素数が四千ピクセル程度の高精細画像。4K解像度。‖「―テレビ」

よんダブリューディー【4WD】〔名〕自動車で、前後四つの車輪すべてが駆動する構造。また、その自動車。四駆(よんく)。四輪駆動。▼four-wheel drive から。

よんどころ-な・い【〈▽拠ん所ない〉(▽拠ん所無い)】〔形〕それ以外に取るべき方法がないさま。そうする以外にない。やむを得ない。仕方ない。‖「―用事で欠席する」▼「よりどころなし」の転。主に連体形で使われる。

よんまるいち-ケー【401k】〔名〕アメリカの確定拠出型年金の一つ。内国歳入法401条k項に定められている従業員拠出型の老後資金積立制度に基づくもので、従業員はその資金を自己責任で運用する。

ら

ら【▽等】［接尾］❶人を表す名詞や代名詞、または指示代名詞に付いて、複数であること、他にも同類があることを表す。たち。‖「子供—」「ぼく—・彼—・やつ—・こいつ—」「鈴木君—一行」「これ—」 使い方 (1)人を表す語に付く場合は謙譲または蔑視の気持ちを含み、本来目上の相手には使わない。‖「〇先生たち／×先生ら」(2)謙譲・蔑視の意識が失われ、単なる複数ととらえる傾向にあり、マスコミなどで「首相ら・受賞者ら・来賓ら・招待客ら」などと使う。❷指示代名詞に付いて、その時・方向・場所、またはその人・事物などを漠然と示す。‖「あち—・そち—・どち—・いく—」

ら【拉】（造）引っぱって連れていく。‖「—致」

ら【裸】（造）はだか。むきだしの。‖「—体」「全—・半—」

ら【羅】（造）❶薄く織った絹布。うすぎぬ。‖「綺—」❷つらねる。‖「—列」❸鳥をとるあみ。‖「網—」

ラ［la イタリア］［名］❶西洋音楽で、長音階の第六音の階名。また、短音階の第一音の階名。❷日本音名イ音のイタリア音名。

ラーゲリ［lager ロシア］［名］第二次大戦後、ソ連が戦時捕虜・政治犯などを収容した強制収容所。ラーゲル。

ラード［lard］［名］ブタの脂肪組織を加熱して得る、乳白色・半固体の油。料理などに用いる。

ラーメン［名］中国風の麺料理で、小麦粉に塩・梘水などを加えて作った細長い麺をゆでてスープに入れ、焼き豚・メンマなどの具をのせるもの。さまざまなスープ・具を用いる。中華そば。 書き方 語源未詳で、もと「▽老麺」、今「▽拉麺」と書くことが多い(中国の「拉麺」は練った小麦粉を両手で何度も引き伸ばして作ったもので、これとは別)。また、「▽柳麺」とも書く。

ラーユ【辣油 中国】［名］中国料理の調味料の一つ。熱した胡麻油に刻んだ赤唐辛子を加えて作る。 書き方「ラー油」とも。

らい【来】（造）❶こちらに来る。‖「—客・—賓」「往—・再—・伝—」❷次に来る。きたる。‖「—学期・—シーズン」「—期・—週・—春」「将—」❸ある時点から今まで。このかた。‖「昨夜—」「—歴」「以—・元—」 旧來

らい【雷】（造）❶かみなり。いかずち。‖「—雨・—雲・—鳴」「春—・落—」❷大きな音を立てて爆発する兵器。‖「機—・魚—・地—」

らい【頼】（造）あてにする。たよりとする。‖「依—・信—」 旧賴

らい-い【来意】［名］訪ねてきた理由。来訪の目的。‖「—を告げる」

らい-いん【来院】［名・自サ変］院と名のつく施設へ来ること。特に、病院へ来ること。‖「—患者」

らい-う【雷雨】［名］雷を伴った激しい雨。

らい-うん【雷雲】［名］雷をもたらす雲。多くは積乱雲。かみなりぐも。

らい-えん【来援】［名・他サ変］来て助けること。助けに来ること。‖「友軍が—する」「—を求める」

らい-えん【来演】［名・自他サ変］その場所に来て、音楽の演奏や劇の上演などを行うこと。

らい-おう【来往】［名・自サ変］行ったり来たりすること。往来。

ライオン［lion］［名］アフリカのサバンナとインド西部の一部に分布するネコ科の哺乳類。体は黄褐色または灰褐色で、体毛は短い。雄は頭部から肩にかけてたてがみをもつ。ふつう十数頭が群れをなし、主に大形哺乳類などを捕食。古くから「百獣の王」と呼ばれる。獅子。

らい-か【雷火】［名］❶いなびかり。いなずま。❷落雷によって起こる火事。

らい-が【来▼駕】［名・自サ変］来訪をいう尊敬語。‖「御—を待つ」

らい-かい【来会】［名・自サ変］会合などに集まって来ること。‖「多くの人が—する」「—者」

らいがい-しゃ【来街者】［名］都市の特定の区域を訪れる人。ビジター。‖「商店街の—」「—調査」

らい-かん【来観】［名・他サ変］見に来ること。来て、見ること。‖「ご—の皆様にお礼申し上げます」

らい-かん【雷管】［名］金属製の容器に起爆剤を詰めたもの。爆薬などの点火に用いる。

らい-き【来期】［名］この次の時期。今の時期が済んだ次の期間。‖「—の予算」

らい-きゃく【来客】［名］客が訪ねてくること。また、その客。‖「今夜は—がある」「—中」

らい-ぎょ【雷魚】［名］タイワンドジョウとカムルチーの通称。ともにタイワンドジョウ科の淡水魚で、肉食性。他の魚などを食害する。

らい-げき【雷撃】［名］❶雷が落ちること。❷［他サ変］魚雷で敵の艦船を攻撃すること。また、その攻撃。‖「敵の母艦を—する」

らい-げつ【来月】［名］今月の次の月。⇕先月 ▽副詞的にも使う。

らい-こう【来航】［名・自サ変］船に乗って外国からやってくること。‖「ペリーの—」

らい-こう【雷公】［名］雷のこと。かみなりさま。

らい-こう【雷光】［名］いなびかり。いなずま。‖「天空を—が走る」

らい-ごう【来▽迎】［名・自サ変］❶浄土宗で、人が死ぬときに、阿弥陀如来や菩薩が極楽浄土から紫雲に乗って迎えに来ること。❷⬇御来迎②③

らい-さん【礼賛・礼▼讃】［名・他サ変］❶すばらしいもの、ありがたいものとして、ほめたたえること。‖「芸術を—する」「偉大な業績を—する」「美味—」❷仏教で、仏・法・僧の三宝を礼拝し、その功徳をほめ尊ぶこと。

らい-し【来旨】［名］❶手紙などで、相手から言ってよこした趣旨。❷来訪の趣旨。来意。

らい-じ【来示】［名］〈多く「御来示」の形で〉書状に示された内容をいう尊敬語。‖「御—の旨承知いたしました」

らい-しゃ【来社】［名・自サ変］よその人が会社にやって来ること。‖「広告主が—する」

らい-しゃ【来車】［名］❶車に乗ってやってくること。❷来訪をいう尊敬語。‖「御—を願います」

らい-しゅう【来週】［名］今週の次の週。‖「—の予定をきく」⇕先週 ▽副詞的にも使う。

らい-しゅう【来集】［名・自サ変］ある場所に集まってくること。‖「多数の参加者が—する」

らい-しゅう【来襲】［名・自サ変］襲ってくること。襲来。

らい-しょ【来書】［名］よそから送られてきた書状。来信。

らい-じょう【来場】[名・自サ変] その場所・会場に来ること。‖「一万人が—した」「御—の皆様」

らい-しん【来信】[名] 手紙などが送られてくること。また、その送られてきたもの。

らい-しん【来診】[名・自サ変] ❶医者が患者の家に来て診察すること。‖「医者に—を頼む」▽患者の側からいう語。医者の側からは「往診」という。❷患者が病院などに来て診察を受けること。‖「週一回は—して下さい」▽病院・医者の側からいう語。

らい-じん【雷神】[名] 雷を起こすという神。ふつう虎の皮の褌をまとった鬼が輪形に連ねた小太鼓を背負い、手にばちを持った姿で描かれる。

ライス【rice】[名] 米の飯。ごはん。特に、食堂などで出すごはん。‖「—の大盛り」

ライス-カレー【和製rice＋curry】[名] カレーライス。

ライス-シャワー【rice shower】[名] 結婚式で、参列者が新郎新婦に米粒をふりかけて祝福すること。また、その米粒。

ライス-ペーパー【rice paper】[名] ❶麻などの繊維を原料とした薄くて丈夫な紙。主に巻きタバコに用いる。❷ベトナム料理で用いる、米の粉で作った薄い紙状の食品。生野菜などを包んで食べる。

らい-せ【来世】[名] 仏教で、三世の一つ。死後、生まれかわって住む世。後世。後生。未来世。⇔現世・前世

ライセンス【license】[名] ❶免許。許可。また、それを証明する文書。‖「A級—」❷他企業がもっている商標・特許・技術などを使うための法的な許可。‖「—生産」

ライター【lighter】[名] 点火する器具。特に、タバコに火をつけるための器具。

ライター【writer】[名] 文章を書くことを職業とする人。執筆者。著述家。‖「シナリオ—」「スポーツ—」

ライダー【rider】[名] ❶オートバイなどの乗り手。❷騎手。

らい-たく【来宅】[名・自サ変] 人が自分の家に訪ねてくること。‖「友人が—する」

らい-だん【来談】[名・自サ変] 人が来て話をすること。‖「—数時間に及ぶ」

ライチー【litchi】[名] 茘枝。ライチ。

らい-ちょう【来朝】[名・自サ変]〔古風〕外国人が日本へ来ること。来日。

らい-ちょう【来聴】[名・自他サ変] 講演・音楽などを聴きに来ること。‖「御—歓迎」

らい-ちょう【雷鳥】[名] 本州中部の山岳地帯にすむキジ目ライチョウ科の鳥。体つきは丸く、尾は短い。羽色は夏は褐色、冬は白色に変わる。特別天然記念物。

ライティング【lighting】[名] ❶照明。舞台照明。また、照明技術。❷採光。照明。‖「部屋の—」

ライティング【writing】[名] 書くこと。執筆。また、作文。

らい-てん【来店】[名・自サ変] 人が店に来ること。‖「またのご—をお待ち申し上げます」

らい-でん【来電】[名] 電報が来ること。また、その電報。

らい-でん【雷電】[名] かみなりといなずま。雷鳴と雷光。

ライト【light】━[名] ❶光。光線。❷照明。灯火。‖「—をつける」「スポット—」━(造) 明るい。‖「—ブルー」⇔ダーク

ライト【right】[名] ❶右。右側。‖「—ウイング」❷野球で、右翼。また、右翼手。‖「—スタンド」▽right field, right fielder の略。❸右派。保守派。‖「ニュー—」◈⇔レフト

ライト【light】(造) 軽い。手軽な。‖「—ビール」「—コメディー」

ライト-アップ【light up】[名・他サ変] 夜間、景観を演出するために建造物などに照明を当てて明るく浮かび上がらせること。‖「橋[庭園]を—する」

らい-とう【来島】[名・自サ変] よそからその島にやって来ること。‖「観光客が—する」

らい-どう【雷同】[名・自サ変] 考えもなく、むやみに他人の説や行動に同調すること。‖「付和—」▽雷鳴に応じて万物が鳴り響く意から。

ライトウエルター-きゅう【ライトウエルター級】[名] アマチュアボクシングの体重別階級の一つ。六〇キログラム以上、六四キログラムまで。

ライト-きゅう【ライト級】[名] ボクシングの体重別階級の一つ。プロでは一三〇ポンド(約五八・九キログラム)以上、一三五ポンド(約六一・二キログラム)まで。アマでは五六キログラム以上、六〇キログラムまで。

ライト-ノベル【和製light＋novel】[名] 若者を読者対象とするエンターテイメント小説。会話の多用や漫画調の挿絵などが特徴。▽略して「ラノベ」「ライノベ」とも。

ライト-バン【和製light＋van】[名] 運転席・座席の後部が荷物室になっている小型の貨物自動車。

ライト-フライ-きゅう【ライトフライ級】[名] ボクシングの体重別階級の一つ。プロでは一〇五ポンド(約四七・六キログラム)以上、一〇八ポンド(約四八・九キログラム)まで。アマ(シニアの部)では四六キログラム以上、四九キログラム以下。

ライト-ヘビー-きゅう【ライトヘビー級】[名] ボクシングの体重別階級の一つ。プロでは一六八ポンド(約七六・二キログラム)以上、一七五ポンド(約七九・三キログラム)まで。アマでは七五キログラム以上、八一キログラムまで。

ライトモチーフ【Leitmotiv ドイ】[名] ❶オペラ・標題音楽などで、楽曲の主要な観念や特定の人物・感情などを表現するために曲の展開とともに変化しながら反復して演奏される楽句。ワグナーが楽劇によって確立した。主導動機。示導動機。❷芸術作品の基調となる思想。主題。

ライナー【liner】[名] ❶野球で、低く直線状に飛ぶ打球。❷定期船。定期便。❸コートなどの裏地で取り外しができるもの。

ライナー-ノート【liner note】[名] CDやレコードなどに付いた解説文。ライナーノーツ。▽「ライナー」はレコードのジャケットの意。

らい-にち【来日】[名・自サ変] 外国人が日本へ来ること。‖「調査団が—する」「米大統領の—」⇔離日

らい-ねん【来年】[名] 今年を基準として、次の年。‖「—のことを言うと鬼が笑う」

らい-はい【礼拝】[名・他サ変] 神仏を敬っておがむこと。特に仏教で、合掌低頭して仏・菩薩をおがむこと。‖「神を—する」⬇れいはい(礼拝)

らい-はる【来春】[名] 来年の春。らいしゅん。‖「—には卒業する」

ライバル【rival】〔名〕実力が同じ程度の競争相手。好敵手。「よき―」「―会社」「―意識」

らいびょう【癩病】〔名〕「ハンセン病」の古い言い方。

らいひん【来賓】〔名〕式や会合に主催者から招かれて来た人。「御―の皆様」「―祝辞」「―席」

ライフ【life】〔名〕❶命。生命。❷一生。生涯。❸生活。

ライブ【live】〔名〕生放送。また、生演奏。「―で放送する」「―コンサート」

ライフサイエンス【life science】〔名〕生命の原理と生命現象を、生物学・医学・心理学などの面から総合的に研究する学問。生命科学。

ライフサイクル【life cycle】〔名〕❶人間の一生をいくつかの段階に分けたもの。生活周期。❷生物個体の生殖細胞が発生してから次世代の個体が発生するまでの全過程。生活環。❸ある商品が市場に出てから次商品の出現によって衰退するまでの過程。商品の寿命。

ライフジャケット【life-jacket】〔名〕救命胴衣(きゅうめいどうい)。

ライフスタイル【life style】〔名〕その人の生活様式。人生観・価値観・行動様式などを含めた、その人の生き方。

ライフステージ【life stage】〔名〕人の一生における、幼年期・少年期・青年期・壮年期・老年期などの段階。

ライフセーバー【lifesaver】〔名〕水難救助員。人命救助員。

ライフセービング【lifesaving】〔名〕❶水辺の事故を防止し、救急事態時に人命を救助するための活動。人命救助。水難救助。❷水難救助員(ライフセーバー)の技術・体力の向上を目的とするスポーツ競技。ライフセービング競技。

ライブハウス【和製live＋house】〔名〕ジャズやロックなどの生演奏をきかせる店。

ライフハック【lifehack】〔名〕仕事術や生活術。仕事や生活の質・効率などを高めるためのちょっとした工夫。

ライフボート【lifeboat】〔名〕船舶に搭載し、非常時の人命救助に使用するボート。救命ボート。救命艇。

ライフライン【lifeline】〔名〕❶命綱。救命索。❷都市生活を維持するために不可欠な、水道・電気・ガス・通信などの供給システム。

ライブラリー【library】〔名〕❶図書館。図書室。❷映画・写真・レコードなどを収集・保管し、一般に視聴させる施設。「ビデオ[フィルム]―」❸蔵書。❹叢書(そうしょ)・文庫など、連続して発行される出版物の名称として使う語。「世界名作―」❺コンピューターで、プログラミングに使用する複数のプログラムをまとめたファイル。

ライフルしゃげき【ライフル射撃】〔名〕ライフル銃やピストルを使って所定時間内に限られた弾数で標的を撃ち、その命中度を競うスポーツ。姿勢によって伏射・立射・膝射(しっしゃ)に分けられる。

ライフルじゅう【ライフル銃】〔名〕弾丸を回転させて命中精度を高めるため、銃身の内側にらせん状の溝をつけた銃。施条銃。ライフル。

ライフワーク【lifework】〔名〕その人が一生をかけてする仕事。畢生(ひっせい)の事業。また、その人が一生をかけてなし遂げた研究や作品。

らいほう【来訪】〔名・自サ変〕人が訪ねてくること。「友が拙宅に―する」「―者」⇔往訪

らいほう【来報】〔名・他サ変〕来て知らせること。また、その知らせ。「―を待つ」

ライム【lime】〔名〕果樹として熱帯・亜熱帯地方で栽培されるミカン科の常緑小高木。また、その果実。緑色の果実はレモンに似るがやや小さく、酸味と香気に富む。

ライむぎ【ライ麦】〔名〕東ヨーロッパを中心に食用・飼料用として栽培されるイネ科の越年草。耐寒性が強く、やせ地でもよく育つ。緑褐色または紫色に熟す実を製粉して黒パンを作るほか、麦芽をウォッカやビールの醸造原料にする。

ライムライト【limelight】〔名〕石灰棒を酸水素炎で熱し、強烈な白色光を発生させる装置。また、その白色光。▼ライムは石灰の意。一九世紀後半、欧米の劇場で舞台照明として用いられた。

らいめい【雷名】〔名〕世間になりひびいている名声。また、名声をいう尊敬語。「―をとどろかす」「御―はうけたまわっております」

らいめい【雷鳴】〔名〕かみなりの音。

らいゆう【来遊】〔名・自サ変〕来て遊ぶこと。遊びに来ること。「北海道に―する観光客」

らいらく【磊落】〔名・形動〕快活で度量が広く、小さなことにこだわらないこと。「豪放―な気性」派生―さ

ライラック【lilac】〔名〕春、枝先に芳香のある紫色の小花を円錐(えんすい)状につけるモクセイ科の落葉低木。観賞用。花が白・赤・青などの品種もある。リラ。ムラサキハシドイ。

らいりん【来臨】〔名・自サ変〕来訪や出席をいう尊敬語。「天上から神が―する」「御―を賜る」

らいれき【来歴】〔名〕❶物事がこれまで経てきた道筋。由来。由緒(ゆいしょ)。「故事―」❷人の履歴。経歴。「半生の―を記す」

ライン【line】〔名〕❶線。また、輪郭線。「テニスコートの―」「グラウンドに―を引く」「ボディー―」❷列。行列。また、文字の行。「スクラムの―が乱れる」「ピケ―」❸基準線。境界線。「合格―すれすれの成績」「ボーダー―」❹系列。系統。❺船舶・航空機の航路。経路。「太平洋―・エア―」❻企業組織で、局・部・課・係などのような縦の管理系列。❼企業で、製造・販売など直接的な業務を担当する部門。⇔スタッフ

ラインアウト【lineout】〔名〕❶ラグビーで、ボールまたはボールを持った選手がタッチラインに触れるか出るかしたときに行われる競技再開の方法。双方とも二人以上の選手がタッチラインと直角に一列ずつ並び、ボールを出したチームの相手側の選手がその中間にボールを投げ入れる。❷野球で、タッチを避けようとした選手がスリーフィートラインの外に出てアウトになること。

ラインアップ【line-up】〔名〕❶野球で、打順。バッティングオーダー。「不動の―」❷陣容。顔ぶれ。「豪華な―による特集」「商品の―」◈「ラインナップ」とも。

ラインストーン【rhinestone】〔名〕鉛ガラス製の人工宝石。衣服の装飾やアクセサリーなどに用いる。

▽もとドイツのライン河畔で生産されたことから。

ラインズマン【linesman】［名］球技で、線審。

ラウ［名］キセルの雁首と吸い口とをつなぐ竹の管。ラオ。▽はじめ、ラオス産の竹を使ったことから。書き方「羅宇」とも。

ラウドスピーカー【loudspeaker】［名］拡声器。スピーカー。

ラウンジ【lounge】［名］❶ホテル・劇場などの休憩室。談話室。❷空港の搭乗待合室。

ラウンド【round】［名］❶ボクシングで、一試合を構成する小区分。一ラウンドは三分間。❷ゴルフで、コースの各ホールを一周すること。一ラウンドは一八ホール。❸丸いこと。〓「—ネック・—テーブル」▽多く他の語と複合して使う。

ラオ［名］⬇ラウ

ラオチュー【老酒 中国】［名］糯米・アワ・キビなどを原料とする中国の醸造酒の総称。特に、精白した糯米を原料とする紹興酒。▽古くなるほど味や香りがよくなることから。

ラガー【rugger】［名］ラグビー。また、ラグビーの選手。

ラガービール【lager beer】［名］貯蔵室で低温熟成させたビール。

らかん【羅漢】［名］「阿羅漢」の略。〓「五百—」

らがん【裸眼】［名］眼鏡やコンタクトレンズをつけないで物を見るときの目。

らく【楽】㊀［名］❶［形動］身体や精神に負担がかからないで、安らかであること。また、生活のための苦労がないこと。〓「体が—になる」「もっと—な暮らしがしたい」「—あれば苦あり」❷［形動］たやすいこと。簡単なこと。〓「—な仕事」「—に勝てる」❸「楽焼き」の略。❹「千秋楽」の略。㊁（造）たのしい。〓「—園」「行—・娯—」旧樂

らく【▼洛】（造）みやこ。特に、京都。〓「—中・—北」「帰—・上—」

らく【絡】（造）❶からむ。からまる。まといつく。〓「籠—」❷つなぐ。つながる。〓「短—・脈—・連—」

らく【落】（造）❶位置・程度などが下に移る。おちる。おとす。〓「—石・—選・—馬」「脱—・墜—・暴—・没—」❷おさまりがつく。できあがる。〓「—成」❸人々が集まり住む場所。〓「集—」

らく【酪】（造）牛・羊などの乳を加工して製した飲料や食品。乳製品。〓「—農」「乾—」

ラグ【rug】［名］敷物。特に、床の一部に敷くものをいう。〓「—マット」

らくいん【▼烙印】［名］しるしをつけるために火で焼いて物に押し当てる金属製の印。また、その印のあと。焼き印。▽昔、刑罰として罪人の額などに押した。

◉**烙印を押さ・れる** 消し去ることのできない汚名を受ける。〓「売国奴の—」

らくいん【落▼胤】［名］身分の高い男性と、その正妻以外の女性との間に生まれた子。おとしだね。

らくいんきょ【楽隠居】［名・自サ変］隠居して何の苦労もなく暮らすこと。また、その人。〓「跡目を譲って—する」「—の身」

ラグー［名］❶【ragù イタリア】イタリア料理で、肉や魚介を煮込んだソース。〓「—ソースのパスタ」❷【ragoût フランス】フランス料理で、煮込み。〓「牛肉の—」

ラグーン【lagoon】［名］潟。また、礁湖。

らくえん【楽園】［名］悩みや苦しみがなく、安楽に暮らせる所。パラダイス。〓「地上の—」「野生動物の—」

らくがい【▼洛外】［名］都のそと。京都の市街地のそと。⇔洛中 ▽京都を中国の洛陽になぞらえていう。

らくがき【落書き】［名・自他サ変］本来書くべきではない所に文字や絵をいたずら書きすること。また、その文字や絵。〓「壁に自分の名前を—する」

らくがん【落▼雁】［名］❶（列をなして）空から舞い降りてくる雁。〓「堅田の—（＝近江八景の一つ）」❷米・麦・大豆などのいり粉に砂糖や水飴を入れて練り、型抜きして乾燥させた干菓子。

らくご【落▼伍】［名・自サ変］能力不足などから、仲間や集団についていけなくなること。〓「競争社会から—する」「—者」▽行進する隊伍から脱落する意。書き方 新聞などでは「落後」で代用する。

らくご【落語】［名］寄席演芸の一つ。一人の演者が滑稽を主とした話を身振りをまじえて語り、末尾に落ちをつけてまとめる話芸。広義には人情噺・芝居噺・怪談噺・音曲噺などを含む。おとしばなし。▽江戸初期に『醒睡笑』を著した安楽庵策伝（一五五四～一六四二）が大名などに笑話を聞かせたのが始まりとされる。

らくごか【落語家】［名］落語を口演することを職業にする人。咄家。

らくさ【落差】［名］❶水が流れ落ちる際の、上下の水面の高さの差。〓「—五〇メートルの滝」❷高低の差。二つの物事の間にある差。〓「両者の性能［考え方］に大きな—がある」「理想と現実の—」

らくさつ【落札】［名・他サ変］競争入札で、目的物や権利を手に入れること。〓「架橋工事を—する」「—価格」

らくじつ【落日】［名］沈もうとしている太陽。入り日。落陽。〓「孤城—」

らくしゅ【落手】［名］❶［他サ変］手紙・品物などを受け取ること。落掌。〓「お手紙—いたしました」❷囲碁・将棋で、悪い手。

らくしゅ【落首】［名］政治や世相を風刺・批判した匿名の狂歌や狂句。

ラグジュアリー【luxury】［名・形動］贅沢なこと。豪華なこと。また、贅沢品。〓「—な暮らし」

らくしょ【落書】［名］❶政治・世相・個人などを風刺・批判した匿名の文書。道に落として人に拾わせたり、家の門や塀に貼りつけたりした。中世から近世にかけて盛行。おとしぶみ。❷⬇らくがき

らくしょう【落掌】［名・他サ変］手紙・品物などを受け取ること。〓「御書状—いたしました」▽「落手」よりさらに改まった言い方。

らくしょう【楽勝】［名・自サ変］苦労しないで楽々と勝つこと。〓「大差で—する」

らくじょう【落城】［名・自サ変］❶敵に城を攻め落とされること。〓「兵糧が尽きて—する」❷維持できなくなって投げ出すこと。また、説得されて承諾すること。〓「融資を止められて—する」「しつこく口説かれて—する」

らくしょく【落飾】［名・自サ変］身分の高い人が髪をそり落として出家すること。

らくせい【▼洛西】［名］都の西。京都の西の郊外。▽京都を中国の洛陽になぞらえていう。

らくせい【落成】［名・自サ変］工事が完了して建造

物などができあがること。竣工。≡「新庁舎が―する」「―式」

らく-せい【落勢】［名］物価・相場などが下がる傾向にあること。また、その勢い。⇕騰勢

らく-せき【落石】［名・自サ変］山やがけの上から石がころがり落ちること。また、その石。≡「―の多い山道」「―注意」

らく-せき【落籍】［名・他サ変］抱え主に前借金などを払って、芸者や娼妓をその稼業から抜けさせること。身請け。≡「古なじみの客に―される」

らく-せつ【落雪】［名］積もった雪がくずれ落ちること。また、その雪。なだれよりも規模の小さいものをいう。

らく-せん【落選】［名・自サ変］❶選挙で選出されないこと。≡「百票差で―する」⇕当選 ❷選考にもれること。≡「出品作が―する」⇕入選

らく-だ【▼駱▼駝】［名］❶ラクダ科の哺乳類のうち、ヒトコブラクダとフタコブラクダの総称。草食性で、背中に脂肪を蓄えたこぶをもち、数日間食物をとらずに歩くことができる。古代から「砂漠の舟」と呼ばれ、乗用・運搬用の家畜とされた。❷ラクダの毛から製する繊維。また、その織物。柔らかく、保温性に富む。≡「―のシャツ」

らく-だい【落第】［名・自サ変］❶試験・審査などに合格しないこと。不合格。≡「試験に―する」「―点」⇕及第 ❷成績が水準に達しなくて、進級または卒業できないこと。≡「二回―する」「―生」❸ある一定の基準に達していないこと。≡「指導者としては―だ」

ラグタイム［ragtime］［名］一九世紀の末、アメリカ南部の黒人ピアニストたちによって始められたピアノ音楽。また、その演奏法。シンコペーションの多用を特徴とする。ラッグタイム。

らく-たん【落胆】［名・自サ変］期待どおりにならなくて、がっかりすること。失望すること。≡「不合格と知って―する」

らく-ちゃく【落着】［名・自サ変］物事にきまりがつくこと。決着。≡「紛争が―する」「一件―」

らく-ちゅう【▼洛中】［名］都の中。京都の市中。洛内。⇕洛外 ▽京都を中国の洛陽になぞらえていう。

らく-ちょう【落丁】［名］書籍・雑誌のページが一部抜け落ちていること。また、そのページ。≡「―のある詩集」「―本」

らく-ちょう【落潮】［名］❶引き潮。干潮。おちしお。❷物事の勢いが衰えていくこと。≡「貴族階級の―」

らく-ちん【楽ちん】［名・形動］楽であること。楽で気持ちがよいこと。≡「バスで行った方が―だよ」▽もと、幼児語。書き方「楽チン」とも。

らくてん-か【楽天家】［名］物事を楽観的に考える人。オプチミスト。⇕厭世家

らくてん-しゅぎ【楽天主義】［名］世界を善とみなし、現実を最良のものとして肯定的に考える立場。また一般に、物事をすべてよい方向にとらえ、人生を楽しく生きようとする立場。楽天観。オプチミズム。⇕厭世主義

らくてん-てき【楽天的】［形動］人生を楽観して、くよくよしないさま。≡「―に考える」

らく-ど【楽土】［名］苦しみがなく、安楽に暮らせる土地。楽園。≡「王道―」

ラクト-アイス【和製lacto+ice】［名］アイスクリーム類のうち、乳固形分が三パーセント以上のもの。

らく-とう【▼洛東】［名］都の東。特に、京都の、鴨川以東の地。▽京都を中国の洛陽になぞらえていう。

らく-ね【楽寝】［名・自サ変］のんびりと、くつろいで寝ること。

らく-のう【酪農】［名］牛・羊などを飼育し、乳を生産したり乳製品を製造したりする農業。≡「―家」

らく-ば【落馬】［名・自サ変］乗っている馬から落ちること。≡「騎手が―する」

らく-はく【落剝】［名・自サ変］はげ落ちること。剝落。≡「金箔の―した仏像」

らく-はく【落▼魄】［名・自サ変］おちぶれること。零落。≡「―した子爵」「―の姿」

らく-ばく【落▼莫】［形動タルト］ものさびしいさま。≡「―たる枯れ野」

らく-はつ【落髪】［名・自サ変］髪をそり落として出家すること。剃髪。≡「京都の寺で―する」

らく-ばん【落盤（落▼磐）】［名・自サ変］鉱山・トンネルなどの坑内で、天井や側面の岩石が崩れ落ちること。≡「―事故」

らく-び【楽日】［名］千秋楽の日。相撲・芝居などの興行の最後の日。

ラグビー［rugby］［名］フットボールの一種。一五人ずつの二チームが楕円形のボールを手に持って走ったり蹴ったりし、そのボールを相手側のゴールライン内の地面につけて得点を競う球技。ラグビーフットボール。ラ式蹴球。

らく-めい【落命】［名・自サ変］命を落とすこと。特に、不慮の災難などで死ぬこと。≡「事故で―する」

らく-やき【楽焼き】［名］❶手でこねて成形し、低い温度で焼成した軟質の陶器。釉薬によって、赤楽・黒楽・白楽などに分けられる。聚楽焼き。❷素焼きの陶器に絵や文字を書き、低い温度で焼き上げたもの。

らくよう【▼洛陽】［名］❶中国、河南省北西部の都市。洛水に面し、後漢・魏・西晋・北魏・隋・後唐などの都として繁栄。❷京都の別称。

◉洛陽の紙価を高める 著書が評判を博して飛ぶように売れること。語源 晋の左思が「三都の賦」を作ったとき、人々が争ってその詩を書写したので洛陽の紙の値段が高騰したという『晋書』の故事に基づく。

らく-よう【落葉】［名・自サ変］木の葉が枯れて落ちること。また、その落ちた葉。おちば。

らく-よう【落陽】［名］沈んでゆく太陽。入り日。落日。

らくよう-じゅ【落葉樹】［名］秋の低温期になるとすべての葉を落とし、翌春に新しい葉を生じる樹木の総称。多くは広葉樹。ブナ・ミズナラ・イチョウ・ケヤキ・カラマツ・セコイアなど。⇕常緑樹

らく-らい【落雷】［名・自サ変］雷が落ちること。雷雲と地表物体との間に放電が起こること。

らく-らく【楽楽】［副］❶ゆとりがあって気楽なさま。≡「老後を―と暮らす」❷たやすく物事を行うさま。やすやす。≡「一時間あれば―行ける距離」

ラグラン［raglan］［名］洋服で、襟ぐりからそで下にかけて斜めの切り替え線が入り、肩から一続きになっているそで。ラグランスリーブ。

らく-るい【落涙】［名・自サ変］涙をこぼすこと。また、その涙。≡「思わず―した」

ラクロス［lacrosse］［名］二チームが先端に網の付

いたスティックを使ってボールを奪い合い、相手のゴールに入れて得点を競う球技。

ラケット【racket】［名］テニス・バドミントン・卓球などで、ボールやシャトルコックを打つために用いる用具。

ラザニア【lasagnaイタリア】［名］イタリア料理で、薄くのばして長方形に切ったパスタ。また、それをミートソース・チーズなどと層状に重ねて天火で焼いたもの。ラザーニャ。

らし［助動 形型］〈らしから-らしく・らしかり-らし-らしき・らしかる-らしけれ-○〉〔古風〕助動詞「らしい」の古い形。中世以降の文語文に使われた。推量の文語助動詞「らし」とは活用も異なり、系統も別だとされる。⬇らしい（助動）

らしい［助動 形型］〈○-らしく・らしかっ-らしい-らしい-○-○〉

推量 何らかの根拠や伝聞に基づく推量を表す。また、推量の根拠が確実なものについて、婉曲な断定を表す。…ようだ。〓「この分では明日も雨（になる）—」「父は気分がいい—」「僕らはどうやらだまされた—」「試験は意外に簡単だった—」「彼は知る人ぞ知る名探偵—」「やっぱり年には勝てない—」▼文語形は「らし」。

使い方 (1)体言、形容動詞の語幹、また、動詞、形容詞、助動詞「ない」「た」「(ら)れる」などの終止形に付く。(2)推量の助動詞「ようだ」とは、伝聞に基づくかどうかで意味が微妙にずれる。「なんでも明日来るらしいよ（＝伝聞を根拠とする推量）／来るようだよ（＝伝聞を根拠としない推量）」。伝聞情報になり得ない、話し手自身の知覚については「（自分のお腹をさして）このあたりが痛むようだ」のように「ようだ」は使えるが、「らしい」は使えない。

注意 体言や形容動詞の語幹に付いた場合は、接尾語の「らしい」と判別しにくい。「相手はどうやら子供—」「思うに会うのがいや—」のように「どうやら」「思うに」を入れられたり、「子供である—」「いやである—」のように「である」を入れられる場合は助動詞。

らし・い［接尾］〈他の語に付いて形容詞を作る〉❶〈体言に付いて〉そのもの本来の特徴をよく備えている意を表す。〓「春—陽気」「いかにも彼女—発想だ」「王者—く振る舞う」使い方「らしくない寒さだ」「らしくない負け方だ」など、前の体言を省略していうのは新しい使い方。❷〈形容詞・形容動詞の語幹や副詞に付いて〉…という気持ちを起こさせる意を表す。…と感じられる。〓「かわい—」「にく—」「ばか—」「いや—」「わざと—」「もっとも—」

◈注意 ⬇らしい（助動）

ラジウム【radium】［名］放射性元素の一つ。単体は銀白色の金属で、空気中ではすぐに酸化する。かつてはガンマ線源として医療や工業に利用された。元素記号Ra ▼一八九八年、フランスのキュリー夫妻がウラン鉱石から発見した。

ラジエーター【radiator】［名］❶自動車エンジンなどの冷却装置。❷蒸気・温水などを熱源とする暖房装置の放熱器。

ラジオ【radio】［名］放送局が音声を電波で送信し、聴取者がそれを受信機で受けて聞く方式。また、その放送内容や受信装置。〓「—で音楽を聴く」

ラジオアイソトープ【radioisotope】［名］放射能をもつ同位元素。天然に存在するほか、原子核反応によって人工的にも作られる。計測・分析・検査・医療などに広く利用される。放射性同位元素。

ラジオゾンデ【Radiosondeドイツ】［名］大気高層の気温・湿度・気圧などを測定し、その情報を無線で地上の観測所に送信する装置。気球に取り付けて上空に飛揚させる。

ラジオ-たいそう【ラジオ体操】［名］ラジオ放送による号令と伴奏音楽に合わせて行う体操。▼昭和三（一九二八）年、逓信省簡易保険局が制定した国民保健体操をNHKがラジオ放送によって全国に指導・普及したことに始まる。

ラジオ-ドラマ【和製radio＋drama】［名］ラジオで放送する劇。放送劇。

ラジオ-ビーコン【radio beacon】［名］地上から特定の方向に電波を発信し、船舶や航空機に方位を知らせる装置。無線標識。

ラジ-カセ［名］ラジオとカセットテープレコーダーを一台に組み込んだ音響機器。▼「ラジオカセット（和製radio＋cassette）」の略。

ラジカル【radical】［形動］❶過激なさま。極端なさま。急進的。〓「—な行動」❷根本的であるさま。〓「—な原理」◈「ラディカル」とも。

ラジ-コン［名］❶無線によって機械類を操縦・操作・制御すること。▼「ラジオコントロール（radio control）」の略。❷無線操縦で動かす車や飛行機などの模型。▼商標名。

らし-しょくぶつ【裸子植物】［名］種子植物のうち、胚珠が心皮に包まれないで裸出しているもの。マツ・イチョウ・ソテツなど。⬌被子植物

らし-て［連語］⬇いらっしゃる［使い方］(3)

ラシャ【raxaポルトガル】［名］紡毛を密に織って縮絨・起毛などの加工仕上げをほどこした厚手の毛織物。書き方「羅▾紗」と当てる。

ラジャー【roger】［感］了解、承知の意を表す語。

ラシャ-がみ【ラシャ紙】［名］ラシャに似た感じの厚紙。壁紙・台紙などに用いる。

ラシャ-めん【ラシャ綿】［名］幕末から明治初期に、西洋人の愛人になった日本女性を卑しめていった語。洋妾。外妾。

ら-しゅつ【裸出】［名・自サ変］おおうものがなく、むきだしになっていること。〓「—した岩肌」

ら-しん【裸身】［名］はだかのからだ。裸体。〓「—をさらす」「—像」

らしん-ぎ【羅針儀】［名］⬇羅針盤

らしん-ばん【羅針盤】［名］船舶や航空機に備えて方位・進路を測る装置。磁石によるものと、ジャイロスコープを利用したものとがある。羅針儀。コンパス。

ラス【lath】［名］漆喰塗りの下地にする木摺り。また、モルタル塗りの下地に使う金網。メタルラス・ワイヤラスなど。

ラスク【rusk】［名］薄切りにしたパンなどに卵白と粉砂糖をまぜたものを塗って天火で焼いた菓子。

ラスト【last】［名］物事のおわり。最後。最終。〓「大会の—を飾るプログラム」「—オーダー・—チャンス・—バッター」

ラスト-オーダー【last orders】［名］飲食店で、その日に受け付ける最後の注文。また、その時間。

ラスト-スパート【last spurt】［名］❶競走・競泳などで、ゴールに近づいたとき全力を出して力走・力泳すること。❷物事の最終段階で、全力を尽くしてがんばること。〓「完成に向けて—をかける」

ラズベリー【raspberry】［名］果樹として栽培されるバラ科キイチゴ属の落葉低木。また、その果実。果実は白・黄・紫・紅色などで、香りが高い。生食のほか、ジャム・ゼリー・パイなどに加工。

らせつ【羅刹】［名］大力で足が速く、人肉を食うという悪鬼。のち仏教の守護神となる。

らせん【▼螺旋】［名］❶巻き貝の殻のようにぐるぐると巻いていること。また、その形のもの。‖「ーを描く」「ー状」「ー階段」❷ねじ。

らぞう【裸像】［名］絵画・彫刻などに表された裸の人体像。

らそつ【▼邏卒】［名］❶見回り役の兵卒。巡邏兵。❷明治初年、各府県に置かれた警察官の称。のち巡査と改称された。

邏

らたい【裸体】［名］衣服を何もまとっていない、はだかの体。裸身。‖「ー画」

ラタトゥイユ【ratatouilleフランス】［名］南フランスの野菜料理。ナス・トマト・ピーマン・ズッキーニなどをオリーブオイルで炒め、トマトを加えて煮込んだもの。

らち【▼埒】［名］物事の範囲。物事の区切り。また、限界。‖「内政のーを越えた問題」「ー外」「不ー」▽もと、馬場の周囲にめぐらした柵の意。

◉**埒が明かない** 物事の決まりがつかない。事がはかどらない。

◉**埒も無い** 筋道だっていなくて、とりとめがない。たわいもない。‖「ー議論」

らち【拉致】［名・他サ変］むりに連れていくこと。らっち。‖「証人が何者かにーされる」

らちがい【▼埒外】［名］一定の範囲の外。‖「法のーで処理する」⇔埒内

らちない【▼埒内】［名］一定の範囲の内。‖「職権のーの問題」⇔埒外

らつ【辣】（造）❶味がからい。‖「辛ー」❷きびしい。あくどい。‖「ー腕」「悪ー」

らっか【落下】［名・自サ変］高い所から落ちること。‖「崖の上から岩石がーする」「ー物」

らっか【落花】［名・自サ変］花が散り落ちること。また、散り落ちた花。特に、桜の花にいう。

らっか【落果】［名・自サ変］果実が強い風などのために枝から落ちること。また、その果実。

ラッカー【lacquer】［名］ニトロセルロースなどを揮発性の溶剤に溶かし、可塑剤・顔料などを混合して作った塗料。乾燥が速く、耐水性にすぐれる。

らっかさん【落下傘】［名］⬇パラシュート

らっかせい【落花生】［名］畑で栽培されるマメ科の一年草。また、その種子。夏から秋、葉腋に蝶形の黄色い花をつけ、花後、子房の柄が地中まで伸びて繭形の豆果を結ぶ。種子は食用にするほか、油をとる。南京豆。ピーナッツ。

らっかろうぜき【落花▼狼▼藉】［名］❶花が地上に散り乱れていること。❷物が乱雑に散らばっていること。❸女性などに乱暴を働くこと。

らっかん【落款】［名］書画を書き終えたとき、作者が署名し、または押印すること。また、その署名や印。

らっかん【楽観】［名・他サ変］ものごとの成りゆきをすべてよいほうに考えて心配しないこと。将来に明るい見通しをもつこと。‖「事態をーする」「ーを許さない病状」「ー的な見方」「ー視」⇔悲観

ラッキー【lucky】［名・形動］運がよいこと。幸運。‖「ーな勝利」「ーボーイ」⇔アンラッキー

ラッキーセブン［名］野球で、七回表裏の攻撃。▽lucky seventh から。七を幸運の数とし、また、打者が投球に慣れて得点の機会が大きくなることからいう。

ラッキーゾーン【lucky zone】［名］野球場で、外野両翼のフェンスと、その内側に設けた柵とで囲んだ区域。この中に直接入った打球はホームランとなる。

らっきゅう【落球】［名・自サ変］野球などで、ボールを捕りそこねて落とすこと。‖「一塁手がーする」「送球をあせってーする」

らっきょう【辣▼韮・▼薤】［名］畑で栽培されるユリ科の多年草。また、その鱗茎。秋、花茎を伸ばし、紫色の小花をつける。初夏、特有の香りをもつ地下の鱗茎を収穫し、漬物などにする。らっきょ。

ラック【lac】［名］ラックカイガラムシが体表から分泌する樹脂状物質。また、それをアルコールなどで溶かしたもの。塗料などに用いる。セラック。シェラック。

ラック【rack】［名］棚。台。‖「CDー・マガジンー」

らっけい【落慶】［名・他サ変］神社・仏閣の新築または補修工事の落成を祝うこと。‖「ー式」

らっこ【▽猟虎・〈海▼獺〉】［名］北太平洋沿岸に分布するイタチ科の哺乳類。後肢に水かきがある。海面にあおむけに浮かび、胸の上にのせた石でアワビ・ウニなどの殻を割って食べる。毛皮用に濫獲されて激減し、捕獲禁止となった。▽アイヌ語から。

ラッシー【lassiヒンディー】［名］ヨーグルトをベースにして作るインドの乳酸菌飲料。

らっしゃ・る［補動］⬇いらっしゃる［使い方］(2)

ラッシュ【rush】［名］❶多くの人が殺到すること。また、物事が一時に集中すること。‖「帰省ー」「出産ー・建設ー」「ゴールドー」❷［自サ変］ボクシングなどで、激しく攻撃すること。❸「ラッシュアワー」の略。‖「ーにぶつかる」❹映画で、編集前のポジフィルム。ラッシュプリント。

ラッシュアワー【rush hour】［名］通勤・通学者などで交通機関が混雑する時間帯。ラッシュ。

らっ・する【▽拉する】［他サ変］無理に連れて行く。拉致する。文らっ・す

ラッセル［名］肺・気管・気管支などに疾患があるとき、呼吸のつど聴診器に聞こえてくる異常音。ラッセル音。▽Rasselgeräuschドイツから。

ラッセル【russell】［名］❶「ラッセル車」の略。❷［自サ変］登山などで、深い雪をかきわけ、道を開きながら進むこと。

ラッセルしゃ【ラッセル車】［名］除雪車の一つ。車体の前部にくさび形の雪かき装置を備え、線路上の雪を片側または両側にかき分けながら進む鉄道車両。▽アメリカの発明者Russellの名から。

ラット【rat】［名］ネズミ。ドブネズミやクマネズミなど、マウスより大型のものをいう。

らっぱ【▼喇▼叭】［名］金管楽器の総称。吹口のほうは細く、先端が朝顔型に開いたもの。特に、弁のないナチュラルトランペット。書き方 オランダ語から来たとも言われ、多く「ラッパ」と書く。

◉**喇叭を吹・く** 大きなことをいう。ほらを吹く。大言壮語する。

らっぱのみ【▼喇▼叭飲み】［名・他サ変］瓶入りの

飲み物を、らっぱを吹くような格好で、ビンに直接口を当てて飲むこと。≡「コーラを—する」

ラッピング【wrapping】[名・他サ変] 包装すること。特に、贈答品などを特別の包装紙やリボンで美しく包むこと。また、その包装材料。≡「菓子を—する」

ラップ【lap】[名] ❶競走で、走路の一周。競泳で、プールの一往復。❷「ラップタイム」の略。

ラップ【rap】[名] ビートに合わせて語るように歌う音楽のスタイル。一九七〇年代にニューヨークの黒人を中心に生まれた。

ラップ【wrap】[名・他サ変] 食品包装用の薄いフィルム。また、それで包むこと。≡「容器に—をかける」

ラップ-タイム【lap time】[名] 中・長距離競走、競泳などで、ある一定区間ごとの所要時間。ラップ。≡「一周目の—」「五～一〇キロ区間の—」▼lapは「糸の一巻き」の意。

ラップトップ【laptop】[名] 容易に携帯できる小型・軽量のパソコン。ラップトップパソコン。▼ひざの上の意。

らつ-わん【▼辣腕】[名・形動] 物事をてきぱきと的確に処理する能力があること。すごうで。敏腕。≡「—を振るう」「—の経営者」「—家」

ラテ-アート【latte art】[名] エスプレッソに細かく泡立てた牛乳を注いで模様や絵を描く技術。

ラディッシュ【radish】[名] ハツカダイコン。

ラテックス【latex】[名] ゴムノキの樹皮を傷つけて採取する乳白色の液体。生ゴムの原料にする。▼合成ゴムでつくられる同様のものもいう。

ラテン【Latin】[名] ❶「ラテン語」「ラテン音楽」「ラテン民族」などの略。❷ラテン系。ラテン民族。≡「—文化」◈[書き方]「羅▼甸」「拉▼丁」などとも。

ら-でん【▼螺▼鈿】[名] ヤコウガイ・オウムガイ・アワビガイ・チョウガイなどの貝殻から真珠色に光る部分を切り取って磨き、その薄片を漆器や木地にはめ込んで装飾としたもの。また、その工芸技法。

ラテン-おんがく【ラテン音楽】[名] 中南米諸国の音楽の総称。キューバのルンバ・マンボ・チャチャチャ、ブラジルのサンバ・ボサノバ、アルゼンチンのタンゴなど。ラテンアメリカ音楽。

ラテン-ご【ラテン語】[名] インド-ヨーロッパ語族のイタリック語派に属する言語。古代ローマ帝国の共通語として発達し、二〇世紀初頭までローマカトリック教会の公用語として用いられた。現在では学術用語などに使用。▼イタリア語・スペイン語・ポルトガル語・フランス語などのロマンス諸語はラテン語を源とする。

ラテン-みんぞく【ラテン民族】[名] ラテン語系の言語を使用する諸民族の通称。イタリア人・スペイン人・ポルトガル人・フランス人など。

ラ-ニーニャ【La Niña スペ】[名] 東太平洋で、赤道付近の海面水温が異常に低下する現象。▼女の子の意。

らぬき-ことば【ら抜き言葉】[名] 上一段動詞・下一段動詞・カ変動詞の未然形に可能の助動詞「られる」が付いた形から、「ら」が脱落した言い方。「見れる」「食べれる」「来れる」など。▼「ら」の脱落しない「見られる」「食べられる」「来られる」などが標準的。⬇れる⑦[注意]

ら-ば【▼騾馬】[名] 雌のウマと雄のロバとの交配によってつくられた一代雑種。馬より小形だが、強健。

ラバ【lava イタ】[名] 溶岩。▼流れの意。

ラバー【rubber】[名] ゴム。

ラバー-ソール[名] ゴム底の革靴。▼rubber-soled shoesから。

ラビオリ【ravioli イタ】[名] 薄くのばした二枚のパスタ生地の間に挽(ひ)き肉・野菜・チーズなどの具を入れ、切り分けた料理。ゆでたりオーブンで焼いたりして食べる。

ラピス-ラズリ【lapis lazuli】[名] ナトリウム・アルミニウムのケイ酸塩で、塩素・硫黄なども含む青色の鉱物。古代から装飾品に用いる。瑠璃(るり)。ラズライト。青金石。

ら-ふ【▼裸婦】[名] はだかの女性。特に、絵画・彫刻などの素材としていう。

ラフ【rough】■一[形動] ❶荒っぽいさま。乱暴なさま。≡「—なプレー」❷おおまかなさま。≡「—な見取図」❸形式ばらないさま。くだけたさま。≡「—な服装」❹表面がざらざらしているさま。≡「—な布」[派生]-さ ■二[名] ❶ゴルフコースで、フェアウエーの外側にある手入れをしていない草地。❷下書き。下絵。

ラブ【love】[名] ❶恋。愛。恋愛。≡「—ソング」「プラトニック—」❷テニス・バドミントンなどで、無得点。≡「—ゲーム」

ラブ-シーン【love scene】[名] 映画・演劇・テレビドラマなどで、情愛を表現する場面。濡れ場。

ラプソディー【rhapsody】[名] 自由な形式によって楽想を展開する器楽曲。民族的・叙事的な内容を表現したものが多い。狂詩曲。

らふてえ[名] 沖縄の郷土料理。豚のばら肉を泡盛・醤油(しょうゆ)・砂糖などを加えただし汁で煮込んだもの。ラフテー。

ラフ-プレー【rough play】[名] スポーツで、乱暴なプレー。

ラブ-ホテル【和製love＋hotel】[名] 情事のために用いられるホテル。

ラブ-ラブ[名・形動] 互いに愛し合っていること。≡「—なカップル」「—夫婦」

ラ-フランス【La France フラ】[名] 西洋梨の一品種。フランス原産。表皮は緑色で、褐色の斑点がある。果肉は果汁が豊富で甘く、芳香がある。

ラブリー【lovely】[形動] 愛らしいさま。かわいらしいさま。≡「—な子供服」

ラブ-レター【love letter】[名] 愛を告白する手紙。恋文(こいぶみ)。

ラブ-ロマンス【和製love＋romance】[名] 恋愛。また、恋物語。

ラベリング【labeling】[名] ❶ラベルを貼ること。また、ラベルを貼って分類すること。❷一方的に評価を加えること。レッテルを貼ること。

ラベル【label】[名] 品名・商標・分類記号などを記して品物や容器に貼る紙片。レーベル。レッテル。

ら-へん【ら辺】[接尾] おおよその範囲を示す。≡「ここら—」「そこい—」▼「ら(等)」は接尾語。[使い方]「真ん中ら辺」「津軽ら辺」などは、北海道などの方言。

ラベンダー【lavender】[名] シソ科ラバンデュラ属の常緑小低木。品種が多く、その多くは初夏に小さな紫色の花を穂状につける。木全体に芳香があり、香料用に栽培される。地中海沿岸原産。

ラボ[名] ❶「ラボラトリー」の略。❷視聴覚教材を用いる語学学習教室。▼「ランゲージラボラトリー(language laboratory」の略。

ラボラトリー【laboratory】［名］❶研究室。実験室。ラボ。❷写真の現像所。ラボ。

ラマ［blama チベット］［名］チベット仏教の高僧。また、一般にチベット仏教の僧侶。ラマ僧。書き方「▼喇▼嘛」と当てる。

ラマーズ-ほう【ラマーズ法】フラハ［名］呼吸とリラックスの訓練を行い、夫の積極的な立ち会いなどによって痛みを和らげる分娩法。▼フランスの産科医ラマーズが提唱。

ラマ-きょう【ラマ教】ウケ［名］チベット仏教の通称。書き方「▼喇▼嘛教」と当てる。

ラマダン【Ramadān アラビア】［名］イスラム暦の第九月。日の出から日の入りまで断食を行う。ラマダーン。

ラミネート【laminate】［名・他サ変］フィルムやアルミ箔などを貼り合わせて薄い層にすること。パウチ。‖「ーカード」「ーチューブ」

らむ［助動 特活型］「らん」の古い形、また古い表記。⬇らん（助動）

ラム【RAM】［名］コンピューターで、情報の書き込み・読み出しができるメモリー。▼random-access memory の略。

ラム【lamb】［名］❶生後一年未満の子羊。また、その肉。‖「ーステーキ」❷子羊の毛。‖「ーウール」

ラム【rum】［名］サトウキビの絞り汁または糖蜜を発酵させて造る蒸留酒。アルコール度は強く、特有の香気がある。西インド諸島の特産。ラム酒。

ラムネ［名］炭酸水に砂糖・レモン香料などを加えた清涼飲料。ガラス玉を蓋とする特有の瓶に詰める。▼「レモネード（lemonade）」の転訛した語という。

ラム-レーズン【rum raisin】［名］ラム酒に漬けた干しぶどう。

ラメ【lamé フランス】［名］❶金糸・銀糸や金属の切り箔を用いて模様を織り出した織物。また、その金糸・銀糸や金属の切り箔を巻き付けた糸。❷化粧品などに用いる、粒状や粉状の箔。‖「ー入りのマニキュア」

ラリー【rally】［名］❶テニス・卓球などで、ボールを続けて打ち合うこと。❷自動車の長距離耐久競技。指定された走路を一定の条件のもとで走り、標準タイムとの誤差で順位を決める。

らる［助動 下二型］（られ-られ-らる-らるる-らるれ-られよ）［古風］助動詞「られる」の古い形。四段・ナ変・ラ変以外の動詞と助動詞「（さ）す」の未然形に付く。⬇られる

ラルゲット【larghetto イタリア】［名］音楽の速度標語の一つ。「ラルゴよりやや速く」の意。

ラルゴ【largo イタリア】［名］音楽の速度標語の一つ。「きわめてゆるやかに」の意。

ら-れつ【羅列】［名・自他サ変］ずらりと並べること。また、ずらりと並ぶこと。‖「名前をーする」

られる［助動 下一型］（られ-られ-られる-られる-られれ-られろ・られよ）
❶直接的な**受身**を表す。‖「友達にいじめー」「知らない人に声をかけ**られ**た」
❷間接的な**受身**（迷惑の受身）を表す。‖「容疑者に逃げー」「試験前に遊びに来**られ**て迷惑だ」
❸動作の対象を主格にして出来事を述べる（他動詞の自動的表現）。‖「ドアに鍵がかけ**られ**ている」「アンテナがとりつけ**られ**た」
❹**自発**を表す。おのずとそうなる。‖「人の気配が感じー」「行く先が案じー」
❺**可能**を表す。能力がある。〜ことができる。‖「一人で洋服が着ーようになった」「この針金なら曲げー」
❻状況によって**可能**である。‖「二時までに来ーか？」「持ち場を離れ**られ**ない」✔注意 ら抜き言葉「見れる」などについては、「れる」⑦［注意］と、「ら抜き言葉」の項目を参照。
❼**尊敬**を表す。‖「先生が来**られ**ました」「どこかに出かけ**られ**たようだ」
❽〈「…（さ）せられる」の形で〉（使役や他動の受身）自分の意志にかかわらず物事がおよんでくる。強制や迷惑をこうむる。感動などをよびおこす。‖「重い荷物を担がせー（=担がされる）」「彼の熱意には感心させー」「あの件ではずいぶん心配させ**られ**た」
❾〈「…（さ）せられる」の形で〉（使役や他動の可能）物事が生じるように働きかけができる。‖「こうすれば子供にも理解させー」「一週間以内では完成させ**られ**ない」
❿〈「…（さ）せられる」の形で〉（放任・許容の可能）するままにしておける。‖「娘一人では行かせ**られ**ない」
⓫［古風］〈「…せられては、…」「…せられる」の形で〉最高位の敬意を表す。‖「各位におかせ**られ**ては、…」「お健やかにあらせー」
◈文語形は「らる」。使い方 上一段動詞・下一段動詞・カ変動詞の未然形や使役の助動詞「（さ）せる」に付く。五段・サ変動詞には「れる」が付く。⬇れる

ラワン【lauan タガログ】［名］アジアの熱帯地方に分布するフタバガキ科の常緑高木の総称。材は軟らかく、軽い。合板材・家具材・建材など、用途は広い。

らん【乱】━［名］戦争・騒動などで世の中の秩序が乱れること。‖「島原のー」「争ー・内ー」
━（造）❶秩序がない。筋道がとおらない。‖「ー心・ー闘」「錯ー・散ー」❷むやみに。みだりに。‖「ー獲・ー用」▼「濫」に通じる。書き方 新聞では、「乱獲」「乱造」「乱伐」「乱費」など、「濫」を排して「乱」を使う。旧亂

らん【卵】━［名］卵子。‖「ー巣」「排ー」━（造）動物のたまご。‖「ー黄」「鶏ー・産ー」

らん【▼蘭】［名］ラン科植物の総称。カトレア・シンビジウム・胡蝶蘭などの洋蘭と、春蘭・寒蘭などの東洋種とがある。観賞用として栽培され、品種が多い。

蘭

らん【欄】━［名］❶新聞・雑誌などで、決まった記事を掲載するための区切られた部分。‖「投書ー・テレビー」❷印刷物などで、罫などで区切られた部分。‖「解答ー」━（造）てすり。‖「ー干」「勾ー」旧欄

欄

らん［助動 特活型］（○-○-らん-らん-らめ-○）［古風］❶**推量**を表す。…だろう。‖「彼等は果たして誰をか呼びつー〈紅葉〉」「灯あかき都をいでてゆく姿かりそめの旅と人見るーか〈斎藤茂吉〉」❷**伝聞**や**婉曲**な断定を表す。…だそうだ。…なようだ。‖「唐土にことごとしき名つきたる鳥の、えりてこれにのみゐるらむ〈枕草子〉」◈平安時代の中頃までは「らむ」といった。使い方 活用語の終止形に付く。ラ変型活用の語には連体形に付く。

らん【覧】（造）よく見る。広く見渡す。‖「閲ー・回ー・観ー・展ー」旧覽

らん【濫】（造）❶水があふれる。‖「氾ー」❷浮かべる。‖「ー觴」❸むやみに。みだりに。‖「ー獲・ー用」▼「乱」に通じる。⬇乱

らん【藍】（造）あいからとる染料の色。濃青色。≡「出—」

らん【▼爛】（造）❶ただれる。くさる。くずれる。≡「—熟」「腐—」❷あざやかに光りかがやく。きらびやか。≡「—漫」「絢—（けんらん）」

ラン【LAN】［名］構内情報通信網。会社など一つの建物の中にある複数のコンピューターやプリンターなどを通信回線でつないで、データのやり取りをするネットワーク。▽local area network の略。

ラン［run］［名］❶映画・演劇などの興行。また、その興行が続くこと。≡「ロング—」❷野球で、ヒットを打って走ること。また、ベースを一巡して得点すること。≡「ヒットエンド—」「スリー—」

らん-うん【乱雲】［名］❶乱れ飛ぶ雲。❷乱層雲。

らん-えき【卵液】［名］卵を割って、中身だけにしたもの。また、卵の中身と調味料などをかき混ぜたもの。≡「パンを—に浸す」

らんえん-けい【卵円形】［名］卵の外形のように、一方が少しとがった円形。

らん-おう【卵黄】［名］卵の黄身。脂質・たんぱく質・糖類・ビタミン・無機塩類などを含み、発育する胚（はい）の栄養となる。⇕卵白

らん-がい【欄外】［名］印刷物などで、本文に当たる部分の周りの余白。また、枠で囲まれた部分の外。≡「—に注を記す」

らん-かく【濫獲・乱獲】［名・他サ変］鳥・獣・魚類などをむやみにとること。≡「野鳥を—する」 書き方 新聞は「乱獲」と書く。

らん-がく【▼蘭学】［名］江戸中期以降、オランダ語の書物を通して西洋の学術・文化を研究した学問。

らん-かん【卵管】［名］卵巣から遊離した卵子を子宮または体外に送る管。輸卵管。喇叭（らっぱ）管。

らん-かん【欄干】［名］橋・階段・縁側などの縁に、人の転落を防ぎ、また装飾ともするために取りつけた柵（さく）状の構築物。てすり。

らん-き【▽嵐気】［名］うるおいを帯びた山の空気。山気。

らん-ぎく【乱菊】［名］長い花弁が入り乱れて咲いている菊の花。また、その模様。

らん-ぎゃく【乱逆】［名］支配者などにさからい、そむくこと。反逆。謀反（むほん）。

らん-ぎょう【乱行】［名］乱暴な行い。また、ふしだらな行い。不品行。≡「酔って—に及ぶ」「—の限りを尽くす」

らん-ぎり【乱切り】［名］料理で、野菜などを形はそろえないで、ほぼ同じ大きさに切ること。

らん-きりゅう【乱気流】［名］大気中に発生する不規則に乱れた気流。飛行中の航空機に激しい動揺をもたらす。

ランキング［ranking］［名］順位。等級。≡「世界—」

ランク［rank］［名・他サ変］順位・等級をつけること。また、その順位・等級。≡「第一位に—される」「—付け」

ラング［langue フランス］［名］言語学者ソシュールの用語で、ある社会の共有財産として用いられ、その成員の言語活動の規則・体系とされていることば。「言語」と訳される。⬇パロール

らん-ぐい【乱▼杭・乱▼杙】［名］川底・地上などに数多く乱雑に打ち込んだくい。昔、縄を張りめぐらして、攻めてくる敵の妨げとした。≡「—歯（ば）（＝凸凹にならんでいる歯）」

ランク-イン［和製 rank＋in］［名・自サ変］上位の順位内に入ること。入賞。≡「一位に—する」

らん-くつ【濫掘・乱掘】［名・他サ変］計画や方針もなく、鉱床などをむやみに掘ること。 書き方 新聞は「乱掘」と書く。

らん-ぐん【乱軍】［名］敵と味方が入り乱れて戦うこと。乱戦。

らん-ご【▼蘭語】［名］オランダ語。▽「阿蘭陀（オランダ）語」の略。

らん-こう【乱交】［名・自サ変］集まった人たちがそれぞれ不特定の相手と性行為をもつこと。

らん-こうげ【乱高下】［名・自サ変］短い期間で激しく上がったり下がったりすること。≡「原油価格が—する」「機体の—による事故」

らん-ごく【乱国】［名］争いなどが続いて秩序の乱れている国。

らん-さく【濫作・乱作】［名・他サ変］質を考えないで、作品をむやみにたくさん作ること。≡「低俗なドラマを—する」 書き方 新聞は「乱作」と書く。

らん-ざつ【乱雑】［名・形動］入り乱れて秩序がないこと。≡「—な部屋」「—に積まれた雑誌」 派生 -さ

らん-し【乱視】［名］眼球の角膜がゆがんでいるために、光線が網膜上の一点に集まらない状態。物がちらついて見えたり、二重に見えたりする。また、そのような目。

らん-し【卵子】［名］雌の生殖細胞。精子と結合して受精卵となり、新個体をつくる。卵（らん）。⇕精子

ランジェリー［lingerie フランス］［名］装飾的な下着類。また、薄地の寝室着。

らんし-しょく【藍紫色】［名］藍色（あいいろ）がかった紫色。

らん-しゃ【乱射】［名・他サ変］目標を定めずにむやみに弾を発射すること。≡「自動小銃を—する」

らん-じゃ【▼蘭▼麝】［名］蘭の花のかおりと麝香（じゃこう）のかおり。また、よいかおりの香（こう）。

らん-じゅく【▼爛熟】［名・自サ変］❶果実がくずれそうになるほど熟すこと。❷物事がその極限まで成熟すること。≡「江戸文化の—期」

爛 麝

らんじゅ-ほうしょう【藍▼綬褒章】［名］公衆の利益、または公共の事業に貢献した人に国から与えられる褒章。綬（＝リボン）の色は藍色（あいいろ）。

らん-しょう【濫▼觴】［名］物事の起こり。起源。≡「近代文学の—」 語源 揚子江（ようすこう）も源流をたどれば觴（さかずき）に濫（あふ）れる（＝一説に觴を濫（うか）べる）ほどの細流にすぎないという『荀子』の記事に基づく。

らん-しん【乱心】［名・自サ変］心が乱れ、くるうこと。≡「—して人に斬りかかる」「—者（もの）」

らん-しん【乱臣】［名］主君にそむき、国を乱す臣下。

らん-すい【乱酔】［名・自サ変］酒に酔って乱れること。≡「—して正体を失う」

らんすう-ひょう【乱数表】［名］〇から九までの数字を無秩序に並べた表。どの部分をとっても各数字が同じ確率で現れるように作られる。統計の無作為抽出や暗号などに用いられる。

らん-せい【乱世】［名］秩序が乱れ、戦乱などが続く世の中。らんせ。≡「—を生き抜く」⇕治世

らん-せい【卵生】［名］動物の有性生殖で新個体が発生初期段階の卵の状態で親の体から放出され、発育すること。⬇胎生・卵胎生

らん-せん【乱戦】［名］❶敵と味方が入り乱れて戦うこと。乱軍。‖「三つ巴の―」❷スポーツで、双方が大量点を取り合うなど、勝敗が予測できないような試合。

らん-そう【卵巣】［名］高等動物の雌の生殖腺。卵子を形成し、雌性ホルモンを分泌する。▽人間では子宮の左右両側に一対ある。

らん-ぞう【濫造・乱造】［名・他サ変］品質などを考えないで、むやみにたくさんつくること。‖「粗製―」 書き方 新聞は「乱造」と書く。

らんそう-うん【乱層雲】［名］空全体を厚く覆う暗灰色の雲。連続的な雨や雪をもたらす。雨雲。乱雲。

らん-だ【乱打】［名・他サ変］❶激しく続けざまに打つこと。‖「半鐘を―する」❷野球で、続けざまに相手投手を打ち込むこと。❸テニス・卓球などで、練習のためにボールを打ち合うこと。

らん-だ【▼懶惰】［名・形動］なまけること。‖「―な生活」▽慣用読みで「らいだ」とも。

懶

らん-たいせい【卵胎生】［名］卵生の動物で、受精卵が母体内で孵化し、幼生の形で産み出されること。サメ・グッピー・マムシ・タニシなどにみられる。⬇卵生・胎生

ランダム［random］［名・形動］任意であること。無作為であること。‖「数字を―に選ぶ」

ランダム-サンプリング［random sampling］［名］⬇無作為抽出法

ランタン［lantern］［名］角形の手提げランプ。角灯。

ランチ［launch］［名］❶軍艦などに搭載する連絡用の舟艇。❷港湾・河川などで人や荷物の輸送や遊覧に用いるモーターボート。はしけ。

ランチ［lunch］［名］❶昼食。‖「―タイム」❷洋風の手軽な定食。‖「お子様―」

らんちき-さわぎ【乱痴気騒ぎ】［名］抑制がきかないほどの大騒ぎ。どんちゃん騒ぎ。

らん-ちゅう【▼蘭鋳・▼蘭虫】［名］金魚の一品種。体は丸く、背びれがない。頭部に粒状の肉瘤が盛り上がる。マルコ。

らん-ちょう【乱丁】［名］書物のページの順序が間違って製本されていること。‖「―本」

らん-ちょう【乱調】［名］❶調子が乱れること。また、乱れた調子。乱調子。❷詩歌で、韻律の法則からはずれていること。また、その詩歌。破格の詩歌。❸相場で、値動きが激しくて高低いずれにも定まらないこと。乱調子。

らん-ちょうし【乱調子】［名］⬇乱調①③▽「らんぢょうし」とも。

ランチョン-マット【和製 luncheon＋mat】［名］食卓で、一人前の食器をのせるための小さな敷物。

ランデブー［rendez-vous フランス］［名］❶恋人同士が日時・場所を決めて二人だけで会うこと。あいびき。デート。❷別個の軌道をもつ宇宙船どうしがドッキングするために宇宙空間で接近すること。

らん-とう【乱闘】［名・自サ変］おおぜいが入り乱れてたたかうこと。‖「―になる」「大―」「―事件」

らん-とう【卵塔（▼蘭塔）】［名］台座の上に卵形の塔身をのせた墓石。鎌倉時代に宋から伝来し、禅宗から次第に各宗に広まった。無縫塔。

らん-どく【濫読・乱読】［名・他サ変］いろいろな書物を手当たりしだいに読むこと。‖「推理小説を―する」 書き方 新聞は「乱読」と書く。

ランドセル［名］小学生が通学の際に学用品を入れて背負うかばん。▽ransel（オランダ）（背嚢）から。

ランドマーク［landmark］［名］地上の目印。特に、ある土地の目印となるような山や建造物。

らん-どり【乱取り】［名］柔道で、互いが自由に技をかけ合って行う練習。

ランドリー［laundry］［名］クリーニング店。‖「コイン―」

ランナー［runner］［名］❶陸上競技で、競走種目の選手。競走者。走者。❷野球で、塁に出た攻撃側の選手。走者。

ランナーズ-ハイ［runner's high］［名］マラソンなど、長距離を走っている途中で一時的に苦痛が薄れ、そのままずっと走り続けられるような陶酔状態に陥ること。

らん-にゅう【乱入】［名・自サ変］おおぜいが乱暴に押し入ること。‖「暴徒が邸内に―する」

ランニング［running］［名］❶走ること。‖「―キャッチ」❷「ランニングシャツ」の略。

ランニング-コスト［running cost］［名］建物や設備を維持・稼働していくための費用。維持費。

ランニング-シャツ【和製 running＋shirt】［名］襟ぐりの深い袖なしのシャツ。運動着や下着として用いる。ランニング。

ランニング-ストック［running stock］［名］企業が生産・営業活動を続けていくために必要な在庫。運転在庫。

らん-ばい【乱売】［名・他サ変］採算を度外視して、むやみに安い値段で売ること。‖「―合戦」

らん-ぱく【卵白】［名］卵の白身。卵黄を取り囲むゾル状の物質で、主にたんぱく質と水とからなる。⬄卵黄

らん-ばつ【濫伐・乱伐】［名・他サ変］無計画に山林などの木を伐採すること。‖「森林を―する」 書き方 新聞は「乱伐」と書く。

らん-ぱつ【濫発・乱発】［名・他サ変］むやみに発行すること。‖「手形を―する」 書き方 新聞は「乱発」と書く。

らん-はんしゃ【乱反射】［名・自サ変］光線が凹凸のある面に当たって、さまざまな方向へ反射すること。また、その現象。拡散反射。‖「光が―する」

らん-ぴ【濫費・乱費】［名・他サ変］計画を立てないで、金銭などをむやみについやすこと。むだづかい。‖「公金を―する」 書き方 新聞は「乱費」と書く。

らん-ぴつ【乱筆】［名］文字を乱暴に書くこと。また、その文字。▽手紙などで、自分の書いた文字を謙遜していう語としても使う。‖「―乱文にて失礼いたします」

らん-ぶ【乱舞】［名・自サ変］入り乱れて踊ること。‖「狂喜―する」

ランプ［lamp］［名］❶洋風の灯火。石油を燃料として綿糸の灯心に灯をともし、周囲をガラスの火屋でおおったもの。 書き方 〈洋灯〉とも。❷電灯。‖「ヘッド―・テール―」

ランプ［ramp］［名］❶高速道路のインターチェンジ

で、一般道路と高速道路とをつなぐ傾斜路。ランプウエー。❷高速道路の出入り口。

ランプ【rump】[名]牛のしりの部分の肉。赤身で、脂肪は少ない。‖「―ステーキ」

ランプシェード【lampshade】[名]ランプや電灯のかさ。

らん-ぶん【乱文】[名]整っていない文章。▽手紙などで、自分の書いた文章を謙遜(けんそん)していう語としても使う。‖「乱筆―多謝」

らん-ぺき【藍▼碧】[名]青がかった緑色。あおみどり。‖「―の海原」

らん-ぼう【乱暴】[名・形動]❶[自サ変]他人に対して荒々しく振る舞うこと。暴力を振るうこと。また、その行為。‖「友達に―する」「―者」❷丁寧さや細やかな心配りを欠いた言動をすること。荒っぽく雑であること。‖「―なことばを吐く」「字を―に書く」「ドアを―に閉める」

らん-ぽん【藍本】[名]原本。原典。

らん-ま【乱麻】[名]乱れもつれた麻糸。‖「快刀―を断つ」▽複雑にからみ合った物事のたとえにいう。

らん-ま【欄間】[名]天井と鴨居(かもい)との間に、通風・採光のために設けた空間。格子や透かし彫りの板を取り付けて装飾も兼ねる。⬇床(とこ)の間(図)

らん-まん【▼爛漫】[形動タル]❶花が咲き乱れているさま。‖「春―」❷光り輝くさま。また、明らかにあらわれるさま。‖「―たる陽光」「天真―」

爛漫

らん-みゃく【乱脈】[名・形動]秩序が乱れて筋道が立たないこと。‖「―をきわめた経営」派生―さ

らん-よう【濫用・乱用】[名・他サ変]むやみに用いること。‖「職権[薬]を―する」書き方 新聞は「乱用」と書く。

らん-らん【▼爛▼爛】[形動タル]光り輝くさま。また、鋭く光るさま。‖「目が―と輝く」

らん-りつ【乱立・濫立】[名・自サ変]❶無秩序に立ち並ぶこと。‖「ビルが―する」❷選挙で、多くの人がむやみに出ること。‖「候補者が―する」◈書き方 新聞は「乱立」と書く。

らん-る【▼襤▼褸】[名]破れた衣服。また、ぼろきれ。

襤褸

り

り【利】■一[名]❶もうけ。利益。‖「―の薄い商売」「漁父の―」「―権」「営―」❷利子。利息。‖「―が―を生む」「―率」「金―」❸都合のよいこと。有利なこと。‖「地の―を得る」「―害・―点・―用」❹優勢であること。勝ち目。‖「味方に―あらず」
■二(造)❶よく切れる。するどい。‖「―剣」「鋭―」❷さとい。反応がはやい。‖「―口・―発」

り【里】■一[名]尺貫法で、距離を表す単位。一里は三六町で、約三・九二七キロメートル。
■二(造)人が集まって住むところ。むらざと。‖「郷―」

り【理】■一[名]❶法則。原理。‖「自然の―」「真―」❷ものの道理。理屈。‖「合―」
■二(造)❶とりさばく。ととのえる。‖「―事・―髪」「整―・総―」❷物の表面に見えるすじ。‖「木―」❸自然科学系の学問。‖「―科・―工」❹物理学。‖「―化学」

◉**理に落・ちる** 話などが理屈っぽくなる。‖「話は―・ちて面白みを欠く」

◉**理に適(かな)・う** 理屈・道理に合う。

◉**理の当然** 道理からいってあたりまえであること。

り[助動 ラ変型](ら-り-り-る-れ-れ)《古風》❶存続 動作・作用の存続や、結果の状態の存続を表す。…ている。…てある。‖「公園の木の間に小鳥あそべるをながめてしばし憩ひけるかな〈石川啄木〉」「生ける屍(しかばね)」「眠れる獅子(しし)」「病める現代」❷完了を表す。…た。‖「紳士は笑みを含みて目礼せ―〈紅葉〉」◈使い方 サ変動詞の未然形、四段動詞の命令形に付く。四段は已然(いぜん)形に付くとする。

り【吏】(造)役人。‖「官―・俗―」

り【痢】(造)はらくだし。‖「下―・赤―」

り【裏】(造)❶表の反対側。うら。‖「―面」「表―」❷物事の内側。‖「禁―・脳―」❸その状態のうちに。‖「成功―・秘密―」書き方「▼裡」は俗字。

り【履】(造)❶はきもの。‖「草―(ぞうり)」❷着実に行う。経験する。‖「―修・―歴」

り【璃】(造)宝玉。‖「瑠―(るり)・玻―(はり)」

り【▼罹】(造)災難にあう。病気にかかる。‖「―患・―災」

り【離】(造)わかれる。はなれる。‖「―陸」「隔―・分―」

リアクション【reaction】[名]❶反応。❷反動。反作用。‖「税制改革に対する―が大きい」

り-あげ【利上げ】[名・自サ変]利率を上げること。‖「日銀が―に踏み切る」⬍利下げ

リアス-かいがん【リアス海岸】[名]岬・湾・入り江などに富み、出入りの多い複雑な海岸線をもつ地形。起伏の多い山地が沈水してできたと考えられる。日本では志摩半島・三陸海岸などに見られる。リアス式海岸。▽スペイン・ガリシア地方の深い入り江 ria にちなむ。

リアリスティック【realistic】[形動]❶写実的。‖「―な描写」❷現実主義的。実際的。‖「―な発想」

リアリスト【realist】[名]❶現実主義者。実際家。❷写実主義者。❸哲学で、実在論者。

リアリズム【realism】[名]❶理想的・空想的な考えを抑え、現実を最重視する立場。現実主義。❷主観を抑えて、自然や社会の現実をありのままに描写しようとする芸術上の立場。写実主義。❸哲学で、認識主観を超えた客観的実在を認め、その実在をとらえようとすることによって認識が成立すると説く立場。実在論。

リアリティー【reality】[名]現実感。真実性。‖「―に欠けたドラマ」

リアル【real】[名・形動]現実的であること。また、写実的であること。‖「―に演じる」「―な描写[表現]」派生―さ

リアル-タイム【real time】[名]即時。同時。‖「世紀の瞬間を―で放送する」

リアルタイム-しょり【リアルタイム処理】[名]コンピューターで、入力装置やプログラムからの要求に対して即座に処理すること。制御装置などに用いられる。

リーク【leak】[名]❶[他サ変]秘密や情報を故意に漏らすこと。‖「ニュースソースを―する」❷漏電。

リーグ【league】[名]同盟。連盟。特にスポーツで、競技連盟。‖「J―・セントラル―」

リーグ-せん【リーグ戦】[名]競技に参加している

個人またはチームが、他のすべての個人やチームと対戦する試合方式。総当たり戦。⬇トーナメント

リージョナリズム【regionalism】［名］中央集権化に対し、地方・地域の特殊性や主体性を重視する考え方。地域主義。地方主義。レジョナリズム。

リージョン-コード【region code】［名］DVD・ブルーレイディスクなどのソフトや、その再生機器に記録されている地域識別用のコード。双方のコードが一致しないと再生ができない。地域コード。リージョナルコード。

リース【lease】［名・他サ変］機械・設備などを賃貸すること。比較的長期のものをいう。「—産業」

リース【wreath】［名］花・葉・枝などを組み合わせて作った輪飾り。「クリスマス—」

リーズナブル【reasonable】［形動］❶合理的であるさま。理にかなっているさま。❷価格が手ごろであるさま。「—な値段」

リーゼント【regent】［名］前髪を高く盛り上げて量感をもたせ、左右の髪とともに後方へなでつけて整髪料で固めた髪型。リーゼントスタイル。

リーダー【leader】［名］❶指導者。統率者。「登山隊の—」❷文章中の点線。破線。

リーダー【reader】［名］外国語教育で、読解力を養うために用いる教科書。

リーダーシップ【leadership】［名］❶指導者としての地位・任務。❷指導者としての統率力。指導力。「すぐれた—を発揮する」

リーダビリティー【readability】［名］文字や文章の読みやすさの度合い。可読性。「—に欠ける書体」

リーチ【立直中国】［名］❶マージャンで、面前の手牌が聴牌したことを宣言すること。「—をかける」▽宣言後は手牌を変えることができない。❷あと一手で物事が完了すること。「ダム完成に—がかかる」

リーチ【reach】［名］❶ボクシングで、腕を伸ばしたときに拳が相手に届く距離・範囲。「—が短い」❷テニスで、ネットプレーの際に、ラケットが届く範囲。

リーディング【reading】［名］❶読むこと。読解。また、朗読。❷読書。

リーディング-カンパニー【leading company】［名］特定の業界で主導的な地位にある企業。

リーディング-さんぎょう【リーディング産業】［名］国や地域の経済成長を先導する役割を担う産業。リーディングインダストリー。

リーディング-ヒッター【leading hitter】［名］野球で、打率が一位の打者。首位打者。

リート【Liedドイ】［名］ドイツ語による歌曲。特に、叙情詩の歌曲。

リード【lead】［名］❶［他サ変］先導すること。指導すること。「部員を—する」❷［他サ変］競技・競走などで、相手を引き離すこと。また、その引き離した差。「赤組が白組を五点—する」❸［他サ変］野球で、走者が次の塁をねらっていまの塁を離れること。また、その距離。「—が大きい」❹新聞・雑誌などで、見出しの次に置く、記事の概要を記した文。前文。❺犬などの引き綱。

リード【reed】［名］木管楽器・ハーモニカ・リードオルガンなどの発音源になる、葦・竹・金属などの小薄片。空気を吹きつけると振動し、音を発する。簧。

リードオフ-マン【lead-off man】［名］❶野球で、一番打者。トップバッター。❷先頭に立って全体を導く人。

リーフレット【leaflet】［名］宣伝・広告・案内用などの、一枚刷りの印刷物。折り畳んで冊子にしたものもある。

リーベ【Liebeドイ】［名］恋人。愛人。

リーマン［名］［俗］「サラリーマン」の略。

リール【reel】［名］❶磁気テープ・映画フィルムなどを巻き取るための枠。巻き軸。❷映画フィルムの一巻。約三〇〇メートル。❸釣り竿に取り付け、糸巻き（スプール）に釣り糸を巻き付けておく装置。必要に応じて糸を繰り出したり巻き取ったりする。

リウマチ［名］骨・関節・筋肉などの疼痛とこわばりを主な症状とする病気の総称。ロイマチス。リューマチ。▽rheumatism から。

り-うん【利運】［名］よいめぐり合わせ。幸運。

り-えき【利益】［名］❶事業などによって得る、金銭上のもうけ。利潤。「莫大な—を得る」❷ためになること。得になること。「公共の—を図る」「地元の—を考える」

りえき-そうはん【利益相反】［名］当事者の一方の利益が、他方の不利益になること。「—行為」

り-えん【▽梨園】［名］俳優の社会。特に、歌舞伎役者の社会。語源 唐の玄宗皇帝が梨の木を植えた庭園で自ら音楽・舞踊を教えたという故事から。

り-えん【離縁】［名・他サ変］❶夫婦の関係を解消すること。離婚。「—状（＝昔、夫が妻を離縁するとき、その理由を記して渡した書状）」❷法律で、養子縁組を解消すること。

り-か【▼李下】［名］スモモの木の下。

◉**李下に冠を正さず** 疑惑を招くような行為は避けるべきであるということのたとえ。▽スモモの木の下で曲がった冠をかぶり直せば、実を盗んでいるのではないかと疑われるという意から。『文選』の「瓜田に履を納れず、李下に冠を正さず」による。

り-か【理科】［名］❶学校教育で、自然現象・自然科学について学ぶ学科。また、生物・化学・地学・物理学などの総称。❷人文科学・社会科学以外の学問分野。また、それを研究・教育する大学の部門。理学部・工学部・医学部・農学部など。「—系」⬌文科

リカー【liquor】［名］蒸留酒。「ホワイト—」

り-かい【理会】［名・他サ変］物事の道理をさとること。

り-かい【理解】［名・他サ変］❶物事の道理がわかること。意味・内容などを正しく判断すること。「文章［年金制度］を—する」「—が早い」「何をしたいのか—に苦しむ」「—力」❷他人の立場や気持ちをくみとること。「—ある態度を示す」「生徒に—のある先生」

り-がい【利害】［名］利益と損害。得と損。「両者の—が一致する」「—得失」

り-がい【理外】［名］普通の道理では考えられないこと。「—の理（＝普通の道理や常識では説明のできない不思議な道理）」

りがい-かんけい【利害関係】［名］利害が相互に影響し合う関係。「—が絡む」

り-がく【理化学】［名］物理学と化学。

り-かく【離隔】［名・自他サ変］離れへだたること。ま

た、離しへだてること。

り-がく【理学】［名］❶化学・物理学・天文学などの総称。自然科学。‖「ー部・ー博士」❷中国宋代に唱えられた儒学の一派。宋学。性理学。

りがく-りょうほう【理学療法】［名］マッサージや温熱などの物理療法と、機能訓練や歩行訓練などの運動療法を組み合わせて運動機能の回復をはかる治療法。

り-かつよう【利活用】［名・他サ変］利用と活用。‖「空き屋をーする」

リカバリー［recovery］［名・他サ変］取り戻すこと。回復。復旧。‖「パソコンのー」「仕事の遅れをーする」

り-かん【▼罹患】［名・自サ変］病気にかかること。罹病。‖「インフルエンザにーする」「ー率」

り-かん【離間】［名・他サ変］仲たがいをさせること。‖「二人をーする」「両国のーを謀る」「ー策」

りき【力】㊀［名］ちから。体力。‖「ーがある」「十人ー」㊁（造）❶物理的・肉体的・精神的なちから。また、その働きや勢い。‖「ー学・ー点」「ー作・ー説・ー投」❷ちからを尽くす。努める。

り-き【利器】［名］❶鋭い刃物。⇔鈍器 ❷便利な器具・機械。‖「文明のー」

りき-えい【力泳】［名・自サ変］力いっぱい泳ぐこと。‖「選手がーする」

りき-えん【力演】［名・自他サ変］力いっぱい演じること。‖「新人が（ハムレットを）ーする」

りき-がく【力学】［名］物理学の一部門。物体間に作用する力と物体の運動との関係を研究する学問。

りき-かん【力感】［名］力がこもっている感じ。力強い感じ。‖「ーにあふれた彫像」「ーみなぎる演技」

りき-さく【力作】［名］力を込めて作った作品。‖「ーのそろった美術展」

りき-し【力士】［名］相撲取り。

りき-せつ【力説】［名・他サ変］力を込めて主張すること。強調すること。‖「早教育の重要性をーする」

りき-せん【力戦】［名・自サ変］力のかぎり戦うこと。力闘。‖「ーしたが、敗れた」「ー奮闘」

りき-そう【力走】［名・自サ変］力いっぱい走ること。

りき-そう【力▼漕】［名・自他サ変］ボートなどを力いっぱいこぐこと。

リキッド［liquid］［名］❶液体。流動体。❷液体整髪料。ヘアリキッド。

りき-てん【力点】［名］❶梃子で物を動かすとき、力を加える箇所。⇔支点・作用点 ❷特に力を入れる所。主眼とする点。重点。‖「語学の学習にーを置く」「経済にーを置いた政策」

りき-とう【力投】［名・自サ変］野球などで、投手が力のかぎり投げること。

りき-とう【力闘】［名・自サ変］力のかぎり戦うこと。力戦。‖「ー及ばず敗退する」

りき・む【力む】［自五］❶息をつめて体に力を入れる。‖「ーんで石を持ち上げる」❷力をみせつけようと意気込む。気負う。‖「ー・まずに本番に臨みなさい」可能 力める 名 力み

り-きゅう【離宮】［名］皇居・王宮のほかに設けられた宮殿。‖「桂ー」

りきゅう-いろ【利休色】［名］緑色を帯びた灰色。▼茶人千利休が好んだ色という。

りきゅう-ねずみ【利休▼鼠】［名］緑色を帯びたねずみ色。

リキュール［liqueurフランス］［名］醸造酒、蒸留酒またはアルコールに生薬類・果実・植物性香料・糖類などを加えた混成酒。キュラソー・ベルモット・マラスキーノ・ペパーミントなど。

り-きょう【離京】［名・自サ変］都を離れること。特に、東京または京都を離れること。

り-きょう【離郷】［名・自サ変］郷里を離れること。

りき-りょう【力量】［名］物事を成し遂げる能力の程度。‖「ーを試す」「リーダーとしてのーが問われる」

りく【陸】㊀［名］地球の表面で、水におおわれていない部分。陸地。おか。‖「ーに住む生物」「ー上」「大ー・離ー」⇔海 ㊁（造）連なるさま。‖「ー続」

りく-あげ【陸揚げ】［名・他サ変］船で運んできた荷物を陸に運び移すこと。‖「船から貨物をーする」

り-ぐい【利食い】［名・自サ変］取引市場で、相場の変動によって利益勘定になった株を転売したり買い戻したりして、その差額をもうけること。

りく-う【陸羽】［名］陸奥国と出羽国。現在の福島・宮城・岩手・青森・秋田・山形の諸県にあたる。

りく-うん【陸運】［名］陸上の輸送機関による旅客や貨物の運送。陸上運輸。⇔海運・水運

リクエスト［request］［名・他サ変］要求・要望すること。特に、ラジオ・テレビなどの番組で、視聴者が聴きたい曲などの放送を要望すること。‖「ピアノ曲をーする」「ーに応える」

りく-ぎ【▽六義】［名］❶『詩経』の分類による詩の六つの類型。内容から分類した風・雅・頌と、表現から分類した賦・比・興をいう。❷和歌の六つの風体。紀貫之が①を転用して『古今和歌集』仮名序で述べている、そえ歌・かぞえ歌・なずらえ歌・たとえ歌・ただごと歌・いわい歌。❸書道の六種の法。筆法・風情・字象・去病・骨目・感徳。

りく-ぐん【陸軍】［名］陸上での防衛・戦闘を主な任務とする軍備・軍隊。⇔海軍・空軍

りく-さん【陸産】［名］陸上で産出すること。また、そのもの。⇔海産・水産

りく-しょ【▽六書】［名］❶漢字の成立と用法についての六種の分類。象形・指事・会意・形声（諧声）・転注・仮借をいう。六義。❷六体。

りく-じょう【陸上】［名］❶陸地の上。⇔海上・水上 ❷「陸上競技」の略。

りくじょう-きょうぎ【陸上競技】［名］陸上で行われる運動競技のうち、主として競走・跳躍・投擲の技をきそう競技の総称。トラック競技・フィールド競技・道路競技・競歩・クロスカントリー競走など。

りく-せい【陸生・陸▼棲】［名］❶【生】植物が陸地に生えること。‖「ー植物」❷【生・棲】動物が陸上に生息すること。‖「ー動物」書き方「陸生」は代用表記。

りく-せん【陸戦】［名］陸上での戦い。陸上戦。⇩海戦・空中戦

りく-そう【陸送】［名・他サ変］❶陸上を輸送すること。‖「コンテナをーする」❷車両未登録の車を運転して指定された場所まで運ぶこと。

りく-ぞく【陸続】［形動タルト］絶え間なく続くさま。‖「観客がーと押しかける」

りく-たい【▽六体】［名］漢字の六種の書体。大篆・小篆・八分・隷書・行書・草書をいう。六書。ろ

くたい。
りく-だな【陸棚】［名］大陸棚。
りく-ち【陸地】［名］地球上で、水におおわれていない部分。地球の表面積の約三〇ﾊﾟｰｾﾝﾄを占める。陸。
り-くつ【理屈・理窟】［名］❶筋のとおった論理。道理。‖「―に合わない話」❷強引にこじつけた論理。へりくつ。‖「―をこねる」◈**書き方** 本来は「理窟」。「理屈」は平易な表記として昔から使われ、今はこれが定着。
りく-つづき【陸続き】［名］海や大河などの隔てがなく、陸地がつながっていること。‖「古くは大陸と―だった島」
りくつっ-ぽ・い【理屈っぽい】［形］何かにつけて理屈を言う傾向があるさま。‖「話が―・くなる」**派生** -さ
りく-とう【陸稲】ﾀｳ［名］畑で栽培される稲。おかぼ。⇔水稲
りく-の-ことう【陸の孤島】ﾀｳ［名］交通の便が極端に悪く、周囲から隔絶した場所。‖「大雪のため―となった町」
りく-ふう【陸封】［名・他サ変］海水、または海水・陸水の両方で生活していた水生動物が河川・湖などの陸水に封じ込められ、そこで世代をくり返すこと。‖「湖に―されたアユ」
りく-ふう【陸風】［名］夜間、陸地から海に向かって吹く風。陸軟風。りくかぜ。⇔海風
りくふう-がた【陸封型】［名］魚類の生態系のうち、陸封によって一生を淡水域で生活するもの。▽ヤマメはサクラマスの、ヒメマスはベニザケの陸封型。
リクライニング-シート【reclining seat】［名］乗り物などで、背もたれを後方へ傾斜させることのできる座席。
りく-り【陸離】［形動ﾀﾘ］光が散乱して美しく輝くさま。‖「光彩―」
リクリエーション【recreation】［名］⇩レクリエーション
リクルート【recruit】［名］❶企業などが新人・人材を募集すること。求人。❷学生などの就職活動。‖「―スーツ」
リクルート-スーツ【和製**recruit＋suit】**［名］学生が就職活動の際に着用するスーツ。

りく-ろ【陸路】［名］陸上のみち。また、陸上の交通機関を使って目的地に行くこと。‖「―をとる」⇔海路・空路
り-けい【理系】［名］理科の系統。理科系。‖「―の学生」⇔文系
リケッチア【rickettsia】［名］細菌とウイルスの中間ほどの大きさをもつ微生物の一群。ノミ・シラミ・ダニなどによって媒介される。発疹(はっしん)チフスなどの病原体はこれに属する。
り-けん【利剣】［名］❶切れ味の鋭い刀剣。❷仏教で、煩悩や魔障を打ちくだく仏の智慧(ちえ)。‖「弥陀(みだ)の―」
り-けん【利権】［名］利益を得る権利。特に、事業者が政治家や公務員と結託して公共事業などから得る権益。‖「―のからむ事業」
り-げん【▼俚言】［名］❶俗間で使われることば。俗語。俚語。⇔雅言 ❷共通語とは異なる、その地方特有の単語や語法。俚語。
り-げん【▼俚▼諺】［名］民間で言いならわされてきたことわざ。
り-こ【利己】［名］自分のことだけを考え、他人のことは顧みないこと。‖「―的な態度」⇔利他
り-こう【利口(利巧・▼悧巧)】ﾘｺｳ・ﾘｶｳ［名・形動］❶頭がよいこと。かしこいこと。利発。‖「―な子[犬]」❷〈多く「お利口」の形で〉子供がききわけのよいこと。「お―にしている」❸要領のよいこと。抜け目がないこと。‖「―に立ち回る」**派生** -さ
り-こう【理工】［名］理学と工学。また、理学部と工学部。‖「―科」「―系」
り-こう【履行】ﾘｶｳ［名・他サ変］とり決めたことを実際に行うこと。‖「約束[契約]を―する」
り-ごう【離合】ﾘｶﾞﾌ［名・自サ変］離れたり合わさったりすること。‖「党利をめぐって派閥が―する」
りごう-しゅうさん【離合集散】ﾘｶﾞﾌｼﾌｻﾝ［名・自サ変］離れたり合わさったり、集まったり別れたりすること。‖「各派閥が―を繰り返す」
リコーダー【recorder】［名］素朴で柔らかな音色をもつ、木製の縦笛。中世からバロック時代にかけて広く用いられた。ブロックフレーテ。レコーダー。▽学校教育では主にプラスチック製のものを使用。

リコール【recall】［名・他サ変］❶公職にある者を、その任期満了前に有権者の一般投票によって罷免すること。また、その制度。‖「町長を―する」▽日本では最高裁判所裁判官の国民審査、地方公共団体の長・議員などの解職請求などがこれにあたる。❷欠陥商品を生産者が回収し、無料で修理すること。
りこ-しゅぎ【利己主義】［名］社会一般の利害は考えずに、自分の欲望の充足と利益の追求を最優先にする考え方。自己主義。エゴイズム。⇔利他主義
りこ-しん【利己心】［名］自分の利益ばかり考え、他人のことは顧みない心。‖「―から出た行為」
リコピン【lycopene】［名］トマトなどに多く含まれる赤い色素。高い抗酸化作用がある。リコペン。
リコメンド【recommend】［名・他サ変］勧めること。推薦。おすすめ。レコメンド。
り-こん【利根】［名・形動］生まれつき賢いこと。利発。⇔鈍根
り-こん【離婚】［名・自サ変］夫婦が法律上の婚姻関係を解消すること。‖「親が―する」「―届」
リサーチ【research】［名・他サ変］調査・研究すること。‖「消費者の動向を―する」
リザーブ【reserve】［名・他サ変］ホテルの部屋や劇場・レストランの座席などを予約すること。
り-さい【▼罹災】［名・自サ変］地震・火事・水害などの災害にあうこと。被災。‖「洪水で―する」「―者」
り-ざい【理財】［名］金銭や財産を有効に運用すること。‖「―にたけた人」「―学(＝経済学の旧称)」
リサイクル【recycle】［名］不用品や廃棄物を資源として再利用すること。資源再生。リサイクリング。‖「―運動」「―ショップ(＝家庭の不用品などを再利用の目的で販売する店)」
リサイタル【recital】［名］独奏会。独唱会。‖「ピアノ―」
り-さげ【利下げ】［名・自サ変］利率を下げること。‖「緊急の―を行う」⇔利上げ
り-さつ【利札】［名］債券に付いている有価証券。各期の利息債権を保証するもので、券面から切り離して利子の支払いを受ける。りふだ。
り-ざや【利▼鞘】［名］取引で、売値と買値の差額に

よって得られる利益金。⇒「—をかせぐ」

り‐さん【離散】[名·自サ変] まとまっていた人々がちりぢりに離れること。⇒「一家が—する」

り‐し【利子】[名] 金銭を貸した相手または預けた相手から、その額と期間に応じて一定の割合で支払われる報酬。利息。⇒「—が高くつく」「—を払う」

り‐じ【理事】[名] ❶法人の業務を処理し、その法人を代表して権利を行使する機関。また、その役職。⇒「—会」▼株式会社では「取締役」という。❷団体を代表して担当事務を処理する役職。

り‐しゅう【履修】[名·他サ変] 規定の学科·課程などを習い修めること。⇒「全課程を—する」

り‐しゅう【離愁】[名] 別れの悲しみ。⇒「そこはかとなく—を味わう」

り‐じゅん【利潤】[名] 利益。もうけ。特に企業で、総収益から生産のための費用をすべて差し引いた残りの金額。⇒「—を追求する」

り‐しょう【利生】[名] 仏教で、仏·菩薩が衆生を救い、利益を与えること。また、その利益。▼「利益衆生」の意。

り‐しょう【離床】[名·自サ変] 寝床をはなれること。⇒「日の出とともに—する」「早期—」

り‐しょう【離礁】[名·自サ変] 船が、乗りあげていた暗礁から離れること。

り‐しょく【利殖】[名·自サ変] 資金を運用し、利子や利益を得て財産をふやすこと。⇒「—に励む」

り‐しょく【離職】[名·自サ変] 退職·失業などによって、これまでついていた職業から離れること。⇒「製造業を／から—する」「—者」

りす【▼栗▼鼠】[名] ❶リス科の哺乳類。体長二〇センチメートル前後、尾長一五センチメートル前後。鋭い門歯で果実·種子·樹皮などを食う。ニホンリス。キネズミ。❷リス科の哺乳類のうち、ムササビ類を除く小動物の総称。キネズミ。

り‐すい【利水】[名] ❶水の流れをよくすること。⇒「—工事」❷河川の水の利用を図ること。⇒「—組合」

り‐すい【離水】[名·自サ変] 水上飛行機などが水面から飛び立つこと。⇒「水上機が—する」⇔着水

り‐すう【理数】[名] 理科と数学。⇒「—科」

リスキー【risky】[形動] 危険が多いさま。⇒「—な仕事」

リスク【risk】[名] 危険。危険度。また、損害を受ける可能性。⇒「—をおかす」「感染の—が高い」「大きい·増える」

リスク‐ヘッジ【risk hedge】[名] 相場変動などに伴う損失の危険を回避すること。

リスク‐マネージメント【risk management】[名] 経営活動に伴うさまざまな危険を最小の費用で最小限に抑える管理方法。RM。

リスケ[名]「リスケジュール」の略。

リスケジュール【reschedule】[名] ❶日程を調整し直すこと。❷債務返済を繰り延べること。◈「リスケ」とも。

リスタート【restart】[名·自他サ変] ❶再出発すること。また、再開させること。❷再起動すること。リブート。

リスト【list】[名] 目的に合わせて多数の品目や数字を書き並べたもの。一覧表。目録。⇒「参考文献の—」「ブラック—」

リスト‐アップ【和製list＋up】[名·他サ変] 多くの中から条件に合うものを選び出すこと。また、選び出して一覧表にまとめること。⇒「候補者を—する」

リスト‐カット【和製wrist＋cut】[名] 自分で自分の手首を切ること。また、その自傷行為。

リストバンド【wristband】[名] 手首につける汗どめのバンド。

リストラ[名] ❶企業が不採算部門を切り捨てて新規分野に進出するなど、事業内容の一新をめざすこと。企業再構築。❷[他サ変] ①の一手段として、人員削減のために従業員を解雇すること。⇒「会社に—される」◈「リストラクチュアリング(restructuring)」の略。

リスナー【listener】[名] 聞き手。ラジオなどの聴取者。

リスニング【listening】[名] ❶外国語の会話などを聞いて、その内容を理解すること。聞き取り。ヒアリング。⇒「—問題」❷音楽などを聴くこと。⇒「—ルーム」

リスペクト【respect】[名·他サ変] 尊敬すること。敬意を示すこと。⇒「最も—するアーティスト」

リズミカル【rhythmical】[形動] リズムがあるさま。快い調子をもっているさま。律動的。⇒「—な動き」「—に話す」

リズム【rhythm】[名] ❶音楽で、一定の規則をもって繰り返される、音の長短·強弱·速度などの組み合わせ。⇒「—をとる」「—感がいい」❷物事が規則的にくり返されるときの、周期的な動き。⇒「生活の—が乱れる」❸詩の韻律。

リズム‐アンド‐ブルース【rhythm and blues】[名] 一九四〇年代に興ったアメリカの黒人ポピュラー音楽。リズムを強調して、叫ぶように歌う。ソウルミュージック·ロックンロールなどに大きな影響を与えた。アール‐アンド‐ビー(R&B)。

り·する【利する】㊀[自サ変] 利益を得る。また、利益になる。⇒「経済の発展に—ところが大きい」㊁[他サ変] ❶利益を与える。⇒「敵を—行為」❷利用する。⇒「職権を—して私益を得る」文り·す

り‐せい【理性】[名] 本能や感情に支配されず、道理に基づいて思考し判断する能力。⇒「—で判断する」「—を失う」

りせい‐てき【理性的】[形動] 本能や感情に支配されず、理性に基づいて判断し行動するさま。⇒「—に考える」⇔感情的

リセール【resale】[名] 転売。

り‐せき【離席】[名·自サ変] 自分の座席から離れること。席を立つこと。⇒「会議中に—する」

り‐せき【離籍】[名·他サ変] 旧民法で、戸主が家族を戸籍から取り除くこと。

リセット【reset】[名·他サ変] ❶機械や装置を始動のときの状態に戻すこと。セットし直すこと。⇒「パソコンを—する」「—ボタン」❷元の状態に戻すこと。やり直すこと。⇒「考えを—する」

り‐せん【離船】[名·自サ変] 乗客·乗組員などが乗っていた船から離れること。⇒「乗組員が—する」

り‐そう【理想】[名] 人が考えることのできる最もすばらしい状態。実現をめざす最高目標。⇒「—を求める」「—が高い」「—と現実との差に悩む」「—の人」⇔現実

りそう‐か【理想化】[名·他サ変] 物事を自分の理想とする姿や状態に置きかえて考えること。⇒「現実を—する」

りそう‐きょう【理想郷】 リサウキャウ [名] 理想として描かれる完全な世界。ユートピア。

りそう‐しゅぎ【理想主義】 リサウ [名] 現実と妥協することなく、理想とする人生・社会などを追求し、実現しようとする立場。アイデアリズム。‖「—者」⇔現実主義

りそう‐てき【理想的】 リサウ [形動] 物事が理想にかなっているさま。‖「—な環境を作る」

リソース【resource】 [名] ❶資源。資産。❷コンピューターの動作に必要なメモリーやCPUなどの要素。

リゾート【resort】 [名] 保養地。行楽地。‖「—に出かける」「—ホテル」▽「土地」の意を含む語だが、慣用で「リゾート地」ともいう。

り‐そく【利息】 [名] 金銭を貸した報酬として、貸し主が借り主から一定の割合で定期的に受け取る金銭。利子。⇔元金

リゾット【rizottoイタリア】 [名] イタリア料理の一つ。バターで炒めた米にスープを加え、魚介・肉・キノコなどの具を入れて雑炊風に炊いたもの。

り‐そん【離村】 [名・自サ変] 住んでいた村を離れて他の土地に住むこと。‖「—する若者たち」「—者」

り‐た【利他】 [名] 自分のことよりも、まず他人の利益や幸福を考えること。⇔利己

リターン【return】 [名] ❶[自他サ変] 戻ること。帰ること。また、戻すこと。❷利益。利潤。報酬。‖「投資に見合った—」❸[他サ変] テニス・卓球などで、球を打ち返すこと。返球。

リターン‐マッチ【return match】 [名] プロボクシングなどで、タイトルを奪われた者が奪った相手ともう一度タイトルをかけて行う試合。選手権奪還試合。
使い方 一度敗れたり失敗したりした者が、再度挑戦することの意にも転用する。

リタイア【retire】 [名・自サ変] ❶引退すること。退職すること。‖「—して地域活動に専念する」❷自動車レースなどの競技で、退場・棄権すること。

リダイヤル【redial】 [名・自サ変] 直前にかけた電話番号にもう一度かけること。また、それを自動的に行う機能。再ダイヤル。リダイアル。

りた‐しゅぎ【利他主義】 [名] 自分のことよりも、まず他人の利益や幸福を追求していこうとする考え方。⇔利己主義

り‐たつ【利達】 [名・自サ変] 立身出世すること。栄達。

り‐だつ【離脱】 [名・自サ変] 所属する組織やある状態などからぬけ出すこと。‖「党を—する」「執着を—する」「戦線—」

リタルダンド【ritardandoイタリア】 [名] 音楽の速度標語の一つ。「しだいに遅く」の意。*rit.* または *ritard.* と略記する。

り‐ち【理知(理▼智)】 [名] 本能や感情に支配されず、物事の道理を論理的に考え判断する能力。理性と知恵。‖「—的な話し方」

リチウムイオン‐でんち【リチウムイオン電池】 [名] 陽極にコバルト酸リチウム、陰極に炭素材料を用い、両極間のリチウムイオンの移動によって放電する、充電式の電池。軽量で、大量のエネルギーを蓄えることができる。

り‐ちぎ【律儀・律義】 [名・形動] きわめて義理がたいこと。実直なこと。‖「—な人」「—に約束を守る」派生 —さ

りちゃく‐りく【離着陸】 [名・自サ変] 航空機の離陸と着陸。発着。‖「濃霧のため—ができない」

りつ【律】 [名] ❶物事を秩序だてるためのおきて。さだめ。‖「—令りつりょう」「戒—・規—・軍—・法—・不文—」❷奈良・平安時代、唐の刑法典にならって定められた刑罰についての基本法。大宝律・養老律など。▽令りょうとともに国の基本法となった。❸楽音の絶対音高。音律。ピッチ。‖「調—・平均—」❹日本・中国の音楽で、音程の単位。一律は西洋音楽の半音に相当する。❺「律宗」の略。

りつ【率】 [名] ❶全体の中で占める割合。比率。‖「成功する—が高い」「合格—」「勝—」❷労力などに対するむくいの程度。わり。‖「—のいい仕事」「効—・能—」

さまざまな「率」

円周率・回転率・稼働率・株価収益率・完全失業率・屈折率・建蔽けんぺい率・合格率・自己資本比率・市場占有率・視聴率・就学率・出生率・勝率・税率・租税負担率・体脂肪率・致死率・聴取率・抵抗率・反射率・普及率・防御率・容積率・利率・罹患りかん率

りつ【立】 (造) ❶まっすぐにたつ。まっすぐにたてる。‖「—錐りっすい・—像」「起—・林—」❷しっかり定まる。なりたつ。なりたたせる。‖「—脚・—証・—法」「確—・自—・成—・独—」❸機関・施設などを設ける。‖「国—・私—・創—」❹ある位につける。‖「—太子」「擁—」❺新しい季節が始まる。‖「—夏・—春」

りつ【慄】 (造) 恐れてふるえる。‖「—然」「戦—」

りつ‐あん【立案】 [名・他サ変] 計画をたてること。また、原案や草案をつくること。‖「新規事業を—する」「—者」

りつ‐い【立位】 ヰ [名] 立った姿。‖「—体前屈」

りっ‐か【立花・立華】 クワ [名] 生け花で、中心になる花木を花瓶にまっすぐ立てて生けることを基本とする型。また、そのように生けたもの。

りっ‐か【立夏】 [名] 二十四節気の一つ。暦の上で夏が始まる日。太陽暦の五月六日ごろ。

りつ‐がん【立願】 クワン [名・自サ変] 神仏に願をかけること。願かけ。りゅうがん。

り‐つき【利付き】 [名] 公社債・株式などで、利息や利益配当がついていること。‖「—債券」

りっ‐きゃく【立脚】 [名・自サ変] 立場やよりどころを定めること。‖「人道主義に—した意見」「—点」

りっ‐きょう【陸橋】 ケウ [名] 道路や鉄道線路の上にかけ渡した橋。

りっ‐けん【立件】 [名・他サ変] 刑事事件で、検察官が公訴を提起する要件が備わっていると判断すること。‖「詐欺罪で—する」

りっ‐けん【立憲】 [名] 憲法を制定すること。

りつ‐げん【立言】 [名・自サ変] 意見をはっきりと述べること。また、その意見。‖「政策について—する」

りっけん‐せいじ【立憲政治】 ヂ [名] 立憲政体によって行われる政治。憲法を基礎に置き、権力分立主義によって行われる政治。

りっけん‐せいたい【立憲政体】 [名] 憲法を制定し、三権分立制のもとで一般国民が政治に参加する政体。

りっ-こう【力行】 リキカウ［名・自サ変］懸命に努力して行うこと。≡「苦学ーする」

りっ-こうほ【立候補】［名・自サ変］❶選挙で、被選挙権をもつ人が候補者として届け出ること。≡「市長選にーする」❷候補者として名乗りでること。≡「オリンピック開催地にーする」

りっ-こく【▽六国】 リク［名］中国戦国時代の六つの国。斉(せい)・楚(そ)・燕(えん)・魏(ぎ)・趙(ちょう)・韓(かん)の総称。

りっ-こく【立国】［名］❶新しく国家を建設すること。建国。❷ある基本的な方針のもとに国家の発展・繁栄をはかること。≡「工業[環境]ー」

りっ-し【律師】［名］❶戒律に通じた徳の高い僧。❷僧綱の第三位。僧正(そうじょう)・僧都(そうず)に次ぐ僧官で、五位に準じられる。

りっ-し【律詩】［名］漢詩で、一首が八句からなる定型詩。一句が五字からなる五言律詩と七字からなる七言律詩とがある。

りっし-でん【立志伝】［名］志を立てて奮励努力し、ついに目的を達成した人の伝記。≡「ー中の人(=立志伝に出てくるような、苦労と努力を重ねて成功した人)」

りっ-しゅう【立秋】 リフシウ［名］二十四節気の一つ。暦の上で秋が始まる日。太陽暦の八月八日ごろ。▽この日以後の暑さを残暑という。

りっ-しゅう【律宗】［名］戒律を重んじ、その実践を教義とする仏教の一宗派。中国に興り、日本へは、七五四年、唐僧鑑真(がんじん)によって伝えられた。南都六宗の一つ。唐招提寺を本山とする。戒律宗。

りっ-しゅん【立春】［名］二十四節気の一つ。暦の上で春が始まる日。太陽暦の二月四日ごろ。▽節分の翌日に当たり、八十八夜・二百十日などはこの日を起点として数える。

りっ-しょう【立証】［名・他サ変］証拠を示して事実を証明すること。≡「無罪[薬の有効性]をーする」

りっ-しょく【立食】［名］立ったまま食べること。特に、洋式の宴会で、卓上の飲食物をめいめいが自由に取って食べること。また、その形式。≡「ーパーティー」

りっ-しん【立身】［名・自サ変］社会的に認められて、高い地位につくこと。≡「ー栄達」

りっしん-しゅっせ【立身出世】［名・自サ変］社会的に高い地位について名声を得ること。

りっ-すい【立▼錐】［名］錐(きり)を立てること。

⦿立錐の余地も無い 人がぎっしりつまっていて、わずかのすきまもない。≡「押しかけた観客で場内はー」▽錐(きり)を立てるほどのすきまもない意から。

りっ・する【律する】［他サ変］ある一定の規律・規準に従って物事を判断し、処理する。≡「自らの行動をー」文りっ・す

りつ-ぜん【慄然】［形動タリ］恐ろしさにふるえおののくさま。≡「戦争の惨状にーとする」

りつ-ぞう【立像】 リフザウ［名］立っている姿の像。⇕座像

りっ-そく【律速】［名］化学で、全体の反応の速度を決める要因。

りっ-たい【立体】［名］❶幅・奥行き・高さをもち、三次元の空間の一部を占める物体。❷立体的に感じられるもの。≡「ー音響」❸斜めに傾いていない書体。

りったい-こうさ【立体交差】 リフタイカウサ［名］道路・線路などで、二つの路線が同一平面上ではなく、上下に高さを違えて交差すること。

りっ-たいし【立太子】［名］公式に皇太子を定めること。≡「ー礼」

りったい-てき【立体的】［形動］❶平面の広がりだけでなく、奥行き・深さなどがあるさま。また、そのような感じを与えるさま。≡「ーな映像」❷物事をさまざまな観点からとらえるさま。≡「問題をーに検討する」◈⇕平面的

りったい-は【立体派】［名］キュービズム。

りっ-ち【立地】［名・自サ変］自然的条件・社会的条件を考えて、産業などを営むのに適した土地を決めること。≡「商業ー」「工場のー条件」

リッチ [rich]［形動］❶裕福なさま。また、ぜいたくなさま。≡「ーな生活」「ーな気分[雰囲気]」❷料理・酒などの味わいが深いさま。≡「ーな味わいのワイン」

りっ-とう【立冬】［名］二十四節気の一つ。暦の上で冬が始まる日。太陽暦の十一月八日ごろ。

りっ-とう【立党】 リフタウ［名・自サ変］新しく政党や党派をつくること。≡「革新派がーする」

りつ-どう【律動】［名・自サ変］規則的にある運動がくり返されること。また、その運動。≡「ーするマシン」「ー的なダンス」

リットル [litre フランス]［名］メートル法で、容積を表す単位。一リットルは一〇〇〇立方センチメートル。リッター。記号L 書き方「▽立」とも。

りっ-ぱ【立派】［形動］❶堂々として見事なさま。非常にすぐれているさま。≡「手作りのケーキがーに出来上がった」「ーな人物[業績・邸宅]」❷条件・資格などが十分に備わっているさま。欠点や不足がないさま。≡「最後までーにやりとげる」「それができればーな(=ちゃんとした)大人だ」❸〈「立派な…だ」の形で、下にマイナス評価の語を伴って〉見方によっては十分な資格を持っているさま。ある意味では十分な…だ。≡「そんな卑劣な行為はーな犯罪[差別]だ」派生 ーさ

リッピング [ripping]［名］CD・DVDなどのデータを抽出したりパソコンで扱える形式で保存したりすること。▽引き裂くの意。

リップ [lip]［名］くちびる。

りっ-ぷく【立腹】［名・自サ変］腹をたてること。≡「ーして席を立つ」「ごーの様子だ」

リップ-クリーム [lip cream]［名］くちびるの荒れを防ぐためのクリーム。

リップ-サービス [lip service]［名］口先だけの世辞。その場かぎりの巧言。

リップスティック [lipstick]［名］棒状の口紅。

りっ-ぽう【立方】 リフハウ［名］❶［他サ変］同じ数・式を三回掛け合わせること。三乗。❷長さを表す単位名の前につけて、体積の単位をつくる語。≡「ーメートル」❸長さを表す単位名のあとにつけて、その長さを一辺とする立方体の体積を表す語。≡「三メートルー」

りっ-ぽう【立法】 リフハフ［名］法律を定めること。特に、国会が法律を制定すること。⇩行政・司法

りっ-ぽう【律法】 リツハフ［名］❶ユダヤ教で、神から与えられた宗教上・倫理上・生活上の規範。モーセの十戒など。トーラー。❷「戒律」に同じ。▽②の歴史的仮名遣いは「リッポフ」。

りっぽう-きかん【立法機関】 リフハフキクワン［名］立法を担当する国家機関。立法府。▽日本では国会。

りっぽう-けん【立法権】[名] 国家の統治権のうち、法律の制定を行う権能。司法権・行政権とともに三権を構成する。

りっぽう-たい【立方体】[名] 六面の合同な正方形で囲まれた立体。正六面体。

りっぽう-ふ【立法府】[名] 法律を制定する国家機関。立法機関。

りっぽう-メートル【立方メートル】[名] メートル法で、体積を表す単位。一立方メートルは辺の長さが一メートルの立方体の体積。記号 m^3

り-づめ【理詰め】[名] 思考・議論などを理屈でおしすすめること。「―の談判」

りつ-りょう【律▽令】[名] 奈良・平安時代に、中国の隋(ずい)・唐にならって制定された基本法典。律は刑罰についての、令は一般行政についての規定。大宝律令・養老律令など。

りつ-ろん【立論】[名・自サ変] 議論の趣旨や筋道を組み立てること。また、その議論。「史料に基づいて―する」

り-てい【里程】[名] 里(り)を単位として表した距離。里数。また、道のり。「―標」

リテール[retail][名] ❶小売り。❷小口の取引。また、小口の融資。「―金融」❸コンピューターの部品などで、一般のユーザー向けに販売する正規品。「―品」

り-てき【利敵】[名] 敵の利益となるようにすること。「―行為」

リデュース[reduce][名] 減らすこと。削減すること。特に、廃棄物などを減らすこと。

リテラシー[literacy][名] ❶読み書きの能力。識字能力。❷特定分野の知識や、それを活用する能力。「コンピューター―」「メディア―」

り-てん【利点】[名] 有利な点。利益となる点。また、長所。「インターネットの―」

り-とう【利刀】[名] 鋭利な刀剣。よく切れる刀。

り-とう【離党】[名・自サ変] 所属する政党・党派から離れること。⇔入党

り-とう【離島】[名] ❶陸地から遠く離れた島。離れ島。❷[自サ変] 島を離れること。「就職のために―する」

り-とく【利得(利徳)】[名] 利益を得ること。また、その利益。

リトグラフ[lithograph][名] 石版画。また、石版印刷。リトグラフィー。

リトマス[litmus][名] 地衣類のリトマスゴケなどから得られる紫色の色素。水・アルコールに溶け、酸によって赤色に、アルカリによって青色に変化する性質がある。

リトマス-しけんし【リトマス試験紙】[名] リトマス溶液をしみ込ませて乾燥した濾紙(ろし)の小片。酸性・アルカリ性の判別に用いられる。

リトミック[rythmique フランス][名] 音楽教育法の一つ。音やリズムを身体的な反応・行動によって把握させようとするもの。スイスの音楽教育家ダルクローズが創始した。律動法。

リトル-リーグ[Little League][名] 国際的な少年野球(一二歳以下)リーグ。アメリカに本部があり、毎年世界大会が開催される。

リナックス[Linux][名] ユニックスをもとに開発された、無料で使用できるパソコン用のOS。フィンランドの学生がインターネットで公開したものに世界中の多くのプログラマーが無償で改良を加えていったもの。リヌクス。

リニア-モーター-カー[linear motorcar][名] 可動部分が直線運動をする電動機(=リニアモーター)を駆動力とする車両。磁気で車体を浮上させて走るので、時速五〇〇キロメートル以上の高速走行が可能。

り-にち【離日】[名・自サ変] 外国人が日本を離れ去ること。「使節団が―する」⇔来日

り-にゅう【離乳】[名・自サ変] 乳児に乳以外の食物を少しずつ与え、次第に乳から固形食へ移行させること。「そろそろ―する頃だ」「―食」

リニューアル[renewal][名・他サ変] 新しくすること。一新すること。また、再建。再開発。「店舗を―する」

り-にょう【利尿】[名] 尿がよく出るようにすること。「―剤」

り-にん【離任】[名・自サ変] 任務を離れること。「教師[大使]が―する」「―式」⇔着任

り-ねん【理念】[名] 物事がどうあるべきかについての根本的な考え方。「憲法の―に基づく政治」

リネン[linen][名] ❶亜麻糸で織った薄地の織物。丈夫で、光沢がある。夏物服地・ハンカチ・テーブルクロスなどに使う。リンネル。❷シーツ・枕カバー・テーブルクロス・タオルなどの総称。「―サプライ」▼病院やホテルで使用していたそれらが、もとリネン①の製品だったことから。

り-のう【離農】[名・自サ変] 農業をやめて他の職業につくこと。「―に歯止めがかかる」「―率」

リノベーション[renovation][名] ❶刷新。革新。❷修理。修繕。特に、既存の建物を大規模に改修し、用途を変更したり機能を高めたりすること。「古民家の―」

リノリウム[linoleum][名] 亜麻仁油(あまにゆ)の酸化物に樹脂・おがくず・コルクくずなどをまぜて練り合わせ、麻布に塗って薄い板状にしたもの。▼床材・壁張り材などに用いる。

リハーサル[rehearsal][名] 演劇・演奏・放送などで、本番前に行うけいこ。また、催し物などの予行演習。「カメラ―」「運動会の―」

リバーシブル[reversible][名] 表裏ともに使える布地。また、表裏兼用の衣服。「―コート・―ジャケット」

リバイバル[revival][名・自サ変] 古いものが見直されて再流行すること。特に、古い映画・音楽などが、再上映、再上演されること。

リバウンド[rebound][名・自サ変] ❶はね返ること。特に、球技で、ボールがはね返ること。❷投薬を突然やめたとき、急激に症状が悪化すること。また、ダイエットをやめたとき、すぐにもとの体重に戻ってしまうこと。

リバタリアン[libertarian][名] 自由至上主義者。完全自由主義者。

り-はつ【利発】[名・形動] 賢いこと。「―な子供」▼「利口発明」の意。派生―さ

り-はつ【理髪】[名・自サ変] 髪の毛を刈って、形を整えること。調髪。「―店・―師」

り-はっちゃく【離発着】[名・自サ変] 航空機の出

発と到着。注意 類義の「離」と「発」が重なり不適切な言い方だともされる。「離着陸(りちゃくりく)」「発着」が標準的。

りーはば【利幅】［名］経費などを差し引いた利益の大きさ。‖「ーの大きい商売」

リハビリ［名］「リハビリテーション」の略。

リハビリテーション【rehabilitation】［名］事故・疾病などによって身体に障害を受けた人や長期療養者を対象にして行う、機能回復と社会復帰のための総合的な療法・指導・訓練。身体面ばかりでなく精神面・職業面の指導・訓練も含まれる。リハビリ。

りーばらい【利払い】(リバラヒ)［名］利息を支払うこと。

りーはん【離反(離▼叛)】［名・自サ変］従っていたものから、そむきはなれること。‖「人心がーする」

りーひ【理非】［名］道理にかなっていることと外れていること。是非。‖「ーを弁ずる」「ー曲直」

リピーター【repeater】［名］海外旅行などで、同じようなツアーに何度も参加する人。また、同じ商品を繰り返し購入する客や、同じ飲食店・宿泊施設などを繰り返し利用する客。▽繰り返す人の意。

リピート【repeat】［名］❶［自他サ変］繰り返すこと。また、繰り返し。反復。‖「曲が／をーする」❷音楽で、反復記号。❸再上映。再放送。

リピートーがい【リピート買い】(リピトガヒ)［名］繰り返し同じ商品を買うこと。◈俗に、略して「リピ買い」とも。

リビドー【libido(ラテ)】［名］精神分析で、人間の行動の原動力となるエネルギー。フロイトは性本能・性衝動のエネルギーととらえたが、ユングは広く生命そのもののエネルギーとする。

りーびょう【▼罹病】(リビヤウ)［名・自サ変］病気にかかること。罹患(りかん)。‖「コレラにーする」「ー者・ー率」

リビングーウィル【living will】［名］人生の終末期に受ける医療について、意思決定能力のあるうちに希望を表明しておく文書。不治の病気の際に過剰な延命措置を拒否するなど。

リビングールーム【living room】［名］洋風の居間。リビング。

リブ【rib】［名］❶牛肉のうち、背の中央部の頭に近い方の肉。▽「リブロース」の略。❷板の変形を防ぐために、平面に直角に取り付ける補強材。❸柱から柱へアーチ状にかけ渡し、屋根の荷重を柱へと伝える部材。丸天井やかまぼこ屋根に用いる。◈肋骨(ろっこつ)の意。

リファイン【refine】［名・他サ変］洗練すること。また、精製すること。

リフィル【refill】［名］詰め替え用や差し替え用の品。レフィル。

リフォーム【reform】［名・他サ変］❶仕立て直すこと。‖「古着を子供服にーする」❷建物などを改装・改築すること。‖「キッチンをーする」

りーふじん【理不尽】［名・形動］物事の筋道が立たないこと。道理に合わないこと。‖「ーな仕打ちを受ける」派生 ーさ

りーふだ【利札】［名］⬇りさつ(利札)

リフティング【lifting】［名］❶サッカーで、手以外の部分を使って、ボールを地面に落とさないように打ち続けること。❷ラグビーで、ラインアウトでボールを取ろうとする味方選手の体を持ち上げること。

リフト【lift】［名］❶荷物運搬用のエレベーター。❷スキー場などで、人を低地から高所へ運ぶための椅子式の乗り物。

リフトーアップ【lift up】［名・他サ変］持ち上げること。‖「フェイスラインのー」

リプリント【reprint】［名・他サ変］❶写真・資料などを複写すること。❷書籍などを原本どおりに複製すること。また、その本。

リプレー【replay】［名］❶録音・録画したものの再生。❷再演。再試合。◈「リプレイ」とも。

リフレーション【reflation】［名］景気循環の過程で、デフレーションは脱したが、インフレーションには至っていない状態。また、その状態まで景気を回復させるための通貨膨張政策。リフレ。

リフレーン【refrain】［名］詩・楽曲で、各節の終わりなどで同じ詩句や曲節を繰り返すこと。また、その部分。畳句。ルフラン。リフレイン。

リフレクソロジー【reflexology】［名］足の裏などをマッサージすることによって、疲労の回復などをはかる療法。反射療法。

リフレクター【reflector】［名］反射板。レフレクター。レフ。

リフレッシュ【refresh】［名・自他サ変］気分をさわやかにして、元気を回復すること。また、元気を回復させること。‖「避暑地でーする」「体をーする／させる」「ー休暇」使い方「〜をリフレッシュする／リフレッシュさせる」は、ともによく用いられる。

リブーロース【rib roast】［名］⬇リブ①

リペア【repair】［名］修理すること。修繕すること。‖「ギターのー」

リベート【rebate】［名］❶支払代金の一部を謝礼金などの名目で支払人に戻すこと。また、その金。割り戻し。❷手数料。世話料。また、わいろ。

りーべつ【離別】［名・自サ変］❶人と別れること。別離。‖「幼時に母親とーする」❷夫婦の関係を絶って別れること。離婚。

リベット【rivet】［名］金属板・鋼材などの接合に使う金属製の鋲(びょう)。丸形・平形などの頭部をもつ軸部を接合部の穴に差し込み、余った軸端をつぶして固定する。

リベラリスト【liberalist】［名］自由主義者。

リベラリズム【liberalism】［名］自由主義。

リベラル【liberal】［形動］❶政治的に自由主義の立場をとるさま。‖「ーな政治家」❷社会の規律や因習にとらわれず、各人の個性に基づく自由を重んじるさま。‖「ーな校風」

リベロ【libero(イタ)】［名］サッカー・バレーボールなどで、守備の中心となるポジション。サッカーではゴール前で守備に当たるスイーパーをさすが、攻撃にも自由に参加することができる。バレーボールでは後衛で守備に当たるレシーブ専門の選手。

りーべん【利便】［名］便利なこと。都合のよいこと。便宜。‖「利用者のーを図る」「ー性を重視する」

リベンジ【revenge】［名・自サ変］❶仕返しすること。復讐(ふくしゅう)。雪辱。‖「ーマッチ」❷やり遂げられなかったことや失敗したことに再挑戦すること。‖「先週失敗したケーキ作りのーをする」

リベンジーポルノ【revenge porno】［名］別れた恋人や配偶者に復讐(ふくしゅう)するために、相手の性的な写真・動画などを、インターネットなどで不特定多数の人に公開する嫌がらせ。

リボ［名］「リボルビング」の略。

りーほう【理法】 リハフ [名] 道理にかなった法則。

リポート [report] [名・他サ変] ⬇レポート

リボルビング [revolving] [名] クレジットカードやキャッシングサービスの月間利用限度枠を設定し、毎月一定額あるいは一定比率で返済していく方式。リボ。

リボン [ribbon] [名] ❶幅の狭い帯状の織物。頭髪・洋服などの飾りや贈答品の包装に用いるほか、手芸の材料にもする。❷タイプライター・プリンターなどで、インクを塗布した印字用のテープ。

リマインダー [reminder] [名] あらかじめ設定した時刻に予定を通知する機能やサービス。▼原義は思い出させるもの。

リマインド [remind] [名] 思い出させること。特に、予定を思い出させること。‖「—のメール」

りーまわり【利回り】 リマハリ [名] 投資した金額に対する利子・配当などの割合。株価に対する配当額の割合など。‖「—がいい」

リミックス [remix] [名] 既存の楽曲を再編集し、新たな曲に再構成すること。また、その曲。

リミッター [limiter] [名] ❶自動車のスピードがある値に達すると自動的にエンジン出力を制御する装置。❷制限。また、制限するもの。

リミット [limit] [名] 限界。限度。また、範囲。‖「この部屋は一五〇人が—だ」「タイム—」

リミテッド [limited] [形動] 限られているさま。限定されているさま。‖「—エディション(=限定版)」

リム [rim] [名] ❶自動車・自転車などのタイヤをはめる、車輪の外周の枠。❷ふち。へり。‖「—なしの眼鏡」

リムーバー [remover] [名] ❶ペンキなどを落とすための溶剤。剥離(はくり)剤。❷マニキュアなどを取り除くための溶剤。除光液。エナメルリムーバー。

リムジン [limousine] [名] ❶運転席と客席の間に仕切りを設けた大型高級車。❷空港の旅客を送迎するためのバス。リムジンバス。

リメイク [remake] [名・他サ変] ❶作り直すこと。また、そのもの。‖「着物をバッグに—する」❷既存の映画などを新たに作り直すこと。また、その作品。‖「昔のドラマを—した映画」◈「リメーク」とも。

りーめん【裏面】 [名] ❶物の裏側の面。❷物事の表にあらわれない部分。内幕(うちまく)。‖「政界の—を語る」「—工作」◈⬍表面(ひょうめん)

リモート [remote] [名] 遠く離れていること。隔たっていること。‖「—会議(=インターネットなどを用いて、離れた場所同士で行う会議)」▼多く他の語と複合して用いる。

リモートーコントロール [remote control] [名・他サ変] 離れた所から機器を操作すること。遠隔操作。遠隔制御。リモコン。

リモートーワーク [remote work] [名] ⬇テレワーク

リモーコン [名] 「リモートコントロール」の略。

リヤーカー [和製rear+car] [名] 鉄パイプで作った車体にゴムタイヤをつけた二輪の荷車。人が引いたり、自転車の後ろに連結したりして荷物を運搬する。リアカー。▼大正初年に日本で考案された。rearは後方の意。

りゃく【略】 ■一 [名] はぶくこと。省略。‖「以下—」「一部—」■二 (造) ❶おおよそ。あらまし。‖「—年表・—図」❷はかりごと。‖「策—・戦—」❸かすめとる。‖「—奪」「侵—」▼「掠」に通じる。

りゃく【▼掠】 (造) うばいとる。かすめる。‖「—奪」「侵—」▼「略」に通じる。

りーやく【利益】 [名] ❶[他サ変] 仏・菩薩(ぼさつ)などが人々に功徳(くどく)を授けること。また、その功徳。利生(りしょう)。‖「衆生(しゅじょう)を—する」「御—がある」❷益になること。ためになること。‖「理論だけ学んでもあまり御—はない」◈多く「御—」の形で使う。

りゃくーが【略画】 ワク [名] 細部を省略して描いた大まかな絵。

りゃくーぎ【略儀】 [名] 正式な儀礼の一部をはぶいて簡略にしたやり方。‖「—ながら書面を以てお知らせ申し上げます」

りゃくーげん【略言】 [名] ❶[自他サ変] 簡略に要約して述べること。また、そのことば。‖「—すれば…」「拙論を—する」❷語中で連続する二つの音節が結合し、一音節が省略された語形になること。「ながあめ(長雨)」が「ながめ」、「くすりし(薬師)」が「くすし」となる類。略音。約音。

りゃくーご【略語】 [名] 語形の一部分を省略して簡略にした語。「中学校」を「中学」、「特別急行」を「特急」、「パーソナルコンピューター」を「パソコン」とするなどの類。また、頭文字だけをとった「DNA」などの類。

りゃくーごう【略号】 ガウ [名] ある事物を簡略に表示するために使う記号。鉄道車両の表示で食堂車を「シ」、無蓋(むがい)車を「ト」とするなどの類。

りゃくーじ【略字】 [名] 漢字の点画の一部を省略して簡略にしたもの。略体字。「藝」を「芸」、「醫」を「医」など書く類。

りゃくーしき【略式】 [名] 正式な手続きの一部をはぶいて簡単にした形式であること。‖「—の礼服」「—手続(=簡易裁判所が公判を開かず、書面審査だけで罰金・科料を言い渡す簡易な裁判手続)」⬍正式・本式

りゃくーしゅ【略取】 [名・他サ変] ❶兵力などを用いて奪い取ること。❷暴行・脅迫などによって人を連れ去ること。‖「—誘拐罪」

りゃくーじゅ【略▼綬】 [名] 勲章・褒章(ほうしょう)の代わりにつける略式の綬。正式のものと同色で作られる。

りゃくーじゅつ【略述】 [名・他サ変] 要点だけを残して簡略に述べること。略叙。⬍詳述

りゃくーしょう【略称】 [名・他サ変] 正式名称の一部を省略して簡略に呼ぶこと。また、その呼び方。「国際連合」を「国連」、「日米安全保障条約」を「安保」と呼ぶ類。

りゃくーしょう【略章】 ヤウ [名] 略式の勲章・記章。

りゃく・す【略す】 [他五] 一部をはぶく。また、一部をはぶいて簡単にする。‖「説明を—」「『北海道大学』を—・して『北大』という」 異形 略する

りゃくーず【略図】 ヅ [名] 細部は省略して要所だけを描いた図。‖「会場周辺の—」

りゃく・する【略する】 [他サ変] ⬇略す 文りゃく・す

りゃくーせつ【略説】 [名・他サ変] 要点だけを簡略に説明すること。また、その説明。‖「近代史—」⬍詳説

りゃくーそう【略装】 サウ [名] 略式の服装。略服。⬍正装

りゃくーたい【略体】 [名] ❶本来の形を簡略にした形。‖「—の観艦式」❷略した字体。略字。

りゃくーだつ【略奪(▼掠奪)】 [名・他サ変] 暴力で

むりやり奪い取ること。奪略。＝「財宝を—する」

りゃく-でん【略伝】［名］主要な経歴だけを簡単にまとめた伝記。⇕詳伝

りゃく-ひつ【略筆】［名・他サ変］❶要点以外をはぶいて書くこと。また、その文章。省筆。略文。❷文字の点画を略して書くこと。また、その文字。略字。

りゃく-ひょう【略表】ヘウ［名］概略だけを示した簡単な表。

りゃく-ふ【略譜】［名］❶主要な人物だけを記した簡略な系譜。＝「徳川家の—」❷五線譜に対して、数字などで表した簡略な楽譜。⇕本譜

りゃく-ふく【略服】［名］略式の衣服。略装。

りゃく-ほんれき【略本暦】［名］本暦から主要な事項だけを抜き出して作った簡略な暦。略暦。⬇本暦

りゃく-れき【略歴】［名］おおまかな経歴。また、それを記したもの。＝「執筆者の—」

りゃっ-かい【略解】リヤククイ［名・他サ変］要点だけを簡単に解釈すること。また、その書。りゃくげ。＝「源氏物語—」⇕詳解・精解

りゃっ-き【略記】リヤクキ［名・他サ変］要点だけを簡潔に記すこと。また、記したもの。＝「経歴を—する」

りゃん-こ【▽両個】［名］〔俗〕❶二個。二つ。❷江戸時代、町人が武士をあざけって呼んだ語。▽二本の刀を差していることから。◈「りゃん」は唐音。

りゅう【竜】［名］❶想像上の動物。体は大蛇に似て鱗(うろこ)におおわれ、四本の足、二本の角、耳、ひげをもつ。平常は水中にすみ、時に天に昇って風雲を起こすという。りよう。たつ。▽中国では麒麟(きりん)・鳳凰(ほうおう)・亀(かめ)とともにめでたい動物とされ、天子になぞらえられる。❷ドラゴン。❸将棋で、飛車が成ったもの。竜王。旧龍

りゅう【柳】リウ（造）ヤナギ。また、ヤナギのように細いものやしなやかなもの。＝「—眉(りゅうび)」「花—」「川—」

りゅう【流】リウ（造）❶ながれる。ながれ。＝「—域・—血」「海—・電—」❷世の中に広まる。＝「—言・—行」❸武道・芸道・技芸などの系統。流派・流儀。＝「小笠原—・観世—・二刀—」❹やり方。＝「私(わたし)—の楽しみ方」「自己—」❺階層や等級を表す。＝「一—・二—」

りゅう【留】リウ（造）❶とめる。とまる。とどまる。＝「—学・—任・—年」「慰—・拘—・残—・逗(とう)—・保—」❷気化させたものを冷やして液体にする。＝「蒸—」書き方 ②は、「▼溜」の代用字。

りゅう【粒】リフ（造）つぶ。また、つぶのように丸く小さいもの。＝「—子」「顆(か)—」「丸薬三—」

りゅう【隆】（造）❶もりあがる。もりあげる。＝「—起」❷さかんになる。＝「—盛」「興—」旧隆

りゅう【硫】リウ（造）❶いおう。＝「—酸・—化水素」❷「硫酸」の略。＝「—安」

りゅう【▼溜】リウ（造）❶水などがたまる。＝「—飲」❷気化させたものを冷やして液体にする。＝「蒸—」書き方 ⬇留

り-ゆう【理由】イウ［名］❶物事がそうなるに至った事情。また、そのようにする根拠。わけ。＝「計画中止の—を説明する」「経済上の—で断念する」❷いいわけ。口実。＝「病気を—に会社を休む」「勝手な—ばかりつける」

りゅう-あん【硫安】リウ［名］「硫酸アンモニウム」の略。書き方「安」は当て字。

りゅうあん-かめい【柳暗花明】リウアンクワメイ［名］❶柳はあたりを暗くするほどに茂り、咲きにおう花の色は明るく輝いているということ。春の美しい風景をいう。＝「—の季節」❷花柳界。色町。

りゅう-い【留意】リウ［名・自サ変］ある物事を心にとどめて常に気をつけること。＝「健康に—する」

りゅう-いき【流域】リウヰキ［名］川の流れに沿った地域。＝「黄河—」

りゅう-いん【▼溜飲】リウ［名］胃の消化作用が低下し、胸焼けがしたり、すっぱい胃液がのどに上がってきたりすること。また、その症状。書き方 新聞では「留飲」で代用する。

◉**溜飲が下(さ)が・る** わだかまっていた不平・不満・恨みなどが消えて、すっきりした気分になる。＝「王座を奪回して—った」

◉**溜飲を下(さ)・げる** 不平・不満・恨みなどを解消して、気分をすっきりさせる。＝「言うだけのことは言って—」注意「溜飲を晴らす」は誤り。

りゅう-おう【竜王】ワウ［名］❶竜神。❷将棋で、飛車が敵陣に入って成ったもの。斜め前後にも一間ずつ動けるようになる。成り飛車。竜。

りゅう-か【流下】リウ［名・自他サ変］流れくだること。また、流しくだすこと。＝「石狩山地から—する川」

りゅう-か【硫化】リウクワ［名・自サ変］硫黄と他の物質が化合すること。また、硫黄との化合物であること。＝「銀が—する」「—鉄・—水素」

りゅう-かい【流会】リウクワイ［名・自サ変］予定されていた会合が成立しないで取りやめになること。

りゅう-がく【留学】リウ［名・自サ変］他の土地、特に外国に行って、そこの学校などで一定期間勉学すること。＝「ドイツに—する」「—生」

りゅう-かん【流汗】リウ［名］汗が流れ出ること。また、その汗。＝「—淋漓(りんり)」

りゅう-かん【流感】リウ［名］「流行性感冒」の略。

りゅう-がん【竜顔】［名］天子の顔。天顔(てんがん)。りょうがん。

りゅう-き【隆起】［名・自サ変］❶高く盛り上がること。＝「—した筋肉」❷地殻の一部が広範囲にわたって高くなること。＝「—海岸」⇕沈降

りゅう-ぎ【流儀】リウ［名］❶芸道・武道などで、その流派や家などに古くから伝えられているやり方。＝「裏千家の—」❷その人やその家などの独特のやり方。＝「当方には当方の—がある」

りゅうき-へい【竜騎兵】［名］一六、七世紀以降のヨーロッパで、鎧(よろい)をつけて銃を持ち、馬に乗った兵隊。▽かぶとに竜の飾りをつけたことから。

りゅう-ぐう【竜宮】［名］深海の底にあって、竜神や乙姫(おとひめ)が住むという、想像上の宮殿。竜宮城。

りゅう-けい【流刑】リウ［名］罪人を辺地や離島に追いやる刑罰。流罪(るざい)。流(る)。るけい。

りゅう-けつ【流血】リウ［名］血を流すこと。また、流れる血。＝「—の惨事」

りゅう-げん【流言】リウ［名］根拠のないうわさ。流説(りゅうせつ・るせつ)。

りゅうげん-ひご【流言飛語・流言▼蜚語】［名］世間に言いふらされる確証のない情報。＝「—が飛び交う」

りゅう-こ【竜虎】［名］竜と虎(とら)。▽実力の伯仲した二人の英雄・豪傑のたとえにいう。＝「—相搏(う)つ(＝二人の強豪が勝敗を争う)」

りゅう-こう【流行】リウカウ［名・自サ変］❶ある一時期、

多くの人々の好みに合って広く世の中に行われること。はやること。‖「―のファッション」「―語」❷病気が一時的に広まること。‖「風邪が―する」❸蕉風俳諧で、時代を反映して絶えず変化していくもの。⬇不易流行

りゅうこう-か【流行歌】［名］ある一時期に多くの人々に好まれ、広く歌われる歌。特に、歌謡曲をさしていう。はやりうた。

りゅうこうせい-かんぼう【流行性感冒】［名］インフルエンザ。

りゅう-こつ【竜骨】［名］❶船底の中心線を船首から船尾まで貫く最も重要な部材。キール。❷巨大な古生物の骨の化石。漢方で、鎮静薬などに用いる。

りゅう-さん【硫酸】［名］無機酸の一つ。硫黄・酸素・水素が化合した無色・油状の液体。酸性がきわめて強く、金・白金以外のほとんどの金属を溶かし、皮膚をおかす。水と混合すると多量の熱を発生する。

りゅう-ざん【流産】［名・自サ変］❶妊娠二二週未満の胎児が母体外に排出されること。❷計画・事業などが中止となって実現しないこと。▽①を比喩に使った、好ましくない言い方。

りゅうさん-アンモニウム【硫酸アンモニウム】［名］硫酸にアンモニアを吸収させて作る無色の結晶。窒素肥料として広く利用される。硫安。

りゅうさん-し【硫酸紙】［名］硫酸で処理して作った半透明の紙。耐水・耐油性があるのでバターなどの食品や薬品の包装用に使われる。

りゅう-し【粒子】［名］❶細かいつぶ。‖「砂の―」❷物質を構成している微細なつぶ。素粒子・原子・分子など。

りゅう-しつ【流失】［名・自サ変］ものが流されてなくなること。‖「津波で家屋が―する」

りゅう-しゃ【流砂】［名］❶水に押し流されてたまった砂。❷砂漠。特に、中国西北部の砂漠。◈「りゅうさ」ともいう。

リュージュ［luge フランス］［名］小形のそり。また、それを使って氷で固めたコースを滑り降り、所要時間を競う競技。トボガン。

りゅう-しゅつ【流出】［名・自サ変］❶液体などが外へ流れ出ること。‖「タンカーから原油が―する」「河川から土砂が―する」❷内部にあったものが外部に移ってしまうこと。‖「資本が国外に―する」「首都圏への人口―」「頭脳―」◈⬍流入 注意「流失」は別語。

りゅう-しゅつ【留出（▼溜出）】［名・自サ変］蒸留したときに、ある成分が液体となってしたたり出ること。書き方「留出」は代用表記。

りゅう-じょ【柳▼絮】［名］白い綿毛のついた柳の種子。また、それが雪のように飛び散ること。▽降る雪のたとえとしても言う。

りゅう-しょう【隆▼昌】［名］栄えること。隆盛。

りゅう-じん【竜神】［名］❶竜の姿をした神。水中に住み、水をつかさどるとされる。▽農業で雨乞い祈願の対象として、漁業では海神として信仰された。❷仏法の守護神。天竜八部衆の一つ。竜王。

リユース［reuse］［名・他サ変］一度使用したものを、形を変えずに再使用すること。‖「―カップ」

りゅう-ず【竜頭】［名］❶腕時計・懐中時計などで、時刻を合わせたりぜんまいを巻いたりするときに回すつまみ。❷釣り鐘を梁にかけるための、竜の頭の形をしたつり手。

りゅう-すい【流水】［名］流れる水。‖「傷口を―で洗う」「行雲―」⬍静水・止水

りゅう-せい【流星】［名］微小天体が地球の大気に突入し、摩擦熱によって光を放つ現象。また、その微小天体。流れ星。▽燃え尽きずに地上まで落下したものを「隕石」という。

りゅう-せい【隆盛】［名・形動］栄えること。勢いが盛んなこと。隆昌。‖「―を極めた王朝」

りゅうせん-けい【流線形・流線型】［名］物体が気体や液体の中を移動するとき、受ける抵抗が最も小さくなるような形。魚の体形のように、全体が細長くて先端が丸く、後端がとがった形をいう。

りゅうぜん-こう【竜▼涎香】［名］マッコウクジラの腸内からとれる松脂状の香料。アンバーグリス。

りゅう-そく【流速】［名］気体や液体の流れる速度。‖「―計」

りゅう-たい【流体】［名］気体と液体の総称。流動体。‖「―力学」

りゅう-たい【隆替】［名・自サ変］勢いが盛んになることと衰えること。また、盛んになったり衰えたりすること。盛衰。▽「替」はすたれる意。

りゅう-だん【流弾】［名］目標をそれて飛ぶ弾丸。流れだま。

りゅう-だん【▼榴弾】［名］薄い外殻の中に多量の炸薬を詰めた砲弾。命中と同時に炸裂し、爆風と弾片とで破壊・殺傷する。

りゅう-ち【留置】［名・他サ変］人や物を一定の場所にとどめて管理すること。特に、被疑者や被告人を一定の場所にとどめて拘束すること。

りゅうち-じょう【留置場】［名］警察署に付属し、被疑者などの身柄を一時拘束しておくための施設。

りゅう-ちょう【流▼暢】［名・形動］ことばがすらすらと出て、よどみないこと。‖「―なスペイン語で話す」派生 -さ

りゅう-ちょう【留鳥】［名］一年中ほぼ同じ地域にすみ、季節による移動をしない鳥。スズメ・ヒバリ・カラス・キジ・オナガなど。⬍候鳥

りゅう-つう【流通】［名・自サ変］❶滞ることなく流れ通うこと。‖「空気の―をよくする」❷貨幣・商品などが市場の経路を移動すること。特に、商品が生産者から消費者のもとまで移動すること。‖「新しい貨幣が―する」「―機構」

りゅう-てい【流▼涕】［名・自サ変］涙を流すこと。‖「友の死に―する」

りゅう-と［副］服装・態度などが立派で、きわだっているさま。‖「―した服装」

リュート［lute］［名］撥弦楽器の一つ。洋梨形の共鳴胴と幅の広い棹をもち、糸倉は後方に折れ曲がる。弦の数は多く、二弦ずつ同音に調弦される。中世から一七世紀にかけてヨーロッパで用いられた。

りゅう-とう【流灯】［名］盂蘭盆会の夜、火をともした灯籠を川や海に流すこと。また、その灯籠。灯籠流し。

りゅう-とう【竜灯】［名］❶夜、海上に灯火が点々と連なったように見える現象。また、その光。不知火。▽竜神が神仏にささげる灯火とされたことから。❷神前に奉納する灯火。

りゅう‐どう【流動】[名・自サ変] ❶滞ることなく流れ動くこと。‖「溶岩が―する」❷物事が状況に応じて移り変わること。‖「―する政局」

りゅうどう‐しょく【流動食】[名] 液状の食物。重湯・くず湯・牛乳・果汁・スープなど。消化がよいので離乳食や病人食に用いる。

りゅうどう‐たい【流動体】[名] ❶流体。❷流動するもの。流動しやすいもの。

りゅうとう‐だび【竜頭蛇尾】[名] 始めは威勢がよいが、終わりにはまったく勢いがなくなること。‖「地域興しのイベントも―に終わる」▼頭は竜のように立派だが、尾は蛇のように貧弱の意から。

りゅうどう‐てき【流動的】[形動] その時の状況によって動きが変わるさま。不安定で、変化しやすいさま。‖「国際情勢は依然として―だ」

りゅうどう‐ぶつ【流動物】[名] ❶流動性のあるもの。流動するもの。❷流動食。

りゅうど‐すい【竜吐水】[名] ❶消火用具の一つ。水槽の上に手押しポンプをつけ、横木を上下させて水を噴出させるもの。❷〔古風〕水鉄砲。

りゅう‐にゅう【流入】[名・自サ変] ❶液体などが、中に流れ込むこと。‖「地下水が―する」❷国や組織の中に入ってくること。‖「海外資本が―する」「―人口」◈⇕流出

りゅう‐にん【留任】[名・自サ変] 任期が切れた後も、そのままもとの役職にとどまること。

りゅう‐ねん【留年】[名・自サ変] 必要な単位を取得しなかった学生が、進級・卒業しないで同じ学年にとどまること。‖「大学で二年―する」

りゅう‐のう【竜脳】[名] ❶東南アジアに分布する、フタバガキ科の常緑大高木。▼「竜脳樹」の略。❷①の材を蒸留して得る無色透明の結晶。樟脳に似た芳香をもち、香料・防虫剤などに利用する。竜脳香。ボルネオール。

りゅう‐は【流派】[名] 技芸・武芸などで、流儀の違いによって分かれているそれぞれの系統。

りゅう‐び【柳眉】[名] 柳の葉のように細くて美しいまゆ。やなぎのまゆ。▼美人のまゆにたとえる。

◉**柳眉を逆立てる** 美人がまゆをつり上げて怒る。‖「―て夫に詰め寄る」

りゅう‐ひょう【流氷】[名] 高緯度地方の海面をおおっていた氷が割れ、風や波に運ばれて海上を漂うもの。

りゅう‐へい【流弊】[名] 世の中に広まっている悪い習慣。

りゅう‐べい【立米】[名] 立方メートル。▼メートルを「米」と書くことから。俗に「リューベ」と発音する。

りゅう‐べつ【留別】[名・自サ変] 旅立つ人があとに残る人に別れを告げること。‖「―の辞」

りゅう‐ほ【留保】[名・他サ変] ❶すぐ処理しないで、その状態のままとどめておくこと。保留。‖「回答を―する」❷国際法上、多国間で条約を結ぶとき、ある当事国が条約中の特定条項を自国には適用しないと意思表示すること。

りゅう‐ぼく【流木】[名] ❶海や川に漂っている木。ながれぎ。❷山から切り出し、川に流して下まで運ぶ材木。

リューマチ[名] ⬇リウマチ

りゅう‐みん【流民】[名] 飢饉・災害・戦禍などのために故郷や故国をはなれて他郷をさすらう人々。流浪の民。流氓。るみん。

りゅう‐め【竜▽馬】[名] ❶非常にすぐれた馬。りゅうま。りょうめ。❷将棋で、角が敵陣に入って成ったもの。成り角。りゅうま。

りゅう‐よう【柳腰】[名] 柳の枝のように細くてしなやかな腰。やなぎごし。▼美人の腰の形容。

りゅう‐よう【流用】[名・他サ変] 使途の定まっているものを別の目的に使うこと。‖「会議費を旅費に―する」

りゅう‐り【流離】[名・自サ変] 故郷を遠く離れて他の土地をさまよい歩くこと。流浪。‖「―の旅」「貴種―譚」

りゅう‐りゅう【流流】[名] 物事にはそれぞれの仕方・方法があること。‖「細工は―仕上げを御覧じろ」

りゅう‐りゅう【隆隆】[名・形動タル] ❶たくましく盛り上がっているさま。‖「筋骨―とした力士」❷勢いが盛んなさま。‖「―たる国運」

りゅうりゅう‐しんく【粒粒辛苦】[名・自サ変] ある事を成就するために地道な努力を積み重ねること。‖「―の末、現在の地位を築く」▼米の一粒一粒が農民の辛苦の結晶であるという意から。

りゅう‐りょう【流量】[名] 液体・気体・電気などが単位時間に流れる量。‖「―計」

りゅう‐りょう【▼嚠▼喨(▼瀏▼亮)】[形動タル] 管楽器の音などがさえて響きわたるさま。‖「―たるらっぱの音色」

りゅう‐れい【流麗】[形動] 詩文や音楽の調子などが、よどみなく流れて美しいさま。‖「―な筆跡[フルートの調べ]」派生 ‐さ

りゅう‐ろ【流露】[名・自他サ変] 心のうちにあるものが外にあらわれ出ること。また、外にあらわすこと。‖「真情が／の／を―した文章」

リュック[名] 「リュックサック」の略。

リュックサック【Rucksack ドイ】[名] 登山・ハイキングなどで、食糧・衣類などの必要品を入れて背負う袋。リュック。▼さまざまな素材・デザインのものが日常用の鞄としても広く用いられる。

りょ【▽呂】[名] ❶邦楽で、低い音域の音。❷十二律のうち、陰(偶数番目)の六音。

りょ【侶】(造) なかま。つれ。‖「僧―・伴―」

りょ【旅】(造) ❶たび。‖「―館・―行・―情・―費」❷軍団。軍隊。‖「―団」

りょ【虜】(造) いけどりにする。また、いけどりにした人。とりこ。‖「―囚」「捕―」旧虜

りょ【慮】(造) 思いめぐらす。おもんぱかる。また、思い。考え。‖「遠―・考―・配―・不―・憂―」

りょう【了】[名] ❶終わること。‖「完―・校―・修―」❷はっきりわかること。‖「―とする」「―解・―察・―承」▼②は「諒」に通じる。

りょう【▽令】[名] 奈良・平安時代、律とともに国家統治の基本について定めた法典。大宝令や養老令。

りょう【両】[一][名] ❶昔の貨幣の単位。分の四倍。‖「一―」「千―箱」❷二つで一組みになっているものの双方。両方。‖「―の手」「―側・―サイド」「―岸・―家・―親」[二](造) 車・電車・汽車などを数える語。‖「八―編成の列車」▼「輛」に通じる。旧兩

りょう【良】ウリャ［名］❶性質・状態などがよいこと。‖「ー不良」「ー縁・ー質・ー書」「最ー・善ー」❷成績の評価で、優の下位、可の上位。

りょう【涼】ウリャ〔一〕［名］すずしいこと。すずしさ。‖「川辺でーを取る」「ー秋・ー風」「清ー・納ー」〔二〕（造）冷え冷えとしてものさびしい。‖「荒ー」

⊙涼を取る 涼む。暑さをしのぐ。

りょう【猟】フレ〔一〕［名］山野で鳥や獣をとらえること。狩り。また、その獲物。‖「ーが解禁になる」「ー犬・ー師・ー銃」「狩ー・禁ー」〔二〕（造）探し求める。あさる。‖「ー官・ー奇」「渉ー」旧獵

りょう【量】ウリャ〔一〕［名］❶物が空間で占める大きさ。容積や重さ。かさ。‖「ごみ［酸素］のーが多い」「ーより質」「雨ー・軽ー」❷数量。分量。‖「仕事［蔵書］のーを減らす」〔二〕（造）❶重さ・容積などをはかる。‖「計ー・測ー」❷おしはかる。推測する。‖「推ー」❸人間の実力・能力の大きさ。‖「器ー・力ー」

りょう【▼稜】［名］❶とがったところ。かど。‖「ー線」❷数学で、多面体の隣り合う二面が交わってできる直線。

りょう【漁】フレ［名］魚・貝などの水産物をとること。また、その獲物。‖「ーに出る」「ー師」「禁ー・出ー・大ー・不ー・豊ー・密ー」▽「猟」の字音の転用。

りょう【領】ウリャ〔一〕［名］領有すること。また、領有する土地。領土。‖「他国のーを侵す」「イギリスー」〔二〕（造）❶うなじ。くびすじ。また、えり。‖「ー袖(りょうしゅう)」❷大事な所。‖「本ー・要ー」❸おさめる。‖「ー収」「受ー・横ー」❹装束・鎧(よろい)・襖(ふすま)などを数える語。‖「式服二ー」「鎧三ー」

りょう【寮】ウレ［名］❶学校・会社などが学生や従業員のために設ける共同宿舎。‖「ーに入る」「ー生」❷律令制で、省に属する役所。‖「大学ー・図書(ずしょ)ー」

りょう【料】ウレ（造）❶はかる。おしはかる。‖「ー簡(りょうけん)」❷もとになるもの。‖「原ー・塗ー・燃ー」❸料金。手当。‖「送ー・拝観ー」❹「料理」の略。‖「ー亭」

りょう【▼梁】ウリャ（造）❶柱の上にかけ渡して屋根を支える横木。はり。‖「ー木」❷架け橋。‖「橋ー」

りょう【陵】（造）❶大きなおか。‖「丘ー」❷天子の墓所。みささぎ。‖「御ー・山ー」❸しのぐ。犯す。‖「ー駕(りょうが)・ー辱」

りょう【僚】ウレ（造）❶同じ役目をもつ仲間。‖「ー友」「同ー」❷役人。‖「閣ー・官ー」

りょう【▼諒】ウリャ（造）❶まこと。真実。‖「ー闇(りょうあん)・ー直(りょうちょく)」❷知る。明らかにする。‖「ーとする（＝事実だとして了承する。また、諒する）」「ー解・ー察・ー承」▽②は「了」に通じる。

りょう【▼輛】ウリャ（造）車の数をかぞえる語。‖「三ー編成」▽「両」に通じる。

りょう【霊】ウリャ（造）たましい。死者のたましい。‖「悪ー・生き一・怨ー(おんりょう)・死ー・精ー(しょうりょう)」

りょう【療】ウレ（造）病気を治す。‖「ー法・ー養」「医ー・診ー・治ー」

りょう【瞭】ウレ（造）はっきりしている。あきらか。‖「ー然」「明ー」

りょう【糧】ウリャ（造）食べ物。かて。‖「ー米」「食ー」

り-よう【利用】［名・他サ変］❶役に立つように使うこと。‖「バス［図書館・介護サービス］をーする」「風力をーした発電」❷手段・方便として、自分に都合のよいように使うこと。‖「地位をーして私利をはかる」

り-よう【里謡・▼俚謡】ウエ［名］その地方の民衆の間でうたわれる歌。民謡。

り-よう【理容】［名］頭髪の刈り込みやひげ剃りによって容姿を整えること。理髪と美容。‖「ー師」

りょう-あし【両足】ウリャ［名］左右両方の足。両脚。

りょう-あん【良案】ウリャ［名］よい思いつき。よい考え。

りょう-いき【領域】リャウキ［名］❶あるものが関係する範囲。ある力・作用などが及ぶ範囲。‖「他人のーを侵す」「社会学のー」「専門ー」❷国際法上、国家の主権が及ぶ区域。領土・領海・領空のすべてをいう。

りょう-いん【両院】リャウキン［名］二院制の議会を構成する二つの議院。衆議院と参議院、上院と下院など。‖「衆参ー」

りょう-う【涼雨】ウリャ［名］涼しさを感じさせる夏の雨。

りょう-うで【両腕】ウリャ［名］両方の腕。もろうで。⇕片腕

りょう-えん【良縁】ウリャ［名］よい縁組み。‖「ーを得る」

りょう-えん【▼遼遠】エレンウ［名・形動］はるかに遠いこと。‖「前途ー」

りょう-おもい【両思い（両▽想い）】リャウオモヒ［名］互いに恋い慕うこと。▽「片思い」に対する造語。

りょう-か【良家】ウリャ［名］⬇りょうけ（良家）

りょう-か【良貨】リャウクワ［名］地金の品質のよい貨幣。実際価格と法定価格との差が少ない貨幣。‖「悪貨はーを駆逐する」⇕悪貨

りょう-か【寮歌】レウ［名］学生寮などで、寮生が一緒にうたうために作られた歌。

りょう-が【▼凌▼駕（陵▼駕）】［名・自サ変］他のものをしのいで、その上に出ること。‖「品質において他をーする」

りょう-かい【了解（▼諒解）】レウ・リャウ［名・他サ変］❶物事の意味・内容・事情などを理解すること。‖「話を聞くや否やその意味をーした」「両者間には暗黙のーがある」 書き方 まれに「領会・領解」とも。❷理解した上で承認すること。承知・承諾すること。‖「雑誌社に転載のーを求める」「その件についてはー済みだ」「『事後処理を頼む』『ー（＝分かった）』」 使い方 依頼や申し入れを受け入れることに力点を置く場合は「承知」を、内容や経緯をきちんと理解したことに力点を置く場合は「了解」を使うのが適切。「了解しました」という言い方で敬意が足りないと感じるときは、「了解いたしました」という丁重な言い方をする。❸無線通信で、通信内容を確かに受け取ったことを表す語。‖「『こちら本部、どうぞ』『ー、こちら現場、どうぞ』」

りょう-かい【領海】ウリャ［名］一国の沿岸から一定範囲にあって、その国の主権が及ぶ海域。‖「ー侵犯」⇕公海

りょう-がえ【両替】リャウガヘ［名・他サ変］ある種の貨幣をそれと同額の他の種の貨幣と交換すること。‖「一万円札を千円札にーする」「円をドルにーする」

りょう-かく【▼稜角】［名］とがったかど。かど。‖「岩壁のー」「ーのある氷片」

りょう-がわ【両側】リャウガハ［名］相対する両方の側。‖「道のー」⇕片側

りょう-かん【涼感】ウリャ［名］涼しそうな感じ。‖「打ち水がーをさそう」「ーある色調」

りょう‐かん【猟官】[名] 官職に就こうとして多くの者が争うこと。‖「―運動」

りょう‐かん【量感】[名] 量的にいかにも充実している感じ。特に、絵画・彫刻などの作品にあらわれた実在感・立体感をいう。ボリューム。‖「―のある彫刻」

りょう‐かん【僚艦】[名] 同じ艦隊に所属する軍艦。仲間の軍艦。

りょう‐き【涼気】[名] 涼しい空気。

りょう‐き【猟奇】[名] 奇怪・異常なものに興味をもって、それをあさり求めること。‖「―趣味」「―的な犯罪」

りょう‐き【猟期】[名] ❶その鳥獣を捕るのに適した時期。❷鳥獣保護法で、猟を許可されている期間。狩猟期。

りょう‐き【僚機】[名] 同じ編隊に所属している飛行機。仲間の飛行機。

りょう‐き【漁期】[名] ❶その魚介類の漁獲に適した時期。❷その魚介類の漁獲が許されている時期。ぎょき。

りょう‐きょく【両極】[名] ❶両方のはし。また、かけ離れた二つのはし。‖「推進派と反対派の―にいる二人」❷北極と南極。❸陽極と陰極。

りょう‐きょくたん【両極端】[名] かけ離れた二つのはし。両極。‖「―の価値観」

りょうぎり‐たばこ【両切り〈煙草〉】[名] 両端を切りそろえただけで、フィルターも吸い口もついていない紙巻きタバコ。両切り。

りょう‐きん【料金】[名] 物品の使用や制度の利用などに対して払う(設定された)金銭。‖「公共[インターネットの接続]―」「―を引き下げる」「特別―」「―体系」「距離別―表」 使い方 「この時計[雑誌]の料金」など、個々の物品の対価には使わない。⬇代金

りょう‐くう【領空】[名] 領土と領海の上の空域。国家の主権が及び、外国機は領域国の許可を得なければ飛行することができない。‖「―権・―侵犯」

りょう‐ぐん【両軍】[名] 両方の軍隊。また、両方のチーム。

りょう‐け【両家】[名] 両方の家。双方の家庭。

りょう‐け【良家】[名] 家柄のよい家。また、経済力があって、教養の豊かな家。りょうか。

りょう‐けい【量刑】[名・自サ変] 裁判所が刑罰の程度を決めること。‖「―不当」

りょう‐けん【了見(料▽簡・了▽簡)】[名] ❶考え。思案。また、気持ち。‖「悪い―をおこす」「―が狭い」「―違い」❷[他サ変] こらえること。がまんして許すこと。‖「どうか―してくれ」◈ 書き方 古くは「料簡」が最も一般的。

りょう‐けん【猟犬】[名] 狩猟に用いる犬。

りょう‐げん【▼燎原】[名] 火をつけて野原を焼くこと。また、火の燃え広がった野原。

◉**燎原の火** 防ぎようがないほど勢いが激しいことのたとえ。

りょう‐こ【両虎】[名] 二匹の虎。▼優劣をつけがたい二人の勇者・英雄のたとえにいう。‖「―相搏っつ」

りょう‐こう【良港】[名] 船の出入りや停泊にぐあいのよい港。‖「天然の―」

りょう‐こう【良好】[形動] よいこと。好ましいこと。‖「術後の経過[両者の関係・環境]は―だ」 派生 ‐さ

りょう‐こく【両国】[名] 二つの国。両方の国。‖「―の首脳」

りょう‐ごく【領国】[名] 領土として所有している国。

りょう‐さい【良妻】[名] よい妻。⬍悪妻

りょう‐ざい【良材】[名] ❶質のよい材木。また、良質の材料。❷すぐれた人材。

りょうさい‐けんぼ【良妻賢母】[名] 夫に対してはよい妻であり、子にとっては賢い母であること。また、その人。

りょう‐さく【良策】[名] よいはかりごと。すぐれた方法。

りょう‐さつ【了察・▼諒察】[名・他サ変] 相手の立場や事情を思いやること。‖「なにとぞ御―下さい」

りょう‐さん【両三】[名] 二つ三つ。二、三。‖「―人・―度・―日」

りょう‐さん【量産】[名・他サ変] 同一規格の商品などを大量に生産すること。大量生産。マスプロダクション。‖「大衆車を―する」「―態勢に入る」

りょうざん‐ぱく【▼梁山泊】[名] 豪傑や野心家の集まる場所。 語源 中国、山東省西部の梁山のふもとにあった沼沢地に、宋江ら一〇八人の豪傑が集まって活躍したという『水滸伝』の故事に基づく。

りょう‐し【両氏】[名] 二人の方。お二方。

りょう‐し【料紙】[名] 物を書くための紙。用紙。

りょう‐し【猟師】[名] 猟をして生計を立てている人。狩人。

りょう‐し【量子】[名] ある物理量がそれ以上分割できない最小単位の整数倍として表されるときの、その最小単位量。また、それを構成する素粒子のこと。エネルギー量子・光量子など。

りょう‐し【漁師】[名] 漁をして生計を立てている人。漁夫。

りょう‐じ【両次】[名] 一次と二次。二回。‖「―の世界大戦」

りょう‐じ【▼聊▼爾】[名・形動] ❶軽はずみでいいかげんなこと。‖「―の沙汰」❷ぶしつけで失礼なこと。‖「―ながらお尋ねしたい」

りょう‐じ【領事】[名] 外国の主要都市に駐在し、自国の通商の促進と在留自国民の保護などに当たる公務員。領事官。

りょう‐じ【療治】[名・他サ変] 病気を治すこと。治療。‖「荒―・もみ―」

りょうじ‐かん【領事館】[名] 領事がその駐在国で職務を行う役所。

りょう‐しき【良識】[名] 社会的に承認される健全な考え方や判断力。‖「―を疑う」「―ある行動」

りょう‐しつ【良質】[名・形動] 品質がよいこと。すぐれた価値を持っていること。‖「―な茶葉[ソフトウエア]」「―の材料」⬍悪質

りょう‐じつ【両日】[名] 両方の日。ふつか。‖「一五、一六の―にわたるシンポジウム」

りょう‐しゃ【両者】[名] 両方のもの。双方。‖「―の言い分を聞く」

りょう‐しゃ【寮舎】[名] 寮の建物。寄宿舎。

りょう‐しゅ【領主】[名] ❶領地の持ち主。荘園の所有者。❷江戸時代、土地を所有して住民を支配した大名・旗本。

りょう‐しゅう【涼秋】リャウシウ［名］❶涼しい秋。〓「—の候となりました」❷陰暦九月の別称。

りょう‐しゅう【領収】リャウシウ［名・他サ変］金銭などを受け取っておさめること。〓「会費を—する」「—書」

りょう‐しゅう【領袖】リャウシウ［名］団体などを率いて、その長となる人物。集団の指導者。〓「党派の—」▼「領」は襟(えり)の意。襟と袖(そで)がともに目立つ部分であることから。

りょうしゅう‐しょ【領収書】リャウシウ［名］金銭を受け取ったしるしとして支払い者に渡す書き付け。領収証。

りょう‐じゅう【猟銃】レフ［名］狩猟に使う銃。

りょう‐しょ【両所】リャウ［名］❶二つの場所。❷〈多く「御両所」の形で〉「二人(ふたり)」の敬称。お二人。お二方。〓「御—ともお元気でいらっしゃる」

りょう‐しょ【良書】リャウ［名］読んでためになる本。〓「後世に残る—を出版する」⇔悪書

りょう‐じょ【▼諒▼恕】リャウ［名・他サ変］相手の立場や事情を思いやってゆるすこと。〓「御高察の上、御—下さい」

りょう‐しょう【了承(▼諒承)】レウ・リャウ［名・他サ変］事情を理解して承知すること。〓「提案を—する」「よろしく御—下さい」

りょう‐しょく【糧食】リャウ［名］食糧。特に、貯蔵または携行した食糧。

りょう‐じょく【陵辱・▼凌辱】［名・他サ変］❶人をあなどって、恥をかかせること。❷暴力を使って人(特に女性)を犯すこと。〓「女性を—する」

りょうし‐りきがく【量子力学】リャウシ［名］素粒子・分子・原子など、微視的な物体の物理現象を扱う力学。

りょう‐しん【両親】リャウ［名］父親と母親。ふたおや。〓「田舎の—に手紙を送る」「—とも健在です」「御—によろしくお伝え下さい」

りょう‐しん【良心】リャウ［名］善悪・正邪を判断し、自分の行いを正しいものにしようとする心のはたらき。〓「—がとがめる」「—の呵責(かしゃく)に悩む」

りょう‐じん【良人】リャウ［名］夫。りょうにん。▼妻が夫をさして言う語。

りょう‐じん【猟人】レフ［名］狩猟をする人。狩人(かりゅうど)。猟師。

りょう‐すい【量水】リャウ［名］水位や水量をはかること。〓「—計・—器」

りょう‐すい【領水】リャウ［名］一国の領域に属するすべての水域。領海と内水(河川・湖沼など)とに分けられる。▼領海と同義に使われることもある。

りょう・する【了する】レウ 一［他サ変］❶了解する。悟る。〓「真意を—」 書き方 「▼諒する」と書くことも多い。❷終える。〓「準備を—」

二［自サ変］終わる。〓「万事—」 文 れう・す

りょう・する【領する】リャウ［他サ変］❶自分の領地として所有する。〓「広大な農地を—」❷承知する。了承する。〓「新党結成の趣意を—」 文 りゃう・す

りょう・する【▼諒する】リャウ［他サ変］事情をくみとって、やむを得ないものと納得する。諒とする。〓「至らぬ点は—・せられたい」 文 りゃう・す

りょう‐せい【両生(両▼棲)】リャウ［名］水中と陸上の両方にすむことができること。また、その生物。〓「水陸—の動物」 書き方 「両生」は代用表記。

りょう‐せい【両性】リャウ［名］❶男性と女性。雄性と雌性。〓「—の平等」❷二つの異なった性質。

りょう‐せい【良性】リャウ［名］性質がよいこと。特に、病気が手術などによって治癒する性質であること。〓「—腫瘍(しゅよう)」⇔悪性

りょう‐せい【寮生】レウ［名］寮で生活している学生・生徒。

りょう‐せいばい【両成敗】リャウ［名］事を起こした双方に罪があるとして、ともに罰すること。〓「けんか—」

りょうせい‐るい【両生類(両▼棲類)】リャウセイ［名］両生綱に属する脊椎(せきつい)動物の総称。幼生時には水中で鰓(えら)呼吸をし、変態後は肺呼吸をする。変温性で、卵生または卵胎生。カエル・イモリ・サンショウウオなど。

りょう‐せん【▼稜線】［名］山の峰から峰へと続く線。尾根。

りょう‐せん【僚船】レウ［名］同じ船団に所属している船。仲間の船。

りょう‐ぜん【両全】リャウ［名］両方とも完全であること。〓「忠孝—」「—の策はない」

りょう‐ぜん【瞭然】レウ［形動タルト］はっきりしているさま。明白なさま。〓「—たる事実」「一目(いちもく)—」

りょう‐ぞく【良俗】リャウ［名］よい風俗や習慣。〓「公序—に反する行為」

りょう‐たん【両端】リャウ［名］❶両方のはし。りょうはし。〓「ひもの—」「—を持す(=二つのうちのいずれにつくか決めかねて、あいまいな態度をとる)」❷物事の始めと終わり。本末。

りょう‐だん【両断】リャウ［名・他サ変］二つに断ち切ること。〓「太刀で—する」「一刀—」

りょう‐ち【了知】レウ［名・他サ変］ある事柄をさとり知ること。〓「新たな規定を—する」

りょう‐ち【良知】リャウ［名］人が生まれながらにもっている正しい知力。〓「—良能」▼『孟子』から。

りょう‐ち【料地】レウ［名］ある物事のために使う土地。用地。〓「御—(=皇室の所有する土地)」

りょう‐ち【領地】リャウ［名］❶領有している土地。特に、江戸時代、大名・神社・寺などが所有し、支配している土地。〓「—を没収する」❷一国の主権の及ぶ土地。領土。

りょう‐ちょう【寮長】レウチャウ［名］寮生を指導・監督する寮の責任者。また、寮生の代表者。

りょう‐て【両手】リャウ［名］左右両方の手。もろて。⇔片手

りょう‐てい【料亭】レウ［名］主として日本料理を出す料理屋。▼高級な料理屋をいうことが多い。

りょう‐てい【量定】リャウ［名・他サ変］軽重の程度をはかって決めること。〓「処分を—する」「刑の—」

りょう‐てき【量的】リャウ［形動］量に関するさま。〓「—には不足がない」⇔質的

りょうてきかんわ‐せいさく【量的緩和政策】リャウテキクヮンワ［名］日本銀行が潤沢な資金を供給して、金融市場の資金量を増やすこと。不況時に景気の底上げのために行う。

りょう‐てんびん【両天▼秤】リャウ［名］一方がだめになってもさしつかえがないように、ふたまたをかけておくこと。〓「—にかける」 注意 両方に目を配る意で使うのは誤り。〓「× 双方の出方を両てんびんにかけて交渉する」

りょう‐ど【領土】リャウ［名］❶領有している土地。領地。❷一国の主権の及ぶ土地。〓「—権」

りょう‐とう【両刀】リャウタウ［名］❶武士が腰にさした大小二本の刀。大刀と脇差。≡「―をたばさむ」❷「両刀使い」の略。

りょう‐とう【両統】リャウ―［名］❶二つの系統。❷二つの皇統。特に、南北朝時代に対立した大覚寺統（＝南朝）と持明院統（＝北朝）をいう。≡「―迭立」

りょう‐とう【両頭】リャウ―［名］❶一つの体に頭が二つあること。また、その頭。双頭。≡「―の鷲」❷二人の支配者。≡「―政治」

りょう‐どう【両道】リャウダウ［名］❶二つの道。二つの街道。❷二つの方面。二道。≡「文武―」

りょう‐どう【糧道】リャウダウ［名］❶軍隊などへ食糧を運ぶ道。≡「敵の―を断つ」❷生活のかてを得る道。

りょうどう‐たい【良導体】リャウダウ―［名］熱や電気をよく伝える物質。銅・鉄・アルミニウムなど。導体。

りょうとう‐づかい【両刀使い・両刀遣い】リャウタウヅカヒ［名］❶左右の手に大小の刀を持って戦う剣法。また、その剣客。二刀流。❷分野を異にする二つの物事を同時にやりこなすこと。また、その人。≡「俳優と作曲家の―」❸酒と甘い物との両方を好むこと。また、その人。❹バイセクシュアル。

りょうとう‐ろんぽう【両刀論法】リャウタウロンパフ［名］⬇ジレンマ②

りょう‐とく【両得】リャウ―［名］❶一度に二つの利益を得ること。≡「一挙―」❷両方がともに利益を得ること。◈「りょうどく」ともいう。

りょう‐どなり【両隣】リャウ―［名］左右両方の隣。≡「向こう三軒―」

りょう‐ながれ【両流れ】リャウ―［名］建物の造りで、屋根の傾斜が棟の左右両方についているもの。両流れ造り。⬍片流れ

りょう‐にらみ【両▼睨み】リャウ―［名・他サ変］両方の動きに目を配り、どちらにも対応できるようにすること。≡「改革と景気を―した政策」

りょう‐にん【両人】リャウ―［名］両方の人。両名。両者。≡「新郎新婦の御―」

りょう‐ば【両刃】リャウ―［名］刀剣などで、刀身の両方のふちに刃をつけること。また、その刀剣。もろは。≡「―の剣（⬇もろはのつるぎ）」⬍片刃

りょう‐ば【猟場】レフ―［名］狩猟をする場所。狩りをするのに適した場所。狩り場。りょうじょう。

りょう‐ば【漁場】レフ―［名］水産物の豊富にとれる場所。漁をするのに適した水域。ぎょば。ぎょじょう。

りょう‐はし【両端】リャウ―［名］ものの両側のはし。りょうたん。

りょう‐はん【量販】リャウ―［名・他サ変］同種の商品を、値段を下げて大量に売ること。マスセール。≡「―店」

りょう‐ひ【良否】リャウ―［名］よいことと悪いこと。よしあし。≡「製品の―を調べる」

りょう‐ひ【寮費】レウ―［名］寮生活をする人が寮に納める費用。

りょう‐びょう【療病】レウビヤウ［名］病気の治療をすること。≡「―生活」

りょう‐びらき【両開き】リャウ―［名］戸などが中央から左右に分かれて開くこと。また、そのもの。⬇観音開き

りょう‐ひん【良品】リャウ―［名］品質のよい品物。≡「―を選ぶ」

りょう‐ふ【両夫】リャウ―［名］二人の夫。二夫。

りょう‐ぶ【両部】リャウ―［名］❶二つの部分。両方の部門。❷仏教で、密教の二大法門。金剛界と胎蔵界。❸密教の説く金剛界・胎蔵界の中に神道を組み入れた神仏習合の思想。▽「両部神道」の略。

りょう‐ふう【良風】リャウ―［名］よい風俗・習慣。≡「―美俗」⬍悪風

りょう‐ふう【涼風】リャウ―［名］涼しい風。すずかぜ。

りょう‐ぶん【両分】リャウ―［名・他サ変］二つに分けること。二分。≡「利益を―する」

りょう‐ぶん【領分】リャウ―［名］❶領有している土地。❷勢力・能力などの及ぶ範囲。≡「子供［司法］の―」

りょう‐ぼ【陵墓】［名］天皇および皇族の墓所。みささぎ。▽皇室典範では天皇・皇后・太皇太后・皇太后を葬る所を「陵」、その他の皇族を葬る所を「墓」という。

りょう‐ぼ【寮母】レウ―［名］寮にいて、そこで生活している人たちの世話をする女性。

りょう‐ほう【両方】リャウハウ［名］二つあるもののどちらも。両者。双方。≡「あれもこれも―ほしい」「―の言い分を聞く」⬍片方

りょう‐ほう【療法】レウハフ［名］治療の方法。≡「食餌―」

りょう‐まい【糧米】リャウ―［名］食糧にする米。

りょう‐まえ【両前】リャウマヘ［名］洋服の上衣やコートなどの前を深く重ねるように仕立て、ボタンを二列に並べてつけたもの。ダブルブレスト。ダブル。⬍片前

りょう‐まつ【糧▼秣】リャウ―［名］軍隊で、兵士の食糧と軍馬のまぐさ。

りょう‐み【涼味】リャウ―［名］涼しさ。涼しそうな感じ。≡「―を満喫する」

りょう‐みん【良民】リャウ―［名］善良な人民。一般の国民。≡「無辜の―」

りょう‐め【両目】リャウ―［名］両方の目。両眼。

りょう‐め【量目】リャウ―［名］物をはかりではかった重さ。目方。はかりめ。≡「銀の―をはかる」

りょう‐めん【両面】リャウ―［名］❶表と裏の二つの面。両方の面。≡「紙の―」「―印刷」⬍片面 ❷二つの方向・方面。両方。≡「―から攻める」「物心―の援助」

りょう‐もう【両毛】リャウ―［名］上毛野・下毛野の二国。現在の群馬・栃木両県にあたる。上野国と下野国。

りょう‐や【良夜】リャウ―［名］月の明るい夜。特に、中秋の名月の夜。

りょう‐や【涼夜】リャウ―［名］涼しい夜。特に、夏の涼しい夜。

りょう‐やく【良薬】リャウ―［名］よく効く薬。

◉良薬は口に苦し 身のためになる忠言は聞きづらいというたとえ。▽よく効く薬は苦いことから。

りょう‐ゆう【両雄】リャウ―［名］二人の英雄。

◉両雄並び立たず 英雄が二人現れれば必ず争い、どちらか一方が倒れるということ。

りょう‐ゆう【良友】リャウイウ［名］よい友人。交際してためになる友だち。⬍悪友

りょう‐ゆう【僚友】レウイウ［名］同じ仕事をしている仲間。同僚。

りょう‐ゆう【領有】リャウイウ［名・他サ変］土地などを自分のものとして所有すること。≡「一国を―する大名」「―権」

りょう‐よう【両用】リャウ―［名・他サ変］一つの物が二通りに使えること。≡「晴雨―の傘」「水陸―」

りょう‐よう【両様】リャウヤウ［名］二つの様式。ふたとおり。二様。‖「—の解釈ができる語句」「和戦—の構え」

りょう‐よう【療養】レウヤウ［名・自サ変］病気や傷を治しながら休養すること。‖「自宅—」「—生活」

りょう‐よく【両翼】リャウ‐［名］❶鳥や飛行機などの、左右両方のつばさ。❷左右に張り出しているもの。‖「軍陣の—から攻める」❸野球で、左翼と右翼。

りょう‐ら【▼綾羅】［名］あやぎぬとうすぎぬ。また、美しい衣服。羅綾。‖「—錦繡(きんしゅう)(=美しい衣服)」

りょう‐らん【▼繚乱(▼撩乱)】レウ‐［名・形動タリ］入り乱れること。また、花が咲き乱れること。‖「百花—」

りょう‐り【料理】レウ‐［名・他サ変］❶材料に手を加えて食べ物をつくること。また、その食べ物。調理。‖「鯛(たい)を—する」「各地の—を食べる」「家庭—」❷物事をうまく処理すること。‖「挑戦者を軽く—する」

りょう‐りつ【両立】リャウ‐［名・自サ変］二つの物事が支障なく成り立つこと。‖「学業とクラブ活動を—させる」

りょう‐りょう【両両】リャウリャウ［名］両方とも。二つとも。‖「—相俟(あいま)って(=両方が互いに助け合って)」

りょう‐りょう【▼喨▼喨】リャウリャウ［形動タリ］澄んだ音が明るく響きわたるさま。‖「—たるらっぱの響き」

りょう‐りょう【▼稜▼稜】［形動タリ］❶角ばっているさま。‖「—たる連山」❷気性などが鋭くきびしいさま。‖「気骨—たる人物」❸寒さがきびしいさま。‖「月影—」

りょう‐りょう【▼寥▼寥】レウレウ［形動タリ］❶ひっそりとしてものさびしいさま。‖「—と広がる荒野」❷数が少ないさま。‖「人家—たる寒村」

りょう‐りん【両輪】リャウ‐［名］二つの輪。両方の車輪。▼両者が補い合って用をなすもののたとえにいう。‖「会社経営を支える—」

りょう・る【料る】レウ‐［他五］［古風］料理する。‖「鯛(たい)を—」▼「料理」を動詞化した語。✓注意「料(はか)る」は別語。

りょう‐わき【両脇】リャウ‐［名］左右両方のわき。また、両方のわきの下。‖「—に本を抱える」

りょ‐がい【▼慮外】‐グワイ［名・形動］❶思いのほかであること。意外。‖「—の結果に終わる」❷無礼であること。ぶしつけ。‖「—ながら申し上げます」「—千万」

りょ‐かく【旅客】［名］❶旅をする人。たびびと。りょきゃく。❷交通機関を利用して旅行をする人。りょきゃく。

りょかく‐き【旅客機】［名］旅客を乗せて運ぶための飛行機。りょかっき。

りょ‐かん【旅館】‐クワン［名］人を宿泊させることを業務とする家。‖「温泉—」▼「ホテル」に対して、ふつう和風のものをいう。

りょく【力】(造)❶物理的・肉体的・精神的なちから。また、その働きや勢い。‖「握—・財—・視—・電—・魅—」❷ちからを尽くす。努める。‖「尽—・努—」

りょく【緑】(造)青と黄の中間の色。みどり。‖「—化・—地・—茶」「新—・万—」旧綠

りょく‐いん【緑陰(緑▼蔭)】［名］青々と葉の茂った涼しげな木陰。‖「しばし—に憩う」「—読書会」

りょくおうしょく‐やさい【緑黄色野菜】リョクワウショク‐［名］色素およびカロテンなどの栄養素を多く含んだ野菜。ホウレンソウ・ニンジン・カボチャ・トマトなど。有色野菜。緑黄野菜。

りょく‐しゅ【緑酒】［名］緑色に澄んだ上質の酒。▼酒の美称として使う。

りょく‐じゅ【緑樹】［名］青々と葉の茂った樹木。

りょく‐じゅうじ【緑十字】‐ジフジ［名］白地に緑色で十字を描いたしるし。労働現場での安全衛生のシンボルマーク。

りょくじゅ‐ほうしょう【緑▼綬褒章】‐ハウシヤウ［名］徳行にすぐれた人、事業に精励した人、またボランティア活動などで顕著な実績のある人に授与される褒賞。綬は緑色。

りょく‐ち【緑地】［名］草木が生い茂っている土地。

りょくち‐たい【緑地帯】［名］都市計画の中で、都市の美観・環境などを守るために作られた緑地。グリーンベルト。

りょく‐ちゃ【緑茶】［名］茶の若葉を蒸し、焙炉(ほいろ)でもみながら乾燥させた茶。熱処理によって酸化酵素の働きを抑え、緑色を保たせたもの。玉露・煎茶(せんちゃ)・抹茶など。

りょく‐ど【緑土】［名］青々と草木のしげった土地。緑豊かな国土。

りょく‐とう【緑豆】［名］マメ科の一年草。インド原産。豆はアズキより小さく、緑色または褐色。もやしやはるさめの原料にする。りょくず。やえなり。ぶんどう。

りょくない‐しょう【緑内障】‐シヤウ［名］眼圧が異常に高くなるために視力が低下する病気。急性では眼痛・頭痛・吐き気などの症状を伴い、進行すると失明する。あおそこひ。

りょくのう‐きん【緑▼膿菌】［名］自然界に広く分布し、化膿(かのう)性炎症を起こすグラム陰性の桿菌(かんきん)。産出する色素によって膿汁(のうじゅう)が青緑色になることからこの名がある。

りょく‐ひ【緑肥】［名］青草をそのまま田畑にすきこんで肥料とするもの。レンゲソウ・ウマゴヤシ・シロツメクサなどが用いられる。草肥(くさごえ)。

りょく‐ふう【緑風】［名］青葉のなかを吹き渡る初夏の風。薫風(くんぷう)。‖「—薫る候」

りょく‐べん【緑便】［名］乳児が消化不良などによって排出する緑色の大便。

りょく‐や【緑野】［名］草木が青々と茂っている野原。

りょく‐りん【緑林】［名］青々と茂っている林。

りょ‐けん【旅券】［名］パスポート。

りょ‐こう【旅行】‐カウ［名・自サ変］旅をすること。他の土地に出かけること。‖「中国を—する」「海外—」「修学・新婚—」

りょ‐しゅう【旅愁】‐シウ［名］旅先で感じるものさびしい思い。旅のうれい。

りょ‐しゅう【虜囚】‐シウ［名］敵に捕らわれている人。とりこ。捕虜。

りょ‐しゅく【旅宿】［名］旅先で泊まること。また、その宿。

りょ‐じょう【旅情】‐ジヤウ［名］旅に出て感じるしみじみとした思い。‖「—にひたる」

りょ‐じん【旅人】［名］旅をしている人。旅行者。たびびと。‖「—宿(=旅館)」

りょ‐そう【旅装】‐サウ［名］旅をするときの服装。旅じたく。‖「—を解く」

りょ‐だん【旅団】［名］陸軍の部隊編成単位の一つ。

連隊の上、師団の下に位置する。

りょっ-か【緑化】(リョククヮ)［名・他サ変］草木を植えて緑の多い土地にすること。「都会を―する」

りょっか-うんどう【緑化運動】(リョククヮウ)［名］植樹などによって国土を緑にする運動。植樹祭・緑の募金・みどりの週間などが実施される。

りょ-てい【旅程】［名］❶旅行の道程。旅の道のり。「往復五百キロの―」❷旅行の日程。「―を変更する」

りょ-ひ【旅費】［名］旅行に必要な費用。路用。

りょ-りょく【▼膂力】［名］腕などの筋肉の力。腕力。

リラ【lilasフランス】［名］ライラックの別称。

リラ【liraイタリア】［名］イタリア・トルコなどの貨幣の基本単位。▽イタリアのリラは、二〇〇二年にユーロに移行。

リライト【rewrite】［名・他サ変］文章に手を加えて書き直すこと。「原稿を―する」

リラクゼーション【relaxation】［名］心身の緊張をほぐすこと。息抜き。くつろぎ。リラクセーション。

リラックス【relax】［名・自サ変］緊張をほぐして、くつろぐこと。「―して過ごす」「―できる場所」

リリーアン【lily yarn】［名］人造絹糸をメリヤス編みにした弾力性のある組み糸。手芸材料に用いる。リリヤン。

リリース【release】［名・他サ変］❶放すこと。解放すること。「釣った魚を―する」❷CD・ビデオ・新刊書などを発売すること。また、映画を封切ること。

リリーフ【relief】［名］❶［他サ変］野球で、先発投手を救援して登板すること。また、その投手。❷⇩レリーフ

リリカル【lyrical】［形動］叙情的・叙情詩的であるさま。リリック。「―な詩」

り-りく【離陸】［名・自サ変］飛行機などが陸を離れて空中に飛び立つこと。「ヘリが―する」⇔着陸

りりし・い【▼凜▼凜しい】［形］容姿や態度がきりりとひきしまっているさま。きりっとして勇ましい。「―若武者」派生 -げ／-さ

リリシズム【lyricism】［名］叙情詩的な趣。叙情味。「―にあふれた絵画」

り-りつ【利率】［名］元金に対する利息の比率。年利・日歩などで表す。利子率。「年五分の―」「法定―」

リリック【lyric】■［名］❶叙情詩。⇔エピック ▽古代ギリシアの竪琴リラの伴奏に合わせて歌う詩として発達したことから。❷歌詞。■［形動］叙情的なさま。リリカル。

リレー【relay】［名］❶［他サ変］順番に受け継いで送り伝えていくこと。中継。「聖火を―する」「バケツ―」❷陸上競技・競泳・スキー・スケートなどで、数人の選手が一組となり、各自が一定距離を分担してゴールまでの速さを競う競技。リレー競走。リレーレース。❸継電器。

り-れき【履歴】［名］❶その人が現在まで経てきた学業・職業などの経歴。❷コンピューターの使用状況・通信などの記録。ログ。「着信―」

りれき-しょ【履歴書】［名］履歴を書いた書類。

り-ろ【理路】［名］話や考えなどの筋道。「―整然」

り-ろん【理論】［名］個々の事実・現象などを統一的に説明するために、筋道を立てて組み立てられた知識の体系。筋道のとおった原則的な考え。「―と実践」「経営[音楽]―」

りろん-か【理論家】［名］理論にすぐれている人。また、理論を好む人。「私は極めて高尚な愛の―だったのです〈漱石・こころ〉」

りん【厘】［名］❶尺貫法で、長さを表す単位。一厘は一寸の一〇〇分の一で、約〇・三ミリメートル。❷尺貫法で、重さを表す単位。一厘は一匁の一〇〇分の一。❸一割の一〇〇分の一。「年利五分四―三毛」❹通貨の単位。円の一〇〇〇分の一。「一銭五―」

りん【鈴】［名］❶すず。また、ベル。「呼び―」「風―」❷小さな鉢形の仏具。読経の際に、棒でたたいて鳴らす。

りん【▼燐】［名］❶窒素族元素の一つ。動物の骨などに多く含まれ、暗所では青白い微光を放つ。マッチ・肥料・殺虫剤などの原料に利用される。元素記号P 書き方 多く「リン」と書く。❷鬼火。ひとだま。「―が燃える」「―火」

りん【林】（造）❶樹木が集まって生えている所。はやし。「―間・―業・―道」「梅―・密―」❷多くの人や物の集まり。「芸―・書―」

りん【倫】（造）❶人としてふみおこなうべき道。「―理」「人―・不―」❷なかま。たぐい。「絶―」

りん【▼淋】（造）したたる。そそぐ。「―雨・―漓(りんり)」

りん【輪】（造）❶車のわ。車輪。また、自転車や自動車。「競―・車―・駐―」「一―車」❷まるい、わの形のもの。「大―・日―・年―」❸順番にまわる。「―読・―廻(りんね)」❹咲いている花を数える語。「梅一―」

りん【隣】（造）となり。となりあう。「―国・―人・―接」「近―」

りん【臨】（造）❶高い所から見おろす。「君―」❷その場やその時にのぞむ。「―海・―月・―終」❸高位の人を高めて、その来訪をいう語。「降―・来―」

りん-う【▼霖雨】［名］何日も降り続く雨。ながあめ。「蕭々(しょうしょう)たる―」

りん-か【輪禍】(リンクヮ)［名］電車・自動車などにひかれたり、はねられたりする災難。「―に遭う」

りん-か【隣家】［名］となりの家。「―から出火する」

りん-か【▼燐火】(リンクヮ)［名］雨の夜などに墓地や湿地に発生する青白い火。鬼火。狐火(きつねび)。人魂(ひとだま)。▽燐が燃える現象とされる。

りん-かい【臨海】［名］海に面していること。海のそば近くにあること。「―工業地帯」

りん-かい【臨界】［名］❶さかいめ。境界。❷物理的・化学的な変化を起こした物質が、ある状態から別の状態へと移っていくさかいめ。特に原子炉で、核分裂連鎖反応が一定の割合で継続するようになるさかいめ。

りんかい-がっこう【臨海学校】(リンカイガクカウ)［名］夏休みなどに児童・生徒を海浜の地に集め、合宿させながら心身の鍛練、集団生活の指導などを行う教育活動。また、そのための施設。

りん-かく【輪郭（輪▼廓）】(リンクヮク)［名］❶物の周囲をふちどっている線。外形を示す線。「山の―を描く」❷物事のあらまし。概要。アウトライン。「事件の―が見えてくる」

りん-がく【林学】［名］森林および林業に関する技術や経営・経済などを研究する学問。森林学。

りん-かん【林間】［名］林の中。林の間。「―の道」

りん-かん【輪▼姦】［名・他サ変］複数で、ひとりの人（特に女性）を交互に強姦(ごうかん)すること。

りんかん-がっこう【林間学校】(リンカンガクカウ)［名］夏休みなどに児童・生徒を涼しい高原や山地に集め、合宿させ

ながら心身の鍛練、集団生活の指導などを行う教育活動。また、そのための施設。

りん-き【▼悋気】[名・自サ変] 情事などに関してやきもちをやくこと。嫉妬。

りん-き【臨機】[名] その場その時に応じること。「一の処置」

りん-ぎ【▼稟議】[名] 官庁・会社などで、会議を開くまでもない事項について、担当者が案件を関係者に回して承認を求めること。「一書」▼「ひんぎ」の慣用読み。

りんき-おうへん【臨機応変】[名・形動] その場その時に応じて適切な手段を講じること。「一に対応する」「一の指図」

りん-ぎょう【林業】[名] 森林を育成・保護し、木材などの林産物によって利益を得る産業。

りん-きん【▼淋菌(▼痳菌)】[名] 淋病の病原菌。

リンク【link】[名] ❶鎖の輪。連鎖。❷[他サ変] 結びつけること。連結すること。「週刊誌と一させたテレビ番組」❸[他サ変] コンピューターで、複数のファイルを関連づけること。❹[他サ変] インターネット上で、あるウェブページから別のウェブページへ接続すること。「一を張る」「当サイトでは能楽に関するサイトを一しています」「相互一」

リンク【rink】[名] スケート場。スケートリンク。

リング【ring】[名] ❶輪。❷指輪。「エンゲージ一」❸ボクシング・レスリングなどの試合場。周囲にロープを張った正方形の台。「一に上がる」▼もと円形であったことから。

リングサイド【ringside】[名] ボクシングなどの試合場で、リングに面した最前列の観戦席。

リンク-せい【リンク制】[名] 製品の輸出を条件としてその原材料の輸入を許可する貿易制度。輸出入リンク制度。

りん-けい【▼鱗形】[名] うろこに似た形。うろこがた。

りん-けい【▼鱗茎】[名] 地中にある短い茎の周囲に生じた葉が養分を蓄えて肥大し、多数重なり合って球形・卵形などになったもの。ユリ・タマネギ・スイセンなどにみられる。地下茎の一つ。▼園芸では「球根」という。

りん-げつ【臨月】[名] 出産の予定となっている月。うみづき。

リンゲル-えき【リンゲル液】[名] 水分や塩類を補給するときに注射する、食塩・塩化カリウム・塩化カルシウムなどの混合液。リンガー液。リンゲル。▼創製したイギリスの医学者リンガー(Sydney Ringer)にちなむ。

りん-けん【臨検】[名・他サ変] その場所に行って検査すること。立ち入り検査。「貨物船を一する」

りん-げん【▼綸言】[名] 天子・天皇のことば。みことのり。▼「綸」は組み糸。天子の言は、最初は糸のように細いが、世に広まっていくにつれて組み糸のように太くなる意。

⦿綸言汗の如し 流れ出た汗が再び体内に戻らないように、一度口から出た君主のことばは取り消せないということ。

りん-こ【▼凜▼乎】[形動タル] きりりとして勇ましいさま。りりしいさま。凜然。「一とした態度」

りん-ご【林▼檎】[名] 多く紅色・黄緑色の甘酸っぱい果実を食用とするバラ科の落葉高木。また、その果実。生食のほかジャム・ジュース・酢・酒などの原料にする。紅玉・陸奥・ふじ・つがる・王林・ゴールデンデリシャス・スターキングデリシャスなど、栽培品種が多い。四、五月ごろ、枝頂に白または淡紅色の五弁花をつける。

りん-こう【輪講】[名] 一つの書物を数人で分担し、代わり合って講義すること。

りん-こう【▼燐光】[名] ❶黄燐が空気中で酸化して発する青白い光。❷ある物質に光を当てたとき、その光を除いたのちもしばらく残光が見られる現象。ルミネセンスの一種。

りん-こう【臨幸】[名・自サ変] 天皇が行幸して、その場に臨むこと。臨御。

りん-ごく【隣国】[名] となりの国。隣邦。「一との親善を深める」

りんざい-しゅう【臨済宗】[名] 唐の臨済義玄を開祖とする禅宗の一派。日本には建久二(一一九一)年、宋より帰国した栄西によって伝えられた。

りん-さく【輪作】[名・他サ変] 同じ耕地に異なる種類の作物を、一定の順序で周期的に交代させて栽培することで。輪栽。⇔連作 ▼地力を維持し、病虫害を防ぐ効果がある。

りん-さん【林産】[名] 山林から産出すること。また、産出するもの。「一物」

りん-さん【▼燐酸】[名] りんの酸化物が水と結合してできる酸の総称。ふつうオルト燐酸をさす。肥料・医薬品・洗剤などの原料として広く用いられる。

りん-し【臨死】[名] 死に直面すること。死に瀕して死というものを感知すること。「一体験」

りん-じ【臨時】[名] ❶定例のものではなく、その時々の必要に応じて行うこと。「一ニュース」「列車・総会」⇔定例 ❷長く続くものではなく、一時的であること。「一の措置」「一雇い」

りん-しつ【隣室】[名] となりの部屋。

りんし-もく【▼鱗▼翅目】[名] 昆虫の分類の一目。チョウとガの類。成虫の体には細かい毛が密生し、二対のはねは鱗粉におおわれる。幼虫は芋虫や毛虫で、作物の葉を食害する。チョウ目。

りん-じゅう【臨終】[名] 人が死にのぞむこと。また、死ぬこと。末期。「一を迎える」「御一です」

りん-しょ【臨書】[名・他サ変] 書道で、手本を見て文字を書くこと。また、そのようにして書いた書。

りん-しょう【輪唱】[名・他サ変] いくつかの声部にわかれ、同じ旋律を等しい間隔をおいて追いかけるように歌うこと。また、その唱法。

りん-しょう【臨床】[名] 病床の患者に接して、実地に診察・治療を行うこと。「一医学」

りん-じょう【臨場】[名・自サ変] ある場所にのぞむこと。出席したり立ち会ったりすること。「式典に殿下の一(=臨席)を賜る」「警官が現場に一する」

りんじょう-かん【臨場感】[名] 実際にその場にいるかのような感じ。「一あふれる映像」

りん-しょく【▼吝▼嗇】[名・形動] ひどく物惜しみをすること。けち。「一な人」「一家」派生 -さ

りん-じん【隣人】[名] となり近所の人。また、身近にいる人。「一のよしみ」「一愛」

リンス【rinse】[名・他サ変] ❶ゆすぐこと。すすぐこと。❷洗髪のあと、シャンプー剤などのアルカリ分を中和させ、髪をしなやかにするために薬剤を加えた水などで

り

すすぐこと。また、その薬剤。ヘアリンス。

りん-ず【▽綸子】［名］地紋を織り出した、なめらかで光沢のある絹織物。礼装用和服や帯地に用いる。

りん-せい【▼稟請】［名・他サ変］上司や上部機関に申し出て請求すること。▽「ひんせい」の慣用読み。

りん-せい【輪生】［名・自サ変］植物の葉が一つの節から三枚以上、茎を囲むように輪状に生じること。「アカネの葉が━する」⬇互生・対生

りん-せき【隣席】［名］となりの席。

りん-せき【臨席】［名・自サ変］その席にのぞむこと。会合や式典に出席すること。「開会式に首相が━する」

りん-せつ【隣接】［名・自サ変］となり合っていること。「市街地に━する地域」

りん-せつ【▼鱗▼屑】［名］皮膚病によって皮膚の表面の角質細胞が肥厚し、白灰色のふけ状・板状になったもの。

りん-せん【林泉】［名］木立や泉水のある庭園。

りん-せん【臨戦】［名］戦いにのぞむこと。戦闘を始めようとすること。「━態勢をとる」

りん-ぜん【▼凛然】［形動タルト］❶寒さがきびしいさま。「━と身にしみる寒気」❷勇ましく、りりしいさま。「━たる態度」

りん-ぜん【▼懍然】［形動タルト］おそれおののくさま。

りん-タク【輪タク】［名］自転車の後尾または側面に客席を付設した営業用の三輪車。第二次大戦後の一時期使用された。▽「タク」はタクシーの略。

リンチ［lynch］［名・他サ変］法律によらないで暴力的な私的制裁を加えること。また、その私的制裁。私刑。

りん-てん【輪転】［名・自サ変］輪が回ること。また、輪を描いて回ること。

りんてん-き【輪転機】［名］円筒状の版と圧胴との間に巻き取り紙を通し、連続回転させて印刷する機械。短時間に大量の印刷ができるので、新聞・雑誌・書籍などの印刷に使用される。

りん-と【▼凛と】［副］❶態度・容姿などが、きりりとひきしまっているさま。「━した態度で交渉に臨む」❷声や音がよく響くさま。「━した声」❸寒気のきびしいさま。「━した冬の空気」

凜

りん-どう【林道】［名］林の中の道。特に、林産物を運搬するために山林中に設けた道。

りん-どう【▽竜▽胆】［名］リンドウ科の多年草。山野に自生し、秋、茎の先と上方の葉腋に青紫色の鐘状の花を数個上向きにつける。観賞用として栽培もされる。漢方では苦味の強い根を竜胆といい、健胃剤などに用いる。

りん-どく【▼淋毒(▼痳毒)】［名］淋菌。また、淋病。

りん-どく【輪読】［名・他サ変］数人が一冊の書を順番に読んで解釈し、論じ合うこと。「『論語』を━する」

りん-ね【輪▼廻】［名・自サ変］回転する車輪がきわまりないように、衆生が死後、迷妄の世界である三界・六道の間で生死をくり返すこと。インドでカルマ(業)の思想とともに発達した考えで、仏教の基本概念。流転。「━転生」▽「りんえ」の連声。

リンネル［linière フランス］［名］⬇リネン①

りん-ぱ【▼琳派】［名］江戸時代、俵屋宗達・尾形光琳・酒井抱一などに代表される装飾画派の称。大和絵を基本とする装飾的画風を特色とし、工芸作品も多い。宗達光琳派。光琳派。

リンパ［lymph オランダ］［名］リンパ管系を満たしている無色または淡黄色の液体。成分は血漿に似るが、たんぱく質の含有量は少なく、少数のリンパ球を含む。リンパ液。書き方「▼淋▼巴」とも。

リンパ-えき【リンパ液】［名］⬇リンパ

リンパ-かん【リンパ管】［名］リンパが流れる管。構造は静脈に似て、静脈と同じ方向に流れる。

リンパ-せつ【リンパ節】［名］リンパ管の途中にある米粒大から大豆大の結節。網状に結束し、内部にリンパ球・マクロファージなどを含む。リンパを濾過して細菌などを捕らえ、それに対する抗体をつくる。リンパ腺。

リンパ-せん【リンパ腺】［名］⬇リンパ節

りん-ばつ【輪伐】［名・他サ変］森林を区切って、毎年、樹木を一区画ずつ順に伐採していくこと。

りん-ばん【輪番】［名］大勢の人が順番を決めて、交替で物事にあたること。まわりもち。まわり番。「━制」

りん-びょう【▼淋病(▼痳病)】［名］淋菌の感染によって起こる性感染症。尿道・膣などの粘膜が炎症を起こし、排尿時には疼痛や灼熱感を伴う。淋疾。トリッペル。

りん-ぶ【輪舞】［名・自サ変］大勢の人が輪になって、回りながら踊ること。また、その踊り。

りん-ぷん【▼鱗粉】［名］チョウやガの体や翅を覆う、微小なうろこ状の細片。

りん-ぺん【▼鱗片】［名］うろこの一片。また、うろこ状のものの一片。

鱗

りん-ぽ【隣保】［名］近隣の人々が助け合うこと。また、その組織。「━事業(＝セツルメント)」

りん-ぽう【隣邦】［名］となりの国。隣国。

りん-も【臨模(臨▼摸・臨▼摹)】［名・他サ変］書画などで、手本を見ながら書くことと、透き写しをすること。臨写と模写。りんぼ。

りん-もう【▼厘毛】［名］きわめてわずかなこと。ほんの少し。「━の違いもない」

りん-や【林野】［名］森林と原野。

りんや-ちょう【林野庁】［名］国有林野の管理・運営や、林業に関する業務を扱う農林水産省の外局。

りん-らく【▼淪落】［名・自サ変］おちぶれること。零落。「━した女」

りん-り【倫理】［名］❶人として踏み行うべき道。道徳。モラル。「━にもとる行為」❷「倫理学」の略。

りん-り【▼淋▼漓】［形動タルト］❶汗や血などがしたたり落ちるさま。「━とほとばしる鮮血」❷勢いなどがあふれ出るさま。「墨痕━」

りんり-がく【倫理学】［名］人間の行為を律する道徳の本質を研究対象とする学問。道徳の規範と善の意義を明らかにすることを目的におく。▽哲学者井上哲次郎による ethics の訳語。

りん-りつ【林立】［名・自サ変］林のように多くのものが並び立つこと。「ビルが━する」

りんり-てき【倫理的】［形動］倫理に関するさま。また、倫理にかなっているさま。「━に許されない行為」「私は━に生れた男です。又━に育てられた男です〈漱石・こころ〉」

りん-りん【▼凛▼凛】［形動タルト］❶寒気のきびしいさま。「━たる夜気」❷勇ましいさま。「勇気━」

りん-れつ【▼凛▼冽】［形動タルト］寒気の厳しいさま。「━たる早朝の気」

る

る〔助動　下二型〕(れ-れ-る-るる-るれ-れよ)〔古風〕助動詞「れる」の古い形。四段・ナ変・ラ変動詞の未然形に付く。その他の動詞と助動詞「(さ)す」の未然形には「らる」が付く。⬇れる

る【瑠】(造) 宝玉。「—璃(り)」

ルアー【lure】〔名〕擬餌針(ぎじばり)の一つ。木・金属・プラスチックなどで餌(えさ)の小魚・小動物・ミミズなどに似せて作ったもの。

るい【累】㊀〔名〕好ましくない影響。巻き添え。迷惑。「将来に—を及ぼす」㊁(造) かさね加える。「—計・—積」

るい【塁】〔名〕❶土や石を積んでつくった防御用の構築物。とりで。「—を築く」「土—」❷野球で、走者が得点するために通過しなくてはならない地点。一塁・二塁・三塁・本塁の四つがある。ベース。「—に出る」「残—・満—」旧壘

るい【類】㊀〔名〕互いに似ていること。同じ仲間であること。また、そのもの。「他に—を見ない遺跡」「歴史小説の—」「—型・—似・—書」「衣—・人—・同—」㊁(造)❶似た状態になる。「—焼」❷生物の分類で、綱(こう)・目(もく)に当たる慣用語。「哺乳(ほにゅう)—・霊長—」
◈[読み分け]「小説の類は読まない」など「〈名詞〉の類」は「たぐい」とも「るい」とも読むが、「妖怪や魑魅魍魎(ちみもうりょう)の類」「手相、タロットなどの類」のような名詞を並立させて例として示すような場合には多く「たぐい」と読む。また、「ヒトという類」など生物学の分類をいう場合や、「類を見ない」「他に類がない(＝唯一無二だ)」は「るい」と読む。文脈からは読み分けがしにくい場合も多く、常用漢字表では「たぐい」は「類い」、「るい」は「類」と書き分ける。旧類
◉**類は友(とも)を呼ぶ**　気の合った者や似通った者は自然と寄り集まる。類を以(もっ)て集まる。✓[注意]「類は類を呼ぶ」「友は類を呼ぶ」は誤り。

るい【涙】(造) なみだ。「—腺」「感—・血—・催—」旧涙

るい-えん【類縁】〔名〕❶同じ血筋のもの。親族。一族。❷生物で、形状・性質などが近い関係にあること。「—の種」

るい-おん【類音】〔名〕似ている発音。

るい-か【累加】〔名・自他サ変〕❶次々に重なり加わること。また、重ね加えること。「債務が—する」❷数学で、同じ数を次々に加えていくこと。「—法」

るい-か【類火】(クワ)〔名〕他から燃え移った火事。類焼。

るい-か【類歌】〔名〕その歌と発想・内容・表現などがよく似ている歌。

るい-がいねん【類概念】〔名〕論理学で、ある概念が他の概念を包括するとき、その包括する方の概念。ある概念の上位概念。「人間」に対する「動物」、「動物」に対する「生物」の類。⬄種概念

るい-ぎご【類義語】〔名〕意味がよく似ている二つ以上の語。「時間」と「時刻」、「話す」と「語る」、「こわい」と「おそろしい」など。類語。

るい-く【類句】〔名〕❶表現や内容が似ている語句。また、表現や内容が似ている俳句・川柳。❷検索しやすいように、和歌・俳句などの各句をいろは順または五十音順に配列したもの。

るい-けい【累計】〔名・他サ変〕小計した数をさらに加えて合計を出すこと。また、その合計。累算。「経費を—する」

るい-けい【類型】〔名〕性質や特徴の似ているものを集め、その共通点を取り出してまとめあげた型。「神話を幾つかの—に分ける」

るいけい-てき【類型的】〔形動〕型にはまっていて、個性や特色がないさま。「—な描写が目立つ作品」

るい-げつ【累月】〔名〕数か月にわたること。

るい-げん【累減】〔名・自他サ変〕しだいに減っていくこと。また、しだいに減らしていくこと。「売上高が—する」⬄累増

るい-ご【類語】〔名〕類義語。「—辞典」

るい-こん【涙痕】〔名〕涙の流れたあと。

るい-ざ【▼擂座】〔名〕丸い鋲(びょう)のようなものが並んだ文様。茶入れなどの容器の周囲に施す。[書き方]「累座」とも。

るい-さん【累算】〔名・他サ変〕累計。

るい-さん【類▼纂】〔名・他サ変〕同種類のものを集めて書物を作ること。また、その書物。

るい-じ【累次】〔名〕同じようなことが重なり続くこと。「—の災難」

るい-じ【類字】〔名〕形が似ている文字。「士」と「土」、「烏」と「鳥」など。

るい-じ【類似】〔名・自サ変〕互いに共通点がみられること。似かよっていること。「デザインが—する」「風邪に—した症状」「—の事故が頻発する」「—品」

るい-じつ【累日】〔名〕何日も続くこと。連日。積日。

るい-じゃく【▼羸弱】〔名・形動〕体が弱いこと。

るい-じゅう【類従】〔名〕種類に従って集めること。また、集めたもの。「群書—」

るい-しょ【類書】〔名〕ある書物と内容・形式などが同種に属する書物。類本。

るい-しょう【類焼】(セウ)〔名・自サ変〕他から出た火事が燃え移って焼けること。類火。もらい火。

るい-じょう【累乗】〔名・他サ変〕同じ数や式を何回か掛け合わせること。また、その積。

るい-じょう【塁上】(ジヤウ)〔名〕❶野球で、ベースの上。「—のランナーを一掃する」❷堡塁(ほうるい)の上。とりでの上。

るい-しん【累進】〔名・自サ変〕❶地位などがだんだん上がっていくこと。❷数量などが増加するにつれて、それに対する比率がふえていくこと。

るい-しん【塁審】〔名〕野球で、一塁・二塁・三塁のそばにいて、プレーの判定をつとめる審判。ベースアンパイア。

るいじん-えん【類人猿】(ヱン)〔名〕霊長目のうち、最もヒトに近いもの。オランウータン・チンパンジー・ゴリラなど。ひとにざる。

るいしん-かぜい【累進課税】(クワゼイ)〔名〕課税される額が大きくなるに従い、税率を引き上げて課税すること。また、その課税方法。

るい-すい【類推】〔名・他サ変〕❶類似の点をもとにして他の物事を推し量ること。「部分から全体を—する」❷論理学で、両者の間に類似点があることを根拠にして、一方がある性質をもつ場合は他方も同じ性質をもつであろうと推理すること。類比。アナロジー。

るい-する【類する】〔自サ変〕似かよう。同類であ

る。‖「飲食その他これに—行為」[文]るい・す

るい-せい【累世】[名] 世を重ねること。累代。るいせ。‖「—の名君」「武田家—の墓」

るい-せき【累積】[名・自他サ変] 次々と積み重なること。また、積み重ねること。‖「疲労が—する」「得点を—して表示する」「—赤字」

るい-せん【涙腺】[名] 涙を分泌する腺。上まぶたの裏側、眼球の上外方にある。

◉**涙腺が緩(ゆる)む** 涙をこぼす。また、涙もろくなる。

るい-ぞう【累増】[名・自他サ変] しだいにふえていくこと。また、ふやしていくこと。‖「赤字が—する」「貯蓄を—する」⇔累減

るい-だい【累代】[名] 代を重ねること。代々。‖「—の墓所」

るい-だい【類題】[名] ❶類似の問題。同じ種類の題。❷和歌・連歌・俳諧などを、同種の題や季題によって分類したもの。

るい-どう【類同】[名・形動] 似かよっていること。同じ種類であること。‖「—の現象」

るい-ねん【累年】[名] 年を重ねること。何年にもわたること。年々。‖「—の凶作」

るい-はん【累犯】[名] 重ねて罪を犯すこと。特に、刑法上、懲役に処せられた者が刑の執行の終了または免除の日から五年以内に、再び有期の懲役刑に相当する罪を犯すこと。再犯および三犯以上をいい、刑が加重される。

るい-ひ【類比】[名・他サ変] ❶比べ合わせること。比較。‖「両国の歴史を—する」❷⬇類推②

ルイベ [名] サケ・コマイなどの魚を凍らせたまま薄く切った刺身。山葵醤油(わさびじょうゆ)などで食べる。▽アイヌ語で溶けた食物の意。

るい-へき【塁壁】[名] とりでの壁。また、とりで。‖「—を築く」

るい-べつ【類別】[名・他サ変] 全体を種類によって分けること。分類。‖「採集した草本を—する」「ミカンを大きさで—する」

るい-らん【累卵】[名] 卵を積み重ねること。きわめて不安定で、危険な状態にあることのたとえ。‖「事態はいまや—の危うきにある」

るい-るい【累累】[形動タルト] あたり一面に重なり合っているさま。また、連なって続くさま。‖「—たる死屍(しし)」

るい-れい【類例】[名] 似ている例。同種の例。‖「—のない事件」

るい-れき【▼瘰▼癧】[名] 頸部(けいぶ)のリンパ節が結核菌におかされてできるはれもの。結核性頸部リンパ節炎。

ルー【roux フランス】[名] 小麦粉をバターで炒めたもの。ソースなどのとろみをつけるために用いる。

ルーキー【rookie】[名] ❶新人選手。❷新入社員。◈新兵の意。

ルージュ【rouge フランス】[名] 口紅。▽赤の意。

ルーズ【loose】[形動] しまりがないさま。だらしがないさま。‖「—な生活」「時間に—な人」▽英語の発音はルース。[派生]-さ

ルーズ-ボール【loose ball】[名] サッカー・ラグビー・バスケットボールなどで、両チームいずれの選手も保持していないボール。

ルーズ-リーフ【loose-leaf】[名] 一枚ずつ自由に取り外しや補充ができるノート。

ルーター【router】[名] コンピューターで、二つ以上の異なるネットワークを接続する装置。

ルーチン【routine】[名] ❶いつもの手順。また、日常の仕事。日課。‖「—ワーク」❷コンピューターのプログラムの中で、ある機能を実行するための一連の命令。◈「ルーティン」「ルーティーン」とも。

ルーツ【roots】[名] ❶物事の起源。根源。‖「日本語の—を探る」❷祖先。始祖。

ルート【root】[名] ❶累乗根。特に、平方根。また、その記号√。❷言語学で、語根。

ルート【route】[名] ❶道。道路。また、道筋。‖「山頂への—」❷経路。手づる。‖「販売—を開拓する」

ルーバー【louver】[名] 窓・天井などの開口部に、羽板を並べて取り付けたもの。羽板の向きを調節して、直射日光や雨をさえぎる。

ルーフ【roof】[名] 屋根。また、屋上。‖「—ガーデン」

ループ【loop】[名] ❶輪。また、輪の形をしたもの。❷服飾で、糸・ひも・布などで作った輪。ベルト通しやボタン穴に用いる。❸「ループ線」の略。

ループ-せん【ループ線】[名] 急勾配(こうばい)の地で、螺旋(らせん)状に迂回させて敷設した鉄道線路。距離を延ばすことで勾配をゆるめる。ループ。

ルーブル【rubl' ロシア】[名] ロシア連邦の通貨の基本単位。一ルーブルは一〇〇カペイカ。ルーブリ。

ルーペ【Lupe ドイツ】[名] 虫眼鏡。拡大鏡。

ルーム【room】[名] ❶部屋。室。‖「ワン—」「ショー—」「ダイニング—」❷学級。クラス。‖「ホーム—」

ルーム-サービス【room service】[名] ホテルで、泊まり客の求めに応じて客室まで飲食物を運ぶこと。

ルーム-シェア【room share】[名] 他人同士が一つの部屋を借りて共同で住むこと。

ルームメート【roommate】[名] 寮などの同室者。また、ルームシェアをする同居人。ルームメイト。

ルーラル【rural】[名] 田舎の。田園風の。‖「—地域」⇔アーバン▽他の語と複合して使う。

ルール【rule】[名] 規則。規定。きまり。‖「—を決める」「—を守る」「—違反」

ルール-ブック【rulebook】[名] 競技の規則をまとめて本にしたもの。規則集。

ルーレット【roulette フランス】[名] ❶〇から三六までの目に区分されたすり鉢状の回転盤に球を投じ、どの目に止まるかをかける賭博(とばく)。また、その用具。❷柄(え)の先に小さな歯車をつけた洋裁用具。紙や布地に点線の印をつけるのに用いる。ルレット。

る-きん【▼鏤金】[名] 金をちりばめること。金属に彫刻すること。また、それらの細工。

ルクス【lux フランス】[名] 照度を表す単位。一平方メートルの面積に一ルーメンの光束が一様に分布しているときの照度を一ルクスとする。ルックス。記号lx

る-けい【流刑】[名] 昔の刑罰で、罪人を辺地または離島へ送るもの。流罪。りゅうけい。

ルゴール-えき【ルゴール液】[名] 沃素(ようそ)・沃化カリウム・グリセリンなどを水に溶かしてつくる赤褐色の液。扁桃腺(へんとうせん)炎・咽頭(いんとう)炎などの殺菌・消毒に用いる。[語源]創製者であるフランスの医師ルゴール(J.A.Lugol)にちなむ。

る-こく【▼鏤刻】[名・他サ変] ❶金属・木などに文字や絵を彫りつけること。‖「時計に—された文様」❷文章や詩句を推敲(すいこう)すること。◈「ろうこく」とも。

るーこつ【▼鏤骨】[名] 骨をけずるような苦労・苦心をすること。ろうこつ。「彫心━」

るーざい【流罪】[名] 流刑。

るーじ【▼屢次】[名] しばしばあること。たびたび。「━の災害」

るーじゅつ【▼縷述】[名・他サ変] こまごまと述べること。「事の次第を━する」

るーす【留守(留主)】[名] ❶出かけていて、家にいないこと。「三日ほど家を━にする」「━を使う(=不在をよそおう)」❷主人や家人が外出している間、その家を守ること。るすい。「━を預かる(=留守番を任される)」❸〈多く「(お)留守になる」の形で〉あることに気をとられて、別のことに気が回らないこと。「手元がお━になる」

◈書き方「留主」は昔の表記形。

るすーい【留守居】[名] 留守番。

るすーでん【留守電】[名]「留守番電話」の略。「━サービス」「━メッセージ」

るすーばん【留守番】[名・自サ変] 主人や家人が外出している間、その家を守ること。また、その人。留守居。「一人で━(を)する」「━を頼む」

るすばんーでんわ【留守番電話】[名] 留守中にかかってきた電話に自動的に応答し、相手のメッセージを録音する機能を備えた電話。留守電。

るーせつ【流説】[名] ❶世間に広まっている説。❷根拠のないうわさ。流言。りゅうせつ。

るーせつ【▼縷説】[名・他サ変] 細かなことまで詳しく説明すること。縷述。「事の経緯を━する」「━を要しない(=こまごまと言う必要はない)」

るーたく【流▼謫】[名] 罪に問われて遠地に流されること。りゅうたく。「━の身」

ルック [look] [名] 外観。容貌(ようぼう)。特に、服装がある特定の傾向や型を持っていること。…風。「アイビー━」「ミリタリー━」▽多く他の語と複合して使う。

ルックス [looks] [名] 見た目。容貌(ようぼう)。容姿。「━がよい」

ルッコラ [rucolaイタリア] [名] 辛みと胡麻(ごま)の香りがあるアブラナ科の一年草。ロケットサラダ。ロケット。

ルッツ [Lutz] [名] フィギュアスケートで、後ろ向きに滑りながら浮いている方の足のつま先で氷面をけってジャンプし、空中で滑走とは逆の方向に一回転して着氷する演技。ルッツジャンプ。

るーつぼ【〈▼坩▼堝〉】[名] ❶金属などの物質を強く熱して溶かすのに用いる耐熱性の容器。❷大勢の人が熱狂している状態やその場所。「場内が興奮の━と化す」❸種々のものが入りまじっている状態やその場所。「人種の━」

ルテイン [lutein] [名] カロテノイドの一種で、葉緑野菜や動物の卵黄・黄体などに含まれる黄色の色素。

るーてん【流転】[名・自サ変] ❶移り変わって、とどまることがないこと。「万物は━する」❷仏教で、六道の世界の間を迷いながら生まれ変わり死に変わりすること。輪廻(りんね)。

るーにん【流人】[名] 流罪に処せられた人。「平家の━」

ルネサンス [Renaissanceフランス] [名] 一四〜一六世紀、イタリアを中心に全ヨーロッパに広まった学問・芸術・文化上の革新運動。中世の教会中心主義から離れて古代ギリシア・ローマ文化の復興をめざし、現世の肯定、人間性の解放、個性の重視などを主張した。文芸復興。ルネッサンス。

ルバーブ [rhubarb] [名] タデ科の多年草。シベリア南部原産。酸味と芳香のある葉柄を生食にしたりジャムにしたりする。食用大黄(だいおう)。

ルバシカ [rubashkaロシア] [名] ロシアの民族衣装で、ゆったりしたブラウス風の上衣。立ち襟で左寄りに前あきがあり、襟や袖口(そでぐち)に刺繡(ししゅう)をほどこす。胴をひもで締めて着用する。ルパシカ。

ルビ [ruby] [名] 振り仮名用の活字。また、振り仮名。「━をふる」「総━」▽五号活字の振り仮名に用いた七号活字が、イギリスでルビーと呼ばれた五・五ポイントの欧文活字とほぼ同じ大きさだったことから。

ルビー [ruby] [名] 鋼玉の一つ。赤色・透明のものを宝石として珍重する。七月の誕生石。「━の指輪[ネックレス]」

ルピー [rupee] [名] インド・ネパール・パキスタン・スリランカなどの通貨の基本単位。

ルピナス [lupinusラテン] [名] マメ科ハウチワマメ属の植物の総称。春から夏、紫・白・黄・赤などの蝶形花(ちょうけいか)を総状につける。園芸品種が多い。

るーふ【流布】[名・自他サ変] 世間に広まること。また、世間に広めること。「妙な風説が━する」「広く━している逸話」「━本(=同一の原本から出た諸本のうち、最も広く世間に普及している本)」

ルポ [名・他サ変]「ルポルタージュ」の略。「現地から被災状況を━する」

ルポルタージュ [reportageフランス] [名] ❶新聞・雑誌・放送などで、現地からの報告。また、その記事・映像。ルポ。❷社会の出来事を作為を加えないで客観的に叙述する文学様式。報告文学。記録文学。

ルミノールーはんのう【ルミノール反応】[名] ルミノールの炭酸ナトリウム溶液に過酸化水素を加えた試薬が血痕(けっこん)に作用し、光を発する反応。犯罪捜査で、血痕の鑑識に用いられる。

るーみん【流民】[名] ➡りゅうみん

瑠璃

るり【瑠璃】[名] ❶光沢のある青色の宝石。古代インド・中国などで七宝の一つとして珍重された。❷「ラピスラズリ」に同じ。❸ガラスの古名。❹「瑠璃色」の略。❺「瑠璃鳥」の略。

◉**瑠璃も玻璃(はり)も照らせば光る** すぐれた人材はどこにいてもすぐに分かるというたとえ。

るりーいろ【瑠璃色】[名] 紫がかった濃い青色。

るりーちょう【瑠璃鳥】[名] ヒタキ科のオオルリ、ツグミ科のコルリ・ルリビタキのこと。るり。

縷

るーる【▼縷▼縷】[副ト] ❶こまごまと詳しく話すさま。「事情を━説明する」「これまでの経緯を━として述べる」❷細く長く、絶えないで続くさま。「━として立ちのぼる白煙」

るーろう【流浪】[名・自サ変] あてもなくさまようこと。さすらい歩くこと。「諸国を━する」「━の民」

ルンゲ [Lungeドイツ] [名] ❶肺臓。❷肺結核。

ルンバ [rumbaスペイン] [名] キューバのアフリカ系住民の舞曲から生まれたダンス曲。また、そのダンス。四分の二拍子の強烈なリズムを特色とする。

ルンペン [Lumpenドイツ] [名] 浮浪者。また、失業者。▽原義はぼろ切れ。

るんーるん [副ト・形動] 気持ちが明るくはずむさま。「━と散歩に出掛ける」「━気分」

れ

レ【re イタリア】[名] ❶西洋音楽で、長音階の第二音の階名。また、短音階の第四音の階名。❷日本音名二音のイタリア音名。

レア【rare】[名] ❶[形動] 珍しいこと。希少なこと。‖「―な商品[事例]」「―物」❷ビーフステーキの焼き方で、肉の両面を強火でさっと焼くもの。生焼き。⬇ミディアム③・ウエルダン ❸生であること。‖「―チーズケーキ」
◈①と②③は、英語では本来別語。

レア-アース【rare earth】[名] レアメタルのうち、他の元素にはない特異な化学的・物理的性質を有する、一七種の元素。スカンジウム・イットリウム・ランタンなど。希土類元素。

レア-メタル【rare metal】[名] 産出量が少ない金属。工業的需要が大きいが、存在量が少なかったり抽出が困難だったりして、得がたい金属。希少金属。

レアリスム【réalisme フランス】[名] ⬇リアリズム

れい【令】[一][名] 命令。‖「―を発する」
[二][接頭]〈人を表す語に付いて〉他人の親族に対する尊敬の意を表す。‖「―兄・―嬢・―夫人」

れい【礼】[名] ❶社会生活で必要とされる作法や慣習。‖「―を尽くす」「―儀・―節」❷感謝の気持ちを表すことばや金品。‖「―を言う」「―状」「謝―」⬇お礼 ❸頭を下げて敬意を表すこと。おじぎ。‖「起立して―をする」「敬―・目―」❹儀式。‖「即位の―」「―装」「婚―・朝―」 旧禮

れい【例】[一][名] ❶同類の事柄の中から、よりどころとして特に取り上げるもの。‖「―を挙げて説明する」❷一つの基準となる過去の事柄。また、以前からのならわし。しきたり。また、先例。ためし。‖「世の―にならう」「これまでに―のない大工事」「慣―・吉―・先―」❸いつものとおりであること。‖「―によって朝の散歩に出る」「―によって―のごとし」「―になく(=いつもと違って)元気がない」「―会・―年」「定―」
[二](造) 決められた事柄。規定。‖「―言」「条―」
◉**例に漏れず** ほかのものや、いつもと同じように。例外ではなく。‖「当地も―寒い」

れい【零】[一][名] 引かれる方の数と引く方の数が等しいときの差。正と負の境になる数。ゼロ。‖「三対―で勝つ」「―下・―点・―敗」 書き方 ⑴漢字で「零」と書くほか、算用数字で「0」とも、漢数字で「〇」とも書く。「0」は主に横書きで(1足す0は1)、「〇」は縦書きで使う(〇対〇の引き分け)。⑵数値意識の強い「れいてん」「れいはい」などは「零点」「零敗」のほか「0点・〇点」「(3勝)0敗・(三勝)〇敗」の表記が可能だが、熟語化した「零下」「零戦(ぜろせん)」などを「0下」「0戦」などとは書かない。[二](造) ❶きわめて小さい。わずか。はした。‖「―細・―本」❷おちぶれる。‖「―落」❸水滴などが落ちる。‖「―雨」

れい【霊】[名] ❶肉体に宿ってその行為を支配し、肉体を離れても存在すると考えられている心の本体。たましい。‖「―の不滅を信じる」「―肉一致」「全身全―」❷死んだ人のたましい。みたま。‖「祖先の―を祭る」「―前・―媒」「亡―・幽―」❸目には見えず、人知ではかり知れない不思議な働きをするもの。‖「山の―」「神―・精―」「―気・―験」 旧靈

れい【隷】[一][名]「隷書」の略。[二](造) つきしたがう。‖「―従・―属」「奴―」

隷

れい【冷】(造) ❶温度が低い。つめたい。つめたくする。‖「―害・―気・―凍・―房」「寒―・秋―」❷気持ちがつめたい。情が薄い。‖「―酷・―笑・―淡」❸感情に走らない。‖「―静・―徹」

れい【励】(造) ❶力を尽くして行う。はげむ。‖「奮―・勉―」❷力づける。はげます。‖「激―・奨―」 旧勵

れい【戻】(造) ❶道理にそむく。もとる。‖「背―」❷かえす。もどす。‖「返―」 旧戾

れい【鈴】(造) すず。りん。‖「駅―・予―」

れい【▼嶺】(造) 山のいただき。みね。‖「銀―・山―」「分水―」

れい【齢】(造) 生まれてからの年数。よわい。‖「高―・樹―・馬―」 旧齡

れい【麗】(造) ❶整っていて美しい。うるわしい。‖「―人」「華―・綺―・端―・流―」❷うららか。‖「―日」

嶺 齢 麗

レイ【lei ハワイ】[名] ハワイで、観光客の首にかけて歓迎の意を表す花輪。もとは儀礼などに用いた。

レイアウト【layout】[名・他サ変] ❶新聞・雑誌・広告などで、所定の面に文字・図版・写真などを効果的に配列すること。また、その技術。割り付け。‖「写真を―する」「誌面の―」❷空間や平面に物を効果的に配置・配列すること。

れい-あん【冷暗】[名] 温度が低く、直射日光が当たらないこと。‖「―所に保存する」

れいあん-しつ【霊安室】[名] 病院などで、遺体を一時安置しておく部屋。

れい-い【霊位】ヰ [名] 死者の霊がやどるところ。位牌(いはい)。霊牌。

れい-い【霊異】[名・形動] 人間の知恵でははかり知れないほど不思議なこと。霊妙。

れい-いき【霊域】ヰキ [名] 神仏などを祭ってある神聖な地域。霊地。

れい-う【冷雨】[名] 冷たい雨。

れい-えん【霊園】ヱン [名] 公園風に整備された広い共同墓地。

レイオフ【layoff】[名] 企業が不況による操業短縮などによって生じた余剰人員を、景気回復後には再雇用するという条件で一時解雇すること。また、その制度。▽一時帰休の意に使われることもある。

れい-か【冷夏】[名] 例年に比べて平均気温の低い夏。

れい-か【冷菓】クヮ [名] 凍らせて、または冷やして作った菓子。アイスクリーム・シャーベット・ゼリーなど。

れい-か【零下】[名] 温度がセ氏零度以下であること。氷点下。‖「―三〇度」 書き方 ⬇零(れい)[書き方]⑵

れい-か【隷下】[名] 部下として従属している人。手下。配下。

れい-かい【例会】クヮイ [名] 日を決めて定期的に開く会。定例の会合。

れい-かい【例解】[名・他サ変] 例をあげて具体的に説明・解釈すること。

れい-かい【霊界】[名] ❶霊魂の世界。死後の世界。❷精神の世界。精神界。⇕肉界

れい-がい【冷害】[名] 夏の異常低温や日照不足によって起こる農作物の被害。

れい‐がい【例外】クワイ［名］一般の原則からはずれること。また、そのもの。‖「規則に―を設ける」「―的に再試験を行う」

れい‐かく【冷覚】［名］冷たさを感じる皮膚感覚。

れい‐かん【冷汗】［名］冷や汗。

れい‐かん【冷寒】［名・形動］冷たく寒いこと。寒冷。‖「―地」

れい‐かん【冷感】［名］冷たい感じ。ひんやりする感じ。‖「―シーツ［マスク］」

れい‐かん【霊感】［名］❶神仏が信心や祈願に対して示す不思議なしるし。また、それを感じとる霊妙な心の働き。‖「―が現れる」「―に打たれる」「―によって占う」❷突然ひらめく、すばらしい考え。インスピレーション。‖「―がわく」

れい‐がん【冷眼】［名］人をさげすんで見る冷ややかな目つき。‖「―視」

れいかん‐さんと【冷汗三斗】［名］恐ろしさや恥ずかしさのために、ひどく冷や汗をかくこと。れいかんさんど。

れい‐き【冷気】［名］ひんやりとして冷たい空気。‖「山の―」

れい‐き【例規】［名］❶慣例と規則。また、慣例に基づく規則。❷法の解釈で、先例とする規則。

れい‐き【霊気】［名］神秘的な雰囲気。霊妙な気配。‖「深山の―にふれる」

れい‐ぎ【礼儀】［名］社会生活の秩序や円滑な人間関係を保つために守るべき行動規範。特に、相手に敬意を表す作法。‖「―正しい人」

れい‐きゃく【冷却】［名・自他サ変］❶温度が下がること。また、温度を下げること。‖「エンジンを―する」「―装置」「放射―」［使い方］「～を冷却する／冷却させる」では、前者が一般的。➡品詞解説（一八六六ページ）❷熱した感情や興奮がしずまること。また、しずめること。

れいきゃく‐きかん【冷却期間】［名］争い事などがこじれたとき、当事者双方の感情的対立を静めるために交渉などをしばらく停止する期間。‖「―を置く」

れい‐きゅう【霊▼柩】ウ‐キ［名］遺体をおさめたひつぎ。

れいきゅう‐しゃ【霊▼柩車】レイキウ‐［名］遺体をおさめたひつぎを運ぶための車。

れい‐きん【礼金】［名］❶謝礼として出す金銭。❷家や部屋を借りるとき、謝礼金として家主に払う金銭。➡敷金（しききん）

れい‐く【麗句】［名］美しく飾りたてた文句。

れい‐ぐう【礼遇】［名・他サ変］礼儀を尽くして厚くもてなすこと。‖「賓客（ひんきゃく）として―する」

れい‐ぐう【冷遇】［名・他サ変］人を冷淡な態度で扱うこと。また、その扱い。‖「職場で―される」「世間から―される」⇔厚遇・優遇

れい‐けい【令兄】［名］他人の兄の敬称。⇔令弟

れい‐けい【令▼閨】［名］他人の妻の敬称。令室。令夫人。▽多く手紙文で使う。

れい‐けつ【冷血】［名］❶体温が低いこと。⇔温血❷［形動］人間らしいあたたかみに欠けていること。冷酷。‖「―な犯人」「―漢」

れい‐げつ【令月】［名］❶めでたい月。何事をするにもよい月。‖「嘉辰（かしん）―」❷陰暦二月の別称。▽太陽暦の二月にもいう。

れい‐げつ【例月】［名］いつもの月。‖「―どおり句会を催す」

れいけつ‐どうぶつ【冷血動物】［名］❶変温動物。⇔温血動物❷冷酷・薄情な人をののしっていう語。

れい‐けん【霊剣】［名］不思議な威力をもつ剣。

れい‐げん【例言】［名］❶例をあげて述べること。‖「―すれば以下の通り」❷書物の凡例として書かれることば。

れい‐げん【霊験】［名］神仏が祈願に応じて示す不思議な効験。利益（りやく）。れいけん。‖「―あらたかな神」

れい‐げん【冷厳】［形動］❶落ち着いていて、おごそかなさま。‖「―な態度で臨む」❷感情の入る余地がないほど厳しいさま。‖「―な作風」［派生］―さ

れい‐こう【励行】ウカ［名・他サ変］規則や決めたことをその通りに実行すること。‖「早起きを―する」

れい‐こく【冷酷】［名・形動］冷淡で思いやりがないこと。‖「―な仕打ち」「―非道」［派生］―さ

れい‐こく【例刻】［名］いつものきまった時刻。

れい‐こん【霊魂】［名］肉体に宿ってその生命と精神活動を支配し、肉体が滅んでもなお存在すると考えられているもの。たましい。霊。‖「―不滅」

れい‐さい【冷菜】［名］中国料理で、前菜として出す冷たい料理。

れい‐さい【例祭】［名］神社で、毎年、きまった期日に行われる祭り。‖「秋の―」

れい‐さい【零細】［形動］数量などがごくわずかなさま。また、規模がきわめて小さいさま。‖「―な資本」「―企業」

れい‐さつ【霊刹】［名］霊験あらたかな仏を祭った寺。霊寺。

れい‐ざん【霊山】［名］神仏を祭った神聖な山。信仰の対象となる山。

れい‐し【令姉】［名］他人の姉の敬称。⇔令妹

れい‐し【▼茘枝】［名］❶亜熱帯地方で果樹として栽培するムクロジ科の常緑小高木。また、その果実。直径約三センチメートルの球形の果実は凹凸のある暗赤色の皮で覆われる。ゼリー状の果肉は多汁で甘い。中国南部原産。ライチー。ライチ。❷「つるれいし」の略。

れい‐し【霊▽芝】［名］マンネンタケの別称。

れい‐し【麗姿】［名］美しく整った姿。麗容。

れい‐じ【例示】［名・他サ変］例を挙げて示すこと。‖「申請書の書式を―する」

れい‐じ【零時】［名］一日の始まる時刻、または一日のちょうど中間の時刻。午前または午後の十二時。

れい‐しき【礼式】［名］❶礼儀を行う法式。礼儀作法。❷礼意を表すために贈る金品。

れい‐しつ【令室】［名］他人の妻の敬称。令閨（れいけい）。令夫人。▽多く手紙文で使う。

れい‐しつ【麗質】［名］美しい生まれつき。‖「天性の―」

れい‐しゅ【冷酒】［名］❶燗（かん）をしていない日本酒。ひや酒。ひや。❷燗をしないで、または冷やして飲むようにつくった日本酒。冷用酒。

れい‐じゅう【霊獣】ウジ［名］瑞祥（ずいしょう）とされる神聖・霊妙な獣。麒麟（きりん）・竜など。神獣。

れい‐じゅう【隷従】［名・自サ変］つき従うこと。隷属。‖「強国に―する」

れい‐しょ【令書】［名］官庁が行政処分の命令を記

して私人に交付する文書。「徴税―」

れい-しょ【隷書】[名] 漢字の書体の一つ。秦の時代に篆書を簡略化・直線化して作られたもの。

隷

れい-しょう【冷笑】[名・他サ変] 人をさげすんで笑うこと。あざ笑うこと。「―を浮かべる」

れい-しょう【例証】[名・他サ変] 例をあげて証明すること。また、証拠となる例。「具体的に―する」

れい-じょう【令状】[名] ❶命令を記した書状。「召集―」❷裁判所または裁判官が強制処分の命令または許可を内容として発する書面。召喚状・勾引状・逮捕状・差し押さえ状、捜索状など。

れい-じょう【令嬢】[名] ❶他人の娘の敬称。⇔令息 ❷良家の娘の敬称。

れい-じょう【礼状】[名] 感謝の意を記した書状。お礼の手紙・はがき。

れい-じょう【礼譲】[名] 礼をつくしてへりくだること。

れい-じょう【霊場】[名] 霊験あらたかな神仏を祭った神聖な地。霊地。

れい-しょく【令色】[名] 人に気に入られようとして、こびへつらう顔つき。「巧言―」

れい-じん【▼伶人】[名] 音楽を演奏する人。特に、雅楽を演奏する人。楽人。

れい-じん【麗人】[名] 容姿の美しい女性。美人。「男装の―」

麗

れい-すい【冷水】[名] 冷たい水。ひやみず。「―摩擦（＝冷水にひたして絞ったタオルなどで全身の皮膚を摩擦すること）」⇔温水

◉**冷水を浴びせる** 意気込んでいる人のそばで、いきなりその気勢をそぐような言動をする。

れい-すい【霊水】[名] 不思議な効験のある水。霊験あらたかな水。

れいすい-よく【冷水浴】[名] 刺激によって皮膚をきたえるために、冷たい水を全身に浴びせること。

れい・する【令する】[他サ変] 命令する。「天下に―」文れい・す

れい-せい【冷製】[名] 西洋料理で、調理したのち冷やして供する料理。ゼリー寄せ・テリーヌ・コールドビーフなど。

れい-せい【冷静】[名・形動] 感情に左右されないで、落ち着いて思考し、行動できる状態にあること。「―な態度」「―に判断する」「―沈着」派生-さ

れい-せつ【礼節】[名] 礼儀と節度。「衣食足りて―を知る」

れい-せん【冷泉】[名] ❶冷たい水のわき出る所。❷セ氏二五度未満の鉱泉。冷鉱泉。⇔温泉

れい-せん【冷戦】[名] 軍事行動には至らないが、経済・外交・宣伝などを手段として厳しく対立する国際間の緊張状態。冷たい戦争。▽cold war の訳語。第二次大戦後の、アメリカとソ連の二大陣営の対立を表した語。使い方 人や組織の対立についても転用する。「妻とは―状態だ」

れい-せん【零戦】[名]「ゼロ戦」に同じ。書き方⇒零(2)

れい-せん【霊泉】[名] 不思議な効験のある泉や温泉。

れい-ぜん【霊前】[名] 死者の霊を祭った祭壇・墓所などの前。「―に花をささげる」▽「御霊前」の形で、香典・供物などの上書きにも使う。

れい-ぜん【冷然】[形動タリ] ❶冷淡で、心を動かさないさま。「―と拒絶する」❷風や水が冷たいさま。

れい-そう【礼装】[名・自サ変] 儀式などに出るための、礼式にかなった服装。また、それを着用すること。「―して要人を見送る」

れい-そう【霊草】[名] 不思議な効き目のある草。不死の薬とされた薬草の類。瑞草。

れい-ぞう【冷蔵】[名・他サ変] 食品などを低温で保存すること。「野菜を―する」

れい-ぞう【霊像】[名] 神仏の像。

れいぞう-こ【冷蔵庫】[名] 内部を冷却し、食品などを低温で貯蔵する箱形の容器や室。

れい-そく【令息】[名] 他人の息子の敬称。⇔令嬢

れい-ぞく【隷属】[名・自サ変] 他の支配を受け、つき従うこと。隷従。「大国に―する」

れい-そん【令孫】[名] 他人の孫の敬称。

れい-だい【例題】[名] 練習や説明のために例として示す問題。

れい-たいさい【例大祭】[名] その神社で毎年定まった日に行われる大祭。「八幡宮の―」

れい-たん【冷淡】[名・形動] 関心や興味を示さないこと。また、そっけなくて思いやりがないこと。「消費者に対して―な政策」「新人を―にあしらう」派生-さ

れいだん-ぼう【冷暖房】[名] 冷房と暖房。「―完備」

れい-ち【霊地】[名] 霊場。

れい-ち【霊知・霊▼智】[名] はかりしれないほど深く、すぐれた知恵。霊妙な知恵。

れい-ちょう【霊長】[名] 霊妙な力をもつ、最もすぐれたもの。「人間は万物の―」

れい-ちょう【霊鳥】[名] 瑞祥とされる神聖・霊妙な鳥。鳳凰など。

れいちょう-るい【霊長類】[名] サル目の哺乳類の総称。全動物中最も進化した一群で、サル類とヒト類を含む。大脳がよく発達し、知能も高い。霊長目。

れい-てい【令弟】[名] 他人の弟の敬称。「山田氏の―」「御―によろしくお伝え下さい」⇔令兄

れい-てき【霊的】[形動] 霊魂・精神にかかわるさま。また、けがれがなく、神聖なさま。「―な現象が起こる」「―な美しさにあこがれる」

れい-てつ【冷徹】[名・形動] 冷静に物事の本質を見とおすこと。「―な目」「虚飾を排した―な筆致」派生-さ

れい-てん【礼典】[名] ❶礼儀に関するきまり。礼法。また、それを記した書物。❷サクラメント。▽主にプロテスタント教会でいう。

れい-てん【冷点】[名] 感覚点の一つ。皮膚と粘膜の一部に分布し、体温より低い温度を感じる点。⇔温点

れい-てん【零点】[名] ❶得点・点数が全くないこと。ゼロ(点)。❷価値が全くないこと。ゼロ(点)。「プロとしては―だ」❸セ氏温度計で、氷点。◈書き方⇒零(2)

れい-でん【霊殿】[名] 神仏や先祖の霊を祭った建物。霊廟。

れい-ど【零度】[名] ❶度数を計算する基準となる点。度数のゼロ。❷セ氏寒暖計で、水が凍る温度の称。

れい-とう【冷凍】[名・他サ変] 保存のため食品など

れ

を凍らせること。フリージング。「魚を━する」

れいとう-こ【冷凍庫】［名］食品を冷凍したり冷凍食品を長期保存したりする機能をもつ容器や室。フリーザー。

れいとう-しょくひん【冷凍食品】［名］保存できるように冷凍した食品。

レイト-ショー【和製late＋show】［名］夜の遅い時間帯に行われる映画興行。

れい-にく【冷肉】［名］ゆでたり蒸し焼きにしたりした牛・豚・鶏肉などを、そのまま冷やした料理。オードブルやサラダに用いる。コールドミート。

れい-にく【霊肉】［名］霊魂と肉体。「━一致」「━二元論」

れい-ねつ【冷熱】［名］❶冷たいことと熱いこと。❷冷淡なことと熱心なこと。

れい-ねん【例年】［名］いつもの年。「━にない暑さ」「━どおりの式典」「━十月に行う体育祭」▽副詞的にも使う。

れい-の【例の】［連体］話し手と聞き手とがすでによく知っている事柄や人物を指す語。いつもの。くだんの。あの。「━とおり処理する」「━調子で話し出す」「━話を蒸し返す」

れいのう-しゃ【霊能者】［名］日常の世界と神霊の世界を媒介する特異な能力をもつとされる人。霊媒・預言者・シャーマンなど。

れい-ば【冷罵】［名・他サ変］さげすんで、ののしること。また、そのことば。「━を浴びせる」

れい-はい【礼拝】［名・他サ変］神を拝むこと。特に、キリスト教で神を賛美し、その恵みに感謝すること。「━堂」▽仏教では「らいはい」という。

れい-はい【零敗】［名］❶［自サ変］試合で、一点もとれずに負けること。ゼロ敗。「━を喫する」❷試合で、負けた回数がゼロであること。ゼロ敗。無敗。「七勝━」
◈書き方 ⬇零［書き方］(2)

れい-ばい【霊媒】［名］神霊や死者の霊と意思を通じ、その思いやことばを人間に伝えることができるとされる媒介者。巫女・市子・口寄せなど。「━術」

れい-ひつ【麗筆】［名］美しい筆跡。また、美しい文章。

れい-ひょう【冷評】［名・他サ変］冷淡な論調で批評すること。また、その批評。「新作を━する」「━を浴びる」

れい-びょう【霊▼廟】［名］祖先や偉人の霊を祭った建物。おたまや。みたまや。

レイプ【rape】［名・他サ変］暴力や脅迫によって人（特に女性）を犯すこと。強姦。

れい-ふう【冷風】［名］冷たい風。ひんやりとした風。「━扇」

れい-ふく【礼服】［名］冠婚葬祭など、儀式のときに着る衣服。⬍平服

れい-ふじん【令夫人】［名］他人の妻の敬称。令閨。令室。「社長━」

れい-ぶん【例文】［名］用法・書式などを説明するために、例として示す文。

れい-ほう【礼法】［名］礼儀作法。礼式。「━にかなう」「武家の━」

れい-ほう【礼砲】［名］軍隊の礼式で、敬意を表すために撃つ空砲。

れい-ほう【霊峰】［名］信仰の対象となっている神聖な山。「━富士」

れい-ぼう【冷房】［名・他サ変］室内の温度を外気より低くすること。また、その装置。「館内を━する」「━の効いた部屋」⬍暖房

れい-ぼく【零墨】［名］断片として残っている古人の墨跡。「断簡━」

れい-ぼく【霊木】［名］神霊が宿るとして神聖視される木。神木。

れい-ほん【零本】［名］ひとそろいの本のうち、一部分しか残っていないもの。端本。

れい-まい【令妹】［名］他人の妹の敬称。「田中君の━」「御━によろしくお伝え下さい」⬍令姉

れい-まいり【礼参り】［名］神仏にかけた願がかなったお礼として、その社寺に参拝すること。⬇お礼参り

れい-まわり【礼回り】［名］礼を述べるために世話になった人を訪問して歩くこと。回礼。

れい-みょう【霊妙】［名・形動］人知でははかり知れないほどすぐれていること。神秘的と思われるほど奥深いこと。「━な旋律」「━不可思議な力」

れい-む【霊夢】［名］神仏のお告げがあらわれる不思議な夢。

れい-めい【令名】［名］よい評判。名声。「━が高い」

れい-めい【▼黎明】［名］夜明け。明け方。「━を告げる鐘の音」▽新しい時代・文化などが始まろうとすることのたとえとしても使う。「情報化時代の━期」⬇あけぼの［ことば比べ］

れい-めん【冷麺】［名］朝鮮料理の一つ。そば粉・でんぷんなどで作った腰の強い麺をゆでて冷やし、肉・野菜・キムチなどをのせて冷たいスープをかけたもの。

れい-もつ【礼物】［名］感謝の意を表して贈る品物。

レイヤード【layered】［名］重なっていること。特に、重ね着をすること。「━スタイル」

れい-やく【霊薬】［名］不思議なききめのある薬。

れい-よう【冷用】［名］温めないで、または冷やして飲むこと。「━酒」

れい-よう【麗容】［名］美しい姿・形。「富士の━を仰ぐ」

れい-らく【零落】［名・自サ変］おちぶれること。「━した元華族」▽草木が枯れる意から。

れい-り【▼怜▼悧（▼伶▼俐）】［名・形動］頭の働きが鋭いこと。賢いこと。利発。「━な頭脳」

れい-りょう【冷涼】［名・形動］ひんやりとして涼しいこと。「━な気候」

れい-りょく【霊力】［名］霊の力。人知を超えた不思議な力。

れい-れい【麗麗】［形動タリ］派手で人目につくさま。「正面に━と掲げた看板」

れいれい-し・い【麗麗しい】［形］ことさら派手にして人目につくようにするさま。「店頭を━く飾り立てる」派生-さ

れい-ろう【▼玲▼瓏】［形動タリ］❶玉のように光り輝くさま。また、さえざえとして美しいさま。「━と輝く月」「八面━の富士」❷玉などがふれ合って美しい音を立てるさま。また、澄んだ声音が美しく響きわたるさま。「━たる鈴の音」

れいわ【令和】［名］現在の日本の年号。二〇一九年

五月一日改元。▼『万葉集』巻五の梅花の歌三十二首の序にある「初春令月、気淑風和」から。

れい‐わ【例話】［名］ある事柄を説明するために、具体的な例としてあげる話。

レイン‐コート【raincoat】［名］衣服が雨でぬれるのを防ぐためのコート。防水布・ビニールなどで作る。レーンコート。

レインジャー【ranger】［名］⇩レンジャー

レーサー【racer】［名］競走用の自動車・オートバイ・ヨットなどの乗り物。また、それに乗る競技者。

レーザー【laser】［名］電磁波の誘導放出を利用して光を増幅、発振させる装置。また、その装置から放出される平行光線。減衰・拡散しにくい光が得られるので、光通信・医療・精密工作などに広く利用される。「―光線」

レーシング‐カー【racing car】［名］競走用の自動車。レーサー。

レース【lace】［名］糸を編んで透かし模様を作り、布状にしたもの。手編みレースと機械編みレースに大別される。▼広義には布に透かし模様を刺繡(ししゅう)したものも含める。

レース【race】［名］❶競走・競漕・競泳・競馬などの競技。「ボート―」❷競争。「ペナント―・総裁―」

レース‐クイーン【和製 race＋queen】［名］自動車レースなどで、スポンサーの宣伝をし、レースに華やかさを添える女性。

レーズン【raisin】［名］干しぶどう。

レーゼドラマ【Lesedrama ドイツ】［名］上演を目的にしないで、読むだけのために書かれた戯曲。

レーゾン‐デートル【raison d'être フランス】［名］存在理由。存在価値。レゾンデートル。

レーダー【radar】［名］電波の反射を利用して目標物の方位・距離を測定する装置。航空機・船舶・気象観測などに広く利用される。電波探知機。

レーティング【rating】［名］❶評価。見積もり。❷格付け。❸映画・テレビ番組などの内容が未成年者や子供にとって適当であるかどうか基準を定めること。◈「レイティング」とも。

レート【rate】［名］率。割合。歩合。「―が低い」「為替―」

レーベル【label】［名］❶ラベル。❷曲名・演奏者・レコード会社の商標などを刷り込んでレコード盤の中央に貼る円形の紙。また、そのレコードの制作・販売会社やブランド名。「マイナー―」

レーヨン【rayonne フランス】［名］再生セルロースから作る人造繊維。人造絹糸。人絹。また、それで織った織物。

レール【rail】［名］❶鉄道の線路。軌条。軌道。❷引き戸やカーテンを円滑に走らせるために取りつける棒状の鋼材。❸物事を順調に進行させるための下準備。「話し合いの―を敷く」

レーン【lane】［名］❶自動車道路の車線。「バス専用―」❷ボウリングで、球を転がす床。❸プールやトラックのコース。「八―のプール」

レーン‐コート【raincoat】［名］⇩レインコート

レオタード【leotard】［名］伸縮性のある素材で上下続きに作る、体にぴったりした衣服。体操・ダンス・バレエなどの際に着る。▼フランスの曲芸師レオタールの名から。

レガーズ【leg guards】［名］スポーツで選手や審判が着用する、防護用のすね当て。レガース。

レガート【legato イタリア】［名］音と音の間を切れ目なく、なめらかに続けて演奏すること。⇔スタッカート

レガシー【legacy】［名］❶先人の遺産。遺物。❷時代遅れのもの。

レガッタ【regatta】［名］ボート・ヨットなどの競技会。

れき【暦】［名］こよみ。「―年」「太陽―」旧曆

れき【▼礫】［名］小さな石。こいし。「―岩」「瓦―(がれき)」

れき【歴】（造）❶順を追って通る。順次に経過する。また、経過してきたあと。「―史・―戦・―任・―訪」「経―・遍―・履―」❷はっきりしている。「―然」旧歴

れき【▼轢】（造）❶車でひく。「―殺・―死」❷すれ合う。「軋―(あつれき)」

れき‐がん【▼礫岩】［名］堆積(たいせき)岩の一種。水底などに堆積した礫が砂・粘土などといっしょに固まったもの。

れき‐さつ【▼轢殺】［名・他サ変］自動車・電車などでひき殺すこと。

れき‐し【歴史】［名］❶人間社会の時間の経過に伴う事象の移り変わりと、その過程での出来事。また、それを記録したもの。「日本の―」「―上の人物」「―をひもとく」❷ある人や事物が現在までたどってきた過程。履歴。来歴。「ジャズの―」「人に―あり」「―のある学校」

轢

れき‐し【▼轢死】［名・自サ変］自動車・電車などにひかれて死ぬこと。「―体」

れきし‐しょうせつ【歴史小説】(セウ)［名］歴史上の事件や人物を題材とし、史実を踏まえて書かれた小説。

れき‐じつ【暦日】［名］❶こよみの上での一日。また、その一日一日が過ぎていくこと。月日の経過。歳月。「山中―なし」❷こよみ。

れき‐じつ【歴日】［名］日数が経過すること。

れきし‐てき【歴史的】［形動］❶すでに歴史として残っているさま。歴史にかかわるさま。史的。「―事実」「―建造物」❷歴史に残るほど重要な意味があるさま。「―な大事件」「―瞬間」❸すでに過去のものであるさま。「―な存在」

れきしてき‐かなづかい【歴史的《仮名》遣い】(ツカヒ)［名］平安時代中期以前の文献を基準として定められた仮名遣い。ふつう江戸時代前期に契沖が提唱したものをいう。古典仮名遣い。旧仮名遣い。⇔現代仮名遣い

れきし‐ものがたり【歴史物語】［名］❶歴史的事実を題材にして書かれた物語。❷平安後期以降、歴史的事実を素材にして仮名で書かれた物語風の作品。『栄華物語』『大鏡』など。

れき‐しょう【暦象】(シャウ)［名］こよみによって天体の運行を観察すること。また、天体。

れき‐すう【暦数】［名］❶日月の運行を測ってこよみを作る方法。❷自然に定まっている運命。めぐりあわせ。❸年代。年数。

れき‐せい【歴世】［名］歴代。代々。「―の王」

れき‐せい【▼瀝青・歴青】［名］天然に得られる炭化水素化合物の総称。天然アスファルト・コールタール・石油アスファルト・ピッチなど。チャン。ビチューメン。［書き方］「歴青」は代用表記。

れき‐せん【歴戦】［名］何度も戦争で戦った経験があ

ること。「―のつわもの」

れき‐ぜん【歴然】［形動タル］はっきりしていて疑いのないさま。明白なさま。「その差は―としている」

れき‐だい【歴代】［名］何代もその地位が続いていること。また、そのすべての代。代々。歴世。「―の大統領」

れき‐だん【轢断】［名・他サ変］電車などが体をひいて切断すること。

れき‐ちょう【歴朝】テウ［名］代々の朝廷。また、代々の天皇。

れき‐てい【歴程】［名］通り過ぎてきた道筋。経過。「独立運動の―をたどる」

れき‐ど【礫土】［名］小石の多くまじっている土。

れき‐にん【歴任】［名・他サ変］次々に種々の役職に任命され、勤めてきたこと。「要職を―する」

れき‐ねん【暦年】［名］こよみの上の一年。太陽暦では、平年三六五日、閏年（うるうどし）三六六日。

れき‐ねん【歴年】［名］❶年月を経ること。「―の功」❷毎年。連年。「―十月に行われる大祭」

れき‐ねんれい【暦年齢】［名］生まれた日を起点として、こよみの上で数えた年齢。満年齢と数え年がある。生活年齢。

れき‐ほう【暦法】ハフ［名］天体の運行を測ってこよみを作る方法。また、こよみについての法則。

れき‐ほう【歴訪】ハウ［名・他サ変］あちこちの土地や人を次々と訪問すること。「アジア諸国を―する」

れき‐ゆう【歴遊】イウ［名・自サ変］方々を見物してまわること。遊歴。「アジア各地を―する」

レギュラー［regular］［名］❶正規のものであること。また、通常のものであること。「―ポジション・―サイズ・―コーヒー」⇔イレギュラー ❷スポーツ競技で、正選手。また、放送番組などで、常時出演する人。▽「レギュラーメンバー（regular member）」の略。❸オクタン価の低い、一般用のガソリン。▽「レギュラーガソリン（regular gasoline）」の略。ハイオクタン価のガソリンに対していう。

れき‐れき【歴歴】■［形動タル］ありありと見えるさま。誰の目にも明らかなさま。歴然。「―たる証拠」■［名］身分・地位などの高い人々。⇒お歴歴

レギンス［leggings］［名］❶足にぴったりした幼児用のズボン。多くは毛糸で編み、裾（すそ）につけたゴム輪を足にかけてはかせる。❷すねあて。脚絆（きゃはん）。❸「スパッツ」②に同じ。

レクイエム［Requiem ラテ］［名］死者のためのミサ曲。鎮魂曲。鎮魂ミサ曲。

レクチャー［lecture］［名・他サ変］講義。講演。レクチュア。「小説の書き方を―する」

レグホン［Leghorn］［名］ニワトリの一品種。イタリアのリボルノ（英語名レグホン）原産。羽色は白色のほか、褐色・黒色もある。代表的な卵用種。レグホーン。

レクリエーション［recreation］［名］仕事・勉学などの疲れをいやし、心身の活力を養うための休養・娯楽。リクリエーション。レクレーション。

レゲエ［reggae］［名］ジャマイカで生まれたポピュラー音楽。黒人のダンス音楽にリズム＆ブルースの影響が加わったもので、二拍目と四拍目のアクセントを強調したリズムとメッセージ性の強い歌詞が特徴。

れこ［代］〔俗〕金銭・愛人など、あからさまに言いたくないものを指し示す語。例のもの。例の人。▽「これ」を逆にした語。

レコーダー［recorder］［名］❶記録や録音をするための装置。「タイム―・テープ―・DVD―」❷記録係。❸⇒リコーダー

レコーディング［recording］［名・他サ変］レコード・テープなどに音声を吹き込むこと。録音。

レコード［record］［名］❶音楽・語りなどの音を記録し、レコードプレイヤーで再生する、溝のある円盤。レコード盤。「―をかける」❷最高記録。「―を更新する」

レコメンド［recommend］［名・他サ変］⇒リコメンド

レザー［leather］［名］❶なめし革。❷「レザークロス」の略。

レザー［razor］［名］西洋かみそり。レーザー。

レザークロス［leathercloth］［名］布の表面に合成樹脂などを塗り、皺（しぼ）を型押ししてなめし革に似せたもの。書籍の表紙などに使う。レザー。

レジ［名］❶出納した金額を自動的に計算して登録する機械。金銭登録器。❷スーパーマーケット・デパート・飲食店などで、金銭登録器を置いて客からの支払いを受ける場所。また、その係。◈「レジスター」の略。

レシート［receipt］［名］領収書。特に、レジスターで領収金額などを印字した紙片をいう。

レシーバー［receiver］［名］❶電話・電信・ラジオなどの受信装置。❷電気信号を音声信号に変換する装置で、直接耳に当てて使うもの。❸テニス・卓球・バレーボールなどで、相手のサーブを受ける人。

レシーブ［receive］［名・他サ変］テニス・卓球・バレーボールなどで、相手のサーブしたボールを受けて打ち返すこと。「回転―」

レジェンド［legend］［名］伝説。また、伝説的な人やもの。「現代音楽の―」

レジスター［register］［名］⇒レジ

レジスタンス［résistance フラ］［名］権力や侵略者などに対する抵抗運動。特に、第二次世界大戦中、ナチスドイツ占領下のフランスやヨーロッパ各地で組織された対独抵抗運動をいう。▽「抵抗」の意。

レジデンス［residence］［名］住宅。邸宅。▽日本では集合住宅の名称などに用いられる。

レシピ［recipe］［名］料理・菓子などの調理法。また、それを記したもの。

レシピエント［recipient］［名］臓器・骨髄移植で、提供された臓器・骨髄などを受けた人。また、移植提供を希望する人。⇔ドナー ▽受け取る人の意。

レジ‐ぶくろ【レジ袋】［名］スーパーなどで、レジでの精算の際に客に渡すポリエチレン製の袋。

レジャー［leisure］［名］余暇。また、余暇を利用した娯楽・遊び。「―産業」「―ホテル」

レジャー‐シート［和製 leisure + sheet］［名］屋外で座るときなどに、地面に広げて用いるシート。

レジュメ［résumé フラ］［名］研究報告・講演などの内容を簡潔にまとめて記したもの。摘要。要旨。レジメ。

レジリエント［resilient］［形動］弾力性があるさま。柔軟なさま。リジリエント。「―な組織を目指す」

レス［名・自サ変］インターネット上のコミュニケーションで、相手の発信に対する返答。「メールへの―」▽「レスポンス」の略からという。

レズ［名］「レスビアン」の略。

レスキューたい【レスキュー隊】[名] 消防署などに置かれ、火災や事故の際に人命救助活動のために出動するチームの通称。▽「レスキュー(rescue)」は救助の意。

レストハウス [rest house] [名] 行楽地などにある休憩所や宿泊所。

レストラン [restaurantフランス] [名] 主として西洋料理を客に供する料理店。

レストルーム [rest room] [名] ❶休憩室。❷化粧室。トイレ。

レスビアン [lesbian] [名] 女性の同性愛。また、女性の同性愛者。レズ。ビアン。レズビアン。

レスポンス [response] [名] ❶応答。返答。‖「メールの―が遅い」❷自動車の加速や制動などの操作に対する反応。‖「ブレーキを踏んだときの―がいい」

レスラー [wrestler] [名] レスリングの選手。‖「プロ―」

レスリング [wrestling] [名] 二人の競技者がマットの上で組み合い、相手の両肩をマットにつけたものを勝ちとする格闘技。フリースタイルとグレコローマンスタイルの二種がある。

レセプション [reception] [名] ❶客を歓迎するために催される公式の宴会。歓迎会。❷ホテルなどの受付。フロント。

レセプト [Rezeptドイツ] [名] 医療機関が健康保険組合などに提出する診療報酬請求明細書。

レター [letter] [名] ❶手紙。‖「ファン―・ラブ―」❷ローマ字の文字。‖「キャピタル―」

レタス [lettuce] [名] チシャの英語名。特に、淡緑色の葉が重なり合って結球するタマヂシャのこと。サラダなどにする。

レタッチ [retouch] [名・他サ変] 絵画に加筆や補筆をすること。また、写真フィルムや写真製版用フィルム、デジタルカメラの画像などに手を加えて修正すること。修整。

レタリング [lettering] [名] 広告などで、視覚的効果を考えて文字をデザインすること。また、その文字を書くこと。

レチタティーボ [recitativoイタリア] [名] 話しことばの抑揚を模倣し、または強調して、語るように歌う声楽様式。オペラやオラトリオの中で、会話や叙述の部分に用いられる。叙唱。レシタティーブ。⇔アリア

れつ【列】■[名] ❶順に長く並んだもの。‖「―を作る」「長蛇の―」「三―に並ぶ」❷仲間。‖「名手の―に加わる」■(造)ならぶ。ならべる。‖「―挙・―車・―島」

れつ【劣】(造)おとっている。悪い。‖「―化・―勢・―等」「愚―・卑―・優―」

れつ【烈】(造)❶勢いがはげしい。‖「―火・―日・―風」「強―・熱―・猛―」❷気性がはげしく、道義心に厚い。‖「―婦」「忠―」❸すぐれた功績。‖「武―」

れつ【裂】(造)さく。さける。ばらばらになる。‖「―帛(れっぱく)」「亀―・炸(さく)―・破―・分―・支離滅―」

れつあく【劣悪】[名・形動] 品質・状態などがひどく劣っていること。‖「―な商品[環境・労働条件]」⇔優良 派生 ―さ

れつい【劣位】(ヰ) [名] 劣っている位置・地位。⇔優位

れっか【劣化】(クワ) [名・自サ変] 品質・性能などが低下して、以前より悪くなること。‖「絶縁体が―する」

れっか【烈火】(クワ) [名] 激しく燃える火。▽ひどく怒ることのたとえにいう。‖「―のごとく怒る」

レッカー [wrecker] [名] 事故車・故障車や違法駐車の自動車を牽引(けんいん)するための自動車。ふつうトラックの後部にクレーンを装備した車をいう。レッカー車。

れっき【列記】[名・他サ変] 一つ一つ並べて書き記すこと。‖「会員名を―する」

れっきとした【▽歴とした】[連語] 疑う余地のないほど確かなさま。確かなものとして世間に認められているさま。‖「―証拠がある」▽「れきとした」の転。

れっきょ【列挙】[名・他サ変] 一つ一つ並べあげること。‖「罪状を―する」

れっきょう【列強】(キャウ) [名] 政治・経済的に強い力をもつ国々。

レッグウォーマー [leg warmers] [名] ひざから足首のあたりをおおう、筒状の防寒具。

れつご【劣後】[名] ❶他より劣っておくれること。❷配当・償還などの順序があとになること。‖「―株(＝後配株)」「―債(＝劣後特約を付して発行される無担保社債)」

れっこう【裂▼肛】(カウ) [名] ➡切れ痔(じ)

れっこく【列国】[名] 多くの国々。諸国。

れつざ【列座】[名・自サ変] その場所に並んですわること。‖「主人の前に―する」「―の人々」

れっし【烈士】[名] はげしい気性をもって、自分の信念を貫きとおす男子。

れつじつ【烈日】[名] 激しく照りつける太陽。また、その光。▽激しい勢いのたとえにもいう。‖「―の気迫」「秋霜―」

れっしゃ【列車】[名] 旅客・貨物の輸送のために連結された鉄道車両。‖「最終―」

れつじゃく【劣弱】[名・形動] 能力・体力・勢力などが他よりおとっていて弱いこと。‖「―な体格」

れつじょ【烈女】(ヂョ) [名] 節操を固く守る女性。また、はげしい気性をもって、自分の信念を貫きとおす女性。烈婦。

れっしょう【裂傷】(シャウ) [名] 皮膚などが裂けてできた傷。

れつじょう【劣情】(ジャウ) [名] ❶いやしい心情。❷性的な欲情や感情をいやしんでいう語。‖「―を催す」

れっする【列する】■[自サ変] ❶会合などに出席して居並ぶ。‖「記念式典に―」❷仲間として加わる。‖「先進国に―」■[他サ変] 並べる。連ねる。‖「芸術院会員として名を―」文 れっ・す

レッスン [lesson] [名] ❶学課。教程。‖「―ワン」❷授業。また、練習。けいこ。特に、日時を決めて個人的に指導を受けるもの。‖「ピアノの―を受ける」

れっせい【列世】[名] 代々。歴代。‖「―の帝王」

れっせい【列聖】[名] ❶歴代の天子。❷カトリック教会で、殉教者などが聖人の位に列せられること。

れっせい【劣性】[名] ➡潜性(せんせい)⇔優性

れっせい【劣勢】[名・形動] 勢いが劣っていること。形勢が不利であること。‖「―に立つ」⇔優勢

れっせき【列席】[名・自サ変] 会合・儀式などに出席すること。列座。‖「披露宴に―する」

レッテル [letterオランダ] [名] ❶品名・内容・発売元などを記して商品にはりつける紙の札。❷ある人物や物事に対する評価。

⦿**レッテルを貼・る** ある人物に対して一方的・断定的に評価を加える。‖「裏切り者の—・られる」▽多くマイナスの評価についていう。

れつ‐でん【列伝】〔名〕❶多くの人々の伝記を並べ記したもの。‖「名将—」❷紀伝体の歴史書で、人臣の伝記を書き連ねた部分。⬇本紀

レット〔let〕〔名〕テニス・卓球などで、サーブしたボールがネットに触れて相手側のコートに入ったとき、もう一度サーブをやり直すこと。また、審判がそれを命じる語。

レッド〔red〕〔名〕❶赤。赤色。❷共産主義者。また、その思想・運動。‖「—パージ（＝共産主義者を職場、特に公職から追放すること）」

れっ‐とう【列島】〔名〕列をなすように細長く連なっている島々。‖「日本—・五島—」

れっ‐とう【劣等】〔名・形動〕等級・程度などがふつうより劣っていること。‖「—な品質」「—生」⬍優等

れっとう‐かん【劣等感】〔名〕自分が他人より劣っているという感情。コンプレックス。インフェリオリティーコンプレックス。⬍優越感

レッド‐オーシャン〔red ocean〕〔名〕経営学で、競争の激しい既存市場。

レッド‐カード〔red card〕〔名〕サッカーなどで、審判が悪質な反則をした選手に退場を命じるときに示す赤色のカード。

れっ‐ぱい【劣敗】〔名〕劣っているものがすぐれているものに敗れること。‖「優勝—」

れっ‐ぱく【裂▼帛】〔名〕帛を引き裂くこと。また、その音。▽鋭く、激しい声のたとえにいう。‖「—の気合」

れっ‐ぱん【列藩】〔名〕並び立つ多くの藩。諸藩。

れっ‐ぷ【烈婦】〔名〕烈女。

れっ‐ぷう【烈風】〔名〕非常に激しい風。

れつ‐りつ【列立】〔名・自サ変〕多くの人や物が並んで立つこと。‖「儀仗兵[石柱]が—する」

れつ‐れつ【烈烈】〔形動タル〕勢いが激しいさま。‖「—たる闘志」

レディー〔lady〕〔名〕淑女。貴婦人。また一般に、女性。‖「—ファースト（＝女性を優先させるエチケット）」⬍ジェントルマン

レディース〔ladies'〕〔名〕女性向きの。女性用。‖「—ファッション」「—クリニック」▽他の語と複合して使う。

レディー‐メイド〔ready-made〕〔名〕既製品。特に、既製服。⬍オーダーメイド

レ‐てん【レ点】〔名〕漢文訓読に用いる返り点の一つ。一字だけ返って読むことを表す「レ」の符号。かりがね点。

レトリック〔rhetoric〕〔名〕❶文章表現の効果を高めるための技法。修辞。❷修辞学。また、修辞法。❸巧みな言い回し。美辞麗句。‖「—にごまかされる」

レトルト〔retort オラ〕〔名〕❶蒸留・乾留に用いる化学実験器具。フラスコの先端を細い管状にして横に曲げた形のもの。ガラスまたは金属製。❷缶詰や袋詰め食品を高圧・高温殺菌するための装置。

レトルト‐しょくひん【レトルト食品】〔名〕調理した食品をアルミ箔・ポリエステルなどの袋に入れて密封し、「レトルト」②によって高圧・高温殺菌したもの。

レトロ〔retro〕〔名・形動〕復古調であること。懐古的。‖「—な家具」「—感覚」

レバー〔lever〕〔名〕❶てこ。❷機械などを操作するための取っ手。航空機の操縦桿や自動車の変速装置の操作棒など。

レバー〔liver〕〔名〕食用にする、牛・豚・鶏などの肝臓。きも。

レパートリー〔repertory〕〔名〕❶演奏者・楽団・劇団などがいつでも演奏・上演できるように用意してある曲目や演目。上演目録。‖「—の広いギタリスト」❷その人が得意とする種目や領域。‖「料理の—がふえる」

レビュー〔review〕〔名〕批評。評論。‖「ブック—（＝書評）」

レビュー〔revue フラ〕〔名〕歌・踊り・寸劇などを組み合わせた華やかなショー。

レフ〔名〕❶「レフレックスカメラ」の略。‖「一眼—」❷⬇リフレクター

レファレンス‐サービス〔reference service〕〔名〕図書館などで、利用者の問い合わせに応じ、図書の照会・検索や資料提供を行う業務。

レフェリー〔referee〕〔名〕競技の審判員。特に、サッカー・ラグビー・レスリング・ボクシングなどの主審。レフリー。

レフト〔left〕〔名〕❶左。左側。❷野球で、左翼。また、左翼手。❸政治・思想などで、急進的・社会主義的な立場。左派。‖「ニュー—」◈⬍ライト

レプリカ〔replica〕〔名〕❶美術品などの模写・複製。❷スポーツ競技で、優勝カップの複製品。カップ返還後、優勝の記念として与えられるもの。

レフレックス〔reflex〕〔名〕❶光などの反射。❷「レフレックスカメラ」の略。

レフレックス‐カメラ〔reflex camera〕〔名〕レンズに入射した光線をプリズムや鏡で反射させ、ピントグラス上にフィルム上の像と同一の像が見られるようにしたカメラ。一眼レフと二眼レフとがある。レフレックス。レフ。

レベル〔level〕〔名〕❶水準。程度。‖「生活の—が高い」❷段階。‖「事務—での折衝」❸水準器。また、水準儀。

品格 基準「環境—を超える値」尺度「日本の—から見た価値観」水準「学力が—に達しない」標準「—的な世帯」本位「金—制度」目安「開花の—となっているソメイヨシノ」◉「標準」は平均、「基準」は最低条件、「水準」は普通の程度と言い換えられる。

レポ〔名〕❶報告。報告書。▽「レポート」の略。❷連絡員。特に、非合法の政治活動などの連絡員。▽「レポーター」の略。

レポーター〔reporter〕〔名〕❶報告者。‖「研究会の—」❷テレビ・ラジオ・新聞などで、現地で取材して報告をする人。‖「芸能—」◈「リポーター」とも。

レポート〔report〕〔名〕❶調査・研究などの報告書。❷学生が教師に提出する小論文。❸〔他サ変〕ラジオ・テレビ・新聞などで、現地で取材して状況などを報告すること。また、その報告。‖「事故現場から惨状を—する」◈「リポート」とも。

レム‐すいみん【レム睡眠】〔名〕眠りは深いが、脳波は覚醒時に近い状態を示す睡眠。急速眼球運動（レム）を伴い、夢を見ることが多い。逆説睡眠。⬇ノンレム睡眠

レモネード〔lemonade〕〔名〕レモンの果汁に水・砂糖などを加えた清涼飲料。レモン水。

レモン【lemon】［名］暖地で果樹として栽培するミカン科の常緑低木。また、その果実。果実は長卵形で両端がとがり、淡黄色に熟す。酸味が強く、芳香のある果実を清涼飲料・菓子・料理などに用いる。書き方「▼檸▼檬」とも。

レモン-グラス【lemon grass】［名］熱帯地方で栽培されるイネ科の多年草。大きな株を作る葉は長さ約六〇センチの線形で、レモンの香味成分であるシトラールを含有する。葉や茎を飲料・料理などの香料にする。

レリーフ【relief】［名］浮き彫り。リリーフ。

れる［助動 下一型］（れ-れ-れる-れる-れれ-れよ・れろ）

A 受身を表す

❶直接的に動作や感情を受ける人の立場から出来事を述べる（直接的受身）。‖「兄が妹に頼ら━」「妹が犬にかみつか━」「花子が先生に絵を賞賛された」

使い方 (1)もとの文の対象の「…を」や相手の「…に」、対象の持ち主の「…の」などが主格となるが、まれに、もとの文の「と」や「から」が主格になる。‖「兄が妹に本を渡す→本が兄から妹に渡される／妹が兄に本を渡される」「先生が花子の絵を賞賛する→花子が先生に絵を賞賛される」「花子が太郎と絶縁した→太郎が花子に絶縁された」「弟が兄から本を取り返す→兄が弟に本を取り返される」

(2)他動詞に限らず、相手をとる自動詞も受身を作る。「犬が妹にかみつく→妹が犬にかみつかれる」

(3)もとの文の主格（動作や感情の主体）は普通「に」で表すが、動きの出どころと解釈できる場合は「から」も使う。‖「人々から非難された」「兄から本を渡された」

❷間接的に影響を受ける人の立場から出来事を述べる（間接的受身）。‖「（雨が降る）→（僕は）雨に降られて帰れない」「（子供が騒ぐ）→子供に騒がれて（私は）仕事がはかどらない」

▼もとの文には現れない第三者が不利益をこうむる意を表すことが多いことから「迷惑の受身」ともいう。

使い方 (1)他動詞に限らず自動詞も受身を作る。直接動作を行う主体は「に」で表す。

(2)もたらされた出来事が迷惑か恩恵かで「〜（ら）れる」「〜てもらう」は対照的。‖「隣にごみ捨て場を作られた／作ってもらった」

❸引き起こした主体をあらわにしないで、動作の対象を主格にして、出来事を述べる。‖「明かりがともされている」「デパートで展覧会が催されている」

使い方 他動詞をもとに自動的な表現を作る。直接動作を行う主体は普通現れないが、受け入れ先や出どころのように解釈できる場合は、「に」や「から」で表されることもある。‖「この本は多くの人に読まれている」「この人形は世界中の子供たちから愛されている」

❹生産物を主格にして出来事を述べる。‖「この詩は李白によって書かれた」「法隆寺は聖徳太子によって建立された」

▼直接動作を行う主体は「〜によって」で表す。

B 自発を表す

❺おのずとそうなる。‖「あの人のことがしのば━」「昔のことが思い出さ━」「試作品の完成が待た━」

C 可能を表す

❻能力がある意を表す。‖「そんなに早くは歩かれない」

❼状況によって可能である意を表す。‖「三時までには行か━だろう」「心配で眠られない」

使い方 近年は、五段動詞に「れる」の付いた「歩かれる」「行かれる」「眠られる」よりは、「歩ける」「行ける」「眠れる」などの可能動詞がよく使われる。「この水は飲まれません／飲めません」では、後者が一般的。「れる」型は今は「越すに越されぬ大井川」などの慣用表現に使う。また、サ変複合動詞「…する」の可能は、「すぐ出発できる」「なかなか安心できない」のように「…できる」を使う。

注意 (1)上一段動詞・下一段動詞・カ変動詞の場合は、未然形に「られる」がついた「見られる」「食べられる」「来られる」などの形が標準的だが、「見れる」「食べれる」「来れる」のように「れる」を付けて使うこともある（ら抜き言葉）。日常会話では多く使用されるが、書き言葉では抑制される傾向がある。

(2)可能動詞にさらに可能の助動詞「れる」「られる」を付けた、「履けれる（履ける＋れる）」「書けられる（書ける＋られる）」の類は誤り。「履ける」「書ける」（可能動詞）、または「履かれる」「書かれる」（履く［書く］＋られる）が正しい。

D 尊敬を表す

❽敬い高める。‖「何時に出発されますか」「結果は社長が言われたとおりになりました」「祝賀会には先生も行かれますか」

使い方 「お出かけになる」「ご出発になる」などの「お［ご］…になる」より直截的でそっけない響きがある。軽い尊敬を表すものとして、特に書き言葉で多用される傾向がある。

注意 (1)「…れる」の敬語に不向きな動詞もあって、「もうやられましたか」「いつされますか」「まだいられますか」などは、それぞれ「なさいましたか」「なさいますか」「いらっしゃいますか」のように敬語動詞を使った表現にしたい。

(2)さらに敬意を高めようとして、「お出になられる」「おっしゃられる」など、敬語動詞に「れる」が重ねて使われることもあるが、標準的でない（敬意過剰な二重敬語）。

◈文語形は「る」。

使い方 (1)五段動詞とサ変動詞の未然形に付く。上一段・下一段・カ変動詞の未然形には「られる」が付く。

(2)二字漢語のサ変複合動詞には、「影響される」「発見される」のように、未然形「〜さ」に「れる」が付くのが一般的。一字漢語の場合、「愛される」「称される」のように「〜さ＋れる」の形をとるもの、「察しられる」「信じられる」のように「〜し（じ）＋られる」の形をとるもの、「称せられる」「信ぜられる」のように「〜せ（ぜ）＋られる」の形をとるものがある。「愛す」のようにサ行五段動詞があるものは、五段の未然形「〜さ」＋「れる」とも解釈でき、「信じる」のようにザ行上一段動詞があるものは、上一段の未然形「〜じ」＋「られる」とも解釈できる。「愛せられる」「称せられる」「信ぜられる」など、未然形「〜せ（ぜ）」に「られる」が付く形は、文語の残存形と考えられるが、「宣［冠］される」「魅せられる」のように「せられる」のほうが優勢なものや、「魅する」のように「魅せられる」しかないものもある。

(3)サ変動詞「する」の場合、全体で「される」となる。‖「（皆が非難をする→）皆から非難をされる」

「れる」「られる」の文型

（「AがBをCする」に「れる」「られる」を付けたときの意味と文型）

尊敬→AがBをCされる‖「先生はトルコ語をどちらで学ばれたのですか」

可能→AがBをCされる‖「私はこの魚を食べられる」

↓Aには B が C される≡「私にはこの魚が食べられない」
自発↓（Aには）BがCされる≡「（私には）母が思い出される」
受身↓BがAにCされる（直接受身）≡「花子が先生にほめられる」
↓DがAにBをCされる（間接受身）≡「母親が赤ん坊に泣き声を上げられた」
↓BがCされる（自動的表現）≡「明かりがともされている」
↓BがAによってCされる（生産物）≡「この詩は李白によって書かれた」

れん【連】 [一]［名］❶「連勝式」の略。❷印刷用紙の全紙を数える単位。一連は千枚。≡「B判の上質紙三—」[二]（造）❶つづく。つづける。≡「—休・—戦・—載」❷つながる。つなげる。また、手をつなぐ。協力する。≡「—山・—結・—携・—合」❸なかま。≡「常—・奥様—・学生—」❹「連合」「連合会」などの略。≡「国—・経団—」❺ひとまとめにくくったものや、連ねたものを数える語。≡「数珠一—」「真珠のネックレス三—」「五—のめざし」

れん【▼聯】 [一]［名］❶書画を書き、または彫刻して、柱や壁に左右相対して掛け飾りとする細長い板。対聯。❷漢詩で、律詩の中の対になる二句。[二]（造）つながる。つなげる。≡「—合・—想」▽「連」に通じる。 聯

れん【恋】（造）心が引かれる。思いこがれる。≡「—愛・—慕」「失—・悲—」旧戀

れん【廉】（造）❶私欲がなく、いさぎよい。行いが正しい。≡「清—」「破—恥」❷値段が安い。≡「—価」「低—」

れん【▼煉】（造）❶金属を溶かしてきたえる。≡「精—」▽「錬」に通じる。❷ねり固める。≡「—瓦れん・—炭・—乳」❸心身や技芸をきたえる。また、きたえられている。≡「試—・洗—」▽「練」に通じる。

れん【▼蓮】（造）はす。はちす。≡「—華げれん・—根」「白—びゃくれん」

れん【練】（造）❶生糸・生絹をねる。また、ねりぎぬ。≡「—糸」❷心身や技芸をきたえる。また、きたえられている。≡「—習」「訓—・熟—・洗—」▽「錬」「煉」に通じる。❸ねり固める。書き方「▼煉」の代用字。旧練

れん【▼憐】（造）❶かわいそうに思う。あわれむ。≡「—憫びん」「哀—」❷かわいく思う。いとおしむ。≡「可—」

れん【錬】（造）❶金属をきたえる。≡「—金術」「精—・製—」▽「煉」に通じる。❷心身や技をきたえる。≡「修—・鍛—」▽「練」に通じる。旧鍊

れん-あい【恋愛】［名・自サ変］二人が互いに恋い慕うこと。恋人の関係にあること。また、特定の人を恋い慕うこと。≡「素敵な—がしたい」「—と結婚は別だ」「—感情・—関係」

れん-か【恋歌】［名］恋情を詠んだ歌や短歌。こいうた。

れん-か【廉価】［名・形動］値段が安いこと。また、安い値段。安価。≡「—な製品」「—版」⇕高価

れん-が【連歌】［名］古典詩歌で、ふつう二人以上の人が短歌の上の句（五・七・五）と下の句（七・七）を交互に詠み連ねていく形式のもの。鎌倉・室町時代に盛行した。つらねうた。つづけうた。

れん-が【▼煉瓦】ワ［名］粘土に砂・石灰などを混ぜて練り、直方体などに成型してからかまで焼き上げたもの。土木・建築用材。▽ふつう赤褐色の赤れんがをいう。

れん-かん【連関（▼聯関）】ワン［名・自サ変］互いにかかわり合っていること。つながりがあること。関連。≡「法の発展は社会の発展と—する」

れん-き【連記】［名・他サ変］名前などを、いくつか並べて書くこと。≡「契約書に氏名を—する」「—投票」⇕単記

れん-ぎ【連木】［名］すりこぎ。▽近畿・中国・四国地方でいう。

◉**連木で腹を切る** 不可能なことのたとえ。すりこぎで腹を切る。杓子しゃくしで腹を切る。

れん-きゅう【連休】キ［名］休日が続くこと。また、その休日。≡「大型—」「飛び石—」「三—」

れん-ぎょう【連▼翹】ケ［名］早春、葉の出る前に黄色の花を多数開くモクセイ科の落葉低木。枝は垂れ下がって長く伸びる。庭木などにする。イタチグサ。 翹

れん-ぎん【連吟】［名・他サ変］謡曲で、詞章の一部を二人以上で声を合わせてうたうこと。⇕独吟

れんきん-じゅつ【錬金術】［名］鉄・銅・鉛などの卑金属を金・銀などの貴金属に変成させる化学技術。古代エジプトに始まり、中世・近世初期のヨーロッパで流行。科学としては誤りだったが、近代科学成立のもととなった。アルケミー。

れん-く【連句】［名］俳諧の連歌のこと。原則として二人以上の人が長句（五・七・五）と短句（七・七）とを交互に付け連ねるもの。多くは洒落しゃれや俗語を用いておもしろさをもたせる。▽俳諧の発句（第一句）が独立して俳句と呼ばれるようになった明治以降、俳句や連歌と区別するために使われるようになった。

れん-く【▼聯句】［名］❶漢詩で、二人以上の人で一句または数句ずつ作り、合わせて一編の長詩とするもの。また、その詩。聯詩。❷律詩の対句。聯れん。

レングス【length】［名］長さ。特に、衣服の丈。着丈。≡「フルーのジーンズ」

れん-げ【▼蓮華】［名］❶ハスの花。❷「蓮華草」の略。❸「散り蓮華」の略。

れん-けい【連係（連▼繫・▼聯▼繫）】［名・自サ変］人や物が互いに密接なつながりをもつこと。≡「法改正に—した機構改革」「—を保つ」「—プレー」

れん-けい【連携】［名・自サ変］互いに連絡をとりながら、協力して物事を行うこと。≡「他団体と—して運動を推進する」

れんげ-そう【▼蓮華草】サ［名］春、花茎の先に紅紫色の蝶形ちょうがたの花を輪状につけるマメ科の越年草。緑肥・牧草として栽培する。ゲンゲ。

れん-けつ【連結】［名・他サ変］一続きになるようにつなぎ合わせること。≡「貨車を—する」「—器」

れん-けつ【廉潔】［名・形動］私欲がなく、行いが正しいこと。清廉潔白。≡「—の士」派生-さ

れんけつ-けっさん【連結決算】［名］親会社と関連子会社を一つの事業体とみなして行う決算処理。金融商品取引法によって、一定の企業集団に要求される。

れん-こ【連呼】［名・他サ変］同じことばをくり返して大声で叫び立てること。≡「候補者の名を—する」

れん-ご【連語】［名］二つ以上の単語が連結して一つの単語と同じような働きをするもの。「いい顔」「期せずし

て「着の身着のまま」の類。

れん-こう【連行】[名・他サ変] 本人の意思に関係なく連れていくこと。特に、警察官が犯人・容疑者などを警察署へ連れていくこと。‖「容疑者を—する」

れん-こう【連衡】[名] ➡合従連衡

れん-ごう【連合(▼聯合)】[名・自他サ変] 二つ以上の組織・機関などが共通の目的のために一つの組になること。また、組をつくること。‖「企業—」

れんごう-こく【連合国(▼聯合国)】[名] ❶共通の目的のために連合した国々。❷第一次大戦で、三国協商(イギリス・フランス・ロシア)側に立って参戦した国々。❸第二次大戦で、枢軸国(日本・ドイツ・イタリアなど)側と戦った国々。

れん-ごく【▼煉獄】[名] カトリック教で、死者の霊魂が天国に入る前に、火によってその罪を浄化するとされる場所。天国と地獄との間にあるという。▽ダンテが「神曲」の中で描写した。

れん-こん【▼蓮根】[名] ハスの地下茎。いくつかの節に分かれ、内部には多くの穴が通る。食用に池・水田などで栽培する。ハス。ハスネ。

れん-さ【連鎖】[名・自サ変] くさりのようにつながっていること。また、そのつながり。‖「赤血球[不安]が—する」

れん-ざ【連座(連▼坐)】[名・自サ変] 他人の犯罪行為に関与し、その連帯責任を問われて処罰されること。‖「事件に—して職を解かれる」➡連座制

れん-さい【連載】[名・他サ変] 新聞・雑誌などに続き物として掲載すること。‖「コラムを—する」「—小説」

れんさ-きゅうきん【連鎖球菌】[名] 球状の菌体がくさり状に配列する細菌。ときに化膿・丹毒・猩紅熱・敗血症・急性腎炎・気管支肺炎などを起こす。

れん-さく【連作】[名・他サ変] ❶同じ土地に同じ種類の作物を毎年続けて栽培すること。⇔輪作 ❷文芸・美術などで、一人の作者が一連のテーマに基づいていくつかの作品を作ること。また、その作品。❸数人の作家がそれぞれ一部を分担し、全体として一つにまとまった小説を作ること。また、その作品。

れんざ-せい【連座制】[名] 公職選挙法で、選挙運動の責任者などの違反行為によって、その当選者の当選を無効にし、以降の立候補を制限する制度。

れん-さつ【▼憐察】[名・他サ変] あわれんで思いやること。‖「何とぞご—ください」

れんさ-はんのう【連鎖反応】[名] ❶一つの反応をきっかけとして、同様の反応が次々にくり返される化学現象。重合反応・爆発反応・核分裂反応など。❷一つの出来事がきっかけとなって、同種の出来事が次々に起こること。

れん-ざん【連山】[名] 連なって続く山々。連峰。

れん-し【連枝】[名] 身分の高い人の兄弟姉妹。▽連なる枝が幹を一つにすることから。

れん-じ【連子(▼櫺子)】[名] 窓や欄間に、木・竹などの桟を縦または横に一定の間隔を置いて取り付けた格子。‖「—窓」

レンジ【range】[名] ❶こんろと天火を備えた調理用器具。‖「ガス—」❷「電子レンジ」の略。❸統計で、変動・影響などの及ぶ範囲。分布幅。

れん-じつ【連日】[名] ある期間続いて毎日。‖「—の雨」「—猛練習に励む」「—連夜」▽副詞的にも使う。

れん-しゃ【連写】[名・他サ変] 連続して写真を撮ること。‖「ゴール寸前の走者を—する」「—機能」

れん-しゃ【連射】[名・他サ変] 矢・弾丸などを連続して発射すること。‖「マシンガンを—する」

レンジャー【ranger】[名] ❶日本で、国立公園・公立公園などの管理員。❷アメリカで、森林警備員。イギリスで、王室森林保護官。❸後方攪乱や奇襲攻撃を行うための特殊訓練を受けた戦闘員。‖「—部隊」◈「レーンジャー」「レインジャー」とも。

れん-じゃく【連尺(連▽索)】[名] 肩にあたる部分を幅広く編んだ荷縄。また、それを取りつけた背負子。

れん-しゅ【連取】[名・他サ変] スポーツ競技で、点やセットを続けて取ること。‖「三点—する」

れん-じゅ【連珠(▼聯珠)】[名] ❶玉を連ねること。また、連ねた玉。▽美しい詩文のたとえにもいう。❷盤の上に黒白の石を交互に置き、先に五個の石を一列に並べた者を勝ちとする遊戯。正式には、縦横各一五本の線を引いた連珠盤を用いる。五目並べ。

れん-じゅ【連衆】[名] 連歌・俳諧の座に作者として出席する人々。

れん-しゅう【練習】[名・他サ変] 学問・技能・スポーツなどが上達するように、くりかえして習うこと。‖「ピアノの—」「—の成果」「—問題」

れん-じゅう【連中】[名] ❶➡れんちゅう(連中) ❷音曲・演芸などの一座の人々。‖「長唄—」◈現代仮名遣いでは、「れんちゅう」も許容。

れん-じゅく【練熟】[名・自サ変] よくなれて巧みになること。熟練。‖「—した技」

れん-しょ【連署】[名・自他サ変] 同一の書面に二人以上の人が署名すること。また、その署名。

れん-しょう【連勝】[名] ❶[自サ変] 続けて勝つこと。‖「連戦—」「七—」⇔連敗 ❷「連勝式」の略。

れん-じょう【恋情】[名] 特定の人を恋い慕う気持ち。こいごころ。

れん-じょう【連声】[名] 二つの語が連続するときに生じる音変化の一つ。前の音節の末尾の子音[m]・[n]または[t]がア行・ヤ行・ワ行の音と連なるとき、それぞれナ行・マ行またはタ行の音に変化する現象。「因縁」を「いんねん」、「三位」を「さんみ」、「雪隠」を「せっちん」という類。

れん-じょう【連乗】[名・他サ変] 三つ以上の数や式をかけ合わせること。‖「—積」

れんしょう-しき【連勝式】[名] 競馬・競輪などで、そのレースの一着と二着を一組みにして的中させる方式。

レンズ【lens】[名] ❶ガラス・合成樹脂などの透明な物体を研磨し、その両面または片面を球面に仕上げたもの。光を収束または発散させ、実像・虚像を結ぶ。凸レンズと凹レンズがある。❷目の水晶体。

れん-せい【錬成・練成】[名・他サ変] 心身・技術などを鍛えあげること。‖「軍隊を—する」「—道場」

れん-せつ【連接】[名・自他サ変] 関連するものとして、つながり続くこと。また、関連をもたせて、つなぐこと。‖「—する国々」

れん-せん【連戦】[名・自サ変] 続けて戦うこと。‖「—の疲れがようやくとれる」「三—」「—連勝」

れん-そう【連奏(▼聯奏)】[名・他サ変] 二人以上で、同種の楽器を同時に演奏すること。

れん-そう【連装】〔名〕一つの砲台・砲架などに二門以上の砲を備え付けてあること。

れん-そう【連想（▼聯想）】〔名・他サ変〕ある事柄から、それと関連のある他の事柄を思い浮かべること。‖「桜というと入学式を—する」

れん-ぞく【連続】〔名・自他サ変〕とぎれることなく続くこと。また、続けること。‖「実験が—して失敗する」「三年—の不作」「一か月の—公演」「—殺人事件」使い方「〜が連続する／連続される」では前者が一般的。「〜を連続する／連続させる」はともによく用いられる。➡品詞解説（一八六六ページ）

れん-だ【連打】〔名・他サ変〕❶続けて打つこと。‖「ティンパニーを—する」❷野球で、各打者が続けて安打を打つこと。‖「三—」

れん-たい【連帯】〔名・自サ変〕❶お互いの気持ちが結びついていること。‖「—感」❷二人以上の者がある行為や結果に対して共同で責任をとること。‖「—責任」

れん-たい【連隊（▼聯隊）】〔名〕軍隊で、師団・旅団の下、大隊の上に位置する部隊。

れん-だい【▼蓮台】〔名〕仏像を安置する台座。ハスの花をかたどったもの。蓮華台。蓮華座。

れん-だい【▼輦台（▼蓮台）】〔名〕江戸時代、旅客を乗せて川を渡るのに用いた台。多くは人を乗せる板に二本の担い棒をつけたもので、四人でかついだ。 輦

れんたい-けい【連体形】〔名〕国文法で、活用語の第四活用形。「白い鳥」「走る馬」の「白い」「走る」のように体言に連なるときの形。文語では係助詞「ぞ」「なむ」「や」「か」を受けて文を終止する形にもなる。

れんたい-し【連体詞】〔名〕日本語の品詞の一つ。活用のない自立語で、もっぱら体言を修飾するもの。「この本」「ある人物」「ほんの少々」「あらゆる文献」の「この」「ある」「ほんの」「あらゆる」などの類。

れんたい-しゅうしょくご【連体修飾語】〔名〕修飾語のうち体言を修飾するもの。「赤い花」「すさまじい風」「急降下する飛行機」の「赤い」「すさまじい」「急降下する」の類。形容詞的修飾語。

れんたい-ほしょう【連帯保証】〔名〕保証人が主たる債務者と共同して債務を負担することを約束すること。‖「—人」

レンタ-カー [rent-a-car]〔名〕貸し自動車。

れん-だく【連濁】〔名・自サ変〕二語が複合して一語をつくるとき、後続語の語頭の清音が濁音に変化する現象。「ふで（筆）」と「はこ（箱）」が複合して「ふでばこ」、「じ（字）」と「ひ（引）き」が複合して「じびき」となる類。

レンタ-サイクル【和製rent-a-cycle】〔名〕貸し自転車。▽レンタカー（rent-a-car）に倣った造語。

れん-たつ【練達】〔名・形動・自サ変〕熟練して、その道によく通じていること。‖「馬術に—する」

レンタル [rental]〔名・他サ変〕料金をとって貸すこと。賃貸し。‖「—ビデオ」▽「リース」が長期賃貸契約に基づくものであるのに対し、短期のものをいう。

れん-たん【練炭（▼煉炭）】〔名〕石炭・木炭などの粉末を粘結剤でねり固めた燃料。ふつう円筒形で、燃焼をよくするために縦に一〇個前後の穴を通す。書き方「練炭」は代用表記。

れん-だん【連弾（▼聯弾）】〔名・他サ変〕一台のピアノを二人で演奏すること。‖「姉妹で組曲を—する」

れん-ち【廉恥】〔名〕性行が正しく、恥を知る心が強いこと。‖「破—」

レンチ [wrench]〔名〕ボルト・ナットなどをねじって回すための工具。スパナ。

れん-ちゃく【恋着】〔名・自サ変〕思い切れないほど、深く恋い慕うこと。また、物事に深く執着すること。‖「金銭に—する」

れん-チャン【連チャン】〔名・自サ変〕❶マージャンで、親（荘家）が勝ちを続けること。書き方「連▽荘」とも。❷同じものごとが続くこと。‖「—で夜勤だ」

れん-ちゅう【連中】〔名〕仲間の人たち。また、同じようなことをする、一定の範囲の人々。れんじゅう。‖「町内会の—が集まる」「あの—にも困ったものだ」▽親しみ、または軽蔑をこめて使う。

れん-ちゅう【▼簾中】〔名〕❶すだれで仕切った内側。❷高貴な女性。貴婦人。また、貴人の正妻の敬称。▽常にすだれの内側にいることから。

れん-ちょく【廉直】〔名・形動〕心が清らかで、行いが正しいこと。‖「—の士」

レン-ちん〔名・他サ変〕電子レンジで加熱すること。‖「—レシピ」▽「レン」は「電子レンジ」の略、「ちん」は調理終了の合図の音から。

れん-てつ【錬鉄】〔名〕❶よく鍛えられた鉄。❷炭素の含有量が〇・二パーセント以下の軟鉄。さびにくく、常温でも加工できる。釘・鎖・鉄線などに利用する。

レント [lento イタ]〔名〕音楽の速度標語の一つ。「ゆっくり」の意。

れん-とう【連投】〔名〕❶〔自サ変〕野球で、同じ投手が二試合以上続けて登板すること。❷〔他サ変〕連続して物を投じること。‖「フォークボール［質問］を—する」

れん-どう【連動（▼聯動）】〔名・自サ変〕一部分を動かすと、それとつながっている他の部分がともに動くこと。‖「—装置」

レントゲン [Röntgen ドイ]〔名〕❶X線などの照射線量を表す単位。一レントゲンは〇・〇〇〇二五八クーロン毎キログラム。記号R ▽現在はクーロン毎キログラムを使う。❷X線。▽「レントゲン線」の略。❸X線を光源として撮影する写真。X線写真。‖「—を撮る」▽「レントゲン写真」の略。◈語源 物理学者W=K=レントゲンの名前から。

れん-にゅう【練乳（▼煉乳）】〔名〕牛乳を煮つめて濃縮したもの。無糖練乳（エバミルク）と加糖練乳（コンデンスミルク）がある。書き方「練乳」は代用表記。

れん-ねん【連年】〔名〕何年も引き続いて毎年。‖「—の豊作」▽副詞的にも使う。

れん-ぱ【連破】〔名・他サ変〕続けて相手を負かすこと。‖「強豪を—する」

れん-ぱ【連覇】〔名・自サ変〕競技などで、続けて優勝すること。‖「—を果たす」「三—の偉業」

れん-ばい【廉売】〔名・他サ変〕安い値段で売ること。安売り。

れん-ぱい【連俳】〔名〕❶連歌と俳諧。❷俳諧の連句。

れん-ぱい【連敗】〔名・自サ変〕続けて負けること。‖「連戦—」「三—」⇔連勝

れん-ぱく【連泊】〔名・自サ変〕同じ宿に二晩以上続けて泊まること。‖「駅前のホテルに—する」「—プラン」

れん-ぱつ【連発】〔名〕❶〔自他サ変〕物事が続けざ

まに起こること。また、起こすこと。‖「事故が―する」「あくびを―する」使い方「〜を連発する／連発させる」では前者が一般的。❷［他サ変］弾丸などを続けざまに発射すること。‖「―銃」❸［他サ変］同様のことばを続けざまに発すること。‖「ギャグを―する」

れん-ぱん【連判】［名・自サ変］一通の文書に複数の人が署名して判を押すこと。れんばん。

れん-ばん【連番】［名］番号が連続していること。また、その番号。続き番号。‖「宝くじを―で買う」

れん-びん【▼憐▼憫（▼憐▼愍）】［名］かわいそうに思うこと。あわれむこと。‖「―の情をもよおす」

れん-ぶ【練武】［名］武芸の練習をすること。

れん-ぺい【練兵】［名］兵士を訓練すること。‖「―場」

れん-ぼ【恋慕】［名・自他サ変］特定の人を恋い慕うこと。‖「清姫が安珍に／を―する」「横―」

れん-ぽう【連邦（▼聯邦）】ーパウ［名］自治権をもつ複数の州または国家が単一の主権のもとに結合して形成する国家。連合国家。アメリカ・カナダ・スイス・ドイツなど。‖「―政府」

れん-ぽう【連峰】［名］連なって続く峰々。‖「穂高―」

れん-ま【錬磨・練磨】［名・他サ変］肉体・精神・技芸などを鍛えみがくこと。‖「心身を―する」「百戦―」

れん-めい【連名】［名］文書や手紙に、複数の人が氏名を並べて書くこと。‖「―で要望書を送る」

れん-めい【連盟（▼聯盟）】［名］共同の目的のために行動をともにすることを誓うこと。また、その誓いによって結成された組織体。‖「野球［国際］―」

れん-めん【連綿】［形動ﾄﾙ］物事が長く続いて絶えないさま。‖「―と受け継がれてきた伝統芸能」✓注意 執着するさまをいうのは誤り。‖「×権力の座に連綿としがみつくのは見苦しい」

れんめん-たい【連綿体】［名］書道で、行書・草書や平仮名を続け書きにするもの。

れん-や【連夜】［名］いく夜も続くこと。引き続いて毎夜。‖「連日―の復旧作業」

れん-よう【連用】［名・他サ変］❶同じ物を続けて使うこと。‖「薬剤を―する」❷国文法で、用言に続くこと。

れんよう-けい【連用形】［名］国文法で、活用語の第二活用形。「早く起きる」の「早く」のように用言を修飾する形。また、「風が吹き、雨が降る」の「吹き」のように文を中止する形。「動き」「遊び」のように名詞にも転用する。

れんよう-しゅうしょくご【連用修飾語】ーヨウシウシヨクゴ［名］国文法で、修飾語のうち用言を修飾するもの。「早く起きる」「楽に暮らす」「きわめて寒い」の「早く」「楽に」「きわめて」などの類。副詞的修飾語。

れん-らく【連絡（▼聯絡）】［名］❶［他サ変］情報などを知らせること。また、その情報。‖「関係者に開催日の変更を―する」「本社と―をとる」❷［自サ変］交通機関がある地点で他に接続していること。‖「この電車は次の駅で急行に―している」「電車とバスの―が悪い」❸［自他サ変］二つの地点がつながること。また、つなげられること。‖「都市間を―する／させる」「別館を本館と―させる」使い方「AとBを」「両地点を」などは「連絡する」「連絡させる」ともに用いられるが、「AをBと」の場合は「連絡させる」が一般的。❹［自サ変］［古風］関連があること。‖「二つの事件は互いに―がある」

れん-り【連理】［名］一本の木の枝と他の木の枝とがくっついて木目が通じ合っていること。▽夫婦・男女の契りの深いことのたとえとして使う。‖「比翼―」「―の枝〈白居易・長恨歌〉」

れん-りつ【連立（▼聯立）】［名・自サ変］二つ以上のものが並び立つこと。また、いくつかのものが並び立ちながら全体として一つにまとまっていること。‖「候補者が―する」「―政権」

れんりつ-ないかく【連立内閣】［名］二つ以上の政党の閣員で構成されている内閣。⇔単独内閣

れんりつ-ほうていしき【連立方程式】ーハウテイシキ［名］複数の未知数を含む方程式を二つ以上組にしたもの。

れん-るい【連累】［名・自サ変］他人の起こした事件などにかかわって罪をこうむること。連座。

れん-るい【連類】［名］仲間。同類。

れん-れん【恋恋】［形動ﾄﾙ］❶恋い慕う気持ちが思い切れないさま。❷未練がましく執着するさま。‖「地位に―として引退を拒む」

ろ

ろ【炉】 ■一［名］❶床・土間などの一部を方形に切って枠で囲み、中に灰を入れて火を燃やす所。暖をとったり、煮炊きをしたりする。いろり。‖「―を切る（＝炉を作る）」「―端・―辺」❷暖炉。❸金属などを加熱・溶解したり、化学反応を起こさせたりするための装置。‖「―の稼働効率」「―心」「溶鉱―・原子―」
■二（造）火をたくわえる器具。‖「懐―・香―」旧爐

ろ【▼絽】［名］透き目のある薄い絹織物。縦糸と横糸をからませて織る。夏の単(ひとえ)・羽織などに用いる。絽織り。

ろ【▼櫓（▼艪）】［名］和船をこぎ進めるためのさお状の道具。船尾に取りつけた櫓杭(ろぐい)を支点とし、押したり引いたりして推進力を得る。‖「―をこぐ」「―櫂(かい)・―杭(ぐい)」 櫓

ろ【▼艫】［名］❶船の前部。船首。へさき。❷船の後部。船尾。とも。 艫

ろ【呂】（造）❶ことばの調子。‖「―律(ろれつ)」❷「ロ」の音の当て字に使う。‖「語―・風―(ふろ)」

ろ【賂】（造）不正に贈る金品。まいない。‖「賄―」

ろ【路】（造）❶みち。道路。‖「―上・―地・―傍」「進―・線―・通―」❷旅。‖「―銀」❸すじみち。‖「理―」

ろ【露】（造）❶つゆ。‖「甘―・玉―」「結―」❷つゆのように、はかない。‖「―命」❸つゆにさらす。屋根やおおいがない。‖「―天・―店・―頭」❹むきだしにあらわす。あらわれる。‖「―顕・―骨」「吐―・暴―」❺「露西亜(ロシア)」の略。‖「―文」「日―」

ろ-あく【露悪】［名］自分の悪いところや醜いところをわざとさらけだすこと。‖「―趣味」

ロイド-めがね【ロイド《眼鏡》】［名］セルロイド製の太い縁をつけた円形の眼鏡。▽アメリカの喜劇俳優ハロルド＝ロイドが用いたことから。

ロイマチス［名］⇩リウマチ ▽Rheumatismusﾄﾞｲﾂ から。

ロイヤリティー［royalty］［名］特許権・著作権などの使用料。ローヤリティー。ロイヤルティー。‖「―を

支払う」

ロイヤル【royal】（造）王の。王室の。また、高貴な。ローヤル。≡「―アカデミー（＝英国の王立美術院）」「―ボックス（＝貴賓席）」

ろう【労】[一]［名］体を動かして働くこと。また、その働き。骨折り。≡「長年の―をねぎらう」「媒酌の―を執る」「―を多とする（＝その労苦を高く評価して感謝する）」「―苦・―務」「勤―・苦―・徒―」[二]（造）❶つかれる。≡「過―・心―・辛―」❷ねぎらう。≡「慰―」❸「労働者」「労働組合」の略。≡「―使」「―組」旧勞

ろう【▼牢】[一]［名］罪人を閉じ込めておく所。≡「―につながれる」「―獄・―死・―屋」[二]（造）かたい。しっかりしている。≡「―固」「堅―」

⊙**労多くして功少なし** 苦労したわりには効果が少ない。≡「多年の研究も、結果は―だった」

ろう【廊】［名］建物と建物、または部屋と部屋とを結ぶ細長い通路。≡「―をめぐらす」「―下」「回―・画―・柱―」旧廊

ろう【楼】[一]［名］❶高く構えた建物。たかどの。≡「三層の―」「―閣・―上・―台」「鐘―・高―・望―」「蜃気―」❷物見やぐら。≡「門上の―から街を見渡す」[二]（造）遊女屋。料理屋。≡「妓―・酒―」旧樓

ろう【▼臈】［名］僧が受戒後、安居の行を行うこと。年功。また、その年数。≡「―を積む」「下―・上―」

ろう【▼隴】［名］中国の地名。甘粛省の南東部。

⊙**隴を得て蜀を望む** 隴の地を手に入れた勝利に乗じて、更に蜀の地を攻め取ろうと望むこと。欲が深くて満足することを知らないことのたとえ。望蜀。

ろう【▼蠟】［名］高級脂肪酸と高級アルコールとのエステル。液体と固体があるが、天然のものの多くは固体。ろうそく・艶出し・化粧品・医薬品などに用いる。ワックス。≡「鯨―・蜜―」書き方「蝋」は簡易慣用字体。 蠟

ろう【▼鑞】［名］金属の接合に用いる溶融しやすい合金。

ろう【老】[一]［接尾］自分より年長の人の名に付けて敬意を表す。≡「鈴木―」[二]（造）❶年をとる。また、年をとった人。≡「―化・―境・―後・―人・―若・―年・―木」「敬―・古―・初―」「生―病死」使い方 年を取った人の自称としても使う。❷経験を積んで物事によく通じている。また、その人。≡「―獪・―巧・―練」「家―・元―・大―・長―」❸老子。≡「―荘思想」

ろう【弄】（造）❶もてあそぶ。楽しむ。≡「―火」「玩―・嘯風―月」❷なぶりものにする。≡「愚―・嘲―」❸思いのままに操る。≡「翻―」

ろう【郎】（造）❶男子。特に、年若い男子。≡「新―・野―」❷仕えている人。家来。≡「―従」「下―」❸男子の名前に付ける語。≡「一―・太―」旧郞

ろう【▼陋】（造）❶場所が狭い。≡「―屋・―居」❷心や見識が狭い。また、心が狭く、卑しい。≡「頑―・愚―・固―」

ろう【朗】（造）❶曇りがなく明るい。≡「―月」「清―・晴―」❷わだかまりがなくて気持ちが明るい。ほがらか。≡「―報」「明―」❸声が明るく澄んでいる。≡「―詠・―吟・―読」旧朗

ろう【浪】（造）❶なみ。≡「波―・風―」❷さまよう。さすらう。≡「―人」「放―・流―」❸みだりに。むだに。≡「―費」

ろう【▼狼】（造）❶おおかみ。≡「―火」「虎―」❷みだれる。≡「―藉」❸あわてる。≡「―狽」

ろう【漏】（造）❶もれる。もれ出る。≡「―出・―電・―斗」「遺―・疎―」❷密事などがもれて外に知られる。≡「―洩」❸水時計。≡「―刻」

ろう【▼臘】（造）❶冬至の後、第三の戌の日に行う祭り。猟の獲物を祖先や神々に供える。❷陰暦十二月。≡「―月・―八」「旧―」❸⬇臈

ろう【籠】（造）❶竹などを編んで作った入れ物。かご。≡「印―・蒸―・灯―」❷中に閉じこもる。≡「―居・―城」❸とりこむ。≡「―絡」

ろう【▼聾】（造）耳が不自由なこと。≡「―唖・―者」

ろう-あ【▼聾▼唖】［名］耳が聞こえないことと、ことばを話せないこと。また、その人。≡「―者」

ろう-えい【朗詠】［名・他サ変］詩歌を節をつけて声高らかにうたうこと。吟詠。≡「漢詩を―する」

ろう-えい【漏▼洩（漏▼泄）】［名・自他サ変］秘密などがもれること。また、秘密などをもらすこと。≡「軍事機密が／を―する」▽「ろうせつ」の慣用読み。

ろう-えき【労役】［名］役務として課せられた肉体労働。

ろう-おう【老翁】［名］年をとった男性。おきな。⬍老媼

ろう-おう【老▼媼】［名］年をとった女性。おうな。⬍老翁

ろう-おう【老▼鶯】［名］春が過ぎても鳴いているうぐいす。夏うぐいす。残鶯。

ろう-おく【▼陋屋】［名］狭くてむさくるしい家。粗末な家。また、自分の家を謙遜していう語。陋居。

ろう-か【老化】［名・自サ変］❶年をとること。年をとるに従って身体の機能が低下すること。≡「―現象」❷時間の経過に従って物質の性質が変化・劣化すること。≡「ゴムが―する」

ろう-か【廊下】［名］建物内の部屋と部屋とをつなぐ細長い通路。≡「―続きの離れ」

ろう-か【弄火】［名］火をもてあそぶこと。火遊び。

ろう-かい【老▼獪】［名・形動］経験を積んでいて、悪賢いこと。≡「―な手口［人］」派生-さ

ろう-がい【労▼咳（▼癆▼痎）】［名］漢方で、肺結核。肺病。

ろう-かく【楼閣】［名］高層のりっぱな建物。高殿。≡「砂上の―」「空中―」

ろう-がっこう【▼聾学校】［名］聴覚に障害をもつ児童・生徒のために普通教育を行い、併せて障害を補うための知識・技術を教える学校。▽法律上の区分は「特別支援学校」。

ろう-かん【▼琅▼玕】［名］暗緑色または青碧色の硬玉。▽美しいもののたとえにもいう。

ろう-がん【老眼】［名］年をとるとともに目の遠近調節機能が衰え、近くのものが見えにくくなる現象。また、その目。

ろうがん-きょう【老眼鏡】［名］老眼を矯正するための凸レンズの眼鏡。

ろう-き【▼牢記】［名・他サ変］しっかりと心にとどめて忘れないこと。

ろう-ぎ【老▼妓】［名］年をとった芸妓。

ろうき-ほう【労基法】［名］「労働基準法」の

略。

ろうきゅう【老朽】[名・自サ変] ❶[形動] 年をとって役に立たなくなること。❷使い古して役に立たないこと。「—した校舎」「—化が進む」

ろうきゅう【籠球】[名] バスケットボール。

ろうきょ【籠居】[名・自サ変] 家の中にとじこもっていること。蟄居(ちっきょ)。

ろうきょう【老境】[名] 老人の境地・境遇。また、老年。「—に入る」

ろうきょく【浪曲】[名] 浪花節(なにわぶし)。

ろうぎん【労銀】[名] 労働の賃銀。労賃。

ろうぎん【朗吟】[名・他サ変] 詩歌を節をつけて高らかにうたうこと。朗詠。「漢詩を—する」

ろうく【老▼軀】[名] 年老いて衰えた体。老体。「—にむち打って働く」

ろうく【労苦】[名] 心身を苦しめて努力すること。苦労。「—をいとわない」

ろうけい【老兄】[名] ❶年をとった兄。老いた兄。❷年長の友人の敬称。▽手紙文などで使う。

ろうけつ【▼﨟▼纈・▼蠟▼纈】[名] 蠟(ろう)と樹脂とを混ぜ合わせた防染剤で布に模様を描き、染料に浸してから蠟を取り除いて模様の部分を白抜きにする染色法。また、その染め物。蠟染め。﨟纈染め。ろうけち。

﨟纈

ろうげつ【▼臘月】[名] 陰暦十二月の別称。

ろうけん【老犬】[名] 年老いた犬。

ろうけん【老健】[名・形動] 老いてなお健康なこと。「—局(=厚生労働省の内部部局の一つ)」

ろうこ【▼牢▼乎】[形動タリ] しっかりとして、ゆるぎないさま。「—たる決意」

ろうこ【▼牢固】[形動タリ] がっしりとして丈夫なさま。堅牢。「—たる城郭」

ろうご【老後】[名] 年をとってからのち。「—のために貯蓄をする」「—に備える」「—を幸福に送る」

ろうこう【老公】[名] 年をとった貴人の敬称。「水戸の—」

ろうこう【老巧】[名・形動] 豊富な経験を積んで、物事に巧みで抜け目がないこと。老練。「—なやり口」派生 —さ

ろうこう【▼陋▼巷】[名] 狭く、むさ苦しい町なか。

ろうこく【漏刻】[名] 水時計。また、その目盛り。

ろうこく【▼鏤刻】[名・他サ変] ➡るこく(鏤刻)

ろうごく【▼牢獄】[名] 捕らえた罪人をとじこめておく所。牢屋。

ろうこつ【老骨】[名] 年老いて衰えた体。老体。老軀(ろうく)。「—に鞭(むち)打って働く」▽老人が自らを謙遜(けんそん)していう語としても使う。

ろうこつ【▼鏤骨】[名] ➡るこつ

ろうさい【老妻】[名] 年をとった妻。老いた妻。

ろうさい【労災】[名] ❶労働者が業務の過程で被る負傷・疾病・死亡などの災害。労働災害。「—事故」❷労働者の業務上の事由または通勤による負傷・疾病・死亡について必要な給付を行う保険。労災保険。▽「労働者災害補償保険」の略。

ろうざいく【▼蠟細工】[名] 蠟を材料として細工をすること。また、その細工したもの。「—の人形」

ろうさく【労作】[名] ❶苦心して作り上げた作品。「多年の—」❷[自サ変] 骨を折って働くこと。労働。「—教育(=勤労・作業などを通じて児童・生徒の人間形成をめざす教育)」

ろうざん【老残】[名] 老いてむなしく生きながらえていること。「—の身をさらす」

ろうし【老師】[名] ❶年をとった僧。❷年をとった師匠・先生。

ろうし【労使】[名] 労働者と使用者。「—間の交渉」

ろうし【労資】[名] 労働者と資本家。「—協調路線」

ろうし【▼牢死】[名・自サ変] 牢に入れられたままで死ぬこと。獄死。「獄につながれ—する」

ろうし【浪士】[名] 主家を離れ、その禄(ろく)を失った武士。浪人。「赤穂(あこう)—」

ろうしぐん【▽娘子軍】[名] 「娘子軍(じょうしぐん)」の慣用読み。➡じょうしぐん

ろうじつ【老実】[名・形動] 物事に慣れていて、しかも誠実であること。「—な商人」

ろうしゃ【▼聾者】[名] 耳の聞こえない人。

ろうじゃく【老若】[名] ➡ろうにゃく

ろうじゃく【老弱】[名] ❶老人と子供。❷[形動] 年老いて体が弱いこと。「—の身」

ろうじゅ【老樹】[名] 長い年月を経た樹木。老木。古木。

ろうしゅう【老醜】[名] 年老いてみにくい姿。「—をさらす」

ろうしゅう【▼陋習】[名] 悪い習慣。「—を打破する」

ろうじゅう【老中】[名] 江戸幕府で、将軍に直属して幕政一般を統括した最高の職。ふつう二万五千石以上の譜代大名から四、五名が選ばれた。書き方 現代仮名遣いでは「ろうぢゅう」も許容。

ろうじゅく【老熟】[名・自サ変] 多年の経験を積んで物事に熟達すること。「—の域に達する」「—した大家」

ろうしゅつ【漏出】[名・自他サ変] もれ出ること。また、もらし出すこと。「ガスが—する」

ろうじょ【老女】[名] ❶年をとった女性。老婦。❷武家の奥向きに仕えた侍女の長。

ろうしょう【老少】[名] 老人と若者。「—不定(ふじょう)」

ろうしょう【老松】[名] 長い年月を経た松の木。古松。

ろうしょう【老将】[名] ❶年をとった将軍。老いた将軍。❷多くの経験を積んで戦術にたけた将軍。

ろうしょう【朗唱】[名・他サ変] 声高くうたうこと。「寮歌を—する」

ろうしょう【朗▼誦】[名・他サ変] 詩句などを声高く読み上げること。「漢詩を—する」

ろうじょう【老嬢】[名] 未婚のまま年齢を重ねた女性。

ろうじょう【楼上】[名] 楼閣の上。高い建物の上。

ろうじょう【籠城】[名・自サ変] ❶敵に囲まれて城にたてこもること。❷家などにひきこもって外に出ないこと。「—して執筆に励む」

ろうしょうふじょう【老少不定】[名] 人の寿命は老人だから先に死に、若者だから長く生きると

いうようには定まっていないということ。

ろう-しょく【朗色】［名］明るい顔色。快活なようす。

ろう-しん【老身】［名］老いたからだ。老体。老軀。‖「—をいたわる」

ろう-しん【老親】［名］年老いた親。‖「—の介護をする」

ろう-じん【老人】［名］年をとった人。年寄り。▽老人福祉法などでは六五歳以上を老人とする。

ろうじん-の-ひ【老人の日】［名］国民の間に広く老人の福祉についての関心と理解を深めるとともに、老人に対し自らの生活の向上に努める意欲を促すための日。九月一五日。▽平成一三（二〇〇一）年の老人福祉法の改正で平成一四年より実施。九月一五日から二一日までを「老人週間」とする。九月一五日という日にちは、もと「敬老の日」であった。

ろうじんふくし-ほう【老人福祉法】［名］高齢者の福祉を図ることを目的とする法律。高齢者の生活の安定、健康の保持、社会参加の推進などを柱とする。昭和三八（一九六三）年制定。

ろうじん-ホーム【老人ホーム】［名］高齢者が入所して必要なサービスを受ける施設。老人福祉法に基づく養護老人ホーム・特別養護老人ホーム・軽費老人ホームのほか、民間の有料老人ホームなどがある。

ろうじんほけん-しせつ【老人保健施設】［名］病状は安定しているが看護や介護を必要とする高齢者を対象に、機能訓練その他の医療を提供し、家庭への復帰を図る施設。

ろうず［名］汚れたもの、傷があるもの、できそこなったものなど、売り物にならない商品。‖「—物」▽「蘆頭（薬用植物の薬用にならない部分）」の転という。書き方「▼蘆頭」とも書く。

ろう-すい【老衰】［名・自サ変］年老いて心身が衰えること。‖「—で死亡する」

ろう-すい【漏水】［名・自サ変］水がもれること。また、もれた水。‖「水道管の亀裂から—する」

ろう・する【労する】㊀［自サ変］苦労して働く。骨を折る。‖「—・せずして大金を手に入れる」㊁［他サ変］働かせる。骨を折らせる。‖「人手を—」文 らう・す

ろう・する【弄する】［他サ変］思うままにあやつる。もてあそぶ。‖「策［詭弁］を—」文 ろう・す

ろう・する【▼聾する】［他サ変］耳を聞こえなくさせる。‖「耳を—大音響」文 ろう・す

ろう-せい【老成】［名・自サ変］❶経験を積んで熟達すること。❷おとなびていること。‖「年のわりに—した子供」

ろう-せい【労政】［名］労働に関する行政。労働行政。‖「—事務所」

ろう-せい【老生】［代］〔一人称〕老人が自分を謙遜していう語。▽手紙文などで使う。

ろう-せき【▼蠟石】［名］蠟のような光沢・感触をもつ鉱物の総称。葉蠟石・滑石・凍石など。石筆・印材にするほか、耐火物・陶磁器などの原料に用いる。

ろう-ぜき【▼狼▼藉】［名］❶［形動ナリ］物が無秩序に取り散らかっていること。‖「落花—」「杯盤—」▽もとは狼が草を藉いて寝たあとの乱れた状態からいう。❷乱暴なふるまい。‖「—を働く」

ろう-そ【労組】［名］「労働組合」の略。ろうくみ。

ろう-そう【老荘】［名］中国古代の思想家である、老子と荘子。‖「—思想」

ろう-そう【老僧】［名］年をとった僧侶。▽年をとった僧が自身をさしていう語としても使う。

ろう-そく【▼蠟▼燭】［名］より糸などを芯にし、まわりを蠟・パラフィンなどで円柱状に固めたもの。灯火に用いる。‖「—をともす」

蠟燭

ろう-ぞめ【▼蠟染め】［名］➡臈纈

ろう-たい【老体】［名］❶年をとった体。老身。老軀。❷老人。▽多く「御—」の形で老人の敬称として使う。‖「御—をわずらわす」

ろう-たいか【老大家】［名］多年の経験を積み、その道の専門家としてすぐれた技量・学識をもった老人。‖「俳壇の—」

ろう-たいこく【老大国】［名］全盛期を過ぎて今は国力の衰えている大国。

ろう-たく【▼陋宅】［名］狭くてみすぼらしい家。また、自分の家を謙遜していう語。

ろう-たく【浪宅】［名］浪人の住まい。

ろう-た・ける【▼臈▽長ける】［自下一］〔古風〕❶洗練されて美しくなる。‖「—・けた婦人」❷経験を積んで物事に巧みになる。文 らふた・く

ろう-だん【▼壟断】［名・他サ変］利益・権利などをひとりじめにすること。語源「壟」は丘の意。昔、ある商人が高い丘に登って市場を見渡し、品物を売るのにふさわしい場所を見定めて利益を独占したという『孟子』の故事に基づく。

ろう-ちん【労賃】［名］労働に対する報酬として支払われる賃金。労働賃金。

ろう-づけ【▼鑞付け】［名］溶かした合金を用いて金属を接合すること。鑞接。

ろう-でん【漏電】［名・自サ変］電気器具や電線の絶縁不良などのため、電流が回路以外にもれ流れること。‖「ヒーターが—する」

ろう-と【漏斗】［名］➡じょうご（漏斗）

ろう-どう【労働】［名・自サ変］働くこと。特に、賃金や報酬を得る目的で働くこと。‖「一日八時間—する」「時間外—」

ろう-どう【郎等・郎党】［名］中世の武家社会で、主人と血縁関係のない家臣。郎従。また、一般に武士の家来。ろうとう。‖「一族—」「家の子—」

ろうどう-いいんかい【労働委員会】［名］労働争議の調停や不当労働行為の審査・救済などを目的とする行政委員会。労働組合法によって設立された機関で、労働者・使用者・公益を代表する各同数の委員からなる。

ろうどう-うんどう【労働運動】［名］労働者が、労働条件の改善や経済的・社会的地位の向上をめざして団結して行う組織的な運動。

ろうどうきじゅん-ほう【労働基準法】［名］労働者の保護を目的として、労働条件の最低基準を定めた法律。労基法。

ろうどう-きょうやく【労働協約】［名］労働条件などに関して、使用者と労働組合との間で交わされる文書による協定。

ろうどう-くみあい【労働組合】［名］労働者が労働条件の改善や経済的・社会的地位の向上をめざして自主的に組織する団体。

ろうどう-さい【労働祭】［名］メーデー。

ろうどう-さんぽう【労働三法】ラウドウサンパフ［名］労働に関して定めた三つの基本法。労働基準法・労働組合法・労働関係調整法の総称。

ろうどう-しゃ【労働者】ラウドウ［名］肉体労働によって賃金を得る人。肉体労働者。また一般に、自己の労働力を提供し、その対価としての賃金を得て生活する人。

ろうどう-しょう【労働省】ラウドウシャウ［名］以前あった省の一つ。⬇厚生労働省

ろうどう-じょうけん【労働条件】ラウドウデウケン［名］賃金・労働時間・休暇などについて、労働者と使用者との間で決められる条件。

ろうどう-そうぎ【労働争議】ラウドウサウギ［名］労働条件などをめぐって労働者と使用者との間に起こる争い。

ろうどう-りょく【労働力】ラウドウ［名］❶人間が物を生産するために費やす精神的・肉体的な諸能力。❷労働を担う人。労働者。

ろう-どく【朗読】ラウ［名・他サ変］声に出して読み上げること。特に、詩歌・小説などをその情趣を伝えるように読み上げること。≡「詩を—する」「宣言文を—する」「—会」

ろう-として【▼牢として】ラウ［副］しっかりとして容易に動かしたり取り去ったりすることができないさま。≡「—抜きがたき悪弊(あくへい)」

ろう-に【老尼】ラウ［名］年をとった尼僧。

ろう-にゃく【老若】ラウ［名］老人と若者。ろうじゃく。

ろうにゃく-なんにょ【老若男女】ラウニャク［名］年齢・性別にかかわりなくすべての人々。≡「—に親しまれる店」

ろう-にん【浪人】ラウ［名・自サ変］❶武士が主家を離れ、禄(ろく)を失うこと。また、その武士。浪士。書き方「▼牢人」とも。❷入学試験や就職試験に失敗し、次の機会を待ってその準備などをしていること。また、その人。≡「一年—して志望校に入る」「就職—」

ろう-ねん【老年】ラウ［名］年をとって老いが目立ってくる年ごろ。老齢。≡「—にさしかかる」「—期」「—人口」

ろう-のう【老農】ラウ［名］年をとった農民。

ろう-のう【労農】ラウ［名］労働者と農民。

ろう-ば【老婆】ラウ［名］年をとった女性。老女。

ろう-はい【老廃】ラウ［名・自サ変］古くなって、役に立たなくなること。≡「—物」

ろう-はい【老輩】ラウ［名］年をとった人々。▼年をとった人が自らを謙遜(けんそん)していう語としても使う。

ろう-ばい【老梅】ラウ［名］長い年月を経た梅の木。

ろう-ばい【▼狼▼狽】ラウ［名・自サ変］思いがけない出来事に、あわてふためくこと。うろたえ騒ぐこと。≡「不意の指名に—する」「周章—」

ろう-ばい【▼蠟梅・▼臘梅】ラフ［名］一、二月ごろ、芳香のある黄色い花を開くロウバイ科の落葉低木。観賞用に栽培する。唐梅(からうめ)。 蠟

ろうば-しん【老婆心】ラウバ［名］必要以上に気を遣い、世話をやこうとする気持ち。また、その気持ちを謙遜(けんそん)していう語。≡「—ながら申し上げる」

ろう-ばん【▼牢番】ラウ［名］牢屋の見張りをすること。また、牢屋の番人。

ろう-ひ【老▼婢】ラウ［名］年をとった下女。

ろう-ひ【浪費】ラウ［名・他サ変］金銭・物・時間・労力などをむだに使うこと。≡「金[資源]を—する」「—家」

ろう-びょう【老病】ラウビャウ［名］年をとって体が衰えたために起こる病気。

ろう-ふ【老夫】ラウ［名］年をとった男性。

ろう-ふ【老父】ラウ［名］年をとった父親。⇔老母

ろう-ふ【老婦】ラウ［名］年をとった女性。

ろう-へい【老兵】ラウ［名］年をとった兵士。

ろう-ほ【老舗(老▼鋪)】ラウ［名］古くから何代も続いている店。しにせ。

ろう-ぼ【老母】ラウ［名］年をとった母親。⇔老父

ろう-ほう【朗報】ラウ［名］うれしい知らせ。≡「—が舞い込む」

ろう-ぼく【老木】ラウ［名］長い年数を経た樹木。老樹。古木。

ろう-ぼく【老僕】ラウ［名］年をとった下男。

ろうまん-しゅぎ【浪漫主義】ラウ［名］ロマンチシズム。

ろう-む【労務】ラウ［名］❶賃金を得るために行う労働勤務。特に、肉体労働の勤務。❷従業員の労働に関する事務。≡「—管理」

ろうむ-しゃ【労務者】ラウ［名］賃金を得るための労働に従事する人。特に、肉体労働に従事する人。

ろう-もう【老▼耄】ラウ［名・自サ変］老いて心身の働きが鈍くなること。おいぼれること。また、その人。耄碌(もうろく)。

ろう-もん【楼門】［名］二階造りの門。下層には屋根を設けず、上層に高欄のついた縁をめぐらすもの。

ろう-や【老▼爺】ラウ［名］年をとった男性。

ろう-や【▼牢屋】ラウ［名］捕らえた罪人を閉じこめておく所。牢。牢獄。

ろう-やぶり【▼牢破り】ラウ［名］囚人が牢屋から逃げ出すこと。また、逃げ出した囚人。脱獄。脱獄囚。

ろう-ゆう【老雄】ラウ［名］年をとった英雄。

ろう-ゆう【老優】ラウイウ［名］❶年をとった俳優。❷長年の経験から、すぐれた演技をみせる俳優。

ろう-よう【老幼】ラウエウ［名］老人と幼児。≡「—をいたわる」「—を問わない」

ろう-らい【老来】ラウ［副］年をとってから。老年になって以来。≡「—なお壮健」

ろう-らく【籠絡】［名・他サ変］他人を巧みに言いくるめて、自分の思いどおりに操ること。まるめこむこと。≡「甘言を用いて—する」「旧友を—して資金を出させる」

ろう-りょく【労力】ラウ［名］❶働くこと。骨折り。≡「—を惜しむ」❷生産のために必要な人間の活動力。労働力。

ろう-れい【老齢】ラウ［名］年をとっていること。また、その年齢。老年。≡「—に達する」「—のため視力が衰える」「—年金」

ろう-れつ【▼陋劣】［名・形動］いやしくて、軽蔑すべきであること。下劣。卑劣。≡「—な手段を弄(ろう)する」派生—さ

ろう-れん【老練】ラウ［名・形動］多くの経験を積み、物事に慣れて巧みなこと。≡「—なかけひき[重臣]」派生—さ

ろう-れん【労連】ラウ［名］「労働組合連盟」「労働組合連合会」「労働組合連絡協議会」などの略。

ろう-ろう【浪浪】ラウラウ［名］❶よりどころなく、さまよい歩くこと。≡「—の旅に出る」❷決まった職がなく、ぶらぶらしていること。≡「—の身」

ろう-ろう【朗朗】ラウラウ［形動タリ］声が大きく、はっきりしているさま。≡「—と詩を吟ずる」「音吐—」

ろうろう-かいご【老老介護】ラウラウ― [名] 高齢者が高齢者の介護をすること。

ろう-わ【朗話】ラウ― [名] 心が明るくなるような話。

ろ-えい【露営】 [名・自サ変] ❶軍隊などが、屋外に陣営を構えること。また、その陣営。野営。「―地」❷野外にテントなどを張って宿泊すること。野営。

ロー [low] ■一 [名] 自動車の変速ギアで、第一速度。■二 (造) 高さ・位置・数値・程度などが低い。「―ヒール・―ブロー・―コスト・―アングル・―カロリー」

ロー-アングル [low angle] [名] 撮影の際、被写体を低い位置から見上げる角度。仰角(ぎょうかく)。

ロー-ウエスト [low waist] [名] 洋服で、通常の位置より低いウエストライン。⇔ハイウエスト

ロー-カーボ [low carb] [名] 炭水化物の摂取量を低く抑えること。また、その食事療法。低糖質。糖質制限。

ローカル [local] [名・形動] その地方に限定されていること。その土地に特有であること。「―な話題」「―紙・―線」

ローカル-ルール [local rule] [名] 特定の地域・団体だけに適用される規則。

ロー-コスト [low-cost] [名] 費用が安いこと。安価なこと。⇔ハイコスト

ローション [lotion] [名] 肌や頭髪につける液状の化粧品の総称。「スキン―」

ロージン-バッグ [rosin bag] [名] 松やにの粉を入れた袋。野球で、選手が手のすべり止めに用いる。ロジンバッグ。

ロース [名] 牛や豚の肩から背にかけての上質の肉。柔らかく、適度の脂肪がある。「―カツ・―ハム」▼「ロースト」から。ローストに適した肉の意。

ローズ [rose] [名] バラ。また、バラ色。

ロースター [roaster] [名] ❶肉や魚などを焼くための調理器具。❷コーヒー豆などを煎(い)る器具。焙煎(ばいせん)器。

ロースト [roast] [名・他サ変] ❶肉などをあぶり焼きや蒸し焼きにすること。また、その料理。「鴨(かも)を―する」「―チキン」❷コーヒー豆などを煎(い)ること。焙煎(ばいせん)。「フレンチ―」

ロースト-ビーフ [roast beef] [名] 牛肉の塊をオーブンで焼いた料理。

ローズ-ヒップ [rose hip] [名] 野バラの実。ジャム・ゼリー・お茶などに用いられる。

ローズマリー [rosemary] [名] 全体に芳香のあるシソ科の常緑低木。葉は線形で、初夏、鮮青色の唇形の花をつける。葉から香油をとるほか、香草として生葉・乾燥葉を肉料理などに用いる。地中海沿岸地方原産。迷迭香(まんねんろう)。

ローター [rotor] [名] ❶電動機・発電機などの回転子。❷ヘリコプターの回転翼。

ローダー [loader] [名] 荷を積み込むときに用いる機械。船積み用・土木用・鉱山用などがある。積み込み機。

ロータリー [rotary] [名] ❶交通整理のため、市街の交差点の中央部などに設けた円形地帯。車がこれに沿って進みながら方向を変えるようにしたもの。環状交差路。❷「ロータリークラブ」の略。

ロータリー-エンジン [rotary engine] [名] 往復運動をするピストンを使わないで、丸みのある三角形のローター(回転子)を回転させることによって直接動力を得るエンジン。回転式発動機。

ロータリー-クラブ [Rotary Club] [名] 社会奉仕と国際親善を目的とする実業家・専門職業人などの社交団体。一九〇五年、アメリカで発足。▼各支部が輪番制で会合場所を提供したことから。

ローティーン [和製 low + teen] [名] 十代の前半、一二歳〜一五歳ぐらいの年齢層。また、その年ごろの少年少女。⇔ハイティーン

ローテーション [rotation] [名] ❶順繰りに交替していくこと。持ち回り。輪番。「勤務の―を組む」❷野球で、そのチームの投手が先発投手として登板する順番。❸六人制のバレーボールで、チームがサーブ権を得るごとに選手の守備位置を一つずつ時計回りに変えること。

ロー-テク [low-tech] [名] 高度先端技術を使わない、旧式の技術。⇔ハイテク ▼「ローテクノロジー (low technology)」の略。

ロード [road] [名] 道。道路。街道。「シルク―・サイクリング―」▼多く他の語と複合して使う。

ロード-ゲーム [road game] [名] 遠征試合。特に、プロ野球のチームが本拠地以外の球場で行う試合。⇔ホームゲーム

ロード-ショー [road show] [名] 映画で、一般公開に先立って特定の映画館で行う封切り上映。▼もと新作演劇の宣伝のために、路上でその一部分を演じて見せたことから。

ロード-マップ [road map] [名] ❶ドライバー用の道路地図。❷事業などの目標や方法を示した計画表。行程表。「経営―」

ロード-ムービー [road movie] [名] 主人公が旅をすることによって人生観を変え、また成長していくさまを描いた映画。

ロード-レース [road race] [名] ❶陸上競技で、競技場以外の道路上で行われるレース。マラソン・競歩・駅伝競走など。❷一般道路で行われる自動車・自転車などのレース。

ロー-ヒール [名] 主として女性用の、かかとの低い靴。⇔ハイヒール ▼low-heeled shoes から。

ローブ [robe フランス] [名] ❶裾の長い、ゆったりとした婦人服。❷裁判官・聖職者などが着る、長くてゆったりとした外衣。法服。

ロープ [rope] [名] 綱。縄。「ワイヤー―」

ローファー [Loafer] [名] 紐(ひも)がなく、甲の上部にベルトを縫いつけた靴。▼商標名。原義はなまけ者。簡単に履けることから。

ロー-ファット [low-fat] [名] 低脂肪。LF。

ロープウエー [ropeway] [名] 空中に張り渡したワイヤロープに運搬機(ゴンドラ)をつるして旅客・貨物などを輸送する装置。ふつう高所でロープを巻き上げて上下させる。空中ケーブル。ロープウェー。

ロー-フード [raw food] [名] 加熱処理をしていない食品。生の食材を用いた食品。

ローブ-デコルテ [robe décolletée フランス] [名] 夜会や儀式に用いる女性用の礼服。襟(えり)ぐりを大きくあけた、裾の長い袖なしのドレス。▼男性の燕尾服(えんびふく)に相当する。

ローマ [Rome] [名] ❶イタリアの首都。❷現在の

イタリア半島中部にラテン人が興した都市国家。古代ローマ。◈書き方「▽羅馬」と当てる。
⊙**ローマは一日いちにして成らず**　大事業は長年にわたる努力をしなくては成し遂げられないということ。

ローマ-カトリック-きょうかい【ローマカトリック教会】〔名〕ローマ教皇を最高首長とする世界最大のキリスト教会。カトリック。ローマ教会。▽一〇五四年、東方教会と分離。一六世紀の宗教改革以降、伝統主義をもってプロテスタント教会と対抗した。

ローマ-きょうこう【ローマ教皇】〔名〕ローマカトリック教会の最高位の聖職。使徒ペテロの後継者として全教会を統率する首位権をもつ。枢機卿すうききょうの互選により選出。ローマ法王。

ローマ-じ【ローマ字】〔名〕❶古代ローマで完成された文字。現在、欧米でふつうに用いられている表音文字。ラテン文字。❷①を使って日本語を書き表すこと。≡「ヘボン式〔訓令式〕―」▽「ローマ字綴り」の略。

ローマ-しんわ【ローマ神話】〔名〕古代ローマ人が、その尊崇する神々を類似の性格をもったギリシア神話の神々になぞらえて構成した神話。

ローマ-すうじ【ローマ数字】〔名〕古代ローマの数字。Ⅰ、Ⅱ、Ⅲ、Ⅳ、Ⅴ、Ⅹなど。現在では多く番号・年号・時計の文字盤などに使用される。

ローマン-しゅぎ【ローマン主義】〔名〕ロマンチシズム。書き方「浪漫主義」と当てる。

ローマンス【romance】〔名〕⬇ロマンス

ローマン-てき【ローマン的】〔形動〕ロマンチック。書き方「浪漫的」と当てる。

ローム【loam】〔名〕❶砂・シルト（微砂）・粘土がほぼ同等にまざった土壌。❷火山灰が風化してできた赤褐色の土。関東ロームに代表される。

ローヤル【royal】（造）⬇ロイヤル

ローヤル-ゼリー【royal jelly】〔名〕ミツバチの働き蜂ばちが分泌する物質。女王蜂になる幼虫に与えられる。高たんぱく質で、多くのビタミン類を含む。ロイヤルゼリー。王乳。

ローラー【roller】〔名〕回転させて使う円筒形のもの。印刷用・圧延用・地ならし用などの機械や道具に広く用いられる。ルーラー。ロール。≡「―コンベヤー」

ローラー-さくせん【ローラー作戦】〔名〕調査などを行うとき、ローラーをかけるように片端から徹底的に行うやり方。≡「―で、全世帯に聞き込みを行う」

ローラー-スケート【roller skate】〔名〕底に四個の小車輪を付けた靴。また、それを履いて床面を滑走するスポーツ。

ローライズ【low-rise】〔名〕ズボンなどの股上またがみが浅いこと。ヒップハンガー。ヒップハガー。≡「―ジーンズ」

ローリエ【laurier フランス】〔名〕西洋料理の香辛料の一つ。月桂樹の葉を乾燥させたもの。煮込み料理に用いる。ローレル。ベイリーフ。⬇月桂樹

ローリング【rolling】〔名・自サ変〕❶船・飛行機などが左右にゆれること。横ゆれ。ロール。≡「機体が―する」⬍ピッチング ❷波がうねること。

ローリング-ストック-ほう【ローリングストック法】〔名〕災害時に備えた、家庭の食品の備蓄方法。日常的に利用する缶詰やレトルト食品などを備蓄食料とし、製造日の古いものから使い、使った分を買い足して、常に一定量の備えがある状態とするもの。ローリング備蓄。循環備蓄。▽和製rolling＋stockから。

ロール【roll】〔名〕❶〔他サ変〕巻くこと。また、巻いて作ったもの。❷薄くのばしたパン生地を巻いて焼いたパン。≡「バター―」▽「ロールパン（和製roll＋pão ポルトガル）」の略。❸⬇ローラー ❹〔自サ変〕⬇ローリング①

ロール-キャベツ【和製roll＋cabbage】〔名〕ゆでたキャベツの葉でひき肉などを包み、煮込んだ料理。キャベツ巻き。▽英語ではstuffed cabbageという。

ロール-ケーキ【和製roll＋cake】〔名〕薄く焼いたスポンジケーキにクリーム・ジャムなどを塗り、渦巻き形に巻いた洋菓子。

ロールシャッハ-テスト【Rorschach test ドイツ】〔名〕インキのしみなどで作った左右対称の図形を示し、それが何に見えるかという反応を分析して被験者の人格を判断する方法。▽二〇世紀初め、スイスの精神科医ロールシャッハが考案。

ロール-プレーイング-ゲーム【role-playing game】〔名〕プレーヤーが物語の主人公を演じ、さまざまな試練を乗り越えながら目的の達成をめざすゲーム。RPG。

ロール-モデル【role model】〔名〕行動や考え方の模範となる人物。手本にしたい人。

ローン【lawn】〔名〕芝生。≡「―コート」

ローン【loan】〔名〕貸し付け。貸付金。≡「住宅―」

ローンチ【launch】〔名・他サ変〕立ち上げること。開始すること。≡「新企画を―する」

ろ-か【▽濾過】〔名・他サ変〕液体や気体を細かい孔のある物質に通して、混じっている固体粒子を取り除くこと。≡「泥水を―する」書き方「沪」は、「濾」の簡易慣用字体。

ろ-かい【▽櫓▽櫂・▽艪▽櫂】〔名〕櫓と櫂。

ロカイユ【rocaille フランス】〔名〕❶ルネサンス期に、庭園に造られた人工の洞窟どうくつ。小石や貝殻などで装飾を施した。❷小石・貝殻などをかたどった曲線状の装飾文様。ロココ美術の基本的装飾要素の一つ。◈小石・砂利の意。

ろ-かた【路肩】〔名〕道路の有効な横幅の外側の部分。ろけん。≡「―走行」

ロカビリー【rockabilly】〔名〕ロックンロールとヒルビリー（＝アメリカ中南部のカントリーミュージック）が融合したポピュラー音楽。一九五〇年代後半に流行した。

ろ-ぎょ【▽魯魚】〔名〕間違えやすい文字。また、文字の誤り。≡「―の誤り（＝焉馬えんばの誤り）」▽「魯」と「魚」の字は字形が似ていて誤りやすいことから。

ろ-ぎん【路銀】〔名〕〔古風〕旅費。路用。

ろく【六】〔名〕数の名で、五の次の数。むつ。むっつ。書き方証書などでは改竄かいざんを防ぐために「▽陸」とも書く。

ろく【▽禄】〔名〕官吏かんりまたは武士に支給される給与。≡「―米」「俸―」
⊙**禄を食はむ**　給与をもらって生活する。仕官する。

ろく【▽碌・▽陸】〔名・形動〕⬇ろくな・ろくに

ろく【録】（造）❶書きしるす。また、のこす。保存する。≡「―音」「―画」「記―」「採―」「登―」❷書きしるしたもの。≡「語―」「雑―」「実―」「目―」「議事―」「講義―」旧録

ろく【麓】（造）山のすそ。ふもと。≡「丘―」「山―」

ログ［log］〔名〕❶丸太。⇨「一ハウス」❷船の速度や航走距離を測定する計器。❸コンピューターの使用状況や通信の記録。

ログ-アウト［log out］〔名〕パソコンなどをコンピューターネットワークから切断して利用を終えること。ログオフ。

ろ-ぐい【▼櫓▼杭・▼艪▼杭】〔名〕和船で、船尾の櫓床にあって、櫓を漕ぐときの支点とする小突起。櫓臍。

ログ-イン［log in］〔名〕パソコンなどをコンピューターネットワークに接続して利用を開始すること。ログオン。

ログ-オフ［log off］〔名〕ログアウト。

ろく-おん【録音】〔名・他サ変〕再生できるように音声や音楽を媒体に記録すること。また、その音。⇨「講演をテープに一する」「音楽をレコーダーに一する」

ログ-オン［log on］〔名〕ログイン。

ろく-が【録画】〔名・他サ変〕映像をビデオテープやディスクなどに記録すること。また、記録した映像。⇨「テレビドラマを一する」

ろく-がつ【六月】〔名〕一年の第六番目の月。水無月。⬇季節のことば（一八二ページ）

ろく-ざい【▼肋材】〔名〕竜骨と組み合わせて船体の外形を形づくる肋骨状の材。肋骨。

ろくさん-せい【六三制】〔名〕学校教育法に基づいて昭和二二（一九四七）年から実施された、小学校六年・中学校三年の教育制度の通称。▼高等学校三年・大学四年を加えて六・三・三・四制ともいう。

ろく-じぞう【六地蔵】〔名〕仏教で、六道のそれぞれにあって衆生を救済するという六種の地蔵菩薩。

ろくじ-の-みょうごう【六字の名号】〔名〕仏教で、「南無阿弥陀仏」の六字。

ろく-しゃく【六尺】〔名〕❶一尺の六倍。一間。約一・八メートル。❷「六尺棒」の略。❸晒し木綿六尺を用いた男性用の下帯。▼「六尺褌」の略。

ろくしゃく-ぼう【六尺棒】〔名〕❶樫などで作った長さ六尺の棒。昔、防犯・護身用などに用いた。❷天秤棒。

ろく-じゅう【六十】〔名〕❶一〇の六倍の数。❷六〇歳。むそじ。⇨「一の手習い（＝年をとってから学問や芸事を始めること）」

ろくじゅうろく-ぶ【六十六部】〔名〕全国六六か所の霊場に納めるために書写された六六部の法華経を納めて回った人。六部とも。

ろく-しょう【緑青】〔名〕銅の表面に生じる緑色の錆。

ろく-すっぽ【▼碌すっぽ・▽陸すっぽ】〔副〕〈打ち消しを伴って〉物事を十分になしとげないさま。ろくに。⇨「一読みもしないで感想文を書く」 書き方 「碌」は当て字。

ろく・する【▼勒する】〔他サ変〕❶まとめる。統御する。⇨「兵を一」❷彫りつける。また、書きとどめる。⇨「名を石に一」 文 ろく・す

ろく・する【録する】〔他サ変〕書きとどめる。記録する。⇨「業績を一」 文 ろく・す

ろく-だか【▼禄高】〔名〕給与される俸禄の額。

ろくで-なし【▼碌でなし・▽陸でなし】〔名〕のらくらして何の役にも立たない者。 書き方 「碌」は当て字。

ろくでも-な・い【▼碌でもない・▽陸でもない】〔形〕何の値打ちもない。くだらない。⇨「あれは一やつだ」「一品をつかまされた」 書き方 「碌」は当て字。

ろく-どう【六道】〔名〕仏教で、衆生がその業によって生死をくり返すという六つの世界。地獄道・餓鬼道・畜生道・修羅道・人間道・天道の六つ。六趣。六界。

ろくどう-せん【六道銭】〔名〕死者を葬るとき、三途の川の渡し銭として棺の中に入れる六文の銭。

ろくどう-りんね【六道輪▼廻】〔名〕仏教で、衆生が六道の世界で生死を繰り返し、迷い続けること。

ろく-な【▼碌な・▽陸な】〔連体〕〈下に打ち消しを伴って〉満足できるような。まともな。十分な。⇨「一道具がない」 書き方 「碌」は当て字。

ろく-に【▼碌に・▽陸に】〔副〕〈下に打ち消しを伴って〉満足に。まともに。十分に。⇨「一調査もしないで発表した」 書き方 「碌」は当て字。

ろく-ぬすびと【▼禄盗人】〔名〕たいした仕事もしないのに給料だけは一人前にもらっている人をののしっていう語。

ログ-ハウス［log house］〔名〕丸太を井桁状に組み上げて建造した家屋。

ろく-ぶ【六部】〔名〕「六十六部」の略。

ろくぶん-ぎ【六分儀】〔名〕天球上の二点間の角度を測る小形の器械。航海中に船の位置を求めるのに使う。セクスタント。

ろく-ぼく【▼肋木】〔名〕器械体操用具の一つ。柱の間に多数の丸い横木を肋骨状に取りつけたもの。懸垂運動などに用いる。

ろく-まい【▼禄米】〔名〕武士が主家から俸禄として与えられた米。扶持米。

ろく-まく【▼肋膜】〔名〕❶胸膜。❷「肋膜炎」の略。

ろくまく-えん【▼肋膜炎】〔名〕胸膜炎。

ろくめん-たい【六面体】〔名〕六つの平面に囲まれた立体。立方体・直方体など。

ろく-やね【▽陸屋根】〔名〕傾斜がほとんどない屋根。平屋根。りくやね。

ろく-よう【六曜】〔名〕暦注の一つ。吉凶を定める基準とする先勝・友引・先負・仏滅・大安・赤口の六つの日。六輝。

ろく-ろ【▼轆▼轤】〔名〕❶円形の陶磁器を成形するときに用いる回転台。轆轤台。⇨「一を回す」❷回転軸の端に木地などを取りつけ、刃物を当てて丸く削ったりえぐったりする工具。ろくろがな。▼「轆轤鉋」の略。❸重い物をつり上げたり引き寄せたりするときに用いる滑車。❹車井戸の釣瓶を上下させるための滑車。❺唐傘の柄の上端の骨を束ねている部分に取りつけ、傘の開閉に用いる臼形の器具。

轆轤

ろく-ろく【▼碌▼碌・▽陸▽陸】〔副〕〈打ち消しを伴って〉十分に。ろくに。ろくすっぽ。⇨「忙しくて一食事もしていない」 書き方 「碌碌」は当て字。

ろくろく-ばん【六六判】〔名〕写真で、縦横とも六センチメートルの画面サイズ。シックス判。

ろくろ-くび【▼轆▼轤首】〔名〕長い首を自由に伸

び縮みさせることのできるという化け物。ろくろっくび。

ロケ［名］「ロケーション」の略。≡「海外ー」

ロケーション【location】［名］❶映画・テレビで、撮影所などの外へ出て自然の景色や町並みを背景にして撮影すること。野外撮影。ロケ。❷場所。位置。立地。≡「あのレストランはーがいい」

ロケット【locket】［名］装身具の一つ。写真などを入れて鎖で首から下げる金属製の小さな容器。

ロケット【rocket】［名］推進剤を燃焼させてガスを噴出し、その反動によって物体を推進させる装置。また、その装置を備えた飛行物体。≡「ー弾（＝ロケットで推進する爆弾）」

ロケット【rocket】［名］ルッコラ。ロケットサラダ。

ロケハン［名］野外撮影に適した場所を探し歩くこと。▼「ロケーションハンティング（和製location＋hunting）」の略。

ろけん【露見（露顕）】［名・自サ変］隠していた悪事や秘密が人に知られること。≡「陰謀がーする」「旧悪のーを恐れる」

ロゴ【logo】［名］社名・商品名などの文字を個性的な書体でデザインしたもの。▼「ロゴタイプ」の略。

ろこう【露光】（クワウ）［名・自サ変］写真の撮影、焼き付け、引き伸ばしのとき、フィルム・印画紙などに光を当てて感光させること。露出。

ろこく【露国】［名］ロシア。▼ロシアを「露西亜」と書いたことから。

ロココ【rococo フランス】［名］一八世紀、ルイ一五世時代のフランスを中心にヨーロッパで流行した装飾様式。華麗な曲線模様を主にした繊細さ、優美さを特徴とする。

ロゴス【logos ギリシア】［名］❶ことば。❷ことばによって表される人間の理性的活動。概念・定義・理論・学説・思想など。❸古代ギリシア哲学・スコラ哲学で、宇宙万物の一切を支配する理法。

ろこつ【露骨】［名・形動］あからさまなこと。むきだしなこと。≡「ーな表現」「ーにいやな顔をする」▼骨をさらす意から。派生ーさ

ロゴマーク【和製logo＋mark】［名］企業や商品のイメージを印象づけるためにロゴやシンボルマークを組み合わせて図案化したもの。

ロコモコ【loco moco】［名］ご飯の上にハンバーグと目玉焼きをのせ、グレービーソースをかけたハワイ料理。

ロコモティブシンドローム【locomotive syndrome】［名］筋肉・骨などの身体を動かすために必要な器官の障害により、要介護や寝たきりになる危険度が高い状態。運動器症候群。ロコモティブ症候群。▼略して「ロコモ」とも。

ろざ【露座（露▼坐）】［名・自サ変］屋根のない所にすわること。≡「ーの大仏」

ろざし【▼絽刺し】［名］日本刺繡（ししゅう）で、絽織りの透き目に金糸・銀糸・色糸を刺し、布地全体に模様をほどこすこと。また、そのもの。袋物・帯などに用いる。

ロザリオ【rosario ポルトガル】［名］カトリック教徒が祈りのときに使う数珠様の輪。ふつう大珠六個・小珠五三個を鎖でつなぎ、端に小さな十字架をつける。コンタツ。

ろし【▼濾紙】［名］液体に含まれる沈殿物・不純物などをこすのに用いる多孔質の紙。こしがみ。濾過紙。

ろじ【路地】（ヂ）［名］❶建物と建物の間の狭い通路。≡「ー裏」❷門内や庭内にある通路。

ろじ【路次】［名］目的地へ行く道の途中。道すがら。途次。ろし。≡「旅のー」

ろじ【露地】（ヂ）［名］❶屋根がなく、雨露にさらされている地面。≡「ー栽培」❷草庵式の茶室に付属した庭。石灯籠・蹲踞（つくばい）・飛び石などを設ける。書き方②は、「路地」とも。

ロシアフォルマリズム［名］一九一〇年代半ばから、ロシアの文学者・言語学者を中心に展開された文学批評運動。文学作品の自律性に注目し、その手法・形態・構造を言語学的に解明しようとした。構造主義・記号学の先駆とされる。▼Russian formalismから。

ロジカル【logical】［形動］論理的であるさま。≡「ーな説明」

ロジスティックス【logistics】［名］原材料の調達から販売まで、企業内のすべての物流を効率的に管理するシステム。▼もとは軍事用語で、補給・兵站（へいたん）（学）。

ロジック【logic】［名］❶論理。論法。≡「ーの合わない話」❷論理学。

ろじもの【露地物】（ロヂ）［名］温室でなく、露地で栽培する野菜・果物や花。

ろしゅつ【露出】［名］❶［自他サ変］おおい隠されていたものが、あらわれでること。また、あらわにだすこと。≡「山肌がーする」「太ももをーする／させる」使い方自分のものをあらわにする場合は「〜を露出する」「〜を露出させる」のどちらも使う。❷［自サ変］写真撮影で、レンズのシャッターを開閉してフィルムに光を当てること。また、その時間。露光。≡「ー不足」❸［自サ変］［俗］テレビなどのメディアに出ること。≡「テレビにーして知名度を上げる」「CM出演でー度を高める」

ろしょう【路床】（シャウ）［名］道路を舗装するとき、地面を掘り下げて地ならしをした地盤。路盤。

ろじょう【路上】（ジャウ）［名］❶道路の上。道ばた。≡「ー駐車」❷どこかへ行く道の途中。≡「帰宅のーで友人に会う」

ロス【loss】［名・他サ変］むだにすること。また、損失。≡「渋滞で二時間もーした」「一割のーが出る」

ロスカット【和製loss＋cut】［名・自サ変］➡損切り

ロスタイム［名］❶むだにした時間。≡「ーが多すぎる」❷サッカー・ラグビー・ホッケーなどで、負傷者の手当てに費やされた時間など、競技時間に算入しない時間。インジャリータイム。アディショナルタイム。◈loss of timeから。

ロゼ【rosé フランス】［名］薄い赤色のワイン。赤ワインの醸造過程で、液が淡紅色になった段階で果皮を取り除いて発酵させたもの。ロゼワイン。バンロゼ。

ろせん【路線】［名］❶交通機関の、ある地点から他の地点までの道筋。≡「バスー・赤字ー」❷団体・組織などが活動する際の基本方針。≡「外交ーを変更する」❸その方向に進んでいること。それに関係すること。≡「改革ーを堅持する」「アイドルー」▼多く他の語と複合して使う。

ろだい【露台】［名］建物の外に張り出した、屋根のない床。バルコニー。テラス。

ろちゅう【路駐】［名・自サ変］「路上駐車」「路上駐輪」の略。公道上に自動車や自転車をとめておくこと。

ろちりめん【▼絽▽縮▼緬】［名］絽のように織り目

にすきまを作って織ったちりめん。夏の和服に用いる。

ロッカー【locker】［名］鍵が掛かるようになっている戸棚。主として個人が衣服・持ち物などを入れるのに用いる。〓「—ルーム」「コイン—」

ろっかせん【六歌仙】ロク［名］平安初期、『古今和歌集』仮名序に記された六人のすぐれた歌人。在原業平・僧正遍昭・喜撰法師・大伴黒主・文屋康秀・小野小町。

ろっかん【▼肋間】ロク［名］肋骨と肋骨の間。〓「—神経痛」

ロッキングチェア【rocking chair】［名］脚の下に弓形の底木をつけ、座って前後に揺り動かせるようにした椅子。揺り椅子。

ロック【lock】［名・他サ変］かぎをかけること。錠をおろすこと。また、錠。〓「ドアを—する」「電子—」

ロック【rock】［名］❶岩。岩石。また、岩壁。〓「—ガーデン」❷ロックンロールのこと。❸ポピュラー音楽の一つ。ロックンロールから派生したもので、電子楽器を強調したサウンドと強いビートを特徴とする。エレキギター・エレキベース・ドラムス・ボーカルから成る小編成のバンドで演奏されることが多い。❹「オンザロック」の略。〓「スコッチを—で飲む」

ロックアウト【lockout】［名・他サ変］労働争議で、雇用者側が労働者の争議行為に対抗するために、工場などを一時閉鎖して労働者を閉め出すこと。工場閉鎖。作業所閉鎖。

ロッククライミング【rock-climbing】［名］登山で、けわしい岩壁をよじ登ること。また、その技術。

ロックンロール【rock'n'roll】［名］一九五〇年代のアメリカに起こり、世界中に流行したポピュラー音楽。また、それに合わせて踊るダンス。ロック。▼黒人のリズム&ブルースに白人のカントリーミュージックの要素が加わったもので、八ビートの強烈なリズムを特徴とする。

ろっこつ【▼肋骨】ロク［名］❶胸郭を形成し、胸部の内臓を保護する左右一二対の骨。あばら骨。⇩骨（図）❷肋材。▼形状が①に似ていることから。

ろっこん【六根】ロク［名］仏教で、感覚や意識を生じさせ、迷いを起こさせるもととなる六つの器官。眼・耳・鼻・舌・身・意の総称。

ろっこんしょうじょう【六根清浄】ロクコンシヤウジヤウ［名］❶仏教で、六根から生じる迷いを断ちきって清らかな身となること。六根浄。❷霊山に登るときなどに六根の不浄を清めるために唱えることば。

ロッジ【lodge】［名］山小屋。また、山小屋風の宿泊施設。

ロット【lot】［名］❶同一仕様の製品の生産単位。〓「—で取引する」「—ナンバー（＝ロットに付けられた番号）」❷土地の一区画。❸くじ。当たりくじ。ロト。

ロッド【rod】［名］❶棒。さお。〓「—アンテナ」❷釣りざお。〓「カーボン—」

ろっぱく【六白】ロクハク［名］陰陽道で、九星の一つ。五行では金星にあたる。方位では西北。⇩九星

ろっぷ【六▼腑】ロク［名］漢方で、六つの内臓。大腸・小腸・胃・胆・膀胱・三焦の六つ。⇩五臓六腑

ろっぽう【六方】ロクパウ［名］❶東西南北と天地との六つの方向。❷歌舞伎で、役者が花道を引き上げるとき、両手両足を大きく振って踊るように進む所作。飛び六方・丹前六方・狐六方など種類が多い。〓「—を踏む」 書き方 ②は、「六法」とも。

ろっぽう【六法】ロクパフ［名］❶現行成文法の中の、六つの基本的な法律。憲法・民法・商法・民事訴訟法・刑法・刑事訴訟法。❷「六法全書」の略。

ろっぽうぜんしょ【六法全書】ロクパフ［名］六法を中心に各種の法令を収録した書物。

ろてい【路程】［名］目的地までの距離。みちのり。行程。

ろてい【露呈】［名・自他サ変］よくない事柄が外にあらわれ出ること。また、さらけ出すこと。〓「矛盾が／を—する」 使い方 「〜が露呈する／露呈される」「〜を露呈する／露呈させる」ではともに前者が一般的。

ロデオ【rodeo】［名］カウボーイが暴れ馬を鞍なしで乗りこなしたり、投げ縄で牛を捕らえたりする技を競う競技会。

ろてん【露天】［名］屋根などにおおわれてない所。野天。〓「—風呂」「—商（＝店舗を構えずに野外で行う商売）」「—掘り」

ろてん【露店】［名］道端や寺社の境内で、ござや台の上に商品を並べて売る店。大道店。ほしみせ。〓「縁日で—が出る」

ろてん【露点】［名］空気中の水蒸気が露になりはじめるときの温度。露点温度。

ろてんぼり【露天掘り】［名］坑道を作らずに、地表から直接掘り進めて石炭や鉱石を採掘すること。また、その方法。陸掘り。

ろとう【路頭】［名］みちばた。路傍。▼「頭」はほとりの意。

◉**路頭に迷・う** 生活の手段を失ってひどく困窮する。

ろとう【露頭】［名］鉱脈・地層・岩石などが地表に露出している部分。

ろどん【▼魯鈍】［名・形動］おろかでにぶいこと。愚鈍。

ろは［名］ただ。無料。▼漢字の「只」が片仮名の「ロ」「ハ」に分けられることから。

ろば【▼驢馬】［名］家畜として飼育されるウマ科の哺乳類。体形はウマに似るが、小形。耳は長く、尾の先だけ毛が長い。農耕・運搬に使われる。うさぎうま。ドンキー。 驢

ロハス【LOHAS】［名］健康と環境を重視し、それを持続させるライフスタイル。ローハス。▼Lifestyles of Health and Sustainabilityの略。

ろばた【炉端】［名］囲炉裏のそば。いろりばた。炉辺。

ろばたやき【炉端焼き】［名］客の目の前で、魚介・肉・野菜などを炉で焼いて食べさせる料理。また、その料理店。

ろばん【路盤】［名］❶道路の舗装表面と路床との間に設ける、砕石や砂を敷き詰めた部分。❷鉄道の軌道を支えるために設ける、盛り土などをして地ならしした地盤。

ろばん【露盤】［名］仏塔の頂部にあって、相輪を支えている四角い盤。▼古くは相輪を含めていった。

ロビー【lobby】［名］ホテル・劇場・空港などの入口近くにある、通路を兼ねた応接・休憩・待ち合わせ用の広間。

ロビイスト【lobbyist】［名］特定の組織・団体の利益を代表して議会・議員に対する陳情・説得工作を行

う専従者。▽議員が院外者と面会するロビーが活動の場となることから。

ろ-ひょう【路標】〔名〕みちしるべ。道標。☰「石を置いて一とする」

ろ-びょうし【▼櫓拍子（▼艪拍子）】〔名〕舟の櫓をこぐときの拍子。また、そのときの掛け声の調子。

ろ-びらき【炉開き】〔名〕茶の湯で、陰暦十月一日あるいは中の亥（い）の日に風炉（ぶろ）をしまい、地炉を使いはじめること。また、その茶事。⇔炉塞（ふさ）ぎ

ロブ［lob］〔名〕テニス・卓球などで、相手側のコートの後方をねらってボールを高く打ち上げること。ロビング。

ろ-ふさぎ【炉塞ぎ】〔名〕茶の湯で、陰暦三月の末に地炉をふさぎ、風炉（ぶろ）を使いはじめること。また、その茶事。⇔炉開き

ロブスター［lobster］〔名〕❶アカザエビ科のエビ。巨大なはさみをもち、一般にイセエビよりも大きい。食用。ウミザリガニ。オマール（海老）。❷イセエビ類の総称。

ろ-ぶつ【露仏】〔名〕屋外に安置されている仏像。ぬれぼとけ。

ロフト［loft］〔名〕❶屋根裏部屋。また、倉庫・工場などの上階。❷ゴルフで、ボールを高く打つための、クラブヘッド面の傾斜角度。また、ボールを高く打ち上げること。

ろ-べそ【▼櫓▼臍・▼艪▼臍】〔名〕和船で、櫓の入れ子をはめて櫓をこぐときの支点とする小突起。櫓杭（ろぐい）。

ろ-へん【炉辺】〔名〕囲炉裏（いろり）のそば。ろばた。☰「一談話（＝ろばたなどでくつろいでするよもやま話）」

ろ-ぼ【▼鹵簿】〔名〕行幸・行啓の行列。▽「鹵」は先導する兵士の大盾（おおだて）、「簿」は行列の順序を記した帳簿の意。

ろ-ほう【露▼鋒】〔名〕書法で、起筆に筆の穂先が筆画の外に表れるように書くもの。⇔蔵鋒

ろ-ぼう【路傍】〔名〕道のほとり。みちばた。☰「一の人（＝道を歩いていく人。また、自分とはかかわりのない人）」

ロボット［robot］〔名〕❶精巧な機械装置によって人間のように手足を動かす人形。人造人間。❷コンピューターの制御によって特定の作業・操作を自動的に行う装置。☰「産業用一」❸他人の意のままに操られて動く人。傀儡（かいらい）。◈チェコスロバキアの作家チャペックがチェコ語のrobota（強制労働の意）から作った造語。

ロマ［Roma］〔名〕ヨーロッパを中心に、世界各地に散在する少数民族。音楽や踊りを好み、馬の飼育・売買、鍛冶（かじ）、鋳掛け、占いなどを業とし、かつては流浪したが、現在では定住する者が多い。歴史的に多くの迫害を受けた。ロム。▽ロマ語で、人間の意。以前は「ジプシー」と呼ばれた。

ロマネスク ■一［Romanesque］〔名〕一〇世紀末から一二世紀にかけてヨーロッパに広まった美術・建築様式。古代ローマ・ゲルマン民族などの要素に東方の趣が加わったもので、ゴシック様式に先行。特に、教会堂建築に特徴がある。■二［romanesque］〔形動〕小説のように奇異であるさま。伝奇的な。空想的な。☰「一な生涯」

ロマネスコ［romanesco］〔名〕カリフラワーの一品種。幾何学的に並ぶ、黄緑色の円錐形のつぼみを食用とする。

ロマン［roman フランス］〔名〕❶伝奇的・空想的・冒険的な要素をもつ物語。ロマンス。❷小説。特に、長編小説。❸甘美な夢や冒険心をもたらす事柄。☰「一をかきたてる大海原」

ロマン-しゅぎ【ロマン主義】〔名〕ロマンチシズム。

ロマンス［romance］〔名〕❶伝奇的・空想的・冒険的な要素をもつ物語。ロマン。▽もとは通俗ラテン語のロマンス語で書かれた中世の物語の意。❷恋愛に関する事柄。恋物語。恋愛事件。☰「若き日の一」❸吟遊詩人の歌った叙情的な歌曲。また、近代の叙情的な小器楽曲。◈「ローマンス」とも。

ロマンス-カー［和製 romance＋car］〔名〕ロマンスシートが設けられている電車やバス。▽商標名。

ロマンス-グレー［和製 romance＋gray］〔名〕上品な白髪まじりの頭髪。また、そのような髪をもつ魅力的な中年の紳士。

ロマンス-ご【ロマンス語】〔名〕ラテン系言語の総称。フランス語・イタリア語・スペイン語・ポルトガル語など。

ロマンス-シート［和製 romance＋seat］〔名〕劇場・車両などで、二人が並んで座れるようにした座席。

ロマンチシズム［romanticism］〔名〕❶一八世紀末から一九世紀にかけてヨーロッパに興った芸術思潮。古典主義・合理主義に反対し、理想的・神秘的な世界への憧憬を表現して個性・感情・情緒を重視した。文学ではルソー・ゲーテ・ワーズワース・ホフマン・バイロン・ユゴー、絵画ではドラクロア・ゴヤ、音楽ではシューベルト・シューマン・ショパンらがその代表。ロマン主義。浪漫主義。▽日本では明治中期、北村透谷・島崎藤村らの『文学界』に始まり、のち『明星』『スバル』などを中心とする文学運動に発展した。❷現実から逃避して夢や空想にひたる感傷的・情緒的な傾向。◈「ロマンチスム」とも。

ロマンチスト［romanticist］〔名〕❶ロマンチシズムを信奉する芸術家。ロマン主義者。❷非現実的な夢や空想を好む人。◈「ロマンチシスト」とも。

ロマンチック［romantic］〔形動〕現実的な世界を離れ、甘美で情緒的なさま。空想的であるさま。ローマン的。☰「一な夜［物語］」

ロム［ROM］〔名〕コンピューターで、読み出し専用のメモリー。▽read-only memoryの略。

ろ-めい【露命】〔名〕露のようにはかなく消える命。

◉**露命を繋（つな）・ぐ**　ほそぼそと命を保つ。また、貧苦のうちにほそぼそと生活していく。

ろ-めん【路面】〔名〕道路の表面。☰「一が凍結する」

ろめん-でんしゃ【路面電車】〔名〕一般道路上の軌道を走る電車。

ろ-よう【路用】〔名〕〔古風〕旅行の費用。旅費。路銀。

ロリータ-コンプレックス［和製 Lolita＋complex］〔名〕性愛の対象に幼女・少女を求める異常心理。ロリコン。語源 アメリカの作家ナボコフの小説『ロリータ』にちなむ。

ロリ-コン〔名〕「ロリータコンプレックス」の略。

ろ-れつ【呂▽律】〔名〕ことばを発音するときの調子。▽古典音楽で旋律・調子をいう「りょりつ」の転。

◉**呂律が回ら・ない**　舌がよく動かなくて、ことばがはっきりしない。☰「酔って一」

ろん【論】〔名〕❶筋道を立てて考えをのべること。また、言い争うこと。☰「一を進める」「一を展開する」「水掛

け—」「—客・—点」「議—・評—」❷筋道を立てた話や文章。意見。見解。‖「—を戦わせる」「—説・—文」「正—」「一般—・結果—」

◉**論が立つ**　論じるのが巧みだ。

◉**論より証拠**（しょうこ）　議論をするよりも証拠を示したほうがはっきりするということ。

◉**論を俟**（ま）**た・ない**　特に論ずるまでもない。当然である。‖「基礎学習が重要であることは—」

ろん-がい【論外】〔グワイ〕［名・形動］❶現在の議論に関係のないこと。議論の範囲外。‖「経費の問題は—に置こう」❷論じる価値のないこと。問題外。‖「そんな意見は—だ」「—な／の値段」

ろん-かく【論客】［名］⬇ろんきゃく（論客）

ろん-ぎ【論議】［名・他サ変］ある問題について意見を述べ合うこと。意見をたたかわせて理非を明らかにすること。‖「政治のあり方を—する」「首相の発言が—を呼ぶ」「家庭教育のあり方が—の的になる」注意「論議を醸（かも）す」は誤り。

ろん-きゃく【論客】［名］議論を好む人。また、何事に関してもひとかどの見識をもって巧みに論じる人。ろんかく。‖「野党きっての—」

ろん-きゅう【論及】〔フキ〕［名・自サ変］論議の中で話題がその事柄にまで及ぶこと。言い及ぶこと。‖「私生活の面にまで—する」

ろん-きゅう【論究】〔ウキ〕［名・他サ変］議論をすすめて物事の道理をきわめること。‖「日本語の起源を—する」

ろん-きょ【論拠】［名］議論・論証の根拠となる事柄。‖「—を示す」

ロング［long］［名］丈・距離・時間・期間などが長いこと。‖「—ヘア・—スカート・—ラン」⬍ショート ▽多く他の語と複合して使う。

ロング-ショット［long shot］［名］❶写真・映画などで、全景が写るように被写体を遠くから撮影すること。また、その画面。❷ゴルフで、ボールを遠方に打つこと。長打。

ロング-セラー［和製long＋seller］［名］長期間にわたってよく売れ続ける商品。

ロング-テール［long tail］［名］インターネットを活用した販売で、単品ではあまり売れない商品を数多く扱い、総体的に売り上げを確保すること。

ロング-ラン［long run］［名］映画・演劇などの長期興行。

ろん-けつ【論決】［名・他サ変］議論して決定すること。‖「罪を—して刑を適用する」「採否の—がつかない」

ろん-けつ【論結】［名・他サ変］議論をして結末をつけること。‖「彼の無謬（むびゅう）性を—する」「容易には—しない問題」

ろん-ご【論語】［名］四書の一つ。孔子（こうし）とその弟子たちの言行録を後人が編集したもの。二〇編。古来、儒家の最重要の経典とされてきた。

◉**論語読みの論語知らず**　書物の内容は理解しても、それを生かして実行することのできない人をあざけっていうことば。

ろん-こう【論功】［名］功績の有無・程度を議論して定めること。

ろん-こう【論考】〔ウカ〕［名・他サ変］あることを論じて考察すること。また、その文章・著作。‖「現代社会を—する」「明治文学—」

ろんこう-こうしょう【論功行賞】〔シヤウ〕［名］功績の程度を論じて、それに応じた賞を与えること。

ろん-こく【論告】［名・他サ変］刑事裁判で、証拠調べが終わった後に検察官が事実および法律の適用について最終意見を陳述すること。‖「—求刑」

ろん-さく【論策】［名］政治や時事問題について方策を述べた論文。

ろん-さん【論▼纂】［名］❶［他サ変］論じ合って編集すること。また、その本。❷多くの人の論文を集めた本。‖「国語学—」

ろん-し【論旨】［名］議論の主旨。‖「—を明らかにする」「明快な—」

ろん-じゃ【論者】［名］論じる人。議論をしている人。ろんしゃ。‖「反対—」

ろん-しゅう【論集】〔フシ〕［名］論文を集めた書物。論文集。

ろん-じゅつ【論述】［名・他サ変］筋道を立てて論じ述べること。また、その述べたもの。‖「反対意見を—する」

ろん-しょう【論証】［名・他サ変］❶事の正否を論理に基づいて明らかにすること。‖「学説を—する」❷論理学で、与えられた命題が真である理由を、論拠を提示して推論すること。証明。立証。

ろん・じる【論じる】［他上一］❶ある物事について筋道を立てて述べる。‖「人口問題を—」「滔々（とうとう）と—」❷意見を交換したり戦わせたりする。特に、論争する。‖「二人は夜を徹して事の是非を—・じた」❸〈多く打ち消しを伴って〉取り立てて問題にする。‖「年齢・性別は—・じない」「—に足りない問題」異形 論ずる

ろん-じん【論陣】〔ヂン〕［名］議論・弁論をするときの論の組み立て。‖「—を張る」

ろん・ずる【論ずる】［他サ変］⬇論じる 文 ろん・ず

ろん-せつ【論説】［名・他サ変］ある問題を取り上げて事の是非を論じ、解説すること。また、その文章。‖「—委員」▽新聞の社説など、時事的な問題について論じたものをいうことが多い。

ろん-せん【論戦】［名・自サ変］互いに議論をたたかわせること。‖「政策について—する」「討論会で—を交える」「与野党が激しい—を繰り広げる」

ろん-そう【論争】〔ウサ〕［名・自サ変］異なる意見をもつ人どうしが互いに自説を主張して言い争うこと。‖「憲法改正について—する」「—に勝つ」

ろん-そう【論▼叢】［名］論文を集めたもの。論文集。論集。

ろん-だい【論題】［名］議論をするときの主題。また、議論・講演・論文などの題目。

ろん-だん【論断】［名・他サ変］議論して判断・結論を下すこと。‖「彼の功罪を公平に—する」

ろん-だん【論壇】［名］❶評論家・批評家が意見を発表し、議論をたたかわせる社会。言論界。‖「—をにぎわせた問題」❷聴衆に対して意見を述べるための壇。

ろん-ちょう【論調】〔ウテ〕［名］議論の調子。また、議論の立て方や進め方。‖「激しい—で非難する」「革新的な—」

ろん-てき【論敵】［名］論争・議論の相手。

ろん-てん【論点】［名］議論の中心となる点。‖「—を明らかにする」

ロンド［rondo（イタリア）］［名］❶輪になって踊る舞踏。輪

舞。また、そのための舞曲。❷楽曲の形式で、繰り返される主題の間に別の副主題がはさまれるもの。古典派音楽のソナタ・交響曲などの最終楽章に用いられた。ロンド形式。回旋曲。

ろん-なん【論難】〔名・他サ変〕相手の誤り・不正・欠点などを論じて非難すること。‖「―を加える」「失政を―する」

ろん-ぱ【論破】〔名・他サ変〕議論によって相手の説を破ること。‖「邪説を完膚無きまでに―する」

ロンパース【rompers】〔名〕上着と短めのズボンがひと続きになった幼児用の遊び着。

ろん-ばく【論▼駁】〔名・他サ変〕相手の説の誤りを指摘して論じ返すこと。‖「―を加える」

ろん-ぱん【論判】〔名・他サ変〕❶議論して事の是非を判定すること。‖「―を下す」❷事の是非を言い争うこと。論争。

ろん-ぴょう【論評】〔名・他サ変〕ある物事の内容を論じ、批評すること。‖「政府の経済政策を―する」

ろん-ぶん【論文】〔名〕ある事柄、特に学術的な研究の結果などを筋道を立てて述べた文章。‖「入試の小―」「卒業―」

ろん-べん【論弁(論▼辨・論▼辯)】〔名・他サ変〕議論して物事の理非を明らかにすること。

ろん-ぽう【論法】〔名〕議論の進め方。論理を展開する方法。‖「強引な―で押し通す」「三段―」

ろん-ぽう【論▼鋒】〔名〕議論のほこ先。また、議論の勢い。‖「―を転じる」「―鋭く迫る」

ろん-り【論理】〔名〕❶思考の法則・形式。思考や議論を進めていく筋道。‖「―が飛躍する」「政界の―」❷ある事物間に存在する法則的な筋道。‖「弱肉強食の―」

ロンリー【lonely】〔形動〕寂しいさま。孤独であるさま。‖「―な夜」

ろんり-がく【論理学】〔名〕正しい判断・認識を得るために、思考の法則・形式を明らかにする学問。形式論理学と認識論的論理学に大別される。

ろんり-てき【論理的】〔形動〕論理に関するさま。また、論理にかなっているさま。‖「―な文章」「物事を―に考える」

わ

わ【輪(▽環)】〔名〕❶円形になっているもの。また、その輪郭。‖「トンビが―を描く」「―になって踊る」「―ゴム」「花―・指―」▼円形に近い形についてもいう。❷車輪。‖「―が外れる」

◉**輪を掛・ける** 程度をさらにはなはだしくする。‖「息子は父親に―けた酒豪だ」注意 はなはだしくなる意で「輪が掛かる」と言うのは新しい使い方。‖「×母親に輪がかかった心配性」

わ【和】━〔名〕❶仲よくすること。互いに相手を尊重し、助け合う関係にあること。‖「国際間の―を保つ」「家族の―を大切にする」「―合」❷争いをやめて、仲直りすること。‖「―を結ぶ」「―解」❸二つ以上の数を加えて得た値。‖「二と三の―は五」⇔差 ❹日本。また、日本のもの。‖「―と洋の料理」「―紙・―食」▼昔、中国・朝鮮から日本を呼んだ称。書き方「▼倭」とも。━(造)❶おだやか。のどか。‖「―気」「緩―」❷あわせる。あえる。‖「―音」「唱―・中―」❸日本語。‖「英―辞典」

わ〔終助〕❶詠嘆を表す。‖「まあ、素敵だわ」「これはすごいわ」「本当に困ったわ」❷断定を和らげて軽く言い放つ。‖「ご両親ともお元気そうでしたわ」「行くわよ」❸〈「…わ…わ」の形で〉詠嘆を伴って並べ上げる。‖「出るわ、出るわ、ザクザク出てくるわ」「車はパンクするわ、社長には怒られるわで、さんざんな一日だった」◈副助詞「は」から。使い方 ⑴活用語の終止形に付く。⑵①②とも、上昇調のイントネーションを伴う形は女性の言い方。下降調のイントネーションを伴う形は、関西方言では、男女ともに使われる。また、「わよ」「わね」の形も女性の言い方になるが、方言としては男性も使う。

わ【羽】(造)鳥またはウサギを数える語。‖「一―のカラス」「ウサギが四―」▼上にくる数詞が撥音になるときは「ば」、促音になるときは「ぱ」となる。

わ【把】(造)束ねたものを数える語。‖「小松菜一―」「薪五―」▼上にくる数詞が撥音になるときは「ば」、促音になるときは「ぱ」となる。

わ【話】(造)❶はなす。しゃべる。‖「―術」「会―・手―・電―」❷はなし。‖「―題」「実―・神―・童―・秘―」❸ことば。‖「官―・白―」

わあ〔感〕❶驚いたとき、感動したときなどに発する語。‖「―、びっくりした」「―、きれい」「―、勝ったぞ」❷急に泣き出したときの声を表す語。‖「―と泣き出す」❸大勢がいっせいにあげる声を表す語。‖「―と歓声をあげる」

わあい〔感〕❶人をひやかしたり、はやし立てたりするときに発する語。やあい。‖「―、弱虫やあい」❷喜んだり、驚いたりしたときなどに発する語。‖「―、優勝だ!」

ワーカホリック【workaholic】〔名〕働くことが人生そのものとなっている人。働き過ぎの人。仕事中毒。▼work(仕事)とalcoholic(アルコール中毒)からの造語。

ワーキング-グループ【working group】〔名〕特定の作業や調査のために設けられる部会。作業部会。WG。

ワーキング-プア【working poor】〔名〕フルタイムで働いているが、生活保護水準以下の生活から抜け出せない人々。働く貧困層。

ワーキング-ホリデー【working holiday】〔名〕青少年の相互交流を目的に、観光旅行中に一定の範囲内で就労することを二か国間で認め合う制度。

ワーキング-マザー【working mother】〔名〕仕事と育児・家事を行う母親。

ワーク【work】〔名〕仕事。作業。また、研究。‖「オーバー―・チーム―・ライフ―」▼多く他の語と複合して使う。

ワークアウト【workout】〔名〕練習。トレーニング。

ワークシート【worksheet】〔名〕❶学習用の問題プリント。❷表計算ソフトで、作業対象となる表。

ワーク-シェアリング【work sharing】〔名〕従業員一人当たりの労働時間を減らし、より多くの人を雇用して仕事を分かち合う労働形態。ワークシェア。

ワークショップ【workshop】〔名〕❶仕事場。作業場。❷研修会。講習会。▼特に、参加者が自主的に共同研究や創作を行う方式のものをいう。

ワークステーション【workstation】〔名〕高

性能な業務用コンピューター。

ワークブック【workbook】［名］児童・生徒の副教材や自習用に編集された練習問題集。

ワークフロー【workflow】［名］企業などの業務の一連の流れ。また、その流れを体系的に整理し図式化したもの。

ワークライフ-バランス【work-life balance】［名］仕事と生活の調和。仕事と私生活の両立をはかる考え方。

ワースト【worst】［名］もっとも悪いこと。最悪。最低。「—記録・—テン」

ワード-プロセッサー【word processor】［名］コンピューターで、文書の作成・編集などを行うソフトウエア。また、それらの機能専用に作られた機械。ワープロ。

ワードローブ【wardrobe】［名］❶洋服ダンス。衣装戸棚。❷個人の持ち衣装。

ワープ【warp】［名・自サ変］SFで、宇宙船が宇宙空間のひずみを利用して瞬時に目的地に達すること。また、その宇宙航行法。

ワープロ［名］「ワードプロセッサー」の略。

ワールド-カップ【World Cup】［名］サッカー・ラグビー・バレーボール・スキー・マラソンなどの世界選手権大会。書き方「W杯」と略記する。

ワールド-シリーズ【World Series】［名］アメリカのプロ野球で、毎年、ナショナルリーグとアメリカンリーグの優勝チーム間で行われる選手権試合。七回戦制で、四回先勝した方を勝ちとする。

ワールド-ワイド-ウェブ【World Wide Web】［名］⇒ウェブ

わ-い［終助］❶詠嘆を表す。「困ったことだわい」❷断定の語気を強める。「そんなことないわい」◈終助詞「わ」+終助詞「い」。多く、年配の男性が使う。②は方言的な言い方。

わい【▼猥】（造）❶入り乱れる。ごたごたする。「—雑」❷性に関して節度がなく、下品なこと。みだら。「—褻（せつ）」「淫—・卑—」

わい【賄】（造）不正に贈る金品。まいない。「—賂（ろ）」「収—・贈—」

ワイ-エム-シー-エー【YMCA】［名］キリスト教青年会。キリスト教の信仰に基づき会員相互の人格の向上と奉仕精神の高揚を図る国際的な青年団体。▽Young Men's Christian Association の略。

わい-きょく【▼歪曲】［名・他サ変］事実などを故意にゆがめること。「事実を—して報道する」

わい-く【▼矮▼軀】［名］背丈の低い体。短身。短軀。

わい-ざつ【▼猥雑】［名・形動］ごたごたと入り乱れていること。また、雑然としていて下品なこと。「—な裏通り」「—な内容の週刊誌」派生 -さ

ワイ-シャツ［名］背広の下などに着る、えりのついた長そでのシャツ。▽white shirt から。書き方 俗に「Yシャツ」と当てて書く。

わい-しょう【▼矮小】［名・形動］❶丈が低くて小さいこと。こぢんまりしていること。「—な樹木」❷規模の小さいこと。「—な考え方」「事実を—化する」派生 -さ

わい-せつ【▼猥▼褻】［名・形動］性に関して、みだらでいやらしいこと。「—な行為」▽法律では、善良な性的道義観念に反して、いたずらに人の性欲を刺激・興奮させ、正常な性的羞恥（しゅうち）心を害することをいう。「—文書」「公然—罪」派生 -さ

褻

ワイ-ダブリュー-シー-エー【YWCA】［名］キリスト教女子青年会。キリスト教の信仰に基づいて女子青年の人間形成と奉仕精神の高揚を図る国際的な団体。▽Young Women's Christian Association の略。

わい-だん【▼猥談】［名］猥褻（わいせつ）な話。性にまつわるみだらな話。

ワイド【wide】［名・形動］幅が広いこと。また、大型であること。「—な画面」「—番組（=ラジオ・テレビの長時間番組）」

ワイド-ショー【和製wide+show】［名］司会者が進行をつとめ、ニュースやさまざまな話題を紹介するテレビ番組。

ワイナリー【winery】［名］ワインの醸造所。

ワイパー【wiper】［名］自動車・電車などの前ガラスに付け、雨滴をぬぐい取って視界を確保するための装置。

ワイフ【wife】［名］妻。女房。

ワイプ【wipe】［名］❶映画・テレビなどで、画面を片隅からふき取るように消していき、同時に次の画面を現していく場面転換の方法。❷テレビなどで、画面上に別の小さな画面を重ねて、出演者などを映すこと。また、その小さな画面。小窓。

わい-ほん【▼猥本】［名］猥褻（わいせつ）な本。性に関する事柄を露骨に興味本位に書いた本。猥書。淫本。春本。エロ本。

ワイヤ【wire】［名］❶針金。❷電線。電信線。❸「ワイヤロープ」の略。◈「ワイヤー」とも。

ワイヤレス【wireless】［名］❶無線通信。無線電話。❷小出力の送信機を組み込んだ、コードのないマイクロホン。▽wireless microphone から。

ワイヤー-ロープ【wire rope】［名］鋼鉄線をより合わせた綱。鋼索。ワイヤ。

ワイルド-ピッチ【wild pitch】［名］野球で、投手が捕手のとれない球を投げること。暴投。

ワイル-びょう【ワイル病】［名］人獣共通の細菌感染症。レプトスピラ症の一つで、黄疸（おうだん）、出血傾向、腎障害を起こす。▽ドイツの内科医ワイル（Weil）によって初めて報告された。

わい-ろ【賄賂】［名］❶見返りとして不正に便宜をはかってもらうために贈る金品。袖（そで）の下。まいない。❷法律で、公務員・仲裁人などの職務に関して授受される不法な報酬。金品ばかりでなく、遊興飲食の供応なども含まれる。

わい-わい［副］やかましく騒ぎたてるさま。また、うるさく言いたてるさま。「酒を飲んで—（と）騒ぐ」「—がやがや（と）しゃべる」

ワイン【wine】［名］❶ぶどう酒。❷果実などからつくる醸造酒。「アップル—」

ワイン-セラー【wine cellar】［名］ワインの貯蔵庫。

ワインドアップ【windup】［名・自サ変］野球で、投手が投球するときに腕を大きく回したり、頭上に振りかぶったりすること。また、その一連の動作。ワインドアップモーション。

わ-おん【和音】［名］❶音楽で、高さの異なる二つ以上の音が同時に鳴るときに生じる合成された音響。コー

ド。和弦。❷漢音・呉音などに対して、日本流に変化した漢字の慣用音。▽平安時代には正音とされた漢音に対して呉音系の音をいった。

わか【若】 一［名］〔古風〕幼児。少年。主に身分の高い人の男児をいう。二（造）一家の中の新しい方の世代の意。‖「―旦那・―奥様」

わ-か【和歌】［名］漢詩に対して、上代に発生した日本固有の詩歌。五・七音を基調とする長歌・短歌・旋頭歌・片歌などの総称。やまとうた。▽平安時代以降はもっぱら短歌をさしていう。数「一首…」と数える。

わ-が【我が（▼吾が）】［連体］私の。また、我々の。‖「―子・―家・―国」「―意を得たり（＝まさに自分が思ったとおりだ）」

わか-あゆ【若▼鮎】［名］若くて勢いのよいあゆ。こあゆ。▽若くてはつらつとした姿のたとえにいう。‖「―のような娘たち」

わ-かい【和解】［名・自サ変］❶仲直りすること。‖「父と―する」❷民事上の紛争で、当事者が譲り合って争いをやめること。また、その契約。‖「―金」

わか・い【若い】［形］❶生まれてからまだ多くの年月を経ていないさま。‖「年齢が―」「―樹木［地層］」「それは―ころの話だ」使い方 (1)人間や動物・植物のほかにも使う。‖「―文化［政党］」(2)「若い」の反対の意味を表す形容詞はない。言い切りでは「年を取っている・年老いている・老齢である・高齢だ…」など、連体修飾では「年老いた・年寄った・年（を）取った・老けた・老いた・老齢の・高齢の…」などという。❷若々しいさま。衰えていない。若さがある。‖「肌［声・気］が―」❸熟練していないさま。未熟だ。‖「技術が―」❹年が少ない。年下である。‖「私のほうが君より三つ―」❺数の順番が早い。‖「番号の―順に並ぶ」派生 -さ

わかい-しゅ【若い衆】［名］❶年の若い男性。若い者。‖「町内の―」❷年の若い使用人。商家では、小僧・丁稚より少し年長の使用人をいう。若い者。

わか-がえ・る【若返る】〔-ガヘル〕［自五］❶若さを取りもどす。また、若々しい気分や状態になる。‖「化粧を変えて―」「気持ちが―」❷組織・集団などの構成員が若い人と入れかわる。‖「チームのメンバーが―」名 若返り

わか-がき【若書き・若描き】［名］作家や画家などが若い頃にかいた作品。

わか-ぎ【若木】［名］生えてからあまり年数のたっていない木。わかき。‖「桜の―」

わか-くさ【若草】［名］生え出て間もない草。

わか-げ【若気】［名］若い人の、血気にはやって無分別になりがちな気持ち。わかぎ。‖「―の過ち（＝若さのあまり血気にはやったための失敗）」

わかげ-の-いたり【若気の至り】［連語］若さにまかせて無分別な行いをしてしまうこと。

わか-ざかり【若盛り】［名］若くて元気や容姿の美しさにあふれていること。また、その年ごろ。

わか-さぎ【〈公魚〉・▼鰙】［名］本州各地の淡水湖に分布するキュウリウオ科の淡水魚。背面は淡黄褐色、腹面は銀白色。体は細長く、背びれの後ろに脂びれがある。氷上の穴釣りの対象とされる。食用。アマサギ。

わか-さま【若様】［名］貴人の年若い子弟の敬称。

わ-かざり【輪飾り】［名］正月の飾り物の一つ。わらを編んで作った輪に数条のわらを垂らしたもの。裏白・ゆずり葉などを添えて門松や玄関にかける。

わ-がし【和菓子】〔-グワシ〕［名］日本風の菓子。練り切り・求肥・羊羹・最中・饅頭・煎餅・落雁など。製法によって生菓子・干菓子などに大別される。⬍洋菓子

わか-じに【若死に】［名・自サ変］若くして死ぬこと。早死に。‖「不摂生がたたって―する」

わか-しゅ【若衆】［名］❶若い男性。若者。若い衆。❷江戸時代、元服前の前髪立ての少年。❸江戸時代、男色を売った若者。

わかし-ゆ【沸かし湯】［名］沸かした風呂の湯。特に、温泉に対して、鉱泉の水を沸かした風呂の湯。

わか-しらが【若《白髪》】［名］まだ若いのに生える白髪。わかじらが。

わか・す【沸かす】［他五］❶水などの液体に熱を加えて熱くする。‖「生水を―・して飲む」❷沸かすことによって、湯、お茶・コーヒーなどの飲み物、風呂に入れる状態などを作り出す。作る。‖「やかんで湯を―」「ホットミルクを―」「紅茶［麦茶・コーヒー］を―」「風呂を―」▽②は〜ヲに〈結果〉をとる言い方。①は〜ヲに〈対象〉をとる言い方。❸観客などを興奮させる。夢中にさせる。わかせる。‖「逆転本塁打がスタンドを―」◈「湧かす」と同語源。可能 沸かせる

わか・す【湧かす（▼涌かす）】［他五］❶虫がその幼虫などを発生させる。また、人が害虫などを発生させる。‖「ハエがうじを―・さないようきちんと消毒しよう」「頭にしらみを―・してしまう」❷〔古風〕涙・汗などを表面に出す。‖「眼は痛恨の涙を―・して〈紅葉〉」❸ある感情や考えを生じさせる。芽生えさせる。もよおす。‖「心に大きな疑念を―」「野球に青春の血を―」書き方「血をわかす」は「沸かす」とも。異形 わかせる

わか・せる【沸かせる】 一［他下一］⬇沸かす③ ‖「逆転の一打が観客を―・せた」二［自他下一］「沸かす」の可能形。沸かすことができる。‖「五分では風呂は―・せない」文 わか・す

わか・せる【湧かせる（▼涌かせる）】［他下一］⬇湧かす 文 わか・す

わか-ぞう【若造（若僧・若蔵）】〔-ザウ・-ゾウ・-ザウ〕［名］若者や未熟者を見下していう語。‖「あんな―に何ができる」

わか-だんな【若旦那】［名］❶商家などで、跡継ぎの息子の敬称。小旦那。⬍大旦那 ❷主人や大家の子息の敬称。

わかち-あ・う【分かち合う】〔-アフ〕［他五］分け合う。互いに分担する。‖「喜びを―」

わかち-がき【分かち書き】［名］文章を書くとき、語と語あるいは文節と文節の間に空白を置いて書くこと。また、その書き方。分別書き方。

わか・つ【分かつ（▽別つ）】［他五］❶一つにまとまっているものをいくつかの部分にする。分割する。分ける。‖「長編小説を上下二巻に―」❷分けて配る。分配する。‖「テキストは実費で希望者に―」書き方「▽頒つ」とも。❸同じ感情などを持ち合う。分かち合う。‖「仲間と悲しみを―」❹はっきりと区切りをつける。仕切る。区分する。‖「一筋の海峡が本州と九州を―」「勝敗を―好判断」「昼夜を―・たぬ工事」❺判断して区別する。‖「峻厳な裁きが被告人の黒白を―」❻⬇袂を分かつ

わか-づくり【若作り】［名・形動］実際の年齢より若く見えるような服装や化粧をすること。‖「―の役者」

わか-づま【若妻】［名］年若い妻。‖「初々しい―」

わか-て【若手】［名］若い人。また、集団の中で若いほ

うの人。≡「ーを起用する」

わか-とう【若党】タウ〔名〕❶年若い家来。また、年若い武士。❷江戸時代、武家に仕える身分の低い従者で、足軽・中間(ちゅうげん)より上位の者。

わか-どしより【若年寄】〔名〕❶江戸幕府の職名。老中(ろうじゅう)に次ぐ重職で、おもに旗本・御家人の支配・監督にあたった。❷まだ若いのに言動が年寄じみている人。

わか-との【若殿】〔名〕❶年少の主君の敬称。わかぎみ。❷主君の跡継ぎの敬称。⇔大殿(おおとの)

わか-どり【若鳥・若▽鶏】〔名〕❶鳥のひな。ひな鳥。書き方「若鳥」と書く。❷生後三か月から五か月ほどの、産卵前のニワトリ。また、その肉。

わか-な【若菜】〔名〕早春に生え出る、柔らかで食用となる草の総称。≡「ー摘み」

わが・ねる【▼綰ねる】〔他下一〕曲げて輪にする。≡「針金をー」文わが・ぬ

わか-ば【若葉】〔名〕生え出て間のない、みずみずしい草木の葉。≡「ーが茂る」

わが-はい【我が輩(▼吾が輩)】〔代〕〔古風〕〔一人称〕わし。おれ。▽尊大な感じを伴う。書き方 慣用的に「吾輩」とも。

わか-はげ【若▼禿】〔名〕年が若いのに頭がはげていること。また、その状態。

わかば-マーク【若葉マーク】〔名〕「初心運転者標識」の通称。自動車の普通免許取得後一年未満の運転者が車体の前後に付けることを義務づけられているマーク。初心者マーク。

わか-まつ【若松】〔名〕❶生え出てからあまり年月のたっていない松。❷正月の飾りにする小松。

わが-まま【我が▼儘】〔名・形動〕他人のことは考えないで自分の思うままに振る舞うこと。≡「ーが過ぎる」「ーを言う」「ーな性格」

わが-み【我が身】〔名〕自分の体。また、自分の身の上。自分。≡「ーを抓(つね)って人の痛さを知れ」「明日はー」「ーを省みる」

わか-みず【若水】ミヅ〔名〕元旦にその年初めて汲む水。▽一年の邪気を払うとされ、年神への供え物や家族の食事を調えるのに用いる。

わか-みどり【若緑】〔名〕松の枝から生え出た新芽。また、その鮮やかな緑色。

わか-みや【若宮】〔名〕❶幼い皇子。また、皇族の子。❷本宮の祭神の子を祭った神社。❸本宮の祭神の分霊を他の場所に勧請(かんじょう)して祭った神社。新宮(しんぐう)。

わか-むき【若向き】〔名〕若い人に似つかわしいこと。若者に適していること。≡「ーのスーツ」

わか-むしゃ【若武者】〔名〕年の若い武士。

わか-むらさき【若紫】〔名〕❶薄い紫色。薄紫。❷植物のムラサキの別称。

わか-め【若▽布(〈和布〉)】〔名〕沿岸の浅海に生育するコンブ科の褐藻。葉は羽状に分裂し、長さ一メートルに達する。生長すると茎の下部に厚い胞子葉が生じ、「みみ」「めかぶ」と呼ばれる。養殖もされる。食用。にぎめ。めのは。

わか-め【若芽】〔名〕生え出て間もない植物の芽。新芽。

わか-もの【若者】〔名〕年の若い人。青年。わこうど。

わがもの-がお【我が物顔】カホ〔名・形動〕それが自分の所有物あるいは領域であるかのような顔つきや態度で振る舞うこと。≡「人の屋敷内をーに歩き回る」「ーにはびこる雑草」

わが-や【我が家】〔名〕自分の家。また、自分の家庭。≡「ーの庭」「ーの健康法」

わか-やか【若やか】〔形動〕若々しいさま。若さを感じさせるさま。≡「ーな声」

わか-や・ぐ【若やぐ】〔自五〕若々しい感じになる。≡「若者と一緒にいると気持ちがー」「ー・いだ声」「ー・いだ雰囲気」

わからず-や【分からず屋】〔名〕物事の道理がわからない人。言って聞かせても道理を理解しようとしない人。また、聞き分けのないこと。≡「ーを言う」書き方「〈没分暁漢〉」とも。

わかり【分かり(▽判り・▽解り)】〔名〕物事を理解すること。のみこみ。≡「ーのいい人」

わか・る【分かる(▽判る・▽解る)】〔自五〕❶物事が区別されてそれと知られるようになる。はっきりと明らかになる。判明する。≡「真犯人[検査の結果]がー」❷物事の意味・内容・価値などが理解できる。≡「僕に現代音楽はー・らない」「スペイン語のー人」「物のよしあしがー人」「何を言っているのかさっぱりー・らない」❸人情・世情に通じていて人の気持ちなどがよく理解できる。≡「あの人は話がー」❹〈多く「分かりました」の形で〉承知した意を丁寧にいう。≡「はい、ー・りました」「ー・った、ー・った」

◈書き分け【判】は物事がそれと判別・判断される意で「違い[善悪]が判る」「先のことは判らない」、【解】は理解できる意で「英語が解る」「気持ちはよく解る」などと使うが、今は【分】が一般的。「文学が解る/判る」では、前者は単に理解する意、後者は傑作・駄作などをよく区別して理解する意となる。

使い方「君は誰が犯人か[物事の本質]をー・っていない」のように、俗に他動詞としても使う。名分かり

品格 会得(えとく)「ノウハウをーする」応諾(おうだく)「要求のーを求める」解(かい)する「風流をー」快諾「オファーにーを得られる」感得「天地の霊気をーする」解(げ)せる「何とも解せない話」心得る「ここを何とーか」受諾「講和条約ー」承諾「親のーが必要」承知「ーの上で行う」承認「理事会のーを受ける」承服「到底ーしかねる」体得「解脱(げだつ)の境地をーする」得心(とくしん)「話を聞いてーが行く」納得「諭(さと)されてーする」認識「ーが甘い」把握(はあく)「現状をーする」判明「事実がーする」理解「書類の内容をーする」了解「暗黙のー」

わかれ【別れ】〔名〕❶別れること。別離。≡「ーを惜しむ」❷死に別れること。死別。≡「永(なが)のー」

わかれ-じ【別れ路】ヂ〔名〕❶人と別れて、これから進んでいく道。また、人との別れ。❷この世と別れて冥土(めいど)へ行く道。

わかれ-じも【別れ霜】〔名〕晩春のころに降りる最後の霜。忘れ霜。≡「八十八夜のー」

わかれ-ばなし【別れ話】〔名〕夫婦・恋人などが別れようとしてする話し合い。≡「ーが持ち上がる」

わかれ-みち【分かれ道(別れ道)】〔名〕❶本道から分かれる道。また、道の分かれる所。❷進路が分かれるところ。≡「人生のーに立つ」

わかれ-め【分かれ目】〔名〕❶物が分かれるところ。≡「街道のー」❷物事の成りゆきがどちらかに決まる境目。≡「勝敗[生死]のー」

わか・れる【別れる】〔自下一〕❶それまで一緒にいたものが離れて別々になる。‖「駅で友人と—」「仲間と—・れて別行動をとる」「両親と—・れて暮らす」❷夫婦・恋人などがそれまでの関係を解消する。‖「夫〔彼女〕と—・れて二年になる」「私たち、もう—・れましょう」❸死に別れる。死別する。‖「幼くして母〔父〕と—」◈「分かれる」と同語源。文わか・る 名別れ

わか・れる【分かれる】〔自下一〕❶一つであったものがある点から二つ以上になる。また、本体から離れて別のものとして成立する。分岐する。‖「街道が東西に二つに—」「枝がいくつにも—」「本店から—・れて独立する」書き方「▽岐れる」とも。❷一つにまとまっていたものがいくつかに区分される。‖「全校生徒が紅白に—」「この小説は七章に—・れている」❸集まっていたものがばらばらになる。分散する。‖「三台のタクシーに—・れて乗る」❹差異・区別が生じる。‖「意見〔評価〕が—」「両者の明暗が—・れた」文わか・る

わかれ-わかれ【別れ別れ】〔名〕一緒だったものが別々になること。はなればなれ。‖「家族が—になる」「夫婦が—に暮らす」

わかわか・し・い【若若しい】〔形〕はつらつとして、いかにも若い感じがするさま。‖「—声」「あの人はいつまでも—」派生—げ／—さ

わ-かん【和漢】〔名〕❶日本と中国。‖「—の書物」❷和学と漢学。‖「—の才」❸和文と漢文。

わかん-こんこうぶん【和漢混交文（和漢混▼淆文）】〔名〕和文体と漢文訓読文体が混在する文語文体。『平家物語』『太平記』など、鎌倉時代以降の軍記物語に多く用いられ、以後の文語文体の基本となる。

わき【脇】〔名〕❶胸の左右の側面で、両腕の付け根のすぐ下のあたり。わきのした。また、衣服のその部分。‖「体温計を—にはさむ」「—に本を抱える」❷すぐそば。かたわら。また、中心からはずれた方向・場所。‖「荷物を—に置く」「—に追いやられる」「話が—にそれる」❸能で、シテの相手役（を務める人）。また、一般に、主役を助ける役（を務める人）。‖「ベテラン俳優で—を固める」⇔して（仕手）❹「脇句」の略。◈書き方①は人体部分には「▼腋」とも書く。②は「▽傍」「▽側」とも書く。③は能ではふつう「ワキ」と書く。

◉**脇が甘・い** 相撲で、相手の有利な組み手になりやすい。また、防御の姿勢がしっかりせず、相手につけこまれやすい。

わ-き【和気】〔名〕なごやかな雰囲気。

わ-ぎ【和議】〔名〕❶和睦のための会議。仲直りの相談。❷破産宣告を避けるために、債務者と債権者が裁判所の関与のもとで債務整理についての合意をすること。‖「—が成立する」

わきあいあい【和気▼藹▼藹（和気▼靄▼靄）】〔形動タリ〕なごやかに打ちとけた気分が満ちているさま。‖「—と語り合う」

わき-あが・る【沸き上がる】〔自五〕❶激しく煮え立つ。沸騰する。‖「湯が—」❷盛んに起こる。‖「大歓声が—」❸ある感情が急激に高まる。‖「怒りが—」

わき-あが・る【湧き上がる（▼涌き上がる）】〔自五〕下の方から生じて盛んに上方へのぼる。‖「入道雲が—」

わき-おこ・る【沸き起こる】〔自五〕❶急に起こる。‖「歓声が—」❷ある感情が急に生じてくる。‖「喜びが心に—」

わき-おこ・る【湧き起こる（▼涌き起こる）】〔自五〕下の方から盛んに生じてくる。‖「雷雲が—」

わき-が【▼腋▽臭（▼狐▽臭）】〔名〕わきの下から不快な臭気を放つ症状。また、その臭気。腋臭症。

わき-かえ・る【沸き返る】〔自五〕❶激しく煮え立つ。煮えたぎる。‖「釜の湯が—」❷大勢の人々が熱狂して騒ぐ。‖「地元チームの優勝で町中が—」❸感情が高ぶって抑えられなくなる。‖「怒りで胸中が—」

わき-く【脇句】〔名〕連歌・連句で、発句の次に付ける七・七の句。ふつう発句と季を同じくして一座の亭主が付ける。脇。

わき-げ【▼腋毛・脇毛】〔名〕わきの下に生える毛。

わき-ざし【脇差（脇指）】〔名〕❶武士が腰に差した大小二刀のうち、小刀。▽大刀のわきに差す刀の意。❷江戸時代、旅をする町人などが腰に差した護身用の刀。武士の刀よりやや短い。道中差し。

わき-じ【脇侍・脇士】〔名〕⇒きょうじ（夾侍）

わき-せん【脇線】〔名〕洋裁で、そでぐりの下から裾までの線。

わき-たけ【脇丈】〔名〕洋裁で、衣服のわきの寸法。ワンピースではそでぐりの下から裾まで、ズボン・スカートではウエストラインから裾までの寸法をいう。

わき-だち【脇立】〔名〕夾侍。

わき-た・つ【沸き立つ】〔自五〕❶盛んに沸く。煮え立つ。‖「やかんの湯が—」❷熱狂して騒然とした状態になる。‖「接戦にスタンドが—」❸下の方から勢いよく生じる。‖「入道雲が—」書き方「湧き立つ」「▼涌き立つ」とも。

わき-づけ【脇付】〔名〕手紙で、あて名の左下に書き添えて敬意を表す語。侍史・机下・玉案下・御許などの類。

わき・でる【湧き出る（▼涌き出る）】〔自下一〕❶水などが地中から出てくる。‖「清水〔温泉〕が—」❷涙が流れ出る。‖「とめどなく—涙」❸急に次々とあらわれ出る。‖「黒雲がむくむくと—」「蛆虫が—」❹考え・感情などが次々と生まれ出る。‖「アイデア〔勇気〕が—」文わき・づ

わき-の-した【▼腋の下・脇の下】〔名〕腕のつけねの下側のくぼんだ部分。腋窩。わき。‖「—をくすぐる」

わき-ばさ・む【脇挟む】〔他五〕わきの下に挟んで持つ。‖「本を—」

わき-ばら【脇腹】〔名〕❶腹の左右のわき。横腹。‖「—が痛む」❷〔古風〕本妻以外の女性から子が生まれること。また、その子。妾腹。めかけばら。⇔本腹

わきま・える【▽弁える（▼辨える）】〔他下一〕正しく判断して違いを見分ける。また、そのようにして物事にきちんと対処する。心得る。‖「事の善悪〔公私の別〕を—」「場所柄〔自分の立場〕を—」文わきま・ふ

わき-み【脇見】〔名・自サ変〕他の物事に気をとられて、わきを見ること。よそみ。‖「授業中に—をする」「—運転」

わき-みず【湧き水（▼涌き水）】〔名〕地中からわき出てくる水。ゆうすい。

わき-みち【脇道】〔名〕❶本道から分かれた道。横

道。枝道(えだみち)。❷本筋からはずれた方向。‖「議論が—にそれる」

わき-め【脇目】[名] ❶他の物事に気をとられて、わきを見ること。よそみ。わきみ。‖「—をして運転を誤る」❷わきから見ること。よそめ。‖「—には楽しそうに見える」

◉**脇目も振らず**　よそみもしないで。他に関心を向けないで、その事だけに専念するさまにいう。‖「—に歩く」「—に制作に取り組む」

わき-やく【脇役(▽傍役)】[名] ❶映画・演劇などで、主役を引き立たせる役。また、その役者。助演者。‖「名—」⇔主役 ❷中心となる人を補佐する人。‖「—に徹する」

わ-ぎゅう【和牛】[名] ❶日本在来のウシおよびその改良種。❷輸入牛に対して、国内産の食用牛肉。

わ-ぎり【輪切り】[名] 円筒形・球形などの物を、切り口が輪形になるように切ること。また、その切ったもの。

わく【枠(▼框)】[名] ❶木・竹・金属などの細い材で組み、器具・建具などの囲みや骨組みとしたもの。‖「窓の—」❷物の周りを取り囲む線。また、境界・範囲などを示すための線や仕切り。‖「重要な部分を—で囲む」「字が—からはみ出る」❸コンクリートなどを流し込むための箱型の板。❹ある制限の範囲。一定の限度。‖「予算の—を越える」「—にはまった考え」

わ・く【沸く】[自五] ❶水などの液体が加熱されて熱くなる。‖「水は—と湯になる」「ミルクが—・いて吹きこぼれる」❷液体が加熱されて湯になったり、お茶・コーヒーなどの飲み物ができたり、風呂(ふろ)が入浴できる状態になったりする。‖「鉄瓶(てつびん)の湯がちんちんと—」「お茶が—・きました」「風呂が—」 使い方 「水が沸く／湯が沸く」は、前者は❶、後者は❷の意。❶は熱くなること(＝ものの変化)に注目していう。❷は〜ガに〈結果〉をとり、その発生・出現に注目していう。❸感情が高ぶる。興奮する。‖「全校生徒が勝利の喜びに—」「場内がタイムリーヒットに—」◈「湧く」と同語源。

わ・く【湧く(▼涌く)】[自五] ❶水などの液体が地中から出てくる。湧出(ゆうしゅつ)する。‖「清水がこんこんと—」「当地は温泉が—」「海底から石油が—」 使い方 「地底から天然ガスが—」など、気体にも転用する。また、「敵の人数は、—ように出てきて〈司馬遼太郎〉」のように、比喩(ひゆ)的に多数のものが続々と勢いよく出てくる意にもいう。❷体から涙・汗などが出てくる。‖「自然に涙が—・いてくる」「手に脂汗(あぶらあせ)が—」❸虫など(特に、害虫)が発生する。‖「しらみ[うじ]が—」「どこからともなく降って—・いたように現れる」❹ある感情や考えが生じる。‖「興味[希望・疑問・アイデア]が—」「実感が—・かない」❺ある物事が盛んに起こる。また、ある現象が生じる。‖「もくもくと雲[煙]が—」「会場に拍手が—」「そこにもここにも談話が—〈鷗外〉」

わく【惑】(造) まどう。まよう。まよわす。‖「—溺(わくでき)」「疑—・困—・魅—・迷—・誘—」

わく-がい【枠外】[名] 決められた範囲・限度を越えること。範囲外。‖「定員の—で雇用する」「予算の—で支出する」⇔枠内

わく-ぐみ【枠組み】[名] ❶枠を組むこと。また、その組んだ枠。❷物事のおおよその仕組み。大筋。アウトライン。‖「計画の—が出来あがる」

わく-せい【惑星】[名] ❶恒星の周囲を公転する比較的大きな天体の総称。遊星。▼二〇〇六年国際天文学連合は、太陽系の惑星を、太陽の周りを回り、自己の重力によって平衡を保ち、軌道付近に他の天体がないと定義。これにより冥王星が惑星からはずれ、太陽系の惑星は水星・金星・地球・火星・木星・土星・天王星・海王星の八つとなった。❷実力・手腕は知られていないが、どこか有力だと思われる人物。ダークホース。‖「画壇の—」

ワクチン [Vakzin(ドイ)] [名] ❶感染症の予防に用いられる抗原の総称。伝染性疾患の病原体から製するもので、生ワクチン・不活化ワクチン(死菌ワクチン)・トキソイドなどがある。❷コンピューターウイルスに対抗するためのプログラム。

わく-でき【惑溺】[名・自サ変] あることに心を奪われて分別を失うこと。‖「酒色に—する」

わく-ない【枠内】[名] 決められた範囲・限度を越えないこと。範囲内。‖「予算の—でまかなう」⇔枠外

わくら-ば【▽病葉】[名] 病気や害虫にむしばまれて変色した葉。特に、夏の青葉にまじって赤や黄に変色している葉。

わく-らん【惑乱】[名・自他サ変] 判断力を失うほど心が迷い乱れること。また、人の心などをまどわし乱すこと。‖「世人を—する」

わく-わく[副ト] 期待や喜びなどで胸が騒ぎ、心が落ち着かないさま。‖「—(と)しながら出番を待つ」「—どきどきする」

わ-くん【和訓(▼倭訓)】[名] 漢字・漢語にその字義に相当する和語を当てて読むこと。また、その読み方。「春」を「はる」、「山」を「やま」と読む類。国訓。訓。

わけ【訳】[名] ❶物事の道理や理屈。筋道。‖「まるで—の分からない人だ」

❷ことばの意味や物事の内容。‖「ことばの—を調べる」

❸物事の理由。また、その事情やいきさつ。‖「納得できるように—を説明してくれ」「泣いている—を尋ねる」「これには深い—がある」「—もなく泣き出す」

❹〈「…わけだ」「…わけです」などの形で、活用語の連体形を受けて〉ある事柄を当然の成り行きとして提示する。また、事実や発言の内容を確認する。‖「その後二人はすぐに結婚した—です」「一升も飲めば酔っぱらう—だ」「〔前置きで〕先週新内閣が発足した—ですが、…」

❺〈「…わけでは[でも]ない」などの形で、活用語の連体形を受けて〉ある事柄を〈部分的に〉否定して示す。‖「イタリア語を解する—じゃないが、オペラが好きだ」「何も私が頼んだ—じゃないんだから…」「全員が反対している—ではない」 使い方 二重否定の形の場合は、部分的に肯定する意を表す。‖「適任者がいない—ではない」「私にも非がなかった—ではない」

❻〈「…わけが[は・も]ない」の形で〉それだけの理由・道理がないの意で、その可能性が全くないことをいう。…はずがない。‖「彼女がそんなこと言う—がない」

❼〈「…わけにはいかない」の形で〉⇩いかない❷ ‖「おめおめと引き下がる—にはいかない」

◈「分け」と同語源。 書き方 ⑴形式的な意味を表す❹以降は一般にかな書き。❶〜❸は「訳(やく)」と紛れやすいことから、かな書きも多い。⑵古くは「▼訣」とも。

品格 いわれ「起こるべき—がない」 理(ことわり)「盛者必衰(じょうしゃひっすい)の—」 根拠「—を示す」 事由「再審—に当たらない」 辻褄(つじつま)「無理筋の—合わせ」 ゆえ「—なく捕らわれる」 所以(ゆえん)「宗教の宗教たる—」 理由「判決—」 ロジック「—を組み立てる」

わけ【分け】[名] ❶分けること。また、分けたもの。‖「形見―」❷勝負が決まらないこと。引き分け。‖「取り直しの結果―になる」「痛み―」

わけ‐あい【訳合い】アヒ [名]〔古風〕事情。理由。訳柄。

わけ‐あり【訳有り】[名・形動] 何か特別な事情があること。‖「あの二人は―だ」「―商品(=多少の傷や汚れがあるために安価で販売する商品)」

わ‐げい【話芸】[名] 話術によって人を楽しませる芸。落語・講談・漫才など。

わけい‐せいじゃく【和敬清寂】[名] 茶道の精神を表した語。和敬は主客相互が心を和らげて相手を敬うという茶事の心得、清寂は茶室・茶道具・茶庭などを汚れなく清らかに保つ心得をいう。

わけ‐い・る【分け入る】[自五] かき分けて中へ入る。‖「深い藪(やぶ)に―」

わけ‐がら【訳柄】[名]〔古風〕事情。訳合い。

わけ‐ぎ【分▼葱】[名] ネギの変種。葉は淡緑色で、細い。鱗茎を株分けして栽培する。汁の実やぬたなどにする。

わ‐げさ【輪▼袈▼裟】[名] 幅六センチメートルほどの綾布で作った輪状の袈裟(けさ)。略式のもので、首にかけて胸に垂らす。天台宗・真言宗・浄土真宗などで使用。

わけ‐しり【訳知り】[名] ❶物事の事情をよく知っていること。‖「―顔に物を言う」❷情愛の機微をよく知っていること。また、その人。通人。粋人。

わけて‐も【分けても】[副] 特に。とりわけ。‖「総じて子供はかわいがったが、―末娘は溺愛(できあい)していた」

わけ‐な・い【(訳無い)】[形] 手間がかからないさま。簡単である。‖「こんな問題は―」「―・く塀を飛び越える」

わけ‐へだて【分け隔て(▽別け隔て)】[名・他サ変] 相手によって差別をつけること。‖「―なく接する」「―しないでかわいがる」

わけ‐まえ【分け前】マヘ [名] 各自に分け与えられる分。割り前。取り前。‖「―が少ない」

わけ‐め【分け目】[名] ❶物を分けた境目。‖「髪の―」❷物事がどちらかに決まる境目。分かれ目。‖「天下―の戦い」

わ・ける【分ける(▽別ける)】[他下一] ❶まとまっているものを割っていくつかの部分にする。分割する。‖「小説を前後二編に―」「株を―・けて植える」「二回に―・けて支払う」「クラスを六人ずつのグループに―」❷一定の基準にしたがって区別する。分類する。‖「評価を五段階に―」「蔵書をジャンル別に―」「ごみを可燃物と不燃物に―」❸境界によって区切る。‖「櫛(くし)を入れて髪を七三に―」「畦(あぜ)を作って田と田を―」❹あるものの作用が物事のきわだった違いを明らかにする。‖「運命が人生の明暗を―」「投手力の差が勝敗を―」「千票に達するかどうかが当落を―」❺じゃまになるものを左右に押し開く。搔(か)き分ける。‖「波[雪]を―・けて進む」❻間に割り込んで取っ組み合った者などを引き離す。‖「組み合った両者を―」「喧嘩(けんか)を―(=仲裁する)」❼全体をいくつかに割って配る。分配する。配分する。また、全体の一部を人に無償で与える。‖「遺族に財産を―」「皆で利益を―」「水を少し―・けて下さい」❽「売る」を遠回しにいう語。‖「農家に野菜を安く―・けてもらう」[書き方]「▽頒ける」とも。❾勝負事で、勝ち負けがないとする。引き分けにする。‖「互いに譲らず試合を―」「一勝一敗で星を―」❿理非を区別して筋道をつける。‖「事を―・けて話す」[文]わ・く

わ‐こ【和子(▽若子)】[名]〔古風〕良家や目上の人の家の男の子。ぼっちゃん。

わ‐ご【和語(▼倭語)】[名] 日本のことば。特に、漢語が渡来する以前から日本に存在した日本固有のことば。やまとことば。⬇漢語

わ‐こう【▼倭▼寇(和▼寇)】[名] 一三世紀から一六世紀にかけて、朝鮮半島・中国大陸の沿海地域で掠奪(りゃくだつ)行為や密貿易を行った日本人の集団を朝鮮・中国側から呼んだ語。

わ‐ごう【和合】ガフ [名・自サ変] ❶うちとけて仲よくすること。親しみ合うこと。‖「一家が―する」❷結婚すること。

わこうど【《若人》】ワカウド [名] 若い人。若者。‖「―の集い」▼「わかびと」の転。

わこう‐どうじん【和光同▼塵】ワクワウドウヂン [名] ❶自分の学徳や才能を隠して俗世間に交わり住むこと。▼『老子』に基づく。❷仏教で、仏・菩薩(ぼさつ)が知徳の光を隠し、煩悩(ぼんのう)の塵にまみれたこの世に仮の姿を現して衆生を救うこと。

わ‐こく【▼倭国(和国)】[名] 日本の国の旧称。‖「―の王」「歴代―伝」▼漢代以降中国で呼んだことから。主に、歴史学で使う。

わ‐ごと【和事】[名] 歌舞伎で、やや柔弱な色男が恋愛・情事の場面を展開する演技・演出。また、その場面。▼元禄期(一六八八～一七〇四)の初世坂田藤十郎以来、江戸の荒事に対する上方歌舞伎の伝統的な芸となった。⬇荒事(あらごと)・実事(じつごと)

わ‐ゴム【輪ゴム】[名] 輪の形をした紐(ひも)状のゴム。ゴム輪。‖「書類を―で束ねる」

わ‐ごん【和▽琴(▼倭▽琴)】[名] 日本固有の弦楽器。雅楽の神楽・東遊(あずまあそ)び・久米(くめ)歌などに用いられる六弦の琴(こと)。胴は桐製で、全長約一・九メートル。東琴(あずまごと)。大和琴(やまとごと)。

ワゴン [wagon] [名] ❶料理・酒類などをのせて客席に運ぶ、脚輪付きのテーブル。‖「―サービス」❷商品をのせて運ぶ脚輪付きの陳列台。‖「―セール」❸車内の後部に荷物を積めるようにした箱形の乗用車。ワゴン車。ステーションワゴン。

わこん‐かんさい【和魂漢才】[名] 日本固有の精神と中国の学問。また、その両者を兼ね備えていること。▼『菅家遺誡(かんけいかい)』にある語。

わざ【技】[名] ❶ある物事を行うために必要な技術・技能。‖「―をみがく」「―を競う」❷柔道・相撲などの格闘技で、勝敗を決めるために仕掛ける攻撃の型。‖「―を掛ける」「―が決まる」▼「業」と同語源。⬇業

わざ【業】[名] ❶ある意図をもって何かを行うこと。所業。‖「神のなせる―」「至難の―」「人間―」❷仕事。職業。‖「漁を―とする人」◈[書き分け]【技】は個々の技術をいう。【技】に対し、【業】は何らかの意図に基づく行為の全体をいう。【荒技・荒業】は「荒技で攻める」「子供には無理な荒業」、【寝技・寝業】は「寝技に持ち込む」「寝業を得意とする策士」、【大技・大業】は「大外刈りの大技が決まる」「大業を駆使して交渉を乗り切る」のように使う。「業

師」は、すぐれた技をもつ人の意でも、策略家の意でも、慣用【業】を使う。

わざ‐あり【技有り】［名］❶柔道の試合で、一本に近い技の効果があったと認めたときに下す判定。二回取れば一本となり、勝ちになる。❷技術や発想が巧みであること。‖「—の同点ゴール「着こなし・レシピ」」

わ‐さい【和裁】［名］和服の裁縫。‖「—教室」⇔洋裁

わざ‐し【業師】［名］❶相撲・柔道などで、さまざまな技に巧みな人。‖「角界の—」❷策略や駆け引きにたけた人。‖「政界の—」

わざ‐と【▽態と】［副］意図的に何かを行うさま。故意に。‖「時計を—遅らせる」「—負ける」「—病気のふりをする」使い方 ➡わざわざ

わざとが・まし・い【▽態とがましい】［形］わざとらしい。‖「—・く世辞を言う」

わざとらし・い【▽態とらしい】［形］いかにも意識して行ったようで不自然であるさま。わざとがましい。‖「—咳をする」「—・く笑ってみせる」派生—さ

わさび【〈山▼葵〉】［名］❶香辛料用に栽培するアブラナ科の多年草。まれに渓流の水辺に自生する。日本特産。❷①の根茎。また、それをすりおろして香辛料としたもの。高い香気と辛みがあり、鮨・刺身・そばなどに用いる。

◉**山葵が利・く** ❶ワサビの香りと辛みが強く、舌や鼻をつんと刺激する。❷ワサビのようにぴりっとした鋭いものをもっている。‖「—・いた風刺漫画」

わざ‐もの【業物】［名］名工が鍛えた、切れ味の鋭い刀剣。

わざ‐わい【災い（▽禍）】［名］災害・事故・病気など、人に不幸をもたらす出来事。災難。‖「—を招く」「口は—の門」

◉**禍を転じて福となす** 身にふりかかった災難を逆手にとって、それが自分に有利になるように取りはからう。

書き方「わざわい」は、「災い」とも。

わざわい・する【災いする（▽禍する）】［自サ変］あることが原因となって悪い結果を招く。‖「強気が—・して失敗に終わる」

わさ‐わさ［副］❶ざわざわして落ち着かないさま。‖「ロビーは出入りが多くて—している」❷草木などをゆするさま。‖「—と風が吹く」❸数や量が多いさま。また、草木が茂るさま。‖「葉がしげって—している」

わざ‐わざ【▽態▽態】［副］❶期待できる以上の手間暇をかけるさま。‖「—忘れ物を届けてくれた」「—作らせた特注品」❷しなくてもいいことを意図的に行うさま。わざと。故意に。‖「—意地悪をすることはないじゃないか」使い方 ①は行為者へのねぎらいを、②は非難を表す。「わざわざ／わざと不良品を買うことはない」では、ともに非難を表すが、「わざわざ」は行為者の意図とともにその手間に、「わざと」は行為者の意図に注目していう。

わ‐さん【和算】［名］中国から伝来した古代算法をもとに、日本で発達した数学。江戸時代、関孝和によって大成した。▽明治以降、西洋数学を洋算と呼んだのに対していう。

わ‐さん【和▼讃】［名］仏教の教えや仏・菩薩の徳をやさしい日本語でたたえた歌謡。多くは七五調四句で構成される。

わさんぼん【和三盆】［名］日本で作る上等の砂糖。粒子が細かく、高級和菓子の材料に用いる。香川県・徳島県の特産。▽中国産の砂糖を唐三盆と呼んだのに対していう。

わし【▼鷲】［名］タカ目の鳥のうち、大形の猛禽の総称。先の鋭く曲がったくちばしと爪をもち、鳥・小獣などを捕食する。オオワシ・イヌワシ・オジロワシ・カンムリワシなど。▽小形のものを「たか」というが、分類上の区別ではない。

鷲

わ‐し【和紙】［名］日本古来の製法による手漉きの紙。ミツマタ・コウゾ・ガンピなどの靱皮繊維を原料とする。鳥の子・美濃紙・奉書紙・檀紙など。わがみ。⇔洋紙

わし【▼儂（▽私）】［代］（一人称）同等以下の相手に対し、自分を指し示す語。‖「—が相談に乗ろう」▽「わたし」の転。多く男性が使う。

わ‐しき【和式】［名］日本風の様式。日本式。和風。‖「—トイレ」⇔洋式

わ‐しつ【和室】［名］畳を敷いた日本風の部屋。日本間。⇔洋室

わし‐づかみ【▼鷲▼摑み】［名］鷲が獲物をつかむように、手のひらを大きく開いて乱暴につかむこと。‖「札束を—にして逃走する」

わし‐ばな【▼鷲鼻】［名］ワシのくちばしのように、高く突き出た鼻筋の先が鋭く下方に曲がっている鼻。鉤鼻。わしっぱな。

わ‐しゃ【話者】［名］話をする人。話し手。

わ‐じゅつ【話術】［名］話のしかた。話をする技術。‖「—の巧みな人」

わ‐しょ【和書】［名］❶日本語で書かれた書物。⇔洋書 ❷和綴じの書物。和本。

わ‐じょう【和上（和尚）】［名］律宗・法相宗・真言宗で、授戒の師となる僧。また、高徳の僧。‖「鑑真—」➡おしょう（和尚）

わ‐しょく【和食】［名］日本風の食事。日本料理。⇔洋食

わし‐わし［副］荒っぽく動作をするさま。‖「生徒の頭を—となでる」「どんぶり飯を—食った」

わ‐しん【和親】［名］互いに仲よくつきあうこと。特に、国家間の親交にいう。‖「—条約」

わ‐じん【▼倭人（和人）】［名］昔、中国人などが日本人を呼んだ語。

わずか【僅か】 一［形動］数量や程度の少ないさま。少し。ちょっと。‖「残りはあと—だ」「—な変化も見逃さない」二［副］〈数量を表す語に付いて〉数量が思いのほか少ないと評価する気持ちを表す。たった。ほんの。‖「—三人で何ができるというのか」「—一秒の間の出来事だった」

僅

わずら・い【患い・煩い】［名］❶【患】病気。やまい。‖「長の—」❷【煩】思い悩むこと。心配ごと。‖「—の種」「—多き人生」「心には何の—もない」

わずらい‐つ・く【患いつく（患い付く）】［自五］病気になる。病みつく。‖「不養生がたたって—」

わずら・う【患う・煩う】［動五］一［他］❶【患】病気になる。病む。‖「胃腸を—」「長く結核を—」❷【煩】あれこれと思い悩む。思い煩う。心配する。‖「わが子の行く末を—」「明鏡止水の心境で今や心に—ことは何もない」二〈動詞の連用形に付いて複合動詞を作る〉【煩】❶…して苦しむ。‖「思い—・悩み—」❷なかなか…できない。…しかねる。‖「言い—・行き—」名わずらい

わずらわし・い【煩わしい】ワヅラハシイ［形］やっかいで、気が重いさま。また、複雑で、めんどうなさま。‖「隣人との付き合いが―」「入会に際して―手続きはない」派生―げ／―さ／―がる

わずらわ・す【煩わす】ワヅラハス［他五］❶悩ませる。心配をかける。‖「心を―」❷面倒をかける。手数をかけさせる。‖「先生の手を―」「雑事に―・される」異形 **煩わせる**

わ・する【和する】［自サ変］❶仲良くする。親しむ。‖「隣人と―」「夫婦相(あい)―」❷他と声などを合わせる。‖「伴奏に―・して歌う」「リーダーの声に―・して万歳を三唱する」文 **わ・す**

◉**和して同ぜず**　君子は誰とでも協調するが、道理にはずれたことには同調しない。主体性をもって人とつき合うべきだということ。▼『論語』子路から。

わすれ-がたみ【忘れ形見】［名］❶その人を忘れないために残しておく記念の品。‖「―の万年筆」❷親の死後に遺された子。遺児。‖「亡友の―」

わすれ-じも【忘れ霜】［名］春の終わりごろに降りる霜。晩霜(ばんそう)。別れ霜。

わすれっぽ・い【忘れっぽい】［形］忘れることが多いさま。また、忘れやすい性質であるさま。‖「年のせいか―・くなった」

わすれな-ぐさ【忘れな草・▽勿▽忘草】［名］春から夏、尾状に巻いた花穂をのばして青紫色の小花をつけるムラサキ科の多年草。観賞用には矮性(わいせい)種が栽培され、一年草として扱う。わするなぐさ。▼forget-me-notの訳語。

わすれ-もの【忘れ物】［名］うっかりして持ち物を置いてくること。また、その物。‖「バスの中に―をする」「傘の―が多い」

わす・れる【忘れる】［他下一］❶前に覚えていたことが思い出せなくなる。記憶がなくなる。‖「電話番号を―」「昔のことはもう―・れた」「―・れられない思い出」❷うっかりしてしなくてはならないことをしないでいる。し忘れる。‖「宿題を―」「料金の支払いを―」「ドアにかぎをかけるのを―」「火を消し―」「礼状を出し―」❸うっかりして物を置いたままにする。‖「電車の中に傘を―」「家に書類を―・れてくる」❹しなくてはならないことをおろそかにする。‖「恩を―」「感謝の心を―」❺他のことに気をとられてしばらくそのことを意識しなくなる。‖「楽しさに時の経つのも―」「寝食を―・れて制作に打ち込む」「我を―・れて見とれる」❻意識して思い出さないようにする。‖「酒を飲んで憂さを―」文 **わす・る**

品格 失念「つい申告するのを失念してしまった」忘却「―の彼方に消える」

わせ【〈早稲〉・〈早生〉】［名］❶【早稲】イネの品種で、早く成熟するもの。⇔晩稲(おくて) ❷【早生】同種の農作物・果実などで、他より早く成熟するもの。‖「―のミカン」⇔晩生(おくて) ▼早熟な子供のたとえとしても使う。

わ-せい【和声】［名］音楽で、一定の法則に基づく和音の連なり。ハーモニー。

わ-せい【和製】［名］日本でつくられたこと。また、そのもの。日本製。

わせい-えいご【和製英語】［名］英語の単語をもとにして、日本で英語らしくつくった語。

ワセリン［Vaselinドイツ］［名］重油を精製して得る白色または淡黄色のゼリー状物質。軟膏・化粧品の基材や、さび止め剤などに用いる。▼商標名。

わ-せん【和船】［名］日本古来の形式をもつ木造船。櫓(ろ)または帆によって推進させる。安宅(あたけ)船・関船・弁財(べざい)船など。

わ-せん【和戦】［名］❶和解と戦争。‖「―両様の構え」❷戦争をやめて和解すること。‖「―条約」

わ-そう【和装】ワサウ［名］❶和服を着ること。また、その装い。❷日本風の装丁。和綴(と)じ。‖「―本」◈⇔洋装

わた【▽腸】［名］内臓。はらわた。‖「魚の―を抜く」

わた【綿(▼棉)】［名］❶繊維作物として栽培されるアオイ科ワタ属の植物の総称。多くは一年草で、葉は掌状に三～五裂する。花は白・黄・紅などの五弁花。卵形の果実は熟すと裂開し、白くて長い毛をつけた種子があらわれる。毛(綿花)からは繊維をとり、種子(綿実(めんじつ))からは油をとる。❷①の実から製した木綿綿、蚕の繭から製した絹綿・真綿、人工的に合成される化学繊維綿などの総称。▼古くは絹綿・真綿をさしたが、①の栽培が普及してからは多く木綿綿をいう。

◉**綿のように疲(つか)・れる**　くたくたに疲れることのたとえ。‖「―・れた体」注意「綿のように」を正体なく眠り込む形容に使うのは誤り。‖「×綿のように／○泥のように眠る」

わた-あめ【綿▼飴】［名］⇒綿菓子(わたがし)

わ-だい【話題】［名］話の材料。話の種。‖「―の豊富な人」「昨今の世相が―にのぼる」「―を変える」「共通の―で盛り上がる」

わた-いれ【綿入れ】［名］中に綿を入れて仕立てた防寒用の衣服。

わた-うち【綿打ち】［名］❶繰り綿を綿弓で打って、やわらかな打ち綿に仕上げること。また、その職人。❷「綿打ち弓」の略。

わたうち-ゆみ【綿打ち弓】［名］綿弓(わたゆみ)。

わた-がし【綿菓子】クワシ［名］綿状の砂糖菓子。加熱して溶かした白ざらめを遠心分離機を使って細い穴から糸状に噴き出させ、割り箸(ばし)などに巻きつけたもの。綿あめ。

わだかまり【▼蟠り】［名］心につかえている重苦しい感情。特に、不満・不信・疑念などにとらわれた感情。‖「―を残す」「―がとける」

わだかま・る【▼蟠る】［自五］❶不快な感情が滞って、心が晴れない。‖「不満が―」❷輪状にぐるぐる巻く。とぐろを巻く。‖「大蛇が―」名 **わだかまり**

わたくし【私】■一［名］❶公(おおやけ)ではなく、自分だけに関すること。個人的なこと。‖「公と―の立場を区別する」「挨拶状で―儀、この度…」⇔公 ❷身勝手なこと。自分の都合・利益を優先すること。‖「―のない人物」❸公然としたものでないこと。‖「―に取り引きを行う」■二［代］(一人称)目上の相手に対して、また、あらたまった言い方で、自分を指し示す語。男女ともに使う。‖「どうぞ―にお任せください」注意「私(わた)」と紛れやすいため、かな書きやルビが必要な場合もある。⇒私(わた)［読み分け］

わたくし-ごと【私事】［名］❶その人の個人的な事柄。しじ。‖「―で欠席する」「―で恐縮ですが…」⇔公事(おおやけごと) ❷その人が秘密にしていること。隠しごと。ないしょごと。

わたくし-しょうせつ【私小説】―セウセツ［名］⇒ししょうせつ

わたくし・する【私する】[他サ変] 公のものを自分のものにして使う。||「公金を—」文 わたくし・す

わたくし-りつ【私立】[名]「私立(しりつ)」のこと。▽同音の「市立」と区別していう語。➡市立(いちりつ)

わた-ぐも【綿雲】[名] ちぎった綿のようにふわふわと浮かんだ雲。多く積雲(せきうん)をいう。

わた-くり【綿繰り】[名] ❶綿花を綿繰り車にかけて種子を取り除くこと。❷「綿繰り車」の略。

わたくり-ぐるま【綿繰り車】[名] 一対のローラーを回して綿花を通し、その種子を取り除いて繊維だけを巻き送る道具。綿繰り。綿車。

わた-げ【綿毛】[名] 綿のように柔らかい毛。にこげ。

わたし【渡し】[名] ❶物などを人に手渡すこと。❷船で人や荷物を対岸へ運ぶこと。また、その船や、その船の着く所。||「矢切の—」❸船から他の船や岸に移るためにかけ渡した板。あゆみ板。渡り板。

わたし【私】[代]〔一人称〕自分を指し示す語。||「—は教師をしています」▽「わたくし」の転。男女ともに使い、一般社会人において最も標準的。読み分け「公」の対義語や自分勝手の意の名詞「私」は「わたくし」と読む。「私儀(わたくしぎ)この度…」「私(わたくし)のない(=利己的でない)人物」

わたし-ば【渡し場】[名] 渡し船が発着する場所。渡船場。

わたし-ぶね【渡し船・渡し舟】[名] 客や荷物を乗せて川・湖沼などの両岸を往復する船。渡船(とせん)。

わたし-もり【渡し守】[名] 渡し船の船頭。わたりもり。

わた・す【渡す】[動五] 一 [他] ❶人や物を水の上を通って対岸に送る。||「船頭が舟で人[荷]を—」使い方「船頭が向こう岸へ舟を—」のように、〜ヲ(=手段)を〜ヲ(=対象)に替えていう言い方もある。❷物の上を越えて一方から他方に物が達するようにする。また、そのようにして通路などを設ける。架け渡す。||「向かいのビルにロープを—」「船縁と岸壁の間に板を—」「電柱から電柱に電話線を—」「本州・四国間に橋を—」❸こちらの手から他の人の手に移す。手渡す。||「土産[領収書]を—」「第二走者にバトンを—」❹自分の物や権利を他の人に与える。||「家屋敷を人手に—」「ライバルチームに首位の座を—」

二〈動詞の連用形に付いて複合動詞を作る〉その動作が全体に及ぶようにする。まわす。||「見—・ながめ—」可能 渡せる 名 渡し

わだち【▼轍】[名] ❶車が通ったあとに残る車輪の跡。||「二筋の—」❷転じて、車輪。||「—の音の遠ざかるのを淋しく聞きながら〈横光利一〉」

轍

わた-つ-み【〈海神〉・綿津見】[名] ❶海を支配する神。海神。❷海。大海。◈「つ」は「の」の意の格助詞。「わた」は海、「み」は霊・神の意。「わだつみ」とも。

わた-ぼうし【綿帽子】[名] 真綿を薄く引き伸ばして作ったかぶりもの。古くは防寒用だったが、のち婚礼の際に新婦が顔をおおうのに用いた。おきわた。かずきわた。▽山や木の上に積もった雪のたとえにもいう。||「山も野原も—かぶり枯れ木のこらず花が咲く〈雪〉」

わた-ぼこり【綿▼埃】[名] ほこりがたまって綿のようになったもの。また、細かい綿くずのほこり。

わた-ゆき【綿雪】[名] 綿をちぎったような雪片となって降る雪。ぼたん雪よりやや小さいものをいう。

わた-ゆみ【綿弓】[名] 繰り綿を打って不純物を除き、やわらかくするための道具。竹を曲げて弓形にし、弦として牛・鯨などの筋を張ったもの。綿打ち弓。綿打ち。

わたり【▽辺】[名]〔古風〕その付近。その一帯。あたり。

わたり【渡り】[名] ❶川などの渡し場。❷外国から運ばれてきたこと。また、そのもの。||「古—の更紗(サラサ)」「南蛮—の鉄砲」❸定住しないであちこちと移り歩くこと。また、その人。||「—職人」❹両者の間がうまくいくように下交渉をすること。また、交渉や話し合いのてづる。||「幹部に—をつける」❺ある種の鳥が環境の変化などに応じて一定の季節に越年地と繁殖地の間を往復すること。また、その往復移動。

◉**渡りに船** 何かをしようと思うときに都合よく望みどおりの条件が整うこと。

わたり-あ・う【渡り合う】フ|ア [自五] ❶相手になって戦う。||「強豪と互角に—」❷ことばをやりとりして争う。論争する。||「上司と—」「法改正をめぐって与野党が—」

わたり-ある・く【渡り歩く】[自五] 仕事の場などを求めて、あちこちと移り歩く。また、転職を重ねる。||「行商をしながら全国を—」「いくつもの会社を—」

わたり-いた【渡り板】[名] 渡るための板。特に、船から岸にかけ渡して通路とする板。あゆみ板。

わたり-がに【渡り▼蟹】[名] ガザミの別称。▽夜間に遊泳することから。

わたり-ぞめ【渡り初め】[名] 完成した橋を初めて渡ること。また、その儀式。

わたり-どり【渡り鳥】[名] 毎年決まった季節に繁殖地と遠く離れた越冬地との間を定期的に往復する鳥。春から夏に飛来して繁殖する夏鳥、秋に飛来して越冬する冬鳥、繁殖地と越冬地との往復に立ち寄る旅鳥などに分けられる。➡候鳥・留鳥

わたり-もの【渡り者】[名] ❶あちこちを渡り歩き、主人を替えて奉公する人。渡り奉公をする人。❷定職をもたないで、土地から土地へと渡り歩く人。流れ者。❸よその土地から来て住んでいる人。

わたり-ろうか【渡り廊下】ウ|ラ カ [名] 建物と建物の間をつなぐ廊下。渡り廊。

わた・る【渡る】[動五] 一 [自] ❶間を隔てているものを越えて向こう側に移る。||「船で川を—」「橋[踏切]を—」❷橋・通路などを通って向こう側に移る。||「まっすぐに廊下を—」❸海・大陸などを越えて遠く隔たった所へ行く。また、遠く隔たった所から来る。||「移民としてブラジルに—」「中国から—って来た文物」❹風などがある場所を通り過ぎていく。||「微風が梢(こずえ)を—」「水面を—風」❺空中を移動する。||「雁(かり)[月]が空を—」❻あちこちと移る。渡り歩く。||「方々の料亭を—ってきた板前」❼世の中を生きていく。暮らしていく。||「世間を巧みに—」❽〈多く「…の手に渡る」の形で〉自分の物や権利が他人に移る。他人の所有物になる。||「田畑が人手に—」「経営権が外国企業に—」❾配られてそれぞれの人の手に届く。||「資料が出席者全員に—」❿ある範囲・数値にまで及ぶ。また、広い範囲にくまなく及ぶ。||「細部に—って調査する」「再三に—って警告す

る」「各分野に━知識」「公私に━って世話になる」⓫ある時間・期間がとぎれることなく引き続く。||「五時間に━って討議する」「一か月に━海外旅行」⓬相撲で、双方が互角に組む。||「四つに━」

〓〔補動〕〔古風〕〈「…に渡らせられる」などの形で〉「ある」「いる」の尊敬語。…であらせられる。…でいらっしゃる。||「美男に━らせられる」「お兄上にて━らせられる」

〓〈動詞の連用形に付いて複合動詞を作る〉一面に広い範囲に及ぶ。||「晴れ━・さえ━・行き━・知れ━」

◈書き方 〓①は「▽渉る」とも。⑦⑩⑪は「▼亘る」「▼亙る」とも書くが、⑩⑪はかな書きが多い。〓は一般に、かな書き。可能 渡れる 名 渡り

◉**渡る世間に鬼(おに)はない** 世の中は無慈悲な人ばかりではなく、困ったときは助けてくれる情け深い人もいるということ。注意「鬼はない」を「鬼はいない」とするのは標準的でない。

わた-わた〔副┣〕ちょっとあわてるさま。||「━と準備をする」「質問に答えられず━する」

わ-だん【和談】〔名・自サ変〕話し合って争い事を解決すること。また、その話し合い。和議。

わちき【▽私】〔代〕〔古風〕〔一人称〕自分を指し示す語。▼江戸時代、吉原の遊女などが使った。

わっか【輪っか】〔名〕主に東日本で、輪。||「ロープで━を作る」

ワックス【wax】〔名〕❶蠟(ろう)。特に、家具・床・自動車などのつや出しに用いるものや、スキーの滑走面に塗るものをいう。❷蠟状・クリーム状などの整髪料。▼「ヘアワックス」の略。

わっしょい〔感〕❶大勢で御輿(みこし)など重いものを担ぐときに発するかけ声。❷大勢が集まって気勢をあげるときに発するかけ声。

ワッセルマン-はんのう【ワッセルマン反応】〔名〕血清反応によって梅毒を診断する方法。▼ドイツの細菌学者ワッセルマン(Wassermann)らが発見した。

わっち【▽私】〔代〕〔古風〕〔一人称〕自分を指し示す語。||「こう見(め)えて、━も江戸っ子だからね〈漱石〉」▼「わたし」の転。職人や遊女などが使った。

ワット【watt】〔名〕仕事率・電力を表す単位。一ワットは一秒間に一ジュールの仕事をする仕事率。また、それに相当する電力。記号W ▼名称はイギリスの発明家ワット(J.Watt)に由来する。

わっぱ【▽童】〔名〕子供をののしっていう語。||「小━」▼「わらは」の転。

わっ-ぷ【割賦(割符)】〔名〕借金の返済や代金の支払いを何回かに分けて行うこと。月賦・年賦の類。かっぷ。▼「わりふ」の転。現在では「わっぷ」より「かっぷ」が一般的。

ワッフル【waffle】〔名〕小麦粉に卵・砂糖・牛乳などを混ぜて溶き、凹凸のある型で焼いた洋菓子。

ワッペン【Wappen(ドイ)】〔名〕❶ブレザーコートなどの胸や腕に縫いつける布製の飾り。盾形のフェルトなどに紋章を模した刺繍を施したもの。❷①をまねて、紙・ビニールなどに印刷した絵やマーク。

わて【▽私】〔代〕〔一人称〕わたし。▼主に関西地方でいう。

わ-とう【話頭】〔名〕話のきっかけ。また、話の内容。話題。||「━を転じる」

わ-とじ【和▼綴じ】〔名〕印刷した和紙を二つ折りにして重ね、右側を糸でとじる和本のとじ方。また、その本。⇔洋綴じ

わ-どめ【輪留め】〔名〕止めてある車が動かないように車輪の下にかませるもの。

わな【▼罠(▼羂)】〔名〕❶縄などを輪の形にし、中に入った鳥獣を締めて生け捕りにする仕掛け。また、網・落とし穴なども含め、鳥獣を生け捕りにする仕掛けの総称。||「キツネが━にかかる」▼ひもなどを輪の形にした「輪奈」から。❷人をだましておとしいれる計略。||「敵を━にかける」「うますぎる話には━がある」

わ-なげ【輪投げ】〔名〕離れた所に立てた棒に輪を投げて、はまった輪の数を競う遊び。また、その用具。

わなな・く【〈戦慄〉く】〔自五〕恐れ・寒さ・緊張などのために体が小刻みにふるえる。||「恐怖[怒り]に━」

わな-わな〔副┣〕怒り・恐れ・寒さなどのために体が小刻みに震えるさま。||「あまりの恐ろしさに━(と)震えだす」

わに【▼鰐】〔名〕❶熱帯・亜熱帯の河川・湖沼・湿地帯に分布するワニ目の爬虫類の総称。全身は硬い鱗板(りんばん)で覆われ、四肢は太く短い。口は深く裂け、多数の鋭い歯が並ぶ。肉食性。❷〔古風〕サメ。

わに-ぐち【▼鰐口】〔名〕❶神社仏閣の軒先につぶら下げ、前につるした太い綱で打ち鳴らす銅製の具。中空・扁平(へんぺい)で、下方が横に長く裂けている。❷人並みはずれて横に広い口をあざけっていう語。

ワニス【varnish】〔名〕樹脂を揮発性の溶剤に溶かした透明な塗料。木工品などに塗ると光沢のある被膜で湿気を防ぐ。仮漆(かしつ)。ニス。

わ-ぬけ【輪抜け】〔名〕高い位置につるした輪を、身をおどらせてくぐり抜ける軽業。輪くぐり。

わ-のり【輪乗り】〔名〕馬術で、輪を描くように馬を乗り回すこと。

わび【▼侘び】〔名〕❶茶道・俳諧などの美的理念で、閑寂・質素の中に見いだされる枯淡の趣。❷世俗を離れて閑寂な生活を楽しむこと。

わび【▼詫び】〔名〕非を認めてあやまること。謝罪。また、その言葉。||「━を言う」「━を入れる」

わび-い・る【▼詫び入る】〔自五〕心からわびる。ひたすらあやまる。

わび-ごと【▼詫び言】〔名〕謝罪のことば。||「━を言う」

わびし・い【▼侘しい】〔形〕❶心さびしいさま。さびしい。||「一人━・く酒を飲む」「行く末を思い━気持ちになった」❷貧しくてみすぼらしいさま。||「一汁一菜の━食事」「雨漏りのする━小屋」派生 -げ/-さ/-がる

【ことば探究】「わびしい」の使い方

▼「わびしい」①は心情に重点があり、②はそのような心理を引き起こす状況(貧しさ・粗末さ)に重点がある。

▼「さびしい」と非常に似ているが、「わびしい」の方が貧しさ・惨めさの自覚が強い。また、「わびしい」は子どもの心理にはそぐわない。
「佐藤先生がいなくなると×わびしく/○さびしくなります」
「小学生がひとりで留守番とは×わびしい/さびしいでしょう」

▼「さびしがる」「悲しむ」などとは異なり、「わびしがる」「わびしむ」の形では使わない。

わびし-さ【▼侘しさ】[名] わびしいこと。わびしく思う気持ち。||「ーが身に染みる」

わび-じょう【▼詫び状】ジャウ [名] 謝罪の意を表した書状。わびの手紙。謝罪状。

わび-すけ【▼侘助】[名] ツバキの一品種。普通のツバキに似るが葉は細く、花は小さい。晩秋から寒中にかけて白・桃・紅色などの花を半開状に咲かせる。茶花として茶人に愛好される。

わび-ずまい【▼侘び住まい】マヒ [名] ❶世俗を離れてひっそりと静かに暮らすこと。また、その住居。❷貧しくてみすぼらしい生活。また、その住居。||「安アパートのー」

わび-ね【▼侘び寝】[名] ひとりでわびしく思いながら寝ること。

わ・びる【▼侘びる】[動上一] ━[他] ❶さびしく思う。わびしく思う。||「一人住まいをー」❷落ちぶれてみすぼらしく見える。||「ー・びた茅葺ぶかきの家」❸質素で落ち着いた趣がある。||「ー・びた茶室」「ー・びた風情の柴垣がき」 ━〈動詞の連用形に付いて複合動詞を作る〉ある動作・行為を思いどおりにしきれなくて困る。…する気力がうせる。…しかねる。||「待ちー・思いー・恋いー」 文わ・ぶ 名侘び

わ・びる【▼詫びる】[他上一] 自分の非や相手に迷惑をかけたことを認めて許しを求める。あやまる。謝罪する。||「失礼[過ち]をー」「無沙汰ぶさたをー」「至らぬ点をー」「悪かった[ごめんなさい]とー」▽「侘びる」と同語源。「侘ぶ(＝失意・落胆・困惑などのようすを見せる)」から転じた。書き方「▼侘びる」とも書くが、近年は誤用とされることが多い。文わ・ぶ 名詫び ⬇おわびのことば(一八〇四ページ)

わ-ふう【和風】[名] ❶日本の伝統的な様式。また、日本らしい趣のある様式。日本風。||「ーのデザイン」「ー旅館[建築]」「純ー」⬍洋風 ❷おだやかな風。▽ふつう春風をいう。

わ-ふく【和服】[名] 日本の伝統的な衣服。日本風の衣服。着物。||「ー姿」⬍洋服 ⬇着物(図)

わ-ぶん【和文】[名] ❶日本語で書かれた文章。邦文。||「ー英訳」❷和語を主とし、平仮名を用いて書かれた文章。||「平安ー」

わ-へい【和平】[名] ❶争いがなく穏やかなこと。平和。||「ーが続く」❷戦争をやめて国交を回復すること。||「ー交渉」

わ-へい【話柄】[名] 話すことがら。話の種。話題。||「ーを転じる」

わ-ほう【話法】ハフ [名] ❶話し方。話す技法。||「巧みなー」❷他人の発話を自分の話や文章の中に再現するときの方法。直接話法と間接話法がある。

わ-ぼく【和睦】[名・自サ変] 争いをやめて仲直りすること。和解。||「隣国とーする」

わ-ほん【和本】[名] 和紙を用い、和とじで製本した本。和書。⬍洋本

わ-みょう【和名(▼倭名)】ミャウ [名] 日本で古くから呼ばれている事物の呼称。日本名。わめい。

わ-めい【和名】[名] ❶⬇わみょう ❷動植物のラテン語による学名に対して、日本語による標準名。たとえば、Homo sapiens(ホモサピエンス)に対するヒトなど。ふつう片仮名で表記される。

わめ・く【▼喚く(▽叫く)】[自他五] 大声でさけぶ。また、大声をあげて騒ぐ。||「酔っぱらいがー」「泣いてもーいてもどうにもならない」「大声で悪口をー」 可能わめける 名わめき

わ-もの【和物】[名] 日本で作られた物。また、日本風の物。

わや [名・形動] [俗] ❶すじが通らないこと。むちゃくちゃ。||「ーな話」❷だめなこと。台なしにすること。||「せっかくの催しがーになる」◈「わやく」の転。多く関西でいう。

わ-やく【和訳】[名・他サ変] 外国語で書かれた文章や語句を日本語に翻訳すること。また、その翻訳したもの。邦訳。||「中国語の歌詞をーする」「英文ー」

わ-よう【和洋】ヤウ [名] 日本と西洋。また、日本風と西洋風。

わ-よう【和様】ヤウ [名] ❶日本固有の様式。日本風。和風。❷書道で、日本風の書体。❸奈良時代に中国から伝えられ、平安時代に日本で発展した寺院建築の様式。鎌倉時代に導入された唐様(禅宗様)・天竺様(大仏様)などの新様式に対していう。◈⬍唐様からよう

わよう-せっちゅう【和洋折衷】ワヤウ [名] 日本風と西洋風を取り合わせること。

わら【▼藁】[名] 稲・麦などの茎を干したもの。||「ー細工」「ー屋根」

藁

◉**藁にも縋すがる** せっぱつまったときは頼りにならないものまでも頼りにすることのたとえ。||「ー思い」 注意「(溺れる者は)藁をもつかむ」と混同した「藁をもすがる」は誤り。

わらい【笑い(▼嗤い)】ワラヒ [名] ❶笑うこと。また、笑った顔や声。||「おかしくてーが止まらない」「顔にーを浮かべる」「一斉にーが起こる」❷あざけり。嘲笑ちょうしょう。||「聴衆のーを買う」

わらい-がお【笑い顔】ワラヒガホ [名] 笑っている顔。えがお。

わらい-ぐさ【笑い▽種】ワラヒ [名] 笑いを誘う材料。もの笑いのたね。お笑いぐさ。||「とんだおーだ」「おーついでに、今の懐おもいを即席の詩に述べてみようか〈中島敦・山月記〉」

わらい-こ・ける【笑い▽転ける】ワラヒ [自下一] 体を揺さぶり、転がるようにしておおいに笑う。笑いころげる。

わらい-ごと【笑い事】ワラヒ [名] 笑って済ますような軽い事柄。||「ーでは済まされない」

わらい-さざめ・く【笑いさざめく】ワラヒ [自五] 大勢がにぎやかに笑う。||「娘たちがー」

わらい-じょうご【笑い上戸】ワラヒジャウゴ [名] ❶酒に酔うとやたらと笑う癖があること。また、その人。❷ちょっとしたことでもよく笑う人。

わらい-じわ【笑い▼皺】[名] 笑ったとき顔に表れるしわ。

わらい-とば・す【笑い飛ばす】ワラヒ [他五] たいした問題ではないとして笑ってすませる。||「うわさをー」

わらい-ばなし【笑い話】ワラヒ [名] ❶短くまとめた、こっけいな話。しょうわ。❷笑いながら話すような気楽な話。||「当時は深刻だったが今ではーだ」

わらい-もの【笑い物】ワラヒ [名] 人から笑われるもの。笑いぐさ。||「世間のーになる」

わら・う【笑う(▼嗤う)】ワラフ ━[自五] ❶うれしさ・おかしさ・楽しさ・照れくささ・軽蔑べつなどの表現として、顔をやわらげたり声を立てたりする。||「大声でハハハと

ー」「うれしそうににっこりとー」「満足そうににんまりとー」「腹の皮がよじれるほどー」「鼻でー（＝せせら笑う）」 使い方「ーっている（＝のんきに構えている）場合ではない」「今度だけはーって（＝ことさらに追及せずに・怒らずに）許す」「ーって（＝円満に）別れる」など、「ーって〜する」の形では、必ずしも笑顔や笑い声を伴うことなく、物事が深刻な状況にない意を表す。
❷あまりのひどさに笑いがひとりでに出てくる。事のばかばかしさなどを軽蔑・嘲笑していう。‖「これくらいの雪で大騒ぎするなんてーっちゃうよ」
❸花のつぼみが開く。また、果実が熟して皮がさける。‖「鳥鳴き花ー」「クリのいがー」
❹膝ががくがくする。‖「膝がーって歩けない」
二［他五］ばかにする。嘲笑する。あざわらう。‖「一円をー者は一円に泣く」「来年のことを言うと鬼がー」
◈書き分け【嗤】はばかにしてわらう意で「鼻先でふんと嗤う」「政府の愚策を嗤う」などと使うが、一般には【笑】。
可能 笑える 名 笑い
◉**笑う門には福来たる** いつもにこにこと笑って暮らす人の家には、自然に幸運がめぐってくる。

わら・える【笑える（▼嗤える）】［自他下一］「笑う」の可能形。笑うことができる。また、おかしくて［ばかばかしくて］自然に笑ってしまう。‖「滑稽だが身につまされて笑うにーえない」「あの大げさな名前がーよね」

わら-く【和楽】［名・自サ変］なごやかに打ちとけて楽しむこと。‖「一家のー」

わら-ぐつ【▼藁▼沓】［名］わらを編んで作ったくつ。雪国などで用いる。

わらさ【〈稚▼鰤〉】［名］主に関東で、ブリの若魚の通称。ふつう全長六〇センチメートル前後のものをいう。

わらじ【〈草▼鞋〉】［名］藁を足の形に編んで作る草履状の履物。つま先の二本の緒を縁の乳に通し、足に結びつけて履く。
◉**草鞋を脱・ぐ** ❶旅を終える。❷旅宿に着いて宿泊する。❸渡世人がある土地の親分の所に一時身を寄せる。
◉**草鞋を履・く** ❶旅に出る。❷渡世人が捕り手を逃れて住んでいた土地を離れる。‖「長のー」

わら-しべ【▼藁▼稭】［名］稲のわらの芯。また、わらのくず。わらすべ。‖「ー長者」

わら-づと【▼藁▼苞】［名］わらを束ねて、中に物を包み入れるようにしたもの。また、それで包んだもの。

わら-ばい【▼藁灰】［名］わらを燃やしたあとに残る灰。火鉢に入れたり、肥料にしたりする。

わら-ばんし【▼藁半紙】［名］わらの繊維にミツマタやコウゾの繊維を混ぜてすいた粗末な半紙。ざら紙。▼現在では多く木材パルプを原料とする。

わらび【▼蕨】［名］早春、先端がこぶし状に巻いた新芽をのばすコバノイシカグマ科の常緑性シダ植物。山野に自生する。新芽は食用。根茎からはでんぷん（ワラビ粉）をとる。 蕨

わらび-もち【▼蕨餅】［名］ワラビの根茎からとったでんぷん（ワラビ粉）に水と砂糖を加えて練り、冷やし固めた餅。蜜・黄粉などをまぶして食べる。

わら-ぶき【▼藁▼葺き】［名］わらで屋根をふくこと。また、その屋根。‖「ーの農家」「ー屋根」

わら-ぶとん【▼藁布団】［名］わらを中に詰めた布団。

わらべ【童】［名］子供。小さい子。▼「わらわべ」から転じた「わらんべ」の撥音「ん」の無表記から。

わらべ-うた【童歌】［名］古くから子どもたちの間で歌いつがれてきた歌。まりつき・縄とびなど、遊びに伴うものが多い。

わらわ【▽童】［名］［古風］一〇歳前後の子供。

わらわ【▽私・▼妾】［代］［古風］［一人称］自分を謙遜して指し示す語。わたくし。▼「わらわ（童）」の意。武家の女性が使った。

わらわ・す【笑わす（▼嗤わす）】［他五］⬇笑わせる

わらわ・せる【笑わせる（▼嗤わせる）】［他下一］❶相手が笑うようにする。‖「冗談を言ってー」❷軽蔑や嘲笑に値する意で、相手をあざけっていう語。‖「あれで代議士とは全くーじゃないか」 文 わらは・す 異形 笑わす

わら-わら［副］❶多くの人がばらばらに散り乱れているさま。‖「野次馬がーと群がる」❷急いで行動するさま。‖「ー走る」▼多く東北地方でいう。

わり【割り・割】［名］
❶【割り】割ること。また、割ったもの。‖「水ー」「薪ー」
❷【割】歩合の単位。一割は一〇分の一。‖「定価の二ー引き」「三ー打者」
❸【割】比率。割合。特に、他と比べたときの利益の割合。‖「五人に一人のーで参加する」
❹【割】ある物事を、別の同種の物事を基準として比べたときの程度。‖「年のーに若く見える」「達筆なーに／達筆のーに文章はもう一つだ」「高いーにはまずい料理」
❺【割り】割り当てること。‖「部屋ー」
❻【割り】相撲で、取組。また、取組表。‖「本ー」
◈書き分け ①⑤⑥は【割り】が一般的だが、許容形【割】も多用される。
◉**割に合わな・い** 損得勘定がつり合わない。苦労しただけの効果が上がらなくて、結局は損になる。‖「ー話」 書き方「わり」は「割り」とも。
◉**割を食・う** 損をする。 書き方「わり」は「割り」とも。

わり-あい【割合】一［名］❶全体と比べた比率。‖「収入に占める食費のーが高い［大きい］」「賛同者のーは三分の二を超える」 使い方 程度表現では、右の用例のような「高低」「大小」のほか、「多少」も使う。‖「研究者のーが多い」❷〈「〜割合に」の形で〉〜にしては。〜割に。‖「安いーに、しっかりした作りだ」 二［副］比較的。思いのほか。割に。‖「彼の業績はー（に）知られていない」

わり-あて【割り当て】［名］割り当てること。また、割り当てたもの。‖「仕事のーをする」「ーが少ない」 書き方 公用文では「割当て」。慣用の固定した「割当額・割当比率・割当表」などは、送りがなを付けない。

わり-あ・てる【割り当てる】［他下一］全体をいくつかに分けて、それぞれにあてがう。割り振る。‖「各人に仕事をーる」「社員寮では二階の部屋をーてられた」 文 わりあ・つ 名 割り当て

わり-いん【割り印】［名］二枚の書類が一続きであることを証明するために、両書類にまたがって一つの印を押すこと。また、その印影。割り判。

わり-がき【割り書き】［名］❶本文の間に注などを細字で二行に割って書き込むこと。また、その書き込み。❷角書き。

わり-かし【割かし】［副］［俗］わりかた。わりあい。‖「あの店のラーメンはーうまい」

わり‐かた【割り方】〔副〕比較的。わりあい。‖「一安く買えた」

わり‐かん【割り勘】〔名〕勘定を人数で割って、各人が均等に支払うこと。‖「飲食費は一にしよう」▼「割り前勘定」の略。

わり‐き・る【割り切る】〔他五〕❶割り算で、余りを出さないで割る。❷ある原則に従って物事を単純明快に結論づける。‖「これは仕事と一・って考える」

わり‐き・れる【割り切れる】〔自下一〕❶割り算で、余りを出さないで割れる。‖「一二は三で一」❷こだわりなく納得できて気持ちがすっきりする。‖「理屈では一・れない」「一・れない気持ちが残る」▼多く下に打ち消しの語がくる。文わりき・る

わりぐり‐いし【割り▼栗石】〔名〕土木・建築の基礎工事に用いる、小さく割った石。わりぐり。

わり‐ご【▽破り子・▽破り▽籠】〔名〕ヒノキなどの薄板で作り、中に仕切りを設けた容器。かぶせ蓋をつけ、弁当箱に用いた。

わり‐こ・む【割り込む】〔自五〕❶無理に割って入り込む。‖「列に一」「人の話に一(＝はたから口を出す)」❷相場がある値段よりも下がる。‖「大台を一」名 **割り込み**「一禁止」

わり‐ざん【割り算】〔名〕ある数が他の数の何倍にあたるかを求める計算。除法。⬍掛け算

わり‐した【割り下】〔名〕だし汁に醤油・味醂・砂糖などを加えて調味したもの。鍋料理の煮汁に用いる。▼「割り下地」の略。

わり‐ぜりふ【割り〈台詞〉】〔名〕歌舞伎で、二人の人物がそれぞれの思いを独白として交互に述べていき、最後に同じことばを唱和することで一続きの台詞として完結させるもの。

わり‐だか【割高】〔名・形動〕品質・分量のわりには値段が高いこと。また、同類のものと比べて値段が高いこと。‖「半端に買うと一になる」「一な/の商品」⬍割安

わり‐だ・す【割り出す】〔他五〕❶割り算をして答えを出す。また、計算して結果を出す。算出する。‖「原価を一」❷ある根拠をもとにして結論を導き出す。‖「声紋から誘拐犯を一」名 **割り出し**

わり‐ちゅう【割り注】〔名〕本文の間に一行分を二行に割って注を書き入れること。また、その注。

わり‐つけ【割り付け】〔名・他サ変〕新聞・雑誌・広告などで、仕上がりを考えて文字の大きさや字配り、記事の組み方、写真・図版の配置などを指定すること。レイアウト。

わり‐と【割と】〔副〕わりに。

わり‐な・い【▽理ない(▽理無い)】〔形〕理屈では割り切れないほど親しいさま。きわめて親密である。‖「一仲になる」▼多く情愛についていう。

わり‐に【割に】〔副〕思ったよりも。わりあいに。わりと。‖「一早く帰れた」「一楽な仕事だった」▼連体修飾をとる「～わりに」は、「わり」④を参照。

わり‐ばし【割り箸】〔名〕使うときに割って二本にする杉・竹製などのはし。下端から中ほどまで縦に割れ目が入れてある。

わり‐はん【割り判】〔名〕割り印。

わり‐びき【割り引き】一〔名〕❶〔他サ変〕決まった金額からある(割合の)金額を差し引くこと。割り引くこと。‖「型落ち商品を大幅に一する」「全商品を三〇パーセント[五〇〇円]一で売る」「社員一」⬍割り増し ❷「手形割引」の略。⬇手形割引 ❸〔他サ変〕いくらか低く評価すること。‖「話を一して聞く」

二（造）定価から差し引く金額の割合を数える語。‖「定価の三一で売る」「五一セール」

◈書き方 許容形「割引き」も好まれる。公用文では「割引」。二は一般に「割引」。慣用の固定した「割引券・割引価格・手形割引」などは、送りがなを付けない。

わり‐び・く【割り引く】〔他五〕❶決まった金額から(割合の)金額を差し引く。‖「二〇〇円を一・いて売る」「五パーセント一」❷いくらか低く評価する。‖「話を一・いて聞く」❸手形割引をする。名 **割り引き**

わり‐ひざ【割り膝】〔名〕左右のひざ頭を少し離して正座すること。

わり‐ふ【割り符】〔名〕木片・紙片などの中央に文字を記し、また証印を押して二つにわったもの。当事者が一片ずつ持ち、後日合わせて証拠とする。割り札。わっぷ。

わり‐ふ・る【割り振る】〔他五〕全体を分けて、それぞれにあてがう。割り当てる。‖「仕事を一」名 **割り振り**

わり‐まえ【割り前】〔名〕各人に割り当てられた金額や分量。‖「一が少ない」

わり‐まし【割り増し】〔名・他サ変〕決められた額や量に、その何割かを加えること。また、その加えた額・量。‖「手数料を一する」「一金」「一運賃」⬍割り引き 書き方 公用文では「割増し」。慣用の固定した「割増料金・割増率」などは、送りがなを付けない。

わり‐もど・す【割り戻す】〔他五〕受けとった金額の一部を支払った人に返す。‖「掛け金の一割を一」名 **割り戻し**

わり‐やす【割安】〔名・形動〕品質や分量のわりには値段が安いこと。‖「一な品」「一のホテル」⬍割高

わる【悪】一〔名〕❶悪人。悪者。‖「あいつも相当の一だな」❷悪童。わるがき。‖「この一が」二（造）不快に感じるほど度を超した。‖「一あがき・一ふざけ・一乗り」

わ・る【割る】一〔他五〕❶力を加えて固いものをいくつかの部分に分け離す。また、瞬間的に力を加えてもとの形を壊す。（意図的な行為にもそうでないものにもいう）‖「卵を一」「石をぶつけてガラスを一」「煎餅を一・って食べる」「うっかり落として茶碗を一」書き方「▽破る」とも。使い方 意図的に細かい破片にする意では「砕く」を使う。❷打ったり物をぶつけたりして皮膚に裂け目をつくる。‖「額を一」書き方「▽破る」とも。❸一つにまとまっているものをいくつかの部分に分ける。分割する。‖「全県を三つの選挙区に一」❹組織や人間関係のまとまりをくずす。分裂させる。‖「党[組織]を一」「仲間を一」「二人の仲を一」❺左右に押し分けて間を離す。‖「行列に一・ってはいる」「雪を一・って福寿草が芽を出す」▼多く「一・って～する」の形で使う。❻割り算をする。除する。‖「八を二で一」「勘定を頭数で一」⬍掛ける ❼水などを他の液体に混ぜて濃度を薄くする。‖「焼酎をお湯で一」使い方「スコッチに水を一」のような言い方もある。薄めるために入れる(＝割り入れる)意。❽〈「口を割る」の形で〉悪事などを白状する。❾〈「腹[心]を割る」などの形で〉心のうちをさらけだす。‖「腹[胸・心]を一・って話し合う」❿〈「ゴールを割る」の形で〉サッカーで、相手の守りを抜いてゴールを決める。‖「なかなかゴールを一ことができな

い」

■二［自五］❶ある範囲の外に出る。‖「押されて土俵をー」「ボールがサイドラインをー」❷数量が基準の数値を含まず、それより下になる。下回る。割り込む。‖「応募者が定員をー」「賛成が半数をー」「株価が一万円台をー」▼「一〇〇人を割る」は、九九人以下の意。可能 **割れる** 名 **割り**

わる-あがき【悪▽足▼搔き】［名・自サ変］どうにもならない状況なのに、あせってむだな試みをすること。‖「ーはよせ」「ーしてもしようがない」

わる-あそび【悪遊び】［名］よくない遊び。不健全な遊び。

わる・い【悪い】［形］❶物事がある側面で劣っている。‖「この服は生地がー」「切れ味がー」
❷幸運などに恵まれていない。‖「縁起［運］がー」
❸物事が好ましい状態ではない。‖「天気［気分・景気］がー」「たちのー病気にかかる」
❹成績や効率などが好ましくない。‖「成績の伸びがー」「能率がー」
❺人柄・態度、評判などが好ましくない。‖「性格［心がけ］がー」「評判がー」
❻やり方などが下手で、評価できない。‖「センス［要領］がー」
❼互いの連絡や関係がうまくいっていない。‖「鉄道とバスの連絡がー」「二人は相性がー」
❽時期や都合が適当でない。‖「質問のタイミングがー」「私は午後が都合がー」
❾〈「…に悪い」の形で〉好ましくない結果をもたらすさま。‖「夜更かしは健康にー」
❿〈「悪くない」の形で〉目的にかなってそれなりによい。相応にふさわしい。‖「お祝いには時計もーくない」
⓫重要な行事を行うのにふさわしくない日である。厄日だ。‖「友引に葬式とは日柄がー」
⓬ことばの意味を低く評価して解釈するさま。‖「よく言えば積極的、ーく言えば出しゃばり」
⓭〈「悪く」の形で、下に「言う」「思う」などの動詞を伴って〉人物やその行動などを低く評価するさま。‖「早めに帰るがーく思うな」
⓮道義的に正しくない。悪である。‖「先に手を出したほうがー」「ーことをした覚えはない」
⓯害を与えたり迷惑をかけたりした相手に対して、すまないという気持ちを表す。‖「申し訳ない、私がーかった」「ーが、ちょっと手伝ってくれ」「待たせると皆にーじゃないか」▼謝罪の挨拶（あいさつ）として使うことが多い。
⓰〈反語的に〉非難されるいわれはないとして、開き直っていう。‖「ここにいてーか」「中年男でどこがー」
◆「わろし→わるし→わるい」と転じた。⬍よい
使い方「よくない」で言い換えられることが多いが、「悪い」の方が意味がより積極的で強い。派生 **-さ**

◉**悪いことは言わない** 従うべきいい意見だとして、相手にそれを勧めるときにいう。‖「ー（から）、すぐ謝罪したほうがいい」

◉**悪い虫が付・く** 好ましくない交際相手ができる。

◉**悪いようにはし・ない** 不利になるようなことはしないの意で、相手から一任を取りつける時などにいう。

わる-がしこ・い【悪賢い】［形］悪いことによく知恵が働くさま。狡猾（こうかつ）だ。‖「ーたくらみ」派生 **-さ**

わる-ぎ【悪気】［名］人に害を与えようという気持ち。悪意。‖「ーがあってしたことではない」

わる-く-すると【悪くすると】［連語］悪い場合を考えると。悪い場合には。へたをすると。‖「ー倒産するかも知れない」

わる-くち【悪口】［名］他人を悪く言うこと。また、その言葉。わるぐち。あっこう。‖「ーを言う」

品格 悪態「酔ってーをつく」 悪罵（あくば）「ーを浴びせる」 雑言（ぞうごん）「悪口（あっこう）ー」 誹り（そしり）「人のーを招く」 中傷「ービラ」 罵言（ばげん）「ーに責められる」 罵倒「汚い言葉でーする」 罵詈雑言（ばりぞうごん）「ーをわめき散らす」 非難「ーの応酬」 誹謗（ひぼう）「ー中傷」 面罵（めんば）「大勢の前で面罵される」

わる-さ【悪さ】［名］❶悪いこと。また、その度合い。‖「治安のーは相当なものだ」❷悪い行い。いたずら。‖「ーばかりする」

わる-ずれ【悪擦れ】［名・自サ変］世間でもまれて悪がしこくなること。‖「ーした子供」

わる-だくみ【悪巧み】［名］人をおとしいれる悪い計画。奸計（かんけい）。‖「ーが発覚する」

わる-だっしゃ【悪達者】［名・形動］芸などが、慣れて上手ではあるが気品がないこと。また、その人。‖「ーな子役」

わる-ぢえ【悪知恵】（ヂヱ）［名］悪いことについてよく働く知恵。‖「ーが働く」

ワルツ［waltz］［名］四分の三拍子の優美な舞曲。また、それに合わせて踊る舞踏。円舞曲。‖「ーを踊る」▼舞踏の伴奏に用いない器楽曲もある。

わる-のり【悪乗り】［名・自サ変］その場の勢いや調子に乗って、度を越したふるまいをすること。‖「酔ってーする」

わる-び・れる【悪びれる】［自下一］気後れがして恥ずかしがる。また、おどおどと卑屈にふるまう。‖「ーれないで堂々と話す」「ーれた風もなく歌う」▼多く下に打ち消しの語を伴う。注意「悪」からの連想で、悪いことをしたと反省するの意で使うのは誤り。‖「×買収の証拠を突きつけられても悪びれるそぶりも見せない」文 **わるび・る**

わる-ふざけ【悪ふざけ】［名・自サ変］他人に迷惑をかけるほど、度を越してふざけること。‖「ーが過ぎる」書き方「悪〈▼巫山戯〉」と当てる。

わる-ぶ・る【悪ぶる（悪振る）】［自五］ことさら悪者であるかのようにふるまう。‖「ばかにされまいとーってみせる」

わる-もの【悪者】［名］悪いことをする人間。悪人。‖「ーを懲らしめる」「すっかりーにされる」

わる-よい【悪酔い】（ヨヒ）［名・自サ変］❶酒に酔って頭痛や吐き気をもよおすこと。また、そのような酔い方。‖「ーして気分が悪くなる」❷酒に酔って人が不快になるような言動をとること。また、そのような酔い方。‖「ーしてからむ」

われ【我（▼吾）】 ■一［代］❶〔一人称〕自分を指し示す語。‖「ー思う、ゆえにーあり」「ーは海の子」▼改まった固い言い方。❷〔俗〕〔二人称〕同等以下の相手をさげすんで指し示す語。おまえ。‖「ーは年はいくつだ」
■二［名］自分自身。おのれ。‖「ーと思わん者（＝自分こそと自信のある者）は名乗り出よ」「ーもーもと（＝皆がいっせいに）」

◉**我関（かん）せず** 自分は関係がない。超然としている。また、関わろうとしないさまをいう。どこ吹く風。‖「ーといった

態度で澄ましている」

◉我に返る ❶意識を取り戻す。蘇生する。❷何かに心を奪われていたのが本心に返る。

◉我にも無く 無意識のうちに。我にもあらず。我知らず。

◉我を忘れる ❶興奮して理性を失う。「—れて泣きわめく」❷夢中になり、自分を見失う。「—れて本を読む」

われがち-に【我勝ちに】〔副〕人に負けまいと先を争うさま。「—電車に乗り込む」

われ-がね【割れ鐘(▽破れ鐘)】〔名〕割れてひびの入った釣鐘。▼その音から、大きくて濁った声のたとえにもいう。「—のような声」

われ-から【我から】〔副〕〔古風〕自分から行うさま。自ら。「—模範を示す」

わ-れき【和暦】〔名〕日本で使われた暦(こよみ)。また、西暦に対して、日本の年号または紀元。

われさき-に【我先に】〔副〕自分が先になろうと争うさま。「—逃げ出す」

われ-しらず【我知らず】〔副〕無意識のうちに行うさま。思わず。「—涙ぐむ」

われ-と【我と】〔副〕自分から進んで。自ら。「—我が身を責める」

われ-ながら【我ながら】〔副〕自分のことを自分で評価するさま。自分のしたことではあるが。自分ながら。「—よくできたと思う」「—情けない」

われ-なべ【割れ鍋(▽破れ鍋)】〔名〕割れてひびの入ったなべ。

◉割れ鍋(なべ)に綴(と)じ蓋(ぶた) どんな人にもそれぞれにふさわしい配偶者があるということ。▼破損したなべには修理した蓋が似つかわしいという意から。注意 (1)「綴じ蓋」を「閉じ蓋」と書くのは誤り。(2)褒め言葉としては使わない。

われ-ひと【我人】〔名〕自分と他人。また、自分も他人も。「—ともに忙(せわ)しなき年の瀬」

われ-ぼめ【我褒め】〔名〕自分で自分をほめること。自賛。

われ-め【割れ目(▽破れ目)】〔名〕割れたところ。さけめ。ひび。「氷河の—」「壁に—が入る」

われ-もこう【▼吾▽木香・▼吾▼亦紅】カウ・コウ〔名〕夏から秋、分枝した花茎の先に暗赤色の花穂をつけるバラ科の多年草。山野に自生する。漢方では根と根茎を地楡(ちゆ)といい、止血剤などにする。

われ-もの【割れ物(▽破れ物)】〔名〕❶ガラス製品や陶磁器など、割れやすい物。「—注意」❷割れた物。「—を捨てる」

われ-ら【我▽等】〔代〕❶〔一人称〕わたくしたち。われわれ。「—の未来」「—が母校」▼「われ」の複数。❷〔俗〕〔二人称〕同等以下の複数の相手を指し示す語。おまえたち。

わ・れる【割れる】■〔自下一〕❶力が加わって固いものがいくつかに分かれ離れる。また、瞬間的な力が加わってもとの形が壊れる。「窓ガラス[風船]が—」「皿が—」「池の氷が—」「つめが—」「卵[殻]が—・れて雛(ひな)が顔を出す」書き方「▽破れる」とも。
❷切れ目や裂け目ができる。「大地震で道路が—」「殴打されて額が—」書き方「▽破れる」とも。
❸一つにまとまっていたものがいくつかに分かれる。分裂する。「票が—」「世論が二つに—」「選者の評価が—」
❹隠されていた物事が明らかになる。また、明らかにされる。「容疑者の身元[面(めん)]が—」「殺人事件の犯人が—」
❺〈「底[尻(しり)]が割れる」の形で〉隠していた物事やうそがばれてしまう。「細工をしても最初から底が—・れている」「すぐに尻の—ようなうそはつくな」
❻音が濁って聞きづらくなる。「音量を上げると音が—」「高音域でわずかに声が—」
❼〈「割れんばかり」などの形で〉音や声が極めて大きいさま。また、頭痛が激しいさま。「場内—・れんばかりの拍手がわき起こる」「頭が—ように痛い」
❽割り算で、余りのない答えがでる。割り切れる。「一八は三で—」
❾手形が割り引かれて現金になる。「手形が—」
❿数量が基準の数値を含まず、それより下になる。「株価が一万円を—」⇒割る■②
⓫〈「縦に割れる」の形で〉野球で、投手の投げた球が、縦に変化してストライクゾーンから下に外れる。「縦に大きく—カーブ」文わ・る
■〔自他下一〕「割る」の可能形。割ることができる。「この子はまだ卵が—・れない」

われ-われ【我我】〔代〕〔一人称〕自分たちを指し示す語。わたしたち。「—労働者は断固反対する」「(選手宣誓で)—選手一同は…」使い方「わたし[ぼく]たち」「われら」よりも改まった言い方。

わん【▼椀・▼碗】〔名〕飯・汁などを盛る半球形の食器。書き方 木製のものは「椀」、陶磁器のものは「碗」と書く。

わん【湾】■〔名〕海岸が陸地に大きく入り込んだところ。入り海。「—をめぐる船」「—内・—岸」「相模(さがみ)—」■(造)弓なりに曲がるさま。「—曲」書き方「▼彎」の代用表記。旧灣

わん【腕】(造)❶うで。「—章・—力」「鉄—」❷うでまえ。「敏—・辣(らつ)—」

ワン【one】〔名〕数のいち。ひとつ。

ワンオペ〔名〕一人にすべての作業を行わせること。「—育児(=夫婦のどちらか一人に育児の負担が集中すること)」▼「ワンオペレーション(one operation)」の略。

わん-がん【湾岸】〔名〕湾の沿岸。湾に沿った陸地。「—道路」

わん-きょく【湾曲(▼彎曲)】〔名・自サ変〕弓なりに曲がること。「—した海岸線」書き方「湾曲」は代用表記。

ワン-クッション【和製 one＋cushion】〔名〕物事が直接に作用するのを避けるために間に設ける、一段階。「—置いてから意見を言う」

ワンクリック-さぎ【ワンクリック詐欺】〔名〕電子メールやウェブサイトからリンクをクリックさせ、不当な料金請求をする手口の詐欺。

わん-こ〔名〕幼児語で、犬。わんわん。▼犬の鳴き声から。

ワン-コイン【和製 one＋coin】〔名〕値段が硬貨一枚分であること。特に、五百円玉一枚で買えること。「—ショップ」「—ランチ」

わん-こう【湾口】〔名〕湾の出入り口。

わんこ-そば【▼椀子〈▼蕎麦〉】〔名〕椀盛りのそばを、客の椀が空にならないように次々と投げ入れてもてなすもの。また、そのそば。盛岡地方の名物。

わん-こつ【腕骨】〔名〕手首の骨。手根骨(しゅこんこつ)。

ワンサイド-ゲーム【one-sided game】〔名〕

競技で、一方が終始優位に立って圧勝する試合。⇔クロスゲーム

わんさ-と【副】人や物がたくさん集まるさま。また、たくさんあるさま。‖「野次馬が―押しかける」「金を―ため込む」

わん-しょう【**腕章**】ｼﾔｳ【名】儀式・行事などで、目印として洋服の腕につける布や記章。

ワン-ストップ【one-stop】【名】複数の買い物や用件が一か所で済ませられること。‖「―サービス」

ワン-セグ【名】携帯電話などのモバイル機器を受信対象とする地上デジタルテレビ放送。▽「ワンセグメント放送」の略。一チャンネルの周波数を一三の領域（セグメント）に分けたうちの一つを用いて送信することからいう。

ワンダーフォーゲル【Wandervogel ﾄﾞｲﾂ】【名】❶グループで山野を徒歩旅行する青少年の野外活動。二〇世紀初頭、ドイツで始められた。ワンゲル。▽「渡り鳥」の意。❷山歩き。尾根歩き。

ワンタイム-パスワード【one-time password】【名】時間などの制限があり、一度しか使えないパスワード。主にインターネット上の認証システムで使われる。

ワン-タッチ【和製 one＋touch】【名】一度手を触れること。また、器具・機械などが一度触れるだけで作動すること。‖「―の傘」

わん-だね【**▼椀種**】【名】吸い物の実。

ワンダフル【wonderful】【形動】大変素晴らしいさま。驚嘆すべきさま。

ワンタン【**餛飩**中国・**雲呑**中国】【名】中華料理の点心の一つ。小麦粉をこねて薄くのばした皮に調味したひき肉などを包んだもの。ゆでてからスープに入れて食べる。

ワンツー-パンチ【one-two punch】【名】ボクシングで、一方のこぶしで軽く打ち、続いてもう一方のこぶしで強打する連続パンチ。

ワンツー-フィニッシュ【one-two finish】【名】スポーツ競技などで、同じチームの選手が一位と二位を独占すること。

わん-とう【**湾頭**】【名】湾に近い所。湾のほとり。

わん-ない【**湾内**】【名】湾のなか。‖「―を周航する観光船」

わん-にゅう【**湾入**（**▼彎入**）】ﾜﾝﾆﾌ【名・自サ変】海や湖が弓なりになって陸地に入り込んでいること。また、その地形。‖「深く―した入り江」

わん-ぱく【**腕白**】【名・形動】子どもがいたずらや乱暴をして手に負えないこと。また、そのような子供。‖「―な子ども」「―坊主」派生-さ

ワン-パターン【和製 one＋pattern】【名・形動】きまりきった型の繰り返しで変化がみられないこと。‖「―な趣向」

ワンピ【名】「ワンピース」の略。

ワン-ピース【one-piece】【名】上衣とスカートが一続きになっている洋服。

ワン-プレート【one plate】【名】一枚の皿。また、一枚の皿に主菜・副菜・デザートなどを盛り合わせた料理。‖「―ランチ」

ワン-ポイント【one point】【名】❶一か所。要点。‖「―レッスン」❷服飾で、一か所だけに模様や刺繡を置くこと。

ワン-マン【one-man】■一【名・形動】人の意見・批判などには耳を貸さないで、自分の思いどおりに支配する人。‖「―な社長」「―経営」▽英語にこの意はない。■二（造）ひとりの。ひとりだけの。‖「―バス」「―ショー（＝一人の出演者を中心に構成するショー）」

ワンマン-カー【和製 one-man＋car】【名】運転手だけが乗務し、車掌を置かないバスや電車。

わん-もり【**▼椀盛り**】【名】魚・鳥肉・野菜などを煮て、汁とともに椀に盛った料理。

わん-りょく【**腕力**】【名】うでの力。また、相手を自分の意に従わせるために使う肉体の力。‖「―が強い」「―に訴える」

ワンルーム-マンション【和製 one-room＋mansion】【名】各戸とも台所・トイレ・浴室付きの一部屋だけからなる集合住宅。

ワン-レン【名】たらした髪の先を一直線に切りそろえた髪型。ワンレングス。▽one-length cut から。

わん-わん ■一【副⁻】❶犬のほえる声を表す語。❷大声をあげて泣くさま。また、その声を表す語。‖「子供が―（と）泣く」❸大きな音や声がやかましく反響するさま。■二【名】幼児語で、犬。▽犬の鳴き声から。

を

■一 **A 動作・作用の対象を表す**

【格助】❶働きかけを受ける物事を対象として示す（対象目的語）。‖「石を投げる」「本を読む」「芋を掘る」「荷物を棚に載せる」「弓で矢を放つ」

使い方「リンゴの皮をむく」「エースの球を打つ」などのように直接働きかけを受ける部分を対象とするほか、その全体や所有者を「リンゴをむく」「エースを打つ」のように対象とすることもできる。

❷働きかけに用いる道具や手段となる物事を対象として示す（道具目的語）。‖「鉄砲を撃つ」「ワープロを打つ」「望遠鏡をのぞく」「壁にペンキを塗る」「辞書を引く」▽「鉄砲で鳥を撃つ」「矢を放つ」「単語を引く」などの「を」は①。

❸動作・作用の及ぶ場所を対象として示す（場所目的語）。‖「裏山を掘る」「庭を掃く」「（物捜しで）部屋の中を捜す」「壁をペンキで塗る」▽「裏山で山芋を掘る」「庭の落ち葉を掃く」「なくした財布を捜す」などの「を」は①。

❹〈下に生産・発生・消滅などを表す動詞を伴って〉変化する前の物事（原物や材料）を対象として示す（対象目的語）。‖「卵をかえす」「水を沸かす」「丸太をいかだに組む」「大金を費やす」

❺〈下に生産や発生を表す動詞を伴って〉動作・作用の及ぼされた後の物事（＝生産物や変化の結果）を対象として示す（結果目的語）。‖「紙でツルを折る」「卵からひなをかえす」「炭を焼く」「湯を沸かす」「ご飯を炊く」「家を建てる」「地面に穴を掘る」「字を書く」「ホームランを打つ」「企画を立てる」「浴衣ゆかたを縫う」「毛糸のセーターを編む」「やぐらを組む」「向こう岸に橋を渡す」「事件を引き起こす」「災害をもたらす」

使い方（1）⑤は、しばしば「おいしいパンを焼く⇔パンをおいしく焼く」のように結果の状態を表す修飾語が連体でも連用でも同じ意味になる。（2）「パンを焼く」のように、同じ表現が異なる意味をもつ

場合がある。パン種を焼いてパンを作るときは⑤、すでにあるパンをトーストにするときは④。「お茶をいれる」も急須に入っているお茶を湯飲みに注ぎ入れる場合は①、飲み物の「お茶」を作る一連の動作の場合は⑤。「穴を掘る」も、新たに作る場合は「深い穴を掘る＝穴を深く掘る」のように、⑤の意になるが、すでにある「穴」については、「この穴を深く掘る≠この深い穴を掘る」のように⑤にはならない。

❻〈下に知覚や思考を表す動詞を伴って〉知覚や思考の及ぶ物事を対象として示す（対象目的語）。‖「望遠鏡で星を見る」「国家の行く末を考える」「結果を知る」

❼〈「…を…と」「…を…に」の形で、下に判断や認定を表す動詞や動詞「する」を伴って〉評価や見立てがなされるものを対象として示す（対象目的語）。‖「彼を犯人と見なす」「彼女を弟子として遇する」「これを元手に（して）一勝負する」「学生を対象にした雑誌」

❽動作や作用を行う立場や役割を対象として示す（役割目的語）。…の立場で。…として。‖「委員長を務める」「四番を打つ」「ハムレットを演じる」「カルメンを歌う」

❾〈下に感情や感覚を表す動詞を伴って〉情意をもたらす原因を対象として示す（対象目的語）。‖「戦争を憎む」「合格を喜ぶ」「やりすぎを反省する」「日光をまぶしがる」

❿動作・作用の向かう先や方向を対象として示す。‖「この家は南を向いている」「勝利を目指す」

⓫〈「…をする」の形で、動作・作用などを表す名詞を受けて〉ある動作性をもつ物事を対象として示す。‖「レストランで食事をする」「東北地方に旅行をする」「一億円も損をする」「待ち合わせをする」

使い方「食事する」「旅行する」「損する」のように、「を」を言わない場合も多い。

⓬〈「…をする」の形で、状態などを表す名詞を受けて〉ある状態性をもつ物事を対象として示す。‖「汚い格好をしている」「今日は時計をしていない」「面白い形をした家」「教師をしている」

⓭〈動詞と同じ内容を表す名詞を伴って〉その動作の結果として作り出されるものを対象として示す（同族目的語）。‖「民謡を歌う」「ワルツを踊る」「選挙戦を戦う」「マラソンを走る」

使い方「幸福な生涯を生きる」「苦い笑いを笑う」など、翻訳臭のある表現も多い。

⓮〈自動詞＋使役の助動詞「（さ）せる」を伴って〉使役を受けるものを対象として示す。‖「子供を待たせる」「犬を闘わせる」「親を困らせる」「子供を死なせる」

使い方「子供を／に待たせる」では、「を」の方が対象の意向を無視して一方的な働きかけをなす傾向が強い。

B 移動に関わる場所や経過する時間を表す

⓯〈下に継続的な移動を表す動詞を伴って〉移動の経路を表す。‖「道を歩く」「グランドを走る」「トンネルを抜ける」「我が道を行く」

使い方「先頭を走る」「トップを行く」のように、移動の相対的位置を表す言い方もある。

⓰〈下に移動の開始や経路の変更などを表す動詞を伴って〉起点・離脱点・回避点などを表す。…から。‖「門を出る」「席を離れる」「水たまりを避ける」「攻撃をかわす」

使い方「十数年故郷を離れている」「昨年大学を出た」「会社を辞める」など、実際の移動ではなく、主体の状態や経歴を表すのにも使う。この場合は「から」に置き換えられないものが多い。

⓱〈下に通過を表す動詞を伴って〉通過や経由する場所を表す。‖「川を渡る」「山を越す」

⓲〈下に、ある段階に至ることで動きの展開を特徴づける動詞を伴って〉動きの展開の基準となる点を表す。‖「土俵を割る」「一線を越える」「一〇秒を切る」「平均を上回る」

⓳〈下に時間の経過を表す動詞を伴って〉経過した期間や時点を表す。‖「混沌の時代を生きぬく」「不惑の年を越える」「三時を過ぎる」「今をときめく」

⓴〈下に時間の経過を表す動詞を伴って〉ある状態で過ごされる時間を表す。‖「不遇の一生を送る」「年月を経る」

㉑〈下に不在を表す動詞を伴って〉不在の場所や不参加の催しなどを表す。⑯が転じた言い方で、離脱した場所に注目していう。‖「学校を休む」「初場所を休場する」「会議を欠席する」「授業をさぼる」

C その他

㉒動作・作用が行われる周りの状況を表す。‖「雨の中を横断歩道を駆け抜ける」

㉓〈「何を」＋動詞＋「か」などの形で〉➡なに㊀③

◈①～⑬は、下に他動詞を伴う。⑮～㉑は、下に移動や時間の経過を表す自動詞を伴う。

㊁［接助］［古風］逆接の確定条件を表す。…のに。‖「大雨の折にも車の贅はやられぬ身成しを、一念発起して帽子も靴も取って捨て〈一葉〉」▼「のに」に比べて、論理関係を述べる力が弱く、詠嘆の趣がある。

をこと-てん【▽乎古▽止点】［名］漢文を訓読するために漢字の四隅・上下・中央などに記入した符号。助詞・助動詞・活用語尾などの読み方を示したもの。平安時代初期に興り、室町時代ごろまで行われた。▼博士家点の右上の点が「を」、その下の点が「こと」を意味したことからいう。書き方多く「ヲコト点」と書く。

を-して［連語］➡して（連語）②「人―行かしむ」

を-ば［連語］動作・作用の対象など、「を」の付く語を特に取り立てて強調する。‖「失礼―致しました」「敵―あなどるな」▼格助詞「を」＋副助詞「は」の転。

を-や［連語］［古風］〈多く「いわんや…（において）をや」の形で〉反語の意に詠嘆の気持ちを添える。まして～は言うまでもない。‖「貌を以て人を取るは君子の恥づる所也。況や父母の貌を云々する―〈芥川〉」「連れ添うて十何年になるお婆さんにさえ、このお爺さんの言う事がよく聞きとれない。いわんや、他人に於いて―〈太宰治〉」▼終助詞「を」＋副助詞「や」。漢文訓読調の言い方。

ん

んん〔助動〕⬇ぬ（助動　特活型）≡「私はしりませ―」

ん〔助動　特活型〕（○-○-ん-ん-○-○）〔古風〕❶**推量**を表す。…だろう。≡「家の者は死したるなら―と思い〈柳田国男〉」❷**意志**を表す。…(よ)う。≡「いざ送ら―と手を取らるるに〈一葉〉」❸⬇んとする ❹**勧誘**や婉曲(えんきょく)な**命令**を表す。≡「二人してともに悲しみを分かた―」❺〈多く連体形で〉未実現の出来事について、未来や**仮定**、**婉曲**などを表す。≡「産まれ―子は君に似て黒き瞳子(ひとみ)をや持ちたらん〈鷗外・舞姫〉」❻〈疑問の意を表す語を伴って〉**反語**を表す。≡「いかで命に従わざら**む**〈鷗外・舞姫〉」◈文語助動詞「む」が変化したもので、現代語の「う」につながる。「む」の形でも用いられることがあり、「今こそ別れめいざさらば〈あおげば尊し〉」のように已然形「め」が用いられることもある。使い方 活用語の未然形に付く。

ん〔格助〕格助詞「の」の転。≡「僕んち（＝僕の家(ちう)）においでよ」▽話し言葉で使う。

ん（いろいろな「ん」）
A **感動詞**
❶応答・肯定・承諾などを表す。≡「『お父さん』『ん』」「ん。わかった」
B **オノマトペの一部**
❷語中にある。≡「こんがり」「こんもり」
❸語尾にある。≡「がくん」「ぱちん」「ぷつん」
C **音便**
❹「に」の変化。≡「何がなんでも」「死んだ子」
❺「ぬ」の変化。助動詞の「ぬ」など。≡「知らん顔」「けしからん」「すみません」
❻「の」の変化。≡「そうなんだ」「行かないんですか」「僕んちに遊びに来ない?」
❼「び」の変化。≡「転んでも」「飛んで火に入る夏の虫」
❽「ま」の変化。≡「来たか長さん」「鈴木さん」
❾「み」の変化。≡「くんずほぐれつ」「やんぬるかな」「積んである」
❿「む」の変化。助動詞の「む」など。≡「売らんかな」「いざ行かん」
⓫「ら」の変化。≡「分かんない」「知んない」「やんないよ」「取んないでよ」
⓬「り」の変化。≡「去(さ)んぬる」「残んの月」「老いてますます盛ん」
⓭「る」の変化。≡「本当に来んの?」「それ、捨てんなら、僕にくれよ」
⓮「れ」の変化。≡「けんど」「～してくんない」
D **挿入**
⓯強調や語調に用いられる。≡「あんまり」「すんでのところで」「真ん中」「～ずんば」「そんなこんな」「暴れん坊」

んず〔助動　特活型〕（○-○-んず-んずる-んずれ-○）〔古風〕推量の助動詞「ん」の意味にほぼ同じ。≡「もし義秋様を討た**んずる**敵が押し寄せてきたとき〈司馬遼太郎〉」▽推量の助動詞「む」＋格助詞「と」＋サ変動詞「す」の「むとす」の変化した「むず」の転。鎌倉時代に盛んに使われた。使い方 (1)動詞・助動詞の未然形に付く。(2)「ん」の意を強調する気持ちを伴うことが多い。

ん-だ〔連語〕「のだ」のくだけた言い方。≡「この犬きっとお腹が空いてる―」

ん-ち〔連語〕「のうち」のくだけた言い方。…の家。≡「君―はどこだい」

ん-で〔接助〕「ので」のくだけた言い方。≡「遅いんで心配したぞ」

ん-です〔連語〕「のです」のくだけた言い方。≡「その日はちょっと都合が悪い―」

ん-とこ〔連語〕「のところ」のくだけた言い方。…の所。≡「ここ―忙しい」「そこ―がわからない」

ん-と-す〔連語〕〔古風〕⬇んとする≡「鳥の将(さま)に死な―その鳴くや哀し〈論語〉」

ん-と-する〔連語〕〔古風〕〈活用語の未然形に付いて〉❶意志を表す。≡「君の言わ―ところはよく分かる」❷実現しかかっている意を表す。≡「いままさに殺され―苦しみの中にあって〈三浦綾子〉」◈推量の助動詞「ん」＋格助詞「と」＋動詞「する」。「んとす」の口語形で、現代語の「…(よ)うとする」に当たる。

ん-な-い〔連語〕その動作・作用の打ち消しを表す。関東以東の方言で、動詞・助動詞の未然形活用語尾「ら」「れ」が「ん」に変化するもの。≡「分か―・つま―・たま―・し―・や―・つく―・気にな―・話にな―・うれしくてな―（以上は「らない」が「んない」に変わる例）」「信じら―・考えら―・そうかもし―・会ってく―・貸してく―（以上は「れない」が「んない」に変わる例）」

付録

伝えるためのことば

敬語解説

本書では、敬語を以下の五つに分類して解説した。

1 尊敬語　2 謙譲語　3 丁重語　4 丁寧語　5 美化語

敬語の分類にはいくつかの説があり、これまで一般的には「尊敬語」「謙譲語」「丁寧語」の三分類が行われてきたが、本書では「敬語の指針」（平成一九年二月文化審議会答申）を踏まえ、上の五分類を採用した。以下、それぞれの敬語のはたらきと本書における取り決めについて解説する。

＊図版内の、敬意の対象はグレーで示した。

1 尊敬語

尊敬語は、他人の動作・状態・ものごとについて、その人物を高めていう語である。尊敬語によって高めることができる人物（＝他人）には、以下の三種類がある。

(1) **相手（話の聞き手や文章の読み手）**
例：「（あなたは）東京にいらっしゃるそうですね」…図①

(2) **相手側の人物**
例：「（あなたの）お兄様は東京にいらっしゃるそうですね」

(3) **話題の中に出てくる人物**
例：「A先生は東京にいらっしゃるそうですね」…図②

尊敬語には、「おっしゃる」「くださる」「読まれる」「来られる」など動作についてのもの、「お忙しい」「ご立派」など状態についてのもの、「お名前」「御社（おんしゃ）」「玉稿」「賢察」「高見」「御用」「（先生からの）お手紙」などものごとについてのものがある。

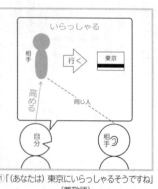

①「（あなたは）東京にいらっしゃるそうですね」
（尊敬語）

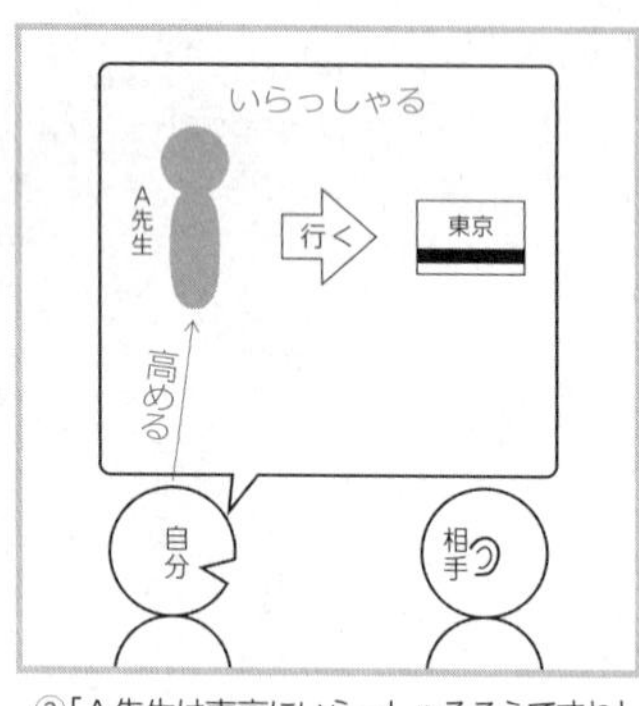

②「A先生は東京にいらっしゃるそうですね」
（尊敬語）

2 謙譲語

謙譲語は、自分（＝話し手や文章の書き手）または自分側の人物から他人に向かう動作・ものごとについて、それが及ぶ人物を高めていう語である。謙譲語によって高めることができる人物（＝他人）には、以下の三種類がある。

(1) **相手（話の聞き手や文章の読み手）**
例：「明日、（あなたの）お宅に伺います」…図③

(2) **相手側の人物**
例：「明日、（あなたの）お兄様のお宅に伺います」

(3) **話題の中に出てくる人物**
例：「明日、A先生のお宅に伺います」…図④

謙譲語には「申し上げる」「いただく」「お届けする」「ご案内する」など動作についてのもの、「（先生への）お手紙」「（皆さんへの）ご説明」などものごとについてのものがある。

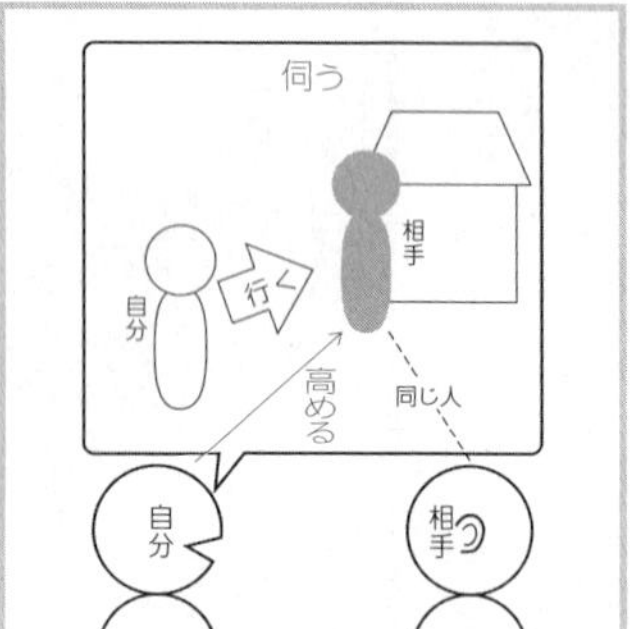

③「明日、（あなたの）お宅に伺います」
（謙譲語）

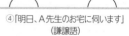

④「明日、A先生のお宅に伺います」
（謙譲語）

3 丁重語

丁重語は、自分（＝話し手や文章の書き手）または自分側の人物の動作・ものごとなどについて、相手（＝話の聞き手や文章の読み手）に対して改まった気持ちを表す語である。丁重語によって敬意を示すことができる人物は、相手である（例：「明日、東京に参ります」…図⑤）。なお、「明日、（あなたの）お宅に参ります」（図⑥）など、相手と、動作・ものごとの及ぶ人物が同一人物である場合は、丁重語は事実上、**2**の謙譲語と同じように使うことができる（「明日、（あなたの）お宅に伺います」と同じ意味で使うことができる）が、敬意の度合いは**2**の謙譲語のほうが高くなる。

丁重語には「参る」「申す」「いたす」など動作についてのもの、「愚息」「拙著」「小社」などものごとについてのものがある。

動作についての丁重語は、現代語では一般的に丁寧語の「ます」をともなって使うことが多い（「参ります」「申しました」などとなる）。

なお、敬語を三つに分類する場合には、丁重語は**2**の謙譲語と合わせて「謙譲語」という。また、五分類では**2**の謙譲語を「謙譲語Ⅰ」、丁重語を「謙譲語Ⅱ」ということがある。

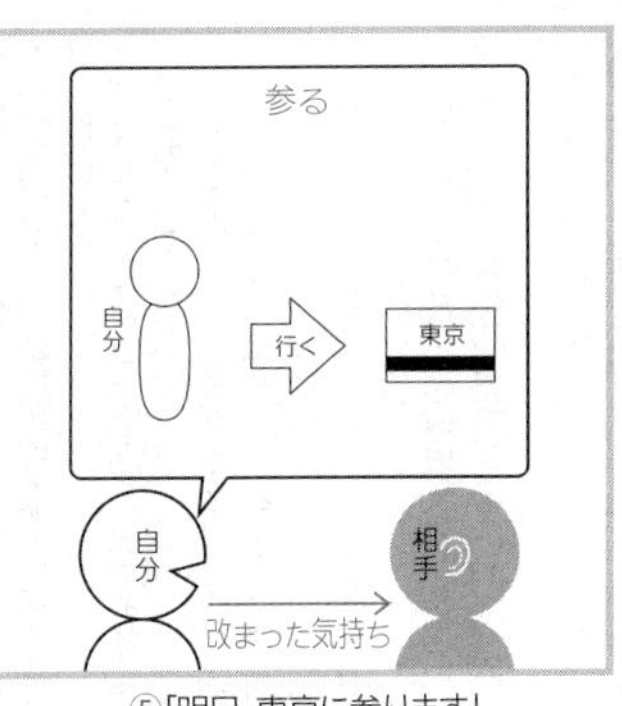

⑤「明日、東京に参ります」
（丁重語）

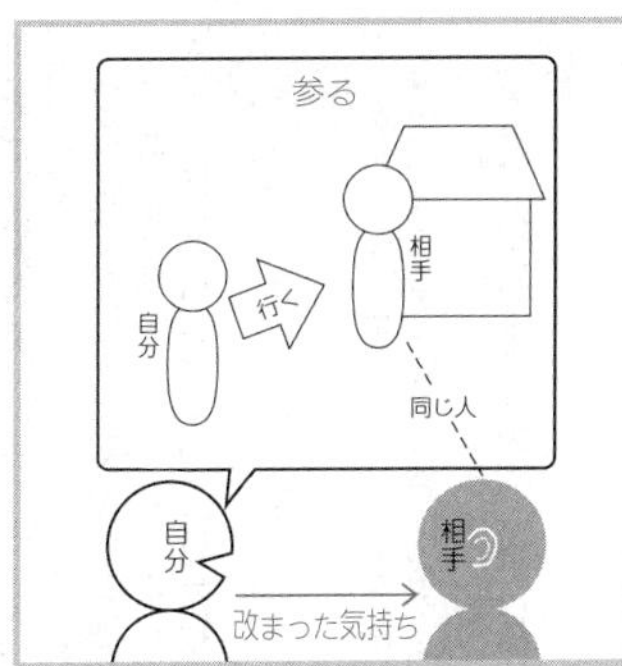

⑥「明日、（あなたの）お宅に参ります」
（丁重語）

4 丁寧語

丁寧語は、「です」「ます」など、相手（＝話の聞き手や文章の読み手）に対して丁寧に言う語である。相手への丁寧な気持ちを表す語であり、広くさまざまな内容について言うことができる（例：「電車が来ます」…図⑦、「桜は春の花です」）。また、丁重語は丁寧語「です」「ます」より改まった表現である。

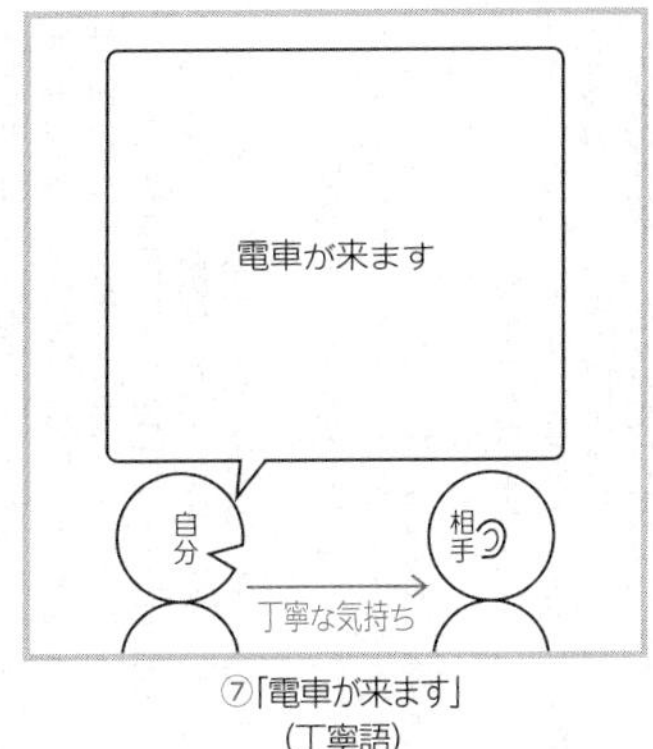

⑦「電車が来ます」
（丁寧語）

5 美化語

美化語は、「お菓子」「お天気」「（色とりどりの）お手紙」など、接頭語の「お」や「ご」をつけてものごとを美しく上品にいう語である。使うことによって相手（＝話の聞き手や文章の読み手）や話題の中の人物を高めることはないが、相手に対して品よく改まった感じを与える。

なお、敬語を三つに分類する場合には、美化語は**4**の丁寧語と合わせて「丁寧語」という。

注意すべき「お」「ご」の敬語表現

1 「ご」(「お」) を付けるのが一般的な語に「お」(「ご」) を付けるのは不適切。
「× お案内・お意見・お遠慮・お近所さん・お苦労・お自宅・お冗談・お心配・お注文・お伝言・お夫婦・お本(ほん)・お迷惑・お友人・お両親・お連絡」「× ご体(からだ)・ご父上・ご手紙・ご名前」

2 「和語＝お」「漢語＝ご」の原則通りで、他人に関わる動作や状態を表す表現であっても、「お」「ご」を付けるのが慣用になじまないものがある。
「× おさすが・おしっとり・おそっくり」「× ご学生・ご華麗・ご貴重・ご事故・ご繊細・ご便利」「× お死にになる→○ お亡くなりになる・亡くなられる」「× ご運転になる→○ 運転なさる・運転される」⇒成る[二]③〔注意〕(1)

3 「父上・尊顔・令嬢」などの尊敬語や「逝去」「亡くなる」などの婉曲(えんきょく)表現に「お」「ご」を付けて、より敬意の高い言い方をするのは適切。
「○ お父上・ご尊顔・ご令嬢・ご逝去・お亡くなりになる」

4 自分側の事物や動作で、他人に及ばないものに「お」「ご」を付けるのは誤り（美化語用法は除く）。「私の × お考え(→○ 考え) を聞いてください」「身内の × ご法要(→○ 法要) があり、恐縮ながら欠席します」

5 自分側の事物や動作に「お」「ご」を付けたり、「お〔ご〕…する」「お〔ご〕…申し上げる」を用いたりしても、それが他人に及ぶものであれば、適切な謙譲用法。
「〔披露宴で司会者が〕○ ここで新郎よりご挨拶申し上げます」

6 「和語＝お」「漢語＝ご」の原則に適っていて、自分側の動作を表す表現であっても、「お」「ご」を付けるのが慣用になじまないものがある。
「× お上げする→○ 差し上げる」「× お憧れする→○ 憧れ申し上げる」「× ご賛成申し上げる→○ 賛成申し上げる」

7 美化語の「お」は、過剰に付けると幼稚・慇懃(いんぎん)無礼・冗長に感じられたり、自分側に尊敬の「お」を使っていると受け取られたりする場合もある。
「△ ご希望のお日にちをお知らせください」「△ お出口はあちらです」「× お書類を提出します」「〔取引先に対して〕これ、うちの山田が担当した × お仕事(→○ 仕事) です」

8 固定した成句などに美化語の「お」を付けるのは不適切。「× お金の切れ目が縁の切れ目」

9 美化語の「お」を付けないと乱暴な言葉遣いに感じられる場合がある。
「先生、△ 茶(→○ お茶) でも飲みませんか」

10 他人に対して、自分の身内を「お父さん・お姉さん・お祖父さん」などというのは一般に不適切。
「〔お父様は元気ですか、と尋ねられて〕はい、× お父さん(→○ 父) は元気にしております」

11 「お〔ご〕…ください」などで、やりもらいでない動作について、動詞連用形・サ変動詞語幹のあとに「を」を入れるのは、一般的でない。
「△ ご注意をください」「△ あちらの席でお休みをください」「○ お許しをいただく」

12 「ちょっとお散歩してきます」「(私は) 会社をお休みする」など、動作の及ぶ人物のない「お…する」は、新しい用法。⇒する[三]④〔注意〕(2)

13 「お〔ご〕」を付けず動詞連用形・サ変動詞語幹に直接「ください」を続けるのは誤り。
「× 取り寄せください→○ お取り寄せください」「× 使用ください→○ ご使用ください」⇒ください[二]〔注意〕(1)

14 サ変動詞として使わない（「○○する」と言わない）名詞を「ご〔お〕…ください」とするのは誤り。「× ご参考ください→○ 参考になさってください・ご参考になってください」⇒ください[二]〔注意〕(2)

15 尊敬の「お…になる」に尊敬の助動詞「れる」を続けた「お…になられる」は二重敬語で、敬意過剰。「× お亡くなりになられた」「× ゆっくりお休みになられてください」⇒成る[二]③〔注意〕(3)・れる⑧〔注意〕(2)

16 「使いやすい」「理解しにくい」など「動詞＋形容詞」の複合語を尊敬語にするには、動詞を尊敬語にして形容詞を続ける。単に「動詞＋形容詞」の先頭に「お」を付けることはしない。
「× お使いやすい→○ お使いになりやすい」「× ご理解しにくい→○ ご理解になりにくい」

17 謙譲の「お〔ご〕…する」を、尊敬表現として他人の動作について使うのは誤り。
「× ご利用する(→○ ご利用になる) サービスをお選びください」「先生、この問題について × ご説明してください(→○ ご説明ください)」⇒する[三]④〔注意〕(1)

18 「お〔ご〕…できる」を他人の行為について使うのは誤り。「× 会員はご利用できます」「○ 明日までに私どもでご用意できます」⇒できる[二]〔注意〕(1)

19 「お〔ご〕…いただける」は、場面によって適切・不適切な場合の両方がある。
「○ ご説明いただけますか」「× 会員の方はご利用いただけます」⇒頂ける[二]

20 謙譲「お〔ご〕…いただく」の「…」の部分に謙譲語を用いるのは誤り。
「× ご拝読いただきありがとうございます」⇒頂く[二]①〔注意〕(2)

21 丁重語「いたす」「申す」などは、自分または自分側の行為について使うものなので、尊敬語と組み合わせるのは誤り。
「× お読みいたしてください→○ お読みになってください」

主な敬語

尊敬語

▼**動詞**

いらっしゃる（いる・来る・行く）
「奥様はご自宅に**いらっしゃい**ますか」
「午後、佐藤様がこちらに**いらっしゃる**予定です」
「先生は研修旅行に**いらっしゃっ**ています」
おっしゃる（言う）
「田中先生がこう**おっしゃっ**たそうだ」
ください（くれ）
「後日お返事を**ください**」
くださる（与える・くれる）
「田中先生が**くださっ**たお手紙」
なさる（する）
「佐藤様はご自分で料理を**なさる**のですか」
見える（来る）
「田中先生は本日こちらには**見え**ません」
召し上がる・上がる（食べる・飲む）
「お客様、夕食は何時に**召し上がり**ますか」
召す（食べる・飲む・着る・履くなど）
「羽織を**召し**ている方が佐藤様です」

▼**尊敬の表現**

おいでになる（いる・来る・行く）
「教授は構内に**おいでになる**」
「来週ご実家に**おいでになる**のですか」
お越しになる（来る）
「先生が**お越しになる**時間だ」
お目にかかる（会う）
「**お目にかかれ**て光栄です」
ご覧になる（見る）
「展示品をゆっくり**ご覧になっ**てください」
お［ご］…になる
「鈴木部長は**お帰りになり**ましたか」
お［ご］…なさる
「**お楽になさっ**てください」
「田中先生が**ご退席なさい**ます」
（お［ご］）…（て［で］）いらっしゃる
「先生はいつまでも**お元気でいらっしゃい**ますね」
「ご子息は海外で**頑張っていらっしゃる**」
お［ご］…下さい／…て［で］下さい
「時間までこちらで**お待ちください**」
お［ご］…下さる／…て［で］下さる
「佐藤様が**手伝って下さる**そうだ」
れる・られる
「田中先生が**書かれ**た論文」

▼**名詞**

貴社・御社（おんしゃ）・お手元・お召し物・玉稿・貴信・高覧・明察・尊父・芳名

▼**敬称**

様・先生・各位・御中

謙譲語

▼**動詞**

いただく（食べる・飲む・もらう）
「お菓子をおいしく**いただき**ました」
「田中先生から**いただい**た本です」
伺う（行く・訪問する・聞く）
「週末、ご自宅に**伺い**ます」
「部長から**伺っ**た内容を確認する」
承る（聞く・受ける）
「ご用件は確かに**承り**ました」
「新商品の販売予約、**承ります**」
差し上げる（与える・やる）
「来場者には記念品を**差し上げ**ます」
存じ上げる（知る）
「その件は**存じ上げ**ません」
申し上げる（言う）
「上司に調査結果を**申し上げる**」

▼**謙譲の表現**

させていただく（させてもらう）
「［上司の許可を得て］**同席させていただき**ます」
お［ご］…する
「先生に**お会いする**」
「皆様に資料の内容を**ご説明します**」
お［ご］…いただく／…て［で］いただく
「是非**ご参加いただき**たい」
お［ご］…申し上げる
「私が謹んで**お届け申し上げ**ます」
お目にかける（見せる）
「先生に**お目にかける**べき逸品」

▼**名詞**

拝借（はいしゃく）・拝読・御無沙汰・参上

丁重語

▼**動詞**

いたす（する）
「今後いっそう努力**いたし**ます」
おる（いる）
「終日自宅に**おり**ます」
存ずる（知る・思う）
「著名な先生だとは**存じ**ませんでした」
「ご多忙かと**存じ**ますが、…」
参る（行く・来る）
「担当者の佐藤がお宅に**参り**ます」
「あちらから**参り**ますのが弊社の社長です」
申す（言う）
「私は、営業担当の佐藤と**申し**ます」

▼**名詞**

弊社・小誌・小生・拙宅（せったく）・愚考・愚息・薄志・卑見

丁寧語

▼よく使う丁寧表現
です／ます／ございます
あちら（あそこ・あれ・あの人）／こちら（ここ・この人）／そちら（そこ・その人）／どちら（どこ・どっち）
「あちらに見えますのが本日の目的地です」
「そちらとはどのようなご関係ですか」
「お客様、どちらにいらっしゃいますか」
いかが（どう・どのよう・どうか・どんなものか）
「ご気分はいかがですか」
います（いる）
行ってまいります（行ってきます）
行ってらっしゃいませ（行ってらっしゃい）
おかげさま
「おかげさまで完成にいたりました」
恐れ入ります
「お手伝いいただきまして恐れ入ります」
亡くなる（死ぬ）
いけません（いけない）
「後悔ばかりしていてはいけません」
差し支え（が）ありません「ございません」（差し支えない）
「お子様同伴でも差し支えございません」
仕方（が）ありません（仕方ない）
「断られても仕方がありません」
すみません（すまない）
とんでもありません「ございません」／とんでもないことです（とんでもない）
「先方にお詫びいただくなどとんでもないことです」
なりません（ならない）
「焦って行動してはなりません」
間違いありません「ございません」（間違いない）
申し訳ありません「ございません」（申し訳ない）

間違えやすい敬語

尊敬語と謙譲語の混同

1「（客に）ただ今×お持ちになります（→○お持ちします／お持ちいたします）」
2「お酒を×いただいて（→○召し上がって）ください」
3「先生が×申された（→○おっしゃった）とおりです」
4「お客様が応接室に×参られました（→○いらっしゃいました）」
5「場所は担当者に×伺ってください（→○お聞きください／お尋ねください）」
6「佐藤様、×おりますか（→○いらっしゃいますか）」
7「明日までに×ご連絡してください（→○ご連絡ください）」
8「（お客様のお話は）課長に×お伝えし（→○申し伝え）ます」

高めるべき対象の誤り

1「（取引先に）×鈴木さんはご出張中です（→○鈴木は出張中です）」
2「母がそう×おっしゃっていました（→○申しておりました）」
3「×先生が来ていただきました（→○先生に来ていただきました／先生が来てくださいました）」
4「ご都合は娘から×伺って（→○聞いて）おります」

過剰な敬語

1「佐藤様が×お見えになられました（→○お見えになりました／見えました）」
2「先生が×おっしゃられた（→○おっしゃった）」
3「お問い合わせの件×につきまして（→○について）ご説明いたします」
4「次の質問×をもちまして（→○をもって）質疑応答は最後といたします」
5「恩師が×お亡くなりになられた（→○亡くなられた）」
6「（改まった書面で）×会員各位様（→○会員各位）」
7「（宛名で）×人事課様御中（→○人事課御中）」

敬語の形式の誤り

1「お求めやすい（→○お求めになりやすい）価格の商品です」
2「この電車には×ご乗車できません（→○ご乗車になれません）」
3「高著を×読まさせていただきます（→○読ませていただきます）」

その他の不適切な表現

1「お降りの方は×ございますか（→○いらっしゃいますか）」
2「（上司に）課長、ご苦労様でした（→○お疲れ様でございました）」
3「×ご愛顧を承り（→○ご愛顧を賜り）ますようお願い申し上げます」
4「（上司に）×ごめんなさい（→○すみません／申しわけございません）」
5「（自己紹介で）私は×記者をさせていただいております（→○記者をしております）」
6「（私は）会社を×お休みし（→○休み）ます」
7「（当店は）×煙草はご遠慮させていただきます（→○煙草はご遠慮ください）」
8「ご両親はご心配×いたされました（○なさいました）」
9「時間まで資料を×お読みいたしてください（→○お読みください）」
10「私からご報告×いたさせていただきます（→○させていただきます）」
11「先生が×お話しされた（→○おっしゃった）」
12「ご注文の品は×おそろいになりましたでしょうか（→○そろっておりますでしょうか／おそろいでしょうか）」

接続詞のまとめ

接続詞は、自立語で活用がなく、単独で接続語となり、前の語句や文を受けてあとの語句や文につなぐ働きをもつ語。適切な接続詞を使うことにより、前の語句や文とあとの語句や文との関係を示し、文脈を適切に表現することができる。

【使い方】

「電話**もしくは**メールで連絡してください」（語と語をつなぐ）

「進むか**それとも**戻るか、悩むところだ」（文節と文節をつなぐ）

「彼らは連日厳しい練習を続けた。**しかし**、優勝することはできなかった」（文と文をつなぐ）

前後の関係による接続詞の種類の別と、それぞれに該当する主な接続詞は、次の通り。

1 順接

前の文や句が提示した条件があとの文や句の順当な原因・理由になっている。

【順接の働きをする主な接続詞】

だから・そこで・それで・それゆえ・ゆえに・そのため・このため・したがって・こうして・すると・それでは・それなら・よって

「最近空き巣が多発している。**だから**、戸締まりをしっかりしてください」

「肩をこわして、**それで**投手を続けられなくなったんだ」

「現行法は矛盾が多い。**それゆえ**、法律の改正が叫ばれている」

「入社八年目ですか。**すると**、佐藤くんの二年先輩にあたりますね」

「熱があるのか。**それでは**帰って休みなさい」

2 逆接

前の文や句とは逆の意味や反する内容をもつ文や句をあとに続ける。

【逆接の働きをする主な接続詞】

しかし・しかしながら・けれども・ところが・だが・だけど・しかるに・それでも・それなのに・それにもかかわらず・それでいて・そのくせ

「やる気はあるようだ。**しかし**、実力が水準に達していない」

「彼は誠実だと信じられていた。**ところが**、皆との約束を破った」

「一生懸命に説明をした。**それでも**聴衆の理解は得られなかった」

「彼は人には厳しい性格だ。**それにもかかわらず**自分には甘い」

3 累加・並立

前のことがらに後のことがらをつけ加えたり、同列に並べたりする。

【累加・並立の働きをする主な接続詞】

そして・それから・そのうえ・しかも・また・および・並びに・そればかりか

「雨が降っている。**しかも**、風も強い」

「生徒**および**保護者の参加を促す」

「彼は英語が堪能だ。**そればかりか**イタリア語も得意としている」

4 対比・選択

前のことがらと後のことがらを比較したり、どちらかを選択させたりする関係で並べる。

【対比・選択の働きをする主な接続詞】

それとも・あるいは・または・もしくは・一方

「来週は山に行くか、**あるいは**海に行くか」

「現金**または**クレジットカードでお支払いください」

「事業者側は建築計画を進めようとしている。**一方**、住民たちの反対は根強い」

5 転換

前の文で提示したことがらから転じて、別のことがらを示す。打ち切って、新しい話題に換える。

【転換の働きをする主な接続詞】

ところで・さて・それでは・では・それはそうと・それはそれとして

「よいお天気ですね。**ところで**、企画は進んでますか」

「説明は以上です。**それでは**、実際の作業を始めてください」

「『今日の会議は有意義だったな』『**それはそれとして**、昼食はどうする』」

6 要約・言い換え

前のことがらの要点をまとめたり、別のことばで言い換えたりする。

【要約・言い換えの働きをする主な接続詞】

すなわち

「彼は私の父の弟の息子、**すなわち**いとこです」

7 理由

前の文や句の理由となる文や句をあとに続ける。

【理由を表す働きをする主な接続詞】

なぜなら

「この文章は書き換えたほうがいい。**なぜなら**矛盾点が多いからだ」

8 補足

前で提示したことがらを補う内容を後に続ける。

【補足の働きをする主な接続詞】

ただし・もっとも・なお・ちなみに

「明日は練習試合を行う。**ただし**、雨天の場合は中止とする」

「メールでの参加申し込みを受け付けます。**なお**、定員に達し次第締め切ります」

「このプロジェクトの担当は佐藤です。**ちなみに**、彼は多くの事業を成功させた実績があります」

挨拶のことば

＊特に手紙文で使われることが多いことばには【手紙】を付けた。「手紙の書き方」(⬇一八〇六ジ) とあわせて参照されたい。

1 出会い
〈朝〉お早う(ございます)〈昼〉こんにちは〈晩〉こんばんは〈新年〉【手紙】明けましておめでとう(ございます)〈安否〉お元気ですか・お変わりありませんか・その後いかがですか・調子はどうですか

2 別れ
〈一般〉さようなら・ご機嫌よ(ろしゅ)う・では(これで)・じゃあ(また)〈年末〉よいお年を〈長期〉お達者で・お元気で〈見送り〉お気をつけて

3 就寝
お休み(なさい)

4 飲食
〈開始〉(どうぞ) 召し上がれ⬍頂きます〈終了〉ごちそう様(でした)⬍お粗末様(でした)

5 外出
行って来ます[参ります]⬍行ってらっしゃい(ませ)

6 帰宅
ただ今(帰りました)⬍お帰りなさい(ませ)

7 初対面
〈自己紹介〉初めまして[お初にお目にかかります]〇〇で(ございま)す・(どうぞ) よろしく(お願いします)

8 訪問
ごめんください・ごめんなさい・今日は・今晩は⬍いらっしゃい(ませ)・よくいらっしゃいました・ようこそ(おいでなさいました)⬇お上がりなさい(ませ)・お入りなさい(ませ)⬇お掛け[お座り]ください・お敷きください・お楽にどうぞ⬇ごゆっくりおくつろぎください

9 退出
〈訪問先で〉お邪魔しました・失礼[お暇(いとま)]します・では(これで)〈連れを残すとき〉お先に(失礼します)〈集会などの場で〉お先に(失礼します)

10 祝意
新年[お誕生日/御結婚/御栄転/優勝] おめでとう(ございます)

11 弔意
御愁傷様でした・この度は(誠にお力落としのことと存じます)〜・お悔やみ申し上げます

12 質問
少々[ちょっと]伺いますが・教えていただきたいのですが・つかぬことをお伺い(致)しますが

13 依頼
〈初めに〉ちょっとすみませんが・恐れ入りますが・御迷惑ですが・恐縮ではございますが〈結びで〉(どうか) よろしく(お願いします)

14 受諾
〈相手の希望・依頼・命令に対して〉分かりました・承知しました・承りました・かしこまりました・分かった・よしよし・いいよ

15 進呈
つまらないものですが

16 ねぎらい
ご苦労さまでした・お疲れさまでした・大変ですね[でしたね]・(お) 精が出ますね

17 同情
お気の毒さま・お気の毒に・(お) かわいそうに

18 賛美
恐れ入りました・参りました・とてもかないません・やったねえ・やるねえ・かなわないなあ

19 呼びかけ
もしもし・ちょっと・ねえ・すみませーん(〇〇さん)

＊挨拶のことばは、男性・女性の別、年齢、社会的立場や、相手との親疎などによっても微妙に使い分けられる。⬍印は応答、⬇印は前の挨拶に続いて発せられることば。

おわびのことば

▼ごめんなさい・ごめんください・ごめんね・ごめんよ

＊「御」+「免」。「免」は許す意で、許しを求める形で謝罪する言い方。口頭語的で、多く軽い謝罪に使う。「ごめんください」は、手紙などで使う(【手紙】前略ごめんください)。

▼お許しください・許してください・お許し願います・【手紙】お許しを願う次第です・【手紙】お許しいただければ幸いです・【手紙】お許しいただきたく存じます・どうかお許しを・お許しあれ

▼済まない・済まなかった・済みません・済みませんでした・済まなく思っております・済まん

＊このままでは事が収まらない意で、反省の気持ちを添えて謝罪するもの。

▼【手紙】御寛恕(かんじょ)[御諒恕(りょうじょ)]を請う[願う] 次第です・【手紙】御海容[御寛容]のほど願い上げます・【手紙】御海容を請う次第です・【手紙】御海容下さい・【手紙】御理解を賜りたく存じます・大目に見てはいただけないでしょうか

＊相手の寛容・理解に期待する形でわびる。当事者側の勝手を通すときに使う。

▼勘弁して下さい・堪忍(かんにん)して下さい・【手紙】御容赦くださるようお願い申し上げます・水に流していただきたく存じます

▼おわびします・おわび致します・おわび申し上げます・謝ります・【手紙】ここに謝意を表します・【手紙】陳謝[深謝/万謝/謝罪]致します

＊謝罪すると宣言して、謝意に代えるもの。一般にはこのあとに、頭を下げる動作や、「すみません(でした)」という発話行為を伴う。

▼おわびのしようもございません・おわびのことばもありません

＊謝罪のことばもないほどに反省していると言ってわびるもの。

▼申し訳ない・申し訳ありません(でした)・申し訳ございま

せん・申し開きのしようもございません

＊言い訳が立たないほどに悪かったと言ってわびるもの。

▼失礼しました・失礼・失敬・失敬失敬

＊礼儀にかなっていないといってわびるもの。

▼恐縮です・[手紙]恐縮（至極）に存じます・穴があったら入りたい気持ちです

▼悪い・悪かった・反省しております・[手紙]深く反省する次第です・[手紙]反省の日々を送っております・[手紙]慚愧（ざんき）の念に堪えません・[手紙]はなはだ遺憾に存じます・[手紙]痛惜の念にかられております・[手紙]悔悟（かいご）の涙に暮れております・[手紙]不徳の致すところでございます・面目ない・[手紙]面目次第もございません・失言でした・前言を撤回させていただきます・[手紙]妄言［妄評］多罪・[手紙]妄言［妄評］多謝

▼こちらの手落ち［手抜かり／ミス／不手際／不行き届き］でございました・とんだ粗相［不調法］を致しました・取り返しの付かないことをしてしまいました・お見苦しいところをお見せしました・お怒り、ごもっともです・二度と致しません

▼御迷惑をおかけしました・お手数をかけました・心苦しく思います・お心を煩わせてしまいました・御足労をおかけしました

▼申し訳ないのですが～・申し訳ありませんが～・悪いのですが～・失礼とは存じますが～・失礼ですが～・恐縮で（ございま）すが～

＊相手に依頼するとき、事前に付け加えていう。

▼つかぬことを伺いますが～・（少々）お教え頂きたいのですが～・（ちょっと）お聞きしたいのですが～

＊唐突な質問を発するときに、事前に付け加えていう。

▼〈待たせたとき〉お待ちどおさま（でした）・お待たせしました〈遅刻したとき〉大変遅くなって（すみません）

感謝のことば

▼ありがとう・ありがとうございます・ありがとうございました

ありがたい・ありがたいことでございます・ありがたいことに存じます・ありがたく思います［存じます］

[手紙]ありがたく頂戴［お受け］致します

[手紙]有り難き幸せに存じます

▼忝（かたじけ）ない・[手紙]忝なく存じます・[手紙]忝のうございます

▼勿体（もったい）なく思います・[手紙]勿体ないことに存じます

[手紙]畏（おそ）れ多いことに存じます・[手紙]願ってもないことで（ございま）す

▼恐れ入ります・痛み入ります

恐縮です・恐縮致しております・[手紙]恐悦至極に存じます

▼御恩［御高恩／御厚恩］は一生忘れません・恩に着ます・御恩はきっとお返し致します・御高恩［御厚恩］にむせび泣いております

▼感謝の涙にかきくれております・私には過ぎたお言葉［思し召し］に存じます

（御厚意を）多と致します・（御助力）多とするところで（ございま）す・（御厚情を）徳とするところで（ございま）す

▼すまない・すみません・すまぬことです

＊謝罪を感謝に転用したもの。相手が損をしたにもかかわらず、こちらに利益を与えてくれた場合に使う（販売員などが客に使うことばではない）。

▼お手を煩わせました・お手数［お世話／御散財／御足労］をおかけ致しました・お世話になりました・お世話様でした・はばかり様でした

▼御苦労様でした

＊同等以下に使うねぎらいのことば

お疲れ様でした

＊同等以上に使うねぎらいのことば

▼心苦しく思います・申し訳ありません

▼感謝致します・感謝申します・感謝申し上げます・[手紙]感謝至極に存じます

感謝この上もございません・感謝の言葉もありません・感謝で胸が一杯です・[手紙]御厚意多謝

▼厚く御礼申し上げます・お礼の言葉を述べさせていただきます・謝辞［謝儀／謝礼］を述べさせていただきます・[手紙]拝謝［深謝／厚謝／多謝／万謝］致します・[手紙]ここに謝意を表します

＊「お礼を述べる」と宣言して、感謝の気持ちを表すもの。普通、この後に「ありがとう」などの感動詞が続く。「感謝致します」なども同趣。

▼お礼のことばもありません・お礼の申し上げようもございません・[手紙]筆舌に尽くしがたい思いでございます・[手紙]たとえようもない大恩意を感じております

＊感謝の気持ちはことばでは表せないと言いながら、謝意を表す表現法。最大級の謝意表現の一つだが、この後に「ありがとうございます」などの感謝のことばがくるのが一般的。

▼サンキュー・ダンケ・メルシー・グラチェ・グラシャス・オブリガード・スパシーボ・謝謝（シエシエ）・カムサハムニダ

▼悪い（ね）・悪いなあ・悪い悪い

▼どうも

＊「どうもありがとう」の下略。

▼お心遣い、うれしく思います・[手紙]御厚情［御芳情］有り難く存じます・[手紙]御親切悦びに堪えません・[手紙]幸甚に存じます

▼[手紙]結構なお品を頂戴して、皆も喜んでおります・[手紙]過分の思し召しを賜り、私は果報者［幸せ者］でございます

手紙の書き方

改まった手紙には、常識的に定まっている、基本の形式がある。失礼のない手紙を書くためには、基本的な形式を知った上で、受け取る相手と自分の関係、手紙の目的、相手の状況、季節に配慮して書き分けることが必要だ。ここでは、基本的な手紙の形式に必要な要素と構成を解説する。

基本的な手紙の形式

1 前文…前置きとなる挨拶。

▼**頭語**…拝啓、謹啓などの語。結語と対で使う。起首ともいう。(➡次ページ)

▼**時候の挨拶**…それぞれの季節に合わせた挨拶を書く。「残暑の候」「清和のみぎり」などの決まった形もあるが、「一雨ごとに暖かくなってまいりました」などの季節感を織り交ぜた文もある。(➡次ページ)

▼**安否の挨拶**…「いかがお過ごしでしょうか、私は元気で暮らしております」のように、まず相手のようすを尋ね、次に自分のようすを書くのが基本となる。自分と相手との関係や状況を考えて、適したことばを選ぶ。(➡一八〇九ページ)

2 主文…手紙の主旨を書く。

▼**書き出しのことば**…「さて」「ところで」「さっそくですが」などの接続のことばを入れると、挨拶から本文に移る、自然な流れができる。

▼**本文(手紙の用件)**…お礼、おわび、依頼、案内、見舞い、断りなど、手紙を書く目的や用件を述べる。

3 末文…手紙のしめくくり。

▼**結びの挨拶**…相手の健康、幸福、繁栄などを祈る言葉など、相手に対する心づかい、また、引き続きの付き合いを願う気持ちなどを書く。(➡一八〇九ページ)

▼**結語**…敬具、敬白など、頭語と対応した語で、手紙の内容が終わることを示す。結びの挨拶の最後の行の末尾に書く。(➡次ページ)

4 後付け…いつ・だれが・だれに宛てた手紙かを示す。

▼**日付**…手紙を書いた日付を、本文より一、二字下げて書く。基本的に年月日を示すが、お祝いごとなどでは、「〇月吉日」のように書くこともある。

▼**署名**…日付の下か、その次の行の下のほうに、差出人の姓名を書く。必要に応じて社名や肩書きを付す。

▼**宛名**…相手の姓と名、必要に応じて社名や肩書きを、署名の次の行に上から書く。本文の頭よりも下げて書くと失礼にあたるので注意する。

▼**敬称**…姓名の後には、「様」「先生」など、適切な敬称を付ける。

▼**脇付**(わきづけ)…「侍史」「机下」などの語を、宛名の左下に添えることがある。敬意を表す。差出人が女性の場合は「みもとに」、会社や団体の場合は「御中」など、立場や属性により違う。

❖**書き足し**

「追伸」「二伸」「再伸」などとして、主文に書き漏らしたことや、主文以外で書いたほうがよいことなどを書き足すこともある。改まった手紙では、主文に書き散らしたことのおわびなどを書くこともある。

❖**便箋に書く改まった手紙の例——御礼状**

謹啓　春陽の候、鈴木様におかれましてはますますご清栄のこととお慶び申し上げます。

さて、このたびは弊社の新社屋落成に際し、ご丁寧なお祝いの品を頂きまして、心より御礼申し上げます。

また、ご多忙の折、ささやかな披露の宴にご臨席賜りまして、誠にありがとうございました。

このような機会に恵まれましたのも、ひとえに鈴木様をはじめ、皆様方の温かいご指導ご助力のおかげと、深謝申し上げます。

今後とも、引き続きご支援ご厚誼を賜りますよう伏してお願い申し上げます。

まずは書中をもちまして、御礼申し上げます。

敬具

令和〇年四月三〇日

株式会社××食品
佐藤　一

〇〇商社株式会社
鈴木三郎様

頭語と結語

手紙の種類	頭語	結語
一般的な手紙	拝啓 一筆申し上げます 久しぶりにお便りします	敬具、 敬白
改まった手紙	謹啓 謹んで申し上げます	敬具、 敬白、 謹言
緊急の手紙	急啓 取り急ぎ（一筆）申し上げます	敬具、 草々
初めての手紙	初めてお手紙を差し上げます 突然の手紙を差し上げる失礼をお許しください	敬具、 敬白
返信	拝復 お手紙ありがとうございました 貴簡たしかに拝受いたしました 玉簡ありがたく拝見いたしました	敬具
略式	前略（ごめんください） 冠省	草々、 不一

時候の挨拶

▼一月

【賀詞】

賀正・賀春・頌春・迎春・慶春・謹賀新年・恭賀新年・新春御慶・恭賀新禧
明けましておめでとうございます。
謹んで新春の御祝詞を申し上げます。
謹んで初春のお慶びを申し上げます。
新春をことほぎ申し上げます。
頌春［新春／初春］の候、皆様ますますご清栄のこととお慶び申し上げます。

【一般】


厳寒［厳冬／大寒／極寒／酷寒］の候［折／みぎり］・寒冷の折［寒気ことのほか厳しい折／寒さ厳しき折から／寒さひとしお身にしむ折から］・淑気満つ初春の候・一陽来復の春
寒風吹きすさぶ候となりました。

日毎に寒さも増してまいりました。

いよいよ本格的な冬将軍の到来です。

粉雪が舞い、寒さが身にしむころとなりました。

大寒のことばどおり厳しい寒さが続きます。

軒のつららにも寒さのつのる毎日となりました。

寒中お見舞い申し上げます。

ちらちらと白いものが舞う今日この頃、皆様にはいかがお過ごしでいらっしゃいますか。

松飾りもとれ、また忙しい日々が戻ってきました。

冬来たりなば春遠からじと申します。

福寿草が可愛らしい花を咲かせました。

梅のつぼみもふくらみを見せています。

凛とした冷たい空気に、風花が美しく輝く季節となりました。

寒中ながらうららかな日が続いております。

▼二月

余寒［残寒／春寒／解氷／梅花／向春］の候［折／みぎり］・余寒［残寒／春寒］なお厳しき折から・余寒［残寒／春寒］なおしのぎがたき折・清らかな香り漂う梅花［日脚伸ぶ立春］の候
余寒［残寒］お見舞い申し上げます。

立春とは名ばかり、まだまだ寒い日［厳しい寒さ］が続きます。

暦の上の春を迎え、一息ついております。

日差しにふと春の気配を感じるころとなりました。

春一番も吹き抜けて、日増しに春の気配が濃くなってまいりました。

春寒ややゆるむこの頃となりました。

▼三月

早春［浅春／春陽／軽暖／春暖／春麗／啓蟄］の候［折／みぎり］・春暖快適［菜種梅雨］の候［折／みぎり］・水ぬるむ［山笑う］頃・桃の香りもうるわしい春分の候・霞立つ春
春とはいえ、まだ寒い日が続いております。

春光天地に満つるの候となりました。

梅も散り、桃のつぼみもだいぶふくらんでまいりました。

花の便りも聞かれる頃となりました。

ようやく［日増しに］春めいてまいりました。

寒さもゆるみ一雨ごとに春の気配が高まります。

一雨ごとに暖かくなってまいりました。

桃の節句も過ぎ、すっかり春めいてまいりました。

▼四月

陽春［仲春／春陽／温暖／春暖／春麗］の候［折／みぎり］・春爛漫［桜花爛漫／春風駘蕩］の候となりましたが・春宵一刻直千金［春眠暁を覚えず］と申しますが・春もたけなわとなりましたが・花冷えの時節でございますが・花曇りの昨今・若葉萌えいづる頃
清和の候、皆様にはますます御清栄のこととお慶び申し上げます。

花信(かしん)しきりに至るの候となりました。

春まさにたけなわの候、当地の桜も満開となりました。

春光あまねくふりそそぎ、心もやすらぐ今日このごろです。

山の装いもすっかり春を迎えました。

春陽うるわしい好季節となりました。

花の盛りもいつしか過ぎて、葉桜の季節を迎えました。

▼五月

晩春［暮春／惜春／新緑／若葉／青葉］の候［折／みぎり］・薄暑［軽暑］の候［折／みぎり］（立夏以後に使う）・新緑が目にしみる今日このごろ・風薫る季節・青葉若葉のさわやかな季節
逝(ゆ)く春の惜しまれる今日この頃、皆様いかがお過ごしでしょうか。

薫風(くんぷう)の候、ますますご健勝のこととお喜び申し上げます。

薫風緑樹(りょくじゅ)をわたる［風薫るさわやかな］季節となりました。

目には青葉、山ほととぎすの季節となりました。

若葉の萌えたつ頃となりました。

新緑もひときわあざやかになってまいりました。

▼六月

初夏［向暑／向夏／軽暑／麦秋／短夜／薄暮］の候［折／みぎり］・梅雨［長雨］の候［折／みぎり］・梅雨明けが待たれる昨今ですが・紫陽花(あじさい)の花が日ごとの長雨に色づいて
長雨のうちにも夏が待たれる季節となりました。

いよいよ田植えの季節となりました。

雨に濡れた紫陽花の色が目にも鮮やかに映ります。

庭の梅の実も色濃く熟してまいりました。

あやめの便りも聞かれる頃となりました。

日を追うごとに暑気もつのり、じっとりと汗ばむ季節となりました。

▼七月

【暑中見舞い】小暑から立秋前までが暑中。立秋を過ぎると「残暑見舞い」になる。

盛夏［炎暑／酷暑／猛暑／大暑／極暑／烈暑／三伏(さんぷく)］の候［折／みぎり］・暑い日が続きますが
暑中おうかがい申し上げます。

暑中お見舞い申し上げます。

日に日に暑さがつのってまいります。

蒸し暑く寝苦しい熱帯夜が続きますが、いかがお過ごしでしょうか。

炎熱厳しく、緑陰慕わしき今日この頃ですが、皆様いかがお過ごしでしょうか。

時節柄［酷暑のみぎり／暑さ厳しき折から］御自愛専一のほどお祈り申し上げます。

お健やかに夏を過ごされますようお祈り申し上げます。

くれぐれも夏ばてなどなさいませぬように。

夏風邪などお召しになりませぬように。

まずは暑中お見舞いまで。


【一般】

長くうっとうしい梅雨も明け、いよいよ夏本番となりました。

梅雨明け宣言とともに夏空が広がってきました。

入道雲がわき立ち、太陽が白く輝く季節となりました。

いよいよ盛夏の季節となりました。

連日の猛暑に、庭の草木もひたすら水をほしがる風情です。

海山の恋しい季節を迎えました。

▼八月

晩夏［暮夏／残夏／立秋／向秋］の候［折／みぎり］・残暑［残炎／秋暑］の候［折／みぎり］・残暑厳しき折から
残暑お見舞い申し上げます。（残暑見舞いは立秋を過ぎてから）
立秋とは申せ、まだまだ猛暑が続いております。
暦の上ではもう秋ですが、まだまだ暑い日が続いております。
土用波が立ち、人影もまばらな海辺に夏の終わりを感じます。
立秋の候を迎え、暑さの中にもかそけき秋を感じるころとなりました。
雲の形もすっかり秋めいてまいりました。

▼九月

初秋［早秋／爽秋／秋涼／秋麗／爽涼／清涼／白露］の候［折／みぎり］・台風一過、涼気とみに加わり・秋の気配を感じるこのごろ
初秋の風がさわやかに渡る季節となりました。

二百十日も無事に過ぎ、秋の実りが待たれるこの頃です。

暑さ寒さも彼岸までと申しますが、すっかり秋めいてまいりました。

朝夕はいくらか過ごしやすくなってまいりました。

▼十月

仲秋［錦秋／清秋／金風／紅葉／秋雨／秋冷／秋冷爽快］の候［折／みぎり］・菊咲き乱れる季節・秋の日は釣瓶(つるべ)落としと申しますが・清涼の秋気身にしみて・秋色日ごとに深まり・さわやかな秋晴れの続く今日この頃・空は深く澄み渡り
菊薫る候［灯火親しむの候／天高く馬肥ゆるの候／秋気ようやく肌にしむ候］、皆様いかがお過ごしでしょうか。

金木犀(きんもくせい)の香りただよう季節となりました。

日増しに秋も深まってまいりました。

短くなった日脚に秋の深まりを感じます。

野山の紅葉がことのほか美しい季節となりました。

虫の音に秋の深まりを覚え、何とはなしに寂しさを感じるこのごろです。

夜長の季節、もっぱら灯火に親しんでおります。

▼十一月

晩秋［暮秋／深秋／季秋／初霜／夜寒／霜寒］の候［折／みぎり］・冷気とみに加わる折から・日毎に寒気加わる季節となりましたが・庭に落ち葉が散り敷き、時雨しきりの折

から
紅葉の季節もいつしか終わりました。
いつの間にか行く秋を惜しむ季節となりました。
木枯らしの吹き始めました今日このごろ、皆様いかがお過ごしでしょうか。
向寒のみぎり、皆様ご健勝でお過ごしのことと存じます。
冷雨が降り続き、虫の音も夜毎に衰えてまいりました。
初霜が落ち葉に降りる頃となりました。
朝夕はめっきり冷え込み、冬支度に忙しい季節となりました。

▼十二月

初冬〔孟冬／師走／歳末／歳晩〕の候〔折／みぎり〕・寒冷のみぎり〔寒気の折から／寒気つのる折から〕・歳末ご多忙〔年末ご多忙／年末厳寒〕の折から・寒気日ごとにつのる昨今・木枯らし吹きすさぶ頃・年内余日なく
日増しに寒さがつのる季節となりました。

風花が舞い、寒気も一段と増してきたようです。

初雪の待たれる頃となりました。

師走の声を聞き、にわかにあわただしくなってまいりました。

いつの間にか今年も残り少なになりました。

心せわしい年末となりました。

年の瀬も押し詰まってまいりました。

定型表現

▼前文

【相手の安否を尋ねる】

みなさまお変わりありませんか。

みなさまにおかれましてはお元気でお過ごしでしょうか。

A様にはお変わりなくお過ごしでしょうか。おうかがい申し上げます。

ますますご清栄〔ご活躍／ご健勝〕のこととお慶び申し上げます。

あなたさまにはお健やかにお過ごしのことと存じます。

いかがお過ごしでしょうか。


【自分の安否を伝える】

おかげさまで私は元気にしております。

私ども家族一同も無事暮らしております。


【無沙汰を詫びる】

久しくご無沙汰いたしまして申し訳ありません。

ご無沙汰をしてしまいましたがどうかお許しください。

日頃ご無礼のみ重ね、深くお詫び申し上げます。


【日頃の感謝を伝える】

いつもお世話になっております。

平素は格別のご厚情を賜り、誠にありがとうございます。

先だっては並々ならぬご高配を賜り、厚くお礼申し上げます。


【面識のない相手に手紙を出す】

突然お手紙を差し上げる失礼をお許しください。

初めてお手紙申し上げます。


【もらった手紙に返事を出す】

この度はご丁寧なお手紙、ありがとうございました。

お手紙拝読いたしました。

▼末文

【結びの挨拶】

まずはお礼〔お知らせ／お願い／ご案内〕まで。

まずは取り急ぎご報告申し上げます。

それではなはだぶしつけですが何とぞよろしくお願いいたします。


【相手の健康を気遣う】

時節がらお体を大切に。

くれぐれもご自愛のほどお祈りいたします。

末筆ながらみなさまのご健康を心よりお祈り申し上げます。

寒さ〔暑さ〕の厳しい折からくれぐれもご自愛くださいませ。

体調を崩されませんよう、ご留意ください。


【相手の今後の活躍などを願う】

今後もさらなるご健康とご活躍をお祈りいたします。

一層のご活躍をお祈りいたしております。

みなさまのますますのご多幸をお祈り申し上げます。


【乱筆を詫びる】

乱筆乱文ご容赦願います。

乱筆何とぞお許しください。

とりとめもなく記しましたが、何とぞご判読ください。


【返事を求める】

お返事お待ちしております。

お手数ながらお返事いただきたくお願い申し上げます。

ご多用中恐縮ですが、折り返しのご連絡をお待ちしております。

折り返しご一報賜りたくお願い申し上げます。

諸事ご多用のことと存じますが、ご都合をお聞かせ願えれば幸いです。


【引き続きの付き合いを願う】

今後とも何とぞよろしくお願い申し上げます。

またお会いできる日を心より楽しみにしております。

これからも、ご指導、ご鞭撻（べんたつ）のほどお願い申し上げます。

末筆ながらご家族のみなさまによろしくお伝えください。今後ともご愛顧のほど、よろしくお願い申し上げます。

末永いおつきあいのほど、よろしくお願い申し上げます。

季節のことば

一月のことば

▼別称（本来は陰暦一月の称。今は新暦に転用する）
睦月・正月・孟春（「孟」は初めの意）・太郎月（太郎は物事の初めをいう語）・暮新月

▼暦
正月（一月。また、新年を祝う行事が行われる期間）・元日（一日）・元旦（一日の朝。また、元日）・三が日（元日、二日、三日の三日間）・小正月（一五日。または、一四日から一六日まで）・成人の日（第二月曜日。満二〇歳になった人を祝う日。国民の祝日）・小寒（二十四節気の一つ。六日ごろ。この日から寒に入る）・大寒（二十四節気の一つ。二〇日ごろ。一年で最も寒気の厳しいころ）・寒（小寒と大寒の時期。寒の入りから立春（二月四、五日ごろ）まで。寒さの最も厳しい期間）・寒の入り（寒に入ること。また、その日。六日ごろ）・寒の内（小寒の初めから大寒の終わりまでの間。立春の前の三〇日間。寒中）

▼行事・風物・気象
初日・初日の出・初空・若水（元旦に初めて汲む水。邪気を払うとされる）・松の内（松飾りのある間。昔は一日から一五日まで、今はふつう七日までをいう）・松（花札で、鶴とともに一月を表す）・門松・松飾り・松竹梅（寒に耐えるということから、めでたい席、ことに正月の飾りにする）・注連飾り・屠蘇（山椒・桔梗・肉桂などの薬草を調合した屠蘇散をひたした酒やみりん）・雑煮・御節・御節料理・春の七草（芹・薺・御形・繁縷・仏の座・菘・蘿蔔）・七草がゆ・年賀・年賀状・年始・年始回り・お年玉・寝正月・新年会・カルタ会・羽根突き・福笑い・初詣・初夢（元日または二日の夜に見る夢）・初参り・寒詣・寒参り・書き初め（ふつう二日に行う）・御用始め（官公庁がその年の仕事を始めること。ふつう四日）・仕事始め・初荷（二日に初めて商品を出荷すること。また、その荷）・初売り・初売り出し・初商い・出初め式（消防士や鳶の者が出そろい、消火演習やはしご乗りを演じる行事）・どんど焼き（一五日に新年の飾り物を燃やす行事。どんど。左義長）・鏡開き（鏡餅を下ろし、汁粉などに入れて食べること。一一日または二〇日に行う）・初場所（大相撲の一月場所）・藪入り（一六日。昔、使用人に休暇を与えた日）・冬日（一日の最低気温が〇度未満の日）・真冬日（一日の最高気温が〇度未満の日）

▼誕生石　ガーネット（石榴石）

二月のことば

▼別称（本来は陰暦二月の称。今は新暦に転用する）
如月・令月（めでたい月の意）・梅見月・仲春（旧暦二月は春三か月のまんなかに当たることから）・盛春（旧暦二月は春の盛り）

▼暦
旧正月（陰暦の正月。月遅れの正月を祝う地方もある）・節分（立春の前日の称。二月三日ごろ。年男が鬼打ちの豆をまいて邪気を払う風習がある）・立春（二十四節気の一つ。四日ごろ。暦の上ではこの日から春が始まる）・寒明け（立春を迎えて寒の時期が終わること）・針供養（八日。折れた針を供養し、針仕事を休む）・建国記念の日（一一日。国民の祝日）・バレンタインデー（一四日。三世紀ごろローマで殉死した聖バレンタインを記念する日）・涅槃会（釈迦が入滅したとされる一五日に行う法会）・雨水（二十四節気の一つ。一九日ごろ。雪が消えて水になる日）・天皇誕生日（二三日。国民の祝日）・初午（二月最初の午の日。稲荷を祭る）

▼行事・風物・気象
余寒（立春のあとまで残る寒さ。残寒）・春雷（立春後に鳴る雷）・春一番（立春のころ、その年初めて吹く強い南風）・梅（花札で、鶯とともに二月を表す）

▼誕生石　アメジスト（アメジスト・紫水晶）

三月のことば

▼別称（本来は陰暦三月の称。今は新暦に転用する）
弥生・桜月・花見月・季春（春の末の意）・晩春

▼暦
雛の節句（三日。雛人形を飾り、白酒・菱餅・桃の花などを供える女子の節句）・雛祭り・啓蟄（二十四節気の一つ。六日ごろ。この日、冬ごもりをしていた地中の虫が穴から出るという）・春の彼岸（春分を中日とする一週間。墓参などの仏事を行う）・春分（二十四節気の一つ。二一日ごろ。太陽が春分点を通過し、昼夜の時間が等しくなる。彼岸の中日）・春分の日（二一日ごろ。国民の祝日）・復活祭（イエス・キリストの復活を祝う日。春分後、最初の満月のあとの日曜日に行う。イースター）

▼行事・風物・気象
春場所（大相撲の三月場所。大阪場所）・春雨・春霞・春風・菜種梅雨（菜の花の咲くころに降り続ける小雨）・潮干狩り（旧暦三月三日ごろの大潮を好時期とする）・桜（花札で、三月を表す）・花便り・花信・桜前線・お水取り（奈良東大寺の二月堂で、一三日の未明、堂前の閼伽井屋から水を汲み、本堂に納める儀式）・卒業式・選抜高校野球大会

▼誕生石　アクアマリン（藍玉）・ブラッドストーン（血石）

四月のことば

▼別称（本来は陰暦四月の称。今は新暦に転用する）
卯月（卯の花の咲く月の意。苗植月の転とも）・卯の花月・花残月

▼暦
エープリルフール（一日。罪のないうそをついて人をかつぐ風習がある。万愚祭。四月馬鹿）・清明（二十四節

気の一つ。五日ごろ。萌え出た草木の芽がはっきりしてくるころ)・灌仏会(八日。仏生会。花祭り。釈迦の誕生日を祝う法会)・穀雨(二十四節気の一つ。二〇日ごろ。春雨が百穀をうるおす意)・昭和の日(二九日。昭和の時代を顧み、国の将来に思いをいたす日。国民の祝日。昭和天皇の誕生日にあたる)

▼行事・風物・気象

炉塞ぎ(茶の湯では地炉をふさいで風炉を使い始める)・春嵐・おぼろ月・おぼろ月夜・おぼろ夜・藤(花札で、ホトトギスとともに四月を表す)・花見・花曇り・花冷え・寒の戻り(六日、一三・二四日ごろに起こりやすい。立春過ぎの寒さをいう「余寒」とは別)・茶摘み(上旬から始まる)・磯遊び・桜花賞・皐月賞・入学式・入社式

▼誕生石　ダイヤモンド(金剛石)

五月のことば

▼別称(本来は陰暦五月の称。今は新暦に転用する)

皐月(早月)・菖蒲月・早苗月・田草月・橘月・雨月

▼暦

メーデー(一日。労働者の祭典)・八十八夜(立春から八八日目。二日ごろ。この日以後は霜が降らないとされ「八十八夜の別れ霜」、農家は種まきや茶摘みに忙しくなる)・憲法記念日(三日。国民の祝日)・みどりの日(四日。国民の祝日)・こどもの日(五日。国民の祝日)・端午の節句(五日。男子の節句。軒に菖蒲や蓬をさして邪気を払う)・立夏(二十四節気の一つ。六日ごろ。暦の上ではこの日から夏に入る)・小満(二十四節気の一つ。二一日ごろ。草木が茂って天地に満ちる意)・母の日(第二日曜日)

▼行事・風物・気象

夏場所(大相撲の五月場所)・卯の花腐し(卯の花の咲いているころの長雨)・走り梅雨(梅雨の前ぶれ)・五月晴れ(五月のすがすがしい晴天。本来は梅雨の合間の晴天のこと)・青嵐(青葉の繁るころに吹く強い風)・菖蒲(花札で、五月を表す)・鯉のぼり・武者人形・オークス

▼誕生石　エメラルド(翠玉・緑玉)

六月のことば

▼別称(本来は陰暦六月の称。今は新暦に転用する)

水無月・弥涼暮月・涼暮月(暮れ方の涼しい月)・風待月(涼風の待たれる月)・蟬羽月(蟬の羽のような薄い着物を着ることから)・常夏月・鳴神月(雷がしきりに鳴る月)・松風月(しきりに松籟の吹く月)

▼暦

芒種(二十四節気の一つ。六日ごろ。イネやムギなど芒のある穀物をまく時期の意)・時の記念日(一〇日)・入梅(暦の上では太陽の黄経が六〇度に達したとき。一一日ごろ。気象では梅雨に入る日をいい、年・地域によって異なる。梅雨入り)・夏至(二十四節気の一つ。二一日ごろ。一年で最も昼が長く、夜が短い日)・父の日(第三日曜日)

▼行事・風物・気象

衣替え(春の衣服を夏服に着替える)・鮎解禁・短夜・梅雨・牡丹(花札で、蝶とともに六月を表す)・田植え・早乙女・ジューンブライド(六月はローマ神話の結婚の守護神ユノ[ジュノー]の月。この月に結婚する女性は幸せになると伝えられる)

▼誕生石　パール(真珠)・ムーンストーン(月長石)

七月のことば

▼別称(本来は陰暦七月の称。今は新暦に転用する)

文月・文披月・七夕月・愛逢月(愛し合う織女星と牽牛星が逢うという月)・女郎花月・蘭月(蘭は藤袴の別名)

▼暦

七夕(七日。織女星と牽牛星を祭る行事。ひと月遅れの八月七日に行う地方もある。星祭り。七夕祭り)・小暑(二十四節気の一つ。八日ごろ。この日から暑気に入る)・盂蘭盆(一三日から一五日ごろまで行う、先祖の霊を迎える仏事。今は月遅れ八月一五日に行うことが多い。お盆。盂蘭盆会)・土用(小暑から一二日目の七月二〇日ごろを土用の入りとし、八月八日ごろの立秋までが土用の期間。土用の丑の日には鰻を食べて精気を養う風習がある)・三伏(陰陽道では夏至の後、第三の庚の日を初伏、第四の庚の日を中伏、立秋の後最初の庚の日を末伏とする。三伏はまさに酷暑の候)・大暑(二十四節気の一つ。二四日ごろ。暑さの盛り)・中元(一五日。半年間無事に生きてきたことを祝い、祖先の霊を供養する。後、この時期に贈り物をする慣習が生まれた)・海の日(第三月曜日。国民の祝日)

▼行事・風物・気象

山開き(霊山などが、その年初めて入山を許すこと)・川開き(川涼みの始めを祝う行事。花火大会を伴うことが多い)・海開き(海水浴場を、その年初めて一般に開放すること)・梅雨明け(古くは小暑の後の壬の日。今は気象庁が梅雨明け宣言を出す)・四万六千日(一〇日。観世音菩薩の縁日。この日に参詣すると四万六千日間参詣したほどの功徳があるという)・酸漿市(四万六千日の縁日に東京浅草寺の境内に立つ、鉢植えの酸漿を売る市)・朝顔市(鉢植えの朝顔を売る市。六日から三日間、東京入谷の鬼子母神で開かれる市が有名)・萩(花札で、猪とともに七月を表す)・盆踊り・精霊流し・灯籠流し・藪入り(一六日。昔、使用人に休暇を与えた日)・夕立・天の川(銀河)・蛍狩り・土用波・入道雲・夏日(一日の最高気温が二五度以上の日)・真夏日(一日の最高気温が三〇度以上の日)・熱帯夜(最低気温が二五度以上になる夜)

▼誕生石　ルビー(紅玉)

八月のことば

▼**別称**（本来は陰暦八月の称。今は新暦に転用する）
葉月・仲秋（旧暦八月は秋三か月のまんなかに当たることから）・秋風月（秋風の立つ月）・木染月（樹木の紅葉する月）・紅染月（木の葉が紅に染まる月）・月見月

▼**暦**
立秋（二十四節気の一つ。八日ごろ。この日が土用の明けとなる）・広島原爆記念日（六日）・長崎原爆記念日（九日）・処暑（二十四節気の一つ。二四日ごろ。暑さも峠を越し、ようやく涼風が立つ日）

▼**行事・風物・気象**
夏休み・全国高校野球選手権大会・大文字の火（一六日の晩、京都の大文字山で焚く壮大な送り火）・十五夜（陰暦八月一五日の夜）・中秋の名月（陰暦八月一五日の月。里芋を供えることから芋名月とも）・薄（花札で、満月とともに八月を表す）・入道雲・雷雨

▼**誕生石**　サードニックス（紅縞瑪瑙）・ペリドット（橄欖石）

九月のことば

▼**別称**（本来は陰暦九月の称。今は新暦に転用する）
長月・色取り月（木の葉が色づく月）・菊月・寝覚月（ふと目ざめて秋の夜長を知る月）

▼**暦**
震災記念日（一日。震災忌。防災の日）・二百十日（立春から数えて二一〇日目。一日ごろ。この頃からしばしば台風に見舞われる）・二百二十日（立春から数えて二二〇日目。一一日ごろ。台風に見舞われやすい厄日）・白露（二十四節気の一つ。八日ごろ。ようやく秋気が加わる）・重陽（九日。陽の数「九」が重なる日。菊の節句）・敬老の日（第三月曜日。国民の祝日）・秋の彼岸（秋分を中日とする一週間）・秋分（二十四節気の一つ。二三日ごろ。太陽が秋分点に達し、昼夜の長さがほぼ等しくなる）・秋分の日（二三日ごろ。国民の祝日）

▼**行事・風物・気象**
秋場所（大相撲の九月場所）・月見（陰暦八月一五夜および九月一三夜の月を賞すること）・栗名月（陰暦九月一三夜の月。栗を供えて月見をする）・稲刈り・秋祭り・野分・秋雨前線・秋霖（秋の長雨）・秋入梅（梅雨のように降り続く秋の雨）・菊（花札で、酒杯とともに九月を表す）・秋の七草（萩・尾花・葛・撫子・女郎花・藤袴・桔梗）

▼**誕生石**　サファイア（青玉）

十月のことば

▼**別称**（本来は陰暦十月の称。今は新暦に転用する）
神無月（俗説では八百万の神が出雲大社に集まるので諸国から神がいなくなる月の意とされる）・神去月・神在月（神々が集まるという出雲地方だけでの呼称）・時雨月・初霜月・小春・初冬・孟冬（「孟」は初めの意）

▼**暦**
寒露（二十四節気の一つ。九日ごろ。露が冷たく感じられる時季）・スポーツの日（第二月曜日。国民の祝日）・霜降（二十四節気の一つ。二三日ごろ。霜の降りる時季）

▼**行事・風物・気象**
読書［芸術／スポーツ／行楽／味覚／実り］の秋・菊人形（菊の花で衣装を飾った人形）・べったら市（べったら漬けを売る市）・芋煮会（山形県地方などで、河原に鍋を持ち出して里芋・葱・牛肉などを煮て食べる集まり）・露時雨（時雨が降ったように、あたり一面が露に濡れること）・紅葉（花札で、鹿とともに十月を表す）・体育祭・菊花賞

▼**誕生石**　オパール（蛋白石）

十一月のことば

▼**別称**（本来は陰暦十一月の称。今は新暦に転用する）
霜月・霜降月（冷たい霜の降りる月）・神楽月・神帰月（出雲大社から神々が帰ってくる月）・雪待月・子月（暦の上で十二支の「子」にあたる月）・子の月

▼**暦**
文化の日（三日。国民の祝日）・立冬（二十四節気の一つ。八日ごろ。暦の上では冬が始まる）・小雪（二十四節気の一つ。二三日ごろ）・勤労感謝の日（二三日。国民の祝日）

▼**行事・風物・気象**
小春日和（立冬も過ぎたのに、春のように暖かく晴れた日）・七五三の祝い（一五日。男子は三歳と五歳、女子は三歳と七歳を祝う）・千歳飴・酉の市（十一月中の酉の日、鷲神社で行われる祭礼に立つ市。縁起物の熊手を売る露店でにぎわう）・木枯らし・初時雨・時雨・柳（花札で、雨とともに十一月を表す）・初霜・初雪・冬構え（冬ごもりの支度）・文化祭

▼**誕生石**　トパーズ（黄玉）

十二月のことば

▼**別称**（本来は陰暦十二月の称。今は新暦に転用する）
師走・乙子月・弟月・限りの月・暮古月（正月は「暮新月」）・年積月（また一つ年を積む月の意）・春待月・梅初月・極月（一年の最後の月の意）

▼**暦**
大雪（二十四節気の一つ。七日ごろ。平地にも雪の降る時季）・冬至（二十四節気の一つ。二二日ごろ。一年で最も昼が短く、夜が長い日）・クリスマス（二五日。イエス・キリストの降誕祭。前夜はクリスマスイブ）・大晦日（三一日。大晦

▼**行事・風物・気象**　柚子湯・冬至カボチャ・年の市（新年の飾り物や正月用品を売る市）・歳暮・歳末大売り出し・御用納め（官公庁の仕事納め）・忘年会・年越し蕎麦・紅白歌合戦・除夜の鐘・朔風（北風）・冬将軍・霜枯れ・冬ざれ（草木も枯れて寂しい景色の意）・雪催い（今にも雪の降りそうな空模様）・雪折れ・霙・風花（晴天を風にのって舞ってくる小雪）・霧氷・樹氷・粉雪・牡丹雪・べた雪・吹雪・桐（花札で、鳳凰とともに十二月を表す）

▼**誕生石**　ターコイズ（トルコ石）・ラピスラズリ（瑠璃・青金石）

二十四節気（月日は太陽暦による）

▼**春**

立春　二月四日ごろ。暦の上ではこの日から春が始まる。陰暦では正月節。八十八夜や二百十日など雑節の基準となる。

雨水　二月一九日ごろ。雪が解けて水となり、草木の芽が出始める。

啓蟄　三月六日ごろ。この日、冬ごもりをしていた地中の虫が、気候が暖かくなって穴から出るという。

春分　三月二一日ごろ。太陽が春分点を通過し、昼夜の時間がほぼ等しくなる。春の彼岸の中日にあたる。

清明　四月五日ごろ。天地には清らかな空気が満ち、萌え出た草木の芽がはっきりしてくる時季。

穀雨　四月二〇日ごろ。春雨が百穀をうるおし、芽を出させる時季。

▼**夏**

立夏　五月六日ごろ。暦の上ではこの日から夏に入る。陰暦では四月節。

小満　五月二一日ごろ。草木が茂って天地に満ちる意。

芒種　六月六日ごろ。イネやムギなど、芒のある穀物をまく時期の意。梅雨に入るころで、昔、田植えはこのころに行われた。

夏至　六月二二日ごろ。太陽が黄道上の夏至点を通過する時。この日、北半球では一年中で最も昼が長く、夜が短くなる。

小暑　七月八日ごろ。この日から暑気に入り、暑さがつのってくる。

大暑　七月二四日ごろ。一年中で最も暑気の厳しい時季。

▼**秋**

立秋　八月八日ごろ。暦の上ではこの日から秋が始まる。陰暦では七月節。この日以後の暑さを残暑という。

処暑　八月二四日ごろ。暑さも峠を越し、ようやく涼風が立ち始める。

白露　九月八日ごろ。草木におく露も白く見え、秋らしい気配が加わる。夏から秋への季節の交代時。

秋分　九月二三日ごろ。太陽が秋分点に達し、昼夜の時間がほぼ等しくなる。秋の彼岸の中日にあたる。

寒露　十月九日ごろ。草木におく露もことさら冷たく感じられるようになる。

霜降　十月二三日ごろ。朝夕の気温が下がり、霜が降り始める。

▼**冬**

立冬　十一月八日ごろ。暦の上ではこの日から冬が始まる。陰暦では十月節。

小雪　十一月二三日ごろ。寒風が吹き始め、山地には雪がちらつくようになる。

大雪　十二月七日ごろ。北風が強く吹き、平地にも雪の降る時季。

冬至　十二月二二日ごろ。太陽が黄道上の冬至点を通過する時。この日、北半球では一年中で最も昼が短く、夜が長くなる。

小寒　一月六日ごろ。この日から寒に入り、寒さがつのってくる。この日から節分までの約三〇日間を「寒の内」という。

大寒　一月二〇日ごろ。一年中で最も寒気の厳しい時季。

雑節

土用　立春前の一八日間。一月一七日ごろから。

節分　立春の前日。二月三日ごろ。この日、鰯の頭を柊の小枝に刺して戸口にはさみ、炒り豆をまいて邪気を払う風習がある。

彼岸　春の彼岸。春彼岸。春分の日を中日とする七日間。この期間に行われる法会を彼岸会という。三月一七日ごろからで、このころから気候が温暖になる。

土用　立夏前の一八日間。四月一七日ごろから。

八十八夜　立春から八八日目。五月二日ごろ。この日以後は霜がない（八十八夜の別れ霜）とされ、このころから農家は、種まき、茶摘み、養蚕などで忙しくなる。

入梅　芒種から六日目。六月一一日ごろ。気象では梅雨に入る日をいう。

半夏生　夏至から一一日目。七月二日ごろ。このころに梅雨が明け、田にカラスビシャク（半夏。サトイモ科の多年草）が生えるのを目安として田植えを終えた。この日を田植え終了の祝い日にしている地方も多かった。

土用　夏の土用。小暑から一二日目の七月二〇日ごろを「土用の入り」とし、八月八日ごろの立秋までの一八日間。丑の日に鰻を食べて精気を養う風習がある。

二百十日　立春から二一〇日目。九月一日ごろ。二百二十日（立春から二二〇日目）とともに台風が多く襲来する日とされ、稲の開花期を迎える農家では厄日とした。

彼岸　秋の彼岸。秋彼岸。秋分の日を中日とする七日間。この期間に行われる法会を彼岸会という。九月二〇日ごろからで、このころから涼しくなる。

土用　立冬前の一八日間。一〇月二〇日ごろから。

季語一覧

〔新年〕

▼天文

御降・淑気・初茜・初明り・初霞・初東風・初東雲・初空・初凪・初日・初御空・春の初風

▼地理

初浅間・初景色・初筑波・初比叡・初富士

▼時候

元日・元朝・旧年・小正月・去年今年・三が日・正月・人日・新年・年立つ・七日正月・二十日正月・初春・春永・松の内・宵の年

▼人事

稲積む・芋頭・鏡開き・書き初め・数の子・門松・歌留多・切山椒・独楽・御用始め・仕事始め・獅子舞・七福神詣で・注連飾り・雑煮・宝船・田作り・出初め・年玉・寝正月・年賀・年賀状・羽子板・初商い・初市・初釜・初便り・初手水・初夢・破魔矢・破魔弓・春着・福引き・繭玉・餅花・藪入り・若水

▼動物

伊勢海老・初鶯・初鴉・初声・初雀・初鶏・嫁が君

▼植物

御行・蘿蔔・橙・野老・薺・根白草・福寿草・仏の座・楪・若菜

〔春〕

▼天文

淡雪・糸遊・朧月・貝寄風・陽炎・霞・風光る・黄塵・東風・佐保姫・春陰・春光・春塵・春霖・蜃気楼・菜種梅雨・鰊曇り・初雷・花曇り・花の雨・春一番・春雨・春時雨・春雪・春雷・春疾風・彼岸西風・雪の果て・別れ霜・忘れ霜

▼地理

薄氷・堅雪・潮干潟・春泥・雪崩・苗代・逃水・残る氷・残り雪・春の海・春の川・春の野・春の水・水温む・焼野・山笑う・雪解け・斑雪・雪間・流氷

▼時候

暖か・魚氷に上る・雨水・うららか・遅き日・朧月夜・木の芽時・啓蟄・春暁・春宵・春昼・早春・暮春・夏隣・長閑・八十八夜・花冷え・春浅し・春寒・春の日・春の宵・春日和・春めく・日永・行く春・余寒・立春

▼人事

畦塗り・伊勢参り・磯遊び・梅見・お水取り・風車・菊根分け・雛笛・木の芽和え・木の芽田楽・草餅・汐干・シャボン玉・春興・春愁・春灯・春眠・田打ち・凧・種蒔き・種籾・菜飯・茶摘み・野焼く・花衣・花盗人・花見・針供養・菱餅・干鱈・雛あられ・風船・鮒膾・ぶらんこ・麦踏み・山焼く・炉塞ぎ

▼動物

鶯・赤貝・浅蜊・虻・お玉杓子・落とし角・蚕・蛙・烏貝・帰雁・雉子・桜貝・栄螺・さより・鰆・蜆・雀の子・巣箱・白魚・田螺・蝶・燕・燕の巣・鳥帰る・猫の恋・蜂・蜂の巣・雲雀・鱒・むつごろう・百千鳥・山鳥・寄居虫・若駒・若鮎

▼植物

梅・青麦・明日葉・アネモネ・木の芽・クレソン・クロッカス・桜・シクラメン・春菊・沈丁花・菫・芹・蒲公英・チューリップ・土筆・躑躅・薺の花・菜の花・花春菜・ひじき・フリージア・ミモザ・海松・海雲・桃の花・八重桜・山吹・蓬・若草・蕨・若布

〔夏〕

▼天文

青嵐・朝凪・卯の花腐し・雲海・炎天・風薫る・雷・雲の峰・薫風・五月晴れ・五月闇・五月雨・驟雨・涼風・梅雨空・土用凪・西日・虹・入道雲・南風・麦の風・やませ・夕立・夕凪・夕焼け

▼地理

青田・青野・赤潮・赤富士・泉・植田・卯浪・五月富士・滴り・清水・出水・土用波・熱砂・旱畑・噴井・山火事

▼時候

秋を待つ・暑き日・炎暑・夏至・来ぬ秋・三伏・涼し・盛夏・田植時・梅雨明け・梅雨冷え・土用入・梅・半夏生・晩涼・芒種・短夜・麦の秋・夜の秋・立夏・冷夏

▼人事

アイスクリーム・青簾・朝顔市・雨休み・アロハシャツ・袷・一夏・団扇・打ち水・梅酒・開襟シャツ・蚊遣火・門涼み・賀茂祭・灌仏・祇園会・キャンプ・行水・扇風機・草笛・更衣・香水・氷水・サイダー・菖蒲湯・ソーダ水・田植え・土用鰻・登山・夏念仏・ハンモック・日傘・単衣・日向水・氷室・日焼け・風鈴・吹き流し・蛍狩り・水遊び・浴衣・夜釣り・ヨット

▼動物

青蛙・雨蛙・鯵・穴子・水馬・鮎・蟻・鮑・岩魚・海猫・蚊・蟹・鹿の子・蝸牛・郭公・烏の子・金魚・蜘蛛・海月・螻蛄・源五郎鮒・四十雀・紙魚・白鷺・燕の子・熱帯魚・羽蟻・初鰹・鱧・緋鯉・仏法僧・船虫・蛍・時鳥・蝮・水馬・山翡翠・山雀・山女・夜鷹・雷鳥

▼植物

葵・青桐・青芝・青唐辛子・青葉・アカシアの花・紫陽花・菖蒲・苺・一八・茨の花・卯の花・瓜の花・カーネーション・ガーベラ・柿の花・桐の花・桑の

実・苔茂る・早苗・石楠花・蓴菜・李・玉葱・トマト・茄子の花・夏草・夏茱萸・夏木立・夏蜜柑・葉桜・パセリ・パパイヤ・花茨・花橘・向日葵・百日紅・酸漿の花・牡丹・マーガレット・松葉菊・八重葎・矢車菊・夕顔・ラベンダー・山葵の花

〔秋〕

▼天文

秋風・秋高し・秋の雨・秋の色・秋の空・秋晴れ・秋日和・天の川・雨の月・有明月・十六夜・稲妻・稲光・居待月・鰯雲・降り月・菊日和・霧・十五夜・十三夜・新月・台風・露・露寒・露時雨・釣瓶落とし・流れ星・後の月・上り月・野分・二つ星・星月夜・盆東風・盆の月・真夜中の月・三日月・名月・宵闇・良夜

▼地理

秋の水・秋の山・落とし水・刈田・不知火・田の面・野山の錦・野を初む・初潮・花園・花野・花畑・穭田・盆波・水澄む・山粧う・山を染む

▼時候

秋うらら・秋惜しむ・秋澄む・秋の暮れ・秋彼岸・秋旱・朝冷え・うそ寒・寒露・九月尽・爽やか・残暑・下冷え・秋気・秋暁・処暑・冷まじ・そぞろ寒・二百十日・肌寒・八朔・晩秋・冷やか・冬近し・冬隣・身に入む・行く秋・夜寒・夜長

▼人事

秋蚕・秋祭り・葦火・稲刈・稲扱き・芋煮会・馬市・盂蘭盆・運動会・枝豆・扇置く・送り火・案山子・鵲の橋・片月見・門火・からすみ・利酒・菊人形・菊の酒・菊枕・茸狩り・行水名残・栗飯・栗羊羹・古酒・鮭打ち・鹿寄せ・秋興・秋耕・障子貼る・新渋・新蕎麦・新米・杉焼き・添水・七夕・月見・燈火親しむ・灯籠・灯籠流し・どぶろく・鳴子・濁り酒・願いの糸・根釣り・火恋し・冬支度・糸瓜の水・豊年・星合・干し柿・盆花・松茸飯・回り灯籠・虫籠・紅葉狩り・夜食・柚味噌

▼動物

赤蜻蛉・秋鯖・秋繭・蝗・稲雀・猪・芋虫・鰯・鶉・馬肥ゆ・浮塵子・螻蛄・落ち鮎・尾花蛸・鵲・鰍・鰹の烏帽子・蟷螂・竈馬・雁・菊吸虫・啄木鳥・きりぎりす・轡虫・蟋蟀・鮭・秋刀魚・鹿・鴫・鱸・鈴虫・宗太鰹・太刀魚・妻恋う鹿・菜虫・飛蝗・針金虫・蜩・法師蟬・鰡・松虫・蓑虫・椋鳥・百舌鳥・連雀・渡り鳥・稚鰤

▼植物

青蜜柑・茜草・秋茄子・秋の七草・通草・朝顔・朝霧草・小豆・無花果・稲・芋・隠元豆・薄紅葉・陸稲・荻・荻の声・弟切草・尾花・女郎花・オリーブの実・楓・萱・烏瓜・カンナ・菊・桔梗・銀杏・茱萸・栗・木の実・金柑・金木犀・胡桃・鶏頭・黄葉・コスモス・柘榴・猿の腰掛・山椒の実・椎茸・紫苑・自然薯・秋海棠・生姜・西瓜・茅・露草・唐辛子・梨・撫子・野菊・芭蕉・蓮の実・鳩麦・浜菊・風船葛・藤袴・葡萄・糸瓜・鬼灯・舞茸・松茸・紫式部・曼珠沙華・零余子・木槿・木犀・紅葉・桃・落花生・山薊・山葡萄・柚子・夜顔・林檎・檸檬

〔冬〕

▼天文

霰・淡雪・凍雲・御講凪・オリオン・風花・神渡し・空風・寒月・寒雷・凩・時雨・霜・樹氷・初雪・吹雪・冬うらら・霙・霧氷・雪起こし・雪催い

▼地理

凍土・枯野・寒潮・寒の水・狐火・朽野・氷・氷橋・霜崩れ・霜柱・垂氷・氷柱・波の花・初氷・氷面・冬野・水涸る・山眠る

▼時候

凍てつく・亥の子・風除け・寒の入り・小春・冴ゆる・三寒四温・霜夜・除夜・節分・底冷え・短日・冷たし・冬至・年惜しむ・年越し・年の暮れ・年の瀬・春近し・春待つ・冬寒し・冬深し・冬ざれ・三冬・行く年

▼人事

網代・行火・息白し・埋火・枝打ち・恵比寿講・鬼打ち豆・懐炉・神楽・重ね着・粕汁・紙子・寒稽古・葛湯・コート・塩鮭・除雪車・スキー・スケート・ストーブ・炭俵・セーター・暖房・手袋・酉の市・納豆・鍋焼き・蓮根掘る・裸参り・日向ぼっこ・蒲団・冬籠もり・牡丹鍋・雪見・湯冷め・柚子湯・ラグビー

▼動物

鮟鱇・兎・鴛鴦・牡蠣・鴨・寒雀・狐・金目鯛・鯨・熊・氷下魚・笹鳴き・鮫・柳葉魚・鷹・鱈・千鳥・鶴来たる・冬眠・海鼠・河豚・冬の蠅・鰤・鮪・水鳥・木菟・都鳥・むささび・八目鰻

▼植物

青木の実・落ち葉・カトレア・帰り花・蕪・枯れ木・枯れ葉・寒桜・寒椿・寒梅・クリスマスローズ・狂い咲き・木の葉・山茶花・残菊・霜枯れ・水仙・セロリ・千両・早梅・大根・茶の花・南天の実・人参・白菜・葉牡丹・柊の花・冬草・冬木立・ポインセチア・万両・蜜柑・芽キャベツ・藪柑子・雪折・侘助

品詞解説

本書の品詞認定は、学校などで教えられている一般的な基準によるが、意味や用法の記述にあたってより細かな分類や用語を導入したところもある。以下、本書の品詞認定や意味記述に関わる範囲で、必要な品詞を取り上げ、参考となる文法的な事項について解説する。

1 名詞

時の名詞や数量の名詞など、副詞的用法を持つものについては、適宜用例で掲げ、「副詞的にも使う」と注記をする。

あす【《明日》】[名] ❶今日の次の日。あした。明日(みょうにち)。≡「ーは晴れるでしょう」「ーをも知れぬわが命」「ー、伺います」▼副詞的にも使う。❷…

2 代名詞

人を指し示す人代名詞(人称代名詞)を、その人称に従って、一人称、二人称、三人称に分けて示す。

かれ【彼】■一[代] ❶〔三人称〕話し手・聞き手以外の男性を指し示す語。≡「あれがーの家だ」❷〔俗〕〔二人称〕相手の男性を指し示す語。≡「そこのー、こっちに来て」…

3 動詞

▼活用の種類と語幹・語尾

口語の動詞の活用は、五段動詞、下一段動詞、上一段動詞、カ行変格動詞、サ行変格動詞の、五種類に分ける。文語の動詞の活用の種類は、四段動詞、下一段動詞、下二段動詞、上一段動詞、上二段動詞、ナ行変格動詞、ラ行変格動詞、カ行変格動詞、サ行変格動詞の九種類に分ける。

▼自動詞・他動詞

自動詞・他動詞は、以下のように区別する。

(ア) 「割れる／割る」のように、形態的な対と「〜が／〜を」の格の対応があるものは、「〜が」を取るものを自動詞、「〜を」を取るものを他動詞とする。「夜を明かす」のように、「〜を」への働きかけは希薄でも、「夜が明ける」のような対を持つものは、他動詞とする。

(イ) 対を持たないが、「〜を」を取る動詞のうち、「ご飯を食べる」「石を蹴る」のように意味的に「〜を」への働きかけの強いものは、他動詞とする。

(ウ) 「道を歩く」や「幸福な人生を送る」など、移動や時間の経過を表す動詞で、対もなく、「〜を」への働きかけも認めにくいものは、自動詞とする。

(エ) 「人にかみつく」のように、対象への働きかけはあるが、「〜を」にはならないものも、自動詞とする。

(オ) 「ダンスを踊る」「マラソンを走る」のように、対がなく、しかも動詞と意味的に近接した名詞(いわゆる「同族目的語」)だけが「〜を」で現れるものは、項目の品詞表示では自動詞とするが、使い方で他動詞としての用法があることを注記する。

(カ) 動詞の連用形に付いて複合動詞を作る用法や補助動詞には、自他の区別をしない。

あわ・せる【合わせる(併せる)】アハス [動下一] ■二《動詞の連用形に付いて複合語を作る》❶…して一つにする。≡「重ねー・縫いー・詰めー・組みー」❷…して異同を調べる。≡「引きー・照らしー・問いー」…

▼補助動詞

専ら複合動詞の後項に来る動詞で、用法の多いもののうち、次の二種を補助動詞とする。

(ア) 「〜給う」「〜なさる」など、動詞の連用形に直接付いて、敬意を添える動詞

(イ) 「連用形＋て」の形に付いて補助の文節を作る動詞のうち、単独で用いる場合(本動詞)の意味からずれて、意味が形式化しているもの

「食べはじめる」や「泣き続ける」「読みきる」などのように、用法は多いが、「て」が付かずに連用形に直接付くものは、(ア)の敬意を表すものを除いて、補助動詞とはせず、複合語を作る用法として扱う。

▼名詞サ変動詞

「挨拶」「勉強」など「する」を付けて、全体で動詞としても用いられるものは、[名・自サ変][名・他サ変]などと示す。

名詞サ変動詞には、「ライトが点滅する／ライトを点滅する」のように自動詞としても他動詞としても用いられるものが多い。これらは[名・自他サ変]と示す。

動詞は、「水を凍らせる」のように自動詞の使役の形で他動的な意味(対象への意図的な働きかけ)を表したり、「荷物が山のように積まれている」のように他動詞の受身の形で自動的な意味(ものの変化や状態など)を表したりすることがある(「せる」⑦、「れる」③参照)。

名詞サ変動詞でも、「ライトを 点滅する／点滅させる」、「一体化した／一体化された テレビ」のように、他動詞用法と自動詞の使役の形、自動詞用法と他動詞の受身の形がほぼ同じように使われることがある。それらについて、適宜、使い方で次のような説明をする。

てん-めつ【点滅】[名・自他サ変] … 使い方「〜を点滅する／点滅させる」では後者が一般的。

ぜん-めつ【全滅】[名・自サ変] … 使い方「敵軍を全滅する」のような他動詞用法もまれに用いられるが、「全滅させる」の形が標準的。

「〜を〇〇させる」には、「太郎が花子にライトを点滅させる」のような一般的な使役用法もある。他動的表現はこれとは異なり、「太郎が車のライトを点滅させる」のようなものをいう。前者が「花子がライトを点滅する→花子にライトを点滅させる」と言えるのに対し、後者の他動的表現は、「車のライトが点滅する→× 車のライトに点滅させる」のように、元の主語を「〜に」で言えない。また、一般の受身では「花子が(太郎に)訴えられた」のように、実際に働きかけを行った「太郎」の存在が表現の前提となるが、自動的表現の「一体化されたテレビ」では、実際に働きかけた「技術者」などの存在は問題にされない。ただし、使役と他動的表現、受身と自動的表現の判別が困難なものも多く、本書では、同じ文脈で「〜を 〇〇する／〇〇させる」「〜が 〇〇する／〇〇される」のどれが使われているかという実態を重視し

て、右のような説明をする。

「消耗する」や「持続する」のように、他動詞用法では「〜を」に自分のもの（体の一部や所有物など）しかとれないものもある（再帰的用法）。「(自分の) スタミナを 消耗する／消耗させる」「相手のスタミナを消耗させる」、「(彼への) 愛情を 持続する／持続させる」「彼の愛情を持続させる」。このようなものについても、適宜、使い方に示す。

他動詞用法と自動詞の使役の形とで、ニュアンスに違いが生じることも多い。自動詞の使役の形には、動きや状態を自分で制御するニュアンスが強くなることが多い。そのため、「警官の指示で車を移動させた」「三日間で体重を増加させる」のように他からの働きかけや期間の限定がある場合や、「茶葉をからからに乾燥させる」のように新たな状態を出現させる場合は、自動詞の使役の形が使われやすい。特に、「政府はA社の営業を停止させた」「警官が太郎の車を移動した」のような、持ち物への働きかけでは、使役との区別がつきにくくなる。また、「そのままライトを点滅させている」「細菌を増殖させたままにする」のように放置・放任を表す場合も、使役の形が使われやすい（「せる」②）。これも意図的な状態維持のあり方と考えられる。

多くの動詞では、「〜を○○する」（他動詞用法）が多ければ「〜が○○される」（他動詞の受身の形）も多く、「〜が○○する」（自動詞用法）が多ければ「〜を○○させる」（自動詞の使役の形）も多いという傾向があるが、「露呈する」「輩出する」のように「○○する」の形が使われやすいものもある。これらについても、適宜、説明する。

ろ-てい【露呈】［名・自他サ変］… 使い方「〜が露呈する／露呈される」「〜を露呈する／露呈させる」ではともに前者が一般的。

▼「〜ヲ」や「〜ガ」との関係による動詞の意味

「穴を掘る」と「土を掘る」、「絵を描く」と「花を描く」のように、動詞の表す動作・作用は同じでも、「〜を」のタイプが異なるものがある。主要な動詞については、それぞれの項で、どのような「〜を」をとることができるのかについて、適宜解説を加える。たとえば、「穴を掘る」「絵を描く」の「穴」や「絵」は、動作・作用の結果に生じたものであるが、「土を掘る」「花を描く」の「土」や「花」は動作・作用の対象となるものである。「裏山を掘る」や「庭を掃く」の「裏山」や「庭」は、「裏山で(穴を) 掘る」「庭で(ごみを) 掃く」のように、動作・作用の行われる場所を表す。「鉄砲を撃つ」や「リールを巻く」は、「(弾を) 鉄砲で撃つ」「(糸を) リールで巻く」のように、動作や作用に用いられる道具を表す。これらについて、「〜ヲに〈結果〉をとる」「〜ヲに〈対象〉をとる」「〜ヲに〈場所〉をとる」「〜ヲに〈道具〉をとる」などのように示す。

ほ・る【掘る】［他五］❶穴をあけるために地中の土などを取り除く。≡「地面を—」❷「掘る」①ことによって、穴や穴状の設備や建造物を作る。≡「地面に穴を—」「温泉［トンネル］を—」❸… ◈①は〜ヲに〈対象〉を、②は〈結果〉をとる。

「湯が沸く」と「水が沸く」のように、「〜が」に動作・作用の結果に生じたもの（「湯」）をとる場合や、動作・作用の対象（「水」）をとる場合がある。これらも同じように、「〜ガに〈結果〉をとる」「〜ガに〈対象〉をとる」などと示す。

わ・く【沸く】［自五］❶水などの液体が加熱されて熱くなる。≡「水は—と湯になる」… ❷液体が加熱されて湯になったり、風呂(ふろ)が入浴できる状態になったりする。≡「鉄瓶(てつびん)の湯がちんちんと—」… 使い方「水が沸く／湯が沸く」は、前者は①、後者は②の意。①は熱くなること（＝ものの変化）に注目していう。②は〜ガに〈結果〉をとり、その発生・出現に注目していう。

意志を持つ（有情）か、持たない（無情）かといった、動詞にかかる名詞の種別が動詞の用法に大きく関わるものについては、特徴的な動詞について、「〈物〉を主語にする」「〈人〉を主語にする」などの説明を使い方で適宜行う。

つづ・ける【続ける】［動下一］━［他］❶ある動作や状態を中断させることなく保つ。（意図的なものにもそうでないものにもいう）≡「説得［旅・快進撃］を—」… 使い方〈物〉を主語にしてもいう。≡「台風が北上を—」

き-ず・く【築く】クッ［他五］… ❷ある行為を重ねて、しっかりと安定したものをつくりだす。≡「心理学発展の基礎を—」… 使い方普通、〈人〉が主語に立つが、〈物〉を主語にしてもいう。≡「国民の努力が国の繁栄を—」

▼「〜す」型と「〜せる」型の動詞

「合わす」「泳がす」のような「〜す」型の動詞は、一語の他動詞とする。同様に、「合わせる」「言わせる」のような「〜せる」型のものを見出し語とする場合には、連語とせず、一語の他動詞とする。

▼可能動詞

五段動詞から派生する「読める」「歩ける」などの可能動詞を、五段動詞の項目中の可能欄で掲げる（ただし、複合動詞の場合は省略する）。一段動詞には可能を掲げない。「進める」のように下一段の本動詞の用法と並べて、五段動詞から派生した可能動詞の用法を示したものもある。

すす・める【進める】━［他下一］❶前方へ向かって移動させる。前進させる。≡「舟［兵・将棋の駒］を—」… ━［自下一］「進む」の可能形。進むことができる。≡「先へは一歩も—・めない」

▼連用形名詞

動詞の連用形が名詞として広く用いられている場合は、動詞の項目中に名で掲げる。また、連用形名詞が見出し語として立てられた場合には、元になった動詞を動で掲げる（ただし、その動詞が見出し語として立てられているときは、省略する）。「痛み」「明るみ」などは、動詞の連用形名詞か形容詞の語幹に接尾辞「み」がついたものか判別が困難であるが、「痛み」など、動作性の感じられる「〜み」は動詞の連用形名詞とし、「明るみ」のように状態性が強いものには、「明るむ」の連用形名詞とはしない。

いた・い【痛い】［形］… 派生-げ／-さ／-がる

いた・む【痛む・傷む】［自五］… 名いたみ

あかる・い【明るい】［形］… 派生-さ／-み

あかる・む【明るむ】［自五］空が明るくなる。明らむ。≡「東の空が—」

4 形容詞

▼感情形容詞・感覚形容詞・属性形容詞

形容詞には、大きく分けて、客観的な属性を表すものと、主観的な感情や感覚を表すものとがある。たとえば、「花が赤い」「赤い花」の「赤い」は、その花の持つ性質（属性）を表している。人が赤いと感じるか感じないかに関係なく、赤いという状態は客観的に存在する。それに対して、「故郷が懐かしい」「頭が痛い」の「懐かしい」や「痛い」は、人が懐かしいと思ったり、痛いと感じたりすることを表し、そのように思う人、感じる人があってはじめて出てくる主観的な状態である。このような違いを反映して、感情形容詞や感覚形容詞には、「痛がる」「懐かしがる」のように接尾語「-がる」が付きやすく、属性形容詞には、「赤がる」とは言えないように接尾語「-がる」は付きにくい。

また、形容詞は、主語を二つ持つ文を作るが、属性形容詞は、「このバラは花が赤い」「象は鼻が長い」のように、全体（「このバラ」「象」）と部分（「花」「鼻」）の関係の主語を持ったりする。感情形容詞や感覚形容詞は、「私は故郷が懐かしい」「私は冷房の風が寒い」などのように、感情や感覚の主体（「私」）と感情や感覚をもたらすもの（「故郷」「冷房の風」）の関係の主語を持つという違いがある。感覚形容詞はさらに、「私は背中が痛い」のように、感覚の主体（「私」）と感覚する場所（「背中」）を主語とする文も作る。前掲の「頭が痛い」の「頭」も感覚する場所を表す主語である。

もちろん、ある一つの形容詞が属性形容詞と感情形容詞あるいは感覚形容詞に截然と分けられるということではない。たとえば、「怖い」という形容詞は、すぐに噛み付くような狂暴な犬、誰にとっても「怖い」犬について用いることができ、そのときには性質を表す属性形容詞であるし、「私はヘビが怖い」のようにヘビに狂暴な属性があるというのではなく、私がそう感じるというときにも用いることができ、そのときには感情形容詞である。

「赤い」のような属性形容詞でも、誰もが赤いと認める範囲からはずれて黒みがかった色を「赤い」と表すのは主観的であるし、逆に、感情形容詞の「懐かしい」は、「昭和の懐かしい歌」のように用いるとき、ある人の主観ではなく、誰にもそう感じさせる「歌」の属性を表している。感覚形容詞の「痛い」も、誰もが痛いと認めるもの、たとえば、「刺」について「痛い刺」というときは、刺の属性を表している。

本書では、形容詞の上記のような関係に十分配慮し、感情形容詞の用法については、「…思うさま。」「…気持ちである。」などの形で、感覚形容詞の用法については、「…感じる。」などの形で、そして、属性形容詞の用法については、「…さま。」の形で説明を結ぶようにする。

5 形容動詞

原則として、語尾に「〜な、〜に、〜だ」がつき、状態的な意味を表すものを形容動詞とする。「健康だ」は、意味が大きく変わらずに、「健康を損なう」のように、語幹相当部分が格助詞を伴って用いられるし、「特別だ」も、「特別、何も言うことはない」のように、語幹相当部分が、直接、連用修飾したりする。このようなものは、名詞や副詞としての用法も併せ持つものとして、［名・形動］や［副・形動］などと示す。

「同じ」は、名詞を連体修飾する場合は、「同じ（人）」のように語幹が単独で用いられ、「のだ」に続くときは「同じな（のだ）」のように「同じな」の形が用いられる。前者を連体詞として、形容動詞「同じだ」と連体詞「同じ」を別々に立てる考えもあるが、本書では、一つの形容動詞で連体形に二つの形があるものと見なす。同様に、「そんなに（落ち込むな）」「（様子は）どんなだ」のように「〜に」や「〜だ」の形を持つ「そんな」や「どんな」なども形容動詞とし連体詞とはしないが、「〜な」の形で連体修飾にしか用いられない「小さな」「大きな」は、連体詞とする。

「めった」や「ろく」は、「〜な」や「〜に」の形はあるが、「〜だ」の形は持たない。「さら」や「単」も「〜なる」や「〜に」の形はあるが、「〜だ」の形は持たない。こういう語については、「〜だ」の形を持たないことを重視して形容動詞としては立てず、「めったな」「単なる」などを連体詞とし、「めったに」「単に」などを副詞として立てる。ただし、形容動詞としてまとめて立てるか、連体詞や副詞に分けて立てるかは、語によってさまざまであり、利用する人の便を考えて両方の方式で見出し語を立てた場合もある。

また、「こわもて」「あつあつ」などのように、状態的な意味を表しながらも、連体修飾に「〜な」ではなく、「〜の」の形をとり、他は形容動詞の活用形を持つものは、［名・形動］や［形動］とする。

6 副詞

活用のない自立語で、専ら単独で連用修飾に用いられる語を副詞とする。時に、「きれいに（咲く）」「非常に（重い）」「間違いなく（来る）」などの副詞的修飾語についても「副詞」と呼ぶ考えがあるが、本書では、これらは、品詞の上では、形容詞や形容動詞の連用形として扱う。

ただし、頻度を表す「よく（来る）」のように、連用修飾の場合に、もとの形容詞にはない意味を持つものは、副詞とする。「はたして」「まして」「極めて」「強いて」「繰り返し」なども、単独で連用修飾に用いられるところから、もとの動詞とは別に副詞としても立てる。

▼状態副詞・程度副詞・陳述副詞

副詞を、大きく、動きの様子を表す状態副詞（情態副詞）と、程度を表す程度副詞、話し手のとらえ方を表す陳述副詞（呼応の副詞）の三つに分けて考える。

状態副詞は、「ぽつんと（ある）」「ゆっくり（歩く）」「がやがや（騒ぐ）」のように、もののあり方や動きのなされ方を表す副詞をいう。主に、動詞の表す動作・作用や存在のあり方を質の面から修飾限定するのに用いられるが、擬音語や擬態語由来のものは、「がやがや騒がしい」「ぽつんと寂しそうだ」のように形容詞や形容動詞を修飾限定することもある。

程度副詞は、「極めて」「とても」「いささか」「ちょっと」「少し」「たくさん」「いっぱい」など、量や程度を表す副詞で、主として、状態を表す形容詞や形容動詞、状態副詞、「疲れる」「痛む」など感覚や状態を表す動詞、さらには、「上」「前」「右」「昔」など、起点からの位置や隔たりを表す名詞を修飾する。「もっと」や「もう」などは、「もっとたくさん」「もう少し」

など、量を表す他の程度副詞を修飾することもある。

「歩く」や「休む」など、一般の動きを表す動詞に対しては、「極めて」や「とても」などは修飾しにくいが、「もっと」「少し」「いっぱい」などは、「もっと歩け」「少し休もう」「いっぱい食べよう」など、動きに関わるものの量や時間、回数などの面から、修飾することができる。

陳述副詞は、事柄に対する話し手の主観的なとらえ方を表す副詞で、「もし」「仮に」「例えば」「いわば」など条件や前提を導くものや、「たぶん」「きっと」「おそらく」「必ず」「たしか」など事柄の確からしさを表すもの、「幸い」「あいにく」「せめて」「なかなか」など事柄の評価を表すもの、「一体全体」「はたして」など、疑念の度合いを表すもの、「実は」のように、自分の伝達態度を表すものなど、種々のものがある。

本書では、主な副詞について、状態副詞と程度副詞は原則として「…さま。」で語釈を結ぶ（ただし、主観的な評価を表す状態副詞・程度副詞もあり、それらは「…ことを表す。」などで結ぶ）。陳述副詞は「…気持ちを表す。」「…ことを表す。」などで語釈を結ぶ。

「まるで」「あたかも」や、「全然」「全く」などは、主観的な認識のあり方を示し、特定の表現と呼応するという面からすると、陳述副詞的であるが、類似や打ち消しの度合いを表すという意味的な面からすると、程度副詞的である。これらについては、程度副詞と同様の語釈を施し、呼応については語釈の前などで注記する。

副詞によっては、「〜の」を伴って連体修飾をしたり、「〜だ」を伴って述語となるものがある（「さすがの僕も」「もうあっぷあっぷだ」）が、本書では、これも副詞の一用法と考え、これによって別に名詞や形容動詞を立てない。

▼擬音語や擬態語、畳語などの品詞の判定

単独もしくは「〜と」の形で動詞を修飾する擬音語・擬態語には、副詞の用法を認める。「はっとする」「ぎょっとする」など、「〜する」は、副詞にサ変動詞「する」の付いた用法ととらえ、それ自体をサ変動詞とはしない。

擬態語の多くは、「〜が」や「〜を」の形で、その状態にあるものやことを臨時に表す（「すべすべが気持ちよい」「髪の毛のばさばさを直す」）が、「ぶつぶつ」「いらいら」のように、用法が固定的になっているもの以外は、特に名詞とはしない。また、単独用法のほかに、「〜だ」の形で述語用法を持ち、連体修飾で「〜な」の形をとる「べとべと」「ぶかぶか」などには、形容動詞の用法を認め、［副・形動］とする。

▼副詞語尾について

副詞に付く「と」や「に」は語尾と考え、「きっと」「特に」など固定的に用いられる場合は、見出し語はそれを伴った形で示し、品詞表示を［副］とする。「ゆっくり（と）」「さすが（に）」など、「〜と」や「〜に」のある形とない形とが併存する場合は、付かない形を見出しにあげ、［副ト］［副ニ］［副トニ］などの品詞表示によってその用法を示す。

とく-に【特に】［副］他と区別して取り扱うさま。とりわけ。とりたてて。…

ゆったり［副ト］❶気持ちにゆとりがあるさま。…

さすが【〈流石〉】［副ニ］❶予想や評判にかなっているという気持ちを表す。…

7 助詞

格助詞、接続助詞、副助詞、終助詞の四分類による。係助詞は、副助詞の一部とし、間投助詞は終助詞に含める。並列助詞も立てず、名詞にしか付かないものは格助詞（「や」「と」など）、格助詞の後にも付くものは副助詞（「とか」「も」など）、文相当のものを並べるものは接続助詞（「たり」「し」）にそれぞれ組み入れる。

8 造語成分、接頭語・接尾語

▼造語成分

造語成分とは「語を造る成分（要素）」である。たとえば「高等学校」という語で考えると、「高等」「学校」はそれぞれ造語成分である。そしてこれらは、「高等」は形容動詞、「学校」は名詞である。ところで、「高等」という語を造っている「高」や「等」は、単独で用いられることはなく、常に他の語と結びついて、語を構成するものである。本書では、そのように語を構成する要素となるものを造語成分と呼ぶ。

▼造語成分と名詞

「高」「校」などの一字漢語は、他の語と結びついて多くの熟語を作る。その意味で、すべての一字漢語は広い意味での「造語成分」であるが、一字漢語の中には、それ自体が単語として用いられるものもある。たとえば、「詩」や「本」という一字漢語は、「私は詩が好きだ」「本を読む」などの例を挙げるまでもなく、単語（名詞）である。これらの語は単語でありながら、かつ、「詩集」「叙事詩」、「本屋」「絵本」など造語成分としての用法も持つ。このように、単語としての用法を持つ一字漢語は、その単語の品詞名を表示する。

その際、「詩集」「本屋」などの造語成分用法も、用例としてそこに添えることとする。「詩が好きだ」の「詩」と、「詩集」の「詩」の意味は同じである。項目の語義はその意味によって分類するというのが本書の方針の一つであり、「詩」という語について「名詞」と「造語成分」の二つに分けて同じ意味を繰り返し記述することは避ける。

し【詩】［名］❶さまざまな感情・思想などを一定の韻律をもつ形式で表現した文学。≡「ーを朗読する」「ー集・ー人」「自由ー・叙事ー」❷漢詩。≡「ー吟」「唐ー」

ただし「本」の場合は、「本店」「本物」など、「本屋」の「本」とは別の意味の造語成分用法を持っている。そして、これらの意味では、「本」は単独で用いられることなく、常に造語成分として用いられる。従って、「本」という項目では、まず名詞「本」の意味を記述し、そのあとに造語成分用法にしかない意味の記述を行う。

ほん【本】 一 ［名］❶文章・絵・写真などを編集して印刷した紙葉を、ひとまとまりに綴じて装丁したもの。書物。書籍。≡「ーを読む」「ー棚・ー屋」「絵ー・豪華ー（ぼん）」❷脚本。≡「このドラマはーが悪い」 二 （造）❶もとになるもの。よりどころ。≡「ー店・ー部」「根ー（こんぽん）」❷正式な。≡「ー職・ー物」❸…

一字漢語について、どのようなものを単語と考えるかは、判断の難しいところもあるが、「彼とは、小・中・高と同じクラスだった」などの「小」「中」「高」は、単語とは考えない。この場合の「高」は、「高等学校」「高校」の略であり、「高を卒業した」などの言い方はできない。

　このように、本書では、単語として用いられない一字漢語も多く収録し、また単語の用法を持つ一字漢語であっても、その造語成分用法を軽視せずにできるだけ用例として添える。それは、これらのことばを「漢字」ではなく「語」としてとらえ、それらが持つ語を造る働きに注目するためである。

▼造語成分と接頭語・接尾語

　造語成分として表示したものは、一字漢語だけではない。「しらゆき（白雪）」の「しら（白）」などの和語も造語成分として立てる。「しら」は「しろ（白）」の変化した語であるが、「しろ」とは違って単独で用いられることがない。「しらゆき」「しらかべ（白壁）」「しらくも（白雲）」など、常に他の語と結び付いて用いられるものである（「しらを切る」などの用法があるが、これは「しらゆき」の「しら」とは意味が異なる）。

　造語成分と同じく、単独で用いられず他の語と結び付いて語を造るものに、接辞がある。

　接辞は、接頭語と接尾語の二つに分けられる。接頭語は、常に他の語の上に付くもの、接尾語は、常に他の語の下に付くものである。「しらゆき」の「しら」は、先に例を示したように、常に他の語の上に付く。したがって、接頭語としてもよさそうであり、実際、そのように分類している辞書もある。

　しかし、本書では、「しら」を造語成分とする。それは、接辞と造語成分とを次のように考えるためである。

(1)　接頭語・接尾語は、実質的な意味が弱く、機能的な性質のものである。これに対し、造語成分は、実質的な意味を持つものである。

(2)　接頭語・接尾語は、結び付く相手の要素と比べて、実質的意味の上で対等でない。これに対し、造語成分は、結び付く相手の要素と対等な関係にある。

　造語成分が「実質的な意味を持つ」とは、たとえば、「しらゆき」の「しら」は、色彩としての「白」の意を持っているということである。「しらゆき」は「白い雪」の意味である。「しろうさぎ」の「しろ」と「しらゆき」の「しら」とは、意味としては同じであり、ともに「白」という実質的な意味である。

　造語成分が「実質的意味の上で相手の要素と対等な関係にある」とは、「しらゆき」は、「しら」と「ゆき」とが同じ程度の実質的な意味を持っているということである。「しらゆき（白い雪）」は、「しら」と「ゆき」とは意味の上でどちらが主でどちらが従であるということはない。

　それでは、「実質的な意味が弱く、機能的な性質を持つ」「結び付く相手の要素と比べて、実質的意味の上で対等でない」接頭語・接尾語とはどのようなものか。本書では、「うち寄せる」「うち続く」「うち重なる」などの「うち（打ち）」、「もの悲しい」「もの静かだ」などの「もの」を接頭語と分類する。また、「大きさ」「華やかさ」などの「さ」や、「春めく」「芝居めく」「ざわめく」などの「めく」を接尾語と分類する。

　これらの「うち」「もの」「さ」「めく」は、それ自体が実質的な意味を持っているというより、実質的な意味を持つ相手の要素（「寄せる」「大き（い）」「寂し（い）」「春」）の意味を強めたり、その語調を整えたり、文法的な機能を加えたりしている。文法的な機能とは、たとえば「大きい」「華やかだ」などの形容詞や形容動詞が、その語幹に接尾語「さ」が付くことによって名詞としての機能を持つ、などのことである。

　もう一つ、接頭語・接尾語と造語成分は、相手の語と結び付く形に着目すると、次の違いがある。

(3)　接頭語は常に他の語の上に付き、接尾語は常に他の語の下に付く。これに対し、造語成分は上にも付き、下にも付く。

　先の「しら」はこの点からすると接頭語ともいうことにもなるが、(1)(2)の条件を勘案して、接頭語とはしない。

　一字漢語についても、同じような基準によって造語成分か接頭語・接尾語かの判定を行う。たとえば、「寺院」「古寺」「菩提寺」の「寺」や、「罪悪」「謝罪」「横領罪」の「罪」は、実質的な意味を持ち、相手の要素と対等な関係にあり、また上にも下にも付く用法があることから、造語成分とする（単独の用法がないので、名詞とはしない）。これに対し、「未解決」「未刊」の「未」、「御子息」「御相談」の「御（ご）」、「科学的」「比較的」の「的」は、実質的な意味が薄く、機能的である（敬意を添える、形容動詞の機能を加えるなど）ため、接頭語・接尾語とする。

　ただし、造語成分と接辞との境界は微妙であり、その分類は、具体的には難しい。

▼造語成分と助数詞用法

　「三匹の犬」「ざるそば一枚」の「匹」「枚」など、数を表す語の下に付いて、その数える対象となる物の性質・形状を示すものを、一般に助数詞という。本書では、助数詞用法も造語成分用法に含まれるものとし、特に助数詞という表示はしない。

　「匹」「枚」などは代表的な助数詞として知られるが、「一字」「二階」「三機」「三球」「十社」…と一字漢語には多くの助数詞用法があり、また、「二世帯」「三家族」「二ゲーム」「五ケース」「ワンドリンク」「ツーショット」…など、名詞にも助数詞用法は広くある。

　そして、これらの多くは、意味の上から見たとき、名詞でも造語成分でも助数詞でも違いがない。「高い階に住む」「最上階に上がる」「二階の部屋」の「階」は、いずれも「建物のそれぞれの層」という意味で共通している。「家族で出かける」と「三家族が集まる」の「家族」も、意味としては同じである。

　本書では、用法による分類よりも意味によって分類することを重視して、これらを同じ分類でまとめて記述する。ある特定の意味において助数詞の用法しかない、というものを造語成分として立て、その助数詞用法を記述する。

まい【枚】（造）❶紙・板・貨幣・皿など薄くて平たいものを数える語。‖「ざるそば一ー」❷相撲の番付など、序列・能力の段階を数える語。‖「前頭七ー目」「二ーも三ーも上手だ」❸田畑の区画を数える語。‖「田二ー」❹（一つ一つ）数える。‖「ー挙」

9 連語

　複数の単語が固定的に結びついて用いられるもので、原則として全体が一文節以内のものを連語とする。「命の洗濯」や「涼しい顔をする」などのように二文節以上のものは連語とはしない。

　ただし、「狭き門」「（私）としたことが」など、結びつきが強く慣用度の高いものは、例外的に連語として立てる。

❖動詞活用表

口語

種類	行	基本形	語幹	活用語尾 未然形	連用形	終止形	連体形	仮定形	命令形	備考
五段	カ	書く	か	か こ	き い	く	く	け	け	連用形がテ・タに続くとき、「書いて」「泳いだ」となる。
五段	ガ	泳ぐ	およ	が ご	ぎ い	ぐ	ぐ	げ	げ	連用形がテ・タに続くとき、「書いて」「泳いだ」となる。
五段	カ	行く	い	か こ	き っ	く	く	け	け	連用形がテ・タに続くとき、「行って」「思った」となる。
五段	アワ	思う	おも	わ お	い っ	う	う	え	え	連用形がテ・タに続くとき、「行って」「思った」となる。
五段	ラ	有る	あ	ら ろ	り っ	る	る	れ	れ	連用形がテ・タに続くとき、「行って」「思った」となる。
五段	ラ	蹴る	け	ら ろ	り っ	る	る	れ	れ	連用形がテ・タに続くとき、「行って」「思った」となる。
五段	バ	飛ぶ	と	ば ぼ	び ん	ぶ	ぶ	べ	べ	連用形がテ・タに続くとき、「飛んで」「読んだ」となる。
五段	マ	読む	よ	ま も	み ん	む	む	め	め	連用形がテ・タに続くとき、「飛んで」「読んだ」となる。
五段	ナ	死ぬ	し	な の	に ん	ぬ	ぬ	ね	ね	連用形がテ・タに続くとき、「飛んで」「読んだ」となる。
五段	サ	貸す	か	さ そ	し	す	す	せ	せ	連用形が一つ。
五段	ラ	なさる	なさ	ら ろ	り い っ	る	る	れ	い	命令形が「い」となる。テ・タには「なさっ」が続く。
上一段	カ	着る	○	き	き	きる	きる	きれ	きろ きよ	語幹と活用語尾が区別できない。
上一段	ナ	似る	○	に	に	にる	にる	にれ	にろ によ	語幹と活用語尾が区別できない。

文語

種類	行	基本形	語幹	活用語尾 未然形	連用形	終止形	連体形	已然形	命令形
四段	カ	書く	か	か	き	く	く	け	け
四段	ガ	泳ぐ	およ	が	ぎ	ぐ	ぐ	げ	げ
四段	カ	行く	い	か	き	く	く	け	け
四段	ハ	思ふ	おも	は	ひ	ふ	ふ	へ	へ
ラ変	ラ	有り	あ	ら	り	り	る	れ	れ
下一段	カ	蹴る	○	け	け	ける	ける	けれ	けよ
四段	バ	飛ぶ	と	ば	び	ぶ	ぶ	べ	べ
四段	マ	読む	よ	ま	み	む	む	め	め
ナ変	ナ	死ぬ	し	な	に	ぬ	ぬる	ぬれ	ね
四段	サ	貸す	か	さ	し	す	す	せ	せ
下二段	ラ	なさる	なさ	れ	れ	る	るる	るれ	れよ
上一段	カ	着る	○	き	き	きる	きる	きれ	きよ
上一段	ナ	似る	○	に	に	にる	にる	にれ	によ

種類	行	語例	語幹	未然形	連用形	終止形	連体形	仮定形	命令形	備考
上一段	ガ	過ぎる	す	ぎ	ぎ	ぎる	ぎる	ぎれ	ぎろ ぎよ	語幹と活用語尾が区別できる。
	タ	落ちる	お	ち	ち	ちる	ちる	ちれ	ちろ ちよ	
下一段	ナ	寝る	○	ね	ね	ねる	ねる	ねれ	ねろ ねよ	語幹と活用語尾が区別できない。
	ア	教える	おし	え	え	える	える	えれ	えろ えよ	語幹と活用語尾が区別できる。
	ラ	慣れる	な	れ	れ	れる	れる	れれ	れろ れよ	
カ変	カ	来る	○	こ	き	くる	くる	くれ	こい	語幹と活用語尾が区別できない。
サ変	サ	する	○	し さ せ	し	する	する	すれ	しろ せよ	語幹と活用語尾が区別できない。
	ザ	信ずる	しん	じ ぜ	じ	ずる	ずる	ずれ	じろ ぜよ	ザ行になる。

種類	行	語例	語幹	未然形	連用形	終止形	連体形	已然形	命令形
上二段	ガ	過ぐ	す	ぎ	ぎ	ぐ	ぐる	ぐれ	ぎよ
	タ	落つ	お	ち	ち	つ	つる	つれ	ちよ
下二段	ナ	寝	○	ね	ね	ぬ	ぬる	ぬれ	ねよ
	ハ	教ふ	をし	へ	へ	ふ	ふる	ふれ	へよ
	ラ	慣る	な	れ	れ	る	るる	るれ	れよ
カ変	カ	来	○	こ	き	く	くる	くれ	こ（こよ）
サ変	サ	す	○	せ	し	す	する	すれ	せよ
	ザ	信ず	しん	ぜ	じ	ず	ずる	ずれ	ぜよ

❖形容詞活用表

口語

語例	語幹	未然形	連用形	終止形	連体形	仮定形	命令形	備考
白い	しろ	かろ	かっ く う	い	い	けれ	○	連用形がゴザイマスに続くとき、「う」となる。
赤い	あか	かろ	かっ く （こ）う	い	い	けれ	○	連用形がゴザイマスに続くとき、「〜こう」などとなる。
美しい	うつくし	かろ	かっ く （しゅ）う	い	い	けれ	○	連用形がゴザイマスに続くとき、「〜しゅう」となる。

文語

種類	語例	語幹	未然形	連用形	終止形	連体形	已然形	命令形	備考
ク活用	白し	しろ	○	く	し	き	けれ	○	
			から	かり	○	かる	○	かれ	カリ活用
	赤し	あか	○	く	し	き	けれ	○	
			から	かり	○	かる	○	かれ	カリ活用
シク活用	美し	うつく	○	しく	し	しき	しけれ	○	
			しから	しかり	○	しかる	○	しかれ	カリ活用

形容動詞活用表

口語

語例	語幹	未然形	連用形	終止形	連体形	仮定形	命令形
		活用語尾					
静かだ	しずか	だろ	だっ/で/に	だ	な	なら	○

文語

種類	語例	語幹	未然形	連用形	終止形	連体形	已然形	命令形
			活用語尾					
ナリ活用	静かなり	しづか	なら	なり/に	なり	なる	なれ	なれ
タリ活用	堂々たり	だうだう	たら	たり/と	たり	たる	たれ	たれ

主要助動詞活用表

口語

種類	語	未然形	連用形	終止形	連体形	仮定形	命令形	備考
使役	せる	せ	せ	せる	せる	せれ	せろ/せよ	五段・サ変の動詞には「せる」、その他の動詞には「させる」が付く。
	させる	させ	させ	させる	させる	させれ	させろ/させよ	
受身	れる	れ	れ	れる	れる	れれ	れろ/れよ	五段・サ変の動詞には「れる」、その他の動詞には「られる」が付く。
	られる	られ	られ	られる	られる	られれ	られろ/られよ	
自発 可能 尊敬	れる	れ	れ	れる	れる	れれ	○	受身と比べて、命令形がない。
	られる	られ	られ	られる	られる	られれ	○	
打消	ない	なかろ	なく/なかっ	ない	ない	なけれ	○	「ある」には付かない。
	ぬ(ん)	○	ず	ぬ(ん)	ぬ(ん)	ね	○	「ある」には付かない。

文語

種類	語	未然形	連用形	終止形	連体形	已然形	命令形
使役 尊敬	す	せ	せ	す	する	すれ	せよ
	さす	させ	させ	さす	さする	さすれ	させよ
	しむ	しめ	しめ	しむ	しむる	しむれ	しめよ
自発 可能 受身 尊敬	る	れ	れ	る	るる	るれ	れよ
	らる	られ	られ	らる	らるる	らるれ	られよ
打消	ず	ざら	ず/ざり	ず	ぬ/ざる	ね/ざれ	ざれ

口語

種類	語	未然形	連用形	終止形	連体形	仮定形	命令形	備考
意志推量	う	○	○	う	(う)	○	○	動詞五段・形・形動には「う」、他の動詞には「よう」が付く。
	よう	○	○	よう	(よう)	○	○	
希望	たい	たかろ	たかっ たく とう	たい	たい	たけれ	○	「とう」は、ゴザイマスが付くときの形。
	たがる	たがら (たがろ)	たがり たがっ	たがる	たがる	たがれ	○	
丁寧	ます	ませ ましょ	まし	ます	ます	ますれ	ませ まし	「ませ」は「ませン」で使われる。
過去 完了 存続	た	たろ	○	た	た	(たら)	○	ガ・ナ・バ・マ行の五段動詞に付くとき、「だ」となる。
様態	そうだ	そうだろ	そうだっ そうで そうに	そうだ	そうな	そうなら	○	「ない」「よい」に付くとき「〜さそうだ」となる。

文語

種類	語	未然形	連用形	終止形	連体形	已然形	命令形
意志推量	む (ん)	(ま)	○	む	む	め	○
希望	まほし	まほしから	まほしく まほしかり	まほし	まほしき まほしかる	まほしけれ	○
	たし	たから	たく たかり	たし	たき たかる	たけれ	○
過去	き	(せ)	○	き	し	しか	○
	けり	(けら)	○	けり	ける	けれ	○
完了	つ	て	て	つ	つる	つれ	てよ
	ぬ	な	に	ぬ	ぬる	ぬれ	ね
	たり	たら	たり	たり	たる	たれ	たれ
	り	ら	り	り	る	れ	れ

伝聞	打消の意志・推量	推量	比況	断定	
そうだ	まい	らしい	ようだ	だ	です
○	○	○	ようだろ	(だろ)	(でしょ)
そうで	○	らしかっ らしく らしゅう	ようだっ ようで ように	だっ で	でし
そうだ	まい	らしい	ようだ	だ	です
○	(まい)	らしい	ような	(な)	○
○	○	○	ようなら	なら	○
○	○	○	○	○	○
		「らしゅう」はゴザイマスが付くときの形。			

推定伝聞	打消推量		推量							比況	断定	
なり	じ	まじ	むず (んず)	けむ (けん)	らむ (らん)	らし	まし	べし	めり	ごとし	なり	たり
○	○	まじから	○	○	○	○	(ましか) (ませ)	べから	○	○	なら	たら
なり	○	まじく まじかり	○	○	○	○	○	べく べかり	めり	ごとく	なり に	たり と
なり	じ	まじ	むず	けむ	らむ	らし	まし	べし	めり	ごとし	なり	たり
なる	じ	まじき まじかる	むずる	けむ	らむ	らし (らしき)	まし	べき べかる	める	ごとき	なる	たる
なれ	じ	まじけれ	むずれ	けめ	らめ	らし	ましか	べけれ	めれ	○	なれ	たれ
○	○	○	○	○	○	○	○	○	○	○	(なれ)	たれ

現代仮名遣い

「現代仮名遣い」(昭和六一年七月一日内閣告示)の付表を除く全文。

前書き

1 この仮名遣いは、語を現代語の音韻に従って書き表すことを原則とし、一方、表記の慣習を尊重して一定の特例を設けるものである。

2 この仮名遣いは、法令、公用文書、新聞、雑誌、放送など、一般の社会生活において、現代の国語を書き表すための仮名遣いのよりどころを示すものである。

3 この仮名遣いは、科学、技術、芸術その他の各種専門分野や個々人の表記にまで及ぼそうとするものではない。

4 この仮名遣いは、主として現代文のうち口語体のものに適用する。原文の仮名遣いによる必要のあるもの、固有名詞などでこれによりがたいものは除く。

5 この仮名遣いは、擬声・擬態的描写や嘆声、特殊な方言音、外来語・外来音などの書き表し方を対象とするものではない。

6 この仮名遣いは、「ホオ・ホホ(頰)」「テキカク・テッカク(的確)」のような発音にゆれのある語について、その発音をどちらかに決めようとするものではない。

7 この仮名遣いは、点字、ローマ字などを用いて国語を書き表す場合のきまりとは必ずしも対応するものではない。

8 歴史的仮名遣いは、明治以降、「現代かなづかい」(昭和21年内閣告示第33号)の行われる以前には、社会一般の基準として行われていたものであり、今日においても、歴史的仮名遣いで書かれた文献などを読む機会は多い。歴史的仮名遣いが、我が国の歴史や文化に深いかかわりをもつものとして、尊重されるべきことは言うまでもない。また、この仮名遣いにも歴史的仮名遣いを受け継いでいるところがあり、この仮名遣いの理解を深める上で、歴史的仮名遣いを知ることは有用である。付表において、この仮名遣いと歴史的仮名遣いとの対照を示すのはそのためである。

本文

凡例

1 原則に基づくきまりを第1に示し、表記の慣習による特例を第2に示した。

2 例は、おおむね平仮名書きとし、適宜、括弧内に漢字を示した。常用漢字表に掲げられていない漢字及び音訓には、それぞれ*印及び△印をつけた。

第1 語を書き表すのに、現代語の音韻に従って、次の仮名を用いる。

ただし、傍線(原文、下線)を施した仮名は、第2に示す場合にだけ用いるものである。

1 直音

あ い う え お
か き く け こ　が ぎ ぐ げ ご
さ し す せ そ　ざ じ ず ぜ ぞ
た ち つ て と　だ ぢ づ で ど
な に ぬ ね の
は ひ ふ へ ほ　ば び ぶ べ ぼ　ぱ ぴ ぷ ぺ ぽ
ま み む め も
や 　ゆ 　よ
ら り る れ ろ
わ 　　　　を

例 あさひ(朝日)　きく(菊)　さくら(桜)　ついやす(費)　にわ(庭)　ふで(筆)　もみじ(紅葉)　ゆずる(譲)　れきし(歴史)　わかば(若葉)　えきか(液化)　せいがくか(声楽家)　さんぽ(散歩)

2 拗音

きゃ きゅ きょ　ぎゃ ぎゅ ぎょ
しゃ しゅ しょ　じゃ じゅ じょ
ちゃ ちゅ ちょ　ぢゃ ぢゅ ぢょ
にゃ にゅ にょ
ひゃ ひゅ ひょ　びゃ びゅ びょ　ぴゃ ぴゅ ぴょ
みゃ みゅ みょ
りゃ りゅ りょ

例 しゃかい(社会)　しゅくじ(祝辞)　かいじょ(解除)　りゃくが(略画)

〔注意〕拗音に用いる「や、ゆ、よ」は、なるべく小書きにする。

3 撥音

ん

例 まなんで(学)　みなさん　しんねん(新年)　しゅんぶん(春分)

4 促音

っ

例 はしって(走)　かっき(活気)　がっこう(学校)　せっけん(石*鹸)

〔注意〕促音に用いる「つ」は、なるべく小書きにする。

5 長音

(1) ア列の長音

ア列の仮名に「あ」を添える。

例 おかあさん　おばあさん

(2) イ列の長音

イ列の仮名に「い」を添える。

例 にいさん　おじいさん

(3) ウ列の長音

ウ列の仮名に「う」を添える。

例 おさむうございます(寒)　くうき(空気)　ふうふ(夫婦)　うれしゅう存じます　きゅうり　ぼくじゅう(墨汁)　ちゅうもん(注文)

(4) エ列の長音

エ列の仮名に「え」を添える。

例　ねえさん　ええ（応答の語）

(5)　オ列の長音

オ列の仮名に「う」を添える。

例　おとうさん　とうだい（灯台）
わこうど（若人）　おうむ
かおう（買）　あそぼう（遊）　おはよう（早）
おうぎ（扇）　ほうる（放）　とう（塔）
よいでしょう　はっぴょう（発表）
きょう（今日）　ちょうちょう（*蝶々）

第2　特定の語については、表記の慣習を尊重して、次のように書く。

1　助詞の「を」は、「を」と書く。

例　本を読む　岩をも通す　失礼をばいたしました
やむをえない　いわんや…をや　よせばよいものを
てにをは

2　助詞の「は」は、「は」と書く。

例　今日は日曜です　山では雪が降りました
あるいは　または　もしくは
いずれは　さては　ついては　ではさようなら　とはいえ
惜しむらくは　恐らくは　願わくは
これはこれは　こんにちは　こんばんは
悪天候もものかは

〔注意〕次のようなものは、この例にあたらないものとする。

いまわの際　すわ一大事
雨も降るわ風も吹くわ　来るわ来るわ　きれいだわ

3　助詞の「へ」は、「へ」と書く。

例　故郷へ帰る　…さんへ　母への便り　駅へは数分

4　動詞の「いう（言）」は、「いう」と書く。

例　ものをいう（言）　いうまでもない　昔々あったという
どういうふうに　人というもの　こういうわけ

5　次のような語は、「ぢ」「づ」を用いて書く。

(1)　同音の連呼によって生じた「ぢ」「づ」

例　ちぢみ（縮）　ちぢむ　ちぢれる　ちぢこまる
つづみ（鼓）　つづら　つづく（続）　つづめる（△約）　つづる（*綴）

〔注意〕「いちじく」「いちじるしい」は、この例にあたらない。

(2)　二語の連合によって生じた「ぢ」「づ」

例　はなぢ（鼻血）　そえぢ（添乳）　もらいぢち　そこぢから（底力）　ひぢりめん
いれぢえ（入知恵）　ちゃのみぢゃわん
まぢか（間近）　こぢんまり
ちかぢか（近々）　ちりぢり
みかづき（三日月）　たけづつ（竹筒）　たづな（手綱）　ともづな　にいづま（新妻）　けづめ
ひづめ　ひげづら
おこづかい（小遣）　あいそづかし　わしづかみ
こころづくし（心尽）　てづくり（手作）　こづつみ（小包）　ことづて　はこづめ（箱詰）　はたらきづめ　みちづれ（道連）
かたづく　こづく（小突）　どくづく　もとづく
うらづける　ゆきづまる　ねばりづよい
つねづね（常々）　つくづく　つれづれ

なお、次のような語については、現代語の意識では一般に二語に分解しにくいもの等として、それぞれ「じ」「ず」を用いて書くことを本則とし、「せかいぢゅう」「いなづま」のように「ぢ」「づ」を用いて書くこともできるものとする。

例　せかいじゅう（世界中）
いなずま（稲妻）　かたず（固唾）　きずな（*絆）
さかずき（杯）　ときわず　ほおずき　みみずく
うなずく　おとずれる（訪）　かしずく　つまずく
ぬかずく　ひざまずく
あせみずく　くんずほぐれつ　さしずめ　でずっぱり　なかんずく
うでずく　くろずくめ　ひとりずつ
ゆうずう（融通）

〔注意〕次のような語の中の「じ」「ず」は、漢字の音読みでもともと濁っているものであって、上記(1)、(2)のいずれにもあたらず、「じ」「ず」を用いて書く。

例　じめん（地面）　ぬのじ（布地）
ずが（図画）　りゃくず（略図）

6　次のような語は、オ列の仮名に「お」を添えて書く。

例　おおかみ　おおせ（仰）　おおやけ（公）　こおり（氷・△郡）　こおろぎ　ほお（頰・△朴）　ほおずき
ほのお（炎）　とお（十）
いきどおる（憤）　おおう（覆）　こおる（凍）　しおおせる　とおる（通）　とどこおる（滞）　もよおす（催）
いとおしい　おおい（多）　おおきい（大）　とおい（遠）
おおむね　おおよそ

これらは、歴史的仮名遣いでオ列の仮名に「ほ」又は「を」が続くものであって、オ列の長音として発音されるか、オ・オ、コ・オのように発音されるかにかかわらず、オ列の仮名に「お」を添えて書くものである。

付記　次のような語は、エ列の長音として発音されるか、エイ、ケイなどのように発音されるかにかかわらず、エ列の仮名に「い」を添えて書く。

例　かれい　せい（背）
かせいで（稼）　まねいて（招）　春めいて
へい（塀）　めい（銘）　れい（例）
えいが（映画）　とけい（時計）　ていねい（丁寧）

送り仮名の付け方

「送り仮名の付け方」（昭和四八年六月一八日内閣告示）の全文。

前書き

一　この「送り仮名の付け方」は、法令・公用文書・新聞・雑誌・放送など、一般の社会生活において、「常用漢字表」の音訓によって現代の国語を書き表す場合の送り仮名の付け方のよりどころを示すものである。

二　この「送り仮名の付け方」は、科学・技術・芸術その他の各種専門分野や個々人の表記にまで及ぼそうとするものではない。

三　この「送り仮名の付け方」は、漢字を記号的に用いたり、表に記入したりする場合や、固有名詞を書き表す場合を対象としていない。

「本文」の見方及び使い方

一　この「送り仮名の付け方」の本文の構成は、次のとおりである。

単独の語

1　活用のある語

通則1　（活用語尾を送る語に関するもの）

通則2　（派生・対応の関係を考慮して、活用語尾の前の部分から送る語に関するもの）

2　活用のない語

通則3　（名詞であって、送り仮名を付けない語に関するもの）

通則4　（活用のある語から転じた名詞であって、もとの語の送り仮名の付け方によって送る語に関するもの）

通則5　（副詞・連体詞・接続詞に関するもの）

複合の語

通則6　（単独の語の送り仮名の付け方による語に関するもの）

通則7　（慣用に従って送り仮名を付けない語に関するもの）

付表の語

1　（送り仮名を付ける語に関するもの）

2　（送り仮名を付けない語に関するもの）

二　通則とは、単独の語及び複合の語の別、活用のある語及び活用のない語の別等に応じて考えた送り仮名の付け方に関する基本的な法則をいい、必要に応じ、例外的な事項又は許容的な事項を加えてある。

したがって、各通則には、本則のほか、必要に応じて例外及び許容を設けた。ただし、通則7は、通則6の例外に当たるものであるが、該当する語が多数に上るので、別の通則として立てたものである。

三　この「送り仮名の付け方」で用いた用語の意義は、次のとおりである。

単独の語…漢字の音又は訓を単独に用いて、漢字一字で書き表す語をいう。

複合の語…漢字の訓と訓、音と訓などを複合させ、漢字二字以上を用いて書き表す語をいう。

付表の語…「常用漢字表」の付表に掲げてある語のうち、送り仮名の付け方が問題となる語をいう。

活用のある語…動詞・形容詞・形容動詞をいう。

活用のない語…名詞・副詞・連体詞・接続詞をいう。

本則…送り仮名の付け方の基本的な法則と考えられるものをいう。

例外…本則には合わないが、慣用として行われていると認められるものであって、本則によらず、これによるものをいう。

許容…本則による形とともに、慣用として行われていると認められるものであって、本則以外に、これによってよいものをいう。

四　単独の語及び複合の語を通じて、字音を含む語は、その字音の部分には送り仮名を要しないのであるから、必要のない限り触れていない。

五　各通則において、送り仮名の付け方が許容によることのできる語については、本則又は許容のいずれに従ってもよいが、個々の語に適用するに当たって、許容に従ってよいかどうか判断し難い場合には、本則によるものとする。

本文

単独の語

1　活用のある語

通則1

本則　活用のある語（通則2を適用する語を除く。）は、活用語尾を送る。

〔例〕憤る　承る　書く　実る　催す
生きる　陥れる　考える　助ける
荒い　潔い　賢い　濃い
主だ

例外

(1)　語幹が「し」で終わる形容詞は、「し」から送る。

〔例〕著しい　惜しい　悔しい　恋しい　珍しい

(2)　活用語尾の前に「か」、「やか」、「らか」を含む形容動詞は、その音節から送る。

〔例〕暖かだ　細かだ　静かだ
穏やかだ　健やかだ　和やかだ
明らかだ　平らかだ　滑らかだ　柔らかだ

(3)　次の語は、次に示すように送る。

明らむ　味わう　哀れむ　慈しむ　教わる　脅かす（おどかす）　脅かす（おびやかす）　関わる　食らう　異なる　逆らう　捕まる　群がる　和らぐ　揺する

明るい　危ない　危うい　大きい　少ない　小さい　冷たい　平たい

新ただ　同じだ　盛んだ　平らだ　懇ろだ　惨めだ　哀れだ　幸いだ　幸せだ　巧みだ

許容
次の語は、（　）の中に示すように、活用語尾の前の音節から送ることができる。
表す（表わす）　著す（著わす）　現れる（現われる）
行う（行なう）　断る（断わる）　賜る（賜わる）
（注意）　語幹と活用語尾との区別がつかない動詞は、例えば、「着る」、「寝る」、「来る」などのように送る。

通則2
本則
活用語尾以外の部分に他の語を含む語は、含まれている語の送り仮名の付け方によって送る。（含まれている語を〔　〕の中に示す。）

〔例〕
(1) 動詞の活用形又はそれに準ずるものを含むもの。
動かす〔動く〕　照らす〔照る〕
語らう〔語る〕　計らう〔計る〕　向かう〔向く〕
浮かぶ〔浮く〕
生まれる〔生む〕　押さえる〔押す〕　捕らえる〔捕る〕
勇ましい〔勇む〕　輝かしい〔輝く〕　喜ばしい〔喜ぶ〕
晴れやかだ〔晴れる〕
及ぼす〔及ぶ〕　積もる〔積む〕　聞こえる〔聞く〕
頼もしい〔頼む〕
起こる〔起きる〕　落とす〔落ちる〕
暮らす〔暮れる〕　冷やす〔冷える〕
当たる〔当てる〕　終わる〔終える〕　変わる〔変える〕
集まる〔集める〕　定まる〔定める〕　連なる〔連ねる〕
交わる〔交える〕
混ざる・混じる〔混ぜる〕
恐ろしい〔恐れる〕

(2) 形容詞・形容動詞の語幹を含むもの。
重んずる〔重い〕　若やぐ〔若い〕
怪しむ〔怪しい〕　悲しむ〔悲しい〕　苦しがる〔苦しい〕
確かめる〔確かだ〕
重たい〔重い〕　憎らしい〔憎い〕　古めかしい〔古い〕
細かい〔細かだ〕　柔らかい〔柔らかだ〕
清らかだ〔清い〕　高らかだ〔高い〕　寂しげだ〔寂しい〕

(3) 名詞を含むもの。
汗ばむ〔汗〕　先んずる〔先〕　春めく〔春〕
男らしい〔男〕　後ろめたい〔後ろ〕

許容
読み間違えるおそれのない場合は、活用語尾以外の部分について、次の（　）の中に示すように、送り仮名を省くことができる。
〔例〕浮かぶ（浮ぶ）　生まれる（生れる）　押さえる（押える）　捕らえる（捕える）
晴れやかだ（晴やかだ）
積もる（積る）　聞こえる（聞える）
起こる（起る）　落とす（落す）　暮らす（暮す）
当たる（当る）　終わる（終る）　変わる（変る）
（注意）　次の語は、それぞれ〔　〕の中に示す語を含むものとは考えず、通則1によるものとする。
明るい〔明ける〕　荒い〔荒れる〕　悔しい〔悔いる〕
恋しい〔恋う〕

2 活用のない語

通則3
本則
名詞（通則4を適用する語を除く。）は、送り仮名を付けない。
〔例〕月　鳥　花　山
男　女
彼　何

例外
(1) 次の語は、最後の音節を送る。
辺り　哀れ　勢い　幾ら　後ろ　傍ら　幸い　幸せ　全て　互い　便り　半ば　情け　斜め　独り
誉れ　自ら　災い
(2) 数をかぞえる「つ」を含む名詞は、その「つ」を送る。
〔例〕一つ　二つ　三つ　幾つ

通則4
本則
活用のある語から転じた名詞及び活用のある語に「さ」、「み」、「げ」などの接尾語が付いて名詞になったものは、もとの語の送り仮名の付け方によって送る。

〔例〕
(1) 活用のある語から転じたもの。
動き　仰せ　恐れ　薫り　曇り　調べ　届け　願い　晴れ
当たり　代わり　向かい
狩り　答え　問い　祭り　群れ
憩い　愁い　憂い　香り　極み　初め
近く　遠く
(2) 「さ」、「み」、「げ」などの接尾語が付いたもの。
暑さ　大きさ　正しさ　確かさ
明るみ　重み　憎しみ
惜しげ

例外
次の語は、送り仮名を付けない。
謡　虞　趣　氷　印　頂　帯　畳
卸　煙　恋　志　次　隣　富　恥　話　光　舞
折　係　掛（かかり）　組　肥　並（なみ）　巻　割
（注意）　ここに掲げた「組」は、「花の組」、「赤の組」などのように使った場合の「くみ」であり、例えば、「活字の組みがゆるむ。」などとして使う場合の「くみ」を意味するものではない。「光」、「折」、「係」なども、同様に動詞の意識が残っているような使い方の場合は、この例外に該当しない。したがって、本則を適用して送り仮名を付ける。

許容

読み間違えるおそれのない場合は、次の（　）の中に示すように、送り仮名を省くことができる。

〔例〕曇り（曇）　届け（届）　願い（願）　晴れ（晴）
当たり（当り）　代わり（代り）　向かい（向い）
狩り（狩）　答え（答）　問い（問）　祭り（祭）　群れ（群）
憩い（憩）

通則5

本則　副詞・連体詞・接続詞は、最後の音節を送る。

〔例〕必ず　更に　少し　既に　再び　全く　最も
来る　去る
及び　且つ　但し

例外

(1) 次の語は、次に示すように送る。
明くる　大いに　直ちに　並びに　若しくは

(2) 次の語は、送り仮名を付けない。
又

(3) 次のように、他の語を含む語は、含まれている語の送り仮名の付け方によって送る。（含まれている語を〔　〕の中に示す。）

〔例〕併せて〔併せる〕　至って〔至る〕　恐らく〔恐れる〕
従って〔従う〕　絶えず〔絶える〕　例えば〔例える〕
努めて〔努める〕
辛うじて〔辛い〕　少なくとも〔少ない〕
互いに〔互い〕
必ずしも〔必ず〕

複合の語

通則6

本則　複合の語（通則7を適用する語を除く。）の送り仮名は、その複合の語を書き表す漢字の、それぞれの音訓を用いた単独の語の送り仮名の付け方による。

〔例〕

(1) 活用のある語
書き抜く　流れ込む　申し込む　打ち合わせる　向かい合わせる　長引く　若返る　裏切る　旅立つ
聞き苦しい　薄暗い　草深い　心細い　待ち遠しい　軽々しい　若々しい　女々しい
気軽だ　望み薄だ

(2) 活用のない語
石橋　竹馬　山津波　後ろ姿　斜め左　花便り　独り言　卸商　水煙　目印
田植え　封切り　物知り　落書き　雨上がり　墓参り　日当たり　夜明かし　先駆け　巣立ち　手渡し
入り江　飛び火　教え子　合わせ鏡　生き物　落ち葉　預かり金
寒空　深情け
愚か者
行き帰り　伸び縮み　乗り降り　抜け駆け　作り笑い　暮らし向き　売り上げ　取り扱い　乗り換え　引き換え　歩み寄り　申し込み　移り変わり
長生き　早起き　苦し紛れ　大写し
粘り強さ　有り難み　待ち遠しさ
乳飲み子　無理強い　立ち居振る舞い　呼び出し電話
次々　常々
近々　深々
休み休み　行く行く

許容

読み間違えるおそれのない場合は、次の（　）の中に示すように、送り仮名を省くことができる。

〔例〕書き抜く（書抜く）　申し込む（申込む）　打ち合わせる（打ち合せる・打合せる）　向かい合わせる（向い合せる）　聞き苦しい（聞苦しい）　待ち遠しい（待遠しい）
田植え（田植）　封切り（封切）　落書き（落書）
雨上がり（雨上り）　日当たり（日当り）　夜明かし（夜明し）
入り江（入江）　飛び火（飛火）　合わせ鏡（合せ鏡）　預かり金（預り金）
抜け駆け（抜駆け）　暮らし向き（暮し向き）　売り上げ（売上げ・売上）　取り扱い（取扱い・取扱）
乗り換え（乗換え・乗換）　引き換え（引換え・引換）　申し込み（申込み・申込）　移り変わり（移り変り）
有り難み（有難み）　待ち遠しさ（待遠しさ）
立ち居振る舞い（立ち居振舞い・立ち居振舞・立居振舞）
呼び出し電話（呼出し電話・呼出電話）

（注意）「こけら落とし（こけら落し）」、「さび止め」、「洗いざらし」、「打ちひも」のように、前又は後ろの部分を仮名で書く場合は、他の部分については、単独の語の送り仮名の付け方による。

通則7

複合の語のうち、次のような名詞は、慣用に従って、送り仮名を付けない。

〔例〕

(1) 特定の領域の語で、慣用が固定していると認められるもの。

ア　地位・身分・役職等の名。
関取　頭取　取締役　事務取扱

イ　工芸品の名に用いられた「織」、「染」、「塗」等。

〈博多〉織　〈型絵〉染　〈春慶〉塗　〈鎌倉〉彫　〈備前〉焼

ウ　その他。

書留　気付　切手　消印　小包　振替　切符　踏切

請負　売値　買値　仲買　歩合　両替　割引　組合　手当

倉敷料　作付面積

売上〈高〉　貸付〈金〉　借入〈金〉　繰越〈金〉　小売〈商〉　積立〈金〉　取扱〈所〉　取扱〈注意〉　取次〈店〉　取引〈所〉　乗換〈駅〉　乗組〈員〉　引受〈人〉　引受〈時刻〉　引換〈券〉　〈代金〉引換　振出〈人〉　待合〈室〉　見積〈書〉　申込〈書〉

(2)　一般に、慣用が固定していると認められるもの。

奥書　木立　子守　献立　座敷　試合　字引　場合　羽織　葉巻　番組　番付　日付　水引　物置　物語　役割　屋敷　夕立　割合　合図　合間　植木　置物　織物　貸家　敷石　敷地　敷物　立場　建物　並木　巻紙　受付　受取　浮世絵　絵巻物　仕立屋

（注意）　(1)　「〈博多〉織」、「売上〈高〉」などのようにして掲げたものは、〈　〉の中を他の漢字で置き換えた場合にも、この通則を適用する。

(2)　通則7を適用する語は、例として挙げたものだけで尽くしてはいない。したがって、慣用が固定していると認められる限り、類推して同類の語にも及ぼすものである。通則7を適用してよいかどうか判断し難い場合には、通則6を適用する。

付表の語

「常用漢字表」の「付表」に掲げてある語のうち、送り仮名の付け方が問題となる次の語は、次のようにする。

1　次の語は、次に示すように送る。

浮つく　お巡りさん　差し支える　立ち退く　手伝う　最寄り

なお、次の語は、（　）の中に示すように、送り仮名を省くことができる。

差し支える（差支える）　立ち退く（立退く）

2　次の語は、送り仮名を付けない。

息吹　桟敷　時雨　築山　名残　雪崩　吹雪　迷子　行方

外来語の表記

「外来語の表記」（平成三年六月二八日内閣告示）の付録「用例集」と「付」を除く全文。

前書き

1　この『外来語の表記』は、法令、公用文書、新聞、雑誌、放送など、一般の社会生活において、現代の国語を書き表すための「外来語の表記」のよりどころを示すものである。

2　この『外来語の表記』は、科学、技術、芸術その他の各種専門分野や個々人の表記にまで及ぼそうとするものではない。

3　この『外来語の表記』は、固有名詞など（例えば、人名、会社名、商品名等）でこれによりがたいものには及ぼさない。

4　この『外来語の表記』は、過去に行われた様々な表記（「付」参照）を否定しようとするものではない。

5　この『外来語の表記』は、「本文」と「付録」から成る。「本文」には「外来語の表記」に用いる仮名と符号の表を掲げ、これに留意事項その1（原則的な事項）と留意事項その2（細則的な事項）を添えた。「付録」には、用例集として、日常よく用いられる外来語を主に、留意事項その2に例示した語や、その他の地名・人名の例などを五十音順に掲げた。

本文

「外来語の表記」に用いる仮名と符号の表

1　第1表に示す仮名は、外来語や外国の地名・人名を書き表すのに一般的に用いる仮名とする。

2　第2表に示す仮名は、外来語や外国の地名・人名を原音や原つづりになるべく近く書き表そうとする場合に用いる仮名とする。

3 第1表・第2表に示す仮名では書き表せないような、特別な音の書き表し方については、ここでは取決めを行わず、自由とする。

4 第1表・第2表によって語を書き表す場合には、おおむね留意事項を適用する。

留意事項その1(原則的な事項)

1 この『外来語の表記』では、外来語や外国の地名・人名を片仮名で書き表す場合のことを扱う。

2 「ハンカチ」と「ハンケチ」、「グローブ」と「グラブ」のように、語形にゆれのあるものについて、その語形をどちらかに決めようとはしていない。

3 語形やその書き表し方については、慣用が定まっているものはそれによる。分野によって異なる慣用が定まっている場合には、それぞれの慣用によって差し支えない。

4 国語化の程度の高い語は、おおむね第1表に示す仮名で書き表すことができる。一方、国語化の程度がそれほど高くない語、ある程度外国語に近く書き表す必要のある語—特に地名・人名の場合—は、第2表に示す仮名を用いて書き表すことができる。

5 第2表に示す仮名を用いる必要がない場合は、第1表に示す仮名の範囲で書き表すことができる。

例 イェ→イエ　ウォ→ウオ　トゥ→ツ、ト　ヴァ→バ

6 特別な音の書き表し方については、取決めを行わず、自由とすることとしたが、その中には、例えば、「スィ」「ズィ」「グィ」「グェ」「グォ」「キェ」「ニェ」「ヒェ」「フョ」「ヴョ」等の仮名が含まれる。

留意事項その2(細則的な事項)

以下の各項に示す語例は、それぞれの仮名の用法の一例として示すものであって、その語をいつもそう書かなければならないことを意味するものではない。語例のうち、地名・人名には、それぞれ(地)、(人)の文字を添えた。

Ⅰ 第1表に示す「シェ」以下の仮名に関するもの

1 「シェ」「ジェ」は、外来音シェ、ジェに対応する仮名である。

〔例〕シェーカー　シェード　ジェットエンジン　ダイジェスト
シェフィールド(地)　アルジェリア(地)
シェークスピア(人)　ミケランジェロ(人)

注 「セ」「ゼ」と書く慣用のある場合は、それによる。

〔例〕ミルクセーキ　ゼラチン

2 「チェ」は、外来音チェに対応する仮名である。

〔例〕チェーン　チェス　チェック　マンチェスター(地)
チェーホフ(人)

第1表

ア	イ	ウ	エ	オ
カ	キ	ク	ケ	コ
サ	シ	ス	セ	ソ
タ	チ	ツ	テ	ト
ナ	ニ	ヌ	ネ	ノ
ハ	ヒ	フ	ヘ	ホ
マ	ミ	ム	メ	モ
ヤ		ユ		ヨ
ラ	リ	ル	レ	ロ
ワ				
ガ	ギ	グ	ゲ	ゴ
ザ	ジ	ズ	ゼ	ゾ
ダ			デ	ド
バ	ビ	ブ	ベ	ボ
パ	ピ	プ	ペ	ポ
キャ		キュ		キョ
シャ		シュ		ショ
チャ		チュ		チョ
ニャ		ニュ		ニョ
ヒャ		ヒュ		ヒョ
ミャ		ミュ		ミョ
リャ		リュ		リョ
ギャ		ギュ		ギョ
ジャ		ジュ		ジョ
ビャ		ビュ		ビョ
ピャ		ピュ		ピョ

ン(撥音)
ッ(促音)
ー(長音符号)

			シェ	
			チェ	
ツァ			ツェ	ツォ
	ティ			
ファ	フィ		フェ	フォ
			ジェ	
	ディ			
		デュ		

第2表

			イェ	
	ウィ		ウェ	ウォ
クァ	クィ		クェ	クォ
	ツィ			
		トゥ		
グァ				
		ドゥ		
ヴァ	ヴィ	ヴ	ヴェ	ヴォ
		テュ		
		フュ		
		ヴュ		

3 「ツァ」「ツェ」「ツォ」は、外来音ツァ、ツェ、ツォに対応する仮名である。

〔例〕コンツェルン　シャンツェ　カンツォーネ
フィレンツェ（地）　モーツァルト（人）　ツェッペリン（人）

4 「ティ」「ディ」は、外来音ティ、ディに対応する仮名である。

〔例〕ティーパーティー　ボランティア　ディーゼルエンジン　ビルディング
アトランティックシティー（地）　ノルマンディー（地）
ドニゼッティ（人）　ディズニー（人）

注1　「チ」「ジ」と書く慣用のある場合は、それによる。
〔例〕エチケット　スチーム　プラスチック　スタジアム　スタジオ　ラジオ
チロル（地）　エジソン（人）

注2　「テ」「デ」と書く慣用のある場合は、それによる。
〔例〕ステッキ　キャンデー　デザイン

5 「ファ」「フィ」「フェ」「フォ」は、外来音ファ、フィ、フェ、フォに対応する仮名である。

〔例〕ファイル　フィート　フェンシング　フォークダンス
バッファロー（地）　フィリピン（地）　フェアバンクス（地）　カリフォルニア（地）
ファーブル（人）　マンスフィールド（人）　エッフェル（人）　フォスター（人）

注1　「ハ」「ヒ」「ヘ」「ホ」と書く慣用のある場合は、それによる。
〔例〕セロハン　モルヒネ　プラットホーム　ホルマリン　メガホン

注2　「ファン」「フィルム」「フェルト」等は、「フアン」「フイルム」「フエルト」と書く慣用もある。

6 「デュ」は、外来音デュに対応する仮名である。

〔例〕デュエット　プロデューサー　デュッセルドルフ（地）　デューイ（人）

注　「ジュ」と書く慣用のある場合は、それによる。
〔例〕ジュース（deuce）　ジュラルミン

Ⅱ 第2表に示す仮名に関するもの

第2表に示す仮名は、原音や原つづりになるべく近く書き表そうとする場合に用いる仮名で、これらの仮名を用いる必要がない場合は、一般的に、第1表に示す仮名の範囲で書き表すことができる。

1 「イェ」は、外来音イェに対応する仮名である。

〔例〕イェルサレム（地）　イェーツ（人）

注　一般的には、「イエ」又は「エ」と書くことができる。
〔例〕エルサレム（地）　イエーツ（人）

2 「ウィ」「ウェ」「ウォ」は、外来音ウィ、ウェ、ウォに対応する仮名である。

〔例〕ウィスキー　ウェディングケーキ　ストップウォッチ
ウィーン（地）　スウェーデン（地）　ミルウォーキー（地）
ウィルソン（人）　ウェブスター（人）　ウォルポール（人）

注1　一般的には、「ウイ」「ウエ」「ウオ」と書くことができる。
〔例〕ウイスキー　ウイット　ウエディングケーキ　ウエハース　ストップウオッチ

注2　「ウ」を省いて書く慣用のある場合は、それによる。
〔例〕サンドイッチ　スイッチ　スイートピー

注3　地名・人名の場合は、「ウィ」「ウェ」「ウォ」と書く慣用が強い。

3 「クァ」「クィ」「クェ」「クォ」は、外来音クァ、クィ、クェ、クォに対応する仮名である。

〔例〕クァルテット　クィンテット　クェスチョンマーク　クォータリー

注1　一般的には、「クア」「クイ」「クエ」「クオ」又は「カ」「キ」「ケ」「コ」と書くことができる。
〔例〕クアルテット　クインテット　クエスチョンマーク　クオータリー
カルテット　レモンスカッシュ　キルティング　イコール

注2　「クァ」は、「クヮ」と書く慣用もある。

4 「グァ」は、外来音グァに対応する仮名である。

〔例〕グァテマラ（地）　パラグァイ（地）

注1　一般的には、「グア」又は「ガ」と書くことができる。
〔例〕グアテマラ（地）　パラグアイ（地）
ガテマラ（地）

注2　「グァ」は、「グヮ」と書く慣用もある。

5 「ツィ」は、外来音ツィに対応する仮名である。

〔例〕ソルジェニーツィン（人）　ティツィアーノ（人）

注　一般的には、「チ」と書くことができる。
〔例〕ライプチヒ（地）　ティチアーノ（人）

6 「トゥ」「ドゥ」は、外来音トゥ、ドゥに対応する仮名である。

〔例〕トゥールーズ（地）　ハチャトゥリヤン（人）　ヒンドゥー教

注　一般的には、「ツ」「ズ」又は「ト」「ド」と書くことができる。
〔例〕ツアー（tour）　ツーピース　ツールーズ（地）
ヒンズー教　ハチャトリヤン（人）　ドビュッシー（人）

7 「ヴァ」「ヴィ」「ヴ」「ヴェ」「ヴォ」は、外来音ヴァ、ヴィ、ヴ、ヴェ、ヴォに対応する仮名である。

〔例〕ヴァイオリン　ヴィーナス　ヴェール
ヴィクトリア（地）　ヴェルサイユ（地）　ヴォルガ（地）
ヴィヴァルディ（人）　ヴラマンク（人）　ヴォルテール（人）

注　一般的には、「バ」「ビ」「ブ」「ベ」「ボ」と書くことができる。
〔例〕バイオリン　ビーナス　ベール
ビクトリア（地）　ベルサイユ（地）　ボルガ（地）
ビバルディ（人）　ブラマンク（人）　ボルテール（人）

8 「テュ」は、外来音テュに対応する仮名である。

〔例〕テューバ（楽器）　テュニジア（地）

注　一般的には、「チュ」と書くことができる。

〔例〕コスチューム　スチュワーデス　チューバ　チューブ　チュニジア（地）

9 「フュ」は、外来音フュに対応する仮名である。

〔例〕フュージョン　フュン島（地・デンマーク）　ドレフュス（人）

注　一般的には、「ヒュ」と書くことができる。

〔例〕ヒューズ

10 「ヴュ」は、外来音ヴュに対応する仮名である。

〔例〕インタヴュー　レヴュー　ヴュイヤール（人・画家）

注　一般的には、「ビュ」と書くことができる。

〔例〕インタビュー　レビュー　ビュイヤール（人）

Ⅲ 撥音、促音、長音その他に関するもの

1 撥音は、「ン」を用いて書く。

〔例〕コンマ　シャンソン　トランク　メンバー　ランニング　ランプ　ロンドン（地）　レンブラント（人）

注1　撥音を入れない慣用のある場合は、それによる。

〔例〕イニング（←インニング）　サマータイム（←サンマータイム）

注2　「シンポジウム」を「シムポジウム」と書くような慣用もある。

2 促音は、小書きの「ッ」を用いて書く。

〔例〕カップ　シャッター　リュックサック　ロッテルダム（地）　バッハ（人）

注　促音を入れない慣用のある場合は、それによる。

〔例〕アクセサリー（←アクセッサリー）　フィリピン（地）（←フィリッピン）

3 長音は、原則として長音符号「ー」を用いて書く。

〔例〕エネルギー　オーバーコート　グループ　ゲーム　ショー　テーブル　パーティー　ウェールズ（地）　ポーランド（地）　ローマ（地）　ゲーテ（人）　ニュートン（人）

注1　長音符号の代わりに母音字を添えて書く慣用もある。

〔例〕バレエ（舞踊）　ミイラ

注2　「エー」「オー」と書かず、「エイ」「オウ」と書くような慣用のある場合は、それによる。

〔例〕エイト　ペイント　レイアウト　スペイン（地）　ケインズ（人）
サラダボウル　ボウリング（球技）

注3　英語の語末の-er, -or, -arなどに当たるものは、原則としてア列の長音とし長音符号「ー」を用いて書き表す。ただし、慣用に応じて「ー」を省くことができる。

〔例〕エレベーター　ギター　コンピューター　マフラー
エレベータ　コンピュータ　スリッパ

4 イ列・エ列の音の次のアの音に当たるものは、原則として「ア」と書く。

〔例〕グラビア　ピアノ　フェアプレー　アジア（地）　イタリア（地）　ミネアポリス（地）

注1　「ヤ」と書く慣用のある場合は、それによる。

〔例〕タイヤ　ダイヤモンド　ダイヤル　ベニヤ板

注2　「ギリシャ」「ペルシャ」について「ギリシア」「ペルシア」と書く慣用もある。

5 語末（特に元素名等）の-(i)umに当たるものは、原則として「-（イ）ウム」と書く。

〔例〕アルミニウム　カルシウム　ナトリウム　ラジウム　サナトリウム　シンポジウム　プラネタリウム

注　「アルミニウム」を「アルミニューム」と書くような慣用もある。

6 英語のつづりのxに当たるものを「クサ」「クシ」「クス」「クソ」と書くか、「キサ」「キシ」「キス」「キソ」と書くかは、慣用に従う。

〔例〕タクシー　ボクシング　ワックス　オックスフォード（地）　エキストラ　タキシード　ミキサー　テキサス（地）

7 拗音に用いる「ャ」「ュ」「ョ」は小書きにする。また、「ヴァ」「ヴィ」「ヴェ」「ヴォ」や「トゥ」のように組み合せて用いる場合の「ァ」「ィ」「ゥ」「ェ」「ォ」も、小書きにする。

8 複合した語であることを示すための、つなぎの符号の用い方については、それぞれの分野の慣用に従うものとし、ここでは取決めを行わない。

〔例〕ケース　バイ　ケース　ケース・バイ・ケース
ケース‐バイ‐ケース
マルコ・ポーロ　マルコ＝ポーロ

干支

▼十干　＊五行（木・火・土・金・水）を兄（え・陽）と弟（と・陰）に分けたもの。

木｛甲（コウ）（きのえ）
　　乙（オツ）（きのと）

火｛丙（ヘイ）（ひのえ）
　　丁（テイ）（ひのと）

土｛戊（ボ）（つちのえ）
　　己（キ）（つちのと）

金｛庚（コウ）（かのえ）
　　辛（シン）（かのと）

水｛壬（ジン）（みずのえ）
　　癸（キ）（みずのと）

▼六十干支表　＊「十干」と「十二支」を組み合わせたものを、「干支（カンシ・えと）」という。六〇で元に戻る。

1 甲子（コウシ・カッシ／きのえね）
2 乙丑（イッチュウ／きのとうし）
3 丙寅（ヘイイン／ひのえとら）
4 丁卯（テイボウ／ひのとう）
5 戊辰（ボシン／つちのえたつ）
6 己巳（キシ／つちのとみ）
7 庚午（コウゴ／かのえうま）
8 辛未（シンビ／かのとひつじ）
9 壬申（ジンシン／みずのえさる）
10 癸酉（キユウ／みずのととり）
11 甲戌（コウジュツ／きのえいぬ）
12 乙亥（イツガイ／きのとい）
13 丙子（ヘイシ／ひのえね）
14 丁丑（テイチュウ／ひのとうし）
15 戊寅（ボイン／つちのえとら）
16 己卯（キボウ／つちのとう）
17 庚辰（コウシン／かのえたつ）
18 辛巳（シンシ／かのとみ）
19 壬午（ジンゴ／みずのえうま）
20 癸未（キビ／みずのとひつじ）
21 甲申（コウシン／きのえさる）
22 乙酉（イツユウ／きのととり）
23 丙戌（ヘイジュツ／ひのえいぬ）
24 丁亥（テイガイ／ひのとい）
25 戊子（ボシ／つちのえね）
26 己丑（キチュウ／つちのとうし）
27 庚寅（コウイン／かのえとら）
28 辛卯（シンボウ／かのとう）
29 壬辰（ジンシン／みずのえたつ）
30 癸巳（キシ／みずのとみ）
31 甲午（コウゴ／きのえうま）
32 乙未（イツビ／きのとひつじ）
33 丙申（ヘイシン／ひのえさる）
34 丁酉（テイユウ／ひのととり）
35 戊戌（ボジュツ／つちのえいぬ）
36 己亥（キガイ／つちのとい）
37 庚子（コウシ／かのえね）
38 辛丑（シンチュウ／かのとうし）
39 壬寅（ジンイン／みずのえとら）
40 癸卯（キボウ／みずのとう）
41 甲辰（コウシン／きのえたつ）
42 乙巳（イッシ／きのとみ）
43 丙午（ヘイゴ／ひのえうま）
44 丁未（テイビ／ひのとひつじ）
45 戊申（ボシン／つちのえさる）
46 己酉（キユウ／つちのととり）
47 庚戌（コウジュツ／かのえいぬ）
48 辛亥（シンガイ／かのとい）
49 壬子（ジンシ／みずのえね）
50 癸丑（キチュウ／みずのとうし）
51 甲寅（コウイン／きのえとら）
52 乙卯（イツボウ／きのとう）
53 丙辰（ヘイシン／ひのえたつ）
54 丁巳（テイシ／ひのとみ）
55 戊午（ボゴ／つちのえうま）
56 己未（キビ／つちのとひつじ）
57 庚申（コウシン／かのえさる）
58 辛酉（シンユウ／かのととり）
59 壬戌（ジンジュツ／みずのえいぬ）
60 癸亥（キガイ／みずのとい）

西暦・元号 対照表

西暦	元号
1850	嘉永 3
1851	4
1852	5
1853	6
1854	安政 1
1855	2
1856	3
1857	4
1858	5
1859	6
1860	万延 1
1861	文久 1
1862	2
1863	3
1864	元治 1
1865	慶応 1
1866	2
1867	3
1868	明治 1
1869	2
1870	3
1871	4
1872	5
1873	6
1874	7
1875	明治 8
1876	9
1877	10
1878	11
1879	12
1880	13
1881	14
1882	15
1883	16
1884	17
1885	18
1886	19
1887	20
1888	21
1889	22
1890	23
1891	24
1892	25
1893	26
1894	27
1895	28
1896	29
1897	30
1898	31
1899	32
1900	明治33
1901	34
1902	35
1903	36
1904	37
1905	38
1906	39
1907	40
1908	41
1909	42
1910	43
1911	44
1912	大正 1
1913	2
1914	3
1915	4
1916	5
1917	6
1918	7
1919	8
1920	9
1921	10
1922	11
1923	12
1924	13
1925	大正14
1926	昭和 1
1927	2
1928	3
1929	4
1930	5
1931	6
1932	7
1933	8
1934	9
1935	10
1936	11
1937	12
1938	13
1939	14
1940	15
1941	16
1942	17
1943	18
1944	19
1945	20
1946	21
1947	22
1948	23
1949	24
1950	25
1951	26
1952	27
1953	28
1954	昭和29
1955	30
1956	31
1957	32
1958	33
1959	34
1960	35
1961	36
1962	37
1963	38
1964	39
1965	40
1966	41
1967	42
1968	43
1969	44
1970	45
1971	46
1972	47
1973	48
1974	49
1975	50
1976	51
1977	52
1978	53
1979	54
1980	55
1981	56
1982	57
1983	昭和58
1984	59
1985	60
1986	61
1987	62
1988	63
1989	平成 1
1990	2
1991	3
1992	4
1993	5
1994	6
1995	7
1996	8
1997	9
1998	10
1999	11
2000	12
2001	13
2002	14
2003	15
2004	16
2005	17
2006	18
2007	19
2008	20
2009	21
2010	22
2011	23
2012	平成24
2013	25
2014	26
2015	27
2016	28
2017	29
2018	30
2019	令和 1
2020	2

旧国名地図

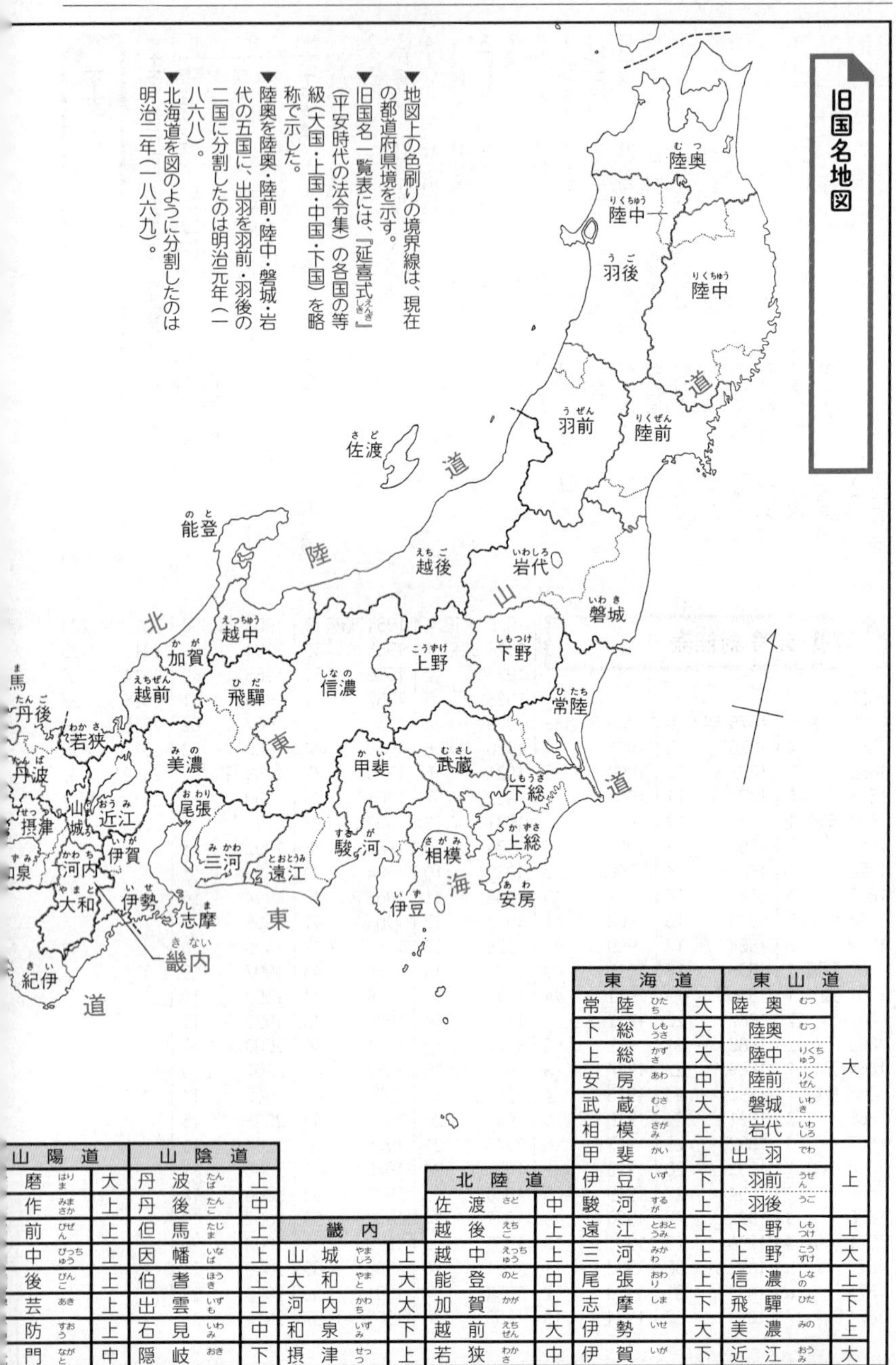

▼地図上の色刷りの境界線は、現在の都道府県境を示す。

▼旧国名一覧表には、『延喜式』（平安時代の法令集）の各国の等級（大国・上国・中国・下国）を略称で示した。

▼陸奥を陸奥・陸前・陸中・磐城・岩代の五国に、出羽を羽前・羽後の二国に分割したのは明治元年（一八六八）。

▼北海道を図のように分割したのは明治二年（一八六九）。

東海道		
常陸	ひたち	大
下総	しもうさ	大
上総	かずさ	大
安房	あわ	中
武蔵	むさし	大
相模	さがみ	上
甲斐	かい	上
伊豆	いず	下
駿河	するが	上
遠江	とおとうみ	上
三河	みかわ	上
尾張	おわり	上
志摩	しま	下
伊勢	いせ	大
伊賀	いが	下

東山道		
陸奥	むつ	大
陸奥	むつ	
陸中	りくちゅう	
陸前	りくぜん	
磐城	いわき	
岩代	いわしろ	
出羽	でわ	上
羽前	うぜん	
羽後	うご	
下野	しもつけ	上
上野	こうずけ	大
信濃	しなの	上
飛驒	ひだ	下
美濃	みの	上
近江	おうみ	大

北陸道		
佐渡	さど	中
越後	えちご	上
越中	えっちゅう	上
能登	のと	中
加賀	かが	上
越前	えちぜん	大
若狭	わかさ	中

畿内		
山城	やましろ	上
大和	やまと	大
河内	かわち	大
和泉	いずみ	下
摂津	せっつ	上

山陰道		
丹波	たんば	上
丹後	たんご	中
但馬	たじま	上
因幡	いなば	上
伯耆	ほうき	上
出雲	いずも	上
石見	いわみ	中
隠岐	おき	下

山陽道		
磨	はりま	大
作	みまさか	上
前	びぜん	上
中	びっちゅう	上
後	びんご	上
芸	あき	上
防	すおう	上
門	ながと	中

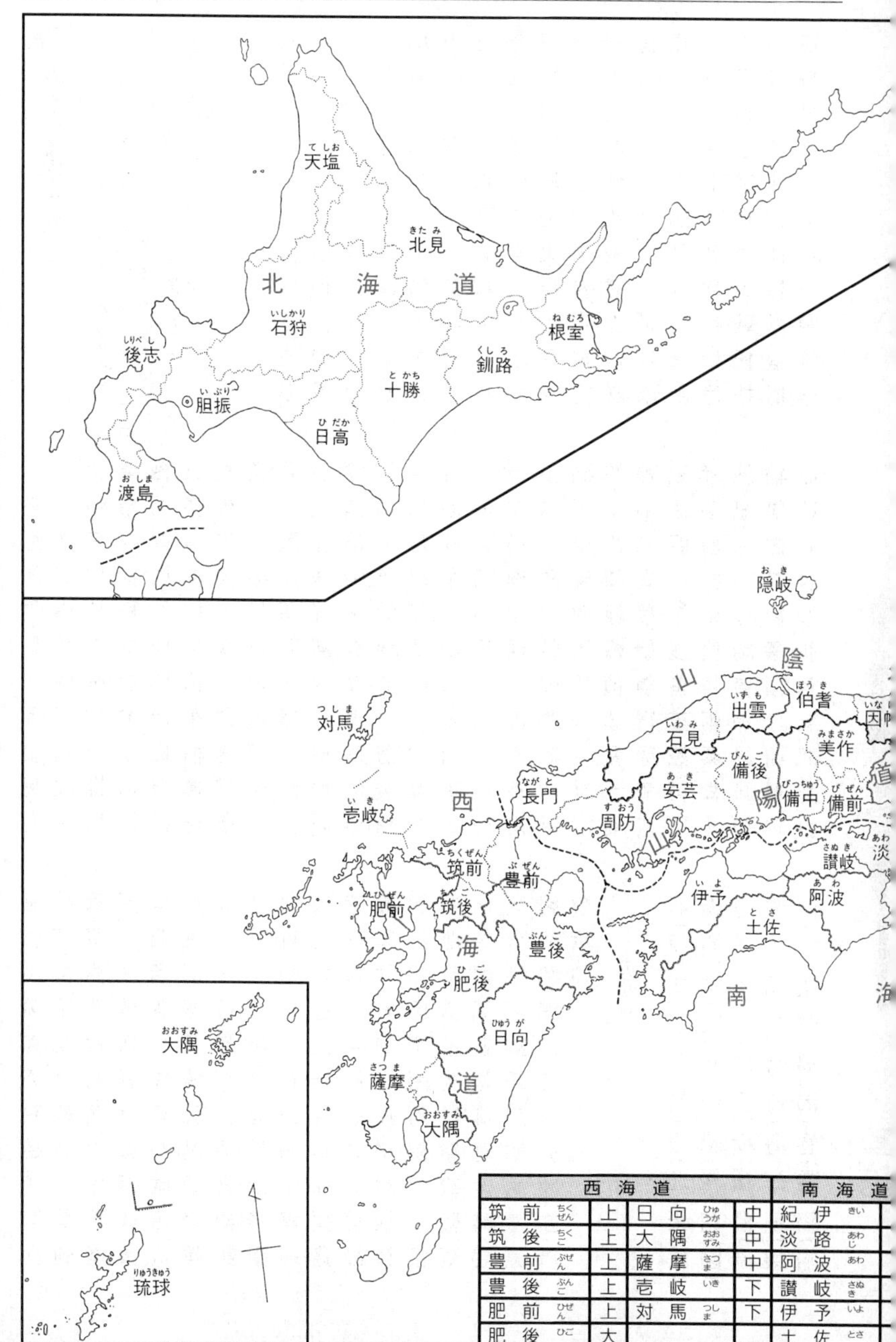

西海道						南海道	
筑前	ちくぜん	上	日向	ひゅうが	中	紀伊	きい
筑後	ちくご	上	大隅	おおすみ	中	淡路	あわじ
豊前	ぶぜん	上	薩摩	さつま	中	阿波	あわ
豊後	ぶんご	上	壱岐	いき	下	讃岐	さぬき
肥前	ひぜん	上	対馬	つしま	下	伊予	いよ
肥後	ひご	大				土佐	とさ

人名用漢字一覧

「常用漢字表」(平成二二年内閣告示)の掲げる常用漢字のほかに、人名に使用できる漢字として定められた八六三字。一の「-」は、相互の漢字が同一字種であることを示す。二の( )内の漢字は、直前の漢字とのつながりを示すための参考として掲げられたものである。

一

丑丞乃之乎也云亘-亙些亦
亥亨亮仔伊伍伽佃佑伶侃
侑俄侠俣俐倭俱倦倖偲傭
儲允兎兜其冴凌凜-凛凧凪
凰凱函劉劫勁勺勿匁匡廿
卜卯卿厨廐叉叡叢叶只吾
吞吻哉哨啄哩喬喧喰喋嘩
嘉嘗噌噂圃圭坐尭-堯坦埴
堰堺堵塙壕壬夷奄奎套娃
姪姥娩嬉孟宏宋宕宥寅寓
寵尖尤屑峨峻崚嵯嵩嶺巌
-巖巫已巳巴巷巽帖幌幡
庄庇庚庵廟廻弘弛彗彦彪
彬徠忽怜恢恰恕悌惟惚悉
惇惹惺惣慧憐戊或戟托按
挺挽掬捲捷捺捧掠揃摑摺
撒撰撞播撫擢孜敦斐斡斧

斯於旭昂昊昏昌昴晏晃-晄
晒晋晟晦晨智暉暢曙曝曳
朋朔杏杖杜李杭杵杷枇柑
柴柘柊柏柾柚桧-檜栞桔桂
栖桐栗梧梓梢梛梯桶梶椛
梁棲椋椀楯楚楕椿楠楓椰
楢楊榎樺榊榛槙-槇槍槌樫
槻樟樋橘樽橙檎檀櫂櫛櫓
欣欽歎此殆毅毘毬汀汝汐
汲沌沓沫洸洲洵洛浩浬淵
淳渚-渚淀淋渥渾湘湊湛溢
滉溜漱漕漣澪濡瀕灘灸灼
烏焰焚煌煤煉熙燕燎燦燭
燿爾牒牟牡牽犀狼猪-猪獅
玖珂珈珊珀玲琢-琢琉瑛琥
琵琶琳瑚瑞瑶瑳瓜瓢甥甫
畠畢疋疏皐皓眸瞥矩砦砥
砧硯碓碗碩碧磐磯祇祢-禰
祐-祐祷-禱禄-祿禎-禎禽禾秦
秤稀稔稟稜穣-穰穹穿窄窪
窺竣竪竺竿笈笹笙笠筈筑
箕箔篇篠簞簾籾粥粟糊紘
紗紐絃紬絆絢綺綜綴緋綾
綸縞徽繫繡纂纜羚翔翠耀
而耶耽聡肇肋肴胤胡脩腔

脹膏臥舜舵芥芹芭芙芦苑
茄苔苺茅茉茸茜莞荻莫莉
菅菫菖萄菩萌-萠萊菱葦葵
萱葺萩董葡蓑蒔蒐蒼蒲蒙
蓉蓮蔭蔣蔦蓬蔓蕎蕨蕉蕃
蕪薙蕾蕗藁薩蘇蘭蝦蝶螺
蟬蟹蠟衿袈袴裡裟裳襖訊
訣註詢詫誼諏諄諒謂諺讃
豹貰賑赳跨蹄蹟輔輯輿轟
辰辻迂迄辿迪迦這逞逗逢
遥-遙遁遼邑祁郁鄭酉醇醐
醍醬釉釘釧銑鋒鋸錘錐錆
錫鍬鎧閃閏閤阿陀隈隼雀
雁雛雫霞靖鞄鞍鞘鞠鞭頁
頌頗顚颯饗馨馴馳駕駿驍
魁魯鮎鯉鯛鰯鱒鱗鳩鳶鳳
鴨鴻鵜鵬鷗鷲鷺鷹麒麟麿
黎黛鼎

二

亞(亜)惡(悪)爲(為)逸(逸)榮(栄)
衞(衛)謁(謁)圓(円)緣(縁)薗(園)
應(応)櫻(桜)奧(奥)橫(横)溫(温)
價(価)禍(禍)悔(悔)海(海)壞(壊)
懷(懐)樂(楽)渴(渇)卷(巻)陷(陥)

寛(寛)漢(漢)氣(気)祈(祈)器(器)
僞(偽)戲(戯)虛(虚)峽(峡)狹(狭)
響(響)曉(暁)勤(勤)謹(謹)驅(駆)
勳(勲)薰(薫)惠(恵)揭(掲)鷄(鶏)
藝(芸)擊(撃)縣(県)儉(倹)劍(剣)
險(険)圈(圏)檢(検)顯(顕)驗(験)
嚴(厳)廣(広)恆(恒)黃(黄)國(国)
黑(黒)穀(穀)碎(砕)雜(雑)祉(祉)
視(視)兒(児)濕(湿)實(実)社(社)
者(者)煮(煮)壽(寿)收(収)臭(臭)
從(従)澁(渋)獸(獣)縱(縦)祝(祝)
暑(暑)署(署)緒(緒)諸(諸)敍(叙)
將(将)祥(祥)涉(渉)燒(焼)獎(奨)
條(条)狀(状)乘(乗)淨(浄)剩(剰)
疊(畳)孃(嬢)讓(譲)釀(醸)神(神)
眞(真)寢(寝)愼(慎)盡(尽)粹(粋)
醉(酔)穗(穂)瀨(瀬)齊(斉)靜(静)
攝(摂)節(節)專(専)戰(戦)纖(繊)
禪(禅)祖(祖)壯(壮)爭(争)莊(荘)
搜(捜)巢(巣)曾(曽)裝(装)僧(僧)
層(層)瘦(痩)騷(騒)增(増)憎(憎)
藏(蔵)贈(贈)臟(臓)卽(即)帶(帯)
滯(滞)瀧(滝)單(単)嘆(嘆)團(団)
彈(弾)晝(昼)鑄(鋳)著(著)廳(庁)
徵(徴)聽(聴)懲(懲)鎭(鎮)轉(転)
傳(伝)都(都)嶋(島)燈(灯)盜(盗)
稻(稲)德(徳)突(突)難(難)拜(拝)
盃(杯)賣(売)梅(梅)髮(髪)拔(抜)
繁(繁)晚(晩)卑(卑)祕(秘)碑(碑)
賓(賓)敏(敏)冨(富)侮(侮)福(福)
拂(払)佛(仏)勉(勉)步(歩)峯(峰)
墨(墨)飜(翻)每(毎)萬(万)默(黙)
埜(野)彌(弥)藥(薬)與(与)搖(揺)
樣(様)謠(謡)來(来)賴(頼)覽(覧)
欄(欄)龍(竜)虜(虜)凉(涼)綠(緑)
淚(涙)壘(塁)類(類)禮(礼)曆(暦)
歷(歴)練(練)鍊(錬)郞(郎)朗(朗)
廊(廊)錄(録)

表外漢字字体表について

「表外漢字」とは、常用漢字表（昭和五六年内閣告示）には掲げられていない漢字をいう。「表外漢字字体表」は、一般の社会生活において、表外漢字を使用する場合の「字体選択のよりどころ」となることを目指して、平成一二年一二月に国語審議会より答申された。

▼印刷標準字体

印刷文字の標準となる字体。表外漢字字体表では、常用漢字とともに使われることが比較的多いと考えられる表外漢字一〇二二字について、その字体を示した。

▼簡易慣用字体

現実の文字生活で使われている俗字体・略字体で、印刷標準字体に替えて使っても支障がないと判断し得る、次の二二字の字体。［ ］は、印刷標準字体。（平成二二年改定の常用漢字表は、新たに常用漢字になった「曽」「痩」「麺」を、この簡易慣用字体で採用する）

唖[啞]頴[穎]鴎[鷗]撹[攪]
麹[麴]鹸[鹼]噛[嚙]繍[繡]
蒋[蔣]醤[醬]曽[曾]掻[搔]
痩[瘦]祷[禱]屏[屛]并[幷]
桝[枡]麺[麵]沪[濾]芦[蘆]
蝋[蠟]弯[彎]

索引

明鏡 利活用索引 …… 2

●この辞典をより便利に使えるように、注意 使い方 書き方などの解説がある項目を集め、内容ごとに以下の5 つのアイコンを付けた。

●五十音順に並べ、その項目があるページを示した。

▼アイコン　▼例

☒＝**誤用**（誤った語句や表記）
☒合いの手を打つ ── 誤用または不適切な語句・表記
○**合いの手を入れる**……6 ── 正しい語句・表記とそのページ

△＝**不適切**（誤りとはしないが、適切とも言いがたい語句や表記）
△いいなづけ〔許容〕 ── 仮名遣いは「現代仮名遣い」（→ P.1826）による。〔許容〕より〔本則〕のほうが現代の基本的な書き方。
○**いいなずけ（許婚）**〔本則〕……74

！＝**気になることば**（ことばの使い方や、漢字の書き分け、読み分けなどの解説がある項目）
！会う ── 解説で取り上げていることば
〜と会う／〜に会う ── 気になる使い分けや誤用例文
→**会う** 使い方……7 ── 解説のある項目とそのページ

✦＝**品格語**（「品格」欄で取り上げたことばの中で、特に手紙や文学的な文章で使えるもの）
✦いざなう ── 「品格」欄で取り上げたことば
→**誘う** 品格……641 ── 「品格」欄のある項目とそのページ

？＝**探しにくい語**（どこを調べたらよいか迷うことば）
？…うとする ── どこを調べたらよいか迷うことば
帰ろうとする ── 例文
→**う**⑥……139 ── 解説のある項目とそのページ

アルファベット索引 …… 58

●この辞典に収録した語のうち、アルファベットからはじまるものを集めた。
● ABC…順に並べ、その項目があるページと段（上・中・下）を示した。
●アルファベット通りに読まないものは、見出しの後に小字で読みを示した。

難読語索引 …… 60

●この辞典に収録した語の中から、漢字の読み方が難しいものを集めた。
●漢字の画数順に並べ、その項目があるページと段（上・中・下）を示した。1 字目の漢字が同じ場合は、2 字目の漢字の画数順に並べた。

明鏡　利活用索引

あ

け

せ

た

て

ほ

ま

み

や

アルファベット索引

難読語索引

5画

8画

9画

11画

12画

13画

難読語索引 12～13画

14画

17画

18画

19画

20画

21画

22画

23画

24画

26画

27画

28画

29画

[編者]

北原　保雄（きたはら　やすお）

1936年、新潟県柏崎市生まれ。東京教育大学大学院修了。文学博士。

筑波大学名誉教授（元筑波大学長）。新潟産業大学名誉学長。日本教育会会長。

主な著書『日本語の世界6　日本語の文法』（中央公論社）、『日本語助動詞の研究　新装版』『問題な日本語』1〜4『北原保雄の日本語文法セミナー』『日本語の形容詞』『日本語の助動詞』（以上、大修館書店）など。

主な辞典『古語大辞典』（共編、小学館）、『全訳古語例解辞典』（小学館）、『日本国語大辞典第二版』全13巻（共編、小学館）、『日本語逆引き辞典』（大修館書店）、『明鏡ことわざ成句使い方辞典』（大修館書店）など。

明鏡国語辞典　第三版（めいきょうこくごじてん　だいさんぱん）

NDC813／xii, 1839p, 71p／19cm

第三版第1刷——2021年1月1日
　　　第2刷——2022年4月1日

編　者——北原保雄（きたはらやすお）
発行者——鈴木一行
発行所——株式会社大修館書店
〒113-8541　東京都文京区湯島2-1-1
電話 03-3868-2651（販売部）　03-3868-2293（編集部）
振替 00190-7-40504
[出版情報] https://www.taishukan.co.jp

初版第1刷——2002年12月1日
第二版第1刷—2010年12月1日

装丁——園木彩　本文デザイン——井之上聖子
組版・印刷——図書印刷　本文用紙——王子エフテックス
製本——牧製本印刷　表紙クロス——ダイニック

ISBN978-4-469-02122-6　Printed in Japan